**Biographisches Handbuch
der deutschsprachigen Emigration nach 1933**

Herausgegeben vom
Institut für Zeitgeschichte München und von der
Research Foundation for Jewish Immigration, Inc., New York

unter der Gesamtleitung von
Werner Röder und Herbert A. Strauss

**International Biographical Dictionary
of Central European Emigrés 1933–1945**

Sponsored by
Research Foundation for Jewish Immigration, Inc., New York,
and Institut für Zeitgeschichte München,

directed by
Herbert A. Strauss and Werner Röder

Biographisches Handbuch der deutschsprachigen Emigration nach 1933

Band I
Politik, Wirtschaft, Öffentliches Leben

Leitung und Bearbeitung:
Werner Röder, München – Herbert A. Strauss, New York

unter Mitwirkung von
Dieter Marc Schneider – Louise Forsyth

Autoren:
Jan Foitzik, Louise Forsyth, Lea Honigwachs,
Waltraud Ireland, Hartmut Mehringer, Egon Radvany,
Hanns G. Reissner (1902–1977), Werner Röder,
Dieter Marc Schneider, Herbert A. Strauss

Redaktion:
Sybille Claus und Beatrix Schmidt

K·G·Saur
München·New York·London·Paris 1980

K.G. SAUR Verlag KG
Pössenbacherstr. 2b
D-8000 München 71
Federal Republic of Germany
Tel. (089) 79 89 01
Telex 5212067 saur d

ISBN 3-598-10087-6

K.G. SAUR Publishing, Inc.
45 N. Broad Street
Ridgewood, NY 07450
U.S.A.
Tel. (201) 652-6360
Telex 130 596

ISBN 0-89664-101-5

CIP-Kurztitelaufnahme der Deutschen Bibliothek

Biographisches Handbuch der deutschsprachigen Emigration nach 1933 [neunzehnhundertdreiunddreissig] = International biographical dictionary of central European emigrés 1933 – 1945 / hrsg. vom Inst. für Zeitgeschichte München u. von d. Research Foundation for Jewish Immigration. Unter d. Gesamtleitung von Werner Röder und Herbert A. Strauss. – München, New York, London, Paris : Saur.

NE: Röder, Werner [Hrsg.]; Institut für Zeitgeschichte ⟨München⟩; Research Foundation for Jewish Immigration; International biographical dictionary of central European emigrés nineteen hundred and thirtythree to nineteen hundred and fourtyfive.

Bd. 1. Politik, Wirtschaft, öffentliches Leben / Leitung u. Bearb.: Werner Röder; Herbert A. Strauss. Unter Mitwirkung von Dieter Marc Schneider; Louise Forsyth. Autoren: Jan Foitzik . . . – 1980.
   ISBN 3-598-10087-6 (München)
   ISBN 0-89664-101-5 (New York)
NE: Foitzik, Jan [Mitarb.]

CLIVE BINGLEY Ltd. &
K.G. SAUR Ltd.
1-19 New Oxford Street
London WC1A 1NE
United Kingdom
Tel. 01-404 48 18
Telex 24902 bingle g

K.G. SAUR Editeur S.a.r.l.
38, rue de Bassano
F-75008 Paris
France
Tel. 7 23 55-18
Telex Iso Bur. 6 30 144

Copyright © 1980
by K. G. Saur Verlag KG, München
Printed in the Federal Republic of Germany
by Pera-Druck KG, Gräfelfing/München
Bound by Grossbuchbinderei Monheim GmbH, Monheim
All rights reserved. No part of this publication may be reproduced,
stored in a retrieval system, or transmitted in any form or by any
means, electronic, mechanical, photocopying, recording, or other-
wise, without permission in writing from the publisher.

Weitere Mitarbeiter

in Verbindung mit dem Institut für Zeitgeschichte:
Christiana Abele, Christa Drexler, Ulrike Emrich, Ulrich Enders, Rosemarie Farkas,
Laila Fleischmann, Gudrun Friedrich, Beate Gilbhard, Hermann Gilbhard,
Gertraud Kester, Carsten Küther, E. G. Lowenthal, Siegfried Mattl, Martin Müller,
Heide Müller-Diesing, Helena Freifrau von Münchhofen, Eva Oettl, Karin Popp,
Artur Rottland, Helmut Schabel, Eleonore Scheid, Dagmar Schlünder, Lester Sittler, Arnold Spitta,
Hansjörg Stark, Hans-Albert Walter, Ingrid Wehrle-Willeke, Lutz Ziegenbalg,
Uwe Ziegler, Hans-Dieter Zollondz;

in Verbindung mit der Research Foundation for Jewish Immigration:
Franz Auerbach (Südafrika), Lotte Bernstein, Judith Bick, Robert Blau, Günter Boehm (Chile),
Lilly Brower, Albert Brown, Hannah Caplan, Angela Chen, Moshe Cohn,
Christine Consentino-Dougherty, Lotte Cossen, Michael Damiano,
Günter Friedlander (Mittelamerika und Karibik), Steven Goulden, Deborah Gunsett, Gertrude Gunsett,
Susan Hacker, Christopher Jones, Toni Kamins, Lucie Karçic, Janet Kramer,
Connie Laine, Henrique Lemle (1909–1978, Brasilien), Perez Leshem (Israel), Eckard Lorenz,
Linda Lutzak, Shulamit Magnus, W. S. Matsdorf (Australien), Dietlinde Nitta, Leon Perkal,
Alex Preminger, Dennis Rohrbaugh, Katherine Rosenthal, Daniel Schwartz,
Manfred Schwarz (Brasilien), Frieda Sichel (1889–1976, Südafrika), Steven Siegel, David Szonyi,
Margaret Tiedemann, Helga Tilton, Shalom Weyl.

Wissenschaftlicher Beirat

Dr. Werner Berthold, Deutsche Bibliothek, Frankfurt/Main
Prof. Dr. Hans Booms, Präsident des Bundesarchivs, Koblenz
Prof. Dr. Lewis J. Edinger, Columbia University, New York
Dr. Werner Röder, Institut für Zeitgeschichte, München
Dr. Curt C. Silberman, Präsident der American Federation of Jews from Central Europe, Inc., New York
Prof. Dr. Herbert A. Strauss, City College of the City University, New York

Inhalt

Geleitworte:
Martin Broszat, Curt C. Silberman IX

Einleitung:
Werner Röder, mit einem Beitrag von Herbert A. Strauss zur jüdischen Emigration und zur Tätigkeit der Research Foundation for Jewish Immigration XIII

Biographischer Teil 1

Decknamen, Pseudonyme, Namensänderungen 853

Verzeichnis der Abkürzungen 862

Verzeichnis der in Kurzform angegebenen Literatur 871

Geleitworte

Mit über achttausend Lebensgeschichten, die in den beiden Bänden des *Biographischen Handbuchs der deutschsprachigen Emigration* nachgezeichnet werden, dokumentieren das Institut für Zeitgeschichte und die Research Foundation for Jewish Immigration das Schicksal einer Gruppe, die in den bisherigen Forschungen zu Widerstand und Verfolgung unter dem Nationalsozialismus nur in sachlich, regional oder zeitlich begrenzten Teilaspekten behandelt worden ist. Obwohl der äußeren Form nach ein „Who's Who", also einem Nachschlagewerk über mehr oder weniger prominente Persönlichkeiten ähnlich, liegt die Besonderheit des Biographischen Handbuchs darin, daß die Auswahl des Personenkreises und das Schwergewicht der biographischen Information nicht primär durch Rang und Stellung innerhalb der bürgerlichen Gesellschaft eines Landes bestimmt sind, sondern durch eine gemeinsame historische Betroffenheit, die erzwungene Auswanderung aus dem Machtbereich des nationalsozialistischen Deutschlands. Die Daten zur individuellen Lebens-, Tätigkeits- und Werkgeschichte dokumentieren nicht in erster Linie Personen um ihrer selbst willen, sie sollen vielmehr gelesen und verstanden werden als Mosaikdarstellung eines überaus schmerzhaften, zum Teil irreversibel gewordenen Vorgangs, in dessen Verlauf sich etwa eine halbe Million Menschen zum Verlassen des politischen, gesellschaftlichen und kulturellen Lebenszusammenhangs ihrer deutschsprachigen Heimatländer gezwungen sahen.

Das Handbuch bleibt allerdings insofern „elitär", als auch hier die Aufnahme der Biographenden von Leistungskriterien abhängig gemacht werden mußte. Die Schwelle der Biographiewürdigkeit ist aber – wie in den Einleitungen der beiden Bände jeweils beschrieben – emigrationsspezifisch definiert worden. Viele heute kaum mehr bekannte Namen konnten damit aus der Vergangenheit zurückgeholt werden. Die Auswahl ragt sogar weit hinein in den Bereich der „durchschnittlichen", sonst in der Regel anonymen Sozialgeschichte der Emigration. Dies gilt insbesondere für das politische Exil, dem über die Hälfte der Biographien in Band I zuzuordnen sind und das auf diese Weise zu einem Fünfzehntel namentlich erfaßt sein dürfte. Hier vor allem war nicht nur der Rang in der „hohen Politik" ausschlaggebend, sondern der individuelle Beitrag auch in kleinen Gruppen und Kreisen, die im Untergrund und vom Ausland her dem Gewaltregime Widerstand leisteten. Die oft besonders tragischen Schicksale in der breiten sozialen „Unterschicht" der politischen Emigration konnten damit zumindest exemplarisch beleuchtet, im Vergleich zu ihrem Anteil am Gesamtexil freilich nicht in ihren vollen Ausmaßen dargestellt werden.

Die Emigration aus dem Dritten Reich und dem späteren „Großdeutschland" ist erst seit gut einem Jahrzehnt Gegenstand intensiver zeitgeschichtlicher Dokumentation und Forschung. Nach individuellen Pionierarbeiten, z.B. dem großen, sozialgeschichtlich orientierten Vorstoß Hans-Albert Walters in das Feld der Exilliteratur oder den regionalen Modelluntersuchungen von Werner Röder über das Exil in England und von Helmut Müssener über die deutschsprachige Emigration in Schweden, konnte in der Bundesrepublik dank der Förderungshilfe der Deutschen Forschungsgemeinschaft Anfang der 70er Jahre die bis dahin desolate Überlieferung durch die Sicherung und den Nachweis von Quellen unter Mitwirkung zahlreicher Institute und Archive entscheidend verbessert werden. Im Institut für Zeitgeschichte wurde mit der Errichtung eines aus jahrelanger Archivarbeit im In- und Ausland hervorgegangenen Zentralkatalogs auch ein dauerhafter Schwerpunkt in diesem Forschungsbereich unter der Leitung von Dr. Werner Röder begründet. Ohne diese Voraussetzungen hätten die 1972/73 begonnenen Arbeiten für das Biographische Handbuch schwerlich in Angriff genommen werden können.

Erste Planungen für das Projekt entstanden in Gesprächen, die Professor Dr. Herbert Strauss und ich Ende 1971 in New York führten. Die Kooperation mit der Research Foundation for Jewish Immigration war vor allem auf dem Gebiet der Emigration nach Amerika und Palästina von größter Bedeutung. Sie empfahl sich aber auch aus grundsätzlichen Erwägungen: Konnte es doch bei einer biographischen Darstellung des Gesamtgeschehens der Emigration nicht nur darum gehen, das zeitweilige Exil von politischen Gegnern des Nationalsozialismus abzubilden, das nach dem Sturz des Regimes meist mit der Rückkehr in die Heimat beendet wurde. Es kam vielmehr wesentlich darauf an, gerade auch den endgültigen „Transfer" von Menschen und Kultur durch die Vertreibung der jüdischen Bevölkerung repräsentativ zu dokumentieren, und zwar sowohl unter dem Aspekt des irreversiblen Verlusts für die Herkunftsländer wie unter dem Gesichtspunkt der Immigration und Akkulturation in den Niederlassungsstaaten. Damit sind die beiden beherrschenden Themen der Emigrationsgeschichte angesprochen: Die Abwanderung großer Teile der jüdischen Bevölkerung infolge der Rassenpolitik des Hitler-Regimes und das Exil als eine Form der Selbstbehauptung des „Anderen Deutschlands". Der Exodus der Juden beendete den so ungemein fruchtbaren Geschichtsabschnitt deutsch-jüdischen Zusammenlebens und leitete über zu einer Metamorphose seiner Kulturtradition im Milieu der Einwanderungsländer. Im wissenschaftlichen und literarisch-künstlerischen Bereich wurden infolgedessen neben langlebigen exilähnlichen Zuständen neue kreative Berührungen, Amalgamationen und Einflüsse angebahnt, die auch auf die deutschsprachigen Nachkriegsstaaten zurückwirkten. Ihre Bedeutung wird erst eine spätere Kulturgeschichtsschreibung voll ermessen können. Die vor allem im zweiten Band des Handbuchs vorgelegten Biographien bilden einen wichtigen Schritt in dieser Richtung. Die Biographien aus dem Bereich des politischen Exils sind dagegen eng verknüpft mit der Geschichte des Widerstands im Dritten Reich, der in seinen Auslandsgruppen den wesentlichen Rückhalt fand. Der erste Band des Handbuchs bringt nicht nur eine Vielzahl neuer Erkenntnisse und Richtigstellungen zu diesem Abschnitt deutscher und österreichischer Zeitgeschichte. Er erhellt auch die historische Bedeutung des Exils für die geistige und organisatorische Kontinuität einer autonomen antifaschistischen Tradition und die vielfältigen Verbindungslinien zwischen Exil und politisch-gesellschaftlichem Neuaufbau nach Kriegsende.

Die vom Nationalsozialismus durch Vertreibung und Mord erstrebte „Ausschaltung" zweier Gegnergruppen, von Juden und Sozialisten, geschah nicht voraussetzungslos. Wenn diese biographische Dokumentation von dem Geschehen auch nichts rückgängig machen kann, so vermag sie doch sicher zur Auflösung weiterwirkender Vorurteile beizutragen. Als Gemeinschaftsarbeit deutscher und jüdischer Historiker ist das Handbuch-Projekt auch von diesen Erinnerungen und Betroffenheiten begleitet gewesen. Sie haben die Zusammenarbeit aber nicht belastet, sondern im Gegenteil motiviert. Das Verdienst für das Gelingen des Gemeinschaftswerks gebührt vor allem den Leitern der beiden Arbeitsgruppen, Werner Röder und Herbert Strauss. Besonderer Dank gilt der Deutschen Forschungsgemeinschaft, die den Hauptanteil der Finanzierung übernommen hat.

PROF. DR. MARTIN BROSZAT
Direktor des Instituts für Zeitgeschichte München

Die Research Foundation for Jewish Immigration zeugt von dem Willen zur Selbstbesinnung unter den jüdischen Opfern des Nationalsozialismus und ist damit eine der Antworten, die die Überlebenden auf ihre vom NS-Regime geplante Vernichtung gefunden haben.

Das Forschungsprogramm der Research Foundation ist den kritischen Methoden der historischen Wissenschaft verpflichtet und gilt in erster Linie der Geschichte von Einwanderung und Akkulturation der nach 1933 aus dem deutschen Sprachbereich Europas vertriebenen und in den USA ansässig gewordenen Juden. Sie sind heute ein integrierter Bestandteil der pluralistischen Gesellschaft Amerikas. Ihr Beitrag schöpft vornehmlich aus der deutsch-jüdischen Tradition innerhalb einer offenen Demokratie. Die Research Foundation verdankt ihre geistigen und methodischen Grundlagen der Initiative ihres Generalsekretärs Prof. Dr. Herbert Strauss. Er leitet seit ihrer Gründung die Forschungs-, Interview-, Archiv- und Veröffentlichungsprojekte der Foundation in den USA und ist für ihre wissenschaftliche Kooperation mit Instituten des In- und Auslands einschließlich des Council of Jews from Germany zuständig. Gemeinsam mit Dr. Werner Röder vom Institut für Zeitgeschichte München hat er während einer siebenjährigen Entwicklungs- und Forschungsperiode auch die Leitung der Arbeiten für den jetzt vorliegenden Band des Biographischen Handbuchs der deutschsprachigen Emigration wahrgenommen.

Das Handbuch verdeutlicht die Einzigartigkeit der aus dem deutschsprachigen Kulturkreis vertriebenen Opfer des Nationalsozialismus. Es bezeugt, daß Selbstbehauptungswille dem Geist der Vernichtung überlegen ist. Anders als die kurzlebigen Triumphe des „Tausendjährigen Reichs" werden für künftige Generationen die geistigen und beruflichen Leistungen jener Männer und Frauen von nachhaltiger

Bedeutung sein, deren Lebenswege in den zwei Bänden des Handbuchs beschrieben sind. Ihre Biographien stehen stellvertretend für die Siege und Niederlagen, für Wanken und Behauptung der vielleicht 500 000 vom Nationalsozialismus Vertriebenen. Weiterführende Forschungen werden zu prüfen haben, wieweit sich mit allgemein anwendbaren wissenschaftlichen Maßstäben ihre Lebenswege auch über Verfolgung und Emigration hinaus als gemeinsames Schicksal erfassen lassen.

Die Entstehung des Handbuchs ist ein Beispiel für die nach der nationalsozialistischen Katastrophe wiederhergestellten Beziehungen zwischen der Bundesrepublik Deutschland und den aus dem deutschen Kulturkreis vertriebenen Juden. Diesem auf gegenseitiges Verständnis abzielenden Geist entspricht das vom Institut für Zeitgeschichte und der Research Foundation for Jewish Immigration herausgegebene Werk. Seine wissenschaftliche Bedeutung als Dokumentation der weltweiten kulturellen und gesellschaftlichen Wirkungen und Wechselwirkungen wird durch die Förderung unterstrichen, die das Projekt auf beiden Seiten des Atlantik durch die Deutsche Forschungsgemeinschaft, das National Endowment for the Humanities und andere Einrichtungen erfahren hat. Nicht zuletzt verdanken wir das Werk der Hingabe der zahlreichen ehrenamtlichen und hauptberuflichen Mitarbeiter in aller Welt, insbesondere jedoch den beiden wissenschaftlichen Leitern der Projektarbeiten und den zuständigen Gremien des Instituts für Zeitgeschichte und der Research Foundation for Jewish Immigration. Mit dieser bisher einmaligen Dokumentation des menschlichen Widerstandsgeistes, des Neuaufbaus im Untergang und des ungebrochenen Willens zur schöpferischen Tätigkeit für Gemeinschaft und Gesellschaft haben sie eine unerläßliche Grundlage für weitere Forschungen geschaffen.

DR. CURT C. SILBERMAN
Chairman, Research Foundation for Jewish Immigration, Inc., New York

Einleitung

Flucht und Vertreibung gehören seit jeher zu den Begleiterscheinungen gewaltsamer Konfliktaustragung. In der Epoche des modernen Imperialismus, der Nationalismen und der Weltideologien ist die Verdrängung ganzer Volksgruppen aus ihrer angestammten Heimat zu einem häufig angewandten Mittel der politischen oder sozialen Konsolidierung im Inneren bzw. der Inbesitznahme fremder Territorien geworden. Angesichts der Überwachungs- und Verfolgungstechniken neuzeitlicher Polizeistaaten finden oppositionelle Richtungen immer häufiger nicht im Lande selbst, sondern im Exil ihr eigentliches Zentrum: Für Führungskader und Anhänger, die sich durch politische Aktivität exponiert haben, ist die Emigration oft einzige Alternative zu Tod oder langjähriger Einkerkerung; nonkonformistischen Intellektuellen kann das Exil letzte Zuflucht vor dem Verlust der geistigen und moralischen Identität bieten; für schöpferisch Tätige erscheint das zeitweilige Ausweichen in eine fremde Umwelt als Rettung vor Sprachlosigkeit und Verkümmerung in der Heimat. Der innere Widerstand, der sich erst in Krisenzeiten eines solchen Regimes erneut formieren kann, erhält in der Regel durch seine emigrierten Eliten den ideologischen Überbau und die Anleitung zu koordinierter Aktion. Das Exil ermöglicht das Weiterleben von politischen Kulturen, die im Herkunftsland ihre Artikulations- und Entwicklungsmöglichkeiten eingebüßt haben.

Die erzwungenen Wanderungsbewegungen erfolgen heute in einer nationalstaatlich und zunehmend auch zivilisatorisch hochorganisierten Welt, die eine kollektive Verpflanzung von Kulturen, Lebens- und Wirtschaftsgewohnheiten in freie Siedlungsgebiete nicht mehr zuläßt. Wanderungszuwachs in größerem Umfang führt somit zu Substanzveränderungen bei allen beteiligten Gruppen: Für die aufnehmende Gesellschaft bedeutet er möglicherweise eine Verschiebung des sozialen, kulturellen, politischen oder wirtschaftlichen Gleichgewichts; bei den Eingewanderten ergibt sich der Zwang zur Anpassung an Lebensumstände und Verhaltensweisen der Umgebung als Mindestvoraussetzung für die Sicherung der materiellen Existenz. Ihre weitere Integration bewirkt letztlich eine neue Qualität der Gesamtgesellschaft, in der transformierte Elemente der Einwandererkultur oder zumindest die Erfahrungen des Aufnahmelandes bei der Assimilierung der zugewanderten Minderheit zum Ausdruck kommen. Noch nachdrücklicher wird ein Scheitern ihrer Eingliederung die gesellschaftliche Situation beeinflussen, da es früher oder später zu politischen, ökonomischen oder ethnischen Konflikten und zu sozialpathologischen Reaktionen bei Majorität und Minorität führen muß. Im Herkunftsland zeitigt die Eliminierung ganzer Bevölkerungsgruppen nicht nur materielle und geistige Produktivitätsverluste, sondern auch Veränderungen im gesellschaftlichen Bezugssystem, auf die sich das öffentliche Bewußtsein einzustellen hat.

Die mit den politischen Umwälzungen des 20. Jahrhunderts verbundenen Emigrationsbewegungen sind daher folgenreich genug, um als ein zentrales Anliegen von Zeitgeschichtsforschung, Soziologie und Kulturwissenschaft gelten zu können. Innerhalb der dritten Welt begleiten sie in zunehmendem Ausmaß die Konflikte zwischen Staaten und zwischen ethnischen Gruppen. In den industriell fortgeschrittenen Regionen sind sie mit dem Beginn der post-nationalstaatlichen Epoche von einer neuen, meist noch wenig beachteten Wanderung abgelöst worden: der Mobilität von Arbeitskräften und technologischem, administrativem und wissenschaftlichem Fachpersonal. Sie folgt in den Grundmustern der Integration, Akkulturation und Wirkungsgeschichte den europäischen Emigrationswellen der Zwischenkriegszeit.

Die deutschsprachige Emigration nach 1933 umfaßt annähernd eine halbe Million Vertriebene und damit etwa ein Zehntel der europäischen Fluchtbewegungen zwischen den beiden Weltkriegen. Die überwiegende Mehrheit ist durch die antijüdische Politik des Nationalsozialismus zur Auswanderung gezwungen worden; schätzungsweise 30 000 dürften als aktive Regimegegner ins Ausland geflohen sein. Ungeachtet ihres numerisch relativ geringen Anteils, der hinter den Massenwanderungen im Osten, auf dem Balkan oder in Asien weit zurückbleibt, kommt der Emigration aus den deutschen Sprach- und Kulturgebieten Mitteleuropas in der Zeit der NS-Herrschaft besondere Bedeutung zu. Zum einen markiert sie den

Endpunkt des jüdisch-deutschen Zusammenlebens, das vor allem im kulturell-wissenschaftlichen Bereich durch außerordentliche Leistungen geprägt war. Von entsprechender Signifikanz war deshalb auch die Wirkung dieser Gruppe in den Immigrationsländern bzw. der in ihren Herkunftsstaaten zu verzeichnende Wanderungsverlust. Die Zerstörung der jüdischen Gemeinschaften in Mitteleuropa durch erzwungene Emigration und schließlich durch den Holokaust leitete wirkungsvoller noch als die Gründung des Staates Israel die post-emanzipatorische Ära der jüdischen Geschichte ein. Für die Geschichte der politischen Kultur Deutschlands und Österreichs ist die Emigration nach 1933 ein weiteres Beispiel für die Heimatlosigkeit demokratisch-oppositioneller Kräfte. Anders als seine historischen Vorläufer bot das politische Exil in der nationalsozialistischen Zeit jedoch den einzigen Freiraum für Planen und Handeln, der sich nicht nur dem allumfassenden Unterdrückungsapparat des totalitären Regimes, sondern auch seinen unmittelbaren geistigen und psychischen Einwirkungen entzog. Dies war um so bedeutungsvoller in einer Periode, in der sich die Entwicklung Deutschlands auf eine historische Zäsur zubewegte und entscheidende Neuordnungen auf dem europäischen Kontinent bevorstanden: so etwa die Zerschlagung des Deutschen Reichs, der Bevölkerungstransfer aus den abgetrennten Ostgebieten und aus der Tschechoslowakei, die Bildung einer österreichischen Staatsnation und der Konflikt um die Einflußzonen der Sowjetunion und der Westmächte in Europa. Das Exil hat nicht nur frühzeitig zu diesen bereits absehbaren Veränderungen Stellung bezogen, sondern teilweise selbst aktiven Anteil am politischen und geistigen Neuaufbau in den Nachfolgestaaten des Deutschen Reichs und in der Republik Österreich genommen.

Erzwungene Auswanderung und politisches Exil unterscheiden sich in erster Linie durch die fortdauernde Identifizierung des Exulanten mit seinem Herkunftsland und den Wunsch nach Rückkehr. Die unmittelbar politischen Anlässe und ein früher Zeitpunkt der Emigration, die Wahl eines Nachbarstaats zum vorübergehenden Aufenthalt, die Teilnahme an Exilpolitik oder Exilinstitutionen und letztlich die Rückkehr nach Kriegsende sind zwar wichtige Indikatoren für die methodologisch nützliche Trennung zwischen einer auf Endgültigkeit gerichteten Auswanderung und dem Status des Exulanten, der auf baldige Heimkehr nach dem Sturz des feindlichen Regimes hofft. Die Veränderlichkeit von gesellschaftlichem Bewußtsein und politischen Zielvorstellungen sowie die Vielzahl unterschiedlicher individueller Motivationsmöglichkeiten schließen jedoch eine *pauschale und für die Gesamtperiode gültige* Kategorisierung auf dieser Grundlage aus: Emigranten, die als aktive Gegenspieler des Nationalsozialismus vor politischen Nachstellungen geflohen waren, haben sich früher oder später als Einwanderer gefühlt und ihre volle Integration in die Gesellschaft des Aufnahmelands erstrebt. Andererseits haben zahlreiche „rassisch" Verfolgte über lange Zeit hinweg den Entschluß zur dauerhaften Niederlassung zugunsten einer möglichen Heimkehr hintangestellt. Die Rückwanderung nach Kriegsende schließlich war von vielfältigen Umständen privater, wirtschaftlicher und administrativer Natur abhängig, so daß auch ein Verbleiben im Aufnahmeland nicht mit letzter Schlüssigkeit über individuelle Bindungen Auskunft geben kann. Der Begriff „deutschsprachiges Exil" umschreibt somit einen Teilbereich der Gesamtemigration mit fließenden Grenzen und personeller Mobilität. Exil und erzwungene Auswanderung sind nicht allein durch den gemeinsamen Verursacher, durch das über weite Abschnitte hinweg identische Emigrationserlebnis und als geschichtlich relevante Folgewirkungen der nationalsozialistischen Herrschaft miteinander verbunden; auch aus heuristischen Gründen wird erst die Parallelität der Dokumentation und Analyse beider Phänomene zu ihrem vollen Verständnis führen.

I

Die Ernennung Adolf Hitlers zum Kanzler des Deutschen Reiches und die ihr folgende Durchdringung des öffentlichen Lebens mit den Formen und dem Geist des Nationalsozialismus bedeuteten – so Rabbiner Leo Baeck 1933 – das „Ende der zweitausendjährigen Geschichte der Juden in Deutschland".

Juden waren mit der römischen Eroberung den Verkehrswegen und Flüssen entlang nach Nordeuropa gekommen. Ihre erste Erwähnung auf deutschem Boden findet sich in einer römischen Urkunde aus der Zeit Konstantins des Großen, die in Köln gefunden wurde. Die spärlichen, aber doch aussagekräftigen Urkunden der Folgezeit zeigen, daß sie bis etwa in das 10. Jahrhundert hinein als nichtchristliche Minderheit sozial und ökonomisch ihren Nachbarn im wesentlichen gleichgestellt waren. Mit der allgemeinen Wendung der Kirche gegen Ketzer und Außenseiter, die in der Ausrottung der Waldenser und Albigenser einen Höhepunkt fanden, wurden auch die Juden zum Objekt kirchlicher Verfolgung. Die rheinischen Juden und die Juden am Main, etwa in Städten wie Würzburg, stießen so zur Zeit der Kreuzzüge auf eine zunehmende, auch wirtschaftlich motivierte Feindseligkeit der Umwelt und erlitten Verfolgung durch den die Kreuzritterheere begleitenden Mob. Kirchliche

Ordnung hatte sie auf Handel, auch mit den noch seltenen Edelmetallen, und auf Geldleihe abgedrängt, und als die Kirche fürchtete, daß sie christliche Leibeigene zum Judentum bekehren könnten, verbot man ihnen den Landbesitz. Die wirtschaftlich-sozialen Entwicklungen und Umschichtungen des frühen und hohen Mittelalters brachten viele Juden in die neu entstehenden Städte, wo sich der Fern- und Nahhandel konzentrierte. Ihre Tätigkeit im Geldwesen erlaubte es den kirchlichen und weltlichen Feudalherren, die Juden als Steuerquelle für wachsende Geldbedürfnisse zu nutzen und sich nach dem Brauch der Zeit Privilegien für Niederlassung und Handel mit immer höheren Abgaben bezahlen zu lassen. Spätestens im 13. Jahrhundert wurden die Juden *servi camerales* und konnten gegen Geld oder Privilegien an weltliche und geistliche Herrschaften und Städte verkauft werden.

Das Aufblühen der Städte brachte die für die voremanzipatorische Zeit entscheidende Wende im Schicksal der Juden in Deutschland: Ihre Stellung als Außenseiter und *perfidi Judaei* war durch kirchliche Tradition mit wechselnden Interpretationen seit Jahrhunderten rechtlich sanktioniert worden. Nun gesellte sich mit dem allgemeinen Aufkommen der Geldwirtschaft zum religiösen Element des Judenhasses das Konkurrenzverhältnis zur christlichen Umwelt, die zunehmend selbst im modernen Sinne wirtschaftlich tätig und unabhängig wurde. Diese neue Gegnerschaft führte weitgehend zur Vertreibung der Juden aus den Städten im Gefolge akuter politischer und wirtschaftlicher Spannungen und zu einem Tiefpunkt in der Entwicklung des Judentums in Mittel- und Westeuropa.

Der Absolutismus leitete das Ende des jüdischen Mittelalters ein. Die jüdischen Fernhändler und Metallkaufleute übernahmen nun wichtige Funktionen beim Aufbau der Industrie- und Finanzwirtschaft merkantilistisch orientierter Staaten. Sie wirkten als Bindeglieder zwischen der vorwiegend agrarischen Grundstruktur dieser Territorialstaaten und den wirtschaftlichen Modernisierungsbestrebungen ihrer nach Expansion und zunehmender Militärmacht trachtenden Landesherren des späten 17. und des 18. Jahrhunderts. Die sozio-ökonomische Stellung der Juden blieb aber insgesamt auch weiterhin von mittelalterlichen Traditionen bestimmt: Im Westen Europas waren sie vor allem im Handel und in gewissen Sparten des Handwerks und der Manufaktur tätig. In Süd- und Westdeutschland siedelten sie in starkem Maße auf dem Land, wo sie nach wie vor wichtige Handelsfunktionen innerhalb der agrarischen Wirtschaft ausübten und somit den geistlichen und weltlichen Fürsten der frühen Neuzeit unentbehrlich waren. Typisch für das deutsche Judentum der voremanzipatorischen Zeit waren – weitaus mehr als die Frankfurter Judengasse – die ländlichen Judengemeinden in Bayern und Baden, Hessen und Württemberg, Westfalen und Schlesien. Sie entwickelten ihren eigenen Lebensstil und standen durch Jahrhunderte in antagonistischer Kooperation mit ihren bäuerlichen Nachbarn. Lediglich in den Städten wuchs nunmehr eine wirtschaftliche und intellektuelle jüdische Oberschicht heran, die von den geistigen Strömungen der Aufklärung und des Rationalismus erfaßt wurde, obwohl die Reglementiersucht des absolutistischen Beamtenstaats sie in ihrer Rechtsstellung als geduldete „Schutzjuden" zu isolieren suchte.

Die Mitte des 18. Jahrhunderts einsetzende Emanzipation der Juden in Deutschland verlief in einem anderen geschichtlichen Rhythmus und führte zu anderen Resultaten als die Parallelbewegungen im Westen und Osten Europas. Diese Verschiedenheiten erklären sich aus der unterschiedlichen Art, in der sich die Modernisierung vom feudalen Agrarstaat über den politischen Absolutismus zum frühkapitalistischen Handels- und Industriestaat vollzog. Wo die soziale Struktur frühzeitig zu Amalgamierungen zwischen traditionell feudalen oder hofadligen Schichten, den handeltreibenden Kreisen und der *gentry* führte oder wo Revolutionen die Entmachtung der traditionellen Herrschaftsschichten erzwungen hatten, gewannen die meist kleinen jüdischen Minderheiten ihren Platz im aufsteigenden Bürgertum und in seiner kapitalistischen Wirtschaftsweise. Im Gegensatz zu Westeuropa erhielt sich im Osten die agrarisch-feudale Ordnung bis in das späte 19. Jahrhundert und führte zu relativer Übervölkerung und Verarmung unter den auf Kleinhandel, Kleinhandwerk und Fuhrgewerbe beschränkten Juden; hier verspätete sich die Emanzipation oder nahm selektive Formen an, durch die zwar wirtschaftliche Oberschichten privilegiert wurden, die bürgerliche Emanzipation der jüdischen Gesamtbevölkerung aber spät und dann oft unvollständig erfolgte. Der in osteuropäischen Staaten bis nach dem 2. Weltkrieg virulente Antisemitismus ist so gesehen eine Spielart christlicher Traditionen und wirtschaftlicher Verhältnisse der vormodernen Zeit.

Die Emanzipation der Juden in Deutschland, die mit der napoleonischen Epoche zu einer ersten Reife kam, ist durch die wechselvolle Geschichte der Modernisierung Deutschlands bestimmt gewesen. Die *raison d'état,* die hinter der preußischen Reformära stand, führte zum Emanzipationsedikt vom 13. März 1812, das in den Staaten des Rheinbunds seine Entsprechung hatte. Mit dem Scheitern der bürgerlichen Reformphase und der um 1819 einsetzenden politischen Reaktion wurde auch die rechtliche Gleichstellung der Juden beschränkt. Der Gouvernementalismus des Vormärz trieb zwar die wirtschaftliche Modernisierung voran, versuchte aber gleichzeitig, die Integration des Bürgertums in das staatliche Herrschaftssystem zu umgehen und wandte sich ebenso gegen eine volle Emanzipation der Juden. Schichten, die von den Agrarkrisen betroffen waren oder sich vom Modernisierungsprozeß benachteiligt sahen – etwa das agrarische und handwerkliche Proletariat und das Kleinbauerntum, der Kleinhandel und das Kleinhandwerk –, vereinigten sich in sozialpolitischen Allianzen mit vorkapitalistischen Kräften wie Junkertum, „altem" Mittelstand, Teilen des Beamtentums, den (vorwiegend konservativen) Konsistorien und kirchlichen Hierarchien im Kampf gegen wirtschaftliche und politische Strukturveränderungen. Diese Konstellation band die rechtliche Gleichstellung der Juden an das Schicksal des politischen Liberalismus und den Erfolg der sozio-ökonomischen Modernisierung in Deutschland. Bismarcks Verfassung für das Kaiserreich gewährte dem Bürgertum zwar den eingeschränkten Konstitutionalismus, ließ jedoch wesentliche Elemente der politischen Macht- und Entscheidungskompetenzen in den Händen der traditionellen Kräfte um Thron und Altar, Offizierskorps und Ministerialbürokratie. Der wirtschaftlichen Modernisierung entsprach die politische Modernisierung nur in beschränktem Maße, dem bürgerlichen Liberalismus blieb der ausschlaggebende politische und gesellschaftliche Einfluß weiterhin versagt. Die Folgen dieses unvollkommenen Kompromisses zwischen monarchischer Machtstruktur, gesellschaftlichem Traditionalismus und wirtschaftlicher Modernisierung offenbarten sich auch in der ambivalenten Rolle der Juden im Kaiserreich. Ihre rechtliche Emanzipation war zwar in der Verfassung von 1871 verankert und ermöglichte die Integration der Juden in Parlamentspolitik, Wirtschaft und Kulturleben. Andererseits führte die der „Gründerzeit" folgende Wirtschaftskrise zu einer neuen Erscheinungsform des Antisemitismus, der gegen Ende des Jahrhunderts in weiten Kreisen des Großbauerntums, der konservativen Agrarier, der Beamtenschaft, des Offizierskorps und der akademischen Elite Verbreitung fand. Er fügte sich in den Kulturpessimismus und in die Vorstellung von einer naturgegebenen christlichen Staats- und Gesellschaftsordnung ein, die sowohl dem Bildungsbürgertum als auch den an der Macht gehaltenen Schichten zur ideologischen Untermauerung ihrer anachronistischen Positionen diente. Der Jude wurde zum Symbol einer Gegenwart, die man nicht bewältigen konnte. Das Paradox eines „christlichen Antisemitismus" war symptomatisch für die Schwäche und Ratlosigkeit, mit der die Kirchen den geistigen Problemen und sozialen Wandlungen des modernen Industriestaats begegneten. Der Niedergang des Liberalismus bzw. seine Umdeutung in eine großbürgerliche Wirtschaftsideologie gegen Ende des Jahrhunderts ließ die Mehrheit der Juden in Deutschland in politischer Isolierung. Für die jüdische Politik der Zeit erschien der Kampf um Durchsetzung der vollen Emanzipation als vorrangige Aufgabe. Kultureller Nationalismus und die Überzeugtheit von der christlichen Prägung der deutschen Kultur innerhalb des Bürgertums und der Oberschichten forderten jedoch von den integrationsbereiten Juden Opfer, die sie nur unter Aufgabe ihrer Religion bringen konnten. Obwohl sich die Mehrheit des deutschen Judentums redlich Mühe gab, den Forderungen der Umwelt nach kultureller Anpassung nachzukommen, erwies sich das allgemeine Verständnis von deutscher Nationalkultur als zu eng, um die gesellschaftliche Eingliederung der jüdischen Minderheit unter Beibehaltung ihrer Sonderexistenz auf religiösem Gebiet zu erlauben.

Die Entwicklung des deutsch-jüdischen Verhältnisses in der Republik von Weimar beruhte so auf historischen Wurzeln, die in das Kaiserreich und auf den Ersten Weltkrieg hinabreichten. Für die deutschen Juden brachte die Weimarer Republik die Erfüllung der fast 150 Jahre lang erstrebten Gleichstellung. Zwar hatte es in der unmittelbaren Nachkriegszeit antisemitische Exzesse gegeben, die den Haß auf die zu kriegsindustriellem Einsatz nach Deutschland gebrachten Juden aus Russisch-Polen mit Angriffen auf Juden in Politik und Wirtschaft verbanden. Diese Welle war jedoch nach 1923 einer allgemeinen Beruhigung gewichen. Der Glaube an den verfassungsmäßig garantierten Rechtsstaat schuf die Gewißheit, daß ein Zusammenleben zwischen jüdischen und christlichen Deutschen zu verwirklichen war. Politisch beruhte diese Gewißheit auf der Stabilität der von den Mittelparteien und der Sozialdemokratie getragenen Staatsführung. Die Politik des stärksten jüdischen Interessenverbandes, des *Centralvereins deutscher Staatsbürger jüdischen Glaubens* (Centralverein), der jüdischen Frontkämpferorganisation *Reichsbund jüdischer Frontsoldaten* (RjF) und damit der überwiegenden Mehrheit des Judentums in Deutschland zielte auf eine Allianz mit den Parteien der bürgerlichen Mitte. Auch die verhältnismäßig kleine zionistische Partei (*Zionistische Vereinigung für Deutschland* – ZVfD) und ihr rechter Flügel (*Jüdische Volkspartei,* Hauptsitz Berlin) waren, soweit sie sich am politischen Leben in Deutschland beteiligten, bürgerlicher Orientierung. Als der Einfluß der bürgerlichen Mittelparteien nach dem 7. September 1930 im Sog der Radikalisierung abbröckelte, wurde die jüdische Gruppe in Deutschland in ihrer organisierten Vertretung politisch heimatlos.

Von 1930 ab galt die Bekämpfung des Antisemitismus als Hauptanliegen bei den jüdischen Organisationen. Die auf Koalitionen der Mitte beruhende Politik der Weimarer Republik hatte bis zum Beginn der Weltwirtschaftskrise den anfangs nur am Rande oder regional aktiven Rechtsextremisten wenig politischen Spielraum gelassen. Unter den Bedingungen der gesellschaftlichen und politischen Krise fanden dann die stets latent gewesenen Elemente Antisemitismus, Nationalismus und Republikhaß in der jüdischen Minderheit einen gemeinsamen Gegner.

Der temporäre Sieg eines sozialreformerisch orientierten Liberalismus hatte eine verhältnismäßig große Zahl von Politikern jüdischer Herkunft oder jüdischen Glaubens in verantwortliche und sichtbare Stellungen gebracht. Die den republikanischen Kräften zugeschobene Schuld an der militärischen Niederlage Deutschlands und am Diktatfrieden von Versailles ließ sich auf diese Weise propagandistisch auch der jüdischen Minderheit anlasten: Schon während des Krieges hatte eine mit deutlich antisemitischer Spitze vom Preußischen Kriegsministerium organisierte „Judenzählung" unter den Frontsoldaten die Verbindung zwischen Judentum und mangelndem patriotischen Opfersinn herzustellen versucht; Dolchstoßlegende und innerer Zusammenbruch waren nach 1918 begrifflich kombiniert worden, um die militärische Niederlage an der Front und das strategische Scheitern der Heeresführung zu verdecken. In dieser Situation vermeinten die jüdischen Organisationen, dem bürgerlichen Rechtsstaatsdenken verpflichtet und an den Sieg des Rechts glaubend, den Antisemitismus durch Gerichtsverfahren bekämpfen zu können, bei denen sie sich auf die verfassungsmäßig garantierte Gleichberechtigung aller Deutschen vor dem Gesetz beriefen. Die geschickte propagandistische Ausnutzung dieser Verfahren durch die beklagten Antisemiten führte bald zu der Einsicht, daß die Gerichte nur ungenügenden Schutz gegen öffentliche Diffamierung boten. Damit wäre an sich ein politischer Weg zur Bekämpfung des Antisemitismus offen gewesen. Trotz vieler persönlicher Verbindungen zur Sozialdemokratie erlaubte es der bürgerliche Charakter der jüdischen Interessenvertretungen nicht, sich mit der sozialistischen Arbeiterbewegung oder mit einer – nie zustandegekommenen – Linkskoalition zu verbünden. Die großen Linksparteien hinwiederum hatten im Unterschied zu den jüdischen Organisationen zwar seit langem erkannt, daß der Antisemitismus von sozial gefährdeten Schichten mehr und mehr als die Lösung ihrer Schwierigkeiten angesehen wurde, unterschätzten jedoch seine zentrale Bedeutung bei der politischen Bekämpfung des Nationalsozialismus. Die seit 1930 mit Artikel 48 der Reichsverfassung amtierenden Regierungen zeigten sich gegenüber den Forderungen jüdischer Kreise nach staatlicher Abwehr des Antisemitismus unzugänglich.

37,3 bzw. 43,9 % der Wähler sahen 1932 und 1933 im Antisemitismus der Nationalsozialisten zumindest kein Hindernis für ihre Entscheidung zugunsten der NSDAP. Das politisch isolierte Judentum wurde damit zum Opfer der im Kabinett Hitler vertretenen antiliberalen Koalition.

In Österreich war der Antisemitismus im späten 19. Jahrhundert zum politischen Attraktions- und Integrationsmittel innerhalb des antimodernen und an den Folgen wirtschaftlicher Veränderungen leidenden Kleinbürgertums und der Landbevölkerung geworden. Wie in Deutschland fand auch in Österreich der Antisemitismus zunächst vor allem bei der deutschnationalen Rechten Unterstützung, wie etwa in Georg von Schoenerers Linzer Programm (1878) und seiner antiklerikalen und alldeutschen Demagogie. Der Nationalitätenstreit vor allem in Böhmen und Mähren und die Kombination von katholischer Sozialreform und Antikapitalismus (Lueger) führten in Österreich zu einer weitgehenden Durchdringung des politischen Lebens mit antisemitischem Gedankengut. 1922 gaben etwa zwei Drittel der Wähler ihre Stimme Parteien, die den Antisemitismus in ihrer Werbung unter den Bauern, dem Wiener Bürgertum und den Mittelschichten der Provinzwahlkreise benutzt hatten (Christlich-Soziale Partei 37 %, Nationalverband 31 %, verglichen mit 32 % sozialistischen Wählern). Diese Konstellation sollte für Österreich bis in die dreißiger Jahre Geltung behalten. Damit war in Österreich seit langem der Boden für Parteien bereitet, die als Vorläufer der NSDAP zu betrachten sind und von denen die NSDAP einen Teil ihrer Ideologie bezog.

II

Der Antisemitismus, der 1933 in Deutschland Teil der Regierungspolitik geworden war, brachte eine Haßideologie zur Herrschaft, die aus verschiedenen historischen Wurzeln stammte und sich unterschiedlichen sozialen Interessen und Ressentiments als Ersatzideologie empfohlen hatte. Seine Spielarten reichten von dem Sozialsnobismus altkonservativer Agrarier über den akademisch-romantischen Mononationalismus bis zur pathologisch-marginalen Phantasiewelt der völkischen Splittergruppen des Zweiten Reiches, auf der die Ideologie Hitlers aufgebaut war. Die Programme, die nach dem 1. Weltkrieg von den verschiedenen antisemitischen Gruppierungen veröffentlicht wurden, zeigten dementsprechend oft einen eklektischen Charakter. Gemeinsam war ihnen jedoch die bereits aus dem Vormärz und dem Kaiserreich stammende Idee der „Entfernung der Juden" (Hitler 1920) durch gesetzgeberische Akte. Ebenso traditionell war die von den Konservativen (Tivoli-Programm 1892) und den Deutschnationalen geforderte Entfernung der Juden aus allen Staatsämtern bzw. von Positionen des öffentlichen Lebens sowie die „Eindämmung" ihres Einflusses auf „die Presse" oder „die Kultur". Gleichermaßen vertraut war die Idee, die – ins Maßlose aufgebauschte – Einwanderung von Ostjuden zu beschränken (Treitschke) und die Juden in Deutschland entweder ihres Staatsbürgertums zu berauben oder sie unter Fremdenrecht zu stellen, d.h. sie auf den Status von Schutzjuden zurückzubringen, mit dem sie vor der Emanzipation „geduldet" worden waren und der ihre „Ausschaffung" zu einer stets anwendbaren Polizeimaßnahme gemacht hätte. Der Gedanke, daß die Juden durch Diffamierung und Fremdenrecht zur Auswanderung aus Deutschland gezwungen werden könnten, war bereits im Jahr 1912 in der alldeutschen Ideologie Heinrich Class' zu finden. Die das Judentum betreffenden Punkte des NSDAP-Programms von 1920 enthalten zwar keine direkten Hinweise auf eine zu erzwingende Auswanderung; die Haßliteratur der Nationalsozialisten forderte jedoch die Vertreibung der Juden aus Deutschland und vor allem ihre Abschiebung nach Palästina. Ostjuden waren im besonderen Objekt antisemitischer Agitation: Sie sollten an einem weiteren Zuzug gehindert und, soweit sie in Deutschland ansässig geworden waren, zur Emigration veranlaßt werden. Daß sich konservativer Nationalismus und der völkische Radikalismus über diesen Punkt und über die „Entfernung" der Juden aus weiten Bereichen des deutschen Lebens trotz aller Stil- und Methodenunterschiede einig waren, zeigt etwa eine schon nach dem Juli 1932 im preußischen Innenministerium ausgearbeitete Gesetzesvorlage dieses Inhalts. Auch Programmentwürfe, die vor und um den 30. Januar 1933 von NS-„Experten" und „Rassefachleuten" erstellt wurden, lassen erkennen, daß es das Ziel der künftigen Gesetzgebung sein sollte, die Juden zunächst aus dem öffentlichen Kulturleben und schließlich auch aus der Wirtschaft zu verdrängen, um sie im Endeffekt zum Verlassen des Landes zu zwingen.

Die Feststellung, daß die gesetzgeberischen Maßnahmen des Dritten Reiches die Auswanderung der Juden aus Deutschland bezwecken sollten, gilt für die gesamte antisemitische Politik des Dritten Reiches jedoch nur in beschränktem Maße. Es gab kein feststehendes antisemitisches Aktionsprogramm, sondern eine Reihe von mehr oder weniger radikalen Zielrichtungen innerhalb der polymorphen und polyzentrischen Ideologie- und Machtstruktur von Staatspartei und Bürokratie. Eine dieser Zielrichtungen, die physische Ausrottung der „Gegenrasse", gehörte seit jeher ebenfalls zum Arsenal des extremen Antisemitismus. Sie setzte sich 1941 gegenüber der Politik einer geographischen Verdrängung durch und führte zur europäischen Katastrophe des Holokaust.

Die Verfolgung der Juden im Dritten Reich war zu verschiedenen Zeiten verschieden intensiv und traf die einzelnen Berufsgruppen und Wirtschaftszweige in unterschiedlicher Härte. Maßnahmen gegen die Juden gehörten zwar zu den politischen Prioritäten des Nationalsozialismus, wurden jedoch von taktischen Überlegungen beeinflußt. Neben der Gesetzgebung des Reichs fanden in unübersehbarer Zahl Einzelmaßnahmen auf regionaler und lokaler Ebene sowie in einzelnen Sachbereichen statt. Die Reichsgesetzgebung verlor in der „Judenfrage" zu gewissen Zeiten sogar ihre universale Geltung, da sie durch außergesetzliche Aktionen aller Art durchlöchert wurde. Dies geschah vor allem in Form von antisemitischen Maßnahmen auf dem flachen Land und in Kleinstädten, wo die jüdische Minderheit der persönlichen Diskriminierung und dem Wirtschaftsboykott in der Regel stärker ausgesetzt war als in den Großstädten. Gesetzlich nicht gedeckte Praktiken gab es auch im Bereich der Wirtschaft, der Erziehung und der Rechtsprechung. Die NSDAP und ihre Unterorganisationen sowie die Geheime Staatspolizei und der Sicherheitsdienst, deren Einfluß auf die antijüdische Politik sich seit 1935/36 zunehmend bemerkbar machte, entwickelten neben den staatlichen Maßnahmen eigene Aktivitäten zur Diskriminierung und Einschüchterung der Juden. Die Gesetzgebung des Dritten Reiches erwies sich so in zahlreichen Fällen als *Ex-post-facto*-Legitimierung von Tatbeständen, die durch „ungesetzliche" Aktionen gegen Juden seitens der Partei bzw. der Landes- oder Kommunalbehörden geschaffen worden waren. Es bleibt hier dahingestellt, ob diese „Unordnung" nicht eigentlich als Bestandteil der „Ordnung" des NS-Systems anzusehen ist und die Funktion hatte, durch vollendete Tatsachen und den Druck von unten bei den noch nicht gleichgeschalteten Teilen des Staatsapparats und der an traditionellen Verfahrensregeln festhaltenden Verwaltungsbürokratie nationalsozialistische Ziele durchzusetzen. Die Entwicklung legt eine solche Interpretation nahe, zeigt aber auch, daß Initiativen zu antijüdischen Maßnahmen keineswegs auf Reichsregierung und Parteispitze beschränkt waren.

Unterschiedlich war schließlich auch die Beteiligung der „arischen" Bevölkerung an antisemitischen Maßnahmen bzw. ihre offene oder indirekte Ablehnung, wie sie etwa durch Einkauf in jüdischen Geschäften, durch die Weiterführung persönlicher Kontakte oder durch Nichtbeachtung nationalsozialistischer Propaganda- und Boykottaktionen zum Ausdruck kam. Wo regional oder schichtenspezifisch – z.B. innerhalb der Beamtenschaft – der Antisemitismus auf solche mehr durch Passivität als aktiven Widerstand artikulierte Vorbehalte traf, nahm der Wirksamkeitsgrad von Verfolgungsmaßnahmen und damit auch die Bereitschaft zur Auswanderung ab. Die Auswanderung selbst wurde anfänglich von keiner staatlichen Stelle oder jüdischen Organisation in die Wege geleitet. Sie war eine zunächst spontane Reaktion von einzelnen und von Familienverbänden, deren Zusammenhalt das jüdische Leben traditionell kennzeichnete.

Die Statistik der jüdischen Auswanderung spiegelt bis zu einem gewissen Grad die Entwicklung der antijüdischen Maßnahmen im Dritten Reich wider. Doch erschweren es das zeitlich verschobene Nebenher von staatlichen, „parteiamtlichen" und regionalen Aktionen und das unterschiedliche Verständnis der antijüdischen Politik unter den Verfolgten, einen kurzfristigen Zusammenhang zwischen einzelnen antisemitischen Maßnahmen und der Auswanderungsquote herzustellen. Hinzu kommt, daß neben der Emigration die Binnenwanderung den Juden zunächst die Möglichkeit bot, aus Dörfern und Kleinstädten in die Mittel- und Großstädte zu ziehen und so der persönlichen Anfeindung und dem wirtschaftlichen Boykott in der relativen Anonymität des städtischen Lebens zu entgehen. Eine direkte Korrelation wird schließlich auch durch die Zeitspanne erschwert, die für Emigrationsvorbereitungen angesichts der mehr und mehr restriktiven Einwanderungspolitik der europäischen und überseeischen Staaten veranschlagt werden muß. Zahlreiche Länder machten die Einwanderungserlaubnis von dem Nachweis abhängig, daß ein Immigrant imstande sein würde, entweder in einem Mangelberuf oder durch eigenes Vermögen seinen Lebensunterhalt selbst zu bestreiten. Weite Teile der jüdischen Bevölkerung in Deutschland, besonders die im Handel Tätigen und die Arbeiter, erfüllten diese Bedingungen nicht. Auch die hohe Überalterung der Juden in Deutschland erschwerte die Emigration, da viele Länder jüngeren Einwanderern den Vorzug gaben. Die Suche nach einem geeigneten Emigrationsziel kostete deshalb Zeit; viele ergriffen inzwischen Ausweichberufe oder ließen sich im Rahmen des „Umschichtungs"-Programms auf ein Handwerk oder einen landwirtschaftlichen Beruf umschulen. Für die Entwicklung der Auswanderung liegen nur Annäherungswerte vor. Die folgende Tabelle zeigt (in Tausend) die Schätzzahlen für die jüdische Emigration aus Deutschland unter dem Nationalsozialismus:

1933	**1934**	**1935**	**1936**	**1937**
37 000	23 000	21 000	25 000	23 000
1938	**1939**	**1940**	**1941**	**1942–45**
40 000	78 000	15 000	8 000	8 500

Insgesamt 278 500

Die Verfolgungsmaßnahmen, die als wichtige – wenn auch nicht als einzige – Faktoren mit der numerischen Entwicklung der jüdischen Auswanderung zeitlich in Verbindung zu bringen sind, lassen sich in etwa fünf Phasen zusammenfassen.

Die erste Phase vom Januar bis zum Sommer 1933 war durch den weite Teile des Reiches berührenden Terror gekennzeichnet. Die Gewalttaten der auch als Hilfspolizei eingesetzten Sturmabteilungen (SA) richteten sich allerdings in erster Linie gegen die politisch oder intellektuell exponierten Gegner des Nationalsozialismus. Die eigentlichen antijüdischen Maßnahmen dieser Zeit bestanden primär in der Gesetzgebung gegen sogenannte nichtarische Beamte, Universitätsangehörige, Rechtsanwälte und Richter sowie gegen Ärzte, denen zunächst die Zulassung zur Kassenpraxis entzogen wurde. Außerdem erließen Behörden, Kommunen und öffentliche Einrichtungen zahlreiche antijüdische Verordnungen, die über den reichsgesetzlichen Rahmen hinausgingen und z.B. Studenten von Prüfungen oder Rechtsanwälte von der Gerichtspraxis ausschlossen. Im gesamten Reich kam es zudem zu Massenentlassungen jüdischer Angestellter. Die Arbeitslosigkeit unter den Juden stieg 1933 auf 34 000 und blieb bis 1938 mit etwa 40 00 (von anfänglich 240 000 Erwerbstätigen aller Art) konstant. Die wirtschaftliche Bedrängnis der Selbständigen wuchs ebenfalls. Sie läßt sich an der zunehmenden Zahl der Anleihen ablesen, die von der eigens dazu geschaffenen *Jüdischen Wirtschaftshilfe* an in Not geratene Selbständige ausgegeben wurden.

Die zweite Phase der judenfeindlichen Maßnahmen dauerte vom Sommer 1933 bis zum Frühjahr 1935. Der offene Terror der ersten Monate wurde nun durch eine „schleichende Verfolgung" abgelöst, die auf spektakuläre Gesetzgebung und gewaltsame antisemitische Aktionen verzichtete. Diese Wendung stand im Zusammenhang mit dem Entschluß der Reichsregierung, die Wiederaufrüstung nicht Röhms „Volksheer", sondern der Berufsarmee zu übertragen und die dazu nötige militärische und industrielle Infrastruktur zu schaffen. Damit mußte auch der Erholung der Wirtschaft Priorität zugestanden werden. Ein weiterer Einfluß wurde seitens des Auswärtigen Amts geltend gemacht, dessen Auslandsvertretungen von negativen Wirkungen zu berichten wußten, die der Boykott der jüdischen Geschäfte vom 1. April 1933 vor allem in Westeuropa ausgelöst hatte. Auch durch die publizistischen Aktivitäten der politischen Emigration waren die Ereignisse in Deutschland inzwischen Gegenstand kritischer Aufmerksamkeit des Auslands geworden.

Durch die Prioritätenverschiebung wurde die antijüdische Politik der zweiten Phase vieldeutig und auch für die betroffenen Juden schwer durchschaubar. Partei- und Regierungsstellen betonten ihnen gegenüber in mehr oder weniger offenem Widerspruch zueinander die Vorrangigkeit des ungestörten wirtschaftlichen Wiederaufbaus und stellten z.B. den jüdischen Erwerbstätigen und Wirtschaftsgruppen künftighin „Schutz gegen Übergriffe" in Aussicht. Die gesetzliche Diffamierung verlangsamte sich und betraf jetzt vor allem ökonomisch weniger einflußreiche Gruppen wie freie Berufe, Studenten, Angestellte und Arbeiter, Juden im Kulturleben und den jüdischen Handel auf dem Lande. Auch die fortschreitende Minderstellung im Arbeits- und Personenstandsrecht und Boykottaktionen im Einzelhandel schienen vielen Juden gegenüber der scheinbaren Stabilisierung im wirtschaftlichen Bereich von geringerer Bedeutung zu sein.

Die dritte Phase vom Frühjahr 1935 bis zum September 1935 begann erneut mit Straßenterror, der im Juli 1935 in blutigen Krawallen in Berlin gipfelte. Er wurde auf Anordnung Hitlers beendet, als er unerwünschte Ausmaße und Wirkungen zu zeitigen schien. Am 12. September folgten dann die sogenannten Nürnberger Gesetze, die den Juden das Reichsbürgerrecht aberkannten, sie damit als zweitklassige „Staatsbürger" einstuften und die rassische Trennung von Juden und Nichtjuden gesetzlich verankerten. Die auf den Nürnberger Gesetzen beruhenden Verordnungen zum Reichsbürgergesetz entfernten alle noch verbliebenen „Nichtarier" oder mit Juden verheiratete Beamte, Universitätslehrer, Juristen usw. aus ihren Ämtern, schlossen die jüdischen Kunsthandlungen und engten die Tätigkeit der Juden in den freien Berufen weiter ein. Ungeachtet örtlicher Kampagnen gegen jüdische Geschäftsbetriebe wurde seitens des Regimes aber erneut versichert, daß die volkswirtschaftlich relevante Tätigkeit der Juden weiterhin von Diskriminierungen frei bleiben sollte.

Mit der vierten Phase von 1936 bis Herbst 1937 kehrte die nationalsozialistische Judenpolitik wieder zur „schleichenden Verfolgung" der zweiten Periode zurück. Zu den wirtschaftspolitischen Erwägungen kam hierbei noch die Rücksicht auf das internationale Ansehen des Reichs während der Olympischen Spiele von 1936. Ausschlußmaßnahmen gab es jetzt hauptsächlich bei Berufen mit halböffentlichem Charakter wie Buchprüfern, Steuer- und Devisenberatern, Apothekern, Tierärzten, Buchhändlern und Verlegern. Die noch bestehenden jüdischen Banken kamen unter verstärkten Arisierungs-Druck; örtliche Angriffe – etwa auf jüdische Viehhändler und Detailgeschäfte – wurden fortgesetzt. Das Ausbleiben weiterer, die Gesamtgruppe treffende Aktionen war trotz allem geeignet, in weiten Kreisen der jüdischen Bevölkerung die Nürnberger Gesetze als – möglicherweise vorübergehenden – modus vivendi erscheinen zu lassen, wenn die Reichsregierung nun wirklich zu ihrem öffentlich gegebenen Wort stehen und – zumindest für die nicht mehr Auswanderungsfähigen – eine Art von „Aussterbegemeinschaft" der Juden in Deutschland zulassen würde. Unter den meisten Verantwortlichen der jüdischen Organisationen setzte sich dagegen die Ansicht durch, daß die Auswanderung aller dazu Fähigen und Willigen das einzige Mittel geworden war, den deutschen Juden sinnvolle Lebensmöglichkeiten und eine konstruktive wirtschaftliche Existenz zu erhalten. Trotzdem blieb auch hier vielen der Blick auf die wahre Natur der nationalsozialistischen Judenpolitik verstellt.

Die fünfte Phase ab Herbst 1937 war von den diplomatischen und politischen Vorbereitungen für die militärische Expansion des Dritten Reichs bestimmt. Mit dem vollen Einsetzen der Kriegsproduktion bot sich der deutschen Industrie die Gelegenheit, durch Übernahme der bisher meist nicht unmittelbar beeinträchtigten jüdischen Großunternehmen in Industrie, Handel und Finanz an Kapazität, Rohstoff- und Devisenzuteilung zu gewinnen und bestehende Kartelle weiter auszubauen. Die Außenhandelspolitik Hjalmar Schachts hatte zudem die deutsche Wirtschaft durch bilaterale Clearingverträge mit Südosteuropa, Vorderasien und Südamerika von den westeuropäischen Märkten unabhängiger gemacht, so daß die Wirkungen einer verstärkten Judenverfolgung auf die öffentliche Meinung des Westens wirtschaftlich weniger ins Gewicht fallen mußten. Die Verschärfung der antijüdischen Maßnahmen 1937/38 stand mit den Kriegsvorbereitungen des Dritten Reiches auch durch die bereits in „Mein Kampf" bezeugte *idée fixe* vom genetisch bedingten zersetzenden Einfluß der Juden in Verbindung, den Hitler für die Niederlage im Ersten Weltkrieg verantwortlich machte. Je mehr die Möglichkeit einer bewaffneten Auseinandersetzung näherrückte, desto dringender erschien die Entfernung dieses gefährlichen Elements aus der den Juden noch verbliebenen Stellung, der Wirtschaft. Mit dem Herbst 1937 begann dementsprechend eine Flut gesetzgeberischer Maßnahmen, illegaler „Inschutzhaftnahmen" und anderer Formen des Drucks gegen jüdische Geschäftsleute. Mit staatlicher Hilfe und oft von physischem Zwang begleitet, wurde die Arisierung der größeren Unternehmen in Szene gesetzt. Am 1. April 1938 bestanden noch etwa 39 000 in der Mehrheit selbständige Unternehmen, etwa die Hälfte der für 1933 geschätzten Zahl von 80 000 Betrieben. Am 26. April 1938 mußten Juden, die mehr als 5 000 Reichsmark Vermögen hatten, ihr gesamtes Eigentum registrieren lassen, eine Maßnahme, die eindeutig ihre Enteignung vorbereiten sollte.

Die Wirkung der sich nach dem Anschluß Österreichs abspielenden Exzesse der österreichischen Nationalsozialisten gegen die Juden bewies, daß durch Brutalität und Terror eine Massenauswanderung erzwungen werden konnte. Gestapo und SD hatten sich verstärkt in die antijüdische Politik eingeschaltet und alle „legalen" und illegalen Druckmittel benutzt, um die Auswanderung der Juden zur Austreibung zu gestalten: Eine in Wien unter Leitung von Adolf Eichmann errichtete Zentralstelle für jüdische Auswanderung, die angeblich der Vereinfachung von Emigrationsprozeduren dienen sollte, benutzte brutalen Zwang,

Drohungen und Terror gegen jüdische Organisationen und Einzelpersonen mit dem Ergebnis, daß von den über 190 000 österreichischen Juden schon gegen Ende des Jahres 1939 annähernd 10 000 Personen mehr geflohen als ausgewandert waren.

Die von Goebbels und Hitler initiierte „Reichskristallnacht" vom 9./10. November 1938 fußte auf den durch Terror erzielten Emigrationserfolgen in Österreich. Die Zerstörung von jüdischen Gotteshäusern, die Zerschlagung des jüdischen Gemeinschaftslebens und die Verschleppung von etwa 30 000 Männern in die bisher vor allem den politischen Gegnern vorbehaltenen Konzentrationslager machte nunmehr unmißverständlich klar, daß die vieldeutig-taktische Polymorphie der nationalsozialistischen Judenpolitik auf die Zerstörung der jüdischen Existenzbasis in Deutschland abzielte. Zwei Monate später drohte Hitler in einer Reichstagsrede mit der physischen Vernichtung der Juden im Falle eines Krieges, also des bewaffneten Widerstands der ausländischen Mächte gegen seine Hegemonialpläne. Der Schock der „Reichskristallnacht" rüttelte das Gewissen der zivilisierten Welt wach und führte in einer Reihe von Ländern zu einer grundlegenden Änderung ihrer bisher restriktiven Einwanderungspraxis.

Die auf die Kristallnacht folgenden Maßnahmen zwangen die Inhaber zerstörter jüdischer Geschäfte, den vom nationalsozialistischen Mob verursachten Schaden zugunsten der Reichskasse „wiedergutzumachen". Außerdem hatten die Juden 1,25 Milliarden Reichsmark als „Kollektivbuße" für die Ermordung des Legationsrats Ernst vom Rath zu bezahlen, die als Vorwand für die zentral verordneten und gelenkten Pogrome gedient hatte. Jede wirtschaftliche Betätigung war nun zu Ende, die Unternehmen wurden entweder liquidiert oder zwangsverkauft. Ihrer bereits seit langem eingeschränkten Lebensbasis beraubt, gab es für die jüdische Bevölkerung nur noch die Möglichkeit des *sauve qui peut,* einer Massenflucht in Länder, die bereit waren, Juden aus Deutschland, Österreich und der besetzten Tschechoslowakei aufzunehmen. Wer zu alt dazu war, keine Verbindungen in Einwanderungsländer hatte oder zu arm war, um sich Einwanderungsmöglichkeiten zu verschaffen, verzehrte sein gespartes Vermögen, war auf die Zuschüsse von jüdischen Wohlfahrtsstellen oder Verwandten angewiesen oder wurde zur allmählich einsetzenden Zwangsarbeit verpflichtet. Der Kriegsbeginn ließ nur noch eine beschränkte Auswanderung in das neutrale Ausland oder nach Übersee zu.

Bereits am 28. Oktober 1938 waren zwischen 14 000 und 17 000 Juden polnischer Nationalität unter Heydrichs Leitung zwangsweise nach Polen abgeschoben worden, nachdem die Warschauer Regierung sich geweigert hatte, durch Paßerneuerung den Schutz ihrer im Ausland lebenden, hauptsächlich jüdischen Staatsangehörigen zu übernehmen. Im Herbst 1940 setzten in Baden, Stettin, Wien und Mährisch-Ostrau die ersten Deportationen ein. Im Oktober 1941 machte ein Erlaß Heinrich Himmlers der jüdischen Auswanderung ein Ende. Trotzdem ist bis Kriegsende noch etwa 8 500 Juden die legale oder illegale Emigration gelungen. Etwa 135 000 deutsche Juden wurden nach dem Osten deportiert. Von den Verschleppten sind zwischen Mai und Juni 1945 etwa 5 000 zurückgekehrt, die meisten aus dem Lager Theresienstadt. Annähernd 5 000 hatten den Krieg in Deutschland in der Illegalität überlebt oder waren von Freunden oder Nachbarn verborgen worden; weitere 15 000 Juden waren dank ihrer „arischen" Ehepartner von der Deportation verschont geblieben. So haben etwa 1,5 % der 1933 im Deutschen Reich lebenden Juden das NS-Regime im Inland oder in Lagern überlebt. Die verbliebenen 98,5 % sind entweder ausgewandert, in Deutschland eines natürlichen Todes oder durch Selbstmord gestorben oder im Holokaust umgekommen. Von den 275 000 bis 300 000 jüdischen Emigranten wurden schätzungsweise 30 000 Personen, die bei Kriegsbeginn in Westeuropa lebten und vor dem Einmarsch der Wehrmacht zum Teil als „feindliche Ausländer" interniert worden waren, während der deutschen Besetzung nach dem Osten deportiert und dort ermordet.

Die hier nur summarisch dargestellte Abfolge der judenfeindlichen Maßnahmen bestimmte zu einem wichtigen Teil die numerische Entwicklung der Auswanderung. Die Straßenaktionen und der SA-Terror der ersten sechs Monate trieben vor allem politisch exponierte oder persönlich gefährdete Juden in die Emigration. Aus der unbekannten Gesamtzahl dieser Flüchtlinge ist dann nach der Wendung der antijüdischen Politik von Mitte 1933 eine unbekannte Anzahl wieder nach Deutschland zurückgekehrt. Daneben wurden während der ersten radikalen Phase auch etwa 12 000 Juden ausländischer, meist osteuropäischer Nationalität zur Rückwanderung in ihre Heimatstaaten veranlaßt. Die relativ niedrige Zahl für 1935, einem durch eine gewisse Erholung des Detailhandels gekennzeichneten Jahr, schließt etwa 4 000 Repatrianten nach Osteuropa ein, im Vergleich zu 5 500 für 1934. Der Anstieg der Auswanderungsstatistik für 1936 läßt sich z.T. mit der Wirkung der Nürnberger Gesetze erklären. Die bis Mitte 1937 dauernde Verlangsamung der antijüdischen Maßnahmen zeigt sich in der Zahl von lediglich 23 000 für 1937; sie schließt jedoch nur 630 Repatrianten ein und deutet damit auf einen erheblichen Anstieg der eigentlichen Emigration. Die Auswanderungszahlen für die Jahre 1937 bis 1939 lassen sich mit den verschärften Berufsverboten von 1937/1938 und der Kristallnacht in Verbindung bringen. Für die Entwicklung nach 1940 sind Kriegsbedingungen und Auswanderungsverbot die wesentlichen Faktoren.

III

Die religiöse Gemeinschaft der etwa 525 000 Juden in Deutschland unterschied sich aus historischen Gründen von der demographischen Struktur ihrer Umwelt. Sie waren mit einem höheren Prozentanteil als die christliche Bevölkerung in Städten von über 100 000 Einwohnern vertreten: 1933 waren es 66 % aller Juden im Vergleich zu 26 % der Gesamtpopulation. Die Geburtenrate der Juden war seit dem späten 19. Jahrhundert so gefallen, ihre Überalterung und der dadurch bedingte Sterbeüberschuß so groß, daß ihnen bereits 1912 der demographische Untergang vorausgesagt worden war. Diese Tendenz wäre noch stärker in Erscheinung getreten, wenn nicht Einwanderer meist osteuropäischer Herkunft und meist jüngeren Alters – im Jahr 1933 etwa 20 % – das demographische Bild beeinflußt hätten. Darüber hinaus verlor die glaubensjüdische Gemeinschaft in Deutschland Mitglieder durch Übertritte zum Christentum, durch christlich orientierte Mischehen und durch Dissidenz. Die Gesamtzahl der unter den nationalsozialistischen Begriff der „Nichtarier" fallenden Personen in Deutschland einschließlich der Glaubensjuden und der sog. Mischlinge ersten und zweiten Grades wird auf etwa 870 000 geschätzt.

Auch die jüdische Berufsstruktur wies historisch bedingte Unterschiede gegenüber der Umwelt auf. Die Berufsentscheidungen der überalterten Judenschaft waren zum großen Teil bereits vor dem 1. Weltkrieg gefallen und auf die damals vorherrschenden wirtschaftlichen Zustände zugeschnitten. Der nach dem Weltkrieg und in der Wirtschaftskrise deutlich werdende Strukturwandel der Wirtschaft konnte deshalb von vielen jüdischen Erwerbstätigen nicht mehr mitvollzogen werden. Dies führte dazu, daß sie als Gesamtheit stärker krisenanfällig waren und mehr am Rande der industriellen Entwicklung standen als die christliche Bevölkerung. 1933 waren 61,3 % der erwerbstätigen Juden (im Vergleich zu 19,4 % der Gesamtpopulation) in Handel und Verkehr, 12,5 % (8,4 %) in den freien Berufen, 32,1 % (40,4 %) in der Industrie und im Handwerk und 1,7 % (28,9 %) in der Landwirtschaft tätig. Fast die Hälfte aller jüdischen Erwerbstätigen bezeichnete sich als Selbständige, etwa 43 % waren kaufmännische Angestellte und 8,7 % stuften sich als Arbeiter ein. Die Mehrzahl dieser Selbständigen gehörte zum unteren Mittelstand, der vor allem während und im Gefolge der Weltwirtschaftskrise zunehmend proletarisiert wurde. Die den Wirtschaftswerten vieler Juden innewohnende Tendenz zur Unabhängigkeit im Beruf hatte zur Gründung zahlreicher kleiner Reparatur- und Einzelverkaufsläden, Agenturen, Vertretungen usw. geführt. Von größerer volkswirtschaftlicher Bedeutung war die Rolle der Juden in gewissen Erwerbszweigen, so – wiederum aus historischen Gründen – in der Textil- und Pelzverarbeitung, im Metallhandel oder in der Privatfinanz, deren Bedeutung jedoch gegenüber den großen Aktienbanken und der Selbstfinanzierung der Großindustrie bereits seit Jahrzehnten zurückgegangen war. Einflußreich und von der nationalsozialistischen Ressentimentpropaganda ausgeschlachtet war die – häufig insgesamt mit dem Judentum identifizierte – Handelsform des Warenhauses und Großverkaufszentrums, wie sie für das 20. Jahrhundert in Deutschland und in allen Industrieländern vorherrschend werden sollte. Im Kohlebergbau und in der Schwerindustrie wie auch in der lange über ihre jüdischen Gründer hinausgewachsenen Chemie- und Elektroindustrie waren jüdische Unternehmen nur schwach oder gar nicht vertreten.

Die Reaktion der Juden auf die Verfolgung durch den Nationalsozialismus war so uneinheitlich wie das organisatorische Bild, das die jüdische Gemeinschaft 1933 bot.

Die Juden in Deutschland besaßen keine Gesamtvertretung. Bemühungen um eine solche jüdische Gesamtvertretung hatte es zwar schon seit 1870 gegeben, waren jedoch erfolglos geblieben. An ihre Stelle traten die Landesverbände der jüdischen Kultusgemeinden als Sprecher jüdischer Interessen. Einige dieser Landesverbände waren schon nach 1815 im Laufe der Judenemanzipation gegründet worden. Die Kultusgemeinde war die historisch typische Form jüdischen Lebens. Ursprünglich genoß sie als „Volksgemeinde" weitgehende Unabhängigkeit. Seit Beginn der Emanzipation war sie in ihren Funktionen jedoch beschränkt worden. Zuletzt wurde sie als Körperschaft des öffentlichen Rechts durch die vom Staat eingezogene Kirchensteuer mitfinanziert. Trotzdem überschritt der Wirkungsbereich der jüdischen Religionsgemeinden mit ihren kommunalen Wohlfahrtseinrichtungen, Erziehungsanstalten, Krankenhäusern, Altersheimen und wohltätigen Stiftungen den Charakter einer bloßen „Amtskirche".

Die neben den religiösen Gemeinden bestehenden Vereinigungen aller Art, die das informelle Gemeinschaftsleben der Juden bestimmten, waren teilweise weltanschaulich differenziert. Die überwiegende Mehrheit organisierte sich in dem 1893 auch zur Verteidigung gegen den damals stärker auftretenden Antisemitismus gegründeten *Centralverein deutscher Staatsbürger jüdischen Glaubens* und in seinen Jugend-, Frauen- und Studentengruppen. Der politische Zionismus, der in Deutschland schon vor dem

Auftreten Theodor Herzls in Ansätzen existiert hatte, verfügte bis 1933 nur über eine kleine Zahl von Mitgliedern und Sympathisanten, wuchs aber dann stark an und erreichte mit seiner Zeitung, der *Jüdischen Rundschau,* schließlich eine ebenso zahlreiche Leserschaft wie der Centralverein mit seiner *CV-Zeitung.* Der deutsche Zionismus unterschied sich vom politischen Zionismus Osteuropas vor allem durch mehr kulturell-akademische Ausrichtung, durch Orientierung auf praktische Kolonisationsarbeit und eine eventuelle Auswanderung nach Palästina. Darüber hinaus war er durch einen u.a. von Martin Buber und dem aus dem „Prager Kreis" früher Zionisten stammenden Journalisten Robert Weltsch vertretenen politischen Humanismus geprägt, der auf die klassische deutsche Philosophie zurückging und sich für Versöhnung und Zusammenarbeit mit den arabischen Völkern aussprach. Rechts vom Mehrheitszionismus *(Zionistische Vereinigung für Deutschland)* stand der Staatszionismus der *Jüdischen Volkspartei,* die dem radikalen Zionismus-Revisionismus V. Jabotinskis zuneigte, zur Linken schlossen sich die zahlenmäßig kleinen sozialistischen Jugend- und Arbeiterorganisationen an, die politisch mit den Arbeiter-, Kibbuz- und Gewerkschaftsbewegungen Palästinas in Verbindung standen. Einen deutschbürgerlichen Nationalismus und eine eher autoritäre Politik vertrat die Frontkämpferorganisation des 1. Weltkriegs, der *Reichsbund jüdischer Frontsoldaten.* Außerhalb dieser Gruppierungen betätigte sich eine Vielzahl jüdischer Vereine, in denen die im wesentlichen unpolitische, ehrenamtliche Gemeinschaftsarbeit in allen gesellschaftlichen Bereichen organisatorischen Ausdruck gefunden hatte.

Die von wechselnden Prioritäten und taktischen Rücksichten beeinflußte antisemitische Politik des Dritten Reichs war hinsichtlich ihrer Zielrichtung zunächst unklar. Die jüdischen Organisationen versuchten deshalb in erster Linie, die materiellen Auswirkungen der Verfolgung zu lindern. Weite Teile der jüdischen Bevölkerung waren durch die Weltwirtschaftskrise bereits vor 1933 in Not geraten. Die Kultusgemeinden und Wohlfahrtsorganisationen hatten hier mit Suppenküchen, Geld- und Lebensmittelzuwendungen, Kleinkrediten, Arbeitsnachweisen und anderen Mitteln Hilfe geleistet. Nach dem Beginn der NS-Herrschaft mußten die großen jüdischen Verbände um so mehr ihre Aufgabe darin sehen, durch „Hilfe und Aufbau" – so der Name einer Organisation der dreißiger Jahre – den Juden in Deutschland selbst eine wirtschaftlich erträgliche Existenz zu ermöglichen.

Zum zweiten Anliegen wurde bald auch die Vorbereitung der Emigration für jene, die fähig und willens waren, trotz weltweiter restriktiver Einwanderungspolitik und der vieldeutigen Praxis des NS-Regimes in der „Judenfrage" Deutschland zu verlassen.

Im September 1933 kam die erste und einzige Gesamtvertretung der Juden in Deutschland zustande, die *Reichsvertretung der deutschen Juden* in Berlin-Charlottenburg, die sich bald unter nationalsozialistischem Druck in *Reichsvertretung der Juden in Deutschland* umbenannte – es gab keine „deutschen Juden" mehr. Sie war als Dachorganisation von den großen Organisationen, den Landesverbänden und der Jüdischen Gemeinde Berlin gegründet worden. An ihrer Spitze standen fähige, zum Teil aus der Wirtschaft, dem Rechtsleben und aus der Ministerialbürokratie ausgeschiedene Verwaltungsfachleute. Die Reichsvertretung fungierte als Sprecher der jüdischen Bevölkerung und wurde auch von den ausländischen Hilfsorganisationen als Gesamtvertretung des deutschen Judentums anerkannt. Die Tätigkeit der Reichsvertretung konzentrierte sich angesichts ihrer Machtlosigkeit gegenüber dem Regime im wesentlichen auf die Sozialarbeit: Sie konnte die Auswirkungen der Diskriminierung mildern, hatte aber keinen Einfluß auf die Verfolgungspolitik oder auf die Aufnahmebereitschaft der Einwanderungsländer.

Der Einfluß der jüdischen Organisationen in der Grundfrage „Auswandern oder Aushalten" blieb verhältnismäßig gering. Auch war insgesamt die Haltung der jüdischen Gemeinschaft hierzu keineswegs einheitlich. Zumindest bis zum Erlaß der Nürnberger Gesetze im September 1935 konnte man an die Möglichkeit glauben, die NS-Judenpolitik werde sich durch die Realitäten der Innen-, Wirtschafts- und Außenpolitik mäßigen. Trotzdem deutet die nach 1933 rasch anwachsende Mitgliedschaft in zionistischen Organisationen an, daß ein Teil der jüdischen Bevölkerung der Entwicklung realistisch gegenüberstand und an Auswanderung dachte. Nach Erlaß der Nürnberger Gesetze setzte sich innerhalb der Reichsvertretung der zionistische Einfluß schon deshalb durch, weil Palästina bis 1936 die größte Möglichkeit bot, auch mittellose Angestellte, Schüler und Arbeiter anzusiedeln. Aber auch für die zionistischen Führer galt es, die wirtschaftlichen Positionen der Juden in Deutschland bis zum letzten Augenblick zu halten. Von 1936 an beruhte die jüdische Sozialpolitik in Deutschland auf dem weitgehenden Konsensus aller Gruppen. Nur zwei rechtsextreme Splittergruppen, die *Jüdische Volkspartei* auf der zionistischen Seite und der *Verband nationaldeutscher Juden* (VdJ), verfolgten radikale Tendenzen. Die *Jüdische Volkspartei* glaubte, auf der Grundlage des gemeinsamen Nationalismus mit der NSDAP zusammenarbeiten zu können, um eine schnelle Auflösung der jüdischen Gemeinschaft in Deutschland und die Massenauswanderung nach Palästina zu erreichen.

Aber selbst sie sah Mitte der dreißiger Jahre nur eine Jahresquote von etwa 25 000 Auswanderern vor. Ihr Leiter Georg Kareski überschritt das Maß der moralisch und menschlich zulässigen Annäherung an den Gegner und wurde nach seiner Emigration nach Palästina dort öffentlich desavouiert. Der mitgliedermäßig verschwindend kleine *Verband nationaldeutscher Juden* teilte die Illusionen der Deutschnationalen und versuchte, durch konsequente Verfechtung des Integrationsgedankens eine bereits verlorene Position zu halten. Auch die Politik des Verbands überschritt die Grenzen des moralischen Geschmacks und führte zu Absurditäten. Der Verband wurde 1936 – parallel zur endgültigen Entmachtung der ehemaligen DNVP-Parteigänger im öffentlichen Leben des Dritten Reichs – von den NS-Behörden aufgelöst.

Für die Auswanderungshilfe standen den Juden in Deutschland drei Organisationen zur Verfügung, die sie vor 1933 zur Unterstützung ausländischer Glaubensbrüder ins Leben gerufen hatten. Der 1904 gegründete *Hilfsverein der Juden in Deutschland* mit Sitz in Berlin und – ab 1936 – mit 18 Filialen in anderen Städten war für die Auswanderung nach Europa und Übersee mit Ausnahme Palästinas zuständig. Das *Palästina-Amt* in Berlin-Charlottenburg war eine Dienststelle der *Jewish Agency for Palestine*, die von der britischen Mandatsregierung Palästinas die Anerkennung als offizielle jüdische Interessenvertretung erhalten hatte. Das *Palästina-Amt* war befugt, Einwanderungsgenehmigungen (Zertifikate) für Palästina zuzuteilen und übte somit konsulatsähnliche Funktionen aus. Die dritte Organisation, die *Jüdische Wanderfürsorge* in Berlin, war nach dem 1. Weltkrieg aus dem Zusammenschluß älterer Hilfswerke hervorgegangen und sollte ausländische Arbeiter, Handwerker und Handelsleute in Deutschland betreuen. Nunmehr bestand die Hauptaufgabe der *Jüdischen Wanderfürsorge* in der Hilfe für Juden aus Osteuropa, die durch Wirtschaftskrise und Verfolgung verarmt oder arbeitslos geworden waren und jetzt in ihre Heimatländer zurückzukehren wünschten oder die Weiterwanderung in andere Länder betrieben.

Diese Hilfsorganisationen entwickelten sich zu zentralen Leitstellen der jüdischen Auswanderung. Das *Palästina-Amt* bereitete die Auswanderungswilligen durch persönliche Beratung, Sprachschulung und Aufklärung über die wirtschaftlichen Verhältnisse auf das ungewohnte Leben in einem Entwicklungsland vor, leistete juristische Hilfe bei der Erledigung der notwendigen Formalitäten und finanzierte die oft gruppenweise Ausreise mittelloser Emigranten. Allein im Jahre 1933 suchten dort 30 000 Juden Rat und Hilfe. Das Amt arbeitete darüber hinaus mit den Siedlerkollektiven in Palästina zusammen und errichtete ein Netz von Schulungs- und Umschulungszentren im In- und Ausland für die Unterweisung in landwirtschaftlicher Arbeit und für handwerkliche Ausbildung. Das weiteren organisierte das *Palästina-Amt* die Auswanderung von Jugendlichen in das Jugenddorf Ben Schemen und andere Siedlungen, die zum Teil von der 1933 in Berlin entstandenen *Jugendalija* gegründet worden waren.

Von wesentlicher Hilfe für die Palästina-Auswanderung war das Mitte 1933 namens der *Jewish Agency for Palestine* geschlossene Abkommen mit dem Reichsfinanzministerium. Demnach konnten jüdische Palästina-Auswanderer ihre Vermögenswerte in Deutschland einzahlen und zu einem den normalen Sperrmark-Wechselkurs übersteigenden Wert in Palästina durch die zu diesem Zweck errichtete *Haavara Ltd.* entschädigt werden. Im Gegenwert der Einzahlungen wurden von *Haavara Ltd.* deutsche Industrieerzeugnisse in Palästina und im Nahen Osten abgesetzt. Obwohl das NS-Regime dadurch im allgemeinen keine Devisengewinne erzielte und dem Aufbau Palästinas wichtige Kapitalien und Industrieprodukte zugeführt wurden, rief diese Form des Devisentransfers erhebliche Kritik bei den jüdischen Organisationen im westlichen Ausland hervor, die ja 1933 einen Wirtschaftsboykott gegen das Dritte Reich erklärt hatten. Als im Jahre 1937 die Möglichkeit eines jüdischen Staates in Palästina näherrückte, traf das Haavara-Verfahren auch auf Widerstand bei der Auslandsorganisation der NSDAP und im Auswärtigen Amt. Trotzdem blieb das Abkommen bis zum Kriegseintritt Englands am 3. September 1939 in Kraft, da sich Hitler von einem jüdisch-arabischen Konflikt Schwierigkeiten für den potentiellen Kriegsgegner Großbritannien zu versprechen schien. Die Gesamtsumme von 139,6 Millionen RM, die durch Haavara transferiert wurde, war für das deutsche Nationaleinkommen in Höhe von 42,6 Milliarden bzw. 85,5 Mrd. RM in den Jahren 1933 und 1939 kein entscheidender Faktor, bedeutete aber wichtige Entwicklungshilfe beim Aufbau des künftigen jüdischen Staates.

Der *Hilfsverein der deutschen Juden* war schon im Jahr 1904 zur Unterstützung der bedrängten Juden in Osteuropa ins Leben gerufen worden und hatte noch vor dem 1. Weltkrieg maßgeblich am Aufbau der Technischen Universität Haifa (Technion) mitgewirkt. Angesichts der Erfahrungen mit der meist ungeregelten Flucht von Juden in den ersten Monaten nach der Machtergreifung versuchte der Hilfsverein, durch ein weltweites Netz von Korrespondenten über die politischen, kulturellen und wirtschaftlichen Verhältnisse in Niederlassungsländern aufzuklären. Er veröffentlichte zu diesem Zweck ein Korrespondenzblatt und belieferte die jüdischen Zeitungen mit detaillierten Informationen. Darüber hinaus leistete der Hilfsverein auch unmittelbare Emigrationshilfe:

Der jüdische Auswanderer hatte eine Unzahl von Parteistellen und Behörden um Unbedenklichkeitserklärungen, Bescheinigungen, Quittungen, Zeugnisse und Genehmigungen anzugehen, bevor er – in der Regel seines Vermögens beraubt – einen Paß erhielt, um dann das zweite Fegefeuer, die ausländischen Konsulate mit ihren oft absichtlich hochgeschraubten Forderungen nach Zeugnissen, Zertifikaten, Krankheitsgeschichten, Affidavits, Impfungen, Vorzeigegeldern, Kautionen, Depositen, Landegeldern etc. zu durchlaufen. Der Hilfsverein stand in allen Phasen dieser oft absurden bürokratischen Prozedur zur Unterstützung bereit, verhandelte auch mit den Konsulaten und hielt Verbindung mit ausländischen Hilfsorganisationen aufrecht. Man half mittellosen Auswanderern und gab ihnen – oft als Anleihe – die bei der Einreise vorzuweisenden Barbeträge mit. Vertreter des Hilfsvereins unternahmen längere Reisen ins Ausland, u.a. nach Ostafrika, um Möglichkeiten der Einwanderung und Siedlung in bisher wenig beachteten Regionen zu erkunden. 1936 organisierte der Hilfsverein kurzfristig die Reise von 540 Juden auf einem gecharterten Dampfer nach Südafrika, um einem neuen Einwanderungsgesetz zuvorzukommen, unter dem auch bereits erteilte Visa ungültig zu werden drohten.

All diese Aktivitäten wurden durch die private Wohltätigkeit der Juden in Deutschland und durch Beiträge der jüdischen Organisationen des Auslands, vor allem in den USA, in England und Frankreich, finanziell ermöglicht. Trotz dieser intensiven Hilfstätigkeit war die Auswanderung in keiner Weise zentral gelenkt. Es gab keine jüdische Nebenregierung, deren Befehle die deutschen Juden hätten ausführen können. Die Reichsvertretung war eine Dachorganisation von typisch bürgerlichen Vereinigungen, und die jüdischen Kultusgemeinden hatten keine „Auswanderungspolitik". So war der Entschluß zur Emigration eine Sache des einzelnen und in jedem Falle von der Komplexität, die lebenswendende Entscheidungen dieser Art zu haben pflegen. Ein wichtiges Element beim Auswanderungsentschluß war natürlich die persönliche Exponiertheit gegenüber rassischer oder politischer Verfolgung. Wer durch die Wirtschaftskrise und das NS-Regime arbeitslos geworden war, sein Geschäft eingebüßt hatte, seine Karriere zerstört sah oder aus dem Staats-, Land- oder Gemeindedienst verjagt worden war, mußte seine weiteren Existenzchancen in Deutschland als gering ansehen; auch Schulentlassene ohne berufliche Zukunft, Studenten, die zur Prüfung und bald auch zum Studium nicht mehr zugelassen wurden, sowie die auf zionistischer oder sozialistischer Seite politisch engagierten Juden erkannten die Notwendigkeit der Emigration frühzeitiger als die zahlreichen Firmeninhaber, Einzelhändler, Handwerker, Vertreter oder Angestellten, die bis Anfang 1938 – wenn auch unter gewissen Erschwernissen – ihren Geschäften nachgehen konnten. Juden, die am eigenen Leibe oder durch das Schicksal von Bekannten und Verwandten die physische Brutalität des NS-Regimes erlebt hatten, suchten eher Sicherheit durch Wanderung, zunächst in die Städte, dann ins Ausland. Jüngere Menschen faßten den Entschluß zur Auswanderung leichter als ältere; andererseits begrenzte der starke Zusammenhalt der jüdischen Familie die Einzelwanderung von Jugendlichen. Angesichts dieser Komplexität sind letztendlich nur die nationalsozialistischen Verfolgungsmaßnahmen insgesamt der wirkliche gemeinsame Nenner, auf den sich die individuellen Motive und Anlässe der Auswanderung bringen lassen.

Daß während dieser Jahre ein jüdisches Leben in Deutschland möglich war und daß dieses Leben kulturell und sozial eher intensiviert werden konnte, war zu einem Teil auch in der Diskriminierung selbst begründet. Die zunächst geheime Aufrüstung, die schrittweise Lösung der internationalen Vertragsverpflichtungen der Nachkriegszeit und die Vorbereitung der auf kontinentale Hegemonie abzielenden militärischen Expansion durchliefen politische Gefahrenzonen, die durch eine bewußte Täuschung der Welt über die Ziele des Regimes entschärft werden sollten. Diese „Friedenstaktik" konnte durch die Vorspiegelung einer „legalen" Lösung der „Judenfrage" und durch das Trugbild eines ungestörten, wenn auch separaten Kultur- und Religionslebens der Juden in Deutschland wirksam unterstützt werden. Aktiver Widerstand lag für die deutschen Juden außerhalb ihrer organisatorischen Möglichkeiten und ihrer kulturellen Tradition, selbst wenn ihre bürgerliche Sicht der Politik es ihnen erlaubt hätte, „illegale" Aktionen gegen die herrschende Staatsordnung zu erwägen. Ihr schon vor 1933 sehr vom Ideologisch-Philosophischen geprägtes Milieu legte statt dessen Formen der inneren Opposition nahe, die auf die Erziehung und das geistige Leben ausgerichtet waren. In weiten Kreisen der Kriegsgeneration hatte sich zunehmend die Ansicht verbreitet, daß die Aufgabe jüdischer Traditionen ein zu hoher Preis für die Integration in ein Nationalbewußtsein sei, das sich der Möglichkeit eines religiös-kulturellen Pluralismus verschloß. Die Welle nationaler Begeisterung, die große Teile des deutschen Volkes nach der Machtübernahme Hitlers ergriff, schuf zudem eine Atmosphäre, in der der politische Sieg der NSDAP als Ende der emanzipatorischen Epoche und als Neubesinnung auf die jüdischen Wurzeln, als Wendung nach Innen und damit als geistige Reaktion auf die Illusionen einer dauerhaften Integration der Juden in Deutschland begriffen werden konnte.

Die religiös gebundene jüdische Gemeinschaft war im Kern eine „ethnische Minorität", d.h. aufgrund ihres

Brauchtums, ihrer Gemeinschaftstradition und ihres Sozialverhaltens mehr als nur eine konfessionelle Minderheit. Die Emanzipation hatte die rechtliche Gleichstellung der Juden mit ihren christlichen Mitbürgern und eine weitreichende wirtschaftliche und kulturelle Integration bewirkt. Im Jahre 1933 zählten die jüdischen Kultusgemeinden annähernd 400 000 in Deutschland geborene Mitglieder; ihnen standen etwa 390 000 „Nichtarier" gegenüber, die der jüdischen Religionsgemeinschaft nicht angehörten. Diese religiös nicht mehr am Judentum orientierte Gruppe setzte sich aus Deutschen jüdischer Abstammung zusammen, die in der Regel in ihrem Bewußtsein von jüdischem Kulturgut unbeeinflußt waren. Dagegen bildete die jüdische Religionsgemeinschaft trotz des unter ihren Mitgliedern weitverbreiteten Selbstverständnisses, nichts weiter zu sein als Deutsche mosaischer Konfession, in ihrem Kern eine Sondergruppe. Ihr besonderer Charakter beruhte nicht auf gemeinsamer „Stammesherkunft", wie sie – in unhistorischer Weise – etwa den Franken oder Schwaben als Grundlage spezifischer Denk- und Verhaltensweisen zugeschrieben wird: Das traditionsgebundene Judentum in den ländlichen Gemeinden Süd- und Westdeutschlands, die aus Posen und Schlesien stammenden, ursprünglich dem ostjüdischen Siedlungstyp zugehörigen Juden, die sich oft in Berlin oder Breslau niedergelassen und nach 1918 für Deutschland optiert hatten, die etwa 100 000 Juden ausländischer, meist osteuropäischer Staatsangehörigkeit, die in Deutschland Wohnsitz genommen hatten und einen Teil der jüdischen Bevölkerung ausmachten – Gruppen *dieser* Art bestimmten die Sonderkultur und Eigenart der Juden in Deutschland, hielten Dialekt- und Sprachtraditionen der Voremanzipationszeit aufrecht, heirateten untereinander, wiesen eine besondere Sozialstruktur auf und pflegten Gebräuche, Sozial- und Wirtschaftswerte, Zeitvorstellungen und ein Weltbild eigenständigen Charakters. Diese Merkmale verliehen, als Einheit gesehen, der jüdischen Religionsgemeinschaft trotz aller Abstufungen zwischen Orthodoxie und Reform insgesamt jene „Ethnizität", die sich auch bei anderen Volksgruppen in kulturell heterogenen Staatsgebilden in Europa und in überseeischen Einwanderungsländern beobachten läßt. Der von ihren Gegnern so oft angegriffene Internationalismus war in der Tat ein Ausdruck des wachen Empfindens einer menschlichen und moralischen Verantwortung der Juden in Deutschland für notleidende Angehörige ihrer über die Welt zerstreuten ethnischen Gemeinschaft. Die Herausbildung der deutschen „Nationalideologie" (Mosse) integrierte zwar Bayern oder Württemberg mehr oder weniger in das preußische Kaiserreich, hatte aber kein Konzept für eine echte Koexistenz mit einer ethnischen Sondergruppe wie der jüdischen – trotz der einzigartigen Bereicherung, die das Kultur- und Geistesleben in Deutschland auf fast allen Gebieten durch die Juden erfuhr.

Die durch Jahrzehnte von jüdischen Theologen, Philosophen, Propagandisten und Publizisten unternommenen Versuche, zu einer klaren Definition des „Wesens" des Judentums zu kommen, waren in der Hoffnung erfolgt, der christlichen Mitwelt die offenbar bestehenden sozio-kulturellen Unterschiede aus deren Sicht erklärbar und akzeptabel machen zu können. Sie scheiterten daran, daß dem nationalen Selbstverständnis in Deutschland die Vorstellung von einem ethnischen Pluralismus, also einer gemeinsamen nationalen Identität trotz unterschiedlicher Kulturtradition und unterschiedlichem Volkstum fremd war. Allerdings war auch einer Vielzahl der religiösen Juden in Deutschland aufgrund erfolgreicher wirtschaftlicher Integration und Akkulturation nicht mehr bewußt, daß ihre Existenz objektiv vom ethnischen, d.h. subnationalen und durch Sozialverhalten geprägten Charakter des Judentums und nicht nur durch den Religionsunterschied mitbestimmt war. Seit der zweiten Hälfte des 19. Jahrhunderts verdeutlichte z.B. die Reaktion auf die jüdische Einwanderung aus Rußland und der Donaumonarchie, also gegenüber den in der deutschen Umwelt fremdartigen „Ostjuden", daß man auch auf deutsch-jüdischer Seite weitgehend unfähig war, den ethnischen Grundcharakter der eigenen Gruppenexistenz zu verstehen. Die Rassenpolitik der Nationalsozialisten führte große Teile des deutschen Judentums zu einer Bewußtwerdung seines ethnischen Gruppencharakters. Da dem NS-Regime an einer Abgrenzung zwischen Juden und „Ariern" grundsätzlich gelegen war, förderte es auch seinerseits Tendenzen dieser Art. Die jüdische Gemeinschaft war – bei strenger Überwachung – in der Tat nach 1933 die einzige nicht gleichgeschaltete organisierte Gruppe in Deutschland. Die jüdische Presse war die einzige relativ freie Presse bis zu ihrer Einstellung am 10. November 1938. Sie war zwar der Nachzensur ausgesetzt, sie wurde zeitweise verboten, sie mußte vorsichtig vermeiden, in den anfänglich noch zitierbaren Meldungen aus ausländischen Zeitungen Regimekritisches wiederzugeben oder an verbotene Themen zu rühren; sie hatte aber doch genug mutige Redakteure und Mitarbeiter, die gegen „illegalen" Terror und Boykott an das „Reichsrecht" appellierten, scheinbar gemäßigte Äußerungen des Wirtschaftsministers zitierten und – wenigstens in den ersten Jahren – die pornographische Hetze des *Stürmers* anprangerten. Gewiß wurde nach heutiger Sicht dabei die Grenze des guten Geschmacks nicht immer eingehalten, es gab sprachliche Assimilationen und gefährliche Gedankenexperimente, vor allem dann, wenn man zu „gemäßigten Elementen" auf der anderen Seite zu sprechen glaubte und auf Spaltung im gegnerischen Lager spekulierte.

Die nationalsozialistische *raison d'état* unterstützte solche Scheinblüte, solange sie von ihr im In- und Ausland die Täuschung der öffentlichen Meinung über die deutsche Judenpolitik erwarten konnte. Sie schlug jeweils dann zu, wenn sie diese Vorteile nicht mehr hoch genug einschätzte. Nach der Reichskristallnacht wurde der *Jüdische Kulturbund* gezwungen, seine Tätigkeit wieder aufzunehmen, um – diesmal erfolglos – dem Ausland die lange schon absurd gewordene Normalität eines autonomen jüdischen Lebens in Deutschland vorzuspiegeln. Diese „Normalität" der jüdischen Existenz im Dritten Reich hatte den bisher kaum erkannten Einfluß auch auf an sich auswanderungswillige Juden, mit dem letzten Schritt noch zu warten, und muß als eine der Ursachen dafür angesehen werden, daß die Auswanderungsrate bis 1937 verhältnismäßig klein blieb. Die jüdischen Organisationen hatten zwar seit den Nürnberger Gesetzen vom September 1935 klar erkannt, daß die endgültige Auflösung des Judentums in Deutschland nur noch eine Frage der Zeit geworden war – allerdings von bedeutend weniger Zeit, als selbst die Pessimisten vorauszusehen imstande waren. Auch dort wollte niemand glauben, daß ein Regime zum Massenmord schreiten würde, dessen antijüdische Politik äußerlich so wenig konsequent war und dessen Behörden immer noch stark von einer traditionellen, im Rechtsstaatsdenken geschulten Beamtenschaft bestimmt waren.

IV

War der Prozeß der Auswanderung von erheblichen psychologischen und materiellen Schwierigkeiten begleitet, so erwies sich das Einwanderungsverfahren als ein nicht minder dornenvoller Weg mit vielerlei Hindernissen und Erschwerungen. Die wirtschaftliche Rezession dauerte in fast allen Ländern trotz vorübergehender Erholung bis 1938/39. Die Industrieproduktion lag weit unter Vollkapazität, und die Arbeitsmärkte waren von hohen Erwerbslosenquoten belastet. Nicht nur nationalistische oder reaktionäre Kreise, sondern auch die Gewerkschaften glaubten, die Lösung ihrer Probleme in einer Abschließungspolitik suchen zu sollen, die von schutzzöllnerischer Gesetzgebung bis zur Drosselung der Einwanderung reichte. Die so entstandene wirtschaftsnationalistische Welt fürchtete überdies, daß politischer Radikalismus unter den Immigranten ihre innere Ordnung gefährden könnte, da man Flüchtlinge aus dem Dritten Reich in der Regel als linke Gegner des Nationalsozialismus ansah, was freilich nur auf die vergleichsweise kleine Gruppe des politischen Exils zutraf. Für viele Regierungen in Europa und Übersee war der Zuzug mitteloser jüdischer Emigranten – „refugees" im englischen Sprachgebrauch – nicht wirtschaftlicher Gewinn, sondern unerwünschte Konkurrenz, politische Belastung sowie Störung des Gesellschaftsgefüges bzw. der nationalen Integration ihrer eigenen Bevölkerung. Antisemitische Organisationen und Tendenzen trugen dazu bei, die Einwanderung politisch und rassisch Verfolgter zu beschränken. Daß der erste Zustrom von jüdischen Flüchtlingen in die westeuropäischen Länder ohne jede Steuerung durch Hilfsorganisationen vor sich gegangen war und so auch zu unerfreulichen Situationen geführt hatte, tat ein Übriges, die Emigranten aus Deutschland im Bewußtsein der Regierungen und des Völkerbundes als ein „soziales und wirtschaftliches Problem" (so eine Resolution des Völkerbunds von 1933) erscheinen zu lassen. Die jüdischen Auswanderungswilligen standen also bald vor den verschlossenen Türen der Welt.

Ähnlich wie das politische Exil konzentrierte sich die jüdische Emigration während der ersten drei Jahre des NS-Regimes in Kontinentaleuropa. Hier konnte man die Entwicklungen in Deutschland besser verfolgen, deren weiterer Kurs ja zunächst unklar blieb; außerdem gab es sehr oft Beziehungen zu Bürgern, Firmen oder Institutionen dieser Staaten aus der Zeit vor 1933. Bald entstanden überall in Europa ehrenamtliche Hilfskomitees, die mit den großen jüdischen Verbänden in Großbritannien und den USA und mit den jüdischen Auswanderungsorganisationen in Deutschland zusammenarbeiteten. Ihr Ziel war es, die Emigration in sozial nützliche Wege zu leiten und entweder – in Fällen von Panikflucht – eine Rückkehr oder die Einordnung in Gesellschaft und Arbeitsprozeß des gegenwärtigen Zufluchtslandes bzw. die Weiterwanderung nach endgültigen Niederlassungsländern in Übersee zu veranlassen. Schon in den ersten Monaten wurde es den Flüchtlingsorganisationen allerdings klar, daß die im allgemeinen einwanderungsfeindliche Haltung der Bevölkerung und der Regierungen die dauernde Aufnahme von Emigranten in europäischen Ländern auf breiter Basis nicht zulassen würde. In der Tat zeigte sich auch schnell, daß die Emigranten, sobald sie aufgezehrt hatten, was sie retten konnten, auf private und öffentliche Wohltätigkeit angewiesen waren. Neben die Sorge um abgelaufene Pässe und Aufenthaltserlaubnis trat die drückende wirtschaftliche Not. Dieses typische Emigrantenschicksal, das zu der seinerzeit weit verbreiteten und nur auf eine kleine Minderheit zutreffenden Vorstellung von den reichen deutschen Juden, den „Wirtschaftsemigranten", in so tiefem Widerspruch steht, wurde durch die Wohltätigkeit von „Flüchtlingshilfen" oder „Flüchtlingskomitees" zu lindern versucht. In England bildete sich eine internationale Dachorganisation, der *Council for German Jewry,* der zusammen mit dem großen, seit 1914 bestehenden zentralen *American Jewish Joint Distribution Com-*

mittee vor allem dort Sozial- und Finanzhilfe gewährte, wo die Möglichkeiten in den einzelnen Ländern – etwa in Holland, Frankreich oder der Tschechoslowakei – nicht ausreichten. Im Laufe der weiteren Entwicklungen sollte die amerikanische Hilfe zum entscheidenden Faktor weltweiter Fürsorgearbeit werden.

In einigen Emigrationszentren, besonders in Paris, entfalteten die verschiedenen Richtungen der politischen Emigration ein vielfältiges kulturelles Leben, an dem jüdische Auswanderer entsprechenden Anteil hatten. Daneben gründeten sie religiöse Gemeinden und gesellige Verbände, kamen aber in den europäischen Ländern aufgrund wirtschaftlicher Not und mangels kultureller Führer nicht über Konventionelles im spezifisch jüdischen Sektor des Kulturlebens hinaus. Viele schlossen sich den jüdischen politischen und religiösen Richtungen ihrer Aufenthaltsländer an, soweit sie dazu finanziell und intellektuell imstande und der Landessprache kundig waren.

Unter den Staaten Kontinentaleuropas nahmen vor allem Frankreich, Holland, Belgien, die Tschechoslowakei, die Schweiz und Dänemark eine größere Zahl von Flüchtlingen auf und verhalfen vielen von ihnen zur Weiterwanderung. In Großbritannien wurden bis November 1938 nur Schüler, Studenten oder solche Flüchtlinge zugelassen, die ausreichendes Vermögen nachweisen konnten. Ähnliches galt für andere Länder Europas. Asylrecht und Humanität fielen dem politischen und wirtschaftlichen Opportunismus um so leichter zum Opfer, als fast überall unterschwellige oder organisierte antisemitische Tendenzen die öffentliche Meinung zunehmend beeinflußten. Entwicklungen dieser Art entsprachen den Intentionen der NS-Führung, die sich von der ungeregelten Austreibung armer Juden „ein größeres Verständnis" für die antisemitische Politik des Deutschen Reiches versprach. Sie sah schon aus diesem Grunde keinen Anlaß, zu einer konstruktiven Einwanderungs- und Niederlassungspolitik beizutragen. Angesichts dieser Schwierigkeiten erzielte auch der damals bereits im Niedergang befindliche Völkerbund keine wesentliche Verbesserung der Flüchtlingssituation. Eine von ihm ins Leben gerufene Kommission – *High Commission for Refugees (Jewish and other) coming from Germany* – konnte nur Erleichterungen im Paßwesen und bei der Arbeitsvermittlung für einige Kategorien von Flüchtlingen durchsetzen. Sie scheiterte im übrigen an der Intransigenz der NS-Regierung sowie an der mangelnden Bereitschaft der westlichen Welt, eine genügende Anzahl von Flüchtlingen aufzunehmen und zu integrieren; dabei waren Bedenken des Auslands, daß eine solche Bereitschaft nur dazu beitragen würde, die Vertreibung der Juden aus Deutschland zu sanktionieren, nicht von der Hand zu weisen. Der erste Hochkommissar für Flüchtlinge aus Deutschland, der amerikanische Politikwissenschaftler James G. McDonald, zog die Konsequenzen aus der mangelnden Unterstützung der europäischen und überseeischen Staaten für eine wirksame Flüchtlingspolitik und erklärte 1935 seinen Rücktritt.

Das Gewicht der jüdischen Auswanderung verschob sich zunehmend von Europa nach Übersee. Als erstes dieser Länder hat Palästina bis 1936 die größte Anzahl jüdischer Auswanderer aufgenommen. Bald nach dem Machtantritt des Nationalsozialismus wandten sich zahlreiche jüngere Juden in Deutschland dem zionistischen Gedanken zu. Viele der kaufmännischen Angestellten, Studenten und Schüler, die in Deutschland keine Zukunft sahen und keine persönlichen Beziehungen in den europäischen Staaten besaßen, bereiteten durch Umschulung auf handwerkliche und landwirtschaftliche Berufe bzw. durch eine entsprechende Lehre ihre Auswanderung nach Palästina vor. Neben diesen sogenannten Pionieren (*Chaluzim*), die zumeist in die Kollektivsiedlungen gingen, brachte der vergleichsweise günstige Transfer von Privatvermögen mit Hilfe der Haavara auch eine „Mittelstandseinwanderung" von deutschen Juden ins Land; sie war am Ende zahlenmäßig stärker als die *Chaluzim*-Einwanderung und gab der Gesamtimmigration aus Deutschland ihr gesellschaftliches Gepräge.

Die deutschen Juden waren zwischen 1933 und 1941 mit 55 000 Personen – also etwa 25 % – an der gesamten Palästina-Einwanderung von 230 000 Personen beteiligt. Die letzte Zahl schließt etwa 18 000 Einwanderer ein, die ohne Zertifikat der Mandatsbehörden in Palästina an Land gingen und sich dort „illegal" aufhielten. Daß nur 10 % dieser illegalen Einwanderer aus Deutschland kamen, beruht darauf, daß die überwiegende Mehrzahl der deutschen Emigranten bereits vor 1939 einreisen konnte. Etwa 36 % der Einwanderer gehörten zur „Mittelstandseinwanderung" und hatten nach Vorweisung von mindestens tausend Pfund, einer in den 30er Jahren substantiellen Summe, das sogenannte Kapitalisten-Zertifikat erhalten. Etwa 32 % der Einwanderer waren Arbeiter, von denen sich ein erheblicher Teil in den Kollektivsiedlungen der verschiedenen Art niederließ. Der Rest setzte sich aus Jugendlichen, etwa 15 % Familienangehörigen und kleinen Gruppen von Rentnern, Handwerkern und Angehörigen der freien Berufe zusammen bzw. war unter diesen Berufskategorien von den Mandatsbehörden zugelassen worden; so war z.B. der tatsächliche Prozentsatz der freien Berufe höher als die 0,2 Prozent der offiziellen Statistik, da viele Angehörige freier Berufe unter anderen Kategorien einreisten.

Die 1933 und 1934 nach Palästina ausgewanderte zionistische Führungsschicht, die in Deutschland durch eine zweite, nicht minder fähige Generation ersetzt wurde, errichtete bald eine Interessenvertretung – die *Hitachduth Olej Germania* (Vereinigung von Einwanderern aus Deutschland) – und leistete Sozialhilfe bei der Einordnung und beim Neuaufbau der beruflichen Existenz. Eine durch Vertreter der deutschen Einwanderung mitbesetzte Abteilung der *Jewish Agency for Palestine* in Jerusalem bemühte sich im Sinne der deutschen Zionisten um verstärkte Zuteilung von Einreisezertifikaten. Ein Teil der aus Deutschland eingewanderten Juden fand Zugang zu landwirtschaftlicher Tätigkeit. Vor allem jüngere Einwanderer siedelten in Gemeinschaften. So gründeten die Jugendbewegung *Makkabi Hazair,* der Jugendverband *Kameraden* und sozialistische Gruppen Kollektiv- oder Kooperativsiedlungen, wo zahlreiche jüngere Menschen orthodoxer wie nicht-orthodoxer, oft der jüdischen Tradition entfremdeter Herkunft neue Wurzeln fanden. Sie beteiligten sich an den militärischen Aktionen der *Haganah* und des *Palmach,* ein Teil diente als Freiwillige in der Britischen Armee und der Jüdischen Brigade während des Zweiten Weltkriegs. Die Mehrzahl der Einwanderer, unter ihnen vor allem die Angehörigen freier Berufe, siedelte sich in den Städten an und gab der Entwicklung des Landes auf einer Reihe von Gebieten einen bedeutenden Auftrieb. Die Emigranten aus Mitteleuropa schufen bald ein außerordentlich reges Kulturleben und bemühten sich in Zusammenarbeit mit den einheimischen Bildungseinrichtungen um den Zugang zur hebräischen Sprache und Literatur.

Für viele deutsche Juden blieb trotzdem die Einordnung in die ihnen zunächst fernstehende Umgebung problematisch und die wirtschaftliche Integrationsmöglichkeit im Entwicklungsland Palästina begrenzt.

Die USA standen mit etwa 132 000 Einwanderern zwischen 1933 und 1945 an der Spitze aller Einwanderungsländer. Die Einwanderung deutscher Juden in die Vereinigten Staaten setzte in größerem Maße jedoch erst 1937 ein. Grund für diese verspätete Aufnahme war nicht nur die geographische und kulturelle Distanz der deutschen Juden zur englischsprechenden Welt. Die Wirtschaftskrise, die bis in die späten 30er Jahre anhielt, verschärfte die bekannt harten Umstände, unter denen Neueinwanderer in den USA seit jeher ihre Einordnung zu beginnen hatten; die harsche Handhabung der Einwanderungsgesetze, die 1930 mit der *Hoover-Directive* begonnen und zu einer restriktiven Praxis geführt hatte, wurde erst 1937 so weit gelockert, daß Einwanderungswillige nicht von vornherein abgeschreckt waren. Die Gesetzgebung selbst, deren Anfänge aus der rassistisch beeinflußten Zeit des Ersten Weltkrieges stammten, blieb trotz aller liberalen Reformversuche unverändert: Die öffentliche Meinung des Landes hielt angesichts der wirtschaftlichen Schwierigkeiten an dem bestehenden System fest, das „Quoten" für die Einwanderung aus den einzelnen Ländern vorschrieb. Auch die von Präsident Franklin D. Roosevelt einberufene internationale Flüchtlingskonferenz von Evian im Juli 1938 änderte trotz der Schockwirkung der Vorgänge in Österreich und der ihnen folgenden Massenflucht der Juden nichts an den gesetzlichen Grundlagen der amerikanischen Einwanderungspolitik. Erst die Schändung der Synagogen und die Masseninternierung deutscher Juden im Gefolge der „Reichskristallnacht" führten zu einer Revision: Präsident Roosevelt ordnete die Verlängerung der Besuchsvisa von etwa 15 000 bereits in die USA eingereisten Flüchtlingen an (sie wurden später in Einwanderervisa umgewandelt) und ermöglichte die volle Ausnutzung der Einwanderungsquote durch Erleichterung des konsularischen Verfahrens. Die stark gegen eine Änderung der bestehenden Restriktionen eingestellte öffentliche Meinung und ihre Vertreter im Kongreß hätten weitergehende Initiativen zum Scheitern verurteilt und vermutlich das Gegenteil bewirkt. Die etwa 27 000 Personen umfassende Quote für in Deutschland und Österreich geborene Einwanderer wurde so nur 1939 und 1940 voll genutzt: Ihre Beanspruchung fiel 1941 wieder auf etwa 13 000 zurück, bis der Eintritt Amerikas in den Zweiten Weltkrieg die Einwanderung von Staatsangehörigen der Feindländer praktisch beendete.

Die Einwanderungsgesetze verlangten Bürgschaften (*affidavits of support*) von Verwandten, die in den USA ansässig sein mußten. Da im 19. und frühen 20. Jahrhundert vorwiegend Juden aus Süd- und Westdeutschland und aus Posen nach Amerika ausgewandert waren, erhielten viele weniger bemittelte Juden aus diesen vorwiegend ländlichen Provinzen das ersehnte Affidavit. Die Vorschriften erlaubten die Einwanderung von Geistlichen und Hochschullehrern außerhalb der Quote, soweit sie eine Anstellung nachweisen konnten. So fand auch eine überdurchschnittliche Anzahl von Angehörigen wissenschaftlich ausgerichteter Berufe mittels Lehraufträgen der zahlreichen amerikanischen Colleges und Universitäten Einlaß; als 1938 das religiöse Leben der deutschen Juden mit Ausnahme der Großstädte zerstört war, übersiedelten viele Rabbiner und Synagogenbeamte in die USA. Aus den Überresten ihrer alten Gemeinden bauten sie dort oft neue Kongregationen auf. Insgesamt jedoch entsprach die soziale Zusammensetzung der deutsch-jüdischen Einwanderung in den Grundlinien der Sozialstruktur der Juden in Deutschland.

Die Einordnung der Emigranten, die von ihrer Umgebung als „refugees" und „immigrants", d.h. als Amerika-Einwanderer im traditionellen Sinn verstanden wurden und sich in der überwiegenden Mehrheit selbst als solche sahen, war ein kulturell und psychologisch komplizierter Vorgang. Er hatte die Kontinuität der deutsch-jüdischen Traditionen mit den kulturellen, wirtschaftlichen und sozialen Gegebenheiten einer „offenen Gesellschaft" in Einklang zu bringen, die von dem Einwanderer erwartete, daß er sich integrierte. Wo sich Emigranten, etwa in den größeren Städten, in genügender Anzahl niederließen, gründeten sie Organisationen verschiedenster Art – von orthodoxen Religionsgemeinschaften bis zu Sportvereinen und Kaffeekränzchen – und schufen so eine Einwandererkultur, die überkommene und neu erworbene Elemente in sich vereinigte. Dieses Netz von Organisationen trug durch gegenseitige Hilfe jeder Art zur Akkulturation der deutsch-jüdischen Einwanderer bei und war selbst in Programmatik und Organisationsform vom Prozeß der Akkulturation bestimmt. Da die jüdische Wanderung meist als Wanderung von Familien vor sich gegangen war, wurde der Akkulturationsprozeß auch durch die amerikanische Erziehung der Kinder oder durch ihren Dienst in der US-Armee während des 2. Weltkriegs erheblich gefördert.

Die Rolle der jüdischen Einwanderer im geistigen und im öffentlichen Leben der USA steht mit dieser Akkulturation in engem Zusammenhang. Ihre Bedeutung ist nicht nur auf die Leistungen einzelner hervorragender Persönlichkeiten auf dem Gebiet der Wissenschaft und Religion, des gesellschaftlichen und politischen Lebens, der Wohlfahrtspflege oder der Wirtschaft beschränkt. Auch die Formen, in denen das Gemeinschaftsleben gestaltet wurde, und die Verbindung alter geistiger Traditionen mit neuen Verantwortlichkeiten und sozial orientierten Aktivitäten müssen als wesentlicher Beitrag der Emigration zum pluralistischen Leben Amerikas gewertet werden. Die Mitarbeit der jüngeren Generation in Organisationen, die entwicklungsfähig waren und nicht nur dem landsmannschaftlichen Zusammenschluß dienten, erschloß für diese Verbände immer weitere Tätigkeitsgebiete. Die Wiedergutmachungsgesetzgebung der Bundesrepublik Deutschland – ein in der Verfolgungsgeschichte einzigartiger finanzieller und moralischer Akt eines Staates gegenüber seinen ehemaligen Bürgern – brachte ebenfalls neue Aufgaben wie Rechtshilfe und politische Interessenvertretung. Die Bewußtmachung der eigenen Geschichte durch wissenschaftliche Einrichtungen wie das Leo Baeck Institute und die Research Foundation for Jewish Immigration schuf der deutsch-jüdischen Vergangenheit und ihrer Adaption an die Realitäten der Jetztzeit einen respektierten Platz im jüdischen Geistesleben Amerikas. Wohlfahrtsorganisationen wuchsen über ihre ursprüngliche Funktion in neue interkonfessionelle Hilfstätigkeiten vor allem für alte und kranke Menschen hinein. Die Religionsgemeinden und Logen der Emigranten wurden fester Teil ihrer gesamtamerikanischen Dachorganisationen. Die größte und erfolgreichste Zeitung der deutsch-jüdischen Einwanderer, das New Yorker Wochenblatt *Aufbau*, vertritt die Interessen und politischen Ziele des amerikanischen Judentums unter den moralischen und politischen Gesichtspunkten der Wanderungserfahrungen ihrer Gründer, obwohl sie inzwischen von Redakteuren der zweiten Generation geleitet wird. Die Zeitung illustriert somit die Akkulturation unter Beibehaltung der Sprache des Herkunftslandes – eine Erscheinung, die innerhalb der deutschen Emigration zwischen 1933 und 1945 nur noch im Mitteilungsblatt des *Irgun Olej Merkas Europa* in Tel Aviv eine erfolgreiche Parallele hat. Gewiß hat in diesen Akkulturationsprozessen manche traditionelle geistige Position ihre Bedeutung verloren; der Verlust wurde jedoch durch neue, von gesellschaftlicher Verantwortung und praktischer Tätigkeit bestimmte Funktionen wettgemacht.

Die Einwanderung nach Großbritannien verlief in einer gewissen Parallele zu den Vereinigten Staaten. Grundsätzlich blieb die Insel bis November 1938 jeder größeren Einwanderung verschlossen, obwohl weite Kreise die Verfolgung der Juden in Deutschland scharf verurteilten. Aus wirtschaftlichen und traditionell isolationistischen Motiven erhielten in der Regel nur sehr wohlhabende Emigranten und Angehörige bestimmter Mangelberufe Aufenthaltsgenehmigungen. Mit der Kristallnacht änderte sich auch die britische Haltung: Die Gesamtzahl der bis Kriegsausbruch zugelassenen deutschsprachigen Flüchtlinge („refugees") aus Deutschland, Österreich und der Tschechoslowakei stieg auf etwa 75 000; sie schloß fast 10 000 Kinder ein, die ohne ihre Eltern mit Kindertransporten gekommen waren und in Heimen und Pflegefamilien untergebracht wurden. Ein Teil der Emigranten erlangte das begehrte Visum nur mit der Auflage, Großbritannien bald bzw. sofort nach Erhalt der Einwanderungserlaubnis für ein anderes Land wieder zu verlassen.

Nach dem deutschen Angriff im Westen setzte die Internierung von Emigranten als „feindliche Ausländer" ein. Im Sommer 1940 befanden sich etwa 25 000 Männer und Frauen in den u.a. auf der Isle of Man eilends errichteten Lagern. Eine Anzahl jüngerer Männer brachte man nach Kanada und Australien, wo sich ein Teil nach Ende des Lageraufenthalts niederließ. Die schematisch durchgeführten Internierungsmaßnahmen wurden schon bald als unnötig erkannt und bis Ende 1941 durch sukzessive Entlassungen beendet. Während des 2. Weltkriegs war die Lage der Emigranten von der totalen wirtschaftlichen Mobilisierung geprägt. Die meisten wurden in kriegswichtige Betriebe, in die Landwirtschaft und die Rüstungsindustrie verpflichtet. Etwa 5 000 Flüchtlinge dienten als Freiwillige im britischen Pionierkorps bzw. ab 1942 auch in der kämpfenden Truppe. Intellektuelle, Schriftsteller und Journalisten wurden im Abhördienst und bei deutschsprachigen Sendungen der *British Broadcasting Corporation* (BBC) verwendet, Wissenschaftler arbeiteten in England wie in den USA an kriegswichtigen Projekten mit. Trotzdem blieb die gesellschaftliche Isolierung der Emigranten – gefördert durch soziale Vorurteile und eine traditionelle Xenophobie – in diesen Jahren vorherrschend. Die Flüchtlinge bauten unter der Leitung bereits im Herkunftsland aktiv gewesener Verbandsfunktionäre und Rabbiner eigene Synagogengemeinden und Selbsthilfeorganisationen auf, die später auch die wirtschaftliche Eingliederung der nach 1946 meist naturalisierten ehemaligen Emigranten förderten. Ein Teil zog es vor, nach dem Kriege in überseeische Länder weiterzuwandern. Die Zahl der aus England in ihre Herkunftsländer zurückgekehrten Emigranten ist verhältnismäßig gering. Die Jahre gemeinsam erlittener Kriegsnot, die durch englische Erziehung weitgehend anglisierte jüngere Generation und die trotz anfänglicher Fremdheit fortschreitende Integration in die dem Kontinentaleuropäer relativ fernstehende Landeskultur hatten auch hier neue Gemeinsamkeiten und Identifizierungen geschaffen.

Verglichen mit den beiden Hauptzufluchtsländern USA und Großbritannien, verschlossen sich die oft dünn bevölkerten Staaten der überseeischen Welt im großen und ganzen der jüdischen Einwanderung. In Südafrika fanden nur etwa 4 000 Emigranten Aufnahme – es schloß, einer nationalistischen Wendung seiner Politik folgend, 1936 die Tore. Australien, lange schon um seine angelsächsische Substanz besorgt, versagte sich allen, die kein großes Kapital besaßen oder nicht fähig waren, unter schwierigen Bedingungen Landwirtschaft zu betreiben. Unter den lateinamerikanischen Staaten nahmen Argentinien und Brasilien immerhin eine gewisse Anzahl von Einwanderern auf, Chile und Bolivien zeigten sich unter dem Eindruck der Ereignisse in Europa nach 1938 vorübergehend aufnahmebereit. Nicht alle Auslandsvertretungen lateinamerikanischer Staaten waren über die finanziellen Verlockungen erhaben, die von Schiffahrtslinien und bedrängten Auswanderungswilligen zur Ermöglichung einer schnellen Ausreise bzw. im Interesse einträglicher Passagen an sie herangetragen wurden. Auch die Geheime Staatspolizei übte in dieser Richtung politischen Druck auf die Konsulate aus, um die Vertreibung der Juden mit allen Mitteln zu fördern. So kam es zu jenem schwarzen Markt mit ausländischen Reisepässen und Einreisegenehmigungen, der mitunter zu Tragödien führte, wenn diese Gefälligkeitsdokumente von den Behörden im Ankunftshafen als ungültig abgelehnt wurden. Bekanntes Beispiel ist die Odyssee des Hapag-Schiffes St. Louis, das mit Hunderten von Flüchtlingen an Bord auf hoher See umherirrte, nachdem ihnen die Landung auf Kuba verweigert worden war. Immerhin dürften – und nur grobe Schätzungen sind angesichts der unsicheren Quellenlage möglich – ungefähr 86 000 Emigranten aus Deutschland, Österreich und der Tschechoslowakei in den mittel- und südamerikanischen Ländern untergekommen sein. Nach Kriegsende scheint eine beträchtliche Abwanderung vor allem in die USA eingesetzt zu haben.

Schließlich gehören in diesen Zusammenhang auch die etwa 13 000 Verfolgten aus dem nationalsozialistischen Machtbereich, die in der internationalen Konzession Schanghai Zuflucht gefunden haben. Als vielleicht einziger Fleck der Erde erlaubte Schanghai die Einreise ohne Visum und war somit die letzte Rettung für viele, die nirgendwo sonst aufgenommen wurden. Die jüdische Kolonie entwickelte trotz der Gettoisierung unter der japanischen Besetzung ein reges geistiges und künstlerisches Leben, baute eine religiöse Akademie (*Jeschiwah*) auf und sorgte mit amerikanischer Finanzhilfe für ihre unterstützungsbedürftigen Mitglieder. Nach Beendigung des Krieges mit Japan wanderten auch diese Flüchtlinge in die USA, nach Palästina und in andere endgültige Niederlassungsländer weiter.

Aus der hier skizzierten Entwicklung ergibt sich recht klar, daß die Verfolgten des NS-Regimes lange und entscheidende Jahre vor den geschlossenen Türen jener Länder standen, die die Möglichkeit gehabt hätten, das Leben vieler zu retten. Um so mehr waren die jüdischen Opfer der nationalsozialistischen Politik auf kollektive Selbsthilfe und die weltweite Solidarität des Judentums angewiesen. Nicht nur das Gruppenerlebnis der Diskriminierung, sondern auch das Ausmaß und die Effektivität der erfahrenen Hilfe trug zur Stärkung bzw. zum Wiedererstehen ethnischen Identitätsbewußtseins bei. So empfand sich denn auch der jüdische Emigrant in der Regel nicht als Exilierter, sondern als Einwanderer in eine neue soziale, wirtschaftliche und kulturelle Umwelt. Damit begann ein Prozeß der Eingliederung, der am besten mit dem Begriff Akkulturation zu umschreiben ist. Der jüdische Einwanderer war in oft recht unterschiedlicher Weise von seiner deutsch-jüdischen Tradition geprägt – unterschiedlich vor allem auch, weil der Nationalsozialismus eine „rassisch" definierte jüdische Gruppe verfolgte, die nach keinem wissenschaftlich haltbaren Maßstab als „Gruppe" zu verstehen war und die alle Formen kultureller Identität einschloß. Die Länder, in denen er sich in erster Linie niederlassen konnte, reichten über das gesamte Spektrum westlicher Kultur mit englisch-, französisch-, spanisch-, polnisch-, jiddisch-, portugiesisch- oder hebräischsprechenden Bevölkerungen. Die Notwendigkeit, sich materiell über Wasser zu halten, seine Kinder zur Schule zu schicken, Eltern oder Verwandte nachkommen zu lassen, zwang zur wirtschaftlichen Integration. Sie stieß auf Abwehr, selbst wenn der nun zum Einwanderer werdende Ankömmling anpassungsfähig war. Sein aus der – gewöhnlich bürgerlichen – früheren Umgebung mitgebrachtes Wirtschaftsethos, sein Fleiß und seine Energie blieben oft ohne Erfolg: Für die Mehrzahl der Emigranten endete der wirtschaftliche Aufstieg dort, wo Alter, Mangel an Möglichkeiten oder fremdenfeindliche Gesetze die Grenzen zogen. Anderen wiederum gelang es durchaus, über das Anfangsstadium hinaus sozial aufzusteigen, wenn persönliche, wirtschaftliche oder soziale Voraussetzungen günstig waren. Alter und Anpassungsfähigkeit spielten neben beruflicher Qualifikation und fremder Hilfe eine entscheidende Rolle. Auf der wirtschaftlichen und sozialen Integration baute sich dann die Kultur des Einwanderers auf, in der sich die Traditionen des Herkunftslandes mit denen des Niederlassungslandes zu einer neuen Einheit verbanden. Mit dem Erlernen der Sprache kam die Bekanntschaft mit dem geschriebenen Wort – von Massenmedien bis hin zu Literatur und Philosophie, je nach Bildungsstand und Fähigkeiten. Das schließlich erworbene Bürgerrecht des Niederlassungslandes konnte zur Bekanntschaft mit seiner Geschichte und seinen Institutionen führen. Berufliche und gesellschaftliche Kontakte – unterschiedlich von Klasse zu Klasse, von Land zu Land, von Beruf zu Beruf –, Heiraten der Kinder mit Einheimischen, Mitgliedschaft in Verbänden, Vereinen, Gewerkschaften und Parteien, ehrenamtliche Tätigkeit in der Sozialhilfe führten von der wirtschaftlichen zur sozialen Akkulturation. Die von den Einwanderern gegründeten Organisationen erlaubten es, dem Neuen nicht in Isolierung zu begegnen, sondern aus gemeinsam Erlebtem und Erinnertem zwischen den Traditionen Brücken zu bauen. Vor allem in dem Einwanderungsland USA und dem als Urheimat begriffenen Palästina/Israel – weniger in den xenophoben und sozialanalytisch ihre eigene Wanderungsvergangenheit unterdrückenden europäischen Nationalstaaten – kam zur funktionellen Akkulturation die Akkulturation der Identität: Schicksals- und gefühlsmäßig mit dem Lande verbunden, das ihm Zuflucht gewährt hatte und seinen Kindern eine neue Heimat gab, entwickelte sich beim Einwanderer ein Gefühl der Zugehörigkeit zu Geschichte und Kultur, Geistesleben und öffentlichem Ethos, Politik und Rechtssystem des Niederlassungslandes. Hinzu kam der Einfluß bestimmter historischer Ereignisse, wenn diese auch nicht von allen und überall in gleicher Weise erlebt wurden: Zur weltweiten Trauer um die Opfer des vom nationalsozialistischen Deutschland begonnenen Kriegs gesellte sich der Abscheu über den Tiefpunkt, den die deutsche Geschichte mit den Mordtaten an Millionen von unschuldigen Menschen erreicht hatte. Die Einstellung des Judentums gegenüber Deutschland spiegelte diese Situation wider. Die Idee eines „Anderen Deutschlands", das Bewußtsein eines oft stillen Widerstandes vieler Deutscher gegen ein auch von ihnen abgelehntes Mordregime, verschwand im Deutschlandbild gegenüber den Tatsachen des Holokaust. Der Riß im Verhältnis zu Deutschland erzwang wie kaum ein anderes emotionales Erlebnis den Weg nach vorn, in die Akkulturation. Als dann nach langen politischen Kämpfen schließlich im Jahre 1948 nach fast 19 Jahrhunderten wieder ein jüdisches Staatsgebilde geboren wurde und sich militärisch behaupten mußte, verstärkte sich bei vielen die jüdische Identität. Zur persönlichen Motivierung gesellte sich ein als national empfundenes neues Gruppenbewußtsein, die Identifizierung des Jüdischen mit dem Zionismus und dem Staat Israel.

Die rationale Bewältigung des Holokaust und der neuen politischen Situation des Judentums war ebenso wie die Entwicklung eines realistischen Deutschlandbildes späteren Jahren vorbehalten. Dieses neue Bild entstand im Laufe der historischen Entwicklung der Nachkriegszeit. Die Neuanbahnung menschlicher und geistiger Beziehungen zwischen ehemals deutschen Juden und ihren Herkunftsländern wurde durch den liberalen Konstitutionalismus der Bundesrepublik Deutschland und der Republik Österreich gefördert. Der kalte Krieg und der in der Deutschen Demokratischen Republik herrschende Stalinismus schufen einen neuen Hintergrund, auf den die Gestalt des westdeutschen Staates projiziert wurde. Die Regierungen der Bundesrepublik und die sie tragenden Kräfte erkannten die Richtigkeit und Zweckmäßigkeit der Anknüpfung neuer Beziehungen zu den aus Deutschland vertriebenen Juden. Sie bekannten sich zu der moralischen Komponente einer Politik, die vergangenes Unrecht soweit wie möglich lindern, „wiedergutmachen" wollte. Trotzdem blieb die Haltung weiter jüdischer Kreise gegenüber dem neuen Deutschland durch die Vergangenheit belastet. Viele andere schufen trotz Schwierigkeiten und Mißverständnissen auf beiden Seiten menschliche und berufliche Beziehungen, die ihr neues Deutschlandbild an Vorstellungen vom vornationalsozialistischen Deutschland anzuknüpfen halfen.

Mit den vorangegangenen Beobachtungen – sie versuchen, differenzierte Entwicklungen in gedrängter Gedankenfolge darzustellen – ist auch die Bedeutung des *Biographischen Handbuchs* für die Historiographie des Judentums gekennzeichnet.

Der im wesentlichen wirkungsgeschichtliche Ansatz der Nachkriegsforschung zur jüdischen Emigration beruhte auf ihrer in der Wanderungsgeschichte ungewöhnlichen, wenn nicht sogar einzigartigen sozialen Struktur. Im Unterschied zu den historischen europäischen Auswanderungsschüben haben nicht nur „unbekannte Emigranten" ihre Ursprungsländer verlassen und sich schlecht und recht und unter schwierigen Umständen ein neues Leben aufgebaut; einen starken Anteil stellten die dem Nationalsozialismus besonders verhaßten politischen Gegner und Intellektuellen, Angehörige der freien Berufe, „rassisch minderwertige" oder politisch unzuverlässige Beamte und Richter, Hochschullehrer, Wirtschaftsführer und die meist bis 1938 ausharrenden Leiter des jüdischen Gemeinschaftslebens, Rabbiner, Verbandsfunktionäre, Künstler und Journalisten. Damit war eine durch Erziehung und Leistung bedeutende Gruppe zur Flucht oder Auswanderung gezwungen. Die Verfolgung hatte Menschen jeglichen Alters, Frauen und Kinder in gleicher Weise getroffen. Impulse und Motive, die dem wissenschaftlichen Verständnis noch verschlossen sind, führten zahlreiche jüngere Auswanderer – nun zu Einwanderern und Bürgern ihrer Niederlassungsländer geworden – zu bedeutenden Leistungen, die sich denen der älteren Generation mehr als ebenbürtig zur Seite stellen lassen. Die im jüdischen Gemeinschaftsleben tätig Gewesenen errichteten ein neues Netz von Organisationen, die in oft sentimentaler Weise altgewohnte Formen duplizierten, aber auch Neues in sich aufnahmen und damit den Rahmen schufen, in dem der einzelne und die Organisation den Weg zur Akkulturation antraten. So entstand eine Gesellschaft eigener Art, eigener Kultur, eigenen Sozialsystems und gegenseitiger Hilfeleistung.

Für die als Einwanderung verstandene jüdische Emigration der nationalsozialistischen Zeit liegen Vorarbeiten für einzelne Länder, u.a. für die USA, für Großbritannien, Frankreich, Israel, die Niederlande, die Schweiz, für Südafrika, Australien und Kanada vor. Sie beschäftigen sich vor allem mit der Einwanderungspolitik der Regierungen und mit der Organisations- und Wirkungsgeschichte der jüdischen Emigration in diesen Ländern. Darüber hinaus sind im Bereich der Wissenschaft und der Literatur einzelne biographische und wirkungsgeschichtliche Analysen entstanden. Daneben wurden seit 1945 zahlreiche kleinere Untersuchungen und Beiträge journalistischer Art in der Presse und in Fachperiodika verschiedener Länder veröffentlicht.

Die Forschungen zur politischen Emigration und zur deutschen Exilliteratur haben sich im wesentlichen auf die nationalsozialistische Periode oder auf den Zeitraum zwischen der sogenannten Machtergreifung und der Gründung der beiden deutschen Staaten beschränkt. Arbeiten zur Geschichte der „intellektuellen Emigration" (*intellectual migration*) können solche Eingrenzungen nicht übernehmen; Wirkungen geistiger Art oder die biographische Analyse bedeutender Emigranten in Politik und Wirtschaft lassen sich nicht mit der Periodisierung der politischen Geschichte in Einklang bringen. Der weit über das Ende des Dritten Reichs andauernde Prozeß der Akkulturation erfordert es, daß die auf Einwanderungsgeschichte orientierte Tätigkeit der Research Foundation for Jewish Immigration sich nicht nur der Emigrantengruppe selbst zuwendet, sondern auch die zweite und dritte Generation in die Untersuchungen mit einbezieht. Dieses chronologisch erweiterte Erkenntnisinteresse trifft sich zum Teil mit den Bestrebungen des Instituts für Zeitgeschichte, über die Erforschung von Exilgeschichte und Exilkultur hinaus Wirkungszusammenhänge zwischen der Emigration und den deutschen und österreichischen Nachkriegsgesellschaften zu ergründen.

Die Research Foundation verfolgt als Mitherausgeber des Handbuchs das Ziel, die geistes- und weltgeschichtlich bedeutsame Zerstreuung deutscher Juden über die Kontinente einer wissenschaftlich-kritischen Erforschung zugänglich zu machen. Diese Wanderung ist in eine Reihe von Zusammenhängen einzuordnen. Als jüdische Auswanderung setzt sie die Tradition jener Jahrhunderte fort, in denen Juden aufgrund religiöser Intoleranz Verfolgung erlitten haben. Als Teil der Geschichte des 20. Jahrhunderts gehört sie zur Vertreibung von liberalen Minderheiten aus totalitären Gesellschaften. Als Wanderung einer geistigen und gesellschaftlich-politischen Elite ist sie trotz ihres besonderen Ursprungs in einem abwegigen Archaismus, der nationalsozialistischen Rassenlehre, Teil des säkularen Prozesses der Internationalisierung von Eliten im Bereich der Wissenschaften, der freien Berufe, der Technologie und der Politik.

V

Der Antisemitismus der Nationalsozialisten suchte sich seine Opfer aufgrund ihrer „rassischen" Herkunft, also unabhängig von politischer Einstellung, gesellschaftlicher Position und religiösem Bekenntnis. Trotz anfänglicher Sonderregelungen – etwa für ehemalige Frontkämpfer, national verdiente Persönlichkeiten oder „arisch" Versippte – war deshalb für die *Gesamt*gruppe der Juden die vom Regime erwünschte Abwanderung die einzige Alternative zu wirtschaftlicher und gesellschaftlicher Verdrängung, Entrechtung und Massenmord. Von den Zwängen dieser Flucht unterschieden sich Motive, Anlässe und Zielsetzungen der nicht durch den Antisemitismus bedingten Emigration in erheblichem Maße.

Die gemeinsame Kausalität der „rassischen", „politischen" und „weltanschaulichen" Emigration ist im totalitären und terroristischen Charakter der NSDAP zu suchen, einer zunächst sozial und intellektuell randständigen Partei, die durch das Zusammentreffen spezifisch deutscher Entwicklungen mit der Erschütterung des gesellschaftlichen Gleichgewichts im Verlauf der Weltwirtschaftskrise herrschaftsfähig wurde. Für sie verkörperte die sozialistische Arbeiterbewegung, hierin dem Judentum durchaus ähnlich, ein politisches, ideologisches und moralisches Feindbild, das die Grenzen der in modernen westlichen Gesellschaften üblichen Polarisierung weit überschritt: Durch das obrigkeitliche System des wilhelminischen Deutschlands war nicht allein die Integration der organisierten Arbeiterschaft in einen parlamentarischen Verfassungsstaat verhindert worden; das Scheitern der bürgerlichen Revolution hatte vor allem dazu geführt, daß die der Arbeiterbewegung zugrundeliegende emanzipatorische Tradition vom Bürgertum nicht mehr als Teil gemeinsamer politischer Interessen verstanden wurde. Gründung und Aufstieg des Deutschen Reiches vollzogen sich nicht unter ideologischen Prämissen von *liberté, égalité, fraternité,* sondern Hand in Hand mit der Erhöhung des autoritär regierten nationalen Machtstaats zur selbstgenügsamen sittlichen Kategorie. In der Arbeiterbewegung war damit auch – anstelle der Erfahrung pragmatischer Bündnisse mit dem liberalen Bürgertum – die politische und psychologische Grundvoraussetzung hergestellt, um auf der eschatologischen Geschichtsphilosophie des Marxismus eine geschlossene, schichtenspezifische Weltanschauung zu errichten. Neben dem rhetorischen Anspruch, die revolutionäre Kraft bei der historisch zwangsläufigen Ablösung des Kapitalismus durch eine sozialistische Zukunftsordnung zu sein, stellten ihr internationalistisches Bekenntnis, die Ablehnung jeder monarchisch-ständischen Hierarchie und ihr grundsätzlicher Laizismus die ideologischen Grundpositionen der Gesellschaft auch unmittelbar in Frage. Dies rückte die sozialistische Arbeiterbewegung viel wirksamer in die Position des bedrohlichen Außenseiters, als es sozialpolitische oder parlamentarische Konflikte vermocht hätten. Während große Teile des Judentums in der wilhelminischen Ära um die Eingliederung in diese Gesellschaft bemüht waren, entwickelte die Arbeiterbewegung ihre „Gegenkultur" zu hoher interner Wirksamkeit: Mit ihren Bildungs- und Freizeiteinrichtungen, ihren Selbsthilfeorganisationen, ihrem Verlags- und Presseapparat und den innerhalb einer solchen Solidargemeinschaft entstehenden besonderen Ausdrucks- und Verhaltensweisen nahm die sozialistische Arbeiterbewegung eine gesellschaftlich ähnlich fremdartige Rolle ein wie das traditionell geprägte Judentum. Freilich zog sie aufgrund ihrer ungleich höheren Zahl und ihrer zunehmenden Präsenz im parlamentarischen Bereich neben den ideologischen und sozialen Aversionen auch existentielle Ängste der staatstragenden Schichten und des Kleinbürgertums auf sich.

Der relativ hohe Anteil von Politikern, Intellektuellen und Funktionären jüdischer Abstammung in führenden Positionen der Arbeiterbewegung erklärt sich – abgesehen von einer gewissen Affinität zwischen jüdischer Ethik und sozialistischem Reformismus – zu einem guten Teil aus dem gesellschaftlichen Außenseitertum beider Gruppen: Anstelle der Anpassung an die sozialen und religiösen Werte des herrschenden Systems versprach der „wissenschaftliche Sozialismus" in seiner Zukunftsordnung nicht nur staatsbürgerliche Gleichheit, sondern auch die Aufhebung der jüdischen Sonderexistenz an sich. Ideologie und Solidarismus der Arbeiterbewegung boten die Möglichkeit, zumindest innerhalb einer deutschen *Gegen*-Kultur voll integriert zu sein; darüber hinaus öffnete sich im Rahmen der Sozialdemokratie ein Zugang zu einflußreichen politischen und parlamentarischen Funktionen, die in bürgerlichen Parteien für Juden ungleich schwerer erreichbar waren.

Mit dem 1. Weltkrieg und dem Fronterlebnis einer scheinbar klassenlosen Kampf- und Überlebensgemeinschaft waren erstmals die Voraussetzungen für eine gefühlsmäßige Identifizierung von Arbeiterbewegung und gesamtnationalen Interessen gegeben. Die Einbeziehung sozialdemokratischer Politiker in Verwaltungsaufgaben und zuletzt in die Regierungsverantwortung schien schließlich auch eine Integration in die politischen Herrschaftsstrukturen des Kaiserreichs anzubahnen. Es war gerade diese Teilhabe an einer untergehenden Ära, die es den Führern der deutschen Sozialdemokratie nach dem verlorenen Krieg psychologisch erleichterte, auf das Gedeihen der Republik ohne wirklich tiefgreifende Veränderungen in Verwaltung, Justiz, Militär und Bildungswesen zu hoffen. Andererseits hatte der sozialpatriotische Kurs der SPD-Mehrheit das Erstarken einer radikalen Linken innerhalb und außerhalb der eigenen Partei gefördert: Die kriegsgegnerische Aktivität dieser linken Opposition und die führende Rolle der Sozialdemokratie bei der Ablösung der Monarchie belasteten im Bewußtsein der deutschen Nationalisten die Arbeiterbewegung mit der Hauptschuld am militärischen Zusammenbruch und an der Erniedrigung des Vaterlandes. Die hohe Emotionalität dieses Gegnerbildes wurde durch die Periode der relativen Stabilität der Republik letztlich noch verstärkt. Denn unter der Ägide von Sozialdemokratie und Liberalismus bahnten sich im politisch-sozialen Bereich und auf dem Gebiet der Künste, der Literatur und der Sitten Modernisierungstendenzen an, die zwar nur in den kulturellen Metropolen eine nachhaltige Blüte erlebten, von den politisch zeitweise in den Hintergrund gedrängten Traditionalisten aber um so stärker als Provokation und Bedrohung empfunden wurden. Sozialdemokraten und Freie Gewerkschaften sahen ebenso wie der liberale Teil des Bürgertums und die Mehrheit der deutschen Juden in der Weimarer Republik jene Voraussetzungen verkörpert, die ihnen zur Verwirklichung von sozialer Gerechtigkeit, individueller Freiheit und bürgerlicher Gleichberechtigung notwendig erschienen. In den Augen der nationalistischen und monarchistischen Rechten verbanden sich demgemäß Arbeiterbewegung, Liberalismus und jüdischer Einfluß in Wirtschaft, Kultur und Politik mit der demokratischen Republik zum Symbol für den Niedergang des deutschen Machtstaates und seiner „natürlichen" Ordnung; der Rassenantisemitismus der Völkischen hinwiederum begriff Kommunismus, Sozialdemokratie, Liberalismus, kapitalistische Ausbeutung und Republik insgesamt als Produkte jüdischen Geistes und weltweiten jüdischen Machtstrebens.

Die NSDAP ist nicht nur als Partei dieser nationalsozialistischen „Weltanschauung" am 31. Juli 1932 zur stärksten Reichstagsfraktion gewählt worden. Eine entscheidende Rolle spielten dabei die Hoffnungen industrieller Kreise auf wirtschafts- und gesellschaftspolitische Interessenvertretung sowie die Enteignungsfurcht des Mittelstands und Kleinbürgertums angesichts einer fortdauernden Wirtschaftskrise und der lautstarken Propaganda der kommunistischen Organisationen; dazu kam das Protest- und Veränderungsbedürfnis einer Armee von proletarischen und intellektuellen Erwerbslosen. Wie schließlich auch große Teile der übrigen Bevölkerung waren diese ideologisch unprofilierten, d.h. einem geschlossenen politisch-weltanschaulichen System nicht verpflichteten Wählergruppen der NSDAP aufgrund allgemein verbreiteter sozialer Ängste, nationalistischer Affekte und eines traditionellen Milieu-Antisemitismus bereit, in der Hoffnung auf Wiederherstellung wirtschaftlicher Sicherheit, staatlicher Autorität und nationaler Selbstbestätigung auch die Zerschlagung der Arbeiterbewegung und die Zurückdrängung von Juden aus einflußreichen öffentlichen und wirtschaftlichen Positionen zu begrüßen, ohne daß sie die damit verbundenen „Exzesse" mehrheitlich gewünscht oder gebilligt hätten. Auch die Betroffenen selbst, vor allem aber die meisten der mittlerweile an Einfluß und Rechtsstaatlichkeit gewohnten Partei- und Verbandsfunktionäre, hatten von einer vorübergehend amtierenden nationalsozialistischen Reichsregierung schlimmstenfalls Organisationsverbote bzw. die Beschränkung der Juden in ihren beruflichen Entfaltungsmöglichkeiten erwartet. Der ungehemmte Terror, in dem der hochgradig ideologisierte Haß der Nationalsozialisten nach der Machtergreifung seinen Ausdruck fand, traf sie deshalb in der Regel unvorbereitet. Die Intensität dieses Hasses entsprach dem historisch geprägten Charakter des nationalsozialistischen Gegnerbilds: Nicht die Ablösung des innenpolitischen Kontrahenten war in erster Linie das Ziel, sondern eine „Abrechnung" in der Tradition von Volkstums- oder Religionsfehden. Hierbei fiel der sozialistischen Arbeiterbewegung und dem Judentum die Rolle der artfremden Minderheiten zu, deren usurpierte Herrschaft ein für allemal zerschlagen werden mußte.

Anlaß für die erste Welle der politischen Emigration war die akute physische Gefährdung jener, die aufgrund ihrer Rolle bei der Gründung der Republik als „Novemberverbrecher" galten oder als prominente Politiker, demokratische Verwaltungsbeamte, „Kulturbolschewisten" und literarische Exponenten der Linken sich einen Ruf als Gegner des Nationalsozialismus erworben hatten; hinzu kam die Bedrohung vieler kommunistischer, sozialdemokratischer und gewerkschaftlicher Funktionäre, die auf lokaler Ebene als militante Antifaschisten bekannt waren und nun persönliche Racheakte örtlicher Nationalsozialisten befürchten mußten. Allein in Preußen, wo schon seit dem 22. Februar 1933 die SA als Hilfspolizei eingesetzt worden war, wurden im März und April an die 30 000 offizielle Festnahmen verzeichnet. Ende 1933 befanden sich zwischen 60 000 und 100 000 KPD-Mitglieder in Haft. Vor allem nach dem Reichstagsbrand überschritten Tausende von regional und örtlich exponierten Aktivisten der Linken sowie einzelne Angehörige der politischen und publizistischen Prominenz als Touristen getarnt oder illegal die jeweils nächsten Grenzen ins Saargebiet, nach Frankreich, Holland und Belgien, nach Dänemark, in die Tschechoslowakei, nach Österreich oder in die Schweiz. Ihre Flucht war auch innerhalb der großen Parteien noch unorganisiert. Viele unter den politischen Exulanten waren wegen ihrer jüdischen Herkunft auch potentiell Verfolgte des Rassenantisemitismus; den Ausschlag für ihre Flucht gab jedoch die aktive politische Gegnerschaft zum Nationalsozialismus. Hinzu kam – wie in den weiteren Jahren des NS-Regimes auch – ein kleiner Kreis von Emigranten aus überwiegend wissenschaftlichen und kulturellen Berufen, die zwar nicht aufgrund ihrer Abstammung oder politischen Betätigung gefährdet waren, aber ihre moralische, intellektuelle oder kreative Verkümmerung unter dem nationalsozialistischen System befürchteten.

Wie begründet die Motive der ersten Fluchtwelle waren, zeigen die blutigen Ereignisse in den SA-Kellern und „wilden" Konzentrationslagern in den Monaten nach der sogenannten Machtergreifung. 500 bis 600 politische Gegner sind in dieser Zeit von Nationalsozialisten ermordet, Tausende in grausamster Weise gefoltert worden. Andererseits illustrieren die zahlenmäßig überwiegenden Fälle vergleichsweise glimpflicher Mißhandlung, relativ kurzen Lageraufenthalts und lediglich beruflich-gesellschaftlicher Zurücksetzung auch ehemals besonders aktiver Gegner des Nationalsozialismus, daß die Flucht ins Ausland zwar das eventuell tödliche Risiko in der „revolutionären" Phase des Regimes aufhob, für die nichtjüdischen Emigranten jedoch in der Regel nicht die einzige Überlebensalternative gewesen wäre. Nach der politischen „Ausschaltung" der Gegner, der Zerschlagung ihrer Organisationen und der Eliminierung ihres weltanschaulichen Einflusses im öffentlichen und kulturellen Leben gab man sich zumeist mit einer Abkehr von den früheren Ideen zufrieden; die Eingliederung vormals „marxistisch verhetzter Volksgenossen" in die nationale Gemeinschaft war ein vom Regime proklamiertes Ziel. Daher lag auch die ungehinderte Abwanderung politischer Gegner keineswegs in seinem Interesse. Im Gegenteil: Verschärfte Grenzkontrollen und die vorübergehende Einführung eines Sichtvermerks für Auslandsreisen sollten die Zugriffsmöglichkeiten für die Partei- und Staatsorgane sicherstellen. Darüber hinaus vermutete man mit Recht, daß politische Emigranten sich nicht lediglich den Verfolgungsmaßnahmen zu entziehen trachteten, sondern vom Ausland her die Tätigkeit gegen den Nationalsozialismus fortsetzen würden. So hat denn auch nur ein kleinerer Teil dieser Emigranten die Gelegenheit zur Rückkehr wahrgenommen, die seitens des Dritten Reichs denjenigen nichtjüdischen Flüchtlingen geboten wurde, die unter der Schockwirkung der Machtergreifung ins Ausland gegangen waren, sich anschließend aber politischer Aktivitäten im Exil enthalten hatten. Demgemäß unterschied sich die individuelle Emigration der ersten Monate im wesentlichen zwar durch Anlaß und Umstände, kaum jedoch durch politische Substanz und Zielrichtung von der gegen Jahresmitte 1933 einsetzenden und in höherem Maße organisierten zweiten Phase der Emigration.

Nach SA-Terror, Versammlungs- und Presseverboten und regionalen Polizeimaßnahmen gegen die Linkskräfte begann mit der Notverordnung *Zum Schutze von Volk und Staat* vom 28. Februar 1933 für die Parteiorganisationen selbst und ihre Parlamentsvertreter eine Periode der Halblegalität; am 9. März wurden die Reichstagsmandate der KPD annulliert, am 2. Mai die Gewerkschaften aufgelöst, am 22. Juni erfolgte das Verbot der SPD und am 14. Juli 1933 die formelle Besiegelung der nationalsozialistischen Alleinherrschaft durch das *Gesetz gegen die Neubildung von Parteien.* Die bürgerlichen Parteien der Weimarer Republik verkündeten zwischen dem 27. Juni und dem 6. Juli 1933 ihre Selbstauflösung. SPD, KPD und die Splittergruppen der Linken hatten sich angesichts zunehmender Behinderung ihrer Organisations- und Pressearbeit schon ab Frühjahr 1933 gezwungen gesehen, ihren Aktionsspielraum durch Vertretungen und Stützpunkte im benachbarten Ausland zu vergrößern. Zunächst unter der Leitung von einigen wenigen Beauftragten stehend, erweiterten sie sich ab Sommer 1933 durch die Ausreise gefährdeter Spitzenfunktionäre, bis sie nach den endgültigen Parteiverboten im Reich den Charakter von Auslandsleitungen bzw. Parteivorständen im Exil annahmen. Ihnen oblag zum einen die Organisation, Unterstützung und publizistische Vertretung der illegalen Gruppen; zum anderen traten sie an die Spitze von Parteiorganisationen im Exil, die sich aus den Angehörigen der ersten Fluchtwelle bildeten.

Im Rahmen einer dritten Abwanderungsphase, die bis in die Kriegsjahre hinein andauerte, erhielt die „Parteiemigration" Zuzug durch geflüchtete Mitglieder ihrer Widerstandsorganisationen. Die Fortführung der alten Parteien und Gewerkschaften bzw. die Betätigung in ihrem Sinne war inzwischen Gegenstand polizeilicher Verfolgung und gerichtlicher Ahndung geworden. Der terroristische Charakter des Nationalsozialismus in seiner Auseinandersetzung mit dem politischen Gegner fand nunmehr seinen Ausdruck in den Praktiken der Geheimen Staatspolizei und zum Teil auch der Sondergerichtsbarkeit; überdies drohte nach der Verbüßung der Justizstrafe in der Regel zeitlich unbegrenzte „Schutzhaft" in Konzentrationslagern. Der „Terror von unten" wurde durch den „Terror von oben" abgelöst. Um so mehr bildeten der Widerstand in der Illegalität und der Widerstand im Exil eine Einheit, da die organisierte Opposition im Inland auf Kommunikations- und Koordinierungsfunktionen, auf das Propagandaschriftgut der Exilgruppen und auf die von ihnen bereitgestellten Fluchtwege und Auffangstellungen in hohem Maße angewiesen war. Die Flucht oder Delegierung von gefährdeten Illegalen ins Ausland und die Fortsetzung ihrer politischen Arbeit im Rahmen der Exilpartei waren ebenso wie der Inlandseinsatz von Emigranten als Kuriere und Instrukteure konzeptioneller Teil des Widerstands unter den Bedingungen des sich mehr und mehr perfektionierenden nationalsozialistischen Polizeistaats.

Neben den Parteien, Gruppen und Verbänden, die das Gesamtspektrum der Linken in der Weimarer Republik verkörperten, fanden sich auch Vertreter der bürgerlichen Politik bis hin zu oppositionellen NSDAP-Mitgliedern in der Emigration wieder. Meist um führende Persönlichkeiten geschart, versuchten Liberale, Christlich-Soziale, Bündische, Nationalkonservative, Monarchisten und linke Nationalisten in wechselnden Organisationsformen und Bündnissen, ihren Kampf gegen Hitler fortzusetzen. Die Emigration von Würdenträgern der beiden großen christlichen Konfessionen war dagegen nur in wenigen Fällen durch akute weltanschauliche oder politische Konflikte mit dem NS-Regime bedingt; darin unterscheiden sie sich von einer relativ großen

Anzahl theologischer Hochschullehrer, deren Biographien sich mehrheitlich in Band II des Handbuchs befinden. Ein großer Teil der prominenteren Geistlichen und Ordensleute ist aufgrund ihrer jüdischen Herkunft von den Kirchenbehörden ins Ausland versetzt oder vermittelt worden. Allerdings kann an der Basis eine breitere Emigrationsbewegung von oppositionellen Klerikern konstatiert werden, als dies gemeinhin in der Widerstandsliteratur erkannt wird. In diesem Zusammenhang spielten auch die von den Nationalsozialisten inszenierten Kriminalisierungsversuche eine Rolle, so etwa die Devisenprozesse gegen mehr als hundert Ordensleute in den Jahren 1935/36. In Österreich war die politische Bedrohung, der sich geistliche Anhänger des christlichen Ständestaates 1938 nach dem Anschluß ausgesetzt sahen, neben der rassischen Verfolgung für viele Anlaß zur Flucht.

Die Zahl der sozialdemokratisch und gewerkschaftlich organisierten Emigranten wurde Ende 1933 auf 3 500 Personen geschätzt; nach Angaben des Hochkommissars des Völkerbunds befanden sich 1935 neben etwa 65 000 rassisch verfolgten Emigranten aus Deutschland 5 000 – 6 000 Sozialdemokraten, 6 000 bis 8 000 Kommunisten und fast 5 000 Oppositionelle anderer Richtungen als Flüchtlinge im Ausland. Insgesamt dürfte 1935 das politische Exil zwischen 16 000 und 19 000 Menschen gezählt haben. Dies legt nahe, daß neben den etwa 4 000 politischen Flüchtlingen aus dem Saargebiet nach dem Referendum vom Januar 1935 vor allem der zunehmende Erfolg der Gestapo bei der Zerschlagung von Widerstandsgruppen einen wesentlichen Anstieg in den Jahren 1934/35 verursacht hat. Aus dem gleichen Grund wird man von einer relativen numerischen Stagnation des reichsdeutschen politischen Exils in den folgenden Jahren ausgehen können.

Nach dem 12. Februar 1934 gesellten sich zu den politischen Emigranten aus Deutschland mehrere tausend Verfolgte des österreichischen Ständeregimes, also Aktivisten der verbotenen Linksparteien und der aufgelösten Freien Gewerkschaften Österreichs. Ihre Auslandsorganisationen standen in enger Verbindung mit den illegalen Parteiapparaten in der Heimat. Da die österreichische Polizei bei weitem nicht die Effizienz der Gestapo erreichte, lag der Schwerpunkt ihrer politischen Arbeit bis 1938 weitgehend im Inland. Das autoritäre System wurde neben der Bekämpfung der Linkskräfte und der ebenfalls verbotenen NSDAP zunehmend auch in scharfe weltanschauliche, außen- und wirtschaftspolitische Konflikte mit dem Dritten Reich verwickelt. Nach dem deutschen Einmarsch im März 1938 richtete sich deshalb der Haß der Nationalsozialisten – abgesehen von ihren brutalen Ausschreitungen gegen die jüdische Bevölkerung – mindestens ebenso gegen die Repräsentanten des Ständestaats wie auf die ehemaligen Arbeiterparteien, mit deren Angehörigen man immerhin die Haft in „Anhaltelagern" und Gefängnissen geteilt hatte. Der erneuten Flucht von Österreich-Emigranten aus dem „Altreich" und einer unbekannten Zahl einheimischer sozialistischer und kommunistischer Aktivisten schloß sich deshalb auch eine kleinere Gruppe konservativer Gegner des Nationalsozialismus an. Christlich-Soziale, Legitimisten und die teilweise schon seit 1934 im Exil lebenden Vertreter der Linken erhoben jetzt gleichermaßen den Anspruch, die eigentlichen Exponenten des österreichischen Widerstands gegen den Nationalsozialismus zu sein. Diese Konstellation trug wesentlich zur besonderen Zersplitterung des österreichischen Exils bis 1945 bei. In den Asylländern, vor allem ab 1940/41 in Großbritannien und den USA, später in Schweden und in Lateinamerika, kam es zu einer mehr oder minder ausgeprägten Teilung der österreichischen Exilorganisationen in drei Hauptlager: Auf der einen Seite die kommunistische Emigration, die unter konspirativer Beibehaltung der Kaderstruktur Volksfrontpolitik innerhalb von sogenannten Massenorganisationen zu betreiben versuchte; auf der anderen Seite die bürgerlich-ständestaatlichen und legitimistischen Kreise, die der kommunistischen Bündnisstrategie in unterschiedlichem Maß entgegenkamen, und schließlich die sozialistische Emigration, die mit keiner der beiden anderen Richtungen zusammenzuarbeiten bereit war.

Ab Herbst 1938 wurde das deutschsprachige Exil schließlich noch durch die politischen Flüchtlinge aus der CSR erweitert. Innerhalb der deutschen Minorität in der Tschechoslowakei war die politische und gesellschaftliche Polarisierung zwischen der Arbeiterbewegung und dem antisozialistischen Lager durch den nationalen Konflikt verschärft worden. Seit dem Ende der 20er Jahre hatte die sudetendeutsche Sozialdemokratie vergeblich die Zusammenarbeit mit den tschechoslowakischen Regierungsparteien zugunsten einer sozialpolitischen Lösung der Minderheitenfrage angestrebt. Im Bewußtsein weiter Teile der deutschen Bevölkerung, die nach 1935 mehr und mehr der irredentistischen Sammlungsbewegung Konrad Henleins zulief, entfernten sich die Sozialdemokraten damit zunehmend von den nationalen Zielen der eigenen Volksgruppe. Aufgrund der weitreichenden Unterstützung, die sie seit 1933 den reichsdeutschen Exilorganisationen in der CSR gewährt hatte, war die sudetendeutsche Arbeiterbewegung darüber hinaus besonderes Verfolgungsobjekt der Geheimen Staatspolizei. So flüchteten bei der Abtretung der Sudetengebiete an das Reich im Herbst 1938 annähernd 30 000 politisch gefährdete Deutsche ins Landesinnere. 4 000 – 5 000 Sozialdemokraten, etwa 1 500 Kommunisten und schätzungsweise

150 Mitgliedern und Funktionären der *Deutsch-Demokratischen Freiheitspartei* gelang anschließend – neben etwa 25 000 verfolgten Juden – die Emigration ins Ausland. Zahlenmäßig stellten damit die Sudetendeutschen das Hauptkontingent der politischen Emigration aus der Tschechoslowakei. Tausende, die keine Auswanderungsmöglichkeit fanden, fielen nach der Errichtung des Protektorats der Gestapo in die Hände oder waren schon vorher von tschechischen Behörden in ihre Heimatorte abgeschoben und so de facto den Nationalsozialisten ausgeliefert worden. Mit der Gründung der tschechoslowakischen Exilregierung waren Paris und später London auch die Hauptzentren sudetendeutscher Exilpolitik. Starke sozialdemokratische Gruppen bildeten sich in Norwegen und – nach Kriegsbeginn – in Schweden. Die kommunistische Führung emigrierte in die UdSSR, wo sich zwischenzeitlich auch die Leitungsgremien der übrigen kommunistischen Exilparteien niedergelassen hatten. Im Unterschied zur reichsdeutschen und österreichischen Emigration nach 1933/34 verblieben den sudetendeutschen Gruppen kaum noch Zeit und politisch-geographische Möglichkeiten, mit der Opposition im Land Verbindungen aufzunehmen. Ihre Flucht war vielmehr Teil einer Entwicklung, die zur Bedrohung des europäischen Exils insgesamt führte.

Bis kurz vor Beginn des Kriegs dürften annähernd 30 000 Menschen das Deutsche Reich, Österreich und die deutschsprachigen Teile der Tschechoslowakei aus politischen Gründen verlassen haben. Ihre Mehrheit hat sich über kürzere oder längere Zeit dem Exil zugehörig und seinem Kampf gegen den Nationalsozialismus verpflichtet gefühlt. Über 300 000 politische Gegner des NS-Regimes befanden sich im Frühjahr 1939 in deutschen Konzentrationslagern, in Gefängnissen, Zuchthäusern und Untersuchungshaft.

Die Geschichte des deutschsprachigen Exils in den Jahren 1933 bis 1945 ist durch eine Vielfalt von Organisationen, ideologischen Richtungen, Bündnissen und geographischen Sonderentwicklungen gekennzeichnet. Nur ein Teil der Geschehnisse ist bisher in der wissenschaftlichen Literatur ausreichend abgehandelt worden. Vieles wird – auch gestützt auf die in Band I des *Biographischen Handbuchs* erstmals dokumentierten Fakten und Zusammenhänge – durch weitere monographische und regionale Untersuchungen zu erhellen sein, bevor eine Gesamtdarstellung der deutschsprachigen Emigration unternommen werden kann. Der in dieser Einleitung gegebene Überblick beschränkt sich auf allgemeine Entwicklungslinien. Im übrigen wird auf die in den biographischen Beiträgen des Handbuchs genannte Literatur und die in der Form von individuellen Lebens- und Tätigkeitsbeschreibungen dargebotenen neuen Forschungsergebnisse verwiesen.

VI

Während sich ein nicht unerheblicher Teil der jüdischen Emigration nach überseeischen Einwanderungsländern mit dem Ziel dauernder Niederlassung wandte, blieb die Mehrheit der politischen Flüchtlinge zunächst in den Anrainerstaaten des Reichs. Für die Parteien und Gruppen waren die möglichst enge Teilnahme an den Entwicklungen in der Heimat und die Verbindung zur Opposition im Lande wesentlicher Teil ihres Selbstverständnisses; darüber hinaus sahen sie in den europäischen Demokratien die tatsächlichen oder potentiellen Verbündeten gegen den Nationalsozialismus und die eigentlichen Zentren der internationalen Politik. Schriftsteller, Publizisten und Journalisten fanden den engen Wirkungskreis des Exils durch eine Leserschaft in den deutschen Sprachgebieten Europas erweitert und auf dem Kontinent am ehesten ein ihnen vertrautes kulturelles Klima. Der Mehrheit der Parteiemigration, also den einfachen Mitgliedern und Arbeiterfunktionären, gebrach es in der Regel an Mitteln, Beziehungen und Weltläufigkeit, um den bedrückenden Lebensumständen des Flüchtlingsdaseins durch Auswanderung nach Übersee zu entgehen. Vor allem aber erhoffte man – zumindest in den ersten Jahren des Exils – den baldigen Zusammenbruch des Regimes, der die unverzügliche Rückkehr in die Heimat ermöglichen würde.

Zentren des organisierten politischen Exils waren in der Vorkriegszeit Frankreich und die Tschechoslowakei. Ende 1933 hielten sich annähernd 30 000 der insgesamt etwa 65 000 deutschen Emigranten in Frankreich auf; die Größenordnung dieser Emigrantenkolonie scheint – nachdem sie 1935 durch die Saarflüchtlinge auf ca. 35 000 angestiegen war – in den Folgejahren verhältnismäßig konstant geblieben zu sein. Es ist anzunehmen, daß zwischen 7 000 und 10 000 deutsche Emigranten als politische Flüchtlinge nach Frankreich gekommen sind. Dies würde auch mit der bei der *Reichsvertretung der Juden in Deutschland* registrierten Zahl von annähernd 18 500 jüdischen Frankreich-Auswanderern in etwa korrespondieren. Paris wurde zum geistigen, kulturellen und politischen Mittelpunkt des oppositionellen Deutschlands mit einem Mikrokosmos von Organisationen, Gruppen, Vereinigungen und Diskussionszirkeln, in dem auch Persönlichkeiten des literarischen Lebens und eine hochstehende linksbürgerliche Publizistik wesentlichen Einfluß ausübten. Stärkste politische Kraft war jedoch die Exil-KPD, die mit Unterstützung der französischen Schwesterpartei bis 1935 ihre Auslandsleitung und ab 1936 die Operative Leitung des Politbüros in Paris unterhielt. Etwa die Hälfte der emigrierten deutschen Kommunisten dürfte Mitte der 30er Jahre in Frankreich gelebt haben.

Die Tschechoslowakei war durch die Niederlassung des Parteivorstands der SPD in Prag im Juni 1933 und die Gründung der *Auslandsvertretung der deutschen Gewerkschaften* in Komotau im Juli 1935 zum Zentrum des sozialdemokratischen Auslandswiderstands geworden. Die weit ins Reich hineinragenden Grenzen der CSR und die Solidarität der sudetendeutschen Arbeiterbewegung boten außerordentlich günstige Voraussetzungen, um geheime Kontakte nach Deutschland aufzubauen. Für die österreichische Linke war die Tschechoslowakei zwischen 1934 und 1938 sogar der einzige Nachbarstaat, der bei geeignetem Grenzverlauf die politischen Möglichkeiten zu illegalen Verbindungen in die Heimat bot. Im Mai 1933 etablierte sich in Prag das Zentralkomitee der KPÖ, in Brünn wurde im Februar 1934 das *Auslandsbüro österreichischer Sozialdemokraten* gegründet. Obwohl vermutlich an die 20 000 Flüchtlinge in der CSR ein erstes Asyl gefunden haben, lag das Land aufgrund der hohen Weiterwanderungsrate an der Peripherie der jüdischen Emigration. Bis 1938 dürften sich auf Dauer weniger als 3 000 jüdische Emigranten neben etwa 1 500 politischen Flüchtlingen in der Tschechoslowakei aufgehalten haben. So gaben die aus Mitteldeutschland, Schlesien, Bayern und Österreich über die nahe Grenze entkommenen Arbeiterfunktionäre dem CSR-Exil im Vergleich zu Frankreich ein eher proletarisches Gepräge.

Obwohl die Behörden hier wie in den anderen europäischen Zufluchtsländern rigoros das Verbot abhängiger Erwerbstätigkeit und unerwünschter Einmischung in die Innenpolitik durchzusetzen suchten, lagen die gegen das nationalsozialistische Regime gerichteten Tätigkeiten der Exilorganisationen durchaus im Interesse der Regierungen in Prag und Paris. Solange es die Kräfteverhältnisse im Innern und auf dem Kontinent zuließen, beantwortete man die Demarchen des Reichs mit dem Hinweis auf die im eigenen Land herrschenden demokratischen Freiheiten oder gab vor, von illegalen Aktivitäten der Emigranten an den Grenzen keine Kenntnis zu haben.

Neben den in der CSR und in Frankreich angesiedelten Auslandsleitungen unterhielten Parteien, Gruppen und Gewerkschaftsorganisationen des Exils Vertretungen, Sekretariate und Grenzstellen in fast allen anderen Nachbarstaaten und bis 1935 in dem unter Völkerbundsverwaltung stehenden Saargebiet. Letzteres bildete allerdings eher ein provisorisches Asyl auf dem Weg nach Frankreich. Zwischen März 1933 und Frühjahr 1934 war für etwa 37 000 Emigranten das Saargebiet erste Station ihrer Flucht. 5 000 bis 6 000 hatten sich dort vorübergehend niedergelassen, unter ihnen vermutlich 1 500 politische Flüchtlinge. Viele beteiligten sich unter der Devise ,,Schlagt Hitler an der Saar!" aktiv am Abstimmungskampf gegen die Rückgliederung an ein nationalsozialistisches Deutschland. Zusammen mit oppositionellen Saarländern aus dem sozialistischen, kommunistischen und christlichen Lager wanderten die reichsdeutschen Flüchtlinge nach dem Referendum vom Januar 1935 in der Regel nach Frankreich weiter.

Auch Österreich war nur ein Transitland der Emigration, das für Angehörige der Linksgruppen spätestens mit dem Februarumsturz von 1934 seine Anziehungskraft verlor; abgesehen von den knapp 2 500 jüdischen Emigranten aus Deutschland, fand lediglich das katholisch-konservative Exil nach der Errichtung des Ständestaats bis 1938 in Österreich einen wichtigen Stützpunkt und offizielle Förderung.

Die Sowjetunion hat – zum Teil im Gegensatz zu Artikel 12 der Verfassung von 1925, der allen Ausländern Asyl zusicherte, die ,,wegen ihrer Tätigkeit im Dienste der revolutionären Befreiungsbewegung Verfolgungen ausgesetzt sind" – nur wenige Emigranten aus dem nationalsozialistischen Machtbereich aufgenommen. Daß zwischen 1933 und 1941 lediglich 17 deutsche Juden von der *Reichsvertretung* als Rußland-Auswanderer registriert werden konnten, dürfte allerdings zum guten Teil auf die geringe Attraktivität der UdSSR als Immigrationsland zurückzuführen sein. Nach 1938 wurde immerhin rund tausend jüdischen Verfolgten aus Österreich Aufnahme in der Sowjetunion gewährt – angesichts der zunehmend eingeengten Fluchtmöglichkeiten eine vergleichsweise geringe Zahl. Gegenüber den unteren Rängen der kommunistischen Parteiemigration war die sowjetische Aufnahmepraxis gleichermaßen restriktiv: Als Voraussetzung für eine Einreisegenehmigung galt, daß ,,Todesstrafe oder sehr lange Einkerkerung droht oder die Auslieferungsgefahr unmittelbar besteht und die Sowjetunion die allerletzte Möglichkeit der Asylgewährung darstellt". Das ,,Vaterland aller Werktätigen" war also auch für die Linke kein offenes Zufluchtsland. Ausnahmen bildeten lediglich der Zuzug von mehreren hundert Aktivisten des österreichischen *Republikanischen Schutzbundes*, denen die UdSSR nach den Februarkämpfen von 1934 zusammen mit ihren Angehörigen (insgesamt annähernd tausend Personen) demonstrativ Asyl bot, sowie 1938/39 die Einreisegenehmigung für etwa 200 kommunistische Familien aus der Tschechoslowakei. Der vorübergehende oder dauernde Aufenthalt sympathisierender Intellektueller, Schriftsteller und Künstler orientierte sich an den propagandistischen und kulturpolitischen Eigeninteressen Moskaus und war von der individuellen Einladung durch eine Sowjet-Institution abhängig. Die Stalinschen Säuberungen haben unter den führenden Funktionären der kommunistischen Exilparteien in der UdSSR einen hohen Blutzoll gefordert. Nach 1945 rückten die Heimkehrer aus der Sowjetunion, die durch linienkonformes Verhalten die Säuberungsperiode überlebt und nach 1941 in Partei-, Komintern- und Propagandafunktionen ihre Loyalität gegenüber dem Sowjetstaat unter Beweis gestellt hatten, in beherrschende Positionen der kommunistischen Parteiapparate ein. Die innerhalb der Exilparteien ausgetragenen Führungskämpfe und ideologischen Konflikte wirkten auch nach Kriegsende fort. So sind den Säuberungen der 50er Jahre in der DDR und der CSSR vor allem ehemalige Angehörige der „Westemigration" zum Opfer gefallen.

Einen besonderen Platz unter den Exilländern nahm auch das republikanische Spanien ein. Für seine Verteidigung im Bürgerkrieg engagierten sich ab Ende 1936 vor allem kommunistische und linkssozialistische Emigranten in zivilen Hilfsfunktionen und als Angehörige der Internationalen Brigaden: Zum einen hatte für sie der bewaffnete Widerstand gegen den Faschismus im Rahmen einer völkerumspannenden Einheitsfront besonderen ideologischen und emotionalen Stellenwert; zum anderen bot sich hier den kommunistischen Exilorganisationen die Möglichkeit, nach weitgehender Lahmlegung der illegalen Arbeit in der Heimat durch die Erfolge der Gestapo eine größere Zahl ihrer einfachen Mitglieder aus den auf Dauer demoralisierenden Notunterkünften und Emigrantenkollektiven der Asylländer abzuziehen. Von den vermutlich etwa 5 000 deutschen und österreichischen Angehörigen der Internationalen Brigaden sollen annähernd 2 000 im Bürgerkrieg gefallen sein. Nach der Niederlage der Republik Anfang 1939 ging die Mehrzahl der Spanienkämpfer nach Frankreich, wo sie in der Regel schon beim Grenzübertritt interniert wurden. Ein Teil fand später Anschluß an die Résistance oder die Untergrundorganisationen der kommunistischen Exilparteien in Südfrankreich.

Durch die Annexion der Sudetengebiete im Herbst 1938 und mit der Besetzung der sogenannten Rest-Tschechei im März 1939 wurden Großbritannien und Schweden, zwei bisher am Rande liegende Aufnahmeländer, zu Zentren der politischen Emigration in Europa. Die Londoner Regierung hatte strikt darauf geachtet, die Zahl der durchreisenden Flüchtlinge aus Deutschland bis 1935 mit etwa 2 500 und dann mit 7 000 – 8 000 Transitemigranten konstant zu halten. Aufenthaltsgenehmigungen auf Dauer wurden nur in Ausnahmefällen erteilt. Erst nach den Pogromen der „Reichskristallnacht" und auch als moralische Reaktion auf die Mitverantwortung für das Münchner Abkommen öffnete sich Großbritannien Flüchtlingen ohne gesicherte Weiterwanderungsmöglichkeit. Anfang 1939 wurden neben 16 000 jüdischen Emigranten 4 000 politische Flüchtlinge aus Deutschland, Österreich und aus den Sudetengebieten registriert. 1940 hielten sich über 55 000 deutsche und österreichische Emigranten sowie 8 000 Flüchtlinge aus der Tschechoslowakei in England auf; bis Ende 1941 haben insgesamt über 32 000 deutsche und 27 000 österreichische Juden Aufnahme gefunden. Durch Weiterwanderung nach Übersee und durch Internierung in Australien und Kanada verringerte sich die Zahl der Deutschen und Österreicher bis 1942 auf etwa 40 000, bis 1943 auf annähernd 25 000. Der Anteil der politischen Flüchtlinge aus Deutschland, Österreich und der CSR dürfte 1940 etwa 5 000 betragen haben. Seine Bedeutung als Exilland erhielt Großbritannien vor allem durch die Niederlassung des sozialdemokratischen Parteivorstands in London Anfang 1941 und durch eine starke Vertretung der sudetendeutschen Arbeiterbewegung.

In Schweden hatten sich bis 1937 angesichts der wenig attraktiven wirtschaftlichen Verhältnisse und besonders auch aufgrund der fremden-, speziell judenfeindlichen Einwanderungspraxis nur etwa 1 500 deutsche Emigranten niedergelassen. Die schwedische Haltung ist auch während der Kriegsjahre unter Hinweis auf die Neutralität im wesentlichen gleichgeblieben. Die meisten der knapp 4 000 nach 1938 eingereisten Emigranten aus Deutschland, Österreich und den Sudetengebieten hatten sich nur deshalb nach Schweden gewandt und waren dort aufgenommen worden, weil das Land für sie die letzte Asylmöglichkeit darstellte. 1943 dürften sich einschließlich der Flüchtlinge aus dem besetzten Dänemark und Norwegen höchstens 5 000 deutschsprachige Emigranten in Schweden aufgehalten haben. Da im Gegensatz zu anderen Aufnahmeländern sich hiervon ein sehr hoher Anteil, vermutlich ein Drittel, aus politischen Flüchtlingen rekrutierte und die Umwelt wenig Integrationsmöglichkeiten bot, wurde das Exil in Schweden durch relativ mitgliederstarke Parteiorganisationen in den städtischen Zentren geprägt. So entstand bei den nichtkommunistischen Gruppen ein breiteres Spektrum an innerparteilicher Diskussion als etwa in Großbritannien, wo nach 1941 in erster Linie die offiziellen Leitungsgremien der Exilparteien das politische Geschehen innerhalb der Emigration bestimmten.

Die Schweiz, das dritte europäische Asylland während des 2. Weltkriegs, verhielt sich aufgrund von Wirtschaftsnationalismus und Überfremdungsangst, vor allem aber aus Rücksichtnahme auf ihre außen- und handelspolitischen Beziehungen zu Deutschland ebenfalls außerordentlich zurückhaltend bei der Aufnahme von Flüchtlingen. Bis 1941 sind lediglich etwas über 1 800 jüdische Emigranten aus dem Reich und knapp 3 500 aus Österreich von der Reichsvertretung mit dem Auswanderungsziel Schweiz registriert worden. Die Zahl der Transitemigranten war freilich um vieles höher: 1938 zählte man bis zu 12 000 und 1939 bis zu 8 000 Emigranten, die auf Weiterwanderung warteten, darunter etwa 5 000 jüdische Flüchtlinge. Insgesamt haben während der Kriegsjahre annähernd 10 000 deutschsprachige Emigranten in der Schweiz gelebt; der Mehrzahl war nur aufgrund mangelnder Ausreisemöglichkeiten vorübergehend Asylrecht eingeräumt worden. Der Bundesrat hatte schon im April 1933 den Emigranten neben der Erwerbsarbeit auch jedwede politische Tätigkeit untersagt. Dementsprechend niedrig war mit wenigen hundert Personen der Anteil des parteipolitisch aktiven Exils. Bis in die zweite Hälfte der 30er Jahre war es einzelnen Gruppen durch streng konspiratives Verhalten gelungen, Verbindungen zum Widerstand in Süd- und Südwestdeutschland zu pflegen. Während des Krieges lag die Bedeutung der Schweiz als Exilland zum einen darin, daß sich hier für Verfolgte aus dem Reichsgebiet und aus dem besetzten Frankreich die letzte Fluchtmöglichkeit in ein Nachbarland bot. Zum anderen konnte man von der Schweiz aus – meist in Zusammenarbeit mit alliierten Geheimdiensten – Kontakte zu oppositionellen Kreisen in der Heimat wieder anknüpfen und in den letzten Kriegsmonaten und während der ersten Besatzungsperiode eine Anzahl von Funktionären und Politikern zur frühestmöglichen Mitarbeit am politischen Neuaufbau nach Deutschland entsenden.

Die Vereinigten Staaten waren für die politische Emigration der Vorkriegsjahre aufgrund der besonderen Einwanderungsbedingungen und angesichts der auf ihre Heimat orientierten Bindungen und Interessen der Exulanten als Asylland von geringer Anziehungskraft. Mit der zunehmenden Bedrohung in Europa wandten sich in erster Linie politische Flüchtlinge aus wissenschaftlichen und akademischen Berufen, Schriftsteller, Publizisten und einzelne prominente Politiker vor allem aus dem sozialdemokratischen und bürgerlichen Lager nach den USA. Sie verfügten am ehesten über die Voraussetzungen für ein Non-Quota-Visum bzw. über die persönlichen oder politischen Möglichkeiten zur Beschaffung von Affidavits und Passagegeldern. Soweit sich die Aktivitäten dieser Gruppe während der Kriegsjahre noch im Bereich der Exilpolitik bewegten, also nicht nur im Rahmen wissenschaftlicher oder propagandistischer Mitwirkung an den Kriegsanstrengungen der USA, konzentrierten sie sich auf die Weiterverfolgung individueller Positionen der Vorkriegszeit in kleinen Zirkeln von Gleichgesinnten und – wie im Fall der sozialdemokratischen *German Labor Delegation* – auf die politische und materielle Unterstützung der in den europäischen Asylländern fortgeführten Parteiorganisationen.

Als einziges überseeisches Aufnahmeland beherbergte Mexiko ein *organisiertes* deutschsprachiges Exil größeren Umfangs und überregionaler Bedeutung. Vor allem emigrierte Kommunisten und Linkssozialisten hatten hier – in der Regel von Frankreich aus – Zuflucht gesucht, da Mexiko neben vertriebenen spanischen Republikanern auch ehemaligen Angehörigen der Internationalen Brigaden ohne Vorbehalt Asyl bot und eine entwickelte einheimische Arbeiterbewegung den Exilgruppen Unterstützung gewährte. In Lateinamerika dürften sich während des 2. Weltkriegs insgesamt mehrere Tausend deutschsprachige politische Emigranten – unter ihnen an die 300 Mitglieder der KPD – aufgehalten haben. Neben Mexiko ist es jedoch nur in einigen wenigen Staaten zu größeren Zusammenschlüssen oder zu nennenswerter publizistischer Aktivität gekommen.

Die Verhältnisse in den Aufenthaltsländern waren von nicht unwesentlichem Einfluß auf die Entwicklung des politischen Exils. Sie wirkten als mehr oder weniger zufällige äußere Faktoren, denn nur in Ausnahmefällen konnte der Flüchtling ganz frei und in Kenntnis der ihn dort erwartenden Umstände ein Asylland wählen; mit dem Herannahen des Krieges wurde für die in Europa lebende Mehrheit der politischen Emigranten die Flucht aus dem nationalsozialistischen Machtbereich in ein beliebiges noch offenes Land zur Überlebensfrage. Schon die fremdenrechtliche Praxis entschied weitgehend über Art, Umfang und Dauerhaftigkeit des politischen Engagements. So war das Verbot der Erwerbstätigkeit zum Beispiel eher geeignet, den Zusammenhalt von Parteimitgliedern in städtischen Zentren und die Bewahrung eigenständiger politischer Lebensformen zu fördern als etwa der faktische Arbeitszwang im kriegführenden Großbritannien mit der damit verbundenen Verteilung der Emigranten auf die Produktionsstätten im Lande. Politisches Betätigungsverbot und Internierung wie in der Schweiz konnten zwar ein offenes Organisationsleben unterbinden, stärkten andererseits aber den persönlichen Zusammenhalt von Gleichgesinnten, ihre Loyalität gegenüber der eigenen Vergangenheit und die Bereitschaft zu künftiger Aktivität. Auch die politische Kultur des Aufnahmelands, vor allem die Existenz einer der eigenen Tradition verwandten Arbeiterbewegung, die den Flüchtling als Angehörigen einer Bruderpartei respektierte und von ihm die Fortsetzung des Kampfes gegen den Faschismus erwartete, gehörte zu den entscheidenden Faktoren für die Aufrechterhaltung der politischen Identität im Exil. Wo wirtschaftliche und gesellschaftliche Integrationschancen, geographische Distanz zum Herkunftsland und zivilisatorisch-kulturelle Assimilierungsmöglichkeiten zusammentrafen, also in den englischsprachigen Einwanderungsgebieten in Übersee, mußte mit fortschreitenden Jahren die personelle Auflösung des politischen Exils einsetzen.

Es wird geschätzt, daß sich höchstens vier Prozent der emigrierten Juden wieder in West-Berlin und in der

Bundesrepublik niedergelassen haben. Die Anzahl der Rückkehrer unter den etwa 30 000 ursprünglich aus politischen Gründen Geflüchteten ist nicht verläßlich zu bestimmen. Sie könnte als Indikator dafür dienen, inwieweit das Exil seinen Charakter als Teil der Volksopposition gegen den Nationalsozialismus über die Funktionärskader der Auslandsorganisationen hinaus trotz langer Kriegsjahre und weltweiter Zerstreuung bewahrt hat. Von den annähernd 2 150 in Band I des *Biographischen Handbuchs* aufgenommenen politischen Emigranten sind ca. 280 (13 v.H.) vor 1945 bei illegalen Missionen oder in den besetzten Ländern der Gestapo in die Hände gefallen; ein Teil hat Gefängnis- und Lagerhaft überlebt. Nur etwa 30 gingen vor Kriegsende – meist schon 1933/34 und nach der Besetzung Westeuropas – freiwillig ins Reich zurück. Annähernd 200 (9 v.H.) starben vor 1945 im Ausland. Knapp 1 000 (46 v.H.) sind nach 1945 in ihre Heimatländer zurückgekehrt – bei Herkunft aus den ehemaligen Ostgebieten und der Tschechoslowakei meist in die deutschen Nachkriegsstaaten oder nach Österreich. Natürlich kann dieser unerwartet hohe Anteil von Rückkehrern nicht ohne weiteres auf das gesamte deutschsprachige Exil übertragen werden. Er erlaubt aber die Annahme, daß ein beträchtlicher Teil des Exils an seinem politischen Selbstverständnis festgehalten hat. Darüber hinaus sind manche der in den Emigrationsländern verbliebenen Flüchtlinge durch Beibehaltung bzw. Wiedererwerb der alten Staatsbürgerschaft zu Auslandsdeutschen oder Auslandsösterreichern geworden, die oft wesentlich zur Wiederanknüpfung politischer, wirtschaftlicher und kultureller Beziehungen in ihren Niederlassungsländern beigetragen haben. Die Mehrheit der über 36 000 im Ausland lebenden ehemaligen Emigranten und ihrer Familienangehörigen, die bis 1973 gegenüber den Behörden der Bundesrepublik für die deutsche (Doppel-) Staatsbürgerschaft optiert haben, dürfte jedoch von Nützlichkeitserwägungen und nicht durch nationale und politische Bindungen motiviert gewesen sein, so daß hier ein Rückschluß auf das ehemalige Exil nicht möglich erscheint.

VII

In der Vorkriegsperiode sahen die politischen Exilorganisationen ihre Hauptaufgabe in folgenden Bereichen: Zum einen in der Unterstützung, Anleitung und Außenvertretung illegaler Gruppen in der Heimat, zum anderen in der Beeinflussung der öffentlichen Meinung und der Politik des Auslands; schließlich bemühte man sich – zumindest bei den großen Exilparteien – um Wahrnehmung der sozialen, rechtlichen und politischen Interessen der emigrierten Mitglieder sowie um Hilfe für inhaftierte Anhänger und deren Familien in der Heimat. Mit den letztgenannten Anstrengungen und in dem Ziel, dem Nationalsozialismus durch Aufklärung und politische Aktionen größtmöglichen Schaden im Ausland zuzufügen, bewegten sich die Exilorganisationen und die Verbände der jüdischen Emigration teilweise auf gleichem Terrain. „Mit dem Gesicht nach Deutschland" standen jedoch – soweit es eigene Zukunftsperspektiven betraf – lediglich solche Emigrantengemeinschaften, die sich zu Recht oder zu Unrecht als der freie Arm der in der Heimat geknebelten, die wahren Interessen des Volkes vertretenden Parteien und politischen Richtungen verstanden: also in erster Linie die traditionellen Organisationen der Arbeiterbewegung und ihre dissidierenden, oft erst im Exil entstandenen Sondergruppen; daneben die direkten oder sich auf deren Tradition berufenden Nachfolger der bürgerlich-liberalen Parteien sowie die Vertreter all jener konservativen, ständestaatlich-autoritären und neonationalistischen Strömungen, die trotz gewisser historisch-ideologischer Affinität zum Nationalsozialismus im NS-Regime den Verrat an ihren politischen, gesellschaftlichen und moralischen Wertvorstellungen sahen.

Bei allen Exilorganisationen stand zunächst der Kontakt zum Widerstand im Inland an erster Stelle der Bemühungen. Dem gemeinsamen Bewußtsein, Sprecher des inneren Widerstands und somit Repräsentanten der eigentlichen Volksinteressen zu sein, wurden in der Praxis am ehesten die Exilvertretungen der alten Arbeiterbewegung und die von ihnen abgespaltenen Linksgruppen gerecht: Die einen aufgrund ihrer tatsächlichen Anhängerschaft in der Heimat und mit Hilfe parteiähnlicher Organisationen, die sich auf gerettete Verbandsgelder und Zuwendungen aus ausländischen Quellen stützen konnten; die Splittergruppen dank ihrer frühzeitigen Vorbereitung auf Konspiration und Illegalität, die ihnen nun eine relativ erfolgreiche Zusammenarbeit mit Gesinnungsfreunden in der Heimat ermöglichte. Mit Hilfe besoldeter Grenzfunktionäre in der CSR, in Dänemark, den Niederlanden, in Belgien, Luxemburg, Frankreich und in beschränktem Maße auch von Polen, Österreich und der Schweiz aus versuchte man, Informations- und Propagandamaterial in Umlauf zu bringen oder an illegale Gruppen zur weiteren Verbreitung zu liefern. Kuriere und Instrukteure bemühten sich um ständige Verbindungen zu den Widerstandskreisen im Inland, um den Aufbau neuer Organisationen und um vertrauliche Nachrichten über politische und wirtschaftliche Entwicklungen.

Abgesehen vom erhofften Aufklärungseffekt und einer direkten Verunsicherung des Regimes mußten die Exilgruppen darauf bedacht sein, sich in der Heimat durch illegale Organisations- und Propagandatätigkeit Kader zu erhalten und gegenüber der Bevölkerung das eigene Fortbestehen als politische

Kraft unter Beweis zu stellen. Die Legitimierung durch Untergrundaktivitäten war schließlich auch wesentliches Argument in den politischen und ideologischen Auseinandersetzungen zwischen den einzelnen Parteien im Exil und bei ihren intern konkurrierenden Richtungen und Führungsgruppen. Die kommunistischen Parteien hatten darüber hinaus den einschlägigen Direktiven der Komintern zu folgen; bei der KPD führte die in der Illegalität zunächst noch fortgesetzte „revolutionäre Massenarbeit" zu besonders hohen Verlusten. Presse, öffentliche Meinung und die befreundeten Parteien des Auslands neigten dazu, die Bedeutung und den Vertretungsanspruch der Exilorganisationen – d.h. auch ihre politische, publizistische und materielle Unterstützung – von Verbindungen zu oppositionellen Kräften in der Heimat abhängig zu machen. Exilgruppen, die dazu aufgrund ihrer politischen Basis und ihrer finanziellen Möglichkeiten nicht eigentlich in der Lage waren, strebten zumindest nach dem Anschein enger Beziehungen zum inneren Widerstand. Ihre oft dilettantischen Organisationsversuche führten ebenso wie das illusionäre Bestreben der großen Exilparteien, ein totalitäres System innenpolitisch mit den Mitteln der Schriftenpropaganda zu bekämpfen, nicht selten zur Gefährdung von Anhängern in der Heimat und der zu ihrer Hilfe entsandten Beauftragten. Der Wettbewerb um die Legitimierung der Exilorganisationen als Hauptvertreter der Opposition trug wesentlich zu der scharfen Fraktionierung der politischen Emigration und zur Schaffung jener menschlichen und moralischen Problematik bei, die Politik im Exil seit jeher begleitet.

Keine der Exilgruppen hat den vereinzelt geforderten Versuch unternommen, mit Attentaten und Sabotage die Konsolidierung des Regimes möglicherweise wirksamer zu stören – nicht zuletzt aufgrund der Einsicht, daß Rückkehr und politische Zukunft nicht nur von ihren jeweiligen Parteigängern, sondern viel mehr noch von jener Mehrheit abhängen würden, die dem Regime im besten Fall mit kritischen Vorbehalten gegenüberstand und nicht durch die Anwendung von „Gegengewalt" in ihrer Furcht vor Anarchie und sozialem Umsturz bestärkt werden durfte. Innerhalb der Exil-SPD erwartete man zudem das Ende der nationalsozialistischen Herrschaft am ehesten von einer Aktion aus Kreisen der Reichswehr in Verbindung mit traditionellen Ordnungskräften, also Teilen der konservativen Beamtenschaft und der Kirchen: Eine solche Entwicklung durch politische Aufklärungsarbeit im Inland und durch eine internationale Isolierung des NS-Regimes zu fördern, konnte als der eigentliche Beitrag zum Sturz Hitlers gelten. Insgesamt haben die Exilparteien – abgesehen von der grundsätzlichen Loyalität der Kommunisten gegenüber der Sowjetunion – in der Regel strikt darauf geachtet, sich in der Zusammenarbeit mit Regierungsstellen und besonders bei Kontakten zu zivilen und militärischen Geheimdiensten der Asylländer an den eigenen politischen Interessen zu orientieren. Auch nach Kriegsbeginn stand bei ihnen das Bestreben im Mittelpunkt, zwischen wirksamer Bekämpfung des Nationalsozialismus, politisch-ideologischen Grundpositionen und berechtigten Belangen der eigenen Nation im Hinblick auf eine spätere Rechtfertigungspflicht sorgfältig abzuwägen.

Das Scheitern der Widerstandsbewegungen und die Niederwerfung des Nationalsozialismus allein durch auswärtige Mächte waren geeignet, Tätigkeit und Wirkung auch der politischen Emigration als historisch irrelevant erscheinen zu lassen. In der Tat erwiesen sich die Mittel und Methoden des Widerstands einem modernen Herrschaftsapparat nicht gewachsen, Erwartungen und Zielsetzungen von Exil und innerem Widerstand meist als illusionär. Auf weite Strecken könnten deshalb Strategien und Aktionen der Opposition aus heutiger Sicht eher als Resultat ideologisch bedingter Fehleinschätzungen oder als Mittel zur Verfolgung parteipolitischer Sonderinteressen und nicht als verantwortbare Versuche zum Sturz der Diktatur gewertet werden. Für die damals Handelnden war jedoch die Fortführung des Kampfes gegen das Regime ein zentrales Element ihrer persönlichen Identität, die ja unter den Bedingungen des Exils vor allem durch den „politischen Auftrag" geprägt wurde. Die Frage nach der Wirksamkeit ihres opferreichen Bemühens kann nicht ausschlaggebender Maßstab sein. Der Widerstand in Illegalität und Exil gehört vielmehr zur Geschichte demokratischer Insurrektionen im deutschsprachigen Mitteleuropa und verdient es somit um so mehr, als Teil der jüngsten deutschen und österreichischen Nationalgeschichte rezipiert zu werden.

Eine vermutlich größere Beeinträchtigung nationalsozialistischer Interessen bewirkte die „Offensive der Wahrheit", also der publizistische Kampf gegen das Regime im Ausland. Obwohl er im Verständnis der Exilorganisationen der illegalen politischen Arbeit in der Heimat untergeordnet war, bildete er in der Tat die Hauptaktivität der Gruppen. Weit über 400 Zeitungen, Zeitschriften, Nachrichtendienste, Rundbriefe und Bulletins konnten bisher allein für die reichsdeutsche Emigration namhaft gemacht werden, in ihrer Mehrheit Kampfblätter der Parteien und ideologischen Richtungen. Nur zum Teil waren sie lediglich für die interne Diskussion und zur illegalen Verbreitung in der Heimat bestimmt. Die wichtigsten Periodika, oftmals Fortsetzungen der ehemaligen Parteiorgane oder von reputierten politisch-kulturellen Zeitschriften, erreichten neben einem deutschsprachigen Publikum in der Tschechoslowakei, in Polen, in der Schweiz, im Saargebiet und in Österreich auch

Politiker, Behörden und Redaktionen des Auslands. Pressedienste, Verlautbarungen, Rednerauftritte, die Beiträge emigrierter Journalisten in Presse und Rundfunk der Asylländer, Buchveröffentlichungen prominenter Politiker und bekannter Autoren sowie Erlebnisberichte von Verfolgten trugen des weiteren dazu bei, daß sich die Emigration auf dem Gebiet der internationalen Meinungsbildung zu einem ernstgenommenen Gegner entwickeln konnte.

Wenn auch die Wirkung der Exilpolitik auf die Entwicklung in der Heimat und die Haltung des Auslands letztlich gering geblieben ist und ihr Einfluß auf die der Öffentlichkeit in den Asylländern sich nicht mehr messen läßt, so bezeugen doch die intensiven Abwehrmaßnahmen, daß das Dritte Reich zumindest die potentielle Gefährdung seiner Ziele durch die politische Emigration recht hoch eingeschätzt hat.

Die schon im Mai 1933 angeordnete listenmäßige Erfassung der politischen Emigranten führte zu einer detaillierten Datensammlung im Reichssicherheitshauptamt, die durch systematische Ausspähung mit Hilfe der diplomatischen Vertretungen, der NSDAP-Auslandsorganisation, von Gestapo-Agenten und nebenberuflichen „V-Männern" bis Kriegsende laufend ergänzt worden ist. Infiltrations- und Bestechungsversuche, Entführungs- und Mordaktionen jenseits der Grenzen, gezielte Gegenpropaganda, diplomatische Interventionen und auch die kollegiale Zusammenarbeit der Gestapo mit Polizei- und Ausländerbehörden der Asylstaaten sollten den Aktivitäten des Exils die personellen, materiellen und politischen Grundlagen entziehen. Eine besondere Wirkung erhoffte man sich von dem am 14. Juli 1933 erlassenen *Gesetz über den Widerruf von Einbürgerungen und über die Aberkennung der deutschen Staatsbürgerschaft,* auf dessen Grundlage bis in die letzten Kriegsmonate hinein annähernd 40 000 Personen namentlich zu Staatenlosen erklärt wurden. Es richtete sich zunächst ausschließlich gegen emigrierte politische Gegner; erst ab 1937 wurden zunehmend auch jüdische Flüchtlinge von der Ausbürgerung betroffen. Bis April 1939 wurden aufgrund der Recherchen von Gestapo und Auswärtigem Amt etwa 9 000 Emigranten der relativen Mobilität beraubt, die ihnen ein gültiger deutscher Reisepaß gewährt hätte. Die *11. Verordnung zum Reichsbürgergesetz* vom 25. November 1941 verfügte schließlich die kollektive Ausbürgerung der jüdischen Emigranten und schloß so auch die letzten Lücken in einem System der archaischen Ächtung durch Expatriation.

Die Tätigkeit der Auslandsgruppen wurde schon ab 1935/36 durch die Zerschlagung von Widerstandskreisen in Deutschland zunehmend behindert, da damit nicht nur die Möglichkeiten für die Inlandpropaganda abnehmen, sondern auch die Berichterstattung über den Nationalsozialismus an Detailkenntnis und Authentizität verlieren mußte. Ab 1937 schränkte die Prager Regierung unter massivem deutschen Druck die Bewegungsfreiheit der politischen Emigration in der CSR mehr und mehr ein. Die Besetzung Österreichs und der Tschechoslowakei und der Schock der „Reichskristallnacht" verstärkten den Druck der Zuflucht suchenden Emigranten auf die wenigen verbliebenen Asylländer Kontinentaleuropas, die sich zudem einer wachsenden Bedrohung durch die deutsche Expansionsmacht ausgesetzt sahen. Die damit Hand in Hand gehende Einengung des fremdenrechtlichen Spielraums für die Exilparteien und die Appeasementtendenzen der europäischen Staaten trafen sich mit der schwindenden finanziellen Basis der nichtkommunistischen Gruppen und dem Tiefpunkt der organisierten Opposition im Reich. Der deutsch-sowjetische Nichtangriffspakt vom August 1939 lähmte schließlich auch die kommunistischen Exilorganisationen.

Mit dem deutschen Angriff im Westen erreichte die Krisenphase der politischen Emigration zwischen 1938 und 1941 ihren Höhepunkt: Zum Betätigungsverbot und zur organisatorischen Auflösung durch die Flucht der Emigranten aus den westeuropäischen Hauptstädten oder die Weiterwanderung nach Übersee kamen Zwangsverschickung, Internierung und – wie in Frankreich – Dienstverpflichtung in Arbeitskompanien der Armee. In den Jahren 1939 bis 1941 wurden 18 000 – 20 000 deutschsprachige Emigranten in über 100 französischen Internierungslagern festgesetzt. Familienangehörige, Entlassene und Entflohene versammelten sich im Süden Frankreichs in der Hoffnung auf Ausreisemöglichkeit. Die Parteien und Gruppen des Exils konzentrierten sich in dieser Zeit auf Hilfsmaßnahmen für bedrohte Mitglieder durch Beschaffung von Einreisegenehmigungen vor allem nach Großbritannien und Übersee. 1940/41 konnten z.B. fast 1 000 sozialdemokratische Flüchtlinge mit Unterstützung amerikanischer Gewerkschaftsorganisationen aus Frankreich gerettet werden; 1942 dürften sich noch etwa 500 deutsche und österreichische Sozialisten ohne Ausreisevisum dort aufgehalten haben. Manche der auf dem Kontinent zurückgebliebenen Emigranten fanden schließlich illegalen Unterschlupf in den besetzten Ländern, konnten ihre Identität dauerhaft tarnen oder schlossen sich später einheimischen Widerstandsbewegungen an. Einige versuchten, trotz gesperrter Grenzen und des Risikos einer Abschiebung die nahe Schweiz zu erreichen; andere wählten – oft mit Sichtvermerken zweifelhaften Werts und mit Hilfe obskurer Schiffahrtsunternehmen – den Weg zu afrikanischen, asiatischen und lateinamerikanischen Zielhäfen. Unbekannt ist die Zahl derer, die in den Internierungslagern aufgrund mangelhafter Lebensbedingungen umgekommen, von der Gestapo aufgegriffen oder von kollaborierenden einheimischen Behörden an die deutsche Besatzungsmacht ausgeliefert worden sind.

Erst mit dem deutschen Überfall auf die Sowjetunion und dem Eintritt der Vereinigten Staaten in den Krieg begann für das deutschsprachige Exil nach der organisatorischen Auflösung und der politischen Desorientierung der Jahre 1938 bis 1941 eine neue Phase der Auseinandersetzung mit dem Nationalsozialismus.

Die Zentren der politischen Emigration hatten sich zwischenzeitlich nach England, Schweden, in die Schweiz und bei den kommunistischen Parteien in die Sowjetunion verlagert. Daneben bestanden kleinere Gruppen, Kreise und Parteizirkel – oft um Zeitschriften oder um einzelne prominente Persönlichkeiten geschart – in fast allen überseeischen Ländern. Die geographische Verstreuung der Anhängerschaft stellte das organisierte Exil nicht nur vor das Problem, die alten Verbindungen über entfernte Grenzen und in Kriegszeiten aufrechtzuerhalten; die entmutigenden politischen Entwicklungen, die Mühsale eines permanenten Emigrantendaseins und die neuen Integrationsmöglichkeiten in den überseeischen Einwanderungsländern trugen auch wesentlich zur zahlenmäßigen Schrumpfung des Exils bei. Viele politische Flüchtlinge gaben mit den Jahren das Selbstverständnis des nach der Heimat orientierten Exulanten zugunsten einer neuen Identität als Einwanderer auf, die ihnen in der Regel eher die Energie zur Gründung einer erträglichen materiellen Existenz und die psychischen Voraussetzungen für ein Sichlösen von den politischen und moralischen Verstrickungen des Herkunftslandes geben konnte. Darüber hinaus war besonders außerhalb großstädtischer Emigrantenkolonien die Befürchtung weit verbreitet, durch politische Betätigung bei den Behörden des Gastlandes unangenehm aufzufallen bzw. mit einer offenen Stellungnahme auch für die freiheitlichen Kräfte in der Heimat vom steigenden Haß der Umwelt gegen den nationalsozialistischen Kriegsgegner betroffen zu sein. Die Parteien und Gruppen des Exils reduzierten sich zwar nicht zu „Generälen ohne Armee"; das erschwerte Festhalten an politischen Zielen und kulturellen Werten führte jedoch das organisierte Exil durch einen Ausleseprozeß, der hohe Anforderungen an das nationale Identitätsbewußtsein des einzelnen stellte. Unter den politischen Flüchtlingen jüdischer Herkunft waren es in erster Linie die Anhänger der sozialistischen und kommunistischen Parteien, die auch in dieser letzten Phase trotz zunehmender Kenntnis des Genozids an ihren alten Bindungen festzuhalten vermochten.

Im Unterschied zur ersten Periode des Exils 1933 bis 1938 konzentrierten sich die nichtkommunistischen Parteien und Gruppen während des 2. Weltkriegs fast ausschließlich auf den Versuch, durch ihre Publizistik sowie mit Hilfe direkter Kontakte zu Persönlichkeiten des öffentlichen Lebens und zu politischen Kreisen das Meinungsbild in den Gastländern zu beeinflussen. Hatten hierbei in der Vorkriegszeit noch die Aufklärung über die Verbrechen des Nationalsozialismus und die Forderung nach einer kompromißlosen Haltung der Demokratien im Vordergrund gestanden, so überwogen nunmehr die Propagierung des „Anderen Deutschlands" und die Fragen einer künftigen Nachkriegsordnung in Europa. Mit ihren Zukunftsprogrammen beschäftigten sich die Exilgruppen mehr und mehr im Rahmen *interner* Diskussionen und Planungsarbeiten. Die einst so rege publizistische Tätigkeit war durch die äußeren Umstände empfindlich eingeschränkt worden. Lediglich in einigen lateinamerikanischen Ländern konnten sich parteinahe Exilzeitschriften und Buchverlage in der Kriegszeit halten; in den USA verlagerte sich öffentliche Diskussion in die Spalten deutschsprachiger Immigrantenzeitungen, während in den übrigen Asylländern meist hektographierte, auflagenschwache Informationsblätter die Funktion von Partei- und Gruppenorganen übernehmen mußten. Finanziell hielten sich die verbliebenen, mitunter personell auf England, Skandinavien, Nord- und Südamerika verteilten „Auslandsleitungen" durch die bescheidenen Beiträge der Gruppenmitglieder und durch Zuwendungen befreundeter Organisationen der Asylländer mehr schlecht als recht über Wasser.

Sieht man von der Schweiz und von Schweden ab, die allerdings „illegale" Aktionen gegen das Dritte Reich als Verletzung ihrer Neutralität strafrechtlich verfolgten, war ein direkter Kampf gegen den Nationalsozialismus in der Regel nur im Rahmen der alliierten Kriegsanstrengungen möglich. So haben einzelne Mitglieder und Funktionäre der Exilparteien und eine Reihe ihnen nahestehender Intellektueller und politischer Publizisten ihren persönlichen Beitrag zur Niederwerfung des NS-Regimes als Mitarbeiter von Propagandaeinrichtungen, als Berater bei kriegswichtigen Behörden oder im Dienst der alliierten Streitkräfte zu leisten versucht. Die Exilvertreter der demokratischen Parteien und der Freien Gewerkschaften sahen sich dagegen gehalten, eine *organisierte* Zusammenarbeit mit den militärischen Gegnern Hitlers von einem Mindestmaß politischer Übereinstimmung bzw. autonomen Handlungsspielraums abhängig zu machen. Da Amerikaner, Briten und die tschechoslowakische Exilregierung aus grundsätzlichen Erwägungen eine auch nur einigermaßen selbstbestimmte Mitwirkung deutscher Organisationen als Verbündete im Kampf gegen das Dritte Reich ablehnten, waren deren Aktionsmöglichkeiten äußerst begrenzt. Lediglich in einigen Fällen ist es zur Ausstrahlung von Rundfunkbotschaften der Exilparteien, zur Verwendung ihrer Flugblatt-Texte oder zur Überlassung von Informationsmaterial an alliierte Behörden gekommen. Gegen Kriegsende haben einzelne Gruppen die Gelegenheit benutzt, in Verbindung mit militärischen Nachrichtendiensten Kuriere hinter den deutschen Linien einzusetzen; neben der Berichterstattung an die Alliierten sollten sie vor allem die eigenen politischen Leitsätze unter den Kadern in der Heimat bekannt machen und durch schnellstmöglichen Wiederaufbau ihrer Organisation Einfluß auf die künftige Entwicklung sichern. Darüber hinaus gab es vereinzelte Pläne, innerhalb der alliierten Streitkräfte Emigranten-Einheiten zu bilden oder gar selbständige „freideutsche" Verbände aufzustellen. Sie gingen ebenso wie Versuche zur Schaffung einer Exilregierung oder einer offiziellen Gesamtvertretung der deutschen Opposition in der Regel von konservativen Kreisen aus und scheiterten schon an der grundsätzlichen Weigerung der Westmächte, ihre Kriegsziele durch die Anerkennung eines „Anderen Deutschlands" auch nur in Teilen festlegen zu lassen. Einen Sonderfall bildet hier lediglich die österreichische Emigration: Zwar blieb der Versuch erfolglos, nach dem Kriegseintritt der USA unter legitimistischen Vorzeichen ein österreichisches Bataillon innerhalb der US-Armee aufzustellen; als jedoch die Moskauer Deklaration vom Oktober 1943 die Wiederherstellung Österreichs zum Kriegsziel erklärt, seine Behandlung aber von dem Beitrag abhängig gemacht hatte, den das Land zu seiner eigenen Befreiung leisten würde, entstanden Ende 1944/Anfang 1945 auf Initiative von Vertretern der KPÖ innerhalb der jugoslawischen Volksbefreiungsarmee in Serbien und Slowenien fünf österreichische Bataillone als offizielle Einheiten auf alliierter Seite. Allerdings kam nur ein Bataillon vor Kriegsende zum militärischen Einsatz. Abgesehen von den ausländischen Kampfgruppen des französischen und belgischen Maquis, denen sich auch deutsche und österreichische Emigranten anschlossen, war dies der einzige relativ eigenständige Beitrag des politischen Exils zur bewaffneten Auseinandersetzung mit dem Dritten Reich.

Die Loyalität gegenüber der Sowjetunion bestimmte während des Kriegs noch deutlicher als zuvor die Situation der kommunistischen Exilparteien. Zwischen dem deutsch-sowjetischen Nichtangriffspakt und dem Überfall auf die Sowjetunion waren sie innerhalb der politischen Emigration völlig isoliert und galten in den westlichen Asylländern als Werkzeug der Achse Berlin-Moskau. Ihre Aktivitäten richteten sich vor allem auf die Hilfe für internierte Mitglieder. Auch nach 1941 behielten sie zumeist ihre konspirative Organisationsform bei und traten als Parteiapparate kaum noch an die Öffentlichkeit. Die wesentliche Aufgabe lag nunmehr darin, im Rahmen von Hilfs- und Kulturverbänden und ab 1943 in „demokratischen Blockorganisationen" politische und nichtorganisierte Emigranten für eine gemeinsame Front zu gewinnen; diese Vereinigungen dienten in der Regel auch als Plattform für die propagandistische Arbeit der kommunistischen Exilparteien im Westen. Für die in der UdSSR etablierten zentralen KP-Führungen schien sich nach dem Ende der „imperialistischen Phase" des Krieges dagegen in der Tat die Perspektive einer weitreichenden Exilpolitik zu eröffnen. Im Bereich der Rundfunk- und Frontpropaganda, in der Roten Armee, in der sowjetischen Verwaltung und in den Einrichtungen der Komintern haben Emigranten zum Teil in maßgeblicher Position gewirkt; die Gründung des *Nationalkomitees „Freies Deutschland"* im Jahr 1943 konnte schließlich gar als Ausgangspunkt für eine anerkannte politische Gesamtvertretung der deutschen Opposition verstanden werden. Die weitere Entwicklung bewies jedoch, daß sich die kommunistischen Exilparteien in der UdSSR zwar voll als Verbündete der KPdSU und des Sowjetstaats begreifen durften, aber ebenso von den wechselnden Interessenlagen Moskaus abhängig und damit letztendlich Instrumente seiner Mitteleuropa-Politik waren. Mit der Festlegung der Sowjetunion auf eine Zerstückelung des Deutschen Reichs und den sogenannten Bevölkerungstransfer ergab sich ab 1944 außerhalb der UdSSR eine neue und endgültige Isolierung der Exil-KPD, recht eigentlich ihr Ausscheiden aus der politischen Emigration, die sich insgesamt ja als Vertretung deutscher Volksinteressen begriff.

VIII

Die Diskussionen, Konflikte und theoretisch-ideologischen Überlegungen innerhalb der politischen Emigration hatten sich zunächst der Frage nach den Gründen für das Scheitern der eigenen Bewegung in der Heimat zugewandt. Mit Ausnahme der kommunistischen Parteien, die auch hier der Komintern-Linie verpflichtet waren und den Sieg der Reaktion 1933/34 als weiteren Schritt der kapitalistischen Gesellschaft in ihre unvermeidbare Krise begriffen, führte die Niederlage zur Selbstkritik an den politischen Strategien seit dem Ersten Weltkrieg und damit auch an den ideologischen Theoremen dieser Periode. Unmittelbare Folge waren in der Regel eine Rückwendung zu linken Traditionen des politischen Denkens und radikale Forderungen an eine künftige Innen-, Wirtschafts-, Sozial- und Kulturpolitik. Freilich ist dieser Wandel bei den Auslandsleitungen der alten Parteien auch durch das Konkurrenzverhältnis zu linken Oppositionsgruppen stark gefördert worden, die ihren Standpunkt durch den Gang der Geschichte voll gerechtfertigt sahen.

Dieser ersten Reaktion schlossen sich jedoch bald schon Versuche an, durch Faschismus-Analysen die politischen Entwicklungen des zurückliegenden Jahrzehnts unter Anwendung sozialwissenschaftlicher und ideengeschichtlicher Methoden zu reflektieren. Die Besinnung auf die „objektiven Faktoren" für das Aufkommen und den Sieg des Faschismus förderte die ideologische Stabilisierung der Parteileitungen und ihre Rückkehr zu den grundsätzlichen Zielvorstellungen und politischen Mitteln der Vor-Exilzeit. Zu den weiterführenden Ergebnissen der historischen Aufarbeitung gehörte jedoch in fast allen Lagern des Exils die Erkenntnis, daß der Sieg der Diktatur wesentlich und zwangsläufig auf die soziale Isolierung der eigenen Bewegung zurückzuführen sei. Abgesehen von linken Splittergruppen, deren Hoffnung auf eine Einheitsfront der Arbeiterbewegung erst durch den deutsch-sowjetischen Pakt ganz zerschlagen wurde, gingen die Exilparteien davon aus, daß ihre künftige Politik auf einem Bündnis mit anderen Gesellschaftsschichten aufgebaut werden müsse.

Beeindruckt von den inneren Erfolgen des Nationalsozialismus, sahen Teile der reichsdeutschen und der sudetendeutschen Sozialdemokratie einen Bündnispartner in jenen Volksschichten, die – wie Kleinbürgertum und Bauernschaft – den Anschluß an die moderne Industriegesellschaft sozial, wirtschaftlich und bewußtseinsmäßig nicht oder nur mangelhaft vollzogen hatten und aufgrund des exklusiven Klassencharakters der alten Arbeiterbewegung dem Faschismus als scheinbare Massenbasis dienten: Sie sollten für einen national ausgerichteten, berufsständisch gegliederten und die christliche Sozialethik einbeziehenden Sozialismus gewonnen werden, in dessen Rahmen die organisierte Arbeiterschaft ihre bisherige Außenseiterposition innerhalb der Volksgemeinschaft würde überwinden können. Im Gegensatz dazu fand die Mehrheit des politischen Exils zur Schlußfolgerung, daß lediglich durch das Zusammenwirken der freiheitlichen Arbeiterbewegung mit dem demokratisch gesinnten Teil des Bürgertums die Verwirklichung einer zeitgemäßen Sozialordnung möglich sein werde. In fast allen Lagern ging man davon aus, daß Privat- und Staatskapitalismus durch die ökonomischen und politischen Erfahrungen der 30er Jahre und die Instrumentalisierung der Wirtschaft für die Kriegspolitik des Dritten Reiches endgültig diskreditiert worden waren. An ihre Stelle müsse eine sozialistische Planwirtschaft treten, die ihre Produktionsziele am Konsumbedürfnis der Mehrheit ausrichten würde; Werktätigen und Verbrauchern sollte dabei durch ein wirtschafts- und rätedemokratisches Verfahren weitgehende Mitbestimmung garantiert werden. Während die Linksgruppen zunächst noch forderten, diese Neuordnung gegebenenfalls auch mit den Mitteln einer revolutionären Kampfpartei zu verwirklichen, sahen die Sozialdemokraten ihre Aufgabe darin, die Mehrheit im Rahmen einer pluralistischen Demokratie von dieser Politik zu überzeugen. Um so mehr schien es geboten, das Wiedererstehen rigider klassenmäßiger Parteischranken zu verhindern, die eine Gewinnung anderer Bevölkerungsgruppen und damit den erstrebten politischen Grundkonsens der Gesamtnation gefährden würden. Zweifellos umfassen diese Überlegungen bereits wesentliche Elemente des Volkspartei-Verständnisses der sozialistischen und christlich-sozialen Nachkriegsparteien und des historischen Ausgleichs zwischen der österreichischen Arbeiterbewegung und den ehemaligen Trägern des Ständestaats. Die Schaffung von Einheitsgewerkschaften nach 1945 dürfte von ihnen sogar unmittelbar beeinflußt worden sein.

Die Möglichkeit zur Einbeziehung der Kommunisten in eine demokratische Bündnispolitik eröffnete sich erst nach dem 7. Weltkongreß der Komintern vom Sommer 1935. Anstelle des bisherigen „ultralinken" Kurses forderten die kommunistischen Parteien nun die Einheitsfront der Arbeiterbewegung und eine Volksfront aller Hitlergegner. Es zeigte sich jedoch bald, daß die nur taktische Annäherung der KPD an parlamentarisch-demokratische Prinzipien ohne ein glaubwürdiges Abgehen vom Ziel der Diktatur des Proletariats den Gegensatz zur Sozialdemokratie nicht überbrücken konnte. Die zeitweilige Kooperation zwischen Vertretern der KPD und einzelnen bürgerlichen und sozialdemokratischen Exilpolitikern – so vor allem in Paris innerhalb der *Deutschen Volksfront* – scheiterte am Führungsanspruch der kommunistischen Partner. Nach 1939 engte die KPD ihr Bündniskonzept zunehmend auf die „Einheitspartei aller Werktätigen" neben der Zusammenarbeit mit bürgerlichen Kräften ein. Ereignisse wie die Säuberungen in der UdSSR oder der deutsch-sowjetische Pakt machten es dabei noch illusorischer als zuvor, auf eine Bündnisbereitschaft innerhalb der sozialistischen Exilgruppierungen zu hoffen. Einen vorübergehenden Aufschwung erlebte das kommunistische Bündniskonzept durch die Moskauer Gründung des *Nationalkomitees „Freies Deutschland"* im Juli 1943, nach dessen Muster bald *Freie Deutsche Bewegungen* in den westlichen Exilländern entstanden. Entscheidendes Moment waren dabei die weitgehenden Zugeständnisse, die die Sowjetunion einer wirksamen deutschen Widerstandsbewegung einzuräumen bereit schien. Angesichts der zu erwartenden harten Haltung der Westmächte gegenüber einem besiegten Deutschland weckte der sowjetische Schritt gerade bei den nationalgesinnten Kreisen des Exils Hoffnungen auf ein neues Tauroggen. Die Moskauer Deutschlandpolitik ab 1944 entzog schließlich auch dieser Koalition jede Grundlage. Nach 1945 wurde die „Blockpolitik" mit bürgerlichen Organisationen unter Ausschluß oder Gleichschaltung der sozialdemokratischen Parteien zu einem konstitutiven Element der kommunistischen Strategie in den sowjetisch dominierten Ländern Mitteleuropas.

Das ambivalente Verhältnis des deutschen Exils zu den Kriegszielen der Alliierten war schon in den theoretischen Positionsschriften zu Ende der 30er Jahre vorgezeichnet. Neben den Kommunisten mit ihrer bis 1941 von Moskau bestimmten Definition des „imperialistischen Krieges" sahen auch die übrigen politischen Gruppen die militärische Auseinandersetzung mit dem Dritten Reich mehr oder weniger als traditionellen Interessenkonflikt zwischen imperialistischen Mächten und nicht ausschließlich als „Bürgerkrieg zwischen Demokratie und Diktatur". Es war jedoch offenbar, daß der Expansionswille des Regimes nur durch ein militärisches Eingreifen des Auslands gebrochen und der Sturz des Nationalsozialismus nur durch seine Niederlage an den Fronten eingeleitet werden konnte. Nach dem Wahlspruch „Für Deutschland, gegen Hitler!" ergab sich eine zwangsläufige Solidarität mit dem militärischen Kriegsziel der Alliierten. Die entmutigenden Erfahrungen mit dem nationalsozialistischen Unterdrückungssystem hatten darüber hinaus zu der Überzeugung geführt, daß die Erhebung des „Anderen Deutschlands" und die sozialistische Revolution nur durch einen „militärischen Kaiserschnitt" auszulösen seien. Als ein wirksamer Widerstand im Reich auch im Verlauf des Krieges immer unwahrscheinlicher wurde, hoffte man – wenn überhaupt – auf eine demokratische Erhebung zum Zeitpunkt der letzten entscheidenden Niederlage auf dem Schlachtfeld. Die Neugestaltung Deutschlands durch die freiheitlichen Kräfte in der Heimat und im Exil würde in jedem Falle von der Haltung der künftigen Besatzungsmächte abhängig sein.

Bis 1943, also während der Periode der *policy of postponement* in der alliierten Deutschlandplanung, sahen die Exilgruppen in den Friedenszielen der *Labour Party* vom November 1939, in der Atlantik-Charta, den Erklärungen Stalins vom November 1941 und vom Mai 1942 oder in der Rundfunkrede Churchills am 21. Mai 1943 durchaus Voraussetzungen für den Aufbau eines unabhängigen demokratischen Deutschlands innerhalb einer kooperativen europäischen Staatengemeinschaft. Es galt, in der Öffentlichkeit und bei Parteien und Politikern der Gastländer um Vertrauen für die selbstregenerativen Kräfte des „Anderen Deutschlands" zu werben. Der Kampf gegen die „vansittartistische" These von der grundlegend autoritären, militaristischen, imperialistischen und humanitätsfeindlichen Natur des deutschen Volkes und seiner Kollektivschuld an Aufstieg und Untaten des Nationalsozialismus wurde deshalb zu einem der Hauptanliegen des Exils. Nachdem auf der Konferenz von Teheran Ende 1943 das Einverständnis der Mächte mit der Abtretung deutscher Gebiete an Polen bekanntgeworden war und Pläne zur Aufteilung des Reichs in den Diskussionen auftauchten, versuchten die nichtkommunistischen Exilgruppen trotz aller Aussichtslosigkeit dieses Bemühens, durch Proteste, Memoranden und Stellungnahmen den Plänen für Gebietsabtrennungen, Bevölkerungstransfer, Entindustrialisierung und staatliche Zerstückelung entgegenzutreten. Mit der Einsicht in die Vergeblichkeit politischer Aktionen im Ausland wurde die antifaschistische Periode des Exils von einer Phase des demokratischen Patriotismus abgelöst, der zwar weiterhin den Nationalsozialismus als Hauptfeind begriff, in erster Linie aber die politische Selbstbestimmung, die territoriale Unversehrtheit und die materiellen Existenzmöglichkeiten des deutschen Nationalstaats in den Mittelpunkt seiner Überlegungen stellte. Die Haupttätigkeit der Exilorganisationen galt ab 1943 der Ausarbeitung von politischen, sozialen und wirtschaftlichen Plänen und Programmen für eine autonome deutsche Nachkriegsrepublik. Sie sollten den demokratischen Kräften in der Heimat eine einsatzfähige Konzeption in die Hand geben und den Westmächten nach dem erwarteten Fiasko ihrer Besatzungspolitik als Alternative dienen.

Trotz aller harten Bedingungen, die Washington und London dem besiegten Deutschland zu diktieren gedachten, lag für die nichtkommunistischen Gruppen die langfristige Zukunftsperspektive im Bündnis mit den westlichen Demokratien: Zum einen setzten sie ihre Erwartungen in den wirtschaftlichen und politischen Zwang zu einer Föderation der mittel- und westeuropäischen Staaten, die früher oder später auch zur Eingliederung des auf diese Weise zum Partner aufsteigenden deutschen Gemeinwesens führen müsse. Zum anderen aber sah man voraus, daß die Westmächte sehr bald in Konflikte mit der expansiven Sowjetunion gerade in der europäischen Kernzone verwickelt sein würden. Gewisse Revisionen des Kriegsergebnisses zugunsten eines demokratisch orientierten Deutschlands würden dann in den Bereich des Möglichen rücken.

Innerhalb der österreichischen Emigration standen nationale Frage und politische Bündniskonzeption in engem Wechselverhältnis. Die *Auslandsvertretung der österreichischen Sozialisten* hielt an dem seit 1918 als Verfassungspostulat bestehenden Grundsatz fest, daß Deutsch-Österreich ein Teil der deutschen Republik sei. Ihre Zukunftsperspektive lag zunächst im Aufgehen Österreichs in einem revolutionären Gesamtdeutschland; bis zur Moskauer Deklaration von 1943 hoffte man zumindest auf die Eingliederung des österreichischen Staatswesens in eine europäische Föderation unter sozialistischen Vorzeichen. Auch für die österreichischen Kommunisten war der Anschluß an ein „Rätedeutschland" bis in die zweite Hälfte der 30er Jahre hinein selbstverständlicher Programmpunkt. Ab 1937 allerdings erfolgte in dieser Frage eine zunächst mühevolle, dann aber um so rascher vollzogene Kehrtwendung: Noch vor dem deutschen Einmarsch bekannte sich die KPÖ zu einer historisch und kulturell gewachsenen österreichischen Nation, die getrennt von der deutschen bestehe. Auf dieser Grundlage konnte die kommunistische Emigration von Anfang an den Widerstand gegen das NS-Regime als nationalen Befreiungskampf definieren. Das ständestaatliche und legitimistische Exil vertrat in seinen zum Teil ganz unterschiedlichen Gruppierungen zwar nicht die gleichen Vorstellungen in der nationalen Frage, wandte sich aber ebenso gegen den vollzogenen Anschluß und die preußisch-protestantische Überfremdung Österreichs. So bildete sich schließlich auch hier ein national-österreichisches Selbstverständnis heraus, das vielerorts die Zusammenarbeit mit der kommunistischen Emigration ermöglichte. Sie sollte in erster Linie in den Asylländern darauf hinwirken, daß der Anschluß von 1938 als völkerrechtswidriger Akt nicht anerkannt wurde. Nachdem sich 1943 die künftigen Siegermächte für die Eigenstaatlichkeit Österreichs entschieden hatten, rückten auch für das österreichische Exil einschließlich der Sozialisten Form und Inhalte des künftigen Nationalstaats in den Vordergrund seiner Überlegungen und Auseinandersetzungen.

Für das sudetendeutsche Exil stellte sich das Problem der nationalen Interessenvertretung unter weitaus schwierigeren Bedingungen. Sozialdemokraten und Kommunisten hatten zunächst eine Wiedererrichtung des tschechoslowakischen Staats ohne autonomistische Lösung der Minderheitenfrage abgelehnt. Während der Kriegsjahre stand dann die weiterhin auf Selbstbestimmungsgarantien beharrende Mehrheitsgruppe der Sozialdemokratie einer volksfrontähnlichen Koalition aus Kommunisten, „staatsloyaler" sozialdemokratischer Opposition und Bürgerlich-Liberalen gegenüber, die mit der tschechoslowakischen Exilregierung zusammenarbeitete. Dieses Bündnis zerbrach 1944 an den Plänen für eine Aussiedlung der deutschen Minderheit, denen sich lediglich die Kommunisten anschlossen. Die sozialdemokratische Mehrheitsgruppe versuchte vergeblich, diese Politik durch publizistische Interventionen und die Schaffung einer eigenständigen Widerstandsbewegung in der Heimat zu durchkreuzen. Die Vertreibung der deutschen Volksgruppe aus der Tschechoslowakei kam zumindest für die nichtkommunistischen Exulanten einer zweiten, endgültigen Emigration gleich. Sie ließen sich entweder in den Asylländern nieder oder gingen als „Rückkehrer" nach Deutschland oder nach Österreich. Einige von ihnen sind an führender Stelle in der Vertriebenenpolitik tätig geworden.

Von den westlichen Besatzungsmächten wurde eine frühzeitige oder gar gruppenweise Rückkehr von politischen Emigranten bewußt verhindert. Nur in Einzelfällen sind Einreisegenehmigungen erteilt worden; wer aufgrund seiner politischen Haltung zu Bedenken seitens der Militärregierungen Anlaß gab, konnte erst nach 1949 eine Rückkehr in die Bundesrepublik in die Wege leiten. Eine vermutlich nicht geringe Zahl ehemaliger Exulanten hatte angesichts der personell und strukturell restaurativen Tendenzen in Westdeutschland inzwischen die Hoffnung aufgegeben, an der Gestaltung einer neuen gesellschaftlichen Ordnung mitwirken zu können. Obwohl zunächst ein waches und durchaus positives Interesse gegenüber der Emigration – etwa bei der Diskussion zwischen Walter von Molo, Frank Thieß und Thomas Mann in den Jahren 1945 und 1946 – bestanden hatte, orientierte die Öffentlichkeit ihr Bild vom Exil schließlich an ehemaligen Emigranten, die als Spezialisten der Besatzungsverwaltung und somit in der Rolle des „Siegers" in Erscheinung traten. Unbemerkt und ungewürdigt blieb dagegen, daß die zurückgekehrten nichtkommunistischen Mitglieder des deutschen Exils in ihrem Bewußtsein und ihren Programmentwürfen einer Politik verpflichtet waren, die – abgesehen von der militärischen und organisatorischen Zerschlagung des Nationalsozialismus – in wesentlichen Punkten den damaligen Konzeptionen der Siegermächte zuwiderlief. Mehr noch: Die Begleiterscheinungen des kalten Kriegs und das verfrühte Ende der engagierten Auseinandersetzung mit dem Dritten Reich trugen dazu bei, daß das Exil in der öffentlichen und veröffentlichten Meinung und sogar aus den Reihen demokratischer Parteien mit landesverräterischem Verhalten oder zumindest mit der feigen Distanzierung von den Geschicken des eigenen Volks in Verbindung gebracht wurde. Daß zahlreiche Remigranten trotz solcher Wiederbelebung nationalsozialistischer Propagandainhalte in hohe Wahlämter aufsteigen konnten, spricht andererseits für eine erfolgreiche Integration in das politische Leben der Bundesrepublik: Abgesehen von dem beträchtlichen Anteil im Pressewesen, von führenden Funktionen in Verwaltung, Diplomatie, Rechtsprechung und Bildung und einer vermutlich starken Präsenz in Partei- und Gewerkschaftsapparaten entfielen nach 1945 zeitweise über 50 Prozent der Sitze im Parteivorstand der SPD auf Heimkehrer aus dem Exil, 28 haben in den Westzonen und in der Bundesrepublik Ministerämter innegehabt, über 360mal sind ehemalige Emigranten in die westdeutschen Parlamente gewählt worden. Obwohl viele Anhaltspunkte für einen unmittelbaren Zusammenhang spezifischer Exilerfahrungen mit neuen Parteistrukturen, politischen Grundwerten, Wirtschaftstheorien, außenpolitischen Orientierungen oder den Strategien der Deutschlandpolitik sprechen, kann die Frage nach einem *kollekti-*

L

ven Einfluß der Remigranten als informelle Gruppe auf die politischen und geistigen Entwicklungen der Nachkriegszeit noch nicht verläßlich beantwortet werden. Ihre gewiß bedeutsame Teilnahme am Aufbau der Bundesrepublik Deutschland stellt jedoch ebenso wie die ähnlich gelagerte Remigration nach Österreich und die prominente Mitwirkung kommunistischer Emigranten an der Errichtung des SED-Staats zumindest die personelle Kontinuität zwischen der politischen Kultur der vornationalsozialistischen Zeit, dem Widerstand im Exil und der Nachkriegsgeschichte her.

Es verwundert kaum, daß die Forschung nach der um 1948 einsetzenden Verkümmerung des öffentlichen und wissenschaftlichen Interesses sich in den 60er Jahren zunächst der Exilliteratur zuwandte. Die Werke der emigrierten Schriftsteller bildeten ja in sich selbst eine historische Überlieferung, die von der Literaturwissenschaft letztlich nicht umgangen werden konnte. Hinzu kam die erfolgreiche Tätigkeit der Bibliotheken, in erster Linie der Deutschen Bibliothek in Frankfurt am Main und der Deutschen Bücherei in Leipzig, die unabhängig von den Tagesinteressen der Forschung die Publikationen des Exils nachgewiesen und gesammelt hatten und nun die Germanistik erneut mit dem Befund konfrontierten, daß neben dem geförderten und geduldeten Schrifttum des Dritten Reichs eine deutsche Literatur von erstaunlicher Breite existiert hatte. Die Forderung, gerade diese Literatur nicht allein mit werkimmanenten Interpretationsmethoden zu untersuchen, sondern sie auch im Zusammenhang mit der politischen, ideologischen und sozio-ökonomischen Entwicklung der Zeit zu sehen, hat zweifellos die Beschäftigung mit der Geschichte des Exils unterstützt und zur öffentlichen Förderung von multidisziplinären Forschungsvorhaben geführt. Die entscheidenden Impulse für eine Exilforschung im Bereich der Zeitgeschichte und Politikwissenschaft dürften jedoch von jenem neuen Bewußtsein ausgegangen sein, das in der Bundesrepublik das „Ende der Nachkriegszeit" signalisierte: Die Vorherrschaft des wirtschaftlichen Gründergeists, das Bemühen um allseitige Absicherung gegenüber dem Osten und die Sorge um den inneren Frieden bei der „Bewältigung" der nationalsozialistischen Vergangenheit wurden mehr und mehr durch die Frage nach den intellektuellen und politischen Traditionen überlagert, an die eine freiheitliche Republik als juristischer Nachfolgestaat des Dritten Reichs auf Dauer würde anknüpfen können. Freilich erschwerten die zunächst äußerst spärlich scheinenden Quellenüberlieferungen eine Entscheidung darüber, ob außerhalb des individuellen Beitrags von Emigranten zur Entwicklung der Literatur, der Künste, der Wissenschaften und in der Politik das organisierte Exil in seiner geschichtlichen Substanz wie von seiner Beschreibbarkeit her überhaupt ein Erkenntnisgegenstand der historischen Forschung sei. Von einzelnen monographischen und regionalen Untersuchungen abgesehen, die sich auf persönliche Nachlässe oder auf gerettete Parteiakten aus der Emigrationszeit stützen konnten, hat erst eine von der Deutschen Forschungsgemeinschaft zwischen 1969 und 1973 geförderte Dokumentation die Möglichkeit systematischer Forschungen auf breiter Basis nachgewiesen und eröffnet: Im Rahmen des vom Bundesarchiv, der Deutschen Bibliothek, dem Forschungsinstitut der Friedrich-Ebert-Stiftung, dem Institut für Zeitgeschichte und dem Archiv des Deutschen Gewerkschaftsbunds gemeinsam beantragten „Projekts zur Sicherung und Erschließung von Quellen zur deutschsprachigen Emigration 1933 – 1945" sind umfangreiche schriftliche Überlieferungen zur Geschichte des politischen Exils in Archiven der Bundesrepublik und des Auslands festgestellt bzw. aus Privatbesitz erworben und in einem Zentralkatalog beim Institut für Zeitgeschichte verzeichnet worden. Daneben hat die Deutsche Forschungsgemeinschaft ähnliche Bemühungen im In- und Ausland auf dem Gebiet der Literatur-, Theater-, Kunst- und Mediengeschichte und im Bereich einzelner Wissenschaftszweige ermöglicht und die Informationsstelle an der Universität Stockholm zur internationalen Koordinierung von Arbeitsvorhaben unterstützt. Inzwischen fertiggestellte Untersuchungen konnten sich dieses Instrumentariums der „Grundforschung" mit Erfolg bedienen. Das *Biographische Handbuch* soll weiterer Anstoß, Wegweiser und Hilfsmittel für künftige wissenschaftliche Beschäftigung mit der deutschsprachigen Emigration sein; in den Beiträgen zur Geschichte des politischen Exils überschreitet der vorliegende Band durch die Auswertung bisher ungenutzter Quellen den Charakter einer biographischen Dokumentation und ist selbst schon Ergebnis weiterführender Forschung.

IX

Das Institut für Zeitgeschichte und die Research Foundation for Jewish Immigration kamen im Jahre 1972 überein, in München und New York identische biographische Materialsammlungen zur deutschsprachigen Emigration aufzubauen. Diese Dokumentation sollte als erstes zur Veröffentlichung eines biographischen Handbuchs führen. Der gemeinsamen Planung lagen im wesentlichen folgende Überlegungen zugrunde: Durch die bereits fortgeschrittene Quellenkenntnis im Bereich des politischen Exils war deutlich geworden, daß der Wissenschaft nur für einige Exilorganisationen und Aufnahmeländer annähernd vollständige archivalische Unterlagen in kompakten Beständen zur Verfügung stehen würden.

In vielen Fällen hatten die Auslandsgruppen selbst keine internen schriftlichen Überlieferungen gebildet, noch häufiger aber sind solche Quellen durch Vernichtung oder Zerstreuung verlorengegangen. Einer gründlichen Auswertung von Polizei- und Behördenakten in den Aufenthaltsländern der Emigration standen schließlich Sperrfristen, Aktenaussonderungen und oft unzureichende Findmittel im Wege. Eine *Gesamtdarstellung* der Exilgeschichte konnte also in absehbarer Zeit noch nicht erwartet werden. Deshalb lag es nahe, durch die Zusammenführung der in unveröffentlichten Quellen, in wissenschaftlichen Untersuchungen, in Zeitungen und Zeitschriften, in Erinnerungsschriften aller Art und in Form von Interviews und Befragungsergebnissen vorliegenden Einzelinformationen eine personenbezogene Überlieferung zu bilden und den Kreis der politisch und publizistisch tätigen Emigranten im Rahmen eines biographischen Handbuchs möglichst vollständig zu erfassen. Dies sollte die Forschung in den Stand setzen, aus einer Vielzahl individueller Lebens- und Tätigkeitsbeschreibungen aussagekräftige Gruppen- und Regionalbiographien auch über den engeren Umkreis des politischen Exils hinaus zusammenzustellen. Sie würden eine ausführliche historische Gesamtanalyse zwar nicht ersetzen können, zwischenzeitlich aber durchaus wesentliche Überblicksfunktionen erfüllen und künftige Forschungen in dieser Richtung beträchtlich erleichtern.

Zur Emigrationsgeschichte einzelner Berufszweige – etwa in der Wirtschaft, Verwaltung und Justiz oder im Verbandswesen und im religiösen Leben – waren ebenso wie für weite Bereiche von Wissenschaft und Kultur erst sporadische Forschungsansätze zu verzeichnen. Hier konnten schon ein systematischer Personennachweis, die Kompilierung biographischer Daten aus der allgemeinen Literatur, ihre Ergänzung durch persönliche Befragungen und die Suche nach archivalischen Quellen zu einer entscheidenden Weiterentwicklung von Erkenntnisstand und Forschungsmöglichkeiten führen.

Eine biographische Dokumentation erschien zudem als die geeignetste, wenn nicht ausschließliche Methode, Daten für eine Wirkungsgeschichte und für die Untersuchung von Akkulturationsprozessen auf repräsentativer Basis bereitzustellen. Hier vor allem trafen sich die spezifischen Interessen der deutschen Forschung an der Geschichte von Verfolgung, Widerstand, Exil, Rückkehr und am Einfluß der Remigration mit den Erkenntniszielen der Research Foundation im Bereich der Auswanderungsgeschichte, der Integration von Emigranten in den Aufnahmeländern und ihrer dortigen gesellschaftlichen, wirtschaftlichen, kulturellen und politischen Leistung. Angesichts der personellen Mobilität zwischen Exil und Auswanderung und aufgrund der sehr begrenzten Brauchbarkeit dieser historisch-politischen Differenzierung bei sozialwissenschaftlichen und wirkungsgeschichtlichen Fragestellungen sollte für die Datensammlung und das *Biographische Handbuch* die bis dahin übliche Beschränkung auf motivations- oder tätigkeitsbezogene Teilbereiche überwunden und die Emigration nach 1933 als Einheit behandelt werden. Nur ein solcher umfassender Ansatz würde zudem die Voraussetzungen dafür schaffen können, die deutschsprachige Emigration als Gesamtphänomen in größere sozial- und geistesgeschichtliche Zusammenhänge einzuordnen.

In den ersten vier Jahren des Gemeinschaftsprojekts ist es gelungen, für annähernd 25 000 Emigranten – und in zahlreichen Fällen auch für ihre ausgewanderten Familienangehörigen – biographische Unterlagen im Institut für Zeitgeschichte und bei der Research Foundation zu archivieren. Als Zielgruppe der Dokumentation galten Personen aus dem deutschsprachigen Kulturkreis Mitteleuropas, also neben dem Deutschen Reich und Österreich auch aus der Tschechoslowakei und den nach dem 1. Weltkrieg abgetrennten östlichen Provinzen Deutschlands, die in unmittelbarem Zusammenhang mit der Machtübernahme durch den Nationalsozialismus – im Falle Österreichs schon nach der Ablösung der parlamentarischen Republik durch den autoritären Ständestaat 1934 – aus politischen und weltanschaulichen Motiven, aufgrund von Verfolgung oder unter dem Druck antijüdischer Maßnahmen die genannten Länder und Gebiete zwischen 1933 und 1945 verlassen haben. Eingeschlossen wurden auch Personen anderer Nationalität und Staatenlose, die im deutschsprachigen Raum seßhaft geworden waren, am politischen, kulturellen oder wirtschaftlichen Leben ihrer Aufenthaltsländer teilgenommen hatten und aus obengenannten Gründen zur Emigration gezwungen wurden. Ausnahmen von der Regel der „Deutschsprachigkeit" schienen der Research Foundation bei Rabbinern, jüdischen Politikern, Verbandsfunktionären, Wissenschaftlern und Künstlern geboten, die als Einwanderer aus Osteuropa zusammen mit der einheimischen jüdischen Bevölkerung vom Nationalsozialismus aus Deutschland und Österreich verdrängt wurden. Die Aufnahme in die Dokumentation erfolgte ungeachtet des Alters eines Emigranten zum Zeitpunkt seiner Auswanderung, also analog zum Begriff der *foreign birth* in der amerikanischen Immigrationsgeschichte unter Einschluß der Familienwanderung auch in der frühen Kindheit. Der englische Titel des Handbuchs versucht, unter bewußter Hinnahme geographisch-kultureller Unschärfen diesen Besonderheiten Rechnung zu tragen. Außerhalb des Emigrationsbegriffs blieb der Frontwechsel von Wehrmachtsangehörigen ohne Rücksicht auf eventuelle politische Beweggründe; ebenso sind Kriegsgefangene, Auslandsdeutsche oder Auslandsösterreicher nicht der Emigration zugezählt worden, auch wenn sie sich an Aktivitäten des politischen Exils beteiligt haben. Keine Aufnahme fanden Personen, die zwar aus politischen oder „rassischen" Gründen geflüchtet, nach einem kürzeren Abwarten im Ausland aber freiwillig und unter Aufgabe oppositioneller Betätigung zurückgekehrt sind. Nicht aufgenommen wurden Mitglieder von Widerstandskreisen, die sich lediglich vorübergehend als Kuriere oder Verbindungsleute ins Ausland begeben hatten; in den wenigen Zweifelsfällen wurde eine Mindestspanne von drei Monaten zwischen Emigration und erneutem Einsatz im Inland zur Bedingung gemacht. Die Deportation in Gettos, Konzentrations- und Vernichtungslager im Ausland kann zwar als „Zwangswanderung" gesehen werden, ist aber nicht in die Begriffsbestimmung der Emigration einbezogen worden.

Die definitorischen Voraussetzungen für die Aufnahme in die biographische Sammlung mußten im Bereich des Parteien-, Verbands- und Verwaltungswesens und des kirchlichen Lebens durch in der Regel hierarchische Kriterien, auf dem Gebiet von Wirtschaft, Publizistik, Literatur, bildenden und darstellenden Künsten und innerhalb der Wissenschaft durch leistungs- und einflußorientierte Maßstäbe begrenzt werden, um den Abschluß des Vorhabens in einem zeitlich und finanziell vertretbaren Rahmen zu ermöglichen. Anders als bei den noch näher zu beschreibenden Auswahlkriterien für das *Biographische Handbuch* wurden die unteren Grenzen für die Aufnahme in die Dokumentation möglichst weit gezogen. Im wesentlichen entsprachen die hier angewandten Maßstäbe den Bedeutungs- und Leistungssachverhalten, die zur Überlieferung von ausführlicheren Lebens- und Tätigkeitsdaten einer Person in der Literatur und in archivalischen Quellen geführt hatten. Unberücksichtigt bei der Neuaufnahme von Emigranten in die biographische Datensammlung blieben demgemäß Auflistungen von Personalien zu rein administrativen Zwecken etwa innerhalb von Behörden- oder Verbandsunterlagen sowie bloße Namensnennungen ohne weitere Angaben zu Lebenslauf und Tätigkeit. Die Dokumentation reflektiert in dem von ihr erfaßten Personenkreis die eigene schriftliche Produktivität und die Ergiebigkeit der archivalischen Überlieferung im Bereich einzelner Sozial-, Berufs- und Tätigkeitsgruppen; sie konnte deshalb auch Uneinheitlichkeiten zwischen diesen Gruppen hinsichtlich der unteren Aufnahmegrenze und in der Informationsdichte nicht umgehen. Ein gewisses Korrektiv bot sich durch persönliche Hinweise von Zeitgenossen auf Personen, die die Aufnahmekriterien erfüllten, aber in den schriftlichen Quellen nicht oder nicht in ihrer Eigenschaft als Emigranten erschienen.

Parallel zu der hier beschriebenen Festlegung des Personenkreises erfolgten nach der Erstinformation über einen Emigranten gezielte Recherchen zur weitestmöglichen Ergänzung des biographischen Materials, wobei der individuellen Verfolgungs-, Wanderungs- und Exilgeschichte besonderes Augenmerk zukam. Für Personenfeststellung und Dokumentation sind Quellen verschiedenster Art aus der Zeit vor und nach 1933 sowie vor allem auch der Emigrationsperiode herangezogen worden. Ausgewertet wurde neben den einschlägigen wissenschaftlichen Untersuchungen, Lebensbeschreibungen, Memoiren und Erinnerungen, biographisch-lexikalischen Veröffentlichungen und bibliographischen Hilfsmitteln auch die Literatur von Parteien, Verbänden, Religionsgemeinschaften, wissenschaftlichen Institutionen und Behörden, soweit sie selbst von Verfolgung und Emigration betroffen waren, im Exil gewirkt hatten, mit der Überwachung, Unterstützung oder Eingliederung von Flüchtlingen in den Aufnahmeländern befaßt waren oder zum polizeilichen, administrativen und propagandistischen Verfolgungsapparat gehört hatten. Darüber hinaus ist versucht worden, nicht nur die Presse von Interessen- und Traditionsvereinigungen ehemaliger Emigranten laufend zu beobachten, sondern auch Beiträge in Zeitungen und Zeitschriften der Voremigrationszeit, des Exils und der Nachkriegsjahre heranzuziehen, soweit eine systematische Durchsicht der wichtigsten Organe möglich war bzw. Findmittel zur Verfügung standen.

Von besonderer Bedeutung bei den ungedruckten Quellen waren die durch vorangegangene DFG-Projekte nachgewiesenen umfangreichen Akten von Behörden und Einrichtungen des Dritten Reichs, von Exilparteien und Emigrantengruppen sowie persönliche Papiere und Nachlässe aus dem Bereich der politischen und der literarisch-publizistischen Emigration. Überdies haben zahlreiche Einwohner- und Standesämter, Stadt-, Verbands-, Partei- und Universitätsarchive, Verwaltungs-, Sozial- und Justizbehörden, Wirtschaftsunternehmen, kirchliche Stellen und Ordensgemeinschaften sowie wissenschaftliche Einrichtungen im In- und Ausland Auskünfte aus ihren Akten erteilt. Die Projektgruppe bei der Research Foundation for Jewish Immigration konnte auf die im Rahmen eines *Oral History*-Programms bei der RFJI gesammelten Emigranten-Interviews zurückgreifen. Ferner standen ihr die Archive zahlreicher Hilfsorganisationen zur Verfügung, die seinerzeit in den Vereinigten Staaten und in anderen Ländern mit der Flüchtlingsbetreuung befaßt waren. In den USA wurden neben den Archiven der jüdischen Organisationen, u.a. des *American Jewish Committee,* vor allem die Bestände der Zionist Library and Archives herangezogen. In Großbritannien konnte die Research Foundation das Archiv der

Society for the Protection of Science and Learning sowie Materialien des Leo Baeck Institute und der *Association of Jewish Refugees* benutzen. In Israel standen die Sammlungen der National- und Universitätsbibliothek zur Verfügung; das israelische Staatsarchiv erteilte in Einzelfällen Auskünfte über ehemalige Emigranten.

Eine Quellenkategorie eigener Art schuf das Projekt durch die Sammlung persönlicher Mitteilungen aus dem dokumentierten Personenkreis und durch Auskünfte von Familienangehörigen und anderen sachkundigen Zeitgenossen. Hierzu diente in erster Linie eine Enquete, die mit Hilfe von annähernd 16 000 Fragebogen in deutscher, englischer, hebräischer, spanischer und portugiesischer Sprache von München und New York aus bzw. unter Einschaltung von Vertragsmitarbeitern der Research Foundation in Australien, Neuseeland, Brasilien, Chile, Mittelamerika, Südafrika, Israel und Großbritannien ab 1974 durchgeführt wurde. Sie erreichte mit einer Antwortquote von mehr als 25 Prozent ein überdurchschnittliches Ergebnis. Darüber hinaus erfolgten individuelle schriftliche und persönliche Befragungen ehemaliger Emigranten und wissenschaftlicher Experten durch Mitglieder der beiden Arbeitsgruppen sowie durch Beauftragte und ehrenamtliche *associates* der Research Foundation in London, Jerusalem, Tel Aviv, Rio de Janeiro und Melbourne; diese Bemühungen wurden durch die jüdischen Einwanderungsorganisationen erheblich gefördert.

Das Institut für Zeitgeschichte und die Research Foundation haben Schwerpunkte des Dokumentationsprogramms jeweils nach geographischen Gesichtspunkten sowie in Anlehnung an die Quellenlage und die besonderen Forschungsinteressen übernommen: Während die New Yorker Projektstelle sich vor allem Großbritannien und den außereuropäischen Niederlassungsländern zuwandte und insgesamt für die jüdischen Organisationen und Kultusgemeinden zuständig war, konzentrierten sich die Recherchen beim Institut für Zeitgeschichte auf die kontinentaleuropäischen Asylländer, das politische Exil, die christliche Emigration und die Rückwanderung nach 1945. Die Ergebnisse wurden für die beiden Sammlungen in München und New York dupliziert.

Angesichts der Kopplung des Dokumentationsprojekts mit der Veröffentlichung eines biographischen Nachschlagewerks mußten nach der endgültigen Bestimmung der in das Handbuch aufzunehmenden Emigranten weiterführende Nachforschungen vordringlich diesem Personenkreis gelten. Nicht nur aufgrund dieses äußeren Umstands sind Art, Dichte und Vollständigkeit der in der biographischen Datensammlung festgehaltenen Informationen uneinheitlich. Erwähnt wurden bereits die unterschiedlichen Tendenzen einzelner sozialer und beruflicher Gruppen, selbst publizistisch-literarisch tätig zu werden oder aktenmäßige Überlieferungen zu bilden, und die Zufälligkeiten bei der Erhaltung dieses Materials über Jahre der Verfolgung und des Krieges. So konnten archivalische Quellen am ehesten für den Bereich der politisch organisierten oder politisch-publizistisch tätigen Emigration benutzt werden, da hier das geschriebene Wort zentraler Teil der Exilaktivität war und sich die Aufmerksamkeit der Behörden im Herkunfts- wie im Asylland besonders auf diese Gruppe gerichtet hatte. Aktenauskünfte öffentlicher Institutionen standen im wesentlichen nur aus westeuropäischen Staaten zur Verfügung, so daß für Emigranten aus dem Gebiet der heutigen DDR, der Tschechoslowakei, Polens und der Sowjetunion sowie für die Rückkehrer in diese Länder auf ein sonst häufig benutztes Informationsmittel – vor allem auf Mitteilungen der Einwohner- und Standesämter – verzichtet werden mußte. Auch individuelle Auskunftsersuchen und die Fragebogen-Enquete blieben hier in der Regel ohne Erfolg. Ansonsten trafen gerade persönliche Befragungen auf die weitgehende Unterstützung durch ehemalige Emigranten; Gründe, die vereinzelt zur Verweigerung von Auskünften führten, reichten von der Befürchtung eines Datenmißbrauchs durch staatliche Stellen und die Scheu vor dem Bekanntwerden früherer Überzeugungen bis hin zu Vorbehalten privater, politischer, religiöser und nationaler Natur, die zum Teil in die Voremigrations- und in die Exilzeit hineinreichen. Schwerwiegendere Lücken verursachte die Zufälligkeit des Adressenmaterials, das in der Regel aus der biographisch-lexikalischen Literatur, im Wege der persönlichen Weiterverweisung und über die Meldebehörden beschafft worden ist. Wo einigermaßen zuverlässige lexikalische Hilfsmittel fehlen, also in den Ländern außerhalb Westeuropas und Nordamerikas, und keine Einwohnermeldesysteme benutzt werden konnten, blieb die Möglichkeit der persönlichen Befragung begrenzt; dies traf neben den kommunistischen Ländern vor allem auf die lateinamerikanischen Staaten zu. Darüber hinaus konzentriert sich die biographische Referenzliteratur als hauptsächliche Quelle der Adressenkenntnis auf einzelne Berufsgruppen des wissenschaftlichen, kulturellen und politischen Bereichs. Zusätzlich zum natürlichen Übergewicht der jüngeren Generation sind die im Rahmen des Projekts gesammelten persönlichen Zeugnisse deshalb wie alle anderen Kategorien der Überlieferung von der Prädominanz bestimmter Personenkreise und Regionen gekennzeichnet. Erst durch die Zusammenführung und die kritische Bewertung der Vielzahl von unterschiedlichen Quellen konnte das Handbuch historiographische Aussagekraft und die *relative* Vollständigkeit vor allem im oberen Bereich seiner Auswahlkriterien erreichen.

Die Benutzer des Werks werden aufgefordert, Korrekturen und personelle Ergänzungsvorschläge den Herausgebern mitzuteilen. Sie sollten des weiteren im Auge behalten, daß der Umfang der biographischen Artikel nicht in jedem Falle eine Wertung von Einfluß und Leistung ausdrückt, sondern in erster Linie der Übermittlung von Ergebnissen der hier skizzierten Recherchen dient. Unter diesem Gesichtspunkt ist bei prominenten Flüchtlingen auf die ausführlichere Wiedergabe bekannter oder in der Literatur leicht auffindbarer Sachverhalte eher verzichtet worden, um statt dessen einer Darstellung von Verfolgungs-, Widerstands-, Wanderungs- oder Exilgeschichte breiteren Raum zu geben.

X

Das Institut und die Research Foundation hatten sich darauf geeinigt, die schon vom Umfang her notwendige Bandfolge nach Tätigkeitsgebieten zu bestimmen und so eine Aufteilung des Handbuchs in alphabetische Lieferungen zu vermeiden. Der erste Band sollte den Bereich „Politik, Wirtschaft, Öffentliches Leben" umfassen, herausgeberisch vom Institut für Zeitgeschichte betreut werden und zunächst in deutscher Ausgabe erscheinen. Band II sollte unter der Federführung der Research Foundation der Emigration wissenschaftlich und kulturell tätiger Berufsgruppen gewidmet sein und unter dem Titel „Sciences, Arts and Literature" zuerst in englischer Sprache veröffentlicht werden. Diese Verteilung von Sachgebieten, Publikationsform und herausgeberischer Zuständigkeit entsprach auch der jeweiligen Quellennähe und dem besonderen Forschungsinteresse der beiden Institute. Ein Registerband in zweisprachiger Fassung wird unter Leitung des Instituts für Zeitgeschichte in München erstellt. Die Abfassung der Handbuch-Beiträge begann im Jahr 1976 und wurde für den vorliegenden Band I – abgesehen von Ergänzungen und Nachträgen während der Publikationsvorbereitungen – im Sommer 1978 abgeschlossen.

Für den ersten Band übernahm die Projektgruppe beim Institut für Zeitgeschichte analog zur Schwerpunktbildung in der Dokumentationsphase vor allem die biographischen Beiträge zum politischen Exil, zur deutschsprachigen Exilpublizistik und zur christlich-religiösen Emigration sowie im Bereich der allgemeinen Politik, des nichtjüdischen Verbandswesens, der Verwaltung und der Justiz, soweit hier Emigranten bereits in ihren Herkunftsländern, in kontinentaleuropäischen Niederlassungsländern oder als Rückkehrer nach 1945 hervorgetreten sind. Bei der Research Foundation for Jewish Immigration wurden in erster Linie die Biographien auf dem Gebiet des jüdischen Verbands- und Kultuswesens und der Wirtschaft, von Einwanderern nach Palästina bzw. Israel und der in Großbritannien und Übersee ansässigen jüngeren Immigrantengeneration bearbeitet. Die Übersetzung dieser Handbucheinträge aus dem Amerikanischen ins Deutsche hat die Research Foundation besorgt.

Von den knapp 4 000 Biographien des ersten Bandes wurden 2 497 beim Institut für Zeitgeschichte München (IfZ) und 1 498 bei der Research Foundation for Jewish Immigration, New York (RFJI) verfaßt. Für die Bestimmung des ins Handbuch aufgenommenen Personenkreises und für den Inhalt der mit IfZ oder RFJI signierten Beiträge zeichnet das Institut bzw. die Research Foundation im Sinne der genannten Zuständigkeitsverteilung verantwortlich.

Die Projektgruppen beim Institut für Zeitgeschichte und bei der Research Foundation standen vor der Aufgabe, aus der etwa ein Zwanzigstel der deutschsprachigen Emigration umfassenden biographischen Sammlung eine sinnvolle Auswahl für die Handbuchveröffentlichung zu treffen. Sie sollte die verschiedenen Berufs- und Tätigkeitsgruppen in annähernd vergleichbaren Einfluß- und Leistungsspektren repräsentieren und die untere Grenze der Handbuchaufnahme so ansetzen, daß trotz der uneinheitlichen Überlieferung bei den einzelnen Gruppen jeweils eine relative Vollständigkeit dieser Auswahl sichergestellt sein würde. Dabei mußten sich die Kriterien der Aufnahme an allen drei Wirkungsperioden – also Voremigrationszeit, Wanderung bzw. Exil, Niederlassung bzw. Rückkehr – orientieren und auch deren unterschiedliche äußere Gegebenheiten berücksichtigen: Die Ausnahmesituation des illegalen Kampfes, des politischen Exils bzw. der eigentlichen Wanderungszeit und der Lebensweg von Einwanderern in wirtschaftlich unterentwickelten Regionen – z.B. in Palästina oder in Lateinamerika – erforderten Leistungsmaßstäbe, die von den Hierarchien und Erfolgsmustern der Herkunftsländer und der Industriestaaten abweichen. Nur auf diesem Wege konnte vermieden werden, mit dem *Biographischen Handbuch* lediglich den Wissensstand über Auswanderung und Leistung traditioneller bürgerlicher Eliten zu ergänzen und damit die innovatorische Zielsetzung im Bereich der politischen und sozialen Geschichte der Emigration in Frage zu stellen.

Im Bereich der Partei- und Verbandspolitik lag die Aufnahmegrenze bei Mitgliedern von Führungsgremien überörtlicher Gliederungen (Bezirke, Unterbezirke, Kreise) sowie in größeren städtischen Zentren. Es ist versucht worden, die unterschiedlichen Organisations- und Verwaltungsstrukturen der Herkunfts- und Niederlassungsländer und der politischen Vereinigungen in den Kriterienschemata zu berücksichtigen und so eine sinngemäß annähernd einheitliche

Mindestqualifikation für die Handbuchaufnahme zu erreichen. Bei illegaler Tätigkeit im Inland genügten Leitungsfunktionen in Widerstandsgruppen auf lokaler Ebene, für die Emigrationsperiode die Mitgliedschaft in örtlichen Leitungen von Exilparteien und -gruppen. Ebenfalls berücksichtigt wurden führende Mitarbeiter von Sondereinrichtungen wie Grenzsekretariaten, Kurierdiensten und regionalen Hilfsorganisationen. Darüber hinaus sind Einzelpersonen ohne formelle Parteibindung, aber mit beträchtlichem politischen oder publizistischen Einfluß, sowie die Hauptvertreter oppositioneller Richtungen innerhalb der Exilparteien aufgenommen worden. Für Parlamentsmitgliedschaften galt die Kommunalvertretung, für die gewählte politische Exekutive die Bürgermeisterfunktion in wichtigen städtischen Zentren als untere Grenze.

Emigranten aus den Berufsbereichen Presse und Publizistik erscheinen im ersten Band des Handbuchs, wenn sie in Verbindung mit Partei- und Verbandsorganen, im regierungsamtlichen Informationswesen oder für nicht parteigebundene, aber in der politischen Meinungsbildung einflußreiche Medien tätig gewesen sind. Hierzu wurden Herausgeber, Verleger, Redakteure und Hauptmitarbeiter von Zentralorganen und von überregional bedeutenden Zeitungen und Zeitschriften sowie sämtlicher Exilperiodika gezählt, darüber hinaus freie politische Publizisten, die in diesen Medien häufig vertreten waren bzw. selbständige Beiträge in größerer Zahl oder von nachweisbarer Bedeutung für die zeitgenössische politische Diskussion veröffentlicht haben. Die Aufnahmeentscheidung an der untersten Grenze der Handbuch-Qualifikation wurde bei politisch aktiven Emigranten in der Praxis dadurch erleichtert, daß meist nicht lediglich ein einziges Tätigkeits- oder Wirkungsmerkmal zu berücksichtigen war, sondern sich eine Reihe ähnlich gearteter Funktionen oft von der Voremigrationszeit über das Exil bis in spätere Lebensabschnitte fortsetzte und in einer dieser Perioden in der Regel einen eindeutigen hierarchischen Stellenwert erreichte.

Die Auswahlkriterien im öffentlichen Dienst orientierten sich im allgemeinen an der höheren Laufbahn in der Ministerialverwaltung, an Leitungsfunktionen bei nachgeordneten Behörden bis zur regionalen Ebene sowie bei öffentlich-rechtlichen Körperschaften und der Kommunalverwaltung von Großstädten, am Vorsitz in Berufungsgerichten und an der Mitwirkung innerhalb der höchstrichterlichen Justiz. Für einzelne Staaten sind hierbei die entsprechenden Personaleinstufungen herangezogen worden, so etwa in der amerikanischen Bundesverwaltung und Diplomatie die Ränge GS-14 bzw. RU 1-3 und 01-3 als untere Aufnahmegrenze. Aufgenommen wurden auch leitende Beamte internationaler Organisationen (bei den Vereinten Nationen ab Besoldungsgruppe P1 bzw. D1) und Angehörige von Streitkräften ab Obristenrang. Daneben lagen zahlreiche Sonderregelungen nahe: so etwa die Berücksichtigung von Mitarbeitern der alliierten Besatzungsverwaltungen nach 1945, von nichtbeamteten Mitgliedern politischer Planungs- und Beratungsgremien oder von Verwaltungsfachleuten, die ohne Beamtenfunktion am Aufbau des israelischen Staates bzw. seiner Vorläuferinstitutionen mitgewirkt hatten. Im Falle Israels waren auch die leitenden Administratoren der gemeinwirtschaftlichen Unternehmen von Gewerkschaften und Arbeiterparteien sowie der Kollektivsiedlungen einzuschließen.

Im Bereich der Wirtschaft waren für die Auswahl in erster Linie der Besitz eines branchenführenden Unternehmens oder die leitende Position in einem derartigen Betrieb ausschlaggebend. Daneben wurden persönliche Pionierleistungen in Industrie, Handel und Finanz, leitende Funktionen in Industrie- und Wirtschaftsverbänden, anerkannte Expertentätigkeit etwa auf bank-, börsen- oder betriebswirtschaftlichem Gebiet sowie die Einführung neuer wirtschaftlicher Methoden, Produkte und Dienstleistungen in ökonomisch weniger entwickelten Niederlassungsländern einbezogen.

Bei der christlich-kirchlichen Emigration sind für die Aufnahme in Band I leitende Amtsfunktionen auf Diözesenebene – bei Ordensgemeinschaften auf Provinzialebene – bzw. führende Positionen innerhalb der Bekennenden Kirche vorausgesetzt worden. Ebenfalls berücksichtigt wurden Leitungsmitglieder überregionaler kirchlicher Organisationen und Laienverbände, prominente Mitarbeiter der ökumenischen Bewegung, bedeutende kirchliche Publizisten sowie Leiter wichtiger religiöser Ausbildungsstätten. Die Emigration im Bereich der theologischen Forschung und Lehre bleibt dagegen dem zweiten Band des Handbuchs vorbehalten.

Innerhalb des jüdischen Religionslebens sind die Rabbiner von Gemeinden mit über 500 Mitgliedern, leitende Funktionäre von Rabbinervereinigungen, Verfasser wichtigen religiösen Schrifttums und Mitarbeiter bedeutender religiöser Lehranstalten aufgenommen worden. Für die Niederlassungsländer galten zudem die Tätigkeit in neugegründeten, meist von Einwanderern getragenen Gemeinden und die Mitgliedschaft in rabbinischen Gerichten auf überörtlicher Ebene und in Großstädten als Kriterien. Im Bereich des übrigen Verbandswesens wurden Gründer, Leitungsmitglieder und führende Funktionäre von Interessenverbänden und zionistischen Organisationen auf nationaler und internationaler Ebene sowie Präsidenten und Ratsmitglieder der Landesverbände jüdischer Gemeinden, Mitglieder der Repräsentantenversammlungen, Vorsitzende und Abteilungsleiter von Großgemeinden und Herausgeber und Redakteure bedeutender jüdischer Zeitungen und Zeitschriften berücksichtigt. In den Niederlassungsländern sind außerdem die Begründer und führenden Mitglieder von Flüchtlings- und Einwandererorganisationen aller Art in größeren städtischen Zentren sowie auf regionaler und internationaler Ebene, die Vorsitzenden wichtiger religiöser Einwanderergemeinden und leitende Mitarbeiter christlich-jüdischer Vereinigungen in Band I des Handbuchs dokumentiert worden.

Aufgrund vieler Doppelfunktionen und der durch die Wanderungsgeschichte bedingten Häufigkeit beruflichen Wechsels mußte die Zuordnung einzelner Emigranten in eine der obengenannten Tätigkeitsgruppen und damit oft auch die Entscheidung über eine Aufnahme in den ersten oder zweiten Band des Handbuchs in zahlreichen Fällen einer individuellen Abwägung durch die Bearbeiter überlassen bleiben.

Die biographischen Artikel sind in drei Abschnitte gegliedert: 1. die wichtigsten Personal-, Familien- und Wanderungsdaten, 2. die Lebens- und Tätigkeitsbeschreibung mit besonderem Gewicht bei der Emigrations- und Exilgeschichte und 3. Angaben zu Bibliographie, Literatur und ungedruckten Quellen. Im Interesse einer schnelleren inhaltlichen Orientierung werden in der Kopfzeile des ersten Abschnitts nur Berufsbezeichnungen genannt, die das Qualifikationsfeld für die Handbuchaufnahme umschreiben. Sie müssen nicht in jedem Falle mit dem erlernten Beruf oder der lebenslang überwiegenden Erwerbstätigkeit eines Emigranten übereinstimmen. Bei Ortsnamen, Regionen, Provinzen und Staaten sind in der Regel Bezeichnungen und Schreibweisen in der jeweils zeitgenössischen Form wiedergegeben; bei fremdsprachigen geographischen Bezeichnungen, für die deutsche oder eingedeutschte Namen im allgemeinen Sprachgebrauch üblich sind, wird die deutsche Version verwendet. Alle übrigen slawischen und hebräischen Namen und Begriffe erscheinen in der wissenschaftlichen Transkription. Die Religionsangaben beziehen sich auf die individuelle Zugehörigkeit zu einer Konfession. Der von den Nationalsozialisten auf die „rassische" Herkunft ausgedehnte Begriff des Jüdischen bleibt hier ebenso wie die Oktroyierung der zusätzlichen Vornamen Israel und Sara durch die *2. Verordnung zur Durchführung des Gesetzes über die Änderung von Familiennamen und Vornamen* vom 17. August 1938 unberücksichtigt. Die Mitteilung der Staatsangehörigkeit beruht auf ausdrücklicher Überlieferung; lediglich bei Staatsbeamten, Parlamentariern und Regierungsmitgliedern ist die jeweilige Staatsbürgerschaft vorausgesetzt worden. Kollektiver Wechsel von Staatsangehörigkeiten 1918/19 in Deutschland und den Ländern der Donaumonarchie sowie 1938 in Österreich und den Sudetengebieten wurde ebenso wie die Kollektivausbürgerung der jüdischen Emigranten im Normalfall nicht vermerkt. Für die namentliche Ausbürgerung gilt in der Regel das Datum der Veröffentlichung im Reichsanzeiger. Der in Kurzform angegebene Wanderungsweg beschränkt sich auf die eigentliche Emigrationsperiode oder auf die Dauer des Exils und ist zeitlich mit dem Ende der 40er bzw. dem Beginn der 50er Jahre begrenzt. Bei jüdischen Emigranten wurde auf Angaben zur Familiengeschichte besonderer Wert gelegt, da ihre Emigration in der Regel als Familienwanderung erfolgte und als Ziel häufig Länder gewählt worden sind, in denen bereits Verwandte ansässig waren. Die drei Generationen einschließenden Daten sollen u.a. Untersuchungen zur Binnenwanderung der Juden vor 1933, zur sozialen Mobilität im Herkunfts- und Einwanderungsland und zu Akkulturationsabläufen ermöglichen. Bei der Aufnahme mehrerer Familienangehöriger in das Handbuch wird die gemeinsame Familiengeschichte unter entsprechender Weiterverweisung nur in einer Biographie dokumentiert. Pfeile vor Personennamen verweisen auf einen selbständigen Artikel in Band I des Handbuchs. Für die Lebens- und Tätigkeitsbeschreibung wurde mit Rücksicht auf den Umfang des Handbuchs und im Interesse größtmöglicher Einheitlichkeit eine Sprachform gewählt, die sich stark an Stilelemente der amerikanischen Handbuchliteratur anlehnt und häufig auf Abkürzungen zurückgreift. Die Herausgeber gehen davon aus, daß die Nachteile der gedrängten Datenvermittlung durch das so erreichte Mehr an Gesamtinformation zumindest ausgeglichen werden.

Das Institut für Zeitgeschichte konnte für die Personenauswahl, die ergänzenden Recherchen und die Abfassung der Handbuch-Beiträge Projektmitarbeiter gewinnen, die im Hinblick auf die von ihnen vorrangig betreuten politischen Gruppierungen und Berufskategorien wissenschaftlich besonders ausgewiesen waren. Herr Jan Foitzik M.A. war vor allem für die Remigranten in die Sowjetische Besatzungszone bzw. die DDR, die Emigration aus der Tschechoslowakei und zum Teil für das KPD-Exil zuständig, Dr. Hartmut Mehringer für die österreichische Emigration und für konservative und trotzkistische Gruppen; Dr. Werner Röder hat vor allem die Arbeiten zum sozialdemokratischen Exil sowie auf dem Gebiet der politischen Publizistik, des Verbandswesens und des öffentlichen Dienstes übernommen, Dr. Dieter Marc Schneider neben dem linkssozialistischen und kommunistischen Exil die christlich-kirchliche Emigration betreut. Dr. Ernst Gottfried Lowenthal (Berlin) trug in hervorragender Weise zur biographischen Dokumentation des deutsch-jüdischen Zusammenlebens bei. Frau Sybille Claus und Frau Dr. Beatrix Schmidt haben mit bewundernswertem Einsatz die

Redaktion der IfZ-Beiträge besorgt, den Anhang bearbeitet sowie Druckfahnen und Umbruch korrigiert – eine Aufgabe, die angesichts der lexikalischen Datenfülle, der geographischen Distanz zwischen den beiden Arbeitsstellen und nicht zuletzt aufgrund der Tücken moderner elektronischer Satztechnik hohe Anforderungen stellte.

Bei der Research Foundation for Jewish Immigration hat Ms. Louise Forsyth M.A. während ihrer langjährigen Mitarbeit an dem Projekt einen wesentlichen Beitrag zur Entwicklung der dortigen Arbeitsmethoden geleistet und den Informationsaustausch mit der deutschen Projektgruppe betreut. Sie hat ferner während eines Forschungsaufenthalts in London die der Research Foundation zugefallene Sektion der Auswanderung nach Großbritannien bearbeitet. Mrs. Lea Honigwachs Ph.D. besorgte mit gründlicher Sprach- und Sachkenntnis die Dokumentation im Bereich des jüdisch-religiösen Lebens. Ms. Waltraud Ireland Ph.D. war für den öffentlichen Dienst in Nordamerika und für Tätigkeiten in den amerikanischen und britischen Streitkräften und Besatzungsbehörden in Deutschland und Österreich zuständig. Generalkonsul a.D. Perez Leshem (Jerusalem) übernahm in Abstimmung mit Prof. Herbert A. Strauss (New York) und in Kontakt mit israelischen Wissenschaftlern und Regierungsstellen die Gesamtbearbeitung der Emigration nach Palästina bzw. Israel. Mr. Egon Radvany Ph.D. zeichnete für den Bereich des *international civil service* (Vereinte Nationen und andere internationale Organisationen) sowie für den öffentlichen Dienst in Großbritannien und dem Commonwealth verantwortlich. Er führte auch die Bearbeitung der Sektion Wirtschaft zu Ende, die von Dr. Hanns G. Reissner auf der Basis von über dreißigjähriger Erfahrungen in führenden Positionen des Bankwesens und des internationalen Handels vorbildlich geplant und betreut worden war; Mr. Reissner starb im Jahre 1977 während seiner Tätigkeit für die Research Foundation. Prof. Herbert A. Strauss bearbeitete u.a. die Emigration der jüdischen Kultusbeamten sowie den Bereich des jüdischen Kulturlebens und der Einwandererorganisationen in den Aufnahmeländern. Ms. Louise Forsyth besorgte zusammen mit Mr. Christopher Jones Ph.D. und Prof. Alex Preminger die Redaktion der in englischer Sprache verfaßten und dann ins Deutsche übersetzten Beiträge der Research Foundation.

Die Herausgeber danken den zahlreichen Mitarbeitern, deren Leistung den Aufbau der biographischen Sammlung und das Erscheinen dieses Handbuchs ermöglicht hat. Herausgeber und Autoren können ihrer Verpflichtung gegenüber all jenen ehemaligen Emigranten, die durch persönliche Auskünfte und vielfältige Unterstützung das Projekt in entscheidender Weise förderten, schon aus Raumgründen nur durch eine kollektive Danksagung an dieser Stelle Ausdruck geben. Ihre Mitarbeit macht das *Biographische Handbuch* in vieler Hinsicht auch zu einem Gemeinschaftswerk jener, die Verfolgung und Flucht überlebt und ihr persönliches Schicksal zu Recht als Teil des historischen Erfahrungsguts einer Generation und einer politischen Epoche verstanden haben.

Dank gebührt dem Verleger, Herrn Klaus G. Saur, für sein frühes Interesse an dem Werk und für verständnisvolle Unterstützung während des mehrjährigen Entstehungsprozesses. Für die Förderung des Projekts durch persönliche Auskünfte, fachkundigen Rat oder die Überlassung wertvoller Unterlagen dankt das Institut für Zeitgeschichte ganz besonders Lilli Beer-Jergitsch (Wien), Dr. Johann Wolfgang Bruegel (London), Herbert Exenberger (Wien), Leopold Grünwald (Wien), Dr. Otto Habsburg-Lothringen (Pöcking), Ministerialdirigent a.D. Adolf Hasenöhrl (Seliger-Gemeinde, Stuttgart), Minister a.D. Dr. Edgar Hector (Paris), Fritz Heine (Bad Münstereifel), Prof. Ernst Herlitzka (Wien), Ministerialrat Dr. Hans Walter Herrmann (Saarländisches Landesarchiv), Ministerpräsident a.D. Prof. Wilhelm Hoegner † (München), Prof. Ludwig Jedlicka † (Wien), Peter Kammerstätter (Linz), Fritz Keller (Wien), Dr. Hanns Klein (Stadtarchiv Saarbrücken), Richard Klucsarits (Wien), Ministerialdirektor a.D. Ernst Kunkel (Dudweiler), Herrn E. Lardelli (Schweizerische Bundesanwaltschaft, Bern), Prof. Norbert Leser (Salzburg), Dr. Helene Maimann (Wien), Günter Markscheffel (Bonn), Dr. Wolfgang Neugebauer (Wien), Dr. Carsten Nicolaisen (Evangelische Arbeitsgemeinschaft für kirchliche Zeitgeschichte, München), Otto Niebergall † (Saarbrücken), Max Oppenheimer (Wiesloch), Ernst Paul † (Eßlingen), Dr. Heinz Renner (Wien), Hans Schafranek (Wien), Georg Scheuer (Orry-La-Ville), Prof. Karl Stadler (Linz), Prof. Herbert Steiner (Wien), Dr. Selma Steinmetz † (Wien), Prof. Hans-Albert Walter (Hamburg), Prof. Hermann Weber (Mannheim), Vortragendem Legationsrat 1. Kl. Dr. Klaus Weinandy (Politisches Archiv des Auswärtigen Amts, Bonn), Franz West (Wien) und Dr. Klaus Günther Ziegahn (Hauptstaatsarchiv Düsseldorf). Unter den wissenschaftlichen Instituten, den Archiven und Behörden, die bereitwillig ihre Bestände geöffnet, in zahlreichen Fällen wichtige Auskünfte aus den Akten gegeben oder in anderer Weise das Projekt unterstützt haben, seien mit besonderem Dank erwähnt die Bibliothek der Arbeiterkammer Wien, das Auswärtige Amt (Bonn), das Archiv der sozialen Demokratie (Bonn), das Bundesarchiv (Koblenz), die Bundespolizeidirektion Wien, das Bundesverwaltungsamt (Köln), das Collegium Carolinum (München), die Deutsche Bibliothek (Frankfurt a. M.), die Bibliothek des Deutschen Bundestags (Bonn), das Archiv des Deutschen Gewerkschaftsbunds (Düsseldorf), das Document

Center (Berlin), das Dokumentationsarchiv des Österreichischen Widerstands (Wien), das Geheime Staatsarchiv Preußischer Kulturbesitz (Berlin), das Institut für Zeitgeschichte der Universität Wien, die Interessengemeinschaft ehemaliger deutscher Widerstandskämpfer in den vom Faschismus okkupierten Ländern (Frankfurt a.M.), das Internationaal Instituut voor Sociale Geschiedenis (Amsterdam), das Ludwig-Boltzmann-Institut für Geschichte der Arbeiterbewegung (Linz), das Ökumenische Archiv (Berlin), die Stadtarchive Bochum, Frankfurt a.M., Mannheim und Köln, das Seliger-Archiv (Stuttgart), das Sudetendeutsche Archiv (München), das Präsidium der Vereinigungen der Verfolgten des Naziregimes – Bund der Antifaschisten (Frankfurt a.M.), der Verein für Geschichte der Arbeiterbewegung (Wien), die Wiener Stadt- und Landesbibliothek, das Zentralarchiv des Zentralkomitees der Vereinigten Polnischen Arbeiterpartei (Warschau) und das Zentralinstitut für Sozialwissenschaftliche Forschung (ZI 6) der Freien Universität Berlin.

Die Research Foundation for Jewish Immigration, New York, dankt für Bereitstellung von Unterlagen sowie für Mitarbeit, Beratung und Förderung vor allem Prof. Werner Boehm (Santiago de Chile), Dr. Walter Breslauer (London), dem City College of the City University of New York, Rabbiner Dr. Guenter Friedlaender (Bogotá), Konsul Otfried Garbe (Generalkonsulat der Bundesrepublik Deutschland in New York), dem Generalkonsulat des Staates Israel in New York, Gesandtem Dr. Niels Hansen (Botschaft der Bundesrepublik Deutschland in Washington/D.C.), Dr. Gustav Jellinek (American Federation of Jews from Austria), dem Jewish Theological Seminary of America (New York), Dr. David Kranzler (Queensborough Community College, New York), Rabbiner Enrique Lemle (1909–1978; Assoçição Religiosa Israelita do Rio de Janeiro), dem Leo Baeck Institute New York, Dr. Jonny Moser (Israelitische Kultusgemeinde Wien), der New York Public Library, Dr. Arnold Paucker (Leo Baeck Institute London), Dr. Eva Reichmann (London), Dr. Werner Rosenstock (Association of Jewish Refugees in Great Britain), Konsul Dr. Achim Sartorius (Generalkonsulat der Bundesrepublik Deutschland in New York), Frieda Sichel (1889–1976; Johannesburg), Edith Simpson (Society for the Protection of Science and Learning, London), der Society of Friends (London), Ronald Stent (London), Prof. Eric Werner (Jewish Institute of Religion, New York), dem YIVO Institute (New York) und Hofrat Dr. Otto Zumdritsch (Informationsdienst der Republik Österreich in New York).

Besonderer Dank gilt auch dem Board of Directors der Research Foundation for Jewish Immigration, Inc., New York, und namentlich Dr. Curt. C. Silberman, der an den Verwaltungs- und Finanzfragen und an der wissenschaftlichen Entwicklung der New Yorker Projektarbeiten stets regen Anteil genommen und wesentlich zu ihrem Gelingen beigetragen hat. Der Dank der Research Foundation gebührt auch der American Federation of Jews from Central Europe, dem Jewish Philanthropic Fund of 1933 (New York), der Gustav Wurzweiler Foundation (New York), der Whittier Avenue Foundation (Yonkers, N.Y.) und der Ridgefield Foundation (New York).

Für Rat und Förderung danken die Herausgeber den Mitgliedern des Wissenschaftlichen Beirats des Projekts Bibliotheksdirektor Dr. Werner Berthold (Deutsche Bibliothek, Frankfurt a.M.), Präsident Prof. Hans Booms (Bundesarchiv Koblenz), Prof. Lewis J. Edinger (Columbia University, New York) und Dr. Curt C. Silberman (American Federation of Jews from Central Europe, New York). Nicht zuletzt sind die Herausgeber Herrn Dr. Manfred Briegel von der Deutschen Forschungsgemeinschaft (Bonn) sowie als Fachgutachtern der DFG den Professoren Wolfgang Frühwald (München), Walter Hinck (Köln), Eberhard Lämmert (Berlin), Werner Link (Trier) und Wolfgang Schieder (Trier) für das kritische Interesse, mit dem sie das Projekt begleitet und ganz entscheidend gefördert haben, zu hohem Dank verpflichtet.

Das Institut für Zeitgeschichte und die Research Foundation for Jewish Immigration waren bemüht, die Arbeiten an Dokumentation und Handbuch durch eigene wissenschaftliche und technische Kräfte sowie durch die Übernahme der Verwaltungsaufgaben und eines wesentlichen Teils der Sachkosten zu unterstützen. Ohne großzügige Hilfe von Förderungseinrichtungen in der Bundesrepublik Deutschland hätte ein Forschungsprojekt dieses Umfangs jedoch nicht verwirklicht werden können. Von 1972 bis 1974 hat der Bundesminister für Forschung und Technologie und anschließend die Deutsche Forschungsgemeinschaft im Rahmen ihres Schwerpunkts Exilforschung die Arbeiten in München und in New York finanziert. 1978/79 hat die Research Foundation der City University of New York und 1979 das National Endowment for the Humanities (Washington/D.C.) mit einem *research grant* bzw. einem *gift and matching grant* die Tätigkeit des amerikanischen Projektpartners zusätzlich gefördert. Die Herausgeber sind den genannten Institutionen für ihre unentbehrliche Hilfe und das bewiesene Vertrauen ganz besonders zu Dank verpflichtet.

A

Abegg, Wilhelm, Dr. jur., Ministerialbeamter; geb. 29. Aug. 1876 Berlin, gest. 18. Okt. 1951 Baden-Baden; *V:* Dr. Wilhelm A., Kommerzien- u. Admiralitätsrat; ∞ Hildegard Hofmeier; *K:* Walter, Hildegard; *StA:* deutsch u. CH, 24. Apr. 1941 Ausbürg. *Weg:* 1933 CH.

Stud. Berlin u. Göttingen, jur. Vorbereitungsdienst, 1903 Prom.; kaufm. Ausbildung. Ab 1907 preuß. Staatsdienst, 1910 RegRat. Ab 1914 Kriegsdienst, Maj. d. R.; 1917 Abkommandierung zur Reorg. der preuß. Polizei, ab 1920 MinRat im Preuß. Innenmin., 1923 MinDir., Ltr. der Polizeiabt., Okt. 1926 Staatssekr.; A. entwickelte die preuß. Schutzpolizei „zu einer schlagkräftigen und im allgemeinen auch republikanisch zuverlässigen Schutztruppe" (→ Otto Braun). Entlassung nach „Preußenschlag" v. 20. Juli 1932. Mitgl. DDP, VorstMitgl. *Deutscher Demokratischer Reichsbund*, Mitgl. *Reichsbanner Schwarz-Rot-Gold*. Nach 1932 Bemühungen um ZusSchluß aller pol. Kräfte gegen NatSoz.; März 1933 Zürich, dort bis 1949 Anwalt für internat. Recht. Ab 1933 Mitgl., 1940-43 Ltr. einer von NatRat Rudolf Gelpke gegr. antinatsoz. Gruppe *(Abegg-Kreis),* die angebl. Verb. zu milit. Widerstandskreisen im Reich unterhalten hat. 1944 Vors. *Gesellschaft für abendländische Kulturpolitik*, 1944/45 Mitgr. *Gesellschaft der Freunde freier deutscher Kultur;* Mitgl. SDS. Im 2. WK in Verb. mit → Friedrich Siegmund-Schultze Beteiligung an Hilfsaktionen für Flüchtlinge. Sept. 1935 Teiln. an den Beratungen des *Vorbereitenden Ausschusses für die Schaffung der Deutschen Volksfront*. Juli 1944 GrdgMitgl. BFD, stellv. Vors. provis. Ltg., Mai-Dez. 1945 Mitgl. der Landesltg.; 1944-45 RedMitgl. *Freies Deutschland*. Durch persönl. Einsatz u. weitreichende Verb. hat A. die BFD als Verwirklichung der von ihm erstrebten Einheitsfront gegen den NatSoz. maßgebl. gefördert; sein Anwaltsbüro diente während der illeg. Phase der BFD als zentrale Verbindungsstelle. Seine Hoffnungen auf gleichberechtigte ZusArb. scheiterten an der von der KPD Dez. 1945 erzwungenen Auflösung der BFD. Frühj. 1946 erfolgloser Versuch einer Fortführung. - Zahlr. Orden u. Ehrenzeichen.

W: u. a. Die Bedeutung Friedrichs des Großen und Napoleons für die heutige Zeit. 1926; Die preußische Verwaltung und ihre Reform, Länder und Reich. 1928; *L:* Bergmann, Schweiz; Teubner, Schweiz. *D:* SSA, IfZ, ÖA. (Das sog. Abegg-Gelpke-Archiv hält histor. Quellenkritik nicht stand.) *Qu:* Arch. EGL. Hand. Publ. Z. - IfZ.

Abel, August, Journalist; geb. 19. Dez. 1887 Gelsenkirchen, gest. 18. Aug. 1962 Frankfurt/M.; kath.; ∞ 1936 Tanganjika, Adda Brandes (1908-65); *K:* Rosemarie (geb. 1937), Harald (geb. 1938), Ellen (geb. 1941), Käthe (geb. 1944), August (geb. 1945); *StA:* deutsch. *Weg:* 1934 Afrika; 1948 Deutschland (ABZ).

Lehrerseminar; vorüberg. in Frankr., Dienst in der Fremdenlegion; 1914-16 Teiln. 1. WK auf dt. Seite; 1916-19 Red. *Rheinisch-Westfälische Zeitung* Essen, 1918 Schriftltr.; 1919-20 außenpol. Red. *Deutsche Zeitung* Berlin, 1920-21 Reichstagskorr. *Bergisch-Märkische Zeitung* Elberfeld; bis 1927 freier Korr. versch. dt. Rechtsblätter, ab 1925 außerdem der *Neuen Zeit* Chicago; 1927 Eintritt in den *Jungdeutschen Orden,* Ltr. *Jungdeutscher Pressedienst* u. Reichspressechef *Jungdeutscher Orden* u. *Volksnationale Reichsvereinigung;* auf internat. Ebene aktiv gegen Friedensvertrag von Versailles u. St. Germain; 1930-32 MdR *Deutsche Staatspartei (Volksnationale Reichsvereinigung);* 1933 Übertritt zur NSDAP. 1934 Emigr. nach Afrika. Farmer in Tanganjika. 1948 Rückkehr nach Deutschland, freier Journalist.

W: u.a. Die Fremdenlegion. 1931; Versailles 1919 - Lausanne 1932. Von Stresemann bis Papen. 1932; Hitlers außenpolitische Katastrophe. 1932. *L:* O.B. Server, Matadoren der Politik. 1932. *Qu:* Hand. Publ. - IfZ.

Abel, Paul, Dr. jur., Rechtsanwalt; geb. 21. März 1874 Wien, gest. 10. Mai 1971 London; *V:* Dr. Alexander A., Hof- u. Gerichtsadvokat Wien; *M:* Rosa Hermine, geb. Bondi; ∞ I. Hedwig Bachrach (gest. 1929); II. 1939 Frances Fanny Löwner; *StA:* österr., 1947 brit. *Weg:* 1938 GB.

Stud. Rechtswiss. Univ. Wien, 1899 Prom. mit Ausz. Anschl. Rechtskonzipient, Spezialist für gewerbl. Rechtsschutz. 1904 Hof- u. Gerichtsadvokat Wien, Sozius in bedeut. Wiener Anwaltskanzlei seines Schwiegervaters Dr. Adolf Bachrach. 1912-38 Mitgl. u. 1. Vizepräs. Ausschuß der Wiener Rechtsanwaltskammer. Wiss. Tätigkeit, zahlr. Veröffentl. in österr. u. internat. FachZs. Bis 1938 u.a. VorstMitgl. *Wiener Juristische Gesellschaft*, Vizepräs. österr. Landesgruppe *Association Internationale pour la protection de la propriété industrielle*, VorstMitgl. *Association Internationale pour la protection des œuvres littéraires et artistiques*, Mitgl. österr. Landesgruppe *International Law Association*, Mitgl. Judizielle Staatsprüfungskommission u. Prüfungskommission für Patentanwälte, Mitgl. Obereinigungsamt, Mitgl. Spruchsenat Finanzlandesdir. Wien. 1928 Mitgl. österr. Deleg. bei diplomat. Konf. zur Revision des Berner Urheberrechtsübereinkommens in Rom; Teiln. an zahlr. österr., dt. u. internat. Fachtagungen u. Konf. Maßgebl. an Ausarb. der einschlägigen österr. Gesetzgebung beteiligt, insbes. Ausarb. der österr. Urheberrechtsreform v. 1936. 1938 Emigr. London. Mit bes. Genehmigung des brit. Home Office Tätigkeit als Berater für internat. Recht, insbes. für zentraleurop. Patent-, Marken- u. Urheberrecht. 1941 Mitgl. Exekutive *Austrian Democratic Union* (ADU) unter → Julius Meinl. 1943 Mitgr. der von ADU-Vertr. gebildeten österr. Sektion der *New Commonwealth Society of Justice and Peace* in London. Ab 1947 Exekutivmitgl. *International Law Association* London. 1948 Berater der österr. Deleg. bei internat. Urheberrechtskonf. Brüssel. Intensive wiss. u. fachpubl. Tätigkeit.- *Ausz.* u.a. 1964 Goldenes Ehrenzeichen für Verdienste um die Rep. Österreich.

W: u.a. Die Rechtsgemeinschaft im Patentrecht. 1904; System des österreichischen Markenrechts. 1908; Kinematographie und Urheberrecht. 1925; Zwischenbenutzung im österreichischen Patentrecht. 1954. *L:* Maimann, Politik. *Qu:* Arch. Hand. Publ. Z. - IfZ.

Aber, Felix, Dr. phil., Rabbiner; geb. 11. Apr. 1895 Breslau, gest. 14. Jan. 1964 New York; *V:* Alexander A.; *M:* Clara, geb. Doctor; *G:* Erich, Käthe Goldschmidt; ∞ 1925 Hanna Rosenak (geb. 1904); *K:* Elise Aftergut, A: USA; Miryam Hirsch, A: USA; Rachel Clara Schlesinger (geb. 1936 Bremen), 1938 Emigr. CDN, 1939 USA, M.A. (Pädagogik). *Weg:* 1939 USA.

1914-18 MilGeistlicher; 1919-23 Stud. Jüd.-Theol. Seminar Breslau, 1923 Rabbinerexamen; gleichz. Stud. Univ. Breslau, 1922 Prom.; 1924 Rabbiner in Salzburg, 1924-38 in Bremen. 1939 Emigr. USA, 1940-42 Rabbiner Adath Yeshurun Kew Gardens/N.Y., 1943-46 Temple Beth El Asbury Park/N.J., gleichz. Congr. Agudath Achim Freehold/N.J., 1946 Temple Beth El Lancaster/Pa., 1947-52 Congr. B'nai Israel Woonsokket/R.I., 1952-60 Temple Beth El Ithaca/N.Y.; ab 1960 Ruhestand. 1951 Präs. *Rabbinical Assn. of R.I.,* Mitgl. *B'nai B'rith, Rabbinical Assembly of America*.

W: Casper Neumann. Ein Beitrag zur Geschichte des hebräischen Studiums in Deutschland (Diss). 1920; Memra und Schechina. Festschrift zum 75jährigen Bestehen des Jüd.-Theol. Seminars Fraenkelscher Stiftung, II, 1929; Das Erlebnis des Meeres in der Bibel. In: Jahrbuch für die jüd. Gemeinden Schleswig-Holsteins und der Hansestädte. 1930; The Grand Dame in Jewish History. In: Jewish Library, III, 1934; Preaching under Pressure. In: Proceedings of the Rabbinical Assembly of America. 1945; The Jewish Conception of Honor. In: Conservative Judaism, V, Nr. 1-2, 1948; Merit and Unearned Mercy. In: Conservative Judaism, VIII, Nr. 2, 1952; Epitaphs-Testimonies to Jewish Living. In: Judaism, VI, Nr. 4, 1957. *Qu:* Hand.-RFJI.

Abicht, Karl Fritz; geb. 26. Febr. 1912 Chemnitz; *V:* Ernst Emil A. (1867-1949); *M:* Anna Minna, geb. Strohbach (1873-1939); *G:* Walther (geb. 1891), Martha (geb. 1895), Curt (geb. 1896), Paul (geb. 1898), Johanna (geb. 1903), Elsa (geb. 1904), Richard (geb. 1905), Helene (geb. 1906), Lotte (geb. 1916); ∞ Hedwig Haas (geb. 25. Sept. 1919 Benetschlag/CSR); *K:* Peter Hökenhammar (urspr. Abicht), geb. 1943 Stockholm; *StA:* deutsch, 25. Juli 1936 Ausbürg., 1947 S. *Weg:* 1933 CSR; 1938 F, S.

Angest.; 1927 SAJ, 1930 SPD, Mitgl. *Reichsbanner.* 1933 in die CSR, Mitorg. illeg. Druckschriftenvertrieb nach Deutschland (Deckn. Fritz Weidmüller), 1938 über Frankr. nach Schweden; 1939-52 Mechaniker; Mitgl. *Landesgruppe deutscher Gewerkschafter in Schweden* u. FDKB, ab Juli 1943 Mitgl. Ortsvorst. Stockholm u. ab März 1946 im Landesvorst. der SPD-Gruppe Schweden. 1953-54 Techniker, 1955-77 Verkaufsing. Lebte 1978 in Solna/Schweden.

L: Müssener, Exil. *Qu:* Arch. Pers. Publ. - IfZ.

Abraham, Heinz, Dr., Diplomat, Historiker; geb. 30. Juni 1911 Allenstein/Ostpr.; *V:* Handwerker; *StA:* deutsch, 1. Sept. 1938 Ausbürg., UdSSR u. deutsch. *Weg:* UdSSR; 1937 E; 1939 F; UdSSR; Deutschland.

1928-31 Stud. Hochbau in Breslau, Architekt. 1931 KPD. Nach 1933 Emigr. UdSSR; 1937-39 Teiln. Span. Bürgerkrieg, anschl. Internierung in Frankr.; Rückkehr in die UdSSR, Architekt. 1943-45 PolInstrukteur der Roten Armee für dt. Kriegsgef. Nach 1945 in Deutschland Lehrer, Lehrstuhlinh. u. stellv. Dir. Parteihochschule Karl Marx Berlin. 1960-64 außerordentl. Gesandter u. Bevollmächtigter Min. der DDR in der UdSSR. Ab 1964 o. Prof. für Gesch. der KPdSU an der Parteihochschule Karl Marx. Lebte 1974 in Berlin (Ost). - *Ausz.:* u.a. 1955 u. 1961 VVO (Silber), 1956 Hans-Beimler-Med., 1971 VVO (Gold).

W: Freundeshand - Bruderhand (Erinn.). In: Im Zeichen des roten Sterns. 1974. *L:* Pasaremos. *Qu:* Hand. Publ. Z. - IfZ.

Abrahamowicz, Uriel (urspr. Walter), Gewerkschaftsfunktionär; geb. 29. Sept. 1915 Wien; *V:* Reuben A.; *M:* Friederike (umgek. KL Theresienstadt); *G:* Paul Gilboa, A: IL; Lily Gur-Ari, A: IL; ∞ 1938 Käte Swoboda (geb. 1910 Berlin); *K:* Daniel (geb. 1942), RA; Jael Zvick (geb. 1947); *StA:* IL. *Weg:* 1934 Pal.

Stud. Rechtswiss., Soziologie Univ. Wien; Mitgl. *Hechaluz* u. *Gordonia;* landwirtschaftl. Umschulung. 1934 Emigr. Pal. mit C-Zertifikat; Mitgl. *Haganah,* I.D.F.; 1939 Mitgl. u. WirtschLtr. Kibb. Kefar Ruppin; 1943-45 Sekr. *Mapai* Ramat Gan u. Petaḥ Tikvah; 1945-64 GewFunktionär, Schriftführer im GewRat *(Histadrut)* Ramat Gan u. Givatayim; 1963-66 Mitgl. u. stellv. Vors. der Abt. für GewAngelegenheiten beim *Histadrut*-Vorst.; 1966-67 Mitgl. u. Ltr. Solel Boneh (*Histadrut*-Bauges.), Ltr. der Personalabt.; 1967-69 stellv. u. amtierender Bürgerm. Ramat Gan; 1970-78 VorstMitgl. *Histadrut* u. Vors. Abt. für GewAngelegenheiten; ZK-Mitgl. *Mapai.*

W: Aufs. über Gew.- u. GdeFragen u.a. in *Davar. Qu:* Fb. Hand. - RFJI.

Abramowitz, Alfred Simon, Ministerialbeamter; geb. 23. März 1887 Russ/Memel, gest. London; ∞ Reny, verw. Treptow; *StA:* deutsch. *Weg:* 1934 CH, GB.

Beamter in Polizeipräs. Berlin, ab 1927 RegRat u. stellv. Ltr. Abt. I, 1929 RegDir. u. AbtLtr., dann MinRat im preuß. MdI u. Staatskommissar für Deutscher Sparkassen- u. Giroverband. Nov. 1932 nach dem sog. Preußenschlag in den einstweil. Ruhestand. 1934 über die Schweiz nach GB, Beschäftigung in Londoner Anwaltsbüro.

Qu: EGL. Hand. - IfZ.

Abt, Frieda, geb. Nussbaum, Fürsorgerin, Museumsdirektorin; geb. 14. Aug. 1904 Fulda, jüd.; *V:* Oskar Nussbaum (geb. 1874 Wüstensachsen/Hessen-Nassau, gest. 1952 Jerusalem), jüd., Fabrikant, Zion., 1936 Emigr. Pal.; *M:* Fanny, geb. Freirich (geb. 1879 Kitzingen/Bayern, gest. 1969 Jerusalem), jüd., 1936 Emigr. Pal.; *G:* Pnina Kafkafi (geb. 1913 Fulda), 1933 Emigr. Pal., KibbMitgl. Maoz Ḥayyim/IL; Michael Nir (geb. 1921 Fulda), jüd., 1936 Emigr. Pal., Dir. Shenkar Inst. für Modezeichner, Ramat Gan/IL; ∞ 1928 → Harry Abt; *K:* Eli (geb. 1929 Berlin), 1939 Emigr. GB, S-Afrika, Stud. Johannesburg, Architekt; Ruth Urie (geb. 1930 Berlin), 1938 Emigr. Pal., 1941 S-Afrika, IL, Modeschöpferin; Raphael (geb. 1935 Berlin), 1939 Emigr. GB, S-Afrika, IL, B.A. Johannesburg, Lehrer; *StA:* deutsch, 1945 S-Afrika. *Weg:* 1939 GB, S-Afrika.

1922-23 Stud. Frauenschule St. Maria, Fulda; Mitgl. *Blau-Weiß, Habonim,* J.J.W.B.; Aug. 1939 Emigr. GB, Dez. 1939 S-Afrika, 1940-44 Ltr. eines Heims für jüd. Schulkinder in Kapstadt, dann Fürsorgerin in Johannesburg; Mitgl. jüd. Frauenverb., Vortragstätigkeit für jüd. Kulturvereine; 1955-68 Dir. des von Harry Abt gegr. jüd. Museums in Johannesburg. Lebte 1977 in Johannesburg.

Qu: Fb. - RFJI.

Abt, Harry, Dr. phil., Prediger, Pädagoge; geb. 31. Okt. 1900 Weener/Hannover, gest. 11. Apr. 1977 Johannesburg/S-Afrika; *V:* Lassar A.; *M:* Rosa, geb. Löwenthal (umgek. KL Theresienstadt); *G:* 1 B, Emigr. S-Afrika; ∞ Frieda Nussbaum (→ Frieda Abt); *StA:* deutsch, S-Afrika. *Weg:* 1939 GB, S-Afrika.

Stud. Marburg u. Frankfurt/M., 1924 Prom. Frankfurt, gleichz. Stud. Jeschiwah in Frankfurt/M., 1927 Vors. *Esra.* 1927-36 StudRat Realgymn. der Isr. SynGde. Adass Jisroel in Berlin, 1930 Vors. *Bund gesetzestreuer jüdischer Lehrer Deutschlands,* 1936-39 OberstudDir. am Jüd. Reformrealgymn. der SynGde. Breslau. Aug. 1939 Emigr. GB, Dez. 1939 nach Südafrika zus. mit Ehefrau u. 2 Kindern mit Sondervisum durch Vermittlung des *South African Jew. Board Deputies.* Lehrer für Hebr. in jüd. Kinderheim, Vortragstätigkeit für den *South African Jew. Board Deputies,* 1943 Dipl. der Cape Town Univ. als Mittelschullehrer, 1944-67 Prediger Congr. Etz Hayim Johannesburg, gleichz. 1956-64 Prediger Oxford Syn. Johannesburg, 1943 Registrar u. Mitgl. geschäftsf. Vorst. des People's Coll., 1944-47 Mitgl. geschäftsf. Ausschuß u. Kulturabt. des *South African Board Jew. Educ.,* 1944-49 Mitgl. geschäftsf. Ausschuß der *South African Ministers Assn.,* 1945 Feldgeistl. bei der Südafrikanischen Armee. Ab 1945 RedMitgl. *Jewish Affairs,* 1948-55 Ltr. Kulturabt. des *South African Jew. Board of Deputies,* verantwortl. für jüd. Erwachsenenbildung, Vors. Ausschuß für Erwachsenenbildung u. des Inst. for Adult Studies in Johannesburg, ab 1950 VorstMitgl. *South African Nat. Youth Council,* 1969-77 Prediger Sydenham Highland North Congr., VorstMitgl. *South African Jew. Hist. and Sociol. Soc.,* 1955 Mitgr., später Dir. Jewish Museum Johannesburg.

W: Dorothea Schlegel bis zu ihrer Vereinigung mit der deutschen Romantik (Diss.). 1924; Jüdische Jugendbewegung. 1933.

Qu: Arch. Hand. Pers. Z. - RFJI.

Abusch, Alexander, Politiker, Publizist; geb. 14. Febr. 1902 Nürnberg; *V:* Chaskel A. (geb. in Krakau), Kutscher, später Händler; ∞ Hilde, Emigr. mit Alexander A., in Mex. Sekr. *Freies Deutschland; StA:* deutsch, 9. Juli 1940 Ausbürg., deutsch. *Weg:* 1933 Saargeb.; 1935 CSR; 1937 F; 1941 Mex.; 1946 Deutschland (SBZ).

1916-19 kaufm. Lehre, anschl. Angest. in Nürnberg. 1918 Mitgl. FSJ; seit Grdg. Mitgl. KPD; ab 1919 journ. tätig, Mitarb. u.a. *Nordbayrische Volkszeitung* Nürnberg, 1922 stellv. u. 1923 Chefred. *Bayrische Arbeiterzeitung* Augsburg; unter Deckn. Ernst Reinhardt Teiln. an mehreren kommunist. Umsturzversuchen in Bayern u. Thür., PolKommissar Brigade Jena-Eisenberg der *Proletarischen Hundertschaften,* angeklagt in zwei Hochverratsverfahren; ab 1923 Mitarb. thür. KP-Organ *Neue Zeitung,* als Anhänger des linken Parteiflügels 1924 Chefred.; nach KPD-Verbot Nov. 1923 zeitw. Hg. illeg. Parteiwochenztg. *Die Revolution;* 1924-25 Mitgl. KPD-BezLtg. Thür., aufgrund Anschluß an ultralinken Parteiflügel als Chefred. *Neue Zeitung* abgelöst u. zum KPD-Pressedienst nach Berlin versetzt; 1926 Abkehr von Opposition u. Red. *Die Rote Fahne;* 1928-30 Chefred. *Ruhr-Echo* Essen; 1930 pol. Red. *Die Rote Fahne,* vorüberg. Chefred.; 1932 erneut Chefred. *Ruhr-Echo;* Mitgl. *Bund proletarisch-revolutionärer Schriftsteller.* Nach natsoz. Machtübernahme Mitgl. illeg. BezLtg. Ruhrgeb.; Mai 1933 mit Zustimmung des ZK Emigr. ins Saargeb., 1934-35 RedMitgl. *Arbeiterzeitung* Saarbrücken; 1935 Chefred. illeg. Ztg. *Die Rote Fahne* in Prag; Deleg. sog. Brüsseler (Okt. 1935) u. Berner (Jan./Febr. 1939) Konf. der KPD; ab 1937 in Frankr., Mitgl. KPD-Ltg. Paris; Hauptmitarb. *Deutsche Volkszeitung* u. *Der Gegen-Angriff,* zeitw. Chefred., Ps. Ernst Bayer, weitere Deckn. Walter Meier, Alexander Süskind, Henri. Nach Kriegsausbruch interniert u.a. in Damagny-sur-Orne, Le Vernet, Bassens bei Bordeaux; Juni 1940 Flucht, Mitgl. der neugebildeten KPD-Ltg. Toulouse; von dort über Toulon Emigr. Mexiko; dort ab Nov. 1941 Hg. Zs. *Freies Deutschland,* Ausschußmitgl. BFD u. *Lateinamerikanisches Komitee der Freien Deutschen,* ab Juni 1944 VorstMitgl. *Heinrich-Heine-Klub.* Hauptmitarb. *Demokratische Post* Mexiko. 1946 mit → Paul Merker über Vladivostok Rückkehr nach Deutschland; Mitgl. SED, 1948-50 im PV; bis 1953 Funktionär des *Kulturbundes zur demokratischen Erneuerung Deutschlands,* zuletzt Bundessekr.; 1948 Mitgl. Deutsche Wirtschaftskommission; 1949-50 Mitgl. Provis. VK, vorüberg. hauptamtl. Mitarb. des ZK der SED; Aug. 1950 im Zusammenhang mit der Merker-Affäre aller Funktionen enthoben, nach Rehabilitierung 1952 Mitgl. Hauptvorst. *Deutscher Schriftstellerverband,* Mitgl. Akademie der Künste; Präs. bzw. Mitgl. versch. lit. Komitees, 1962 Mitgl. *Europäische Schriftstellervereinigung;* RedMitgl. des theoret. SED-Organs *Einheit;* 1958-61 Minister für Kultur; 1957 ins ZK der SED kooptiert, 1958, 1963 u. 1967 wiedergewählt; 1963/64 bei Passierscheinverhandlungen mit der BRD federführend für die DDR; seit 1958 Mitgl. VK; 1961-71 stellv. Vors. des Ministerrats für Kultur u. Erziehung, seit 1971 Ausschußmitgl. der VK für Kultur; Nov. 1971 im Zuge der RegUmbildung Ausscheiden aus DDR-Reg.; seit Okt. 1972 Vizepräs. *Deutscher Kulturbund.* Umfangreiche publizist. u. lit. Tätigkeit. - *Ausz.:* 1955 NatPreis 3. Kl., 1955 VVO (Bronze), 1959 Silber, 1964 Gold, 1967 Ehrenspange, Karl-Marx-Orden, Antifa-Med., Med. Bodenreform-Kämpfe 1918-1923, Dr. phil. h.c. Univ. Jena.

W: u.a. Mitverf. der vom *Welthilfskomitee für die Opfer des deutschen Faschismus* hg. beiden Braunbücher über den Reichstagsbrandprozeß (engl. Übers. The Brown Book of the Hitler Terror and the Burning of the Reichstag, Vorw. Lord Marley. London 1933; The Second Brown Book of the Hitler Terror: The Reichstag Fire Trial, Einltg. G. Dimitroff, Vorw. D.N. Pritt, Nachw. Lion Feuchtwanger. London 1934); Der Irrweg einer Nation. Ein Beitrag zum Verständnis deutscher Geschichte. Mexiko (Editorial El Libro libre) 1945. Bibliogr. bis 1945 in: Melzwig, Buchveröffentlichungen; nach 1945 u.a. Stalin und die Schicksalsfragen der deutschen Nation. 1949; Literatur und Wirklichkeit. 1952; Johannes R. Becher - Dichter der Nation und des Friedens. 1953; Nationalliteratur der Gegenwart. 1953; Von der Wissenschaft und Kunst der Sowjetunion schöpferisch lernen. 1953; Restauration oder Renaissance. 1954; Schiller. Größe und Tragik eines deutschen Genies. 1955; Kultur und Kunst des sozialistischen Humanismus. 1962; Literatur im Zeitalter des Sozialismus. 1967. *L:* Klotzbach, Nationalsozialismus; Weber, Wandlung; Alexander Abusch. Bildnis eines Revolutionärs. 1972; Duhnke, KPD; Kießling, Alemania Libre. *Qu:* Arch. Hand. Publ. Z. - IfZ.

Acker, Paula, geb. Löffler, Parteifunktionärin, Journalistin; geb. 3. Febr. 1913 Tübingen; ∞ 1945 → Wilfred Acker; *Weg:* 1939 CH, 1945 Deutschland (FBZ).

Mittelschule, Lehre als Stenosekr.; 1931 KPD, ehrenamtl. Funktionärstätigkeit in Schwenningen/Württ. Nach natsoz. Machtübernahme bis Herbst 1933 Schutzhaft im Frauengef. Gottezell bei Schwäbisch-Gmünd. Nach illeg. Arbeit für die KPD 1936 erneute Verhaftung, Verbüßung von 2 1/2 J. Zuchthausstrafe in Aichach/Bayern, kurz vor Kriegsausbruch Flucht in die Schweiz, dort illeg. Parteiarb., Mitarb. der KPD-Blätter *Süddeutsche Informationen* (1936-37) u. *Süddeutsche Volksstimme* (1938-39). 24./25. März 1945 auf der 2. Konf. der KPD-Org. in der Schweiz in Zürich zum Einsatz in Schwenningen noch vor Kriegsende bestimmt. Nach illeg. Rückkehr Mai 1945 Fürsorgerin, ab Juli 1945 Ltr. des städt. Wohlfahrtswesens in Schwenningen. Ab 1945 Vors. des KPD-Landesverb. Südwürtt.-Hohenzollern, 1948 Mitgl. des Westzonen-PV. Zugl. journ. tätig u. stellvertr. Chefred. *Unsere Stimme.* 1951 Übersiedlung in die DDR, 1953-55 Red. u. 1955-58 Chefred. *Lausitzer Rundschau* in Cottbus. Ab Juni 1958 hauptamtl. Mitarb. AgitKommission des ZK der SED. 1960 Chefred. *Weltgewerkschaftsbewegung.* 1963 Mitgl. NatRat der *Nationalen Front des demokratischen Deutschland,* 1969 Präsidiumsmitgl.; Mitgl. der Frauenkommission beim PolBüro des ZK der SED. Lebte 1976 in Berlin (Ost). - *Ausz.:* VVO (Gold).

L: Teubner, Schweiz. *Qu:* Hand. Pers. Z. - IfZ.

Acker, Wilfred, Parteifunktionär; geb. 16. Febr. 1908 Schwenningen/Württ.; *V:* Johannes A.; *M:* Frieda, geb. Hahn; ∞ Paula Löffler (s. → Paula Acker); *StA:* deutsch. *Weg:* 1935 CH, 1945 Deutschland (FBZ).

Feinmechaniker; bereits mit 14 Jahren Mitgl. KJVD u. DMV; 1928 KPD, 1930 UnterbezLtr. Schwenningen. März 1933 Verhaftung, bis Sept. 1934 KL Heuberg u. Kuhberg; danach illeg. pol. Tätigkeit in Stuttgart; Herbst 1935 Flucht in die Schweiz. Führend in der illeg. KPD-Arb. in der Schweiz, 1937-39 zeitw. Mitgl. der EmigrLtg., 1937 Deleg. der AbschnLtg. Süd auf dem ZK-Lehrgang in Draveil bei Juvisy/Seine (Frankr.), ständiger Mitarb. der illeg. KPD-Blätter *Süddeutsche Informationen* (1936-37) u. *Süddeutsche Volksstimme* (1938-39). Sept. 1937 in Zürich festgenommen u. ausgewiesen, danach illeg. in Basel; innerhalb der KPD-AbschnLtg. Süd verantwortl. für Bez. Basel, Deckn. Werner. Apr. 1942 erneut verhaftet, zuerst im Basler Gef. Lohnhof, später Zuchth. Witzwil/Kanton Bern; ab Herbst 1942 Internierung im Lager Gordola/Tessin, Bassecourt/Berner Jura u. gegen Kriegsende Wallisellen b. Zürich. Teiln. der 1. u. 2. Konf. der KPD-Org. in der Schweiz 14. Jan. u. 24.-25. März 1945 in Zürich zur Vorbereitung des Einsatzes in Deutschland. Mai 1945 illeg. Rückkehr nach Schwenningen mit Auftrag zur Reorg. der KPD, nach Zulassung der Partei Landesvors. Württ.-Hohenzollern; Mitgl. der Beratenden Versammlung, MdL Baden-Württ. u. Fraktionsvors. KPD. 1951-55 in der DDR. Rückkehr nach Stuttgart, 1955 bis zum Parteiverbot Aug. 1956 Mitgl. Sekretariat der KPD-Landesltg. Baden-Württ.; später DKP. Lebte 1976 in Stuttgart.

L: Teubner, Schweiz. *Qu:* Arch. Pers. Publ. - IfZ.

Ackerknecht, Erwin Henry (Heinz), Dr. med., Hochschullehrer; geb. 1. Juni 1906 Stettin; Diss.; *V:* Dr. Erwin A. (1880-1960), ev., Dir. Stadtbücherei Stettin; *M:* Clara, geb. Pfitzer (1879-1958), ev.; *G:* Inge (geb. 1913), Dir. Kindergärtnerinnenseminar; ∞ I. 1932 Helene Rother, 1933 Emigr.; II. 1943 Lucy Krüger; III. 1962 Edith Weinberg; *K:* Ina (geb. 1932), Dr. med., Ärztin, 1934 Frankr.; Sylvia (geb. 1941), Lehrerin, A: USA; Ellen (geb. 1944), Lehrerin, A: USA; *StA:* deutsch, 14. Febr. 1939 Ausbürg., 1948 USA. *Weg:* 1933 CSR, F; 1941 Trinidad, USA; 1957 CH.

Ab 1924 Stud. Medizin in Leipzig, 1931 Prom., Assist. Univ-Poliklinik Leipzig, 1932-33 Assist. für Neurologie u. Psychiatrie Berlin. Ab 1924 in kommunist. Studentenorg. in Freiburg, Berlin u. Wien aktiv. 1926 KJVD, später KPD, Ltr. *Kostufra* Leipzig. 1928 Anschluß an Trotzkisten, 1932 KPD-Ausschluß. 1932 PolLtr. *Linke Opposition der KPD (Bolschewiki-Leninisten)* in Berlin u. Red. des Zentralorgans *Die Permanente Revolution* (→ Anton Grylewicz). Nach natsoz. Machtübernahme Ltr. der illeg. Org. bis Juni 1933, vorüberg. Haft. Anfang Juni 1933 auf Beschluß der Gruppe Flucht in die CSR. Juni/Juli 1933 bei Leo Trockij in der Türkei, Aug. 1933 nach Frankr., bis 1934 Ltr. Auslandskomitee der *Internationalen Kommunisten Deutschlands* (IKD - neuer Org.-Name der dt. Trotzkisten in der *Internationalen Linksopposition* [ILO]), Red. der Zs. *Unser Wort,* Mitgl. Internationales Sekretariat der ILO bzw. der *Ligue Communiste Internationaliste* (LCI). Herbst 1934 nach Auseinandersetzungen über Entrismustaktik (Ablehnung des Eintritts der LCI in SFIO) Ausschluß aus IKD u. LCI, März 1935 Aufnahme in SAPD, Mitgl. Auslandsltg.; 1936/37 Teiln. sog. Kattowitzer Konf. der SAPD in der CSR.

Febr. 1937 Parteiausschluß wegen Opposition gegen Volksfrontpol. u. Haltung der SAPD zur POUM in Spanien. Mit → Walter Fabian Aufbau der Gruppe *Neuer Weg,* Hg. der gleichnamigen Zs.; Deckn. Eugen, Erwin, Emma Bauer. 1938 Rückzug aus der Politik. Stud. Anthropologie u. Ethnologie in Paris, 1939 Diplom. Sept. 1939-Febr. 1940 Internierung. Febr.-Juli 1940 Prestataire in der franz. Armee, Mai-Juni brit. Pioniereinheit. 1941 nach mehrwöchiger Internierung auf Trinidad in die USA. Packer u. Krankenpfleger. 1945 Museum of Natural History, New York. 1947-57 Prof. für Gesch. der Medizin in Madison/Wisc.; 1957-71 (Emeritierung) ETH Zürich, zahlr. Vortragsreisen in den USA u. Europa, 1961 Gastprof. in Baltimore. Lebte 1973 in Zürich. – *Ausz.:* Ehrenmitgl. u.a. 1957 *Am. Assn. of Medicine History,* 1958 *Royal Society of Medicine;* Mitgl. *Internationale Akademie für Geschichte der Medizin.*

W: u.a. Rudolph Virchow: Doctor, Statesman, Anthropologist. 1953 (dt. 1959); A Short History of Medicine. 1955 (dt. 1957); Kurze Geschichte der Psychiatrie. 1957 (engl. 1959); Geschichte und Geographie der wichtigsten Krankheiten. 1963 (engl. 1965); Therapie von den Primitiven bis zum 20. Jahrhundert. 1970; Medicine and Ethnology. 1971; zahlr. Fachart. u. -aufs. in med. u. wiss. Zs. *L:* Drechsler, SAPD; Alles, Trotzkisten. *D:* IfZ. *Qu:* Arch. Fb. Hand. Pers. Publ. Z. – IfZ.

Ackermann, Anton (urspr. Hänisch, Eugen), Politiker; geb. 25. Dez. 1905 Thalheim/Erzgeb., gest. 4. Mai 1973; *StA:* deutsch. *Weg:* 1935 UdSSR; 1936 E; 1937 F; 1939 UdSSR; 1945 Deutschland (SBZ).

Lehre als Strumpfwirker. 1919 *Freie Sozialistische Jugend;* 1926 KPD, hauptamtl. Funktionär, BezLtr. Erzgebirge u. Vogtland; 1928-32 Lenin-Schule Moskau, anschl. Mitarb. Deutschlandabt. *Komintern.* 1934-35 Mitgl. illeg. BezLtg. KPD Berlin. 1935 als Vertr. der Einheitsfront-Taktik auf sog. Brüsseler Konferenz Wahl in ZK u. PolBüro. 1936-37 ZK-Auftrag in Spanien, Ltr. der dt. kommunist. Parteischule Benicasim, anschl. KPD-Auslandsltg. Paris; Ltr. Exilparteischule Draveil/Juvisy, mehrere Instruktionsreisen in die Schweiz. Mitunterz. Volksfrontaufruf v. Dez. 1936. Mitarb. u.a. *Deutsche Volkszeitung.* 1941 in Moskau mit K.L. Seleznev Chefred. *Das freie Wort,* Red. *Deutscher Volkssender,* Mitarb. *Freies Deutschland* u. *Internationale Literatur/Deutsche Blätter.* Nach 1943 Ltr. Moskauer *Sender Freies Deutschland,* Mitgl. NKFD; führend beteiligt an pol. Nachkriegsplanung der KPD, Mitgl. der am 6. Febr. 1944 vom PolBüro der KPD gebildeten ArbKommission für Nachkriegsplanung, zuständig für wirtschaftspol. Fragen. Neben → Wilhelm Pieck u. → Walter Ulbricht der eigentl. federführende Verf. des „Aktionsprogramms des Blocks der kämpferischen Demokratie" Okt. 1944; 1. Mai 1945 mit *Initiativgruppe Ackermann* zur Aufnahme der pol. Arbeit nach Sa.; Mitgl. KPD-Sekr., ab 22. Apr. 1946 Mitgl. SED-Zentralsekr., 1946 LT Sa. – Konzipierte u. vertrat nach dem Krieg die These vom „besonderen deutschen Weg zum Sozialismus"; Okt. 1949-Okt. 1953 Staatssekr. MfAA der DDR. Okt. 1950 Kand. PolBüro u. ZK-Mitgl. der SED (bis Jan. 1954). 1953 vorübergehend Dir. Marx-Engels-Lenin-Stalin-Institut. Nach 17. Juni 1953 wegen Unterstützung von → Wilhelm Zaisser u. → Rudolf Herrnstadt im Juli aller Parteiämter enthoben, 23. Jan. 1954 ZK-Ausschluß. 1954 bis Anfang 1958 Ltr. Hauptverw. Film Min. für Kultur. Rehabilitierung im Zuge der Entstalinisierung durch Beschluß des ZK der SED v. 29. Juli 1956. Ab Febr. 1958 Mitgl. u. Ltr., später stellv. Vors. Abt. Kultur, Volksbildung, Gesundheit der Staatlichen Plankommission u. Mitgl. Kulturkommission beim PolBüro des ZK der SED. – *Ausz.:* u.a. 1958 Antifa-Med., 1960 Banner der Arbeit, 1961 Artur-Becker-Medaille.

W: u.a. Der Kampf der KPD und die junge Generation. Referat auf der (sog.) Brüsseler Konferenz der KPD Okt. 1935. Moskau (Verlagsgenossenschaft ausländischer Arbeiter in der UdSSR) 1936; Fragen und Antworten. 1946; Religion und Politik. 1946; An die lernende und suchende deutsche Jugend. Deutschlands Weg zum Wiederaufstieg und zur Einheit. 1946; Marxistische Kulturpolitik (Rede). 1948. *L:* Kaden, Einheit; Moraw, Frank, Die Parole der „Einheit" und die Sozialdemokratie. 1973; Fischer, Deutschlandpolitik. *Qu:* Hand. Publ. Z. – IfZ.

Ackermann, Karl Friedrich, Dr. phil., Journalist, Verleger; geb. 15. Dez. 1908 Heidelberg; ev., 1924 Diss.; *V:* Richard A. (1886-1964), Radiotechniker; *M:* Gertrud, geb. Huhn (1888-1974); *G:* Adelheid Schmider (geb. 1910), A: Deutschland (BRD); Gertrud Heinkel (1911-71); ∞ 1944 Zürich, Luise Schneider (geb. 1919), jüd.; *K:* Renate Freifrau v. Redwitz (geb. 1945), Journ., A: E; *StA:* deutsch. *Weg:* 1937 CH; 1945 Deutschland (ABZ).

1928-32 Stud. Germanistik u. Gesch. München, Soziol., Volkswirtsch. u. Publizistik Heidelberg, 1931 Prom.; 1928-32 Mitgl. Studentengruppe *Revolutionäre Sozialisten* Heidelberg; 1929-31 KPDO, 1931-33 *Rote Hilfe* (RH). 1932 UnterbezLtr. RH Schwenningen, 1933 BezLtr. Stuttgart u. Landesltr. Württ. der illeg. RH. Jan.-Okt. 1933 Hg. u. Chefred. RH-Zs. *Süddeutsches Tribunal* (illeg. Flugblattbroschüren über KL in Württ.). Okt. 1933 Verhaftung, Juli 1934 Urteil 2 1/4 J. Zuchth., bis 1936 Zuchth. Ludwigsburg, anschl. KL Welzheim u. Dachau. Okt. 1937 Flucht auf Polizeitransport, über Konstanz in die Schweiz. Unterstützung durch RH Schweiz. 1938-39 mit → Bruno Goldhammer u. → Walter A. Schmidt Mitarb. *Deutsches Volksecho* (später: *Das Volksecho*) Zürich, einer Nebenausgabe der KPD-Zs. *Deutsche Volkszeitung* Paris. 1939-44 ArbLager Zürichhorn, Graubünden, Aargau; dann Hilfsarb. Sozialarchiv Zürich. Aug. 1943 Mitgr. BFD in der Schweiz, ab Juli 1944 Mitgl. Provis. Ltg., 1943-45 Mitarb. des BFD-Organs *Freies Deutschland.* 1943 vermutl. auch ZusArb. mit KPD-Organ *Deutsches Volksecho* Paris. Mitgl. SDS. Deckn. Sepp, Friedrich Kohlhaas. Mai 1945 nach illeg. Grenzübergang Verhaftung als vermeintl. Mitgl. *Werwolf* in Singen. 1945 Hg. u. Chefred. *Stuttgarter Zeitung,* 1946 Gr. u. bis 1975 Chefred. *Mannheimer Morgen.* Leitart., pol. Beiträge in zahlr. Ztg.; 1960-64 Landesarbeitsrichter. 1945 Mitgr. u. bis 1975 Mitgl. AR Deutsche Nachrichtenagentur, 1945 Mitgr. u. bis 1977 Vorst-Mitgl. *Wirtschaftliche Genossenschaft der Presse,* 1953-73 VorstMitgl. *Verein Südwestdeutscher Zeitungsverleger,* 1955 VorstMitgl. dpa. Lebte 1977 in Mannheim.

W: Organisatorische Differenzen der Sozialdemokratie vor 1914. 1931; Der Reichstagsbrandprozeß. 1933 (illeg. Schrift der RH); Reden zur Zeit. 1945; Über den Fetisch unserer Zeit. 1946. *L:* Schmidt, Deutschland; Bergmann, Schweiz; Teubner, Schweiz. *Qu:* Arch. Fb. Hand. Pers. Publ. – IfZ.

Ackermann, Manfred, Partei- u. Gewerkschaftsfunktionär; geb. 1. Nov. 1898 Nikolsburg/Mähren; Diss.; *V:* Wolf A. (1860-1932), Borstenarb.; *M:* Elisabeth, geb. Leist (1856-1928); *G:* Arnold (gest.); Hugo (gest.), Emigr. USA; Max (gest.), Emigr. USA; Malwine (gest. KL Treblinka); ∞ 1926 Paula Popp (geb. 1901), SAJDÖ-Funktionärin, 1938 Emigr. F, 1940 USA, 1964 Österr.; *K:* Peter (geb. 1927), Ing., A: New York; *StA:* österr., 1950 USA. *Weg:* 1938 B, F; 1940 USA; 1964 Österr.

Kaufm. Ausbildung in Wien. 1916 Einberufung, aus Kriegsgegnerschaft SDAP-Beitritt. 1918-19 Angehöriger des Volkswehrbtl. 41 (Rote Garde) unter → Josef Frey. 1920-23 kaufm. Angest. 1919/20 Ltr. SAJDÖ-Gruppe Brigittenau; führend in Wiener Org. der SAJDÖ, 1922-25 stellv. Kreisvertrauensmann Wien u. VorstMitgl. GesVerb., für militante Ausrichtung der Jugendorg. auf pol.-gewerkschaftl. Kampf. 1923-34 Sekr. u. Ltr. Jugendsektion *Zentralverein der kaufmännischen Angestellten Österreichs,* Mitarb. *Die Angestelltenzeitung* u. verantwortl. Red. *Der Praktikant.* 1923-25 Auseinandersetzungen in der SAJDÖ zwischen der von A. geführten aktivist. Richtung u. der von → Otto Felix Kanitz vertretenen kulturell-pädagog. Linie, die sich 1925 mit Unterstützung des PV der SDAP durchsetzte. Abwahl von A. aus dem VerbVorst. nach Abtrennung der in Betriebsgruppen org. GewJugend von der SAJDÖ. 1931 Initiator *Sozialistische Jungfront* als Kerngruppe der linken SDAP-Opposition. Ab Febr. 1934 illeg. Arbeit, erster Obmann der „zentralen Fünfergruppe", des späteren ZK der RSÖ. Ende März 1934 Verhaftung, bis Jahresende KL Wöllersdorf. Anfang 1935 Wiedereintritt in ZK der RSÖ, verantwortl. für Betriebszellenarbeit, Deckn. u.a. Karl Bergmann, Martin; Mitarb. *Der Kampf* Brünn, Ps. Karl Stein. Dez. 1937 erneute Verhaftung, Mitte Febr. 1938 aufgrund Schuschnigg-Amnestie entlassen. RSÖ-Vertr. in Komitee zur Koordinierung der pol. Aktion von Sozialisten u. Kommunisten angesichts des drohenden dt. Einmarschs, dann mit falschem Paß auf den Namen Hübner Flucht über Italien u. Schweiz nach Brüssel. Anfang Apr. 1938 Teiln. Brüsseler Tagung der österr. Sozialisten, auf der sich die führenden SDAP- u. RSÖ-Vertr. im Exil auf eine gesamtdt. Revolution festlegten u. die Forderung nach Wiederherstellung der Selbständigkeit Österreichs verwarfen. Anschl. Übersiedlung nach Paris, Mitgl. AVÖS unter → Joseph Buttinger. 1939 nach Kriegsausbruch Internierung im Stadion von Colombes u. Lager Montargis, Ende 1939 Entlassung. Juni 1940 Flucht vor dt. Vormarsch nach Montauban/Südfrankr., Sept. 1940 mit Notvisum nach New York. 1941 Mitgl. *American Socialist Party*. 1941-53 Maschinennäher, Mitgl. *Amalgamated Clothing Workers of America* (ACW), seit Ende 1941 versch. gewerkschaftl. Funktionen. Sept. 1941 neben → Friedrich Adler u.a. Mitunterz. des Protests österr. SozDem. gegen Versuch der Bildung einer österr. Exilregierung durch → Hans Rott u. → Willibald Plöchl. Febr. 1942 nach Stillegung der AVÖS Exekutivmitgl. *Austrian Labor Committee* unter Friedrich Adler, 1945-64 in Nachfolgeorg. *Am. Friends of Austrian Labor*. 1953-64 Funktionär ACW als Organisator, Business Agent u. zuletzt Buchprüfer für die von den Unternehmen abzuführenden GewBeiträge. 1964 Rückkehr nach Wien. SPÖ, Sektions-Vertrauensmann. 1964-74 Bildungsarb. innerhalb der Partei, den Gew. u. der ArbKammer, Ref. für Gesch. der ArbBewegung. Bis 1975 Ehrenvors. *Bund Sozialistischer Freiheitskämpfer und Opfer des Faschismus*. Lebte 1978 in Wien. – *Ausz.:* 1969 Silbernes Ehrenz. für Verdienste um die Rep. Österr., 1970 Goldenes Abzeichen *Bund Sozialistischer Freiheitskämpfer und Opfer des Faschismus,* 1973 Berufstitel Prof., Victor-Adler-Plakette der SPÖ, 1977 Ehrenzeichen für Verdienste um die Befreiung Österreichs.

W: Rede über Otto Bauer. 1956; Max Adler. Erzieher zum sozialistischen Denken. 1967; Rede über Victor Adler. 1968; Julius Braunthal. Rede. 1972. *L:* Buttinger, Beispiel; Wisshaupt, RSÖ; Leichter, Diktaturen; DBMOI; Vorwärts und nicht vergessen... In: Der Sozialistische Kämpfer, Nr. 12, 1973; Marchfeld, R., Vorwärts und nicht vergessen... Zum 75. Geburtstag Professor Manfred Ackermanns. In: Archiv. Mitteilungsblatt des VfGdA, 1973/4; Neugebauer, Bauvolk; Manfred Ackermann zum 80. Geburtstag. 1978. *D:* DÖW, VfGdA, Arbeiterkammer Wien. *Qu:* Arch. Pers. Publ. Z. – IfZ.

Adam, Ernst, Dr. phil., Journalist; geb. Klein-Almerode/Hessen, gest. 14. Sept. 1971 London; *V:* Georg A. (geb. 1875), Lehrer; *G:* 1 B (gef. 1915), Anna (1879-1940), Mimmi (geb. 1900); ∞ 1952 Ann Key; *K:* George (geb. 1954); *StA:* deutsch, 23. Aug. 1939 Ausbürg., nach 1945 brit. *Weg:* 1933 F; 1936 E; 1938 F; Port.; GB.

1916-18 Gymn., anschl. Frontsoldat, Offz. 1919-20 Lehrerseminar, 1920-25 Lehrer in Düsseldorf. Stud. Gesch., Volkswirtsch., Phil., anschl. wiss. Hilfskraft Univ. Frankfurt/M. 1930-33 Begr. der Fortbildungskurse für Arbeitslose am Arbeitsamt Düsseldorf. 1. März-24. Apr. 1933 Schutzhaft, Flucht nach Frankr. In Paris journ. Tätigkeit, u.a. für *Le Populaire*. Sept. 1936 Spanien, Eintritt in Internat. Brigaden. Von → Hans Kahle mit Kommando einer dt., dann einer poln. Kompanie betraut. Als BtlKommandeur Teiln. an den Kämpfen um Madrid, Beförderung zum Oberst u. Stabschef von Gen. Kleber. Nach dessen Rücktritt weitere Kommandoposten, zuletzt Gen. u. DivKommandeur. 1938 Verwundung, Rückkehr nach Frankr., Internierung, Flucht über Spanien nach Portugal. Journ. in Lissabon. Festnahme durch port. Behörden, Befreiung mit Hilfe Sefton Delmers. Ab 1941 Mitarb. in der Delmer geleiteten Political Warfare Executive. In GB Mitarb. *Soldatensender Calais*. 1945 als stellv. Schriftltr. Beteiligung am Aufbau der dpa in Hamburg. Juni 1946 Rückkehr nach London, Ltr. Informationsabt. der Kriegsgef.-Betreuung. Anschl. bis Ende 1949 freier Journ. in Dublin u. London. Dez. 1949-März 1964 London-Korr. NWDR, später NDR, WDR, *Stuttgarter Zeitung*.

Qu: Arch. Pers. – IfZ.

Adam, Wilhelm (Willi), Parteifunktionär; geb. 26. Juli 1905 Ludenberg b. Düsseldorf; Diss.; *V:* Fritz A.; *M:* Pauline, geb. Ahnstädt; *G:* Elli (geb. 1902), Olga (geb. 1904); ∞ 1926 Else Stricker (geb. 1909), 1935 Emigr.; *K:* Fritz (geb. 1925), Walter Helmut (geb. 1931), beide mit Eltern emigr.; *StA:* deutsch, 7. Juli 1938 Ausbürg. mit Fam. *Weg:* 1933 Saargeb.; F; 1934 (?) DK; 1945 Deutschland (SBZ).

Dentist; 1921-22 SAJ, 1923 KPD, Funktionär im *Verband proletarischer Freidenker,* angebl. Ltr. KPD-Unterbez. Hagen u. Mitgl. der BezLtg. Niederrhein. 1933 illeg. Tätigkeit, dann Emigr. ins Saargeb., 1934 (?) nach Dänemark, dort bis Ende 1938 Ltr. KPD-Landesgruppe (Deckn. Kleiner Hans, Hans), danach Ltr. der Grenzarb. in Südjütland; im 2. WK PropArb. unter dt. Besatzungstruppen, ab 1943 Red. Landesorgan der freidt. Bewegung *Deutsche Nachrichten* Kopenhagen u. ab Frühj. 1945 Mitgl. BFD-Landeskomitee; Apr.-Mai 1945 Gestapo-Haft. Dez. 1945 nach Deutschland (SBZ), ltd. Tätigkeit beim Wiederaufbau der Landesverw. Mecklenburg-Vorpommern, dann pol. Mitarb. des ZK der SED, zuletzt Kunsterzieher an einer Ostberliner Hochschule. Lebte 1975 in Berlin (Ost).

L: Hochmuth/Meyer, Streiflichter; Grünberg, Gottfried, Kumpel, Kämpfer, Kommunist. 1977; Spangenberg, Max, Antifaschistischer Kampf deutscher Kommunisten in Dänemark (Erinn.). In: BZG 1977, S. 617-635. *Qu:* Arch. Publ. Z. – IfZ.

Adams (bis 1962 Cammnitzer), **Ellen C.,** Parteifunktionärin; geb. 1. Mai 1925 Hannover; jüd.; *V:* Max Cammnitzer (geb. 1884 Labes/Pommern, gest. 1940 St-Cyprien/F), jüd., Kaufm., SPD, 1939 Emigr. Brüssel, nach dt. Besetzung verhaftet; *M:* Else, geb. Hiller. (geb. 1894 Deutsch Krone/Westpr., umgek. 1941 KL Auschwitz), jüd., Emigr. mit Ehemann; *G:* Inge Hoffman (geb. 1922), 1939 Emigr. GB, Dienst im Auxiliary Territorial Service, später nach CDN; ∞ ledig; *StA:* deutsch, CDN. *Weg:* 1939 GB; 1948 CDN.

1935-39 jüd. Schule in Hannover. Mitgl. der zionist. Jugendorg. *Werkleute*. März 1939 Emigr. nach GB, 1939-43 Büroangest. u. Fabrikarb., 1943-46 Büroangest. u. in der Erwachsenenbildung tätig, 1946-48 in der Verkehrsverw. für die brit. Besatzungszone; 1943-48 Dienst im Auxiliary Territorial Service. Daneben Stud. Exeter Univ. u. Univ. Göttingen u. Hannover. 1948 nach CDN, 1948-49 Buchhalterin in Ottawa. 1949-53 GenSekr. der Jugendorg. der *Coop. Commonwealth Fed.* (C.C.F.). 1953-54 DirAssist. bei *Vereinigter Glasarbeiter-Gewerkschaft* Toronto. 1954-55 bei *United Jewish Appeal*, 1955-56 bei Odeon Theatres tätig. 1956-75 Sonderassistentin des Vors. der *New Democratic Party* (ab 1961 Nachfolgeorg. der C.C.F.) in Ontario, parlamentar. Assist. des Parteiausschusses von C.C.F./N.D.P. im Parlament von Ontario. Seit 1975 Leiterin für Sonderaufgaben beim Ombudsman des Staates Ontario. 1949-53 Mitgl. Landesrat u. Exekutivausschuß der C.C.F., 1953-65 u.a. Mitgl. Partei-Provinzialrat u. des Exekutivausschusses von Ontario. 1963 u. 1973 N.D.P.-Kand. für das Parlament der Prov. Ontario. 1962-76 stellv. Vors. der *ABC Ratepayer Assn.*, 1970-76 stellv. Vors. der *Confed. of Resident-Ratepayer Assns.,* 1950-72 Dir. der *Ontario Woodsworth Memor. Found.* Führend an Bürgerinitiative gegen den Bau der Spadina-Autobahn beteiligt. Lebte 1979 in Toronto. – *Ausz.:* Centennial Medal.

Qu: Fb. Pers. Publ. Z. – RFJI.

Adler, Arthur M., Buchhändler; geb. 12. Febr. 1899 Höringhausen/Hessen-Nassau, gest. 30. Aug. 1975 CH; jüd.; *V:*

6 Adler

Simon A., *M:* Emma, geb. Dahl; *G:* 4 B, 2 S; ∞ 1940 Margot Eschwege (geb. 1907 Hamburg), jüd., Abitur, Buchhändlerin, 1936 Emigr. F, 1942 USA, mit Ehemann Teilh. einer Buchhandlung in New York, ab 1972 Ruhestand in CH; *StA:* deutsch, 1947 USA. *Weg:* 1933 E; 1936 F; 1942 USA.

Höhere Schule in Deutschland u. in der Schweiz. Buchhändler, Buchversand nach Spanien, Frankr., Portugal u. in die USA, Mitgl. *Börsenverein des Deutschen Buchhandels.* 1933 Emigr. Spanien, 1934-36 Ansager bei dt.-sprach. Rundfunksender. 1936 Ausweisung nach Frankr., Buchhändler, 1940-41 Internierung, Prestataire, 1942 in die USA, zus. mit Ehefrau Inh. der bedeutenden Buchhandlung Adler's Foreign Books Inc. in New York, Einfuhr u. Vertrieb dt. Bücher.

Qu: Pers. - RFJI.

Adler, Erving H., Bankier; geb. 19. Mai 1902 Hagenau/Elsaß; jüd.; *V:* Siegfried A. (geb. 1873 Weiden), jüd., höhere Schule, Inh. eines Herrenbekleidungsgeschäfts; *M:* Anna, geb. Kohner (geb. 1879, gest. S-Afrika), jüd., höhere Schule, Emigr. S-Afrika; *G:* Alfred (geb. 1903 Hagenau), höhere Schule, Geschäftsmann, 1938 Emigr. GB, 1942 USA; Charles (geb. 1905 Hagenau), höhere Schule, Produktionsltr., Emigr. USA; Dr. med. Hans A. (geb. 1906 Hagenau, gest. Port.), Emigr. Port.; Hugo (geb. 1909 Hagenau), Emigr. GB, S-Afrika; ∞ 1939 Hilda Stern (geb. 1915 Nürnberg), jüd., höhere Schule, Modezeichnerin, Emigr. USA; *K:* Herbert (1940-77); *StA:* deutsch, 1945 USA. *Weg:* 1939 USA.

1921-23 Univ. Heidelberg u. Banklehre. 1924-25 Effektenhändler bei Gebr.-Röchling-Bank Köln, 1925-26 kaufm. Korr., 1926-38 Effektenmakler; 1926-27 Commerzbank Mannheim, 1927-29 A. Schaafhausenscher Bankverein, Köln, 1930-38 Privatbank Delbrück, Schickler & Co., Berlin. Sept. 1939 Emigr. USA. 1939-41 Büroangest. in Maklerbüro u. bei General Atlantic Steamship Co.; 1941-67 AuslAbt. Manufacturers Hannover Trust Co., Aufstieg zum Vizepräs., nach 2. WK Ltr. des Bankgeschäfts mit Mitteleuropa, 1952 Teiln. an Londoner Schuldenkonf.; 1968-69 bei Börsenfirma Bache & Co. New York, VerbMann für das Deutschland-Geschäft. 1969 Pensionierung. - *Ausz.:* BVK 1. Klasse.

W: Art. über dt. Bankwesen. *Qu:* Fb. - RFJI.

Adler, Fred (Friedrich), Fabrikant; geb. 9. Sept. 1888 Brückenau/Bayern, gest. 1965 New York; *G:* Lothar (geb. 7. Juli 1887 Brückenau, Mitinh. Icas-Schuhkonzern, 1933 Emigr. GB, USA; dort Geschäftspartner von Fred A. *Weg:* 1933 GB, USA.

Kaufm. Lehre im Schuhwarengeschäft der Eltern. Teiln. 1. WK, danach zus. mit seinem Bruder Lothar Grdg. u. Aufbau des Icas-Konzerns Frankfurt/M., mit 3000 Beschäftigten der größte Hausschuhhersteller in Europa, 1938 Arisierung. Im Apr. 1939 Emigr. nach GB, anschl. in die USA. In Milwaukee Inh. einer Gerberei.

Qu: Arch. Z. - IfZ.

Adler, Fred Peter, Industriephysiker, Unternehmensleiter; geb. 29. März 1925 Wien; *V:* Michael A.; *M:* Ellida, geb. Bronner; ∞ 1950 Alicia S. Gulkins; *K:* Michael S., Andrew D.; *StA:* österr. (?), 1947 USA. *Weg:* 1942 USA.

1942 Emigr. USA; 1944-45 Assist., 1945 B. Sc. Univ. Calif. Los Angeles. 1945-47 Ing. bei Gen. Electric Co. in Schenectady/N.Y., 1947-48 Fellow, 1948 M. Sc., 1950 Ph. D. in ElektroingWesen u. Physik am Calif. Inst. Technol.; 1950 Forschungsing. am Jet Propulsion Lab. in Pasadena/Calif.; 1950-65 zunächst Forschungsphysiker, später Ltr. Abt. Raumsysteme bei Hughes Aircraft Co. Los Angeles, 1965-66 Vizepräs., 1966-70 Corp. Vizepräs. u. stellv. Ltr. der Raumfahrtgruppe. Seit 1970 Präs. Natgeco Ltd. Feltham/GB. Fellow *Am. Inst. Aerospace and Astronautics,* Mitgl. *New York Acad. of Science, Am. Inst. of Navigation.* Lebte 1972 in Feltham/GB u. Los Angeles/Calif.

W: Guided Missile Engineering. (Mitverf.) 1959; Beiträge in Fachzs. *Qu:* Hand.-RFJI.

Adler, Friedrich Wolfgang (Fritz), Dr. rer. nat., Politiker; geb. 9. Juli 1879 Wien, gest. 2. Jan. 1960 Zürich; Diss.; *V:* Victor A. (1852-1918), langj. Führer SDAP u. Chefred. *Arbeiter-Zeitung,* 1918 Staatssekr. des Äußeren; *M:* Emma, geb. Braun; *G:* Marie (geb. 1881), Karl (geb. 1885); ∞ 1903 Katarina (Kathia) Jakovlevna Germanišskaja (gest. 1969); *K:* Johanna Alice Waeger-Adler (geb. 1903); Emma Frida (geb. 1905); Felix (geb. 1911), Emigr. USA, 1950 ao. Prof. Carnegie Institut Pittsburgh; *StA:* österr. *Weg:* 1935 B; 1940 F; USA; 1946 CH.

1897-1905 Stud. Chemie, Mathematik, Physik in Zürich, 1903 Prom.; Mitgl. *Verband österreichischer Sozialdemokraten in der Schweiz,* 1901-05 Mitgl., zeitw. Präs. *Verband der Internationalen Arbeitervereine in der Schweiz.* 1905-07 München, wiss. Mitarb. Deutsches Museum. 1907 Habil., bis 1911 Privatdoz. Univ. Zürich. 1907-34 Mitarb. *Der Kampf.* 1910-11 Mitarb. bzw. Chefred. sozdem. Tageszg. *Volksrecht* Zürich. 1911 nach Wien als 4. Parteisekr. der SDAP, Ressort Wahlpropaganda. 1911-14 Chefred. *Das Volk,* unmittelbar nach Kriegsausbruch als einzige Ztg. verboten. Ab 1913 Mithg. *Der Kampf;* enge Bekanntschaft mit L.D. Trockij. Aug. 1914 vorübergehend Niederlegung der Parteifunktionen als Protest gegen die Haltung des Parteivorst. in der Kriegsfrage. 1914 Einziehung zum Kriegsdienst, krankheitshalber entlassen. In pol. Opposition zu Victor Adler Wortführer des linken SDAP-Flügels; Herbst 1915 Autor des Manifests *Die Internationalen Österreichs an die Internationalen aller Länder,* gegen den „Burgfrieden mit den herrschenden Klassen", Forderung nach Frieden ohne Annexionen u. Kontributionen. Anfang 1916 Grdr. u. Präs. *Verein Karl Marx,* Versuch der Zusammenfassung der SDAP-Linken. Okt. 1916 erschoß A. aus Protest gegen Kriegspolitik u. Ausnahmezustand den österr. Ministerpräs. Graf Karl Stürgkh. Mai 1917 Todesurteil, Nov. 1917 Begnadigung zu 18 J. schweren Kerkers, in der Haft Abschluß seines philos.-erkenntnistheoret. Hauptwerks *Ernst Machs Überwindung des mechanischen Materialismus.* Anfang Nov. 1918 nach Zusammenbruch der Donaumonarchie Entlassung; erneut Parteisekr. u. Red. *Der Kampf,* Ablehnung des Angebots, die Führung der Nov. 1918 gegr. KPÖ zu übernehmen. Febr. 1919 Mitgl. Konstituierende Nationalversammlung. März 1919 auf der ersten Reichskonf. der aus den Januarstreiks 1918 entstand. Arbeiterräte Vors. *Reichsarbeiterrat.* Zus. mit → Otto Bauer gegen isolierte Einführung der Räteherrschaft in Österr.; Febr. 1919 SDAP-Deleg. bei internat. sozialist. Konf. in Bern; Gegner eines SDAP-Beitritts zur wiederbegr. *Zweiten* wie zur neubegr. *Dritten Internationale (Komintern).* Febr. 1921 Mitgr. u. Sekr. *Internationale Arbeitsgemeinschaft sozialistischer Parteien* („Internationale 2 1/2"), die keiner der beiden Internationalen angehörte. Mai 1923 nach Scheitern von Vereinigungsbemühungen aller drei Internationalen Mitgr. SAI aus *Arbeitsgemeinschaft* u. *Zweiter Internationale,* bis 1927 in London, 1927-35 in Zürich, 1935-39 in Brüssel Sekr. SAI. 1934-38 enge polit. Zusammenarb. mit ALÖS Brünn, Org. jurist. u. materieller Hilfe für Opfer der Februarkämpfe u. für illeg. Arbeit, Verwalter des ins Ausland verbrachten sozdem. Parteivermögens. Apr. 1938 nach Anschluß Österreichs Teiln. Brüsseler Tagung der österr. Sozialisten, auf der sich die führenden SDAP- u. RSÖ-Vertr. im Exil auf eine gesamtdeutsche Revolution festlegten und die Forderung nach Wiederherstellung der Selbständigkeit Österreichs verwarfen. Maßgebl. Rolle in Auseinandersetzungen um Bildung der AVÖS in Paris unter → Joseph Buttinger, Juli 1938 nach dem Tod Otto Bauers Hg. *Der Sozialistische Kampf* u. stellv. Obmann AVÖS; Ps. Fritz Valentin. Mai 1939 Rücktritt als Sekr. SAI angesichts unüberbrückbarer polit. Meinungsverschiedenheiten innerh. der SAI. Frühj. 1940 unmittelbar vor dt. Einmarsch in Belgien nach Frankr., Verlegung der AVÖS von Paris nach Montauban/Südfrankr.; Sommer 1940 nach franz. Kapitulation mit falschem Paß auf den Namen Herzl Flucht über Spanien nach Lissabon, Okt. 1940 mit Notvisum nach New York. 1941 Gr. u. Präs. der internat., vor allem von US-Gew. finanzierten Flüchtlingshilfsorg. *Labor Aid Project.* März 1941 Stillegung, Ende 1941 nach amerikan. Kriegseintritt Auflösung der AVÖS. Sept. 1941 Initiator des offiz. Protests österr. SozDem. in Form eines Briefes an den Hg. der *New York Times* gegen den Versuch der Bildung einer österr. Exilreg. (*Free Austrian National Council*) durch → Hans Rott u. → Willibald Plöchl. Febr. 1942 Gr. u. bis 1944 Obmann *Austrian Labor Committee* (ALC) als Org. der österr. Sozialisten in den USA, Red. *Austrian Labor Information.* Pol. u. publizist. Intervention gegen die vor allem von → Otto Habsburg inspirierten Versuche zur Bildung österr. Exilvertretungen u. der Aufstellung eines österr. Btl. innerhalb der US-Armee. Apr. 1944 Rücktritt als ALC-Obmann aufgrund pol. Differenzen nach der Moskauer Deklaration vom Herbst 1943, die die Wiederherstellung Österreichs zum alliierten Kriegsziel erklärte; weiterhin Vertr. einer gesamtdt. sozialist. Konzeption. Frühj. 1946 Rückkehr nach Europa, nach Auflösung des Brüsseler SAI-Büros Niederlassung in Zürich. Als Kritiker der eigenstaatlichen Wiederherstellung Österreichs unter Mitwirkung der SPÖ keine pol. Aktivität mehr. Bis zu seinem Tod wiss. Arbeit, u.a. (unvollendete) Biogr. von Victor Adler.

W: u.a. Ernst Machs Überwindung des mechanischen Materialismus. 1918; Victor Adler. Briefwechsel mit August Bebel und Karl Kautsky (Hg.). 1954; Nachl. VfGdA. *L:* Buttinger, Beispiel; Schroth, Hans, Bibliogr. Friedrich Adler. In: Archiv. Mitteilungsblatt VfGdA 1963/1; Leser, Werk; Braunthal, Julius, Victor und Friedrich Adler. 1965; ders., Geschichte der Internationale, Bd. II u. III. 1963 u. 1971; Leichter, Diktaturen; DBMOI; Goldner, Emigration. *D:* VfGdA, DÖW, IfZ. IISG, *Qu:* Arch. Biogr. Hand. Publ. - IfZ.

Adler, Gerson, Verbandsfunktionär, Geschäftsmann; geb. 2. Okt. 1927 Berlin; jüd.; *V:* Max A. (geb. 1896 Wien, gest. 1969 New York), jüd., Gymn., Buchhalter, 1938 Emigr. USA; *M:* Rosy, geb. Lange (geb. 1901 Frankfurt/M.), jüd., Gymn., 1939 Emigr. USA; *G:* Werner (geb. Berlin), höhere Schule, 1938 Emigr., Geschäftsf. in USA; Henry (geb. Berlin), 1938 Emigr. USA, Wissenschaftler; Hanna Waxmann (geb. Berlin), 1938 Emigr., Lehrerin; ∞ 1950 Naomi Samuel (geb. 1931 New York), jüd.; *K:* 7; *StA:* deutsch, 1945 USA. *Weg:* 1939 USA.

1946-50 B.B.A. City Coll. New York, 1952-55 Stud. Case Western Reserve Univ. Cleveland/O., Stud. Masivta Torah Vodaath New York u. Rabbinical Coll. of Telshe Cleveland/O.; 1948-50 Inh. u. Ltr. Eagle Day Camp New York, 1951-61 VerwDir. Hebr. Acad. of Cleveland, 1961-71 Angest., später Vizepräs. American Greetings Corp. Cleveland, ab 1971 geschäftsf. Vizepräs. Courtland Management Cleveland, 1972 Präs. Courtland Communications Corp.; 1966-67 Präs. Büro Cleveland, 1977 internat. Vizepräs. des Inst. of Internal Auditors, ab 1977 Vors. Board of Rabbinical Coll. of Telshe, ab 1974 Vizepräs. S.A. Samuel u. Co. New York u. Präs. Gerson Adler and Assoc. Cleveland u. New York. 1970 Mitgl. US General Acct. Off. Task Force on Audit Standards, Ohio School Survey Commission, *Cleveland Growth Assn.,* geschäftsf. VorstMitgl. *Ohio Citizens for Educ. Freedom,* Präs. Büro Cleveland der *Agudath Israel of America.* Lebte 1976 in Cleveland/Ohio.

Qu: Fb. Hand. - RFJI.

Adler, Hans Arnold, Wirtschaftsexperte; geb. 7. Nov. 1921 Mayen/Eifel; *V:* Dr. med. Frederik S.A., Arzt; *M:* Dr. Wally A., geb. Baum, Ärztin; ∞ 1951 Mary J. Rice, Keramikerin; *K:* Joan; Michael; Kenneth; Christina; *StA:* USA. *Weg:* USA.

1938-44 Stud. USA, 1941 B.A. Cornell Univ., M.A., 1944 Ph.D. Harvard Univ.; 1944-46 Federal Reserve Bank, 1945 bei US-Auswertungsstelle für Bombenschäden in Deutschland, 1946 MilDienst US-Luftwaffe, 1946-48 OMGUS. 1948-51 Stud., LL.B. Harvard Univ. - 1951-61 Haushaltsabt. US-Finanzmin., 1961-67 Sachverständiger für Transport u. Volkswirtschaft bei Internat. Bank for Reconstruction and Development (IBRD), 1971-72 stellv. AbtLtr. für landwirtschaftl. Projekte, 1972-74 stellv. AbtLtr., ab 1974 AbtLtr. für ostafrikan. Projekte. 1967-69 Entwicklungsberatungsstelle der Harvard Univ. in Pakistan; 1969-71 stellv. Dir. Economic Development Inst.; Mitgl. *Am. Econ. Assn., Royal Econ. Soc.* Lebte 1977 in McLean/Va.

W: Transport Investment and Economic Development. 1965; Sector and Project Planning in Transportation. 1967 (franz. Übers.: Planification des Transports. 1968); A Manual for the Economic Appraisal of Transport Projects. 1969; Economic Appraisal of Transport Projects: A Manual with Case Studies. 1971. *Qu:* Hand. - RFJI.

Adler, Johann Anton, Polizeibeamter; geb. 23. Aug. 1889 Wien, gest. 8. Nov. 1971 Den Haag; *V:* Joseph A.; *M:* Katharina; ∞ M.M.A. Fisher; *StA:* österr., 1948 NL. *Weg:* 1938 NL; 1940 Bras.; 1946 NL.

Stud. Kriminologie in Österr., Italien u. Frankr., Offz. im 1. WK. Ab 1923 Mitarb. Interpol, Spezialist für Falschgeldbekämpfung, bis 1938 Ltr. Interpol-Zentralstelle für Falschgeldbekämpfung in Wien. Gr. u. Ltr. des kriminalist. Labors der österr. Polizei, Gr. u. Red. der mehrsprachigen Fachzs. *Counterfeits and Forgeries.* 1938 Emigr. Niederlande, 1940 nach Brasilien, Tätigkeit bei der brasilian. Polizei. 1946 Rückkehr in die Niederlande, Berater des niederländ. Justizministeriums u. Ltr. einer Zentralstelle für Falschgeldbekämpfung der Interpol Den Haag. Chefred. *Counterfeits and Forgeries.* Ab Jan. 1949 niederländ. Beamter, 1954 Pensionierung.

W: u.a. Elsevier's Fachwörterbuch der Kriminalwissenschaften (in 8 Sprachen übers.). 1960. *Qu:* Arch. Hand. Z. - IfZ.

Adler, John Hans (bis 1941 Hans), Dr. jur., Ph.D., Ministerialbeamter; geb. 16. Nov. 1912 Tachau/Böhmen; *V:* August A. (geb. 1882 Tachau, gest. 1933 Tachau), jüd., Fabrikant, aktiv in der *Deutschen Demokratischen Freiheitspartei,* Mitgl. GdeRat; *M:* Lilly Felix, geb. Beck (geb. 1893 Plan/Böhmen, gest. 1943 New York), jüd., 1939 mit zweitem Ehemann über I illeg. nach F, 1941 über N-Afrika u. Martinique nach USA; ∞ 1939 Vilma Rabl (geb. 1914), Unitarierin, Handelsschule, Fotografin in Prag, 1938 Emigr. USA, zeitw. als Fotografin u. Köchin tätig; *K:* Catherine Ramsey (geb. 1941), Lehrerin; Marcia (geb. 1954); *StA:* österr., CSR, 1945 USA. *Weg:* 1938 USA.

1931-34 Stud. Deutsche Univ. Prag, Teilzeitbeschäftigung als Reporter für *Bohemia.* 1934-36 ReserveoffzSchule, Lt. in der CSR-Armee. 1936-37 Stud. Deutsche Univ. Prag, 1937 Prom.; 1937-38 Red. *Die Wirtschaft.* Mitarb. liberale Studentengruppe *Lese- und Rede-Halle der deutschen Studenten,* Prag. Okt. 1938 Emigr. nach USA, zunächst Studentenvisum, dann 1941 mit Einwanderervisum über Kanada. Verb. zu HIAS u. *International Student Service,* Stipendium Yale Univ., Gelegenheitsarb. als Kellner, Schneeschaufler u. Bäcker von Karlsbader Oblaten für einen eingewanderten Unternehmer.-1938-41 Stud. Columbia Univ., 1940 M.A. Yale Univ., 1941-42 wiss. Assist. u. Instructor am Institute for International Studies, Yale Univ.; 1942-44 Instructor am Oberlin College, O.; 1944-45 Volkswirtschaftl. Mitarb. bei Federal Reserve Board, Washington/D.C.; 1945 in der strateg. Bombardierungsauswertung im US-Kriegsmin. tätig. 1946 Ph.D. Yale Univ.; 1945-47 Ltr. Devisenabt., später stellv. Ltr. Finanzabt. der US-Deleg. bei der Alliierten Kommission in Österr., Wien. 1947-50 volkswirtschaftl. Mitarb. bei Federal Reserve Bank, New York. 1950-57 volkswirtschaftl. Mitarb. bei International Bank for Reconstruction and Development [Weltbank] Washington/D.C.; 1957-61 volkswirtschaftl. Berater, 1962-68 Dir. des Economic Development Institute u. 1968-77 Dir. der Planungs- u. Budgetabt. u. Beiratsmitgl. - 1978 Ruhestand, 1978-79 Visiting Fellow Oxford Univ.; Mitgl. *American Economics Assn., Royal Economic Society* (1962-65 VorstMitgl., 1966-67 Mitgl. der langfristigen Planungskommission, 1968 Vors. der Weltkonf.); *Society for Intl. Development.* Lebte 1975 in Washington/D.C., USA.

W: British and American Shipping Policies: A Problem and a Proposal. New Haven 1943; The Underdeveloped Areas: Their Industrialization. 1949; Public Finance in a Developing Country: El Salvador (Mitverf.). 1951 (span. Original 1949); Public Finance and Economic Development in Guatemala (Mitverf.). 1952; The Pattern of United States Import Trade since 1923 (Mitverf.). 1952; Recursos Financieros y Reales para el Desarrollo. 1961, 1965; Absorptive Capacity: The Concept and its Determinants. 1965; Capital Movements and Economic Development (Hg.). 1967; zahlr. Art. in Fachzs. *Qu:* Fb. Hand. - RFJI.

Adler, Kenneth Paul (bis 1943 Kurt Paul Ernst), Ph.D., Ministerialbeamter, Hochschullehrer; geb. 20. Sept. 1922 Karlsruhe; jüd.; *V:* Dr. med. Eric David A. (geb. 1889 Karlsruhe, gest. Hollywood, Fla./USA), jüd., Arzt, 1938 Emigr. USA; *M:* Irene, geb. Rosenberg (geb. 1890 Karlsruhe), jüd., Dr. ing., med.-techn. Assist., Vors. *Bund deutsch-jüdischer Mädchen*, 1938 Emigr. USA; *G:* Lotte Ruth Landauer (geb. 1921 Karlsruhe), Realschule, Verkäuferin, 1939 Emigr. über GB nach USA; Elsbeth Spechler (geb. 1927 Karlsruhe), B.A., 1938 Emigr. USA, Krankengymnastin; ∞ 1946 Alice Cecelia Sprafkin (geb. 1923 New York), jüd., M.S.L. Univ. Philippines, Statistikerin, Fürsorgerin und Bibliothekarin; *K:* Marc David (geb. 1951), 2 J. UnivStud., 1 J. Schweißerlehre, 1 J. Kibbuz in IL, A: GB; Steven Aaron (geb. 1952), B.A. Univ. of Md., Musiker; Anita Emmeli (geb. 1956), 2 J. UnivStud., Sekr.; Deborah Diane (geb. 1961); *StA:* deutsch, 1943 USA. *Weg:* 1937 GB; 1939 USA.

Verweis vom Gymn., 1937 nach GB, Stud. Trent College, Derbyshire/GB. 2 1/2jährige Wartezeit für US-Visum. Febr. 1939 Emigr. USA mit älterer Schwester. Arbeitsvermittlung durch *Selfhelp;* Gelegenheitsarb., Assist. in Chemielabor. 1940-42 Abendstud. City College of N.Y.; 1942-43 Stud. Univ. of the South, Sewanee, Tenn., Stipendiat des *International Student Service*. 1943-46 US-MilDienst in Europa; 1945 bei OMGUS in Naila/Oberfr., ab 1946 Syracuse Univ., N.Y., 1948 B.A., 1948-57 Univ. Chicago (1950 M.A., 1956 Ph.D. pol. Wissenschaft); 1951-52 Walgreen and Hillmann-Stipendiat; 1952-57 Institut für Kommunikationswiss. (1952-56 Doz. u. GenSekr.); 1956-57 Assist. Prof. - 1957-62 wiss. Mitarb. *Canadian Broadcasting Corporation*. Ab 1962 US-Information Agency (USIA) in leitenden Funktionen. Doz. Carleton Univ., Kanada (1961-62), American Univ., Washington/D.C. (1965-66), Univ. Maryland (1976-77), Mitgl. *American Assn. of Public Opinion Research, World Assn. of Public Opinion Research, American Political Science Assn., American Sociological Assn., Assn. for Education in Journalism, Sigma Delta Chi*. Lebte 1977 in Washington/D.C.

W: Interest and Influence in Foreign Affairs (Mitverf.). In: Public Opinion Quarterly, 1957; Mass Media Responsibility to Political Elites. In: Journal of Communications, 1957; Studies in Public Communication (Gr. u. Hg.). 1957; Art Films and Eggheads. In: Studies in Public Communication, 1957; Art. in Fachzs. *Qu:* Fb. Hand. - RFJI.

Adler, Leo, Dr. phil., Rabbiner; geb. 17. März 1915 Nürnberg, gest. 12. Aug. 1978 Samaden/CH; jüd.; *V:* Nathan A.; *M:* Miriam Rothschild; ∞ 1940 Bella Hamburg, im 2. WK KL, Emigr. USA, A: CH; *K:* Mark (geb. 1941 Moskau), Emigr. USA, M.D., Prof. Yale Univ.; Sammie (geb. 1948), M.D., Arzt in Brooklyn/N.Y.; David (geb. 1950), M.D., Arzt in New York. *Weg:* 1935 (?) PL; 1939 Litauen; 1941 China; 1946 USA.

Jüd. Lehrerbildungsanstalt Würzburg. 1935 (?) nach Polen zum Besuch der Jeschiwah in Mir, die 1939 nach der sowjet. Besetzung nach Wilna/Litauen verlegt wurde. 1941 über die UdSSR u. Japan nach Schanghai, vermutl. mit Angehörigen der Jeschiwah Mir, die in Schanghai wiederaufgebaut wurde. Gr. einer koscheren Küche für jüd. Waisen in Schanghai. 1946 Ordination zum Rabbiner. 1946 Emigr. USA. 1951-55 Lehrer an der Cent. Yeshiva High School for Girls, Brooklyn/N.Y. 1952 B.B.A. B. Baruch School of City Coll., New York, 1955 M.A. Hunter Coll., New York, 1955 in die Schweiz, 1955-78 Rabbiner der Isr. Gde. Basel. 1961 Gr. u. bis 1978 Lehrer an Jüd. Primarschule Basel. 1976 (?) Prom. Univ. Basel. Aktiv in internat. Rabbiner-Org., Mitgl. *B'nai B'rith*.

W: Die Bedeutung der jüdischen Festtage. 1962 (franz. 1967); Der Mensch in der Sicht der Bibel. 1965; Religion der geheiligten Zeit. 1967; Ludwig Wittgenstein: eine existenzielle Deutung (Diss.). 1976. *L:* Israelitisches Wochenblatt, 18. 8. 1978. *Qu:* Hand. Pers. Publ. Z. - RFJI.

Adler, Max Kurt, Dr. rer. pol., Parteifunktionär, Marktanalytiker; geb. 12. Juni 1905 Pilsen/Böhmen; Diss.; *V:* Rudolf A. (geb. 1864, gest. 1942 KL Theresienstadt), Kaufm., DSAP; *M:* Selma, geb. Wiener (geb. 1876, gest. 1942 KL Auschwitz); *G:* Heinrich (1903-63), Kaufm., 1939 über I, F u. GB Emigr. in die USA; ∞ 1932 Janka Steiner (geb. 1904), Diss., Schneiderin, Nov. 1938 Emigr. nach GB; *K:* Eric (geb. 1933), 1938 mit Mutter nach GB; *StA:* österr., 1919 CSR, 1947 brit. *Weg:* 1938 GB.

1923-29 Stud. Univ. Wien, 1932 Prom.; Mitgl. SJ, später sozialist. Studentenbewegung, 1925 DSAP, 1929-30 Red. *Freigeist* Reichenberg, 1930-34 DSAP-Sekr. für die Slowakei, 1934-38 Vertriebsmanager bei Josef Adler & Söhne, Pilsen. Okt. 1938 Emigr. nach GB, 1939-40 Sekr. eines Flüchtlingskomitees in Liverpool, ab 1941 Sprachlehrer u. Fernstud. Univ. London (1947 B.Sc.econ.); als Anhänger des linken DSAP-Flügels Anschluß an *DSAP-Auslandsgruppe* (→ Josef Zinner), im 2. WK Mitarb. CSR-Exilreg., Freiwilligenmeldung zur tschechoslow. AuslArmee. Nach Kriegsende Ltr. Marktforschung bei Osborne Peacock Co., Odhams Press, Hoover Ltd. u. Standard Telephone & Cables, ab 1952 gleichz. Red. *European Marketing Research Review;* 1962-65 Berater für Marktforschung bei General Electric Co., 1965-68 Studiendir. College of Institut of Marketing, ab 1968 Dir. Bowhurst Ltd. für Marktforschung u. Vertriebsberater; Mitgl. *Royal Statistical Society, Royal Economic Society, Sociological Association, British Market Research Society*. Lebte 1978 in London.

W: u.a. Modern Market Research. 1956; A Short Guide to Market Research in Europe. 1962. *Qu:* Fb. - IfZ.

Adler, Richard. *Weg:* Boliv.; 1947 Österr.

1941-47 VorstMitgl. u. Vors. OrgAusschuß *Federación de Austriacos libres en Bolivia* (FAL) unter → Gustav Löwy; aktiv in der Org. eines österr. Klub- u. Kulturlebens in La Paz. 1947 Rückkehr Wien, Vertr. FAL für Österr. u. alle europ. Länder.

Qu: Arch. - IfZ.

Adler-Rudel, Salomon (Shalom), Sozialfürsorger, Publizist, Verbandsfunktionär; geb. 23. Juni 1894 Czernowitz/Bukowina, gest. 14. Nov. 1975 Jerusalem; jüd.; *V:* Nathan Rudel; *M:* Jetti, geb. Adler; ∞ 1920 Fanny Hermann; *K:* Rahel Myers; *StA:* österr., staatenlos, IL. *Weg:* 1936 GB; 1949 IL.

1915-18 GenSekr. *Poale Zion* Wien, 1918-19 Ltr. Berufsberatungs- u. Umschulungsabt. des *Jüdischen Nationalrats für Deutsch-Österreich* in Wien, 1919-30 PräsMitgl. u. GenSekr. Arbeiterfürsorgeamt jüd. Org. Deutschlands Berlin, im 1. WK Unterstützung angeworbener ostjüd. Kriegswirtschafts-Arbeiter in Deutschland; 1927-29 zus. mit → Alfred Berger Hg. *Jüdische Arbeits- und Wanderfürsorge*. 1930-34 Ltr. Abt. für Arbeits- u. Berufsfürsorge der Jüd. Gde. Berlin, 1933-34 Mitarb. *Zentralausschuß für Hilfe und Aufbau*, 1934-36 Geschäftsf. *Reichsvertretung* u. Mitgl. des Hauptvorst. ZVfD. 1936 von → Georg Kareski als Sozialist denunziert, Ausweisung, Emigr. GB. 1936-45 Mitgl. Haupt-Vorst. der brit. Abt. des *Council for German Jewry* u. als Abg. der *Reichsvertretung* Berater des *Central Brit. Fund* in London, tätig in Einwanderungshilfe, Juli 1938 Teiln. an Konf. von Evian, 1943 Reise nach Schweden. 1936-45 Vize-Präs. *Zion. Fed. of Great Britain*, 1941 Mitgr., 1945-49 Vize-Präs. AJR London. 1949 nach Israel, 1949-55 Ltr. Abt. für Auslandsbeziehungen der *Jew. Agency* Jerusalem, IRO-Mitarb. für die Auswanderung von D.P.s nach Israel, 1958-75 VorstMitgl. LBI Jerusalem, zugl. Mitgl. Aktionskomitee der WZO, *Council of Jews from Germany,* Deleg. auf Zion. Weltkongreß.

W: Berufsumschichtung als Ausweg? In: Jüdische Wohlfahrtspflege und Sozialpolitik, 1933-34; Fürsorge für das Volk. Anfänge einer neuen jüdischen Sozialpolitik in Deutschland 1919-33. In: Jüdische Rundschau, Berlin 1935 (gekürzter Abdruck in: Gegenwart im Rückblick. Heidelberg 1970); Ostjuden in Deutschland 1880-1940. 1959; Baron Moritz von Hirsch. In: Bulletin LBI, Nr. 27, 1964; A Chronicle of Rescue Efforts. In: Yearbook LBI, Bd. 11, 1966; Das Auswanderungsproblem im Jahre 1938. In: Bulletin LBI, Nr. 38/39, 1967; The Evian Conference on the Refugee Question. In: Yearbook LBI, Bd. 13, 1968; Jüdische Selbsthilfe unter dem Naziregime. 1974; Beiträge im *Jüdischen Lexikon, Philo Lexikon* u. E.J. Berlin, Art. über jüd. Fragen in versch. Zs. *L:* Lichtheim, Zionismus; Reissner, H.G., The Histories of ‚Kaufhaus N. Israel' and of Wilfrid Israel. In: Yearbook LBI, 1958; Gegenwart im Rückblick; Stern, Jüdische Autoren; s.a. Namensregister in: Bulletin LBI, 1974 u. Bibliogr. Nr. 7844 Yearbook LBI, 1970. *D:* LBI New York. *Qu:* Arch. Hand. Publ. Z.-RFJI.

Adolph (urspr. Adolf), **Alfred,** Parteifunktionär; geb. 30. Juli 1895 Sommerfeld/Niederlausitz, gest. 27. Apr. 1959 Berlin (Ost); ∞ 1952 (?) mit dän. Staatsangehörigen Thingstrup; *StA:* deutsch. *Weg:* CSR, UdSSR, NL, F; 1938 CH; 1939 F; 1946 Deutschland (Berlin).

Dreher. 1920 KPD, Funktionen im Unterbez. Lausitz, GewArb.; ab 1928 Tätigkeit für MilApp. Berlin-Brandenburg. Nach 1933 Flucht nach Prag, später Lenin-Schule Moskau. Einsatz im Rahmen der illeg. Tätigkeit der *International Seamen and Harbour Workers* in Rotterdam, zeitw. techn. Mitarb. Pariser Sekretariat der KPD-AuslLtg. - März 1938 Anmeldung als pol. Flüchtling in der Schweiz; Festnahme wegen pol. u. nachrichtendienstl. Tätigkeit. 1939 Verurteilung, Ausweisung. Deckn. Fritz, Berthold, Adolf, Schule, Robert. Ab Aug. 1940 Mitarb. KPD-Ltg. Toulouse, u.a. Herstellung von Ausweispapieren für Emigr., Wehrmachtprop., ab 1943 Mitarb. dem vom KFDW (→ Otto Niebergall) hg. Zs. *Soldat am Mittelmeer,* Teiln. an den Befreiungskämpfen um Toulouse, bis Okt. 1944 (Verbot) Sprecher der dt. Sendungen *Radio Toulouse.* Sept. 1946 über Paris nach Berlin. Ab 1947 Chefred., ab 1949 Ltr. Suchdienst für vermißte Deutsche in der SBZ; ab 1951 Hauptgeschäftsf. Werbefirma DEWAG, Angehöriger Staatssicherheitsdienst. Angebl. führend am Aufbau des Agentennetzes in der BRD beteiligt; Deckn. Adolf Siebert, Siegvert, Oberle, Pianovski, Walter, Schelley, Fredy Oberle, Alfred Behm, Friedrich Foerstel. - Nachruf des ZK der SED.

L: Schaul, Résistance; Pech, Résistance; Dahlem, Vorabend. *Qu:* Arch. Publ. - IfZ.

Aehlig, Rudolf Albert, Parteifunktionär; geb. 25. Mai 1902 Dresden; *V:* Richard A., Architekt; *M:* Martha, geb. Reus. *Weg:* UdSSR; 1933 CSR.

Mechaniker. Mitgl. ADGB, 1928 KPD u. RGO. Red. *Arbeiterstimme* Dresden. 1931-32 Schulungsaufenthalt in der UdSSR, Besuch der Sverdlov-Univ. Moskau. Dort vermutl. Ausbildung für illeg. Aufbau der RGO. Nach natsoz. Machtübernahme nach Prag. Okt. 1933 von KPD-Inlandsltg. nach Deutschland berufen, als GebInstrukteur Duisburg-Hamborn bis Febr. 1934 Aufbau von 8 illeg. Stadtteilltg. sowie wichtiger Verbindungsbrücken zur OrgLtg. West in Amsterdam, zum linksrhein. Unterbez. Moers u. zu benachbarten rechtsrhein. Unterbezirken des Ruhrgeb.; in Hamborn Hg. der hektogr. Blätter *Ruhr-Echo, Niederrheinische Arbeiter-Zeitung, Der Pionier* u. *Der Rote Sender der Komintern sendet jeden Abend um 8 Uhr auf Welle 1481.* Verb. zu überregionalen illeg. Org. sowie zu Gruppen des *Einheitsverbandes der Bergarbeiter Deutschlands* zur Vorbereitung einer Einheitsfront. Versuch der Einflußnahme auf Vertrauensrätewahlen in den Betrieben. 24. Febr. 1934 Verhaftung bei Aktion gegen KPD-Untergrundorg. im Ruhrgeb. u. am Niederrhein; Verurteilung, bis 31. Mai 1939 Haft, ab 1937 im KL Sachsenhausen.

Qu: Arch. Publ. - IfZ.

Aenderl, Franz Xaver, Publizist, Politiker; geb. 25. Nov. 1883 Steinweg b. Regensburg, gest. 20. Okt. 1951 Kulmbach/Oberfr.; *Weg:* 1934 CSR; 1938 PL, DK, GB; 1946 Deutschland (ABZ).

Mittelschule, kaufm. Lehre, Versicherungskaufm.; Teiln. 1. WK, Kriegsgef. Ab 1919 hauptamtl. Parteisekr. der USPD, Anhänger des linken Parteiflügels. 1920 Deleg. der sog. Spaltungs- u. Vereinigungs-Parteitage, KPD. Ab 1921 KPD-MdL Bayern. 1924 aufgrund Opposition gegen → Ruth Fischer-Führung Parteiausschluß, Eintritt in SPD, für die A. bis 1928 sein Mandat beibehielt, 1928-32 SPD-MdL. Neben seiner pol. Tätigkeit freier Schriftst. - 1933 KL-Haft, nach Entlassung Arbeit als Tagelöhner, 1934 Flucht in die CSR; 1938 über Polen u. Dänemark Emigr. nach GB. In London Journ., 1942-43 Sprecher bei kath. Sendungen der BBC für Bayern. Gr. *Bavarian Circle.* 1946 Rückkehr auf Wunsch von MinPräs. → Wilhelm Hoegner. Red. *Mittelbayrische Zeitung* Regensburg. Übertritt zur *Bayern-Partei,* einer der Wortführer gegen „preußischen Militarismus", als bayrischer Föderalist in Kulmbach aktiv.

W: Bavaria, the Problem of German Federalism. London 1943 (dt.: Bayern, das Problem des deutschen Föderalismus. 1947). *L:* Röder, Großbritannien; Weber, Wandlung. *Qu:* Biogr. - IfZ.

Aharoni (urspr. Aronheim), **Yohanan,** Ph.D., Archäologe, Hochschullehrer; geb. 7. Juni 1919 Frankfurt/O., gest. 1976 Tel Aviv; jüd.; *V:* Heinrich Aronheim (geb. 1880 Konitz/Westpreußen, gest. 1937 Berlin), jüd., RA, Zion.; *M:* Eugenie, geb. Simon (geb. 1888 Frankfurt/O.), Lehrerin, 1938 Emigr. Pal.; *G:* Zvi (geb. 1921 Frankfurt/O.), Bankier; Michael (geb. 1925 Frankfurt/O.), Mitgl. *Egged* (Transport-Coop.); ∞ 1946 Miriam Gross (geb. 1926 Tiberias/Pal.), Archäologin; *K:* Haim (geb. 1949 Jerusalem); Psychologe; Yoav (geb. 1950 Jerusalem), Ing.; Eyal (geb. 1958 Jerusalem); Yuval (geb. 1962 Jerusalem); *StA:* deutsch, Pal./IL. *Weg:* 1933 Pal.

Mitgl. *Werkleute;* Sept. 1933 Emigr. Palästina mit B III-Zertifikat, 1933-35 Mitgl. *HaNoar haOved* u. *Histadrut,* 1935-38 am Inst. für Landwirtschaft Mikveh Israel, 1938-48 Kibb. Alonim, 1937-47 *Haganah.* Jan.-Mai 1947 Tätigkeit für *Haganah* in zypriot. Flüchtlingslagern. 1950 M.A., 1955 Prom. Hebr. Univ., 1950-55 Inspektor isr. Büro für Denkmalschutz in Jerusalem, 1955-58 wiss. Mitarb. Ḥazor-Expedition, 1959-66 Doz., 1966 Assoc. Prof. Hebr. Univ., ab 1968 Prof. für Archäologie u. histor. Geographie Univ. Tel Aviv, Dir. des archäolog. Inst.; Teiln. an Ausgrabungen in Galiläa (u.a. Masada), Entdeckung der judäischen Zitadelle von Ramat Raḥel, der Festung Tel Arad u. des Tempels von Lachish; ab 1969 Ausgrabungen im bibl. Beer Sheba. Ab 1954 VorstMitgl. *Israel Exploration Soc.* u. Archäologischer Rat der isr. Reg., Vors. *Gesellschaft für Archäologie,* 1959 stellv. Red. *Isr. Exploration Journal.* - Ausz.: 1956 Zipora Klausner Award, 1957/58 Warburg Award der Hebr. Univ.

W: Zot Arzi (Das ist mein Land). 1952, 1953, 1960, 1967; Hitnahalut Shivtei Yisrael baGalil haElyon (Die Ansiedlung israelischer Stämme in Ober-Galiläa) (Diss.). 1957; Ḥazor I-IV. 1958-61; Erez Yisrael baTekufah haKenaanit haMeuḥeret (Das Land Israel in der späten kanaanitischen Periode). 1959; BeIkvot Melakhim uMordim beMidbar Yehudah (Auf den Spuren von Königen und Rebellen in der judäischen Wüste). (Mitverf.) 1960, 1966; Erez Yisrael biTekufat haMikra (Das Land Israel in biblischer Zeit). 1962; Atlas Karta biTekufat haMikra. 1964 (mit Ergänzungen von M. Avi Yonah erschienen als Macmillan Bible Atlas. 1968); The Land of the Bible. A Historical Geography. 1967; Ancient Arad. 1967; Discoveries in the Sinai (Mitverf.). 2. Aufl. 1967; Derakhim vaAtarim (Wege und Plätze. Essays aus der Geschichte Israels). 1971; Beer Sheba, Bd. I (Hg.). 1973; Ketovot Arad (Arad-Inschriften). 1975; (mit Ben Zvi-Preis ausgez.) Investigations at Lachish. 1975. Archaeologia shel Erez Ysrael. 1978. *Qu:* Fb. Hand. Z. - RFJI.

Albert, John, Dr. jur., Journalist, Beamter; geb. 28. Jan. 1912 Wien; *V:* Louis A.; *M:* Mary, geb. Glaser; ∞ 1934 Hildegard Janauschek; *K:* Garry John, Carol Ann; *StA:* 1945 USA. *Weg:* 1940 USA.

1932-38 Red. u. stellv. Ltr. Telegrafen-Compagnie Wien; 1936 Prom. Wien. 1940 Emigr. USA, 1940-42 Hilfsred. für Auslandsnachrichten bei *Columbia Broadcasting System* (CBS), 1942-45 Assoc. Propaganda Analyst, AbtLtr. u. Sachbearb. bei OWI in New York. 1945-46 ltd. Übersetzer bei den Nürnberger Prozessen. 1947 Verf. von Rundfunk-Ms. für das US-Außenmin., 1947-53 Chefred. Deutschland-Dienst des Außenmin. in New York, 1953-57 Ltr. Abt. West u. Nordeuropa der USIA in New York, 1957-58 AbtLtr. Europa der USIA in Washington, 1958-62 Ltr. des Münchner Programmzentrums; 1962-66 Ltr. des zentralen Programmdienstes der *Voice of America,* 1965-66 Ltr. Abt. für Info. u. Tagesnachrichten, 1966 ltd. Rundfunkkomm. für internat. Nachrichten. Lebte 1978 in Silver Spring/Md. - *Ausz.:* 1955 Superior Service Award USIA.

Qu: Hand. - RFJI.

Albert, Peter Wenzel (von), Dr., Politiker; *V:* k. u. k. Offz.; *StA:* CSR. *Weg:* GB.

Legitimist in Wien; Emigr. London. Anfang 1940 Mitgl. *Austria Office* unter → Heinrich Allina u. → Richard Schüller, Ltr. der legitimist. *Austrian Youth Association* (AYA). Zeitw. Sekr. von → Robert Habsburg. Apr. 1940 Mitgr. *Austrian League.* Dez. 1941 als AYA-Vors. Mitgl. *Free Austrian Movement* (FAM), zeitw. Vizepräs., Aug. 1943 Austritt der *Austrian League* aus FAM; A. trennte sich zus. mit → Georg Lelewer mit der AYA von der *Austrian League* u. verblieb weiter im FAM. Ließ sich nach Kriegsende vermutl. in GB nieder.

W: Austria and Europa. A Monarchist View. London 1942; Austria (zus. mit Kathleen Gibberd). London 1944. *L:* Maimann, Politik. *Qu:* Arch. Publ. - IfZ.

Alexander, Alexander (Sándor), Unternehmensleiter; geb. 21. Nov. 1916; ∞ 1946 Margaret Irma; *K:* 2 S, 2 T. *Weg:* GB.

Stud. Prag, Emigr. GB, 1954-67 Geschäftsf., 1967-69 GenDir., 1969 AR-Vors. des Nahrungsmittelunternehmens Ross Group Ltd.; seit 1969 Dir. u. Vors. Lebensmittelabt. der Imperial Tobacco Co.; AR-Mitgl. Brit. United Trawlers, Präs. *Nat. Assn. of Food Producers,* Mitgl., 1967 Vors. Eastern Gas Board, Vors. Theatre Royal (Norwich) Trust Ltd.

Qu: Hand. - RFJI.

Alexander, Henry (Heinz) Gustav, Dr. jur., Journalist; geb. 31. März 1914 Berlin; jüd.; *V:* Carl A. (1871-1946), jüd., Bankier, DDP; *M:* Anna, geb. Mauthner (1878-1939), jüd.; *G:* Paul S. (geb. 1910), Hochschullehrer USA; Fred (Fritz) (geb. 1912), Bankier USA; Hilde (1917-46), Lehrerin; ∞ 1939 London, Alice Poláček (geb. 1914), jüd., Journ.; *K:* Anthony Ernest (geb. 1945), RA; John Francis (geb. 1947); *StA:* deutsch, 1947 brit. *Weg:* 1933 CSR; 1938 Rum.; 1939 GB.

1931-33 Stud. Rechtswiss. Hamburg; aufgrund von Studienverbot Ausreise nach Prag, Fortsetzung Stud., 1938 Prom. 1933-38 Mitarb. *Prager Tagblatt,* 1935-38 Mitteleuropa-Korr. u. Ende 1938 in Bukarest Balkan-Korr. *Exchange Telegraph.* Juli 1939 London. Juni-Okt. 1940 Internierung Isle of Man; Mitarb. Nachrichtenbüro *Exchange Telegraph* für die Schweiz u. *Die Zeitung* London. 1948-74 AuslKorr. *Der Spiegel,* ab 1972 AuslKorr. *Die Tat* Zürich. Ab 1951 Mitgl., 1969-71 Präs. *Foreign Press Association* London. Mitarb. International Institute for Strategic Studies, 1971 Vizepräs.; Vorst.-Mitgl. *PEN-Zentrum* London, Mitgl. SDS, Mitarb. *Association of European Journalists.* Nach 1945 Mitgl. *Association of Jewish Refugees* London. Lebte 1977 in London.

W: Zwischen Bonn und London. 1959. *Qu:* Fb. Hand. Pers. - IfZ.

Alexander, Henry Joachim, Dr. phil., Dr. jur., Rechtsanwalt, Verbandsfunktionär; geb. 4. Jan. 1897; *V:* Bruno A.; *M:* Lisbeth, geb. Katz; ∞ 1925 Hilda Speyer; *K:* 2 S; *Weg:* GB.

Stud. Göttingen u. Breslau, 1925-37 RA in Berlin; Emigr. GB, 1942-56 Mitarb. BBC-Europadienst, 1947-57 Vors. brit. *Pestalozzi-Kinderdorf-Vereinigung,* ab 1954 Kuratoriumsmitgl. Pestalozzi-Kinderdorf-Stiftung Trogen/CH, 1957-62 Vors. Pestalozzi-Kinderdorf-Trust, 1962-63 dessen geschäftsf. Vizepräs.; 1965-70 Mitgl. *Residential Child Care Assn.* u. Vors. ihres internat. Komitees, 1965-72 VorstMitgl. *Lifeline and Internat. Refugee Committee;* 1960-70 Vors. brit. Sektion, 1960-67 stellv. GenSekr., 1967-71 Vizepräs. der *Fédération Internationale des Communautés d'Enfants,* Genf. Lebte 1973 in Hastings, Sussex/GB.

W: International Trade Mark Laws. 1935. *Qu:* Hand. - RFJI.

Alexander, Kurt, Dr. jur., Rechtsanwalt, Verbandsfunktionär; geb. 13. Aug. 1892 Krefeld, gest. 18. Febr. 1962 New York; jüd.; *V:* Nathan A. (1862-1938), Lehrer, Geschäftsf. SynGde. Krefeld; *M:* Dina, geb. Katz (geb. 1860); ∞ I. Ilse Spanier (1894-1938); II. Agathe Hirschlaff (1904-1970); *StA:* deutsch, USA. *Weg:* 1939 GB; 1949 USA.

1911-14 Stud. Heidelberg, Bonn, 1914 Prom. Heidelberg, Vorst-Mitgl. K.C.; 1919-21 Assessor, gleichz. Syndikus des CV Berlin u. Hg. CV-Zs. *Im deutschen Reich,* gleichz. Geschäftsf. VJJD. 1922-38 RA in Krefeld, Syndikus versch. Seidenspinnereien, 1924-33 (mit Unterbrechung) StadtVO in Krefeld, bis 1939 Vors. SynGde. Krefeld, 1924-38 Mitgl. Hauptvorst., 1937-38 Vizevors. CV u. Mitgl. des Präsidialrats der Reichsvertretung, Vors. *Niederrhein-Loge* des B'nai B'rith Krefeld, Mitgl. *Jüdischer Kulturbund;* Nov. 1938 zeitw. KL Dachau. März 1939 Emigr. GB, 1939-43 beim Jew. Central Info. Office (später Wiener Library), 1941 Mitgr., 1943-49 Geschäftsf. AJR, 1945-49 Geschäftsf. *Council of Jews from Germany,* 1948 Mitgr., 1948-49 Dir. URO London, Vors. *Leo Baeck Loge* des B'nai B'rith London. 1949 in die USA, 1949-62 Dir. URO New York, Vizepräs. A.F.J.C.E., VorstMitgl. *Selfhelp,* Mitgl. *Jew. Philanthropic Fund of 1933,* Congr. Habonim, aktiv in *Internat. K.C. Fraternity.*

W: Die Auslegung der formbedürftigen Rechtsgeschäfte (Diss.). 1914. *L:* Zum Gedenken an Kurt Alexander (Privatdruck, hg. v. Agathe Alexander). 1967. *Qu:* EGL. Publ. Z. - RFJI.

Alexander, Walter, Dr. jur., Kommunalbeamter, Verbandsfunktionär; geb. 20. März 1878 Berlin, gest. 20. Apr. 1949 New York; jüd.; *V:* Naumann A.; ∞ Lotte Steinau; *K:* Käthe (geb. 1910); Eva (geb. 1914); *StA:* deutsch, USA (?). *Weg:* 1939 F; USA.

Stud. Rechts- u. Staatswiss. Freiburg u. Berlin, 1900 Prom. Jena, Referendar, Assessor, 1908-18 Angest. bei der Stadtverw. Berlin, 1918-33 Dir. städt. Gaswerke Berlin. 1931-35 VorstMitgl., 1935-38 Ltr. Schuldezernat jüd. Gde. Berlin (verantwortl. für Gründungen u. Instandhaltung von Schulen u. Kindergärten), Mitgl. VerwRat *Jüdischer Kulturbund* Berlin, 1933-38 VorstMitgl. *Zentralausschuß für Hilfe und Aufbau,* Kuratoriumsvors. Jüdisches Lehrhaus Berlin, Mitarb. in Verw. des *Gemeindeblatts der Jüdischen Gemeinde* Berlin. 1939 Emigr. Frankr., einige Jahre später in die USA.

W: Wie berechne ich meine Angestelltenbezüge? 1939. *D:* LBI New York. *Qu:* Arch. EGL. Hand. Z. - RFJI.

Alexich, Georg Maria (George M.V.), Dr. phil., Diplomat, Hochschullehrer; geb. 14. Sept. 1893 Wien, gest. 15. Juli 1949 USA; kath.; ∞ 1919 Erna Brettauer, 1934 gesch.; II. Dr. Ida Wilhelmine Friebeisz (geb. 1897), seit 1935 StA: USA, A: USA; *K:* Beatrix (geb. 1921), Maria Charlotte (geb. 1935); *StA:* österr., 1939 NL, USA. *Weg:* 1938 F; 1940 USA.

Stud. Univ. Genf u. Konsularakademie Wien. 1917-19 Konsularattaché in Zürich, St. Gallen u. Dresden, anschl. Dienst im Staatsamt für Äußeres. Febr. 1919 Ltr. österr. Paßstelle Preßburg, 1921-28 nach Umwandlung der Paßstelle in ein Konsulat österr. Konsul in Preßburg. Sommer 1922 Vertr. Bundesministerium für Auswärtige Angel. (BMfAA) beim Sekretariat für die Konf. der Union Parlementaire, ab Nov. 1923 délégué adjoint bei Internationaler Donaukommission in Preßburg. Apr.-Dez. 1928 1. Sekr. österr. Gesandtschaft in Rio de Janeiro, anschl. Dienst im BMfAA, Aug.-Dez. 1930 der österr. Gesandtschaft in Sofia zugeteilt, anschl. wieder Wien. 1933-38 ständiger Geschäftsträger in den Niederlanden mit Akkreditierung für Belgien u. Luxemburg, in dieser Zeit Ernennung zum bevollmächtigten ao. Gesandten u. bevollmächtigten Min.; 1938 nach dem Anschluß Verzicht auf Bewerbung um Aufnahme in den dt. Außendienst, Entlassung, Emigr. Paris. 1938-40 Dir. einer pharmazeut. Fabrik. 1940 Flucht in die USA vor dt. Auslieferungsbegehren. Stud. Georgetown Univ. Washington/D.C., Prom., Prof. für internat. vergleichendes Recht u. Diplomatie. Ab 1941 Berater für Europafragen beim Pressedienst der *National Catholic Welfare Federation* u. Exportberater amerikan. Unternehmen. Mitgl. *American Society of International Law, Catholic Economic Assn.* u.a. wiss. Ges. Lebte 1954 in Washington/D.C.

L: Goldner, Emigration. *Qu:* Arch. Hand. Publ. - IfZ.

Alfons, Anton, Parteifunktionär; geb. 17. Jan. 1898 Wampersdorf b. Mödling/Niederösterr.; Diss.; *StA:* österr. *Weg:* 1938 N; S; 1946 Österr.

Maurergehilfe; 1919 KPÖ. Mehrere Jahre in Deutschland, nach Rückkehr versch. Parteifunktionen, angebl. kurzfristig Mitgl. ZK u. PolBüro. Febr. 1934 kurze Haftstrafe, anschl. illeg. Arbeit in Linz, zeitw. PolLtr. Oberösterr. der KPÖ, Deckn. Karl Heller u. Lorenz Küsternigg. Frühj. 1935 Verhaftung, Juli 1935 Urteil 18 Mon. schwerer Kerker. 1938 im Parteiauftrag Emigr. nach Norwegen, später Schweden. Mitgl. KPÖ-Parteigruppe in Schweden. 1944 Mitgl. *Österreichische Vereinigung in Schweden* (ÖVS) unter → Bruno Kreisky. Sept. 1944 mit → Gustl Moser u.a. KPÖ-Vertr. Verhandlungen mit sozialist. Mehrheit der ÖVS über Beitritt der ÖVS zum *Free Austrian World Movement* London. Nach Scheitern der Verhandlungen u. Spaltung der ÖVS Mitgl. *Freie Österreichische Bewegung* in Schweden. 1946 Rückkehr nach Österr., KPÖ-Funktionär in Baden b. Wien, Personalchef in USIA-Betrieb. 1955 Konflikt mit Parteiführung, vermutl. Parteiausschluß.

L: Müssener, Exil; Reisberg, KPÖ. *Qu:* Arch. Pers. Publ. - IfZ.

Alfringhaus, Erich, Journalist; geb. 30. Sept. 1894 Dortmund, gest. 1941 Dänemark. *Weg:* 1933 DK.

Realschule u. Gymn., journalist. Laufbahn, Arbeit vor allem als Völkerbund-Berichterstatter. SPD-Mitgl., Chefred. *Sozialdemokratischer Pressedienst* Berlin; AR-Mitgl. *DRADAG/Drahtloser Dienst AG Berlin;* einflußreicher Berater von → Otto Wels. Juli 1933 Emigr. Dänemark; 1941 nach dt. Besetzung bei Fluchtversuch nach Schweden festgenommen; beging vor seiner Deportation Selbstmord.

Qu: Arch. Hand. Pers. Z. - IfZ.

Alliger, Ladislaus, Gewerkschaftsfunktionär; geb. 1898 (?), gest. 1942 in GB; ∞ verh.; *K:* 1 T; *StA:* 1919 CSR. *Weg:* 1938 (?) GB.

DSAP-Mitgl., Kreissekr. *Allgemeiner Angestellten-Verband Reichenberg* in Mährisch-Trübau, später in Reichenberg. Emigr. nach GB, Mitgl. *DSAP-Auslandsgruppe.*

Qu: Arch. - IfZ.

Allina, Heinrich, Politiker, Gewerkschaftsfunktionär; geb. 24. Nov. 1878 Schaffa/Mähren, gest. 10. Dez. 1953 Wien; 1920 jüd.; *V:* Wilhelm A., Lehrer; *M:* Theresia, geb. Weiß (?); ∞ 1908 Julia Weiß; *StA:* österr. *Weg:* 1939 (?) GB; 1949 Österr.

Bankbeamter; in ZusArb. mit → Hugo Breitner u. → Leopold Epstein maßgebl. an gewerkschaftl. Organisierung der Bank- u. Sparkassenbeamten beteiligt, deshalb Verlust seiner Stelle als Bankbeamter. Mitgl. SDAP, Sekr. des 1907 gegr. *Reichsvereins der Bank- und Sparkassenbeamten Österreichs,* Red. der Verbandsztg.; 1919-20 Mitgl. Konstituierende NatVers., 1920-34 MdNR, Fachmann für Währung- u. Finanzfragen. 1923-28 Mitgl. *Gewerkschaftskommission,* ab 1928 Vors. Angestelltensektion im *Bund der Freien Gewerkschaften Österreichs,* 1931-34 Mitgl. des Bundesvorst.; VorstMitgl. *Verein zur Schaffung von Mittelstandserholungsheimen.* Febr. 1934 kurzfristig Haft, KL Wöllersdorf. 1938 nach Anschluß Österr. Verhaftung, vermutl. KL Dachau u. Buchenwald (?), 1939 (?) Emigr. London, Dez. 1939 Mitgr. *Austria Office,* nach Auseinandersetzung mit AVÖS in Paris, die ZusArb. mit legitimist. u. konservat. Gruppen ablehnte, Anfang 1940 Parteiausschluß. Febr. 1940 Gr. u. Vors. *Association of Austrian Social Democrats in Great Britain* (Gruppe Allina), Hg. der Zs. *Der Freiheitskampf.* Ab 1940 mit → Georg Lelewer Vors. *Austria Office,* Mitarb. *Free Austria;* Sommer 1940 Internierung Isle of Man. 1942 neben → Julius Meinl als Londoner Vertr. des *Austrian National Committee* unter → Hans Rott u. → Guido Zernatto vorgeschlagen. Anfang 1942 Beitritt von *Austria Office* u. *Association of Austrian Social Democrats in Great Britain* zum *Free Austrian Movement* (FAM), Juli 1943 Austritt beider Org. aus dem FAM aufgrund des kommunist. Übergewichts u. von Differenzen in der Frage der Mitschuld Österr. am natsoz. Krieg, die beide Org. grundsätzl. ablehnten. 1949 Rückkehr nach Wien.

W: u.a. Bankenkontrolle. 1932; Zurück zu Victor Adler! (H. 1 der Schriftenreihe der Vereinigung österreichischer Sozialdemokraten in Großbritannien) London 1940; Restauration of Austria. Free Austria Publications. London (Austria Office) 1942; Free Austria Publications (Hg.). London 1943. *L:* Klenner, Gewerkschaften; Goldner, Emigration; Maimann, Politik. *Qu:* Arch. Hand. Publ. - IfZ.

Almog, Shmuel (urspr. Distler, Max Samuel), Journalist; geb. 3. Juni 1926 Berlin; jüd.; *V:* Azriel Distler (geb. 1896 Galizien, gest. 1971 Tel Aviv), jüd., Friseur, Mitgl. *Zion. Arbeiterjugend,* 1933 Emigr. Pal.; *M:* Sarah, geb. Weisbard (geb. 1903 Galizien), jüd., 1933 Emigr. Pal.; *G:* Zvi (geb. 1935), in die USA, Ph. D. Dropsie Coll. Philadelphia, Geschäftsf. United Jew. Fed. Norfolk/Va., Geschäftsf. *Friends of Tel Aviv Univ.* in USA; ∞ 1952 Oria Cohen (geb. 1928 Pal.), Lehrerin; *K:* Yishai (geb. 1954); Shira (geb. 1962); *StA:* staatenlos; IL. *Weg:* Pal.

1933 Emigr. Palästina mit Eltern; 1944-45 Mitgl. Kibb. Geva, gleichz. Jugendführer bei Pfadfinderbewegung u. ArbJugend in Tel Aviv. Hg. einer Wochenzs. für Jugendliche. 1948 IDF, dann B.A. u. M.A. Hebr. Univ., Stud. Gesch. u. Kommunikationswiss. Columbia Univ.; 1959-60 i.A. der *Jew. Agency* u. der *World Hebr. Fed.* nach Südafrika. Anschl. bei Kol Israel Radio, u.a. 1962-64 UN-Korr., ab 1967 Dir.; 1966-67 Gastdoz. Hebr. Univ. für moderne jüd. Gesch., 1969-74 GenDir. isr. Rundfunkbehörde, Forschung für Diss. über Zionismus. 1955-56 Schriftführer *Isr. Hist. Soc.* Lebte 1978 in Jerusalem.

W: Das Rassenmotiv in Renans Haltung zum Judentum und zu Juden. 1967. *Qu:* Fb. Hand. - RFJI.

Alon, Gabriel (urspr. Eichelgrün, Gustav Philip), Verleger; geb. 20. März 1915 Köln; jüd.; *V:* Richard Eichelgrün (geb. Berlin), jüd., *M:* Klara, geb. Elsberg (geb. Ahlen/Westf.), jüd., 1933 Emigr. Pal.; *G:* Raphael (geb. 1920), 1933 Emigr. Pal., Fabrikant; ∞ Rena Karlsruher, jüd.; *K:* Rachel Sagi (geb. 1943), jüd.; Tamar Hayu (geb. 1949), jüd.; Reuben (geb. 1952), jüd.; Noemi Zeitun (geb. 1955), jüd.; Michael (geb. 1960), jüd.; *StA:* IL. *Weg:* 1933 Pal.

Abitur. Bis 1932 Mitgl. *Werkleute,* 1932-33 Mitgl. *Habonim* u. *Haschomer Hazair.* 1933 Emigr. Palästina, Stud. Handelsschule für Metallarb., Automechaniker. 1935-37 Mitgl. Kibb. Eilon, Verbindung zu *HaShomer HaZair.* 1937-42 Geschäftsf. des im Besitz der Mutter befindlichen Hotel Emek, Haifa, 1942-47 Steuerberater. Seit 1947 Red., Verleger *Gold and Monetary Issues, Zrak'Or - Business Diary, Israel Business Compass Directory.* Gr. *Rotary Club* Tivon. Lebte 1977 in Kiryat Tivon/Israel.
W: Palestine Income Tax Guide. 1945; World Commodity Trade Statistics. 1964/65. *Qu:* Fb. Hand. - RFJI.

Alport, Leo, Bankier, Industrieller; geb. 8. Febr. 1863 Posen, gest. 5. März 1935 GB (?); *V:* Adolph A., Bankier; *M:* Anna, geb. Wolff; ∞ Valerie Mankiewicz (gest. nach 1945), Schwägerin des Inh. von P. Beiersdorf & Co., Emigr. GB; *K:* Anna-Elisabeth, Erich-Adolf; *StA:* deutsch. *Weg:* 1933 GB.
Kaufm. u. Bankpraxis in Berlin, 1888-1920 Inh. Bankhaus Adolph Alport, Posen, nach 1. WK in Hamburg, ab Sept. 1920 stellv. AR-Vors. Chem. Fabrik P. Beiersdorf & Co. GmbH, Mitgl. des Vorst. als administrateur délégué, AR-Mitgl. Bendix AG, Landsberg a.d.W. Nach natsoz. Machtübernahme Emigr. nach GB, Mai 1933 formelles Ausscheiden bei Beiersdorf.
L: RhDG. *Qu:* Arch. Hand. - IfZ.

Alroy, Efraim (bis 1938 Spiegel, Hermann), Verbandsfunktionär; geb. 15. Aug. 1915 Hamburg; *V:* Abraham Spiegel (geb. PL), HebrLehrer, 1914 nach Deutschland, Kaufm., Mitgl. *Hovevei Zion, Misrachi,* Ges. zur Förderung der hebr. Sprache *Iwria,* Mitgr. von jüd. Kindergärten in Deutschland; *M:* Perl, geb. Felsenstein (geb. PL), 1914 nach Deutschland; *G:* Yaakov (gef. im 1. WK); Sarah Bartfeld (gest.), 1934 Emigr. Pal.; Rachel Strum-Nachbar (gest.), 1938 Emigr. F, 1945 Pal.; Yocheved Tishbi (gest.), 1929 Emigr. Pal., Mitgr. Kibb. Rodges (später Kibb. Yavneh); ∞ 1940 Esther Cohen; *K:* Geulah Pelleg (geb. 1951); Nilli Shachaf (geb. 1953); *StA:* PL, IL. *Weg:* 1933 Pal.
Talmud-Torah-Realschule in Hamburg, gleichz. Mitgl. *JJWB, Habonim,* 1932 Hachscharah. Sept. 1933 Emigr. Palästina mit C-Zertifikat, 1933 Mitgl. Kibb. Givat Brenner, 1936 zus. mit anderen dt. Einwanderern Gr. Kibb. Evron Naharyyah. Sekr. ArbRat, Gr. der ArbJugendorg. *HaNoar haOved* in Naharyyah. 1938-48 VerbOffz. der *Haganah,* 1939 von *Haganah* nach Jaffa kommandiert, dort Funker im Mandats-Polizeibüro (brit. Dienststelle gegen illeg. Einwanderung), nach 1939 ständiges Stabsmitgl. der *Haganah,* 1942-45 Dienst brit. Navy, gleichz. Dir. Jugendabt. *Keren Hayessod* Haifa. 1948-49 Hptm. IDF, Ltr. Radio- u. Telefon-Dienst im Nord-Bez. mit Sitz in Haifa, ab 1949 Reservist. 1949-51 Dir. Jugendabt. *Keren Hayessod;* 1951-56 Ltr. Wasserbehörde Tahal in Haifa u. Nordisrael, 1956-57 Ltr. Dead Sea Works in Sodom. 1958-61 i.A.der WZO in Deutschland (BRD), GenSekr. zion. Bewegung, Förderung der Auswanderung. 1949-61 Richter bei *Histadrut* in Haifa; 1961-68 Ltr. Symphonie-Orchester Haifa, 1968 Org. des Jerusalem Khan Cabaret. 1968 in Deutschland (BRD) i.A. des *Keren Hayessod* u. des Fonds *HaMagbit haMeuhedet* (Spendensammlung). 1969-70 Org. der weltweiten Jubiläumsfeier des *Keren Hayessod.* Seit 1970 bevollmächtigter Gesandter des Fonds *HaMagbit haMeuhedet* in Haifa u. Nordisrael, Vors. Leon Blum Housing Project, Mitgl. der *Vereinigung ehem. Haganah-Mitgl., Club of Recipients of 5 Combat Decorations,* 1978 Abg. zum Zion. Kongreß. Lebte 1978 in Haifa.
Qu: Fb. Hand. - RFJI.

Alsberg, Max, Rechtsanwalt; geb. 1877 Bonn, gest. 1933 Samaden/CH; *V:* Kaufm. in Bonn, jüd. *Weg:* 1933 CH.
Strafverteidiger, 1931 HonProf. Univ. Berlin. Gehörte zu den bekanntesten RA der Weimarer Republik, verteidigte u.a. 1920 Helfferich im Erzberger-Prozeß, Anwalt in den meisten *Weltbühne-* u. Pazifistenprozessen. Nach natsoz. Machtübernahme Berufsverbot. 1933 Emigr. in die Schweiz; Freitod.

W: Der Prozeß des Sokrates im Lichte moderner Jurisprudenz und Psychologie. 1926; Der Beweisantrag im Strafprozeß. 1930; Voruntersuchung (S). 1930 (verfilmt 1931). *L:* Deak, Intellectuals. *Qu:* Biogr. Z. - IfZ.

Alsberg-Alssur, Paul Abraham (urspr. Alsberg, Paul Alfred), Ph. D., Archivar; geb. 1919 Wuppertal-Elberfeld; jüd.; *V:* Alfred Alsberg (geb. 1885 Elberfeld, gest. 1936 Elberfeld), Kaufm.; *M:* Helene, geb. Weinberg (geb. 1890 Erkelenz/Rheinl.), 1940 Emigr. Singapur, 1942 Pal.; *G:* Lore Weingarten (geb. 1912 Elberfeld), 1934 Emigr.; Otto (geb. 1916 Elberfeld), 1938 Emigr. Pal. mit A I-Zertifikat; ∞ 1942 Betty Keschner (geb. 1920 Hattingen), Krankenschwester, Emigr. Pal.; *K:* Irith Owadia (geb. 1946 Jerusalem), Lehrerin; Shimon (geb. 1951 Jerusalem, gef. 1973); *StA:* deutsch, Pal./IL. *Weg:* 1939 Pal.
1935-37 Mitgl. *Werkleute;* 1937 Abitur Elberfeld, 1937-38 Stud. Jüd.-Theol. Seminar Breslau; 10. Nov.-28. Dez. 1938 KL Buchenwald. 1939 Emigr. Palästina mit B III-Zertifikat, 1939-43 Stud., M. A. Gesch. u. roman. Philologie. Hebr. Univ. Jerusalem; 1944 Holzwarenfabrikant, 1948-49 Mitgl. *Haganah* u. IDF. 1949-57 Oberassist. Zionist. Zentralarchiv, 1958 Prom. Hebr. Univ., ab 1956 Doz. für Archivwiss. an der Bibliothekarschule der Hebr. Univ., 1957-71 Dir. Israelisches Staatsarchiv, seit 1971 Staatsarchivar (Nachf. von → Alexander Bein). Mitgl. u. 1969-77 Präs. *Israelischer Bibliothekarsverband,* 1972-76 Exekutive des *Internat. Council on Archives,* ab 1966 Mitgl. LBI Jerusalem, ab 1969 RegVertr. im Direktorat von Yad Vashem, seit 1965 im Exekutivrat des Instituts für zionistische Forschung der Univ. Tel Aviv. 1966-69 Vors. *B'nai B'rith*-Logen in Jerusalem.
W: Mediniyut haHanhalah haZiyyonit miMoto shel Herzl ad Milhemet haOlam haRishonah (Die Politik der zionistischen Exekutive von Herzls Tod bis zum 1. WK.) Diss. 1958; Madrikh laArkhhiyonim haHistoriyim beYisrael (Handbuch für die historischen Archive Israels). (Hg.) 1966; HaArkhiyon beYamenu. Halakhah leMaaseh (Das moderne Archiv in der Praxis). (Hg.) 1966; Guide to the Archives in Israel (Hg.). 1973. *Qu:* Fb. Hand. Publ. - RFJI.

Altbaier, Curtis H. (bis 1941 Kurt), Industriemanager; geb. 15. Febr. 1921 Vilshofen/Niederbayern; jüd.; *V:* Gustav A. (geb. 1877 Schnaittach, gest. 1946 USA), jüd., höhere Schule, 1940 Emigr. GB, 1941 USA; *M:* Frieda, geb. Haag (geb. 1884 Bretten, gest. 1964 USA), jüd., höhere Schule, 1940 Emigr. GB, 1941 USA; *G:* Clara Appel (geb. 1913 Vilshofen, gest. 1972 USA), 1939 Emigr. USA; Liselotte Feige (geb. 1917 Vilshofen), höhere Schule, 1936 Emigr. GB, 1945 USA; Gertrude Dekany (geb. 1919 Vilshofen), höhere Schule, 1937 Emigr. GB, dann USA; Elenore Hahn (geb. 1923 Vilshofen), höhere Schule, 1940 Emigr. USA; ∞ 1943 Lea Cronstein (geb. 1923 Springfield/O.), jüd., höhere Schule, Sekr., Handelsvertr.; *K:* Robert (geb. 1945 Cincinnati), B. Sc., Geschäftsmann; Sherry G. Bilky (geb. 1947 Cincinnati), Stud. in Cincinnati; *StA:* deutsch, 1944 USA. *Weg:* 1936 ČSR; 1938 Deutschland; 1939 USA.
1933-36 Gymn. Passau; nach Beschlagnahme des elterlichen Vermögens 1936 Emigr. in die ČSR, bis 1939 Stud. techn. Lehranstalt Bodenbach, Dipl.-Ing. (Maschinenbau); 1938 KL Dachau. Jan. 1939 Emigr. USA, ab 1939 bei Cincinnati Milling Machine Co. (später Milacron Co.), ab 1940 Stud. Univ. Cincinnati, 1944-46 MilDienst in China, Burma u. Indien (Oberlt.). Ab 1946 wieder bei Milacron Co., 1949 Registered Professional Engineer Ohio. Ab 1974 Ltr. Abt. Inlandsmarkt u. zugl. Vizepräs. u. Dir. Cincinnati Milling and Grinding Inc. u. Amertool Sales and Service Tokio, Präs. u. Dir. Amertool Service Inc. Cincinnati, Dir. Cincinnati Milacron Canada, Toronto. 1951-52 Mitarb. am. Auslandshilfsorg. Mutual Security Agency (Ltr. Abt. für Maschinen u. Betriebsausrüstung in Paris), 1968 Mitgl. Internat. Trade Commission Washington/D.C., Ausschuß für Steigerung der Ausfuhr des US-Wirtschaftsmin., 1971-72 im Vorst. Rhodes Trade Center and Port Authority, 1973-75 Vors. techn. Beratungsausschuß im Wirtschaftsmin. Lebte 1977 in Cincinnati/Ohio. - *Ausz.:* C.B.I. Theatre Ribbon with two bronze battle stars.
Qu: Fb. Hand. - RFJI.

Alterthum, Martin, Dr. jur., Richter, Verbandsfunktionär; geb. 31. Aug. 1887 Bernberg/Saale, gest. 12. Febr. 1976 Tel Aviv; jüd.; ∞ Toni Maschke; *StA:* deutsch, Pal./IL. *Weg:* 1938 (?) Pal.

Kriegsteiln. 1. WK, Kriegsrichter; bis 1933 Landgerichtsdir. in Dessau/Sachsen-Anhalt, gleichz. beim Justizmin. Sachsen-Anhalt als Referent für Beamtenrecht. Ab 1925 VorstMitgl. u. Vizepräs. Isr. Kultusgde. Dessau u. VorstMitgl. ZVfD-Gruppe Dessau; 1933 Berufsverbot. 1933 (1934?) im Auftrag der ZVfD nach Leipzig als Vors. des *Zionistischen Verbandes für Mitteldeutschland* (Sozialarb. u. Org. d. Emigr. sächs. Juden), 1934–38 VorstMitgl. u. Dir. Sozialamt der isr. Religionsgde. in Leipzig; Nov. 1938 KL Buchenwald. 1938 (1939?) Emigr. Palästina, Berater des Solidaritätswerkes der I.O.M.E., in den 50er Jahren Mitgl. Verw.Rat der URO, Mitarb. in Wiedergutmachungsfragen, Mitgr., nach 1954 Präs. u. später Ehren-Präs. *Verband ehemaliger deutscher Beamter und Angestellter jüdischer Gemeinden in Israel* Tel Aviv.

W: Art. in Mitteilungsblatt des I.O.M.E. Tel Aviv. *Qu:* EGL. Z. – RFJI.

Altmaier, Jakob, Journalist, Politiker; geb. 23. Nov. 1889 Flörsheim/M., gest. 8. Febr. 1963 Bonn; jüd.; *V:* Joseph A. (1854–1934), Bäckermeister; *M:* Caroline, geb. Levy (gest. 1898); *G:* Hermann (geb. 1884), Bäckermeister, Emigr. F, USA; Bernard (geb. 1887), Kaufm., Emigr. F, USA; Jakob (geb. 1889), Journ.; Helene (geb. 1891, umgek. im Holokaust), Buchhalterin, Emigr. F; Paula (geb. 1894), Emigr. F, dep., nach 1945 USA; Ida (geb. 1897, umgek. im Holokaust), Kontoristin, Emigr. B; Martin (geb. 1900, umgek. 1945 KL Mauthausen), Rabbiner, Emigr. F; Ernest (geb. 1903), Ing., seit 1926 im Ausland; ∞ led.; *StA:* deutsch; *Weg:* 1933 F, GB, JU; 1937 E; 1939 GR; 1941 Ägypten; 1945 Deutschland (ABZ).

Realschule, MilDienst als „Einjähriger", kaufm. Lehre, journ. Tätigkeit *Frankfurter Volksstimme, Flörsheimer Zeitung.* 1913 SPD; 1914–17 Kriegsdienst (Uffz., EK II); 1918–21 pol. Red. *Volksstimme,* 1919 Korr. *Vorwärts* bei Versailler Friedensverhandlungen, 1921–23 Korr. *Manchester Guardian* in Berlin, 1924–33 Mitarb. *Vorwärts, Frankfurter Zeitung, Die Glocke, Die Weltbühne, Die Republik, Die Arbeit,* franz. u. engl. Blätter, sozdem. ProvPresse; ab 1926 Korr. *Sozialdemokratischer Pressedienst* in Belgrad, Paris, London. Nach natsoz. Machtübernahme nach Paris, anschl. über London nach Belgrad, dort bis 1937 u.a. Balkankorr. *Neue Weltbühne, Pariser Tageblatt, Pariser Tageszeitung;* freundschaftl. Beziehungen zu König Alexander. 1937–38 Korr. *Le Populaire* im republikan. Spanien; Berichte für *Pariser Tageszeitung.* 1939–41 in Belgrad u. Athen Berichterstatter u.a. für *Le Populaire* u. *Manchester Guardian,* anschl. bis 1945 journ. Tätigkeit in Kairo. Nach kurzem Deutschlandaufenthalt Korr. 1946–48 *Telegraf* u. *Neuer Vorwärts* in Paris u. London. 1949–63 MdB, ab 1950 Mitgl. Beratende Vers. des Europarats, ab 1957 Vers. der Westeurop. Union u. Parlament. Rat der Europ. Bewegung. A. gilt als Initiator des Deutsch-Israelischen Vertrags von 1952. – *Ausz.:* 1954 Ehrenbürger der Stadt Flörsheim.

W: Frankfurter Revolutionstage. 1919; Sur le front de la liberté. Un reportage en Espagne républicaine. In: Le Populaire, Paris 1938. *L:* Arnsberg, Paul, Jüdische Gemeinden in Hessen, Bd. 1, 1971. *Qu:* Arch. Hand. Pers. Publ. – IfZ.

Altmann, Adolf, Dr. phil., Rabbiner, Publizist; geb. 8. Sept. 1879 Hunsdorf, umgek. 1944 KL Auschwitz; ∞ Malwine Weiss (geb. 1881 Kassa/Slowakei, umgek. 1944 KL Auschwitz), Emigr. NL, KL Westerbork, Dep. KL Theresienstadt; *K:* Alexander A. (geb. 1906 Kassa), 1932–38 Rabbiner Jüd. Gde. Berlin, 1938 Emigr. GB, Rabbiner in Manchester, 1959 in die USA, Hochschullehrer; Erwin (geb. 1908 Salzburg), Stud. Marburg, 1940 Emigr. USA, Dir. Publ. Welfare Office Los Angeles/Calif.; → Manfred Altman(n); Wilhelm (geb. 1915 Meran, umgek. im Holokaust), Stud. Utrecht, Lehrer an jüd. Schule; Hilde van Mentz (geb. 1919 Salzburg, umgek. KL Auschwitz). *Weg:* 1938 NL.

Stud. Jeschiwa Hunsdorf u. Rabbinerschule Preßburg, frühz. Zion.; Stud. Bern, 1913 Prom., 1907–14 u. 1918–20 Rabbiner in Salzburg, im 1. WK Feldrabbiner der österr. Armee (Goldenes Verdienstkreuz). 1920–38 Oberrabbiner SynGde. Trier; Mitgl. Preußischer Landesverband jüdischer Gemeinden. 1938 Emigr. Niederlande, Vortrags- u. DozTätigkeit; zus. mit Ehefrau KL Westerbork, Dep. nach Theresienstadt u. Auschwitz. – *Ausz.:* Adolf-Altmann-Straße in Trier.

W: Die Weltanschauung eines Optimisten. Robert Hammerlings Weltanschauung. (Diss.) 1913; Geschichte der Juden in Stadt und Land Salzburg von den frühesten Zeiten bis auf die Gegenwart. 2 Bde., 1913 u. 1930; Jüdische Welt- und Lebensperspektiven. 1926; Ähren und Beeren (Predigten). 1927; Schicksalsmomente im Judentum. 1929; Aus ringenden Welten (Gedichte). 1930; Mensch und Prophet im Rhythmus der Zeit. 1932; Lebenskampf und Weltanschauung. 1932; Das früheste Vorkommen der Juden in Deutschland. Juden im römischen Trier. 1932; Irrlichter. 1936; Volk im Aufbruch. Diaspora in Bewegung. 1936; Die jüdische Volksseele. 1937; Hannah die Jüdin, ein histor. Drama (unveröffentl.). *L:* Bewährung im Untergang; Salzburgs wiederaufgebaute Synagoge. 1968. *Qu:* Hand. Pers. Publ. – RFJI.

Altman(n), Manfred, Dr. jur., Dr. rer. pol., Textilfabrikant; geb. 20. Okt. 1914 Salzburg; jüd.; *V:* → Adolf Altmann; *StA:* brit. *Weg:* 1934 NL, 1939 GB.

1928 Mitgr. u. Ltr. J.P.D., Prom. Marburg. 1934 Emigr. Niederlande, 1934–39 Wirtschaftsberater u. RA bei N.V. Tonerde, Maatschappij voor Montaanchemie Den Haag (gegr. von 2 ehem. Teilh. des Montanindustriebetriebs Beer, Sondheimer & Co. Frankfurt/M.); 1935 Gr. Jugendloge B'nai B'rith Den Haag, 1936–37 VorstMitgl. B'nai B'rith Hollandia Den Haag, Mitgl. Verein *Menora* Den Haag. 1939 nach GB, 1941–45 Ltr. Effektenabt. KKL London, ab 1945 GenDir. Textil-Export-Importgeschäft Leonard & Tracey Ltd. u. Textilfabrik Alexander Stuart Ltd., Gr. Exportzweig der isr. Textilindustrie. 1944 Mitgr. *Brigadier Kisch Memorial Committee* London (1946 Gründung Kefar Kisch in Palästina) ab 1950 Mitgl. *Brit. Council of Friends of the Hebr. Univ.,* ab 1957 Geschäftsf. Ben Uri Art Gallery London, ab 1958 Kuratoriumsmitgl. u. Ehrensekr. Inst. of Jew. Studies Univ. Coll. London. Lebte 1977 in London.

W: u. a. Art. über Völkerrecht, Wirtschaft, Kunst u. Psychologie. *Qu:* Hand. Pers. – RFJI.

Altmann, Oskar, Dipl.-Ing., Industriemanager; geb. 21. Dez. 1880 Köln, gest. 10. Dez. 1948 Rolandia/Nordparaná, Bras.; jüd.; *StA:* deutsch. *Weg:* 1939 (?) Bras.

Bauing., nach Stud. im Eisenbahnbau in Siam, Vertr. der Stahlwerke Mannesmann AG in Japan, 1911–14 Dir. des brit. Firmenzweigs. 1914–15 Kriegsteiln. (EK I), verwundet, nach Kriegsende Verkaufsdir. u. VorstMitgl. Mannesmann AG, 1937 Ausscheiden auf natsoz. Druck, Auseinandersetzungen mit Finanzbehörden über vertragl. Abfindung. 1939 (?) Emigr. Bras., Plantagenbesitzer in der dt. Kolonie Rolandia.

Qu: Arch. Z. – IfZ.

Altmann, Siegfried, Pädagoge; geb. 12. Juli 1887 Nikolsburg/Mähren, gest. 14. Sept. 1963 New York; jüd.; *V:* Heinrich A., Kaufm.; *M:* Betty, geb. Ranzenhofer; *G:* 2 B in IL, 2 B in USA, 4 S umgek., 1 S umgek. KL Auschwitz; ∞ 1913 Elsie Siebenschein; *K:* Gideon. *Weg:* 1939 USA.

1907–21 Doz. u. Prof., 1922–38 Dir. des Blinden-Inst. Hohe Warte Wien, Gr. u. Red. *Archiv für das Blindenwesen und für die Bildungsarbeit an Sehschwachen,* 1924–34 Berater für städt. Bildungs- u. Wohlfahrtswesen Wien, Ltr. Wohlfahrtsabt. für Blindenwesen; 1930 Gr. Jüdisches Blindeninst. Warschau, 1931 österr. Deleg. auf der Weltblindenkonferenz in New York, später Vors. Komitee für Blindenerziehung, 1925-39 Mitgr. u. Berater Heim für blinde Mädchen in Wien, 1933-38 Gr. u. Berater jüd. *Braille-Bibliothek für Mitteleuropa, Gesellschaft für blinde Arbeiter, Gesellschaft für Blindenlehrer, Jew. Braille Monthly Light;* 1929-38 Präs. *World Council for the Education of the Blind.* 1929-31 Präs. *Zionistische Organisation Österreichs,* Vizepräs. *Herzl-Klub,* 1933-37 Präs. *Keren Hayessod* von Österr.; 1939 Emigr. USA (Affidavit von Helen Keller), Doz. an der Fordham Univ. - 1942 Mitgl. *Austrian National Commitee* unter → Hans Rott u. → Guido Zernatto. 1942 Mitgr. u. Mitgl. Advisory Board, 1943-58 Geschäftsf., 1958-68 Dir. *Austrian Inst. for Science, Art and Economics* New York (später *Austrian Forum),* ab 1944 Berater für *Lighthouse of New York for the Blind of Israel.* Mitgl. *B'nai B'rith, Jacob Ehrlich Soc., Am. Acad. of Pol. Science.*

W: Archiv für das Blindenwesen und für die Bildungsarbeit an Sehschwachen, 1934 ff.; Leopold Pilzer. Ein Bild seiner Persönlichkeit. In: Leopold Pilzer. Sein Weg und sein Schaffen, 1955; Art. über Psychologie, Erziehungs- u. Wohlfahrtswesen in engl. u. am. Fachzs. *L:* Werner, Alfred, Outstanding Refugee Zionists in America. In: The New Palestine. 1941; An Exiled Leader. In: Outlook for the Blind, Bd. XXXII, 1939; The Hohe Warte Institute for the Blind - Siegfried Altmann and his Work. In: The New Beacon, Bd. XXII, 1938. *D:* LBI New York. *Qu:* Arch. Hand. Pers. - RFJI.

Altrichter, Josef, Partei- u. Verbandsfunktionär; geb. 22. Jan. 1901 Iglau/Mähren, gest. 15. März 1973 Prag; *V:* Arbeiter; ∞ Angela; *StA:* österr., 1919 CSR. *Weg:* 1938 PL, 1939 UdSSR, 1945 CSR.

Arbeiter, ab Anfang der 20er Jahre KSČ-Mitgl., ab 1929 Funktionär *Ústředí rudých odborových svazů v Československu* (sog. Rote Gew.); Stud. Leninschule der *Komintern;* 1935 verantwortl. Hg. u. Verleger der in Prag veröffentl. KPD-Schrift *Unser Kampf. 200 Beispiele aus dem antifaschistischen Kampf in Deutschland;* Hg. *Antifaschistische Schulungsbriefe* Prag; 1936-38 Sekr. KSČ-Kreisausschuß Budweis. 1938-39 Org. der KSČ-Emigr. in Polen, 1939 in die UdSSR, Ausbildung zum Fallschirmspringer; der für 1944 vorgesehene Einsatz im Sudetengebiet scheiterte an einer während der Ausbildung zugezogenen Verletzung; danach Mitarb. Auslandsbüro der KSČ in Moskau auf publizist. Gebiet. 1945 Rückkehr in die CSR, 1945-49 Mitarb. KSČ-Kreisausschuß Prag u. *Svaz československo-sovětského přátelství* (SČSP) zur Betreuung der dt. Minderheit in der CSR, auf gleichem Gebiet 1950-68 Mitarb. ZK der KSČ; 1953-68 Mitgl. RedRat *Aufbau und Frieden* Prag, ab Grdg. Juni 1969 Mitgl. Zentralausschuß u. ab Nov. 1970 stellv. Vors. *Kulturverband der Bürger deutscher Nationalität der ČSSR;* Mitgl. ZK des SČSP. - *Ausz.:* u.a. 1961 Orden der Arbeit; Orden des 25. Februar.

Qu: Pers. Hand. Z. - IfZ.

Altschul, Kurt Jay, Unternehmensleiter, Hochschullehrer; geb. 13. Aug. 1916 Frankfurt/M.; *V:* Hugo A. (1884-1954), 1938 Emigr. B, später USA; *M:* Lucie, geb. Baer (geb. 1890 Frankfurt/M.), 1938 Emigr. B, später USA; ∞ 1944 Terry Sharack (geb. 1916 New York), Büroangest.; *K:* Leslie C. (geb. 1946), M.A., Lehrerin; Donald S. (geb. 1951), M.A. Stanford Univ., Journ.; *StA:* österr., deutsch, 1943 USA. *Weg:* 1936 USA.

1926-33 Realgymn. Frankfurt/M.; Jan. 1936 Emigr. USA; 1936-41 B.B.A. School of Business and Civic Administration, City Coll. of N.Y.; 1942-46 US-Armee (Lt.). 1938-57 Vertr., später Verkaufsltr. General Preserve Co., Brooklyn/N.Y.; 1948 M.B.A. Graduate School of Business Admin. der N.Y. Univ.; 1957-59 Ltr. Vertriebsabt. Polak's Frutal Works, New York, 1959-60 Ltr. Vertriebsabt. Nat. Chlorophyll and Chem. Co., N.Y., 1961-76 Dir. Sales and Marketing Executives Internat. Inc.; 1974 Ph.D. (Betriebswirtschaft). Ab 1976 Assoc. Prof. N.Y. Inst. of Technology. Mitgl. *Am. Marketing Assn., Acad. of Management, Acad. of Internat. Business.* Lebte 1977 in New York.

Qu: Fb. Hand. - RFJI.

Altwein, Fritz Karl Albert, Parteifunktionär; geb. 5. Juni 1889 Jena/Thür., gest. 11. Febr. 1966 Oberursel/Ts.; o.K.; *V:* Albert A., Zimmererpolier; *M:* Auguste, geb. Köhler; *G:* Hugo, Oskar, Paul Marie, Klara; ∞ 1912 Margarete (geb. 1894), Verkäuferin; *K:* Herta Brunding (geb. 1914), Kindergärtnerin, A: Deutschland (DDR); Hedwig Wolschke (geb. 1919), A: Deutschland (DDR); Käthe Jagnell (geb. 1926), Sekr., A: S; *StA:* deutsch, 1940 S, 1960 deutsch. *Weg:* 1934 CSR; 1938 N; 1940 S.

1904-06 Lithographenlehre, anschl. im Beruf tätig. 1908-24 Hilfsarb. bei Zeiss, Jena. Um 1908 mit → Willi Münzenberg u. Georg Schumann in Thür. Gr. *Junge Garde/Arbeiterjugend,* bis 1918 Jugendltr.; 1908 SPD, Gew., 1917-18 Kriegsteiln.; *Spartakusbund,* USPD; 1920 KPD, Ortsgruppenvors., StadtVO., Mitgl. BezLtg., Anhänger der Gruppe um → Heinrich Brandler. Ab 1924 BezSekr. *Rote Hilfe* (RH) Thür., später bis März 1929 RH-Zentralsekr. in Berlin. Apr. 1929 Parteiausschluß, Mitgl. KPDO, 1932 SAPD. Ab 1928 Stud. Wohlfahrtsakademie u. 1931-32 Hochschule für Politik Berlin. 1929 bis Entlassung Juni 1933 städt. Wohlfahrtspfleger. Nov. 1933 - Juni 1934 illeg. Tätigkeit, u.a. als SAPD-Instrukteur in Berlin (Deckn. Konrad); Flucht vor drohender Verhaftung über Holland in die CSR. Fortsetzung der Parteiarb.; Sommer 1938 mit Hilfe der *Demokratischen Flüchtlingsfürsorge* über Rotterdam nach Norwegen, Retuscheur in Oslo. 1940 nach Schweden, zeitw. Internierung im Lager Loka Brun. Ab 1943 Lithograph in Stockholm; Mitgl. *Landesgruppe deutscher Gewerkschafter.* Nach Kriegsende zunächst keine Rückkehrerlaubnis. 1958 Deutschland (BRD); Mitgl. SPD.

L: Tjaden, KPDO; Drechsler, SAPD; Müssener, Exil. *D:* im Besitz von Marg. Altwein. *Qu:* Arch. Pers. Publ. - IfZ.

Amstätter, Andrew (Andreas), Parteifunktionär; geb. 17. März 1906 Schaben b. Falkenau/Böhmen; kath., dann United Church; *V:* Josef A. (1869-1918), Tischlermeister; *M:* Eva, geb. Urban (1871-1941), SozDem.; *G:* Marie (geb. 1892), Karl (1893-1963), Anna (geb. 1895), Berta (1898-1975), Anton (geb. 1901), Franz (geb. 1903), Alfred (geb. 1910), Josef (geb. 1911); alle 1946 nach Westdeutschland zwangsumgesiedelt; ∞ 1971 Mary Ann, geb. Gross (geb. 1916); *K:* Ingrid (geb. 1931 Sternberg/Mähren), 1939 CDN; Evelyn (geb. 1939); *StA:* österr., 1919-38 CSR, 1942 CDN. *Weg:* 1938 S; 1939 CDN.

Arbeiter, 1920 GewMitgl., 1924 SJ, 1924-28 stellv. BezObmann Falkenau u. Funktionär *Kinderfreunde,* 1925 *Deutscher Arbeitersängerbund in der ČSR* u. *Verband proletarischer Freidenker,* 1926 DSAP, 1928-33 SJ-Kreissekr. u. 1932-33 DSAP-BezSekr. Sternberg/Mähren, 1933-38 DSAP-BezSekr. u. BezObmann RW Asch/Westböhmen, 1937-38 Mitgl. u. Fraktionsvors. BezVertretung, VorstMitgl. BezKrankenkasse. Sept. 1938 nach Prag, Nov. über Belgien nach Schweden, Juli 1939 nach Kanada, TG-Mitgl., Farmer in Tomslake/British Columbia, 1942-46 Soldat der kanad. Armee (Sergeant, schwere Verwundung in Frankr.), anschl. bis 1959 Farmer; 1946 *New Democratic Party,* 1959 Gew.- u. Genossenschaftsmitgl., 1960-71 Verw. eines Genossenschaftswarenhauses; Mitgl. *Zentralverband sudetendeutscher Organisationen in Canada* u. *Canadian Legion.* Lebte 1978 in Medicine Hat/Alberta.

W: Tomslake - A Story of Defeat and Triumph (Ms). *Qu:* Arch. Fb. - IfZ.

Amter, Hermann August Albert; Parteifunktionär; geb. 28. Apr. 1897 Hamburg, hinger. angebl. 1942 Berlin; *G:* Erna Blass; ∞ gesch.; *K:* 3 aus Ehe in Deutschland, 2 in DK; *StA:* deutsch. *Weg:* 1935 DK; 1941 Deutschland.

Seemann, WK-Teiln.; 1923-31 Auswanderer in den USA, nach Rückkehr erwerbslos. Ab März 1932 KPD, OrgLtr. Hamburg-St. Pauli. März bis Juni 1933 Schutzhaft. Juli 1933 in Kopenhagen Schulung für illeg. Einsatz, anschl. bis Febr. 1934 mit kurzer Unterbrechung Polizeihaft Hamburg. Ab Ende 1934

KPD-Verbindungsmann, ab Frühj. 1935 UnterbezLtr., dann „erster Mann" der BezLtg., Juni 1935 Verhaftung, Entlassung gegen Zusage von Spitzeldiensten. Aug. 1935 Flucht nach Dänemark. Lehnte Weiterreise in die UdSSR bzw. erneuten Inlandseinsatz ab; mit anderen kommunist. Emigr. Grdg. der oppos. *Amter-Gruppe;* Parteiausschluß, öffentl. Angriffe. Nov. 1936 mit dän. Staatsbürgern Grdg. *Komitee für politische Flüchtlinge (Leidecker Komitee)* zur jur. Unterstützung oppos. KPD-Emigr. Später Möbelpolsterei in Kopenhagen. Juli 1940 Festnahme, Juni 1942 VGH-Urteil 8 J. Zuchth.; angebl. im Zuchth. Brandenburg denunziert, erneut vor dem VGH u. zum Tode verurteilt.

Qu: Arch. - IfZ.

Anders-Naumann, Karl (urspr. Naumann, Kurt Wilhelm), Parteifunktionär, Publizist; geb. 24. Jan. 1907 Berlin; ev., 1925 Diss.; *V:* Johannes N. (1880-1940), Handwerksmeister; *M:* Emma, geb. Kutschenreiter (1882-1960); *G:* Käte Müller (geb. 1915); ∞ 1939 Krakau, Johanna Marie Dörrer (geb. 1907), Diss., 1942-43 im brit. Exil Sekr. *Sender der Europäischen Revolution; K:* Ann Margaret (geb. 1947); *StA:* deutsch, Ausbürg., 1946 brit., 1959 deutsch. *Weg:* 1934 CSR; 1939 PL; GB; 1949 Deutschland (BRD).

Lehre u. Gesellenprüfung im Polstermöbelbau, anschl. Ausbildung als Gartenbautechniker; 1929-31 Arbeiter-Abiturientenkurs Berlin. Ab 1921 *Wandervogel,* 1923 *Proletarische Jugend* Berlin; 1926 Mitgl., 1928-29 GenSekr. *Weltjugendliga;* 1929-31 im Vorst. *Sozialistischer Schüler- und Studentenbund;* 1929 KPD, 1931 Parteisekr. Abt. Lit. u. Prop. im Bez. Berlin-Brandenburg. 1933 Instrukteur des illeg. ZK für Druck u. Prop. im Reich. März 1934 Flucht vor Verhaftung nach Prag. Dort 1934-36 PolLtr. KPD, AgitProp-Arbeit, 1936-37 Vorst. *Rote Hilfe.* Ab 1937 Mitgl. *Šalda-Komitee,* bis 1939 Sekr. für die Slowakei in Bratislava. März 1939 Nansenpaß auf den Namen Karl Schreiber u. Aufenthaltsgenehmigung für die CSR. Deckn. auch Karl Schlegel. Apr. 1939 Emigr. nach Polen, Ltr. *Czech Refugee Trust Fund,* Beauftragter Flüchtlingskomitee des Völkerbundes. Mit Visum nach GB, Juni-Dez. 1940 interniert. Ab 1940 Ps. Karl Anders. Anschluß an NB, 1941-43 Mitarb. *Sender der Europäischen Revolution,* 1943-45 Ltr. Arbeitersendungen der BBC, 1944-45 Vortragstätigkeit in KriegsgefLagern. 1945-49 Deutschland-Berichterstatter für BBC, *Die Zeitung, Observer.* In Deutschland ab 1946 eigene Verlagstätigkeit, bis 1960 Ltr. Nest-Verlag Nürnberg-Frankfurt/M. - 1949 definitive Rückkehr, zuerst Nürnberg, 1953-57 Geschäftsf. u. Verlagsltr. *Frankfurter Rundschau,* 1949-72 stellv. Vors. *Verband der Sozialistischen Verleger, Buchhändler und Bibliothekare.* 1958-59 Berater Konzentration AG in Bonn. Im Wahlkampf 1961/62 zentrale Wahlkampfleitung der SPD. Publizistisch aktiv als Mitarb. u.a. *Vorwärts, Die Neue Gesellschaft* u. GewPresse. 1971-74 Mitgl. sog. Grundwerte-Komission der SPD, seit 1974 des Senioren-Rates. Lebte 1978 in Dreieichenhain/Hessen. - *Ausz.:* BVK I. Kl.

W: u.a. Der Strafvollzug im Dritten Reich. Prag (Union für Recht und Freiheit; an. ersch.) 1936; Anders, Karl, Im Nürnberger Irrgarten. 1963; ders., Die ersten hundert Jahre. 1963; ders., Stein für Stein. 1969. *L:* Brinitzer, Carl, Hier spricht London. 1969. *D:* AsD. *Qu:* Fb. Hand. Publ. - IfZ.

Anderson, Evelyn (urspr. Lore), geb. Seligmann, Dr. rer. pol., Journalistin; geb. 13. Mai 1909 Frankfurt/M., gest. 8. Jan. 1977 London; jüd.; *V:* → Caesar Seligmann; *M:* Ella, geb. Kauffmann (1867-1953), jüd.; *G:* Dr. jur. Erwin S. (geb. 1892), RA, 1939 Emigr. GB; Dr. med. Leo Selwyn (geb. 1896), Arzt, 1924 in die USA; Ilse Seglow (geb. 1900), Psychotherapeutin, 1937 Emigr. GB; ∞ 1934 → Paul Anderson; *StA:* deutsch, Ausbürg., brit. *Weg:* 1933 GB.

1927-32 Stud. Wirtschaftswiss., Soziologie, Phil. Heidelberg, Berlin, Frankfurt/M., Paris; 1931 Dipl.-Volkswirt, 1932 Dr. rer. pol. 1927-29 KPD, 1929 SPD. 1932-Jan. 1933 freie Journ. in Berlin. Nach natsoz. Machtübernahme illeg. Tätigkeit für NB, Haftbedrohung. Mai 1933 nach London, 1940-42 Mitarb. *Sender der Europäischen Revolution;* Mitarb. Beraterkreis um Aneuran Bevan, 1943-52 Mitarb. *Tribune,* Mai 1953-Mai 1976 Red. BBC für Osteuropa-Fragen. 1946, 1952 u. 1963 Korr. in Deutschland. Ps. Evelyn Lend, Mary.

W: Lend, Evelyn, The Underground Struggle in Germany. London (Fact) 1938; Anderson, Evelyn, Hammer or Anvil, The Story of the German Working Class Movement. London (Gollancz) 1945 (dt. Übers.: Hammer oder Amboß. Zur Geschichte der deutschen Arbeiterbewegung, Nürnberg 1948). *L:* Kliem, Neu Beginnen; Langkau-Alex, Volksfront. *Qu:* Arch. Fb. Hand. Publ. - IfZ.

Anderson, Paul (urspr. Müller, Harald), Journalist; geb. 17. Nov. 1908 Hamburg, gest. 9. März 1972 London; ∞ 1934 Evelyn (urspr. Lore) Seligman (→ Evelyn Anderson); *StA:* deutsch; brit. *Weg:* 1934 GB; 1945 F.

Stud. Hamburg, Berlin. 1934 nach London, 1940 Mitarb. *Sender der Europäischen Revolution.* Pol. Kommentator Deutscher Dienst BBC, Ps. Peter Petersen. 1945-47 in Paris Korr. *Observer;* ab ca. 1948 regelmäßig pol. Kommentare für NDR, Ltr. der Sendung *Aus der Alten Welt;* 1950-53 Ltr. Feature-Abt. der Pariser Informationszentrale des Marshallplanes; Ausl-Korr. BBC. 1953 nach GB, 1953-58 stellv. Chefred. *Picture Post,* 1962-72 ARD-Korr. u. Ltr. Londoner NDR-Büro für Fernsehen u. Hörfunk aus GB u. Irland. Zahlr. Fernsehfeatures, Tagesschauberichte u. Interviews.

Qu: Arch. Pers. Z. - IfZ.

Andreae, Fritz (Franz Friedrich), Bankier; geb. 21. Febr. 1873 Frankfurt/M., gest. 30. Jan. 1950 Zürich; ev.; *V:* Karl Louis A. (1839-78), Bankier; *M:* Bertha, geb. Holland (Gerson), jüd., brit. Herkunft; ∞ 1902 Edith Rathenau (1883-1952), jüd., T des Begr. der AEG, Emil R. (S von Walther R.), Mitgl. Kuratorium Walther-Rathenau-Stiftung u. -Gesellschaft; *K:* Maria Elisabeth Holzhausen (geb. 1902); Ursula v. Mangoldt-Reiboldt (geb. 1904); Barbara (geb. 1909); Veronika (geb. 1915); *StA:* deutsch. *Weg:* 1939 CH.

Gymn., bis 1901 kaufm. Ausbildung in Südafrika, GB u. USA. Im 1. WK u. in der ersten Nachkriegszeit Tätigkeit im Reichswirtschaftsmin., anschl. bei Bankhaus Hardy u. Co., Berlin, zuletzt Teilh. u. Seniorchef. AR-Vors. Dresdner Bank, stellv. AR-Vors. AEG, Vors., stellv. Vors. u. Mitgl. zahlr. weiterer AR vor allem im Bankwesen, in der Montan- u. Bauindustrie. Ausschußmitgl. *Zentralverband des deutschen Bank- und Bankiergewerbes,* Mitgl. Zentralausschuß der Deutschen Reichsbank. 1928-35 AR-Vors. Getreide-Industrie u. -Commission AG, Berlin. A. widmete einen wesentl. Teil seines Einkommens der Kunstförderung, bes. Max Reinhardt u. dem Deutschen Theater; freundschaftl. Beziehungen u.a. zu Gerhart Hauptmann, Hugo von Hofmannsthal u. Max Liebermann; vorzügl. Goethe-Kenner mit internat. bekannter Goethe-Bibliothek. 1935 Ausscheiden aus allen Funktionen, Ende 1939 Emigr. nach Zürich.

L: RhDG; NDB. *Qu:* Hand. - IfZ.

Angermann, Josef, Parteifunktionär; geb. 25. Okt. 1912 Innsbruck, gest. in Wien; kath.; led.; *StA:* österr. *Weg:* 1936 F; 1940 (?) Deutschland, 1942 UdSSR, 1943 Deutschland.

Schriftsetzer in Wien; Mitgl. *Republikanischer Schutzbund,* angebl. Kompaniekommandant. 1934 Teiln. an den Februarkämpfen, Verhaftung, 10 Mon. schwerer Kerker. KPÖ; nach Entlassung erneut mehrfach wegen Verbreitung kommunist. PropMaterials verhaftet, einige Mon. KL Wöllersdorf. 1936 Frankr., KPÖ-Instrukteur, vermutl. im Spanienkämpfer-App. tätig, angebl. Deckn. Fritz. 1939 Internierung, Prestataire in franz. Einheit. Nach franz. Kapitulation Auslieferung an dt. Polizei, KL Dachau, nach Okt. 1941 Einsatz als Soldat an der Ostfront, Sept. 1942 Desertion. Mai 1943 Fallschirmabsprung hinter den dt. Linien als Infanteriefeldwebel Karl Werndl; konnte sich mit einem Begleiter bis Wien durchschlagen. Juni 1943 Verhaftung. Tod vermutl. in Gestapohaft.

L: Koch, Widerstand; Widerstand 2. *Qu:* Arch. Publ. - IfZ.

Ansbacher, Jonas, Dr. phil., Rabbiner; geb. 7. Okt. 1879 Nürnberg, gest. 1967 London; *V:* Salomon A., Rabbiner in Nürnberg; *M:* Emilie, geb. Guggenheimer; ∞ 1910 Rosel Menke; *K:* Sulamith Link, Emigr. AUS; Joe Asher; *StA:* deutsch; brit. *Weg:* 1939 GB.

1902-03 Einjährig-Freiwilliger, dann Stud. Würzburg, Zürich, München, Erlangen, Assist. Univ. Zurich, 1905 Prom. Erlangen, 1906 Rabbinerexamen S. Breuers Jeschiwah Frankfurt/M.; 1906-11 Rabbiner Labischin/Posen, 1911-20 Heilbronn, 1920-25 Stuttgart, 1925-38 Wiesbaden. 1939 Emigr. GB, 1941-55 Rabbiner Hampstead, London, ab 1955 Ruhestand. Mitgl. B'nai B'rith.

W: Die Abschnitte über die Geister und wunderbaren Geschöpfe aus Quazwînîs Kosmographie, zum ersten Male ins Deutsche übertragen und mit Anmerkungen versehen (Diss.). 1905; Hinne wo-auhel: Hier ist sie im Zelte. 1912; Grundsätze der jüdischen Lebensanschauung. 1914; Devar Yom beYomo: Das Wort des Tages an seinem Tage. 1914; (Hg.) Zikhron Shelomo (Kommentar S. Ansbachers zum Pentateuch). 1933; Minchat Shabbat (Kommentar zur Pentateuch). 1949/50; Mishneh LeMusar (Legendensammlung). 2 Bde. 1955-58. *Qu:* Hand. Z. - RFJI.

Ansbacher, Yehuda (urspr. Leo), Rabbiner; geb. 3. Dez. 1907 Frankfurt/M.; *V:* Josef A. (geb. 1876 Würzburg, gest. 1951), Kaufm.; *M:* Recha, geb. Rosenbaum (geb. 1882 Frankfurt/M., gest. 1956); *G:* Max (geb. 1906 Frankfurt/M.), Fürsorger, Emigr. Pal.; Mina Cohn (geb. 1909 Frankfurt/M., gest. 1940), höhere Schule; Adolf (geb. 1910 Frankfurt/M.), höhere Schule, Emigr. GB, Elektriker; Sally (geb. 1911 Frankfurt/M.), höhere Schule, Emigr. CDN, Angest. jüd. Gde. in Montreal; ∞ 1934 Betty Ansbacher (geb. 1906 Nürnberg), höhere Schule, Sekr., 1933 Emigr. B, 1940 illeg. nach S-Frankr., 1943 E, 1944 Pal.; *K:* Jona (geb. 1935 Brüssel), 1940 mit Eltern nach S-Frankr., 1943 Emigr. CH, 1944 Pal., Yeshiva-Ausb., Angest.; *StA:* deutsch, IL. *Weg:* 1933 B, 1940 F, 1942 E, 1944 Pal.

1929-33 Stud. Gesch., Phil., Hebräisch Frankfurt/M., Mitgl. *Esra* u. orthodoxer *Bund jüd. Akademiker.* Febr. 1933 Emigr. Belgien, 1933-35 Dir. einer Internatsschule in Brüssel, Mitgr. Kahal Adass Jeshurun-Gde. in Brüssel-Schaerbeck. 1938 Rabbiner, 1938-40 Rabbiner Kahal Adass Jeshurun u. Dir. der GdeSchule, Mitgl. zion. Org. u. Flüchtlingskomitee, Mitgr. eines Jugend- u. Hachscharah-Zentrums bei Antwerpen, päd. Dir. in Kinderheimen; AbtLtr. KKL; 1940 in S-Frankr. interniert; Rabbiner u. Fürsorger im Lager St. Cyprien u. 1940-42 im Lager Gurs. Dez. 1942 Emigr. Spanien, 1943 Lager Miranda del Ebro, 1943-44 Mitarb. Hilfsorg. für staatenlose Flüchtlinge in Madrid. 1944 Emigr. Pal., Angest. I.O.M.E., gleichz. Stud. Sozialfürsorge; 1944-45 Fürsorger in Tel Aviv, Dir. Kinderheim in Tel-Raanan, 1945-65 Lehrer, seit 1957 Rabbiner Gde. Iḥud Shivat Zion, Tel Aviv, Mitgl. Moazah Datit Tel Aviv. Lebte 1977 in Tel Aviv.

Qu: Fb. Pers. - RFJI.

Anspach, Ernst, Dr. jur., Bankier; geb. 4. Febr. 1913 Glogau/Schlesien; *V:* Hermann A.; *M:* Margarete, geb. Gurassa; ∞ 1950 Ruth Pietsch; *K:* Paul David, Margaret Louise; *StA:* deutsch, 1943 USA. *Weg:* 1936 USA.

Stud. Rechtswiss. Freiburg, Berlin, München u. Breslau, 1934 Referendar, 1935 Prom., 1936 Emigr. USA, 1936-43 Finanzberater bei Investmentfirma Loeb, Rhoades & Co., New York, zugl. 1939-43 Lehrer im Erwachsenenbildungsprogramm des Henry St. Settlement New York; 1943 M.Sc. New School of Social Research, New York. 1943-46 US-Armee (Hptm.), 1946-49 AbtLtr. OMGUS, Beteiligung an Reform des bayer. u. hess. VerwGerichtswesens. 1949-52 dipl. u. pol. Berater des US-Gebietskommissars für Hessen in Wiesbaden, zugl. 1948-52 Doz. Univ. München, Marburg u. Frankfurt/M. Ab 1952 Teilh. u. wirtschaftswiss. Berater bei Loeb, Rhoades & Co. daneben Vorträge über Volkskunst, 1967-68 Ausstellung seiner Sammlung afrikan. Volkskunst im Museum for Primitive Art New York. 1953 Kuratoriumsmitgl., 1956-65 Vors. Bleuler Psychotherapy Center New York, 1975 Kuratoriumsmitgl. Nightingale Bamford School New York, Fellow Metropolitan Museum of Art New York, Mitgl. *New York Soc. of Analysts, Nat. Assn. of Business Economists, Wall Street Club.* Lebte 1974 in New York.

W: African Tribal Sculpture, from the Collection of Ernst and Ruth Anspach (Mithg.). 1967; Art. über wirtschaftswiss. Themen in Fachzs. - *Qu:* Hand. - RFJI.

Apel, Wilhelm, Politiker, Ministerialbeamter; geb. 25. Mai 1905 Ellrich/Harz, gest. 4. Aug. 1969 Bonn; ev.; *V:* Wilhelm A. (1872-1960), Landrat, nach 1933 mehrmals in Haft, nach 1945 OBürgerm. Zella-Mehlis; *M:* Selma, geb. Gentzel (1873-1961); *G:* mehrere, ∞ I. 1925-46 Ilse Jasse; II. 1946 Maria Pfeilschifter-Garz; *K:* Willi (1926-70), VerwAngest., Heinz (geb. 1927), Beamter, Yvonne (geb. 1936), Sekr., Roger (geb. 1939), Beamter; *StA:* deutsch. *Weg:* 1933 Saargeb.; 1935 F; 1945 Deutschland (ABZ).

Volksschule, autodidakt. Stud. Politik u. Volkswirtsch.; 1923-32 VerwBeamter. SPD-BezVors. Frankfurt-Hoechst, Mitgl. Ortsvorst. Frankfurt/M., StadtVO, *Reichsbanner*-Führer u. Führer *Eiserne Front* Frankfurt-Hoechst u. Main-Taunus-Kreis. Juni 1933 Saargeb., Teiln. am Abstimmungskampf, 1935 nach Frankr., Mitarb. in Exilorg.; 1945 Rückkehr. 1946 Mitgl. Verfassunggebende Hessische Landesversammlung u. MdL Hessen, SPD-Fraktionssekr.; 1947 Mitgl. Direktorium des süddeutschen Länderrats Stuttgart, 1948 Hess. Bevollmächtigter bei der Verw. des Vereinigten Wirtschaftsgebiets Frankfurt/M., Staatsrat Hess. Staatsmin. Ab 1949 Hess. Bevollmächtigter beim Bund. 1963 einstweil. Ruhestand.

Qu: Hand. Pers. - IfZ.

Apelt, Fritz, Journalist; geb. 4. Febr. 1893 Tiefenfurt/Schles.; ∞ verh.; *StA:* deutsch. *Weg:* CH, F, UdSSR; 1945 Deutschland (SBZ).

Schlosserlehre; 1911 SPD, nach 1919 KPD, 1924 jurist. verantwortl. RedMitgl. *Die Rote Fahne* Berlin. Sept. 1924 verhaftet u. Ende 1924 zu 1 J. Festungshaft verurteilt. 1925-29 Mitgl. RGI-Vollzugsbüro in Moskau, 1928 für Jugendfragen zuständig; 1929-33 zunächst Chefred. *Thüringer Volksblatt,* dann Parteired. in Erfurt u. Mannheim. Nach natsoz. Machtübernahme Haft in KL Kisslau u. Heuberg; illeg. Tätigkeit, Herbst 1934-Frühj. 1935 als Oberberater West (Deckn. Bernhard, Bernd, Erich, Franz, Studenski); über die Schweiz u. Frankr. in die UdSSR, Mitarb. *Deutscher Volkssender* Moskau/Ufa, Mitunterz. des Aufrufs führender Repräsentanten der dt. UdSSR-Emigr. v. 25. Jan. 1942; Mitgl. NKFD u. Unterkommission für GewFragen in der am 6. Febr. 1944 gebildeten Kommission des PolBüros des ZK der KPD zur Planung der Nachkriegspolitik. 1. Mai 1945 Rückkehr als Mitgl. *Gruppe → Anton Ackermann;* nach SMAD-Befehl Nr. 2 vom ZK mit GewAufbau in Sa. beauftragt, Umorg. der bereits spontan entstandenen GewGruppe aus KPD- u. SPD-Mitgl. in den *Vorbereitenden Landesausschuß für den Aufbau der freien Gewerkschaften* in Sa. im Sinne des Berliner ZK u. als dessen Vors. ab Ende 1945 Chefred. der zentralen GewZtg. *Die freie Gewerkschaft* Berlin. Nach FDGB-Grdg. Febr. 1946-Juni 1955 Mitgl. des Bundesvorst., 1946-66 1. Vors. des bis Juli 1953 dem FDGB angeschlossenen *Verbandes der Deutschen Presse,* 1950 Nachf. v. → Jacob Walcher als Chefred. des FDGB-Organs *Tribüne* Berlin (Ost), 1951-54 Ltr. Amt Literatur u. Verlagswesen, 1954-56 Staatssekr. u. stellv. Min. im Min. für Kultur. Ab 1958 Parteiveteran; Mitgl. Kommission für Presse u. Funk der *Liga für Völkerfreundschaft.* Lebte Ende der 60er Jahre in Wandlitzsee b. Berlin. - *Ausz.:* u.a. 1955 VVO (Bronze), Fritz-Heckert-Med., 1965 Banner der Arbeit.

W: Der Weltgewerkschaftsbund und die deutschen Gewerkschaften. 1948. *L:* GdA-Chronik; Weber, Wandlung; Fischer, Deutschlandpolitik; Peukert, Ruhrarbeiter. *D:* IML. *Qu:* Arch. Hand. Publ. Z. - IfZ.

Apfel, Alfred, Dr. jur., Rechtsanwalt, Verbandsfunktionär; geb. 12. März 1882 Düren/Rheinl., gest. 19. (20.?) Juni 1940 Marseille; jüd.; *V:* Dr. med. Simon A. (1852-1932), Geh. Sanitätsrat; *M:* Rachel, geb. Bürger (1857-1912); *G:* Berthold (1883-1914), Samuel (geb. 1885), Lina Moskowitz (geb. 1889), Ernst (geb. 1896); ∞ Alice Schachmann (geb. 1905), Emigr., 5. Apr. 1937 Ausbürg.; *K:* Hannah Busoni; *StA:* deutsch, 25. Aug. 1933 Ausbürg. *Weg:* 1933 F.

1900 Abitur, Stud. Rechtswiss., 1903 Referendar, 1906 Prom. Rostock. Wehrdienst, OffzSchule, aufgrund jüd. Abstammung nicht befördert, 1914 Kriegsfreiw. (EK I), nach Entlassung aus Gesundheitsgründen ab 1916 Rechtsberater in der Wirtschaft, ab 1918 RA u. Notar in Berlin, Strafverteidiger in pol. Prozessen, u.a. gegen Max Hölz, George Grosz, → Friedrich Wolf, Carl v. Ossietzky u. → Berthold Jacob; 1931 angebl. Eintritt in SAPD. - 1909 Gr. u. bis 1922 Präs. *Verband der jüdischen Jugendvereine Deutschlands* (sog. *Neutraler Verband*), bis 1922 HauptvorstMitgl. CV, dann Mitgl. ZVfD, 1926 Vors. *Zionistische Vereinigung Berlin,* 1926-30 mehrmals i.A. der zionistischen Weltorg. als Org. pol. Kampagnen im europ. Ausland tätig. Nach natsoz. Machtübernahme Flucht nach Paris, Juni 1940 nach Marseille, um mit dem nach langen Bemühungen erteilten Visum nach USA auszureisen.

W: Der Mutterboden des jüdischen Genius. 1922; Les dessous de la justice allemande. Paris (Gallimard) 1934 (engl.: Behind the Scenes of German Justice. Reminiscences of a German Barrister 1882-1933, London [Lane] 1935). *Qu:* Arch. EGL. Hand. Publ. Z. - IfZ.

Appel, Ernst, Dr. phil., Rabbiner; geb. 1. Apr. 1884 Bad Homburg, gest. 9. Juni 1973 St. Louis; *V:* Dr. Mayer A. (geb. 1851 Jesberg, gest. 1919), ab 1895 Oberrabbiner Karlsruhe; *M:* Anna, geb. Willstaetter (geb. 1854 Karlsruhe, gest. 1918); *G:* Dr. jur. Julius A. (geb. 1881 Bad Homburg, gest. 1952), Notar, Justizrat, 1939 Emigr. USA; ∞ 1918 Marta Insel (geb. 1894 Metz), jüd., Handelsschule, 1937 Emigr. NL, USA; *K:* Ruth Anna Lippman (geb. 1919 Bingen, gest. 1972), M.A., Lehrerin; 1 weitere T; *StA:* deutsch, USA. *Weg:* 1937 NL, USA.

Stud. Phil., Pädagogik u. Orientalistik Breslau, Berlin, Erlangen u. Florenz, 1907 Prom. Erlangen, 1902-04 Stud. Jüd.-Theol. Seminar Breslau, 1905 Rabbinerexamen L(H)WJ Berlin. Kriegsteiln. 1. WK; 1910-26 Rabbiner in Bingen/Rhein, 1926-37 SynGde. Dortmund u. Doz. für Religion, Phil. u. Pädagogik in Dortmund. Interkonfessionelle ZusArb., Präs. *Liberale Vereinigung* u. *B'nai B'rith,* Hg. u. Mitarb. *Gemeindeblatt Dortmund.* Zeitw. Haft, nach Entlassung im Mai 1937 Emigr. Niederlande mit Ehefrau u. Kindern, Vermögenseinzug; Nov. 1937 USA mit Einwanderervisum, Bürgschaft durch Verwandte; engl. Sprachkurse, Vortragstätigkeit für *B'nai B'rith,* 1939 Feiertagsgottesdienste in Sedalia/Mo., 1941-44 stellv. Rabbiner in Pueblo/Colo., 1943 Mitgl. pädagogische Fakultät der Univ. Colorado. 1944-46 Rabbiner Gadsen/Ala., 1946-49 Salisbury/Md., 1949-56 Marshalltown/Iowa, 1956 Pensionierung. Zeitw. seelsorgerische Tätigkeit in St.Louis, anschl. bis 1969 Rabbiner in Jackson/Tenn.; ausgedehnte Vortragsreisen im Ausland, u.a. für ADL u. *B'nai B'rith,* regelmäßiges Radioprogramm in Salisbury u. Marshalltown. Mitgl. ZOA, *B'nai B'rith, World Union for Progressive Judaism.*

W: Leone Medigos Lehre vom Weltall und ihr Verhältnis zu griechischen und zeitgenössischen Anschauungen (Diss.). 1907; Art. über die Philosophie der Renaissance in *Philosophische Monatsschrift. D:* LBI New York. *Qu:* Arch. Hand. Pers. Z. - RFJI.

Appelberg, Esther, D.S.W., Sozialfürsorgerin; geb. 16. Okt. 1923 Hamburg, gest. 17. Okt. 1974; jüd.; *V, M:* 1939 Emigr. Pal.; *G:* Yehuda Appelberg, 1939 Emigr. Pal., Diamantenhändler; ∞ led.; *StA:* USA. *Weg:* 1939 Pal., 1957 USA.

Hachscharah bei *Jugend-Alijah.* 1939 Emigr. Palästina mit Familie, 1939-44 Stud. Mizraḥi-Lehrerinnenseminar Jerusalem, 1944-45 Lehrerin. 1945-47 Sekr. der *Fed. of Labor for Working Youth* Jerusalem. 1947-49 Mitarb. in Fürsorge-, Erziehungs- u. Flüchtlingshilfe der *Jew. Agency* u.a. in Deutschland u. in D.P.-Lagern, Ltr. von D.P.-Transporten nach Marseille. 1949-51 Sozialarb. an Jerusalemer Schulen. 1951-53 Stud. School of Applied Soc. Science der Western Reserve Univ. Cleveland/USA, 1953 Master of Soc. Science Admin.; 1953-55 BezInspektorin der Abt. für Kinder- u. Jugendfragen des isr. Sozialmin., zugl. Doz. am Inst. für Fürsorgearb. des Min., 1953-57 Doz. für Fürsorge u. Kindersozialarb. an der Fachschule für Sozialarbeit in Tel Aviv. 1955-56 psychiatr. Mitarb. an der Jerusalemer Lasker-Klinik für Verhütung von Geisteskrankheiten. 1956-57 ltd. psychiatr. Mitarb. u. Aufsichtsbeamtin der *Jugend-Alijah* in Jerusalem, zugl. Doz. an der Fachschule für Sozialarbeit Jerusalem. 1957 in die USA, 1958-61 VerwDienst im Bellefaire Treatment Center in Cleveland/O., 1961 D.S.W. Western Reserve Univ., 1964-72 Doz. an versch. Inst. u. Univ., zugl. 1968 Mitarb. an einem Studienprojekt über Pflegekinder an der Fachschule für Sozialarbeit des Boston Coll., 1969 Beraterin beim Bellefaire Treatment Center in Cleveland. 1969-74 Prof. Wurzweiler School of Social Work der Yeshiva Univ. in New York, 1971-72 Gastprof. Fachschule für Sozialarbeit der Tel Aviv Univ.; Mitgl., 1954 stellv. Vors., 1956 Vors. *Israelische Vereinigung der Fürsorger und Sozialarbeiter,* Mitgl. *Ausschuß für internationale jüdische Sozialhilfe* der *Nat. Conf. of Jew. Communal Service, Nat. Assn. Soc. Workers, Council Soc. Work Educ., Child Welfare League.*

W: I Came From Israel: A Foreign Student Looks at Herself and American Supervision in Casework. 1952; A Foster Familyhood Workshop Report. 1967; A Foster Familyhood Workshop Report. 1968; The Uprooted (Aufsatzsammlung). 1977; zahlr. Art. u. Buchbesprechungen in am., isr. u. südafrikan. Zs. u. Jb. *Qu:* Pers. - RFJI.

Appelt, Rudolf, Parteifunktionär, Diplomat; geb. 5. Dez. 1900 Niederhanichen b. Reichenberg/Nordböhmen, gest. 2. Juli 1955 Moskau; *V:* Zimmermann; ∞ Emmy, 1938-45 Emigr. UdSSR; *StA:* österr., 1919 CSR, 1946 deutsch. *Weg:* 1938 UdSSR; 1945 CSR; 1946 Deutschland (Berlin).

Kaufm. Angest., 1919 *Verband der sozialdemokratischen Arbeiterjugend,* 1921 KSM, später KSČ; Parteifunktionär u. -journ., als Anhänger der Linken unter Führung Klement Gottwalds nach deren endgültigem Sieg auf 5. PT 1929 Wahl zum ZK-Mitgl. u. 1931 zum Kand. des PolBüros, 1935-38 Abg. NatVers. der CSR. Okt. 1938 gemäß Parteibeschluß Emigr. in die UdSSR, Ltr. *Komintern*-Verlagsabt., 1941-43 Mitgl. der Moskauer KSČ-Ltg., nach dt. Vorstoß auf Moskau Evakuierung nach Ufa, Nov. 1941 Mitgr. u. anschl. erster Ltr. *Sudetendeutscher Freiheitssender* Ufa (ab Frühj. 1942 Moskau), nach *Komintern*-Auflösung u. Konstituierung des AuslBüros der KSČ dessen Mitgl., Mitarb. *Radio Moskau.* Juni 1945 Rückkehr in die CSR, bis Apr. 1946 ZK-Mitarb. für die Überführung sudetendt. kommunist. Kader in die SBZ. Apr. 1946 Übersiedlung nach Berlin, SED, Vizepräs. Deutsche Zentralverwaltung für Interzonen- und Außenhandel bzw. ab Febr. 1948 Hauptverw. für Interzonen- u. Außenhandel der Deutschen Wirtschaftskommission, nach Proklamierung der DDR im Okt. 1949 Ernennung zum ersten Ltr. der Diplomat. Mission bzw. ab Okt. 1951 Botschafter der DDR in der UdSSR. - *Ausz.:* 1954 VVO (Silber).

L: Dějiny, KSČ; PS KSČ. *Qu:* Arch. Pers. Publ. Z. - IfZ.

Apt, Max, Dr. jur., Rechtsanwalt; geb. 16. Juni 1869 Groß-Strehlitz/Oberschles., gest. 16. Dez. 1957 Berlin; jüd.; *V:* Solomon A. (1833-1887); *M:* Henriette, geb. Stern (1836-1906); *G:* Regina Warschauer (geb. 1873 Groß-Strehlitz, gest. 1922); Richard (gest.); ∞ led.; *StA:* deutsch, brit. (?). *Weg:* 1939 GB, 1954 Deutschland (BRD).

Stud. Rechtswiss. Breslau, Leipzig, Berlin u. Freiburg, 1891 Prom. Freiburg, Referendar, Assessor, RA u. Notar in Berlin Assist. des Dir. der Rechtsabt. der Nationalbank für Deutschland (später Danatbank), Hauptgeschäftsf. des Ältesten-Kollegiums der Kaufmannschaft, 1893 Mitgr. CV Berlin, 1900-1939 (?) VorstMitgl. *Deutsch-Israelitischer Gemeindebund* Berlin. 1903-20 erster Syndikus der *Korporation der Kaufmannschaft von Berlin.* 1905 Teiln. Congress of Chambers of

Commerce in Boston u. Congress of Internat. Law Assn. in Buenos Aires, Vorschlag zur Entwicklung eines Weltverkehrsrechts zur Vereinheitlichung des internat. Zahlungsverkehrs, später Unterzeichnung eines entsprechenden Abkommens in Den Haag. 1906 Mitgr., später Kurator u. Ehrenprof. Handelshochschule Berlin, Gr. u. Red. *Deutsche Wirtschaftszeitung,* Red. *Handelshochschule-Bibliothek,* Gr. u. Hg. rechtswiss. Textsammlung *Die deutsche Reichsgesetzgebung.* Mitgl. DDP u. *B'nai B'rith.* 1938 als Abg. der Jüd. Gde. Berlin Teiln. an Konf. von Evian; 1939 Emigr. GB, tätig für AJR. 1954 Rückkehr nach Deutschland.

W: Parmod, Maximilian (Ps.), Antisemitismus und Strafrechtspflege. 1894; Das Börsengesetz. 1897; Grundlegende Entscheidungen des Reichsgerichts auf dem Gebiete des Strafrechts. 1903; Gutachten der Ältesten der Kaufmannschaft über Gebräuche im Handelsverkehr (Mitverf.). 1908; 25 Jahre im Dienste der Berliner Kaufmannschaft (Erinn.). 1927; Konstruktive Auswanderungspolitik. Ein Beitrag zur jüdischen Überseekolonisation. 1936; Abhandlungen zum Handelsrecht in Broschüren u. Zs.; Textausgaben u. Kommentare zum Handelsrecht; *Qu:* EGL. Hand. Pers. Z. – RFJI.

Apt, Rudolf, Fabrikant; geb. 25. Juli 1882 Dresden, gest. 19. Apr. 1978 London (?); jüd.; *V:* Julius A. (geb. 1850 Wilhelmsbrück/Schlesien, gest. 1914), jüd., Fabrikant; *M:* Luise, geb. Wendriner (geb. 1858 Breslau, gest. 1913), jüd., höhere Schule; *G:* 1 S, dep.; ∞ I. Frieda Aron; II. 1924 Sophie Jacobi (geb. 1883 Dresden), jüd., Stud. Berlin, München, Dolmetscherin, Fotografin, 1939 Emigr. GB; *K:* Dr. phil. Alice A. (geb. 1911 Dresden), Lehrerin, Emigr. GB; Hans Harry (geb. 1914 Dresden, gest. 1975 Pittsburgh/Pa.), Abitur, 1939 Emigr. GB, später USA, Tätigkeit im jüd. Wohlfahrtsdienst; Lotti Morley (geb. 1922), jüd., Emigr. USA; *StA:* deutsch, 1945 brit. *Weg:* 1939 GB.

Stud. Metallurgie Technikum Chemnitz u. Univ. Frankfurt/M.; 1900 Einjährig-Freiwilliger, 1914–18 Kriegsteiln. (EK II); ab 1906 Teilh. Metallfabrik Gebr. Apt, 1938 Zwangsverkauf. Mitgl. R.j.F., aktiv in jüd. Gde. Dresden, u.a. Vors. Wohlfahrtsabt.; Vors. CV Dresden u. Bez. Mitteldeutschland, Mitgl. CV-Hauptvorst. Berlin, 1933–39 VorstMitgl. isr. Religionsgde. Dresden, 1934 VorstMitgl. Landesverb. Sachsen, Mitgl. *Hilfsverein* u. *B'nai B'rith.* Nov. 1938 KL Buchenwald. 1939 Emigr. mit Frau u. Sohn nach GB, Tätigkeit als Metallfachmann, Gr. Apt Metals, London; Mitgl., VorstMitgl. u. Ehrenmitgl. auf Lebenszeit New Liberal Congr., später Belsize Square Syn.; Mitgr. *Leo Baeck Lodge* von *B'nai B'rith,* VorstMitgl. AJR.

Qu: EGL. Fb. Z. – RFJI.

Aptowitzer, Willi Zeev (urspr. Wilhelm Markus), Versicherungskaufmann; geb. 13. Apr. 1918 Wien; *V:* Adolf (Moshe Ahron) A. (geb. Ukraine, gest. 1963 Peru), Sozialarb. der jüd. Kultusgde. Wien, KL Dachau u. Buchenwald, Emigr. GB, 1947 Peru; *M:* Regina (Rifka), geb. Circer-Weber (geb. Schlesien, gest. 1947 GB), Emigr. GB; *G:* Erni Wachtel (geb. 1920 Wien, gest. 1968 Lima), Emigr. GB, Peru; ∞ 1944 Margit Manzi Stern (geb. 1919 Altona), Emigr. Pal. mit *Jugend-Alijah,* KibbMitgl.; *StA:* österr., Pal./IL. *Weg:* 1938 GR, Pal.

Stud. Hochschule für Welthandel Wien; Mai 1938 illeg. Emigr. Griechenland, kurze paramil. Ausbildung, dann Palästina, Mitgl. *Betar* in Herzliyyah. Im 2. WK brit. Armee u. Nachrichtendienst der *Haganah.* Externen-Stud. Chartered Inst. of Insurance London, 1944 Associate. 1945–47 Polizeidienst *Haganah,* 1947–48 *Haganah*-BezKommandeur in Haifa, 1948–49 Transportoffz. im Norden, 1950–73 Reserveoffz. (Oberstlt.). 1945–46 Geschäftsf. Hermon Ltd. Haifa, 1946–49 Gr. u. Teilh. Versicherungsges. W.W. Aptowitzer & Co.; 1949–59 stellv. Geschäftsf. u. Dir., ab 1959 GenDir., ab 1963 AR-Mitgl. Nat. Insurance Offices, ab 1950 auch isr. Vertr. Lloyd's Underwriters and Alliance Insurance Co. London. Mitgl. u. zeitw. stellv. Vors. *Maccabi* Haifa, Mitgl. u. zeitw. Präs. *Rotary Club* Carmel, Mitgl. IHK, VorstMitgl. Israelischer Versicherungsverband, Haifa Economic Corp., Israelische Krebsvereinigung, Science Based Industries Corp. Haifa, Mitgl. Lloyd's London, Kuratoriumsmitgl. Univ. Haifa.

W: Art. über Versicherungswesen u. wirtschaftswiss. Themen in Isr. Zs. *Qu:* Fb. Hand. – RFJI.

Aran, Yair (urspr. Neumond, Walter Joseph), Verwaltungsbeamter; geb. 25. Okt. 1913 Berlin; *V:* Hartwig Neumond; *M:* Dora, geb. Kahn; ∞ 1951 Lydia Gluskin; *K:* Michael; Gideon; *Weg:* F, 1935 Pal.

1930–31 Stud. Frankfurt, Heidelberg, München, Freiburg. Emigr. Frankr., Stud. Sorbonne, 1935 Licencié-en-droit. 1935 Palästina; 1944–65 ltd. VerwAngest. Hebr. Univ. Jerusalem, ab 1965 VerwLtr. im Zentralbüro für Statistik, Geschäftsf. der Entwicklungskommission für die von Israel besetzten Gebiete. Mitgl. *Philosophic. Soc., Internat. Inst. of Admin. Science.*
Qu: Hand. – RFJI.

Ardon, Yaacov (urspr. Laufer, Sally), Journalist; geb. 1. Juni 1916 Stuttgart; jüd.; *V:* Baruch Laufer (geb. 1882 Sieniawa/Galizien), jüd.; *M:* Ernestine, geb. Fussmann (geb. 1884 Tarnobzeg/Galizien), jüd.; *G:* Josef Laufer (geb. 1909 Stuttgart), Emigr. USA, Prof. für Rechtswiss. Univ. Buffalo/N.Y.; Max Laufer (geb. 1911 Stuttgart), Emigr. USA, Zahnarzt in Boston, Mass.; Joan (Jetty) Engel, Emigr. USA; Claire Levine, Emigr. USA; ∞ Rachel Engländer, 1972 gesch.; *K:* Osnat (geb. 1950), Fremdenführer; Gil (geb. 1955), Soldat; *StA:* deutsch, Pal./IL. *Weg:* 1935 (?) Pal.

1926–27 Gymn., 1933–35 Hachscharah als Klempnerlehrling, Mitgl. *Hechaluz.* 1935 (?) Emigr. Jerusalem, Klempner, 1936–37 Stud. Orientalistik an Hebr. Univ., 1937 gleichz. Polizist der *Haganah.* 1938–42 Tätigk. im Hauptquartier der brit. Armee in Jerusalem, 1942–45 MilDienst brit. Armee. 1942–48 Mitarb. *Palestine Post,* ab 1946 ihr Korr. in Haifa. 1948–49 IDF-Dienst; ab 1949 RedMitgl. *Palestine Post* (später *Jerusalem Post*). Lebte 1977 in Haifa.
Qu: Fb. Hand. – RFJI.

Arendsee, Martha, Politikerin; geb. 29. März 1885 Berlin, gest. 22. Mai 1953 Berlin (Ost); Diss.; *V:* Schriftsetzer; ∞ → Paul Schwenk; *StA:* deutsch. *Weg:* 1934 UdSSR; 1945 Deutschland (SBZ).

Kontoristin u. Directrice, 1903–10 Heimarb.; 1906 SPD, 1907–16 in sozdem. Frauenarb. tätig, 1910–19 Angest. Konsumgenossenschaft. 1915 Teiln. Internat. Frauenkonf. Bern; 1917 USPD, BezVors. Berlin-Wedding; Teiln. Novemberkämpfe 1918, 1919–21 Abg. Preußische Landesversammlung. Nach Parteispaltung Okt. 1920 ZK-Mitgl. des linken USPD-Flügels, Dez. Übertritt zur KPD. 1921–24 MdL Preußen, 1924–30 MdR. In der KPD zunächst Frauenarb., 1922–24 verantwortl. Red. *Die Kommunistin,* anschl. Red. *Proletarische Sozialpolitik.* 1924–30 Mitgl. Reichsvorst. IAH, 1927–31 Reichssekr. *Arbeitsgemeinschaft sozialpolitischer Organisationen,* 1928–33 Red. *Proletarische Sozialpolitik.* 1930 wegen Verb. zum rechten KPD-Flügel nicht als Reichstagskand. nominiert. 1931–35 ZK-Mitgl. der IAH u. Internat. Sekr. für Sozialpol. der IAH. Apr.–Sept. 1933 Haft, 1934 auf Parteibeschluß in die UdSSR. Ab 1936 in sozialwirtschaftl. Abt. der RGI, zeitw. in Ltg. des *Klubs ausländischer Arbeiter* Moskau, Tätigkeit für *Radio Moskau* u. *Deutscher Volkssender,* Mitgl. NKFD, Mitunterz. der Manifeste v. 13. Juli u. 26. Sept. 1943. Anfang Juni 1945 mit *Gruppe → Wilhelm Pieck* nach Berlin, Mitunterz. des ersten ZK-Aufrufs der KPD v. Juni 1945; Aug. 1945 Mitgr. Zentraler Frauenausschuß beim Berliner Magistrat; 1946 ZA-Mitgl. der KPD, bis Sept. 1947 Mitgl. des 1. PV der SED. Zeitw. Frauenarb. in KPD u. SED. Bis 1948 Ltr. Abt. Sozialpol. FDGB Berlin, 1949/50 Vors. Sozialversicherungsanstalt Berlin (Ost).

L: Leonhard, Revolution; GdA; Weber, Wandlung; GdA-Biogr.; Gast, Gabriele, Die politische Rolle der Frau in der DDR. 1973. *Qu:* Hand. Publ. – IfZ.

Arian, David D. (urspr. Dagobert), Dr. jur. et rer. pol., Beamter; geb. 1903 Siemianovice/Schlesien; jüd.; *V:* Max A. (geb. 1874 Kattowitz/Schlesien, umgek. 1938), Zion.; *M:* Amala, geb. Zellner (geb. 1878 Ostrowo/Posen, gest. 1971 Tel Aviv), 1939 Emigr. Pal.; *G:* 1 S (geb. 1909), 1936 Emigr. Pal.; ∞ 1942 Bat Sheva Mirvis; *K:* Shulamith Druckmann (geb. 1944), Chemikerin; Yehudith Sela (geb. 1948), RA; *StA:* deutsch, Pal./IL. *Weg:* 1933 GB, Pal.

1921 Abitur, 1924 Prom. Breslau; 1921-24 Mitgl. *Blau-Weiß* u. K.J.V.; 1924-28 Referendar, 1928 Examen Fremdspracheninst. Berlin, 1928-32 RegAssessor im Polizeipräs. Berlin (Untersuchung von natsoz. Ausschreitungen), 1932-33 im preuß. Staatsmin.; 1933 Entlassung, Mai 1933 zeitw. Haft in Berlin. 1933 Emigr. GB, Stud. brit. Recht u. Kolonialverw., Dez. 1933 Palästina, 1934 Angest. Migdal-Versicherungsges., 1935-43 Bankangest., Mitgl. *Haganah,* 1944-48 Sekr. Plankommission der *Jew. Agency,* 1946-47 in Reparations- u. Restitutionsangelegenheiten in Europa. 1948-51 Dir. Planungsabt. des isr. Kabinetts, 1951-62 Civil Service Commissioner. Ab 1952 Doz. Hebr. Univ. u. Univ. Tel Aviv; 1962-64 Mitarb. UN Techn. Assist. Board (OPEX), UN-Mission nach Äthiopien, Berater der äthiop. Personalverw., 1962-63 Gastprof. für VerwWesen an der Haile Selassie-Univ. Addis Abeba. 1964-1965 Präs. des isr. Beamtendisziplinargerichts, 1965 Pensionierung; weiterhin Mitgl. der Auswahlkommission für höhere Staatsbeamte. 1969-70 techn. Berater der UN in Lesotho, 1971-72 Dir. Abt. Management in Swasiland.

W: Die Immunität der Mitglieder des preußischen Staatsdienstes (Diss.). 1924; Die ersten fünf Jahre im israelischen Staatsdienst. In: Scripta Hierosolymitana. 1955; Art. über VerwProbleme, öffentl. Recht u. Verfassungsfragen in dt. u. isr. Presse u. Fachzs. *Qu:* Fb. Hand. Z. - RFJI.

Ariel, Jehuda (urspr. Oppenheimer, Leopold), Offizier, Journalist; geb. 18. Dez. 1919 Frankfurt/M.; jüd.; *V:* Joseph Oppenheimer (geb. 1885 Friedberg/Hessen, gest. 1965 Tel Aviv), jüd., Inh. internat. Kartoffel- u. Gemüsegroßhandlung, Mitgr. *Misrachi*-Bewegung in Deutschland u. in Holland, Mitarb. bei KKL, *Keren Hayessod* u. Hachscharah-Zentren, 1936 Emigr. Pal., tätig im Gemüsehandel; *M:* Chava Chana, geb. Jacobsen (geb. 1890 Amsterdam, gest. 1971 Tel Aviv), jüd., 1936 Emigr. Pal., Mitarb. im Geschäft des Ehemanns; *G:* Lisel (Elisheva) Emanuel (geb. 1915 Frankfurt), 1934 Emigr. Pal., Schneiderin; Betty (Batia) (geb. 1916 Wiesbaden, gest. 1932 Deutschland); Ruth Weil (geb. 1917 Frankfurt), 1936 Emigr. Pal., Mitarb. im Familiengeschäft; Yitzhak (geb. 1923 Frankfurt/M.), 1936 Emigr. Pal., Stud. Mikveh Isr.-Landwirtschaftsschule, Mitgl. Kibb. Tirat Zevi; Baruch (Benny) (geb. 1924 Frankfurt/M.), 1936 Emigr. Pal., Stud. Mikveh Isr.-Landwirtschaftsschule, Mitgl. Kibb. Tirat Zevi; ∞ 1950 Batsheva Schwartzberg (geb. 1927 Simiatizi/PL), Untergrundtätigkeit im 2. WK, 1945 Emigr. Pal., Operationsschwester; *K:* Chaniela A. Preisler (geb. 1951), Bankangest. in Jerusalem; Amira (geb. 1954); Amichai (geb. 1957); *StA:* deutsch, IL. *Weg:* 1936 Pal.

Bis 1933 Samson Raphael Hirsch-Realgymn. Frankfurt, Mitgl. *Esra,* zeitw. Stud. Thora-Lehranstalt Jeschiwah in Frankfurt, anschl. landwirtschaftl. Ausbildung bei Frankfurt. Febr. 1936 Emigr. Palästina mit Familien-Zertifikat, zunächst landwirtschaftl. Arbeiter, 1937 Mitgl. Siedlerorg. *HaZorim,* Siedlung in Ḥanitah zus. mit anderen HaZorim-Mitgl., 1937 Teiln. an einem allg. Ausbildungskurs der *Haganah,* 1938 zus. mit den anderen Ḥanitah-Siedlern Sicherheitsdienst für Moshav Miẓpah bei Tiberias, später beim Sicherheitsdienst des *HaPoel haMizraḥi.* 1944 Mitgl. Moshav Shavei Zion in West-Galiläa. Nach Ausbildung in *Haganah*-MilSchule Ernennung zum Regionskommandanten, Abordnung zum *Haganah*-Nachrichtendienst, Waffen- u. Materialschmuggel, Instruktionsoffz. für illeg. Einwanderer; 1944-49 Kommandeur des Shavei Zion-Bez., 1948 verwundet, bis 1969 Reservedienst IDF, Mitgl. Bürgerwehr Naharyyah. Seit 1949 Journ. für *Haaretz* u. isr. Rundfunk, Korr. für West-Galiläa, seit 1972 Vortragstätigkeit für Studenten- u. Jugendverb.; Mitgl. *Journalistenverband* Haifa, *Internat. Photographers' Agency, Rotary Club,* Naharyyah. Lebte 1978 in Naharyyah.

W: Bein Akko leRosh haNikra (Zwischen Akko und Rosh Hanikra). 1967; zahlr. Beiträge u. Photoreportagen über Galiläa. *Qu:* Fb. - RFJI.

Arnberg, Emil, Journalist; geb. 10. Apr. 1888, gest. 1965 Toronto (?); ∞ verh., 1939 Emigr.; *StA:* österr., 1919 CSR. *Weg:* 1939 CDN.

1911 SDAP, später DSAP; ab 1918 Parteiangest., 1920-38 Red. *Nordböhmischer Volksbote* Bodenbach. Okt. 1938 Flucht ins Landesinnere, 1939 Emigr. nach Kanada, Farmer in Saskatchewan, später Tischler in Toronto.

Qu: Arch. Publ. - IfZ.

Arnhold, Adolf (Adolph), Bankier; geb. 1884 Dresden, gest. 15. Dez. 1950 Heidelberg; jüd.; *V:* Georg A. (geb. 1859 Dessau/Anhalt, gest. 1926), jüd., Geh. Kommerzienrat, EhrenGenKonsul, ab 1875 im FamUnternehmen Bankhaus Gebr. Arnhold, Dresden, später Teilh.; *M:* Anna, geb. Bayer (geb. 1860 Burgkunstadt, gest. 1917 Dresden), jüd.; *G:* Ella (geb. 1883); Heinrich (geb. 1885 Dresden, gest. 1935 Deutschland), Bankier, → Kurt Arnhold, → Hans Arnhold; Ilse Maron (geb. 1890), Emigr. USA; ∞ Elisebeth Marwitz; *K:* 2 S, 3 T; *StA:* deutsch, Bras. (?). *Weg:* 1936 (?) Emigr.; 1940 Bras.

Handelsschule Dresden, Ausbildung in Dresden, Berlin, Brüssel, London, New York; Eintritt in Bankunternehmen der Fam., 1906 Prokurist, 1908 Teilh.; Vors. Börsenvorst. Dresden, Mitgl. Ausschuß des *Zentralverbands des deutschen Bank- und Bankiergewerbes,* Mitgl. BezAusschuß Dresden der Reichsbank. 1934 Rücktritt von berufl. u. org. Positionen, vermutl. 1936 Emigr., 1940 Brasilien; mit Bruder Kurt A. Beteiligung an Industrie- u. Handelsunternehmen. Tod während Besuchsreise in Deutschland.

Qu: Arch. Hand. HGR. Pers. - RFJI.

Arnhold, Hans, Bankier; geb. 30. Mai 1888 Dresden, gest. 8. Sept. 1966 Lausanne/CH; jüd.; *G:* u.a. → Adolf Arnhold, → Kurt Arnhold; ∞ Ludmilla Heller; *K:* Ellen-Maria Gorissen, A: Deutschland (BRD); Mrs. Stephen M. Mellen, A: USA; *StA:* deutsch, USA. *Weg:* 1933 F; USA.

Realgymn., Eintritt in väterl. Bank, 1908 Stud. Bankwesen in USA; ab 1911 Repräsentant, ab 1918 in Berlin Filiallt. Bankhaus Gebr. Arnhold Dresden, 1921 Umwandlung in Gebr. Arnhold, Dresden-Berlin. U.a. Mitwirkung am Aufbau des Aschinger-Konzerns, AR-Vors. u. AR-Mitgl. zahlr. Unternehmungen, vor allem im Bereich der keramischen u. der Brau-Industrie. Mitgl. Berliner Börsen-Zulassungsstelle, Mitgl. *Deutsche Gesellschaft 1914.* Ab 1931 Interessengemeinschaft mit Bankhaus S. Bleichröder. 1933 Rückzug aus dem Bankgeschäft, Emigr. nach Frankr., später USA. Ab 1937 Ausbau des Unt., Vertr. in New York, Seniorpartner Bankhaus Arnhold & Bleichroeder, Inc.; Fusion des FamUnternehmens Arnhold Ceramics Inc./ N.J. mit Indiana Steel zu Indiana General Corporation.

L: RhDG; Diamant, Adolf, Chronik der Juden in Dresden. 1970. *Qu:* Arch. EGL. Hand. HGR. Pers. - IfZ.

Arnhold, Henry H., Bankier, Industrieller; geb. 1921 Dresden; *V:* Heinrich G., Bruder von → Adolf, → Hans u. → Kurt Arnhold, Teilh. Bankhaus Gebr. Arnhold, Dresden; ∞ verh.; *K:* 2; *StA:* deutsch, USA. *Weg:* 1937 CH, 1939 N, 1940 Kuba, 1942 USA.

Gymn. Dresden; 1937 Emigr. mit Mutter u. Geschwistern, 1939 in Norwegen während dt. Invasion inhaftiert, 1940 Kuba, 1942 USA; 1942-43 Stud. Betriebswirtschaft Univ. Calif. Los Angeles; 1943-46 US-Armee. Ab 1947 bei Arnhold & Bleichroeder Inc., New York, AR-Vors.; Präs. u. Dir. Arnhold Ceramics Inc. u. AC Compacting Presses Inc.; Dir. Nat. Beryllia Corp. u. *The New York Foundation for Nursing Homes,* Inc.

Qu: Hand. HGR. Pers. Z. - RFJI.

Arnhold, Kurt, Dr. jur., Bankier; geb. 29. Apr. 1887 Dresden, gest. 9. Sept. 1951 São Paulo; jüd.; *G:* u.a. → Adolf Arnhold; → Hans Arnhold; ∞ 1917 Else Leonore Zimmermann (geb. 1895 Dresden), jüd., 1938 Emigr. CH, 1939 Bras.; *K:* Gerhard (geb. 1918 Dresden), Emigr., A: Bras.; Hans-Eduard (geb. 1921 Dresden), Emigr., A: Bras.; Werner (geb. 1925 Dresden), Emigr., A: Bras.; *StA:* deutsch; Bras. *Weg:* 1938 GB; 1939 Bras.
Stud. Rechtswiss. Freiburg, Berlin, München, 1911 Prom. Leipzig, Referendar Dresden u. Döhlen; 1914-38 Teilh. Bankhaus Gebr. Arnhold; 1. WK MilDienst. (Lt.,EK); Dez. 1938 Emigr. über Niederlande u. die Schweiz nach GB, Dez. 1939 nach Brasilien; ab 1935 in geschäftl. Verbindung mit Hans Arnhold, New York u. Adolf Arnhold, São Paulo.
Qu: Hand. Pers. - RFJI.

Arning, Marie, Politikerin; geb. 19. Apr. 1887 Bramsche/Niedersa., gest. nach 1950 Magdeburg; Diss.; ∞ Bernhard A., Fabrikarb.; *StA:* deutsch. *Weg:* 1933 NL; Deutschland.
Textilarb.; ab 1914 SPD-Frauenbewegung Ruhrgeb.; im 1. WK Hilfsdienst, 1917-19 Sekr. *Zentrale für Arbeiterbildung.* Febr. 1919-Okt. 1920 StadtVO. Duisburg, 1920-22 Parteisekr. SPD-Bez. Niederrhein, ab Apr. 1922 Ltr. Frauenagit. u. *Arbeiterwohlfahrt* Bez. Magdeburg-Anhalt. Mitarb. Beirat *Landesfürsorgeverband* u. *Provinzgemeinschaft der freien Wohlfahrtspflege* Sa.; 1924-30 MdR. 1933 Flucht nach Holland, 1940 nach dt. Besetzung verhaftet.
Qu: Arch. Hand. - IfZ.

Arnold, Ludwig, Parteifunktionär; *StA:* deutsch, nach 1933 UdSSR, nach 1945 deutsch. *Weg:* UdSSR, Deutschland (SBZ).
Mitgl. KPD, Emigr. in die UdSSR, Besuch der Lenin-Schule. Im 2. WK maßgebl. in KriegsgefSchulung tätig, Ltr. einer Frontschule der 1. Ukrain. Front. 1950 Ltr. Abt. Fernunterricht u. stellv. Dir. der Parteihochschule der SED Karl Marx. Anfang 1953 Angehöriger des Marx-Engels-Lenin-Stalin-Instituts beim ZK der SED, ab 1958 Ltr. der Marx-Engels-Abteilung.
Qu: Arch. Hand. - IfZ.

Arnon (urspr. Garfunkel), **Michael,** Diplomat; geb. 19. April 1925 Wien; jüd.; *V:* Israel Garfunkel (geb. 1892, gest. 1959 IL), jüd., Kaufm., 1938 Emigr. Pal.; *M:* Mela, geb. Luft (geb. 1900 Lemberg/Galizien, gest. 1964 IL), jüd., höhere Schule, 1938 Emigr. Pal.; ∞ Hadara Strod (geb. 1928 Tel Aviv), jüd.; *K:* Ehud (geb. 1950 Tel Aviv), Stud. Hebr. Univ. Jerusalem; Dorit (geb. 1960 Washington/D.C.); *StA:* österr., IL. *Weg:* 1938 Pal.
1945-48 Journ., 1948-49 MilDienst IDF; 1949-51 in der Ltg. der Presseabt. des isr. Außenmin., 1951-54 Stud. Völkerrecht London, gleichz. Presseref. isr. Botschaft; 1955-56 Ltr. isr. Nachrichtenbüro, 1956-61 Botschaftsrat Washington/D.C., 1961-62 Ltr. Nachrichtenabt. im isr. Außenmin., 1962-65 Botschafter in Ghana, 1965-68 GenKonsul New York, 1968-74 Kabinettssekr., ab 1974 Ltr. u. Präs. *Isr. Bond Org.* - Lebte 1977 in Jerusalem.
Qu: Fb. Hand. Z. - RFJI.

Arnsberg, Paul, Dr. jur., Politiker, Publizist; geb. 26. Dez. 1899 Frankfurt/M., gest. 10. Dez. 1978 Frankfurt/M.; jüd.; *V:* Albert Abraham A. (1867-1946), jüd., Kaufm., DDP; *M:* Recha, geb. Rapp (1877-1963), jüd.; *G:* Ludwig (1902-42), jüd., Kaufm., Emigr., in Paris von Gestapo ermordet; ∞ 1934 Rosa Arahamowicz (geb. 1908), jüd.; *K:* Bilha Esther Goodman (geb. 1934), Mirjam Plotkin (geb. 1937), Ilana Kaufmann (geb. 1940), Gad (geb. 1945); *StA:* deutsch, Ausbürg., Pal., 1948 IL u. deutsch. *Weg:* 1933 Pal.; 1958 Deutschland (BRD).
1917 Mitgr. jüd. Studentenverb. *Saronia.* 1917-18 Kriegsteiln.; 1919-22 Stud. Rechtswiss. Frankfurt/M., Heidelberg, Gießen. 1920-33 Mitgl. u. 1923-24 VorstMitgl. ZVfD-Ortsgruppe Frankfurt. 1922-31 Kaufm. in Frankfurt. 1924-33 LandesvorstMitgl. ZVfD u. *Union der Zionisten-Revisionisten.* 1927 u. 1929 Deleg. Zionist. Weltkongreß Basel u. Zürich. 1927 VorstMitgl. jüd. Wohlfahrtspflege in Frankfurt. 1931-33 Justizdienst Frankfurt, Entlassung. Apr. 1933 Emigr. über Basel u. Triest nach Palästina. 1933 Gr. u. bis 1956 Dir. der größten paläst. Ztg.- u. Buchvertriebsorg. *Pales Press Co.,* Tel Aviv. Im 2. WK i.A. der brit. Armee Pressekorr. in Pal.; 1948-58 Mitgl. *General Zionists,* bis 1952 Mitgl. Landesltg.; 1950-52 Chefred. des Parteiorgans *Emeth,* trat in zahlr. Art. für dt.-jüd. Verständigung ein. 1954-56 im Beirat Bank of Israel. 1958 Rückkehr nach Frankfurt. Mitarb. *Frankfurter Allgemeine, Rheinischer Merkur, Allgemeine Wochenzeitung der Juden in Deutschland,* Mitarb. zahlr. Rundfunkanstalten. Mitgl. CDU. 1966-69 VorstMitgl. jüd. Gde. Frankfurt; 1966-73 Mitgl. u. 1966-69 Direktorium *Zentralrat der Juden in Deutschland.* - *Ausz.:* 1962 Theodor-Wolff-Preis, 1970 Gr. BVK, Ehrenplakette der Stadt Frankfurt/M.
W: u.a. Die nationalen Minderheiten als Subjekte des Völkerrechts. 1922; Palnews. Wirtschaftsjahrbuch für Palästina in 3 Ausgaben. Tel Aviv 1935; Von Podolien nach Offenbach. Die jüdische Heilsarmee des Jakob Frank. Zur Geschichte der frankistischen Bewegung. 1965; Bilder aus dem jüdischen Leben im alten Frankfurt. 1970; Die jüdischen Gemeinden in Hessen. Bd. 1 u. 2 1971, Bd. 3 1973; Neunhundert Jahre „Muttergemeinde in Israel": Frankfurt am Main - Chronik der Rabbiner. 1974; zahlr. Beiträge in: *Jahrbuch des Instituts für deutsche Geschichte,* Univ. Tel Aviv, u. *Archiv für Frankfurts Geschichte und Kunst. Qu:* Fb. Hand. Pers. - IfZ.

Arnstein, George Ernest, Ph.D., Beamter, Hochschullehrer; geb. 20. Sept. 1924 Stuttgart; *V:* Arnold A. (geb. 1891 Stuttgart, gest. 1941 USA), jüd., Makler, 1938 Emigr. F, dann USA; *M:* Elisabeth Neuburger, geb. Weil (geb. 1897 Stuttgart), jüd., Emigr.; *G:* Susanne Carole Anast (geb. 1927 Stuttgart), Emigr. B.A., Lehrerin; ∞ 1951 Sherry Phyllis Rubin (geb. 1930 New York), jüd. Herkunft, M.A. Univ. Washington/D.C., Senior Fellow, Dept. of Health, Educ. and Welfare; *StA:* deutsch, 1944 USA. *Weg:* 1938 CH, F, USA.
Gymn.; Frühj. 1938 Emigr. Schweiz, Stud. Collège St-Antoine, Genf; Dez. 1938 Paris, dann USA. 1942-43 Stud. San Francisco; 1943-46 US-MilDienst in Europa. 1948 B.A. Univ. of Calif., Berkeley, 1948-49 Stud. Univ. Genf u. Inst. des Hautes Études Internationales, 1951 M.A., 1953 Ph.D. Univ. of Calif., Berkeley. 1953-54 Doz. für Pädagogik, Calif. College of Arts and Crafts, Oakland/Calif. u. 1954-55 San Francisco State Coll.; 1955 Beobachter White House-Konf. über Erziehungswesen. Sommer 1956 Gastprof. Pa. State Univ., 1960(?) Gastdoz. Ostkolleg, Köln. 1955-61 Assist. Dir. Project for Technological Change bei *Nat. Educ. Ass.* (NEA), 1961-65 stellv. Dir., 1966-68 Dir. Project for Educational Manpower, zugl. Red. *NEA News, NEA Journal;* 1964-65 Projektltr. Neighborhood Youth Corps, gleichz. VerwTätigkeit im US-ArbMin. - 1961-74 Doz. Washington Internat. Center. 1965 Teiln. White House-Konf. über Erziehungswesen. 1967 Adjunct Prof. Antioch College Washington/D.C., 1967-68 stellv. Dir. President's Council on Youth Opportunity; geschäftsf. Dir. Konf. über Umweltforschung der Nat. Acad. of Sciences u. des Nat. Res. Council, Washington/D.C.; 1970-72 Verbindungsmann zwischen Office of Govt. and Public Programs u. der Nat. Science Foundation Washington/D.C., 1972-73 Teiln. Governmental Stud. Program bei Brookings Inst. Washington/D.C., seit 1976 Mitgl. Educ. License Commission of D.C., 1972-74 Berater Task Force on Licensing bei Educ. Commission of the States, 1974-75 Berater Federal Interagency Comm. on Educ. 1974-76 geschäftsf. Dir. des techn. Beirats für Lehrerausbildung (gesetzl. Aufsichtsgruppe mit 15 vom Präs. ernannten Mitgl.), ab 1977 pädagog. Berater der Veterans Admin.; Fellow *Am. Assn. for the Advancement of Science, Am. Assn. for Higher Educ., Am. Polit. Science Assn.,* NEA, *Higher Educ. Group* Washington/D.C. (1960 Schriftführer, 1967-68 Vors.). Lebte 1975 in Washington/D.C.
W: Automation and the Challenge to Higher Education. 1962; Design for an Academic Matching Service. 1967; Private Accreditation and Public Eligibility. (Mitverf.) 1975; zahlr. Beitr. in pädagog. Fachzs. *Qu:* Fb. Hand. - RFJI.

Aron, Frederick Simon (urspr. Friedrich), Dr. med., Arzt, Verbandsfunktionär; geb. 26. Sept. 1888 Birkenfeld/Oldenburg, gest. 21. Jan. 1962 New York; jüd.; *V:* Sigmund A. (gest. 1921 Deutschland), Kaufmann; *M:* Gertrud (gest. 1916 Deutschland); *G:* Dr. jur. Max A. (geb. 1889 Birkenfeld, gef. im 1. WK); Arthur (geb. 1891 Birkenfeld, gest. 1961 F), Zahnarzt, Emigr. F; Edmund (geb. 1892 Birkenfeld, gest. 1966 Calif.), Ing., Emigr. USA; ∞ Dr. med. dent. Ruth Meyer (geb. 1900), ev., 1924 Prom. Berlin, bis 1938 Zahnärztin in Berlin, 1938 Emigr. USA, 1941 D.D.S., bis 1973 Praxis in New York; *StA:* deutsch, 1943 USA. *Weg:* 1938 USA.

1907-12 Stud. Med. Bonn, Heidelberg u. Kiel, 1915 Prom. Kiel, Mitgl. K.C.; 1914-16 Dienst im MilHospital Berlin, 1916-18 Frontsoldat in Frankr.; 1919-38 eigene Praxis in Berlin-Wedding, insbes. Behandlung von Arbeitern u. Kassenpatienten, Vors. *Kassenärztliche Vereinigung* Berlin-Wedding, 1932 Vors. *Ärztlicher Standesverein*, Präs. B'nai B'rith-Loge, Mitgl. Repräsentantenversammlung jüd. Gde. Berlin; 1933-38 Gr. u. Dir. ärztl. Vermittlungs- u. Beratungsstelle der *Reichsvertretung*, Dir. Hilfsorg. für die Auswanderung jüd. Ärzte; mehrfach Festnahme, zeitw. in Haft. Anfang 1938 Emigr. Frankr., Mai 1938 in die USA, bis 1962 Praxis in New York, Mitgr. u. Mitgl. VerwRat der A.F.J.C.E., 1940-62 Gr. u. Präs. *Am.-Jew. K.C. Fraternity*, Hg. Bulletin der *K.C. Fraternity*, Org. internat. K.C.-Treffen 1959 in New York u. 1961 in London, Mitgr. u. Präs. *Max Mainzer Memorial Foundation* (Wohlfahrtsorg. der *KC Fraternity*), Mitgl. *Rudolf Virchow Soc.* New York, *Am. Med. Assn.*

W: Zur Symptomatologie und Pathologie der Tumoren der großen Ganglien (Diss.). 1915. *L:* Ten Years AFJCE. 1952; Twenty Years AFJCE. 1961; Lekisch, Peter (Hg.), Zum Gedenken. Frederick S. Aron. 1962. *Qu:* Hand. Pers. Publ. Z. - RFJI.

Aron, Manfred R. E., Industrieller; geb. 28. Aug. 1884 Berlin; *V:* Hermann A. (geb. 1847 Kempen/Posen, gest. 1913 Bad Homburg), Prof. für Math. u. Physik, Erfinder eines Elektrizitätszählers, Industrieller; *M:* Betty, geb. Landsberger (geb. 1860); *G:* Elly Blumenthal (geb. Reval); ∞ Lili Zerline Buss (geb. 1889 Stettin); *K:* Anita Edelgard (geb. 1911); Brigitte Alfreda (geb. 1923); *StA:* deutsch, 1941 Ausbürgerung. *Weg:* NL, GB, USA.

Stud. Physik Berlin, Fachlehre u. kaufm. Lehre in Kraftwagen- u. Motorradfabrik. Dir. u. Hauptinh. Aron-Werke Elektrizitäts GmbH Berlin, Hersteller von Elektrizitätszählern, elektr. Uhren u. Radios. Zugl. AR-Mitgl. versch. Tochterges., Hauptaktionär Heliowatt-Werke AG Charlottenburg. Ausschußmitgl. *Vereinigung der Gönner des Krebsinstituts Berlin*.

Qu: EGL. Hand. - RFJI.

Arp, Erich Gustav Hinrich, Unternehmer, Politiker; geb. 21. Dez. 1909 Horneburg b. Hamburg; ∞ verh.; *K:* 4; *StA:* deutsch. *Weg:* 1933 NL, Deutschland.

Stud. Pädagogik, Rechtswiss. u. Volkswirtsch. Hamburg, Berlin. 1926 SPD; Mitgl. *Reichsbanner*. Bis 1933 Ltr. *Akademische Legion* u. *Sozialistischer Studentenbund* Berlin. Nach natsoz. Machtübernahme Emigr. Amsterdam. Mai 1933 Rückkehr, Arbeiter, dann kaufm. Angest., später Prokurist u. Inh. eines Speisefettbetriebes. Mitgl. *Antifaschistisches Organisationskomitee Hamburg*; 1945 Beteiligung an Neugrdg. der SPD in Schlesw.-Holst., ab Sept. 1945 Mitgl. BezVorst.; 1946-50 MdL (ab 1949 parteilos), ab Aug. 1946 Min. für Aufbau u. Arbeit, ab Apr. 1947 Min. für Ernährung, Landwirtschaft u. Forsten bis Rücktritt Jan. 1948. Jan. 1949 vor Parteiausschlußverfahren wegen Kontakten zur SED Austritt aus der SPD, begründet mit Meinungsverschiedenheiten in Fragen des Bodenreformgesetzes. 1957 Wiedereintritt in die SPD, 1961-74 MdHB. Inh. Fa. Rode und Zerrath in Hamburg. Lebte 1978 in Hamburg.

Qu: Fb. Hand. Publ. - IfZ.

Arzt, Arthur Georg, Politiker; geb. 9. Okt. 1880 Reichenbach/Vogtl., gest. 22. Mai 1953 Wiesbaden; Diss.; ∞ I. Emma Meta Richter (geb. 1874, gest. 1935 an Folgen der Gestapohaft), Emigr. CSR; II. Millicent Manton (geb. 1900 GB); *K:* Ingeborg Harrens (geb. 1905), Emigr. CSR, GB; Fritjof Helmut (geb. 1908, gest. 1938), Mitgl. *Reichsbanner*, Schutzhaft, Apr. 1933 Flucht nach Bodenbach/CSR, 5. Aug. 1937 Ausbürg., Mitgl. *Ostsachsen-Ausschuß* der *Sopade*, Initiator der illeg. SPD-Geschäftsstelle Dresden. Aug. 1938 als Kurier für *Volkssozialistische Bewegung* auf Flug Prag-Paris über Deutschland abgestürzt; *StA:* deutsch, 25. Juli 1936 Ausbürg. *Weg:* 1933 CSR; 1939 GB; 1946 Deutschland (BBZ).

Lehrer; Mitgl. *Freisinnige Vereinigung*, 1900 *Deutsche Lehrerunion*, Kriegsteiln. (Uffz.), 1918 SPD, 1919-28 MdL Sa., 1923-27 BezSchulrat Dresden, SPD-BezVors.; 1928-33 MdR, Schul- u. Kulturpolitiker, Mitgestalter des fortschrittl. sächs. Schulgesetzes. Jan. 1933 als Patient in Davos/Schweiz, Emigr. in die CSR, wohin die als Geiseln inhaftierten Familienmitgl. nach internat. Pressekampagne folgten. Reisevertr., Unterstützung durch *Sozialdemokratische Flüchtlingshilfe*. Grenzarb. in Tetschen, Konflikt mit *Sopade* über Org. der illeg. Tätigkeit. Febr. 1936 mit → Hans Jaeger u. → Fritz Max Cahen Gr. *Volkssozialistische Bewegung* (VS), 1937 Mitgr. *Deutsche Front gegen das Hitlerregime*, u.a. in Verb. mit → Otto Straßer. Ende 1937 Ausschluß aus VS. 1939 nach dt. Besetzung Flucht aus Prag über Polen nach GB. 1940 Internierung Isle of Man. 1941/42 vergebl. Versuche, im Rahmen der von → Karl Höltermann gegr. Abgeordnetengruppe Einfluß auf brit. Deutschlandpol. zu nehmen. 1943/44 zeitw. Annäherung an FDB in GB. Nach Kriegsende zunächst vergebl. Rückkehrversuche, ab Okt. 1946 in Westf., später in Hessen für die SPD aktiv.

W: u.a. Welche Mängel zeigt der gegenwärtige Religionsunterricht und auf welchem Wege ist ihnen zu begegnen? 1908. *L:* Cahen, Fritz Max, Men Against Hitler, 1939; Röder, Großbritannien. *D:* IfZ. *Qu:* Arch. Hand. Publ. Z. - IfZ.

Asaria-Helfgott, Zvi (urspr. Helfgott, Hermann), Dr. phil., Rabbiner; geb. 8. Sept. 1913 Beodra/Banat; *V:* Kalman Helfgott (geb. 1873 Warschau, umgek. 1941 in JU), Stud. Jeschiwah, Vorbeter; *M:* Rachel Anna, geb. Neumann (geb. 1879 Wyskow b. Warschau, umgek. 1941 Lager Sajmiste/JU); *G:* Dr. med. Abraham H. (geb. 1915 JU, umgek. 1941 im Holokaust), Arzt; Sima Stern (geb. 1908 Warschau, umgek. 1941 Lager Sajmiste); Sara Medina (geb. 1909 Warschau, umgek. 1941 Lager Sajmiste); ∞ 1950 Malvine-Malka Bodner (geb. 1932 Antwerpen), 1944 Emigr. Pal. *Weg:* 1938 H, 1941 Deutschland, 1948 IL.

Höhere Schule in Jugoslawien, 1932-34 Rabbinerschule Sarajewo, 1934-38 Stud. Univ. u. Rabbinerseminar Wien. 1938-40 Stud. Univ. u. Rabbinerseminar Budapest, 1940 Prom. u. Rabbinerdiplom. 1940 Hauptrabbiner Veliki Betschkerek/Jugoslawien, 1940 MilRabbiner jugosl. Armee; 1941-45 Kriegsgef. in Deutschland. 1945-47 Rabbiner, Rehabilitation ehem. Häftlinge des KL Bergen-Belsen, 1947 Hauptrabbiner aller jüd. Gden. in brit. Zone, mobilisierte 1948 Jugendliche in D.P.-Lagern im Auftrag der *Haganah*. 1948 nach Israel, 1948-53 MilRabbiner; 1953 Vertr. der Shilumin Corp. in Köln, daneben Mitarb. beim Aufbau des jüd. GdeLebens in der BRD, 1953-61 Rabbiner jüd. Gde. Köln, 1962-64 Rabbiner in Savyon/Israel, 1964-70 Landesrabbiner von Niedersachsen. Ab 1971 Israel, Autor, Vortragstätigkeit. Lebte 1977 in Savyon/Israel.

W: Samuel Második Könyve Targumának viszonya a maszorai szöveghez (Diss.). 1940; Die Juden in Köln. 1959; Geduldet oder gleichberechtigt? 1960; Feste und Gebräuche der Juden. 1967; Das jüdische Kalendarium. 1970; Edim Anaḥnu. 1970 (dt. Übers.: Wir sind Zeugen); Samson Raphael Hirsch. 1970; Die Juden im Lande Niedersachsen. 1978; Beiträge in *Udim*, Fachzs. u.a. Publikationen. *Qu:* Fb. - RFJI.

Asch, Kurt, Bankier; geb. 24. Sept. 1877 Glowno b. Posen; ∞ Luise Abélis (gest. vor 1930); *K:* 1 T; *StA:* deutsch, Ausbürg. *Weg:* IR.

Banklehre; bis 1905 in Frankr., Belgien u. GB tätig, dann Gr. Bankhaus Kurt Asch, Berlin, Anlagegeschäfte u. Vermögensverw.; Mitgl. Berliner Fondsbörse, Vorst. Außenhandelsverband, Konsul von Persien, Vorst. *Deutsch-Persische Gesellschaft.* Nach 1933 Emigr. nach Teheran.

L: RhDG. *Qu:* Arch. Hand. - IfZ.

Aschner, Ernst, Dr. jur., Richter, Diplomat; geb. 3. Juli 1893 Crossen/Oder, gest. 15. Apr. 1956 Melbourne; jüd.; *V:* Kaufm.; ∞ 1941 Schanghai, Natalie (Nelly) Rotholz (1907-72), Emigr.; *StA:* deutsch. *Weg:* China; Deutschland (ABZ).

Ab 1912 Stud. Rechtswiss. Heidelberg, Breslau, Berlin, 1914-18 Kriegsteiln.; 1915 Referendar, 1919 Prom. Greifswald, 1920 Assessor, 1927 Amtsgerichtsrat, Vors. Bankenfachkammer beim ArbGericht Berlin, Ref. beim Reichskommissar für oberschles. Schäden in Oppeln u. beim Reichsentschädigungsamt Berlin. März 1933 Entlassung, amtl. zugelassener Devisenberater für jüd. Auswanderung. Emigr. Schanghai. Mit → Gerhard Gerechter aktiv in illeg. Vorläuferorg. der *Assn. of Democratic Germans in Shanghai.* Ab Juni 1947 LGDir. Frankfurt/M., 1951 RegDir.; Israel-Sachverständiger des Bundesmin. für Wirtschaft. 1953-56 GenKonsul der BRD in Melbourne.

Qu: Arch. EGL. - IfZ.

Ash, Ernest E. (bis 1946 Asch, Ernst), Dr. jur., Rechtsanwalt, Börsenmakler; geb. 15. März 1890 Posen; jüd.; *V:* Albert Asch (geb. 1864 Posen, gest. 1936 Berlin), jüd., RA u. Notar; *M:* Anna, geb. Kantorowicz (geb. 1874 Posen, gest. 1928 Berlin), jüd., Lehrerin; *G:* Walter (geb. 1886 Posen, gest. 1972 [?] London), Jurist bei AEG Berlin, 1936(?) Emigr. GB; Else Freund (geb. 1888 Posen), Konservatorium Berlin, Pianistin, 1941(?) Emigr. Kuba, 1946(?) USA; ∞ I. 1928 Hildegard Simon (geb. Berlin, gest. 1955 New York), ev., höhere Schule, Sekr., 1938 Emigr. NL, 1939 USA; II. Maria Milch, verw. Glaser (geb. 1901 Berlin), jüd., 1933 Emigr. CH, 1941 Kuba, USA; *K:* Renate Metcalf (geb. 1922 Berlin, gest. 1940 New York), höhere Schule, Emigr., Krankenschwester; Ellen Peters (geb. 1930 Berlin), Emigr., 1954 LL.B., 1964 Prof. für Rechtswiss. Yale Univ.; *StA:* deutsch, USA. *Weg:* 1938 NL, 1940 USA.

1908-11 Stud. Genf, München, Berlin, Kiel, Breslau; 1914-19 MilRichter (EK II), 1919 Assessor, 1919-33 RA u. ab 1923 Notar in Berlin, Spezialist für Völkerrecht, Rechtsberater in- u. ausländischer Banken; 1933 Berufsverbot. Nach kurzer Haft Okt. 1938 Emigr. Niederlande, bis Apr. 1940 RA u. Finanzberater. Apr. 1940 Mexiko, Juli 1940 USA, 1940-48 amtl. zugelassener Anlageberater in New York, 1948-66 persönl. haftender Gesellschafter der Börsenmaklerfirma Ernest Gottlieb & Co., 1966-74 Kommanditist der Maklerfirma H. Cassel & Co., ab 1975 Ruhestand. Unentgeltl. Vertr. von Emigr. in Wiedergutmachungssachen. Mitgl. *Nat. Art Club.* Lebte 1976 in New York.

Qu: Fb. - RFJI.

Asrican, Mordechai (urspr. Max), Agronom; geb. 10. Nov. 1910 Berlin, gest. 10. Aug. 1967 IL; jüd.; *V:* Mosche A. (geb. 1872 Odessa/Rußland), jüd., Textilkaufm.; *M:* Miriam, geb. Gell (geb. 1876, umgek. 1942 im Holokaust), jüd.; *G:* Leo (geb. 1894 Odessa, gest. 1970 Philadelphia), jüd., 1939 Emigr. USA, Kaufm.; Rosa Erdmann (geb. 1896 Odessa, gest. 1965 USA), jüd., 1938 Emigr. USA; Eduard (geb. 1899 Odessa, gest. 1969 New York), jüd., 1933 Emigr. USA, Gynäkologe; Arthur (geb. 1903 Berlin), jüd., 1934 Emigr. F, 1945 Pal., A: 1977 Tel Aviv; ∞ Ruth Waldmann (geb. 1909 Goslershausen/Westpreußen), Oberschule, 1935 Emigr. Pal. mit *Makkabi,* HandarbLehrerin; *StA:* deutsch; IL. *Weg:* 1933 F; 1934 Pal.

1929-33 Stud. Med. Berlin, Mitgl. *Bar-Kochba,* K.J.V.; 1933 Emigr. Frankr., 1933-34 Stud. Landwirtschaftsschule Auxerre. 1934 Emigr. Palästina mit C-Zertifikat; 1934-36 landwirtschaftl. Arb. in Nahalal, 1937 GrdgsMitgl. Moshav Shittufi Moledet. Ab 1955 Chefberater des isr. Landwirtschaftsmin.; 1961 FAO-Stipendiat, Stud. neuer Getreidesorten in Europa, 1966 Stud. der Dreschtechn. in USA. Mitgl. *Irgun Ovedei ha-Falḥah* (Verb. landwirtschaftl. Arbeiter). Isr. Deleg. bei FAO-Konf.; Sanitätsdienst *Haganah* u. IDF.

Qu: Fb. - RFJI.

Astor, Bobby (bis 1928 Stern, Heinz Alfred), Musiker, Kabarettist; geb. 17. März 1908 Oberstein/Nahe; o.K.; *V:* Carl Stern (geb. 1872 Oberstein, gest. 1924 Stuttgart), jüd., Gemmologe; *M:* Hedwig, geb. Krailsheimer (geb. 1881 Stuttgart, gest. 1925 Stuttgart), jüd.; *G:* Ellen (geb. 1904 Oberstein), Sekr., 1933 Emigr. F; ∞ I. Martha Susanna Zumbühl; II. 1956 Wendy Bate; *K:* Ronald Charles Stern (geb. 1937), Kaufm., A: Deutschland (BRD); Robert Charles Stern (geb. 1959), A: CH; Richard Alfred Stern (geb. 1960), A: CH; *StA:* deutsch, Ausbürg., 1974 CH. *Weg:* 1935 Lux.; 1936 CH; 1937 NL, CH; 1938 EC; 1949 Deutschland/Berlin (Ost); 1952 Deutschland (BRD).

Handelsschule, Banklehre, 1921 Bankkaufm.; 1917-24 Konservatorium, 1928-33 Musiker, Komponist, Arrangeur in Deutschland u. europ. Ausland, Autor u. Interpret gesellschaftskrit. antifaschist. Songs. 1931-33 Mitgl. *Internationale Artistenloge,* 1932-33 *Kapellmeister-Union,* 1933 Reichsmusikkammer, Ausschluß u. Auftrittsverbot, zweimal Schutzhaft. Mitte 1935 Flucht vor erneuter Verhaftung über Prag nach Luxemburg. 1937-38 Musiker u. Kabarettist in Holland u. der Schweiz. 1938-48 Fotograf, Musiker, Kabarettist u. Restaurantbesitzer in Quito. Mitgl., bis 1944 Vizepräs. *Movimiento Alemán pro Democracia* Ecuador; Anschluß an BFD Ecuador, zuletzt Präs.; Hg. u. Kolumnist *Demokratisches Deutschland* Quito. 1949 nach Berlin (Ost), AbtLtr. Volksmusik im *Kulturbund zur demokratischen Erneuerung Deutschlands.* 1949-50 Sekr. u. GenSekr. *Deutsches Friedenskomitee.* 1952 Flucht in die BRD, Musiker u. Komponist, zahlr. Schallplattenproduktionen. 1953 in die Schweiz, lebte 1977 in Bern.

Qu: Fb. Hand. - IfZ.

Atlasz, Robert, Dr. med. dent., Zahnchirurg, Sportfunktionär; geb. 1. Sept. 1898 Berlin; jüd.; *V:* Arnold A. (geb. 1872 H, umgek. 1943 KL Theresienstadt); *M:* Rosa (geb. 1873 Wien, gest. 1941 Berlin); *G:* Rita (geb. 1901 Berlin), Opernsängerin, Emigr. USA; Ilse (geb. 1904 Berlin), Sekr., Emigr. USA; ∞ Charlotte Feder (geb. 1902 Berlin); *K:* Ruth Goldstein (geb. Berlin, gest. 1978); 2 weitere T (geb. Berlin); *StA:* deutsch; Pal./IL. *Weg:* 1937 Pal.

1916-19 MilDienst Österr.-Ungar. Armee (Lt.). 1922 Prom. Berlin, 1922-37 Zahnarztpraxis in Berlin, gleichz. Vizepräs. *Bar Kochba* Berlin u. Sportltr. mehrerer Makkabiaden. 1937 Emigr. Palästina, seit 1937 Zahnarztpraxis in Tel Aviv; gleichz. 1937-52 Vors. isr. Athletik-Verband, seit 1966 Mitgl. der *Internat. Amateur Athletic League,* 1957-73 VorstMitgl., seit 1975 Ehrenmitgl. *Israelisches Olympisches Komitee,* 1972 Ehrengast bei den Olymp. Spielen in München, 1939-63 Sportltr., dann stellv. Vors. u. seit 1969 ehrenamtl. Vizepräs. *Maccabi World Union* (1950, 1953 u. 1957 als Sportltr. u. 1961, 1965 u. 1969 als Vors. des OrgKomitees verantwortl. für die Org. der Makkabiaden), 1973 u. 1977 ehrenamtl. Berater der 9. u. 10. Maccabiah, isr. Vertr. bei versch. internat. Sportkongressen. Mitgl. Menorah-Loge *B'nai B'rith,* ehrenamtl. Mitgl. Schiedsgericht des isr. Zahnarztverb. Lebte 1978 in Tel Aviv.

W: Über die Actiologie der Nephritiden (Diss.). 1923; KJV und Makkabi. In: Meilensteine. 1972; Bar Kochba - Jüdischer Sport in Deutschland 1898-1938. O.J.; Art. über Zahnchirurgie, Medizin, Sport, Schiffahrt u. Musik für versch. Zs. *Qu:* Fb. Hand. - RFJI.

Auer, Wilhelm Theodor, Dr. phil., Dr. theol., Priester, Hochschullehrer; geb. 8. Juli 1898 Regensburg-Steinweg, gest.

9. August 1971 Weilheim/Obb.; kath.; *V:* Wilhelm A., Brauereibesitzer; *M:* Barbara, geb. Leutner; *G:* Dr. phil. u. theol. Johann A. (geb. 1910), o. Prof. für Dogmatik u. Dogmengesch. Univ. Regensburg; *StA:* deutsch. *Weg:* 1935 CSR, A; 1937 CH; 1938 Kolumbien; 1950 Deutschland (BRD).

Humanist. Gymn. Straubing, 1916-18 Kriegsteiln.; 1918-24 Stud. Phil. u. Theologie in Innsbruck, Juni 1924 Priesterweihe in Regensburg; 1925-32 Kooperator in Neustadt/Do., Weiden u. Amberg/Opf.; 1932-35 Religionslehrer in Cham/Opf. In Konflikt mit Natsoz., nach zweimaligem Verhör durch Gestapo Sommer 1935 Flucht in die CSR, von dort nach Österr.; 1935-37 Religionslehrer in Preßbaum; 1937 in die Schweiz, Seelsorger in Baar bei Zug; 1938 Ausw. nach Kolumbien, bis 1945 Prof. für Altes u. Neues Testament in Cali, 1945-49 in Antioquia; 1948 Gr. des ersten Laieninst. für Waisenhausschwestern in Amerika: *Compania de Niño Jesus* in Kolumbien; 1950 Rückkehr nach Deutschland, Kurat in Donaustauf bei Regensburg; 1951-52 erneut zur *Compania de Niño Jesus* nach Kolumbien; 1952-59 Dir. Katholisches Bibelwerk Stuttgart; ab 1959 im Ruhestand.

Qu: Pers. - IfZ.

Auerbach, Frank Ludwig (urspr. Franz-Ludwig), Dr. jur., Beamter; geb. 4. Juni 1910 Mannheim, gest. 19. Sept. 1964 Chevy Chase, Md./USA; jüd.; *V:* Ernst A. (geb. 1866 Trier, gest. 1932 Mannheim), jüd., Geschäftsmann; *M:* Johanna, geb. Löwenthal (geb. 1877 Mannheim, gest. 1939 Mannheim), jüd.; *G:* Dr. med. Hans A. (geb. 1899 Mannheim, gest. 1970 New York), jüd., Gynäkologe, 1937 Emigr. USA; Toni (Antonie) (geb. 1900 Mannheim, gest. 1974 New York), jüd., Cellistin, 1940 Emigr. USA; ∞ 1935 Gertrude Rindskopf (geb. 1910 Pirmasens), Fürsorgerin jüd. Gde. Mannheim, 1938 Emigr. USA; *K:* Ernest S. (geb. 1936 Berlin), jüd., 1938 Emigr. USA, RA; Steven M. (geb. 1945 New York), jüd., Physiker; *StA:* deutsch, 1944 USA. *Weg:* 1938 USA.

Ab 1929 Stud. Rechtswiss. Bonn, 1932 Prom. Heidelberg; Assessor u.a. im Innen- u. Justizmin. Baden, 1933 Entlassung. 1935-36 Rechtsbeistand jüd. Gde. Mannheim, 1936 EmigrBerater, 1937-38 Direktionsmitgl. *Hilfsverein der Juden in Deutschland.* Apr. 1938 Emigr. USA, 1938-41 Einwanderungsberater u. Fürsorger HIAS, New York. 1942 M.Sc., Columbia Univ.; 1942-44 Mitarb. *Internat. Migration Service* New York, 1944 Berater War Relocation Authority des US-Innenmin.; 1944-47 Doz. Sozialwiss. Hunter Coll., New York; 1946-51 Red. *Interpreter Releases* des Am. Council for Nationalities Services, New York; 1947-57 Doz. Columbia Univ. Ab 1948 ltd. Stellung Visa Office, US-Außenmin., 1959-64 Berater für Einwanderungsfragen im Bureau of Security and Consular Affairs, 1960-64 Vors. Policy Comm. on Immigration and Naturalization, Mitgl. *Foreign Service Assn.*

W: Die parlamentarische Beschlußfähigkeit. 1933; Nationality Problems of Children. 1948; Principles Which Should Underlie our Nationality Laws. In: Social Service Review, Dez. 1950; The Admission and Resettlement of Displaced Persons in the United States. 1949, 2. Aufl. 1950; The Immigration and Nationality Act: A Summary of its Principle Provisions. 1952; Immigration Laws of the United States. 1955, Ergänzungsbde. 1956, 1958, 1959, 2. Aufl. 1961. *Qu:* Hand. Pers. - RFJI.

Auerbach, Franz Egon, Lehrer; geb. 24. Juni 1923 Frankfurt/O.; jüd.; *V:* Erich Jakob A. (geb. 1885 Duisburg, gest. 1944 Johannesburg), jüd., Elektroing., 1934 Emigr. Lux., landwirtschaftl. Hachscharah, 1936 S-Afrika, Kaufm.; *M:* Alice Margarethe, geb. Meyer (geb. 1889 Berlin, gest. 1956 Johannesburg), jüd., Zahnärztin, 1911-19 Ltr. Schulklinik Frankfurt/O., 1929-33 Ltr. Stadtklinik Wuppertal-Elberfeld, 1934 Emigr. Lux., 1937 S-Afrika, dort Arb. in Textilfabrik; ∞ 1949 Louisa Noreen French (geb. 1921 Cape Town), jüd., Büroangest.; *K:* David Eric (geb. 1950 Johannesburg), jüd., B. Sc., Lehrer; Raymond Michael (geb. 1953 Johannesburg), jüd., Landwirt in Nabal; Margareth Esther (geb. 1957 Johannesburg), jüd., B.A.; Ronald Daniel (geb. 1959); *StA:* deutsch, 1947 S-Afrika. *Weg:* 1934 Lux., 1937 S-Afrika.

1933-34 Realgymn. Wuppertal-Elberfeld; 1934 Emigr. Lux., dort bis 1937 Schulbesuch; 1937 mit Mutter Emigr. nach S-Afrika, 1937-39 Schulbesuch Johannesburg, 1940-41 Stud. Techn. Coll., Witwatersrand, 1942-44 Fernstud. Univ. von Südafrika, 1944 B.A., gleichz. Büroangest., später Buchhalter bei Otis Elevator Co.; 1947-48 Stud. Coll. of Educ. Johannesburg, 1948-69 Lehrer Transvaal Educ. Dept., seit 1974 Ltr. Lehrerzentrum der *Transvaal Teachers' Assn.* u. Univ. Witwatersrand, 1961 B. Ed., 1964 M. Ed.; 1977 Doktorand Univ. Natal. Ab 1947 Mitgl., 1960-67 Vors. *Independent Cultural Assn.,* VorstMitgl., ab 1965 Präs. *Transvaal Teachers' Assn.,* 1966-68 Vors., 1961-66 u. seit 1970 Vizevors. *Johannesburg Council for Adult Educ.,* 1970-77 Vors., 1977 Vizepräs. South Transvaal Region des South African Inst. of Race Relations, ab 1975 Sekr. *South African Fed. of Teachers' Assn.* Lebte 1977 in Johannesburg.

W: The Power of Prejudice in South African Education. 1965; Freedom and Authority in Education. 1967; School Curricula in Relation to Community Needs (Introductory Report). 1969; South Africa: A Fundamentally Unjust Society? 1970; The ABC of Race. 1970; Education 1961-1971: A Balance-Sheet. 1971; Beiträge in pädagogischen Fachzs. u. Fachveröffentl. *Qu:* Fb. Hand. - RFJI.

Auerbach, Hyman (urspr. Heimann), Dr. phil., Rabbiner; geb. 21. Nov. 1881 Konin/Rußl., gest. 26. Dez. 1957 Los Angeles; *V:* Manheim A. (geb. Osteuropa, gest. Berlin), Rabbiner; *M:* Mollie, geb. Mintz (geb. Osteuropa, gest. Berlin); *G:* Jacob (geb. 1882, gest. 1969 London), RA; Hela (geb. 1883 Osteuropa, umgek. KL Treblinka); Felix (geb. 1886 Deutschland, umgek. im Holokaust), RA; Max (geb. 1887 Deutschland, umgek. im Holokaust), Ing., Patentanwalt; Lucy Podolsky (geb. 1895 Deutschland), A: USA; Leo (geb. 1900 Deutschland, gest. 1964 Frankfurt/M.), RA; ∞ 1918 Hedwig Pearl (geb. Beumen/Oberschlesien); *K:* Willie (geb. Deutschland, umgek. KL Mauthausen); *StA:* deutsch, USA. *Weg:* 1940 USA.

1902-09 Stud. Jüd.-Theol. Seminar Breslau u. Univ. Heidelberg, 1906 Prom. Heidelberg; 1911 Rabbiner in Elbing/Westpreußen, später Dresden, 1924 Göttingen, 1929-39 Stuttgart, gleichz. Mitgl. Oberrat der Isr. Religionsgden. Württemberg. 1940 Emigr. USA, 1940-42 Rabbiner Saginaw/Mich., 1942-57 Los Angeles. Mitgl. *B'nai B'rith Lodge* Los Angeles.

W: Albalag und seine Übersetzung des Makásid al-Gazzalis. (Diss.) 1906; Zacharias Frankel als Rabbiner. 1908; Sterben und Tod. 1914. *Qu:* Arch. Pers. Publ. Z. - RFJI.

Auerbach, Joachim, Dr. jur., Rechtsanwalt, Kaufmann; geb. 18. Mai 1893 Lemberg/Galizien, gest. Aug. 1975 New York; jüd.; *V:* Josef Isak A. (geb. Lemberg), jüd., Stud. Lemberg, RA; *M:* Pesia Rifke, geb. Herzmann (geb. Lemberg), jüd., höhere Schule; ∞ 1935 Julia Werbofsky (geb. 1900 Spring Valley/N.Y.), Stud. Wien, Psychologin, 1938 Emigr. USA; *K:* Harry R. (geb. 1936 Wien), 1938 Emigr. USA, US-Postangest. *Weg:* 1938 USA.

Im 1. WK MilDienst österr. Armee, 1919 Prom. Wien; 1924-38 RA-Praxis, Präs. *B'nai B'rith*-Loge. 1938 Emigr. USA, Teilh. Börsenmaklergeschäft Hirsch & Co. New York, Finanz-Korr. für *Aufbau* u. Korr. für schweiz. Ztg.

Qu: Pers. Z. - RFJI.

Auerbach, Philipp, Dr. phil., Beamter; geb. 8. Dez. 1906 Hamburg, gest. 15. Aug. 1952 München; jüd.; *V:* Kaufm.; ∞ verh.; *StA:* deutsch. *Weg:* B, F; 1940 Deutschland.

Kaufm. u. Industriechemiker; Mitgr. *Fortschrittliche Jugend* Hamburg, Mitgl. DDP u. *Reichsbanner.* Nach natsoz. Machtübernahme Emigr. nach Belgien, später Frankr. Nach Kriegsausbruch in St. Cyprien, Gurs u. Le Vernet interniert; 1940 verhaftet u. nach Berlin verbracht, Hochverratsverfahren, bis zur Befreiung Mai 1945 KL Sachsenhausen, Auschwitz u. Buchenwald. Sept. 1945 als ORegRat vom RegPräs. Düsseldorf mit den Verwaltungsangelegenheiten ehem. KL-Häftlinge u. Verfolgter beauftragt, daneben Aufbau eines sog. Politischen Referates; nach dessen Auflösung durch die brit. MilReg. bis Jan. 1946 Flüchtlingsdezernent der Reg. Düsseldorf. Mitgr. u. Präs. Isr. Kultusgde. Düsseldorf, später Mitgl. Isr. Kultusgde. München u. ehrenamtl. Präs. des Landesverb. der Isr. Kultusgemeinden Bayerns. 1946 Berufung als Staatskommissar für rassisch, religiös u. pol. Verfolgte nach Bayern, Ende 1948 nach Differenzen mit dem bayer. Justizmin. Josef Müller Amtsniederlegung; danach GenAnwalt für Wiedergutmachung, nach Verabschiedung des Entschädigungsgesetzes u. Bildung des Landesentschädigungsamtes Bayern ab Nov. 1949 Präs. dieser Behörde. 1949 Dr. phil. Univ. Erlangen. Aufgrund umstrittener Amtsführung u. unter Vorwurf der Korruption Dienstenthebung u. März 1951 Verhaftung, nach 5mon. Prozeß 14. Aug 1952 Urteil 2 1/2 J. Gef.; Freitod nach Urteilsverkündung.

W: Wesen und Formen des Widerstandes im 3. Reich (Diss.). Erlangen 1948. *L:* Lüth, Erich, Mein Freund Philipp Auerbach. In: Lamm, Hans, Von Juden in München. Ein Gedenkbuch, 1958; Hüttenberger, Peter, Nordrhein-Westfalen und die Entstehung seiner parlamentarischen Demokratie. 1973. *Qu:* Arch. Hand. Publ. Z. - IfZ.

Auerbach, Richard Joseph, Dr. jur., Rechtsanwalt, Wirtschaftsberater, Verbandsfunktionär; geb. 6. Febr. 1892 Posen; jüd.; *V:* Robert A. (geb. 1850 Posen, gest. 1920 Berlin, jüd., Lederwaren-Großhändler; *M:* Anna, geb. Kalmus (geb. 1858 Posen, gest. 1925 Berlin); *G:* Lucy Sachs (geb. 1883 Posen, gest. 1977 New York), Textilfabrikantin, 1941 Emigr. Kuba, 1946 USA; Käte (geb. 1884 Posen, gest. 1971 New York), Ltr. Victoria-Fachschule in Berlin, 1941 Emigr. USA; ∞ 1925 Ella G. Levi (geb. 1900 Frankfurt/M.), 1928-33 RA, 1939 Emigr. GB, 1940 USA, Fürsorgerin u. VorstMitgl. *Selfhelp,* tätig in Congr. Habonim; *K:* Brigitte Prusoff (geb. 1926), 1939 Emigr. GB, 1940 USA, M.Sc. Yale Univ., Assist. Prof. für Biostatistik Yale Univ.; Robert (geb. 1929), 1939 Emigr. GB, 1940 USA, Ph. D. Columbia Univ., Prof. für Biologie Univ. Madison/Wisc.; *StA:* deutsch, USA. *Weg:* 1939 GB, 1940 USA.

Stud. Heidelberg, Berlin u. Halle, Mitgl. K.C.; 1914-18 Kriegsteiln. (1917 Lt.). 1919 Prom. Breslau, Referendar, 1921 Assessor in Berlin, 1923-38 RA in Berlin, bis 1935 Notar, ab 1938 Beratung für jüd. Emigr.; 1921-38 VorstMitgl. des K.C.; Jan. 1939 Emigr. GB mit Familie mit Transitvisum, 4 Mon. Internierung Isle of Man, engl. Sprachstudium. Sept. 1940 in die USA, Vermittlung von Visa nach Kuba für jüd. Emigr.; Stud. Wirtschaftswiss. New York Univ., 1945 Examen, bis 1949 amtl. zugelassener Wirtschaftsprüfer bei Buchprüfungsfirma, seit 1951 selbständig in New York, tätig in Wiedergutmachungsfällen. Präs. *Am. K.C. Fraternity* New York, Mitgl. u. zeitw. VorstMitgl. Congr. Habonim New York, VorstMitgl. u. Schatzmeister A.F.J.C.E., Mitgl. VerwRat *New York Foundation for Nursing Homes.* Lebte 1978 in New York.

W: Die Pflichten der Sammler eines Sammelvermögens (Diss.), 1919; Beiträge in K.C.-Publ. *D:* RFJI. *Qu:* Fb. Pers. Z. - RFJI.

Auerbach, Siegfried M., Dr. jur., Industrieller, Unternehmensberater; geb. 8. Juli 1886 Frankfurt/M., gest. 8. Apr. 1971 London; jüd.; *V:* Wolfgang A. (1856-1943); *M:* Olga, geb. Cohn (1868-1937); *G:* Albrecht, Hedda, Fred, Heinrich; ∞ 1910 Mina Wisloch; *K:* Albrecht (gest. 1949), Marianne Weissberger; *StA:* deutsch, brit. *Weg:* 1935 GB.

Stud. Rechtswiss., 1911 Prom. Gießen. 1904-33 bei Metallges. AG Frankfurt/M., zuletzt Dir.; 1914-18 Kriegsteiln. Ab 1913 Mitgl. *B'nai B'rith,* 1928-29 Präs. Frankfurter Loge. 1935 Emigr. GB, 1936-49 Unternehmensberater, u.a. in Fa. Dr. Paul Schwarzkopf, London. Mitgl. *B'nai B'rith,* VorstMitgl. AJR London, Mitarb. *Comm. for the History of Jews in Frankfurt.*

W: Wörterbuch Deutsch-Ido (Hg.). 1922; The Auerbach Family. The Descendants of Abraham Auerbach. 1957 (ergänzt 1960, 1962, 1965, 1970); The Descendants of Moritz Löwenthal of Ladenburg. 1959; The Descendants of Herz Anschel of Bonn. 1964; Jews in the German Metal Trade. In: Leo Baeck Year Book X/1965. *Qu:* Biogr. EGL. Z. - RFJI.

Auerbach, Walter, Dr. phil., Sozialpolitiker; geb. 22. Juli 1905 Hamburg, gest. 23. März 1975 Bonn; Diss.; *V:* Aron A. (1867-1938), jüd., Kaufm.; *M:* Helene, geb. Posen (1877-1930); *G:* Eli (1901-48), Lea Meyer (geb. 1903), Mathilde Hirsch (1904-42[?]), Philipp (1906-52), Bertha Süsskind (geb. 1910), Jacob (1913-39), Joseph (geb. 1917), Mordechai (geb. 1918); z.T. in KL umgekommen, einige Emigr. Pal.; ∞ 1928 Käte Paulsen (geb. 1903), Philologin, SPD, Emigr. GB; *K:* Leonore (geb. 1933), A: Deutschland (BRD); Irene (geb. 1939), A: GB; *StA:* deutsch, Ausbürg., 1946 deutsch. *Weg:* 1933 NL; 1939 GB; 1946 Deutschland (BBZ).

Stud. Hamburg, Freiburg/Br., Köln, 1928 Prom.; Assist. Institut für Zeitungskunde Univ. Köln. Mitgl. *Freideutsche Jugend* u. *Sozialistische Studentenschaft,* 1923 SPD. 1930-33 Bibliothekar, dann Sekr. des Vors. im *Gesamtverband der Arbeitnehmer der öffentlichen Betriebe und des Personen- und Warenverkehrs* Berlin; 2. Mai 1933 Entlassung, kurzfristig Haft. 15. Mai 1933 Flucht nach Amsterdam, bis 1946 im Generalsekr. der ITF, Hg. Informationsdienst *Faschismus.* Verb. zu Widerstandsgruppen der ITF in Deutschland. Deckn. Walter Dirksen. Wendete sich gegen die Politik der alten ADGB-Führung u. der ADG. 1939 mit ITF-Zentrale nach London, enge beratende Kontakte zu *Labour Party* u. TUC. A. begriff sich in Absetzung von den EmigrOrg. als Interessenvertr. der illeg. GewGruppen im Reich; 1941 mit → Hans Jahn Pläne für unabhängige AuslVertr. der illeg. Betriebsorg. - Ende 1940 mit Hilfe des Foreign Office mit → Waldemar von Knoeringen, → Richard Löwenthal, → Hilda Monte u. Otto Kahn-Freund Initiator *Sender der europäischen Revolution,* der bis Frühj. 1942 unabhängig von brit. Eingriffen eine rätesozialist. Neuordnung propagierte (Teile dieser Konzeption in *The Next Germany).* Seine Vorstellungen zur dt. Sozialpol. u. zum Aufbau einer einheitl. GewBewegung beeinflußten das Progr. der *Landesgruppe deutscher Gewerkschafter in Großbritannien* u. durch Vermittlung des IGB z.T. auch Nachkriegsplanungen der westl. Alliierten. 1943 Mitgr. *German Educational Reconstruction,* Ref. vor dt. Kriegsgefangenen in GB. 1945 vergebl. Rückkehrbemühungen, ab Nov. 1946 auf Wunsch der Gew. Vizepräs. Zentralamt für Arbeit in der BBZ, 1948-55 u. 1957-69 Staatssekr. im niedersächs. ArbMin., 1969-Mai 1971 (Pensionierung) Staatssekr. Bundesministerium für Arbeit und Sozialordnung. Ab 1950 Mitgl. Hauptausschuß *Deutscher Verein für öffentl. und private Fürsorge,* ab 1971 Vors. der Sachverständigenkommission für die Schaffung eines Sozialgesetzbuches. Ausschußmitgl. beim PV der SPD. - Zahlr. Auszeichnungen.

W: u.a. Presse und Gruppenbewußtsein (Diss.). 1931; The Next Germany. A Basis of Discussion on Peace in Europe (zus. mit O. Kahn-Freund, F. Eberhard, Mandelbaum). Harmondsworth 1943; Sozialpolitik in der Sackgasse. 1951; Mut zur sozialen Sicherheit. 1955; Sozialplan für Deutschland. 1957; Kommunale Verantwortung im sozialen Bereich. 1961; Vorausschauende Sozialpolitik. 1964; Zusammenhänge, Illusion und Wirklichkeit der sozialen Sicherheit. 1968; Beiträge zur Sozialpolitik - Aufsätze und Vorträge 1948-1970. 1971; zahlr. Aufs. zur Wirtschafts- u. Sozialpolitik, u.a. in *Die Zeitung. L:* Röder, Großbritannien. *D:* AsD, DGB, IfZ. *Qu:* Fb. Hand. Publ. - IfZ.

Auerhahn, Rudolf (Rudi), Journalist; gef. Sept. 1938 am Ebro/E; *StA:* österr. *Weg:* 1937(?) E.

1926 Mitgl. KPÖ, 1928-30 außenpol. Red. *Die Rote Fahne* Wien. Nach KPÖ-Verbot im Mai 1933 illeg. Funktionär, Deckn. Sylvester, mehrfach Aufenthalte in der CSR. Apr. 1935 beim Grenzübertritt von der CSR nach Österr. anläßl. eines illeg. LitTransports verhaftet, Urteil 2 1/2 J. schwerer Kerker, 1936 Amnestie, KL Wöllersdorf. Vermutl. 1937 nach Spanien, Teiln. Span. Bürgerkrieg in den Internat. Brigaden, Deckn. Fabian. 1938 während der Ebro-Offensive gefallen.

L: Stern, Max, Spaniens Himmel. 1966; Widerstand 1; Die Völker an der Seite der spanischen Republik. 1975; Reisberg, KPÖ. *Qu:* Arch. Pers. Publ. - IfZ.

Aufhäuser, Martin, Bankier; geb. 26. Mai 1875 München, gest. Febr.(?) 1944 Los Angeles; jüd.; *G:* u.a. → Siegfried Aufhäuser; ∞ verh.; *K:* Walter, A: USA; Robert. *Weg:* 1939 USA.

Abitur in München, Banklehre in Frankfurt/M.; 1891-1938 Mitarb. Familienbank H. Aufhäuser, ab 1918 persönl. haftender Gesellschafter u. Seniorchef; Teilh. des Bankhauses S. Bleichröder Berlin; VorstMitgl. Münchener Börse u. Handelskammer, Mitgl. Bezirksausschuß Reichsbankhauptstelle München; 1938 Arisierung der Familienbank, Weiterführung als Bankhaus Seiler & Co., ab 1954 wieder unter urspr. Namen. 1939 Emigr. USA, Privatier. - *Ausz.:* 1926 Geheimer Kommerzienrat.

L: Brunner, F., Juden als Bankiers. Ihre völkerverbindende Tätigkeit. In: In zwei Welten. 1962; 100 Jahre Bankhaus H. Aufhäuser, 1870-1970. 1970. *Qu:* EGL. Hand. Publ. - RFJI.

Aufhäuser, Siegfried, Bankier; geb. 11. Mai 1877 München, gest. 27. Jan. 1949 USA; jüd.; *V:* Heinrich A. (1842-1917), Gr. Bankhaus H. Aufhäuser, ab 1892 VorstMitgl. Isr. Kultusgde. München, Kgl. Bayer. Kommerzienrat; *M:* Rosalie, geb. Berliner; *G:* u.a. → Martin Aufhäuser; *StA:* deutsch, 1906 brit. *Weg:* 1938 GB; 1939 USA.

Bankausbildung u. selbständige Tätigkeit, ab 1901 Bankier in London. Ab 1922 persönl. haftender Gesellschafter Bankhaus H. Aufhäuser KG, München, Kommanditges. von Bankhaus S. Bleichröder, Berlin; AR-Mitgl. Bank für Brauindustrie. Ab 1923 schwed. GenKonsul. Dez. 1938 Arisierung des Bankhauses unter dem Namen Seiler & Co., Emigr. über GB nach USA.

Qu: EGL. Hand. - IfZ.

Aufhäuser, Siegfried, Gewerkschaftsfunktionär, geb. 1. Mai 1884 Augsburg, gest. 6. Dez. 1969 Berlin (West); *V:* Hermann A. (1847-1931), jüd., Spirituosenfabrikant, Hopfenhändler; *M:* Julie, geb. Reitlinger (geb. 1857), jüd.; *G:* Albert (geb. 1877), Hochschullehrer; David (geb. 1878); Frieda Löbl (geb. 1892); ∞ 1912 Anna Stein (1878-1960), Emigr., Ausbürg.; *K:* Chawa (früher Eva) Nikolai, Emigr. Pal.; *StA:* deutsch, 26. Okt. 1937 Ausbürg., USA, 1952 deutsch. *Weg:* 1933 F, CSR; 1938 F; 1939 USA; 1951 Deutschland/Berlin (West).

Höhere Handelsschule, kaufm. Lehre, bis 1912 in Handels- u. Industriebetrieben. 1903 Handlungsgehilfenbewegung, 1908 Mitgr. u. VorstMitgl. *Demokratische Vereinigung,* 1912 SPD. Ab Jan. 1913 Sekr. *Bund der technisch-industriellen Beamten* Berlin, ab Juni 1919 Geschäftsf. *Bund der technischen Angestellten und Beamten.* Ab 1915 geschäftsf. Vors. *Arbeitsgemeinschaft für das einheitliche Angestelltenrecht.* 1917 USPD, 1922 SPD. Ab 1920 geschäftsf. Vors. *Arbeitsgemeinschaft freier Angestelltenverbände* (AfA), ab 1921 hauptamtl. Vors.; 1921-Juni 1933 MdR. Ab 1920 Mitgl. Reichswirtschaftsrat, ab 1921 Vizepräs. Berliner Arbeiterbank, 1922-25 Mitgl. Staatsgerichtshof zum Schutze der Republik; u.a. Mitgl. Kuratorium Institut für Konjunkturforschung, ab 1923 Vizepräs. Deutsche Wohnfürsorge AG, AR-Mitgl. gewerkschaftl. Wirtschaftsunternehmen, Ausschußmitgl. IGB, 1928-33 Sachverständiger Internationales Arbeitsamt Genf. 28. März 1933 Rücktritt als AfA-Vors. aus Protest gegen Kapitulationspol. des ADGB; 26. Apr. 1933 Wahl in SPD-PV als Vertr. der Linken. Wiederh. Verhaftungen, Mai 1933 mit Fam. über Saarbrücken nach Paris. Ltr. *Comité de secours aux réfugiés allemands* für sozdem. Emigr., Beauftragter der *Sopade.* Aug. 1933 Teiln. SAI-Konf. Paris, Befürworter einer „Erziehungsdiktatur" nach dem Sturz des Nat-Soz.; Aug. 1933 nach finanziellem Scheitern des Hilfskomitees nach Prag, Aufnahme in SPD-Exilvorst. Mit → Karl Böchel Aufbau des *Arbeitskreises Revolutionärer Sozialisten Deutschlands,* Mithg. *RS-Briefe,* Sommer/Herbst 1934 Einheitsfront-Diskussion mit → Walter Ulbricht in der Exilpresse. Jan. 1935 Ausschluß aus *Sopade.* 1936 Mitgl. Deutscher Volksfrontausschuß Prag, u.a. mit → Wilhelm Koenen, K. Böchel u. → Max Seydewitz; Unterz. Pariser Volksfrontaufruf v. Dez. 1936. Mitte 1937 Austritt aus RSD, nachdem Majorisierung der sozdem. Exilorg. gescheitert war. 1933-38 Sekr. *Arbeitsgemeinschaft mitteleuropäischer Angestelltenverbände (Mitteleuropäische Föderation)* Prag, die eine Donau-Großraumwirtschaft anstrebte. Red. *Weg der Wirtschaft.* Ps. Siegfried, Sepp(l). Aug. 1935 AfA-Vertr. auf Reichenberger Konf. der Exilgewerkschafter, krit. Haltung gegenüber dort gegr. ADG unter → Heinrich Schliestedt u. dem 1935 von dem ehem. RGO-Funktionär → Walter A. Schmidt gegr. *Komitee für den Wiederaufbau der Freien Angestellten-Verbände.* Herbst 1938 nach Paris. Mai 1939 über London nach New York. Ab Sept. 1939 Mitgl. GLD, der *Sopade*-Vertr. in den USA; ab Mai 1943 mit → Max Brauer GLD-Vors.; Mithg. GLD-Zs. *Letters on German Labor.* 1941 Mitgl. Exekutivkomitee *German-American Council for the Liberation of Germany* u. *Association of Free Germans, Inc.*; Redner auf Landeskonf. dt.-sprachiger Sozialdemokraten 3./4. Juli 1943 in New York. Ltr. Labor Division *New World Club,* bis 1944 Red. für Arbeits- u. Sozialfragen an dessen Zs. *Aufbau* (Kolumne *Review of Labor).* Apr. 1944 Mitgl. Vorbereitungskomitee des CDG unter → Paul Tillich, Mitgl. CDG-Wirtschaftsausschuß, Vors. Studienkomitee für Gewerkschaftsfragen. Herbst 1944 im Rahmen des Konflikts um die auf Ausgleich mit der UdSSR zielende CDG-Politik Austritt aus GLD u. Vorst. *New World Club.* Mit → Paul Hertz GrdgVersuch für eine GewGruppe in Verb. mit IGB nach dem Vorbild der *Landesgruppe* in GB unter → Hans Gottfurcht. A. lehnte es Mai 1945 zus. mit ehem. PV-Mitgl. → Georg Dietrich, → Marie Juchacz u. Paul Hertz ab, dem Aufruf der *Sopade* London zur Rekonstruktion des 1933 gewählten PV zu folgen. Bis Rückkehr Mitte 1951 Red. *New Yorker Staatszeitung und Herold.* Ab Jan. 1952 Vors., ab 1959 Ehrenvors. DAG-Landesverb. Berlin. Mitgl. SPD. - *Ausz.* 1954 Gr. BVK, 1964 Stadtältester von Berlin.

W: u.a. Weltkrieg und Angestellte. 1918; Die freie Angestellten- und Arbeiterbewegung. 1920; Eine Aufgabe: Die Schaffung der deutschen Volksfront. (Mit Beiträgen von Siegfried Aufhäuser u.a.) Hg. von der Deutschen Freiheitsbibliothek, Basel (Universum-Bücherei) 1936; An der Schwelle des Zeitalters der Angestellten. 1963; Gesetzeskommentare u. zahlr. Aufs. zur Wirtschafts- u. Sozialpol., u.a. in Exilzs. *Gewerkschaftszeitung, Neuer Vorwärts, Neue Weltbühne.* *L:* Server, O.B., Matadore der Politik. 1932; Edinger, Sozialdemokratie; Schmidt, Deutschland; MGD; Plum, Günter, Volksfront, Konzentration und Mandatsfrage. In: VHZ 4/1970; Radkau, Emigration; Biographisches Lexikon zur deutschen Geschichte. 1971; Freyberg, Jutta v., Sozialdemokraten und Kommunisten. 1973; Schulze, Hagen, Anpassung oder Widerstand? 1975; Langkau-Alex, Volksfront; Albrechtová, Tschechoslowakei. *D:* AsD, DGB, IfZ, IISG. *Qu:* Arch. Biogr. EGL. Hand. Publ. Z. - IfZ.

Aufricht, Hans, Dr. rer. pol., Dr. jur., UN-Beamter, Hochschullehrer; geb. 6. Juni 1902, gest. 1973; *V:* Emanuel A., Kaufmann; *M:* Bertha, geb. Goldmann; ∞ 1932 Eva Graf; *StA:* deutsch, 1944 USA. *Weg:* 1939 USA.

1926 Dr. rer. pol., 1937 Dr. jur. Wien; 1939 Gastvorlesungen Carleton Coll./Minn., 1940-41 Stud. Völkerrecht als Carnegie-Stipendiat an der Acad. of Internat. Law Den Haag, 1941-43 wiss. Assist. Commission to Study the Org. of Peace, 1941-45 Doz. New York Univ.; 1943-44 US-Armee im Rahmen des Sonderausbildungsprogramms der Cornell Univ., 1945, 1947, 1950 Rockefeller-Stipendiat an der Columbia Univ.; 1946-47 Sachverständiger für internat. Org. im US-Außenmin.; ab 1947 UN-Beamter beim Internat. Monetary Fund (IMF), 1956-67 als Rechtsexperte, 1958 im Auftr. des IMF beim UN Econ. and

Social Council; 1967 Pensionierung. Daneben 1949-51 Doz. School of Social Science and Public Affairs der Am. Univ. Washington/D.C., Sommer 1960 Gastprof. Luxemburg. Ab 1967 Berater Research Analysis Corp., Va., 1968-71 Doz. jur. Fakultät, George Washington Univ. Washington/D.C.; 1947-50 Mitgl. Bibliotheksausschuß der Woodrow Wilson-Stiftung; Mitgl. *World Peace through Law Center* (ab 1967 Vors. Ausschuß für internat. Währungsrecht), *Am. Pol. Science Assn., Am. Soc. of Internat. Law* u.a.

W: Adamantios Koraes and the Image of the Modern Greek State. 1942; War, Peace, and Reconstruction. A Classified Bibliography. 1943; World Organisation. An Annotated Bibliography. 7. Aufl. 1946; Guide to League of Nations Publications. A Bibliographical Survey of the Work of the League, 1920-47. 1951, Neudruck 1966; (Hg.) Central Banking Legislation. A Collection of Central Bank, Monetary and Banking Laws. 2 Bde., 1961, 1967; The International Monetary Fund. 1964; Legislación comparada de banca central. 1964 (engl. Übers.: Comparative Survey of Central Bank Law. 1965; franz. Übers.: La législation des Banques Centrales. Etude Comparative. 1965); The Fund Agreement. Living Law and Emerging Practice. 1969. *Qu:* Hand. - RFJI.

Aufrichtig, Juan (urspr. Hans), Wirtschaftsprüfer; geb. 9. Sept. 1899 Berlin; jüd.; *V:* Max A. (1870-1963), jüd., Baumwollhändler; *M:* Olga, geb. Angres (1873-1958), jüd., Inh. eines Modehauses; *G:* Margot (geb. 1900, gest. 1948 Chile), jüd., 1936 Emigr. Chile; Gerta (geb. 1903), jüd., Kunstmalerin, 1946 Emigr. Chile; ∞ 1931 Ilse Ehrenfried (geb. 1893 Berlin, gest. 1975), jüd., Lehrerin, Journ., AbtLtr. Ullstein Verlag, um 1936/37 Emigr. CH, 1939 Chile, Inh. eines Modehauses u. einer Damenschneiderei; *StA:* deutsch, Chile. *Weg:* 1939 Chile.

Abendstud. Handelshochschule Berlin. 1917-19 Kriegsteiln.; 1916-22 kaufm. Lehre, 1922-30 Börsenmakler u. Hauptbuchhalter in Berliner Firmen, 1930-39 selbständ. Wirtschaftsprüfer. 1933-38 Ltr.ZVfD-Ortsgruppe Wilmersdorf. 1939 Emigr. Chile, 1940-75 Handelsvertr. u. Inh. einer Schneiderei in Valparaiso. 1941 Gr. *Hakoah* Valparaiso, ab 1942 Dir. dt.-jüd. Gde. Habonim, 1956-61 Präs. *Centro Sionista,* 1961 Deleg. Zion. Weltkongreß Jerusalem, 1965-67 Präs. Comunidad Israelita, Valparaiso. Zeitw. Präs. *B'nai B'rith.* Lebte 1977 in Vina del Mar/Chile.

Qu: Fb. Hand. - RFJI.

Augspurg, Anita Johanna Theodora Sophie, Dr. jur., Frauenrechtlerin; geb. 22. Sept. 1857 Verden/Aller, gest. 20. Dez. 1943 Zürich; *V:* Wilhelm A., Obergerichtsanwalt; *M:* Auguste, geb. Langenbeck; *StA:* deutsch, Ausbürg. *Weg:* 1933 CH.

Lehrerin; 1881-85 Schauspielerin Meiningen, Augsburg, Amsterdam; Frauenrechtsbewegung. 1893-97 Stud. Rechtswiss. Zürich. Ab 1901 mit ihrer lebenslangen Freundin → Lida Gustava Heymann Vors. *Deutscher Verein* (ab 1904 *Verband) für Frauenstimmrecht* Hamburg. Grdg. eines Fotoateliers in München. 1903 Rednerin im Reichstagswahlkampf, 1908 Mitgr. *Bayerischer Verein für Frauenstimmrecht;* 1911 Rücktritt als Vors. *Verband für Frauenstimmrecht* aufgrund interner Auseinandersetzungen um die von ihr vertretene allgemeine, gleiche, geheime u. direkte Wahl; 1913 nach Spaltung des Verb. Mitgr. des radikal-emanzipat., pazifist. *Bundes für Frauenstimmrecht.* Mit L.G. Heymann Initiatorin *Internationaler Frauenkongreß für einen dauernden Frieden* Apr./Mai 1915 Den Haag; Mitgr. *Internationaler Ausschuß für einen dauernden Frieden,* 1919 in Zürich als *Internationale Frauenliga für Frieden und Freiheit* (IFFF) konstituiert, bis 1933 VorstMitgl. dt. Sektion. 1919 erfolglose Kandidatur für NatVers. als Kand. *Sozialpolitische Frauengruppe* Hamburg; 1919-33 Mithg. *Zeitschrift für Frauenstimmrecht, Die Frau im Staat.* 1929-30 u.a. Beteiligung an Rauschgiftkampagne des Völkerbunds. Bis Jan. 1933 öffentl. Aktivitäten gegen NatSoz.; Anfang 1933 von Ausl.-Reise nicht zurückgekehrt, mit L.G. Heymann Exil in Zürich; Unterstützung bes. durch IFFF u. Leonhard Ragaz. Trat im Rahmen der IFFF weiterhin gegen NS-Regime in Deutschland auf; Verb. zu Gesinnungsgenossen im Reich.

W: u.a. Gesegnete Mahlzeit. Praktische und billige Kochanleitung. 1892; Die ethische Seite der Frauenfrage. 1894; Über die Entstehung und Praxis der Volksvertretung in England. Diss. München 1898; Heymann, Lida Gustava (in ZusArb. mit A. Augspurg), Erlebtes-Erschautes. Aus dem Nachlaß hg. von M. Twellmann. 1972. *L:* NDB 1; Lida Gustava Heymann. Nachrufe von Ch. Thies u. Magda Hoppstock-Huth, 1948; Hochmuth/Meyer, Streiflichter. *Qu:* Hand. Publ. - IfZ.

Ausch, Karl, Politiker, Journalist; geb. 8. Dez. 1893 Wien, gest. 20. Juni 1976 Wien; jüd., 1925 Diss.; *V:* Moritz A. (1848-1903); *M:* Jenny, geb. Engelmann (1863-1945); ∞ 1922 Josefine Fischer (geb. 1893), Emigr. GB; *StA:* österr. *Weg:* 1938 GB; 1946 Österr.

Bis 1911 Realschule u. Handelsakad. Wien. 1911-26 Bankbeamter Österreichische Länderbank. 1919 SDAP. 1927-34 Red. *Das Kleine Blatt.* 1934-38 Mitgl. illeg. RSÖ (Deckn. u.a. Pelz), 1936-März 1937 Red. *Nachrichten-Dienst;* Lebensunterhalt durch Gelegenheitsarb. 1937 Besuch in GB. Mai 1938 mit gültigem Paß nach London, Büroangest.; Jan. 1940 Mitgr. *Austrian Labour Club,* Kassier u. VorstMitgl.; Apr. 1941 Mitgl. *Londoner Büro der österreichischen Sozialisten in Großbritannien* (LB) mit beratender Stimme. Als Wirtschaftsexperte des LB Verf. der planwirtschaftl. orientierten ökonom. Nachkriegskonzeption der österr. Sozialisten in GB. Mitarb. BBC, Radiovorträge nach Österr. Ende 1943 Mitgl. Wirtschaftskommission des *Austrian Representative Committee* (→ Franz Novy). 1946 von SPÖ nach Wien zurückgerufen. 1946-60 Wirtschaftsred. *Arbeiter-Zeitung,* Chefred. *Das Kleine Blatt,* ab 1946 Mitgl. Wirtschaftskommission der SPÖ. Mitarb. *Arbeit und Wirtschaft* u. *Die Zukunft.* Ab 1952 GenRat u. Berater Österreichische Nationalbank. 1960-63 stellv. VorstVors. Girozentrale der österr. Sparkassen. AR-Mitgl. Tauernkraftwerke AG. - *Ausz.* Gr. Silbernes Ehrenzeichen für Verdienste um das Land Wien; Ehrensenator Hochschule für Welthandel Wien; 1974 Stiftung Karl-Ausch-Preis für Wirtschaftspublizistik durch *Arbeitskreis Benedikt Kautsky.*

W: u.a. Michael, Karl, Das Linzer Parteiprogramm. Ein Leitfaden für einen Kurs. Wien 1927; The Habsburgs Never Again! London (London Bureau of the Austrian Socialists in Great Britain) 1943; Austria. Conditions of Prosperity. Ebd. 1944; Die Neue Wirtschaft im Neuen Österreich, ebd. 1945; Der Außenhandel in der wirtschaftlichen Entwicklung Österreichs. 1948; Europäische Wirtschaftsplanung. (an.) 1950; Unser Erdöl. 1956; Fischer, Karl Michael, Verdient und ausgegeben. Betrachtungen über Budget und Volkseinkommen. 1961; Dein Schilling darf nicht kleiner werden! 1962; Erlebte Wirtschaftsgeschichte. Österreichs Wirtschaft seit 1945. 1963; Licht und Irrlicht des österreichischen Wirtschaftswunders. 1965; Als die Banken fielen. Zur Soziologie der politischen Korruption. 1968; zahlr. Beiträge in Sammelwerken u. in Zs. *L:* Buttinger, Beispiel; Wisshaupt, RSÖ; Bibliogr. Karl Ausch. In: Archiv. Mitteilungsblatt VfGdA 1974/2; Maimann, Politik. *D:* VfGdA. *Qu:* Arch. Fb. Hand. Publ. Z. - IfZ.

Auslander, Friedericke Fedora, Dr.phil., Dr.med., Dr.pharm., Chemikerin, Pharmakologin; geb. 6. Jan. 1900 Wien; jüd.; ∞ Josef Lowy (1938 [?] umgek. KL), Dr.phil., jüd., Anglist; *K:* Edith Wood, B.A. London Univ., jüd.; *StA:* österr., IL. *Weg:* 1935 Pal.

Stud. Chemie, Med. u. Pharmakologie Wien u. Heidelberg, Mitgl. *Verband Sozialistischer Studenten Österreichs;* Ltr. Labor der österr. Heilmittelstelle. 1935 Emigr. Palästina mit AI-Zertifikat, 1935-72 Mitgl., wiss. u. techn. Dir. der pharmazeut. Fabrik Hillel, Mitgr. Industriesektion der *Fédération Internationale Pharmaceutique,* 1953 Gr., Ratsmitgl., Vors. *Internat. Fed. of Univ. Women* in Haifa, Mitgl. *Royal Soc. of Chem.* London. Lebte 1977 in Haifa.

Qu: Fb. - RFJI.

Avgar, Mordechai (urspr. Ettinger, Max), Diplomat; geb. 31. Mai 1918 München; jüd.; *V:* Dr.phil. Josef Ettinger (geb. 1877 Mohilev/Rußl.), 1933 Emigr. Pal.; *M:* Sima (geb. 1884 Bobroisk/Rußl.), 1933 Emigr. Pal.; *G:* Esther Herlinger (geb. 1909 Bobroisk), Lehrerin, 1933 Emigr. Pal.; ∞ Shoshana (geb. Kiew), Lehrerin; *K:* Yael (geb. 1941 Tel Aviv), Ruth (geb. 1944 Jerusalem), Amos (geb. 1946 Jerusalem), Joel (geb. 1951 Jerusalem); *StA:* staatenlos, Pal./IL. *Weg:* 1933 Pal.

Oberrealschule, Mitgl. *Kadimah* u. J.P.D.; 1933 Emigr. Palästina, 1933-36 landwirtschaftl. Lehre, 1934 *Haganah*, 1936 Mitgl. *Histadrut*, 1936-39 Landwirt, 1948-49 MilDienst IDF, 1950-58 im Finanzmin. Jerusalem; seit 1958 im Außenmin., 1960-71 isr. Gesandter in Nepal, 1977 Botschaftsrat im Range eines Gesandten in Rumänien. Freimaurer.

Qu: Fb. - RFJI.

Aviad, Yeshayahu (urspr. Wolfsberg, Oscar), Dr. med., Verbandsfunktionär, Diplomat; geb. 26. Sept. 1893 Hamburg, gest. 1. Aug. 1957 Bern; jüd.; *V:* David A.; *M:* Gittel, geb. Horowitz; ∞ 1920 Sarah Gewürzmann; *K:* Eyal (Ittamar), Röntgenspezialistin; Jehudith L.; Jacob. *Weg:* 1933 Pal.

Stud. Med. Heidelberg, Würzburg u. Berlin; im 1. WK MilArzt, 1919-33 Kinderarzt in Berlin u. Hamburg, bis 1923 Hg. der Wochenzs. *Jüdische Presse*, Mitgl. des Zentralausschusses, 1926-33 Präs. der Landeszentrale des *Misrachi*, VorstMitgl. der ZVfD, Mitgl. Zentralausschuß der zion. Arbeiterorg. *Hapoel Hazioni*, VorstMitgl. jüd. Gde. Berlin, Mitgl. VerwRat der *Jew. Agency*, Berater für jüd. Angelegenheiten beim dt. Auswärtigen Amt. 1933 Emigr. Palästina mit Familie, Kinderarzt bei Kuppat Holim, 1944-45 Teiln. Emergency Conference des WJC, 1947-48 Mitgl. Beratungskomitee der Exekutive der *Jew. Agency* in Lake Success/N.Y.; 1948-49 isr. Botschafter in den skandinav. Ländern, 1951 Vortragsreise für *Jew. Agency* in die USA, 1956-57 Botschafter in der Schweiz, 1954 Mitgr., AR-Mitgl. u. Mitgl. Forschungs- u. Publikationsausschuß des LBI, Mitgr. u. relig. Ltr. des Jugenddorfes Kefar haNoar haDati bei Haifa. ZK-Mitgl. *HaPoel haMizrahi*, DirMitgl. öffentl. Bildungsinst. Mosad haRav Kook des *Mizrahi*, Vorst. des *Brit Ivrit Olamit* der World Hebr. Union, Vorst. der *Jew. Agency* u. der zion. Org. *Keren Hayessod*.

L: Tirosh, Y., Shai leYeshayahu (Geschenk für Yeshayahu, Festschrift zum 60. Geburtstag, mit Bibliogr.). 1955; E.J.; LBI Yearbook II. 1957. *Qu:* EGL. Hand. Publ. Z. - RFJI.

Avidan, Shimon (urspr. Koch, Simon), Offizier, Politiker; geb. 7. Febr. 1911 Lissa/Posen; *V:* Joseph Koch (geb. Lissa), Handwerker, bis 1939 in Deutschland; *M:* Martha, geb. Dzialoszynski (geb. Kempen/Posen), bis 1939 in Deutschland; *G:* Hana Ilsar (geb. 1908 Lissa), Pädagogin, 1933 Emigr. Pal., Mitgl. Kibb. Kefar Ruppin-Bet Shan; → Uri Kochba; ∞ Sara Kahan. *Weg:* 1933 Pal.

1933 Emigr. Palästina; 1936-39 Dienst in *Haganah*, 1940-45 Palmaḥ-Bataillon, 1945-47 Org. von D.P.-Lagern in Deutschland, 1948-50 IDF, Kommandeur Givati-Brigade (Oberstlt.). Ab 1969 GenSekr. HaKibb. haArẓi haShomer haẒair. ZK-Mitgl. *Mapam*.

Qu: Hand. Pers. - RFJI.

Avidar (urspr. Wroclawski), **Abraham**, Jugendfunktionär, Diplomat; geb. 5. Dez. 1918 Klodawa/Posen; jüd.; *V:* Avigdor Wroclawski (geb. 1889 Turka/Galizien, umgek. KL Auschwitz), jüd., 1930 Übersiedlung nach Danzig, 1938 nach PL; *M:* Sara, geb. Prost (geb. Klodawa, umgek. KL Auschwitz), jüd., 1930 Übersiedlung nach Danzig, 1938 nach PL; *G:* David (geb. 1916 Klodawa, verschollen in der UdSSR); Mira Czeresnia (geb. 1919 Klodawa), 1948 Emigr. IL; Leiser (geb. 1923 Danzig, umgek. im Holokaust); Schmuel (geb. 1930 Danzig, umgek. im Holokaust); ∞ Malka Kastner (geb. 1927 Montreal), 1948 nach IL, Lehrerin; *K:* Giora (geb. 1952); Raanan (geb. 1958); Zafrira (geb. 1963); *StA:* PL; IL. *Weg:* 1939 GB, 1947 Pal.

1936 Abschluß Handelsschule Danzig, 1936-37 kaufm. Angest. in Danzig, 1938 landwirtschaftl. Hachscharah in Schöneberg bei Danzig, 1938-39 kaufm. Angest. in Danzig u. Gdingen, gleichz. 1937-39 Sekr. u. VorstMitgl. *Habonim* u. *Hechaluz* Danzig. Apr. 1939 Emigr. GB (Visum durch *Hechaluz* London), 1939-40 landwirtschaftl. Ausbildung in Hachscharah-Zentrum Tingrith/Bedfordshire, 1941 Mechaniker in London, Teilzeitstud. London Univ., aktiv in *Habonim*, 1942-43 Jugendltr. in Farmkolonie Kempsey/Worcestershire, Instrukteur bei *Youth Aliyah*, Vertr. von *HeḤaluz* u. *HaBonim*, 1944-45 Jugendltr. in Glasgow, 1946-47 Angest. bei *Hechaluz* London, Mitarb. in Org. für illeg. Emigr. nach Palästina. Ps. Vrotz. 1947 illeg. Emigr. Palästina, Mitgl. *Haganah*, 1947-58 Mitgl., Jugendltr., Lehrer u. Schulltr. im Kibb. Galed, gleichz. 1951-53 Stud. Hebr. Univ., B.A.; 1958-61 Sekr. isr. Botschaft in Polen, 1961-62 Chefassist. der US-Abt., 1962 auf „good will"-Mission in USA, 1962-63 stellv. Sprecher des Außenmin. in Jerusalem, 1963-64 Berater für Erziehungswesen, 1969-70 ltd. Berater für pol. Angelegenheiten bei der Botschaft in New York, 1966-69 GenKonsul in Chicago, 1969-70 Gesandter an der Botschaft in Washington/D.C., 1970-73 Sprecher u. Dir. Presseabt. in Jerusalem, 1973-75 stellv. GenDir., seit 1975 Botschafter u. GenInspekteur israel. Außenmin. Lebte 1976 in Jerusalem.

Qu: Fb. Hand. - RFJI.

Avimor, Shimon (urspr. Schwarz, Erich), Diplomat, Archivar; geb. 1. Aug. 1913 Frankfurt/M.; jüd.; *V:* Hermann Schwarz (geb. 1885 Frankfurt/M.), jüd., höhere Schule, 1936 Emigr. Pal. mit Ehefrau u. jüngerem Sohn; *A:* Haifa; *M:* Elisabeth Karoline (Else), geb. Steinberg (geb. 1889 Köln), jüd., *A:* Haifa; *G:* Helmut Victor (geb. 1926 Frankfurt/M.), 1936 Emigr. Pal., Geschäftsm. in München; ∞ Rahel Yanovsky (geb. 1915 Jerusalem), Lehrerin; *K:* Yizraela (geb. 1944 Jerusalem), Lehrerin; Yaakov (geb. 1946 Jerusalem), RA; *StA:* deutsch; IL. *Weg:* 1933 Pal.

1932 Abitur Frankfurt/M., 1925-26 Mitgl. *Blau-Weiß* u. 1926-32 *Kadimah;* kaufm. Lehre, Angest. in Buchhandlung. 1933 Emigr. Palästina mit Besuchervisum, illeg. Aufenthalt bis 1948, Arbeit in Buchhandel u. Leihbibliothek. 1935-40 Stud. jüd. Gesch. u. Phil., 1940 M.A. Hebr. Univ. Jerusalem. 1941-62 Buchimporteur, 1948-49 IDF-Dienst (Lt.). Seit 1962 im isr. Außenmin., 1962 1. Botschaftssekr. Dakar/Senegal u. Konsul für Gambia, 1965-68 Botschafter Libreville/Gabun, 1968-72 Archivdir. im Außenmin., Mitgl. Higher Council for Archives, 1972 Botschafter Kambodscha u. Laos. Mitgl. *B'nai B'rith*. Lebte 1974 in Jerusalem.

W: The National Idea in the Works of French and German Philosophers at the End of the Eighteenth Century. 1940. *Qu:* Fb. Hand. - RFJI.

Avissar (Abisar), **Eitan** (urspr. Friedmann, Sigmund [von]), Offizier; geb. 19. Nov. 1892 Sambor/Galizien, gest. Jan. 1964; jüd.; *V:* Moritz Edler v. F.; *M:* Karoline, geb. König; ∞ 1922 Sidonia Blinzer; *K:* Rita Laron. *Weg:* 1933 Pal.

Bis 1913 MilAkademie in Wien, 1914-23 Offz., zuletzt Hptm., 1923-38 Industrieberater, ab 1926 Stud. Hochschule für Welthandel. 1934-38 Vors. *Bund Jüdischer Frontsoldaten Österreichs*, 1935-40 Vors. *Weltbund Jüdischer Frontsoldaten*. 1938 nach Anschluß Österr. Verhaftung, Aug. 1938 Entlassung, trotz Affidavit für USA nach Palästina, Aufnahme in den neugegr. GenStab der *Haganah*, Chef Operations- u. Planungsabt.; 1939-45 Kriegsberichterstatter einer großen Tageszts.; 1943 kurzfristig stellv. GenStabschef der *Haganah*. Ab 1948 Präs. Oberster MilGerichtshof, Brigadegen. IDF, später GenMajor u. GenLt. - 1954 Pensionierung. Mitgl. Freimaurer. - *Ausz.:* 1956 Dov-Hoz-Preis der Stadt Tel Aviv.

W: HaEstrategiyah haGevohah bettitgashmutah (Hohe Strategie und ihre Ausführung). 1949; 2500 Shenot Taktikah (2500 Jahre Taktik). 1950^2; Milḥamot Yehudah Makkabi (Die Kriege des Judas Makkabäus). 1956; Mitarb. Encyclopaedia Haivrit; Aufs. über militärwiss. Themen. *Qu:* Arch. Hand. - IfZ.

Avner, Gershon (urspr. Hirsch, Günter), Diplomat; geb. 5.Nov. 1919 Berlin; *V:* Arthur Hirsch (geb. 1885 Linz/Rhein), Fabrikant, 1933 Emigr. Pal.; *M:* Else, geb. Deutsch (geb. 1892 Berlin), Kindergärtnerin, 1933 Emigr. Pal.; *G:* Alisah (urspr. Monica) Dubowski (geb. 1924 Berlin), 1933 Emigr. Pal.; ∞ 1950 Yael (urspr. Lotte) Vogel (geb. 1924 Mainz); *K:* Michael (geb. 1955 London); Ruth (geb. 1958 Jerusalem); Dan (geb. 1962 Oslo); *StA:* deutsch; Pal./IL. *Weg:* 1933 Pal.

Gymn. Berlin. 1933 Emigr. Palästina mit Eltern; 1938-39 Stud. Univ. Exeter u. Oxford, 1942 B.A., 1944 M.A. (Pol. u. Wirtschaftswiss.), 1941 Präs. *Oxford Union.* 1942-46 bei der InfoAbt. der *Jew. Agency* in London, 1946-48 *Jew. Agency* in Jerusalem, 1946-48 *Haganah.* 1948-52 Ltr. Westeuropa-Abt. im Außenmin., 1952-53 Chargé d'Affairs in Budapest u. Sofia, 1953-57 Botschaftsrat in London, 1957-63 Ltr. US-Abt., 1962-63 Botschafter in Norwegen, 1963-67 Botschafter in Kanada, 1968-71 stellv. GenDir. für Europa-Fragen; 1971-74 Dir. im Office of the Commissioner for Complaints from the Public (Ombudsman), 1974-77 Sekr. der isr. Reg., 1977 Wahl zum Präs. der Univ. Haifa.

Qu: Fb. Hand. Z. - RFJI.

Avnery, Uri (urspr. Ostermann, Helmut), Journalist, Politiker; geb. 10. Sept. 1923 Beckum/Westf.; *V:* Alfred Ostermann (geb. 1888 Beckum, gest. 1950), höhere Schule, Bankier, Zion., 1933 Emigr. Pal., Wäschereiarb. in IL; *M:* Hilda, geb. Engelstein (geb. 1894 Stuttgart), 1933 Emigr. Pal.; *G:* Jenny (geb. 1914), 1933 Emigr. Pal.; Ruth (geb. 1918), 1933 Emigr. Pal.; Werner (geb. 1920, gef. 1941), 1933 Emigr. Pal., brit. Mil-Dienst; ∞ 1957 Rachel Grünbaum (geb. 1932 Berlin), 1933 Emigr. Pal., B.A. (Psychologie); *StA:* deutsch, IL. *Weg:* 1933 Pal.

1933 Emigr. Palästina mit A I-Zertifikat, 1934-37 Schulbesuch; Aktivität in Revisionistenbewegung, 1938-41 Mitgl. *Irgun Zevai Leummi,* 1946 Gr. Jugend-MilOrg. *BaMaavak,* 1947 *Haganah,* 1948 als Feldwebel Kommandeur Samson's Foxes. 1949-50 RedMitgl. Tageszts. *Haaretz,* ab 1950 Chefred. Illustrierte *HaOlam haZeh;* Mitarb. pol. Gruppe *HaPeullah haShemit* zus. mit Nathan Yellin-Mor, 1965 Parteigr. *Haolam hazeh (Neue Kraft,* später MERI), 1965-73 M.K. (6. u. 7. Knesset), 1977 Wiederwahl (9. Knesset) als Vertr. *HaOlam haZeh - Koah Hadash (Diese Welt - Neue Kraft).*

W: BiSedot Peleshet (Auf den Feldern der Philister). 1949 (span. Übers. Los Zorros de Sanson. Diario de la guerra de Israel. 1951; jidd. Übers. Oyf di felder fun Negev. 1951); HaZad haSheni shel haMatbea (Die andere Seite der Medaille). 1950; Zelav haKeres (Das Hakenkreuz). 1961; Israel without Zionists. A Plea for Peace in the Middle East. 1968 (hebr. Übers. Milḥemet haYom haShevii. 1969; franz. Übers. Israel sans Sionisme. 1969); *L:* Reubeni, A., „HaZad haSheni" vesifrut „Al Het". 1951; Becher, A., HaHiddon: Uri Avnery. 1968. *Qu:* Fb. Hand. - RFJI.

Avriel (urspr. Uiberall), **Ehud,** Diplomat, Politiker; geb. 19. Okt. 1917 Wien; jüd.; *V:* Israel Uiberall (geb. 1883 Prag, gest. 1947 Jerusalem), jüd., Fabrikant, Zion., 1938 Emigr. Pal.; *M:* Helene, geb. Segel (geb. 1883 Lemberg/Galizien, gest. 1951 Jerusalem), jüd., Lehrerin, Zion., 1938 Emigr. Pal.; *G:* Mela Elami (geb. Wien), Lehrerin, 1938 Emigr. Pal.; Chagai (geb. 1922 Wien, gest. 1972), 1938 Emigr. Pal., KibbMitgl.; ∞ 1940 Hannah Elisasberg (geb. 1920 München), 1938 Emigr. Pal., KibbMitgl.; *K:* Dina (geb. Haifa), Lehrerin in IL; Dorit (geb. Nahariyyah), Tätigkeit im isr. Fremdenverkehrswesen; Ruth (geb. Tiberias); Atalia; *StA:* österr.; IL. *Weg:* 1939 Pal.

Gymn., Stud. Wien, Umschulung als Tischler. 1939 Emigr. Palästina mit C-Zertifikat, 1939 Mitgr. Kibb. Neot Mordekhai. Im 2. WK *Haganah,* 1942-44 bei Hilfsorg. für europ. Juden der *Jew. Agency* in Istanbul, 1944-47 Mitarb. *Alijah Bet* (Org. für illeg. Einwanderung), 1948 Waffenankauf im *Haganah*-Auftrag in der ČSR, Durchführung illeg. Waffenimporte nach Palästina über die Türkei. 1948 an der isr. Botschaft in Prag u. Budapest, 1950-51 in Bukarest, 1951-52 GenDir. im Büro des Premiermin., 1952-53 GenDir. im isr. Schatzamt. 1953-75 Vors. Kiryat Shemonah Development Corp.; 1955-57 M.K. (3. Knesset), *Mapai.* 1957-60 Botschafter in Ghana u. Liberia, 1960-61 im Kongo, Förderer der isr.-afrikan. Beziehungen; 1961-65 Ltr. Afrika-Abt. im Außenmin., 1965-68 Botschafter in Italien u. Malta, 1969-74 Vors. Aktionskomitee beim Zion. Kongreß, 1972-75 Berater im Außenmin., ab 1975 GenKonsul in Chicago, 1978 Ambassador-at-Large im Außenmin.; Mitgl. *Hakibbuz hameuhad* (später *Ihud hakibbuzim). - Ausz.:* Legion d'honneur der Zentralafrikanischen Republik, Grand Master of the Black Tigers of Liberia.

W: Open the Gates. A Personal Story of Illegal Immigration to Israel. 1975. *L:* LaPierre, Dominique, O Jerusalem. 1972; Meir, Golda, My Life. 1975; Kimche, J./Kimche, D., The Secret Roads: The „illegal" Immigration of a People, 1938-1948. 1954 (dt.: Des Zornes und des Herzens wegen, 1956). *D:* Hebr. Univ. *Qu:* Fb. Hand. Z. - RFJI.

Axen, Hermann, Parteifunktionär; geb. 6. März 1916 Leipzig; *V:* Rolf A. (umgek. im KL), Handelsvertr.; *G:* Rolf (Rudolf) (1912-33), Schlosser, 1926 SAJ, 1928 KPD, 1932-33 PolSekr. KPD-Unterbez. Oberlausitz, 1933 ZK-Instrukteur für Ostsa., Herbst 1933 OrgLtr. der neugeschaffenen BezLtg. Dresden, 17. Okt. 1933 in Haft ermordet(?); ∞ verh.; *K:* 2; *StA:* deutsch. *Weg:* 1938 F; 1942 Deutschland.

Realgymn.; 1928 *Kinderfreunde,* 1932 KJVD. 1933-35 illeg. Tätigkeit in Leipzig. Okt. 1935 3 J. Gef., bis 1938 Zuchth. Zwikkau, anschl. nach Frankr.; Mitgl. FDJ Paris, 1940-42 Internierung Le Vernet. 1942-44 Zwangsarb. Kohlegruben Jawischowitz (KL Auschwitz), 1942 Mitgl. KPD-Lagergruppe. 1945 KL Buchenwald. Nach Befreiung Vors. Landesjugendausschuß Sachsen, ab Dez. Ltr. Org.- u. Kaderabt. Zentraler Jugendausschuß der SBZ. 1945 FDGB, 1946 SED u. Mitbegr. FDJ. 1946-49 OrgSekr., anschl. AgitpropSekr. Zentralrat der FDJ u. RedMitgl. *Junge Generation.* 1949-53 Ltr. Abt. Agitation beim PV bzw. ZK der SED, ab 1950 Mitgl. ZK der SED, zeitw. Ltr. ZK-Kaderabt. u. ZK-Sekr. für Agit., 1953-56 2. Sekr. SED-BezLtg. Groß-Berlin; ab 1954 MdVK (bis 1963 Berliner Vertr., 1967-71 stellv. Vors. u. ab Nov. 1971 Vors. Ausschuß für Auswärtige Angelegenheiten). 1956-66 Chefred. *Neues Deutschland* Berlin (Ost), 1963-67 StadtVO. Berlin (Ost), ab 1963 Kand. PolBüro des ZK der SED, ab 1964 Vizepräs. *Deutsch-Belgische Gesellschaft in der DDR,* ab 1966 ZK-Sekr. für Internat. Verb., ab Dez. 1970 Mitgl. PolBüro des ZK der SED. Lebte 1978 in Berlin (Ost). - *Ausz.:* u.a. 1956 VVO (Silber), 1957 Franz-Mehring-Ehrennadel, 1958 Med. für Kämpfer gegen den Faschismus 1933-1945, 1960 Banner der Arbeit, 1965 Held der Arbeit, 1966 VVO (Gold), 1969 Ehrenspange zum VVO (Gold).

L: Stern, Porträt; ders., Ulbricht; Hochmuth/Meyer, Streiflichter; Schreier, Kampf; Lippmann, Heinz, Honecker. 1971; Kraushaar, Deutsche Widerstandskämpfer; Dasbach-Mallinckrodt, Anita, Wer macht die Außenpolitik der DDR? 1972. *Qu:* Arch. Hand. Publ. - IfZ.

Azania, Baruch (urspr. Eisenstadt, Boris), Dr.jur., Lehrer, Politiker; geb. 18. Sept. 1905 Pinsk/Rußl.; jüd.; *V:* Samuel Eisenstadt (geb. 1863 Rußl., gest. 1923 Danzig), jüd., Kaufm.; *M:* Zippora Jehudit, geb. Finkelstein (geb. 1865 Rußl., gest. 1945 Tel Aviv), jüd., 1936 Emigr. Pal.; *G:* Luba (geb. 1884 Rußl.), 1940 Emigr. Mauritius, 1945 Pal.; Michael (geb. 1890 Rußl., gest. 1930 Danzig), Zahnarzt; Benzion (geb. 1895 Rußl., gest. 1970 Tel Aviv), Kaufm., 1938 Emigr. Pal.; Moshe (geb. 1897 Rußl., gest. 1966 Moskau), Bibliothekar; Victor Eshet (geb. 1899 Danzig, gest. 1967 Haifa), Beamter, 1933 Emigr. Pal.; ∞ 1937 Toni Simon (geb. 1910 Bingen/Rhein), jüd., 1937 Emigr. Pal., Mitgl. Kibb. Glil Yam, Stud. Hebr. Univ., Lehrerin, Schuldir.; *StA:* russ., deutsch, Pal./IL. *Weg:* 1933 Pal.

Stud. Rechtswiss. Danzig, Königsberg, Berlin, 1931 Prom., 1931-33 Referendar Berlin u. Danzig; 1926-33 Berater u. Lehrer isr. zion. Jugendorg. *Habonim* u. *Hechaluz,* Gr. u. Vors. *Poale Zion* Danzig, Schriftführer für Deutschland, 1931-33 Vors. *Zion. Org.* Danzig, Schriftführer KKL Königsberg, Deleg. auf zion. Kongreß, Mitgl. *Menorah* u. *Perez-Klub*. 1933 Emigr. Palästina mit Besuchervisum, 1934-35 Lehrer u. Jugendführer in versch. Kibb., 1937-52 Mitgl. Kibb. Glil Yam; 1945-51 Lehrer am Lehrerseminar Givat haSheloshah, 1945-49 SekrMitgl. *Histadrut*, 1948-50 Lehrer Kefar Sabba-Schule, 1949-50 Ltr. Berl Kaznelson Memorial Seminar Kefar Sabba, 1950-51 Lehrer Tikhon Hadash-Schule in Tel Aviv. Ab 1940 Mitgl. ZK der *Mapai*, 1942-45 Sekr. u. Ltr. InfoAbt. *Mapai*, 1951-69 M.K., 1951 VorstMitgl. *Mapai*, 1955-59 u. 1965-69 Vors. Knesset-Planungsausschuß. Ab 1951 Mitgl. Zentralrat KibbVerb. *Ihud haKevuzot vehaKibbuzim*, Mitgl. Kibb. Givat Ḥayyim; 1970-74 Vors. Kontrollausschuß *Histadrut*, zeitw. Jugendltr. *Histadrut*-Jugendabt.; Mitgl. *HaKibb. haMeuḥad, HaNoar haOved* (Arbeiter-Jugendorg.).

W: The Basic Idea of Mapai (Mitverf.). o.J.; Pol. Aufsätze in *Davar (Histadrut*-Ztg.), *HaPoel HaZair* u.a.; Perakim beMishnat B. Kaznelson (Mithg., Die Lehren B. Kaznelsons. Ausgew. Kapitel). 1964/65; El Kibutz. Tres Ideas (Mitverf.). 1966. *D:* Arch. Berl Kaznelson Memorial Seminar in Kfar Sabba. *Qu:* Fb. Hand. - RFJI.

B

Baade, Fritz, Dr. rer. pol., Wirtschaftswissenschaftler, Politiker; geb. 23. Jan. 1893 Neuruppin b. Potsdam, gest. 15. Mai 1974 Kiel; ev.; *V:* Friedrich Wilhelm B. (1848-1911), Seminardir.; *M:* Anna Luise Friederike, geb. Wolff (1860-1955), Lehrerin; *G:* Dr. Konrad B. (geb. 1894), Zahnarzt; Paul (1896-1945), Pfarrer *(Bekennende Kirche)*, von den NatSoz. verfolgt; ∞ I. 1918-28 Cora Elisabeth Neef (1897-1970); II. 1929 Edith Theodora Wolff (geb. 1897), Redakteurin; *K:* Aenne Laqueur (geb. 1919), Peter (geb. 1921), Hans-Wolfgang (geb. 1929); *StA:* deutsch. *Weg:* 1934 TR; 1946 USA; 1948 Deutschland (BBZ).

Gymn. Schulpforta, Stud. klass. Philologie, Kunstgesch., Theol., Med., Volkswirtschaft, u. a. bei Prof. Areboe, in Göttingen, Berlin, Heidelberg u. Münster. 1922 Prom. Göttingen. 1914-18 Kriegsteiln. (EK). 1919-25 Landwirt. Ab 1915 SPD, 1918/19 Vors.*Arbeiter- u. Soldatenrat* u. StadtVO in Essen. 1925-29 Ltr.*Forschungsstelle für Wirtschaftspolitik* von SPD u. ADGB in Berlin, 1926-28 Mitgl. Enquête-Ausschuß, 1927 Mitverf. Agrarprogr. der SPD. Ab 1928 Doz. für Agrarmarktwesen Univ. Berlin. Ab Frühj. 1929 Ltr. Reichsforschungsstelle für landwirtschaftl. Marktwesen im Reichsernährungsmin., ab Nov. 1929 Reichskommissar bei Deutscher Getreide-Handelsgesellschaft, ab Febr. 1930 Vors. dt.-poln. Roggenkommission. 1930-33 MdR. Mitverf. des sog. WTB-Plans v. Dez. 1931 zur Bekämpfung der Arbeitslosigkeit, 1933 Entlassung aus allen Ämtern; Landwirt. Berufung als Agrarsachverständiger der türk. Reg. durch Vermittlung *Notgemeinschaft deutscher Wissenschaftler im Ausland*. Dez. 1934 mit Genehmigung der Reichsreg. über CSR nach Ankara. 1935-38 im türk. Wirtschaftsmin., 1938-39 Chefberater für Agrarmarktwesen im Landwirtschaftsmin., anschl. bis 1946 freier Wirtschafts- u. Industrieberater Istanbul. Doz. Landwirtschaftl. Hochschule Ankara. Enger berufl. u. pol. Kontakt zu emigr. dt. Wissenschaftlern in der Türkei, u. a. Vermittlung von → Ernst Reuter in Beratergruppe der türk. Reg. Wegen pol. Zurückhaltung in der Öffentlichkeit u. Beziehungen zur dt. Vertretung zeitw. innerhalb der Emigr. umstritten. Intervention der dt. Botschaft gegen geplante Ausbürgerung. Verb. zum Widerstandskreis um Carl Goerdeler im Reich. Aug. 1944-Dez. 1945 Zwangsaufenthalt im Landesinnern, später Ehrenbürger des Internierungsorts Kirzehir. Sept. 1946 USA, Versuche zur Revision der US-Deutschlandpolitik, u.a. zahl. Beiträge in *Neue Volks-Zeitung* New York u. Kampfschrift „Destruction at our Expense" mit Vorw. von Herbert Hoover, die zur Änderung der US-Politik in der Demontagefrage beigetragen haben soll.

Febr. 1948 auf Wunsch Kurt Schumachers als Ordinarius für Wirtschafts- u. Staatswiss. u. Dir. des Instituts für Weltwirtschaft nach Kiel; 1961 emeritiert. 1949-65 MdB, für Westintegration der BRD bei wirtschaftl. Austausch mit dem Osten u. Synthese von planwirtschaftl. u. liberalen Prinzipien auf der Basis des Privateigentums. Ab 1961 Dir. des von ihm gegr. Forschungsinstituts für Wirtschaftsfragen der Entwicklungsländer, Gutachter FAO u. OEEC. U. a. VorstMitgl. *Deutsche Weltwirtschaftliche Gesellschaft* u. *Arbeitsgemeinschaft wirtschaftswissenschaftlicher Forschungsinstitute*, Senator *Fraunhofer-Gesellschaft*, Vors. *Deutsch-Türkische Gesellschaft*, Mitgl. Exekutivausschuß *Deutscher Rat der Europäischen Bewegung*, Mitgl. *Gesellschaft Deutschland-Sowjetunion* u. *Freunde der Hebräischen Universität Jerusalem*.- *Ausz.* 1961 Gr. BVK, 1964 Generalkonsul der Türk. Republik, 1970 Kulturpreis Stadt Kiel, Drs. h. c. Univ. Kiel u. Sevilla.

W: Über 200 wiss. Veröff., s. Das Schrifttum von F. B., in: Gegenwartsprobleme der Agrarökonomie, Festschrift für F. B., 1958. U. a. (mit Christopher Emmet), Destruction at Our Expense. How Dismantling Factories in Germany Helps Inflation in the United States and Sabotages Marshall Plan. With a Foreword by Herbert Hoover. 1948 (dt. 1949); Welternährungswirtschaft. 1956; Weltenergiewirtschaft. 1958; Die deutsche Landwirtschaft im Gemeinsamen Markt. 1958, 1963, 1971; Der Wettlauf zum Jahre 2000 (6. Aufl. 1964, 17 Übers.); ... denn sie wollen satt werden. Strategie des Weltkampfs gegen den Hunger. 1964; Dynamische Weltwirtschaft. 1968; Weltweiter Wohlstand. 1970. *L:* Gegenwartsprobleme der Agrarökonomie, s. o., 1958. *D:* Inst. f. Weltwirtschaft Kiel; LA Berlin; BA. *Qu:* Arch. Fb. Hand. Pers. Publ. Z. - IfZ.

Babel, Kurt, Partei- u. Verbandsfunktionär; geb. 10. Okt. 1897 Liegnitz/Schlesien, gest. 20. Febr. 1968 Prag; ∞ Anna, KSČ-Funktionärin, 1938 GB, 1945 CSR; *StA:* deutsch, 1919 CSR. *Weg:* 1938 GB; 1945 CSR.

Eisenbahner; 1912 Gew., Teiln. 1. WK, russ. Kriegsgef.; nach Rückkehr aktiver GewFunktionär in Nordböhmen, 1925 KSČ, Parteifunktionär in Komotau, 1929-35 Abg. NatVers. der CSR, 1935-38 Kreissekr. der KSČ in Teplitz-Schönau, aktive Unterstützung der KPD-Emigr. in der CSR. Dez. 1938 Emigr. nach GB, Mitgl. *Beuer-Gruppe*, ab Grdg. 1943 Mitgl. *Sudetendeutscher Ausschuß - Vertretung der demokratischen Deutschen aus der CSR*. 1945 Rückkehr in die CSR, Mitarb. des ZK der KSČ u. später des *Ústředni rada odborů (ÚRO* [Zentralrat der Gewerkschaften]) für pol. PropArb. unter Deutschen in der CSR, 1951-62 erster Chefred. der dt.-sprachigen GewZtg. *Aufbau und Frieden* Prag, Entlassung wegen oppos. Haltung gegen die Forcierung der Assimilierungspol. der KSČ gegenüber der dt. Minderheit Anfang der 60er Jahre; ab 1957 Kand. u. ab 1959 Mitgl. des ZK *Svaz československých novinářů* (SČSN [Verband der tschechoslow. Journalisten]). - *Ausz.:* Orden der Republik (CSR).

Qu: Arch. Hand. Publ. Z. - IfZ.

Bach, Alfred, Dr. jur., Rechtsanwalt, Richter; geb. 15. Juni 1902 Tarnowitz/Oberschlesien; *G:* → Yaacov Bach; ∞ Charlotte Hauptmann (geb. 1908 Breslau), Stud. Med., 1933 Emigr. Pal.; *K:* Shoshana Argon (geb. 1931), 1933 Emigr. Pal., höhere Schule; Mirjam Shvili (geb. 1937), höhere Schule; *StA:* deutsch, Pal./IL. *Weg:* 1933 PL; 1936 Pal.

Stud. Rechtswiss. Freiburg/Br., Berlin u. Breslau, 1924 Prom. Breslau. Mitgl. KJV. 1926 Gerichtsreferendar, 1929 Gerichtsassessor. 1930-33 RA am Amts- u. Landgericht in Breslau, 1932 Verteidiger im Strahlheim-Prozeß, Febr. 1933 Haussuchung, Mai 1933 Berufsverbot. Mai 1933 Emigr. nach Polen, 1933-36 Mitarb. des Transfer- u. Ausw.-Beratungsbüros in Tarnowskie-Góry. Febr. 1936 Emigr. nach Pal. mit A I-Zertifikat. Jur. Stud., 1937 Prüfung für ausländ. Anwälte, in RA-Büro in Haifa tätig, ab 1940 eigene Praxis. Ab 1936 Mitgl. *Haganah*, Hilfspolizist. 1936-42 Mitgl., später ehrenamtl. Schatzmeister u. Präs. des zur Ansiedlung von dt. Juden in Kiryat Bialik b. Haifa gegr. VerwKomitees. 1948-50 Berater u. Ltr. der Rechtsabt. beim Verwaltungsamt für herrenloses Eigentum in Haifa

u. im nördl. Distrikt. 1949-50 Mitgl. der 1. Zivilverw. in Akko. 1950-65 Richter am Amtsgericht in Haifa u. Präs. des Sondergerichts gegen Preistreiberei Haifa. Mitgl. Isr. Anwaltskammer, *Ass. Internat. de Droit Pénal* u. *Rotary Club* Kishon. Lebte 1978 in Haifa. - *Ausz.:* Brit. War Medal, Unabhängigkeits-Orden, Haganah-Medaille.

W: Das Kündigungsrecht des Betriebsrätegesetzes im Verhältnis zum bürgerlichen Recht (Diss.). Breslau 1924. *Qu:* Fb. Pers. - RFJI.

Bach, David Josef, Dr. phil., Publizist, Politiker; geb. 13. Aug. 1874 Lemberg/Galizien, gest. 1. Febr. 1947 London; Diss.; *V:* Eduard B. (1846-1892), Buchhalter, Hutmacher; *M:* Henriette, geb. Nelken (geb. 1846); *G:* Dr. Max Jakob B. (geb. 1871), sozdem. Politiker u. Publizist, langjähriger England-Korr. *Neue Freie Presse;* Eveline (Eva) Schönberg; Martin (1883-1955), Emigr. u. a. CH; Benno (geb. 1885, gef. im 1. WK); ∞ 1906 Gisela Cohn (1865-1953), Emigr. GB; *Weg:* 1938 (?) GB.

Höhere Schule in Wien, aus dieser Zeit enge Freundschaft mit Arnold Schönberg. Stud. Philologie u. Philosophie Wien; musikal. Aktivität. 1897 Prom., anschl. freier Schriftst. u. Journ., Mitarb. *Arbeiter-Zeitung, Die Zeit* u. *Neue Freie Presse.* SDAP. Ab 1904 Red. *Arbeiter-Zeitung*, ab 1905 Org. der Arbeiter-Sinfonie-Konzerte, ein gegen den Widerstand des PV der SDAP durchgesetzter Versuch, der ArbBewegung bürgerliche Kunst u. Kultur zu erschließen; Förderer junger u. avantgardist. Künstler; beeinflußt von Richard Wagner u. Gustav Mahler. 1918-33 als Nachf. von Engelbert Pernerstorfer Feuilletonchef *Arbeiter-Zeitung.* 1919 sozdem. Mitgl. der österr. Deleg. bei Friedensverhandlungen von St. Germain. 1919 neben → Josef Luitpold Stern Gr. u. bis 1933 Ltr. *Sozialdemokratische Kunststelle,* die mit Unterstützung der Wiener Stadtverw. künstlerische Veranstaltungen für Arbeiter u. Angest. organisierte. 1926-33 Hg. der Zs. *Kunst und Volk.* Ende 1933 Rückzug aus dem Berufsleben. 1938 od. 1939 nach USA-Reise Emigr. nach London. 1940 neben → Josef Otto Lämmel Gr. *Vereinigung österreichischer Journalisten in England.* Mitgl. *Austrian Labour Club*, bis zu seinem Tod Org. u. Ltr. künstlerischer Veranstaltungen.

W: Der Kugelmensch. Die Filmfläche: Phantasien und Gedanken. Wien u. Leipzig 1938. *L:* Maimann, Politik; Kotlan-Werner, Henriette, Kunst und Volk. David Josef Bach 1874-1947. 1977. *Qu:* Arch. Biogr. Publ. Z. - IfZ.

Bach, Gabriel, Staatsanwalt; geb. 13. März 1927 Halberstadt; jüd.; *V:* Victor B., jüd.; *M:* Erna, geb. Benscher, jüd.; ∞ 1955 Ruth Arazi, jüd.; *K:* Orli, Jonathan, Michael. *Weg:* 1940 Pal.

1946-47 Stud. Hebr. Univ., 1947-50 London Univ., 1950 LL. B.; 1950 Zulassung als RA, Lincoln's Inn, London. 1951-53 Hptm. IDF; 1953-56 Hilfsbeamter der Staatsanwaltschaft, 1959-69 stellv. Staatsanwalt, ab 1969 Staatsanwalt im isr. Justizmin.; 1960 Rechtsberater isr. Regierung, Beteiligung an Ermittlungsverfahren im Eichmann-Prozeß, später Mitgl. der Anklagevertrg. - Mitgl. *B'nai B'rith.* Lebte 1976 in Jerusalem.

Qu: Hand. - RFJI.

Bach, Julius Max, Dr. phil., Rabbiner; geb. 1872 Wien, gest. 28. Nov. 1946 New York; ∞ 1906 Adele Fuchs (gest. 1946 New York), Mitgl. versch. Frauen- u. Wohlfahrtsorg. in Wien, 1939 Emigr. USA; *K:* Margaret. *Weg:* 1939 USA.

1895 Prom. Wien; 1893-97 Stud. isr. Theol. Lehranstalt Wien, Rabbinerexamen, Stud. Rabbinerseminar Berlin. 1899-1939 Rabbiner an versch. Syn. in Wien. März 1939 Emigr. USA über GB mit Ehefrau, Rabbiner Am. Congr. of Jews from Austria New York; RedMitgl. *Aufbau.*

W: Die Ahigar-Sage bei den Syrern. (Diss.) 1895; Art. in *Aufbau* New York. *Qu:* Z. - RFJI.

Bach, Yaacov (urspr. Karl Adolf), Dr. jur., Ministerialbeamter, Agrarexperte; geb. 18. Nov. 1911 Tarnowitz/Oberschlesien; jüd.; *V:* Elias B. (geb. 1869 Myslowitz/Oberschlesien, umgek. KL Auschwitz), jüd., Kaufm., VorstMitgl. jüd. Gde. Tarnowitz; *M:* Jenny, geb. Panofsky (geb. 1881 Tarnowitz, umgek. KL Auschwitz), jüd.; *G:* → Alfred Bach; Elfriede Weiss (geb. 1904 Tarnowitz); Gertrud Hirschmann (geb. 1906 Tarnowitz); ∞ 1934 Judith Sandler (geb. 1910 Breslau), jüd., Lehrerin, 1933 Emigr. Pal.; *K:* Immanuel (geb. 1936 Haifa), jüd., Ing.; Gideon (geb. 1942 Haifa), jüd., Volkswirt; *StA:* deutsch; Pal./IL. *Weg:* 1933 Pal.

1929-33 Stud. Rechts- u. Staatswiss. Freiburg, Berlin u. Breslau, 1933 Prom. Freiburg, Mitgl. K. J. V.; 1933 Emigr. Palästina mit B III-Zertifikat, 1933-34 landwirtschaftl. Ausbildung, 1934-48 Landwirt in Kefar Bialik. 1933-49 *Haganah,* 1949-50 IDF. 1948-51 Ltr. Abt. Planung u. Versorgung im isr. Landwirtschaftsmin., 1952-53 AbtDir. für US-Grant-in-Aid im Finanzmin.; 1953-61 Ltr. Abt. Agrar- u. Genossenschaftskredit der Bank Leumi-le Israel, 1962-63 Ltr. Abt. für Geschäftsentwicklung in der Zentrale Bank Leumi. AR-Mitgl. der Landwirtschaftsbank Ozar Lehaklaüt, 1963 GenDir. General Mortgage Bank. 1934-48 Mitarb. bei regionalen u. nationalen Gewerkschaften, 1954-55 Vors. öffentl. Untersuchungsausschuß für Preisspannen u. landwirtschaftl. Absatz, 1957 StudReise Westeuropa, 1960-61 Mitgl. öffentl. Sonderausschuß für Fleischversorgung. 1954-60 Doz. für Agrarwirtschaft in Tel Aviv, 1956 Seminarltr. Kaplan School in Washington/D.C., 1957-59 Vortragstätigkeit am Ruppin Inst., 1959-61 über Handel- u. Handelsbilanz an der Hebr. Univ., Zweigstelle Tel Aviv, 1959-65 Mitarb. eines isr.-schweiz. Projekts im Bereich Sozialforschung u. Wirtschaftspolitik. Kuratoriumsmitgl. Land Use Research Inst., Horowitz Inst. for Research of Developing Countries an der Univ. Tel Aviv, Vorst-Mitgl. *Israel Technion Soc.;* seit 1977 Ruhestand. Mitgl. Isr. Krebs-Gesellschaft.

W: Die Gemüsevermarktung in Israel (Neukolonisation und Marktentwicklung). 1958; zahlr. Artikel über Agrarprobleme u. Wirtschaftspolitik in hebr. u. engl. Fachzs. 1955-59. *Qu:* Fb. Hand. - RFJI.

Bachman, Ilse, geb. Rosenfeld, Politikerin; geb. 9. Mai 1924 Nürnberg; *V:* Fred Rosenfeld; *M:* Steffie; ∞ 1942 Dr. Henry B.; *K:* David Stanley, Thomas Michael, Barbara June Bronson, James Jonathan; *StA:* deutsch, 1944 USA. *Weg:* 1939 USA.

1939 Emigr. USA, höhere Schule in New York, 1958-59 Fernstud. Univ. Chicago. Ab 1962 Mitarb. *Democratic Party,* 1962-64 Mitgl. Zentralausschuß von Ohio, 1964 Deleg. des Parteikonvents, 1966 Mitgl. Wahlkomitee für den dem. Senatskandidaten von Ohio, 1968 - 70 Mitgl. Parteikomitee Ohio, 1968 stellv. Deleg. des nat. Parteikonvents, 1968-70 Mitgl. der zentralen Parteiltg. u. 1968-72 Mitgl. Hauptvorst. Ohio, 1969-72 VorstMitgl. u. Sekr. *Democratic Action Club,* 1970 stellv. Wahlkampfltr. für Ohio, ab 1970 Vors. Parteikomitee in Morgan County/Ohio. 1971 Mitgl. *Ohio Citizens Comm. on State Legislation,* stellv. Vors. *Morgan County Jefferson-Jackson Club,* Mitgl. *Fed. of Democratic Women of Ohio.* Lebte 1975 in McConnelsville/Ohio.

Qu: Hand. - RFJI.

Bachmann, Kurt, Parteifunktionär, Journalist; geb. 22. Juni 1909 Düren/Rheinl.; *V:* kaufm. Angest.; ∞ I. Alice (umgek. KL Auschwitz), 1938 Emigr. Frankr., 1942(?) dep. nach Deutschland; II. 1947 Marianne, geb. Ehser; *K:* Paul; *StA:* deutsch. *Weg:* 1938 F; 1942 (?) Deutschland.

Realschule, nach Gerberlehre Ledersortierer. 1929 Gew-Mitgl., Mitgl. ZV der Angestellten in RGO; 1932 KPD. Nach 1933 illeg. Tätigkeit in Köln. 1938 Emigr. nach Frankr., Facharbeiter; ab Kriegsausbruch Internierung. Mitarb. KPD-Ltg. Toulouse, 1942 Verhaftung, nach Auslieferung in mehreren KL inhaftiert, zuletzt in Buchenwald. Nach 1945 Lizenzträger u. Mithg. *Volksstimme* Köln, Mitgr. u. bis 1971 PräsMitgl. VVN, 1949-56 Sekr. des PV der KPD u. Doz. an Parteischulen, nach KPD-Verbot 1956-59 Reprograph, danach Bonner Korr.

Die Tat Frankfurt/M., 1965 BT-Kand. der DFU, März 1967 Mitgr. *Initiativausschuß für die Wiederzulassung der KPD*, Sept. 1968 Mitgr. DKP, Sprecher ihres Bundesausschusses u. ab 1. PT Apr. 1969 Parteivors. sowie Hg. des Zentralorgans *Unsere Zeit* Düsseldorf; nach Rücktritt auf 3. PT Nov. 1973 Mitgl. PV der DKP u. GenRat *Internationale Föderation der Widerstandskämpfer*, Mitgl. Kuratorium „Gedenkstätte Ernst Thälmann" e. V. Lebte 1978 in Weiden b. Köln. - *Ausz.:* 1974 Orden der Völkerfreundschaft (UdSSR).
Qu: Arch. Publ. Z. - IfZ.

Bachmann, Otto Karl, Partei- u. Gewerkschaftsfunktionär; geb. 8. Febr. 1887 Hintersee b. Torgau/Elbe, gest.; *StA:* deutsch.
Bauarb., ab 1908 Sekr. Bauarbeitergew. in Breslau u. 1919-21 in Chemnitz; 1918 Mitgl. *Arbeiter- und Soldatenrat* Chemnitz, ab Grdg. aktiver KPD-Funktionär, Mitgl. OrgKommission des KPD-PT v. Dez. 1920; ab 1921 Zentralsekr. kommunist. *Roter Bauarbeiterverband* u. ab 1922 gleichz. Ltr. Industriegruppe Bau der GewAbt. des ZK der KPD, Sept. 1923 bis Auflösung März 1926 1. Vors. kommunist. *Verband der ausgeschlossenen Bauarbeiter Deutschlands*, 1926-27 Mitarb. *Reichsausschuß Revolutionärer Gewerkschaften* u. IAH, Juni 1927 als erster Kommunist in Deutschland zum Stadtbürgerm. von Ölsnitz/Vogtl. gewählt. Tendierte in Fraktionsauseinandersetzungen zu den Rechten, März 1929 aufgrund Solidaritätsbekundung für → Heinrich Brandler KPD-Ausschluß, danach Anschluß an KPDO, bis 1933 Bürgerm. von Ölsnitz. Nach 1933 im Exil gestorben.
L: Weber, Wandlung. *Qu:* Publ. - IfZ.

Bachner Kohn, Rodolfo, Industrieller; geb. 17. Aug. 1912 Holešov/Mähren; jüd.; *V:* Wilhelm B. (gest. 1940), jüd., Kaufm.; *M:* Flora (umgek. im Holokaust), jüd.; *G:* 9, davon 4 umgek. im Holokaust; ∞ Irma Nesselroth (geb. 1912 Mährisch-Ostrau), jüd., Emigr. mit Ehemann; *StA:* ČSR, 1950 Chile. *Weg:* 1940 Chile.
1918-23 höhere Schule u. Handelsschule, 1924-28 kaufm. Lehre, 1930-39 kaufm. Dir. in Mährisch-Ostrau, Brünn, Prag, Teplitz-Schönau; 1938-39 Unterstützung Verfolgter bei Emigr. nach Santo Domingo. 1940 Emigr. nach Chile über Belgien. Ab 1940 Industrieller; VorstMitgl. zion. Org., Mitgl. United HIAS Service, JDC; 1953 Unterstützung ungar.-jüd. Flüchtlinge in Chile. Lebte 1977 in Santiago/Chile.
Qu: Fb. - RFJI.

Back, Frank Gerard (Franz G.), Dr. Ing., Ingenieur, Fabrikant; geb. 25. Aug. 1902 Wien; jüd.; *V:* Wilhelm B. (geb. 1867 Wien, gest. 1934), jüd., Elektroing.; *M:* Maria, geb. Lauscher (geb. 1876 Couny/Böhmen, umgek. KL Theresienstadt), jüd.; ∞ 1928 Dr. med. Irma Wodak (geb. 1898 Wien), jüd., Dentistin in Wien, 1941 Emigr. USA, Ärztin am Mount Sinai Hospital New York, 1949 gesch.; *StA:* österr., USA. *Weg:* 1938 F; 1939 USA.
Stud. Graphische Lehr- und Versuchs-Anstalt Wien, 1919-25 Stud. TH Wien, 1925 Dipl.-Ing., 1931 Dr. Ing., Elektro-Ing., 1929-38 beratender Ing., in Wien. Sept. 1938 Emigr. Frankr. mit Visum für Brasilien, 1938-39 beratender Ing. in Paris. Aug. 1939 in die USA mit Einwanderervisum, 1939-42 Teilh. Gastro-Photogr. Labs. New York, 1942-44 ltd. Ing. bei Gen. Power Plant Corp. u. Helix Gage Works New York, ab 1944 Gr. u. Inh. Research and Development Lab. u. gleichz. ab 1945 Präs. Zoomar Inc. in Glen Cove/N. Y. (Entwicklung von Zoom-Objektiven für Photo- u. Filmkameras), ab 1963 beratender Ing. Waldemar Cancer Research Inst. Long Island/N. Y.; Mitgl. *The Royal Photographic Soc., Soc. of Am. Milit. Engineers*, Mitgl. u. 1958 Präs. *Soc. of Photographic Scientists and Engineers*, Mitgl. *Soc. of Photo-optical Instrumentation Engineers, Deutsche Gesellschaft für angewandte Optik* u. a. Berufsorg. Lebte 1974 in Glen Cove/N. Y. - *Ausz.:* 1947 Gold Med. Annual Award *Television Broadcasters Assn.*, 1962 Progress Med. Award *Soc. of Motion Pictures and Television Engineers*.

W: Die physikalisch-technischen Grundlagen der Mageninnenphotographie (Diss.). 1930; Zoomar "A" - the Varifocal Lens. 1946; Video Analyzer Manual. 1949; T. V. Studio Illumination. 1949; Has the Earth a Ring around it? 1955; zahlr. Art. in am., österr., dt. u. isr. Zs. *Qu:* Fb. Hand. Z. - RFJI.

Bader, Alfred Robert, Ph. D., Industrieller; geb. 28. Apr. 1924 Wien; jüd.; *V:* Alfred B. (geb. Wien, gest. 1924 Wien); *M:* Elizabeth, geb. Serenyi (geb. München, gest. 1948 Wien), kath.; *G:* Marion Edge (geb. 1922 Wien), Emigr. GB, Hilfskrankenschwester; ∞ 1952 Helen Daniels (geb. 1927 Aberdeen/S. Dak.), jüd., 1948 B. Sc., Chemikerin; *K:* David (geb. 1958), Stud.; Daniel (geb. 1961), Stud.; *StA:* ČSR; USA. *Weg:* 1938 GB, 1940 CDN, 1947 USA.
1934-38 Gymn.; Dez. 1938 Emigr. GB mit Kindertransport, Mai 1940 Internierung in GB, dann bis Nov. 1941 in Kanada. 1941-47 Stud., 1945 B. Sc., 1946 B. A., 1947 M. Sc. Queen's Univ. in Kingston/Ont., gleichz. Präs. *Hillel Foundation*. 1947 nach USA mit StudVisum, 1947-50 Stud., 1949 M. A., 1950 Ph. D. in Chemie Harvard Univ., 1950-54 Forschungschemiker, dann Forschungsltr. organ. Chemie bei Pittsburgh Plate Glass Co. Milwaukee, 1954-55 ltd. Chemiker, ab 1955 Präs. Aldrich Chem. Co. Milwaukee, ab 1975 Präs. Sigma-Aldrich Corp. Milwaukee. Inh. von 99 Patenten. Mitgl. *Am. Chem. Soc., Chem. Soc.* London, zeitw. Präs. Hillel Acad. Milwaukee, Fellow *Royal Soc. of Arts*, Kurator des *Milwaukee Arts Center*. Lebte 1978 in Milwaukee/Wisc. - *Ausz:* 1971 Milwaukee Med. der *Am. Chem. Soc.*
W: Art. über Naturwiss. u. Kunstgesch. in Fachzs. *Qu:* Fb. Hand. - RFJI.

Badt, Hermann, Dr. jur., Ministerialbeamter, Politiker; geb. 13. Juli 1887 Breslau, gest. Sept. 1946 Jerusalem; jüd.; *V:* Dr. phil. Benno B. (1849-1909), GymnProf.; *M:* Martha, geb. Guttmann; *G:* Dr. phil. Bertha Badt-Strauss (1885-1970), Publizistin; Dr. med. Lotte Badt-Prager (1891-1957), Ärztin; ∞ Dina Mercedes; *K:* Wolf (geb. 1917), Felix (geb. 1918), Miriam Ilsar (geb. 1920); *StA:* deutsch. *Weg:* 1933 Pal.
1905-08 Stud. Rechtswiss. Breslau u. München, 1908 Prom.; Referendar, 1914 Assessor; 1908-09 MilDienst, im 1. WK schwer verwundet, 1915-18 Feldkriegsgerichtsrat im Osten; 1919 erster jüd. RegAssessor im preuß. VerwDienst, 1920 RegRat im Außenmin.; 1922-26 MdL Preußen (SPD); 1927-32 MinDir. im Preuß. MdI, Ltr. Rechts- u. Verfassungsabt.; ab 1926 hauptamtl. Bevollmächtigter des Landes Preußen beim Reichsrat, 1932 Vertr. der preuß. Reg. vor dem Staatsgerichtshof nach Staatsstreich Papens. Führender dt. Zionist. 1933 Emigr. Palästina.
Qu: EGL. Hand. Publ. Z. - IfZ.

Baender, Paul, Parteifunktionär; geb. 30. Nov. 1906; *StA:* deutsch, 1939 Boliv., deutsch. *Weg:* CSR; 1937 Boliv.; 1947 Deutschland (Berlin).
Lehre in Weberei, danach 1925-29 kaufm. Angest.; 1927 KPD, Agitator im Waldenburger Bergland/Schlesien. Nach 1933 Emigr. in die CSR, 1937 nach Bolivien; Vizepräs. *Vereinigung Freier Deutscher in Bolivien* La Paz, Ltg. der Gruppe im Sinne der kommunist. Volksfronttaktik; Jan. 1943 Teiln. Kongreß der dt. antifaschist. Gruppen in Südamerika, Montevideo, der unter Einfluß des Kreises um die Zs. *Das Andere Deutschland* (→ August Siemsen) kollektiven Anschluß an *Lateinamerikanisches Komitee der Freien Deutschen* (LAK, → Paul Merker) mehrheitlich ablehnte. Anschl. i. A. des LAK bis Kriegseintritt Boliviens Dez. 1943 propagandist. Tätigkeit im Rahmen des Werbeprogramms *Radio Libertád* La Paz, Aug. 1943 beteiligt an Grdg. des *Landesverbands Alemania Democratica en Bolivia* als Dachorg. der Exilgruppen in Bolivien, 1944 nach vergebl. Bemühungen um deren Anschluß an LAK VorstMitgl. *Landesausschuß deutscher demokratischer Organisationen in Bolivien* als Kartell von *Klub Freundschaft* La Paz (→ Arthur Groß) u. *Arbeitsgemeinschaft Freier Europäer* (→ Ernst Schumacher). Nov. 1947 Rückkehr nach Berlin, haupt-

amtl. SED-Funktionär, ab 1949 Hauptgeschäftsf. u. Ltr. *Handelsorganisation* (HO), Nov. 1950-52 Staatssekr. im Min. für Handel u. Versorgung. Lebte bis 1952 im Westsektor, im Zuge der Parteisäuberung nach 2. SED-Konf. wegen angebl. Wirtschaftssabotage Funktionsenthebung u. Verhaftung, 1954 Verurteilung zu 6 J. Zuchth., Haft in Bautzen, 1956 Begnadigung, danach Dir. HO Kreis Königs Wusterhausen, ab 1961 Dir. Centrum-Warenhaus Berlin. Lebte 1976 in Berlin (Ost).

L: Kießling, Alemania Libre; Seelisch, Winfried, Das andere Deutschland. O. J. *Qu:* Arch. Hand. Publ. - IfZ.

Baer, Charles (urspr. Karl), Finanzfachmann; geb. 1883 Bruchsal/Baden, gest. 21. Jan. 1968 Manhasset/N. Y.; jüd.; *V:* Bankier in Bruchsal; ∞ Anne Margaret. *Weg:* 1938 CH, 1941 USA.

Bis in die 20er Jahre bei der Disconto-Ges. in Frankfurt/M., dann bis 1937 Ltr. Bankabt. bei Metallbank & Metallurgische Ges., später Metallges.; 1938 Emigr. Schweiz, 1941 USA. Verwaltung eigener Wertpapiere; führendes Mitgl. u. 1964-66 Schatzmeister *Combined Campaign for Victims of Nazi Oppression,* VorstMitgl. *United Help* Inc. New York u. *Selfhelp,* VerwRatsMitgl. *Newark House* Inc.; bedeutendes Legat an *New Jersey Fellowship for the Aged* Inc., später übertragen auf *New York Foundation for Nursing Homes* Inc.

Qu: Pers. Arch. HGR. - RFJI.

Baerensprung, Horst W., Dr. jur., Rechtsanwalt, Beamter; geb. 27. März 1893 Torgau/Elbe, gest. 29. Nov. 1952 Braunschweig; ev., Diss., nach 1940 ev.; *V:* Kurt B., Stabsarzt; *M:* Alice, geb. Koepke; *G:* Dr. med. Kurt B., Militärarzt, Freitod im 1. WK; ∞ 1918 Käthe Schulze (geb. 1897), SPD, 1934 Emigr. China, 1946 Deutschland (BBZ); *K:* Fanny von Kiesling (geb. 1920), 1934 Emigr. China, 1938 GB, 1939 China, Stud. in Schanghai, 1950 Deutschland (BRD), Lehrerin, A: Chile; Dr. jur. Renate B. (geb. 1924), 1934 Emigr. China, Abitur in Schanghai, 1946 Deutschland (BBZ), Botschaftsangest. *StA:* deutsch, 1942 Ausbürg., deutsch. *Weg:* 1933 PL, USA; 1934 China; 1939 USA; 1946 Deutschland (BBZ).

1911 Abitur, nach Familientradition Berufsoffz., 1914-18 Kavallerist u. Flieger (OLt., EK I). Unter Eindruck des WK Sozialist, 1918 Mitgl. *Soldatenrat* Halberstadt. Stud. Rechtswiss. Göttingen, SPD. Ab 1922 RA in Magdeburg. 1922/23 Mitgr. *Republikanische Notwehr* Magdeburg, 1924 mit → Karl Höltermann, → Gustav Ferl u.a. Gr. *Reichsbanner.* Mit → Eugen Bandmann u. Gustav Radbruch Verteidiger im Schweidnitzer Reichsbannerprozeß. 1928-29 Landrat Nordhausen, 1930 Polizeipräs. Magdeburg. Anläßlich Staatsstreichs v. 20. Juli 1932 für poliz. Eingreifen; Ende 1932 Absetzung durch Reg. Papen. 1933 kurzfristig in Haft, Sommer 1933 wegen Attentatsplänen der SA Flucht über Danzig nach Warschau, USA-Reise als Übersetzer auf internat. Polizeikongreß. Anfang 1934 durch Vermittlung des Völkerbunds als Berater eines chines. Ministers nach Schanghai, 1935 Entlassung aufgrund handelspol. Drucks des Deutschen Reichs. Sprachlehrer u. Hotelpächter in Tsingtau, Prof. für Kriminologie Shanghai Law School. 1938 (?)-39 Org. u. Ausbilder der chines. Feldpolizei in Nanking, Hangkau u. Tschungking. 1939 USA, bis Kriegsende Doz. für preuß. VerwGesch. Harvard Univ., Cambridge/Mass., anschl. Unterstützung durch EmigrOrg.; 1941 Mitgl. VerwRat des von → Albert Grzesinski gegr. *German-Am. Council for the Liberation of Germany from Nazism,* ab Nov. 1941 Mitgl. Direktorium, ab 1942 Schatzmeister *Assn. of Free Germans,* Inc. Ab Frühj. 1942 Mitgl. *German-Am. Emergency Conference.* Ab Apr. 1944 Mitgl. Vorbereitungskomitee CDG unter → Paul Tillich. Während der Kriegsjahre Ansprachen in amerikan. Rundfunksendungen für Deutschland. Dez. 1946 Rückkehr, Sept. 1947-März 1951 Polizeipräs. Braunschweig.

L: Rohe, Karl, Das Reichsbanner Schwarz Rot Gold. 1966; Radkau, Joachim, Die deutsche Emigration in den USA. 1971. *D:* AsD, IfZ. *Qu:* Arch. Hand. Pers. Publ. - IfZ.

Baerwald, Leo, Dr. phil., Rabbiner; geb. 20. Sept. 1883 Saaz/ Böhmen, gest. 8. Apr. 1970 New York; *V:* Aron B. (geb. 1854, gest. 1891 Saaz); *M:* Fanny, geb. Lazarus, Nichte des Philosophen Moritz Lazarus; *G:* Ernst (1884-1911); Robert (geb. 1886, gef. 1914); ∞ 1911 Jenny Blumenthal (geb. 1886 Breslau, gest. 1949 New York), ltd. Stellung in versch. jüd. Wohlfahrtsorg. in München, Emigr. USA, aktiv in der Frauengruppe der Gde. Beth Hillel; *K:* Ernst (geb. 1912), Emigr. B; Gabriele Sophie Vogel (geb. 1917); *StA:* deutsch, dann USA. *Weg:* 1940 USA.

1905 Stud. Erlangen, 1911 Prom., Stud. Jüd.-Theol. Seminar Breslau, 1911 Rabbinerexamen, 1911-18 Hilfsrabbiner, 1918-40 dienstältester Rabbiner liberale Hauptsyn. der Isr. Kultusgde. München, zugl. 1914-17 Feldrabbiner. Ab 1920 Widerstand gegen NatSoz., 1933 Entführung u. Morddrohung durch SA, Nov. 1938 zeitw. KL Dachau. 1940 Emigr. USA, 1940-55 1. Rabbiner Einwanderergde. Beth Hillel New York, 1955-70 emerit. Rabbiner. Mitgl. *New York Board of Rabbis,* VorstMitgl. A.F.J.C.E., VorstMitgl. *Blue Card,* LBI New York. Geistlicher *Jew. Veterans Assn.,* 1947-49 Präs. B'nai B'rith-Loge.

W: Die Entwicklung der Lotzeschen Psychologie (Diss.). 1905; München, 12.-18. Jahrhundert. In: Die Juden in Bayern. 1928; Fünfzig Jahre Hauptsynagoge München, 1887-1937. (Mitverf.); Juden und jüdische Gemeinden in München vom 12. bis 20. Jahrhundert. In: Lamm, Hans (Hg.), Von Juden in München. 1959; Bulletin of Congregation Beth Hillel of Washington Heights (GdeBlatt, Hg., später Mithg.). *L:* In Honor of the 36th Anniversary of Congregation Beth Hillel at Washington Heights, New York 1940-1976. 1976. *Qu:* Arch. Hand. Publ. - RFJI.

Bäsel, Friedrich (Fritz), Parteifunktionär; geb. 1. Mai 1907 Wiebelskirchen/Saar, gest. 17. Nov. 1975 Saarbrücken; Diss.; *V:* Jakob B., Hüttenarb.; *M:* Elisabeth, geb. Müller; ∞ 1930 Emma Stock (geb. 1908), 1935 Emigr. F, 1936 CH, nach 1945 Saargeb. *Weg:* 1935 F; 1936 CH; 1945 Deutschland/Saargeb.

Ab 1921 Bauarb. Eisenwerk Neunkirchen/Saar, Werks-Fortbildungskurse. Mitgl., ab 1923 Funktionär Jugendsektion *Freie Gewerkschaft* u. Arbeitersportbewegung. 1924 KJVD, 1925 Jugendltr. DMV, später Mitgl. BezLtg. KJVD Neunkirchen. 1929 Obmann des Arbeiterausschusses Eisenwerk Neunkirchen, nach 1 1/2-jähr. Tätigkeit gemaßregelt u. entlassen. 1929 KPD, 1931-35 Fraktionsführer GdeRat Wiebelskirchen. Arbeiterkorr., 1931 RedVolontär Saarländischer Zeitungsverlag, später Red. *Arbeiterzeitung* Saarbrücken. 1934 KPD-Parteisekr. Saar, 1935 illeg. Einsatz in Baden; KL Dachau, nach Entlassung zurück ins Saargeb. u. Flucht nach Frankreich. Ausweisung, Jan. 1936 in die Schweiz, dort bis Kriegsausbruch illeg. Aufenthalt. Mitte 1938 KPD-EmigrLtr. Schweiz, Mitarb. der illeg. Blätter *Süddeutsche Informationen* 1936-37 u. *Süddeutsche Volksstimme* 1938-39. Stellte sich 1939 den schweizer. Behörden, 1940-44 als pol. Flüchtling mit befristeter Aufenthaltsbewilligung Internierung in versch. ArbLagern. Mitgl. BFD Schweiz, Mitgl.SDS. Nov. 1945 Rückkehr, Dez. 1945 als zweiter kommunist. Vertr. in den pol. Beirat beim MilGouverneur des Saargeb. u. des RegPräs. delegiert. Nach Parteizulassung 2. Vors. u. BezSekr. KPD Saar, Lizenzträger u. Chefred. Parteiorgan *Neue Zeit.* 1949-50 Stadt VO. Saarbrücken, ab Okt. 1947 stellv. Mitgl. Verfassungskommission, Mitgl. Gesetzgebende Versammlung (Verfassungsausschuß), MdL Saar, nach Richtungskämpfen in der Spitze des KPD-Landesverb. (→ Fritz Nickolay) 1950 Ausschluß aus der Fraktion u. Verlust aller Parteiämter. 1950-54 an ltd. Stelle mehrerer KPD-Blätter in der BRD. 1954 zurück ins Saargeb., bis Parteiverbot 1957 Landesvors. u. 1. Sekr. KPD Saar; 1955-61 erneut MdL, ab 1957 als fraktionsloser Abg. Ab 1968 im DKP-BezVorst. Saar.

L: Schmidt, Saarpolitik; Teubner, Schweiz; Schneider, Saarpolitik und Exil. *Qu:* Arch. Hand. Publ. Z. - IfZ.

Bahnik, Wilhelm, Parteifunktionär; geb. 15. Mai 1900 Gnesen/ Posen, gest. 12. März 1938; *V:* Friedrich B., Eisenbahnarb.; *M:* Wilhelmine; *G:* Herbert; ∞ 1929 Charlotte (1933 Deckn. Wenzel), 1933 Emigr. CSR, 1934 UdSSR; *K:* Horst (geb. 1930), 1933 Emigr. CSR, 1934 UdSSR, A: Berlin (Ost); *StA:* deutsch. *Weg:* 1935 UdSSR; 1936 E.

Bis 1919 in Posen, dann Übersiedlung nach Magdeburg; 1919 Versicherungsangest. (1923 aus pol. Gründen entlassen) u. Gew.Mitgl., 1921 SPD, 1923 KPD; Gelegenheitsarbeiter; ab Ende 1923 PolLtr. eines Unterbez. in Magdeburg, 1925-31 Ltr. MilApp. Magdeburg u. Mitgl. KPD-BezLtg. Magdeburg-Anhalt, Mitarb. *Oktober* (Ps. W. R.). 1927 Verhaftung, 1928 Verurteilung zu 2 J. 9 Mon. Festungshaft wegen Zersetzungsarb. in der Reichswehr, bis Juli 1928 Haft in Gollnow (Amnestie); Herbst 1930-Herbst 1931 MilSchule Moskau, ab Anfang 1932 Ltr. MilApp. Abt. für Industriespionage, sog. Betriebsberichterstattung (BB-App.) in Berlin (Deckn. Theo, Martin, Ewald, Dicker, Nasenhermann). Nach natsoz. Machtübernahme illeg. Tätigkeit in Berlin, März 1935 aufgrund von Parteibeschluß Emigr. in die UdSSR; 1936 in Deutschland zum Tode verurteilt. Aug.-Sept. 1936 Sonderschulung MilAkad. Rjasan als Freiw. für Span. Bürgerkrieg, Okt. nach Spanien. Ltr. Kaderarb. der dt. Abt. der Internat. Brigaden (Deckn. Fernando) u. nach Umorg. des Kaderapp. Juli 1937 stellv. Ltr. Kaderabt. der Internat. Brigaden; Herbst 1937 Versetzung an die Front, 1938 Stabsoffz. Btl. Edgar André; 12. März 1938 schwere Verwundung, Freitod vor Gefangennahme.

L: GdA; Höhne, Heinz, Kennwort: Direktor. 1970; Kraushaar, Widerstandskämpfer; Mewis, Auftrag; Gundermann, Rolf, Wilhelm Bahnik. In: Lebendige Tradition Bd. 2, 1974. *Qu:* Arch. Publ. - IfZ.

Bair, Max, Dr. rer. pol., Parteifunktionär, Wirtschaftswissenschaftler; geb. 28. Apr. 1917 Matrei/Brenner; Diss.; *V:* Ludwig B. (1871-1933), Landwirt; *M:* Notburga (1887-1920); *G:* 1 S (gest. 1944), 1 B, Soldat 2. WK, A: Innsbruck; ∞ 1951 Leopoldine Morawitz (geb. 1924), 1940 wegen illeg. Tätigkeit für den KJVÖ verhaftet, bis 1945 KL Ravensbrück; *StA:* österr., 1937 Ausbürg., 1946 österr. *Weg:* 1937 E; 1938 F; 1939 UdSSR; 1944 JU; 1945 Österr.

Bauer in Puigg bei Matrei am Brenner. 1934 angebl. Mitgl. *Ostmärkische Sturmscharen.* Juni 1937 nach Spanien, Sergeant in Internat. Brigaden, August 1938 Verwundung, Lazarett in Spanien. Aug.-Okt. 1938 in Paris, Okt. 1938-Apr. 1939 Internierung im Dépt. Corrèze. Mitgl. KPÖ. Apr. 1939 UdSSR, bis 1942 Arbeit in Waggonfabrik. Anschl. pol. u. milit. Vorbereitung für Partisaneneinsatz. Okt. 1944 als Mitgl. der Gruppe um → Friedl Fürnberg u. → Franz Honner nach Slowenien. Ende Nov. 1944 Kommandant 1. österr. Btl. im Verb. der jugoslaw. Volksbefreiungsarmee. Noch vor Einsatz des Btl. Dez. 1944 Verwundung durch Attentat. Lazarettaufenthalt. Unmittelbar nach Kriegsende Rückkehr nach Österreich. 1945-47 Landessekr. Tirol der KPÖ. 1947 Gymn. Wien, 1949 Abitur. 1950 Verhaftung durch US-Besatzungsbehörden, Anklage wegen versuchter Verschleppung von ehem. russ. Fremdarb. in die sowjetisch besetzte Zone Österreichs, nach 12-mon. Haft Freilassung auf Kaution, Ende 1950 vor Prozeßbeginn in die DDR. Mitgl. SED. Stud. Volkswirtsch. Potsdam-Babelsberg, Dipl.-Volkswirt, 1959 Prom. Arbeitete seither in der Forschung u. im Bereich der Anwendung mathemat. Methoden u. elektron. Rechentechnik in der zentr. VolkswirtschPlanung. Lebte 1977 in Wien u. der DDR. *Ausz.:* 1975 Gedenkmed. für Teiln. am jugoslaw. Volksbefreiungskampf.

W: u.a. Die wirtschaftliche Expansion des deutschen Imperialismus in Österreich 1918-1945. Diss. 1959. *L:* Kisch, Egon Erwin, Die drei Kühe. 1938; Stern, Max, Spaniens Himmel. 1966; Holzer, Bataillone; Simon, Autobiogr. *Qu:* Arch. Pers. Publ. Z. - IfZ.

Ballhorn, Franz, Verwaltungsbeamter; geb. 29. Nov. 1908 Münster/Westf.; kath.; *V:* Heinrich B., Schreiner; *M:* Elisabeth B.; *G:* Heinrich, Hedwig; ∞ 1935 kirchl. Eheschließung mit Hildegard Jacobs, Emigr., 1940 vorüberg. von Gestapo festgenommen, mit Sondererlaubnis 1942 standesamtl. Eheschließung in KL Sachsenhausen; *K:* 1 T. *Weg:* 1934 NL; 1940 Deutschland.

1928-33 Stud. Neuere Sprachen Univ. Münster, Werkstudent, ab 1928 Funktionär *Deutsche Jugendkraft* (DJK) u. bis 1934 DJK-Gauführer Münster, enge Zus.Arb. mit Präses Wolker; nach 1933 in der illeg. kath. Jugendbewegung tätig. 1934 Emigr. in die Niederlande, Mitarb. des kath. EmigrKreises um → Friedrich Muckermann, Tätigkeit im Büro der *Commission permanente internationale des directeurs des journaux catholiques;* unter Ps. van Degen Berichterstatter u.a. für *Kölnische Volkszeitung* u. *Essener Volkszeitung.* 1940 an der belg. Grenze interniert, 28. Juni 1940 bei einer Gestapo-Aktion gegen die Zentralstellen des pol. Katholizismus in Holland festgenommen, Verbringung nach Deutschland u. bis Mai 1945 in Haft, die letzten Jahre im KL Sachsenhausen. Nach Kriegsende Eintritt in VerwDienst der Stadt Münster u. stellv. Landrat Münster; ab Mai 1947 Amtsdir. in Nottuln/ Kreis Münster. Lebte 1978 in Nottuln.

W: Die Kelter Gottes. Tagebuch eines jungen Christen 1940-45. Münster (Der Quell) 1946. *Qu:* Erinn. Pers. Arch. - IfZ.

Ballin, Günther, Dr. phil., Lehrer, Verbandsfunktionär; geb. 1. Mai 1909 Berlin; jüd.; *V:* Paul B. (geb. 1871 Bodenwerder/ Hannover, gest. 1926 Köln), jüd., Kaufm.; *M:* Johanna Clara, geb. Marcuse (geb. 1877 Berlin, gest. 1916 Berlin), jüd.; *G:* Elisabeth Hearns (urspr. Herrnstadt) (geb. 1903 Berlin, gest. 1974 Bridgeport/Conn.), Krankenschwester u. Fürsorgerin, Emigr. USA; Jack (Hellmut) (geb. 1904 Berlin), Kaufm., Emigr. USA; ∞ 1938 Käthe Marta Levy (geb. 1909 Berlin, gest. 1956 Buenos Aires), 1939 Emigr. Argent., Sportlehrerin; *StA:* deutsch. *Weg:* 1939 Argent.

1922-34 Mitgl. *Kameraden;* 1927-32 Stud. Berlin, 1932 Prom., ab 1929 Lehrer in Berlin, 1933-39 an der Schule der jüd. Reformgde., gleichz. 1929-33 Mitarb. bei *BZ am Mittag.* 1935-38 Stud. L(H)WJ. Febr. 1939 Emigr. Argentinien mit illeg. Touristenvisum für Uruguay. 1951-74 Latein- u. Deutschlehrer an der Pestalozzi-Schule in Buenos Aires, gleichz. 1956-65 Prof. für dt. Lit. u. Phil. Univ. Buenos Aires u. 1965-74 Inst. Nacional Superior del Profesorado; schrieb 1939-60 unter Ps. Eulogius Eule. 1974 Ruhestand. Präs., später Ehrenpräs. *Assn. Cultural Isr. de Buenos Aires* u. Hg. ihres *Nachrichtenblattes.* Lebte 1977 in Buenos Aires.

W: Zwischen Gestern und Morgen. 1945; Sturm und Drang. 1959, 1962; zahlr. Art. über dt. Lit. in span. u. dt. Zs. *Qu:* Fb. Hand. - RFJI.

Bamberger, Julius, Kaufmann; geb. 17. März 1880 Schmallenberg/Sauerland, gest. 16. Jan. 1951 Los Angeles; jüd.; *V:* Simon B., Kaufm. im Sauerland; *M:* Friederike, geb. Dannenbaum; *G:* Kurt; ∞ 1914 Oslo, Frieda Rauh (1885-1940), ev.; *K:* 1 Adoptiv-S, 1 Adoptiv-T. *Weg:* 1937 CH, F; 1941 E, Port., USA.

Jüd. Schule Köln, kaufm. Lehre, Anstellung im Warenhaus des Schocken-Konzerns Zwickau. 1907 Übersiedlung nach Behrens-Nicolai. Ansehen als Philanthrop, Ltr. der Ortsgruppe 1925-29 architekton. bemerkenswerter Neubau durch Heinrich Behrens-Nicolai. Ansehen als Philanthrop, Ltr. der Ortsgruppe des CV in Bremen, Mitgl. CV-Hauptvorst. in Berlin, aktiv im Kampf gegen den Antisemitismus; zus. mit Emil Felden Hg. des Stichwort-Lexikons *Anti-Anti* für die Auseinandersetzung mit Antisemiten. 1. Apr. 1933 (sog. Boykott-Tag) von NatSoz. in Haft genommen u. mißhandelt. Versuche zum Verkauf seines Geschäfts wurden durch NSDAP vereitelt, daraufhin Apr. 1937 Flucht in die Schweiz, Weiteremigr. nach Paris, zus. mit seinem Bruder Kurt Aufbau einer neuen Existenz. Nach dt. Einmarsch in Frankr. verhaftet u. in versch. KL verbracht; 1941 Flucht nach Spanien. Über Portugal Emigr. nach USA. In San Fransisko mit Unterstützung von Verwandten Eröffnung eines Juwelierladens.

Qu: Arch. Hand. - IfZ.

Bamberger, Simon Simhah, Dr. phil., Rabbiner; geb. 27. Dez. 1899 Schrimm/Posen, gest. 3. Okt. 1957 Jerusalem; *V:* Seckel Yizhak B. (geb. 1863 Fischbach/Bayern, gest. 1934 Kissingen/ Bayern), BezRabbiner in Kissingen; *M:* Nanette, geb. Guendel (geb. 1870 Kissingen, umgek. 1942 im Holokaust); *G:* Sarah Neuwirth (geb. 1891 Schwersenz/ Posen), Emigr. Pal.; Kela (geb. 1882 Würzburg, gest. 1882); Seligmann Baer (geb. 1896 Schrimm/Posen, gest. 1970), Lehrer, Chemiker, Emigr. USA, Hochschullehrer, Unternehmensltr.; Iyras Adler (geb. 1898 Schrimm/Posen), Emigr. Pal.; Moses Loeb (Moshe Arye) (geb. 1902 Kissingen, gest. 1960 Gateshead/ GB), Rabbiner in Mainz, Emigr. GB, Gr. u. Ltr. Jew. Boarding School in Gateshead; Adelaide Jutkowski (geb. 1905 Kissingen), Emigr. Pal.; ∞ 1923 Gertrude Drielsma (geb. 1895 Berlin, gest. 1972), Emigr. Pal. *Weg:* 1938 (1939 ?) Pal.

Enkel des „Würzburger Rav" Seligmann Baer Bamberger. Rabbiner Isr. ReligGde. Stuttgart, nach 1933 Gr. u. Rabbiner orthodoxe Isr. Religionsgesellschaft in Stuttgart; Nov. 1938 KL Dachau. 1938 (1939 ?) Emigr. Palästina mit Ehefrau; 1943-57 Ltr. relig. Mittelschule in Benei Berak. Nach seinem Tode Gründung eines Inst. zu seinen Ehren durch ehem. Stud. u. GdeMitglieder.

L: Zelzer, Juden; Esh, Bamberger; EJ. *Qu:* Arch. Publ. Z. - RFJI.

Bamberger, Wilhelm, Parteifunktionär; geb. 11. Febr. 1910 Plauen/Vogtland; *V:* Arbeiter. *Weg:* 1933 CSR; 1938 F; GB; AUS; 1945 (?) Deutschland (SBZ).

Mitgl. KJVD u. KPD, angebl. Mitgl. ZK des KJVD. Juni-Aug. 1933 Ltr. KJVD-Bez. Ostsa. in Dresden, dann in die CSR, ZK-Instrukteur, Nachf. v. → Ludwig Kaiser als Ltr. der Jugendarb. bei KPD-AbschnLtg. Zentrum in Prag. Nov. 1938 nach Frankr., Verhaftung u. Ausweisung nach GB, später Internierung in Australien, gegen Kriegsende Soldat austral. Armee. Nach Rückkehr 1947-52 Ltr. SED-Landesparteischule Meißen, anschl. stellv. Chefred. theoret. Parteiorgan *Einheit* Berlin (Ost), 1961 bis Anfang der 70er Jahre Mitarb. des ZK u. 2. Sekr. der Parteiorg. im ZK-App., danach Dokumentar in GenDirektion Reisebüro der DDR. - *Ausz.:* u.a. VVO (1958 Bronze, 1969 Silber, 1975 Gold).

L: Jahnke, Anteil; Schreier, Kampf; Mewis, Auftrag. *Qu:* Hand. Publ. - IfZ.

Bandmann, Eugen, Dr. jur., Rechtsanwalt, Politiker; geb. 7. Mai 1874 Breslau, gest. 20. Okt. 1948 New York; jüd.; *V:* Louis B., Geschäftsmann; *M:* Lina, geb. Schatzky; *G:* Dora (im Holokaust umgek.); ∞ I. Betty Joachimsohn (1941 im Holokaust umgek.); II. Lina Hirschstein (1881-1947), 1933 Emigr. CSR, 1938 USA; *K:* Dora Münzer (im Holokaust umgek.), Lehrerin; Charlotte Peters (geb. 1905), Sekr., Übers., 1933 Emigr. JU, 1938 USA; Hans (1916-66), Fabrikant, nach 1933 KL; *StA:* deutsch, 1. Febr. 1937 Ausbürg., USA. *Weg:* 1933 CSR; 1938 USA.

Stud. Rechtswiss. Breslau, 1900 Niederlassung als RA, Eintritt in SPD. 1919-33 StadtVO. Breslau, Vors. StadtVO.-Vers. u. ProvLT Niederschlesien, Mitgl. ProvRat, VorstMitgl. Preuß. Städtetag. Notar u. führender Strafverteidiger, u.a. im Schweidnitzer Reichsbannerprozeß mit → Horst W. Baerensprung u. Gustav Radbruch. März 1933 Flucht vor Verhaftung über die Schweiz nach Prag, 1938 Emigr. New York. VorstMitgl. *New World Club,* 1939-48 Rechtsberatung u. Vorträge in amerik. Bürgerkunde für Emigranten. Mitarb. *Aufbau.* Mitgl. Exekutivkomitee der von → Albert Grzesinski gegr. *Association of Free Germans, Inc.*

L: MGD. *Qu:* Arch. Pers. Publ. Z. - IfZ.

Bar-Giora (urspr. Bamberger), **Naftali**, Verbandsfunktionär; geb. 22. Juli 1919 Hamburg; *V:* Dr. phil. Selig Pinchas Bamberger (geb. 1872 Lengnau/CH, gest. 1936 Hamburg), Rabbiner; *M:* Malchen Malka, geb. Katzenstein (geb. 1886 Kopenhagen), im 2. WK in DK u. S, 1949 nach IL; *G:* Kela Schwarzschild-Bundheim (geb. 1900, umgek. im Holokaust); Isaac (Yizhak) Bamberger (geb. 1901 Wiesbaden), Stud., Emigr. Pal., höherer isr. RegBeamter; Matel Igla (geb. 1905 Hamburg, umgek. 1942 im Holokaust); Martin Salomon Bar-Am (geb. 1918 Hamburg), Emigr. Pal., *A:* 1964 DK; Lea Haya Barinbaum (geb. 1920 Hamburg, gest. 1976 Haifa), Emigr. Pal., Lehrerin; Avraham Bar-Giora (geb. 1921 Hamburg), Emigr. Pal., Elektro-Ing.; ∞ 1944 Lea Jaffa Schoen (geb. 1922 Wien), 1939 Emigr. Pal.; *K:* Jocheved (geb. 1945), Hochschullehrer; Ayala Friedman-Schiffman (geb. 1947), Beschäftigungstherapeutin; Abraham Pinchas (geb. 1948), Bankbeamter; *StA:* deutsch, IL. *Weg:* 1933 Pal.

1925-33 Talmud Thora-Realschule in Hamburg, 1933 Emigr. Palästina mit B III-Zertifikat, 1934-37 Stud. in Tel Aviv, zugl. Tischlerlehre. 1937 Mitgr. Kibb. Sedeh Eliyahu im Beth-Shean-Tal u. Mitgl. *Haganah,* 1938 Teiln. an Ausbildungskursen für *Jugend-Alijah*-Lehrer, 1938-40 Lehrer an der Landwirtschaftsschule Mikveh Israel. Ab 1940 für *Jew. Agency* tätig, 1941-43 verantwortl. für Alijah aus Nordafrika, 1942 i.A. der *Aliyah Bet* für Afrika Mitarb. bei illeg. Einwanderung. 1944-48 Dir. der *Jugend-Alijah*-Zentrale in Sedeh Eliyahu als Mitgl. der *Haganah* Teiln. an Kämpfen im Bashan-Tal u. in Unter-Galiläa. Ab 1949 bei der *Jugend-Alijah*-Abt. der *Jew. Agency* in Jerusalem, 1954-55 Deleg. der *Jew. Agency* für Ostasien in Bombay, 1956 Ltr. Abt. für Einwanderer aus engl. Sprachgebieten, 1957-59 Deleg. für GB in London, zugl. Stud. London School of Econ., 1960-62 Deleg. für Frankr., zugl. Stud. Paris, 1963-65 Ltr. Finanz- u. Budgetabt., 1965-66 Deleg. für Europa u. Nordafrika in Genf, 1968-73 stellv. GenDir. der Abt. für Einwanderung u. Integration. 1967 Diplom des Israel Army Coll. for Nat. Security. Seit 1973 Dir. Alijah-Abt. der WZO, als isr. Deleg. Teiln. an zahlr. Tagungen des ICEM in Genf u. Washington/D.C. Lebte 1978 in Jerusalem.

W: Masa be-Hodu (Indische Reise). 1953; Sedeh Eliyahu (Geschichte der Siedlung Sede Eliyahu). 1956; Art. u. Forschungsberichte über die Gesch. der Juden in Ostasien. *L:* Esh, S., The Bamberger Family. 1964. *Qu:* Fb. Publ. - RFJI.

Bar-Ilan (urspr. Birnbaum), **Moshe**, Ministerialbeamter; geb. 31. Juli 1909 Fürth; *V:* Yehuda Birnbaum; *M:* Helene, geb. Kahn; ∞ 1943 Zippora Weinberg, M. Sc.; *K:* Yael Gazit, Naomi. *Weg:* 1933 Pal.

1929-32 Handelshochschule Berlin. 1933 Emigr. Palästina; 1948-51 Oberstlt. der IDF, GenQuartiermeister. Ab 1951 Finanzdir. bei der Baufirma Amidar Ltd., ab 1965 Dir. isr. Behörde für Stadtsanierung. Lebte 1976 in Tel Aviv.

W: Social Aspects in Israeli Housing Problems. 1967. *Qu:* Hand. - RFJI.

Bar-Menachem, Abraham (urspr. Gutsmuth, Alfred), Dr. jur., Kommunalpolitiker; geb. 16. Mai 1912 Wieseck bei Gießen; *V:* Immanuel Gutsmuth (geb. 1856 Altenbuseck, gest. 1930 Wieseck), jüd., Kaufm.; *M:* Bertha, geb. Berman (geb. 1876 Einhartshausen, gest. 1945 Amersford/NL), jüd., 1939 Emigr. NL, nach 1940 im Untergrund; *G:* Isidor (geb. 1903 Wieseck), 1939 Emigr.; *A:* Argent.; Kurt (geb. 1905 Wieseck), 1939 Emigr. NL, *A:* Urug.; Erna (geb. 1907 Wieseck), 1939 Emigr. GB; ∞ Johanna Pulvermacher (geb. 1923 Berlin), Krankenschwester, 1933 Emigr. Pal.; *K:* Amikam (geb. 1947 Pal.), Geschäftsm.; Nacham (geb. 1950 IL), Elektroing.; Shlomit (geb. 1955 IL); *StA:* deutsch, Pal./IL. *Weg:* 1934 NL; 1938 Pal.

Okt. 1933 Prom., Mitgl. versch. jüd. Jugendorg., Verhaftung, Einsatz als Straßenkehrer. Febr. 1934 Emigr. Niederlande, Ausbildung zum Tischler, gleichz. Sekr. *Hechaluz;* 1938 Palästina (Zertifikat aufgrund fiktiver Eheschließung), 1938-47 Mitgl. Kibb. Mahar, Kfar Saba, Sodom, Gvar-Am, Mitgl. *Haganah,* Landankauf im Bez. Barbara-Berer für J.N.F., 1947-50

Vors. Komitee für das Negev-Gebiet, 1950 Vors. des BezRats für den Küstenbez. Ashkelon, ab 1956 erster Sekr. des regionalen *Histadrut* u. Mitgl. Arbeiterrat Netanyah, 1965-67 u. 1970-74 stellv. Bürgermeister, 1967-69 u. ab 1974 Bürgermeister von Netanyah.
W: Die strafmildernden Gründe beim Meineid (Diss.). 1933. *Qu:* Fb. Hand. - RFJI.

Bar-Shalom (urspr. Deutsch), **Naftali**, Offizier; geb. 31. Juli 1919 Liptau/Slowakei jüd.; *V:* Shalom Deutsch (geb. 1879 Nyreghaza/Ungarn, umgek. im Holokaust), Rabbiner u. Kantor; *M:* Charlotte, geb. Fürst (geb. 1882 Topolcany/Ungarn, umgek. im Holokaust), jüd., Schulltr.; *G:* Piroska Schwaz (geb. 1904 Ungarn, umgek. im Holokaust); Ilon Loewbeer (geb. 1905 Ungarn, umgek. im Holokaust), Buchhalter; Borena Reiner (geb. 1907 Ungarn, umgek. im Holokaust), Schulltr., Schriftsteller; ∞ Hannah Ehrenfeld (geb. 1922 Giraltovce/Slowakei), Lehrerin, 1949 Emigr. Pal.; *K:* Erela (geb. 1949 Tel Aviv), Stud. Univ. Bar Ilan u. Tel Aviv, *StA:* CSR; Pal./IL. *Weg:* 1939 Pal.
Stud. Med. Preßburg, Stud. Jeschiwah; Ltr. *Makkabi Hazair Gordonia,* 1939 Hachscharah. 1939 Emigr. Palästina, Stud. Math., Physik, Psychologie Hebr. Univ. Jerusalem. 1940-49 *Haganah,* 1941 Jew. Settlement Police, 1941-47 BezKommandeur Jerusalem-Land; 1947-49 *Haganah*-Vertr. in Italien u. der CSR, 1948-49 Übernahme in IDF, Verbindungsoffz. zum CSR-GenStab, Ausbilder in der Luftwaffe. 1949 Versetzung zur isr. Polizei, Ausbilder. Zeuge im Eichmann-Prozeß. 1976-77 Dir. *Jew. Agency* Rom, 1977 Ltr. Einwanderungsabt. Europa der *Jew. Agency* in Genf. Lebte 1977 in Genf.
Qu: Fb. - RFJI.

Barak (urspr. Brock), **Baruch**, Ministerialbeamter, Unternehmensleiter; geb. 5. Mai 1928 Schweidnitz/Niederschlesien; jüd.; *V:* Haim Hermann Brock (geb. 1893 Brodau, gest. 1959), jüd., Kaufm., Mitgl. ZVfD, 1937 Emigr. Pal., Mitgl. *B'nai B'rith; M:* Recha Rachel, geb. Feibelsohn (geb. 1896 Posen, gest. 1969 IL), jüd., Mitgl. *Blau-Weiß,* 1937 Emigr. Pal.; *G:* Nahman Barak (geb. 1926 Schweidnitz), 1937 Emigr. Pal., MinBeamter; ∞ Hava Katz (geb. 1929 Alexandria/Ägypten), jüd., 1949 nach IL, Privatsekr., Übers.; *K:* Irith (geb. 1953), Angest. bei Flugges.; Naomi (geb. 1959), IDF-Dienst; *StA:* deutsch, IL. *Weg:* 1937 Pal.
Volksschule in Deutschland. 1937 Emigr. Palästina mit Familie; Stud. Landwirtschaftsschule Mikveh Israel, Mitgl. isr. Pfadfinder, 1947-50 GenSekr. *B'nai B'rith*-Jugend. 1948-49 Oberfeldwebel der IDF. 1949-51 beim isr. Finanzmin., 1951-54 beim Verteidigungsmin.; gleichz. 1953-55 Stud. Hebr. Univ., 1955 B.A. Wirtschaftswiss. u. internat. Beziehungen, später Arbeit an Diss.; 1956 Teiln. Sinai-Krieg. 1956-59 Konsul an der isr. Botschaft in Washington/D.C.; 1960-64 stellv. Dir., 1964-65 Ltr. Europa-Abt. der isr. Investitionsbehörde, 1965-67 stellv. GenDir. im Verteidigungsmin., 1967-70 Ltr. isr. Investitions- u. Export-Behörde für Nordamerika u. zugl. Wirtschafts-Attaché in den USA. 1969 Vortragstätigkeit bei der UN-Org. für internat. Entwicklung (UNIDO). Ab 1970 Ltr. der Investitionsges. Victor M. Carter Enterprises u. deren Vertr. in Israel, 1971-75 AR-Vors. bei Kitan Textile Mills, ab 1973 AR-Mitgl. bei Clal. Ltd., ab 1974 bei Urban Steel Mills, ab 1975 bei der Isr. Discount Bank Holding Corp., ab 1976 bei Isr. Chemical Fibers Ltd. (Monsanto); ab 1977 Präs. Isr.-Am. Handelskammer. 1977 Mitgl. des pol. Rats der *Bewegung für demokratische Veränderung,* Mitgl. isr.-dt. Handelskammer in Tel Aviv, *B'nai B'rith.* Lebte 1978 in Tel Aviv. - *Ausz.:* 1948/49 Med. des Unabhängigkeitskriegs, 1956 Med. des Sinai-Kriegs, 1968 Ehrenurkunde der UNIDO, 1969 Ehrenurkunde des MinPräs. Eshkol für die Org. der Wirtschaftskonf. von 1969 in Jerusalem.
W: German Economic Penetration into the Middle East from Bismarck to Adenauer (B.A.-Arbeit). 1955. *D:* Hebr. Univ. Jerusalem. *Qu:* Fb. Hand. - RFJI.

Barazon, Heinz (urspr. Kohn, Heinrich), Dr. jur., Rechtsanwalt; geb. 3. März 1914 Wien; jüd.; *V:* Dr. Emerich Kohn (1878-1936), jüd., Prof. Handelsakademie; *M:* Auguste, geb. Schanzer (geb. 1893), jüd.; ∞ 1940 Renate Tepper (geb. 1922), Emigr. Pal.; *K:* Ronald (geb. 1944); *StA:* österr. *Weg:* 1938 Pal.; 1948 Österr.
Ab 1932 Stud. Rechtswiss. Univ. Wien, 1937 Prom.; Vertr. der Jüdischen Hochschülerschaft, zeitw. Mitgl. *Jüdischer Hochschulausschuß* u. Präs. *Jüdisch-Akademischer Juristenverein.* Sept. 1938 über Jugoslawien u. Italien nach Palästina, lebte in Tel Aviv, zeitw. in Jerusalem. Lebensunterhalt als Hilfsarb., Hilfspolizist, Buchhändler u. kaufm. Angest., 1942-44 Zivilbeamter der brit. Armee. 1943-48 Tätigkeit als freier Journ., Korr. brit. Wirtschaftsblätter in Palästina, u.a. *The British Export Gazette.* 1948 Rückkehr nach Wien, bis 1951 RA-Konzipient, anschl. RA. Ab 1969 Ausschußmitgl. Rechtsanwaltskammer für Wien, Niederösterreich u. das Burgenland, ab 1973 Deleg. Österreichischer Rechtsanwaltskammertag. Jurist. Mitarb. zahlr. Ztg. u. Fachzs., u.a. *Salzburger Nachrichten, Österreichische Juristenzeitung, Österreichisches Anwaltsblatt, Der Staatsbürger.* Ab 1963 Mitgl. *B'nai-B'rith*-Loge, ab 1965 Rechnungsprüfer des *Christlich-Jüdischen Koordinationsausschusses.* Lebte 1978 in Wien. - *Ausz.:* 1972 Goldenes Ehrenz. für Verdienste um die Rep. Österreich.
Qu: Fb. Pers. - IfZ.

Barbasch, Ludwig, Dr. jur., Rechtsanwalt; geb. 28. Aug. 1892 Berlin, gest. 12. Juli 1967 Wiesbaden; jüd.; *V:* Max B. (1866-1932), jüd.; *M:* Helene (1859, gest. 1952 Tel Aviv), jüd.; *G:* Dr. med. Bruno B. (1893-1976[?]), Internist, 1933 Emigr. Pal.; ∞ II. 1934 Jaffa/Pal., Else Neumann, geb. Marcuse (geb. 1898), jüd., Emigr., A: Deutschland (BRD); *K:* 1 S, 1 T; *StA:* deutsch, IL, deutsch. *Weg:* 1933 CH, I; 1934 Pal.; 1958 Deutschland (BRD).
Stud. Rechtswiss. Berlin, Cambridge, Grenoble. Im 1. WK Uffz.; 1918/19 Mecklenburg. Staatsmin. ohne Portefeuille, nach Niederschlagung der Revolution zum Tode verurteilt, dann begnadigt. Jurist. Vorbereitungsdienst, 1924-33 pol. Strafverteidiger Berlin in Bürogemeinschaft mit Hans Litten. Mitgl. KAPD, Vertr. des *Lenin-Bunds* im Klageverfahren des ADGB gegen die in den Parteizs. *Volkswille* u. *Fahne des Kommunismus* Dez. 1932 veröffentl. Fälschungen über angebl. Kooperationspläne von freien Gew., Reichswehr, Papen-Reg. u. NSDAP. März-Sept. 1933 KL Brandenburg, anschl. Emigr. über die Schweiz u. Italien nach Palästina, Stud. Rechtswiss. u. Zulassung als RA. Ab 1958 RA für Wiedergutmachungsfälle in Wiesbaden.
L: Emig, Dieter/Zimmermann, Rüdiger, Das Ende einer Legende. In: Internationale Wissenschaftliche Korrespondenz zur Geschichte der deutschen Arbeiterbewegung 12, H. 1/März 1976, S. 19 ff.; Fürst, Max, Talisman Scheherezade. 1976. *Qu:* Arch. EGL. Pers. Publ. - IfZ.

Bardach, Henry, Diplomat; geb. 22. Aug. 1921 Düsseldorf; ev.; *V:* Dr. Kurt B. (geb. 1887 Deutschland, gest. 1965 USA), 1936 Emigr. USA; *M:* Minnie, geb. Freundlich (geb. Deutschland, gest. 1973 USA), 1937 Emigr. USA; *G:* Lotte Moise (geb. 1917), 1936 Emigr. GB, 1938 USA, M.A. Columbia Univ., Lehrerin; ∞ 1948 Lillie Ruth Todd (geb. 1924 USA), ev., B.A., Stud. Carl Orff-Inst. Salzburg, Musiklehrerin; *K:* Heidi Lynn (geb. 1953), Dipl. Akad. für Musik u. darstellende Kunst Wien, Tanzlehrerin; Ronald T. (geb. 1957 Bern); *StA:* deutsch, 1943 USA. *Weg:* 1936 GB; 1937 USA.
1936 nach GB mit StudVisum, Stud. Bedford Modern School. Aug. 1937 USA, High School New York, 1938-40 Stud. Queens Coll., N.Y., 1940 Fremdenführer N.Y. World's Fair. 1942-45 US-Armee, Geheimdienst. 1948 B.A., 1948-50 Doz. Wharton School of Finance and Commerce, Univ. Pa. Philadelphia, 1950 volkswirtschaftl. Mitarb. Hunt Oil Co. Dallas/Tex.; 1951 M.A. Univ. Pa.; ab 1951 volkswirtschaftl. Sachverständiger im US-Außenmin., 1951-57 Forschungsabt. Südostasien, 1966-70 Korea, 1970-73 Ostasien, 1957-61 Sachverständiger US-Botschaft Bern (zugl. Handelsattaché u. Botschafts-

sekr.), 1962-66 GenKonsulat Hongkong, 1973-76 Botschaftsrat in Wien, inoffizieller Verbindungsmann zur Org. of Petroleum Exporting Countries (OPEC), ab 1976 Botschaftsrat in Djakarta. Mitgl. *Am. Fgn. Service Assn.*, *Nat. Cathedral Soc.*, *Nat. Symphony Soc.* Lebte 1977 in Djakarta. – *Ausz.:* Bronze Star; 1975 Superior Honor Award.

Qu: Fb. Hand. – RFJI.

Baron, Stefan, Buchhändler; geb. 1914, gest. 1972. *Weg:* 1934 Emigr. Bras.

Buchhändler in Berlin, Mitgl. KJVD, illeg. Tätigkeit, 1934 Emigr.; mit → Karl Lustig-Prean im Vorst. *Movimento dos Alemaes Livres do Brasil.* Unterz. des Aufrufs des *Lateinamerikanischen Komitees der Freien Deutschen* (LAK) unter Ltg. von → Paul Merker u. Ludwig Renn v. 30. Jan. 1943, Teiln. 1. Kongreß von LAK u. Landeskonf. BFD Mexiko 8./9. Mai 1943 in Mexico City.

L: Kießling, Alemania Libre. *Qu:* Arch. Publ. – IfZ.

Bartel, Walter, Dr. phil., Parteifunktionär, Historiker; geb. 15. Sept. 1904 Fürstenberg/Mecklenburg; *V:* Arbeiter; *StA:* deutsch. *Weg:* 1935 CSR; 1939 Deutschland.

Arbeiter; 1920 KJVD, Jugendfunktionär, 1923 Festungshaft in Niederschönfeld/Bayern, 1923 KPD; Besuch Lenin-Schule der *Komintern*, Mitgl. ZK des KJVD. 1933 illeg. Tätigkeit, 1933-35 Zuchth., danach Emigr. in die CSR, nach dt. Einmarsch Verhaftung, KL Buchenwald, dort Mitgl. KPD-Lagerltg., 1943 Org. u. danach Ltr. des *Internationalen Lagerkomitees.* Nach Kriegsende maßgebl. am Aufbau des Volksbildungswesens in Berlin beteiligt, dann bis 1953 persönl. Ref. → Wilhelm Piecks für Parteifragen, anschl. Stud. an der Karl-Marx-Univ. Leipzig, 1953 Prom., bis 1957 Prof. für Zeitgeschichte ebd., 1957-62 Dir. Deutsches Institut für Zeitgeschichte Berlin (Ost) u. Ltr. Abt. Zeitgeschichte am Institut für Deutsche Geschichte der Humboldt-Univ., dort ab 1962 Prof. für Geschichte der Neuzeit, Vizepräs. *Internationales Buchenwald-Komitee.* Lebte 1976 in Berlin (Ost). – *Ausz.:* 1964 VVO (Silber), 1969 VVO (Gold); Dr.h.c.

W: Wilhelm Pieck, Präsident der Deutschen Demokratischen Republik. o.J.; Deutschland in der Zeit der faschistischen Diktatur 1933-1945. 1956; Die Linken der deutschen Sozialdemokratie im Kampf gegen Militarismus und Krieg. 1958; Ein Held der Nation. Aus dem Leben Ernst Thälmanns. 1961; Karl Liebknecht. 1971. *L:* GdA-Chronik; Antifaschisten. *Qu:* Hand. Publ. – IfZ.

Barth, Aron, Dr. jur., Rechtsanwalt, Bankier; geb. 26. März 1890, gest. 1957 Tel Aviv; jüd.; *V:* Jacobus B. (geb. 1851 Flehingen/Baden, gest. 1914 Berlin), Orientalist u. Alttestamentler, Hochschullehrer in Berlin; *M:* Rosa Hildesheimer; *G:* → Eliezer Barth; ∞ 1919 Paula Wittenberg, Präs. *Women's Social Service* Tel Aviv; *K:* Tamar Reichmann (gest. 1976 Tel Aviv); Yaakov; Yehuda; *StA:* deutsch; Pal./IL. *Weg:* 1933 Pal.

1908-11 Stud. Berlin, Heidelberg, 1912 Stud. Rabbinerseminar Berlin; 1916-33 RA, 1921-38 Rechtsbeistand beim W.Z.O.-Gericht; 1921-51 Deleg. bei W.Z.O.; 1929 Mitgl. *Komitee zur Erweiterung der Jew. Agency,* Vors. Zentralkomitee *Misrachi* Deutschland. 1933 Emigr. Palästina, 1933-38 RA in Haifa, 1938-47 Vizepräs. u. Dir. Anglo-Palestine Bank Ltd., 1947-51 Hauptgeschäftsf. Bank Leumi le-Israel Tel Aviv. 1942-48 Präs. *Magbit haHitgaisut vehaHatzalah* (Sammelaktion für natsoz. Verfolgte in Europa), 1947-57 Gerichtspräs. W.Z.O., 1951-52 VorstMitgl. *Keren Hayessod.* Mitgl. geschäftsf. Ausschuß des Kuratoriums Hebr. Univ.

W: Orthodoxie und Zionismus. 1920; Wege zum Misrachi. Misrachi-Festschrift. 1927; Letters to an English Friend. 1948; Mizvot Lamah Nitnu (Religionsgesetze und ihre Begründung). 1949 (engl. Übers. 1949); HaHashgahah baMikra (Die Idee der göttlichen Vorsehung in der Bibel. 1955/56; Dorenu mul Sheelot haaNezaḥ (Ewige Probleme und ihre Behandlung im modernen Judentum). 1953 (ital. u. engl. Übers. 1956, dt. Übers. 1957); Beriat haOlam beOr haMada heḤadish (Die Erschaffung der Welt im Licht der modernen Naturwissenschaft). 1962. *Qu:* Hand. HGR. Pers. – RFJI.

Barth, Eliezer (Lazar), Journalist; geb. Mai 1880 Berlin, gest. Mai 1949 Tel Aviv; *G:* → Aron Barth. *Weg:* 1933 Pal.

Gymn., Stud. Rabbinerseminar Berlin; Kaufm., langjähr. Vors. u. Mitgl. geschäftsf. Ausschuß der ZVfD. Im 1. WK Ltr. Abt. für jüd. Angelegenheiten der dt. MilReg. in Warschau. Mitarb. in *Misrachi*, 1919-33 Schriftltr. der *Misrachi*-Wochenzs. *Jüdische Presse* Berlin, 1929 Schriftltr. der *Misrachi*-Monatszs. *Zion* Berlin. Deleg. auf versch. Zion. Kongressen, ZK-Mitgl. der zion. Arbeiterorg. *HaPoel haZioni*, 1929 Wahl in den Allg. Ausschuß der WZO, Ltr. Pressedezernat, *Misrachi*-Abg. zur zion. Exekutive in London. 1931 Rücktritt wegen pol. Unstimmigkeiten zwischen WZO u. *Misrachi.* Führende Persönlichkeit u. Ltr. Pressedezernat der *Unabhängigen Misrachi-Landesorganisation* Deutschland. 1933 Emigr. Palästina, Mitarb. bei H.O.G., bei orthodoxer Flüchtlingsorg. *Ihud Shivat Zion* sowie relig.-kulturelle Aktivität, Initiative zum Bau der Synagoge in Tel Aviv-Nord.

W: Die Misrachi und die „unabhängige" Orthodoxie des Westens. In: Misrachi-Festschrift 1927; Art. über Fragen der zion. Bewegung in versch. Zs. in Deutschland u. Palästina. *Qu:* Hand. Pers. Publ. Z. – RFJI.

Barth, Heinrich, Kommunalpolitiker; geb. 5. Nov. 1895 Malstatt-Burbach/Saar, gest. 18. Juni 1949 Luzern; Diss.; *V:* Mathias B., Schmied; ∞ Elise Fixemer; *StA:* deutsch, Ausbürg., 1937 F. *Weg:* 1935 F; 1941 Deutschland.

Schlosser u. Stahlarb. 1914-18 Teiln. 1.WK. Mitgl. u. Funktionär DMV, 1919 Mitgl. SPD, 1919-35 StadtVO Saarbrücken. Nach Rückgliederung des Saargeb. Emigr., u.a. Saint-Dizier/Frankr.; 1939-40 franz. MilDienst. Apr. 1941 von Gestapo verhaftet, 20. März 1941 zu 1 J. Gef. verurteilt, bis 1. Mai 1945 im KL. Mitgl. SPS. 1946-48 Ltr. Sozialamt Saarbrücken, ab 1946 StadtVO; 1947 MdL Saar. Apr. 1949 bis zu seinem Tode OBürgerm. Saarbrücken.

L: Schneider, Saarpolitik und Exil. *Qu:* Pers. Publ. – IfZ.

Barth, Willi, Parteifunktionär; geb. 15. Sept. 1899 Ingersleben/Thür.; o.K.; *V:* Edmund B.; *M:* Lydia; ∞ Erna Viehweger (geb. 1901); *K:* Marianne (geb. 1921); *StA:* deutsch, 30. Nov. 1937 Ausbürg. *Weg:* 1933 CSR; GB; CDN; nach 1945 Deutschland (SBZ).

Tischler; 1919 KPD. Funktionär *Deutscher Freidenker-Verband*, BezSekr. *Rote Hilfe* Thür. Illeg. Tätigkeit für KPD, Jan. 1933 Flucht in die CSR; angebl. Ltr. einer Schulungsgruppe für Inlandseinsatz. Ab März 1935 Sekr. *Vereinigung zur Unterstützung deutscher Emigranten* Prag; Nov. 1935 PolLtr. KPD-Parteischule Mšec/Slaný. Vor dt. Besetzung der CSR Flucht nach GB, nach Kriegsausbruch Internierung, in ein kanad. Lager verbracht. Nach Rückkehr in die SBZ kommunalpol. Tätigkeit. Seit 1946 hauptamtl. Mitarb. des Zentralsekr. bzw. ZK der SED; 1951 stellv. Ltr. der Abt. Staatl. Verw., ab 1955 Ltr. der Abt. bzw. ArbGruppe Kirchenfragen im ZK der SED. Lebte 1969 in Berlin (Ost). – *Ausz.:* 1955 VVO (Bronze), 1958 Antifa-Med., 1959 VVO (Silber), 1963 Dr.-Theodor-Neubauer-Med. (Gold), 1964 VVO (Gold), 1969 Karl-Marx-Orden.

Qu: Arch. Hand. Z. – IfZ.

Bathke, Karl, Parteifunktionär, Journalist; geb. 9. Jan. 1901, gest. 14. März 1970 Berlin (Ost); *V:* Arbeiter; *StA:* deutsch. *Weg:* 1936 CSR; 1938 GB; 1946 Deutschland (SBZ).

Schriftsetzer; 1920 USPD u. KPD, 1925-33 OrgLtr. u. Betriebszellensekr. des KPD-Organs *Die Rote Fahne.* Nach natsoz. Machtübernahme Tätigkeit als Instruktor. Ende 1936 Flucht in die CSR. In GB Mitgl. KPD-Landesltg. u. Initiativ-

ausschuß der FDB; Sept. 1943 Wahl in Vorläufigen Ausschuß der FDB. 1946-50 Ltr. AuslRed. ADN Berlin (Ost), anschl. Chefred. *Leipziger Volkszeitung;* 1956-61 wiss. Mitarb. u. Ltr. des Archivs Institut für Marxismus-Leninismus beim ZK der SED. - *Ausz.:* u.a. 1961 VVO (Silber).
L: Röder, Großbritannien. *Qu:* Hand. Publ. Z. - IfZ.

Bato (urspr. Berliner), **Ludwig Yomtov**, Publizist, Verbandsfunktionär; geb. 13. Febr. 1886 Dolni Kubin/Slowakei, gest. 1974 IL; jüd.; ∞ verh. *Weg:* 1940 Pal.
1904 Hg. erste zion. Veröffentl. in ungar. Sprache. 1906-07 Stud. Turin, gleichz. Gr. zion. Verb. *Circolo Sionistice Piemontese,* 1908 Rückkehr nach Ungarn, Mitgl. RedAusschuß der zion. Zs. *Zsido Szemle,* 1909 Abg. auf Zion. Weltkongreß. 1910-33 Ltr. der Donau-Dampfschiffahrtsges. in Wien. 1911-14 Mitarb. bei Vorbereitung für das jüd. Lexikon *Evrejskaja Enciklopedija* in St. Petersburg, Präs. zion. *Zentralverein* u. Ltr. innerösterr. Distr., 1914-18 Hg. *Jüdische Zeitung,* 1915-21 Mithg., 1925 Hg. lit. Almanach *Jüdischer Nationalkalender,* 1928-30 Mitarb. bei *Encyclopaedia Judaica,* PräsMitgl. *Keren Hayessod,* Mitgl. KKL, Bethausvorst. der Syn. Seitenstettengasse. 1932 in Italien i.A. der zion. Org., 1933-40 Dir. des KKL in Rumänien. 1940 Emigr. Palästina, 1952-60 Mitarb. österr. Büro der URO in Tel Aviv, Mitarb. *Hebr. Encycl.* - *Ausz.:* 1964 Preis der Theodor-Körner-Stiftung.
W: Die Juden im alten Wien. 1928; Don Yosef Nasi. 1942; Art. in *Aufbau, Bulletin* LBI u.a. Zs. u. Z. *L:* E.J. *Qu:* Hand. Pers. Publ. Z. - RFJI.

Battsek, Kurt, Wirtschaftsfachmann; geb. 7. Dez. 1885 Berlin; jüd.; *V:* Ludwig B. (1847-1922), jüd., Bankier; *M:* Gertrud, geb. Speyer (1865-1938), jüd., Emigr. GB; *G:* Lotte (1887-1975), 1935 Emigr. GB; Heinz (geb. 1893), Jurist, 1917 als Fliegeroffz. gef.; ∞ 1909 Rose Moses (1888-1952), Sozialarb., Emigr. GB, Gr. Bildungsabt. WIZO; *K:* Micha (geb. 1926), Emigr. GB, Reiseveranstalter; *StA:* deutsch, 1946 GB. *Weg:* 1933 GB.
1902 Abitur, kaufm. Lehre u. Tätigkeit. 1914-18 Kriegsfreiw.; 1919-33 Ltr. der von Magistrat u. Handelskammer Frankfurt/M. unterhaltenen Berliner Geschäftsstelle, erfolgreiche wirtschaftl. u. pol. Interessenvertretung, enger Mitarb. von → Ludwig Landmann. 1920-33 Mitarb. *Textil-Zeitung* (Ps. Kaba, Amicus); *Zionistische Vereinigung,* Gr. *Hilfsverein für jüdische Künstler und Geistesarbeiter* (Vors. Albert Einstein). Apr. 1933 Entlassung, Hausarrest, Juni 1933 Emigr. London, 1933-36 Mitarb. *Jewish Refugee Committee,* Assist. des Vors. Otto M. Schiff. 1940 kurzfristige Internierung Isle of Man. 1941 Mitgr. *Council of Christians and Jews.* Dir. u. Teilh. Bankfirma, Möbelfabrik. Mitgl. *N.W. Reform Synagogue Council;* zionist. Org. - Lebte 1977 in London.
W: Voices from the Past; An Anthology of Shakespeare; Life or Death; (Privatdrucke). *L:* Rebentisch, Dieter, Ludwig Landmann. 1975. *D:* Städt. Bibliothek Frankfurt/M., StA Frankfurt/M. *Qu:* Fb. Publ. - IfZ.

Bauer, Fritz Max, Dr. jur., Staatsanwalt; geb. 16. Juli 1903 Stuttgart, gest. 30. Juni 1968 Frankfurt/M.; jüd.; *V:* Ludwig B., Kaufm.; *M:* Ella, geb. Hirsch; ∞ 1943 Anna Petersen; *StA:* deutsch, 23. Sept. 1938 Ausbürg., deutsch. *Weg:* 1936 DK; 1943 S; 1945 DK; 1949 Deutschland (BRD).
Stud. Rechtswiss. u. Volkswirtsch. Heidelberg, Tübingen u. München, 1924 Referendar, 1927 Prom. u. Assessor, anschl. Hilfsstaatsanwalt u. Hilfsrichter. Apr. 1930 jüngster dt. Amtsrichter in Stuttgart. SPD, Mitgl. *Republikanischer Richterbund* in Württ., ab 1930 *Reichsbanner,* 2. Vors. Ortsgruppe Stuttgart, Mitgl. Gauvorst.; März-Nov. 1933 KL Heuberg, Mai 1933 Entlassung aus dem Richteramt. März 1936 Emigr. Dänemark, als Vertr. dt. Textilfirmen tätig. 1943 Flucht nach Schweden, Archivarbeiter Univ. Stockholm, ökonom. Studien für das wissenschaftl. Institut der schwed. Gewerkschaften. Mitgl. *Sopade*-Gruppe Stockholm, ab Jan. 1944 FDKB. Mit → Willy Brandt Konzipierung der von der SPD-Landesltg. unter → Willi Seifert hg. Wochenzs. *Sozialistische Tribüne,* 1945 RedMitgl.; Rückkehr nach Dänemark, RedMitgl. der Zs. *Deutsche Nachrichten* für Flüchtlinge u. Zivilinternierte, publizist. Tätigkeit. Ab Apr. 1949 LG-Dir., Juli 1950-Mai 1956 GenStaatsanwalt OLG Braunschweig, ab 1956 Hess. GenStaatsanwalt in Frankfurt/M.; Mitgl. ÖTV, SPD u. *Arbeitsgemeinschaft sozialdemokratischer Juristen,* ab 1954 Mithg. der theoret. Zs. der SPD *Die Neue Gesellschaft.* Federführend bei Anklagen in NS-Verfahren, u.a. Auschwitz-Prozeß, Vorkämpfer für Strafrechts- u. Strafvollzugsreform, Verfechter des Widerstandsrechts. Trat u.a. als rechtspol. Kritiker der sog. *Spiegel*-Affäre u. als Gegner der Notstandsgesetzgebung hervor. - *Ausz.:* 1968 Ludwig-Thoma-Med., Stiftung Fritz-Bauer-Preis der *Humanistischen Union,* 1969 Fritz-Bauer-Haus für Bewährungshilfe, Bad Homburg.
W: Neben zahlr. Beitr. in Fachzs. u. Ztg. u.a.: Die rechtliche Struktur der Truste (Diss.). 1927; Penge (Geld). Kopenhagen (Martin) 1941 (schwed. Übers. Stockholm [Natur och Kultur] 1944); Krigsförbrytarna infor domstol. Stockholm (Natur och Kultur) 1944 (dän. Übers. Kopenhagen [Westermann] 1945, dt. Die Kriegsverbrecher vor Gericht, Zürich [Europa-Verlag] 1945); Økonomisk Nyorientering. Kopenhagen (Martin) 1945; Monopolernes Diktatur. Kopenhagen (Fremad) 1948; Das Verbrechen und die Gesellschaft. 1957; Sexualität und Verbrechen. 1963; Die Wurzeln faschistischen und nationalsozialistischen Handelns. 1965; Widerstand gegen die Staatsgewalt. 1965; Auf der Suche nach dem Recht. 1967; Justiz und NS-Verbrechen. Sammlung deutscher Strafurteile wegen nationalsozialistischer Tötungsverbrechen 1945-1966 (Red.), Bd. I, 1968; Kafka und das Recht (unvollendetes Ms.). *L:* Friberg, Margareta, Bibliographie einer Zeitschrift: Die Sozialistische Tribüne. Univ. Stockholm 1969; Müssener, Exil. *Qu:* Arch. Hand. Publ. Z. - IfZ.

Bauer, Helene, Dr. phil., geb. Gumplowicz, gesch. Landau, Journalistin; geb. 13. März 1871 Krakau, gest. 20. Nov. 1942 Berkeley/Calif.; *V:* Ludwig G., Buchhändler; ∞ I. 1895 Max Landau, RA; II. 1914 → Otto Bauer; *K:* aus I: → Wanda Lanzer; Dr. Zbigniew Landau, A: Warschau. *Weg:* 1934 CSR; 1938 F; 1939 S; 1941 USA.
Stud. Staatswiss. Wien u. Zürich. Prom. 1905; SDAP, aktiv in poln. Sozialdemokratie, umfangreiche publizist.-agitator. Tätigkeit in poln. Sprache, Ps. Lawska. 1911 Trennung vom Ehemann. Enge Mitarb. von Otto Bauer. 1918-34 Mitarb. u. Red. *Der Kampf.* 1926-34 Lehrerin für Statistik ArbHochschule Wien, Mitgl. Stadtschulrat Wien. Gr. u. Ltr. der Studentenorg. *Sozialistische Arbeitsgemeinschaft für Wirtschaft und Politik.* 1934 Emigr. Brünn, Mitarb. ALÖS. 1938 Paris. Frühj. 1939 Übersiedlung zur Tochter nach Stockholm, 1941 Emigr. USA, Anschluß an sozialist. Gruppe um → Karl Heinz in Kalifornien.
W: u.a. Die Entwicklung des Warenhandels in Österreich. 1906; Wirtschaft und Politik. Eine sozialistische Schriftenreihe (Hg.). 1930 ff. *L:* DBMOI; Simon, Autobiogr. *Qu:* Arch. Publ. - IfZ.

Bauer (urspr. Bauernfreund), **John Peter**, Fabrikant; geb. 14. Nov. 1925 Fürth; jüd.; *V:* August Bauernfreund, Inh. Süddeutsche Lebensmittelwerke, Emigr. USA mit Familie; *M:* Agnes, geb. Rosenfeld; ∞ 1949 Marion Rosenstein; *K:* Steven, David; *StA:* deutsch, 1943 USA. *Weg:* 1940 USA.
1940 Emigr. USA. 1941-42 Stud. New York Univ., 1942-44 US-Armee, 1944-46 B. Sc. u. B. Econ. New York Univ.; 1946-65 Vizepräs. B.N.S. Internat. Sales Corp. New York, seit 1965 Inh. u. Präs. Bauer Internat. Corp. New York mit Tochterges. in USA, Kanada, Mex., Deutschland (BRD) (Bauer International Europa in Frankfurt/M.), Patent-Inh. auf dem Gebiet tierischer u. pflanzl. Eiweißstoffe. Präs. John P. Bauer Foundation Inc., Mitgl. *Am. Meat Inst.* u. a. Industrieverb., Weizmann Inst. of Science.
Qu: EGL. Hand. Z. - RFJI.

Bauer, Leo (Leopold), Parteifunktionär, Journalist; geb. 18. Dez. 1912 Skalat b. Tarnopol/Rußland, gest. 18. Sept. 1972 Bonn; *V:* Textilkaufm., jüd.; ∞ Gertrud, A: Deutschland (BRD); *StA:* 1924 deutsch. *Weg:* 1934 CSR, F; E; 1938 CSR; 1939 F; 1940 CH; 1945 Deutschland (ABZ).

1928 SPD, 1931 KPD, Tätigkeit im App.; Abendschule, 1932-33 Stud. Rechts- u. Staatswiss. Berlin. Ab März 1933 mehrmon. Haft, anschl. illeg. Tätigkeit. 1934 im Parteiauftrag Emigr. über Prag nach Paris. U.a. Mitarb. im *Vorläufigen Ausschuß zur Vorbereitung einer deutschen Volksfront.* Ab 1936 Sekr. *Zentralvereinigung der deutschen Emigration* (ZVE) unter Deckn. Rudolf Katz. Juli 1936 mit → Georg Bernhard, → Paul Hertz u. → Kurt R. Grossmann ZVE-Deleg. bei Flüchtlingskonf. des Völkerbunds Genf, 1936-39 beigeordneter Sekr. beim Hochkommissar für Flüchtlinge aus Deutschland. Aufenthalt im republikan. Spanien. Okt. 1938 Einrichtung eines Zentralbüros beim *Šalda-Komitee* Prag zur Rettung bedrohter dt. Emigr. in der CSR. Konflikte wegen angebl. Bevorzugung von Kommunisten bei Visazuteilung. 1939 Paris, Internierung in Le Vernet. Sommer 1940 mit → Paul Bertz Flucht in die Schweiz. Wegen pol. Betätigung kurzfristig Haft. Als KPD-Vertrauensmann für die Westschweiz in Genf vor allem für Verb. zur Parteiorg. in Frankr. zuständig. Kurierdienste durch Noel Field, der Ende 1942 Nachrichtenkontakte zwischen B. u. dem OSS vermittelte. Okt. 1942 Verhaftung, wegen Militärspionage für die UdSSR verurteilt, im Berufungsverfahren von diesem Anklagepunkt freigesprochen. Nach 19-mon. Haft wegen „Verletzung der Neutralität der Schweiz" bis 1944 in einem Flüchtlingslager interniert. Ltr. Region Westschweiz der BFD in der Schweiz, ab Herbst 1944 für Verb. der Provis. Ltg. der BFD zur illeg. *Partei der Arbeit* verantwortl., Deckn.Lambert, Rudolf Katz, Baumann, Charles, Erwin Zoller. Ab Frühj. 1944 Red-Mitgl. *Freies Deutschland* (FD), Verf. der Sonderausgabe v. Juni 1944. Auf 2. Landeskonf. des FD Mai 1945 Wahl in Landesausschuß. Mitgl. SDS u. *Schweizer Gesellschaft der Freunde freier deutscher Kultur.* 1945 als Beauftragter der *Centrale Sanitaire Suisse* nach Frankfurt/M.; Aug. 1945–März 1946 freier Mitarb. *Frankfurter Rundschau,* Mitgl. Sekretariat der KPD-Landesltg. Hessen, stellv. Landesvors.; Febr. 1946 Berufung in Vorbereitende Verfassungskommission, Juni 1946 Wahl in Verfassungsberatende Landesversammlung, 2. stellv. Präs., Mitgl. Verfassungsausschuß. Dez. 1946 bis Mandatsniederlegung 30. Juni 1949 MdL Hessen, KPD-Fraktionsvors., Mitgl. Ältestenrat, Hauptausschuß, Kulturpol. u. Rechtsausschuß. Hg. KPD-Zs. *Wissen und Tat* u. *Informationen der KPD.* Nach Autounfall in der SBZ Herbst 1947 u. einjähr. Krankenhausaufenthalt auf Parteianweisung Verbleib in der DDR. Ab 1949 Chefred. *Deutschlandsender.* 23. Aug. 1950 mit anderen ehem. Westemigr. SED-Ausschluß u. wegen „Verbindung mit dem Agenten der amerikan. Spionage Noel H. Field und umfangreicher Hilfe für den Klassenfeind" verhaftet. 28. Dez. 1952 Todesurteil durch sowj. MilGericht, Jan. 1953 in die UdSSR verbracht, Juni 1953 Begnadigung zu 25 J. Zwangsarb. in Sibirien. Okt. 1955 aufgrund dt.-sowj. Vereinbarung über Gefangenenrückführung in die BRD entlassen. Vortragstätigkeit im Rahmen pol. Bildungseinrichtungen, ab 1959 freier Mitarb., ab 1961 sozialpol. Red. der Zs. *stern.* SPD, Beraterkreis von → Willy Brandt, ab Nov. 1968 Chefred. *Die Neue Gesellschaft.* Als angebl. Chefideologe der SPD von konservat. Seite angegriffen.

W: u.a. Die Partei hat immer recht. In: Aus Politik und Zeitgeschichte, Beilage zur Zs. *Das Parlament,* 4.7.1956; Das Ende einer Utopie (Mitverf.). 1963; Perspektiven im Übergang zu den 70er Jahren (mit Horst Ehmke). 1968; Gespräche (Vorwort Herbert Wehner). 1973. *L:* u.a. Lewis, Flora, Bauer im roten Spiel. 1965; Grossmann, Emigration; Roloff, Exkommunisten; Fricke, Karl Wilhelm, Warten auf Gerechtigkeit. 1971; Bergmann, Schweiz; Langkau-Alex, Volksfront. *Qu:* Arch. Hand. Publ. Z. – IfZ.

Bauer, Norbert, Fabrikant; geb. 22. Juli 1912 Weilburg/Hessen/Nassau; jüd.; ∞ 1945 Gertruda Stein (geb. Timisoara/Rum.), Sekr., jüd.; *K:* Ronaldo (geb. 1946), Wirtschaftswiss.; Harry Nelson (geb. 1948), RA; Milton André (geb. 1954), Chemiker; *StA:* deutsch, Bras. *Weg:* 1935 Bras.

1926 Abitur, 1926-28 Handelsschule, 1928-35 kaufm. Angest.; 1935 Emigr. Bras. mit Touristenvisum, 1936-38 Angest. u. Vertr. in São Paulo, 1939-44 Geschäftsreisender in bras. Nordstaaten; 1945 Gr. u. seitdem Ltr. Real Equipamentos de Seguranca Ltda. São Paulo (Herstellung von ArbSchutz-Materialien), Mitinh. ähnl. Betriebe. Präs. *Rotary Club* São Paulo-Pinheiros. Lebte 1978 in São Paulo.
Qu: Fb. – RFJI.

Bauer, Otto, Dr. jur., Politiker, Publizist; geb. 5. Sept. 1881 Wien, gest. 4. Juli 1938 Paris; jüd.; *V:* Philipp B., Textilfabrikant; *M:* Käthe, geb. Gerber (gest. 1913); *G:* Ida Adler (geb. 1882); ∞ 1914 Helene Landau (→ Helene Bauer); *StA:* österr., Ausbürg. *Weg:* 1934 CSR; 1938 F.

1902-03 MilDienst als Einjährig-Freiw.; Stud. Rechtswiss. Wien, Mitgl. *Freie Vereinigung Sozialistischer Studenten* u. *Sozialwissenschaftlicher Bildungsverein.* SDAP. 1906 Prom. mit Ausz., 1906-07 RA-Konzipient. Ab 1904 regelmäßiger Mitarb. *Die Neue Zeit.* 1907 in *Die Nationalitätenfrage und die Sozialdemokratie* Neudefinierung des marxist. Begriffs der Nation als histor. erwachsene Kultur- u. Charaktergemeinschaft; nur der Sozialismus könne die von dieser Gemeinschaft bislang ausgeschlossenen Bauern u. Arbeiter zur eigentl. Nation machen u. damit Nationalismus u. Völkerfeindschaft überwinden; Programm nat.-kultureller Autonomie in einem demokratisierten Vielvölkerstaat Österr.-Ungarn. B.s organisch-histor. Nationsbegriff stand damit im Gegensatz sowohl zur linkskommunist. (Rosa Luxemburg) als auch zur bolschewist. (Lenin-Stalin) Nationalitätentheorie. 1907-14 Sekr. sozdem. Reichsrat-Fraktion, zugl. Schriftltr. der neugegr. theoret. Zs. *Der Kampf;* Mitarb., 1912-14 GewRed. *Arbeiter-Zeitung,* Lehrer an der sozdem. Arbeiterschule. 1914 Offz., Ende Nov. russ. Kriegsgef., bis 1917 in sibir. Lagern. Nach der Februarrevolution durch Vermittlung von Hjalmar Branting befreit, Sept. 1917 Rückkehr nach Wien, bis Nov. 1918 in kriegswiss. Abt. des Kriegsministeriums, Wiederaufnahme der Parteitätigkeit u. Mitarb. *Der Kampf* (Ps. Karl Mann u. Heinrich Weber), führender Vertr. des linken SDAP-Flügels. Apr. 1918 Autor *Nationalitätenprogramm der Linken,* das sich 1918 in der SDAP durchsetzte; nach histor. Ende des Vielvölkerstaats für Anschluß Deutsch-Österr. an das Deutsche Reich. Nov. 1918 Präsidialchef (Unterstaatssekr.) Staatsamt für Äußeres, Nov. 1918 nach Victor Adlers Tod dessen Nachf. als Staatssekr. für Äußeres, vergebl. Versuch, Abtrennung Südtirols u. des Sudetengeb. durch Pariser Vorort-Verträge zu verhindern u. den Anschluß an Deutschland durchzusetzen; Juli 1919 Rücktritt unter ausdrückl. Berufung auf sein Scheitern in diesen Fragen. März-Okt. 1919 Präs. Sozialisierungskommission; in *Der Weg zum Sozialismus* wandte sich B. gegen zentralist. Staatssozialismus bolschewist. Prägung u. entwickelte, stark beeinflußt von G.D.H. Cole's Gildensozialismus, das Modell eines demokr. Sozialismus als Selbstverw. des ganzen Volkes. Mit → Friedrich Adler gegen isolierte Durchsetzung der Räteherrschaft in Österr.; 1919-20 Mitgl. Konstituierende NatVers., 1920-34 MdNR; Sprecher u. führender Theoretiker der SDAP. 1920 in *Bolschewismus oder Sozialdemokratie?* gegen gewaltsame Einführung des Sozialismus durch bolschewist. Partei als Vertr. einer Minderheit. 1921 in *Leitsätze zur Agrarpolitik* u. 1925 in *Der Kampf um Wald und Weide* Neudefinition sozdem. Agrarpol.: Ablehnung von Zwangskollektivierung zugunsten eines organ. Prozesses durch Förderung von Gemeineigentum u. ländl. Volkserziehung. Ab 1923 Mitgl. Büro u. Exekutive der SAI, enge ZusArb. mit F. Adler, auf den SAI-Kongressen Hauptref. zur Politik der internat. Arbeiterbewegung. 1926 Schöpfer des Linzer Parteiprogramms, der programmat. Grundlage für den sozdem. Wahlsieg von 1927: Sozialismus sei nur möglich über parlamentar. Sieg der sozdem. Partei; Diktatur der Arbeiterklasse sei nur gegenüber einem sozdem. konterrevol. Putsch legitim. Aufgrund dieser Konzeption ab 1927 ständiges Zurückweichen vor Exekutive u. konservativem *Heimatschutz,* 1934 mit SDAP-Vorst. gegen bewaffneten Widerstand, noch während der Februarkämpfe

Flucht in die CSR, Gr. *Auslandsbüro der österreichischen Sozialdemokraten* (ALÖS) zur Hilfe für illeg. sozialist. Bewegung nach SDAP-Verbot u. zur Aufklärung des Auslands über die Verhältnisse in Österr., Weiterführung von *Arbeiter-Zeitung* u. *Der Kampf*, die in der Folgezeit in großen Mengen nach Österr. geschmuggelt wurden. Ps. u. Deckn. u.a. Wolfgang, Hagen, Amos, Jean Meunier, H.W. In den Auseinandersetzungen um Neubildung der Partei in der Illeg. stellte sich B. hinter das neue Führungsorgan, die „zentrale Fünfergruppe" (→ Manfred Ackermann) bzw. später das ZK der RSÖ (→ Joseph Buttinger), widersprach aber vergebl. der Umbenennung der illeg. Partei in *Revolutionäre Sozialisten* (RSÖ) zur Distanzierung von der alten Sozialdemokratie. März 1934 Verf. der in der *Arbeiter-Zeitung* veröffentl. Prinzipienerklärung der neuen Partei, für revol. Volkserhebung zur Errichtung der sozialist. Demokratie, Beseitigung der Macht von Kapital, Großgrundbesitz u. Kirche durch revol. Diktatur. Ende Apr. 1934 Autor des Statutenentwurfs der RSÖ mit Bekenntnis zum demokrat. Zentralismus. Aufgrund der „Theorie der Pause" in der revolutionären Entwicklung u. in Erwartung langandauernder ständestaatl. Herrschaft in Österr. Vertr. der 1934 auch innerhalb der RSÖ sich durchsetzenden „langen Perspektive" der Illeg., ZusArb. mit *Gruppe NB* (→ Karl Frank); theoret. Arbeit an der postum publ. Untersuchung *Die illegale Partei*: Gesch. der illeg. Bewegungen seit Beginn des 19. Jh.s u. Versuch der Aktualisierung für Österr. Ab beginnender Wendung der *Komintern* zur Einheitsfrontpol. im Sommer 1934 für engere ZusArb. mit KPÖ u. *Komintern* gegen die Widerstände innerhalb der RSÖ-Führung. 1936 in *Zwischen zwei Weltkriegen?* Konzept des „integralen Sozialismus", Versuch der theoret. Begründung der Einheit der Arbeiterbewegung gegenüber dem Faschismus, der das Instrument der Zerschlagung der Organisationen der Arbeiterklasse sei. 1936 begrüßte B. den Entwurf der neuen Sowjetverf. als „gewaltigen Schritt zur Demokratisierung" der UdSSR. 1935-37 ständige Auseinandersetzungen zwischen ALÖS u. ZK der RSÖ, nach Rücktrittsdrohung Nov. 1937 Übereinkunft mit RSÖ-ZK, das nunmehr Red. der *Arbeiter-Zeitung* übernehmen sollte. Apr. 1938 nach Anschluß Österr. Teiln. Brüsseler Tagung der österr. Sozialisten, auf der sich die führenden SDAP- u. RSÖ-Vertr. im Exil auf eine gesamtdt. Revolution festlegten u. die Forderung nach Wiederherstellung der Selbständigkeit Österreichs verwarfen. Mai 1938 Liquidierung des ALÖS, Übersiedlung nach Paris. Nach harten Auseinandersetzungen von B. u. → Julius Deutsch mit den RSÖ-Führern Buttinger u. → Josef Podlipnig konstituierte sich die *Auslandsvertretung der österreichischen Sozialisten* (AVÖS) in Paris nur aus Vertr. der RSÖ, während B. die Red. der Zs. *Der Sozialistische Kampf* übernahm. In seinem letzten Art. forderte B. die Unterordnung der sozialist. Bewegung unter das nunmehr einzige Nahziel des Kampfes gegen Hitler.

W: u.a. Die Nationalitätenfrage und die Sozialdemokratie. 1907; Weber, Heinrich (Ps.), Die russische Revolution und das europäische Proletariat. 1917; Der Weg zum Sozialismus. 1919; Bolschewismus oder Sozialdemokratie. 1920; Die österreichische Revolution. 1923; Der Kampf um die Macht. 1924; Der Kampf um Wald und Weide. 1925; Sozialdemokratische Agrarpolitik. 1926; Kapitalismus und Sozialismus nach dem Weltkrieg. 1931; Der Aufstand der österreichischen Arbeiter. Seine Ursachen und seine Wirkungen. Prag (DSAP in der Tschechoslowakischen Republik) 1934 (mehrsprach. Übers.); Zwischen zwei Weltkriegen? Die Krise der Weltwirtschaft, der Demokratie und des Sozialismus. Preßburg (Eugen Prager) 1936; Die Illegale Partei. Aus dem unveröffentlichten Nachlaß. Paris 1939; Otto Bauer. Eine Auswahl aus seinem Lebenswerk. 1961; Zum Wort gemeldet: Otto Bauer (hg. v. Heinz Fischer). 1968; Otto-Bauer-Werkausgabe in 7 Bd. Hg. VfGdA, Bd. 1 u. 2, 1975 (Inhaltsangabe v. Bd. 1-7 in: Archiv, Mitteilungsblatt VfGdA). *L*: Gulick, Österreich; Buttinger, Beispiel; Benedikt, Heinrich, Geschichte der Republik Österreich. 1954; Braunthal, Julius, Ein Lebensbild Otto Bauers. In: Otto Bauer. Eine Auswahl aus seinem Lebenswerk. 1961; Leser, Werk; Schroth, Hans, Bibliographie Otto Bauer. In: Archiv, Mitteilungsblatt VfGdA, 1964/4; Wisshaupt, RSÖ; Leichter, Diktaturen; Leser, Norbert, Zwischen Reformismus und Bolschewismus. Der Austromarxismus als Theorie und Praxis. 1968; Leichter, Otto, Otto Bauer. Tragödie oder Triumph? 1970; DBMOI; Widerstand 1. *D*: AsD, DÖW, IfZ, IISG, VfGdA. *Qu*: Arch. Biogr. Hand. Publ. Z. - IfZ.

Bauer, Otto, Verbands- u. Parteifunktionär; geb. 16. Apr. 1897 Wien; kath.; *V*: Adolf Riedl (1877-1920), Metallschleifer; *M*: Maria Bauer (1878-1900), Näherin; ∞ 1920 Rosa Fraiss (1899-1966), Metallarbeiterin, Emigr. F, USA; *K*: 4; *StA*: österr., 1946 USA. *Weg*: 1938 F; 1940 USA.

1911-16 Lehre u. Arbeit als Handelsangest. 1912 Mitgl. *Bund der christlichen Arbeiterjugend*. 1916-18 Kriegsdienst, anschl. arbeitslos. 1920-28 Metallarb.; Mitgl. SDAP, *Österreichischer Metall- und Bergarbeiterverband*. 1926 Mitgr. u. bis 1934 Obmann *Bund der Religiösen Sozialisten* (BdRS) u. Red. der Zs. des BdRS *Menschheitskämpfer*; der BdRS bemühte sich - ab 1928 als sozdem. Kulturorg. von der SDAP anerkannt - zunächst nicht ohne Erfolg um ZusArb. mit kath. Kirche, verlor jedoch durch die Unvereinbarkeitserklärung von Christentum u. Sozialismus in der Enzyklika Quadragesimo anno ab 1931 weitgehend seinen pol. Wirkungskreis. Ende 1933 Verb. zur Gruppe *Neu Beginnen* (→ Karl Frank). Dez. 1933 i.A. des SDAP-PV vergebl. Mission bei Kardinal Innitzer u. Pater Georg Bichlmair, um die Kirche zur Vermittlung bei Reg. Dollfuß zu bewegen. Frühj. 1934 nach den Februarkämpfen Org. von Unterstützung für Opfer u. flüchtige Schutzbündler, illeg. Weiterführung des BdRS in kleinen Gruppen, Red. der illeg. Ztg. *Gerechtigkeit und Freiheit*. Verb. mit *Gruppe Funke* (→ Leopold Kulcsar), hielt sich zunächst von den seiner Auffassung nach zu sehr von den emigr. Führern der SDAP u. dem Brünner ALÖS beeinflußten RSÖ fern. 1936 Verhaftung, nach Amnestie Aug. 1936 ZusArb. mit ZK der RSÖ unter → Joseph Buttinger, Mitarb. *Informationsdienst*, Deckn. Herbst, Weiß. Nov.-Dez. 1937 erneut in Haft. Apr. 1938 zus. mit Familie über Italien u. Schweiz mit falschem Paß nach Paris. Mitgl. *Erweiterte AVÖS*. In den Auseinandersetzungen der österr. sozialist. Emigr. in Paris Parteigänger von Buttinger. 1939 kurzfristig interniert, Ende Mai 1940 erneute Internierung in Südfrankr.; Sept. 1940 mit Notvisum nach New York. 1941-44 Metallarb.; Sept. 1941 neben → Friedrich Adler u.a. Mitunterz. des Protests österr. Sozdem. gegen Versuch der Bildung einer österr. Exilregierung durch → Hans Rott u. → Willibald Plöchl. Dez. 1941 zus. mit Buttinger u. → Karl Hubeny Austritt aus AVÖS. 1944-72 Ltr. Library for Political Studies New York (Buttinger-Library). Zur Unterscheidung von dem gleichnam. Parteitheoretiker der SDAP unter dem Beinamen „Der kleine O.B." bekannt. Lebte 1978 in Tenafly/New Jersey.

L: Buttinger, Beispiel; Pelinka, Anton, Drei Jahrzehnte zu früh? Ein Gespräch mit dem „kleinen" Otto Bauer in New York. In: Die Furche, 12.8.1967; DBMOI. *Qu*: Arch. Fb. Pers. Publ. Z. - IfZ.

Bauer, Robert, Parteifunktionär; geb. 2. Jan. 1907 Heidenheim/Württ.; *V*: Karl Georg B. (gest. 1948), Gipsermeister; *M*: Sofie (gest. 1952); *StA*: deutsch. *Weg*: 1933 Lux., Saargeb.; 1935 F; 1936 B; 1941 Deutschland.

Gipserlehre, ab 1924 als Bauarb. tätig. 1921 KJVD, u.a. OrgLtr. u. Ref.; 1924 KPD, Baudeleg.; Betriebsobmann u. Kassier. 1930-32 BezLtr. *Kampfgemeinschaft gegen den Faschismus* Berlin-Prenzlauer Berg, bis Ende 1932 Mitgl. BezVerbands- u. Reichsltg., anschl. KPD-Instruktur für GewFragen u. PolÖkonomie Prenzlauer Berg. Ab 1924 Mitgl. *Rote Hilfe* (RH), *Naturfreunde*, ab 1931 *Verband proletarischer Freidenker*. Mai 1933 Flucht über Luxemburg ins Saargeb. Bis zur Entlassung Sommer 1934 i.A. der KPD-BezLtg. Saar in der Emigr.-Überprüfung, ab Juli 1933 Instrukteur für GewFragen u. Parteiredner; 1934 Ref. auf KPD-Landeskonf. Neunkirchen. Jan. 1935 Frankr., mit Unterstützung der RH in Flüchtlingslagern. Sept. 1935 Ausweisungsbefehl, anschl. illeg. in Paris, Sommer 1936 Schulungskurs für Parteifunktionäre. Anschl. mit ZK-Auftrag nach Belgien, um Unregelmäßigkeiten bei der RH aufzuklären u. die belg. KPD-Emigration zu „säubern". Mitarb. Edgar-André-Komitee, 1936 Teiln. Amnestie-Kongreß des *Weltkomitee gegen Krieg und Faschismus.* Als Gegner einer ZusArb. mit SozDem. Sept. 1937 als RH-Kontrolleur abberufen, Aufnahme in KPD-Landesltg. Brüssel. – Ps. Jupp, Roland. Aufgrund fortgesetzter Einheitsfrontgegnerschaft Amtsenthebung u. Parteiverfahren. Bis zur Festnahme März 1941 Gelegenheitsarb.; Dez. 1941 VGH-Urteil 9 J. Zuchthaus.

D: IfZ. *Qu:* Arch. – IfZ.

Bauer, Robert Albert, Dr. jur., Rechtsanwalt, Diplomat; geb. 29. Aug. 1910 Wien; kath., 1945 ev.; *V:* Robert B. (geb. 1885, gef. 1. WK), Beamter u. Offz.; *M:* Rosa, geb. Schwarz (1888–1944); ∞ Juli 1940 Frankr. Maria von Kahler (geb. 1919 Prag), Übersetzerin, Schriftst., 1939 Emigr. F, Mitarb. *Österreichischer Freiheitssender* Fécamp, 1940 USA; *K:* Virginia Rose Bauer-Caesar (geb. 1945), B.A., M.A., A: USA; Dr. Robert Felix B. (geb. 1953), RA, A: USA; *StA:* österr., 1942 Ausbürg., 1946 USA. *Weg:* 1938 CSR; 1939 F; 1940 USA.

1929–32 Hochschule für Welthandel Wien, 1932 Diplomkaufm.; 1929–33 Stud. Rechtswiss. Wien. 1929–31 Studienaufenthalte Grenoble, Besançon u. Genf. 1933 Mitgl. *Akademische Vereinigung für die Völkerbundliga.* Ab 1934 Mitgl. u. PropRedner *Vaterländische Front.* 1933–37 RA-Konzipient in Wien, 1937–38 Anwalt für Österreichische Handels- und Gewerbekammer. März 1938 Emigr. Prag, Mitarb. *Die Weltwoche* Zürich u. *The New York Times.* März 1939 nach dt. Einmarsch Flucht über Polen, Ungarn, Jugoslawien, Italien u. Schweiz nach Frankr.; Apr. 1939 Paris. Mitgl. *Ligue Autrichienne,* Mitarb. von → Martin Fuchs bei dem mißglückten Versuch zur Bildung einer anerkannten österr. Exilvertretung. Nach Kriegsausbruch i.A. von Fuchs Gr. u. Ltr. *Österreichischer Freiheitssender* in Fécamp/Normandie, einem Tarnsender des brit. Expeditionskorps, als Radiosprecher unter Deckn. Rudolf bekannt. Sommer 1940 über Portugal u. Kanada nach New York. Juli 1941–Jan. 1942 Ltr. dt.-sprach. Sendungen der privaten Kurzwellenstation WLWO Cincinnati/O.; ZusArb. mit *Austrian Action* unter → Ferdinand Czernin. Ab Febr. 1942 Mitarb. Office of War Information, Red. u. Radiosprecher, einer der ersten Mitarb. der *Voices from America* (später *Voice of America*). 1944 einige Mon. in London, Ltr. dt. Abt. des US-Rundfunks in Europa. 1947–56 Ltr. österr. Abt., 1951–56 Ltr. Europa-Abt. *Voice of America.* 1956 Eintritt in amerikan. diplomat. Dienst. 1958–60 Kulturattaché Teheran, 1960–61 Information Officer in Paris, 1962–63 Kulturabt. des State Dept. Washington, 1963–67 Botschaftsrat Kairo, daneben Stud. Arabistik American University Kairo, 1967 M.A.; 1967–70 Dir. Foreign Press Center USIA, 1970–72 Kulturattaché u. International Relations Specialist in New Delhi. 1972 Pensionierung. Seit 1972 Dir. Kenyon Public Affairs Forum u. 1972–75 ao. Prof. für pol. Wissenschaft Kenyon College in Gambier/O., zahlr. Vortragsreisen im Ausland. Seit 1972 US-Vertr. *Donaueuropäisches Institut – Organisation für internationale Wirtschaftsbeziehungen* u. Korr. *West-Ost-Journal* Wien. Ehrenmitgl. *Iranian-Am.-Soc.,* Mitgl. *Am. Acad. of Polit. and Soc. Sciences, Am. Polit. Science Assn., Middle East Inst.* Lebte 1977 in Washington/ D.C. – *Ausz.:* Meritorious Service Award of the US-Government, 1977 Gr. Silbernes Ehrenzeichen für Verdienste um die Republik Österreich.

W: The United States in World Affairs – Leadership, Partnership or Disengagement (Hg.). 1975; The Interaction of Economics and Foreign Policy (Hg.). 1975. *L:* Schwager, Ernst, Die österreichische Emigration in Frankreich in der Zeit vom Anschluß Österreichs an das Deutsche Reich im März 1938 bis zum Einmarsch der deutschen Truppen in Frankreich im Mai 1940, Hausarb. in Gesch. an der Univ. Wien. 1971.

D: DÖW. *Qu:* Arch. Fb. Hand. Pers. Publ. Z. – IfZ.

Bauernfeind, Karl, Parteifunktionär; geb. 31. Aug. 1903 Schwaderbach b. Graslitz/Nordböhmen; ∞ Vanda, im 2. WK KL-Haft; *StA:* österr., 1919 CSR, nach 1945 deutsch. *Weg:* 1938 GB; 1945 (?) Deutschland (SBZ).

KSČ, in 30er Jahren Kreissekr. in Böhmisch Krumau. Ende 1938 Emigr. nach GB, Mitgl. sudetendt. KSČ-Gruppe unter Ltg. von → Gustav Beuer. Nach Kriegsende in die SBZ, SED-Funktionär.

Qu: Arch. Pers. – IfZ.

Baum, Karl, Journalist; geb. 6. Okt. 1907 Brünn/Mähren; jüd.; *V:* Rudolf B. (geb. 1875 Lobositz/Böhmen, umgek. 1942 KL Auschwitz), Geschäftsmann, Mitgl. *Jüdische Partei* der ČSR; *M:* Charlotte, geb. Rischawy (geb. 1873 Brünn, umgek. 1942 KL Auschwitz), Mitgl. *Jüdische Partei; G:* Mizzi Hochhauser (geb. 1910 Brünn), dt. Lyzeum, Sekr., 1939 Emigr. GB, 1955 USA; Martha Weinberger (geb. 1914 Brünn), jüd. Realgymn. Brünn, Mitarb. in Fabrik des verstorbenen Ehemannes, 1939 Emigr. GB, 1978 nach IL; ∞ 1945 Margot Gladtke (geb. 1904 Bitterfeld/Sa.), jüd.; *StA:* österr., nach 1918 ČSR, 1945 brit. *Weg:* 1938 CH, F, GB.

1925 Abitur dt. Staats-Handelsakad. Brünn. Bis 1924 Mitgl. zion. StudOrg. *Hatikwah* Brünn; 1922–32 Mitgl., 1923 Vizepräs. *Verband zionistischer Studenten in der Tschechoslowakei* Prag, 1925–27 Red. *Jüdische Volksstimme* Brünn, 1927–33 Auslandskorr. *Jüdische Telegraphenagentur* Brünn u. Berlin, 1928–29 Mitarb. *Keren Hayessod,* 1933–34 Red. *Der Neue Weg* Brünn, 1934–38 Red. der Mähren-Ausgabe des *Prager Tagblatts,* Mitarb. *Prager Abendblatt,* zugl. 1929–32 Red. *Der Jüdische Sozialist* u. bis 1938 *Ostrauer Morgenzeitung* und *Handelsblatt* Mährisch-Ostrau, Gr. u. Red. *Tribuna*-Pressekorrespondenz Brünn, 1929 u. 1931 Pressekorr. des 16. u. 17. Zionistischen Kongresses. 1929 Mitarb. jüd. Kulturverb. *Tarbuth,* 1929–75 Mitgl. *Poale Zion,* 1929–33 VorstMitgl. der *Jüdischen Partei* der ČSR, 1925–38 Mitgl. *Reichsverband der deutschen Presse, Internationaler Journalistenverband,* 1936–38 Präs. *Herder-Jugendloge* des *B'nai B'rith* Brünn. 1938 Emigr. GB mit Touristenvisum über die Schweiz u. Frankr., Unterstützung durch Freunde, Mitarb. brit. Ztg., Ehefrau tätig als Putzmacherin, später selbständig. 1938 Gr., bis 1940 Sekr. *Self Aid Assn. of Jews from Czech.,* 1940–47 diplomat. Korr. für die ČSR-Exilreg. bei der *Exchange Telegraph Agency* u. Ltr. ihrer Rundfunk-Abhörabt.; ab 1945 unter Schriftstellernamen William J. Collins bekannt. 1945 Ltr. u. bis 1957 Ltr. Internat. Suchdienst des WJC London, 1950–70 Londoner Korr. *Yedioth Chadashot* Tel Aviv, zugl. Auslandskorr. für dt.-jüd. Ztg., ab 1960 freier Mitarb. u. Berater für Öffentlichkeitsarb. in Handel u. Industrie. Ab 1940 Mitgl., seit 1967 Ehrenmitgl. *Nat. Union of Journalists* in GB, ab 1945 *Foreign Press Assn.,* ab 1955 Inst. for Public Relations, ab 1955 *Leo Baeck Lodge, B'nai B'rith* (ab 1965 in versch. Ausschüssen), 1940–55 VorstMitgl. brit. *Poale Zion,* 1968–75 Präs. *Internat. Council of Jews from Czech.,* 1968–78 Gr. u. Red. *ICJC Newsletter,* 1965–66 *Haboneh,* ab 1938 Mitgl. WJC, u.a. 1938–75 Mitgl. Ausschuß für auswärtige Angelegenheiten, ab 1970 geschäftsf. VorstMitgl. *Board of Deputies of British Jews.* Lebte 1977 in London.

Qu: Fb. Hand. – RFJI.

Baum, Leopold, Journalist, Beamter; geb. 4. Dez. 1909 Prag, gest. 22. Juli 1946 Jerusalem; *V:* Oskar B. (geb. 1883 Pilsen/ Böhmen, umgek. 1941 KL Theresienstadt), jüd., Stud. Wiener Blindeninst., Organist u. Pianist, Musikkritiker bei Prager Ztg., Erzähler, Essayist u. Dichter, befreundet mit Max Brod, Eintreten für Chancengleichheit der Körperbehinderten; *M:* Margarete Schnabel (umgek. KL Theresienstadt); ∞ Nora Valerie Heller Tavor (geb. 1906 Yokohama/J), jüd., Stud. Musikakad., Sekr. *Prager Tagblatt,* 1939 Emigr. Pal., Kellnerin; *StA:* österr., ČSR, Pal. *Weg:* 1939 Pal.

Gymn. Prag, bis 1938 Reporter u. Red. *Prager Tagblatt,* bis 1938 Chefred. *Prager Abendzeitung.* 1939 Emigr. Palästina mit B III-Zertifikat, zu Beginn des 2. WK Zensor bei der Mandatsverw. in Jerusalem, später Assist. Postmaster General, 1941–43 brit. Zensor in Khartum/Sudan, 1943–46 Sekr. des Secretary of Finance der Mandatsreg.; Mitgl. *Fed. Internationale des Journalistes, Irgun Olej Czech.* 1946 Opfer des Bombenattentats der *Stern*-Gruppe des *Irgun Zevai Leummi* auf das King David Hotel.

Qu: Pers. Z. – RFJI.

Baumgarten, Alfred, Ministerialbeamter; geb. 14. Juni 1875, gest. in GB; jüd.; ∞ verh.; *K:* Ellen Lachs (gest. 1976); *StA:* deutsch. *Weg:* 1938 (1939 ?) GB.

Bauingenieur, 1901 Eintritt in Eisenbahndienst als RegBaumeister beim Betriebsamt Köln-Deutz, 1907 Rat, 1920 Oberrat, 1918-25 Mitgl. Eisenbahndirektion Königsberg, Frankfurt u. Elberfeld, ab 1926 als Reichsbahndir. im Reichsverkehrsmin. Berlin, 1933 Entlassung. - *Ausz.:* 1912 Preuß. Roter-Adler-Orden IV. Kl., 1918 Verdienstkreuz für Kriegshilfe.
Qu: Arch. EGL. - IfZ.

Baumgarten-Ruge, Charlotte, geb. 1895. *Weg:* 1933 F; 1941 Mex.; 1952 Deutschland (DDR).

Übers. u. Sprachlehrerin; 1927 KPD, bis 1933 StadtbezVO. Berlin-Neukölln. 1933 Emigr. nach Frankr., 1939 Internierung u.a. in Rieucros. 1941 nach Mexiko, ab Grdg. Mitgl. BFD, aktives Mitgl. *Demokratische Deutsche Frauenbewegung,* 1947-52 mit → Johannes Schröter Red. *Demokratische Post* Mexiko; Sekr. *Comite Pro Intercambio Cultural Mexicano-Alemán.* 1952 Rückkehr nach Deutschland (DDR).
L: Kießling, Alemania Libre. *Qu:* Publ. - IfZ.

Baur, Valentin, Politiker; geb. 19. Dez. 1891 Augsburg, gest. 26. Juni 1971 Augsburg; *V:* Michael B.; *M:* Walburga, geb. Brytzelmeier; *G:* Michael B. (geb. 1895), Eisendreher, Frühj. 1940 Verhaftung wegen pol. Betätigung, Jan. 1942 Freispruch; Johanna Stuhler (geb. 1904), Frühj. 1940 Verhaftung, Jan. 1942 Freispruch; Johann B. (geb. 1905), Telegraphenarb., Frühj. 1940 Verhaftung; ∞ Luise Stein (geb. 1903), Buchhalterin, Frühj. 1940 Verhaftung, Jan. 1942 Freispruch; *StA:* deutsch, Nov. 1944 Ausbürg., deutsch. *Weg:* 1933 Saargeb., CH; 1945 Deutschland (ABZ).

Schlosserlehre, Fortbildungsschule, 1909 Wanderschaft u. Mitgl. DMV, 1911 SPD, ab 1912 MilDienst, anschl. Kriegsteiln., danach Schlosser in Augsburg; bis 1933 Betriebsratsvors. MAN-Werk Augsburg u. AR-Mitgl., Mitgl. Reichsbeirat der Betriebsräte des Hauptvorstands des DMV; 1924-33 StadtVO. Augsburg; führendes Mitgl. *Eiserne Front.* März-Mai 1933 Schutzhaft, dann auf Anordnung des Parteivors. Clemens Högg Juni 1933 illeg. nach Saarbrücken. Nach kurzen Reisen nach Österr. u. in die Schweiz Okt. 1933 über Basel nach Arbon; Unterstützung durch Flüchtlingshilfe Bern, März 1934 Anerkennung als pol. Flüchtling, Wohnsitz Rorschach. Illeg. Arbeit, Org. von Druckschriftenlieferung ins schwäb. Gebiet, u.a. des *Neuen Vorwärts,* Weiterltg. von Informationen an NB u. Sopade Prag. Befürworter eines Aktionsbündnisses mit der KPD. Mai 1939 Auflage zur Ausreise bis Ende Aug. 1939 wegen konspirativer Tätigkeit, Juni 1940 Verhaftung u.a. wegen Paßvergehens, 24. Aug. 1940 Ausreisebefehl, der aufgrund von Interventionen des schweizer. sozdem. Nationalrates Dr. Sennhauser aufgehoben wurde. Inhaftierung zunächst Zuchth. St. Jacob in St. Gallen, später Sonderinternierungslager für sog. Linksextremisten Malvaglia/Tessin, dann Gordola, Mezzovico u. Locarno. B. hatte mit den Exilpolitikern → Otto Braun, → Arthur Crispien, → Hans Dohrenbusch, → Wilhelm Hoegner u. → Heinrich Ritzel zusammengearbeitet; über Hans Oprecht u. Konrad Ilg Kontakte zur schweizer. ArbBewegung, ferner zu Gero von Gaevernitz, dem Mitarb. von Allen Dulles. Durch Einsatz von Gaevernitz u. Wilhelm Hoegner Befreiung aus Internierung u. 27. Aug. 1945 Rückkehr nach Augsburg, wo ihm die MilReg. die Ltg. des städt. Wohnungsamtes u. der Bäderverw. übertrug. Vors. SPD Bez. Schwaben, auf 1. PT 1946 in Hannover Wahl als unbesoldetes Mitgl. in den SPD-PV. Berufung in das Bayer. Vorparlament München durch Wilhelm Hoegner. Dez. 1946 Wahl in den LT Bayern, Juni 1947 in den Zweizonen-Wirtschaftsrat; Mitgl. *Deutscher Rat der Europäischen Bewegung.* Mitgl. Hauptvorst. der ÖTV. 1949 Wahl in den ersten Deutschen BT, bis 1961 MdB, danach aus Altersgründen Verzicht auf weitere Kandidatur.

L: Teubner, Schweiz; Hetzer, Gerhard, Widerstand und Verfolgung in Augsburg 1933-1945. Diss. phil. masch. München 1978. *Qu:* Arch. Fb. Hand. Publ. - IfZ.

Bayern, Rupprecht Maria Luitpold Ferdinand Kronprinz **von,** Offizier, Politiker; geb. 18. Mai 1869 München, gest. 2. Aug. 1955 Leutstetten/Oberb.; kath.; *V:* Ludwig III. (1845-1921), 1913-18 letzter König v. Bayern; *M:* Marie Therese, geb. Erzherzogin v. Österreich-Este (1849-1916); *G:* Adelgunde Fürstin v. Hohenzollern (1870-1958); Maria Herzogin v. Calabrien (1872-1954); Karl (1874-1927); Franz (1875-1957), Offz.; Mathilde v. Sachsen-Coburg und Gotha (1877-1906); Wolfgang (1879-95); Hildegard Prinzessin v. Bayern (1881-1948); Wiltrud Herzogin v. Urach (1884-1975); Dietlinde (1888-89); Gundelinde Gräfin v. Preysing-Lichtenegg-Moos (geb. 1891), A: Plattling/Niederb.; ∞ I. 1900 Marie Gabriele Herzogin v. Bayern (1878-1912); II. Antonia Prinzessin v. Luxemburg u. Nassau (1899-1954), 1940 Emigr. I, 1944 Verhaftung durch Gestapo, Dep. nach Jena, erlitt in Haft schwere Gesundheitsschäden, nach Kriegsende in der CH; *K:* aus I Luitpold (1901-14); Irmingard (1902-03); Erbprinz Albrecht v. Bayern (geb. 1905), 1940 Emigr. H, JU, 1941 H, 1944 Verhaftung durch Gestapo, KL Oranienburg, Flossenbürg, Dachau, A: Berg/Oberb.; Rudolf (1909-12); aus II Heinrich (1922-1958), 1940 Emigr. I, lebte zuletzt in Frankr. u. Argent.; Irmingard Prinzessin von Bayern (geb. 1923), 1940 Emigr. I, 1944 Verhaftung durch Gestapo, KL Oranienburg, Flossenbürg, Dachau, A: Landsberg/Lech; Editha Schimmert (geb. 1924), 1940 Emigr. I, 1944 Verhaftung durch Gestapo, KL Oranienburg, Flossenbürg, Dachau, A: Starnberg/Oberb.; Hilda Lockett de Loayza (geb. 1926), 1940 Emigr. I, 1944 Verhaftung durch Gestapo, KL Oranienburg, Flossenbürg, Dachau, A: Lima/Peru u. Bergen/Oberb.; Gabriele Erbprinzessin v. Croy (geb. 1927), 1940 Emigr. I, 1944 Verhaftung durch Gestapo, KL Oranienburg, Flossenbürg, Dachau, A: Dülmen/ Westf.; Sophie Prinzessin u. Herzogin v. Arenberg (geb. 1935), 1940 Emigr. I, 1944 Verhaftung durch Gestapo, KL Oranienburg, Flossenbürg, Dachau, A: Tervuren/Belgien; *StA:* deutsch. *Weg:* 1939 I; 1945 Deutschland (ABZ).

1886 Abitur in München, anschl. MilDienst (Lt.), 1889-91 Stud. Rechts- u. Staatswiss. München u. Berlin. Ab 1891 erneut im aktiven MilDienst, Oberlt., 1893 Rittmeister, Ausbildung im GenStab, 1895 Hptm., 1896 Major, 1899 Oberst. 1899 Aufnahme in den Königlichen Hausritterorden vom Heiligen Georg (nach Tod des Vaters dessen Großmeister). 1900 nach Heirat Übersiedlung nach Bamberg, 1903 nach Beförderung zum GenLt. wieder München. 1904 DivKommandeur, 1906 Gen. der Infanterie. Kunstsammler u. -förderer, stand in enger pers. Verbindung mit führenden bildenden Künstlern in München (u.a. Gabriel v. Seidl u. Adolf v. Hildebrand), ab 1904 Protektor des Armeemuseums in München. Als Vertr. des Prinzregenten Luitpold häufige Repräsentationsreisen im In- u. Ausland. 1913 GenOberst u. GenInspekteur der 4. Armeeinspektion, 1914 Oberbefehlshaber der 6. Armee an der Westfront, 1916 Generalfeldmarschall u. Kommandeur der Heeresgruppe Kronprinz Rupprecht. Nov. 1918 nach dt. Kapitulation u. Sturz der bayer. Monarchie zunächst Rückkehr nach München, Ende 1918 Flucht nach Österr., Verb. zu legitimist. Politikern; wurde im ZusHang mit Plänen zur Schaffung einer süddt. Monarchie unter Einschluß Österr. genannt. Sept. 1919 Rückkehr nach Bayern, lebte in Berchtesgaden. Ab 1921 Chef des königl. Hauses, 1923 mit Schaffung des Wittelsbacher Ausgleichsfonds als Stiftung des öffentl. Rechts jurist. Ausgleich mit dem bayer. Staat. Ab 1923 Wohnsitze in München, Berchtesgaden (ab 1932 Leutstetten) u. Hohenschwangau. Protektor *Bayerischer Heimat- und Königbund,* enge pol. ZusArb. mit Erwein Frh. v. Aretin u. Joseph Maria Graf Soden. Wandte sich 1923 gegen Pläne einer Abtrennung Bayerns vom Deutschen Reich, verhielt sich Nov. 1923 gegenüber Hitler-Putsch zurückhaltend, lehnte in den folgenden Jahren ZusArb. mit Hitler trotz mehrfacher Vermittlungsversuche prominenter NatSoz. ab. Versuchte noch im Frühj. 1933, natsoz. Machtübernahme in Bayern zu verhindern, sollte u.a. von der letzten bayer. Regierung als Generalstaatskommissar mit weitreichenden Vollmachten gegenüber der Reichsreg. eingesetzt werden, erwog ernsthaft eine monarchische Restauration in Bayern als Gegengewicht zur natsoz. Reg. in Berlin, wandte sich diesbezüglich vergeblich an Reichspräs. v. Hindenburg u. protestierte Apr. 1933 gegen die Aufhebung der Länder u. der föderativen Struktur des Deutschen Reichs. Lebte anschl. zurückgezogen in Leutstetten, bis 1939 häufige Auslandsreisen; 1939 nach Zerschlagung der bayer. monarchist. Widerstandsgruppe um Adolf Frh. v. Harnier Verhör durch Gestapo; Dez. 1939 auf Einladung des ital. Königs Emigr. Italien, Wohnsitz in Florenz, lebte nach dem 20. Juli 1944 aufgrund drohender Verhaftung durch Gestapo versteckt. Nach alliiertem Einmarsch in Florenz nach Rom, empfahl März 1945 in einer Denkschrift an die US-Reg. einen Neuaufbau Deutschlands auf föderalist. Grundlage nach dem Vorbild der Schweizer Kantonalverfassung. Nov. 1945 Rückkehr nach Bayern, lebte in Leutstetten u. München.

W: u.a. Reiseerinnerungen aus Indien. 1922; Reiseerinnerungen aus Ostasien. 1923; Reiseerinnerungen aus dem Südosten Europas und dem Orient. 1923; Mein Kriegstagebuch. 1929. *L:* Heydecker, Joe J., Kronprinz Rupprecht von Bayern. 1953; Sendtner, Kurt, Rupprecht von Wittelsbach Kronprinz von Bayern. 1954; Aretin, Erwein v., Krone und Ketten. 1955; Bayern, Konstantin v., Ohne Macht und Herrlichkeit. Hohenzollern, Wittelsbach, Habsburg. 1961; Aretin, Erwein v., Kronprinz Rupprecht. O.J.; ders., Wittelsbacher im KZ. O.J. *Qu:* Arch. Biogr. Hand. Publ. Z. – IfZ.

Becher, Lilly Irene, geb. Korpus, Parteifunktionärin, Publizistin; geb. 27. Jan. 1901 Nürnberg; *V:* Heinz Korpus, Marineoffz.; *M:* Irmgard, Adoptivtochter v. Albert Ballin, Begr. der dt. Handelsmarine u. persönl. Freund Kaiser Wilhelms II.; ∞ I. Paul, KPD-Funktionär, gesch.; II. Johannes R. Becher; *StA:* deutsch. *Weg:* 1933 A, CH; 1934 F; 1935 UdSSR; 1945 Deutschland (Berlin).

Abitur, nach Studienabbruch Stenotypistin bei Ullstein Verlag; 1919 KPD, 1921–26 Red. *Die Rote Fahne* Berlin, ab 1922 Mitgl. KPD-BezLtg. Berlin-Brandenburg, 1923 Gr. u. bis 1926 Chefred. *Die Arbeiterin* Berlin, Jan. 1924–Okt. 1925 als Anhängerin der ultralinken Führung um → Ruth Fischer in der BezLtg. Berlin-Brandenburg. 1925 Verlust der Parteifunktionen nach Offenem Brief des EKKI. 1926–33 Chefred. *Arbeiter Illustrierte-Zeitung* Berlin. 1933 Emigr. Österr. u. Schweiz, 1934 Frankr., enge ZusArb. mit → Willi Münzenberg; Hg. der ersten Dokumentation über Judenverfolgung im natsoz. Deutschland, *Der gelbe Fleck* (Paris, Edition du Carrefour 1936). 1935 wegen Verwicklung in eine Spionageaffäre in die UdSSR, enge ZusArb. mit Johannes R. Becher, Mitarb. *Internationale Literatur* Moskau u. *Radio Moskau*. Ps. Lotte Franken, Lilly Franken, Lilly Patell, Lilly Paul, Lilly, L-y, L.F., L.P. – 16. Juni 1945 nach Berlin, 1945–51 Chefred. *Neue Berliner Illustrierte,* danach freie Journ., Ltr. Johannes-R.-Becher-Archiv der Deutschen Akademie der Künste Berlin (Ost); PräsMitgl. *Demokratischer Frauenbund Deutschlands,* ab Juli 1963 stellv. Vors. *Gesellschaft für Deutsch-Sowjetische Freundschaft* in Berlin(Ost). Lebte 1976 in Berlin(Ost). – *Ausz.:* u.a. 1971 VVO (Gold).

W: Rote Signale (Hg.). 1931; Johannes R. Becher. Bildchronik seines Lebens (mit G. Prokop). 1963. *L:* Weber, Wandlung. *Qu:* Arch. Hand. Publ. Z. – IfZ.

Beck, Hans, Parteifunktionär; geb. 4. Jan. 1894 Erfurt/Thür.; ∞ verh. *Weg:* 1933 UdSSR.

Feinmechaniker; während Ausbildung GewMitgl., 1913 SPD. Mechaniker im Reichsbahn-Ausbesserungswerk Erfurt, Mitgl. Betriebsrat. Jan. 1919 Mitgr. KPD Thür.; Arbeit in Zeiss-Werken Jena, 1923 Vors. des Betriebs-Arbeiterrates; 1924 MdL Thür., Ende 1926 Mitarb. GewAbt. ZK der KPD, Mithg. *Einheit,* als Anhänger des rechten Parteiflügels Okt. 1928 KPD-Ausschluß. Anschl. KPDO, 1929–32 Mitgl. Reichslgt. – 1933 emigrierte B., der mit einer Russin verheiratet war, in die UdSSR. 1935 verschollen, vermutl. Opfer der Stalinschen Säuberungen.

L: Weber, Wandlung. *Qu:* Publ. – IfZ.

Beck, Karl, Jugendfunktionär; geb. 23. Okt. 1915; *StA:* österr., 1919 CSR, S (?). *Weg:* 1938 S.

Schriftsetzer, ab 1935 arbeitslos; Mitgl. *Rote Falken,* 1931 SJ, BezLtr. u. Kreisvertrauensmann in Bodenbach, ab März 1938 Obmann der Verbandskontrolle der SJ. 1938 Emigr. nach Schweden, ab Grdg. Mai 1943 Chefred. *Rundbrief der Jugend in der Treugemeinschaft sudetendeutscher Sozialdemokraten* Malmö, Wahl zum VorstMitgl. u. Hg. des Verbandsorgans auf 1. Landesjugendkonf. der TG v. 13./14. Nov. 1943, Wiederwahl auf 2. Landesjugendkonf. v. 23./24. Sept. 1944. Lebte 1978 in Göteborg.

Qu: Arch. – IfZ.

Beck, Karl-Heinz, Journalist, Politiker; geb. 10. Sept. 1914 Leipzig, gest. 10. Mai 1975 Genf; ev.; ∞ I. umgek. KL Auschwitz; II. Else Pleschner, gest.; III. Doris; *K:* 2 (1 T aus I); *StA:* deutsch. *Weg:* 1936 B; 1940 F; 1942 CH; 1945 Deutschland (ABZ); 1951 CH.

Stud. Volkswirtsch. u. Staatswiss. in Berlin. 1929 Mitgl. SAJ, dann SPD. UnterbezLtr. SAJ Leipzig, BezVertr. der sächs. SAJ in Berlin. 1933 in Schutzhaft. Ab Aug. des gleichen Jahres nach Entlassung illeg. pol. Arbeit in Widerstandsgruppe *Berliner Opposition*. Aug. 1936 Emigr. nach Brüssel. In Belgien pol. aktiv in Gruppe *Neu Beginnen* u. verwandten Gruppen, u.a. Kreis um → Max Sievers in Brüssel. Außerdem Kontakte zu belg. Sozialisten, Mitarb. *Le Peuple,* tätig im *Matteotti-Komitee*. Mai 1940 Weiteremigr. nach Frankr. in die unbesetzte Zone. Stud. franz. Wirtschaftsgesch. u. moderne pol. Geschichte. Interniert im Lager St. Cyprien, 1941 Flucht u. Anschluß an franz. Widerstandsgruppe *Témoinage Chrétien* des Prof. Jean Pierre Teitgens. Für diese Gruppe verfaßte B. Aufrufe u. Manifeste; außerdem Mitarb. Schulungsbriefe der École des Cadres u. *Briefe an die Wehrmacht.* Sept. 1942 Flucht in die Schweiz, dort Herbst 1942–Okt. 1943 interniert. An der Univ. Genf Stud. Wirtschaftswiss. u. internat. Recht bei Röpke u. Guggenheim. Mitgl. der BFD u. Sekr. *Europäisches Studienwerk* Genf. Dez. 1945 Rückkehr nach Deutschland. In München in der SPD aktiv, 1946 Ref. im Bayr. Staatsmin. für Unterricht und Kultus. MdL Bayern u. Vizepräs. *Bayerischer Jugendring;* Mitgl. Bayr. Rundfunkrat. Ende 1951 nach persönl. Konflikten mit der bayr. Reg. Rückkehr nach Genf.

Qu: Arch. Fb. Hand. – IfZ.

Becker, Art(h)ur Paul Max, Parteifunktionär; geb. 14. Mai 1905 Remscheid, umgek. 16. Mai 1938 Burgos/Spanien; Diss.; *V:* Walter B. (geb. 1874), Feilenhauer, USPD-Mitgl.; *M:* Eugenie, geb. Höffgen (geb. 1876); ∞ Gertrud Seibert (geb. 1904); *StA:* deutsch, 3. Dez. 1938 Ausbürg. *Weg:* 1932 UdSSR; 1937 E.

Dreher, während der Lehrzeit Eintritt in DMV u. FSJ. 1920 Teiln. an Ruhrkämpfen, daraufhin nach Abschluß der Lehre ohne Arbeitsplatz; 1925 wegen Verteidigung des Remscheider Volkshauses 5 Mon. Haft. 1922 Mitgl. KPD, OrgLtr. u. 1925 PolLtr. KJVD-Unterbez. Remscheid. Anschl. KJI-Schule Moskau. Nach Rückkehr 1926 KJVD-BezLtr. Niederrhein. 1928 auf 5. KJI-Kongreß Nominierung zum Kand. des Exekutivkomitees; vom ZK des KJVD als ständiger Vertr. bei der KJI deleg. Nach Rückkehr nach Berlin Mitgl. ZK des KJVD, 1930 2. u. 1931 1. Sekr.; 1930 jüngstes MdR. Frühj. 1932 Ausschluß aus dem ZK, da man ihn für Fehlschläge der KJVD-Arbeit verantwortlich gemacht; zur RGO-Jugendarb. abgestellt. Nov. 1932 rehabilitiert u. erneut als dt. Vertr. beim Exekutivkomitee der KJI Moskau. Nach natsoz. Machtübernahme u.a. Hauptref. auf Jugendkonf. im Rahmen des Antifaschist. Arbeiterkongresses Europas Juni 1933 in Paris. Dez. 1936 Org. des Internat. Jugendkongresses in Paris zur Unterstützung des span. Volkes; Juli 1937 Ltr. der illeg. KJVD-Funktionärskonf. Bern. Aug. 1937 von KJI-Führung mit Unterstützungsaktion für Internat. Brigaden in Spanien beauftragt. Ab Frühj. 1938 PolKommissar Bataillon Ernst Thälmann der XI. Internat. Brigade. 13. Apr. 1938 bei den Kämpfen am Ebro schwer verwundet, Gefangennahme durch Franco-Truppen, 16. Mai 1938 Erschießung im Gefangenenlager Burgos.

L: Jahnke, Anteil; Jahnke, Karl Heinz, Leben und Kampf Artur Beckers. 1970. *Qu:* Arch. Biogr. Hand. - IfZ.

Becker, Claus, Journalist; geb. 15. Aug. 1900 Oberkirn/Nahe, gest. 18. Apr. 1965 Saarbrücken. *Weg:* 1935 F, B, CH; 1936 E; 1939 F; Nordafrika; 1946 Deutschland/Saargeb.

Gymn., kaufm. Lehre, Angest.; ab 1928 Journ., aktiv in Auseinandersetzungen mit dem NatSoz. an der Saar. 1935 über Frankr. u. Belgien in die Schweiz. Teiln. Span. Bürgerkrieg, 1936 Kommandeur 8. Internat. Btl. Čapaev, zuletzt Oberst. Ab 1939 Paris, während 2. WK Internierung, dann franz. Fremdenlegion in Marokko. Rückkehr ins Saargeb., 1946 von franz. Militärreg. zum Landrat ernannt; Mitbegr. u. VorstMitgl. *Mouvement pour le Rattachement de la Sarre à la France* (MRS), 1946-52 Chefred. des MRS-Organs *Die Neue Saar,* 1952-55 des Nachfolgeorgans *Die Neue Woche.* Mitgl. *Amicale des anciens légionnaires de la Sarre* u. Mitbegr. der *Saarländisch-Französischen Wirtschaftsunion Freie Saar.* Trat für pol. u. wirtschaftl. Anschluß an Frankr. ein. Bis 1955 Präs. des *Internationalen Presseclubs* an der Saar. 1955-57 Chefred. *Saarbrücker Zeitung.* Mitgl. des Landesvorst. der SVP seit Grdg. 1959, 1960-65 MdL.

L: Schmidt, Saarpolitik; Schneider, Saarpolitik und Exil. *Qu:* Hand. Publ. Z. - IfZ.

Becker, Fritz, Verbandsfunktionär; geb. 10. Aug. 1920; jüd.; *V:* Julius B.; *M:* Anny, geb. Berger; ∞ 1947 Adele Grassi; *K:* Lidia, Paolo (Paul). *Weg:* 1938 JU, 1941 I.

1938 Emigr. Jugoslawien, 1938-41 Rundfunk-Ing.; 1941 nach Italien, 1941-43 Internierung, 1945 Mitgl. italien. Widerstandsbewegung. 1945-46 Mitarb. in Verw. der Alliierten Kontrollkommission in Rom, 1946-47 stellv. Sekr. Verband der italienisch-jüdischen Gemeinden, seit 1947 Vertr. des WJC in Italien, gleichz. 1948-53 Journ.; 1953 Präs. *Verein österreichischer Juden in Italien.* Lebte 1964 in Rom.

Qu: Arch. Hand. Pers. - RFJI.

Becker, Heinrich, Gewerkschaftsfunktionär, Politiker; geb. 5. Juni 1877 Holten/Niederrhein, gest. 13. Jan. 1964 Burg/Hessen; Diss.; *V:* Peter B.; *M:* Anna, geb. Langhoff; ∞ 1954 Elisabeth; *StA:* deutsch, 7. Dez. 1937 Ausbürg. *Weg:* 1933 Saargeb.; 1935 F.

Volksschule in Holten, ab 1891 Bergmann im Ruhrgebiet. 1904 Mitgl. Bergbau- u. Industrieverb., 1905 SPD, ab 1908 GewZahlstellenkassierer, ab 1911 besoldeter Sekr. des Bergbau- u. Industrieverb. Bez. Essen. 1914-18 in Zentralstelle Bochum, 1918 GewSekr. Bez. Gießen, 1921 bis Entlassung 15. Juni 1933 BezLtr. Herborn/Hessen. 1924 Wahl als SPD-Abg. in den Kreistag Dillenburg/Hessen u. MdR für Wahlkreis Hessen-Nassau. 1928 Ausscheiden aus dem Kreistag, MdR bis zur Auflösung der SPD-Reichstagsfraktion. 25. Juni 1933 Emigr. in das Saargeb., dort als pol. Flüchtling anerkannt u. unterstützt. Befürworter einer Einheitsfrontpolitik der ArbParteien, enge Verb. zu → Max Braun, → Richard Kirn u. → Emil Kirschmann. 1935 nach Rückgliederung des Saargeb. Emigr. nach Frankr., Lebensunterhalt durch Ruhrknappschaftsrente (bis 1939) u. Hühnerfarm in Morsbach/Lothr. - 5. Dez. 1935 neben Braun Unterz. eines Aufrufs an *Sopade* Prag zur Bildung einer Volksfront. Febr. 1936 Teiln. Lutetia-Konferenz in Paris, Mitgl. des März 1937 gegr. *Arbeitsausschusses zur Vorbereitung einer Volksfront für das Saargebiet.* Nach Auflösung dieses Komitees Rückzug von Volksfront-Arbeit, Gegner der Unabhängigkeitsbestrebungen Max Brauns gegenüber dem Prager SPD-PV. Nach Kriegsausbruch Evakuierung mit Fam. nach Coulgens/Dépt. Charents, 1939 u. 1940 vorüberg. interniert. 23. Aug. 1941 Verhaftung, Untersuchungshaftanstalt Saarbrücken, VGH-Anklageschrift 2. Juli 1942, Verurteilung; bis zu seiner Befreiung 27. Apr. 1945 Zuchth. Brandenburg.

L: Langkau-Alex, Volksfront; Schneider, Saarpolitik. *Qu:* Arch. Publ. - IfZ.

Becker, Jacques (Jakob), Polizeibeamter; geb. 31.Okt. 1912 Püttlingen/Saar; kath.; *V:* Johann B. (1890-1952), Oberverw-Rat, SPD, 1935 Emigr. F, 1943 von Gestapo verhaftet u. dep.; *M:* Perpetua, geb. Weber (1893-1936), 1935 Emigr. F; *G:* Hildegard (geb. 1915), Ida (geb. 1917); ∞ 1937 Angèle Caliaux (geb. 1915); *K:* Jacqueline (geb. 1942), Jean-Pierre (geb. 1953); *StA:* deutsch, F. *Weg:* 1935 F; 1945 Deutschland (Saargeb.).

Aus sozdem. Fam., ab 1927 Mitgl. u. Funktionär SAJ; Besuch der Handelsschule, später Verwaltungsfachschule Saarbrücken, 1932-35 Angest. der Regierungskommission des Saarlandes, dann der franz. Saargrubenverw. Nach Saarabstimmung Jan. 1935 Emigr. mit Fam. nach Frankr., Einweisung in Saar-Flüchtlingslager Montauban/Südfrankr., 1935-39 Industriearb., nach Kriegsausbruch Eintritt in franz. Armee. Während der Kämpfe ausgez. mit dem Croix de Guerre, Aug. 1940 demobilisiert. Ab 1943 in der Illegalität, Deckn. Jacques Dournot. Apr. 1945 mit franz. Dienststellen Rückkehr an die Saar, aktiv in *Mouvement pour la Libération de la Sarre;* Sept. 1945 Eintritt in die von franz. MilReg. eingerichtete Verw., Mai 1947 Polizeirat u. Ltr. Polizeiinspektion Völklingen, 1948 Aufbau der Landespaßstelle, 1949-55 Ltr. saarländ. Grenzpolizei, zuletzt Polizeioberrat; 1952 Mitbegr. *Saarländisch-Französische Wirtschaftsunion Freie Saar.* Nach Saar-Referendum Nov. 1955 vom Dienst suspendiert, 1957 in den Ruhestand versetzt. Danach Niederlassung in Frankr., bis 1970 im franz. Polizeidienst in Oran/Algerien, später Tours u. Dijon. Lebte 1977 in Château-Chinon/Dépt. Nièvre.

L: Schmidt, Saarpolitik; Schneider, Saarpolitik und Exil. *Qu:* Fb. Pers. Publ. - IfZ.

Becker, Karl, Gewerkschafts- u. Parteifunktionär; geb. 3. Sept. 1896 Gülchen/Schlesien, gest. 5. Dez. 1961; Diss.; ∞ Hedwig Kühn (geb. 1903); *K:* Hans (geb. 1928), Marianne (geb. 1931); *StA:* deutsch, 27. Jan. 1938 Ausbürg. *Weg:* 1933 CSR; 1939 PL, GB; CDN; GB; 1946 F, Deutschland (BBZ).

Volksschule, 1911-13 Lehre als Schmied, 1915-19 MilDienst. Danach Grubenschmied im Steinkohlenbergwerk Kulmiz in Dittersbach/Schlesien. Ab 1919 DMV, ab Apr. 1923 Mitgl. Betriebsrat Kulmiz. Führender KPD-Funktionär im Waldenburger Bergbaugeb./Niederschlesien. 1929 GdeVertr. Dittersbach, Sept. 1930-März 1933 KPD-MdR. Nach Reichstagsbrand 10 Mon. in der Illegalität in Schlesien u. im Ruhrgeb. Dez. 1933 Emigr. in die CSR. Haft, Febr. 1939 Ausweisung nach Polen; von dort nach erneuter Festnahme u. Ausweisung Emigr. GB. Juni 1940-Januar 1942 insges. 20 Mon. in GB u. Kanada interniert. VorstMitgl. *Landesgruppe deutscher Gewerkschafter in Großbritannien,* 1941-45 außerdem Mitgl. Exekutiv-Komitee der Bergarbeiter-Internationale. 1946 im *Arbeitsausschuß freigewerkschaftlicher Bergarbeiter Deutschlands* in Paris. Rückkehr nach Deutschland, 1. Juni-30. Nov. 1946 Sekr. *IG Bergbau* Bez. Gelsenkirchen-Buer, 1. Dez. 1946-31. Dez. 1948 Mitgl. des Geschäftsführenden Vorst. Bochum. 1. Jan. 1949-31. Dez. 1951 Sekr. in der Hauptverw. der *IG Bergbau* in Bochum, Abt. Schulung und Bildung.

L: Röder, Großbritannien. *Qu:* Arch. Hand. Pers. - IfZ.

Becker, Karl, Parteifunktionär; geb. 19. Mai 1902 Remscheid/Westf., gest. 24. Mai 1970 Remscheid; *V:* Karl B.; *M:* Anna, geb. Debus; ∞ Karoline Zahs, 1936 gesch.; *StA:* deutsch, Ausbürg. *Weg:* 1934 NL; 1936 B; 1940 F; 1943 CH; 1945 Deutschland (BBZ).

KPD-Funktionär. Nach 1933 Org.- u. BezLtr. Niederrhein der illeg. KPD. 10. Apr.-27.Aug. 1933 Schutzhaft in Remscheid u. Dinslaken. Nach Entlassung wieder in Illegalität, 10. Sept. 1934 Flucht vor erneuter Verhaftung in die Niederlande; steckbriefl. gesucht wegen Vorbereitung zum Hochverrat. Zunächst illeg. in Amsterdam mit Unterstützung der IRH. Aufgrund von Denunziation Festnahme durch niederländ. Polizei, nach 4 Mon. Haft in Amsterdam Apr. 1936 nach Belgien abgeschoben. Bis Mai 1940 illeg. in Brüssel. Danach Flucht nach

Frankr., im gleichen Jahr bis Juni 1942 Internierung u.a. in St. Cyprien u. Gurs mit schweren gesundheitl. Schäden. Anschl. mit Hilfe der ev. Kirche Flucht in die Schweiz, Juli 1943–Juni 1945 Internierung. 1945 Rückkehr nach Deutschland. – *Ausz.:* 1956 Parteiehrenzeichen der KPD.

Qu: Arch. – IfZ.

Becker, Karl Albin, Parteifunktionär, Politiker; geb. 19. Nov. 1894 Hannover, hinger. 1. Dez. 1942 Berlin-Plötzensee; *V:* Albin B. (geb. 1865), Maurer; *M:* Emma, geb. Engel (geb. 1867); *G:* Elsa (geb. 1896); Lina (geb. 1898); Ernst (1900–32), Journ., KPD, 1927 Chefred. *Bergische Arbeiterstimme,* nach Parteiausschluß 1928 u. Übertritt zur KPDO Red. des KPDO-Organs *Arbeiterpolitik,* verh. mit Martha Moritz (geb. 1904, Emigr. als KPD-Funktionärin in die UdSSR, umgek. im Verlauf der Säuberungen); Albert (geb. 1905); ∞ Elsa. *Weg:* 1934 NL; 1936 F; 1942 Deutschland.

Entstammte sozdem. Fam.; Schriftsetzerlehre, bereits 1909 Mitgl. *Sozialistische Jugend,* 1912 SPD. Im 1. WK enge Verb. zu Karl Radek u. → Paul Frölich; in Dresden u. Bremen einer der führenden Köpfe der sog. Bremer Linken u. der *Internationalen Kommunisten Deutschlands* (IKD). 1917 Verhaftung wegen antimilitaristischer Propaganda, erst durch Ausbruch der Novemberrevolution wieder in Freiheit. Mitgl. *Arbeiter- und Soldatenrat* Dresden. Deleg. der IKD auf KPD-Gründungs-PT. Gehörte 1919 als aktiver KPD-Funktionär zur linken Opposition u. war einer der frühen Autoren des dt. Unionismus u. Anhänger einer „Allgemeinen Arbeiterunion". Febr. 1920 auf 1. Reichskongreß der *Allgemeinen Arbeiter-Union Deutschlands* Bruch mit den Unionisten aufgrund seiner marxist. Position u. zus. mit P. Frölich Abkehr vom Linkskommunismus, endgültiger Verbleib in der KPD. 1921 führend in Hamburger KPD; Chefred. *Hamburger Volkszeitung.* Jan. 1923 auf Leipziger PT Mitgl. der Parteizentrale; Obersekr., Ltg. der Bez. Wasserkante u. Nordwest, nach Parteiverbot 1923 illeg. Tätigkeit. Vorüberg. in Schlesien, anschl. bis 1924 wieder Chefred. *Hamburger Volkszeitung.* Gehörte in den Auseinandersetzungen nach 1923 mit P. Frölich zu den Führern der rechten Opposition in der KPD. Nach Moskauaufenthalt Anschluß an Gruppe um Karl Meyer, 1926 mit dieser Gruppe wieder wichtige Parteipositionen. Mitarb. GewAbt. ZK, 1927 bis Anfang 1928 Chefred. GewZtg. *Der Kampf,* 1927 auf Essener PT Wiederwahl als ZK-Mitgl.; bei innerparteil. Auseinandersetzungen mit → Hugo Eberlein, Arthur Ewert u. Ernst Meyer einer der Wortführer der Versöhnler u. mit diesen wieder aus allen wichtigen Positionen verdrängt, 1929 nicht mehr ins ZK gewählt. Nach Unterwerfung der Versöhnler unter Parteiführung Einsatz in KPD-Nebenorg. (*Rote Hilfe, Kampfbund gegen den Faschismus).* 1928-32 MdL Preußen, 1931-33 Landessekr. *Bund der Freunde der Sowjetunion.* 1933 illeg. tätig; 1934 Flucht in die Niederlande. Im Exil weiterhin KPD-Funktionärstätigkeit; zuerst in Amsterdam u. ab 1936 in Paris Sekr. u. Vertr. der dt. Sektion des *Weltkomitees der Freunde der Sowjetunion.* 1942 vom Vichy-Regime an Deutschland ausgeliefert, 4. Sept. VGH-Todesurteil.

L: Tjaden, KPDO; Bock, Syndikalismus; Weber, Wandlung.
Qu: Biogr. Hand. Publ. – IfZ.

Becker, Ludwig, Parteifunktionär; geb. 1. Jan. 1893 Landstuhl/Pfalz, gest. 21. Juni 1973 Heiligenhaus/Krs. Düsseldorf; *V:* Ludwig B.; *M:* Karoline, geb. Backe; ∞ II. Else Grafenhain; *K:* aus I: Ernst (geb. 1931); *StA:* deutsch. *Weg:* 1935 NL; 1945 Deutschland (BBZ).

Bauarbeiter. Ab 1919 pol. u. gewerkschaftl. organisiert, bis 1921 SPD, dann KPD. März-Dez. 1933 KL, nach Entlassung bis Nov. 1935 illeg. pol. Arbeit; Nov. 1935 Emigr. in die Niederlande, dort illeg. KPD-Funktionär. Sept. 1945 Rückkehr nach Deutschland, beteiligt am Wiederaufbau der Partei in Düsseldorf; Mitgl. Sekretariat der KPD-Landesltg. NRW, verantwortlich für Wirtschaftsfragen; Apr.-Juli 1947 MdL NRW, nach Niederlegung des LT-Mandats Juni 1947-Juli 1948 Deleg. im Bizonen-Wirtschaftsrat; vorübergeh. tätig für VVN Frankfurt/M.; bis 1956 Verlagsltr. *Tribüne der Arbeit* Essen.

Qu: Arch. Hand. Pers. – IfZ.

Becker, Rolf, Dr. med., Arzt; geb. 1906. *Weg:* 1936 E; 1939 China; 1948 Deutschland (SBZ).

1934 Approbation, Arzt an versch. Kliniken. Mitgl. KPD. Ab 1936 Teiln. Span. Bürgerkrieg, zuletzt Chefarzt der XI. Internat. Brigade; 1939 nach China, während des chinesisch-japan. Krieges als Arzt des Chinesischen *Roten Kreuzes* Einsatz an versch. Fronten, später Tätigkeit für Vereinte Nationen in China. 1948 Rückkehr nach Deutschland, zunächst Amtsarzt in Brandenburg/Havel, 1949-52 Hauptabteilungsltr. im späteren Min. für Gesundheitswesen des Landes Sa.-Anhalt, 1954-59 versch. Funktionen im öffentl. Gesundheitswesen der DDR, ab 1959 Direktionsarzt des Schiffahrtsmedizinischen Dienstes in Rostock/Ostsee. Lebte 1974 in Rostock.

L: Diagnosen. Ärzteerinnerungen aus dem 20. Jahrhundert (Hg. B. u. G. Albrecht). 1974. *Qu:* Publ. – IfZ.

Becker, William Frederic (urspr. Friedrich Wilhelm), Dr. med., Arzt; geb. 8. Nov. 1896 Dörnbach/Rheinl.-Pfalz, gest. 15. Mai 1963 Chicago; jüd.; *V:* Sigmund B. (geb. 1860 Dörnbach, gest. 1933), Getreidehändler, VorstMitgl. jüd. Gde. Rockenhausen; *M:* Jenny, geb. Vogel (geb. 1858 Kreuznach, gest. 1923), jüd.; *G:* Richard M. (geb. 1895 Dörnbach), Kaufm., 1937 Emigr. NL, USA; ∞ 1929 Dorothy W. (geb. 1910 Berlin), jüd., Stud. Physiotherapie, 1937 Emigr. USA, 1969-72 Stud. Nursing Home Admin., Dir. *Selfhelp* Home in Chicago; *K:* Marion B. Shaffer (geb. 1930 Berlin), 1937 Emigr. USA, B.A.; *StA:* deutsch, USA. *Weg:* 1937 USA.

1916-18 Kriegsteiln. (Verwundung, EK u.a. Ausz.). Stud. Bonn, Heidelberg, München, Prom. München, Gr. orthopäd.-chirurg. Inst., Oberarzt an Univ.-Klinik München, Assist. an Berliner Krankenhäusern u. orthopäd. Inst.; Mitgl. *B'nai B'rith.* August 1937 Emigr. USA mit Familie, 1938-39 Assist-Arzt am Michael Reese Hospital Chicago, Mai 1939 med. Staatsexamen. 1939-63 Privatpraxis, zugl. orthopäd. Chirurg bei Western Electric Co., Ltr. des Emergency Dept.; 1942-63 Praxis als Chirurg, Einführung von Kontrolluntersuchungen bei Industriearb. zur Vorbeugung von Rückgratschäden. Während 2. WK Ltr. von Rotkreuz-Kursen. 1956 Fellow *Industrial Surgeons,* 1938 Gr. u. VorstMitgl., 1947-63 Präs. von *Selfhelp* Chicago, Gr. u. Präs. des *Selfhelp Home for the Aged* in Chicago (Benennung eines der Flügel des Gebäudes nach ihm u. seiner Ehefrau), Gr. u. bis 1940 Mitgl. *Jew. Center* Chicago, bis 1957 Mitgl. Temple Sinai, Mitgl. *Safety Council of Chicago, B'nai B'rith,* German-Am. Med. Assn., Chicago Med. Assn., Am. Med. Assn.

W: A Pre-Placement Examination Program for Workers Assigned to Heavy Jobs. In: Industrial Medicine and Surgery. 1953; Hydrocortisone Therapy in Ganglia. In: Industrial Medicine and Surgery. 1953; Prevention of Back Injuries Through Pre-Placement Examinations. In: Industrial Medicine and Surgery. 1955; Prevention of Low Back Disability. In: Journal of Occupational Medicine. 1961. *L:* Fermi, Illustrious Immigrants. 1968. *D:* RFJI. *Qu:* Pers. Publ. – RFJI.

Beckmann, Käthe (Beckmannová, Kateřina), geb. Fischer, Parteifunktionärin; geb. 3. Sept. 1896 Dux/Nordböhmen, gest. 1. Nov. 1967 Prag; ∞ → Rudolf Beckmann; *K:* 1 S, → Hansi Tichy-Beckmann; beide nach 1945 nach Deutschland (SBZ); *StA:* österr., 1919 CSR. *Weg:* 1939 GB; 1945 CSR.

DSAP-Mitgl., Frühj. 1919 Mitgr. u. anschl. aktives Mitgl. *Internationale marxistische Vereinigung* Prag, eines Klubs internationalist. tschech. u. dt. Intellektueller u. Studenten, von dem entscheidende Impulse zur Bildung einer übernat. gesamttschechoslow. kommunist. Partei ausgingen; März 1921 Deleg. Grdg.-PT *KSČ-Deutsche Sektion,* Wahl zur Vors. der dt. kommunist. Frauenorg. u. Chefred. der Zs. *Die Kommunistin,* ab Jan. 1922 Sekr. der dt. Frauenabt. beim ZK der KSČ; aktive Parteifunktionärin u. -publizistin; Ltr. dt. Zentralparteischule der KSČ. Apr. 1939 im Parteiauftr. Emigr. nach GB, Mitgl. *Beuer-Gruppe,* ab Grdg. 1943 Mitgl. *Sudetendeutscher Ausschuß - Vertretung der demokratischen Deutschen aus der CSR.* 1945 Rückkehr in die CSR, Mitarb. PropApp. der KSČ, 1952-55 Red. *Aufbau und Frieden* Prag.

W: Marxistické sdružení (Erinn.). In: Zápasy KSČ očima pamětníků (Hg. Ústav marxismu-leninismu ÚV KSČ, zusammengest. von Věra Holá u. Růžena Vyskočová). Prag o.J. *L:* PS KSČ. *Qu:* Arch. Erinn. Publ. Z. - IfZ.

Beckmann, Rudolf, Dr. jur., Rechtsanwalt, Funktionär; geb. 6. Okt. 1888 Reichenberg/Nordböhmen, gest. 13. März 1964; ∞ Käthe Fischer (→ Käthe Beckmann); *StA:* österr., 1919 CSR. *Weg:* 1939 GB; 1945 CSR.

Stud. Rechtswiss. Wien, Werkstudent, Mitarb. *Arbeiter-Zeitung* Wien unter Ps. Michael Kohlhaas; 1919-31 Rechtsbeirat sozdem. *Verband deutscher Wirtschafts-Genossenschaften* Prag u. Red. des Verbandsorgans, März 1921 GrdgMitgl. *KSČ-Deutsche Sektion,* Mitorg. Vereinigungs-PT der nationalen Sektionen Okt./Nov. 1921, Wahl in ZK-Kontrollkommission. Ab 1931 mit → Friedrich Kassowitz u. → Hans Rothschild Mitinh. einer RA-Praxis in Reichenberg, Verteidiger in zahlr. pol. Prozessen gegen KSČ-Mitgl.; 1938 ins Landesinnere. Nach dt. Einmarsch in Prag Emigr. nach GB, Mitgl. sudetendt. kommunist. Gruppe unter Ltg. von → Gustav Beuer, nach 1941 jur. Berater des sudetendt. Mitgl. des tschechoslow. Staatsrats → Karl Kreibich, ab Bildung 1944 Ltr. ArbGemeinschaft für VerwFragen bei *Sudetendeutscher Ausschuß - Vertretung der demokratischen Deutschen aus der CSR.* Nach Kriegsende Rückkehr in die CSR, Mitarb. Abt. für Staats- u. Völkerrecht des Außenmin. - *Ausz.:* 1958 Orden der Republik (CSR).

W: K diplomatickému pozadí Mnichova. 1955. *L:* Karl Kreibich, Ein Rechtsanwalt der Arbeiter. In: Aufbau und Frieden, 6. Okt. 1953, S. 6. *Qu:* Arch. Hand. Z. - IfZ.

Beer, Fritz, Journalist u. Schriftsteller; geb. 25. Aug. 1911 Brünn/Mähren; *StA:* österr., 1919 CSR. *Weg:* 1939 GB.

Stud. Rechtswiss. u. Volkswirtsch., 1929 KSČ, Journ., 1930-38 außenpol. Red. *Die Rote Fahne* u. *Volkszeitung* Prag, 1934-36 Red. *Arbeiter-Illustrierte-Zeitung* Prag, Mitarb. *Der Gegen-Angriff* u. *Rundschau über Politik, Wirtschaft und Arbeiterbewegung* Basel. Ps. K. Friedrich, Hans Stein, P. Laufer; Mitgr. *Deutscher Volksbühnenbund in der ČSR,* Sekr. *Bert-Brecht-Klub* Prag. Ende März 1939 über Polen nach GB, 1939 KSČ-Austritt wegen dt.-sowj. Nichtangriffspakts, 1940-45 Angehöriger tschechoslow. AuslArmee; Mitarb. *Die Zeitung* u. tschechoslow. Exilzs. *Central European Observer* u. *Čechoslovák* London. Ab 1945 Red. für dt.-sprachige Sendungen bei BBC, ab 1955 Londoner Korr. *Neue Ruhrzeitung* Essen, später auch *Neue Hannoversche Presse, Welt der Arbeit* und *Mannheimer Morgen;* Hörspiele u. Reportagen für ARD, Filmautor für SFB. Mitgl. *PEN-Club London.* - *Ausz.:* 1934 Internat. Friedenspreis für Erzählungen (UdSSR), 1941 Kurzgeschichtenpreis *Die Zeitung* London.

W: u.a. Schwarze Koffer (Erz.). Moskau (Verlag für internat. Literatur) 1934; Das Haus an der Brücke (Erz.). 1948; Die Zukunft funktioniert noch nicht (Erinn.). 1969; Hörspiele. *Qu:* Pers. Hand. - IfZ.

Beer, Ludwig Karl (Luis, Luitschi), geb. 27. März 1919 Wien, umgek. 20. Sept. 1944 KL Dachau; kath.; *M:* Krankenpflegerin; *StA:* österr. *Weg:* 1938 E, F; 1943 Deutschland (Österr.).

Tischlerlehre, 1934 nach den Februarkämpfen Mitgl. illeg. KJVÖ. 1935 3 Wochen Haft, Entlassung aus der Lehre. Anschl. illeg. Jugendfunktionär HolzarbGew., Mitgl. KJVÖ-BezLtg. Döbling, Mitarb. illeg. Jugendztg. *Der Sturmtrupp.* 1937 erneut verhaftet, Verurteilung zu mehreren Mon. schweren Kerkers, Febr. 1938 Befreiung durch Schuschnigg-Amnestie. März 1938 illeg. über die Schweiz u. Frankr. nach Spanien, Teiln. Span. Bürgerkrieg in Internat. Brigaden. Herbst 1938 Verwundung, Lazarettaufenthalt in Frankr., anschl. Internierung, u.a. Lager Argelès. 1941 Flucht, lebte zunächst als Holzfäller u. Kohlenbrenner in den Pyrenäen, 1942 Eingliederung in TA innerh. der Résistance. Herbst 1942 Nancy, Aufklärungsarb. bei dt. Garnisonen in Lothringen, Verhaftung, Flucht. Frühj. 1943 mit → Josef Meisel als franz. Fremdarb. Francis Bertrand Renaud Rückkehr nach Wien, Aufbau einer Widerstandsgruppe (Gruppe Beer), Versuch zur Org. eines zentr. LitVerteilungsapp., Zus-Arb. vor allem mit franz., tschech. u. slowen. Fremdarb.; Deckn. Charles. Aug. 1943 Verhaftung. Ermordung KL Dachau.

L: Mitteräcker, Kampf; Koch, Widerstand; Stern, Max, Spaniens Himmel... 1966; Spiegel, Résistance; Unsterbliche Opfer. *D:* DÖW. *Qu:* Arch. Publ. - IfZ.

Beer, Max, Dr. phil., Journalist; geb. 8. Juni 1886 Wien, gest. 27. Okt. 1965 New York; jüd.; *G:* Anna, A: NL; ∞ Marthe (gest. 1965 New York), StA: franz.; *K:* Dr. Ferdinand B., Ing., Hochschullehrer in USA; *StA:* deutsch. *Weg:* 1933 CH; 1939 F; 1940 USA.

1905 Abitur Hamburg, Stud. München, Lausanne, Paris, Kiel u. Würzburg, 1910 Prom. Würzburg. 1910-14 Korr. dt. Zeitungen in Paris, ab 1914 in Bern publizist. Tätigkeit für die Mittelmächte in Verb. mit dt. Botschaft, ab 1920 Genfer Korr. für *Wolff'sches Telegraphen-Bureau* u. *Kölnische Zeitung,* 1926-31 Beamter im Range eines dt. Konsuls in der Informationsabt. des Völkerbunds, persönl. Beziehungen zu Außenmin. Gustav Stresemann. Ab 1931 Völkerbundkorr. für *Deutsche Allgemeine Zeitung* Berlin, stand aufgrund nationaler Orientierung dem Völkerbund kritisch gegenüber. 1933 Entlassung aus rass. Gründen, Genfer Korr. für *L'Europe Nouvelle* Paris, *Nationalzeitung* Basel u. *Jewish Telegraphic Agency* New York. 1939 nach Paris, Mitarb. *Die Zukunft* (→ Willi Münzenberg) u. franz. Informationsmin., 1940 über Spanien u. Portugal in die USA. Doz. L'École Libre der New School for Social Research New York u. Mitarb. *France-Amérique,* dann Angest. Informationsabt. der UNO; ab Herbst 1950 UNO-Korr. *Neue Zürcher Zeitung,* Mitarb. Jüdischer Weltkongreß, Vertr. *Internationale Liga für Menschenrechte* bei der UNO, Mitarb. *Aufbau,* Vizepräs. u. Präs. *UN Correspondents Assn.* - *Ausz.:* Ritter der Franz. Ehrenlegion, Niederländ. Oranje-Nassau-Orden, Ehrenzeichen für Verdienste um die Rep. Österreich, 1957 BVK.

W: Die Reise nach Genf. 1932 (engl. The League on Trial, 1933); Die auswärtige Politik des Dritten Reiches. Zürich (Polygraph-Verlag) 1934, 3. Aufl. 1935; L'Allemagne devant le monde. La politique extérieure du Troisième Reich. Paris (Grasset) 1935; La guerre n'a pas eu lieu. New York (Ed. de la Maison Française) 1941. *Qu:* EGL. Hand. Publ. Z. - IfZ.

Beer, Sanel, Dr. med., Arzt; geb. 4. Sept. 1886 Wien; jüd.; *V:* Naftali B., Kaufm.; *M:* Bette, geb. Millendorf; ∞ 1943 Eloise Crowell-Smith (geb. 1903), StA. USA, Malerin, Schriftst.; *StA:* österr., nach 1938 USA. *Weg:* 1938 USA.

Stud. Medizin Wien, 1913 Prom.; im 1. WK MilArzt. Nach Kriegsende Privatpraxis in Wien, später Krankenhausarzt, zuletzt Chefarzt Interne Abt. Erstes Öffentliches Kinderkrankeninstitut. Mitgl., zeitw. Präs. *Vereinigung freipraktizierender Ärzte* Wien. Medizin. Mitarb. *Neues Wiener Journal.* 1938 über Italien in die USA. 1938-39 amerikan. Ärzteprüfung. 1939-48 Dir. u. Eigentümer Rivermont Park Hospital Miami/Fla., 1950 Arzt im Southern Pacific Hospital San Francisco, 1951 Norwich State Hospital in Norwich/Conn., 1952 ärztl. Dienst im Glacier-Nationalpark/Mont., 1958 im Yellowstone-Nationalpark/Wyo. - Gr. u. erster Präs. *Austro-American-Association* u. *Pro-Mozart-Society* Miami/Fla. Lebte 1975 in Miami/Fla.

W: Die Muse meiner Muße (L). 1962; Zwischen Linden und Palmen (L). 1964. *L:* Österreichische Autoren in Amerika. 1970. *Qu:* EGL. Fb. Hand. Publ. - RFJI.

Be'eri, Eliezer (urspr. Bauer, Ernst), Arabist; geb. 29. Apr. 1914 Mannheim; jüd.; *V:* Theodor Bauer (geb. 1879 Frankenthal/Pfalz, gest. 1946 Kibb. HaZorea), jüd., Brennereibesitzer, später Inh. eines Tabakwarengeschäftes, KL Dachau, 1939 Emigr.

Pal.; *M:* Anna, geb. Strauss (geb. 1884 Ellerstadt/Pfalz, gest. 1970 Kibb. HaZorea), jüd., 1939 Emigr. Pal.; *G:* Luise Bauer (1920-36), jüd.; ∞ 1937 Lisel Reiss, jüd.; *K:* Hanokh (geb. 1940); Ruth Hermann (geb. 1944); Gilead (geb. 1949); *StA:* deutsch, IL. *Weg:* 1937 Pal.

1932-36 Stud. Arabistik Berlin, gleichz. Stud. L(H)WJ; Mitgl. *Kameraden,* aktiv in *Werkleute,* zuerst als Jugendltr. in Ortsgruppe u. Bez., später in Bundesltg., 1933-36 Mitarb. in jüd. Jugendbewegung u. jüd. GdeFragen; 1936-37 landwirtschaftl. Hachscharah Stuttgart. 1937 mit Ehefrau Emigr. Palästina mit C-Zertifikat, 1937-38 Kibb. Mishmar HaDarom (gegr. von *Werkleute*-Gruppe), ab 1938 Kibb. HaZorea; Lehrer in *Jugend-Alijah*-Gruppen, Dienst in *Haganah.* 1956-61 Sekr. des Kibb.; 1941-42 Intensivstud. arab. Sprache, Eintreten für engere arab.-jüd. Beziehungen. 1948-49 Dir. der Abt. für arab. Arbeiter im isr. ArbMin., 1952-55 Koordinator in der arab. Abt. der *Mapam*-Partei, Mitgl. *Mapam*-Sekretariat u. Geschäftsf. des Parteibüros Tel Aviv; Mitarb. *HaKibbuz HaArzi,* 1959-61 Dir. Zentrum für Erwachsenenbildung, Mitarb. der arab. Abt. von *HaShomer HaZair.* Lebte 1977 im Kibb. HaZorea.

W: HaAravim - Yalkut Bibliografi. 1944; HaKazunah vehaShilton baOlam haAravi. 1966, 1969 (engl. Übers.: Army Officers in Arab Politics and Society. 1970); HaPoel haAravi baMedinah haYehudit. (unveröffentl.) 1948. *Qu:* Fb. Hand. - RFJI.

Begun (verh. Schröter), **Henriette,** Dr. med., Ärztin; geb. 1899; ∞ → Johannes Schröter; *StA:* deutsch. *Weg:* 1933(?) USA; 1942 Mex.

1921 KPD, Funktionen in KJVD. Vermutl. 1933 Emigr. mit Ehemann, 1942 nach Mexiko. Ab Dez. 1942 Sekr. *Organisationskomitee zum Zusammenschluß der deutschen antifaschistischen Bewegungen und Persönlichkeiten Lateinamerikas zu einem Lateinamerikanischen Komitee,* ab Febr. 1943 Mitgl. Exekutivkomitee des *Lateinamerikanischen Komitees der Freien Deutschen* Mexiko unter Ludwig Renn u. → Paul Merker, Ausschußmitgl. BFD Mexiko. Blieb nach Kriegsende in Mexiko.

L: Kießling, Alemania Libre. *Qu:* Arch. Publ. - IfZ.

Begun, Semi Joseph, Dr. Ing., Unternehmensleiter; geb. 2. Dez. 1905 Danzig; *V:* Wolf B.; *M:* Elisabeth; ∞ 1938 Ruth N. Weltmann; *StA:* 1942 USA. *Weg:* 1935 USA.

1929 Dipl.-Ing. TH Berlin, 1929-30 Ing. in der Forschungsabt. von Ferdinand Schuchhard Berlin, 1930-32 Obering. bei Echophon-Maschinen Berlin, 1933 Prom. TH Berlin, 1932-35 Obering. bei dem elektrotechn. Unternehmen C. Lorenz AG Berlin. 1935 Emigr. USA, 1935-37 Ing. in der Forschungsabt. von Guided Radio New York, 1937-38 Obering. u. Vizepräs. bei Acoustic Consultants Inc. New York, 1938-52 Obering. u. Vizepräs. bei Brush Development Co. Cleveland/O.; zugl. 1943-45 Mitgl. *Nat. Defense Research Committee,* 1950-53 Mitgl. *Nat. Security Indust. Assn.* u. im Ausschuß für Akustik. 1952-55 Vizepräs. u. Dir. Abt. für techn. Entwicklung bei Clevite Brush Development Co. Cleveland, 1955-62 Ltr. Vertriebsabt., 1962-69 Vizepräs. Clevite Corp. Cleveland (später Tochterges. von Gould Inc.), 1969-70 Vizepräs., Mitgl. Hauptvorst. u. Dir. von Gould Inc.; seit 1970 Präs. Auctor Assoc. Inc. Cleveland. Fellow *Acoustical Soc., Inst. Elec. and Electronics Engineers,* Mitgl. *Cleveland Astronom. Soc.* Lebte 1975 in Cleveland Heights/O. - *Ausz.:* 1948 Presidential Certificate of Merit; Emile Berline Award der *Audio Engineers Society.*

W: Beitrag zur Theorie der elektromagnetischen Tonaufzeichnung auf Stahldraht (Diss.). 1933; Magnetic Recording. 1949. *Qu:* Hand. - RFJI.

Beham, Yoḥanan (urspr. Boehm, Hans Gustav), Ministerialbeamter, Industrieller; geb. 9. Aug. 1918 Seewalde/Mecklenburg; jüd.; *V:* Willy Boehm (geb. 1874 Berlin, gest. 1921 Seewalde/Mecklenburg), jüd.; *M:* Franziska, geb. Gimkiewicz (geb. 1885 Posen, umgek. 1941 [?] KL Dachau), jüd.; ∞ I. 1938 Alisa (urspr. Ilse) Kochmann (geb. 1914 Hindenburg/Schlesien), Bibliothekarin, 1933 Emigr. Pal., 1958 gesch.; II. 1959 Bertha Bochner, geb. Wassermann (geb. 1921 New York), höhere Schule, gesch. 1969; *K:* Yuval (geb. 1940 Jerusalem, gef. 1967 im 6-Tage-Krieg), Stud. Hebr. Univ., Angest. im Verteidigungsmin.; *StA:* deutsch, 1936 Pal./IL. *Weg:* 1935 CH, 1936 Pal.

Bis 1935 Gymn. Berlin. 1935 Emigr. Schweiz, bis 1936 Internat in St. Gallen; 1936 Pal. mit B III-Zertifikat, Stud., 1940 Diplom des Lehrerseminars Jerusalem; 1940-45 Lehrer Realgymn. Haifa, zugl. *Haganah;* 1945-47 Lehrer Essex Street Settlement House New York, 1947-49 in der Ltg. der Supply Mission des isr. Verteidigungsmin. in New York (Lt. der IDF), gleichz. Stud. SozPsychologie u. Volkswirtschaft Columbia Univ.; 1950 Verbindungsmann zur UN-Econ. Survey Comm.; 1950-52 GenSekr. im isr. Finanzmin., 1952-55 Mitgl. Wirtschaftsberaterstab des MinPräs., 1955-59 GenDir. Isr. Govt. Tourist Corp. New York u. 1959-61 Dir. der Abt. Western Hemisphere; 1961-66 Dir. Isr. Museum Jerusalem; 1965-70 Geschäftsf. Internat. Distillers of Isr. Ltd. Jerusalem; ab 1971 Geschäftsf. Engineering Management and Development, Ltd. Lebte 1978 in Jerusalem.

Qu: Fb. Hand. - RFJI.

Behm, Ernst, Lehrer; geb. 24. Aug. 1902 Heiligenbeil/Ostpr.; ev., 1923 Diss.; *V:* Julius B. (geb. 1871), Eisenbahnbeamter; *M:* Auguste, geb. Grau (geb. 1873); ∞ II. 1948 Agnes Barow (1897-1974), Diss., Lehrerin, illeg. Tätigkeit für SAPD, 1935 Emigr. S; *StA:* deutsch, 1949 S. *Weg:* 1933 DK; 1935 S.

1917-23 Lehrerseminar, ab 1928 Volksschullehrer Berlin. 1921-28 KPD, 1928 KPDO, 1931 SAPD, ab 1923 *Gewerkschaft deutscher Volksschullehrer,* ab 1928 *Deutscher Freidenker-Verband.* Sept. 1933 Entlassung aus dem Schuldienst; illeg. Tätigkeit für SAPD in Berlin; Anfang Dez. auf Anweisung der SAPD-Reichsltg. Flucht nach Kopenhagen; März 1935 wegen pol. Betätigung nach Stockholm abgeschoben. In Kopenhagen u. Stockholm Mitgl. SAPD-Landesvorst.; 1935-39 Mitgl. *Verein deutscher Lehreremigranten,* 1935-45 VorstMitgl. EmigrGemeinschaft bei der *Arbetarörelsens flyktingshjälp;* 1937-44 Feinmechaniker, anschl. Archivarb.; ab 1938 in schwed. Gew. u. *Landesgruppe deutscher Gewerkschafter;* nach 1942 Mitarb. *Internationale Gruppe demokratischer Sozialisten* („Kleine Internationale"); 1944 GrdgMitgl. FDKB, 1944-50 Mitgl. u. ab 1946 im Vorst. der SPD-Gruppe Schweden. Schulpol. Beiträge in *Die Sozialistische Tribüne,* 1945-50 i.A. des *Samarbetskommittén för demokratiskt uppbyggnadsarbete* (SDU) Initiator u. Ltr. von Schulhelferlehrgängen für dt. Emigr.; später SDU-Sekr., Org. von Studienaufenthalten für dt. u. österr. Lehrer, Sozialarb. u. Journ.; vergebl. Rückkehrversuche. 1950-57 Mitgl. sozdem. ArbPartei Schwedens, 1950-52 Werklehrer, 1951 GrdgMitgl. *Schwedisch-Deutsche-Gesellschaft,* 1952-67 AbtLtr. eines Schulbuchverlags. Lebte 1975 in Sollentuna/Schweden.

W: Zur Nachkriegspolitik der deutschen Sozialisten (SAPD-ProgrSchrift, zus. mit → Willy Brandt, → Stefan Szende, → August u. Irmgard Enderle). Stockholm, Juli 1944; Beiträge in *Tyska skolförhallanden före 1933.* Stockholm 1947; Die schwedische Schulreform. 1949; *L:* Müssener, Exil. *D:* VSLB. *Qu:* Fb. Publ. - IfZ.

Behr, Werner Meyer, Finanzberater; geb. 31. Dez. 1902 Weißenfels/Sa., gest. 22. Aug. 1976 London; jüd.; *V:* Max B. (geb. 1877 Flatow/Westpreußen, gest. Berlin), Warenhausinh.; *M:* Helene, geb. Moses (gest. 1912); *G:* Kate Feld (geb. 1904 Weißenfels), jüd., höhere Schule, med.-techn. Assist., 1938 Emigr. GB; ∞ 1933 Salka (urspr. Sarah) Luft, jüd., 1935 zeitw. Aufenthalt in GB, Modistin, 1938 Emigr. GB; *K:* Marc Omri Nathan (geb. 1935 London), jüd., Rückkehr mit Mutter nach Deutschland, 1938 GB, Stud. Univ. Oxford und Glasgow, später USA, Patentanwalt in Princeton/N.J.; *StA:* deutsch; brit. *Weg:* 1939 GB.

Gymn. Berlin; Bankangest., 1929-38 Prokurist Kaufhaus N. Israel Berlin; März 1933 kurzfristige Haft. Frühjahr 1939 Emigr. GB zu Frau und Kind, 1939-76 selbständiger Finanzberater; 1946-76 geschäftsf. VorstMitgl., ab 1963 stellv. Vors., 1974-76 Vors. AJR, u.a. Mitarb. AJR Charitable Trust (Ltg. der AJR-Altersheime), ab 1966 Vors. *Thank-you-Britain Fund* (Gründung 1964, 1965 Stiftung von 90000 £ an Brit. Acad.), langjähr. Mitgl. u. 1972-74 Präs., 1974-76 stellv. Vors. *Council of Jews from Germany,* 1975-76 geschäftsf. VorstVors. Wiener Library bzw. Inst. of Contemporary History London. - *Ausz.:* O.B.E.

W: Two Decades. In: Wilfrid Israel - July 11, 1899 - June 1, 1943. 1944; In Memoriam Wilfrid Israel. In: Gegenwart im Rückblick. 1970. *Qu:* EGL. Fb. Hand. Pers. Publ. Z. - RFJI.

Behrendt, Friedrich. *Weg:* Boliv.

Mit → Willi Karbaum VorstMitgl. *Klub Freundschaft* La Paz, 1944-54 Präs., anschl. Vizepräs. *Vereinigung DAD für Bolivien* im Sinne der von → August Siemsen in Buenos Aires hg. Zs. *Das Andere Deutschland* (DAD).

Qu: Arch. - IfZ.

Behrens, Alfred Joachim, Unternehmer; geb. 23. Febr. 1921 Gardelegen/Altmark; jüd.; *V:* Hermann B. (geb. 1889 Gardelegen, umgek. KL Trawniki), jüd., Kriegsteiln. 1. WK, Automobilhändler; *M:* Louise (geb. 1893 Hameln a.d. Weser, umgek. KL Trawniki), jüd.; *G:* Charlotte Dessen (geb. 1925 Gardelegen), jüd., 1940-45 u.a. KL Ravensbrück, Auschwitz, 1946-47 N-Rhod., ab 1965 AUS; ∞ 1950 Eva Neu (geb. 1926 München), jüd., 1938 Emigr. S-Afrika, ab 1973 GB; *K:* Ronald Harry (geb. 1952), jüd., M.D. Univ. Sambia, A: Lusaka/Sambia; Mark Raymond (geb. 1953), jüd., 1972 GB, B.Sc. Univ. Salford, Elektroing.; David Allen (geb. 1959), jüd., 1973 GB; *StA:* deutsch, 1951 brit., 1968 deutsch. *Weg:* 1939 N-Rhod./Sambia.

1936-38 Fachschulstud., gleichz. Lehre Elektrotechn.; 1939 Emigr. Nordrhodesien, 1939-44 Angest. in Bauunternehmen; 1945-73 selbständig, 1950 Baufirma Behrens & Co. Ltd., ab 1963 Behrens Ltd.; 1957-69 Gr. u. Inh. Lido Cinemas Ltd., Gr. u. Ltr. Elektro- u. Autofirmen in Sambia. 1957-64 Stadtrat Lusaka, Vors. Ausschüsse für öffentl. Gesundh., öffentl. Bauten u. Finanzen; Mitgl. Nordrhod. Reservepolizei, VorstMitgl. *Hebrew Congregation* Bez. Lusaka, Freimaurer, VorstMitgl. *Master Builders Assn.* - 1973 GB, Geschäftsführer u. VerwDir. Baufirma Uniwall Ltd. Lebte 1976 in London.

Qu: Fb. - RFJI.

Behrisch, Arno Erich, Politiker, Verleger; geb. 6. Juni 1913 Dresden; Diss.; *V:* Gustav B., Landwirt; *M:* geb. Grosse; ∞ I. Hildegard Schotte, Emigr. S, ab 1943 VorstMitgl. SPD-Ortsgruppe Stockholm; II. 1952 Marie Friedrich; *StA:* deutsch. *Weg:* 1934 CSR; 1938 S; 1945 DK, Deutschland (ABZ).

Schriftsetzer, Mitgl. Buchdruckerverband, SAJ, SPD, Arbeitersportbewegung, *Naturfreunde.* Übertritt zur SAPD; nach 1933 illeg. Tätigkeit. 1934 Flucht in die CSR, Grenzarbeit. 1938 über Polen u. Baltikum nach Stockholm, pol. u. publizist. Tätigkeit in SAPD-Gruppe u. *Landesgruppe Schweden der Auslandsvertretung deutscher Gewerkschafter.* Als Angest. der schwed. GewDruckerei i.A. der ITF London Herstellung illeg. Schriften für Deutschland. 1940 wegen Vorbereitung von Sprengstoffanschlägen auf schwed. Erztransporte nach Deutschland zu 3 1/2 J. Zwangsarb. verurteilt. Okt. 1944 SPD, Mitarb. *Sozialistische Tribüne* Stockholm. Jan.-Mai 1945 dt. Vertr. bei der dän. Widerstandsbewegung, Rückkehr mit brit. Hilfe. Ab 1946 stellv. SPD-Landesvors. Bayern, Mitgl. Bayer. Verfassunggebende Landesvers., bis 1949 MdL Bayern, bis 1961 MdB; Vors. SPD-Unterbez. Hof, Mitgl. SPD-BezVorst. Franken, Chefred. *Oberfränkische Volkszeitung* u. Geschäftsf. Oberfränkische Verlagsanstalt Hof. 1961 nach Einleitung eines Parteiverfahrens wegen seiner Tätigkeit in Schweden Parteiaustritt, Direktoriumsmitgl. u. Landesvors. NRW der *Deutschen Friedensunion.* Geschäftsf. Westdeutscher Verlag Dortmund. Lebte 1977 in Großkönigsdorf b. Köln.

W: u.a. Das Grundgesetz als Auftrag. In: Bll. für dt. u. internat. Politik. 1974. *L:* Bernhardsson, C.O., Spionpolisen gar pa jakt. 1952; Meurling, P., Spionage och sabotage i Sverige. 1952; Deutsche Soldaten-Zeitung und National-Zeitung, 3. Febr. 1961; Bermann-Fischer, Gottfried, Bedroht-Bewahrt. 1967; Kubu, M., Gustav Möllers hemliga polis. 1971; Müssener, Exil. *D:* VSLB. *Qu:* Hand. Publ. Z. - IfZ.

Beimler, Hans, Parteifunktionär; geb. 2. Juli 1895 München, gef. 1. Dez. 1936 bei Madrid; Diss.; *V:* Landarb.; *M:* Magd; *G:* Maria Dengler, ∞ Kreszenz Dengler (geb. 1909), Stenotypistin, KPD-Angest., Mai 1933 mit B.s Schwester als Geisel KL Dachau, 1937 Freilassung aufgrund internat. Bemühungen, 1942 wegen Verb. zu Gruppe Beppo Römer zu 18 Mon. Gef. verurteilt; *StA:* deutsch, 3. Nov. 1934 Ausbürg. *Weg:* 1933 UdSSR; CSR, F; 1935 CH, F; 1936 E.

Schlosserlehre, Tätigkeit in Hamburger Werft; 1913 DMV, 1914-18 Kriegsdienst auf Minensuchboot. 1918 *Spartakusbund,* Teiln. an den revolut. Kämpfen, Mitgl. *Arbeiter- und Soldatenrat* u. Ltg. *Spartakusbund* Cuxhaven. 1919 KPD, führende Rolle in Münchner Räterepublik. 1921 2 J. Festungshaft wegen des Versuchs, Truppentransporte für die Kämpfe in Mitteldeutschland zu verhindern; später mehrere Anklagen u. Verurteilungen wegen pol. Betätigung. KPD-Vors. München-Nymphenburg, Betriebsrat, 1925 Mitgl. erste dt. Arbeiterdeleg. in die UdSSR, 1925-28 Mitgl. BezLtg. Südbayern, Sekr. für GewFragen. 1928-32 Sekr. Unterbez. Südbayern, 1929-31 StadtVO. Augsburg, Apr.-Juli 1932 MdL Bayern, Juli 1932-30. März 1933 MdR. Ab Frühj. 1932 PolLtr. Bez. Südbayern. 7. Febr. 1933 Teiln. der illeg. Tagung des ZK. 11. Apr. 1933 Verhaftung, 8./9. Mai Flucht aus KL Dachau. Nach kurzem Aufenthalt in der UdSSR 1934 Ltr. des KPD-Büros in Prag, vor allem Auswahl geeigneter Funktionäre für Inlandsarb. u. pol. Überprüfung von Flüchtlingen. Anschl. Funktionen in Frankr., bes. im Rahmen der Volksfrontpol.; Mitunterz. *Gemeinsamer Protest gegen den Justizmord an Rudolf Claus* v. 20. Dez. 1935. Ab Juli 1935 Ltr. *Rote Hilfe* in Zürich, Ablösung wegen vermuteter Bespitzelung durch Gestapo. Aug. 1936 als ZK-Vertr. nach Spanien, Org. der dt.-sprachigen Sendungen von *Radio Barcelona,* Pol.- u. Kriegskommissar der von ihm org. Centuria Thälmann der Internat. Brigaden an der Aragonfront. Fiel bei der Verteidigung von Madrid. ZK-Nachruf, in Barcelona beigesetzt. Seinem Andenken wurden u.a. Lieder der Internat. Brigaden gewidmet.

W: Im Mörderlager Dachau. Moskau (Verlagsgenossenschaft ausländischer Arbeiter in der UdSSR), 1933 (auch als Art.-Serie in *Vorwärts,* Basel); Four Weeks in the Hands of Hitler's Hellhounds. The Nazi Murder Camp of Dachau. With a Preface by Fritz Heckert. London o.J. (1933/34), Neuaufl. Berlin (Ost) 1976 (mit Biogr. u. Würdigung); Erlebnisberichte in dt. Exilztg. u. sowj. Presse. *L:* u.a. Pasaremos; Langkau-Alex, Volksfront; GdA-Biogr. *Qu:* Arch. Hand. Publ. - IfZ.

Bein, Alexander, Dr. phil., Archivar; geb. 21. Jan. 1903 Steinach/Bayern; jüd.; *V:* Moritz B. (geb. 1865 Westheim/Bayern, gest. Pal.), Hauptlehrer, Ltr. jüd. Volksschule Steinach, 1933 Emigr. Pal.; *M:* Lina, geb. Bruckheim (geb. 1873 Ühlfeld/Bayern), jüd., 1933 Emigr. Pal.; *G:* Siegfried Shlomo (geb. 1897 Steinach), 1933 Pal., Unternehmer, VorstMitgl. *Progressive Party/Independent Party,* → Harry Naftali Bein; Martha Hermann (geb. 1899 Steinach, gest. 1963 Pardes Hannah/IL), 1933 Emigr. Pal.; Sitta Shavit (urspr. Schmidt) (geb. 1904 Steinach), 1933 Emigr. Pal., Kindergärtnerin; Simon (geb. 1906 Steinach), Kaufm., 1933 Emigr. Pal.; ∞ Betty Bildstein (geb. 1902 Schweinfurt), jüd., Krankenschwester, 1933 Emigr. Pal.; *K:* Yohanan (geb. 1929 Berlin), isr. Diplomat; Nehemia (geb. 1937 Jerusalem), Ing.; *StA:* deutsch, Pal./IL. *Weg:* 1933 Pal.

1919-21 kaufm. Lehre Nürnberg, 1922 Bankangest., 1922-27 Stud. Erlangen u. Berlin, u.a. Gesch. bei Friedrich Meinecke, gleichz. Stud. L(H)WJ, 1927 Prom. Berlin; 1920 Mitgl. *Blau-Weiß*. Ab 1927 Archivar Deutsches Reichsarchiv Potsdam, 1933 Entlassung. 1933 Emigr. Palästina, Mitgl. *Haganah*; 1936-55 stellv. Ltr., 1955-71 Ltr. Central Zion. Archives Jerusalem, 1956-71 Erster Staatsarchivar; Hg. der Schriften von Theodor Herzl in hebr. Übers.; Beratung zion. Org. in Fragen des Archivwesens, Vors. *Isr. Archives Assn.,* Mitgr. u. Mitgl. Inst. for Zion. Research, Univ. Tel Aviv, ltd. Mitgl. *Isr. Hist. and Ethnographic Soc.,* Yad Vashem, LBI, I.O.M.E., 1968-72 Internat. Council of Arch. der UNESCO. Lebte 1977 in Jerusalem. - *Ausz.:* 1976 Ussishkin-Preis.

W: Die Staatsidee Alexander Hamiltons in ihrer Entstehung und Entwicklung. Diss. phil. Berlin 1927; Friedrich Hammacher. 1932; Theodor Herzl. 1934 (engl. Übers. 1940, Neuaufl. 1974); Der Zionismus und sein Werk. 1939; (Hg.) Herzl's Complete Works. 1954 (hebr. 1971); Beiträge in Enzyklopädien, Zs. u. Ztg. *L:* Ḥaim, Golan. The Writings of Dr. Alex Bein. (Bibliogr.) 1974 (?). *Qu:* Fb. Hand. Publ. Z. - RFJI.

Bein, Naftali Harry (urspr. Hermann), Kaufmann, Politiker, Ministerialbeamter; geb. 27. Apr. 1898 Steinach/Bayern; jüd.; *G:* → Alexander Bein; ∞ 1934 Hannah Sacki (geb. 1900 Mellrichstadt/Bayern), Emigr. Pal., Röntgenassist.; *K:* Debora (geb. 1935 Ramat Gan), Lehrerin, Mitinh. u. Ltr. einer Ferienkolonie in Haifa; *StA:* deutsch, Pal./IL. *Weg:* 1932 Pal.

Realschule Kissingen u. Nürnberg, Mitgl. *Blau-Weiß*; ab 1916 Kriegsteiln., 1917-19 in engl. Kriegsgef.; 1919-23 kaufm. Angest. u. Abendkurse Handelshochschule Nürnberg, 1923-32 versch. Stellungen als Geschäftsf. u. Verkaufsltr.; Vors. u. Mitgl. des Landesvorst. zion. Org. in Nürnberg u. Düsseldorf. 1932 Emigr. Palästina im Anschluß an Informationsreise, 1933 ehrenamtl. Geschäftsf. H.O.G., Mitgr. der H.O.G.-Wirtschaftsbetriebe, 1933-37 AbtLtr. u. VorstMitgl. Pal. Trust Co. Tel Aviv, 1937-41 Wirtschaftsberater u. AR-Mitgl. von Handels- u. Industriebetrieben, 1939 KKL-Vertr. in Belgien, 1936-49 *Haganah,* 1941-44 Geschäftsf. einer Konservenfabrik in Netanyah. 1944-52 im Büro für Investitionen u. Versicherung in Netanyah, u.a. auch Vertr. für South African Mortgage Co., 1951-52 Dir. einer Lebensmittelfabrik in Jerusalem. 1947-48 Kriegsteiln., 1949 Mitgr. u. Mitgl. *Progressive Party,* Vors. Ortsgruppe Netanyah, Mitgl. I.O.M.E.; 1952-64 im isr. Staatsdienst, internat. Handelsabt. im Handels- u. Industriemin., Ltr. Abt. Binnenhandel u. Eichamt, maßgebl. Mitarb. an Gesetzgebung über unlauteren Wettbewerb; 1964 Pensionierung. Ab 1968-76 AR-Mitgl. Negev Ceramics Co. Ltd. (regierungseigener Betrieb), Vors. Ausschuß für Infrastruktur (Waadat ha Tashtit) des Tourismin., VorstMitgl. nat. Kontrollausschuß der *Independent Liberal Party,* später Ehrenmitglied.

W: Aufsätze u. Rezensionen in Fachzs. u. Ztg. sowie pol. Aufsätze zur Araberfrage. *Qu:* Fb. - RFJI.

Beiner, Helene, Staatsfunktionärin; geb. 1904 Berlin; *StA:* deutsch. *Weg:* 1935 UdSSR; 1945 Deutschland (SBZ).

Mitgl. KJVD u. KPD. 1935-41 Deutschlehrerin an Milit. Sprachinst. in der UdSSR, danach an einer Frontschule für dt. Kriegsgef. tätig. Offz. der Roten Armee, nach Kriegsende Stationierung in der SBZ. Mitgl. SED. Um 1955 AbtLtr. im MfAA, um 1968 Ltr. des Zentralhauses der *Gesellschaft für Deutsch-Sowjetische Freundschaft* in Berlin.

Qu: Z. - IfZ.

Bekker, Konrad, Dr. phil., Dr. jur., Diplomat; geb. 24. Mai 1911 Berlin; o.K.; *V:* Paul Max Eugen B. (geb. 1882 Berlin, gest. 1937 New York), ev., Musikwiss., Schriftsteller, 1925-32 GenIntendant Hess. Staatstheater, 1934 Emigr. USA, Musikkritiker *New Yorker Staatszeitung und Herold; M:* Dorothea Marie, geb. Zelle (geb. 1876 Berlin, gest. 1976 Lexington/Ky.), ev., Lehrerin, Malerin, 1939 Emigr. USA, Mitarb. *Fellowship of Reconciliation* u. *Am. Friends Service Comm.; G:* (Stiefgeschwister aus 2. Ehe des Vaters) Dr. med. Barbara Rawling (geb. 1921 Frankfurt/M.), 1950 Emigr. USA, Anästhesistin; Kilian (geb. 1923 Frankfurt/M., gest. um 1942 Deutschland); Maximiliane Kraft (geb. 1927 Frankfurt/M.), Fürsorgerin in Deutschland (BRD), ∞ 1944 Sarah McInteer (geb. 1923 USA), ev., Ph.D., Fachautorin für SozPsychologie; *StA:* deutsch, 1943 USA. *Weg:* 1933 I, F, 1934 CH, 1936 USA.

1929 Stud. Hamburg, Wien, Frankfurt/M., Referendar, März-Aug. 1933 in Berlin, Berufsverbot wegen jüd. Abstammung. Aug. 1933 nach Italien, Sept. 1933 Frankr. mit StudVisum, Gelegenheitsarb., Apr. 1934 Schweiz, 1935 Dr. jur., 1936 Dr. phil. Basel. 1936 USA, 1936-38 Research Assist. Columbia Univ., 1938-39 Research Fellow Brookings Inst. Washington/D.C.; 1939-43 Doz. für Wirtschaftswiss. Univ. Ky., 1943-46 US-Armee (Lt.), Stud. Orientalistik u. Japanisch Yale Univ., 1944 volkswirtschaftl. Mitarb. Auslandsdienst OSS. 1946-71 im US-Außenmin., 1946-49 Research Analyst, 1947 Mitgl. Philippino-Am. Finanzausschuß in Manila, 1949-51 Wirtschaftsreferent u. 1951-53 Sachbearb. Wirtschaftspol. US-Botschaft New Delhi, 1953-56 Wirtschaftsreferent, 1956-58 Ltr. Abt. Wirtschaftspol. US-Botschaft Rangun, 1962-64 Botschaftsrat für Wirtschaftsfragen in Bern, 1964-65 1. Botschaftssekr. Botschaft Bangkok, 1968-71 Botschaftsrat für Wirtschaftsfragen in Bangkok; 1971 Pensionierung. 1972-76 AbtLtr. *The Asia Soc.* New York. 1952, 1956 DelegMitgl. UN Econ. Commission for Asia and the Far East, 1957 UN Econ. Commission for Latin America, Org. for Econ. Coop. and Development der SEATO, Mitgl. u. 1971 Vors. der Thailand-Abt. der *Soc. for Internat. Development,* Mitgl. *Siam Soc., Asia Soc., Assn. for Asian Studies, Assn. for Far Eastern Studies,* Schatzmeister *Soc. for Asian Music.* Vorträge über Kunst u. Archäologie in Burma u. Thailand. Lebte 1977 in New York.

W: Marx' philosophische Entwicklung. Sein Verhältnis zu Hegel. Diss. phil. 1940; The Progress of Underdeveloped Countries (Mitarb.). 1951; Beyond the Frontier. American Museum of Natural History (Mitarb.). 1967; Beiträge in am. u. europ. Zs. *Qu:* Fb. Hand. Z. - RFJI.

Beling, Walter, Parteifunktionär, Diplomat; geb. 19. Mai 1899; ∞ Thea (Mado), geb. Saefkow, Besuch Lenin-Schule der *Komintern,* in der 2. Hälfte der 30er Jahre techn. Mitarb. *Deutsche Volkszeitung* Paris; *StA:* deutsch. *Weg:* CSR; F; 1945 (?) Deutschland (Berlin).

Ab 1924 KPD, Lehrer an der Reichsparteischule. Nach natsoz. Machtübernahme 2 1/2 J. Zuchth. Anschl. Emigr. über die CSR nach Frankr.; Kassier u. Ltr. des techn. App. der KPD-Landesltg., engerer Mitarb. des ZK-Sekretariats, Mitgl. ArbKommission Zwanzig Jahre KPD. Ab Sommer 1940 PolLtr. der neu org. KPD-Landesltg. Toulouse, Mitarb. beim Aufbau der TA innerhalb der Résistance in Verb. mit dem ZK der KPF. Tätig in PropArb. der TA u. ab 1943/44 des KFDW in Südfrankr., Kontakte zu Noel Field, Deckn. Claude. Nach Kriegsende in die SBZ, ab 1946 Mitgl. PV der SED, Sept. 1947 bis Aug. 1950 AbtLtr. im Zentralsekretariat. Auf ZK-Beschluß am 24. Aug. 1950 wegen angebl. Verbindungen zum US-Geheimdienst in der Emigration aller Funktionen enthoben, 1956 rehabilitiert. 1956/57 Ltr. VEB Filmtheater Berlin und der Zentralen Filmabnahmekommission im Min. für Kultur. 1957-60 HauptabtLtr. im MfAA, anschl. Ständiger Vertreter der DDR bzw. ab 1964 Ltr. DDR-Vertretung bei der Wirtschaftskommission der UNO für Europa (ECE) in Genf, ab Ende der 60er Jahre im Ruhestand. - *Ausz.:* VVO Silber, 1964 Gold, 1969 Karl-Marx-Orden.

L: Zorn, Edith, Einige neue Forschungsergebnisse zur Tätigkeit deutscher Antifaschisten, die an der Seite der französischen Résistance kämpften. In: BZG 2/1965; Fricke, Gerechtigkeit; Pech, Résistance; Schaul, Résistance; Dahlem, Vorabend. *Qu:* Hand. Publ. - IfZ.

Bellon, Waldemar, Journalist, Lehrer; geb. 19. Jan. 1907 Stuttgart, gest. 25. Okt. 1962 Bogotá/Kolumbien; ∞ Louise, A: Kolumbien; *StA:* deutsch. *Weg:* 1938 Kolumbien.

Mathematiklehrer, Journ. in Stuttgart, in SPD-PropLtg. tätig. Nach 1933 illeg. Arbeit, zeitw. Haft. 1938 nach Bogotá, Lehrer; 1942 Red. *Europa Libre,* Organ des *Movimiento Antinazi pro Libertad;* gelegentl. Mitarb. Lokalpresse u. techn. Fachzs., nach 1945 Sales Promoter für Verlag McGraw-Hill, Mitarb. an den Zs. des Unternehmens, Korr. Nachrichtenagentur *Reuter, Copley News Service, Economist* u. *Handelsblatt* Düsseldorf. Ps. Theodor Mögling (1953-57).
Qu: Arch. - IfZ.

Ben-Ari, Uri (urspr. Banner, Heinz), Offizier, Geschäftsmann, Diplomat; geb. 1. Febr. 1925 Berlin; *V:* Max Banner (geb. 1896 Thorin/Posen, umgek. im Holokaust), Kaufm.; *M:* Elisabeth, geb. Markus (geb. 1900 Straßburg, gest. 1934); ∞ 1965 Milka Hoff (geb. Berlin), Emigr. Pal., Offz. der jüd. Untergrundarmee in Pal., IDF-Major d. Res.; *K:* Nurit Kaschtan; Giora, Hptm. IDF; Nimrod; Avner; Harel; *StA:* deutsch, IL. *Weg:* 1939 Pal.
1938 Ausschluß aus der Volksschule. Mitgl. *Habonim,* Hachscharah bei Hamburg. 1939 Emigr. Palästina mit B III-Zertifikat, 1941 Mitgl. *Jugend-Alijah* u. Kibb. Ein-Gev, danach Reḥovot u. Mitbegr. Kibb. Maagan Michael, 1941 *Haganah,* 1942 MilAusbildung, 1946 Kommandoposten in *Palmach,* 1947 Einsatz in Jerusalem, Hptm. Harel-Brigade, dann Bataillonskommandeur u. Major bei der Negev-Brigade; 1953 Oberst, 1956 Kommandeur der 7. Panzerbrigade im Sinai-Feldzug, Durchbruch zum Suez-Kanal. 1958-64 Geschäftsf. Electric Motors, ab 1964 Geschäftsf. Verlag E. Lewin Epstein Ltd., Geschäftsf. der Straßen- u. Landabt. bei Solel Boneh (*Histadrut*-Konzern für private u. öffentl. Bauvorhaben) u. Geschäftsf. bei Koor (*Histadrut*-Dachges.), zeitw. journ. Mitarb. für Tagesztg. *Yedioth Achronoth.* 1967 wieder aktiver Wehrdienst, Kommandeur Panzerabt. der Harel-Brigade, Einsatz in Jerusalem, 1973 stellv. Kommandeur im Yom Kippur-Krieg, Befehlshaber des Süd-Abschnitts der ägypt. Front, zuletzt Brigadegen. 1976-78 GenKonsul in New York.
Qu: Fb. Hand. Z. - RFJI.

Ben-Ḥaim, Shaul (urspr. Schifrin, S.S.), Diplomat; geb. 5. Aug. 1923 Berlin, gest. 1978; *V:* Naḥman-Zvi Ben-Ḥaim (urspr. N.H. Schifrin, geb. 1893 Gomel/Rußl.), im 1. WK europ. Hg. *Jewish Daily Forward (Vorverts),* New York, Dir. Presse-Photo GmbH, 1933 Emigr. Pal.; *M:* Naomi (geb. 1894 Kopenhagen), 1933 Emigr. Pal.; ∞ 1958 Ruth Rosenbaum-Wardi (geb. 1922 Mannheim), 1934 Emigr. Pal., 1948-55 Offz. in IDF (Marine), 1955-58 auswärt. Dienst; *K:* Tamar (geb. 1962 Jerusalem); *StA:* staatenlos; IL. *Weg:* 1933 Pal.
Mitgl. Sportverein *Makkabi* in Berlin. 1933 Emigr. Palästina, 1933-40 Herzliya-Gymn. Tel Aviv, 1942-43 Dienst bei Jew. Settlement Police u. *Haganah,* 1943-45 Stud. Univ. London, 1945-47 Mitarb. ArbAmt in Pal., 1947-48 Mitarb. Zentralverw. Vaad Leummi, 1948-49 im isr. Verteidigungsmin., 1949-50 stellv. GenSekr. im Versorgungsmin., ab 1950 im Außenmin., bis 1953 2. Botschaftssekr. Stockholm, 1956-58 Konsul Chicago, 1958-60 1. Botschaftssekr. Akkra, 1963-65 Botschaftsrat London, 1965-68 GenKonsul in Australien u. Neuseeland, 1968-72 Botschafter in Malawi u. Lesotho, 1972-77 Ltr. Abt. für internat. Zusammenarbeit im isr. Außenministerium, 1977-78 GenKonsul in Toronto.
Qu: Fb. Hand. - RFJI.

Ben-Nathan, Asher, Ministerialbeamter, Diplomat; geb. 15. Febr. 1921 Wien; *V:* Naḥum B., jüd.; *M:* Bertha, geb. Wiznitzer, jüd.; ∞ Erika Frucht, jüd.; *K:* Amnon (geb. 1973); Miriam; *StA:* IL. *Weg:* 1938 Pal.
1938 Emigr. Palästina, 1938-44 Geschäftsf. u. Schatzmeister Kibb. Medorot-Zeraim. 1944-47 Mitarb. Aliyah-Abt. der *Jew. Agency,* Org. illeg. Einwanderung nach Palästina; bei Untersuchung v. Kriegsverbrechen tätig. 1947 persönl. Ref. von David Ben-Gurion, 1948-53 in der pol. Abt. des Außenmin. für Sonderaufgaben verantwortl., daneben 1951-53 Stud. Inst. des Hautes Études Internat., Genf. 1953-56 Mitarb. Red Sea Company, ab 1955 als Geschäftsf.; 1957-59 im Auftrag des isr. Ver-

teidigungsmin. in Westeuropa tätig, 1959-63 ltd. Stellung im Verteidigungsmin., 1962-63 Begleiter des isr. GenStabschefs nach Burma, Thailand u. Japan. 1965-70 Botschafter Israels in der BRD, 1970-75 in Frankr.- Ab 1976 Sonderberater des Verteidigungsmin. Lebte 1974 in Tel Aviv. - *Ausz.:* Mitgl. franz. Ehrenlegion.
Qu: Hand. Publ. - RFJI.

Ben-Yaacov, Yissakhar (urspr. Jacobson, Walter), Diplomat; geb. 7. Dez. 1922 Hamburg; jüd.; *V:* Salo Jacobson (geb. 1898 Hamburg, gest. 1957), jüd., Versicherungsvertr., 1933 Emigr. Pal.; *M:* Paula, geb. Felsen (geb. 1899 Osteuropa), jüd., 1933 Emigr. Pal.; *G:* Sara (urspr. Ilse) Segal (geb. 1924 Hamburg), 1933 Emigr. Pal., höhere Schule, Versicherungsvertr.; Miryam (urspr. Marion) Wertheimer (geb. 1929 Hamburg), 1933 Emigr. Pal., höhere Schule, Zahntechnikerin; ∞ 1950 Priva Frishling (geb. 1930), Innenarchitektin, 1944 Emigr. Rum., 1945 ČSR, 1948 B, 1949 CH, 1950 IL; *K:* Naomi-Tzofiyah (geb. 1953 München); Shlomo (geb. 1957 Köln); *StA:* deutsch; IL. *Weg:* 1933 Pal.
Talmud Tora-Realschule Hamburg; 1933 Emigr. Palästina mit A III-Zertifikat, Handelsschule Tikhoni LeMisḥar in Tel Aviv, 1938-41 kaufm. Lehre in Export-Import-Firma, 1941-44 Sekr. u. Schatzmeister *Noar-Oved* (Arbeiterjugend) der *Histadrut.* 1944-46 Mitgl. Jewish Settlement Police in Ober-Galiläa (Kefar Giladi), Hg. Polizei-Organ *Bamaḥanenu,* 1944-48 Mitarb. im Ausbildungsbüro der *Haganah,* 1946-47 Schriftführer im Vorst. der *Histadrut*-Jugendabt., 1947-48 *Haganah,* 1948 Sekr. *Jew. Agency* in München bis zur isr. Staatsgründung, Tätigkeit in einem Flüchtlingslager in Deutschland (ABZ), 1948-53 VerwLtr. isr. Konsulat in München, 1950-53 Stud. München. Ab 1953 im isr. Außemin., bis 1956 stellv. Ltr., 1956-59 Ltr. Konsularabt. Köln, gleichz. isr. Vertr. beim Internat. Suchdienst Arolsen, 1959-64 stellv. Dir. der Abt. für internat. ZusArb. im isr. Außenmin., 1964-69 GenKonsul in Philadelphia, 1968-69 Präs. *Consular Assn. of Philadelphia,* 1969-73 Botschafter in Lagos/Nigeria, 1974 Ltr. Abt. für Public Relations u. Berater des Jerusalemer Bürgermeisters → Theodore Kollek. Mitgl. *Rotary Club* in Lagos/Nigeria u. in Jerusalem (1975-76 Präs.). Lebte 1977 in Jerusalem.
Qu: Fb. Hand. - RFJI.

Ben-Zvi (urspr. Farber), **Joseph,** Chemiker, Unternehmensleiter; geb. 6. Jan. 1927 Berlin; jüd.; *V:* Gregor Farber (geb. 1899 Baku/Rußl.), jüd., Kaufm., Emigr. Pal., vermittelte während des Unabhängigkeitskrieges erste Ölimporte nach IL; *M:* Debora, geb. Wilensky (gest. 1959), jüd.; *G:* Henny Kahan; *StA:* IL. *Weg:* 1933 F, 1936 Pal.
1933 Emigr. Frankr., 1936 mit A I-Zertifikat nach Palästina; Dienst in Küstenwache der *Haganah,* Lt. IDF. Stud. Univ. Lausanne, 1949 Dipl.-Ing. (Chemie), 1950 DiplBakteriologe. 1953 Mitgr. u. bis 1955 Mitgl. Isr. Atomic Energy Commission, gleichz. Staatsinspektor für Lab. Assist. School des Erziehungsmin.; 1955-56 Forschungsarb. für IDF, 1956-58 Doz. Technion Haifa, Chefchemiker der Handelskammer Tel Aviv-Jaffa, ab 1959 Dir. des gemeins. Labors der Handelskammer u. des Gesundheitsmin.; Mitgl. *Mapai,* Dir. HSF Ltd. Tel Aviv, dann Präs. der Zweigstelle Tel Aviv, später des Gesamtunternehmens, VorstMitgl. *Isr. Chem. Engineers* der *Isr. Engineers Assn.,* Mitarb. isr. Eichamt, Mitgl. *Am. Chem. Soc., Inst. of Food Technologists* Chicago; Ehrenkonsul Rep. Malta u. Zentralafrik. Rep. Lebte 1977 in Tel Aviv. - *Ausz.:* 1963 Internat. Relations Award der *Junior Chamber International.*
Qu: Fb. Hand. - RFJI.

Benda, Kurt, Parteifunktionär; *StA:* ČSR, nach 1945 deutsch. *Weg:* 1938 GB, 1945 (?) Deutschland (SBZ).
KSČ, 1933-38 Kreissekr. Mährisch-Schönberg. Ende 1938 Emigr. nach GB, Mitgl. sudetendt. KSČ-Gruppe um → Gustav Beuer. Nach Kriegsende in der SBZ, war SED-Kreissekr. in Halle. Lebte Anfang der 70er Jahre als Parteiveteran in Schkopau/DDR.
Qu: Pers. - IfZ.

Bender, Hugo, Dr. jur., Rechtsanwalt; geb. 5. Jan. 1863 Blieskastel/Saar, gest. 18. Mai 1941 London; jüd.; *V:* Adolf B. (1836-1907), Lehrer u. Synagogenvorsänger; *M:* Henriette, geb. Hirsch (1834-87); *G:* Max (geb. 1861), Hautarzt; Regine Sondheimer (geb. 1865); Ernst (geb. 1868), Hautarzt; Ludwig (1871-1906), RA; ∞ 1891 Alice Bluen (1870-1923); *K:* Elisabeth Pickert (1892-1936), Ärztin; Nelly Marie Trier (geb. 1895), 1938 Emigr. GB; *StA:* deutsch. *Weg:* 1939 GB.

Ab 1881 Stud. Rechtswiss. Heidelberg, Gießen, Wehrdienst beim Leibgardergt., 1891 Prom. Heidelberg. Ab 1888 RA in Darmstadt, 1902 Zulassung beim OLG, ab 1909 Charakter-Justizrat. Ab 1913 VorstMitgl. u. ab 1925 Vors. Hessische Anwaltskammer. 1908-33 StadtVO. (DVP), bis 1933 Vors. Rechtsausschuß, zeitw. Finanzausschuß, Vors. VerwAusschuß des Hess. Staatstheaters. Zeitw. Kreistags- u. Provinzialtagsabg., AR-Mitgl. der Hess. Eisenbahn AG. Folgte Juni 1939 der Tochter nach London.

Qu: Arch. Pers. Publ. Z. - IfZ.

Benedikt, Ernst Martin, Dr. jur., Journalist, Maler; geb. 20. Mai 1882 Wien; jüd.; *V:* Moritz B. (1849-1920), jüd., Hg. u. Chefred. *Neue Freie Presse* Wien; *M:* Adele, geb. Krohn; *G:* Karl; ∞ 1913 Irma v. Rosen; *K:* Susanne Ovadia, Dr. Ilse Huk-B. (gest.); *StA:* österr. *Weg:* 1939 S.

Stud. Rechtswiss., Phil. Wien. Ab 1906 Red., 1920-34 Hg. u. Chefred. *Neue Freie Presse* Wien; Mitarb. zahlr. Ztg., u.a. *Pester Lloyd,* Baseler *National-Zeitung, Prager Tagblatt,* 1937-38 Doz. Österreichische Presseakademie. Nov. 1938-Apr. 1939 Gestapohaft. Mai 1939 über GB nach Schweden. Ab 1940 Mitarb. zahlr. Ztg., u.a. *Svenska Dagbladet, Jydisk Tidskrift;* Beiträge u.a. zu Zionismus u. über österr. Dichtung. Mitgl., zeitw. VorstMitgl. *Österreichische Vereinigung in Schweden* unter → Bruno Kreisky u. Red. ihres Organs *Österreichische Information.* Ab 1946 Ausst. seiner künstler. Werke in Stockholm (Ps. Ernst Martin), Kopenhagen u. London. Ab 1946 Korr. *Die Presse* Wien in Stockholm. 1962 Rückkehr. Mitgl. österr. *PEN-Club, Österreichischer Schriftstellerverband.* Ps. Erich Major. Lebte 1972 in Wien. - *Ausz.:* American Red-Cross Medal, Gr. Ehrenzeichen für Verdienste um die Rep. Österreich.

W: u.a. Major, Erich, Die Quellen des künstlerischen Schaffens. 1913; Kaiser Joseph II. 1936; Karl Josef Fürst von Ligne. 1937. *L:* Wandruszka, Adam, Geschichte einer Zeitung. 1958; Müssener, Exil. *Qu:* Hand. Publ. Z. - IfZ.

Benedikt, Otto, Parteifunktionär; geb. 18. Mai 1897 Budapest, gest. 25. Nov. 1975 Budapest; *V:* Arzt; *StA:* österr., H, österr. (?), UdSSR (?), H. *Weg:* UdSSR.

1915 Abitur, anschl. Frontsoldat im 1. WK. Dez. 1918 in Budapest Mitgl. *Kommunistische Partei Ungarns* (KPU). 1919 während ungar. Räterepublik Sekr. von Béla Kun, Aug. 1919 nach Sturz der Räterepublik Verhaftung, 1920 Flucht aus Lagerhaft, Emigr. nach Wien. Stud. TH Wien. Bis 1922 Mitgl. KPU, anschl. KPÖ. Red. *Die Rote Fahne,* ab 1927 Mitgl. ZK, später vermutl. auch Mitgl. PolBüro. 1928 kurzfristig Haft. 1928 KPÖ-Deleg. auf 6. Weltkongreß der *Komintern,* 1929 u. 1931 KPÖ-Vertr. auf 10. u. 11. EKKI-Plenum. 1932 in die UdSSR, bis 1940 ltd. Stellungen in industrieller Forschung u. Produktion, vermutl. Mitgl. KPdSU. 1940-55 Lehrstuhlinh. Techn. Univ. Moskau. 1955 Rückkehr nach Budapest, Hochschullehrer Techn. Univ. Budapest, zeitw. Rektor; bis 1970 Dir. Inst. für Automation der Ungar. Wissenschaftlichen Akademie.

L: Steiner, KPÖ; Reisberg, KPÖ. *Qu:* Arch. Publ. Z. - IfZ.

Benfey, Alice Edith, geb. Flatow, Dr. rer. pol., Verbandsfunktionärin; geb. 5. Sept. 1907 Berlin, gest. 16. Juli 1976 Melbourne; jüd.; *V:* Martin Flatow; *M:* Gertrud, geb. Seckelson (umgek. im Holokaust); ∞ → Fred Richard Benfey; *K:* Marlis Cohen. *Weg:* 1939 AUS.

Prom. Frankfurt/M., 1939 Emigr. Australien, Mitgl. (später ex officio Mitgl.) der *World WIZO,* ab 1959-64 Präs. *Austr. WIZO Fed.,* 1970-76 Vizepräs.; Vors. InfoAbt. des *State Zion. Council of Victoria,* tätig bei *Austr. Zion. Federation.*

W: Die Entwicklung und Wandlung der Malthus'schen Ansichten in den sechs Auflagen seines Essays (Diss.). 1926. *Qu:* Hand. Pers. - RFJI.

Benfey, Bruno Gustav Franz Julius, Pfarrer; geb. 4. Sept. 1891 Rösrath/Rheinl., gest. 1962; ev.; *V:* Gustav B. (geb. 1853), ev., Fabrikdir.; *M:* Else (geb. 1866), ev.; ∞ I: 1916 Anna Adele Selheim (1889-1932); II: 1934 Dr. phil. Sophie Maria Luise Kunert (1896-1960), ev. Pastorin; *K:* Dr. med. Bruno Georg Wilhelm B. (geb. 1917), Dipl.-Chem., UnivProf.; Dr. med. Mechthild Elisabeth Huckemann-Benfey (geb. 1918), Ärztin, 1939 Emigr. NL, 1946 CH, 1949 Deutschland (BRD); *StA:* deutsch. *Weg:* 1939 NL; 1946 Deutschland (BBZ).

1909-15 Stud. ev. Theologie; 1915-16 Pfarrer der hannoveran. Landeskirche in Harburg u. Bremervörde, 1916-18 Lazarettseelsorger Düsseldorf, 1918-21 Jugendpastor des westfäl. Industriegeb. in Witten u. Dortmund, 1921-36 versch. Pfarrstellen der westf. u. hannoveran. Landeskirche, zuletzt Göttingen. 1925 Gr. u. bis Auflösung 1933 Vors. Ortsgruppe Göttingen des *Weltbundes für internationale Freundschaftsarbeit der Kirchen,* Sekr. der Landesgruppe Prov. Hannover, ab 1929 Mitgl. Deutscher Ausschuß des *Weltbundes,* Mitarb. der von → Friedrich Siegmund-Schultze hg. Zs. *Die Eiche.* Aufgrund seines Engagements für die ökumen. Bewegung u. seiner jüd. Abstammung nach 1933 Angriffe u. Disziplinierungsversuche seitens der Kirchenbehörde u. Terrorisierung durch Göttinger NatSoz., am Bußtag 18. Nov. 1936 durch Gestapo in der Göttinger Marienkirche verhaftet u. aus dem RegBez. Hildesheim ausgewiesen, Juni 1937 Amtsenthebung, Nov. 1938 erneute Verhaftung, KL Buchenwald; von dort nach 4 Wochen krankheitshalber ins Gef. Halle, später Magdeburg; Entlassung unter Auflage der Emigration. Jan. 1939 mit Unterstützung des *Protestants Hulpcomité voor uitgewekenen om ras of geloof* Emigr. mit Ehefrau in die Niederlande, 1939-41 vor allem unter dt. Flüchtlingen in Bilthoven seelsorgerisch tätig, 1941-46 in der Niederländisch-Reformierten Gemeinde Amsterdam. Rückkehr nach Deutschland, 1946-62 Pfarrer Marienkirche Göttingen; Mitgr. u. Vors. *Ökumenischer Kreis,* Mitgl. *Gesellschaft für Christlich-Jüdische Zusammenarbeit.*

L: van Roon, Ger, Protestants Nederland en Duitsland 1933-1941. Utrecht/Antwerpen 1973. *Qu:* Pers. Publ. - IfZ.

Benfey, Eduard, Dr. jur., Richter; geb. 12. Juli 1874 Göttingen, gest. 23. Mai 1953 USA; ev.; *V:* Theodor B. (1831-1905), jüd., Bankier, aktiv in jüd. Gde. Göttingen; *M:* Juliet, geb. Berend (geb. 1824 Manchester, gest. 1905 Göttingen), jüd., aktiv in jüd. Gde. Göttingen; *G:* Amelie Hermann (1863-1935); Käte Cohen (geb. 1865, gest. nach 1940 London), Emigr.; Alfred Philip (1866-67); Alice Cloetta (geb. 1868 Göttingen, gest. 1960 Hannover); Ernst (geb. 1871 Göttingen, gest. 1954 Göttingen), Bankier; Gertrud Dreyfus (geb. 1877 Göttingen, gest. Manchester); Arnold (geb. 1880 Göttingen, gest. München), Kinderarzt, Emigr. USA, Rückkehr nach Deutschland (BRD); ∞ I. Nellie Reifenberg, gesch., Emigr. GB, CH; II. 1923 Lotte Maria Fleischmann (geb. 1900), Krankenschwester, 1939 Emigr. USA, Hausangest., 1945-65 Assist. Mgr. The Window Shop, Cambridge/Mass. (gemeinnütziger Restaurantbetrieb zur Beschäftigung von Neueinwanderern); *K:* aus I. Gerda Meyer (geb. 1906), Emigr. AUS, Sprachlehrerin; Marianne Pentmann (geb. 1910), Emigr. CH, Sängerin; aus II. Renate Wilkins (geb. 1924), Emigr. USA, Assoc. Dean Mount Holyoak Coll., Mass.; Otto Theodor (geb. 1925), 1936 Emigr. GB, 1946 USA, Prof. für Chemie u. Gesch. der Naturwiss., Guilford Coll., Greensboro/N.Car.; Rudolf Leopold (geb. 1927), 1939 Emigr. USA, B.S. Yale Univ., Radar-Ing.; *StA:* deutsch, 1945 USA. *Weg:* 1939 GB, USA.

1892 Abitur Göttingen, Stud. Rechtswiss. Göttingen, Würzburg u. Berlin, 1896 Prom., MilDienst (Offz.), 1900 Assessor, 1906 Amtsrichter, 1908 Landrichter in Düsseldorf. Im 1. WK Hptm. (EK II u. I, Bayer. MilVO mit Schwertern). Ab 1919 OLG-Rat Düsseldorf, ab 1922 Senatspräs. beim Reichswirtschaftsgericht in Berlin. Als ehem. Kriegsteiln. bis Sept. 1935 im Amt, dann Zwangspensionierung; Mai 1939 mit Transitvisum nach GB, Dez. 1939 in die USA. Unterstützung durch Hilfsorg., Quäker u. Verwandte, 1940-43 mit Ehefrau Ltr. eines Gästehauses in Groton/Massachusetts.

W: Die Geschäftsführer bei der Gesellschaft mit beschränkter Haftung (Diss.). 1896. *Qu:* Arch. Pers. - IfZ.

Benfey, Fred Richard (urspr. Fritz), Dr. rer. pol., Kaufmann; geb. 9. Apr. 1902 Mainz, gest. 31. Dez. 1960 Melbourne; jüd.; *V:* Albert B. (geb. 1867 Göttingen, gest. 1931), jüd., Bankkaufm. bei Dresdner Bank Mainz; *M:* Marie, geb. Sichel (geb. 1874 Mainz, umgek. 1943 KL Theresienstadt), jüd., freiw. Mitarb. beim *Roten Kreuz* während des 1. WK; *G:* Erna Ganz (geb. 1897 Mainz, umgek. 1944 KL Auschwitz); ∞ Alice Edith Flatow (→ Alice Edith Benfey); *StA:* deutsch, 1944 AUS. *Weg:* 1938 DK, 1939 AUS.

Stud. Greifswald, Berlin u. Freiburg, 1924 Prom. Freiburg, Ausbildung bei Dresdner Bank, Ltr. einer Immobilienfirma. 1938 Beschlagnahme des Geschäfts durch NatSoz., Nov. 1938 zeitw. Haft. Nov. 1938 Emigr. Dänemark mit Durchgangsvisum, Unterstützung durch Verwandte. Jan. 1939 nach Australien, Gr. u. Mitgl., 1941 Schatzmeister *Assn. of Jew. Immigrants in Victoria,* bemühte sich um offizielle Anerkennung der dt.-jüd. Flüchtlinge als nichtfeindliche Ausländer. Gr. u. Mitarb. einer Wellblechfabrik. Mitarb. *Soc. Welfare and Relief Soc.* Melbourne, 1950-57 Vors. *New Australians Adv. Committee,* Schatzmeister *Zion. Fed. of Australia and New Zealand,* UIA Australien, 1959-60 Vors. Hachsharah Dept. der *Austr. Zion. Fed.,* Vortragstätigkeit über das Leben der Juden in Deutschland vor 1933.

W: Die neuere Entwicklung des deutschen Auslandsbankwesens und des ausländischen Bankwesens in Deutschland 1914-23 (Diss.). 1924; Die neuere Entwicklung des deutschen Auslandsbankwesens 1914-25. 1925; Privatdruck einer Familiengenealogie. *Qu:* Hand. Pers. Z. - RFJI.

Benjamin, Alfred (genannt Benn), Parteifunktionär, Journalist; geb. 8. Jan. 1911 Wuppertal-Elberfeld, gest. Sept. 1942; *V:* Georg B., Kaufm., jüd.; *M:* Helene, geb. Haas, jüd.; *StA:* deutsch. *Weg:* 1935 F.

Bankangst.; während Weltwirtschaftskrise arbeitslos, Gew.- u. KPD-Mitgl., Mitarb. UnterbezLtg. Düsseldorf für Agitation unter Angestellten, Mitbegr. u. Ltr. der Kabarettgruppe Kolonne Stehkragen. März 1933 Verhaftung, KL Ulmer Höhe u. Esterwegen, Dez. 1934 Entlassung mit Auflage zur Auswanderung nach Palästina. Bis Sommer 1935 angebl. illeg. Tätigkeit, dann Emigr. nach Frankr., dort AgitPropLtr. der KPD-EmigrLtg.; ab 1936 Hg. *Trait d'Union,* Informationsorgan der EmigrLtg. für die franz. Bevölkerung, sowie Red. *Frage und Antwort,* einer Zs. für die in Frankr. lebenden dt. Kommunisten. Ab Sept. 1939 Internierung, Aug. 1942 Flucht aus dem Lager Chanac/Lozère wegen drohender Deportation nach Deutschland. Angebl. beim Versuch, mit Hilfe der Marseiller KPD-Ltg. in die Schweiz zu fliehen, ums Leben gekommen.

L: Kraushaar, Deutsche Widerstandskämpfer; Schaul, Résistance; Pech, Résistance. *Qu:* Publ. - IfZ.

Benjamin, Günther, Journalist; geb. 26. Nov. 1893 Berlin, gest. 21. Apr. 1965 Sydney/AUS; ∞ Ehefrau im Holokaust umgek.; *K:* 1 S (im Holokaust umgekommen); *StA:* deutsch. *Weg:* 1933 NL, F; 1934 Litauen; 1935 CSR; 1939 GB.

Mitgl. KPD; Techn. Dir. *Arbeiter-Illustrierte-Zeitung;* Mitarb. IAH u. *Liga gegen Imperialismus.* 1933 Haft; Flucht über Holland nach Frankr., Arbeiter im Weinbau. 1934 nach Memel; Hg. *Ostsee-Beobachter* Memel. 1935 nach Prag; 1935-37 Prager Korr. der litauischen Ztg. *Lietuvos Zinios.* 1935/36 mit → Hans Jaeger u.a. Gr. *Deutsche Volkssozialistische Bewegung.* Austritt aus KPD. 1939 nach London; 1939-45 Mitarb. *Volkssozialistische Briefe.* Lebte in den 50er Jahren in San Remo, später in Australien. Ps. Ben Gunther.

W: Restitution a Moral Duty. In: Towards a New German Mentality. London (People's Socialists) 1944. *D:* IfZ. *Qu:* Arch. Hand. - IfZ.

Benkovics (Benkovic), **Stefan,** Parteifunktionär, Journalist; geb. 1903; *StA:* österr. *Weg:* 1938 (?) S; 1946 Österr.

Ab 1919 Gewerkschaftsmitgl., Vertrauensmann, später Betriebsrat. Ab 1921 KPÖ, Tätigkeit in Presse u. App., mehrere AuslReisen im Parteiauftrag. Angebl. zeitw. Mitgl. ZK u. PolBüro. 1933-38 illeg. Parteifunktionär, zwei Verhaftungen, KL-Haft. Vermutl. 1938 Emigr. im Parteiauftrag nach Schweden, dort Mitgl. KPÖ-Parteigruppe. 1944 vermutl. Mitgl. *Österreichische Vereinigung in Schweden* (ÖVS) unter → Bruno Kreisky; 1944-46 Red. *Österreichische Zeitung.* Sept. 1944 mit → Gustl Moser u.a. KPÖ-Vertr. bei Verhandlungen mit sozialist. Mehrheit der ÖVS über Beitritt der ÖVS zum *Free Austrian World Movement* in London. Apr. 1945 nach Scheitern der Verhandlungen u. Spaltung der ÖVS Mitgr. u. VorstMitgl. *Freie Österreichische Bewegung* (FÖB) in Schweden. März 1946 nach Wiedervereinigung von ÖVS u. FÖB VorstMitgl. der gemeinsamen Org. ÖVS. 1946 Rückkehr nach Österr., ab 1946 Chefred. *Tiroler Neue Zeitung.* 1961-69 Mitgl. des ZK der KPÖ. Lebte 1976 in Tirol. *Ausz.:* Ehrenzeichen für Verdienste um die Befreiung Österr.

L: Fiebig, Gerdhartmut, Bibliographische Arbeit über die Österreichische Zeitung (Ms.). 1970; Müssener, Exil. *Qu:* Arch. Pers. Publ. - IfZ.

Bennemann, Franziska Marie Therese, geb. Stellmacher, Politikerin; geb. 30. Jan. 1905 Hermsdorf/Brandenburg; Diss.; *V:* Paul S. (1881-1969), Arbeiter; *M:* Marie, geb. Moritz (1884-1962); *G:* Frieda Fuge (geb. 1908); Fritz (geb. 1911), Buchdrucker; ∞ 1934 → Otto Bennemann; *StA:* deutsch. *Weg:* 1939 GB; 1946 Deutschland (BBZ).

Arbeiterin, ab 1919 Gew., 1921-25 Mitgl. Ortsvorst. Hannover *Gewerkschaft der Nahrungsmittel- und Getränkearbeiter.* 1919-23 Jugendgruppe im *Bund Entschiedenes Christentum,* 1923 SAJ, SPD. 1926 ISK, 1929-31 Ltr. einer ISK-Jugendgruppe, 1930 u. 1933 Verlust der Arbeitsstellen wegen antinatsoz. Tätigkeit. 1933-34 in vegetar. Gaststätte des ISK Köln, Vertrieb illeg. ISK-Schriften. 1938 wegen Gefährdung von Hannover nach Berlin, Technikerschule; Jan. 1939 mit Hausarbeitsvisum nach GB. Bis 1941 Hausangest., anschl. bis 1944 Laborassist., Weiterbildung. Ab 1941 Mitgl. *Landesgruppe deutscher Gewerkschafter,* ab 1943 England-Gruppe des ISK. Okt. 1946 nach Braunschweig, SPD, 1950-53 VorstMitgl. Unterbez., 1953-61 MdB. 1947-55 Org. Frauengruppe der IG Metall, Mitgl. Ortsvorst. DGB. 1968 *Deutsch-Israelische Gesellschaft,* Mitgl. *Arbeitsgemeinschaft politisch verfolgter Sozialdemokraten.* Lebte 1975 in Braunschweig.

Qu: Fb. Hand. - IfZ.

Bennemann, Wilhelm Otto, Politiker; geb. 27. Sept. 1903 Braunschweig; Diss.; *V:* Edmund Wilhelm B. (1869-1949), Schlosser; *M:* Ernestine Pauline, geb. Warmuth (1869-1935); *G:* Anna (geb. 1899), bis 1933 Jugendamtsltr.; Elli Scheer (geb. 1901), 1944 Gestapohaft; Albert (1906-44), Techniker; Margarete Stetefeld (geb. 1908), Lehrerin; ∞ 1934 Franziska Stellmacher (→ Franziska Bennemann); *StA:* deutsch. *Weg:* 1938 CH, GB; 1940 AUS; 1942 GB; 1946 Deutschland (BBZ).

1917-20 kaufm. Lehre, dann Abendkurse, 1920-38 Angest. in Braunschweig, Hannover; ab 1922 ZdA, SPD, Jungsozialisten-Bildungsarb.; 1923-25 Jugendltr.; 1931-33 Ltr. Fachgruppe Industrie im ZdA Braunschweig. 1926 ISK, bis 1928 Schriftenvertriebsltr., Kassier, dann bis 1933 Ortsvors. Braunschweig. Nach kurzer Haft Ltr. illeg. ISK-Gruppe Braunschweig, ab 1938 einer Fünfergruppe der *Unabhängigen So-*

zialistischen Gewerkschaft Hannover. Ende März 1938 in die Schweiz, Mai nach GB. Mai-Juli 1940 Internierung in GB, Sept. 1940-Dez. 1941 in Australien. Febr. 1942 Rückkehr nach GB. 1938-44 Lebensunterhalt als landwirtschaftl. Hilfe u. Angest.; 1938-45 Mitarb. in Bildungsarb. der ISK-Gruppe u. Schwesterorg. *Militant Socialist International* bzw. *Socialist Vanguard Group,* insbes. Deutschlandprobleme u. Nachkriegsordnung. 1941-45 Mitarb. an den Deutschlandprogrammen der *Landesgruppe deutscher Gewerkschafter* u. der *Union* vor allem auf dem Wirtschaftssektor. 1944-45 Berater einer US-Dienststelle in London für Fragen der Besatzungspol. - April 1945 Rückkehr mit Hilfe der US-Armee, ab Sept. Ltr. Personalabt. der Deutschen Asphalt AG Braunschweig; 1946 Bildungssekr., dann Vors. SPD-Bez. Braunschweig. 1946 ernannter, 1948-59 gewählter StadtVO., 1946 Ernennung zum MdL Braunschweig, 1947-74 MdL Niedersa.; 1948-52 u. 1954-59 OBürgerm. Braunschweig; Sept.-Dez. 1951 kommunalpol. Studien in den USA. 1953-64 Vors. SPD-Unterbez. Braunschweig, bis 1975 stellv. Vors. Landesausschuß Niedersa., 1959-67 Min. des Innern, 1960-75 stellv. Vors. Parteirat der SPD. Mitgl. *Arbeitsgemeinschaft politisch verfolgter Sozialdemokraten,* seit 1948 VorstMitgl. der Phil.-pol. Akademie Kassel. Lebte 1975 in Braunschweig. - *Ausz.:* 1959 Ehrensenator der TU, 1965 Gr. BVK mit Stern und Schulterband, 1968 Ehrenbürger der Stadt Braunschweig, Niedersächs. Landesmed., Gr. Verdienstkreuz des Niedersächs. Verdienstordens.

L: Festschrift zum 65. Geburtstag. 1968; Röder, Großbritannien. *Qu:* Fb. Hand. - IfZ.

Benninghaus, Walter, Gewerkschaftsfunktionär; geb. 25. Jan. 1898 Kirspe b. Altona; ∞ Hulda Clemens (geb. 1895); *K:* Karl Walter (geb. 1920); *StA:* deutsch, Apr. 1939 Ausbürg. *Weg:* 1937 NL, B; 1944 GB; B (?).

Werkzeug- u. Maschinenschlosser bei der Reichsbahn. 1916-18 DMV, dann Eisenbahner-Gew., 1917 SPD, 1924-30 StadtVO. Gummersbach, 1931-Mai 1933 Sekr. *Einheitsverband der Eisenbahner Deutschlands* in Düsseldorf, Mitgl. Verbandsbeirat beim ZA in Berlin, daneben journ. tätig. März 1937 nach Holland, Ausweisung nach Belgien, Mitarb. in der ITF-Gruppe Antwerpen bei Prop. unter dt. Seeleuten u. Flußschiffern, Mitarb. *Deutschland-Berichte* der *Sopade.* Okt. 1944 nach GB, bis Nov. 1944 Internierung, dann Mitarb. bei ITF-Zentrale in Kempston/Bedford. Nach Kriegsende vermutl. Rückkehr nach Belgien.

Qu: Arch. - IfZ.

Bentor (urspr. Winter), **Yaakov K.,** Ph. D., Docteur-ès-Sciences, Hochschullehrer, Beamter; geb. 13. Febr. 1910 Königsberg; jüd.; *V:* Hugo Winter; *M:* Jenny, geb. Lazar; *K:* Ammon, Elkana. *Weg:* 1933 Pal.

Stud. Königsberg u. Berlin. 1933 Emigr. Palästina; Stud. Zürich, Grenoble u. Hebr. Univ., 1947 Ph. D. Hebr. Univ., 1952 Docteur-ès-Sciences Sorbonne; 1940-44 Assist., 1944-49 Doz. für Geologie, 1949-52 Doz. für Mineralogie, 1952-57 Senior Lecturer, 1957-63 Assoc. Prof., seit 1963 Prof. für Petrologie u. Mineralogie u. Dept. Chairman Hebr. Univ., gleichz. 1955-67 Dir. geolog. Vermessungsabt. des isr. Entwicklungsmin., Entdecker von Kupfer- u. Phosphatlagern im Negev. VorstMitgl. *Internat. Assn. for the Study of Clays* (IASC), *Mineralog. Soc. of Am., Soc. of Econ. Geologists, New York Acad. of Science, Geolog. Soc. of Israel, Internat. Committee for Geolog. Maps of the World, Geolog. Soc. of Am.* Lebte 1972 in Jerusalem. - *Ausz.:* 1955 isr. Preis für Naturwissenschaft.

W: La Chaine des Puys. 1955; Geological Map of Israel (hebr. u. engl. Ausg., 6 Bde.). 1955. *Qu:* Hand. Publ. - RFJI.

Berczeller, Adolf, Politiker; geb. 20. Febr. 1877 Lučenec (Losonc)/Slowakei, gest. 6. Okt. 1966 New York; jüd.; *V:* Josef B. (gest. 1927); *M:* Hanna, geb. Fischer (gest. 1924); *G:* 4 B, 1 S; ∞ Sidonie Cecilia Kohn (1870-1944), Emigr. USA; *K:* → Richard Berczeller; Dr. Arpad B. (1904-59), Arzt, Emigr. USA, Chefbakteriologe New York; Paul (geb. 1906, gest. KL Auschwitz [?]), Dentist, Emigr. F, 1943 dep.; *StA:* österr. *Weg:* 1938 F; 1941 Marokko, USA.

Schule in Budapest, wegen Prop. für *Ungarische Sozialdemokratische Partei* (USDP) von allen höheren Schulen Ungarns ausgeschlossen. Schriftsetzer in Budapest. 1896 im Parteiauftrag nach Ödenburg, Drucker. Mehrfach verhaftet. 1899 Obmann USDP Ödenburg, 1911 erster sozdem. Stadtrat. 1914-18 Frontsoldat. Nov. 1918 Präs. westungar. NatRat. Frühj. 1919 nach Vereinigung von USDP u. *Kommunistischer Partei Ungarns* zur *Ungarischen Sozialistischen Partei* (USP) u. nach Grdg. der ungar. Räterepublik Vors. Direktorium Stadt u. Komitat Ödenburg, Sommer 1919 Rücktritt nach Konflikten mit linkem USP-Flügel. Herbst 1919 nach Sturz der Räterepublik Flucht ins Burgenland, Mitbegr. SDAP Burgenland. Nach Vereinigung des Burgenlands mit Österr. Ende 1921-1934 Mitgl. Parteipräs. u. Landesparteivorst. SDAP; Dir. Burgenländische Landeskrankenkasse u. 1925-33 Vizepräs. Burgenländische Arbeiterkammer. 1926 Gr. der ersten Landarbeiter-Krankenkasse. 1931 RegRat. 1934 nach Februarkämpfen kurzfristig verhaftet, Zwangspensionierung. Juli 1938 Emigr. Paris. Herbst 1939 Internierung. Juni 1940-Mai 1941 Montauban/Südfrankr., anschl. mit US-Visum Ausreise, in Casablanca/Marokko erneut interniert, Aug. 1941 Weiterreise nach New York. Sept. 1941 neben → Friedrich Adler u.a. Mitunterz. des Protests österr. SozDem. gegen Versuch der Bildung einer österr. Exilregierung durch → Hans Rott u. → Willibald Plöchl. In USA arbeitslos, Unterstützung durch Söhne, nach 1945 österr. Pension.

L: DBMOI; Kriegler, Johann, Politisches Handbuch des Burgenlandes, Teil I. 1972. *Qu:* Fb. Hand. Pers. Publ. - IfZ.

Berczeller, Richard, Dr. med., Arzt, Publizist; geb. 4. Febr. 1902 Ödenburg/Westungarn; jüd.; *V:* → Adolf Berczeller; ∞ 1930 Marie Frances Unger (geb. 1911), 1938 Emigr. F, Elfenbeinküste, 1939 F, 1941 Marokko, USA; *K:* Dr. Peter Hanns B. (geb. 1931), Facharzt für Innere Medizin, Prof. New York University Medical School; *StA:* österr.; 1948 USA. *Weg:* 1938 F, Elfenbeinküste; 1939 F; 1941 Marokko, USA.

Obmann *Vereinigung Sozialistischer Mittelschüler* in Westungarn (Burgenland); 1919 nach Niederlage der ungar. Räterepublik kurze Zeit in Haft. 1920 Abitur in Ödenburg, 1920-26 Stud. Med. Wien, 1926 Prom.; Mitgl. *Verband der sozialdemokratischen Studenten und Akademiker* (ab 1925 *Verband Sozialistischer Studenten Österreichs),* SDAP. 1926-30 klin. Ausbildung Krankenhaus der Stadt Wien, 1930-38 Privatpraxis Mattersburg/Burgenland. 1930-34 SDAP-Bildungsref. Burgenland u. Mitgl. Beauftragter *Republikanischer Schutzbund* Burgenland. 1934 nach den Februarkämpfen Mitgl. Landesltg. illeg. RSÖ, mehrfach verhaftet. März 1938 nach Anschluß kurzfristig in Haft, Entlassung mit Ausreiseauflage. Emigr. Paris, gehörte dort ohne Funktionen zum Kreis um AVÖS (→ Joseph Buttinger). Keine Arbeitsbewilligung, zeitw. Lebensunterhalt als Bordellarzt. Ausschußmitgl. *Fédération des Emigrés provenant d'Autriche.* Ende 1938 mit Unterstützung des franz. Kolonialmin. George Mandel Arzthelfer im franz. Kolonialdienst, bis Mitte 1939 Franz. Elfenbeinküste, anschl. wegen Tuberkulose Rückkehr nach Paris. Sept. 1939 Internierung Stadion von Colombes u. Lager Montargis, Febr. 1940 Entlassung wegen erneuter Erkrankung, Sommer 1940 Flucht nach Montauban/Südfrankr., US-Notvisum, Mai 1941 mit Familie Ausreise, in Casablanca/Marokko von franz. Behörden im Lager Sidi-el-Ajachi interniert. Aug. 1941 nach Intervention der *Hebrew Immigrant Aid Society* Weiterreise nach New York. Gelegenheitsarb., 1944 mit Unterstützung der Hilfsorg. *Resettlement of Foreign Physicians* staatl. Ärzteexamen, ab Anfang 1945 Privatpraxis in New Yorker Elendsviertel. Mitgl. *Associated Austrian Relief,* Mitgl., später Obmann *Am. Friends of Austrian Labor.* 1945-48 Schularzt, anschl. neben Privatpraxis am Beth Israel Hospital u. im Ärztezentrum der Gew. der Kinderspielzeugarbeiter tätig. Mitarb. Health Insurance Plan (erster Versuch zur Schaffung einer Krankenversicherung für Arb. u. Angest.)

sowie Arzt in Krankenhaus für Heroinsüchtige New York. Publizist. Tätigkeit, Mitarb. *The New Yorker* u. *Aufbau* sowie *Die Zukunft* u. *Arbeiter-Zeitung* Wien. Mitgl. amerikan. med. Gesellschaften, Mitgl. *PEN-Club*. - *Ausz.:* Gr. Ehrenzeichen des Landes Burgenland, Goldenes Ehrenzeichen für Verdienste um die Republik Österreich, Victor-Adler-Plakette der SPÖ, Berufstitel Prof., Goldenes Doktordiplom vom Bundesmin. für Wissenschaft u. Forschung, Ehrenz. für Wissenschaft u. Kunst.

W: Displaced Doctor, 1965; Doctor of All Trades. 1966 (dt.: Die sieben Leben des Dr. B., 1966); Time was. 1974; ... mit Österreich verbunden. 1975; Als Zaungäste der Politik. Österreichische Zeitgeschichte in Konfrontationen. (Mitverf. Norbert Leser) 1977. *Qu:* ABiogr. Fb. Hand. Pers. Z. - IfZ.

Berendsohn, Robert L., Kaufmann; geb. 24. Apr. 1883 Hamburg; jüd., Diss.; *V:* Bernhard Salomon B. (1856-89), jüd., Kaufm.; *M:* Florette (gest. 1889), jüd.; *G:* Walter A. Berendsohn (geb. 1884), Emigr., Hochschullehrer in Stockholm; Alice (geb. 1887), Emigr.; Lily (geb. 1888), Lehrerin, Emigr.; Kurt (geb. 1889, umgek. im Holokaust), Bierbrauer, Emigr.; ∞ Alma Ellermann (geb. 1888 Altona), Emigr., A: Hamburg; *K:* Ruth Borchardt (geb. 1910), o.K.; Werner (geb. 1912), o.K.; Ingeborg (geb. 1914), o.K., 1938 Emigr. GB; Günther (geb. 1916), o.K.; *StA:* deutsch. *Weg:* 1939 GB.

Angest., dann Makler u. Kaufm. in Altona b. Hamburg; 1918 SPD, ab Sept. 1927 StadtVO. Altona, journ. Mitarb. bei Parteipresse. 1938 (?) KL, Apr. 1939 Emigr. GB, Mitgl. Exil-SPD; Designer u. Sales Manager in Bedford.
Qu: Arch. Pers. - IfZ.

Berent, Ernst, Dr. jur., Beamter; geb. 31. Dez. 1887 Danzig, gest. 6. Okt. 1961 London; jüd.; *V:* Adolf B. (geb. 1854 Chmielno/Westpreußen, gest. 1922 Danzig); *M:* Fanny, geb. Seligsohn (geb. 1862 Samotschin/Posen, gest. 1926 Hannover); *G:* Walter (geb. 1886 Danzig), Landgerichtsrat, Emigr. I, GB; Else Magnus (geb. 1893 Danzig, umgek. 1943 KL Auschwitz); ∞ 1925 Annie Goldstein (geb. 1899 Kattowitz/Oberschlesien), jüd., Lehrerin, 1938 Emigr. GB; *K:* Renée Martin (geb. 1928 Danzig), 1938 Emigr. GB; Peter (geb. 1932 Danzig), 1938 Emigr. GB, später CDN; *StA:* deutsch, 1948 brit. *Weg:* 1938 GB.

Stud. Rechtswiss. Rostock, Freiburg u. Berlin, Prom.; Freiwilliger im 1. WK, 1917-33 Magistratsassessor, RegRat, OberregRat, Senatsrat in Danzig; 1933 Entlassung. 1933-38 Vors. jüd. Gde. Danzig, Mithilfe bei Emigr. von 8000 der 9000 Gde-Mitgl., 1925-38 VorstMitgl. CV Danzig. Nov. 1938 Emigr. GB, 1940-41 Internierung Isle of Man; ab 1941 Buchhalter bei Exportfirma in London. 1955-61 ehrenamtl. Schriftführer *Council of Jews from Germany,* Unterstützung von Flüchtlingen aus Danzig, Befürworter einer Exilvertretung der Freien Stadt Danzig.

L: Echt, Samuel, Geschichte der Juden in Danzig. 1972; Lichtenstein, Erwin, Die Juden der Freien Stadt Danzig unter der Herrschaft des Nationalsozialismus. 1973. *D:* Central Archives for the History of the Jewish People, Jerusalem. *Qu:* EGL. Pers. Z. - RFJI.

Berent, Margarete, Dr. jur., Rechtsanwältin; geb. 9. Juli 1887 Berlin, gest. 23. Juni 1965 New York; jüd.; *V:* Max B., Kaufm.; *M:* Natalie, geb. Gabriel; *G:* Hans (umgek. KL Auschwitz); ∞ ledig; *StA:* deutsch, USA. *Weg:* 1939 Chile, 1941 USA.

Lehrerin an der Sozialen Frauenschule Berlin, Stud. Berlin u. Erlangen, 1911 Staatsexamen, Referendarin, Assessorin, 1914 Prom. Erlangen, 1925-33 RA-Praxis (1. weibl. RA in Preußen), Rechtsbeistand der AEG für Arbeitsrecht, Spezialistin für Scheidungsrecht, zeitw. im VerwDienst für Frauenerziehung, Präs. *Internat. Org. of Women Lawyers,* 1925 Mitgl. *Deutscher Akademikerinnenbund;* 1933 Ausschluß aus der Anwaltschaft. 1933 Mitgl. u. Vertr. für Rheinland der *Reichsvertretung,* Rechtsberaterin der jüd. Gde. Köln, VorstMitgl. *Jüdischer Frauenbund* u. Preußischer Landesverband jüdischer Gemeinden. Sommer 1939 Emigr. Chile, Kindermädchen u. Haushälterin. 1941 in die USA, Stud. New York Univ., Angest. in Anwaltsbüro in New York, dann stellv. Schriftltr. *Legislative Service;* 1949 Zulassung zur Anwaltskammer New York. 1952 starker Einfluß ihrer wiss. Arbeit über Gemeinschaftsbesitz auf die Eherechtsreform in Deutschland (BRD). 1956-65 in der Rechtsabt. der Stadtverw. von New York, Mitarb. Ludwig Vogelstein Fund, Mitgl. Congr. Habonim.

W: Die Zugewinngemeinschaft der Ehegatten. 1915; Art. über Familien- u. Scheidungsrecht. *D:* LBI New York. *Qu:* Arch. ABiogr. Pers. Z. - RFJI.

Berg (urspr. Weser), **Helene** (Lene), Parteifunktionärin; geb. 10. Apr. 1906; ∞ 1934-45 → Paul Wandel; *StA:* deutsch. *Weg:* 1933 UdSSR; 1945 Deutschland (SBZ).

Schneiderin. 1921 SAJ, 1927 KPD. In der UdSSR Lehrerin an Partei- u. Antifa-Schulen, u.a. *Komintern*-Schule Kušnarenkovo. Deckn. Lene Ring. Nach Rückkehr in die SBZ Lehrerin an SED-Parteihochschule Karl Marx, ab 1946 Sekr. für Prop. in SED-Landeslrg. Sa.-Anhalt, enge Mitarb. von → Bernard Koenen. Dez. 1951-1962 Dir. Institut für Gesellschaftswissenschaften beim ZK der SED. 1954-58 Kand. des ZK, seit 5. PT 1958 ZK-Mitgl. 1959-72 SED-Vertr. in der zentralen Red. der Zs. *Probleme des Friedens und des Sozialismus* Prag, ab 1972 DDR-Vors. Gemeinsame Kommission von UdSSR- u. DDR-Wissenschaftlern zur Erforschung der Geschichte u. Theorie der Arbeiterbewegung. 1974-77 Ltr. Institut für Meinungsforschung beim ZK der SED. Lebte 1977 in Berlin (Ost). - *Ausz.:* VVO (1956 Silber, 1968 Gold), Clara-Zetkin-Med., 1965 Banner der Arbeit, 1966 Karl-Marx-Orden, 1971 Ehrenspange zum VVO (Gold), 1976 Dr. h. c.; Prof.-Titel.

L: Gast, Gabriele, Die politische Rolle der Frau in der DDR. 1973. *Qu:* Hand. Publ. Z. - IfZ.

Berg, Ludwig, Partei- u. Gewerkschaftsfunktionär; *StA:* österr. *Weg:* 1938 (?) N; 1940 S; Österr.

Zwischen 1934 u. 1938 vermutl. illeg. KPÖ-Funktionär. 1938 (?) Flucht nach Norwegen, 1940 nach Schweden. Mitgl. KPÖ-Parteigruppe in Schweden. 1944 Mitgl. *Österreichische Vereinigung in Schweden* (ÖVS) unter → Bruno Kreisky, 1944-46 Red. *Österreichische Zeitung,* Apr. 1945 nach Abspaltung der kommunist. beherrschten Ortsgruppen von der ÖVS Mitgr. u. stellv. Vors. *Freie Österreichische Bewegung* (FÖB) in Schweden unter → Gustl Moser, Obmann Ortsgruppe Uppsala. 1946 (?) stellv. Vors. *Österreichischer Repräsentationsausschuß in Schweden* (Nov. 1945 von ÖVS u. FÖB gemeins. gebildet). März 1946 nach Wiedervereinigung mit ÖVS u. FÖB stellv. Vors. der gemeins. Org. ÖVS. - Rückkehr nach Wien, Mitgl. KPÖ, maßgebl. Vertr. *Fraktion Gewerkschaftliche Einheit* im ÖGB (nach Intervention der Warschauer-Pakt-Staaten in der CSSR *Gewerkschaftlicher Linksblock).* Lebte 1976 in Wien.

L: Fiebig, Gerdhartmut, Bibliographische Arbeit über die Österreichische Zeitung (unveröffentl. Ms.). 1970; Müssener, Exil. *Qu:* Arch. Pers. Publ. - IfZ.

Berger, Alfred, Kaufmann, Verbandsfunktionär; geb. 23. Okt. 1890 Niederbreisig/Rheinl., gest. 2. Jan. 1940 Jerusalem; jüd.; *V:* Jonas B. (geb. 1855 Niederzissen/Rheinl., gest. 1893 Niederbreisig), jüd., Wein- u. Getreidehändler; *M:* Henriette, geb. Pelzer (geb. 1853 Speicher/Rheinl., gest. 1902 Köln), jüd., Zion., führte nach dem Tode des Ehemannes das Familienunternehmen, später Pensionswirtin; *G:* Else (geb. 1882 Niederbreisig, gest. 1945 Pal.), Stud. Genf, Lehrerin, 1934 Emigr. Pal., Angest. in *Ahawah*-Kinderheim; Julius (geb. 1883 Niederbreisig, gest. 1948 Jerusalem), Zion., 1. GenSekr. der W.Z.O., 1923 nach Pal.; Beate (geb. 1885 Niederbreisig, gest. 1940), 1921 Gr. des *Ahawah*-Kinderheims in Berlin, 1934 Überführung des Kinderheims nach Pal.; Hedi Grunstein (geb. 1886 Niederbreisig, gest. 1935 Mönchengladbach); Theodor (geb. 1887 Niederbreisig, gest. 1964 Haifa), 1935 Emigr. Pal.; ∞ 1924 Rivka Strauss, geb. Kaufmann (geb. 1896 Eschweiler/Rheinl., gest. 1953 Jerusalem), jüd., Stud. Lehrerseminar Aachen, Kindergärtnerin, Bildhauerin,

1933 Emigr. Pal. mit Sohn, Pensionswirtin nach dem Tode des Ehemannes, Vertr. des Philharmonischen Orchesters in Jerusalem, später Geschäftsf. des Isr. Touring Clubs Jerusalem; *K:* → Michael Jona Berger; *StA:* deutsch, 1937 Pal. *Weg:* 1933 Pal.

1900-04 Gymn. Köln, gleichz. aktiv in sozialist. Bewegung; Angest. bei Kaufhäusern Tietz in Berlin u. Gersons in Amsterdam. 1914-18 Kriegsteiln. (EK II u. Bayer. Verdienstkreuz), 1918 Mitgl. *Soldatenrat,* 1923-24 VorstMitgl. USPD, 1924-28 Dir. *Keren Hayessod* für Deutschland. 1928-33 Angest. bei der Phönix Versicherungsges. Berlin, gleichz. 1920-33 Präsidiumsmitgl. des *Arbeiterfürsorgeamtes der jüdischen Organisationen Deutschlands,* der *Zentralwohlfahrtsstelle der deutschen Juden* u. der *Hauptstelle für jüdische Wanderfürsorge,* enge ZusArb. mit → Salomon Adler-Rudel. 1925 Mitgl., 1925-33 VorstMitgl., 1926-27 Vors. *Poalei Zion,* 1925-33 VorstMitgl. *Keren Hayessod* u. Mitgl. geschäftsf. Ausschuß der ZVfD. 1926 Reise nach Palästina. 1927-29 zus. mit Adler-Rudel Red. *Jüdische Arbeits- und Wanderfürsorge.* Juni 1933 Emigr. Palästina, 1933-36 Angest. in Jerusalemer Zweigstelle der Phönix Versicherungsges., nach Bankrott der Ges. 1936-40 InfoDir. in der OrgAbt. der Hebr. Univ., Gr. Abt. für Fund Raising. Mitgr. u. Mitgl. Zentralkomitee von H.O.G.; gemeinnützige Arbeit in Jerusalem, Mitgl. *Mapai, Haganah.*

W: Die Ostjuden in Deutschland. (Mithg.) 1921; Art. in jüd. Zs., Mitarb. *Jüdisches Lexikon. D:* Zion. Arch. Jerusalem, LBI New York. *L:* Adler-Rudel, S., Ostjuden in Deutschland 1880-1940. 1959. *Qu:* Arch. Pers. Publ. Z. - RFJI.

Berger, Fritz, Dr. jur., Rechtsanwalt, Archäologe; geb. 28. Febr. 1902 Chemnitz; jüd.; *V:* Gustav B. (geb. 1869 Zempelburg/Westpreußen, gest. 1940 Berlin), jüd., Kaufm.; *M:* Margarete, geb. Graupe (geb. 1874 Birnbaum/Posen, umgek. KL Theresienstadt); *G:* Kurt (geb. 1896), Kaufm., Emigr. USA; Henry (gest. 1976 New York), Kaufm., 1940 Emigr. USA; ∞ 1930 Marietta Bernstein (geb. 1903 Berlin), höhere Schule, Photographin, Buchhändlerin, 1940 Emigr. Pal., Inh. priv. Leihbibliothek in Netanyah; *StA:* deutsch; Pal./IL. *Weg:* 1939 Pal.

Stud. Rechtswiss. u. Volkswirtschaft Berlin, Heidelberg u. Freiburg, 1925 Referendar, 1929 Assessor Berlin, 1931 Prom. Halle, 1932-33 RA Berlin, 1936-39 Ltr. Palästina-Amt; Vertr. von Rassco, Mitgl. u. BezLtr. ZVfD, 1939 Deleg. Zion. Weltkongreß. 1939 Emigr. Palästina mit A I-Zertifikat, 1940-48 VerwTätigkeit in brit. Armeelager, Stud. Archäologie, Mitgl. *Haganah,* 1940 Mitgl., ab 1942 Vors. Zweigstelle Netanyah der I.O.M.E., 1948-67 wiss. Mitarb. Abt. für Altertumsforschung der isr. Reg., gleichz. Polizeidienst (Schutz archäol. Fundstellen), Ltr. von Ausgrabungen in Israel, 1963 Mitarb. bei Ausgrabungen aus der Römerzeit in der Schweiz. 1955-56 u. 1970 Präs. *Nathan-Straus-Loge* des *B'nai B'rith.*

W: Das Recht des Arztes zur Leichen-Obduktion (Diss.). 1931; Aufsätze in isr., schweizer. u. dt. Fachzs. *Qu:* Fb. Hand. Z. - RFJI.

Berger, Götz, Dr. jur., Rechtsanwalt, Parteifunktionär; geb. 26. Jan. 1905 Berlin; *StA:* deutsch. *Weg:* F; E; 1941 N-Afrika; 1943 UdSSR; 1946 Deutschland (SBZ).

KPD, Teiln. Span. Bürgerkrieg. Dez. 1941-Nov. 1943 Internierung in Djelfa, anschl. Angehöriger der brit. Armee. Dez. 1943- Apr. 1946 UdSSR. Nach Rückkehr Hauptref. Abt. Justiz im Zentralsekr. der SED, später Richter u. Oberrichter, dann RA in Berlin (Ost). Lebte 1965 in Berlin (Ost). - *Ausz.:* 1956 Hans-Beimler-Medaille.

L: Pasaremos. *Qu:* Hand. Publ. - IfZ.

Berger, Herzl, Dr. jur., Gewerkschaftsfunktionär, Politiker; geb. 3. Juli 1904 Minsk/Rußl., gest. 28. Aug. 1962 Tel Aviv; *V:* Itzhak B.; *M:* Miriam, geb. Goldstein; ∞ Rachel Kronsohn. *Weg:* PL; 1934 Pal.

Stud. Rechts- u. Staatswiss. Jena, 1923 Prom.; Geschäftsf. *Poale Zion* in Deutschland, 1933-34 RedMitgl. *Dos Vort* (jidd. Tageszeitung. in Warschau). 1934 Emigr. Palästina, 1935-62 Mithg. Gewerkschaftsztg. *Davar,* 1949-62 M.K. für *Mapai.* Mitgl. ZK der *Mapai,* Vors. *Histadrut.*

Qu: Hand. Pers. - RFJI.

Berger, Kurt, Kaufmann, Verbandsfunktionär; geb. 30. Aug. 1898 Gleiwitz/Oberschlesien, gest. 21. März 1973 Lima/Peru; jüd.; *V:* Eugen B. (geb. 1865 Bosatz/Oberschlesien, gest. 1925 Gleiwitz), jüd., Kaufm.; *M:* Olga, geb. Cohn (geb. 1869 Oppeln/Oberschlesien, gest. 1939 Gleiwitz), jüd.; *G:* Ella Wolff (geb. 1894 Gleiwitz, gest. 1971 IL), 1938 Emigr. Pal.; Margarete Boehm (geb. 1895 Gleiwitz), 1942 Emigr. Peru; ∞ 1923 Margot Lustig-Hausdorff (geb. 1902 Gleiwitz), jüd., 1939 Emigr. Peru, 1941-52 Unternehmensltr.; *K:* Lutz Adolf (geb. 1924), Gymn., 1938-39 landwirtschaftl. Ausbildung in Groß-Breesen, 1939 Emigr. GB mit Kindertransport, 1945 nach Peru; Ernst Eugen (geb. 1929, gest. 1966 Lima), 1939 Emigr. GB mit Kindertransport, 1945 nach Peru; *StA:* deutsch, 1944 Peru. *Weg:* 1939 Peru.

1904-1914 Oberrealschule Gleiwitz, 1914-16 kaufm. Lehre in Oppeln, 1917-19 MilDienst (EK II u.a. Ausz.). 1919-32 Prokurist bei Schuhfirma in Gleiwitz, 1923-32 Mitgl. *B'nai B'rith*-Loge Gleiwitz; 1932-38 Geschäftsf. Schuhfabrik Salamander AG in Breslau, 1932-38 Mitgl. *B'nai B'rith*-Loge Breslau, R.j.F., CV. 1939 Emigr. Peru mit Touristenvisum u. Unterstützung des *Hilfsverein* Breslau, 1942 Verkäufer im Elektrogeschäft Meisser u. Co. Lima, 1942-53 Geschäftsf. Schuhgeschäft Zapaterias Unidas S.A. mit 12 Filialen; 1953-68 Verkäufer u. Einkäufer bei Eisenbahner-Konsumgenossenschaft Ferrocaril Cent., gleichz. Präs. *Soc. de Beneficiencia Isr. de 1870 (Hilfsverein 1870),* ltd. Mitarb. in dt.-sprachiger jüd. Gde. u. langjähr. Vertr. der Gde. in Dachorg. *Associación de Sociedades Isr. del Peru,* zeitw. auch deren Präs.; 1954 Mitgr. *B'nai B'rith*-Loge Lima, aktiv in versch. anderen Logenkomitees des *B'nai B'rith.*

Qu: Hand. Pers. - RFJI.

Berger, Michael Jona, Ministerialbeamter; geb. 13. Nov. 1925 Berlin, jüd.; *V:* → Alfred Berger; ∞ 1954 Salome (urspr. Shulamit) Behr (geb. 1925 Antwerpen), Stud. Royal Acad. of Music London, Klavierlehrerin in London, ab 1949 in Jerusalem; *StA:* deutsch, Pal./IL. *Weg:* 1933 Pal.

1932-33 zion. Schule in Berlin, 1933 Emigr. Palästina; 1943 Abitur, 1944-46 brit. Luftwaffe in Afrika u. Persien. Stud. Volkswirtschaft, 1950 M.A. Univ. Aberdeen/Schottland, 1950-53 Oberlt. in der wirtschaftspol. Abt. der IDF-Führung, später Verbindungsoffz. zur UN-Waffenstillstandskommission, später ResOffz.; 1953-62 Ltr. Haushaltsabt. beim isr. Finanzmin., 1962-73 Ltr. Kontrollabt. des Rechnungshofs. 1960-64 Stud. Rechtswiss. Hebr. Univ., 1968 RA-Zulassung, 1974 stellv. Ltr. Rechtsabt. der Wertpapierbehörde. Mitgr. u. ehrenamtl. Schatzmeister *Friends of Denmark in Israel,* 1961 Mitgr. u. Vors. *Union of Graduates in Social Sciences,* Ortsgruppe Jerusalem. - *Ausz.:* 1966 Rubin-Preis.

W: The Israel Government's Legal Capacity to Borrow. 1965; Constructive Notice of Contents of Debentures. In: Israel Law Review, 1976. *Qu:* Fb. Hand. - RFJI.

Berger, Willibald Emil, OSB, Dr. phil., Ordenspriester; geb. 20. Apr. 1886 Bärn/Mähren, gest. 9. Dez. 1969 Wien; kath.; *StA:* österr. *Weg:* 1938 GB; 1939 USA; 1955 (?) Österr.

1910 Priesterweihe; Stud. phil. Fak. Univ. Wien, 1915 Prom., 1916-38 GymnProf. Schottengymn. Wien. 1938 Emigr. GB, 1939 USA. Sommer 1941 Mitgr. *Austrian Committee* unter → Richard Schüller. Herbst 1944 Mitgr. u. VorstMitgl. *Christian-Socialist Party of Austria* unter → Hans Rott. Vermutl. 1955 Rückkehr nach Österr. Ab 1961 Senior Schottenstift.

Qu: Arch. - IfZ.

Berger-Waldenegg, Egon Maria Eduard Oskar Thaddäus (urspr. Freiherr Berger von Waldenegg), Dr. oec. publ., Diplomat u. Politiker; geb. 14. Febr. 1880 Wien, gest. 12. Sept. 1960 Graz; kath.; *V:* Oskar B. (1852-1927), MinBeamter; *M:* Marie, geb. Renkin; *G:* Dr. Oskar B. (1889-1950), MinBeamter; ∞ 1917 Anna Isabella Freiin v. Leitenberger (geb. 1898); *K:* Anna Isabella Reitlinger (geb. 1918); Marie Antoinette (1920-68); Heinrich (geb. 1921), Industrieller; *StA:* österr., 1938 I, österr. *Weg:* I; 1945 (?) Österr.

Stud. Staats- u. Wirtschaftswiss. Wien, 1901 (?) Prom.; 1902-04 Konzeptspraktikant der niederösterr. Statthalterei. 1904-05 MilDienst, Jan. 1905 Reservelt.; Nov. 1905 Diplomatenprüfung, Eintritt in diplomat. Dienst. Dez. 1905 Hof- u. MinKonzipist 2. Kl., Mai 1907 Sekr. der österr.-ungar. Deleg. bei 2. Internat. Friedenskonferenz im Haag. 1907-08 bei österr.-ungar. Gesandtschaft in Dresden, 1910 Hof- u. MinSekr., Ende 1913 Sektionsrat extra statum, Febr.-Aug. 1914 Tätigkeit bei Gesandtschaft in Albanien. 1914-17 Offz. im 1. WK. 1917 Mitgl. der österr.-ungar. Deleg. bei Friedensverhandlungen von Brest-Litovsk. Ende 1918 Austritt aus diplomat. Dienst, Arbeit in Wiener Bankhaus, später Gutsbes. in Hausmannstätten/Steiermark. Mitgl. *Heimatschutz,* 1931 Kreisführer, 1933 Landesführer Steiermark. Apr.-Juli 1934 als Vertr. *Heimatschutz* Mitgl. Steiermärk. Landesreg. u. stellv. Landeshauptmann. Juli 1934-Okt. 1935 Justizmin. im 3. Kabinett Dollfuß u. im 1. Kabinett Schuschnigg, Juli 1934-Mai 1936 Außenmin. im 2. u. 3. Kabinett Schuschnigg. 1936-38 österr. Gesandter in Rom. Blieb 1938 nach dem Anschluß in Italien. 1938-40 Arbeit in einem Versicherungsunternehmen in Triest, anschl. wieder nach Rom. Wahrscheinl. lokaler Sekr. *Partito Nazionale Fascista.* 1944 mit → Viktor Frölichsthal Gr. *Ufficio Austriaco* (später: *Verein der befreiten Österreicher).* Vermutl. 1945 Rückkehr nach Graz.

L: Gulick, Österreich; Schuschnigg, Kurt, Im Kampf gegen Hitler. 1969; Starhemberg, Ernst R., Memoiren. 1971. *Qu:* Arch. Hand. Publ. Z. - IfZ.

Berglas, Max, Textilfabrikant; geb. 7. Dez. 1888 Berlin, gest. 4. Sept. 1973 Colmar/F; jüd.; *V:* Jacob B.; ∞ Margarethe Behrendt. *Weg:* USA, nach 1945 F.

1908 Mitgr. u. Mitinh. Gebr. Berglas A.G. Berlin (ab 1919 J. Berglas), mechan. Kammgarnweberei mit Fabriken in Sa. u. Thür. (1930 ca. 50 Prozent der dt. Webstuhlkapazität). Emigr. USA, Tätigkeit in der Textilindustrie; nach 1945 Frankr., Dir. u. AR-Mitgl. Textilfabrik Manufactures Lainières d'Alsace Berglas-Kiener in Colmar.

Qu: Arch. Hand. - RFJI.

Bergman (bis 1947 Bergmann), **George Francis Jack,** Dr. oec. publ., Rechtsanwalt, Publizist; geb. 8. Apr. 1900 Lissa/Posen; jüd.; *V:* Ludwig Bergmann (geb. 1870 Lissa, gest. 1930 Deutschland), jüd., Kaufm.; *M:* Hedwig, geb. Levy-Krayn (geb. 1893 Posen, gest. 1940 Berlin), jüd.; *G:* Walter (geb. 1904 Lissa, gest. 1977 New York), Kaufm., 1937 Emigr. Boliv., später USA; ∞ I. Hilde Baum (geb. 1908 Fulda), Sekr., nach 2. WK gesch.; II. 1950 Emily Gerstl (geb. 1902 Prag), jüd., Handelsschule, Geschäftsf. Kleiderfabrik in Prag, 1939 Emigr. GB, Mitarb. InfoBüro der CSR-Exilreg., 1948 AUS, Geschäftsf. einer Wäscherei, Sekr.; *K:* Eva Raik-Bitel (Stieftochter) (geb. 1935 Prag), 1948 Emigr. AUS, Hämatologin, stellv. Dir. Inst. für Pathologie Sydney; *StA:* deutsch, 1948 AUS. *Weg:* 1933 F; 1939 N-Afrika; 1947 AUS.

1918 Mitgl. *Freikorps Lepper* in Lissa; 1919-23 Stud. Rechtswiss. Berlin, Breslau, Heidelberg, München, 1922 Prom. München, 1924-25 Referendar in München, 1927 Assessor; Mitgl. *K.C. Licardia* München. 1929-30 RA in Sonthofen/Allgäu, 1931-33 RA in München; Mitgl. *Deutsch-österr. Alpenverein, Jungdemokraten;* 1933 Berufsverbot. Juni 1933 Emigr. Frankr., Unterstützung durch Verwandte, Bankangest., gleichz. Mitarb. schweizerischer u. österr. Ztg.; Mitgl. *Verband deutscher Auswanderer* in Paris. Sept. 1939 Internierung, Nov. 1939 Fremdenlegion in Nordafrika, 1940-42 Internierung in der Sahara; 1942-47 brit. Armee in Nordafrika u. Italien, Assist. in Kriegsverbrecherprozeß, Feldwebel im Geheimdienst in Österr.; Juli 1947 Australien, zeitw. Inh. eines Lebensmittelgeschäfts (Finanzierung mit Hilfe von K.C.-Mitgl.), 1949-52 Fürsorger u. Dolmetscher für Einwanderer beim Postdept., 1953-56 in techn. Abt., später Sekr. einer techn. Abt. bei der Postverwaltung; ab 1957 Friedensrichter in New South Wales; 1965 Ruhestand. 1965 Vorträge in den USA, Australien u. Deutschland (BRD) über Gesch. des Judentums, 1966-72 Dir. Forschungsdienst der jüd. Selbstschutzorg. beim *New South Wales Jew. Board of Deputies* u. *Anti-Defamation League* des *B'nai B'rith.* 1950-55 Vizepräs. *Blue Mountains Hist. Soc., Austr. Jew. Hist. Soc.,* Mitgl. *Northshore Temple Emanuel* u. *Great Syn., Albert-Einstein-Loge* des *B'nai B'rith, Royal Austr. Hist. Soc., Austr. Returned Services League,* K.C., 1969 Stipendiat Memorial Foundation for Jew. Culture. - *Ausz.:* Africa Star, Italy Star, Defense Medal, War Medal.

W: Art. über Alpinismus in dt., österr. u. schweizerischen Vorkriegszs.; Gustav Weindorfer of Cradle Mountain. 1959; History of the Sydney Jewish Burial Societies. 1962; History of the N.S.W. Jewish War Memorial and Community Centre. 1972; History of Mariah College, Sydney. 1972; Australien Genesis. Jewish Convicts and Settlers, 1788-1850 (Mitverf.). 1974; Beiträge in *Australian Encyclopedia, Australian Dictionary of Biography, New Australian Encyclopedia,* jüd. Ztg. u. Zs. in Sydney. *D:* Arch. LBI New York, Alpenvereinsbücherei München, Yad Vashem Jerusalem, Mitchell Library Sidney. *Qu:* Fb. Pers. - RFJI.

Bergman, Paul Maximilian, Diplomat; geb. 25. Febr. 1922 Fürth; jüd.; *V:* Franz B. (geb. 1888 Nürnberg, gest. 1964 New York), jüd., RA, 1938 Emigr. USA; *M:* Amalia, geb. Offenbacher (geb. 1891 Fürth, gest. 1958 New York), jüd., Gymn., 1938 Emigr. USA; *G:* Walter (geb. 1927 Fürth), höhere Schule, 1938 Emigr. USA; ∞ 1954 Arlene Stern (geb. 1928 Boston/Mass.), jüd., B.A., Fernsehjourn. in CDN; *K:* Mark Steven (geb. 1956 Washington/D.C.); Philip Grant (geb. 1959 Paris); Anne Regina (geb. 1961 Paris); *StA:* deutsch, 1943 USA. *Weg:* 1936 USA.

März 1936 Emigr. USA, Unterstützung durch Verwandte, 1939-42 Stud. Pace Coll./N.Y.; 1942-44 US-Armee (Bronce Star), 1944-45 im Nachrichtendienst der Luftwaffe, 1945-47 bei OMGUS, Rundfunk-Kontrolloffz.; 1948 Sprachlehrer, 1948-49 AbtLtr. einer gewerkschaftl. Pensionskasse; 1949 B.Sc. Georgetown Univ. Washington/D.C., 1950-57 im Office of internat. Labor Affairs des US-ArbMin., Mitarb. Kulturaustauschprogramm, ab 1957 beim US-Außenmin. als Sachverständiger für ArbRecht, 1957-62 US-Botschaft in Frankr.; 1962-64 in Leopoldville/Kongo, 1965-68 in Nahost- u. Südasienabt. des Außenmin. in Washington/D.C., 1969 Stud. Nat. War Coll., 1969-70 Addis Abeba/Äthiopien, ab 1970 polit. Abt. der Botschaft Wien, später Abt. für ArbFragen u. polit. Abt. der Botschaft in Ottawa. Lebte 1977 in Ottawa.

Qu: Fb. Hand. - RFJI.

Bergmann, Ernst David, Dr. phil., Chemiker, Hochschullehrer; geb. 1903 Karlsruhe; jüd.; *V:* → Yehuda Bergmann; *M:* Sara Hedwig, geb. Rosenzweig (geb. 1882 Trentschin-Teplitz/Slowakei), 1933 Emigr. Pal.; *G:* Dr. jur. Arthur Aharon B., 1936 Emigr. Pal., isr. RegBeamter, Bankier, A: Tel Aviv; Dr. phil. u. Dr. med. Felix Elieser, 1933 Emigr. NL, 1934 Pal., Prof. Hadassah Med. School der Hebr. Univ.; Rose Weiler; Alfred Aryeh (umgek. im Holokaust), zeitw. CH; Josef, Theodor, Lotte Hannah; ∞ 1952 Anna Itin; *StA:* deutsch, Pal. *Weg:* 1933 GB, 1934 Pal.

1924 Prom. Berlin, 1924-28 Assist. chem. Inst. Univ. Berlin, 1928-33 Privatdoz. Berlin u. Montpellier/Frankr.; 1933 Emigr. GB, Kontakt zu Chaim Weizmann, 1933-34 wiss. Mitarb. Featherstone Lab.; 1934 nach Palästina, 1934-51 wiss. Dir. Daniel Sieff-Forschungsinst. in Reḥovot (ab 1951 Weizmann-Inst.); 1939 Mitarb. franz. Rüstungsmin., 1940-46 am Grosvenor Lab. des brit. Versorgungsmin., ZusArb. mit Chaim Weizmann, 1948 Gr. u. bis 1966 Dir. Forschungs- und Plankommission im isr. Verteidigungsmin., 1953-66 1. Vors. isr. Atomenergiekommission, 1952-75 Prof. der organ. Chemie Hebr. Univ. Jerusalem, 1972-75 Vizepräs. u. Dir. biolog. Forschungsinst.; 1952-67 Gastprof. Yale, Columbia, Princeton, Univ. of Calif., Los Angeles. Mitgl. Israelischer Nationalrat für Forschung und Entwicklung, Vors. Sektion Wiss. u. Sektion Naturwiss. der Israelischen Akademie der Wissenschaften und Künste, Vors. Nationalkomitee für Raumforschung und künstlichen Regen, Vors. Abt. Forschung u. Entwicklung im Verteidigungsmin., Präs. *Weltunion jüdischer Studenten.* - *Ausz.:* 1959 Weizmann-Preis; 1961 Rothschild-Preis; 1966 Israelischer Staatssicherheitspreis.

W: Ausführliches Lehrbuch der organischen Chemie (Mitverf.). 2 Bde. 1932 u. 1938; Polycyclic Aromatic Hydrocarbons (Mitverf.). 1938; The Chemistry of Acetylene Compounds. 1948; Isomerism and Isomerisation of Organic Compounds. 1948 (span. Übers.); Biyonsinṭezah shel Ḥomrei Teva (Die Biosynthese natürlicher Stoffe). 1963-64; Mivḥar Harzaot beKhimiyah Organit (Ausgewählte Vorlesungen über organische Chemie). 1963-64; The Recent History of the Ben Formula. 1969; Physico-chemical Mechanisms of Carcinogenesis (Hg.). 1969; Quantum Aspects of Heterocyclic Compounds (Mithg.). 1970; Aromaticity, Pseudo-Aromaticity, Anti-Aromaticity (Hg.). 1971; The Putinos. Theory and Experiment (Hg.). 1972; Conformation of Biological Molecules and Polyme (Hg.). 1973. *Qu:* Hand. Z. - RFJI.

Bergmann, Karl Hans, Parteifunktionär, Publizist; geb. 17. März 1910 Berlin; Diss.; *V:* Paul B. (1861-1949), Sanitätsrat; *M:* Else, geb. Viergutz (1880-1959); *G:* Ernst (geb. 1912), Werbeberater; ∞ 1945 Zürich, Anita Brassert (geb. 1917 USA), 1954 gesch.; *K:* Beatrix (geb. 1948), Beschäftigungstherapeutin; *StA:* deutsch. *Weg:* 1942 CH; 1945 Deutschland (Berlin).

1929-32 Stud. Gesch. u. Theaterwiss. München, Berlin. 1931 KPD, 1932 RGO, Mitgl. RGO-Reichskomitee als Ltr. *Gruppe Film-Bühne-Musik,* Red. RGO-Zs. *Der Ausweg;* Mitgl. VerwRat GDBA. 1933-35 KPD-Instrukteur in Berlin, ab 1934 Hg. illeg. Zs. *Die Rampe.* März 1935 Verhaftung, Jan. 1936 VGH-Urteil 2 J. Gef., Apr. 1937-März 1939 KL Dachau u. Sachsenhausen. Anschl. Widerstandsgruppe Beppo Römer Berlin. Okt. 1942 Flucht in die Schweiz. 1942-43 Internierung in Zuchth. u. ArbLagern, dann Anerkennung u. Unterstützung als „parteiloser" pol. Flüchtling durch *Schweizerisches Arbeiter-Hilfswerk,* Wohnsitz Zürich. 1944/45 Fortsetzung des Stud.; Mitgl. SDS. Parteiarb. unter Deckn. Hans Burkhardt, Aug. 1943 Red. *Freies Deutschland,* Juli 1944 Wahl zum Vors. der Provis. Ltg. der inoffiziell tätigen BFD in der Schweiz, ab Jan. 1945 Mitgl. Landesltg. der inzwischen legalen Org.; Mai 1945 auf BFD-Landeskonf. wegen „Verletzung der Parteibeschlüsse und eigenmächtigen Verkehrs mit den Berner Behörden" von der KPD nicht mehr als LtgKand. vorgeschlagen. Sept. 1945 illeg. Rückkehr, Red. beim ZK der KPD Berlin. 1946-49 Lizenzträger, Dir. u. VorstMitgl. DEFA, Ltr. Deutscher Filmverlag Berlin, Hg. *Neue Filmwelt,* 1948/49 *Bild und Ton,* Ltr. Gruppe Film der GDBA. Mitgl. *Hans-Otto-Kuratorium.* März 1949 Bruch mit SED, Umzug nach Berlin (West). Bis 1950 freier Mitarb. *Die Neue Zeitung,* 1949 Hg. *Cinema,* 1951-52 AbtLtr. Filmfestspiele Berlin, 1952-68 Geschäftsf. Freie Volksbühne Berlin, 1954-60 Red. *Blätter der Freien Volksbühne Berlin.* 1952-58 Mitgl. *Verband deutscher Kritiker,* 1965-69 SDS. Ab 1953 Mitgl. Gutachterkommission für den Gerhart-Hauptmann-Preis. Lebte 1977 in Berlin (West).

W: Bismarck - Im Kampf um das Reich. Schweiz 1944 (Tarnschrift zur Verbreitung in Deutschland, Nachdruck Erlangen 1974); Babeuf - Gleich und Ungleich. 1965; Die Bewegung Freies Deutschland in der Schweiz. 1974. *L:* Teubner, Schweiz. *D:* IfZ. *Qu:* Fb. Hand. Publ. - IfZ.

Bergmann, Yehuda (urspr. Julius Judah), Dr. phil., Rabbiner; geb. 31. Aug. 1874 Brzeżány/Galizien, gest. 22. Nov. 1954 Jerusalem; *V:* Alter B., jüd., Holzhändler; *M:* Chaya, jüd.; *G:* Clara (geb. Brzeżány, gest. Pal.), Textilhändlerin, 1932 Emigr. Pal.; Berta (geb. Brzeżány); ∞ 1902 Sara Hedwig Rosenzweig; *StA:* österr., deutsch, Pal./IL. *Weg:* 1933 Pal.

1893-97 Stud. Rabbinerseminar Wien, Rabbinerexamen, 1897 Prom. Wien; bis 1901 Rabbiner in Lushil (?) u. in Friedeck/Mähren. 1901-08 in Karlsruhe u. Frankfurt/O., 1908-33 jüd. Gde. Berlin. Mitgr. u. Doz., später Präs. der *Freien Jüdischen Volkshochschule* Berlin, langjähr. Vizepräs. *Verein für Jüdische Geschichte und Literatur* in Berlin, aktiver Zion.; Apr. 1933 Emigr. Palästina mit A I-Zertifikat mit Ehefrau, Rabbiner am Hadassah Hospital u. bei der tschech. Syn. in Jerusalem.

W: Beiträge zur Geschichte der altchristlichen und agadischen Literatur (Diss.). 1897; Jüdische Apologetik im neutestamentlichen Zeitalter. 1908; Die Legenden der Juden. 1919; Das Judentum in der hellenistisch-römischen Zeit. 1927; Das Judentum in Gedanke und Gestaltung. 1933; HaYahadut-Nishmatah veḤayyeha (Seele und Leben des Judentums). 1935 (span. Übersetzung 1958); HaAm veRuḥo (Der Geist der Nation). 1937; HaZedakah beYisrael (Jüdische Wohltätigkeit). 1944; HaFolklor haYehudi (Die jüdische Folklore). 1953; zahlr. Beiträge in *Monatsschrift für Geschichte und Wissenschaft des Judentums, Revue des Etudes Juives* u.a. wiss. Zs. *L:* EJ, UJE. *Qu:* Arch. Hand. Pers. Publ. Z. - RFJI.

Berkovits, Eliezer (bis 1955 Ladislaus), Dr. phil., Rabbiner; geb. 8. Sept. 1908 Nagyvarad/Ungarn; *V:* Bernat B. (geb. Malcza/Ungarn, gest. 1944), Rabbiner, Kaufm.; *M:* Berta, geb. Kosch (geb. 1882 Nagyvarad, umgek. KL Auschwitz); *G:* David (geb. 1909 Nagyvarad, gest. 1977), Rabbiner; Viktor (geb. 1910 Nagyvarad), Unternehmenslr., 1946 (?) Emigr. Pal.; ∞ 1933 Sali Bickel (geb. 1911 Stanislau/Galizien), orthopäd. Therapeutin, Emigr. mit Kindern 1938 Pal., 1939 GB, 1946 mit Familie AUS, 1950 USA, 1975 mit Ehemann nach IL; *K:* Avraham (geb. 1934 Berlin), Ph. D., Hochschullehrer in IL; Shimshon (geb. 1936 Berlin), Ph. D., Hochschullehrer in USA; Bernard (geb. 1946 GB), M.Sc., Rabbiner, Lehrer in IL; *StA:* H, USA; *Weg:* 1939 GB, 1946 AUS, 1950 USA, 1975 IL.

1928-34 Stud. Frankfurt, Berlin, 1934 Prom., gleichz. Stud. Rabbinerseminar Berlin, 1936-39 Rabbiner in Berlin. März 1939 Emigr. GB, Familie folgte wenig später aus Palästina; 1940-46 Rabbiner in Leeds, zeitw. Fürsorgearb. für Flüchtlingskinder. 1946 Australien, 1946-50 Rabbiner in Sydney. 1950 USA, 1950-58 Rabbiner in Boston, 1958-75 Prof. u. AbtLtr. für jüd. Phil. Hebr. Theol. Coll. in Skokie/Ill. - 1975 nach Israel. Mitgl. *Rabb. Council of Am.* Lebte 1977 in Jerusalem.

W: Hume und der Deismus (Diss.). 1933; Was ist der Talmud? 1938, 1962; Towards Historic Judaism. 1943; Between Yesterday and Tomorrow. 1945; Judaism. Fossil or Ferment? 1956; God, Man and History. 1959; A Jewish Critique of the Philosophy of Martin Buber. 1962; Prayer. 1962; Tenai biNesuim uveGet (Das jüdische Ehe- und Scheidungsrecht). 1966; Man and God. Studies in Biblical Theology. 1969; Faith after the Holocaust. 1973; Major Themes of Modern Philosophies of Judaism. 1974; Chrisis and Faith. 1976; judaistische Beiträge in US- u. isr. Fachzs. *Qu:* Fb. Hand. - RFJI.

Berl, Arthur, Dr. jur., Richter; geb. 1. März 1893 Wien; kath.; *V:* Dr. Arnold B., k.u.k. Hof- u. Gerichtsadvokat; ∞ 1923 Gunda Weisel (geb. 1901); *K:* Maria Berl-Lee, Schriftst., A: USA; *StA:* österr. *Weg:* 1939 F; 1941 USA; 1948 Österr.

1911-14 u. 1918-19 Stud. Rechtswiss. Berlin, Freiburg/Br. u. Wien. 1914-18 Offz. 1. WK; 1919 Prom. Anschl. RA-Konzipient, 1923-38 Anwaltspraxis in Wien. Dez. 1938 Berufsverbot aus rass. Gründen. Emigr. Frankr., Jan. 1939-Aug. 1941 Gutsverw. in Volonne/Südfrankr., anschl. Flucht in die USA. 1942-48 Farmverw. in Carlisle/N.Y., daneben Stud. Rechtswiss., 1947 B.L. Univ. Syracuse. Aug. 1948 Rückkehr nach Wien, Sept. 1948 Ernennung zum Richter, Oberlandesgerichtsrat; bis Jan. 1949 Landesgericht für Zivilrechtssachen Wien, anschl. bis Nov. 1950 Rückstellungskommission für Wien, Niederösterr. u. Burgenland, ab Okt. 1949 Beisitzer der Beschwerdekommission. Ab Nov. 1950 zunächst Senatsmitgl., später stellv. Vors. u. Vors. beim Landesgericht für Zivilrechtssachen Wien. Dez. 1958 Pensionierung, 1959-69 freier RA. Lebte 1977 in Wien.

Qu: Arch. Hand. - IfZ.

Berlak, Hermann Ludwig, Dr. rer. pol., Wirtschaftsprüfer; geb. 4. Aug. 1896 Posen, gest. 12. März 1953 in London; jüd.; *V:* Leo B. (umgek. 1943 KL Theresienstadt), jüd., Getreidegroßhändler; *M:* Sophie, geb. Merzbach (gest. 1936 Berlin), jüd.; *G:* Milli (geb. 1895 Posen, gest. 1968 London), 1939 Emigr. GB; ∞ 1923 Ruth Baeck (geb. 1900 Oppeln, gest. 1965 London), jüd. (Tochter von Leo Baeck), Stud. Freiburg, Berlin, 1939 Emigr. GB; *K:* Marianne Dreyfus (geb. 1925 Berlin), jüd., 1939 Emigr. GB mit Kindertransport, M.Sc. London, später USA; *StA:* deutsch, 1944 brit. *Weg:* 1939 GB.

Kriegsfreiw. 1. WK (EK II); Stud. Freiburg u. Berlin, selbständiger Wirtschaftsprüfer in Berlin. Mitgl. K.C., Red. *K.C.-Blätter* u. *Posener Heimatblätter* für Juden aus der ehem. Provinz Posen, Mitgl. CV-Hauptvorst. Berlin (um 1929 als Nicht-Zion. ZusArb. mit *Jew. Agency*), Mitgl. *Vereinigung für das Liberale Judentum*, Deleg. Preußischer Landesverband jüdischer Gemeinden, Mitgl. *B'nai B'rith*; 1938 Berufsverbot. 1939 Emigr. GB, Buchhalter in Revisionsfirma, Ausbildung im engl. Rechnungswesen, zugl. Vorbereitung auf engl. Wirtschaftsprüferexamen; vereidigter Wirtschaftsprüfer (Incorporated Accountant), Gr. H.L. Berlak London. 1940 6 Mon. Internierung; im 2. WK Dienst in brit. Home Guard. Mitarb. AJR u. URO, Mitgl. *Leo Baeck Lodge*, *B'nai B'rith* London.

D: LBI New York; M. Dreyfus, New York. *Qu:* Fb. EGL. Z. – RFJI.

Berlinger, Elieser, Rabbiner; geb. 27. Jan. 1904 Illingen/Saar; *V:* Moses B. (geb. 1866 Berlichingen/Württ., gest. 1944 Malmö/S), Lehrer; *M:* Jettchen, geb. Unna (geb. 1866 Würzburg, gest. 1910 Illingen); *G:* Klara Gutwillig (geb. 1893 Dülken/Rhein), Emigr. Pal.; ∞ 1928 Ruth Rosa Stern (geb.1909 Berlin), 1932 Emigr. S; *K:* Salomo (geb. 1929); Jetta Chanow (geb. 1930); Sara Fuchs (geb. 1932). *Weg:* 1932 S, 1946 Finnl., 1954 NL.

1928 Examen Rabbinerseminar Berlin, 1929–32 Rabbiner in Schönlanke/Posen. 1932 nach Schweden, 1932–46 Rabbiner in Malmö, 1946–52 Rabbiner in Helsinki, 1954 in die Niederlande, seit 1956 Hauptrabbiner des Bez. Utrecht. Mitgl. *B'nai B'rith*. Lebte 1972 in Amsterdam. – *Ausz.:* Danska Frihetsmedaljien.

L: Esh, Bamberger Family. *Qu:* Hand. Publ. – RFJI.

Bermann-Fischer, Gottfried, Dr. med., Verleger; geb. 31. Juli 1897 Gleiwitz/Oberschles.; jüd.; *V:* Dr. med. Salomon Bermann (geb. Gleiwitz), jüd., Sanitätsrat, Mitgl. DDP; *M:* Else, geb. Leschnitzer; *G:* Bernhard (geb. Gleiwitz), jüd., Landwirt; Margot (geb. Gleiwitz), jüd.; Robert (geb. 1900 Gleiwitz), jüd., Kaufm.; ∞ 1925 Brigitte Fischer (geb. 1905); *K:* Gabriella (geb. 1926 Berlin, gest. 1972); Gisella (geb. 1928 Berlin), Schauspielerin, Emigr. USA, CH; Annetta (geb. 1931 Berlin), Bildhauerin, Emigr. GB; *StA:* deutsch, 1947 USA. *Weg:* 1936 Österr., 1938 S, 1940 USA.

Stud. Med. Breslau, Freiburg u. München, 1921 Prom., 1922–25 Assistenzarzt. 1925–29 VorstMitgl., 1929–35 GenDir. bei S. Fischer Verlag, Hg. der Vierteljahrsschrift *Die neue Rundschau;* 1935 unter pol. Druck Verlegung des Verlagshauses nach Wien, 1936 Emigr. Österr., 1936–38 Ltr. des Bermann-Fischer Verlags. 1938 nach Schweden, Wiederaufbau des Verlags, Verhaftung u. Ausweisung wegen angebl. anti-natsoz. Aktivität. 1940 in die USA über die UdSSR u. Japan, 1941 Gr. L.B. Fischer Corp. (später S. Fischer Corp.) mit Fritz Landshoff als Vizepräs., Veröffentlichung von Exil-Lit., u.a. Albert Einstein, Lion Feuchtwanger, Hugo von Hofmannsthal, Thomas u. Klaus Mann, Erich Maria Remarque, Eugen Roth, Franz Werfel, Carl Zuckmayer u. Stefan Zweig, zugl. Hg. der Buchserie *Neue Welt* u. *Taschenbücher für deutsche Kriegsgefangene in USA.* 1945 zus. mit Ehefrau Wiederaufbau der *Neuen Rundschau* u. red. Mitarb., 1950–72 Gr. S. Fischer Verlag Berlin-Frankfurt, 1952 Gr. Taschenbuchverlag Fischer Bücherei Frankfurt, ab 1972 im Ruhestand. Seit 1952 Mitgl. *PEN-Zentrum* der Bundesrep. Deutschland. Lebte 1977 in Old Greenwich/Conn. u. Camaiore/Italien. – *Ausz.:* 1957 Goethe-Plakette der Stadt Frankfurt/M., 1957 Großes BVK, 1972 Dr. phil.h.c. Univ. Bern.

W: Bedroht – Bewahrt. Der Weg eines Verlegers. 1967, 1970; Thomas Mann – Briefwechsel mit seinem Verleger Bermann Fischer 1932–55 (Hg.). 1973. *L:* Mendelsohn, Peter de, S. Fischer und sein Verlag. 1970; Marell, Anders, Dokumentation zur Geschichte des Bermann-Fischer-Verlages in Stockholm. 1974. *Qu:* Fb. Hand. Publ. – RFJI.

Bernaschek (Bernašek, Bernasek), **Richard,** Parteifunktionär; geb. 12. Juni 1888 Erzsebetfalva/Ungarn, gest. 18. Apr. 1945 KL Mauthausen; Diss.; *V:* Wenzel B. (1850–1931), Schuhmacher, SozDem., 1884 im Rahmen der Ausnahmegesetze gegen die Sozialdemokratie von Vöslau/Niederösterr. ortsverwiesen nach Budapest, 1900 Rückkehr nach Österr., Niederlassung in Linz; *M:* Antonie, geb. Hruschka (1857–1945); *G:* Aurelia Müller; Margarete; Ludwig (1899–1970), Mitgl. SDAP u. SPÖ, 1945–67 stellv. Landeshauptmann Oberösterr.; ∞ 1911 Marie Eisenhuber; *K:* Eleonore Leschanz, Richard; 2 T (gest.); *StA:* österr., 1919 CSR, 1923 österr., 1935 Ausbürg., 1939 deutsch. *Weg:* 1934 Deutschland, CH, CSR, UdSSR, CSR; 1939 Deutschland (Österr.).

Schlosserlehre in Linz, anschl. Arbeiter in Steyr, Wien, Budapest, München, 1911 Linz, SDAP, *Österreichischer Metall- und Bergarbeiterverband.* 1913 Wien, 1914–18 Frontsoldat, 1918–19 ital. Kriegsgefangenschaft, Aug. 1919 Rückkehr nach Linz. Febr. 1920 Wahl zum stellv. Obmann *Arbeiter- und Soldatenrat* Linz unter → Richard Strasser. 1921–23 Arbeit in Utrecht/Holland, anschl. Rückkehr nach Linz. 1923–33 Sekr. u. Ltr. *Republikanischer Schutzbund* Oberösterr.; 1926 Arbeiterhochschule Wien. Nach dem 15. Juli 1927 Parteigänger von Alexander Eifler für stärkere Militarisierung des *Schutzbunds,* März 1933 nach dessen offiz. Auflösung Landespartisekr. SDAP Oberösterr., weiterhin Befehlshaber der als Parteiordner-Formationen der Parteiführung unterstellten Schutzbündler in Oberösterr. Am Morgen des 12. Febr. 1934 setzte sich B. mit den im Linzer Parteihauptquartier versammelten Schutzbündlern gegen Waffensuche durch die Polizei zur Wehr; Verhaftung von B., Eroberung des Gebäudes durch Armee-Einsatz wurde zum Auslösemoment für die Februarkämpfe. Anfang Apr. 1934 mit Hilfe eines natsoz. Gefängniswärters Flucht nach München, von natsoz. Führungspersönlichkeiten, die B. gegen das Dollfuß-Regime auszuspielen versuchten, mit großem Aufwand empfangen. Verfaßte hier seine vielbeachtete Broschüre *Die Tragödie der österreichischen Sozialdemokratie,* die 1934 in einem Sammelband in einem KP-Verlag erschien. Kurzfristig beeindruckt von der natsoz. Org. u. sozialrevolutionären Elementen des NatSoz., entwickelte B. Vorstellungen für eine breite Einheitsfront von Sozialisten, Kommunisten u. Nationalsozialisten in Österr. für den Kampf gegen das Dollfuß-Regime. Verhandlungen mit dt. u. österr. Nationalsozialisten, allerdings Weigerung, sich der in Bayern aufgestellten *Österreichischen Legion* anzuschließen. Ende Mai 1934 Besuch bei → Friedrich Adler in Zürich, nach Auseinandersetzungen über B.s Koalitionspol. Rückkehr nach München, kurzfristig Gestapo-Haft, erneut mehrwöchiger Aufenthalt in Zürich. Sommer 1934 in die CSR, zunächst *Schutzbund*-Lager Zbraslav, anschl. Prag. Auseinandersetzungen mit → Otto Bauer hinsichtl. Konzeption der Einheitsfront. Herbst 1934 mit → Gustl Moser u. Richard Strasser Reise nach Moskau, ohne Parteiauftrag Verhandlungen vor allem mit Bela Kun u. Maniul'skij über Bildung einer „Überpartei" aus Kommunisten u. Sozialisten: Ablehnung der Vorstellungen von B. als „verfrüht". Ende 1934 Rückkehr in die CSR, unter Deckn. Franz Hoffmann Niederlassung in Kaplitz/Südböhmen, von hier aus Versuche, in direkter Verb. nach Oberösterr. die Idee einer gemeins. Kampffront von KPÖ u. RSÖ voranzutreiben; deshalb scharfe Auseinandersetzungen mit dem ALÖS in Brünn. Frühj. 1935 Ausweisung aus den Grenzgeb. durch CSR-Behörden, Niederlassung in Prag; Lebensunterhalt durch Gelegenheitsarb., Unterstützung von FamAngehörigen u. SAI. Jan. 1939 Reise nach Paris, erfolgreiche Bemühungen um Aufhebung der Ausbürg.; Unterredungen mit RSÖ-Führern im Pariser Exil. Anfang Febr. 1939 Rückkehr nach Linz. Arbeit im Radiogeschäft des Bruders, Versicherungsvertr.; Juli 1943 Anstellung als Werkmeister im Städtischen Maschinenamt Linz. Enge Verb. zu Widerstandsorg. in Linz („Gegenbewegung"). 1944 KL Mauthausen im Zuge der Verhaftungswelle nach dem 20. Juli, Okt. 1944 Überstellung nach Wien, Febr. 1945 zurück nach Mauthausen, dort kurz vor der Befreiung erschossen.

W: Die Tragödie der österreichischen Sozialdemokratie. In: Österreich, Brandherd Europas. Zürich (Universumbücherei) 1934, Parallelausgabe Prag 1934. *L:* Hofer, Josef, Weggefährten. Vom österreichischen Freiheitskampf 1933 bis 1945. 1946; Buttinger, Beispiel; Molden, Gewissen; Leser, Werk; Leichter, Diktaturen; DBMOI; Stadler, Opfer; Kykal, Inez/Stadler, Karl R., Richard Bernaschek, Odyssee eines Rebellen. 1976; Slapnicka, Harry, Oberösterreich. Die politische Führungsschicht 1918-1938. 1976. *Qu:* Arch. Biogr. Pers. Publ. - IfZ.

Berner, Helene, Partei- u. Verbandsfunktionärin; geb. Dez. 1904 Berlin; *Weg:* 1935 UdSSR; 1945 Deutschland (Berlin).

1927 KPD, Mitarb. MilApp. u. Geheimapp. der *Komintern.* 1933-35 illeg. Tätigkeit. Juni 1935 über die CSR in die UdSSR, 1939 Lenin-Schule, 1942-43 *Komintern*-Schule in Kušnarenkovo, danach Vorbereitungskursus für Fallschirmspringer, anschl. Rote Armee, Mitarb. Stab der 2. Baltischen Front, Lehrerin Frontschule Ostaškovo. 1945 nach Berlin, Lehrerin KriegsgefSchule, Jan. 1946-Apr. 1948 Mitltr. SMAD-Schule Königs Wusterhausen für Heranbildung von Kadern der sog. Blockparteien, anschl. Dir. Haus der Kultur der Sowjetunion Berlin (Ost), Funktionärin *Gesellschaft für Deutsch-Sowjetische Freundschaft* u. Mitarb. MfAA der DDR. Lebte 1974 als Arbeiterveteranin in Berlin (Ost).

W: Mit der Sowjetarmee nach Berlin. In: Im Zeichen des roten Sterns (Erinn.). 1974. *L:* Leonhard, Revolution. *Qu:* Erinn. Publ. Z. - IfZ.

Bernhard, Georg, Publizist, Wirtschaftspolitiker; geb. 20. Okt. 1875 Berlin, gest. 10. Febr. 1944 New York; jüd.; *V:* Hermann B., Kaufm.; *M:* Helene, geb. Soberski; ∞ I. 1899 Fritze Mühsam; II. 1939 Paris, Gertrud Landsberger, geb. Sachs (Ps. Gert Sax), Malerin; *K:* aus I: Stefanie Ruth (geb. 1901), Schausp.; Edith Eva Marie (geb. 1912); aus II: Stiefsohn, Freiw. in franz. Armee u. Fremdenlegion; *StA:* deutsch, 5. Aug. 1933 Ausbürg. *Weg:* 1933 DK, F; 1941 USA.

Realgymn., Banklehre, 1892-98 Bankbeamter, Buchhalter, Korr. u. Börsenvertr. in Berliner Bankfirmen, unter Ps. Gracchus Wirtschafts- u. Finanzkritiker *Welt am Montag,* vorüberg. auch ltd. pol. Red.; 1898-1903 Handelsred. der Ullsteinblätter *Berliner Zeitung* u. *Berliner Morgenpost.* Nebenberufl. Stud. Rechts- u. Staatswiss. Berlin. 1901-03 unter Ps. Plutus ständiger Mitarb. an Maximilian Hardens *Zukunft.* Mitgl. SPD, Anhänger des staatssozialist. Flügels. Nach allg. Parteibeschluß 1903 gegen Mitarb. bei bürgerl. Presse ab 1904 Hg. einer eigenen Zs. für Volkswirtsch. u. Finanzwesen, *Plutus* (1925 vereinigt mit *Magazin der Wirtschaft).* 1906 nach Konflikt mit August Bebel SPD-Ausschluß. Ab 1908 red. Ltr. der Abt. Tagesztg. des Ullstein-Verlags, Direktionsmitgl., Verlagsltr. *Berliner Morgenpost* u. *B.Z. am Mittag,* Geschäftsf. der Ullstein-Nachrichtendienst GmbH. Ab 1914 Chefred. *Vossische Zeitung.* Als Verfechter des Ausgleichs mit Frankr. von der Rechten angefeindet. Im 1. WK Sprecher der neugegr. *Berliner Pressekonferenz;* 1915-18 StadtVO. Charlottenburg. 1922 Sachverständiger der dt. Deleg. zur Reparationskonf. in Genua. Mitgl. Reichswirtschaftsrat. 1924 DDP, ab 1927 VorstMitgl., 1928-30 MdR. Vors. *Verein Berliner Presse* u. *Reichsarbeitsgemeinschaft der deutschen Presse;* stellv. Vors., bis Okt. 1930 Vors. *Reichsverband der Deutschen Presse* (RDP). Präs. der beim Völkerbund akkreditierten Journ., Vors. *Fédération Internationale des Journalistes.* Ab 1916 Doz., ab 1928 Honorarprof. für Bank-, Börsen- u. Geldwesen an der Berliner Handelshochschule. Ltd. Funktionen in jüd. Verb., u.a. Mitgl. *Pro-Palästina-Komitee* u. Hauptvorst. CV. Mußte Ende 1930 nach Auseinandersetzung in Verlegerfamilie Ullstein Chefred. *Vossische Zeitung* abgeben; Rückzug aus pol. Ämtern. Bis 1933 Geschäftsf. *Reichsverband deutscher Waren-Kaufhäuser,* Mitorg. Kongreß *Das freie Wort* (19. Febr. 1933 Krolloper Berlin). Im gleichen Monat Flucht über Kopenhagen nach Paris; Mai 1933 Ausschluß aus RDP, Verbot sämtl. Schriften. Sept. 1933 Zeuge im Londoner Reichstagsbrand-Gegenprozeß. Dez. 1933 Grdg. *Pariser Tageblatt,* ab Juni 1936 nach von B. initiiertem Coup gegen Verlagsinh. Vladimir Poliakoff als *Pariser Tageszeitung* weitergeführt. Ende 1937 nach gerichtl. Aufdeckung seiner Aktion Ausscheiden als Chefred. - 1933-34 Mitarb. der vom *Deutschen Hilfskomitee* hg. Zs. *die aktion.* Mitgl. Comité Consultatif beim französ. Innenmin. als Vertr. der Nov. 1935 gegr. *Fédération des Émigrés d'Allemagne en France* (FEAF), Juli 1936 Beobachter der FEAF beim Flüchtlingskonf. des Völkerbunds in Genf, Vertr. der jüd. Emigr. in *Zentralvereinigung der deutschen Emigration* (ZVE), Ltr. der ZVE-Deleg. zur Völkerbund-Tagung Sept. 1936, Aufnahme in Beratungskommission für die Bildung eines Verbindungskomitees des Hochkommissars für die Flüchtlinge aus Deutschland, anschl. ZVE-Vertr. im Beirat des Hochkommissars. Ab 1935 Mitgl. *Vorläufiger Ausschuß zur Vorbereitung einer deutschen Volksfront.* Febr. 1936 Entwurf einer künftigen dt. Verfassung, von KPDO in Deutschland verbreitet. Zunehmende Konflikte mit KPD, u.a. um Bewertung der *Deutschen Freiheitspartei* (→ Karl Emonts). Ab 1937 Hauptmitarb. *Deutsche Freiheit* Paris, 1938-40 Mithg. u. Red. *Deutsche Informationen* vereinigt mit *Deutsche Mitteilungen* als NachfOrgan der inzw. KPD-gelenkten Volksfrontkorr. *Deutsche Informationen.* Mitgl. des März 1939 gegr. *Ausschuß der deutschen Opposition* unter Vors. von Heinrich Mann. Vors. *Verband deutscher Journalisten im Ausland,* ab Frühj. 1938 führendes Mitgl. *Bund Neues Deutschland.* Beitr. in zahlr. Exilzs., Ps. Plutus; der Aufsatz *Kriegsfinanzierung* aus *Neue Weltbühne* wurde um 1939 in der Tarnschrift *Lyons Tea* im Reich verbreitet. Nach Entlassung als Chefred. der *Pariser Tageszeitung* hauptberufl. beim *Jüdischen Weltkongreß* tätig, u.a. Aug. 1938 Referat auf 1. Weltkongreß Genf. 1940 Internierung Bassens b. Bordeaux, 1941 mit Hilfe von Varian Fry u. Vermittlung des *Jewish Labor Committee* in die USA. In New York Tätigkeit für Institute of Jewish Affairs des *American Jewish Congress.* 1941 Mitgl. Executive Committee des sozdem. orientierten *German-American Council for the Liberation of Germany from Nazism* bzw. *Association of Free Germans.* B. war innerhalb des dt. Exils als angebl. Hauptvertr. der „gesinnungslosen" Ullsteinpresse der Weimarer Republik umstritten. - *Ausz.:* Eisernes Kreuz am weißen Bande.

W: Zahlr. finanzpol. Werke (s. RhDG, NDB I); Die deutsche Tragödie: Der Selbstmord einer Republik. Prag (Orbis-Verlag) 1933 (franz. Übers. Paris [Rieder] 1933); Die Welt muß wissen ... (Hg.). Paris (Phénix) 1935; Meister und Dilettanten am Kapitalismus im Reiche der Hohenzollern. Amsterdam (De Lange) 1936; Jacob, Berthold (Hg.), Warum schweigt die Welt? (Mitarb.) Paris (Phénix) 1936. *L:* u.a. Poliakoff, Vladimir, The Pariser Tageblatt Affair. 1938; Gross, Münzenberg; Grossmann, Emigration; Bouvier, Deutsche Freiheitspartei; Koszyk, Kurt, Deutsche Presse, III. 1972; Duhnke, KPD; Stephan, Linksliberalismus; Röder, Großbritannien; Langkau-Alex, Volksfront. *D:* IfZ, IISG. *Qu:* Arch. Hand. Publ. Z. - IfZ.

Bernheimer, Ernst, Kunsthändler; geb. 6. Jan. 1875 München, gest. 14. Jan. 1956 Havanna/Kuba, jüd.; *V:* Lehmann (Leonhard) B. (1841-1918), jüd., Gr. des Textilgeschäfts, später Möbel- u. Kunsthandlung L. Bernheimer KG München, 1884 Kgl. Bayer. Kommerzienrat; *M:* Fanny Haimann (1841-1911); *G:* Emma Loewi (geb. 1866), 1939 Emigr. GB; Isidor; Max (1870-1933), Mitinh. L. Bernheimer KG, Kommerzienrat, Handelsrichter; → Otto Bernheimer; ∞ 1901 Berta Landauer (1881-1963), Emigr.; *K:* Lise Rheinstrom (geb. 1902); Franz (geb. 1905); Paul (geb. 1910), 1938 KL Dachau, 1939 Emigr. GB, 1940 USA; *StA:* deutsch. *Weg:* 1941 Kuba.

Ab 1894 im FamUnternehmen L. Bernheimer KG, München; unbeschränkt haftender Gesellschafter. 1939 Zwangsverkauf, 1941 Emigr. nach Havanna.

W: Erinnerungen. 1950 (Auszug in: Tradition, 3, 1958, H. 4. *L:* Familien- und Geschäftschronik der Firma L. Bernheimer KG. 1950. Lamm, Hans, Von Juden in München. 1958. *Qu:* Publ. Z. - IfZ.

Bernheimer, Otto, Kunsthändler; geb. 14. Juli 1877 München, gest. 5. Juli 1960 München; jüd., kath.; *G:* → Ernst Bernheimer; ∞ 1905 Lotte Guttmann (gest. 1943), jüd., kath., Emigr.; *K:* Dr. jur. Ludwig Otto B. (1906-67), 1938 KL Dachau, Emigr., ab 1960 Inh. L. Bernheimer KG, München; Kurt B. (geb. 1911, gest.), 1939 Emigr. GB, 1940 (?) Venezuela; *StA:* deutsch. *Weg:* 1939 Venezuela; 1948 Deutschland (BRD).

Handelsschule, ab 1893 Lehre in FamFirma, dann unbeschränkt haftender Gesellschafter. Im 1. WK Garnisonsdienst; Gr. *Künstlerhausverein,* Konsul von Mexiko. 1938 kurzfristig KL Dachau, Entlassung auf mexikan. Intervention. 1939 Zwangsverkauf an *Kameradschaft der Künstler e.V.* unter Aufrechnung von Reichsfluchtsteuer, Judenabgabe u. Auswanderungsabgabe, Weiterführung der Firma ab 1940 als Kunsthandelsges. der *Kameradschaft der Künstler.* Nach persönl. Zahlungen an Hermann Göring Genehmigung zum Kauf einer Plantage in Venezuela, Aug. 1939 Emigr. - Ab 1948 Ltr. der restituierten Firma in München. - *Ausz.:* Kommerzienrat, 1929 Mitgl. Deutsches Museum (auf Lebenszeit), Ehrenpräs. *Bundesverband des Deutschen Kunst- und Antiquitätenhandels,* 1959 Bayer. VO.

W: Erinnerungen eines alten Münchners. 1957 (Auszug in: Tradition, 3, 1958, H. 4). *L:* Lamm, Hans, Von Juden in München. 1958. *Qu:* Publ. - IfZ.

Bernstein, Arnold, Reeder; geb. 23. Jan. 1888 Breslau, gest. 1971 Fla./USA; jüd.; *V:* Max B. (geb. 1858), jüd., Kaufm., Emigr. USA, ltd. Stellung in Reederei des Sohnes; *G:* Elisabeth Kugelmann (geb. 1887), Emigr. USA; Alice Wolf (geb. 1891), Emigr. USA; Rose Treitel (geb. 1893, umgek. 1942 im Holokaust); *StA:* deutsch, USA. *Weg:* 1933 (?) USA; 1937 Deutschland; 1939 USA.

Im 1. WK Soldat (Hptm., EK), nach Kriegsende Gr. einer Reederei, durch Autotransport zwischen Europa u. USA erfolgreich; in der Weltwirtschaftskrise Umwandlung in einklassige Touristen- u. Frachtschiffe, Kauf der Red Star-Linie; nach natsoz. Machtübernahme Emigr. USA, 1934 Gr. Palestine Shipping Co.; 1937 bei Deutschlandbesuch verhaftet, wegen Devisenvergehen Gef.- u. hohe Geldstrafe, Beschlagnahme bzw. Verkauf der Schiffe, kurz darauf auch ZusBruch der Palestine Shipping Co. - 1939 nach Haftentlassung Gr. Arnold Bernstein Shipping Co. in New York, 1950 Gr. Fahrgastreederei Atlantic Banner Line, 1959 Verkauf nach Zunehmen des transatlant. Luftverkehrs.

Qu: EGL. Hand. Z. - IfZ.

Bernstein, Edwin G., Dr.; *StA:* deutsch. *Weg:* 1933 CSR; 1937 Urug.

Beamter, Doz. für Wirtschaftswiss. u. Soziologie Volkshochschule Leipzig. 1933 Flucht nach Prag. GenSekr. eines Flüchtlingshilfskomitees. Ab 1937 Uruguay. März 1939 Mitgr. *Freier Deutscher Klub* (FDK) Montevideo (Ltg. → Otto Heumann); GenSekr. FDK u. Landesvertr. *Das Andere Deutschland* (→ August Siemsen). Jan./Febr. 1943 Teiln. Konf. von Montevideo.

L: Kießling, Alemania Libre; Israel, G./Kießling, Wolfgang, Deutsche Antifaschisten in Uruguay. In: BZG 4/1976. *Qu:* Arch. Publ. - IfZ.

Bernstein, Manfred, Dr. jur., Richter; geb. 15. März 1892 Aschersleben/Harz, gest. 26. Sept. 1976 London; jüd.; *V:* Wilhelm B. (geb. 1856 Preußisch Eylau/Ostpr., gest. 1923 Berlin), jüd., Kaufm.; *M:* Bertha (geb. 1856, gest. 1944 Berlin), jüd.; *G:* Harry (gef. 1918 Ypern); Gertrude (geb. 1900), 1939 Emigr. GB; ∞ 1947 Berlin, Ernestine Fondermann (1894-1968), ev.; *StA:* deutsch. *Weg:* 1941 E, USA; 1945 Deutschland (Berlin).

Stud. Rechtswiss. Halle/S. u. Berlin, 1914-18 Kriegsfreiw. (Lt., EK II), bis zur Entlassung 1938 Amtsrichter Berlin, Mitgl. Jüd. Gde. - 1941 nach Spanien, mit Flüchtlingsschiff in die USA. 1941-45 Buchhalter, 1945 Rückkehr, 1947 Wiedereintritt in Justizdienst, Amtsgerichtsrat in Berlin, 1951 LG-Dir., 1956-66 Senatspräs. beim Kammergericht Berlin.

Qu: Arch. EGL. Pers. - IfZ.

Bernstein, Rudolf, Partei- u. Staatsfunktionär; geb. 29. Febr. 1896 Berlin; *StA:* deutsch. *Weg:* UdSSR; Deutschland (SBZ).

Kaufm. Angest., KPD-Mitgl. Nach 1933 Emigr. UdSSR, im 2. WK Offz. Rote Armee. Nach Kriegsende nacheinander Ltr. Abt. Verwaltung der Parteibetriebe des ZK der SED, Dir. Progress-Film-Vertrieb u. Ltr. Staatliches Filmarchiv. Lebte 1976 als Arbeiterveteran in Berlin (Ost).

Qu: Arch. Z. - IfZ.

Bernstorff, Johann Heinrich Graf von, Diplomat, Politiker; geb. 14. Nov. 1862 London, gest. 6. Okt. 1939 Genf; ev.; *V:* Albrecht Graf v. B. (1809-73), preuß. Min. u. Diplomat; *M:* Anna, geb. Freiin v. Könneritz; ∞ 1887 Jeanne Luckemeyer (geb. New York); *K:* Alexandra Prinzessin zu Löwenstein-Wertheim-Rosenberg (geb. 1888), Christian Günther (geb. 1891); *StA:* deutsch. *Weg:* 1933 CH.

Gymn., 1881-89 Garde-Feldart.-Rgt., Hptm. der Garde-Landwehr-Artillerie. Ab 1890 diplomat. Dienst, Attaché Konstantinopel, Belgrad, Dresden. 1896 Legationssekr. St. Petersburg, 1898 Legationsrat München, 1903 Botschaftsrat London, 1906 GenKonsul Kairo, 1908 Botschafter Washington. Mai 1917 Ausscheiden aus dem Dienst, ab Sept. 1917 bis zum endgültigen Rücktritt 1919 Botschafter in Konstantinopel. Mitgl. DDP, persönl. Freund Walter Rathenaus, Mithg. *Deutsche Einheit,* 1919 Gr. *Demokratischer Klub* Berlin. 1921-28 MdR. Ab 1922 Präs. *Deutsche Liga für Völkerbund;* Vizepräs. u. ab 1929 Präs. *Weltverband der Völkerbundsligen.* 1926-31 ständiger dt. Vertr. in der vorbereitenden Abrüstungskommission des Völkerbunds, Teiln. aller dt. Völkerbundsdeleg. Mitgl. Reichsausschuß des *Reichsbanners.* Nach natsoz. Machtübernahme in die Schweiz. Seine 1936 veröffentl. ABiogr. wurde von natsoz. Seite scharf angegriffen. - *Ausz.:* Wirkl. Geheimer Rat, Dr. jur. h.c. Columbia-Univ. New York, Univ. Chicago, Princeton.

W: u.a. Deutschland und Amerika (engl. Übers.: My Three Years in America). 1920; Erinnerungen und Briefe (ABiogr.). Zürich (Polygraphischer Verlag) 1936. *L:* NDB 2; Schmidt-Bürkert, W., Graf Johann Heinrich Bernstorff als Deutscher Botschafter in Washington. Diss. phil. masch. 1947; Die bürgerlichen Parteien in Deutschland I. 1968; Doerries, Reinhard R., Washington-Berlin 1908/1917. 1975. *Qu:* Hand. Publ. Z. - IfZ.

Berolzheimer, Josef, Dr. oec. publ., Ministerialbeamter; geb. 5. Okt. 1900 München; jüd.; *V:* Franz B. (geb. 1855 München, gest. 1901 München), jüd., Bankbeamter; *M:* Sarah, geb. Ottenheimer (geb. 1868 Heilbronn, gest. 1936 München), jüd., Gymn.; ∞ I. 1928 Dorothea Walter (gest. 1977 Washington/D.C.), höhere Schule, Buchhalterin, 1939 Emigr. USA; II. 1968 Dorothea E. Hertlein (geb. 1916 München), ev., Stud., Hauslehrerin, 1930 Emigr. Chile, 1967 USA; *StA:* deutsch, 1944 USA. *Weg:* 1939 USA.

1918-19 Soldat Bayr. Armee u. Freikorps, 1920-21 Banklehre, Stud., 1925 Prom. München. 1925-27 Journ. u. Red. (Ps. Joseph Bayerholzer), 1927-34 Statistiker, später AbtLtr. im Preußischen Statistischen Landesamt Berlin, Mitarb. an Steuergesetzen (Finanzausgleich zwischen Staat, Landkreisen u. Kommunen, Begünstigung der Stadt- u. Landkreise während der Wirtschaftskrise). Dez. 1934 Entlassung, arbeitslos, 1936 Ablehnung eines Visumantrags in die USA mangels Bürgschaften. 1937-39 AbtLtr. *Hilfsverein,* 1938 10 Wochen KL Buchenwald. 1939 Emigr. USA, 1939-41 Mitarb. JDC, 1941 M.P.A. New

York Univ., 1942-44 wiss. Assist. New School for Soc. Research, 1945-48 als Statistiker u. Volkswirt, dann ltd. Stellung im VerwAmt für wirtschaftspol. ZusArb.; 1948-68 AbtLtr. Amt für internat. Entwicklungshilfe, 1968 Pensionierung. Lebte 1977 in Camp Springs/Md.

W: Influences Shaping Expenditures of State and Local Governments. In: Bulletin, National Tax Association, 1947; Whither Tax Classification? In: Taxes, 1949; The Impact of US Foreign Aid Since the Marshall Plan on Western Europe: Gross National Product. In: Finanzarchiv, Bd. XIV, H. 14, 1953; Problems of International Comparisons of Public Finance. In: Handb. der Finanzwissenschaft, 1965; Government Finances in 18 Latin-American Countries. Official Publications of AID, 1966; zahlr. Beitr. in dt. u. am. Fachzs. - *Qu:* Fb. Hand. - RFJI.

Bertz, Paul, Parteifunktionär; geb. 2. Aug. 1886 Mühlhausen/Thür., gest. 19. Apr. 1950 Chemnitz; Diss.; *V:* Schuhmacher; ∞ verh. (Ehefrau gest. 1934); *StA:* deutsch, Nov. 1939 Ausbürg. *Weg:* 1934 F; 1935 CH; 1936 NL; 1937 F; 1940 CH; 1945 Deutschland (Berlin).

Werkzeugschlosser; 1903 DMV, 1910 SPD; *Spartakusbund,* KPD, Angehöriger des linken Chemnitzer Parteiflügels; 1919 VorstMitgl., ab 1920 Vors. DMV-Ortsverw. Chemnitz, 1924 Ausschluß aus DMV. 1922-25 (?) MdL Sa., 1922/23 PolSekr. Unterbez. Chemnitz, 1924-25 Org.- u. PolLtr. KPD-Bez. Erzgebirge-Vogtland, 1924-30 MdR, 1925-27 ZK-Kand., 1925 EKKI-Deleg. Moskau, ab Aug. 1925 Mitarb. ZK-GewAbt.; 1929 ZK-Kand., Mitgl. RGO-Reichskomitee, Ltr. Industriegruppe Eisenbahn, um 1930 Verantwortl. für Betriebsrätefragen. Nach 1930 Anfeindungen wegen „linker Abweichung". Nach der natsoz. Machtübernahme VerbMann des ZK bzw. der Landesltg. zu BezLeitungen, Sept.-Dez. 1933 Instrukteur u. PolLtr. Bez. Wasserkante, anschl. bis Apr. 1934 Oberberater der Bez. Mittelrhein, Oberrhein u. Ruhr in Düsseldorf, Deckn. Albert. Apr.-Okt. 1934 Berater der BezLtg. Berlin. Okt. 1934 auf Parteibeschluß nach Frankr.; Juni 1935-Febr. 1936 KPD-EmigrLtr. Schweiz, anschl. AbschnLtr. West u. Oberberater in Amsterdam. 1935 Teiln. 7. Weltkongreß der *Komintern,* ab 1935 Mitgl. ZK, Febr. 1936-Mai 1937 AbschnLtr. West in Amsterdam, Deckn. Johann. Ab Mai 1937 wesentl. Rolle im Sekr. der KPD-AuslLtg. Paris, u.a. für den illeg. Einsatz von Parteikadern im Reich verantwortl., Deckn. Glaßbrenner. Mitunterz. Volksfrontaufruf v. Dez. 1936. Enge org. Verb. zur KPD-AbschnLtg. Süd in der Schweiz. Sept. 1939 auf Parteibefehl Meldung zur Ausländerregistrierung, Internierung in Le Vernet; Juli 1940 Flucht mit → Leo Bauer in die Schweiz. Aus konspirativen Gründen nicht Mitgl. der AbschnLtg., jedoch bis Ende 1943 Führer der KPD-Emigr. in der Schweiz. Ab 1941 Verb. über Schweden zum ZK in Moskau. Enge Kontakte zu KPD-Widerstandsgruppen in Frankr., u.a. ZusArb. mit Noel Field. Deckn. Johann, Helm. 1944 aufgrund seiner Vorbehalte gegen BFD u. verstärkten Inlandeinsatz Bruch mit offiz. Parteiltg. in der Schweiz. Nach Rückkehr Juli 1945 stellv. Chef Deutsche Zentralverw. für Justiz, März 1946 wegen Opposition gegen Vereinigung von KPD u. SPD Ausscheiden als hauptamtl. Funktionär. Anschl. stellv. Ltr. der Werkstättenabt. der Deutschen Zentralverw. für Verkehr, Mai 1948-Febr. 1949 stellv. AbtLtr. im Zentralausschuß des Sozialhilfe Groß-Berlin, ab Mai 1949 Dir. Kommunal-Wirtschafts-Unternehmen Chemnitz. Nach Selbstmord 1950 wegen Verb. zu Field der US-Agententätigkeit beschuldigt.

L: Weber, Wandlung; Lewis, Flora, Bauer im Roten Spiel. 1965; Duhnke, KPD; GDA 5; GDA-Biogr.; Bergmann, Schweiz; Teubner, Schweiz; Dahlem, Vorabend. *Qu:* Arch. Hand. Publ. - IfZ.

Beth, Marianne, geb. von Weisl, Dr. phil., Dr. jur., Rechtsanwältin; geb. 6. Apr. 1890 Wien; *V:* Ernst Franz v. Weisl; *M:* Charlotte, geb. Michlup; ∞ 1911 Dr. phil. Karl Beth (geb. 1872), UnivProf. Wien, Vorst. Forschungsinst. für Religionspsychologie; *K:* Eric Walter, Eleonore; *StA:* österr., 1945 USA. *Weg:* 1939 USA.

1912 Prom. Dr. phil., 1921 Dr. jur. Ab 1928 in Wien als erster eingetragener weiblicher RA in Österr. tätig; Mitarb. bei psycholog. u. soziolog. Fachzs. - Dez. 1938 Berufsverbot; 1939 Emigr. USA; bis 1942 Lehrtätigkeit am Reed Coll. Portland/Ore.; Mitarb. bei soziolog. u. sozialpsycholog. Fachzs. in den USA. Ab 1955 stellv. Ltr. Universal Translation Bureau Chicago/Ill. Lebte 1961 in Chicago. - *Ausz.:* 1932 Kant-Preis.

W: u.a. Neues Eherecht. 1925; Das Recht der Frau. 1931. *Qu:* Arch. Hand. - IfZ.

Betser, Abraham Alfred (urspr. Schweizer, Alfred), Ph. D., Waffentechniker, Hochschullehrer; geb. 9. Apr. 1919 Hildesheim; *V:* Joseph Schweizer (geb. 1869 Sulzburg/Baden, umgek. 1943 [?] KL Theresienstadt oder Auschwitz), jüd., Bankier; *M:* Margareta, geb. Dux (geb. 1884 Hildesheim, umgek. 1943 [?] KL Theresienstadt oder Auschwitz), jüd.; *G:* Ernst Schweizer (1920-27); ∞ 1952 Ziporah Gafny (geb. 1921 Jerusalem), Lehrerin; *K:* Joseph (geb. 1953 Tel Aviv), Stud.; Amith (geb. 1956), Soldat; Chen (geb. 1964), Stud.; *StA:* deutsch; Pal./IL. *Weg:* 1939 Pal.

1937-38 Stud. Math. u. Physik in Hamburg, Sept.-Okt. 1939 ArbLager. 1939 Emigr. Palästina mit B III-Zertifikat, 1939-41 Stud. Physik, Math., Phil. Hebr. Univ. Jerusalem, 1941-46 MilDienst brit. Armee (R.A.S.C.), 1946-47 Stud., 1949 M.Sc. Hebr. Univ., 1948-49 u. 1950-53 Lt. IDF, 1950-69 Mitarb. Abt. Waffenentwicklung im Verteidigungsmin., 1956 Prom. Illinois Inst. of Technology Chicago; seit 1957 Doz. Technion Haifa, 1964-69 Assoc. Prof., seit 1969 Prof. für Aeronautik, 1971-73 Mitgl. versch. akad. Gremien, gleichz. Berater im Verteidigungsmin.; seit 1959 isr. Vertr. *Europäisches Komitee für Stressanalyse.* Lebte 1977 in Haifa.

W: Studies in Dynamic Photoelasticity Fringe Values and Beams under Impact (Diss.). 1956; On Rotational Supersonic Flow Past Thick Airfoils-Tables. 1960. *Qu:* Fb. - RFJI.

Beuer, Gustav, Parteifunktionär; geb. 24. Febr. 1893 Reichenberg/Böhmen, gest. 21. März 1947 Berlin; *V:* Tuchmacher; *G:* Otto (gest. 1962 [?]), KSČ, Dir. Konsumgenossenschaft Reichenberg, 1939 Emigr. GB, 1940-41 Internierung, nach Kriegsende nach Deutschland (SBZ), SED, Dir. Konsumgenossenschaft Halle; *StA:* österr., 1919 CSR, deutsch. *Weg:* 1938 GB; 1945 Deutschland (Berlin).

Nach Abschluß der Lehrerbildungsanstalt als Kaufm. tätig, Mitinh. einer Exportfirma in Gablonz; vor dem 1. WK aktiv bei Bekämpfung alldt. u. dt.-nat. Strömungen in Böhmen, gehörte nach 1918 zum linken Flügel der DSAP, 1919-21 Bürgerm. Stadt Morchenstern. U.a. mit → Otto Hahn, → Alois Neurath, → Otto Heller u. → Karl Kreibich im Reichsaktionskomitee der DSAP-Linken u. 1921 Mitgr. *KSČ-Deutsche Sektion,* danach hauptamtl. Parteifunktionär, Kreissekr. in Karlsbad u. Reichenberg; 1923-24 ZK-Kand., Chefred. *Vorwärts* Reichenberg u. später angebl. auch des dt.-sprachigen KSČ-Zentralorgans *Die Rote Fahne* Prag; in den 30er Jahren angebl. Mitgl. ZK der KSČ, 1935-38 Abg. NatVers. der CSR. Nach der Massenflucht der Hitlergegner aus den an Deutschland abgetretenen Gebieten ins Landesinnere der CSR u. nach KSČ-Verbot am 20. Okt. 1938 reiste B. im Dez. 1938 als Ltr. einer 25köpfigen Funktionärsgruppe zur Vorbereitung der sudetendt. KSČ-Emigr. nach GB; bis zum dt. Einmarsch in die Rest-CSR emigrierten mit Hilfe des *Czech Refugee Trust Fund* mehr als 800 sudetendt. Kommunisten nach GB, wo sie die größte geschlossene Gruppe in der KSČ-Gesamtemigr. bildeten. Als Ltr. dieser Gruppe *(Beuer-Gruppe),* die aufgrund der föderativen Tendenzen in der KSČ nach dem 7. Weltkongreß der *Komintern* weitgehend selbständig von den zahlenmäßig weit unterlegenen anderen tschechoslow. Exilgruppen agierte, nahm B. gegenüber den bürgerl.-demokrat. tschechoslow. Exilkreisen eine ablehnende Haltung ein u. bemühte sich um die Schaffung einer autonomen sudetendt. sozialist.-demokrat. Exilbewegung insbes. mit der TG (→ Wenzel Jaksch). Ihnen gemeinsam war die Ablehnung der Pläne zur Wiederherstellung der CSR in Vormünchner Grenzen in weitgehender Übereinstimmung mit der damaligen pol. Linie der KSČ. Bei Kriegsausbruch als

Mitverf. eines Memorandums im brit. Exil lebender KSČ-Funktionäre an Beneš für die Einrichtung selbständiger dt. Einheiten im Verband der tschechoslow. AuslArmee, nach *Komintern*-Direktiven zum dt.-sowj. Freundschaftsvertrag jedoch Ablehnung des „imperialistischen Krieges" der Westmächte; mit ltd. Gruppenmitgl. Juli 1940-Sommer 1941 Internierung auf Isle of Man. Nach Änderung der pol. Linie der KSČ u. Anschluß an bürgerl.-demokrat. Exilbewegung um Beneš infolge des sowj.-tschechoslow. Übereinkommens über Kriegszus-Arb. v. 18. Juli 1941 wurde die Selbständigkeit der sudetendt. KSČ-Gruppe Anfang 1942 aufgehoben u. sie aus natpol. Gründen einer tschechoslow. Ltg. unterstellt. - Danach war B. maßgebl. beteiligt an Zusammenfassung der sudetendt. Emigr. in GB mit dem Ziel der korrektiven Einflußnahme auf die Nationalitätenpol. des CSR-Exils; 1942 Mitgr. *Einheitsausschuß der sudetendeutschen Antifaschisten in Großbritannien* unter Einbeziehung der *DSAP-Auslandsgruppe* u. der Exilgruppe der *Deutsch-Demokratischen Freiheitspartei* (DDFP), zus. mit deren Vors. → Josef Zinner. u. → Alfred Peres PräsMitgl. des Einheitsausschusses. Nach Revision der ursprüngl. Ablehnung der Transferpläne u. Zustimmung zu einer teilw. Aussiedlung der Deutschen aus der CSR im Okt. 1943 Mitgr. u. anschl. Mitgl. des auf volksfrontpol. Basis gebildeten 50köpfigen *Sudetendeutschen Ausschusses - Vertretung der demokratischen Deutschen aus der CSR*. In den letzten Kriegsjahren plädierte B. infolge der Zustimmung der KSČ-Führung zur Eliminierung der dt. Volksgruppe in der CSR im Zusammenhang mit dem Abschluß des sowj.-tschechoslow. Vertrages v. Dez. 1943 kompromißlos für die in kommunist. Exilkreisen anerkannte Nationalitätenpol. des tschechoslow. Exils. 1940-45 Red. *Einheit. Sudeten German Anti-fascist Fortnighty* u. Mitarb. *Young Czechoslovakia* London; enge Kontakte zu *Austrian Centre*. Nach Kriegsende Übersiedlung nach Berlin.

W: Berlin or Prague? The Germans of Czechoslovakia at the Cross-Roads. London 1944; New Czechoslovakia and her Historical Background. 1947; Die Zukunft der tschechoslowakischen Deutschen (Broschüre, zus. mit Hubert Ripka). London (Verlag Einheit) o.J.; zahlr. Aufs. u. Art. *L:* PS KSČ; Křen, V emigraci. *Qu:* Arch. Hand. Publ. Z. - IfZ.

Beutling, Theodor Franz Friedrich, Parteifunktionär; geb. 22. Jan. 1898 Odessa/Rußl.; Diss.; *StA:* deutsch. *Weg:* 1933 UdSSR.

Als Kind mit Fam. nach Deutschland zugezogen, Metallarb.; 1918 USPD, 1920 KPD. Chefred. versch. Parteiztg., 1928-30 MdR. Ende 1928 bis Absetzung Herbst 1929 Sekr. für GewFragen BezLtg. Berlin-Brandenburg, anschl. für *Deutschen Freidenker-Verband* tätig, ab 1930 wieder Parteired.; Juni 1932 als Chefred. *Volkswacht* Stettin zu 4 Mon. Gef. verurteilt. Tätigkeit im *Bund der Freunde der Sowjetunion*. Ab 1933 Ltr. Universität des Westens, Moskau. 1937 verhaftet, seitdem verschollen.

L: Weber, Wandlung. *Qu:* Arch. Hand. Publ. - IfZ.

Beuttel, Wilhelm Friedrich, Parteifunktionär; geb. 10. Aug. 1900 Friedberg/Hessen, hinger. 27.Juli 1944 Köln; *V:* Wilhelm B., Weißgerber, SPD; *M:* Tabakarb.; ∞ Maria Rentmeister; *StA:* deutsch. *Weg:* 1933 Saargeb., F; 1934 Deutschland; 1935 NL; 1937 CH, NL; 1942 Deutschland.

Schneiderlehre, bis 1928 im Beruf tätig. 1917-33 Mitgl. *Deutscher Bekleidungsarbeiter-Verband,* 1921-24 VorstMitgl.; 1917 USPD, 1920 KPD, Ortsvors. Friedberg; 1921-23 BezLtr. KJVD, 1922-28 StadtVO. Friedberg, 1929 KPD-BezLtr. Hessen-Kassel. Ende 1929 bis 1931 Lenin-Schule Moskau, ab 1932 OrgLtr. Bez. Frankfurt/M., ab Apr. 1932 MdL Hessen. Frühj. 1933 nach illeg. Tätigkeit Emigr. Saargeb., Dez. 1933 i.A. der *Roten Hilfe* (RH) nach Frankr. u. Anfang 1934 bis Herbst in Berlin. Bis Ende 1935 KPD-Schulungsltr. in Paris, anschl. mit → Erich Gentsch u. → Wilhelm Knöchel Abschnittsltg. West, Amsterdam. Anfang 1937 als Ltr. der RH u. Mitgl. KPD-AbschnLtg. Süd in die Schweiz, u.a. Aufbau eines Hilfswerks für verfolgte Kommunisten im Reich, Org. von internat. Protestaktionen; Rückkehr nach Amsterdam, Anfang 1938 bis Sept. 1939 Verbindungsmann zwischen Partei- u. EmigrLtg. Aug. 1942 Einsatz als Instrukteur für Westdeutschland im Rahmen der von Knöchel aufgebauten Widerstandsorg., Jan. 1943 Verhaftung in Berlin, 25. Mai 1943 VGH-Todesurteil. Deckn. Robert, Heinrich Becker.

L: u.a. Kraushaar, Deutsche Widerstandskämpfer; Duhnke, KPD; Bludau, Gestapo. *D:* IfZ. *Qu:* Arch. Hand. Publ. - IfZ.

Beyer, Anna, Parteifunktionärin. *Weg:* 1937 B; F; GB; nach 1945 Deutschland (ABZ).

Mitgl. ISK (→ Willi Eichler). 1937 Emigr. nach Belgien u. Frankr., dann GB. 1941-44 Mitgl. Arbeitsausschuß der *Landesgruppe deutscher Gewerkschafter in Großbritannien*, in der Jugendbildungsarbeit tätig; als Funktionärin der ISK-Auslandsltg. 1942/43 Mitgr. der Jugendgruppe der *Union*, Mitgl. Jugendkomitee der *Union* u. der gewählten Jugend-Ltg. der *Sozialistischen Jugend*; Mithg. des im Frühj. 1945 von dem nichtkommunistischen Teil der *Landesgruppe* verabschiedeten Progr. für eine neue dt. GewBewegung. Nach 1945 Rückkehr nach Deutschland, Mai 1946 auf dem SPD-PT in Hannover als unbesoldetes Mitgl. in den PV gewählt. Höhere MinBeamtin. Lebte 1978 in Frankfurt/Main.

L: Röder, Großbritannien; *Qu:* Pers. Publ. - IfZ.

Beyer, Georg, Journalist; geb. 2. Okt. 1884 Breslau, gest. 27. Okt. 1943 Toulouse/Frankr.; o.K.; *V:* Salomon B., jüd. (?), Kaufm.; *M:* Therese, geb. Simon, jüd.(?); *G:* Emma Müller, Emigr. IL; Adolf, Emigr. USA; Paula Licht, dep.; ∞ I. Maria, gest.; II. 1918 Eleonore Wallach (geb. 1897, Freitod 1949), Emigr. Saargeb., F, ausgeb.; *K:* aus II: Gisela Nadrigny (geb. 1919), Emigr. F, ausgeb., A: Toulouse/F; Marie Luise (geb. 1927), Emigr. F, IL, ausgeb.; *StA:* deutsch, 3. Dez. 1936 Ausbürg. *Weg:* 1933 Saargeb.; 1935 F.

Vom Gymn. relegiert, vorüberg. kaufm. Lehre, Externenabitur, 1906-08 Stud. Volkswirtsch. Leipzig. 1905 SPD, 1906-08 Mitarb. *Leipziger Volkszeitung,* anschl. Red. *Arbeiterzeitung* Dortmund, *Tribüne* Erfurt, ab 1912 Red. *Rheinische Zeitung* Köln, wiederholt Haft wegen Pressevergehen. Ab 1913 Mitgl. Arbeiterbildungsausschuß, nach 1918 führend in *Vereinigung der geistigen Arbeiter* Köln, beim Aufbau der Volkshochschule u. des Freigewerkschaftlichen Seminars. 1919-33 StadtVO., kulturpol. Fraktionssprecher. Zeitw. Mitgl. SPD-BezVorst., Mitarb. Institut für Internationales Zeitungswesen Köln. Als stellv. Chefred. der *Rheinischen Zeitung* exponierter Gegner des Separatismus, später des NatSoz.; enge Verb. zum christl. Sozialismus. März 1933 Flucht nach Saarbrücken, ab Mitte 1933 in Forbach/Elsaß. 1933-35 mit → Max Braun u. → Wilhelm Sollmann Hg. *Deutsche Freiheit* Saarbrücken, Mitarb. *Neuer Vorwärts* u. *Deutschland-Berichte* der *Sopade*. Ab 1935 Wohnsitz Toulouse. Auseinandersetzungen mit Max Braun, u.a. in Volksfrontfrage, Verb. zu → Dietrich von Hildebrand (Zs. *Der Christliche Ständestaat* Wien). Bis 1942 Mitarb. sozdem. Exilpresse u. schweizer. Zs. - 1940 vorüberg. Internierung. Ab Nov. 1942 durch Vermittlung des Erzbischofs von Toulouse Unterkunft in einem Kloster, dort verstorben u. unter falschem Namen beerdigt. Ps. Progest.

W: u.a. Die Kartelle und die Arbeiterschaft. 1908; Katholizismus und Sozialismus. 1927; Sozialismus aus dem Glauben (Hg. zus. mit A. Rathmann). 1929. *L:* Steimel, Robert, Kölner Köpfe. 1958; Osterroth, Biogr. Lexikon; Bers, Günter, Die sozialdemokratische Partei im Agitationsbezirk obere Rheinprovinz. 1973. *D:* AsD. *Qu:* Arch. Hand. Pers. Publ. - IfZ.

Beyth, Hans Shmuel, Bankier, Verbandsfunktionär; geb. 5. Okt. 1901 Bleicherode/Sa., gef. 26. Dez. 1947 bei Castell/IL; jüd.; *V:* Fritz Baruch B. (geb. 1856 Bleicherode, gest. 1922 Bleicherode), jüd., Bankangest., später Textil-Börsenmakler, bis 1919 zeitw. StadtVO; *M:* Minna, geb. Rothenberg (geb. 1863 Arholzen bei Braunschweig, gest. 1928 Bleicherode), jüd.; *G:* Hanna Feimann (geb. 1886 Bleicherode, gest. 1962 Kefar Shemaryahu/IL), 1935 Emigr. Pal.; Wilhelm (geb. 1888 Bleicherode, gest. 1953 Prienz/Odenwald), Kaufm., im 2. WK in Versteck in Deutschland; Margarethe Silberbach (geb. 1893 Bleicherode), Krankenschwester, 1934 Emigr. Pal.; Alma Besthof (geb. 1895 Bleicherode, umgek. um 1943 KL Auschwitz), Dep. nach Lodz; Karl (geb. 1903 Bleicherode), Kaufm., 1936 Emigr. Pal., Siedler in Kfar Shemaryahu; ∞ 1938 Lotte Marx (geb. 1912 Stettin), jüd., Stud. Med. in Deutschland u. CH, 1934-35 Emigr. Pal., Laborassist. im Zondek Lab. der Med. School der Hebr. Univ.; *K:* Dr. phil. Michael B. (geb. 1939), Chefgeologe des isr. Industrie- u. Handelsmin.; Dr. med. Yoram B. (geb. 1941), Gynäkologe am Hadassah-Krankenhaus Jerusalem; Miryam-Henrietta Katz (geb. 1942), Geographin u. Bibliothekarin; Ruth (geb. 1946), Lt. der IDF, M.A., Assist. für Psychologie u. Statistik an der Hebr. Univ. Jerusalem; *StA:* deutsch; Pal/IL. *Weg:* 1935 Pal.

Realgymn. Nordhausen, 1918-20 Banklehre in Hildesheim, gleichz. Mitgl. *Blau-Weiß* u. Mitgr. örtl. JJWB, 1920-22 Börsenmakler bei Hochmann, Zeidler & Co. Berlin u. 1922-24 bei Lichtenstein & Co. Berlin. 1924-25 Ausbildung als Hersteller von Konserven in Braunschweig; 1925-31 Ltr. Börsenabt. bei Kurzinsky & Co. Berlin. 1931-34 bei Cohn & Bernstein Berlin. 1923 Besuch in Palästina, 1923-26 Mitgl. der Bundesltg. des *Brith Haolim;* 1925-35 tätig beim ZVfD Berlin u. beim *Hechaluz,* Mitgr. Hachscharah-Zentrum Hameln u. Landschulheim Herrlingen, 1932-35 Mitarb. in Jugendhilfe Berlin. 1935 Emigr. Palästina mit C-Zertifikat, 1935-47 in der Finanzabt. der *Jugend-Alijah,* später Mitarb. von Henrietta Szold, nach ihrem Tod. Ltr. der *Jugend-Alijah.* 1946 in Europa auf Suche nach jüd. Kindern, organisierte deren illeg. Einwanderung nach Palästina. Ab 1935 Mitgl. *Haganah,* Mitgl. *Histadrut* u. H.O.G.; 1947 gef. bei Bewachung von Kindertransport.

L: Bentwich, Norman, Jewish Youth Comes Home. 1944; Martel, Richard, Brith Haolim. In: Bulletin LBI, 1966. *Qu:* Hand. Pers. Publ. - RFJI.

Biberfeld, Philipp Leon, Dr. jur., Rabbiner, Rechtsanwalt; geb. 17. März. 1901 Hamburg; *V:* Josua Aron B. (geb. 1867 Breslau, gest. 1936 Hamburg), Kaufm.; *M:* Lea, geb. Lassuto (geb. 1877 Hamburg, gest. 1970 New York); *G:* Dr. med. Heinrich Field (urspr. Biberfeld, geb. 1899 Hamburg), Emigr. I, USA; Rosa Halberstadt (geb. 1900 Hamburg, umgek. KL Auschwitz); ∞ 1929 Malwine Caro (geb. 1906 Hamburg), jüd., 1939 Emigr. B, später GB, USA; *K:* Helene Rauch (geb. 1930 Hamburg), 1939 USA; Dora Goldman (geb. 1933 Hamburg), 1939 USA, Sekr.; Joshua Aron (geb. 1943 New York); *StA:* deutsch, 1945 USA. *Weg:* 1939 USA.

1919-25 Stud. Jeschiwah Galanta ČSR, Stud. Rechtswiss. Berlin, Hamburg, 1925 Prom.; 1927-33 RA in Hamburg, 1933 Berufsverbot. 1933-38 Rabbiner Beth Hamedrash Berlin u. Jeschiwa Frankfurt/M., 1935-38 Doz. für Talmudwiss. an der Jeschiwa Frankfurt/M.; Sept. 1938 in die USA mit Besuchervisum, dann nach Kuba, 1939 endgültig USA. 1940-70 Rabbiner Gde. Agudas Yeshorim New York. Seit 1974 Mitarb. in einem RA-Büro. Lebte 1977 in New York.

W: Dina deMalchuta Dina (Das Staatsgesetz ist religiös-verpflichtendes Gesetz). Schriftenreihe des Bundes Jüdischer Akademiker, 2. 1925; Einführung in die jüdische Geschichte. 1937; Der jüdische Staat. 1938; Das Noachidische Urrecht. 1938; Judaism and International Law. In: Jung, Leo (Hg.), Israel of Tomorrow. 1946-49; Universal Jewish History. 1948; Ancient Jewish History. 1948; The Patriarchal Age. 1973; Beiträge über jüdische Gesch. in versch. Zs. *Qu:* Fb. Hand. -RFJI.

Bick, Wilhelm (Willi), Parteifunktionär, Diplomat; geb. 1. Dez. 1903 Essen; *V:* Heinrich B., Arbeiter; *M:* Auguste, geb. Nelle; *StA:* deutsch, 7. Juni 1939 Ausbürg., deutsch. *Weg:* 1933 Lux., Saargeb.; 1935 F; 1936 E; 1938 DK; 1943 S; 1945 Deutschland (SBZ).

Realschule, kaufm. Lehre, anschl. Angest.; 1920 ZdA, später Ltr. Fachgruppe Presse in Essen u. gleichz. BezJugendltr. *Arbeiter-Turn-und Sportbund* ebd.; 1926 KPD, Verlagsmitarb., dann Red. *Ruhr-Echo* Essen u. Mitgl. KPD-BezLtg. Ruhr, ab 1932 Mitgl. BezLtg. Saar u. Geschäftsf. des dortigen KPD-Zeitungsverlags. 1933 vorüberg. Geschäftsf. einer kommunist. Ztg.in Luxemburg, anschl. für KPD im Saargeb. tätig. Nach Rückgliederung des Saarlandes nach Frankr.; 1936-38 Offz. Thälmann-Btl. der XI. Internat. Brigade; 1938 nach Dänemark, illeg. Tätigkeit, 1943 nach Schweden, 1944 Internierung. 1945 Rückkehr nach Deutschland (SBZ), stellv. Vors. *Verband der Konsumgenossenschaften* u. Mitgl. Landesvorst. der KPD bzw. SED in Mecklenburg-Vorpommern, ab 1946 MdL Mecklenburg, 1947-50 GenStaatsanwalt u. ab 1950 MdI v. Mecklenburg sowie Landesvors. *Gesellschaft für deutsch-polnische Freundschaft,* 1950-54 MdVK, 1952-54 Mitgl. des Sekretariats der SED-BezLtg. u. 1952-58 1. Vors. BezRat sowie Abg. des BezTages Schwerin, Juli 1958-Jan. 1963 Botschafter in Rumänien, anschl. bis 1965 Ltr. 4. europ. Abt. (Nordeuropa) im MfAA. Lebte 1973 als Arbeiterveteran in Berlin (Ost). - *Ausz.:* 1955 VVO (Silber), 1956 Hans-Beimler-Medaille.

W: Wie ich Generalstaatsanwalt in Mecklenburg wurde. In: Wir sind die Kraft. 1959 (Erinn.). *L:* Radde, Diplomat. Dienst. *Qu:* Arch. Erinn. Hand. Publ. Z. - IfZ.

Bie, Hans, Unternehmensleiter; geb. 4. Sept. 1874 Breslau, gest. New York; *V:* Fabrikant in Breslau; *K:* 1 S, Dr. phil. (Chem.), Geschäftsf. einer chem. Fabrik in USA, Kaufm. in S-Amerika, gest. *Weg:* USA.

Gymn. Breslau, kaufm. Lehre in Dresden, Berlin, Gleiwitz (Huldschinskysche Hüttenwerke Gleiwitz-Berlin). Ab 1897 Angest., ab 1916 GenDir. Kokswerke u. Chemische Fabriken AG Berlin. Vors., stellv. Vors. u. AR-Mitgl. zahlr. chem. Fabriken u. Bergwerksges., u.a. Dir. I.G. Farben. - *Ausz.:* 1922 Dr.-Ing. h.c. TH Breslau, Ehrenbürger TH Berlin-Charlottenburg. *Qu:* Hand. Pers.- RFJI.

Bieber, Siegfried, Bankier; geb. 23. Mai 1873, gest. Nov. 1960. *Weg:* 1934 USA.

Vor 1. WK Geschäftstätigkeit in USA u. GB. 1914 Ltr. Londoner Filiale der Banca Commerciale Italiana Mailand, Geschäftsverbindung zu → Hans Fürstenberg. Ab 1919 persönl. haftender Gesellschafter, ab 1934 zugl. VerwRatsmitgl. Berliner Handels-Gesellschaft (BHG) KGaA, zus. mit Hans Fürstenberg Ltr. Abt. Devisen- u. Geldhandel. Ausschußmitgl. *Zentralverband des deutschen Bank- und Bankiergewerbes* Berlin. Febr. 1933 erzwungener Rücktritt als persönl. haftender Gesellschafter, Anfang 1938 Rücktritt als VerwRatsmitgl. der BHG. 1934 Emigr. USA, Privatier.

Qu: Hand. Pers. Publ. - RFJI.

Biel (urspr. Bielschowsky), **Ulrich,** Dr. jur., Rechtsanwalt; geb. 17. Mai 1907 Berlin; *V:* Richard Bielschowsky, RA; *M:* Tilly, geb. Simon; ∞ verh.; *StA:* deutsch, USA. *Weg:* 1934 USA; 1952 Deutschland/Berlin (West).

Stud. Rechtswiss. Genf, Paris, Bonn, Berlin. 1929 Referendar, 1933 Entlassung aus jur. Vorbereitungsdienst, März 1934 Prom. Bonn. 1934 Emigr. USA. Tätigkeit als pol. Berater und Makler, 1941 Vertr. einer Schiffahrtsges., 1942 Eintritt in US-Armee, ab 1945 in Berlin, 1946-52 Tätigkeit für US-Außenmin.,ltd. Funktionen bei OMGUS u. HICOG, ab Nov. 1949 Land Observer in Hannover. Anschl. Assessor-Examen, RA u. Notar in Berlin. 1965 CDU, ab 1971 Mitgl. AbgHaus, ab 1975 Alterspräs. Lebte 1978 in Berlin (West). - *Ausz.:* 1977 Ernst-Reuter-Med. (Silber).

Qu: Hand. - IfZ.

Bieler, Meir (Majer), Dr. phil., Rabbiner, Pädagoge; geb.9. Nov. 1906 Tarnopol/Galizien, gest. 1953 Jerusalem. *Weg:* 1940 Pal., Mauritius, 1945 Pal.

1926-32 Stud. Jüd.-Theol. Seminar Breslau, gleichz. 1927-32 Stud. Würzburg, 1932 Prom.; anschl. Prediger jüd. Gde. Forst/Lausitz, 1937 Rabbiner in Zoppot bei Danzig, 1938-40 Oberrabbiner in Danzig (letzter Rabbiner der Gde.). 1940 illeg.

Emigr. Palästina, Mitgl. der Transportltg. auf den Schiffen Helios u. Atlantic. Nov. 1940 Internierung durch Mandatsreg. im Lager Atlit, Dez. 1940 Dep. nach Mauritius, bis 1945 Rabbiner der Liberalen Lagergde., 1945 nach Palästina, 1945-53 Dir. u. Lehrer für hebr. Intensivkurse für Einwanderer in Jerusalem.

W: Der göttliche Wille (Logosbegriff) bei Gabiriol (Diss.). 1933. *L:* Echt, Juden in Danzig; Lichtenstein, Danzig. *Qu:* Pers. Publ. - RFJI.

Bieligk, Fritz, Journalist; geb. 1893 Freiberg/Sa., gest. 1967; ∞ Anne. *Weg:* 1934 CSR; 1937 (1938 ?) S; 1940 N; GB.

Lehre als Graphiker. Nach kurzem VolkswirtschStud. an TH Dresden journ. Tätigkeit. 1908 Mitgl. ArbJugendbewegung, 1911 SPD. 1913 MilDienst, 1914-18 Kriegsteiln. 1919 Red. *Volkszeitung für Südwestsachsen* der USPD Plauen, während des Kapp-Putsches Vors. *Arbeiter- und Soldatenrat.* Nach Rückkehr zur SPD Chefred. *Volkszeitung für das Vogtland* u. Mitgl. Landesltg. Sachsen. 1928 pol. Red. *Leipziger Volkszeitung.* Gehörte 1927-31 zur sozdem. Linken um die *Klassenkampf*-Gruppe; Mitarb. *Der Klassenkampf - Marxistische Blätter* u. der von Paul Levis 1928 mit *Der Klassenkampf* vereinigten *Sozialistischen Politik und Wirtschaft.* Nach Abspaltung der SAPD u.a. zus. mit → Karl Böchel in der bei der SPD verbleibenden Linken, die ab Nov. 1931 *Marxistische Tribüne für Politik und Wirtschaft* herausgab, bis zu deren Einstellung Juni 1932 Mitarb. In der 1931 nach dem Leipziger SPD-PT von der *Klassenkampf*-Gruppe hg. Reihe *Rote Bücher der Marxistischen Büchergemeinde* Stellungnahme zu den Problemen der pol. Org. der ArbKlasse. Nach natsoz. Machtübernahme bis 1934 KL Sachsenhausen, dann Emigr. in die CSR. In Prag Anschluß an *Arbeitskreis revolutionärer Sozialisten*, aus dem die RSD hervorgingen; Mitverf. von deren Programmschrift *Der Weg zum sozialistischen Deutschland - Plattform für die Einheitsfront.* 1937 (1938?) nach Schweden, von dort 1940 über Norwegen nach GB. Mit → Curt Geyer, → Walter Loeb, → Kurt Lorenz, → Carl Herz u. → Bernhard Menne am 2. März 1942 Veröffentl. einer Erklärung über angebl. Nationalismus der dt. SozDem. vor 1933 wie auch ihre Verantwortlichkeit für den Aufstieg des NatSoz.; daraufhin Ausschluß aus *Landesgruppe deutscher Gewerkschafter in Großbritannien*, Mitgl. *Fight for Freedom.* Ende der 50er Jahre Rückkehr nach Deutschland.

W: Die revolutionäre Organisation. In: Zeitschrift für Sozialismus, Apr. 1934; Statistical Truth. London (Hutchinson) 1942; Stresemann. The German Liberals Foreign Policy. Ebd. 1943; Progress to World Peace. Ebd. 1945. *L:* Drechsler, SAPD; Röder, Großbritannien. *Qu:* Publ. - IfZ.

Bielski, Martin, Journalist; geb. 5. Juli 1921 Breslau, gest. 1976 Tel Aviv; jüd.; *V:* Bruno B., jüd.; *M:* Eufemia, geb. Rosenthal, jüd.; ∞ 1946 Elisabeth Glückstadt, jüd.; *K:* Reuben, Dan. *StA:* deutsch, IL. *Weg:* 1939 Boliv., 1953 IL.

Gymn. Breslau. 1939 Emigr. Bolivien, Red. der Wochenztg. *Die Zeit* u. *Hechos* in Cochabamba, daneben 1949-53 Präs. *Theodor-Herzl-Gesellschaft*, Vizepräs. *Makkabi.* 1953 nach Israel; 1959-73 stellv. Red. dt.-sprach. Ztg. *Jediot Chadaschot* in Tel Aviv, zugl. RedMitgl. *Mitteilungsblatt* der I.O.M.E.; Gr. *Vereinigung für deutsch-israelische Zusammenarbeit*, Präs. *Isr. Informations-Verb.*, 1963-66 Präs. *Bialik-Loge* der *B'nai B'rith*, 1971-72 Präs. *Shalom-Süsman-Gedächtnisloge B'nai B'rith* in Ramat Gan, Mitgl. *Isr. Journ.-Verb.*

W: Los Judios en Bolivia. 1950; Marranos en la America de Sur. 1952; Liberale Nachrichten. (Hg.) 1965. *Qu:* Hand. Z. - RFJI.

Bienenfeld, Frank Rudolf, Dr. jur., Rechtsanwalt; geb. 27. Sept. 1886 Wien, gest. 15. Mai 1961 London; jüd.; *V:* Dr. Heinrich B., RA; *M:* geb. Schmelkes; *G:* Dr. phil. Else B., Musikkritikerin; Dr. med. Bianka B.; Martin (gest. IL); ∞ I. Grete Koritschoner (gest. 1938 Zürich); II. Gusti Blaudorn, geb. Koppel; *K:* (Stiefsohn) K.M. Blaudorn, A: London. *Weg:* 1938 CH; 1939 GB.

Stud. Wien, 1908 Prom.; RA-Konzipient, ab 1915 RA in Wien, Dir. u. jurist. Berater Ernährungszentrale der österr. Reg.; Vors. österr. Büro des WJC, Präs. zion. *Jacob-Ehrlich-Gesellschaft* Wien, VorstMitgl. Prüfungsausschuß der österr. Anwaltskammer, Musikkritiker einer Wiener Tageszeitung (Ps. Anton von Miller). 1938 Emigr. Schweiz, 1939 GB. Mitarb. in Wiedergutmachungsangelegenheiten, Rechtsberater u. ab 1948 VorstMitgl. des WJC London, Deleg. des WJC bei der Menschenrechtskommission u. dem Wirtschafts- u. Sozialausschuß der UNO, Mitarb. an UN-Menschenrechtscharta; Dir. Rechtsabt. u. VorstMitgl. Inst. of Jew. Affairs, Mitgl. *Jew. Board of Deputies* London, VorstMitgl. URO u. *Jew. Trust Corp. for Germany*, Gr. *Jacob-Ehrlich-Gesellschaft* für österreichische Flüchtlinge.

W: u.a. Haftungen ohne Verschuldungen. 1933; Deutsche und Juden. 1934 (engl. Übers. 1939); The Religion of the Non-Religious Jews. 1941; Rediscovery of Justice. 1947; Der österreichische Staatsvertrag und die Ansprüche der Verfolgten. 1956; Justice, Aggression and Eros. 1957. *Qu:* Arch. Hand. Z. - RFJI.

Bienheim, Erich, Dr. phil., Rabbiner; geb. 16. Nov. 1898 Duingen/Hannover, gest. 28. Jan. 1962 Bradford/GB; *V:* Martin B. (gest. 1919 Göttingen), jüd., Kaufm.; *M:* Hulda, geb. Grünsfeld (geb. 1873, umgek. 1942 im Holokaust), Dep. nach PL; *G:* Walter (geb. 1903 Duingen, gest. 1951 New York), Kaufm., 1939 Emigr. GB, 1946 USA; Anna Grünberg (geb. 1897 Duingen, umgek. im Holokaust); Karl-Ludwig (geb. 1900 Duingen, gest. 1967), Dipl.-Ing., Architekt, 1934 Emigr. Pal., Hochschullehrer; ∞ I. Edith Abeles (geb. Wien), Emigr. GB, gesch.; II. Marion Krotoschin; *StA:* deutsch; brit. *Weg:* 1939 GB.

1921 Rabbinerexamen L(H)WJ Berlin, 1924 Prom. Würzburg, 1928-39 Rabbiner isr. ReligGde. Darmstadt. 1939 Emigr. GB, 1946-49 bei der West London Syn., nach 1949 Rabbiner Bradford Synagoge.

W: Die Gebärden im Alten Testament (Diss.). 1924. *Qu:* Arch. Hand. Pers. Z. - RFJI.

Biernat, Hubert, Parteifunktionär u. Politiker; geb. 11. Juni 1907 Heeren/Westf., gest. 30. Okt. 1967; Diss.; *V:* Franz B. (1882-1955), Bergmann, kath.; *M:* Anna, geb. Leisten (1887-1968), kath.; ∞ 1934 Hildegard Oberfeld (geb. 1910), ev.; *K:* Rainer (geb. 1940), RegDir.; Wolfgang (geb. 1945); Axel (geb. 1948); *StA:* deutsch. *Weg:* 1933 NL, B; 1934/35 Deutschland.

Nach kaufm. Ausbildung u. Verwaltungsakad. Dortmund Buchhalter, Werbekorr. u. Geschäftsführer. Ab 1921 Gew., Mitgl. SAJ, ab 1926 SPD; hauptamtl. Mitarb. sozdem. Presse, u.a. 1930-33 Red. *Der Hammer* Hamm; aktiv in sozialist. Bildungsarbeit. ArbSportbewegung, Mitgl. *Reichsbanner.* Nach natsoz. Machtübernahme Berufsverbot, wegen pol. Verfolgung 1933 Flucht in die Niederlande u. nach Belgien. 1934 oder 1935 Rückkehr nach Deutschland, bis Kriegsende oppos. Tätigkeit. Nach 1945 Sekr. SPD-Unterbez. Hamm-Unna-Soest-Lippstadt-Beckum-Lüdinghausen; 1946-50 u. 1961-64 Landrat Kreis Unna/Westf.; 1946 Mitgl. westf. ProvRat, 1946-48 stellv. Mitgl. brit. Zonenbeirat; Mitgl. ernannter u. erster LT von NRW, MdL bis 1950 u. 1958-67; 1947-50 Mitgl. Ruhrsiedlungsverband, bis 1950 stellv. Mitgl. Finanzausschuß des Deutschen Landkreistags; 1948-53 Mitgl. Landschaftsverbands-Ausschuß Westfalen; 1950-56 RegPräsident Arnsberg/ Westf.; 1956-58 Mitgl. Bundesrat u. Innenminister NRW; 1957-61 Mitgl. SPD-Parteirat; Mitgl. zahlreicher AR, u.a. als GewVertr. der ÖTV AR-Vors. Stahlwerke Südwestfalen AG. - *Ausz.:* 1964 Gr. BVK mit Stern u. Schulterband.

W: Im Mittelpunkt der Mensch. Reden und Aufsätze. 1968. *L:* Hüttenberger, Peter, Nordrhein-Westfalen und die Entstehung seiner parlamentarischen Demokratie. 1973. *D:* HStA Düsseldorf. *Qu:* Hand. Pers. Publ. - IfZ.

Bieroth, Jakob Wilhelm, Dr. rer. pol., Ministerialbeamter; geb. 31. März 1902 Finthen/Rheinhessen; kath.; *V:* Wilhelm Nikolaus B. (1875-1960), Landwirt, kath.; *M:* Margareta (1873-1937), kath.; *G:* Karl Josef (geb. 1905), Gretchen (geb. 1908); ∞ 1938 Wilhelmina Joanna Quadekker (geb. 1914 Den Haag/Holland), kath.; *K:* Heinz-Günter (geb. 1939), Hanns-Arno (geb. 1943); *StA:* deutsch. *Weg:* 1934 NL; 1945 Deutschland (FBZ).

Humanist. Gymn. Mainz, 1921-25 Stud. Rechts- u. Staatswiss. Univ. Frankfurt/M., 1923 Dipl.-Kaufm., 1925 Prom.; 1926-33 Syndikus der Rheingauer Weinbauverbände, daneben Lehrtätigkeit Staatliche Lehr- und Forschungsanstalt Geisenheim/Rheingau sowie Volkshochschule Mainz. 1920 *Zentrum,* VorstMitgl. Rheingau, führend in kath. Jugendbewegung; nach natsoz. Machtübernahme Verlust aller Ämter, Sept. 1934 verhaftet, danach Emigr. in die Niederlande. Dort tätig als Rechts- und Wirtschaftsberater; ZusArb. mit → Friedrich Muckermann, Mitarb. *Der Deutsche Weg;* nach dt. Einmarsch verhaftet u. interniert. Apr. 1943 zur Wehrmacht einberufen, u.a. Einsatz in der Normandie; noch vor Kriegsende zurück nach Mainz. 1945 vorüberg. RegPräs. Rheinhessen, dann Präsidialdir. für Finanzen u. Forsten im OberregPräsidium Neustadt/Weinstraße, Präs. Landesfinanzamt sowie Banken- u. Preiskommissar; ab Jan. 1947 MinDirigent im Finanzmin. der neugebildeten Landesreg. Rheinland-Pfalz; Mitgr.u. VorstMitgl. CDU Rheinland-Pfalz, Mitgl. Beratende Landesversammlung Rheinland-Pfalz, 1947-51 MdL; 1950 1. Landesvors. *Zentralverband der Kriegssachgeschädigten,* 1959 Mitgl. Beirat für Kriegsgeschädigte beim MdI; versch. beratende Funktionen auf bundes- u. landespol. Ebene. – *Ausz.:* u.a. 1953 Ritter vom Heiligen Grab, 1973 Komturkreuz; 1965 Ehrenmitgl. Internat. Gutenberggesellschaft, Verfassungsmedaille des MinPräs. von Rheinland-Pfalz.

Qu: Fb. Hand. Pers. - IfZ.

Biheller, Alfred **Friedrich** (Bedřich), Partei- u. Staatsfunktionär; *StA:* CSR. *Weg:* 1937 E, 1939 F, 1940 (?) GB, 1945 CSR.

KSČ-Mitgl. u. -Funktionär, ab Jan. 1937 Briefzensor in der Basis der Internat. Brigaden in Albacete, ab Febr. 1937 Angehöriger der Gottwald-Batterie, ab Sommer 1938 Red. u. Sprecher der tschechoslowak. Sendung bei *Radio Madrid* bzw. *Barcelona* mit Sitz in Aranjuez, März 1939 nach Frankr., Internierung in Argelès u. Gurs, dann vermutl. mit tschechoslow. Ausl-Armee nach GB, Mitarb. *Young Czechoslovakia.* 1945 Rückkehr in die CSR, Funktionär im tschechoslow. Außenmin., dort 1968 Vors. der Rehabilitierungskommission.

W: Z války ve Spaňelsku (Erinn.). In: Přispěvky k dějinám KSČ. 1957. *Qu:* Erinn. Publ. Z. - IfZ.

Bildesheim, Gerardo Elias, Agronom, UN-Beamter; geb. 25. Juni 1925 Halle/Saale; jüd.; *V:* Karl B. (geb. 1881 Salzkotten/ Westf., gest. 1939 Buenos Aires), jüd., Getreideimporteur; 1936 Emigr. Argent.; *M:* Carlota Hadra, geb. Breitmann (geb. 1897 Istanbul), jüd., 1936 Emigr. Argent., später CH; ∞ I. 1951-69 Nora Ana Gluckmann (geb. 1925 Buenos Aires), jüd., Stud. Architektur; II. 1973 Monique Liguori (geb. 1925 Le Havre); *K:* Graziella (geb. 1956 Rom); Paola (geb. 1960 Rom); *StA:* deutsch, Argent.; *Weg:* 1936 Argent.

1936 Emigr. Argent.; 1938-43 Stud. Colegio Mariano Moreno, Buenos Aires, 1943 Bakkalaureat, 1943-48 Stud. Landwirtschaft Univ. Buenos Aires, 1948 Agrar-Ing.; 1948 wiss. Mitarb. der staatl. Getreidekommission, 1948-50 Dir. Abt. Landwirtschaft bei Fa. Parsons, Brinkerhoff, Hall u. Macdonald, Argent., 1950- 51 Ltr. Abt. Landwirtschaft bei Anderson, Clayton & Co., Argent.; ab 1951 FAO in Rom, Berater für lateinam. Fragen. Dir. des Gemeinschaftl. Landwirtschaftsprogr. der Interam. Development Bank, Washington/D.C., ab 1970 Regionalvertr. für Europa. Mitgl. *Soc. for Internat. Development, Italian Acad. of Agricultural Economists.* Mitgr. *Europ. Assn. Agric. Econs.* Lebte 1977 in Rom.

Qu: Fb. Hand. Pers. - RFJI.

Bill, Friedrich, Dr. jur., Journalist, Rechtsanwalt, Verbandsfunktionär; geb. 8. Jan. 1894 Proßnitz/Mähren, gest. 26. Okt. 1976 Yonkers/N.Y., USA; ∞ Dr. Greta Dezensy-Bill, Kinderärztin, 1939 Emigr. EC; *K:* Lucy; *StA:* österr., 1919 CSR. *Weg:* 1939 EC; in den 50er Jahren Österr.

Mitschüler von Adolf Hitler, Stud. Rechtswiss., RA in Prag, daneben Korr. *Arbeiter-Zeitung* Wien u. Leitartikler *Prager Tagblatt;* Vizepräs. tschechoslow. Liga für Menschenrechte, Mitgr. u. langjähr. GenSekr. ihrer dt. Sektion. 1930 Mitgr., dann Hg. u. verantwortl. Red. der dt.-sprachigen Monatszs. der Liga, *Der Aufruf* Prag, die B. nach 1933 als Wochenzs. auch für Publikationen der reichsdt. Emigr. in der CSR zur Verfügung stellte. Mitgr. u. Förderer *Demokratische Flüchtlingsfürsorge.* 1939 mit Fam. Emigr. nach Ecuador, bis 1946 Farmer u. Viehzüchter, danach mit seiner Frau Ltr. eines Hotelsanatoriums im Thermalbad Baños. In den 50er Jahren Rückkehr nach Europa, lebte in Salzburg u. Laufen/Obb., später nach New York.

Qu: Arch. Z. - IfZ.

Billmaier, Erwin, Gewerkschaftsfunktionär; geb. 7. Juli 1903 Wien, gest. 13. Jan. 1973 Wien; Diss.; *M:* Marie, Okt. 1934 wegen illeg. sozialist. Betätigung verhaftet; *G:* Alfred u. Kurt, beide nach 1934 illeg. tätig, Okt. 1934 Verhaftung; ∞ Adele; *StA:* österr., 1934 Ausbürg., 1946 österr. *Weg:* 1936 CSR; 1937 N; 1939 S; 1946 Österr.

1917-22 Banklehre u. Bankangest., anschl. arbeitslos, 1925-27 Maurerlehre; SDAP, während Lehrzeit BezGruppenobmann in Jugendgruppe der *Österreichischen Baugewerkschaft* Wien. 1929 aufgrund von Arbeitslosigkeit Ausw. nach Brasilien u. Argentinien, 1931 Rückkehr nach Wien. Mitgl. *Republikanischer Schutzbund.* 1934 Teiln. an den Februarkämpfen, Flucht in die CSR, Ausbürg., Rückkehr; illeg. Arbeit vor allem im LitVerteilungsapp. der RSÖ, Schmuggel u. Verteilung der „kleinen" *Arbeiter-Zeitung* aus Brünn, Deckn. u.a. Albert Axler, Erwin, Luise. Okt. 1934 Verhaftung, Dez. 1935 Amnestie, Jan. 1936 Abschiebung in die CSR. Frühj. 1936 illeg. Rückkehr. Sept. 1936 erneut in die CSR, Mitarb. ALÖS in Brünn. 1937 auf österr. Druck Verhaftung u. Ausweisung durch CSR-Behörden. 1937-38 Norwegen, anschl. Stockholm. Mitgl. *Gruppe österreichischer Gewerkschafter in Schweden* (→ Josef Pleyl). 1944-46 VorstMitgl. *Österreichische Vereinigung in Schweden* (ÖVS) unter → Bruno Kreisky. 1945 Kassier *Auslandsvertretung der Freien Gewerkschaften Österreichs* (→ Franz Novy) u. ÖVS-Vertr. im Österreichischen Repräsentationsausschuß in Schweden. Febr. 1946 Rückkehr nach Wien, SPÖ. Ab 1946 Mitgl. Hauptvorst. *Gewerkschaft der Bau- und Holzarbeiter,* 1946-48 Landessekr. Burgenland u.Ltr. burgenländ. Stelle der gemeins. Arbeiterkammer Wien, Niederösterr. u. Burgenland; 1948-49 Landessekr.Vorarlberg, 1949-52 Sekr., 1952-55 stellv. Zentralsekr., 1955-67 stellv. Vors. *Gewerkschaft der Bau- und Holzarbeiter,* 1949-56 Red. *bau-Holz.* 1954-64 GdeRat Wien; ab 1958 mehrere Jahre Dir. Bauarbeiter-Urlaubskasse. - *Ausz.:* 1961 Goldenes Ehrenzeichen für Verdienste um die Rep. Österr.; Victor-Adler-Plakette der SPÖ, Ehrenmed. der Bundeshauptstadt Wien in Silber.

W: 100 Jahre Geschichte der Bau- und Holzarbeiter Österreichs. Manuskript und Dokumentation: Erwin Billmaier, Robert Rosak, Luis Seebacher. 1967. *L:* 100 Jahre Geschichte der Bau- und Holzarbeiter Österreichs; Müssener, Exil; Widerstand 1; Hindels, Gewerkschaften. *D:* Arbeiterkammer Wien. *Qu:* Arch. Publ. - IfZ.

Biluth, Yehudit (urspr. Bluth, Judith), Journalistin; geb. 26. Okt. 1895 Berlin; jüd.; *V:* Berthold B. (geb. 1860 Groß-Chelm/Oberschlesien, gest. 1930), jüd., Kaufm.; *M:* Johanna, geb. Breitbarth (geb. Schoppinitz/Oberschlesien, 1943 umgek. KL Theresienstadt), jüd.; *G:* 2 S, 5 B; *StA:* deutsch, Pal./IL. *Weg:* 1939 GB, 1944 Pal.

Kursteiln. Volkshochschule Berlin, Englisch-Prüfung der Cambridge Univ.; 1916-18 Tätigk. im GenGouvernement Belgien; 1919-27 RedMitgl. *Neue Berliner Zeitung, Das 12-Uhr-Blatt*, 1927-36 Ltr. Personalabt. u. RedMitgl. *Zeitschrift für Textilwirtschaft-Deutsche Konfektion;* Sekr. für *Maccabi World Org.* u. *Hechaluz* Berlin. 1939 Emigr. GB, Sekr. bei *Hechaluz* London. 1944 Palästina, 1944-53 stellv. Hg., später Hg. der Monatsschr. des isr. Industriellenverb., *Israelisches Export-Journal;* 1953-59 ltd. Sekr. isr. Einkaufsmission in Köln; Beiträge für isr. Ztgn.; Mitgl. *Freunde des Museums Tel Aviv* u. *Malraz* (Ausschuß für Lärmbekämpfung u. Verhinderung von Umweltverschmutzung). Lebte 1977 in Tel Aviv.
Qu: Fb. - RFJI.

Bindel, Jakob, Verbandsfunktionär; geb. 14. Nov. 1901 Wien; jüd., 1924 Diss., 1938 jüd.; *V:* Bernhard B., jüd., Friseurmeister, Mitgl. SDAP. 1939 (?) KL, umgek. im Holokaust; *M:* Charlotte (gest. 1936), Mitgl. SDAP, ab 1934 illeg. RSÖ; *G:* Lotte Hümblein (geb. 1917), Heilpädagogin, A: CH; Julius (1905-41), Metallarb., Mitgl. SDAP, *Republikanischer Schutzbund,* 1934 bei Februarkämpfen schwer verwundet, über CSR nach Moskau transportiert, gef. als Angehöriger der Roten Armee; ∞ Dez. 1938 Wien, Martha Kreisler (geb. 1912), jüd., 1939 Emigr. Pal., 1947 Österr.; *K:* Sonja Bigler (geb. 1925), Inseratenakquisiteurin, A: Wien; Michael Bindel (geb. 1939 Haifa), Ärzteberater, A: Wien; *StA:* österr. *Weg:* 1939 I, Pal.; 1947 Österr.

Handelsangest., 1921 Mitgl. SDAP. 1923 Erzieherschule *Sozialdemokratischer Erziehungs- und Schulverein Freie Schule - Kinderfreunde* im Schloß Schönbrunn; 1923-24 Horterzieher u. Wanderlehrer, Sekr. u. zuletzt Landessekr. Niederösterr. der *Kinderfreunde.* 1934 Entlassung, 3 Mon. Haft wegen Vertriebs illeg. Ztg.; 1934-38 Werbeltr. Volksbildungshaus Urania in Wien, Red. der Kinderbeilage einer illeg. Zs.; 1938-39 Werbeltr. Madress-Ges., Frühj. 1939 Ausweisung aus Deutschland, Apr.-Juli 1939 Aufenthalt in Opatija/Istrien, Juli 1939 illeg. nach Haifa/Pal.; 1939-47 Hilfsarb. u. Lagerbeamter MilLager Kiriath, 1942-47 Soldat der brit. Armee; Gew.-Mitgl., Mitgl. *Irgun Olej Austria.* 1947 Rückkehr nach Österr.; Bundessekr., später stellv. Bundesobmann *Die Österreichischen Kinderfreunde.* 1947-52 Ltr. Jungbrunnen-Verlag, 1952-67 Ltr. Verlag Jugend und Volk. 1967 Pensionierung. Landeskassier *Die Österreichischen Kinderfreunde* Wien u. Hauptkassier *Gesellschaft österreichischer Kinderdörfer;* Mitgl. *Bund Sozialistischer Akademiker,* VorstMitgl. *Buchklub der Jugend;* Vizepräs. IKG Wien. Lebte 1978 in Wien. *-Ausz.:* Goldenes Ehrenzeichen für Verdienste um die Rep. Österreich; Goldenes Ehrenzeichen für Verdienste um das Land Wien, Titel Kommerzialrat.
W: u.a. Gestern, heute, morgen. 50 Jahre Wirken der österreichischen Kinderfreunde für das gute Buch. 1958. *Qu:* Arch. Fb. Pers. - IfZ.

Binder, Otto, Parteifunktionär; geb. 16. Okt. 1891 Tarnopol/Galizien, gest.; jüd.; ∞ verh.; *StA:* österr. *Weg:* 1938 F.
Versicherungsbeamter, zuletzt Sekr. Rechtsbüro Lebensversicherungsges. Phönix in Wien. Mitgl. SDAP u. *Republikanischer Schutzbund,* ab 1934 illeg. Funktionär der RSÖ, BezLtr. in Wien, Deckn. u.a. Weil, Lindberg. Ende Jan. 1935 Verhaftung, 1936 Angeklagter im großen Sozialistenprozeß, Freispruch. 1938 nach Anschluß Österr. Emigr. Frankr., Mitgl. der RSÖ-EmigrGruppe in Paris um → Joseph Buttinger. Nach Kriegsausbruch vermutl. Internierung. Wurde 1941 aus Südfrankr. verschleppt, seitdem verschollen.
L: Buttinger, Beispiel; Wisshaupt, RSÖ; Leichter, Diktaturen; Widerstand 1. *Qu:* Arch. Publ. - IfZ.

Binder, Otto, Versicherungskaufmann; geb. 2. Jan. 1910 Wien; *V:* Julius B. (gef. 1915); *M:* Hermine, umgek. im Holokaust; *G:* Hedwig, umgek. im Holokaust; ∞ Anna Pusterer; *K:* Margit Fuchs (geb. 1943); Dr. Lennart B. (geb. 1948), RA; Marianne (geb. 1953); *StA:* österr., nach März 1938 Ausbürg., 1949 S, 1956 österr. *Weg:* 1939 S; 1949 Österr.

Ab 1926 SAJDÖ, zeitw. BezObmann Wien u. Obmann Stadt Salzburg. Ab 1931 Angest. Gemeinde Wien - Städtische Versicherungsanstalt in Salzburg, später in Wien. Zwischen 1934 u. 1937 LtgMitgl. *Revolutionäre Sozialistische Jugend,* 1937-38 Kreisfunktionär der RSÖ. 1938-Mai 1939 KL Dachau u. Buchenwald. 1939 Emigr. Stockholm. Mitgl. *Klub österreichischer Sozialisten in Schweden.* 1944-49 Mitgl. *Österreichische Vereinigung in Schweden* unter → Bruno Kreisky. 1949 Rückkehr nach Wien. SPÖ. Tätigkeit in Wiener Städtische Wechselseitige Versicherungsanstalt, seit 1959 GenDir. u VorstVors. Seit 1970 AR-Vors. Austrian Airlines. AR-Mitgl. mehrerer Versicherungsunternehmen, PräsMitgl. *Verband der Versicherungsunternehmen* u. führender Vertr. der Sektion Geld-, Kredit- u. Versicherungswesen der Bundeskammer der gewerblichen Wirtschaft. Lebte 1977 in Wien. - *Ausz.:* 1971 Goldenes Abzeichen *Bund Sozialistischer Freiheitskämpfer und Opfer des Faschismus.*
L: Neugebauer, Bauvolk. *Qu:* Arch. Hand. Pers. Publ. - IfZ.

Binder, Walter, Gewerkschaftsfunktionär; geb. 8. Apr. 1894 Berlin; ∞ verh.; *K:* 3. *Weg:* 1933 DK.
Stud. Volkswirtsch. u. moderne Sprachen, Flugzeugführer, ab Dez. 1925 Sekr. Reichsabt. Luftfahrtpersonal des *Deutschen Verkehrsbunds* in Berlin, Luftfahrtexperte der SPD. Mitgl. *Sturmvogel.* Apr. 1933 Flucht nach Kopenhagen.
Qu: Arch. Hand. - IfZ.

Binner, Wilhelm, Parteifunktionär; geb. 27. Dez. 1891 Landeshut/Schlesien; ev.; *V:* Oswald B.; *M:* Pauline, geb. Walter; ∞ Else Beganda (geb. 1897); *StA:* deutsch. *Weg:* 1933 CSR, Österr.
Tischler u. Möbeldesigner. SPD-Funktionär in Schweidnitz. Bis 1933 MdL Preußen für Wahlbez. Breslau. 3. Juni 1933 Emigr. in die CSR. In Prag Red. *Neuer Vorwärts.* Später nach Österr., 1936 Festnahme u. Ausweisung. 8. Juni 1938 in Graz Verhaftung durch Gestapo, unter Vorwurf des Devisenschmuggels ab 4. Okt. 1938 KL Dachau.
Qu: Arch. - IfZ.

Birkenhauer, Erich, Parteifunktionär, Journalist; geb. 21. Jan. 1903 Essen; *V:* Wilhelm B.; *M:* Luise, geb. Tilcher; *G:* Wilhelm, 1924 KPD; ∞ 1930 Hertha Pigorsch, 1974 Arbeiterveteranin Berlin (Ost); *StA:* deutsch, 17. Okt. 1938 Ausbürg. *Weg:* 1933 CSR; F, UdSSR.

Bis 1922 Lehrerseminar, kein Abschluß; dann Schriftsetzer. 1919 FSJ, 1924 KPD. Volontär, ab 1925 Red. *Ruhr-Echo* Essen. 1926 Ltr. KJVD-Unterbez. Essen. 1928 Red. KPD-Organ *Niederrheinische Arbeiter-Zeitung* Duisburg u. Lehrer an Parteischule Hohenlimburg. 1929 Agitpropsekr. KPD-BezLtg. Ruhr. Okt. 1929 wegen Vorbereitung zum Hochverrat Urteil 1 J. Festungshaft. Nach Entlassung aus der Festung Gollnow Okt. 1930 Parteisekr. Bez. Ruhr u. StadtVO. Essen. 1931 Chefred. *Ruhr-Echo.* Ab 1932 in Berlin Sekr. u. einflußreicher Mitarb. Thälmanns. Nach einem Treffen mit → Herbert Wehner u. → Sepp Schwab 3. März 1933 verhaftet, bis 5. Okt. 1933 Schutzhaft; danach Flucht in die CSR. In Prag, später in Frankr. weiterhin für die KPD aktiv; Sekr. *Thälmann-Komitee* Paris. Danach UdSSR, 1937 Verhaftung; vermutl. im Rahmen der Säuberungen umgekommen.
L: Weber, Wandlung. *Qu:* Arch. Publ. - IfZ.

Birnbaum, Immanuel, Publizist; geb. 12. Aug. 1894 Königsberg/Ostpr., jüd., 1920 ev.; *V:* Edward B. (1855-1920), jüd., Oberkantor; *M:* Ida, geb. Klein (1867-1922), ev., jüd.; *G:* Margarete Hilf (gest.), jüd., Beamtin, 1939 Emigr.; Paul Gerhard, Journ. u. Lehrer, 1933 Emigr. PL, 1942 wegen Verb. zur poln. Widerstandsbewegung erschossen; ∞ I. 1923 Lucia Amalia Richter (1900-45); II. 1949 Lidia Orszanowska, Bibliothekarin, SPD; *K:* aus I: Karl Edward (geb. 1924), Hochschullehrer,

A: S; Henrik (geb. 1925), Hochschullehrer, A: Deutschland (BRD); aus II: Ida Zerlina (geb. 1951); Michael Paul Gerhard (geb. 1955); StA: österr., 1904 deutsch, 1940 Ausbürg., 1947 österr., 1955 deutsch. Weg: 1933 PL; 1939 Finnl.; 1940 S; 1946 PL; 1949 Österr.; 1953 Deutschland (BRD).

1912-19 Stud. Staatswiss., Rechtswiss., Phil. Freiburg, Königsberg, München; 1914 u. 1917 Kriegsteiln.; 1915-16 im Wirtschaftsarchiv Münchner Handelshochschule, 1916-17 Hilfsred. *Europäische Staats- und Wirtschaftszeitung*, 1917-19 stellv. Archivar Handelshochschule. 1917 SPD; ab 1917 Journ. *Münchener Post* u. *Frankfurter Zeitung* (FZ), 1919 ltd. Red. SPD-Ztg. *Bremer Volksblatt*, 1920-27 Chefred. *Volksblatt* Breslau; Beiträge für *Vorwärts* u. *Die Gesellschaft*. 1920 Deleg. Internationaler Sozialistenkongreß in Genf. Ab 1920 Mitgl. *Verein Arbeiterpresse* u. *Schlesischer Journalistenverband*, 1923 Mitgr. *Bund republikanischer Akademiker*, 1927-33 Korr. zahlr. Ztg., u.a. *Vossische Zeitung*, *Volkswacht* Breslau; Doz. Volkshochschule Breslau, Gastdoz. Histor. Seminar Univ. Warschau. Ab 1933 bis Entlassung 1936 Korr. FZ Warschau. 1933-46 Mitarb. zahlr. österr., schweiz., schwed., finn. u. dt. Ztg., Ps. Ferdinand Roth. 1934-39 Mitgr. u. Leitartikler *Der Deutsche in Polen*. Verb. zur *Sopade* u. zu poln. u. dt. Widerstandskreisen (Senator Pant, LegRat. Rudolf v. Scheliha). 1935-38 Presseattaché österr. Gesandtschaft Warschau. Aug. 1939 Flucht über Lettland nach Helsinki, Jan. 1940 nach Stockholm. Verhaftet unter Agentenverdacht (Briefwechsel mit v. Scheliha). Als Angehöriger einer mit ITF London zusammenarbeitenden Gruppe, der u.a. → Arno Behrisch angehörte, wegen Vorbereitung von Sprengstoffanschlägen auf schwed. Erztransporte nach Deutschland zu längerer Strafe verurteilt. 1940-43 Internierung Lager Smedsbo. 1943-46 Mitgl. FDKB; Mitarb. *Svensk Tidskrift*, *Industrie* u. Bermann-Fischer Verlag Stockholm. 1946-49 Presseattaché österr. Gesandtschaft Warschau. 1949-53 in Wien, Mitarb. zahlr. Ztg., u.a. *Svenska Dagbladet*, Baseler *National-Zeitung*, *Die Presse*, *Süddeutsche Zeitung* (SZ). 1953-72 Ltr. Außenpol. u. ab 1960 stellv. Chefred. SZ in München. 1955-65 Gastdoz. für Pressegesch. Univ. München. Mitgl. *Münchner Gesellschaft für Auslandskunde*, *Bayrischer Journalistenverband*, *Gesellschaft für auswärtige Politik*. Lebte 1977 in München. - *Ausz.:* Gr. Verdienstkreuz der Rep. Österr., 1970 Theodor-Wolff-Preis, 1971 Bayer. VO, 1972 Kommandeur des Königl. Wasaordens (Schweden), 1973 Weißer Löwenorden (Finnland).

W: u.a. Den tredje Polska Republiken. Stockholm 1945; Kleine Geschichte der Sowjetunion. 1960 (Übers. S, Finnl., E); Entzweite Nachbarn. Deutsche Politik in Osteuropa. 1968; Achtzig Jahre dabei gewesen. Erinnerungen eines Journalisten. 1974². *L:* Müssener, Exil. *Qu:* Fb. Hand. Publ. - IfZ.

Birnbaum, Max P., Kaufmann, Verbandsfunktionär; geb. 11. Okt. 1905 Berlin; jüd., *V:* Gumpert B. (geb. 1864 Krakau, gest. 1931 Berlin), jüd., Fabrikant; *M:* Anna, geb. Fränkel (geb. 1871 Berlin, gest.1958 New York), jüd., 1939 Emigr. USA; *G:* Dr. med. John B. (geb. 1895 Berlin), jüd., Arzt in Berlin, 1939 Emigr. USA; ∞ 1930 Lilly de Jong (geb. Mannheim), jüd., Stud. Berlin, Sekr. u. Schriftstellerin, 1938 Emigr. USA, M.A. Soziologie, 1969 nach IL; *K:* Gabriele (geb. 1934), jüd., 1938 Emigr. USA; Peter S. (geb. 1938), jüd., 1938 Emigr. USA, M.A.; *StA:* österr., 1928 deutsch, 1935 Ausbürg., 1944 USA, 1972 IL. *Weg:* 1938 USA.

1912-24 Gymn., 1919-22 Mitgl. *Blau-Weiß*, 1924-25 kaufm. Lehre in Berlin. 1926-38 Mitgl. Hauptvorst. Preußischer Landesverband jüdischer Gemeinden Berlin, zunächst Sekr. u. Dir. der Abt. Staatsbeihilfen, Ltr. der Rechts- und der Schulabt.; 1934 Dir. Abt. Pensionsversicherung des Preußischen Landesverbands. 1936 Gr. u. Dir. der *Meldestelle für Binnen- und Auswanderung* u. zeitw. Schriftltr. *Verwaltungsblatt des Preußischen Landesverbands Jüdischer Gemeinden*. Zugl. 1932 Ltr. *Arbeitsgemeinschaft für Wirtschaftsfragen der Juden in Deutschland;* 1932-33 Stud. in Berlin. 1929-38 Mitgl. u. 1937 Mitgl. Landesvorst. der ZVfD, 1937 Beiratsmitgl. der *Jew. Agency*, 1928-38 zahlr. Beiträge in dt.-jüd. Presse. 9. Nov. 1938 Emigr. USA mit Familie, 1939-68 Angest., Bürovorsteher, Geschäftsf. einer Strickwaren-Importfirma in New York. Zugl. 1939-69 Mitgl. ZOA u. 1945 Vors. *Koordinationskomitee für mitteleurop. Zion.*, 1940-68 VorstMitgl. A.F.J.C.E., 1939-69 Mitgl., 1945-46 Präs. *Theodor Herzl Soc.*, Berater für Pensionsansprüche bei der *Claims Conf.*; 1969 Ruhestand, nach Israel, Forschungstätigkeit i.A. des LBI über die Gesch. zentraler jüd. Org. in Deutschland zwischen 1918 u. 1938. Ab 1969 Mitgl. *Freunde des LBI* Jerusalem u. I.O.M.E., Art. in isr. Presse. Lebte 1978 in Jerusalem.

W: Mehr als 60 Art. in dt. u. isr. Zs. *L:* Rosenstock, Werner, Exodus 1933-39. In: Yearbook LBI, 1956. *Qu:* Fb. Publ. Z. - RFJI.

Birnbaum, Nathan, Dr. jur., Journalist, Schriftsteller; geb. 16. Mai 1864 Wien, gest. 2. Apr. 1937 Scheveningen/NL; jüd.; *V:* Menachem Mendel B. (geb. um 1830 Ropzyce/Galizien, gest. 1875 Wien), jüd.; *M:* Miriam, geb. Seelenfreund (geb. 1836 Rosenau/Slowakei, gest. 1896 Wien), jüd.; ∞ 1890 Rosa Korngut (geb. 1869 Krakau, gest. 1934 Scheveningen), jüd., 1933 Emigr. NL; *K:* Solomon A. (geb. 1891 Wien), 1933 Emigr. GB, 1936-57 Doz. für jidd. Sprachwiss. u. hebr. Paläographie Univ. London, 1970 nach CDN; Menachem (geb. 1893 Wien, umgek. 1943 [?] KL Auschwitz), 1933 Emigr. NL, graph. Künstler; Uriel (geb. 1894 Wien, gest. 1956 Amersfoort/NL), 1938 Emigr. NL, Kunstmaler u. Dichter; *StA:* österr. *Weg:* 1933 NL.

1882-86 Stud. Wien, 1887/88 Prom., 1883 Mitgl. der nat.-jüd. Stud.-Vereinigung *Kadimah* in Wien. 1884-87, 1890-93 Gr. u. Schriftltr. der ersten zion. Zs. in Westeuropa *Selbst-Emanzipation*, Prägung des Begriffs „Zionismus". 1896-98 Schriftltr. der Berliner Monatsschrift *Zion*. 1897 Wahl zum Mitgl. des Sekretariats des ersten zion. Aktionskomitees, Teiln. am ersten Zionistenkongreß, Hauptreferat über Ziele des Kulturzionismus, Wahl zum GenSekr., Gegner von Herzls pol. Zionismus u. eines jüd. NatStaates in Palästina als Lösung der jüd. Frage; im Gegensatz dazu Eintreten für aktive nat.-jüd. Tätigkeit in der Diaspora im Sinne kultureller Autonomie, Publizierung seiner Ideen in der 1903 gegr. Monatsschrift *Der Weg*, in *Ost und West* u.a. Zs. Sah das Ostjudentum als Träger einer lebendigen jüd. Kultur u. setzte sich für die Neubelebung des ostjüd. Volkstums u. für Jiddisch als allgem. Umgangs- u. Literatursprache ein. 1905 Mitgr. der ersten Studentenorg. zur Förderung des Jiddischen in Wien, 1906-07 Gr., Hg. u. Mitarb. der Wochenztg. *Neue Zeitung*. 1907 Wahlniederlage als zion. Kandidat für den österr. Reichsrat in Lemberg gegen den poln. Kandidaten. 1908-11 in Czernowitz Hg. von *Dos Folk* u. *Voxn-Blat*, 1908 Org. u. Ltg. einer Konf. über die jidd. Sprache in Czernowitz. 1911-14 in Berlin Mitarb. an Monatsschrift *Die Freistatt*, 1914 Dir. des neugegr. Jüdischen Kriegsarchivs Wien, 1917 Mitarb. der Monatsschrift *Das Volk Gottes*, sprach sich für die Einhaltung relig. Gesetze aus, später Wendung zum orthod. Judentum. Schrieb seit 1916 unter Ps. Mathias Acher. 1919-21 GenSekr. von *Agudas Jisroel*, 1921-33 Journ. u. Schriftsteller in Berlin, 1930-33 Gr. u. Mitarb. Zs. *Der Aufstieg*. März 1933 Emigr. in die Niederlande mit Ehefrau. 1934-37 Hg. von *Der Ruf* Den Haag-Scheveningen, 1937 Gr. des Info.- u. Beratungsblatts *Der Jüdische Volksdienst*, propagierte relig. und nat. unabhängige jüd. Siedlungen in Ländern mit geringer Bevölkerungsdichte.

W: Bibliographie bis 1925 in: Vom Sinn des Judentums. 1925; Im Dienste der Verheißung. 1927; Rufe (Beitragssammlung aus *Der Ruf*). 1936; Et La' asot (Zeit zum Handeln, jidd. ausgew. Schriften). 1938; Birnbaum, S. (Hg.), The Bridge, Selected Essays by Nathan Birnbaum. 1956; Am Hashem, Mivḥar Ketavim uMassot (ausgew. Schriften in Hebr.). 1977; Beiträge in Festschriften u. Zs. *L:* Hermann, Leo, Nathan Birnbaum. Sein Werk und seine Wandlung. 1914; Vom Sinn des Judentums. Ein Sammelwerk zu Ehren Nathan Birnbaums (mit Bibliogr.). 1925; Iubileium-bjjx cjm zexciksten gyburts-tug fjn dr. Nuusn Biirnboim. 1925; Nathan Birnbaum (Mathias Acher). Sein Wirken und seine Wandlung. In: Der Jüdische Weg, 1937; Fraenkel, Josef, Mathias Acher's Fight for the ‚Crown of Zion'.

In: Jewish Social Studies, 1954; Berlin, A., The Origin of the Term and Concept ‚Zionism'. In: Herzl Year Book, 1959; Birnbaum, Solomon, Nathan Birnbaum. In: Men of the Spirit (hg. von Leo Jung). 1964; The Jewish Forum, 1961 (biogr. Art.) u. a. *Qu:* Hand. Pers. Publ. Z. - RFJI.

Birnholz, James, Industrieller; geb. 2. Aug. 1870 Berlin, gest. 12. Dez. 1956 Putnam Valley/N.Y., USA; jüd.; *V:* Hermann B., Fabrikant; *M:* Selma, geb. Hiller; ∞ Clara Lewinsohn; *K:* 3. S; *StA:* deutsch. *Weg:* USA.

Realgymn. Berlin, ab 1887 Ausbildung als techn. Kaufmann bei AEG Berlin, Aufstieg zum Dir., 1908 bis zu seinem Ausscheiden 1933 VorstMitgl.; Teiln. 1. WK. Nach natsoz. Machtübernahme Emigr. in die USA. Vizepräs. General Electric Company. - *Ausz.:* Preußischer Roter Adler-Orden, EK II am weiß-schwarzen Band; 1923 Dr. Ing. h.c. TH Darmstadt.

Qu: Arch. EGL. Hand. Z. - RFJI.

Bischoff, Hermann, Gewerkschaftsfunktionär; geb. 1. Sept. 1903 Bremen; *StA:* deutsch. *Weg:* 1938 S-Afrika.

1918-24 Handlungsgehilfe; 1919 ZdA, 1922 SPD, BezLtr. des ZdA in Heidelberg, Darmstadt u. Berlin, Mitgl. *Reichsbanner*. Nov. 1938 Emigr. nach Südafrika, Buchhalter in Bulawayo, Mitgl. Exil-SPD u. *Society for Jews and Gentiles*.

Qu: Arch. - IfZ.

Bischoff (urspr. Bischoff von Klammstein), **Norbert**, Diplomat; geb. 26. Nov. 1894 Wien, gest. 30. Juni 1960; *V:* Friedrich B. von Klammstein, Offz.; *M:* Hilda, geb. Obermayer; ∞ 1921 Holda Köchert; *K:* Rhea Maria (geb. 1925), Friedrich (geb. 1928); *StA:* österr. u. CH. *Weg:* 1938 F; 1942 Deutschland (Österr.)

Ab 1912 Stud. Pol. u. Rechtswiss. Univ. u. Konsularakademie Wien. 1914-17 Kriegsdienst (zuletzt Lt., zahlr. Ausz.); 1919 Studienabschluß, Eintritt in den diplomat. Dienst. 1919-20 Konsularattaché GenKonsulat in Köln; 1920-30 in Pol. Abt. Staatsamt für Äußeres bzw. Bundesministerium für Auswärtige Angelegenheiten (BMfAA) Wien. 1921 Vizekonsul, 1925 Konsul 1. Kl., 1928-30 interimistischer Ltr. Pol. Abt.; 1930 Legationsrat 2. Kl., 1930-33 Ankara, 1933-38 Paris. 1938 Entlassung aus diplomat. Dienst, blieb in Paris. Vermutl. ZusArb. mit legitimist. Emigration (→ Martin Fuchs). 1939-40 neben Richard Wasicky u. Baron Soren VorstMitgl. *Office Autrichien*. 1939-42 pol. Korr. *Die Tat* Zürich u. selbständ. Landwirt in Südfrankr. Anschl. Rückkehr nach Wien, Mitarb. Monumenta Germaniae Historica; angebl. führender Vertr. eines konservativen oppos. Kreises. 1945 Wiedereintritt in den diplomat. Dienst, Legationsrat 1. Kl., Ltr. Pol. Abt. BMfAA; 1946 ao. Gesandter u. bevollmächt. Min., Vertr. der österr. Bundesreg. in Paris, 1946-53 in Moskau, 1953-60 ao. u. bevollmächt. Botschafter in Moskau. An den Vorbereitungen des Staatsvertrags von 1955 beteiligt. Mitgl. *Société Asiatique* in Paris. - *Ausz.:* Ritter der Légion d'honneur.

W: u.a. Eine Deutung des neuen Werdens in der Türkei. Wien-München 1935; Einiges über Methodik und Thematik der sowjetischen Geschichtsforschung und Geschichtsschreibung. 1950. *L:* Buttinger, Beispiel; Maimann, Politik. *Qu:* Arch. Hand. Publ. - IfZ.

Bitan, Ḥava (urspr. Buttenwieser, Eva), Diplomatin, Lehrerin; geb. 5. Aug. 1923 Berlin; jüd.; *V:* Samson Buttenwieser (geb. 1889 Straßburg, gest. 1974 Haifa), jüd.-orthodox, höhere Schule, 1935 Emigr. Pal.; *M:* Charlotte, geb. Struck (geb. 1898 Berlin), jüd.-orthod., Gymn., Zion., 1935 Emigr. Pal.; *G:* Michael Shimshoni Buttenwieser (geb. 1927 Berlin), jüd., 1935 Emigr. Pal., Seismologe in der Abt. für angewandte Math. am Weizmann Inst.; *StA:* deutsch; Pal./IL. *Weg:* 1933 ČSR, 1934 CH, 1935 Pal.

1929-33 Adass-Jisroel-Schule Berlin, 1933-34 Schule in Marienbad/ČSR, 1934-35 Internat Bex-les-Bains/Schweiz. 1935 Emigr. Palästina, 1935-37 Mizrahi-Schule Haifa, 1937-41 Bialik-Gymn. Haifa; 1939-47 *Haganah*. 1942-47 Angest. Wirtschaftsprüfungsfirma Bawly and Millner Haifa. 1947-49 Stud. VerwWesen Pratt Inst. Brooklyn, New York, 1949-50 Stud. VerwWesen Teachers Coll. Columbia Univ. New York; 1950-52 VerwTätigkeit beim Sozialen Frauendienst Tel Aviv u. Malben-Spital, Beer-Yaakov, 1952-55 Lehrtätigkeit Hadassah-Hotelfachschule Tel Aviv. 1955 Eintritt ins isr. Außenmin., 1956-59 am isr. Konsulat in Atlanta, gleichz. 1956-58 Stud. Staatswiss. Oglethorpe Univ. Atlanta, 1958 B.A., 1958-59 Emory Univ. Atlanta, 1959-61 Vize-Konsul u. Dir. Speakers Bureau am isr. InfoBüro in New York, 1960-61 isr. Deleg. UN-Vollversammlung, 1961-64 Referentin Abt. für Internat. ZusArb. 1964-68 1. Botschaftssekr. in Wien, 1968-71 Hauptreferentin Europa-Abt., 1971-77 Botschaftsrätin in Bonn, dann Rückkehr in Europa-Abt.; 1950-55 Mitgl. *Am. Assn. of Univ. Women*, Mitgr. u. Vors. *Am. Univ. Alumni Assn. in Isr.*, ab 1951 Mitgl., 1961-64 Vors. *Isr. Fed. of Univ. Women*.

Qu: Fb. - RFJI.

Bitan (urspr. Baumgarten), **Moshe**, Gewerkschaftsfunktionär, Diplomat; geb. 7. Okt. 1918 Olmütz/Mähren; jüd.; *V:* Adolf Baumgarten, jüd.; *M:* Helene, geb. Deutsch, jüd.; ∞ 1947 Leah Magnus, jüd.; *K:* Elisha, Giora; *StA:* IL. *Weg:* 1939 Pal.

Jugend-Alijah Wien. 1939 Emigr. Palästina; 1946-47 Stud. London School of Econ., 1949 Ausschußmitgl. *Histadrut*, 1949-52 Dir. Zentral-Arbeitsamt, 1952-55 Vertr. der *Histadrut* in USA, 1955-60 geschäftsf. Dir. Korr Industries and Crafts Co. Ltd.; 1959 Stud. Business School Harvard Univ.; 1960-62 isr. Botschafter in Ghana, 1962-64 in Schweden.

Qu: Hand. Pers. - RFJI.

Bittner, Karl Gustav, Dr., geb. 29. Febr. 1896; ∞ Edith v. Holzer (geb. 1896); *StA:* österr. *Weg:* 1934 Saargeb.; 1935 Österr.; 1938 F; 1940 (?) S.

Bis Mitte 1934 Journalist in Wien, Funktionär *Ostmärkische Sturmscharen* u. *Vaterländische Front*, anschl. Saargeb., Red. *Neue Saarpost*, polit. aktiv in kath. Status-quo-Bewegung, 1935 nach Anschluß des Saargebiets an das Deutsche Reich Rückkehr nach Wien, Mitarb. *Der Christliche Ständestaat*, Sekr. Kurt Schuschniggs. 1938 nach Anschluß Österr. Emigr. Frankr., wahrscheinl. Mitgl. Präsidialbeirat *Ligue Autrichienne*. Vermutl. 1940 nach Schweden 1944-46 Red. *österreichische Zeitung* in Stockholm. 1944 Mitgl. *Österreichische Vereinigung in Schweden* unter → Bruno Kreisky. Apr. 1945 Mitgr. u. Präs. *Freie Österreichische Bewegung* (FÖB) in Schweden. Nov. 1945 als FÖB-Vertr. VorstMitgl. *Österreichischer Repräsentationsausschuß in Schweden*.

L: Fiebig, Gerdhartmut, Bibliographische Arbeit über die österreichische Zeitung (unveröffentl. Ms.) 1970; Goldener, Emigration; Müssener, Exil; Ebneth, Ständestaat.

Qu: Arch. Publ. Z. - IfZ.

Blachstein, Peter, Journalist, Politiker; geb. 30. Apr. 1911 Dresden, gest. 4. Okt. 1977 Hamburg; Diss.; *V:* Max B. (geb. 1869), Textilkaufm.; *M:* Gertrud, geb. Welsch (geb.1882), Bibliothekarin; ∞ led.; *StA:* deutsch. *Weg:* 1935 ČSR, N; 1936 F, E; 1938 F,N; 1940 S; 1947 Deutschland (BBZ).

1917-29 Schulbesuch Dresden, danach Buchhändlerlehre. Stud. TH Dresden ohne Abitur mit ministerieller Genehmigung. 1929-33 Gaststudent der Schauspielkunst bei Erich Ponto, der Regie bei Josef Gielen u. der Oper bei Fritz Busch. Während der Schulzeit Mitgl. *Deutsch-Jüdische Jugendgemeinschaft* u. *Werkleute*; 1928 Mitgl. SAJ, 1929 SPD. 1926-31 Mitgl. ZdA. 1931 SAPD u. SJVD. Nach natsoz. Machtübernahme Gruppenltr. der illeg. SAPD- u. SJVD-Arbeit in Dresden, wo eine der stärksten Widerstandsgruppen bestand. Nach deren Zerschlagung durch die Gestapo 8. Mai 1933 Verhaftung zus. mit 90 anderen Mitgl., bis zur Entlassung Aug. 1934 Gef. u. KL Hohenstein. Nach neuerlich drohender Festnahme Jan. 1935

Flucht in die CSR. Jan.-Aug. 1935 in Prag; anschl. über Danzig nach Norwegen. In Oslo Mitgl. *Internationales Büro revolutionärer Jugendorganisationen*; pol. Vortragsredner in der norweg. Arbeiterpartei, lit. Mitarb. *Arbeiderbladet*. In Oslo ZusArbeit mit → Willy Brandt. Aug. 1936 nach Frankr., Nov. 1936 Spanien. In Barcelona Anschluß an POUM, Lt. der span. republ. Armee. Mithg. der dt. MonZs. *Die spanische Revolution* u. mitverantwortl. für dt.-sprach. Kurzwellensendungen der POUM. Nach Spaltung der Exil-SAPD 1937 zur Gruppe *Neuer Weg,* deren Vertreter in Spanien; Festnahme durch stalinist. katalan. KP (PSUC) u. bis Jan. 1938 Haft in Barcelona, Flucht nach Frankr.; März 1938 erneut nach Norwegen, Stud. Wirtschaftswiss., Gesch. u. Lit. in Oslo. Apr. 1943 nach Schweden, dort Mitgl. *Landesgruppe deutscher Gewerkschafter.* Fortsetzung des Studiums an Univ. Uppsala, ab 1943 im Archiv des dortigen rassenbiol. Inst. tätig. In Skandinavien wie zuvor in Spanien Mitarb. u. Korr. mehrerer Ztg., Zs. u. des Rundfunks; Ps. Will Greif. 1945 im Rahmen der Bernadotte-Aktion Betreuung von jüd. Flüchtlingen in Schweden, nach dem Kriege zus. mit schwed. u. US-Gew. Hilfsaktionen für notleidende Deutsche, bes. Gewerkschafter u. Kinder. Nach Einreisegenehmigung durch brit. Besatzungsbehörden 28. Apr. 1947 Rückkehr nach Deutschland; Feuilletonred. *Hamburger Echo.* Wie die Majorität ehem. SAPD-Mitgl. Anschluß an SPD, 1948-76 Mitgl. Hamburger Landesvorst.; 1949-68 MdB, ab 1957 Mitgl. SPD-Fraktionsvorst., 1955-68 Mitgl. VerwRat NDR. Mitgl. Beratende Versammlung WEU u. Europarat. Ab 1968 Botschafter der BRD in Belgrad, 1969 Demission aus gesundheitl. Gründen. Freier Publizist in Hamburg.
Qu: Arch. Fb. Hand. Z. - IfZ.

Blanc, Thomas, Parteifunktionär; geb. 16. Apr. 1895 Püttlingen/Saar, gest. 27. Juli 1967 Püttlingen/Saar; ∞ Rosa Grün (1919-73 oder 74); *K:* 2; *StA:* deutsch, 22. Dez. 1936 Ausbürg. *Weg:* 1935 F; 1943 Deutschland; 1945 Saargeb.
Bergmann, 1915-18 Teiln. 1. WK. Ab 1923 Krankenkassenangest., zuletzt Dir. AOK Saarbrücken. Vor 1935 führender SPD/S-Funktionär, Mitgl. des Landesvorst.; Jan. 1935 nach Saarreferendum Emigr. nach Forbach/Lothr., danach bis Juni 1936 interniert. Nach Kriegsausbruch bis Jan. 1941 erneut interniert, 1940 zeitw. Prestataire, danach in Südfrankr. - März 1943 in Montpellier durch Gestapo verhaftet, Urteil OLG Stuttgart 3 J. Zuchth.; Apr. 1945 von amerikan. Truppen aus Zuchth. Landsberg/Lech befreit. Juli 1945 Rückkehr an die Saar, im Vorst. u. Sekretariat des *Mouvement pour la Libération de la Sarre,* später *Mouvement pour le Rattachement de la Sarre à la France;* zugleich aktiver SPS-Politiker, bis 1954 Unterbez-Vors. Saarbrücken-Land/West in Völklingen.
L: Schmidt, Saarpolitik; Schneider, Saarpolitik und Exil.
Qu: Arch. Pers. Publ. - IfZ.

Blank, Gertrud, Sozialarbeiterin; geb. 1892 Deutschland; jüd.; *V:* Ely B. (geb. 1839 Wallensen/Hannover, gest. 1926 Hannover), jüd., Kaufm., Fabrikant; *M:* Sophie, geb. Levy (geb. 1851 Rhoden/Waldeck, gest. 1892 Hannover), jüd.; *G:* Selly (geb. 1878 Wallensen, umgek. KL Auschwitz), Fabrikant, 1933 Emigr. NL, im 2. WK dep.; Dr. med. Dagobert B. (geb. 1880 Wallensen, gest. 1948 London), Arzt, 1935 Emigr. GB; Albert (geb. 1885 Wallensen, gest. 1963 London), Fabrikant, 1936 Emigr. GB; Paula (geb. 1887 Wallensen, gest. 1967 Tel Aviv), Bibliothekarin, 1935 Emigr. Pal.; *StA:* deutsch, Pal./IL. *Weg:* 1939 Pal.
1913-15 Frauenfachschule für Sozialarb. Berlin-Schöneberg, 1915-20 Fürsorgerin städt. Wohlfahrtsamt in Berlin-Charlottenburg, 1920-33 ltd. Fürsorgerin Jugend- u. Wohlfahrtsgericht u. Mitarb. Gefährdeten-Fürsorge, Ausbildung von Fürsorgerinnen, ZusArbeit mit Fachschulen für SozialArb. u. mit privaten Vereinigungen, ab 1932 Mitgl. zionist. Org., 1933 Entlassung, Fürsorgerin im Außendienst der *Zentralwohlfahrtsstelle der Juden in Deutschland* Berlin, 1934 Ltr. jüd. BezWohlfahrtsamt Prov. Magdeburg, 1934-39 ltd. Mitarb. jüd. Winterhilfswerk u. in Gde.- u. BezWohlfahrt Berlin. Apr. 1939 Emigr. Palästina mit AI-Zertifikat, 1939 Mitgl. *Histadrut* u. H.O.G., 1940-42 Volontärin Wohlfahrtsamt Tel Aviv, 1942-43 Fürsorgerin in der Frauensozialhilfe, 1944-48 Mitarb. im Wohlfahrtsmin., u.a. verantwortl. für Unterstützung Evakuierter aus Zypern, ab 1945 ltd. Fürsorgerin in der Sozialhilfe für ehem. Soldaten, 1948-57 Sozialarb. in Abt. für Kindersozialhilfe des Min. für Sozialarb.; ab 1957 ehrenamtl. Mitarb. *Vereinigung ehemaliger Funktionäre und Angestellter jüdischer Gemeinden in Deutschland.* Lebte 1975 in Tel Aviv.
Qu: Fb. Z. - RFJI.

Blass, Walter Paul, Wirtschaftsexperte; geb. 31. März 1930 Dinslaken/Ruhrgeb.; Quäker; *V:* Richard B. (geb. 1902 Wien, gest.), Quäker, DiplIng., 1941 Emigr. USA; *M:* Malvi, geb. Rosenblatt (geb. 1899 Wien), Quäker, Sekr., 1941 Emigr. USA; ∞ 1954 Janice Minott (geb. 1925 USA), Quäker, B.A., Tänzerin, Lehrerin; *K:* Kathryn (geb. 1956); Christopher David (geb. 1957); Gregory Minot (geb. 1960); *StA:* österr., 1947 USA. *Weg:* 1935 B, 1940 F, 1941 USA.
1935 Emigr. Belgien, 1940 Frankr., Juli-Aug. 1940 Internierung, 1941 über Portugal nach USA. 1951 B.A. Wirtschaftswiss. Swarthmore Coll., Pa., 1951-52 Stud. Princeton Univ., 1952-53 Columbia Univ., M.A. in Weltwirtschaftslehre. 1953-56 US-Marine, Commissary Officer. 1957-58 im Amt für wirtschaftl. ZusArb. Washington/D.C. zuständig für Laos u. Kambodscha. 1958-61 GenDir. R.B. Blass Co., N.J. (Werkzeugmaschinen); 1961-63 im Rechnungswesen tätig, 1963-66 in PR-Abt. Am. Telephone and Telegraph Co. (ATT), 1960-64 Berater UN African Economics Training Program der ATT; 1966-68 Ltr. US-Friedenskorps Kabul/Afghanistan. 1968-70 stellv. VizePräs. der Steuerabt. u. ab 1970 Ltr. der Betriebsplanung der New York Telephone Co., gleichz. 1965-66 u. 1969-70 Ltg. von Seminaren über Entwicklungsländer, Dir. N.Y. State Council on Economic Educ., Dir. *North Am. Soc. for Corporate Planning,* Vizepräs. Coll. on Planning beim Inst. of Management Scis.; Mitgl. *N.Y. Acad. of Scis., Nat. Assoc. of Business Economists, Am. Econ. Assoc., Royal Econ. Soc.* Lebte 1977 in Warren/N.J.
Qu: Fb. Hand. - RFJI.

Blatny, Fanni (Fanny), geb. Feldmann-Fischer, Parteifunktionärin; geb. 22. März 1873 Utritsch, Bez. Luditz/Böhmen, gest. 22. Dez. 1949 London; *V:* Kaufm.; ∞ Leopold Blatny (gest. 1916), Porzellanmaler, später Beamter; *StA:* österr. 1919 CSR. *Weg:* 1939 GB.
Aus kinderreicher jüd. Fam., 1901 SDAP, ab 1916 Funktionärin sozdem. Frauenbewegung in Karlsbad, ab 1919 Sekr. u. ab Mitte der 20er Jahre Vors. Frauenreichskomitee der DSAP, 1920-35 Abg. NatVers der CSR, 1920-38 StadtVO. Karlsbad; Mitgl. DSAP-Parteivorst. u. Parteivollzugsausschuß. Als Anhängerin von Ludwig Czech Niederlegung der Parteifunktionen nach Wahl → Wenzel Jakschs zum Parteivors. - 1939 nach GB, Mitgl. TG, Mitunterz. GrdgAufruf *DSAP-Auslandsgruppe* v. 19. Okt. 1940, Mitgr. u. anschl. Vors. der sog. Kleinen Fraueninternationale aus Vertreterinnen europ. sozialist. Parteien im brit. Exil. Nach Kriegsende Verbleib in GB, obwohl vom CSR-Präs. Edvard Beneš mehrmals zur Rückkehr in die Heimat aufgefordert.
W: Die deutsche Dichtung in ihren sozialen, zeit- und geistesgeschichtlichen Bedingungen. 1927; Das Denkmal der unbekannten Proletarierin (zus. mit Alfred Kleinberg). Karlsbad 1937; Familie und Erziehung im bolschewistischen, faschistischen und demokratischen Staate, o.J. *L:* Cesar/Černý, Politika; Weg, Leistung, Schicksal. 1972; Menschen im Exil. *Qu:* Arch. Hand. Publ. Z. - IfZ.

Blau, Ewald (urspr. Thoma, Karl), Parteifunktionär; geb. 8. Juni 1899 Königsberg, gef. 29. Januar 1939 Spanien; *Weg:* E.
Ab 1923 im zentralen MilApp. der KPD, 1924 Sekr. im illeg. KJVD-App.; ab 1926 Archivar im ZK der KPD, 1927 auf 11. PT in Essen Wahl in die Politische Kommission, zunehmender Einfluß auf KPD-Geschäftsführung; ab Ende 1929 Agitprop-Sekr. in Sa., bis 1932 auch andere wichtige Funktio-

nen; 1932 Anhänger Neumann-Gruppe. 1934 Emigr.; im Span. Bürgerkrieg Kriegskommissar XI. Internat. Brigade (Deckn. Ernst Blank); aktiv in KPD-Einheitsfrontpolitik. Dez. 1938 Teiln. der letzten Einheitskonf. dt. u. österr. Interbrigadisten aus KPD, SPD, KPÖ u. RSÖ in Katalonien.

L: Weber, Wandlung; Pasaremos; Duhnke, KPD. *Qu:* Biogr. Publ. - IfZ.

Blau, Jonas (Juan); *StA:* deutsch. *Weg:* 1933 Saargeb.; 1935 F; 1939 Urug.

Ab 1924 im Genossenschaftswesen tätig. Dez. 1931 mit Alfons Goldschmidt Gr. *Klub der Geistesarbeiter.* Emigr. ins Saargeb. u. nach Frankr., 1939 nach Montevideo. VorstMitgl. *Deutsches Antifaschistisches Komitee zur Unterstützung der Sowjetunion* (Ltg. → Wilhelm Eggers). Teiln. Konf. von Montevideo Jan./Febr. 1943.

L: Kießling, Alemania Libre. *Qu:* Arch. Publ. - IfZ.

Blechschmidt, Paul, Offizier; geb. 20. Dez. 1907 Bernsgrün b. Aue, gest. 23. Dez. 1961; ∞ Helene; *StA:* deutsch. *Weg:* UdSSR; 1945 Deutschland (SBZ).

Oberschule, Lehrer; KPD-Mitgl. Nach 1933 Emigr. UdSSR. Im 2. WK im Aufklärungsdienst der Roten Armee, Einsatz u.a. in Deutschland. Nach Kriegsende Landrat in der SBZ; 1946 SED; Offz. Deutsche Volkspolizei (DVP), ab 1951 Ltr. Hauptabt. Intendantur der DVP-See, 1953 GenMajor, 1956 Ltr. Abt. Rückwärtige Dienste im MfNatVert., 1957 Kreistagsabg. u. 1957-60 Ltr. Kadettenanstalt Naumburg/S., ab 1960 stellv. Ltr. MilAkad. Friedrich Engels Dresden. - *Ausz.:* u.a. 1956 VVO (Silber).

L: Forster, NVA; Wolff, Willy, An der Seite der Roten Armee. 1975. *Qu:* Hand. Publ. - IfZ.

Bleicher, Willi, Gewerkschaftsfunktionär; geb. 27. Okt.1907 Bad Cannstatt; o.K.; *V:* Paul B. (1875-1966), ev., Schlosser; *M:* Wilhelmine, geb. Bentz (1876-1951), ev.; *G:* Paul (geb. 1903), GewAngest.; Karl (geb. 1904), Werkmeister; Maria Müller (geb. 1909); ∞ 1946 Anneliese Metz (geb.1919); *K:* Gerhard (geb. 1947), RegAmtmann; Ingeborg Füssel (geb. 1952), ev.; *StA:* deutsch. *Weg:* 1933 CH, 1934 Deutschland.

Schlosser. 1923 Anschluß an GewBewegung, 1926-27 Jugendltr. DMV Stuttgart; Mitgl. KPD, 1929 Parteiausschluß wegen innerparteilicher Opposition in GewFragen, danach Mitgl. KPDO. 1933 Emigr. in die Schweiz, später nach Frankr. 1934 bei kurzem Aufenthalt in Deutschland verhaftet, zunächst Jugendgef. Ulm, danach bis 1945 KL, zuletzt Buchenwald. Nach 1945 wieder Mitgl. KPD, 1951 endgültiger Bruch u. Übertritt zur SPD. 1948-72 hauptamtl. Funktionär der *IG Metall*: 1950 VorstMitgl., ab 1958 als Ltr. Bez. Nordbaden u. Nordwürtt. mit etwa 400 000 org. Metallarbeitern; von wesentl. Einfluß u.a. bei den Tarifkonflikten Mai 1963, Okt. 1967 u. Nov. 1971. Lebte 1977 in Stuttgart-Bad Cannstatt.

Qu: Arch. Hand. Pers. Z. - IfZ.

Bleichroeder (Bleichröder), **Paul,** Finanzmakler; geb. 21. Sept. 1890 Hamburg, gest. 9. Apr. 1943 New York; jüd.; *V:* Adolph B. (geb. 1845 Hamburg, gest. 1910 Hamburg), jüd., 1881-85 in USA, Versicherungsmakler bei S. Bleichröder & Co.; *M:* Clara, geb. Siegheim (geb. 1858 Berlin, gest. 1945 New York), jüd., 1941 Emigr. USA; *G:* Dr. jur. Bernhard B. (geb. 1885 Hamburg, gest. 1944 London), Versicherungsmakler im Familienunternehmen, 1938 Emigr. GB; Hertha Herzfeld (geb. 1898 Hamburg), jüd., Stud. Sozialwiss., 1934 Emigr. Paris, 1941 USA; ∞ Frederica Brinkmann (geb. 1894 Hamburg), ev., 1938 Emigr. USA mit Ehemann, A: New York u. Hamburg; *StA:* deutsch. *Weg:* 1938 NL, 1939 USA.

Kaufm. Ausbildung Hamburg, London, New York. Nach 1. WK Teilh. S. Bleichröder & Co. (führend im internat. Rückversicherungsgeschäft), 1938 Liquidierung der Firma. Herbst 1938 Emigr. Niederlande, Sept. 1939 USA, Vizepräs. Bleichroeder, Bing & Co. New York (Versicherungsmakler u. Rückversicherungsgeschäft), Teilh. zus. mit Ernst Bing u. → Arnold Herzfeld, ZusArb. mit Bruder Dr. Bernhard B. in London; beschäftigte zahlr. Emigr.; Nov. 1976 Fusion mit Alexander & Alexander, New York.

L: Stern, Fritz, Gold and Iron. 1977. *Qu:* Pers. Z. - RFJI.

Blencke, Erna, Pädagogin, Parteifunktionärin; geb. 25. Juli 1896 Magdeburg; Diss.; *V:* Gustav Adolf B. (geb. 9. Okt. 1857), Prokurist; *M:* Anna, geb. Fricke (geb. 19. Okt. 1869); *G:* Hildegard Osterburg (geb.1890), Hans B. (geb. 1893); *StA:* deutsch, 1947 USA, 1954 deutsch. *Weg:* 1938 F; 1941 USA; 1951 Deutschland (BRD).

Pädagog. Stud., 1917 Lehrbefähigung für Volks- u. höhere Schulen. 1919-23 Stud. Math., Physik, Philos. u. Pädagogik in Göttingen. Nach Referendarzeit u. Assessor-Jahr 1928 Studienrätin in Frankfurt/M. Anschl. bis Entlassung durch NatSoz. 5. Mai 1933 an einer Versuchsschule in Hannover-Ricklingen. Anhängerin Leonhard Nelsons u. Mitgl. des von ihm gegr. IJB, später ISK. Mitgl. *Gesellschaft der Freunde der Philosophisch-Politischen Akademie Melsungen/Hessen* u. *Deutscher Freidenker-Verband.* Aktives Mitgl. *Allgemeiner Deutscher Lehrerverein.* Aufgrund von Denunziation durch Kollegen nach der Machtübernahme Berufsverbot, daraufhin Grdg. eines Brotgroßhandels, der gleichzeitig der Tarnung illeg. ISK-Arbeit diente. In Hannover Aufbau einer illeg. ISK-Gruppe. Nach der Emigr. von → Fritz Eberhard u. der Verhaftung von Julius Philippson 1937 Übernahme der illeg. ISK-Reichsltg. Nach Verhaftungswelle unter Mitgl. des ISK u. der *Unabhängigen Sozialistischen Gewerkschaft* wegen drohender Festnahme Anfang Febr. 1938 mit gültigem Paß in die Schweiz, nach wenigen Tagen mit Einreisevisum nach Frankr., in Paris bei ISK-Auslandsltg. (→ Willi Eichler) Berichterstattung über illeg. Arbeit im Reich; Mitarb. *Sozialistische Warte,* Deckn. Anna Fricke; aktiv in Emigr.-Hilfsorganisationen. Nach Kriegsausbruch interniert im Vélodrome d'Hiver Paris, nach dt. Besetzung ins Lager Gurs/Südfrankr. verbracht; Aug. 1940 Flucht, mit Visum durch *International Rescue and Relief Committee* über Martinique, Puerto Rico u. Virgin Islands Apr. 1941 in die USA. Pol. Tätigkeit in dt.-sprach. Zweig des *Workmen Circle* New York, enge Kontakte u.a. mit → Paul Tillich u. → Jacob Walcher; Mitarb. bzw. Mitgl. versch. Org. der amerikan. Arb-Bewegung, u.a. *Jewish Labor Committee, Socialist Party* u. *Am. Labor Education Service.* März 1951 nach Aufforderung des DGB Hannover Rückkehr nach Deutschland u. Übernahme der Ltg. der Heimvolkshochschule Springe am Deister.; ab Herbst 1954 Ruhestand, Übersiedlung nach Frankfurt/M., in Hessen in der Erwachsenenbildung tätig, VorstMitgl. SPD Frankfurt; in den 60er Jahren zeitw. Frauenref. Deutscher Volkshochschulverband u. Ltr. des Pädagog. Ausschusses des Hessischen Landesverbandes für Erwachsenenbildung. Lebte 1978 in Frankfurt/M.

L: Link, ISK. *Qu:* Fb. Publ. - IfZ.

Blenkle, Konrad, Parteifunktionär, Politiker; geb. 28. Dez. 1901 Berlin, hinger. 20. Jan. 1943 Berlin-Plötzensee; Diss.; *V:* Reinhold B., Schlosser u. Gastwirt; ∞ Käte; *K:* Klara, 1 S; *StA:* deutsch, 25. Juli 1939 Ausbürg. *Weg:* 1934 Saargeb., NL; 1937 CH; 1938 DK; 1941 Deutschland.

Bäcker; 1919 FSJ, später KJVD, 1920 KPD. Mitgl. *Zentralverband der Lebens- und Genußmittelarbeiter.* 1920 2. Vors. FSJ/KJVD Berlin-Neukölln, später Berlin-Süd; 1921 Mitgl., 1922 Sekr. BezLtg. Berlin-Brandenburg; 1923 ZK-Mitgl.; 1924-28 Sekr. KJVD. 1924-35 Mitgl. Exekutivkomitee der KJI. Auf 10. u. 11. PT (1925 u. 1927) Wahl in ZK u. PolBüro der KPD. 1928-30 MdR. 1928 auf 6. Weltkongreß der *Komintern* Wahl ins EKKI. Aufgrund pol. Auseinandersetzungen mit der Parteiführung (Wittorf-Affäre) Ende 1928 als Vors. der KJVD abgesetzt u. zum PolLtr. des 14. Berliner VerwBez. (Berlin-Neukölln) heruntergestuft. Danach verantwortl. Red. KJVD-Organ *Junge Garde,* daneben Betätigung im illeg. RFB. 1931 wegen Pressevergehens 1 1/2 J. Festungshaft; nach Entlassung Dez. 1932 zunächst KPD-Instruktur in Oberschlesien. Ab März 1933 als Agitprop-Ltr. Mitgl. der illeg. Berliner BezLtg., Hg. Presse- u. Informationsdienst. Apr. 1934 auf ZK-Beschluß ins Saargeb. Sommer 1934 nach Amsterdam, Übernahme der Agitprop-Abt. der KPD-EmigrLtg. Nach deren Ausweisung führte er ihre Arbeit im Frühj. 1935 weiter; danach durch AbschnLtg. Nordwest Einsatz als Instrukteur für Bremen. Von Amsterdam aus mehrere Reisen dorthin zu Prop.-Tätigkeit. 1937 auf Anordnung des ZK mehrwöchiger Funktionärslehrgang in Paris. Sommer 1937 nach Zürich, Übernahme der KPD-AbschnLtg. Süd. Anfang Nov.1937 Festnahme, Ausweisung nach Frankr., von dort nach Kopenhagen entsandt, stellv. Ltr. AbschnLtg. Nord, mit Org. der illeg. Arbeit an dt. Ostseeküste betraut sowie Betreuung der kommunist. Emigr. in Norwegen u. Schweden; 1938/39 wiederholt in Oslo u. Stockholm, um die ZusArb. von KPD-Exilorg. u. Funktionären zu leiten. Deckn. Gottfried, Oskar, Gustav, Thorwald, Der Alte. Nach Auflösung der AbschnLtg. Nord bei Kriegsausbruch u. Festnahme von → Heinrich Wiatrek nach Besetzung Dänemarks am 19. Mai 1941 Ltr. der KPD-Parteigruppe Kopenhagen. 16. Dez. 1941 Verhaftung durch dän. Polizei. Auslieferung nach Hamburg. 25. Nov. 1942 VGH-Todesurteil.

L: Weber, Wandlung; Jahnke, Karl Heinz, Mein Leben galt dem Höchsten der Menschheit: Conrad Blenkle. In: Beiträge zur Geschichte der Arbeiterbewegung. 1973. *D:* IfZ. *Qu:* Arch. Hand. Publ. - IfZ.

Bloch, Fritz Elieser, Dr. phil., Rabbiner; geb. 21. März 1903 München; *V:* Julius B. (geb. 1875 Efringen-Kirchen/Baden, gest. 1950 Jerusalem), Geschäftsmann, KL Theresienstadt, 1948 nach IL; *M:* Eugenie, geb. Hochstädter (geb. 1876 Fellheim/Schwaben, gest. 1951 Jerusalem), KL Theresienstadt, 1948 nach IL; ∞ 1931 Anna Großwirth (geb. 1904 Nowy Dwor), Ärztin, 1938 Emigr. Pal. über CH; *K:* Abraham (geb. 1932 München), 1938 Emigr. Pal., Kraftfahrer; Dr. Ing. Jakob B. (geb. 1934 Aschaffenburg), 1938 Emigr. Pal., Hochschullehrer; Meny (geb. 1935 Aschaffenburg), Komponist, A: N; Miriam Dubnikow (geb. 1938 Aschaffenburg), 1938 Emigr. Pal., Musiklehrerin, Versicherungsvertr.; *StA:* deutsch, 1939 Pal./IL. *Weg:* 1938 Pal., 1953 Deutschland (BRD).

Ab 1918 Mitgl., 1919-22 ltd. Funktion *Blau-Weiß* München. 1922-26 Stud. Jüd. Theol. Seminar u. Univ. Breslau, 1926 Prom., 1923-26 Ltr. *Misrachi*-Wandergruppe. 1926-32 Jeschiwot in Litauen u. Polen, gleichz. Lehrer an hebr. Schulen in Telsche/Litauen. Rabbinerseminar Berlin, Jeschiwah Mir, Polen u. Jeschiwah Telsche, 1932 Rabbiner; 1932-38 BezRabbiner Isr. Kultusverwaltung Aschaffenburg; zeitw. Haft. Juni 1938 Emigr. Palästina über Schweiz mit Touristenvisum, 1939-48 ehrenamtl. Rabbiner Kongr. Achdut in Bar Yam/Palästina, Mitgl. *Haganah.* 1940-51 Gewürzfabrikant; 1941-53 Mitgl. *HaPoel HaMizrahi* u. *Alija Chadaschah* ; 1947-48 Lehrer an Volks- u. höheren Schulen. 1950-53 Beamter im isr. Finanzmin., Jerusalem. Ab 1953 Deutschland (BRD), Landesrabbiner isr. Religionsgemeinschaft Stuttgart. Lebte 1977 in Stuttgart.

W: Die Juden in Militsch. (Diss.) 1926; Beiträge in dt.-sprachigen jüd. Zs. *Qu:* Arch. Fb. Hand. Publ. - RFJI.

Bloch, Henry Simon, Dr. jur., Wirtschaftsexperte, UN-Beamter; geb. 6. Apr. 1915 Rheinbischofsheim/Baden; jüd.; *V:* Edward B. (geb. 1894 Rheinbischofsheim, gef. 1916); *M:* Claire (geb. 1899 Rheinbischofsheim), A: New York; ∞ 1954 Rahel Fraenkel (geb. 1927), gesch.; *K:* Miriam Feuerstein (geb. 1956 New York); *StA:* deutsch, 1943 USA. *Weg:* 1934 F, 1937 USA.

Oberrealschule, 1934 Emigr. Frankr., Stud. in Nancy, 1935 Ing. Commerciale, 1937 docteur en droit (econ.). 1937 USA, 1937-43 Forschungsassist., gleichz. Doz. Inst. for Military Studies, 1943-45 Doz. u. Forschungsdir. Civil Affairs Officers Training School der Univ. Chicago, 1945 Berater Foreign Econ. Admin., 1945-46 Wirtschaftsexperte im US-Finanzmin., Verhandlungen über Steuerverträge mit Frankr. u. Benelux; seit 1947 im UN-Sekr., 1947-49 Sektionschef Abt. für Angelegenheiten des Sicherheitsrats, 1949-55 Finanzdir. Abt. für Wirtschaftsangelegenheiten, 1955-62 Dir. Fiscal and Financial Br.; 1955 Gastprof. für Wirtschaftswiss. Yale Univ., 1955-63 Doz. Law School der Columbia Univ. New York, ab 1963 Prof. für Jura u. internat. Beziehungen Columbia Univ.; 1962-65 Präs. Zinder Internat. Ltd., 1965 Beratertätigkeit für die Asian Development Bank Bangkok, ab 1967 Dir. u. Vizepräs. bei E.M. Warburg & Co. u. bei E.M. Warburg, Pincus & Co.; 1972 Vors. UN Inst. for Training and Research u. Ltr. des Forchungsseminars zu internat. Finanzfragen. Lebte 1977 in New York City.

W: La Théorie des Besoins de Carl Menger. Paris 1937; Economics of Military Occupation (Mitverf.). 1944; A Programme for Technical Assistance in the Fiscal and Financial Field Prepared for the Government of Ghana. 1958; The Challenge of the World Trade Conference. 1965; Regional Development Financing. 1966; Le Financement Regional et le Developpement de l'Amérique Latine. 1966; Beiträge in rechts- u. wirtschaftswiss. Fachzs. *Qu:* Hand. Pers. - RFJI.

Bloch, Josef, Unternehmensleiter; geb. Febr. 1915 Wien; jüd.; *V:* Herman Hersh B. (geb. 1887 Delatyn/Galizien, umgek. im Holokaust), jüd., Talmudstud., Zion.; *M:* Feige, geb. Friedler (geb. 1889 Kolomea/Galizien, umgek. im Holokaust); *G:* Dr. med. Jack B. (geb. 1913, gest. Mailand), Emigr. I; Frieda Brown (geb. 1919 Wien), Emigr. GB, Sekr.; Adolf (geb. 1921 Wien), Emigr. GB, im 2. WK Internierung in AUS, später S-Afrika, Handelsreisender; ∞ 1941 Sheila Rabinowitz (geb. 1917 Vreda/ S-Afrika), jüd., Stenotypistin; *K:* Julia Kallmeyer (geb. 1942 Johannesburg), B.A., Lehrerin; Monica Spira (geb. 1944 Potchefstroom), B.Sc., Lehrerin; Dr. med. Harold Michael B. (geb. 1949 East London); Minessa (geb. 1958 Pretoria), Stud.; *StA:* österr., S-Afrika. *Weg:* 1936 S-Afrika.

1935-36 Stud. Hochschule für Welthandel, Mitgl. *Jüdischer Studentenbund* u. *Hakoah.* Dez. 1936 Emigr. Südafrika, Verkäufer, 1938-40 Angest. bei Publix; 1940-74 bei O.K. Bazaars, 1951-68 Betriebsltr. für Transvaal, 1968-74 geschäftsf. Dir. des Gesamt-Unternehmens mit Zweigstellen in Südafrika, Rhodesien u. Sambia, ab 1974 Inh. einer Wirtschaftsberatungs-Firma. 1948-56 GrdgMitgl. *Round Table* East London-Pretoria, 1955-65 Vors. Zweigstelle Pretoria des Arbeitgeberverbandes, 1965-69 Vors. des Gesamtverbandes, ab 1957 Mitgl. u. Geschäftsf. *Rotary Club* Pretoria u. Johannesburg, 1965-67 Vizepräs. Handelskammer Pretoria, geschäftsf. VorstMitgl. *Zion. Org.* East London. Lebte 1976 in Pretoria/Südafrika.

Qu: Fb. - RFJI.

Bloch, Joseph, Dr. phil., Publizist; geb. 14. Sept. 1871 Vilkiviali/Litauen, gest. 14. Dez. 1936 Prag; jüd.; ∞ Dr. med. Helene Freudenheim, Zahnärztin; *StA:* deutsch. *Weg:* 1933 CSR.

Gymn. Königsberg. Stud. Math. Königsberg, Berlin. Hg. *Der sozialistische Student,* ab 1895 unter Titel *Der Sozialistische Akademiker,* ab 1897 *Sozialistische Monatshefte* (SM), neben Kautskys *Neuer Zeit* führende theoret. Zs. der dt. Sozialdemokratie, Organ des reformist. Flügels: Unterstützung der dt. Kolonialpol., Forderung nach sozialist. Agrarpol. auf Grundlage des Protektionismus, trat für eine Einigung Europas unter Ausschluß von GB ein; zahlr. Beiträge u.a. zum Zionismus. Zeitw. im Vorst. *Freie Volksbühne Berlin.* Nach Einstellung der SM Febr. 1933 Emigr. nach Prag.

W: Vermächtnis. Revolution der Weltpolitik. Paris (Helène Bloch) 1938. *L:* Siemsen, Anna, Ein Leben für Europa. In memoriam Joseph Bloch. 1956. *Qu:* Hand. Publ. - IfZ.

Block, Herbert, Dr. phil., Journalist, Ministerialbeamter; geb. 1. Jan. 1903 Berlin; ∞ 1954; *StA:* deutsch, 1945 USA. *Weg:* 1934 E, 1936 CH, 1940 USA.

1921-25 Stud. Berlin u. Wien, 1924 Dipl.rer.pol., 1926 Prom. Freiburg; 1926-31 Red. *Magazin der Wirtschaft* Berlin, 1932 Berater Finanzkomm. des Völkerbunds, 1933-34 Red. *Vossische Zeitung* Berlin. 1934 Emigr. Spanien, 1934-36 Doz. Univ. Madrid. 1936 Schweiz, 1936-40 Journ. in Bern; 1940 USA, 1940-41 Broockings Inst., Washington/D.C., 1941-44 Forschungsassist. Grad. Fac., New School for Soc. Research New York, 1944 Research Analyst Army Industrial Coll. Washington/D.C., 1944-45 Sektionschef sowj. Abt. des OSS, anschl. im US-Außenmin. bis 1947 Ltr. UdSSR-Abt., 1947-50 Sektionschef europ. Forschungsabt., 1950-59 Chefökonom der UdSSR- u. Osteuropa-Abt., 1959-73 Sonderassist. in der europ. u. sowj. Forschungsabt. 1973 Ruhestand. Ab 1963 Doz. School for Advanced Internat. Studies, Johns Hopkins Univ. Washington/D.C.; Mitgl. *Am. Econ. Assn.* Lebte 1973 in Washington/D.C.

W: Die Marxsche Geldtheorie. 1926; Industrial Concentration versus Small Business. The Trend of Nazi Policy. 1943; Wagner and Marx. Bayreuth Festival. 1963; Value and Burden of Soviet Defense. US Joint Econ. Comm. 1973; wirtschaftswiss. Beiträge in US-Fachzs. *Qu:* Hand. - RFJI.

Bluhdorn, Charles G., Industrieller; geb. 20. Sept. 1926 Wien; *V:* Paul B. (geb. CSR), Importeur; *M:* Rose; ∞ Yvette (geb. F); *K:* 2; *Weg:* 1937 GB, 1942 USA.

1937-42 Stud. in GB, 1942 in die USA, 1942-45 Teilzeitstud. Abendschule des City Coll. New York, gleichz. Angest. bei Baumwollmaklerfirma; 1945-46 US-Armee. 1946-49 Stud. Columbia Univ., gleichz. Schatzmeister der Import-Exportfirma KSB Co. Inc., 1949 Gr. der Import-Exportfirma Fortuna Coffee. 1956-57 Dir. Michigan Plating & Stamping Co. in Grand Rapids/Mich., 1957-58 Erwerb der Michigan Bumper Co. u. Bearch & Stone Electric Co., die er zur Gulf and Western Corp. fusionierte; seit 1958 Präs. u. AR-Vors. Gulf and Western Corp., seit 1960 Gulf and Western Industries Inc., Vertrieb von Autoersatzteilen. 1965 Übernahme der New Jersey Zinc Co., bedeutendster Zinkhersteller in den USA, später Übernahme u. Präs. Paramount Pictures Corp., Übernahme Fernsehproduktion Desilu Productions, South Puerto Rico Sugar Co. (bedeutende Zuckerfabrik, Hotels u. Zementfabrik in der Dominikanischen Republik), Übernahme der Maschinenfabrik E. W. Bliss Co., der Universal Am. Corp., der Zigarrenfabrik Consolidated Cigar Corp., der Brown Co. (Hersteller von Papier- u. Holzprodukten), der Finanzierungsges. Assoc. Investments Co., Übernahme von 51 % des Kapitals sowie Präs. u. AR-Vors. des größten Filmtheaterkartells in Nordamerika Famous Players Canadian Corp. in Kanada, Übernahme des Verlages Simon & Schuster New York, der Schrafts Candy Co., der Kayser-Roth Corp. (größte Textilfabrik der USA) etc.; Gulf and Western übernahm bis 1970 mehr als 80 Firmen u. war 1977 einer der größten u. expansivsten Konzerne in den USA. Daneben war B. u.a. Dir. Am. Parts Systems, AR-Vors. Madison Square Garden Corp. New York, AR-Mitgl. Bohack Corp., Foods Inc.; Kuratoriumsmitgl. *Freedom's Foundation* Valley Forge/Pa., Trinity School New York, seit 1976 *Citizens' Alliance for Mediterranean Freedom.*

L: Welles, Chris, Charles Bluhdorn, Collector of Companies. Multimillion Reach of Wall Street's 'Mad Austrian'. In: Life Magazine. 1967; Hersh, S., Art.-Serie über Gulf and Western Indus. In: New York Times, Juli 1977. *Qu:* Hand. Publ. Z. - RFJI.

Bluhm, Arthur, Dr. phil., Rabbiner; geb. 23. Okt. 1899 Zekzin/ Westpreußen, gest. 18. Juli 1962; *V:* Isidor B.; *M:* Paula, geb. Mengel; ∞ 1928 Johanna Herta Heimann; *StA:* deutsch, USA. *Weg:* 1939 USA.

1919-24 Stud. Berlin, Würzburg, 1924 Prom., zugl. 1922-27 Stud. L(H)WJ, 1927 Rabbinerexamen, 1924-27 ReligLehrer in Berlin u. zeitw. Rabbiner in Danzig. 1927-38 Oberrabbiner SynGde. Krefeld. Nov. 1938 KL Dachau, 1939 Emigr. USA über Niederlande; Hilfsrabbiner North Shore Congr. Israel in Glencoe/Ill., später Rabbiner in Muskogee/Okla., 1941-62 B'nai Israel Congr. Amarillo/Tex., zugl. ab 1943 Dir. *United Service Org.* des *Jew. Welfare Board* Amarillo. 1943-45 Rabbiner der US-Luftwaffengarnisonen in Dalhart u. Pampa/Tex., später am War Veterans Hospital Amarillo/Tex.; Mitgl. *B'nai B'rith*, ZOA, *Rotary Club. - Ausz.:* 1961 Service Award der *United Service Org.* Amarillo.

W: Das Kind in der Bibel (Diss.). 1924; Tadir u-Sch'aino Tadir, Tadir Kodem (Die Regel hat Vorrecht vor der Ausnahme). 1927; Was ergibt sich aus der Septuaginta zu Hosea? 1927; *L:* Abrams, Margaret, Awakened. (Schlüsselroman) 1954. *D:* LBI, New York. *Qu:* Arch. Hand. Z. - RFJI.

Blum, Arno A., Dr. jur., Rechtsanwalt, Ministerialbeamter; geb. 12. Okt. 1903 Berlin, gest. Juni 1974 Jerusalem; jüd.; *V:* Moritz B., jüd., Kaufm.; *M:* Helene, geb. Meyer, jüd.; ∞ Hedwig Wertheim; *StA:* deutsch; Il. *Weg:* 1933 F, 1934 Pal.

Stud. Rechtswiss. Berlin u. Freiburg, 1924 Prom. Berlin. 1924-33 RA u. Wirtschaftsprüfer in Berlin. 1933 Emigr. Frankr., 1933-34 Wirtschaftsprüfer in Paris. 1934 Palästina, 1935 RA-Examen für Ausländer, 1936 Glasgow-Examen für Wirtschaftsprüfer; 1937-40 RA in Tel Aviv, 1940-48 stellv. Treuhänder, 1948-49 ltd. Treuhänder für Feindvermögen bei der brit. Mandatsverw., 1949-54 Ltr. Statistisches Amt im isr. Justizmin.; 1954-59 Rechtsberater der isr. Mission in Köln. 1960-61 Rechtsberater, ab 1962 GenDir. isr. Rechnungshof. Nach Pensionierung Teilh. einer Wirtschaftsprüfer-Firma.

Qu: EGL, Hand. - RFJI.

Blum, Ernst, Dr. jur., Ministerialbeamter; geb. 10. Nov. 1901 Wellesweiler/Saar, gest. 28. Apr. 1970 Saarbrücken; jüd.; *V:* August B. (1871-1959), jüd., Prokurist u. Geschäftsf.; *M:* Caroline, geb. Blum (geb. 1868 Illingen/Saar, gest. 1945 Nizza), jüd., Emigr. F; *G:* Adolf B. (geb. 1896, gef. 1918), Bankkaufm., im 1. WK Lt.; ∞ 1934 Martha Mayer (geb. 1904), jüd., Emigr. F, in Nizza Mitarb. *Centre de documentation sur les atrocités nazies.* A: Saarbrücken; *StA:* deutsch. *Weg:* 1935 F; 1945 Deutschland (Saargeb.).

Verlor als zehnjähr. Gymnasiast durch Unfall das Augenlicht, Besuch der Königl. Blindenanstalt Berlin-Steglitz; 1916-21 Musikstudium am Konservatorium Köln, staatl. Musiklehrerprüfung für Klavier u. Orgel; 1922 Externenabitur Realgymn. Neunkirchen/Saar, 1922-26 Stud. Rechts- u. Staatswiss. Univ. Bonn, München u. Köln; 1926 1. jur. Staatsprüfung u. Prom., 1929 2. jur. Staatsprüfung; 1930 als Gerichtsassessor Eintritt in die Finanz- u. Steuerverwaltung des Saargeb., 1931 RegAssessor. Nach Rückgliederung des Saargeb. aufgrund der Nürnberger Rassegesetze Dez. 1935 entlassen u. Emigr. nach Frankr.; dort u.a. Mitarb. Blindenorg.; 1939 vorüberg. in Senones/Vogesen interniert, danach in Südfrankr.; 1945 auf Veranlassung des RegPräs. Saar Rückkehr nach Saarbrücken, ab Dez. 1945 als OberregRat Wiederaufbau des Landesfürsorgeverb.; 1948 RegDir. u. Ltr. der Abt. Sozialhilfe und allgemeine Wohlfahrt im Min. für Arbeit und Wohlfahrt (nach 1955 Min. für Familie, Gesundheit und Sozialordnung) des Saarlandes, 1960-66 MinRat. 1946-70 Mitgl. Repräsentantenvers. der Synagogengde. Saar, Beiratsmitgl. Fürsorgefachkommission der *Zentralwohlfahrtsstelle der Juden in Deutschland;* tätig insbes. in der Blindenfürsorge; Gr. u. Vors. Verein *Hilfe für Blinde in Israel;* Mitgl. Hauptausschuß *Verein für öffentliche und private Fürsorge* Frankfurt/Main. *- Ausz.:* 1965 Leo-Baeck-Preis; Treuemed. des Bundes der Kriegsblinden Deutschlands, Ehrenpräs. Blindenverein für das Saarland u. Ehrenmitgl. Deutscher Blindenverband.

W: Die Integration des Blinden in die Gesellschaft. 1966. *Qu:* Arch. EGL. Pers. Z. - IfZ.

Blum, Franz, Dr. phil. Journalist; geb. 14. Febr. 1890 Leutkirch/ Württ., gest. 27. Aug. 1947 Linz/Österr.; ∞ Auguste Blum (gest. 1971 Linz); *K:* Christel; *StA:* deutsch. *Weg:* 1933 Österr.

Stud. Germanistik. SPD; 1919-20 Red. *Münchener Post,* 1920-21 Red. *Volkszeitung* Innsbruck, ab 1923 Chefred. *Sozialdemokratische Parlamentskorrespondenz* München. Juli 1933 Flucht mit → Wilhelm Hoegner nach Österr.; Red. sozdem. Ztg. in Linz, nach 1934 ZusArb. mit Ständeregime. Blieb nach 1938 in Österreich.

Qu: Arch. Publ. - IfZ.

Blum, Marie Anna, geb. Holl, Parteifunktionärin; geb. 27. Okt. 1890 Schwabmünchen/Bay.; Diss.; ∞ verh.; *StA:* deutsch. *Weg:* CSR.

Arbeiterin, KPD; 1927-29 Red. *Arbeiterzeitung* Aachen, 1929-30 *Neue Zeitung* Jena, ab Juli 1930 Festungshaft in Preungesheim/Hessen. Sept. 1930-Juli 1932 u. Nov. 1932-März 1933 MdR. Nach natsoz. Machtübernahme Emigr., 1935/36 in Westböhmen pol. tätig, vermutl. zuständig für illeg. Arbeit im Bez. Potsdam, Deckn. Hannchen.

Qu: Arch. Hand. - IfZ.

Blumenau, Hans, Fabrikant; geb. 5. Juli 1896 Köln, gest. 24. Febr. 1976 London; jüd.; *V:* Emil B. (1857-1932), jüd., Gymn., Fabrikant, 1887 Mitbegr. Damenwäschefabrik Lobbenberg & Blumenau Köln, Vors. jüd. Gde. Köln; *M:* Anna, geb. Wallach (geb. Alsfeld), jüd.; *G:* Ernest (geb. 1889 Köln); ∞ Lore Cahn (gest. 1971 London), Emigr.; *K:* Ralph (geb. 1924 Köln), Stud. Gesch. Oxford; Tom (geb. 1927 Köln), Betriebsltr; *StA:* deutsch, brit. *Weg:* 1936 GB.

Teiln. 1. WK (EK II); Juniorchef Lobbenberg & Blumenau, nach 1933 Verkauf der Firma. Schatzmeister *Rheinland-Loge, B'nai B'rith* Köln. 1936 Emigr. GB mit Familie, Mitbegr. u. Dir. Damenwäschefabrik Silhouette Ltd. in Shrewsbury, später in London, die zahlr. Emigr. beschäftigte. Mehrere Jahre geschäftsf. Mitgl. AJR London, 1955-67 Vors. Hauskomitee *Otto Schiff House* London (erstes Altersheim für Emigr. in GB, Errichtung aus Wiedergutmachungsgeldern).

Qu: EGL. Fb. Z. - RFJI.

Blumenberg, Werner, Publizist; geb. 21. Dez. 1900 Hülsede/Niedersa., gest. 1. Okt. 1965 Amsterdam; ev.; *V:* Wilhelm B. (1863-1949), Pfarrer; *M:* Sophie, geb. Weber (1864-1903); *G:* 11; ∞ I. Lucy Studtmann (1902-53); II. Friedel Vahrenhorst; *K:* aus I: Ruth Varrelmann (geb. 1927), Hannah Weißflog (geb. 1930), aus II: Wera Dillo (geb. 1944). *Weg:* 1936 NL.

1918 Abitur, anschl. bis Kriegsende Soldat. Stud. Theologie, Orientalistik in Marburg u. Göttingen. Nach 1. Examen Arbeit als Bergmann sowie Mitarb. *Hannoversche Volkswille.* Nach Kapp-Putsch Eintritt in SPD. 1926 Red. *Göttinger Volksblatt,* 1927-33 Red. *Hannoverscher Volkswille.* 1932 in Erwartung einer natsoz. Machtergreifung Grdg. einer Widerstandsgruppe, die ab Aug. 1933 unter dem Namen *Sozialistische Front* arbeitete; Ltr. der Gruppe u. Hg. der gleichnamigen illeg. Zs. (ab 1934 *Sozialistische Blätter*). 16. Aug. 1936 nach Zerschlagung der Gruppe durch Gestapo Flucht in die Niederlande; Nov. 1936 Verf. eines der *Sopade* zugeleiteten Memorandums *Erfahrungen in der illegalen Arbeit;* Mitarb. *Deutschland-Berichte.* In Abwesenheit Todesurteil. 1940-45 in Amsterdam im Untergrund. Nach 1945 bis zu seinem Tode Ltr. der Deutschlandabt. des Internationaal Instituut voor Sociale Geschiedenis Amsterdam.

W: Erfahrungen in der illegalen Arbeit. 1936. Auszug in: VHZ, IV/1956; Kämpfer für die Freiheit. 1959, 1974; Karl Kautskys literarisches Werk. 1960; Karl Marx in Selbstzeugnissen und Bilddokumenten (Hg.). 1962; August Bebels Briefwechsel mit Friedrich Engels (Hg.). 1965; ZsAufs. u.a. in: *Bulletin of the International Institute of Social History, International Review of Social History.* *L:* Vantijn, B., Werner Blumenberg. In: International Review of Social History, XI/1966. *Qu:* Arch. Pers. Publ. Z. - IfZ.

Blumenfeld, Kurt (Yehuda), Verbandsfunktionär; geb. 29. Mai 1884 Treuberg/Ostpreußen, gest. 21. Mai 1963 Jerusalem; jüd.; *V:* Rudolf B., Amtsrichter in Insterburg; ∞ Jenny Hurwitz (gest. 1962), VorstMitgl. WIZO; *K:* 2 T, 1 S; *StA:* deutsch; Pal./IL. *Weg:* 1933 Pal.

Stud. Rechtswiss. Berlin, Freiburg u. Königsberg, 1904 Mitgl. K.J.V., 1905 Teiln. an Zion. Kongreß in Basel, 1909 Sekr. der Werbeabt. der ZVfD in Berlin, ab 1909 Teiln. an allen Zion. Kongressen, 1910-14 GenSekr. u. Dir. Info-Büro der WZO in der Berliner Zentrale, 1912 Ltr. der oppositionellen Gruppe junger Zion. beim Posener Deleg.-Tag der ZVfD, erwirkte Aufnahme der Verpflichtung in das Programm der ZVfD, die Auswanderung nach Palästina als ein persönl. u. pol. bindendes Anliegen zu betrachten. 1913-14 Hg. zion. Zs. *Die Welt.* Teiln. 1. WK; nach 1920 Mitgl. Exekutivkomitee u. Aktionskomitee der WZO, 1924-33 Mitgr. u. Mitgl. des Direktoriums u. des Aktionskomitees der dt. Zweigstelle des *Keren Hayessod,* gleichz. 1924-33 Vors. ZVfD u. Ausschußmitgl. *Deutsches Komitee Pro-Palästina zur Förderung der jüdischen Palästina-Siedlung;* mehrere Reisen nach Palästina. 1912-33 wichtigster ideolog. u. intellektueller Einfluß innerhalb der zion. Bewegung in Deutschland, entwickelte den Begriff eines „post-assimilatorischen Zionismus" u. betonte die Idee der pol. Aktion u. der Selbstverwirklichung im Gegensatz zu dem „philanthropischen" Zionismus der älteren Gruppen um Max Bodenheimer, überzeugte zahlr. dt. u. ausländ. Juden, u.a. Albert Einstein u. Oskar Wassermann, von der Bedeutung des Zionismus. 1929 Mitgl. der erweiterten *Jew. Agency* u. ihres Aktionskomitees. 1933 Emigr. Palästina, Ltr. Abt. für Org. u. Info. der Hebr. Univ. Jerusalem, ab 1935 DirMitgl. u. 1936-40 Geschäftsf. von *Keren Hayessod* in Jerusalem, gleichz. 1936-40 Vors. von H.O.G., Präs. der *Palestine Confed. of Gen. Zionists,* Juli 1938 Teiln. an Konf. von Evian, im 2. WK i.A. des *Keren Hayessod* aktiv in jüd.-zion. Pol. in den USA.

W: Der Zionismus, eine Frage der deutschen Orientpolitik. 1915; Zionistische Betrachtungen. 1916; Im Kampf um den Zionismus. 1926. *L:* Tramer, Hans (Hg.), Erlebte Judenfrage. Ein Vierteljahrhundert deutscher Zionismus. 1962; Yehuda Kurt Blumenfeld, Li Shemo ule Zikhro. Gedenkschrift, Hg. *Keren Hayessod.* 1963; Lichtheim, Zionismus; Feder, Heute; Sambursky, Miriam/Ginat, Johanan (Hg.), Im Kampf um den Zionismus. Briefe aus fünf Jahrzehnten. 1976; UJE; E.J., Yearbook 1964. 1965. *D:* LBI New York. *Qu:* Arch. EGL. Hand. Publ. Z. - RFJI.

Blumenthal, Hans Elchanan, Dr. phil., Rabbiner; geb. 16. Mai 1915 Fulda/Hessen-Nassau; *V:* Jacob B. (geb. 1875 Fulda, umgek. 1944 KL Auschwitz), Kaufm., Mitgl. *Misrachi,* Mitgr. Hachscharah-Zentrum Rodges bei Fulda, Emigr. NL, Dep. KL Bergen-Belsen; *M:* Clara Karoline, geb. Hecht (geb. 1882 Hammelburg/Bayern, gest. 1973 New York), Fremdsprachenkorr. in Würzburg, Emigr. NL mit Ehemann, KL Bergen-Belsen, später in die USA; *G:* Leo (geb. 1907 Fulda, umgek. im Holokaust), Bankdir. in Fulda, 1938 Emigr. NL, Geschäftspartner von Bruder Marcus; Marcus (geb. 1909 Fulda), 1931 Emigr. NL, Lederwarenfabrikant in Amsterdam; Rosy Lemberger (geb. 1912 Fulda), 1938 Emigr. USA, Inh. einer Nahrungsmittelfirma in Palisades/N.J.; Erich (geb. 1914 Fulda), Emigr. USA, Farmer in Bridgeton/N.J.; Lothar Ludwig (geb. 1922 Fulda, umgek. im Holokaust), Emigr. NL, Dep.; ∞ 1943 Ingeborg Chana Last (geb. 1921 Berlin), jüd., Emigr. NL, 1939 Emigr. AUS, Ausbildung als Krankenschwester in Sydney, Stud. Univ. Melbourne, 1947 Emigr. S-Afrika, klin. Psychologin in Kapstadt, 1953 nach IL; *K:* Miriam Segal (geb. 1945), Lehrerin; Jacob (geb. 1947), Rabbiner; Tehilla (geb. 1958); Yair (geb. 1959); 2 K umgek. 1952 bei Unfall in S-Afrika; *StA:* deutsch; AUS u. IL. *Weg:* 1933 Litauen, 1938 GB, 1940 AUS, 1947 S-Afrika, 1953 IL.

Abitur Fulda, 1933 Emigr. Litauen, 1933-38 Stud. Jeschiwoth von Telschi, Slobodka u. Kelmi. 1938 nach GB, 1938-40 Stud. London, B.A., gleichz. Hauslehrer u. Dolmetscher, 1940 Internierung, Juli 1940 Transport nach Australien, 1942-45 Rabbiner Elwood Hebr. Congr., 1945-47 Hauptrabbiner Claremont Hebr. Congr. Melbourne, Lehrerdiplom. 1947 Emigr. Südafrika, 1947-53 Rabbiner u. Richter am Rabbinischen Gericht

Kapstadt, gleichz. Stud. Univ. Pretoria, Prom.; 1953 nach Israel mit Familie, mehrere Jahre Doz. für Gesundheitserziehung bei *Hadassah*, 1961 Rabbiner u. pädagog. Vertr. der *Jew. Agency* bei der jüd. Gde. München, Doz. am Beth-Hakerem-Lehrerseminar u. Lehrer an Evelyna-de-Rothschild-Mittelschule Jerusalem. Doz. für Erwachsenenbildung an der Volkshochschule, Doz. u. Dir. Abt. Lehrerausbildung der Jerusalem Acad. of Jew. Studies. VorstMitgl. Loge Jerusalem des *B'nai B'rith, Israelische Gesellschaft für psych. Gesundheit, Vereinigung von Rabbinern aus westlichen Ländern in Israel*. Lebte 1978 in Jerusalem.

W: u.a. Phsychology of Adolescence in Jewish Sources. 1977. *Qu:* Fb. Hand. - RFJI.

Blumenthal, Herman, Dr. phil., Chemiker; geb. 12. Nov. 1902 Halsdorf/Hessen; *V:* Manasse B. (geb. 1848 Kirchbracht, gest. 1931), jüd., Volksschullehrer; *M:* Johanna, geb. Siegel (geb. 1872 Höchst/Main, gest. 1938), jüd.; *G:* Isidore (umgek. im Holokaust), Ing.; Jenny Goldschmidt, Lehrerin, 1941 Emigr. USA; Amalie Weiler (umgek. im Holokaust); ∞ 1935 Dr. phil. Sophie Cassel (geb. 1898 Riga), jüd., 1925 Prom. Leipzig, Schriftstellerin, 1941 Emigr. USA, Psychologin; *K:* Hannah Voss (geb. 1938), 1941 Emigr. USA, B.A., Lehrerin in IL; *StA:* deutsch, 1947 USA. *Weg:* 1941 USA.

1927 Prom. Marburg, 1929 Examen als Gymnasiallehrer, 1928-30 StudReferendar in Marburg u. Kassel, 1930-33 Stud-Assessor in Weißenfels, Halberstadt u. Merseburg, 1933 Entlassung. 1930-33 Mitgl. *Deutscher Philologen-Verband*, 1930-33 ZVfD, *Jüdischer Turnverein*. Nov. 1938 KL Buchenwald. Aug. 1941 Emigr. USA mit Familie, 1941-43 Chemiker bei Am. Nickel Alloy Manufacturing Corp. Brooklyn, 1944 bei Neo Smelting & Refining Co., 1943-45 Chefchemiker u. Projektltr. Am. Electro Metal Corp. Yonkers/N.Y., 1959-61 Dir. der Forschungsabt. bei Chromalloy Corp. New York, 1961-69 Forschungsdir. bei Boeing Aerospace Co. Seattle/Wa.; 1969 Ruhestand, Beratertätigkeit. Mitgl. *Am. Chem. Soc., Am. Soc. for Metal*. Lebte 1978 in Seattle.

W: Über die Einwirkung von Ammoniak und Ammoniak-Derivaten auf O-Acetylaceto-Phenole (Diss.). 1927; Art. in dt. u. am. Fachzs. *Qu:* Fb. Hand. - RFJI.

Blumenthal, Pinchas Ernst, Dr. jur., Pädagoge; geb. 10. Okt. 1912 Berlin; jüd.; *V:* Karl B. (gest. 1915); *M:* Paula, geb. Gotthelft (gest. 1912); ∞ 1941 Rachel Hildesheimer (geb. 1914 Berlin, gest. 1968 Jerusalem), Laborassist., Bibliothekarin, 1936 Emigr. Pal., Sekr. bei der Historischen Gesellschaft Israels; *K:* Naomi Seevi (geb. 1945), Beschäftigungstherapeutin; Elchanan (geb. 1946), klin. Psychologe; Shlomit Nevo (geb. 1950), Fremdenführer; *StA:* deutsch, Pal./IL. *Weg:* 1934 GB; 1935 Pal.

1933 Prom. Köln; Mitgl. *Eiserne Front*. 1934 Emigr. GB mit Touristenvisum, Unterstützung durch *Woburn House,* 1935 Lehrerdipl. King's Coll. London. 1935 nach Palästina mit StudVisum, 1935-37 Stud. Gesch. Hebr. Univ.; 1935-48 Mitgl. *Haganah* u. Dienst in der IDF. Volksschul- u. Gymnasiallehrer, später Schulinspektor für Mittelschulen, Doz. am Lehrerseminar, Dir. isr. Schulfernsehen, 1967-72 Ltr. Abt. für Fortbildung von Lehrern für höhere Schulen im Erziehungsmin., Dir. Abt. präakad. Kurse für kulturell Benachteiligte, UnivDozent.

W: Die Voraussetzungen der Haftung nach § 419 BGB (Diss.). 1933; Zelilim uzevaim (Ton und Farbe). 1952; Ishim uFoalam (Männer und Taten. Mitverf.) 1953; Toledot haZeman heHadash (Neuere Geschichte). 1963; Eyn so Aggadah (Es ist kein Märchen. Herzl-Biogr.). 1963; Diener im Licht (Herzl-Biogr.). 1977; Art. über Shakespeare, engl. u. am. Lit.; Lehrbücher in Gesch. u. engl. Sprache. *D:* Hist. Arch. Jerusalem. *Qu:* Fb. Hand. - RFJI.

Blumenthal, Werner Michael, Ph.D., Industrieller, Politiker; geb. 3. Jan. 1926 Oranienburg; ev.; *V:* Ewald B., jüd., Kaufm., Nov. 1938 zeitw. KL Buchenwald, Vermögenseinzug, 1939 Emigr. China über I; *M:* Rose Valerie, geb. Markt (gest. 1973 [?] San Francisco), jüd., 1939 Emigr. China, 1947 USA; *G:* Stephanie Dreyfuss, 1939 Emigr. China, 1947 USA; ∞ 1951 Dr. phil. Margaret Eileen Polley (geb. Fresno/Calif.), Ph.D. Univ. Mich.; *K:* Ann Margaret, Gillian, Jane Eileen; *StA:* deutsch, 1952 USA. *Weg:* 1939 I, China, 1947 USA.

Anfang 1939 Emigr. Italien, dann China, Stud. brit. Schule in Schanghai, Laborarb., Dolmetscher bei der US-Luftwaffe, später Lagerverw. bei US-Armee; 1947 USA, Kaufm., Angest. National Biscuit Co. San Francisco/Calif.; 1951 B.Sc. Univ. Calif. Berkeley, 1953 M.P.A., Gelegenheitsarb. als Pförtner, Kinokassierer, Kellner usw.; 1953-54 Stipendiat des Social Science Research Council, 1954-55 Wiss. Assist. Princeton Univ., 1956 Ph.D., 1955-57 Assist. Prof. u. Forschungsassist.; 1955-57 Schlichter am Schiedsgericht für arbeitsrechtliche Fragen in N.J.; 1957-61 ltd. Stellungen bei Crown Cork International Jersey City/N.J.; 1961-63 wirtschaftspol. Sachverständiger des US-Außenmin., 1961 Berater beim Sondertreffen des Inter-American Economic and Social Council, 1961-62 US-Repräsentant bei der Kommission für internationalen Warenkehr der UNESCO, 1962 Deleg. auf der UN-Kaffeekonferenz. 1963-67 Sonderbeauftragter (im Botschafterrang) des US-Präs. bei den Wirtschaftsverhandlungen in Genf (sog. Kennedy-Runde der Zolltarifverhandlungen). 1967-76 GenDir. u. Geschäftsf. Bendix International New York, ab 1971 ltd. Stellungen bei Tochterges. Bendix Corp. Southfield/Mich., 1976 Ausscheiden. Ab 1976 US-Finanzminister, Kuratoriumsmitgl. Princeton Univ., Newark State Coll. Newark/N.J., AR-Mitgl. Equitable Life Assurance Society, Mitgl. *New Council on Foreign Relations*, Nationalausschuß für amerikan.-chines. Beziehungen, bis 1976 Mitgl. Rockefeller-Stiftung, Mitgl. *Am. Econ. Assn.*, Dir. Seminar für Amerikanistik Salzburg u. Atlantic Council US. Lebte 1977 in Washington/D.C.

W: Labor Co-Determination in the German Steel Industry (Diss.). 1956; Disability Retirement in Industrial Pension Plans. 1956. *Qu:* Hand. Publ. Z. - RFJI.

Blumka, Leopold, Kunsthändler; geb. 6. Dez. 1897 Wien, gest. 28. Aug. 1973 New York; jüd.; *V:* Eduard B. (gest. 1918), Galerist in Wien; *M:* Amalie, geb. Moses (geb. Wien-Mödling, gest. 1938); *G:* Julia Sterblitsch-Blumka (gest. 1940 in Europa); ∞ 1952 Ruth Zickel (geb. 1920 München), jüd., Lyzeum, 1933 Emigr. CH, 1937 F, 1938 USA, ab 1942 Kunsthändlerin; *K:* Victoria (geb. 1952 New York), B.A., Kunsthändlerin; Anthony (geb. 1955 New York); *StA:* österr., USA. *Weg:* 1939 CH, 1941 USA.

Ab 1916 in Galerie des Vaters in Wien, 1928 Gutachter beim Kunsthistorischen Museum. 1938 Arisierung der Galerie, Rettung von Vermögen u. Kunstgegenständen ins Ausland, damit Möglichkeit zur Selbstbürgschaft für US-Visum. 1939 illeg. in die Schweiz, Juli 1941 über Spanien in die USA. Ab 1942 Inh. Kunstgalerie New York (Mittelalter u. Renaissance), Stiftungen von Kunstschätzen an Museen, bes. an Metropolitan Museum New York. Mitgl. Museum of Fine Arts Boston/Mass., Körperschaftsmitgl. (Fellow) Chicago Art Institute, Cleveland Museum of Art.

Qu: Pers. Z. - RFJI.

Boas, Walter, Dr. Ing., Physiker, Ministerialbeamter, geb. 10. Febr. 1904 Berlin; christl.; *V:* Arthur B. (1869-1919), jüd., Arzt; *M:* Adele, geb. Reiche (geb. 1875 Berlin, gest. 1953 Melbourne), jüd., 1939 Emigr. AUS; ∞ 1938 Eva Orgler (geb. 1906 Posen), jüd., 1938 Emigr. GB; *K:* John F. (geb. 1941 Melbourne), Ph.D., Physiker; Anne-Catherine Thompson (geb. 1944 Melbourne), M.A., Lehrerin; *StA:* deutsch, 1944 AUS. *Weg:* 1933 CH, 1937 GB, 1938 AUS.

1922-27 Stud. TH Berlin, 1928 Dipl.-Ing., 1930 Dr. Ing.; 1928-32 Assist. für Metallurgie am Kaiser-Wilhelm-Inst., Berlin. Jan. 1933 Emigr. Schweiz, 1933-35 Assist. f. Physik, Univ. Fribourg, 1936-37 Assist. TH Zürich. Nov. 1937 GB, 1937-38 Forschungsassistent Royal Inst. London. März 1938 Australien, 1938-39 Doz., 1940-47 Prof. für physikal. Metallurgie, Univ. Melbourne; 1947-69 ltd. Positionen bei Commonwealth Scientific and Industrial Research Org. des austral. Wissenschaftsmin., 1969 pensioniert. 1941 Gr. u. Mitgl. Australian Inst. of Metals, 1943 Mitgl., 1959 Vors. f. die Provinz Victoria, seit 1954 Fellow Australian Acad. of Science, 1962 Präs. Inst. of Physics, London, 1965 Max-Planck-Inst. Stuttgart, Mitgl. u. 1966-72 Vizepräs. *Internat. Union of Pure and Applied Physics,* seit 1969 Ehrenmitgl. Abt. Metallphysik Univ. Melbourne. Mitgl. *Australian and New Zealand Assn. for Advancement of Science,* seit 1964 Präs. Abt. Physik. – *Ausz.:* 1974 Dr. h.c. Univ. Melbourne. Lebte 1977 in Kew Victoria.

W: Über die Temperaturabhängigkeit der Kristallplastizität. 1930; (Mitverf.:) Kristallplastizität. 1935 (engl. Übers. 1950, 1968); An Introduction to the Physics of Metals and Alloys. 1947, 1949; Properties and Structure of Solids. 1971; Beiträge in wiss. Zs. in Deutschland, CH, GB, AUS. *Qu:* Fb. Hand. – RFJI.

Bobek, Gertrud (Else Gertrude), geb. Denner, Dr. phil., Pädagogin, Staatsfunktionärin; geb. 15. Nov. 1898 Bingen; *V:* Otto David D., Ing.; *M:* Helene, geb. Gerlach; ∞ Dr. Felix B. (1898-1938), Physiker, 1932 KPD, bis Mai 1935 enge ZusArb. mit → Wilhelm Bahnik, Verhaftung u. Todesurteil; *K:* 2 T, 1935 Emigr. UdSSR, 1946 Deutschland (SBZ); *StA:* deutsch. *Weg:* 1935 UdSSR; 1945 Deutschland (SBZ).

Stud. Geographie, Kunstgesch. München u. Berlin, 1928 Prom.; 1933 KPD, Apr. 1935 im Parteiauftrag in die UdSSR. In Moskau Sekr. u. Übers. Internat. Agrarinst., später wiss. Mitarb. Geograph. Inst. Akademie der Wissenschaften. 28. Mai 1945 Rückkehr nach Deutschland; Stadtrat für Wohnungs- u. Fürsorgewesen, später Stadtrat für Volksbildung Bautzen; 1946 SED, Okt. 1946 Wahl zum Kreisrat für Volksbildung; 1950 Dresden, Mitarb. Deutsches Pädagogisches Zentralinstitut, 1952-54 stellv. Vors. Rat des Bezirks Dresden, 1954-58 stellv. Min. für Volksbildung, anschl. Leipzig, Dir. Pädagogische Schule für Kindergärtnerinnen. Lebte Anfang der 70er Jahre als Arbeiterveteranin in Taucha b. Leipzig. – *Ausz.:* u.a. 1955 VVO (Bronze), 1958 Orden des Staatsbanners der Korean. Volksdemokrat. Republik 2. Kl., 1959 Verdienter Lehrer des Volkes.

W: Schwerer Anfang in der befreiten Heimat (Erinn.). In: Im Zeichen des roten Sterns, 1974. *Qu:* Arch. Erinn. Hand. Publ. – IfZ.

Bobzien, Franz, Lehrer, Parteifunktionär; geb. 17. Nov. 1906 Hamburg, gest. 28. März 1941; *V:* Franz B.; *M:* Dorothea, geb. Muhlke. *Weg:* 1933 DK.

Kaufm. Lehre, Ausbildung u. Tätigkeit als Lehrer. Jugendbewegung, führend im *Bund der Republikanischen Pfadfinder;* in Hamburg Gruppenltr. *Republikanische Freischar,* die später im *Reichsbanner* aufging. 1926 SAJ, nach Abspaltung 1931 führend in Jugendorg. der SAPD (SJVD), Mitgl. Reichsausschuß. 1932 vorüberg. Haft, danach bis zur Emigr. nach Dänemark Mitte 1933 Ltr. illeg. SAPD Hamburg. Febr. 1934 Teiln. an Konf. zur Grdg. eines *Internationalen Büros revolutionärer Jugendorganisationen* in Laaren/Holland, von dem mit NatSoz. sympathisierenden Bürgerm. zus. mit den übrigen Deleg. verhaftet, Auslieferung an Deutschland. In Hamburg Urteil 4 J. Zuchth., Haft in Strafanstalt Bremen-Oslebshausen. Nach Entlassung KL Sachsenhausen, zeitw. 3. Lagerältester u. Blockältester des Jugendblocks, nach Kriegsausbruch Betreuung junger Polen u. Tschechoslowaken im KL. Frühj. 1941 bei einem Bombensucher-Kommando ums Leben gekommen.

L: Drechsler, SAPD; Jahnke, Karl Heinz, Entscheidungen. 1970. *Qu:* Arch. Publ. – IfZ.

Bock, Max Richard, Gewerkschaftsfunktionär; geb. 31. Dez. 1888 Pennewitz/Thür., gest. 20. Aug. 1953 Frankfurt/M.; ev., Diss.; *V:* Hilmar B., Schmied; *M:* Emma, geb. Martin; *G:* Auguste Fuchs; ∞ Anna Fröderking (geb. 1896); *StA:* deutsch. *Weg:* 1933 Saargeb.; 1935 Lux.; 1945 Deutschland (ABZ).

Schmied, Gesellenjahre in Neustadt/Thür., Leipzig, Hamburg, Hannover; Wanderschaft im Rheinland u. in Bayern. Apr. 1914-1917 Kriegsteiln. (EK II). Ab 1907 Mitgl. DMV, nach Kriegsende hauptamtl. Funktionär. 1919-21 GewSekr. in Eisenach/Thür. Nach Besuch der Akademie der Arbeit Frankfurt/M. bis 1922 GewSekr. in Herborn/Hessen, anschl. bis 1928 in gleicher Funktion in Saarbrücken, dort zugl. Mitgl. SPD/S-Landesvorst. Ab 1928 wieder in Frankfurt/M., jedoch weiterhin zuständig für Saargeb. – 1933 durch DAF seiner Funktion enthoben, Rückkehr nach Saarbrücken, Juni 1933 Vors. DMV Saar, aktiv in Status-quo-Bewegung. Nach Rückgliederung des Saargeb. Febr. 1935 Flucht nach Luxemburg, dort in ZusArb. mit → Heinrich Schliestedt Org. des Landesverb. Luxemburg der *Auslandsvertretung der deutschen Gewerkschaften.* Nach dt. Einmarsch Juni 1940 Festnahme, 1. Juli 1941 VGH-Urteil 3 J. Zuchth., nach deren Verbüßung bis 1945 in KL Buchenwald u. Neuengamme. 22./23. Juni 1945 auf 1. Landeskonf. der *IG Metall* Hessen in Frankfurt/M. Wahl zum 1. Vors., 1950-53 Mitgl. des Geschäftsführenden Vorst. der *IG Metall.* 1950-53 MdL Hessen (SPD).

L: Schneider, Saarpolitik und Exil. *Qu:* Arch. Pers. Publ. – IfZ.

Bock-Bordy (urspr. Bock), **Friedrich,** Journalist; gest.; ∞ I. Maria Tamara (?), Russin; *StA:* österr., 1946 USA. *Weg:* 1938 F; 1940 USA; Deutschland.

Mitgl. *Vaterländische Front* in Wien. März 1938 Flucht über Italien nach Frankr., 1938-39 GenSekr. *Fédération des Emigrés provenant d'Autriche,* ZusArb. mit → Martin Fuchs. Sept. 1939-1940 Radiosprecher der Österreich-Sendung von Radio Paris. 1940 Emigr. USA; Mitarb. *Austrian Action* u. OWI. 1944 *Voice of America,* Mitarb. von → Robert Bauer bei US-Rundfunksendungen für Europa. Schied nach Kriegsende aus dem Dienst aus, lebte in Frankfurt/M.

Qu: Arch. Pers. – IfZ.

Bode, Karl F., Dr. phil., Beamter; geb. 24. Nov. 1912 Bonnien/Hannover; *StA:* 1943 USA. *Weg:* 1934 CH, 1935 GB, 1937 USA.

1931-33 Stud. Bonn, 1933-34 Stud. Wien. 1934 Emigr. Schweiz, Stud. Genf u. Bern, 1935 Prom. Bern; 1935 nach GB, 1935-37 Stud. Cambridge Univ., 1937 in die USA, 1937-45 Assoc. Prof. Stanford Univ.; 1945 in Frankr. Mitarb. an Studie über die Wirkung des Bombenkrieges i.A. des US-Kriegsmin.; 1945-46 Wirtschaftsberater bei OMGUS, 1946-49 Ltr. Abt. Planung u. Statistik des Bipartite Control Office bei OMGUS. 1949-50 volkswirtschaftl. Mitarb., 1950-51 Ltr. Programmabt., 1951-52 stellv. Wirtschaftsberater im Büro für wirtschaftl. Angelegenheiten des Amtes für wirtschaftl. ZusArb. bei HICOG Frankfurt/M.; 1952-53 stellv. Dir. Wirtschafts- u. Finanzprogramm bei der Mutual Security Agency in Deutschland, 1953-55 Wirtschafts- u. Finanzberater bei der Internat. Coop. Admin. in Seoul. 1955-59 Fachmann für internat. Wirtschaft, 1959- 60 Ltr. Büro für internat. Beziehungen, 1960-62 Assist. des stellv. Dir. der Planungsabt., 1962-67 AbtLtr. für Planungsbeihilfe der A.I.D., seit 1967 Ltr. Research Evaluation und Info. Retrieval Abt. der A.I.D. Lebte 1969 in Washington/D.C.

W: Der natürliche Zinsfuß. Begriffskritische Untersuchungen zur Theorie des neutralen Geldes (Diss.). 1935. *Qu:* Hand. – RFJI.

Bodenheimer, Brigitte Marianne, geb. Levy, Dr. jur., Rechtsanwältin, Hochschullehrerin; geb. 27. Sept. 1912 Berlin; jüd.; *V:* Dr. jur. Ernst Levy (geb. 1881 Berlin, gest. 1968 Davis/Calif.), jüd., Prof. für Rechtswiss. Heidelberg, 1936 Entlassung, 1936 Emigr. USA, Prof. für Rechtswiss., Gesch. u. pol. Wiss. Univ. Washington u. Seattle/Wash.; *M:* Marie, geb. Wolff (geb. 1884 Berlin, gest. 1974 Davis), jüd., Lyzeum, Gartenbauschule, 1936 Emigr. USA; *G:* Wolfgang Levy (geb. 1910 Berlin), 1934 Emigr. USA, Arzt; ∞ 1935 Edgar B. (geb. 1908 Berlin), Stud. Rechtswiss., 1933 Emigr. USA, 1940-46 RA im US-Arbeitsmin., dann in Off. of Custodian of Alien Property, seit 1946 Hochschullehrer; *K:* Peter Hermann (geb. 1937), Ph.D., Astrophysiker, Hochschullehrer; Thomas Siegmund (geb. 1939), M.D., Arzt; Rosemarie Ruth (geb. 1946), Ph.D., Hochschullehrerin; *StA:* deutsch, 1939 USA. *Weg:* 1933 USA.

1930-33 Stud. Heidelberg, München, Berlin, Frankfurt/M., 1933 Ausschluß vom Examen. Sept. 1933 Emigr. USA, 1934 Rückkehr nach Deutschland, um Examen zu beenden, 1934 Prom. Heidelberg. 1933-35 Stud. Columbia Law School New York u. Univ. of Washington Law School Seattle, 1936 L.L.B.; 1940 Zulassung zur Anwaltskammer des Staates Wash., 1942-46 Assist. im Beratungskomitee der US Publ. Housing Authority in Washington/D.C., 1949-54 RA in Salt Lake City/Utah, zugl. Special Assist. des GenStaatsanwalts von Utah, 1953 Assist. für Gesetzgebung im Staate Wyoming, 1953 Mitgl. Inst. of Judicial Admin. der New York Univ., 1954 Mitgl. *Utah Committee on Rules of Civil Procedure,* 1954-57 Mitgl. des Komitees des Staates Utah zur Ausarbeitung eines neuen Scheidungsgesetzes, aktiv in der Förderung von Eheberatungsprogrammen in Utah, 1956-71 Dir. *Women's State Legislation Council of Utah,* 1961-64 Doz., 1964-66 Assoc. Prof. Coll. of Law der Univ. Utah, gleichz. 1960-65 Vors. Jugendgerichtskommission zur Ausarb. des neuen Jugendgesetzes von Utah. 1962 Mitgl. *Nat. Council of Juvenile Court Judges,* 1962 Sektion für Familienrecht der *Am. Bar Assn.,* ab 1963 Conf. on Conciliations Courts, ab 1967 Mitarb. in der Förderung eines einheitl. Kinderfürsorgegesetzes. 1971-72 Doz., seit 1972 Prof. für Rechtswiss. Univ. Calif. Law School in Davis, 1974-75 Verf. einer Studie für Calif. Law. Revision Commission zur Reform des Adoptionsgesetzes, ab 1978 Beraterin des US-Außenmin. bei der Vorbereitung eines Haager Abkommens über internat. Kindesentführungen. Mitgl. *Internat. Soc. Family Law, Hadassah.* Lebte 1978 in Davis/Calif.

W: Manual for Justices of the Peace in the State of Utah. 1956; Art. in *Utah Law Review, Southern Calif. Law Review, Stanford Law Review, Vanderbilt Law Review* u.a. Fachzs. *Qu:* Fb. Hand. - RFJI.

Bodenheimer, Max Isidor, Dr. jur.; Rechtsanwalt, Verbandsfunktionär; geb. 21. März 1865 Stuttgart, gest. 20. Juli 1940 Jerusalem; jüd.; *V:* Jacob B. (geb. 1834 Berwangen/Baden, gest. 1908 Stuttgart); *M:* Jette Henriette, geb. Heidenheimer (geb. 1834 Hochberg/Württ., gest. 1907 Stuttgart); *G:* Mathilde Kaufmann; Frieda; Klara Kochmann; Daniel u. Wilhelm, beide Lithographen in Stuttgart; Amalie Kaufmann; Sara-Selma; ∞ Rosa Dalberg (geb. 1876 Büren/Westf., gest. 1938 Jerusalem), Mitgl. *Allgemeiner Deutscher Frauenverein* Köln, Mitgl. *Verein jüdischer Frauen für kulturelle Arbeit in Palästina,* 1933 Emigr. NL, 1935 Pal.; *K:* Fritz Simon (geb. 1897, gest. 1959 London), 1922 Emigr. Pal., Prof. für Zoologie u. Entymologie Hebr. Univ.; Henriette Hannah (geb. 1898), Lehrerinnen-Dipl. Univ. Bonn, 1926- 32 Ltr. Wirtschaftl. Frauenschule in Wolfratshausen/Bayern, 1933 Emigr. Pal., Schriftstellerin; Ruth (geb. 1900, gest. 1941 Jerusalem), 1930-33 RA in Köln, 1933 Emigr. NL, 1935 nach Pal. *StA:* deutsch, Pal. *Weg:* 1933 NL, 1935 Pal.

Stud. Rechtswiss. Tübingen, Leipzig, Straßburg u. Berlin, 1889 Prom. Stuttgart, Referendar, Assessor, 1893-1933 RA in Köln, Justizrat. Zugl. einer der ersten Vertr. eines unabhängigen jüd. NatStaats, befürwortete in der Schrift *Wohin mit den russischen Juden?* die Übersiedlung russischer Juden nach Palästina, Eintreten für Unterstützung unterdrückter Juden in Osteuropa, 1893 Mitgr. der *Jüdischen Humanitätsgesellschaft* Berlin u. des *Kölner Vereins zur Förderung von Ackerbau und Handwerk in Palästina* (später *National-Jüdische Vereinigung* Köln), eine der ersten zion. Org. in Deutschland. Ab 1897 Anhänger der pol. Ideen Th. Herzls, Mitgl. einer Vorbereitungskonf., die das Basler Programm des ersten Zionistenkongresses entwarf. 1897-1910 Mitgr. u. erster Präs. ZVfD, 1897-1920 Mitgl. Aktionskomitee der WZO, 1898 Mitgl. zion. Deleg. nach Konstantinopel u. Palästina unter Ltg. von Th. Herzl, Empfang durch Wilhelm II. in Jerusalem. 1905-14 Präs. KKL, 1914 Mitgr. u. stellv. Vors. *Deutsches Komitee für die Befreiung der russischen Juden* (später *Deutsches Komitee für den Osten,* Grdg. z.T. aufgrund seines Eintretens für eine Interessenvertr. der Juden in den von Deutschland besetzten russ. Gebieten). Nach 1910 wurde sein Einfluß in der zion. Org. zurückgedrängt durch → Kurt Blumenfeld u. die zion. Schule, die statt philantrop. Bemühungen die Auswanderung der Juden u. Besiedlung Palästinas forderten. 1933 Emigr. Niederlande mit Ehefrau u. jüngster Tochter, RA in Amsterdam zus. mit Tochter Ruth. 1935 nach Palästina mit Ehefrau u. Tochter. - Ps. Max Bodmer.

W: Wohin mit den russischen Juden? 1891, 2. Aufl. mit dem Titel: Syrien, ein Zufluchtsort der russischen Juden; Zionismus und Judentag. Rede, gehalten von Dr. Bodenheimer bei Gelegenheit des Delegiertentages in Berlin im großen Saale der Viktoria-Brauerei. 1900; Bericht über die im Auftrage des Komitees für den Osten im Mai-Juni unternommene Reise nach Russisch-Polen. 2. Aufl. 1915; In Sachen Jesu. Dramatische Erzählung in 5 Akten u. einem Vorspiel (Ps. Max Bodmer). 1933; Bodenheimer, Henriette H. (Hg.), So wurde Israel. Aus der Geschichte der Zionistischen Bewegung (urspr. dt. Ms.) 1958 (hebr. Übers.: Darki Lezion, Sichronot. 1952; engl. Übers.: Prelude to Israel. The Memoirs of M.I. Bodenheimer. 1963); Bodenheimer, Henriette H. (Hg.), Im Anfang der zionistischen Bewegung. Briefwechsel Herzl-Bodenheimer. 1966; Bodenheimer, Henriette H. (Hg.), Die Zionisten und das kaiserliche Deutschland. 1972. *L:* Bodenheimer, H.H., Toledot Tokhnit Basel (Vorgeschichte des Basler Programms, dargestellt nach dem Briefwechsel von Dr. M. Bodenheimer und Prof. Hermann Schapira). 1947; Szajkowski, Zosa/Bodenheimer, H.H., The Struggle for Yiddish during W.W. I. In: Yearbook LBI IX/1964; Eliav, Mordechai, Zur Vorgeschichte der Jüdischen Nationalbewegung in Deutschland. In: Bulletin LBI, 1969; Szajkowski, Zosa, The Komitee für den Osten and Zionism. In: Herzl Year Book, 1971; Lichtheim, Zionismus; Stern, Jüdische Autoren; *Qu:* Hand. Pers. Publ. - RFJI.

Bodenheimer, Siegmund, Bankier; geb. 22. Nov. 1875 Heidelberg, gest. Febr. 1966 USA; jüd.; *V:* Benno B. (geb. Weibstadt), jüd.; *M:* Mathilde (geb. Weibstadt), jüd.; *G:* Ludwig (geb. Heidelberg, gest. 1955 [?] New York), Kaufm., 1940 Emigr. USA; Bertha Loeb (geb. Heidelberg, gest. 1964 [?] New York), 1938 USA; Selma Uhlfelder (geb. Heidelberg, umgek. 1942 [?] KL Auschwitz); ∞ 1907 Rosa Maass (geb. 1886 Berlin, gest. 1966 New York), jüd., Gymn., 1934 Emigr. CH, 1936 USA; *K:* Dr. jur. Edgar B. (geb. 1908 Berlin), Prom. Heidelberg, 1933 Emigr. USA, LL.B. Univ. Washington, Prof. Univ. Calif. in Davis; Gerda Blau (geb. 1911), 1936 Emigr. USA, M.A. Psychologie; Helga Tüstin (geb. 1920), 1936 Emigr. USA, Inh. eines Hundezwingers; *StA:* deutsch, 1942 USA. *Weg:* 1934 CH, 1936 USA.

1897 mittlere Reife, Banklehre. 1898-1902 Prokurist der Breslauer Diskonto-Bank in Berlin, 1902-06 Prokurist, 1906-07 Dir. der von Breslauer Diskonto-Bank übernommenen Bank für Handel und Industrie, 1907-22 Dir., 1922-31 Teilh. der Darmstädter u. Nationalbank (Danatbank) Berlin. 1931-33 Dir. der Dresdner Bank, die die Danatbank nach der Weltwirtschaftskrise von 1931 übernommen hatte. Ausschußmitgl. des *Centralverbands des Deutschen Bank- und Bankiergewerbes e.V.,* 1933 erzwungener Rücktritt. 1934 Emigr. Schweiz, 1936 in die USA.

D: LBI New York. *Qu:* EGL. Fb. Hand. Pers. - RFJI.

Bodenheimer, Wolf, Dipl.-Ing., Dr. phil., Chemiker; geb. 23. Juli 1905 Frankfurt/M., gest. 31. Mai 1975 Jerusalem; *V:* Leo B. (geb. 1870 Darmstadt, gest. 1936 Frankfurt/M.), jüd., höhere Schule, Geschäftsm.; *M:* Caroline, geb. Dülken (geb. 1876 Deutz, gest. 1948 Jerusalem), jüd., höhere Schule; *G:* Bella Joshua (geb. 1904 Frankfurt/M., gest. 1977 Jerusalem), 1938 Emigr. USA; Josef (geb. 1908 Frankfurt/M.), RA, 1936 Emigr. Pal., 1. Sekr. beim Obersten Gerichtshof, Pensionär in Jerusalem; ∞ 1937 Anny Rosenthal (geb. 1913 Holzappel), 1935 Emigr. GB, 1950 nach IL, Lehrerin Horeb-Mädchenschule; *K:* Aryeh (geb. 1939 London), 1950 nach IL, M.A., Chemiker, AbtLtr. Dead Sea Works Sodom; Dr. rer. nat. Joseph B. (geb. 1941 Cambridge), ab 1950 in IL, Physiker, Doz. in Jerusalem; Elieser (geb. 1943 London), 1950 nach IL, Stud. Elektrotechn., B.Sc., Forschungstätigkeit in der Flugzeugindustrie in Lod; Chavah Bloch (geb. 1946 London), 1950 nach IL, Beschäftigungstherapeutin für hirnverletzte Kinder in Jerusalem; *StA:* deutsch, brit., IL. *Weg:* 1933 GB, 1950 IL.

Stud. Univ. Frankfurt, TH Karlsruhe, Dipl.-Ing., Prom. Kiel, Assist.; ltd. Funktion in *Esra* u. V.J.A.; 1933 Emigr. GB, Angest. eines chem. Unternehmens in London, wegen kriegswichtiger Arbeiten in der Metallchemie nicht interniert. Mitarb. jüd. relig. Jugendgruppen, Mitgl. *Professional and Technical Workers' Aliyah* u. *Poalei Agudat Yisrael Assoc.*, dann Fellow Royal Inst. of Chemistry London. 1950 nach Israel, Tätigkeit in Fa. Chemed, Gr. u. Ltr. eines analyt. Labors, später Mitarb. geo-chemikal. Landvermessungsabt. beim Entwicklungsmin., 1970 Ruhestand. Ab 1950 Mitgl. *Isr. Society of Chemistry,* 1952 Gastdoz. Hebr. Univ., Vorlesungen über Silikatanalysen; 1970 Berater Kupferminen in Timnah.

W: Beiträge zur Stereochemie des reagierenden C-Atoms. (Diss.) 1932; Beiträge in wiss. Fachzs. über Tonchemie u. Forschungsbereiche der analytischen Chemie. *Qu:* Fb. Hand. – RFJI.

Böchel, Karl (urspr. Böschel oder Pöschl), Politiker, Publizist; geb. 15. Sept. 1884 Koblenz, gest. 28. Febr. 1946 Fjellhammer b. Oslo; *V:* Arbeiter; ∞ Hedwig Erika Meisgeier (geb. 1907); *K:* Rose-Erika Nyland-Distler (geb. 1929), Karl (geb. 1931); *StA:* deutsch, 29. März 1934 Ausbürg. mit Fam. *Weg:* 1933 CSR, 1938 N.

1892-1902 Schlosserlehre. 1905 DMV, 1910 SPD. Ab 1913 Red. *Niederrheinische Arbeiter-Zeitung* Duisburg, ab 1919 Red., später Chefred. *Volksstimme* Chemnitz. 1918 Mitgl. *Arbeiter- und Soldatenrat* Duisburg. Nach dem außerordentl. sächs. LandesPT 1923 Wortführer des linken Flügels der SPD, der in Sa. die Bildung der von der KPD unterstützten sozdem. Minderheitsreg. Zeigner bewirkte. 1924 Vors. SPD-Bez. Chemnitz/Erzgeb. u. bis 1933 Mitgl. Reichsparteiausschuß der SPD. 1925-33 StadtVO. Chemnitz, 1926-33 MdL Sa.; 1927 Mitgr. der linkssozdem. Zs. *Der Klassenkampf,* 1931 der *Marxistischen Tribüne.* 24. Apr. 1933 von der Reichskonf. in den PV gewählt. 1933 Flucht in die CSR. Entgegen dem Legalitätskurs des Berliner PV ab März 1933 einer der Initiatoren des ersten org. sozdem. Widerstandes in Deutschland, mit ins Ausland verbrachten Geldmitteln des Parteibez. Sa. Aufbau einer illeg. Org. u. Unterstützung des *Sopade*-Grenzsekr. Karlsbad unter → Willy Lange; ab Aug. 1933 mit → Siegfried Aufhäuser als Vertr. der sog. alten Linken Mitgl. *Sopade*-Büro Prag; Mitgr. *Arbeitskreis revolutionärer Sozialisten* (RSD); Mithg. *RS-Briefe.* Deckn. K.B. Neuendorf, Bandler. Nach Ablehnung des *Sopade*-Manifestes vom Jan. 1934 u. Infragestellung des Mandatsanspruchs des Exil-PV im Herbst 1934 Veröffentlichung eines eigenen Programmentwurfs der RSD: *Der Weg zum sozialistischen Deutschland. Eine Plattform für die Einheitsfront.* Daraufhin innerhalb der *Sopade* zunehmend isoliert, 30. Jan. 1935 mit Aufhäuser aus *Sopade* ausgeschlossen. In der Folge verstärkte Einheitsfront- bzw. Volksfrontpol. der RSD. Gegenüber kommunist. Volksfrontbestrebungen jedoch eigene Forderungen nach Vereinheitlichung der revol. Kader in Deutschland u. Herstellung der organisatorischen Einheit der Arbeiterparteien in der Emigration als Voraussetzung zur Schaffung einer Volksfront (Herbst 1935). 21. Nov. 1935 auf der Konf. des Lutetia-Kreises in Paris mit Ausarbeitung eines Volksfrontprogramms beauftragt; 1936 Mitgl. *Deutscher Volksfrontausschuß* in Prag; Mitunterz. des Aufrufs gegen die Rheinlandbesetzung *Seid einig, einig gegen Hitler* v. 24. Mai 1936 u. des Volksfrontaufrufs v. Dez. 1936. Nach Scheitern der Einheitsbemühungen u. revolut.-sozialist. Bestrebungen in Deutschland wie im Exil Rücktritt Böchels sowie Auflösung der RSD Mitte 1937 u. Anschluß der Gruppe an *Sopade.* B. ging Ende 1938 nach Oslo u. erkrankte 1939 schwer, nach der dt. Besetzung in einem Krankenhaus im Lande verborgen; kehrte nach Befreiung Norwegens unheilbar krank nach Oslo zurück.

W: Der Weg zum sozialistischen Deutschland. Eine Plattform für die Einheitsfront. Zur Diskussion gestellt von einem Arbeitskreis revolutionärer Sozialisten (Mitverf.). In: Zeitschrift für Sozialismus, Nr. 12/13 (Sept./Okt.), 1934; Richtlinien der Revolutionären Sozialisten Deutschlands zur Volksfront von Mitte November 1935. In: Langkau-Alex, Volksfront. *L:* Kliem, Neu Beginnen; Edinger, Lewis J., Sozialdemokratie und Nationalsozialismus. 1960; Plum, Günter, Volksfront, Konzentration und Mandatsfrage. In: VHZ Nr. 4/1970; Freyberg, Jutta, Sozialdemokraten und Kommunisten. Die RSD vor dem Problem der Aktionseinheit 1934-37. 1973; Langkau-Alex, Volksfront. *Qu:* Arch. Hand. Publ. – IfZ.

Bögler, Franz, Parteifunktionär; geb. 4. Dez. 1902 Speyer/Pfalz, gest. 4. Juli 1976 Speyer; kath., 1920 Diss., 1945 freirelig.; *V:* Michael B. (1879-1957), Schreinermeister, SPD; *M:* Anna, geb. Hammer (1881-1952); *G:* Katharina Heinlein (geb. 1904); Else (geb. 1906), Schneiderin; Hedwig Lent (1910-30), Angest.; ∞ Juli 1933 Saarbrücken, Magdalena Rost (geb. 1906), SPD-Angest., 1933 Emigr. Saargeb.; CSR; F; 1940 USA; 1947 Deutschland (FBZ), 1949-62 BezVors. *Arbeiterwohlfahrt,* Vors. SPD-Unterbez. Speyer; *K:* Helmut Přemysl (geb. 1934), Jurist, Unternehmensberater, Emigr. F; USA; 1947 Deutschland (FBZ); *StA:* deutsch, 1. Febr. 1937 Ausbürg., 1945 deutsch. *Weg:* 1933 Saargeb.; 1934 CSR; 1938 F; 1942 CH; 1946 Deutschland (FBZ).

Mittelschule, 1917-19 Lehrling Stadtverw. Metz, als dt. Staatsangehöriger ausgewiesen. Sept. 1919-1929 städt. Angest. Speyer. 1920 Gew., 1921 SPD. 1926-32 StadtVO. Speyer, Fraktionsvors., ab 1929 SPD-BezSekr. Pfalz, 1933 MdL Bayern. Geschäftsf. Vors. *Arbeiterwohlfahrt* Pfalz, Funktionär ZdA, Mitgl. *Reichsbanner,* 1932-33 wegen Waffenbeschaffung Haft. März-Apr. 1933 Schutzhaft, Juni 1933 Flucht nach Saarbrücken, 1934 Einsatz als *Sopade*-Grenzsekr. in Trautenau/CSR zur Org. der illeg. Verb. nach Schlesien. Deckn. Helmut Hertel, Robert Mandel. Ab 1935 mit Grenzsekr. → Waldemar von Knoeringen u. → Erwin Schoettle Fraktionsarb. für Gruppe NB innerhalb der SPD. 1938 Flucht nach Frankr., ab 1939 Gefängnis- u. Lagerhaft in Paris u. Le Vernet. Okt. 1942 wegen Landesverratsverfahren in Deutschland Flucht in die Schweiz, 1 J. Internierung im ArbLager Egetswil b. Zürich. 1943 Mitgr. *Union deutscher Sozialisten in der Schweiz,* 1945 GenSekr. *Das Demokratische Deutschland.* Nachdem sich → Wilhelm Hoegner Juni 1945 bei Allan W. Dulles für B. verwendet hatte, Jan. 1946 Rückkehrerlaubnis für Deutschland. 1946-61 Vors. SPD-Bez. Pfalz, ab 1948 Vors. SPD-Landesausschuß Rheinl.-Pfalz; 1946 Mitgl. Beratende Landesversammlung, Nov. 1946-Apr. 1947 1. Vizepräs.; 1947-63 MdL Rheinl.-Pfalz, 1947 u. 1951-61 1. LT-Vizepräs., 1951-63 Mitgl. Ältestenrat. 1946-48 StadtVO. Speyer, 1946-58 Mitgl. SPD-PV. 1947-50 ORegPräs.; Jan. 1950-Dez. 1964 Vors. BezTag Pfalz, wegen angebl. Wahlmanipulationen umstritten. Nov. 1961 Rücktritt als SPD-BezVors., März 1962 Parteiausschluß aufgrund angebl. Pläne zur Grdg. einer unabhängigen pfälz. SPD. AR-Vors. Pfalzwerke AG, stellv. AR-Vors. Großkraftwerk Mannheim AG u. Kur AG Bad Dürkheim, Mitgl. mehrerer AR.

L: Kliem, Neu Beginnen; MGD; Bergmann, Schweiz. *Qu:* Arch. Hand. Publ. – IfZ.

Böhm, Alois Robert, Dr. oec. publ., Ingenieur, Unternehmensberater; geb. 28. Okt. 1892 Meran/Südtirol; kath.; *V:* Siegmund B. (1832-1916), jüd.; *M:* Gisella (1874-1914), jüd.; *G:* Edith Maria (geb. 1897); Ilse (geb. 1902), A: USA; ∞ I. Ruth Antonia Merker (gest. 1953), II. Augusta Galitz, Sozialarbeiterin; *StA:* Österr., deutsch. *Weg:* 1932 F; 1936 Ägypten; 1939 Schanghai; 1947 Deutschland (ABZ).

Schulbesuch in Bozen, Salzburg u. Prag; nach Abitur Stud. Chemie u. Maschinenbau deutsche TH Prag; 1914-18 Teiln. 1. WK mit der Gebirgsartillerie der österr.-ungar. Armee, zuletzt Pilot der Fliegertruppe; 1919 Ingenieur-Dipl. TH München, danach Ingenieur bei versch. Unternehmen in Bayern; neben dieser Tätigkeit Stud. der Volkswirtsch. an der Univ. München, 1922 Prom. bei Adolf Weber; 1922-23 Bankvolontariat;

1924-26 selbst. beratender Ingenieur in Wien; Mitgl. *Fédération Aéronautique Internationale;* ab 1927 im engeren MitarbKreis von Prof. Hugo Junkers in Dessau, beteiligt u.a. an Entwicklung des Verkehrs- u. Transportflugzeuges Ju 52, daneben Einrichtung von Luftverkehrslinien im Mittelmeerraum, dem Vorderen Orient u. Südamerika; Ende 1932 aus pol. Gründen Übersiedlung nach Frankr., in Paris Tätigkeit als Industrieberater; 1936 vergebliche Bemühungen um Ausreise in die USA, Übersiedlung nach Kairo; dort wieder Industrieberater in ZusArb. mit Siemens-Orient, Aufbau einer Segelfliegerschule; 1939 Emigr. nach Schanghai, beteiligt an Ausarbeitung eines Industrieprogramms für Inner-China, Industrieberater Tschiang Kai-scheks; 1941-46 Prof. u. Ltr. Inst. für chemische Technologie an der Aurora-Univ. der SJ. 1947 Repatriierung nach Deutschland, Industrieberater in Augsburg; Mitgl. *Fédération européenne d'associations nationales d'ingénieurs;* 1950 Mitbegr. Hochschule für Politik in München, Lehrtätigkeit bis 1973; Mitgl. (1952 BT-Kandidat) FDP; freier Publizist. Lebte 1978 in München.

Qu: Arch. Hand. Pers. – IfZ.

Böker, Alexander, Diplomat; geb. 1912 Heidelberg; ev.; *V:* Offz.; *StA:* deutsch. *Weg:* 1938 USA; 1948 Deutschland (BBZ).

Stud. Rechtswiss. München, Königsberg u. Berlin, Referendarexamen in Bayern; 1934 mit Rhodes-Stipendium an die Univ. Oxford, dort 1937 B.A. Nach kurzfristiger Rückkehr nach Deutschland u. Erlebnis der Reichskristallnacht u. Sudetenkrise 1938 Emigr. in die USA. Fortsetzung des Stud. in Memphis/Tenn. u. an Harvard Univ., 1941 M.A., später in Harvard Prom. (Ph.D.) bei → Heinrich Brüning. Unterhalt u.a. als Journ. in Chicago u. Washington/D.C. 1948 Repatriierung, ab 1949 Tätigkeit im Bizonen-Wirtschaftsrat, Sommer 1949 nach Bonn, 4 Jahre persönl. Ref. von Herbert Blankenhorn, im diplomat. Dienst, u.a. MinDirig. Pol.Abt. des AA, pol. Dir. im Nato-GenSekretariat in Paris, 1968-71 Chef dt. Beobachterdeleg. bei UNO New York. Ab 1971 dt. Botschafter beim Vatikan. Lebte 1978 in Rom. – *Ausz.:* 1969 BVK 1. Kl., 1975 Gr. BVK.

Qu: Arch. Hand. Z. – IfZ.

Boenheim, Felix, Dr. med., Arzt, Hochschullehrer; geb. 17. Jan. 1890 Berlin, gest. 1. Febr. 1960 Leipzig; *StA:* deutsch. *Weg:* 1933 GB; F; USA; 1948 Deutschland (DDR).

Stud. Med. München, Freiburg, Berlin, 1914-16 MilArzt, wegen Beleidigung des Kriegsministeriums aus dem Heer ausgeschlossen, AssistArzt UnivKlinik Berlin u. Rostock, 1918 *Arbeiter- und Soldatenrat;* Mitgl. *Spartakusbund,* KPD. 1919 Teiln. an Kämpfen um Münchner Räterepublik. 1928-33 Chefarzt Hufeland-Krankenhaus Berlin. Mitgr. *Gesellschaft der Freunde des neuen Rußland,* beratender Arzt Sowj. Handelsvertretung Berlin, 1927 UdSSR-Reise. 1932 Ltr. dt. Deleg. zum Internat. Kongreß gegen Krieg u. Faschismus in Amsterdam, Mitgl. *Weltkomitee gegen den imperialistischen Krieg.* Vorkämpfer der Sexualpädagogik. Febr. 1933 Verhaftung, Emigr. nach GB, dann nach Frankr., Tätigkeit vor allem für die Volksfrontpol. der KPD. Ab Juli 1935 Mitarb. *Vorläufiger Ausschuß zur Vorbereitung einer deutschen Volksfront* Paris, Dez. 1936 Mitunterz. Volksfrontaufruf als „Unabhängiger", Herbst 1938 führend an Rekonstruktionsversuchen für die Volksfront im *Ausschuß der deutschen Opposition* beteiligt. Aufenthalt in Palästina; später Emigr. USA. Ab Mai 1942 Sekr. *German-American Emergency Conference* New York. 1944 Mitgl. Organizing Committee des CDG unter → Paul Tillich. Mit → Kate Frankenthal u. → Kurt Glaser Verf. des gesundheitspol. Programms der CDG vom Mai 1945 *A Democratic System of Public Health for Germany, Including Emergency Measures.* 1948-55 Prof. für Innere Med. u. Dir. Med.-poliklin. Institut der Univ. Leipzig, 1955-59 Dir. Karl-Sudhoff-Institut für Geschichte der Medizin u. Naturwiss. der Karl-Marx-Univ. – *Ausz.:* 1957 VVO (Bronze).

L: Radkau, Emigration; Duhnke, KPD; Langkau-Alex, Volksfront. *D:* IfZ. *Qu:* Arch. Hand. Publ. – IfZ.

Böning, Hermann Franz Adolf, Parteifunktionär; geb. 18. Mai 1894 Heidelberg, gest. 2. Nov. 1939 Asperg/Württ.; o.K.; ∞ Käthe; *StA:* deutsch. *Weg:* 1933 CH, Deutschland.

1908-11 Schlosserlehre, 1914-18 Kriegsdienst bei einer Eisenbahnbaukompanie. KPD, Vors. Ortsgruppe Karlsruhe, StadtVO., 1931 4 Mon. Gef. nach gewaltsamer Auseinandersetzung mit den NatSoz.; 1929-33 MdL Baden. Von der Schweiz aus Versuche zur Org. der illeg. KPD in Baden, 1933 Verhaftung bei Inlandeinsatz, Urteil 6. J. Zuchth. 1939 ungeklärter Tod auf Festung Hohenasperg.

L: Teubner, Schweiz. *Qu:* Arch. Publ. – IfZ.

Böttcher, Paul Herbert, Journalist, Parteifunktionär; geb. 2. Mai 1891 Leipzig; *V:* Hermann B., Berufsunteroffz.; *M:* Ottilie, geb. Sallbach; ∞ I. Maria Grab, II. → Rachel Dübendorfer; *StA:* deutsch. *Weg:* 1933 CH, F; 1940 CH; 1945 Deutschland (SBZ).

Aus kinderreicher Fam., 1905-09 Buchdruckerlehre; 1907 sozialist. Jugend- u. Arbeitersportbewegung, 1908 Vors. Jugendorg. Leipzig, Mitgl. SPD. 1909-13 Tätigkeit im Beruf, Wanderschaft. 1914 hauptamtl. Gew.-Jugendsekr., im 1. WK Feldwebel, aktiv in Antikriegsbewegung, Nov. 1918 Mitgl. *Arbeiter- und Soldatenrat* Leipzig. 1916-20 USPD, Mitgl. Zentralltg.; ab Nov. 1918 Red. *Leipziger Volkszeitung,* 1920 Chefred. des linken USPD-Organs *Sozialdemokrat* Stuttgart. Dez. 1920 Wahl in ZA der VKPD, ab Febr. 1921 Chefred. KPD-Zentralorgan *Die Rote Fahne,* Mitgl. Zentrale der KPD, ab Okt. 1921 Chefred. *Roter Kurier* Leipzig, dann *Sächsische Arbeiterzeitung.* Mitarb. des theoret. Organs *Internationale.* Dt. Vertr. bei ausländ. KP-Kongressen, Aufenthalt in Moskau. 1922-29 MdL Sa., 1923-28 Fraktionsvors. u. Vors. KPD-BezLtg. Westsa.; Nov. 1922 Wahl in EKKI. 10.-29. Okt. 1923 Finanzmin. sächs. Reg. Zeigner. Apr. 1924 als prominenter Vertr. der Parteirechten u. aufgrund der sog. Oktober-Niederlage aus ZK ausgeschieden. 1926-28 Chefred. *Sächsische Arbeiterzeitung,* Ende 1928 Verlust aller Parteifunktionen als Gegner des Thälmann-ZK. Vermutl. ab 1927 Mitarb. des sowj. Nachrichtendienstes. Jan 1929 mit führenden Oppositionellen der Gruppe um → Heinrich Brandler Parteiausschluß. KPDO, PolSekr. BezLtg. Westsa., Mitgl. Reichsltg., bis Ende 1930 verantwortl. Red. des KPDO-Organs *Arbeiterpolitik.* März 1933 Emigr. in die Schweiz, Abschiebung nach Frankr., 1940 Wiedereinreise. Journ. in Genf. Mit seiner Lebensgefährtin Rachel Dübendorfer Tätigkeit für die sowj. Spionageorg. von Alexander Radó; Deckn. Hans Saalbach, Paul Dübendorfer, Paul. Nachrichtenbeschaffung aus Deutschland u.a. über Eisenbahnpersonal u. Grenzgänger. Frühj. 1944 vorüberg. in Haft, anschl. Internierung im Arbeitslager Siehen/Eggiwil b. Bern. Juli 1945 Flucht nach Deutschland, Okt. 1945 im Prozeß gegen → Rudolf Rößler u.a. wegen nachrichtendienstl. Tätigkeit von schweiz. MilGericht in Abwesenheit zu 2 J. Gef. verurteilt. 1946 in der SBZ verhaftet, Aufenthalt in sowj. Lagern. 1955 Entlassung in die DDR, Aufnahme in SED. Ab 1956 stellv. Chefred. *Leipziger Volkszeitung.* – *Ausz.:* u.a. 1958 VVO (Silber), Med. für Kämpfer gegen den Faschismus, 1961 Banner der Arbeit, 1965 Karl-Marx-Orden, 1971 VVO (Gold), Orden des Gr. Vaterländ. Krieges 1. Grades.

W: u.a. Der Verrat der linken SPD. 1923; Der Arbeiter-Korrespondent. 1927; *L:* Dallin, Sowjetspionage; Tjaden, KPDO; Weber, Wandlung; Duhnke, KPD. *Qu:* Arch. Hand. Pers. Publ. Z. – IfZ.

Bogen, Erich, geb. 16. Nov. 1913 Bonn, gest. 14. Okt. 1961 Bonn-Bad Godesberg; kath.; *V:* Dr. med. Heinrich B. (1880-1936), Kinderarzt; *M:* Margarete Franziska, geb. Ostler (1879-1938); *G:* Maria Gertrud Elisabeth Scheerer-Bogen (geb. 1907), Dr. med. Maximilian B. (1913-61); ∞ Simone Amman; *StA:* deutsch. *Weg:* 1935 CH; Deutschland (BRD).

Neffe von → Wilhelm Abegg. Ab Mai 1935 Stud. Lausanne. Tätigkeit für *Katholischen Hilfsfonds* Bern. Ab Ende 1944 kath. Vertr. in Provis. Ltg. der BFD Schweiz. Vermittelte Veröffentl. im Sinne der BFD im *Berner Tagblatt*. Ab März 1945 Mitgl. *Hilfskomitee für deutsche Militärinternierte*, Aufklärungstätigkeit in Lagern, ab Mai 1945 im Landesvorst. BFD; RedMitgl. Zs. *Freies Deutschland*. Später Mitarb. UNESCO Genf.

L: Bergmann, Schweiz; Teubner, Schweiz. *Qu:* Arch. Pers. Publ. – IfZ.

Bohl, Robert Johann, Parteifunktionär, geb. 1906 Wien, gest. 1969; ∞ Nelly; *StA:* österr. *Weg:* 1937 UdSSR; 1947 Österr.

Fotograf u. Bildberichterstatter; 1926 Sekr. KJVÖ, 1927 ZK-Mitgl. der KPÖ, 1928 Wahl ins Exekutivkomitee der KJI. Ab 1933 vermutl. illeg. KPÖ-Funktionär. 1937 Emigr. UdSSR, bei Grenzübertritt von Sowjetbehörden festgenommen, bis 1947 Lagerhaft. 1947 Rückkehr nach Wien; vermutl. Mitgl. KPÖ, arbeitete als Fotograf.

L: Steiner, KPÖ; Reisberg, KPÖ. *Qu:* Arch. Pers. Publ. – IfZ.

Bohnsack, Heinrich, Gewerkschaftsfunktionär; geb. 28. März 1893 Fargau b. Plön/Holstein; ∞ 1919 Bernhardine Schmidt (geb. 1896), 1938 Emigr. S; *K:* Gertrud (geb. 1920), 1938 Emigr. S; *StA:* deutsch. *Weg:* S; Deutschland (BBZ).

Ab 1908 in Kiel, Dreher, ab 1922 Angest. DMV Kiel, SPD-Vertrauensmann, Kassier Ortsausschuß für Jugendpflege. Nach natsoz. Machtübernahme in Haft, dann Emigr. über Dänemark nach Schweden, wohin 1938 die Fam. nachfolgte. Unterstützung durch *Matteotti-Komitee,* später Metallarb.; 1937–39 mit → Willi Vogel Hg. *Rapporter från Tyskland,* führend innerh. des rechten Flügels der SPD-Ortsgruppe Stockholm, nach 1942 VorstMitgl. *Landesgruppe deutscher Gewerkschafter,* Mitgl. ihres Arbeitskreises für sozialpol. Fragen; 1944 Mitgl. FDKB. Bald nach Kriegsende durch Vermittlung des Londoner SPD-PV Rückkehr nach Deutschland, ltd. Funktionär der *IG Metall* in Schleswig-Holstein u. Hamburg. Lebte 1978 in Grabensee/Schleswig-Holstein.

L: Müssener, Exil. *Qu:* Arch. Hand. Pers. Publ. – IfZ.

Boller, Wilhelm Albert (Willi), Parteifunktionär; geb. 22. Okt. 1904 Hamburg, hinger. 19. Okt. 1943 Brandenburg; *V:* Robert Max (1882–1968), kaufm. Angest.; *M:* Pauline Therese Amanda (1884–1963); *G:* Annemarie Hedwig Leppert (geb. 1918); ∞ gesch.; *StA:* deutsch, 31. Aug. 1938 Ausbürg. *Weg:* 1934 DK, 1942 Deutschland.

Kaufm. Angest.; 1925 KPD u. RFB; Funktionär *Rote Jungfront,* 1933 Schutzhaft, Nov. 1934 nach Kopenhagen, ltd. Mitarb. (angebl. Mitgl.) der KPD-Landesltg. Okt. 1936–Frühj. 1937 ltd. Mitarb. Abwehrabt. bei AbschnLtg. Nord (Deckn. Arne), anschl. bis Herbst 1938 Kurier des AbschnLtrs. → Heinrich Wiatrek. Okt. 1942 Festnahme durch dän. Polizei, nach Auslieferung 21. Juli 1943 VGH-Todesurteil.

L: Hochmuth/Meyer, Streiflichter; Kraushaar, Deutsche Widerstandskämpfer. *Qu:* Arch. Publ. – IfZ.

Bolz, Lothar, Dr. jur., Politiker; geb. 3. Sept. 1903 Gleiwitz/Oberschlesien; *V:* Uhrmachermeister; ∞ verh. mit sowj. Staatsbürgerin; *K:* 4; *StA:* deutsch, Ausbürg. (?), 1940 UdSSR. *Weg:* 1933 Danzig; 1935 (?) UdSSR; 1948 Deutschland (SBZ).

1921–25 Stud. Rechts- und Staatswiss., LitGesch. München, Kiel, Breslau, 1926 Prom., 1926–29 Gerichtsreferendar u. Assessor, 1929 große jur. Staatsprüfung, danach RA beim OLG Breslau, Strafverteidiger in zahlr. pol. Prozessen, ab 1929 (?) KPD-Mitgl. u. angebl. Mitarb. sowj. Geheimdienst; Aug. 1933 Ausschluß aus Anwaltskammer, Okt. Flucht über Polen nach Danzig, RA u. Publizist. 1935 (?) UdSSR, Instrukteur unter dt. Arbeitern in Sibirien, dann Red. *Rote Zeitung* Leningrad, *Deutsche Zentral-Zeitung* Moskau; Erwerb der Lehrbefähigung für höhere Schulen, Lehrer für Deutsch u. LitGesch. in Charkov u. Novosibirsk, später Assist. Marx-Engels-Lenin-Institut Moskau. 1943 Mitgr. NKFD; als Angehöriger des inoffiz. pol. NKFD-LtgOrgans *Institut Nr. 99* Instrukteur in Lagern für dt. Kriegsgef., gleichzeitig Red. *Freies Deutschland* Moskau, gegen Kriegsende Schulung von KPD-Kadern, ab Mai 1945 Red., ab Jan. 1946 Chefred. *Nachrichten für deutsche Kriegsgefangene in der UdSSR,* Hg. KriegsgefZtg. *Das freie Wort* Moskau (Ps. Rudolf Germersheim). 1948 Rückkehr nach Deutschland, Mitgl. *Kulturbund zur demokratischen Erneuerung Deutschlands,* Juni Mitgr. NDPD, ab Sept. deren Vors. u. Hg. Parteiorgan *National-Zeitung* Berlin (Ost). Jan.–Okt. 1948 Mitgl. Deutsche Wirtschaftskommission, 1949 PräsMitgl. Deutscher Volksrat, 1949–50 MdProvisVK, ab 1950 MdVK, ab 1949 Präs-Mitgl. NatRat der *Nationalen Front des demokratischen Deutschland* u. stellv. Präs. *Gesellschaft für deutsch-sowjetische Freundschaft* (GDSF), Okt. 1949– Okt. 1953 Min. für Aufbau, Nov. 1950–1967 stellv. MinPräs. bzw. stellv. Vors. des MinRats u. Mitgl. des Präs., 1951–54 Vors. *Nationales Komitee für den Neuaufbau Berlins,* ab 1953 PräsMitgl. Deutscher Friedensrat, Okt. 1953–Juni 1965 Min. für Auswärtige Angel.; Vors. *Komitee Ostseewoche* u. Vizepräs. *Deutsch-Arabische Gesellschaft,* 1968–78 Präs. GDSF. Apr. 1972 Niederlegung des NDPD-Vors., Wahl zum Ehrenvors. Lebte 1977 in Berlin (Ost). – *Ausz.:* u.a. 1946 Med. für ehrenvolle Arbeit während des Gr. Vaterländ. Krieges 1941–45 (UdSSR), 1954 VVO (Gold), 1958 Med. für Kämpfer gegen den Faschismus 1933–1945, 1959 Orden Banner der Arbeit, Held der Arbeit, 1965 Ehrenspange zum VVO (Gold), Ehrenmitgl. Deutsche Bauakademie u. FDJ, 1971 Orden des Vaterländ. Krieges 1. Kl. (UdSSR); zahlr. andere hohe in- u. ausländ. Auszeichnungen.

W: Für die Macht des Volkes und des Friedens. 1959. *L:* Leonhard, Revolution; Strassner, Peter, Verräter. 1960; Staritz, Dietrich, Die National-Demokratische Partei Deutschlands 1948–53. Diss. phil. masch. 1968; Sywottek, Volksdemokratie; Duhnke, KPD; Radde, Diplomat. Dienst. *Qu:* Hand. Publ. Z. – IfZ.

Bolze, Waldemar, Parteifunktionär; geb. 11. Jan. 1886 Buk/Posen, gest. 14. Dez. 1951 Salzgitter/Niedersa.; ∞ verh.; *StA:* deutsch. *Weg:* 1933 F; 1936 E; 1939 F, B; 1940 F; 1947 Deutschland (BBZ).

Tischlerlehre; 1904 Mitgl. Holzarbeiterverb., 1906 SPD; Partei- u. GewFunktionär in Berlin, 1914 Parteiaustritt aus Protest gegen Kriegspol.; 1914–18 Soldat, 1917 USPD, 1918 *Spartakusbund,* Teiln. der Kämpfe in Berlin; 1920 GewRed. *Die Rote Fahne.* 1921 Mitgl. GewAbt. der KPD-Zentrale, bis 1923 maßgebl. für die Fraktionsarb. innerhalb der Freien Gew., insbes. im Holzarbeiterverb., u. im Schulungswesen tätig, 1924 als Gegner der Politik → Ruth Fischers aus Zentrale entlassen, Wortführer der Rechten in Berlin. 1926 Rückkehr in GewAbt. des ZK. Jan. 1929 als Anhänger der von → Heinrich Brandler vertretenen einheitsfronttaktischen „Massenlinie" u. Gegner des RGO-Kurses mit weiteren führenden Oppositionellen (→ Paul Böttcher, → Joseph Lang, → Fritz Wiest) KPD-Ausschluß. KPDO, bis 1933 LtgMitgl., 1933–Nov. 1936 als Emigr. in Frankr., anschl. Arbeit in Flugzeugwerk in Barcelona, enge Verb. zur POUM. Teiln. Span. Bürgerkrieg, Verhaftung als „Trotzkist", über 1. J. Gef. Kurz vor Sieg der Franco-Truppen Flucht nach Frankr., Ausweisung nach Belgien, Mai 1940 Flucht nach Frankr., vergebl. Bemühungen um USA-Visum mit Hilfe des *Emergency Rescue Committee,* bis Kriegsende unter falschem Namen in südfranz. Internierungslager. Dez. 1947 Einreisegenehmigung für Deutschland, Tischler Reichswerke Salzgitter; Mitgr. *Gruppe Arbeiterpolitik* (Nachf-Org. der KPDO), Mithg. Zs. *Arbeiterpolitik.*

W: Der Weg der Gewerkschaften. 1948; 1972. *L:* Tjaden, KPDO; Weber, Wandlung. *D:* AsD, IISG. *Qu:* Publ. – IfZ.

Bombach, Richard, Parteifunktionär; geb. 11. Sept. 1888 Dresden; *StA:* deutsch. *Weg:* 1933 (?) ČSR; Boliv.

Holzarb.; 1914-18 Parteiangest. SPD, 1918-21 Parteisekr. Dresden, 1918-24 StadtVO. u. Ratsmitgl. Wilsdruff, 1919-21 VorstMitgl. SPD-Bez. Ostsa., 1921-24 Red. *Dresdner Volkszeitung*, anschl. Red. *Volkszeitung für die Oberlausitz*; Vors. SPD Löbau, Mitgl. UnterbezVorst., SPD-Kreisbildungsltr. - 1933 (1934?) Emigr. CSR, Inh. einer Buchhandlung in Teplitz-Schönau, ab 1935 Rechnungsstellenltr. der gewerkschaftl. Versicherung *Vorsorge;* später Emigr. nach Bolivien, Schreiner in Cochabamba, bis Ende 1944 Vors. *Vereinigung Freier Deutscher* Cochabamba, PräsMitgl. 1. Landeskonf. der Freien Deutschen, die Aug. 1943 den *Landesverband Alemania Democratica en Bolivia* im vergebl. Bemühen gründete, im Sinne der Konf. von Montevideo ein Kartell der sozdem. u. kommunist. orientierten Exilgruppen zu schaffen.

Qu: Arch. Hand. - IfZ.

Bondi, Sir Hermann, Mathematiker; geb. 1. Nov. 1919 Wien; jüd.; *V:* Dr. med. Samuel B. (geb. 1878 Mainz, gest. 1959 USA), jüd., 1938 Emigr. GB, 1940 USA; *M:* Helene, geb. Hirsch (geb. 1892 Halberstadt, gest. 1960 USA), jüd.; *G:* Gabriele (geb. 1915 Wien), jüd., Dr. med., 1938 Emigr. CH, 1940 USA; ∞ 1947 Christine Mary Stockman (geb. 1923 London), Ph.D. Cambridge Univ., Mathematikerin, Lehrerin; *K:* Alison J. (geb. 1949 Cambridge); Jonathan R. (geb. 1951 Cambridge); Elizabeth A. (geb. 1955 Reigate); David K. (geb. 1957 Reigate); Deborah J. (geb. 1959 Reigate); *StA:* österr.; brit. *Weg:* 1937 GB; 1940 (?) CDN; 1941 (?) GB.

1937 Abitur Wien. 1937 Emigr. mit StudVisum GB, 1937-40 Stud. Trinity Coll. Cambridge, 1940 B.A.; 1940-41 Internierung, Transport nach Kanada, Rückkehr nach GB. 1941-42 Stud. Cambridge Univ., 1942-45 Forschungsarb. für brit. Admiralität, 1945-54 Doz. Cambridge Univ., 1951 Forschungsaufenthalt Cornell Univ. Ithaca/N.Y., 1953 Doz. Observatorium der Harvard Univ., 1954-67 Prof. für angewandte Mathematik King's Coll. London Univ., 1960 Gastprof. Cornell Univ., 1963-67 Mitgl. nat. astronom. Komitee, 1964-65 Vors. Komitee für Weltraumforschung des Verteidigungsmin., 1967-71 GenDir. der europ. Org. für Weltraumforschung, 1971-77 1. wiss. Berater im brit. Verteidigungsmin. Ab 1977 wiss. Dir. brit. Energiebehörde. Ab 1973 Mitgl. des Ausschusses für wiss. Forschung, Mitgl. *Royal Astronomical Soc., Royal Soc.,* Mitgl. *Rationalist Press Assn., Brit. Humanist Assn., Science Policy Foundation;* Mitgl. Gerichtshof der London Univ., Ehrenvizepräs. *Advanced Center for Education.* Lebte 1977 in Reigate/Surrey. - *Ausz.:* Erhebung in den Adelsstand.

W: Cosmology. 1952, 2. Aufl. 1961 (poln. Übers.: Kosmologia, 1965, span. Übers.: Cosmologia, 1970); Rival Theories of Cosmology. 1960; The Universe at Large. 1960 (span. Übers.: El Cosmos. 1961); Relativity and Common Sense. A New Approach to Einstein. 1964; Research Program in Relativity Physics. 1966; (Mitverf.:) The Nature of Time. 1967; Assumption and Myth in Physical Theory. 1967 (deutsche Übers.: Mythen und Annahmen in der Physik. 1971); Beiträge in Festschriften.

Qu: Fb. Hand. - RFJI.

Bondy, Louis Wolfgang, Kommunalpolitiker; geb. 19. Juni 1910 Berlin; jüd.; *V:* Joseph Adolf B. (geb. 1876 Prag, gest. 1946 London), jüd., Stud. Deutsche Univ. Prag, Journ. u. Verleger, Mitgr. DSP; *M:* Olga, geb. Freudenthal (geb. 1882 Breslau, gest. 1953 London), jüd., Künstlerin; *G:* Dr. phil. Clemens B. (geb. 1912 Berlin), 1933 Emigr. CH, Prom. Zürich, 1936 GB, Chemiker; ∞ 1943 Hannah Finesilver (geb. 1906 London), jüd., Sekr.; *K:* John Adrian (geb. 1944), Prof. für Math. Univ. of Waterloo/CDN; *StA:* österr., 1919 CSR, 1926 deutsch, 1946 brit. *Weg:* 1932 F, 1934 E, 1936 GB.

1928-30 Stud. Architektur TH Berlin u. Genf (Flegenheimer), kurzfristig Mitgl. *Roter Studentenbund.* 1930-32 Hilfsred. *Berliner Börsen-Courier,* 1932-33 Korr. *Deutsche Allgemeine Zeitung* in Paris, März 1934 nach Spanien, Ausbildung als Photograph, Gelegenheitsarb., enge Verbindung zur span. sozialist. Partei. 1936 GB mit Touristenvisum, Aufenthaltserlaubnis, dt. Sprachunterricht. Apr. 1938 im Auftr. → Alfred Wieners nach Amsterdam, 1939 Überführung des Archivs des *Jew. Central Information Office* (später *Wiener Library)* nach London; 1940-45 stellv. Dir. *Jew. Central Information Office* London. Ab 1946 Mitgl. *Labour Party,* stellv. Vors., anschl. Kassenführer Wahlkreis Holborn u. St. Pancras-Süd; 1958-67 Abg. für Holborn u. St. Pancras-Süd im London County Council (ab 1964 Greater London Council), stellv. Vors. Ausschuß für öffentl. Parks, Vors. Ausschuß für Kenwood u. Marble Hill; 1967 Wahlniederlage, 1970-77 Abg. für Islington, 1973-77 Vors. Behörde für historische Bauten u. Inner London Educ. Authority; 1977 Oppositionsführer Ausschuß für historische Bauten, stellv. Vors. Inner London Educ. Authority. 1948 Antiquariats-Buchhändler. Mitgl. *Antiquarian Bookseller's Assn.,* Vors. Holloway Adult Educ. Inst., Chelsea School of Art, Starcross Girls Comprehensive School, VorstMitgl. Polytechn. of Central London, London Coll. of Printing, Mus. of London, Dickens House Mus. u.a. Lebte 1977 in London.

W: Racketeers of Hatred, Julius Streicher and the Jewbaiter's International. 1946. *Qu:* Fb. - RFJI.

Bonyhadi, Arthur (Arturo), Parteifunktionär; geb. 27. Nov. 1891 Klagenfurt/Kärnten; jüd.; *V:* Daniel B. (1860-1938), VorstMitgl. jüd. Gde. Salzburg; *M:* Clothilde, geb. Kronberger (gest. 1895); *G:* Edgar (gest. 1944), k.u.k. Offz., 1942 (?) nach Warschau dep., umgek. bei Warschauer Aufstand; Manfred, Kaufm., 1938 KL Dachau, 1939 Emigr. USA, A: Portland/Ore.; Oskar, Schneider, A: Tel Aviv; Ludwig (gest.), 1939 (?) dep.; Ernst (gest. 1944), Mathematiker, Emigr. GB, Internierung Isle of Man u. Kanada; Erwin, Emigr. CH, USA, A: San Francisco/Calif.; *StA:* österr. *Weg:* 1938 NL; 1939 Mex.

1906-09 Bäckerlehre Ried i. Innkreis/Oberösterr. Ab 1907 SAJDÖ. 1909-15 Bäcker in versch. dt. Städten, 1915-18 Kriegsdienst österr.-ungar. Armee, zuletzt Kommandant einer MG-Abt.; Nov. 1918 Linz, Mitgl. *Soldatenrat,* Offz. in der Volkswehr. 1919 SDAP. BüromaschVertr.; 1922 Mitgr. *Ruderklub Donau,* aktiv in Arbeitersportbewegung, ab 1926 Mitgl. *Arbeiterbund für Sport und Körperkultur Österreichs.* Ab 1923 Mitgl. *Republikanischer Schutzbund,* zunächst Ltr. Referat für Maschinengewehre, 1926-34 Mitgl. Oberleitg. Oberösterr. unter → Richard Bernaschek, Ltr. des Melde- u. Nachrichtendienstes. 1934 Teiln. an den Februarkämpfen, Verhaftung, Urteil 2 1/2 J. schwerer Kerker, bis Mai 1935 Zuchth. Stein/Donau. Anschl. BüromaschVertr. in Wien, bis 1938 illeg. Tätigkeit als Mitgl. der RSÖ. März 1938 Flucht über Deutschland nach Amsterdam, wegen fehlender Aufenthaltsbewilligung 6 Mon. Haft. Durch Vermittlung des IGB mexikan. Visum, Dez. 1939 Mexico City. Ende 1941 mit → Rudolf Neuhaus, → Bruno Frei, Josef Wolinsky, Zagler u.a. Mitgr. *Acción Republicana Austriaca de Mexico* (ARAM) u. bis ca. 1950 (Selbstauflösung ARAM) VorstMitgl., Mitarb. *Austria Libre.* VorstMitgl. *Klub österreichischer Sozialisten in Mexiko,* Verb. zum *Austrian Labor Club* in New York unter → Friedrich Adler. Enge Zus-Arb. mit mexikan. Gewerkschaften, Mitarb. mexikan. Ztg., bis Kriegsende einer der Verantwortlichen für die österr. Emigr. beim mexikan. Innenmin.; BüromaschVertr., 1968 Mitgl. u. seitdem VorstMitgl. *Centro Austriaco* in Mexiko. Lebte 1978 in Mexico City.

L: Kykal, Inez/Stadler, Karl R., Richard Bernaschek, 1976. *Qu:* Arch. Pers. Publ. - IfZ.

Borchard, Jens, Reeder; geb. 22. Febr. 1902 Hamburg; *M:* → Lucy Borchard; ∞ verh.; *K:* Ronia Khassis (geb. 1932 Hamburg), Krankenschwester; Daniela Ratner (geb. 1943 Haifa), Zeichenlehrerin; Jonathan (geb. 1946 Haifa); *StA:* IL. *Weg:* 1933 Pal.

Stud. Rechtswiss., nach Prom. Ausbildung als Seemann, Fahrten als Matrose. Anschl. RA u. Berater für Reedereien. Mai 1933 Emigr. Palästina mit A I-Zertifikat, 1934 Gr. Atid Navigation Co. Ltd. u. Tochterges., 1968 Auflösung des Konzerns auf Betreiben der isr. Reg.; 1938-43 tätig für *Aliyah Beth.* 1948/49 Ltr. von Israel Shipowners' Pool, Charter der Schiffstonnage zur Einfuhr von Kriegsmaterial u. lebenswichtigen Erzeugnissen im Unabhängigkeitskrieg. Lebte 1978 in Haifa.

Qu: Fb. Hand. - RFJI.

Borchard, Lucy, geb. May, Reederin; geb. 10. Dez. 1877 Schlesien, gest. 5. Febr. 1969 London; jüd.; *V:* Arzt; ∞ Richard Borchard (geb. 1875 Hamburg, gest. 1930 Hamburg), jüd., höhere Schule, Stud. TH, Reeder, Mitgl. CV; *K:* → Jens Borchard; Fred (geb. 1905 Hamburg, gef. 1943), Mitgl. franz. Maquis; Kurt (geb. 1909 Hamburg), Reeder, 1938 Emigr. GB; Charlotte (geb. 1910 Hamburg), Mitgl. Scientologial Soc., 1935 Emigr. Pal.; Dr. med. Susan Collet (geb. 1913 Hamburg), Ärztin, 1931 Emigr. GB, ltd. Stellung im öffentl. Gesundheitsdienst. *Weg:* 1938 GB.

Lehrerinnendipl.; anschl. zus. mit Ehemann, später allein Geschäftsf. Lotsenbootreederei Fairplay (als Schleppdampfschiff-Reederei Richard Borchard GmbH führend im Hamburger Hafen), ab 1933 Ausbildung jüd. Jugendlicher im Reedereibetrieb. 1938 Emigr. GB, Gr. Fairplay Towage & Shipping Co. Ltd.

L: Rose, June, Lives in her Hands. In: Jewish Chronicle, Nov. 15. 1963. *Qu:* EGL. Hand. Pers. – RFJI.

Borchardt, Frederick (urspr. Fritz W.), Industriekaufmann; geb. 22. Sept. 1901 Berlin, gest. 15. Apr. 1956 New York; jüd.; *V:* Isidor (geb. 1865, gest. 1930 Berlin), stellv. Ltr. jüd. Gde-Schule für Knaben Berlin; *M:* Bertha, geb. Pinkus (gest. um 1959 Rockville Center/N.Y.), Emigr. USA; *G:* Dr. med. Gertrud Troy (geb. Berlin, gest. 1955 [?] USA), Emigr. USA; ∞ 1949 Alice E. Pohly (geb. 1915 Dresden), jüd., Stud., 1939 Emigr. Pal., 1941 USA, Werbezeichnerin, Inh. Poly Photo; *StA:* deutsch, 1943 (?) USA. *Weg:* 1937 USA.

Ltr. VJJD Dresden; ltd. Funktion bei Bankhaus Gebr. Arnold Dresden u. C. Tielsch & Co. AG (Tochterges. der Hutschenreuther Porzellan AG Waldenburg/Schlesien), 1933 Entlassung. 1933 Ltr. Finanzabt. *Zentralausschuß für Hilfe und Aufbau*, 1933–36 (?) Geschäftsf. *Reichsvertretung*, als deren Repräsentant 1937 Emigr. USA. Während u. nach 2. Wk Inh. einer Import-Exportfirma New York, US-Vertr. für Canadian Machinery and Industry Construction Ltd. Mitarb. J.D.C. im Ausland, Mitgr. u. HauptvorstMitgl. AFJCE, aktiv im *Nat. Refugee Service*, Mitgl. *Am. Jew. Comm.*, VorstMitgl. *Help and Reconstruction*, HIAS, Schatzmeister *United Help*, Vizepräs. IRSO, Gutachter *Conf. on Jew. Material Claims Against Ger.*, USA-Vertr. des *Council of Jews from Ger.* London, VorstMitgl. Congr. *Habonim* New York, Mitarb. im überkonfessionellen GdrZentrum Forest House Bronx/New York.

L: Glick, David, Some were Rescued – Memories of a Private Mission. In: Harvard Law School Bulletin, Dez. 1960. *Qu:* Pers. Publ. Z. – RFJI.

Boritzer, Regina, Ministerialbeamtin; geb. 1909 Lützen/Preußen; jüd.; *V:* Isaac B. (geb. 1881 Osteuropa), jüd., Emigr. USA; *M:* Berta, geb. Cahane (geb. 1882 Osteuropa), jüd., 1938 USA; *G:* Max, A: USA; George, A: USA; Arno, A: USA; Rosel Shoshana Meyer, A: Tel Aviv; Jaacob, A: Kibb. Yagur/IL. *Weg:* 1935 CH 1949 (?) IL.

1927–30 Stud. Sozialpädagog. Seminar Leipzig (?), ab 1932 Fürsorgerin bei Stadtverw. Leipzig, 1933–35 bei jüd. Gde. Leipzig; Kontakte zu illegalen sozialist. Gruppen, Polizeiüberwachung. 1935 Emigr. Schweiz, Arbeitserlaubnis, Verb. zu HIAS, 1935–49 Ltr. Flüchtlingshilfe des Schweizer Isr. GdeBundes, zugl. 1941 Stud. Inst. für angewandte Psychologie Zürich. Unterstützung illeg. Einwanderung nach Palästina. 1949 (1950 [?]) Israel, 1950 Inspektor für Familienfragen, 1953 Ltr. des Bez. Jerusalem/Negev, 1962 AbtLtr. im isr. Wohlfahrtsmin.; 1964 Stud. London School of Econ. Lebte 1977 in Jerusalem.

Qu: Fb. – RFJI.

Borkenau, Franz, Dr. phil., Publizist; geb. 15. Dez. 1900 Wien, gest. 22. Mai 1957 Zürich; kath., 1932 ev.; *V:* Dr. Rudolf Pollak, UnivProf., Rat am österr. Obersten Gerichtshof; *M:* Melanie, geb. Fürth; ∞ verh.; *StA:* österr., deutsch, Ausbürg., deutsch. *Weg:* 1933 Österr., F; 1934 GB; 1935 Panama; 1936 GB; 1940 AUS; GB; 1945 Deutschland (ABZ).

1918 Abitur Wien; Kriegsdienst. 1918–24 Stud. GeschWiss. Wien, Leipzig, 1924 Prom. Ab 1921 KPD, Ltr. *Roter Studentenbund*. 1925–29 Mitarb. der von Eugen Varga geleiteten Forschungsstelle für internat. Politik in Berlin, Tätigkeit beim Westeuropäischen Büro der *Komintern*. Anschl. Forschungsauftrag des Instituts für Sozialforschung Frankfurt/M. 1929 als Anhänger der sog. Rechtsopposition um → Heinrich Brandler KPD-Ausschluß, vorüberg. Mitarb. KPDO. 1933 Emigr. Wien, dann Frankr., 1934 GB. Histor. Studien u. Veröffentl., 1935/36 in Panama UnivDoz. für Gesch., 1936 Reise durch republ. Spanien; sein Bericht *The Spanish Cockpit* erregte als scharfe Absage an den Sowjetkommunismus Aufsehen. 1938–43 Lehrer für Internat. Politik an den Volkshochschulen der Univ. Cambridge u. London, 1940 Internierung in GB u. Australien. Apr. 1943–Juli 1944 beim Abhördienst der BBC, anschl. in Presse- u. Rundfunkabt. des OWI in London, dort Aufbau der *Deutschen Nachrichtenagentur* (DANA), mit ihr 1945 über Luxemburg nach Bad Nauheim. 1946–48 apl. Prof. für Mittlere u. Neuere Gesch., bes. Gesch. der Sozialtheorien, an der Univ. Marburg, anschl. Chief Research Consultant bei Political Information Branch der Information Service Div. Frankfurt/M.; Chefred. *Ostprobleme*. Dann als freier Schriftsteller in der BRD, den USA, zuletzt Zürich.

W: u.a. Der Übergang vom feudalen zum bürgerlichen Weltbild. Paris 1934; Vilfredo Pareto. London 1935 (New York 1936, Mexico 1941); The Spanish Cockpit. London 1936; The Communist International. London 1938 (engl. Übers.: World Communism, New York 1938); Austria and After. London 1938; The New German Empire. Harmondsworth 1939 (New York 1939); After Peace – What? Norman/Okla. 1941; The Totalitarian Enemy. London 1939; Socialism – National or International? London 1942; Der europäische Kommunismus. 1952 (mehrere Übers.); Der Russische Bürgerkrieg 1918–21. 1954. *Qu:* Arch. Hand. – IfZ.

Bornstein, Joseph, Journalist; geb. 18. Okt. 1899 Krakau, gest. 23. Juni 1952 New York; *StA:* österr. *Weg:* 1933 F; 1940 Marokko; 1941 USA.

Nach 1920 journ. tätig, enger Vertrauter → Leopold Schwarzschilds, Mitarb. *Das Tage-Buch* u. der Wochenztg. *Der Montag Morgen*. Mitgl. DLM, zahlr. krit. Beiträge zur pol. Rechtsprechung in der Weimarer Republik (u.a. Fall Jakubowski, Jorns-Prozeß). Mai 1930 auf Veranlassung von → Franz Ullstein Verf. einer Denkschrift gegen → Georg Bernhards angebl. separatistische Aktivitäten („Ullstein-Roman"). März 1933 Flucht nach Paris. 1933–40 Chefred. *Das Neue Tage-Buch* Paris, Verf. von Leitart., pol. Art u. Rezensionen (Ps. Erich Andermann), militär. Beiträge unter dem auch von L. Schwarzschild u. → Berthold Jacob benutzten Ps. Miles. Zahlr. Beiträge in *Pariser Tageszeitung*. Ab 1937 Kritik an Moskauer Prozessen u. der UdSSR. 1940 Internierung, Flucht nach Marokko. 1941 in die USA, 1942 Mitarb. *Voice of America*. Nach Kriegsende angebl. Tätigkeit in lit. Agentur.

W: u.a. Der Justizmord an Jakubowski (mit Rudolf Olden). 1928; „Ullstein-Roman". In: Das Tagebuch, 28. 6. 1930; Der Fall Jorns und das Reichsgericht. 1931; Andermann, Erich, Hexenprozeß in Moskau. In: Das Neue Tage-Buch 5/1937, H. 6; Action against the Enemy's Mind. Indianapolis/New York (The Bobbs-Merill Comp.) 1942; The Politics of Murder. 1951. *L:* Walter, Exilliteratur 1, 2, 7; Sösemann, Weimarer Republik. *Qu:* Hand. Publ. – IfZ.

Borrmann, Gustav, Parteifunktionär, Offizier; geb. 25. Sept. 1895 Halle, gest. 7. Juni 1975 Berlin (Ost); *V:* Arbeiter; ∞ Anna Hartmann (geb. 1899), 1935 Emigr. CSR, 1936 UdSSR, 1939 Ausbürg.; *StA:* deutsch, 26. Mai 1939 Ausbürg., deutsch. *Weg:* 1935 CSR; 1936 UdSSR; E (?); UdSSR, 1947 Deutschland (SBZ).

Steindrucker; 1911 SAJ, 1916 *Spartakus*-Gruppe, 1919 KPD, Mitgl. Ortsgruppe Halle, 1924 i.A. des ZK der KPD Gr. der ersten RFB-Ortsgruppe in Halle, anschl. deren Vors. u. stellv. Vors. Gaultg. Halle-Merseburg; aus pol. Gründen strafverfolgt u. inhaftiert. Vor natsoz. Machtübernahme Vertriebsstellenltr. *Arbeiter Illustrierte-Zeitung* für Sa.-Anhalt. Nach 1933 KL Lichtenburg, 1935 im Parteiauftrag in die CSR, 1936 UdSSR, angebl. Teiln. Span. Bürgerkrieg; Parteifunktionär in Karaganda. Nach Rückkehr ltd. Funktion in Landesbehörde Deutsche Volkspolizei Sa.-Anhalt, ab 1952 Mitarb. u. ab 1954 Ltr. Hauptabt. Verwaltung und Wirtschaft des Staatssicherheitsdienstes der DDR, 1955 Oberst u. AbtLtr. für Allgemeine Fragen im MfS, anschl. bis 1957 Ltr. Presse- u. Informationsabt. des MfS, danach bis 1961 Mitarb. MfS u. nach Außerdienststellung Mitarb. ZK der SED. - *Ausz.:* 1960 Banner der Arbeit, 1961 Artur-Becker-Med. (Gold), 1965 VVO (Gold); Karl-Marx-Orden, ZK-Nachruf.

Qu: Arch. Hand. Publ. Z. - IfZ.

Bosch, Franz Xaver; *StA:* österr. *Weg:* 1938 (?) GB.

Ing.; Mitgl. *Ostmärkische Sturmscharen,* verantwortl. Red. *Sturm über Österreich,* enge Verb. zur Zs. *Der Christliche Ständestaat* unter → Dietrich von Hildebrand. Vermutl. 1938 Emigr. London. Führendes Mitgl. der Sept. 1938 gegr. überparteil. Hilfsorg. *Council of Austrians in Great Britain.* Bemühte sich nach Kriegsbeginn in ZusArb. mit → Josef Otto Lämmel um Bildung einer christl.-konservat. Einheitsfront unter Einbeziehung der Legitimisten als Gegengewicht zu kommunist. Einfluß innerhalb der österr. Emigr. in GB. Herbst 1941 Mitgr. u. führendes Mitgl. *Association of Austrian Christian Socialists in Great Britain.* Blieb nach Kriegsende vermutl. in GB.

L: Maimann, Politik; Ebneth, Ständestaat. *Qu:* Arch. Pers. Publ. - IfZ.

Boschwitz, Rudy, Unternehmer, Politiker; geb. 7. Nov. 1930 Berlin; jüd.; *V:* Ely B.; *M:* Lucy, geb. Dawidowicz; ∞ 1956 Ellen Lowenstein; *K:* Jerry, Ken, Dan, Tom; *StA:* USA. *Weg:* 1936 (?) USA.

Emigr. USA, 1947-49 Stud. Johns Hopkins Univ., 1950-53 New York Univ., 1950 B.Sc. School of Commerce New York Univ., 1953 LL.B. Law School New York Univ.; 1953-55 US-Armee. 1955-57 RA-Praxis, 1957-63 Verkaufsltr. bei Pluswood Industries Inc. Oshkosh/Wisc., ab 1963 Gr. Präs. von Plywood Minnesota. Seit 1971 Deleg. für Minn. beim Republican National Committee, 1972 Deleg. auf dem Republikanischen Parteitag. 1967-71 Landesvors. *Cancer Crusade of Am. Cancer Soc.,* 1975 ehrenamtl. Vors. *Minn. Mental Health Assn.* Ltr. Sammelaktion für das Lubavitcher House St. Paul/Minn.; 7. Nov. 1978 vom Staat Minn. zum Senator (*Republican Party*) gewählt. Lebte 1977 in Fridley/Minn. - *Ausz.:* Ehrungen durch Berufs- u. ethnische Org. in Minnesota.

Qu: Hand. Pers. - RFJI.

Boyko, Elisabeth, geb. Spitzer, Dr. phil., Botanikerin; geb. 24. Sept. 1892 Wien, gest.; *V:* Leopold Spitzer; *M:* Margarete, geb. Glesinger; ∞ 1920 → Hugo N. Boyko; *K:* Eva Avi-Yonah, Maya, Herbert Gabriel. *Weg:* 1935 Pal.

1931 Prom. Wien, 1931-33 Stud. Hochschule für Bodenkultur Wien. 1935 Emigr. Palästina mit Familie, 1936-42 Lehrerin für Gartenbau u. Ltr. Abt. Gemüsebau der WIZO, 1942-46 RegBeamtin 1947-48 Sicherstellung der Gemüseversorgung Jerusalems während der Belagerung. Ab 1948 wiss. Mitarb. (Senior Research Officer) Negev Inst. für Trockenzonen-Forschung, Anlage von Versuchsgärten im Wüstengebiet in Zus-Arb. mit Ehemann. Mitgl. *Univ. Women,* Fellow *Royal Horticultural Soc.,* Schriftf. *Internat. Comm. on Ecological Climatography.* - *Ausz.:* 1959 John-Fleming-Med. für Förderung des menschl. Wohls durch hervorragende wiss. Leistungen; Francá-Verdienstorden für wiss. Forschung in Vermaille.

W: Wiss. Aufsätze über Gartenbau. *Qu:* Hand. Pers. - RFJI.

Boyko, Hugo Nathanael, Dr. phil., Biologe, Hochschullehrer, Regierungsbeamter; geb. 6. Okt. 1892 Wien, gest. 1970 Rehovot; *V:* Adolf B.; *M:* Caroline, geb. Hirschberger; ∞ 1920 Elisabeth Spitzer (→ Elisabeth Boyko). *Weg:* 1935 Pal.

Kriegsteiln. österr.-ungar. Armee, OffzSchule, 1919-26 Geschäftsf. in der Industrie; Stud. Wien, 1930 Prom., 1928-35 Doz. Univ. Wien, 1928 Einführung des Fachs Pflanzensoziologie, 1931 Entwicklung der angewandten Pflanzensoziologie; Mitgl. *B'nai B'rith, Makkabi,* Mitgr. u. Präs. *Herzl-Klub* u. antinatsoz. Org.; 1935 Emigr. Pal., 1935-44 private Forschungsarb. auf dem Gebiet der Wüstenökologie, ab 1936 in der Negev-Wüste; 1936-39 *Haganah.* 1944-47 Ökologe Abt. Forstwirtschaft der Reg. von Pal., 1947-48 Dienst in IDF, 1948-61 Ökologe in landwirtschaftl. Forschungsabt. des Landwirtschaftsmin. u. Berater des Premiermin., 1947 Entwicklung des Fachgebiets ökologische Klimatographie. 1957 Forschungsprojekt über Bewässerung mit Seewasser in ZusArb. mit Ehefrau. 1947-61 Vors. *Internat. Komitee für angewandte Ökologie, Internat. Verband der Biologen,* 1956-61 Vizepräs. *Internat. Soc. of Bio-Climatology and Bio-Metereology,* 1961-70 Berater für Probleme der Ökologie in Israel, Indien, USA u. bei der UNESCO, Mitgl. u. Mitgr., ab 1960 GenSekr. u. 1965-70 Präs. *World Academy of Art and Science,* 1956-64 Vors. *Internat. Komitee für ökologische Klimatographie,* 1968-70 Initiator u. Präs. Zentrum für Verwertung von Salzwasser u. Abwässern in Verb. mit *World Acad. of Art and Science.* Mitgl. *Am. Acad. Arts and Sciences,* ab 1960 *Internat. Verband für Erhaltung der Natur,* brit. u. am. ökolog. Ges., *Internat. Council on Botany, World Council on Plant Materials.* - *Ausz.:* 1953 1. Chaim-Weizmann-Preis, 1959 zus. mit Ehefrau John-Fleming-Med.; 1966 Ehrenmed. in Gold für besondere Leistungen in Forschung u. Wiss.; William-F.-Petersen-Preis für wiss. Leistungen in der Salzwasserbewässerung.

W: Science and the Future of Mankind (Hg. u. Mitverf.). 1964; Salinity and Aridity. New Approaches to Old Problems. 1966; International Symposium on Plantgrowing with Highly Saline or Sea Water. (Hg.) 1968; zahlr. Beiträge in Fachzs. *L:* Schaber, Will, Sie brachten die Wüste zum Blühen. In: Aufbau. 12. Sept. 1969. *Qu:* Hand. Z. - RFJI.

Bräuning, Karl, Parteifunktionär; geb. 5. Jan. 1886 Ilversgehofen b. Erfurt/Thür., gest. 14. Sept. 1962 Darmstadt; Diss.; *V:* Bergmann, später Inh. eines Milchgeschäfts; ∞ 1912 Martha Breitenstein (geb. 1893); *G:* Gerda (geb. 1913), Gertrud (geb. 1916); *StA:* deutsch, 1937 Ausbürg., Jan. 1957 deutsch. *Weg:* 1933 Saargeb.; 1935 CSR; 1936 E; 1938 F; 1941 USA.

Metalldreher; 1903 DMV, 1906 SPD; 1906-08 MilDienst, anschl. Arbeiter Zeiß-Werke Jena, nach 1. WK Betriebsrat. 1917 USPD, *Spartakusbund,* 1920 mit linkem USPD-Flügel zur KPD. 1923-24 Haft, Juli 1925 Reichsgerichtsurteil 1 J. Gef. wegen Beihilfe zum Hochverrat, anschl. bis 1928 OrgLtr. KPDBez. Thür. in Jena. 1925 auf 10. PT Wahl in OrgKommission, März 1929 KPD-Ausschluß als Anhänger des rechten Flügels um → Heinrich Brandler. Bez.Sekr. KPDO in Thür., Hg. der Zs. *Neue Zeitung.* 1932 Ltr. *Naturfreunde* Jena. 1933 Emigr. Saargeb., zeitw. illeg. Aufenthalt im Reich. 1934 nach Verhaftung von → Erich Hausen OrgLtr. Berliner Komitee der KPDO, anschl. in der CSR Tätigkeit für Exil-KPDO. 1936 Spanien, Verb. zur POUM, von pol. Polizei als „Trotzkist" über ein Jahr inhaftiert. Trennte sich Ende 1938 im Verlauf pol. Auseinandersetzungen in der Pariser Gruppe von Exil-KPDO, Anschluß an SPD. 1941 Emigr. in die USA, Mitarb. in der von → Marie Juchacz geleiteten *Arbeiterwohlfahrt.* Juli 1955 Rückkehr nach Deutschland (BRD), SPD.

L: Tjaden, KPDO; Weber, Wandlung. *D:* IISG. *Qu:* Arch. Pers. Publ. - IfZ.

Brand, Joel Jenö, Verbandsfunktionär; geb. 1906 Naszód/Ungarn, gest. 13. Juli 1964 Bad Kissingen; jüd.; ∞ 1935 Hansi Hartmann, Mitarb. jüd. Sozialhilfe in Budapest. *Weg:* 1934 H, 1944 Ägypten, Pal.

1910 Übersiedlung der Familie nach Erfurt, polit. Betätigung in linken Org.; 1933-Sept. 1934 Haft. 1934 Emigr. Siebenbürgen, dann nach Budapest. Ab 1934 Mitgl. *Poalei Zion* u. Arbeit auf zion. Ausbildungsfarm. 1938-43 Mitgl. einer Geheimorg., Unterstützung von Juden bei Flucht aus natsoz. besetzten Gebieten; 1943-44 Mitgl. des Hilfs- u. Flüchtlingskomitees *Vaadat Ezra vaHazzalah,* Mitarb. an der Rettung poln. Juden, i.A. des Komitees Verhandlungen mit Adolf Eichmann über Zurückstellung ungar. Juden von Dep. in Vernichtungslager, Mai 1944 in die Türkei mit dem Angebot Eichmanns an die *Jew. Agency* u. die Alliierten, ungar. Juden gegen Lieferungen von Lastwagen freizulassen, Scheitern der Verhandlungen, Haft in Kairo als angebl. dt. Agent, Okt. 1944 Entlassung. Anschl. Mitarb. bei Verfolgung von natsoz. Kriegsverbrechern, 1961 Zeuge im Eichmann-Prozeß in Jerusalem, 1964 Zeuge gegen zwei ehem. führende Mitarb. Eichmanns in Frankfurt/M.

W: BiShelihut Nidonim laMavet. 1956 (dt. Übers. Weißberg, A. [Hg.], Die Geschichte von Joel Brand. 1956; franz u. dän. Übers. 1957; am. Übers. Weißberg, A. [Hg.], Desperate Mission. 1958; brit. Ausgabe, Advocate for the Dead. 1958); Adolf Eichmann, Fakten gegen Fabel. 1961. *L:* Landau, E. (Hg.), Der Kastner-Bericht. 1961; Biss, A., Der Stopp der Endlösung. Kampf gegen Himmler und Eichmann in Budapest. 1966; Kipphardt, Heiner, Joel Brand. Die Geschichte eines Geschäfts (Drama). 1965; Hilberg, Destruction of European Jews. *Qu:* Hand. Publ. - RFJI.

Brandeisz, Maximilian (Max). *StA:* österr. *Weg:* 1938 (?) F; 1940 (?) USA.

Mitgl. SDAP, Präs. Landesverb. Wien des *Zentralverbands der Kriegsinvaliden und Kriegshinterbliebenen.* 1930-34 MdBR. 1938 (?) Emigr. Frankr., zus. mit → Ernst Hoor Führer einer österr. Deleg. von Paris nach Genf, vergebl. Versuch, Nichtanerkennung des Anschlusses durch Völkerbund zu erreichen. Vermutl. 1940 Emigr. USA. Sept. 1941 neben → Friedrich Adler u.a. Mitunterz. des Protests österr. SozDem. gegen Versuch der Bildung einer österr. Exilreg. durch → Hans Rott u. → Willibald Plöchl.

W: u.a. Sozialpolitisches im Friedensvertrag. 1923. *Qu:* Arch. Hand. - IfZ.

Brandeker, Willi (Wilhelm), Journalist, Parteifunktionär; geb. 11. Mai 1912 Bischofshofen b. Salzburg; ∞ verh.; *StA:* österr. *Weg:* 1935 S; 1936 E; 1938 S; 1946 Österr.

Studium; Mitgl. SDAP, aktiv in Arbeitersportbewegung, 1930-34 Mitgl. *Republikanischer Schutzbund* u. *Touristenverein Die Naturfreunde* in Salzburg. 1934 nach den Februarkämpfen vermutl. KPÖ, führendes Mitgl. *Autonomer Schutzbund.* Nov. 1934 Verhaftung, Urteil 6 Mon. Arrest, Dez. 1934 Flucht, illeg. nach Wien. Jan.-Nov. 1935 techn. AbtLtr. in Zentralltg. *Autonomer Schutzbund* Wien, Deckn. Gustel. Ende Nov. 1935 aufgrund drohender Verhaftung Emigr. Schweden. Dez. 1936 nach Spanien, Teiln. Span. Bürgerkrieg in Internat. Brigaden. Sommer 1938 Verwundung, Lazarettaufenthalt in Barcelona; nach Demobilisierung der Internat. Brigaden Rückkehr nach Schweden. Mitgl. Parteigruppe der KPÖ u. *Gruppe österreichischer Gewerkschafter in Schweden* unter → Josef Pleyl. 1944-46 Red. *Östereichische Zeitung* in Stockholm. Aug. 1944 Vorst-Mitgl. *Österreichische Vereinigung in Schweden* (ÖVS) unter → Bruno Kreisky, unterstützte Febr. 1945 gegen die sozialist. Mehrheit im ÖVS-Vorst. den Versuch, die ÖVS an *Free Austrian World Movement* (London) anzuschließen. Apr. 1945 Mitgr. u. VorstMitgl. *Freie Österreichische Bewegung* in Schweden (→ Gustl Moser). März 1946 Rückkehr nach Österr., Landesobmann Salzburg der KPÖ. Anschl. Tätigkeit in Handels- u. Industriebetrieben, vor allem in Linz, Vertr. für Handelsbeziehungen mit skandinav. Staaten. 1961-65 ZK-Mitgl. der KPÖ. Lebte 1977 in Linz.

L: Fiebig, Gerdhartmut, Bibliographische Arbeit über die Österreichische Zeitung (unveröff. Ms. 1970); Müssener, Exil; Widerstand 1. *Qu:* Arch. Hand. Pers. Publ. - IfZ.

Brandes, Heinrich, Offizier; geb. 1910 (?) b. Magdeburg; *StA:* deutsch. *Weg:* 1936 E; 1939 (?) UdSSR; 1945 Deutschland (SBZ).

Maurer; 1936-39 Teiln. Span. Bürgerkrieg, 1939 über Frankr., die Schweiz, Italien u. den Balkan in die UdSSR. 1945 Rückkehr nach Deutschland, zunächst Staatsfunktionär, dann zur Kasernierten Volkspolizei (KVP), nach Besuch der sowj. MilAkad. Privolsk b. Saratov Ende der 40er bzw. Anfang der 50er Jahre Oberstlt. u. stellv. Stabschef KVP-Div. Eggesin, 1956-57 Kommandeur Panzerschule Großenhain, ab 1958 Kommandeur 5. Panzerdiv. in Dresden; Oberst. - *Ausz.:* 1956 Hans-Beimler-Medaille.

Qu: Arch. Publ. - IfZ.

Brandl, Rudolf Hermann, Dr. phil., Journalist; geb. 9. Sept. 1884 Köln, gest. 12. März 1957 Frankfurt/M.; ∞ Emma, wiederverh. Corpataux, A: 1967 Deutschland (BRD); *StA:* deutsch. *Weg:* 1934 USA; 1953 Deutschland (BRD).

Stud. Phil., Gesch., Lit. u. Volkswirtsch. Heidelberg, Sorbonne u. Collège de France Paris, München u. Erlangen. 1906-23 Red. *Frankfurter Zeitung,* im 1. WK Freiw. (Offrz., EK I u. II), 1923-24 Red. *Leipziger Tageblatt,* 1924-32 Ltr. Zweigst. Leipzig des Ullstein-Nachrichtendienstes, 1932-34 Archivltr. u. Bibliothekar Ullstein-Haus Berlin. 1934 Emigr. USA, 1934-36 mit Unterbrechungen Red. *New Yorker Staatszeitung und Herold,* ab Apr. 1937 als erster Berufsjourn. Chefred. *Aufbau,* Betonung der pol.-antinatsoz. Richtung der Zs., Apr. 1939 Entlassung durch den Hg. des *Aufbau,* den *German-Jewish Club;* Nachf. wurde → Manfred George. Ab 1941 im US-RegDienst, u.a. 1947-50 Hauptübersetzer bei *Amerikanische Rundschau,* New York, Mitarb. Hörerpost-Abt. der *Voice of America,* daneben nach 1945 Korr. u.a. für *Hamburger Fremdenblatt, München-Augsburger Abendzeitung* u. *Dresdner Anzeiger.* 1953 Rückkehr nach Frankfurt, Red. *Frankfurter Neue Presse,* freier Journ.; Mitgl. *Deutscher Journalisten-Verband.*

W: u.a. That Good Old Fool, Uncle Sam. A Refugee Sounds a Warning. New York 1940; Blitz German, a Language Guide for Invasion and Occupation. Harrisburg/Pa. (Military Service Publ. Co.) 1943. *L:* Radkau, Emigration; Walter, Exilliteratur 4. *Qu:* Arch. Hand. Publ. - IfZ.

Brandler, Heinrich, Parteifunktionär; geb. 3. Juli 1881 Warnsdorf/Böhmen, gest. 26. Sept. 1967 Hamburg; *V:* Joseph B. (gest. 1890), Maurer, aktiver Sozialist u. Gewerkschafter; *M:* gest. 1912; ∞ gesch.; *StA:* österr., deutsch. *Weg:* 1933 F; 1941 Kuba; 1947 GB; 1949 Deutschland (BRD).

Maurerlehre, bis 1914 Fliesenleger. 1897 Schriftführer Maurergew. Warnsdorf, ab 1900 Mitgl. *Deutscher Bauarbeiterverband.* Nach Arbeitskonflikten 3jähr. Wanderschaft, 1901 SPD, Vors. *Arbeiterbildungsverein* Hamburg. 1904 Ausweisung, Niederlassung in Bremen. Gr. erste *Junge Garde* in Norddeutschland, enge Verb. zu Karl Liebknecht u. Ludwig Frank, 1908 Mitgl. Jugendkommission Nürnberger PT. 1909-14 Zürich, Vors. *Sozialistischer Bildungsausschuß Eintracht,* Vertr. der radikalen Linken auf den PT der schweiz. SozDem. Ab Sommer 1914 GewArb. in Chemnitz, hauptamtl. Sekr. Bauarbeiterverb.; Mitgl. *Spartakus-Gruppe,* 1915 SPD-Ausschluß, mit → Fritz Heckert illeg. pol. Tätigkeit. Okt. 1918 Ausweisung nach Österr., Rückkehr nach Chemnitz über München, wo ihm das Staatssekretariat des Äußeren in der Reg. Eisner angeboten wurde. Dez. 1918 KPD, ab Okt. 1919 Mitgl. Zentrale, Febr. 1921 als Nachf. Paul Levis Mitvors. KPD. Apr. 1921 wegen maßgebl. Beteiligung an sog. Märzaktion verhaftet, Juni 1921 zu 5. J. Festung verurteilt, Nov. 1921 Flucht in die UdSSR, Ehrenpräs. 3. Weltkongreß der Komintern, stellv. Gen-Sekr. Vollzugsbüro der RGI, Mitgl. EKKI. 1922 pol. Arbeit in der KSČ, Deckn. Otto Illgner. Aug. 1922 nach Amnestie Rückkehr nach Deutschland. Sekr. PolBüro der KPD, 1923 auf Leipziger PT als KPD-Vors. bestätigt, enge ZusArb. mit Karl Radek. Führend bei Umsturzvorbereitungen der KPD, 10.-29. Okt. 1923 Ltr. Staatskanzlei in der sächs. Reg. Zeigner. Nach Scheitern des Bündnisses mit der linken Sozialdemokratie für geplanten Generalstreik Abbruch der Aufstandsvorbereitungen, die nur noch zu den Kämpfen in Hamburg führten. Febr. 1924 als angebl. Hauptschuldiger der sog. Oktoberniederlage von der *Komintern* seiner Ämter enthoben u. nach Moskau befohlen, zeitw. Zwangsaufenthalt in Kasachstan. Die von B. vertretene Einheitsfrontpol. gegenüber der nichtkommunist. Arbeiterbewegung wurde im Verlauf der Stalinisierung der KPD als „Trotzkismus" u. „Luxemburgismus" verurteilt u. verlor ihren Rückhalt in der Partei. Mitgl. KPdSU, Tätigkeit im Genossenschaftswesen, später im Obersten Volkswirtschaftsrat. Nach dem Ende des ultralinken Kurses der KPD unter → Ruth Fischer 1926 vom EKKI teilw. rehabilitiert, 1927 stellv. Vors. *Rote Bauern-Internationale;* 1928 erneut der Rechtsabweichung beschuldigt. Okt. 1928 gegen Parteibeschluß nach Deutschland. Mit → August Thalheimer Org. der „rechten" Parteiopposition, ab Nov. 1928 Hg. *Gegen den Strom* als innerparteil. Oppositionsorgan, Gr. Junius-Verlag Berlin. Dez. 1928 KPD-Ausschluß, Mitgl. Reichsltg. der als „organisierte kommunistische Richtung" gegr. KPDO. Jan. 1929 Ausschluß aus KPdSU u. *Komintern.* Ab Dez. 1930 Mitgl. Ltg. u. Büro der *Internationalen Vereinigung der Kommunistischen Opposition* (IVKO). 1931 Hauptvertr. der KPDO-Mehrheit gegen den von → Jacob Walcher u. → Paul Frölich angestrebten ZusSchluß der KPDO mit der SAPD; Sekr. Reichsltg.; März 1933 Emigr. auf Parteibeschluß, Aufbau des Auslandskomitees (AK) der KPDO in Straßburg, dem Zentrum der PCF-Opposition. Nach Aufenthaltsverbot Sommer 1933 Verlegung des AK unter Ltg. von B. u. Thalheimer nach Paris. Bemühungen um KPDO-Org. im Reich, Einfuhr der vom AK hg. Schriften, u.a. *Arbeiterpolitik.* Bis zur Auflösung Anfang 1939 Tätigkeit für IVKO mit ihren Zs. *Gegen den Strom* (bis 1935), *Nachrichtendienst der IVKO* (1934-35: *IVKO-Nachrichten)* u. ab 1936 *Der Internationale Klassenkampf.* Im Span. Bürgerkrieg Solidarisierung mit POUM. 1938 Spaltung der Pariser KPDO-Gruppe, u. a. über die Frage des „revol. Defaitismus" im kommenden Krieg. 1939 zeitw. interniert, ab 1940 in südfranz. Lagern, vergebl. Bemühungen um US-Visum trotz Einsatz des *International Rescue Committee* u. prominenter Fürsprecher. 1941 mit Thalheimer nach Kuba, Scheitern der Weiterreise nach Mexiko. Publizist. Arbeiten, Auseinandersetzungen mit BFD-Org. *Komitee deutscher Antifaschisten* in Kuba. Nach 1945 Hg. *Briefe aus der Ferne* an ehem. Parteifreunde in Deutschland. 1947 London, 1949 Rückkehr, Ltr. *Gruppe Arbeiterpolitik* u. Hg. der gleichnamigen Zs. in Hamburg, die bis Anfang 1956 die Tradition der KPDO weiterzuführen versuchte.

W: Bibliogr. in: Tjaden,KPDO. *L:* Tjaden, KPDO; Drechsler, SAPD; Weber, Wandlung; Duhnke, KPD; Wittemann, K.P., Kommunistische Politik in Westdeutschland nach 1945. Der Ansatz der Gruppe Arbeiterpolitik. Darstellung ihrer grundlegenden Auffassungen und ihrer Entwicklung zwischen 1945 und 1952. 1977. *D:* AsD. *Qu:* Arch. Hand. Publ. Z. - IfZ.

Brandt, Harry, Ph.D., Ministerialbeamter; geb. 13. Apr. 1925 Dresden; *V:* George B.; *M:* Margarethe, geb. Hamburger; ∞ 1950 Frances M. Jacobson; *K:* Stephan F., Douglas M., Sandra J.; *StA:* USA. *Weg:* 1938 USA.

Emigr. 1938 USA; 1944-46 US-Armee. 1947 Stud. Univ. Washington Seattle/Wash., 1949 M.Sc. Columbia Univ., 1949-52 Doz. Rutgers Univ. New Brunswick/N.J., 1951 Doz. City Coll. New York, 1954 Ph.D. Columbia Univ., 1955-59 Doz. Georgia State Univ.; 1954-61 volkswirtschaftl. Mitarb., ab 1961 in ltd. Funktionen u. ab 1974 Vizepräs. u. Forschungsdir. Fed. Reserve Bank Atlanta/Ga.; gleichz. 1960 u. 1962 als WirtschExperte bei Fed. Open Market Commission. Mitgl. *Econ. Assn. for Central Banking* u.a. nat. u. regionaler finanzwirtschaftl. Org. Lebte 1974 in Atlanta/Ga.

W: US Monetary and Credit Policies between World War II and the Korean War. In: Journal of Finance, 1955; Federal Reserve Policy Making and its Problems. 1964; Trade in Federal Funds by Banks in the Southeast. (Mitverf.) In: Southern Journal of Business, 1968; What Happened in 1968? In: Southern Journal of Business, 1969. *Qu:* Hand. - RFJI.

Brandt, Willy (bis 1933 Frahm, Herbert Ernst Karl, 11. Aug. 1949 offiz. Namensänderung), Journalist, Politiker; geb. 18. Dez. 1913 Lübeck; ev.; *Stiefvater:* Emil Kuhlmann, Maurerpolier, SPD; *M:* Martha Kuhlmann, geb. Frahm (1894-1969), ev., Verkäuferin, SPD, nach 1933 zeitw. in Haft; *G:* Stiefbruder Günther K.; ∞ I. 1941 Stockholm, Carlota Thorkildsen (geb. 1904 Köln), wiss. Sekr., StA: N, 1941 Emigr. von Oslo nach Stockholm, 1948 gesch.; II. 1948 Berlin, Rut Hansen, verw. Bergaust (geb. 1920 Stange/N), ev., Angest., Journ., StA: N, 1948 deutsch, Mitgl. sozialist. Jugendverb., 1942 Flucht nach S; *K:* aus I: Ninja Frahm (geb. 1940 Oslo), 1941 Emigr. S, Lehrerin, A: N; aus II: Peter (geb. 1948), wiss. Assist.; Lars (geb. 1951); Matthias (geb. 1961); *StA:* deutsch, 1. Sept. 1938 Ausbürg., 1939 Antrag auf norweg. StA, 1940 N, 1. Juli 1948 deutsch. *Weg:* 1933 N; 1936 Deutschland, N; 1937 E, N; 1940 S; 1948 Deutschland (Berlin).

Bei Großvater Ludwig Frahm (Lastwagenfahrer, SPD, 1935 Freitod) in Lübeck aufgewachsen. Unter Schulgeldbefreiung 1927 Realschule, ab 1928 Reformgymn. Johanneum, Febr. 1932 Abitur. 1932-33 Volontär Schiffsmaklerfirma F.H. Berting. Frühzeitig in sozdem. Jugendorg. *(Kinderfreunde, Rote Falken),* 1929 SAJ, zeitw. Orts- u. stellv. BezVors., 1930 SPD, 1932 ZdA. Mitarb. *Lübecker Volksbote* unter Chefred. Julius Leber. Okt. 1931 als Angehöriger der SAJ-Linken Übertritt zu der von → Kurt Rosenfeld, → Max Seydewitz u.a. gegr. SAPD, Vors. SJVD Lübeck, Mitgl. Ortsvorst. SAPD, zuletzt als PolLtr.; Mitarb. *Sozialistische Arbeiterzeitung.* Nach natsoz. Machtübernahme Mitwirkung beim Aufbau einer illeg. Parteiorg., u.a. Verf. von Flugschriften. 11./12. März 1933 unter Deckn. Willy Brandt Deleg. illeg. PT Dresden zur Weiterführung der inzwischen gespaltenen SAPD als revol. Kaderpartei. Auftrag der Reichsltg., den Grenzübertritt von → Paul Frölich nach Norwegen vorzubereiten; nach Frölichs Verhaftung an dessen Stelle zur Errichtung eines Auslandsbüros kurz vor Aufdeckung der Lübecker SAPD-Gruppe nach Oslo entsandt. Anfang Apr. 1933 in Fischerboot von Travemünde nach Lolland, über Kopenhagen nach Oslo. Zunächst Verweigerung der Aufenthaltserlaubnis, Unterstützung durch *Norwegische Arbeiterpartei* (NAP), Hilfstätigkeit in ihrem Flüchtlingssekretariat, dann journ. Tätigkeit für NAP- u. GewPresse, vor allem *Arbeiderbladet,* auch Beiträge in dt. Exilblättern; Deckn. Martin, Felix, F. Franke. Eintritt in NAP u. Gew., Betätigung im linken Flügel des NAP-Jugendverb., 1933-35 enge Kontakte zur Intellektuellengruppe *Mot Dag,* ab Sept. 1934 Stud. Phil. (Vordipl.) u. Neue Gesch. Univ. Oslo. Ltr. Auslandsbüro Oslo der SAPD u. Zentrale Auslandsstelle des SJVD, Verb. zu illeg. Gruppen in Berlin u. Norddeutschland, Teiln. an Grenzkonferenzen, Hg. *Sozialistische Jugend. Blatt des Sozialistischen Jugendverbands Deutschlands,* Beteiligung an Nobelpreiskampagne für Carl von Ossietzky. 1934-38 häufige Informations- u. Kurierreisen, u.a. mit norweg. Fremdenpaß, zur SAPD-Auslandsltg. Paris unter → Jacob Walcher, Paul Frölich u. → Boris Goldenberg, enge Kontakte zu IGB u. ITF (→ Hans Jahn). Febr. 1934-Herbst 1937 SJVD-Vertr. in dem von der *Internationalen Arbeitsgemeinschaft* linkssoz. u. trotzkist. Gruppen auf der sog. Konferenz von Lille (tatsächl. in Brüssel) gegr. *Internationalen Büro revolutionärer Jugendorganisationen;* nach Auflösung der ursprüngl. Gründungskonf. in Laaren/NL mit Hilfe norweg. Papiere der Auslieferung an Deutschland durch holländ. Polizei entgangen (→ Franz Bobzien). Aug. 1937 Teiln. an Konf. des *Internationalen Büros für revolutionäre sozialistische Einheit* in London. Nov. 1935 Einheitsfrontabkommen zwischen SJVD u. KJVD, Grdg. des Kartells *Freie Deutsche Jugend* (FDJ) mit KJVD, SAJ u. ISK-Jugend, später auch RSÖ- u. KPÖ-Jugend in Prag u. Paris unter Beibehaltung der org. u. pol. Eigenständigkeit. SJVD-Vertr. bei Volksfrontkonf. 8. Apr. 1936 in Paris, Mitunterz. *Erklärung der deutschen Opposition* vom Mai 1936. Sommer 1936 als Gunnar Gaasland nach Berlin zur zeitw. Ltg. der illeg. SAPD-*Organisation Metro* (Deckn. Martin). Dez. 1936 Rückkehr über die CSR, Treffen mit → Otto Bauer in Brünn, Jan. 1937 Teiln. an sog. Kattowitzer Konferenz (tatsächl. in Mährisch-Ostrau), die zur erneuten Spaltung der SAPD führte. Während die *Gruppe Neuer Weg* um → Erwin Ackerknecht u. → Walter Fabian die weitere ideolog. u. pol. Abgrenzung gegen UdSSR u. KPD verfolgte, verblieb B. bei kritischer Haltung zu der von Walcher vertretenen volksfrontnahen Richtung in der SAPD. Dez. 1936 in Abwesenheit Aufnahme in die Unterzeichnerliste des Pariser Volksfrontaufrufs. 1937 Mitarb. SAPD-Informationsdienst *Revolution in Spanien*. Febr.–Sommer 1937 Pressekorr. in Barcelona, Beauftragter der norweg. Spanienhilfe, SAPD-VerbMann zu POUM. Apr. 1937 gemeins. Aufruf von SJVD, sozialist. u. kommunist. Jugendverb. Italiens, SAJ u. KJVD an die dt. u. italien. Jugend. Okt. 1937 Teiln. an ergebnisloser Konf. in Göteborg über dt. Volksfront in Skandinavien, 30. Jan. 1938 *Aufruf an die deutsche Jugend* mit KJVD, FDJ, Vertr. von SAJ u. *Sozialistischen Studenten Deutschlands*. Herbst 1938 Teiln. an Pariser Konf. des *Ausschuß der deutschen Opposition,* der unter Vors. von Heinrich Mann die bereits gescheiterte Volksfront wiederzubeleben versuchte. Zunehmende Entfremdung von Volksfrontpolitik u.a. infolge der kommunist. „Trotzkisten"-Kampagne in Spanien: Ab Herbst 1937 im Rahmen der sog. Konzentrationsdebatte um Zusammenschluß der dt. u. österr. Linksgruppen mit *Sopade* bemüht, vergebl. Versuche zur Org. eines einheitl. Jugendverb. mit nichtkommunist. Gruppen der FDJ, Austritt des SJVD aus *Internationalem Büro* u. Annäherung an *Sozialistische Jugend-Internationale.* März 1939 Gr. einer ArbGemeinschaft mit RSÖ- u. NB-Jugend. – 1938–40 hauptamtl. Sekr. *Norwegische Spanienhilfe* (ab 1939: *Volkshilfe),* 1939–40 führendes Mitgl. *Arbeitsgemeinschaft österreichischer und deutscher Sozialisten* Oslo unter Beteiligung von → Paul Bromme. 9. Apr. 1940 Flucht aus Oslo vor dt. Invasion, 1. Mai als norweg. Soldat getarnt in dt. Kriegsgefangenschaft, Juni Entlassung; Juli 1940 illeg. Grenzübertritt nach Schweden. Angesichts fremdenrechtl. Schwierigkeiten als Staatenloser Genehmigung des Einbürgerungsgesuchs von 1939 durch norweg. Exilreg. in London. Mitgl. *Norwegischer Seemannsverband* als gewerkschaftl. Auslandsorg., Kontakte zur Gruppe um die aktiv antinatsoz. Zs. *Trots allt.* Ab 1941 Gr. u. Ltr. *Schwedisch-norwegisches Pressebüro (Svensk-Norsk Pressbyrå)* Stockholm zur Aufklärung über norweg. Widerstand in Verb. mit der norweg. Auslandsvertr., Dez. 1940 illeg. Aufenthalt in Oslo, anschl. kurzfristig in schwed. Haft wegen Verdachts unerlaubter pol. Betätigung, 1941 vorsorgl. Antrag für USA-Visum. B. wurde zu einem der zentralen Akteure des norweg. u. dt. Exils in Schweden: Ab 1941 führendes Mitglied *Studienzirkel norwegischer Sozialisten,* Juli 1942– Mai 1945 Mitinitiator u. ehrenamtl. Sekr. der *Internationalen Gruppe demokratischer Sozialisten. Arbeitskreis für Friedensfragen (sog. Kleine Internationale)* mit → Bruno Kreisky, → Fritz Tarnow u.a.; Mitverf. *Die Friedensziele der demokratischen Sozialisten* vom Mai 1943. Mitgl. SAPD-Ortsgruppe Stockholm unter → August Enderle, Okt. 1944 mehrheitl. Verschmelzung mit *Sopade*-Ortsgruppe Stockholm im Hinblick auf künftige einheitl. Partei in Deutschland unter maßgebl. Beteiligung von B., Mitverf. der Programmschrift *Zur Nachkriegspolitik der deutschen Sozialisten.* Kontakte zum *Kreisauer Kreis* in Deutschland, über Fritz Tarnow u. → Hans Schäffer zu Theodor Steltzer u. Adam von Trott zu Solz, Verb. zu Julius Leber. Mit → Fritz Bauer Initiator der ab Jan. 1945 erscheinenden *Sozialistischen Tribüne* (theoret. Zs. der SPD-Landesltg.), RedMitgl.; März–Juni 1946 beratendes Mitgl. SPD-Landesltg. Schweden. Nach Kriegsende journ. Tätigkeit in Norwegen u. Schweden, Bemühungen um Rückkehrmöglichkeiten. Okt. 1945–Febr. 1946 Korr. skandinav. Ztg. bei Nürnberger Kriegsverbrecherprozeß im Status eines norweg. Armeeangehörigen, Kontaktaufnahme zu dt. Politikern u. Remigranten, Mai 1946 Gastdeleg. für die SPD-Emigration in Schweden u. Norwegen beim 1. Nachkriegs-PT in Hannover, Angebote kommunaler u. pressepol. Funktionen in Deutschland. Jan. 1947–Jan. 1948 interimist. Presseattaché bei norweg. Militärmission Berlin im Angleichungsrang eines Majors. Nov. 1947 Entschluß zum Ausscheiden aus norweg. diplomat. Dienst, Febr. 1948–Ende 1949 Vertr. des SPD-PV in Berlin. 1949–57 MdB als Berliner Vertr., ab 1953 Mitgl. Fraktionsvorst., Sept.–Dez. 1961 u. ab 1969 erneut MdB. 1949 Vors. SPD-Kreisverb. Wilmersdorf, 1950–51 Chefred. *Berliner Stadtblatt*; 1950–54 Mitgl., 1954–58 stellv. Vors., 1958–63 Vors. SPD-Landesverb. Berlin; 1950–69 Mitgl. AbgHaus, 1955–57 Präs.; 1957– 66 Reg. Bürgerm. von Berlin, 1957–58 Präs. Bundesrat, 1958–63 Präs. Deutscher Städtetag. Vors. Kuratorium der Freien Univ. u. Techn. Univ. Berlin, 1959–66 Senator *Max-Planck-Gesellschaft zur Förderung der Wissenschaften.* Nach vergebl. Kandidaturen 1954 u. 1956 ab 1958 Mitgl. SPD-PV, 1962–64 stellv. Vors., ab 1964 SPD-Vors. als Nachf. von → Erich Ollenhauer. 1961 u. 1965 Kanzlerkand., Dez. 1966– Okt. 1969 Vizekanzler u. Bundesmin. des Auswärtigen, ab Okt. 1969 Bundeskanzler. 7. Mai 1974 Rücktritt aus Anlaß der Spionageaffäre Guilleaume. Ab Nov. 1976 Präs. *Sozialistische Internationale,* 1977 Vors. der internat. *Nord-Süd-Kommission* für die ZusArb. von Industrie- u. Entwicklungsländern. – B. war bis in die 60er Jahre aufgrund seiner Emigration u. der linkssozialist. Tätigkeit im Exil, seiner antifaschistischen, jedoch stets die nationalen Interessen des „Anderen Deutschland" verteidigenden Publizistik u. der zeitw. norweg. Staatsgehörigkeit Ziel verleumderischer Angriffe von rechtsradikalen Kreisen u. Wahlkampfgegnern in der BRD; 1966 trat er ihnen mit der auszugsweisen Veröffentlichung seiner *Schriften während der Emigration* auch offensiv entgegen. Als Reg. Bürgerm. von Berlin Verfechter der pol. u. wirtschaftl. Bindung an den Westen, ab 1961 Entwicklung der „Politik der kleinen Schritte" u. des „Wandels durch Annäherung" als außen- u. deutschlandpol. Leitgedanken. Ab 1966 sog. Neue Ostpolitik, die u.a. zum Grundlagenvertrag mit der DDR führte. Programm der „inneren Reformen" für die BRD, in der SPD Vertr. des Volkspartei-Kurses u. integrative Führungsfigur über den Parteiflügeln. – *Ausz.:* U.v.a. 1959 Großkreuz des VO der BRD, 1960 Großkreuz des norweg. St. Olav-Ordens, 1960 jordan. Diamantkreuz der Erhebung, 1961 Freiheitspreis Freedom House, USA, 1963 Paul-Henri-Spaak-Preis, 1970 Großkreuz des päpstl. Pius-Ordens, 1970 Ehrenbürger Berlin (West), 1970 Man of the Year, *Time Magazine,* 1971 Friedensnobelpreis, 1971 Ehrenbürger Lübeck, 1972 Reinhold-Niebuhr-Preis, 1972 Großkreuz des schwed. Wasa-Ordens, 1973 Großkreuz der franz. Ehrenlegion; Dr. h.c., u.a. 1963 Harvard Univ., 1965 New School for Social Research New York, 1968 Univ. Rio de Janeiro, 1969 Univ. Oxford, 1971 Yale Univ., 1973 Weizmann-Institut, Israel, 1973 Univ. Straßburg, 1975 Univ. München.

W: u.a. Hvorfor kom Hitler tilmakten? [Warum kam Hitler zur Macht?]. Oslo. (Det Norske Arbeiderpartis [DNAs] Forlag) 1933; Hvorfor har Hitler seiret i Tyskland? [Warum hat Hitler in Deutschland gesiegt?] Oslo 1933; Splittelse eller samling [Spaltung oder Einheit]. Oslo (DNAs Forlag) 1939; Sovjets utenrikspolitikk 1917–1939 [Sowjetische Außenpolitik]. Oslo (DNAs Forlag) 1939; Geschichte der Jugend-Internationale (unveröffentl. Ms. Oslo um 1940); Norge under hakkorset [Norwegen unter dem Hakenkreuz; Mitarb.]. Stockholm (Trots allt.) 1940; Stormaktenes krigsmål og det nye Europa [Die Kriegsziele der Großmächte und das neue Europa]. Oslo (Tiden) 1940 (aufgrund der dt. Invasion nicht mehr ausgeliefert); Norge fortsätter kampen [Norwegen kämpft weiter]. Stockholm (Bonniers) 1941; Norway Does Not Yield. New York (American Friends of German Freedom) 1941; Dödsdomarna i Oslo [Die Osloer Todesurteile]. Stockholm (Trots allt) 1941; Kriget i Norge. Stockholm (Bonniers) 1941 (dt. Übers.: Krieg in Norwegen, Zürich [Europa Verlag] 1942); Norsk front [Norwegische Front; Mitarb.]. Stockholm (Trots allt) 1941; Guerillakriget. Stockholm (Bonniers) 1942; Sex norrmän berättar om Norge [Sechs Norweger berichten über Norwegen; Mitarb.]. Stockholm (Bonniers) 1942; Krigs- og fredsmål [Kriegs- und Friedensziele]. Stockholm 1943; Oslo universitetet i kamp [Die Universität Oslo im Kampf]. Stockholm (Utrikespolitiska Institutet) 1943; Norges trädje krigsår [Norwegens drittes Kriegsjahr]. Stockholm (Bonniers) 1943; Norge okkuperat och fritt [Norwegen, besetzt und frei; Mitarb.]. Stockholm (K.F.s. bokförlag) 1943; Efter segern – diskussion om krigs- och fredsmålen [Nach dem Sieg – die Diskussion über Kriegs- und Friedensziele]. Stockholm (Bonniers) 1944 (finn. Übers.: Millainen Maailmanrauha, Helsinki [Femia] 1944); USA igår og idag [USA gestern und heute]. Stockholm (Flyktingkontorets skoleavdelning) 1944; Krigen i Norge [Der Krieg in Norwegen], 2 Bde. Oslo (Aschehoug) 1945; Norges väg mot friheten [Norwegens Weg zur Freiheit]. Stockholm (Bonniers) 1945; Quislingprocessen. Stockholm (Utrikespolitiska Institutet) 1945; Kjensgjerninger om kommunistenes politikk [Tatsachen über die Politik der Kommunisten]. 1945; Der zweite Weltkrieg – ein kurzer Überblick. Stockholm (Komitee für demokratischen Wiederaufbau) 1945; Kriget 1939-45 (Mitarb.). Stockholm (K.F.s. bokförlag) 1945; Forbrytere og andre tyskere [Verbrecher und andere Deutsche]. Oslo (Aschehoug) 1946 (schwed. Übers.: Forbrytare och andra tyskar. Stockholm [Bonniers] 1946); Norden i Nürnberg. Stockholm (Utrikespolitiska Institutet) 1946 (norweg. Übers. Oslo [Aschehoug] 1946); Aktuelle Problemer i Tyskland idag [Aktuelle Probleme im heutigen Deutschland]. Oslo 1946; De tyska delstaterna [Die deutschen Teilstaaten]. Stockholm (Utrikespolitiska Institutet) 1947; Norwegens Freiheitskampf 1940-1945. Hamburg (Auerdruck) 1948 (Kurzfassung von: Krigen i Norge. Oslo 1945); Västtyskland. Den tyska förbundsrepubliken [Westdeutschland. Die deutsche Bundesrepublik]. Stockholm 1953; Ernst Reuter. Ein Leben für die Freiheit (mit → Richard Löwenthal). 1957; Von Bonn nach Berlin. 1957; Mein Weg nach Berlin. Aufgezeichnet von → Leo Lania (ABiogr.). 1960; Plädoyer für die Zukunft. 1961; Koexistenz-Zwang zum Wagnis. 1963; Brandt-Reden 1961-1965. 1965; Draußen. Schriften während der Emigration (hg. von Günter Struve). 1966, 1976 (engl. Übers.: In Exile. 1971); Friedenspolitik in Europa. 1968; Frieden. Reden und Schriften des Friedensnobelpreisträgers 1971 (franz. 1971, span., engl. 1972); Der Wille zum Frieden – Perspektiven der Politik. 1971; Bundestagsreden. 1973; Zum sozialen Rechtsstaat. 1973; Über den Tag hinaus. Eine Zwischenbilanz. 1974; Die Partei der Freiheit. 1974; Probleme des demokratischen Sozialismus (mit → Bruno Kreisky u. Olof Palme). 1975; Begegnungen und Einsichten. Die Jahre 1960-1975. 1976; Frauen heute (Hg.). 1978. *L:* u.a. Drechsler, SAPD; Jerlin, Yvonne, Willy Brandt – Die Stockholmer Jahre 1940-1945. Hektogr. Seminararb. Univ. Stockholm 1970; Müssener, Schweden; Stern, Carola, Willy Brandt in Selbstzeugnissen und Bilddokumenten. 1975; Binder, David, The Other German. Willy Brandt's Life and Times. 1975; Misgeld, Klaus, Die „Internationale Gruppe demokratischer Sozialisten" in Stockholm 1942-1945. 1976; Lehmann, Hans Georg, In Acht und Bann. 1976 (dort jeweils auch Verweise auf zahlr. Lebens- u. Leistungsdarstellungen u. auf propagandist. Lit.). *D:* ArA, AsD. *Qu:* Arch. Fb. Hand. Publ. – IfZ.

Brasch, Horst, Parteifunktionär; geb. 23. Dez. 1922 Berlin; *V:* (Stiefv.) Dr. Curt Egon Thesing (1879-1956), Schriftst. u. Biologe; ∞ verh.; *K:* 4; *StA:* deutsch. *Weg:* 1939 GB; 1940 CDN, GB; 1946 Deutschland (SBZ).

1933-36 Realschule in Bichl/Obb., anschl. bis 1938 Klosterschule Ettal. 1939 unmittelbar vor Kriegsbeginn Emigr. nach GB. 1939/40 Internierung, zeitw. in kanad. Lager. Anschl. Metallarb., Betriebsrat. Nach Kriegseintritt der UdSSR führend am Aufbau der FDJ in GB beteiligt. 1942 Präs. der Zentralen Ltg., Hauptmitarb. FDJ-Organ *Freie Tribüne.* 1943 Mitgl. *Initiativausschuß für die Einheit der deutschen Emigration* u. Arbeitsausschuß der daraus hervorgegangenen FDB in GB, 1944 als Kand. Aufnahme in Exil-KPD, angebl. für Jugendarb. der Partei in westl. Exilländern zuständig. 1945 Deleg. *Weltjugendrat* u. Beobachter 1. Weltjugendkonf. des *Weltbundes der Demokratischen Jugend* (WBDJ) in London, 1946 Teiln. Exekutivsitzung WBDJ in Paris. Rückkehr nach Deutschland, Lizenzträger der FDJ in Berlin. Mitgl. SED. Ab Okt. 1947 RedMitgl. *Junge Generation,* 1948 FDJ-Vors. Land Brandenburg, 1949 Mitgl. Zentralrat u. Sekretariat der FDJ. 1950-52 Min. für Volksbildung Brandenburg. Anschl. mehrere Jahre Sekr., dann Vors. Rat des Bez. Cottbus, 1957-59 des Bez. Neubrandenburg. Mitgl. Büro der SED-BezLtg. u. des BezTages. 1959-65 Vors. Büro des Präsidiums des Nationalrates der *Nationalen Front des demokratischen Deutschland* u. Vizepräs. Nationalrat. 1960-64 Vors. *Komitee für die Solidarität mit den Völkern Afrikas.* Ab Jan. 1963 Mitgl. ZK der SED, ab Juni 1963 Vizepräs. *Deutsch-Britische Gesellschaft,* ab Okt. 1963 MdVK; Mitgl. Komitee der Arbeiter- und Bauern-Inspektion u. der Wahlkommission der DDR. 1965-68 Staatssekr. u. 1. stellv. Min. für Kultur. 1969-70 Stud. Parteihochschule der KPdSU u. Institut für sozialistische Wirtschaftsführung beim ZK der SED. Seit Dez. 1970 2. Sekr. SED-BezLtg. Karl-Marx-Stadt, seit 1971 1. stellv. Vors. Haushalts- u. Finanzausschuß der VK. Lebte 1976 in Berlin (Ost). – *Ausz.:* u.a. 1962 VVO (Silber).

W: Schule der Demokratie. In: Deutsche Jugend, gestern, heute und morgen. Information, Diskussion, Vorschläge und Lehren für die zukünftige Jugendarbeit in Deutschland. London 1945. *L:* Vorwärts, unserer Zukunft entgegen! Bericht über die Weltjugendkonferenz. London, Nov. 1945; Röder, Großbritannien. *Qu:* Arch. Hand. Publ. – IfZ.

Brasch, Rudolph, Dr. phil., Rabbiner; geb. 6. Nov. 1912 Berlin; *V:* Gustav B.; *M:* Hedwig, geb. Mathias; ∞ Liselotte Buchbinder. *Weg:* 1938 GB, 1946 IRL, 1948 S-Afrika, 1949 AUS.

1931-36 Stud. Berlin, Würzburg, 1936 Prom. Würzburg, gleichz. Stud. L(H)WJ Berlin, 1938 Rabbinerexamen; Lehrer Falkenberg-Syn. Berlin. 1938 Emigr. GB, 1938-48 Rabbiner North London Syn., gleichz. 1939-45 Rabbiner der Civil Defence Org. in London, 1944-48 Mitgr. u. Rabbiner Southgate u. Enfield Progressive Syn. London, 1945-48 VorstMitgl. *Assn. Jew. Youth* London, 1946-47 Gr. u. Rabbiner Progressive Syn. in Dublin. 1948 nach Südafrika, 1948-49 Rabbiner Springs and District Reform Congr. in Johannesburg, Werbeltr. *South Africa Union for Progressive Judaism.* 1949 nach Australien, ab 1949 Oberrabbiner u. pädagog. Ltr. Temple Emanuel in Woollahra bei Sidney, 1952-53 Gastprof. für Hebr. u. vergleichende RelWiss. am St. Andrew College Univ. Sidney, 1957 Gr. North Shore Temple Emanuel in Sidney, ab 1960 Vizepräs. *Australia and New Zealand Union for Progressive Judaism.* Mitgl. *Royal Australian Hist. Soc.,* Mitgr. *Soc. for Study of Religion* London, *Rotary Club* Sidney. Lebte 1972 in Sidney/AUS. – *Ausz.:* 1959 D.D.h.c. Hebr. Union Coll. Los Angeles, 1967 OBE.

W: Midrash Shir haShirim Zuta (Übers.). 1936; The Jewish Question Mark. (Mitverf.) 1945; The Irish and the Jews. 1947; A Little Book of Comfort for Jewish People in Times of Sorrow. 1948; The Progressive Jew. (Hg.) 1948; The Symbolism of King Solomon's Temple. 1954; The Star of David. 1955, 1956, 1959; The Eternal Flame. 1958; General Sir John Monash. 1959; How Did it Begin? 1956; Mexico. A Country of Contrasts. 1968; Dreimal Schwarzer Kater. 1968; In the Beginning. 1968; Jewish Heritage. 1969; The Unknown Sanctuary. 1969; How did Sports Begin? 1970; How did Sex Begin? 1973; Art. in austral., am. u. a. Zs. *Qu:* Arch. Hand. Pers. Publ. Z. – RFJI.

Bratu, Artur Egon, Dr. phil., Pädagoge, Schulpolitiker; geb. 30. März 1910 Offenbach/M.; *V:* Arbeiter; *M:* Katharina Krönung (geb. 1886); *G:* Magdalena Meinel (geb. 1906); ∞ Ruth Theimer (geb. 1923 Tel Aviv); *K:* Dorothea (geb. 1949); *StA:* deutsch, 7. Juli 1938 Ausbürg., brit., 1947 deutsch. *Weg:* 1933 B; 1940 GB; 1947 Deutschland (ABZ).

1927 SAJ, Begabtenabitur, Stud. Pädagogik TH Darmstadt, Gr. u. Vors. sozialist. Studentenvereinigung, 1929 SPD, Lebensunterhalt als Hilfsarb.; 1931 erste Lehramtsprüfung, Mitgl. *Freie Lehrergewerkschaft* u. *Arbeitsgemeinschaft sozialdemokratischer Lehrer,* Landesredner der SPD, Mitarb. Parteipresse, in Verb. mit Carlo Mierendorff Mitgr. *Kreise junger Sozialdemokraten in Hessen.* 1933 Entlassung, 30. März Flucht vor Verhaftung nach Brüssel, Lehrer, Mitarb. im *Verband deutscher Lehreremigranten,* ab 1934 Übers. bei Lehrer-Internationale u. Gerichtsübersetzer, zuletzt Erziehungsltr. eines staatl. Flüchtlingslagers in Exaerde. Mai 1940 Flucht im Fischerboot nach GB, Internierung, ab Nov. 1940 Pionierkorps. Kontakte zur DFP, Mitarb. *Das wahre Deutschland,* Mitgl. *Landesgruppe deutscher Gewerkschafter.* Anfang 1947 Rückkehr, öffentl. Ankläger bei Spruchkammer Darmstadt, ab Juni 1949 staatl. Schulrat, 1956-60 Stadtschulrat, Verdienste u.a. bei Einführung von Gemeinschaftserziehung, Schulkindergärten u. 9. Schuljahr sowie beim Ausbau der internat. Kontakte der Stadt. Ab 1952 SPD-StadtVO., 1950-56 Vors. Unterbez. Darmstadt, zeitw. Vors. *Arbeitsgemeinschaft sozialdemokratischer Lehrer* in Südhessen u. auf Bundesebene, Präs. *Internationale Union sozialdemokratischer Lehrer.* Zuletzt in der Hessischen Landeszentrale für politische Bildung, Wiesbaden. Lebte 1978 in Darmstadt. – *Ausz.:* Johann-Heinrich-Merck-Preis Darmstadt, BVK 1. Kl.

Qu: Arch. Z. – IfZ.

Braude, Jacob, Dr. jur., Fabrikant; geb. 14. Dez. 1902 Fürth/Bayern; jüd.; *V:* Israel B. (geb. Fürth, gest. Fürth), Fabrikant; *M:* Regina, geb. Rosenstein (geb. 1871 Bechhofen/Bayern, umgek. KL Auschwitz); *G:* Alfred; ∞ Ruby (geb. 1908 Cranz/Ostpr.); *K:* Bernard, Dipl.-Ing., Angest. Tobias Braude & Co.; Andrew Jonah; *StA:* deutsch; brit. *Weg:* 1938 GB.

Stud. Rechtswiss. Leipzig, 1930 Prom., bis 1933 wiss. Arbeit als Rechtshistoriker; 1933-38 Mitarb. im väterl. Betrieb. 1938 Emigr. GB., ab 1939 stellv. Dir., später GenDir. Tobias Braude & Co. London, zugl. 1939-69 Gr. u. Präs., ab 1969 Präs. auf Lebenszeit Adath Isr.-Gde. in Hendon; ab 1949 geschäftsf. Vizepräs. *Mizrahi Fed. of GB*, Mitgl. u. Vors. versch. Ausschüsse u. Deleg. WJC im *Board of Deputies of Brit. Jews*, ab 1951 Vors. *Friends of Midrashiyah* (internat. Hilfsorg. für jüd.-orthodoxe höhere Schulen in Israel), 1951-53 Kurator Carmel Coll., Vizepräs. WJC für GB; zeitw. Chefred. *Jewish Review,* Kuratoriumsmitgl. *Jew. Secondary Schools Movement,* stellv. Vors. *Board of Orthodox Jew. Educ.,* Mitgl. KongrGericht WZO. Lebte 1972 in London u. Jerusalem.

W: Familienbesitz bei den Angelsachsen. Diss. jur. 1932; Artikel über jüd. Erziehung in jüd. Zs. u. Publ. *Qu:* Hand. HGR. Pers. Publ. – RFJI.

Brauer, Max Friedrich Julius, Politiker; geb. 3. Sept. 1887 Altona b. Hamburg, gest. 1. Febr. 1973 Hamburg; ev.; *V:* Wilhelm B., Glasbläser; *M:* geb. Kunitz; ∞ 1916 Erna Pehmöller (geb. 1894), Emigr.; *K:* Dr. Werner B. (geb. 1918), Arzt, Emigr.; Brunhild Liebler, Emigr.; *StA:* deutsch, 13. Nov. 1934 Ausbürg., 1945 USA, 1946 deutsch. *Weg:* 1933 Österr., CH, China; 1935 F; 1936 USA; 1946 Deutschland (BBZ).

Glasbläserlehre; 1903 SPD, 1910-19 Angest. Konsumgenossenschaft. 1916 StadtVO. Altona, Kriegsdienst, 1918 kommiss. Senator, ab 1919 2. Bürgerm. u. Stadtkämmerer, 1924-33 OBürgerm. Altona. Mitgl. Preuß. Staatsrat, ProvRat u. -Ausschuß Schlesw.-Holstein., VorstMitgl. Deutscher u. Preuß. Städtetag. 1927 kommunalpol. StudReise USA. Nov. 1930 preuß. Staatskommissar für Altona. Mitgl. Initiativkomitee u. Präs. des Kongresses *Das Freie Wort* 19. Febr. 1933 Berlin. März 1933 nach kurzer Schutzhaft Flucht über Wien nach Genf. I.A. des Völkerbunds mit dem ehem. StadtVO. von Altona → Rudolf Katz als Berater für Kommunalverw. u. Genossenschaftswesen nach Nanking. Steckbrieft. gesucht, Nov. 1934 Ausbürg. nach öffentl. Aufforderung zur Rückkehr. 1935 Ausscheiden aus chin. Diensten aufgrund dt. Intervention. Einjähriger Aufenthalt in Frankr., zeitw. wegen Auslieferungsantrags der NS-Behörden in Haft. 1935 Mitunterz. der ersten gemeinsamen Protesterklärung von Sozdem. u. KPD gegen den NS-Terror anläßl. der Hinrichtung des KPD-Funktionärs Rudolf Claus; Teiln. Volksfrontkonf. v. 2. Febr. 1936, die die *Kundgebung an das deutsche Volk* verabschiedete. 1936 New York, Lehrauftrag für Staatswiss. u. Volkswirtschaft Columbia-Univ., rege Vortragstätigkeit gegen den NatSoz. 1937 Beteiligung an Grdg. *Deutsche Akademie/American Guild for German Cultural Freedom* des → Prinzen Hubertus zu Löwenstein. Mitarb. *Deutsch-Amerikanischer Kulturverband.* 1939 mit Rudolf Katz, → Albert Grzesinski, → Gerhart Seger u.a. ehem. SPD-Politikern Grdg. der GLD in den USA, die in Verb. mit der AFL Gelder u. pol. Unterstützung für die *Sopade* mobilisierte. 1940 Initiator von der AFL gestützten Notvisa-Aktion für Flüchtlinge in Südfrankr. Mit → Friedrich Stampfer, Seger u. Katz galt B. als Hauptvertr. der „rechten" sozdem. Emigration um die *Neue Volks-Zeitung,* die sich scharf gegen die Opposition, vor allem gegen die ehem. Gruppe NB um Paul Hagen (d.i. → Karl Frank) wandte u. später die Kollektivschuld-Thesen des „Vansittartismus" bekämpfte. VorstMitgl. des Juni 1940 gegr. *German-American Congress for Democracy,* 1941 des *German-American Council for the Liberation of Germany,* des Vorläufers der Nov. 1941 als pol. Arm der GLD von B. mitgegr. *Association of Free Germans, Inc.* (AFG); 1. stellv. Vors., Mitgl. VerwRat u. ab 1942 des Boards of Directors der AFG, die Okt. 1942 die von B. mitverfaßte Programmerklärung *Für das Freie Deutschland von Morgen* veröffentlichte. Mitgl. Deutsche Sprachgruppe der *Social Democratic Federation of America.* Nach internen Konflikten Anfang 1943-Ende 1944 als Nachfolger Grzesinskis mit → Siegfried Aufhäuser Vors. GLD. Vors. der Landeskonf. dt.-sprachiger Sozdem. Juli 1943 New York. Juni 1946 mit Rudolf Katz Rückkehr als Ltr. einer US-Gew.-Kommission u. GenBevollmächtigter AFL. Ab Nov. 1946 Mitgl. Senat, bis 1953 u. 1957-60 1. Bürgerm. Hamburg, Vertr. Hamburgs im Frankfurter Länderrat u. BR. 1949-61 MdHB, 1961-65 MdB, 1954-64 Mitgl. PV der SPD. 1953 USA, bis Wiederwahl als Bürgerm. 1957 Dir. Alte Volksfürsorge. Mitgl. Außenpol. Kommission u. Programmkommission der SPD. Ab 1949 Mitgl. *Deutscher Rat der Europäischen Bewegung,* Befürworter der Europapol. u. des Schuman-Plans im Gegensatz zur Parteilinie; 1957/58 Gegner der Atombewaffnung im Rahmen einer Multilateralen Streitmacht. Bis 1966 Präs. *Deutscher Bühnenverein;* AR-Mitgl. Alte Volksfürsorge-Versicherungs-AG, Rheinpreußen-AG, stellv. AR-Vors. Gemeinnützige Siedlungs-AG Hamburg. – *Ausz.:* 1927 Goldene Plakette der Stadt Altona, 1960 Hamburger Ehrenbürger, 1961 Dr. rer.pol.hc. u. Ehrensenator der Univ. Hamburg, 1967 Hamburger Ehrengedenkmünze in Gold.

W: Die Technische Hochschule an der Niederelbe. 1928; Öffentliche und private Wirtschaft. 1931, 1947; Öffentliche Wirtschaft, Gestern-Heute-Morgen. 1951; Nüchternen Sinnes – heißen Herzens. 1952; Entspannung oder Katastrophe. 1958. *L:* RhDG; MGD; Radkau, Emigration; Lüth, Erich, Max Brauer – Glasbläser, Bürgermeister, Staatsmann. 1972; Duhnke, KPD; Glaeser, Ernst, Köpfe und Profile. 1952; Lüth, Erich, Max Brauer, Meldungen, Reden, Nachrufe. 1973. *D:* AsD, IfZ. *Qu:* Arch. Biogr. Hand. Publ. Z. – IfZ.

Brauer, Theodor, Dr. phil., Sozial- u. Wirtschaftspolitiker; geb. 16. Jan. 1880 Kleve/Rheinl., gest. 19. März 1942 St. Paul/Minn., USA; kath.; *V:* Johann Anton B., Schuhmachermeister (1838-83); *M:* Anna Maria Schwertfeger; ∞ 1909 Johanna Vassilière; *StA:* deutsch. *Weg:* 1933 USA.

Belg. Klosterschule. Angest. im Getreidehandel. Mitarb. Angestelltenbewegung u. Krankenkassenwesen, dann *Volksverein für das katholische Deutschland.* 1907 Geschäftsf. *Volksverein* Mönchengladbach, ab 1908 beim Vorst. der christl. Gew. Köln für internat. Sozialpolitik u. ZusArbeit zuständig. 1912 Chefred. des Zentralblatts des Gesamtverb. der christl. Gew. Deutschlands, 1917 der theoret. Monatsschrift der christl. Gew., *Deutsche Arbeit.* Veröffentl. zur sozialen Frage, intensive Bemühungen um christl. Gewerkschaftsideologie im Sinne der späteren Enzyklika Quadragesimo Anno. Nach 1918 zeitw. Privatsekr. bei Adam Stegerwald u. → Heinrich Brüning. Erwachsenenabitur, Stud. Bonn, 1919 Prom., anschl. Ltr. des Bildungswesens im Vorst. des *Kolping-Vereins.* 1922 Habil., ab 1923 Prof. der NatÖkonomie TH Karlsruhe, 1928 Berufung als Nachfolger Max Schelers an die Univ. Köln. Gleichzeitig Ltr. der Christl. GewSchule Königswinter. 1933 noch kurze Zeit Honorarprof. in Köln. Nach vorüber. Inhaftierung Berufung an College of St. Thomas St. Paul/Minn., USA.

W: U.a. Gewerkschaft und Volkswirtschaft. 1912, 1922; Das Recht auf Arbeit. 1919; Das Betriebsrätegesetz und die Gewerkschaften. 1920; Die Gewerkschaft als Organ der Volkswirtschaft. 1921; Krisis der Gewerkschaften. 1924; Christentum und öffentliches Leben. 1927; Der moderne deutsche Sozialismus. 1929; The Catholic Social Movement in Germany. 1932; National Economy. 1939; Economy and Society. 1940; Mitverf. Thomistic Principles in a Catholic School. 1943, 1947. *L:* Catholic Authors. 1952; NDB. *Qu:* Hand. – IfZ.

Braun, Angelika (Angela, Angèle), geb. Stratmann, Journalistin; geb. 22. Aug. 1892 Neuß/Rheinland, gest. 1972 Paris; ∞ 1924 → Max Braun; *StA:* deutsch, 3. Dez. 1936 Ausbürg. *Weg:* 1935 F; 1940 GB; 1946 Deutschland/Saargeb.

Abitur, Lehrerausbildung, bis 1923 Schuldienst. 1923 nach Saarbrücken, journ. Tätigkeit für *Volksstimme,* 2. Vors. *Arbeiterwohlfahrt.* Jan. 1935 Emigr. nach Forbach/Lothr., später Metz u. Paris. Mitarb. *Office Sarrois* Paris. Juni 1940 Flucht über Bordeaux, Casablanca, Gibraltar nach GB; dort für Ernährungsmin. in der Flüchtlingshilfe tätig. Mai 1946 nach Saarbrücken. Mitarb. *Saarbrücker Zeitung,* Chefred. *Charme.* 1947 Mitgl. Verfassungskommission, 1947-52 MdL Saar (SPS). Bis 1950 1. Vors. *Arbeiterwohlfahrt.* Nach Saarabstimmung 1955 Niederlassung in Paris.

L: Schmidt, Saarpolitik; Schneider, Saarpolitik und Exil. *Qu:* Arch. Pers. Publ. - IfZ.

Braun, Ernst, Parteifunktionär; geb. 21. Febr. 1909 Saarbrücken; *StA:* deutsch. *Weg:* 1935F; 1936/37 E; 1939 F; 1940/41 (?) Deutschland.

SPD, Mitarb. Parteiorgan *Volksstimme* Saarbrücken, Vors. SAJ im Saargeb., während des Abstimmungskampfes aktiv in Einheitsfrontbewegung, Dez. 1934 mit Erich Honecker Org. eines antifaschist. Kongresses der Saarjugend. 1935 Emigr. nach Frankr.; Teiln. Span. Bürgerkrieg, Major im Thälmann-Btl. der XI. Internat. Brigade. Dez. 1937 in Albacete mit → Kurt Garbarini Gr. *Einheitskomitee deutscher Sozialdemokraten und Kommunisten,* März 1938 Teiln. Einheitskonf. dt. Antifaschisten in Valencia, Dez. 1938 Mitunterz. Einheitsaufruf an SPD-PV u. ZK der KPD. 1939 Internierung in St-Cyprien u. Gurs, dort zeitw. Vors. *Grupo de Socialistas Alemanes y Austriacos Unidos en España.* Nach dt. Besetzung festgenommen, bis Kriegsende KL Buchenwald. Später in SED der DDR aktiv, angebl. Polizeipräs. in Weimar. - *Ausz.:* 1956 Hans-Beimler-Medaille.

L: Pasaremos; Schneider, Saarpolitik und Exil. *Qu:* Arch. Pers. Publ. - IfZ.

Braun, Heinz (Heinrich), Dr. jur., Rechtsanwalt, Politiker; geb. 10. Apr. 1883 Neuß/Rheinl., gest. 22. Dez. 1962 Zürich; *V:* Heinrich B.; *M:* Mathilde, geb. Schotten; *G:* → Max Braun; ∞ I. Irene Diehl (geb. 1891); II. Elsa, geb. David, gesch. Schulte (geb. 1912). *Weg:* 1933 Saargeb.; 1935 F; 1940 GB; 1946 Deutschland/Saargeb.

Volksschullehrer, dann Externenabitur u. Stud. Philologie u. Jura in Bonn u. Halle, Teiln. 1. WK; 1924-33 RA in Magdeburg, Mitgl. Bundesvorst. u. Syndikus *Reichsbanner,* bekannter Verteidiger in pol. Prozessen. 1933 Verhaftung, nach Entlassung Flucht ins Saargeb. Verantwortl. pol. Red. *Volksstimme* Saarbrücken. 1935 Emigr. nach Frankr., dort weiterhin enge ZusArb. mit Max Braun, Justitiar des *Office Sarrois.* 1940 über Bordeaux u. Casablanca Flucht nach GB. Mitgl. der *Gruppe der Parlamentarier* um → Karl Höltermann. 1942-45 im Ministry of Economic Warfare u. Foreign Office tätig, 1945-46 jur. Berater der brit. Deleg. beim Interalliierten Gerichtshof Nürnberg. 1946 Ernennung zum GenStaatsanwalt Saarland. 1946-55 Mitgl. Landesvorst. SPS. 1947 Mitgl. Gesetzgebende Versammlung, bis 1955 MdL Saar. 1947-51 u. 1952-55 Justizmin. 1. u. 2. Reg. → Johannes Hoffmann; 1949-56 StadtVO. Saarbrücken. 1949-55 Präs. *Europa-Union Saar.* Nach Saarabstimmung 1955 pol. nicht mehr aktiv.

W: Am Justizmord vorbei (Vorw. Gustav Radbruch). 1928 (zum sog. Kölling-Haas-Prozeß, 1933 öffentlich verbrannt). *L:* Schmidt, Saarpolitik; Röder, Großbritannien; Schneider, Saarpolitik und Exil. *Qu:* Arch. Publ. - IfZ.

Braun, Kurt, Dr. jur., Wirtschaftsexperte, Ministerialbeamter; geb. 13. Sept. 1899 Berlin; *V:* Julius B.; *M:* Paula, geb. Beck; ∞ 1930 Helene Schön; *K:* Suzanna Paula; *StA:* deutsch, 1945 USA. *Weg:* 1940 USA.

Ab 1916 Stud. Berlin, 1917-18 Kriegsmarine, 1922 Prom. Breslau, 1923 Amtsrichter Berlin-Lichterfelde. 1923 stellv. Ltr. Abt. Kostenrechnung des Internat. Kartellverb. der Glühlampenfabrikanten, 1924-38 Privatpraxis als Berater für Industrie u. Gewerkschaften. 1940 Emigr. USA, 1940-42 wirtschaftspol. Forschungsarb. Univ. New Hampshire, Durham/N.H., 1942-51 wiss. Mitarb. Brookings Institution Washington/D.C., 1944-45 Berater Abt. Industriepersonal des US-Kriegsmin., 1945 volkswirtschaftl. Berater statist. Amt des US-Arbeitsmin., 1951 Ltr. InfoAbt. im Büro für Wirtschaftsanalyse des Lohnstabilisierungsausschusses, 1951-60 AbtLtr. im US-Arbeitsmin., daneben Gastprof. Howard Univ. Washington/ D.C., 1960-67 Ltr. Abt. Westeuropa beim statist. Amt des US-Arbeitsmin., 1967 Korr. der *Bundesvereinigung deutscher Arbeitgeberverbände* in Washington/ D.C. Ab 1967 Berater Catholic Univ. Washington/D.C. u. Univ. of Maryland. Mitgl. *Am. Econ. Assn., Industrial Relations Research Assn., Order of Artus (Omicron Delta Gamma).* Lebte 1975 in Alexandria/Va. - *Ausz.:* Ten Years of Honorable Service to the Government of the US, 1951-61; Gr. BVK.

W: Die Konzentration der Berufsvereine der deutschen Arbeitgeber und Arbeitnehmer und ihre rechtliche Bedeutung. 1922; Rechtslexikon für technische Angestellte. 1931; Lexikon des Angestelltenrechts. 1932; The Settlement of Industrial Disputes. 1944 (2. Aufl.: Labor Disputes and their Settlement. 1955); (Hg.:) The Post-War Industrial Outlook for Negroes. 1945; Union-Management Cooperation. Experiance in the Clothing Industry. 1947; The Right to Organize and its Limits. 1950; Labor in Colombia. 1962; Labor Law and Practice in Japan. 1970; Beiträge in zahlreichen Fachzs. *Qu:* Hand. - RFJI.

Braun, Max Mathias, Journalist, Politiker; geb. 13. Aug. 1892 Neuß/Rheinl., gest. 3. Juli 1945 London; *V:* Heinrich B.; *M:* Mathilde, geb. Schotten; *G:* → Heinz Braun; ∞ 1924 Angelika Stratmann (→ Angelika Braun); *StA:* deutsch, 3. Dez. 1936 Ausbürg. *Weg:* 1935 F; 1940 GB.

Volksschullehrer. 1914-18 Kriegsdienst. Ab 1919 journ. u. kommunalpol. für SPD tätig; 1920 Fraktionsführer Stadtrat Neuß/Rheinl. 1923 Übersiedlung nach Saarbrücken, Chefred. *Volksstimme* Saarbrücken, 1925-28 2. Vors., 1928-35 1. Vors. SPD/S; Mitgl. Saarländ. Landesrat. 1933-35 Chefred. *Deutsche Freiheit.* Nach 1933 einer der publ. einflußreichsten Verfechter des saarländ. Status quo, auf internat. Ebene aktiv, von Hitler im Reichstag als Landesverräter gebrandmarkt; entging 15. Dez. 1933 Attentatsversuch durch NatSoz. Nach 1933 zunehmende Verselbständigungsbestrebungen gegenüber *Sopade,* saarpol. Einheitsfront (*Freiheitsfront*) mit KPD. Nach Saarabstimmung Flucht nach Forbach/Lothr., Jan. 1935 Mitbegr. Beratungsstelle für Saarflüchtlinge, Einfluß auf franz. Pol. gegenüber Saaremigration; Sept. 1935 Auflösung franz. Saar-Flüchtlingslager, Frühj. 1936 der Beratungsstelle Forbach; anschl. Präs. des von Volksfrontreg. Blum eingerichteten *Office Sarrois* in Paris (mit → Philipp Daub, → Edgar Hector, → Ludwig Meyer). Umfangreiche publ. Aktivität: 1935-36 Chefred. *Nachrichten von der Saar;* 1935 Hg. *Freiheits-Korrespondenz;* 1936-37 Mithg. *Information von Emigranten für Emigranten* - ab 1936 gemeins. Organ von *Arbeiterwohlfahrt, Roter Hilfe* u. Beratungsstelle für Saarflüchtlinge; 1936-38 Mithg. u. mit → Bruno Frei Red. *Deutsche Informationen/ Nouvelles d'Allemagne;* 1937-39 Chefred. *Deutsche Freiheit* (*La Liberté d'Allemagne,* 1938 vorüberg. identisch mit *Die Zukunft*); Mitarb. *Pariser Tageszeitung,* anschl. *Pariser Tageblatt.* Ab Aug. 1935 Mitarb., später Mitgl. (*Vorläufiger*) *Ausschuß zur Vorbereitung einer deutschen Volksfront* (*Aktionsausschuß für Freiheit in Deutschland*). Vergebl. Bemühungen, *Sopade* für Volksfrontkonf. zu gewinnen. Wertete Volksfronttaktik der KPD nach Brüsseler Konf. als „Realpolitik", ZusArb. mit → Willi Münzenberg. Legte 26. Sept. 1935 auf 1. vorbereitender Volksfrontkonf. im Hotel Lutetia in Paris mit → Georg Decker als sozdem. Beitrag Richtlinien für einen *Bund Das kommende Deutschland* vor. 21. Nov. 1935 u. 2. Febr. 1936 Teiln. 2. u. 3. Lutetia-Konf. Paris. Mitunterz. aller wichtigen Volksfrontaufrufe, u.a. Denkschrift an den Völkerbund zum Bruch des Saarabkommens v. 5. Sept. 1935 (*Requête au Conseil de la So-*

ciété des Nations concernant la violation des mesures de protection dans la Sarre stipulées par convention internationale de Rome le 5 décembre 1934), Protest gegen Hinrichtung von Rudolf Claus v. 20. Dez. 1935 u. *Aufruf für die deutsche Volksfront, für Frieden, Freiheit, Brot* v. 21. Dez. 1936 (9. Jan. 1937). Mitgl. des März 1937 gebildeten ArbAusschusses zur Vorbereitung einer Volksfront im Saargeb. – Jan. 1938 Org. u. Vors. *Landesverband deutscher Sozialdemokraten in Frankreich* mit Unabhängigkeitsbestrebungen gegenüber *Sopade,* gleichzeitig Fortsetzung seiner Bemühungen, im angestrebten Volksfrontbündnis mit KPD den sozdem. Einfluß zu stärken. Febr. 1938 Bruch mit Volksfrontausschuß u. der Red. *Deutsche Informationen;* danach Mithg. u. Red., 1939–40 alleiniger Hg. der ohne KPD erscheinenden *Deutschen Informationen vereinigt mit Deutsche Mitteilungen;* Bemühung um ZusSchluß nichtkommunist. sozialist. Kräfte in der sog. Konzentrationsdebatte (→ Joseph Buttinger, → Friedrich Stampfer). Sommer 1938 Mitgl. *Thomas-Mann-Ausschuß.* In GB 1941 Anschluß an *Gruppe der Parlamentarier* um → Karl Höltermann. Internierung Isle of Man. Später Mitarb. an „schwarzen" Sendern unter Ltg. Sefton Delmers. Erlag kurz vor seiner Rückkehr nach Deutschland in London einem Herzanfall. – *Ausz.:* 1946 Benennung einer Saarbrücker Straße nach Max B., nach Saarabstimmung 1956 wieder rückgängig gemacht.

L: Kunkel, Ernst, Die Sozialdemokratische Partei des Saargebiets im Abstimmungskampf 1933-1935. 1967; MGD; Röder, Großbritannien; Langkau-Alex, Ursula, Deutsche Emigrationspresse. In: International Review of Social History, Vol. XV, 1970; Langkau-Alex, Volksfront; Schneider, Saarpolitik und Exil. *Qu:* Arch. Hand. Pers. Publ. – IfZ.

Braun, Otto (urspr. Carl Otto), Politiker; geb. 28. Jan. 1872 Königsberg/Ostpr., gest. 15. Dez. 1955 Ascona/Tessin; ev., 1894 Diss.; *V:* Carl Otto B., Schuhmacher, Eisenbahnarb.; *G:* 7; ∞ 1894 Emilie Podzus (gest. 1934 Zürich), 1933 Emigr. CH; *K:* Erich (1895-1915), Medizinstudent, gest. als Sanitäter im 1. WK; Erna (gest. 1901); *StA:* deutsch. *Weg:* 1933 CH.

Steindruckerlehre. 1888 während des Sozialistengesetzes zur illeg. Königsberger Sozialdemokratie; protegiert von Hugo Haase, gehörte 1890 zur Opposition der sog. Jungen, die gegen die parlamentar. Reformpolitik der Partei waren; ab 1893 Hg. u. Red. *Königsberger Volkszeitung,* 1900 Geschäftsf. Königsberger Ortskrankenkasse, 1902 StadtVO. Königsberg; bemüht um Gewinnung der ostpr. Landarbeiter u. Änderung der ostelbischen Agrarverfassung, Hg. *Landbote* u. *Volkskalender,* Wegbereiter des *Deutschen Landarbeiter-Verbandes;* 1905 Wahl in SPD-Kontrollkommission, 1911 Hauptkassierer u. Mitgl. des PV bis 1919 bzw. 1921; 1913 als einer der ersten SozDem. Mitgl. des Preuß. AbgHauses. Während des 1. WK auf seiten der sozdem. Mehrheit. Nach der Novemberrevolution 1918–21 preuß. Landwirtschaftsmin. (in dem vom Vollzugsrat des *Arbeiter- und Soldatenrates* ernannten 1. Kabinett – bis Jan. 1919 – zus. mit dem USPD-Mitgl. Adolf Hofer); 1919–20 Mitgl. Weimarer Nationalversammlung; 1920–32 MdR u. 1920-33 MdL Preußen. Nach Kapp-Putsch Bildung des 1. preuß. Kabinetts Braun März 1920-Apr. 1921, in dem B. zugleich das Landwirtschaftsressort übernahm; preuß. MinPräs. Nov. 1921-Febr. 1925 u. Apr. 1925 bis zu seinem Amtsverzicht nach der Emigr. 25. März 1933. Als preuß. MinPräs. radikaler Reformer, Aufbau eines demokrat. Preußens als wesentlichste innenpol. Stütze der Weimarer Rep.; dennoch keine unumstrittene Position in der SPD, Vertr. eines preuß. Hegemonialgedankens u. Einheitsstaates; erhielt 1925 bei der ReichspräsWahl 7,8 Millionen Stimmen, nach 1. Wahlgang Rücktritt zugunsten der Kandidatur von Wilhelm Marx. Nach dem Staatsstreich von Papens Juli 1932 zunehmende Resignation vor der pol. Entwicklung; nach natsoz. Machtübernahme vor drohender Verhaftung u. auf Drängen von → Hermann Badt 4. März 1933 noch vor den preuß. LT-Wahlen Flucht ins Tessin, deswegen Kritik in weiten Teilen der SPD u. vergebl. Versuch, ihn zur Rückkehr zu bewegen. U.a. deshalb später keine Kontakte zur Exilpartei. Bau eines Hauses auf dem Monte Verità b. Ascona. In freiw. pol. Isolation Niederschrift seiner von Emil Oprecht verlegten Erinn. *Von Weimar zu Hitler;* starke Identifikation mit der demokrat.-republikan. Politik Preußens in der Weimarer Republik, Betonung seines formaljurist. Anspruchs auf das Amt des preuß. MinPräs. Anfang 1942 Verb. zu → Heinrich Ritzel u. Anschluß an Kreis dt. Exilpolitiker in der Schweiz (u.a. → Joseph Wirth, → Friedrich Dessauer, → Wilhelm Hoegner u. → Wilhelm Dittmann) mit Ziel der pol. Nachkriegsplanung u. Einflußnahme auf Deutschland-Pol. der Alliierten. Legte im Jan. 1943 auf Initiative des OSS-Vertr. Gero von Gaevernitz die Denkschrift *Nach dem Zusammenbruch* vor, in der er die Herstellung des pol. Status quo ante der Weimarer Rep. u. Preußens vertrat. Juli 1944 Mitverf. *Richtlinien eines demokratischen Antinaziblocks* u. Apr. 1945 als Vors. der *Union deutscher Sozialisten und Gewerkschafter in der Schweiz* u.a. mit Ritzel, Hoegner, Wirth u. → Jakob Kindt-Kiefer Gr. der ArbGemeinschaft *Das Demokratische Deutschland* (DD), neben Wirth einer der beiden Präs. Scharfer Gegner der 1943 gegr. BFD Schweiz unter kommunist. Führung, 1945 Beteiligung an Bemühungen um Einigung mit BFD zur möglichen Übernahme konsularischer Betreuungsfunktionen für die dt. Staatsangehörigen in der Schweiz nach bevorstehendem ZusBruch des Dritten Reichs; Anfang Mai 1945 Grdg. der gemeins., nur kurz bestehenden *Deutschen Widerstandsbewegung.* Auftreten gegen Kollektivschuldthese der BFD u. Deutschlandpol. der Alliierten, hierin vor allem Kontroversen mit Joseph Wirth, Apr. 1946 Rückzug aus DD. Nachdem B. seine Deutschland- u. Preußen-Pläne gescheitert sah, schied er nach 1945 ganz aus der aktiven Pol. aus; dennoch krit. Anteilnahme an der Entwicklung insbes. der Bundesrepublik Deutschland, mehrere Besuchsreisen, u.a. Ehrengast SPD-PT 1950 u. 1952. – *Ausz.:* Dr. h.c. mult.

W: u.a. Deutscher Einheitsstatus oder Föderativsystem. 1927; Von Weimar zu Hitler. New York (Europa-Verlag) 1940 (1939), mehrere Aufl.; vollst. Bibliogr. in: Schulze, Hagen, Otto Braun oder Preußens demokratische Sendung. Eine Biographie. 1977. *L:* Kuttner, Erich, Otto Braun. 1932; Steffen, Hans (d.i. Hans Goslar), Otto Braun. 1932; Behr, Manfred, Otto Braun als preußischer Ministerpräsident 1925-1932. Phil. Diss. Würzburg 1970; Kohler, Eric D., Otto Braun, Prussia and Democracy, 1872-1955. (Diss.) Stanford Univ. 1971; Matull, Arbeiterbewegung; Bergmann, Schweiz; Ehni, Hans Peter, Bollwerk Preußen? Preußen-Regierung, Reich-Länder-Problem und Sozialdemokratie 1928-1932. 1975; Teubner, Schweiz; Schulze, Hagen, Otto Braun, op. cit. *D:* AsD, Geheimes Staatsarchiv Preußischer Kulturbesitz Berlin, IISG, Slg. Herbert Weichmann Hamburg. *Qu:* Arch. Biogr. Erinn. Hand. Publ. Z. – IfZ.

Braun, Werner Hans, Photograph; geb. 12. Juni 1918 Nürnberg; *V:* Arthur B. (geb. 1882 Niederstetten/Württ., gest. 1967 Jerusalem), jüd., Kaufm.; *M:* Martha, geb. Bernhard (geb. 1887 Nürnberg), Lehrerin, 1937 Emigr. Pal.; *G:* Stefani Orfali (geb. 1912 Nürnberg), Stud. Chemie Erlangen, 1934 Emigr. Pal., 1948 JOR, 1950 Bras., dann USA, Lehrerin; Wolfgang Seev (geb. 1914 Nürnberg), Emigr. Pal., Zimmermann; Heinz Michael (geb. 1917 Nürnberg), Hachscharah, Emigr. Pal., Geschäftsf. einer Fabrik; ∞ I. 1941-76 Yael Renate Fleischmann (geb. 1921 Prag), Hachscharah DK, Malerin in Jerusalem; II. 1977 Anat Rotem (geb. 1947 IL), B.A., Angest. im isr. Gesundheitsmin.; *K:* Ruth (geb. Frederiksund/DK), 1943 S, 1946 Pal.; Dani (1944 Norköping/S), 1946 Emigr. Pal., AbtLtr. Kosmetikunternehmen; *StA:* deutsch, IL. *Weg:* 1937 S; 1939 DK; 1943 S; 1946 Pal.

Gymnasium, 1933–36 Polstererlehre, 1936–37 Hachscharah Neuendorf, Mitgl. *Habonim* u. *Hechaluz* in Deutschland u. Skandinavien. 1937 Emigr. Schweden, 1937–39 landwirtschaftl. Hachscharah, 1939 Dänemark, 1943 Flucht nach Schweden; 1946 Pal., 1946–48 Angest. Photogeschäft in Jerusalem; 1948–50 IDF-Dienst, Einsatz während Belagerung Jerusalems; gleichz. mit Ehefrau Gr. einer Photofirma. Ab 1950 freischaffender Pressephotograph, Autor illustrierter Bücher u. Artikel. 1977 isr. Deleg. bei Internat. Skiwettkämpfen UdSSR. Mitgl. *Histadrut.*

W: (Bildbände:) Olive Trees. 1958, 1959; The Red Sea is Blue. 1965; Israel and the Holy Land. 1967, 1968; Akko. 1969; Israel, Land of Faith. 1970; Night of the Wadi. 1970; Shalom Israel. 1972; Jerusalem the Holy. 1972; The Negev and Sinai. 1973; The Kibbuz; Jerusalem, a Tryptich (Lichtbildreihe); Photobeiträge in Büchern, Zs. u. Presse; *Qu:* Fb. Pers. Publ. - RFJI.

Braunthal, Alfred, Dr. phil., Gewerkschaftsfunktionär; geb. 10. Febr. 1897 Wien; *V:* Maier B. (geb. 1836 Odessa, gest. 1914), jüd., Buchhalter; *M:* Klara, geb. Zoller (1862-1940), jüd., 1936 Emigr. Argent.; *G:* Bertha Clark (→ Bertha Braunthal); Theresa Newman (geb. 1889), 1938 Emigr. GB; → Julius Braunthal; Ignaz (1893-1953), 1913 Ausw. Argent.; Malvine Laub (geb. 1898), 1920 Ausw. Argent.; ∞ I. Erna Elkan (gest. 1928); II. 1929 Hilde Elkan (geb. 1903), Pädagogin, 1933 Emigr. B, 1936 USA; *K:* Gerard (urspr. Gerhard, geb. 1923), Dir. eines Marionettentheaters, 1933 Emigr. B, 1936 USA; *StA:* österr. u. deutsch, 1943 USA. *Weg:* 1933 Österr., B; 1936 USA.

1917-20 Stud. Phil., Gesch., Volkswirtsch. Wien u. Berlin. Mitgl. sozialist. Jugend- u. Studentenbewegung Wien; 1920 Sekr. *Der Österreichische Volkswirt* Wien, 1921 Finanzred. *Leipziger Volkszeitung;* 1921-24 Doz., 1925-28 Ltr. Heimvolkshochschule Tinz/Thür., 1929-33 Mitarb. der von ADGB, SPD u. Genossenschaftszentrale getragenen Forschungsstelle für Wirtschaftspolitik Berlin; Publikations- u. Vortragtätigkeit im Rahmen der SPD. März 1933 Flucht nach Wien, Mai 1933 Emigr. Brüssel, bis Febr. 1936 Wirtschaftsberater im Bankgewerbe, 1935 Stud. London School of Economics. Wirtschaftspol. Mitarb. *Deutschland-Berichte* der *Sopade.* März 1936 Übersiedlung New York, 1937-59 Research Dir. *United Hatters, Cap and Millinery Workers Internat. Union;* 1939-45 VorstMitgl. der von → Albert Grzesinski gegr. GLD, ab 1941 des *German-American Council for the Liberation of Germany from Nazism,* später *Association of Free Germans, Inc.* Juli 1943 Redner auf Landeskonf. dt.-sprachiger Sozialdemokraten u. Gewerkschafter in den USA, ab 1943 Mitgl. *American Labor Conference on International Affairs.* Mitverf. GLD-Erklärung zur Deutschlandpol. Ostern 1945. 1950-65 AbtLtr., 1965-68 Assist. GenSekr. IBFG Brüssel. Mitgl. *Americans for Democratic Action.* Lebte 1977 in Chestnut Hill, Mass./USA.

W: u.a. Marx als Geschichtsphilosoph. Berlin 1920; Die Entwicklungstendenzen der kapitalistischen Wirtschaft. 1927, Neuaufl. Frankfurt/M. 1971; Die Wirtschaft der Gegenwart und ihre Gesetze. Berlin 1932; Die Weltwirtschaftskrise. Berlin 1933; Safeguards against Labour Conditions in Backward Countries. New York 1944; Beiträge in: Lerner, Abba P./Graham, Frank D. (Hg.), Planning and Paying for Full Employment. Princeton 1946; Hardman, J.B.S./Neufeld, Maurice F. (Hg.), The House of Labor. 1951; Der Freie Arbeiter in der Freien Welt. Hg. vom ÖGB, Wien 1954; Mittel und Wege der Vollbeschäftigungspolitik. Hg. von Arbeiterkammer Wien, Wien 1954; Woytinsky, Emma S. (Hg.), So Much Alive. 1962; Aufs. u.a. in: *Der Kampf* Wien; *Die Gesellschaft* Berlin, *Vorwärts* Berlin, *Social Research* New York, *International Labour Review* Genf, *International Postwar Problems* New York, *Free Labour World* Brüssel, *Gewerkschaftliche Monatshefte* Köln. *L:* MGD. *D:* AsD. *Qu:* Arch. Fb. Publ. - IfZ.

Braunthal, Bertha, verehel. Clark, Parteifunktionärin; geb. 1. Febr. 1887 Wien, gest. 1967 London; *G:* → Alfred Braunthal; ∞ William Clark, brit. StA; *K:* Ralph. *Weg:* 1933 GB.

Sekr., im 1. WK in Holland, dann in Berlin, Mitgl. *Spartakus-Gruppe* u. USPD, für *Komintern*-Anschluß auf USPD-PT 1919 Leipzig, ab März 1920 Sekr. für Frauenprop. beim ZK der USPD, ab Okt. Mitgl. des ZK der USPD, 1921 Deleg. 2. Internat. Frauenkonf. Moskau, Aug. 1921 auf 7. PT Wahl ins ZK der KPD. Mit W. Clark in der Red. der *Inprekorr* sowie nach 1933 in London Red. der engl. Ausgabe der *Inprekorr;* nach Auflösung der *Komintern* 1943 Übers. für kommunist. Partei in GB.

L: GdA-Chronik; Krause, Hartfried, USPD. 1975. *Qu:* Pers. Publ. - IfZ.

Braunthal, Julius, Politiker, Publizist; geb. 5. Mai 1891 Wien, gest. 28. Apr. 1972 London; Diss.; *G:* → Alfred Braunthal; ∞ 1917 Ernestine Gernreich; *K:* Friedrich Gustav, brit. Offz.; Thomas Barry-Braunthal, Journ., A: GB; *StA:* österr., nach 1939 brit. *Weg:* 1935 B; 1936 GB; 1938 B; 1939 GB.

Thora-Schule u. Volksschule Wien, 1905-08 Buchbinderlehre. 1905 *Verband jugendlicher Arbeiter Österreichs;* SDAP. 1907-09 Parteischule Wien, Förderung durch → Otto Bauer. 1910-11 Wanderschaft Österr., Ungarn, Italien, Schweiz, 9 Mon. in Genf als Vergolder. 1911-12 MilDienst k.u.k. Armee. Herbst 1912 Berlin, Bekanntschaft mit → Karl Kautsky u. → Rudolf Hilferding. 1913-14 auf Vorschlag Bauers RedLtr. sozdem. Ztg. *Volksstimme* in Warnsdorf/Nordböhmen. 1914-18 Frontsoldat, Beförderung zum Lt. - Sommer 1917 in Cattaro/Dalmatien, verhinderte durch seinen Bericht an den SDAP-Parteivorst. in Wien weitere Hinrichtungen im Gefolge des Matrosenaufstands von Cattaro. 1918-20 Adjutant im Heeresmin. unter → Julius Deutsch, Mitgl. Vollzugsausschuß der *Soldatenräte,* Hg. Wochenztg. *Der freie Soldat;* Mitarb. mehrerer dt. u. österr. sozdem. Ztg., Red. *Licht übers Land.* 1919-34 Red. *Arbeiter-Zeitung.* 1923-34 Mithg. *Der Kampf.* 1923-34 Mitgl. Reichsvorst. Republikanischer Schutzbund, 1924-26 verantwortl. Red. *Der Republikanische Schutzbund.* 1927 Gr. u. bis 1934 Chefred. *Das Kleine Blatt* sowie illustrierte Wochen-Zs. *Kuckuck,* lit. Zs. *Bunte Woche* u. Ztg. *Rundfunk.* Anfang Febr. 1934 Verhaftung, bis Jan. 1935 Haft u. KL Wöllersdorf, Ausweisung. Febr. 1935-März 1936 Brüssel, in dieser Zeit Reise nach Palästina. März 1936 London, 1937-38 AuslRed. der von *Labour*-Politiker Stafford Cripps gegr. Ztg. *Tribune.* Aug. 1938-Ende 1939 Assist. von → Friedrich Adler im Sekr. SAI Brüssel; Rückkehr nach London, rege publizist. Tätigkeit. 1941 mit Victor Gollancz Gr. u. Red. *International Socialist Forum.* Aufgrund pol. Meinungsverschiedenheiten vor allem in der Frage einer selbständigen österr. Emigrationspol. deutliche Distanz zur österr. sozialist. Emigr. in GB (→ Oskar Pollak u. → Karl Czernetz). 1943 Veröffentl. *Need Germany Survive?* gegen These von der Kollektivschuld des dt. Volks. Sofort nach Kriegsende Versuche zur Wiederherstellung der *Sozialistischen Internationale* u. der Einbeziehung der dt. Soz-Dem. in internat. Zusammenarb.; 1949 Sekr. *Committee of the International Socialist Conference (Comisco - Kontaktausschuß der sozialistischen Parteien).* 1951 Mitgr. u. bis 1956 Sekr. *Sozialistische Internationale.* 1954-72 VorstMitgl. IISG Amsterdam. Ab 1956 Publizist, histor. Arbeiten. - *Ausz.:* 1967 Schlegel-Tieck-Preis; Berufstitel Prof.; Victor-Adler-Plakette der SPÖ; BVK 1. Kl.; LitPreis der Stadt Wien; Silver Medal of the Knesseth.

W: u.a. Need Germany Survive? London (Victor Gollancz) 1943; In Search of the Millennium (ABiogr.). London (Victor Gollancz) 1945 (dt. Übers.: Auf der Suche nach dem Millennium, Nürnberg 1948); Geschichte der Internationale, 3 Bde. 1961, 1963, 1971; Victor und Friedrich Adler. Zwei Generationen Arbeiterbewegung. 1965. *D:* IISG. *L:* Gulick, Österreich; Röder, Großbritannien; Schroth, Hans, Bibliographie Julius Braunthal. In: Archiv, Mitteilungsblatt VfGdA, 1969/2; DBMOI; Ausch, Karl, Der Historiker der Internationale. In: Die Zukunft, 9/10, Mai 1971; Ackermann, Manfred, Julius Braunthal. Ein Leben, dem Sozialismus geweiht. In: Der sozialistische Kämpfer, 7-8/1972; Miller, Susanne, In memoriam Julius Braunthal. In: IWK 16/1972; Day, Alan J., Julius Braunthal. In: Socialist Affairs, März 1972; Weltsch, Robert, Internationaler Sozialist und jüdischer Patriot. Zum Ableben von Julius Braunthal. In: Unabhängige jüdische Wochenzeitung, Nr. 27/34, 25. Aug. 1972; Durzak, Exilliteratur; Maimann, Politik. *D:* IISG, VfGdA. *Qu:* ABiogr. Arch. Fb. Hand. Publ. Z. - IfZ.

Bravmann, Ludwig, Bankier; geb. 15. Apr. 1925 Würzburg; jüd.; *V:* Samuel B. (geb. 1883 Unteraltersheim/Bayern, gest. 1970 New York), jüd., Inh. eines Zigarrengeschäfts, 1938 KL Buchenwald, 1939-41 Präs. Jüd. Gde. Würzburg, 1941

Emigr. USA; *M:* Flora, geb. Lehmann (geb. 1895 Lengfeld/ Hessen), jüd., 1941 Emigr. USA; *G:* Ilse Warburg (geb. Würzburg), 1941 Emigr. USA; ∞ 1949 Lotte Simon (geb. 1926 Darmstadt), jüd., 1937 Emigr. USA, Sekr., aktiv in jüd. öffentl. Angelegenheiten; *K:* Judith Kaufthal (geb. 1953); Carol Lipner (geb. 1956); *StA:* deutsch; USA. *Weg:* 1939 S, 1941 USA.

Febr. 1939 Emigr. Schweden mit Kindertransport, Unterstützung durch schwed. Juden, Landarb., 1941 in die USA, FamilienzusFührung, 1941-52 Angest. bei der Durham Silver Co., zugl. 1943-46 Dienst in US-Armee. Ab 1952 bei Investitionsfirma Oppenheimer & Co. Inc. New York, später Teilh., gleichz. Mitgl. Verteilungskomitee u. Komitee für religiöse Angelegenheiten des UJA, Mitgl. *Fed. of Jew. Philanthropies* New York, Syn.-Beratungsausschuß, Mitgl. VerwRat des UJA, seit 1977 Kuratoriumsmitgl. u. aktiver Förderer der Yeshiva Univ. u. ihres Rabbi-Isaac-Elchanan-Seminars, Mitgl. VerwRat des *Gsher Fonds* zur Rückführung jüd. Jugendlicher zur Orthodoxie, Vorst. des Kuratoriums der Salanter Akiba Riverdale Acad., zeitw. VorstMitgl. Yeshivah Soloveichik New York, Vorst. des Kuratoriums des *Fort Tryon Jew. Center* New York, zeitw. Ltr. der UJA-Werbung in Washington Heights/ New York, VorstMitgl. *Richard Tucker Music Foundation, Riverdale Jew. Center.* Lebte 1978 in Riverdale/N.Y.

Qu: Fb. Z. - RFJI.

Brecht, Arnold, Dr. jur., Ministerialbeamter, Hochschullehrer; geb. 26. Jan. 1884 Lübeck, gest. 11. Sept. 1977 Eutin/Schlesw.-Holst.; ev.; *V:* Ernst Walter B. (1841-1909), Geh. RegRat, Vors. Lübeck-Büchener-Eisenbahn-Ges., Mitgl. Lübecker Bürgerschaft (*Nationalliberale Partei*); *M:* Marie, geb. Weishaupt (1856-1928); *G:* Editha Richter (1878-1957); Gustav (geb. 1880), MinBeamter, Vors. Rhein. Braunkohlen AG, Köln; Gertrud Schnirlin (1885-1939), Klavierlehrerin; Rolf (geb. 1896), Bankdir.; ∞ 1915 Clara Ernestine Berg (1876-1970), ev., Emigr.; *K:* 1 Stiefk.; *StA:* deutsch, 1946 USA. *Weg:* 1933 USA.

1902 Abitur, Stud. Rechtswiss. Bonn, Berlin, Göttingen, 1906 Prom. Leipzig, 1910 Assessor, Hilfsarb. im Reichsjustizamt, ab 1914 Landrichter, Apr. 1918 RegRat im Reichswirtschaftsamt, Okt. 1918 als Vertr. eines annexionsfreien Friedens von Prinz Max von Baden in die Reichskanzlei berufen, ab 1919 Dr. RegRat, MinRat; 1921-27 MinDir. im RMdI, Abt. für Verfassung, Verwaltung u. Beamtenrecht, u.a. mit Republikschutz befaßt. 1927 Versetzung in den einstweil. Ruhestand, Übertritt ins Preuß. Staatsmin., Hauptbevollmächtigter im Reichsrat, ab 1928 als Mitgl. des Verfassungsausschusses der Länderkonf. Vorbereitung einer Reichsreform. Nach sog. Preußenschlag 1932 Vertr. der preuß. Reg. vor dem Staatsgerichtshof; 2. Febr. 1933 Rede im Reichsrat, Appell an Hitler zur Wahrung der Verfassung. Ab 1928 Doz. Hochschule für Politik, VorstMitgl. *Walther-Rathenau-Gesellschaft.* Apr. 1933 kurzfristig in Haft, Entlassung aus dem Amt, 1933 Emigr. nach New York, als Prof. für Polit. Wiss. an der New School for Social Research, u.a. politolog. Analysen der Weimarer Republik. Gastprof. u.a. Univ. Yale u. Harvard, ab 1942 Vors. Social Science Research Council, 1946 Vizepräs. *Am. Pol. Science Assn.;* Kontakte zu emigr. Politikern u. Beamten, u.a. Korr. mit → Erich Koch-Weser, Sommer 1943 von GLD gegenüber US-Behörden als Teiln. einer geplanten Konf. zur Grdg. eines *Council of Free Democratic Germans* genannt; Febr. 1945 Redner bei der von sozdem. Exilorg. in New York veranstalteten Gedenkfeier zum 20. Todestag Friedrich Eberts. Nach Kriegsende zeitw. Berater US-Armeemin. u. OMGUS Frankfurt/M., bis 1954 mehrmals Gastprof. Univ. Heidelberg. Starb während eines Besuchs in Deutschland; in München beigesetzt. - *Ausz.:* 1919 EK am weißen Bande, 1953 Staatssekr. a.D., 1959 Gr. BVK, 1960 Woodrow Wilson Found. Award für das beste politikwiss. Buch des Jahres 1959, 1964 Stern zum BVK, Dr. h.c. u. GrdgMed. New School of Social Research.

W: u.a. Gemeinsame Geschäftsordnung der Reichsministerien, ihre Bedeutung, zugleich ein Lehrbuch der Büroreform. 1927; Reichsreform, Warum und Wie? 1932; Internationaler Vergleich der öffentlichen Ausgaben. 1932; The Art and Technique of Administration in German Ministries (zus. mit Curt Glaser). Cambridge/Mass. (Harvard Univ. Press) 1940; European Federation - The Democratic Alternative. 1942; Prelude to Silence - The End of the German Republic. New York (Oxford Univ. Press) 1944 (dt. 1948); Federalism and Regionalism in Germany. Ebd. 1945 (dt. 1949); Walther Rathenau und das deutsche Volk. 1950; Wiedervereinigung. 1957; Political Theory. 1959 (dt. 1961, auch span. u. port.); Aus nächster Nähe (Erinn. Bd. 1). 1966; Mit der Kraft des Geistes (Erinn. Bd. 2). 1967 (engl. Gesamtausg.: The Political Education of Arnold Brecht. 1970); zahlr. Beitr. in wiss. Zs., Sammelwerken u. Festschriften. *L:* RhDG; Fermi, Intellectuals. *D:* BA; NY State Univ., Albany. *Qu:* Arch. Fb. Hand. Publ. Z. - IfZ.

Breecher, Charles Herman (urspr. Brecher, Karl H.), Diplomat; geb. 26. Juli 1916 Wien; *V:* Siegfried Brecher; *M:* Elisabeth M., geb. Friedländer; ∞ 1946 Renee Senel; *StA:* 1942 USA. *Weg:* 1939 B, 1940 USA.

1933 (?)-38 Stud. Rechtswiss. Wien. 1939 Emigr. Belgien, 1939-40 ltd. Stellung bei Filiale einer am. Org., 1940 in die USA, 1940-41 Stud. De Paul Univ. Chicago, 1940-42 Buchprüfer bei Grundstücksfirma. 1942-45 US-Armee, 1946 Buchprüfer, 1946-47 Assist. Comptroller, 1948-49 Assist. Chief of Section bei OMGUS, 1949 Verkehrsfachmann bei der Industrial Div. beim Eco Affairs-Büro der HICOG in Bonn, 1950-53 Attaché für Transportwesen bei HICOG. 1954 staatl. anerkannter Buchprüfer (C.P.A.); 1954-57 stellv. AbtLtr. u. Attaché bei HICOG, gleichz. bei der US-Botschaft in Bonn; 1957 LL.B. La Salle Extension Univ., 1957-59 Programmreferent Abt. Operations des US-Außenmin. in Tunesien, 1959-61 Dir. Nordafrika-Abt. u. PersChef für Afrika-Europa-Programme der Internat. Coop. Admin. Washington/D.C., 1962 Wirtschaftsberater der US-Deleg. bei der NATO u. europ. Org. in Paris, 1963-66 Wirtschaftsberater *Org. for Econ. Coop. and Development* in Paris, gleichz. 1965 Attaché US-Botschaft, 1962-66 Special Assist. US-Deleg. für Wirtschaftsfragen der NATO, ab 1967 Ltr. Ostasiat. Büro des Off. of Development Planning; seit 1971 Programmreferent bei AID. Mitgl. *Am. Soc. Internat. Law.* Lebte 1977 in Washington/D.C. - *Ausz.:* 1960 Superior Honor Award der Internat. Coop. Admin.

Qu: Hand. - RFJI.

Breger, Marcus, Dr. phil., Rabbiner; geb. 18. Mai 1905 Czernowitz/Bukowina, gest. 30. Sept. 1975 Tucson/Ariz.; *V:* Jacob S.B.; *M:* Liebe, geb. Druckmann; ∞ 1933 Dr. med.dent. Bertha Rittenberg (geb. 1909 St. Petersburg), jüd., 1932 Emigr. I, 1933 Prom., 1938 USA; *K:* Liba Feuerstein (geb. Rhodos), 1938 Emigr. USA, Lehrerin; *StA:* österr.; 1918 Rum., 1943 USA. *Weg:* 1933 I, 1938 USA.

1924-31 Stud. Jüd.-Theol. Seminar Breslau, gleichz. Stud. Univ. Breslau, 1930 Prom., 1931 Rabbinerexamen, 1931-32 Doz. L(H)WJ Berlin, Mitred. *Encyclopaedia Judaica.* 1933 Emigr. Italien, 1933-38 Prof. für Talmudwiss. u. Gesch. am Collegio Rabbinico Convito auf Rhodos, gleichz. Oberhaupt des religiösen Gerichts; 1938 Ausweisung aus Italien, Dez. 1938 USA, 1939-70 Rabbiner, 1943-46 MilGeistlicher der US-Armee, 1970-75 Rabbiner emeritus Gde. Anshei Israel, Tucson/Ariz.; 1971 Prof. für Judaistik an Univ. of Missouri, Columbia/ Mo., 1971-75 erster Prof. für Judaistik Univ. Ariz. Tucson/ Ariz.; Mitgl. ZOA, *Rabb. Assn. Am., Jew. War Veterans, B'nai B'rith, Military Chaplains Assn., Assn. Jew. Chaplains, Rotary Club,* Gr. *Tucson Jew. Community Council.*

W: Beiträge zur Handelsgeschichte der Juden in Polen während des 17. Jahrhunderts. Diss. phil. 1932; Beiträge in *Encyclopaedia Judaica* u. in Fachz. in Deutschland. *Qu:* Hand. Publ. Pers. - RFJI.

Brehm, Eugen, Publizist; geb. 4. Okt. 1909 Ulm/Donau; Diss.; *V:* August Martin Christoph B. (1882-1949), Spengler u. Installateur, Firmeninh.; *M:* Minna, geb. Schneider (1880-1959); ∞ I. 1933 Katja Helmke (1900-72), SAPD, 1933 illeg. Tätigkeit für Reichsltg. u. SAPD-BezLtg. Berlin, 7. Jan. 1935 Verhaftung, wegen Vergehens gegen das Parteigesetz 21 Mon. Gef., 1936 Emigr. CSR; unter dem Ps. Katja Herb Beiträge *Solidarität mit den Kämpfern gegen den Faschismus* (Paris 1937), *Deutsche Frauenschicksale* (London 1937), Febr. 1939 Emigr. London, 1948 brit. StA; II. Martha Miriam Katz (geb. 1913), Lehrerin, 1942-72 BBC-Monitoring Service; *StA:* deutsch, 30. Nov. 1948 brit. *Weg:* 1935 CSR; 1939 GB.

Realgymn. Ulm, 1927-29 kaufm. Lehre, nach Volontariat 1930-33 Buchhändler in Berlin, danach freier Schriftst.; 1925 Mitgl. *Deutsche Friedensgesellschaft,* 1926-29 Vors. Ortsgruppe Ulm. 1929 Mitgl. *Gruppe revolutionärer Pazifisten,* Gr. u. bis 1930 Ltr. Ortsgruppe Ulm, anschl. 1930-33 Mitgl. Reichsltg. u. Schriftführer in Berlin. GrdgMitgl. SAPD. Als Mitgl. Reichsltg. der *Gruppe revolutionärer Pazifisten* März bis Mai 1933 Schutzhaft. Illeg. Tätigkeit für SAPD-Reichsltg. u. BezLtg. Berlin. Febr. 1934 im Parteiauftrag nach London, um Kontakte zur *Independant Labour Party* zu knüpfen, Juni 1934 über Paris, Basel u. Ulm Rückkehr nach Berlin, Mitgl. illeg. SAPD-Reichsltg.; Dez. 1934 Verhaftung in Dresden. Jan 1935 Flucht aus Berlin nach Prag. Mitgl. SAPD-Exilgruppe. Unterstützung u.a. durch *Demokratische Flüchtlingsfürsorge* u. *Internationalen pazifistischen Hilfsfonds*; Deutschlehrer, Korr. *The New Leader* London, Südosteuropa-Korr. *Sozialistische Warte* Paris, Mitarb. u.a. *Die Wahrheit, Der Sozialdemokrat, Der Kampf, Die Brücke.* Ps. Ernst Bredt, Max Hole, Max Herb. Mitgl. SDS. ZusArb. mit → Max Seydewitz, → Otto Friedländer, → Kurt Hiller u. → Otto Straßer, enge Verb. zur *Volkssozialistischen Bewegung* (VS) (→ Hans Jaeger), Kontakte zu Zavis Kallandra u. dessen antistalinist. Kreis um die Zs. *Tvorba.* 1939 nach London, VorstMitgl. VS. Juni-Dez. 1940 Internierung in versch. Lagern. Dez. 1939 bis Pensionierung Mitarb. BBC Monitoring Service, 1971 Assist. Head of Reception Dept.; 1939-45 Mitarb. *Gruppe unabhängiger deutscher Autoren* u. bis 1948 *Federal Union* London. Während des Krieges Mitgl. *Landesgruppe deutscher Gewerkschafter,* 1940-71 Mitgl. *Assn. of Broadcasting Staff.* Nach 1945 bis 1950 Korr. *Neue Zeitung* München. Lebte 1975 in Reading/GB.

W: Herb, Max, Südosteuropa - Form und Forderung. Paris (Ed. Nouvelles Internationales) 1938; Towards a New German Foreign Policy. London (Verlag der Deutschen Volkssozialistischen Bewegung) 1943; A Democratic Foreign Policy. In: After Nazism - Democracy? A Symposium by Four Germans, ed. by Kurt Hiller. London (Lindsay Drummond) 1945; mehrere Gedichtbde. *Qu:* Arch. Fb. Publ. - IfZ.

Breiner, Egon, gest.; ∞ 1942 USA, aus Österr. emigr. Ärztin; *StA:* österr., USA (?). *Weg:* 1938 CH; F; S; 1941 USA.

SAJDÖ-Funktionär in Wien. Zwischen 1934 u. 1938 LtgMitgl. (ZK bzw. Jugendausschuß) *Revolutionäre Sozialistische Jugend.* 1937 Verhaftung, 1938 Emigr. Schweiz, anschl. Frankr. u. Stockholm. 1941 mit → Helene Bauer über die UdSSR u. die Philippinen nach Los Angeles. Mitgl. des Kreises sozialist. Emigr. in Kalifornien um → Karl Heinz u. → Berthold König. Bis zur Pensionierung Metallarb. Southern Pacific Railway.

L: Neugebauer, Bauvolk; Simon, Autobiogr. *Qu:* Publ. - IfZ.

Breitenfeld, Heinz, Polizeibeamter; geb. 24. Juli 1918 Korčula/Dalmatien; jüd., *V:* Paul B. (geb. 1888 Wien, umgek. im Holokaust), jüd., Ing., Kaufm.; *M:* Marie, geb. Levy (geb. 1896 Karlsbad, umgek. 1942 oder 1943 im Holokaust), jüd., höhere Schule; *G:* Mathilde (geb. 1922 Wien, umgek. 1943 in Holokaust); ∞ 1941 Ilse Bendiner (geb. 1921 Graz), jüd.; *K:* Edna Rotem (geb. 1948 Tel Aviv), B.A., Lehrerin; *StA:* österr., IL. *Weg:* 1938 Pal.

1929-36 Realgymn. Wien, Abitur; 1936-37 Einjährig-Freiw. in der österr. Armee, Reserveoffz.; 1937 TH Wien, Mitgl. *Hakoah* Wien, *Zionistischer Jugendbund.* Nach vergebl. Versuch der Emigr. nach Palästina über Jugoslawien im Nov. 1938 Anschluß an illeg. Einwanderertransport; 1939-41 Gelegenheitsarb., Kurs als Sportlehrer, 1941-48 Sportlehrer. 1948-75 isr. Polizei, zuletzt Brigadegen., Polizeikommandant von Jerusalem. Mitgl. *Internat. Police Assn.,* 1967-73 Vors. Sektion Jerusalem; seit 1975 Ltr. *Maccabi*-Krankenkasse. Lebte 1977 in Tel Aviv.

Qu: Fb. - RFJI.

Breitenfeld, Walter, Dr. jur., Beamter; geb. 17. Okt. 1884 Wien, gest. 4. Nov. 1968 London; kath.; *V:* Dr. Karl Anton B., Hofrat, Chef des Sicherheitsdiensts (Polizeipräs.) Wien; ∞ Johanna Schönborn-Buchheim-Wolfsthal; *StA:* österr., JU. *Weg:* 1938 JU; 1939 GB.

Stud. Rechtswiss. Wien, 1910 Prom.; VerwJurist, Vors. Phil. Zirkel *Logos* in Wien. 1917-29 Kammeramtsdir. Burgenländische Landwirtschaftskammer. 1934-36 Mitarb. *Der Christliche Ständestaat* (CS), stellv. Obmann *Kulturpolitischer Presseverein* (Hg.-Komitee des CS). Dez. 1938 Übersiedlung auf Gut bei Novi Sad/Vojvodina. Lebte ab 1939 in London. Mitarb. *Austria Office,* zeitw. Hg. der Zs. *Free Austria,* ZusArb. mit → Robert Habsburg.

W: Die agrarische Bodenreform in Österreich. 1925. *L:* Kriegler, Johann, Politisches Handbuch des Burgenlands, Teil I. 1972; Ebneth, Ständestaat. *Qu:* Publ. - IfZ.

Breitfeld, Walter, Offizier, Verbandsfunktionär; geb. 5. Dez. 1903 Meinersdorf/Sa.; *V:* Arbeiter; *StA:* deutsch. *Weg:* 1934 CSR; 1937 E; 1939 F; 1945 Deutschland (SBZ).

Strumpfwirker; 1920 Gew., 1921 SAJ, 1923 KJVD u. KPD. Nach natsoz. Machtübernahme illeg. Tätigkeit. 1934 vom LG Freiberg/Sa. in Abwesenheit zu 10 J. Zuchth. verurteilt, Emigr. CSR; 1937 nach Spanien, PolKommissar Thälmann-Bataillon; 1939 nach Frankr., Internierung in Gurs, Flucht u. Anschluß an Résistance. 1945 am KPD-Wiederaufbau in der SBZ beteiligt, 1946 SED, Landesparteischule, anschl. 1. Sekr. SED-Kreisltg. Zwickau. Ab 1949 Deutsche Volkspolizei (DVP), zunächst stellv. Ltr. PolAbt. Landesbehörde Dresden, Ltr. OrgAbt. Pol-Verw. in DVP-Hauptverw. u. ab 1953 DVP-Vizepräs. Berlin; 1954-63 MdVK (1954-58 Berliner Vertr.), 1957-62 stellv. Kommandeur Deutsche Grenzpolizei, Okt. 1959 GenMajor; ab 1962 Ltr. PolVerw. Kommando Grenze der NVA, 1972 Ltr. zentraler Manöverstab der DDR, ab 1973 PräsMitgl. DRK der DDR. Lebte 1973 in Berlin (Ost). - *Ausz.:* 1954 VVO (Bronze), 1956 Hans-Beimler-Med., 1958 Med. für Kämpfer gegen den Faschismus 1933-1945.

L: Pasaremos; Forster, NVA. *Qu:* Arch. Hand. Publ. Z. - IfZ.

Breitner, Hugo, Kommunalpolitiker; geb. 9. Nov. 1873 Wien, gest. 5. März 1946 Claremont/Calif.; *V:* Moritz B., Kaufm.; ∞ I. Marie; *K:* Eva, 1936 (?) Emigr. I, 1938 USA; 1 T, 1936 (?) Emigr. I, 1938 USA; *StA:* österr., Ausbürg. (?). *Weg:* 1936 (?) I; 1938 USA.

1890-93 Handelsakad. Wien, ab 1894 bei Österreichischer Länderbank tätig, nebenberuflich Kunst- u. Musikkritiker *Neue Freie Presse* u. *Neues Wiener Journal,* später Hg. *Wiener Kunst-Korrespondenz.* Ab 1900 Mitorg. u. maßgebl. Vertr. *Reichsverein der Bank- und Sparkassenbeamten Österreichs,* der in harten gewerkschaftl. Auseinandersetzungen bis zum Beginn des 1. WK geregeltes Gehaltsschema mit festgelegter Beförderungsordnung, dienstrechtl. festgelegte Pension u. Verkürzungen der ArbZeit erreichte. 1914 stellv. Dir., 1917 Dir. Österreichische Länderbank. 1918 Mitgl. SDAP, gab seinen Posten als Bankdir. auf. Dez. 1918-Mai 1919 Mitgl. Provis. GdeRat, 1919-1932 Mitgl. GdeRat Stadt Wien, 1919-20 Mitgl. Stadtsenat, 1920-32 amtsführender Stadtrat für Finanzwesen, schuf die finanzielle Grundlage für das Modell sozdem. Gemeindeverwaltung des „Roten Wien": u.a. anstelle von Mietzinssteuer stark gestaffelte, progressive Wohnbausteuer, hohe Besteuerung von Massensportveranstaltungen u. Luxusrestaurants, Steuern für mehr als einen Hausbediensteten. 1920 (?)-27 Mitgl. Bundesrat. Herbst 1932 Rücktritt aus gesundheitl. Gründen, Arbeit in Sparkassenzentrale der Gde. Wien. Febr. 1934 Verhaftung, Mai 1934 Entlassung. Vermutl. 1936 Emigr. nach Florenz. 1938 in die USA, Doz. für Städtewesen an Univ. Claremont/Calif.; Mitgl. des Kreises sozialist. Emigr. in Kalifornien um → Karl Heinz u. → Berthold König. Ab 1942 Mitgl. Advisory Board des *Austrian Labor Committee* unter → Friedrich Adler, Mitarb. *Austrian Labor Information.* Ab 1943 Mitgl. eines Ausschusses der österr. Sozialisten in den USA zur Planung des künftigen Ausbildungswesens in Österr. Beurteilte 1944 in seiner Studie *Österreich und die Schweiz* die wirtschaftl. Lebensfähigkeit eines selbständigen österr. Staates positiv. Starb kurz vor geplanter Rückkehr.

W: u.a. Der Widerstandsfonds. 1910; Kapitalistische oder sozialistische Steuerpolitik? 1926; Seipel-Steuern oder Breitner-Steuern? 1927; Österreich und die Schweiz, Vergleich und Ausblick. London (Londoner Büro der österreichischen Sozialisten in Großbritannien) 1944. *L:* Kaudelka, Hugo, Hugo Breitner. Eine biographische Skizze. 1956; Patzer, Gemeinderat; Leser, Werk; DBMOI. *Qu:* Arch. Hand. Publ. – IfZ.

Breitscheid, Rudolf, Dr. phil., Politiker; geb. 2. Nov. 1874 Köln, umgek. 24. Aug. 1944 KL Buchenwald; Diss.; *V:* Wilhelm B. (1837-83), Buchhandlungsgehilfe; *M:* Wilhelmine, geb. Thorwester; ∞ 1908 Tony Drevermann (geb. 1878), Mitgl. SPD, USPD, aktiv in Frauenbewegung; *K:* Gerhard (geb. 1903), Emigr. DK, AbtLtr. (kaufm.) in DK; *StA:* deutsch, 25. Aug. 1933 Ausbürg. *Weg:* 1933 CH, F.

Stud. Volkswirtsch. München u. Marburg. 1895 Prom. Danach Red. versch. liberaler Blätter in Hamburg u. Hannover. 1905-08 Geschäftsf. Handelsvertragsverein Berlin. 1903 Mitgl. *Freisinnige Vereinigung,* 1904 StadtVO. Berlin u. Abg. des brandenburg. ProvLT. Wegen bürgerblockfreundl. Kurses der *Freisinnigen Vereinigung* Trennung u. 1908 mit Theodor Barth u. → Hellmut von Gerlach Grdg. *Demokratische Vereinigung;* deren Vors.; 1910-12 Hg. *Das freie Volk.* 1912 SPD, Mitarb. von → Friedrich Stampfers Pressekorr.; 1916-18 Armierungssoldat. Anschluß an linke Parteiopposition u. 1915-23 Chefred. *Sozialistische Auslandspolitik* (ab 1918: *Der Sozialist*). 1917-22 USPD, Nov. 1918-Jan. 1919 MdI Preußen. 1920-33 MdR. Nach Wiedervereinigung von Mehrheitssozialisten u. USPD 1922 außenpol. Sprecher der sozdem. Reichstagsfraktion; 1926 Mitgl. der dt. Völkerbundsdelegation; wesentl. Anteil an Westeuropapol.; entschiedener Verfechter des Koalitionskurses der SPD; ab 1928 einer der Vors. der sozdem. Reichstagsfraktion; ab 1931 PV-Mitgl.; Ende März/Anfang Apr. 1933 auf Drängen pol. Freunde Emigr. in die Schweiz (Küsnacht). Ende Mai 1933 nach Paris; im gleichen Jahr pol. motivierte Reisen nach GB, den Niederlanden u. Belgien. Juli 1933 Zeuge im Reichstagsbrand-Gegenprozeß in London. Enge Verb. zur Sopade u. zu sozialist. Parteien Westeuropas. Mitarb. des Organs der belg. ArbPartei *Vooruit,* außerdem *Zeitschrift für Sozialismus* Karlsbad, *Arbeiter Illustrierte-Zeitung (AIZ)* Prag u. *Der Gegen-Angriff* Paris (Ps. Thorwesten). Zur Überwindung des Faschismus in Deutschland baute B. vor allem auf die westl. Demokratien u. den Völkerbund; er unterstützte den Kampf für den saarländ. Status quo u. plädierte für Entsendung internat. Truppen. Erst die Erfolge von NatSoz. u. Faschismus in Europa u. das Versagen des Völkerbundes machten B., der urspr. gegen jegliche pol. Gruppenbildung im Exil u. erklärter Gegner sozialist. Linksgruppen wie auch der rechten Emigr. war, offener für Volksfrontbestrebungen der KPD. Nach Bildung des *Vorläufigen Ausschusses zur Vorbereitung einer deutschen Volksfront* Juli 1935 wurde B. vom Exil-PV beauftragt, als Beobachter an Volksfrontversuchen teilzunehmen. Nach den Beschlüssen des 7. *Komintern*-Weltkongresses zunehmende Bereitschaft B.s zur Mitwirkung an einer Einheitsfront mit KPD „auf dem Boden der Demokratie", u. a. infolge takt. Geschicks u. persönl. Integrität → Willi Münzenbergs u. unter dem Einfluß der Pol. Léon Blums, der ihm nahestand. In der Folgezeit zunehmende Entfremdung vom Kurs der *Sopade,* die nach wie vor ein Bündnis mit der KPD u. linkssoz. Sondergruppen ablehnte. 1935/36 Mitarb. des anläßl. des Abessinienkonfliktes gegr. *Rassemblement Universel pour la Paix;* 22. Dez. 1935 Mitunterz. der gemeinsamen Protesterklärung von SozDem. u. Kommunisten gegen die Hinrichtung des KPD-Funktionärs Rudolf Claus. Von *Sopade* wegen Mitarb. an der AIZ kritisiert, trat B. dem Exil-PV gegenüber Jan. 1936 erstmals direkt für eine Einheitsfront ein. 2. Febr. 1936 Teiln. an Konf. des Lutetia-Kreises; Mitunterz. des Volksfront-Aufrufs v. 21. Dez. 1936; mit Heinrich Mann, → Max Braun u. → Bruno Frei 1936/37-1938 Hg. *Deutsche Informationen/Nouvelles d'Allemagne.* Mit Moskauer Prozessen u. Ersetzung Münzenbergs durch → Walter Ulbricht im Volksfrontausschuß Abkehr von einer ZusArb. mit KPD, zunehmend pol. isoliert, ab Jan. 1937 Mitgl. SFIO, sonst pol. nicht aktiv. Hilfstätigkeit für Emigranten, schon ab 1936 VerwRatsvors. *Arbeiterwohlfahrt* Paris. Nach Kriegsausbruch dank Einflußnahme Léon Blums nicht interniert; bei dt. Besetzung Nordfrankreichs Flucht mit seiner Frau u. → Rudolf Hilferding nach Südfrankreich, Aug. 1940 Marseille. Vergebl. Bemühungen um Schweizer Visum oder Ausreise in die USA; Zwangsaufenthalt in Arles. Trotz Visum für Martinique zus. mit R. Hilferding von Vichy-Behörden am 11. Dez. 1941 an Gestapo ausgeliefert. In der Prinz-Albrecht-Str. Berlin über 10 Mon. Haft u. Verhöre, Hochverratsverfahren wegen des prominenten Namens eingestellt. Zus. mit seiner Frau KL Sachsenhausen, ab Sept. 1943 KL Buchenwald. Arb. an einem Werk über franzö.-brit. Beziehungen seit dem 16. Jh.; 24. Aug. 1944 Tod bei alliiertem Luftangriff.

W: u.a. Collapse of the Social Democrats. In: New Statesman and Nation, 24. Juni 1933; Zwoch, Gerhard (Hg.), Rudolf Breitscheid: Reichstagsreden. 1974; Lange, Dieter, Rudolf Breitscheid: Antifaschistische Beiträge 1933 bis 1939. 1977. *L:* Pistorius, P., Rudolf Breitscheid 1874-1944. Diss.masch. 1968; Langkau-Alex, Volksfront. *Qu:* Arch. Biogr. Hand. Publ. – IfZ.

Brenzel, Otto, Parteifunktionär; geb. 22. Mai 1898 Frankfurt/ M., gest. Juni 1945 Kopenhagen; Diss.; *V:* Johannes B. (geb. 1853); *M:* Katharina, geb. Nahs (geb. 1865); *G:* Emma Emilie (geb. 1887), Anna (geb. 1893); ∞ Luise Wolf (geb. 1904, gest.), unter natsoz. Regime Verfolgung u. Haft; *K:* Sonja Leopolder (geb. 1927); *StA:* deutsch. *Weg:* 1936 CH, 1936 (?) DK.

Schreiner. Ab 1913 pol., 1916 auch gewerkschaftlich organisiert. Später KPD, 1930-33 MdR. Nach natsoz. Machtübernahme in der Illegalität, in Abwesenheit zu 16 J. Zuchth. verurteilt; Sept. 1936 Flucht in die Schweiz, wegen Tätigkeit für die illeg. *Rote Hilfe* Okt. 1936 Ausweisung; Emigr. nach Dänemark, ab 1939 Ltr. *Rote Hilfe* im Bereich der KPD-AbschnLtg. Nord, Mitgl. der AbschnLtg.; gegen Kriegsende aktiv in BFD, Mitarb. *Deutsche Nachrichten* Kopenhagen.

Qu: Arch. Hand. Pers. Publ. – IfZ.

Breslauer, Walter, Dr. jur., Rechtsanwalt, Verbandsfunktionär; geb. 3. Juli 1890 Berlin; jüd.; *V:* Bernhard B. (geb. 1851 Posen, gest. 1928 Berlin), RA u. Notar, 1908-11 Mitgr. u. Präs. *Vereinigung für das liberale Judentum in Deutschland,* aktiv im *Verband der deutschen Juden,* Präsidialmitgl. jüd. Gde. Berlin; *M:* Ulrike, geb. Maroth (geb. 1861 Posen, gest. 1905 Berlin), jüd.; ∞ 1915 Dr. phil. Elise Schaefer (geb. 1891 gest. 1974 London, jüd., 1915 Prom. Marburg; *K:* Ilse Wolff (geb. 1917 Berlin), 1933 Emigr. GB, 1948 USA; Eva Trent (geb. 1920 Berlin), 1936 Emigr. GB. Stud. Kunstakad., Modeschöpferin; *StA:* deutsch, 1946 brit. *Weg:* 1936 GB.

1908-11 Stud. Rechtswiss. Berlin, Freiburg; 1912 Referendar, 1914 Prom. Göttingen, 1918 Assessor. Mitgr. *Jüdischer Liberaler Jugendverein* Berlin, aktiv in *Freier Studentenschaft.* 1919-31 RA u. 1928-31 Notar in Berlin, 1931-36 VerwDir. jüd. Gde. Berlin, 1925-32 Mitgl., 1931-32 Vors. Verbandsversammlung des Preußischen Landesverbands Jüdischer Gemeinden, 1925-30 stellv. Vors., 1930-33 Vors. *Jüdische Liberale Partei;* 1933 Berufsverbot. Mai 1936 Emigr. Schweiz mit Familie mit Touristenvisum, Juli 1936 nach GB, 1936-37 Stud. Rechtswiss. London School Econ. mit Unterstützung durch Norman Bentwich, 1937-72 RA in London; 1940 Internierung

Isle of Man. 1940-41 Stud. Polytechn. London, Buchhalterexamen, 1941-46 Buchhalter beim *Jew. Board of Guardians* London; 1972 Ruhestand. 1937-70 Mitgr. u. langjähr. VorstMitgl. *New Liberal Jew. Congr.*, 1945-48 Vertr. der Gde. im *Board of Deputies of Brit. Jews*, 1941 Mitgr., 1941-49 VorstMitgl. AJR, 1945-50 VorstMitgl. URO London, 1945-75 VorstMitgl., 1950-63 Vizepräs. *Council of Jews from Germany*. Lebte 1977 in London.

W: Zwingende Normen im Recht der deutschen bürgerlichen Ehe (unter Ausschluß des Eheschließungs- und Ehescheidungsrechts). (Diss.) 1914; Zum Recht der Eheschließung und Ehescheidung der in Deutschland wohnenden ausländischen Juden. In: Festschrift zum 70. Geburtstag von Moritz Schaefer, 1927; The Private International Law of Succession in England, America and Germany. 1937; Der Verband der deutschen Juden 1904-22. In: Bulletin LBI, 1964; Die Vereinigung für das liberale Judentum in Deutschland und die ‚Richtlinien zu einem Programm für das liberale Judentum', Erinnerungen aus den Jahren 1908-14. In: Bulletin LBI, 1966; Art. in Yearbook LBI u. M.B. Tel Aviv; Verz. von 125 Art. über jüd. Rechtsfragen in LBI London. *L:* Gegenwart im Rückblick. *Qu:* Fb. Pers. Publ. Z. - RFJI.

Bresslau, Hermann Miguel, Plantagenbesitzer; geb. 8. Juli 1915 Straßburg; ev.; *V:* Dr. med. Ernst Ludwig B. (geb. 1877 Berlin, gest. 1935 São Paulo), MilArzt, Hochschullehrer, 1934 Emigr. Bras.; *M:* Luise, geb. Hoff (geb. 1882 Straßburg, gest. 1966 Bras.), ev., Turnlehrerin, 1934 Emigr. Bras., 1954 BVK 2. Klasse; *G:* Dr. phil. Karoline Helene Elisabeth Aust (geb. 1909 Straßburg), ev., Prom. Bern, Emigr. Bras., Bibliothekarin in São Paulo; Odilia Erna Klara Popper (geb. 1909 Straßburg), Abitur, Laborantin, später Bibliothekarin in São Paulo; Ernst Wilhelm Heinrich (geb. 1912 Straßburg), ev., Architekt in São Paulo; ∞ 1940 Maria José Ribeiro Carneiro (geb. 1915 São Paulo), kath., Volksschullehrerin; *K:* Renata Luiza Monteiro (geb. 1951 São Paulo), kath., Stud. Sozialwiss., Sekr. in São Paulo; Reinhart Johannes Georg Kirchheim (geb. 1945 Rolandia, Adoptivsohn), ev., Stud. Wirtschaftswiss., Dolmetscher; *StA:* deutsch, 1951 Bras. *Weg:* 1934 Bras.

1934 Abitur Köln, 1934 landwirtschaftl. Praktikum in Pommern. Dez. 1934 Emigr. Brasilien, Fortsetzung der landwirtschaftl. Ausbildung, Assist. Instituto Agronomico de Campinas, 1937-41 Pächter Fazenda do Caete (Viehzucht, Käserei), ab 1941 Verw., Mitinh. Fazenda Balú in Rolandia, Gr. Sitio Pindorama. 1956-68 Präs. Lohnkommission Landwirtschaftliche Genossenschaft Rolandia, 1957-61 Vizepräs. *Associação dos Ramicultores do Parana,* 1962-68 Präs. *Arthur-Thomas-Stiftung* Rolandia (Krankenhaus für Landarbeiter). Ab 1970 dt. Wahlkonsul (BRD). Lebte 1977 in Rolandia.

Qu: Fb. - RFJI.

Bretholz, Wolfgang Henry, Dr. jur., Journalist, Diplomat; geb. 28. Aug. 1904 Brünn, gest. 31. Aug. 1969 Lausanne; ev.; *V:* Dr. Berthold B. (1862-1936), ev., Historiker, Prof., 1899-1926 Dir. Mährisches Landesarchiv Brünn; *M:* Lina, geb. Weiser (1869-1914 [?]), ev.; ∞ 1937 Gerda Patzschke (geb. 1904), ev., 1935 Emigr. CSR; *K:* Dr. med. Bertold Clemens Alexandre B. (geb. 1944 Ankara), A: Lausanne/CH; *StA:* österr., 1919 CSR, 1932 deutsch, 29. März 1934 Ausbürg., 1936 CSR, 1959 CH. *Weg:* 1933 CSR; 1939 PL; 1940 Rum., TR; 1947 CH.

1922-25 Stud. Rechtswiss. Berlin u. Leipzig, 1925-27 pol. Red. *Dresdner Neueste Nachrichten* u. 1928-29 *Braunschweiger Neueste Nachrichten,* 1929-31 freier Journ. in Berlin, u. a. Mitarb. *Das Tage-Buch* u. *Der Montag Morgen;* 1931-33 innenpol. Red. *Berliner Tageblatt.* März 1933 Berufsverbot, Emigr. CSR. 1933-35 pol. Red. *Prager Mittag* u. 1935-38 *Prager Presse,* ab 1936 Korr. *National-Zeitung* Basel; 1933-39 Mitarb. CSR- u. Exilpresse, Ps. Walter Bartz, Otto Olm, Pert. März 1939 nach Warschau, Dez. über Ostpolen u. UdSSR nach Rumänien, Ende 1940 in die Türkei, 1942-44 Presse-Attaché bei Vertr. der CSR-Exilreg. in Ankara, 1942-50 Balkan-Korr. *Svenska Dagbladet* Stockholm. Ab Okt. 1947 Wohnsitz in der Schweiz, u. a. in Prag tätig. Nach kommunist. Machtübernahme März 1948 Flucht aus der CSR, 1948-63 Mitarb. *Saarbrücker Zeitung* u. *Sie und Er* Zürich, ab 1953 Korr. *Welt am Sonntag* Hamburg, Mitarb. ZDF.Mitgl. *PEN-Club.*

W: u. a. Ich sah sie stürzen. Bericht über die Ereignisse in Ost- und Südosteuropa in den Jahren 1944-48. 1955; Aufstand der Araber. 1960. *L:* Walter, Exilliteratur 1 u. 7. *Qu:* Arch. Hand. Pers. Publ.-IfZ.

Bretzfelder, Max, Dr. jur., Richter; geb. 21. Jan. 1884 Bamberg, gest. 19. Apr. 1973 Reno/Nev., USA; jüd.; *V:* Gustav B. (geb. 1828), jüd., Kaufm.; *M:* Hannah, geb. Kaufmann (1865-1935), jüd.; *G:* Else Schweizer (1890-1963), Emigr. Argent.; Irma Kahn (geb. 1893), Emigr. Argent.; ∞ 1920 Dr. phil. Lucie Thalmessinger (geb. 1897), jüd., Emigr.; *K:* Ruth Marmelzat (geb. 1921), Anne Elman (geb. 1923), Emigr.; *StA:* deutsch, 1940 Ausbürg., 1943 USA. *Weg:* 1936 CH; 1938 USA.

Ab 1902 Stud. Rechtswiss. Genf, München, Berlin, Erlangen, 1906 Prom., 1910 Assessor, ab 1914 Staatsanwalt in München, Kriegsteiln. (Offz.), Amtsgerichtsrat, ab 1928 LG-Rat; Mitgr. *Jüdischer Turn- und Sportbund* München. 1932 als Reichsgerichtsrat vorgeschlagen, Jan. 1934 Versetzung in den Ruhestand. 1936 Emigr. nach St. Gallen, 1938 nach New York.

Qu: Arch. EGL. Pers. - IfZ.

Breuer, Isaak, Dr. jur., Rechtsanwalt, Verbandsfunktionär; geb. 18. Sept. 1883 Pápa/Ungarn, gest. 10. Juli 1946 Jerusalem; jüd.; *V:* Salomon B. (geb. 1849 [1850 ?] Neutra/Slowakei, gest. 1926 Frankfurt/M.), jüd., Rabbiner in Pápa u. Frankfurt/M. als Nachfolger seines Schwiegervaters Samson Raphael Hirsch, Gr. *Verband orthodoxer Rabbiner*, Präs. *Freie Vereinigung für die Interessen des orthodoxen Judentums,* Mitgl. Zentralausschuß des *Agudas Jisroel* u. Präs. seines Rabbinerausschusses; *M:* Zipporah Sophie, geb. Hirsch (geb. 1852 [1853 ?] Frankfurt/M., gest. 1920 Frankfurt/M.); *G:*→ Samson Breuer; Raphael B. (geb. 1881 Pápa, gest. 1932), BezRabbiner in Aschaffenburg; → Joseph Breuer; Dr. Moses B. (geb. 1885 Pápa, gest. 1966 Frankfurt/M.); Hannah Meyer (geb. 1889 Pápa, gest. 1921 Gelsenkirchen); Dr. med. Joshua B. (geb. 1892 Frankfurt/M., gest. 1963 New York); ∞ 1916 Jenny Eisenmann (geb. 1893 Antwerpen), 1936 Emigr. Pal.; *K:* Jacob (geb. 1916), Rechtsberater bei der Isr. Maritime Bank; Mordechai Marcus (geb. 1918), 1936 Emigr. Pal., Ph. D. Hebr. Univ., Gr. u. Ltr. von Schulen u. Kinderdörfern, Ratsmitgl. der *Poale Agudat Israel;* Ursula (geb. 1919), Lehrerin in New York; Zippora (geb. 1927), Fürsorgerin in Tel Aviv. *Weg:* 1936 Pal.

1889 Übersiedlung nach Frankfurt/M. mit Eltern; Stud. Thora-Lehranstalt Jeschiwa Samson Raphael Hirsch Frankfurt/M. (1890 von seinem Vater Salomon B. gegr.), Stud. Rechtswiss. Straßburg, Berlin u. Gießen, 1912 Prom.; Gr. des B. J. A. in Straßburg, erster Präs. u. Berater des B. J. A. in Frankfurt/M., 1907 Öffentlichkeitsarb. für B.J.A. durch Art. in *Der Israelit* Frankfurt/M., 1912 Teiln. GrVers. der *Agudas Jisroel* Kattowitz; ab 1913 RA in Frankfurt/M., 1915-18 MilDienst u. jurist. Tätigkeit in dt. Armee. Danach Mitgl. der Hauptverw. des Arbeiterverb. *Vaad Hapoel,* einer einflußreichen Untergruppe der *Agudas Jisroel,* Mitgl. *Kant-Gesellschaft,* 1926 u. 1933 Reisen nach Palästina. März 1936 Emigr. Palästina mit Familie, RA-Praxis; Mitgl. des Weltrates der *Agudat Israel,* 1937 Vertr. der *Agudat Israel* vor der Peel Commission u. 1946 vor der Anglo-Am. Commission; Mitgr. u. Präs. *Poalei Agudat Israel,* Beiträge für *Naḥalat Zevi* u. für *Knesset Israel.*

W: Lehre, Gesetz und Nation. Eine historisch-kritische Untersuchung über das Wesen des Judentums. 1910; Der Würzburger Bundestag. Rückblick und Ausblick. 1911; Der Rechtsbegriff auf Grund der Stammlerschen Sozialphilosophie (Diss.). 1912; Die Preußische Austrittsgesetzgebung und das Judentum. 1913; Messiasspuren. 1918; Ein Kampf um Gott. 1920; Judenproblem. 4. Aufl. 1922 (gekürzte Aufl. 1947); Wegzeichen. 1923 (hebr. Übers. Ziyyunei Derekh. 1955; engl. Übers. The People of the Torah. 1956); Das jüdische Nationalheim. 1925 (engl. Übers. 1926); Die Welt als Schöpfung und Natur.

1926; Der neue Kusari. Ein Weg zum Judentum. 1934; zahlr. Artikel, Broschüren u. Romane über Gesch. u. ideolog. u. pol. Einstellung der *Agudas Jisroel;* Ich und der Krieg (unveröffentl.); Weltwende (unveröffentl.). 1938; Shaalei S'rufa. Memoirs of Germany Jewry. 1942; Mein Weg (unveröffentl. ABiogr.). 1946 (Alle autobiogr. Schriften sind verloren.). *L:* Scholem, Gershom, G., Politik der Mystik. Zu Isaac Breuers Neuem Kusari (Sonderdrucke der *Jüdischen Rundschau*). 1934; Wiener, Max, Judah Halevi's Concept of Religion and a Modern Counterpart. In: Hebrew Union College Annual XXIII. 1951; Ehrmann, Salomon, Isaak Breuer. In: Jung, Leo (Hg.), Guardians of our Heritage. 1958. *Qu:* Biogr. Hand. Pers. Publ. Z. – RFJI.

Breuer, Joseph, Dr. phil., Rabbiner; geb. 23. März 1882 Pápa/Ungarn; *G:* → Isaak Breuer; ∞ 1911 Rika Eisenmann (geb. 1889 Antwerpen, gest. 1953 New York), Stud. in B, Ltr. des väterl. Exportgeschäfts in Antwerpen, 1938 Emigr. B mit Ehemann, 1939 in die USA; *K:* Marc (geb. 1912 Frankfurt), 1933 Emigr. F, M. A. Sorbonne, Kaufm., Mitarb. in Gde.- u. Erziehungsarb., 1954 USA; Jacob J. (geb. 1918), Stud. Isr. Lehrerbildungsanstalt Würzburg, 1938 Emigr. B, 1939 USA, Stud. New York Univ., Dir. Yeshivah Rabbi Samson Raphael Hirsch New York: Samson, Kaufm. in den USA; Hanna Schwalbe, A: USA; Rosy Bondi, A: USA; Edith Silverman, A: USA; Sophie Gutman, A: USA; Meta Bechhofer, A: USA; *StA:* H, deutsch, 1944 USA. *Weg:* 1938 B, 1939 USA.

1902-04 Stud. Rabbinerseminar Frankfurt/M., Rabbinerexamen, 1904-08 Stud. Straßburg, Prom., 1906-26 Doz., 1926-38 Ltr. Torah-Lehranstalt Jeschiwa Samson Raphael Hirsch Frankfurt/M., Nov. 1938 Zwangsschließung der Schule. Dez. 1938 Emigr. Belgien mit Ehefrau, Angebot der jüd. Gde. Antwerpen zum Wiederaufbau der Frankfurter Gde. in Heide/Belgien. 1939 in die USA, Gr. u. Dir. Gde. K'hal Adath Jeshurun, Aufbau der Gde. nach Vorbild der Isr. ReligGes. Frankfurt/M. u. der Jeschiwa Rabbi Samson Raphael Hirsch, bedeutendste orthodoxe dt.-jüd. Einwanderergde. in den USA. Ab 1977 Ruhestand. Lebte 1978 in New York.

W: Breuer, Marc u. Breuer, Jacob (Hg.), Ateret Zevi, Jubilee Volume Presented in Honor of the Eightieth Birthday of Rabbi Dr. Joseph Breuer (mit Bibliogr.). 1962. *L:* s. Ateret Zevi. 1962; Carlebach, Alexander, The German-Jewish Immigration and its Influence on Synagogue Life in the USA (1933-42). In: Yearbook LBI, 1964; Dobkowski, Michael, The ‚Fourth Reich' – German-Jewish Religious Life in America Today. In: Judaism, 1977; Landsman, Dan, K'hal Adath Jeshurun, Inc. (A Frankfurt/Main – Oriented Kehillah) – Its Schools and Institutions (Ms.). 1969. *Qu:* Arch. Hand. Pers. Publ. – RFJI.

Breuer, Robert (urspr. Friedländer, Lucian), Journalist, Schriftsteller; geb. 20. Juli 1878 Rzeki b. Tschenstochau/Rußl., gest. 30. Apr. 1943 Martinique; *V:* Getreidehändler; ∞ II. Else Levin; *StA:* deutsch, 14. Juli 1938 Ausbürg. *Weg:* 1933 CSR, F; 1940 Martinique.

Stud.Theol.; frühzeitig SPD, Mitarb. *Vorwärts,* 1909 Mitgr. *Schutzverband deutscher Schriftsteller,* später dessen Geschäftsf. Während des 1. WK Red. der Zs. *Schaubühne* (Ps. Germanicus). Mitgl. *Deutscher Werkbund;* Org. zahlr. Ausstellungen moderner Arbeitermöbel. 1917 Sekr. *Nationalausschuß zur Herbeiführung eines Verständigungsfriedens,* 1918 stellv. Pressechef Reichskanzlei u. AA, Vertrauter Friedrich Eberts, später der Reg. Braun-Severing; publizist. Tätigkeit für die Reichskanzlei. 1920-25 Geschäftsf. Verlag für Sozialwissenschaft (Eigentümer Alexander Parvus-Helphand), Schriftltr. *Die Glocke;* 1925-32 AbtLtr. Reichszentrale für Heimatdienst. 23.-27. Juli 1932 Schutzhaft. Anfang 1933 Emigr. in die CSR, anschl. nach Paris. Vorübergehend Inh. eines Pressebüros, Red. *Pariser Tageblatt/Pariser Tageszeitung,* Beiträge *Das Blaue Heft, Deutsches Volksecho, Deutsche Volkszeitung, Neuer Vorwärts.* Mitunterz. Volksfrontaufruf v. Dez. 1936. Herbst 1937 wiederholt Redner *Freundeskreis der deutschen Volksfront.* VorstMitgl. SDS/Sektion Frankr.; Rede bei der Ausstellungseröffnung *Fünf Jahre Hitler-Regime* Paris. 1939 Internierung, 1940 Emigr. nach Martinique.

W: Der Hitler-Ludendorff-Prozeß vor dem Münchner Volksgericht. 1924. *L:* Scholz, Arno (Hg.), Ein Meister der Feder. Robert Breuer. 1954. *Qu:* Arch. Hand. Publ. – IfZ.

Breuer, Samson (urspr. Shimshon), Dr. phil., Beamter; geb. 22. Apr. 1891, gest. 1974 IL; jüd.; *G:* → Isaak Breuer; ∞ I. 1920 Else Fraenkel (gest. 1927); II. 1928 Agathe Jeidel (gest. 1967); III. Louise Aron Wechsler (gest. 1977); *K:* Mordechai (geb. 1921 Karlsruhe), Rabbiner; Seev Sekharja (geb. 1922 Karlsruhe); Zippora Henschke (geb. 1924 Karlsruhe); Hannah Bachrach (geb. 1926 Karlsruhe); Hajah Sternfeld (geb. 1928 Karlsruhe); Shlomoh (geb. 1931 Karlsruhe), 1934 Emigr. Pal., Ph. D., Hochschullehrer in Tel Aviv; *StA:* deutsch, IL. *Weg:* 1933 Pal.

Bis 1912 Besuch Jeschiwa Samson Raphael Hirsch Frankfurt/M., 1912-15 Stud. Heidelberg, Göttingen, Straßburg, Frankfurt, 1915 Prom. Frankfurt, 1921-33 Privatdoz. TH Karlsruhe u. Frankfurt/M.; Aug. 1933 Emigr. Palästina, 1934-45 Hauptaktuar Migdal Insurance Co. Jerusalem, 1949-54 Dir. der Versicherungsabt. im Finanzmin. Jerusalem, 1954-66 Hauptaktuar Nat. Versicherungsinst. Jerusalem, dann Pensionierung. Mitgl. *Inst. of Actuaries London, Isr. Assn. of Actuaries.*

W: Über die irreduktiblen auflösbaren trinomischen Gleichungen (Diss.). 1918; 1914-66 Fachbücher u. Art. über Gruppentheorie u. Aktuarfragen im Versicherungswesen u. über jüd.-phil. Themen (dt. u. hebr.); Drei Abhandlungen über die Auflösung der Gleichungen. (Hg. u. Übers. aus dem Latein. u. Französ.) 1928; Methods of Capitalization according to the National Insurance Law and the Civil Wrongs Ordinance. 1962. *Qu:* Fb. Hand. Publ. – RFJI.

Breycha-Vauthier, Arthur Carl (urspr. Baron Breycha-Vauthier de Baillamont), Dr. jur., Dr. rer. pol., Diplomat; geb. 1. Juli 1903 Wien; kath.; *V:* Arthur B. (1874-1952), Ministerialbeamter; *M:* Maria, geb. v. Czyhlarz (1897-1962); ∞ 1943 Rom, Graziella Segantini (geb. 1911); *StA:* österr., 1942 Ausbürg., 1946 (?) österr. *Weg:* CH.

1921-26 Stud. Rechts- u. Staatswiss. Wien, Innsbruck, Louvain u. London, Prom. in beiden Fächern. 1927-28 Mitarb. Institut für Weltwirtschaft Kiel; ab 1928 Ltr. jur. Auskunftsdienst der Bibliothek des Völkerbundes Genf. 1928-63 Sekr. *International Federation of Library Associations.* Ab 1938 im Schweizer Exil, zeitw. Ltr. Bibliothek des Völkerbundes. 1943-46 Ltr. Bibliothek der UN in Genf. Ab 1950 Vizepräs. *Weltbund der Österreicher im Ausland* (→ Paul Pereszlenyi). 1964-68 a.o. u. bevollm. österr. Botschafter in Beirut (zuständig für Libanon, Syrien, Jordanien, Irak, Saudi-Arabien). 1968-76 Dir. Diplomatische Akademie Wien. Ab 1968 Präs. Vienna's English Theatre. Lebte 1978 in Wien u. Langg b. Feldkirchen/Kärnten. – *Ausz.:* u. a. Gr. Silbernes Ehrenzeichen für Verdienste um die Republik Österr., Gr. Silbernes Ehrenzeichen für Verdienste um das Land Wien.

W: u.a. Das Arbeitsmaterial des Völkerbundes – Führer durch seine Veröffentlichungen. 1934 (Übers. in mehrere europ. Sprachen); Der souveräne Malteser-Ritter-Orden, 1937; The Federation of Library Associations. New Haven 1941; La bibliothèque des Nations Unies de Genève, 1951; Die Zeitschriften der österreichischen Emigration 1934-1946, 1960; Sie trugen Österreich mit sich in die Welt. Eine Auswahl aus den Schriften der österreichischen Emigration (Hg.). 1962; Metternich, Fürst von, Aus Diplomatie und Leben. Maximen des Fürsten Metternich (Hg.). 1964; Die Bibliothek im Rahmen internationaler Organisationen. 1970; Österreich in der Levante. 1972. *L:* Moro, Gotbert, Dr. Dr. Arthur Breycha-Vauthier. In: Carinthia I, Mitteilungen des Geschichtsvereins für Kärnten, 1964, 154/1-3. *D:* Bibl. der Diplomat. Akademie Wien. *Qu:* Arch. Fb. Hand. Publ. – IfZ.

Brězan, Jurij, Schriftsteller, Verbandsfunktionär; geb. 9. Juni 1916 Räckelwitz b. Kamenz/Sa.; *V:* Steinbrucharb., Kleinbauer; *StA:* deutsch. *Weg:* 1937 PL; 1938 CSR, Deutschland.

Sorbischer Abst.; Gymn., 1936 Relegation aus pol. Gründen. 1937 Emigr. nach Polen, 1937-38 Stud. Volkswirtsch., 1938 in die CSR, Rückkehr nach Deutschland. 1938-39 Haft, Landarb., ab 1942 Soldat, 1944-46 amerikan. Kriegsgef.; 1946 SED, als ltd. sorb. Jugendfunktionär Mitwirkung bei Eindämmung der separatist. Bestrebungen in der Niederlausitz durch die SED, VorstMitgl. der Kulturvereinigung der Lausitzer Sorben, *Domowina.* Ab 1949 schriftst. Tätigkeit. Mitgl. NatRat der *Nationalen Front des demokratischen Deutschland,* PräsMitgl. *Deutsche Liga für die Vereinten Nationen,* ab 1964 Mitgl. *PEN-Zentrum der DDR,* ab 1965 Mitgl. Deutsche Akademie der Künste zu Berlin; VorstMitgl. *Deutscher Schriftstellerverband,* ab Mai 1969 Vizepräs. - Ps. Dušan Swik. Lebte 1977 in Bautzen (DDR). - *Ausz:* 1951 u. 1964 NatPreis für Kunst u. Literatur 3. Kl., 1959 u. 1962 Jakub-Bart-Ćišinski-Preis, 1966 VVO (Silber) sowie zahlr. LitPreise.

W: u.a. Auf dem Rain wächst Korn. Sorbische Erzählungen und Gedichte. 1951 (sorb. Übers.: Prěnja brezda, 1951); 52 Wochen sind ein Jahr. 1953 (sorb. Übers. u. Verfilmung 1955); sog. Felix-Hanusch-Trilogie (Bd. 1: Der Gymnasiast. 1958 [sorb. Übers. 1958]; Bd. 2: Semester der verlorenen Zeit. 1960 [sorb. Übers. 1961]; Bd. 3: Mannesjahre. 1964 [Bühnenfassung 1968, sorb. Übers. 1969]); Musen im Mäuseturm (S, Urauff. 1966); Gesammelte Werke (sorb.). 1965 ff. *Qu:* Hand. Z. - IfZ.

Brichacek, Berta, geb. Gratzl, Parteifunktionärin; geb. Okt. (?) 1914 Wien; ∞ → Otto Brichacek; *StA:* österr. *Weg:* 1938 (?) GB; 1945 (?) Österr.

Buchbinderlehre, Mitgl. SAJDÖ in Wien. 1933 Ausschluß, 1934 Mitgl. des illeg. KJVÖ, ab 1935 ZK-Mitgl., Deckn. Emmy. 1938 nach Anschluß Österr. zunächst illeg. Tätigkeit, vermutl. 1938 Emigr. GB. 1939 Mitgr. u. als Angest. des *Austrian Centre* freigestellte Funktionärin der Jugendorg. *Young Austria in Great Britain,* Deckn. Emmi Walter. 1945 Rückkehr nach Wien, Funktionärin *Freie Österreichische Jugend,* Mitgl. KPÖ. In der Folgezeit zentrale Funktionärin der KPÖ in Wien, ab 1970 Mitgl. Schiedskommission der KPÖ. Langjähr. Wiener Sekr. *Bund demokratischer Frauen,* Mitarb. *Fraktion Gewerkschaftliche Einheit* im ÖGB, nach der Intervention der Warschauer-Pakt-Staaten in der CSSR des *Gewerkschaftlichen Linksblocks.* Mitarb. Frauenreferat des ÖGB. Lebte 1978 in Wien.

W: u. a. Walter, Emmi (Ps.), Die soziale und wirtschaftliche Lage der österreichischen Jugend unter der deutschen Fremdherrschaft. London 1944. *L:* Maimann, Politik; Tidl, Maria, Frauen im Widerstand. O.J. *Qu:* Arch. Pers. Publ. Z. - IfZ.

Brichacek, Otto (urspr. Prhaček), Parteifunktionär; ∞ I. Berta (→ Berta Brichacek). *Weg:* 1938 (?) GB; 1945 (?) Österr.

Mitgl. SAJDÖ. Herbst 1933 Führer einer lokalen Oppositionsgruppe in Wien, die sich dem illeg. KJVÖ anschloß. 1934 als KJVÖ-Vertr. Mitgl. illeg. Wiener Stadtltg. der KPÖ. Vermutl. 1938 Emigr. GB, 1939-45 Obmann *Young Austria in Great Britain* u. Obmann der nach dem Vorbild der KPÖ-Parteigruppe in GB streng konspirativ aufgebauten KJVÖ-Gruppe, Jugendvertr. in der Ltg. der KPÖ-Parteigruppe; als Angest. des *Austrian Centre* freigestellter Funktionär. Deckn. Fritz Walter. 1945 (?) Rückkehr nach Wien, Mitgl. KPÖ, bis 1951 Bundesvors. *Freie Österreichische Jugend.* 1946-53 ZK-Mitgl. der KPÖ, 1948-53 Mitgl. PolBüro. 1953 angebl. im Zusammenhang mit Slánský-Affäre Parteiausschluß. Prokurist Bauring Wien GmbH, im Zusammenhang mit sog. Bauring-Skandal genannt. Später wieder Mitgl. KPÖ. Lebte 1978 in Wien.

W: u.a. Walter, Fritz, Mut. Gedichte junger Österreicher (Hg.). London 1943; ders., Jugend unter der deutschen Fremdherrschaft. London (Verlag Jugend voran) 1944; ders., Youth in the Reconstruction of Liberated Europe. Report on Youth Activities in France, Belgium, Holland, Italy, Yugoslavia, Poland, Greece, Bulgaria. London 1945; ders., Unsere Österreichische Jugendführerschule. Einleitung zu den Materialien der Jugendführerschule, Jugendführerschule des Jungen Österreich. London 1945. *L:* Göhring, KJVÖ; Neugebauer, Bauvolk; Maimann, Politik. *Qu:* Arch. Hand. Pers. Publ. Z. - IfZ.

Briemle, Theodosius, OFM, Ordenspriester; geb. 12. Nov. 1883 Ennetach/Donau, gest. 25. Febr. 1970 Sigmaringen/Württ. *Weg:* 1936 NL; 1938 CH; 1950 Deutschland (BRD).

1900 Eintritt in den Franziskanerorden, 1907 Priesterweihe; Volksmissionar, 1915-17 MilGeistlicher; 1917-19 Stud. Univ. Münster/Westf.; ab 1919 im Kloster Kelkheim/Taunus; 1923 Gr. u. bis 1936 Red. Zs. für Volksmissionare *Paulus;* Gegner der natsoz. Rassenpolitik, 1936 als Fastenprediger im Dom von Frankfurt/M. Verstoß gegen sog. Kanzelparagraphen; vor drohender Verfolgung Flucht nach Holland, 1938 Emigr. in die Schweiz; bis 1950 in Basel, nach Kriegsende Mitorg. *Katholische Deutschlandhilfe;* 1950 Rückkehr nach Deutschland, bis zu seinem Tode im Kloster Gorbach in Sigmaringen.

Qu: Arch. Pers. - IfZ.

Brilling, Bernhard (Dov), Dr. phil., Rabbiner, Archivar; geb. 3. Juni 1906 Tremessen/Posen; *V:* Samuel B. (gest. Tel Aviv), Kantor, Lehrer, 1933 Emigr. Pal.; *M:* Pauline, geb. Scheftelowitz (gest. Prenzlau/Uckermark); ∞ 1939 Eva Redlich (geb. 1912 Breslau), Stud. Med., um 1939 Emigr. Pal.; *StA:* deutsch. *Weg:* 1939 Pal., 1957 Deutschland (BRD).

1924-26 Stud. Univ. Berlin u. L(H)WJ, 1927-33 Univ. Breslau u. Jüd.-Theol. Seminar Breslau. 1933 Rabbinerexamen; 1927-39 Archivar jüd. Gde. Berlin, publizist. Tätigkeit, u. a. zus. mit → Marcus Breger. Mitgl. ZVfD u. *Verein für Geschichte Schlesiens;* 1938 KL Buchenwald. 1939 Emigr. Palästina mit B III-Zertifikat, 1939 Angest. Stadtverw. Tel Aviv, zuletzt am Stadtarchiv. 1957 Deutschland (BRD), ab 1958 am Institutum Judaicum Delitzschianum Univ. Münster, Ltr. Abt. für Gesch. der dt. Juden, ab 1963 Kurator. 1958 Prom. Münster, 1965 akad. Rat Univ. Münster. Mitgl. jüd. histor. Ges. in Deutschland, GB u. Norwegen. Lebte 1977 in Münster. - *Ausz.:* 1927 Grätz-Preis.

W: Bibliographie bis 1968 in: Theokratia I. 1970, Forts. in: Theokratia III; Mittelalterliche jüdische Grabsteine aus Schlesien (Breslau-Brieg). In: Theokratia I. 1970; Die jüdischen Gemeinden Mittelschlesiens. Entstehung und Geschichte. 1972; Ein Kapitel aus dem Kampf der preußischen Juden um ihre Gleichberechtigung: Der Fall des Feldmessers und Bauführers Baruch Sutro in Münster (1853). In: Theokratia II. 1973. *Qu:* Hand. Pers. Publ. Z. - RFJI.

Brings, Max (urspr. Woznik, Alfred), Parteifunktionär; geb. um 1910, gest. 1947 Potsdam; *StA:* deutsch. *Weg:* E; F; 1945 Deutschland (SBZ).

Seemann, KPD-Funktionär. Emigr., Teiln. Span. Bürgerkrieg, dann Aufenthalt in Südfrankr., ab 1940 im Rahmen der Neuorg. der KPD Bildung von Widerstandsgruppen mit ehem. Spanienkämpfern. Ab 1943 Mitgl. der gemischtnat. KPF-Maquis-Einheiten u. des Ende 1943 unter Ltg. → Otto Niebergalls gegr. KFDW. Teiln. an Befreiungskämpfen um Marseille als Colonel, Mitgl. der Aufstandsltg. Marseille. U.a. Sprengstoffanschlag auf dt. Offizierskasino Nizza. Brachte durch Handstreich das Gestapo-Archiv in Aix-en-Provence in den Besitz der franz. Résistance. Ab Sept. 1944 Mitgl. der nunmehr legalen KFDW-Org. *Comité „Allemagne Libre" Pour l'Ouest* (CALPO), Vors. der CALPO-Militärkommission, die bis Kriegsende Kampfhandlungen gegen die Wehrmacht leitete. 1945-47 Polizeipräs. in Potsdam.

L: Schaul, Résistance; Pech, Résistance. *Qu:* Pers. Publ. - IfZ.

Brinitzer, Carl, Dr. jur., Journalist, Schriftsteller; geb. 30. Jan. 1907 Riga, gest. 1974 GB; *V*: Dr. med Eugen B.; *M*: Dr. med. Jenny B., geb. Kaplan; ∞ 1938 Berthe Grossbard, Rundfunkjourn.; *StA*: deutsch, Aug. 1933 Ausbürg., brit. *Weg*: 1933 I; 1936 GB.

Stud. Rechtswiss. Genf, Hamburg, München, Berlin u. Kiel, 1930 Prom.; Verf. satir. Gedichte, u.a. für *Lübecker Volksboten, Schleswig-Holsteinische Volkszeitung*. 1930-33 RA in Kiel, anschl. Staatsanwalt OLG Kiel. Aug. 1933 Entlassung aus Justizdienst. Lebte anschl. als freier Schriftst. in Rom. 1936 London, bis 1938 journ. Tätigkeit für *New Statesman*, 1938-45 Nachrichtenübers. u. -sprecher bei BBC/Deutscher Dienst, dann bis 1964 Moderator für BBC-Programme in europ. Rundfunkanstalten. Verf. von Hörspielen, Autor zahlr. Bücher, Übers., Journ.; Mitarb. u. a. *Everybody's Weekly, Welt am Sonntag*. Ps. Usikota.

W: u.a. Zulu in Germany. London (Gollancz) 1938; German versus Hun (mit B. Grossbard). London 1941; Cassell's War and Post-War German Dictionary. London 1945; Heinrich Heine. Roman seines Lebens. 1960; Das streitbare Leben des Verlegers Julius Campe. 1962; Hier spricht London. Von einem, der dabei war (Erinn.). 1969. *Qu*: Erinn. Hand. Publ. - IfZ.

Broczyner, Alfred, Gewerkschaftsfunktionär; geb. 20. Apr. 1878 Wien, gest. 1945; *StA*: österr. *Weg*: 1938 (?) GB.

1901 Mitgr. *Verein der Versicherungsangestellten* Wien, ab 1906 Obmann, Mitgl. SDAP. 1910 Mitgr. *Verein der Versicherungsangestellten Österreichs*, bis 1934 Obmann (?). 1919-34 Mitgl. GdeRat Wien, zeitw. Vors. Finanzausschuß der Gde. Wien u. geschäftsf. Vizepräs. Zentralsparkasse der Gde. Wien. 1934 Verhaftung, vermutl. KL Wöllersdorf. 1938 (?) Emigr. London. Mitgl. *Londoner Büro der österreichischen Sozialisten in Großbritannien*.

L: Klenner, Gewerkschaften; Patzer, Gemeinderat. *Qu*: Arch. Publ. - IfZ.

Brode, Ernestine (Tina), Parteifunktionärin; geb. 15. Aug. 1876 Prag, gest. 16. März 1944 London; ∞ verh.; *StA*: österr., 1919 CSR. *Weg*: 1939 GB.

Aktiv in öffentl. Wohlfahrt u. jüd. Verbandswesen der CSR; Mitgl. Hauptltg. *Deutsch-Demokratische Freiheitspartei* (DDFP) u. Mitgl. Orts- u. Kreisltg. Reichenberg, Vors. *Verein demokratischer Frauen* der DDFP. Nach Münchener Abkommen Flucht ins Landesinnere, 1939 Emigr. GB, VorstMitgl. DDFP-AuslOrg., ab Grdg. 1943 Mitgl. *Sudetendeutscher Ausschuß - Vertretung der demokratischen Deutschen aus der CSR* u. ab 1944 *Sudetendeutsches Frauen-Komitee*.

Qu: Arch. - IfZ.

Brodnig, Heinrich, Parteifunktionär; geb. 12. Febr. 1887 (1885 ?) Klagenfurt/Kärnten, gest. 28. Aug. 1962 Wien; kath., Diss. (?); ∞ I. Ludmilla; II. (?) Lia, A: Wien; *K*: 1 S; *StA*: JU, 1947 (?) österr.; *Weg*: 1933 (?) UdSSR; 1947 Österr.

Schriftsetzer in Graz, vermutl. GewMitgl. u. Mitgl. SDAP; Soldat im 1. WK, Kriegsgef. in Rußland. Nach Oktoberrevolution maßgebl. an der von der bolschewist. Reg. geförderten Organisierung revolut. Kriegsgef. beteiligt, 1918 Red. u. techn. Ltr. der dt.-sprachigen Ztg. *Die Weltrevolution* (Organ der dt. Sektion der *Zentralen Föderation ausländischer kommunistischer Gruppen beim ZK der KPR [B]*). Ende 1918 Rückkehr nach Graz, Mitgr. u. Sekr. KPÖ Steiermark. 1919 auf 1. PT der KPÖ Wahl ins Parteigericht. Frühj. 1919 Verhaftung in Graz, Aug. 1919 Ausweisung nach Jugoslawien, von jugoslaw. Behörden zurückgewiesen. Dez. 1919 Ausweisung aus dem Land Steiermark, KPÖ-Funktionär in Wiener Neustadt. Ab 1924 Tätigkeit in illeg. IAH, 1925 Sekr. österr. *Rote Hilfe*. In der Folgezeit ltd. Parteifunktionen, 1929 Verhaftung; 1933 erneut Verhaftung, Ausweisung, Emigr. UdSSR. Techn. Red. Verlagsgenossenschaft Ausländischer Arbeiter. 1947 Rückkehr nach Österr., ltd. Mitarb. im Druck- u. Verlagswesen der KPÖ in Klagenfurt, Graz u. Linz, anschl. Betriebsltr. Globus-Druckerei Wien.

L: Steiner, KPÖ; Hautmann, KPÖ; Stadler, Opfer; Reisberg, KPÖ. *Qu*: Arch. Pers. Publ. - IfZ.

Brodnitz, Friedrich Samuel, Dr. med., Arzt, Verbandsfunktionär; geb. 25. Sept. 1899 Berlin; jüd.; *V*: Julius B. (geb. 1866 Posen, gest. 1936 Berlin), jüd., RA, Justizrat, 1920-36 Präs. CV, Mitgr. *CV-Zeitung, Morgen* u. Philo-Verlag; *M*: Hedwig, geb. Herzfeld (geb. 1878 Graetz/Posen), 1937 Emigr. Pal.; *G*: Otto (geb. 1901 Berlin, gest. 1976 New York), Stud. Freiburg, 1930 Emigr. USA, Börsenmakler, während 2. WK im US-Schatzamt; Heinz (geb. Berlin), Dipl.-Ing., 1933 Emigr. Pal.; ∞ 1942 Henny Loewenheim (geb. Berlin), 1935 Emigr. USA; *StA*: deutsch, 1943 USA. *Weg*: 1937 USA.

1917-19 Sanitäter in dt. Armee, 1919-23 Stud. Med. Berlin, 1924 Prom., 1923-24 AssistArzt Univ.-Klinik für innere Krankheiten Berlin, 1924-26 Klinik für Hals-, Nasen-, Ohrenkrankheiten, anschl. eigene Praxis in Berlin. Geschäftsf. *Zentralausschuß für Hilfe und Aufbau*, Pressechef der *Reichsvertretung*, aktiv in CV, *Deutsch-jüdischer Jugendgemeinschaft, Jew. Agency*, gehörte dem Flügel des CV an, der Mitarb. an einer erweiterten *Jew. Agency* befürwortete; aktiv beim Aufbau jüd. Kulturbünde, 1933-37 Präs. *Reichsausschuß der jüdischen Jugendverbände*, Red. *Jüdische Wohlfahrtspflege und Sozialpolitik*, ab 1929 Mithg. (mit → Georg Landauer) *Unser Werk, Blätter des Keren Hayessod*, 1933-35 Mithg. (mit → Max Kreutzberger u. Ernst G. Lowenthal) *Informationsblätter des Zentralausschusses der Deutschen Juden für Hilfe und Aufbau*; monatl. Berichte über Verfolgung von Juden an die *Times* London u. *New York Times* durch diplomat. Kurier der US-Botschaft. 1937 Emigr. USA, Kontakt zu J. D. C. als VorstMitgl. der *Reichsvertretung*. Eigene Praxis für Otolaryngologie in New York, Assoc. Attending Physician am Mount Sinai Hospital, wiss. Berater für Stimme u. Sprache der Pack Med. Group; seit 1963 Adjunct Prof. für Sprache u. Kommunikation am Hunter Coll. der City Univ. New York. Diplom des Am. Board of Otolaryngology, Mitgl. *Am. Laryngol., Rhinolog. and Otolog. Soc., Am. Acad. Orphtalmalogy and Otolaryngology, Am. Med. Assn.*, VorstMitgl. A.F.J.C.E., ab 1939 Mitgr. u. VorstMitgl. Congr. Habonim. Lebte 1978 in New York.

W: Leistung und Kritik; eine Untersuchung über den C. V. und seine Arbeit. 1931; Nichtzionisten in der Jewish Agency. 1935-37 (Jahresberichte der Reichsvertretung, im Arch. des LBI New York); Gemeinschaftsarbeit der Jüdischen Jugend. 1937; Your Sinus Trouble and Treatments. 1951 u. 1953; Keep your Voice Healthy. 1951 u. 1953; Doktor Leo Baeck. Man of Faith (Hg. E. Gamoran). 1955; Vocal Rehabilitation. 1959, 4. Aufl. 1971 (wiss. Lehrbuch); Die Reichsvertretung der Deutschen Juden. In: In Zwei Welten (Hg. → Hans Tramer). 1962; A Rabbi from Germany. Living Legacy. Essays in Honor of Hugo Hahn (Hg. → Bernard Cohn). 1963; Beiträge in jüd. Presse in Berlin u. New York; 30 Arbeiten über Stimmenphysiologie u. -pathologie. *D*: RFJI. *Qu*: Fb. Hand. Pers. Publ. - RFJI.

Brody, Heinrich Haim, Dr. phil., Rabbiner, Literaturwissenschaftler; geb. 21. Mai 1868 Ungvár/Ungarn, gest. 6. Mai 1942 Pal.; *V*: Solomon Zalman B. (geb. 1835 Ungvár, gest. 1917), Stud. Jeschiwah Preßburg, Rabbiner in Ungvár, rabbin. Richter; *M*: geb. Ganzfried; ∞ 1899 Esther Ehrenfeld, Tochter des Prager Oberrabbiners Nathan Ehrenfeld. *Weg*: 1934 Pal.

Stud. Jeschiwah Preßburg, 1898 Examen am Rabbinerseminar Berlin, 1894 Prom. Berlin. 1896 zus. mit Aron Freimann Gr. u. 1896-1906 Hg. *Zeitschrift für hebräische Bibliographie*, 1898 Rabbiner in Nachod/Böhmen, 1905 Dir. Talmud Tora-Schule in Prag, ab 1912 Oberrabbiner von Prag. 1930-33 erster Dir. des von → Salman Schocken gegr. Forschungsinstituts für hebräische Dichtung, 1902 Präs. *Misrachi*-Org. in Ungarn, ab 1920 1. Präs. des *Jüdischen Wohlfahrtszentrums* Prag, Mitgl. der *Union orthodoxer Juden Böhmens, Sinai*. 1934 Emigr. Palästina; AbtLtr. am Schocken-Inst. u. Dir. des Inst. für hebräische Dichtung, Mitgl. Ausschuß für hebräische Sprache (später Akad. für hebr. Sprache), VorstMitgl. der *Mekizei Nirdanim Soc.* für wiss. Neuausgabe mittelalterl. hebr. Texte.

W: Gesamtbibliogr. in: Yediot haMakhon Leheker haShirah haIvrit (Newsletter of the Inst. for Research in Hebr. Poetry). 1939; Festschrift für Heinrich Brody. In: Soncino-Blätter, 1929-30. *L:* Federbusch, Ḥokhmat; Jews of Czech. Bd. I u. II; U. J. E.; E. J. *Qu:* Hand. Publ. - RFJI.

Broh, James, Dr. jur., Rechtsanwalt; geb. 9. Nov. 1867 Perleberg b. Berlin; ∞ Rosa Blumenthal (geb. 1865), Emigr. mit Ehemann; *StA:* deutsch, 27. Okt. 1937 Ausbürg. mit Ehefrau. *Weg:* 1933 F.

Politisch engagierter Strafverteidiger, führend in der Berliner USPD, Anfang 1920 linksradikale Kritik am Revolutionsprogramm der USPD vom März 1919, dann KAPD; mit → Franz Pfemfert u. → Otto Rühle Befürworter einer pol.-wirtschaftl. Einheitsorganisation, Mitarb. *Die Aktion,* gehörte zu den Ideologen der *Allgemeinen Arbeiter-Union, Einheitsorganisation,* Mithg. von deren Organ *Betriebs-Organisation,* einer der Verteidiger von Max Hölz in seinem Prozeß; Justizrat, auch Belletrist, Mitarb. versch. Zs.; 1930 zur KPD. Nach natsoz. Machtübernahme vorüberg. Haft, Ausschluß aus RA-Kammer; im gleichen Jahr Emigr. nach Paris; im Exil publizist. Tätigkeit, u.a. Mitarb. *Das Neue Tage-Buch* u. des ISK-Organs *Sozialistische Warte,* Ps. Junius; arbeitete an einem Buch *Die Götterdämmerung des Marxismus.*

W: u.a. Entwurf eines Programms der USPD, verfaßt im Auftrag der politischen Kommission des Aktionsrates Charlottenburg, sowie Kritik des Aktionsprogramms. 1920; Parolen und Programm der KPD. In: Die Aktion, Nr. 39/40, 1922; Eine königliche Republik. Eine Verteidigungsrede. O.J. *L:* Bock, Syndikalismus. *Qu:* Arch. Publ. - IfZ.

Broh, Richard, Journalist, Gewerkschaftsfunktionär; geb. 2. Jan. 1897 Berlin; jüd.; *V:* Moritz B. (1870-1935), Uhrmacher, Juwelier; *M:* Emma, geb. Toller (1871-1918); *G:* Hans (geb. 1902), Kaufm., 1935 Emigr. Bras.; Grete (geb. 1907), Kaufm., dep.; ∞ 1924 Charlotte (1902-76), 1937 Emigr.; *StA:* deutsch, 1947 brit. u. 1976 brit. u. deutsch. *Weg:* 1937 GB.

Abitur, 1914 Kriegsfreiw., 1917-19 Angest. Kriegsmetall AG. 1919-22 Handelshochschule, 1924-28 Humboldt-Akademie u. Deutsche Hochschule für Politik Berlin. Daneben bis 1925 Kaufm., anschl. freier Journ., u.a. *Berliner Börsen-Zeitung* u. Fachzs. der Metall- u. Lederindustrie, Red., Verlagsangest. Ab 1917 Funktionen in SPD, DLM, ZdA u. *Reichsbund der Kriegsbeschädigten.* 1925 *Reichsverband der Deutschen Presse,* 1929-33 VorstMitgl. Nach 1933 illeg. Betätigung, mit Ausschluß aus Reichspressekammer Verlust der Erwerbsmöglichkeit. Juni 1937 GB, Vertr. ausländ. Pressefotografen, freier Journ. u. AuslKorr.; Mai - Sept. 1940 Internierung. Mitgl. sozdem. Exilorg. u. *Landesgruppe deutscher Gewerkschafter,* ZusArb. mit IGB u. brit. Behörden. 1945 Mitarb. US-Office for Strategic Services (OSS) London, Frühj. 1945 als OSS-Berichterstatter u. GewBerater der MilReg. in Süddeutschland. 1946-48 Eisenbahnangest., KriegsgefSchulung. 1949-63 Vertr. DGB in London. Bis 1976 Wirtschaftskorr. für dt. u. schweiz. Presse. Seit 1946 *Labour Party.* Lebte 1977 in London. - *Ausz.:* deutsche u. brit. Kriegsorden; BVK 1. Kl.

L: Niethammer, Lutz u. a., Arbeiterinitiative 1945. 1976. *Qu:* Fb. Publ. Z. - IfZ.

Bromme, Paul Franz Rudolf, Journalist, Politiker; geb. 24. Dez. 1906 Ronneburg/Thür., gest. 2. Febr. 1975; *V:* 1920-25 Senator in Lübeck; ∞ verh.; *K:* 1; *StA:* deutsch. *Weg:* 1933 CSR; 1934 DK; 1935 S; 1938 N; 1940 S; 1948 Deutschland (BRD).

1926-28 Stud. Volkswirtschaft u. Rechtswiss. in Hamburg. 1927 SPD. Ab 1930 Mitarb. *Lübecker Volksbote.* 1933 illeg. pol. Arbeit. Mai 1933 Emigr. CSR, Grenzarbeit, Schriftentransport nach Deutschland. 1934/35 pol. Tätigkeit in Kopenhagen, u.a. Transport von Druckschriften auf dän. Schiffen nach Hamburg u. Lübeck in ZusArbeit mit Verband des Seeleute. 1935 Schweden, Mitgl. *Emigrantengemeinschaft* der *Arbetarrörelsens flyktingshjälp;* Mitgl. *Sopade*-Ortsgruppe Stockholm u. ab Ende 1935 Vertrauensmann der RSD innerhalb dieser Org.; 1936-38 an erfolglosen Volksfrontversuchen der Emigr. in Schweden beteiligt. Apr. 1938 Norwegen, ab 1939 Mitgl. *Arbeitsgemeinschaft deutscher und österreichischer Sozialisten,* Oslo (→ Willy Brandt). 1940 Rückkehr nach Schweden, zeitw. im Lager Loka Brun interniert. 1941-47 außenpol. Red. der sozdem. Zs. *Örebro-Kuriren.* Rückkehr Sept. 1948 nach Wahl zum SPD-Vors. in Lübeck. Zunächst Ltr. des Städt. Presseamts, 1949-51 Chefred. *Lübecker Freie Presse.* 1948-74 Mitgl. Lübecker Bürgerschaft, Fraktionsvors., bis 1967 SPD-Kreisvors., 1949-53 MdB. 1953 bis zur Rehabilitierung 1954 im Zusammenhang mit wirtschaftl. Schwierigkeiten der *Lübecker Freien Presse* seiner Parteiämter enthoben. 1954-71 MdL Schleswig-Holstein, ab 1954 Senator für Kommunale Unternehmungen, später für Fremdenverkehr u. Wirtschaftsförderung. Nach 1956 Erster stellv. Bürgerm., VorstMitgl. der *Europa-Union,* Mitgl. der Internat. Kommission des *Mouvement Socialiste pour l'Union Européenne.* Juli 1973 Parteiausschluß als Mitorg. der rechtsoppos. *Julius-Leber-Gesellschaft.* - *Ausz.:* 1958 Freiherr-vom-Stein-Med., 1968 Kommandeurskreuz des schwed. Wasa-Ordens, Gr. BVK, 1974 Lübecker Senatsplakette.

W: Ett år efter sammanbrottet. 1946; Potsdam-arvet. 1946. *L:* Müssener, Exil. *Qu:* Arch. Hand. Publ. Z. - IfZ.

Brosh (urspr. Broczyner), **Theodor,** Dr. rer. pol., Finanzbeamter, Hochschullehrer; geb. 1. Jan. 1900 Strašov/Slowakei; *V:* Samuel Broczyner (geb. 1859 Österr., gest. 1934 Haifa), Getreidehändler, Emigr. Pal.; *M:* Hinda, geb. Laub (geb. 1866 Österr., gest. 1937 Haifa), Emigr. Pal.; *G:* E. Broczyner (geb. 1894), A: Tel Aviv; 1 S (geb. 1901), A: Basel; 1 B (gest. 1940); 1 B (gest. 1941 [?] UdSSR), Arzt; ∞ 1925 Edith Mendelsohn (geb. 1905 Halle); *K:* Mirjam Awin (geb. 1927), 1939 Emigr. Pal., Ramat Hasharon Gymn. Jerusalem, med.-techn. Assist. *Weg:* 1939 Pal.

1919-23 Stud. Berlin u. Königsberg, 1923 Prom.; bis Nov. 1938 Angest., später Ltr. Verkaufsabt. Hirsch Kupfer- u. Messingwerke Berlin. Febr. 1939 Emigr. Palästina mit A I-Zertifikat, Juli 1939-Dez. 1940 Ltr. Abt. Buchhaltung Semel Shipping Co. Ltd. (Tochterges. von Perdess Export Syndicate) Tel Aviv, 1941 Ltr. Abt. Buchhaltung Citrus Control Board Tel Aviv. 1941-61 bei der Obersten Steuerbehörde der Mandatsreg. (ab 1948 der isr. Reg.), Steuerinspektor, ltd. Steuerinspektor, stellv. Ltr., 1953-60 Ltr. u. Dir. Abt. Einkommensteuer, 1961 Berater für Doppelbesteuerungsfragen. 1958-69 Doz. für Steuerrecht Hebr. Univ. Jerusalem u. Univ. Tel Aviv. Lebte 1978 in Jerusalem.

W: Die sozialistischen Systeme von Herzka und Oppenheimer. (Diss.) 1923. *Qu:* Fb. Hand. - RFJI.

Brosh (urspr. Boroschek), **Zvi,** Journalist, Diplomat; geb. 6. Juli 1922 Berlin; *V:* Paul Boroschek (geb. 1900 Sroda, gest. 1967 Düsseldorf), jüd., Börsenmakler, ZtgVerleger, Mitgl. *Blau-Weiß, Zionistische Organisation* u. Mitarb. jüd. Gde. Berlin, 1933 Emigr. Pal., 1957 Deutschland (BRD); *M:* Edith, geb. Friedländer (geb. 1898 Berlin, gest. 1976 Düsseldorf), jüd., Sängerin u. Gesangslehrerin, Mitgl. *Blau-Weiß,* 1933 Emigr. Pal., Produzentin, 1957 Deutschland (BRD); ∞ 1948 Audrey Dorit Goldston (geb. 1922 London), jüd., Stud. Besancon/F, 1941-45 Sekr. War Office London, 1945-46 Sekr. *Jew. Agency* London, 1946 Pal., 1946-60 Rundfunkansagerin u. Produzentin; *K:* Edward Oded (geb. 1954 Tel Aviv), Stud.; Liora Shlomit (geb. 1960 Tel Aviv); *StA:* deutsch, Pal./IL. *Weg:* 1933 Pal.

Mitgl. *Habonim.* 1933 Emigr. Palästina mit Einwanderervisum; 1936-40 Stud. Bet-haKerem-Schule Jerusalem u. Stud. Staatswiss. u. Soziologie Hebr. Univ., 1940-42 Mitarb. Radio Jerusalem, 1942-46 brit. MilDienst (Marine), 1946-48 *Haganah,* 1946-50 Mitarb. Nachrichtenabt. von Radio Palästina, 1948 Presseoffz. IDF, 1948-50 Ltr. Auslandsabt. isr. Rundfunk *Die Stimme Israels.* 1950-60 IDF, Gr. IDF-Rundfunkstation, 1952-58 MilKommentator bei *Die Stimme Israels.* 1952-53 InfoAufenthalt zum Stud. der Fernsehtechn. in USA, Kanada, GB u. Frankr.; 1955-60 Sonderkurse für Offz.; 1960-63 Pressereferent isr. Mission in Köln. Ab 1963 Ltr. InfoAbt. im Außenmin., 1963-66 pol. Kommentator *Die Stimme Israels,* 1964-66

u. 1973–76 Dir. Abt. internat. ZusArb., Ausarb. techn. Hilfsprogramme in Südamerika u. Asien sowie Finanzierungsprogramme mit der Inter-American Bank, mit den Niederlanden u. USA, erste Kontakte mit dt. Org.; 1965 Deleg. UNESCO-Konf. in Teheran, 1966–70 Botschafter in Burma, für die Malediven u. Ceylon, 1970–73 an der Botschaft in Washington/D.C.; 1976 GenKonsul für den Südwesten der USA. 1964–66 u. 1973–76 Kuratoriumsmitgl. Landwirtschaftliches Forschungsinstitut Rehovot, VorstMitgl. *Internat. Training Centre for Community Services* Haifa.

Qu: Fb. Hand. – RFJI.

Brost, Erich Eduard, Verleger, Journalist; geb. 29. Okt. 1903 Elbing/Westpr.,; ev.; *V:* Gustav B. (1873–1938), Mechaniker, SPD; *M:* Maria, geb. Hohmann (1872–1938); *G:* Curt Gustav (1900–76), Beamter; ∞ I. 1928 Margarete Ortmann (1904–66), Emigr.; II. 1974 Anneliese Brinkmann (geb. 1920); *K:* Martin (geb. 1946 London); *StA:* deutsch, 1920 Freie Stadt Danzig, 1937 (?) Ausbürg., 1945 deutsch. *Weg:* 1936 PL; 1939 S; 1940 Finnl.; 1942 S; 1943 GB; 1945 Deutschland (BBZ).

Oberrealschule, Buchhandelslehre; 1918 SAJ, 1921 *Sozialdemokratische Partei Danzigs* (SPD/Danzig); 1925–33 Mitgl. ZdA, 1925–36 Red. *Danziger Volksstimme,* 1927–36 Vors. Arbeiterbildungsausschuß SPD/Danzig, 1928–36 Vors. *Arbeiterkulturbund,* 1934–36 Mitgl. Landesvorst. SPD/Danzig, 1935–36 Mitgl. Danziger Volkstag. Okt. 1936 nach Parteiverbot Verfolgung wegen angebl. Aufstandsvorbereitungen, Emigr. nach Warschau. AuslVertr. der SPD/Danzig, Verb. zu illeg. Gruppen in Danzig u. Ostpr.; Mitarb. *Deutschland-Berichte* der *Sopade,* Korr. für schwed., niederl. u. finn. Zs.; Aug. 1939 Stockholm, Juni 1940 Helsinki, Juli 1942 Uppsala; journ. Tätigkeit, Kontakte zur Exil-SPD. Dez. 1943 nach London, Mitarb. BBC, Vertr. der SPD/Danzig in ZusArb. mit Londoner PV der SPD. Juni 1945 Rückkehr, Red. für brit. Besatzungspresse in Köln u. Hamburg, 1946–47 Chefred. *Neue Ruhr-Zeitung* Essen, 1947–48 Vertr. des SPD-PV in Berlin, ab 1948 Hg. u. Verleger *Westdeutsche Allgemeine Zeitung* in Bochum, seit 1953 in Essen. Mitgl. *Deutscher Rat der Europäischen Bewegung.* Lebte 1977 in Essen. – *Ausz.:* 1963 Gr. BVK.

D: AsD, LP-Archiv. *Qu:* Fb. Hand. Publ. – IfZ.

Broszolat, Heinrich, Parteifunktionär; geb. 21. Juni 1896 Szieleitschen b. Insterburg/Ostpr.; ev.; ∞ verh.; *StA:* deutsch. *Weg:* 1933 NL.

Bauarbeiter, KPD-Funktionär. Mitgl. UnterbezLtg. Duisburg-Hamborn. Ab Okt. 1931 AR-Mitgl. der Kraftverkehr Duisburg GmbH u. AR Duisburger Hotel- und Bürohaus AG. 12. März 1933 Wahl zum StadtVO.; Mai 1933 Emigr. nach Holland, Tätigkeit im MilApp., Beauftragter für illeg. Parteiorg. im rhein.-westfäl. Industriegebiet, u.a. Org. der Druckschrifteneinfuhr u. der Industrie- u. Wehrmachtsspionage.

Qu: Arch. – IfZ.

Browde (bis 1940 Kutisker), **Anatole,** Elektroingenieur; geb. 10. Juni 1925 Berlin; jüd., 1950 ev.; *V:* Alexander Kutisker (geb. 1902 Libau/Lettland, gest. 1939 London), jüd., 1917 Deutschland, 1939 Emigr. GB, Elektroing.; *M:* Rebeca Braude (geb. 1899 Zidikai/Litauen, gest. 1959 New York), jüd., 1917 nach Deutschland, 1939 Emigr. GB; ∞ I. 1949; II. 1973 Jacqueline M. Rousseau (geb. 1933 Cookshire/CDN), kath., Krankenschwester, 1960 in die USA; *K:* David A. (geb. 1950), B.A. Cornell Univ., Fernsehansager; Richard S. (geb. 1954), B.A. Cornell Univ., Schallplatten- u. Musikproduzent; Elisabeth A. (geb. 1952), B.A.; *StA:* Litauen, USA. *Weg:* 1939 (?) USA.

Mai 1939 (?) Emigr. USA über GB mit Eltern. 1948 B.E.E. Cornell Univ., 1948–51 Elektroing. bei Capehart-Farnworth Corp. Ft. Wayne/Ind., gleichz. 1949–51 Doz. am Ind. Techn. Coll., 1951–52 Stud. Columbia Univ. New York; 1951–53 ltd. Radaring. für Abt. Flugzeugbewaffnung der Am. Bosch-Arma Co., 1953–55 Projekting. für Raketenelektronik bei Westinghouse Elec. Corp. in Baltimore/Md., 1955–56 ltd. Ing., 1956–57 Projekt- u. Planungsltr., 1957–58 ltd. Ing. der Abt. Forschung u. Entwicklung der Arco Corp., 1958–59 stellv. Dir. Abt. für ferngelenkte Raketen in der Crosley Div. der Arco Corp.; 1959–61 Geschäftsf. u. Ltr. Abt. Elektronik der McDonnell Aircraft Corp., 1961–68 Ltr. Raketen- u. Raumfahrtelektronik bei McDonnell Astronautics Co.; seit 1969 Dir. u. seit 1971 Vizepräs. für Kommunikations-, Navigations- u. Identifikationsprogramme bei der McDonnell Douglas Electronics Co.; Mitgl. *Inst. Elec. and Electronic Engineers, Am. Ordnance Assn., Am. Astronautic Soc.* Lebte 1977 in St. Louis/Missouri.

Qu: Fb. Hand. – RFJI.

Bruck, Lilly, geb. Hahn, Dr. phil., Sozialpädagogin; geb. 1917 (?) Österr.; jüd.; *V:* Max Hahn, Kaufm.; *M:* Sophie; ∞ Sandor Bruck; *K:* 1 T, 2 Stiefsöhne; *StA:* USA. *Weg:* 1938 (?) GB, 1939 (?) F, 1940 (?) USA.

Prom. Wien, Privatsekr.; 1938 (?) Emigr. GB, Stud. London School of Econ., 1939 (?) Stud. Sorbonne, 1940 (?) USA mit Affidavit von Sandor Bruck, Stud. New York Univ., School of Social Work u. Columbia Univ., Angest. in Warenhäusern. Ab 1969 verantwortl. für Verbrauchererziehung im Amt für Verbraucherfragen der Stadt New York, Gr. von Zentren für Verbrauchererziehung, Vorträge u. Veröffentlichungen über Verbraucherfragen. Ehrenämter in *Hadassah,* ehrenamtl. ltd. Mitarb. in der Werbung für isr. Staatsanleihen, Beraterin *Nat. Center for Voluntary Action,* Inst. of Continued Educ. for Older Adults im Baruch Coll., Beraterin für Verbraucheraufklärung beim Deafness Research Center der New York Univ.; Mitgl. *Executive Council for Voluntary Action* des Oberbürgermeisters von New York, *Nat. Educ. Advancement Committee* der *Consumers Union, Consumer Educ. Committee* der *Medicaid,* VorstMitgl. *Consumer Credit Counseling Service of Greater New York,* Soc. *of Consumer Affairs Professionals in Business.* Lebte 1977 in New York. – *Ausz.:* von *Bonds for Israel, B'nai B'rith,* ADL, *Girls' Scout Council.*

Qu: Publ. Z. – RFJI.

Bruckner, Wilhelm, geb. 13. Jan. 1919 Wien. *Weg:* CH.

Vermutl. Mitgl. KPÖ, während des 2. WK in der Schweiz Chef des österr. *Wehrverbands Patria.* Tätigkeit für Schweizer Nachrichtendienst, enge ZusArb. mit alliierten, vor allem franz., Stellen u. Geheimdiensten in der Schweiz; vor Kriegsende mehrfach illeg. in Südtirol. März 1945 offiz. Anerkennung des *Wehrverbands Patria* als mit den Alliierten verbündete Org. durch brit. Vizekonsul in Basel. Lebte 1964 in Wien.

Qu: Arch. – IfZ.

Brück, Hugo, Kommunalpolitiker; geb. 25. Aug. 1897 Wustweiler/Saar; *V:* Ludwig B.; *M:* Elisabeth, geb. Wagner; ∞ I. 1921 Ida Hasmann (gest. 1944 Frankr.), 1936 Emigr.; II. 1947 Johanna Stroppel; *K:* 2; *StA:* deutsch. *Weg:* 1935 F; 1941 Deutschland.

Eisenbahner. Sozdem. Kommunalpolitiker, Fraktionsvors. GdeRat Wustweiler, dann Völklingen. Mitgl. Kreistag Ottweiler u. Saarbrücken-Land. Mitarb. Parteiorgan *Volksstimme.* Mitgl. Landesvorst. SPD/S, verantwortl. für Agitationsbez. Illingen. Nach Rückgliederung des Saargeb. Entlassung aus Reichsbahndienst, Aug. 1935 Emigr. nach Frankr., dort Grubenarb. Nach Kriegsausbruch interniert. 9. Jan. 1941 Verhaftung durch Gestapo, Urteil 3 J. Zuchth. Nach Strafverbüßung in Amberg/Oberpfalz Haft im KL Neckarelz. Dort durch US-Truppen befreit, Juni 1945 Rückkehr ins Saargeb., 1. Aug. 1945 Berufung zum stellv. Bürgerm. Neunkirchen, 1. Okt. 1945 zum Amtsbürgerm. von Illingen. Seit 1951 aus Krankheitsgründen im Ruhestand. Lebte 1977 in Illingen/Saar.

L: Kunkel, Ernst, Die SPD/S im Abstimmungskampf 1933/1935. 1967; Schneider, Saarpolitik und Exil. *Qu:* Arch. Pers. Publ. – IfZ.

Brügel, Fritz (Bruegel, Bedřich), Dr. phil., Diplomat, Schriftsteller; geb. 13. Febr. 1897 Wien, gest. 4. Juli 1955 London; *V:* Ludwig B., Historiker der österr. ArbBewegung; *StA:* österr., 1945 CSR. *Weg:* 1934 CSR, 1936 UdSSR, 1938 F, 1941 GB, 1945 CSR, 1949 Deutschland (BRD); CH, 1950 GB.

Aufgewachsen in Prag, nach geisteswissenschaftl. Stud. u. Prom. Sekr. der Arbeiterkammer Wien, Publizist u. Lyriker, KPÖ-Mitgl., 1934 Teiln. an Februarkämpfen u. anschl. Emigr. in die CSR. Dort aufgrund tschech. Sprachkenntnisse aktive Teiln. am öffentl. Leben, 1936 in die UdSSR, 1938 nach Frankr., 1941 über Spanien u. Portugal nach GB, RedMitgl. *Zeitspiegel* London, in den letzten Kriegsjahren Annäherung an tschechoslow. Exil. 1945 Rückkehr in die CSR, Eintritt in den diplomat. Dienst, ab 1946 Ltr. Militärmission der CSR in Berlin u. tschechoslow. Geschäftsträger bei der Interalliierten Kontrollkommission für Deutschland (Gen. der tschechoslow. Volksarmee), Mai 1949 Ernennung zum Ltr. der Abt. Deutschland u. Österr. des CSR-Außenmin. Unter Protest gegen Justizwillkür in der CSR Austritt aus dem diplomat. Dienst u. Flucht in die BRD, über die Schweiz 1950 nach GB, Ps. Dr. Dubski.

W: u.a. Beiträge zur Geschichte der Deutschen in Böhmen (Diss. phil.). 1921; Der Weg der Internationale. 1931; Februar-Ballade (L.). Prag (Der Kampf) 1935; Deutsche Freiheit an der Wolga. Moskau 1937; Gedichte aus Europa. Zürich (Der Aufbruch) 1937; Die Gedichte des Ephistenes. Zürich (Europa-Verlag) 1940; Sterben vor dem Kriege. In: Stimmen aus Böhmen. London (Verlag Einheit) 1944; Verschwörer. Zürich u. Konstanz (Europa-Verlag) 1951. *Qu:* Hand. Publ. Z. - IfZ.

Brügel (Bruegel), **Johann Wolfgang**, Dr. jur., Publizist; geb. 3. Juli 1905 Auspitz/Mähren; kath., 1926 Diss.; *V:* Dr. Julius B. (1868-1913), Richter; *M:* Irene (1880-1943); ∞ Dr. med. Josephine Liebstein (geb. 1914), Ärztin in London; *K:* Julian (geb. 1943), Irene (geb. 1945); *StA:* österr., 1919 CSR, 1940 brit. u. 1959 deutsch. *Weg:* 1939 F; 1940 GB; 1945 CSR; 1946 GB.

1923-28 Stud. Rechtswiss. Deutsche Universität Prag, 1928 Prom., Beamter der tschechoslow. Staatsverw.; Mitgl. SJ, *Freie Vereinigung deutscher sozialdemokratischer Akademiker,* 1924 DSAP, Mitgl. *Verband der öffentlichen Angestellten in der ČSR,* 1930-38 Privatsekr. des DSAP-Vors. u. Min. für soziale Fürsorge Ludwig Czech; rege journ. Tätigkeit. Apr. 1939 Emigr. nach Frankr., mit → Leopold Goldschmidt u. → Walter Kolarz Verf. der Broschüre *Le probleme du transfert de population* (hektograph., Paris 1939), in der die in tschechoslow. u. sudetendt. Exilkreisen diskutierte Umsiedlung von Volksgruppen als nationalpol. Mittel prinzipiell abgelehnt wurde; unter Ps. Walter Brünner Mitarb. *Der Sozialistische Kampf* u. *Sozialistische Warte* Paris. Juli 1940 nach GB, Mitunterz. GrdgAufruf der *DSAP-Auslandsgruppe* (→ Josef Zinner) v. 18. Okt. 1940, 1941-44 Red. ihres Organs *Sozialistische Nachrichten* London; Beamter der tschechoslow. Exilreg., Mitarb. *Einheit* u. ab Bildung 1943 Mitgl. *Sudetendeutscher Ausschuß - Vertretung der demokratischen Deutschen aus der CSR.* Mitarb. *Left News, Contemporary Review, Central European Observer* u.a.; Ps. Georg Brünner. 1945 Rückberufung in die CSR, Nov. 1946 aus pol. Gründen Emigr. nach GB, namhafter Publizist, Übers. u. Dolmetscher; Mitgl. *Arbeitsgemeinschaft ehemaliger Mitglieder der DSAP.* Lebte 1978 in London.

W: u. a. Ludwig Czech, Arbeiterführer und Staatsmann. 1960; Friedrich Adler vor dem Ausnahmegericht (Hg.). 1967; Tschechen und Deutsche 1918-1938, Bd. 1 1967, Bd. 2 1974; Czechoslovakia before Munich. 1973; Stalin und Hitler (Hg.). 1973; Übers.: Gerald Reitlinger, Die Endlösung. 1956; Gerald Reitlinger, Ein Haus auf Sand gebaut. 1962. *L:* Bachstein, Jaksch; Menschen im Exil. *Qu:* Arch. Fb. Pers. Publ. Z. - IfZ.

Brüll, Josef, geb. 1894 (?) Wien, gest. UdSSR (?); *StA:* österr. *Weg:* 1934 CSR, UdSSR.

Ing.; Mitgl. *Gewerkschaft der Industrieangestellten* u. SDAP. 1914 (?)-18 Kriegsdienst, 1918 Offz., Herbst 1918 Offz. republikan. Volkswehr, Dienst beim Arsenalkommando Wien. 1920 KPÖ; Techniker bei den Österreichischen Werken (ehemals Kriegsbetriebe im Arsenal), Mitgl. Angestelltenbetriebsrat u. gemeinsamer Betriebsrat der Arbeiter u. Angestellten. Anfang der 30er Jahre Wiedereintritt in SDAP, Mitgl. *Republikanischer Schutzbund.* Vertr. der Linksopposition innerhalb der SDAP, angebl. Herbst 1933 ohne Parteiauftrag Reise nach Moskau, um Aufnahme der Linksopposition in *Komintern* zu erreichen. 1934 Teiln. an den Februarkämpfen, mit → Walter Fischer führender Schutzbundvertr. bei den Kämpfen am Laaer Berg. Anschl. Flucht in die CSR, Mitgl. KPÖ. April 1934 Moskau, Sprecher einer Schutzbündlergruppe. Vermutl. 1937 verhaftet, im Zug der Säuberungen umgekommen.

L: Fischer, Ernst, Erinnerungen und Reflexionen. 1969; Stadler, Opfer; Fischer, Walter, Kurze Geschichten aus einem langen Leben (unveröffentl. Ms.). *Qu:* Publ. - IfZ.

Brüll, Theodor, Dr. jur., Journalist; geb. 29. Sept. 1892 Wien, gest. 11. Juli 1967; *V:* Samuel B.; *M:* Rosa, geb. Schimmerling; ∞ verh.; *K:* 1 S, A: Argent.; *StA:* österr. *Weg:* 1938 Argent.

Stud. Rechtswiss. Wien; Teiln. 1. WK, Mitarb. Stenographenbüro des Österreichischen Reichsrats. 1921-33 Red. *Staatskorrespondenz* des NatRats, 1934-38 Red. *Neue Freie Presse* Wien. 1938 Emigr. Buenos Aires, mit → Ernst Lakenbacher u. a. Mitgr. u. Ltr. der *Gruppe österreichischer Sozialisten in Argentinien,* die in scharfem Gegensatz zum *Comite Austriaco* (→ Ferdinand Erb-Rudtorffer u. → Gustav Glück) stand. 1941-64 Chefred. *Argentinisches Tageblatt* in Buenos Aires, 1964 Pensionierung.

Qu: Arch. Hand. Pers. - IfZ.

Brümmer, Adolf, geb. 1914, gest. 1972; *Weg:* 1935 CSR; 1938 Mex.; 1947 Deutschland (SBZ).

Kunstschmied; 1930 SAJ. 1935 in die CSR, 1938 Mexiko, Tätigkeit als Silberschmied; 1942 mexikan. kommunist. Partei, 1943 KPD, Mitgl. u. Ltr. Ortsgruppe Puebla sowie Deleg. 1. Landeskonf. der BFD v. Mai 1943, mit → Johannes Schröter Sekr. des 1946 gegr. *Comite Pro Intercambio Cultural Mexicano-Alemán,* Frühj. 1947 Rückkehr nach Deutschland. Lebte in der DDR.

L: Kießling, Alemania Libre. *Qu:* Publ. - IfZ.

Brüning, Heinrich, Politiker; geb. 26. Nov. 1885 Münster/Westf., gest. 30. März 1970 Norwich/Vermont, USA; kath.; *V:* Friedrich Wilhelm B. (1827-1887), Kaufm.; *M:* Bernhardine, geb. Beringhof (1846-1924); *G:* 5, darunter Hermann (1876-1924), kath. Priester u. Prälat; Maria (1880-1955), Fürsorgerin; *StA:* deutsch. *Weg:* 1934-39 Westeuropa, zeitw. USA; 1939 USA.

Humanist. Gymn. u. Abitur in Münster. Nach anfängl. Jurastud. in München Stud. Phil. u. Gesch. sowie Staatswiss. u. Volkswirtschaft in Straßburg u. Bonn; 1911 Prüfung für das höhere Lehramt, 1915 Prom. Bonn. 1915 Kriegsfreiw., bis 1918 als Infanterieoffz. an der Westfront, prägendes Kriegserlebnis, EK I u. II. 1919 im Sekr. des kath. Sozialpolitikers Carl Sonnenschein; 1921 persönl. Referent des preuß. Wohlfahrtsmin. Adam Stegerwald; 1920-30 Geschäftsf. des *Deutschen Gewerkschaftsbundes* (christliche Gewerkschaften), Mitgr. des Verbandsorgans *Der Deutsche;* 1924-32 MdR Zentrum, ab 1929 Fraktionsführer; 1928 MdL Preußen; Finanz- u. Steuerpolitiker; März 1930 nach Rücktritt der Koalitionsreg. Müller u. Ausscheiden der SozDem. aus der Regierungsverantwortung Berufung zum Reichskanzler, Bildung eines sog. Hindenburg-Kabinetts der bürgerl. Mitte ohne koalitionsmäßige Bindung im Zeichen pol. Übereinstimmung mit dem Reichspräsidenten; Versuche, die Reichsfinanzen im Zusammenhang mit der Reparationsfrage zu ordnen u. dabei das im Artikel 48 der Weimarer Verf. festgelegte Notverordnungsrecht zu gebrauchen, scheiterten im Reichstag u. führten Juli 1930 zu dessen Auflösung; nach den Schwierigkeiten parlamentarischer Mehrheitsbildung aufgrund der Neuwahlergebnisse vom 14. Sept. 1930 Bildung eines auch durch die SPD tolerierten Präsidialkabinetts B., das der Wirtschaftskrise mit Deflationspolitik u. einschneidenden sozialen Maßnahmen als „tatsächliche Anpassung an die Armut der Nation" sowie mit Hilfe des Notverordnungsrechts des Reichspräs. zu begegnen versuchte; damit zunehmende Aushöhlung der Weimarer Verfassung u. parlamentarischen Demokratie. Im 2. Kabinett Brüning, in dem dieser zugl. das Außenressort übernahm, auf Drängen Hindenburgs stärkere Orientierung nach rechts; bei Verschärfung der Weltwirtschaftskrise u. zunehmender Arbeitslosigkeit Scheitern der Brüningschen Pol. insbes. in der Reparationsfrage; zunehmender Widerstand bei KPD u. NSDAP, Vertrauensschwund beim Reichspräs. sowie die Politik der Reichswehr führten am 30. Mai 1932 zum Rücktritt der Reg. Brüning u. zum faktischen Ende der Weimarer Rep. Versuchte März 1933, → Ludwig Kaas u. die Zentrumsfraktion gegen das Ermächtigungsgesetz zu beeinflussen, ebenso Gegner der vatikan. Konkordatspol.; Mai 1933 bis zur erzwungenen Selbstauflösung der Partei im Juli gleichen Jahres als Nachfolger von Kaas, der bereits emigr. war, Vors. *Zentrum*. 21. Mai 1934 Emigr. in die Niederlande, in der Folgezeit als pol. Flüchtling wechselnde Aufenthalte bei Freunden, vor allem in GB, der Schweiz u. Holland; Reisen in Westeuropa zeitw. unter Deckn. Dr. Henry Anderson u. Dr. Henry Brown; Aug./Sept. 1935 erstmalig in die USA, die B. bis zu seiner endgült. Niederlassung 1939 regelmäßig besuchte. Ab 1936 zeitw. Vortrags- u. Lehrtätigkeit Univ. Harvard; 1938 vorüberg. Lehrauftrag in Oxford/GB; Anfang 1939 Berufung auf einen Lehrstuhl für Staatswiss. an die Univ. Harvard, Lehrtätigkeit v. a. auf dem Gebiet der Wirtschaftspol. der Zwischenkriegszeit. Engagierter NS-Gegner aus nationalkonservat. Motivation, verurteilte vor 1933 die westl. Appeasement-Politik gegenüber Hitler. Bis Kriegsausbruch zahlr. pol. Kontakte u.a. zu F.D. Roosevelt u. Winston Churchill; erwartete zunächst noch einen Sturz Hitlers insbes. durch oppos. konservative Reichswehrgenerale; in Kontakt mit Widerstandskreisen in Deutschland, u. a. mehrmaliges Zusammentreffen mit Carl Goerdeler. Scharfe Kritik an der kath. Kirche u. dem Vatikan in ihrer Haltung gegenüber dem NatSoz., jedoch keinerlei ZusArb. mit dem pol. organisierten, vornehmlich sozialist. Exil, dem B. vor allem in den USA mit Kritik begegnete; entzog sich konsequent allen Versuchen vor allem rechtsorientierter EmigrKreise, ihn zur Teilnahme an dt. Vertretungskörperschaften im Exil zu gewinnen, dagegen karitative Unterstützung pol. Flüchtlinge. Nach Kriegseintritt der USA als „feindlicher Ausländer" mit pol. motiviertem Verzicht auf die US-Staatsbürgerschaft Reise- u. Redebeschränkungen und vollständiger Rückzug aus der Öffentlichkeit. Gegner alliierter Pläne zur territorialen Zerstörung Deutschlands, forderte Erhaltung der Reichsgrenzen von 1914 mit Ausnahme des Elsaß. Unterstützte nach 1945 Konrad Adenauer trotz schwerer polit. Differenzen aus der Zeit der Kanzlerschaft Brünings. 1948 mit Genehmigung der MilBehörden erstmalig Besuch in Deutschland; 1951 Berufung an die Univ. Köln, bis 1955 Ordinarius für Politische Wiss. Es gelang B. jedoch nicht, sich in das pol. Leben der Bundesrepublik zu integrieren: Gegner einer einseitigen Westorientierung u. supranationaler Europapol., die er als Preisgabe deutscher Souveränitätsrechte empfand; Befürworter einer beweglicheren Ostpolitik in Orientierung an der Stresemannschen Außenpolitik. 1955 nach seiner Emeritierung in Köln Rückkehr in die USA, lebte bis zu seinem Tode in Norwich/Vermont. In Köln beigesetzt. – *Ausz.*: 1932 Ehrenbürger Münster.

W: Um Deutschlands Zukunft. 1931; Zwei Jahre am Steuer des Reichs. 1932; Die Vereinigten Staaten von Europa. 1954; Reden und Aufsätze (Hg. Wilhelm Vernekohl). 1968; Memoiren 1918-1934. 1970; Briefe und Gespräche 1934-45 (Hg. Claire Nix). 1974; Briefe 1946-1960 (Hg. Claire Nix). 1974. *L*: u.a. Bracher, Karl Dietrich, Die Auflösung der Weimarer Republik. Eine Studie zum Problem des Machtverfalls in der Demokratie. 1960; Morsey, Rudolf, Die deutsche Zentrumspartei. In: Matthias, Erich und Morscy, Rudolf (Hg.), Das Ende der Parteien 1933. 1960; Eschenburg, Theodor, Die Rolle der Persönlichkeit in der Krise der Weimarer Republik. In: VHZ 9/1961; Vernekohl, Wilhelm (Hg.), Heinrich Brüning, ein deutscher Staatsmann im Urteil der Zeit. Reden und Aufsätze. 1961; Helbich, Wolfgang J., Die Reparationen in der Ära Brüning. Zur Bedeutung des Young-Plans für die deutsche Politik 1930-1932. 1962; Conze, Werner, Brünings Politik unter dem Druck der großen Krise. In: Historische Zeitschrift 199/1964; Staat, Wirtschaft und Politik in der Weimarer Republik. Festschrift für Heinrich Brüning (hg. von Ferdinand A. Hermens u. Theodor Schieder). 1967; Lohe, Eilert, Heinrich Brüning. Offizier, Staatsmann, Gelehrter. 1969; Bracher, Karl Dietrich, Brünings unpolitische Politik und die Auflösung der Weimarer Republik. In: VHZ 19/1971; Först, Walter (Hg.), Zwischen Ruhrkampf und Wiederaufbau. 1972; Knapp, Thomas A., Heinrich Brüning im Exil. Briefe an Wilhelm Sollmann 1940-1946. In: VHZ 22/1974. *Qu:* ABiogr. Arch. Biogr. Hand. Publ. Z. – IfZ.

Brunner, Frederick H. (urspr. Friedrich), Bankier; geb. 11. Dez. 1895 Landau/Pfalz, gest. 19. Juli 1974 New Rochelle/N.Y.; jüd.; *V*: Albert B., jüd., Weinhändler, Emigr. GB, USA; *M*: Bertha, jüd.; *G*: Elizabeth Schaler (geb. 1891 Landau, umgek. im Holokaust); ∞ 1929 Edith Badrian-Glass (geb. 1900), jüd., Lyzeum, Auslandskorr., 1938 Emigr. GB, 1940 USA; *K*: Eva B. Cohn (geb. 1931 Berlin), 1938 Emigr. GB, 1940 USA, Stud.; Lilli R. Kalmenson (geb. 1932 Berlin), 1938 Emigr. GB, 1940 USA; *StA*: deutsch, 1945 USA. *Weg*: 1937 (1938?) GB, 1940 USA.

Gymn., 1914 kaufm. Lehre GB, Soldat im 1. WK, anschl. Dir. Banque du Rhin, Köln, 1926-33 Geschäftsf. Berliner Filiale der Banken Gebr. Arnhold u. S. Bleichröder (1930 Fusion); Mitgl. *Gesellschaft der Freunde* Berlin; Mitte Juni 1933 kurzfristig in SA-Haft. Nach Warnung durch Hjalmar Schacht 1937 (1938 ?) Emigr. GB, 1940 USA, Eintritt bei Arnhold & S. Bleichroeder Inc., später Teilh., AR-Vors.; zugl. VorstMitgl. A.F.J.C.E., 1967 Rücktritt wegen Differenzen über Ausdehnung des Tätigkeitsbereichs der A.F.J.C.E. Anschl. Kuratoriumsvors. LBI New York; Forschungen zur Gesch. des Bankwesens, insbes. dt.-jüd. Bankiers.

W: Juden als Bankiers – ihre völkerverbindende Tätigkeit. In: In Zwei Welten – Siegfried Moses zum fünfundsiebzigsten Geburtstag. 1962; *D*: Kress Library, Harvard Univ. *Qu:* EGL. HGR. Pers. Publ. Z. – RFJI.

Brunner-Lehenstein (urspr. Brunner von Lehenstein), **Koloman**. *Weg*: Kolumbien.

Emigrierte nach Kolumbien, war 1942 Präs. *Comite de los Austriacos Libres* in Bogotá (Sekr. Hans Ungar).

Qu: Arch. – IfZ.

Brutzkus, Eliezer Leonid, Ingenieur, Städteplaner; geb. 19. Jan. 1907 St. Petersburg; jüd.; *V*: Dr. agr. Dov-Ber (urspr. Boris) B. (geb. 1874 Palanga/Litauen, gest. 1938 Jerusalem), Wirtschaftswiss., 1922 Berlin, 1935 Emigr. Pal., Prof. Hebr. Univ.; *M*: Esther (urspr. Emilia), geb. Seidenman (geb. 1873 Lublin, gest. 1951 Jerusalem), jüd., Zahnärztin, 1922 Berlin, 1935 Emigr. Pal.; *G*: Michael (geb. 1903 St. Petersburg, 1949 Freitod in New York), Stud. Gesch. u. Volkswirtschaft in St. Petersburg u. Berlin, Journ., 1933 Emigr. F, 1939-41 in Haft, 1941 USA; David Anatol (geb. 1910 St. Petersburg), 1922 Berlin, Stud. TH Berlin-Charlottenburg, Architekt u. Städteplaner, 1935 Emigr. Pal., A: Jerusalem; ∞ 1935 Menuha Itman (geb. 1909 Simna/Litauen, gest. 1977 Jerusalem), 1932 Emigr. F, Pal.; *K*: Tamar Stern (geb. 1936 Tel Aviv), Landwirtschaftsschule Ayanoth, 1953-56 Kibb. Nahal-Oz, Lehrerinnenseminar, Gymnastik- u. Tanzlehrerin, Irith (geb. 1946 Tel Aviv), Stud. Geographie Hebr. Univ., Landesplaner im Innenmin.; *StA*: bis 1922 russ., bis 1945 Litauen, später Pal./IL. *Weg*: 1933 F, Pal.

1917-22 Gymn. Petrograd, 1922-25 Oberrealschule Berlin-Marienburg, Abitur, 1925 landwirtschaftl. Ausbildung Markenhof/Baden, 1926-28 Stud. TH München, 1928-33 TH Berlin-Charlottenburg, Dipl.-Ing. (Städtebau u. Tiefbau); 1930-32 Mitgr. u. Schriftführer des zionist. *Diskussionsklubs Russischer Juden* in Berlin, 1932/33 Beteiligung an ZusStößen mit NatSoz.; Mitarb. jüd. Ztg. in Paris, Wien, Jerusalem u. New York. Juli 1933 Emigr. Palästina über Paris, 1933-39 Architekt in Tel Aviv, 1938-48 *Haganah*, 1939-50 Stadt-Ing. u. Planer von Bnei Berak, ab 1942 Mitgl. *Histadrut*, 1942-44 nebenberufl.

Mitarb. Forschungsinst. des *Verbandes der Ingenieure* (Wohnungsbau u. Stadtplanung), 1948-52 Ltr. Forschungsabt. des Amtes für Stadt- u. Landesplanung (bis 1951 dem Premiermin., dann dem Innenmin. unterstellt), 1951-52 StudReisen nach Frankr. u. N-Afrika (UN-Fellowship). 1953-73 stellv. Ltr. Abt. Stadt- u. Landesplanung im Innenmin., zugl. 1956-57 Doz. Akad. für Rechts- u. Wirtschaftswiss. Tel Aviv, 1965-76 Doz. für Landesplanung Technion Haifa u. 1974-76 Negev Univ. Beersheba; 1968-73 Vors. interministerieller Ausschuß für Bevölkerungsverteilung; ab 1964 Sekr. des Rates für NatParks u. Naturschutzgebiete. 1963-70 Mitgl. *Verband der Ingenieure und Architekten* (Mitarb. techn. Ausschuß), isr. Vertr. *Internationale Vereinigung für Wohnungs- und Städtebau,* Mitarb. *Haaretz* u. *Jerusalem Post.* Lebte 1978 in Jerusalem.

W: Regionaler Plan für Kreis Teltow. 1933; zahlr. Beiträge über Raumforschung u. Landesplanung in isr. u. europ. Fachzs. (insbes. über Bevölkerungsverteilung, Regional- u. Städteplanung, Verkehrsplanung, Natur- u. Landschaftsschutz, Schutz hist. Stätten). *Qu:* Fb. Hand. - RFJI.

Buber-Neumann, Margarete, Publizistin; geb. 21. Okt. 1901 Potsdam; ev., 1926 Diss.; *V:* Heinrich Thüring (1866-1942), Braumeister; *M:* Else, geb. Merten (1871-1960); *G:* → Babette Gross, Gertrud Fleiß; ∞ I. 1922 Rafael Buber, jüd., KPD, A: IL; II. → Heinz Neumann; III. Helmuth Faust (gesch.); *K:* aus I: Barbara Goldschmidt (geb. 1921), Malerin, A: IL; Dr. Judith Agassi (geb. 1924), A: IL; *StA:* deutsch. *Weg:* 1933 E, CH; 1934 F, Saargeb., F; 1935 UdSSR; 1940 Deutschland; 1945 S; 1950 Deutschland (BRD).

Lyzeum Potsdam; Mitgl. *Freideutsche Jugend.* 1912-21 Kindergärtnerin Pestalozzi-Fröbelhaus Berlin, Mitarb. *Kinderhilfe,* später Büroangest. - 1921 Mitgl. KJVD, ab 1926 KPD. Mitarb. *Liga gegen Imperialismus;* Kursteiln. Marxistische Arbeiterschule, Berlin. Ab 1928 Red. *Inprekorr* Berlin; Apr. 1931 als Deleg. der KPD-Betriebszelle des Berliner Tietz-Warenhauskonzerns u. 1932 mit H. Neumann in Moskau. Jan. 1933 Rückkehr nach Berlin, Febr. 1933 Flucht nach Spanien; unter Deckn. Else Henk Tätigkeit für *Komintern* in Madrid; Nov. 1933 nach Zürich, ab 1934 in Paris, vorüberg. im Saargeb.; Mitarb. in → Willi Münzenbergs Verlag Editions du Carrefour Paris. Sommer 1935 unter Deckn. Else Brand mit Heinz Neumann nach Moskau, 1936 Mitarb. Verlagsgenossenschaft ausländischer Arbeiter in der UdSSR; 1937 Verhaftung, Urteil 5 J. Zwangsarb.; 1937-39 im Lager Karaganda, Bruch mit Kommunismus. 1940 aufgrund des Hitler-Stalin-Paktes Auslieferung an Deutschland, bis 1945 KL Ravensbrück. Mai 1945 Flucht vor der sowj. Truppen nach Stockholm. 1950 Rückkehr nach Frankfurt, Gr. *Befreiungskomitee für die Opfer totalitärer Willkür*; Mitgl. *Kongreß für Kulturelle Freiheit* Berlin. Ab 1951 Hg. *Die Aktion,* 1951 Gr. u. bis 1952 Ltr. Institut für politische Erziehung. Mitarb. zahlr. dt. u. ausländ. Ztg., u. a. *Aftonbladet* Stockholm, *Die Welt* Hamburg u. Rundfunkanstalten; Vortragsreisen. Mitgr. u. ab 1973 PräsMitgl. *Freier Deutscher Autorenverband* (FDA), Landesvors. Hessen. Lebte 1977 in Frankfurt/M. - *Ausz.:* 1977 Freiheitspreis des FDA.

W: Als Gefangene bei Stalin und Hitler. Eine Welt im Dunkel (Erinn.). 1948 (zahlr. Übers.); Von Potsdam nach Moskau. Stationen eines Irrweges (Erinn.). 1957; Kafkas Freundin Milena. 1963 (zahlr. Übers.); Kriegsschauplätze der Weltrevolution. Ein Bericht aus der Praxis der Komintern 1919-1943. 1967; Der kommunistische Untergrund. 1970; Die erloschene Flamme! Schicksale meiner Zeit. 1976. S.a. Sternfeld-Tiedemann. *L:* Roloff, Exkommunisten. *Qu:* Arch. Fb. Hand. Pers. Publ. Z. - IfZ.

Buch, Frederic, Rundfunkjournalist; geb. 23. Juni 1921 Frankfurt/M.; jüd.; *V:* Sally B. (geb. 1877 Hungen/Hessen, gest. 1969 Frankfurt/M.), jüd., höhere Schule, Verkäufer, 1939-45 KL Theresienstadt, aktiv in jüd. Gde. Frankfurt; *M:* Bertha, geb. Weinmann (geb. 1890 Frankfurt/M.), jüd., Lehrerin, Geschäftsf. in väterl. Firma, 1939 Emigr. GB, 1940 USA, 1962 Deutschland (BRD); *G:* Suzanne Neumann (geb. 1923 Frankfurt/M.), höhere Schule, 1939 GB, 1940 USA, Schauspielerin; ∞ 1957 Ilse Lowell (Löwy) (geb. 1928 Berlin), jüd., 1936 Emigr. USA, Rundfunkregisseurin bei *Voice of America*; *K:* Barbara Diane (geb. 1960 Washington/D. C.), Stud.; Peter David (geb. 1962 München), Stud.; *StA:* deutsch, 1954 USA. *Weg:* 1939 GB, 1940 USA.

1931-36 Gymn. Frankfurt/M., 1936-38 Exportlehre, Mitgl. *Jüdischer Pfadfinderbund* (J.P.D.) Frankfurt, 1935-39 Mitgl. *Jüdischer Kulturbund.* Schauspielstud.; Nov. 1938 zeitw. Haft. Verzögerung der Emigr. wegen eines angebl. Devisenvergehens der Familie. Febr. 1939 Emigr. GB mit Mutter u. Schwester mit Besuchervisum, Unterstützung durch *Woburn House.* 1940 USA, 1940-42 Dir. eines MilTheaters, 1942-46 US-Armee in Übersee. 1946 Stud. Außenpol. Columbia Univ. u. Radio Inst. New York. 1946-48 Speditionsangest. in Großhandelsfirma, 1948-49 freier Schauspieler u. Regisseur, 1949-50 Zahlmeister einer Flugges., 1951-60 Regisseur u. Sonderberichterstatter für dt.-sprach. Rundfunkprogramme der *Voice of America*, 1955 Stud. Radiotechnik Am. Univ. Washington. Gleichz. Geschäftsf. der PR-Firma Springbrook Language Service & Springbrook Promotions, 1960-61 Ltr. des Jugendprogramms, 1961-64 Europa-Korrespondent, 1964-72 stellv. Ltr. u. ab 1973 Ltr. des engl.-sprach. News-Features-Programms, 1970-72 Vizepräs. u. AR-Mitgl. eines Schulbez. in Maryland. 1974 u. 1976 Einrichtung einer mehrsprachigen Tonbandanlage im Air and Space Museum u. im Hirschhorn Art Museum Washington/D.C. Mitgl. PR-Komitee der US-Eislaufvereinigung. Lebte 1978 in Washington/D.C.

Qu: Fb. Hand. Pers. Z. - RFJI.

Buchberger, Carl (Karl), Diplomat; geb. 14. Aug. 1887, gest. 6. Mai 1974; *StA:* österr., 1838 (?) S; *Weg:* 1938 S.

Ab 1911 diplomat. Dienst, bis Anfang 1914 Konsularattaché in Albanien, 1914-16 Diplomat an österr.-ungar. Botschaft in Berlin u. Gesandtschaft im Haag. 1916-17 Zivilkommissar in Mitrovica/Kosovo (Jugoslawien), 1917-18 erneut Diplomat an Botschaft in Berlin. 1925-27 interimistischer, 1927-33 ordentl. österr. Geschäftsträger in Stockholm für Schweden, Norwegen u. Finnland. 1933-38 ao. Gesandter u. bevollm. Minister in Ankara für Türkei, Persien u. Irak. 1938 nach Anschluß Österr. Entlassung aus dem diplomat. Dienst; Emigr. Schweden. Ab Anfang 1944 ZusArb. mit → Bruno Kreisky u. → Gustl Moser, bürgerlicher Vertr. in einer Kommission, die einen vergebl. Vorstoß zur Bildung einer österr. Vertretungskörperschaft u. zur Einberufung eines österr. Nationalkongresses mit Deleg. aus den USA, der UdSSR, GB u. Schweden unternahm. Berater der *Österreichischen Vereinigung in Schweden,* vergebl. Versuch, → Georg Franckenstein in London zur Mitarb. an österr. Exilpolitik auf internat. Ebene zu bewegen. 1945 Mitgr. u. VorstMitgl. *Schwedisch-Österreichische Vereinigung,* war maßgebl. an der Org. von Hilfsmaßnahmen für Österreich in Schweden beteiligt.

W: u. a. Erinnerungen aus meinen albanischen Jahren. In: Studia Albanica, 1973/1. *L:* Goldner, Emigration; Müssener, Exil. *Qu:* Arch. Hand. Publ. - IfZ.

Buchholz, Adolf, Parteifunktionär; geb. 5. Juli 1913; *StA:* deutsch. *Weg:* GB; 1946 (?) Deutschland (SBZ).

Metallarbeiter, 1932 KPD, ab 1932 Mitgl. ZK des KJVD. Nach natsoz. Machtübernahme illeg. Tätigkeit, Verurteilung zu 2 1/2 J. Zuchthaus, danach Emigr. nach GB, Juni 1939-1942 Vors. FDJ, LtgsMitgl. KPD-Landesgruppe. Nach Kriegsende Rückkehr nach Deutschland (SBZ), 1952-60 Werkdir. VEB Maxhütte Unterwellenborn, Abg. BezTag Gera u. Mitgl. Rat des Bez.; ab 1960 Ltr. Sektor Schwarzmetallurgie der Staatlichen Plankommission, ab Anfang der 70er Jahre Dir. VEB Rationalisierungswerk Berlin (Ost). - *Ausz.:* fünffacher Aktivist; 1958 Verdienter Aktivist, 1959 VVO (Silber).

L: Jahnke, Anteil; Röder, Großbritannien; Jahnke, Arbeiterjugendbewegung. *Qu:* Publ. - IfZ.

102 Buchwald

Buchwald, Heinz Georg, Unternehmensleiter; geb. 24. Okt. 1920 Wien; *V:* Salmen Jehudah B.; *M:* Fanny Therese, geb. Feuer; ∞ 1947 Michal Lotte Jacoby; *K:* Edith Ruth, Orna Judith. *Weg:* 1940 Pal.

Abitur Wien, 1940 Emigr. Palästina, 1942-46 brit. Armee; 1948-50, 1956, 1967 IDF-Dienst, Major. 1946-47 Sekr. Middle East Mercantile Corp. Tel Aviv, 1950-66 stellv. GenDir. Rassco Tel Aviv, 1966-68 Ges. für Wohnungsbau u. -planung GmbH Tel Aviv; 1969-72 GenDir. HABIT Ltd., ab 1972 GenDir. Pioneer Concrete Services (Israel) Ltd. u. Picon Ltd.; Ehrenämter in kommunalen Vereinigungen, Wirtschafts- u. Verbraucherorg. Lebte 1973 in Ramat Gan/Israel.

Qu: Hand. - RFJI.

Buchwitz, Otto, Parteifunktionär; geb. 27. Apr. 1879 Breslau, gest. 9. Juli 1964 Dresden; Diss.; *V:* Eisenbahnschlosser (gest. 1888); *G:* 2; ∞ I. 1902 Martha Wunderlich, 1921 gesch.; II. 1921 Else Wetzel (geb. 1886), blieb trotz Hilfe der *Sopade* für illeg. Ausreise 1933 in Deutschland, 1937 verhaftet; *K:* aus I: 5; aus II.: Edith (geb. 1920); *StA:* deutsch, 16. Sept. 1937 Ausbürg., nach 1945 deutsch. *Weg:* 1933 DK; 1940 Deutschland.

1893-96 Metalldrückerlehre, bis 1899 Wanderschaft, anschl. bis 1901 MilDienst, 1896 DMV, 1898 SPD. Ab 1902 Weber, 1905-07 Gelegenheitsarb. nach Einstellungsboykott durch sächs. u. nordböhm. Unternehmerorg., 1907-14 Sekr. des Textilarbeiterverb. für den Chemnitzer Landgebiet. 1914-18 Soldat (EK II, Friedrich-August-Med.). Ende 1918 stellv. Landrat in Görlitz/Niederschlesien, 1919-21 Mitgl. des ProvLT u. des Kreistags, 1921-24 MdL Preußen, 1924-33 MdR. Aug. 1919- 1933 Sekr. SPD-Bez. Niederschlesien. Konflikte mit der SA. Ab März 1933 illeg. Betätigung in Berlin u. Dresden, Befürworter einer Aktionseinheit mit der KPD. Mitgl. der am 21. Juni 1933 gebildeten „Berliner Zentrale" der SPD. Sept. 1933 Flucht nach Dänemark, Unterstützung durch *Matteotti-Komitee*. Nach Anerkennung als pol. Flüchtling anfänglich Mitwirkung am Druckschriftenversand des *Sopade*-Grenzsekretariats Kopenhagen unter Ltg. von → Richard Hansen; im Sinne der RSD Kritik an der alten Parteiführung, der er Mitverantwortung an der Niederlage der Arbeiterbewegung zuwies. Ltr. eines dän. Emigrantenheims, dort vor allem Verb. zu kommunist. Flüchtlingen. Enge Kontakte zu → Philipp Scheidemann, sonst innerhalb des SPD-Exils in Dänemark weitgehend isoliert. Zeitw. Bemühungen um Rückkehr nach Deutschland. Verb. zur SF, mit deren Landesltr. → Richard Schapke Anfang 1936 Hg. *Volkssozialistische Blätter*, Organ der *Politischen Arbeitsgemeinschaft deutscher Sozialisten* im Sinne einer Einheitsfront, Apr. 1936 Beendigung der Mitarbeit auf Wunsch der *Sopade* Prag. Durch Vermittlung von → Wilhelm Sollmann ab 1935 Mitarb. von → Max Sievers, ab 1937 Skandinavien-Korr. u. Landesvertr. der von S. in Antwerpen hg. Zs. *Freies Deutschland*. 1937-39 Mitarb. *Arbeiderbladet* Oslo, *Sozialdemokrat* Stockholm u. *Neue Volks-Zeitung* New York. Anfang 1940 Teiln. an Besprechungen über Grdg. eines „Deutschen Amtes" als pol. Gesamtvertr. der Emigr. auf Anregung aus Kreisen der brit. *Labour Party*. 17. Apr. 1940 Festnahme durch dän. Polizei, Aug. 1940 Überstellung nach Deutschland, 25. März 1941 Verurteilung durch VGH zu 8 J. Zuchth. Bis zur Befreiung im Apr. 1945 KL Sonnenburg u. Zuchth. Brandenburg. Ab Juni 1945 SPD-Landesvors. Sa., Protagonist der Vereinigung mit KPD. Ab 1946 Mitgl. PV bzw. ZK der SED, 1946-48 mit → Wilhelm Koenen SED-Landesvors. Sa., 1946-52 MdL u. Landtagspräs.; Apr. 1948-Juli 1950 mit → Hermann Matern Vors. der Zentralen Parteikontrollkommission, führend im Kampf gegen „Sozialdemokratismus". Mitgl. Deutscher Volksrat, NatRat der *Nationalen Front des demokratischen Deutschland* u. Präsidium des *Deutschen Friedensrats*, führender Propagandist einer Aktionseinheit zwischen SPD u. KPD in den Westzonen bzw. in der BRD. 1949 Vizepräs. der provis. Länderkammer der DDR, Mitgl. u. Alterspräs. der VK. Ab 1953 Ehrenpräs. des DRK der DDR. - *Ausz.:* u.a. 1953 Karl-Marx-Orden, 1954 Ehrenbürger Dresden, 1954 u. 1964 Held der Arbeit, 1955 VVO (Gold), 1956 Fritz-Heckert-Med., 1959 Lenin-Friedenspreis, Banner der Arbeit.

W: u. a. 50 Jahre Funktionär der deutschen Arbeiterbewegung. 1949 (u. weitere Aufl.); Brüder, in eins nun die Hände (ABiogr.). 1956. *L:* u.a. Seydewitz, Ruth, Der Klasse treuer Kämpfer. Aus dem Leben von Otto Buchwitz (Biogr.). 1961; Biographisches Lexikon zur deutschen Geschichte. 1971. *Qu:* Arch. Autobiogr. Biogr. Hand. Publ. Z. - IfZ.

Budich, Willi, Parteifunktionär; geb. 16. Apr. 1890 Cottbus/ Brandenburg, gest. 1942 UdSSR; *StA:* deutsch. *Weg:* 1933 UdSSR.

Aus sorbischer Bauernfamilie stammend; Schlosserlehre, Ingenieurstudium, Techniker in Berlin. 1910 SPD, Gew. Nach Verwundung im 1. WK Schreiber bei Garde-Feldartillerie Berlin. USPD, Mitarb. von Leo Jogiches u. → Hugo Eberlein bei Org. des *Spartakusbundes*, Deckn. Brandt. März-Nov. 1918 Haft. Ltr. der milit. Aktionen in der Zentrale des *Spartakusbundes*, Gr. u. Mitvors. *Roter Soldatenbund*. März 1919 nach München, Mitgl. Vollzugsrat der Räterepublik. Deckn. Dietrich. 1920 Deleg. 2. Weltkongreß der *Komintern* Moskau, Offz. der Roten Armee, 1921 kurzer Aufenthalt in Deutschland, Verhaftung, Flucht in die UdSSR, 1923-24 Ltr. dt. Abt. der IRH, 1924-28 Dir. der sowj. Handelsges. in Wien. Deckn. Gerbilski. Ab 1929 Red. des KPD-Zentralorgans *Die Rote Fahne* in Berlin, dann Tätigkeit in Geschäftsabt. des ZK. 1932 MdR. 1933 verhaftet u. gefoltert. Aug. 1933 Emigr. über Prag nach Moskau. Deckn. Willi Wendler. 1936 im Zuge der Säuberungen festgenommen wegen angebl. Aussagen in NS-Haft; starb 1942 in sowj. Gefängnis.

L: GdA; Weber, Wandlung; Biographisches Lexikon zur deutschen Geschichte. 1971. *Qu:* Hand. Publ. - IfZ.

Budzislawski, Hermann, Dr. rer. pol., Journalist, Hochschullehrer; geb. 11. Febr. 1901 Berlin, gest. 1978 Berlin (Ost); *V:* Isidor B. (geb. 1864), Fleischermeister, 1933 Emigr. CH; 1934 CSR; 1938 F; 1940 USA; ∞ Johanna Levy (geb. 1901), 1933 Emigr. CH; 1934 CSR; 1938 F; 1940 USA; *K:* Beate (geb. 1929), 1933 Emigr. CH; 1934 CSR; 1938 F; 1940 USA; *StA:* deutsch, 12. Juni 1935 Ausbürg., 1948 deutsch. *Weg:* 1933 CH; 1934 CSR; 1938 F; 1940 USA; 1948 Deutschland (SBZ).

1919-23 Stud. Volkswirtsch. Berlin, Würzburg, Tübingen. Red. ind. Exil-Zs. *Industrial and Trade Review for India* (Unterstützung der ind. Freiheitsbewegung); 1926-33 Red. *Wissenschaftliche Korrespondenz*, wirtschaftspol. Mitarb. *Die Weltbühne* Berlin, Ps. Hermann Eschwege. 1929 SPD. März 1933 Flucht nach Zürich; Gr. *Neue Presse-Korrespondenz*. 1934-39 Hg. u. Chefred. *Die Neue Weltbühne* Prag u. Paris als Nachfolger von Willi Schlamm (→ William S. Schlamm), u.a. Diskussionsforum für die Bemühungen um eine dt. Volksfront. Mitunterz. Aufruf für eine deutsche Volksfront v. Dez. 1936 als „Unabhängiger". Mitarb. *Deutsche Volkszeitung*. 1938 Vors. *Deutscher Volksfrontausschuß* Prag; Mitgl. *Bert-Brecht-Klub*. 1938 Entzug des Doktortitels durch Univ. Tübingen. Sommer 1938 Flucht nach Paris. 1938-39 führendes Mitgl. *Ausschuß der deutschen Opposition* u. *Thomas-Mann-Ausschuß*, die vergeblich die Wiederbelebung der Volksfrontpol. anstrebten. 1939-40 Internierung Damigni/Alencon/Orne. Über Spanien u. Portugal in die USA mit Hilfe von *Emergency Rescue Committee* u. *Jewish Labor Committee*. 1941 Berater u. Ghostwriter von Dorothy Thompson. 1944 Mitgr. CDG unter → Paul Tillich. Mitarb. *Aufbau*, Ps. Donald Bell. 1948 Rückkehr, Kommentator *Mitteldeutscher Rundfunk* Leipzig; SED. 1948-67 Prof. für Zeitungswiss. Univ. Leipzig, 1954-62 Dir. Institut für Pressegesch. u. Dekan für Journalistik. 1949-50 MdProvis. VK, ab 1958 MdVK u. 1971 Mitgl. Ausschuß für Auswärtige Angelegenheiten der VK. Ab 1967 Hg. u. zeitw. Chefred. *Weltbühne*. Mitgl. Bundesvorst. FDGB, Präs. *Verband der Deutschen Presse*. Präs.-Mitgl. UNESCO-Kommission der DDR, ab 1969 Vizepräs. *Weltföderation der Wissenschaftler*. - *Ausz.:* u. a. 1955 Fritz-Heckert-Med., 1956 Franz-Mehring-Ehrennadel, 1957 VVO (Silber), 1958 Med. für Kämpfer gegen den Faschismus 1933-1945, 1959 Banner der Arbeit, 1960 Dr. rer. pol. h. c. Univ. Leipzig, 1970 VVO (Gold).

W: u.a. zahlr. Art. *Die Neue Weltbühne,* darunter Der Dauerredner, abgedr. in: Tarnschrift *Lyons Tea,* um 1939; Die Ausbildung der Journalisten und die Erforschung der Presse. 1959; Sozialistische Journalistik. 1966. *L:* Radkau, Emigration; Duhnke, KPD; Walter, Exilliteratur, 1, 2, 7; Langkau-Alex, Volksfront. *Qu:* Arch. Hand. Publ. – IfZ.

Bühren, Karl Robert, Sportfunktionär; geb. 5. Aug. 1888 Elberfeld, umgek. UdSSR; *V:* Robert B., Färber; ∞ Selma Henriette Bentlage (geb. 1890), Emigr. CSR, UdSSR, Deutschland, 1937 Ausbürg.; *K:* Friedrich-Karl (geb. 1912), Emigr. CSR, UdSSR, 1937 Ausbürg., umgek. UdSSR; *StA:* deutsch, 24. März 1934 Ausbürg. *Weg:* 1933 CSR; 1935 UdSSR.

Sportlehrer, Mitgl. SPD u. Zentralkommission für Arbeitersport und Körperpflege, Bundessportwart *Arbeiter-Turn- und Sportbewegung* (ATUS), Dozent an ATUS-Bundesschule Leipzig, Ltr. Techn. Zentralausschuß der *Sozialistischen Arbeitersport-Internationale* (SASI). Nach 1933 Berufung als Mitarb. der SASI u. des *Arbeiter-Turn- und Sportverbands in der Tschechoslowakischen Republik* nach Aussig. Hg. des Flugblattes *An die deutschen Arbeitersportler in der Emigration,* Gr. *Kampfleitung des Deutschen Arbeitersports.* 1935 Übertritt zur kommunist. Arbeitersport-Internationale, Emigr. nach Moskau. Tätigkeit beim Allrussischen Rat für Körperkultur, Rundfunk u. Pressepropaganda; Sportlehrer an Staatl. Sportschule Moskau. Ausweisung aus der UdSSR, vergebl. Ausreiseversuch über Schweden im Mai 1937. B. u. sein Sohn kamen im Laufe der Säuberungen um; Ehefrau, Schwiegertochter u. Enkel nach dem dt.-sowj. Nichtangriffspakt durch Vermittlung der dt. Botschaft ausgetauscht.

L: ATUS-Informationen Nr. 2, Mai 1970; Überhorst, Horst, Frisch, frei, stark und treu. 1973; Timmermann, Heinz, Geschichte und Struktur der Arbeitersportbewegung 1893-1933. 1973. *Qu:* Arch. Publ. – IfZ.

Bürger, Kurt (urspr. Ganz, Karl Wilhelm), Parteifunktionär; geb. 27. Aug. 1894 Karlsruhe, gest. 28. Juli 1951 Schwerin; *V:* Karl G., Metallschleifer, SPD; *M:* Elisabeth, geb. Eich; ∞ 1928 Meta G. *Weg:* 1933 UdSSR; 1936 E; 1937 F; 1938 UdSSR; 1945 Deutschland (SBZ).

Schlosser; 1912 DMV, 1912-18 SPD, 1913-14 Wanderschaft, 1914-17 Kriegsteiln., nach Verwundung Tätigkeit als Schlosser; Mitgl. DMV-BezLtg. München, Nov. 1918 Mitgl. *Arbeiter- und Soldatenrat* ebd., Mitgr. KPD in Bayern, Apr.-Mai 1919 Kommandeur einer Abt. der Roten Armee der Räterepublik, Mai 1919 zu 4 J. Zucht. verurteilt, Haft in Straubing, 1924 mehrere Monate Haft wegen Tätigkeit für illeg. KPD als Ltr. Unterbez. München 1923-24; 1924-27 Mitgl. BezLtg. Südbayern u. führender Mitarb. MilApp., 1927-29 Red. *Hamburger Volkszeitung,* Mai 1928 Reichsgericht-Urteil 1 J. Festungshaft wegen Zersetzungsarb. in der Reichswehr, ab 1929 Mitarb. Org.- u. Presseabt. des ZK, Teiln. 12. PT, später führender Funktionär *Kampfbund gegen den Faschismus.* 1933 Ltr. Kurier- u. Verbindungsdienst des ZK, dann ZK-Instrukteur Bez. Halle, Königsberg, Danzig, Stettin (Deckn. Lukas, Kurt Krüger, Kurt Bürger). Dez. 1933 im Parteiauftrag Emigr. UdSSR. Bis Okt. 1934 stellv. Ltr. EKKI-OrgAbt. für Mitteleuropa, Nov. 1934-1936 stellv. Ltr. Presseabt. u. Ref. des GenSekr. der RGI. Okt. 1936 über Schweden u. Frankr. nach Spanien, an Aufstellung der Internat. Brigaden beteiligt, PolKommissar 1. Kompanie Centuria Ernst Thälmann u. Čapaev-Btl., ab Dez. 1936 PolKommissar im Stab der Internat. Brigaden in Albacete; 1937 nach Frankr., 1938 UdSSR. Bis 1939 Red. *Deutsche Zentral-Zeitung* Moskau, Mitarb. *Radio Moskau,* 1939-41 Sprachlehrer, ab Sept. 1941 Lehrer dt. KriegsgefLager Nr. 95 in Jelabuga/Kama. Nach Schlacht von Stalingrad 1. PolInstrukteur im KriegsgefLager Nr. 158 b. Čeropovesk b. Wologda. 28. Mai 1945 Rückkehr nach Deutschland als Ltr. einer Einsatzgruppe zur Unterstützung der *Gruppe Gustav Sobottka* (→ Gustav Sobottka) in Stettin, ab Juli 1945 Schwerin; ab Dez. 1945 1. Sekr. KPD-Landesltg. Mecklenburg-Vorpommern, maßgebl. beteiligt am Aufbau der Landesverw. u. der Vereinigung von SPD u. KPD; ab Apr. 1946 parität. Vors., ab 1948 Vors. SED-Landesvorst. Mecklenburg, MdL ebd., ab 1946 Mitgl. SED-PV, 1946-50 Deleg. SED-PT, 1949-50 MdProvis. VK, 1950-51 Mitgl. NatRat der *Nationalen Front des demokratischen Deutschland*, Juli 1950 MinPräs. Mecklenburg.

W: Aus Hitlers Konzentrationslagern. Moskau-Leningrad 1934. *L:* Botzenhardt, H., „...er hat immer in den vordersten Reihen der Partei gekämpft"; Kurt Bürger. In: BZG/1969, S. 840 ff; GdA-Biogr. *Qu:* Arch. Publ. Z. – IfZ.

Bürger, Willi, Parteifunktionär; geb. 7. März 1907 Hagen/Westf.; Diss.; *StA:* deutsch, 31. März 1939 Ausbürg., deutsch. *Weg:* 1934 Saargeb., 1935 F; E; 1941 Alg.; 1942 Deutschland.

Bis 1929 Schlosser, anschl. erwerbslos. Ab 1921 Mitgl. DMV, *Sozialistische Arbeiterjugend* u. *Arbeiter-Turn- und Sportbewegung;* Mitgl. *Reichsbanner.* 1927 Übertritt zur *Kampfgemeinschaft für Rote Sporteinheit,* 1929 KPD. 1930 Kassierer Unterbez. Hagen, 1931 Kasseninstrukteur BezLtg. Niederrhein, Anfang 1933 Kassenvolontär bei BezLtg. Berlin-Brandenburg u. Kassierer BezLtg. Württ.; März 1933-Apr. 1934 KL Heuberg. Juli 1934 Kassierer des illeg. KPD-Unterbez. Hagen, im Aug. Flucht vor Verhaftung ins Saargeb.; Anfang 1935 nach Paris, 1936-39 Teiln. Span. Bürgerkrieg; bis zu seiner Festnahme durch die dt. Besatzung Dez. 1942 in Gurs, Le Vernet u. Djelfa/Algerien interniert. Juli 1943 zu 3 J. Zucht. verurteilt. 1946-47 KPD-Abg. des ernannten LT, 1947-50 MdL NRW, Vors. der Ausschüsse für Wohnungsbau u. Öffentliche Arbeiten. Jan. 1953 Übersiedlung in die DDR (Zittau).

Qu: Arch. Hand. Pers. – IfZ.

Buisson, Wilhelm, Parteifunktionär; geb. 17. Apr. 1892 Emmendingen/Baden, hinger. 6. Sept. 1940; ∞ 1921-34, gesch.; *K:* Evelyn (1928-49); *StA:* deutsch. *Weg:* 1933 CSR, 1939 (?) Deutschland.

Apotheker, Inh. eines Nähr- u. Stärkemittelgeschäfts in München. SPD, als *Reichsbanner*-Führer bei Bekämpfung der NSDAP besonders hervorgetreten. 1933 Flucht nach Prag. Abwehrbeauftragter der SPD bei Überprüfung pol. Emigr.; Grenzsekr. in Neuern, wo er eine kleine Heilmittelerzeugung gründete; Org. des Druckschriftentransportes nach Deutschland. Anschluß an RSD um → Waldemar von Knoeringen. Zeitw. in der CSR in Haft. Festnahme nach dt. Besetzung, 27. Apr. 1940 VGH-Todesurteil.

Qu: Arch. Publ. – IfZ.

Bulian, Otto, Parteifunktionär; geb. 21. März 1886 Granovka b. Thorn/Westpr., gest. 1937 (?) UdSSR; *StA:* deutsch. *Weg:* UdSSR.

Maschinenbauer in Berlin. Vor 1914 SPD, 1919 KPD. 1923 Tätigkeit im MilApp., dann Ordner-Dienst der KPD. Okt. 1925 wegen illeg. Arbeit 2 1/2 J. Gef. Anschl. Übernahme in hauptamtl. Apparat, 1928 Reichstagskand., 1929 Sekr. für GewFragen BezLtg. Berlin-Brandenburg, dann bis 1933 wieder im MilApp., vor allem in der Waffenbeschaffung tätig. Emigr. UdSSR, 1937 im Rahmen der Säuberungen verhaftet.

L: Weber, Wandlung. *Qu:* Publ. – IfZ.

Bultmann, Peter, Bibliothekar; geb. 13. Juli 1888 Wiefelstede/Oldenburg, gest. 6. März 1942 Lager Sept Fonds/Tarn et Garonne, Frankr.; ev., 1926 kath.; *V:* Arthur Kenedy B. (1854-1919), ev., Kirchenrat; *M:* Elisabeth, geb. Stern, ev.; *G:* Helene Pleuß; Rudolf (1884-1977), ev., Theologe u. Hochschullehrer; Arthur (gef. 1915); ∞ 1920 Frida Gesine Runge (geb. 1896 Oldenburg, gest. 1964 Wien), ev., später kath., Mitgl. *Spartakusbund,* 1918 enge ZusArb. mit Rosa Luxemburg, Ps. Frau von Waldorf, 1935 Emigr. mit Kindern nach Wien; *K:* Henning (geb. 1923), byz.-orthodox. Priester in Wien; Klaus (geb. 1926), Altphilologe in München; Bernhard (1926-77), Lektor; Hildegard (geb. 1931 Dresden, gest. 1945 Wien); *StA:* deutsch. *Weg:* 1935 Österr.; 1938 CSR, F.

Gymn. Oldenburg; Stud. Phil. Leipzig, München, Marburg; 1914 Lehramtsprüfg. 1914-18 Privatlehrer, 1919 Schulltr. Privatgymn.; ab 1922 Bibliothekar Städt. Bücherhallen Leipzig, 1925 Stadtbibliothekar Dresden. Schon vor 1. WK Bekanntschaft mit Karl Liebknecht, später vermutl. *Spartakusbund* u. nach 1918 KPD-Funktionär in Hannover u. Berlin. Konvertierte zum Katholizismus. 1933 Entlassung aus städt. Diensten durch NatSoz., Buchhändler in Dresden. Frühj. 1935 über die CSR Emigr. nach Österreich. Mitte 1936 mit → Klaus Dohrn u. → Rudolf Möller-Dostali in Wien Gr. *Ring deutscher Jungkatholiken* als Versuch, als Alternative zu Volksfrontbestrebungen der Linken eine kath. Dachorg. aufzubauen; ZusArb. mit christl. u. nationalrevol. Gruppierungen, u.a. mit → Otto Straßer u. der *Volkssozialistischen Bewegung* (→ Hans Jaeger); 30. März 1937 beteiligt an GrdgsVersuch *Christlicher Reichsbund für deutsche Freiheit* in Wien, 24./25. Apr. 1937 Teiln. an Konf. der *Deutschen Front gegen das Hitlerregime* (*Vorbereitendes Komitee für die Gründung des Deutschen Volksrates*) in Preßburg. 1938 Emigr. nach Prag, dann nach Frankr.; in Paris Unterhalt eines Nachrichtenbüros in ZusArb. mit → Johann Kiefer, Verb. zu Möller-Dostali u. → Max Gruschwitz in Prag sowie → Hermann Meynen in Budapest bzw. Sofia. Nach Kriegsausbruch interniert, Tod im Lager.

L: Ebneth, Ständestaat. *Qu:* Arch. Pers. Publ. - IfZ.

Bunke, Erich, Lehrer; geb. 13. Sept. 1903; *V:* Otto B., Schneidermeister; ∞ Nadja; *K:* Tamara (Tanja, Ita), als Kampfgefährtin Che Guevaras in Bolivien erschossen; Olaf, Prof. an der Humboldt-Univ. Berlin (Ost); *StA:* deutsch. *Weg:* 1935 Lux., F; Argent.; 1952 Deutschland (DDR).

Lehrerausbildung; 1928 KPD. 1931-35 Lehrer an Berliner Volksschulen. Nach 1933 illeg. Tätigkeit. 1935 Emigr. über Luxemburg nach Frankr., später nach Buenos Aires. Tätigkeit als Sportlehrer an der dt. Cangage-Schule, Mitgr. der von → August Siemsen geleiteten Gruppe *Das Andere Deutschland*. 1937 VorstMitgl. des sozdem. Vereins *Vorwärts*, in dem sich die KPD bestimmenden Einfluß verschaffte. 1938 Vors., 1939 nach dt.-sowj. Pakt nicht wiedergewählt, Febr. 1941-45 Vors. aufgrund einer Tolerierungsabsprache zwischen sozdem. u. kommunist. Mitgl. 1952 DDR. Lebte 1976 in Berlin (Ost).

L: Kießling, Alemania Libre; Seelisch, Winfried, Das Andere Deutschland. Dipl.-Arbeit Otto-Suhr-Institut, Berlin o. J. *Qu:* Pers. Publ. - IfZ.

Bunzl, Gustav Georg(e), Unternehmer; geb. 13. Juni 1915 Wien; jüd.; *V:* → Hugo Bunzl; ∞ 1937 Hanna Fischer (geb. 1917 Wien), jüd., Abitur, 1938 Emigr. GB mit Ehemann u. Tochter; *K:* Lisl (geb. 1938 Wien), Emigr.; Anthony (geb. 1940 London), Antiquitätenhändler; Helen (geb. 1945 Bradford); Martin (geb. 1948 London), Prof. Rutgers Univ. New Brunswick/N. J., USA; *StA:* österr., 1947 brit. *Weg:* 1938 GB.

Abitur Wien, bis 1934 Stud. TH Wien, 1935-36 Manchester Univ./GB; Lehrzeit bei A. E. Reed & Co. Dartford. 1937-38 im Familienunternehmen Bunzl & Biach A. G. Wien, Pulp- u. Papierfabrik, 1938 Vermögenseinzug. Mai 1938 Emigr. GB, 1938-41 Verkaufsltr. Papierfabrik Powell Lane Corp.; im 2. WK Auxiliary Fire Service. 1941-49 Dir. Bunzl & Biach Ltd., ab 1950 Bunzl Pulp & Paper Ltd., 1950-61 geschäftsf. VorstMitgl., ab 1961 Präs. u. GenDir. (zahlr. Tochterges. in GB u. im Ausland); Präs. Lenzing Pulp and Paper Hill Australien. Vors. *Anglo-Austrian Trade Comm.*; karitative Tätigkeit in GB u. Israel (Jugendarbeit, Krebskrankenhäuser). - *Ausz.:* Großes Ehrenzeichen für Verdienste um die Republik Österr. Lebte 1976 in London.

Qu: Fb. Hand. - RFJI.

Bunzl, Hugo, Industrieller; geb. 2. Okt. 1883 Preßburg/Slowakei, gest. 2. Jan. 1961 London; jüd.; *V:* Max B. (geb. Preßburg), jüd.; *M:* Cecilia (geb. Preßburg), jüd.; *G:* → Martin Bunzl, ferner: Robert, Emil, Felix, Georg (alle Mitarb. Bunzl & Biach), 1 S; ∞ Olga Tedesco (geb. 1890 Wien, gest. 1953 London), jüd., 1938 Emigr. GB; *K:* → Gustav Georg(e) Bunzl; John (geb. 1916 Wien); Hedwig (geb. 1918 Wien, gest. 1933); Peter (geb. 1927 Wien); *StA:* österr., 1947 brit. *Weg:* 1938 GB.

Abitur Reichenberg/Böhmen, Stud. Betriebswirtschaft Manchester/GB; ab 1903 Chemiker, Geschäftsf. in brit. Unternehmen. Ab 1905 im Familienbetrieb Bunzl & Biach Wien, Textil-, Pulp- u. Papierfabrik, später GenDir., ab 1920 besondere Sozialleistungen für 6000 Angest. (Spitzname Roter Industrie-Baron); 1938 Vermögenseinzug durch NatSoz., Sept. 1938 Emigr. GB, 1938 GenDir. Bunzl & Biach (brit.) Ltd. u. Bunzl Textile Holdings Ltd., ab 1939 Vors. Tissue Papers Ltd., ab 1948 GenDir. Bunzl Pulp & Paper Ltd. (internat. Konzern mit Tochterges. in 17 Ländern). Freimaurer. - *Ausz.:* Großes Silbernes Ehrenzeichen für Verdienste um die Republik Österreich.

Qu: Hand. Pers. - RFJI.

Bunzl, Martin, gest.; *G:* → Hugo Bunzl; *K:* Herbert, A: GB. *Weg:* 1938 (?) GB.

Bis 1938 VorstMitgl. Bunzl & Biach AG. Vermutl. 1938 Emigr. GB. Mitgl. *Austrian Democratic Union* (ADU) unter → Julius Meinl, 1943 Mitgl. *New Commonwealth Society of Justice and Peace*. Anfang 1945 Vors. Restitution Committee der ADU, das sich mit der Erfassung von beschlagnahmtem Vermögen in Österr. u. mit Wiedergutmachungsfragen beschäftigte. Blieb nach Kriegsende vermutl. in GB.

L: Maimann, Politik. *Qu:* Arch. Publ. - IfZ.

Burg, Yosef, Dr. phil., Rabbiner, Politiker; geb. 31. Jan. 1909 Dresden; *V:* Abraham B. (geb. 1880 Lachowce/O-Galizien, gest. 1937 Dresden), Weinhändler, Mitgl. *Misrachi*, Gr. religiöser Institutionen, u.a. Talmud-Thora-Schule; *M:* Ziwia, geb. Stockhammer (geb. 1883 Bohorodczany/O-Galizien), jüd., Mitarb. jüd. Frauenbund, Arb. im Geschäft des Ehemanns; *G:* Bertha Kallfus (geb. 1910 Dresden), 1938 Emigr. USA, Mitarb. URO New York; ∞ 1943 Rivka Slonim (geb. Hebron/Pal.), Lehrerin; *K:* Zvia Paschchur (geb. 1945 Tel Aviv), KibbMitgl.; Ada Ben-Sasson (geb. 1951 Tel Aviv); Abraham (geb. 1955 Jerusalem), Lt. der IDF; *StA:* deutsch, IL. *Weg:* 1939 Pal.

Stud. Berlin u. Leipzig, 1933 Prom. Leipzig. 1931-35 Lehrer ebd., 1934 Lehrerdiplom Pädagog. Inst. Leipzig. Mitgl. Zion. Jugenddorg., *Brith Chaluzim Datiim, Jugend-Alijah, Misrachi*; 1936 VorstMitgl. *Misrachi, Young Misrachi* u.a. Org., sowie *Zion. Fed.* u. *Jugend-Alijah;* Mithg. *Zion* (*Misrachi*-Ztg.). 1939 Rabbinerprüfung Rabbinerseminar Berlin, VorstMitgl. Palästina-Amt Berlin. 1939 Emigr. Palästina; im selben Jahr Deleg. 21. Zion. Weltkongreß in Genf, Wahl in den Allg. Zion. Rat; bis 1940 Vertr. *Mizraḥi* u. *haPoel haMizraḥi* in Genf. 1941-46 Lehrtätigkeit in Tel Aviv. 1946-49 Ltr. *Mizraḥi* u. *haPoel haMizraḥi*, Abt. Mitteleuropa, in Paris, Hilfe für Opfer des NatSoz.; 1949 M.K. u. Funktionär *haPoel haMizraḥi*; 1949-52 stellv. Sprecher der Knesset, 1951-52 Gesundheitsmin., 1952-58 Postmin., 1959-70 Min. für öffentl. Wohlfahrt, 1970-76 Innenmin.; Dez. 1976 Entlassung aus dem Kabinett, Juni 1977 Innen- u. Polizeimin. im Kabinett Begin als Vertr. der *Nationalreligiösen Partei*. Ehem. Kuratoriumsmitgl. Bar-Ilan-Univ. u. Vors. Fürsorgerat. Lebte 1977 in Jerusalem.

Qu: Hand. Pers. Publ. - RFJI.

Burkhardt, Hermann, Journalist; geb. 4. Juli 1910 Eisenberg/Thür.; *V:* Metallarb., Einzelhändler; *StA:* deutsch. *Weg:* 1933 F; 1945 Deutschland/Saargeb.

Stud. Volkswirtsch. u. Rechtswiss.; Reichswehroffiz., vermutl. nationalbolschewistische Orientierung, 1931 KPD. 1933-45 im franz. Exil. 1945-46 mit → Johannes Hoffmann u. → Ernst Roth Mitgl. kollektive Chefredaktion *Neue Saarbrücker Zeitung* (*Saarbrücker Zeitung*). Nach Parteizulassung im Saargeb. Chefred. KPD-Organ *Neue Zeit*. 1949 von der franz. Besatzungsmacht ausgewiesen. Übersiedlung in die DDR, Red. *Vorwärts* Berlin, Chefred. *Deutschlandsender;* 1953-56 stellv. Chefred. *Berliner Zeitung*, später Korr. *Berliner Zeitung*

u. ADN in Stockholm. 1958-62 stellv. GenSekr. der kommunist. internat. JournOrganisation; ab 1962 Korr. SED-Presse, u.a. in Kuba. Vizepräs. *Deutsch-Lateinamerikanische Gesellschaft in der DDR. - Ausz.:* 1960 VVO (Silber).
W: Marseille ist kein Hafen. 1955; Der Eifelturm bleibt in Paris. 1956: Illustrationen zu: Merhart, Karin v.: Der Zwitscherpark. 1950. *L:* Schneider, Saarpolitik und Exil. *Qu:* Hand. Publ. - IfZ.

Buschmann, Ernst, Parteifunktionär; geb. 8. Nov. 1914 Solingen; *V:* Kuno B.; *M:* Paula, geb. Höfel; *G:* Eugen (geb. 1906), Fritz (geb. 1908), *StA:* deutsch. *Weg:* NL; 1937 E; 1939 F; 1945 Deutschland (FBZ).
Elektriker; frühzeitig KJVD, Arbeitersportbewegung. Nach 1933 Mitgl. KJVD-Ltg. Solingen u. BezLtg. Niederrhein. Flucht in die Niederlande. Sept.–Okt. 1936 Teiln. 6. Weltkongreß der KJI Moskau, anschl. bis Jan. 1937 Lenin-Schule der *Komintern* (Deckn. Hermann Wittmann). März 1937 nach Spanien, Kommandeur Btl. Hans Beimler. Sept. 1938 nach Demobilisierung der Internat. Brigaden zeitw. Kommandeur einer dt. Freiwilligeneinheit. Führend in *Einheitsfront der deutschen und österreichischen sozialistischen und kommunistischen Spanienkämpfer.* Deckn. Hugo Neufeld. Febr. 1939 Frankr., Internierung St-Cyprien u. Gurs, Mai 1940–Nov. 1942 Le Vernet, anschl. Sondergefängnis Castres; Sept. 1943 vor Auslieferung nach Deutschland Ausbruch mit anderen Gef.; Mitgl. KPD-Ltg. Lyon u. südfranz. Regionalltg. KFDW unter → Otto Niebergall, Mitwirkung bei Verbreitung der Zs. *Unser Vaterland.* Ab Anfang März 1944 milit. Koordinator für die dt. Maquiseinheiten, Major; Teiln. an den Kämpfen um Lyon, anschl. KriegsgefProp. i. A. des KFDW. Ab Sept. 1944 Mitgl. Militärkommission des nunmehr legalen CALPO. Juli 1945 nach Koblenz, Mitgr. Gewerkschaftsbewegung Rheinl.-Pfalz, Mitgl. Beratende Landesvers., 1947–51 MdL Rheinl.-Pfalz, ab 1949 Vors. KPD-Fraktion. Mitarb. PV der KPD. Lebte 1977 in Düsseldorf. - *Ausz.:* 1956 Hans-Beimler-Medaille.
L: Pasaremos; Buschmann, Ernst, Deutsche Soldaten im Freiheitskampf. In: Die Tat, 20. 5. 1972; Schaul, Résistance; Pech, Résistance; Sbosny, I./Schabrod, Karl, Widerstand in Solingen. 1975. *Qu:* Arch. Pers. Publ. Z. - IfZ.

Buttinger, Joseph, Politiker, Schriftsteller; geb. 30. Apr. 1906 Reichersbeuern/Obb.; kath., 1927 Diss.; *V:* Anton B. (1878-1917), Straßen- u. Bergbauarb.; *M:* Maria, geb. Birkenauer (1888-1958), Landarb.; *G:* Anton (1904-62), Glasschleifer; Maria Fuchs (geb. 1908), A: Österr.; Alois (geb. 1910), Lehrer, 1936 Emigr. GB, 1941 USA, A: USA; ∞ 1939 Paris, Muriel Gardiner, geb. Morris (geb. 1901), Psychiaterin u. Psychoanalytikerin, StA: USA, 1933-38 Stud. Wien, pol. ZusArb. mit RSÖ, ab 1939 USA, umfangreiche materielle Unterstützung der sozialist. Emigration; *StA:* österr., 1943 USA. *Weg:* 1938 B, F; 1939 USA.
1919-21 Landarb. in Waldzell/Oberösterr., 1921-24 Glasschleifer in Schneegattern/Oberösterr.; 1921 SDAP u. Glasarb.-Gew. 1922 Gruppenobmann der SAJDÖ in Schneegattern, anschl. Kreisobmann Wels, ltd. Funktionen in lokaler Arbeiterturn- u. Arbeiter-Abstinenten-Bewegung. 1924-26 arbeitslos, Selbststudium. Aug. 1926 Kurs für sozialist. Lehrer des *Sozialdemokratischen Erziehungs- und Schulvereins Freie Schule - Kinderfreunde* in Schönbrunn, Sept. 1926-1930 Hortltr. *Kinderfreunde* in St. Veit an der Glan/Kärnten. 1930 Arbeiterhochschule Wien, anschl. bis Febr. 1934 SDAP-Sekr. St. Veit. Mai-Aug. 1934 Haft wegen illeg. Tätigkeit, Ausweisung aus Kärnten. Wien, Mitgl. *Gruppe Funke* unter → Leopold Kulcsar. Sept. 1934 neben Franz Rauscher 2. Länderref. beim ZK der RSÖ, Okt. 1934 nach Verhaftung Rauschers dessen Nachf. u. ZK-Mitgl.; Ps. u. Deckn. u.a. Ernst, Franz, Gustav Richter, Erich, Rudolf. Stark beeinflußt von *Neu Beginnen* (NB, → Walter Löwenheim), für scharfe Abgrenzung der RSÖ von der alten SDAP u. Aufbau einer konspirativen Kaderorg., Vertr. einer „langen Perspektive" der Illegalität. 1934/35 Teiln. Sylvesterkonf. der RSÖ in Brünn, entging Jan. 1935 durch bes. Vorsichtsmaßnahmen der auf die Konf. folgenden Verhaftungswelle; Febr. 1935- März 1938 Obmann ZK der RSÖ, 1935-38 RedLtr. *Die Revolution* (theoret. Organ des ZK der RSÖ), Red. *Informationsdienst* u. Mitarb. *Der Kampf* Brünn, 1936-38 Red. *Die Debatte* (internes Diskussionsorgan der RSÖ). März 1935 in Brünn Verhandlungen mit → Otto Bauer, der dabei die Unterstützung des ALÖS für neue Parteiführung zusagte; Umstellung der illeg. Parteiorg. in Österr. auf Kaderschulung u. langfristige illeg. Arbeit in allen gesellschaftl. Bereichen, Aufgabe der Boykottlosung gegenüber der legalen Einheitsgew., Abbruch der Verhandlungen über Aktionsgemeinschaft mit *Autonomer Schutzbund* zugunsten neuer Einheitsfrontverhandlungen unmittelbar mit ZK der KPÖ. Juli 1935 mit Paß auf den Namen Dr. Ernst Janisch Deleg. SAI-Kongreß in London. SAI-Deckn. Korac. Ab Sept. 1935 nach 7. Weltkongreß der *Komintern* erneut Einheitsfrontverhandlungen mit Vertr. des ZK der KPÖ, u.a. → Ernst Fischer, auf der Grundlage des von → Josef Podlipnig verfaßten Bündnisangebots von RSÖ an KPÖ zur Schaffung einer gemeinsamen Einheitspartei außerhalb der *Komintern;* Frühj. 1936 in Prag Abschluß eines vorläufigen Übereinkommens zwischen RSÖ u. KPÖ, in dem sich RSÖ-Vorstellungen weitgehend durchsetzten. März 1937 Teiln. an der Spanien-Konf. von SAI u. IGB in London. Sommer 1936-Herbst 1937 Auseinandersetzungen mit KPÖ: Ablehnung der KPÖ-Bestrebungen zur Bildung einer Volksfront gegen NatSoz. unter Einschluß der Kräfte des autoritären Ständestaats. Ab Anfang 1937 in diesem Zusammenhang auch theoret. Auseinandersetzungen vor allem mit → Otto Leichter u. Otto Bauer in *Der Kampf;* hierbei bezweifelte B. die Überlebenschancen der Volksfrontreg. in Frankr. u. der span. Republik u. stellte unter dem Eindruck der Moskauer Prozesse die UdSSR als revol. Kraft gegen den NatSoz. in Frage. Nov. 1937 Wiederwahl zum ZK-Obmann der RSÖ. Anschl. Verhandlungen mit O. Bauer, der die Red. der *Arbeiter-Zeitung* dem ZK der RSÖ übergab. Ab Anfang 1938 in Erwartung des Anschlusses bemühte sich B. um Rettung exponierter RSÖ-Funktionäre in Österr. durch Emigration u. um Aufbau einer schmalen Org. aus noch unbekannten Kadern. Unmittelbar nach dem Anschluß Flucht ins Ausland. Anf. Apr. 1938 Teiln. Brüsseler Tagung der österr. Sozialisten, auf der sich die führenden SDAP- u. RSÖ-Vertr. im Exil auf eine gesamtdt. Revolution festlegten u. die Forderung nach Wiederherstellung der Selbständigkeit Österr. verwarfen. Anschl. Paris, Obmann der neugebildeten *Auslandsvertretung der österreichischen Sozialisten* (AVÖS), die nach Auseinandersetzungen mit O. Bauer u. → Julius Deutsch allein aus ZK-Mitgl. der RSÖ gebildet u. durch eine breitere beratende Versammlung, die sog. *Erweiterte AVÖS,* unterstützt wurde; der Unterschied zwischen enger u. erweiterter AuslVertr. verwischte sich jedoch bald. Red. *Der Sozialistische Kampf,* nach Bauers Tod neben O. Leichter u. → Oscar Pollak RedLtr.; Deckn. Hubert, Joseph Alexander. Ab Sommer 1938 führender Vertr. der Politik der „Konzentration", d. h. des ZusSchlusses aller dt. u. österr. sozialist. Gruppen im franz. Exil zu einem Kartell unter Wahrung der organisator. Selbständigkeit. Nach Ablehnung durch *Sopade* Sept. 1938 Mitgr. *Arbeitsgemeinschaft für sozialistische Inlandsarbeit* (AGSI) aus RSÖ, NB (→ Karl Frank) u. SAPD (→ Jacob Walcher u. → Paul Frölich), der sich die sozdem. Arbeitsgruppe Mulhouse (→ Emil Kirschmann) anschloß; für Ausrichtung der illeg. Arbeit in Deutschland auf kleine, voneinander unabhängige Kadergruppen, Ablehnung von Massenagit. u. illeg. LitVertrieb. Okt. 1938 Mitgr. *Arbeitsausschuß deutscher Sozialisten und der Revolutionären Sozialisten Österreichs* unter Julius Deutsch (auch *Deutsch-Ausschuß* oder *Konzentration* genannt): ZusSchluß von AGSI mit ISK (→ Willi Eichler) u. *Freunde der sozialistischen Einheit Deutschlands* (→ Willi Münzenberg). Ab Anfang 1939 Einheitsfrontverhandlungen mit KPD-Vertr. unter → Franz Dahlem, März 1939 anläßl. der Besetzung der Rest-CSR durch dt. Truppen gemeinsamer Aufruf von *Arbeitsausschuß,* KPD u. KPÖ an die Arbeiter Deutschlands u. Österr. in den jeweiligen Gruppenorganen; weitere ZusArb. scheiterte an intransigenter Haltung der KPD. Sommer 1939 mit Paul Sering (→ Richard Löwenthal), Karl Frank u. J. Podlipnig Autor *Der kommende Weltkrieg. Aufgaben und Ziele des deutschen Sozialismus* als Versuch linkssozialist. Standortbestimmung gegenüber dem erwarteten Krieg zwischen faschist., kapitalist. u. sowj. System in Europa. Nach

Kriegsausbruch Sept.-Okt. 1939 Internierung im Stadion von Colombes u. Lager Meslay, Okt. 1939 Auseinandersetzungen mit J. Deutsch, der in ZusArb. mit Legitimisten u. emigr. Vertr. des Ständestaats um → Martin Fuchs eine österr. Exilvertr. u. eine österr. Legion in Frankr. anstrebte. Nov. 1939 New York, weiterhin Obmann AVÖS; vor allem Visabeschaffung u. Unterstützung sozialist. Emigr. in den USA, ab Jan. 1940 Ltg. Mitgl. *International Relief Association*, später *International Rescue Committee* (IRC). Ablehnung einer nicht durch tatsächliche Bewegung im Lande legitimierten Emigrationspol., deshalb März 1941 nach anhaltenden Differenzen „vorläufige Stillegung" der AVÖS durch stellv. Obmann → Friedrich Adler. Sept. 1941 mit Adler u.a. Mitunterz. des Protests österr. SozDem. gegen Versuch der Bildung einer österr. Exilreg. durch → Hans Rott u. → Willibald Plöchl. Dez. 1941 zus. mit dem „kleinen" → Otto Bauer u. → Karl Hubeny Austritt aus AVÖS, die sich daraufhin endgültig auflöste. Schriftst. Tätigkeit, Aufbau der Library of Political Studies in New York (Buttinger-Library, einer zuletzt ca. 50 000 Bde. umfassenden sozialpol. Studienbibliothek, 1971 großteils der Univ. Klagenfurt übereignet). Zeitw. stellv. Vors., 1945-47 Europa-Dir. IRC in Paris u. Genf. 1953 Veröffentl. *Am Beispiel Österreichs,* Versuch der Aufarbeitung der Geschichte der RSÖ 1934-41, stieß innerhalb der SPÖ auf heftige Ablehnung. 1956 anläßl. des ungar. Aufstands erneut Europa-Dir. IRC. Seit 1954 ständiger Mitarb., zeitw. Hg. der Zs. *Dissent;* ab 1954 nach Aufenthalt in Südvietnam intensive pol. Beschäftigung mit dem Vietnamproblem, 1945-64 Vors. *American Friends of Vietnam,* Berater der US-Vietnampol., für Sozialreformen u. Koexistenz mit Nordvietnam, zunächst Förderer von Ngo Dinh Diem. Aufbau einer eigenen Vietnam-Studienbibliothek (1975 mit 7000 Bänden an Harvard-Univ.). Ab Anfang der 60er Jahre Gegner Diems u. des zunehmend milit. Engagements der USA. Mitarb. zahlr. amerikan. u. österr. Ztg. u. Zs., Vortragstätigkeit an zahlr. Univ. in den USA. VorstMitgl. *Phelps-Stokes-Funds* u. *Amnesty International*. Stiftung Joseph und Muriel Buttinger-Fonds zur Förderung von Studien auf dem Gebiet der Sozialwissenschaften in Österr. Lebte 1978 in New York. - *Ausz.:* u.a. 1971 Gr. Goldenes Ehrenzeichen für Verdienste um die Republik Österr., 1977 Dr. h. c. Univ. Klagenfurt.

W.: u.a. Richter, Gustav, Unsere Plattform. 1936 (Tarntitel: Schopenhauer, Arthur, Die Welt als Wille und Vorstellung); ders., Das Übereinkommen Hitler-Schuschnigg und die Aufgaben der österreichischen Arbeiterbewegung. 1936 (Tarntitel: Srbik, Heinrich von, Österreich in der Geschichte); ders., Die legalen Arbeiterorganisationen und der Sozialismus in Österreich. 1937; Probleme und Aufgaben der österreichischen sozialistischen Emigration (Ps.). Paris 1939; Der kommende Weltkrieg. Aufgaben und Ziele des deutschen Sozialismus (Mitautor). Paris 1939; In the Twilight of Socialism. New York 1952 (dt. Übers.: Am Beispiel Österreichs. 1953); The Smaller Dragon. A Political History of Vietnam. 1958; The Miracle of Vietnam. 1959; The Ethnic Minorities of Vietnam. 1961; Vietnam: A Dragon Embattled. 1967; Vietnam. A Political History. 1968; A Dragon Defiant; A Short History of Vietnam. 1972; Rückblick auf Vietnam. Chronologie einer gescheiterten Politik. 1976; Gardiner, Muriel/Buttinger, Joseph, Damit wir nicht vergessen. Unsere Jahre 1934-1947 in Wien, Paris und New York (mit Bibliogr. der Artikel von B. in *Der Kampf,* Brünn, u. *Der Sozialistische Kampf,* Paris). 1978; Autobiographie (in Vorb.); Buttinger, Beispiel; Kliem, Neu Beginnen; Deutsch, Julius, Ein weiter Weg. 1960; Link, Werner, Die Geschichte des Internationalen Jugendbundes (IJB) und des Internationalen Kampfbundes (ISK). 1964; Drechsler, Hanno, Die Sozialistische Arbeiterpartei Deutschlands (SAPD). 1965; Wisshaupt, RSÖ; Leichter, Diktaturen; Leichter, Otto, Otto Bauer. Tragödie oder Triumph? 1970; Plum, Günther, Volksfront, Konzentration und Mandatsfrage. In: VHZ 1970/4; DBMOI; Goldner, Emigration; Widerstand 1. *D:* AsD, DÖW, IfZ, IISG, VfGdA. *Qu:* Arch. Fb. Hand. Pers. Publ. Z. - IfZ.

C

Cahen, Fritz Max, Journalist; geb. 8. Dez. 1891 Saarlouis, gest. 29. Aug. 1966 Bonn; jüd.; *V:* Eugen C., Getreidemakler; *M:* Henriette, geb. Gottschalk; ∞ Eugenie Stamm (1893-1967), Emigr. CSR, GB, CDN, Ausbürg.; *K:* Oskar (geb. 1916), Graphiker; Ulrich (geb. 1925), Emigr., Ausbürg.; *StA:* deutsch, 27. Okt. 1937 Ausbürg., deutsch. *Weg:* 1933 CSR; 1937 USA; 1954 Deutschland (BRD).

Kriegsfreiw., 1915 Korr. *Frankfurter Zeitung* (FZ) in Kopenhagen, Verb. zum dt. Botschafter Brockdorff-Rantzau, in dessen Auftrag Mitwirkung an Auslandsprop. u. diplomat. Sonderaufgaben. Jan.-Juli 1919 persönl. Presseref. Brockdorff-Rantzaus im AA, Mitgl. der dt. Deleg. in Versailles u. der RegDeleg. zur Weimarer NatVers. Anschl. FZ-Korr. in Kopenhagen. Ab Juli 1920 freier Journ., Auslandsreisen, um 1925 mit PropAuftrag im Saargeb. 1927-28 Red. eines Berliner BezAnzeigers, 1928 Chefred. Deutscher Matern Verlag, Mitarb. Zensurstelle für Schmutz und Schund. Mitgl. DDP. 1930 Wahlkampfltr. DSP. 1931 Übersiedlung nach Monte Carlo, anschl. in die CSR, Anfang 1932 nach Dresden. März 1932 Grdg. bürgerl. Widerstandsorg. *Deutscher Vortrupp (The German Vanguard)* gegen den NatSoz. mit angebl. weitverzweigten konspirativen Verb.; 6. Aug. 1933 Emigr. nach Prag. 1934 Mitarb. an dem mit dt. Emigr. gedrehten Film „Kuß im Schnee", anschl. ausgedehnte Reisen für CSR-Blätter. Angebl. enge Kontakte zu *Deutscher Vortrupp* im Reich. 5. Febr. 1935 in Prag Grdg. *Volkssozialistische Bewegung* (VS) mit → Hans Jaeger u. → Arthur Arzt. Jan. 1937 in Verb. mit anderen nationalrevol. u. konfessionellen Gruppen (u.a. *Schwarze Front* [SF]→ Otto Straßers) Grdg. *Deutsche Front gegen das Hitlerregime* u. Vorbereitung eines Deutschen Volksrats, Verhandlungen C.s mit → Hermann Rauschnig, → Carl Spiecker, → Albert Grzesinski, → Wilhelm Sollmann u.a. Sommer 1937 nach Zerwürfnissen in VS u. SF in die USA, um für Unterstützung des Volksrats zu werben. Im gleichen Jahr Ausschluß aus VS, um Gefährdung der Gruppe durch seine angebl. Attentatsvorbereitungen gegen natsoz. Politiker vorzubeugen. In den USA Mitarb. amerikan. Zs., u. a. *Washington Post.* Nov. 1939 Verbot sämtl. Schriften in Deutschland.

W: Men Against Hitler (ABiogr.). New York (Bobbs-Merrill) 1939; zahlr. Kriminalerz. unter Ps. *L:* Röder, Großbritannien. *D:* IfZ. *Qu:* ABiogr. Arch. Pers. Publ. Z. - IfZ.

Cahen, Gustav, Dr. med., Facharzt, Verbandsfunktionär; geb. 6. Juli 1871 Saarlouis, gest. 24. Juni 1956 USA; jüd.; ∞ Alice Reis (geb. 1875 Heidelberg), jüd.; *StA:* deutsch. *Weg:* 1941 USA.

Ab 1899 Facharzt für Orthopädie u. Röntgenologie in Mannheim, Ltr. gymnast.-orthopäd. Heilanstalt, verlor als MilArzt im 1. WK beide Hände durch Röntgenverbrennungen. VorstMitgl. *Verband der Ärzte Deutschlands* u. *Deutscher Ärztevereinsbund,* ab 1919 Geschäftsf. *Gesellschaft der Ärzte Mannheims,* BezÄrztekammer u. 1922-29 Ärztliche Landeszentrale für Baden, Mitgr. *Versorgungskasse badischer Ärzte,* 1925-29 Mitgl. Wohlfahrtsausschuß der Stadt Mannheim. 1920-36 Mitgl. Israelit. GdeVertretung.

*Qu:*Arch. - IfZ.

Cahn, Herman, Dr. jur., Rechtsanwalt, Richter; geb. 11. Nov. 1932 Bonn; jüd.; *V:* Samuel C. (geb. 1900 Rheydt/Westf., gest. 1975 New York), jüd. Kaufm., Mitgl. jüd. Gde., 1938 Emigr. USA; *M:* Julia, geb. Levi (geb. 1907 Siegburg/Rheinl.), jüd., 1938 Emigr. USA; ∞ 1958 Abby Spindel (geb. 1936 Paterson/N. J.), jüd., *K:* Milton (geb. 1959); Avrom (geb. 1961); Eva (geb. 1967); *StA:* deutsch, 1944 USA. *Weg:* 1938 USA.

1938 Emigr. USA mit Eltern nach Entlassung des Vaters aus KL Dachau. 1946-50 High School der Yeshiva Univ. New York, 1950-53 Stud. City Coll. New York, Mitarb. *Hillel Soc.* u. in StudSelbstverw., B. A., 1953-56 Stud. Harvard Law School, 1956 Prom.; 1956-76 RA in New York, seit 1977 Richter bei Zivilkammer in New York. Ab 1970 Präs. der Washington-Heights-Inwood Community Council (Vertretung der orthod. jüd. Gde. bei der Stadt), Mitgl. K'hal Adath Jeshurun Congr., Agudat Israel, New York City Community Board 12, *Democratic Club, New York County Lawyers Assn., New York State Bar Assn., Harvard Law School Assn.* Lebte 1977 in New York.

D: RFJI. *Qu:* Fb. Hand. Pers. – RFJI.

Callam, Albert, Parteifunktionär; geb. 1887; *StA:* deutsch. *Weg:* F; 1941 Mex.; 1946 Deutschland (SBZ).

Fliesenleger. Vor 1914 pol. Tätigkeit in der Schweiz in Verb. mit → Fritz Heckert. 1916 Mitgl. *Spartakusgruppe* Chemnitz, 1918 KPD. Geschäftsf. von KPD-Verlagen, Verlagsltr. Zentralorgan *Die Rote Fahne*. Emigr. nach Frankr., für den Druck illeg. Materialien der KPD-Auslandsltg. zuständig. Dez. 1941 nach Mexiko, Verlagsltr. der Okt. 1941 von der KPD gegr. Zs. *Freies Deutschland*, Mitgl. BFD Mexiko seit Grdg. Anfang 1942. Mai 1946 zus. mit → Alexander Abusch u. → Paul Merker auf sowj. Schiff Rückkehr über Wladiwostok nach Deutschland.

L: Kießling, Alemania Libre; Dahlem, Vorabend. *Qu:* Publ. – IfZ.

Callmann, Rudolf, Dr. jur., Rechtsanwalt, Verbandsfunktionär; geb. 29. Sept. 1892 Köln, gest. 12. März 1976 New York; jüd.; *V:* Max C. (geb. Köln, gest. um 1929 Köln), RA, Justizrat, StadtVO in Köln, Mitarb. in jüd. Gde. u. B'nai B'rith; *M:* Claire, geb. Meyer (geb. Aachen, gest. 1938 Köln), jüd.; *G:* Hans (geb. um 1897 Köln, gest. 1966 New York), RA, Teilh. in väterl. Kanzlei, 1937 Emigr. USA; ∞ 1919 Maria Hess (geb. 1893 Köln, gest. 1965 New York), jüd., 1936 Emigr. USA, zeitw. Schneiderin; *K:* Ellen (geb. 1926 Köln), 1936 Emigr. USA, Ph. D., Kunsthistorikerin, Hochschullehrerin; *StA:* deutsch, 1946 (?) USA. *Weg:* 1936 USA.

Soldat im 1. WK, Stud. Rechtswiss. Berlin u. Bonn, 1919 Prom. Freiburg. 1922-36 Teilh. väterl. RA-Praxis, spezialisiert auf Markenschutz- u. Kartellrecht, 1929 Veröffentl. des Standardkommentars zum unlauteren Wettbewerb. 1930-36 Vors. linksrheinischer Landesverband Rheinland u. Mitgl. Hauptvorst. des CV, tätig für *Keren Hayessod*, 1931-32 durch Öffentlichkeitsarb. gegen natsoz. Propaganda überregional hervorgetreten. 1933-36 Mitgl. Präsidialausschuß der *Reichsvertretung*. 1936 Emigr. USA, 1936-39 Stud. Rechtswiss. u. Forschungsarb. an der Harvard Univ., 1939 LL.B., 1939-45 Forschungsarb. u. Arbeit am Kommentar zum internat. Recht gegen unlauteren Wettbewerb in Cambridge/Mass., nach 1941 in New York als Mitgr. der *Temporary Nat. Econ. Commission* i. A. des US-Senats Untersuchung monopolist. Machtballungen im Ausland. Ab 1947 Privatpraxis als RA, spezialisiert auf Probleme des unlauteren Wettbewerbs, des Markenschutzes u. des Anti-Trust-Rechts. Berater der RA-Firma Golenbock and Barell New York. Zugl. 1941 Mitgr., 1941-46 Präs., 1946-47 Vorst-Vors. A.F.J.C.E., ab 1955 Vizepräs. u. Mitgl. Hauptvorst. der *Claims Conf.*, Präsidiumsmitgl. *Council of Jews from Germany*, Mit-Initiator der Wiedergutmachungsgespräche mit Konrad Adenauer u. Theodor Heuss, Mitgl. Hauptvorst. des LBI New York, Mitarb. *Selfhelp*, Mitgr. Altersheim Kew Gardens Nursing Home (später Margaret Tietz – Center for Nursing Care). Mitgl. *Am. Bar Assn., New York Bar Assn., Am. Assn. of Internat. Law, New York Patent Law Assn., US Trade Mark Assn.* – *Ausz.:* 1959 Honorar-Prof. Univ. Köln.

W: Der unlautere Wettbewerb. 1929; Zur Boykottfrage. 1932; Das deutsche Kartellrecht. 1934; Anti-Trust Law in Courts and Commissions (Administrative Law Thesis). 1939; The Law of Unfair Competition and Trademarks. 1945, 3. Aufl. 1967; Unfair Competition. 1946; Trade Marks and the Lanham Act. 1947; Art. in rechts- u. wirtschaftswiss. Zs. *D:* RFJI; LBI New York. *Qu:* Arch. Hand. Pers. Publ. Z. – RFJI.

Capell, Hans, Dr. jur., Verbandsfunktionär; geb. 23. März 1908 Düren/Rheinl.; *StA:* deutsch, IL. *Weg:* 1938 GB, 1951 IL.

1930 Prom. Köln; 1933-36 Sekr. ZVfD, 1936-38 Sekr. KKL für Deutschland. 1938 Emigr. GB, 1938-47 Sekr. KKL für GB in London, VorstMitgl. AJR, VorstMitgl. *Council of Jews from Germany* London, Brit. Zion. Fed., Vors. *Herzl Soc.* London. 1951 nach Israel, Dir. Investitionsabt. der RASSCO, Dir. der Development Corp. Ltd. des Weizmann Inst. of Science, 1972 Präs. K. J. V. Lebte 1972 in Ramat Hen.

W: Der Aufsichtsrat der Aktiengesellschaft in der Rechtssprechung des Reichsgerichts und in den Satzungen der Aktiengesellschaft (Diss.). 1930; Beiträge in dt. u. isr. Ztg. u. Zs. *L:* Meilensteine. *Qu:* Publ. – RFJI.

Carlebach, Alexander, Dr. en droit, Rabbiner; geb. 26. März 1908 Köln; *V:* Dr. phil. Emanuel Shalom Carlebach (geb. 1874 Lübeck, gest. 1927 Köln), 1904-27 Rabbiner der orthodoxen Austrittsgde. Adass Jeschurun Köln u. Dir. jüd. Lehrerseminar Köln, während 1. WK zus. mit → Pinchas Kohn bei der dt. Zivilverw. in Polen als Berater für jüd. Schulfragen; *M:* Minna, geb. Joel (geb. 1873 Pfungstadt/Hessen, gest. 1948), 1939 Emigr. B, 1946 nach Pal.; *G:* David (geb. 1899 Memel, gest. 1952), Rabbiner in Köln, 1937 Emigr. Pal., Lehrer in Jerusalem; Joseph (geb. 1901 Memel, gest. 1961), Zahnchirurg, 1938 Emigr. GB, 1940 Emigr. USA; Daniel (geb. 1903 Memel, gest. 1949), Kaufm., 1936 Emigr. B, 1940 Internierung in F, 1942 CH, 1945 B; ∞ 1937 Marga Löwenstein (geb. 1910 Gemen/Westf.), jüd., Stud. Med., landwirtschaftl. Hachscharah, 1933 Emigr. F, 1935 GB, Schneiderin; *K:* Susan Jean Stern (geb. 1944); Tirza Rachel Jacobs (geb. 1946); *StA:* deutsch; brit.; 1966 IL. *Weg:* 1933 F, 1935 GB.

1926-27 Stud. Jeschiwah Slobotka/Litauen, 1927-32 Stud. Köln, Paris, Leipzig u. Straßburg, Referendar, daneben Hg. Zs. *La Tribune Juive*; Mitgl. BJA, Jugenddorg. *Agudas Jisroel*. 1933 Emigr. Frankr. mit StudVisum, 1934 Prom. Straßburg; 1935 nach GB, Unterstützung durch *Jewish Refugees Committee* London, 1935-49 Stud. Jews' Coll., Rabbinerexamen, 1949 Fellow Jews' Coll., gleichz. Privatlehrer u. Teilh. an Ausbildungskurs für jüd. Lehrer in London, zugl. 1937-46 stellv. Prediger, Lehrer u. Kantor Golders Green Beth Hamidrash London; 1946-47 bei jüd. Hilfestelle der UNRRA in Deutschland (BBZ), Mithilfe bei Grdg. neuer jüd. Gden.; 1947-54 Rabbiner N. Hendon Syn. London u. Dir. *Union of Orthodox Hebr. Congrs.*, Educ. Officer des *Board of Orthodox Jew. Educ.* London. Mitgl. VerwRat für jüd. Mittelschulen, *Board of Deputies of Brit. Jews,* Beratungsausschuß der Kunstgalerie Ben Uri, *Sabbath Observance Employment Bureau Council.* 1954-65 Rabbiner Belfast Hebr. Congr. u. Jew. Community of Northern Ireland in Belfast, Vizepräs. *Mizrachi Fed. of Great Britain and Ireland, Friends of Midrashia of Great Britain and Ireland, Brit. Committee of Keren Yaldenu* (Fond für unsere Kinder), einer gegen christl. Missionstätigkeit gerichteten Org.; 1966 nach Israel, 1966-71 RedMitgl. *Encyclopedia Judaica* u. Mitarb. *El-Am Talmud*, gleichz. freiberufl. Rabbiner u. Lehrer, Gr. u. Vors. *Union für eingewanderte Rabbiner aus dem Westen*, VorstMitgl. Yeshiva Coll. in Pardes Ḥannah u. Yeshiva Coll. in Kefar Saba, engl. Red. der Zs. *Niv haMidrashiyyah*, Aufbau von Wohnheimen für Flüchtlingskinder, Mitgl. *Komitee zur Unterstützung von Flüchtlingen.* Lebte 1978 in Jerusalem.

W: The Future of German Jewry. In: Jewish Monthly. 1949; Rabbi Juda Ha-Nasi, His Life and Times. 1953, 2. Aufl. 1962; A German Rabbi Goes East. In: Yearbook LBI. 1961; Le Problème de la Faute et sa Place dans la Norme du Droit International. 1962; The German-Jewish Immigration and its Influence on Synagogue Life in the USA. In: Yearbook LBI. 1964; Beiträge in jüd. Zs. *L:* Carlebach, N. H., Joseph Carlebach and His Generation. 1959. *Qu:* Fb. Hand. Pers. Publ. – RFJI.

Carlebach, Azriel (urspr. Esriel), Dr. jur., Journalist; geb. 6. Nov. 1908 Leipzig, gest. 12. Febr. 1956 Tel Aviv; *V:* → Ephraim Carlebach; ∞ 1940 Ḥavah Goldrei; *K:* Tekumah Nizah; *StA:* deutsch, 29. März 1934 Ausbürg. *Weg:* 1933 PL, 1934 GB, 1936 Pal.

Stud. Jeschiwah Slobodka u. Telsiai in Litauen sowie Univ. Berlin u. Hamburg, Prom. Berlin; 1929 Mitarb. *Weltbühne*, 1929 Org. des 1. Kongresses des Weltverbandes für Sabbathschutz *Schomre Schabbos*, später Geschäftsf. des Verbandes;

108 Carlebach

1929-33 Red. *Israelitisches Familienblatt* Hamburg, kommunist. Attentat wegen seiner Berichterstattung über Lebensbedingungen der Juden in der UdSSR. 1933 Emigr. Polen, 1933-34 Red. *Haynt* in Warschau; 1934 nach GB, 1934-36 Red. *The Jewish Post* in London. 1936 nach Palästina, Stud. Jeschiwa Rav Kook Jerusalem, 1936-37 Red. für die Nachmittagsausgabe des *Haaretz*, 1937-38 Red. orthodoxe Tagesztg. *HaZofeh*, 1938-48 Gr. u. Red. *Yediot Aḥaronot*, 1948-56 Gr. u. Red. *Maariv*; gleichz. Hg. der literar. Wochenzs. *Sifron* u. 1946-56 der literar. Vierteljahresschrift *Kazir*. Mitgl. *Israelischer Journalistenverband, World Union of Jewish Journalists*. – *Ausz.*: 1932 Preis für Kurzgeschichten.

W: Exotische Juden. Berichte und Studien. 1932; Vaadat haḤakirah (Die Engl.-Am. Untersuchungskommission, Hg.). 2 Bde., 1946; Hodu, Yoman Deradhim (Indien, Aufzeichnungen während eines Besuches). 2. Aufl. 1955/56; Sefer ha-Demuyot (Kurzbiographien). 1958-59; Mikhtavim liTekumah (Abhandlungen über die Wiederauferstehung). 1966; Sefer haḤurban (Vernichtung, Aufsätze aus den Jahren 1934-52). 1967; Sefer haTekumah (Wiederauferstehung). 1967; Beiträge in isr. u. ausländ. Zs., auch unter dem Ps. Reb Ipcha Mistavra. *Qu*: Arch. Hand. Publ. Z. – RFJI.

Carlebach, Eli Chaim, Rabbiner; geb. 14. Jan. 1925 Berlin; jüd.; *V*: → Hartwig Naphtali Carlebach; ∞ 1949 Hadassa Schneerson (geb. Leningrad), 1935 Emigr. Pal., 1936 F, 1947 USA, Lehrerin beim Jew. Educ. Cent. in Elizabeth/N.J.; *K*: Sterna Citron (geb. 1950), Hg. des chassidischen *Chabad Newsletter* in Berkeley/Calif.; Shaina Berkowitz (geb. 1951); Billie, Angest. bei ATT; Fraida Laufer (geb. 1956), Lehrerin an der Wiener Jeshiwah New York; Esther (geb. 1960); *StA*: deutsch, 1950 USA. *Weg*: 1931 Österr., 1938 Litauen, 1939 USA.

1938-39 Stud. Jeschiwah Telz in Telsiai/Litauen. 1939 in die USA, 1939-43 Stud. Mesivta Torah Vodaath New York, 1944-49 Stud. Lubavitcher Jeschiwah, 1949 Rabbinerexamen. 1949-51 Dir. der chassidischen Lubavitcher School, 1951-65 Rabbiner der Congr. Machsikei Hadas in Newark/N.J., seit 1965 Rabbiner Hillside Jew. Center in Hillside/N.J.; 1973 Org. der relig. Siedlungen Alon Shvut u. Beth El in Israel mit finanzieller Unterstützung jüd. Gden. in Hillside/N.J. u. Staten Island/N.Y. Seit 1975 Hg. hebr. Buchreihe über jüd. Phil. u. Ideengesch. *Zecher Naftoli*.

Qu: Pers. Publ. – RFJI.

Carlebach, Ephraim, Dr. phil., Rabbiner; geb. 1879 Lübeck, gest. 1936 Ramat Gan/Pal.; *V*: Salomon C. (geb. 1845 Heidelsheim/Baden, gest. 1919 Lübeck), Rabbiner; *M*: Esther, geb. Adler; *G*: Alexander (geb. 1872, gest. 1927 Lübeck), Bankier u. Philanthrop; Dr. phil. Emanuel Shalom C., Vater von → Alexander Carlebach; Simson (geb. 1875 Lübeck, umgek. 1941 in Riga), Vater von → Felix Carlebach; Bella Rosenach (geb. 1876); Sara Stern (geb. 1880 Lübeck); Moses (geb. 1880 Lübeck), Kaufmann in Leipzig; Joseph Carlebach (geb. 1882 Lübeck, gest. 1942 Riga), Rabbiner, Schriftst.; Cilly Neuhaus (geb. 1884 Lübeck, gest. 1968 New York), jüd. Frauenführerin, Mitgl. *Reichsvertretung*, 1942-45 KL Theresienstadt, 1945 F, 1946 USA (M von → Ralph Neuhaus); Mirjam Cohn (geb. 1888 Lübeck, gest. 1962 Tel Aviv) (Ehefrau von → Wilhelm Zeev Cohn u. M von → Ḥaim Hermann Cohn); → Hartwig Naphtali Carlebach; ∞ Gertrude, 1936 Emigr. Pal.; *K*: → Azriel Carlebach; *StA*: deutsch. *Weg*: 1936 Pal.

Stud. Rabbinerseminar Berlin, Rabbinerexamen, gleichz. Stud. Univ. Berlin, 1901 Prom., 1900-36 Rabbiner der Isr. Religionsgde. Leipzig, Gr. der Carlebach-Schulen in Leipzig. 1936 Emigr. Palästina.

W: Die rechtlichen und sozialen Verhältnisse der jüd. Gemeinden Speyer, Worms und Mainz von ihren Anfängen bis zur Mitte des 14. Jahrhunderts (Diss.). 1901; Die halachischen Kompendien im Urteil ihrer Verfasser. In: Stern, Moritz (Hg.). Festschrift zum 40-jährigen Amtsjubiläum des Herrn Rabbiners Dr. Salomon Carlebach in Lübeck, 1910. *L*: Carlebach, Hartwig Naphtali, Joseph Carlebach and His Generation. 1959. *Qu*: Pers. Publ. – RFJI.

Carlebach, Felix, Rabbiner; geb. 15. Apr. 1911 Lübeck; jüd.; *V*: Simson C. (geb. 1875 Lübeck, umgek. 1941 in Riga), jüd., Bankier; *M*: Rosa, geb. Graupe (geb. 1890, umgek. in Riga), jüd.; *G*: Ephraim (geb. 1912 Lübeck), Rabbiner in Montreal; Solomon, Emigr. GB, später IL, Lehrer; Esther, Krankenschwester IL; ∞ 1936 Babette Kohn (geb. 1912 Würzburg), jüd., Abitur u. Isr. Lehrerbildungsanstalt Würzburg; *K*: Judith Klener (geb. 1940), Sulamith Leon (geb. 1943), Naomi (geb. 1945); *StA*: deutsch, brit. *Weg*: 1939 GB.

1921-28 Gymn. Lübeck, 1929-32 Stud. Jüd. Lehrersem. Köln, 1933 Examen; daneben Stud. Hochschule für Musik, Köln. Bis 1939 Lehrer an jüd. Schulen in Leipzig; Febr. 1939 Emigr. nach GB mit Besuchervisum ohne Arbeitserlaubnis. Unterstützung durch Oberrabbiner von England, J.H. Hertz; 1939-46 Hilfsrabbiner in London; seit 1947 Rabbiner South Manchester Synagogue, 1949-52 Stud. Semitistik Victoria Univ. Manchester, 1952 M.A.; Amtsrabbiner der GdeVerw. Manchester, geistl. Betreuer der jüd. Blindenges., Präs. *B'nai B'rith*-Loge.

Qu: Fb. Hand. Z. – RFJI.

Carlebach, Hartwig Naphtali, Dr. phil., Rabbiner; geb. 21. Aug. 1889 Lübeck, gest. 23. Dez. 1967 New York; *G*: → Ephraim Carlebach; ∞ Paula Cohn (geb. 1896 Basel), 1917 nach Berlin, 1931 Österr., 1938 Litauen, 1939 USA; *K*: → Eli Chaim Carlebach; → Shlomo Carlebach; Shulamit Levovitz (geb. 1919 Berlin), 1931 Österr., 1938 Litauen, 1939 USA; *StA*: deutsch, 1944 USA. *Weg*: 1938 Litauen, 1939 USA.

Stud. Rabbinerseminar Berlin, 1912 Rabbinerexamen, gleichz. Stud. Berlin, 1912 Prom.; Lehrer an der Carlebach-Schule in Leipzig, 1917-31 Rabbiner in Berlin, 1931 in Baden bei Wien. 1938 Emigr. Litauen, 1939 in die USA, 1940-44 Rabbiner Congr. Young Israel Eastern Parkway in Brooklyn, New York, 1945-67 Congr. Kehilat Jacob in New York.

W: Joseph Carlebach and His Generation. 1959; The Carlebach Tradition: the History of my Family. 1973; Speak to the Children of Israel. 1977. *L*: Festschrift für Wilhelm Zeev Cohn. 1973. *Qu*: Hand. Pers. Publ. Z. – RFJI.

Carlebach, Shlomo, Rabbiner, Komponist; geb. 14. Jan. 1926 Berlin; *V*: → Hartwig Naphtali Carlebach; *G*: → Eli Chaim Carlebach; ∞ 1972 Elaine Neilah Glick (geb. 1943 Toronto), Lehrerin, *K*: Neshamah (geb. 1974 New York); Noderah (geb. 1977 New York); *StA*: österr.; USA. *Weg*: 1938 Litauen, 1939 USA.

1931 Übersiedlung der Familie nach Baden bei Wien, 1938 Emigr. Litauen, Stud. Jeschiwah. 1939 USA über GB mit Familie, Stud. Mesivta Torah Vodaath New York, Beth Midrash Gevoha of Lakewood/N.J., Mesivta Rabbi Chaim Berlin Rabbinical Acad. New York, 1951 Rabbinerexamen; 1960-70 Gr. u. Ltr. *House of Love and Prayer* in Calif. u. Jerusalem mit dem Ziel, jüd. Jugendliche für orthod. Glauben zu gewinnen; gleichz. Karriere als Komponist u. Sänger von Liedern mit isr., hassid. u. am. Volksliedelementen, zahlr. Tourneen in Israel u. USA, Schallplattenaufnahmen. Seit 1967 Nachf. des Vaters als Rabbiner der Gde. Kehilath Jacob New York. Lebte 1977 in New York.

W: The Shlomo Carlebach Songbook. 1970; 17 Schallplattenaufnahmen bei Zimrani, Vanguard, Hed Artzi u.a. Ges. *Qu*: Pers. Publ. – RFJI.

Caro, Kurt Michael, Journalist; geb. 25. Juli 1905 Berlin; *StA*: deutsch, 5. Aug. 1937 Ausbürg., brit. *Weg*: 1933 F; 1939 Alg.; 1943 GB; 1945 Österr.; 1950 Deutschland/Berlin (West).

Stud. Rechtswiss., Referendar, Journ.; 1930-33 Chefred. *Berliner Volkszeitung.* Apr. 1933 Entlassung wegen angebl. staatsfeindl. Tätigkeit, Flucht nach Paris. Mitgl. u. Schatzmeister *Association des Journalistes Allemands Emigrés (Verband Deutscher Journalisten im Auslande)* Paris; 1933-34 Mitarb. *die aktion* Paris, bis 1938 Red. *Pariser Tageblatt/Pariser Tageszeitung,* Ps. Manuel Humbert. 1939 als Angehöriger der franz. Armee in Algerien, 1940 Internierung in der Sahara. Ab 1943 Dienst in der brit. Armee. Ab Mai 1945 mit brit. Besatzungsmacht nach Österr.; Chefred. der vom brit. Informationsdienst hg. *Kärntner Nachrichten* Klagenfurt, anschl. der *Neuen Steirischen Zeitung* Graz u. 1946-50 der *Weltpresse* Wien. 1950 als Beamter des Foreign Office nach Berlin, Tätigkeit im brit. Kontrollrat, später bei brit. Botschaft in Bonn. Apr. 1958 nach Zürich, bis 1964 ltd. Red. *Die Weltwoche,* bis 1970 ltd. Red. *Schweizer Illustrierte Zeitung,* 1970-72 erneut Red. *Die Weltwoche,* seitdem freier Mitarb. Lebte 1978 in Zollikerberg b. Zürich.
W: Kommt „Das Dritte Reich"? (mit Walter Oehme). 1930; Schleichers Aufstieg. Ein Beitrag zur Geschichte der Gegenrevolution (mit Walter Oehme). 1933; Humbert, Manuel, Hitlers „Mein Kampf". Dichtung und Wahrheit. Paris (Pariser Tageblatt) 1936; Der Volkskanzler Ludwig Erhard. 1965. *L:* Grossmann, Emigration. *Qu:* Arch. Hand. Pers. Publ. Z. - IfZ.

Cartal, Gerhard, Verbandsfunktionär; geb. 4. Dez. 1910 Braunschweig; *V:* → Gottlieb Cartal; *G:* → Karl Cartal; ∞ verh., Ehefrau nach 1940 im Lager Gurs interniert; *StA:* deutsch, 9. Sept. 1938 Ausbürg. *Weg:* 1934 Saargeb.; 1935 F, Lux.; 1940 F; 1945 Deutschland (Saargeb.).
Von SA in Braunschweig terrorisiert, 1934 Flucht ins Saargeb., Mitarb. im Verlag der *Volksstimme* u. *Neue Saarpost* in Saarbrücken. Nach Saarabstimmung Jan. 1935 Emigr. nach Forbach/Lothr., Mai 1935 nach Luxemburg. Nach Besetzung Luxemburgs Mai 1940 Flucht nach Südfrankr., Freiw. in franz. Armee, nach Demobilisierung in der Illegalität. Dez. 1945 an die Saar, Verlagsltr. SPS-Organ *Volksstimme,* später Vors. *Vereinigung der Zeitungsverleger des Saarlandes.* Lebte 1977 in Saarbrücken.
L: Schneider, Saarpolitik und Exil. *Qu:* Arch. Pers. Publ. - IfZ.

Cartal, Gottlieb, Parteifunktionär; geb. 21. Febr. 1886 Braunschweig, gest. 20. Mai 1969 Braunschweig; ∞ Klara Bode (1888-1958), SPD, 1933 in Haft, Emigr. Saargeb., 1935 F, 1945 Deutschland (BBZ); *K:* → Karl Cartal, → Gerhard Cartal; *StA:* deutsch, 9. Sept. 1938 Ausbürg. mit Fam., nach 1945 deutsch. *Weg:* 1933 Saargeb.; 1935 F; 1945 Deutschland (BBZ).
Lehre in RA-Büro, ab 1907 Kontorist, dann Prokurist beim Braunschweiger SPD-Organs *Volksfreund;* Teiln. 1. WK, ab 1923 Geschäftsf. *Volksfreund.* Nach natsoz. Machtübernahme Flucht ins Saargeb., während des Kampfes um den Status quo enger Mitarb. → Johannes Hoffmanns, kaufm. u. techn. Ltr. der *Neuen Saarpost* sowie Kassierer des *Volksbundes für christlich-soziale Gemeinschaft.* Nach Rückgliederung des Saargeb. an Deutschland Flucht nach Forbach/Lothr., Mai 1935 Einweisung in das Dépt. Gironde, Unterhalt als Hühnerfarmer, nach 1940 in den Pyrenäen. Nach Kriegsende über das Saargeb. zurück nach Braunschweig. Mai 1946 Ltr. Bezirksflüchtlingsamt. Wesentl. beteiligt an Aufbau von Druckerei u. Verlag der sozdem. Braunschweiger Presse, Gesellschafter Braunschweig-Druck.
L: Schneider, Saarpolitik. *Qu:* Arch. Pers. Z. - IfZ.

Cartal, Karl, Architekt; geb. 20. Juli 1908 Braunschweig; *V:* → Gottlieb Cartal; *G:* → Gerhard Cartal; ∞ 1935 Martha Zander (geb. 1910), nach Abitur 1932-33 Besuch Städt. Handwerker- u. Kunstgewerbeschule Braunschweig, Emigr. Frankr.; *K:* Jean-Jacques (geb. 1938 Caudéran/Gironde), Dipl.-Architekt, A: Frankr.; Detlef (geb. 1952); *StA:* deutsch, 9. Sept. 1938 Ausbürg., 1949 saarländ., 1957 deutsch. *Weg:* 1933 Saargeb.; 1935 F; 1945 Deutschland (Saargeb.).

Höhere Lehranstalt, daneben 1924-27 Ausbildung in Maschinenbau Städt. Handwerker- u. Kunstgewerbeschule Braunschweig, 1929-33 Architekturstud. TH Braunschweig, Dipl.-Ing. Ab 1924 Mitgl. *Die Falken,* 1929 SPD. 1933 Emigr. ins Saargeb., aktiv im Kampf um den Status quo, ab Aug. 1934 stellv. Geschäftsltr. *Volksbund für christlich-soziale Gemeinschaft* (→ Johannes Hoffmann), Sept. 1934 Ltr. *Christlicher Buch- und Zeitschriftenvertrieb.* Jan. 1935 unmittelbar nach Saarabstimmung Flucht nach Forbach/Lothr., Juni 1935-Aug. 1945 in Südwest-Frankr., Hühnerfarmer; Aug.-Okt. 1939 u. Juni 1940 im Lager Libourne interniert; 1944-45 Mitgl. *Union des Réfugiés Sarrois en France* (→ Karl Mössinger). Sept. 1945 Rückkehr nach Saarbrücken, bis 1973 im Dienste der Stadt: 1945-56 Ltr. Planungsbehörde u. Wiederaufbauamt, in Folge der Saarabstimmung entlassen; 1956-63 Geschäftsf. *Saarbrücker gemeinnützige Siedlungsgesellschaft,* 1963-67 Ltr. Amt für Zivilen Bevölkerungsschutz, 1967 bis zur Pensionierung Ltr. Amt für Brand- u. Zivilschutz; zuletzt Städt. Baudir.; 1946 im GrdgsAusschuß, bis 1973 Mitgl. Architektenkammer des Saarlandes; 1947-55 Vertr. der Stadt Saarbrücken im *Deutschen Verband für Wohnungswesen, Städtebau und Raumplanung.* Lebte 1977 in Saarbrücken.
L: Schneider, Saarpolitik und Exil. *Qu:* Arch. Fb. Pers. Publ. - IfZ.

Caspari, Fritz, Dr. phil., Hochschullehrer, Diplomat; geb. 21. März 1914 Baden/CH; ev.; ∞ 1944 Elita Galdos, geb. Walker; *K:* 4; *StA:* deutsch. *Weg:* GB; USA; Deutschland (BRD).
Abitur u. Stud. Heidelberg, anschl. Oxford, 1934 Dipl. Econ. and Pol. Science, 1936 B. Litt., 1939 Prom. Hamburg. 1936-37 Doz. Southwestern Univ. Memphis/Tenn., 1939-42 Scripps Coll. Claremont/Calif., 1943-47 Bibliothekar Newberry Library Chicago, 1946 Doz., 1948 Assist. Prof. Univ. Chicago. 1954 Eintritt in dt. diplomat. Dienst, AA Bonn, 1955 Honorarprof. Univ. Köln für neue engl. Lit. u. Geistesgesch.; 1958-63 Botschaftsrat 1. Kl. in London, anschl. stellv. Ltr. der dt. Beobachter-Deleg. bei UN New York, 1967 Gesandter. 1968 MinDirig. Pol. Abt. AA Bonn, 1969 MinDir. u. stellv. Chef des Bundespräsidialamts, seit Juni 1974 Botschafter in Lissabon.
W: German Books: A Selective Critical Bibliography of Publications in German (Mithg.). 1947-50; Humanism and the Social Order in Tudor England. 1954; Beiträge in Fachzs. u. Sammelwerken. *Qu:* Hand. - IfZ.

Caspari, John (bis 1951 Johann), Dr. jur., Politiker, Hochschullehrer; geb. 10. Febr. 1888 Berlin; jüd., 1918 Diss.; *V:* Siegbert C. (1848-1928), kaufmänn. Angest.; *M:* Wanda, geb. Silbermann (1857-1888); ∞ I. 1915 Frieda Lemke (1890-1974), Modezeichnerin, 1938 gesch.; 1933 Emigr. F, USA u. Rückkehr nach Deutschland, Gestapohaft; II. 1944 Elizabeth Haberl (1899-1968); III. 1969 Elisabet Moses (geb. 1904), Malerin, 1970 gesch., Emigr.; *K:* aus I: Ilse Rassam (geb. 1920), Krankenschwester, 1933 Emigr. F, 1934 CSR, 1936 GB; Ursula Wells (geb. 1922), Krankenschwester, 1933 Emigr. F, 1934 CSR, 1936 GB; *StA:* deutsch, 27. Okt. 1937 Ausbürg. mit Kindern, 1951 USA. *Weg:* 1933 Saargeb., F; 1934 CSR; 1938 F; 1941 USA.
1906-10 Stud. Rechts- u. Wirtschaftswiss. Berlin, 1916 Prom. Greifswald. 1911-18 jurist. Repetitor, 1915 kurzfristig Mil-Dienst, 1915-19 Vormundschaftsgericht Berlin, zuletzt stellv. Behördenltr.; 1916 SPD, 1919 Vors. Arbeiterrat der Berliner Stadtbediensteten, zus. mit → Marie Juchacz Gr. *Arbeiterwohlfahrt.* 1920 Besoldeter Stadtrat, 1921-22 2. Bürgerm. Brandenburg/Havel, daneben kommissar. Hilfsarbeiter RMdI bei Vorbereitung des Reichsjugendwohlfahrtsgesetzes. 1922 bis Amtsenthebung durch NatSoz. Landeshptm. der Prov. Grenzmark Posen-Westpr. in Schneidemühl. 1926-28 stellv. Mitgl., bis 1933 Mitgl. Preuß. Staatsrat. Mitgl. *Reichsbanner.* Als exponierter NS-Gegner 25. Juni 1933 kurz vor Verhaftung Flucht ins Saargebiet. Juli 1933-Febr. 1934 in Paris, dann durch Vermittlung von → Albert Grzesinski als Deutschlandsachverständiger bei CSR-RegStellen nach Prag berufen. Enge Kontakte zur *Sopade,* insbes. zu → Otto Wels, Verb. zu → Otto Straßer u.

zur volkssozialist. Richtung innerh. der Exil-SPD, Mitarb. *Die Deutsche Revolution.* Zeitw. Sonderberichterstatter *Echo de Paris* über dt. Aufrüstung. Ps. René Sonderegger, Karel Johansen. Sept. 1938 Flucht nach Paris, bis Kriegsbeginn Mitarb. bei dt.-sprach. Sendungen von *Radio Straßburg.* Ab Frühj. 1940 mit → Erich Ollenhauer Vertr. der *Sopade* im Landesausschuß Frankr. der ADG. Ende März 1941 mit US-Notvisum von Marseille nach New York. Zunächst erwerbslos, 1942/43 Fabrikarb.; Sept. 1943-Apr. 1945 im Office of Intelligence Collection and Dissemination des OSS, anschl. bis Juli 1946 in Division of Biographical Information des OSS bzw. des State Dept. tätig. Jan. 1947 bis Emeritierung 1953 Assist. Prof. für Deutsch Howard Univ. Washington. Lebte 1978 in San Francisco/ USA. - *Ausz.:* 1969 Marie-Juchacz-Plakette.

W: u.a. Sonderegger, René, Mordzentrale X. Enthüllungen und Dokumente über die Auslandstätigkeit der deutschen Gestapo. Zürich (Reso-Verlag) 1936; Johansen, Karel, Gestapo v Praze. Prag (Narodni Osvobozeni) 1937. *L:* Matull, Arbeiterbewegung; Röder, Großbritannien; Wachenheim, Hedwig, Vom Großbürgertum zur Sozialdemokratie. 1973. *D:* AsD, IfZ. *Qu:* Arch. Fb. Hand. Publ. Z. - IfZ.

Caspari, Peter (bis 1934/35 Hans Gustav), Versicherungsmakler, Verbandsfunktionär; geb. 13. Juli 1907; *V:* Fritz C. (geb. 1880 Berlin, gest. 1950 S-Afrika); *M:* Ella, geb. Bernstein (geb. 1886 Berlin, gest. 1929 Berlin), jüd.; *G:* Werner H. (geb. 1905 Berlin), 1934 Emigr. S-Afrika, 1946-51 Sekr. *Johannesburg Jew. Guild,* 1952-60 Verw. *Our Parents Home* für Einwanderer, 1962 Verw. des *Witwatersrand Jewish Aged Home* in Johannesburg; Rolf (geb. 1910 Berlin), 1933 Emigr. E, 1935 S-Afrika, 1965 USA; ∞ 1930 Ellen Jacks (geb. 1911 Berlin), jüd., Ausbildung als Modeschöpferin, 1934 Emigr. S-Afrika, 1934-40 Zuschneiderin in Kleiderfabrik, 1940-45 Rundfunk-Abhördienst im InfoBüro der südafrikan. Reg., 1946-50 Einkäuferin; *StA:* deutsch, S-Afrika. *Weg:* 1934 S-Afrika.

Gymn. Berlin, 1924-28 Lehre bei versch. Versichungsges., 1925-26 Teilzeitstud. Hochschule für Pol. Berlin; Schatzmeister, später 2. Vors. *Jungdemokratischer Verband,* Mitgl. *Reichsbanner.* 1928 Eintritt in väterl. Versicherungs-Maklerfirma, 1932 Dir.; 1934 Emigr. Südafrika mit Einwanderervisum unter Garantie der *Germ.-Jew. Aid Soc.,* 1934-35 Versicherungsagent; führte 1936-41 als AbtLtr. der African Guarantee and Indemnity Co. neue Art von Krankenversicherung ein. 1942-45 MilDienst. 1946-47 ltd. Stellung in Versicherungsfirma; 1947-55 Angest. *South African Zion. Fed.;* ab 1956 eigene Versicherungsfirma Peter Caspari Pty. Ltd.; ab 1948 Mitgl., 1970-75 Vors., 1976 Vizepräs. *Poalei Zion,* Mitgl. *South African Board of Deputies,* 1960-75 Mitgl. Exekutivausschuß, 1970-75 VorstMitgl. *Zion. Fed.,* 1959-65 Geschäftsf. *Maccabi,* 1954 Mitgl., 1960 Vors. Ortsgruppe Johannesburg, 1955, 1956, 1960 Vors. Exekutivausschuß der *South African Jew. Ex-Service League,* Mitgl. *South African Progressive Party.*

Qu: Fb. Hand. - RFJI.

Cassell, Curtis Emanuel, Rabbiner; geb. 9. Nov. 1912 Oppeln/ Oberschlesien; *V:* Emil C.; *M:* Paula, geb. Levy; ∞ 1936 Cecilia Witkowski; *K:* Charles; David. *Weg:* 1939 (1940 ?) GB.

1934-35 Stud. Berlin, Breslau, danach Jüd. Theol. Seminar Breslau u. L(H)WJ Berlin, 1939 Rabbinerexamen, 1936-39 Rabbiner Frankfurt/O.; 1939 (1940 ?) Emigr. GB, 1940-45 brit. Armee. 1945-48 Rabbiner Glasgow Progressive Syn., 1948-57 West-London Syn.; Ehrenmitgl. u. Präs. der 1. B'nai B'rith - Loge Englands, Mitgl. *Soc. of Jew. Stud.,* Ehrensekr. *Jew. Hist. Soc. of England,* VorstMitgl. *Anglo-Jew. Assn.;* 1957 nach Rhodesien, Rabbiner Bulawayo Progressive Congr.; Vors. *African Welfare Soc.,* Vizepräs. *Council of Adult Educ.,* VorstMitgl. *Cent. African Jew. Board of Deputies.* Lebte 1977 in Bulawayo/Südrhodesien.

Qu: Arch. Hand. Publ. Z. - RFJI.

Cassirer, Bruno, Verleger; geb. 12. Dez. 1872 Breslau, gest. 29. Okt. 1941 Oxford; jüd.; *V:* Julius (1841-1924), Kommerzienrat, Mitgr. Kabelwerke Dr. Cassirer & Co.; *M:* Julie, geb. Cassirer; *G:* Fritz (1871-1926), Schriftst., Dirigent; ∞ 1898 Else Lasson, geb. Cassirer (1898-1943 [?]), Emigr.; *K:* Martha Sophie Walzer; Agnes Hill (urspr. Hell), Emigr. GB; *StA:* deutsch. *Weg:* 1938 GB.

Stud. Kunstgesch. Berlin u. München, 1898 Gr. Kunstsalon und Verlagsbuchhandlung Bruno und Paul Cassirer, 1901 Trennung von Vetter Paul C., Aufbau des Verlags Bruno Cassirer, Berlin, mit Verlagsschwerpunkten Kunst, Dichtung, Philosophie, u.a. Monographien zum Expressionismus, Tolstoj- u. Kant-Gesamtausgaben, Schriften von Hermann Cohen u. Ernst Cassirer. 1902-33 Hg. der Zs. *Kunst und Künstler* als Organ der modernen Kunstbewegung nach der Jahrhundertwende. Förderer des Trabrennsports, Besitzer berühmter Rennställe, Vors. *Oberste Behörde für Traberzucht und Rennen.* Nach 1933 Abgabe von Verlagsrechten an den antinatsoz. Sperber-Verlag Zürich. Dez. 1938 Emigr. GB, Mai 1939 Gr. Bruno Cassirer (Publishers) Ltd. London, nach 1941 Weiterführung durch Else C. bzw. Schwiegersohn George Hill.

L: u.a. RhDG; Vom Beruf des Verlegers. Festschrift für Bruno Cassirer. 1932; Die Familie Cassirer, eine bedeutende Berliner Familie (Privatdruck). O. J.; NDB 3. *Qu:* Hand. Publ. - IfZ.

Cassirer, Fred, Unternehmer, Publizist; geb. 1888, gest. 15. Febr. 1979 New York; ∞ verh.; *K:* Claude C., A: USA. *Weg:* 1933 CSR; F; 1941 USA.

Aus der Berliner Industriellen- u. Verlegerfamilie Cassirer stammend, bis 1919 Verwalter der Papiermühlen aus dem Familienbesitz in Oberschlesien; danach in Berlin, 1924 mit Carl von Ossietzki Gr. *Die Welt am Abend,* Mitgl. *Republikanische Partei Deutschlands,* zeitweise Geschäftsführer Max-Reinhardt-Bühne; daneben Forschungsarbeiten auf dem Gebiet der Mineralogie. 1933 Emigr. nach Prag, mit → Wolfgang H. Bretholz Gr. *Prager Mittag;* später nach Paris; 1941 mit Notvisum Emigr. in die USA, Mitarb. Museum of Natural History New York.

Qu: Arch. Z. - IfZ.

Cassirer, Max, Industrieller; geb. 18. Okt. (Jan.?) 1857 Schwientochlowitz/Oberschlesien, gest. 1943 London; jüd.; *V:* Marcus C., Kaufm.; *M:* Jeanette, geb. Steinitz; ∞ 1883 Hedwig Freund; *K:* Dr. phil. Kurt C. (1883-1975), vor 1933 Kunsthändler in Rom; Edith Geheeb (geb. 1885), Emigr. CH mit Ehemann → Paul Geheeb. *Weg:* 1936 (?) GB.

Bis 1880 Gymn. Kattowitz, Stud. Med. Breslau u. Berlin. 1882 Gr. Holz-Exportfirma in Danzig, 1887 Gr. Holz-Handelshaus in Berlin, 1899 Gr. Zellstoffwerk Wloclawec/Weichsel. Danach Hauptgeschäftsf. u. AR-Vors. Dr. Cassirer & Co. A.G. Kabelwerke Berlin-Charlottenburg; 1893-96 StadtVO, 1896-1913 StadtVO Berlin-Charlottenburg. u. StadtVO Berlin-Charlottenburg Magistratsmitgl. Mitgl. Zulassungsstelle Berliner Börse, Ausschußmitgl. IHK Berlin, VorstMitgl. *Verein Deutscher Zellstoff-Fabrikanten,* Mitgl. Hauptausschuß *Reichsverband der Deutschen Industrie, Zentralausschuß der Papier-, Pappen-, Zellstoff- u. Holz-Industrie,* Vors. des Kartells *Sulfizellstoffverband,* Mitgl. *Kaiser-Wilhelm-Gesellschaft* u. *Deutsche Gesellschaft von 1914.* Nach 1933 Übernahme des Gesamt-Aktienkapitals der Firma Dr. Cassirer & Co. durch Elektrische Licht- u. Kraftanlagen A.G. Berlin (Holdingges. der Siemens-Unternehmen). 1936 (?) Emigr. GB. *Ausz.:* Ehrenbürger Stadt Berlin, 1920 Berlin-Charlottenburg; 1928 Ehrensenator TH Berlin-Charlottenburg; Preuß. Kommerzienrat.

Qu: EGL. Hand. Z. - RFJI.

Chajes, Benno, Dr. med., Hochschullehrer, Politiker; geb. 14. Nov. 1880 Danzig, gest. 1939 Palästina; jüd.; *V:* Wolf Ch., Kaufm.; *StA:* deutsch. *Weg:* 1933 Pal.

1898-1903 Stud. Medizin Berlin u. Freiburg/Br., anschl. Arzt in Berlin. SPD, 1915-20 StadtVO Berlin-Schöneberg. Ab 1919 Doz., 1930 Honorarprof. für Sozial- u. Gewerbehygiene TH Berlin, 1932 ao. Prof. Univ. Berlin. 1928-33 MdL Preußen. 1919-23 Hg. *Zeitschrift für soziale Hygiene, Fürsorge- und Krankenhauswesen;* Hg. *Zentralblatt für Gewerbehygiene und Unfallverhütung;* Red. *Zeitschrift für Schulgesundheitspflege und soziale Hygiene.* 1933 Emigr. Palästina, sozialhygien. Berater im Krankenkassenwesen.
  W: Grundriß der Berufskunde und Berufshygiene. 1919; Kompendium der sozialen Hygiene. 1921, 1923. *Qu:* EGL. Hand. - IfZ.

Chemnitz, Walter, Politiker; geb. 10. Sept. 1901 Rudolstadt/Thür., gest. 2. Okt. 1947 Kuibyshev/UdSSR; o. K.; *StA:* deutsch. *Weg:* E; F (?); Deutschland (?).
  Maurer. KPD, Nov. 1926-1933 StadtVO Lörrach/Baden, 1930-33 MdR. Bes. aktiv in örtl. Arbeitskämpfen u. in der Erwerbslosenpolitik. Teiln. Span. Bürgerkrieg, 1938 schwer verwundet. Vermutl. nach 1940 aus Frankr. nach Deutschland verbracht, gegen Kriegsende angebl. in Strafeinheit an der Ostfront.
  Qu: Arch. Hand. Pers. - IfZ.

Cicho(c)ki, Erich. *Weg:* 1936 S; nach 1945 Deutschland.
  Mitgl. SPD u. *Gesamtverband der Arbeitnehmer der öffentlichen Betriebe und des Personen- und Warenverkehrs,* nach 1933 für den *Gesamtverband* in Berlin illeg. tätig, Verb. zu *Sopade* Prag. Ostern 1935 Teiln. der ITF-Konf. in Roskilde/Dänemark (→ Hans Jahn), Juni 1935 Verhaftung, Urteil 9 Mon. Gef.; 1936 Emigr. nach Schweden, zunächst in Malmö. Ab 1940 Vorst.-Mitgl. SPD-Ortsgruppe Stockholm, Juli 1943 Rücktritt als Gegner einer ZusArb. mit den Linksgruppen. Nach Kriegsende Rückkehr.
  L: Esters, Helmut/Pelger, Hans, Gewerkschafter im Widerstand. 1967; Müssener, Exil. *Qu:* Arch. Publ. - IfZ.

Cidor, Hanan Aharon (bis 1953 Citroen, Hans Albert), Diplomat, Politiker; geb. 12. Nov. 1905 Berlin; *V:* Hendrik Citroen (1865-1932), Pelzgroßhändler, zwischen 1880 u. 1890 Übersiedlung von NL nach Deutschland; *M:* Ellen, geb. Philippi (geb. 1872 Berlin, umgek. Febr. 1945 KL Bergen-Belsen), 1942 dep.; *G:* Charlotte (1894-1912); Paul Roelof (geb. 1896 Berlin), Mitgl. Bauhaus Weimar, 1927 Amsterdam, 1938 Eröffnung einer Kunstakad., überlebte 2. WK in Versteck in NL, Prof. emer. Königliche Akademie Den Haag; Ilse Ledermann (geb. 1904 Berlin, umgek. 1943 KL Auschwitz), 1933 Amsterdam, 1942 dep.; ∞ 1925 Ruth Valentin (geb. 1906 Berlin), Weberin, 1933 F, 1942 CH, 1952 IL; *K:* Tamar Shoshan (geb. 1926 Berlin), Stud. Psychologie Genf, 1947 Pal. als Begleiterin von Waisenkindern, Mitgl. Kibb. Menarah, klin. Psychologin in Jerusalem; Raphael (geb. 1934 Versailles), höhere Schule Genf, Journ. in Jerusalem; Eliana Geiger (geb. 1939 Paris), während 2. WK in Versteck in F, Ltr. der Sozialabt. für kriminelle Jugendliche an einem Krankenhaus in IL; *StA:* NL, 1952 IL. *Weg:* 1933 F; 1942 CH; 1952 IL.
  Bis 1920 Gymn. Berlin, dann 2 Jahre Pelzmacherlehre, Eintritt ins Familiengeschäft, 1932 Firmenchef. 1933 Verlegung der Firma von Berlin nach Paris, bis 1938 Zweigbüro in Berlin, Eröffnung einer Filiale in London, 1940 Auflösung des Geschäfts. Mitarb. in dt. Flüchtlingsorg. in Paris, nach Nov. 1938 Mitarb. an Plan zur Überführung von 1600 jüd. Kindern aus Deutschland nach Paris; 1940-42 Aufenthalt im unbesetzten Frankr. nahe Grenoble, Kontakt zu Wilhelm Röpke. 1942 Flucht in die Schweiz, 1942-44 Internierung, Verf. eines Memorandums über Behandlung der Flüchtlinge u. mangelnde Nutzung ihrer intellektuellen Fähigkeiten; anschl. in Genf, Hilfeleistung für Flüchtlinge aus intellektuellen Berufen. Stud. Institut des Hautes Études Internationales Genf, 1947 Diplom. 1944-47 Tätigkeit für internat. StudHilfe, 1947-52 Mitarb. IRO, zunächst AbtLtr. für Umsiedlung, schließl. Assist. des 2. GenDir.; Verbindung zu UN u. Hilfsorg. für Umsiedler (JDC, HIAS), 1 Jahr in Deutschland zur Auflösung von IRO u. Überleitung ihrer Aufgaben an dt. Behörden; 1952 nach Israel, 1953-57 Dir. Abt. für internat. Org. im isr. Außenmin., verantwortl. für Gefangenenaustausch nach Sinai-Feldzug 1956. 1955 Vors. der ICEM-Konferenz, organisierte Abgabe von KL-Dokumentationen u. Unterlagen zur Judenverfolgung aus alliierten u. westdt. Archiven an Israel. 1954-56 Doz. für intern. Beziehungen bei Stabsakademie der IDF. 1957-63 isr. Botschafter in den Niederlanden, Initiator von Kursen u. Vorlesungen an niederländ. Univ.; 1963-65 Dir. isr. Exportinst. des Min. für Handel u. Industrie, Rücktritt als Gegner der amtl. Wirtschaftspolitik. 1965-67 Mitarb. Isr. Development Corp., Mitgr. einer Privatbank in Amsterdam; 1967-72 isr. Vertr. Notre Dame Univ. USA, dann Gr. u. bis 1975 Mitarb. des Ökumenischen Theolog. Forschungsinst. in Israel. Ltd. Funktionen in der *Unabhängigen Liberalen Partei;* 1965-73 VorstMitgl. Tourist Industry Development Corp., VorstMitgl. isr. *Interfaith Committee* u. des Künstlerhauses Jerusalem, Mitgl. Kuratorium der Hebr. Univ.; 1973 Gemäldeausstellung in Jerusalem. Lebte 1978 in Jerusalem.
  W: Les Migrations Internationales. Un Problème écomique et social. 1947; La Solution Palestinienne. In: Personnes Déplacées - le Problème Juif. 1948; European Emigration Overseas, Past and Future. 1951; Israel, het land van de Joodse vluchtelingen. In: De Vluchtende Mense. 1960. *D:* Oral History Div., Inst. of Contemporary Jewry, Hebr. Univ. Jerusalem. *Qu:* Fb. Hand. - RFJI.

Citron, Karl Bernhard, Ph. D., Pfarrer, Hochschullehrer; geb. 21. Sept. 1905; jüd., 1938 presbyterian.; *V:* Dr. med. Heinrich C. (1864-1938), jüd., Arzt; *M:* Lilli, geb. Simon (1872-1926), jüd.; *G:* Dr. med. Hans Ludwig C. (geb. 1900), Psychiater, *A:* Berlin; Annemarie (geb. 1910, Ende 2. WK umgek.); ∞ 1946 Elizabeth Annie Walsh (geb. 1917), presbyterian., Krankenschwester; *K:* Annemarie (geb. 1947), Alistar (geb. 1951); *StA:* deutsch, 1947 brit. *Weg:* 1933 JU; 1934 H; 1939 F, GB.
  Gymn., Banklehre, bis 1930 Bankangest., danach freier Journ.; profilierter Mitarb. *Die Weltbühne,* wirtschafts- u. finanzpol. Kommentator u. a. von *12-Uhr-Blatt* u. *Der Montag Morgen* Berlin. In den 20er Jahren aktiv in Jugendorg. des *Reichsbanners;* Mitgl. *Paneuropa-Bewegung.* Okt. 1933 Emigr. nach Jugoslawien, Dez. 1934 nach Ungarn; freier Journ., Mitarb. u. a. *Deutscher Volkswirt, Prager Tagblatt, Manchester Guardian* u. *Neue Zürcher Zeitung;* in Budapest Red. *Ost-Kurier;* Jan. 1939 nach Frankr., Mitarb. *Pariser Tageblatt;* vorüberg. im Pariser Gef. Santé. Mai 1939 Visum für GB. Durch Kontakte mit der Schottischen Mission in Budapest 1938 Übertritt zur presbyterian. Kirche, 1939-43 Theologiestud. Faculty of Divinity New College Edinburgh (1946 Prom.), Mai 1940-Mai 1941 in GB u. Kanada interniert. Ab 1943 Pastor der Church of Scotland, 1952-53 Church of Canada; zwischenzeitl. Lehrtätigkeit Univ. Edinburgh, 1953-55 Gastprof. für Theologie Univ. Austin/Texas; aktiv in der ökumen. Bewegung.
  W: I Met Christ in Prison (Erlebnisbericht über das Gefängnis Santé in Paris). 1939; The Church behind Barbed Wire (Hg. Church of Scotland). 1941; The New Birth (Edinburgh University Press). 1951; zahlr. Zs.- u. ZtgArtikel, u.a. in *Fife Free Press. Qu:* Fb. Publ. - IfZ.

Claasen, Paul, Parteifunktionär; geb. 19. Apr. 1891 Solingen; *StA:* deutsch. *Weg:* 1933 NL; 1934 Deutschland.
  Bademeister. 1914-18 Kriegsteiln. (Offz.-Stellv., EK I). 1907 DMV, 1920 KPD. 1931-33 OrgLtr. KPD-Ortsgruppe Solingen-Höhscheidt, Mitgl. *Antifaschistischer Kampfbund.* Nach der natsoz. Machtübernahme untergetaucht, Sept. 1933 i. A. der KPD-BezLtg. Emigr. nach Holland. Bis Juni 1934 landwirtsch. Arb., anschl. Ausbildung für illeg. GewArb. KPD-Schule Harlem. Juli-Sept. 1934 GewInstrukteur Unterbez. Wuppertal, anschl. UnterbezLtr. Barmen. Mai 1935 zum Aufbau einer illeg. GewOrg. u. Schaffung einer Einheitsfront nach Hamborn. Deckn. Otto. Juni 1934 Verhaftung, 30. Jan. 1936 VGH-Urteil 10 J. Zuchth.; Lebte 1976 in Solingen.
  L: Bludau, Gestapo. *Qu:* Arch. Publ. - IfZ.

Claudius, Eduard (urspr. Schmidt, Eduard Wilhelm), Schriftsteller, Diplomat; geb. 29. Juli 1911 Buer b. Gelsenkirchen, gest. 13. Dez. 1976; *V:* Wilhelm Schmidt, Maurer; *M:* Sophia, geb. Speier; ∞ Jaroslava; *StA:* deutsch. *Weg:* 1934 CH; 1936 E; 1938 F; 1939 CH; 1945 I, Deutschland (ABZ).

Maurer; ab 1927 GewFunktionär u. Korr. KPD-Presse; 1929-32 Reisen durch Italien, Österr., Frankr. u. Schweiz; 1932 KPD. Nach natsoz. Machtübernahme Haft, 1934 Entlassung, Emigr. in die Schweiz; schriftst. u. pol. Tätigkeit (Ps. Edy Brendt), 1936 Verhaftung. Wegen drohender Auslieferung Flucht nach Spanien; Teiln. Span. Bürgerkrieg im Edgar-André-Btl., PolKommissar XI. Internat. Brigade. Kurzer Aufenthalt in Südfrankr., Jan. 1939 illeg. in die Schweiz, Verhaftung, Zuchth. Witzwil; während des Krieges Internierung in versch. ArbLagern, Freilassung durch Intervention Hermann Hesses. Ab Nov. 1944 Mitgl. Pressekommission BFD, Deleg. 2. Konf. der KPD-Org. v. 24./25. März 1945; Anschluß an ital. Partisaneneinheit *Garibaldi*. Juli 1945 Rückkehr nach Deutschland, Pressechef beim bayer. Sonderminister für Entnazifizierungsfragen. 1947 Übersiedlung nach Potsdam; SED, freier Schriftst., ab 1952 PräsMitgl. *Gesellschaft für kulturelle Verbindungen mit dem Ausland* u. Mitgl. *Deutsches Friedenskomitee*, ab 1954 Mitgl. Kommission für Internat. Beziehungen beim *Deutschen Schriftstellerverband* (DSV), 1955-57 1. Sekr. DSV, 1956-59 GenKonsul in Syrien, 1959-61 Botschafter in Nordvietnam, 1963-67 Mitgl. BezTag Potsdam, ab Juli 1963 Mitgl. *Solidaritätskomitee für das spanische Volk in der DDR;* ab Juni 1965 o. Mitgl. Deutsche Akademie der Künste zu Berlin, später Vizepräs. u. 1965-70 Sekr. Sektion Dichtkunst u. Sprachpflege; 1. Sekr. *Kulturbund zur demokratischen Erneuerung Deutschlands* im Bez. Potsdam, Mitgl. Rat beim Ministerium für Kultur. - *Ausz.:* u.a. 1951 NatPreis für Kunst u. Literatur, 1954 Fontane-Preis, 1955 LitPreis des FDGB u. VVO (Silber), 1956 Hans-Beimler-Med., 1965 Verdienstmed. der DDR, Johannes-R.-Becher-Med., 1969 Heinrich-Mann-Preis.

W: u.a. Jugend im Umbruch. Basel 1936; Grüne Oliven und nackte Berge. Zürich 1945; Gewitter. 1948; Menschen an unserer Seite. 1951; Die Söhne Garibaldis (S). 1952; Früchte der harten Zeit. 1953; Paradies ohne Seligkeit. 1955; Von der Liebe soll man nicht nur sprechen. 1957; Ruhelose Jahre (ABiogr.). 1968. *L:* Piltz, Georg, Eduard Claudius - Leben und Werk. 1952; Uhse, Bodo/Claudius, Eduard (Hg.), Abriß der Spanienliteratur. 1960; Bergmann, Schweiz; Teubner, Schweiz; Radde, Diplomat. Dienst; Pasaremos. *Qu:* ABiogr. Arch. Biogr. Hand. Publ. Z. - IfZ.

Cohen (Cohn), **Benno**, Dr. jur., Rechtsanwalt, Beamter, Politiker; geb. 30. Sept. 1894 Labischin/Posen, gest. 24. Nov. 1975 Tel Aviv; *V:* Abraham C.; *M:* Bertha, geb. Foerder; ∞ 1933 Susi Tugendhaft; *K:* Yehudit; *StA:* deutsch, Pal./IL. *Weg:* 1939 Pal.

1922 Prom. Breslau, führendes Mitgl. Bundesltg. des K. J. V., dann Präs. Bundesrat von *Blau-Weiß*. RA in Berlin, 1937-39 Nachf. von → Siegfried Moses als Präs. der ZVfD, Vors. Palästina-Amt in Berlin. 1939 Emigr. Palästina, RA in Tel Aviv. 1939-47 Sekr., Dir. u. VorstMitgl. I.O.M.E., 1941 Mitgr. u. Sekr. der *Aliyah Chadashah*, 1948 Mitgr., bis 1961 aktives Mitgl. *Progressive Party*. 1949-59 Beamter im Büro des Premiermin., 1951-59 Dir. u. Präs. Staatsdisziplinargericht, 1961 Zeuge im Eichmann-Prozeß. 1961-65 M. K. *Liberal Party*, 1965 Mitgr. *Independent Liberal Party*. Doz. für VerwWesen an der School of Law and Econ. Tel Aviv, VorstMitgl. der isr. Sektion des LBI.

W: Einige Bemerkungen über den deutschen Zionismus nach 1933. In: Tramer, Hans (Hg.), Zwei Welten. 1962; 50 Jahre Blau-Weiß. In: Rothschild, Eli (Hg.), Meilensteine. 1972; Art. über Pol. u. VerwWesen in *Die Liberale Rundschau* u.a. Fachzs. *L:* Tramer, Hans, Jüdischer Wanderbund Blau-Weiß. In: Bulletin LBI, 1962. *D:* Hebr. Univ. Jerusalem. *Qu:* Hand. Publ. Z. - RFJI.

Cohen, Moshe (urspr. Kohn, Moritz), Ministerialbeamter; geb. 12. März 1920 Wien; *V:* Isack Kohn (geb. 1881 Osteuropa, gest. IL), Talmud-Thoraschule, Kaufm., Emigr. Pal.; *M:* Henia, geb. Bandler (geb. 1893 Molodia/Rum.), höhere Schule, Emigr. Pal.; *G:* Shoshana Efron (geb. 1915 Wien), Emigr. Pal.; ∞ Leah (urspr. Lily) Beyrack (geb. 1914 London); *K:* Shlomo (geb. 1947 Pal.), M. A.; Shalvia (geb. 1950 IL), B. A.; *StA:* PL, staatenlos, IL. *Weg:* 1939 GB, 1945 Pal.

Jüd. Gymn. Wien, Mitgl. *Gordonia*, Ltr. *Hechaluz* Wien, Ausbildung als Buchbinder u. Landwirt; 1938 zeitw. Haft. 1939 Emigr. GB, bis 1945 Hachscharah, zugl. ltd. Mitgl. *Hechaluz*, Red. *Hechaluz Journal*, Mitgr. u. Mitgl. der Exekutive *Zionist Youth Council*. 1945 Palästina, 1945-46 Kibb. Avuka u. Kibb. Kfar Blum, zugl. *Haganah*, 1947 Mitarb. *Jew. Agency* u. JDC in Internierungslagern auf Zypern, 1947 beim Presseamt *Vaad Leummi*, ab 1948 Dir. philatelist. Abt. im Transport- u. Verkehrsmin.; 1956 MilDienst während des Sinai-Feldzuges. Mitgl. *B'nai B'rith*. Lebte 1974 in Hagefen, Ramat Hasharon.

W: Art. über isr. Philatelie in isr. u. ausländ. Zs. *Qu:* Fb. - RFJI.

Cohen, Siegbert Simon, Kaufmann, Verbandsfunktionär; geb. 16. Aug. 1893 Hamburg; jüd.; *V:* Jacob C. (geb. 1864), jüd., Talmud-Thorah-Realschule, Möbelfabrikant u. Kaufm.; *M:* Dora, geb. Bauer (geb. 1867, gest. 15. Febr. 1939), jüd.; *G:* Julius (geb. 1894 Hamburg, gest. 1974 New York), Talmud-Thorah-Oberrealschule, 1938 Emigr. USA, Fabrikant in New York; Margarethe Meyer (geb. 1897 Hamburg), 1934 Emigr. F, später Urug.; ∞ Therese Hildesheimer (geb. 1898 Stolzenau/Weser, gest. 1972 Montevideo), jüd., freiw. Rot-Kreuz-Schwester im 1. WK, 1938 Emigr. Urug., Krankenschwester; *K:* Eva Ruth Eisemann (geb. 1925 Hamburg), 1938 Emigr. Urug., später USA, Arzthelferin; Kurt (geb. 1927 Hamburg), Talmud-Thorah-Oberrealschule, 1938 Emigr. Urug., Teilh. des Familienunternehmens; *StA:* deutsch. *Weg:* 1938 Urug.

Realschule Hamburg, 1909-14 Ltr. Südam.-Abt. von Simon, Israel & Co. Ein- u. Ausfuhr-Ges. Hamburg. 1914-18 Kriegsteiln. (EK II, Frontkämpfer-Ehrenkreuz, ungar. Kriegsausz.). 1919-27 Betriebsltr. uneger Werke AG Altona/Schleswig-Holst. 1927-38 GenVertr. einer Hamburger Herrenbekleidungs-Firma in Nordwestdeutschland. Gleichz. Mitarb. Jüdisches Lehrhaus Hamburg. Okt. 1938 Entzug der Vertreterlizenz. Dez. 1938 Emigr. Uruguay mit Familie mit Touristen-Visum, später Einwanderer-Visum, 1938-42 Mitgr. u. Dir. Suzimex, Ein- u. Ausfuhr-Ges., ab 1946 Gr., Teilh. Solex Uruguaya Ltda., Import- u. Fabrikationsges. für chem. Produkte. Ehrenmitgl. Reformgde. Nueva Congregación Israelita de Montevideo, 1940-46 Vors. Kulturabt., 1940-47 Mitgl., zuletzt Ehrenmitgl. Repräsentanten-Versammlung, ab 1947 Vors. RelgAbt., 1948-56 Deleg. *Comité Central Israelita de Uruguay*, Ehrensekr. WJC. Lebte 1977 in Montevideo.

W: Art. in *La Voz Semanal* Montevideo. *Qu:* Arch. Fb. Hand. - RFJI.

Cohen-Reuss, Emanuel **Max**, Politiker; geb. 30. Jan. 1876 Oberbonsfeld/Rheinl., gest. 12. März 1963 Paris; Diss.; *V:* Jacob Cohen (geb. 1847), jüd., Kaufm.; *M:* geb. Blech; ∞ 1907 Elisabeth Thorwart; *StA:* deutsch, 1938 Ausbürg. *Weg:* 1934 F.

Progymn., kaufm. Lehre, Abendkurse; bis 1912 kaufm. Angest.; 1903 SPD, 1908-14 StadtVO. Frankfurt/M., Kritiker des KommunalverwSystems. 1912-18 MdR, zunächst Vertr. der Linken, dann Wendung zum reformist. Flügel. Ab 1916 im Kreis um *Sozialistische Monatshefte*, der für dt. Kontinentalpolitik eintrat. Kriegsteiln., Dez. 1918 Befürworter einer NatVers. auf Reichskonf. der *Arbeiter- und Soldatenräte*, Mitvors. *Zentralrat*. Als Wirtschaftssachverständiger der Weimarer NatVers. für Ausweitung der Betriebsräte zu Ständekammern. Ab 1920 Reichswirtschaftsrat. Förderer der jüd. Palästinasiedlung u. der dt.-franz. Verständigung. 1934 Emigr. Frankr., journ. Tätigkeit. Nach 1940 von franz. Parteifreunden vor Gestapo-Verfolgung geschützt. Mitgl. Exekutivausschuß der Dez. 1944 gegr. *Landesgruppe deutscher Sozialdemokraten in Frankreich*, ab 1947 Vors. als Nachfolger von → Günter Markscheffel. Frühj. 1945 Mitgl. Kontaktkommission dt. Kommunisten u. SozDem., Mitunterz. des geplanten gemeins. Aufrufs an die dt. Bevölkerung u. Wehrmacht v. März 1945. 1947-51 Vertr. des SPD-PV in Frankr.; Korr. *Rheinische Zeitung* Köln u. *Telegraf* Berlin. - *Ausz.:* 1957 Ritter der franz. Ehrenlegion; Gr. BVK.

W: u.a. Das Volk und der Krieg. In: Um Deutschlands Zukunft, 1916/1; Die politische Bedeutung des Zionismus. In: Pro Palästina. Schriften des deutschen Komitees zur Förderung der jüdischen Palästinasiedlung, 1918/1; Der Aufbau. In: Um Deutschlands Zukunft, 1919/10. *L:* Zorn, Edith, Über die Stellung deutscher Sozialdemokraten in Frankreich zur Bewegung „Freies Deutschland" (1944-45). In: BZG, 1965/5; Hamburger, Juden; Pech, Résistance. *Qu:* Biogr. Hand. Pers. Publ. - IfZ.

Cohn, Bernhard N., Rabbiner; geb. 17. Sept. 1923 Bonn; jüd.; *V:* → Emil Moses Cohn; *M:* Grete, geb. Kaufmann (geb. 1892 Mühlheim/Ruhr, gest. 1965 Los Angeles), jüd., 1937 Emigr. NL, 1940 USA; *G:* Hanna Frenkel (geb. 1914 Bonn), 1937 Emigr. NL, USA; Miriam Rochlin (geb. 1919 Bonn), 1936 Emigr. NL, 1940 USA, Lehrerin in Los Angeles; ∞ 1950 Miriam Hahn (geb. 1927 Essen), jüd., Tochter von → Hugo Hahn, 1939 Emigr. USA, M. Sc., Sozialarb.; *K:* Daniel Emil (geb. 1956 Utica/N.Y.), Stud.; Ruth Ann (geb. 1958 New York), Stud.; *StA:* deutsch, 1942 USA. *Weg:* 1937 GB, 1940 USA.

1929-32 Schulbesuch in Deutschland, anschl. in den Niederlanden, 1933-36 jüd. Landschulheim Kaput bei Potsdam. Apr./Mai 1937 Emigr. GB, 1937-40 Privatschule in Brigthon mit Stipendium durch Vermittlung von *Woburn House*. Apr. 1940 mit Non-Quota-Visum in die USA, 1940-41 höhere Schule; 1941 FamilienzusFührung in New York, Übersiedlung nach Calif.; ab 1941 Stud. Univ. Calif., Berkeley. 1943-46 US-Armee, Einsatz im Pazifik u. Teiln. an Besetzung Japans, 1948 B. A.; 1948-53 Stud. Hebr. Union Coll. - Jew. Inst. of Religion New York, 1953 Rabbiner, B. H. L., M. H. L.; 1953-57 Rabbiner Temple Emanu-El Utica/N.Y., 1957-62 Suburban Temple Wantagh/L.I.; ab 1962 Congr. Habonim New York, Eintreten für Amerikanisierung der Einwanderergde., stärkere Verwendung des Englischen im Gottesdienst, Betonung der allg. Sozialhilfe u. Jugendarb. in der Gde.; ab 1970 zeitw. Vors. *Assn. of Reform Rabbis of New York and Vicinity*, Mitgl. *Syn. Council of Am.*, Mitgl. des Hauptvorst. *Cent. Conf. of Am. Rabbis*, PräsMitgl. *New York Board of Rabbis, Camp Comm. on New York Fed. Reform Syn.;* Mitgl. Exekutivausschuß A. F. J. C. E., *Lincoln Square Neighborhood Council*, Waldon School Board, Mitgl. Hauptvorst. u. Vors. rabbinischer Beratungsausschuß des *Camp Inst. for Living Judaism* Great Barrington/Mass., Mitgl. *Council of Jew. Educ., Union of Am. Hebr. Congr.,* Mitarb. in deren audio-visuellem Ausschuß, Verf. von 6 Drehbüchern (u.a. über jüd. Gesch. der Neuzeit, Moses Mendelssohn u. David Einhorn). Lebte 1977 in New York. - *Ausz.:* 1966 Preis für Serie über Martin Buber.

W: Living Legacy. 70th Birthday Festschrift for Rabbi Hugo Hahn. 1963; Verf. von Kindergeschichten in *World Over*, Beiträge in *Historia Judaica, Am. Jew. Archives, Am. Jew. History. D:* RFJI. *Qu:* Arch. Fb. Hand. Pers. Publ. - RFJI.

Cohn, Daniel, Richter; gest. 21. Dez. 1965 Chicago; jüd.; ∞ Meta Kottow; *K:* Eva Abromson; *StA:* deutsch. *Weg:* 1939 GB; 1947 USA.

Kammergerichtsrat, Anfang der 30er Jahre Ernennung zum Reichsgerichtsrat in Leipzig, nach natsoz. Machtübernahme entlassen. 1938 KL Sachsenhausen, 1939 Emigr. GB, Jan.-Sept. 1947 Ltr. Wiedergutmachungsabt. *Assn. of Jewish Refugees in Great Britain,* 1947 in die USA; im Rahmen der Wiedergutmachung Senatspräs. am Reichsgericht a.D.

Qu: EGL. - IfZ.

Cohn, Emil Moses, Dr. phil., Rabbiner, Schriftsteller; geb. 18. Febr. 1881 Berlin-Steglitz, gest. 28. Febr. 1948 Los Angeles/Calif.; *V:* Dr. med. Bernhard C. (geb. 1841 Nakel/Posen, gest. 1901 Berlin), Arzt in Steglitz u. Berlin, führend in der zion. Bewegung vor Herzl u. Verf. theoret. Schriften; *M:* Cäcilie, geb. Sabersky (geb. Zossen/Brandenburg), jüd., 1932 nach Pal.; *G:* Hans (geb. Steglitz); Max David (geb. 1878 Steglitz), 1923 nach Pal.; Helene Hinde (geb. 1882 Steglitz), Schriftstellerin, 1921 nach Pal.; Elias (geb. 1884 Steglitz); Rosa Lea (geb. 1890), 1920 nach Pal.; Charlotte (Lotte) Recha (geb. 1893 Berlin-Charlottenburg), Architektin, 1921 nach Pal.; ∞ Grete Kaufmann (geb. 1892 Mühlheim/Ruhr, gest. 1965 Los Angeles), jüd., 1937 Emigr. NL, 1940 USA; *K:* Hanna Frenkel (geb. 1914 Bonn), 1937 Emigr. NL, USA; Miriam Rochlin (geb. 1919 Bonn), 1936 Emigr. NL, 1940 USA, Lehrerin in Los Angeles; → Bernhard N. Cohn; *StA:* deutsch. *Weg:* 1936 NL, 1939 USA.

Stud. Berlin, Mitgl. *Verein jüdischer Studenten,* 1902 Prom. Heidelberg, Stud. L(H)WJ Berlin, 1904 Rabbinerexamen, zus. mit J. L. Magnes u.a. Org. der zion. StudGruppe *National-jüdischer Verein der Hörer an der Lehranstalt für die Wissenschaft des Judentums,* 1904-05 Schriftltr. *Der jüdische Student,* der Zs. des *Bundes jüdischer Corporationen.* 1906 Prediger u. Relig.-Lehrer der Jüd. Gde. Berlin, 1907 wegen zion. Gesinnung vom Vorst. zum Rücktritt gezwungen. 1908-12 Rabbiner in Kiel, 1908 Mithg. *Zionistisches ABC-Buch.* 1909 Deleg. auf 11. Zionistenkongreß in Hamburg. 1912-14 Rabbiner in Essen, 1914-25 in Bonn, 1925-36 bei der konservativen jüd. Gde. Berlin-Grunewald. Zugl. 1928-36 Gr. u. Hg. *Jüdischer Jugendkalender,* Hg. von Werken über jüd. Folklore, 1928-31 Gr. u. Hg. *Jüdischer Kinderkalender.* Schriftsteller u. Übers. von Lyrik, nach 1920 bekannt durch seine Theaterstücke, die u.a. von Max Reinhardt u. am Habimah-Theater inszeniert wurden. 1933 kurze Haft, 1935-36 Haft wegen angebl. Landesverrat, Entlassung, erneute Festnahme, Okt. 1936 während zeitw. Entlassung anläßl. der Bar Mizvah des Sohnes Flucht in die Niederlande. Verbindungsmann zwischen dt. Juden u. jüd. Gden. in den Niederlanden. Febr. 1939 in die USA mit Besuchervisum, durch Vermittlung von Rabbiner Stephen S. Wise Stellung als stellv. Rabbiner Free Syn. New York. 1941-45 Rabbiner orthodoxe Gde. Beth Jacob in Menlo Park/Calif. u. Doz. für hebr. Lit. Stanford Univ.; 1945-47 Rabbiner Temple Sinai in Glendale/Calif. u. Doz. für jüd. Gesch. School of Jew. Studies. 1947-48 Bibliothekar der jüd. Gde. - Ps. Emil Bernhard. - *Ausz.:* Messner-Preis für Theaterstücke.

W: zahlr. Theaterstücke u. Romane, Bücher u. Art. über jüd. Fragen. *L:* Spalek, John M./Strelka, Joseph, Deutsche Exilliteratur seit 1933, Teil I: Kalifornien. 1976 (vollst. Bibliographie, Sekundärlit., Nachweis unveröffentl. Schriften u. Nachlässe); Tramer, Hans, Bernhard und Emil Cohn. Zwei Streiter für den zionistischen Gedanken (Bibliogr.). In: Bulletin LBI, 1965; E.J.; Schulte, Klaus H. S., Bonner Juden und ihre Nachkommen bis um 1930. 1976; U. J. E. *D:* LBI New York. *Qu:* Hand. Pers. Publ. Z. - RFJI.

Cohn, Ernst, Dr. med., Zahnarzt; geb. 1901; *StA:* deutsch. *Weg:* 1936 CSR, F; 1937 E; 1939 F; 1942 Mex.

1918 SPD, 1926 KPD. 1933-34 Haft, 1936 Emigr. über CSR nach Frankr. 1937-39 Sanitätsdienst Internat. Brigaden in Spanien, anschl. franz. Internierungslager, u.a. St. Cyprien, Le Vernet. Apr. 1942 Emigr. Mexiko. Ab 1942 Sekr. BFD in Puebla, 1943 dort Ltr. *Heinrich-Heine-Klub.* Ab 1943 Mitgl. des Ausschusses der BFD.

L: Kießling, Alemania Libre. *Qu:* Publ. - IfZ.

Cohn, Gerhard, Ingenieur; geb. 26. Aug. 1903 Königshütte; jüd.; *V:* Bernhard C. (geb. 1861 Michalkowitz, gest. 1935 Breslau), jüd., Kaufm., Präs. B'nai B'rith-Loge Oberschlesien; *M:* Ida, geb. Weissenberg (geb. 1871 Rosdzin, umgek. 1943 KL Theresienstadt), jüd.; *G:* Heinz (geb. 1895 Königshütte, gest. 1966 IL), Gymn., Kaufm., 1939 Emigr. Pal.; Ilse Guttmann (geb. 1898 Königshütte), 1939 Emigr. Pal., 1958 Deutschland (BRD); ∞ 1933 Herta Weiss (1906 Breslau), jüd., Stud. Cambridge Univ., Sekr., 1933 Emigr. Pal.; *K:* Gabriela Rabi (geb. 1935 Ramat Gan), Lehrerin; Ariel (geb. 1943 Tel Aviv), Ing.; *StA:* deutsch, IL. *Weg:* 1933 Pal.

1922-28 Stud. TH Breslau, 1928 Dipl.-Ing.; techn. Angest., später techn. Geschäftsf. H. Fuld & Co. in Frankfurt, Mannheim, Nürnberg, Breslau, Chemnitz. Mitgl. *Kameraden* u. jüd. Sportorg.; 1933 Entlassung u. Emigr. Palästina mit Besuchervisum, zunächst illeg. Aufenthalt, 1948 Aufenthaltserlaubnis; 1933-50 Chefing. Orterac Ltd., 1950-70 Hauptgeschäftsf. Gen. Refrigeration and Electric Engineers Ltd. (Tochterges. der Gen. Electric, USA). Lebte 1977 in Ramat Gan/Israel.

Qu: Fb. Hand. - RFJI.

Cohn, Gustav, Rabbiner; geb. 19. März 1881 Stettin, 1943 umgek. im Holocaust; ∞ 1910. *Weg:* 1939 NL.

Stud. Berlin, gleichz. bis 1908 Rabbinerseminar Berlin, 1908-12 Prediger u. ReligLehrer SynVerein Berlin-Ost, 1912-20 Rabbiner in Krotoschin/Posen, 1921-39 in Leipzig, Hg. *Gemeindeblatt der israelitischen Religionsgemeinde zu Leipzig,* BezVors. Leipzig der *Vereinigung für das liberale Judentum,* VorstMitgl. Leipziger Loge des *B'nai B'rith,* Mitgl. CV Leipzig. 1939 Emigr. Niederlande, lebte in Amsterdam, dort Stud. u. Veröffentl. über jüd. Themen. 1942 KL Westerbork mit Ehefrau, Herbst 1943 Dep. nach Polen.

W: Zahlr. Art. zur Gesch. der Juden in Leipzig; Der jüdische Friedhof. 1930; Beiträge in: *Jüdisches Lexikon* u. *Philo-Lexikon. L:* Bewährung im Untergang; LBI New York, Katalog, Bd. 1, 1970. *Qu:* Publ. Z. - RFJI.

Cohn, Ḥaim Hermann, Ministerialbeamter, Richter; geb. 11. März 1911 Lübeck; *V:* → Wilhelm Zeev Cohn; *M:* Mirjam, geb. Carlebach (geb. 1888 Lübeck, gest. 1962 Tel Aviv), 1932 F, 1935 Pal.; *G:* Alexander (geb. 1912 Lübeck), Ing., Emigr. Pal.; → Leo Jehuda Cohn; Shlomo (urspr. Salomon) (geb. 1921 Hamburg), 1932 Emigr. F, 1935 Pal. mit Eltern, Beamter im Außenmin.; ∞ I. Else Benjamin (geb. 1911 Frankfurt/M.), 1933 Emigr. Pal., Kustos des Bezalel-Museums, seit 1961 Kustos des Isr. Nat. Museums; II. Michal Smoira (geb. 1926 Jerusalem), 1948 Dipl. Musikakadem. Jerusalem u. Univ. Uppsala/S; seit 1968 Musikdir. isr. Rundfunkbehörde; *K:* Eliahu (geb. 1934), M.A., Beamter; Yehudit (geb. 1936), B. A.; *StA:* deutsch, Pal./ IL. *Weg:* 1933 F, Pal.

1929-30 Stud. München, 1930-32 Stud. Merkas haRav Rabb. Coll. u. Hebr. Univ. Jerusalem, 1932-33 Stud. Hamburg u. Frankfurt/M. März 1933 Emigr. Frankr. in Erwartung des pal. Einwandererzertifikats, Okt. 1933 Palästina, 1933-36 Kanzleigehilfe in RA-Büro Jerusalem, 1937 Zulassung als RA, 1937-47 RA-Praxis in Jerusalem, 1947 Sekr. u. Rechtsberater des Emergency Committee der *Jew. Agency;* 1948 Referent für Gesetzgebung, dann AbtLtr., Staatsanwalt, 1950-60 GenStaatsanwalt im isr. Justizmin., Apr. 1952-Jan. 1953 Justizminister, seit 1960 Richter am Obersten Isr. Gerichtshof. Gleichz. Gastprof. für Rechtsgesch. u. Rechtsphil. Hebr. Univ. Jerusalem u. Tel Aviv., Mitgl. Internat. Schiedsgericht in Den Haag, Mitgl. geschäftsf. Ausschuß der *Assn. Internat. de Droit Pénal* Paris, VorstMitgl. Internat. Inst. of Human Rights Straßburg, seit 1955 Vorst.- u. Kuratoriumsmitgl. Hebr. Univ. Jerusalem, Vors. *Israelische Gesellschaft für Kriminologie,* Permanent Govt., Commission for Penal Reform, Govt. Supervisory Board for Probation and Parole, isr. Ausschuß der *Am.-Isr. Cult. Foundation,* Ausschuß für Juden in arab. Ländern, stellv. Vors. *Council on Higher Educ.,* Vors. der isr. Gruppe der *Internat. Commission of Jurists,* 1957-59 u. 1965-67 Mitgl. UN Commission on Human Rights, seit 1961 Vors. *Isr.-Denmark Friendship League.* Lebte 1977 in Jerusalem.

W: The Foreign Laws of Marriage and Divorce. 1937; Al Onesh haSekila (Die Strafe der Steinigung). 1961/62; Sefer Yovel le Pinḥas Rosen (Festschrift für Pinḥas Rosen. Hg.). 1962; Glaube und Glaubensfreiheit. 1967; Mishpato uMoto shel Yeshu haNozri (Verurteilung und Tod Jesus von Nazareth). 1968 (engl. Übers. 1971, 1972); Jewish Law in Ancient and Modern Israel. 1972; Al Sefarim Asurim (Verbotene Bücher). 1973; Shenaton haMishpat haivri (Jahrbuch für jüd. Recht. Mithg.), Bd. I, 1973/74; Art. über jüd. Recht in Ztg. u. Zs. *L:* Parashat haShofet Ḥaim Cohen (Zum Fall des Richters Chaim Cohen). 1963; Of Law and Man. Essays in Honor of Ḥaim H. Cohen. 1971. *Qu:* Fb. Hand. Z. - RFJI.

Cohn, Hillel, Rabbiner; geb. 4. Sept. 1938 Berlin; *V:* Franklin (Fritz) C. (geb. 1906 Breslau, gest. 1971), Stud. Jüd.-Theolog. Seminar Breslau, Prediger, Lehrer jüd. Gde. Gera, 1939 Emigr. USA, Rabbiner in Calif.; *M:* Mirjam Finkelstein (geb. 1908 Gross-Kakschen/Ostpr.), 1939 Emigr. USA; *G:* Aviva Steinmen (geb. 1936 Aschersleben), 1939 USA; ∞ Rita Lee Jarson (geb. 1940 Cincinnati/ O.), M. A., Ltr. Stipendienabt. Calif. State Coll. San Bernardino; *K:* Elana Joy (geb. 1964); Marc Stephen (geb. 1966); *StA:* deutsch, 1944 USA. *Weg:* 1939 USA.

Juni 1939 Emigr. USA mit Familie. 1955-59 Stud. Univ. Calif. Los Angeles, B. A. (Pol. Wiss.), u. Stud. Hebr. Union Coll. Los Angeles, 1959 B. H. L., 1959-63 Stud. Hebr. Union Coll. Cincinnati/O., Rabbinerexamen, 1963 M.A., anschl. Stud. Univ. of Judaism Cedars-Sinai Med. Center. 1960-63 Gefängnisgeistl. am Marion Correctional Inst. Ohio State Prison, ab 1963 Rabbiner Congr. Emanuel in San Bernardino. 1968-69 u. 1978 Gastprof. für Religionsgesch. Univ. Redlands, 1974-75 Doz. Calif. State Coll., 1975-76 Doz. San Bernardino Valley Coll.; 1966-67 Präs. *Mental Health Assn.,* 1968-69 *Family Service Agency,* 1974 Vors. *San Bernardino United Jew. Welfare Fund.* 1974-77 VorstMitgl. u. Vors. Antragskomitee *Central Conf. of Am. Rabbis,* 1974 Schatzführer, 1975 Schatzmeister, 1976-78 Vizepräs. *Pacific Assn. of Reform Rabbis,* Mitgl. *Jew. Reconstructionist Found., Jew. Peace Fellowship,* Board Rabbis *S. Calif., Nat. Assn. Temple Educs.,* Mitarb. in zahlr. Orts- u. GdeGruppen, bes. in Jugendarb. u. Städteplanung. Lebte 1978 in San Bernardino/Calif. - *Ausz:* 1965 u. 1975 Emanuel Gamoran Award der *Nat. Assn. Temple Educs.,* Outstanding Man-of-the Year der San Bernardino Jr. Chamber of Commerce.

W: Toward a Program of Training in Jewish Background for Parents and Teachers of the Reform Religious School (Diss.). 1963; S'lichos Service (Gebetbuch). 1963; Haggadah for Children (Gebetbuch). 1964, überarb. Ausgabe 1966; Handbook for Parents. 1965, überarb. Ausgabe 1967; The Movements of Jewish Life. 1966; LiKhevod Shabbat veYom Tov (Gebetbuch). 1977. *Qu:* Fb. Hand. - RFJI.

Cohn, Josef, Dr. rer. pol., Verbandsfunktionär; geb. 6. Sept. 1904 Berlin; jüd.; *V:* Louis C.; *M:* Emma, geb. Petzall. *Weg:* 1933 GB, 1935 Pal.

1929 Prom. Heidelberg; Dolmetscher Chaim Weizmanns in Berlin. 1933 Emigr. GB, 1933-35 in London Sekr. des *Central Bureau for the Settlement of German Jews.* 1935 nach Palästina, 1935-48 Privatsekr. von Chaim Weizmann, Aug. 1948 pol. Verbindungsmann für Weizmann zu US-Präs. Truman, in den USA tätig für *Am. Friends of Weizmann Inst.,* seit 1955 geschäftsf. Vizepräs. *Europ. Committee of the Weizmann Inst.* in Zürich, Vermittlung von Austauschprogrammen für Wissenschaftler u. ZusArb. zwischen Max-Planck-Inst. u. Weizmann-Inst. in Rehovot/Israel. Mitgl. ZOA u. *List-Gesellschaft.* Lebte 1977 in Zürich. - *Ausz.:* 1969 Weizmann Award in Sciences & Humanities.

W: England und Palästina. Ein Beitrag zur Britischen Empire-Politik. In: Zeitschrift für Geopolitik, 1931. *L:* Verz. von Art. zu seinem 60. Geburtstag. In: LBI Yearbook, 1965; Verz. von Art. zu seinem 70. Geburtstag. In: LBI Yearbook, 1975. *Qu:* Hand. Z. - RFJI.

Cohn, Joseph, Dr. phil., Rabbiner, Orientalist; geb. 7. Dez. 1850 Zempelburg/Westpreußen, gest. 1948 Jerusalem; *V:* Heimann C. (gest. Zempelburg); *M:* Lina, geb. Kroll (gest. Zempelburg); *G:* Leopold (geb. 1859 Zempelburg, gest. 1920 Breslau), Hochschullehrer in Breslau; Adolph (geb. 1870 Zempelburg, gest. S-Afrika), Bankdir. in Mannheim, 1935 Emigr. S-Afrika; ∞ Amalie Miriam Guttmann (geb. 1859 Beuthen/Oberschlesien, gest. 1929 Hamburg), jüd.; *K:* Else (geb. 1881 Bisenz/

Mähren), Lehrerin, 1934 Emigr. F, 1940 CH, 1946 USA, 1965 IL; → Wilhelm Zeev Cohn; Frieda Weinberger (geb. 1887 Bisenz), Opernsängerin, 1936 Emigr. GB, 1955 IL; Recha Carlebach (geb. 1890 Burgkunstadt/Bayern), 1935 USA, 1971 IL; *StA:* deutsch. *Weg:* Pal.

1863-69 Gymn. in Culm/Westpreußen, 1969-75 Stud. Semitistik Breslau, 1875 Prom., 1871-78 Stud. Jüd.-Theol. Seminar Breslau, 1878 Rabbinerexamen. 1878-86 Rabbiner in Bisenz, 1886-95 BezRabbiner in Burgkunstadt/Bayern, 1895-1917 Landrabbiner in Eschwege/Hessen; anschl. im Ruhestand in Hamburg. Nach natsoz. Machtübernahme Emigr. Pal.

W: Zahlr. Art. über semit. Philologie, klass. Studien u. Liturgie in wiss. Zs. *Qu:* Hand. Pers. – RFJI.

Cohn, Julius, Beamter; geb. 28. März 1871 Berlin, gest. 20. Okt. 1941 Tel Aviv; jüd.; *V:* Carl C. (geb. Frankfurt/Oder, gest. 1918 [?] Berlin), jüd., Kriegsteiln. 1864, 1866 u. 1870/71, zahlr. Ausz.; *M:* Rieke, geb. Wulff (geb. Altheikendorf/Schlesw.-Holst., gest. 1915 Berlin), jüd.; *G:* Hanna (gest. vor 2. WK); Rosa (umgek. im Holokaust); 3 B; ∞ Hulda Scheerer (1875-1965), Erzieherin, Sekr., 1933 Emigr. Pal.; *K:* Inge; Dr. med. Bruno C. (geb. 1898), als ltd. Klinikarzt in Berlin von SA bedroht, März 1933 Emigr. CH, Pal., Arzt in Tel Aviv, ab 1975 in Freiburg/Br.; *StA:* deutsch, 14. Apr. 1937 Ausbürg. mit Ehefrau, 1937 Pal. *Weg:* 1933 CH, Pal.

Handlungsgehilfenlehre, 1893 Angest. Ortskrankenkasse der Handlungsgehilfen, 1898 Ortskrankenkasse der Kaufleute, Handelsleute u. Apotheker, ab 1914 stellv. Dir. Allgemeine Ortskrankenkasse (AOK) Berlin, ab 1925 Dir. AOK Berlin u. Vors. *Verband der Krankenkassen Berlins,* Dez. 1932 Rücktritt aus Gesundheitsgründen. 1918 SPD, 1930 *Reichsbanner.* März 1933 wegen Bedrohung von FamAngehörigen Emigr., zunächst nach Ascona, Zusammenkunft mit → Otto Braun, ab Juli 1933 in Tel Aviv.

L: Tennstedt, Florian, Geschichte der Selbstverwaltung in der Krankenversicherung von der Mitte des 19. Jahrhunderts bis zur Gründung der Bundesrepublik Deutschland. 1966. *Qu:* Arch. Pers. Publ. – IfZ.

Cohn, Kurt, Dr. jur., Richter, Verbandsfunktionär; geb. 19. Juli 1899 Glogau/Oder; jüd.; *V:* Adolph C.; *StA:* deutsch. *Weg:* 1939 GB; 1940 AUS; GB; 1947 Deutschland (SBZ).

Stud. Rechtswiss. Berlin u. Leipzig; 1918 DDP, Mitgr. *Demokratischer Studentenbund,* 1925 Prom. Leipzig, danach Justizdienst, Mitgl. *Republikanischer Richterbund,* 1933 Entlassung; 1928-38 Mitgl. Hauptvorst. CV u. 1934-38 geschäftsf. Vors. Landesverb. Mitteldeutschland; Nov. 1938-Febr. 1939 KL Buchenwald. Aug. 1939 Emigr. GB, 1940 Internierung u. Dep. nach Australien, später Rückkehr nach GB, Angest.; 1947 Rückkehr nach Chemnitz, Richter am LG, 1948-49 MinRat u. Strafrechtdezernent im sächs. Justizmin. u. Mitarb. Deutsche Wirtschaftskommission, ab 1949 LDPD u. ab 1964 Mitgl. Zentralvorst.; 1949-71 Oberrichter, ab 1962 PräsMitgl. Oberstes Gericht der DDR, ab 1972 ehrenamtl. Rechtsberater Jüd. Gde. Berlin (Ost). Zeitw. Mitgl. BezLtg. Berlin u. Vors. Kreisltg. Berlin-Treptow des *Kulturbund zur demokratischen Erneuerung Deutschlands,* StadtbezVO. Berlin-Treptow; Mitgl. *Komitee der Antifaschistischen Widerstandskämpfer der DDR.* Lebte 1974 in Berlin (Ost). – *Ausz:* 1960 VVO (Bronze), 1964 VVO (Silber), Med. für Kämpfer gegen den Faschismus 1933-1945, 1969 Banner der Arbeit, 1974 VVO (Gold).

W: Der Central-Verein der Zukunft. Eine Denkschrift (zus. mit Friedrich Brodnitz u. Ludwig Tietz). 1928. *L:* Antifaschisten. *Qu:* Arch. Hand. Publ. Z. – IfZ.

Cohn, Leo Jehuda, geb. 15. Okt. 1913, umgek. 1945; jüd.; *G:* → Ḥaim Hermann Cohn. *Weg:* 1933 F.

Gymn. Hamburg, Mitgl. *Blau-Weiß.* Apr. 1933 Emigr. Frankr., Mitgl. jüd. Pfadfinder-Bewegung *Eclaireurs Israelites,* Jugendarb. für die Aufrechterhaltung jüd.-relig. Gebräuche. MilDienst franz. Exil-Armee, 1940-42 im französ. Untergrund Ausschleusung jüd. Waisen aus dem dt. Besatzungsgebiet nach Vichy-Frankr., dann nach Spanien mit Unterstützung der *Jew. Agency* u. der OSE. 1942 Verhaftung durch Gestapo, Dep. nach Deutschland, umgek. während Transport in KL.

L: E. J.; Tramer, Hans, Jüdischer Wanderbund Blau-Weiß. In: LBI-Bulletin, 1962. *Qu:* Pers. Publ. – RFJI.

Cohn, Ludwig, Dr. phil., Dr. jur., Blindenfürsorger; geb. 1877 Schlesien, gest. 1962 IL (?); ∞ umgek. im Holokaust; *K:* Rudi, Gr. *Vereinigung der Freunde der Isr. Blindenbibliothek,* A: NL. *Weg:* 1933 NL; Pal./IL.

Erblindung als 7jähriger; Dr. phil. Berlin, Dr. jur. Breslau. Amtl. Blindenfürsorger für Schlesien, Gr. Schlesische Blindenbibliothek u. Blinden-Arbeitsamt Breslau. 1933 Emigr. Niederlande; 1940-45 KL Westerbrook, Bergen-Belsen, Theresienstadt. Nach 2. WK Rückkehr Niederlande; Einladung nach Israel zur Entwicklung der staatl. Blindenhilfe, Gr. Zentrale Blindenbibliothek (später Ludwig-Cohn-Blindenbibliothek).

Qu: Z. – RFJI.

Cohn, Oscar, Dr. jur., Politiker; geb. 15. Okt. 1869 Guttentag/Oberschl., gest. 2. Nov. 1934 Genf; jüd.; *V:* Kaufm.; *G:* 10; ∞ verh.; *K:* → Reinhold Cohn; *StA:* deutsch. *Weg:* 1933 CH.

1887-90 Stud. Medizin u. Rechtswiss. Berlin, Greifswald u. München, 1892 Prom., 1891-97 Rechtsreferendar Kammergericht Berlin, 1892-93 MilDienst (Kaiser-Franz-Gardegrenadierrgt., Uffz.), ab 1897 RA Berlin; SPD, ab 1909 u. 1919-20 StadtVO. Berlin, 1912-18 MdR, 1915-17 Kriegsteiln.; 1916/17 maßgebl. beteiligt an Abspaltung der USPD u. 1922 an Wiedervereinigung mit SPD. Ab Anfang 1918 Rechtsbeistand sowj. Botschaft, Nov.-Dez. 1918 Unterstaatssekr. Reichsjustizmin., 1919 MdNV, Mitgl. Verfassungsausschuß der Verfassunggebende preuß. Landesvers., 1921 MdL Preußen, 1921-24 MdR, ab 1922 Ltr. Deutsch-russisches Handelsbüro. Nach pol. Resignation Mitte der 20er Jahre jüd. Volkstumsarb., ab 1925 Vertr. der *Poale Zion* in Repräsentantenvers. der Jüd. Gde. Berlin, Mitarb. Arbeiterfürsorgeamt der jüdischen Organisationen Deutschlands, VorstMitgl. DLM. 1933 Emigr. Schweiz, Mitarb. jüd. Hilfsorg. HICEM Genf. Beigesetzt im Kibbuz Degania/Palästina.

W: La situation des Juifs en Pologne (Mitverf.). 1920. *L:* Kaznelson, Siegmund, Juden im deutschen Kulturbereich. 1962; Hamburger, Juden; Mosse, Werner E. (Hg.), Deutsches Judentum in Krieg und Revolution 1916-1923. 1971. *Qu:* Arch. Hand. Publ. Z. – IfZ.

Cohn, Reinhold, Dr. rer. nat., Rechtsanwalt, Parteifunktionär; geb. 24. Okt. 1899 Berlin, gest. 5. Dez. 1973 IL; *V:* → Oscar Cohn; ∞ 1923 Johanna Benario (geb. 1897 Wertheim), vor 1926 in Pal., 1928-33 in Europa, 1934 Emigr. CH, Pal.; *K:* Dr. rer. nat. Michael C. (geb. 1926 Stuttgart), 1928-33 Berlin, 1934 Emigr. CH, Pal., Stud. Chemie Zürich, 1954 Prom., seit 1954 Teilh. väterl. Anwaltskanzlei; *StA:* deutsch; Pal./IL. *Weg:* 1933 F, 1934 Pal.

1917-18 MilDienst, danach Stud. Chemie Berlin, 1923-25 Industriechemiker, 1924 Praktikum in Saarbrücken. 1925-28 1. Geschäftsf. einer kleinen chem. Fabrik in Petaḥ-Tikvah/Palästina, dann Assist. biochem. Inst. Hebr. Univ. Jerusalem. 1928-32 Ausbildung zum Patentanwalt, 1932 Zulassung als Patentanwalt, RA in Berlin; Ltr. *Blau-Weiß,* Mitgl. K. J. V.; 1933 Emigr. Frankr., Patentanwalt, 1934 nach Palästina mit A I-Zertifikat, ab 1934 Anwaltskanzlei Dr. Reinhold Cohn u. Partner, 1936-39 *Haganah.* 1958 isr. Vertr. bei internat. Konf. für Revision der Patent- u. Warenzeichenabkommen in Lissabon, Mitgl. versch. pol. Org. europ. u. osteurop. Juden, Gr. u. Mitgl. *Alijah Chadaschah* u. *Progressive Party* (später *Independent Liberal Party*), ab 1950 isr. Vertr. *Conf. Internat. pour la Protection de la Propriété Industrielle* u. Präs. der isr. Gruppe, seit 1967 Ehrenmitgl., 1969 Präs. *Isr. Assn. of Patent Attorneys,* Mitgl. versch. RegAusschüsse für priv. u. industr. Patentschutz, Mitgl. *Chartered Inst. of Patent Agents* London, *Patent Inst. of Canada, Rotary Club.*

Qu: Hand. Pers. – RFJI.

Cohn, Wilhelm, Dr. jur., Beamter; geb. 17. Febr. 1902 Danzig, gest. 18. Juli 1975 Wiesbaden; jüd.; *V:* Adolf C.; *M:* Grete, geb. Goerke (umgek. im KL); *G:* 2 B; ∞ I. Annemarie Bloch (umgek. im Holokaust); II. 1954 Liselotte Niethammer, geb. Huffstadt; *StA:* deutsch, brit. *Weg:* GB.
Ab 1920 Stud. Rechtswiss. Breslau, Freiburg/Br., Leipzig, 1924 Prom., später Amtsrichter in Öls/Schlesien. Emigr. GB, Internierung, Eintritt in Pioneer Corps, ab 1945 bei Control Commission, British Element in GB, 1947-54 bei Legal Division in Hannover u. anschl. in Berlin, Oberstlt., 1960-74 Rechtsberater der brit. Botschaft Bonn. – *Ausz:* 1968 O. B. E.
Qu: EGL. Pers. Publ. – IfZ.

Cohn, Wilhelm Zeev, Bankier, Großkaufmann; geb. 28. Dez. 1883 Bisenz/Mähren; jüd.; *V:* → Joseph Cohn; ∞ Mirjam Carlebach (geb. 1888 Lübeck, gest. 1962 Tel Aviv), 1932 F, 1935 Pal.; *K:* → Haim Hermann Cohn; → Leo Jehuda Cohn; *StA:* deutsch, Pal./IL. *Weg:* 1932 F, 1935 Pal.
Höhere Schule in Eschwege, anschl. Banklehre. 1900-05 Bankangest. in Karlsruhe u. Mühlhausen, 1905-14 Prokurist der Louis Wolff KG in Lübeck, ausgedehnte Geschäftsreisen nach Rußland u. Frankreich, 1914-18 Dir. eines Verkaufs- u. Transport-Syndikats für Getreide u.a. Rohstoffe i.A. des Preuß. Kriegsmin., des GenStabs u. der Marine. 1919 Gr. u. Teilh., 1920-25 GenDir. des Bankhauses Alexander Carlebach & Co. Hamburg (1919 umgewandelt in Hamburger Handelsbank AG.). 1925-32 Gr. u. Ltr. der Seehandels AG (Abwicklung von Warentermingeschäften an Produktenbörsen in Chicago, New York, Liverpool u. Hamburg), 1927-32 Beiträge im monatl. *Nachrichten-Bulletin* der Seehandels AG. Gemeinnützige Tätigkeit für die Salomon- u. Esther-Carlebach-Familienstiftung, Kuratoriumsmitgl. versch. jüd. Schulen u. Waisenhäuser in Hamburg. 1931-32 Auflösung des Geschäfts. 1932 nach Frankr. mit Ehefrau u. jüngstem Sohn in Voraussicht der natsoz. Machtergreifung, 1932-35 Geschäftstätigkeit in Paris. 1935 nach Palästina mit Familie mit A I-Zertifikat, 1935-37 bei Mayer Bros. Haifa, Mitarb. an der Entwicklung der Vororte von Yaaroth Hacarmel u. West Carmel; 1937-39 Teilh. Versicherungsges. in Tel Aviv, 1939-47 bei internat. Import-Export-Ges. Guggenheim Ltd. Tel Aviv, im 2. WK Nachschublieferungen für brit. Armee, 1940-41 Eisen- u. Stahleinkäufe in Indien für brit. Militäranlagen in Ägypten u. Palästina. 1948-59 Ltr. der Import-Export-Ges. Portimex Ltd. Tel Aviv, ZusArb. mit isr. Reg. u. *Ihud haKevuzot vehaKibbuzim*, 1959 Ruhestand. Ab 1962 Ltr. der Armen- u. Altersfürsorge *Agudat Matan beSeter*, Gr. des Fonds für zinslose Darlehen für Handwerker *Keren Halwaot*. Lebte 1977 in Ramat Hen.
W: Lebenserinnerungen. In: Festschrift für Wilhelm Zeev Cohn. 1973. *Qu:* ABiogr. Fb. Hand. – RFJI.

Cohnstaedt, Wilhelm, Dr. rer. pol., Journalist; geb. 9. Nov. 1880 Frankfurt/M., gest. Philadelphia/USA; jüd.; *V:* Prof. Ludwig C. (1847-1934), jüd., Geschäftsf. *Frankfurter Zeitung*; *M:* R., geb. Stern; ∞ 1911 Else Goebel; *StA:* deutsch. *Weg:* 1934 USA.
Stud. Volkswirtsch. bei Lujo Brentano in München u. Gesch. bei Hans Delbrück in Berlin, 1903 Prom.; Mitgl. *Nationalsozialer Verein,* ab 1901 gelegentl. Mitarb. an dessen Zs. *Die Hilfe*. 1906-34 Red. Ressort Parteienpol. bei *Frankfurter Zeitung* (FZ). 1907-11 USA-Korr. der FZ, 1910-11 in Berlin, ab 1911 in Frankfurt/M.; 1914-17 Kriegsteiln.; Mitgl. *Deutsche Gesellschaft 1914;* 1918-30 Mitgl., ab 1919 VorstMitgl. DDP, Vertr. des linken Flügels, ab 1930 DSP; Reichsausschußmitgl. *Reichsbanner,* Gauvors. Frankfurt/M.; Beiträge in *Die Deutsche Republik* (→ Joseph Wirth). 1934 Emigr. USA. Freitod.
W: u.a. Die Agrarfrage in der deutschen Sozialdemokratie von Karl Marx bis zum Breslauer Parteitag. Diss. rer. pol. 1903; Presse und Volksbildung (Vortrag). 1918; Amerikanische Demokratie und ihre Lehren. Flugschrift der Frankfurter Zeitung „Zur deutschen Revolution", Nr. 7/1919; Die Deutschen an der Saar. Flugschrift der Frankfurter Zeitung. 1922; Junge Demokratie 1832 und 1922 auf dem Dörnberg und dem Hambacher Schloß (Vortrag). 1922. *L:* Becker, Demokratie; Stephan, Linksliberalismus. *Qu:* Hand. Publ. – IfZ.

Colm, Gerhard, Dr. rer. pol., Wirtschaftswissenschaftler, Ministerialbeamter; geb. 30. Juni 1897 Hannover, gest. 26. Dez. 1968 Washington/D. C.; *V:* Emil C.; *M:* Olga, geb. Straßburger; ∞ I. 1922 Dr. phil. Hanna Nicolassen (geb. 1893 Hamburg, gest. März 1965 Washington/D. C.), Prom. Berlin, 1929-33 Kinderberatungsstelle Kiel, 1933 Emigr. USA, Psychiaterin; II. 1966 Mascha Gilde; *K:* Peter (geb. 1924), 1933 Emigr. USA, B.A. Harvard Univ., Beamter im US-Außenminist.; Anne Repaske, 1933 Emigr. USA; Stine Levy, 1933 Emigr. USA; Claus H. (geb. 1930 Kiel), 1933 Emigr. USA, Bankdir.; *StA:* deutsch, 1939 USA. *Weg:* 1933 USA.
Teiln. 1. WK (Offz.), anschl. Stud. München, Freiburg, Berlin, 1921 Prom. Freiburg; 1921-27 beim Statistischen Reichsamt Berlin, 1927 Doz., 1928 Assist., anschl. außerordentl. Prof. u. Dir. Forschungsabt. Inst. für Weltwirtschaft der Univ. Kiel. 1927 i.A. der dt. Reg. beim Haushaltsausschuß der Abrüstungskonf. in Paris, 1931 Berater des Komitees für die Revision des Young-Plans in Basel, aktives Eintreten gegen NatSoz.; 1933 Emigr. USA. Mitgr. u. 1933-39 Doz., 1938 Dean Univ. in Exile der New School for Social Research New York. Ab 1939 US-RegBeamter, zunächst 1939-40 Berater (Finanzen u. Steuerpol.) beim Handelsmin. Harry Hopkins (Schätzung des Volkseinkommens als Grundlage der wirtschaftl. Planung in der Abt. für Wirtschaft u. Industrie), 1940-46 stellv. Ltr. Abt. Steuerpol. beim Staatshaushaltsamt im Stab des Präs., 1946-52 Mitgl. Council of Economic Advisors (wirtschaftl. Beratung des Präs. Truman), Mitwirkung am Employment Act von 1946. Finanz- u. Währungsberater von Gen. Lucius Clay, Mitarb. an der Planung der Währungsreform in Deutschland. Ab 1952 Chef-Volkswirtschaftler *Nat. Planning Assn.* (gemeinnützige wirtschaftl. Forschungsanstalt), gleichz. weiterhin einflußreiche Stellung als Wirtschaftsberater der US-Reg.; Sondermission nach Korea. 1940-62 Doz. George Washington Univ. Washington/D. C.; Mitgl. *Am. Econ. Assn., Am. Tax Assn., Internat. Phenomenological Soc., Am. Finance Assn.* u. a. – *Ausz.:* 1961 Dr. phil. h. c. Univ. Frankfurt; 1963 Bernard-Harms-Preis Institut für Weltwirtschaft der Univ. Kiel; Ph. D. h. c. New School for Social Research.
W: Der Mensch im wirtschaftlichen Kreislauf. (Vortrag) 1920; Beitrag zur Geschichte und Soziologie des Ruhraufstandes vom März-April 1920. 1921; Volkswirtschaftliche Theorie der Staatsausgaben. 1927; Kapitalbildung und Steuersystem. Verhandlungen und Gutachten der Konferenz von Eilsen. (Hg.) 1930; Economic Consequences of Recent American Tax Policy. (Mitverf.) 1938; The American Economy in 1960. 1952; Can We Afford Additional Programs for National Security? 1953; Entwicklungen in Konjunkturforschung und Konjunkturpolitik in den Vereinigten Staaten von Amerika. 1954; Essays in Public Finance and Fiscal Policy. (Mitverf.) 1955; The Need for Further Budget Reform. (Hg.) 1955; The Employment Act, Past and Future. 1956 (dt. Übers. 1956); General Economic Feasibility of National Security Programs. (Mitverf.) 1957; The Economy of the American People. Progress, Problems, Prospects. (Mitverf.) 1958 (3. Aufl. 1967); A Plan for the Liquidation of War Finances and the Rehabilitation of Germany. (Mitverf.) 1959; Targets for U. S. Economic Growth in the Early Sixties. 1961; Economic Competition between the United States and the Soviet Union. (Mitverf.) 1961; Weltwirtschaftliche Forschung im Zeitalter der Koexistenz. 1964; Federal Budget Projections. (Mitverf.) 1965; Integration of National Planning and Budgeting. 1967; Beiträge in Handbüchern u. Fachzs., u.a. in Veröffentl. der Brookings Institution. *Qu:* Hand. Publ. Z. – RFJI.

Conzen, Willibald Hermann, Unternehmensleiter; geb. 3. Aug. 1913 Dortmund, kath.; *V:* Dr. Friedrich C. (geb. 1878 Bergheim b. Erft, gest. 1945), kath., Staatsanwalt; *M:* Elisabeth, geb. Mathies (geb. 1881 Berlin, gest. 1968), ev., höhere Schule; *G:*

Elisabeth (geb. 1917 Koblenz), höhere Schule; Hermann (geb. 1920 Koblenz), höhere Schule, Geschäftsmann; Johannes (geb. 1921 Koblenz), Dipl.-Ing., Architekt; ∞ 1951 Salome Bruwer (geb. 1923 Kapstadt), Mitgl. Niederländ. Reform. Kirche, Stud. Univ. Witwatersrand, Schriftstellerin, 1952 USA; *K:* Elizabeth (geb. 1953), Coll., VerwTätigkeit; Suzanne (geb. 1960); *StA:* deutsch, 1958 USA. *Weg:* 1938 S-Afrika, 1952 USA.

1931 Abitur Koblenz. 1931-38 Angest. Arzneimittelfirma Schering A. G. Berlin; 1938 Versetzung nach S-Afrika, bis 1952 bei Scherag (Pty) Ltd. Johannesburg, ab 1941 Geschäftsf.; 1952 in die USA (Praktikanten-, dann Einwanderervisum); bis 1961 Ltr. Auslandsabt., 1959-66 Vizepräs., 1966-71 Präs. u. verantwortl. Geschäftsf. Schering Corp. Bloomfield/N.J., 1971-76 Präs. u. verantwortl. Geschäftsf., ab 1976 auch AR-Vors. Schering-Plough Corp. Kenilworth/N. J.; gleichz. Dir. Midlantic Bank u. Midlantic Nat. Bank. Mitgl. *Pharmaceutical Manufacturers Assn., People-to-People Health Foundation, Council on Family Health,* Kuratoriumsmitgl. *Council of the Americas.* Lebte 1977 in Montclair/N. J.

Qu: Fb. Hand. Pers. - RFJI.

Coppée, Louis (urspr. Coppermann, Lutz), Industrieanwalt, Beamter; geb. 1. Jan. 1908 Kattowitz/Oberschlesien; jüd.; *V:* Heinrich Coppermann (geb. 1877 Kattowitz, gest. 1944 Lyon), Bankier, Fabrikant, Emigr. F; *M:* Elly, geb. Mokrauer (geb. 1887 Kattowitz, gest. 1966 Neustadt/Pfalz), Lehrerin; *G:* Wally Steinitz (geb. 1909 Kattowitz), Kindergärtnerin, 1933 Emigr. F, 1939 Chile, 1947 USA, A: F; Wilhelm Coppermann (geb. 1914 Kattowitz, gest. 1966 AUS), Kaufm.; Hannah Scheuer (geb. 1921 Kattowitz), 1933 Emigr. F; ∞ I. Dr. rer. pol. Eva Jeidel (geb. 1906 Frankfurt/M., gest. 1940 Paris), wiss. Hilfsarb. Handelskammer Berlin, 1933 kurzfristig Haft; II. 1957 New York, Lili Bernstein (geb. 1925 Berlin), 1934 Emigr. B, 1935 F, 1940 Bras., 1946 USA; *K:* aus I: Ernest Coppermann (geb. 1935), Dipl.-Ing., A: F; Suzanne Collet (geb. 1936), A: F; *StA:* deutsch, 1939 F. *Weg:* 1933 F.

1927-31 Stud. Rechtswiss., Volkswirtsch., Soziologie Berlin u. Heidelberg; ab 1920 jüd. Wanderbund *Kameraden,* später in dessen Führungskreis. 1926 SPD, 1932-33 VorstMitgl. Charlottenburg; 1927 *Sozialistische Studentenschaft,* 1930-33 VorstMitgl.; 1927-28 Mitgl. CV, Mitarb. *CV-Zeitung.* Ab 1928 in *Deutsch-französischer Gesellschaft.* Ab 1932 Referendar Kammergericht Berlin, daneben 1931-33 jur. Mitarb. SPD-Reichstagsfraktion, Assist. bei Julius Leber u. → Paul Hertz. März 1933 Flucht vor Verhaftung nach Paris, bis 1936 jur. Berater der von der Fam. C. in Frankr. gegr. Fabrik, anschl. bei internat. Industriekonzern. 1939-40 franz. MilDienst, dann bis Verhaftung Anfang 1944 in Widerstandsbewegung. März 1944-Juni 1945 KL Auschwitz-Monowitz. 1946-48 bei franz. MilReg. in Baden-Baden. Jur. Berater außenpol. Ausschuß der franz. NatVers. u. Büro des MinPräs.; 1950-58 in Marshall-Plan-Verw., anschl. bis 1973 AbtLtr. Kommission der EG in Brüssel. Lebte 1975 in Paris.

Qu: Fb. - IfZ.

Corneel, Alfred, Beamter; geb. 22. Febr. 1883; ∞ verh.; *StA:* deutsch. *Weg:* 1939 GB.

Stud. Rechtswiss., jur. Vorbereitungsdienst, Kriegsteiln. (Offz.). 1927 Justitiar bei der Reg. in Schneidemühl, 1928 ORegRat, stellv. Polizeipräs. Stettin, dann RegVizepräs. Merseburg. 1933 Entlassung, lebte bis 1939 in Berlin.

Qu: EGL. Hand. - IfZ.

Corsing (bis 1926 Cohn), **Fritz,** Dr. jur., Ministerialbeamter; geb. 3. Jan. 1888 Berlin; jüd.; ∞ Hildegard Oster (geb. 1907); *StA:* deutsch, 1943 (?) Ausbürg. *Weg:* USA.

Stud. Rechtswiss. Berlin u. München, ab 1920 RegRat u. Hilfsref. Preuß. Staatsreg., 1922 MinRat, ab 1927 Kurator *Deutscher Reichs- und Preußischer Staatsanzeiger,* ab 1932 Beamtenbeisitzer des Dienststrafhofes u. Ersatzmitgl. im Vorst. der Zusatzversorgungs-Anstalt; Febr. 1933 Versetzung in Preuß. Justizmin.; Emigr. USA, 1949-53 Dir. Beratungsstelle für Wertpapierbereinigung New York. Mitgl. *Deutscher PEN-Club* London.

W: u.a. Soll die Todesstrafe bleiben? 1929; Jean Baptiste Bernadotte (Biogr.). 1947. *Qu:* Arch. Hand. - IfZ.

Coudek, Johann (Hans). *Weg:* 1938 (?) S.

Vermutl. 1938 Emigr. Schweden; 1944 Mitgl. *Österreichische Vereinigung in Schweden* (ÖVS) unter → Bruno Kreisky, März 1946 nach Wiedervereinigung von ÖVS u. *Freier Österreichischer Bewegung* in Schweden (→ Gustl Moser) VorstMitgl. der gemeins. Org. ÖVS. Lebte 1965 in Stockholm.

L: Müssener, Exil. *Qu:* Arch. Publ. - IfZ.

Coudenhove-Kalergi, Richard Nikolaus (urspr. Graf von Coudenhove-Kalergi), Dr. phil., Schriftsteller, Politiker; geb. 16. Nov. 1894 Tokio, gest. 27. Juli 1972 Schruns/Vorarlberg; kath.; *V:* Dr. Heinrich Johann Marie Graf von Coudenhove-Kalergi (1859-1906), Schriftst., Diplomat; *M:* Mitsu (Maria Thekla), geb. Aoyama (1874-1941), StA: japan.; *G:* Johannes Graf Coudenhove-Kalergi von Ronspergheim (1893-1965); Dr. Gerolf C.-K. (geb. 1896); Olga (geb. 1900); Ida Friederike Görres (1901-71); Karl Heinrich (geb. 1903); ∞ I. 1915 Ida Roland (1881-1951), Schausp., 1938 Emigr. CH; 1940 USA; 1946 CH; II. Alexandra Bally, gesch. Gräfin v. Tiele-Winkler (1896-1968); III. 1969 Melanie Hoffmann-Benatzky, geb. Donath (geb. 1909); *Adoptivk.:* Erika, Alexander; *StA:* österr., 1919 CSR, 1939 F. *Weg:* 1938 CH; 1940 USA; 1946 CH.

Stud. Phil. u. Geschichtswiss. Wien u. München, 1917 Prom. Anschl. schriftst. Tätigkeit. 1923 Gr. *Paneuropa-Union* (PEU), Sitz Wien, mit Ziel eines pol. ZusSchlusses von Europa unter Ausklammerung der UdSSR, zunächst als Zoll- u. Wirtschaftsunion; ab Apr. 1924 Hg. u. Red. der Zs. *Paneuropa.* Ab 1924 Vortragsreisen u. Kontakte in Europa u. USA; Förderung durch maßgebl. Vertr. des pol. u. kulturellen Lebens, u.a. Ignaz Seipel, Gustav Stresemann u. Aristide Briand, ließ die PEU rasch zu einer internat. Bewegung anwachsen. Herbst 1926 erster Europäischer Kongreß, Bildung Europäischer Zentralrat aus Vors. der nat. Paneuropa-Org., Wahl zum Präs. PEU. Sept. 1929 auf Initiative der franz. Reg. Paneuropa-Debatte vor dem Völkerbund-Plenum in Genf; die Verschärfung der pol. Lage infolge Weltwirtschaftskrise verhinderte weitere Initiativen. Ab 1934 Unterstützung durch Engelbert Dollfuß, Kurt Schuschnigg u. Benito Mussolini, Frontstellung gegen NatSoz. März 1938 Flucht über CSR, Ungarn, Jugoslawien u. Italien in die Schweiz, neues PEU-Zentrum in Bern, später Genf u. Paris. Hg. *Europäische Briefe.* ZusArb. mit → Otto Habsburg; Mitarb. bei Versuchen zur Bildung einer österr. Exilvertretung in Paris. Juni 1940 über Südfrankr. u. Spanien nach Lissabon, Aug. 1940 New York. ZusArb. mit österr. Legitimisten u. Vertr. des Ständestaats, Verhandlungen mit → Julius Deutsch; 1941 vergebl. Versuch der Bildung einer österr. Exilvertr. unter Vors. von C.; Verf. der Denkschrift *Austrian Independence in the Light of the Atlantic Charter* für State Department im Herbst 1941, Vorschlag zur Anerkennung einer österr. Exilvertr. nach dem Vorbild der tschechoslow. Auslandsreg. Ab Ende 1941 Lehrauftrag New York Univ., Ltr. eines neugebildeten Forschungsseminars zur europ. Nachkriegsföderation. März 1943 5. Paneuropa-Kongreß in New York u. öffentl. Plädoyer Churchills für vereinigtes Europa als Ziel der Nachkriegspolitik. Ab Herbst 1944 Prof. Geschichtswiss. New York Univ. Unmittelbar nach Kriegsende PropReise für PEU durch die USA. 1946 Reise nach Europa, ab 1947 Wohnsitz Schweiz. 1947 Gr. u. GenSekr. *Europäische Parlamentarier-Union* (EPU). 1952 nach Fusion EPU u. Parlamentarische Gruppe der *Europäischen Bewegung* zum Parlamentarischen Rat der *Europäischen Bewegung* neben Konrad Adenauer, Winston Churchill, Alcide de Gasperi, Robert Schuman u. Paul Henri Spaak Ehrenpräs. *Europäische Bewegung,* 1954 als einziger Nichtparlamentarier Mitgl. auf Lebenszeit im Parlamentarischen Rat der *Europäischen Bewegung.* 1952-54 Reorg. der PEU, Sitz in Basel, ab 1965 Brüssel. Verfechter einer dt.-franz. Union als Kernstück einer europ. Eidgenossenschaft, forderte direkt gewählte europ. Konstituante, Anerkennung der Spaltung Deutschlands u. Unterstellung Berlins unter UNO-Verwaltung. Enge Verb. zu Charles de Gaulle, legte 1965 aus Protest gegen Unterstützung der Präsidentschaftskandidatur François Mitterands durch *Europäische Bewegung* Ehrenpräsidentschaft nieder. Stand in seinen letzten Lebensjahren der europapol. Konzeption von Franz Josef Strauß nahe. – *Ausz.:* u. a. 1950 Internat. Karlspreis der Stadt Aachen, Ehrenbürger der Univ. Frankfurt/M., 1954 Officier de la Légion d'Honneur, 1955 Gr. BVK, 1962 Großes Silbernes Ehrenzeichen für Verdienste um die Republik Österreich, 1965 Sonning-Preis der Univ. Kopenhagen, 1966 Europ. Karlspreis der Sudetendt. Landsmannschaft.

W: u.a. Ethik und Hyperethik. 1922; Paneuropa. 1923; Krise der Weltanschauung. 1924; Praktischer Idealismus. 1924; Held oder Heiliger. 1927; Los vom Materialismus. 1929; Stalin & Co. 1930; Gebote des Lebens. 1930; Revolution durch Technik. 1931; Judenhaß. 1934; Europa erwacht. 1935; Europa ohne Elend. 1936; Totaler Staat – Totaler Mensch. 1937; Kommen die Vereinigten Staaten von Europa? 1948; In Memoriam Ida Roland. 1951; Die Europäische Nation. 1953; Vom Ewigen Krieg zum Großen Frieden. 1957; Eine Idee erobert Europa (Erinn.). 1958; Die Wiedervereinigung Europas. 1963; Totaler Mensch – totaler Staat. 1965; Pan-Europa 1922-66. 1966; Ein Leben für Europa (Erinn.). 1966; Weltmacht Europa (Vorwort von Franz Josef Strauß). 1971. *L:* Goldner, Emigration; Vasari, Emilio, Dr. Otto Habsburg oder Die Leidenschaft für Politik. 1972. *Qu:* Arch. Erinn. Hand. Publ. Z. – IfZ.

Cramer, Sally David, Industriekaufmann; geb. 21. Mai 1893 Frankfurt/M., gest. 9. März 1977 London; jüd.; ∞ Grete Steinberg; *K:* 2 S (gest.); Patricia Mendelson, A: London. *Weg:* 1933 GB.

Lehre bei Fa. Harry Fuld Frankfurt/M., ab 1923 VorstMitgl. der Nachfolgeges. Telefon- u. Telegraphenwerke A. G. (später Telefonbau u. Normalzeit A.G. Frankfurt/M.). 1933 Emigr. GB, Co-Dir. General Telephone Systems Ltd. London. Mitgr., Ausschußmitgl., stellv. Vors., 1964-76 Vors. u. 1976-77 Ehren-Vors. *Self Aid of Refugees,* Mitgl. AJR; Kunstförderer.

Qu: Z. – RFJI.

Creutzburg, August, Parteifunktionär, geb. 6. März 1892 Fischbach/Thür., gest. 1938 Saratov/UdSSR; Diss.; ∞ Clara, geb. Vater; *K:* 1; *StA:* deutsch, 1. Febr. 1937 Ausbürg. *Weg:* 1933 CSR; 1934 NL; 1935 B, F, UdSSR.

Malerlehre, bis 1912 Wanderschaft. 1908 SPD, 1909 Gew.; 1912-18 Soldat. 1917 USPD, 1920 KPD. Ab Mai 1919 USPD-Sekr., ab Dez. 1920 KPD-Sekr. Jena. Juni 1923 OrgLtr., Mai 1924 PolLtr. Bez. Magdeburg. 1924-28 u. 1930-33 MdR. Mit Sonderaufträgen des ZK 1924 PolLtr. Bez. Wasserkante, 1925-26 Bez. Niederrhein, 1926 OrgLtr. Niederrhein, Gaultr. RFB. Nach Trennung von den Ultralinken 1927 PolLtr. Bez. Saar, 1928 Bez. Pfalz, 1928-29 OrgLtr. Bez. Ruhr. Juli 1929-März 1932 Ltr., anschl. stellv. Ltr. OrgAbt. beim ZK Berlin. Mitgl. *Bund proletarisch-revolutionärer Schriftsteller.* 1933 illeg. Instrukteur Berlin u. Hamburg, Dez. 1933 Flucht nach Prag, Frühj. 1934 Amsterdam. Ltr. KPD-Grenzstelle Amsterdam (später Abschnittsltg. West). 1935 längere Haft, nach Belgien abgeschoben. Apr. 1935 über Frankr. nach Moskau, Mitarb. RGI. 1936 nach Engels/Wolgarepublik abgeschoben, Lektor *Deutsche Zentral-Zeitung.* Okt. 1937 Verhaftung, Urteil 25 J. Zwangsarbeit.

W: Die Organisationsarbeit der KPD. 1931. *L:* Weber, Wandlung; GdA-Biogr.; Bludau, Gestapo. *Qu:* Arch. Hand. Publ. – IfZ.

Crispien, Art(h)ur, Politiker; geb. 4. Nov. 1875 Königsberg, gest. 29. Nov. 1946 Bern; Diss.; *V:* August C., Anstreicher; *M:* Franziska, geb. Laczinski; ∞ 1897 Berta Ranglack; *K:* Charlotte (geb. 1897), Else (geb. 1899), Hedwig (geb. 1899); 1 T; *StA:* deutsch, 12. Apr. 1937 Ausbürg. *Weg:* 1933 Österr., CH.

Malerlehre, Kunstgewerbeschule, Theatermaler. 1902-04 Angest. der Ortskrankenkasse Königsberg. 1894 SPD u. Gew., 1904-06 Red. *Freie Volkszeitung* Königsberg, anschl. bis 1912 Red. *Volkswacht* Danzig u. Parteisekr. für Westpr., bis 1914 Red. *Schwäbische Tagwacht* Stuttgart, dann *Der Sozialdemokrat.* Als ethischer Antimilitarist Gegner der SPD-Mehrheitspolitik im 1. WK, Verurteilung wegen pol. Vergehen u. Pressedelikten; 1916 Einberufung. 1917 USPD, Nov. 1918-Jan 1919 Vizepräs. u. Innenmin. der provis. Reg. Württembergs, Jan. 1919 Vors. USPD, 1920 Ltr. Parteideleg. zum 2. Weltkongreß der *Komintern* Moskau, Mitgl. der Rest-USPD bis zur Wiedervereinigung mit SPD, ab 1922 Mitgl. SPD-PV, Experte für Kunst u. Bildungswesen. 1919 MdL Württ., 1920-33 MdR, 1902, 1906, 1912 Mitgl. des Exekutivkomitees der *Zweiten Internationale,* 1921 Mitgl. Exekutive der *Internationalen Arbeitsgemeinschaft sozialistischer Parteien,* ab 1923 Exekutive der neugegr. SAI. Mitte Febr. 1933 von Berlin nach München, Anfang März 1933 wegen Gefährdung als prominenter „Novemberverbrecher" Emigr. über Österreich nach Zürich, ab 1937 Bern. Tätigkeit für SAI-Büro Zürich, bis zu seinem Rücktritt auf Drängen der jüngeren aktivist. Kräfte des SPD-Exils 1938 nomineller *Sopade*-Vertreter Schweiz. 1943 Mitgr. *Union deutscher Sozialisten in der Schweiz,* VorstMitgl. ArbGemeinschaft *Das Demokratische Deutschland.* C.s pol. Tätigkeit im Exil blieb auf Kontakte zu anderen emigr. Parteiführern beschränkt. Mitwirkung an Hilfsaktionen für jüd. u. pol. Flüchtlinge in Verb. mit *Christlichem Friedensdienst (Kreuzritter).* 1945 Deleg. Flüchtlingskonf. in Montreux. Lebensunterhalt durch *Schweizerisches Arbeiter-Hilfswerk,* Mitgl. SPS. In unveröff. Schriften nach 1933 Kritik an „histor. Versagen" der SPD 1914, 1928 u. 1933, Skepsis gegenüber kommunist. Einheitsfrontpolitik, Programme für eine revol. Internationale u. eine dt. Räterepublik (Ps. Progon).

W: u. a. Die Internationale. Vom Bund der Kommunisten bis zur Internationale der Weltrevolution. 1919; Eine Abrechnung mit den Rechtssozialisten. 1919; Programm und Taktik der USPD in ihrer geschichtlichen Entwicklung. 1919; Marxistisches ABC. 1928; Die Sozialdemokratie und die Reparationen. 1928. *L:* Artur Crispien, Sondernr. des Mitteilungsbl. der Kreuzritter, Bern 1946; Bergmann, Freies Deutschland. *D:* AsD, IfZ, IISG. *Qu:* Arch. Hand. Publ. Z. – IfZ.

Crohn, Paul, Kaufmann, Verbandsfunktionär; *V:* Dr. med. Crohn, jüd., Arzt in Halberstadt, SPD, pol. Mentor von → Horst Baerensprung; ∞ verh. *Weg:* China.

Kaufm., zeitw. Waffenhändler, wahrscheinl. Mitgr. *Reichsbanner,* 1924-31 Schatzmeister, enger Vertrauter Otto Hörsings, dessen Eingreifen in ein schwebendes Verfahren gegen C.s Schwager, den Industriellen Rudolf Haas, Anlaß zu antirepublikan. Agitation gab. 1931 mit Hörsing innerhalb der *Reichsbanner*-Führung entmachtet, 1932 vermutl. treibende Kraft bei Grdg. der *Sozialrepublikanischen Partei,* Ausschluß aus *Reichsbanner.* Nach natsoz. Machtübernahme Emigr. nach China.

L: Rohe, Reichsbanner. *Qu:* Publ. – IfZ.

Croner (urspr. Kroner), **Fritz Simon,** Dr., Soziologe; geb. 27. Febr. 1896 Berlin; *V:* Textilkaufm.; ∞ verh.; *K:* Claes (geb. 1938); Stefan (geb. 1944); *StA:* deutsch, 1944 S. *Weg:* 1934 S.

1914-18 Kriegsfreiw., 1919-21 Stud. Soziologie Berlin u. Heidelberg, u.a. bei G. Anschütz u. E. Lederer; Mitgl. *Sozialistische Studentenvereinigung.* 1924-33 Ltr. Sozialpol. Abt. *Deutscher Werkmeister-Verband* (DWV), Mitgl. Sozialpol. Ausschuß *Arbeitsgemeinschaft freier Angestelltenverbände,* DWV-Vertreter im VerwRat der Reichsversicherungsanstalt für Angestellte u. Reichsanstalt für Arbeitsvermittlung und Arbeitslosenversicherung. 1927-33 Doz. Hochschule für Politik. März 1933 zur DWV-Zentrale nach Düsseldorf, im Mai Amtsenthebung. Juli 1934 Emigr. nach Schweden. Mit Stipendien soziolog. Forschungs- u. Lehrtätigkeit Univ. Stockholm, 1935-39 Lund. Anschl. Statistikexperte der schwed. Angestelltengewerkschaft, bis 1944 ehrenamtl. Ltg. eines Seminars an der Univ. Stockholm; Einfluß auf Entwicklung der schwed. Soziologie. 1944-64 Ltr. des Statistischen Büros der Angestellten und Beamten.

W: u.a. Die Angestellten in der modernen Gesellschaft. 1954; Soziologie der Angestellten. 1962 (schwed. Übers. 1963); Ett liv i vår tid (ABiogr.). 1966; Die deutsche Tradition. 1975. *L:* Müssener, Exil. *Qu:* ABiogr. Publ. - IfZ.

Crummenerl, Siegmund, Parteifunktionär; geb. 19. Febr. 1892 Lüdenscheid/Westf., gest. 22. Mai 1940 Paris; ∞ Martha Bühring (geb. 1895), Emigr., 1937 Ausbürg., *A:* Deutschland (BRD); *K:* Sonja (geb. 1931), Emigr., 1937 Ausbürg., *A:* Deutschland (BRD); Ruth (geb. 1932), Emigr., 1937 Ausbürg., *A:* I; *StA:* deutsch, 11. Juni 1935 Ausbürg. *Weg:* 1933 Saargeb., CSR; 1938 F.

Graveur, vor 1914 in Frankr. u. Belgien beschäftigt, frühzeitig in Arbeiterbewegung tätig; 1914-18 Soldat. 1918-22 Kreisvors. SAJ in Altena-Iserlohn. Ortsvereinsvors. SPD Lüdenscheid, UnterbezVors. u. Mitgl. des BezVorst. Westliches Westf. Bis Anfang 1924 Sekr. DMV in Lüdenscheid, ab Mai 1924 Jugend- u. Bildungssekr., später kommunalpol. Sekr. SPD-Bez. Magdeburg-Anhalt. Anhänger des reformist. Parteiflügels u. des Kreises um *Neue Blätter für den Sozialismus* (→ Paul Tillich). Mai 1929 Wahl in Kontrollkommission des PV. Ab Febr. 1932 Hauptkassier der Partei, am 26. Apr. 1933 von SPD-Reichskonf. Berlin als Mitgl. des neugewählten PV bestätigt. 4. Mai 1933 zus. mit dem Vors. → Otto Wels u. → Friedrich Stampfer Auftrag zur Vorbereitung einer Ausl-Ltg., 10. Mai Emigr. nach Saarbücken. 2. Juni nach Prag. Mitgl. des Ende Mai 1933 errichteten Exil-PV (*Sopade*). Deckn. Krieger. Der unter C.s maßgebl. Mitwirkung gerettete u. verwaltete Teil des Parteivermögens ermöglichte die pol. u. publizist. Tätigkeit der *Sopade* in den Vorkriegsjahren. Jan. 1938 mit → Curt Geyer nach Paris zur Drucklegung des *Neuen Vorwärts* in Frankr. u. Vorbereitung der von der CSR-Reg. veranlaßten Verlegung des *Sopade*-Büros. Strikter Gegner einer pol. u. organisat. ZusArb. der *Sopade* mit KPD u. linkssoz. Oppositionsgruppen. Nach halbjährigem Krankenhausaufenthalt kurz vor dt. Einmarsch in Paris gestorben.

L: MGD; Edinger, Sozialdemokratie; Schulze, Hagen, Anpassung oder Widerstand? 1975. *D:* AsD, IISG. *Qu:* Arch. Hand. Publ. - IfZ.

Czellitzer, Arthur, Dr. med., Augenarzt, Familienforscher; geb. 5. Apr. 1871 Breslau, umgek. im Holokaust; jüd.; *V:* Siegfried C., Fabrikant; *M:* Malvine, geb. Schlesinger; ∞ 1905 Margarete Salomon (1883-1969); *K:* Evamarion Asher (geb. 1905); Dr. Rosemary Stevens (geb. 1907); Ursula (1910-1972). *Weg:* 1938 NL.

Stud. Med. Breslau, München u. Freiburg, Assist. in Heidelberg, Straßburg u. Paris. 1900-38 Augenarzt in Berlin. Im 1. WK Ltr. Abt. für Augenheilkunde des MilKrankenhauses Warschau. 1924-38 Gr. u. Präs. *Gesellschaft für jüdische Familienforschung* Berlin. 1938 Emigr. Niederlande mit Archivbeständen (vermutl. im Krieg zerstört), Einrichtung einer Auskunftstelle für Flüchtlinge. 1943 Internierung in Breda, dann Dep. nach Polen.

W: Mitteilungen der Gesellschaft für jüdische Familienforschung (Hg.). 1925-38; Mein Stammbaum. Eine genealogische Anleitung für deutsche Juden. 1934; Artikel in med. u. genealogischen Fachzs. *L:* Bewährung im Untergang; Reissner, Hans G., Gesellschaft für jüdische Familienforschung. In: Toledot, 1977. *Qu:* EGL. Publ. - RFJI.

Czernetz, Karl, Politiker; geb. 12. Febr. 1910 Wien, gest. 3. Aug. 1978 Wien; Diss.; *V:* Hermann C., Musiker; *M:* Paula, geb. Kluberg, Näherin; ∞ 1939 Margit Kohn, Emigr. GB, nach 1945 Österr., Mitgl. SPÖ u. sozdem. Frauenorg., *A:* Wien; *StA:* österr. *Weg:* 1938 CH, F; 1939 GB; 1945 Österr.

1924-27 Fotografenlehre. Mitgl. SAJDÖ. Ab 1927 Bildungsfunktionär Jugendgruppe des *Zentralvereins der kaufmännischen Angestellten Österreichs,* zwischen 1930 u. 1934 Ltr. der Jugendfürsorgeaktionen *Jugend in Not* u. *Jugend am Werk.* 1934 Führungsmitgl. der von → Leopold Kulcsar gegr. *Gruppe Funke,* nach deren Wiedereingliederung in RSÖ Herbst 1934 Mitgl. Schulungsausschuß beim ZK der RSÖ. 1935 nach Einheitsfrontwendung der *Komintern* Eintreten für ZusArb. mit KPÖ. 1936 Red. der internen RSÖ-Zs. *Die Debatte;* Deckn. u.a. Konstantin. Bis Nov. 1937 mehrfach Haft, Febr. 1938 durch Schuschnigg-Amnestie befreit. Kurz nach dt. Einmarsch in die Schweiz, Verhaftung, nach Frankr. abgeschoben. In Paris Mitgl. *Erweiterte AVÖS,* in den Auseinandersetzungen um Bildung u. Rolle der AVÖS Parteigänger → Josef Buttinger. Anfang 1939 Übersiedlung nach GB; bei Kriegsausbruch 3 Mon. Internierung Isle of Man, Befreiung durch persönl. Intervention Clement Attlees. Zus. mit dem zweiten AVÖS-Mitgl. in GB, → Oscar Pollak, Ltr. *Londoner Büro der österreichischen Sozialisten in Großbritannien* (ab Apr. 1941 Londoner Geschäftsstelle der einen Monat vorher in den USA stillgelegten AVÖS), Mithg. *London Information of the Austrian Socialists in Great Britain.* Radiosprecher BBC, Ps. Thomas. Bekämpfte 1942 den Plan der österr. Sozialisten in Schweden unter → Bruno Kreisky, eine allg. österr. Vertretungskörperschaft zu bilden, u. vertrat weiter die vor allem von → Friedrich Adler repräsentierte Linie gegen Wiederherstellung der Selbständigkeit Österr. nach dem Krieg. Nov. 1943 Mitgl. *Austrian Representative Committee* unter → Franz Novy. Nov. 1945 Rückkehr nach Österr. Seit 1946 Mitgl. PV der SPÖ, seit 1948 zentraler Schulungsref. u. Ltr. Sozialistische Bildungszentrale; seit 1949 MdNR, 1952-56 Beobachter, ab 1956 Deleg., 1975-78 Präs. Beratende Versammlung des Europarats. Chefred. *Die Zukunft. - Ausz.:* u.a. 1973 Berufstitel Prof., 1977 Goldenes Ehrenzeichen am Band für Verdienste um die Rep. Österr., 1978 Karl-Renner-Preis der Dr.-Karl-Renner-Stiftung.

W: u.a. Die sozialistische Partei Österreichs. In: Die Zweite Republik. Schriftenreihe des Londoner Büros der österreichischen Sozialisten, London 1944; Revolutionärer Sozialismus ohne Phrase. 1947; Die internationale Lage und die Aufgaben der österreichischen Arbeiterklasse. 1947; Amerika und Rußland in der Weltpolitik. 1949; Kommt der Dritte Weltkrieg? 1951; Sozialisten und Kommunisten: Zwei Welten. 1953; Verstaatlichung - pro oder kontra? 1956; Der Sozialismus und seine Gegner. Vor der Entscheidung. 1958; Österreich und die Einheit Europas. 1960; Die sittliche Kraft des Sozialismus. 1963; Europa und der Frieden. 1968. *L:* Buttinger, Beispiel; Wisshaupt, RSÖ; Leichter, Diktaturen; Maimann, Politik; Neugebauer, Bauvolk. *Qu:* Arch. Fb. Hand. Pers. Publ. Z. - IfZ.

Czernin, Ferdinand (urspr. Graf Czernin von und zu Chudenitz, Ferdinand Karl Ottokar Theobald Maria), geb. 25. Nov. 1903 Heřmanměstetz/Böhmen, gest. Lakeville/Conn., USA; *V:* Ottokar Graf Czernin v. u. zu Chudenitz (1872-1932), 1916-18 österr.-ungar. Außenmin.; *M:* Marie, geb. Gräfin Kinsky v. Wchnitz und Tettau (1878-1945); *G:* Theobald (geb. 1898), Major a. D.; Marie Lobkowicz (geb. 1899); Johann (geb. 1905); Dr. Peter C. (geb. 1907); Victoria Prinzessin zu Hohenlohe-Langenburg (geb. 1914); ∞ I. 1934 Caslano/Tessin, Beatrix Merton (geb. 1910), ev., T. von → Alfred Merton; Emigr. USA, GrdgMitgl. *Free Austrian Movement* u. Vors. *Austrian Women's Committee;* II. Helen; *K:* Karl (geb. 1935), Marie-Chlothilde (geb. 1941 New York). *Weg:* 1938 F; GB; USA.

Ab 1930 RedMitgl. *Neue Freie Presse* Wien, land- u. forstwirtschaftl. Red., ab 1935 Hg. *Internationaler Holzmarkt.* Bis 1938 angebl. pol. Aktivität in legitimist. Vereinigungen. Nach dem Anschluß Emigr. über Paris nach London, anschl. USA. Apr. 1941 Mitgr. u. Präs. *Austrian Action Inc./Free Austrian Movement* als Sammelbecken der pol. nicht festgelegte Mehrheit der österr. Emigration in New York (Mitgliedschaft an Naturalisation bzw. erste Bürgerpapiere gebunden). Hg. der Zs. *Österreichische Rundschau* sowie *Free Austrian Movement* (Mitteilungsblatt der *Austrian Action).* Umfangreiche Unterstützungstätigkeit, Verb. zu US-Regierungsstellen; Zusammenschluß mit *Austro-American Center* (→ Ernst Karl Winter) u. *Young-Conservative Austrians* (→ Martin Fuchs) zu *Austrian Coordinating Committee,* Herbst 1941 gemeins. Protest gegen den Versuch von → Hans Rott u. → Willibald Plöchl zur Bildung einer österr. Exilreg.; in der Folgezeit vergebl. Versuche der ZusArb. mit den österr. Sozialisten in den USA. Febr. 1942 als Vors. *Austrian Action* Mitgr. u. Quästor *Austrian National Committee* (Dachverband österr. Emigrantengruppen unter Vors. von Rott u. → Guido Zernatto), Aufgabe des Untertitels im eigenen Organisationsnamen, da von Rotts *Free Austrian Movement* beansprucht. Wandte sich scharf gegen die Versuche von → Otto Habsburg zur Bildung einer österr. Exilvertr. u. zur Bildung eines österr. Btl. innerhalb der US-Armee, Eintreten für ein österr. Btl. ohne Beteiligung Habsburgs. Vertrat bis zur Moskauer Deklaration Aufgehen Österr. in Donauföderation. Nach der Moskauer Deklaration Ende 1943/Anfang 1944 letzter Versuch der Einigung aller österr. EmigrGruppen zur Erreichung einer von den US-Behörden anerkannten Exilvertr.; nach dessen Scheitern Beitritt der *Austrian Action* zu *Free Austrian World Movement* in London. Wahrscheinl. Mitarb. OWI. Okt. 1945 Selbstauflösung von *Austrian Action.*

W: u.a. This Salzburg. 1937; Jagdfibel. 1937; Europe Going, Going, Gone! London 1939; Austria and Central Europe. In: New Europe and World Reconstruction, Juli/Aug. 1943; Versailles 1919. 1964 (dt. Übers.: Die Friedensstifter, 1968). *L:* Goldner, Emigration. *Qu:* Arch. Publ. Z. - IfZ.

D

Dahlem, Franz, Politiker; geb. 14. Jan. 1892 Rohrbach/Lothringen; *V:* Weichensteller; *G:* Robert, franz. StA, Funktionär der PCF; 2 weitere B; ∞ 1919 Käthe Weber (1899-1974), 1933 Emigr. CSR, F, Mitarb. Deutsches Büro beim ZK der PCE, im 2. WK in Südfrankr., nach 1945 vorüber. SED-Funktionärin, Ausz.: Karl-Marx-Orden; *K:* Robert (1922-76), 1934 F, dann UdSSR, im 2. WK NKFD-Mitarb. in Lagern für dt. Kriegsgef., nach Kriegsende in der SBZ, 1953 SED-Ausschluß; Liesel, verh. mit → Karl Mewis; beide K am 23. Febr. 1937 ausgebürgert; *StA:* deutsch, 25. Juli 1936 mit Ehefrau Ausbürg., F, UdSSR, deutsch. *Weg:* 1933 CSR, F; 1934 Deutschland, F, UdSSR; 1935 CSR, F; 1936 E; 1937 F; 1938 UdSSR, F; 1942 Deutschland; 1945 UdSSR, Deutschland (Berlin).

Abbruch des Realgymn., Lehre als Exportkaufm., kaufm. Angest. Über kath. Jugendbewegung 1911 Gew., 1913 SAJ u. SPD, 1914 SAJ-Vors. Köln, 1914-18 Kriegsteiln., 1917 USPD, in der Novemberrevolution während Lazarettaufenthalt Mitgl. *Arbeiter- und Soldatenrat* Allenstein/Ostpr.; Ende 1918 nach Köln, Mitgl. des dortigen *Arbeiter- und Soldatenrats,* 1919 Mitgr. u. bis 1921 Red. USPD-Organ *Sozialistische Republik* Köln; 1919 Vors. USPD-Bez. Mittelrhein u. Mitgl. ZK der USPD, 1920-23 StadtVO. Köln; Dez. 1920 mit linkem USPD-Flügel zur KPD, bis 1921 Parteisekr. in Köln u. Vertr. des Bez. Mittelrhein im ZK, 1921 ZK-Ausschluß aufgrund von Oppos. gegen Parteiführung, Versetzung zur Red. der *Inprekorr* nach Berlin, 1921-24 MdL Preußen. Juli-Okt. 1922 Berater bei PCF in Paris, Jan. 1923 Gastdeleg. 8. PT, führend in der Mittelgruppe, Herbst 1923 bei Vorbereitung des sog. Oktoberaufstands ZK-Instrukteur Bez. Hessen, Baden, Pfalz u. Saarland, u.a. Verhandlungen mit Vertr. der PCF über franz. Unterstützungsmaßnahmen. In Illegalitätsphase Ende 1923-Apr. 1924 Mitarb. ZK-OrgAbt. (sog. Abt. Zelle), Ende 1924 kurzfr. PolLtr. Thür., 1925 im *Komintern*-Auftrag Gastdeleg. 10. PT, aktiv im Kampf gegen Ultralinke, 1926-28 Ltr. ZK-OrgAbt., ab 11. PT 1927 ZK-Mitgl. u. Ltr. ZK-GewAbt., ab Okt. 1927 Kand. u. ab 12. PT 1929 Mitgl. PolBüro u. ZK-Sekr., im PolBüro verantwortl. für Massenarb., Kader- u. OrgPol. Ab 1929 MdR, Sommer 1930 Deleg. 5. RGI-Kongreß Moskau, 15. Nov. 1930 Hauptref. 2. RGO-Kongreß, danach bis Ablösung durch → Fritz Schulte im Juni 1932 RGO-Reichsltr., 1932 als Anhänger der ultralinken Gruppe um → Heinz Neumann gemaßregelt. Apr. 1933 Emigr. nach Prag (andere Quellen: Mai 1933 nach Paris), mit → Wilhelm Florin u. → Wilhelm Pieck Parteiauftrag zum Aufbau der KPD-AuslLtg. in Paris, als deren Mitgl. in Prag u. Paris aktiv; als gebürtiger Lothringer infolge Versailler Abkommens de jure franz. Staatsbürger, durch franz. Personalpapiere sowie enge verwandtschaftl. Beziehungen nach Frankr. wesentl. Erleichterung der AuslTätigkeit. Zunächst Ltr. *Internationales Befreiungskomitee für G. Dimitroff,* dann Febr.-Sommer 1934 in Berlin zur Kontrolle der Dezentralisierung der illeg. KPD-Org. u. Herstellung von Instrukteursverbindungen zwischen den neugeschaffenen Oberbez. u. der AuslLtg.; mit Florin, Schulte u. → Hermann Schubert in der linken PolBüro-Mehrheit Gegner der Beschlüsse des EKKI-Präsidiums zur Einheitsfrontpol. v. Juli 1934 u. ihrer Anhänger in der KPD-Führung, Pieck u. → Walter Ulbricht. Teiln. an sog. Berliner Reichskonferenz des KJVD 13.-18. Dez. 1934 in Moskau. Nach Verlegung des PolBüros nach Moskau u. Beratung des EKKI-PolSekretariats mit KPD-PolBüro Jan. 1935 über Beilegung der Fraktionskämpfe wurde D. zus. mit Ulbricht mit der sog. operativen AuslLtg. der KPD beauftragt; i.A. Dimitroffs u.a. Beratungen mit PolLtr. der illeg. KPD-Bez. in der CSR u. Holland über Neuorg. der illeg. Arbeit. Auf 7. Weltkongreß der *Komintern* Sommer 1935 kritisierte D. als KPD-Hauptref. die Schubert-Schulte-Linie, Wahl zum EKKI-Kand.; auf sog. Brüsseler Konferenz der KPD Okt. 1935 trat D. in seinem Ref. *Die revolutionäre Organisation in Deutschland - Formen und Methoden der illegalen Massenarbeit* für verstärkte Unterwanderung der NS-Massenorg. in Deutschland ein. Deckn. Franz. Nov. 1935 gemeins. mit Ulbricht ergebnislose einheitsfrontpol. Verhandlungen mit *Sopade*-Vertretern → Friedrich Stampfer u. → Hans Vogel in Prag, danach ltd. Mitwirkung in Lutetia-Kreis Paris u. ab Bildung am 2. Febr. 1936 Mitgl. des *Ausschusses zur Vorbereitung einer deutschen Volksfront.* Nach Beginn des Span. Bürgerkriegs ab Dez. 1936 Ltr. der KPD- Hilfsmaßnahmen für die span. Republik, Org. KPD-Sender *Kurzwelle 29,8* u. Parteischule in Benicasim; neben Luigi Longo u. André Marty Mitgl. Zentrale Politische Kommission der Internat. Brigaden u. Ltr. Deutsches Büro beim ZK der PCE, *Komintern*-Vertr. bei Verhandlungen mit SAI v. 21./22. Juni 1937 in Annemasse/Schweiz über Koordinierung der Hilfsmaßnahmen für Spanien. Differenzen insbes. mit Marty über kaderpol. Fragen, Befürworter eines systemat. Abzugs der internat. kommunist. Kader aus Spanien u. ihres Einsatzes in den Herkunftsländern, vor allem zur Intensivierung des innerdt. Widerstands. Dez. 1937 Abberufung, Jan. 1938 über Paris zur Berichterstattung nach Moskau. März 1938 Bericht vor EKKI, anschl. Mitarb. in der neugegr. Deutschen Kommission des EKKI zur Analyse der aktuellen pol. Situation nach dem Anschluß Österr. u. zur Ausarbeitung von Richtlinien für die prakt. Arbeit der KPD. Nachdem die noch auf der Brüsseler Konferenz verkündete KPD-Forderung nach einer dt. Sowjetrepublik revidiert u. die Konzentration der KPD-Arbeit auf propagandist. Abwehr des NatSoz. im Ausland sowie die Forcierung der Volksfrontpol. auf der Maitagung des ZK der KPD beschlossen worden war, wurde D. als Nachfolger Ulbrichts zum Ltr. des nunmehr zum sog. kollektiven Führungsorgan umgewandelten Pariser ZK-Sekretariats berufen. Juni 1938 nach Paris, aus Tarnungsgründen formelles RedMitgl. *Deutsche Volkszeitung;* mit den Mitgl. des ZK-Sekretariats → Paul Bertz, → Johann Koplenig u. → Paul Merker bemühte sich D. vergeblich um Reaktivierung des durch die doktrinäre Haltung seines Vorgängers Ulbricht paralysierten Volksfrontausschusses, Sept. 1938 maßgebl. beteiligt an Grdg. des *Thomas-Mann-Ausschusses,* Mitgl.; Anfang 1939 letzte Einheitsfrontverhandlungen mit → Julius Deutsch, die zum gemeins. Aufruf des *Arbeitsausschusses deutscher Sozialisten und der Revolutionären Sozialisten Österreichs,* der KPD u. KPÖ an die Arbeiter Deutschlands u. Österr. anläßl. der dt. Besetzung der Rest-CSR in den jeweiligen Gruppenorganen im März 1939 führten. Im Rahmen der ArbKommission Zwanzig Jahre KPD maßgebl. beteiligt an Bemühungen zur Neuorientierung der KPD-Politik u. damit an der Vorbereitung der sog. Berner Konferenz der KPD

v. Jan./Febr. 1939, auf der D. unter Deckn. Jean zur Einheits- u. Volksfrontpol. der KPD referierte. Sept. 1938 in Draveil u. 1939 in Hauteville Org. von Kaderlehrgängen des ZK der KPD zur Aktivierung des Widerstands im Reich. – Bei Kriegsausbruch entgegen *Komintern*-Befehl an alle führenden KP-Funktionäre im franz. Exil zur Räumung Frankr. u. Verlagerung des ZK-Sekretariats in vom erwarteten Kriegsausbruch nicht unmittelbar betroffene Länder (→ Friedrich Runge) freiw. Registrierung bei franz. Behörden im Bestreben, gemäß kollektivem Beschluß des ZK-Sekretariats bestehende Verbindungen nach Deutschland von Frankr. aus weiter aufrechtzuerhalten. Verhaftung, Internierung in Le Vernet u. Castres. Richtete aus der Haft zwei Loyalitätsschreiben an den franz. MinPräs. Edouard Daladier, in denen D. im Widerspruch zur inzwischen geänderten Linie der Moskauer KPD-Führung die Einreihung der KPD-Emigr. in die franz. Armee forderte u. der franz. Reg. enge ZusArb. im Kampf gegen Hitler anbot. Daraufhin von Moskauer KPD-Führung bis zur Untersuchung als ZK-Mitgl. suspendiert. Aug. 1942 Auslieferung an Deutschland, Gestapo-Haft in Berlin, ab 1943 KL Mauthausen, Mitgl. *Internationales Lagerkomitee*. Nach Befreiung am 7. Mai 1945 von Roter Armee zur Untersuchung seines Verhaltens im Jahr 1939 nach Moskau gebracht; Mitunterz. Aufruf des ZK der KPD v. 11. Juni 1945, Okt. 1945 Rückkehr nach Berlin. Ltr. Kader- u. OrgAbt. des ZK der KPD, führend beteiligt an Schaffung der Blockpol. der ostzonalen Parteien sowie der Vereinigung der beiden Arbeiterparteien, ab Bildung 1946 Mitgl. PV u. Zentralsekretariat der SED, Ltr. Abt. Personalpol., Büro für internat. ZusArb. u. sog. Westabt. für die Parteiarb. in Westdeutschland. Ab 1946 MdL Mecklenburg, ab Grdg. 1947 bis Auflösung Febr. 1953 Mitgl. ZV der VVN, 1949–50 MdProvis. VK, 1950–53 MdVK, ab Bildung 1950 Mitgl. ZK u. PolBüro der SED. Als Stellv. von Gen. Vincent Müller (Ltr. der sog. Sonderkommission für die Aufstellung von Verteidigungskräften u. die strateg. Verteidigung Volkspolens) maßgebl. beteiligt an Wiederaufrüstung der SBZ/DDR. Wegen seiner überregionalen Popularität in kommunist. Kreisen Deutschlands u. bes. bei den Widerstandskämpfern galt D. als Rivale Ulbrichts, offenbar in diesem Zusammenhang im ZK-Beschluß zum Slánský-Prozeß in der CSR v. 20. Dez. 1952 wegen angebl. kaderpol. Fehler kritisiert, nach einer Untersuchung Verlust aller Parteiämter durch ZK-Beschluß v. 14. Mai 1953, Vorwurf u.a. des „kapitulantenhaften Verhaltens" bei Ausbruch des 2. WK, womit nach sog. Merker-Affäre im wesentl. der Prozeß der Diskriminierung u. weitgehender Eliminierung der Westemigration aus den LtgGremien der SED u. DDR abgeschlossen wurde. 1954 strenge Rüge u. Verbot der Parteiarb., ab März 1955 Ltr. Hauptabt. Lehre u. Forschung u. ab 1957 1. Stellv. des Staatssekr. für Hoch- u. Fachschulwesen. 29. Juli 1956 Rehabilitierung durch ZK, ab 1957 Mitgl. ZK der SED, ab 1963 Präs. *Solidaritätskomitee für das spanische Volk in der DDR* u. MdVK, ab 1964 Präs. *Deutsch- Französische Gesellschaft in der DDR*, ab 1965 Vors. der Sektion ehemal. Spanienkämpfer beim *Komitee der Antifaschistischen Widerstandskämpfer in der DDR* u. Mitgl. des Präs., ab 1967 stellv. Min. u. Staatssekr. für Hoch- u. Fachschulwesen. In seinen Lebenserinnerungen bemühte sich D. mit Unterstützung maßgebl. SED-Organe ansatzweise um eine Revision der Ulbrichtschen Auslegung der KPD-Geschichte. – *Ausz.:* u.a. 1952 Held der Arbeit, 1960 Banner der Arbeit, 1964 Karl-Marx-Orden u. VVO (Gold), 1970 Stern der Völkerfreundschaft, 1971 Ehrenbürger von Ivry (Frankr.), 1977 Gr. Stern der Völkerfreundschaft.

W: In der Emigr. unter Ps. Franz u. Karl Franz Aufs. u. Art.; illeg. Tarnschriften siehe: Gittig, Heinz, Illegale antifaschistische Tarnschriften 1933–1945. 1972; Weg und Ziel des antifaschistischen Kampfes. 1952; Am Vorabend des zweiten Weltkrieges (Erinn.). Bd. 1 1977, Bd. 2 1978. *L:* Leonhard, Revolution; Stern, Porträt; Jänicke, Dritter Weg; Laschitza, Horst/Vietzke, Siegfried, Deutschland und die deutsche Arbeiterbewegung 1933–1945. 1964; GdA; GdA-Chronik; Gniffke, Erich W., Jahre mit Ulbricht. 1966; MGD; Weber, Wandlung; Frikke, Gerechtigkeit; Duhnke, KPD; Pech, Résistance; Langkau-Alex, Volksfront. *D:* IML. *Qu:* Arch. Erinn. Hand. Publ. Z. – IfZ.

Dallmann, Günter, Journalist; geb. 26. März 1911 Berlin; *V:* Dr. med. dent. Alfred D. (geb. 1877), jüd., Zahnarzt, USPD, nach 1933 pol. verfolgt, Emigr.; *M:* Paula, geb. Margonnen (geb. 1876), jüd., Sekr., Emigr.; ∞ 1935 Johanna Herz (geb. 1910 Essen), StudRätin; *K:* Renate (geb. 1940); *StA:* deutsch, 1945 S. *Weg:* 1933 F; 1934 S.

1929–33 Stud. Staatswiss., Soziologie u. LitGesch. Berlin, Frankfurt/M., Heidelberg, daneben 1926–33 Mitarb. *Die Welt am Abend, Die Weltbühne* u. anderer Berliner Ztg.; 1928–29 Mitarb. der anarchist. Zs. *Die schwarze Fahne* Berlin, 1930–32 Mitarb. *Deutsche Republik,* Frankfurt/M., Ps. Lot Anker. 1929–33 Mitgl. *Rote Studentengruppe,* ab Mai 1932 Mitgl. KPD. März 1933 Flucht über Zürich nach Frankr., Ende September 1934 Emigr. Stockholm. Journ. Tätigkeit, u.a. Mitarb. *Arbetaren, Dagens Nyheter, Sundsvalls Tidning, Göteborgs Handels- och Sjöfartstidning* u. zahlr. weiterer schwed. Blätter. Mitarb. bei dt. Exilpresse, u.a. *Deutsche Freiheit* Saarbrücken, *Das blaue Heft, Die Sammlung, Die Wahrheit, Freies Deutschland* Brüssel u. *Die Zukunft,* 1936–38 Mitarb. *Berner Tagwacht.* Ps. Lot Anker, Sven Haegner, Eric Landelius, Karl Mörne, H.P. Schlicht, Günter Dalm. 1939–44 Sprachlehrer schwed. Volkshochschule, 1943–45 Archivarbeiter bei *Samarbetskommittén för demokratiskt uppbyggnadsarbete,* 1946 schwed. MilDienst, 1948 mit → Stefan Szende Stockholmer Red. der franz. Nachrichtenagentur *Agence Européenne de Presse,* 1949–71 Korr. der Berliner Ztg. *Der Kurier* u. *Der Tagesspiegel,* 1956–76 Red. der Personalzs. der Stockholmer Postverwaltung, 1963–72 Lektor Univ. Stockholm. Daneben lit. Übers., Vorträge im schwed. Rundfunk u. in der Erwachsenenbildung. – 1935 Eintritt in SAPD-Gruppe Stockholm (→ August Enderle), 1944 GrdgMitgl. FDKB u. Mitgl. *Arbeitskreis demokratischer Deutscher* (→ Willy Strzelewicz). Ab 1969 Mitgl. *Sveriges Arbetares Centralorganisation.* Lebte 1974 in Stockholm. – *Ausz.:* Vilhelm-Moberg-Preis.

L: Lingens, Renate/Svevar, Kerstin, Der Publizist Günter Dallmann (Specialarbete, hektogr.). Univ. Stockholm 1971 (mit Werkverzeichnis); Müssener, Exil. *Qu:* Fb. Publ. – IfZ.

Damus, Walter A. W., Pädagoge; geb. 6. Okt. 1901 Samotschin/Posen, gest. 10. Nov. 1974 Villa Ballester/Argent.; ev.; *V:* Julius D. (geb. 1856), Schulrat; *M:* Gertrud, geb. Mazenthin (gest. 1971), Lehrerin; ∞ 1933 Stina Baur (geb. 1906), Studienreferendarin, Emigr.; *K:* Christoph (geb. 1934), Michael (geb. 1936), Sylvester (geb. 1940); *StA:* deutsch. *Weg:* 1933 GB; 1934 F; 1937 Argent.

1920–27 Stud. Gesch., Germanistik u. Anglistik Berlin, Jena u. USA. 1925 M.A. Ab 1930 Studienrat Karl-Marx-Schule Berlin. 1929 SPD, ab 1932 Mitgl. Bildungsausschuß der Gewerkschaften Berlin-Neukölln. Auseinandersetzungen mit SA, März 1933 Entlassung u. Berufsverbot. Zeitw. an Verbreitung illeg. Flugblätter beteiligt. Sept. 1933 Emigr. nach Schweden, im Okt. nach London, Tätigkeit als Lehrer u. Übersetzer ohne ArbErlaubnis. Jan. 1934 bis Schließung Ende 1936 Mitarb. der aus Schweizer Spenden unterhaltenen École Nouvelle de Boulogne für dt. EmigrKinder in Frankr. Ab März 1937 durch Vermittlung einer schweiz. Hilfsorg. Auswand. nach Argentinien, Volksschullehrer an amerikan. Privatschule u. der 1935 als Gegengewicht zur Gleichschaltung des dt. Schulwesens in Argentinien gegr. Freien Pestalozzi-Schule Buenos Aires. VorstMitgl. der von → August Siemsen geleiteten Org. *Das Andere Deutschland,* Mitarb. der gleichnam. Zs.; Jan. 1943 PräsMitgl. der Konf. v. Montevideo. Nach Kriegsende Mitgl. *Deutschland-Hilfswerk* in Verb. mit *Colis Suisse.* 1947–56 im Wollexport tätig, anschl. bis 1968 Lehrer an amerikan. Lincoln-School Buenos Aires. GdeRatsmitgl. seines Wohnorts, im Vorst. der Ev. Gde. Buenos Aires.

W: Zahlr. Beiträge in päd. Fachzs. *L:* Pestalozzi-Gesellschaft, Buenos Aires, Jahresberichte 1934–39. Buenos Aires 1935–40; Seelisch, Winfried, Das Andere Deutschland (Dipl.-Arbeit Otto-Suhr-Institut). Berlin o.J.; Kießling, Alemania Libre. *Qu:* Arch. Pers. Publ. – IfZ.

Danelius, Ditmar, Partei- u. Verbandsfunktionär; geb. 27. Okt. 1906 Berlin; *V:* Bauklempner, von NatSoz. ermordet; *G:* → Gerhard Danelius; *StA:* deutsch. *Weg:* 1933 NL; 1935 F; 1936 Alg.; 1948 Deutschland (Berlin).

Kaufm. Angest.; 1933 Emigr. Holland, 1935 Frankr., 1936 Algerien, Mitgl. der algerischen kommunist. Partei, im 2. WK Anschluß an Résistance. 1948 Rückkehr. 1. Sekr. BezVorst. Berlin u. Mitgl. ZV *Gesellschaft für Deutsch-Sowjetische Freundschaft,* Mitgl. SED-BezLtg. Groß-Berlin. Lebte 1976 als Arbeiterveteran in Berlin (Ost). - *Ausz.:* 1966 VVO (Silber).

Qu: Hand. Z. - IfZ.

Danelius, Gerhard, Parteifunktionär, Politiker; geb. 2. Apr. 1913 Berlin, gest. 18. Mai 1978 Berlin (Ost); *G:* → Ditmar Danelius; *StA:* deutsch. *Weg:* 1933 NL; 1936 F; 1945 Deutschland (Berlin).

Arbeiter, 1927 KJVD, 1928 KPD, Mitarb. *Die Rote Fahne.* 1933 Emigr. in die Niederlande, 1936 nach Frankr., Mitarb. *Deutsche Volkszeitung* u. Funktionär der FDJ, 1939 vorüberg. Internierung, im 2. WK Anschluß an die Résistance. 1945 Rückkehr nach Berlin, 1946 Bürgerm. in Berlin-Karow, Besuch SED-Parteihochschule Karl Marx, 1950-56 als Instrukteur des ZK der SED bei PV der KPD Einsatz in Westdeutschland, danach 1. Sekr. SED-Kreisltg. Berlin-Friedrichshain u. Mitarb. sowie ab Febr. 1959 Mitgl. BezLtg. Groß-Berlin. Nach formaler Trennung der Westberliner SED-Org. von der SED im Apr. 1959 deren Ltr., ab Nov. 1962 offiz. 1. Sekr. SED-Westberlin u. ab Umbenennung 1969 1. Sekr. *Sozialistische Einheitspartei Westberlins* (SEW). - *Ausz.:* 1973 Karl-Marx-Orden (DDR) u. Orden für Völkerfreundschaft (UdSSR).

W: u.a. zahlr. Art. in SEW-Organ *Die Wahrheit* Berlin. *L:* Pech, Résistance; Waldman, Eric, SEW und die sowjetische Berlinpolitik. 1972. *Qu:* Hand. Publ. Z. - IfZ.

Dang, Alfred Otto Helmuth, Dr. phil., Journalist, Pädagoge; geb. 5. Jan. 1893 Kaiserslautern, gest. 1956 Buenos Aires; kath., 1924 Diss.; *V:* Anton D. (gest. 1928), Ing.; *M:* Margarete, geb. Otto; *G:* Hans, Anton, Philipp, Marie, Katharine; ∞ 1920 Lilli Guckenheimer (1898-1975), jüd., Sekr., 1934 Emigr. Argent., zahlr. Familienangehörige in dt. KL umgek., 1973 Rückkehr nach Deutschland (BRD); *K:* Ilse Ruth Cosulich de Pecine (geb. 1921), 1934 Emigr. Argent., 1944 Bras., A: Deutschland (BRD); *StA:* deutsch, 3. Nov. 1934 Ausbürg., 1936 Argent. *Weg:* 1934 Argent.

Im 1. WK Offz. (EK I u. II), 1918-21 Stud. Germanistik, Gesch. u. Phil. Univ. Gießen; 1919 SPD; ab 1921 Red. *Volksstimme* Frankfurt/M., Mitarb. *Vorwärts, Danziger Volksstimme, Frankfurter Zeitung;* Doz. an ArbHochschulen; bereits in den 20er Jahren Gr. eines ständigen Beobachtungsdienstes gegen die NSDAP in Hessen, 1929-30 Ltr. *Reichsbanner* in Elberfeld. 1930-34 Korr. beim Völkerbund u. Internationales Arbeitsamt Genf für *Sozialdemokratischer Pressedienst* u. *Vorwärts* Berlin. März 1933 anläßlich Genfer Arbeitskonferenz Publikation von NSDAP-internen Richtlinien zur GewPolitik. Bis 1934 Ltr. *Hilfskomitee für politische Flüchtlinge* Genf, Mitarb. Exil- u. Auslandspresse; März 1934 auf Einladung des Hg. u. Besitzers des dt.-sprachigen *Argentinischen Tageblatts* Buenos Aires, Dr. Ernesto F. Alemann, nach Argentinien, 1934-53 Dir. u. Lehrer an der von Alemann begr. Pestalozzi-Schule Buenos Aires u. Mitgl. der sie tragenden *Pestalozzi-Gesellschaft.* Außer Abwehr natsoz. Infiltrationsversuche auf pädagog. Gebiet gingen vom Pestalozzi-Kreis, dem u.a. auch → Heinrich Groenewald u. → August Siemsen angehörten, wichtige pol. Impulse für die dt. Emigr. in Südamerika aus, die in der Bewegung *Das andere Deutschland* (DAD) ihren Ausdruck fanden. Ehrenmitgl. DAD, Mitarb. *Argentinisches Tageblatt, La Prensa* u. *La Nacion* Buenos Aires; Signum: dg. Jan. 1943 Teiln. Kongreß deutscher Antifaschisten in Südamerika in Montevideo. 1946 vorüberg. Aufenthalt in Deutschland, 1949 Mitgl. *PEN-Club.*

L: Seelisch, Winfried, Das andere Deutschland. Eine politische Vereinigung deutscher Emigranten in Südamerika (Dipl.-Arbeit Otto-Suhr-Institut) Berlin o.J. *D:* Nachlaß bei *Pestalozzi-Gesellschaft* Buenos Aires. *Qu:* Arch. Pers. Publ. - IfZ.

Dankner, Hans, Parteifunktionär; geb. 21. Apr. 1908 Dresden. *Weg:* 1934 CSR.

Gärtner; als Schüler Mitgl. Jugendbund *Blau-Weiß;* seit Lehrzeit freigewerkschaftl. org.; 1927 Mitgl. KJVD. 1929-30 Ltr. KJVD-Unterbez. Leipzig, zugl. Mitgl. des erweiterten ZK des KJVD. Mitgl. *Naturfreunde,* ab 1932 3. Vors. *Vereinigte Kletterabteilung* (VKA) Dresden; 1933 illeg. Tätigkeit (VKA), Nov. 1933 Verhaftung u. 1 J. Gef. Nach Verbüßung der Strafe Emigr. in die CSR. Dort 1935 bis zum dt. Einmarsch AbschnLtr. KPD Ostsa. Nach Festnahme in Prag Urteil 12 J. Zuchth. 1943 an Gestapo Dresden übergeben, nach Einlieferung in KL Auschwitz verschollen.

Qu: Publ. - IfZ.

Dankner, Max, Partei- u. Gewerkschaftsfunktionär; geb. 6. Mai 1911 Halle; *StA:* deutsch. *Weg:* 1933 CSR; 1936 E; 1939 F; 1944 Deutschland.

Vor 1933 KPD-Mitgl.; 1933 Emigr. CSR, 1936-39 Teiln. Span. Bürgerkrieg (Oberlt.), anschl. nach Frankr., im 2. WK Lt. Maquis-Einheit *Bir Hakeim* u. LtgMitgl. ihrer Parteizelle. In der Emigr. Deckn. Paul Bornell. - Ende 1944 i. A. der KPD-Westltg. illeg. Rückkehr nach Deutschland; Gef.- u. KL-Haft. Nach Kriegsende Sekr. KPD/SED-Landesltg. Sa.-Anhalt, 1952-58 u. 1960-62 Sekr. für Wirtschaft bei SED-BezLtg. Halle, ab Juni 1962 FDGB- BezVorst. ebd. - *Ausz.:* 1955 VVO (Bronze), 1956 Hans-Beimler-Med., 1961 VVO (Silber).

W: Das Massaker von La Parade. In: Résistance, Erinnerungen deutscher Antifaschisten. 1973. *L:* Schaul, Résistance; Pech, Résistance. *Qu:* Erinn. Hand. Publ. Z. - IfZ.

Danzebrink, Peter Heinrich, Verwaltungsbeamter; geb. 2. Jan. 1889 Prüm/Eifel, gest. 15. Okt. 1964 Koblenz; kath.; *V:* Dr. Heinrich D., GymnLehrer; *M:* Margarethe, geb. Endres; *G:* Franz (geb. 1899), Mathias Joseph (geb. 1901), Johannes (geb. 1906); ∞ I. 1924 Johanna Wilhelmine Luise Brink (geb. 1904), Emigr.; II. 1963 Hedwig Margareta Witsch; *K:* Gertrud (geb. 1926), Hans Heinrich (geb. 1927), Franz Josef (geb. 1930); *StA:* deutsch, 3. Dez. 1936 Ausbürg., F. *Weg:* 1933 Saargeb.; 1935 F; 1945 Deutschland/Saargeb.

Stud. Rechtswiss., anschl. im RegPräsidium Köln, 1924 RegAssessor Berlin; 1927-31 Ltr. VerwGericht für Sozialversicherung u. Kriegsopfer Düsseldorf. 1931-33 RegRat Münster/Westf.; *Zentrums*-Anhänger, nach natsoz. Machtübernahme im Ruhestand. Dez. 1933 Berufung in RegKommission des Saargeb., im Direktorium des Inneren zuständig für pol. Flüchtlinge. 1935 Emigr. nach Ambilly/Savoyen, bis 1939 Stud. Internat. Recht, Wirtschaft u. Politik am Inst. für Höhere Internat. Studien Genf. Bei Kriegsausbruch Eintritt in franz. Armee, nach Demobilisierung Erwerb einer Druckerei, die 1941/42 für brit. Prop. in der Schweiz arbeitete. 16. Okt. 1943 in Lyon Verhaftung durch Gestapo; Flucht, Lehrer an kath. Collège in Chambéry/Savoyen. In der Juni 1945 eingesetzten saarländ. VerwKommission zunächst Départementchef Inneres, 1946 Dir. für Wirtschaft u. Verkehr. Nach dessen Rückkehr im engeren Kreis um → Johannes Hoffmann. Mitgl. CVP. 1947 Mitgl. Gesetzgebende Versammlung Saarland (Verfassungsausschuß). Ursprüngl. für Wirtschaftsanschluß an Frankr., später in Opposition zum pol. Kurs der Reg. Hoffmann. 1948 Aberkennung LT-Mandat u. Ausschluß aus CVP; später Ausweisungsbefehl durch franz. Hochkommission, jedoch weiterhin MinBeamter in Saarbrücken.

L: Schmidt, Saarpolitik; Schneider, Saarpolitik und Exil. *Qu:* Arch. Publ. - IfZ.

Dattan, Otto, Kaufmann, Journalist; geb. 16. Febr. 1875 Allstedt/Kr. Weimar; ∞ Erika (geb. 1910 Elberfeld), Bibliothekarin, Emigr. UdSSR. *Weg:* UdSSR.

Kaufm., später als Red. tätig. Ostern 1916 Teiln. illeg. Reichskonf. der Arbeiterjugend in Jena; Deleg. zum GrdgsPT der KPD 30. Dez. 1918-1. Jan. 1919 in Berlin. Nach natsoz. Machtübernahme in die UdSSR, Aufenthalt in Leningrad.

L: Weber, Hermann, Der Gründungsparteitag der KPD. Protokolle und Materialien. 1969. *Qu:* Arch. Publ. - IfZ.

Daub, Philipp, Parteifunktionär, Kommunalpolitiker; geb. 21. Jan. 1896 Burbach b. Saarbrücken, gest. 14. Juli 1976 Berlin (Ost); *V:* Johann D. (geb. 1877), Hüttenarb.; *M:* Barbara, geb. Johaenntchen (geb. 1873); *G:* Peter (geb. 1894, gef. 1916), Elisabeth (1899-1970), Adolf (1901-1972); ∞ I. Maria Cillien (geb. 1896); StA: Lux., 1933 Rückkehr nach Lux.; II. Else; *K:* aus II: Helga; *StA:* deutsch, 27. Okt. 1937 Ausbürg. mit Ehefrau I; deutsch. *Weg:* 1934 Saargeb.; 1935 F, NL; 1936 F; 1940 USA; 1945 Deutschland (SBZ).

Metallarbeiter, 1918 Gew. u. USPD, 1921 KPD, ab 1924 hauptamtl. GewSekr., 1924-31 StadtVO Saarbrücken, ab 1927 OrgLtr. u. 1928-31 PolLtr. KPD-Bez. Saar, ab 12. PT Juni 1929 ZK-Kand., ab Apr. 1931 PolLtr. Bez. Hessen, nach Absetzung wegen Verstoßes gegen ZK-Linie im Okt. 1931 ZK-Instrukteur; ab 1932 MdR. 1933-34 Mitgl. illeg. Landesltg. (Deckn. Christian) u. Ltr. Oberbez. Mitte (Deckn. Pfeiffer ?), Aug. 1934 mit Landesltg. zur Berichterstattung nach Paris, dann als Beauftragter des PolBüros für Abstimmungskampf ins Saargebiet. 15./16. Dez. 1934 Teiln. u. Ref. Saarländischer sozialpolitischer Kampfkongreß Saarbrücken. Jan. 1935 über Frankr. nach Holland, bis Anfang 1936 Ltr. illeg. Arbeit im Ruhrgebiet bzw. AbschnLtr. West in Amsterdam; auf sog. Brüsseler Konferenz Wahl zum Mitgl. ZK-Kontrollkommission; 1936 nach Frankr., Nachf. von → Josef Miller als Auslandsltr. *Rote Hilfe* u. Sekr. *Deutscher Hilfsausschuß* Paris, Febr. 1936 mit → Erich Kuttner u. → Franz Vogt Gr. *Hilfskomitee für das Saarland,* ab Ende 1936 KPD-Vertr. im *Office Sarrois*; Mitunterz. *Aufruf für die deutsche Volksfront* v. Dez. 1936 bzw. Jan. 1937; Teiln. Konf. für Saarland-Volksfront v. 1. März 1937, Mitunterz. ihres Aufrufs sowie Mitgl. ArbAusschuß; Mitunterz. beider Aufrufe des *Ausschusses der deutschen Opposition* v. Sept. 1938, Vortragstätigkeit Freie deutsche Hochschule u. gelegentl. publizist. Tätigkeit (Ps. Ph. Horn). Bei Kriegsausbruch Internierung in Le Vernet, nach dt. Einmarsch Emigr. New York. - Zwischen 1933 u. 1945 „der Alte" genannt. 1945 Rückkehr nach Deutschland (SBZ), Vizepräs. Deutsche Zentralverwaltung für Umsiedler, dann Ltr. Kaderabt. ZK der SED, 1950-61 OBürgerm. Magdeburg, MdL Sa.-Anhalt bzw. BezTag Magdeburg, ab Grdg. 1961-64 Präs. *Liga für Völkerfreundschaft,* danach Parteiveteran. - *Ausz.:* 1955 VVO (Silber), 1959 Verdienstmed. der DDR, 1961 Banner der Arbeit, 1965 VVO (Gold), 1966 Karl-Marx-Orden.

L: GdA-Chronik; Bednareck, Gewerkschaftspolitik; Voßke, Heinz (Hg.), Im Kampf bewährt. 1969; Duhnke, KPD; Bludau, Gestapo; Schaul, Résistance; Pech, Résistance; Wehner, Untergrundnotizen. *Qu:* Arch. Hand. Publ. Z. - IfZ.

David, Franz, Dr. med., Arzt, Parteifunktionär; geb. 18. Mai 1900 Pöchlarn/Niederösterr.; Diss.; *V:* Franz D. (1876-1956), Lokomotivführer; *M:* Josefine (1881-1967); *G:* Rudolf (geb. 1901), GenDir.; Herma (geb. 1904), Opernsängerin; ∞ I. Nina, StA: UdSSR, 1937 von NKVD verhaftet; II. Johanna (Hanna) Wagner, StA: UdSSR (Wolgadt. ASSR), 1940 (?) von NKVD verhaftet; III. 1944 Moskau Dr. med. Valija Pozdunjakova, StA: UdSSR; *K:* aus III: Alexander (geb. 1948), Stud. Med. Wien; Vera (geb. 1950), Stud. Med. Wien; Georgij (geb. 1952), Dipl.-Tänzer, A: Wien; *StA:* österr. *Weg:* 1937 UdSSR; 1944 JU; 1945 Österr.

Schon früh Anschluß an die sich 1916-17 illeg. formierende linksradikale Mittelschülerbewegung in Wien; 1918-19 Mitgl. *Zentraler Mittelschülerrat* Wien. 1919-25 Stud. Med. Wien, 1925 Prom. 1919-25 Mitgl. *Freie Vereinigung sozialistischer Studenten* u. Mitgl., zeitw. Obmann *Wiener Mediziner-Verein.* 1919 Mitgl. KJVÖ 1922 KPÖ, zeitw. Mitgl. zentrale AgitPropAbt. u. Agrarsekr. 1925-28 klin. Ausbildung an Wiener Krankenhäusern. 1928 in die UdSSR, 1928-30 Chirurg. Klinik Moskau, 1930-33 Arzt in Moločansk/Ukraine, Archangel'sk u. Vologda; 1930 im BezVollzugsausschuß Moločansk, anschl. Stadtverw. Archangel'sk u. Ltr. städt. Krankenhaus. 1933-35 Doz. UnivKlinik Moskau, daneben pol. Aufgaben, ab Frühj. 1934 Betreuung des Schutzbündler in der UdSSR, u.a. Sommer-Herbst 1934 Betreuer u. Dolmetscher für → Richard Bernaschek. 1935 im Parteiauftrag illeg. Rückkehr nach Wien, Mitgl. Zentralltg. (Sekretariat) der illeg. KPÖ, Verhaftung, Gef. u. KL Wöllersdorf. 1937 Entlassung mit der Auflage der Ausreise aus Österr.; Rückkehr nach Moskau, bis 1941 erneut Doz. UnivKlinik Moskau, 1941-44 ltd. Chirurg im 5. Sowjetkrankenhaus Moskau. Okt. 1944 als Mitgl. der Gruppe um → Friedl Fürnberg ins Partisanengebiet um Črnomelj in Slowenien, Mitorg. 1. österr. Btl. im Verband der jugoslaw. Volksbefreiungsarmee, Radiosprecher *Österreichischer Freiheitssender* in Črnomelj. Apr. 1945 Rückkehr nach Wien, bis Ende 1945 Unterstaatssekr. im Staatsamt für soziale Verwaltung der provis. Reg. Renner. 1945-65 ZK-Mitgl. der KPÖ; 1946-66 Vors. *Kommunistische Ärztegruppe,* 1946-67 Präs. *Demokratische Vereinigung Kinderland;* GrdgsMitgl. *Bundesverband österreichischer Widerstandskämpfer und Opfer des Faschismus - KZ-Verband.* 1946-67 Chefarzt Wiener Gebietskrankenkasse, 1962 OMedRat. Ab 1968 Facharzt für Chirurgie. Lebte 1977 in Wien. - *Ausz.:* 1944 Med. für die Verteidigung Moskaus, 1965 Goldenes Verdienstzeichen der Rep. Österreich, 1970 Roter Stern (UdSSR), 1972 Dimitroff-Med., 1976 Gedenkmed. für Teiln. am jugoslaw. Volksbefreiungskampf.

W: Über die Resektionsbehandlung infizierter Schußverletzungen der Gelenke, insbesondere des Hüft- und Kniegelenks. Moskau 1942. *L:* Holzer, Bataillone. *Qu:* Arch. Fb. Hand. Pers. Publ. - IfZ.

David, Fritz (urspr. Krugljanskij, Ilja-David), Parteifunktionär; geb. 1897 Region Wilna, hinger. 25. Aug. 1936 UdSSR. *Weg:* 1933 UdSSR.

Komintern-Funktionär. 1929 nach Deutschland, Mitgl. Zentrale der RGO. Ltr. GewRed. *Die Rote Fahne.* D. galt als einer der KPD-Theoretiker der letzten Jahre vor 1933. März 1933 Moskau, Tätigkeit in dt. Sektion der *Komintern,* enger Mitarb. → Wilhelm Piecks. Mitverf. Resolution der sog. Brüsseler Konferenz Okt. 1935, auf der die Thälmann-Gruppe in der Parteiführung von Gruppe Pieck-Ulbricht verdrängt wurde. 1936 Verhaftung, als angebl. Trotzkist im Schauprozeß gegen Zinov'ev vor Gericht gestellt. In der Anklage wurde behauptet, er sei von Trockij zu einem Attentat auf Stalin in die UdSSR geschickt worden. 24. Aug. 1936 Todesurteil.

W: Der Bankrott des Reformismus. Wandlungen in der Theorie und in der Politik der deutschen Gewerkschaften vom Verzicht auf die soziale Revolution zur Preisgabe der Lohnkämpfe. 1932. *L:* Weber, Wandlung. *Qu:* Publ. Z. - IfZ.

Davidsohn, Magnus, Kantor; geb. 2. Nov. 1877 Beuthen/Oberschlesien, gest. 21. Aug. 1958 Düsseldorf; *V:* Kantor in Beuthen; ∞ Harriet Fröhlich (gest. 1954 London); *K:* Ilse Stanley (gest. 1970), Intendantin, Schriftstellerin, Schauspielerin, 1939 Emigr. USA; *StA:* deutsch; brit. *Weg:* 1939 GB, 1956 Deutschland (BRD).

Stud. Univ., Musikhochschule u. Rabbinerseminar Berlin, 3 Jahre Sänger an der Prager Oper, 1911-12 Kantor in Gleiwitz/Oberschlesien, 1912-38 Oberkantor Syn. Fasanenstraße der Jüd. Gde. Berlin. Gleichz. Präs. *Allgemeiner Deutscher Kantorenverband* u. Red. von dessen Zs. *Der jüdische Kantor* Hamburg. Lehrer am Lehrerseminar des Preußischen Landesverbandes jüdischer Gemeinden. Winter 1939 Emigr. GB, 1939-56 Oberkantor an der New Liberal Jew. Congr. London, Oberlehrer GdeSchule u. Red. GdeBulletin. Gr. u. erster Präs. Beerdigungsges. *Chevrah Kadishah.* 1956 Rückkehr nach Deutschland, Ruhestand in Düsseldorf, Forschungsarb. über jüd. Themen.

W: The Life and Works of Edward Birnbaum. In: United Synagogues of America. Proceedings of the Annual Conference-Convention of the Cantors' Assembly and the Department of Music. 1953. *L:* Stanley, Ilse, The Unforgotten (ABiogr. der Tochter). 1957 (dt. Ausgabe: Die Unvergessenen. 1964); Silver Jubilee of New Liberal Congr. In: AJR-Info, 1964. *D:* LBI New York. *Qu:* Arch. EGL. Publ. Z. - RFJI.

Davidson, Simon (urspr. Siegfried), Dr. ing., Chemie-Ingenieur; geb. 18. Dez. 1903 München; jüd.; *V:* Ludwig D. (geb. 1866 Löbau/Preußen, gest. 1932 München), jüd., Gymn., Fabrikbesitzer, Zionist; *M:* Julie, geb. Landauer (geb. 1866 Binswangen/Bayern, gest. 1926 München), jüd.; *G:* Johanna Lewin (geb. 1894 Augsburg, gest. 1933 München), jüd.; Friedrich (geb. 1896 Augsburg), jüd., Fabrikdir., Nov. 1938 KL Dachau, 1938 Emigr. Rhod.; Regina Gittler (geb. 1898 Augsburg), jüd., Emigr. F, Lux., GB, 1940 Pal.; Flora Rund (geb. 1899 München, umgek. im Holokaust), jüd.; Erna Goldschmidt (geb. 1906 München), jüd., 1933 Emigr. mit A I-Zertifikat Pal.; ∞ 1934 Shryro (geb. 1906 Wilna/Litauen), jüd., Stud. Bakteriologie u. Parasitologie Straßburg, 1933 Emigr. F, 1934 Pal., Klinik-Laborassist. Jerusalem u. Haifa; *StA:* deutsch, IL. *Weg:* 1933 F, 1934 Pal.

Stud. TH München, 3 Jahre Assist. am anorganisch-chem. Inst. der TH München, 3 Jahre Patentanwalts-Praktikum Frankfurt/M., 1933 vom Patentanwaltsexamen ausgeschlossen, Emigr. nach Frankr., 1934 nach Palästina mit A I-Zertifikat, 1934-39 Chemiker in Pflanzenölraffinerie Benyaminah, 1941-48 stellv. Dir., später Dir. Kaliwerke Sodom. 1949-69 Angest. Fertilizer and Chemicals Ltd. (später Chem. and Phosphates Ltd.) Haifa, 1949-56 Chefchem., 1956-59 AR-Mitgl. u. AR-Vors.; 1953-54 Point IV Program-Stipendium in USA. Entwicklung neuer Methoden der Phosphatgestein-Anreicherung. Mitarb. bei Planung techn. Mus. Haifa; Mitgl. H.O.G., I.O.M.E., *Histadrut, Isr. Chem. Soc.;* MilDienst *Haganah* u. IDF. Lebte 1977 in Haifa.

W: Zur Kenntnis der Schwefel-Eisen-Stickoxyd-Verbindungen. (Diss.) 1929. *Qu:* Fb. Z. - RFJI.

Dean, John Gunther (urspr. Dienstfertig, Hans), Dr. phil., Diplomat; geb. 24. Febr. 1926 Breslau; kath.; *V:* Dr. Joseph Dienstfertig; *M:* Lucy, geb. Askenazy; ∞ 1952 Martine Duphenieux; *K:* Catherine, Paul, Joseph; *StA:* 1944 USA. *Weg:* USA.

1944-46 US-Armee, Nachrichtendienst, Einsatz in Europa (Lt.), 1947 Lt. US-Armee Reserve. 1947 B.A. Harvard Univ., 1948 Dipl. Acad. of Internat. Law Den Haag, 1949 Prom. Inst. des Hautes Études Internat. Univ. Paris, 1950 M.A. Harvard Univ.; 1950-53 bei Econ. Coop. Admin. des US-Außenmin., 1950 Sachbearb. für wirtschaftspol. Fragen in Paris, 1951-53 in Brüssel, 1953-55 versch. Positionen bei der Foreign Operations Admin. u. beim Amt für internat. ZusArb. mit Auslandsaufenthalt in Saigon, Phnom Penh u. Vientiane. Ab 1956 beim US-Außenmin., zunächst bis 1959 an der Botschaft in Vientiane, 1959-60 Konsularbeamter in Lomé/Togo, 1960-61 Chargé d'Affairs in Bamako/Mali, 1961-63 Sachbearb. für Mali u. Togo in Washington/D.C., 1963 Berater US-Deleg. bei der 18. UN-Vollversammlung in New York, 1964-65 Sachbearb. für internat. ZusArb., 1965-69 pol. Abt. der Botschaft in Paris; 1969 Stipendiat am Center for Internat. Affairs Harvard Univ.; 1970-72 bei USAID in Saigon, VerwArb. u. Mitarb. am Pazifizierungsprogramm MilBez. I in Vietnam, 1972-74 stellv. Botschaftsrat in Vientiane/Laos, verhinderte rechtsradikalen Staatsstreich, 1974 Botschafter mit bes. Vollmachten in Kambodscha, Apr. 1974-Apr. 1975 Botschafter in Kambodscha, ab 1975 Botschafter in Dänemark. Mitgl. *Foreign Service Ass.* - *Ausz.:* 1963 Merit Honor Award des US-Außenmin., 1972 Ehrendipl. der Univ. Hue/Vietnam, 1973 Superior Honor Award USAID.

Qu: Hand. Publ. - RFJI.

Decker, Georg (urspr. Denicke, Georg Jury), Publizist; geb. 7. Nov. 1885 Kasan/Rußland; *StA:* russ. *Weg:* 1933 Saargeb.; 1935 F; USA.

Wirtschaftswissenschaftler, Prof.; 1918 als Menschewik Emigr. nach Deutschland, Mitgl. SPD; vor 1933 Hg. u. Red. Zs. *Die Gesellschaft,* Ltr. Forschungsstelle für Wirtschaftspolitik Berlin. Nach natsoz. Machtübernahme Haft, Flucht ins Saargeb. Während des Abstimmungskampfes enger Mitarb. → Max Brauns u. Red. *Deutsche Freiheit* Saarbrücken; 1933/34 Mitarb. *Zeitschrift für Sozialismus* Karlsbad/CSR. Nach Rückgliederung der Saar Emigr. nach Frankr., Mitarb. *Deutsche Freiheit* Paris; aktiv in Volksfrontbewegung des dt. Exils, Verf. des von Max Braun auf der Konf. des Lutetia-Kreises 26. Sept. 1935 vorgelegten sozdem. Plans zur Bildung eines Bundes *Das kommende Deutschland,* auf Lutetia-Konf. v. 2. Febr. 1936 als eines der drei sozdem. Mitgl. in das *Komitee* bzw. den *Ausschuß zur Vorbereitung einer deutschen Volksfront* gewählt; Hauptmitarb. der ab März 1936 ersch. *Deutschen Informationen (Nouvelles d'Allemagne)* u. nach Scheitern des Volksfrontexperiments vereinigt der *Deutschen Informationen* mit *Deutsche Mitteilungen.* Nach dt. Besetzung Frankr. Emigr. in die USA. Mitgl. *Am. Labor Conference on International Affairs.*

W: Revolte und Revolution. Der Weg zur Freiheit. Karlsbald (Graphia) 1934; Demokratie und Parlamentarismus. Wien 1936. *L:* Langkau-Alex, Volksfront; Schneider, Saarpolitik und Exil. *Qu:* Arch. Hand. Publ. - IfZ.

Delheid, Josef, Gewerkschaftsfunktionär; geb. 3. Dez. 1888 Eilendorf b. Aachen, gest. 27. Mai 1968 Homburg/Saar. *Weg:* 1935 F; PL; 1946 Deutschland (Saargeb.).

Funktionär u. BezLtr. *Christlicher Metallarbeiterverband,* Mitarb. *Neue Saarpost* (→ Johannes Hoffmann). Nach der Saarabstimmung Jan. 1935 Emigr. nach Frankr., von dort weiter nach Polen; 1946 Rückkehr an die Saar, Mitgl. CVP u. StadtVO. Neunkirchen, 1950-55 VorstMitgl. der saarländ. Einheitsgewerkschaft.

L: Schmidt, Saarpolitik; Herrmann, Hans-Walter, Beiträge zur Geschichte der saarländischen Emigration 1935-1939. In: Jahrbuch für westdeutsche Landesgeschichte, 4/1978. *Qu:* Publ. Z. - IfZ.

Demuth, Fritz, Dr. phil., Ministerialbeamter, Wirtschaftspolitiker; geb. 11. Jan. 1876 Berlin, gest. 9. Mai 1965 London; *V:* Rudolf D., Kaufm.; *M:* Clara, geb. Markwald; ∞ 1922 Leonore Brandt (geb. 1886); *K:* Rudolf, Waltraud; *StA:* deutsch, 8. Nov. 1938 Ausbürg. mit Ehefrau. *Weg:* 1933 CH; 1936 GB.

Stud. Rechts- u. Staatswiss. Freiburg/Br., München, Berlin u. Jena, 1893 Prom.; 1902 Syndikus Industrie- und Handelskammer u. Berlin. 1918-20 im Reichsdienst, zuletzt Ltr. Industrie-Abt. des Reichsschatzmin., Geh. RegRat. Danach Rückkehr zur Handelskammer, 1922/23 VorstMitgl. Nordische Bank AG, AR-Mitgl. versch. Firmen, Mitgl. mehrerer finanz-, wirtschafts- u. sozialpol. Ausschüsse; geschäftsf. Vors. Kuratorium der Handelshochschule Berlin, Mitgl. des Vorläufigen Reichswirtschaftsrates, Mitgl. DDP. 1933 Emigr. in die Schweiz, Ende Apr. 1933 Mitgr. *Notgemeinschaft deutscher Wissenschaftler im Ausland* mit dem Ziel, Forschungs- u. Lehraufträge ausländ. Institute u. Univ. zu vermitteln; ab Jan. 1936 Sitz der Zentrale der *Notgemeinschaft* in London, Mitgl. des Komitees neben Max Born u. Emil Cassirer. Führende Persönlichkeit des dt. pol. Exils in GB; Mitbegr. *Vereinigung deutscher Ausgewanderter* (VdA); ZusArb. mit dt., österr. u. sudetendt. SozDem. u. Kommunisten mit Ziel einer Gesamtvertretung der dt. Emigr.; ab Dez. 1936 Vertreter der *Notgemeinschaft* im Beirat des Hochkommissars des Völkerbundes für die Flüchtlinge aus Deutschland. Ab Herbst 1939 in Verb. mit der *Labour Party* Mitarb. an der Deutschland-Prop. im Rahmen des aus dem VdA hervorgegangenen *Central European Joint Committee,* u.a. Transport illeg. Materials ins Reich mit Hilfe bündischer Gruppen in den Niederlanden, später Mitarb. an pol. Umschulung dt. Kriegsgef., u.a. im Lehrkörper des vom Foreign Office gegr. Lagers Wilton Park. Neben Veit Valentin Ltr. des kulturell-wiss. *Luncheon Clubs* in London. - *Ausz.:* u.a. EK II am weiß-schwarzen Bande.

W: List of Displaced German Scholars. London (Notgemeinschaft deutscher Wissenschaftler im Ausland) 1936 (Nachtrag 1938). *L:* Röder, Großbritannien. *Qu:* Arch. Hand. Publ. Z. - IfZ.

Dengel, Philipp, Parteifunktionär, Journalist; geb. 15. Dez. 1888 Ober-Ingelheim/Rheinhessen, gest. 28. März 1948 Berlin (Ost); *V:* Philipp D., Weinbrenner, kath.; *M:* Margaretha, geb. Heßel, kath.; *G:* 8; ∞ Käthe Schaaf (geb. 1899), Emigr., nach 1974 Arbeiterveteranin in Deutschland (DDR); *K:* Hans Schaaf (geb. 1923), Sylvia Else (geb. 1927), Alfons, Lydia; *StA:* deutsch, 9. März 1938 Ausbürg. mit Fam. *Weg:* 1933 UdSSR; 1947 Deutschland (Berlin).

Aus kinderreicher rheinhess. Winzerfam., Gymn., 1907-11 Stud. Phil. u. Gesch. Univ. Mainz u. Gießen. Staatsexamen, ab Herbst 1911 Lehrer an Privatschule Heidelberg. 1913 Einjähriger, 1914-18 Kriegsteiln., zuletzt Lt. an der Westfront. 1911 SPD; nach Novemberrevolution Anschluß an Kurt Eisner, während der Räterep. bayr. Gesandtschaftssekr. in Berlin. Jan. 1919 Red. *Die Republik.* Mit Alfons Goldschmidt Gr. *Räte-Zeitung,* Organ des Zentralrates der Erwerbslosen mit Ziel der Popularisierung Sowjetrußlands. März 1919 KPD, in Berlin an Niederschlagung des Kapp-Putsches beteiligt. 1920 vorüberg. Mitgl. KAPD. Nach Rußlandreise u. ZusTreffen mit Lenin Rückkehr zur KPD, Angehöriger des linken Flügels. Ab 1921 hauptamtl. Funktionär, Auslandsred. *Die Rote Fahne,* dann Chefred. *Sozialistische Republik* in Köln u. Mitgl. BezLtg. Mittelrhein. 1923 Red. *Hamburger Volkszeitung,* Okt. 1923 als Mitgl. der milit. Ltg. Bez. Wasserkante führend am Hamburger Aufstand beteiligt. Nach dessen Niederschlagung milit. Ltr. u. Mitgl. BezLtg. u. ab Jan. 1924 Pol. Sekr. KPD-Bez. Wasserkante. Ende 1924 PolLtr. Bez. Niederrhein (Deckn. Schmidt). 1924-30 MdR. Ab 10. PT 1925 ZK-Mitgl., nach dem Offenen Brief v. Ablösung der Fischer-Maslow-Führung (→ Ruth Fischer) bis Juni 1929 auch Mitgl. PolBüro u. bis Okt. 1928 des Sekretariats. Maßgebl. beteiligt an Herausbildung des Thälmannschen ZK. Nach der Wittorf-Affäre in Opposition zu Thälmann, nach dessen Rehabilitierung seiner Funktionen als ZK-Sekr. enthoben. 1928 einige Mon. Chefred. *Die Rote Fahne;* 1929 auf 12. PT Wiederwahl ins ZK, dem er bis 1935 angehörte, jedoch Berufung nach Moskau zur Mitarb. im App. der *Komintern;* ab 6. Weltkongreß 1928 Mitgl. EKKI u. Präsidium der *Komintern.* Als Mitarb. des Pol. Sekretariats des EKKI in den USA, Schweden u. GB aktiv. 1930 Rückkehr nach Deutschland, vorüberg. Chefred. *Die Internationale.* 1931 als EKKI- Funktionär in Spanien u. Lateinamerika. 1932 Rückkehr nach Moskau, Mitarb. im App. der *Komintern.* Nach dem Reichstagsbrand Febr. 1933 Übersiedlung seiner Familie in die UdSSR. 1933-35 Ltr. des skandinav. Ländersekretariats des EKKI, zeitw. Aufenthalt in Skandinavien. Auf 7. Weltkongreß Wahl in die Internationale Kontrollkommission. Okt. 1935 Deleg. auf sog. Brüsseler Konf. der KPD. Nov. 1935-Sept. 1936 bei KPD-Auslandsltg. Paris, aktiv im *Weltkomitee gegen Krieg und Faschismus;* danach bis Sept. 1936 Red. *Deutsche Volkszeitung* Prag, exponierter Volksfronttaktiker, Mitunterz. Protesterklärung gegen die Hinrichtung von Rudolf Claus v. 20. Dez. 1935, vorüberg. Mitgl. des auf der Lutetia-Konf. v. 2. Febr. 1936 gebildeten *Ausschusses zur Vorbereitung einer deutschen Volksfront,* Mitunterz. *Aufruf für die deutsche Volksfront, für Frieden, Freiheit, Brot* v. 21. Dez. 1936 (9. Jan. 1937). Rückkehr nach Moskau, Red. dt. Ausgabe *Die Internationale,* Lehrer Lenin-Schule der *Komintern.* Auf sog. Berner Konf. Wiederwahl ins ZK. Juni 1941 Schlaganfall, später als NKFD-Mitgl. keine wesentl. Bedeutung; 1947 Rückkehr nach Deutschland (Berlin).

L: Weber, Wandlung; Haferkorn, Katja, Vom Bauernsohn zum Arbeiterführer. In: BGdA, H. 5/1967. *Qu:* Arch. Biogr. Hand. Publ. - IfZ.

Denk, Andreas, Partei- u. Gewerkschaftsfunktionär; geb. 9. Aug. 1903 Gossengrün b. Falkenau, gest. 26. Sept. 1956 Liversedge/GB; ∞ Anna Stolz (geb. 1906), 1938 Emigr. GB; *StA:* österr., 1919 CSR. *Weg:* 1938 GB.

1917-19 Handelsschule, 1919-21 Privatangest., 1921-26 Angest. im öffentl. Dienst; DSAP, 1926-28 Sekr. Zentralgewerkschaftskommission des *Deutschen Gewerkschaftsbunds in der CSR* (Sitz Reichenberg), 1928-38 Sekr. Kreisgewerkschaftskommission für Südböhmen u. Mitgl. Landesvertretung für Böhmen, 1929-38 StadtVO. Böhmisch Krumau, Vors. Stadtsparkasse u. VorstMitgl. BezKrankenkasse, 1938 Mitgl. DASP-PV. Sept. 1938 ins Landesinnere, Nov. nach GB, Mitgl. u. zeitw. im Vorst. der TG, ab 1940 Bläser u. Presser, ab 1950 Angestellter.

Qu: Arch. - IfZ.

Deppe, Klara, Parteifunktionärin. *Weg:* USA.

GrdgMitgl. IJB-Gruppe Göttingen, leistete ideologischen Beitrag zur Option des IJB für die Arbeiterbewegung; 1925 Mitbegr. ISK (→ Willi Eichler), Gebietsobmann für Hamburg u. Mitarb. des Parteiorgans *isk.* Nach Emigr. in die USA Org. von Rettungsaktionen für pol. Flüchtlinge aus dem besetzten Südfrankr., u.a. in ZusArb. mit *League of Human Rights* in Cleveland/Ohio. Ps. Maria Halberstadt.

L: Link, ISK. *Qu:* Publ. - IfZ.

Derkow, Willi, geb. 17. Nov. 1906 Berlin-Charlottenburg; ∞ verh.; *StA:* deutsch. *Weg:* 1939 NL, GB.

Bankangest., GewSekr., Mitgl. SPD u. ZdA, SAJ-Vors. Berlin-Moabit, Parteiref., Mitarb. bei SPD-Presse, nach natsoz. Machtübernahme illeg. tätig. Aug. 1939 Emiqr. über die Niederlande nach London, ab Aug. 1940 Red. *IGB-Bulletin.* 1940 Mitgl. der dt. Beratungskommission beim Interned Enemy Aliens Tribunal, das über Freilassung internierter Emigr. entschied. 1941-45 Mitgl. Arbeitsausschuß der *Landesgruppe deutscher Gewerkschafter* (LG) unter Ltg. von → Hans Gottfurcht, ab 1943 Mitarb. an Programmberatungen der *Union* auf dem Geb. Sozialpol., Mitgl. Arbeitsgemeinschaft Wirtschaft bei den Programmberatungen der LG. Lebte 1978 in Hindhead/Surrey.

W: The Other Germany, Facts and Figures. A Collection of Facts with Comments Compiled by Willi Derkow on behalf of the Executive Committee of the Trade Union Centre for German Workers in Great Britain. London, Mai 1943. *L:* Röder, Großbritannien. *Qu:* Arch. Pers. Publ. - IfZ.

Dernberger, Kurt Moritz, Parteifunktionär; geb. 1. Apr. 1900 Königsberg/Ostpr.; ev.; *StA:* österr. *Weg:* 1934 CSR, UdSSR; 1935 (?) Österr.; 1938 CSR, N; 1944 Deutschland; 1945 Österr.

Monteur in Waidhofen an der Ybbs/Niederösterr.; Mitgl. *Republikanischer Schutzbund* u. *Touristenverein Die Naturfreunde.* 1934 Kommandant des *Schutzbunds* bei den Februarkämpfen in Waidhofen, Flucht in die CSR, Lager in Wallern. KPÖ, ab Herbst 1934 vermutl. ZK-Mitgl.; 1934 UdSSR, vermutl. Lenin-Schule Moskau. 1935 illeg. Rückkehr nach Wien, angebl. Reichsltr. *Rote Hilfe.* 1935 Wahl ins EKKI, vermutl. Kandidat. Anschl. wieder illeg. in Wien, Beauftragter des PolBüros in Prag, zeitw. PolLtr. Zentralltg. (Sekretariat) der KPÖ in Wien, Deckn. Obermeier, Loderer u. Emil Meller; häufige Reisen im Parteiauftrag in die CSR, die Schweiz, nach Frankr. u. Deutschland. Jan. 1938 Verhaftung, Febr. 1938 aufgrund Schuschnigg- Amnestie Freilassung. Emigr. CSR, von dort angebl. gegen Weisung der Parteiltg. nach Norwegen. Dort 1944 von Gestapo verhaftet, KL Ravensbrück. 1945 Rückkehr nach Wien, seitdem verschollen, vermutl. von sowj. Besatzungsmacht verschleppt.

L: Scheu, Friedrich, Der Weg ins Ungewisse. 1972; Widerstand 1; Reisberg, KPÖ. *Qu:* Arch. Pers. Publ. - IfZ.

Dessauer, Friedrich Josef Vinzenz Hubert, Dr. phil. nat., Hochschullehrer, Politiker; geb. 19. Juli 1881 Aschaffenburg/Unterfr., gest. 16. Febr. 1963 Frankfurt/M.; kath.; *V:* Philipp D., GenDir. u. kgl. Kommerzien-Rat, Industrieller; *M:* Elise, geb. Vossen; *G:* 9; ∞ 1909 Else Elshorst; *K:* Gerhard (geb. 1910), Ottmar (geb. 1914), Maria (geb. 1920), Christoph (geb. 1923); *StA:* deutsch, 23. Juli 1941 Ausbürg., 1948 Antrag auf schweiz. Staatsbürgerschaft, 1949 (?) CH u. deutsch. *Weg:* 1934 TR; 1937 CH; 1950 Deutschland (BRD).

Humanist. Gymn., Stud. Physik u. Elektrotechnik an TH bzw. Univ. München, Darmstadt u. Frankfurt/M.; 1901 Einrichtung u. bis 1920 Dir. eines Laboratoriums in Aschaffenburg für Anwendung von Röntgenstrahlen u. anderen physikal. Methoden auf dem Gebiet der Medizin, später als Veifa-Werke (Vereinigte Elektrotechn. Institute Frankfurt-Aschaffenburg) im Siemens-Konzern aufgegangen. Schon 1903 erste biophysikal. Kurse für Ärzte; zahlr., z. T. bahnbrechende wiss. u. techn. Arbeiten (u.a. Bau neuer med.-physikal. Apparate; Röntgen-Momentaufnahme u. Röntgenkinematographie; Begr. der Röntgen-Tiefentherapie u. der Quantenbiologie). 1920 Berufung an die Univ. Frankfurt/M. u. Dir. des auf seine Initiative gegr. UnivInst. für medizinische Physik. - Neben wiss. Tätigkeit pol. Engagement; nach 1. WK Mitgl. Frankfurter Bürgerrat, 1919 StadtVO. *(Zentrum).* Mitinh. u. VorstMitgl. *Rhein-Mainische Volkszeitung.* Mitgl. *Friedensbund deutscher Katholiken* u. *Reichsbanner*-Bundesvorst. Als Zentrumspolitiker → Joseph Wirth nahestehend. 1924-33 MdR, vertrat eine auf Überwindung des Klassenkampfes gerichtete kooperative Wirtschaftspol., Berater → Heinrich Brünings, mit diesem Gegner des von → Ludwig Kaas tolerierten Ermächtigungsgesetzes v. März 1933. 3. Juli bis 23. Dez. 1933 Schutzhaft, in einem Diffamierungsprozeß gegen ihn u. den *Katholischen Volksverein* in Mönchengladbach freigesprochen. Verlust der UnivÄmter, Anf. 1934 von türk. Reg. als Ordinarius für Radiologie u. Physik an Staatsuniv. Istanbul berufen, ab Sept. 1937 Univ. Fribourg/Schweiz; dort InstDir. Gehörte zum pol. Kreis um Josef Wirth u. → Otto Braun. 1949 nach Rehabilitierung Rückkehr nach Deutschland, ab 1950 Lehrstuhlinh. für physikal. Grundlagenforschung Univ. Frankfurt/M.; 1952 Vizepräs. des 75. Deutschen Katholikentages in Berlin. - *Ausz:* Zahlr. Ehrungen u. Ausz. wiss. Ges. u. Institutionen des In- und Auslandes, u.a. Goethe- u. Ehrenplakette der Stadt Frankfurt, Ehrenbürger Aschaffenburg, Ehrenmitgl. Kuratorium des Max-Planck-Inst. für Biophysik, der Österr. Ges. für Röntgenkunde u. Strahlenforschung, der Dt. Radiolog. Ges. Prag, der Türk. Ges. für Radiologie; Ehrenbürger der TH Wien, 1956 Gr. BVK mit Stern u. Schulterband, Rudolf Diesel-Med. (Gold); Ritter des Päpstl. Sylvesterordens; Dr. med. h.c., Dr. theol. h.c.

W: Zahlr. wiss. Veröffentl. (Radiologie, Physik, Biophysik) sowie Biogr. u.a. von Newton, Röntgen u. Galilei; gesellschaftspol. Schriften, u.a. Gesammelte politische Aufsätze. 1924; Bedeutung und Aufgabe der Technik beim Wiederaufbau des Deutschen Reiches. 1926; Das nationale Bauprogramm. 1927; Recht, Richtertum, Ministerialbürokratie. 1928; Wie erziehen wir republikanische Menschen? 1929; Kooperative Wirtschaft. 1929; Kontrapunkte eines Forscherlebens (Erinn.). 1962. Vollständ. Werkverzeichnis in: Oberschelp, Reinhard (Hg.), Gesamtverzeichnis des deutschsprachigen Schrifttums 1911-1965. 1976/1977. *Qu:* Arch. Hand. Publ. - IfZ.

Desser, Jenö, Parteifunktionär, Unternehmer. *Weg:* 1938 (?) GB; 1946 (?) Österr.

Mitgl. KPÖ. Vermutl. 1938 Emigr. GB, Mitgl. Parteigruppe der KPÖ in GB. Sekr. *Council of Austrians in Great Britain,* maßgebl. Mitarb. *Free Austrian Movement.* 1945 nach Abreise von → Franz West u. → Willy Scholz GenSekr. *Austrian Centre,* mit Auflösung der Org. beauftragt. Vermutl. 1946 Rückkehr nach Österr., hatte in der Folgezeit maßgebl. Positionen im Firmenapp. der KPÖ inne, war viele Jahre Chef der Parteiunternehmen. Lebte 1978 in Wien.

W: u.a. Die österreichischen Flüchtlinge und ihre Zukunft. In: Bericht von der Konferenz über österreichische Flüchtlingsfragen des Free Austrian Movement. London 1944; Vom Ghetto zur Freiheit. Die Zukunft der Juden im befreiten Österreich (Hg. S. Inslicht). London o.J. (1945). *L:* Maimann, Politik. *Qu:* Arch. Pers. Publ. - IfZ.

Deter, Adolf Gustav, Partei- u. Gewerkschaftsfunktionär; geb. 23. Juni 1900 Czarnikau/Posen, gest. 14. Nov. 1969 Berlin (Ost); Diss.; *StA:* deutsch. *Weg:* 1933 DK; 1934 B; 1936 F; 1941 USA; 1946 Deutschland (Berlin).

Schlosser; 1916 Gew., 1920 KPD, 1921-23 Parteifunktionär in Tangermünde, 1925 Betriebsratsvors. Berliner Hochbahn u. ab 1928 Berliner Verkehrsgesellschaft, ab Grdg. 1928 ltd. Funktionär *Bund der Freunde der Sowjetunion.* 1928-33 MdL Preußen, 1930 KPD-Sekr. Frankfurt/Oder, danach PolLtr. RGO-BezKomitee u. 1931 zugl. KPD-OrgSekr. Bez. Wasserkante, 1932 Mitorg. des gemeins. Berliner Verkehrsstreiks der RGO u. der *Nationalsozialistischen Betriebs-Organisation,* ab Ende 1932 erneut RGO-PolLtr. Wasserkante, ab Mai 1933 Mitgl. RGO-Reichsltg. in Berlin. Deckn. Walther Kother (?). 1933 Emigr. Dänemark; 1934-35 in Belgien u. ab 1936 in Frankr. Mitarb. *International Seamen and Harbour Workers* u. *Komintern,* Org. zahlr. Massenstreiks. Deckn. Maurice. Auf sog. Brüsseler Konferenz 1935 Wahl in ZK-Kontrollkommission der KPD. 1937 Mitgl. *Koordinationsausschuß deutscher Gewerkschafter* Paris, Dez. 1937 Gastdeleg. 9. PT der PCF. Anfang 1939 Teiln. sog. Berner Konferenz. Nach Kriegsausbruch Internierung in Le Vernet; 1941 in die USA, Metallarb. 1946 nach Berlin, bis 1949 stellv. Vors. SED Groß-Berlin, 1949-51 Vors. FDGB Groß-Berlin. 1950 Mitgl. *Verteidigungskomitee für die Opfer der amerikanischen Reaktion,* 1950-54 Kand. ZK der SED, 1950-69 Mitgl. u. 1951-54 Sekr. Bundesvorst. des FDGB, ab 1953 Mitgl. GenRat des *Weltgewerkschaftsbundes;* 1953 Kritik durch → Walter Ulbricht wegen „kapitulantenhaften Verhaltens" während der Ereignisse um den 17. Juni 1953; 1958 SED-Spitzenkand. zum Westberliner Abgeordnetenhaus, 1958-63 Sekr. *Ausschuß für Deutsche Einheit,* ab Grdg. 1964 Vizepräs. *Gesellschaft Neue Heimat* zur Pflege der dt. Sprache u. Kultur im Ausland, ab 1967 Vizepräs. *Liga für Völkerfreundschaft.* - *Ausz:* VVO (Silber), 1960 Banner der Arbeit, 1965 Carl-von-Ossietzky-Med.

L: Regler, Gustav, Das Ohr des Malchus. 1958; Bednareck, Gewerkschaftspolitik; Hochmuth/Meyer, Streiflichter; Weber, Wandlung. *Qu:* Arch. Hand. Publ. Z. - IfZ.

Detjen, Heinrich, Kommunalpolitiker; geb. 30. Jan. 1899 Saarbrücken, gest. 27. Febr. 1968 Saarbrücken; ∞ Käthe Roßberg (geb. 1899). *Weg:* 1935 F; 1940 Deutschland.

Maler. 1927-35 KPD-StadtVO. Saarbrücken, 1932-35 Mitgl. Saarländ. Landesrat; Red. *Arbeiterzeitung* Saarbrücken, Hg. des Organs der *Internationalen Arbeiterhilfe Saar, Solidarität.* 1935 Emigr. Frankr., Sept. 1939-Sept. 1940 interniert. Nov. 1940 von der Gestapo verhaftet, Nov. 1941 OLG-Urteil Stuttgart 1 1/2 J. Haft. Ende 1942 bis 1945 Betriebsltr. eines Malergeschäfts in Saarbrücken. 24. März 1945 von US-Militärverw. zum Bürgerm. von Saarbrücken ernannt, ab Okt. 1946 Stadtdir. der Bauverwaltung. Ende 1950 Entlassung, danach städt. Angest. 1953-55 im Vorst. des Gesamtverb. der Einheitsgew. Saar.

L: Schneider, Saarpolitik und Exil. *Qu:* Arch. Publ. - IfZ.

Deubler, Oscar, Partei- u. Gewerkschaftsfunktionär; geb. 24. Aug. 1893 Rosenheim/Obb., gest. 1. Jan. 1970 Wien; Diss.; *V:* Mathias D., Seiler, aktiver Gewerkschafter in Oberösterr.; *M:* Angela, geb. Hauser (geb. 1863); *G:* Wilhelm (geb. 1890), Ludwig (geb. 1894), Konrad (geb. 1895), Heinrich (geb. 1898), Friedrich (geb. 1902); ∞ I. Maria Troost (gest. 1947), ab 1919 KPÖ-Mitgl., in Frauenbewegung aktiv, 1938 Emigr. N, 1940 S;

II. Tamara Groß; *K:* Ingeborg Strassl (geb. 1915), Emigr. S; Angela-Maria Kristiansson (geb. 1920), Emigr. S; Oskar Deubler (geb. 1921), Emigr. S; *StA:* österr. *Weg:* 1938 N; 1940 S; 1946 Österr.

Schule in München, 1908 6 Mon. Mechanikerlehre, 1908-10 Arbeiter in Kassel. 1907-10 Mitgl. Bildungsausschuß SAJ in München u. Kassel. 1911 Rückkehr nach München, 1911-12 Anlernzeit als Elektriker. Ab 1908 gewerkschaftl. organisiert, Jugendvertrauensmann, dann Gew.- u. Betriebsvertrauensmann. 1912 Mitgl. Streikltg. der Elektromonteure. SPD, 1917 USPD u. *Spartakus-Gruppe.* Jan. 1918 Mitgl. Streikltg. des Metallarb.-Massenstreiks in München. Nov.-Dez. 1918 Mitgl. *Arbeiter-, Soldaten- und Bauernrat* unter Kurt Eisner. Jan. 1919 KPD, Mitgl. der Ltg. München; Mitgl. *Rat der revolutionären Obleute.* Nach Niederschlagung der Räterepublik Mai 1919 Flucht nach Linz. Ab Juni 1919 KPÖ; Mitgl. *Arbeiter- und Soldatenrat* Linz unter → Richard Strasser u. *Österreichischer Metall- und Bergarbeiterverband,* Führer der Arbeitslosenbewegung in Linz. 1920-23 Landessekr. Oberösterr. u. OrgSekr. im Zentralsekr. Wien der KPÖ; 1921-22 Mitgl. Erweiterter Parteivorst.; 1923 mehrmon. Haft wegen pol. Delikte. 1924 als Mitgl. der Fraktion → Joseph Frey u. Karl Tomann im Zuge der innerparteil. Fraktionskämpfe angebl. kurzfristiger Parteiausschluß, März 1924 Wahl ins ZK der KPÖ. 1925 Verhaftung, 1926 5 J. aus Linz ortsverwiesen, Wien. 1927 Übertritt vom Metallbeiterverband zu *Freier Gewerkschaftsverband Handel, Transport, Verkehr* (FGV), 1927-34 Mitgl. Kraftfahrersektion des FGV, 1930-34 Mitgl. Gehilfenausschuß der *Wiener Lohnfuhrwerker-Genossenschaft.* 1933-38 Funktionär der illeg. KPÖ, Deckn. u.a. Albert Palm, zeitw. Mitgl. PolBüro, 1935 Deleg. 7. Weltkongreß der *Komintern* Moskau. Führender Vertr. der kommunistisch bestimmten illeg. *Zentralkommission für den Wiederaufbau der Freien Gewerkschaften* (WAK). Ab Sommer 1935, nach Vereinigung von WAK u. *Siebener-Komitee* (sozialist. illeg. GewZentrale), Mitgl. Provisorische Bundesleitung der illeg. *Freien Gewerkschaften Österreichs.* 1936 einer der offiz. Vertr. der Bundesltg. auf 7. Internat. Gewerkschaftskongreß in London. Jan. 1937-Febr. 1938 Haft. Nach Anschluß Emigr. im Parteiauftrag nach Norwegen. 1939 Mitgl. *Auslandsvertretung der Freien Gewerkschaften Österreichs* unter → Franz Novy. 1940 nach dt. Einmarsch in Norwegen Flucht nach Schweden. Ab 1942 Mitgl. *Gruppe österreichischer Gewerkschafter in Schweden* → unter Josef Pleyl. Aug. 1944 VorstMitgl. *Österreichische Vereinigung in Schweden* (ÖVS) in Stockholm unter → Bruno Kreisky, neben → Gustl Moser führender Vertr. der kommunist. Minderheit in der ÖVS, die sich Febr. 1945 abspaltete u. Apr. 1945 die *Freie Österreichische Bewegung* (FÖB) in Schweden gründete. VorstMitgl. FÖB bis Wiedervereinigung von ÖVS u. FÖB März 1946. Mitarb. *Österreichische Zeitung.* Apr. 1946 Rückkehr nach Wien, Mitgl. KPÖ. Ab 1946 Mitgl. Kammer für Arbeiter und Angestellte Wien. Mai 1946- Dez. 1961 ÖGB-Sekr., Mitgl. der kommunist. *Fraktion Gewerkschaftliche Einheit.* Ab 1946 Mitgl. Präs. der *Gewerkschaft Handel, Transport, Verkehr;* ÖGB-Vertr. in Verbrauchergruppen-Kommission beim Ernährungsministerium sowie Ernährungsref. ÖGB u. Konsumentenvertr. im Milch- u. Fettwirtschaftsverband. 1957-61 ZK-Mitgl. der KPÖ. - *Ausz.:* 1968 Johann-Böhm-Plakette des ÖGB.

L: Klenner, Gewerkschaften; Göhring, KJVÖ; Müssener, Exil; Widerstand 1; Hindels, Gewerkschaften; Reisberg, KPÖ. *Qu:* Arch. Pers. Publ. Z. - IfZ.

Deutsch, André, Verleger; geb. 15. Nov. 1917; *V:* Bruno D.; *M:* Maria, geb. Havas; ∞ led. *Weg:* GB.

Stud. Budapest, Wien, Zürich. Emigr. GB, 1942-45 Angest. Verlag Nicholson & Watson Publishers London, 1945-51 Gr. u. Ltr. Allan Wingate (Publishers) Ltd. London, ab 1951 Gr. u. ltd. Dir. André Deutsch Ltd. London; 1962 Gr. African Univ. Press in Lagos/Nigeria, 1964 Gr. East Africa Publ. House in Nairobi/Kenia. Lebte 1973 in London.

Qu: Hand. - RFJI.

Deutsch, Anton, Unternehmer; geb. 1869 Wien, gest. 1937 Tel Aviv; ∞ Frida Winkler (1888-1954), Emigr. Pal.; *K:* Lizzy Freund (geb. 1900), Emigr. Pal., A: IL; Grete Eisner (geb. 1902), 1940 Emigr. Pal., A: IL; Herta Grünwald (1908-1946), Emigr. 1942 über Cypern nach O-Afrika; Moshe Shmuel Dorot (urspr. Franz Xaver Ulrich Deutsch, geb. 1915), 1938 Emigr. Pal., Hotelier in IL; *StA:* österr. *Weg:* Pal.

Inh. Holzverarbeitungsbetrieb A. Deutsch & Tuschel Wien, Präs. Wiener Allgemeine Zeitung & Verlags-AG. 1934 nach den Februarkämpfen Verbot der *Wiener Allgemeinen Zeitung.* Emigr. Pal. - *Ausz.:* Kommerzialrat.

Qu: Arch. Pers. - IfZ.

Deutsch (Deutsch-Renner), **Hans,** Unternehmer; geb. 1878 Wien, gest. 28. Aug. (?) 1953 Wien; ∞ Leopoldine Renner, Tochter v. Karl Renner; *K:* 3. *Weg:* PL; I; Nordirland; Österr.

Ing. in Wien, Mitgl. SDAP. Mitarb. *Der Kampf* u. *Die Neue Zeit.* 1923-27 VorstMitgl., 1927-31 Prokurist Hammerbrotwerke AG. 1926-28 Gesellschafter, 1928-32 Inhaber Fa. Lichtholz-Gesellschaft Schiller & Co. Vermutl. 1934 nach den Februarkämpfen Emigr., maßgebl. Funktionen in Lebensmittelfabriken in Warschau, Rom u. Belfast. Nach Kriegsende Rückkehr nach Wien, gelegentl. Mitarb. *Arbeiter-Zeitung* u. *Die Zukunft.*

Qu: Arch. - IfZ.

Deutsch, Hans, Dr. jur., Rechtsanwalt; geb. 27.Apr. 1906 Wien, gest.; jüd.; *V:* Josef D. (umgek. KL Auschwitz [?]), Versicherungsdir. in Wien; *M:* Charlotte, geb. Frankel; ∞ Erna Skutetzky; *K:* Josef Joram, A: Lausanne; *StA:* österr., 1957 IL (?). *Weg:* 1938 Pal.; Österr.

Stud. Hochschule für Welthandel u. Rechtswiss. Univ. Wien, 1931 (?) Prom. Anschl. vermutl. RA-Konzipient in Wien. 1938 Emigr. Pal., nahm den Namen Dishon an, ab 1949 RA in Tel Aviv. Rückkehr nach Österr., Inh. Hans-Deutsch-Verlag Wien. Später Übersiedlung nach Lausanne, Kunstmäzen, 1963 (?) Stifter Europa-Preis der Univ. Bern. Als RA Spezialist für Wiedergutmachungsfälle, vertrat u.a. die Fam. Rothschild u. Radziwill gegenüber dt. Behörden. Nov. 1964 Verhaftung im Bundesfinanzmin. in Bonn, Anklage wegen Betrugs u. Anstiftung zum Meineid in einem Wiedergutmachungsfall in Millionenhöhe. Mitte 1965 Entlassung aus der Haft gegen Kaution von 2 Mill. DM. März 1970 Aufhebung des Haftbefehls u. Rückerstattung der Kaution, Ende 1970 Beginn der Hauptverhandlung, die wegen Fernbleibens von Zeugen nicht durchgeführt werden konnte. 1972 erneut Eintritt in die Hauptverhandlung, Freispruch.

Qu: Arch. Hand. Z. - IfZ.

Deutsch, Julius, Dr. jur., Politiker; geb. 2. Febr. 1884 Lackenbach/W-Ungarn (Burgenland), gest. 17. Jan. 1968 Wien; jüd., 1919 Diss., 1958 ev.; *V:* Max D. (1850-1938), Gastwirt, Vertr., Schaffner; *M:* Regine, geb. Lederer; *G:* Leo (1881-1962), SDAP, 1938 Emigr. Mex. (?), 1946 (?) Österr.; Irma Neubauer (gest. 1927 [?]); → Helene Popper; ∞ I. Josefine Schall (geb. 1882, gest. 1942 Limoges/Südfrankr.); II. Maria Kramer (→ Maria Deutsch-Kramer); III. Adrienne Thomas (geb. 1897), Schriftstellerin, 1932 Emigr. CH, 1934 F, 1935 Österr., 1938 F, 1940 USA, 1946 Österr., A: Wien; *K:* aus I: Gustav (1906-39), vor 1934 zeitw. Kommandant Akademische Legion des *Republikanischen Schutzbunds,* 1934 Emigr. UdSSR, 1937 verhaftet, 1939 Todesurteil, hinger.; Grete (geb. 1908), 1939 Emigr. Kanada; Annemarie (geb. 1915), 1938 (?) Emigr. Frankr., KL-Haft, A: Wien; *StA:* österr., 1934 Ausbürg., 1946 (?) österr. *Weg:* 1934 CSR; 1936 E; 1938 F; 1940 GB, Kuba; 1941 USA; 1946 Österr.

1898 kurzfristig Druckerlehrling, anschl. Hilfsarb.; aktiv in Arbeiterturn- u. Arbeiter-Abstinenten-Bewegung, Mitgl. *Verein jugendlicher Arbeiter* in Wien, bald Ortsgruppen-Obmann u. Mitgl. der Zentralltg.; Herbst 1900 Wanderschaft in Deutschland, ab Anfang 1901 wieder Wien, bis 1905 Reisetätigkeit als Handelsvertr. in mehreren europ. Ländern, Förderung durch Victor Adler, neben berufl. Tätigkeit Vorbereitung auf Abitur, kurzfristig Obmann eines 1900 gegr. Lehrlingsschutzkomitees. Ab 1902 Mitarb. der neugegr. Verbandsztg. *Der jugend-*

128 Deutsch

liche Arbeiter. 1903 Mitgr. u. VorstMitgl. *Verband jugendlicher Arbeiter Österreichs.* 1905 Abitur, Stud. Rechts- u. Wirtschaftswiss. Zürich. Nach Ausbruch der russ. Revolution von 1905 Mitgr. u. Vors. *Verein internationaler sozialistischer Studenten.* 1907 Autor einer preisgekrönten Abhandlung über Kinderarb., 1908 Prom. Anschl. Aufenthalt in Berlin, Bekanntschaft mit → Karl Kautsky u. → Rudolf Hilferding. Ende 1908 Rückkehr nach Wien, ab 1909 Parteisekr. SDAP, umfangreiche pol.-agit. u. journ. Tätigkeit, bis 1934 Mitarb. *Arbeiter-Zeitung* u. *Der Kampf.* 1914-17 Frontoffz., um die Jahreswende 1917/18 ins Kriegsmin. nach Wien abkommandiert. Nach den Januarstreiks von 1918 Mitgr. einer illeg. sozdem. Vertrauensmännerorg. in den bei Wien stationierten Truppen, um milit. Einsatz gegen Streiks zu verhindern (Vorform der späteren Soldatenräte). Nov. 1918 Unterstaatssekr., 1919-20 Staatssekr. für das Heerwesen, verantwortl. für Demobilisierung der alten Armee u. Aufbau der Volkswehr. 1919-20 Mitgl. Konstituierende NatVers., 1920-34 MdNR, bis 1932 Parlamentskommissar für das Heerwesen; Mitgl. Parteivorst. SDAP. 1923 Gr. *Republikanischer Schutzbund,* hervorgegangen aus den sozdem. Ordnerformationen der Arbeiterräte, die nach ihrer Auflösung Nov. 1924 Bestände u. Vermögen dem *Schutzbund* übertragen; Obmann des *Schutzbunds* bis zum Verbot 1933, anschl. Kommandant der sozdem. *Ordner-Organisation.* 1926-34 nach Beitritt des *Schutzbunds* zum *Arbeiterbund für Sport und Körperkultur Österreichs* dessen Präs.; 1926-34 Vors. *Internationale Kommission zur Abwehr des Faschismus,* die 1926 auf 1. Österr. Reichsordnertag unter Beteiligung fast aller sozdem. Selbstschutzverbände in Europa mit Sitz in Wien gegr. wurde. Ab 1927 zus. mit Cornelius Gellert Präs. *Sozialistische Arbeitersport-Internationale* in Luzern. 13. Febr. 1934 Flucht in die CSR, Mitgr. u. Finanzref. des ALÖS in Brünn (→ Otto Bauer); in der Folgezeit immer wieder scharfe Angriffe der Vertr. der illeg. RSÖ in Österr., die in D. den Hauptverantwortl. für die Niederlage in den Februarkämpfen u. die Verkörperung der gescheiterten Politik der alten SDAP sahen. 1934-35 mehrere Reisen, u.a. nach GB, den USA, Schweden u. der Schweiz. Ende 1936 als MilBerater der republikan. Reg. nach Spanien, 1937 Gen. der 3. span. Div., zeitw. Organisator der Küstenverteidigung u. der Rekrutenausbildung. Ab Anfang 1938 Tätigkeit im span. Kriegsmin., Reise in mehrere europ. Länder, vergebl. Versuch, eine diplomat. Initiative west- u. nordeurop. Staaten gegen die Bombardierung offener Städte durch faschist. Truppen zu erreichen. 1938 bei formeller Demobilisierung der Internat. Brigaden Abschied. In Paris bis Kriegsausbruch Bemühungen um Hilfsmaßnahmen für die in Frankr. internierten Spanienkämpfer. Auseinandersetzungen vor allem mit → Joseph Buttinger um Mitgliedschaft in der neugegr. AVÖS, die ihm aber lediql. die Geschäftsführung der Zs. *Der Sozialistische Kampf* übertrug; Ps. Josef Lager (?). Herbst 1938-März 1939 neben → Franz Dahlem, → Hermann Rauschning, → Max Braun, → Friedrich Stampfer, → Willi Münzenberg u.a. Mitgl. *Thomas-Mann-Ausschuß* zur Wiederbelebung der dt. Volksfront. 1938-39 Mitarb. *Die Zukunft.* Paris. Okt. 1938 Vors. *Arbeitsausschuß deutscher Sozialisten und der Revolutionären Sozialisten Österreichs* (auch *Deutsch-Ausschuß* oder *Konzentration*) aus *Arbeitsgemeinschaft für sozialistische Inlandsarbeit,* ISK (→ Willi Eichler) u. *Freunde der sozialistischen Einheit Deutschlands* (Willi Münzenberg). Ab Anfang 1939 Einheitsfrontverhandlungen mit KPD-Vertr. unter Dahlem, März 1939 anläßl. der Besetzung der Rest-CSR durch dt. Truppen gemeins. Aufruf von *Arbeitsausschuß,* KPD u. KPÖ an die Arbeiter Deutschlands u. Österr. in den jeweiligen Gruppenorganen; weitere ZusArb. scheiterte an intransigenter Haltung der KPD. 1938-39 Hg. der militärpol. Zs. *Krieg und Frieden* in dt. u. franz. Sprache. 1939 ohne Wissen der AVÖS, die ZusArbeit mit Monarchisten u. Vertr. des Ständestaats u. Wiederherstellung der staatl. Selbständigkeit Österr. ablehnte, Verhandlungen mit bürgerl. u. monarchist. Politikern unter → Martin Fuchs über eine von Frankr. anerkannte österr. Exilvertr.; nach Kriegsausbruch lediql. als *Office Autrichien* unter dem parteipol. nicht gebundenen Richard Wasicky sowie → Norbert Bischoff u. Baron Soren gegründet. Im Gegensatz zu den meisten Vertr. der AVÖS wurde D. im Sept. 1939 nicht interniert, Verhandlungen über Aufstellung einer österr. Legion unter franz. Kommando;

Herbst 1939 wurde D. von den inzwischen aus der Internierung entlassenen österr. Sozialisten in Paris um → Friedrich Adler ultimativ veranlaßt, die Projekte einer österr. Vertr. u. einer österr. Legion aufzugeben. Mitgl. *Erweiterte AVÖS.* März 1940 offizielle Auflösung des *Deutsch-Ausschusses* durch franz. Behörden, Fortsetzung in London als *Sozialistische Arbeitsgemeinschaft.* Juni 1940 Flucht nach Bordeaux, nach franz. Kapitulation mit brit. Visum nach London. Aug. 1940 bei Weiterreise in die USA Internierung in Kuba, Jan. 1941 New York. Ab 1941 Mitarb. *Free World Assn.* (FWA), einer internat. pol. Org. mit dem Ziel des demokrat. Wiederaufbaus nach dem Krieg, Vortragstätigkeit, Mitgl. *Internat. Honorary Board* des Magazins *Free World.* Herbst 1941 Mitgr. einer gemeins. dt.-österr. Gruppe innerhalb der FWA. Sept. 1941 neben F. Adler u.a. Mitunterz. des Protests österr. SozDem. gegen Versuch zur Bildung einer österr. Exilreg. durch → Hans Rott u. → Willibald Plöchl. Ab Febr. 1942 Mitgl. Exekutivkomitee des neugegr. *Austrian Labor Committee* unter Adler, Mitarb. *Austrian Labor Information,* hielt sich aber vom engeren Kreis der österr. sozialist. Emigr. in New York fern. 1942 Mitgl. u. bis 1946 Vors. *Associated Austrian Relief,* einer überparteil. Hilfsorg. für Österreicher; Protest gegen den Versuch → Otto Habsburgs zur Aufstellung eines österr. Btl. innerhalb der US-Armee. 1942-45 Mitarb. OWI; 1943 Mitgr. *European Am. Club* der FWA, intensive Vortragstätigkeit, machte 1944 in einer Rede vor der FWA den vielbeachteten Vorschlag, Wien zum Sitz der zu gründenden UN zu machen. Frühj. 1946 Rückkehr nach Wien; Mitgl. Parteivorst. der SPÖ. Von der ÖVP-SPÖ-Koalitionsreg. in eine Kommission für Vorarbeiten zur Aufstellung von österr. Streitkräften entsandt, mit der sich die Reg. lt. Waffenstillstandsbedingungen nicht befassen durfte. 1946-51 Ltr. des zentralen Parteiverlags sowie Gesellschafter u. Geschäftsführer der Konzentration (ZusFassung aller SPÖ-eigenen Verlage, Druckereien, Buchvertriebe usw.), Gesellschafter u. Mitgl. bzw. Vors. der AR versch. Unternehmen im Rahmen der Konzentration; pol. Ltr. der Zs. *Neues Österreich.* 1946-51 außenpol. Ref. im Parteivorst. der SPÖ, 1947 Vors. Programmkommission der SPÖ. Ehrenvors. *Bund Sozialistischer Freiheitskämpfer und Opfer des Faschismus.* VorstMitgl. *Bund Sozialistischer Akademiker,* Vors. *Gesellschaft der Freunde des Republikanischen Spaniens,* VorstMitgl. *Österreichisch-Französische Gesellschaft* u. Ehrenvors. *Österreichisch-Amerikanische Gesellschaft.* 1952 nach Differenzen mit der Parteispitze über Geschäftsführung der Konzentration Rücktritt aus Altersgründen. Anschl. freier Schriftsteller. - *Ausz.:* u.a. 1956 Hans-Beimler-Med. (DDR).
W: u.a. Die Lehrlingsfrage. 1903; Die Kinderarbeit und ihre Bekämpfung. 1907; Geschichte der österreichischen Gewerkschaftsbewegung. 1908 (erw. Neuaufl. in 2 Bd. 1929 u. 1932); Aus Österreichs Revolution. 1921; Antifaschismus. 1926; Wehrmacht und Sozialdemokratie. 1927; Der Faschismus in Europa. 1929; Der Bürgerkrieg in Österreich. Karlsbad (Graphia) 1934 (holländ.: Amsterdam [De Arbeiderspers] 1934); Putsch oder Revolution? Karlsbad (Graphia) 1934; Dokumente zum Wiener Schutzbundprozeß (an.). Karlsbad (Graphia) 1935; Um was geht es in Spanien? Barcelona (Verlag Freies Spanien) 1937; Alexander Eifler. Soldat der Freiheit. 1947; Was wollen die Sozialisten? 1949; Wesen und Wandlung der Diktaturen. 1953; Ein weiter Weg (Erinn.). 1960. *L:* Gulick, Österreich; Buttinger, Beispiel; Schroth, Hans, Bibliographie Julius Deutsch. In: Archiv, Mitteilungsblatt VfGdA, 1967/4 u. 1968/1; Leichter, Diktaturen; Vlcek, Christine, Der Republikanische Schutzbund in Österreich. Diss. phil. masch. 1971; DBMOI; Neugebauer, Bauvolk; Widerstand 1. *D:* DÖW, IfZ, IISG, VfGdA. *Qu:* Arch. Erinn. Hand. Pers. Publ. Z. - IfZ.

Deutsch, Julius, Parteifunktionär; geb. 4. März 1902; ∞ Erna Magaziner; *StA:* österr. *Weg:* 1934 CH; Frankr.; Südamerika; 1946 Österr.

Buchhändlerlehre; Mitgl. *Verband jugendlicher Arbeiter Österreichs* u. *Arbeiterverein Kinderfreunde* in Wien; gegen Ende des 1. WK Mitgl. der linksradikalen Jugendbewegung in Wien, 1918 Mitgl. KPÖ bzw. des damals noch nicht gesondert org. KJVÖ. Bis 1933 Funktionär der KPÖ, häufige AuslAufträge; 1923 Verurteilung zu 4 Mon. Haft durch franz. MilGericht im Ruhrgeb. wegen antimilitarist. Aktivitäten. 1932 in Abwesenheit Todesurteil durch jugoslaw. Gericht. Tätigkeit in KPÖ-Buchhandlung in Wien, zentraler Funktionär des Lit-App. – 1934 nach den Februarkämpfen mehrere Monate Haft, KL Wöllersdorf, anschl. im Parteiauftrag Emigr. in die Schweiz. 1936-38 u.a. in Paris im Spanienkämpfer-App. tätig, organisierte 1937 mehrere Anlaufstellen für Spanienkämpfer an der österr.-schweizer. Grenze. Nach Ausbruch des 2. WK Emigr. nach Südamerika. War 1944 Mitgl. *Federación de Austriacos libres en Bolivia* in La Paz (→ Gustav Löwy). 1946 Rückkehr nach Wien. Langj. Prokurist Globus-Verlag u. Ltr. Globus-Buchvertrieb. 1967 (?) Pensionierung. Lebte 1977 in Wien.

L: Göhring, KJVÖ; Widerstand 2. *Qu:* Arch. Pers. Publ. – IfZ.

Deutsch, Leo, Dr. med.; geb. 28. Jan. 1893 Wien, gest. 1977 Mexiko; *StA:* österr. *Weg:* 1938 (?) Mex.
Stud. Med. Univ. Wien, 1920 Prom. Parteilos. 1938 (?) Emigr. Mexico City. Inh. eines med.-chem. Laboratoriums. Anf. Nov. 1941 Mitgr. *Heinrich-Heine-Klub (Club Enrique Heine, Asociación de Intelectuales Antinazi de Habla Alemana)* u. Vizepräs. bis zu dessen Selbstauflösung Anfang 1946.
L: Kießling, Alemania Libre. *Qu:* Pers. Publ. – IfZ.

Deutsch (Deutsch-Kramer), **Maria,** geb. Herzmansky, verehel. Kramer, Politikerin; geb. 22. Juni 1884 Bad Vöslau/Niederösterr., gest. 11. Juni 1973; Diss., 1944 (?) kath. (?); *M:* gest. 1936; *G:* Fritz (gest. 1947), Beamter im Finanzmin. Wien; Karl (gest.), RegRat Innenmin. Wien, nach 1945 Hofrat; ∞ II. 1923 (?) → Julius Deutsch; *K:* Dr. Hedwig Jahoda (1911-61), Psychologin, 1938 Emigr. GB, 1939 USA; *StA:* österr., Ausbürg. (?). *Weg:* 1934 CSR, Österr., CSR; 1935 Österr.; 1936 E; 1938 Österr.; 1939 GB, F; 1940 GB, Kuba; 1941 USA; 1946 Österr.
Ab 1904 Schuldienst in Wien, 1905 u. 1906 Lehrbefähigungsprüfung für Volks- u. Hauptschulen; daneben mehrere Semester Stud. Phil. Wien. Mitgl. SDAP. 1924 Hauptschuldir., 1920-23 u. 1932-34 Mitgl. GdeRat Wien. 1930-33 häufig Gastrednerin auf antinatsoz. Kundgebungen der SPD in Thür. u. Sa.; 1934 nach den Februarkämpfen nach Brünn, Juli 1934 Rückkehr nach Wien, kurzfristig Haft, Zwangspensionierung. Aug. 1934 Entlassung mit Auflage der Ausreise aus Österr. Bis März 1935 Brünn u. Prag, anschl. Rückkehr nach Wien, Reisen als Kurier zwischen dem ALÖS in Brünn u. Wien. Ende 1936 nach Spanien, Mitarb. von Julius Deutsch im Span. Bürgerkrieg. Deckn. Herminia Gonzales. Jan. 1938 Rückkehr nach Wien, Mitte März Verhaftung, nach Entlassung Aug. bei illeg. Ausreiseversuch erneut verhaftet, nach Intervention brit. sozialist. Politiker Nov. 1938 Entlassung. Mai 1939 mit befristeter Ausreisegenehmigung nach London, Juli nach Paris. Mitarb. von J. Deutsch bei Verhandlungen über Bildung einer österr. Exilvertr., als Mitgl. des *Office Autrichien* unter Richard Wasicky vorgesehen. Juni 1940 Flucht nach London, Aug. Weiterreise in die USA, mehrere Monate in Kuba interniert. Jan. 1941 New York. Mitarb. *Free World Association* (FWA); Sept. 1941 neben → Friedrich Adler u.a. Mitunterz. des Protests der österr. SozDem. gegen Versuch der Bildung einer österr. Exilreg. durch → Hans Rott u. → Willibald Plöchl. 1942 Mitbegr. Hilfsorg. *Associated Austrian Relief.* 1942 als Mitgl. des *Austrian National Committee* unter Hans Rott u. → Guido Zernatto vorgeschlagen. Ab 1943 Mitgl. *European-American-Club* der FWA; ab 1943 Radiosprecherin für Sendungen nach Deutschland u. Österr., vermutl. Mitarb. OWI. Sept. 1943-Mai 1945 Mitarb. Biographical Records der US-Reg. in New York. Ab 1943 Mitgl. eines Ausschusses der österr. Sozialisten in New York zur Planung des künftigen Ausbildungswesens in Österr. – Mai 1946 Rückkehr nach Wien, Juli Wiederaufnahme in den Schuldienst, Okt. Ernennung zur Senatsvors. bei der Sonderkommission I des Wiener Stadtschulrats, die mit Überprüfung natsoz. Lehrer beauftragt war, Hauptschuldir.; 1947 Schulrat, 1948 Pensionierung, 1958 Oberschulrat.

L: Buttinger, Beispiel; Patzer, Gemeinderat; Maimann, Politik. *D:* DÖW *Qu:* Arch. Publ. – IfZ.

Deutsch, Marie, Politikerin; geb. 13. Nov. 1882 Wien, gest. Apr. 1969 Cambridge/USA; *StA:* österr., 1919 CSR; USA (?). *Weg:* 1938 S; 1940 USA.
1919 DSAP, 1920-25 Abg. NatVers. der CSR; Mitgl. böhm. Landesvertretung, Hg. DSAP-Frauenorgan *Gleichheit* u. Mitgl. Frauenreichskomitee; Beisitzer bzw. Laienrichter am Jugendgericht Prag. 1938 Emigr. nach Schweden, Mitgl. TG, 1940 in die USA.
Qu: Arch. – IfZ.

Deutsch, Siegfried, Verbandsfunktionär; geb. 22. Mai. 1883 Raggendorf/Niederösterr., gest. 20. Sept. 1968 London; *G:* 5 S; ∞ 1907 Helene Berger (1885-1975), 1939 Emigr. GB; 1950 USA, StA: 1955 USA; *K:* Frederic D. Deutch (urspr. Fritz Deutsch, geb. 1909), Emigr. USA; Alice (1911-64), Emigr. GB; *StA:* österr., 1955 USA. *Weg:* 1939 GB; 1950 USA.
Ab 1897 aktiv in sozdem. Jugendbewegung in Wien. 1907 Gr. u. bis 1938 Inh. Herren- u. Damenschneiderei Wiener Salon Sobolewski & Deutsch GmbH in Wien. Offz. im 1. WK. Ab 1919 Präs. *Floridsdorfer Athletiksport-Club,* 1919-26 Vizepräs. *Österreichischer Fußball-Verband* (ÖFV). Ab 1926 nach Spaltung des ÖFV Präs. *Verband der Arbeiter-Fußballer Österreichs.* 1939 kurz vor Kriegsausbruch Emigr. GB, zeitw. Tätigkeit als Gärtner. 1950 Übersiedlung in die USA, Inh. mehrerer Schneidereibetriebe in New York. 1959 Rückkehr nach London. – *Ausz.:* 1956 Goldenes Parteiabzeichen der SPÖ.
Qu: Arch. Pers. – IfZ.

Dewald, Georg, Journalist; geb. 29. Sept. 1892 Aschbach/Oberfr., gest. 11. Nov. 1970; kath.; *StA:* deutsch. *Weg:* 1936 S-Afrika; 1952 Deutschland (BRD).
Bis 1906 Tapeziererlehre u. Fortbildungsschule in Würzburg. Ab 1913 SPD u. Gew.; 1914-18 Kriegsteiln., danach SPD-Vors. u. Vors. der Ortskrankenkasse in Bamberg/Oberfr., 1919 anläßlich der Übersiedlung der bayr. Reg. Hoffmann nach Bamberg Eintritt in Red. des Staatsorgans *Der Freistaat.* 1921 Red. *Aschaffenburger Volkszeitung.* 1923 Urteil 7 Mon. Gefängnis wegen Landesverrats (Veröffentlichung von Dokumenten der *Organisation Roßbach* u. der *Schwarzen Reichswehr).* 1924-33 MdL Bayern. Nach natsoz. Machtübernahme 13 Mon. KL Dachau. 1936 Meisterprüfung, aufgrund weiterer pol. Nachstellungen Okt. 1936 Emigr. nach Südafrika. In Pretoria selbständ. Handwerker u. Inh. eines Polstermöbelgeschäftes. Ende 1952 Rückkehr nach Deutschland. 1953-61 MdB.
Qu: Arch. Hand. – IfZ.

Diamant, Max, Journalist, Gewerkschaftsfunktionär; geb. 5. Aug. 1908 Lodz/Rußland; Diss.; *V:* Michael D. (geb. 1888), Arbeiter, Mitgl. *Bund* in Lodz, ab 1918 KP, mit Ehefrau 1936 in Leningrad verhaftet u. im Zuge der Säuberungen verschollen; *M:* Anna, geb. Neumann (geb. 1887); *G:* Arnold (geb. 1922), schloß sich 1943 als Kriegsfreiw. de Gaulle an, seit 1958 in den USA; ∞ 1940 Anna Nord (geb. 1907), Emigr. zus. mit Ehemann; *K:* Doris (geb. 1947); *StA:* staatenlos durch Geburt, deutsch, 1947 Mex. *Weg:* 1933 F; 1936 E; 1937 F; 1941 Port.; 1942 Mex.
Wechselnde Wohnsitze der Eltern, Schulbesuch in Lodz, Mannheim u. Zeitz/Sa., dort Volontär im Elektrizitätswerk. Ab 1922 in Gew. u. KJVD organisiert. Nach Übersiedlung der Eltern in die UdSSR 1924-26 Elektrotechnikum Leningrad. 1927 vorüberg. RedSekr. dt.-sprach. Jugendzs. *Die Saat* Char'kov. Rückkehr nach Mannheim, 1928 Mitgl. SPD u. Mitarb. der sozdem. *Volksstimme.* 1929 Vors. der *Jungsozialisten* Mannheim. Begabtenprüfung, Zulassung zur Handelshochschule Mannheim u. Stud. Betriebs- u. Volkswirtschaft, 1930-31 in Heidelberg, dort Red. *Sozialistische Studenten.* Herbst 1931 SAPD, BezLtr. Baden, nach natsoz. Machtübernahme illeg. Tätigkeit. März 1933 Flucht vor Schutzhaft ins Elsaß. In Straßburg, dann

130 Dichter

in Pfalzburg Grenzsekr. der SAPD, Herstellung der illeg. Ztg. *Der revolutionäre Sozialist*. Deckn. Hans Diesel. Herbst 1934 nach Paris, Mitgl. SAPD-Auslandsltg., Mithg. *Neue Front* u. Red. *Marxistische Tribüne*, zeitw. Ltr. Pariser Auslandsgruppe; Mitgl. SDS. Lebensunterhalt als Korr. versch. Ztg. in der Schweiz, Schweden u. USA, Korrektor bei *Pariser Tageblatt* sowie Setzer fremdspr. Texte. Mitunterz. Volksfrontaufruf v. 21. Dez. 1936/9. Jan. 1937. Im Span. Bürgerkrieg Vertr. der SAPD-Auslandsltg. u. Ltr. des dt. Büros der POUM, Okt. 1936–Apr. 1937 Hg. der MonZs. *Die spanische Revolution* u. Ltr. dt.-sprach. Rundfunksendungen. Nach Ausbruch des 2. WK in Frankr. in mehreren Lagern interniert, nach Entlassung Apr.–Juni 1940 Prestataire. Danach in Montauban in Zus-Arb. mit Quäker-Org. *American Friends Service Committee* Hilfstätigkeit für dt. u. span. Flüchtlinge; ab März 1941 als Nachf. von → Fritz Heine in Marseille, ab Sept. 1941 in Lissabon dt. Sekr. der Flüchtlingsorg. *Centre Américain de Secours* u. *Emergency Rescue Committee*. März 1942 Emigr. nach Mexiko. Dort Mitgl. *Liga Pro Cultura Alemana*, 1942–45 deren Sprecher; erklärter Gegner der BFD. Nach 1945 Mitgr. *Gruppe deutschsprachiger Sozialisten* in Mexiko, bis 1961 deren Sprecher. Ab Mitte der 50er Jahre Mitarb. mex. Gew. in Fragen der europ. u. lateinamerikan. ArbBewegung. Korr. SPD- u. Gew.-Presse in der BRD. Sept. 1961 Rückkehr nach Deutschland, bis 1973 Ltr. der neugeschaffenen Abt. Ausländische Arbeitnehmer beim Vorst. der *IG Metall*, daneben DGB-Berater für Spanien u. Lateinamerika sowie Tätigkeit für Friedrich-Ebert-Stiftung, SPD-PV u. *Internationalen Metallarbeiterverband;* u.a. Mitarb. *Geist und Tat, Neuer Vorwärts* sowie dt. u. internat. GewPresse. 1973 Ruhestand. Lebte 1976 in Frankfurt/M.

L: Drechsler, SAPD; Kießling, Alemania Libre. *Qu:* Fb. Publ. – IfZ.

Dichter, Ernest, Dr. phil., Verleger, Werbeberater; geb. 14. Aug. 1907 Wien; jüd.; *V:* Wilhelm D. (geb. 1880 Drohobycz/Galizien, gest. 1932 Wien), jüd., Handelsvertr.; *M:* Mathilde, geb. Kurz-Schneider (geb. 1889 Strobnitz/Böhmen, gest. 1957 New York), jüd., höhere Schule, 1940 Emigr. China, 1943 USA; *G:* Fritz (geb. 1911 Wien), Abitur, Emigr. GB, brit. MilDienst, A: Wien; Oscar (geb. 1917 Wien), Gymn., Emigr. GB, brit. MilDienst, A: Wien; ∞ 1934 Hedy Langfelder (geb. 1911 Wien), jüd., Pianistin, 1937 Emigr. mit Ehemann; *K:* Thomas (geb. 1941 New York), Ph.D., Anthropologe; Susan Diemond (geb. 1943 New York), Stud.; *StA:* österr., USA. *Weg:* 1937 F, 1938 USA.

Stud. Wien u. Paris, 1934 Prom. Wien, 1936 licencié-ès-lettres Sorbonne, 1934–37 Forschungsarb. für Österreichische Wirtschaftspsycholog. Forschungsstelle in Wien; Mitarb. illeg. sozdem. Jugendorg., 1936 zeitw. Haft, Ausweisung, 1937 Emigr. Frankr.; Handelsvertr., Ehefrau Klavierlehrerin. 1938 USA, Marktforscher u. Berater u.a. bei Columbia Broadcasting System, ab 1946 Vors. Ernest Dichter Assn. Internat. Ltd., ab 1946 Präs. Inst. for Motivational Research Croton-on-Hudson/N.Y., ab 1956 Präs. u. Verleger Motivational Publications Inc. Croton-on-Hudson. Prof. Mercy Coll. New York, Entwicklung von Methoden der qualitativen Marktforschung. Mitgl. *Am. Psychol. Assn., Am. Marketing Ass., Am. Sociol. Assn., Authors League of America.*

W: The Psychology of Everyday Living. 1947; The Strategy of Desire. 1960 (dt. Übers. Strategie im Reich der Wünsche. 1964; franz. Übers. Le Marketing mis à nu, 1970); Europas unsichtbare Mauern. 1962; Handbook of Consumer Motivations. 1964 (dt. Übers. Handbuch der Kaufmotive. 1964); Il Nazionalismo E'Una Malattia. 1967; Motivating Human Behavior. 1971 (dt. Übers. Warum eigentlich nicht? 1971); The Naked Manager. 1974 (dt. Übers. Der nackte Manager. 1975); Packaging. The Sixth Sense? 1975; Total Selfknowledge. 1976 (franz. Übers.); Motivforschung. Mein Leben. (ABiogr.) 1977; zahlr. Artikel in Zs. u. Populärliteratur. *Qu:* Fb. Hand. – RFJI.

Dickel, Friedrich, Staatsfunktionär, Offizier; geb. 9. Dez. 1913 Vohwinkel b. Wuppertal; *V:* Arbeiter; ∞ verh.; *K:* 2; *StA:* deutsch u. UdSSR. *Weg:* 1935 F; 1936 E; 1937 UdSSR; 1947 Deutschland (SBZ).

1928–31 Gießerlehre, anschl. arbeitslos; GewMitgl. u. KJVD; 1931 KPD. 1933 2 Mon. Schutzhaft. 1935 Emigr. über Saargeb. u. Holland nach Frankr.; 1936 Teiln. am Span. Bürgerkrieg, 1937 Kompanieführer Thälmann-Btl.; 1937 in die UdSSR, Stud. Hochfrequenztechnik in Moskau. Ab 1942 Lehrer an Antifaschulen für dt. Kriegsgef. – 1947 Rückkehr, SED, Angehöriger Deutsche Volkspolizei (DVP). 1949 Mitarb. Kriminalpolizei Chemnitz; 1950–53 Inspekteur in Hauptverw. Ausbildung der DVP; 1950–51 Ltr. Polizeischule Torgau u. anschl. Berlin-Treptow, 1953 GenMajor u. bis 1956 stellv. Ltr. PolVerw. der DVP. 1956 GenMajor der NVA u. als Ltr. der Abt. Planung u. Materialversorgung im MfNatVert. 1. Stellv. des Min.; Apr. 1958–Okt. 1959 Besuch der sowj. GenStabsakad. Privolsk bei Saratov; Dipl.-Militärwissenschaftler. Ab Nov. 1959 ständ. DDR-Vertr. beim Stab der auf DDR-Gebiet stationierten sowj. Truppen, Okt. 1963 GenLt., ab Nov. 1963 MdI u. Chef der DVP, 1965 GenOberst. Seit dem 7. PT 1967 Mitgl. ZK der SED, seit 1967 MdVK. – *Ausz.:* u.a. 1956 Hans-Beimler-Med., 1964 Banner der Arbeit, 1969 VVO (Gold), 1970 Orden des Vaterländ. Krieges 1. Grades (UdSSR), 1973 Karl-Marx-Orden.

L: Forster, NVA; Pasaremos. *Qu:* Arch. Hand. Publ. Z. – IfZ.

Dicker, Hermann, Dr. phil., Rabbiner, Bibliothekar; geb. 30. Jan. 1914 Jasina/H; *V:* Osias D. (geb. 1884 Jasina, umgek. 1942 im Holokaust), Geschäftsm., im 1. WK österr.-ungar. Armee, anschl. Niederlassung in Stuttgart; *M:* Sara, geb. Spindel (geb. 1894 Osteuropa, umgek. 1942 im Holokaust); *G:* Jennie Stieber (geb. 1919 Stuttgart), 1939 Emigr. USA, Bibliothekarin in New York; Joseph (geb. 1926 Stuttgart), 1940 Emigr. USA, VerwLtr. eines Krankenhauses in Great Neck/N.Y.; ∞ 1945 Eileen Last (geb. 1926 London), 1946 USA, zahnärztl.-techn. Assist., Lehrerin; *K:* Anna Rachel (geb. 1956); Eli Jay (geb. 1960); *StA:* deutsch, 1943 USA. *Weg:* 1936 CH, 1937 Pal., 1938 USA.

1932 Stud. Wirtschaftswiss. Frankfurt/M., 1932–36 Univ. u. Rabbinerseminar Berlin, Examen als ReligLehrer. 1936 in die Schweiz, 1937 Prom. Zürich; 1937 Palästina mit Besucher-Zertifikat, Stud. Lehrerseminar Jerusalem u. Hebr. Univ.; Nov. 1938 USA, stellv. Geschäftsf. einer Schrottverwertungsstelle, zugl. Vorbereitung auf Rabbinerexamen. Ab 1941 Uffz. US-Armee, bis 1943 Frontdienst, 1943 Ordination zum Rabbiner, anschl. MilGeistlicher, 1956–58 in Japan, 1960 Oberstlt., 1961–62 in Korea, ab 1967 Ruhestand. 1966–68 Stud. Pratt Inst. Brooklyn New York, 1968 M.L.S. (wiss. Bibliothekar), ab 1968 ltd. Stellung in Bibliothek des Jew. Theol. Seminary New York. Ab 1967 Mitgl. *Assn. Jew. Chaplains, Religious and Cultural Comm. JDC, Comm. on Arts and Literature in Jew. Life, Comm. on Syn. Rel., Fed. of Jew. Philanthropies* New York, ab 1959 Mitgl. des Speakers Bureau des UJA. Lebte 1977 in Flushing/N.Y. – *Ausz.:* 1944 Bronze Star, 1947 Commendation Ribbon u. Battle Stars.

W: Die Geschichte der Juden in Ulm. Ein Beitrag zur Wirtschaftsgeschichte des Mittelalters (Diss.). 1937; Wanderers and Settlers in the Far East. A Century of Jewish Life in China and Japan. 1962; A Jewish Family Trail. The Dickers and Their Mates. Dicker Family History in Europe and America. 1977. *Qu:* Fb. Hand. Publ. – RFJI.

Dickopf, Paul(inus), Beamter; geb. 9. Juni 1910 Müschenbach/Westerwald, gest. 19. Sept. 1973 Bonn; kath.; ∞ Margot Stübinger (1913-63); *StA:* deutsch. *Weg:* 1942 B, 1943 CH, 1947 Deutschland.

Stud. Rechts- u. Naturwiss. Wien u. Berlin, kath. Jugendbewegung. 1937 Eintritt in kriminalpolizeil. Dienst, 1938-39 Schule der Sicherheitspolizei, ab Juli 1939 Kriminalkommissar in Karlsruhe u. Stuttgart, Mitarb. der Abwehr. Verfolgung durch natsoz. Organe, Sept. 1942-Juli 1943 in Brüssel im Unter-

grund, dann Flucht in die Schweiz, Aufenthalt in Worb. 1947 Rückkehr, Kriminaldienst, ab 1950 am Aufbau des Bundeskriminalamts Wiesbaden u. von Interpol beteiligt, Ltr. Sicherungsgruppe Bonn, dann stellv. Präs., 1965-71 Präs. Bundeskriminalamt, ab 1968 Präs. Interpol.
W: Das Bundeskriminalamt (mit Rolf Holle). 1971. *Qu:* Pers. Hand. Z. - IfZ.

Dienemann, Max, Dr. phil., Rabbiner; geb. 27. Sept. 1875 Krotoschin/Posen, gest. 10. Apr. 1939 Tel Aviv; *V:* Samuel D.; ∞ Mally Hirsch (geb. 1892 Gollub/Westpreußen), 1930 Emigr. Pal.; *K:* Paula Schindler, 1933 Emigr. Pal., später GB; Gabi Jacoby, 1933 Emigr. Pal., später GB, AbtLtr. Techn. Coll. London; *StA:* deutsch. *Weg:* 1938 GB, 1939 Pal.
1894-1901 Stud. Jüd.-Theol. Seminar Breslau, 1901 Rabbinerexamen, gleichz. Stud. Univ. Breslau, 1898 Prom.; 1901-03 Lehrer jüd. Schule Breslau, 1903-19 Rabbiner in Ratibor/Oberschlesien, 1919-38 Rabbiner in Offenbach/Main. 1929 Mitgl. Kommission zur Erweiterung der *Jew. Agency,* 1931-33 Mithg. *Der Morgen,* VorstMitgl. für Deutschland der *World Union for Progressive Judaism.* 1936 als Vertr. dieser Org. Reise nach Palästina. 1933 zeitw. Gestapo-Haft. 1938 zeitw. KL Buchenwald. 1938 Emigr. GB, 1939 Palästina.
W: Bibliogr. bis 1935 in: Minchat Todah, Max Dienemann zum 60. Geburtstag gewidmet. 1935; Bibliographie bis 1946 in: Dienemann, Mally, Max Dienemann, Ein Gedenkbuch. 1946 (Neuausgabe: Max Dienemann, ein Lebensbild. Offenbach 1964); Art. in dt.-jüd. Zs. u. Handbüchern. *D:* LBI New York. *Qu:* Biogr. Hand. Publ. Z. - RFJI.

Dienstbach, Karl, Offizier; geb. 1900 (?), gest. 30. Juli 1977; ∞ Mia Niederkirchner, T von → Michael Niederkirchner; *K:* Käthe, Sonja; *StA:* deutsch. *Weg:* 1936 E; 1939 (?) UdSSR; 1945 (?) Deutschland (Berlin).
1925 KPD, aktiver Parteifunktionär. Nach 1933 illeg. Tätigkeit, 1936-39 Teiln. Span. Bürgerkrieg in den Internat. Brigaden, danach in die UdSSR, im 2. WK Angehöriger der Roten Armee. Nach Rückkehr bis 1950 Ltr. Abt. PolKultur u. SED-Sekr. im Polizeipräs. Berlin, 1950 Oberst, Ltr. BezVerw. Deutsche Volkspolizei (DVP) Potsdam u. stellv. Ltr. Abt. Kriminalpolizei im DVP-Präs., ab 1957 DVP-Inspekteur. - *Ausz.:* u.a. 1956 Hans-Beimler-Med.; VVO (Gold).
Qu: Arch. Publ. Z. - IfZ.

Dietrich, Georg, Parteifunktionär; geb. 6. Juni 1888 Groß-Zimmern, Krs. Dieburg/Hessen; Diss.; *StA:* deutsch. *Weg:* 1933 CH; F; 1940 USA.
Buchdrucker. Apr. 1915 Teiln. an der Internat. Sozialist. Jugendkonf. in Bern. Mai-Nov. 1919 USPD-StadtVO. u. BezRat Karlsruhe. Später SPD-Funktionär, 1922 Sekr. Bez. Groß-Thüringen. 1924-33 MdR. Exponent des linken Flügels der SPD, der den Sturz der Reg. Hermann Müller bewirkte u. gegen Tolerierung der Reg. Brüning ankämpfte. Mitarb. *Der Klassenkampf-Marxistische Blätter.* Parteiausschuß-Mitgl. Bez. Thüringen. 26. Apr. 1933 auf Reichsliste der SPD Wahl in den PV, im gleichen Jahr Emigr. nach Basel. Mitarb. sozdem. Flüchtlingshilfe Basel. Befürworter von Volksfront- u. Konzentrationsbestrebungen. Gehörte innerh. der Exil-SPD zur sog. alten Linken, die Mandatsanspruch u. interne Taktik der *Sopade* in Prag kritisierte, von deren Tätigkeit er - wie → Marie Juchacz - trotz PV-Mitgliedschaft ausgeschlossen blieb. 1940 über Frankr. in die USA, Kritiker der GLD; Juni 1943 zus. mit den PV-Mitgl. → Paul Hertz u. M. Juchacz Opposition gegen die Landeskonf. deutschsprachiger Sozialdemokraten u. Gewerkschafter in den USA als Veranstaltung unter Ausschluß der sozdem. Linken. Mai 1944 Mitunterz. des Programms des CDG. Den Vorschlag → Hans Vogels v. 16. März 1945 zur Rekonstruktion des alten PV im Exil lehnte D. ebenso wie → Siegfried Aufhäuser, Hertz u. Juchacz als Versuch einer Wiederbelebung des alten Parteiapparates ab.
L: MGD; Edinger, Sozialdemokratie. *Qu:* Arch. Hand. Publ. - IfZ.

Dietrich, Paul Reinhold, Parteifunktionär, Journalist; geb. 6. Nov. 1889 Groß-Warzula/Thür., umgek. 1937 UdSSR; Diss. *Weg:* Saargeb.; 1936 UdSSR.
Volksschullehrer. 1909 SPD, ab 1912 hauptberufl. Mitarb. sozdem. Ztg.; 1917 USPD u. *Spartakusbund.* Nach Kriegsende führend in USPD-BezLtg. Jena. 1920 mit der linken USPD zur KPD. Bis 1923 einer der Führer der Thüringer KPD, Red. in Gotha. Auf 8. PT 1923 in die RedKommission gewählt u. Mitgl. Zentral-Ausschuß. Ab 1924 in Hamburg; Chefred. *Hamburger Volkszeitung.* Bis 1927 MdHB. Febr. 1926 PolLtr. Bez. Wasserkante, dann Rückkehr in den ZK-App. nach Berlin, auf Essener PT 1927 Wahl in das ZK, enger Mitarb. Thälmanns. Mai 1928-Sept. 1930 MdR. 1928 Anschluß an sog. Versöhnler, als einer ihrer Wortführer gemaßregelt u. 1929 nach Moskau versetzt. In der *Komintern* zeitw. verantwortl. für Ägypten u. Palästina. Nach Abwahl als ZK-Mitgl. 1929 u. Rückkehr nach Deutschland bis 1933 Red. versch. KPD-Ztg. Nach natsoz. Machtübernahme ins Saargeb., in Saarbrücken Red. *Deutsche Volkszeitung.* 1936 in die UdSSR, in Leningrad Red. einer dt.-sprach. Ztg.; 1937 Verhaftung, im Zuge der Säuberungen umgekommen.
Qu: Hand. Publ. - IfZ.

Dill, Hans (Johann), Parteifunktionär; geb. 25. Juni 1887 Brand b. Tachau/Westböhmen, gest. 7. Juli 1973 Neuenhain/Taunus; Diss.; ∞ Sophie Bommer (geb. 1888), 1933 Emigr.; *K:* Erhard (geb. 1910), mußte 1933 Medizinstud. abbrechen, Juli 1933 CSR, später Rückkehr nach Nürnberg zum Aufbau von Nachrichtenverb. mit illeg. Gruppen; Antonie (geb. 1921), 1933 Emigr. CSR; *StA:* deutsch, 1. Febr. 1937 Ausbürg. zus. mit Fam., CSR. *Weg:* 1933 CSR; 1938 GB; CDN.
Porzellanmaler. Ab 1912 SPD-Parteisekr. in Nürnberg, Würzburg u. München; 1919 SPD-Landessekr., 1919-27 Red. *Münchener Post;* ab Okt. 1927 Sekr. SPD-Bez. Franken; Mitgl. SPD-Parteiausschuß. 1914-19 Gde.-Bevollmächtigter in Nürnberg, 1919-23 MdL Bayern, 1930-33 MdR. 23. Juni 1933 Emigr. in die CSR. *Sopade*-Grenzsekr. für Nordbayern in Mies b. Pilsen, Deckn. Agnes Kühnl. Ab 1936 DSAP-Sekr. Winterberg/Westböhmen. 26. März 1938 Wahl in den DSAP-Vorst., Okt./ Nov. Emigr. nach GB, dort Porzellanmaler. Später nach Kanada, Farmer. Mitgl. TG. Ende 1965 Mitunterz. einer Protesterklärung der *Arbeitsgemeinschaft ehemaliger deutscher Sozialdemokraten in der Tschechoslowakei* gegen ZusArbeit der SG mit ehem. NatSoz. in der *Sudetendeutschen Landsmannschaft.* Ende der 60er Jahre Rückkehr.
D: AsD. *L:* Beer, Helmut, Widerstand gegen den Nationalsozialismus in Nürnberg 1933-1945. 1976; Eiber, Ludwig, Arbeiter unter der NS-Herrschaft. Diss. phil. masch. München 1978. *Qu:* Arch. Hand. Pers. Publ. - IfZ.

Dittbender, Walter, Parteifunktionär; geb. 29. Nov. 1891 Stettin, hinger. 1937 UdSSR. *Weg:* 1934 UdSSR.
Schlosser, Kriegsteiln.; USPD, 1920 mit linkem Flügel zur KPD. Funktionär in kommunist. Bauernbewegung. 1925 Teiln. 10. KPD-PT u. Mitgl. Bauernkommission. Ab 1926 *Rote Hilfe* (RH), 1929 vorüberg. RH-Reichsltr., bis 1933 ltd. Funktionen. 1929 StadtVO. Berlin. Nach Reichstagsbrand Verhaftung, Zeuge im Reichstagsbrandprozeß. Bis 1934 KL, anschl. Emigr. Moskau, dort Ltr. der Emigr.-Hilfe. 1936 im Zuge der Säuberungen verhaftet, „gestand", für eine trotzkist. Org. zu arbeiten. 1937 Todesurteil, erschossen.
L: Weber, Wandlung. *Qu:* Arch. Publ. - IfZ.

Dittmann, Wilhelm Friedrich Karl, Politiker; geb. 13. Nov. 1874 Eutin/Ostholst., gest. 7. Aug. 1954 Bonn; Diss.; *V:* Joseph D. (1849-1918), Stellmachermeister; *M:* Auguste, geb. Wendt (1840-1904); *G:* Paul (1878-1919), führend in der Opposition im Metallarbeiterverb. in Hamburg, später Vors. USPD Hamburg, 1918 Polizeipräs. Hamburg; ∞ 1903 Anna Havemeyer (geb. 1874), Emigr., Ausbürg. mit Ehemann; *StA:* deutsch, 27. Okt. 1937 Ausbürg. *Weg:* 1933 CH; 1951 Deutschland (BRD).

Tischler; 1894 Mitgl. *Deutscher Holzarbeiterverband* u. SPD. 1899 Lokalred. Bremerhaven, dort 1900 Parteivors. Ab 1902 Red. Solingen. 1904 als besoldeter Parteisekr. nach Frankfurt/M., dort 1907 StadtVO.; 1909 Chefred. *Bergische Arbeiterstimme* Solingen, 1912 MdR. Einer der Wortführer der Linken, stimmte ab Dez. 1915 gegen Kriegskredite u. wurde 1916 bzw. 1917 Grdg.- u. VorstMitgl. *Sozialdemokratische Arbeitsgemeinschaft* u. USPD. Jan. 1918 als Mitgl. der Berliner Streikltg. verhaftet, zu 5 J. Festungshaft u. 2 Mon. Gef. verurteilt. 15. Okt. 1918 Entlassung. Ab 10. Nov. 1918 Mitgl. Rat der Volksbeauftragten, 29. Dez. Rücktritt zus. mit Hugo Haase u. Emil Barth. 1920 MdR u. Vizepräs. des Reichstags. Als einer der USPD-Deleg. Teiln. an Verhandlungen der Partei über Anschluß an *Komintern,* den er zus. mit → Arthur Crispien bekämpfte. Betrieb ab Jan. 1922 als Vors. USPD die Verschmelzung des Restes der Partei mit der SPD. Nach Vereinigung 1922-33 VorstMitgl. SPD u. geschäftsf. Vors. Reichstags-Fraktion. Verließ Febr. 1933 gemäß VorstBeschluß Deutschland, Emigr. in die Schweiz. Dort vorwiegend publizist. Tätigkeit. Gehörte zur pol. Emigr.Gruppe um → Otto Braun u. → Joseph Wirth bzw. zur Arbeitsgemeinschaft *Das demokratische Deutschland.* Herbst 1951 Rückkehr nach Deutschland, bis 1953 Tätigkeit im SPD-Archiv Bonn.

W: u.a. Das politische Deutschland vor Hitler. Nach dem amtlichen Material des Statistischen Reichsamtes in Berlin. Zürich u. New York (Europa-Verlag) 1945; Erinnerungen (Hg. G. Kotowski). o.O.o.J. *D:* AsD, IfZ, SAH. *Qu:* Arch. Hand. Publ. - IfZ.

Dittmer, Henry, Verbandsfunktionär; geb. 14. Jan. 1905 Altona b. Hamburg; ∞ verh. mit Schwedin; *StA:* deutsch, S. *Weg:* 1933 DK, S.

Meierei-Arbeiter. Mitgl. SPD, Gew. u. *Arbeiter-Abstinentenbund;* nach Volkshochschul-Kursen Angest. beim Arbeitsamt. Juli 1933 Emigr. nach Dänemark, Nov. gleichen Jahres nach Schweden. Mitgl. SPD-Ortsgr. Stockholm, Mitarb. schwed. Gew.- u. Abstinentenorg. sowie bei deren Presse, Mitgl. *Landesgruppe Schweden der Auslandsvertretung deutscher Gewerkschaften* u. bis 1945 deren Kassierer; Mitgl. FDKB; Mitarb. bei Hg. der Pressekorr. *Rapporter från Tyskland* auf der Basis illeg. Kontakte nach Deutschland; 1933-52 ehrenamtl. Sekr. *Internationale sozialistischer Alkoholgegner* (ISA), als deren Vertr. Mitgl. *Internationale Gruppe demokratischer Sozialisten* („Kleine Internationale"); 1945 Mitgl. der die dt., österr. u. sudetendt. Emigr. umfassenden *Internationalen Touristenvereinigung Die Naturfreunde in Schweden (Naturvännernas Internationella Turistförening i Sverige).* In Schweden Arb. als Typograph, gewerkschaftl. org. in schwed. Buchdruckergew. *(Svenska Typografförbundet),* Mitarb. Zs. *Svensk Typografitidning,* später *Grafisk Revy* u. *Grafisk Faktorstidning;* 1945-65 Dolmetscher bei Gewerkschaftskongr. in Schweden u. internationalen Kongr. der ISA.

L: Müssener, Exil. *D:* ArA, AsD. *Qu:* Fb. Arch. Publ. - IfZ.

Doberer, Kurt Karl, Journalist, Schriftsteller; geb. 11. Sept. 1904 Nürnberg; o.K.; *V:* Karl D. (1869-1911), o.K., Angest., SPD; *M:* Kunigunde, geb. Reichel (1875-1961), o.K., SPD; ∞ 1939 London, Ilse Hartmeyer (geb. 1911 Leipzig), o.K., Buchhalterin; *StA:* deutsch, 3. März 1936 Ausbürg., 1949 deutsch. *Weg:* 1933 CSR; 1938 GB; 1949 Deutschland (BRD).

Mittelschule, 1924-27 Höhere technische Staatslehranstalt in Nürnberg. Ing. grad. (Maschinenbau). 1927-29 Überwachungsing. bei Siemens-Schuckert-Werke Nürnberg, 1931-32 Stud. Hochschule für Wirtschafts- u. Sozialwiss. in Nürnberg u. 1932-33 Hochschule für Politik in Berlin. Ab 1927 SPD, ab 1928 *Bund der technischen Angestellten und Beamten* (BUTAB), 1932-33 Mitgl. *Sozialistische Studentenschaft,* 1933 Ltr. *Akademische Legion* des *Reichsbanners.* Mitarb. zahlr. sozdem. Blätter, u.a. *Vorwärts, Volksstimme* Chemnitz, *Leipziger Volkszeitung, Schwäbische Tagwacht* Stuttgart u. *Fränkische Tagespost* Nürnberg, ab 1927 auch schriftst. Tätigkeit. Nach Haussuchung Ende 1933 Emigr. nach Prag. 1933/34 Unterstützung durch DSAP, freier Schriftst., Beitr. für dt.-sprach. sozdem. Presse in der CSR, in Österreich, Jugoslawien, Rumänien, Polen, Danzig, im Elsaß u. der Schweiz, Mitarb. dt. Exilblätter, u.a. *Neuer Vorwärts, Deutsche Freiheit* Saarbrücken u. *Sozialistische Warte,* u.a. Verf. von pol. Lyrik u. kriegstechn. Büchern über die dt. Aufrüstung. 1938 mit einer Einladung des *PEN-Clubs* nach London, Unterstützung durch *Czech Refugee Trust Fund,* nach Kriegsbeginn Internierung Isle of Man. 1941-42 Programm-Assist. bei BBC. Ab 1942 Mitgl. u. Sekr. *Deutscher PEN-Club London,* mit → Franz Xaver Aenderl Gr. *Bavarian Circle,* trat 1944 mit seinem Buch *The United States of Germany* für eine dt. Föderation als Kernstück eines künftigen europ. Bundesstaats ein. 1949 Rückkehr nach Nürnberg, freier Schriftst. u. Journ., u.a. Mitarb. *Vorwärts, Fränkische Tagespost, Geist und Tat, Welt der Arbeit.* Mitgl. SPD, PEN. Lebte 1977 in Nürnberg. - *Ausz.:* 1961 Förderpreis Joseph-E.-Drexel-Stiftung, 1972 Kalckhoff-Med., 1974 BVK.

W: Über 50 Buchveröffentl. u. Fortsetzungsromane, u.a. Lilith und der Komet (R). In: Sozialdemokrat, Prag 1933; Die Rakete (R). Ebd. 1934; Prolet, das bist Du (L). Prag (S. Neumann) 1935; Hebt unsre Fahnen (L). Karlsbad (Graphia) 1936; Verse der Emigration (Anthol.). Ebd. 1936; Republik Nordpol (R). Bratislava (Eugen Prager) 1936 (u. in: Seeländer Volksstimme, Biel 1939); Todesstrahlen und andere Kriegswaffen (mit Max Seydewitz). Prag, London (Malik) 1936 (franz. Paris [Hachette] 1937, serbokroat. Belgrad [Nolit] 1937); Elektrokrieg. Maschine gegen Mensch. Wien (Saturn) u. Zürich (Rascher) 1938 (engl. London [Gifford] 1943, tschech. Prag [Cin] 1939); Singendes Volk (Anthol.). Karlsbad (Graphia) 1938; Die unbekannte Waffe. Paris (Ed. Nouvelles Internat.) 1938 (engl. London [Practical Press] 1944, span. Buenos Aires [Hasa] 1945); 10 Jahre Freie Deutsche Kultur im Exil (Anthol.). London (FDKB) 1943; The United States of Germany. London (Drummond) 1944 (dt. München [Weismann] 1947); Kleine Sammlung 1946 (Anthol.). London (FDKB) 1946; Der grüne Komet (R). In: Presse Libre, Straßburg 1947; The Goldmakers. London (Nicholson & Watson) 1948 (dt. 1960). *L:* Nürnberger internationaler Schriftsteller. Zum 65. Geburtstag Kurt Karl Doberers. Nürnberg, Institut für Fränkische Literatur, Ausstellungskatalog 67. 1969. *Qu:* Arch. Fb. Hand. Publ. Z. - IfZ.

Dobias, Hans, Unternehmer; geb. 22. Apr. (?) 1915 Wien; *G:* Karl, Emigr. UdSSR, E, im Span. Bürgerkrieg gef.; ∞ Klavdija, StA: UdSSR; *K:* 1 S, 1 T (?); *StA:* österr. *Weg:* 1934 CSR, UdSSR; 1936 E; 1938 UdSSR; 1945 Österr.

Feinmechaniker, Mitgl. SDAP u. *Republikanischer Schutzbund* in Wien. 1934 Teiln. Februarkämpfe, Flucht in die CSR, mit erstem Schutzbündler-Transport nach Moskau. Mitgl. KPÖ, Arb. in Elektro-Dynamo-Werk, vom Betrieb in Fliegerschule deleg. - 1936 nach Spanien, Teiln. Span. Bürgerkrieg als Flieger. 1938 Rückkehr nach Moskau, bis Ende des 2. WK Instrukteur u. Fliegerausbilder. 1945 Rückkehr nach Wien. Lebte 1978 als Generaldir. in Wien, maßgebl. Funktionen im Handel Österreichs mit den sozialist. Staaten. - *Ausz.:* hohe sowj. Orden.

L: Die Völker an der Seite der spanischen Republik. 1975. *Qu:* Arch. Pers. Publ. - IfZ.

Dobisch, Fritz, Gewerkschaftsfunktionär; geb. 16. Febr. 1890 Merzingen/bayer. Schwaben, umgek. 7. Juli 1941; *V:* Kaspar D.; *M:* Sophie, geb. Weng; ∞ Katharina Portz, 1935 Emigr. Lux. *Weg:* 1935 Lux.

Schreiner. Ab 1921 GewAngest., später BezLtr. *Keramischer Bund,* zuletzt bis 1935 Vors. ADGB Saarland. Ab 1927 stellv. Deleg. der freien Gewerkschaften im *Saarausschuß.* 1930-35 SPD-StadtVO. Saarbrücken. Febr. 1935 Emigr. Luxemburg. Dort nach dt. Einmarsch Verhaftung, in KL ermordet.

L: Zenner, Saargebiet; Jacoby, Saar; Schneider, Saarpolitik und Exil. *Qu:* Arch. Pers. Publ. - IfZ.

Doblin, Ernest Martin (urspr. Döblin, Ernst Martin), Dr. phil., Beamter; geb. 14. Apr. 1904 Berlin, gest. 15. Juli 1951 New York; jüd.; *V:* Ludwig Döblin (geb. 1872 Stettin, gest. 1930 Berlin), jüd., höhere Schule, Holzhändler, Vors. *Vaterländischer Frauenverein; M:* Käte, geb. Leipziger (geb. 1878 Breslau, umgek. im Holokaust), jüd., höhere Schule; *G:* Rudolf (geb. 1910 Berlin), jüd., Stud. Stern'sches Konservatorium Berlin, 1931-33 Hilfsdirigent Danziger Staatsoper, Emigr. USA, M. Music, 1945-60 musikal. Ltr. Niagara Falls Symphony/N.Y., 1965-75 Assist. Prof. Adirondack Community College/N.H.; Eva Abrams (geb. 1905 Berlin, umgek. im Holokaust), höhere Schule; ∞ 1942 Claire Pohly (geb. 1913 Wolfenbüttel), jüd., 1939 Docteur en Sciences économiques Univ. Genf, UN-Beamtin, pensioniert, A: New York u. Wien; *StA:* deutsch, 1942 USA. *Weg:* 1933 GB, 1936 USA.

1929 Prom. Berliner Handelshochschule, 1929-31 wiss. Assist. Währungsinst. der Univ. Berlin, 1931-35 Mitarb. *Deutscher Volkswirt* (nach Emigr. Beiträge unter Ps.). 1933 Emigr. GB, wiss. Assist. London School of Econ.; 1936 in die USA, Stipendiat Brookings Institute in Washington/D.C., Lehrtätigkeit New School for Social Research New York, Mitarb. in Abt. für Auslandsnachrichten des Office of Price Admin., Ltr. der Nat. Accounts Division der Europa-Abt. des US-Handelsmin.; 1947 beim Statistischen Büro der UN-Wirtschafts- u. Sozialabt., Doz. am City Coll. New York. Mitgl. *Am. Econ. Assn.*

W: Theorie des Dumpings (Diss.). 1929, 1931; Monopole und Besteuerung. 1933; Investment Trusts and Investment Companies (in Great Britain). 1939; Some Aspects of Price Flexibility. In: Review of Econ. Statistics, Bd. XXII, 1940; Price Control in Nazi Germany. In: Public Affairs, 1942; The German Profit Stops of 1941. In: Social Research Quarterly. Bd. 9, 1942; Accounting Problems of Cartels. In: Accounting Review. Bd. XVIII, 1943; The Social Composition of the Nazi Leadership. (Mitverf.) In: Am. Journal of Sociology, Bd. LI, 1945; The Ratio of Income to Money Supply. In: Review of Economics and Statistics, Bd. XXXIII, 1951. *Qu:* Pers. Z. - RFJI.

Dobretsberger, Josef, Dr. rer. pol., Hochschullehrer, Politiker; geb. 28. Febr. 1903 Linz, gest. 23. Mai 1970 Wien; *V:* Franz D., Bestattungsunternehmer; *M:* Marie, geb. Kolda; ∞ 1930 Carla Hitzel; *K:* Carla (geb. 1935); *StA:* österr., Ausbürg. (?). *Weg:* 1938 CH, TR; 1941 Pal.; 1942 Ägypten; 1946 Österr.

Stud. Rechts- u. Staatswiss. Wien, 1926 Prom.; Mitgl. einer kath. Verb.; 1926-29 Assist. bei Hans Kelsen, Studienaufenthalte in Köln u. GB. 1929 Habil. Volkswirtsch. Wien. 1929-30 GenSekr. *Österreichischer Reichsbauernbund.* 1930-34 a.o. Prof., ab 1934 o. Prof. Volkswirtsch., Sozialpol. u. Finanzwiss. Univ. Graz. 1934-38 LtgMitgl. *Ostmärkische Sturmscharen,* 1934-35 Mitgl. GenRat Österreichische Nationalbank. 1935-36 u. 1937-38 Rektor Univ. Graz. Okt. 1935-Mai 1936 als Vertr. des linken Flügels der *Vaterländischen Front* Min. für soziale Verw. im 2. Kabinett Schuschnigg. 1938 nach dem Anschluß kurzfristig Haft, anschl. Emigr. über Jugoslawien in die Schweiz. Berufung als o. Prof. an wirtschaftswiss. Fak. der Univ. Istanbul. Rege Lehr- u. Publikationstätigkeit. 1941-42 Aufenthalt in Jerusalem, enger Kontakt zur österr. Emigr-Gruppe um → Willy Verkauf, die 1942 das *Free Austrian Movement in Palestine* gründete. 1942 Übersiedlung nach Kairo, 1942-46 Prof. Giza- Univ., Ltr. österr. Abt. des brit. Political Intelligence Department in Kairo. Ende 1943 neben → Georg Franckenstein als Mitgl. eines vom brit. Foreign Office erwogenen, aber nicht realisierten österr. Vertretungskomitees vorgesehen. 1946 Rückkehr nach Graz, erneut o. Prof., ab 1946 Vorst. Univ.-Institut für Wirtschaftstheorie, 1946-47 Rektor Univ. Graz. Mitgl. ÖVP, 1948 Parteiaustritt, Mitgr. u. 1948-57 Bundesobmann *Demokratische Union,* die 1953 in sog. Volksopposition eine Aktionsgemeinschaft mit der KPÖ einging. Vizepräs. *Österreichisch-Sowjetische Gesellschaft* u. Ltr. Büro für den Ost-West- Handel. 1963 Gr. der Zs. *Der österreichische Standpunkt.*

W: u.a. Die Gesetzmäßigkeit in der Wirtschaft. 1927; Konkurrenz und Monopol in der gegenwärtigen Wirtschaft. 1929; Freie oder gebundene Wirtschaft? 1932; Neue Wege des Geldwesens und Zahlungsverkehrs. 1934; Vom Sinn und Werden des neuen Staates. 1934; Sozialpolitik im neuen Staat. 1936; Die wirtschaftspolitischen Aufgaben des neuen Staates. 1937; Iktisat dersi notlari (wirtschaftswiss. Vorlesungen). Istanbul 1939; Ekonomi siyaseti (Wirtschaftspolitik), 2 Bde. 1940 u. 1943; Katholische Sozialpolitik am Scheideweg. 1947; Neue Beiträge zur Wirtschaftstheorie. 1949; Demokratische Union - Was wir wollen. 1949; Wirtschaft und Gesellschaft. 1963. *L:* Gulick, Österreich; Widmann, Horst, Exil und Bildungshilfe. 1973; ISÖE; Slapnicka, Harry, Oberösterreich. 1976. *Qu:* Arch. Hand. Pers. Publ. Z. - IfZ.

Dobritzhofer, Anton (Toni), Parteifunktionär, Polzeibeamter; geb. 10. Dez. 1901 Wien, gest. 2. Febr. 1977 Wien; *G:* Karl (geb. 1907 [?]), Lackierer, Mitgl. *Republikanischer Schutzbund,* 1934 Emigr. UdSSR, 1936 (?) Spanien, Teiln. Span. Bürgerkrieg in den Internat. Brigaden; 1939 UdSSR, im 2. WK Mitgl. einer sowj. Partisaneneinheit im Raum Minsk, nach 1945 Rückkehr nach Wien; *StA:* österr. *Weg:* 1934 CSR, UdSSR; 1936 E; 1939 F, UdSSR; 1944 (?) JU; 1945 Österr.

Automechaniker, Mitgl. *Republikanischer Schutzbund* in Wien-Floridsdorf, zuletzt Kompaniekommandant. 1934 Teiln. an den Februarkämpfen, Flucht in die CSR, anschl. UdSSR. Mitgl KPÖ. Okt. 1936 Spanien, zunächst MaschGewehrschütze im Thälmann-Btl. bei Verteidigung von Madrid, 1938 Major u. Kommandant Btl. 12. Februar, Aug. 1938 Kommandant XI. Internat. Brigade; Deckn. Adolf Reiner. Dez. 1938 Mitunterz. des Einheitsfrontaufrufs von Interbrigadisten aus KPD, SPD, RSÖ u. KPÖ im Demobilisierungslager der Internat. Brigaden. Jan. 1939 beim zweiten Einsatz Kommandant der neuaufgestellten XI. Internat. Brigade. 1939 über Frankr. Rückkehr in die UdSSR. 1941 Freiw. Rote Armee, wahrscheinl. im Partisaneneinsatz. Vermutl. 1944 nach Slowenien; Mitgl. der kommunist. Führungsgruppe um → Franz Honner u. → Friedl Fürnberg im Geb. von Črnomelj, die die Aufstellung des 1. u. 3. österr. Btl. im Verb. der jugoslaw. Volksbefreiungsarmee initiierte. 1945 Rückkehr nach Wien, Juli 1945 Eintritt in den Polizeidienst, 1946-54 Ltr. von BezPolizeikommissariaten in Wien, 1948 Ernennung zum Polizeistabsrittmeister; ab 1954 ltd. Sicherheitswachbeamter in Wiener Bez., 1962 Pensionierung. Ehrenvors. *Vereinigung österreichischer Freiwilliger in der spanischen Republik 1936 bis 1939 und der Freunde des demokratischen Spanien.*

L: Stern, Max, Spaniens Himmel. 1966; Pasaremos; Brigada Internacional ist unser Ehrenname. 1974; Stadler, Opfer. *D:* DÖW. *Qu:* Arch. Pers. Publ. Z. - IfZ.

Docter, Charles Alfred, Rechtsanwalt, Politiker; geb. 5. Aug. 1931 Hamburg; jüd.; *V:* Alfred Joseph D. (geb. 1899 Büdingen/Hessen, gest. 1962 Cincinnati/O.), jüd., RA, 1938 Emigr. USA, Handelsvertr., M.A., nach 1945 RA in Deutschland (BRD), Bearbeitung von Wiedergutmachungsansprüchen; *M:* Annie, geb. Rothschild (geb. 1906 Frankfurt/M.), jüd., Stud., 1938 Emigr. USA, Bibliothekarin Univ. Cincinnati/O., Ruhestand, Mitarb. jüd. Gde.; ∞ 1958 Dr. jur. Marcia Kaplan (geb. 1933 Philadelphia/Pa.), jüd.; *K:* Will Henry (geb. 1960); Michael Warren (geb. 1962); Adina Jo (geb. 1966); *StA:* deutsch, 1944 USA. *Weg:* 1938 USA.

Aug. 1938 Emigr. USA; 1953 B.A. Kenyon Coll. Gambier/O., 1956 LL.B. Univ. Chicago, 1956 RA-Zulassung in Ohio, 1959 in Washington/D.C. u. in Maryland; 1952 Assist. von Paul Douglas (Senator von Ill.), 1956-59 US-Marine, Lt. US-Navy Reserve. 1962-73 Sachverständiger für Konkursangelegenheiten bei Bausparkasse Mutual Security Savings and Loan Assn. in Silver Spring/Md. Ab 1967 Abg. Md. House of Delegates, 1968 DelegVors. von 2 Wahlbez., ab 1971 stellv. Vors. Unterausschuß für Verbraucherrechte, ltd. Funktionen in

Wahlkreisausschüssen der *Demokratischen Partei*. Teilh. Anwaltskanzlei Docter, Docter and Salus in Washington/D.C.; Mitgl. *Lions Club, B'nai B'rith, Montgomery County Civic Federation*. Lebte 1977 in Washington/D.C.

Qu: Fb. Hand. - RFJI.

Döberl, Gustl (Gustav), Sportfunktionär; geb. 2. Juni 1908 Waidhofen a.d. Ybbs/Niederösterr., gest. 28. Juli 1976 Wien; ∞ verh.; *StA:* österr. *Weg:* 1934 CSR, UdSSR; 1954 Österr.

Schlosser, Mitgl. *Republikanischer Schutzbund*, staatl. geprüfter Skilehrer u. Bergführer. 1934 Emigr. CSR, später UdSSR. Mitgl. KPÖ. Ab 1935 Lehrer an der Hochschule für Sport u. Körperkultur in Moskau u. i. A. des Zentralrats der sowj. Gewerkschaften Ltr. einer neugegr. Schule für Bergrettungswesen, Bergsteigen u. Skifahren im Kaukasus, Instrukteur für Bergwesen, maßgebl. an Begründung u. Ausbau der bis dahin in der UdSSR nicht gepflegten alpinen Sportarten, des Bergsteigens u. Bergrettungswesens beteiligt, Ausbilder der ersten Generation von sowj. Bergsteiger-Instrukteuren, Lehrer der meisten späteren sowj. Arktis- u. Antarktisforscher (Mitarb. u. Schüler u.a. Franz Berger, Hans Boček, → Ferdinand Kropf, → Hugo Müller, Franz Sauberer, → Rudolf Schober, Hugo Sell, Rudi Spitzer, Franz Steiner, Ernst u. Fritz Trenkler, Anton Zak). 1938 im Zug der Säuberungen Verhaftung, verweigerte 1939 eine Repatriierung nach Deutschland, bis 1947 (nach anderer Quelle bis 1953) Lagerhaft, verlor in der Haft den rechten Unterarm. Nach Haftentlassung erneut Ausbilder sowj. Bergsteiger-Instrukteure. 1954 mit Ehefrau Rückkehr nach Österr., trainierte die ersten österr. Himalaja-Bergsteiger. 1956 nach 20. PT der KPdSU Rehabilitierung.

Qu: Arch. Pers. - IfZ.

Dölling, Rudolf, Partei- u. Staatsfunktionär; geb. 4. Nov. 1902 Roßbach/Böhmen, gest. 3. Aug. 1975 Berlin (Ost); *V:* Arbeiter; *G:* Walter, GewFunktionär, KSČ-Mitgl., Kreissekr. des sog. *Roten Textilarbeiterverbands,* 1938 Emigr. GB, Mitgl. *Beuer-Gruppe,* ab Grdg. 1943 Mitgl. *Sudetendeutscher Ausschuß – Vertretung der demokratischen Deutschen aus der CSR;* nach Kriegsende vermutl. nach Deutschland (SBZ); ∞ Emmi, 1938 Emigr. in die UdSSR, im 2. WK Mitarb. u. Sprecherin *Sudetendeutscher Freiheitssender* Moskau/Ufa, 1945 in die CSR, 1946 nach Deutschland (SBZ), lebte 1976 als Arbeiterveteranin in Berlin (Ost); *K:* Ilse Surmeli, lebte 1976 in der DDR; *StA:* österr., 1919 CSR, im 2. WK UdSSR, 1946 deutsch. *Weg:* 1938 UdSSR; 1945 CSR.

Bis 1923 als Bergarb. in Deutschland tätig, 1919 KJVD, 1920 Gew., nach Ausweisung aufgrund pol. Betätigung 1923 zur KSČ, Partei- u. GewFunktionär, nach dem Sieg der linken (Gottwald-)Fraktion auf 5. PT der KSČ 1929 Zentralsekr. der Textilarb. in Ústredí rudých odborových svazú v Československu u. Chefred. *Der rote Arbeiter* Prag, 1935-38 Abg. NatVers. der CSR; aktive Unterstützung der KPD-Emigr. in der CSR, 1937-38 verantwortl. Red. *Die junge Garde* Prag. 1938 Emigr. in die UdSSR, Zentralschule der KPdSU u. später Sonderschulen der Roten Armee (Major); Mitgl. der erweiterten KSČ-EmigrLtg. in Moskau, ab Grdg. 1941 Mitarb. u. Sprecher *Sudetendeutscher Freiheitssender* Moskau/Ufa, ab Ende 1943 bzw. Anfang 1944 Ltr. von Umschulungskursen für sudetendt. Kriegsgef. in einem Lager bei Tula. 1945 Rückkehr in die CSR, Mitarb. ZK der KSČ, 1946 in die SBZ, Mitgl. SED, bis 1949 Ltr. Ref. für Massenagitation beim PV, 1949-51 Ltr. Hauptabt. PolKultur in Hauptverw. Deutsche Volkspolizei (DVP), 1951 GenInspekteur der DVP, 1952 GenMajor u. bis 1958 Chef der PolVerw. Kasernierte Volkspolizei bzw. NVA sowie stellv. MdI bzw. Min. für NatVert.; bis 1958 mehrjähr. mil. Schulung in der UdSSR, 1958-67 Mitgl. ZK der SED, 1959-63 MdVK u. Ständ. Ausschuß für Auswärt. Angel. der VK, 1959-65 Botschafter in der UdSSR, ab 1967 Arbeiterveteran. - *Ausz.:* u.a. 1950 DVP-Ehrenzeichen, 1954 VVO (Silber), 1957 Ernst-Moritz-Arndt- Med., 1957 NVA-Verdienstmed. (Gold), 1958 Med. für Kämpfer gegen den Faschismus 1933-1945, 1962 VVO (Gold), 1965 Banner der Arbeit, 1967 Karl-Marx-Orden; ZK-Nachruf.

W: Wie kämpft das illegale Deutschland. Bericht antifaschistischer Arbeiter über den revolutionären Kampf in den faschistischen Massenorganisationen (Hg.). Prag 1936. *L:* Leonhard, Revolution; Forster, NVA; Radde, Diplomat. Dienst; Albrechtová, Tschechoslowakei. *Qu:* Hand. Pers. Publ. Z. - IfZ.

Döring, Anton, Gewerkschaftsfunktionär; geb. 18. Nov. 1892 Büdingen/Hessen, gest. 25 Jan. 1960 Offenbach/Main; ev.; *V:* Christian D., Schuhmacher; *M:* Wilhelmine; *G:* Wilhelm (geb. 1888), Justizangest.; Fritz (1896-1970), Schuhmacher; Hugo (geb. 1905), Gartenmeister; ∞ Elise Gessler (geb. 1890), Emigr. CH, Ausbürg.; *K:* Helene, Krankenschwester, Emigr. CH, Ausbürg.; *StA:* deutsch, 27. Febr. 1940 Ausbürg., 27. Dez. 1949 deutsch. *Weg:* 1933 CH; 1950 Deutschland (BRD).

1906-09 Gartenbaulehre, 1911 SPD. 1914-18 Armierungssoldat, vorüberg. USPD. 1919-22 Geschäftsf. Gärtnerverb. Frankfurt/M., 1922-28 Geschäftsf. *Staats- und Gemeindearbeiterverband* Offenbach, 1928-33 ADGB-Sekr. in Frankfurt/M., örtl. *Reichsbanner*-Führer (RB), Mitgl. *Deutsche Friedensgesellschaft*. Ab 1930 im GenRat der ITF Mitgl. des Exekutivkomitees. März 1933 nach Vorbereitung des bewaffneten Einsatzes des Frankfurter RB Flucht nach Kreuzlingen; 1934 Ausweisung u. Niederlassung in St. Gallen. Später gärtnerischer Versuchsltr. der *Schweizerischen Studiengesellschaft*. Unmittelbar nach Emigr. Versuche zum Aufbau einer illeg. GewOrg. im südt. Raum durch Zellenbildung, Schulung, Einfuhr von Druckschriften, u.a. *Der Funke, Informationsorgan der Freigewerkschaftler Süddeutschlands,* später als *Hessen-Nassauische Kleingärtnerzeitschrift* getarnt; Informationsbeschaffung aus dem Reich. Verb. zu ITF (→ Hans Jahn) u. NB um → Erwin Schöttle u. zur GewEmigr. in Frankr. u. Spanien. Einsätze in Deutschland bis zur Zerschlagung der Org. 1938. Deckn. Bärtschi. 1940 Aufnahmeantrag schweiz. Armee. Febr. 1950 endgültige Rückkehr, zunächst Gärtner in Frankfurt/M., Mitgl. SPD; 1950-52 BezSekr. ÖTV Frankfurt/M., 1952-57 DGB-Kreisvors. Offenbach. 1952-60 StadtVO Offenbach.

L: Esters, Helmut/Pelger, Hans, Gewerkschafter im Widerstand. Hannover 1967. *D:* IfZ, AsD. *Qu:* Arch. Fb. Publ. - IfZ.

Dörr, Hugolinus, SVD, Ordenspriester; geb. 24. Juli 1895 Sellerbach/Saar, gest. 6. Juni 1940 Asnières/Dépt. Côte d'Or; *V:* Heinrich D. (1855-1936); *M:* Margarethe, geb. Römbell (1854-1936); *G:* Johann (1882-1973); Anna Steil (1883-1944); Peter (1886-1966); Joseph (gest.); Margarethe Hubig (gest.); Theresia Zimmer (geb. 1893). *Weg:* 1935 F.

Mitgl. Steyler Missionsgesellschaft (SVD), langjähr. Tätigkeit in China. Vor 1935 aktiv in der separatist. frankophilen Bewegung an der Saar, 1933 GrdgsMitgl. *Saarländische Wirtschaftsvereinigung*. Nach Saarabstimmung 1935 Flucht nach Forbach/Lothr., nach 1939 in Südfrankr., unter dt. Besatzung umgekommen.

L: Schneider, Saarpolitik und Exil. *Qu:* Pers. Publ. - IfZ.

Dohrenbusch, Hans, Gewerkschaftsfunktionär, Journalist; geb. 9. Aug. 1904 Köln; kath., ab 1919 Diss.; *V:* Wilhelm D. (gest. 1954), Kesselschmied, 1933 SPD-StadtVO in Köln; *M:* Therese, geb. Kolkmann (1880-1923); *G:* 7; ∞ I. Martha (geb. 1908), gesch., 1937 Emigr. CH; II. 1949 Auguste Jabsen (geb. 1914); *K:* Inge (1929-43); Hans (geb. 1934), Lehrer, A: CH; *StA:* deutsch. *Weg:* 1937 CH; 1945 Deutschland (BBZ).

Eisendreherlehre, bis 1935 in Kölner Betrieben tätig. 1920 SAJ u. GewJugend, 1923 SPD, GewFunktionär. 1926 ISK. Ab 1929 Vors. des *Arbeiter-Abstinenten-Bundes* in Köln, Mitarb. der Zs. *Der Freidenker*. Nach 1933 illeg. Tätigkeit, u.a. in Verb. mit ITF. Zus. mit → Wilhelm Heidorn BezLtr. Köln West ISK/ *Unabhängige Sozialistische Gewerkschaft*. Ab Ende 1936 wegen drohender Verhaftung im Untergrund. Apr. 1937 Flucht in die Schweiz. Schriftst. Tätigkeit in Zürich, Unterstützung durch Schweizerisches Arbeiter-Hilfswerk (SAH). 1944 Mitgr. u. VorstMitgl. *Das Demokratische Deutschland*. Mitgl. *Kulturge-*

meinschaft der Emigranten. Mai 1945 GrdgMitgl. SDS in der Schweiz. Sept. 1945 Rückkehr nach Köln, SPD, Vertr. des SAH, 1946-47 StadtVO Köln. Mitarb. beim Neuaufbau des GewWesens. 1959-68 Feuilletonred. DGB-Organ *Welt der Arbeit,* anschl. bis 1970 Chefred. DGB-Jugendzs. *aufwärts.* Lebte 1976 in Köln. – *Ausz.:* 1967 Joseph-E.-Dresel-Preis.

W: u.a. Du bist ein Gast wie ich (L). Zürich 1944; Brevier für freie Menschen für jeden Tag und jede Stunde (Hg., Anthol.). 1949; Brissago 1944. Der kluge Dieb. Zwei Spiele. 1952; Die goldenen Früchte (S). 1952; Mütter der Erde (Anthol.). 1952. *L:* Link, ISK. *D:* HStA Düsseldorf, IfZ. – *Qu:* Arch. Fb. Hand. Pers. Publ. – IfZ.

Dohrn, Klaus (Nikolaus), Journalist; geb. 1909 Dresden; kath.; *V:* Wolf D. (gest. 1913); *M:* Johanna, geb. Sattler (heiratete nach dem Tod von Wolf D. dessen Bruder Harald, Mitgl. der antinatsoz. Widerstandsgruppe *Freiheitsaktion Bayern* in München, Ende Apr. 1945 von SS verhaftet u. erschossen); *G:* Joachim, Emigr. F, Herbst 1939 Mitgl. einer offiz. Commission de triage zur Rekrutierung internierter Österr. für die von konservat. u. legitimist. Emigrationsgruppen im Einvernehmen mit franz. RegStellen geplante Österreichische Legion in F, 1940 (?) Emigr. GB; ∞ I. 1932 Anneliese Fritzen, 1939 gesch.; II. StA: CH; *K:* u.a. Beatrice, Mathias; *StA:* deutsch, 1941 Ausbürg., 1948 USA. *Weg:* 1933 Österr.; 1938 F; 1941 E, Port.; 1942 USA.

Als Gymnasiast Konversion zum Katholizismus, Stud. Theologie Innsbruck u. München, enge Bekanntschaft mit Paul Claudel; 1932-33 Korr. *Rhein-Mainische Volkszeitung* in Rom. Frühj. 1933 nach Wien, ab Ende 1933 (inoffiz.) Chefred. u. neben → Dietrich von Hildebrand (Hg.) maßgebl. Mitarb. *Der Christliche Ständestaat,* Ps. Nikolaus Heinrich, Heinrich Norden, Klaus Thorn; Mitarb. der von Geldgebern aus der CSR finanzierten Zs. *Die Stunde.* Enge ZusArb. mit → Ernst Karl Winter u. mit maßgeblichen Vertr. des österr. Legitimismus, journ. Mitarb. von → Richard Coudenhove-Kalergi, Verb. zu → Otto Habsburg. 1936 neben → Peter Bultmann u.a. Mitgr. *Ring deutscher Jungkatholiken,* Jan. 1937 Mitgr. *Deutsche Front gegen das Hitlerregime* (Zusammenschluß dt. konservat. Exilgruppen in der CSR u. Österr., u.a. *Schwarze Front* unter → Otto Straßer u. *Volkssozialistische Bewegung Deutschlands* unter → Hans Jaeger u. → Fritz Max Cahen), die in Ablehnung von Volksfrontpol. die Zusammenfassung der kath.-konservat. dt. Emigration in einer „Dritten Front" gegen NatSoz. u. Kommunismus versuchte. 1938 unmittelbar nach Anschluß Österr. Flucht in die CSR, 1939 nach Paris, maßgebl. Mitarb. *Die Österreichische Post,* ZusArb. mit *Ligue Autrichienne* unter → Hans Rott, Mitarb. des franz. Informationsmin. – 1941 Flucht aus Südfrankr. nach Spanien, dort mehrere Mon. interniert, auf Intervention der Fam. Habsburg über Vatikan freigelassen. Ende 1941 nach Lissabon, 1942 in die USA. Mitarb. kath. Hilfsorg., nach 1945 europ. Berater von Henry Luce für die Magazine *Time* u. *Life,* europ. Vertr. Macmillan-Verlag. Lebte 1978 in den USA u. in der Schweiz.

L: Ebneth, Ständestaat. *Qu:* Arch. Pers. Publ. – IfZ.

Doll, Franz, Parteifunktionär; geb. 6. Nov. 1906 Durlach/Baden; Diss.; ∞ 1932 Margaretha Baumann (geb. 1905); *K:* Ruth (geb. 1933); *StA:* deutsch. *Weg:* 1934 Saargeb.; UdSSR.

Dreher, seit 1921 pol. aktiv. KPD-UnterbezLtr. Duisburg-Hamborn, Red. *Ruhr-Echo,* Mitarb. *Westfälischer Kämpfer.* 1932 MdR. 1933 KPD-PolLtr. für Baden-Pfalz in Mannheim, nach Haftbefehl des Oberreichsanwalts Febr. 1933 im Untergrund, bis Ende Apr. zus. mit → Herbert Müller Ltr. illeg. KPD in Baden-Kurpfalz, anschl. ZK-Büro Berlin. Ende Juli 1933-Anfang 1934 Oberberater West im Ruhrgeb., Emigr. ins Saargeb. Nach Unterlagen der Gestapo später in der UdSSR; verschollen.

L: Salm, Fritz, Im Schatten des Henkers. Frankfurt/M. 1973; Peukert, Ruhrarbeiter. *Qu:* Arch. Hand. Publ. – IfZ.

Dollwetzel, Heinrich (Heini) Karl Max, Offizier; geb. 30. März 1912 Hamburg, gest. 23. Apr. 1966; *V:* Max Anton Johann (geb. 1883), Schlosser, KPD, 28. Sept. 1933 angebl. Ermordung KL Fuhlsbüttel; *M:* Clara Frieda Martha, geb. Kernke (geb. 1890), nach 1933 illeg. Tätigkeit in Hamburg, 1943-45 KL; *G:* Hans Otto (geb. 1920); Barbara Lotte Lene (geb. 1920), nach 1933 illeg. Tätigkeit in Hamburg, 1943-45 KL; *StA:* deutsch, 14. Nov. 1940 Ausbürg., deutsch. *Weg:* 1933 DK, UdSSR; 1936 E; 1938 F; 1939 UdSSR; 1945 Deutschland (SBZ).

Heizungsmonteur, 1929 KJVD, 1932 KPD. 1933 Emigr. nach Dänemark, Grenzarb.; später UdSSR, 1935 Besuch einer Parteischule, 1936-38 Teiln. Span. Bürgerkrieg als Kommandeur einer Panzerkompanie der XI. Internat. Brigade. Herbst 1938 nach Frankr., Jan. 1939 UdSSR, Metallarb. Traktorenwerk Čeljabinsk, im 2. WK Offz. Rote Armee u. Lehrer Antifaschule für dt. Kriegsgef. Talica. 1945 SBZ, Parteifunktionär, dann maßgebl. am Aufbau der Deutschen Volkspolizei (DVP) beteiligt, 1948 Ltr. Abt. PolKultur in Hauptabt. Grenze u. 1949 Ltr. Hauptabt. PolKultur in Hauptverw. Ausbildung der Deutschen Verwaltung des Innern. 1949-50 Besuch sowj. MilAkad. Privolsk/Saratov, 1950 Oberst u. DVP-Inspekteur, ab 1952 Ltr. Hauptabt. Panzerwaffe u. ab 1954 Ltr. Verw. Lehranstalten beim Stab der Kasernierten Volkspolizei, 1956 GenMajor u. bis 1958 stellv. MfNatVert., 1957 Kommandeur Infanterie-Offz.- Schule Plauen/Vogtland, 1958-60 Kommandeur Mil-Akad. Friedrich Engels Dresden, anschl. Mitarb. MfS. – *Ausz.:* u.a. 1955 VVO (Silber), 1956 Hans-Beimler-Medaille.

L: Hochmuth/Meyer, Streiflichter; Forster, NVA; Pasaremos. *Qu:* Arch. Hand. Publ. Z. – IfZ.

Dombrowski, Arthur, Parteifunktionär; geb. 23. Okt. 1888 Oberschlesien, gest. 2. Jan. 1969 IL; *V:* Max D., Kaufm.; ∞ verh.; *K:* Heinz, Emigr. Pal., vor 1936 bei Kämpfen gegen Palästinenser gef.; Kurt, Emigr. Pal.; *StA:* deutsch, IL. *Weg:* 1936 Pal.

Kaufmänn. Lehre, Angest. 1905 SAJ, 1909 SPD, 1917 USPD. Nach dem Krieg Privatdetektiv in Breslau. 1920 KPD. Ab 1923 Red., 1929-30 Chefred. *Arbeiter-Zeitung* Breslau. 1924 u. 1930-32 Haftstrafen. Ab 1932 Funktionär *Rote Hilfe* Berlin. Febr. 1933-1934 Gef.; 1936 Emigr. nach Palästina, Niederlassung in einem Kibbuz.

L: Weber, Wandlung. *Qu:* Publ. – IfZ.

Dombrowski, Johann, Parteifunktionär; geb. 13. Apr. 1903 Groß-Rakitt b. Stolp/Ostpr., hinger. 21. Aug. 1941 Berlin; kath.; *V:* Landwirt; ∞ ledig; *StA:* deutsch. *Weg:* 1933 NL; 1934 B, Deutschland.

1919-20 Soldat Grenzschutz Ost u. Reichswehr, ab 1921 Hilfsarb., dann Maurerpolier im Ruhrgeb.; 1923 KPD u. *Rote Hundertschaften,* schwere Verwundung im Kampf gegen Separatisten. 1925 Mitwirkung beim Aufbau des RFB, Mitgl. illeg. MilApp., ab 1930 Ltr. der Zersetzungsabt. u. ab 1931 des Nachrichtendienstes des RFB in Hamborn. 1932 Gefängnisstrafe wegen Landfriedensbruch nach Auseinandersetzungen mit der SA. Apr.-Nov. 1933 Schutzhaft. Dez. 1933 Emigr. nach Amsterdam, Anfang 1934 zur Einheitsfrontagitation unter sozdem. Emigr. nach Brüssel u. Antwerpen. Anschl. Rückkehr nach Hamborn, Versuche zur KPD-Reorg. Ab Frühj. 1937 Ltr. Mil-App. Ruhr in Verb. mit → Heinrich Broszolat u. KPD-AbschnLtg. Amsterdam, Industrie- u. Wehrmachtsspionage. 1938 Auftrag zur Grdg. von RFB-Gruppen für Kriegssabotage in Rüstungsbetrieben. 21. März 1939 Verhaftung. 19. März 1941 VGH-Todesurteil.

L: Bludau, Gestapo. *D:* HStA Düsseldorf, IfZ. *Qu:* Arch. Publ. – IfZ.

Domke, Martin, Dr. jur., Rechtsanwalt, Hochschullehrer; geb. 11. Sept. 1892 Berlin; jüd.; *V:* Leopold D. (geb. 1855 Wongrawitz/Posen, gest. 1933 Berlin), Kaufm.; *M:* Meta, geb. Lebram (geb. 1862 Neustettin/Pommern, gest. 1929), jüd.; ∞ I. 1920 Lucie Helene Loebinger (1896-1963), Schriftstellerin (Ps.

Lucie Martin, Gabriele Eckehard), 1933 Emigr. F, 1939-63 Korr. für schweizer. u. a. Ztg., gesch.; II. 1960 Dr. med. Eva Charlotte Dienst, geb. Jacoby (geb. 1904 Berlin), Augenärztin, 1936 Emigr. USA; *K:* George (geb. 1921), 1933 Emigr. F, 1941 USA, Hochschullehrer; *StA:* deutsch, 1947 USA. *Weg:* 1933 F, 1941 USA.

1911-14 Stud. Berlin, stellv. Vors. *Freie Studentenschaft,* 1915 Prom. Greifswald. Teiln. 1. WK (EK II u.a. Ausz.). 1920 Assessor, 1921-22 Berater für Union-Bauges. in Berlin, 1923-33 RA in Berlin. Febr. 1933 Emigr. Frankr. mit Familie, Mitarb. in Flüchtlingsorg., 1933-40 Berater franz. Anwälte in internat. Recht. 1940 Internierung, Prestataire, Freiw. in franz. Armee. Juni 1941 in die USA mit Familie, 1943-45 Forschungsdir., 1945-67 Vizepräs. *Am. Arbitration Assn.;* 1967 Ruhestand. Ab 1950 Prof. für Rechtswiss. New York Univ., ab 1946 Chefred. *Arbitration Journal,* Schiedsrichter u. Berater für Anwaltsfirmen, US-Reg. u. UN-Agenturen bei der Schlichtung von Handelsrechtsfällen, 1958 Vors. Kommission zur Schlichtung internat. Handelsrechtsfälle der *Internat. Law Assn.* London. VorstMitgl., seit 1953 Dir. *Am. Foreign Law Assn.,* Mitgl., seit 1959 Treuhänder *Consular Law Soc., Am. Soc. Internat. Law* (zeitw. Mitgl. des Exekutiv-Komitees), Mitgl. *Assn. of Bar* der Stadt New York. Lebte 1978 in New York. - *Ausz.:* 1967 Großes BVK, 1967 Sylvan Gotshal Med. für außerordentl. Verdienste auf dem Gebiet internat. Schiedsgerichte, 1976 Faculty Service Award New York Univ. Law School, 6 weitere Auszeichnungen.

W: Die Veräußerungen von Handelsgeschäften. 1922; Die Berliner Wertzuwachssteuerordnung. 1929; Die Wertzuwachssteuer in der Praxis. 1929; Die Auflösung von Grundstücksgesellschaften in steuerlich begünstigter Form. 1933; Internationaler Schutz von Anleihegläubigern. 1934; La Clause „Dollar-Or". 2. Aufl. 1935; Trading with the Enemy in World War II. 1943; The Control of Alien Property. 1947; American-German Private International Law. 1956; International Trade Arbitration. 1958; Commercial Arbitration. 1965; The Law and Practise of Commercial Arbitration. 1968 (Cumulative Supplement 1977); über 200 Art. in Fachzs. *L:* Sanders, P. (Hg.), International Arbitration. Liber Amicorum for Martin Domke (Festschrift mit Bibliographie). 1967. *Qu:* Fb. Hand. - RFJI.

Donnebaum, Leopoldo, Fabrikant; geb. 15. März 1913 Wien; jüd.; *V:* Leopold D. (geb. um 1870 Wien, gest. 1913 Wien), jüd., Schürzenfabrikant; *M:* Bertha, geb. Beck (geb. Ungarisch-Brod/Mähren, umgek. im Holokaust), jüd.; *G:* Walter (geb. um 1903, umgek. um 1944 KL Theresienstadt), jüd., Rektor jüd. Schule Brünn/ČSR; Herbert (geb. um 1906), Abitur, 1939 Emigr. Argent.; Hans (Jan) (geb. um 1911), Gymn., landwirtschaftl. Schule, A: Bratislava/ČSSR; ∞ 1954 Nora Goldenberg Fuks (geb. 1925 Proskurov/UdSSR), jüd., Emigr. Chile, höhere Schule in Santiago; *K:* Walter Daniel (geb. 1958 Santiago), Stud.; Eduardo Jaime (geb. 1959 Santiago), Stud.; *StA:* ČSR, 1951 Chile. *Weg:* 1939 I, Chile.

1927-39 kaufm. Angest., 1918-35 Mitgl. *Blau-Weiß,* zeitw. Haft, nach 1935 Bratislava, Umschulung als Friseur. 1939 Emigr. Chile über Italien, 1939-40 Handelsvertr., 1941-45 Gr. u. Inh. Importgeschäft für Reißverschlüsse, ab 1946 Hersteller von Reißverschlüssen. Ab 1939 Mitgl. der Einwandererrgde. Sociedad Cultural Israelita, ab 1967 Mitgl. *Circulo Israelita,* 1961 Stiftung für geistig Behinderte (Schule, Werkstätte u. Heim), 1965 Stiftung eines Gebäudes an Univ. Chile zur Ausbildung von Behindertenlehrern. 1969-74 Red. Zs. *El Nino Limitado* (später Übernahme u. Weiterführung durch Erziehungsmin.). Lebte 1976 in Santiago/Chile.- *Ausz.:* 1975 Diploma de Honor.

L: El Nino Limitado. 1974. *Qu:* Fb. - RFJI.

Dorf, Gustav Artur, Partei- u. Verbandsfunktionär; geb. 17. Juli 1908 Barmen b. Wuppertal, gest. 27. Okt. 1972 Berlin (Ost); *V:* Karl D. *M:* Auguste, geb. Franz; *StA:* deutsch, 25. Sept. 1940 Ausbürg. *Weg:* 1933 NL; F; 1936 E; 1939 F; N-Afrika; 1945 Deutschland (SBZ).

Handlungsgehilfe; ab 1929 KPD, KJVD-Führer in Wuppertal. Ab 1931 Red. *Bergische Volksstimme* u. Ltr. KPD-Unterbez. Solingen, 1932 Hagen. Nach natsoz. Machtübernahme Haft, 2. Sept. 1933 Flucht aus Gef. Remscheid nach Holland, später Frankr.; Okt. 1936 nach Spanien, PolKommissar Edgar-André-Btl. in XI. Internat. Brigade, Oberst. Rückkehr nach Frankr., Internierung in Gurs u. Le Vernet, später in Nordafrika. Im 2. WK Soldat der amerikan. Armee. 1945 in Berlin Mitgl. KPD/SED, Polizeipräs. in Potsdam, anschl. bis Herbst 1950 Doz. SED-Parteihochschule Karl Marx. Ab 1950 Kulturdir. Volkswerft Stralsund, ab 1956 stellv. Vors. *Gesellschaft für Sport und Technik.* - *Ausz.:* u.a. 1958 VVO (Bronze), 1968 Banner der Arbeit.

W: Zur Rolle des moralischen Faktors im Kampf der Interbrigadisten. In: Interbrigadisten, S. 369 ff. *L:* Pasaremos; Interbrigadisten. *Qu:* Arch. Hand. Publ. Z. - IfZ.

Dorn, Herbert, Dr. jur. et rer. pol., Finanzpolitiker, Hochschullehrer; geb. 21. März 1887 Berlin, gest. 11. Aug. 1957 Hallein/Österr.; *StA:* deutsch. *Weg:* 1939 Emigr.; 1943 Kuba; 1947 USA.

Stud. Rechts- u. Wirtschaftswiss. Univ. Berlin, Freiburg, München u. Würzburg; ab 1914 im dt. Justizmin. u. 1920-31 im Reichsfinanzmin. tätig, als MinDir. der Abt. für gemeinsame u. Rechtsangelegenheiten u.a. stellv. Vors. der Kriegslastenkommission u. Mitgl. Sachverständigenkomitee des Völkerbundes für Fragen des internat. Finanzrechts, ständiges Mitgl. Deutscher Juristentag; 1931-34 Präsident des Reichsfinanzhofs. Daneben akadem. Forschungs- u. Lehrtätigkeit, 1919-20 Lehrauftrag für Wirtschaftswiss. Univ. Berlin, ab 1927 Honorarprof. Handelshochschule Berlin, umfangreiche publizist. Tätigkeit insbes. auf dem Gebiet der internat. Doppelbesteuerung, einer der Wegbereiter des internat. Steuerrechts. Nach natsoz. Machtübernahme Amtsenthebung aufgrund jüd. Abstammung, 1939 Emigration; 1943-47 Wirtschaftsberater in Kuba; 1947-52 Prof. für Wirtschaftswiss. Univ. Delaware/USA, 1947-52 Vors. Inst. für Interamerikanische Studien u. Forschungen, 1955 Prof. emeritus. Mitgl. versch. wiss. Gesellschaften in den USA u. Europa.

W: u.a. Nachkriegsprobleme im Wandel der Zeiten. Die Internationalisierung der menschlichen Freiheiten. 1944; Mithg. *Archiv der Friedensverträge* sowie mehrerer wirtschaftswiss. Zs.; Bibliographie in: Kürschners Deutscher Gelehrten-Kalender. 1954. *Qu:* Hand. Publ. - IfZ.

Dornemann, Louise. *Weg:* GB.

Nach 1941 Mitarb. des von der KPD initiierten *Allies Inside Germany Council,* ab 1943 VorstMitgl. FDKB in GB.

W: German Women under Hitler Fascism. A Brief Survey of the Position of German Women up to the Present Day. London (Allies Inside Germany Council) 1943. *Qu:* Publ. - IfZ.

Doron, Aharon (urspr. Weilheimer, Erwin), Offizier; geb. 17. Febr. 1922 Ludwigshafen; jüd.; *V:* Siegfried Weilheimer (geb. 1884 Ludwigshafen, gest. 1932 Ludwigshafen), Inh. Tabakgroßhandlung; *M:* Franzi, geb. Neuburger (geb. 1894 Heiligenstadt, gest. 1976 Tel Aviv), Säuglingsschwester, 1940-41 Lager Gurs/F, 1942 Emigr. USA, 1973 IL; ∞ 1948 Hanna Harari (geb. 1927 Haifa, gest. 1975 Ramat Hasharon/IL), Lehrerin; *K:* Ehud (geb. 1950 IL), Stud.; Nirith (geb. 1956 IL), Stud.; *StA:* deutsch, Pal./IL. *Weg:* 1938 Pal.

1933-36 Gymn. Ludwigshafen, 1936-37 jüd. Aufbauschule Mannheim (9. Schuljahr), 1937-38 Klempnerlehre, Mitgl. *Jüdischer Pfadfinderbund, Habonim, Bar Kochba* Mannheim. Dez. 1938 Emigr. Palästina mit B III-Zertifikat, 1939-41 Ludwig Tietz - Handwerkerschule Kibb. Yagur, 1941-46 Mitgl. Kibb. Yagur, Dienst in Jew. Settlement Police, 1941-48 *Haganah,* Ausbilder *Gadna* (vormil. Jugendtraining), 1948-65 IDF, 1948 Major im Bez. Haifa während des Unabhängigkeitskrieges, 1949 Ltr. zentrales Ausbildungslager, 1950-51 Oberstlt. im landwirtschaftl.-mil. Zentrum Naḥal, stellv. Stabschef, 1952-53 Btl.-Kommandeur Givati Brigade, 1954-56 Oberst u.

Kommandeur in Naḥal, 1956 Brigadekommandeur im Sinai-Feldzug, 1957-58 Kommandeur Golani Brigade, 1959-63 Brigadegen. im GenStab, ab 1965 GenMajor a.D.; 1963-65 Stud. Betriebswirtschaft Columbia Univ., M.B.A., 1965-75 VerwLtr. Univ. Tel Aviv 1967 u. 1973 Reservedienst IDF, Berater von Yosef Almogi (Vors. *Jew. Agency),* ab 1975 ehrenamtl. Präs. des isr. Sportbundes. Lebte 1974 in Ramat Hasharon.

Qu: Fb. Hand. Z. - RFJI.

Doron (urspr. Dikman), **Shalom Peretz,** Unternehmensleiter; geb. 11. Mai 1917 Wien; *V:* Leon Dikman; *M:* Sophie, geb. Ingber; ∞ 1952 Carmela Glücksohn; *K:* Gal-Aryeh, Adiel. *Weg:* 1936 Pal.

Angest. Bankhaus I.L. Feuchtwanger, 1936 Emigr. Palästina, Stud. Hebr. Univ., LL.B., Absolvent Govt. Law School. Im 2. WK brit. Armee, dann Hptm. IDF. Geschäftsf. u. Dir. Isr. Land Development Co. Ltd., VorstMitgl. versch. Investitionsges., Mitgl. Haushaltsausschuß *Isr. Broadcasting Services,* VorstMitgl. *World B'nai B'rith,* Vors. VerwRat Kinderheim der *B'nai B'rith Women of America* in Israel, Schatzmeister *Isr. Soc. for Pol. Science,* Mitgl. *Isr. Securities Commission,* Vors. *Isr. Govt. Coins and Medals Corp.* Lebte 1972 in Jerusalem.

Qu: Hand. - RFJI.

Doroth-Duesterwald, Avraham Wilhelm (urspr. Düsterwald, Wilhelm), Journalist, Beamter; geb. 6. Aug. 1900 Berlin, gest. 1973 Berlin; jüd.; *V:* Leopold Düsterwald; *M:* Adele, geb. Spanier; ∞ Ella Striemer; *StA:* deutsch, Pal./IL. *Weg:* 1934 Pal.

Stud. Freiburg, Berlin, Heidelberg, 1924-25 Wirtschaftsred. *Leipziger Tagblatt,* 1925-34 *Vossische Zeitung* Berlin. 1934 Emigr. Palästina, 1935-37 Sekr. HOG-Ausbildungsabt., Mitarb. in der Beratung von neuen Einwanderern, Doz. Tel Aviv Law School, 1936-41 Red. *Meshek Leummi* (Wirtschaftsblatt der *Jew. Agency)* u. 1937 *Palästina-Wirtschaftsdienst* Berlin. 1940-48 wirtschaftspol. Mitarb. bei der *Jew. Agency,* Mitgl. Wirtschaftsplanungsausschuß der *Alijah Chadaschah,* 1948-50 wirtschaftspol. Mitarb., Mitgl. Währungsplanungsausschuß isr. Finanzmin., 1950-52 Dir. Forschungsabt. isr. Amt für Investitionen, 1952-59 wirtschaftspol. Berater beim State Comptroller's Office. Vorbereitung einer Arbeit für LBI über die Wirtschaftsgesch. der Juden im modernen Deutschland. Mitarb. I.O.M.E. u. LBI, Mitgl. Prüfungsausschuß des Justizmin. für staatl. anerkannte Wirtschaftsprüfer, 1959 Gastdoz. Univ. Berlin, 1968 Gastdoz. Univ. Freiburg. VorstMitgl. *Isr. Pol. Science Assn., Internat. Fiscal Assn.,* Mitgl. Menorah-Loge *B'nai B'rith.* Starb auf Besuchsreise in Berlin.

W: Entwicklungsfunktion der Staatsfinanzen und ihrer Organe in Israel. 1970; zahlr. Art. u. Beiträge in isr. u. ausländ. Zs. *Qu:* Hand. HGR. Z. - RFJI.

Dostal, Albin, Parteifunktionär; geb. 28. Nov. 1896 Wien, gest. 16. Apr. 1971 Wien; kath.; *V:* Josef D., Schneidermeister; ∞ verh.; *StA:* österr. *Weg:* 1934 CSR; 1939 NL, GB; 1946 Österr.

SDAP, Beamter im Min. für soziale Verwaltung Wien, ab 1922 Parteisekr. SDAP in Oberpullendorf/Burgenland. 1930-34 Mitgl. Landesparteivorst., 1933-34 Mitgl. Landesparteikontrolle der SDAP. 1930-34 MdL Burgenland. Febr. 1934-Febr. 1939 CSR, anschl. 3 Mon. in den Niederlanden, Sommer 1939 London. Dez. 1946 Rückkehr nach Österr.; SPÖ, Chefred. sozdem. Parteiztg. *Burgenländische Freiheit,* 1953-56 Mitgl. Burgenländische Landesregierung; Oberprokurator Landeshypothekenanstalt für das Burgenland.

L: Kriegler, Johann, Politisches Handbuch für das Burgenland. 1972; Maimann, Politik. *Qu:* Arch. Publ. - IfZ.

Doster, Gustav, Parteifunktionär; geb. 17. Nov. 1904 Darmstadt; Diss.; *V:* Gustav D. (gest. 1945), Kesselschmied, SPD u. Gew., nach 1933 Schutzhaft; *M:* geb. Lenzer (gest. 1965), Köchin, SPD nach 1933 Schutzhaft; *G:* 5; 1 B in dt. Strafbtl. gef.; ∞ I. 1928 Rosa Marie Tilger (geb. 1904), 1933 Schutzhaft, an den Folgen der Mißhandlungen in Emigr. gest., ausgeb.; II. 1946 Astrid Andersson (geb. 1915); *K:* René (geb. 1951), Landwirt; Kristina; *StA:* deutsch, 15. Nov. 1938 Ausbürg., 1946 S. *Weg:* 1933 NL; 1936 B, E; 1939 S.

1919-23 Werkzeugdreherlehre, bis 1933 Metallarb. Darmstadt. Ab 1921 Mitgl. anarcho-syndikalist. *Freie Arbeiter-Union Deutschlands* (FAUD), versch. Funktionen in Darmstadt u. im Rhein-Main-Gebiet, zuletzt Provinzial-Obmann. Ab 1920 Mitgl. *Internationale Antimilitaristische Vereinigung.* März 1933 Verhaftung, Freiheitsstrafe, Nov. 1933 Flucht aus KL Osthofen, mit Hilfe illeg. FAUD-Gruppen nach Amsterdam. Mit → Fritz Schröder u. in Verb. mit holländ. Syndikalisten Errichtung der FAUD-AuslLtg. *Deutsche Anarcho-Syndikalisten* (DAS), Unterstützung durch Dachorg. IAA in Barcelona u. syndikalist. *Fonds Internationale Solidarität.* Hg. *Internationale Revue,* Versuch zur Neuorg. der FAUD im Reich, Einfuhr von Druckschriften, Aufbau einer Anlaufstelle für Emigr. u. einer Zentrale für Gefangenenhilfe. 1936 Verhaftung, Verurteilung u. drohende Auslieferung an Deutschland, Flucht über Belgien nach Spanien. Mitarb. der dt.-sprachigen Rundfunksendungen von *Radio CNT-FAI.* Teiln. am Bürgerkrieg in den DAS-Einheiten *Erich Mühsam* u. *Sacco-Vanzetti*; Mitarb. *Schwarz-Rot-Buch gegen Hitlerfaschismus* u. an Frontztg. Div. Durruti. 1939 Schweden, bis 1951 Werkzeugdreher Stockholm, anschl. Landwirt. Mitgl. u. Funktionär des syndikalist. *Sveriges Arbetarens Centralorganisation.* Lebte 1975 in Hallstavik/Schweden.

L: Bludau, Gestapo. *D:* Sveriges Arbetarens Centralorg., IfZ. *Qu:* Arch. Fb. Publ. - IfZ.

Dreger, Egon, Staatsfunktionär, Diplomat; geb. 28. Juli 1899, gest. 25. März 1970; *StA:* deutsch. *Weg:* Emigr.; 1937 E; F; N-Afrika; 1943 UdSSR; 1945 Deutschland (SBZ).

1918 USPD, 1920 KPD. Nach NS-Machtübernahme Haft u. Emigr.; 1937 Spanien, Lt. Internat. Brigaden, anschl. Internierung in Frankr. u. Nordafrika; 1943 UdSSR, Mitarb. NKFD. Mai 1945 als Mitgl. der Gruppe → Anton Ackermann nach Dresden, pol. OrgArb.; Ltr. Personalamt der sächs. Landesreg. u. Ltr. der Kanzlei des MinPräs. → Max Seydewitz; Jan. 1952-Dez. 1955 Gesandter bzw. Botschafter der DDR in Bulgarien, danach Parteiveteran. - *Ausz.:* 1955 VVO (Silber), 1956 Hans-Beimler-Med., 1965 Banner der Arbeit.

L: Fischer, Deutschlandpolitik; Radde, Jürgen, Die außenpolitische Führungselite der DDR. 1976. *Qu:* Arch. Hand. Publ. Z. - IfZ.

Dreifuss, Julius, Fabrikant; geb. 24. Febr. 1881 Freiburg/Br., gest. 28. Dez. 1946; jüd.; *G:* 3; ∞ 1904 Jenny Reinmann (1879-1948), Emigr. CH, Pal.; *K:* Kurt Herbert (geb. 1905), Kaufm., 1935 Emigr. Pal., A: 1955 Deutschland (BRD); Tilli Rath (geb. 1910), 1935 Emigr. Pal.; *StA:* deutsch, Pal. *Weg:* 1934 CH; 1935 Pal.

Dir. Chem. Fabriken Rosolwerke-Magnetine AG Mannheim, Mitgl. SPD. Ab 1908 StadtVO., ab Febr. 1927 Obmann StadtVO.-Vorst.; 2. Vors. SPD-Ortsverein, Mitgl. BezRat u. Kuratorium der Handelshochschule Mannheim. Dez. 1934 Flucht nach Bern. Juli 1935 nach Palästina, Gr. chem. Fabrikation Chemical-Dreifuss in Tel Aviv.

Qu: Arch. Pers. - IfZ.

Dresel, Alfred S., Rechtsanwalt, Bankier; geb. 3. Jan. 1891 Deutschland; *StA:* deutsch, brit. *Weg:* 1938 GB.

Stud. Rechtswiss. Berlin, ltd. Stellung beim Bankhaus Mendelssohn & Co. Berlin. 1938 Emigr. GB, Rechtsberater in Wiedergutmachungsfragen, 1941 Mitgr. u. VorstMitgl., 1954-64 stellv. Vors., 1964-74 Vors., 1977 Präs. auf Lebenszeit der AJR. Mitgl. VerwKommission u. seit 1968 Vors. der AJR-Altersheime in ZusArb. mit *Central Brit. Fund.* VorstMitgl. *Council of Jews from Germany* u. einer seiner führenden Sprecher in Wiedergutmachungsfragen. Vors. *Leo Baeck Charitable Trust.* Lebte 1977 in Oxshott/GB.

W: Reichssteuergesetze und Verordnungen. (Mithg.) 1924. *Qu:* Z. - RFJI.

Dresel (Dresl), **Karl**, Parteifunktionär; geb. 1887, gest.; *StA:* österr., 1919 CSR. *Weg:* 1938 (?) GB; 1945 CSR (?).

Glasarb., Anhänger der DSAP-Linken u. Vertr. des Kreises Mährisch-Schönberg 1921 auf Grdg.-PT der *KSČ-Deutsche Sektion,* Parteifunktionär, 1931-36 ZK-Mitgl., 1935-38 Senator in NatVers. der CSR. Nach Abtretung des Sudetenlandes Emigr. nach GB, Mitgl. *Beuer-Gruppe,* ab Grdg. 1943 Mitgl. *Sudetendeutscher Ausschuß - Vertretung der demokratischen Deutschen aus der CSR.* Nach Kriegsende vermutl. Rückkehr in die CSR.

Qu: Arch. Hand. Pers. - IfZ.

Dreßler, Bruno, Gewerkschaftsfunktionär, Verleger; geb. 11. Febr. 1879 Ebersbach/Sa., gest. 2. Aug. 1952 Zürich; ∞ Frieda Koch; *K:* Heinz, → Helmut Dreßler; *StA:* deutsch. *Weg:* 1933 CH.

Schriftsetzer, Wanderjahre, Mitgl. SPD; 1912-24 Vors. *Bildungsverband der Buchdrucker,* Geschäftsf. der Buchdruckerwerkstatt u. des Verlags der Bildungsverb. in Berlin. Initiator u. 1924 Gr. *Büchergilde Gutenberg,* bis 1933 Geschäftsf. in Leipzig u. Berlin, Ausbau zur internat. führenden Buchgemeinschaft der sozdem. ArbBewegung unter dem Leitsatz „Gute, schöne und billige Bücher". 1933 Übernahme durch DAF, Entlassung, 6 Wo. Untersuchungshaft wegen Verlagerung von Buchbeständen nach Zürich, Prag u. Wien; Sommer 1933 nach Zürich als Geschäftsf. der dortigen Filiale unter Ltg. von Emil Oprecht. ZusArb. mit dt. Exil-Verlagen u. -Schriftst., u.a. → Anna Siemsen u. Julius Zerfaß. Beträchtl. Aufschwung des Unternehmens bis zur Pensionierung D.s Ende 1946.

Qu: Arch. Hand. Pers. - IfZ.

Dreßler, Helmut, Dr. rer. pol., Verleger; geb. 5. Dez. 1910 Leipzig, gest. 18. Dez. 1974 Frankfurt/M.; *V:* → Bruno Dreßler; ∞ 1948 Luise Maria Wille; *K:* Klaus Helmut; *StA:* deutsch. *Weg:* 1934 CH; 1940 I; 1941 Deutschland; 1944 CH; 1946 Deutschland (ABZ).

1931 SPD, 1932-33 Stud. Rechtswiss. Berlin u. Heidelberg, Juni-Aug. 1933 Haft nach illeg. sozialist. Sonnwendfeier, Ausschluß vom UnivStud. in Deutschland. Ab 1934 Stud. Betriebswirtsch. Bern, 1938 Prom.; Sanatoriumsaufenthalt, 1939 inoffiz. Mitarb. bei der von Bruno Dreßler geleiteten *Büchergilde Gutenberg,* Zürich, vergebl. Bemühung um ArbGenehmigung u. Verbleib in der Schweiz, 1940 Stud. Rom u. Perugia. Rückkehr nach Deutschland, 1941 Werbeassist., 1942 Anzeigenltr. Societätsverlag Frankfurt/M., ab 1943 Ltr. Rechnungswesen bei Wirtschaftsberatungs-AG, Berlin, Ende 1944 zur Kur nach Arosa, blieb jedoch ab Anfang 1945 in Zürich, Mitarb. *Büchergilde,* daneben Stud. Kunstgesch.; Mitgl., zeitw. Mitarb. *Das Demokratische Deutschland* als Vertrauensmann der SPD, Mitgl. *Union deutscher Sozialisten in der Schweiz.* Herbst 1946 nach Frankfurt/M. zum Wiederaufbau der *Büchergilde,* Lizenzträger, Geschäftsf., März 1947 Neugrdg. als Unternehmen des DGB u. der *IG Druck und Papier,* Entwicklung zu einer der größten dt. Buchgemeinschaften, nach 1965 Übernahme der Schweizer *Büchergilde,* Prämierungen durch Stiftung Buchkunst, 1972 Kulturpreis des DGB. Ab 1952 Vors. *Arbeitskreis der Buchgemeinschaften,* Mitgl. AbgVers. u. Verlegerausschuß des *Börsenvereins des deutschen Buchhandels;* Beiratsmitgl. Deutsche Bibliothek. - *Ausz.:* Gr. BVK, Plakette Förderer des dt. Buchs.

W: Die Wirtschaftlichkeit der Buchhaltung (Diss.). Bern 1938; Werden und Wirken der Büchergilde. 1946. *Qu:* Arch. Pers. Z. - IfZ.

Dreyfus, Richard, Journalist, Börsenmakler; geb. 1. Nov. 1926 Wuppertal; jüd.; *V:* Alfred D. (geb. 1901 Wuppertal, gest. 1951 AUS), jüd., Inh. einer Teppichreinigung; *M:* Hilde, geb. Ransenberg (geb. 1904), jüd., 1939 Emigr. AUS; *G:* George (geb. 1928), 1939 Emigr. AUS, Musikstud. in Melbourne, Komponist, Dirigent u. Musikdir. des George Dreyfus Chamber Orch.; ∞ 1954 Dora Joan (geb. 1933 Sydney), jüd., Stud. East Sydney Tech. Coll. u. Kunsthochschule; *K:* Daniel (geb. 1956), Stud.; Rebecca (geb. 1957), Stud.; Ella (geb. 1960), Stud.; Shoshana (geb. 1962), Stud.; *StA:* deutsch, AUS. *Weg:* 1939 AUS.

1939 Emigr. nach Australien, Unterstützung durch *Jew. Welfare Soc.,* 1940-44 Stud. Swineburne Tech. Coll., 1941-44 Ausbildung als Chemielaborant, 1946-49 Stud. Melbourne Univ.; 1944-46 Reporter beim *Australian Jewish Herald,* 1946-48 beim *Launceston Examiner.* 1948-49 Reporter für A.A.P.-*Reuter,* 1949-51 für *Observer,* London. Mitgl. *Melbourne Habonim Found.* u. *Melbourne Jew. Students Study Group.* 1950-51 Stud. London School of Printing and Graphic Art. 1952-62 Finanzred. bei Zeitungskonzern Mirror Newspapers, Sydney. Seit 1962 Anlageberater, später Teilh. der A.C. Goode and Co. Seit 1970 zweites jüd. Mitgl. der Melbourner Aktienbörse. Lebte 1979 in Killara/N.S.W.

Qu: Fb. - RFJI.

Dreyfus, Willy, Bankier; geb. 14. März 1885 Frankfurt/M., gest. Jan. 1977 Montreux/CH; jüd.; *V:* Isaak D. (geb. 1849 Basel, gest. 1909 Frankfurt/M.), jüd., 1891 Gr. Berliner Filiale Bankhaus J. Dreyfus & Co., aktiv in jüd. Gde. Frankfurt/M. u. I.C.A.; *M:* Rosalie Anna, geb. Levy (geb. 1851 Nancy/F, gest. 1927 Frankfurt/M.); *G:* 2 B, 1 S; ∞ 1912 Martha Koch (geb. 1892 Frankfurt/M.); *K:* Richard Georges (geb. 1913 Frankfurt/M.); Lilli Charlotte (geb. 1916 Frankfurt/M.); *StA:* deutsch, CH. *Weg:* 1938 CH.

1903 Abitur, Banklehre bei J. Dreyfus & Co. in Berlin u. London; ab 1909 Ltr. des Familien-Bankhauses, Aufnahme prominenter Bankiers als persönl. haftende u. stille Gesellschafter. Ab Sept. 1914 Tätigkeit in der Bankabt. des dt. GenGouvernements in Brüssel, ZusArb. mit Hjalmar Schacht, → Hans Fürstenberg u. Ernst v. Mendelssohn-Bartholdy. Ab 1924 aufgrund guter Verbindungen zu brit. u. US-Banken Vermittlung bedeutender Auslandskredite für das Deutsche Reich u. dt. Industrie, dadurch enge Beziehungen zu dt. Industriekonzernen, Kredit- u. Versicherungsges.; Mitgl. Steuerungsausschuß *Zentralverein des deutschen Bank- und Bankiergewerbes.* Förderer des Israelitischen Waisenhauses Frankfurt, 1927-38 Vizepräs. *Hilfsverein,* VorstMitgl. jüd. Gde. Berlin u. *Keren Hayessod,* 1929 Mitgl. Initiativkomitee *Jew. Agency for Pal.* - 1937 Übernahme des Bankhauses J. Dreyfus & Co. Frankfurt durch B. Metzler & Co. u. 1938 der Berliner Filiale durch Merck, Finck & Co.; 1938 Emigr. Schweiz. Dort im Ruhestand gemeinnützig u. wiss. tätig.

W: Wirtschaftswende. Betrachtungen zur finanziellen Gesundung des Kontinents. 1945. *L:* Heilbrunn, Rudolf M., Das Bankhaus J. Dreyfus & Co., Frankfurt a.M. - Berlin 1868-1939. 1962 (?) (Privatdruck). *Qu:* Arch. Hand. Pers. Publ. - RFJI.

Drögemüller, Alfred Martin, Parteifunktionär; geb. 22. Sept. 1913 Hamburg; *V:* Heinrich Friedrich Wilhelm D. (1885-1958), Maler; *M:* Magdalene Sophie Friederike Auguste, geb. Schmidt (1885-1963); *G:* Ernst (geb. 1912); *StA:* deutsch. *Weg:* 1934 DK; 1946 Deutschland (BBZ).

Kaufm. Angest.; Mitgl. KJVD. 1933-34 illeg. Tätigkeit in Hamburg, Frühj. 1934 Emigr. nach Dänemark, 1935-40 Mitarb. AbschnLtg. Nord in Kopenhagen, ab Anfang 1942 Ltr. KPD-Landesgruppe, ab Mai 1943 Red. *Deutsche Nachrichten* Kopenhagen, 1944 Mitgr. u. ltd. Funktionär NKFD-Landesgruppe Dänemark. 1946 Rückkehr nach Hamburg.

L: Hochmuth/Meyer, Streiflichter; Spangenberg, Max, Antifaschistischer Kampf deutscher Kommunisten in Dänemark. In: BZG/1977, S. 617 ff. *Qu:* Arch. Publ. Z. - IfZ.

Drucker, Paul, Dr. jur., Rechtsanwalt, Kaufmann; geb. 4. Sept. 1895, gest. 1. Aug. 1959; jüd.; *V:* Oscar D. (geb. 1862 Birnbaum, gest. 1951 Mex.), jüd., Kaufm., 1941 Emigr. Mex. über J; *M:* Marie, geb. Wiener (geb. 1864 Liegnitz, gest. 1957 Mex.), jüd.,

Emigr. mit Ehemann; ∞ 1934 Hildegard Posner (geb. 1909 Berlin), jüd., Sekr. KKL Berlin, 1939 Emigr. Mex.; *K:* Herbert Samuel (geb. 1934 Berlin), 1939 Emigr. Mex., Unternehmensltr.; *StA:* deutsch, Mex. *Weg:* 1939 Mex.

Teiln. 1. WK, anschl. Stud. Berlin, Heidelberg, Breslau, 1921 Prom. Breslau, RA u. Notar in Berlin; 1938 (?) Berufsverbot, Febr. 1939 Emigr. Mexiko mit Familie über Dänemark, GB u. Frankr. mit Hilfe dänischer Freunde. Kaufm. in Mexico City, ab 1939 VorstMitgl., 1940-50 Geschäftsf. u. Präs. *Hatikvah-Menorah,* einer Org. dt.-sprechender Juden in Mexiko, Vors. der jurist. Abt. des Vereins, Hilfe bei Beschaffung von Visa u. Unterstützung von Neueinwanderern gegenüber der mexikan. Reg.; ab 1940 Präs. *Comité Central Israelita de Mexico,* 1946 Geschäftsf. u. Vizepräs. *Comité de Antidifamacion* (A.D.L.), Mitgl. Jüd. Handelskammer in Mexiko; 1945 Vizepräs., 1948 Geschäftsf. *World Jew. Congress* Mexiko, VorstMitgl. *United Campaign* (Israelhilfe). Ab 1956 Ruhestand.

Qu: Hand. Pers. Z. - RFJI.

Dubber, Bruno Nikolaus Hermann, Parteifunktionär; geb. 11. Nov. 1910 Hamburg, gest. 6. Mai (?) 1944 Bremen; *V:* Elbschiffer u. Kleinpächter, gef. im 1. WK; *G:* 2; *StA:* deutsch. *Weg:* 1932 UdSSR; 1934 Österr.; 1937 CSR; 1938 Deutschland (Österr.).

1925-28 Drechslerlehre in Hamburg, anschl. arbeitslos, Gelegenheitsarb. Ab 1926 Mitgl. KJVD, zeitw. Mitgl. Distriktsltg. Nord-Ost; Febr.-Apr. 1929 KPD-Parteischule in Berlin, 1929 (?) OrgLtr. KJVD-Bez. Wasserkante, 1930 angebl. OrgLtr. in einem sächs. Bez., 1931 vermutl. ZK-Mitgl. KJVD; mehrfach verhaftet. Ende 1932-März 1933 Moskau, März 1933 im Parteiauftrag kurzer illeg. Aufenthalt in Deutschland, anschl. wieder Moskau; vermutl. Lenin-Schule. Herbst 1934 Wien, bis 1937 illeg. Arbeit; ab Febr. 1935 ZK-Mitgl. KJVÖ. Sept. 1937 Flucht vor poliz. Verfolgung in die CSR, Sept. 1938 illeg. Rückkehr nach Wien, Instrukteur des ZK der KPÖ, Aufbau der sog. 1. illeg. Ltg. der KPÖ in Wien, Deckn. u.a. Walter, Erich u. Georg Nürnberger. Nov. 1938 Verhaftung, bis 1941 Untersuchungshaft in Wien, anschl. Berlin. Mai 1941 VGH-Urteil lebensl. Zuchth., bis 1944 Haft in Bremen, vermutl. durch Injektionen ermordet.

W: 6 polit. Schulungsbriefe während der Haft in Wien, die im Gef. von Zelle zu Zelle zirkulierten. *L:* Mitteräcker, Kampf; Koch, Widerstand; Konrad, KPÖ; Widerstand 2; Reisberg, KPÖ. *D:* DÖW. *Qu:* Arch. Publ. Z. - IfZ.

Dubsky, Robert Adalbert Frederick, Unternehmensleiter; geb. 26. März 1921 Wien; kath.; *V:* Robert D. (geb. 1890 Wien, umgek. KL Dachau), kath., Prof. für Math. u. Geometrie, Mitgl. *Katholische Aktion,* in Ltg. von *Vaterländische Front, Heimwehr, Neues Leben; M:* geb. Preuschl (geb. 1888 Wien, gest. 1973 Österr.), kath., höhere Schule, Schulltr.; ∞ 1944 Mary Fionnuala O'Doherty (geb. 1921 Belfast), kath., Handelshochschule, Sekr., später Geschäftsf. Familienbetrieb; *K:* Robert (geb. 1945 Dublin), kaufm. Angest. in GB; Caroline (geb. 1946 Dublin), höhere Schule, A: Österr.; Susan (geb. 1949 Dublin), Kunsthochschule, Designerin in IRL; Paul (geb. 1951 Dublin), höhere Schule, Geschäftsf. in IRL; *StA:* österr., 1945 IRL. *Weg:* 1939 IRL.

1931-39 Realgymn. Wien, 1931-39 Mitgl. *Marianische Studentenkongregation,* 1934-38 *Christlich-Deutscher Turnverein,* 1936-38 BezLtr. *Österreichisches Jungvolk,* ab März 1938 zugl. Mitgl. einer kommunist. Zelle. Wehrdienstverweigerung, daher Jan. 1939 Emigr. Irland mit Unterstützung durch Jesuiten, 1939 Stipendium für Jesuitenschule Clongoweswood Coll., 1939-42 Stud. Univ. Coll. Dublin, B.E., 1942-47 Bauing., Vermessungsbeamter, stellv. Dir. Forschungsabt. der irischen Torfindustrie, ab 1947 ltd. Dir. West End Products Ltd., Jewelcraft Manufacturers Ltd., Austrotex Ltd.; 1967-66 ehrenamtl. österr. Handelsdeleg. in Irland, 1951-66 ehrenamtl. Vertr. der österr. Fremdenverkehrswerbung, Expositurltr. der Bundeskammer für gewerbl. Wirtschaft u. Vertr. der Wiener Messe-AG in Dublin. Ab 1956 Vizepräs. u. Vors. *Irish-Austrian Soc.,* Mitgl. *Assn. of Irish Civil Engineers.* Lebte 1976 in Dun Laoghare. - *Ausz:* u.a. Gold. Ehrenzeichen für Verdienste um die Rep. Österreich.

Qu: Fb. Hand. - RFJI.

Duczynska, Ilona (Helene Marie), verehel. Polanyi; geb. 1897 Maria-Enzersdorf/Niederösterr., gest. 24. Apr. 1978; *V:* Alfred Ritter v. Duczynski (gest. 1907 USA); ∞ 1923 Karl Polanyi (1886-1964), nach Niederlage der ungar. Räterepublik 1919 Emigr. nach Wien, 1936 GB, 1947 Prof. Columbia Univ. New York; *K:* Kari; *StA:* H, österr. (?), 1940 brit. *Weg:* 1936 GB; 1947 CDN.

Ende 1914 als Kriegsgegnerin aus einem Lyzeum ausgeschieden, Sommer 1915 Externenabitur. Ab Herbst 1915 Stud. Math. u. Physik Eidgenössische Techn. Hochschule Zürich, enge Verb. zu poln. u. russ. Revolutionären in der Schweiz u. zur Zimmerwald-Bewegung. Frühj. 1917 nach Wien, ZusArb. mit → Franz Koritschoner u. den sich formierenden Linksradikalen in Wien, anschl. Budapest, ab Herbst 1917 aktiv in revolut. Streikbewegung. Nach den Januarstreiks verhaftet, Sept. 1918 Verurteilung zu mehrj. Haft, Ende Okt. aus Gef. befreit. Nov. 1918 Mitgr. *Kommunistische Partei Ungarns* (KPU). 1919 nach Bildung der ungar. Räterepublik Mitarb. Auswärtiges Volkskommissariat, Mai 1919 in inoffiz. Auftrag in die Schweiz, um journ. im Interesse der Räterreg. zu wirken, Mitarb. der sozdem. Ztg. *Volksrecht* Zürich. Apr. 1920 Moskau, Mitarb. *Komintern*-App., Herbst 1920 i.A. der KPU nach Wien. 1922 nach ideolog. Auseinandersetzungen Parteiausschluß, Mitgl. SDAP; Red. *Österreichischer Volkswirt.* Nach 15. Juli 1927 führende Vertr. der Linksopposition, Gr. der Ztg. *Der linke Sozialdemokrat.* 1929 Parteiausschluß. 1929-36 Weiterführung des 1917 abgebrochenen Stud. an TH Wien. ZusArb. mit *Gruppe Funke* unter → Leopold Kulcsar. 1934 nach den Februarkämpfen Mitgl. KPÖ, Mitarb. *Autonomer Schutzbund,* zunächst Aufbau einer illeg. Radiogruppe, ab Herbst 1934 Red. *Der Sprecher* (Ztg. der Wiener Stadtltg. des *Schutzbundes),* Anfang 1935 Mitgl. Wiener Stadtltg., Mai 1935 Mitgl. des fünfköpfigen Büros; Deckn. Anna Novotny. Febr. 1936 Emigr. GB, Öffentlichkeitsarb. für die Opfer von KL-Haft in Österr. - 1937 im Zusammenhang mit den Moskauer Prozessen Parteiausschluß ohne Angabe von Gründen. Ab 1940 wiss. Mitarb. in brit. Kriegsindustrie u. angebl. Pilotin Royal Air Force, später Assoc. Fellow der *Royal Aeronautical Society* in Farnborough. 1943-46 Mitarb. in ungar. Exilbewegung Michael Graf Karolyis. 1947 nach Einreiseverbot in die USA Niederlassung in Kanada, sozialwiss. u. histor.-publizist. Arbeit. Lebte bis 1978 in Kanada u. Wien.

W: u.a. Der demokratische Bolschewik. 1975. *L:* Buttinger, Beispiel; Duczynska, Ilona, Der demokratische Bolschewik. 1975. *D:* DÖW, VfGdA. *Qu:* Arch. Publ. - IfZ.

Dübendorfer, Rachel, geb. Hepner; geb. 18. Juli 1900 Warschau, gest. 1973 Berlin (Ost); ∞ I. Kurt Caspary, gesch.; II. 1934 Zürich, Heinrich Dübendorfer, 1936 getrennt; *K:* aus I: Tamara Vigier (geb. 1922), Emigr. CH, F; *StA:* 1934 CH. *Weg:* 1933 CH; 1945 CDN, UdSSR; Deutschland (DDR).

Lebensgefährtin u. enge pol. Mitarb. von → Paul Böttcher, angebl. ab 1927 für sowj. Nachrichtendienst tätig. Mit Böttcher, der jedoch nach Frankr. ausgewiesen wurde, 1933 Emigr. in die Schweiz. 1934 Erwerb der Staatsbürgerschaft durch Scheinehe. Bis 1939 Angest. Internat. Arbeitsamt Genf, ab 1940 ZusArb. mit dem aus Frankr. zurückgekehrten Böttcher, dem sie die Papiere von K. Caspary zur Verfügung stellte, im Rahmen der Spionageorg. Alexander Radó. D. gelang es, → Rudolf Rößler als wichtige Quelle des sowj. Nachrichtendienstes zu gewinnen. Ab Ende 1943 von Moskau als Nachf. des untergetauchten Residenturltr. Radó mit Reorg. des Nachrichtenapp. in der Schweiz beauftragt. Deckn. Sissy, Cissie. Frühj. 1944 vorüberg. Haft. Flucht nach Kanada, später UdSSR. Okt. 1945 von schweiz. Divisionsgericht in Abwesenheit zu 2 J. Gef. u. Geldstrafe wegen Nachrichtendienst gegen fremde Staaten verurteilt. Ab Sommer 1947 vermutl. Haft in der UdSSR; später rehabilitiert, in die DDR entlassen. - *Ausz.:* Orden der Roten Fahne, VVO, Med. für Kämpfer gegen den Faschismus 1933-1945.

L: Dallin, Sowjetspionage; Schramm, Wilhelm v., Verrat im Zweiten Weltkrieg. 1967; Teubner, Schweiz. *Qu:* Arch. Publ. Z. - IfZ.

Düby, Gertrude, Journalistin; geb. 1901; *StA:* CH. *Weg:* 1933 F; 1941 Mex.

Schweizerin, seit den 20er Jahren in Deutschland, SPD. Ab Okt. 1931 VorstMitgl. SAPD. März 1932 auf 1. PT in Programmkommission u. Beisitzerin im geschäftsführenden Vorst. Mit → Fritz Rück u. → Will Schaber Vertr. der „kommunistischen Linken", die Anschluß der SAPD an die *Komintern* forderte. Juni 1932 spektakulärer Übertritt zur KPD. 1933 Emigr. nach Paris, Sekr. *Weltfrauenkomitee gegen Krieg und Faschismus,* Org. des Internat. Frauenkongresses gegen Krieg und Faschismus in Paris 1934. Sommer 1941 nach Mexiko; bis Juli 1942 Mitgl. *Liga für deutsche Kultur,* ab Juni 1944 im Vorst. des von der KPD Ende 1941 als Gegenorg. gegr. *Heinrich-Heine-Klubs* bis zu dessen Selbstauflösung Anfang 1946. Lektorin an der mexikan. GewSchule Universidad Obrero, Mitarb. der Zs. *Freies Deutschland* u. *Demokratische Post.* Forschungsreisen zu Indiostämmen i.A. der mexikan. Reg. - Frühj. 1947 vorüberg. Rückkehr in die Schweiz.

W: Los Lacandones-su pasado y su presente. Mexico City 1945. *L:* Drechsler, SAPD; Kießling, Alemania Libre. *Qu:* Publ. - IfZ.

Dünner, Lasar, Dr. phil., Rabbiner; geb. 15. Mai 1876 Köln, gest. 4. März 1950 Rotterdam; *V:* Abraham D. (geb. Krakau, gest. 1918 Köln), Kaufm.; *M:* Sophie, geb. Wormser (geb. Karlsruhe, gest. 1916 Köln); *G:* Baruch (geb. 1877 Köln, umgek. 1944 KL Auschwitz), Synagogenverw. in Köln, Vater von → Joseph Hirsch Dunner; ∞ 1906 Selma Levy (geb. 1883 Hamburg, gest. 1965 London), 1939 Emigr. NL, 1943 KL Westerbork/NL, 1944 KL Bergen-Belsen, 1944 Emigr. Pal., 1948 NL, 1950 GB; *K:* Rosa Onderwyzer (geb. 1907 Rogasen/Posen), Kunst- u. Gewerbelehrerin, 1931 Emigr. NL, 1939 USA; Harriet Loebenberg (geb. 1908 Rogasen), Volksschullehrerin, 1938 Emigr. USA; Betty Goldschmidt (geb. 1910 Rogasen), gest. 1970 IL), Volksschullehrerin, 1935 Emigr. GB, 1970 IL; Klara Marschall (geb. 1911 Rogasen, gest. 1950 IL), Krankenschwester, 1936 Emigr. Pal.; Sally (geb. 1913 Rogasen), Stud. Med., 1933 Emigr. NL, 1943 KL Westerbork, 1944 KL Bergen-Belsen, 1944 Emigr. Pal., Stud. Med. Hebr. Univ., Herzspezialist in Tel Aviv; Sophie Monnickendam (geb. 1916 Rogasen), 1933 Emigr. NL, Krankenschwester, im 2. WK im Versteck in NL, in den 60er Jahren nach IL; Henny Löwenstein (geb. 1918 Rogasen, gest. 1971 IL), 1933 Emigr. NL, Schneiderin, im 2. WK im Versteck in NL, 1971 (?) nach IL; Ruth (geb. 1921 Köln, umgek. KL Auschwitz), 1933 Emigr. NL, 1943 KL Westerbork, später KL Auschwitz; Alice Offenbacher (geb. 1922 Köln), 1933 Emigr. NL, Sekr., 1943 KL Westerbork, 1944 KL Bergen-Belsen, 1944 Emigr. Pal.; Margot Plesser (geb. 1927 Köln), 1937 Emigr. NL, im 2. WK im Versteck in NL, 1945 Emigr. GB, 1950 nach IL, Sekr. an niederländ. Botschaft; *StA:* deutsch. *Weg:* 1938 NL, 1944 Pal., 1948 NL.

Stud. Bonn, Würzburg u. Erlangen, 1902 Prom., gleichz. Stud. bei seinem Onkel, Rabbiner Seew Wolff Dünner, in Köln, Rabbiner Nathan Bamberger in Würzburg u. bei dem Oberrabbiner von Amsterdam, seinem Onkel Dr. Joseph Hirsch Dünner, Stud. Nederlandsch Israelietisch Seminarium in Amsterdam. 1904-20 Rabbiner in Rogasen/Posen, zugl. Lehrer für Math., Latein u. Griech. am Gymn. u. Mitgl. des GdeVorst.; 1920-39 Rabbiner u. Lehrer SynGde. Köln, Mitgl. *Vereinigung traditionell-gesetzestreuer Rabbiner Deutschlands,* Gastvorträge bei jüd. Org. Köln, 1929 Reise nach Palästina. Jan. 1939 Emigr. Niederlande, 1943 KL Westerbork, 1944 Dep.

KL Bergen-Belsen. Ende 1944 im Austausch gegen dt. Templer in Palästina Entlassung mit Ehefrau u. Kindern Sally u. Alice, Ausreiseerlaubnis nach Palästina, 1948 Rückkehr in die Niederlande.

W: Die älteste astronomische Schrift des Maimonides (Diss.). 1902; Maamar Haibur. 1927; Shishah Sidrei Get vaḤalizah (Der jüdische Scheidungsakt). 1933; Shiurei Hearot (Kleine Schriften). 1945-47; Sefer Dibarti Devorai (Sammlung meiner Reden). 1947; Art. in *Zeitschrift für hebräische Bibliographie, Der Israelit, Jüdisches Wochenblatt* u.a. jüd. Zs. u. Festschriften. *L:* Zwi, Asaria, Die Juden in Köln. 1959. *Qu:* Pers. Publ. - RFJI.

Dürmayer, Heinrich (Heinz) Georg Peter, Dr. jur., Rechtsanwalt, Parteifunktionär; geb. 10. Apr. 1905 Wien; kath., 1935 Diss.; *V:* Peter D. (1880-1959), Schlossermeister, Mitgl. NSDAP; *M:* Karoline, geb. Maliwanek (1880-1938), Hausfrau, Mitgl. NSDAP; ∞ 1945 Wien, Janka Kahan (geb. 1919); *K:* Dr. jur. Evelyn D., (geb. 1946); *StA:* österr., 1937 Ausbürg., 1938 deutsch, 1945 österr. *Weg:* 1936 E; 1939 F; 1940 Deutschland; 1945 Österr.

Stud. Rechtswiss. Wien, 1930 Prom., anschl. Gerichts- u. Anwaltspraxis. 1934 Teiln. an den Februarkämpfen, kurzfristig verhaftet. 1934 Mitgl. illeg. KPÖ, führende Funktionen im illeg. *Autonomen Schutzbund* in Wien. Febr. u. Mai 1935 erneut verhaftet, 1936 mit Auflage der Ausreise aus Österr. entlassen. Über GB u. Frankr. nach Spanien, Teiln. am Span. Bürgerkrieg, zunächst Maschinengewehrschütze Btl. Čapaev, 1938 Major u. PolKommissar im Stab der 35. Internat. Division. Anfang 1939 Frankr., Internierung in St-Cyprien u. Gurs, 1939 nach Kriegsausbruch in Le Vernet. 1940 nach franz. Kapitulation Auslieferung an Gestapo, KL Flossenbürg, Jan. 1944 KL Auschwitz, Kapo u. letzter Lagerältester im Stammlager Auschwitz, Mitgl. Widerstandsorg., 1945 KL Mauthausen, Vors. *Internationales Mauthausen-Komitee,* unter dessen Führung das KL noch vor dem Eintreffen der US-Truppen befreit wurde. Ab Mai 1945 Ltr. der neugebildeten staatspolizeil. Abt. bei Polizeidir. Wien. Mitgl. KPÖ; Ende 1947 aus pol. Gründen abgelöst. Seither Anwalt, bedeutende Rolle in der Abwicklung des Ost-West-Handels. Präsidiumsmitgl. *Bundesverband österreichischer Widerstandskämpfer und Opfer des Faschismus - KZ-Verband.* Obmann *Vereinigung österreichischer Freiwilliger in der spanischen Republik 1936 bis 1939 und der Freunde des demokratischen Spanien,* GenSekr. *Internationales Mauthausen-Komitee* u. Präs. *Österreichische Vereinigung demokratischer Juristen.* Lebte 1978 in Wien. - *Ausz.:* u.a. 1946 Hofrat, Spanienkämpfer-Med. (Polen), Hans-Beimler-Med. (DDR).

L: Frei, Bruno, Die Männer von Vernet. 1950; Stern, Max, Spaniens Himmel. 1966; Pasaremos; Langbein, Hermann, Menschen in Auschwitz. 1972; Widerstand 1. *D:* DÖW. *Qu:* Arch. Fb. Pers. Publ. Z. - IfZ.

Duncker, Hermann, Dr. phil., Parteifunktionär; geb. 24. Mai 1874 Hamburg, gest. 22. Juni 1960 Bernau b. Berlin; *V:* Hermann Christian D., Kaufm.; *M:* Wilhelmine, geb. Hauser, Lehrerin; ∞ 1898 Käthe Doell (→ Käthe Duncker); *K:* Karl (1941 Freitod), 1933 Emigr. USA, Hochschullehrer; 1 S, Emigr. UdSSR, 1938 verhaftet, verschollen; *StA:* deutsch. *Weg:* 1936 DK; 1937 GB; 1938 F; Marokko; 1941 USA; 1947 Deutschland (SBZ).

1892-96 Konservatorium Leipzig, 1893 SPD, 1896-1903 Stud. Volkswirtsch., Gesch. u. Phil. Leipzig, 1903 Prom. Ab 1903 hauptamtl. Parteifunktionär. 1903 RedVolontär *Leipziger Volkszeitung.* 1904 Ltr. Arbeitersekr. Leipzig u. 1905-07 Dresden; 1906-11 Wanderlehrer, 1912-14 Lehrer Zentralschule der SPD; führender Vertr. der Linken, Anschluß an Gruppe *Internationale,* 1915-18 Kriegsdienst. Während Novemberrevolution 1918 Gr. *Die Rote Fahne* Berlin, Mitgr. *Spartakusbund* u. mit Käthe Duncker Ltr. der AgitAbt., Mitgr. KPD u. Mitgl. der ersten Zentrale (später ZK), Gr. u. Ltr. ZK-Bildungssekr.;

1919-20 RegSekr. Freistaat Gotha u. Ltr. Arbeiterhochschule, anschl. Wanderlehrer der KPD, ab 1923 Sekr. KPD-Landtagsfraktion Thür., Ltr. Schulungsabt. des ZK u. Lehrer Zentrale Parteischule; 1924 Reise in die UdSSR, 1926 Mitgr. u. bis 1933 Lehrer Marxistische Arbeiterschule, 1927-28 Ltr. ZK-Bildungsabt.; daneben ab 1923 im ZK-Auftrag Hg. der Schriftenreihen *Elementarbücher des Kommunismus* bzw. *Marxistische Bibliothek* u. *Kleine Lenin-Bibliothek*, 1930-33 Mithg. *Marxistische Arbeiterschulung* Wien-Berlin, publizist. Tätigkeit. Nach Reichstagsbrand bis Nov. 1933 Haft, 1936 Emigr. über Dänemark nach GB. 1938 Mitarb. in Kommission Zwanzig Jahre KPD. In Frankr. aus gesundheitl. Gründen u. aufgrund des Schicksals seiner Söhne keine pol. Aktivitäten, Sept. 1938 Mitunterz. beider Aufrufe des *Ausschusses der deutschen Opposition*. Nach Kriegsausbruch Flucht nach Marseille, 6 Mon. Internierung, über Marokko Sept. 1941 nach New York. Mai 1944 Mitunterz. GrdgErklärung des CDG. 24. Mai 1947 Rückkehr nach Deutschland; SED, 1947-49 Prof. u. Dekan Gesellschaftswiss. Fak. der Univ. Rostock, ab 1949 Dir. FDGB-Bundesschule (Hochschule der Deutschen Gewerkschaften Fritz Heckert), ab 1955 Mitgl. FDGB-Bundesvorst. - *Ausz.:* 1953 Karl-Marx-Orden, 1954 Held der Arbeit u. Dr. h.c., 1955 VVO (Gold), 1959 Banner der Arbeit; Fritz-Heckert-Medaille.

W: u.a. Das mittelalterliche Dorfgewerbe. 1903; Volkswirtschaftliche Grundbegriffe. 1908; Kautskys sozialistische Entwicklung von der Wissenschaft zur Utopie. 1927; Einführung in den Marxismus, 2 Bde. 1959, 1963. *L:* Weber, Wandlung; GdA-Biogr.; Griep, Günter, Revolutionärer Kämpfer und Lehrer des Proletariats. Hermann Duncker. In: BZG/1971, S. 96 ff.; Duhnke, KPD; Gerhard-Sonnenberg, Gabriele, Marxistische Arbeiterbildung in der Weimarer Zeit. 1976. *Qu:* Arch. Hand. Publ. Z. - IfZ.

Duncker, Kät(h)e (urspr. Paula Kathinka), geb. Doell, Parteifunktionärin; geb. 23. Mai 1871 Lörrach/Baden, gest. 2. Mai 1953 Bernau b. Berlin; *V:* Oskar D., Kaufmann; *M:* Paula, geb. Voss; ∞ 1898 → Hermann Duncker; *StA:* deutsch. *Weg:* 1938 USA; 1947 Deutschland (Berlin).

1888-90 Lehrerinnenseminar Leipzig, 1890-97 Lehrerin Friedrichsroda, Leipzig u. Hamburg; 1894-96 u. ab 1899 Lehr- u. Vortragstätigkeit *Arbeiterbildungsverein* Leipzig; 1898 SPD; ab 1899 Mitarb., später Vors. des sozdem. Frauen- u. Mädchenvereins Leipzig; ab 1906 in Süddeutschland, bis Ende 1908 stellv. Chefred. *Die Gleichheit*, 1908-12 Mitgl. Zentraler SPD-Bildungsausschuß, Rednerin auf zahlr. Frauenkongressen. Gehörte nach Kriegsausbruch zur Führung der Parteiopposition. 1915 Mitgr. Gruppe *Internationale*, nach Einberufung bzw. Verhaftung zahlr. Kampfgefährten eigentlicher Ltr. der OrgArb. der *Spartakus-Gruppe* u. deren Vertr. auf der 3. Zimmerwalder Konferenz Sept. 1917 Stockholm; 1918 Mitgr. *Spartakusbund* u. KPD, bis 2. PT Okt. 1919 Mitgl. der Zentrale. Nach Ermordung von Leo Jogiches Flucht aus Berlin, März-Sommer 1919 Exil in Dänemark u. Schweden, anschl. Mitarb. Arbeiterbildungsschule Berlin. 1921-23 MdL Thür., März-Juli 1924 UdSSR, ab 1925 publizist. u. pädagog. Tätigkeit in Berlin, nach 1931 Mitarb. *Der Weg der Frau*. Lebte nach 1933 zurückgezogen in Friedrichsroda; Ende 1938 Emigr. in die USA zu ihrem pflegebedürftigen Sohn. Nach 1941 Hausgehilfin u. Sprachlehrerin. Mai 1947 mit ihrem Mann Hermann Duncker Rückkehr nach Berlin; SED.

W: u.a. Über die Beteiligung des weiblichen Geschlechts an der Erwerbstätigkeit. 1899; Die Kinderarbeit und ihre Bekämpfung. 1906. *L:* Kirsch, Ruth, Käte Duncker. Eine biographische Studie über ihr politisch-pädagogisches Wirken. Diss. phil. masch. 1970; Wrobel, Kurt, Mit Herz und Verstand für die Arbeiterklasse. Käte Duncker. In: BZG, H. 2/1973, S. 313 ff. *D:* Osterroth/Schuster, Chronik. *Qu:* Arch. Biogr. Hand. Publ. Z. - IfZ.

Dunkels (bis 1939 Dünkelsbühler), **Fred**, Dr. rer.pol., Bankier; geb. 14. Mai 1897 Nürnberg; jüd.; *V:* Theodor Dünkelsbühler (geb. 1867 Nürnberg, gest. 1922); *M:* Grete, geb. Salomon (geb. 1873 Ribnitz/Mecklenburg-Schwerin, gest. 1931); ∞ 1930 Henny Meyer (geb. 1898 Mainz), jüd., 1936 Emigr. Pal., 1949 USA; *StA:* deutsch, 1955 USA. *Weg:* 1936 Pal., 1949 USA.

Stud. München, Würzburg, 1920 Prom. Würzburg. 1916-18 Kriegsteiln. (EK); ab 1921 Angest., 1924-35 Teilh. Bankhaus Heinrich u. Hugo Marx München, AR-Mitgl. versch. Aktienges.; 1936 Emigr. Palästina mit A I-Zertifikat, 1936-48 Teilh., GenDir. u. stellv. AR-Vors. J.L. Feuchtwanger Bank in Tel Aviv, Jerusalem u. Haifa. 1949 in die USA, 1949-55 geschäftsf. Vizepräs. Ismerica Inc. New York u. Ellerns Corp., 1955-67 Teilh. der Maklerfirma Herbert E. Stern, seit 1967 stiller Teilh. Börsenmaklergeschäft Herzfeld u. Stern. Lebte 1977 in New York. - *Ausz.:* Bayerischer Verdienstorden.

Qu: Fb. Hand. - RFJI.

Dunner (urspr. Dünner), **Joseph Hirsch**, Rabbiner, Schulleiter; geb. 4. Jan. 1913 Köln; *V:* Baruch Dünner (geb. 1877 Köln, umgek. 1944 KL Auschwitz), höhere Schule, Kaufm., Synagogenverw. in Köln; *M:* Selma, geb. Birnbaum (geb. 1883 Fulda, gest. 1919 Köln), höhere Schule; *G:* Heinz (geb. 1918 Köln), Lehrerausbildung, 1939 Emigr. GB, Vertr.; ∞ 1937 Ida Freyhan (geb. 1914 Breslau), Abitur, bis 1937 haus- u. landwirtschaftl. Hachscharah, 1938 Emigr. GB; *K:* Abraham (geb. 1937 Königsberg), 1938 Emigr. GB, jüd. höhere Schule London, Kaufm.; *StA:* deutsch, Ausbürgerung. *Weg:* 1938 GB.

1932 Abitur Jüd. Gymn. Jawne in Köln, ltd. Mitgl. *Esra*, ab 1932 Stud. Berlin, 1936 Ausschluß von der Univ., zugl. Stud. Rabbinerseminar Berlin, 1934-36 HebrLehrer. 1936-38 Rabbiner u. ReligLehrer SynGde. Königsberg; 1938 zeitw. Haft. Dez. 1938 Emigr. GB mit Familie mit Besuchervisum, Unterstützung durch *Chief Rabbi's Emergency Council;* im 2. WK 5 Mon. Internierung Isle of Man, anschl. Rabbiner Flüchtlingsgde. Jew. Ref. Community Westcliff u. Jew. Study Circle Leicester, ab 1946 Dir. Teacher's Training Coll. London. Mitgl. *Union of Orthodox Jew. Congr. of Great Britain*, PräsMitgl. *Agudat Israel World Org.* in England. Ab 1960 Rabbiner Adas Yisroel Syn. Nord-London. Lebte 1977 in London.

Qu: Arch. Fb. Z. - RFJI.

Dutch, Oswald O. (Otto, bis 1938 Deutsch, Otto Erich), Dr. jur., Dr. phil., Journalist, Schriftsteller; geb. 17. Dez. 1894 Wien; jüd.; *V:* Dr. Ludwig Deutsch (1861-1920), jüd., RA; *M:* Ida (geb. 1870, gest. 1960 London), jüd.; *G:* Dr. Rudolf Deutsch (geb. 1892, gest. 1958 USA), RA; ∞ I. 1919 Wien, Sophie Ehrlich (geb. 1893), kath., gesch.; II. 1950 London, Maria Lawner (1900-53), kath., nach 1945 Ltr. jüd. Hilfsorg. in Deutschland u. Österr.; III. Elisabeth Forini (d.i. Elisabeth Fischer, geb. 1907), kath., Opernsängerin; *K:* Erich Ludwig (geb. 1923), 1950-68 Bewässerungsing. Neu Guinea, Sektionschef im austral. Wasserbaumin. Canberra; *StA:* österr., 1945 brit. *Weg:* 1938 GB.

1913 Abitur, Stud. Rechtswiss., Volkswirtsch., Musik u. Germanistik Wien, 1914 Freiw. Deutschmeister-Rgt., ab 1915 beim MilGericht Wien, zuletzt OLt.-Auditor, u.a. beteiligt am Hochverratsprozeß gegen Masaryk; 1919 Dr. jur., 1921 Dr. phil., 1919-23 Reporter, später Musikkritiker u. WirtschRed. *Neues Wiener Tagblatt* u. *Das neue Acht-Uhr-Blatt*, 1923-25 Verlagsdir. *Verband österreichischer Banken und Bankier*, 1925-38 WirtschaftsRed. *Neue Freie Presse*. Ab 1923 schriftst. tätig, Korr. zahlr. ausländ. Blätter, u.a. *Pester Lloyd, Prager Tagblatt*, wandte sich publizist. gegen NatSoz. u. Anschluß, deshalb März 1938 Flucht über die Schweiz nach London. Mitarb. *Exchange Telegraph*, nach Kriegsbeginn 3 Mon. Internierung in Kempton Park, Prith Heath u. Isle of Man. 1940-46 Ltr. der Zs. *European Correspondents* beim brit. Informationsmin., 1946-49 Dir. des ORT-Ausbildungsprogramms für DPs in

Deutschland, Österr. u. Italien. 1950-74 Attaché London Stock Exchange, 1962-70 WirtschKorr. ORF, 1963-73 Korr. zahlr. österr. Ztg., 1944-75 Mitarb. BBC. Lebte 1977 in London. – *Ausz.:* Civil Defence Med., Dän. Verdienstorden.

W: u.a. Deutsch, Otto Erich, Die wirtschaftlichen Ergebnisse des ersten Sanierungsjahrs in Österreich. 1923; ders., Das Geschäft mit Rußland. Ein praktischer Wegweiser für die Kaufmannschaft. 1928; ders., Das Räderwerk des Roten Betriebes. Eine Studienfahrt durch die Wirtschaft Sowjet-Rußlands (Geleitwort von Erich Koch-Weser). 1928; ders., Aufbau, nicht Abbau! 1932; ders., Die Aufgabe der österreichischen Landwirtschaft. 1937; Dutch, Oswald, Thus Died Austria. London (Edward Arnold) 1938; ders., Germany's Next Aims. Ebd. 1938; ders., Hitler's Twelve Apostles. Ebd. 1940; ders., The Errand Diplomat. The Life of Franz von Papen. Ebd. 1940; ders., Economic Peace Aims. Ebd. 1943; ders., Pall Over Europe. London (Gollancz) 1944; ders., Nuevo Orden Para Europa. Mexico City (Minerva) 1945 (port. Rio de Janeiro 1945); ders., Seeds of a Noble Inheritance. London (Mitchell) 1945; ab 1944 Verf. der pädagog. Kinderbücher *Brainy Books,* Mitarb. *The Jews of Austria.* 1967. *Qu:* Arch. Fb. Publ. – IfZ.

Dyck (urspr. van Dyck), **Richard,** Dr. jur., Journalist; geb. 26. Juni 1889 Bremen, gest. 3. Okt. 1966 Mamaroneck/N.Y., USA; jüd.; *G:* Felix Dyck (1893-1969), Pianist u. Komponist, Emigr. Argent.; ∞ Xenia; *K:* 2; *StA:* deutsch. *Weg:* 1933 F; 1941 Port.; 1942 USA.

1908 Abitur Berlin, Stud. Rechts- u. Staatswiss. Berlin, Freiburg/Br. u. Göttingen, 1913 Prom., Teiln. 1. WK (Lt.), 1919-20 Ref. in der Presseabt. des preuß. Staatsmin., ab 1923 Red. *8 Uhr Abendblatt.* 1933 Emigr. Frankr., Red. *Pariser Tageblatt* u. *Pariser Tageszeitung,* Übers. bei Pressedienst *Cooperation,* Ansager bei *Radio Strasbourg,* Ps. René Dufour. Nach Kriegsbeginn Prestataire, 1941 über Spanien nach Portugal, Anfang 1942 USA. Zunächst Krankenpfleger Mt. Sinai Hospital New York, Mitarb. *New Yorker Staats-Zeitung und Herold,* 1944-59 Red., zeitw. stellv. Chefred. *Aufbau.* Später Korr. für dpa, *Appenzeller Zeitung, Schaffhauser Nachrichten* u. *Neue Bündner Zeitung.* Übersetzer, Hörspielautor. – *Ausz.:* Bulgar. Zivil-VO.

W: u.a. Marokko: Land ohne Zeit. 1932; The Jewish Influence on Journalism. In: The Hebrew Impact on Western Civilization, 1951; Mitarb. *Lexikon des Judentums.* L: Walter, Exilliteratur 4. *Qu:* Arch. EGL. Hand. Publ. – IfZ.

Dycka, Josef; geb. 21. Febr. 1904 Wien, gef. (?); kath.; *StA:* österr., Ausbürg. (?). *Weg:* 1936 CSR, E; 1939 (?) UdSSR.

Verlagsangest. u. Techniker; KJVÖ, KPÖ. 1923 im Ruhrgeb., Festnahme durch franz. MilBehörden, 1924 von franz. Kriegsgericht wegen antimilit. Prop. zu 5 J. Gef. verurteilt, anschl. amnestiert. Anfang 1925 Rückkehr nach Wien, Febr. 1925 Verhaftung wegen Beteiligung an Demonstration, Verurteilung zu 8 Mon. schweren Kerkers, Flucht in die UdSSR. Angebl. Offz.-Laufbahn Rote Armee. 1934 Rückkehr nach Wien, MilLtr. in Wiener Ltg. *Autonomer Schutzbund,* Deckn. Winkler. März 1935 mit falschem belg. Paß auf den Namen Henri Maurice Jules Bellenger verhaftet, Kerkerstrafe, angebl. Todesurteil, Juli 1936 amnestiert; Aug. 1936 im Häftlingsaustausch mit der UdSSR in die CSR, Ende 1936 nach Spanien. 1936-38 Teiln. Span. Bürgerkrieg, Deckn. Kurt, Major Internat. Brigaden, während der Brunete-Offensive Stabschef der 35. span. Div. Vermutl. 1939 über Frankr. in die UdSSR, angebl. nach Juni 1941 als Angehöriger der Roten Armee beim Partisaneneinsatz gefallen.

L: Stadler, Opfer; Duczynska, Ilona, Der demokratische Bolschewik. 1975; Widerstand 1; Die Völker an der Seite der Spanischen Republik. 1975; Reisberg, KPÖ. *D:* DÖW. *Qu:* Arch. Publ. – IfZ.

E

Ebel, Ludwig, Verbandsfunktionär; geb. 3. Dez. 1895 Frankeneck/Pfalz; Diss.; *V:* Ludwig E., Werkmeister; *M:* Susanne, geb. Müller; ∞ 1925-31 Elfriede (geb. 1898), gesch.; *K:* Fritz (geb. 1923); *StA:* deutsch, 9. Okt. 1939 Ausbürg. *Weg:* 1933 NL; 1940 Deutschland.

Eisendreher; 1923 SPD, ab 1926 Vors. *Arbeiter-Radio-Bund* Mannheim, 1931-33 Geschäftsf. beim Bundesvorst. des *Arbeiter-Radio-Bundes Deutschlands,* Berlin. Juni-Sept. 1933 Schutzhaft, Nov. 1933 Emigr. nach Hilversum/Holland. Berichterstatter über NS-Rundfunkwesen für *Deutschland-Berichte* der *Sopade,* techn. Experimente für Errichtung eines illeg. Kurzwellensenders. Juni 1940 Festnahme durch Gestapo.

Qu: Arch. – IfZ.

Ebeling, Hans, Dr. rer. pol., Schriftsteller; geb. 2. Sept. 1897 Krefeld/Rheinl., gest. 17. Mai 1968 Mönchengladbach/Rheinl.; *V:* Ferdinand E. (1855-1944), Samtfabrikant; *M:* Helene, geb. Leysner (geb. 1874); ∞ led.; *StA:* deutsch, 17. Aug. 1939 Ausbürg., deutsch. *Weg:* 1934 NL; 1936 B; 1938 NL; 1939 GB; 1950 Deutschland (BRD).

1915 Abitur, anschl. Kriegsdienst (Lt.); 1920 kurzfristig Reichswehroffz. bei Niederschlagung der „Roten Armee" im Ruhrgebiet. 1920-21 Architektur-Stud. Krefeld, 1921-29 mit Unterbrechungen Stud. NatÖkonomie Köln, Münster u. Gießen, Prom. bei Friedrich Lenz. 1919 Grdg. *Krefelder Jugendbund,* ab 1920 im *Deutschnationalen Jugendbund,* 1921 GrdgMitgl. *Jungnationaler Bund,* 1923 Bundeslt. In Verb. mit Reichswehr Sabotageeinsätze gegen Ruhrbesatzung (Deckn. Plato), von einem franz. Militärgericht in Abwesenheit zum Tode verurteilt. 1924 Gr. *Jungnationaler Bund-Deutsche Jungenschaft,* bis 1926 Hg. Bundeszs. *Bannerträger.* Zunehmend antikapitalist.-nationalrevol. Tendenzen. 1929 Mitgr. des Kreises um die Zs. *Der Vorkämpfer gegen politische und wirtschaftliche Unterdrückung.* Kontakte zu kath., sozialist. u. kommunist. Jugendverb. Nach Versuchen zur Aufrechterhaltung der bünd. Org. Aug. 1934 Flucht nach Apeldoorn/Holland. In Verb. mit → Theodor Hespers, → Karl Otto Paetel u.a. Grdg. *Bündischer Arbeitskreis,* Hg. *Rundbriefe;* Mitarb. bei holl. Zss., Kontakte zu illeg. bünd. Gruppen im Reich, Schrifteneinfuhr, Beschaffung wirtschaftl. u. milit. Nachrichten (Deckn. Hans Meyer). Wegen drohender Auslieferung Jan. 1936 nach Brüssel. Nach Zerschlagung der wichtigsten bünd. Gruppen in Deutschland bis 1937 verstärkte Org.- u. Öffentlichkeitsarb. im Exil. Juli 1937 Konf. in Brüssel für die ZusArb. der dt. Jugendverbände *(Deutsche Jugendfront);* in ihrem Gefolge bis 1940 Hg. der Zs. *Kameradschaft – Schriften junger Deutscher* u. bis Anfang 1939 des Pressedienstes *Sonderinformationen deutscher Jugend.* 1937 Abbruch der Kontakte zur KPD, da E. Eingliederung des Bünd. Arbeitskreises in den volksfrontorientierten Weltjugendausschuß ablehnte. 1938 Initiator des *Comité pour les jeunes réfugiés allemands* in Brüssel u. des *Nederlandsch Comité voor hulp en steun aan jeugdige duitsche Vluchtelingen van niet extremistische Richtingen* u. Frühj. 1939 der *Jugend-Presse-Kommission* in Antwerpen. ZusArb. mit brit. Stellen, ab Nov. 1939 Einsatz der Grenzverbindungen zur Einfuhr von Druckschriften aus dem Kreis um → Fritz Demuth in London. Ende 1939 in Verb. mit brit. Militärbehörden nach England, vorüberg. beim Sender *Der Sturmadler – Sender der deutschen Jugend.* Ltr. der Londoner Gruppe *Kameradschaft – Bündische Opposition (Jungnationale, Jungkatholiken u. Freie Bünde),* Hg. ihrer *Rundbriefe* 1941-44. Mitunterz. „Lidice-Erklärung der deutschen Emigration in England vom Juni 1942", Mitarb. der CSR-Exilreg. nahestehenden *Central European Observer.* Nach Rückkehr 1950 zeitw. im brit. Informationszentrum *Die Brücke* Düsseldorf. 1954 Gr. der *Mittelstelle für geschichtliche Forschung e.V.,* 1966 der *Kameradschaft/Bündische Opposition e.V.* u. 1968 der Zs. *kernpunkte.*

W: u.a. Der Kampf der „Frankfurter Zeitung" gegen Ferdinand Lasalle und die Gründung einer selbständigen Arbeiterpartei (Diss.). 1931; The German Youth Movement, Its Past and Future. London 1945; The Caste. The Political Role of the German General Staff between 1918 and 1933. London 1945; Jugend contra Nationalsozialismus (Hg., mit D. Hespers). 1966. *L:* Jovy, Ernst Michael, Deutsche Jugendbewegung und Nationalsozialismus. Diss. phil. masch. Köln 1952; Billstein, Aurel, Der eine fällt... 1973; Röder, Großbritannien; Kindt, Werner, Dokumentation der Jugendbewegung III. 1974; Wagner, Walter, Der Volksgerichtshof im nationalsozialistischen Staat. 1974. *D:* AsD, IfZ, Nachl. im Besitz von Dieter Hespers. *Qu:* Arch. Hand. Publ. - IfZ.

Ebeling, Hermann, Sozialarbeiter; geb. 10. Aug. 1909 Neuwegersleben, gest. St. Albans, N.Y./USA; ev.; *V:* Hermann E. (geb. 1883), Eisenbahnbeamter; *M:* Anna, geb. Schultze (geb. 1882); *G:* Gertrud (1904-65); Erich (geb. 1910), Eisenbahnbeamter; Kurt (geb. 1913); Wolfgang (1926-44); ∞ 1934 Gretel Rosa Fuchs (geb. 1910), Karl-Marx-Schule Berlin, 1930-32 TH Braunschweig, Mitgl. SPD, SAPD, *Sozialistischer Studentenbund,* AStA-Vertr., Juli 1933 Verhaftung. Emigr. Saargeb., F, USA. Tätigkeit für Exil-SAPD u. FDJ Paris; *K:* Adoptivtochter Jeannette Tugentrajch (geb. 1939 Paris als Kind poln.-jüd. Emigr.); *StA:* deutsch, 2. Dez. 1943 USA. *Weg:* 1932 F; 1933 Saargeb.; 1935 F; 1941 USA.

1930-32 Stud. der Pädagogik TH Braunschweig. 1930 SPD, 1931 SAPD, Tätigkeit in der *Allgemeinen Freien Lehrergewerkschaft Deutschlands* Braunschweig, Vors. *Sozialistischer Studentenbund.* Wegen antinatsoz. Aktivität Stipendienentzug durch NS-Landesreg., Nov. 1932 nach Paris als Korr. der *Sozialistischen Arbeiterzeitung* Breslau u. des *Berliner Tageblatts.* Ab 1933 führender Mitarb. in SAPD-Gruppe Paris, Mitgr. SAPD-Zs. *Neue Front.* Herbst 1933-Jan. 1935 SAPD- Vertr. im Saargeb., Tätigkeit für den Status quo im Rahmen der SPD/S, Lehrer an franz. Schulen. Febr. 1935 Rückkehr nach Frankr., bis Aug. interniert, 1936-40 Sprachlehrer u. Korrektor bei *Pariser Tageszeitung (Pariser Tageblatt).* Ltr. *Sozialistischer Jugendverband Deutschlands* (SJVD) der SAPD in Paris, SJVD-Vertr. in Volksfrontorg. *Freie Deutsche Jugend* (FDJ), zahlr. Beiträge in den Zs. *Freie Deutsche Jugend, Neue Front, Pariser Tageszeitung* u. *Das Andere Deutschland,* Buenos Aires. Ps. Hermann Linde. Sept. 1939-Apr. 1940 interniert, anschl. Prestataire beim brit. Expeditionskorps. Nach dem Waffenstillstand bis Jan. 1941 in Marseille, Juni 1941 auf Vermittlung von → Fritz Sternberg mit Notvisum nach New York. 1942-43 Stud. der SozArb. Temple University Philadelphia, 1943-46 MilDienst (OSS), Captain. Bis 1947 Vertr. des *Unitarian Service Committee* (USC) in der FBZ, Mainz, bis 1949 Ass. Director des USC New York für die Deutschlandhilfe, ab 1950 Mitarb. *National Conference of Christians and Jews,* 1951-55 als deren Vertr. in Deutschland; 1952 Begr. der „Woche der Brüderlichkeit". In der kommunalen SozArb. im Staate New York an führender Stelle tätig. 1973 Gr. des US-Zweiges des *Internationalen Sonnenbergkreises,* der u.a. durch Jugend- u. Erzieheraustausch für Völkerverständigung wirkt. - *Ausz.:* 1956 BVK.

W: Zahlr. Beiträge in dt. u. amerikan. Zs. (Ps. Henry Wilde) u. Veröffentl. vor allem zu pädagogischen Fragen; u.a. Handbuch für menschliche Beziehungen (Hg.). 1952, 1955; Kennst Du Deine Rechte. 1956; Human Relations in Deutschland. 1954; Das Problem der deutschen Mischlingskinder. 1954; New Horizons in Human Relations. 1960; Rearing Children of Good Will. 1962. *Qu:* Fb. Hand. - IfZ.

Eberhard, Fritz (urspr. Rauschenplat, Hellmut von), Dr. rer. pol., Politiker, Hochschullehrer; geb. 2. Okt. 1896 Dresden; Diss.; *V:* Adolf v. R. (1852-1908), Landwirt; *M:* Alice, geb. v. Bose (1867-1942); *G:* Erna Riedl (1898-1970); ∞ I. 1921 Dr. med. Martha Walter (geb. 1893), Ärztin, 1925 gesch.; II. 1947 Elisabeth Schaaf (geb. 1906), nach 1933 Hilfstätigkeit für pol. Verfolgte u. Juden in Deutschland in Verb. mit Bischöfl. Ordinariat Berlin; *StA:* deutsch. *Weg:* 1937 CH, F, GB; 1945 Deutschland (ABZ).

1914-20 Stud. Staatswiss. Frankfurt/M., Heidelberg u. Tübingen, Schüler von Robert Wilbrandt u. Leonard Nelson. 1915-18 Kriegsdienst (Uffz., EK I), 1920-24 Angest., 1921 Mitgl. des von Leonard Nelson gegr. *Internationalen Jugend-Bunds* (IJB), 1922 bis zum Ausschluß des IJB 1925 Mitgl. der SPD, Funktionär der Jungsozialisten. 1924-31 Lehrer für Wirtschaftspolitik IJB-Landerziehungsheim Walkemühle bei Melsungen, ab 1926 Ortsgruppenvors. des aus dem IJB hervorgegangenen ISK. 1932-33 Red. des Parteiorgans *Der Funke* Berlin, Wirtschaftstheoretiker des ISK. 1933 Haftbefehl u. Illegalität. Ab 1934 Reichsltr. ISK, Aufbau eines Fünfergruppen-Netzes der ISK-Org. *Unabhängige Sozialistische Gewerkschaft* (USG); Schulungskurse, Schriftenprop., vor allem durch Verbreitung der im Exil hg. *Neuen Politischen Briefe (Reinhart-Briefe).* Häufige Auslandsreisen zur Berichterstattung über die Lage in Deutschland u. zur Abstimmung mit ISK-Auslandsorg. unter Ltg. von → Willi Eichler. Enge ZusArb. mit ITF Amsterdam u. der von → Hans Jahn aufgebauten illeg. Eisenbahnerorg.; Deckn. Fritz Werkmann, Fritz Kempf, Hans Schneider, von Brockhus, Mutmacher. Ende Nov. 1937 im Zuge der Aufdeckung der ISK/USG-Org. Flucht über Zürich u. Paris nach London. Herbst 1939 zus. mit → Hilda Monte u. → Hans Lehnert Trennung vom Exil-ISK, der Pläne für direkte Aktionen im Reich ablehnte. 1939/40 Mitwirkung an dt. Sendungen der BBC durch Vermittlung des *Labour*-Politikers Richard Crossman. Ab Ende 1940 zus. mit → Waldemar von Knoeringen, → Richard Löwenthal u.a. Betrieb des *Senders der Europäischen Revolution,* der bis Frühj. 1942 unabhängig von pol. Einflußnahme die Politik einer künftigen „Partei der Revolutionären Sozialisten" vertrat (Ps. Russel). Anschl. unabhängige pol. u. publizist. Tätigkeit u.a. in Verb. mit → Walter Auerbach u. Otto Kahn-Freund mit dem Ziel einer von den Siegermächten tolerierten sozialist. Revolution in Deutschland. Mitarb. in der Juni 1943 gegr. brit.-dt. pädagog. ArbGemeinschaft *German Educational Reconstruction* (GER), Mitgl. *Landesgruppe deutscher Gewerkschafter* in GB, seit 1944 im Vorst; zus. mit → Walter Fliess Verf. der wirtschaftspol. Richtlinien im Nachkriegsprogramm der Landesgruppe. Mitarb. der deutschspr. Londoner Zs. *Die Zeitung,* zeitw. Red. des Diskussionsteils „Wege zum neuen Deutschland" (1944/45). Apr. 1945 auf Vermittlung der Landesgruppe u. mit Hilfe des US-Oberkommandos Rückkehr nach Deutschland, Berichterstattung für das OSS. Juli 1945-Mai 1946 Programmberater bei Radio Stuttgart. Okt. 1945 SPD, 1946-49 MdL Württ.-Baden, 1947-49 Staatssekr., Ltr. Deutsches Büro für Friedensfragen i.A. der MinPräs. der US-Zone. Sept. 1948-Juni 1949 Mitgl. des Parl. Rats. Bis 1949 Mithg. Monatszs. *Stuttgarter Rundschau.* Sept. 1949-Aug. 1958 Intendant des *Süddeutschen Rundfunks.* Ab 1961 Honorarprof., 1961-68 Dir. Institut für Publizistik der Freien Univ. Berlin, führend an der Reform des Publizistikstud. beteiligt. 1963 Mitgr. *Deutsche Gesellschaft für Publizistik und Zeitungswissenschaft,* Mitgl. zahlr. Fachverbände. Lebte 1977 in Berlin (West). - *Ausz.:* 1958 Gr. BVK.

W: Werkverz. in: Publizistik 1966, S. 460 ff. - U.a. Strategy on the Economic Front. London 1938; How to Conquer Hitler (zus. mit Hilda Monte). London 1940; Government and People in Germany. In: The Contemporary Review, Vol. 157. 1940; Rauschenplat, Hellmut von, Help Germany to Revolt! A Letter to a Comrade in the Labour Party (zus. mit Hilda Monte). London 1942; The Next Germany. A Basic Discussion on Peace in Europe (zus. mit Walter Auerbach u. Otto Kahn-Freund). Harmondsworth 1943/New York 1944; Rauschenplat, Hellmut von, Vocational Training in Germany. London 1945. *L:* Link, ISK; Kieslich, Günter, Fritz Eberhard. Festschrift zum 70. Geburtstag. 1966; Esters, Helmut u. Pelger, Hans, Gewerkschafter im Widerstand. 1967; Röder, Großbritannien; Borsdorf, Ulrich/Niethammer, Lutz (Hg.), Zwischen Befreiung und Besatzung. 1976; Rundfunkpolitische Kontroversen, Festschrift zum 80. Geburtstag. 1976; Publizistik 1976, S. 469-472. *Qu:* Arch. Fb. Hand. Publ. - IfZ.

Eberlein, Max Albert **Hugo,** Parteifunktionär; geb. 4. Mai 1887 Saalfeld/Thür., gest. 12. Jan. 1944 UdSSR (?); Diss.; *V:* Adolf E., Schlosser, SPD-Mitgl.; *M:* Anna, geb. Lichtenstein; *G:* 3; ∞ I. Anna Harms (geb. 1889), 1930 gesch.; II. Tochter von Inessa Armand; *K:* → Werner Eberlein; *StA:* deutsch, 12. Apr. 1937 Ausbürg. *Weg:* 1933 CH; CSR; F; UdSSR, 1935 UdSSR, F; 1936 CH, UdSSR.

1901-05 Zeichnerlehre, 1906 SPD, 1909 Mitgr. u. Vors. einer Gew. graphischer Zeichner u. ihr Vertr. im ZV des *Verbandes der Lithographen und Steindrucker Deutschlands,* dem E. ab 1905 angehörte. Ab 1912 VorstMitgl. u. ab Juni 1916 Vors. des linken sozdem. Wahlvereins für Teltow-Beeskow-Storkow-Charlottenburg; nach Ausbruch des 1. WK maßgebl. beteiligt am Aufbau der Gruppe *Internationale,* Teiln. Reichskonf. v. 1. Jan. 1916; wegen Antikriegsprop. mehrmals inhaftiert u. trotz Untauglichkeit zum Kriegsdienst eingezogen, 1916 Ausweisung aus Berlin, 1917 USPD, 1918 Desertion, Mitgr. *Spartakus*-Gruppe Danzig, Nov. 1918 2. Vors. *Arbeiter- und Soldatenrat* Danzig. Bei Grdg. des *Spartakusbundes* am 11. Nov. 1918 in Abwesenheit zum Geschäftsf. u. Mitgl. der Zentrale gewählt. Nov. 1918 nach Berlin, Aufbau des Vertriebsnetzes des Zentralorgans *Die Rote Fahne* Berlin. Auf GrdgsPT der KPD Ref. über Parteiorg., ab Parteigrdg. 1918/19 bis Dez. 1920 u. Mai 1921-Juni 1929 ZK-Mitgl.; plädierte als KPD-Vertr. auf GrdgsKongreß der *Komintern* März 1919 im ZK-Auftrag für spätere Schaffung einer Internationale u. übte Stimmenthaltung in der Endabstimmung (Deckn. Max Albert). Bis 1920 ZK-Geschäftsf. u ltd. Mitarb. OrgBüro, ab 1920 Verlagsltr. *Die Rote Fahne,* März 1920 Mitorg. des GenStreiks gegen Kapp-Putsch im Ruhrgebiet. Frühj. 1921 ZK-Beauftr. für Oberschlesien; führend bei sog. Märzaktion in Mitteldeutschland 1921. 12. Aug. 1921 Mitgl. IAH-Vorläufer *Komitee Arbeiterhilfe für Sowjetrußland,* ab 1921 MdL Preußen. Febr.-Dez. 1922 KPD-Vertr. u. 1922-24 OrgSekr. beim EKKI, ab Anfang der 20er Jahre Vertrauensmann der *Komintern* in Deutschland, Verw. ihrer Hilfsgelder für die KPD u. Ltr. der zentralisierten illeg. KPD-Apparate; 1924 Mitgr. u. anschl. Mitgl. Bundesvorst. RFB. Ab 1924 in Mittelgruppe aktiv, 1924-25 Ltr. der Parteiverlage u. -druckereien, danach verantwortl. für Finanzen der KPD. 1928 auf 6. Weltkongreß der *Komintern* Wahl in Internationale Kontrollkommission; als Beauftragter für Untersuchung der Unterschlagung von Parteigeldern durch den Hamburger Kassierer John Wittorf maßgebl. an der Aufdeckung der Verschleierungsversuche Ernst Thälmanns beteiligt u. als sog. Versöhnler mit → Gerhart Eisler Hauptinitiator der vorüberg. Absetzung des Parteivors., nach Thälmanns Rehabilitierung durch persönl. Eingreifen Stalins mit Verw. der *Komintern*-Hilfsgelder für kommunist. Org. in Europa betraut. 1933 illeg. Tätigkeit, Apr. 1933 in die Schweiz, in Mittel- u. Westeuropa, u.a. im Saargeb., aktiv, insbes. Finanzierung versch. kommunist. Presseorgane u. Organisationen (Deckn. Lichtenstein, Hugo Kunkel, Daniel). Juli-Aug. 1935 Teiln. 7. Weltkongreß der *Komintern* u. Wiederwahl in Internationale Kontrollkommission, Sept. 1935 Verhaftung in Straßburg wegen Paßvergehens (Deckn. Nielsen), wegen Besitzes beträchtl. Geldmittel u. schriftl. Instruktionen von der franz. Rechten als Beispiel für sowj. Infiltration verwendet, um gegen die Ratifizierung des sowj.-franz. Beistandspaktes v. Mai 1935 zu argumentieren. März 1936 in die Schweiz abgeschoben, Sept. 1936 auf Parteibefehl in die UdSSR, 1937 Verhaftung durch NKVD. Weiteres Schicksal ungeklärt, angebl. 1940 vor Auslieferung an Deutschland in Haft gestorben, nach anderen Quellen am 12. Jan. 1944. Durch SED rehabilitiert unter Hinweis auf Widerrechtlichkeit seiner Verhaftung.

L: Tjaden, KPDO; GdA; GdA-Chronik; Gross, Münzenberg; Knoll, Regina, Ein Mitbegründer der Kommunistischen Partei Deutschlands. Hugo Eberlein. In: BZG, 1969, S. 114-122; Weber, Wandlung; GdA-Biogr.; Höhne, Heinz, Kennwort: Direktor. 1970; Duhnke, KPD; Schuster, RFB. *Qu:* Arch. Hand. Publ. Z. - IfZ.

Eberlein, Werner, Parteifunktionär; geb. 9. Nov. 1919 Berlin; *V:* → Hugo Eberlein; *StA:* deutsch, 12. Apr. 1937 Ausbürg., deutsch. *Weg:* 1933 CH, UdSSR; 1948 Deutschland (Berlin).

1933 mit Vater über die Schweiz in die UdSSR; Lehre als Elektriker. 1948 Rückkehr nach Berlin, Journ., zeitw. Ltr. Wirtschaftsred. des SED-Zentralorgans *Neues Deutschland* Berlin (Ost), ab 1960 Mitarb. ZK der SED als Dolmetscher für Russ. u. stellv. Ltr. Abt. Parteiorgane, ab 1963 Mitgl. Komitee der Arbeiter-und-Bauern-Inspektion, ab 1971 Mitgl. Zentrale Revisionskommission der SED. - *Ausz.:* 1964 VVO (Silber), 1969 Banner der Arbeit.

Qu: Arch. Hand. Z. - IfZ.

Ecker, Fritz, Parteifunktionär; geb. 5. März 1892 Furth i.W./Oberpfalz; kath., 1920 Diss.; ∞ 1914 Rosa Blobner (1892-1962), Emigr.; *K:* Anna Tragsdorf (geb. 1914), Emigr., A: Deutschland (BRD); Gisela Klein (geb. 1916), Emigr., A: S; *StA:* deutsch, 1934 Ausbürg. mit Fam., 1946 deutsch. *Weg:* 1934 CSR; 1938 S; 1946 Deutschland (ABZ).

1905-08 kaufm. Lehre, städt. Angest. in Furth, 1914-18 Kriegsteiln.; SAJ, SPD, Juni 1919-Juni 1920 StadtVO. Furth, 1920-33 Sekr. des SPD-Bez. Oberpfalz in Weiden, StadtVO. Weiden, Mitgl. Kreis- u. BezTag. 1933 mehrmals Schutzhaft, u.a. KL Dachau. 1934 Flucht zur erneuter Verhaftung in die CSR, Sept. 1938 nach Stockholm. Mitgl. GewGruppe u. *Sopade*-Ortsgruppe Stockholm-Vororte, zunächst Anhänger des rechten Parteiflügels, März 1945 nach Konflikt mit → Kurt Heinig Übertritt zur Ortsgruppe Stockholm. Ltr. *Kameradschaftsvereinigung ehemaliger politischer Gefangener,* Hg. der Gruppenzs. *Das graue Korps;* Aug. 1943 Manifest *Höret die Wahrheit* gegen Kollektivschuld-Vorwurf. Jan. 1946 mit erstem Repatriantentransport über Lübeck nach Weiden, von US-Besatzungsmacht als Ltr. des Arbeitsamts Weiden eingesetzt (RegRat), keine pol. Tätigkeit mehr. Lebte 1978 in Weiden.

L: Müssener, Schweden. *D:* ArA. *Qu:* Arch. Fb. Hand. Pers. Publ. - IfZ.

Eckhardt, Gustav, Parteifunktionär; geb. 12. Nov. 1880 Straßburg, gest. vor 1947 DK; ∞ verh.; *StA:* deutsch. *Weg:* 1933 F; 1934 DK; 1940 (?) S; 1945 (?) DK.

Heizungsmonteur, Okt. 1913-Dez. 1918 SPD-Sekr. Straßburg, Ausweisung. März 1919-Sept. 1920 USPD-Sekr. Remscheid, März 1921-Sept. 1922 Angest. beim ZK der USPD, ab Febr. 1925 Sekr. für OrgFragen u. Statistik beim PV der SPD in Berlin. 1933 Emigr. Straßburg, Ausweisung, Sept. 1934 nach Kopenhagen, Unterstützung durch dän. MetallarbVerband. 1940 (?) nach Schweden, Mitgl. *Sopade*-Ortsgruppe Stockholm, Kritiker der Politik von → Kurt Heinig. Nach Kriegsende Rückkehr nach Dänemark.

Qu: Arch. Pers. - IfZ.

Eckmann (urspr. Ernst), **Karl,** geb. 4. Juni 1910 Polln b. Dachau/Bayern, gef. Dez. 1936 (Jan. 1937 [?]) b. Brunete/E; kath.; *V:* Josef E., Schuster; *M:* Anna Ernst, später verh. Eckmann; *G:* Josef (geb. 1913); *StA:* deutsch. *Weg:* 1933 UdSSR; 1934 Saargeb.; 1935 F, B, NL; 1936 E.

1924-27 Elektroinstallateur-Lehre, arbeitslos. 1928 auf Wanderschaft, 1929 KJVD, Funktionär in München, ab 1932 angebl. Mitgl. ZK des KJVD. Febr. 1933 in die UdSSR, nach Schulung 1934 ins Saargeb.; 1935 über Frankr. u. Belgien nach Amsterdam, Kurier bei AbschnLtg. West, 1936 nach Spanien, Kompanieführer im Edgar-André-Bataillon.

L: Jahnke, Anteil. *Qu:* Arch. Pers. Publ. - IfZ.

Eckstein, George (Günther), Kaufmann, Journalist; geb. 1. Dez. 1909 München; jüd., 1933 Diss.; *V:* Dr. Wilhelm E. (geb. 1872 München, gest. 1944 New York), RA, Kaufm., 1933 Emigr. CH, 1934 F, 1939 USA; *M:* Martha, geb. Bernet (geb. 1880 Nürnberg, gest. 1972 New York), jüd., Spielzeug-Entwerferin, Emigr. mit Ehemann; ∞ 1935 Ruth Friedmann (geb. 1916 Nürnberg), o.K., Emigr. mit Ehemann; *K:* Margaret Loble (geb. 1936 Paris), M.A., Personaldir., A: USA; Susan Eva E. (geb. 1942), Ph.D., Assist. Prof. für Soziologie, A: USA; *StA:* deutsch, 12. Apr. 1937 Ausbürg., 1944 USA. *Weg:* 1933 F; 1939 USA.

1925 mittlere Reife, 1925-27 Lehrling in einer Spielwarenfabrik, 1927-33 in der Betriebsltg. der elterlichen Spielwarenfabriken in Nürnberg u. Sonneberg/Thür. tätig. 1925-32 Mitgl. u. zeitw. Ortsvors. *Deutsch-jüdischer Wanderbund Kameraden* Nürnberg, 1932-33 Reichsvors. *Freie Deutsch-Jüdische Jugend,* die eine Assimilation der Juden auf der Grundlage einer sozialist. Gesellschaftsordnung anstrebte; ab 1931 Mitgl. SAPD, Verb. zu anderen linksorientierten Organisationen. Apr.-Juli 1933 Schutzhaft, anschl. Polizeiaufsicht. Dez. 1933 Emigr. nach Paris, 1934-37 Mitgl. SAPD-Auslandsgruppe. Febr. 1939 in die USA, Aufbau eines Spielwarenunternehmens. Nach 1945 Beitr. für *Stuttgarter Zeitung,* ab 1958 für *Gewerkschaftliche Monatshefte,* Mitarb. *Dissent;* nach Rückzug aus dem Geschäftsleben 1966 regelm. Beiträge für dt. Presse u. Rundfunkanstalten, Mitarb. *National-Zeitung* Basel. - Mitgl. *Americans for Democratic Action, American Civil Liberties Union, Reform Democrats.* Lebte 1976 in Great Neck/N.Y.

W: USA - Neue Linke am Ende. 1970. *Qu:* Arch. Fb. - IfZ.

Edel, Emanuel, Dr. med., Arzt; geb. 26. Juni 1910 Wien; *V:* 1939 bei Transport nach Deutschland erschossen; *G:* 1 B, Tod in KL-Haft; ∞ 1937 Anny, Krankenschwester, 1937 E, Teiln. Span. Bürgerkrieg; *StA:* österr. *Weg:* 1937 E; 1939 F; 1945 JU, Österr.

Stud. Medizin Wien, Mitgl. *Verband Sozialistischer Studenten Österreichs,* SDAP. 1934 KPÖ. Juli 1934 Prom., anschl. Krankenhausarzt in Wien. Febr. 1937 Spanien, Arzt in den Internat. Brigaden, zeitw. Kapitänarzt XIV. Internat. Brigade. Febr. 1939 Frankr., bis 1942 Internierung in St. Cyprien, Gurs, Le Vernet u. Septfonds. 1941 in Le Vernet Verhaftung, Anklage wegen Hochverrats, Freispruch. Febr. 1942 zus. mit → Moritz Fels-Margulies Gef. Castres, Herbst 1943 Flucht, zunächst nach Toulouse, anschl. Lyon. Ab Anfang 1944 Mitgl. österr. Gruppe der TA innerhalb der Résistance, Deckn. Marcel u. Richard, Frühj. 1944 Instrukteur der TA-Ltg. Lyon in Südfrankr., Sommer 1944 Lt. in Partisaneneinheit im Raum von Nîmes. Jan. 1945 mit → Othmar Strobel u.a. über Bari/Süditalien nach Belgrad, Mitarb. am Aufbau österr. Bataillone im Verb. der jugoslaw. Volksbefreiungsarmee, Frühj. 1945 als Pol-Kommissar des 3. Btl. vorgesehen, das nicht mehr zum militär. Einsatz gelangte. Rückkehr nach Wien, Juli 1945 Eintritt in Polizeidienst als Polizeisanitätsoberkommissär, bis Nov. 1945 prov. Polizeichefarzt in Wien, anschl. bis 1951 2. Stellv. des Polizeichefarztes. 1950 Polizeisanitätsrat, 1951-72 Polizeiamtsarzt in einem BezPolizeikommissariat, 1961 Polizeiobersanitätsrat. Neben Polizeidienst ärztl. Praxis u. wiss. Tätigkeit, Spezialisierung auf Krankheiten u. gesundheitl. Spätfolgen aufgrund von Haft. 1972 Pensionierung. Mitgl. Präsidium *Bundesverband österreichischer Widerstandskämpfer und Opfer des Faschismus - KZ-Verband.* Lebte 1978 in Wien. - *Ausz.:* 1975 Gedenkmed. für Teiln. am jugoslaw. Volksbefreiungskampf.

L: Spiegel, Résistance; Holzer, Bataillone. *D:* DÖW. *Qu:* Arch. Pers. Publ. Z. - IfZ.

Edel, Oskar, Parteifunktionär; geb. 23. Sept. 1892; *StA:* deutsch, 3. März 1936 Ausbürg. *Weg:* 1933 CSR; S; 1946 Deutschland (SBZ).

Schriftsteller. Führend im linken Flügel der SPD Sa., Parteisekr. Ostsa., Mitgl. SPD-Parteiausschuß, MdL Sachsen, StadtVO. Dresden. Mitarb. *Der Klassenkampf.* 1933 Emigr. nach Prag, Mitarb. *Sopade.* Später nach Schweden, gehörte dort zum linken Einheitsfront-orientierten Flügel der SPD. Ltr. SPD-Ortsgruppe Malmö, Aug.-Nov. 1944 Hg. *Information,* Verfasser eines „Sozialistischen Manifests" zur pol. Arbeit der SPD nach dem Kriege. Auf 1. Landeskonf. der sozdem. Exilgruppen in Schweden 2./3. Dez. 1944 in Stockholm in die Landesltg. gewählt, März 1946 Wiederwahl. 1946 Rückkehr nach Dresden.

L: Müssener, Exil. *Qu:* Arch. Publ. - IfZ.

Edenhofer, Romuald (urspr. Karl), OSB, Ordenspriester; geb. 25. Apr. 1894 Kohlwessen/Niederb., gest. 22. Juni 1958 Mont Angel/Ore., USA; *V:* Bauer; *G:* 3. *Weg:* 1937 CH; NL; Bras.; 1939 USA.

1905-14 Humanist. Gymn. Benediktinerabtei Metten/Niederb.; 1914 Eintritt in das Kloster; 1914-18 Kriegsteiln., zuletzt Offz.; 1919 Rückkehr Abtei Metten, Stud. Phil. u. Theol. München u. Würzburg, 1922 Priesterweihe in Regensburg, danach seelsorgerisch u. pädagogisch tätig, u.a. als Religionslehrer in Abtei Schäftlarn b. München; 1924-37 Präfekt, Religionslehrer u. Ltr. der *Marianischen Kongregation* Metten, ZusArb. mit Pater → Ingbert Naab u. Prälat Ludwig Wolker, 1930-33 Verbandssekr. der Marianischen Kongregationen; durch seine Arbeit in kath. *Sturmschar* u. *Jungmännerverband* Konflikt mit dem NatSoz., 1937 Emigr. in die Schweiz; danach in verschiedenen Benediktinerklöstern in Holland, später Brasilien; Aug. 1939 USA, zuerst in St. Bernards Abbey/Ala., 1939-40 Stud. der Journalistik an der Univ. von Minnesota, ab 1940 Red. *St. Josef-Blatt* der Abtei Mount Angel; nach 1945 Sekr. eines kath. Hilfskomitees für Europa.

W: Jungmannseelsorge. Praktische Handreichungshefte für Jungmannseelsorger und ihre Laienhelfer. Bd. 1 u. 2 1935, Bd. 3 1936, Bd. 4 1937. *L:* Loibl, Richard, OSB, Pater Romuald zum Gedenken. In: Alt- und Jung-Metten XXV, 1958/59. *Qu:* Pers. Z. - IfZ.

Efferoth, Hugo, Journalist; geb. 25. Sept. 1889 Köln, gest. 4. Apr. 1946 La Paz/Boliv.; Diss., kath.; ∞ Elisabeth; *StA:* deutsch, 4. Juli 1940 Ausbürg. *Weg:* 1934 CSR; 1939 Boliv.

Stud. Philologie, Gesch., Volkswirtsch. in Bonn u. Leipzig; Funktionär *Deutscher Freidenker-Verband,* Mitgl. SPD, Funktionär in Sa.; Mitarb. zahlr. sozdem. Ztg.: 1919-20 *Leipziger Volkszeitung,* 1920-21 pol. Red. *Unabhängige Volkszeitung* Dresden, 1924-27 Red. *Volkszeitung für die Oberlausitz* Löbau, später bis 1933 Red. *Rheinische Zeitung* Köln. 1933 Schutzhaft, 1934 Emigr. nach Prag, Mitarb. *Deutsche Freiheit* Saarbrücken, Mitarb. *Der Deutsche in Polen* Kattowitz u. *Neuer Vorwärts* Karlsbad unter Ps. F.E. Roth. 1939 nach Bolivien, Mitarb. in → Otto Straßers *Frei-Deutschland-Bewegung,* Beiträge im SF-Organ *Die Zeit* Montevideo, Jan. 1941 Mitunterz. des Aufrufs, ab Mai 1941 Repräsentant der *Frei-Deutschland-Bewegung* in Bolivien. 1943-44 u. 1946 Mitarb., Aug.-Dez. 1943 auch Red. der von → Ernst Schumacher hg. Zs. *Rundschau vom Illimani.*

W: Vom Sattlergehilfen zum ersten deutschen Präsidenten. Ein Lebensbild Friedrich Eberts. 1922; Die Ketzerbibel. Waffensammlung für den kämpfenden Freidenker. 1922. *Qu:* Arch. Hand. Publ. - IfZ.

Efrat (bis 1956 Frischer), **Elisha,** Geograph; geb. 20. Apr. 1929 Danzig; jüd.; *V:* (geb. 1902 Osteuropa), jüd., Arbeiter, 1939 Emigr. Pal.; *M:* geb. Koppelmann (geb. 1906 Osteuropa), jüd., 1941 Emigr. Pal. mit Flüchtlingstransport (S.S. Patria); *G:* Shulamit Shushani (geb. 1937 Danzig), 1941 Emigr. Pal. mit Mutter, Lehrerin; ∞ 1956 Nina Buksheshter (geb. 1935 Pal., gest. 1968), jüd., Geographielehrerin, B.A. Hebr. Univ.; *K:* Yizhak (geb. 1957); Ido (geb. 1963); *StA:* Danzig, Pal./IL. *Weg:* 1939 Pal.

Febr. 1939 illeg. Emigr. Pal. mit Vater von Danzig über Rumänien; 1944-48 Hebr. Gymn., 1952-63 Stud. Hebr. Univ., 1955 B.A., 1957 M.A., 1963 Ph.D.; gleichz. Jugendführer in Jerusalem. 1960-67 Dir. in der Planungsabt. des isr. Innenmin., 1964 Stud. Inst. of Soc. Studies Den Haag; ab 1968 Doz., ab 1972 Prof. für Geographie, Univ. Tel Aviv.

W: Deborah Kalen Ḥayyeha uMifalah (Deborah Kalen, ihr Leben und Werk) (Hg.). 1959; Melo kol haArez (Das ganze Land). 1961, 1967; Milon leGeografiyah uleYediat haArez (Geogr. Handbuch) (Mitverf.). 1961; HaGeografiyah shel Arzenu (Mitverf.). 1960, 1962 (engl. Übers.: Geography of Israel, 3. Aufl. 1971); The Israel Physical Master Plan (Mitverf.). 1964; Tokhnit-Av Fisit shel Rezuat HaḤof (Übersichtskarten der isr. Küste) (Mitverf.). 1966; Tokhnit-Av Fisit shel haNegev haZefoni (Übersichtskarten des nördlichen Negev-Gebiets) (Mitverf.). 1966; Yerushalayim vehaProzdor (Der Jerusalem-Korridor). 1967; Tokhnit-Av Fisit shel Merḥav Yerushalayim-Ashdod (Übersichtskarten des Jerusalem-Aschdod-Gebiets). 1967; Atarei Hityashvot beYisrael (Die Siedlungsgebiete Israels). 1969; Judea und Samaria. 1971; Städte und Städtebau in Israel. 1976; Israel im Jahre 2000. 1978. Qu: Fb. Hand. - RFJI.

Eggebrecht, Heinrich, Verbandsfunktionär; geb. 5. Juli 1910; StA: deutsch. Weg: CSR; GB; AUS; Deutschland (SBZ).

Nach 1933 KL Esterwegen, Emigr. in die CSR, später GB u. Australien, in austral. Armee. Nach Rückkehr ab 1956 Mitarb. der Abt. Wissenschaft u. Propaganda beim ZK der SED. 1960 Ltr. der Abt. Internat. Verbindungen des NatRates der *Nationalen Front des demokratischen Deutschland;* 1961 Sekr. d. *Komitees für die Solidarität mit den Völkern Afrikas,* später Sekr. *Afro-Asiatisches Solidaritätskomitee.*

Qu: Arch. Z. - IfZ.

Eggers, Wilhelm, Parteifunktionär; geb. 28. Aug. 1902 Hamburg; StA: deutsch. Weg: 1933 Urug.

Schweißer, bis 1933 auf Hamburger Werft tätig. 1928 KPD, 1931-32 OrgLtr. Marxistische Arbeiterschule Hamburg. Dez. 1933 nach illeg. Tätigkeit Emigr. Montevideo, dort Werftschweißer. Mitgl. KP Uruguay, führend in dem 1932 gegr. *Kultur-Klub deutschsprachiger Arbeiter,* bis Einstellung 1935 Mitwirkung an der Vereinszs. *Arbeiter-Welt.* Mitgl. *Deutsches Hilfskomitee für die Spanische Republik,* red. Mitarb. *Deutsche Einheit gegen den Faschismus.* März 1939 GrdgsMitgl. *Freier Deutscher Klub* unter Ltg. von → Otto Heumann. Vors. des im Juli 1941 gegr. *Deutschen Antifaschistischen Komitees zur Unterstützung der Sowjetunion,* verantwortl. Red. *Informationsblatt des Deutschen Antifaschistischen Komitees.* Vertrat auf dem Kongreß von Montevideo Jan./Febr. 1943 den Zusammenschluß der dt. Exilorg. im *Lateinamerikanischen Komitee der Freien Deutschen* Mexiko. Ps. Willi Eckermann. Lebte 1976 in Montevideo.

L: Kießling, Alemania Libre. Qu: Arch. Pers. Publ. - IfZ.

Eggert, Johannes, Parteifunktionär; geb. 10. Febr. 1898 Bublitz/Pommern, hinger. 15. Febr. (Mai ?) 1937 Berlin-Plötzensee; V: Landarb.; StA: deutsch. Weg: 1933 Emigr.; 1934 Deutschland.

Landarb., Kriegsfreiw. Nach Novemberrevolution Anschluß an KPD, Mitgl. *Arbeiter- und Soldatenrat* Bublitz, angebl. wegen Teiln. an Streiks der pommerschen Landarb. im Frühj. 1921 zu 6 J. Zuchth. verurteilt. 1923 Flucht, bis 1929 in der Illegalität, RFB in Königsberg (Deckn. Hans Simke), ab 1929 in Berlin. 1933 Emigr., Herbst 1934 Rückkehr nach Deutschland, ZK-Beauftragter für Reorg. des KPD-App. in Sa.; Jan. 1935 Verhaftung, Aug. 1936 VGH-Todesurteil.

L: Schmidt, Deutschland; Kraushaar, Deutsche Widerstandskämpfer. Qu: Publ. - IfZ.

Ehrentreu, Jonah Ernest, Dr. phil., Rabbiner; geb. 12. März 1896 München; V: Dr. phil. Chanoch Heinrich E. (geb. 1854, gest. 1927 München), Rabbiner; M: Ida, geb. Feuchtwanger (geb. 1873 Fürth, gest. 1920 München); G: Bertha Bracha Frankel (geb. 1895 München); Gotthold Elḥanan (geb. 1898 München, umgek. im Holokaust); Julius Israel (geb. 1900 München), Stud. Rabbinerseminar u. Jeschiwot in Berlin, Emigr. GB, Schuldir. in Manchester; Ruth Ruḥama Kohn (geb. 1901 München, gest. 1940 Jerusalem); 2 Halbschwestern aus 1. Ehe des Vaters: Sara (geb. 1886) u. Rosa (geb. 1892); ∞ 1926 Jenny Fanny Jente Heckscher (geb. 1904 Hamburg); K: Henry Chanoch (geb. 1927); Simon (Shimon) (geb. 1928); Julius Israel (geb. 1929), 1955 Stud. Yeshivah Gateshead/GB; Uda Esther Jacobovitz (geb. 1931); Ruth Levi (geb. 1932); Hannah Bamberger (geb. 1936). Weg: 1939 GB, 1940 AUS, 1947 GB.

1916-18 Kriegsteiln., 1918-19 Stud. München, 1920 Stud. Rabbinerseminar u. Univ. Berlin, gleichz. Rabbiner Etz Chaim-Syn. Berlin, 1921 Stud. Königsberg; 1921-22 Schulltr. Talmud Torah-Schule München, 1922 Ltr. ReligSchule in Baden/ Österr., 1922-25 Rabbiner in Preßburg/ČSR, Lehrer an Jeschiwah, Mitgl. Rabbinergericht; 1924 Prom., 1925-26 Doz. für Psychologie u. Pädagogik, Ltr. eines Lehrerausbildungsprogramms u. Mitgr. der *Beth Jacob*-Bewegung in Robow/Polen, 1927-38 Rabbiner u. Vorst. Rabbinergericht der isr. Kultusgde. München; Nov. 1938 KL Dachau. Febr. 1939 Emigr. GB, Mai 1940 Internierung Isle of Man, 1940 Internierung in Australien, 1940-42 Rabbiner für die Internierten u. für die Passagiere des Flüchtlingsschiffs Dunera, gleichz. 1940-42 Rabbiner Beth David-Gde. Melbourne, Doz. für Psychologie u. Relig., 1942-46 Rabbiner Machzikai Hadath-Gde. St. Kilda, Mitgl. des rabbin. Gerichts; 1946 nach GB, seit 1947 Rabbiner Gde. Kehal Adath Yeshurun des Tempels Fortune in London, Doz. für Psychologie u. Pädagogik. Lebte 1977 in London.

W: Untersuchungen über die Massora, ihre geschichtliche Entwicklung und ihren Geist, (Diss.). 1925, Neuaufl. 1968; C. H. Ehrentreu, Minchath Pittim. (Hg.) 1928; C. H. Ehrentreu, Minchath Tehorah. (Hg.) 1931; Youth Appeals to Us. 1945; Art. in relig. Zs. L: The Feuchtwanger Family. Qu: Arch. Hand. Z. - RFJI.

Ehrlich, Ernst Ludwig (Lutz), Dr. phil., Verbandsfunktionär, Publizist; geb. 27. März 1921 Berlin; jüd.; V: Martin E. (geb. 1878 Arnswalde, gest. 1936 Berlin), jüd., Reichsbahnbeamter, Mitgl. CV; M: Eva, geb. Borkowsky (geb. 1886 Werneuchen, umgek. 1943 im Holokaust), jüd.; ∞ 1967 Nora (geb. 1922 Teplitz/ČSR), jüd., ČSR-RegBeamtin, 1958 Deutschland (BRD), Lehrerin, dann CH; K: Blanka (geb. 1951 ČSR), Lehrerin in Basel; StA: bis 1943 deutsch, 1965 CH. Weg: 1943 CH.

Gymn. der jüd. Gde. Berlin, 1940 Abitur u. Stud. L(H)WJ Berlin, 1942 Examen als ReligLehrer, 1942-43 Zwangsarb. in Berlin, anschl. zeitw. untergetaucht. Juni 1943 illeg. Emigr. in die Schweiz, ab 1943 Stud. bibl. Theol. (alttestamentar. Exegese), Philosophie, Psychologie, Islamwiss. u. Archäologie in Basel, Stipendium für studierende Emigr., Nebenverdienst durch Privatstunden, 1950 Prom.; ab 1958 GenSekr. *Christlich-Jüdische Arbeitsgemeinschaft Schweiz,* ab 1961 Dir. B'nai B'rith für Europa, Gastdoz. Zürich, Frankfurt/M. u. Berlin, Rundfunkvorträge in Deutschland (BRD) u. in der Schweiz, intensive Vortragstätigkeit, VorstMitgl. versch. ökumenischen Körperschaften. Lebte 1977 in Riehen-Basel/Schweiz. - Ausz.: 1958 Leo Baeck-Preis des Zentralrats der Juden in Deutschland, 1976 Buber-Rosenzweig-Med. des Deutschen Koordinierungsrats.

W: Der Traum im alten Testament. (Diss.) 1953; Geschichte der Juden in Deutschland. 4. Aufl. 1962; Geschichte Israels von den Anfängen bis zur Zerstörung des Tempels. 1958, 2. Aufl. 1970 (engl. Übers. A Concise History of Israel. 1963, 1965; japan. u. span. Übers.); Die Kultursymbolik im Alten Testament und im nachbiblischen Judentum. 1959; Monumenta Judaica (Mitarb.). 1963; Der antike jüdische Staat. 1964; Judenhaß - Schuld der Christen? (Mithg.). 1964; Littera Judaica. In Memoriam Edwin Guggenheim (Mithg.). 1964; Die geistige Gestalt des heutigen Judentums (Mitarb.). 1969; Große jüdische Persönlichkeiten (Hg. der dt. Ausgabe). 1970; Lothar Rothschild. Rabbiner und Freund. 1975; Zs. *Christlich-Jüdisches Forum* (Hg.); Reihe *Studia Judaica* (Hg.); Art. in Ztg. u. Zs. *Qu:* Fb. Hand. Pers. Publ. Z. - RFJI.

Ehrlich, Georg Joseph, Dr. jur., Rechtsanwalt; geb. 22. Febr. 1890 Zabrze/Oberschlesien, gest. Apr. 1957 IL; *StA:* deutsch, Pal./IL (?). *Weg:* 1939 Pal.

Stud. Rechtswiss. Freiburg, München u. Breslau, 1911 Prom. Breslau. Mitgl. jüd. Jugendbewegung u. K.J.V. Kattowitz/Oberschlesien. 1919-33 (1938 ?) RA u. Notar in Beuthen/Oberschlesien, Mitgl. jüd. GdeVorst. u. Präs. *B'nai B'rith*-Loge Beuthen, stellv. Vors. örtl. Zweigstelle des ZVfD u. Vertr. für *Keren Hayessod,* Lehrer für jüd. Gesch. u. Hebr., Rechtsberater für Angest. der Stadtverw.; März 1939 Emigr. Palästina, RA für Rückerstattungsfälle. AbtLtr. im isr. Min. für Erziehung u. Kultur.

W: Die Abtretbarkeit und Pfändbarkeit des Berichtigungsanspruchs aus § 894 BGB. 1912. *Qu:* Hand. Z. - RFJI.

Ehrlich, Hugo, Parteifunktionär; geb. 1903 (?), gest. 29. Jan. 1961 Berlin (Ost); ∞ Edith, KSČ-Funktionärin, Emigr. GB; *StA:* österr., 1919 CSR, deutsch. *Weg:* 1938 GB; 1945 CSR; Deutschland (ABZ).

Ab 1921 Kreissekr. des KSM in Karlsbad, später Red. KSČ-Organ *Vorwärts* Reichenberg, 1929-31 Mitgl. ZK der KSČ, 1932-38 Red. des dt.-sprach. Zentralorgans *Die Rote Fahne* Prag, Deckn. Brummel. Ende 1938 Emigr. nach GB, Red. *Einheit* London, ab Grdg. 1942 Mitgl. *Einheitsausschuß sudetendeutscher Antifaschisten in Großbritannien* u. ab 1943 Sekr. *Sudetendeutscher Ausschuß - Vertretung der demokratischen Deutschen aus der CSR.* 1945 Rückkehr in die CSR, dann Aussiedlung nach Bayern, AgitPropLtr. u. Red. der KPD-Landeslt., zuletzt deren stellv. Vors.; ab Anfang der 50er Jahre illeg. Tätigkeit, u.a. von Österr. aus; später Übersiedlung nach Berlin (Ost).

Qu: Arch. Pers. Z. - IfZ.

Ehrmann, Henry (Heinrich) **Walter,** Dr. jur., Hochschullehrer; geb. 10. März 1908 Berlin; ev.; *V:* Walter E. (gest. 1911); *M:* Eva, geb. Wolff (1883-1969), jüd., 1939 Emigr. F, 1940 USA; *G:* Dr. phil. Ruth Albert (geb. 1909), Lehrerin u. Psychotherapeutin, 1939 Emigr. Chile; ∞ 1939 Claire Sachs (geb. 1916), Sprachlehrerin, 1935 Emigr. NL, 1937 F, 1940 USA; *K:* Michael (geb. 1942), Paul (geb. 1944); *StA:* deutsch, 1949 USA. *Weg:* 1934 CSR, F; 1940 USA.

Stud. Rechtswiss., 1929 Staatsexamen, 1932 Prom.; Mitgl. SAJ, seit 1927 SPD in Berlin. 1932 Anschluß an *Leninistische Organisation* unter → Walter Löwenheim, nach natsoz. Machtübernahme aktiv bei Org. des Widerstandes. Nov. 1933 bis Frühj. 1934 Schutzhaft. Anschl. illeg. Ausreise in die CSR, dann nach Frankr., dort führende Rolle in Gruppe *Neu Beginnen* (NB), Mitgl. der Auslandsltg. (→ Karl Frank). Kontakte zu Léon Blum u. SFIO, die NB unterstützten. Unter Ps. Fritz Alsen Mitarb. *Zeitschrift für Sozialismus,* unter anderen Ps. (u.a. Paul Scheffler, Paul Bernard) Mitarb. sozialist. Zs. in der Schweiz *(Rote Revue),* Norwegens *(Samtiden),* Österreichs *(Der Kampf)* sowie *Giustizia e Liberta* Paris; Mitarb. IISG u. *Review of International Social History* Amsterdam. Nach Kriegsausbruch in Frankr. interniert, Mai-Juni 1940 Prestataire. Herbst 1940 in die USA. 1940-43 Research Assistant New School for Social Research New York, 1943-47 Berater der US-Reg. für Erziehungsfragen, 1947-50 assoc. Prof., 1950-61 Prof. für pol. Wissenschaften Univ. Colorado; 1961-71 Prof. für Staatswiss. Dartmouth, Hanover/N. Hamp.; 1971-73 Prof. pol. Wiss. McGill Univ. Montreal. Gastprof. Univ. von Kalifornien Berkeley u. San Diego, FU Berlin, Univ. Paris, Bordeaux, Nizza, Grenoble. Mitgl. zahlr. wiss. Ges., u.a. *American Political Science Assn.* u. *Assoc. Française des Sciences Politiques.* Vor allem Studien auf dem Gebiet der vergl. Regierungs- u. Rechtslehre sowie der pol. u. sozialen Gesch. Frankreichs. - *Ausz.:* 1946 Civilian Merit Award des US-Verteidigungsministeriums.

W: In Re: Germany. A Critical Bibliography of Books and Magazine Articles on Germany (Hg. 1941-43). 1941-44; mehrere Publ. über *Neu Beginnen;* wiss. Werke u.a.: French Labor from Popular Front to Liberation. 1947; Organized Business in France. 1957; La Politique du Patronat Français. 1959; Democracy in Changing Society (Hg.). 1965; Interest Groups on Four Continents. 1965; Politische Bildung. 1966; Mithg. *American Political Science Review;* zahlr. Aufs. u. Artikel. Bibliogr. in: Jahrbuch für Amerikastudien, Bd. X/1965, S. 244 f. *L:* Kliem, Neu Beginnen. *Qu:* Fb. Hand. Publ. - IfZ.

Ehrmann, Salomon, Dr. med. dent., Zahnarzt, Rabbiner, Verbandsfunktionär; geb. 11. Sept. 1885 Trier, gest. 21. Mai 1965 Zürich; *V:* H. E. (Ps. Judäus), Rabbiner in Baden/CH; ∞ 2 Ehen. *Weg:* 1938 F, 1943 CH.

Stud. Thora-Lehranstalt Jeschiwa in Frankfurt/M., 1905-09 Stud. Zahnmed. München, Gießen u. Kiel, 1909 Staatsexamen, 1909 Mitgr. u. Ltr. *Keppler-Gesellschaft* in München, 1909-10 Assist. in Antwerpen, 1911-14 Zahnarzt in Werden/Ruhr u. in Leipzig. Gleichz. 1909-14 Hg. *Der Bund,* 1912 Mitgr. u. Exekutivmitgl. *Agudas Jisroel,* Hg. des Nachrichtenblatts des B.J.A. *Unser Weg.* 1914-18 Kriegsteiln., Ltr. einer zahnärztl. Station an der Front. 1919-38 (?) Zahnarzt in Frankfurt/M., 1921 Prom. Frankfurt. 1921 Gr., später Vors. der Palästina-Zentrale der *Agudas Jisroel* in Frankfurt/M., 1925-51 Gr. von relig. Schulen u. Org. des ArbFlügels der *Agudat Israel* in Palästina, 1929-37 Hg. *Nachalath Zwi für Judentum, Lehre und Tat* (Monatsschrift der *Samson Raphael Hirsch-Gesellschaft),* Vorst.-Mitgl. *Freie Vereinigung für die Interessen des orthodoxen Judentums* in Frankfurt/M., *Israelitische Religionsgesellschaft* Frankfurt/M., 1912-33 Mitgl. *Kant-Gesellschaft.* 1938 Emigr. Frankr., 1938 Rabbiner in Paris, 1938-42 Rabbiner in französ. Internierungslagern, 1941 Doz. für Talmudwiss. an der Ecole Rabbinique in Limoges. 1943 Flucht in die Schweiz; 1943-46 tätig für Flüchtlingshilfe u. -seelsorge bei der Isr. Religionsges. Zürich, Mitgl. der Schweizer Flüchtlingsvertretung, Rabbiner am Jüd. Altersheim in Zürich u. Doz. für Talmudwiss., 1947-65 Mitgl. VerwRat der *Agudat Isr. World Org.* u. Vorst. *Agudat Isr.* in der Schweiz, Hg. *Nachrichtenblatt der Agudat Isr. World Org.,* Lektor beim Jüdischen Volksschriftenverlag.

W: Tabelle über den Eintritt der Nacht für die wichtigsten europäischen Städte. 1957. *Qu:* EGL. Hand. Publ. - RFJI.

Eichelsdörfer, Ernst, Parteifunktionär; geb. 20. Juli 1910 Frankfurt/M.; *V:* Johann E.; *M:* Elise, geb. Kurz. *Weg:* 1939 CH; 1945 Deutschland.

Schriftsetzer. GewMitgl. 22. Juli 1939 Emigr. in die Schweiz. LtgMitgl. der KPD in der Schweiz; Deckn. Daniel, Paul. 1937 Lehrgangsteiln. Parteischule des ZK in Draveil b. Juvisy/Seine. Nach 1939 interniert in Regensdorf, Malvaglia, Gordola u. Bassecourt; danach Buchdruckerei-Fachschule in St. Gallen. Mitgl. BFD. 14. Jan. 1945 Teiln. an der ersten Konf. der schweizer. KPD-Org. in Zürich, gemäß dem Einsatzplan der OrgLtg. noch vor Kriegsende nach Singen/Hohentwiel. Apr. 1945 endgültige Rückkehr nach Deutschland, beteiligt am Aufbau der KPD in Hessen.

L: Teubner, Schweiz. *Qu:* Arch. Publ. - IfZ.

Eichholzer, Herbert, Architekt; geb. 31. Jan. 1903 Graz, hinger. 7. Jan. 1943 Wien; *V:* Karl E. (1867-1955), Kaufm.; *M:* Adele, geb. Rautner (1876-1961); *G:* Dr. jur. Alfred E., RA; *StA:* österr. *Weg:* 1938 F, TR; 1940 Deutschland (Österr.).

1922-28 Stud. Architektur Graz, 1928 Dipl.-Ing., anschl. Arbeit als Architekt. Vermutl. 1926 SDAP. 1929 in Paris bei Le Corbusier, 1932 einige Mon. Moskau. Anschl. in Graz, angebl. 1932 Mitgl. *Republikanischer Schutzbund.* Bekannter Architekt, Träger mehrerer Preise. 1934 Teiln. Februarkämpfe. Vermutl.

Beitritt zur KPÖ. 1937 Mitgl. *Vaterländische Front* (VF), Mitarb. *Soziale Arbeitsgemeinschaft* innerhalb der VF. 1938 nach dem Anschluß mit Axel Leskoschek über Triest u. Zürich nach Paris. Vermutl. Mitgl. *Fédération des Émigrés provenant d'Autriche*, ZusArb. mit KPÖ, Deckn. Karl Hase. Nov. 1938 Istanbul auf Einladung von Clemens Holzmeister, Arbeit als Architekt; Verb. mit → Josef Dobretsberger, Anlaufstelle für eine Reihe führender KPÖ-Funktionäre, Gr. KPÖ-Parteigruppe in Istanbul, zentraler Funktionär des AuslApp.; Frühj. 1940 durch Vermittlung des Bruders Rückkehr nach Graz, i.A. der Partei Org. von Widerstandsgruppen in Graz u. Wien. Apr.-Okt. 1940 illeg. Arbeit in Graz u. Wien, LitVertrieb, Aufbau von AuslVerb. nach Jugoslawien. Mitte Okt. 1940 Einberufung, u.a. Heeresdolmetscher in Frankr.; Anfang Febr. 1941 Verhaftung in der Dienststelle. Mai 1942 VGH-Prozeß, Todesurteil.

L: Szecsi, Maria/Stadler, Karl R., Die NS-Justiz in Österreich und ihre Opfer. 1962; Fischer, Illusion; Unsterbliche Opfer. *Qu:* Arch. Pers. Publ. - IfZ.

Eichler, Willi, Journalist, Politiker; geb. 7. Jan. 1896 Berlin, gest. 17. Okt. 1971 Bonn; Diss.; *V:* Eduard E., Postbeamter; *M:* Minna, geb. Behrend; *G:* Minna Urbat, Else Villwock, Kurt; ∞ Susanne Strasser, Ps. Susanne Miller, SPD, Publizistin; *StA:* deutsch, Ausbürg., deutsch. *Weg:* 1933 F; 1938 Lux.; 1939 GB; 1945 Deutschland (FBZ).

Kaufm. Angestellter. 1915-18 Teiln. 1. WK. 1919 SPD u. Beitritt zu Gew. 1923-27 Privatsekr. von Leonard Nelson, dem Begr. der sog. Neufriesschen Schule in Anlehnung an die phil. Lehren von Jakob Friedrich Fries: Die für Nelson fundamentale phil. Rechtslehre erkennt die Gerechtigkeit als ein System von Sollensprinzipien, die in der menschlichen Vernunft angelegt u. nicht aus histor. u. sozialen Prozessen ableitbar sind; hierin Begründung eines „rationalen" Diktaturgedankens bei Ablehnung von Demokratie u. Volkssouveränität; in seinen Untersuchungen zur Wirtschafts- u. Sozialpol. Vertreter eines liberal-ethischen Sozialismus unter Einfluß der Wirtschaftstheorie Franz Oppenheimers. Nach Nelsons vergeblichem Versuch, seine phil. u. pol. Lehre in die Jugendbewegung einzubringen, u. seinem Bruch mit der *Freideutschen Jugend* 1917/18 Grdg. des *Internationalen Jugend-Bundes* (IJB) als pol. Erziehungsgemeinschaft zum Aufbau einer Partei. Gemäß der Nelsonschen pol. Philosophie war der IJB eine streng hierarchische u. auf dem Führerschaftsprinzip beruhende Org., von deren Mitgl. u.a. Abstinenz von Alkohol u. Nikotin sowie Vegetarismus u. Kirchenaustritt gefordert wurden. Durch → Max Hodann Annäherung des IJB an die ArbBewegung u. Mitarb. in sozdem. Jugendorg.; aufgrund Zusammengehens mit dem linken Flügel der Jungsozialisten u. ideolog. Differenzen mit der sozdem. Parteiführung 1925 Ausschluß des IJB aus der SPD. Daraufhin im gleichen Jahr Grdg. des ISK mit den gleichen OrgPrinzipien wie der IJB u. intensiver Funktionärsschulung in dem ISK-Landerziehungsheim Walkemühle. Eichler war Vorst-Mitgl. des IJB u. 1924-25 2. Vors. der Ortsgruppe Göttingen des *Deutschen Freidenker-Verbandes*. Nach Nelsons Tod 1927 Vors. des ISK, dt. Vertr. in der sog. Internationalen Parteiexekutive der *Militant Socialist International*. Ab 1929 Hg. des theoret. Parteiorgans *isk - Mitteilungsblatt des Internationalen Sozialistischen Kampfbundes*, Jan. 1932-Febr. 1933 Chefred. ISK-Blatt *Der Funke*. 9. Nov. 1933 Emigr. nach Frankr., weiterhin Führer des ISK, in Paris Aufbau der Auslandszentrale, Unterstützung der illeg. ISK-Gruppen im Reich. Aug. 1933 mit Edo Fimmen Vereinbarung über ZusArb. von ISK u. ITF, mit deren Unterstützung ab Okt. 1933 Hg. *Neue politische Briefe*, später *Reinhart-Briefe* (Ps. E.s) als PropSchriften der vom ISK geleiteten *Unabhängigen Sozialistischen Gewerkschaft* in Deutschland. Mai 1934- 1940 Hg. des theoret., auch in Esperanto ersch. ISK-Organs *Sozialistische Warte* (mit Beilage *Freie Sozialistische Tribüne*, Ps. Martin Hart, ebenso Hg. *Le Rappel-Pour la mise au point d'une doctrine et pour une action socialiste* (9 Nummern 1938) u. *Das Buch. Zeitschrift für die unabhängige deutsche Literatur* (1938-März 1940). Zentrales Anliegen der ISK-Exilpolitik war die bereits in der Endphase der Weimarer Republik propagierte Einheitsfront der ArbParteien; Beteiligung an Einheits- u. Konzentrationsbestrebungen der linkssozialistischen Exilgruppen u. der KPD (Teiln. an 1. u. 2. Lutetia-Konf. in Paris 26. Sept. u. 21. Nov. 1935, wahrscheinlich auch 3. Konf. 2. Febr. 1936). Mitarb des im Okt. 1938 gegr. *Arbeitsausschusses deutscher Sozialisten und der Revolutionären Sozialisten Österreichs* (→ Julius Deutsch). Apr. 1938 Ausweisung aus Frankr. wegen pol. Betätigung, bis Jan. 1939 in Luxemburg, 9. Jan. 1939 durch Vermittlung von Lord Cecil nach GB. In London Führer der ISK-Gruppe (ca. 20 Mitgl.), zunächst weiterhin Propagierung der ISK-Ideologie unter Ablehnung sowohl der marxist. Theorie als auch des parlamentar.-egalitären Systems. Juli-Okt. 1941 Hg. der ISK-Zs. *Renaissance - For Right, Freedom and Progress*, ab Dez. 1941 zus. mit → Wilhelm Heidorn Hg. Informationsdienst *Europe speaks*; daneben zahlr. ISK-Broschüren zur Neuordnung Deutschlands u. Europas nach dem Kriege; infolge Verb. zu *Socialist Vanguard Group* gute publizist. Möglichkeiten, u.a. in deren Organ *Socialist Commentary*. Ab 1942 Mitarb. *German Educational Reconstruction*. Ständige Mitarb. bei Deutschlandabt. bzw. Arbeiter- u. KriegsgefSendungen der BBC, Berater für sog. schwarzen Sender Sefton Delmers; Mitgl. der 1939 gegr. *Gruppe Unabhängiger Deutscher Autoren* (GUDA). 1941 Beitritt des ISK zur *Union deutscher sozialistischer Organisationen in Großbritannien* (→ Hans Vogel), Mitgl. der Exekutive der *Union* u. des Ausschusses der *Landesgruppe deutscher Gewerkschafter in Großbritannien;* Mithg. des gewerkschaftl. Deutschlandprogramms Febr. 1945. In der Diskussion um eine sozdem. Einheitspartei unter Ausschluß der Kommunisten gab der ISK unter E. zunehmend die Vorstellung einer Erziehungsdiktatur zugunsten demokrat. Formen auf. Aug. 1945 leitete E. entgegen noch starken Strömungen im innerdt. ISK die Vereinigung mit SPD ein; Dez. 1945 ZusSchluß von SPD, NB, ISK u. SAPD zu einer „einheitl. Parteiorg." in London, Eintritt in *Vereinigung deutscher Sozialdemokraten in Großbritannien*. 1945 Rückkehr nach Deutschland, ab Anfang 1946 Chefred. *Rheinische Zeitung* Köln, 1946 Red. MonZs. *Geist und Tat*, 1945-49 der *Sozialistischen Presse-Korrespondenz*. Führend beim Aufbau der rheinischen SPD, Mai 1946 auf 1. Nachkriegs-PT Wahl in den PV, dem er, ab 1952 als besoldetes Mitgl., bis 1968 angehörte. 1947-48 MdL NRW, 1948-49 Mitgl. Frankfurter Wirtschaftsrat, 1949-53 MdB, Mitgl. Europarat. Einer der bestimmenden Autoren des Godesberger Programms; aktiv in der *Sozialistischen Internationale*, Vorst-Mitgl. Friedrich-Ebert-Stiftung. Zahlr. Reisen nach Japan, Indien u. Südamerika.

W: Der Kampf gegen die Arbeitslosigkeit. Ein sozialistisches Programm zur Bekämpfung der Wirtschaftskrise (zus. mit Hellmut von Rauschenplat [→ Fritz Eberhard]), Hg. ISK. 1932; Sozialistische Wiedergeburt, Gedanken und Vorschläge zur Erneuerung der sozialistischen Arbeit. O.O. o.J. (London 1934); Leonard Nelson. Ein Bild seines Lebens und Wirkens. Paris 1938; Calling All Europe (zus. mit J. Rens, B. Dorzewiesky, L. Levy, P. Treves, G. Green). London 1942; Rußland und die Komintern. Gedanken für einen internationalen sozialistischen Wiederaufbau (zus. mit Willi Heidorn; Hg. ISK). Welwyn Garden City 1943; Towards European Unity. French-German Relations Discussed by Henry Hauck (France), Willi Eichler (Germany) and Other European Representatives. Hg. ISK. London 1943; Re-making Germany (zus. mit → Mary Saran, Willi Heidorn u. → Minna Specht). London 1945; Die Neue deutsche Gewerkschaftsbewegung. Programmvorschläge für einen einheitlichen Gewerkschaftsbund (Mitverf.). London 1945; nach 1945 u.a. Der Weg in die Freiheit. 1955; Lebendige Demokratie. Vom Wesen und Wirken der SPD. 1957; Weltanschauung und Politik (Hg. Gerhard Weisser unter Mitwirkung v. S. Miller, B. Friedrich, K. Helfer, F. Schultheiß). 1967; Individuum und Gesellschaft im Verständnis demokratischer Sozialisten. Zur Einführung in den demokratischen Sozialismus. 1972 (posthum); Willi Eichlers Beiträge zum demokratischen Sozialismus (Hg. Klaus Lompe u. Lothar F. Neumann). 1979. *L:* Link, ISK; Röder, Großbritannien. *Qu:* Arch. Hand. Pers. Publ. Z. - IfZ.

Eiermann, Karl, Parteifunktionär; geb. 4. Apr. 1900 Neckarzimmern/Baden; *V:* Engelbert E.; *M:* Frieda, geb. Staubitz; ∞ Lina Rutz. *Weg:* 1935 CH, F; 1939 CH; 1945 Deutschland (ABZ).

Rohrleger. Baugewerkschafts- u. KPD-Funktionär in Mannheim. Nach natsoz. Machtübernahme Ltr. Widerstandsgruppe Schwetzingerstadt. 23. Dez. 1935 Emigr. in die Schweiz. Dort nicht als pol. Flüchtling anerkannt, daher weiter ins Elsaß. 17. Aug. 1939 erneut in die Schweiz, ab Okt. 1939 Internierung in Regensdorf, Geisshof, Gordola, Rugliana u. Bassecourt. Mitgl. Provis. Ltg. BFD in der Schweiz, 24./25. März 1945 Teiln. der 2. illeg. KPD-Konf. in Zürich. 16. Juni 1945 Rückkehr nach Deutschland. KPD-Funktionär in Mannheim.

L: Bergmann, Schweiz; Teubner, Schweiz. *Qu:* Arch. Publ. – IfZ.

Eikemeier, Fritz, Staatsfunktionär, Offizier; geb. 28. März 1908 Oldendorf; *V:* Glasbläser; *StA:* deutsch. *Weg:* 1933 Emigr.; 1936 E; 1939 F; 1940 Deutschland.

Arbeiter, 1922 Gew. u. *Arbeiter-Turn-und-Sport-Bund,* 1930 KPD, GewFunktionär. 1933 Emigr., 1936-39 Teiln. Span. Bürgerkrieg in Internat. Brigaden, anschl. nach Frankr., Internierung in Le Vernet, 1940 Auslieferung, bis Kriegsende KL Sachsenhausen. Ab 1945 Angehöriger Schutzpolizei in Berlin u. Potsdam, ab 1948 stellv. Präs. Deutsche Volkspolizei (DVP) u. Ltr. Schutzpolizei Berlin (Ost), 1952-53 Ltr. DVP-BezBehörde Potsdam, 1953-64 DVP-Präs. in Berlin (Ost), GenMajor; Mitgl. SED-BezLtg. Groß-Berlin u. StadtVO. – *Ausz.:* 1956 Hans-Beimler-Med., 1960 VVO (Silber), 1964 Banner der Arbeit.

Qu: Hand. Publ. Z. – IfZ.

Eildermann, Friedrich Wilhelm (Willi), Parteifunktionär, Publizist; geb. 24. Juli 1897 Bremen; *V:* Arbeiter, SPD-Funktionär; *G:* Louis, Fritz, Heinrich; ∞ Luise Gleber (→ Luise Eildermann); *StA:* deutsch. *Weg:* 1937 CSR, F; 1941 Alg.; 1944 UdSSR; 1947 Deutschland/Berlin (Ost).

1912 *Junge Garde* Bremen, Volontär *Bremer Bürgerzeitung,* 1915 SPD, Anhänger der sog. Bremer Linksradikalen u. Mitarb. ihres Organs *Arbeiterpolitik.* 24./25. Apr. 1916 Teiln. illeg. Reichskonf. der oppos. sozialist. Jugend in Jena. 1916-18 Kriegsdienst. 1918 RedMitarb. *Der Kommunist* Bremen, Organ der Internationalen Kommunisten Deutschlands, 1919 KPD, ab 1920 hauptamtl. Funktionär, 1921-23 Red. *Klassenkampf* Halle, 1924 Red. *Arbeiterzeitung* Breslau, 1924 aus pol. Gründen 10 Mon. Untersuchungshaft, ab 1926 Red. u. 1929 Chefred. *Tribüne* Magdeburg, 1930 Reichsgerichtsurteil 21 Mon. Festungshaft. Nach Freilassung Red. *Volkswacht* Rostock u. Mitgl. KPD-BezLtg. Mecklenburg. Illeg. Tätigkeit, Mai 1933 Festnahme, KL Fuhlsbüttel, später 2 1/2 J. Gef., Mai 1936 Freilassung. Illeg. tätig, Jan. 1937 Emigr. in die CSR, EmigrHeim Strašnice, dann RedMitarb. dt.-sprach. KSČ-Organe *Die Rote Fahne* u. *Der Funke* Prag. Okt. 1937 im Parteiauftrag nach Paris, Korr. *Rundschau* (Ps. Ernst Weber), Mitgl. *Verband Deutscher Journalisten im Ausland* u. SDS. Ab Sept. 1939 in Haft, ab Okt. Internierungslager Le Vernet, Nov. 1941-Mai 1943 Arbeitslager in Algerien. Nov. 1943 UdSSR, ab März 1944 Moskau, bis Aug. 1944 Red. *Freies Deutschland* u. Mitgl. inoffiz. NKFD-Ltg. *Institut Nr. 99,* dann bis 1947 als Mitarb. GlavPURKKA Lektor einer Antifaschule für dt. Kriegsgef. bei 3. Ukrainischer Front, zuletzt in Österreich. Mai 1947 Rückkehr nach Berlin, 1947-51 Chefred. *Pressedienst* des ZK der SED, RedMitgl. *Einheit* Berlin (Ost), ab 1951 Prof. u. Dir. Institut für Publizistik und Zeitungswissenschaft, Karl-Marx-Univ. Leipzig, 1954 Prodekan Fak. für Journalistik; ab 1957 wiss. Mitarb. Institut für Marxismus-Leninismus beim ZK der SED u. 1962-63 vorüberg. stellv. Chefred. *Beiträge zur Geschichte der deutschen Arbeiterbewegung* Berlin (Ost). Lebte Anfang der 70er Jahre in Berlin (Ost). – *Ausz.:* u.a. 1955 VVO (Bronze), 1957 Orden Banner der Arbeit, 1962 VVO (Silber), 1967 VVO (Gold).

W: Deutschland, Tschechoslowakei, Frankreich, Algerien, Sowjetunion – Stationen eines langen Weges. In: Voßke, Heinz (Hg.), Im Kampf bewährt (Erinn.). Berlin (Ost) 1969; Jugend im ersten Weltkrieg. Tagebücher, Briefe, Erinnerungen. Berlin (Ost) 1972; Mit den sowjetischen Befreiern auf dem Balkan. In: Im Zeichen des roten Sterns (Erinn.). Berlin (Ost) 1974. *L:* Weber, Wandlung; Duhnke, KPD. *Qu:* Erinn. Hand. Publ. Z. – IfZ.

Eildermann, Luise, geb. Gleber, Kommunalpolitikerin; geb. 1899; ∞ → Friedrich Wilhelm Eildermann; *StA:* deutsch. *Weg:* 1933 F; 1941 Mex.; 1946 Deutschland (SBZ).

KPD; 1930-32 (Mandatsniederlegung) Mitgl. Bremische Bürgerschaft. 1933 Emigr. nach Frankr., Angest. *Weltkomitee gegen Krieg und Faschismus* (Deckn. Ossy), bei Kriegsausbruch Internierung u.a. in Rieucros; 1941 nach Mexiko, Mitgl. BFD u. *Heinrich-Heine-Klub.* 1946 Rückkehr nach Deutschland (SBZ).

L: Eildermann, Wilhelm, Deutschland, Tschechoslowakei, Frankreich, Algerien, Sowjetunion – Stationen eines langen Weges. In: Voßke, Heinz (Hg.), Im Kampf bewährt. 1969; Kießling, Alemania Libre. *Qu:* Hand. Publ. – IfZ.

Einhorn, Hans, Richter, Staatsfunktionär; geb. 13. Aug. 1908 Berlin. *Weg:* 1939 GB; 1948 Deutschland (Berlin).

Jura-Studium, Kontakte zur Arbeiterbewegung. Mitgl. *Rote Hilfe.* 1939 Emigr. nach GB. 1941 zur KPD. Nach Rückkehr Dezernent für Arbeit beim Magistrat von Berlin, anschl. bis Entlassung 1952 LG-Präs. Berlin (Ost); Mitarb. eines Parteikabinetts; ab 1958 Ltr. Abt. Justiz beim Magistrat Berlin (Ost), ab 1962 Ltr. Hauptabt. Gesetzgebung im Justizmin. der DDR. – *Ausz.:* 1973 VVO (Silber).

Qu: Arch. Z. – IfZ.

Eisemann, Heinrich, Antiquar; geb. 5. Aug. 1890 Frankfurt/ M., gest. 4. Dez. 1972 London; jüd.; *V:* Michael E. (geb. 1855 Mosbach/Baden), jüd., Kaufm.; *M:* Nanette, geb. Altmann (geb. 1859 Mosbach/Baden), jüd.; ∞ 1919 Alice Goldschmidt (geb. 1896 Frankfurt/M., gest. 1965), jüd.; *K:* Clementine Bodenheimer (geb. 1920 Frankfurt/M.), jüd., Realschule, Emigr. GB, Kuba, USA; Lola Grünfeld (geb. 1921 Frankfurt/M.), jüd., Realschule, Emigr. GB; Therese Posen (geb. 1923 Frankfurt/M.), jüd., Realschule, Emigr. GB, IL; Meier (geb. 1924 Frankfurt/M.), jüd., Krankenhausverw. in IL; Miriam Elias (geb. 1928 Frankfurt/M.), jüd., Emigr. GB, USA, Lehrerin; Mario (geb. 1930 Frankfurt/M.), jüd., Emigr. GB, USA, Rabbiner; *StA:* deutsch; brit. *Weg:* 1937 GB.

1907 Abitur, Lehre in Frankfurter Verlagshaus, 1911 (12?)-14(?) Teilh. eines Antiquariats in Rom. Kriegsteiln., Hg. einer Armeeztg. in Litauen; 1921 Gr. Buch- u. Kunstantiquariat Frankfurt/M., spezialisiert auf mittelalterl. Bilderhandschriften, Rara, Wiegendrucke; Beteiligung am Aufbau der Bibliotheken Schocken (Berlin, Jerusalem, New York) u. Biblioteca Bodmeriana Genf. Vorst. orthodoxe Volksschule Frankfurt/ M., Mitarb. *Der Israelit* (jüd.-orthodoxes Wochenblatt in Frankfurt). Anfang 1937 Emigr. GB, Fortführung des Antiquariatsgeschäfts mit Hilfe Londoner Kunsthändler; 1940 frühzeitige Entlassung aus Internierung. Mitgl. *Brit. Booksellers Assn., Agudat Israel,* VerwRatsMitgl. Shaarei Zedek-Krankenhaus, Israel, 1961-72 Mitgl. *Kommission zur Erforschung der Geschichte der Frankfurter Juden.* 1965 Ruhestand.

W: Festschrift für Jacob Rosenheim (Mithg.). 1931; Erinnerungen 1870-1920 (ABiogr.). 1970; Beethoven's Letters (Mitverf., Hg. Emily Anderson). 1961; *L:* Homeyer, Fritz, Deutsche Juden als Bibliophile und Antiquare. 2. Aufl. 1966. *Qu:* EGL. HGR. Pers. Publ. Z. – RFJI.

Eisenberg, Robert, Dr. jur., Diplomat; geb. 29. Febr. 1908 Waidhofen/Niederösterr.; jüd.; *V:* Isaac E. (gest. 1926); *M:* Malvine, geb. Goldreich (gest. 1943 bei Dep.); *G:* 1 S (gest. 2. WK); ∞ 1946 Lilian Marguerite Neuner, geb. Tetaz (geb. 1907), kath., Graphikerin, 1939 Emigr. USA; *StA:* österr., CSR, 1943 USA. *Weg:* 1939 I, F, 1941 USA.

1926 Diplom Prager Handelsakad., 1931 Prom. Deutsche Universität Prag. 1926-36 Bankangest. Prag; 1936-39 Wirtschaftsberater im Bankwesen; Mitgl. *B'nai B'rith* Prag. Apr. 1939 Emigr. Italien, Juni 1939 illeg. nach Frankr.; Bankangest., Statistiker. Febr. 1941 USA, 1941-43 Geschäftsf. einer Importfirma, 1943 Finanzsachverständiger Board of Governors der Federal Reserve Bank Washington/D.C., 1943-45 US-Armee (OSS), 1945-49 Research Analyst, 1949 Foreign Affairs Analyst u. 1949-51 Wirtschafts- u. Finanzexperte im US-Außenmin., 1951 Attaché US-Botschaft London, Berater US-Delegation bei German Debts Commn.; 1952-53 Botschaft Paris, 1953-56 stellv. US-Vertr. bei Europäische Gemeinschaft für Kohle und Stahl Luxemburg, 1956 Foreign Service Inst., 1956-59 Botschaftssekr. Mexico City, ab 1958 Handelsattaché, 1959 Deleg. Internat. Cooperation Administration, 1959-60 Finanzberater in Vientiane/Laos, 1960-61 Wirtschaftsfachmann Washington/D.C., 1961-63 Inspektor im Büro für internat. Beziehungen, 1963-64 Wirtschaftsberater Tananarive/Madagaskar, 1964-66 Pretoria/S-Afrika; 1966-68 Vertr. des Internat. Monetary Fund in Vietnam, danach Pensionierung; 1968-70 Berater des Weltwährungsfonds in der Türkei, 1971-75 in Barbados, Madagaskar, Lesotho. Mitgl. *Am. Foreign Service Assn., Nat. Econ. Club., Diplomatic and Consular Officers.* Lebte 1978 in Alexandria/Va.

Qu: Fb. Hand. - RFJI.

Eisenberg, Saul (Shaul) Nehemiah, Unternehmer; geb. 12. Sept. 1921 München; jüd.; *V:* geb. Osteuropa, in den 30er Jahren Emigr. Shanghai; *M:* geb. Osteuropa, Emigr. mit Ehemann; *G:* Raphael R., Rabbiner, in den 30er Jahren Emigr. CH, später Pal.; 2 weitere B, Emigr. CH, später Pal.; ∞ Leah Freudlesperberg, kath., dann jüd.; *K:* Elfriede, Edith, Esther, Elise, Erwin, Emily, alle 1938 Emigr. Shanghai, dann J, IL; *StA:* deutsch. *Weg:* China, J, IL.

Stud. Jeschiwa Frankfurt/M.; 1938 Emigr. Shanghai über versch. westeurop. Länder, später nach Japan. Nach 2. WK Belieferung der US-Besatzungstruppen in Japan mit Haushaltswaren, später Metallieferant für die Stahlindustrie. Teilh. versch. Einfuhr-Ausfuhr- u. Transport-Ges., Gr. versch. Fabriken in Süd-Korea. Vorst. jüd. Gde. Tokio. Ab 1968 Verlegung der Unternehmensbasis nach Israel mit Panama als internat. Zweigstelle, Ltr. u.a. von Eisenberg Export Co., führend bei Projekten in Entwicklungsländern. Gr. u. Stifter Asia-Africa House u. Eisenberg Hospital Tel Aviv. Stiftungen für die Schule des nach ihm benannten Dorfes Kefar Shaul in Galiläa, ehrenamtl. GenKonsul für Panama in Tel Aviv. Lebte 1976 in Savyon/Israel.

Qu: Hand. Z. - RFJI.

Eisenpreis, Alfred, Kaufmann, Beamter; geb. 16. Juni 1924 Wien; jüd.; *V:* Siegmund (Zygmunt) E. (geb. 1883 Wien, gest. 1955 Wilkes Barre/Pa.), jüd., Oberst in österr. Armee, Kaufm. u. Bankier, 1939 Emigr. USA; *M:* Claire, geb. Silbermann-Gunzberg (geb. 1896 Wien, gest. 1976 New York), 1939 Emigr. USA; ∞ 1956 Elizabeth Jane Long (geb. 1935 Wilkes Barre/Pa.), jüd., B.A., Schriftstellerin u. publizist. Beraterin für die *Community Service Soc.; K:* Steven (geb. 1958); *StA:* österr., 1942 USA. *Weg:* 1939 USA.

1934-38 Gymn. Wien. Okt. 1939 Emigr. USA mit Eltern, 1942 A.A. Bucknell Univ. Lewisburg/Pa., 1943 B.A. St. Thomas Coll., Diplom Industr. Coll. der US-Streitkräfte. 1943 Lehre, 1944-46 stellv. Verkaufsltr., 1948-54 stellv. Werbeltr., 1954-57 stellv. Betriebsltr. bei Pomeroy's Inc. in Wilkes Barre/Pa. (Filiale der Allied Stores Inc.), 1957-58 stellv. Ltr. von Filialgruppen, 1958-63 Forschungsltr., 1963-70 Vizepräs. für Forschung, Planung u. öffentl. Angelegenheiten, 1970-74 Vizepräs. für Warenabsatz bei der US-Zentraltg. der Allied Stores in New York. 1974 Ruhestand. Gleichz. Stud. u. 1974 M.A. New School for Soc. Research. 1960-65 Mitgl. Komitee für Kleinhandelsstatistik des Board of Governors of the Fed. Reserve System, 1963-68 AR-Vors. Retail Research Inst., 1964-68 Vors. Abt. zur Erforschung des Stadtverkehrs beim Highway Research Board der Nat. Acad. Science, 1968-69 Vors. Betriebsberatungsausschuß für Berufsausbildung, 1965-69 Vors. Beratungsausschuß des Center for Econ. Projections in Washington/D.C., 1965-68 Vors. New York Metrop. Region Statistical Center, 1963-69 Berater Business Defense Serv. Admin., Mitgl. geschäftsf. Ausschuß des US-Komitees für Vertriebsberatung beim Handelsmin., Berater im Büro der US-Präs. Johnson u. Nixon, von Präs. Nixon zum Mitgl. Nat. Adv. Committee on Consumer Issues u. 1967-74 des Office of Emergency Preparedness ernannt, 1971-74 Mitgl. Census Adv. Committee, 1974-76 Ltr. für wirtschaftl. Entwicklung bei der Stadtverwaltung von New York, verantwortl. für die Anwerbung von neuen Industrie- u. Handelsfirmen, gleichz. Mitgl. Policy Committee des Bürgermeisters von New York, Dir. New York Convention and Visitors' Bureau u. New York City Convention and Exihibition Centre, Mitgl. Port Development Council, Herald Square Council, Times Square Council, 1964-70 VorstMitgl. u. Vizepräs. *Nat. Retail Merchants Assn., Am. Retail Fed. Council,* Brooklyn Railway, Mitgl. VerwRat des Brooklyn Navy Yard, Appeals Board des Third District Selective Serv. Program, Mitgl. Beratungsausschuß für Personalplanung der Stadt New York, Mitgl. versch. Verbände für Planung u. Geschäftsltg., u.a. Präs. New York City Indus. and Development Corp.; VorstMitgl. S. Bronx Overall Development Corp., Dir. Committee Urban Econ. Development, Dir. 82nd-83rd St. Corp., seit 1976 Sonderberater der New Yorker Industrie- und Handelskammer, Mitgl. *Business Committee on Nat. Policy, Nat. Planning Assn.,* New York Acad. Science, *Am. Econ. Assn., Nat. Assn. Business Econ., Nat. Urban Coalition,* Gr. *Retail Research Soc.,* seit 1970 Kuratoriumsmitgl. New York Publ. Libr., Wilkes Coll. 1965-67 Fed. *Statistics Users' Conf.,* 1972-73 French and Polyclin. Hospital, 1965-70 Nat. *Retail Merchants Found.,* Vorst. Men's Club der Congr. Emanuel, seit 1973 Kuratoriumsmitgl. *Nat. Found. Jew. Culture,* Mitgl. geschäftsf. Ausschuß U.A.H.C. u. der *New York Fed. Reform Syns.* Lebte 1978 in New York. - *Ausz.:* Silver Plaque der *Nat. Retail Merchants Assn.;* Isadore M. Lubin Award der New Sch. Soc. Research; Meritorius Award des Selective Serv.

W: Beiträge in *The Changing Consumer.* 1961; Organization for Multi-Unit Stores. 1962; Art. in Fachzs. *Qu:* Fb. Hand. Z. - RFJI.

Eisenschneider, Paul, Parteifunktionär; geb. 5. Mai 1901 Fischbach, Kr. Birkenfeld/Nahe, umgek. 19. Apr. 1944 KL Mauthausen; *V:* Lehrer; ∞ verh.; *K:* Elvira E. (geb. 1924), Emigr. UdSSR, dort Ausbildung u. UnivStudium, 1943 Fallschirm-Einsatz in Deutschland, nach Festnahme Frühj. 1944 verschollen. *Weg:* F; NL; 1934 UdSSR; 1936 Deutschland.

Bis 1918 Seemann, Teiln. am Aufstand der Kieler Matrosen u. Mitgr. des revol. Seemannsbundes. Nach Rückkehr in die Heimat Lehre als Edelsteinschleifer. Danach stellungslos, zeitw. Arbeit als Schlepper auf einer Zeche in Bottrop. 1922 KPD, danach Parteiarbeit Raum Birkenfeld-Idar Oberstein, Besuch der Parteischule Rosa Luxemburg Berlin, PolLtr. Unterbez. Birkenfeld/Baumholder u. Mitgl. BezLtg. Saar. Nach natsoz. Machtübernahme Emigr. Frankr., Niederlande, von dort aus ltd. Funktion in illeg. Grenzarbeit Saargeb.-Rheinland. 2jähr. Besuch Lenin-Schule Moskau, danach ltd. Funktionen bei illeg. KPD-Arbeit im Ruhrgebiet. Nov. 1936 Verhaftung, Mai 1937 VGH-Urteil lebenslängl. Zuchth. Während des Krieges nach Mauthausen verbracht.

Qu: Arch. Publ. - IfZ.

Eisenstadt, Gerd Michael, Ministerialbeamter, Diplomat; geb. 16. Nov. 1928 Danzig; *V:* Isidor E.; *M:* Edith, geb. Lange; ∞ Marie Louise Gories; *K:* Judith Luzann; *StA:* 1945 USA. *Weg:* 1939 USA.

1939 Emigr. USA; 1951 B.A. Queens Coll. New York, 1952 M.A. Univ. Wisc., 1952-54 MilDienst, 1954-56 Stud. Russian Inst., Columbia Univ.; 1955-60 Doz. Queens Coll.; 1960 Ausbildung bei InfoAbt. (USIA) des US-Außenmin., 1960-61 US-Botschaft Belgrad, 1961-62 USIA, 1962-65 Kulturref. der Botschaft Guayaquil/Ekuador, 1964-67 Kulturref. Botschaft Belgrad, 1968-71 Kulturref. Botschaft Warschau, 1971 Abt. Auslandsinfo. Washington/D.C., 1971 stellv. Ltr. Policy Application Staff, Broadcast Service *Voice of America;* ab 1973 1. Sekr. InfoDienst (USIS) der US-Botschaft Bonn. Lebte 1975 in New York.

Qu: Hand. - RFJI.

Eisler, Arnold, Dr. jur., Rechtsanwalt, Politiker; geb. 6. Apr. 1879 Holleschau/Mähren, gest. 28. Jan. 1947 New York; *V:* Salomon E.; *M:* Augusta; *StA:* österr., Ausbürg.(?). *Weg:* 1938 CSR, CH; 1939 F; 1940 Kuba, USA.

1898-1902 Stud. Rechtswiss. Wien, 1902 Prom.; Mitgl. SDAP. 1903-09 RA-Konzipient in Kanzlei Dr. Ludwig Czech (nachmaliger Vors. DSAP) in Brünn. 1910-25 RA in Graz, vornehml. für Partei- u. GewAngelegenheiten. Ab 1910 Funktionär SDAP Steiermark, 1917 Mitgl. GdeRat Graz. Herbst 1918 kurz vor Zusammenbruch der k.u.k. Monarchie Wirtschaftskommissär für die Steiermark, Nov. 1918 zus. mit einem Industrievertr. an der Spitze der Landesverw., anschl. MdL Steiermark. 1919 Unterstaatssekr. im 3. Kabinett Renner; 1919-20 Mitgl. Konstituierende NatVers., 1920-34 MdNR u. mit kurzer Unterbrechung Mitgl. Verfassungsgerichtshof. 1925 (?) Übersiedlung nach Wien, weiterhin vornehml. Parteianwalt. 1934 nach den Februarkämpfen kurzfristig Haft, 1934-38 RA in Wien. März-Herbst 1938 Haft, Ausreise über CSR in die Schweiz. Anfang 1939 Frankr.; 1940 nach franz. Kapitulation nach Kuba, kurzfristig Präs. der von → Edgar Russ gegr. *Liga Austriaca* in Havanna. Vermutl. Ende 1940 USA; Sept. 1941 neben → Friedrich Adler u.a. Mitunterz. des Protests österr. SozDem. gegen den Versuch der Bildung einer österr. Exilreg. durch → Hans Rott u. → Willibald Plöchl.

L: DBMOI; Goldner, Emigration. *D:* VfGdA. *Qu:* Arch. Hand. Publ. - IfZ.

Eisler, Brunhilde (Hilde), geb. Rothstein, Journalistin; geb. 28. Jan. 1912 Tarnopol/Podolien; ∞ 1942 USA → Gerhart Eisler; *K:* 1; *StA:* österr., PL, später deutsch. *Weg:* CH; 1935 (?) Deutschland; 1936 (?) PL; F; USA; 1949 Deutschland/Berlin (Ost).

Vor 1933 Mitarb. bei Herausgabe der Werke von Marx u. Engels. Nach natsoz. Machtübernahme Emigr., 1934-35 i.A. des ZK der KPD in Basel an Herstellung u. Verteilung illeg. Druckschriften beteiligt, zahlr. Kurierreisen nach Deutschland; Verhaftung, 1935 VGH-Urteil 1 J. Gef., nach Verbüßung Ausweisung nach Polen; Emigr. nach Frankr., später in die USA, dort 1947 mit Ehemann verhaftet. 1949 Rückkehr nach Deutschland/Berlin (Ost), Mitgl. SED, 1950 Mitgl. *Verteidigungskomitee für die Opfer der amerikanischen Reaktion,* Ltr. der Kulturred. *Friedenspost* Berlin (Ost), 1953 Tätigkeit als Übers., 1954 Ltr. der Kulturred. *Wochenpost* Berlin (Ost), ab 1955 stellv. Chefred. *Das Magazin* Berlin (Ost), ab 1961 stellv. Vors. Verband der Deutschen Presse. Lebte 1972 in Berlin (Ost). - *Ausz.:* 1961 Franz-Mehring-Ehrennadel, 1965 VVO (Silber).

L: Gittig, Heinz, Illegale antifaschistische Tarnschriften 1933 bis 1945. 1972 *Qu:* Hand. Publ. Z. - IfZ.

Eisler, Gerhart, Partei- u. Staatsfunktionär; geb. 20. Febr. 1897 Leipzig, gest. 21. März 1968 Eriwan/Armenien; *V:* Dr. phil. Rudolf E. (1873-1926), PhilosProf. in Wien; *M:* Ida Maria, geb. Fischer; *G:* Hanns Eisler (1898-1962), Komponist, 1933 Emigr. in versch. Länder Westeuropas, 1935 UdSSR, 1937 E, 1938-48 (Ausweisung) USA, 1948 Österr., 1949 (?) Berlin (Ost), Komponist DDR-NatHymne; → Ruth Fischer; ∞ I. 1920 Hede Tune, gesch. Gumperz, ab 1928 Massing, Mitarb. sowj. Geheimdienst, ab 1927 StA. USA; II. 1922 (?) Elli Tune, Schwester von I., Emigr. S; III. 1942 → Brunhilde Eisler; *K:* aus II. Natascha; *StA:* deutsch. *Weg:* 1933 USA; 1936 E; 1937 F; 1940 USA; 1949 Deutschland (SBZ).

Gymn., im 1. WK Oberlt. der österr.-ungar. Armee, 1918 Teiln. an Revolution als Mitgl. der Roten Garde. 1918-20 KPÖ, 1919-20 RedSekr. Zs. der ungar. kommunist. Emigr. *Kommunismus* Wien, 1921 nach Deutschland, KPD (Deckn. Gerhart, Hans Berger). 1921 RedSekr. theoret. KPD-Organ *Die Internationale* Berlin, 1921-22 Red. *Die Rote Fahne* Berlin, 1921-25 Mitgl. KPD-BezLtg. Berlin-Brandenburg, 1922-23 Chefred. *KPD-Pressedienst,* auf 8. PT 1923 Wahl zum ZK-Kand., bis Oktoberniederlage Anhänger der linken Parteiopposition, danach Mitgr. der Mittelgruppe; während des Parteiverbots 1923/24 Instrukteur für Mitteldeutschland, nach Übernahme der Parteiführung durch die Linken 1924 bis zum *Offenen Brief* des EKKI v. Aug. 1925 im Hintergrund; ab 1926 Mitarb. ZK-Informationsbüro, 1926-28 Mitgl. BezLtg. Berlin-Brandenburg, auf 11. PT 1927 Wahl zum Kand. des ZK u. des PolBüros. Nach Linkswendung 1928 als führender Versöhner in Opposition zur ZK-Linie; Hauptsprecher der Opposition, während der Wittorf-Affäre treibende Kraft für eine Absetzung Ernst Thälmanns als Parteivors., nach Stalins Schiedsspruch Suspendierung. Nov. 1928 nach Moskau, 1929-31 Sekr. Fernöstliches Büro der RGI in Schanghai u. Nanking. 1931-33 Mitarb. anglo-amerikan. Sekretariat der *Komintern* u. angebl. auch Besuch Lenin-Schule, 1933-36 *Komintern*-Vertr. in USA (Deckn. Edwards), 1935 angebl. Teiln. 7. Weltkongreß. Ab 1936 i.A. der *Komintern* Mitarb. KPD-PolBüro in Prag u. Paris, Ende 1936-Jan. 1937 im ZK-Auftrag Aufbau des KPD-Senders *Kurzwelle 29,8* Madrid u. seiner Red. in Valencia, danach pol. Mitarb. ZK-Sekretariat Paris u. Chefred. theoret. ZK-Organ *Die Internationale* Prag-Antwerpen-Paris, aus Konspirationsgründen formelles RedMitgl. *Deutsche Volkszeitung* Prag-Paris-Brüssel; 1938 Ltr. ZK-Kommission *Zwanzig Jahre KPD* zur Ausarbeitung der Grundlinie der Parteipolitik vor der sog. Berner Konferenz, Anfang 1939 auf dieser Konf. Ref. über Innen- u. Außenpol. des natsoz. Deutschland (Deckname Groß). Sept. 1939-Apr. 1941 Internierung in Le Vernet, bei Überfahrt nach Mexiko Internierung auf Trinidad, anschl. in die USA; Mitarb. theoret. Organ der kommunist. Partei der USA *Communist* u. *New Masses* (Deckn. Hans Berger); ab Sept. 1945 Mithg. u. Hauptmitarb. *The German-American,* Zs. der German-American Emergency Conference; Mitarb. *Anti-Fascist Refugee Committee* u. *Spanish Aid Refugee Society*; mit → Albert Norden u. → Albert Schreiner Verf. einer marxist. Darstellung der jüngsten dt. Geschichte *The Lesson of Germany.* Okt. 1946 vergebl. Ausreiseversuch, 1947 Verhaftung, wegen Mißachtung des amerikan. Kongresses u. Paßfälschung zu vierj. Haftstrafe verurteilt, gegen Kaution von 20 000 $ freigelassen. Dez. 1948 Berufung als Prof. für pol. u. soziale Fragen der Gegenwart Univ. Leipzig, Mai 1949 Flucht mit poln. u. tschechoslow. Hilfe; 1949-50 MdProvis. VK u. Mitgl. PV der SED, 1949-52 Ltr. Amt für Information der DDR-Reg. Febr. 1951 öffentl. Selbstkritik wegen parteipol. Tätigkeit in den 20er Jahren; 1953-56 freier Journ. (andere Quellen: Ltr. Amt für Demoskopie bei Min. für Kultur), 1956-62 stellv. Vors. u. anschl. Vors. Staatliches Rundfunkkomitee beim MinRat der DDR, ab 1962 Mitgl. Zentralvorst. *Verband der Deutschen Presse,* ab Juli 1963 Mitgl. *Solidaritätskomitee für das spanische Volk in der DDR,* ab 1966 Mitgl. *Romain-Rolland-Komitee der DDR,* 1967-68 Mitgl. ZK der SED, 1968 Wahl zum Präs. u. Vors. VerwRat der OIRT. - *Ausz.:* 1957 VVO (Silber), 1959 Banner der Arbeit, 1962 Karl-Marx-Orden, 1963 Dr. h.c. Univ. Leipzig, 1964 VVO (Gold), 1967 Held der Arbeit.

W: The Lesson of Germany (Mitverf.). New York (International Publishers) 1945. *L:* Tjaden, KPDO; Massing, Hede, Die große Täuschung. 1967; Weber, Wandlung; GdA-Biogr.; Duhnke, KPD; Lerg, Winfried B./Steininger, Rolf, Rundfunk und Politik 1923-1973. 1975; Dahlem, Vorabend; Wehner, Untergrundnotizen. *Qu:* Hand. Publ. Z. - IfZ.

Eisler, Josef Hermann, Journalist; geb. 5. Mai 1899 Wien, gest. 21. Sept. 1973 Wien; *V:* Berthold E. (geb. 1867, umgek. KL Theresienstadt), MinBeamter im Handelsmin., Hofrat, *M:* Sofie, geb. Eisler (umgek. KL Theresienstadt); ∞ 1946 Schanghai, Stella Helfgott (geb. 1902), 1940 Emigr. Schanghai, 1943-45 Internierung, 1949 Österr., A: Wien; *StA:* österr. *Weg:* 1939 Schanghai; 1949 Österr.

1917-18 Kriegsdienst; 1919-21 Angest. Simmeringer Waggonfabrik, 1921-23 Stud. Medizin Wien. 1924-38 RedSekr., Chefadministrator u. Nachtred. *Der Montag mit dem Sportmontag.* 1939 Emigr. Schanghai, 1939-45 Red. u. Nachtred. *Shanghai Echo.* 1943-45 Internierung. Ab Aug. 1945 Aufbau eines eigenen ÜbersDiensts u. Mitarb. *Shanghai Echo.* Daneben schriftst. Tätigkeit. 1949 Rückkehr nach Wien, bis 1953 freier Schriftst., Vortragstätigkeit an Volkshochschulen. Jan. 1954 Übersiedlung nach Milwaukee/Wisc., bis 1956 freier Schriftst., 1957-63 stellv. Chefred. *Milwaukee Herold,* Rundfunk- und Fernsehmitarb. - Febr. 1964 Rückkehr nach Wien, ab 1964 Korr. *Milwaukee Herold,* ab 1967 Chefred. der Österr.-Red. *Montrealer Nachrichten.* - *Ausz.:* 1964 Goldenes Ehrenzeichen für Verdienste um die Republik Österreich.

W: u.a. Franz Ferdinand Helmer. Schanghai o. J.; Vagabunden der Landstraße (bis 1963 in Fortsetzungen im *Milwaukee Herold*). *D:* VfGdA. *Qu:* Arch. Pers. - IfZ.

Eisler, Paul A., Dr. jur., Rechtsanwalt; geb. 16. Mai 1921 Wien; ev.; *V:* Otto E. (geb. 1885 Troppau/österr. Schlesien, gest. 1938 Wien), ev., Ing.; *M:* Alice, geb. Zerner (geb. 1892 Wien, gest. 1951 San Francisco), jüd., 1938 Emigr. H, F, E, 1947 in die USA; *G:* Stephan Kew (geb. 1921 Wien), 1938 Emigr. F, GB, Rechtsanwalt; ∞ 1945 Dorothee Lowenson (geb. 1923 Breslau), jüd., Angest., 1936 Emigr. USA; *K:* Barbara (geb. 1951), Angest.; Lorraine (geb. 1957); *StA:* österr., 1943 USA. *Weg:* 1938 F; GB; 1939 USA.

1931-38 Realgymn. Wien. Okt. 1938 Emigr. Frankr. zus. mit Mutter u. Bruder, dann nach GB zus. mit Bruder, Stipendium für Mittelschule unter Ltg. der *Soc. of Friends* (Quäker). Dez. 1939 in die USA, 1940-43 Bankangest. in San Francisco, 1943 Stud. Univ. Ill.; 1943-46 US-Armee. 1946-47 Deutschlehrer Univ. San Francisco, 1947-51 Deutschlehrer in San Francisco. Gleichz. 1946-50 Stud., 1948 B.A., 1950 D. J. Univ. San Francisco, Mithg. der UnivZs. Seit 1951 RA in San Francisco, 1961 Zulassung als Anwalt vor dem Obersten Gerichtshof in Washington/D.C., Vortragstätigkeit über Rechtsfragen, Schiedsrichter für die *Am. Arbitration Assn.;* gleichz. Präs. der *San Francisco Trial Lawyers Assn.,* Vors. Committee on Uninsured Motorists des kaliforn. Anwaltsverbandes, Mitgl. versch. anderer Komitees u. Org. Seit 1972 österr. HonKonsul. Lebte 1976 in San Francisco. - *Ausz.:* Bronze Star, Purple Heart, 1967 Ehrung als hervorragendes Mitgl. der Calif. Trial Lawyers Assn., Dir. *San Francisco Press Club.*

W: Uninsured Motorist Law. 1960; California Uninsured Motorist Law Handbook. 1969, 2. Aufl. 1974; Beiträge in Fachzs. *Qu:* Fb. Hand. - RFJI.

Eisner, Hans Edward, Dr. phil., Chemiker; geb. 29. Sept. 1892 Zabrze/Oberschlesien; jüd.; *V:* Max E. (1859-1926), jüd., Kaufm.; *M:* Clara, geb. Benjamin (geb. 1868 Berlin, gest. 1952 Den Haag), jüd., 1938 Emigr. NL; *G:* → Jacob Curt Eisner; ∞ 1925 Margarete Heil (geb. 1895 Dresden, gest. 1965 Ithaca/N.Y.), ev., Stud. Kunstakad. Dresden, künstlerische Mitarb. in Keramikfabrik, 1933 Emigr. E, 1947 USA; *K:* Beatrice Gil (geb. 1926 Berlin), Emigr. mit Eltern, Stud., A: Argent.; Thomas (geb. 1929 Berlin), Emigr. mit Eltern, Ph. D. Harvard Univ., Hochschullehrer Cornell Univ.; *StA:* deutsch, USA. *Weg:* 1933 E; 1947 USA.

1911-15 Apothekengehilfe, 1916-19 Kriegsteiln.; Stud. München, Berlin, 1919 Staatsexamen in Pharmazie, 1924 Prom. in Chemie, 1921-33 stellv. AbtLtr. Kaiser-Wilhelm-Inst. für physikal. Chemie u. Elektrochemie. Apr. 1933 Emigr. Spanien, 1933-34 i. A. einer engl. Firma Inspektion der Kupferwerke von Cordoba, 1934-47 techn. Dir. in Laboratorios Andromaco in Barcelona (pharmazeut. Firma mit Zweigstellen in 9 Ländern). 1947 in die USA, seit 1948 Präs. Metropolitan Consult. Chemicals in Scarsdale/N.Y. u. seit 1958 Forschungsarb. an der Cornell Univ.; Mitgl. *Am. Chem. Soc., Am. Assn. Advancement Science.* Lebte 1978 in Ithaca/N.Y.

Qu: Fb. Hand. Pers. - RFJI.

Eisner, Hermann, Dr. jur., Rechtsanwalt; geb. 16. Okt. 1897 Gleiwitz/Oberschlesien, gest. 29. Okt. 1977 Berlin; jüd.; ∞ Camilla Spira (geb. 1906), Schausp., Emigr.; *K:* Peter Paul, A: USA; Susanne Thaler; *StA:* deutsch, Ausbürg., deutsch. *Weg:* 1938 NL; USA; 1947 Deutschland (Berlin).

1922 Prom. Breslau, ab 1922 bei Engelhardt Brauerei AG, Berlin, ab 1930 stellv. GenDir.; nach 1933 zeitw. Vors. Schlichtungsausschuß des *Jüdischen Kulturbunds* Berlin. 1938 Emigr. Niederlande, dann USA, 1947 Rückkehr, VorstVors. Engelhardt Brauerei AG, ARVors. Vulkan-Werke AG für Brauereibedarf, Mitgl. AR Lichtenfelder Getränkeherstellung u. Vertrieb GmbH; stellv. Vors. *Wirtschaftsverband Berliner Brauereien,* VorstMitgl. u. Vors. Rechtsausschuß des *Deutschen Brauer-Bundes.*

Qu: EGL. Hand. Z. - IfZ.

Eisner, Jacob Curt, Industriekaufmann; geb. 28. Apr. 1890 Zabrze (Hindenburg)/Oberschlesien; jüd.; *G:* → Hans Edward Eisner; ∞ Erna Grünthal (geb. 1897 Breslau), jüd., Emigr.; *K:* Ruth Grünfeld (geb. 1920, gest. 1936 NL); *StA:* deutsch, Ausbürg., 1948 NL. *Weg:* 1936 NL.

1909-11 Handelshochschule Berlin, bis 1938 VorstMitgl. Rawack u. Grunfeld AG, Berlin, 1936-39 Dir. Rawack & Grunfeld Erzhandelsges. in Rotterdam, nach 1940 im Untergrund, Verb. zur holländ. Widerstandsbewegung. Ab 1946 wiss. Mitarb. Reichsmuseum für Naturgeschichte, Leiden; 1947-56 Dir. Vereinigte Erzhandelsges. Den Haag, daneben wiss. Betätigung auf zoolog. Gebiet. Lebte 1975 Im Haag. - *Ausz.:* Silberne Med. für Verdienste um öffentl. Sammlungen.

W: Parnassiidae-Sammlung J.C. Eisner im Reichsmuseum für Naturgeschichte, Leiden; Beiträge in zoolog. Fachzs. *Qu:* Fb. - IfZ.

Eksl, Josef, Gewerkschaftsfunktionär; geb. 16. Aug. 1909 Wien; jüd.; *V:* Rudolf E. (geb. 1879), Hilfsarb., 1942 dep.; *M:* Hermine, geb. Feldmar (geb. 1882), 1942 dep.; ∞ 1936 Steffi Grünblatt (geb. 1911); *K:* Gabrielle Traxler (geb. 1942), GewSekr., A: Wien; René (geb. 1944), Dipl.-Ing., A: F; *StA:* österr. *Weg:* 1938 B; 1940 F; 1943 CH; 1946 Österr.

1923-26 kaufm. Lehre, 1926-38 Angest.; 1924-34 SAJDÖ, zuletzt Gruppenobmann; Mitgl. Jugendgruppe *Zentralverein der kaufmännischen Angestellten Österreichs.* Ab Febr. 1934 Mitarb. *Rote Front* (illeg. Gruppe zwischen KPÖ u. RSÖ), bis 1936 Sympathisant der KPÖ. 1938 nach dem Anschluß Flucht aus Österr., 4 Wochen Haft in Deutschland, Mai 1938 illeg. Grenzübertritt nach Belgien, dort Aufenthaltsbewilligung u. Unterstützung durch Matteotti-Fonds. Mitgl. Gruppe österr. Sozialisten in Belgien. Mai 1940 Evakuierung nach Südfrankr., Internierung in St. Cyprien, Juli 1940 Flucht, zunächst in Montauban, anschl. bis Ende 1941 in Marseille im Untergrund; Verb. zur franz. Résistance. Nov. 1941-1943 illeg. in Digne/Haute Provence, 1943 in die Schweiz, Verhaftung, auf Intervention von Schweizer Freunden Entlassung u. Aufenthaltsbewilligung; lebte bei der Schriftst. → Anna Siemsen. 1946 Rückkehr nach Wien. Seit 1946 ÖGB-Sekr. u. Mitgl. SPÖ, seit 1947 Mitgl. Kammer für Arbeiter und Angestellte Wien; seit 1946 geschäftsf. Dir. Berufsförderungsinstitut Wien. Stellv. AR-Vors. Europa-Verlag. Lebte 1977 in Wien. - *Ausz.:* 1973 Berufstitel Professor.

W: Berufsförderung - Berufsweiterschulung. 1960; Berufsweiterbildung in Europa (Hg.). 1962; Ein Wohnbauprogramm für Österreich. 1965; Die berufliche Erwachsenenbildung. 15 Jahre Berufsförderungsinstitut. 1975. *L:* Neugebauer, Bauvolk. *Qu:* Fb. Pers. Publ. - IfZ.

Elan, Ephraim (urspr. Pickholz, Fischl), Dr. sc. math., Architekt, Verbandsfunktionär; geb. 23. Okt. 1901 Osteuropa; jüd.; *V:* Bernard Pickholz (gest. 1927); *M:* Debora, geb. Zahler (geb. Osteuropa, umgek. 1942 KL Auschwitz); ∞ Jaffa Grünfeld (geb. 1914 Bialystok), jüd., Stud. Caen/F, 1921 Emigr. Pal., ab 1936 Dir. Textilfabrik Grünfeld u. Söhne Tel Aviv; *K:* Vardit Sagui (geb. 1944 Tel Aviv), RA; *StA:* PL, IL. *Weg:* 1939 Pal.; 1942 IR; 1945 Pal.

1927 Dipl.-Ing. TH Wien, 1932 Prom. Univ. Wien; 1928-31 Mitgl. BezVorst. *Zionistische Organisation* Wien, 1930-39 Red-Mitgl. zion. Tageszts. *Die Stimme*, 1932-39 Bauing.; Mitgl. ZK d. *KKL, Keren Hayessod, Hechaluz*, Israelbüro Österr., 1932-39 Geschäftsf. *Jew. Agency*. 1939 Emigr. Palästina., 1939-41 Mitarb. techn. Agentur in Tel Aviv, 1942-45 Doz. für Hydraulik u. Mechanik TH Abadan/Iran, 1945-48 Dir. Bauwerkstätten Haifa. Im Unabhängigkeitskrieg Fernmeldeoffz. in Haifa. 1951-67 Ltr. ORT-Schule in Ramat Gan, Bauentwurf für Herzl-Mausoleum Jerusalem. 1956-67 Ehren-Sekr. *Israel-Österreich-Gesellschaft*. 1955-62 Hg. Parteiztg. der *Allgemeinen Zionisten, Devarim*, 1957-62 Hg. der Monatsschrift des *Arbeiterverbands der Allgemeinen Zionisten*; 1962-76 Vors. Zentralvorst. Kuppat Ḥolim Assaf, stellv. Vors. ZK *Allgemeine Zionisten*, 1968-77 Mitgl. Gerichtshof der *Histadrut*, Richter Stadt u. Bez. Tel Aviv, Mitgl. Nat.-Sekr. *Verband der Ingenieure*, Landesausschuß *Lehrerverband*, AR-Mitgl. Massad Bank, zeitw. Präs. *Theodor-Herzl-Loge* des *B'nai B'rith*. Lebte 1975 in Tel Aviv.

Qu: Fb. Hand. - RFJI.

Elbau (urspr. Mandelbaum), **Julius**, Journalist; geb. 19. März 1881 Stuttgart, gest. 26. Okt. 1965 Cronton-on-Hudson/N.Y.; jüd.; *V:* jüd., Uhrmacher; *G:* 1 B, Kaufm.; 2 S; ∞ 1907 Jennie Hattle; *K:* Gertrud Helen Bier; Dr. Alfred E., A: USA; *StA:* deutsch, USA. *Weg:* 1938 USA.

1901-03 Red. *Heilbronner Zeitung*, 1903-14 Lokalred. u. Chefred. der linksliberalen, der DVP nahestehenden *Kleinen Presse*, Red. *Das Illustrierte Blatt;* 1910 Deleg. Berliner Einigungs-PT der *Fortschrittlichen Volkspartei*. 1914-18 Red. u. Hg. *Kriegs-Echo*, Wochenchronik des Ullstein-Verlags. Chefred. *Große Zeit* u. *Berliner Illustrirte Zeitung*; nach 1918 DDP, ab 1930 DSP. 1918-33 Red. *Vossische Zeitung*, ab 1920 stellv. Chefred. u. Leitartikler; Aug. 1930 nach Ausscheiden → Georg Bernhards bis zur Entlassung Apr. 1933 Chefred. Nach sog. Reichskristallnacht 1938 Emigr. in die USA; freier Publizist u. Übers., u.a. 1947-62 Mitarb. u. Kolumnist *New Yorker Staats-Zeitung und Herold;* Mitarb. *Aufbau*.

W: Die deutsche Presse. In: Nord und Süd 53/1930; Disraeli, Benjamin, Tancred oder der neue Kreuzzug (Übers.). Berlin 1936. *L:* Julius Elbau 80 Jahre (Hg. Rudolf Ullstein). 1961; Becker, Demokratie; Sösemann, Weimarer Republik. *Qu:* Fb. Hand. Pers. Publ. Z. - IfZ.

Elchner, Otto Gustav, Gewerkschaftsfunktionär; geb. 22. März 1898 Hirschberg/Schlesien; *Weg:* 1936 CSR; 1937 S.

Schlosser u. Maschinist. 1917-19 Soldat. 1919 SPD, 1926 Betriebsratsvors. Berliner Verkehrsbetriebe, 1930 VorstMitgl. *Gesamtverband der Arbeitnehmer der öffentlichen Betriebe*. Nach natsoz. Machtübernahme illeg. tätig, März 1933 Verhaftung; Ostern 1935 Teiln. ITF-Konf. in Roskilde/Dänemark. Mai 1935 nach erneuter Verhaftung Urteil 1 1/2 Jahre Gef.; Nov. 1936 Flucht in die CSR. Jan. 1937 nach Schweden, Mitorg. der dt. EmigrGruppe Göteborg u. Mitgl. *Landesgruppe Schweden der Auslandsvertretung deutscher Gewerkschaften* sowie des FDKB. Mitarb. *Koordinationskomitee für demokratische Aufbauarbeit (Samarbetskommittén för demokratiskt uppbyggnadsarbete)*, Lehrer an dessen Schule in Nissafors. Nach 1945 Schlosser in Göteborg.

L: Müssener, Exil, *Qu:* Arch. Publ. - IfZ.

Elias, Paul, Parteifunktionär; *V:* Ernst E.; *M:* Helene, geb. Ellinghaus. *Weg:* CH; 1946 Deutschland (SBZ?).

Maler. KPD-Funktionär. Mai 1933 verhaftet, bis Jan. 1934 KL Esterwegen. Emigr. in die Schweiz, ab 1938 (?) KPD-AbschnLtr. Süd, 1939 bis Kriegsausbruch in ZusArb. mit → Hans Teubner; Deckn. Matthes. Jan./Febr. 1939 Teiln. sog. Berner Konf. der KPD in Draveil b. Juvisy/Seine. Wegen illeg. Einreise nach 1939 Internierung in Regensdorf, St. Gallen, Thalheim, Ruvigliana-Lugano u. Gordola. Juni 1946 Rückkehr nach Deutschland.

L: Teubner, Schweiz. *Qu:* Arch. Publ. - IfZ.

Eliasberg, George J. (urspr. John Georgij), Dr. phil., Journalist; geb. 31. Jan. 1906 Wiesbaden, gest. 12. Sept. 1972 Berlin; *V:* Leopold E., jüd., Kaufm.; *M:* Fanny, geb. Halpern, jüd.; *StA:* deutsch, 1947 USA. *Weg:* 1940 I, Venezuela; 1941 USA.

Aufgewachsen in Rußland, in Deutschland Stud. Naturwiss., Philos. u. Gesch., 1933 Prom. Während des Stud. u.a. mit → Richard Löwenthal in der Reichsltg. *Kostufra*, nach Ausschluß wegen „Rechtsabweichung" Ende 1929 Mitgl. *Leninistische Organisation (Neu Beginnen, NB)* unter → Walter Löwenheim. Nach 1933 führend in illeg. Widerstandstätigkeit der Gruppe NB, bei Verhaftungswelle Sommer/Herbst 1935 festgenommen. Sept. 1936 zu 4 1/2 J. Zuchth. verurteilt, 1940 Haftentlassung u. Ausweisung aus Deutschland. Emigr. nach Italien, dort 6 Mon. interniert; auf dem Wege in die USA halbjähr. Aufenthalt in jüd. Siedlung San Domingo/Venezuela, Mitarb. bei Flüchtlingshilfe; 1941 Ankunft in den USA, dort Mitarb. *Neu Beginnen* (→ Karl Frank); bis 1945 Red. u. Kommentator *Voice of America* des OWI New York; ab Aug. 1945 us Red. u. Übers. wechselweise im Armee- u. Außenmin., New Yorker Korr. der *Neuen Zeitung* München; 1953-60 Nachrichtenred. US Information Agency. In den 60er Jahren Rückkehr nach Deutschland, ab 1968 hauptamtl. Mitarb. Friedrich-Ebert-Stiftung, zunächst Studienltr. Heimvolkshochschule Bergneustadt, ab 1969 in der Abt. Sozial- u. Zeitgeschichte des Forschungsinstituts Bad Godesberg.

W: Weyl, Stefan (Ps.), The Silent War. The Underground Movement in Germany (mit Bernhard Taurer unter Ps. Jon B. Jansen). Philadelphia (Lippincott) u. London (Long) 1943; Marxism's Hostile Children-Leninism and Socialism, Chicago (Regenery) 1949 (dt. Übers.: Historische Grundlagen der kommunistischen Internationale. Hg. SPD-Landesvorstand Groß-Berlin. 1949); Der Ruhrkrieg von 1920. 1974. *L:* Kliem, Neu Beginnen; Radkau, Emigration. *D:* AsD. *Qu:* Arch. Hand. Publ. - IfZ.

Eliav (bis 1949 Lauber), **Pinhas**, Diplomat; geb. 23. Dez. 1924 Perehińsko/Galizien; jüd.; *V:* Joshua Lauber (geb. 1897 Perehińsko, gest. 1939 Pal.), jüd., Jeschiwah, Kaufm., aktiv in *Misrachi* Köln, 1933 Emigr. NL, 1934 Pal.; *M:* Shoshana, geb. Rubenstein (geb. 1898 Zbaraz/Galizien), jüd., Emigr. Pal.; *G:* Mordekhai Eliav (geb. 1920 Perehińsko), 1933 Emigr. NL, 1934 Pal., 1958 Ph. D. Hebr. Univ., außerordentl. Prof. für jüd. Gesch. an der Bar Ilan Univ., ltd. Mitarb. in der Jugend- u. *Hechaluz*-Abt. der W.Z.O.; ∞ 1955 Printz (geb. 1929 Budapest), jüd., 1949 Emigr. IL, B.A. Hebr. Univ.; *K:* Gila (geb. 1962 Montreal); Joshua (geb. 1966 Jerusalem); *StA:* PL; Pal/IL. *Weg:* 1933 NL; 1934 Pal.

Jüd. Schule in Köln, Mitgl. jüd. Jugendbewegung. 1933 Emigr. Niederlande mit Familie, 1934 nach Palästina; 1942-45 *Haganah*, 1942-47 Stud. Hebr. Univ., 1949 M.A., 1946-48 Stud. Diplomatenschule der *Jew. Agency*, 1949 Examen, aktiv in Studentenorg. *HaPoel haMizrahi*, 1948-49 IDF-Dienst. Seit 1949 im isr. Außenmin., 1949-51 in der Abt. für internat. Org., 1951-52 2. Sekr. isr. Botschaft in Washington/D.C., 1956-60 Assist. Dir. US-Abt., gleichz. 1955-60 Doz. Hebr. Univ., 1960-62 GenKonsul in Montreal, 1962-68 Botschaftsrat in Brüssel, 1968-75 Dir. UN-Abt., ab 1975 Botschafter u. stellv. isr. Vertr. bei den UN in New York. Vortragstätigkeit u. Veröffentl. über pol. Themen. Lebte 1978 in New York.

Qu: Fb. Hand. - RFJI.

Eliel, Erwin, Industrieller; geb. 30. Apr. 1911 Köln, gest. 16. Dez. 1956 New York; jüd.; *V:* Dr. jur. Oskar E. (geb. 1878 Köln, gest. 1939 Amsterdam), jüd., Anwalt bei Leonhard Tietz AG, VorstMitgl. Liberale Synagoge Köln, 1938 Emigr. Pal.; *M:* Louise, geb. Tietz (geb. 1887 Stralsund, gest. 1948 New York), jüd., Mitarb. jüd. Reformbewegung, VorstVors. eines Waisenhauses in Köln, 1938 Emigr. Pal. mit Ehemann, 1939 GB, 1946 Pal., 1948 USA; *G:* Edgar (geb. 1908 Köln, gest. 1947 London), Kaufm., 1937 Emigr. GB; Ernest Ludwig; ∞ I. 1933 Hannah Lissauer, in den 50er Jahren gesch.; II. 1955 Helga Klau (geb. Frankfurt/M.), A: Wien; *K:* Stefan, Peter. *Weg:* 1934 NL; 1940 E, Bras.; 1948 USA.

Stud. Rechtswiss., Referendar, 1934 Emigr. Niederlande, 1934-40 Dir. Metallhandelsges. N.V. Oxyde Amsterdam, Mitarb. Flüchtlingsorg., 1940 über Spanien nach Brasilien., Gr. u. Dir. Metalora (Tochterges. des Lissauer-Konzerns). 1948 in die USA, Vizepräs. u. Finanzdir. Associated Metals and Minerals Corp. New York (Lissauer-Konzern). VorstMitgl. *Federation of Jewish Philanthropies* u. UJA New York.

Qu: EGL. Pers. - RFJI.

Elizur, Michael Abram (urspr. Zülzer, Michael), Diplomat; geb. 26. Apr. 1921 Leipzig; jüd.; *V:* Berthold Zülzer (geb. 1890 Leipzig, gest. 1972 Ramat Gan), Kaufm., Zion., 1934 Emigr. Pal. mit A I-Zertifikat, Inh. einer Elektrofirma; *M:* Mira, geb. Kaplan (geb. 1895 Minsk/Weißrußland, gest. 1970 Ramat Gan), jüd., Stud. Lausanne, 1934 Emigr. Pal. mit A I-Zertifikat, in FamFirma tätig; *G:* Hadassah (Ada) Mark (geb. 1922 Leipzig, gest. 1968 Ramat Gan), jüd., 1933 Emigr. Pal., M.A. Hebr. Univ., Buchhalterin in FamFirma; ∞ Erela Ephrati (geb. 1922 Tel Aviv), Ph.D., Bakteriologin, Prof. Hebr. Univ.; *K:* Amira Zeltser (geb. 1950 London), Dipl. Bezalel-Kunsthochschule Jerusalem; Abigail (geb. 1955 Jerusalem); *StA:* deutsch, IL. *Weg:* 1933 Pal.

2 Jahre Gymn. Leipzig, 1933 Emigr. Palästina, Aufenthalt bei Verwandten bis zur Ankunft der Eltern, 1933-39 Gymn. Tel Aviv. Ab 1935 Mitgl. *Haganah,* 1936-39 *Haganah*-Dienst in Tel Aviv, 1939 Hachscharah in Naan, Alonim, Bet haShittah, Givat Ada u. Gruppensiedlung in Hamadiyah. Ab 1939 Mitgl. *Histadrut,* 1940 Mitgl. *Mapai;* aktiv in Jugendbewegung, Mitgl. ZA, Mithg. Jugendzs. *KeZemah haSadeh* (Gedenkbuch), 1941-42 u. 1947-48 in Jerusalem. 1946-47 Stud. Diplomatenschule der *Jew. Agency,* 1948 in deren Auftrag Mitarb. der *Professional and Technical Workers Aliyah* London u. ZusArb. mit *Haganah*-Vertretern. 1949 Eintritt in isr. Außenmin., 1952 2. Botschaftssekr. London, 1952-53 Principal Assist. Brit. Commonwealth Division, 1953-56 RegSprecher u. Pressechef, 1956-57 Kabinettschef u. polit. Sekr. von Außenmin. Golda Meir, 1957-58 Personalchef, 1958-61 Berater ständige isr. UN-Mission New York, 1961-63 Botschaftsrat Rangun. 1963-64 Coll. für Nat. Verteidigung. 1964-65 stellv. Dir. Abt. Westeuropa, 1965-67 stellv. Dir. u. geschäftsf. Dir. Abt. Asien u. 1968-73 Dir. Abt. Nordamerika im isr. Außenmin., ab 1974 Botschafter in Australien sowie für Fidschi- u. Tonga-Inseln, West-Samoa u. Neu Guinea. Lebte 1977 in Jerusalem.

Qu: Fb. - RFJI.

Elk, Max, Dr. phil., Rabbiner, Pädagoge; geb. 1898 Frankfurt/M.; *StA:* deutsch, Pal./IL. *Weg:* 1934 Pal.

1916-25 Stud. Jüd.-Theol. Seminar Breslau, gleichz. Stud. Gießen, Prom.; 1925 Rabbiner in München, ab 1926 in Stettin. 1934 Emigr. Palästina, Gr. u. seit 1934 Rektor der Leo-Baeck-Schule in Haifa, 1936 Gr. Beth Isr.-Gde. Haifa, Mitarb. in Bewegung für Reformjudentum. Lebte 1968 in Haifa.

W: Die Begründung der Religionsphilosophie bei I. F. Fries (Diss.). 1923; Der religiöse Liberalismus in der nationalen Bewegung. In: Die jüdische Idee und ihre Träger. 1928; The National Conception of Judaism. In: Aspects of Progressive Jewish Thought. 1954; Paul Lazarus in Israel. In: Paul-Lazarus-Gedenkbuch. 1961. *Qu:* Publ. - RFJI.

Ellenbogen, Wilhelm, Dr. med., Arzt, Politiker; geb. 9. Juli 1863 Lundenburg/Mähren, gest. 25. Febr. 1951 New York; *V:* David E., Lehrer; *M:* Rosa, geb. Brauchbar; *G:* Leopold, Emigr. F, USA; Gisela, Emigr. F, USA; 1 S, gest. vor 1938; *StA:* österr. *Weg:* 1938 F; 1940 USA.

Stud. Medizin Wien, 1886 Prom., bis 1888 Sekunararzt Allgemeines Krankenhaus Wien. 1888 über Mitwirkung am Gumpendorfer Arbeiterbildungsverein Mitgl. SDAP, ab 1892 Mitgl. Parteivertretung, später PV. Maßgebl. Beteiligung an sozdem. Wahlrechtskampagne, für pol. Massenstreik als Mittel zur Erzwingung des allgem. Wahlrechts, wiederholt Arreststrafen wegen pol. Reden. 1901-14 Mitgl. Reichsrat, Sachverständiger für Eisenbahnfragen, ab 1907 Mitgl. Staatseisenbahnrat. 1907-34 Mitarb. *Der Kampf.* 1914 bei Kriegsausbruch trotz pazifist. Grundposition auf der Seite Karl Renners. 1918-19 Mitgl. Konstituierende NatVers. u. Mitgl. Staatsrat, 1919 im 2. Kabinett Renner Unterstaatssekr. Staatsamt für Handel, 1919-20 als Nachf. von → Otto Bauer Präs. Sozialisierungskommission. 1920-34 MdNR. Ab 1922 Ltr. des von SDAP, Konsumgenossenschaften u. Gew. im Rahmen der Arbeiterkammer Wien getragenen *Zentralverbands für Gemeinwirtschaft.* Auf PT 1927 u. 1931 für Koalition mit *Christlich-Sozialer Partei;* plädierte 1933 nach Ausschaltung des Parlaments für Kampfmaßnahmen. 1934 nach Februarkämpfen Verhaftung, Dez. 1935 Einstellung des Verfahrens. 1938 nach Anschluß Österr. erneut kurzfristig Haft, anschl. Emigr. Paris, ohne Funktionen Mitgl. der sozialist. Emigr.Gruppe um → Friedrich Adler. 1940 New York. Sept. 1941 neben F. Adler u.a. Mitunterz. des Protests österr. SozDem. gegen Versuch der Bildung einer österr. Exilreg. durch → Hans Rott u. → Willibald Plöchl. 1942-44 Mitgl. Advisory Board, 1944-46 als Nachf. Adlers Obmann *Austrian Labor Committee* u. Hg. *Austrian Labor Information.* Ab 1946 Ehrenpräs. *American Friends of Austrian Labor.*

W: u.a. Geschichte des Arbeiter-Bildungsvereins in Gumpendorf. 1892; Soziale Hygiene der kleingewerblichen Arbeiter Wiens. 1894; Herr Alfred Ebenhoch auf der Bauernjagd. 1894; Die Eisenbahner und die Sozialdemokratie. 1896; Wer lügt? Ein Mahnwort an die Wähler. 1897; Was will die Sozialdemokratie? 1899, 1914; Der capitalistische Staat als Arbeitgeber. 1901; Die Eisenbahnverwaltung und die Eisenbahner in Österreich. 1902; Nieder mit dem Privilegienparlament! 1903; Was wollen die Sozialdemokraten? 1907; Victor Adler. Ein Wort der Erinnerung. 1918; Sozialisierung in Österreich. 1921; Die Fortschritte der Gemeinwirtschaft in Österreich. 1922; Faschismus! Das faschistische Italien. 1923; Gemeinwirtschaft und Genossenschaft. 1926; Anschluß und Energiewirtschaft. 1927; Los gegen die Gemeinwirtschaft! Die Wahrheit über das Arsenal und die bürgerlichen Verleumdungen. 1927; Weltkrise und Wirtschaftskrise in Österreich. 1931; Menschen und Prinzipien (Erinn., unveröffentl. Ms. VfGdA); *L:* Schroth, Hans, Bibliographie Wilhelm Ellenbogen. In: Archiv. Mitteilungsblatt VfGdA, 1964/1; Leser, Werk; Adler, Friedrich, Wilhelm Ellenbogen. In: Archiv, 1965/4; DBMOI. *D:* VfGdA. *Qu:* Arch. Hand. Publ. Z. - IfZ.

Ellern, Hermann, Bankier; geb. 4. Okt. 1892 Karlsruhe; jüd.; *V:* Ignaz E. (geb. 1856 Fürth, gest. 1917 Karlsruhe), jüd., 1881 Gr. Bankhaus Ignaz Ellern Karlsruhe; *M:* Klara (Claire), geb. Feuchtwanger (geb. 1866 Fürth, gest. 1963 Tel Aviv), jüd.; *G:* Recha Forchheimer (geb. 1887 Karlsruhe, gest. 1968 Tel Aviv); Felix (geb. 1897, gef. 1918), Mitarb. zion. Bewegung; ∞ I. 1924 Bessie Loewenthal (geb. 1901 Frankfurt/M., gest. 1967 Tel Aviv), jüd.; II. 1968 Eva Nussbaum (geb. 1917 Hanau), 1935 Emigr. Pal.; *K:* Usiel (geb. 1925 Karlsruhe), Bankier in Tel Aviv; Menachem Felix (geb. 1926 Karlsruhe), 1951 (?) Emigr. USA, Präs. A.P. Circuit Corp. Inc. New York; Miriam Gross (geb. 1928 Karlsruhe), A: Tel Aviv; Ester Many (geb. 1933 Karlsruhe), Lehrerin in Tel Aviv; Joshua Alexander (geb. 1954 Tel Aviv), stellv. Finanzdir. Intercontinental Hotel Corp. New York; *StA:* deutsch, Pal./IL. *Weg:* 1933 Pal.

1908 mittlere Reife, 1908-09 Asher Institute Neuchâtel/ Schweiz. Bis 1911 Lehre in Familienbank Ignaz Ellern Karlsruhe, 1912-13 Bankangest. Ernst Wertheimer & Co. Frankfurt/ M., 1913-14 bei Samuel Montagu & Co. London. Im 1. WK Sanitäts-Uffz., ab 1916 Kriegsgef. in Schottland. Ab 1919 Teilh. Bankhaus Ignaz Ellern. 1933 Emigr. Pal.; 31. Dez. 1938 Auflösung der Bank Ignaz Ellern auf Anordnung des Reichskommissars für das Kreditwesen. In Pal. Gr. u. Geschäftsltr. Ellern's Bank Ltd. Tel Aviv (Grundkapital durch Maschinenimporte aus Deutschland), Pfandbrief u. Investmentgeschäfte. AR-Mitgl. Moller Textile Corp., Ellern's Investment Corp. Ltd., Elgar Investments Ltd., Ellis AG Zürich, Ismerca Inc. New York (später Ellern's Corp.). 1966 Verkauf von Ellern's Bank, Ltg. der Investmentges. gemeinsam mit Sohn Usiel E. u. mit Schwiegersohn. Mitgl. *B'nai B'rith* Ramat Gan, *Rotary Club*, Förderer von Wohlfahrtsorg., Ehrenkonsul von San Salvador in Tel Aviv. Entdeckte 1960 unbekannte Herzl-Dokumente im Archiv des Großherzogs v. Baden. Lebte 1977 in Tel Aviv.

W: Herzl, Hechler, the Grandduke of Baden and the German Emperor 1896-1904. (Hg. zus. mit → Alexander Bein). *L:* Annual Report of Ellern Bank, Ltd. 1953; 1892-1972 Hermann Ellern. 1972 (hebr. u. engl.); The Feuchtwanger Family. 1952. *Qu:* Fb. Hand. HGR. Publ. - RFJI.

Elston, Gerhard Albert, Verbandsfunktionär; geb. 21. Juni 1924 Berlin; ev.; *V:* Dr. jur. Friedrich Gustav E. (geb. 1895 Berlin, gest. 1956 S. Orange/N.J.), ev., RA u. Notar in Berlin, 1941 Emigr. USA, Deutsch- u. Mathematiklehrer Seton Hall Univ. South Orange, N.J.; *M:* Dr. med. Anny E., geb. Halpert (geb. 1895 Gera/Thür., gest. 1975 New York), jüd., ev., Ärztin, Emigr. mit Ehemann, aktiv im Gesundheitsdienst von New York; *G:* Wolfgang Eugene (geb. 1928), 1939 Emigr. GB, 1945 USA, Prof. für Geologie Univ. New Mexico, Albuquerque; ∞ Isse; *K:* 3 (geb. 1956, 1959, 1967). *Weg:* 1938 GB; 1945 USA.

1938 Emigr. nach GB. Im 2. WK in der optischen Industrie tätig, aktiv in Gew.- u. Jugendarb. - 1945 Emigr. USA, Dienst in US-Armee auf den Philippinen. Lehrer für Gesch. u. Wirtschaftswiss. am Carthage Coll., Ill. 1954-56 für den *Lutherischen Weltbund* in Genf tätig, 1956-58 für den *Weltkirchendienst*, Unterstützung ungar. Flüchtlinge. 1958-63 Geschäftsf. *World Univ. Service* für die amerikan. Ostküste. 1963-73 für *National Council of Churches* tätig, u.a. im internat. Studentendienst der *Nat. Stud. Christian Fed.*, später im Dept. of Internat. Affs., zuletzt als geschäftsf. Dir.; 1971/1972 Teiln. an Verhandlungen zwischen Vertr. der amerikan. Kirchen u. chines. Diplomaten in Kanada. 1973-78 Mitarb. Center for Ethics and Soc. der Lutheran Church of Am. Seit 1978 geschäftsf. Dir. *Amnesty International of US* (AIUSA). Lebte 1978 in Levittown/ Pa.

Qu: Pers Z. - RFJI.

Emel, Alexander (urspr. Lurje, Moses), Dr. phil., Parteifunktionär, Hochschullehrer; geb. 22. Aug. 1897 bei Minsk/ Weißrußland, hinger. Aug. 1936 UdSSR; *V:* Schankwirt; ∞ Isa Kogon. *Weg:* 1933 UdSSR.

Nach 1. WK Stud. in Berlin, Prom. bei Prof. Eduard Mayer summa cum laude. 1921 Anschluß an KPD, von → Ruth Fischer gefördert. 1924 Ltr. Agitprop-Arbeit Bez. Berlin. 1925 in Moskau, Anschluß an Opposition gegen Stalin; bis zur Rückkehr nach Deutschland 1927 Prof. Sun Yat-Sen Univ. In Berlin Mitarb. des ZK der KPD, 1929 stellv. Ltr. Agitprop-Abt. sowie ständiger Ref. an Parteischulen, Mitarb. KPD-Presse. Im Beschluß des ZK v. 31. Dez. 1931 mit → Joseph Winternitz wegen „antibolschewistischer Auffassungen" angegriffen u. seiner Funktionen enthoben. 1932 nach Absetzung → Heinz Neumanns wieder zur Arbeit in der Agitprop-Abt. des ZK herangezogen. März 1933 Emigr. UdSSR. Einige Jahre Doz. Univ. Moskau, 1936 Verhaftung. Mitangeklagter im Schauprozeß gegen Zinov'ev u. Kamenev 19.-24. Aug. 1936; wurde beschuldigt, bei Zusammentreffen mit Ruth Fischer am 4. März 1933 von ihr u. → Arkadij Maslow einen Auftrag Trockijs zur Ermordung Stalins übernommen zu haben, im Prozeß erzwungenes „Geständnis", in Verbindung mit dem natsoz. Agenten Weitz die Ermordung von Stalin, Ordžonikidse u. Ždanov geplant zu haben. 24. Aug. 1936 Todesurteil, erschossen.

L: Weber, Wandlung. *Qu:* Publ. - IfZ.

Emhart, Maria (Mitzi), geb. Raps, Politikerin; geb. 27. Mai 1901 St. Pölten/Niederösterr.; *V:* Johann Raps, Bau- u. Eisenbahnarb.; *M:* Marie Kreutzer (1883-1932), Hilfsarb., Landarb.; *G:* 4 S, 1 B; ∞ Karl E. (gest.), Eisenbahner; *StA:* österr. *Weg:* 1934 CH, Österr.

Ab 1915 Hilfsarb. in St. Pölten; früh Anschluß an sozdem. Jugendbewegung, später Mitgl. SDAP. In den 20er Jahren Mitgl. Betriebsrat Erste österreichische Glanzstoff-Fabrik. 1932 (?)-34 Mitgl. GdeRat St. Pölten. 1934 nach den Februarkämpfen Verhaftung u. Hochverratsanklage, Juni 1934 Freispruch. Wegen Bedrohung durch *Heimwehr* Flucht in die Schweiz, zeitw. in Lungensanatorium in Davos. Nov. 1934 i.A. des ZK der RSÖ illeg. Rückkehr nach Österr., Landesltr. Niederösterr. der RSÖ, Deckn. Gretel, Grete Meier (bzw. Meyer). Dez. 1934/Jan. 1935 eine der Vors. der 1. Reichskonferenz (Sylvesterkonf.) der RSÖ in Brünn, enge Mitarb. u. Parteigängerin von → Joseph Buttinger. Ende Jan. 1935 Verhaftung, März 1936 neben → Karl Hans Sailer Hauptangeklagte im großen Sozialistenprozeß, nach Beantragung der Todesstrafe Verurteilung zu 18 Mon. schweren Kerkers; trotz Scheinscheidung Strafversetzung des Ehemanns von St. Pölten nach Bischofshofen/Salzburg. Juli 1936 Amnestie. 1945 Mitgl. SPÖ, 1945-67 Vizebürgerm. von Bischofshofen. 1945-53 MdL Salzburg, 1953-66 MdNR. 1947-67 Mitgl. Frauen-ZK, 1948-67 Mitgl. Parteikontrolle der SPÖ; besondere Verdienste auf dem Gebiet der Alten- u. Kinderfürsorge. Lebte 1977 in Bischofshofen. - *Ausz.:* 1971 Goldenes Abzeichen Bund sozialistischer Freiheitskämpfer und Opfer des Faschismus; Ehrenbürgerin von Bischofshofen, Victor-Adler-Plakette der SPÖ, Goldenes Verdienstzeichen der Republik Österr., Goldenes Verdienstzeichen des Landes Salzburg, Otto-Bauer-Plakette, Adolf-Schärf-Plakette.

L: Buttinger, Beispiel; Wisshaupt, RSÖ; Widerstand 1; Maria Emhart 75 Jahre. In: Der Sozialistische Kämpfer, 1976/7-8; Maria Emhart - 75 Jahre. In: Archiv, Mitteilungsblatt des VfGdA, 1976/2; Klucsarits, SPÖ. *Qu:* Arch. Hand. Pers. Publ. - IfZ.

Emmerich, Hugo, Dr. jur., Rechtsanwalt; geb. 16. Mai 1884 Bad Homburg/Hessen-Nassau, gest. 23. Sept. 1961 New York; jüd.; *V:* Eduard E. (gest. 1901 Bad Homburg), jüd., Juwelier; *M:* Eugenie, geb. Leitner (gest. 1942 London), 1938 Emigr. GB; *G:* Herta Wiesenthal (geb. 1896 Bad Homburg), 1938 Emigr. S-Afrika; Melanie Rothschild (geb. 1890 Bad Homburg, umgek. 1943 KL Theresienstadt); Günther (geb. 1896 Bad Homburg, gef. 1914); ∞ 1922 Lily Marx (geb. 1896 Paris, gest. 1963 New York), jüd., Stud. Lycée Paris, 1933 Emigr. NL, 1940 USA; 1944-49 Kunsthändlerin in New York; *K:* André (geb. 1924 Frankfurt/M.), 1933 Emigr. NL, 1940 USA, Kunsthändler in New York; Nicole Teweles (geb. 1927 Frankfurt/ M.), 1940 Emigr. USA; *StA:* deutsch, 1945 (1946?) USA. *Weg:* 1933 NL; 1939 Guayana (Surinam); 1940 USA.

1904-09 Stud. Gießen, Heidelberg, München, Marburg, 1908 Prom. Heidelberg, 1911-33 RA u. Notar in Frankfurt/M., u.a. für IG Farben; Einjährig-Freiw., 1914-18 MilDienst in Berlin in der Lebensmittelversorgung für Kriegsgef.; in den 20er Jahren Vors. zion. Org. Frankfurt, bis 1933 Repräsentant der jüd. Gde. Frankfurt, Apr. 1933 kurzfristig Haft. 1933 Emigr. Niederlande mit Familie, 1933-35 Stud. Leiden, 1935 LL.M., 1935-39 RA in Amsterdam; 1939 mit Familie nach niederländ. Guayana, Juni 1940 USA, 1940-43 Stud. New York Univ., 1943 LL.B., gleichz. 1940-46 Mitarb. in New Yorker RA-Praxis u. bei OSS, 1946-60 RA-Praxis in New York, Mitarb. bei Vorbereitung der alliierten Wiedergutmachungsgesetzgebung im Auftrag der ZOA u.a. jüd. Org.; Mitgl. *New York Bar Assn., Internat. Bar Assn.*, ZOA, 1946-60 VorstMitgl. *Am. Jew. Committee*, WJC, A.F.J.C.E.

156 Emmerlich

W: Die Pfandrechte mehrerer an derselben beweglichen Sache (Diss.). 1908; Pfandrechtskonkurrenzen. 1909; Gesetz über die Aufwertung von Hypotheken und anderen Ansprüchen (Kommentar). 1926; Die Sanierung. Teil I. 1930 (holländ. Übers. De Saneering. 1937); Die Rechtslage deutscher Staatsangehöriger im Ausland. 1937; The Restitution of Property in Germany. A Report to the Conference of the International Bar Association of August 1948. 1948; Estate Practice in USA and Europe. 1950; *L:* Arensberg, Hessen. *D:* Arch. A.F.J.C.E. New York. *Qu:* Arch. EGL. Hand. Publ. Z. – RFJI.

Emmerlich, Arthur, Parteifunktionär; geb. 20. Sept. 1907 Niederwiesa/Sa., hinger. 21. Mai 1942 Berlin-Plötzensee; *V:* Arbeiter; *StA:* deutsch. *Weg:* 1934 Saargeb., F; 1935 UdSSR; 1937 F; 1938 CSR, S; 1940 DK, Deutschland.

Metallarb. 1922 SAJ u. DMV, später KJVD, Funktionär in Chemnitz, ab 1928 OrgLtr. Bez. Chemnitz, ab März 1930 Ltr. Unterbez. ebd. sowie OrgLtr. Bez. Sa., ab Okt. 1930 Mitgl. ZK des KJVD u. Red. *Die junge Garde* Berlin, gleichz. Mitarb. der sog. Massenabt. des ZK der KPD für Zersetzungsarb. in SAJ. Ab Apr. 1934 Instrukteur des ZK des KJVD für Bez. Magdeburg u. Hannover. Sept. 1934 über Saargeb. nach Frankr., Mitarb. RGI in Paris; Jan. 1935 nach Moskau, 1935–37 Mitarb. Presseabt. der *Komintern;* Sept. 1937 nach Paris (Deckn. Herbert Wolf); ab März 1938 Instrukteur der KPD-AbschnLtg. Zentrum in Prag für Berlin, Nov. 1938 nach Paris. Dez. 1938 nach Schweden; Jan./Febr. 1939 Teiln. an sog. Berner Konferenz der KPD bei Paris, März 1940 nach Kopenhagen, enge ZusArb. mit → Heinrich Wiatrek, Aug. 1940 zum Neuaufbau illeg. Parteiorg. nach Berlin. Verf. u. Hg. zahlr. Flugblätter, u.a. *Was wir wollen und wofür wir kämpfen, Der Kampf um den Frieden, eine Sache der Jugend der Welt, Berliner Rundbriefe, Hände weg von der Sowjetunion.* Deckn. Ernst, Günther. 24. Mai 1941 Verhaftung, 10. Jan. 1942 VGH-Todesurteil.

L: Jahnke, Anteil; Mewis, Auftrag. *Qu:* Arch. Publ. – IfZ.

Emonts, Karl, Gewerkschaftsfunktionär; geb. Eupen/Rhein; *V:* Beamter; ∞ Charlotte Bauer, 1936 verurteilt wegen sog. Devisenvergehens, Ermittlungsverfahren wegen Verdachts des Hoch- u. Landesverrats, 1937 Emigr. B; *StA:* deutsch. *Weg:* 1933 B; 1939 Bras. (?).

Stud., Mitgl. SPD, Kriegsteiln.; 1919 KPD, 1924 Ausschluß, dann bis 1933 SPD. Sekr. *Gewerkschaftsbund der Angestellten* Berlin, ehrenamtl. Vors. Kranken- u. Sterbekasse für das Deutsche Reich. März–Apr. 1933 Schutzhaft, Übersiedlung nach Eupen/Belgien. Vermutl. Eintritt in Exil-KPD, Mitarb. von → Willi Münzenberg, beteiligt an Org. der Deutschen Volksfront Paris. Unterstützung des 1935 von ehem. RGO-Funktionär → Walter A. Schmidt gegr. *Komitee für den Wiederaufbau der Freien Angestellten-Verbände.* Ab 1937 Hauptorg. für Verbreitung von Schriften der *Deutschen Freiheitspartei* (DFP) in Deutschland; Okt. 1937 als Vertr. der von → Carl Spiecker geleiteten bürgerl. DFP von kommunist. Exilpresse angegriffen, der Sabotage der Volksfront bezichtigt u. wie Münzenberg aus der KPD ausgeschlossen. Ein Untersuchungsausschuß unter Heinrich Mann u. → Georg Bernhard rehabilitierte E. u. die DFP als demokrat. NS-Gegner. Als Folge der KPD-Angriffe gelang der Gestapo 1938/39 die zeitw. Unterbindung der DFP-Tätigkeit im Reich u. der Zugriff auf ihre Mitarb.; 1939 vermutl. Ausw. nach Brasilien.

L: Schmidt, Deutschland; Gross, Münzenberg; Bouvier, DFP. *D:* IfZ. *Qu:* Arch. Publ. – IfZ.

Emsheimer, Arthur, Dr. jur. geb. 8. März 1900 Pforzheim/Baden; jüd.; *V:* Oskar E. (geb. 1867 Heuchelheim/Pfalz, gest. 1941 Portet b. Toulouse/Südfrankr.), jüd., Weinhändler, Emigr. *M:* Alice, geb. Weil (geb. 1879 [?] Speyer), jüd., Emigr., aus Frankr. dep.; ∞ 1929 Lotte Vogel (geb. 1907), jüd., Emigr., 1953 gesch.; *K:* Herbert Edmonds, PH.D. (geb. 1930), 1939 Emigr. GB, Unternehmensltr.; Hanna Lewis (geb. 1932), B.A., 1939 Emigr. GB, Hotelinh.; *StA:* deutsch, Ausbürg. *Weg:* 1938 CH.

Sommer 1918 Kriegsfreiw., anschl. Stud. Rechtswiss. Heidelberg, München, Berlin, Mitgl. K.C.; 1922 Referendar, 1923 Prom. Heidelberg, 1925 Assessor, dann Staatsanwalt, ab 1932 Amtsgerichtsrat Lörrach, nach Entlassung Apr. 1933 DirAssist. Papierfabrik Vogel u. Bernheimer AG, nach deren Arisierung Okt. 1938 zu Sprachstudien für geplante Emigr. nach Genf, infolge Reichskristallnacht keine Rückkehr, bis 1939 Univ. Genf. Mehrj. Aufenthalt in ArbLager Vouvry, Lalden u. Siders. Mitgl. BFD in der Schweiz, 1945 Teiln. Flüchtlingskonf. von Montreux, Mai 1945 Kand. der BFD für die kommissar. Übernahme der dt. Konsularverw. in der Schweiz. Ab Juni 1946 Red. in der Informationsabt. der *Schweizerischen Zentralstelle für Flüchtlingshilfe* Zürich, dann ihr Rechtsberater für Weiterwanderungs- u. Wiedergutmachungsfragen, 1967–71 Ltr. der Zentralstelle. Publikationen zu Flüchtlingsfragen, Präs-Mitgl. *Internationale Forschungsgesellschaft zum Studium des Weltflüchtlingsproblems.* Lebte 1975 in Zürich.

W: u.a. Asylrecht zwischen Gestern und Morgen. In: Abhandlungen zu Flüchtlingsfragen, Bd. 5. 1969; Wir und die Flüchtlinge. 35 Jahre Schweizerische Zentralstelle für Flüchtlingshilfe, 1971. *L:* Bergmann, Schweiz. *Qu:* Arch. Fb. Hand. Z. – IfZ.

Ende, Lex (urspr. Adolf), Parteifunktionär, Journalist; geb. 6. Apr. 1899 Bad Kissingen, gest. 15. Jan. 1951 Hilbersdorf/Sa.; Diss.; *V:* Johannes, E. (1865–1914), Kunsthändler; *M:* Ella, geb. Kühne (1874–1920); *G:* Hans Gustav Adolf (geb. 1896, gef. 1. WK); Margaretha Josephine Jean-Anni (geb. 1896, umgek. im 2. WK); ∞ I. Margarete Herold, getrennt 1923, gesch. 1946; II. 1946 Gertrud Gierschik (geb. 1914), StA: CSR, 1936–39 RedSekr. *Deutsche Volkszeitung* Prag-Paris, Okt. 1939–Aug. 1940 Internierung in Frankr., 1940 nach Prag, 1945 Aussiedlung nach Deutschland (SBZ), 1945–46 RedSekr. *Der freie Bauer* Berlin, 1946–49 Red. *Frischer Wind* Berlin (Ost), danach Sekr., 1952 Flucht in die BRD, bis 1974 Angest.; *K:* aus II.: Gerhart Alexander (geb. 1948); *StA:* deutsch, 25. Juni 1940 Ausbürg., deutsch. *Weg:* 1934 Saargeb.; 1936 CSR; 1937 F; 1945 Deutschland (SBZ).

Gymn., MilDienst, 1918 USPD, 1919 KPD, hauptamtl. Parteifunktionär als Red. *Arbeiter-Zeitung* Frankfurt/M., 1920 stellv. Chefred. *Ruhrecho* Essen, 1921–24 Chefred. einer KPD-Ztg. in Mitteldeutschland, 1924–28 Chefred. *Ruhrecho* Essen u. Mitgl. KPD-BezLtg. Ruhrgebiet, ab Jan. 1928 deren PolLtr.; ab 1926 Ps. Breuer. Mai 1928–30 MdR, Ende 1928 nach Wittorf-Affäre Funktionsenthebung als sog. Versöhnler, 1930 Einschwenken auf ZK-Linie, danach Red. *Illustrierte Rote Post* u. *Die Rote Fahne* Berlin. 1933–34 illeg. Tätigkeit. Deckn. Lex, Lex Breuer. 1934 Deleg. ins Saargeb., mit → Paul Dietrich Red. *Deutsche Volkszeitung* Saarbrücken, ab März 1936 deren Chefred. in Prag u. ab Okt. 1937 in Paris, pol. Mitarb. ZK-Sekretariat der KPD, Mitgl. SDS u. PCF. Nach Kriegsausbruch Internierung in Colombe u. später in Marolle/Südfrankr., Aug. 1940 Flucht, Mitgl. Toulouser KPD-Ltg. u. deren Beauftragter für Auswanderungsangelegenheiten in Marseille, Mitgl. *Union des Émigrés Allemands Anti-Nazis.* Deckn. Philippe Gautier. Mitarb. *Freies Deutschland* Mexiko unter Ps. Alexander Boeheim. Nach Befreiung v. Paris Hg. einer dt.-sprach. Ztg., Sept. 1945 illeg. Rückkehr über Hannover nach Berlin, Okt. 1945–Juli 1946 Chefred. *Der freie Bauer,* Aug. 1946–Juni 1949 Chefred. *Neues Deutschland* Berlin (Ost), 1946–49 Chefred. satirische Zs. *Frischer Wind* Berlin, Juli 1949–Aug. 1950 Chefred. *Friedenspost,* Aug. 1950 Parteiausschluß durch ZK-Beschluß im Zusammenhang mit Affäre um Noel H. Field, ab Sept. Bewährungsauftrag als Buchhalter bei VEB Buntmetall in Muldenhütten/Sa.

L: Lewis, Flora, Bauer im roten Spiel. 1965; Weber, Wandlung; Fricke, Gerechtigkeit; Duhnke, KPD; Schaul, Résistance; Dahlem, Vorabend; Wehner, Untergrundnotizen. *Qu:* Hand. Pers. Publ. – IfZ.

Enderle, August, Parteifunktionär, Journalist; geb. 5. Aug. 1887 Feldstetten/Württ., gest. 2. Nov. 1959 Köln; ev.; *V:* Zimmermann, ev.; *G:* 7; ∞ 1933 Irmgard Rasch (→ Irmgard Enderle); *StA:* deutsch. *Weg:* 1933 NL, B; 1934 S; 1945 Deutschland (ABZ).

Mechanikerlehre, 1904-14 Eisendreher in Feldstetten u. Stuttgart; 1904 (1905 ?) Mitgl. SPD u. DMV; 1915-18 Teiln. 1. WK, Anschluß an USPD, *Spartakusbund* u. KPD; 1921-28 GewRed. *Die Rote Fahne* Berlin, Mitgl. GewAbt. des ZK; 1922-23 dt. Vertr. in RGI-Ltg. Moskau, Mitarb. für GewFragen *Die Internationale* u. *Inprekorr;* Anhänger des rechten Parteiflügels um → Heinrich Brandler, → August Thalheimer u. → Jacob Walcher, 1928 Mitgr. KPDO, Dez. 1928 Ausschluß aus KPD, Mitgl. 2. u. 3. KPDO-Reichsltg.; 1932 mit der oppos. Minderheit (Walcher, → Paul Frölich) Übertritt zur SAPD, Red. *Sozialistische Arbeiterzeitung* Berlin, später Breslau; 1933 BezLtr. Mittelschlesien der illeg. SAPD in Breslau; Juni 1933 Emigr. nach Holland, bis Nov. 1933 in Amsterdam, nach Ausweisung bis März 1934 in Brüssel; Mitgl. SAPD-Auslandsltg., Deckn. Antonius, als Mitarb. *Marxistische Tribüne* Ps. Kleanto; da Aufenthaltsgenehmigung nicht verlängert wurde, Emigr. nach Schweden, Aufbau u. Ltg. eines SAPD-Stützpunktes in Stockholm; Arbeit als Eisendreher, Mitgl. des schwed. MetallarbVerb. u. Mitarb. GewPresse; als Kontaktmann zur ITF u.a. pol. Arbeit unter dt. Seeleuten, verantwortl. für den sog. Eckstein-Fonds der SAPD zur Unterstützung der illeg. Arbeit im Reich; ab 1936 aktiv in Volksfrontbewegung, gehörte zum Führungszirkel des von kommunist., sozdem. u. SAPD-Emigr. gebildeten sog. *Askania-Kreises* in Stockholm; Okt. 1937 Teiln. interskandinav. Volksfrontkonf. in Göteborg, Mitunterz. des Gründungsaufrufs des FDKB v. 15. Jan. 1944; VorstMitgl. der *Landesgruppe deutscher Gewerkschafter in Schweden,* maßgebl. beteiligt an der programmat. Nachkriegsplanung, vertrat mit Irmgard Enderle u. → Stefan Szende das Modell einer Basisgewerkschaft mit Vorrangstellung der Betriebsräte, mit Szende in scharfer Frontstellung zum Plan → Fritz Tarnows, nach dem Sturz Hitlers eine neue Gew. auf der DAF aufzubauen; als SAPD-Deleg. auf 1. Landeskonf. dt. Gewerkschafter in Schweden 26.-27. März 1944 in Stockholm erneute Wahl in den Vorst. der *Landesgruppe;* mit Szende u. → Willy Brandt treibende Kraft bei Annäherung der SAPD an *Sopade;* mit Brandt, Irmgard Enderle, Szende u. → Ernst Behm Verf. der programmat. Schrift *Zur Nachkriegspolitik der deutschen Sozialisten* mit der Forderung nach Schaffung einer sozialist. Einheitspartei; nach Vereinigung von SAPD u. *Sopade* Nov. 1944 als Deleg. der SPD-Ortsgruppe Stockholm Teiln. 1. Landeskonf. der dt. Sozdem. in Schweden 2.-3. Dez. 1944 in Stockholm; 1945 vorübergehend Red. *Mitteilungsblatt der Landesgruppe;* Juni 1945 mit Hilfe der ITF als einer der ersten Emigranten illeg. nach Deutschland. In Bremen maßgebl. beteiligt am Aufbau von Gew. u. SPD; Mitgl. der am 3. Mai gegr. *Kampfgemeinschaft gegen den Faschismus,* Mitarb. an deren Organ *Aufbau;* in der ersten Nachkriegsphase dezidiert linkssozialist. Position; trotz Einheitsfront-Orientierung blieb jedoch das persönl. Bemühen → Wilhelm Piecks um Rückkehr August u. Irmgard Enderles in die KPD ohne Erfolg; E. trat auf der Konf. der Wirtschaftsgruppen Metall der brit. Zone Dez. 1946 für eine zentralisierte, allg. Gewerkschaft als Klassenkampforg. ein. 1945 Mitgr. *Weser-Kurier* Bremen, bis 1947 Gewerkschaftsred.; 1947 Chefred. der DGB-Wochenztg. *Der Bund;* 1949-54 Ltr. des DGB-Funktionärsorgans *Die Quelle;* Mitgl. *IG Druck und Papier* sowie *IG Metall;* Vors., später Ehrenvors. *Deutsche Journalisten-Union,* Mitgl. VVN.

W: Die Gewerkschaftsbewegung. Ein Leitfaden für proletarische Gewerkschaftsarbeit. 1927; Das rote Gewerkschaftsbuch (Mitverf.). 1932, Neuaufl. 1967; Nazismen och fackföreningsrörelsen. De tyska arbetarorganisationernas öde skildrat av en tysk fackföreningsman [Nazismus und Gewerkschaftsbewegung. Das Schicksal der deutschen Arbeiterorganisationen geschildert von einem Gewerkschafter; an. ersch.]. 1935; Moskvaprocessen. Rättvisa eller justitiemord? En granskning av processdokument [Der Moskauer Prozeß. Gerechtigkeit oder Justizmord? Eine kritische Untersuchung der Prozeßdokumente]. Stockholm 1935; Was sind Gewerkschaften? o.J. (verf. im schwed. Exil zur Schulung dt. Militärflüchtlinge); Nazism och Tysklands näringsliv [Der Nazismus und Deutschlands Wirtschaft; zus. mit Irmgard Enderle]. Stockholm 1944; i.A. des DGB Verf. einer unvollendet geblieb. Gesch. der dt. GewBewegung (Die Einheitsgewerkschaft [Mitarb. Bernt Heise], Bd. 2, o.O.u.J., hektogr. Ms. im DGB-Archiv). *L:* Tjaden, KPDO; Drechsler, SAPD; Weber, Wandlung; Müssener, Exil; Brandt, Peter, Antifaschismus und Arbeiterbewegung. Aufbau-Ausprägung-Politik in Bremen 1945/46. 1976. *D:* DGB-Archiv. *Qu:* Hand. Pers. Publ. Z. - IfZ.

Enderle, Irmgard, geb. Rasch, Parteifunktionärin, Journalistin; geb. 28. Apr. 1895 Frankfurt/M.; Diss.; *V:* Otto Rasch (1865-1942), GymnLehrer; *M:* Luise, geb. Schröder (1869-1963); ∞ 1933 → August Enderle; *StA:* deutsch, *Weg:* 1933 NL, B; 1934 S; 1945 Deutschland (ABZ).

1917 Lehrerinnen-Examen, anschl. bis 1923 mehrere Semester Pädagogik u. Volkswirtsch. Univ. Berlin. 1917-18 Angest. Zentralinst. für Erziehung Berlin. Seit 1909 im Wandervogel; 1918 unter dem Einfluß sozialist. Gruppen an der Univ. zum *Spartakusbund,* nach Grdg. KPD-Mitgl. Ab Mitte 1919 Funktionärin im zentralen KPD-App. Berlin, zuerst Abt. Land, dann Instrukteurin in der GewAbt. des ZK. Nach Übernahme der Parteiführung durch die Linke unter → Ruth Fischer u. Auflösung der alten GewAbt. 1925-27 GewRed. *Der Klassenkampf* Halle, 1927-28 *Die Rote Fahne* Berlin. Anfang 1929 als Mitgl. der Rechtsopposition um → Heinrich Brandler Parteiausschluß, anschl. aktiv in der KPDO. Ab Mitte 1932 Mitgl. der SAPD, nach Heirat u. Übersiedlung mit Ehemann nach Breslau Mitgl. der dortigen SAPD-Ortsltg. Nach natsoz. Machtübernahme illeg. tätig, Juni 1933 vorüberg. Festnahme durch Gestapo, danach Polizeiaufsicht. Aug. 1933 anläßl. eines Besuches bei den Eltern in Wiesbaden Flucht auf Rheindampfer nach den Niederlanden; weiterer EmigrWeg wie bei August E., enge pol. ZusArb. des Ehepaars, als Mitarb. des SAPD-Organs *Marxistische Tribüne* gemeinsames Ps. Kleanto. Bis Nov. 1933 in Amsterdam, nach Ausweisung bis März 1934 in Brüssel; von dort mit Parteiauftrag zur Errichtung einer SAPD-Auslandsstelle nach Schweden; Deckn. Kleopatra; ZusArb. mit dem illeg. SAPD-Widerstand in Norddeutschland in enger Verb. mit ITF, zu Kontakten u.a. in Paris; Teiln. sog. Kattowitzer Konf. in Mährisch-Ostrau/CSR Jan. 1937; in Schweden aktiv in Volksfrontbewegung des dt. Exils, von der sich SAPD-Mitgl. nach den Moskauer Prozessen wieder lösten; 1944 jedoch im Vorst. des FDKB; Mitarb. schwed. GewBund, der Konsumgenossenschaften u. des ArbBildungsverb., aktiv in der *Landesgruppe deutscher Gewerkschafter in Schweden,* auf ihrer 1. Landeskonf. 26.-27. März 1944 in Stockholm Einflußnahme auf programmat. Arbeit zugunsten einer künftigen Betriebsräteorg. als Basis der GewArb., nach Vereinigung von SAPD u. *Sopade* Nov. 1944 SPD-Mitgl. Im Exil journ. Tätigkeit u.a. für schwed. GewPresse u. *Rote Revue* Zürich, Ps. J. Reele, Juni 1945 mit ITF-Hilfe Rückkehr nach Deutschland. Beteiligt am Wiederaufbau von SPD u. Gewerkschaften in Bremen, Einheitsfront-orientiert, vertrat eine linkssozialist. Politik; Sept. 1945 Mitgr. *Weser-Kurier,* Red. bis März 1947; 1947-49 Red. der DGB-Ztg. *Der Bund,* 1949-51 *Welt der Arbeit;* 1945-49 im Ortsvorst. Bremen der IG Druck und Papier; Vors. Bremer SPD-Frauenausschuß; 1946 Mitgl. Bremer Bürgerschaft; 1948-49 Mitgl. Bizonen-Wirtschaftsrat Frankfurt/M., 1950-55 im Vorst. IG Druck und Papier Köln, ebd. auch Vors. DGB-Frauenausschuß; seit 1951 freie Journ., gewerkschaftl. Schulungsarbeit; vorüberg. Vors. *Deutsche Journalisten-Union;* Mitgl. *Humanistische Union* u. VVN. Lebte 1976 in Köln.

W: s. August Enderle. *L:* Drechsler, SAPD; Weber, Wandlung; Müssener, Exil; Brandt, Peter, Antifaschismus und Arbeiterbewegung. Aufbau-Ausprägung-Politik in Bremen 1945/46. 1976. *Qu:* Fb. Publ. - IfZ.

Endress, Wilhelm Christoph, Gewerkschaftsfunktionär; geb. 21. Dez. 1884 Heilbronn/Neckar; Diss.; *V:* Johann Christoph E. (1829-1911), Hausknecht; *M:* Christine, geb. Wagner (1852-94); ∞ Ehefrau Emigr.; *StA:* deutsch. *Weg:* 1933 CH.

Schreiner; 1906 SPD, 1920-25 AR-Vors. Konsumverein Erbach im Odenwald, 1923-25 GdeRat Michelstadt u. Kreistagsmitgl.; 1925-29 Angest. *Deutscher Holzarbeiter-Verband* Freiburg/Br., VorstMitgl. AOK, anschl. Sekr. ADGB-Ortsausschuß Stuttgart, Mitgl. SPD-Ortsvorst.; Juli 1933 Emigr. nach Zürich, Unterstützung durch *Schweizerisches Arbeiter-Hilfswerk.*

Qu: Arch. Hand. - IfZ.

Engel, Emil, Verbandsfunktionär; geb. 5. Juni 1881 Wien, gest. 21. Dez. 1955 New York; jüd.; *V:* Jakob E. (geb. 1850 [?] Wien, gest. 1887 [?] Wien), jüd., Drucker; *M:* Amalie, geb. Kohn (geb. 1854 [?] Preßburg, gest. 1917 Wien), jüd.; *G:* Heinrich (geb. 1884 Wien, gest. 1943 New York), Kaufm.; Else Friedmann (geb. 1887 Wien, gest. 1926 Wien); ∞ 1906 Judith Krauss (geb. 1882 Wien, gest. 1971 Washington/D.C.), jüd., 1939 Emigr. USA, Tätigkeit in Konditorei- u. Strickwarenbranche; *K:* Otto Julius (geb. 1908 Wien), Handelsakad., 1938 Emigr. USA, Kaufhausltr.; → Walter Engel; *StA:* österr., 1945 USA. *Weg:* 1940 USA.

Ausbildung in Verw.- u. Fürsorgearb. bei der Isr. Kultusgde. Wien, 1914-18 Dienst in österr.-ungar. Armee (Oberlt., Verdienstkreuz 2. Kl.), 1918-22 Büroangest., 1. Sekr. u. AbtLtr. bei der Kultusgde. Wien, 1922-28 Angest. bei Speditionsfirma. 1926 VorstMitgl. Kultusgde. Wien. 1928-40 Ltr. Abt. für Sozialhilfe, verantwortl. für die Zentralisierung der jüd. Fürsorgearb. in Wien; 1925-38 Mitgl. *Eintracht-Loge* des *B'nai B'rith.* Okt. 1940 Emigr. USA; i.A. des *Nat. Council of Jew. Women* New York Verf. eines Forschungsberichts über das Leben österr.-jüd. Einwanderer in am. Städten. In der Nachkriegszeit Art. u. Memoranden für WJC New York über Unterstützungspläne für österr. Juden. Mitgl. *Congr. of Jews from Austria New York, Liberty Lodge B'nai B'rith.*

W: Referat über die Organisierung der Hilfeleistung für die österreichische Judenschaft nach Beendigung des Krieges. 1942; War and Post-War Problems. Memorandum on Post-War Relief for Austrian Jewry. In: World Jewish Congress, Advisory Council on European Jewish Affairs. Austria I. 1943; Excerpt from a Memorandum on Post-War Relief for Austrian Jewry. In: Bulletin, Austrian Jewish Representative Committee. No. 2. Febr. 1944. *Qu:* Pers. Publ. - RFJI.

Engel, Leo, Dr., Verbandsfunktionär; geb. 31. März 1889 Berlin; gest. 1968 London; jüd.; *G:* Margot Fuchs; ∞ verh.; *StA:* deutsch./brit. *Weg:* GB.

Stud. bei Franz Oppenheimer, nach 1918 Gr. u. Syndikus *Reichsverband des deutschen Groß- und Überseehandels* Berlin, aktives Mitgl. DDP, Mitgr. ihrer Jugendorg.; nach natsoz. Machtübernahme Emigr. GB, Förderer u. VorstMitgl. AJR.

Qu: EGL. HGR. - IfZ.

Engel, Walter (1938-41 Martin, Walter), Schauspieler, Journalist, Regierungsbeamter; geb. 7. Dez. 1911 Wien, jüd.; *V:* → Emil Engel; ∞ I. 1944 Ruth Mary Blanchard (geb. 1920 Delmar/N.Y.), Sekr., 1946 gesch.; II. 1948 Inge Maria Eva Fischer (geb. 1927 Wien), jüd., 1938 Emigr. GB, 1939 Westind., 1945 USA, Privatsekr.; *K:* Toni Catherine (geb. 1950 New York), M.A., Künstlerin; Thomas Ernest (geb. 1951 New York), B.A., Fernsehproduzent; Viktoria Lynn (geb. 1954 New York), M.A.; Wendy Emily (geb. 1957 Bonn), Druckereiassist.; Michael Charles (geb. 1962 Berlin); *StA:* österr., 1943 USA. *Weg:* 1938 USA.

1930-32 Stud. Akademie für Musik und darstellende Kunst Wien, 1932-33 Schauspieler u. Regisseur am Stadttheater Harburg-Wilhelmsburg bei Hamburg u. an der Schilleroper Altona, 1933-34 an der Nordmährischen Städtebühne, 1934-38 an der pol. Kabarett-Kleinkunstbühne Literatur am Naschmarkt Wien (europ. Uraufführung von Thornton Wilders *Long Christmas Dinner);* 1938 Assist. seines Vaters Emil Engel (Ltr. Auswandererabt. der jüd. Gde. Wien). Sept. 1938 Emigr. USA mit Bruder, Unterstützung durch J.D.C., 1939 weitere Ausbildung an privater Schule für Gebrauchsgraphik in New York, 1939-41 Schauspieler, Regisseur, Schriftsteller in New York; Ps. Walter Martin. 1941-46 US-Armee. 1947-50 Geschäftsf. Hilfsorg. für jüd. Kinder in Österr. i.A. der *Mother's League* New York, gleichz. Schauspieler, Regisseur u. Radiosprecher in New York, insbes. für das dt.-sprach. Programme u. für das österr. Programm der *Voice of America.* 1950-56 Ansager, Kommentator u. Red. *Voice of America* für Österr., 1956-60 stellv. Ltr., dann Ltr. der Radio- u. Fernsehabt. der US-Botschaft in Bonn, 1960-67 Ltr. Programmabt. RIAS Berlin; 1967-68 Fachmann für Auslandsnachrichten beim Office for Policy and Research der USIA Washington/D.C., 1969-70 stellv. Ltr., 1970-73 Ltr. des dt. Programms der *Voice of America;* 1973 Ruhestand, Kommentator. Lebte 1978 in Bethesda/Md.

L: Weys, Rudolf, Literatur am Naschmarkt. Kulturgeschichte der Wiener Kleinkunst. 1947; Weys, Rudolf, Wien bleibt Wien und das geschieht ihm ganz recht. 1947; Greul, Heinz, Bretter, die die Zeit bedeuten. 1971. *D: Voice of America,* Washington/D.C. *Qu:* Fb. Hand. Pers. - RFJI.

Engelbrecht, Georg, geb. 1. Jan. 1900 Würzburg; *V:* Franz E.; *M:* Kunigunde, geb. Riegel; ∞ Maria Rosina Vögeli; *StA:* deutsch. *Weg:* CH.

Schneider. Im Exil in Bern wohnhaft. Mitgl. Zentralausschuß der BFD Schweiz u. Präs. *Neuer Deutscher Hilfsverein* von Bern u. Umgebung.

L: Bergmann, Schweiz. *Qu:* Arch. Publ. - IfZ.

Engels, Willi, Parteifunktionär; geb. 12. Juni 1902 Berlin; *V:* Arbeiter; *StA:* deutsch, UdSSR. *Weg:* 1933 NL; B; Lux.; 1936 E; 1938 F; 1939 Deutschland; 1940 UdSSR; 1947 Deutschland (SBZ).

1922 KPD; 1933 Emigr. nach Holland, später Belgien u. Luxemburg, 1936 nach Spanien, PolKommissar in XI. Internat. Brigade, Mitgr. u. anschl. Mitgl. *Einheitskomitee deutscher Sozialdemokraten und Kommunisten* in Albacete. 1938 nach Frankr., Internierung, anschl. KL Mauthausen; 1940 aufgrund eines gegenseitigen Häftlingsaustauschs zwischen der UdSSR u. Deutschland in die UdSSR, Absolvent der PolSonderschule 2021, danach Frontbevollmächtigter des NKFD. 1947 in die SBZ, Funktionär im PV der SED, ab 1949 PolOffz. im Hauptstab Kasernierte Volkspolizei (KVP), 1952 Oberst, 1954-61 Ltr. Zentrale Parteikontrollkommission in der KVP bzw. NVA, 1958-63 Kand. Zentrale Parteikontrollkommission der SED, 1961-63 MilAttaché in Polen. Lebte 1977 als Arbeiterveteran in Berlin (Ost). - *Ausz.:* u.a. 1956 Hans-Beimler-Med., 1962 VVO (Silber).

L: Forster, NVA; Pasaremos. *Qu:* Arch. Hand. Publ. Z. - IfZ.

Engelsberg, Rudolf, Dr. jur., Ministerialbeamter; geb. 1889 Wien; *StA:* österr. *Weg:* USA.

Stud. Rechtswiss. Wien, ab 1913 Beamter in österr. Tabakregie, 1916 Berufung ins Finanzmin. (Abt. für Tabak- u. Salzmonopol, Staatsdruckerei u. Lotto, daneben Führung der Präsidialgeschäfte der österr. Tabakregie. 1926-28 erster Ltr. der neuorg. Austria GmbH in Deutschland (Unternehmen der österr. Tabakregie). 1928-31 Beamter in Budgetsektion des Finanzmin. u. in Abt. für Körperschaftssteuer, ab 1931 in Abt. für sämtliche Verbrauchssteuern, zugleich ltd. Funktion bei österr. Spiritusstelle. Ab 1935 GenDir. der Salinen, MinRat. Vermutl. nach Anschluß Österr. Emigr., lebte in Kalifornien. 1942 als Mitgl. *Austrian National Committee* unter → Hans Rott u. → Guido Zernatto vorgeschlagen, Herbst 1942 Mitunterz. des Aufrufs an die Österreicher in den USA zum Eintritt in das geplante österr. Btl. innerhalb der US-Armee (→ Otto Habsburg).

Qu: Arch. Hand. - IfZ.

Engländer (bis 1940 Engländer), **Alois** Gottfried, Verleger; geb. 13. Mai 1907 Prag; kath.; *V:* Adolf Engländer (gest. 1931), Bankdir.; *M:* Louise, geb. Hofmann; *G:* Dr. Adolf Engländer (gest. 1975), Dipl. Ing.; ∞ I. Marianne Sensky, 1938 gesch., A: USA; II. Carmen Winckelmann (gest.), 1944 gesch., Emigr. USA; III. 1948 Prag, Lida Matoušková (geb. 1915), Schausp.; *K:* aus II: Juliet S. Seaver (geb. 1938), A: USA; Viola M. Shumlin (geb. 1942), Stage Manager, A: USA; aus III: Juno Sylva (geb. 1949), Cutterin, A: Wien; Lucky Viola (geb. 1952), Eurhytmie-Lehrerin, A: CH; *StA:* österr., 1919 CSR, 1946 USA, 1953 zusätzl. österr. *Weg:* 1937 CSR; 1939 S; 1940 USA; 1947 Österr.

Seit 1923 Mitgl. *Internationale Organisation der Guttempler* (IOGT). 1927 u. 1932-35 Stud. Rechtswiss. u. Medizin Prag; 1927-33 Volontär in Zucker-, Milch- u. Bergbaubetrieben, Bankbeamter Böhmische Escompte-Bank u. Credit-Anstalt, Arbeiter in Zuckerraffinerie in Nestomitz/Böhmen, 1936 Übersiedlung nach Wien, Gr. u. Eigentümer Buchhandlung u. Verlag Friedrich Wilhelm Frick u. Theater für junge Leute Wien. Ende 1937 Rückkehr nach Prag, zus. mit Hans Burger Mitarb. an antinatsoz. Dokumentarfilm *Crisis* von Herbert Kline, freiwillige Meldung zur CSR-Armee bei der Teilmobilisierung vor dt. Einmarsch. 1939 mit österr. Paß als Tourist nach Stockholm. 1940 Meldung zu dem anläßl. des dt. Einmarschs in Dänemark u. Norwegen geplanten tschechoslow. Btl.; 1940 mit dt. Paß über die UdSSR u. Japan in die USA, 1940-43 New York, Filmproduzent bei Film Unit Inc. u. Potemkin Productions; 1941-43 Vizepräs. *Assembly for a Democratic Austrian Republic* unter → Fritz Rager, Mitarb. Zs. *Freedom for Austria.* Mitgl., zeitw. Vizpräs. *Austrian Action* unter → Ferdinand Czernin. 1943-45 Hollywood, ZtgAusträger u. Hühnerfarmangest., Freiw. California State Guard Los Angeles. 1945 New York, Verleger; 1946 kurzfristig stellvertr. Dir. eines UNRRA-Lagers für Displaced Persons. 1947 Rückkehr nach Wien, 1948–50 (Verkauf) öffentl. Verwalter Verlagsbuchhandlung F. W. Frick. Seit 1948 Chefred. *Eine Welt der Vereinten Nationen* (dt.-sprachige Ausgabe von *United Nations World)*, Tätigkeit als Industrieberater. Mitgr. Austro-American Chamber of Commerce, Europäische Handelskammer der Republik Honduras u. *Österreichische Gesellschaft für Außenpolitik und Internationale Beziehungen.* 1958-68 Chef der Ständigen Mission von Honduras bei Internationaler Atomenergie-Behörde in Wien, Honorarkonsul. Mitgl. *Verein gegen den Antisemitismus,* VorstMitgl. IOGT. Mitarb. zahlr. internat. Ztg. u. Zs. Lebte 1978 in Wien. - *Ausz.:* u.a. Laterankreuz des Vatikan.

Qu: Fb. Hand. Pers. - IfZ.

Enoch, Kurt, Dr.rer.pol., Verleger; geb. 22. Nov. 1895 Hamburg; jüd.; *V:* Oscar E. (geb. 1860 Hamburg, gest. 1934 Hamburg), jüd., Gymn., Gr. u. Inh. einer Verlagsbuchhandlung in Hamburg; *M:* Rosa, geb. Neumann (geb. 1868 Radwanitz/Böhmen, gest. San Francisco), jüd., höhere Schule; *G:* Otto Samuel (geb. 1891 Hamburg, gest. 1961 Detroit/Mich.), Ing., 1933 Emigr. USA; Ilse Maria (geb. 1901 Hamburg, gest. San Francisco), Prom., Chemikerin; ∞ I. 1921 Rehse Hertha Frischmann (geb. 1901, gest. 1934 Davos/CH); II. Margaret Magdalena Heinemann (geb. 1911 Aachen), kath., Stud. Freiburg, Ausschluß wegen jüd. Abstammung, Stud. Florenz, 1936 Emigr. F, 1940 USA; *K:* Ruth Gruenthal (geb. 1922 Hamburg), Internatsschülerin CH, NL, Deutschland, 1947 USA, Psychoanalytikerin in New York; Miriam Stevens (geb. 1923 Hamburg), Internatsschülerin CH, NL, Deutschland, A: Princeton/Mass.; *StA:* deutsch, 1947 USA. *Weg:* 1936 F; 1940 USA.

1914-15 Stud. Berlin, Buchhändlerlehre. 1915-18 Kriegsteiln. (u.a. EK I u. EK II); 1921 Prom. Hamburg, 1922-36 Co-Dir., später Alleininh. Verlagsbuchhandlung Gebr. Enoch u. Oscar Enoch, 1932-39 Mitgr. u. -verleger Albatros Modern Continental Library Hamburg u. Paris (engl. Paperbacks), Übernahme von Edition Tauchnitz; 1922-36 Mitgl. *Deutscher Verlegerverein, Börsenverein des Deutschen Buchhandels.* 1932-33 Richter am Hamburger ArbGericht. 1936 Emigr. Frankr., Gr. u. Dir. Verlags- u. Vertriebsfirmen Continenta Paris u. Amsterdam, Imperia Ltd., Enoch Ltd. London; Sept.-Dez. 1939 Internierung, 1940 Prestataire. Okt. 1940 USA, 1942 Vizepräs. US-Importfiliale von Penguin Books, 1945 Präs. u. Dir. Penguin Books Inc., 1947 Teilh., Umbenennung in New Am. Library of World Literature (NAL), bis 1960 auch Präs. u. Dir. Signet u. Mentor, 1960 Übernahme NAL durch Times-Mirror Co. (T-M) Los Angeles, weiterhin Ltr. NAL, 1964-67 auch Corp. Vicepres. T-M, Präs. einer neuen Verlagsabt. einschl. NAL; 1968 Rücktritt als AR-Mitgl. von T-M, anschl. Dir. von Filialen u. Verlagsberater. Ab 1960 Dir. Franklin Books Progs. Inc., 1961-63 Dir. *Am. Book Publ. Council.* 1962 Deleg. der US-Verlagsindustrie in die UdSSR (Kulturaustauschprogramm). Ab 1968 Mitgl. Nat. Board des Nat. Book Comm. Inc., ab 1970 Mitgl. Nat. Adv. Council Hampshire Coll. Amherst/M. Mitgl. *Am. Inst. Graphic Arts* u. *PEN-Zentrum USA.* Lebte 1975 in New York.

Qu: Fb. Publ. - RFJI.

Epe, Walter **Heinz**; geb. 25. Dez. 1910 Remscheid, umgek. 28. Dez. 1942 UdSSR; *V:* Richard E. (1875-1937), Malermeister; *M:* Adele, geb. Held (1886-1957); *G:* Helmut (geb. 1904), Richard (geb. 1906); ∞ im Exil Synnöve Rosendahl-Jenssen (1909-42); *K:* Ivar Roland (1939-42). *Weg:* 1933 CSR; F; NL; N; S; UdSSR.

1928-29 Stud. Rechts- u. Staatswiss. Köln u. Wien. Trotzkist, Ltr. des Internat. Jugendsekretariates der *Internationalen Linksopposition* (Deckn. Walter Held, Audi). 1933 Emigr. in die CSR, vorübergehend Stud. Univ. Prag. Dann nach Frankr., den Niederlanden u. Norwegen; nach Kriegsbeginn Flucht nach Schweden. Später UdSSR, 1942 mit Ehefrau u. Sohn in einem Lager umgekommen.

Qu: Arch. Pers. - IfZ.

Ephrati, David (urspr. Seiden, Manfred), Diplomat; geb. 5. Okt. 1927 Wien; jüd.; *V:* Ephraim Seiden (-Berger) (geb. 1898 Moščisko/Galizien, gest. 1977 IL) Jeschiwah-Ausbildung, Kaufm., Mitgl. SDAP, 1939-45 KL, 1945 Österr., 1971 IL; *M:* Malcia, geb. Sucher (geb. 1896, gest. 1971 IL), jüd., 1938 Emigr. I, 1940-43 interniert, 1945 Pal., 1947 Österr., 1971 IL; *G:* Else Robert (geb. 1922 Wien), 1939 Emigr. Pal., 1953 CDN, USA, Lehrerin; ∞ 1950 Betty Garfunkel (geb. 1932 Cernauti/Rum.), jüd. höhere Schule; *K:* Yaira Ephrati-Wisenthal (geb. 1952 Tel Aviv), A: Montreal; Emanuela Romit (geb. 1959 Rom); *StA:* PL, später IL. *Weg:* 1938 I; 1945 Pal.

1937-38 Realgymn. Wien, 1938 Emigr. Italien, 1938-40 Schulbesuch Mailand. Aug. 1940 Internierung in Süditalien; 1943-45 Hachscharah. 1945 Emigr. Pal. mit B III-Zertifikat, 1945-47 Ausbildung Jugend-*Aliyah* Kibb. Merḥavyah, Mitgl. *Haganah*, 1948-50 MilDienst IDF (Lt.); B.A. (Staatswiss.) Hebr. Univ. Jerusalem; 1949-63 Beamter isr. Verteidigungsmin., 1958-61 dem Außenmin. unterstellt, Dienst beim isr. GenKonsulat Zürich u. isr. Botschaft Rom. 1964 Übernahme in diplomatischen Dienst, 1964-66 Referent für dt.-sprachige Länder, 1967-68 Berater u. Chargé d'affaires Botschaft Addis Abeba, 1968-71 Botschafter Gabun, 1971-73 GenKonsul u. isr. Deleg. *Internat. Civil Aviation Org.* Montreal, 1973-77 AbtLtr. im Zentrum für Forschung u. polit. Planung Jerusalem, 1978 Dir. Abt. für Beziehungen mit den Kirchen. Lebte 1977 in Jerusalem. *Ausz.:* Commander Equatorial Order von Gabun.

Qu: Fb. Hand. - RFJI.

Epler, Ernst, Journalist; geb. 11. März 1912 Wien; jüd., 1955 (?) Diss.; *V:* Salomon E. (1890-1970), jüd., Handelsangest., SDAP, Emigr. USA, nach 1945 Österr.; *M:* Elsa (1892-1972), Stenotypistin, Emigr. USA, nach 1945 Österr.; ∞ 1937 Klara Vielwahr (geb. 1914), jüd.; *K:* Heinrich (geb. 1950); *StA:* österr., 1918 CSR, 1920 österr. *Weg:* 1938 CSR; 1939 GB, 1940 USA; 1949 Österr.

1926-31 Mitgl. *Verein Sozialistischer Mittelschüler* Wien, 1930 SDAP; ab 1931 Stud. Klass. Philologie u. Germanistik Wien, 1931-32 Mitgl. *Verband Sozialistischer Studenten Österreichs*, 1932 Mitgl. des illeg. KJVÖ. März-Dez. 1934 Gef.- u. KL-Haft, anschl. Untergrundarb. für illeg. KPÖ, Erwerbstätigkeit als Hilfsarb. u. Hauslehrer. März 1938 Flucht nach Brünn,

160 Eppstein

1939 über Polen nach London. Mitgl. KPÖ-Parteigruppe in GB, Mitarb. *Austrian Centre* (→ Franz West). 1940 vor drohender Internierung Emigr. USA. 1940-44 Geschirrwäscher, Eisverkäufer u. Schweißer. 1940-46 Mitgl. *Austro-American Association;* Chefred. *Austro-American Tribune.* 1944-49 Schriftsetzer. 1949 nach Aufforderung durch KPÖ Rückkehr nach Wien, 1949-70 Red. KPÖ-Ztg. *Der Abend* u. *Volksstimme.* Mitgl. *Journalistengewerkschaft* im ÖGB. 1970 Pensionierung, vermutl. Parteiaustritt nach der Intervention der Warschauer-Pakt-Staaten in der CSSR. Lebte 1978 in Wien.

W: u.a. Der große Streik. 1950, 1965. *Qu:* Fb. Pers. - IfZ.

Eppstein, Eugen, Parteifunktionär; geb. 25. Juni 1878 Simmern/Hunsrück, umgek. 1943 KL Lublin-Majdanek; *V:* Joseph Mayer, genannt Eppstein; *M:* Martha, geb. Aronson; *StA:* deutsch, 25. Aug. 1933 Ausbürg. *Weg:* 1933 F.

Sohn jüd. Kaufleute; kaufm. Lehre, dann Angest. 1897 SPD Köln, linker Flügel. Während des 1. WK *Spartakusbund,* Aktivität im Ruhrgebiet. Nach Grdg. der KPD hauptamtl. Parteisekr. in Essen. Mitte 1919 Verhaftung wegen illeg. Tätigkeit, Haft in Berlin, Nov. 1919 Flucht. Danach führender KPD-Funktionär in Köln, maßgebl. OrgSpezialist; 1920-25 Vertr. des Bez. Mittelrhein im ZA. Ab 4. PT 1920 ständig PT-Deleg., 1921 Sekr. u. PolLtr. KPD-Bez. Mittelrhein, der unter E.s Führung zur linken Opposition gehörte. Mai 1924 MdR u. PolLtr. des rechten KPD-Bez. Nordwest (Bremen), den er auf die pol. Linie der Zentrale bringen konnte. Nach Reichstagsauflösung Okt. 1924 verhaftet, jedoch aufgrund seiner Wahl in den Preuß. LT Dez. 1924 freigelassen. Gehörte zu den Stützen der → Ruth Fischer-Führung; Jan. 1926 wegen Anschluß an Opposition um Ruth Fischer als PolLtr. in Bremen abgelöst, danach im Ruhrgeb. für die linke Opposition aktiv, 1926 Mitgl. der Reichsltg. der neugebildeten *Linken Opposition der KPD;* 13. Jan 1928 KPD-Austritt. Mitbegr. *Leninbund,* jedoch noch vor der Wahl 1928 Austritt mit R. Fischer u. → Arkadij Maslow, danach aktiv im pol. Kreis um R. Fischer. KPD-Wiederaufnahme-Antrag auf 12. PT 1929 abgelehnt. 1933 mit seiner Frau Emigr. nach Frankr., dort aktiv in versch. linken Emigr.-Gruppen. Mithg. *Cahiers internationaux* der *Gruppe Internationale.* 4. März 1943 Verhaftung durch Gestapo.

L: Weber, Wandlung; Zimmermann, Leninbund. *Qu:* Arch. Publ. - IfZ.

Epstein, Hans L., Dr. phil., Pädagoge, Sozialarbeiter; geb. 11. März 1905 Frankfurt/M., gest. 7. Sept. 1967 Italien; jüd.; *V:* Sigmund E.; jüd.; *M:* Emma, geb. Ettinghausen; ∞ Rosy Fischer; *StA:* deutsch, USA. *Weg:* 1938 USA.

1925-26 Lehrer jüd. Lehrerhaus Frankfurt/M.; 1928 Prom. Frankfurt, 1932-33 GymnLehrer, 1933-36 Lehrer jüd. höhere Schule Frankfurt, 1936-38 Dir. handwerkl. Ausbildungsinst. für jugendl. Auswanderer, Frankfurt. 1938 Emigr. USA, 1938-44 Lehrer an Privatschule New York; 1944 M.A. Columbia Univ., 1947-50 Assist. klinische Psychologie Mt. Sinai Krankenhaus New York. 1945-62 geschäftsf. Dir. YM-YWHA in Inwood/N.Y. u. Washington Heights/N.Y. 1962 Dipl.-Psych., Mitarb. Schools of Social Work New York Univ., Columbia Univ. u. Hunter Coll., New York. - Mitgl. *Nat. Assn. Jew. Centre Workers, Nat. Assn. Social Workers, World Fed. for Mental Health, Soc. for Rorschach and Projective Techniques, Acad. of Certified Social Workers.*

Qu: Hand. Z. - RFJI.

Epstein, Julius Viktor Stefan, Publizist, Hochschullehrer; geb. 26. Dez. 1901 Wien, gest. 1975 Palo Alto/Cal., USA; *V:* Richard E.; *M:* Alice, geb. von Meyszner; ∞ 1935 Vally Eva Gottlieb; *K:* Peter Lom Stefan; *StA:* österr., 1947 USA. *Weg:* 1933 CSR; 1938 CH; 1939 USA.

Stud. Jena u. Leipzig, Journ. u. Schriftst. in Leipzig; 1933 Emigr. nach Prag, Mitarb. zahlr. tschechoslow. u. ausländ. Blätter u. der Exilpresse, Korr. *Neue Volks-Zeitung* (NVZ) New York. 1938 in die Schweiz, 1939 in die USA, ständiger Mitarb. NVZ, Beiträge in zahlr. amerikan. Ztg., 1942-44 bei OWI, dt.-sprachiger Red. der *Voices from America.* 1946-61 Korr. bei UN New York, 1959 Teiln. White House Conf. on Refugees. Ab 1963 wiss. Mitarb. Hoover Inst. on War, Revolution and Peace in Stanford/Cal., ab 1965 Prof. für internat. Politik an der Lincoln Univ. San Francisco, Mitarb. *Die Welt,* Hamburg, u. *Industriekurier,* Düsseldorf. Verfolgte eine scharf antikommunist. Linie, beschuldigte 1953 → Hans Wallenberg vor dem McCarthy-Ausschuß der ZusArb. mit Kommunisten in der Redaktion des Besatzungsorgans *Die Neue Zeitung,* löste 1962 die sog. Epstein-Affäre aus, als er in Abstimmung mit Konrad Adenauer Dokumente über einen geplanten Ausgleich zwischen USA u. Sowjetunion in der Deutschlandfrage veröffentlichte. Enthüllte in seinen zeitgeschichtl. Arbeiten u.a. die sowj. Morde von Katyn u. die Auslieferung ehem. russ. Wehrmachtsangehöriger an die UdSSR. Beitr. u.a. in *Wehrwissenschaftliche Rundschau, Politische Studien* u. *Schweizer Monatshefte.* Mitgl. *Press Club, Commonwealth of California.* - *Ausz.:* 1954 Ritterkreuz Polonia Restituta; Dr. phil. h.c.

W: u.a. Das Nichts. Die Erzählung einer Genesung. 1927; Das Schicksal der Akkumulation in Deutschland oder der Irrsinn der Autarkie. 1932; Die gelbe Pranke. Japan an der Schwelle der Weltherrschaft. Prag (Kacha) 1933; Weltgericht über den Judenhaß (Hg.). Ebd. 1933; Operation Keelhaul, the Story of Forced Repatriation from 1944 to the Present. 1973. *Qu:* Arch. Hand. Publ. Z. - IfZ.

Epstein, Leopold (Wilhelm [?]), Gewerkschaftsfunktionär; gest. 7. Juli 1955; *StA:* österr. *Weg:* 1938 (?) IND; 1946 (?) Österr.

Ltd. Funktionär, zeitw. Präs. *Reichsverein der Bank- und Sparkassenbeamten Österreichs,* Mitarb. von → Heinrich Allina. Emigrierte vermutl. 1938, war möglicherw. in Schanghai, später in Kalkutta. Nach Kriegsende Rückkehr nach Österr., VorstMitgl. Pensionistengruppe der Sektion Banken in der *Gewerkschaft der Privatangestellten.*

Qu: Arch. Z. - IfZ.

Erb-Rudtorffer, Ferdinand (urspr. Erb von Rudtorffer, Ferdinand Franz Eduard Freiherr); geb. 17. Jan. 1899 Amstetten/Niederösterr.; *V:* Eduard Freiherr Erb v. Rudtorffer (1866-1937), Hofrat u. BezHauptmann; *M:* Mathilde, geb. Dierzer v. Traunthal (geb. 1874); ∞ I. 1923 Anna Thavonat-Thavon (geb. 1903), gesch. 1926; II. 1943 Montevideo, Christiane Maria Weiss; III. 1956 Wien, Susanne Böhler; *K:* aus I: Peter Eduard Gustav Clemens (geb. 1924), Emigr. Argent.; aus II: Dorothea Maria (geb. 1949 Buenos Aires); *StA:* österr. *Weg:* Argent.; Österr.

Offz. im 1. WK. Emigr. Argentinien. 1941 neben → Gustav Glück u. → Max Thurn Mitgr. u. Präs. *Comite Austriaco* in Buenos Aires als Zusammenschluß der konservativ-bürgerl. u. der kommunist. österr. Emigr. in Argent. nach vergebl. Versuch des *Free Austrian Movement* in Toronto unter → Hans Rott, E.-R. als seinen Vertr. in Argentinien zu gewinnen. 1943 Mitgr. *Comite Central Austriaco de America Latina* (CCAAL) unter → Karl Stephan Grünberg, 1944 neben Paul Freiwirth u.a. als Vertr. des CCAAL Mitgl. Zentralrat des *Free Austrian World Movement* in London. Rückkehr nach Österr. Lebte 1978 in Wien.

L: Goldner, Emigration. *Qu:* Arch. Hand. Publ. - IfZ.

Erel, Shlomo (urspr. Ehrlich, Siegush), Verbandsfunktionär, Diplomat; geb. 23. Apr. 1916; *V:* Georg Ehrlich (geb. 1880, umgek. im Holocaust), Geschäftsm.; *M:* Regina, geb. Pinckus (geb. 1877 Wroncke/Posen, gest. 1935 Breslau); *G:* Ruth Reich (geb. 1909 Neustadt), Gymn., Sekr., Emigr. USA über China; Henoch (geb. 1923 Breslau), 1937 Emigr. Pal., Mitgr. Kibb. Sedor Yam, Caesarea, VerwTätigkeit in Jerusalem; ∞ 1939 Naomi (urspr. Grete) Kluger (geb. 1913 Mährisch-Ostrau), Gymn., Lehrerin, Emigr. S, 1939 GB, 1944 Pal., ehem. Mitgl. Kibb. Galed; *StA:* deutsch, Pal./IL. *Weg:* 1939 GB; 1944 Pal.

Gymn. Breslau; 1935-36 Sekr. *Habonim* für Rhein-Ruhrgebiet, 1937-38 für Deutschland in Berlin. 1939-41 Sekr. Erziehungsabt. *Jugend-Alijah* für Westeuropa in London, Beteiligung an Aktion zur Rettung jüd. Kinder; 1940 kurzfristige Internierung, 1944 Pal., 1944–51 Mitgl. Kibb. Galed, 1945–47 KibbSekr.; 1948–51 Mission in die USA u. nach Kanada im Auftrag der *Jew. Agency.* 1951–55 stellv. Dir. Abt. für wirtschaftspol. Forschung beim MinPräs.; 1955–57 Mission nach Argentinien u. Uruguay im Auftrag der *Jew. Agency.* 1957–63 stellv. Dir. der Abt. Ausnahmezustand u. der Abt. Techn. Hilfe an Länder der 3. Welt im Verteidigungsmin., 1962 i.A. des Verteidigungs- u. Außenmin. nach Südamerika. 1963–65 Botschaftsrat isr. Botschaft in Caracas/Venezuela u. Vertr. des Verteidigungsmin. in Südamerika, 1965 isr. Vertr. bei lateinam. Konf. der Voluntary Organisations, 1965–66 Botschaftsrat in Lima/ Peru, 1967–70 Dir. der Abt. Südamerika im Amt für internat. ZusArb. u. beim internat. Verbindungsamt des Verteidigungsmin.; 1970–72 stellv. Dir. der Am. Oved Publishers Co., ab 1972 Dir. Book and Printing Center des Export Inst., VorstMitgl. *Brit. Emigrants Assn.* – *Ausz.:* 1975 Sherman Buch-Preis der isr. Erdölindustrie, 1977 Fellowship *Memorial Foundation for Jew. Culture* USA.

W: Bemaaglei haneft. 1955 (dt. Übers.: Im Schatten der Bohrtürme. 1975); Petroleum. The Phenomenon of a Modern Panic. 1975. *Qu:* Fb. Hand. – RFJI.

Erhard, Moshe Walter, Dr. rer. pol., Versicherungskaufmann; geb. 18. Jan. 1899 Berlin, gest. 22. Dez. 1971 IL; jüd.; *V:* Alfred E. (gest. 1938 Berlin), Kaufm.; *M:* Amalie (gest. 1930 Berlin); *G:* Dr. Rudolf E. (geb. Berlin, gest. Tel Aviv); ∞ I. Esther Weinberg (geb. Osteuropa); II. Margaret (Margalith) Salomon; *K:* (aus I.) Mordechai Eran; (aus II.) Miriam Broshi (geb. 1934 Berlin), jüd., 1936 Emigr. Pal., Bibliothekarin; Gideon (geb. 1937 Jerusalem), M.B.A. Columbia Univ. New York, Bankier; *StA:* deutsch. *Weg:* 1936 I, Pal.

Im 1. WK Kriegsteiln., anschl. Stud. Berlin, Freiburg, 1921 Prom., Mitgl. K.J.V.; geschäftsf. Dir. Phoenix Versicherungsges. Berlin, Vors. KKL. 1934 Konkurs der Versicherungsges.; 1936 nach Italien, Dir. Assecurazioni Generali. Okt. 1936 nach Palästina, 1937–71 GenDir. u. Vors. Migdal-Binyan-Versicherungsges. Jerusalem und später Tel Aviv, gleichz. 1951–71 Vors. Maoz-Versicherungsges., Mitgl. VerwRat der Sela-Versicherungsges. u. African-Isr. Investments Ltd., Vors. *Assn. of Isr. Life Insurance Companies;* Red. *Insurance Review of Palestine,* später *Isr. Economist,* Mitgl. Central Committee der *Assn. Insurance Companies,* Beratungsausschuß der isr. Reg. für Versicherungsangelegenheiten, Anglo-Isr. Handelskammer, Vors. *Isr.-Swiss Friendship Assn.,* Förderung von Vorlesungen über Versicherungswesen an der Univ. Tel Aviv. *Ausz.:* 1974 Einweihung des Moshe Erhard Center of Insurance in Tel Aviv.

W: Betriebsdemokratie (Diss.). 1921; Art. über Versicherungen u. Wirtschaftswiss. in isr. u. ausländ. Zs. *Qu:* Hand. Pers. – RFJI.

Erlanger, Helmut(h), Dr. jur., Rechtsanwalt, Verbandsfunktionär; geb. 9. Juli 1908 Buchau am Federsee/Württemberg; jüd.; *V:* Martin E. (geb. 1868 Buchau, gest. 1954 San Francisco), jüd., Pferdehändler, 1937 Emigr. USA; *M:* Fanny, geb. Oppenheimer (geb. 1880 Buchen/Baden, gest. 1969 San Francisco), jüd., 1937 Emigr. USA; *G:* Walter (geb. 1911 Buchau, gest. 1972 JU), Emigr. CH, GB, im 2. WK im Untergrund in NL, Lehrer, Verlagsbuchhändler; ∞ I. 1940 Esther R. Slater (geb. 1909 Osteuropa, gest. 1974 San Francisco), jüd. Schneiderin, 1935 Emigr. USA, Sekr.; II. 1975 Anne Marie Lehmann (geb. 1924 Fürth), jüd., 1933 Emigr. CH, höhere Schule, 1937 Emigr. NL, 1939 USA, 1941–42 Fachschule für Optiker New York, 1942–47 Optikerin; *K:* Claire Aires (geb. 1942 San Francisco, gest. 1969 San Francisco), B.A. Berkeley, Sozialarb.; Howard (geb. 1945 San Francisco), Ph.D. (Soziologie) Berkeley, Prof. Univ. Madison/Wisc.; *StA:* deutsch, 1940 USA. *Weg:* 1933 CH, F; 1934 CH, USA.

1927–31 Stud. Rechtswiss. Frankfurt, München, Heidelberg u. Tübingen, 1932 Prom., 1930–33 Referendar, 1932–33 Assist. in Tübingen; 1930–32 örtl. Ltr. *Rote Falken* u. ehrenamtl. Berater Freie Gewerkschaften, 1932–33 Parteiredner der SPD Bez. Tübingen-Reutlingen, aktiv im *Reichsbanner;* März–Aug. 1933 KL Heuberg, Aug.–Nov. 1933 unter Polizeiaufsicht. Nov. 1933 Emigr. Schweiz mit Besuchervisum, Dez. 1933 nach Frankr., ungelernter Arbeiter in Toulouse, Sommer 1934 Rückkehr Schweiz, Nov. 1934 USA, Unterstützung durch Verwandte, bis 1936 Hausmeister, Lastwagenfahrer, Büroangest., Bürovorsteher, Buchhalter; Mitgl. *Internat. Accountants Soc.* 1940–41 Mitgl. Calif. State Guard. 1945–48 Stud. Rechtswiss. in Abendkursen Univ. San Francisco, 1948 LL.B., J.D.; 1947–48 stellv. Ltr. Abt. Buchhaltung in Damenbekleidungsbetrieb, 1948–53 ltd. Angest. einer Seifenfabrik. Ab 1953 RA-Praxis in San Francisco, insbes. Vertr. in Wiedergutmachungsverfahren. Mitgr. u. AR-Mitgl. *Jewish Council of 1933,* Orts-Vors. *Committee on Ratification of the UN-Genocide Convention,* ab 1950 AR-Mitgl. A.F.J.C.E., 1959–69 Präs. *Community Workshop* (ArbMöglichkeit für ältere jüd. Flüchtlinge), 1960 Kassenführer Am. Jew. Congr. N-Calif., ab 1960 Mitgl. *Jew. Community Rel. Council of San Francisco,* ab 1970 Mitgl. BezBeratungsausschuß ADL, zeitw. Vors. *Committee on Soviet Jewry, Middle East Committee,* Vizepräs. ZOA, Mitgl. *Am. Assn. Former Europ. Jurists,* Mitgl. *San Francisco Bar Assn., San Francisco Lawyers' Club, Am. Bar Assn., Am. Judicature Soc.* Lebte 1977 in San Francisco.

W: Internationale Ausweisung und Weimarer Reichsverfassung. Diss. jur. 1932; Artikel über Wiedergutmachungsfragen in *Aufbau. D:* RFJI; S.P.S.L. *Qu:* Arch. Fb. Pers. Publ. – RFJI.

Ernst, Josef, Kommunalpolitiker; geb. 30. März 1882 Osterfeld, Krs. Recklinghausen, gest. 19. Aug. 1959 Norderney; Diss.; *Weg:* 1933 E; NL; 1938 Deutschland.

KaufmLehre, 1896–1902 Seemann u. MilDienst bei der Kriegsmarine, 1902–08 als Emaillierer tätig; 1908–14 Geschäftsf. DMV Hagen, Ltr. des dortigen GewKartells; Kaufm. in der Lebensmittelbranche; während der Revolution 1918 Volkskommissar, später StadtVO. Hagen; Mitgl. USPD, 1922 SPD; 1920–24 MdR; Übersiedlung nach Norderney, Mitgl. Kreisausschuß Norden u. GdeRat Norderney; u.a. Syndikus der staatl. Lotterieeinnehmer, Hg. von Fachzs. u. Dir. Sportzeitung und Nachrichtendienst GmbH Berlin. 1933 Emigr. Kanar. Inseln, von dort in die Niederlande; Inh. Firma van der Vring & Co. Amsterdam; ab 1938 wieder in Norderney als Dir. Bremer Häuser AG. Nach 1945 FDP; 1948–52 Bürgerm. Norderney, bis zu seinem Tode Mitgl. des Stadtrates.

W: Kapptage im Industriegebiet. 1921. *Qu:* Arch. Hand. Publ. – IfZ.

Erxleben, Hilde, geb. Ache, Parteifunktionärin; geb. 1914 Berlin; verh., *StA:* deutsch. *Weg:* 1934 UdSSR; 1935 CSR; 1938 F; 1939 NL; 1945 Deutschland (Berlin).

Mitgl. IAH u. AgitProp.-Gruppe Kolonne Links, später KJVD. Nach natsoz. Machtübernahme illeg. Tätigkeit in Berlin, Verhaftung u. bis Mai 1934 Haft, dann im Parteiauftrag Emigr. in die UdSSR, Besuch Lenin-Schule der *Komintern,* Juli 1935 KPD, Gastdeleg. 7. Weltkongreß der *Komintern,* danach Instrukteur AbschnLtg. Zentrum, mehrere illeg. Reisen nach Berlin, 1938 nach Frankr., 1939 im Parteiauftrag nach Amsterdam, im 2. WK Mitgl. holländ. Widerstandsbewegung. 1945 nach Berlin, Metallarb., aktive Partei- u. GewFunktionärin, Mitgr. Zentraler Frauenausschuß Berlin, Deleg. Grdg.-PT der SED, 1946–56 Sekr. ZV IG Metall in FDGB, danach Rentnerin.

L: Jahnke, Anteil; Damerius, Helmut, Über zehn Meere zum Mittelpunkt der Welt. 1977. *Qu:* Publ. – IfZ.

Eschelbacher, Max, Dr. jur., Rabbiner; geb. 14. Jan. 1880 (1882 [?]) Bruchsal/Baden, gest. 20. Apr. 1964 London; *V:* Joseph E. (1848–1916), Rabbiner in Bruchsal u. an Konservativer Syn. der Jüd. Gde. Berlin; *M:* Ernestine, Präs. *Jüdischer Frauenbund; StA:* deutsch; brit. *Weg:* 1939 (?) GB.

Prom.; Stud. L(H)WJ Berlin, Rabbinerexamen; 1906–11 Rabbiner in Bruchsal, dann Freiburg, 1913–39 als Nachfolger Leo Baecks Rabbiner Jüd. Gde. Düsseldorf, prominenter liberaler Rabbiner, Sachverständiger für jüd. Recht u. Talmudwiss., 1929 Mitgl. Ausschuß zur Vergrößerung der *Jew. Agency,* Mitgl. Rat des Preußischen Landesverbandes Jüdischer Gemeinden; Nov. 1938 zeitw. Haft, anschl. Emigr. GB, Vortragstätigkeit jüd. Themen.

W: Recht und Billigkeit in der Jurisprudenz des Talmud. In: Judaica. 1912; Die Frau im Judentum. In: Soziale Ethik des Judentums. 1913; Der Wille in der jüdischen Geschichte. 1918; Probleme der talmudischen Dialektik. 1924; Die Willenserklärung in der Halacha. 1925; Zur Hygiene der Juden (Hg.). 1926; Die Synagogengemeinde Düsseldorf 1904-1929. 1929; Deutschtum und Judentum. Der Centralverein in Kaiserreich und Republik. In: Rheinischer Merkur. 1953; Die Mittelgemeinde. In: Festschrift zum 80. Geburtstag von Rabbiner Dr. Leo Baeck. 1953. Zahlr. Beiträge in jüd. Ztg. u. Zs., bes. über Fragen des Rechts im Talmud u. der jüd. Tradition. *D:* LBI London. *Qu:* Hand. Z. - RFJI.

Eschwege, Henry, Ministerialbeamter; geb. 22. Dez. 1925 Würzburg; jüd.; *V:* Reuben E. (geb. Juli 1890 Thüngen/Unterfranken), jüd., Lehrerseminar, Oberkantor, Dez. 1939 Emigr. GB, 1940 USA; *M:* Sara, geb. Unna (geb. 1894 Frankfurt/M., gest. 1964), jüd., höhere Schule, 1939 Emigr. GB, 1940 USA; *G:* Eugenie (geb. 1920 Würzburg), 1939 Emigr. GB, 1940 USA; ∞ Shirley L. Hudes (geb. 1934 New York), jüd., zahnärztl. Assist.; *K:* Laura R. (geb. 1964 Washington/D.C.); Joyce R. (geb. 1966 Washington/D.C.); *StA:* deutsch, 1944 USA. *Weg:* 1939 GB; 1940 USA.

1938 Verfolgung, Vermögenseinzug; Aug. 1939 mit kurzfristigem Visum nach GB, Apr. 1940 USA, Unterstützung durch Familie; 1944-46 MilDienst. 1949 B.Sc. Univ. New York; 1949 Rechnungsprüfer bei Jacques M. Levy and Co. New York, 1953 staatl. anerkannter Rechnungsprüfer, 1956-63 Rechnungsprüfer im US Gen. Accounting Office, 1963-67 Assist. Dir., 1967 stellv. Dir. u. ab 1972 Dir. der Abt. für Gde.- u. Wirtschaftentwicklung. 1962 Stud. Graduate School of Business Harvard Univ.; häufig Sachverständiger in Kongreßausschüssen. Mitgl. *New York Certified Public Accountants Soc., Nat. Assn. of Accountants,* Beta Gamma Sigma. Lebte 1977 in Washington/D.C. - *Ausz.:* Controller General's Award, mehrere Verdienstauszeichnungen.

W: Beiträge in General Accounting Office Review (1967, 1969) u. in Fachzs. *Qu:* Fb. Hand. - RFJI.

Eshel, Aryeh (Chill), Diplomat; geb. 16. Sept. 1912 Berlin, gest. Okt. 1968 Ottawa/CDN; ∞ Tamar; *StA:* deutsch, Pal./ IL. *Weg:* 1934 Pal.

Stud. Berlin. 1934 Emigr. Palästina, 1934-39 landwirtschaftl. Arbeiter in Kibb., 1939-43 Offz. *Haganah,* 1944 nach Bagdad im Auftrag der *Jew. Agency,* 1945-47 Sekr. von Moshe Sharett (Shertok) in der pol. Abt. der *Jew. Agency,* 1947-49 AbtLtr. *Jew. Agency* in Südamerika. 1949-50 Botschaftssekr. u. Konsul in Argentinien, 1950-55 Konsul in Wien, 1955-57 Ltr. Abt. Ost-Europa im Außenmin., 1958 Botschafter in Uruguay, 1960-62 stellv. UN-Deleg., 1962 GenKonsul in New York, später Botschafter in Kanada.

Qu: Hand. Z. - RFJI.

Eshkol, Dov (urspr. Weintraub, Bernhard), Offizier, Hotelfachmann; geb. 19. Juni 1914 Karlsruhe; jüd.; *V:* Heinrich (Haim) Weintraub (geb. 1881 Tarnow/Galizien, gest. 1965 Ayyelet haShahar/Ober-Galiläa), jüd., Kaufm., 1940 illeg. Emigr. Pal., Internierung in Atlit; *M:* Bina, geb. Silberfaden (geb. 1880 Piotrkow/russ.-poln. Gouvernement Petrokov, gest. 1960 Ayyelet haShahar), jüd., Emigr. u. Internierung mit Ehemann; *G:* Isidor Weintraub (geb. 1905 Karlsruhe), jüd., höhere Schule, 1936 Emigr. GB, USA, A: Omaha/Nebr., Rosl Chitz (geb. 1912 Karlsruhe), jüd., höhere Schule, 1936 Emigr. Pal., A: Kfar Hayyim; ∞ 1942 Yehudith Sarankin (geb. 1919 Jerusalem), Bibliothekarin; *K:* Noah (geb. 1943 Ayyelet haShahar), Tanzlehrer an der Ruppin Musikakad., Jerusalem; Uri (geb. 1947 Ayyelet haShahar), höhere Schule, Farmer; Jochai (geb. 1951 Ayyelet haShahar), Stud., Berufssoldat; *StA:* deutsch, Pal./IL. *Weg:* 1938 Pal.

Abitur Karlsruhe; Mitgl. sozdem. Jugendbewegung, 1932-33 kaufm. Lehre in Karlsruhe, 1933 Hachscharah Brüderhof bei Hamburg, Mitgl. *Zionistische Arbeiter-Jugendbewegung,* 1934-36 Jugendltr. u. VorstMitgl. *Habonim* u. *Hechaluz* Nürnberg, 1936-37 Ltr. *Habonim,* 1936 Besuch in Palästina als Ltr. einer Jugendgruppe, 1937-38 BezLtr. *Hechaluz* u. *Habonim* in Bayern, 1938 Ltr. Hachscharah Brüderhof, Nov. 1938 Haft in Hamburg. Dez. 1938 nach Palästina, ab Jan. 1939 Mitgl. Kibb. Ayyelet haShahar, 1948-59 IDF, 1959 Oberstlt. Ab 1960 Geschäftsf. Gästehaus im Kibb. Ayyelet haShahar, 1959 zugl. Ltr. Agentur für isr. Staatsanleihen in Deutschland (BRD). VorstMitgl. Prittigalil (ObstverarbBetrieb), Histour (Reisebüro der Histadrut) u. des Erholungsortes Ashkelon. Mitgl. *Israel. Hotel-Vereinigung, Sk'al Club* Israel, *Chaîne des Rôtisseurs* Israel. - *Ausz.:* 1967 Mann des Jahres *Sk'al Club,* 1969 *Histadrut*-Preis, 1974 Kaplan-Preis. Lebte 1977 in Ayyelet haShahar.

Qu: Fb. Hand. - RFJI.

Eskeles, Otto, Bankier; geb. 27. Aug. 1887 Offenbach/M., gest. 31. Juli 1960 Haifa; jüd.; *V:* Hermann E., jüd.; *M:* Mathilde, geb. Frank, jüd.; *G:* Frieda Goldschmidt (geb. Offenbach); ∞ I. Olga Schönfeld (gest. 1928 Berlin), II. 1932 Dr. rer. pol. Paula Kronheimer (geb. 1902 Fürth), 1926 Prom., tätig in Wohlfahrtsabt. der jüd. Gde. in Köln u. Berlin, Mithg. *Zeitschrift für jüdische Wohlfahrtspflege und Sozialpolitik; K:* Zeev Eshkolot (geb. 1920), 1937 Emigr. Pal.; David (geb. 1928 Berlin), 1937 Emigr. Pal., Stud. Rechtswiss.; Shoshana Wilsker (geb. 1936 Berlin), 1937 Emigr. Pal; *StA:* deutsch; Pal./IL. *Weg:* 1937 Pal.

Bis 1907 Stud. Berlin, zugl. ab 1904 Lehre bei Bankhaus Loewenherz Berlin. Ab 1910 Prokurist beim Bankhaus AG Kaufmann Berlin. Im 1. WK MilDienst (EK II, Verwundung). 1914-22 Prokurist, 1922-37 Teilh. Bankhaus Gebr. Heymann in Berlin, 1934 Reise nach Palästina. VorstMitgl. u. Schatzmeister *Zentralwohlfahrtsstelle der deutschen Juden* Berlin, Vors. *Jüdische Kinderhilfe* (1920 gegr.), 1929 Mitgl. Initiativkomitee zur Erweiterung der *Jew. Agency,* Mitgl. Börsenvorst., Mitgl. *Zentralausschuß des Deutschen Bank- und Bankiergewerbes,* VorstMitgl. *Interessengemeinschaft Berliner Privatbankiers,* Mitgl. *Zionistische Organisation* Berlin. 1937 Emigr. Palästina mit A I-Zertifikat, Gr. u. Geschäftsf. von General Trust Corp. Tel Aviv (verbunden mit der Palestine Investment Agency); Unterstützung des Solidaritätswerks von I.O.M.E. Ab 1940 Wirtschaftsberater, 1940-60 Berater in Rückerstattungsfragen, ZusArb. mit H.O.G., Schatzmeister der Wasserges. für den Berg Karmel.

Qu: Fb. Pers. Z. - RFJI.

Even, Dan (urspr. Epstein, Klaus Helmut), Offizier, Ministerialbeamter; geb. 3. Apr. 1912 Breslau; jüd.; *V:* Eugen Epstein (gest. 1934), jüd., Bankier, Hofrat; *M:* Clara, geb. Ballin (gest. 1936); *G:* Grete Liebrecht (gest.), Emigr. USA; Gertrude Abramson, Emigr. USA; ∞ 1938 Dora Kantorowitz (geb. 1917 Memel), Emigr. Pal.; *K:* Michael (geb. 1939 Pal.), Architekt, Major d. Res.; Naomi Clair Rubenstein (geb. East London/ S-Afrika), Lehrerin; *StA:* deutsch, Pal./IL; *Weg:* 1933 CSR; 1934 Pal.

1931-33 Stud. Rechtswiss. Breslau. 1933 Emigr. CSR, bis Juni 1934 landwirtschaftl. Ausbildung in Trautenau. 1934 Emigr. Palästina mit C-Zertifikat, bis Jan. 1940 Kibb. Givat Hayyim, Mitgl. *Haganah,* 1936-39 Kommandeur nördl. Emek Hever-Bez. u. Corporal Jew. Settlement Police, Jan. 1940-45 brit. Armee, Major in Jüdischer Brigade, 1945-46 im Hauptquartier der *Haganah,* stellv. Ltr. Planungsabt.; 1947 Personalchef Pal. Electric Corp. 1947-48 *Haganah,* Kommandeur Alexandroni Brigade u. Süd-Abschnitt, Juli 1948-Juli 1950 Brig-

Gen. u. Befehlshaber Grenzregion Ost; krankheitshalber Pensionierung; Dez. 1955-Okt. 1956 Ltr. MilAusschuß für Ausnahmezustand. 1950-55 u. 1956-58 Ltr. isr. Elektrizitätsgesellschaft, 1959-61 Vors. interministerieller Ausschuß zur Verhinderung von Verkehrsunfällen, 1962-68 Dir. der Abt. Zivilflugplätze im Verkehrsmin. Lebte 1974 in Herzliyyah Pituaḥ.

W: Shenot Sherut (Dienstjahre, ABiogr.). 1973. *Qu:* Fb. Hand. - RFJI.

Evers, Heinrich (Heinz), Parteifunktionär; geb. 24. März 1887 Berlin, gest. 22. Dez. 1968 Berlin (Ost); ∞ verh.; *StA:* deutsch. *Weg:* UdSSR; 1945 Deutschland (Berlin).

Bildhauer; 1906 SPD, 1917-18 Kriegsteiln., 1918 USPD, 1920 KPD, Parteifunktionär, ab 1924 Beauftragter der *Roten Hilfe* für Org. von Fluchtmöglichkeiten in die UdSSR, Deckn. Adolf. 1926 verhaftet, 1927 Urteil 3 J. 7 Mon. Zuchth., 1928 amnestiert. 1929 Mitarb. GewAbt. des ZK der KPD, 1929-33 Mitgl. Reichskomitee der RGO, ab 1931 Mitarb. Vollzugsbüro der RGI Moskau. Im 2. WK Oberinstrukteur der GlavPURKKA in KriegsgefLager Nr. 58 in Temnikov, entscheidend am Zustandekommen des sog. Appells der 158 v. Okt. 1941 beteiligt. 1945 Rückkehr nach Berlin, Mitarb. PropAbt. des FDGB, zuletzt Parteiveteran. - *Ausz.:* u.a. 1962 Banner der Arbeit u. VVO; ZK-Nachruf.

L: Weber, Wandlung; Fischer, Deutschlandpolitik. *Qu:* Hand. Publ. Z. - IfZ.

Exler, Albert, Journalist; geb. 4. Juli 1910 Weigelsdorf/ Nordmähren; kath., 1926 Diss.; *V:* Albert E. (1868-1932), Schlosser; *M:* Katharina, geb. Axmann (1866-1946); *G:* Adolf (1896-1944), umgek. in Untersuchungshaft; Emil (geb. 1900); Frieda (geb. 1904); Marie (geb. 1906); Steffi (geb. 1908); Poldi (geb. 1912); ∞ I. 1942 Anne-Marie Nordin (geb. 1923), 1947 gesch.; II. 1947 Anneliese Oettershagen (geb. 1924), 1963 gesch.; III. 1965 Karla Rutz (geb. 1927); *K:* Gerda (geb. 1949), Annegret (geb. 1950); *StA:* österr., 1919 CSR, 1945 deutsch. *Weg:* 1938 Finnl.; 1941 S; 1942 GB; 1944 Deutschland; 1945 GB; 1946 Deutschland (BBZ).

Arbeiter in einer Papierfabrik. 1926 Gew., SJ u. DSAP; 1929 Volontär bei *Volkswacht* Sternberg, 1929-35 stellv. Obmann SJ Kreis Sternberg, 1932-34 Wehrdienst in CSR-Armee, ab 1935 pol. Red. *Volkswacht, Volkspresse* u. *Adler Gebirgsbote* Troppau. Nach Abschluß des Münchener Abkommens in das Landesinnere, Dez. 1938 Emigr. nach Finnland. Dez. 1939 als Freiw. zur finn. Armee. Nach Kriegseintritt Finnlands Juni 1941 Flucht nach Schweden, 4wöch. Inhaftierung in Haparanda, dann Fabrikarb. Ab Nov. 1941 nach einem Unfall Stud. an Univ. Uppsala mit Unterstützung der Schwed. Sozialdemokrat. Arbeiterpartei. Apr. 1942 durch Vermittlung → Wenzel Jakschs nach GB, bis 1944 Arbeiter. Dann zus. mit Ernst Hoffmann, Artur Oehm, Otto Pichl u. → Artur Schober von der TG-Ltg. mit Org. von Maßnahmen gegen die geplante Zwangsaussiedlung der dt. Minderheit aus der CSR beauftragt, 4. Mai 1944 Fallschirmabsprung bei Binsdorf in Böhmen. Entging als einziges Mitgl. der Gruppe der sofortigen Verhaftung; trotz Kontaktaufnahme zu ehem. Parteifreunden scheiterte seine Mission an der Isolation der sudetendt. Widerstandsbewegung. Anfang März 1945 nach Wien, Verhaftung durch Gestapo, bis Kriegsende Haft in Reichenberg u. Leitmeritz, Rettung vor angeordneter Hinrichtung durch die heranrückenden Alliierten. Nach kurzem Aufenthalt in GB 1946 Übersiedlung nach Deutschland (BBZ). 1946 SPD, Red. *Neue Ruhr-Zeitung* Essen, 1949 Red. *Hannoversche Presse,* 1951-73 Red. *SPD-Pressedienst* Bonn, ab 1953 Mitgl. SG. - *Ausz.:* u.a. 1950 Kings's Medal for Courage, 1973 Wenzel-Jaksch-Preis.

W: Das große Wagnis. O.J. (1967); zahlr. Art. in versch. Zs. u. Ztg. *L:* Bachstein, Jaksch; Müssener, Exil. *Qu:* ABiogr. Arch. Fb. Pers. Publ. Z. - IfZ.

Eyck, Erich, Dr. phil., Rechtsanwalt, Publizist, Historiker; geb. 7. Dez. 1878 Berlin, gest. 23. Juni 1964 London; jüd.; *V:* Joseph E. (1847[?]-1925[?]), jüd., Getreidemakler; *M:* Helene, geb. Veitel (1855[?]-1898), jüd.; *G:* Hans (geb. 1877), Patentanwalt, Emigr. USA; Erna Veit, Emigr. GB; Gertrud Nußbaum, Emigr. USA; Ernst (gest. 1925[?]), Kaufm.; Lilli Pinkus (gest. 1925[?]); ∞ Hedwig Kosterlitz (geb. 1888 Pleß/OS, gest. 1971 London), jüd., Inh. einer Fremdenpension in London; *K:* Irene Reuter (geb. 1911), Bibliothekarin, 1936 Emigr. AUS; Lore Alexander (geb. 1913), 1937 Emigr. USA; Ulrich Franz Josef Eyck (geb. 1921), 1936 Emigr. GB, Historiker; *StA:* deutsch, 1946 (1947[?]) brit. *Weg:* 1937 I, GB.

Ab 1898 Stud. Rechts- u. Staatswiss. u. Gesch. Freiburg/Br. u. Berlin, 1904 Prom., 1906-1937 RA in Berlin, Notar. Mitgl. DDP/DSP, *Demokratischer Klub* u. Hauptvorst. CV, 1915-20 StadtVO. Charlottenburg, 1928-30 StadtVO. Berlin. 1915-33 jur. Mitarb. *Vossische Zeitung,* Hg. Beilage *Recht und Leben,* Mitarb. *Berliner Tageblatt.* 1934 Verlust des Notariats, Okt. 1937 Emigr. Italien, Dez. 1937 nach London. Hist. Studien, Gastvorlesungen Univ. Oxford u. London, Mitarb. *Die Zeitung* u. *Club 1943,* Mitgl. *Deutscher Pen-Club London,* AJR. Als dezidiert liberalem Historiker blieb E. die Anerkennung durch die dt. Fachwelt lange verwehrt; gilt inzwischen mit seiner Analyse der staatspol. Fehlentwicklung seit Bismarck als ein Vorläufer der „neuen Schule" der dt. Geschichtswiss. - *Ausz.:* 1953 Gr. BVK; Fellow Royal Historical Society.

W: u.a. Gladstone. London (Allen & Unwin) u. Zürich (Rentsch) 1938; Bismarck. Leben und Werk. 3 Bde. Zürich (Rentsch) 1941, 1943, 1944; Die Pitts und die Fox'. 1948; Bismarck und das deutsche Reich. 1950; Geschichte der Weimarer Republik. 2 Bde. 1954, 1956. *L:* u.a. S. William Halperin (Hg.), Essays on Eminent Europeans. 1961; Hans-Ulrich Wehler (Hg.), Deutsche Historiker, Bd. II. 1971. Dort auch vollst. Bibliogr. *D:* BA. *Qu:* Arch. Hand. Pers. Publ. - IfZ.

Eylath, Yehuda (urspr. Engelbert, Kurt), Ministerialbeamter; geb. 23. Apr. 1906 Kassel, gest. 15. Jan. 1954; *V:* Leopold Engelbert (geb. 1863 Gudensberg/Hessen, gest. 1927 Wiesbaden), Kaufm.; *M:* Clara, geb. Katzenstein (geb. 1868 Uslar/Niedersa., gest. 1946 Haifa), 1934 Emigr. Pal.; *G:* Grete Rosenthal (geb. 1893 Grebenstein/Hessen), höhere Schule, 1934 Emigr. Pal.; Richard (geb. 1896 Kassel, gef. 1916); ∞ Martha Stein (geb. 1909 Fürth), Lehrerin, 1933 Emigr. Pal., Versicherungsvertr.; *K:* Rayah Gilboa (geb. 1936 Jerusalem); *StA:* deutsch, Pal./IL. *Weg:* 1933 Pal.

Handelsschule, anschl. Einkäufer bei versch. Warenhäusern, VerwLtr. Ehape-Warenhäuser, 1933 Entlassung; Mitgl. *Kameraden.* Sept. 1933 Emigr. Palästina mit A I-Zertifikat, 1933 Schlosser, landwirtschaftl. Umschulung im Kibb. Ein Shemer; bis 1936 Landwirt in Moshav Gan haShomron anschl. wegen Malaria-Erkrankung nach Jerusalem. 1938 ins Ausland zur Absatzförderung kunstgewerbl. Erzeugnisse. 1939-48 bei der *Jew. Agency,* später Ltr. Entwicklung von Kunsthandwerk u. einheim. Industrie; Mitgl. *Haganah.* 1948-54 im Handels- u. Industriemin., Abt. Produktionsentwicklung (Gebrauchsmuster), zugl. Mitgl. Ausschuß für angewandte Kunst u. techn. Formgebung.

Qu: Hand. Pers. - RFJI.

Eylon (urspr. Garbatsk), **Ephraim,** Diplomat; geb. 1. Nov. 1916 Berlin; jüd.; *V:* Hirsch Garbatsk; *M:* Rebecca, geb. Traub; ∞ 1946 Hannah Aqasi. *Weg:* 1934 Pal.

1934 Emigr. Palästina, 1935-39 Zweigstellenltr. Reisebüro der *Jew. Agency,* 1939-41 Zivilangest. im Hauptquartier der brit. Armee in Palästina, 1941-46 Dienst in brit. Armee, 1947-48 Offz. der *Haganah,* 1948-50 IDF, Abt. Presse-Zensur, 1950-52 Tätigkeit in Marseille, ab 1952 Konsul in Südafrika, seit 1976 Gesandter in Belgien.

Qu: Hand. - RFJI.

Eytan, Reuven (urspr. Eisen, Richard), Dr. phil., Verleger, Verbandsfunktionär; geb. 22. Sept. 1909 München; jüd.; *V:* Jacob Eisen (geb. 1879 Rzeszów/Galizien, gest. IL), Zion., Emigr. Pal.; *M:* Sacra, geb. Koerber (geb. 1882 Tarnow/Galizien, gest. IL), jüd., Handelsschule Frankfurt/M., Emigr. Pal.;

164 Faatz

G: Dr. phil. Eli Eytan (geb. 1908 München), jüd., 1932 Prom. München, 1934 Emigr. Pal., Hochschullehrer in Tel Aviv; ∞ Francisca; *K:* Daniel, Ayala; *StA:* österr., Pal./IL. *Weg:* 1937 GB; 1938 Pal.

Stud. Leipzig, München, Wien, Würzburg, 1934 Prom.; VorstMitgl. ZVfD München, K.J.V., Mitgl. *Blau-Weiß, Kadimah.* 1934-37 stellv. Geschäftsf. Delphin Verlag München u. Verlagsangest. in Leipzig. Sekr. ZVfD Bayern, KKL Deutschland. 1937 Emigr. GB, 1937-38 Stud., März 1938 nach Palästina, 1938-39 im Zentralbüro der brit. Abt. des JNF in Palästina, gleichz. *Haganah,* 1940-45 Angest. bei brit. Zensurabt. in Jerusalem, Aleppo u. Beirut. Während seines Aufenthalts in Aleppo u. Beirut für illeg. Einwanderung tätig. Seit 1945 Sekr. u. GenDir. Org.- u. InfoAbt. von WZO, Sekr. des *Zion. Gen. Council,* VerwDir. u. VorstMitgl. des Bezalel Nat. Museum Jerusalem, Mitgl. *Histadrut, I.O.M.E., Isr. Management Center.* Lebte 1974 in Jerusalem.

W: Die deutsche Landschaftsmalerei des Spätbarocks (Diss.). 1936. Art. in zion. Ztg. u. Zs. *Qu:* Fb. Hand. - RFJI.

F

Faatz, August, Gewerkschaftsfunktionär; geb. 7. Dez. 1881 Schotten/Hessen; ∞ verh.; *K:* Fred, nach 1933 wegen illeg. gewerkschaftl. Tätigkeit verurteilt, Richter in Frankfurt/M.; Emmi Lutz (Ehemann 1938 wegen illeg. gewerkschaftl. Tätigkeit verurteilt); *StA:* deutsch. *Weg:* 1933 CH; 1947 Deutschland.

Bis 1915 als Spengler tätig, 1903 SPD; Arbeitsrechtssekr. des DMV in Frankfurt/M.; 1933 Ltr. der Schutzmaßnahmen im GewHaus Frankfurt. März 1933 nach Kreuzlingen, später nach St. Gallen. 1933-38 enger Mitarb. von → Anton Döring beim Aufbau einer illeg. freigewerkschaftl. Org. in Süddeutschland. 1940 Gesuch um Aufnahme in Schweizer Armee. Rückkehr nach Deutschland.

Qu: Arch. Pers. - IfZ.

Fabel, Ludwig Alexander, Dr. rer. pol., Wirtschaftsexperte, Hochschullehrer, Diplomat; geb. 29. Sept. 1900 Mannheim; ev., 1928 Diss., 1956 unitarisch; *V:* Wilhelm Josef F. (1874-1917), ev., Kaufm.; *M:* Maria (1875-1960), altkath.; ∞ I. Maria Strauss (geb. 1899), ev., jüd. Abstammung, Emigr., A: USA; II. 1951 Emily Anna Jaques-Illies (geb. 1911), Fotografin; *K:* Ruth Gabriele Petersky (geb. 1930), B.A., A: USA; Charlotte Maria Utting (geb. 1932), B.A., A: USA; Emily Dorothea Culp (geb. 1945 Peking), Med.-techn. Assist., A: USA; *StA:* deutsch. *Weg:* 1934 China; 1948 USA; 1951 Deutschland (BRD).

1918 Seekadett, anschl. Stud. Staatswiss. Freiburg/Br., 1921 Prom.; 1921-22 Geschäftsf. Verb. der bad. Textilindustrie, 1922-24 Verb. der dt. Schrottindustrie in Düsseldorf. Ab 1928 DVP, 1930-31 ZV-Mitgl., Reichstags-Kandidat, Mitgr. u. VorstMitgl. *Reichsgemeinschaft junger Volksparteiler,* 1931 Austritt aus Protest gegen Unterstützung der Reg. Papen durch DVP. 1933 auf Wunsch der überwiegend jüd. Mitgl. des Schrottverb. Eintritt in NSDAP zur Abwendung der Verbandsgleichschaltung, zunehmender Druck seitens natsoz. Stellen, Sept. 1934 Emigr. mit 3-Jahres-Vertrag als Wirtschaftsberater der ProvReg. Hunan in Changsha, Dir. staatl. Exportförderungsbüro, daneben bis 1948 lfd. wirtschaftspol. Berichterstattung für China-Studiengesellschaft Berlin. 1938-40 außerdem Wirtschaftskorr. für IG-Farben-Industrie in Hongkong, Yünan u. Tschungking, 1940-48 Lektor u. Prof. für Politologie u. Wirtschaftsgeographie an der kath. Fu Jen Univ. Peking. 1948-51 Assist. Prof. für Wirtschaftswiss. u. Wirtschaftsgeogr. in New York. 1951-54 Referent im AA Bonn, anschl. Wirtschaftsstellenltr. GenKonsulat Montreal, 1961-65 Konsul 1. Kl. in Houston/Tex., 1965-71 Assist. u. Assoc. Prof. Univ. Houston; seit 1953 Mitgl. SPD. Lebte 1978 in Cascais/Portugal.

Qu: Fb. Hand. - IfZ.

Fabian, Alfred, Dr. jur., Rabbiner; geb. 27. Aug. 1910 Breslau; *V:* Leo F. (geb. 1868 Elbing/Westpreußen, gest. 1918 Deutschland), Rabbiner, Waisenhausdir.; *M:* Ella, geb. Baron (geb. 1877 Breslau, gest. 1919 Deutschland), Lehrerin; *G:* Walter (geb. 1906 Breslau, gest. 1962), Kaufm., 1939 Emigr. ∞ 1940 Ilse Sternberg (geb. 1917 Breslau), Stud. Prag, 1939 Emigr. AUS mit Eltern; *K:* Miriam Frommer (geb. 1943 Adelaide), Ph.D. London, Doz. in AUS; Diana Rozenman (geb. 1946 Adelaide), Lehrerin in AUS; Carmel Sharpe (geb. 1949 Brisbane), Sekr. in AUS; *StA:* deutsch, 1945 AUS. *Weg:* 1939 AUS.

1928-31 Stud., Febr. 1933 Prom. Breslau, 1931-34 Referendar, anschl. Berufsverbot; 1934-39 Stud. Jüd. Theol. Seminar Breslau, 1928-39 Mitarb. versch. jüd. Jugendorg., 1936-37 Hilfsrabbiner in landwirtschaftl. Ausbildungsstelle Groß-Breesen. Juli 1939 Emigr. Australien über Niederländisch-Indien mit Einwanderervisum (Verwandte als Bürgen), zeitw. Lehrer, 1940-46 Rabbiner, 1946-62 Hauptrabbiner Adelaide Hebr. Congr. u. Brisbane Hebr. Congr., aktiv in JNF, 1962-75 Hauptrabbiner North Shore Syn. Lindfield/N.S.W. (Nachf. von → William Katz), 1975 Pensionierung. Zugl. ab 1953 MilGeistlicher austral. Armee, 1962-74 Senior Jew. Chaplain (Ehrendienstgrad Oberst). 1967-75 Kassenführer *Assn. Jew. Ministers of Austr. and New Zealand,* Vizepräs. *Austr. Assn. for UN, Marriage Guidance Council, Community of Sydney Welfare Services, Queensland Friends of Hebr. Univ.,* Mitgl. *Scouts Council Queensland,* Vizepräs. *Austr.-Jew. Hist. Soc., B'nai B'rith.* Lebte 1977 in Sydney/Australien. - *Ausz.:* 1962 Anlage eines Gedächtniswaldes zu seinen Ehren durch JNF-Ausschuß; 1966 Efficiency Decoration.

W: Der Schutz des Rechtes an der Erfindung vor der Anmeldung zum Patent (nach BGB). (Diss.) 1933; A Time to Speak. Selected Sermons. 1976. *L:* Katz, W., And The Dark Rested. 1966; Kisch, Breslauer Seminar. *Qu:* EGL. Fb. Hand. Pers. Publ. - RFJI.

Fabian, Walter Max, Dr. phil., Publizist; geb. 24. Aug. 1902 Berlin; Diss.; *V:* Richard F. (gest. 1959), Innenarchitekt, Musikpädagoge; *M:* Else, geb. Hosch; ∞ I. Dr. Dora F., gesch.; bis 1931 Mitgl. der Reichslrg. der *Jungsozialisten* in der SPD, dann SAPD, 1931-32 Mitarb. *Sozialistische Arbeiterzeitung* Berlin, Verf. *Arbeiterschaft und Kolonialpolitik* (1928), Emigr., Apr. 1935 Freitod in London. II. Ruth Loewenthal (geb. 1907), gesch., bis 1933 Referendarin Kammergericht Berlin. Mitgl. *Jungsozialisten,* ab 1931 SAPD, nach 1933 Mitarb. der Inlandsltg., Ende 1934 Flucht vor Verhaftung über Prag nach Paris, Mitarb. der Auslandsltg. der SAPD, 9. Aug. 1939 Ausbürg., 1940 nach Südfrankr., Mitarb. des *International Rescue and Relief Committee (IRRC),* 1942 CH, Ltg. Abt. Flüchtlingshilfe im *Schweizerischen Arbeiter-Hilfswerk (SAH).* 1945 Paris, Ltg. eines Zeitungsausschnittbüros, seit 1950 im Vorst. der Emigr.-Hilfsorganisation *Solidarité;* III. Charlotte Griess, gesch.; IV. Annemarie Lorenz; *K:* aus II: Annette Antignac (geb. 1940), A: F; *StA:* deutsch, 5. Aug. 1937 Ausbürg., deutsch. *Weg:* 1935 CSR, F; 1939 N-Afrika; 1940 F; 1942 CH; 1957 Deutschland (BRD).

Ab 1920 Mitarb. bei sozdem. Presse. Stud. Philosophie, Pädagogik, Gesch. u. Wirtschaftswiss. Berlin, Freiburg/Br., Gießen u. Leipzig. 1924 Prom. Mitgl. DFG, 1924 SPD; Tätigkeit in Erwachsenen- u. ArbBildung, Mitgl. Reichsausschuß für sozialist. Bildungsarbeit. Lektor in Leipzig, ab 1925 Red. *Volksstimme* Chemnitz, Mitgl. SPD-BezVorst. 1928 Hg. SPD-Korrespondenz *Sachsendienst* Dresden, führendes Mitgl. der linken Dresdner Opposition um *Jungsozialisten* u. SAJ. Seit Ende 1928 Hg. der oppos. *Sozialistischen Information,* Sept. 1931 Parteiausschluß. Okt. 1931 Mitgr. SAPD, BezVors. für Ostsa., ab März 1932 Mitgl. PV, Mitarb. bei SAPD-Organ *Sozialistische Arbeiter-Zeitung,* ab Sept. 1932 mit → August Enderle Red.

des von Berlin nach Breslau verlegten Blatts. Auf illeg. PT am 11./12. März 1933 Wahl in SAPD-Reichsltg. Entkam im Aug. 1933 als einziges Mitgl. der Inlandsltg. der Verhaftung u. übernahm Führung der illeg. Parteiorg. U.a. Verbreitung der von der Auslandsltg. unter → Jacob Walcher hg. Druckschriften, vor allem der Zs. *Das Banner der revolutionären Einheit.* Juli 1934 mit falschen Papieren in die Schweiz u. nach Frankr. zu Besprechungen mit der Exilpartei. Deckn. Kurt Sachs. Jan. 1935 Flucht vor drohender Verhaftung; über Prag im März 1935 nach Paris. Mitgl. SAPD-Auslandsltg. Paris, journ. Tätigkeit für Partei- u. Exilpresse u. für ausländ. Zs., Ltr. des Zeitungsausschnittbüros Bureau International de Documentation. Seit Herbst 1935 SAPD-Vertr. im Lutetia-Kreis, Mitunterz. des Volksfrontaufrufs v. Dez. 1936. U.a. aufgrund von Vorbehalten gegenüber Volksfrontpol. seit Frühj. 1936 zus. mit → Erwin Ackerknecht Wortführer einer SAPD-Oppos.-Gruppe; Febr. 1937 Parteiausschluß, bis 1939 Ltr. Gruppe *Neuer Weg* um die gleichnamige Zs., die sich vor allem gegen die Moskauer Prozesse wandte u. zur Solidarität mit der span. POUM aufrief. Sept.–Dez. 1939 Internierung, unter Druck in franz. Fremdenlegion, nach Aufenthalt in Nordafrika Okt. 1940 Demobilisierung in Marseille. Trotz Notvisum für USA blieb F. in Frankr., 1941–Mitte 1942 Mitarb. IRRC Marseille u. SAH. Okt. 1942 illeg. in die Schweiz, bis Jahresende interniert. Journ. Tätigkeit, Übers. (Ps. Melchior Britschgi). Vertr. des IRRC beim SAH. Seit Anfang 1944 Mithg. der Informationsbriefe *Zur Selbstverständigung,* die u.a. die Politik der BFD in der Schweiz einer „linken" Kritik unterzogen. März–Juli 1945 vorüberg. Mitarb. dieses Kreises in der *Union deutscher Sozialisten und Gewerkschafter in der Schweiz.* Febr./März 1945 Teiln. Flüchtlingskonferenz von Montreux, mit → Walter Fisch u. → Nora Platiel im RedKomitee der Konf.; Gegner zionist. Anträge, anschl. Vizepräs. *Flüchtlingsvertretung für die Probleme der Rück- und Weiterwanderung.* Tessiner VorstMitgl. des im Mai 1945 gegr. SDS in der Schweiz, später zeitw. Vors. des SDS. Nach 1945 Vortragstätigkeit in Verb. mit der schweizer. Arbeiterbildungszentrale. 1950 Mitgl. *PEN-Zentrum deutschsprachiger Autoren im Ausland.* Mitinitiator der Sammlung Exil-Literatur bei der Deutschen Bibliothek Frankfurt/M. 1957–70 Chefred. des theoret. DGB-Organs *Gewerkschaftliche Monatshefte* Köln, 1961 endgültige Niederlassung in der BRD. Wiederholte pol. Konflikte mit DGB-Führung. 1958–64 Vors. der *Deutschen Journalisten-Union* (dju), ab 1960 dju-Vertr. im Deutschen Presserat. Führend in der Bewegung gegen die Notstandsgesetzgebung u. der „Hilfsaktion Vietnam". Vors. der *Deutsch-Polnischen Gesellschaft.* 1969 Vors. der *Humanistischen Union.* 1972 Mitgl. *PEN-Zentrum BRD.* Ab 1966 HonProf. für Pädagogik Univ. Frankfurt/M. Lebte 1977 in Köln. – *Ausz.:* 1960 Joseph-E. Drexel-Preis, 1969 Adolf-Grimme-Preis, 1971 Carl-von-Ossietzky-Med. der Liga für Menschenrechte Berlin.

W: U.a. Die Friedensbewegung. 1922; Friedrich Wilhelm Foerster. 1924; Die Kriegsschuldfrage. 1925; Klassenkampf in Sachsen. Löbau 1930 (Nachdruck Berlin 1972); Leitartikel bewegen die Welt (mit → Will Schaber). 1964; Plädoyer für die Europäische Sicherheitskonferenz (Hg.). 1972; Übersetzungen (u.a. Baudelaire, Hugo, Maupassant, Rolland). *L:* Drechsler, SAPD; Ihlau, Olaf, Die Roten Kämpfer. 1969; Bergmann, Schweiz; Teubner, Schweiz; Langkau-Alex, Volksfront. *Qu:* Arch. Fb. Hand. Pers. Publ. Z. – IfZ.

Fabri, Ernst, Schriftsteller; geb. 7. Mai 1891 Wien, gest. 1966 Moskau; *StA:* österr., UdSSR. *Weg:* UdSSR.

Mitgl. der sozdem. Jugendbewegung, veröffentlichte ab 1908 Gedichte u. Erzählungen in linksgerichteten Ztg. u. Zs. Im 1. WK neben → Friedrich Hexmann, → Richard Schüller u.a. maßgebl. Vertr. der linksradikalen Oppos. innerh. des *Verbands jugendlicher Arbeiter Österreichs.* 1918 Mitgl. *Arbeiterrat* Wien, vermutl. Mitgl. SDAP, 1921 als Mitgl. der *Arbeitsgemeinschaft Revolutionärer Sozialdemokraten* unter → Josef Frey zur KPÖ, Parteifunktionär, angebl. zeitw. ZK-Mitgl.; Febr. 1930 Mitgr. u. Vors. *Bund proletarisch-revolutionärer Schriftsteller Österreichs* (weitere maßgebl. Mitgl.: Herbert Acht, Ludwig Barta, → Otto Heller, Stefan Hochrainer, → Fritz Jensen, Lilli Körber, → Alexander Vajda, Johannes Wertheimer, Otto Wolfgang). 1932 in die UdSSR, vermutl. Mitgl. KPdSU. Im 2. WK Mitarb. *Radio Moskau für Österreich* (→ Walter Fischer).

W: u.a. So unser Leben... Rote Lieder (L). 1909; Aus elendsenger Tiefe (L). 1921; Josef Gerl. Nach einem Gespräch mit Josef Gerls Frau. Moskau 1936. *L:* Steiner, KPÖ; Vogelmann, Propaganda; Musger, Gerald, Der Bund proletarisch revolutionärer Schriftsteller Österreichs (1930–1934). Diss. phil. masch. Graz 1977; Reisberg, KPÖ. *Qu:* Arch. Publ. Z. – IfZ.

Färber, Otto, Dr. phil., Journalist; geb. 22. Febr. 1892 Urach/Württ.; ev., ab 1912 kath.; *V:* Richard F., Dekan; *M:* Elisabeth, geb. Schaur; *G:* Richard, Ing.; Georg, Chemiker; Gertrud; Karl, Buchhändler; Paul, Stadtbaumeister; Johanna; Julius, RegBeamter; Ludwig, Kaufm.; ∞ 1920 Margarete Fuchs; *K:* Wolfgang, Gymnasiallehrer; Lothar, Kaufm.; Maria Krankenschwester; Luitgart; Kordula; Peter, Ing.; *StA:* deutsch, 1936 österr. *Weg:* 1934 Österr.; 1938 Deutschland.

1910–11 Stud. Hochbau TH Stuttgart, Mitgl. *Wingolf;* 1911–12 Stud. Theologie Freiburg/Br., 1913–14 Philologie Tübingen. 1914–18 Soldat, 1915–18 Kriegsgef., 1918 MilDolmetscher Ukraine. 1919 Cartell-Verband Tübingen. 1919–20 Stud. Rechtswiss. München, Prom.; 1919–23 Sekr. *Katholischer Akademischer Ausschuß* München. Red. GenSekr. der BVP München. 1924–33 Chefred. *Badische Zentrumskorrespondenz.* 1926–33 Red. *Badischer Beobachter.* 1928–33 Mitgl. *Reichsbanner,* 1930–33 *Augustinus-Verein.* 1934 Österr., 1935–38 Chef v. Dienst u. Feuilletonred. *Tiroler Anzeiger* Innsbruck. 1936–38 aktiv in den *Ostmärkischen Sturmscharen.* Apr.–Dez. 1938 KL Dachau. 1939–40 Tätigkeit in Textilindustrie u. Baugewerbe; 1940–43 Wehrmachtsdolmetscher für Russisch, 1943–45 Buchhalter in Textilfabrik Göppingen, 1945 Red. *Schwäbische Landeszeitung* Augsburg, 1946–65 Mithg. *Stuttgarter Nachrichten.* 1956–65 GenKonsul h.c. der Rep. Österr. in Stuttgart. Lebte seit 1965 in Telfs/Österr. – Ps. R. Ferling. – *Ausz.:* u.a. 1915 Silberne württ. Tapferkeitsmed., 1936 Foederatio Emericana: St. Emmerich's Orden, 1954 Mitgl. Ungarische Akademie der Wissenschaften Rom, 1960 Silbernes Ehrenzeichen für Verdienste um die Rep. Österr., 1963 BVK, Gr. Silbernes Ehrenzeichen für Verdienste um die Rep. Österr., 1964 Ritter vom Hlg. Grab zu Jerusalem.

W: u.a. Weltverband katholischer Akademiker. 1920; Das kommende Rußland. 1921; Ferling, Robert (Ps.), Glühende Ketten. 1926; ders., Krieg dem Frieden. 1926; Übers.: u.a. Puschkin, Des Hauptmanns Töchterlein. 1936. *Qu:* Fb. Hand. Pers. – IfZ.

Fajans, George Joseph Leopold, Dr. jur., Unternehmensleiter, Kommunalpolitiker; geb. 13. Juli 1911 Bernau bei Berlin; jüd.; *V:* Dr. jur. Heinrich F. (geb. 19. Mai 1873 Danzig, gest. 1923 Deutschland, jüd., Amtsgerichtsrat; *M:* Flora, geb. Henius (geb. 10. Juni 1888, umgek. 1943 KL Auschwitz); *G:* Dr. med. Peter F. (geb. Juni 1914 Bernau, gest. 1968 USA), 1934 Emigr. I, 1939 USA, Arzt; Rosemarie Keus (geb. 22. Dez. 1919 Bernau), 1939 Emigr. GB, 1948 S-Afrika; ∞ 1937 Margot Stern (geb. März 1912 S-Afrika), jüd., Abitur; *K:* Sandra Ruth Kunitz (geb. 1944 S-Afrika), Stud.; Stanley David (geb. 1945 S-Afrika), Stud., Betriebsltr.; Dennis (geb. 1949 S-Afrika), B.Sc. Univ. Witwatersrand, Ing.; *StA:* deutsch, 1938 S-Afrika. *Weg:* 1933 S-Afrika.

1930–33 Stud. Berlin, Freiburg, Erlangen, 1932 Referendar Berlin, 1933 Prom. Erlangen, Dez. 1932–Apr.1933 Referendar Kalkberge/Mark Brandenburg. 1933 Emigr. Südafrika, 1934–40 Tätigkeit in Baustoffindustrie, 1940–46 südafrikan. Armee, 1946–73 Betriebsltr. einer Holz- u. Metallwarenhandlung, geschäftsf. VorstMitgl. der Grundstücksagentur Edenvale Trust Co. Ab 1953 StadtVO Edenvale, 1958–59 u. 1967–68 Bürgermeister, 1959–62 Vors. Verwaltungskommission, Mitgl.

166 Falk

versch. Schulkommissionen u. Ausschüsse; ab 1966 vereidigter Schätzer des Justizmin.; Mitgl. Temple Shalom, Johannesburg, *Jew. Ex-service League, Edenvale Boxing Club*. Lebte 1976 in Johannesburg/S-Afrika.
Qu: Fb. Hand. - RFJI.

Falk (urspr. Cohn), **Alfred,** Journalist; geb. 4. Febr. 1896; ∞ Margot Langfeld; *StA:* deutsch, 25. Aug. 1933 Ausbürg. *Weg:* 1933 CH, F.
  Journ., Kriegsdienstverweigerer, führendes Mitgl. DLM; Ltr. Republikan. Beschwerdestelle in Berlin. Apr. 1928-1930 Red. pazifist. Monatsschrift *Der Krieg.* März 1933 Emigr. über die Schweiz nach Straßburg, in 1. AusbürgListe aufgenommen. Mitgr. u. Vizepräs. *Ligue Allemande pour la Défense des Droits de l'Homme et du Citoyen, Section Strasbourg,* die sich 1933/34 führend an Nobelpreiskampagne für Carl v. Ossietzky beteiligte. Bis Anfang 1934 Mitarb. → Berthold Jacobs, publizist. Tätigkeit, u.a. über den NatSoz. mit Hilfe geretteter Unterlagen der Republikan. Beschwerdestelle. Zog sich Herbst 1935 aus Enttäuschung über die Exilpol. nach Fréjus/Dépt. Var zurück. Sept. 1939 vorüberg. Internierung in Toulon u. Les Milles. Nach 1945 in Nizza ansässig.
  L: Kantorowicz, Alfred, Exil in Frankreich. 1971; Willi, Jost Nikolaus, Der Fall Jacob-Wesemann. 1972. *D:* BA, IfZ. *Qu:* Arch. Publ. - IfZ.

Falk, Bernhard, Rechtsanwalt, Politiker; geb. 26. März 1867 Bergheim a.d. Erft/Rheinl., gest. 23. Dez. 1944 Brüssel; jüd.; *V:* Salomon F. (1822-86), Kaufm.; *M:* Rosa, geb. Berend (1840- 1918); ∞ Else Wahl (1872-1956), 1920-33 Vors. Stadtverb. der Kölner Frauenverbände, 1929 Erbauerin des Else-Falk-Hauses für berufstätige Frauen Köln, Emigr. B, 1945 Bras.; *K:* Alfred, 1917 als Offz. Richthofen-Geschwader gef.; Dr. Fritz F. (gest.); Dr. Ernst F., RA, 1938 Emigr. B, 1940 F, Bras.; Dr. Hermann F. (geb. 1901), A: AUS; *StA:* deutsch. *Weg:* 1939 B.
  Stud. Rechtswiss. Bonn u. München, 1885-86 Freiw. im Bayer. Inf.Leibrgt., 1893 RA Elberfeld, ab 1898 RA Köln, Justizrat. Mitgr. *Verein der nationalliberalen Jugend,* Mitgl. Zentralvorst. der *Nationalliberalen Partei,* stellv. Vors. nationallib. ProvVorst. u. *Nationalliberaler Verein* in Köln. 1908-30 StadtVO., ab 1915 Fraktionsvors. Ab 1914 Hptm. d. Landwehr; 1917-18 Ltr. städt. Kohleamt Köln. 1918 DDP, ab 1919 VorstMitgl.; 1930 DSP. Ab 1918 Vors. *Rheinischer Verein für liberale Gemeindepolitik,* 1919-20 MdNV, 1921-24 stellv. Mitgl. Preuß. Staatsrat, 1924-32 MdL Preußen, Mitgl. Rhein. ProvLT. VorstMitgl. Deutscher Städtetag, Mitgl. Hauptvorst. CV. Mitgl. Preussag. Maßgebl. Mitwirkung an Weimarer Verfassung u. an der Erhaltung des preuß. Staatsverbands, führend im Kampf gegen Separatismus u. Besatzungspol. Nach 1933 zunächst Ausnahmezulassung als RA. Apr. 1939 Emigr. Brüssel; nach 1940 Verweigerung der geplanten Ausreise in die Schweiz durch dt. Besatzungsbehörden.
  L: Wahl, Fritz, Bernhard Falk. In: Den Unvergessenen. 1952; Stephan, Linksliberalismus. *D:* BA. *Qu:* Arch. Biogr. Hand. Publ. Z. - IfZ.

Falk, Frank Edgar, Dr. jur., Buchprüfer, Verbandsfunktionär; geb. 2. Dez. 1907; *V:* bis 1941 Vors. der jüd. Gde. Düsseldorf. *Weg:* 1939 GB.
  Prom., Mitgl. VJJD, Ltr. von *Keren Hayessod* für Nordwestdeutschland u. Ltr. Palästinaamt der *Jew. Agency* in Hamburg. 1939 Emigr. GB, im 2. WK brit. Armee. Danach Umschulung als Buchprüfer, Fellow Inst. of Chartered Accountants u. Inst. of Taxation. Ab 1953 Mitgl. Hauptvorst., 1962-76 Ehrenschatzmeister, ab 1976 stellv. Vors. AJR, ab 1960 Treuhänder AJR-Wohltätigkeitsstiftung, 1977 Vors. einer besonderen Planungskommission. Zeitw. Mitgl. Statuten-Komitee der *Zionist Federation of Great Britain.* Mitgl. *United Zionist Org.,* Unterstützung des *Zion. House,* Mitgl., 1965-67 Präs. *Leo Baeck Lodge* des *B'nai B'rith* London u. Mitarb. in versch. Komitees. Mitgr. u. ständiges Mitgl. Hauptvorst., Schatzmeister u. wiederholt Vors. *Theodor Herzl Soc.,* seit 1966 Mitgl. BezVorst. u. Landesschatzmeister *B'nai B'rith District Lodge of Great Britain and Ireland.* Vertreter der Interessen von Opfern des NatSoz. in Steuerfragen, Mitwirkung an der Durchsetzung eines fünfzigprozentigen Steuerfreibetrages in GB für bestimmte Zahlungen der BRD an Opfer des NatSoz. im brit. Finance Act von 1974. Seit 1977 als Nachfolger von → Werner Behr Mitvors. des *Council of Jews from Germany.* Lebte 1977 in London.
  Qu: Z. - RFJI.

Falkenberg, Otto Rudolf, Ingenieur, geb. 23. März 1902 Lodz; ∞ Ida Liefrinck (geb. 1901 Arnheim), Innenarchitektin; *StA:* deutsch. *Weg:* 1933 NL.
  Tätigkeit als Syndikus (?) in Dresden, Aug. 1933 Emigr. Amsterdam, selbst. Ing.; Sekr. der Jan. 1937 gegr. u. von holländ. Stellen geförderten *Vereeniging van Duitse Emigranten* zur Interessenvertretung der dt. Emigr. in den Niederlanden.
  Qu: Arch. - IfZ.

Falusi, Lajos, Parteifunktionär; geb. 27. März 1907 Wien; jüd., 1960 Diss.; *V:* Sandor F. (1854-1916), Handelsvertr.; *M:* Olga, Buchhalterin, umgek. vermutl. KL Auschwitz; *G:* Julia Schenkel (1901-39), Bankangest., 1934 Emigr. Pal.; Margit Grossmann (geb. 1903), Kontoristin, 1938 Emigr. F, A: IL; ∞ 1947 Wien, Rosa Becher (1903-73), Elektrotechnikerin; *StA:* österr. *Weg:* 1934 Pal.; 1937 E; 1939 F; 1941 Alg.; 1943 UdSSR; 1947 Österr.
  1927-31 Kontorist u. Hilfsarb. in Wien, 1931-33 Warschau; 1933 Wien, arbeitslos. 1934 nach den Februarkämpfen Emigr. Palästina, bis 1937 Hilfsarb.; 1937 Spanien, Soldat im Btl. 12. Februar, Aug. 1937 Verwundung, anschl. in Artillerieeinheit. Mitgl. KPÖ. 1939 Frankr., Internierung in Gurs, St. Cyprien u. Le Vernet, 1941-43 Lager Djelfa/Algerien, anschl. Dienst in Pioniereinheit der brit. Armee in Nordafrika. Dez. 1943 UdSSR, 1944-46 PolInstrukteur Antifa-Kurse in Talici b. Gor'kij. 1947 Rückkehr nach Wien, bis 1954 Personalchef in mehreren Betrieben. 1954-57 KPÖ-BezObmann in Wien, 1957-68 Parteifunktionär in versch. Funktionen. 1957-61 Arbeit als Hotelportier, 1962-67 Sekr. *Österreichischer Mieterschutzverband,* anschl. Pensionist. 1970 im Zuge der Auseinandersetzungen um die Intervention der Warschauer-Pakt-Staaten in der ČSSR Parteiaustritt. Lebte 1976 in Wien.
  L: Vogelmann, Propaganda. *Qu:* Fb. Pers. Publ. - IfZ.

Fantl, Otto (Falta, Ota), Parteifunktionär; geb. 1903; *StA:* österr., 1919 ČSR. *Weg:* 1938 (?) GB; 1945 ČSR.
  Dt. Abstammung, KSČ-Funktionär, in den 30er Jahren als Zentralsekr. *Rote Hilfe* bzw. *Solidarita* aktive Unterstützung der reichsdt. kommunist. Emigr. in der ČSR. Nach Abtretung der tschechoslow. Grenzgebiete an Deutschland Emigr. nach GB. Mitgl. *Beuer-Gruppe,* ab Apr. 1940 Chefred. der Halbmonatsschrift *New Czechoslovakia,* die ab Jan. 1943 als *Nové Československo* erschien; Juli 1940-Sommer 1941 Internierung. Gegen Kriegsende Bekenntnis zur tschech. Nationalität, 1945 Rückkehr in die ČSR, Parteifunktionär in Reichenberg u. 1946-48 Mitgl. ZK der KSČ, danach Parteifunktionär in Karlsbad u. ab Mitte der 60er Jahre Mitarb. Institut für Geschichte des ZK der KSČ. - *Ausz.:* 1963 Orden der Arbeit.
  W: Mezinárodní solidarita s antifašistickými uprchlíky z Německa a Rakouska v letech 1933-1938 (Erinn.). In: Příspěvky k dějinám KSČ 1962 S. 552-568. *Qu:* Erinn. Pers. Z. - IfZ.

Fanto, Jan M., Ingenieur, Unternehmensleiter; geb. 3. Juli 1904 Holič pri Morave/Slowakei; jüd.; *V:* Siegfried F. (geb. 1873 Holič pri Morave, gest. 1934 Wien), jüd., Fabrikant, Vorst. jüd. Gde.; *M:* Fanny, geb. Salvendy (geb. 1882 Dolnic Srnie/Slowakei, gest. 1944 Slowakei), jüd., Mitgl. *Isr. Frauenverein; G:* Gertrude (geb. 1910 Holič pri Morave), 1936

(1937 ?) Emigr. USA, Krankenschwester; ∞ 1951 Rachel Strahilevitz (geb. 1905 IL, gest. 1976), jüd., Angest. beim Info-Dienst der palästinens. Mandatsreg., später der isr. Reg. *StA:* CSR, 1951 USA. *Weg:* 1939 GB; 1946 USA.

1927 Dipl.-Ing. TH Wien, 1927-30 Chemiker u. dann Chefchemiker einer Zuckerrübenfabrik in Sered Bratislava, Diosek u. Nitra/Slowakei. 1930 Forschungsarb. am Kaiser-Wilhelm-Inst. für Physik und Elektrochemie in Berlin-Dahlem, 1930-39 Chemiker u. stellv. Betriebsltr., dann Betriebsltr. Dynamit Nobel AG in Preßburg/CSR. Mitgl. *Verein österreichischer Chemiker* Wien, *Verein Deutscher Chemiker* Berlin, *Deutsche Freimaurer-Loge Verschwiegenheit* Preßburg. März 1939 Entlassung nach Übernahme der Betriebsltg. durch IG Farben. 1939 Emigr. GB mit Besuchervisum, 1939 Stud. u. Forschung i.A. der Palestine Potash Co. am Univ. Coll. in London; 1940-45 Betriebsltg. der Nitrogen Fertilisers Ltd. in Flixboro, 1945-46 Chemie-Ing. bei der Power Gas Corp. Ltd. in Stockton-on-Tees. Mai 1946 in die USA mit Unterstützung durch HIAS; 1946-51 beratender Chemie-Ing. in New York u. Montreal. 1951-56 Werksltr. bei Fertilizers and Chemicals Ltd. in Haifa, 1951-52 i.A. der Firma in New York, 1952-56 tätig in Haifa, 1957-59 stellv. Betriebsltr. bei Yardney Elec. Co. New York, 1960-62 beratender Chemie-Ing. bei Daco New York in Karachi/Pakistan, 1963-65 in Pakistan u. Indien als Vizepräs. Techn. Enterprises New York; danach Ruhestand. Mitgl. *Am. Inst. of Chem. Engineers, Am. Chem. Soc. Am. Soc. of Quality Control, Fertilizer Soc. of London, Royal Inst. of Great Britain, Am. Assn. for the Advancement of Science,* Fellow des *Inst. of Chem. Engineers* London. Lebte 1977 in New York.

W: Thermodynamics of the Conversion KCl to K_2SO_4, with the Aid of $CaSO_4$. In: Transactions of the Faraday Soc. 1948; Aid to Underdeveloped Countries. In: Chemical Processing. 1957. *Qu:* Fb. Hand. - RFJI.

Farber, Reuven (urspr. Färber, Rubin), Dr. phil., Rabbiner, Publizist; geb. 27. Juni 1869 Auschwitz/Galizien, gest. 13. Juni 1955 Tel Aviv; *V:* Yehoshua Selig Färber; *M:* Hannah, geb. Brauner; ∞ 1904 Sarah (Olga) Rosenfeld (geb. 1884 Wien, gest. 1969). *Weg:* 1938 Pal.

1896 Rabbinerexamen in Galizien, Stud. Rabbinerseminar Berlin, dann Stud. semit. Sprachen Berlin u. Straßburg, 1901 Prom. Straßburg, gleichz. Geschäftsf. *Esra* in Berlin. 1903-12 Rabbiner u. ReligLehrer in Witkowitz/Mähren, 1912-38 bei der Isr. Kultusgde. Mährisch-Ostrau. Im 1. WK Feldrabbiner der österr.-ungar. Armee. 1918 Gr. des Haivri-Verlages in Ostrau, Veröffentl. allg. jüd. u. zion. Lit., Gr. von *Misrachi-*Gruppen in Ostrau u. in anderen Städten in Mähren u. Böhmen, Mitgl. Lehrplan-Komitee der CSR-Erziehungsbehörde u. Aufsichtsbeamter für jüd. ReligUnterricht an CSR-Mittelschulen. Veröffentl. jüd. Gebetsbücher für den Schulgebrauch. 1938 Emigr. Palästina, Gr. des Eitan-Verlages, Mitgr. Or Zion Syn. in Tel Aviv, Mitgr. u. Geschäftsf. der Hilfsorg. für Rabbiner aus der CSR *Irgun Rabanim Olim MiCzechoslovakia.*

W: König Salomon in der Tradition (Diss.). 1902; Entwicklung der Sage von Salomo und dem Todesengel. 1904; Der 15. Ab als ehemaliger Volksfesttag. 1907; Vier Festpredigten im Tischri 5674. 1913 u. 1914; Zwei Vorträge. I. Die Juden als Volk des Tempels, des Handwerks und der werktätigen Liebe. II. Biblische Lebensweisheit. 1914; Die Sittenlehre im israelitischen Religionsunterricht an Mädchen-Lyzeen. 1914; Peër Mordekhai (Der Glanz Mordekhais, Biogr. des Rabbiners M. Benet). 1951; Moshe viYehoshua (Moses u. Josua). 1961; Anthologie von Vorträgen u. Predigten. *L:* Jews of Czechoslovakia. *Qu:* Arch. Hand. Publ. Z. - RFJI.

Farnborough (bis 1944 Farnbacher), **Louis Henry** (Ludwig Heinrich), Dr. jur., Rechtsanwalt; geb. 26. Febr. 1905 Neustadt a.d.W./Pfalz; jüd.; *V:* Sigmund Farnbacher (geb. 1871 Fürth, gest. 1933 Zweibrücken), jüd., Ledergroßhändler; *M:* Emma, geb. Moos (geb. 1878 Neustadt), jüd., 1942 aus Berlin dep.; *G:* Stefan Martin Farnbacher (geb. 1902 Neustadt, gest. 1969 Berlin), Filmtheaterinh., 1933-48 Emigr. F; ∞ 1938 Hilde Rothmann (geb. 1908), jüd., Emigr.; *K:* Margaret Irene Broughton (geb. 1940 London), Verlegerin in GB; Stuart Percy (geb. 1949 Wuppertal), A: Deutschland (BRD); *StA:* deutsch, Ausbürg., brit. *Weg:* 1938 CSR, NL, GB; 1954 Deutschland (BRD).

1923-27 Stud. Rechtswiss. u. Volkswirtsch. München, Genf, Heidelberg, Würzburg, Dipl.-Volkswirt, Prom.; 1928 Referendar, 1932 Assessor, bis 1933 RA in Neustadt u. Berlin, Mitgl. *Jüdischer Jugendbund* Neustadt. 1933 Haft u. Berufsverbot, bis 1938 im Filmexport in Berlin tätig. 1937 Haft, Okt. 1938 über Prag u. Amsterdam nach GB. Bis 1940 Hafenarb., Handelsvertr., Juni-Nov. 1940 Internierung Isle of Man. Eintritt in brit. Pionierkorps, Aug. 1944 Einsatz in Frankr., Corporal u. Stabssergeant, 1945 Dolmetscher bei brit. MilGericht in Deutschland, bis 1951 in Legal Branch der brit. MilReg. bzw. Kontrollkommission, zuletzt Oberstlt., 1951-54 Fachmann für dt. Recht in brit. RA-Firma, dann Niederlassung als RA in Düsseldorf. 1958 Präs. *Keren Kayemeth,* 1960-69 VorstMitgl., 1969-74 GdeRat Jüd. Gde. Düsseldorf, 1962-69 VorstMitgl. Landesverb. NRW, 1966-69 VorstMitgl. *Zentralrat der Juden in Deutschland.* 1963-69 VorstMitgl. jüd. GdeFonds Nordwestdeutschland. U.a. Mitgl. *Jerusalem Foundation, Gesellschaft für Christlich-jüdische Zusammenarbeit, British Legion, British Businessmen's Club* (zeitw. Vors.). Lebte 1978 in Düsseldorf. - *Ausz.:* Victory Med., Battle of Britain Med., 1939-1945 Med.; Battle of Germany Medal.

W: u.a. Kommentar zum Wiedergutmachungsgesetz. 1951, 1967, 1969; Aufs. in jur. Fachzs. *L:* Bentwich, Norman, I Understand the Risk. 1950. *Qu:* Arch. Fb. Hand. Publ. - IfZ.

Fechter, Rudolf, Dr. phil., Diplomat; geb. 20. Mai 1912 Karlsruhe; kath.; *V:* Franz F., RA; *M:* Hedwig, geb. Schuppel; ∞ 1941 Maria Claeys; *K:* 2; *StA:* deutsch, 1944 Ausbürg., deutsch. *Weg:* 1939 E; 1943 Deutschland; 1944 E; 1949 Deutschland (BRD).

Humanist. Gymn. Karlsruhe, ab 1931 Stud. Gesch. u. Germanistik Univ. Innsbruck, Frankfurt/M. u. Heidelberg; Staatsexamina, 1939 Prom. Während tätig in kath. Jugendbewegung, u.a. Verf. der Programmschrift des *Bundes Neudeutschland* von 1930, 1934-38 Schriftltr. der Zs. *Werkblätter,* deshalb Bedrohung durch Gestapo u. 1939 Emigr. nach Spanien, Aufnahme in dt. Auslandsschuldienst in Madrid. 1943 Einberufung zum Wehrdienst nach Deutschland, dann Frankr.; 1944 erneut Flucht nach Spanien, Verweigerung des Rückkehrbefehls nach Deutschland, daraufhin von span. Behörden verhaftet u. bis Mitte 1945 in den Lagern Nancleares de la Oca u. Miranda de Ebro. Nach Entlassung Dozent am Instituto Catolico de Artes e Industrias in Madrid u. Korr. dt. Ztg. 1949 Rückkehr nach Deutschland, außenpol. Red. u. stellv. Chefred. *Rheinischer Merkur* Köln; ab 1953 im Auswärtigen Dienst der BRD: 1953-54 Presse- u. Kulturattaché Deutsche Botschaft Mexiko; 1955-60 Ltr. des Deutschland-Referats im Auswärtigen Amt, Mitgl. Viermächte-Arbeitsgruppe u. Deleg-Mitgl. der BRD bei den Viermächte-Gipfelkonferenzen über Deutschland u. Fragen der europ. Sicherheit; 1960-64 Gen-Konsul u. ab 1962 Botschafter in Damaskus; 1964-69 1. Botschaftsrat u. Ltr. der Pol. Abt. der Botschaft Paris; 1969-73 Botschafter in Addis Abeba; 1973-77 Botschafter in Dublin. Lebte 1978 in Lenzkirch/Schwarzwald. - *Ausz.:* 1963 Grand Cordon des Syrischen Verdienstordens, 1969 Commandeur Ordre du Mérite (Frankr.), 1970 BVK 1. Kl., Großkreuz des äthiopischen Star of Honor.

W: u.a. Jugend gestaltet ihr Leben (Programmschrift *Bund Neudeutschland).* Saarbrücken 1930; Die religöse Situation der christlichen Jugend Deutschlands (mit. F. Kröcker). 1932; Der Aussätzige. Peter Damian de Veuster auf Hawai (Biogr.). 1937; History of German-Ethiopian Diplomatic Relations. In: Zeitschrift für Kulturaustausch, Sonderheft Äthiopien. 1973; Übers. ins Spanische: Karl Jaspers, Die Schuldfrage. Madrid 1948; zahlr. Aufs. zu außenpol. u. kulturellen Themen vor allem im *Rheinischen Merkur. Qu:* Pers. Hand. - IfZ.

Feder, Ernst (Ernesto A.), Dr. jur., Journalist, Publizist, Rechtsanwalt; geb. 18. März 1881 Berlin, gest. 29. März 1964 Berlin; jüd.; *V:* Salomon F. (1843-1909), Fabrikbesitzer; *M:* Luise, geb. Elkan (1844-1902); *G:* 6; ∞ 1911 Erna Zobel (1893-1973) *StA:* deutsch, 25. Juni 1938 Ausbürg. mit Ehefrau *Weg:* 1933 F; 1941 Bras.

Stud. Rechtswiss. Berlin u. München, 1903 Prom. Rostock. Ab 1907 RA u. Notar in Berlin; Teiln. 1. WK, Kriegsgerichtsrat; Mitarb. der von Alfred Jaffé gegr. *Europäischen Staats- und Wirtschaftszeitung,* jur. Beiträge in Fachzs., Mitarb. u.a. *Das Freie Wort* Frankfurt/M. u. von Theodor Barths *Nation.* Früh aktiv im *Demokratischen Jugendverband,* später DDP, BezVors. Berlin-Mitte; Mitgl. DSP. 1919-31 Ressortltr. Innenpol. bei *Berliner Tageblatt,* enger Vertrauter → Theodor Wolffs; 1926 Völkerbund-Berichterstatter über dt. Beitrittsverhandlungen. Ab 1931 freier Publizist u. RA, Beiträge u.a. für *Central-Vereins-Zeitung, Blätter für Deutschtum und Judentum,* Hg. der Tagebücher Ludwig Bambergers. Zahlr. Ämter u. Mitgliedschaften, u.a. 1931-33 Juge permanent au Tribunal d'Honneur International des Journalists Den Haag; Präs. *Reichsarbeitsgemeinschaft der deutschen Presse,* Mitgl. *Republikanischer Richterbund.* 1933 Flucht vor Verhaftung über die Schweiz nach Paris; Vorträge u. Vorlesungen u.a. am Collège libre des Sciences Sociales u. Institut de Droit International, Mitgl. u.a. *Société d'Histoire Moderne,* franz. *PEN-Club;* Beiträge in *Aufbau* u. *Maß und Wert.* Kurzfristig interniert im Camp de la Braconne. Juli 1941 mit Hilfe Varian Frys Flucht nach Rio de Janeiro. Freier Mitarb. an zahlr. brasilian., engl., dt. u. jüd. Ztg. u. Zs. über lit., pol. u. histor. Themen. Mitgl. brasilian. *PEN-Club.* 1957 Rückkehr nach Berlin (West). Ps. Spectator. - *Ausz.:* 1952 BVK.

W: u.a. Die Verantwortlichkeit für fremdes Verschulden nach dem Bürgerlichen Gesetzbuch (Diss. jur.). 1903 (Kgl. Preis der Friedrich-Wilhelm-Univ. Berlin 1902); Theodor Barth und der demokratische Gedanke. 1919; Hugo Preuß, ein Lebensbild. 1926; Paul Nathan. Ein Lebensbild. Politik und Humanität. 1929; Bismarcks großes Spiel. Die geheimen Tagebücher Ludwig Bambergers (Hg.). 1932; Les Huguenots en Allemagne. Paris 1935; Goethes Gegenwart. Ansprache zur Feier von Goethes 200. Geburtstag. Rio de Janeiro 1950; Begegnungen. Die Großen der Welt im Zwiegespräch. 1950 (span.: 1944, portug.: 1945); Heute sprach ich mit... Tagebücher eines Berliner Publizisten 1926-32 (Hg. Cécile Lowenthal-Hensel u. Arnold Paucker). 1971. *L:* Becker, Demokratie; Sösemann, Weimarer Republik. *Qu:* Arch. Hand. Publ. Z. - IfZ.

Federmann, Samuel L., Hotelier; geb. 23. Dez. 1916 Chemnitz; jüd.; *V:* David F. (geb. Bendin/Posen, gest. 1965 IL), jüd., Bäkker; *M:* Zipora, geb. Kupfermintz (geb. Przebborz/Oberschlesien, gest. 1968 IL), jüd.; *G:* Paul (geb. 1911 Bendin), Kaufm., Emigr. Mex.; Martha Hakesh (geb. 1913 Chemnitz), Emigr. Pal.; → Yekutiel Federmann; Suzie Gerstel (geb. 1923 Chemnitz, gest. 1967 Mex.) ∞ 1947 Ruth Steckelmacher (geb. Prossnitz [Prostějov]/Mähren), jüd.; *K:* Ami (geb. 1948), Stud. Hebr. Univ., Hoteldir.; Ronit Schwartz (geb. 1951 Tel Aviv), Geschäftsinh. in Tel Aviv; *StA:* PL, Pal./IL. *Weg:* 1938 B; 1939 F; 1940 (?) E; 1944 Pal.

1927-38 Mitgl. *Zionistische Jugend-Organisation* Chemnitz, 1933-36 Mitarb. in Bäckerei des Vaters, 1936-38 Vorbereitung auf Emigr. nach Palästina in Hamburg u. Flensburg, 1937-38 Ltr. der Hachscharah-Zentrale Hamburg. Nov. 1938 Emigr. Belgien, 1939-40 Dienst als Freiw. in Einheit für Ausländer der Franz. Armee. Mai 1940 (?) nach Spanien, Internierung, Mitarb. J.D.C.; 1944 nach Palästina, 1944-46 bei Supply and Transport Co. Haifa (Marine-Lieferant). Ab 1947 bei Dan Hotels Corp. (Gr. Bruder Yekutiel F.), später Geschäftsf.; Berater des isr. Min. für Tourismus, 1965-76 Präs. *Israelischer Hotelverband,* Ehrenpräs. *Genfer Vereinigung der Hotelangestellten,* Mitgl. *Japanisch-Israelische Gesellschaft, Schwedisch-Israelische Gesellschaft, Amerikanisch-Israelische Gesellschaft.* Lebte 1977 in Tel Aviv.

Qu: Fb. Hand. Pers. - RFJI.

Federmann, Yekutiel Xiel, Unternehmensleiter; geb. 14. Nov. 1914 Chemnitz/Sa.; jüd.; *G:* → Samuel Federmann; ∞ 1939 Bella Reiner (geb. 1913 Chemnitz); *K:* Michael, Irith; *StA:* deutsch; Pal./IL. *Weg:* 1939 GB; 1940 Pal.

1936 Stud. L(H)WJ Berlin, VorstMitgl. *Habonim* u. *Hechaluz,* aktiv in *Jugend-Alijah.* 1939 Emigr. GB, Mitarb. *Jew. Agency,* Mitgr. Hechaluz-Bewegung in GB. 1940 nach Palästina, Mitarb. brit. Geheimdienst, zugl. Org. illeg. Einwanderung, illeg. Waffenkäufe u. *Haganah*-Dienst; 1942-46 Lieferant für brit. Marine. Organisierte nach 2. WK Finanzierungsges. Israel Miami Group (Erbauer u. Manager des Hotelkonzerns Dan Hotels), Begr. u. Teilh. Bauunternehmen Isasbest u. Nahariyyah, Beteiligung an anderen Unternehmen. Kuratoriumsmitgl. Weizmann Inst. Reḥovot, Hebr. Univ. Jerusalem, Tel Aviv Univ., Haifa Univ. Lebte 1977 in Haifa.

Qu: Fb. Hand. - RFJI.

Feibelmann, Richard B., Dr. phil., Chemiker, Unternehmensleiter; geb. 8. Mai 1883 Kandel/Pfalz, gest. 25. März 1948 Port Jervis/N.Y.; ∞ Carla; *K:* Susan Grawi, A: USA. *Weg:* 1935 USA.

1902-07 Stud. München, 1907 Prom., 1907-09 Assist. Univ. Straßburg. 1909-11 Ltr. Abt. organ. Chemie bei der Dr. Theodor Schuchardt Co. in Görlitz, 1911-23 Chemiker bei der Heyden AG in Radebeul bei Dresden. 1923-35 Gr. u. geschäftsf. Dir. der chem. Fabrik Pyrgos GmbH. Herbst 1935 Emigr. USA, 1935-48 geschäftsf. Dir. Aktivin Corp., Tochterges. der Heyden Chem. Corp. New York, Entwicklung eines in der Papier- u. Textilindustrie verwendeten Stärke-Verflüssigungsverfahrens. Mitgl. *Internat. Textile Colorists Assn., Am. Chem. Soc., Techn. Assn. of the Pulp and Paper Indus., Am. Assn. of Textile Chemists and Colorists.*

W: Über die N-Methylolverbindungen einiger Oxysäureamide und über Derivate der p-Chinolincarbonsäure und Camphocarbonsäure (Diss.) 1907; Art. in Fachzs. *L:* Bibliogr. in: Poggendorf Bd. 6 u. 7a. *Qu:* Hand. Z. - RFJI.

Feigl, Regine, geb. Freier, Dr. rer. nat., Unternehmerin; geb. 1897 Ottynia/Galizien; jüd.; *V:* Spirituosenfabrikant, im 1. WK MilDienst österr. Armee; *G:* 4 B; ∞ 1924 Dr. Fritz Feigl (1891-1971), a.o. Prof. für Chemie Univ. Wien, 1938 Emigr. CH, B, 1940 Bras., Laborltr. beim Landwirtschaftsmin., Univ. Prof., VorstMitgl. WJC.; *K:* Dr. phil. Hans Ernst F. (geb. 1926 Wien, gest. 1954 Zürich), 1938 Emigr. B, 1940 Bras., Coll. in USA, Prom. Zürich, Chemiker; *StA:* österr., Bras. *Weg:* 1938 CH, B; 1940 Bras.

Bei Beginn des 1. WK Flucht der Familie von Galizien nach Wien; Stud. Hochschule für Welthandel, anschl. Stud. Chemie, 1924 Prom., Assist. bei Ehemann Fritz Feigl. 1938 Emigr. Belgien über Schweiz, 1938-40 Aufenthalt in Gent, 1940 Flucht durch Frankr., Spanien u. Portugal, Nov. 1940 nach São Paulo/Brasilien. 1941-44 Gr. u. Ltr. Koffeinfabrik Cia. ALKA São Caetano in São Paulo, anschl. Aufbau eines Bauunternehmens in Rio de Janeiro, bedeutender Grundbesitz. Zugl. philanthrop. Aktivitäten, für kath. Univ. Rio de Janeiro Stiftung des chem. Labors Dr. Hans Ernst Feigl, Stiftung u.a. Haus des jüdischen Kindes, jüd. Altersheim, Pro Madre (Armenkrankenhaus für Frauen), Hospital Santa Casa de Misericordia, Gebäude der *Associação Religiosa Israelita do Rio de Janeiro,* Haus des brasilianischen Studenten, Stiftung von Stipendien, Kuratoriumsmitgl. Hebr. Univ. Jerusalem. Lebte 1976 in Rio de Janeiro. - *Ausz.:* 1974 Dr. h. c. Hebr. Univ. Jerusalem.

Qu: Fb. - RFJI.

Feilchenfeld, Walter, Dr. phil., Buch- und Kunsthändler; geb. 21. Jan. 1894 Berlin; *V:* Dr. med. Leopold F., Sanitätsrat; *M:* Gertrud, geb. Blumenthal; ∞ 1936 Marianne Breslauer; *K:* Dr. phil. Konrad Peter F. (geb. 1944 Zürich). *Weg:* 1933 NL; 1948 CH.

Stud. Freiburg, Berlin, Heidelberg, 1919 Prom.; ab 1919 bei Paul Cassirer Verlag Berlin, 1922 VorstMitgl. Paul Cassirer Verlags-AG, 1924 Teilh. Paul Cassirer Kunsthandlung (Kunstauktionshaus u. Verlagsbuchhandlung), u.a. Hg. von Max Jakob Friedländer, *Die altniederdeutsche Malerei* (14 Bde.); nach Tod Cassirers 1926-33 Weiterführung des Geschäfts zus. mit Dr. Grete Ring. 1933 Emigr. Niederlande, Geschäftsf. Paul Cassirer Amsterdam u. London. Ab 1948 Kunsthändler in Zürich.

L: Homeyer, Fritz, Deutsche Juden als Bibliophilen und Antiquare. 1966². *Qu:* Hand. Publ. - RFJI.

Feilchenfeld, Werner, Dr. jur. et rer. pol. Wirtschaftsberater, Syndikus; geb. 29. Apr. 1895 Berlin; jüd.; *V:* Dr. med. Hugo F. (geb. 1866 Berlin, gest. 1952 IL), jüd., Prom. Würzburg, Sanitätsrat, 1938 Emigr. Pal.; *M:* Bettina, geb. Riesenfeld (geb. 1873 Groß-Strelitz, gest. 1933), jüd.; *G:* Dr. med. Rudi F. (geb. 1893 Berlin), Prom. Würzburg, Hautarzt, 1938 Emigr. Pal.; Dr. jur. Harry Field (urspr. Feilchenfeld) (geb. 1908 Berlin), Stud. Berlin, Prom. Basel, Teilh. brit.-dt. Modefirma S. Robinson Ltd. Hamburg; Emil (gef. 1918); ∞ 1941 Lilo Goldblum (geb. 1915 Witten/Ruhr), 1933 Emigr. CH, 1936 Pal., 1951 USA; *StA:* deutsch, 1956 USA. *Weg:* 1934 Pal.; 1951 USA.

1914-18 Kriegsteiln. (OffzStellv.), anschl. Stud. Würzburg, 1920 Prom., 1919-33 wiss. Assist., dann Syndikus IHK Berlin, Verf. von Wochen- u. Jahresberichten über die dt. Wirtschaft; März 1933 Entlassung. Bis 1933 AR-Mitgl. Seidenhaus Michels & Cie. in Berlin u. Baufirma Bodenges. AG Haberland. Dez. 1934 Emigr. Palästina mit A I-Zertifikat, 1935 Gr. Pal. Building Co. Tel Aviv (Baufirma zur Beschäftigung ehem. jüd. Angest. des Haberlandkonzerns), 1935 Berater u. 1936-40 GenDir. von Haavara Trust and Transfer Ltd. Tel Aviv; 1936-39 i.A. der Haavara Reisen nach Deutschland u. als Vertr. der *Jew. Agency* nach Polen, Ungarn u. in die CSR zu Verhandlungen über Transferabkommen. 1940-47 Geschäftsf. Metal Buttons Ltd. Tel Aviv; 1945-48 Präs. der *Export Union of Palestine,* 1946-48 Reisen nach Europa u. in die USA zur Förderung des Imports palästinens. Produkte. 1948 Gr. u. Vizepräs. *Service for Isr.* des *Keren Hayessod* New York u. Tel Aviv. 1951 in die USA, seit 1952 selbständ. Wirtschaftsberater. Lebte 1978 im Ruhestand in New York u. Florida.

W: Zur Reform des bayerischen Judeneditktes (Diss.). 1920; Die Gewinnbeteiligung der Arbeiter und Angestellten in Deutschland. 1922; Steuerhandbuch. 1925, 2. Aufl. 1926; Kraftverkehrswirtschaft, Kraftfahrzeugsteuer und Landstraßenfragen in USA. (Hg.) 1929; Die Kraftfahrzeugbesteuerung in Europa unter besonderer Berücksichtigung der Betriebsstoffsteuern. 1930; Jüdische Handelspolitik durch Transfervereinbarungen mit zentral- und osteuropäischen Ländern. 1938 (hebr. u. engl. Übers. 1938); Five Years of Jewish Immigration from Germany and Haavara Transfer. 1938 (auch hebr. Übers.); European Post-War Economics and Palestine. 1946; Report on Jewish Palestine and World Trade. 1947; Haavara-Transfer nach Palästina und Einwanderung deutscher Juden 1933-39 (Mitverf.). 1972; Art. in Fachzs. u. Jahrbüchern, u.a. in Veröffentl. der Berliner Industrie- u. Handelskammer, Haavara, H.O.G. u. der Exportges. Palästinas. *D:* Zion. Arch. New York; LBI New York. *Qu:* EGL. Fb. Hand. Pers. Publ. Z. - RFJI.

Feiler, Arthur, Dr. phil., Wirtschaftspublizist, Hochschullehrer; geb. 16. Sept. 1879 Breslau, gest. 11. Juli 1942 New York; *V:* Louis F., Kaufm.; *M:* Jenny, geb. Mathias; ∞ Marie Hoffmann (geb. 1883, gest. 1977 Frankfurt/M.), Lehrerin, Emigr. mit Ehemann, nach 1942 wieder als Lehrerin tätig, u.a. Reformschule in Philadelphia u. bei US-Besatzungsverw. in Deutschland; *StA:* deutsch. *Weg:* 1933 USA.

Abitur Breslau, Bankausbildung, Stud. Wirtschaftswiss. Frankfurt/M. u. Heidelberg, 1903-10 Handelsred., 1910-13 pol. Red. *Frankfurter Zeitung.* Berater der dt. Deleg. in Versailles u. Genua, ab 1920 Mitgl. Vorläufiger Reichswirtschaftsrat, ab 1921 Mitgl. Sozialisierungskommission, ab 1923 Beisitzer am Kartellgericht; Mitarb. volkswirtschaftl. Fachzs.; 1923 Prom. Heidelberg, 1928 Habil. Frankfurt/M., PrivDoz., ab 1932 ao. Prof. Frankfurt/M., ab Sommer 1932 Prof. Handelshochschule Königsberg. Sommer 1933 Emigr. USA, bis 1934 noch Mitarb. *Frankfurter Zeitung.* Doz. New School for Social Research in New York, Mitarb. zahlr. volkswirtschaftl. Publikationen in den USA.

W: u.a. Geschichte der Frankfurter Zeitung 1856-1906 (Mitverf.). 1906; Die Probleme der Bankenquête. 1908; Die Konjunktur-Periode 1907-1913 in Deutschland. 1914; Handelspolitik und Krieg. 1916; Neuland. Eine Fahrt durch Ober-Ost. 1917; Vor der Übergangswirtschaft. 1918; Ostpreußen hinter dem Korridor. 1922. Das neue Österreich. 1924; Amerika - Europa. Erfahrungen einer Reise. 1926; Neue Weltwirtschaft. Die Lehre von Genf. 1927; Das Experiment des Bolschewismus. 1930³ (auch engl.); The Worship of Bigness. New York (New School of Social Research) 1940; Conscription of Capital. Ebd. 1941; Economic Impacts of the War. Ebd. 1941. *L:* RhDG. *Qu:* Hand. Publ. Z. - IfZ.

Feistmann, Rudolf, Schriftsteller, Publizist; geb. 28. Jan. 1908 Fürth, gest. 1950 Berlin (Ost); *StA:* deutsch, 1936 Ausbürg., deutsch. *Weg:* 1934 F; 1941 Mex.; 1947 Deutschland (Berlin).

Stud. Univ. Berlin, 1929 KPD. März 1933 Emigr. nach Frankr., Chefred. *Unsere Zeit* Paris, Mitarb. u.a. *Der Gegen-Angriff, Braunbuch über Reichstagsbrand und Hitler-Terror* (Basel 1933) u. *Hitler bereitet den Krieg vor* (Paris 1933/34), Doz. Freie Deutsche Hochschule Paris. Nach Kriegsausbruch Internierung in Le Vernet u. Les Milles, 1941 über die USA nach Mexiko, 1941-42 Mitgl. der engeren KPD-Landesltg. u. anschl. Kassier bzw. Beauftragter für Sozialfragen; 1941-44 erster Sekr., anschl. VorstMitgl. *Heinrich-Heine-Klub,* ab Grdg. BFD-Mitgl., 1942-43 Red. *Freies Deutschland* u. ab 1943 mit → Bruno Frei Chefred. der Beilage *Der Deutsch-Mexikaner. Organ der Demokratischen Deutschen von Mexiko.* Nach dessen Einstellung bis 1947 Chefred. *Demokratische Post* Mexiko. Ps. Rudolf Fürth, Rudolf Fürth-Feistmann. 1947 Rückkehr nach Berlin, bis 1950 Red. *Neues Deutschland.* Freitod.

W: Criminales de guerra (Kriegsverbrecher), Mexico City (Ed. Tenochtitlán) 1945. *L:* Durzak, Exilliteratur; Kießling, Alemania Libre. *Qu:* Arch. Hand. Publ. - IfZ.

Felder, Josef, Journalist, Politiker; geb. 24. Sept. 1900 Augsburg; kath.; *V:* Josef F. (1876-1944), Kaufm.; *M:* Therese (1876-1906); *G:* Richard (1903-73), Anton (geb. 1905), Emilie (geb. 1907), Alfons (geb. 1908), Julie (geb. 1912), Luise (geb. 1915), Thomas (geb. 1919), Hermann (geb. 1922); ∞ 1923 Maria Klein (geb. 1902); *K:* Kurt Elmar (geb. 1923), Verlagsdir.; Horst Günter (geb. 1923), Verlagsdir.; *StA:* deutsch. *Weg:* 1933 Österr.; 1934 CSR, Deutschland.

Buchdrucker; ab 1917 *Verband der Deutschen Buchdrucker,* ab 1920 SPD, ab 1924 *Reichsverband der Deutschen Presse,* ab 1925 Red. *Schwäbische Volkszeitung* Augsburg, 1930-33 StadtVO Augsburg, ab Ende 1932 SPD-Ortsvors.; Nov. 1932-33 MdR. 1933 Entlassung u. Ausschluß aus Berufsorg., Juli Emigr. Österr., propagandist. Tätigkeit. Febr. 1934 CSR, Apr. 1934 Rückkehr nach Deutschland. 2 J. Haft KL Dachau. Buchhalter; 1946-55 Lizenzträger u. Chefred. *Südostkurier* Bad Reichenhall, ab 1950 AR-Mitgl. *Deutsche Nachrichten-Agentur* (DENA), 1955-57 Chefred. *Vorwärts,* 1957-69 MdB, 1960-67 Mitgl. SPD-BezVorst. Franken. 1945-55 Mitgl. *Verband der Zeitungsverleger,* ab 1946 Mitgl. *Bayerischer Journalistenverband,* ab 1950 Mitgl. *Internationaler Presseclub* München, GrdgMitgl. Internationales Presse-Institut Zürich. Lebte 1976 in München. - *Ausz.:* 1964 Bayer. Verdienstorden, 1969 Gr. BVK.

Qu: Fb. Hand. - IfZ.

Fellendorf, Wilhelm-Heinrich, Parteifunktionär; geb. 8. Febr. 1903 Hamburg, gest. 1943; *V:* Arbeiter; *M:* Katharina (geb. 1884), 31. März 1944 wegen Unterstützung ihres Sohnes hinger.; *StA:* deutsch. *Weg:* 1933 DK; S; UdSSR; 1937 E; 1938 S; 1939 UdSSR; 1942 Deutschland.

Kraftfahrer. 1923 Mitgl. Transportarbeiter-Verband. 1929 KPD u. RFB. Ab Ende 1930 Aufbau der RFB-Kraftfahrabt. Hamburg. Juni 1933 Flucht nach Dänemark; Emigr. über Schweden in die UdSSR, Schlosser in einer Landmaschinenfabrik. Ab Juli 1937 Spanien, Kapitän einer Panzereinheit. 1938 Gefangenschaft, durch Vortäuschung falscher Identität nach Schweden entlassen, 1939 Rückkehr in die UdSSR. 17. Mai 1942 als Fallschirmagent zus. mit *Komintern*-Funktionärin Erna Eifler (geb. 31. Aug. 1908 Berlin, im KPD-App. tätig, Einsätze in Holland u. China; Deckn. Rosita, Gerda Sommer, Käthe Glanz) in Ostpr. abgesetzt, nach vergebl. Kontaktversuchen in Berlin Anfang Juni Kontakte zur *Roten Kapelle* (Gruppe Bästlein-Jacob-Abshagen) in Hamburg. Ende Okt. 1942 Verhaftung, in Gestapohaft ermordet. Deckn. Helmuth, Willy Machwuroff, Carlsson.

L: Dallin, Sowjetspionage; Hochmuth/Meyer, Streiflichter; Perrault, Gilles, Auf den Spuren der Roten Kapelle. 1969; Biernat, Karl Heinz/Kraushaar, Luise, Die Schulze-Boysen/Harnack-Organisation im antifaschistischen Kampf. 1970; Höhne, Heinz, Kennwort Direktor. 1970; Duhnke, KPD. *Qu:* Arch. Publ. - IfZ.

Fels-Margulies, Moritz (bis 1934 Margulies, Moritz), Dr. jur., Parteifunktionär, Polizeibeamter; geb. 18. Mai 1910 Czernowitz/Bukowina, gest. 20. Juni 1964 Wien; jüd., Diss. (?) ∞ 1937 Judith, Ende 1937/Anfang 1938 Emigr. CH, dort 6 Wochen Haft, anschl. Frankr. u. Belgien, 1940 Frankr.; Mitarb. in der TA innerh. der Résistance, zunächst in dt. Wehrmachtsstelle in Nancy, später in Paris Dolmetscherin u. Sekr. des Ltrs. des Oberfestungspionierstabs (Deckn. Lucienne), als Algerierin getarnt, 1944 (?) Verhaftung, A: Wien; *K:* Jean (geb. 1939); *StA:* österr., nach 1918 staatenlos, 1946 österr. *Weg:* 1937 CSR, CH; 1938 F, B; 1940 F; 1945 JU, Österr.

Jugend in Czernowitz; Mitgl. *HaSchomer HaZair.* 1925 (?) nach Wien. 1929 kurzfristig in einem Kibbuz in Rumänien. 1930 Mitgl. KPÖ. Lebensunterhalt durch Gelegenheitsarb. u. Nachhilfeunterricht in Wien. 1932 Abitur, anschl. Stud. Medizin in Wien, aufgrund pol. Verfolgung ohne Abschluß. Ab 1933 illeg. KPÖ-Funktionär. Febr. 1934 Zusatzname Fels zum Gedenken an gleichnam. Schutzbündler aus Wien, der während der Februarkämpfe von der Polizei getötet wurde. 1934-36 zentrale Parteifunktionen in Wien, zeitw. PolLtr. Wiener Kommission (Stadtltg.) u. Ref. für Massenarb. der ProvKommission (Länderltg.) der KPÖ. Okt. 1936 zus. mit → Josef Foscht Verhaftung, Juni 1937 Entlassung u. Ausweisung. Anschl. Prag u. im Parteiauftrag nach Zürich, Arb. im illeg. App. zur Weiterltg. von Freiwilligen über Paris nach Spanien, mehrfach illeg. Reisen nach Frankr., Belgien u. Holland. 1938 nach Brüssel, Arb. als Handelsvertr.; 1939 maßgebl. Funktion in jüd. Hilfskomitee Brüssel. Mai 1940 Flucht nach Frankr., Internierung im Stadion von Toulouse, Lager Villemur u. St. Cyprien. Juli 1940 Entlassung, Arb. in jüd. Hilfskomitee in Toulouse, Ltr. eines jüd. Familienlagers. Erhielt 1940 Einreisebewilligung in die UdSSR, da aus Czernowitz gebürtig; Juni 1941 kurz vor geplanter Abreise erneut interniert, Lager Gurs, Les Milles u. Le Vernet. Febr. 1942 Überführung in Gef. Castres, Okt. 1943 vor Auslieferung an Gestapo Ausbruch. Anschl. illeg. in Paris, Mitarb. TA innerh. der Résistance. Aug. 1944 von Gestapo verhaftet, Folter, Transport nach Deutschland, Flucht aus fahrendem Zug. Dez. 1944 als Mitgl. der Gruppe um → Othmar Strobel nach Bari, Jan. 1945 nach Belgrad, Politkommissar des 2. österr. Btl. im Verband der jugoslaw. Volksbefreiungsarmee, das infolge Kriegsende nicht mehr zum milit. Einsatz kam. Mai 1945 nach Wien, Juli 1945 Eintritt in den Polizeidienst, zunächst Ltr. Kulturreferat der Polizeibediensteten, Mai 1946 Ernennung zum Polizeioberkommissär, Okt. 1946 stellv. Ltr. Wirtschaftspolizei. Mitgl. KPÖ, Mitgl. ÖGB, aktiv in gewerkschaftl. Org. der Polizeibeamten. Apr. 1950 Ernennung zum Polizeirat. Ab Sept. 1953 Dienstaufsicht über die BezPolizeikommissariate in Wien, ab Febr. 1954 Ltr. BezPolizeikommissariat Floridsdorf, ab Sept. 1955 Ref. der Strafabt. des Verkehrsamts, ab Apr. 1961 Konzeptsbeamter im BezPolizeikommissariat Alsergrund. Ab 1957 Mitgl. des ZK der KPÖ; Vors. der Parteiorganisation Polizei.

L: Spiegel, Résistance; Holzer, Bataillone; Maaßen, Hans (Hg.), Brigada Internacional ist unser Ehrenname... 1974. *D:* DÖW. *Qu:* Arch. Pers. Publ. - IfZ.

Felsenthal, Erich Bernhard, Kaufmann, Verbandsfunktionär; geb. 23. Febr. 1874 Aachen, umgek. 1943 KL Auschwitz; jüd.; ∞ Toni Franken, 1939 Emigr. NL mit Ehemann, 1943 Dep. KL Westerbork; *K:* Herbert (geb. 1902 Düsseldorf, umgek. 1945 KL Bergen-Belsen), RA, Mitarb. VJJD Düsseldorf u. Mitgl. Bundesltg., 1933 Emigr. NL, 1943 Dep. KL Westerbork u. Bergen-Belsen; *StA:* deutsch. *Weg:* 1939 NL.

Einflußreiche Stellung in Düsseldorfer Loge U.O.B.B. u. in relig.-liberaler Bewegung, langjähr. VorstMitgl. u. Vors. SynGde. Düsseldorf, Mitarb. CV, Großloge U.O.B.B., *Provinzialverband rheinischer Synagogengemeinden,* Deleg. des Verbandstags des Preußischen Landesverbands jüdischer Gemeinden in Berlin. 1939 Emigr. Niederlande mit Ehefrau, 1943 KL Westerbork, dann Dep. KL Auschwitz.

L: Bewährung im Untergang. *Qu:* Publ. - RFJI.

Felsenthal, Leonard (Leonhard), Ministerialbeamter; geb. 5. Jan. 1913 Kaiserslautern; jüd.; *V:* Hermann F. (geb. 1883 Münchweiler/Rheinpfalz, gest. 1939 Frankfurt/M.), jüd., Fabrikant, 1933 kurzfristig KL; *M:* Caroline, geb. Becker (geb. 1891 Kaiserslautern, gest. 1974 New York), jüd., höhere Schule, Mitgl. B'nai B'rith, 1940 Emigr. USA über UdSSR u. Japan; *G:* Martin (geb. 1918 Kaiserslautern), 1936 Emigr. USA, M.Sc., Erdöl-Ing.; Eliese Hetler-Felsenthal (geb. 1920 Kaiserslautern), jüd., 1938 Emigr. USA, M.Sc., Bibliothekarin; ∞ 1955 Floralee Haas (geb. 1923 Harrisburg/Pa.), jüd., Stud., volkswirtschaftl. Forschungsarb. US-ArbMin. u. Office of War Information; *K:* Mark Edgar (geb. 1957 Tokio), Stud.; David Louis (geb. 1959), Stud. Princeton Univ.; *StA:* deutsch, 1939 USA. *Weg:* 1933 NL; 1934 USA.

1932-33 Stud. Berlin u. München; ltd. Stellungen in Orts- u. BezGruppen des *Verbandes der jüd. Jugendvereine Deutschlands* (VJJD); Ende 1933 Emigr. Niederlande, kaufm. Ausbildung, März 1934 USA, 1934-38 Stud. Chemie Univ. Calif., Berkeley, 1938 B.Sc., 1940 M.A. Volkswirtschaft Univ. Chicago, Wirtschaftsfachmann beim Finanzmin., 1941-45 Office of Price Control; 1943-45 MilDienst, 1945-47 Presseoffz. OMGUS/Bayern. 1948-49 volkswirtschaftl. Mitarb. US-Außenmin., 1949-56 Sachbearb. für außenpolit. Angelegenheiten u. internat. Wirtschaftsfragen, daneben 1950-54 Stud. American Univ. Washington/D.C.; 1956-60 1. Botschaftssekr. u. Wirtschaftsberater US-Botschaft Tokio, 1960-61 Ltr. wirtschaftspolit. Abt. GenKonsulat Singapur. 1961 Abstellung ins US-Handelsmin., bis 1963 Assist. des Dir. der Fernost-Abt.; 1963-65 volkswirtschaftl. Mitarb. Abt. für internat. Handelsbeziehungen im Außenmin., 1965-72 1. Botschaftsrat (Wirtschaft) u. Vertr. beim europ. Büro der UN in Genf, 1972-73 im Amt für internat. Org. des Außenmin. Washington/D.C.; 1973 Dir. Abt. für Ost-West-Handelsverbindungen des US-Handelsmin., 1974-76 Wirtschaftsberater im UN-Sekr. (UN Conf. on Trade Development); 1973 Pensionierung, danach Beratertätigkeit. Mitgl. *Am. Econ. Assn., Am. Foreign Service Assn.* Lebte 1977 in Bethesda/Md.

Qu: Fb. Hand. Pers. - RFJI.

Felser, Gerhard (Richard), Unternehmensleiter, Theaterdirektor; geb. 24. März 1910 Wien; ev.; *V:* Eduard F. (1882-1952), Musiker; *M:* Lydia, geb. Schwarz (geb. 1886), 1939 Emigr. AUS, A: AUS; ∞ I. Erna Maria Blau (1909-68), 1938 Emigr. AUS; II. Dr. med. Elfriede Maria Löwenstein (geb. 1922); *StA:* österr., 1944 AUS, nach 1945 AUS u. österr. *Weg:* 1938 AUS.

Ab 1920 aktiv in Pfadfinderbewegung, zuletzt BezFührer. 1927-28 Stud. TH, ab 1931 Hochschule für Welthandel Wien, ab 1932 selbständiger Wirtschaftsberater u. Treuhänder. Ab 1933 VorstMitgl. *Sachwalterschaft der Hochschülerschaft Österreichs,* Ortsgruppenltr. *Vaterländische Front,* 1934 Dipl.-Kaufm., dann Sachverständiger bei Wirtschaftspolizei u. LG Wien. Ab 1936 Ltr. Revisions- und Organisationsstelle der

Hochschülerschaft Österreichs, Mitgl. *Kammer der Diplomkaufleute,* 1937 Examen als Buchsachverstädiger u. Buchprüfer. 1938 leg. Ausreise nach Sydney mit Visum der Wirtschaftspolizei. 1938-41 Buchhalter u. Sekr. in einer Tischlerei, nach Ablegung versch. Prüfungen ab 1941 selbständiger Wirtschaftsprüfer, Präs. u. Dir. Kleines Wiener Theater, Sydney. 1942 Vors. *Provisionary Council of Free Austrians in Australia* (Mitgl. Georg Berger, Kelvin Dodge [Urspr. Kurt Deutsch], Gustav Arne Korner, Hans Newmann [Neumann], Henry Ernest Strakosch), 1944 Mitgr. u. Präs. *Free Austria League* Sydney (Vizepräs. Dr. Oskar Trebitsch, Sekr. G. A. Korner, Kassier Friedrich Mastnak, LtgMitgl. Dr. Ernst Adler, Charles Dean, Otto Kretz, H. Newmann, Lilly Williams). 1953 Kulturfilm *Austria eterna.* Ab 1954 Seniorpartner der Fa. Felser, Russell & Co., Chartered Accountants, Sydney; Dir. u. Vizepräs. Independent Theatre North-Sydney. 1955 Inszenierung *Jedermann* (Hugo v. Hofmannsthal), 1956 *Der Prozeß* (nach Franz Kafka). 1958 Gr., danach Dir. u. Reg. Kammerspiele/Deutschsprachige Abteilung des Independent Theatre. 1959 österr. Konsul. Ab 1961 Dir. Protector Safety Industries Ltd., 1969-73 Präs. Ab 1962 Präs. P. & H. Holdings Ltd.; Stud. Phil., Theaterwiss., Österr. Gesch. Univ. Wien. Ab 1963 österr. GenKonsul. 1963 Gr., danach Präs. *Österreichisch-Australische Kulturgesellschaft.* Dir. u. Berater zahlr. europ. Firmen. Mitgl. wirtschaftl. u. kult. Vereinigungen, u.a. *Chartered Inst. of Accountants, Chartered Inst. of Secretaries and Administrators, Aust. Society of Accountants, Inst. of Directors, Union Club* Sydney, *Dramaturgische Gesellschaft* Berlin, *Wiener Gesellschaft für Theaterforschung.* Vorträge u. Veröffentl. in austral. Zs. über Theater u.a. kulturgesch. Themen. Arbeit an einer Diss. über austral. Theater. Lebte 1978 in Wahroonga u. Sydney. - *Ausz.:* u.a. Ehrenmitgl. *Australasian Pioneers Club,* 1963 Berufstitel Prof. (Österr.), 1967 BVK 1. Kl., 1969 Gr. Ehrenzeichen für Verdienste um die Rep. Österr., Knight Commander Sovereign of St. John of Jerusalem, 1972 Gold. Ehrenzeichen des Landes Wien, 1974 MBE.
W: u.a. Australien. In: Internationale Steuern. 1959. *Qu:* Arch. Fb. Hand. Pers. Publ. - IfZ.

Fent, Paul (bis 1933 Frankfurter, Paul), Dr. phil., Schriftsteller u. Journalist; geb. 9. Okt. 1906 Grimmenstein/Niederösterr.; kath.; *V:* Dr. med. Otto Frankfurter (1875-1946), Arzt, kath., nach Anschluß Österr. 1 J. Haft, 1939 (?) Emigr. GB; *M:* Henriette Eva, geb. Stern, (1878-1954), kath., 1939 (?) Emigr. GB; ∞ 1930 Ingeborg Müller (1896-1971), ev., 1938 (?) Scheinscheidung, Emigr. CH, 1939 (?) GB, Lehrerin u. Mitarb. BBC, 1950 Österr.; *StA:* österr. *Weg:* 1938 H, B, GB; 1940 (?) AUS; 1941 GB; 1950 Österr.
1924-29 Stud. Chemie u. Physik Univ. Wien. Mitgl. *Verband Sozialistischer Studenten Österreichs* u. SDAP. Ab 1927 freier Schriftst. u. Journ., Mitarb. mehrerer österr., dt. u. ausländ. Ztg., u.a. Korr. einer lett. Ztg. in Wien. 1938 unmittelbar nach Anschluß Österr. kurzfristig Haft, Flucht nach Italien, von ital. Behörden verhaftet u. zurückgeschickt, lebte illeg. in Wien. Mai 1938 als AuslKorr. *La Nation Belge* nach Budapest, Okt. 1938 nach Brüssel, Dez. 1938 als Londoner Korr. *La Nation Belge* nach GB. Juli 1940-Okt. 1941 Internierung in GB u. Australien. 1942(?) 3 Mon. Dienst in Zivilverteidigung; 1942-46 Mitarb. *Reuter*-Nachrichtenagentur, Radio-Abhördienst vor allem für franz.-sprachige Sendungen. 1942 (?)-50 Mitarb. BBC, Texter u. Ansager für dt.-sprachige Sendungen, zuletzt Programm-Assist. in österr. Abt. 1950 Rückkehr nach Wien, 1950-57 stellv. Ltr. Bundespressedienst im Bundeskanzleramt, Mitgl. *Journalistengewerkschaft* im ÖGB u. *Bund Sozialistischer Akademiker;* seit 1951 Mitgl. SPÖ. 1951-55 neben berufl. Tätigkeit Stud. Zeitungswiss. u. Anglistik Univ. Wien, 1955 Prom. 1957-67 stellv. Ltr. Informationsdienst der Internationalen Atomenergie-Behörde in Wien. Seit 1968 Konsulent u. freier Journ. vor allem für wiss. Fragen. Mitgl. u. VorstMitgl. *Presseclub Concordia* u. österr. *PEN-Club.* Ps. u.a. H.J. Ken. Lebte 1978 in Wien.
W: u.a. zahlr. Art., Essays, Reportagen, Kurzgesch. u. Radiosendungen. *L:* Scheu, Friedrich, Der Weg ins Ungewisse. 1972. *Qu:* Fb. Publ. - IfZ.

Ferl, Gustav, Parteifunktionär; geb. 23. Dez. 1890 Groß-Ottersleben b. Magdeburg, gest. 25. Apr. 1970 Bremen; Diss., später (in der Emigr.) ev.; ∞ Louise Horstmann; *StA:* deutsch, 11. Juni 1935 Ausbürg., USA. *Weg:* 1933 B; 1940 F; 1941 USA; 1958 Deutschland (BRD).
Tischler. Seit 1905 in der ArbSportbewegung aktiv, später VorstMitgl. Landessportkartell Sa.-Anhalt. 1912-14 MilDienst, aus gesundheitl. Gründen keine Kriegsteilnahme. Ab 1919 SPD-Parteisekr. u. Mitgl. Kreistag Magdeburg, 1924 auch Kreisausschuß. 1922 BezSekr. Sa.-Anhalt. Febr. 1925-März 1933 MdR, Mitgl. SPD-Parteiausschuß. 1922/23 maßgebl. am Aufbau der *Republikanischen Notwehr* in Magdeburg beteiligt, gehörte zus. mit → Karl Höltermann zu den Gr. des *Reichsbanners,* 1932-33 dessen kommissarischer 2. Bundesführer. Juli 1933 Emigr. über das Saargeb. nach Belgien. In Brüssel Grenzsekr. der *Sopade* für das linksrheinische Gebiet, Deckn. Rachel Clerck, Gustave Vantour; zugleich VerbMann zur *Parti Ouvrier Belge* und Mitgl. *Matteotti-Komitee.* 1940 Flucht nach Frankr.; von der Vichy-Reg. in St-Cyprien interniert; vor dem Zugriff der Gestapo Flucht nach Spanien, dann Portugal. Mai 1941 in die USA. In den USA Mitgl. der *German Labor Delegation* u. im Exekutivkomitee des *German-Am. Council for the Liberation of Germany from Nazism* (→ Albert Grzesinski). Nov. 1958 Rückkehr nach Deutschland; lebte bis zu seinem Tode in Bremen.
L: MGD; Rohe, Reichsbanner. *Qu:* Arch. Fb. Hand. Publ. Z. - IfZ.

Feuchtwanger, Angelo (Ascher), Bankier; geb. 9. Aug. 1854 München, gest. 1939 Tel Aviv; jüd.; *V:* Jacob Löw F.; *M:* Auguste, geb. Hahn; ∞ Friederike Stützer (1860-1908); *K:* → Aryeh Feuchtwanger; Dr. med. Ignatz F. (1884-1923); Sigbert; Theodor David (geb. 1889), Emigr., Ltr. Bankfiliale J.L. Feuchtwanger, Haifa; Rosa Freirich (geb. 1886, gest. 1945 Tel Aviv); *StA:* deutsch. *Weg:* 1936 Pal.
1868-70 Städt. Handelsschule München, anschl. Ausbildung in väterl. Bankhaus J.L. Feuchtwanger, 1873/74 bei Effekten- u. Wechselbank Frankfurt/M., später Teilhaber, Prokurist u. Seniorchef J.L. Feuchtwanger, München. Ehrenmitgl. *Kaufmännischer Verein München.* 1936 Emigr. nach Palästina.
Qu: Hand. Z. - IfZ.

Feuchtwanger, Aryeh (Jakob Leo), Dr. oec. publ., Bankier; geb. 18. Okt. 1892 München, gest. 1959 Tel Aviv; jüd.; *V:* → Angelo Feuchtwanger; ∞ 1929 Ilse Josephine Alisa Blumenthal (geb. 1900 Berlin); *K:* Esther (geb. 1938 Tel Aviv). *StA:* deutsch; Pal./IL; 1957 deutsch u. IL; *Weg:* 1936 Pal.
Stud. München, Berlin u. Zürich, 1917 Prom. München. 1917-20 Mitarb. Institut für Weltwirtschaft Kiel u. Auswärtiges Amt Berlin. 1920-36 GenDir. der Familienbank J.L. Feuchtwanger München. 1936 Emigr. Palästina, 1936 Gr. u. bis 1959 GenDir. J.L. Feuchtwanger Bank, Tel Aviv.
W: Die Darlehnskassen des Deutschen Reiches. (Diss.) 1917. *L:* The Feuchtwanger Family. 1952. *Qu:* Hand. Publ. Z. - RFJI.

Feucntwanger, Jakob Aryeh, Dr. med., Arzt; geb. 25. Mai 1873 Fürth, gest. 20. Mai 1955 Tel Aviv; *V:* Gabriel F. (geb. 1835 Fürth, gest. 1906 Fürth), jüd., Bankier; *M:* Charlotte, geb. Schurmann (geb. 1886 Groß-Meseritsch/Böhmen, gest. 1939 London), jüd., 1939 Emigr. GB; *G:* Bertha Bollag (geb. 1866 Fürth, gest. 1917 Basel); Sabine (1868-1884); Minna (1869-70); Max Aharon M. (geb. 1870 Fürth, gest. 1946 Haifa), Emigr. Pal., Fabrikarb.; Sigmund (geb. 1875 Fürth, gest. 1921 Frankfurt/M.), Metallwarenhändler; Fanni (1875-76); Martha Rakkenbroch (geb. 1881 Fürth), 1936 Emigr. GB; Recha (geb. 1877 Fürth, gest. 1937 Frankfurt/M.), Krankenschwester; ∞ 1903 Zerline (Zerle) Hackenbroch (geb. 1881 Frankfurt); *K:* Max (geb. 1904), 1933-36 Ltr. Jüdisches Reformrealgymnasium Breslau, 1936 Emigr. Pal., Ltr. Moriah-Schule, Doz. Univ. Tel

Aviv; Gabriel (geb. 1906), Kaufm. in Tel Aviv; Elieser (geb. 1908), 1929 Emigr. Pal., Gartenbaufachmann bei der isr. Reg.; Joseph (geb. 1909), 1932 Emigr. Pal., Lehrer; Wilhelm (geb. 1910), 1933 Emigr. Pal., Installateur; Asher (geb. 1913), 1933 Emigr. Pal., 1948 Offz. im isr. Unabhängigkeitskrieg; Ida Yedidah (geb. 1924). *Weg:* 1936 Pal.

1897 Prom., Mitgl. ZVfD. 1897-99 Arzt an UnivKlinik Leipzig, Veröffentl. von Forschungsarb.; 1898-99 Vors. ZVfD Leipzig, zus. mit Martin Buber Gr. *Zionistische Studenten-Organisation.* 1899-1902 Arzt in Fürth, 1903-36 Praxis als Gynäkologe in Frankfurt/M.; 1904 Teiln. am 1. Weltkongreß des *Misrachi* in Preßburg, Wahl zum Ausschußmitgl. u. Ltr. der Westeuropa-Abt., 1905-11 Mitarb. im *Misrachi*-Zentralbüro im Feuchtwanger-Haus in Frankfurt/M., 1907 Vors. *Misrachi*-Komitee für ReligUnterricht in Mittelschulen in Palästina; 1911 Austritt aus *Misrachi* nach Ablehnung seines Antrags, aus ZVfD auszutreten; 1912-26 Mitgl. *Agudas Jisroel* u. deren Palästina-Zentrale. 1936 Emigr. Palästina mit Familie.

W: Ein Uterusmyom mit Knorpel- und Knochenneubildung, (Diss.). 1897. *L:* The Feuchtwanger Familiy. 1952. *Qu:* Hand. Pers. Publ. - RFJI.

Feuchtwanger, Jakob Löw, Bankier; geb. 5. Febr. 1892 München, gest. 1958 GB; jüd.; *V:* Lothar Jehuda F. (geb. 1856 München, gest. 1913 München), jüd.; *M:* Anna, geb. Scheinchen (geb. 1868 Stettin, gest. 1936 London), jüd.; *G:* Dr. med. Erich Aron F. (geb. 1889 München, gest. 1935 München), jüd., Arzt; Isabella Bele (1893-1908), jüd.; Ernst (geb. 1898 München), jüd., Kaufm., Emigr. Pal.; ∞ 1925 Vera Seehoff (geb. 1905 Hamburg, gest. 1960 [?]); *K:* Henry (urspr. Heinz) (geb. 1926 München), jüd., Emigr. GB, 1946 B.Sc. Univ. London, Chemiker; Frank (urspr. Franz) (geb. 1929 München), Emigr. GB, Stud. Gateshead Yeshivah, Büroangest.; Liese (geb. 1933 München), jüd., Emigr. GB; *StA:* deutsch, brit. *Weg:* 1935 GB.

Teilh. J.L. Feuchtwanger Bank München. 1935 Emigr. GB; Tätigkeit bei chem. Werken Gaithwood Co. Ltd.

D: The Feuchtwanger Family. 1952. *Qu:* Publ. Z. - RFJI.

Feuchtwanger, Ludwig, Dr. phil., Rechtsanwalt, Verleger; geb. 28. Nov. 1885 München, gest. 14. Juli 1947 Winchester/GB; jüd.; *V:* Sigmund F. (geb. 1854 Fürth, gest. 1916 München) jüd.; Margarinefabrikant, stiftete seine Bibliothek hebr. Lit. an Oxford Univ.; *M:* Johanna, geb. Bodenheimer (geb. 1864 Darmstadt, gest. 1926 München), jüd.; *G:* Dr. phil. Lion Jacob Arje F. (geb. 1884 München, gest. 1958 Pacific Palisades/Calif.), jüd., Prom. München, 1933 Emigr. F, USA, Schriftsteller; → Martin Moshe Feuchtwanger; Fritz Naphtali (geb. 1888 München, gest. New York), Inh. einer Kunstschule, Fabrikant, 1939 Emigr. USA; Franziska Diamant (geb. 1889 München, gest. 1975 New York), Kunstmalerin; Bella Traubkatz (geb. 1891 München, gest. 1943 KL Theresienstadt), Mitarb. im Verlagshaus des Bruders Martin, in jüd. Sozialarb. tätig; Henriette Henny Ohad (urspr. Reich) (geb. 1892 München, gest. 1978 Tel Aviv), Emigr. Pal.; Berthold (geb. 1896 München, gest. 1944 Lima/Peru), Kaufm., Emigr. Peru; Mädi Martha Ben-Dor (geb. 1897 München, gest. 1960 Reḥovot/IL), Emigr. Pal.; ∞ I. Lilli Heinrich, geb. Eberl (geb. 1892 München), 1922 gesch.; II. 1923 Erna Rosina Rheinstrom (geb. 1887 Kaiserslautern/Westf.), jüd., tätig in jüd. Jugendfürsorge u. im *Verein für Frauenstimmrecht* München, 1939 Emigr. GB, A: Winchester/Hampshire; *K:* Dorothea Helene Duvoisin (geb. 1917), 1935 Emigr. CH; Edgar Joseph (geb. 1924), jüd., 1939 Emigr. GB, 1958 Ph. D., Assist. für Gesch. u. stellv. Dir. Abt. Erwachsenenbildung der Univ. Southampton; Peter (Adoptivkind) (geb. 1917), Stud. Theol.; *StA:* deutsch; brit. *Weg:* 1939 GB.

Stud. Rechts- und Wirtschaftswiss., Gesch. u. Philologie München u. Berlin, 1908 Prom. Berlin, anschl. RA-Anwärter, 1913-33 RA in München, 1914 MilDienst, aus gesundheitl. Gründen entlassen; ab 1915 geschäftsf. Dir. Verlag Duncker & Humblot München u. Leipzig; AR-Mitgl. Georg Hirth AG Verlag. 1933 Rücktritt als geschäftsf. Dir. bei Duncker & Humblot, konnte zunächst im Verlag weiterarbeiten. 1935 Ausschluß aus Reichsschrifttumskammer. 1930-38 Hg. *Bayerische Israelitische Gemeindezeitung,* 1930-39 Dir. Bibliothek der Isr. Kultusgde. München, 1936-39 Dir. Jüdisches Lehrhaus u. Mitgl. *Mittelstelle für Jüdische Erwachsenenbildung.* Nov. 1938 zeitw. KL Dachau, Beschlagnahme der bedeutenden Privatbibliothek u. Überweisung an *SS-Ahnenerbe* u. z. T. an Univ. Wien, nach 1945 Rückerstattung. Mai 1939 Emigr. GB mit Ehefrau, 1940 Internierung Isle of Man; 1941-45 Buchhalter u. Dolmetscher für US-Luftwaffe in GB, Vortragstätigkeit für AJR London.

W: Geschichte der sozialen Politik und des Armenwesens im Zeitalter der Reformation (Diss.). 1908; Die ethischen Grundlagen der Nationalökonomie. 1912; Der Eintritt Bayerns in das Reichsarmenrecht. 1913; Kommentar zum Steuerfluchtgesetz. 1920; Die Bezahlung des wissenschaftlichen Schriftstellers. 1923; Nielsen, Der geschichtliche Jesus (Hg.). 1928; Graetz, Heinrich, Die Konstruktion der jüdischen Geschichte (Nachwort u. wiss. Apparat). 1936; Festgabe. 50 Jahre Hauptsynagoge München 1887-1937. 1937; zahlr. Beiträge in jüd. Zs. u.a. in Deutschland. *L:* Grunewald, Max, Critic of German Jewry - Ludwig Feuchtwanger and his Gemeindezeitung. In: Yearbook LBI. 1972; The Feuchtwanger Family. 1952; Lamm, München. *D:* LBI New York (u.a. unveröffentl. Ms. über die Gesch. der Juden in Deutschland, i.A. des Schocken-Verlags 1935). *Qu:* Arch. EGL. Fb. Hand. Pers. Publ. Z. - RFJI.

Feuchtwanger, Martin Moshe, Verleger, Journalist, Schriftsteller; geb. 18. Dez. 1886 München, gest. 9. Nov. 1952 Tel Aviv; jüd.; *G:* → Ludwig Feuchtwanger; ∞ I. 1910 Stephanie Cahn (geb. 1888 Wertheim/Baden), 1939 gesch.; II. Trude Loewy (geb. 1915 Reichenberg/Nordböhmen); *K:* Klaus (geb. 1912), Fabrikant in Long Island/N.Y.; Josef (geb. 1947); Benjamin (geb. 1952). *Weg:* 1939 (1940 ?) Pal.

Stud. dt. Lit., Phil. u. Staatswiss. Berlin u. München, 1910 Gr. Olympia-Verlag, Veröffentl. u.a. von Romanen u. Zs., Hg. von Zeitungskorrespondenzen, u.a. *Martin-Feuchtwanger-Korrespondenz,* Chefred. *Saale-Zeitung* u. a. Ztg. in Halle. 1939 (1940 ?) Emigr. Palästina über die CSR, Wiederaufbau des Olympia-Verlages in Tel Aviv.

W: Ebenbilder Gottes. 1952 (?); mehrere Romane. *L:* The Feuchtwanger Family. 1952. *Qu:* Hand. Publ. Z. - RFJI.

Feuchtwanger, Walter (Ps. Retlaw), Bankier; geb. 9. Juli 1916 München; jüd.; *V:* Dr. jur. Sigbert Feuchtwanger (geb. 1886 München, gest. 1956 Haifa), RA, Emigr. Pal.; *M:* Rivka (urspr. Rebekka), geb. Gluskinos (geb. 1888 Breslau, gest. 1972 Ramat Gan/IL), jüd., Gr. einer Schule für Körperkultur u. Kunsttanz in München, Choreographin, Mitgl. *Agudat Israel;* ∞ I. 1940 Etti Eva Esther Ukrainsky (geb. 1920), jüd., 1934-35 Hachscharah, 1935 Emigr. Pal., 1957 gesch.; II. 1958 Christina Alisa Campbell (geb. 1922 Annathil/Schottland), ev., dann jüd., Stud. Royal Society of Arts, 1949-53 Krankenschwester Royal Free Hospital, 1954-56 London Clinic; *K:* (aus I.) Yael (geb. u. gest. 1943); (aus II.) Ruth-Janet (geb. 1959 London), Susan-Julian (geb. 1962 London); *StA:* deutsch, 1935 Emigr. Pal., 1949 IL, 1956 deutsch. *Weg:* 1935 Pal.; 1951 USA.

1925-26 Mitgl. *Blau-Weiß;* 1926-33 Gymn. München bis zur Verweisung; Mitgl. *Kadimah,* später *Werkleute.* 1931-34 *Turnverein Jahn,* 1933-35 Mitgl. jüd. Turn- und Sportverein *Itus.* 1933-35 Banklehre u.a. bei J.L. Feuchtwanger in München, 1933-34 Skilehrer-Prüfung an der Scuola Nazionale Fascista di Ski in Cortina d'Ampezzo, 1935 Geschäftsf. Palästina-Amt in München. Dez. 1935 Emigr. Palästina, 1935-36 Landarb. in Kvotzah Geva, 1936 bei Polizei u. Zoll in Jaffa. 1936 unter Beteiligung von → Aryeh Feuchtwanger Eröffnung J.L. Feuchtwanger Bank Ltd. Tel Aviv, 1943 geschäftsf. VorstMitgl., ab 1959 Vors., 1963 Verkauf der Familienanteile. Mitgl. *Haganah* u. *B'nai B'rith Bialik Lodge,* Geschäftsf. *Maccabi World Union,* I.O.M.E.; 1941 Major brit. Armee, 1943-45 versch. mil. Einsätze. 1951 Vizepräs., 1965 Präs. Feuchtwanger Corp. New York; 1955 Dir. Feuchtwanger London Ltd., City of São Paulo Improvement and Freehold Land Co. Ltd. São Paulo, Victory Real Estate Co. Ltd. London, Feuchtwanger Holding-Ges. Luzern, Israel Safety Glass Co. Haifa, AR-Vors., Investment Trust Piryon Haifa Ltd. Haifa, Präs. Israel Hotel Promoting Co. (im Auftrag des isr. Außen- u. Finanzmin.), Mitgl. des VerwRats Kommerzialbank AG Zürich. 1958 nach Deutschland (BRD). 1959 Gr. u. persönl. haftender Gesellschafter W. Feuchtwanger Bank KG München (später Fusion mit ADCA), VorstMitgl. u. Schatzmeister Münchener *Hilfskomitee der Jugend-Alijah, Solidaritätswerk Israel*, ehrenamtl. Handelsrichter am Landgericht München I, Mitgl. *Anglo-Bavarian Club, Scottish Council*. Lebte 1978 in Aufkirchen/Bayern.

Qu: EGL. Fb. Hand. Z. - RFJI.

Feuereisen, Hans, Dr. med., Arzt; geb. 14. Aug. 1902 Königshütte/Schlesien; jüd.; *V:* Heinrich F.; *M:* Minna, geb. Beiner; *G:* 1 B, Emigr. Urug., Kaufm.; 1 B, Emigr. Argent., Bankangest.; ∞ 1929 Alice Bloch (geb. 1908 Breslau), Stud. Med., 1938 Emigr. Urug., 1954 Bras.; *K:* Steffi (geb. 1937); *StA:* deutsch, Urug. *Weg:* 1938 Urug.; 1954 Bras.

Stud. Medizin, Breslau u. Freiburg, 1927 Prom., Facharzt für Geburtshilfe, 1929-38 Privatpraxis in Beuthen; Mitgl. *Kameraden*, K.C. Beuthen u. *B'nai B'rith.* 1934-38 Mitarb. bei jüd. Org. in Beuthen, Juli 1937 Berufsverbot. Nov. 1938 zeitw. Haft, Entlassung nach Visumvorlage. Dez. 1938 Emigr. Uruguay über Bordeaux mit Hilfe von HIAS; 1938-42 Arzt in Montevideo; 1942-54 Mitarb. Import-Exportgeschäft des Bruders. VorstMitgl., GenSekr. u. 1946-54 Präs. Repräsentantenversamml. Nuevo Congr. Israelita de Montevideo u. Präs. des Bauausschusses für die Syn. u. das Gemeindehaus; 1952-54 GenSekr. *Comité Central Israelita do Uruguay.* 1954 nach Brasilien, 1955-67 VerwDir. C.I.P. in São Paulo, ab 1968 VerwDir. Albert-Einstein-Krankenhaus São Paulo. Lebte 1977 in São Paulo.

W: Seltene Indikation zum Kaiserschnitt. (Diss.) 1928; Art. in med. Fachzs., in Gde.-Ztg. *La Voz de la Semanal* Montevideo u. in *Cronica Israelita* Brasilien. *Qu:* Fb. Hand. - RFJI.

Feuerring, Isaak, Industrieller; geb. 26. Dez. 1889 Zborov/Galizien, gest. 26. Dez. 1937 Jerusalem; jüd.; *V:* Leibusch R. F., jüd., Gelehrter; *M:* Amalie, geb. Cohn, jüd., Tochter des „Halberstadter Klausrabbiners" Shlomo Cohn; *G:* Dr. med. Alfred F. (geb. 1879 Zborov, gest. 1962 New York), jüd., Arzt in Wien, 1938 Emigr. F, 1940 Kuba, 1942 USA; weitere B.; ∞ 1921 Gertrud Falck (geb. 1903 Hannover), jüd., 1933 Emigr. F, 1934 Pal., 1940 in die USA, *A:* USA u. IL.; *K:* Ralph (geb. 1922 Berlin), 1934 Emigr. Pal., 1940 USA, ltd. Position in Ferro Metals and Chem. Co.; Joseph (geb. 1925 Berlin, gest. 1955), 1933 Emigr. F, 1934 Pal., 1940 USA; *StA:* österr., S. *Weg:* 1933 F; 1934 Pal.

Lehre, später Dir. Metallgroßhandelsfirma Aaron Hirsch in Halberstadt; Mitgl. *Herzl-Klub,* 1912 Mitgl. u. VorstMitgl. *Herzl-Bund* (Union örtlicher *Herzl-Klubs*), 1913 Deleg. u. Mitgl. Finanzkommission des Zion. Kongresses in Wien. 1917 im Auftrag der Fa. Hirsch Gr. der Skandinaviska Malm Och Metall A.B. Stockholm, später Inh. der Firma, Erwerb von Schwefelkiesgruben in Norwegen. 1932 Erweiterung des Unternehmens in Berlin, VorstMitgl. ZVfD, *Zionistische Organisation* in Schweden, *Allgemeine Zionisten.* Apr. 1933 Emigr. Frankr., Nov. 1934 nach Palästina, 1935 Gr. General Commercial Banking Corp. Jerusalem (nach seinem Tode an Feuchtwanger Bank verkauft), Gr. Metals Co. (Tochterges. von Ferro Metals and Chem. Co. Schweden, Konzentration auf Immobilien und Metallimport). Nach seinem Tod Gr. von Feuerring Trust durch Ehefrau, 1939 Teil des Vermögens verwendet zur Gr. des nach F. benannten Bet Yizḥak bei Netanyah (landwirtschaftl. Genossenschaftssiedlung für mittelständ. Einwanderer aus Deutschland).

W: Beiträge in *Herzl-Bund-Blätter* u. anderen zion. Zs. *L:* Auerbach, H. B., Die Halberstädter Gemeinde 1844 bis zu ihrem Ende. In: Bulletin L.B.I., 1967; Goldstein, Walter, Geschichte des Herzl-Bundes. 1962; Lichtheim, Zionismus. *D:* RFJI. *Qu:* Hand. Pers. Publ. Z. - RFJI.

Ficker, Ludwig, Parteifunktionär; geb. 14. Okt. 1904 München, gest. 9. Dez. 1947 München; ∞ verh. 1946. *Weg:* 1934 CH; 1944 Deutschland.

Drechsler. Seit 1919 freigewerkschaftl. organisiert. 1929 KPD, Mitgl. des MilApp. 1933 3 Mon. Schutzhaft, danach illeg. tätig. 1934 Emigr. in die Schweiz. Dort Mitgl. KPD-EmigrLtg. u. ab 1939 AbschnLtg. Süd. Mitarb. der Organe *Süddeutsche Informationen* u. *Süddeutsche Volksstimme.* Nach Kriegsausbruch Internierung in Gordola u. Bassecourt. 22. Sept. 1944 Flucht aus Bassecourt, danach illeg. Arbeit in Bayern. In München Teiln. am Aufbau einer Widerstandsorg.: Koordination der Arbeit kommunist. Zellen, Kontakt zu milit. Verschwörern u. *Freiheitsaktion Bayern* (FAB), jedoch keine kommunist. Beteiligung an FAB-Aktion vom 29. Apr. 1945 infolge offenbar absichtlich verspäteter Benachrichtigung. Bei Reorg. der bayer. KPD war F. führender Funktionär; gehörte als Befürworter einer proletar. Einheitsfront zur *Aktionsgemeinschaft der Sozialdemokratischen und Kommunistischen Partei* in München; Mitunterz. des Aktionsprogr. v. 8. Aug. 1945. Im 1. Kabinett Hoegner Staatssekr. für Inneres. Vertr. des Moskauer Kurses in der KPD, später jedoch Opfer der Parteisäuberung gegen angebl. amerikan. Agenten (→ Bruno Goldhammer, → Fritz Sperling). 1947 Tod durch ausströmendes Gas in seiner Garage.

L: Bretschneider, H., Der Widerstand gegen den Nationalsozialismus in München. 1968; Niethammer, Lutz, Entnazifizierung in Bayern. 1972; Teubner, Schweiz. *Qu:* Arch. Hand. Publ. - IfZ.

Fiegel, Fritz, Dr. jur., Ministerialbeamter; geb. 13. Okt. 1899 Berlin, gest. 26. Juni 1954 Bonn; *V:* Alfred F., Amtsrichter; *M:* Elsa, geb. Mathias; ∞ Ursula Reichenbach; *StA:* deutsch. *Weg:* 1939 GB; 1952 (?) Deutschland (BRD).

1917-21 Stud. Rechtswiss. Berlin u. Breslau, 1921 Referendar, 1922 Prom., später Richter in Berlin. 1939 Emigr. GB, erneutes Jurastud., RA in London, nach 1945 Mitarb. brit. Kontrollkommission in Deutschland. 1952-54 Ref. für Fragen der allg. Wiedergutmachung im BMdI Bonn, zuletzt MinRat.

Qu: EGL. - IfZ.

Fields, Howard John (bis 1944 Feibelmann, Hans Alexander), Rechtsanwalt, Versicherungsmakler; geb. 13. Sept. 1910 Kaiserslautern; jüd.; *V:* Paul Feibelmann (geb. 1876 Kaiserslautern, gest. 1944 New York), jüd., Gymn., Fabrikant, Mitgl. DDP, 1940 Emigr. USA; *M:* Jenni, geb. Kaufmann (geb. 1885 Aachen, gest. 1963 New York), jüd., höhere Schule, 1940 Emigr. USA; ∞ I. 1942 Marie Weissbad (geb. 1912 München), 1954 gesch.; II. 1955 Hede Scheuer (geb. 1913 Stuttgart), jüd., höhere Schule, 1937 Emigr. USA, 1938-39 Verkäuferin, 1940-43 Geschäftsinh.; *StA:* deutsch, 1944 USA. *Weg:* 1939 GB; 1940 USA.

1929-33 Stud. Rechtswiss. Köln, Bonn u. München, 1933 Referendar, März 1933 Entlassung; Mitgl. K.C. u. polit. Studentenorg. 1933-34 Buchhalter u. Handelsvertreter, 1935-38 Syndikus CV in Saarbrücken u. Frankfurt/M., EmigrBerater beim *Hilfsverein;* Nov.-Dez. 1938 zeitw. KL Buchenwald. Apr. 1939 Emigr. GB, Unterstützung durch Privatpersonen; Febr. 1940 USA, zeitw. Butler u. Kellner, Mitarb. *Help and Reconstruction,* i.A. von *Selfhelp* Ltr. Unterstützungsaktionen für Dep. aus Baden u. der Pfalz im Lager Gurs/Frankr. 1940-43 Mitarb. in der Werbung für *Help and Reconstruction Inc.* In Abendkursen Ausbildung zum Versicherungsmakler, ab 1956 Inh. internat. Investment-Firma. Ab 1950 Mitgl. Beratungsausschuß u. stellv. Kassenführer Congr. Habonim New York, ab 1956 Mitgl. VerwRat Max Mainzer Found. (K.C.-Hilfswerk), ab 1960 Kuratoriumsmitgl. LBI, ab 1965 VorstMitgl.

174 Figdor

Am.-Jew. KC Frat., ab 1968 Mitgl. VerwRat *Selfhelp*, ab 1976 VorstMitgl. AFJCE, ab 1950 Mitgl. *Greater New York Insurance Brokers Assn.*, ab 1956 *Nat. Assn. Security Dealers*, ab 1964 *Rotary Club*. Lebte 1977 in Forest Hills/N.Y.

D: RFJI. *Qu:* Fb. Pers. Publ. – RFJI.

Figdor, Walter. *Weg:* 1938 (?) S; Österr.

1938 (?) Emigr. Schweden; Mitgl. *Österreichische Vereinigung in Schweden* (ÖVS) unter → Bruno Kreisky. März 1946 nach Wiedervereinigung von ÖVS mit *Freie Österreichische Bewegung* in Schweden VorstMitgl. ÖVS. Lebte 1974 in Wien.

L: Müssener, Exil. *Qu:* Pers. Publ. – IfZ.

Finsterbusch, Hans Walter, Journalist; geb. 19. Mai 1895; *StA:* deutsch, 3. März 1936 Ausbürg. *Weg:* 1933 CSR; 1938 S; 1946 Deutschland (SBZ).

Handlungsgehilfe. Seit 1921 Red. *Dresdner Volkszeitung*, Mitgl. BezVorst. SPD Ostsachsen, StadtVO. Dresden. März 1933 Emigr. nach Prag, 1938 nach Schweden; Mitgl. des linken Flügels der SPD-Gruppe Stockholm. 17. Sept. 1940 Parteiausschluß, 1944 Wiederaufnahme. Aktiv im *Arbeitsausschuß deutscher antinazistischer Organisationen* des FDKB. 1946 Rückkehr nach Dresden.

L: Müssener, Exil. *Qu:* Arch. Hand. Publ. – IfZ.

Firl, Herbert Max Walter, Parteifunktionär; geb. 29. Sept. 1899 Dresden, gest.; *V:* August F., Schneider; *M:* Marie, geb. Schönauer; *G:* → Wilhelm Firl; Hans (gest. 1942 S-Frankr.); ∞ Liesbeth Felbert; *StA:* deutsch, 3. März 1938 Ausbürg., *Weg:* 1934 CH; E; 1938 F; N-Afrika.

Zuschneider. KPD-Funktionär, Kasseninstrukteur des ZK. Nach natsoz. Machtübernahme im illeg. App. der Landesltg. Berlin. 1934 Flucht, längere Zeit illeg. in der Schweiz, dann ausgewiesen. Im Span. Bürgerkrieg Kapitän u. Zahlmeister XI. Internat. Brigade. 1938 in Frankr., Internierung in Le Vernet, später Casablanca. Starb auf der Überfahrt ins mexikan. Exil.

Qu: Arch. Publ. – IfZ.

Firl, Samuel Karl **Wilhelm,** Parteifunktionär; geb. 26. Jan. 1894 Dresden, hinger. 17. Aug. 1937 Berlin-Plötzensee; Diss.; *G:* → Herbert Firl; ∞ verh. *Weg:* 1934 Saargeb.; 1935 CH, Deutschland.

Freistelle in Realgymn., 2 Jahre Stud. ev. Missionsseminar Leipzig, lehnte es jedoch ab, Missionar zu werden. 1914–17 Kriegsfreiw., nach schwerer Verwundung Schreiber beim LG Chemnitz, später Ltr. eines Anwaltsbüros ebd. 1919 USPD, 1920 KPD. 1921 Sekr. KPD-BezLtg. Erzgeb.-Vogtl., Red. des Parteiorgans *Der Kämpfer*, 1922 StadtVO. Chemnitz. Ab 1923 in KPD-Zentrale Berlin, UnterbezLtr. Schöneberg, Red. *KPD-Pressedienst*, 1928 Red. *Die Rote Fahne* u. *Volkswacht* Stettin, Deleg. 11. PT Essen; 1929–30 verantwortl. Red. *Die Rote Fahne*, in dieser Eigenschaft 1930 zu 1 1/4 J. Festung verurteilt. Nach natsoz. Machtübernahme ltd. Funktionär illeg. KPD, verantwortlich für Informationsdienst. Sommer 1934 über Saargeb. Flucht in die Schweiz, in Zürich AbschnLtr. Süd. Juli 1935 von ZK in ltd. Funktion für illeg. Arbeit nach Deutschland zurückgeschickt. Deckn. Waldau. 30. Jan. 1936 Verhaftung in Berlin, 22. Mai 1937 Todesurteil.

L: Kantorowicz, Alfred, Porträts. 1947; Weber, Wandlung; Duhnke, KPD. *Qu:* Arch. Publ. – IfZ.

Fisch, Bela, Kaufmann, Verbandsfunktionär; geb. 19. März 1897 Deta/Banat, gest. 24. Jan. 1958 Quito/EC; jüd.; *V:* Enrique F.; *M:* Malvine, geb. Kohn, jüd.; *G:* Dr. med. Geza F. (geb. 1895 Deta, gest. 1955 Quito), 1939 Emigr. EC, Internist u. Kinderarzt; Julius (Gyula) (geb. 1899 Deta, gest. N), Chemiker, Angest. pharmazeut. Fabrik Organon, N; ∞ 1934 Olga Anhalzer (geb. 1901 Budapest), jüd., 1921–23 Stud. Kunstakad. Düsseldorf, Malerin; *StA:* österr., 1950 EC. *Weg:* 1933 Marokko; 1934 Bras.; 1937 Äthiopien; 1938 USA; 1939 EC.

Im 1. WK MilDienst, 4 Jahre Kriegsgef. in Rußland; 1919–22 Stud. Handelsakad. Wien, Mitgl. *Blau-Weiß*. Kaufm. Tätigkeit in Italien u. Deutschland mit Aufenth. in Wien, Venedig, Berlin. 1933 Emigr. Casablanca, 1934–36 in Rio de Janeiro u. Triest, 1937–38 in Asmara/Eritrea (Ausweisung als Antifaschist), 1938 in die USA mit JournVisum, Unterstützung durch HICEM, Ehefrau Mitarb. beim Magazin *Vogue*, Verkauf von Gemälden. Juni 1939 nach Ecuador, 1942 zus. mit Ehefrau Gr. des ersten Volkskunstgeschäfts in Ecuador, Sammler von archäolog. u. ethnograph. Kunstgegenständen, Herstellung von Teppichen in Firma Volkskunst Olga Fisch. 1952–58 erster Präs. Zion. Org. in Ecuador, Mitarb. heim *Beneficiencia Israelita* des *B'nai B'rith*.

Qu: Fb. Hand. Pers. – RFJI.

Fisch, Walter, Parteifunktionär; geb. 16. Febr. 1910 Heidelberg, gest. 21. Dez. 1966 Frankfurt/M.; Diss.; *V:* Norbert F.; *M:* Hermine; *G:* Anny (geb. 1906), 1935 Emigr. USA; ∞ 1947 Lieselotte Delrieux (geb. 1925); *K:* Gerhard (geb. 1949); *StA:* deutsch. *Weg:* 1934 CH; 1935 CSR; 1938 CH; 1945 Deutschland (ABZ).

Ab 1927 Stud. Betriebswirtschaft Frankfurt/M., Werkstudent im Ruhrbergbau, Metallarb. in Berlin. 1928 KJVD-Funktionär, bis 1933 Landessekr. für Hessen u. Mitgl. Landessekretariat der KPD Hessen. Nach natsoz. Machtübernahme OrgLtr. KPD Frankfurt/M., März 1933 Festnahme u. Schutzhaft. Nach Entlassung Emigr. in die Schweiz. 1933–35 vom PolBüro des ZK der KPD zum ersten EmigrLtr. bestimmt. Ausweisung, 1935 nach Prag. Tätigkeit für *Rote Hilfe*. 1938 illeg. Rückkehr in die Schweiz, zeitw. Mitgl. EmigrLtg. Als einer der führenden Funktionäre der Schweizer KPD-Org. nach Kriegsausbruch Internierung in Gordola, Witzwil, Bassecourt. Dez. 1944 Mitgl. Provis. Ltg. der BFD in der Schweiz, verantwortl. für Arbeit unter dt. MilInternierten u. -flüchtlingen, Mitgl. RedKommission von *Über die Grenzen*. 14. Jan. u. 24./25. März 1945 Teiln. illeg. 1. u. 2. Landeskonf. der KPD-Gruppen in der Schweiz in Zürich. Mai 1945 Rückkehr nach Deutschland, um den Landesvorsitz beim Neuaufbau der KPD in Hessen zu übernehmen. 1945 Mitgl. Frankfurter Bürgerrat, 1946 Mitgl. Verfassunggebende Landesversammlung, 1947 MdL Hessen. 1948 stellv. Vors. KPD u. Mitgl. Parlamentarischer Rat, 1949–53 MdB. Nach KPD-Verbot wegen illeg. Betätigung zu 3 J. Gef. verurteilt, vorzeitig entlassen. Ab 1959 kaufm. Angest., freier Journalist.

L: Bergmann, Schweiz; Teubner, Schweiz. *Qu:* Arch. Fb. Hand. Pers. Publ. – IfZ.

Fischbach, Hans (Robert?). *Weg:* GB.

Mitgl. SDAP; Emigr. London. Mitgl., zeitw. Vors. *Austrian Labour Club*. Blieb nach Kriegsende vermutl. in GB.

L: Scheu, Friedrich, Die Emigrationspresse der Sozialisten 1938–1945. 1968; Maimann, Politik. *Qu:* Arch. Pers. Publ. – IfZ.

Fischer, Alfred, Dr. med., Arzt; geb. 28. Febr. 1894, gest. Febr. 1964 Wien; ∞ → Ruth Zerner; *StA:* österr. *Weg:* 1939 (?) GB; 1946 (?) Österr.

Stud. Medizin Wien, Sanitäter im 1. WK., nach Kriegsende Prom. Ab 1919 Mitgl. KPÖ. Lungenfacharzt in Wiener Krankenhäusern u. im Gesundheitsamt der Stadt Wien unter → Julius Tandler, maßgebl. an Bekämpfung der Tuberkulose in Wien beteiligt. 1938 (?) KL-Haft, 1939 (?) mit engl. Visum nach GB. Zunächst Hotelportier in Birmingham, später Hilfsarzt in engl. Krankenhaus. Dez. 1941 Mitunterz. Deklaration österreichischer Vereinigungen in Großbritannien. Ab 1944 Mitarb.

Kulturblätter des Free Austrian Movement (FAM) bzw. *Kulturelle Schriftenreihe des FAM.* Vermutl. 1946 Rückkehr nach Wien, Ltr. Tuberkuloseref. im Gesundheitsamt der Stadt Wien; BezObmann der KPÖ in Wien.

W: u.a. Pneumothoraxtherapie in der täglichen Praxis. 1935; Sozialmedizinische Praxis (Mitverf.). 1953. *L:* Prager, Theodor, Zwischen London und Moskau. 1975; ISÖE. *Qu:* Arch. Pers. Publ. Z. - IfZ.

Fischer, Alfred Joachim, Journalist; geb. 27. Nov. 1909 Altkloster/Posen; jüd.; *V:* Dr. Max F. (1861-1933), jüd., Sanitätsrat; *M:* Valerie, geb. Jahnow (1882-1941), jüd.; *G:* Edith Cohn (geb. 1896, 1943 [?] umgek. im Holokaust), Emigr. NL; Wolfgang (1898-1975), Chefred. versch. Film-Blätter, 1938 (?) Emigr. Schanghai, 1946 Deutschland (Berlin); ∞ 1943 London, Eva Haas (geb. 1921), jüd., Sekr., Emigr. GB, A: CH; *StA:* deutsch, 1939 Ausbürg., 1953 österr. *Weg:* 1933 Emigr.; 1939 PL, GB; 1940 AUS; 1941 GB; 1951 CH.

Ab 1929 Stud. Deutsche Hochschule für Politik Berlin; 1929-33 Mitgl., zuletzt Mitgl. des Reichsvorst. *Staatsbürgerliche Jugend* (ab 1930 *Reichsbund der staatsbürgerlichen Jugend*), 1931-Febr. 1933 Red. *Mitteilungsblätter der Staatsbürgerlichen Jugend;* 1930-33 Mitgr. u. Vors. liberale *Diskussionsgemeinschaft politisch Andersdenkender* Berlin (Mitgl. u.a. Theodor Heuß, Otto Nuschke, → Hubertus Prinz zu Löwenstein-Wertheim-Freudenberg). Mitarb. zahlr. liberaler Ztg., u.a. *Vossische Zeitung, Berliner Tageblatt,* freier Mitarb. internat. Presse, u.a. für skandinav. Ztg. Febr. 1933 Hausdurchsuchung, Berufsverbot; Flucht nach Prag, später in Dänemark, Schweden, Finnland, Norwegen (Mitarb. *Stavanger Aftenblad* Oslo), Österr., Jugoslawien, Italien, Albanien, Rumänien, Palästina (von brit. Mandatsreg. abgeschoben), Türkei, 1938 wieder in Prag. März 1939 Flucht nach Polen; in Kattowitz Vertr. der von → Kurt R. Großmann geführten *Demokratischen Flüchtlingsfürsorge* Prag; Juni 1939 nach London, Korr. der türk. Ztg. *Cumhuriyet.* 1940-41 Internierung in Kempton Park, Bury u. Onchan (Isle of Man) sowie in Australien (Hay, Orange u. bei Sydney, Hg. *Lagerspiegel).* Sept. 1941 Rückkehr nach GB; Mitarb. BBC, *Die Zeitung* London, der Exilzs. *Free Europe* (Polen), *Central European Observer* (CSR), *Marine* u. *Message* (Belgien); i.A. brit. Stellen Interviewtätigkeit in Flüchtlingslagern. Mitgl. *Poale Zion* London, *National Union of Journalists, International PEN-Club London.* 1948-53 Mitarb. des Organs der US-MilReg. *Die Neue Zeitung* / Münchner u. Berliner Ausgabe. 1951 Übersiedlung in die Schweiz; Journ. bei zahlr. Ztg. u. Rundfunkanstalten, Vortragsreisen zu pol., wirtschaftl. u. sozialen Themen, Reisereportagen. Lebte 1977 in Buchs b. Aargau/Schweiz.

W: u.a. Hellas i dag. Bergen (Andsfrihet) 1948; Graekenland i dag. Kopenhagen (Gyldendal) 1948; Israel. Werden und Geschichte eines jungen Staates. In: Politische Studien 1954; Castro in Distanz von Moskau. In: Außenpolitik 19/1968; Die Sowjetunion und Finnland. In: Internat. Jb. der Politik 1955. *Qu:* Fb. Z. - IfZ.

Fischer, Emil, Journalist; geb. 2. Aug. 1883 Zürich; kath.; *V:* Richard F., nach Aufhebung der Sozialistengesetze auf 1. PT der SPD Okt. 1890 in den PV gewählt, ab 1893 Geschäftsf. u. Chefred. *Vorwärts; M:* Julie, geb. Wolff; ∞ Charlotte Schustenreith (geb. 1894); *K:* 1 S; *StA:* deutsch, 25. Jan. 1940 Ausbürg. *Weg:* 1933 F.

Mechaniker, 1902 SPD, 1911 (?) Red. des sozdem. Parteiorgans in Straßburg; Ende des 1. WK aus Frankr. ausgewiesen, 1919 nach Nürnberg; 1920-März 1933 1. Vors. Ortsverein Nürnberg der SPD u. Chefred. *Fränkische Tagespost.* 1920 VorstVors. des *Republikanischen Reichsbundes.* 1922-33 Mitgl. SPD-BezVorst. Nordbayern. 1924 Mitgl. provis. Ortsausschuß u. 1926 OrtsLtg. Nürnberg des *Reichsbanners,* zugleich Vors. des Presseausschusses, 1929 1. Schriftf. Gaultg. Franken des *Reichsbanners.* 1927 Deleg. zum Reichs-PT der SPD. 1932-Juni 1933 StadtVO. Nürnberg. Mitgl. *Bund für Geistesfreiheit* u. Loge *Weltbund.* 1. Juni 1933 als Emigr. zurück nach Straßburg.

Qu: Arch. Publ. - IfZ.

Fischer, Ernst, Schriftsteller, Politiker; geb. 3. Juli 1899 Komotau/Böhmen, gest. 1. Aug. 1972 Prenning b. Deutsch-Feistritz/Steiermark; *V:* Josef F. (1855-1919), k.u.k. Offz.; *M:* Agnes, geb. Planner v. Wildinghof (1877-1956); *G:* → Walter Fischer; → Otto Fischer; Agnes (1905-1929), Angest.; ∞ I. 1932 → Ruth v. Mayenburg; II. 1955 Louise Eisler, geb. Gosztonyi (geb. 1906); *K:* Dr. Marina Kowalski (geb. 1946); *StA:* österr., 1934 Ausbürg., 1954 österr. *Weg:* 1934 CSR; 1938 UdSSR; 1945 Österr.

Schule in Graz, 1916 Relegierung, 1917 externes Kriegsabitur, anschl. Einjährigen-Freiw.-Schule in Steinamanger, Dienst an der ital. Front; Stabsfeldwebel, 1918 zum Soldatenrat gewählt. 1919 Stud. Phil. Graz, nach kurzer Zeit Studienabbruch aus ökonom. Gründen, zeitw. Hilfsarb.; 1920 SDAP, 1920-27 Red. *Arbeiterwille* Graz; künstlerischer Ltr. Verein *Arbeiterbühne,* Verf. von Lyrik u. Theaterstücken (Auff. von *Der ewige Rebell* in Graz, *Das Schwert des Attila* 1924 u. *Lenin* 1928 in Wien). 1927 Übersiedlung nach Wien, 1927-34 Red. *Arbeiter-Zeitung,* Freundschaft mit Stefan Zweig u. Ernst Toller. Führender Vertr. des linken SDAP-Flügels, Wortführer der 1931 von → Manfred Ackermann initiierten *Sozialistischen Jungfront.* 1934 nach den Februarkämpfen zunächst illeg. in Wien, Anfang März 1934 mit falschem Paß Flucht in die CSR. Apr. 1934 KPÖ, anschl. Aufenthalt in Moskau, Verhandlungen mit *Komintern*-Führern. Aug. 1934 in Prag Wahl ins ZK der KPÖ. Ab 1935 teils in Moskau, teils in Prag; Herbst 1935 KPÖ-Vertr. bei der *Komintern.* Ab 7. Weltkongreß der *Komintern* neben Dimitroff u. Togliatti führender Volksfronttheoretiker. 1935-36 mehrfach illeg. Aufenthalte in Österr. zu Verhandlungen über Aktionseinheit u. Einheitsfront mit Vertr. des ZK der RSÖ. Ab 1937 unter maßgebl. Einfluß der theoret. Arbeiten von → Alfred Klahr Revision der für die österr. Linke insgesamt bis dahin verbindl. Vorstellung von der Vereinigung Österr. mit einem revol. sozialist. Deutschland, führender Vertr. u. Theoretiker des österr. Nationalgedankens u. seit dem Anschluß Vertr. der Wiederherstellung Österr. Während der großen Säuberungen in der UdSSR über Dimitroff Interventionsversuche zugunsten verhafteter u. angeklagter österr. Kommunisten u. Schutzbündler. 1938-43 Schriftltr. des dt.-sprachigen theoret. *Komintern*-Organs *Die Kommunistische Internationale.* Ab 1941, nach dt. Angriff auf die UdSSR, Kommentator der dt.-sprachigen Sendungen von *Radio Moskau,* Mitarb. „illeg." *Sender Österreich* (→ Erwin Zucker-Schilling). Herbst 1941-Jan. 1942 Evakuierung nach Ufa, Ltr. des dt.-sprachigen Senders, anschl. Rückkehr nach Moskau. Anfang 1943-Anfang 1945 pol. Betreuung dt. u. österr. Kriegsgef., ab Apr. 1943 Ref. Antifa-Schule Krasnogorsk. Anfang Apr. 1945 Rückkehr nach Wien. Apr.-Dez. 1945 Staatssekr. für Volksaufklärung, Unterricht, Erziehung u. Kulturangelegenheiten in Provis. Staatsreg. Renner, 1945-47 Chefred. u. Hg. der von SPÖ, ÖVP u. KPÖ getragenen überparteil. Tagesztg. *Neues Österreich.* 1945-59 MdNR bis 1961 Mitgl. PolBüro der KPÖ. 1948 in Auseinandersetzung zwischen Jugoslawien u. der UdSSR sowie 1952 anläßl. des Slánský-Prozesses in Prag zumindest nach außen Vertr. der offiz. prosowj. Parteilinie, 1956 Ausschluß aus österr. *PEN-Club* aufgrund der Weigerung, eine Protestresolution gegen die Niederschlagung des ungar. Aufstands durch sowj. Truppen zu unterzeichnen. Nach den Enthüllungen Chruščevs über den Terror des Stalin-Regimes auf 20. PT der KPdSU 1956 Beginn einer krit. Revision der bisherigen pol. Linie, die sich z.T. über kunst- u. kulturtheoret. Schriften vermittelte. Mai 1963 maßgebl. an Konf. von Liblice beteiligt, auf der Schriftst. aus Frankr., Österr. u. den sozialist. Ländern gegen das orthodoxe Verbot der Werke Kafkas auftraten u. bes. in der CSSR eine neue Kafka-Rezeption einleiteten; in der Folgezeit enge Beziehungen zu den Vertr. der krit. Intelligenz in der CSSR im Rahmen der Entwicklung des Prager Reformkommunismus. Aug. 1968 beim Einmarsch der Warschauer-Pakt-Staaten in der CSSR heftige Stellungnahme gegen den „Panzerkommunismus", Forderung nach Abbruch der Beziehungen zwischen KPÖ u. sowj. Parteiführung. Jan. 1969 Abwahl aus ZK der KPÖ, Okt. 1969 Parteiausschluß. Bis zu seinem Tod freier Schriftsteller.

W: u.a. Vogel Sehnsucht (L). 1920; Das Schwert des Attila (S). 1923; Der ewige Rebell (S). 1925; Lenin (S). 1928; Krise der Jugend. 1931; Die neue Büchse der Pandora (S, Mitverf. Robert Ehrenzweig [→ Robert Lucas]). 1931; Der Weg der österreichischen Linksopposition zum Kommunismus. Reichenberg 1934; Für oder gegen die Einheitsfront? Straßburg (Edition Prométhée) 1936², Prag (Kreibich) 1936; Der Fluch von Nürnberg. Moskau 1936; Der Arbeitermord von Kemerovo. Die verbrecherische Tätigkeit der Trotzkisten. Straßburg (Edition Prométhée) 1937 (ersch. auch unter Tarntitel: Keller, Gottfried, Der Narr auf Manegg. Leipzig 1937); Die neuen Menschenrechte. Die Verfassung der UdSSR. Basel (Verlag Freie Schweiz) 1937 (ersch. auch unter Tarntitel: Van Loon, Du und die Erde. Eine Geographie für jedermann. Berlin 1937); Vernichtet den Trotzkismus! Straßburg (Edition Prométhée) 1937; Is this a War for Freedom? New York (Worker's Library) 1940; What is Socialism? New York (Worker's Library) 1940; La verdad sobre la guerra imperialista. Mexiko (Edición popular) 1940; Die faschistische Rassentheorie. Moskau (Verlag für fremdsprachige Literatur) 1941 (span. Übers.); From People's Front to National Front. London (Edition Communist Party) 1942; Adolf Hitler, der Fluch Deutschlands. Moskau 1943; Über die philosophischen Grundlagen der Staatsumwälzung. Zürich-New York (Oprecht) 1943; Der Miesmacher. Moskau (Verlag für fremdsprachige Literatur) 1943; Die nationale Maske der Hitlerimperialisten. Moskau (Verlag für fremdsprachige Literatur) 1944; The Rebirth of My Country. London (Free Austrian Books) 1944; Der österreichische Volkscharakter. London (Free Austrian Books) 1944, Wien (Neues Österreich) 1945; Nationale Probleme des Jahres 1848 in Österreich. London (Free Austrian Books) 1945; Für Freiheit und Vernunft. 1945; Welchen Weg gehen wir? 1945; Unser Programm. 1945; Unsere Stellung zur Nazifrage. 1945; Das Jahr der Befreiung. 1946; Freiheit und Persönlichkeit. 1946; Franz Grillparzer. 1946; Das Fanal. Der Kampf Dimitroffs gegen die Brandstifter. 1946; Österreich 1848. 1946; Für Ruth. Gedichte. 1947; Regierung Figl-Schärf - Wie lange noch? 1947; Die schwarze Flamme (Übers. von Baudelaire u. Verlaine). 1947; Ende der Besetzung! 1948; Herz und Fahne (L). 1948; Die Sowjetunion und der Frieden. 1948; Kunst und Menschheit. 1949; Goethe, der große Humanist. 1949; Alexander Petöfi. 1950; Der große Verrat (S). 1950; Die österreichische Kulturkrise. 1951; Rebell in dunkler Nacht. Nikolaus Lenau. 1952; Nikolaj Gogol. 1952; Denn wir sind Liebende (L). 1952; Die Brücken von Breisau (S). 1952; Dichtung und Deutung. 1953; Prinz Eugen. Roman in Dialogen (zus. mit Louise Eisler). 1955; Die Atomgefahr. 1957; Von der Notwendigkeit der Kunst. 1959; Von Grillparzer zu Kafka. 1962; Elegien aus dem Nachlaß von Ovid. 1963; Probleme der jungen Generation. 1963; Zeitgeist und Literatur. 1964; Kunst und Koexistenz. 1966; Auf den Spuren der Wirklichkeit. 1968; Was Marx wirklich sagte (zus. mit → Franz Marek). 1968; Was Lenin wirklich sagte (zus. mit F. Marek). 1968; Erinnerungen und Reflexionen. 1969; Überlegungen zur Situation der Kunst. 1971; Die Revolution ist anders. 1971; Das Ende einer Illusion. Erinnerungen 1945-1955. 1973. - Regelmäßige Mitarb. an KPÖ-Organen zwischen 1934 u. 1969 sowie einer Reihe von österr., west- u. osteurop. Zs. nach 1945. *L:* Buttinger, Beispiel; Fischer, Erinnerungen; Mayenburg, Blaues Blut; DBMOI; Fischer, Illusion; Vogelmann, Propaganda; Widerstand 1. *D:* DÖW, IfZ, VfGdA. *Qu:* Arch. Erinn. Hand. Pers. Publ. Z. - IfZ.

Fischer, Erwin Emil Julius, Parteifunktionär; geb. 17. Aug. 1907 Frauendorf b. Stettin, hinger. 8. Dez. 1942 Berlin-Plötzensee; *V:* Julius F. (gest. 1924), Arbeiter, KPD; *StA:* deutsch, 3. Mai 1938 Ausbürg. *Weg:* 1933 UdSSR, 1934 DK, NL; 1935 Deutschland; 1936 NL; 1940 Deutschland.

Werftarb.; 1922 FSJ, ab 1924 Funktionen im KJVD, 1926-27 Sekr. BezLtg. Pommern; 1927 Mitgl. *Rote Jugendfront*, ab 1928 Gauführer Pommern. 1929-30 Festungshaft wegen Verbreitung von PropSchriften bei Polizei u. Reichswehr. 1930-31 PolLtr. KJVD Pommern; ab 1932 hauptamtl. BezKassier der KPD. 1933 Mitgl. illeg. KPD-BezLtg. Pommern, Juli 1933 Flucht bei Verhaftungsversuch, anschl. Kurier in Berlin. Nov. 1933 Lenin-Schule Moskau. Sept. 1934 über Kopenhagen nach Amsterdam, Febr.-Aug. 1935 i.A. der AbschnLtg. West als Abwehrmann des MilApp. in Hamburg, anschl. bis Jan. 1936 Instrukteur für Westdeutschland in Amsterdam, zahlr. Reisen ins Ruhrgeb. Aufgrund selbständiger Kontakte der Holland-Sektion des MilApp. zum brit. Geheimdienst vom ZK seiner Funktion enthoben, untergeordnete Tätigkeit für *Rote Hilfe*. Deckn. Paul, Jan, Kirchner. Okt. 1937 Verurteilung wegen Paßvergehens, Auslieferung an Deutschland scheiterte an öffentl. Protesten; Internierung bis zur dt. Besetzung im Lager Nieuversluis. 18. Sept. 1942 VGH-Todesurteil.

D: IfZ. *Qu:* Arch. Publ. - IfZ.

Fischer, Franz, Journalist; geb. 14. Mai 1899 Freudenthal/Schlesien, gest. 8. Mai 1949 München; ∞ verh., Ehefrau Emigr. GB; *K:* 1 T; *StA:* österr., 1918 ČSR, 1947 deutsch. *Weg:* 1938 (?) GB; 1947 Deutschland (ABZ).

Ab 1924 Geschäftsf. Verein *Arbeiterheim*. 1929-37 DSAP-Parteisekr., StadtVO. u. Vizebürgerm. in Freudenthal; DSAP-Sekr. u. 1937-38 Red. *Volksstimme* Warnsdorf sowie Mitarb. versch. Partei-Ztg., u.a. *Der Sozialdemokrat* Prag. Vermutl. 1938 Emigr. nach GB. Mitgl. der TG; Arbeiter. 1947 Übersiedlung nach Deutschland, 1947-49 Chefred. des SG-Organs *Die Brücke*.

L: Sudeten-Jahrbuch 1969. *Qu:* Z. - IfZ.

Fischer, Franz, Partei- und Verbandsfunktionär; geb. 13. Jan. 1904 Berlin; *V:* Arbeiter; *StA:* deutsch, 1940 Ausbürg. *Weg:* 1938 ČSR; GB; 1946 Deutschland (Berlin).

Schweißer u. Rohrleger; 1921 KJVD, 1923 KPD, ab 1926 KJVD-Ltr. Berlin-Wedding, ab 1929 StadtVO. Berlin, ab 1929 angebl. ZK-Mitgl. des KJVD u. ab 1930 dessen Vertr. bei der KJI. Nach 1933 illeg. Tätigkeit, Verhaftung, 3 J. KL Lichtenburg. 1938 Emigr. ČSR, später GB. 1946 Rückkehr nach Berlin, bis 1963 SED-Kreissekr. in Berlin (Ost), Mitgl. BezLtg.; 1963-67 Sekr. ZV und 1964-74 PräsMitgl. *Gesellschaft für Deutsch-Sowjetische Freundschaft*. Lebte 1974 in Berlin (Ost). - *Ausz.:* 1964 Banner der Arbeit, 1973 Karl-Marx-Orden.

L: Antifaschisten. *Qu:* Arch. Hand. Publ. Z. - IfZ.

Fischer, Harry R. (urspr. Heinrich), Kunsthändler; geb. 30. Aug. 1903 Wien, gest. 12. Apr. 1977 London; jüd., 1910 kath., 1928 ev.; *V:* Dr. jur. Georg F. (1866-1934), jüd., RA; *M:* Clarisse, geb. Deutsch (geb. 1881 Preßburg, gest. 1959 London), jüd., 1939 Emigr. GB über ČSR; *G:* Dr. jur. Günther F. (geb. 1907 Wien, umgek. 1942 [?] im Holokaust), RA in Wien, 1938 Emigr. JU; ∞ I. 1928 Martha Hölzl, 1941 gesch.; II. 1945 Enid Parker (gest. 1955); III. 1959 London, Elfriede Lemmer (geb. 1920 Berlin), ev., Graphikerin; *K:* Wolfgang (geb. 1933), Kunsthändler u. Kunsthistoriker, 1938 Emigr. JU, GB; *StA:* österr., 1945 brit. *Weg:* 1938 JU; 1939 GB.

Höhere Schule u. Buchhandelslehre in Wien, Mitgl. Wandervogel u. sozdem. Jugendbewegung, ab 1923 Inh. einer Buchhandlung in Wien. Buchhändler u. Verleger, 1928-35 Teilh. Buchhandlung Berger u. Fischer Wien, 1935-38 Teilh. Buchhandlung Friedrich Wilhelm Frick (→ Alois Englander), Mitgl. *Gremium der österreichischen Buchhändler, Verleger und Antiquare*. 1938 nach Anschluß Österr. Emigr. Jugoslawien, Aufbau einer Druckerei in Zagreb, Mai 1939 nach London. 1940 6 Mon. Internierung Isle of Man, 1941-43 Dienst im brit. Pioneer Corps, 1944-45 Journ. bei *Financial Times* London, Mitarb. *Austrian Centre* London (→ Willy Scholz). 1945-46 Buchhändler St. George's Gallery London, anschl. mit → Frank Lloyd Gr. u. Inh. Galerie Marlborough Fine Arts (seit

Beginn der 60er Jahre Zweigstellen in Rom u. New York); 1971 mit Sohn Gr. Fischer Fine Arts, London. – *Ausz.:* BVK. *Qu:* EGL. Fb. Z. – RFJI.

Fischer, Herbert, Staatsfunktionär, Diplomat; geb. 10. Apr. 1914; *V:* Handwerker; ∞ verh.; *StA:* deutsch. *Weg:* 1933 Westeuropa; 1936 Indien; 1947 Deutschland (SBZ).

Abitur, angebl. 1930 KPD. 1933 Emigr. nach Westeuropa, 1936–47 Indien, ZusArb. mit Mahatma Gandhi, Eheschließung mit einer Inderin, angebl. *Komintern*-Agent. 1947 Rückkehr nach Deutschland (SBZ), als Gymnasiallehrer zeitw. Dir. einer Oberschule bzw. Dir. eines Lehrerbildungsinstituts, 1956–57 Ltr. Abt. Indien im MfAA, 1958–62 stellv. Ltr. DDR-Handelsvertretung in Indien, 1963–65 Ltr. 2. außereurop. Abt. (Südostasien) im MfAA, 1964 kurzfr. RegSonderbeauftragter in Nepal, Aug. 1965–70 Ltr. DDR-Handelsvertretung in Indien (Handelsrat), Aug. 1970–Okt. 1972 Ltr. GenKonsulat im Rang eines Botschafters u. Okt. 1972–Juni 1974 Ltr. DDR-Botschaft ebd., März 1973–Mai 1974 gleichz. Botschafter in Nepal. – *Ausz.:* 1964 VVO (Bronze), 1971 VVO (Silber).

L: Radde, Jürgen, Die außenpolitische Führungselite der DDR. 1976; Radde, Diplomat. Dienst. *Qu:* Hand. Publ. – IfZ.

Fischer, Hermann Oskar, geb. 12. Dez. 1895 Gräfenroda/Thür.; ev.; *V:* Friedrich F., Maurer; *M:* Dorothea, geb. Reuss; ∞ Erna Wahl (geb. 1896), Funktionärin *Arbeiter-Samariter-Bund* Oberfranken, Emigr., 1948 Vors. sozdem. Frauenclub Lottefors/S; *K:* Walter (geb. 1917), Emigr.; *StA:* deutsch, Apr. 1938 Ausbürg. mit Fam. *Weg:* 1935 CSR; 1939 N; 1940 S.

Mechaniker, 1916–18 Kriegsteiln., ab 1930 Schreibmaschinenmechaniker in Marktredwitz/Oberfr.; Mitgl. SPD u. *Reichsbanner;* Apr. 1933 u. Nov. 1933–Mai 1934 KL Dachau, anschl. illeg. Tätigkeit, März 1935 Flucht in die CSR, Nachrichtenmann für *Sopade*-Grenzarbeit in Eger, Sept. 1938 Kommandant der zur Abwehr einer dt. Invasion aufgestellten Freiwilligenkompanie Eger, anschl. nach Prag, Tätigkeit für sozdem. Flüchtlingshilfe, Jan. 1939 über Polen u. Danzig nach Oslo, mit → Paul Bromme Vors. SPD-Ortsgruppe, März 1939 Mitgr. u. Hauptkassier SPD-Landesgruppe Norwegen, Mitgr. *Sozialistische Arbeitsgemeinschaft* mit RSÖ, SAPD u. sudetendt. Sozdem.; Inh. einer Büromaschinenwerkstatt in Oslo. Apr. 1940 Flucht nach Schweden, Büromaschinenmechaniker in Lottefors, ab 1943 VorstMitgl. SPD-Ortsgruppe, Gegner einer ZusArb. mit KPD z.B. innerhalb des FDKB, enge Verb. zu → Fritz Ecker. Nach 1945 VorstMitgl. *Vereinigung deutscher Sozialdemokraten in Schweden.*

D: AsD. *Qu:* Arch. – IfZ.

Fischer, Julius, Dr. jur., Rechtsanwalt; geb. 10. Juni 1882, gest. 1943 (?) USA (?); *StA:* österr. *Weg:* 1939 (?) F; USA (?).

Mitgl. SDAP, MdL Niederösterr. u. Finanzref. der Gde. St. Pölten. Vermutl. 1939 Emigr. Frankr., anschl. USA (?). Wurde angebl. kurz vor seinem Tod mit der Abfassung einer Studie über Wohnungsbau-Kooperativen unter dem Gesichtspunkt der Wohnbedürfnisse amerikan. Fam. mit niederem Einkommen beauftragt.

L: Duggan, S./Drury, B., The Rescue of Science and Learning. 1948; Stadler, Spiegel. *Qu:* Arch. Publ. – IfZ.

Fischer, Karl, geb. 23. Sept. 1918, gest. 1. März 1963 Wien; *M:* Maria (1897–1962), 1938 Mitarb. der trotzkist. Org. *Gegen den Strom,* 1943 zu 5 J. Zuchth. verurteilt; *Weg:* 1938 F, B; 1940 F; 1944 Deutschland; 1945 Österr.

Handelsangest. in Wien, Mitgl. *Rote Falken,* später SAJDÖ; Herbst 1934 Mitgl. des illeg. KJVÖ, Deckn. Stefan. 1935 Gründungsmitgl. *Revolutionäre Kommunisten Österreichs* (RKÖ) um → Johann Schöffmann u. → Georg Scheuer, Mitarb. *Bolschewik.* Mai 1936 Ausschluß aus KJVÖ, Nov. 1936 Verhaftung, Aug. 1937 Mitangeklagter im Wiener Trotzkistenprozeß, Urteil 14 Mon., nach staatsanwaltschaftl. Revision 5 J. schwerer Kerker, Zuchth. Stein a.d. Donau (Urteilsaufhebung Juli 1959 durch OLG Wien abgelehnt). Febr. 1938 durch Schuschnigg-Amnestie befreit, Apr. 1938 über die Schweiz Emigr. nach Frankr., zunächst in Paris, anschl. in Lille/Nordfrankr., Mitarb. *Juniusbriefe* der RKÖ (→ Josef Hindels). Sept. 1938 neben G. Scheuer österr. Vertr. auf Gründungskonf. der *IV. Internationale* bei Paris, beide stimmten als einzige Deleg. gegen die ihrer Auffassung nach unzeitgemäße Gründung einer neuen rev. Weltpartei. Anschl. illeg. nach Belgien, ZusArb. mit → Franz Lederer, Deckn. Stern. 1940 bei dt. Vormarsch verhaftet, Dep. nach Frankr., Internierung in St. Cyprien, Flucht, nach Verhaftung erneut St. Cyprien, neuerliche Flucht, Sept. 1940 illeg. in Florensac bei Montpellier, neben F. Lederer u. Ignaz Duhl Autor u. Hg. der handschriftl. vervielfältigten illeg. Zs. *Der Marxist,* Distanzierung von Trotzkismus in *IV. Internationale* in Partei- u. Kriegsfrage; Herbst 1940 nach Montauban, Gelegenheitsarb., Febr. 1941 i.A. der Org., die sich nach Vereinigung mit Resten der *Internationalen Kommunisten Deutschlands* ab 1941 (?) *Revolutionäre Kommunisten Deutschlands* nannte, nach Lyon, Deckn. Emile Berger. Nach Besetzung Südfrankr. illeg. Propaganda unter dt. Besatzungstruppen, Anf. 1943 nach Grenoble in ital. besetzte Zone Frankr., maßgebl. Mitarb. an den illeg. Zs. *Spartakus* u. *Fraternisation prolétarienne,* später nach Marseille. Frühj. 1944 Verhaftung, Auslieferung an Gestapo, KL Buchenwald. 1945 bei Kriegsende Mitverf. *Manifest der Internationalistischen Kommunisten Buchenwalds* (von trotzkist. Seite später als *Manifest der Trotzkisten* ausgegeben). 1945 Rückkehr nach Österr., Mitgl. SPÖ, Angest. der Kammer für Arbeiter und Angestellte in Linz. Jan. 1947 angebl. aufgrund einer Denunziation durch KPÖ-Vertr. von sowj. Besatzungsmacht verschleppt, in der UdSSR Verurteilung zu 15 J. Zwangsarb.; 1955 nach Abschluß des Staatsvertrages Freilassung u. Rückkehr nach Österreich.

L: Dewar, Hugo, Assassins at Large. 1951; Widerstand 1; Wagner, Winfried, Trotzkismus in Österreich. Diss. phil. masch. 1976; M.E./Keller, Fritz, 40 Jahre „Trotzkistenprozesse" in Wien. In: Rotfront. Monatsztg. der Gruppe Revolutionäre Marxisten, 1977/8–9; Keller, Fritz, Gegen den Strom. 1978; ders., Biographie Karl Fischer (unveröffentl. Ms.). *Qu:* Arch. Biogr. Pers. Publ. – IfZ.

Fischer, Kurt, Staatsfunktionär; geb. 1. Juli 1900 Halle/S., gest. 20. Juli 1950 Kolberg/Sa.; *V:* Bergarb.; *StA:* deutsch. *Weg:* UdSSR, 1945 Deutschland (SBZ).

Lehrerausbildung; Mitgl. KPD. 1920 wegen Teiln. am mitteldt. Aufstand Seminarausschluß, Emigr. in die UdSSR; 1923 Lehrer an dt. Lehrerseminar. Nach Rückkehr KPD-Sekr. im Bez. Mecklenburg. Nach 1933 erneut Emigr. in die UdSSR; Lehrer, 1942–43 Doz. Univ. Kazan; Eintritt in Rote Armee, Tätigkeit im Geheimdienst; angebl. Absolvent MilAkad. M.V. Frunze, Moskau, später Red. Sender *Freies Deutschland* u. Mitgl. des inoffiziellen LtgOrgans des NKFD, *Institut Nr. 99.* Mai 1945 Rückkehr nach Dresden als Mitgl. der *Initiativ-Gruppe Anton Ackermann* (→ Anton Ackermann), Ernennung zum Bürgerm. von Dresden u. Anfang Juli zum Vizepräs. Landesverw. Sa.; ab 1946 MdL Sa., ab Dez. 1946 stellv. MinPräs. u. Innenmin. der ersten gewählten sächs. Reg.; Juli 1948 Berufung zum Präs. der Zentralverwaltung für Inneres (später Verw. der Deutschen Volkspolizei [DVP]), Nov. 1949 Chef der DVP. – *Ausz.:* Ehrenbürger Dresden, Dr. h.c. Univ. Halle.

L: Leonhard, Revolution; Gniffke, Erich W., Jahre mit Ulbricht. 1966; Moraw, Frank, Die Parole der „Einheit" und die Sozialdemokratie. 1973; Fischer, Deutschlandpolitik. *Qu:* Arch. Publ. – IfZ.

Fischer, Lena, Parteifunktionärin; geb. 1912; *StA:* deutsch. *Weg:* 1937 UdSSR; 1947 Deutschland (SBZ).

Korrespondentin, 1927 KJVD, 1930 KPD. Nach natsoz. Machtübernahme Oberinstrukteur des ZK des KJVD, 1934 Kooptierung ins ZK des KJVD, 1935 Verhaftung, Urteil 2 1/2 J. Zuchth., 1937 Austausch in die UdSSR. 1947 Rückkehr nach Deutschland (Berlin), Mitarb. Frauensekretariat beim PV der

SED, ab 1949 Vors. SED-Kreisltg. Köpenick u. Mitgl. des Sekretariats der SED-Landesltg. Berlin, ab 1950 Mitgl. ZK der SED, infolge ZK-Beschlusses vom 14. Mai 1953 Funktionsenthebung u. Parteiausschluß wegen angebl. Verrats von Parteigeheimnissen an Gestapo, später rehabilitiert.

Qu: Hand. Publ. Z. - IfZ.

Fischer, Leo, Rabbiner; geb. 4. Sept. 1908 Fürth/Bayern; *V:* Joseph F. (1872-1945), Kaufm.; *M:* Julie, geb. Adler (1875-1945); *G:* Arthur (geb. 1900); Lilly Fischer-Raphael (geb. 1901); Hugo (1903-1972); Alfred (geb. 1916); ∞ 1943 Rebecka Tikotzinsky (geb. 1912); *K:* Ruth Fischer-Shaya (geb. 1944); Eva (geb. 1947); *StA:* H, 1944 S. *Weg:* 1933 S.

Ab 1918 Mitgl., 1925-29 Jugendführer *Esra,* 1925-33 Mitgl. *Agudas Jisroel.* 1925-26 Stud. Talmudhochschule Nürnberg, 1929-30 Stud. jüd. Lehrerseminar Köln, Examen als Volksschullehrer, Religionslehrer. 1930-33 Lehrer, Prediger, Kantor jüd. Kultusgde. Westerburg, vergebl. Bemühen um dt. Staatsbürgerschaft; Sept. 1933 Emigr. Schweden, später zeitweilig Aufenthalt in Budapest bei Eltern. 1933-39 Lehrer, Prediger, Kantor jüd. Gde. Kalmar u. Malmö. 1953-62 Stud. Orientalistik u. Religionsgesch. Univ. Lund, (Fil. kand.), 1962 Rabbinerexamen; 1963-73 Rabbiner in Göteborg. 1952 Mitgl. *B'nai B'rith,* 1963 *Deutscher Verein Göteborg,* 1973 nach Pensionierung Übersiedlung GB. Lebte 1975 in London.

Qu: Arch. Fb. - RFJI.

Fischer, Otto, Politiker; geb. 30. Dez. 1901 Graz; Diss.; *G:* → Ernst Fischer; ∞ 1933 Graz, Dr. Philippine Bendiner (geb. 1906), RA, 1934-45 Emigr. UdSSR; *K:* Dr. Susanna Schwarz (1937-75), Ärztin; Dr. Franziska Smolka (geb. 1940), ÖGB-Ref.; *StA:* österr., 1934 Ausbürg., 1945 österr. *Weg:* 1934 CSR, UdSSR, 1945 Österr.

Realgymn. Graz, 1915-18 k.u.k. Marineakad. Braunau/Inn, anschl. Kadettenkurs in Pula, bis Juni 1919 Marinestabskompanie Graz. Ab 1920 GewMitgl. u. Mitgl. *Vereinigung Sozialistischer Studenten* Graz; 1921 SDAP; 1921- 33 Stud. Ing. TH Graz; ab 1927 Obmann des überregionalen *Verbands Sozialistischer Studenten Österreichs* in Graz; ab 1923 Mitgl. *Republikanischer Schutzbund.* 1932-34 Mitgl. Landesparteivert. Steiermark der SDAP u. Landesltr. *Sozialistische Jungfront.* Erschoß März 1933 beim Zusammenstoß zwischen Nationalsozialisten u. Jungfrontlern in Graz den SA-Mann Kristandl, Haftstrafe wegen Notwehrüberschreitung. Als cand.ing. Relegierung von der Univ.; Hg. illeg. Ztg. *Der rote Arbeiter.* 1934 während der Februarkämpfe einer der Schutzbundführer in Graz, schwere Verwundung u. Amputation des rechten Unterschenkels. Im Gefängnis Beitritt zur KPÖ. Juni 1934 auf Gelöbnis enthaftet, über die CSR Emigr. nach Moskau. 1934-40 wiss. Mitarb. Internat. Agrarinst. Moskau. 1936-40 Mitgl. des gewerkschaftl. Betriebskomitees. 1940-41 in Moskau, anschl. bis 1943 Evakuierung Taschkent, wiss. Mitarb. Histor. Inst. der Sowjetischen Akademie der Wissenschaften. Daneben Mitarb. versch. russ. Ztg. sowie der theoret. Zs. *Die Kommunistische Internationale.* 1943-45 Ltr. österr. Sektor der Antifa-Schule Krasnogorsk, verhinderte aus eigener Initiative Beitritt der Österreicher zum NKFD. Sept. 1945 Rückkehr nach Graz; 1945-49 MdL Steiermark, 1946-50 Landesparteisekr. KPÖ, 1946-65 ZK-Mitgl.; 1950 Übersiedlung nach Wien. Seit 1946 Mitgl. *Gewerkschaft der Privatangestellten;* Mitgl. *Bundesverband österreichischer Widerstandskämpfer und Opfer des Faschismus – KZ-Verband.* 1952-68 VorstMitgl. *Zentralverband der Sozialrentner* u. *Kinderland - Junge Garde.* Lebte 1977 in Wien.

W: u.a. Spaltung oder... Einheit aller Werktätigen? (Mitverf.) 1946. *L:* Frick, Karl, Umdenken hinter Stacheldraht. 1967; Fischer, Erinnerungen; Mayenburg, Blaues Blut; Vogelmann, Propaganda. *Qu:* Fb. Pers. Publ. - IfZ.

Fischer, Rudolf, Dr., geb. 1887, gest. (?) AUS; *StA:* österr. (?), CSR. *Weg:* 1938 (?) GB; AUS.

Lehrer, DSAP-Mitgl., Sekr. *Reichsvereinigung deutscher sozialdemokratischer Lehrer in der ČSR;* StadtVO. Aussig. Nach Abschluß des Münchner Abkommens nach GB, Lehrer, später nach Australien.

Qu: Pers. Arch. - IfZ.

Fischer, Ruth (urspr. Eisler, Elfriede), gesch. Friedländer, gesch. Golke, gesch. Pleuchot, Parteipolitikerin, Publizistin; geb. 11. Dez. 1895 Leipzig, gest. 13. März 1961 Paris; Diss.; *V:* Dr. phil. Rudolf E. (1873-1926), PhilosProf. in Wien; *M:* Ida Maria, geb. Fischer; *G:* → Gerhart Eisler; Hanns Eisler (1898-1962), Komponist, 1933 Emigr. in versch. Länder Westeuropas, 1935 UdSSR, 1937 E, 1938-1948 (Ausweisung) USA, 1948 Österr., 1949 (?) Berlin (Ost), Komponist DDR-Nat-Hymne; ∞ I. 1917 → Paul Friedländer, gesch. 1921; II. 1923 → Arthur Golke, Scheinehe zur Erlangung der dt. Staatsbürgerschaft; III. 1935 Saint-Denis, Edmond Pleuchot, Scheinehe zur Erlangung der franz. Staatsbürgerschaft; *K:* aus I. 1 S (geb. 1917), Mathematikprof. in GB; *StA:* österr., 1923 deutsch, 25. Aug. 1933 Ausbürg., 1935 F, später USA. *Weg:* 1933 F, 1940 E, Port., Cuba; 1941 USA; F.

Stud. Phil. u. NatÖkonomie in Wien. Nach Kriegsausbruch mit ihrem Mann u. ihrem Bruder Gerhart Eisler Gr. einer linksradikalen Studentengruppe, die während der Unruhen 1918/19 in Wien hervortrat; 3. Nov. 1919 Mitgr. KPÖ, Hg. *Der Weckruf* (später *Die Rote Fahne*), Red. *Die revolutionäre Proletarierin.* Ende 1919 nach Berlin, unter „nom de guerre" Ruth Fischer steiler Aufstieg in der KPD, linker Parteiflügel. 1920 Mitarb. *Die Internationale,* 1921 Ltr. Berliner Parteiorg., Wahl in den Zentralausschuß. Mit späterem Lebensgefährten → Arkadij Maslow Führung der linken Parteiopposition. 1924-28 MdR, radikal antiparlamentar. Haltung. Mai 1923 erneut Kooptation in Parteizentrale. Nach mißglücktem Aufstand Okt. 1923 bemüht, durch eine linke KPD-Führung die Parteiltg. unter → Heinrich Brandler abzulösen. Erhielt Apr. 1924 auf 11. PT die Mehrheit, danach mit Maslow u. Werner Scholem, nach Maslows Verhaftung de facto allein an der Spitze der KPD, 1924-25 Mitgl. PolBüro. Juni/Juli 1924 auf 5. Weltkongreß der *Komintern* als Kand. ins EKKI gewählt. Nach Abspaltung der Ultralinken (→ Arthur Rosenberg) u. taktischen wie personellen Konflikten mit *Komintern*-Führung erzwungene Abgabe der Macht an die Gruppe um Ernst Thälmann; 20. Aug. 1926 mit Maslow u. Anhängern Parteiausschluß. Versuchte danach, in Verb. mit Fraktionsbildung um Sinowjew innerh. der KPdSU die kommunist. Linksopposition zu sammeln, 1926 Mitgl. der neugebildeten Reichsltg. *Linke Opposition der KPD;* März 1928 Mitgr. *Lenin-Bund,* den sie nach Kehrtwendung Sinowjews verließ. 1929 nach ultralinker Wende der KPD vergebl. Versuch zum Wiedereintritt. Danach bis 1933 Pädagogin u. Sozialpflegerin in Berlin-Wedding. Nach natsoz. Machtübernahme mit Arkadij Maslow Flucht nach Frankr., in Berlin Plünderung ihres Hauses u. vorübergehende Geiselnahme des Sohnes durch SA. In Paris Mitgl. u. führende Vertr. *Gruppe Internationale,* Hg. *Mitteilungsblatt der Gruppe Internationale;* 1934 Zusammentreffen mit L. D. Trockij, ZusArb. mit Auslandskomitee der *Internationalen Kommunisten Deutschlands* in Paris (→ Erwin Ackerknecht), ab Frühj. 1935 Mitgl. Internationales Sekretariat der *Ligue Communiste Internationaliste,* Deckn. Dubois. Sommer 1936 Bruch mit Trotzkismus. Im Rahmen der Schauprozesse in der UdSSR in Abwesenheit verurteilt. Juni 1940 Flucht vor dt. Truppen nach Südfrankr., über Spanien u. Lissabon nach Kuba, dort 6 Mon. Wartezeit auf US-Einreisevisum, das Maslow verweigert wurde. In den USA wiss. u. publizist. aktiv mit leidenschaftlichem Engagement gegen die Politik des stalinist. Kommunismus. 1944/45 Red. *The Network,* 1946 Mithg. *International Correspondence;* i.A. der Harvard Univ. Hg. der Zs. *Die russische Staatspartei.* Später Rückkehr nach Paris. Reisen im Zusammenhang mit publizist. Tätigkeit, 1948-60 Mitarb. *Frankfurter Hefte.* Lehrauftrag École pratique des hautes études; arbeitete zuletzt an unvollendet geblieb. Maslow-Biographie.

W: u.a. Friedländer, Ruth, Ist Deutschösterreich reif zur Räterepublik? Rede auf dem 2. österreichischen Rätekongreß 30. Juni 1919. 1919; dies., Sexualethik u. Kommunismus. Eine prinzipielle Studie. 1920; Fischer, Ruth, Deutsche Kinderfibel (zus. mit → Friedrich Heilmann); dies., Stalin and German Communism. 1948 (dt.: Stalin und der deutsche Kommunismus, o.J.); dies., Von Lenin zu Mao in der Bandung-Ära. 1956; dies., Die Umformung der Sowjetgesellschaft. Chronik der Reformen 1953-58. 1958. *L:* Weber, Wandlung; Hautmann, KPÖ; Broué, Pierre, Trotsky - La révolution espagnole. 1973; Zimmermann, Leninbund; Alles, Trotzkisten; Reisberg, KPÖ. *Qu:* Arch. Hand. Publ. - IfZ.

Fischer, Walter, Dr. med., Arzt; geb. 6. Jan. 1901 St. Pölten/Niederösterr., gest. 28. Apr. 1978 Wien; Diss.; *G:* → Ernst Fischer; ∞ 1927 Wien, Magda Schacherl (geb. 1904), 1935-45 Emigr. UdSSR; *StA:* österr., 1935 Ausbürg., 1941 UdSSR, 1945 österr. *Weg:* 1935 UdSSR; 1936 E; 1939 F, UdSSR; 1945 Österr.

Schule in Graz, ab 1919 Stud. Med. Graz, 1926 Prom., 1920 SDAP sowie *Vereinigung Sozialistischer Studenten* Graz, 1921-23 Obmann; nach Grdg. des überregionalen *Verbands Sozialistischer Studenten Österreichs* (VSStÖ) Mitgl. VSStÖ. 1922-23 neben dem Stud. Red. *Arbeiterwille* Graz, 1923-24 Angest. *Österreichischer Verband für Siedlungs- und Kleingartenwesen* in Wien, Arb. als Erzieher in Ferienheimen des *Reichsvereins Kinderfreunde*. Zeitw. Ref. in Schulungskursen der steir. Arbeiterkammer. 1926-31 Sekundararzt Krankenhaus der Stadt Wien, 1927-34 VorstMitgl. *Verein der sozialdemokratischen Ärzte* Wien; Mitgl. *Republikanischer Schutzbund* als RgtArzt. 1931-34 Sprengelarzt Arbeiterkrankenkasse Wien. 1934 Teiln. an den Februarkämpfen am Laaer Berg, Verhaftung, Verurteilung zu 6 Mon. Kerker, Beitritt zur KPÖ, anschl. an Haft 4 Mon. KL Wöllersdorf, dort Aufbau einer kommunist. Schulungsgruppe. Jan. 1935 Emigr. Moskau, Arzt im Moskauer Klara-Zetkin-Entbindungsheim, dann in einem Dorfkrankenhaus in der Wolgadeutschen ASSR. Ab Nov. 1936 Teiln. Span. Bürgerkrieg, Deckn. Dr. Alexander Langer. Zunächst kurzfristig Arzt im Frontkrankenhaus der XI. Internat. Brigade, anschl. Chefarzt XV. Internat. Brigade, ab Herbst 1937 als Major Chefarzt in der Basis der Internat. Brigaden in Albacete. Ab Mai 1938 Chefarzt 3. span. Div. am Ebro. Nach formeller Demobilisierung der Internat. Brigaden Kriegskommissar im OffzBtl. der Jan. 1939 kurzfristig erneut formierten XI. Internat. Brigade. Anfang 1939 nach endgültiger Niederlage der republikan. Truppen illeg. Grenzübertritt nach Frankr., Anerkennung als „ex-autrichien" u. pol. Flüchtling, Mai Rückkehr in die UdSSR. Sommer 1939 mit Aufbau einer Österr.-Sendung im Rahmen der dt.-sprachigen Sendungen von *Radio Moskau* beauftragt; nach Absetzung dieses Plans aufgrund des dt.-sowj. Pakts Verbleib in der dt. Red. als Bearbeiter der sog. Intelligenzsendung. Aug. 1941 nach dt. Angriff auf die UdSSR Evakuierung nach Sverdlovsk, dort Aufbau u. Ltg. der dt.-sprachigen Sendestation. Febr. 1942 Rückkehr nach Moskau, bei *Radio Moskau* zeitw. provis. Ltr. der dt. Sendungen u. ab Juni Chefred. des neueingerichteten offiziellen Senders *Radio Moskau für Österreich*. Ende 1945 Rückkehr nach Österr.; 1946-51 BezObmann der KPÖ in Wien. 1950-51 Landesobmann *Österreichisch-Sowjetische Gesellschaft* in Niederösterr., 1950-64 ZK-Mitgl. der KPÖ, 1951-56 Ltr. Agrarabt. des ZK, 1956-58 Landesobmann Steiermark der KPÖ, 1959-68 Red. *Der kleine Landwirt* u. Ltr. schulpol. Kommission des ZK der KPÖ. Herbst 1972 im Gefolge der Auseinandersetzungen um Intervention der Warschauer-Pakt-Staaten in der CSSR KPÖ-Austritt. Ab 1966 RedMitgl. *Tagebuch* bzw. *Wiener Tagebuch* (→ Franz Marek). - *Ausz.:* Goldene Spanienkämpfermed. des ital. Partisanenverbandes.

W: Zahlr. Übers. moderner russ. Lyriker; Kurze Geschichten aus einem langen Leben. (Erinn., unveröffentl. Ms. DÖW). *L:* Fischer, Erinnerungen; Mayenburg, Blaues Blut; DBMOI; Vogelmann, Propaganda. *D:* DÖW. *Qu:* Arch. Erinn. Fb. Pers. Publ. - IfZ.

Fischer, Walter, Journalist; geb. 15. Nov. 1905 Wilkau/Sa.; Diss.; *V:* Josef F., Maschinenmeister; *M:* Mathilde F.; *G:* 2 B, 2 S; ∞ Yvonne Ducalair; *K:* 2; *StA:* deutsch, 28. Apr. 1937 Ausbürg., deutsch. *Weg:* 1936 CSR; 1938 N; 1940 GB, CDN; 1941 (?) GB; 1946 Deutschland (ABZ).

Schlosser- u. Elektrikerlehre, Technikum. 1921 Mitgl. SAJ, Funktionär; 1922 SPD, 1931 SAPD, Mitgl. BezLtg. Südwest-Sachsen. 1926-33 Mitarb. *Volksblatt* Zwickau. Nach natsoz. Machtübernahme illeg. pol. Arbeit; 1936 vor drohender Verhaftung Flucht in die CSR, dort Mitarb. *Volkswille* Karlsbad, *Prager Tagblatt* u. *Glückauf* Teplitz-Schönau. 1938 nach Norwegen, journ. tätig, Mitarb. u.a. *Bergens Tidningen,* innerh. der SAPD-Emigr. ZusArb. u.a. mit → Willy Brandt. 1940 nach Angriff auf Norwegen Emigr. nach GB, 1940-41 Internierung in Kanada; ab 1942 in GB bei Political Intelligence Department tätig. Mitgl. des pol. Büros der Exil-SAPD, Bemühung um Aufbau einer sozialist. Einheitspartei auf der Basis der *Union,* Mitgl. der Apr.-Aug. 1943 arbeitenden Kommissionen zur Ausarbeitung eines entsprechenden Aktionsprogramms u. Mitunterz. der SAPD-Erklärung zur Grdg. einer sozdem. Einheitspartei v. 2. Dez. 1945. 1946 Rückkehr nach Deutschland, Lizenzträger u. Chefred. *Fränkische Presse* Bayreuth, später Verleger u. Chefred. *Nordbayerischer Kurier* ebd.; VorstMitgl. *Verband Bayrischer Zeitungsverleger*. Lebte 1976 in Bayreuth.

W: Is the German Working Class Guilty? (Mitverf.). Hg. Auslandsleitung der SAPD. London 1943. *L:* Röder, Großbritannien. *Qu:* Arch. Fb. Hand. Pers. Publ. - IfZ.

Fischer, Werner. *Weg:* GB.
KPD-Mitgl. In GB ab 1941 mit → Horst Brasch Vors. FDJ, bis Aug. 1943 Chefred. *Freie Tribüne* London, Mitgl. ArbAusschuß FDB, Vors. dt. Deleg. bei *International Youth Council in Great Britain* u. Mitgl. *Weltjugendrat*.

L: Duhnke, KPD; Röder, Großbritannien. *Qu:* Arch. Publ. - IfZ.

Fischer, Zyrill (Cyrill, urspr. Fischer, Johann), OFM, Ordenspriester, Publizist; geb. 12. Juli 1892 Schwarzenberg/Oberösterr., gest. 11. Mai 1945 Santa Barbara/Calif.; kath.; *StA:* österr., Ausbürg. (?). *Weg:* 1938 H; USA.

1910 Eintritt in Franziskanerorden in Pupping b. Eferding/Oberösterr., 1918 Priesterweihe, 1920-23 Aushilfspater in Enns - St. Valentin/Oberösterr.; 1923-24 Stud. Soziologie Innsbruck. 1924 nach Wien, Mitarb. vor Kardinal Friedrich Gustav Piffl in der kath. Schul- u. Erziehungsorg. Wandte sich insbes. gegen die sozdem. *Kinderfreunde*-Bewegung u. koedukative Erziehungsversuche in Österr. u. bezog ab Beginn der 30er Jahre Stellung gegen den Natsoz. Ab 1934 Mitarb. *Der Christliche Ständestaat* unter → Dietrich v. Hildebrand. März 1938 unmittelbar nach Anschluß Österr. Flucht nach Ungarn, später über Italien, die Schweiz u. Frankr. in die USA; zunächst in Franziskaner-Ordensprov. Cincinnati/O., später Alte Mission in Santa Barbara/Calif. Nahm in den USA den Namen Frank Shields an. Verb. mit legitimist. u. konservativ-bürgerl. Emigr.-Gruppen in den USA, eng befreundet mit Franz Werfel.

W: Kelle und Schwert. 1925; Sozialistische Erziehung. 1926; Die Kinderfreundebewegung in Deutschland. 1929; Kinderfreunde und Rote Falken. 1929; Die proletarischen Freidenker. 1930; Die Nazisozi. 1932; Die Hakenkreuzler. 1932; Wie sieht der Katholik das jüdische Volk? 1935; *L:* Braun, R., Ein Kämpfer der Feder. In: Die Furche, 3. 8. 1946; Gulick, Österreich; Ebneth, Ständestaat. *Qu:* Arch. Hand. Pers. Publ. - IfZ.

Fischl, Hans, Dr. phil., Pädagoge; geb. 16. Juli 1884 Wien, gest. 4. Juli 1965 Wien; *V:* Julius F., Kaufm.; *M:* geb. Kessler; *StA:* österr., Ausbürg. (?). *Weg:* 1941 (?) Kuba; USA; 1946 Österr.

Ab 1902 Stud. klass. Philologie Wien, 1906 Prom., 1907 Lehramtsprüfung, ab 1908 Gymnasiallehrer in Wien. Mitgl. SDAP. 1919-32 Mitgl. der Reform-Abt. des Unterrichtsministeriums, neben → Carl Furtmüller u.a. enger Mitarb. von Otto Glöckel bei Durchführung der Schulreform in Österr.; 1932-34

Mitgl. Stadtschulrat für Wien. 1934 nach den Februarkämpfen Zwangspensionierung. ZusArb. mit illeg. RSÖ, Mitarb. *Der Kampf* Brünn, Ps. Franz Morhofer. 1941 unmittelbar vor drohender Verhaftung Flucht nach Kuba, anschl. USA. Mitarb. *Voice of America* im Abhördienst fremdsprachiger Rundfunksendungen. Ab 1943 Mitgl. eines Ausschusses der österr. Sozialisten in New York zur Planung des künftigen Ausbildungswesens in Österr. - 1946 Rückkehr nach Wien, Mitgl. SPÖ; 1946-49 Amtsltr. u. ökon.-administrat. Ref. im Stadtschulrat für Wien. 1949 Pensionierung, weiterhin ehrenamtl. Mitarb. Stadtschulrat für Wien. Mitgl. Österreichische UNESCO-Kommission. - *Ausz.:* 1922 Hofrat.

W: u.a. Sieben Jahre Schulreform in Österreich. 1926; Wesen und Werden der Schulreform in Österreich. 1929; Schulreform, Demokratie und Österreich 1918-1950. 1950; Warum allgemeine Mittelschule? 1952. *L:* DBMOI; Maimann, Politik. *D:* VfGdA. *Qu:* Arch. Hand. Publ. Z. - IfZ.

Fisher (bis 1944 Fischer), **Paul**, Dr. jur., Wirtschaftsexperte; geb. 9. Juli 1908 Wien; jüd.; *V:* Ernst F. (geb. 1878 Olmütz, gest. 1940 Wien), jüd., Geschäftsm.; *M:* Irma, geb. Loebl (geb. 1882 Prag, gest. 1956 Washington/D.C.), jüd., Emigr. GB, Haushaltshilfe, Fabrikarb., Schneiderin, später USA, Stud. Univ. Minn., Bibliothekarin; *StA:* österr., 1944 USA. *Weg:* 1938 USA.

1925-27 Stud. Paris u. Alte Wiener Handelsakademie, 1930 Prom. Univ. Wien, 1930-38 RA-Konzipient u. 1934-38 wiss. Assist. Univ. Wien für ArbRecht u. Sozialversicherung bei Arthur Lenhoff, 1935-38 Strafverteidiger. Mitgl. Jugendgruppe *B'nai B'rith, Blau-Weiß*. Nach dem Anschluß Österreichs Berufsverbot, zeitw. in Haft. Aug. 1938 Emigr. USA, Fremdsprachenkorr. u. Vertr. bei Import-Exportfirma; 1941 Stipendiat Oberlaender-Stiftung; 1943-46 Assist. Prof. Clark Univ. Worcester/Mass., 1946-50 Dartmouth Coll./N.H., 1950 Stipendiat des US-Außenmin. u. des Soc. Science Research Council zum Stud. der Betriebsratsgesetzgebung in Deutschland u. Frankr.; 1951-60 wirtschaftswiss. Sachverständiger für ArbRecht Office of Labor Affairs der FAO, Mutual Security Admin. u. Econ. Coop. Admin.; 1961 Wirtschaftsexperte Planungsgruppe Nord-Ost-Brasilien der USAID; 1962 US-Deleg. im UN-Ausschuß für Wirtschaftspolitik in Bangkok. 1962-63 stellv. Ltr. der Abt. Planungsunterstützung, Program Coordinating Staff, AID. Ab 1963 Mitarb. Inst. für angewandte Sozialforschung, Columbia Univ., ab 1964 Ltr. internat. Abt. der Soc. Security Admin., Washington/D.C., 1966 Berater US-Deleg. u. Vors. Sozialversicherungsausschuß der 8. Am. States Conference der ILO in Ottawa/Kanada. 1968-69 Wirtschaftsexperte ILO Genf. 1973-74 u. 1977 Entwicklungsberater der Harvard Univ. für Probleme der Sozialversicherung in Korea. Doz. an versch. US-Univ. u. am Industrial Coll. of the Armed Forces, beim Econ. Development Inst. der Internat. Bank for Reconstruction and Development u. im Foreign Service Inst. des US-Außenmin.; Mitgl. *Am. Econ. Assn., Industrial Relations Research Assn., Am. Arbitration Assn., Internat. Assn. for Labor and Soc. Legislation*. Lebte 1977 in Washington/D.C.

Qu: Fb. Hand. - RFJI.

Fladung, Hans (Johann), Parteifunktionär, Publizist; geb. 12. Febr. 1898 Frankfurt/M.; Diss.; *V:* Georg F., Bildhauer; *M:* Auguste, geb. Ahlers; ∞ I. 1922, II. 1960 Klara Krösche; *K:* 2. *Weg:* 1938 CH, GB; 1946 Deutschland (BBZ).

Kunstschmiedelehre; ab 1913 Mitgl. Arbeiterjugend. 1917 Kriegsteiln., nach dem Krieg USPD, 1920 Deleg. Vereinigungs-PT u. Mitgl. KPD. 1924 hauptamtl. Funktionär u. GewSekr. BezLtg. Pommern. Dez. 1924-1933 MdL Preußen. 1925 Funktionär KPD-Bez. Niederrhein. 1927 Agitprop-Sekr., ab 1931 OrgLtr., 1928-33 StadtVO. Düsseldorf. 1933 illeg. Tätigkeit (Deckn. Diesing), 9. Nov. 1933 Verhaftung, im Columbia-Haus Berlin von Gestapo schwer mißhandelt, vorüberg. KL Oranienburg, VGH-Urteil 2 1/2 J. Zuchth. (1. Ehefrau 1/2 J. Gef.). 1938 Emigr. über die Schweiz nach GB. Führende Funktionen in KPD, Mitgr. FDKB, später dessen Vors.; 1943 Mitgl. FDB, Mitgl. Arbeitsausschuß. 1946 Gr. Progreß-Verlag Düsseldorf, Hg. Zs. *Heute und Morgen*. 1948 FDKB-Sekr. Düsseldorf, 1951-58 Bundessekr. Wegen des Versuchs, den FDKB nach KPD-Verbot weiterzuführen, vor dem LG Düsseldorf Anklage wegen „Staatsgefährdung". Der Prozeß, der in GB Aufsehen erregte u. gegen den Bertrand Russel protestierte, wurde Jan. 1964 wegen Verhandlungsunfähigkeit des Angeklagten abgesetzt. Lebte 1976 in Gunderhausen b. Darmstadt. - *Ausz.:* 1964 Dr. h.c. Univ. Jena.

L: Baukloh, F., Der Fall Hans Fladung. In: Frankfurter Hefte, H. 4, Apr. 1964; Röder, Großbritannien. *D:* IfZ. *Qu:* Arch. Hand. Publ. Z. - IfZ.

Flatow, Georg, Dr. jur., Ministerialbeamter; geb. 2. Nov. 1889 Berlin, umgek. Okt. 1944 KL Auschwitz; jüd.; *V:* Robert F., Kaufm.; *M:* Minna, geb. Goldberg; ∞ Hedwig Wiener (gest. 1944); *K:* Ilse; *StA:* deutsch. *Weg:* 1939 NL; Deutschland.

Ab 1908 Stud. Rechtswiss. Berlin, München, 1915 Prom. Heidelberg. 1920 RegRat ReichsarbMin., 1923-33 im Preuß. Min. für Handel u. Gewerbe, ab 1927 MinRat, Experte für Arbeitsrecht, Berufung als ao. Prof. an die Univ. Berlin durch natsoz. Machtübernahme vereitelt. 1938 KL Sachsenhausen, 1939 Emigr. nach Amsterdam, Tätigkeit in Flüchtlingshilfe. Nach dt. Besetzung deportiert.

W: u.a. Die sozial-politischen Errungenschaften der Revolution. 1919; Kommentar zum Betriebsrätegesetz (zus. mit Otto Kahn-Freund). 1920, 3. Aufl. 1931; Betriebsvereinbarung und Arbeitsordnung. 1923; Kommentar zum Arbeitsgerichtsgesetz (zus. mit Richard Joachim). 1928; Entscheidungen des Reichsarbeitsgerichts und der Landesarbeitsgerichte (Hg.). 1928. *Qu:* EGL. Hand. - IfZ.

Flegenheimer, Albert, Fabrikant; geb. 4. Juli 1890 Schwäbisch-Hall, gest. 16. Dez. 1972 New York; jüd.; *V:* Samuel F.; *M:* Lisette, geb. Rothschild; ∞ 1920 Helen Stern; *K:* Ruth Herzog; → Ernest Flegenheimer; *StA:* 1943 USA. *Weg:* 1937 I; 1939 CDN; 1941 USA.

1905-07 Lehre in Karlsruhe, bis 1937 versch. Stellungen in der Zuckerindustrie in Deutschland, Italien, Rumänien, Bulgarien, VorstMitgl. Süddeutsche Zucker AG Mannheim, 1937 Rücktritt u. Übertragung seines Aktienanteils an Süddeutsche Zucker AG. 1937 Emigr. Italien, 1939 Kanada, Aufbau einer Rübenzuckerfabrik in Manitoba, 1941 in die USA, 1941-48 Präs. Waverly Sugar Co. in Waverly/Iowa, 1952-57 Menominee Sugar Co. Green Bay/Wisc., 1961-63 Dir. u. 1963-72 Vors. Michigan Sugar Co. Saginaw/Mich.

Qu: Hand. HGR. Pers. Publ. - RFJI.

Flegenheimer, Ernest, Fabrikant; geb. 30. Jan. 1927 Zürich; jüd., später ev.; *V:* → Albert Flegenheimer; ∞ 1952 Marjorie McGinn, ev., *K:* Ellen, Lauren, Eric John, Mark Steven; *StA:* 1943 USA. *Weg:* 1937 I; 1939 CDN; 1942 USA.

1946-48 Stud. New York Univ., 1948-49 Middlebury Coll. Vermont, 1949-50 Univ. Grenoble/Frankr.; 1950-51 bei Import-Exportgeschäft Domestic Concentrates Inc. New York, 1954-62 bei Menominee Sugar Co. Green Bay/Wisc., 1962-63 Zuckergroßhandlung Bend Southhall McBratnic Co. Green Bay/Wisc., ab 1963 Präs., VorstMitgl. u. Dir. Michigan Sugar Co. Saginaw/Mich., zugl. Dir. Second Nat. Bank of Saginaw, AR-Mitgl. International Sugar Research Foundation, AR-Vors. *Farmers and Manufacturers Beet Sugar Assn.*, Treuhänder *US Beet Sugar Assn.* Lebte 1977 in Saginaw/Mich.

Qu: Hand. HGR. Pers. Publ. - RFJI.

Fleischer, Anton, Parteifunktionär; geb. 4. Aug. 1909 Langengrün b. Luditz/Böhmen; *StA:* österr., 1919 CSR, N (?). *Weg:* 1938 (?) N.

Sekr. *Verband der Kleinbauern und Häusler* u. DSAP-Funktionär. Emigr. nach Norwegen, TG-Mitgl. Lebte 1977 in Bekkestua b. Oslo.

Qu: Pers. - IfZ.

Fleischmann, Moritz, Pelzhändler, Verbandsfunktionär; geb. 2. Juni 1889 Wien; jüd.; *V:* David F.; *M:* Catherine Buchwald; ∞ 1922 Stella Milhofer; *K:* Harry. *Weg:* 1939 GB.

1906 Stud. Handelsakad. Wien, 1913 Diplom Sorbonne Paris; 1920 VorstMitgl. isr. Kultusgde.; nach 1922 Inh. Moritz Fleischmann Pelzhandelsges. Wien, VorstMitgl. Pelzhändlervereinigung *Vedepo*, 1926 Vors. *Unterstützungsfonds der Pelzhändler,* Mitgl. u. 1929-38 Vizepräs. *Hort Loge* Wien, Mitgl. zion. Landeskomitee Österr., 1920 Vizepräs. KKL. 1939 Emigr. GB, Gr. u. Inh. Pelzfirma M. Fleischmann London, Grundstücksmakler; 1941 Mitgl. AJR, 1941 Gr. u. Vors. *Jacob Ehrlich Society* London, 1942 Ausschußmitgl. J.N.F. GB, 1943 Präs. *Chayes Soc.,* 1945 Mitgl. *Board of Deputies of Brit. Jews,* VorstMitgl. *Joint Palestine Appeal, Eretz Israel* u. *Aliens Committee,* 1951 Präs. *St. John's Wood* u. *Maida Vale Zion. Soc.,* Mitgl. *B'nai B'rith,* seit 1958 Ehrenpräs. *World Org. of Jew. Nazi Victims from Austria.* 1961 Zeuge im Eichmann-Prozeß in Jerusalem.

Qu: Hand. - RFJI.

Flieg, Leo (Leopold), Parteifunktionär; geb. 5. Nov. 1893 Berlin, gest. 1939 UdSSR; *StA:* deutsch, 27. Okt. 1937 Ausbürg. *Weg:* 1934 F; 1937 UdSSR.

Entstammte einer im Holokaust umgekommenen jüd. Fam. in Berlin. Kaufm. Angest., ab 1908 in der sozialist. Jugendbewegung organisiert. Teiln. 1. WK, schloß sich der *Spartakus*-Gruppe an, seit Parteigrdg. KPD-Mitgl.; 1918 Sekr. von Leo Jogiches; Mitgl. u. OrgSekr. der FSJ, mit → Willi Münzenberg Org. der internat. kommunistischen Jugendbewegung, Nov. 1919 Teiln. KJI-Gründungskonf. in Berlin, bis 1922 Mitgl. des Exekutivkomitees; 1922-32 trotz wechselnder Führung Inh. der Schlüsselposition des Sekr. des ZK-OrgBüros; einer der führenden Köpfe der konspirativen u. illeg. Parteiarbeit, VerbMann zum *Komintern*-Apparat (OMS), 1923-35 Ltr. der Paßzentrale; 1927 u. 1929 Wahl ins ZK, 1929 auch Mitgl. des PolBüros, 1928 auf 6. Kongreß der *Komintern* Berufung in die Internationale Kontrollkommission; 1924-33 MdL Preußen; 1932 aufgrund Zugehörigkeit zur Gruppe um → Heinz Neumann Verlust der wichtigsten Parteiämter, danach vorübergehend als Mitarb. des EKKI in Moskau; Anfang 1934 nach Frankr. Im Exil mit der wichtigen Funktion eines techn. Sekr. u. Hauptkassierers des PolBüros betraut, Aufenthalte u.a. im Saargeb. u. der CSR; Deckn. Alfons; auf der sog. Brüsseler Konf. der KPD Okt. 1935 bei Moskau erneute Wahl ins ZK. Ostern 1937 auf *Komintern*-Befehl von Frankr. nach Moskau. Dort Ausschluß aus dem ZK, 1939 Opfer der Säuberungen. - Weiterer Deckn. Adolf Lauffer.

L: Dallin, Sowjetspionage; Groß, Münzenberg; Weber, Wandlung; Duhnke, KPD. *Qu:* Arch. Hand. Publ. - IfZ.

Fliess, Heinz, Dr. med., Arzt; geb. 12. Aug. 1909; ∞ Sheila Padfield; *StA:* deutsch, Ausbürg., 1958 CH; *Weg:* CH.

Stud. Medizin u. Psychologie. Mitgl. SAJ. Nach natsoz. Machtübernahme Emigr. in die Schweiz. 1945 als Nachfolger von → Oswald Zienau Mitgl. der Provis. Landesltg., ab Mai 1945 der legalen Ltg. der BFD in der Schweiz; organisierte 1945 die Zusammenarb. mit der *Centrale Sanitaire Suisse* für Hilfsaktionen für Deutschland. Lebte 1978 in Zürich.

L: Bergmann, Schweiz; Teubner, Schweiz. *Qu:* Arch. Publ. - IfZ.

Fliess, Walter, Parteifunktionär, Kommunalpolitiker; geb. 31. Dez. 1901 Großmühlingen/Anhalt; o.K.; *V:* Josef F. (1868-1934), jüd.; *M:* Hedwig, geb. Obermeyer (1875-1958), jüd.; *G:* Paul (geb. 1898), Hans (geb. 1904); ∞ Jenny Marwilski (1901-1969); *K:* Sonia Nora Wood (geb. 1926); *StA:* deutsch, 22. Mai 1934 Ausbürg. mit Fam., 1947 GB. *Weg:* 1933 NL; 1934 GB; 1940 AUS; 1941 GB.

Nach Lehrzeit 1921-23 Höhere Maschinenbauschule Magdeburg, anschl. Ingenieur. U.a. Beschäftigung bei Rüstungsdemontage der interalliierten Kontrollkommission. Aktiv in sozdem. Jugendorg., 1925 BezLtr. Oberrhein der *Jungsozialistischen Vereinigung.* Führender Funktionär des *Internationalen Jugend-Bunds* u. ISK (→ Willi Eichler), Mitgr. der ISK-Parteiorg. u. deren Gebietsobmann Raum Köln. Mitarb. des Organs des *Vereins für Freidenkertum und Feuerbestattung* u. des theoret. Parteiorgans *isk.* Nach natsoz. Machtübernahme in der Illegalität, Dez. 1933 Flucht nach Holland, von dort 1. Jan. 1934 nach GB. In London betrieb F. mit seiner Frau 1934-57 eine vegetarische Gaststätte. 1940-41 Internierung in Australien. Mitgl. der Beratungskommission der *Landesgruppe deutscher Gewerkschafter in Großbritannien* (LG), einer der ISK-Sprecher für Wirtschaftsfragen. Ab 1942 Teiln. an Diskussion u. Planung einer sozdem. Einheitspartei im Rahmen der *Union,* Mitgl. der Arbeitsgemeinschaft Wirtschaft der LG zur Vorbereitung des gewerkschaftl. Neuaufbaus. Mithg. des gewerkschaftl. Deutschlandprogramms v. Frühj. 1945. 1943-45 Mitarb. Radiosender *Freies Europa.* 1947-48 Ltr. der Abt. German Organisations bei der brit. Militärverw. in Minden/Westf. 1948-50 für das Foreign Office als Berater beim Bipartite Economic Control Office in Frankfurt/M. 1957-60 Mitgl. Middlesex County Council. 1963-70 VorstMitgl. *Labour Party* London u. Vors. Pol. Bildungsausschuß. Lebte 1976 in Great Bookham/Surrey.

W: Die Wirtschaft im neuen Europa. Hg. ISK. London o.J. (1943, engl. Übers. The Economic Reconstruction of Europe. 1944); L'economia dell'Europa federata. Hg. Partito Socialista Svizzero. Zürich 1944; Die neue deutsche Gewerkschaftsbewegung. Programmvorschläge für einen einheitlichen Gewerkschaftsbund (Mitverf.). London 1945; Betrachtungen über deutschen Finanzreform (zus. mit Dr. E.F. Schumacher, verfaßt i.A. der *Union deutscher sozialistischer Organisationen in Großbritannien).* London (Sander) 1945; Probleme des öffentlichen Dienstes in England. 1950. *L:* Link, ISK; Röder, Großbritannien. *Qu:* Arch. Pers. Publ. - IfZ.

Flohr, Gustav, Parteifunktionär; geb. 21. Nov. 1895 Remscheid, gest. Jan. 1965 Remscheid; Diss.; ∞ Elly (geb. 1898); *K:* Elly (geb. 1920); *StA:* deutsch, 14. Juli 1938 Ausbürg. mit Fam. *Weg:* 1936 NL; E; F; nach 1945 Deutschland.

Klempner, KPD-Funktionär. Nov. 1932-März 1933 MdR. Mitgl. Reichsltg. des *Kampfbundes gegen den Faschismus.* Nach natsoz. Machtübernahme illeg. Tätigkeit, Verurteilung u. Strafverbüßung. Danach 1936 Flucht in die Niederlande. Teiln. Span. Bürgerkrieg. Im 2. WK in der franz. Résistance, Capitaine u. 1944 Kommandeur 8. Btl. der Maquis-Einheit Jean Pierson (Deckn. Tom Munier). Nach Kriegsende Rückkehr nach Deutschland.

L: Pech, Résistance. *Qu:* Arch. Hand. Publ. - IfZ.

Florin, Peter, Partei- u. Staatsfunktionär, Diplomat; geb. 2. Okt. 1921 Köln; *V:* → Wilhelm Florin; ∞ Edel Mirowa, Prof. für sowj. Lit. Humboldt-Univ. Berlin (Ost); *StA:* deutsch, 1. Febr. 1937 Ausbürg., deutsch. *Weg:* 1933 NL; F; 1935 UdSSR; 1945 Deutschland (SBZ).

Oberrealschule, 1933 Emigr. über Holland nach Frankr., 1935 UdSSR. Mitgl. *Komsomol,* KPdSU (?); Karl-Liebknecht-Schule, Stud. Hochschule für Chemie Moskau (Dipl.-Ing.), 1942 *Komintern*-Schule Kušnarenkovo, ab 1943 Mitgl. RedKollegium *Freies Deutschland* Moskau u. Mitarb. *Radio Moskau,* ab März 1943 Mitgl. ArbGruppe für Jugendfragen beim PolBüro des ZK der KPD. Mai 1945 Rückkehr nach Dresden mit *Gruppe* → *Anton Ackermann,* stellv. Landrat Kr. Wittenberg, 1945-46 Chefred. KPD-BezOrgan *Volkszeitung* u. 1946-48 SED-BezOrgan *Freiheit* Halle, 1948-49 Stud. Univ. Leipzig, 1949-52 Ltr. Hauptabt. Befreundete Staaten im MfAA, ab 1953 MdVK (1954-63 Vors., 1963-67 stellv. Vors. u. 1967-71 Mitgl. Ausschuß für Auswärtige Angel.), 1953-66 Ltr. ZK-Abt. Internat. Verbindungen, ab 1953 Mitgl. Zentralvorst. *Gesellschaft für Deutsch-Sowjetische Freundschaft* (GDSF), 1954-58 Kand. u. ab 1958 Mitgl. ZK der SED, ab 1960 Mitgl. *Komitee für die Solidarität mit den Völkern Afrikas,* ab 1961 PräsMitgl. *Deutsch-Afrikanische Gesellschaft,* 1967-69 Botschafter in der CSSR, 1969-73 Staatssekr. u. 1. stellv. Min. für Auswärtige Angel., ab Sept. 1973 stellv. Min. für Auswärtige Angel. u. Ständiger Vertr. der DDR bei UN. Lebte 1977 in New York u. Berlin (Ost). - *Ausz.:* 1944 Orden des Roten Sterns (UdSSR), 1956 VVO (Silber), 1958 Med. für Kämpfer gegen den Faschismus 1933-1945, 1959 Ehrenzeichen der GDSF (Gold) u. Arthur-Becker-Med. (Gold), 1965 Banner der Arbeit, 1970 VVO (Gold) u. Orden des Vaterländ. Krieges 1. Grades (UdSSR), 1971 Ehrenspange zum VVO (Gold).

W: Zur Außenpolitik der souveränen sozialistischen DDR. 1967; zahlr. Zs.-Aufs. *L:* Jahnke, Anteil; Dasbach-Mallinckrodt, Anita, Wer macht die Außenpolitik der DDR? 1972; Radde, Diplomat. Dienst. *Qu:* Hand. Publ. Z. - IfZ.

Florin, Wilhelm, Politiker; geb. 16. März 1894 Köln, gest. 5. Juli 1944 Moskau; Diss.; ∞ Therese (geb. 1902), 1922 KPD, Emigr. wie Ehemann; nach Rückkehr 1945 hauptamtl. Mitarb. ZK der KPD/SED u. stellv. Vors. DFB, Ausz.: u.a. 1962 VVO (Silber), 1967 Banner der Arbeit; *K:* → Peter Florin; *StA:* deutsch, 1. Febr. 1937 Ausbürg. mit Fam. *Weg:* 1933 NL, F; 1935 UdSSR.

Entstammte kath. Arbeiterfam., Nieterlehre, Tätigkeit im Beruf. Mitgl. *Katholischer Jungmännerverein,* vor 1914 sozdem. Arbeiterjugend u. DMV, 1914-18 Kriegsteiln., 1917 USPD, während der Novemberrevolution 1918 Mitgl. *Arbeiter- und Soldatenrat* Köln. 1920 mit linkem Flügel der USPD zur KPD. Ab 1923 hauptamtl. Funktionär u. OrgLtr. KPD-Bez. Mittelrhein. Während der Ruhrbesetzung führend am Widerstand beteiligt, Dez. 1923 von Besatzungsmacht aus Rheinl. ausgewiesen. 1924 auf Frankfurter PT Wahl in KPD-Zentrale, 1924-33 MdR. 1924 bei dem Versuch, in Bayern die weiterhin illeg. KPD aufzubauen, vorüberg. Haft. Danach PolLtr. Bez. Oberschlesien u. später Thür. Auf 10. PT 1925 Mitgl. ZK, gehörte nach dem „Offenen Brief" Sept. 1925 zu den führenden KPD-Vertr. auf dem linken Flügel, die gegen → Ruth Fischer u. für Ernst Thälmann auftraten. Als Vertrauter Thälmanns u. des EKKI ab Dez. 1925 PolLtr. KPD-Bez. Ruhr, wo er sich in den folgenden Jahren als Gefolgsmann der Linie des Thälmannschen ZK gegen alle oppos. Gruppen durchsetzte. 1927 u. 1929 erneut ins ZK gewählt, ab 1929 Mitgl. PolBüro. 1928-32 StadtVO. Essen. 1932 als Nachf. von → Walter Ulbricht PolLtr. Bez. Berlin-Brandenburg, im gleichen Jahr Mitgl. Pol. Sekr. des EKKI. 1933 auf Beschluß des ZK in die Niederlande, mit → Franz Dahlem u. → Wilhelm Pieck Aufbau KPD-AuslLtg. Paris. Juni 1933 Teiln. Europäischer Antifaschistischer Kongreß, Deckn. Wilhelm Müller. In den Auseinandersetzungen um die ideolog. Neuorientierung im Hinblick auf die Schaffung einer Volksfront gehörte F. zum linken Flügel (→ Hermann Schubert, → Fritz Schulte, Dahlem), der gegen Ulbricht u. Pieck zunächst die Mehrheit im PolBüro hatte. Ab 1935 in der UdSSR, unterstützte schließlich die Volksfront-Wendung der *Komintern,* Mitunterz. Volksfrontaufruf v. 21. Dez. 1936. Auf sog. Brüsseler Konferenz Okt. 1935 Wiederwahl in ZK u. PolBüro; ab 1933 Mitgl. EKKI-Präs., 1935-43 Sekr. EKKI u. 1937 Vors. Internationale Kontrollkommission, Mitgl. Deutsche Kommission des EKKI sowie verantwortl. für skandinavische Länder. Deckn. u.a. Peter Ries u. Walter Müller. Mitgl. NKFD u. Mitgl. bis 1944. An der Kremlmauer in Moskau beigesetzt, 1955 Überführung der Urne nach Berlin-Friedrichsfelde.

W: u.a. Wie stürzen wir Hitler? Der Weg zur Einheitsfront und antifaschistischen Volksfront in Deutschland. Rede und Schlußwort auf der Brüsseler Konferenz der Kommunistischen Partei Deutschlands. Moskau (Verlagsgenossenschaft ausländischer Arbeiter in der UdSSR) 1935 (ersch. auch als Tarnschrift: Laufen und Gehen. Olympia-Hefte Nr. 8). *L:* Weber, Wandlung; Duhnke, KPD; Trümpler, Eckhard, Die Sache der Arbeiter war seine Sache. Wilhelm Florin. In: BZG 1/1972, S. 111-118; Langkau-Alex, Volksfront. *Qu:* Arch. Hand. Publ. - IfZ.

Florsheim, Eduardo (urspr. Eduard Ernst), Unternehmer; geb. 25. Dez. 1911 Berlin, ∞ 1941 Esther Moura von Söhsten (geb. 1922 João Pessoa [Paraíba]/Bras.); *K:* Francisco Ernesto (geb. 1942), Unternehmenslrt.; Flavio Eduardo (geb. 1945), Makler; Geraldo Henrique (geb. 1949), Hochschullehrer; *StA:* deutsch, Bras. *Weg:* 1933 CSR; 1935 Bras.

Stud. Hochschule für Politik u. Handelshochschule Berlin; Angest. Transportfirma Jacob & Valentin; Mitgl. DDP, Apr. 1933 denunziert wegen anti-natsoz. Tätigkeit, Emigr. CSR mit Touristenvisum; 1935 Emigr. Bras., 1935-39 Angest. Anderson Clayton, Recife u. Natal, 1939-45 stellv. Geschäftsf. einer brit. Baumwoll-Exportfirma, 1946-55 Dir., 1955-70 Präs. einer US-Baumwoll-Exportfirma, ab 1970 selbständig. Ab 1960 Dir. u. Schatzmeister Produktenbörse, 1964 Intensivkurs an der Escola Superior de Guerra des bras. Heeres, 1968-69 Präs. *Rotary Club São Paolo,* Präs. *Vereinigung für Sozialhilfe,* São Paolo. Lebte 1977 in São Paulo.

Qu: Fb. - RFJI.

Focke, Elisabeth Katharina, Dr. phil., geb. Friedlaender, Politikerin; geb. 8. Okt. 1922 Bonn; *V:* → Ernst Friedlaender (1895-1973); *G:* → Ernst Friedlaender (geb. 1927); ∞ 1954 Dr. Ernst F. (gest. 1961), GenSekr. *Europa-Union; StA:* deutsch. *Weg:* 1931 CH; FL; 1946 Deutschland (BBZ).

1931 in die Schweiz, Abitur in Davos, Sekr. in Vaduz, anschl. Stud. Volkswirtsch., Sprachen, Gesch. u. Politik in Zürich, ab 1946 in Hamburg, ab 1951 in USA u. Hamburg, 1954 Prom.; dazwischen Red. Monatshefte *Merian* u. Mitarb. des Vaters. Bis 1961 u.a. als Übers. tätig. 1961-69 Geschäftsf. *Bildungswerk Europäische Politik,* 1963-65 stellv. Kuratoriumsmitgl. *Deutsch-französisches Jugendwerk.* 1964 SPD, 1966 *Gewerkschaft Erziehung und Wissenschaft,* 1966-69 MdL NRW, aktiv in Bildungspol.; ab 1969 MdB, parlamentar. Staatssekr. im Bundeskanzleramt, aktiv in Europa-Pol.; 1972-76 Bundesmin. für Jugend, Familie u. Gesundheit. Lebte 1977 in Köln.

W: Über das Wesen des Übernationalen (Diss.). 1954; Europa über den Nationen. 1962; Europäer in Frankreich. 1965. *Qu:* Hand. - IfZ.

Foerder, Herbert Yeshayahu, Dr. jur., Bankier, Politiker; geb. 25. März 1901 Berlin, gest. 10. Juni 1970 Tel Aviv; jüd.; *V:* Ivan F. (geb. Deutschland), jüd.; *M:* Helena, geb. Robinsohn (geb. Deutschland), jüd.; ∞ 1926 Dr. phil. Gertrud Simon (geb. Mainz), jüd.; *K:* Miriam Preminger (geb. 1929 Deutschland), M.A. (Statistik), A: USA; *StA:* deutsch, Pal./IL. *Weg:* 1933 Pal.

Stud. Rechtswiss. u. Volkswirtschaft Freiburg, Heidelberg, Königsberg, 1923 Prom., 1927-33 RA in Berlin; ltd. Funktionen in zion. Jugendbewegung, Mitgl. KJV, pol. Sekr. ZVfD, Deleg. Zionistischer Weltkongreß. 1933 Emigr. Palästina mit A I-Zertifikat, 1934 mit A. Ruppin Gr. u. bis 1957 Ltr. Rassco Rural and Settlement Co. 1948-49 Ltr. Abt. Lebensmittelvorräte beim Versorgungsmin., 1949-50 Geschäftsf. Baufirma Amidar Co., 1954 AR-Mitgl. Bank of Israel, 1957-70 ltd. Funktionen bei der Bank Leumi leIsrael, zunächst 1. Geschäftsf., dann stellv. AR-Vors. u. AR-Vors., gleichz. Vors. Tochterges. General Mortgage Bank, Union Bank of Israel, Bank Leumi Investment Co., Bank Leumi Trust Co., A.P.B. Investment Co. Ab 1957 Vors. Industrial Development of Israel, scharfer Gegner der offiziellen Wirtschaftspolitik u. Vertr. liberaler Marktwirtschaft. GrMitgl. H.O.G., Mitgl. *Asefat Hanivharim,* Abg. *Alijah Chadaschah* im Vaad Leummi, später Vorst-Mitgl. *Progressive Party,* 1949-57 M.K., Vizepräs. I.O.M.E. (Nachfolgeorg. von H.O.G.), Förderer des LBI; führender Vertr. der Juden in Israel.

W: Zahlr. Aufsätze über wirtschaftspol. u. zion. Themen. *L:* LBI-Yearbook 1971, Bibl. 8702-8704. *Qu:* Arch. Hand. Pers. Z. - RFJI.

Fomferra (Fomfera), **Heinrich** Karl, Offizier; geb. 19. Nov. 1895 Schonnebeck (Essen); *V:* Karl F.; *M:* Karoline, geb. Pöll; *G:* Wilhelm Johann (geb. 1894, gef. 1915); Emil (1897-98);

Hedwig Louise (geb. 1900); Karoline Emma (geb. 1903); Karl Julius (geb. 1905); ∞ 1926 Elise Kunz; *StA:* deutsch. *Weg:* H; B; F; Deutschland; E; 1939 H; 1940 Slowakei; 1945 Deutschland (SBZ).

Bergarb., 1912 SPD, später KPD. Ltd. Mitarb. der sog. Betriebsberichterstattung (BB) des MilApp., 1932 nach Ungarn, Aufenthalt in Belgien u. Frankr., dann Ltr. BB-Gruppe in Krupp-Werke Essen. Im Span. Bürgerkrieg Capitán (Hptm.). Nov. 1939 mit dän. Paß nach Ungarn zum Aufbau eines Sabotagerings in der Rüstungsindustrie u. im Transportwesen in direkter ZusArb. mit sowj. mil. Geheimdienst, ab Dez. 1940 Aufbau einer Subversionsgruppe in der Slowakei, Febr. 1942 Zerschlagung des Ringes u. Verhaftung durch slowak. Polizei, Auslieferung an Gestapo, im gleichen Jahr Rückführung ins Gefängnis Bratislava. 1944 Urteil 12 J. Zuchth., Gef. Ružomberok, Aug. 1944 Befreiung durch slowak. Aufständische, danach Partisan, kurzfr. Tätigkeit im provis. slowak. Innenmin. in Bánská Bystrica. 1945 Rückkehr nach Deutschland, Mitarb. des Landesreg. von Brandenburg, dann der Dt. Zentralverw. des Innern, später MdI u. MfS, zuletzt im Rang eines Oberst. Lebte 1975 in Berlin (Ost). - *Ausz.:* 1956 Hans-Beimler-Med. u. VVO (Silber).

W: In besonderer Mission (Erinn.). In: Beiderseits der Grenze, 1965; Wie ich Politkommissar einer slowakischen Partisaneneinheit wurde. In: Im Kampf bewährt (Erinn.), 1969. *L:* Höhne, Heinz, Kennwort: Direktor. 1970. *Qu:* Erinn. Hand. Publ. Z. - IfZ.

Fooken, Anton, Parteifunktionär; geb. 6. Apr. 1879 Wilhelmshaven-Rüstringen; ∞ verh.; *K:* 1 T. *Weg:* 1936 (?) CSR.

Maler, 1908-14 Geschäftsf. Malerverband Danzig, ab Febr. 1914 Verlagsltr. der sozdem. *Danziger Volksstimme;* Abg. Volkstag. 1936 (?) nach schwerer Mißhandlung durch NatSoz. Flucht in die CSR.

Qu: Arch. Hand. Publ. - IfZ.

Forbes, Henry William, Ph. D., Ministerialbeamter; geb. 9. Nov. 1918 Wien; ev.; *V:* Isidor F.; *M:* Ida, geb. Loewy; ∞ 1959 Alice Berger; *K:* Evelyn, Monica, Jessica; *StA:* österr., 1942 USA. *Weg:* Afrika; 1941 USA.

Nach 1938 Gutsverwalter in Afrika, 1941 Emigr. USA, 1942-45 US-Armee, Hptm., später Oberstlt. d. Res.; 1948 Schulungsoffz. bei OMGUS. 1948 A.A., 1949 B.A. Univ. Calif. Los Angeles. 1951-63 Ltr. Abt. Logistik der Ordnance Techn. Intelligence Agency im Armeemin. Washington/D.C.; 1959 Ph. D. Georgetown Univ., Washington/D.C. Ab 1963 Ltr. wirtschaftspolit. Abt. Defense Intelligence Agency. 1959-66 Doz. George Washington Univ., Washington/D.C., ab 1967 Doz. Univ. Va. in Richmond; 1970 Diplom US Army War Coll.; Mitgl. *Am. Econ. Assn., Am. Ordnance Assn., Am. Goethe Soc.* Lebte 1974 in Washington/D.C.

W: The Strategy of Disarmament. 1962. *Qu:* Hand. - RFJI.

Forchheimer, Karl, Dr. jur., Ministerialbeamter; geb. 29. Juli 1880 Prag, gest. 19. Juni 1959 Wien (?); *V:* Otto F.; *M:* Johanna, geb. Fürth; ∞ 1938 Katharina Winterstein; *StA:* österr., Ausbürg. (?). *Weg:* 1939 GB; 1949 Österr.

Stud. Rechtswiss. Prag, 1903 Prom. Nov. 1903 Eintritt in die k.u.k. Staatsprokuratur. 1913 Finanzprokuratursadjunkt bei der Statistischen Zentralkommission in Wien, Mai 1917 Min-Vizesekr. im Innenmin., ab Dez. 1917 im neu eingerichteten Min. für soziale Fürsorge (später für soziale Verwaltung). 1924-35 Ltr. Abt. für legislative u. finanzielle Angelegenheiten der Arbeitslosenversicherung u. legislative Angelegenheiten der Arbeitsvermittlung; maßgebl. an Ausarbeitung der Arbeitslosenversicherungsgesetzgebung beteiligt. 1936 kurzfristig Ltr. Sektion Sozialversicherung, Mai 1936-März 1938 u.a. Vors. Reichsärzteausschuß u. Mitgl. Spruchstelle für die Angelegenheiten der Arbeitslosen- u. Altersfürsorge. März 1938 Zwangspensionierung. 1939 Emigr. GB, 1939-48 Hochschullehrer Univ. Oxford, Mitgl. Institute of Statistics, Vorlesungen vor allem über wirtschaftswiss. Themen. 1949 Rückkehr nach Wien, 1950 Amtstitel Sektionschef. Mitarb. zahlr. dt.- u. englischsprach. politökon. Fachz.

Qu: Arch. Hand. - IfZ.

Forchheimer, Rudolph, Unternehmensleiter; geb. 5. Juni 1918 Nürnberg; jüd.; *V:* Jacob F.; *M:* Dina, geb. Neu; ∞ 1945 Hilda U. Noymer; *K:* Audrey P.; Constance J.; *StA:* deutsch, 1965 USA. *Weg:* 1935 GB; 1936 S; 1939 (?) CDN; 1954 USA.

1935 Emigr. GB, Angest. bei Anglo Metal Co. London. 1936 nach Schweden, bis 1939 bei AB Ferrolegeringar Stockholm. 1939 (?) nach Kanada, Stud. McGill Univ. Montreal, 1943-44 tätig für kanad. Reg., 1944-45 Vizepräs. von H.F. Pollock & Co. Ltd. Montreal, 1946-54 Präs. Philipp Bros. Can. Ltd.; 1954 in die USA, 1954-60 Vizepräs. Philipp Bros. Inc. New York, 1960-67 Vizepräs. der Mineralien- u. Chemie-Abt. der Philipp Corp. Seit 1967 Vizepräs. der Engelhard Minerals and Chemicals Corp. New York. VorstMitgl. von *Selfhelp,* A.F.J.C.E., Mitgl. kanad. Inst. für Metallurgie u. Bergbau. Lebte 1978 in Scarsdale/New York.

Qu: Hand. - RFJI.

Forell, Friedrich Joachim, Pfarrer; geb. 15. Sept. 1888 Glatz/Schlesien, gest. 2. Apr. 1968 Iowa City/Ia.; ev.; *V:* Wilhelm F., ev.; *M:* Caroline, ev.; *G:* Max; Wolfgang; Otti Baerwald; ∞ 1917 Maria Magdalena (Madeleine) Kretschmar (geb. 1892), ev., Emigr. mit Ehemann, 1940 Internierung in Gurs, A: USA; *K:* Georg(e) Wolfgang (geb. 1919), Emigr. USA, Pfarrer, Hochschullehrer, A: USA; Gotthold Johannes (geb. 1922, gest.), Emigr. USA, Pfarrer Episkopalkirche, Rektor Holy Trinity Church in Glen Ridge/N.J.; *StA:* deutsch, 1946 USA. *Weg:* 1933 CSR; 1934 Österr.; 1938 F; 1940 USA.

Gymn. Breslau u. Pless/Oberschlesien, Stud. Philosophie u. Theol. Breslau u. Gießen; ab Sommer 1914 nach dem Examen Vikar in Falkenberg/Oberschlesien; 1915-17 Garnisonsprediger, 1916 nach Ordination Garnisonspfarrer Hafenfestung Pillau b. Königsberg; 1917 Entlassung aus Heeresdienst u. Pfarrer in Michelsdorf/Riesengebirge. Mitgr. *Christlich-Sozialer Volksdienst,* ab 1926 Provinzialpfarrer in Breslau, vorüberg. in GB zum Stud. der sozialen Lage, Freundschaft mit Bischof Bell von Chichester; aktiver Gegner des NatSoz., 1933 Amtsenthebung u. Emigr. in die CSR, dort Kurprediger, 1934 nach Österreich; in Wien Ltr. *Schwedische Israelmission.* 1938 nach dem Anschluß Österreichs über Polen, die balt. Staaten, Schweden, Dänemark u. GB nach Frankr.; in Paris Flüchtlingsarbeit, ZusArb. mit Marc Boegner (Präs. des Französischen Protestantischen Kirchenbundes). Nach Kriegsausbruch Internierung in Libourne; 1940 Flucht nach Spanien, Portugal, Okt. 1940 Ankunft in USA. In New York Flüchtlingsseelsorge mit Unterstützung der Presbyterianischen Kirche, Gr. *Newcomers Christian Fellowship,* Sammlung einer dt.-sprach. ev. Gemeinde; 1944 Mitgl. OrgKomitee *Council for a Democratic Germany* (→ Paul Tillich), 1947 Mitgr. u. Geschäftsf. *Emergency Committee for German Protestantism* (insbes. Flüchtlingsarbeit in den besetzten dt. Ostgebieten), häufige Deutschland-Aufenthalte; aufgrund dieser Arbeit Titel Kirchenrat der Schlesischen Landeskirche u. Benennung eines Heims der Inneren Mission in Görlitz als Friedrich-Forell-Haus. Weitere *Ausz.:* Dr. h.c. Univ. Mainz, BVK, Ernst-Wichern-Medaille.

Qu: Arch. Pers. Publ. Z. - IfZ.

Forester (urspr. Lissner, 1920-48 Zborowski), **Hans,** Richter; geb. 17. Apr. 1902 Posen, gest. 25. Dez. 1976 Frankfurt/M.; jüd., 1908 ev., 1920 kath.; *V:* Julius Lissner (geb. 1871 Posen, gest. 1931 Berlin), jüd. Kaufm.; *M:* Jenny, geb. Auerbach (geb. 1875 Posen, gest. 1952 London), jüd. (1903 gesch., in 2. Ehe verh. mit Stefan de Zborowski [gest. 1934], kath., RA u. Notar), 1939 (?)-45 KL Theresienstadt, dann GB; *G:* Dr. Siegmund Lissner (geb. 1897, umgek. 1942 KL Majdanek), Richter; Halbschwester Marie-Luise de Zborowski (geb. 1911). Emigr. GB, Dolmetscherin in Bonn; ∞ I. 1935 Edith Philip (geb. 1913, gest. 1945 GB), ev., Emigr.; II. 1946-59 Shirley Sangster (geb. 1913 GB); III. 1959 Christel Decken (geb. 1934), ev., Richterin in Frankfurt/M.; *K:* aus II: Jennifer Kinnersly (geb. 1948), Sekr., A: GB; *StA:* deutsch, 1939 Ausbürg., 1947 brit.; deutsch. *Weg:* 1939 GB; 1953 Deutschland (BRD).

Stud. Rechtswiss., 1924 Referendar, 1928 Assessor, Tätigkeit bei Gerichten in Berlin u. Neuruppin. Nov. 1933 Berufsverbot, bis 1934 im RA-Büro des Stiefvaters, anschl. kaufm. Angest., zuletzt Geschäftsf. in Berliner Wirtschaftsbetrieben. 1939 aus rass. Gründen Emigr. nach GB. Nach Kriegsbeginn Internierung, dann bis 1945 Pionierkorps. 1945-53 Sekr. bei Silkella Ltd., London. Rückkehr, ab Jan. 1954 Amtsgerichtsrat, 1956 LG-Dir. beim LG Frankfurt/M., ab Jan. 1957 Vors. 1. Große Strafkammer, ab Jan. 1963 Senatspräs. beim OLG Frankfurt/M. Verzichtete Okt. 1963 auf den Vorsitz im bevorstehenden Auschwitz-Prozeß, um Befangenheitsvorwurf als Verfolgter des NatSoz. vorzubeugen. Nach Pensionierung Treuhänder einer Hypothekenbank.

Qu: Arch. Pers. Z. - IfZ.

Foscht, Josef, Parteifunktionär; gest.; ∞ Frieda; *K:* 1 T; *StA:* österr., Ausbürg. (?). *Weg:* 1937 CH; 1938 (?) F; 1941 (?) Mex.; 1947 Österr.

Sekr. *Landesverband der Kriegsinvaliden* Wien, Mitgl. SDAP; 1934 (?) Mitgl. KPÖ, illeg. Arbeit in Wien. Febr. 1937 Verhaftung zus. mit → Moritz Fels-Margulies. Sommer 1937 vermutl. amnestiert, Emigr. Schweiz, Mitarb. im illeg. App. zur Weiterleitung von Freiwilligen über Paris nach Spanien; Herbst 1937-Mai 1938 Haft in der Schweiz, anschl. nach Paris. Juni 1938-Sept. 1939 Sekr. u. KPÖ-Vertr. in der *Fédération des Emigrés provenant d'Autriche (Zentralvereinigung österreichischer Emigranten).* Nach Kriegsausbruch Internierung, vermutl. u.a. in Le Vernet. Herbst 1941 neben → Emanuel Edel u.a. Anklage wegen Hochverrats durch Vichy-Behörden, vermutl. Freispruch. Anschl. Emigr. Mexiko. Mitgl. *Acción Republicana Austriaca de Mexiko* (ARAM), Mitgl., später Vors. KPÖ-Parteigruppe in Mexiko. Ab Aug. 1944 nach Rücktritt von → Rudolf Neuhaus Sekr. der ARAM, nach Beitritt der ARAM zum *Free Austrian World Movement* (→ Franz West) in London Mitgl. des Zentralrats. 1947 über die UdSSR Rückkehr nach Wien; KPÖ-Funktionär.

L: Buttinger, Beispiel; Frei, Bruno, Der Papiersäbel. 1972; ISÖE. *Qu:* Arch. Pers. Publ. - IfZ.

Fraenkel, Erich, Parteifunktionär; geb. 17. Apr. 1899 Berlin; ∞ Margarete Kurzmann (geb. 1902), Ausbürg. mit Ehemann; *StA:* deutsch, 5. Aug. 1937 Ausbürg. *Weg:* 1933 Saargeb.; 1935 (?) B; 1935 Bras.

1919 ZdA, 1922-26 BezLtr. u. Ltr. volkswirtschaftl. Abt. *Zentralverband der Maschinisten und Heizer* Groß-Berlin; später SPD-Parteisekr. Bez. Halle-Merseburg (nach Gestapo-Quelle in Torgau a.d. Elbe). März 1933 Schutzhaft, anschl. Flucht ins Saargeb.; vermutl. Anfang 1935 nach Belgien, Vertrieb von Exilztg. u. Mitgr. eines Emigrantenzirkels. Über Antwerpen Ausw. nach Brasilien, in Rio de Janeiro zunächst aus pol. Gründen in Haft; aktiv in FDB Brasilien; Jan. 1946 Mitgl. u. Sekr. *Vereinigung deutscher Sozialdemokraten in Brasilien.* Nach dem Kriege Org. von Hilfsaktionen für Deutschland.

Qu: Arch. - IfZ.

Fraenkel, Ernest Arnold, Kaufmann; geb. 2. Apr. 1903 Frankfurt/M.; jüd.; *V:* Fritz F. (geb. 1875 Frankfurt/M., gest. 1960 Paris), jüd., Gymn., Uhrengroßhändler, 1938(?) Emigr. F; *M:* Clara, geb. Ketsch (geb. 1880 Frankfurt/M., gest. 1966 Paris), jüd., Lyzeum, 1938 Emigr. F; *G:* Paul (geb. 1906 Frankfurt/M.), jüd., Realgymn. 1932(?) Emigr. Geschäftsf. in Paris/; ∞ 1934 Hannah E. Lazarus (geb. 1911 Frankfurt/M.), jüd., Stud. Med., 1933-34 Stud. Physiotherapie Frankfurt, 1937 Emigr. B, 1940 USA, ab 1945 Physio-psych. Therapeutin in New York; *StA:* deutsch, 1946 USA. *Weg:* 1937 B; 1940 USA.

1910-22 Realgymn., Abitur, 1922 Lehre in Firma für elektrische Schaltanlagen, 1922 Eintritt in Metallgesellschaft AG Frankfurt/M., zunächst Lehre, 1937 Prokurist, im gleichen Jahr Entlassung. 1937 Emigr. Belgien mit Ehefrau, bis 1940 Geschäftsf. Cie. Sudaméricaine des Minérais et Métaux Brüssel (Tochterges. des Hochschild-Konzerns in Südamerika), 1940 nach Brasilien mit Besuchervisum, über Kanada Okt. 1940 in die USA. Mitarb. Hochschild-Konzern, 1940-47 Zinnerzlieferungen von Bolivien in die USA für Texas Smelter, 1947-52 Vizepräs., bis 1972 AR-Vors. South American Minerals and Merchandise Corp. New York; Ruhestand. Ab 1973 ehrenamtl. Vizepräs. u. Mitgl. VerwRat Foundation for Nursing Homes Inc. u. Margaret Tietz Center for Nursing Care Inc., New York, Mitgl. versch. jüd. Gden. Lebte 1978 in New York.

Qu: Fb. HGR. - RFJI.

Fränkel, Josef Arieh (urspr. Wilhelm Adolf), Diplomingenieur, Verkehrsexperte; geb. 16. Sept. 1891 Schweidnitz/Schlesien, gest. 1975; *V:* Moritz F. (geb. 1842 Oels/Schlesien, gest. 1904 Schweidnitz), Kaufm., Vors. jüd. Gde. Schweidnitz; *M:* Malwine, geb. Friedländer (geb. 1853 Schweidnitz, gest. 1922 Schweidnitz), höhere Schule; *G:* Arthur (geb. 1870 Waldenburg/Schlesien, gest. 1944 Nottingham/GB), höhere Schule, Bankbeamter, Emigr. GB; Richard (geb. 1875 Waldenburg, gest. 1965 Eugene/Ore.), Angest. in Textilindustrie, Emigr. USA; Dr. med. Ernst F. (geb. 1880 Waldenburg, gest. 1949 Carlisle/GB), Emigr. GB; ∞ I. Luzia Hammer (geb. 1905 Ratibor), höhere Schule, ab 1959 getrennt; II. (Lebensgef. ab 1959) Lore Henriette Hirschfeld (geb. 1915 Berlin), höhere Schule; *K:* Georg K. (geb. 1921), Angest.; *StA:* deutsch, IL u. deutsch. *Weg:* I; 1939 Pal.

Ab 1913 Stud. TH München u. Hannover, 1920 Dipl.-Ing. TH Hannover (Eisenbahn- u. Städteplanung), 1920-35 stellv. Geschäftsf. einer Maschinenbaufirma, Mitinh. u. Geschäftsf. von Baufirmen (Holdingges.) in Berlin, freiberufl. techn. Berater. Emigr. Italien, 1939 Palästina, ab 1942 Mitgl. H.O.G.; 1939-47 techn. Berater u.a. bei Egged Verkehrs-Kooperative, zugl. 1942-45 ltd. Inspekteur Transportbehörde der Mandatsreg. (Steel Brothers & Co.) Haifa, 1946-48 techn. Berater, 1947 Verkehrsexperte Stadtverw. Tel Aviv (u.a. Planung von Bushaltestellen), 1948-65 ltd. Ing. Abt. Verkehr im isr. Transport- u. Nachrichtenmin., 1949 Mitgl. isr. Deleg. UN-World Road Transport Conf. in Genf, ab 1965 techn. Berater für Transport u. Verkehr. Mitgl. *Ingenieur- und Architektenverband* Israels, ständiges Mitgl. Inst. of Traffic Engineers Washington/D.C. (Sektion Israel), korresp. Mitgl. Chartered Inst. of Transport London, Mitgl. *Forschungsgesellschaft für das Straßenwesen* Köln, *Rotary Club.*

W: Art. über Transport- u. Verkehrsprobleme in isr., dt. u. brit. Fachzs. *Qu:* Fb. Hand. - RFJI.

Fraenkel, Josef, Verbandsfunktionär, Schriftsteller, Journalist; geb. 11. Juni 1903 Ustrzyki/Galizien; jüd.; *V:* Moses F. (geb. Przemysl/Galizien, gest. Galizien), jüd., Bürgermeister von Ustrzyki dolne, Zion.; *M:* Taube, geb. Weinberger (geb. 1880 Zloczow/Galizien, umgek. im Holokaust), jüd., Mitgl. WIZO; *G:* Herman (geb. 1905 Ustrzyki dolne), Fabrikant in Brüssel; Fanda Kurz (geb. 1895 Ustrzyki dolne, gest. Brüssel), Emigr. B; Edmund (geb. Ustrzyki dolne, gest. Cardiff/GB), Emigr. B, dann GB; ∞ 1942 Dora Rosenfeld (geb. 1912 Glasgow), jüd., Stud. Kunst Glasgow, Angest. in London; *K:* Ruth Lynn (geb. 1943), Stud. Oxford Univ., Doz. St. Annes Coll. Oxford Univ.; *StA:* österr., PL, 1947 (1948?) GB. *Weg:* 1938 CSR; 1939 GB.

1927-31 Stud. Wien, Mitgl. jüd. akad. Verbindung *Iwria,* 1929-39 Deleg. auf Zion. Weltkongressen, 1936 Deleg. zum Gründungs-Kongreß in Genf u. 1936-38 ehrenamtl. Sekr. österr. Zweigstelle des WJC sowie Ltr. Boykottkomitee gegen Deutschland in Wien. 1938 Emigr. CSR über die Schweiz, 1938-39 Ltr. *Jew. Telegraphic Agency* Prag. 1939 nach GB, 1939-48 Sekr. *Council of Continental Zion.* u. *Nahum Sokolow Soc.* London, 1942-46 Mitgl. Exekutivkomitee *Zion Federation,* 1940-68 ehrenamtl. Sekr. *Assn. Jew. Journ. and*

Authors/GB, seit 1945 Dir. Presseabt. des WJC, Red. bei *Press Survey* London, seit 1957 Sekr. *Jew. Record Office*, 1940-46 Vors. der *Jew. State Party* u. *Zion. Revisionist Party* in GB u. Mitgl. ihres Weltexekutivkomitees, zugl. 1948-60 tätig für YIVO. Mitgl. *Council of Jews from Austria* in GB, ehrenamtl. Sekr., später Vors. *Jacob Ehrlich Soc.*, Mitarb. bei Unterstützung jüd. Flüchtlinge aus Polen in GB. Lebte 1978 in London.

W: Theodor Herzl, des Schöpfers erstes Wollen. 1934; Siegmund Werner, ein Mitarbeiter Herzls (Hg.). 1939; Theodor Herzl. A Biography. 1946; Robert Stricker (Hg.). 1950; Mathias Achers Kampf um die Zionskrone. 1959; Guide to Jewish Libraries of the World. 1959; Exhibition of the Jewish Press of Great Britain 1823-1963. 1963: Dubnow, Herzl and Aḥad Haam. 1963; Naḥum Goldman. 1967; Jewish Press of the World. 7. Aufl. 1972. The Jews of Austria (Hg.). 1967, 1970. *Qu:* Hand. Publ. Z. - RFJI.

Fraenkel, Karl-Heinz, Dr. Ing., Wirtschaftsexperte; geb. 9. Apr. 1897 Berlin-Charlottenburg; *V:* Julius F., Geh. Justizrat; *M:* Sophie, geb. Philipson; ∞ 1934 Adele Becker. *Weg:* 1937 S.

1920 Dipl.-Ing. TH Charlottenburg, dann Obering. TH Aachen, 1926 Prom., 1925-32 Ltr. Forschungsabt. Vereinigte Stahlwerke AG Düsseldorf-Gelsenkirchen, anschl. beratender Ing. in Düsseldorf u. Berlin. 1937-39 Ltr. der Rationalisierungsabt. einer schwed. Firma in Gefle, 1939-63 AbtDir. im Wasserwirtschaftsamt, daneben beratender Ing. bei schwed. u. finn. Unternehmungen, 1946-56 Vors. Hartmetall-Kommission, 1955-56 u. 1959 UN-Experte. VorstMitgl. Spezialpapper AG, Nordkontakt u. Ultramare AG. - Lebte 1973 in Stockholm u. Wiesbaden.

W: Veröffentl. über Rationalisierungsfragen in schwed. u. internat. Fachpresse. *Qu:* Hand. - IfZ.

Fränkel, Kurt, Dr. jur., Rechtsanwalt; geb. 8. Apr. 1909 Ratibor/Oberschlesien; *V:* Georg F.; *M:* Martha, geb. Tichauer; ∞ 1936 Eva Tichauer; *K:* Michael; Vivian-Ann. *Weg:* 1939 AUS.

1934 Prom. Breslau, 1934-37 RA in Ratibor. 1939 Emigr. Australien, 1939-42 Bürovorsteher einer RA-Praxis in Perth, LL.B. Univ. Melbourne. 1942-44 MilDienst, danach Barrister u. Solicitor. Zugl. 1944-51 geschäftsf. Dir., später Vizepräs. JNF *of Australia and New Zealand* u. Präs. JNF in Victoria, zeitw. Präs. *Melbourne Loge des B'nai B'rith*, Ehrenpräs. UIA, Mitgl. Hauptvorst. *Zion. Fed.*, Mitgl. *Australian Jew. Board of Deputies*. Lebte 1972 in Melbourne.

W: Nießbrauch und Zwangsverwaltung (Diss.). 1934. *Qu:* Hand. - RFJI.

Fraenkel-Eliner, Deborah, geb. Fraenkel, Sozialfürsorgerin, Ministerialbeamtin; geb. 30. Nov. 1904 München; jüd.; *V:* Sigmund Aviezri F. (geb. 1860 München, gest. 1925), Kaufm., aktiv in jüd.-orthodoxen Gden. in Bayern; *M:* Charlotte Haia, geb. Neuburger (1868-1965), jüd., 1934 Emigr. Pal.; *G:* Abraham Adolf Halevi (geb. 1891 München, gest. 1965), jüd., Prof. für Math., 1933 Emigr. Pal.; Dr. phil. Yoel Ogen F. (geb. 1892 München, gest. 1973), jüd., Statistiker, Kaufm., 1938 Emigr. Pal.; Paula Tirza Levinger (geb. 1901 München), jüd., 1933 Emigr. Pal.; ∞ Eliezer Eliner (geb. 1904 Libau/Lettland), jüd., Emigr. Pal., M.A. Hebr. Univ., Lehrer; *StA:* deutsch, Pal./IL. *Weg:* 1934 Pal.

Stud. Fachschule für Sozialarb. München. Nach 1920 landwirtschaftl. Hachscharah; Mitgl. *Blau-Weiß*, zion. Org. u. *Misrachi*. Bis 1926 im Ahava-Inst. Berlin, 1929-30 Fürsorgerin in Frankfurt, 1931-34 in München. Mai 1934 Emigr. Palästina mit A I-Zertifikat, 1941-45 AbtLtr. für Arbeiter-Hachscharah im Sekretariat des *HaPoel haMizrahi*; 1947 ltd. Inspektorin im Wohlfahrtsdienst der *Jew Agency*, 1948-62 Dir. Bez. Jerusalem der Abt. für Einwanderer-Integration, 1954-70 AbtLtr. Min. für Sozialhilfe. Geschäftsf. Mitgl. im Ausschuß berufstätiger Frauen des *HaPoel haMizrahi* u. Deleg. bei zion. Kongr.; Mitgl. religiöser Frauenbewegungen, Mitgl. versch. isr. Vereinigungen für Sozialarb. Lebte 1977 in Jerusalem. - *Ausz.:* Jerusalem-Preis für Verdienste um die Sozialarbeit.

Qu: Fb. - RFJI.

Fränken, Friedrich (Fritz), Parteifunktionär; geb. 15. Jan. 1897 Herrath/Rheinl., gest. 3. Juli 1976 Düsseldorf; Diss.; *V:* Friedrich (Wilhelm ?) F.; *M:* Maria (Eugenie ?), geb. van Gehlen; *G:* 5; ∞ I. Anna Jenessen (geb. 1896), 1938 gesch.; II. Berta; *StA:* deutsch, 27. Okt. 1937 Ausbürg. *Weg:* 1935 CSR, UdSSR; F; E; F; 1945 Deutschland (BBZ).

Schlosser. 1920 KPD, später Funktionär. 1925 Mitgl. ProvLT, 1927 Sekr. u. Ltr. KPD-Unterbez. Düsseldorf. 1928 Ltr. KPD-Ortsgruppe u. Fraktionsführer im Stadtrat Rheydt/Rheinl., im gleichen Jahr MdL Preußen. 1929 Ltr. Unterbez. Krefeld, 1930-33 Ltr. Siegkreis. Hg. KPD-Organ *Die Freiheit*. 9. März 1933 in Wuppertal verhaftet, bis 24. Dez. 1933 KL Sonnenburg, danach Schlosser in Rheydt. Apr. 1934 erneute Verhaftung, anschl. in den Untergrund. 1934-35 PolLtr. Bez. Wasserkante in Hamburg; Deckn. „der Alte", Emil, Walter, Karl. Mai 1935 Emigr. in die CSR. Von Prag vorüberg. nach Moskau, später in Paris Mitgl. KPD-Emigr.Ltg. unter Deckn. Fritz Goltz, gehörte zum linken Flügel unter → Hermann Schubert u. → Fritz Schulte; Teiln. Span. Bürgerkrieg, schwerverwundet, anschl. wieder in Frankr., aktiv in kommunist. Volksfrontpol., Mitunterz. der beiden Aufrufe des *Ausschusses der deutschen Opposition* Sept. 1938 *An das deutsche Volk* u. *An die Völker der demokratischen Länder* anläßl. der Sudetenkrise, LtgMitgl. Freundeskreise für die deutsche Volksfront, Deckn. Hans Golda. 1945 Rückkehr nach Deutschland. KPD-Sekr. Mönchengladbach, später Sekr. *Landesfriedenskomitee* NRW.

L: Weber, Wandlung; Duhnke, KPD. *Qu:* Arch. Hand. Publ. - IfZ.

Fran(c)k, Wolf Karl-Heinz, Publizist; geb. 18. Febr. 1902 Berlin, gest. in den 60er Jahren USA; ∞ Marga Oppenheimer (geb. 1907), Emigr.; *K:* Michael (geb. 1932), Emigr.; *StA:* deutsch, 15. Jan. 1938 Ausbürg. mit Fam. *Weg:* F; 1940 (?) USA.

Stud. Volkswirtsch., Phil., Gesch., Geographie, Tätigkeit für Wirtschaftsverb., 4 Jahre in der zentralen pol. Nachrichtenred. der dt. Rundfunksender in Berlin. Nach natsoz. Machtübernahme Emigr. Frankr., 1934-36 Hg. u. Hauptautor *Heute und Morgen. Wochenschrift für Politik, Wirtschaft und Kultur*, Befürworter der dt. Volksfront; Beitr. in der Exilpresse, u.a. *Deutsche Volkszeitung* Paris, *Das Neue Tage-Buch, Die Sammlung, Das Wort* Moskau, Mitarb. bei franz. Rundfunksendern, Vorlesungen an der Freien Deutschen Hochschule Paris. 1940 (?) mit Hilfe des *Jewish Labor Committee* in die USA.

W: Führer durch die deutsche Emigration. Paris (Phénix) 1935; Warum schweigt die Welt (Mitarb.). Paris (Phénix) 1936. *L:* Langkau-Alex, Volksfront. *Qu:* Arch. Hand. Publ. - IfZ.

Franckenstein, Georg Albert (Franckenstein, Sir George, urspr. Franckenstein, Georg Albert Frh. von und zu), Diplomat; geb. 18. März 1878 Dresden, gest. 14. Okt. 1953 Kelsterbach/Hessen; kath.; *V:* Karl Frh. v. und zu F. (1831-98), Diplomat; *M:* Elma, geb. Gräfin v. Schönborn-Wiesentheid (1841-84); *G:* Leopoldine v. Passavant (geb. 1874); Clemens (1875-1942), Komponist, 1924-34 GenIntendant der bayer. Staatstheater; ∞ 1939 London, Editha Keppel King (gest. 1953); *K:* Clement George (geb. 1944); *StA:* österr., 1938 brit. *Weg:* GB.

Stud. Rechtswiss. Wien u. Oxford. 1902 Eintritt in diplomat. Dienst, Attaché österr.-ungar. Gesandtschaft in Washington, 1903-05 Gesandtschaftssekr. Petersburg, 1905-07 Rom. 1907-11 im Außenmin. Wien, ab 1909 Ministerialsekr. u. stellv. Sektionschef im Amt des österr.-ungar. Außenmin. Graf Aehrenthal, 1910 Legationsrat. 1911-12 Geschäftsträger in Tokio, 1912-14 Kommerzdir. in der Botschaft in - London, 1912

Sondermission in Indien. 1915-18 k.u.k. Kommissär beim kaiserl.-dt. Generalgouvernement in Brüssel, Mai-Okt. 1918 Vertr. der österr.-ungar. Reg. in Georgien. 1919 Mitgl. österr. Deleg. bei Friedensverhandlungen von St. Germain, 1920-38 österr. Gesandter in London. 1922 Vors. der Kommission zur Erwirkung der Völkerbundanleihe an Österr.; Org. einer großen brit. Kunstausstellung in Wien, von Ausstellungen österr. Kunst u. von Musikveranstaltungen österr. Orchester in London. Juni 1933 Mitgl. österr. Deleg. auf Internat. Wirtschaftskonf. in London. 1938 unmittelbar nach dem Anschluß Zuerkennung der brit. Staatsbürgerschaft, 1939 Verleihung des persönl. Adelstitels. Zunächst führende Rolle in österr. legitimist. u. konservat. Emigration in GB: Okt. 1939- Mai 1940 Ehrenpräs. des *Austrian Centre* als Nachf. von Sigmund Freud sowie Protektor des Ende 1939 gegr. *Austria Office*. Vermutl. auf Veranlassung des brit. Foreign Office, das keine Betätigung prominenter brit. Staatsbürger in Emigrantenorg. wünschte, Mai 1940 Niederlegung seiner Funktionen. 1941 als Mitgl. des von → Robert Habsburg als österr. Exilvertr. in GB konzipierten Austrian Advisory Committee vorgesehen. Febr. 1942 Führer einer österr. Deleg., die eine von österr. Emigr. gespendete Rot-Kreuz-Ambulanz übergab; in seiner Dankesrede bezeichnete Winston Churchill Österr. zum ersten Male offiziell als „erstes Opfer der Nazi-Aggression". 1943 mit → Josef Dobretsberger mehrfache Versuche zur Bildung eines offiz. österr. „Treuhänderkomitees", Ablehnung durch Foreign Office. Dir. wirtschaftl. Unternehmungen. Nach 1945 Ehrenmitgl. *Gesellschaft der Musikfreunde Wien, Wiener Philharmoniker* u. *Worshipful Company of Musicians* London. 1953 mit Ehefrau Opfer einer Flugzeugkatastrophe bei Frankfurt/M. - *Ausz.:* u.a. 1930 Gr. Ehrenzeichen mit dem Stern für Verdienste um die Republik Österr., 1935 Dr. jur. h.c. Univ. Oxford, 1939 Großkreuz des Victoria-Ordens.

W: Facts and Features of my Life. London 1939 (Diplomat of Destiny, New York 1940); The World of Music (Hg. zus. mit O.E. Deutsch). 1948 ff. *L:* Goldner, Emigration; Maimann, Politik. *Qu:* Arch. Erinn. Hand. Publ. - IfZ.

Frank, Adolf, Parteifunktionär; geb. 30. Jan. 1914 Essen; ev., Diss.; *V:* Adolf F.; *M:* Maria, geb. Bitterich; *StA:* deutsch. *Weg:* 1933 NL; 1934 Deutschland, UdSSR; B; CH; E; 1941 Deutschland.

Schlosser; Mitgl. KJVD in Essen, 1933 Emigr. Niederlande, 1934 als KJVD-Instrukteur nach Oberhausen, u.a. Mitwirkung an Hg. *Junge Ruhrgarde;* Dez. 1934 Deleg. KJVD-Reichskonf. in Moskau, anschl. Aufenthalte in Belgien u. der Schweiz, Teiln. Span. Bürgerkrieg in XI. Internat. Brigade, Besuch Mil-Schule Valencia, zuletzt Capitán (Hptm.); Gefangenschaft, 1941 nach Deutschland verbracht, 14. Apr. 1942 durch OLG Hamm zu 5 J. Zuchth. verurteilt. Nach 1945 vermutl. SBZ/DDR. - *Ausz.:* 1956 Hans-Beimler-Medaille.

Qu: Arch. Publ. - IfZ.

Frank, Albert Rudolf, Dr. phil., Industriechemiker; geb. 25. Aug. 1872 Staßfurt/Sa.; gest. 18. März 1965 New York; *V:* Dr. phil. Adolph F. (geb. 1834 Klötze/Altmark, gest. 1916 Berlin), Prom. Göttingen, Gr., Inh. u. Dir. versch. Chemieunternehmen; *M:* Meta, geb. Warburg; *G:* Paul; Margarete de Bram, A: New Rochelle/N.Y.; *StA:* deutsch, USA. *Weg:* 1938 USA.

1895-96 Stud. München, Berlin, 1896-1900 Stud. TH Berlin, 1900 Prom. in organ. Chemie; gleichz. 1896-99 Chemiker bei versch. Firmen in Deutschland u. der Schweiz, 1899 Eintritt in Familienfirma Cyanidgesellschaft, 1901-08 Ltr. der Firma; 1901 Forschungen zur Entwicklung von Stickstoff als synthet. Düngemittel. Ab 1905 Angest., 1916-38 Präs. Stickstoffwerke AG, gleichz. AR-Mitgl. G. Sauerbrey AG Staßfurt, G. Frowein & Co. AG Bergerhof/Rheinland, Donauwerke AG, ab 1901 Berater Hannoversche Kolonisations- u. Moorverwertungsgesellschaft, 1912-38 Berater Nippon Chisso Hiryo Japan, 1907 Mitgr., 1912-30 Berater American Cyanamid Co. New York. Inh. versch. Patente. 1938 Emigr. USA, 1942-45 Berater bei OWI, 1945-65 Berater bei American Cyanamid Co. in New York.

W: Bibliogr. in Poggendorf, Bd. 6, 7a; Art. in Fachzs. *L:* EJ; Chemie Ingenieur Technik. 1952. *Qu:* Hand. Publ. Z. - RFJI.

Frank, Heinz (Hanuš), Funktionär, Journalist; geb. 1905, gest. 27. Dez. 1966 Prag; *StA:* österr., 1919 CSR. *Weg:* 1938 GB; 1945 CSR.

Gärtner; kam in den 20er Jahren über SJ zum KSM, als enger Mitarb. von Louis Fürnberg Mitgr. der dt.-sprachigen Agit-Prop-Gruppe „Echo von links"; KSČ-Mitgl. u. -Funktionär in Westböhmen. 1938 nach GB, Mitgl. KSČ-EmigrGruppe um → Gustav Beuer, 1941 zur tschechoslow. Auslandsarmee. 1945 Rückkehr nach Karlsbad, Partei- u. Staatsfunktionär, 1954-66 Red. *Aufbau und Frieden* Prag; publizierte zahlr. Art. zur Gesch. der sudetendt. Widerstandsbewegung während des 2. WK.

Qu: Z. - IfZ.

Frank, Heinz Georg Salomon, Verbandsfunktionär; geb. 23. Juni 1911 Berlin, gest. 24. Juni 1967 Winnipeg/CDN; jüd.; *V:* Fritz Felix Andreas F. (geb. ca. 1886 Altona/Schlesw.-Holst., gest. 1948 CDN), jüd., ltd. Angest., 1938 Emigr. CDN; *M:* Esther Malka, geb. Finster (geb. 1881 Warschau, gest. 1963 Winnipeg), jüd.; techn. Zeichnerin in Berlin, 1938 Emigr. CDN; ∞ 1937 Schezwa (Sabina) Glattenberg (geb. 1913 Warschau), jüd., 1938 Emigr. CDN; *K:* Helen Bensimon (geb. 1941), B.A., ab 1963 USA, wiss. Fachpublizistin; Lili Garfinkel (geb. 1948), B.A., Staatsbeamtin in Toronto; Frances Charlotte (geb. 1948, gest. 1948); *StA:* deutsch, 1943 (?) CDN. *Weg:* 1938 CDN.

Stud. Rechtswiss. Berlin, Unterbrechung infolge pol. Entwicklung, bis 1938 Sprachlehrer bei den Baruch Auerbachschen Waisen- und Erziehungsanstalten in Berlin; zus. mit seinem Vetter Joachim Schoeps Mitgl. einer anti-natsoz. Untergrundorg. Herbst 1938 Emigr. Kanada, Unterstützung durch Verwandte, 1938-43 Landwirt (Bedingung für Visa-Erteilung), Kauf einer Farm mit Unterstützung des *Western Canadian Jew. Congress,* zeitw. Fabrikarbeiter. 1943-64 Ltr. des westl. Bezirks des *Can. Jew. Congress* in Winnipeg, gleichz. Ltr. *Jew. Immigrant Aid Soc.,* verantwortlich für die Integration mehrerer tausend D.P., Rechtsberater in Wiedergutmachungsfragen in Westkanada. Präs. *Citizenship Council of Winnipeg,* ehrenamtl. Vors. *Winnipeg Council of Rabbis,* Dir. *Jew. Community Council;* intensive Vortragstätigkeit. 1965-67 Stud. Univ. Manitoba, 1967 M.A. für dt. u. franz. Lit., 1967 Doz. u. Übers. an der Univ. Manitoba. Mitgl. *B'nai B'rith, Alliance Française, Manitoba Chess Assn., Luxxon Parents-Teachers Assn., Hölderlin Society.*

W: Gegenwartsaufgaben jüdischer Jugenderziehung. 1938; Benz, A., Evolution and Christian Hope (Übers.). 1966; Beiträge u.a. in Zs. *Mosaic. L:* Maurer, Karl, Heinz Georg Frank - a Profile. A Memorial Address. 1967. *Qu:* Pers. Publ. Z. - RFJI.

Frank, Helmut, Dr. phil., Rabbiner; geb. 15. Apr. 1912 Wiesbaden; *V:* Otto F. (1872-1950), Weinhändler, Kassierer *Israelitischer Unterstützungsverein, B'nai B'rith,* 1941 Emigr. USA; *M:* Anna, geb. Scheidt (1882-1959), Mitgl. jüd. Frauenorg., 1941 Emigr. USA; *G:* Edith Springer (geb. 1912), 1938 Emigr. USA; ∞ Hannah Nathan (geb. 1921), 1938 Emigr. USA; *K:* Elsa Adler (geb. 1945); Michael (geb. 1948); *StA:* deutsch, nach 1944 USA. *Weg:* 1939 USA.

Als Gymnasiast anti-natsoz. Aktivität; 1931-35 Stud. Berlin u. Bonn, Juni 1936 Prom. Berlin; daneben 1931-34 u. 1935-37 Stud. L(H)WJ, 1937 Rabbinerexamen, Schüler von Rabbiner → Hugo Hahn u. Prof. → Ismar Elbogen. 1937-39 Rabbiner Isr. Religionsgde. Worms, Förderung von Jugendarbeit u. Emigr.; Mitgl. *Allgemeiner Rabbinerverband,* ZVfD, 1937-38 VorstMitgl. *Israelitischer Unterstützungsverein.* 10. Nov.-10. Dez. 1938 KL Buchenwald. 1939 Emigr. USA, 1939-40 Assist. Rabbi Congr. Har Zion Philadelphia/Pa., 1940 Hauptlehrer B'nai Judah Congr. Wildwood/N.J.; 1940-52 Schriftsetzer bei Jew. Publication Soc., 1950-73 beim wiss. Verlag Mauria Jacobs Inc. 1941-42 Kultusdir. des *Central Club of Philadelphia,*

Mitgl. *Verein deutsch-jüdischer Emigranten.* 1942 Gr. u. bis 1957 Rabbiner Congr. Tikvah Chadashah (Splittergruppe des *Central Club,* Eintreten für Einheitsgde., dt.-sprachige Gebetsbücher u. Predigten); 1943-46 Red. *Rosh Hashanah Bulletin* der Gde.; 1957 Rücktritt von GdeÄmtern, mit traditionalist. GdeMitgl. Gr. u. bis 1973 Rabbiner Congr. Agudath Achim, strenges Beharren auf Überlieferungen des dt. Judentums; 1973 Pensionierung. Ab 1952 Mitgl. *Board of Rabbis of Philadelphia, Rabbinical Assembly,* Mitgl. *Heinrich Graetz Lodge, B'nai B'rith;* Fürsorge für Flüchtlinge u. Opfer des NatSoz.
W: Mischna mit arabischen Glossen. Leningrader Fragment Antonin Nr. 262, Diss. phil. (masch.) 1936; As a German Rabbi to America. In: Paul-Lazarus-Gedenkbuch. 1961. *D:* RFJI. *Qu:* Arch. Fb. Pers. Publ. - RFJI.

Frank, Karl Borromäus, Dr. phil., Psychologe, Publizist; geb. 31. Mai 1893 Wien, gest. 1969 New York; Diss.; ∞ 1937 Anna Caples, Sekr. Executive Board *American Friends of German Freedom; StA:* deutsch, 2. Okt. 1943 Ausbürg. *Weg:* 1933 Österr., CSR; 1938 F; 1939 GB, USA.

Sohn eines kleinen Fabrikanten in Wien. Mit 13 Jahren Austritt aus kath. Kirche. 1909-13 Kadettenschule Traiskirchen/ Niederösterr., Anschluß an pazifist. Jung-Wandervogel-Bewegung. Nach Abitur Stud. Psychologie, Biologie u. Philos. Univ. Wien, Mitgl. *Freie Vereinigung Sozialistischer Studenten,* entwarf das erste Antikriegs-Flugblatt. Ab Herbst 1914 Kriegsdienst, nach Fronteinsatz 1916 Kriegsdienstverweigerer. 1918 maßgebl. Vertr. der sozdem. Mittelschülerbewegung, Nov. 1918 Vors. UnivAusschuß, Vertr. der Univ. im Wiener *Arbeiterrat.* Gehörte zu den Führern der linksradikalen Gruppe Friedländer-Eisler (→ Ruth Fischer, → Gerhart Eisler). 1918 Prom., 1919 KPÖ, Mitgr. u. Führungsmitgl. KJVÖ (eigentl. *Verband der [kommunistischen] Proletarierjugend),* vorüberg. Red. *Die Rote Fahne* Wien, ab Dez. 1919 PV-Mitgl. KPÖ. Ende 1920 Übersiedlung nach Berlin, Mitgl. KPD u. Red. *Die Rote Fahne,* zeitw. Red. des theoret. KPD-Organs *Die Internationale.* Rechtfertigte in der Schrift *Der Fall Levi in der Dritten Internationale* die März-Aktion der KPD von 1921. 1923 von der Zentrale nach Bayern zur Vorbereitung eines Aufstandes entsandt, bei illeg. Arbeit verhaftet, nach Flucht 25. Mai 1924 erneut festgenommen; 3-wöch. Hungerstreik, nach Verurteilung Juli 1924 nach Österr. abgeschoben. Aug. 1924 von österr. Kommission des EKKI mit Vollmachten zur Beendigung der KPÖ-Fraktionskämpfe ausgestattet, Nov. 1924 Mitgl. KPÖ-Parteiltg. Nach Rückkehr nach Berlin Arbeit in der Zentrale, zeitw. Red. *Der Kämpfer* Chemnitz u. *Volksblatt* Gotha, gehörte zum rechten Parteiflügel um → Heinrich Brandler. 1928 Org. der als Protestdemonstration gegen den Bau des Panzerkreuzers „A" unternommenen Entführung eines Berliner Rundfunkjournalisten, deshalb 4 Mon. Gef. Nach Haftentlassung in Opposition zum ZK, Parteiausschluß. 1929 Übertritt zur KPDO, Berufung in die Reichsltg. Mit der oppos. KPDO-Minderheit März 1932 zur SAPD, PV-Mitgl. u. Reichsltr. *Sozialistischer Schutzbund,* Mitarb. SAPD-Zentralorgan *Sozialistische Arbeiterzeitung.* Schon früh Verb. zur Gruppe um → Walter Löwenheim (dort näheres zu Gesch. u. Strategie von dessen geheimer *Leninistischer Organisation* - LO), als Mitgl. der LO Ende 1932 nach Ausschluß aus SAPD (Nov. 1932) Eintritt in die SPD mit Unterstützung → Otto Bauers. Neben Löwenheim u. → Richard Löwenthal einer der theoret. u. org. Führer der LO. Deckn. bzw. Ps. Willi Müller, Paul Hagen, Josef, Maria. Ab 1933 als Propagandist u. Organisator für die LO im Ausland mit häufigen illeg. Reisen nach Deutschland. Unter dem Eindruck der Niederlage der etablierten Arbeiterbewegung in Deutschland erschien das Konzept der LO mit ihrer durch das konspirative Kadersystem ermöglichten illeg. Fortsetzung des Kampfes im Reich sowohl bei den emigr. linken Kritikern des Prager SPD-PV wie bei den ebenfalls bedrohten sozdem. Org. (v.a. in Österr.) u. bei ausländ. Bruderparteien u. Gew. als zeitgemäße Alternative zur traditionellen sozialist. Politik. Dank seiner guten Verb. u.a. zu → Friedrich Adler u. zur SAI sowie zur ITF unter Edo Fimmen erreichte F. die internat. Anerkennung der LO als „Inlandseinrichtung der (dt.) Sozialdemokratie" u. die Veröffentlichung der Programmschrift *Neu Beginnen* (Verf. Walter Löwenheim unter Ps. Miles) Sept. 1933 im Verlag Graphia Karlsbad durch die zunächst widerstrebende *Sopade* sowie die Finanzierung der LO-Arbeit aus den nach Prag geretteten Parteigeldern der SPD. Gleichzeitig übernahm F. die Auslandsltg. der Gruppe unter dem Namen der Programmschrift als *Gruppe Neu Beginnen* (NB) zuerst mit Sitz in Wien, später Prag u. Paris. Strategie von NB war die „Übernahme" der SPD von innen heraus unter Fortführung der konspirativen LO-Taktik u. Infragestellung des Mandatsanspruches der *Sopade* unter → Otto Wels, wobei → Paul Hertz als Kontaktmann innerh. des Exil-PV wirkte; ZusArb. bes. mit den jüngeren aktivist. Kräften der SPD (u.a. → Waldemar v. Knoeringen, → Erwin Schöttle), Einvernehmen mit Bestrebungen der sog. alten Linken um die RSD. Nach F.s Versuch Ende 1934, NB u. RSD zu einem „Kartell" zusammenzuschließen, führte der Ausschluß von → Karl Böchel u. → Siegfried Aufhäuser aus *Sopade* bei gleichz. Sperrung der Hilfsgelder zur Schwächung der LO; der anschl. ausbrechende Fraktionskampf signalisierte die Grenze des Vorstoßes der LO in die *Sopade,* zugleich Nachlassen des Einflusses der Inlands-LO auf andere sozdem. Widerstandsgruppen im Reich. Die sich in dieser Lage Herbst 1934 um Richard Löwenthal u. Werner Peuke bildende oppos. Gruppe wurde von F. unterstützt; nach Spaltung der alten LO u. Trennung von Löwenheim Juni 1935 wurde F. neben Löwenthal führender Vertr. von NB. Nach Revision des in der Miles-Broschüre aufgezeigten sog. weiterentwickelten Leninismus ideolog. Annäherung an die Sozialdemokratie unter Aufgabe des Zentralismus u. der (Erziehungs-)Diktatur des Proletariats; NB näherte sich dem Austromarxismus Otto Bauers u. bewegte sich zunehmend in den traditionellen ideolog. Bereichen der linken sozdem. Parteiopposition. F. hatte früh engen Kontakt zu den illeg. RSÖ, 1934 vorüberg. in Brünn, ZusArb. mit ALÖS unter Otto Bauer, unter Ps. Willi Müller u. L.A. Gruber Mitarb. *Der Kampf;* nach Anschluß Österr. Unterstützung der gesamtdt. Perspektive der AVÖS, Mitgr. der von → Joseph Buttinger initiierten *Arbeitsgemeinschaft für sozialistische Inlandsarbeit,* neben Buttinger, → Josef Podlipnig u. Paul Sering (Richard Löwenthal) Mitverf. *Der kommende Weltkrieg. Aufgaben und Ziele des deutschen Sozialismus* als Versuch einer linkssozialist. Standortbestimmung gegenüber dem erwarteten Krieg zwischen faschist., kapitalist. u. sowj. System in Europa. Mitgl. der von → Willi Münzenberg gegr. *Union Franco-Allemande.* Sommer 1939 Verlegung der NB-AuslLtg. nach London, wo F. die letzten 2 Nummern des Herbst 1937 begonnenen theoret. NB-Organs *Sozialdemokratischer Informationsbrief* herausgab. Neben der Weiterführung selbständ. OrgStellen im Ausland, der Aufrechterhaltung des Kontaktes zum dt. Widerstand u. der Ausarb. programmat. Nachkriegs-Vorlagen sah das NB-Auslbüro in GB seine Aufgabe in der kritischen Berichterstattung über die Lage in Deutschland. Ab Herbst 1939 Hg. *Deutsche Inlandsberichte* (auch franz. u. norweg. Ausg.) u. für GB *Reports from Inside Germany.* Dez. 1939 reiste F. in die USA, um finanz. Mittel zu sichern u. die Anschauungen von NB zu propagieren; er sollte zudem auf Wunsch des Foreign Office Adam von Trott zu Solz treffen, um dessen pol. Glaubwürdigkeit als NS-Gegner zu überprüfen. In USA Versuch, die NB-Arbeit in enger Verb. mit Londoner Auslandsbüro weiterzuführen, aufgrund der durch den Krieg unterbrochenen Verbindung jedoch zunehmende Selbständigkeit beider Gruppen. In New York übernahmen die *American Friends of German Freedom* unter ihrem Präs. Reinhold Niebuhr die Verbreitung des NB-Standpunktes zur Deutschlandfrage u. auf Vermittlung F.s bis 1941/42 auch die Finanzierung der Londoner Gruppe sowie 1939-44 die Publikation der *Inside Germany Reports* u. zeitw. von *In Re: Germany - A Critical Bibliography.* Während in GB unter Löwenthal eine Einigung mit den übrigen sozialist. Gruppen erfolgte, bestand zwischen der *German Labor Delegation* u. den *American Friends of German Freedom* weiterhin die alte Kampfstellung, die durch Erfolge F.s bei Bemühungen um finanz. Unterstützung der NB-Aktivitäten in Europa seitens amerikan. GewOrg. noch verschärft wurde. Denunzierung F.s durch → Friedrich Stampfer als „stalinist. Agent" u. pol. Abenteurer, öffentliche Auseinandersetzung unter Bildung eines übernat. Untersuchungsausschusses, der sich Apr. 1941

188 Frank

ohne klärende Einigung auflöste. Sommer 1944 maßgebl. Beteiligung F.s an Grdg. *Council for a Democratic Germany* (CDG) unter → Paul Tillich. Veröffentlichung zweier programmat. Bücher: *Will Germany Crack?* (1942), in dem er Illusionen über eine org. Opposition in Deutschland zu zerstören versuchte u. vor einer „Generalsrevolte" warnte; *Germany after Hitler* (1944) reflektierte die Hoffnungen auf eine von den Besatzungsmächten gebilligte dt. Volksrevolution nach Zusammenbruch des Dritten Reiches. Nach Auflösung des CDG infolge Auseinandersetzungen um die KonfBeschlüsse von Jalta u. Potsdam übernahm F. die Ltg. des Research Department der Sept. 1944 als Nachfolgeorg. der *American Friends of German Freedom* gegr. *Am. Assn. for a Democratic Germany* (AADG). 1946 Veröffentlichung *Erobert, nicht befreit! Das deutsche Volk im ersten Besatzungsjahr.* Trotz Bemühungen → Ernst Reuters um F.s Rückkehr nach Deutschland war diese pol. unerwünscht. F. war bis zu seinem Tode als Psychoanalytiker in New York u. Connecticut tätig.

W: Der Fall Levi in der Dritten Internationale. o.J. (1921); Neu Beginnen – Was es will, was es ist und wie es wurde (Hg. Auslandsbüro Neu Beginnen). London o.J. (1939); Wandlungen der Sowjetunion. Zur Neubeurteilung der russischen Frage nach dem 18. Parteitag (Hg. Auslandsbüro Neu Beginnen). 1939; Will Germany Crack? New York (Harper) 1942; Germany after Hitler. New York (Farrar & Rinehardt) 1944; Erobert, nicht befreit! Das deutsche Volk im ersten Besatzungsjahr (Hg. Research Dpt. der AADG, Nr. 1 der Schriftenreihe *Für ein demokratisches Deutschland*). New York 1946. Verf. zahlr. Memoranden, Mitarb. mehrerer Exilzs. sowie amerikan. Zs. u. Ztg. *L:* Kliem, Neu Beginnen; Reichhardt, H.J., Neu Beginnen. Ein Beitrag zur Geschichte des Widerstandes der Arbeiterbewegung gegen den Nationalsozialismus. 1963. Wisshaupt, RSÖ; Röder, Großbritannien; Weber, Wandlung; Hautmann, KPÖ; Radkau, Emigration; Neugebauer, Bauvolk; Reisberg, KPÖ. *D:* Hoover Institution, IISG. *Qu:* Arch. Publ. – IfZ.

Frank, Susanna, geb. Kantorowicz, Sozialarbeiterin; geb. 27. Dez. 1905 Danzig; jüd.; ∞ I. Fritz Meyer, Bankdir. in Danzig; II. 1949 Hugo Frank (geb. 1891 Westf., gest. 1949 Bras.); *K:* João Alberto (Jean) Meyer (geb. 1925), 1935 Emigr. F, 1940 Bras., Atomphysiker; George Pedro (Pierre) Meyer (geb. 1927), Emigr. Bras., Bankier; *StA:* deutsch, Danzig, Bras. *Weg:* 1935 F; 1940 Bras.

1924 Abitur, Ausbildung als Dolmetscherin u. Sozialarb.; Ehemann wurde während der 30er Jahre von der Landesbank in Danzig entlassen. 1935 Emigr. Paris, Mitgl. *League of Foreign Women.* 1940 nach Madrid, Aug. 1940 nach Brasilien. 1941–69 für OFIDAS als Freiw. tätig, zugl. Vizepräs. u. Ehrenmitgl. *Liga Feminina Israelita* u. Mitgl. *Hilfsausschuß.* 1962–68 Vizepräs. *Internationaler Verband jüdischer Frauen* sowie dessen Vors. für Brasilien, 1971 brasil. Abg. auf dem Kongreß für jüd. GdeArb. in Jerusalem. 1969–71 Geschäftsf. der städt. Fürsorgeabt. von São Paulo. 1971–73 2. Vizepräs. *Federacão Israelita* des Staates São Paulo, 1971–75 Dir. u. Ehrenmitgl. der gemeinnütz. Org. *Arrastão,* Mitgr. u. Präs. der Vereinigung für ältere Menschen *Movimento pro-idoso,* Ratsmitgl. *Fraternidade Crista-Judaica.* Lebte 1978 in São Paulo. – *Ausz.:* 1959 Woman of the Year Award der HIAS; Anchieta Med.; Med. der Stadt São Caetano do Sul.

Qu: Fb. Publ. – RFJI.

Frank, Werner L., Unternehmensleiter; geb. 4. Juni 1929 Heilbronn; jüd.; *V:* Arthur F. (geb. 1895 Eppingen), jüd., Abitur, Buchhalter, 1937 Emigr. USA; *M:* Bertha, geb. Weingartner (geb. 1903 Bretten), jüd., höhere Schule, 1937 Emigr. USA; *G:* Hilda Fleischhacker (geb. 1931), höhere Schule, 1937 Emigr. USA; ∞ Phoebe Mannel (geb. 1934 Chicago), jüd., B.Sc. (Psychologie), 1974 M.S.W. *K:* Dori (geb. 1956); Judith (geb. 1958); Daniel (geb. 1960); *StA:* deutsch, 1942 USA. *Weg:* 1937 USA.

Okt. 1937 Emigr. USA mit Familie. 1947–51 Illinois Inst. of Technology, B.Sc. (Math.); 1952–54 US-Armee, Data Reduction Laboratory; 1954–55 Univ. Illinois, M.Sc.; 1955–62 bei Thompson Ramo Wooldridge Corp., Labor für Raumfahrttechn., AbtLtr. für angewandte Math. (Computation and Data Reduction Center), 1959 zugl. Berater Abt. für Informationsverarbeitung. 1962 Mitgr., Dir. u. Vizepräs. Informatics Inc. Woodland Hills/Calif. (mil. u. kommerzielle Informationssysteme), 1971 Präs. u. ltd. Geschäftsf. der Versicherungsges. Equimatics Inc. (Beteiligung von Informatics Inc. u. von Equitable Life Assurance Soc.), 1974 Erwerb von Informatics durch Equitable u. Fusion von Equitable mit Equimatics, anschl. geschäftsf. Vizepräs., Dir. u. VorstMitgl. Informatics. 1970 als Vertr. der Datenverarbeitungsindustrie Ltg. US-Handelsmission für Südostasien i.A. des US-Wirtschaftsmin. Vors. Ausschuß für Entwicklung der Datenverarbeitung in Israel, Org. der Konf. für Entwicklungsländer über Methoden der InfoVerarbeitung in Jerusalem. Mitgl. *Assn. for Computing Machinery,* Gr. u. Vors. der Fernando Valley-Ortsgruppe; Präs. *Jew. League of Chicago,* ehem. Vors. ZOA, Midwest-Intercollegiate. Lebte 1977 in Calabasas/Calif.

Qu: Fb. Hand. – RFJI.

Frank, Wilhelm (Willy), Dr. techn., Ministerialbeamter; geb. 19. Mai 1916 Wien (?); *V:* Dipl.-Ing., Chemiker; *StA:* österr., 1941 Ausbürg., 1946 (?) österr. *Weg:* 1938 CH; 1945 (?) Österr.

Stud. Technik Wien; 1934 nach den Februarkämpfen Mitgl. *Roter Studentenbund* bzw. *Geeinter Roter Studentenverband* (student. Volksfrontorg. in Wien unter maßgebl. Einfluß der KPÖ), illeg. Arbeit. 1937 Verhaftung, Febr. 1938 durch Schuschnigg-Amnestie befreit, nach Anschluß Österr. Emigr. nach Zürich. Stud. Technik an ETH; Anfang 1941 Internierung im ArbLager Thalheim/Kanton Zürich, Vors. des Freizeitausschusses im Lager, Nov. 1941 Freilassung. Anfang 1942 Verhaftung unter Beschuldigung der ZusArb. mit der seit Nov. 1940 verbotenen kommunist. Partei der Schweiz *(Partei der Arbeit),* Haft in Zürich u. Brugg/Kanton Aargau, Sept. 1942 6 Mon. Gef., nach Revision Ende 1942 Freispruch durch Bundesgericht. Anschl. erneute Internierung ArbLager Gordola/Kanton Tessin, ab Febr. 1944 Lager Bassecourt/Berner Jura. In beiden Lagern aktiv in der Org. der Freizeitgestaltung, in Bassecourt neben → Bruno Goldhammer Vors. Freizeitausschuß. Verfaßte in Bassecourt eine von *Weltstudentenwerk* u. *Europäischer Studentenhilfe* preisgekrönte Arbeit. Mai 1945 nach Freilassung Mitgl. *Vorbereitendes Komitee* zur Wiederherstellung des österr. Kulturlebens in Zürich, zus. mit Karl Paryla Hg. der kurzlebigen Zs. *Neues Österreich.* Vermutl. 1945 Rückkehr nach Wien; Ministerialbeamter. 1976 Sektionschef u. Ltr. Energiesektion im Bundesmin. für Handel, Gewerbe und Industrie.

W: u.a. Studenten und Universitäten nach dem Kriege. Memorandum zur Umfrage des Weltstudentenwerks und der Europäischen Studentenhilfe. 1946; Österreichs Energiewirtschaft. 1966; Österreichisches Energieforschungskonzept (Hg.). 1975. *L:* Teubner, Schweiz; Tidl, Studenten. *D:* DÖW. *Qu:* Arch. Hand. Publ. – IfZ.

Frank, William, Dr. jur., Fürsorger; geb. 1. Jan. 1903 Berlin; jüd.; *V:* Richard F. (geb. 1866 Klötze/Sa.-Anhalt, gest. 1946 USA), jüd., Bankier, Mitgl. DDP, 1938 Emigr. USA; *M:* Clothilde, geb. Schiff (geb. 1874 Bad Homburg, gest. 1931 Berlin), jüd., Lyzeum; *G:* Dorothea Laband (geb. 1900 Berlin), Anwaltssekr., 1941 Emigr. USA über brit. Nord-Borneo; Gerhard (geb. 1909 Berlin, gest. 1963 USA), Geschäftsf., 1936 Emigr. USA; ∞ 1937 Ilse Hänsel (geb. 1917 Berlin), Photographin, 1937 Emigr. USA; *StA:* deutsch, USA. *Weg:* 1936 USA, Kuba; 1937 USA.

1921–24 Stud. Rechtswiss. Heidelberg, Jena, 1924 Prom. Berlin, Referendar, 1929–31 Assessor in Berlin, 1931–33 RA am Kammergericht, 1933 Berufsverbot; 1933–36 Mitarb. in Grundstücksfirma. 1936 USA mit Besuchervisum, dann Kuba, 1937 Emigr. USA mit Einwanderervisum, mit Unterstützung relig. Hilfsorg. nach Cleveland/O., Ehefrau Photographin u.

Verkäuferin, Unterstützung durch *Jew. Family Service,* 1937-40 Buchhalter Kaufhaus Mayco in Cleveland, 1940-42 Stud. Western Reserve Univ., 1942 M.A. (Sozialwiss.), 1942-44 Fürsorger beim *Jew. Family Service* in Cleveland, 1944-54 Dir. *Westchester Comm. for Refugees* in White Plains, Mitarb. *United HIAS* New York, Fürsorgetätigkeit für Opfer des Nat.-Soz. u. Flüchtlinge. Seit 1974 Ruhestand in New York.

Qu: Fb. - RFJI.

Frank, Willy (Wilhelm, Willi), Parteifunktionär; geb. 12. Febr. 1909 Wien, gef. 19. Febr. 1945 b. Smuka/Slowenien; *StA:* österr. *Weg:* 1935 UdSSR; 1937 (?) CSR; 1938 Deutschland (Österr.), CSR; Deutschland (Österr.); 1939 F, TR, UdSSR; 1944 JU.

Schlosserlehre in Wien, anschl. arbeitslos; 1925 Mitgl. KJVÖ, zeitw. Ortsgruppen-Obmann; 1931 ZK-Mitgl. des KJVÖ, Herbst 1931 bei Verbot Sekr. des Gesamtverb. sowie des Landesverb. Wien. Ab 1933 illeg. KPÖ-Funktionär, Deckn. u.a. Gustav Hutter. Verhaftung, KL Wöllersdorf. 1935 nach Moskau, auf dem 6. Kongreß der KJI Wahl zum Kand. des Exekutivkomitees der KJI. Anschl. vermutl. Lenin-Schule Moskau. Vermutl. 1937 in die CSR, Frühj. 1938 Rückkehr nach Wien, OrgLtr. der KPÖ. Deckn. u.a. Hermann, Michel, Waugl, J.-Mann. Sommer 1938 vermutl. nach Prag, Ende 1938 oder Anfang 1939 nach Zerschlagung der 1. illeg. Ltg. der KPÖ in Wien Rückkehr nach Wien, Aufbau einer neuen zentralen Ltg.; Deckn. u.a. Willy I; Juli 1939 Teiln. an Tagung des ZK der KPÖ in Paris, sollte anschl. mit → Anton Reisinger nach Wien zurückkehren, blieb jedoch im Ausland, da er befürchtete, von der Gestapo enttarnt zu sein. Tätigkeit im AuslApp. der KPÖ, zeitw. in Istanbul bei illeg. KPÖ-Gruppe (→ Herbert Eichholzer), Deckn. Harald. Nach Kriegsausbruch nach Moskau. 1940 Kooptierung ins ZK der KPÖ. Ab 1941 stellv. Chefred. des „illeg." *Senders Österreich* unter → Erwin Zucker-Schilling, ab 1943 Ref. Antifa-Schule in Krasnogorsk. Ende 1944 über Belgrad nach Črnomelj in Slowenien, Dez. 1944- Jan. 1945 im befreiten Gebiet Aufbau einer Partisanengruppe zum Einsatz in Österr. Fiel bei einem Überfall von Vlassov-Einheiten oder auf dt. Seite kämpfenden slowen. Freischärlern.

L: Mitteräcker, Kampf; Koch, Widerstand; Frick, Karl, Umdenken hinter Stacheldraht. 1967; Holzer, Bataillone; Göhring, KJVÖ; Konrad, KPÖ; Vogelmann, Propaganda; Widerstand 2; Unsterbliche Opfer. *Qu:* Arch. Pers. Publ. - IfZ.

Frank, Yehudah (urspr. Louis), Dr. med., Arzt; geb. 1869 Altona-Hamburg, gest. 1951 Haifa; jüd.; *Weg:* 1938 NL; 1940 GB; 1947 Pal.

Arzt in Altona, frühzeitig Zionist u. Anhänger des *Misrachi,* 1911 aktiv beim Austritt der Frankfurter Delegation aus *Misrachi* unter Ltg. von → Jakob Aryeh Feuchtwanger; 1912-21 nach Umzug der *Misrachi*-Zentrale nach Altona VorstMitgl., später stellv. Präs. *World Misrachi Org.,* Einrichtung eines *Misrachi*-Fonds für die Unterstützung relig. Ansiedlungen in Palästina. 1938 Emigr. Niederlande, 1940 nach Manchester/GB, 1947 nach Palästina.

Qu: Hand. Publ. - RFJI.

Franke, Arthur, Offizier; geb. 5. Sept. 1909; *StA:* deutsch. *Weg:* 1936 E; Deutschland.

KPD-Mitgl., ab 1936 Teiln. Span. Bürgerkrieg als Angehöriger der Internat. Brigaden. Nach Kriegsende Offz. in der SBZ, 1952 Oberst, bis 1959 Ltr. PolVerw. im Stab der Luftstreitkräfte der NVA der DDR, später Ltr. Verw. Koordinierung im MfNatVert.; 1966 GenMajor. - *Ausz.:* u.a. 1956 Hans-Beimler-Med., 1959 VVO, 1969 Banner der Arbeit.

L: Forster, NVA. *Qu:* Hand. Publ. - IfZ.

Franke, Otto, Parteifunktionär; geb. 15. Sept. 1877 Rixdorf b. Berlin, gest. 12. Dez. 1953 Berlin. *Weg:* 1938 CSR; 1939 GB; 1946 Deutschland (SBZ).

Lehre als Maschinenbauer, daneben autodidakt. Weiterbildung. Seit 1892 SPD u. DMV; 1898 Mitgr., 1901-07 BezLtr. Berlin u. ab 1907 hauptamtl. Funktionär *Deutscher Transportarbeiter-Verband;* 1907 Teiln. Internationaler Sozialistenkongreß in Stuttgart. Im 1. WK Gegner der sozdem. Burgfriedenspolitik, als Organisator der Maidemonstration zus. mit Karl Liebknecht 1916 in Berlin 5 Mon. Haft; Einsatz an der Ostfront, Versuch zur Bildung von Soldatenräten, 1917 Desertion; in Berlin Anschluß an *Spartakus,* Jan./Febr. 1918 beteiligt an Org. des Streiks der Rüstungsarbeiter, während der Novemberrevolution enge ZusArb. mit Liebknecht; Jan. 1919 Teiln. KPD-GrdgsPT, ltd. Sekr. Bez. Groß-Berlin; 1920 Deleg. 4. KPD-PT u. 1921 des 3. *Komintern*-Kongresses; 1921 Ltr. KPD-Bez. Ostsa.; Juli 1921 auf dem RGI-GrdgsKongreß Berufung zum Ltr. des westeurop. Sekretariats; 1923 Ltr. KPD-Informationsabt. Deutschland; 1924 verhaftet, 1925 Flucht in die UdSSR; nach Amnestie 1928 Rückkehr nach Deutschland, Aufbau u. Ltg. von Zentralbibliothek u. Archiv der KPD. Nach natsoz. Machtübernahme einer der Org. der illeg. Arbeit in Berlin; Juli 1933 verhaftet, bis Okt. 1936 KL Oranienburg, Sonnenburg u. Lichtenburg, Entlassung, Arbeit u.a. bei Autobahnbau; nach erneuter Festnahme aufgrund pol. Agitation Jan. 1938 Flucht nach Prag; März 1939 nach London, 1940-41 interniert. Sept. 1946 Rückkehr nach Deutschland, SED, zuletzt Bibliograph der Parteihochschule in Kleinmachnow.

L: Weber, Hermann, Der Gründungsparteitag der KPD. Protokoll und Materialien. 1969; GdA-Biogr. *Qu:* Pers. Publ. - IfZ.

Frankel, Peter, Exportkaufmann; geb. 4. Febr. 1921 Berlin; jüd.; *V:* Kurt F. (geb. 1879 Berlin, gest. 1948 New York), jüd., Gymn., Industrieller, Handelsrichter, 1932 nach Österr., 1938 Emigr. GB, 1940 Bras., 1944 USA; *M:* Stefanie, geb. Ausschnitt (geb. 1886 Galati/Moldau), jüd., höhere Schule, 1932 nach Österr., 1938 Emigr. GB, 1940 F, Port., Bras., A: Bras.; *G:* Gerardo (geb. 1911 Berlin), 1933 Emigr. F, 1940 Bras., Börsenmakler; Harry (geb. 1913 Berlin), höhere Schule, 1933 Emigr. Rum., 1938 GB, 1940 Bras., Hotelgeschäftsf. in USA; ∞ 1948 Edith Eva Mariella Kostolany (geb. 1924 Budapest), jüd., anglikan., dt. Schule, ungar. Gymn., 1938 Emigr. GB, Cheltenham Ladies Coll., 1948 Bras., Sekr.; *K:* Roger Charles (geb. 1949 Rio de Janeiro), B.A., 1964 AUS, 3. Botschaftssekr. austral. Botschaft in Buenos Aires; Anthony Michael (geb. 1952 Rio de Janeiro), 1964 AUS, Hotelgeschäftsf.; *StA:* deutsch, Bras., 1964 AUS. *Weg:* 1932 Österr.; 1938 GB; 1940 Bras.

1932-38 Gymn. Wien. 1938 Emigr. GB mit Eltern, 1938-39 Privatschule in Eastbourne, 1939-40 Dolmetscher in Londoner Rekrutierungsbüro; anschl. nach Brasilien, 1940-42 portugies. Sprachkurse, 1942 mit Bruder Gerardo Frankel Gr. u. Ltr. Intimex Ltda. (Automobilfirma u. Import- u. Exportgeschäft), ab 1955 in Liquidation. Ab 1949 VorstMitgl. Handelskammer Rio de Janeiro, 1961 Präs. Jr. Chamber Internat.; 1964(?) mit Familie nach Australien, 1964 Gr. u. Geschäftsf. Keys Development and Trading Pty. Ltd. (Import-, Export- u. Beratungsfirma bes. für Exporte in Länder der EWG), zugl. 1964-76 Vors. *Defend Australia Comm.,* 1970-75 Mitgl. geschäftsf. Vorst. *Liberal Party*/Victoria, ab 1975 stellv. Präs., 1977 Präs. Handelskammer Melbourne, Dir. gemeinnütziger Gesellschaften, Sachverständiger für die Landwirtschaftspolitik der EWG. Lebte 1977 in Caulfield South/Australien.

Qu: Fb. - RFJI.

Franken, Joseph, Richter; geb. 28. Aug. 1887 Bedburg/Rheinland; jüd.; ∞ 1923 Aenne Rothenberg; *K:* Lore Gutmann, Edith Monin; *StA:* deutsch. *Weg:* 1939 Pal.; 1951 Deutschland (BRD).

LG-Rat, ab 1930 OLG-Rat in Düsseldorf, 1933 Entlassung. Bis 1939 VorstMitgl. Synagogengde. Düsseldorf, zuletzt auch Beauftragter des Preußischen Landesverb. jüd. Gemeinden in Berlin für die Vermögensverw. jüd. Kleingemeinden in der

Rheinprovinz. 1939 Emigr. Palästina. 1951 Rückkehr, 1951-55 Senatspräs. OLG Düsseldorf. - *Ausz.:* 1962 Gr. BVK, 1972 Ehrenmitgl. Jüd. Gde., Ehrenpräs. *Franz-Rosenzweig-Loge* von *B'nai B'rith* Düsseldorf.
Qu: Arch. EGL. - IfZ.

Franken, Paul, Parteifunktionär; geb. 27. Juni 1894 Höhscheid/ Krs. Solingen, gest. Herbst 1944 Adak/UdSSR; Diss.; ∞ Flora Regina Goldberg (geb. 1899), aktiv in sozdem. Frauenbewegung, StadtVO. Zeitz/Sa.; *K:* Margot (geb. 1923); *StA:* deutsch, 28. Apr. 1937 Ausbürg. mit Fam. *Weg:* 1933 CSR; 1934 S, Lettland, UdSSR.
Former. Mitgl. SAJ, später Vors. GewKartell u. SPD-Ortsverein Zeitz/Sa., Ltr. *Kinderfreunde* u. aktiv in sozialist. Kulturarbeit. 1916-21 USPD, KPD, zuletzt SPD. 1921-24 MdL Sa. Danach bis Emigr. Red. *Volksbote* Zeitz. Gelangte als einer der wenigen sozdem. Emigr. über CSR, Schweden u. Lettland in die UdSSR (Leningrad). In Riga vorüberg. Red. *Europa-Ost.* 1937 vom NKVD verhaftet u. ins Polargebiet verschleppt, 1944 Tod in einem Lager des Vorkuta-Gebietes.
L: Leonhard, Susanne, Gestohlenes Leben. 1956. *Qu:* Arch. Publ. - IfZ.

Frankenthal, Kate (Käthe), Dr. med., Ärztin; geb. 30. Jan. 1889 Kiel, gest. 21. Apr. 1976 New York; *V:* Julius Goldmann; *M:* Cäcilie; *G:* Lina Tenca, A: CH; *StA:* deutsch, USA. *Weg:* 1933 CH; 1936 CSR; 1937 USA.
Ab 1909 Stud. Medizin Kiel, Heidelberg, Erlangen, München, 1914 Prom. Freiburg/Br.; 1915-18 Ärztin in österr.-ungar. Armee, 1919-24 Assist. Charité Berlin, bis 1933 Magistrats-Medizinalrätin. SPD, 1925-31 StadtVO., 1931 MdL Preußen. Mitgl. Ausschuß für das Gesundheitswesen Berlin u. Kuratorium der Ernst-Oppermann-Stiftung. Dez. 1931 Übertritt zur SAPD, März 1932 Wahl in SAPD-PV, Nov. 1932 Reichstagskand. - 1933-35 an Psychiatr. Anstalten in der Schweiz, 1936 Ltr. Auswanderungsabt. bei EmigrHilfskomitee in Prag, ab 1937 in den USA Psychiater an Krankenhäusern u. Inst., später eigene Praxis. Mitunterz. GrdgErklärung CDG (→ Paul Tillich), mit → Kurt Glaser u. → Felix Boenheim Mitgl. CDG-Ausschuß zur Reorg. des dt. Gesundheitswesens.
W: Background for Tomorrow. 1953; zahlr. Aufs. in Fachzs. *L:* Drechsler, SAPD. *Qu:* Arch. Hand. Publ. Z. - IfZ.

Frankfurter, David, Beamter; geb. 1909 Daruvar/Slawonien; jüd.; *V:* Moritz F., Rabbiner in Vinkovci/Slawonien; *M:* gest. 1934; *G:* 1 B, Arzt; 1 S. *Weg:* 1933 CH; 1946 Pal.
1929 Abitur Vinkovci, 1929-31 Stud. Medizin Wien, Leipzig, Frankfurt/M., Abbruch des Stud. aus Gesundheitsgründen. Juli 1933 Emigr. in die Schweiz, erschoß am 4. Febr. 1936 in Davos den Landesgruppenltr. der NSDAP Wilhelm Gustloff, stellte sich freiw. den Behörden, Dez. 1936 Verurteilung zu 18 J. Gef., bis 1946 in Haft in Chur, dann Amnestie, Ausweisung, Emigr. Palästina. Im isr. Verteidigungsmin. tätig.
W: Nakam (Rache). 1948; I killed a Nazi Gauleiter. In: Commentary 2, 1950. *L:* Ludwig, Emil, The Davos Murder. 1936; Block, Pierre u. Didier, Meran, L'Affaire Frankfurter. 1937; Nimtzovich, Y., Biẕekhutam: Demuyot min haPinkas. 1968. *Qu:* Hand. Publ. - RFJI.

Frankfurter, Richard Otto, Dr. jur., Rechtsanwalt; geb. 12. Dez. 1873 Bielitz/österr. Schlesien, gest. 2. Febr. 1953 Montevideo; jüd. *Weg:* 1933 CH; 1939 Urug.
RA u. Notar in Berlin, bekannter Filmanwalt. Mitgr. DDP, bereits 1918 Mitgl. Geschäftsführender Ausschuß, auf 1. PT 3. stellv. Vors. u. bis 1928 Ltr. des OrgAusschusses; gehörte innerh. des DDP-Vorst. zum linken Flügel. Febr.-Mai 1928 MdR. Nach natsoz. Machtübernahme über die Schweiz nach Uruguay.
W: Der Eid des Hippokrates (R). Buenos Aires (Ed. Cosmopolita) 1949. *L:* Stephan, W., Aufstieg und Verfall des Linksliberalismus 1918-1933. 1973. *Qu:* Hand. Publ. - IfZ.

Frankl, Ernest, Dr. med., Arzt, Beamter; geb. 29. Apr. 1909 Halberstadt; jüd.; *V:* → Philipp Frankl; *M:* Bella, geb. Spiro (geb. 1883 Fulda, gest. 1960), jüd., 1939 Emigr. NL, später KL Ravensbrück u. KL Auschwitz-Birkenau; *G:* Charlotte Bialoglowski (geb. 1914 Halberstadt), Lehrerin, Emigr. NL, später KL Bergen-Belsen, A: NL; ∞ 1936 Ruth Godlewski (geb. 1912 Amberg/Bayern), jüd., Stud. München, Würzburg, Zahnärztin, 1936 Emigr. Pal.; *K:* Ariella Süssmann (geb. 1949); *StA:* deutsch; Pal./IL. *Weg:* 1935 Pal.
1928-34 Stud. Medizin Frankfurt, Würzburg, Berlin u. Düsseldorf, 1935 Prom. Frankfurt, 1934-35 AssistArzt am Jüdischen Krankenhaus Frankfurt/M.; 1935 Emigr. Palästina mit A I-Zertifikat, 1935-41 Arzt in Privatkrankenhäusern, 1942-46 Pathologe im Sanitätskorps der brit. Armee, 1946-47 Ltr. Abt. für Infektionskrankheiten Staatliches Krankenhaus Jaffa, 1948-51 u. 1953-72 stellv. med. Dir., seit 1972 med. Dir. der staatl. Gesundheitsbehörde in Tel Aviv, 1951-53 ltd. Amts- u. BezArzt für Petah Tikvah. Lebte 1977 in Ramat Gan/Israel. - *Ausz.:* Master of Public Health h.c., Hebr. Univ. Jerusalem.
W: Ostitis fibrosa der Wirbelsäule (Diss.). 1935; Political History of the Jewish Community of Halberstadt until Emancipation. *Qu:* Fb. Hand. - RFJI.

Frankl, Philipp, Dr. phil., Rabbiner; geb. 23. Dez. 1876 Preßburg, umgek. 17. März 1944 KL Buchenwald; *V:* Rabbiner; *G:* 5 S (umgek. im Holokaust); *K:* → Ernest Frankl. *Weg:* 1939 NL.
Stud. Jeschiwa Rabbi Salomon Breuer in Frankfurt/M., gleichz. Stud. Gesch. u. Phil. Bern, 1904 Prom.; bis 1908 Hilfsrabbiner in Fulda, 1908-39 Rabbiner orthodoxe Klaus-Syn. Halberstadt, gleichz. langjähr. Mitgl. GdeVorst. Halberstadt u. Mitgl. versch. kultureller u. sozialer Org., Febr. 1939 Emigr. Niederlande, Juni 1943 KL Westerbork, später Dep. KL Buchenwald.
W: Der Friede von Szegedin und die Geschichte seines Bruches (Diss.). 1904; Beiträge in jüd. Fachzs. *L:* Auerbach, H.B., Die Halberstädter Gemeinde 1844 bis zu ihrem Untergang. In: Bulletin LBI, 1967; Bewährung im Untergang. *Qu:* Pers. Publ. - RFJI.

Frankmölle, August, Offizier; *StA:* deutsch. *Weg:* 1936 E; Deutschland (SBZ).
1936-39 Teiln. Span. Bürgerkrieg als Angehöriger der Internat. Brigaden. Nach Ende des 2. WK Offz. Deutsche Volkspolizei, Mitte der 50er Jahre Ltr. Zentralschule der Transportpolizei in Nordhausen, später ltd. Mitarb. des MdI im Bereich Transportpolizei; Oberst. - *Ausz.:* u.a. 1956 Hans-Beimler-Medaille.
Qu: Publ. Z. - IfZ.

Freeden (urspr. Friedenthal), **Herbert H.,** Journalist, Schriftsteller; geb. 22. Jan. 1909 Posen; jüd.; *V:* Isidor Friedenthal (geb. 1871 New York, umgek. 1940), Kaufm., umgek. als Emigrant beim Untergang der *Patria* in der Bucht von Haifa; *M:* Elise, geb. Havelland (geb. 1874 Bleicherode/Sa., gest. 1946 Haifa); *G:* Dr. med. Hans Friedenthal (geb. 1900 Posen), Chefarzt staatl. Krankenhaus in Jaffa; Dr. med. Erich Friedenthal (geb. 1904 Posen), Arzt in Thun/CH; ∞ Dr. Marianne Hochdorf (geb. Wien); *K:* Dr. Michael F. (geb. 1944 London), Doz. Univ. Haifa; *StA:* deutsch; brit. *Weg:* 1939 GB; 1950 IL.
Stud. Göttingen, München, Berlin, Leipzig, journ. Mitarb. bei SPD-Lokalpresse u. bei *8 Uhr Abendblatt* Berlin, Film- u. Theaterkritiker bei *Aktueller Pressedienst* Berlin. 1933-39 Ltr. Kultur-Abt. des ZVfD u. Dramaturg *Jüdischer Kulturbund.* Juni 1939 Emigr. GB; Internierung Kitchener Camp, Isle of Man, dann Freiw. in der brit. Armee. 1942-50 Ltr. Abt. PR des JNF, Irland u. für *Joint Pal. Appeal,* gleichz. 1946-50 Mitgr. *AJR Information* u. Mitarb. von → Werner Rosenstock, aktives Mitgl. der *Gruppe Unabhängiger Deutscher Autoren* London. Sept. 1950 nach Israel, seit 1950 Ltr. für Publikationen u. audio-visuelle Information im Hauptbüro der KKL Jerusalem, Hg. KKL-Zs. *Karnenu,* versch. Vortragsreisen u. Missio-

nen nach Europa u. in die USA. Korr. für *Frankfurter Rundschau, Stuttgarter Nachrichten, Badische Zeitung* u. *Kieler Nachrichten,* Beiträge in Zs. in Israel u. im Ausland, u.a. *AJR-Information,* zeitw. Hg. der wöchentl. Zs. *Hakdmah* der *Progressive Party.* Mitgl. *PEN Club, Foreign Press Assn.* Jerusalem. Lebte 1978 in Jerusalem.

W: Die unsichtbare Kette. 1936; Ein Schiff unterwegs. 1938; The Everlasting Nay: The Death of Salomon Maimon. 1944; Grist to God's Hill. 1947; Contemplative Journey (hebr.). 1952; Vom geistigen Widerstand der deutschen Juden. 1963; Jüdisches Theater in Nazideutschland. 1964; The Story of an Idea. Festschrift for K.K.L. 1971 (franz. u. ital. Übers.); Deutsches Judentum 1919-39 (hebr.). 1976; Lob des Alters. 1977; zahlr. Art. in isr. u. ausländ. Ztg. u. Zs. *Qu:* Fb. Hand. Pers. Z. - RFJI.

Frei, Bruno (d.i. Freistadt, Benedikt), Dr. phil., Schriftsteller; geb. 11. Juni 1897 Preßburg; jüd.; *V:* Michael Freistadt (gest. 1928), Kaufm.; *M:* Berta, geb. Hauser (gest. 1918); *G:* Leo (geb. 1899), Angest., Emigr. GB, 1947 Österr.; Ludwig (1904-68), Angest., Emigr. GB; ∞ I. Maria (gest. Juni 1940 Paris); II. 1963 Gerda Rothmayer, geb. Geiringer (geb. 1924), Emigr. GB; *K:* Dr. rer. nat. Dr. med. Hans Freistadt (geb. 1925), Emigr. F, USA, Arzt in Oroville/Calif.; Elisabeth Lang (geb. 1927), Emigr. F, Mex., A: Wien; *StA:* österr. *Weg:* 1933 CSR; 1936 F; 1941 Mex.; 1946 Österr.

1916-20 Stud. Phil. Wien, 1920 Prom.; Gr. u. Ltr. Wochenztg. *Die frohe Botschaft.* Ab 1917 Mitarb. *Der Abend;* unter dem Eindruck des Prozesses gegen → Friedrich Adler, der russ. Revolution u. der Januarstreiks 1918 Annäherung an sozdem. Linke um → Josef Frey. Mitgl. SDAP. 1919 Mitarb. Sozialfürsorge Wien, Deleg. Bezirksarbeiterrat Brigittenau. 1919-22 Red., 1923-25 Berliner Korr. *Der Abend.* 1923 in Berlin mit → Leo Lania Gr. *Presseagentur ABC* u.a. als Tarnorg. der kurzfristig verbotenen KPD. Mitarb. *Der Drache,* ab 1924 gelegentl., ab 1929 regelmäßiger Mitarb. *Die Weltbühne.* 1925-29 Red. *Der Abend* in Wien. 1928 Reise in die UdSSR, Parteiordnungsverfahren der SDAP wegen uneingeschränkt positiver Berichterstattung. 1929-33 auf Veranlassung von → Willi Münzenberg Chefred. der neugegr. Tagesztg. *Berlin am Morgen.* März 1933 nach Reichstagsbrand Flucht nach Prag, Verf. einer Broschüre über den Reichstagsbrand. Mit → Wieland Herzfelde u. Franz Carl Weiskopf Gr., 1933-35 Red., 1935-36 Chefred. *Der Gegen-Angriff,* der nach Koordinierung mit Münzenberg als *Antifaschistische Wochenschrift* in Pariser, Prager u. zeitw. auch Schweizer Ausgabe erschien; Ps. Karl Franz; in engem Kontakt mit → Herbert Wehner. 1933 Mitarb. *Braunbuch über Reichstagsbrand und Hitlerterror.* 1934 Mitgl. KPD. 1933-36 häufige Aufenthalte in Frankr., Reisen durch Europa als Korr. versch. Ztg. sowie als Mitarb. u. Org. antifaschist. Tagungen u. Solidaritätsveranstaltungen. 1936 nach Gr. *Ausschuß zur Vorbereitung einer deutschen Volksfront* im Parteiauftrag endgültig nach Paris, mit → Max Braun Red. u. Mithg. des Volksfrontbulletins *Deutsche Informationen/Nouvelles d'Allemagne* (DI); Mitarb. *Deutsche Volkszeitung* (1936 in Paris Nachfolgeorgan von *Der Gegen-Angriff).* Bis 1939 ehrenamtl. Sekr. *Schutzverband deutscher Schriftsteller.* 1937-38 im Konflikt zwischen Münzenberg u. KPD auf der Seite der KPD-Führung. Anfang 1938 nach Auseinanderbrechen des Volksfrontausschusses u. Auseinandersetzungen zwischen F. u. M. Braun Alleinred. DI, 1939 bei Kriegsbeginn Verbot durch franz. Behörden. 1939-41 Internierung in Le Vernet, Mitgl. der Barakkendelegiertenorg. des Lagers, die Widerstand gegen franz. Bewachungspersonal organisierte. Nach franz. Kapitulation Bewilligung eines mexikan. Visums, Frühj. 1941 Abfahrt von Marseille trotz Fahndung durch dt. Polizei; Zwischenaufenthalte auf Trinidad u. Ellis Island/USA. Herbst 1941 Mexico City. Ende 1941 mit → Leo Katz, → Otto Katz u. → Rudolf Feistmann Mitgl. erste Engere Leitung der KPD-Parteigruppe; Mitgr. BFD in Mexiko, Chefred. der zwei ersten Nummern der Ztg. *Freies Deutschland* (FD) (Jan. 1942 bis 1945 Chefred. → Alexander Abusch), 1942-45 Red. *Alemania Libre,* der wöchentl. span. Ausgabe von FD. Mai 1942 Mitgr. BFD-Verlag *El Libro Libre,* 1943-45 neben R. Feistmann Red. *Der Deutsch-Mexikaner.* Organ der Demokratischen Deutschen von Mexiko (dt.-sprachige Beilage von *Alemania Libre).* Mitgl. *Heinrich-Heine-Klub,* Mitarb. mexikan. Presse, Lehrer an der von den mexikan. Gew. getragenen Arbeiteruniv.; Herbst 1943 nach der Moskauer Deklaration Mitgl. KPÖ-Parteigruppe u. Vorst-Mitgl. *Acción Republicana Austriaca de Mexico* (ARAM, → Rudolf Neuhaus, → Josef Foscht), 1942 Mitgr. u. bis 1946 Mitarb. *Austria Libre.* 1946 VorstMitgl. *Asociación Austro-Mexicana* (NachfOrg. der ARAM). Frühj. 1946 auf Ersuchen der KPÖ u. mit Unterstützung der Presseabt. der österr. Reg. Rückkehr nach Wien. Mitgl. KPÖ, *PEN-Club;* Mitarb. Radiosender *Ravag.* Seit 1947 Mitgl. *Journalistengewerkschaft* im ÖGB. 1947-70 Mitgl., 1947-56 VorstMitgl. *Österreichischer Schriftstellerverband.* 1948-56 Chefred. *Der Abend,* einer der KPÖ nahestehenden Boulevardztg.; 1956 während des Aufstands Korr. in Ungarn, wegen Weigerung, gegen sowj. Intervention zu protestieren, vorüberg. aus *Österreichischem Schriftstellerverband* u. *PEN-Club* ausgeschlossen. 1957-58 Fernost-Korr. der *Volksstimme.* 1959-65 mit → Ernst Fischer u. Viktor Matejka Hg. *Österreichisches Tagebuch* in Wien, Rücktritt im Zusammenhang mit Auseinandersetzungen innerhalb der kommunist. Parteien Europas um ein neues Selbstverständnis, die 1968 in den Differenzen um die Intervention der Warschauer-Pakt-Staaten in der CSSR kulminierten; seit 1968 scharfer Gegensatz zu Ernst Fischer, trotz eigenem Protest gegen die Intervention weiterhin KPÖ-Mitgl. Ab 1965 freier Schriftst. Die Autobiogr. erschien nach Ablehnung durch DDR-Verlage in der BRD. Lebte 1978 in Wien. - *Ausz.:* Heinrich-Heine-Preis der DDR, 1976 Berufstitel Professor.

W: Wiener Wohnungselend. 1918; Jüdisches Elend in Wien. 1920; Das Elend Wiens. 1921; Im Lande der fluchenden Rabbis und hungernden Bauern. 1926; Die roten Matrosen von Cattaro. 1927; Im Lande der roten Macht. 1929; Franz, Karl (Ps.), Wie Hitler zur Macht kam. Prag 1933; Hanussen. Straßburg 1934; El Libro Negro del Terror Nazi en Europa (Mitarb.). Mexico City (El Libro Libre) 1943; Die Männer von Vernet. 1950; Mit eigenen Augen. 1955; Die Stafette. Historische Miniaturen. 1958; Der große Sprung. 1959; Frühling in Vietnam. 1959; Israel zwischen den Fronten. 1965; Ritter ohne Furcht und Tadel (Carl-v.-Ossietzky-Biogr.). 1966; Der Weg Ernst Fischers. 1968; Der Türmer. 1971; Die anarchistische Utopie. 1971; Der Papiersäbel (ABiogr.) (S. Fischer Verlag) 1972; Zur Kritik der Sozialutopie. 1973; Im Schatten von Karl Marx - Leben und Werk von Moses Heß. 1977; Der kleine Widerstand. 1978; Sozialismus und Antisemitismus. 1978. *L:* DBMOI; Kießling, Alemania Libre; Langkau-Alex, Ulla, Deutsche Emigrationspresse. In: International Review of Social History, Bd. 15/1970; Freies Deutschland Mexiko 1941-46. 1975; Langkau-Alex, Volksfront; ISÖE; Österreichischer PEN-Club. Bibliographie seiner Mitglieder. O.J. *D:* DÖW, IfZ. *Qu:* ABiogr. Arch. Fb. Hand. Pers. Publ. Z. - IfZ.

Freier, Moritz, Dr. phil., Rabbiner; geb. 20. Apr. 1889 Schildberg/Posen, gest. 27. Aug. 1969 CH; *V:* Kaufm., Angest. der Jüd. Gde. Breslau; *M:* Mathilde, geb. Gradenwitz; ∞ Recha Schweitzer (geb. 1892 Norder/Ostfriesland), 1932 Gr. *Jugend-Alijah,* 1940 Emigr. Ju., 1941 Pal., Gr. eines landwirtschaftl. Ausbildungszentrums für pal. Kinder, 1958 Gr. isr. Komponistenfonds, A: Jerusalem. *K:* Shalhevet (geb. 1920 Eschwege/Hessen), Physiker; Amud (geb. 1923 München), Gynäkologe; Zerem (geb. 1926 München), 1939 Emigr. GB, 1958 in die USA, M.D., Kinderarzt, Chefarzt u. Dir. Forschungsinst. für Gastroenterologie am Shaare Zedek Hospital Jerusalem; Maayan Landau (geb. 1929 Berlin), Lehrerin. *Weg:* 1939 GB; nach 1945 Deutschland (BRD).

1910-19 Stud. Jüd.-Theol. Seminar Breslau, Rabbinerexamen, gleichz. Stud. Breslau, 1917 Prom.; 1918-22 Rabbiner in Eschwege, 1922-25 in Sofia/Bulgarien, 1926-39 in Berlin. 1939 Emigr. GB. Nach 2. WK Rückkehr nach Berlin, dort 2 Jahre lang Rabbiner. Lebte nach der Pensionierung in Zürich.

W: Luthers Bußpsalmen und Psalter. 1917, 1918; Die Reden der Herren. (Mitverf.). In: Jüdisch-Theologisches Seminar Breslau. Jahresbericht 1917, 1918; *L:* Feder, Heute. *Qu:* Arch. Pers. Publ. - RFJI.

Freimann, Therese, geb. Horovitz, Sozialfürsorgerin; geb. 15. Nov. 1882 Frankfurt/M., gest. 1965 New York; jüd.; *V:* Marcus Horovitz (1844-1910), Rabbiner in Frankfurt/M.; *M:* Auguste, geb. Ettlinger; *G:* → Abraham Horovitz; ∞ 1905 Aron Freimann (geb. 1871 Filehne/Posen, gest. 1948 New York), Bibliothekar in Frankfurt/M., 1938 Emigr. USA, Forschungstätigkeit; *K:* Helen Rapp. *Weg:* 1939 USA.

1924-30 Vizepräs. u. 1930-39 Präs. *Zentrale für Wohlfahrtspflege* der jüd. Gde. Frankfurt/M., 1923-37 Vertr. der jüd. Gde. in der städt. Abt. für Kinderfürsorge Frankfurt/M., 1919-39 VorstMitgl. Jüdisches Krankenhaus Frankfurt/M., 1936-39 Präs. eines Altersheims in Frankfurt/M., Gr. von Ausbildungsstätten für jüd. Jugendliche als Vorbereitung auf Emigr. u. Mitarb. in Frauenfürsorge. 1939 Emigr. USA, 1939-65 Mitarb. *Help and Reconstruction Inc.* New York, Gr. von Kindergärten u. Kindertagesheimen für Einwanderer, 1940-65 VorstMitgl., 1943-65 Vizepräs. *Blue Card Inc.,* ab 1949 VorstMitgl. der *Cooperative Council Inc.* u. A.F.J.C.E., Mitgl. *B'nai B'rith* u. *Fed. of Jew. Women's Organisations.*

W: Erinnerungen aus meiner sozialen Arbeit. 1962. *Qu:* Hand. Pers. Z. - RFJI.

Frenkel, Marcel, Dr. jur., Ministerialbeamter, Rechtsanwalt; geb. 24. Mai 1907 Berlin, gest. 18. Nov. 1960 Düsseldorf; jüd.; *G:* Manfred; ∞ Charlotte; *K:* Michael; *StA:* deutsch. *Weg:* NL; 1945 Deutschland (BBZ).

Realgymn., kaufm. Lehre, 1926 Abitur, Stud. Wirtschafts- u. Rechtswiss. Köln, Berlin, Bonn, 1929 Referendar, 1930 Prom. Köln, RA in Düsseldorf. Nach natsoz. Machtübernahme Emigr. Niederlande, nach 1940 im Untergrund, Sept. 1945 Rückkehr. Ab Jan. 1946 Ref. für Wiedergutmachung in der Abt. Volkswohlfahrt beim Oberpräs. der Nordrheinprov., ab Nov. 1946 MinDirigent im MdI von NRW, Apr. 1949-Dez. 1950 Ltr. Abt. Wiedergutmachung; später RA in Düsseldorf. Mitgl. *Arbeitsgemeinschaft jüdischer Juristen für die Bundesrepublik und Berlin,* PräsMitgl. VVN.

W: u.a. Handbuch der Wiedergutmachung in Deutschland (Loseblatt-Sammlung). 1949-51; Das Entschädigungsrecht für die Opfer der nationalsozialistischen Verfolgung. 1954. *Qu:* Arch. EGL. - IfZ.

Frenzel, Alfred, Politiker; geb. 18. Sept. 1899 Josefsthal/Böhmen, gest. 23. Juli 1968 Liberec (Reichenberg)/CSSR; *V:* Ignatz F., Glasarb.; *M:* N., geb. Schilhanek; ∞ 1922 Selma Zenkner; *StA:* österr., 1919 CSR, deutsch, 1966 CSSR. *Weg:* 1938 GB; 1945 CSR; 1946 Deutschland (ABZ).

Bäckerlehre, ab 1922 Glasschmelzer, ab 1925 Handelsvertreter, später Parteiangest. 1921 KSČ, zeitw. Filialltr. kommunist. Konsumgenossenschaft *Vorwärts* in Karlsbad, Ende der 20er Jahre Entlassung wegen Unregelmäßigkeiten, Ausschluß aus KSČ, Eintritt in DSAP, ab 1934 Parteiangest., vorüberg. BezVors. DSAP Reichenberg. 1938 nach GB, im 2. WK Sanitäter in tschechoslow. Auslandsarmee, später Ltr. einer Offz-Küche der Royal Air Force; unterhielt als TG-Mitgl. Kontakte zu tschechoslow. Exilstellen. 1945 Rückkehr in die CSR, Ltr. einer Aussiedlungsstelle für ehem. DSAP-Mitgl. in Reichenberg, 1946 Übersiedlung nach Bayern; SPD, Mitgl. Kreisrat u. Kreistag Schwabmünchen, stellv. Vors. SPD-Bez. Südbayern, 1950-54 MdL Bayern, ab 1953 MdB, Mitgl. Sicherheitsausschuß bei SPD-PV, 1957-60 Mitgl. Verteidigungsausschuß im BT, 1958-60 Vors. Wiedergutmachungsausschuß im BT. Okt. 1960 Verhaftung wegen Verdachts vollendeten Landesverrats, 28. Apr. 1961 Verurteilung zur Höchststrafe v. 15 J. u. Aberkennung der bürgerl. Ehrenrechte für 10 J.; laut Urteilsbegründung hatte F. als Mitgl. des Verteidigungsausschusses Verrat von Staatsgeheimnissen an die CSSR in einem Umfang begangen, der Rückschlüsse auf die ges. Verteidigungskonzeption der BRD zuließ. Ab 1961 Zuchth. Straubing, Dez. 1966 Begnadigung, nach Erwerb der CSSR-Staatsangehörigkeit gegen DDR-Inhaftierte in die CSSR ausgetauscht, Staatspensionär in Reichenberg, Staatsbegräbnis als hochdekorierter Friedenskämpfer.

Qu: Arch. Hand. Publ. Z. - IfZ.

Freud, Clement Raphael, Journalist, Politiker; geb. 24. Apr. 1924 Wien; *V:* Ernst F. (geb. 1892 Wien), Sohn von Sigmund Freud; *M:* Lucie; *G:* Stephen Gabriel; Lucian (geb. 1922), Kunstmaler; ∞ 1950 Jill Flewett; *K:* 3 S, 2 T; *StA:* österr.; brit. *Weg:* GB.

Emigr. GB, Hotelfachlehre in London. Im 2. WK brit. Armee, 1946 VerbOffz. in Nürnberg. Ausbildung im Hotelfach in Cannes/Südfrankr., 1952-62 Inh. Royal Court Theatre Club London. 1956-64 Sportreporter *The Observer,* 1961-63 Red. für Kochrezepte in *Time and Tide,* 1963-65 Kolumnist beim *Sunday Telegraph,* ab 1964 auch bei der *Financial Times,* 1964-68 Red. für Kochrezepte bei *The Observer Magazine,* seit 1968 beim *Daily Telegraph Magazine,* 1964-69 Sport-Kolumnist bei *The Sun,* 1965 Kolumnist bei *News of the World;* Autor von Rundfunk- u. Fernsehsendungen. Seit 1973 M.P. für *Liberal Party,* Wahlbez. Isle of Ely. Lebte 1973 in London.

W: Grimble. 1968; Humoristische Beiträge u.a. in *Punch, Queen, Town, The New Yorker. Qu:* Hand. Publ. - RFJI.

Freudenberg, Adolf, Dr. jur., Diplomat, Pfarrer; geb. 4. Apr. 1894 Weinheim/Bergstraße, gest. 7. Jan. 1977 Bad Vilbel-Heilsberg b. Frankfurt/M.; ev.; *V:* Hermann F.; *M:* Helene, geb. Siegert; ∞ 1951 Brigitte Gollwitzer; *StA:* deutsch. *Weg:* 1939 GB, CH; 1947 Deutschland (ABZ).

Nach 1. WK Stud. Rechtswiss., Eintritt in den diplomat. Dienst, u.a. Attaché in Rom, bis zu seinem pol. bestimmten Ausscheiden 1935 Legationsrat im AA Berlin. 1935-39 Stud. ev. Theologie Basel u. Bonn, Ordinierung als Pfarrer; aufgrund jüd. Abstammung u. Zugehörigkeit zur Bekennenden Kirche von NatSoz. verfolgt, 1939 Emigr. nach GB; in London Pfarrer der dt.-luth. Gde.; ab Apr. 1939 Ltr. des Anfang 1939 in London gegr. *Sekretariats für ökumenische Flüchtlingshilfe* des Ökumenischen Rates der Kirchen (ÖRK), 1939 mit dem Sekretariat Übersiedlung nach Genf. Wesentl. Anteil an Aufbau u. Zielsetzung der ÖRK-Flüchtlingshilfe, vor allem Bemühungen um Rettung von nichtarischen Christen u. Juden durch Auswanderung aus Deutschland, während des Krieges Hilfstätigkeit auch für die von Deutschland besetzten Gebiete; bis 1947 Ltr. der Flüchtlingshilfe in Genf, nach 1945 mit dem Einsatz von Wiederaufbauhilfe des ÖRK in Deutschland beauftragt; 1947 Rückkehr nach Deutschland, bis 1959 Ltr. der ev. Flüchtlingssiedlung Bad Vilbel; VorstMitgl. *Deutsche Gesellschaft für Christlich-Jüdische Zusammenarbeit. - Ausz.:* Ehrenbürger Bad Vilbel.

L: Boyens, Armin, Kirchenkampf und Ökumene 1933-1939. 1969. *Qu:* EGL. Publ. Z. - IfZ.

Freudmann, Walter, Dr. med., Arzt; *G:* 1 B; *StA:* österr. *Weg:* 1937 (?) E; 1939 China; 1942 (1943 ?) Indien; 1944 Burma; Österr.

Stud. Medizin, vermutl. Mitgl. KPÖ. 1937 (?) nach Spanien, Arzt in den Internat. Brigaden. Sommer 1939 nach Vereinbarung mit Vertr. des chin. *Roten Kreuzes* von London nach China, bis Ende 1942 Arzt in Frontlazaretten der Kuomintang-Armee im Krieg gegen Japan. Anschl. nach Anforderung durch US-Armee nach Nordindien, Ausbilder für den Sanitätsdienst der chines. Truppen, die die Kuomintang-Reg. den Alliierten für den Angriff auf die japan. Besatzungstruppen in Burma zur Verfügung stellte. Ab Frühj. 1944 nach Beginn der Offensive Frontarzt in Burma. 1945-46 Vertr. *Free Austrian World Movement* London in Burma. Anschl. Rückkehr nach Österr., Arzt in Wien, Mitgl. KPÖ. Mitte der 60er Jahre angebl. Mitgl. einer maoist. Absplatung von der KPÖ. Lebte 1977 in Wien.

W: Tschi-Lai! - Erhebet Euch! Erlebnisse eines Arztes in China und Burma 1939-45. 1947. *L:* Fischer, Walter, Kurze Geschichten aus einem langen Leben (unveröffentl. Ms. DÖW). *Qu:* Arch. Erinn. Pers. Publ. - IfZ.

Freund, (Hans) Georg, Journalist; geb. 13. Apr. 1881 Berlin, gest. 13. Febr. 1971 Frankfurt/M.; jüd.; ∞ Julie; *K:* J. Hellmut, Verlagslektor in Frankfurt/M.; *StA:* deutsch. *Weg:* 1939 Urug.

Stud. Rechtswiss.; 1907 Red. *Berliner Lokal-Anzeiger,* Beiträge für *Der Tag* u. *Der rote Tag.* Teiln. 1. WK; 1918 Berufung in Presseabt. des AA. 1922-33 stellv. Chefred. *Deutsche Allgemeine Zeitung* Berlin, anschl. bis 1937 Mitarb.; zahlr. Ämter in journ. Berufsorg., u.a. bis 1933 Mitgl. Oberstes Ehrengericht beim *Reichsverband der Deutschen Presse, Deutsche Gesellschaft von 1914* u. *Notgemeinschaft der Deutschen Wissenschaft.* 1939 Emigr. nach Montevideo, bis 1960 Hg. *Boletín Informativo* (dt.-sprach. Wochenblatt der jüd. Gde. Montevideo). Anfang 1961 Rückkehr nach Frankfurt/Main.
L: Feder, Heute. *Qu:* Arch. Publ. Z. - IfZ.

Freund, Ismar, Dr. jur., Rabbiner, Verbandsfunktionär, Historiker; geb. 11. Apr. 1876 Breslau, gest. 21. Febr. 1956 Jerusalem; jüd.; *V:* Isidor F., Kaufm. in Breslau; *M:* Cäcilie, geb. Nothmann; *G:* Samuel, Rabbiner in Hannover; ∞ Elise Grätzer (1880-1970); *K:* Joseph, Peter, Paul, Marianne; *StA:* deutsch, Pal./IL. *Weg:* 1939 Pal.
Stud. Univ. Breslau, 1899 (1900?) Prom., daneben 1895-1905 Stud. Jüd.-Theol. Seminar Breslau, Rabbinerexamen, 1902-32 (1938?) VorstMitgl. u. Syndikus Jüd. Gde. Berlin, Vertr. des CV, 1904 (1905?)-1938(?) Doz. für relig. GdeRecht u. Rechtsgesch. an der L(H)WJ Berlin, Ausschußmitgl. des *Deutsch-Israelitischen Gemeindebundes* (1920 Ausarbeitung einer Satzung, die jedoch nicht in Kraft gesetzt wurde), 1922 Mitgr. u. Vors. Preußischer Landesverband jüdischer Gemeinden, 1923-31 stellv. Vors. pol. Dezernat, Vors. Rechtsausschuß u. Schriftltr. *Verwaltungsblatt.* Zugl. Hauptschriftltr. *Gemeindeblatt der Jüdischen Gemeinde zu Berlin.* Ab 1927 Mitgl. der *Jew. Agency,* ltd. Mitarb. in der Org. eines Landes- u. Reichsbunds jüdischer Gemeinden, Gegner der Abspaltung orthod. Juden von der allg. GdeArb.; Nov. 1938 KL Buchenwald, 1939 Emigr. Palästina. Im 2. WK i.A. der *Jew. Agency* Stud. der rechtl. Aspekte der engl. Mandatsverw., später Berater des isr. Justizmin.; Stiftung einer bedeutenden privaten Dokumentensammlung zur dt.-jüd. Gesch. an Gen. Historical Archives Jerusalem.
W: Die Rechtsstellung der Juden im preußischen Volksschulrecht. 1908; Die Emanzipation der Juden in Preußen. 2 Bde. 1912; Entwurf einer Verfassung für eine Gesamtorganisation des deutschen Judentums. 1920; Der Judenhaß. 1920, 2. Aufl. 1926; Die Rechtsstellung der Synagogengemeinden in Preußen und die Reichsverfassung. 1925, 2. Aufl. 1926; Urkundliches zur neueren preußischen Judengeschichte. 1929; Diaspora and Israel. 1950; zahlr. Bücher u. Art. über Rechtsprobleme von Juden in Deutschland, insbes. in Preußen, u. über jüd. Gesch. *L:* Toury, Jacob, Organizational Problems of German Jews. In: Yearbook LBI. 1968; Breslauer, Walter, Notes on Organizational Problems of German Jewry. In: Yearbook LBI. 1969; Stern, Werke; E.J.; U.J.E.; Kirsch, Breslauer Seminar; RHdG. *D:* LBI, New York. *Qu:* Arch. Hand. Publ. Z. - RFJI.

Freund, Ludwig (ab 1945 Frejka, Ludvík), Staats- u. Parteifunktionär; geb. 15. Jan. 1904 Reichenberg/Böhmen, hinger. 3. Dez. 1952 Prag; *V:* Arzt; ∞ Elisabeth Warnholtz, Schausp. am Deutschen Theater Prag, Mitgl. KSČ, 1938 Emigr. GB; *K:* Tomáš; *StA:* österr., 1919 CSR. *Weg:* 1939 GB; 1945 CSR.
Stud. Handelshochschule Berlin u. Univ. London, 1927 Ing.; 1922-9 KPD, 1923 KSČ, Gr. u. 1927-29 Ltr. volkswirtsch. Abt. beim ZK der KSČ, ab 5. PT (1929) Anhänger der linken Gottwald-Fraktion, 1930-35 Kreissekr. in Aussig, Komotau u. Teplitz; 1935-39 Red. dt.-sprach. KSČ-Zentralorgan *Die Rote Fahne* Prag. 1939 Emigr. nach GB, 1939-42 Mitgl. der Ltg. der sudetendt. KSČ-Gruppe um → Gustav Beuer u. nach Umbildung LtgsMitgl. der internat. KSČ-Landesgruppe, 1940-41 Internierung auf Isle of Man, dann Red. *Daily Worker* London, ab Grdg. 1942 Mitgl. *Einheitsausschuß sudetendeutscher Antifaschisten in Großbritannien;* wandte sich Aug. 1942 in einem programmat. Beitrag in *Einheit* im Namen der sudetendt. Kommunisten in GB gegen tschechoslow. Pläne zur Aussiedlung der Deutschen aus der CSR; ab Grdg. Okt. 1943 Mitgl. *Sudetendeutscher Ausschuß - Vertretung der demokratischen Deutschen aus der CSR;* ab 1944 (Grdg.) mit → Josef Goldmann Vors. der in diesem Rahmen gebildeten ArbGemeinschaft Wirtschaft, deren Arbeitsergebnisse zur Frage der Autarkie u. Planwirtschaft bestimmenden Einfluß auf wirtschaftspol. Linie der KSČ nach Kriegsende hatten; Mitarb. *Einheit* u. *Zeitspiegel* London; enge ZusArb. mit *Free Austrian Movement.* Bekannte sich gegen Kriegsende aus Wiedergutmachungsgründen zur tschech. Nationalität, Namensänderung in Ludvík Frejka. Juni 1945 Rückkehr in die CSR, ab Juli 1945 Mitgl. Zentrale Kommission für die Industrieverstaatlichung, 1945-48 volkswirtsch. Ref. des Regierungsvors., Vors. Zentrale Volkswirtschaftskommission u. der volkswirtsch. Abt. beim ZK der KSČ; als führender NatÖkonom der KSČ Mitgl. zahlr. staatl. u. parteil. Fachgremien; nach kommunist. Machtübernahme 1948 Ltr. volkswirtsch. Abt. bei Kanzlei des Staatspräs., Mitgl. RedRat des theoret. KSČ-Organs *Nová mysl* Prag; hatte entscheidenden Anteil an Erstellung des tschechoslow. Zweijahrplans 1947-48 u. des Ersten Fünfjahrplans 1949-53. 27. Nov. 1952 (neben anderen) Todesurteil wegen Hochverrats in sog. Slánský-Prozeß; 1963 postum gerichtl. u. parteil. voll rehabilitiert. - *Ausz.:* 1968 Orden der Republik in memoriam.
W: u.a. D-Day in der Slowakei. Eine Minute nach Zwölf für die Deutschen aus der ČSR. London (Einheit) o.J.; 26. únor 1948 v. československém hospodářství. S předmluvou ministra financí dr. Jaromíra Dolanského. Praha 1948; O ekonomii kapitalismu a socialismu. Praha 1951. *L:* Kolár, F.J., Vzpomínky na komunistu Ludvíka Frejku. In: Příspěvky k dějinám KSČ 1965, S. 283 ff.; Pelikán, Jiří, Das unterdrückte Dossier. 1970. *Qu:* Arch. Hand. Publ. Z. - IfZ.

Freund, Ludwig Franz, Dr. phil., Verbandsfunktionär, Hochschullehrer, Publizist; geb. 22. Mai 1898 Mülheim/Ruhr, gest. 1. Sept. 1970 Hannover; jüd., ev.; *V:* Leopold F.; *M:* Babetta, geb. Davidsburg; ∞ 1958 Dr. phil. Karin Heitmüller, Hochschullehrerin, 1959-61 Dir. PH Hannover; *StA:* deutsch, 1940 USA, deutsch. *Weg:* 1934 USA; 1959 Deutschland (BRD).
1916-19 Soldat, 1919-21 Stud. Phil. Göttingen, Heidelberg, München u. Leipzig, 1922 Prom. Leipzig. 1924-26 Syndikus CV-Landesverband Baden in Karlsruhe, 1926-30 Syndikus CV-Landesverband Bayern in München. 1930-34 Landesgeschäftsf. des RjF in Berlin u. Chefred. des Verbandsorgans *Der Schild.* 1933-34 illeg. Tätigkeit gegen NatSoz. 1934 Emigr. in die USA, Gelegenheitsarbeiten in New York. 1936-37 Assist. am Inst. für Wirtschaftswiss. der Columbia Univ., 1937-47 Prof. für Soziologie u. polit. Wiss. sowie Dekan am Ripon Coll., Ripon/Wisconsin. 1942-45 US-Armee, 1944-45 Sonderberater im Nachrichtendienst. 1947-59 Prof. für polit. Wiss. an der Roosevelt Univ. Chicago. 1950-55 u. 1958-59 Vors. der Abt. für polit. Wiss., ab 1959 Prof. emeritus. 1951 Gastprof. Univ. Erlangen u. Hochschule für polit. Wiss. München. 1954 Gastprof. an der Northwestern Univ., Evanstown/Ill. 1957-58 Doz. an mehreren dt. Univ., zugleich Mitarb. der USIS in der Bundesrepublik Deutschland. 1945-47 Präs. der *Layman's Fellowship of the Winnebago Assn. of Congregational Churches.* 1959 Rückkehr nach Deutschland, publizist. Tätigkeit. 1962-63 Gastprof. Roosevelt Univ. Chicago. Mitgl. Verteidigungscolloquium Bonn; Mitgl. New York Acad. of Science, *Polit. Science Assn., Am. Acad. of Arts and Sciences* u. *Intl. Platform Assn.;* Präs. *Gesellschaft für konstruktive Politik, e.V.* - *Ausz.:* 1967 Konrad-Adenauer-Preis für Wiss. der Deutschland-Stiftung e.V.
W: u.a. Am Ende der Philosophie. 1930; Philosophie, ein unlösbares Problem. Abrechnung mit einer Illusion. 1933; The Treat to European Culture London, New York (Sheed and Ward) 1935; Motive der amerikanischen Außenpolitik. 1951; Studium der politischen Wissenschaft im In- und Ausland. 1953; Politik und Ethik: Möglichkeiten und Grenzen ihrer Synthese. 1955, 1961; Freiheit und Unfreiheit im Atomzeitalter. 1963; Außenpolitische Grundsätze. Deutschland und die „friedliche Koexistenz". 1963; Zum Verständnis des amerikanischen Menschentyps. 1964; Staat und Souveränität im Lichte klassischer Literatur und heutiger Wirklichkeit. 1965; Koexistenz und Entspannung. Hoffnung oder Gefahr? 1966; Politische Verteidigungsstrategie im nuklearen Zeitalter. 1966; Politische Waffen. Grundkonzeption der westlichen Verteidi-

194 Freund

gungsstrategie. 1966; Deutschland im Brennpunkt. Die amerikanische Politwissenschaft und die deutsche Frage. 1968; Unter dem Schirm der nuklearen Angst. 1969. *Qu:* EGL. Hand. Publ. Z. – RFJI.

Freund, Adolf **Walter,** Journalist, Schriftsteller; geb. 11. Jan. 1899 Dresden; *StA:* österr., Ausbürg. (?), Argent. (?). *Weg:* 1938 F; 1939 Argent.

Stud. Germanistik u. Phil. Wien; ab 1922 Mitarb. dt. u. österr. Presse, u.a. *Der Querschnitt,* Übers. engl. u. ital. Romane, schriftst. Tätigkeit. Zwischen 1934 u. 1938 illeg. Arbeit im Rahmen der *Roten Hilfe.* 1938 nach Anschluß Österr. Verhaftung, Aug. 1938 Ausweisung, Emigr. Frankr., März 1939 Argentinien. Lehrer u. kaufm. Angest., Mitarb. *Argentinisches Tageblatt* Buenos Aires. Chefred. *Volksblatt* Buenos Aires, Ps. Werner Braun, Mitarb. *Freies Deutschland* Mexiko, Mitgl. *Comite Austriaco* in Buenos Aires. 1944-45 Hg. der Zs. *Austria Libre.* Nach Kriegsende Lehr- u. Übersetzertätigkeit. Hg. *Dort und Hier* (dt.-sprachige Zs. Buenos Aires zur Förderung der kulturellen, wirtschaftl. u. pol. Beziehungen zwischen Argentinien u. der DDR). Mitgl. *Österreichischer Schriftstellerverband.* Lebte 1976 in Buenos Aires.

W: u.a. Conway, Joe (Ps.), Schwarz wird rot (R); Was wird aus Österreich? (Vorwort → Gustav Glück). Buenos Aires (Verlag des Österreichischen Komitees) 1945. *Qu:* Arch. Pers. – IfZ.

Freund, William Curt (urspr. Kurt Wilhelm), Wirtschaftsexperte; geb. 4. Sept. 1926 Nürnberg; jüd.; *V:* Hugo F. (geb. 1892 Klein-Wallstadt/Main, gest. 1950 USA), jüd., Kaufm., nach 1933 zeitw. in Haft, 1937 Emigr. USA; *M:* Paula, geb. Gruenstein-Oppenheimer (geb. 1901 Miltenberg/Main), jüd., 1937 Emigr. USA; *G:* Margot Spiegel (geb. 1924 Nürnberg), jüd., 1937 Emigr. USA; ∞ 1951 Judith I. Steinberger (geb. Alsfeld/ Hessen), jüd., Fotografin, 1933 Emigr. Pal., 1946 CH, 1949 USA; *K:* Hugo (geb. 1954); Nancy (geb. 1956); Sandra (geb. 1959); *StA:* deutsch, USA. *Weg:* 1937 USA.

1945-49 Stud. City Coll. New York, 1949 B.B.A., 1950 M.Sc., 1954 Ph.D. Columbia Univ. New York. 1951-68 ltd. Positionen bei Versicherungsges. Prudential Ins. Co.; ab 1968 Vizepräs. u. Ltr. Wirtschaftsabt. der New Yorker Effektenbörse. 1961-64 Assoc. Prof., 1964-75 Adjunct Prof. of Finance, Grad. School of Business, New York Univ., 1975 Prof. of Finance, Pace Univ.; Mitgl. *Am. Econ. Assn.,* VorstMitgl. N.Y.u.N.J. Council on Econ. Educ., ab 1967 Mitgl. Ausschuß für Wirtschaftspolitik der Gouverneure des Staates N.J. Lebte 1977 in Millington/ N.J.

W: The Concept and Practice of Equal Treatment in United States Commercial Policy, 1922-52 (Diss.). 1954; Investment Fundamentals. 3. Aufl. 1970; Financial Handbook (Mitverf.). 1965; Stock Market Handbook. 1970; Financial Institutions and Markets. 1970; Beiträge in Fachzs. *Qu:* Fb. Hand. – RFJI.

Freundlich, Elisabeth, Dr. phil., Journalistin, Schriftstellerin; geb. 21. Juli 1910 Wien; jüd.; *V:* → Jacques Freundlich; *StA:* österr., 1946 USA, 1951 Österr. *Weg:* 1938 CH, F; 1940 USA; 1950 Österr.

1928-32 Stud. Germanistik, Romanistik, Theaterwiss. u. Kunstgesch. Wien, Prom.; Mitgl. *Verband Sozialistischer Studenten Österreichs.* 1930-31 Dramaturgin u. Regisseurin Wiener Schauspielhaus, Ps. Elisabeth Lanzer. 1932-33 Mitarb. der kurzfristig als Schwesterorgan der Berliner Zs. *Die Weltbühne* bestehenden Zs. *Die Wiener Weltbühne* (→ William S. Schlamm). 1934-38 mehrfach Reisen nach Paris, ZusArb. mit SDS, ab 1937 Tätigkeit für span. Hilfskomitees. 13. März 1938 mit den Eltern nach Zürich, Mai 1938 Emigr. Paris. Mitgr. u. Sekr. *Liga für das geistige Österreich (Ligue de l'Autriche vivante),* einer Vereinigung österr. Schriftst. u. Künstler, weiterhin Tätigkeit für span. Hilfskomitees, ZusArb. mit KPÖ-Vertr. in Paris. 1939 nach Kriegsausbruch kurzfristig Autorin von Österreich-Sendungen im Rahmen des von → Rudolf Leonhard geleiteten Deutschland-Programms des franz. Rundfunks. Sommer 1940 Flucht vor dt. Vormarsch nach Montauban/Südfrankr., anschl. mit US-Notvisum nach New York. Ab 1941 Mitarb. Metropolitan Museum, New York, daneben Stud. Library Science Columbia Univ., 1943 M.A.; Doz. für Deutsch an Princeton Univ. u. Wheton College/Mass. u. Bibliothekarin in New York. Mitgl. *Austro-Am. Assn.,* Mitarb. *Austro-American Tribune* (AAT), ab 1944 (?) Hg. der neugegr. LitBeilage der AAT. Org. dt.-sprachiger Lesungen u. Theaterabende, u.a. mit Bertolt Brecht u. Berthold Viertel. Mai 1950 Rückkehr nach Wien, Übers. u. Journ.; ab 1954 Mitarb. *Frankfurter Hefte,* ab 1955 ständ. Kulturberichterstatterin *Mannheimer Morgen.* Mitarb. ORF, RIAS Berlin u.a. Rundfunkanstalten, schriftst. Tätigkeit. Seit 1958 Mitgl. österr. *PEN-Club.* Lebte 1977 in Wien.

W: Lanzer, Elisabeth, Invasion Day. Eine Erzählung. 1948; Der Eherne Reiter. 1960; Massaker in Stanislau (1941). In: Jahrbuch des Instituts für Deutsche Geschichte. Tel Aviv 1975. *D:* DÖW. *Qu:* Arch. Fb. Hand. Pers. – IfZ.

Freundlich, Emmy, geb. Kögler, Verbandsfunktionärin, Politikerin; geb. 26. Juni 1878 Aussig/Nordböhmen, gest. 16. März 1948 New York; *V:* Ing., Bürgerm. von Aussig; *G:* mehrere; ∞ 1900 Gretna Green, Leo F., sozdem. Red., 1907 Abg. Reichsrat, 1912 gesch.; *K:* Hertha, Emigr. GB, USA, A: 1972 USA; 1 T, Emigr. GB, USA, A: 1972 USA; *StA:* österr. *Weg:* 1939 (?) GB; 1947 USA.

SDAP, aktiv in beginnender Heimarbeiterinnen-Bewegung in Mährisch-Schönberg; 1907-28 Mitarb. *Der Kampf.* 1911 Wien, nach 1912 aktiv in *Arbeiterverein Kinderfreunde;* 1912 Mitgr. *Genossenschaftliches Frauenkomitee* innerhalb der *Arbeiter-Konsumvereine,* enge ZusArb. mit Karl Renner. 1914 Red. der ersten genossenschaftl. Frauenztg. Ab 1915 als Spezialistin für Ernährungsfragen im Staatsamt (später Bundesministerium) für Ernährung, MinDirektorin; 1916 Mitgr., 1921-48 Präs. *International Co-operative Womens Guild* (ICWG), 1917-23 Sekr. *Reichsverein Kinderfreunde.* 1918 Mitgl. GdeRat Wien, 1919-20 Mitgl. Konstituierende NatVers., 1920-34 MdNR; Mitgl. zahlr. parlamentar. Ausschüsse u. Kommissionen. VorstMitgl. *Zentralverband österreichischer Konsumvereine,* 1927 Vizepräs. Vorbereitende Konferenz für Weltwirtschaftstagung, 1928 als einzige Frau Deleg. im Komitee der Wirtschaftlichen Sektion des Völkerbunds. 1934 nach den Februarkämpfen Verhaftung, auf ausländ. Intervention freigelassen. Vermutl. 1939 Emigr. London, Arbeit im Sekr. der ICWG. Ende 1943 Mitgr. u. Vors. *Austrian Committee for Relief and Reconstruction* (Wirtschaftskommission des *Austrian Representative Committee).* 1947 Übersiedlung nach New York, Beobachterin der ICWG bei *Economic and Social Council* der UN.

W: u.a. Die Frauen und die Reichsratswahlen. 1911; Arbeiterinnenschutz. 1913; Die industrielle Arbeit der Frau im Kriege. 1918; Die Geschichte der Genossenschaftsbewegung. 1925; Wege zur Gemeinwirtschaft. 1928; Die Internationale der Genossenschaften. 1930; Die Genossenschaftsbewegung im Lande und der Gemeinde Wien. 1930. *L:* Schroth, Hans, Bibliographie Emmy Freundlich. In: Archiv. Mitteilungsblatt VfGdA. 1964/4 u. 1978/2; DBMOI; Magaziner, Alfred, Emmy Freundlich – die große Frauenrechtlerin. In: Rentner und Pensionist. Jan. 1974. *Qu:* Arch. Hand. Publ. – IfZ.

Freundlich, Jacques (Jakob), Dr. jur., Richter; geb. 14. Nov. 1874 Gänserndorf b. Wien, gest. 9. Nov. 1951 Zürich; jüd., 1894 (?) Diss.; *V:* Josef F. (1845-1876), jüd., Buchhändler; *M:* Johanna, geb. Herlinger, in 2. Ehe verehel. Wasservogel (1846-1921), jüd.; *G:* Dr. Alfred F. (geb. 1871, gest. 1946 Manchester/GB), Arzt, ab 1900 (?) USA; Charlotte (1872-1893); Isidor (geb. 1873, gest.), Ing. u. Farbchemiker, 1941 nach PL dep.; Josephine Pächt (geb. 1874, gest. 1953 [?] Manchester/GB); ∞ 1905 Olga Lanzer (1880-1966), jüd., 1938 Emigr. F, 1940 USA; 1950 CH, 1955 Österr.; *K:* → Elisabeth Freundlich; *StA:* österr., Ausbürg. (?), 1949 (?) USA. *Weg:* 1938 F; 1940 USA; 1950 CH.

Stud. Rechtswiss. Wien, Mitgl. *Freie Vereinigung Sozialistischer Studenten.* 1896 Prom., anschl. 7 J. RA-Konzipient; Mitgl. SDAP. 1905-34 RA in Wien. Im 1. WK Frontoffz., 1917 (?) aus Gesundheitsgründen entlassen. Anschl. wieder RA, vorwiegend gewerkschaftl. Rechtsvertr.; 1926-34 Präs. Arbeiterbank, Mitgl. österr. Verfassungsgerichtshof, Febr. 1934 Entlassung, März Verhaftung, mehrere Mon. Haft. 13. März 1938 mit Ehefrau u. Tochter nach Zürich, Mai 1938 Emigr. Paris. Mitgl. des Kreises österr. Sozialisten um die AVÖS. Sommer 1938 LtgMitgl. *Fédération des Émigrés provenant d'Autriche.* 1939 nach Kriegsausbruch kurzfristig interniert. Sommer 1940 Flucht vor dt. Vormarsch nach Montauban/Südfrankr., anschl. nach Erhalt eines US-Notvisums nach New York. Sept. 1941 neben → Friedrich Adler u.a. Mitunterz. des Protests österr. SozDem. gegen Versuch der Bildung einer österr. Exilreg. durch → Hans Rott u. → Willibald Plöchl. Ab 1942 Mitgl. *Austrian Labor Committee.* 1950 Rückkehr nach Europa, Wohnsitz Zürich.

W: u.a. Vorwort zu: Lehrlingsrecht und Lehrlingsschutz. 1927. *Qu:* Arch. Fb. Pers. - IfZ.

Frey, Georg, Fabrikant; geb. 20. März 1875 Königshütte/Oberschlesien, gest. 20. Sept. 1946 Rio de Janeiro; jüd.; *V:* Adolf F.; *M:* Julie; *G:* Hugo; ∞ 1911 Erna Lewin (1890-1954); *K:* Karl (geb. 1912), Emigr. Bras.; Werner (geb. 1914), Emigr. Bras.; *StA:* deutsch, Ausbürg. *Weg:* 1939 S, Bras.

Gürtler u. Goldschmied, nach kaufm. Ausbildung Errichtung einer Metallwarenfabrik für Beleuchtungskörper in Breslau. Ab 1890 Mitgl. SPD, Verb. zu Rosa Luxemburg, 1905/06 aktive Unterstützung der poln. Arbeiterbewegung. 1914-18 Kriegsteiln.; 1919-33 Mitgl. SPD-PV u. StadtVO. Breslau. Nach natsoz. Machtübernahme Verlust der wirtschaftl. Existenz. März 1939 Emigr. über Göteborg nach Brasilien. Enge Verb. zu → Johannes Hoffmann, Kontakte u.a. zu Walter Kreiser u. → Paul Hertz. Nach Umschulung techn. Zeichner.

Qu: Fb. Pers. - IfZ.

Frey, Josef, Dr. jur., Parteifunktionär; geb. 24. Nov. 1882 Strakonitz/Böhmen, gest. 17. März 1957 Zollikon b. Zürich; *V:* Tobias F.; *M:* Julie, geb. Duschner; ∞ I. Dr. Anna Schlesinger (1889-1918), Lehrerin, im 1. WK Mitgl. SDAP-Linksopposition, Vors. *Freie Vereinigung Sozialistischer Studenten;* II. Herta Johanna, geb. Frey (geb. 1888), 1938 Emigr. CH, lebte 1957 in Nordirland; *K:* Dr. Josef Frey, RA in Belfast/ Nordirland; 1 S (?), angebl. Agronom in London; *StA:* österr., 1940 Ausbürg. *Weg:* 1938 CH.

Stud. Rechtswiss. Prag, 1907 Prom., anschl. nach Wien; Mitgl. SDAP, Red. *Arbeiter-Zeitung,* bekannter Fußballspieler. Ab 1914 Kriegsdienst, bis 1917 Adjutant des k.u.k Landesgendarmeriekommandeurs Böhmen, anschl. Frontoffz., zuletzt Hptm.; Nov. 1918 Kommandant Volkswehrabt. Stiftskaserne - Rote Garde. Dez. 1918 Wahl zum Vors. Vollzugsausschuß des *Soldatenrats* der Wiener Volkswehr, nach Spaltung der Roten Garde Kommandant Volkswehrbtl. 40 (Rote Garde). Pol. Gegensätze zu → Friedrich Adler u. → Otto Bauer, trat für Errichtung der Räterepublik ein. Apr. 1919 auf Druck von → Julius Deutsch Rücktritt, kurzfristig in Budapest, Verhandlungen mit Bela Kun; Sommer 1919 erneut Vors. Vollzugsausschuß des *Soldatenrats.* In der Folgezeit führender Vertr. *Arbeitsgemeinschaft Revolutionärer Sozialdemokraten,* Mitarb. der Ztg. *Arbeiterrat.* 1921 KPÖ, 1921-23 Mitgl. PV (später ZK) der KPÖ, 1922-März 1923 Vors. PolBüro; Mitarb. der Ztg. *Der rote Soldat.* In den Fraktionskämpfen innerh. der KPÖ ab 1923 Exponent des sog. linken Parteiflügels, Juni 1923 neben → Franz Koritschoner KPÖ-Vertr. auf dem 3. erweiterten EKKI-Plenum. Angebl. Dez. 1923 i.A. der *Komintern* nach Sachsen zur Org. einer Roten Gendarmerie, 1923-25 als Mitarb. des milit. Nachrichtendiensts der Roten Armee zeitw. in Frankr., Deutschland u. der CSR; erhielt 1924 auf 5. Weltkongreß der *Komintern* zweijähr. Funktionsverbot für Österreich. Herbst 1925 Verhaftung in der CSR, Ausweisung wegen falscher Papiere. Aug. 1925 Mitorg. eines fraktionellen Blocks in der KPÖ mit F. Koritschoner u. Karl Tomann, dem sich Frühj. 1926 → Kurt Landau anschloß. Jan.-Mai 1926 Administrator *Die Rote Fahne* in Wien, Mai 1926 Kündigung durch ZK, ab Herbst 1926 Hg. Fraktionsztg. *Klarheit* (später *Arbeiterstimme*). Jan. 1927 Parteiausschluß, danach Org. der trotzkistischen *KPÖ-Opposition* (KPÖ-O). Apr. 1928 Teiln. an Gründungskonf. des *Lenin-Bunds* in Berlin, später Anschluß der KPÖ-O an *Internationale Linksopposition* (ILO), Nov. 1930 Austritt nach Protest gegen Organisationspol. Trockijs und des Internationalen Sekretariats der ILO. - 1934 nach den Februarkämpfen kurzfristig verhaftet; anschl. Gr. des trotzkistischen *Kampfbunds zur Befreiung der Arbeiterklasse,* Mitarb. der Ztg. *Arbeitermacht,* die illeg. bis 1941 erschien, Ps. u. Deckn. Wilhelm Hirt, F. Dowien, Ernst Schmied u. MELT (für Marx, Engels, Lenin, Trockij), wandte sich in den Auseinandersetzungen innerhalb der linkskommunist. u. trotzkist. Gruppierungen insbesondere gegen Entrismus-Taktik. 1938 nach dem Anschluß Österr. illeg. in die Schweiz, erhielt als Staatenloser zunächst Toleranzbewilligung, später Daueraysl. Lebte in Zürich, pol. aktiv in *Marxistische Aktion* (Sektion der *IV. Internationale*), Mitarb. der Ztg. *Der einzige Weg.*

W: u.a. Revolutionäre Disziplin. 1919; Die Ursachen der Niederlage (illeg. Flugschrift nach dem 12. Febr. 1934). *L:* Deutsch, Julius, Aus Österreichs Revolution. 1921; Buttinger, Beispiel; Laurat, PCA; Steiner, KPÖ; Hautmann, KPÖ; DBMOI; Neugebauer, Bauvolk; Widerstand 1; Wagner, Winfried, Trotzkismus in Österreich, Diss. phil. masch. Salzburg 1976; Alles, Trotzkisten; Keller, Fritz, Gegen den Strom. 1978; Zimmermann, Leninbund. *Qu:* Arch. Pers. Publ. - IfZ.

Frey, Nachmann, Dr. med., Arzt, Politiker; geb. 16. Febr. 1892 Bolechow/Galizien, gest. 10. Febr. 1970 Tel Aviv; *V:* Joseph F., Kaufm., Mitgr. u. Präs. *Misrachi* Wien; *M:* Rachel, geb. Weisbard; *G:* Dr. Mordechai F.; ∞ Malka Masteri. *Weg:* 1938 Pal.

1919 Prom. Wien, Arzt am Rothschild-Spital u. an der Ortner-Klinik in Wien. Zugl. 1922-38 Vors. Bezirkssynagoge, Vors. des Praterbezirks der *Allgemeinen Zionistischen Organisation* Wien, 1934-38 VorstMitgl. Isr. Kultusgde. Wien u. Ltr. Palästina-Amt Wien, Mitgl. Hauptvorst. *Zionistische Organisation* Österr., 1935-37 Deleg. zu zion. Kongressen. 1938 Emigr. Palästina, Privatpraxis als Internist; Arzt u. VerwRatMitgl. des Assutah-Krankenhauses Tel Aviv, Arzt am Städt. Krankenhaus Tel Aviv, Hausarzt führender isr. Persönlichkeiten. Präs. Zentralsyn. Tel Aviv u. Mitgl. Parteivorst. *Allgemeine Zionistische Partei* von Israel.

L: Tidhar. *Qu:* Hand. Publ. Z. - RFJI.

Frey, Otto, Dr. jur., Beamter; geb. 24. Nov. 1907 Prag, gest. 22. Jan. 1972 Äthiopien; *V:* Maurice F.; *M:* Elsa, geb. Birsch; ∞ I. 1946 Heda Fantová; II. 1961 Phyllis Ruth Nayer. *Weg:* 1938 GB.

1931 Prom. Prag, 1931-32 Stud. Frankfurt, Paris, 1933-34 Stud. London School of Econ.; 1934-35 Sekr. im CSR-Min. für öffentl. Arbeiten Prag, 1935-38 Beamter im Außenmin., 1938-39 Berater an der CSR-Botschaft in London, zugl. Stud. London School of Econ.; 1940-45 Assist. von Jan Masaryk (Außenmin. der tschechoslowak. Exil-Reg.). 1945-46 Sektionschef bei der vorbereitenden Kommission der UN in London, ab 1946 Mitarbeit. (Atomkraftkommission) der Abt. für Fragen des Sicherheitsrats der UN in New York, Sekr. UN-Abrüstungskommission u. -unterausschuß, stellv. Bevollmächtigter des UN-GenSekr. bei der Abrüstungskonf. in Genf.

Qu: Hand. - RFJI.

Frey, Rudolf; *StA:* österr. *Weg:* Paraguay.

Vor dem Anschluß Österr. Funktionär *Vaterländische Front.* Emigr. Asunción/Paraguay. Anfang 1940 von → Martin Fuchs auf Vorschlag von → Karl Lustig-Prean als Vertr. des *Office Autrichien* (bzw. des *Service National Autrichien)* für Paraguay vorgesehen. Mitgl., zeitw. Vors. *Alianza Austriaca pro Aliados* in Asunción (→ H.M. Schocher).

Qu: Arch. - IfZ.

Freymuth, Arnold, Richter; geb. 28. Nov. 1872 Mehlauken/ Ostpr., gest. 18. Juli 1933 Paris; *V:* Geh. Sanitätsrat, Oberarzt Stadtlazarett Danzig; *M:* Anna, geb. Lewitz; ∞ 1902 Margarete Schneller (gest. 1933), Emigr.; *K:* 2 S; *StA:* deutsch. *Weg:* 1933 F.

1898 Assessor, 1902 Amtsrichter, 1906 Landrichter, 1911 OLG-Rat Hamm, Kriegsteiln., Eintritt in SPD, Vors. eines *Arbeiter- und Soldatenrats,* 1919 Mitgl. Preuß. Landesvers., parlamentar. Staatssekr. im Preuß. Justizmin., Mitgl. Reichsrat. 1922 Kammergerichtsrat Berlin, ab 1926 LG-Rat Naumburg/Sa., zugl. RA u. Notar in Berlin, 1928 LG-Dir. Hamm, 1929 Senatspräs. Kammergericht Berlin. Mitarb. in republikan. u. pazifist. Org., u.a. *Republikanische Beschwerdestelle* Berlin. 1933 Emigr. Paris, dort mit seiner Frau Freitod.

W: Handbuch des Strafrechts. 1912; Arzt und Gemeinde. 1916; Die GmbH. in der Rechtsprechung der deutschen Gerichte von 1911-16. 1917; Die rechtliche Stellung der Hebammen. 1920; Das Fechenbach-Urteil. 1923; Die GmbH. in der Rechtsprechung der deutschen Gerichte von 1916-24. 1925; Was ist Landesverrat? 1929; Kommentar zum BGB (Mithg.). 11.-13. Aufl. 1926-31. *Qu:* Hand. Pers. - IfZ.

Fricke, Bruno, geb. 7. Nov. 1900 Berlin (?); *V:* Bankier; ∞ Anna Schade; *StA:* deutsch, 25. Juli 1936 Ausbürg. *Weg:* Paraguay; 1935 Argent.; 1945 Paraguay; Deutschland (BRD).

Ab 1917 Kriegsteiln., anschl. Freikorps im Baltikum; 1923 GefStrafe in Verbindung mit Fememord; Mitgl. NSDAP, SA-Führer, 1931 nach sog. SA-Putsch unter → Walter Stennes Aufenthalt in Paraguay, 1932 Rückkehr, Parteigänger von → Otto Straßer, vor natsoz. Machtübernahme endgült. Emigr. nach Paraguay. Bis 1936 Kampfltr. *Die Schwarze Front* (SF) für Lateinamerika, 1935 nach Buenos Aires, Hg. der Zs. *Die Schwarze Front,* Korr. *Die Deutsche Revolution,* Betrieb eines Kurzwellensenders für die SF. Anfängl. Zurückstellung der Ausbürg., da auf Anweisung Heinrich Himmlers der Versuch unternommen werden sollte, F. an Bord eines dt. Schiffes zu locken u. zu entführen. Ab 1941 Vizepräs. der von Straßer gegr. *Frei-Deutschland-Bewegung* u. deren Ltr. für Lateinamerika mit 14 Landesorg. u. erheblicher publizist. Aktivität. Mitarb. der SF-Ztg. *Die Zeit (El Tiempo)* Montevideo. Ab Jan. 1943 in Haft, zunächst mit Rauschgiftanklage, Anfang 1944 als pol. Häftling in Esperanza/Prov. Santa Fé interniert, 1945 Entlassung u. Flucht nach Paraguay, dort zeitw. Anschluß an relig. Bruderschaft der Hutterer. Später Rückkehr nach Hannover (?), zeitw. Mitarb. bei Versuchen zur Neugr. einer Straßer-Bewegung.

Qu: Arch. Publ. - IfZ.

Fricke, Fritz, Gewerkschaftsfunktionär; geb. 26. Okt. 1894 Berlin, gest. 9. Nov. 1961. *Weg:* 1933 CSR; 1938 S; Deutschland (BBZ).

1909 Arbeiter-Jugendbewegung, 1912 Mitgl. SPD, 1912-33 ZdA; 1919-21 Ltr. Betriebsräteschule, 1921-33 Gewerkschaftsschule Berlin. 1933 Emigr. in die CSR, 1938 nach Schweden; Mitgr. u. bis 1945 VorstMitgl., Sekr. u. Studienltr. *Landesgruppe deutscher Gewerkschafter in Schweden;* Red. *Rundbrief,* ab Sept. 1944 *Mitteilungsblatt* der Landesgruppe; Lehrer an der schwed. GewSchule Brunsvik. Mitgl. FDKB. Ab 1943 Assistent Gunnar Myrdals am Sozialwiss. Inst. der Univ. Stockholm; Mitarb. *Koordinationskomitee für demokratische Aufbauarbeit (Samarbetskommittén för demokratiskt uppbyggnadsarbete),* das u.a. Schulung dt. Militärflüchtlinge durchführte. Nach Kriegsende Rückkehr; nach Grdg. des DGB zunächst in der BBZ, später beim Bundesvorst. des DGB führend im gewerkschaftl. Bildungswesen tätig.

L: Müssener, Exil. *Qu:* Publ. Z. - IfZ.

Friebeisz, Hans Hanno (Hano) Josef Wolfgang (urspr. Frh. v.); geb. 9. Aug. 1898 Wien; kath; *V:* Dr. Hans Wilhelm Frh. v. Friebeisz (1855-1923), kath., k.u.k. MinBeamter; *M:* Ida Alice Katharina, geb. Back von Begavár (1865-1931); *G:* Ida Wilhelmine Alexich (→ Georg Alexich); ∞ 1931 Wien, Eva Maria Machanek; *StA:* österr. *Weg:* 1938 (?) F; 1940 (?) USA.

Komponist, Dirigent, Schriftsteller in Wien. Vermutl. 1938 Emigr. Paris, Mitgl. *Ligue Autrichienne.* Mai 1940 Mitgl. *Vereinigung zur Befreiung Österreichs,* neben → Hans Rott *(Ligue Autrichienne)* u. → Karl Hartl *(Organisationskomitee der österreichischen Sozialdemokraten)* Mitgr. Aktionskomitee zur Befreiung Österreichs *(Comité d'Union Sacrée des Autrichiens [?]).* Anschl. Flucht vor dt. Vormarsch über Spanien nach Portugal. Sept. 1940 zus. mit → Walter Schuschnigg, Major Albert Hartmann u. Peter Paul in Lissabon Mitunterz. eines Memorandums an die brit. Regierung zur Aufstellung einer österr. Legion u. Einrichtung von Radiosendungen nach Österr. Anschl. USA; Mitgl. *Young Conservative Austrians* unter → Martin Fuchs. Ende 1941 Mitgl. *Austrian Action* unter → Ferdinand Czernin. Sept. 1942 VorstMitgl. *Free Austrian Movement* unter Hans Rott, zeitw. amtierender Vizepräs. Vermutl. Mitarb. OWI.

L: Goldner, Emigration. *Qu:* Arch. Publ. - IfZ.

Friedeberger, Walter, Dr. med., Staats- u. Verbandsfunktionär; geb. 25. Sept. 1898 Breslau, gest. 14. Mai 1967; *V:* Kaufm.; *StA:* deutsch. *Weg:* 1935 F; Marokko; 1942 (?) USA; 1947 Deutschland (Berlin).

Stud. Medizin u. Volkswirtsch. Berlin u. Innsbruck, 1921 SPD, 1923 Approbation u. Prom., 1930 Dipl.-Volkswirt; Arzt. 1933 fristlose Entlassung aus pol. Gründen, Haft, 1935 Emigr. nach Frankr., 1939-41 Internierung u.a. in Marokko, anschl. in die USA. 1947 Rückkehr nach Berlin, SED u. FDGB, 1947-49 Ref. Deutsche Zentralverw. für Gesundheitswesen, anschl. im Min. für Gesundheitswesen der DDR, 1951-58 Dir. Deutsches Hygiene-Museum Dresden, ab 1959 stellv. Min. für Gesundheitswesen, 1963-67 MdVK (Berliner Vertr.); Inh. Lehrstuhl für Gesundheitserziehung Deutsche Akademie für ärztliche Fortbildung Berlin(Ost); PräsMitgl. DRK, *Gesellschaft zur Verbreitung wissenschaftlicher Kenntnisse, Deutscher Friedensrat, Liga für Völkerfreundschaft* u. *Deutsch-Französische Gesellschaft in der DDR.* - *Ausz.:* u.a. Verdienter Arzt des Volkes, ProfTitel, 1960 Orden Banner der Arbeit, 1962 Rudolf-Virchow-Preis; VVO (Bronze, Silber, Gold).

Qu: Hand. Z. - IfZ.

Friedemann, Max, Staats- u. Verbandsfunktionär; geb. 13. Febr. 1905 Orsoy b. Moers/Ruhrgeb.; *V:* Simon F. (geb. 1872); *M:* Anna, geb. Frenken (geb. 1871); *G:* Walter (geb. 1899), Ernst (geb. 1901), Paul (geb. 1903), Kurt (1905-45), Theodora (geb. 1906), Herta (geb. 1909); ∞ I. Irma Mathias (geb. 1907); II. Thea, im Span. Bürgerkrieg Mitarb. Nachrichtendienst der Internat. Brigaden in Barcelona; *StA:* deutsch. *Weg:* 1934 E; 1939 F; 1945 Deutschland (SBZ).

Stud. TH Berlin, Dipl.-Ing.; Mitgl. KJVD u. KPD. 1934 Emigr. nach Spanien, ltd. Mitgl. *Vorbereitungskomitee der Arbeiterolympiade,* in dessen Auftrag OrgTätigkeit in Barcelona, nach Ausbruch des Span. Bürgerkriegs Capitán (Hptm.) Centuria Thälmann (Deckn. Mäcki), anschl. stellv. Ltr. Nachrichtenwesen der Internat. Brigaden, Mitorg. Verbindungswesen der span. republikan. Armee. 1939 nach Frankr., Internierung, 1941 Flucht, Commandant innerhalb der franz. Résistance (Deckn. François Heuzé). Ab 1944 KFDW- bzw. CALPO-Beauftragter für Dépt. Hérault, Aude u. Pyrhenées Orientales in Béziers, Tätigkeit in KriegsgefLagern. 1945 Rückkehr nach Deutschland; Ltr. Presseabt. Deutsche Wirtschaftskommission, später Dir. Stahl- u. Walzwerk Riesa/Erzgeb., 1955-58 Staatssekr. im Min. für Berg- u. Hüttenwesen, 1958-60 Vors. Wirtschaftsrat u. stellv. Vors. Rat des Bezirks sowie Mitgl. Büro der SED-BezLtg. Halle, 1960-65 Ltr. Handelsabt. DDR-Botschaft in Peking, ab 1965 Mitarb. Kammer für Außenhandel u. PräsMitgl. *Deutsch-Französische Gesellschaft in der DDR.* 1975 in Berlin(Ost) als Mitgl. der Kreisrevisionskommission der SED-Org. Außenhandel. - *Ausz.:* 1951 Held der Arbeit, 1956 Hans-Beimler-Med., 1965 VVO (Silber).

W: Die Geschichte der „Gruppe Thälmann". In: Interbrigadisten, S. 356 ff. *L:* Pasaremos; Mewis, Auftrag; Schaul, Résistance; Pech, Résistance; Interbrigadisten. *Qu:* Hand. Publ. Z. – IfZ.

Friediger, Karl (Charles); *StA:* österr. USA (?); *Weg:* 1938 (?) F; USA.

Angebl. bis 1938 Funktionär *Vaterländische Front* in Österr. 1938 (?) Emigr. Paris, Mitgl. *Ligue Autrichienne* unter → Hans Rott, maßgebl. an den Verhandlungen zur Bildung des *Office Autrichien* bzw. *Service National Autrichien* (→ Martin Fuchs) beteiligt. Emigr. USA, 1942 als Mitgl. *Austrian National Committee* unter Hans Rott u. → Guido Zernatto vorgeschlagen. Lebte 1977 in Allentown/Pa.

W: CIP-Forum (Hg.), o.O. 1943. *Qu:* Arch. Pers. – IfZ.

Friedjung, Josef K. (Karl), Dr. med., Arzt, Politiker; geb. 6. Mai 1871 Nedwieditz/Mähren, gest. 25. März 1946 Haifa/Pal.; jüd., Diss. (?); *V:* (gest. 1875), jüd., Kaufm. u. Gastwirt; *M:* Katharina, geb. Skutetzky, jüd.; *G:* Leonore Sinaiberger (1870-1939), vor 1918 führende Vertr. der Frauenbewegung in Mähren; 2 B, 1 S; ∞ 1905 Johanna Neumann (1886-1946), 1938 Emigr. Pal.; *K:* Walter (1906-73), Beamter, 1939 (?) Emigr. GB, nach Kriegsende Rückkehr nach Wien; Bruno E. (geb. 1908), jüd., Dipl.-Ing. u. Architekt. 1934 aus pol. Gründen Emigr. Pal., A: Haifa/IL; *StA:* österr. *Weg:* 1938 Pal.

Stud. Konservatorium Wien, anschl. Stud. Medizin, 1895 Prom., 1895-97 in Berlin Facharztausbildung in Kinderheilkunde, 1897-1904 Arzt an Poliklinik Wien. Ab 1899 Lehrtätigkeit in Arbeiterbildungsvereinen, Mitgl. SDAP, setzte sich bes. für Mütter- u. Kinderschutz ein. Ab 1904 Arzt am Ersten Öffentlichen Kinderkrankeninstitut, 1911-14 u. 1919-26 AbtLtr. u. Vorst. Ab 1905 enge Verb. zu Sigmund Freud, Versuch, die Erkenntnisse der Pädagogik u. Psychoanalyse für die Kinderheilkunde nutzbar zu machen. Im 1. WK Arzt an der Balkanfront u. in MilKrankenhäusern in Wien u. Bruck a.d. Leitha. 1918 Vors. Gesundheitskommission im Wiener *Arbeiterrat*. 1919-22 MdL Niederösterr., 1923-34 nach Abtrennung Wiens von Niederösterr. Mitgl. GdeRat Wien, Mitgl. des Ausschusses für Wohlfahrtseinrichtungen, Jugendfürsorge u. Gesundheitswesen unter → Julius Tandler u. Mitgl. Stadtschulrat für Wien. 1922-34 Doz. für Kinderheilkunde Univ. Wien. Gr. u. Vors. *Verein der sozialdemokratischen Ärzte* Wiens u. Obmann *Reichsverband der sozialdemokratischen Ärzte Österreichs*. 1929 Org. u. Präs. Internationaler Kongreß für Sexualreform in Wien. Bis 1934 Chefarzt u. Obmann *Arbeiter- und Samariterbund* u. Obmann *Wirtschaftshilfe für Mittelschüler*. Gehörte zum linken Flügel der SDAP u. trat für eine Verständigung zwischen SozDem. u. Kommunisten ein. Febr. 1934 Verhaftung, bis Sommer KL Wöllersdorf. Nach 1934 pol. nicht mehr aktiv. Sommer 1938 durch Vermittlung der *Jewish Agency* Emigr. Palästina. Ab 1940 medizin. u. psycholog. Berater bei *Youth Immigration* der *Jewish Agency* unter Henriette Szold, ausgedehnte Vortrags- u. Beratungstätigkeit bis zu seinem Tod kurz vor geplanter Rückkehr nach Wien.

W: u.a. Die sexuelle Aufklärung der Kinder. 1909; Die Erziehung der Eltern. 1916; Die Fehlerziehung in der Pathologie des Kindes. 1931. *L:* Patzer, Gemeinderat. *Qu:* Arch. Hand. Pers. Publ. – IfZ.

Friedländer, Albert, Schriftsteller, Bankier; geb. 19. Juni 1888 Berlin, gest. 14. Mai 1966 Zürich; jüd.; *V:* Jakob F.; *M:* Franziska, geb. Moses, dep.; *G:* 1 B, dep.; ∞ I. 1928-42 Charlotte Peters (geb. 1887); II. 1955 Pia Brühwiler; *StA:* deutsch, 1934 Ausbürg., 1958 CH. *Weg:* 1934 F; 1942 CH.

Inh. des Bankhauses Albert Friedländer Berlin, Vors. Börsenvorst.; 1934 Emigr. nach Paris. Journ. Tätigkeit, 1940 Internierung. Herbst 1942 Flucht in die Schweiz; Mitgl. Arbeitsgemeinschaft *Das Demokratische Deutschland* (DD) u. Mitarb. *DD-Mitteilungsblatt*, Vizepräs. *Liberal-demokratische Vereinigung der Deutschen in der Schweiz;* 1946-50 Ltr. der Züricher Fachgruppe Schriftst. u. Journ. des *Comité international pour le placement des intellectuels réfugiés* Genf. Ps. Ali Grit, Al Beaumerle, Bert Frendlan.

W: Frendlan, Bert, Anatole Meuniers erster Erfolg (R). In: National-Zeitung, Basel 1943/44. *Qu:* Arch. Pers. – IfZ.

Friedländer, Emanuel, Landwirt, Politiker; geb. 11. Apr. 1926 Breslau, jüd.; *V:* Ernst F. (geb. 1893 Deutschland), jüd., Kaufm., 1939 Emigr. GB, 1940 Pal., Landwirt; *M:* Alma, geb. Markowicz (geb. 1898 Deutschland), jüd., UnivStud., Zion., 1939 Emigr. GB, 1940 Pal., Mitgl. landwirtschaftl. Genossenschaft; ∞ 1953 Shoshana (urspr. Susanna) Katz (geb. 1930), 1939 Emigr. Pal., Stud. Landwirtschaftsschule Mikveh Israel, Mitgl. landwirtschaftl. Genossenschaft; *K:* Eliad (geb. 1955); Raanan (geb. 1958); *StA:* deutsch, IL. *Weg:* 1939 GB; 1940 Pal.

1937-39 höhere Schule. 1939 Emigr. GB mit Kindertransport, 1940 Palästina, ab 1940 Bet Yizḥak, ab 1956 Ltr. landwirtschaftl. Genossenschaft Shaar Hefer, Bet Yizḥak; 1942-44 Stud. Landwirtschaftsschule Kadoorie. 1954-61 geschäftsf. VorstMitgl. *Fortschrittspartei*, 1961-74 geschäftsf. VorstMitgl. u. Vors. Kommission für Wirtschaftsfragen *Liberale Partei*. 1957-73 Mitgl. GdeRat Bet Yizḥak. Ab 1962 GenSekr. landwirtschaftl. Org. *Iḥud Ḥaklai*, 1959-65 Mitgl. landwirtschaftl. Ausschuß der *Histadrut*, 1961 Beratungsausschuß für Genossenschaften im isr. Arbeitsmin., ab 1963 im Haupt-Planungsausschuß Landwirtschaftsmin., Ausschußmitgl. Min. für Einwandererintegration; Geschäftsf. Absatzgenossenschaft *Tenne*, Mitgl. Haushaltsausschuß *Jew. Agency*. Ab 1977 AR-Vors. isr. Wasserversorgungsges. Mekorot; Dienst in *Haganah* u. IDF. Lebte 1977 in Bet Yizḥak/Israel.

Qu: Fb. Hand. – RFJI.

Friedlaender, Ernst, Industriekaufmann, Publizist; geb. 4. Febr. 1895 Wiesbaden, gest. 13. Jan. 1973 Köln; ev.; *V:* jüd.; ∞ Dr. med. Franziska Schulz; *K:* → Katharina Focke; → Ernst Friedlaender; *StA:* deutsch. *Weg:* 1931 CH; 1934 FL; 1946 Deutschland (BBZ).

Ab 1913 Stud. Phil. Tübingen, Leipzig, Berlin, Bonn u. Köln, Kriegsteiln., inflationsbedingte Aufgabe des Stud., Banklehre u. Bankangest., 1922-25 Agfa, anschl. IG Farben, ab 1929 Dir. u. Filialltr. in USA. 1931 Ausscheiden angesichts pol. Entwicklung in Deutschland, Emigr. nach Lugano, ab 1934 in Vaduz, schriftst. Tätigkeit. 1946-Juli 1950 Red. u. stellv. Chefred. *Die Zeit* Hamburg, 1950-60 vielbeachteter Kolumnist, u.a. bei *Hamburger Abendblatt* u. *Berliner Morgenpost*(„Wie ich es sehe"), Rundfunkkommentator, journ. Vertrauter Konrad Adenauers. 1954-57 Vizepräs., zuletzt Ehrenpräs. *Deutscher Rat der Europäischen Bewegung*, 1954-58 Präs. *Europa-Union Deutschland*, Mitgl. Zentralkomitee *Union Européenne des Fédéralistes*. Lebte nach 1960 in Siena/Italien. – *Ausz.:* 1955 Gr. BVK.

W: u.a. Frieden und Abendland. 1930; Das Wesen des Friedens. 1945, 1947; Ferger, Ernst (Ps.), Deutsche Jugend. Fünf Reden. 1946, 1947; Von der inneren Not. 1947; Europa über den Nationen (mit Katharina Focke). 1963; Pius XII. und das Dritte Reich. 1965; Wie Europa begann. 1965. *Qu:* EGL. Hand. Publ. Z. – IfZ.

Friedlaender, Ernst, Unternehmensleiter; geb. 27. Jan. 1927 Berlin; ev.; *V:* → Ernst Friedlaender (1895-1973); *G:* → Katharina Focke; ∞ 1954 Barbara Grube; *K:* 3; *StA:* deutsch. *Weg:* 1931 CH; 1934 FL; 1946 Deutschland (BBZ).

Stud. Rechtswiss., Referendarexamen; 1952-74 bei Agfa Gevaert Mailand u. Leverkusen, zuletzt Marketing-Dir. u. VorstMitgl.; Geschäftsf. u. persönl. haftender Gesellschafter William Prym KG, Stolberg, Geschäftsf. u. Teilh. Edelstahlgroßhandlung E.A. Brandt & Co., Bremen. Lebte 1978 in Worpswede.

Qu: Hand. – IfZ.

Friedländer, Günter, Rabbiner, Verbandsfunktionär; geb. 22. Febr. 1914 Halle; *V:* Julius F. (geb. 1884 Rastenburg/Ostpreußen, gest. 1948 Buenos Aires), Kaufm.; *M:* Else, geb. Brück (geb. Hamburg); *G:* Werner (geb. 1917, gest. 1938 Argent.), Kaufm.; ∞ 1941 Marianna Glaser (geb. 1922); *K:* Noemi (geb. 1943), M.A., 1964 USA, Bibliothekarin; David (geb. 1945), Physiker u. Biologe, 1971 IL, 1974 USA; *StA:* deutsch, Ausbürg., 1955 deutsch. *Weg:* 1939 Boliv., Argent.; 1954 Boliv.; 1962 Chile; Kolumbien.

Stud. 1932-34 Hochschule für Politik, 1933-38 L(H)WJ Berlin, 1932-38 Mitgl. B.D.J.J., Jugend-Dezernat des CV, 1937-38 Hilfsprediger jüd. Gde. Berlin, 1938-39 Ltr. Richborough Camp der *Reichsvertretung;* ab 1938 freier Journ.; 1939 Emigr. Bolivien über Frankr. mit Visum u. Aufenthaltsgenehmigung, Ehefrau Hausangest.; 1939-54 Rabbiner in Buenos Aires, 1954-62 Rabbiner u. Dir. jüd. Schule in La Paz/Bolivien, 1962-71 Rabbiner in Valparaiso/Chile, zugl. 1964-71 Prof. für Theol. Universidad Católica de Valparaiso, Gastprof. Univ. Inca Garcilaso de la Vega Lima/Peru. 1963-71 Ltr. Abt. Erwachsenenbildung für Südamerika, Mittelamerika u. Mexiko d. *B'nai B'rith,* ab 1971 Ltr. Bez. Antillen Mithg. *Porvenir-Zeitschrift für alle Fragen des jüdischen Lebens,* Mitgr. *Jüdische Wochenschau* Buenos Aires, ab 1960 Mitarb. *Die Welt* Hamburg, ab 1971 Mitarb. *Springer-Auslandsdienst* (SAD), Mitarb. des NDR. Ps. Israel Bast. Lebte 1976 in Bogotá/Kolumbien. – *Ausz.:* 1954 BVK 1. Kl.; Condor de los Andes (Großkreuz) Bolivien; Merito del Maestro (Kommandeurskreuz) Bolivien.

W: Jüdische Jugend zwischen Gestern und Morgen. 1938; Die Bibel des Abraham Usque (span.). 4 Bde. 1945-46; Das Buch des Lebens (Anthologie). 1945; Los Heroes Olvidados. 1966; Beiträge in Am. Jew. Yearbook u. zahlr. engl. u. span. Zs. u. Festschriften. *Qu:* Fb. – RFJI.

Friedländer, Günther Abraham, Dr. phil., Apotheker, Fabrikant; geb. 8. Apr. 1902 Königshütte/Oberschlesien, gest. 24. Mai 1975 Jerusalem; jüd.; *V:* Adolf F. (geb. Czerwionka/Oberschlesien, gest. 1926 Deutschland), jüd., höhere Schule, Geschäftsm. in Königshütte u. Ratibor; *M:* Paula, geb. Kober (geb. Beuthen/Oberschlesien, gest. 1939 Jerusalem), 1935 Emigr. Pal.; ∞ I. 1931-45 Lotte Mühsam (geb. 1912 Görlitz), jüd., Apothekenhelferin, 1934 Emigr. Pal.; II. 1945 Johanna Singer (geb. 1908 Berlin), jüd., höhere Schule, 5 Jahre Fremdsprachenkorr. bei Joachim v. Ribbentrop, Okt. 1934 Emigr. Pal.; *K:* David Ahron Shalev (geb. 1934 Jerusalem), Dipl.-Ing., Architekt in London; Joram (geb. 1936), techn. Dir. Teva Pharmazeutische Werke Jerusalem; Ruth Bixon (geb. 1937), M.Sc.; Naomi Eshhar (geb. 1946), Stud. Harvard Univ., Apothekerin; *StA:* deutsch, Pal./IL. *Weg:* 1934 Pal.

1921-27 Stud. Breslau u. Bern, gleichz. prakt. pharmazeutische Ausbildung, Mitgl. *Blau-Weiß,* K.J.V., ZVfD, Assist. für pharmazeut. Chemie u. Analyse Univ. Breslau, dann Mitarb. in Testlaboratorien u. pharmazeutischen Werken; 1930 Zulassung als Apotheker, Geschäftsf. Kronen-Apotheke Görlitz. Apr. 1933 vorübergehend inhaftiert, Ende 1933 Zwangsverkauf der Apotheke. März 1934 Emigr. Palästina mit A I-Zertifikat, 1934 Mitgr. u. bis 1968 Dir. Teva Pharmaceutical and Chemical Co. of the Middle East Ltd. Jerusalem (später Tochterges. des Assia-Zori Konzerns), Entwicklungsarb. für Anwendung von Pflanzen u. anderen in Palästina vorkommenden Naturstoffen in der Pharmazie (u.a. Asphalt des Toten Meeres), enge ZusArb. mit → Ernst Markowicz; Arzneimittellieferant für brit. Armee im 2. WK.; Mitgl. *Manufacturers, Assn. of Pal., Union of Pharmaceut. Factories, Pharmaceut. Assn. of America.*

Qu: Fb. Hand. Pers. Z. – RFJI.

Friedländer, Otto, Dr. rer. pol., Schriftsteller; geb. 5. Mai 1897 Berlin, gest. 3. Febr. 1954 Stockholm; ∞ ledig; *StA:* deutsch, 24. März 1934 Ausbürg. *Weg:* 1933 CSR; 1938 N; 1940 S.

Frühzeitig Anschluß an Arbeiterbewegung, aktiver Jungsozialist. Stud. Staatswiss., 1924-29 Vors. *Sozialistischer Studentenverband,* 1926-32 Sekr. *Sozialistische Studenten-Internationale.* SPD-Reichstagskand., Wirtschaftsjournalist, Mitarb. *Manchester Guardian,* bis 1933 Red. *Deutsche Textilzeitung.* Anfang 1933 wegen Hochverratsverfahrens Emigr. über Barcelona u. Paris nach Prag. Mitarb. von → Kurt R. Grossmann in Prager Zentrale der DLM, Sekr. der *Union für Recht und Freiheit;* 1934 Versuch zum Aufbau einer Auslandsvertr. der sozialist. Studenten Deutschlands. Angebl. Militärsachverständiger bei der Sopade. Anschluß an Arbeitskreis RSD um → Siegfried Aufhäuser u. → Karl Böchel, Mitverf. des RSD-Progr. vom Sommer 1934. Mitarb. *Die Neue Weltbühne,* 1936 Mitgl. *Deutscher Volksfrontausschuß* Prag, u.a. mit → Wilhelm Koenen u. Siegfried Aufhäuser Teiln. Lutetia-Konf. Paris v. 2. Febr. 1936, Mitunterz. Pariser Volksfront-Aufruf v. Dez. 1936. Für seine schriftst. Arbeiten Unterstützung durch *American Guild for German Cultural Freedom* New York. Jan. 1938 Mitunterz. eines von KJVD u.a. linken Jugendorg. des Exils hg. Aufrufs an die dt. Jugend, Juli 1938 eines Einigungsaufrufes Prager Emigranten (zus. mit → Hugo Gräf). 1939 nach Oslo, 1940 Flucht nach Schweden, kurzfristig in Loka Brun interniert, Mitarb. schwed. Zeitungen, publizist. Tätigkeit, ab 1943 Archivarb. an der Univ. Stockholm. Mitgl. *Landesgruppe deutscher Gewerkschafter in Schweden,* der Sopade-Gruppe Stockholm und des Ausschusses für kulturelle Nachkriegsfragen der 1942 entstandenen *Internationalen Gruppe demokratischer Sozialisten (Kleine Internationale).* Seit 1944 Mitwirkung im schwed. *Samarbetskommittén för demokratiskt uppbyggnadsarbete* (Koordinationskomitee für demokrat. Aufbauarb. in Deutschland). Grdgsmitgl. u. ab Mai 1944 zeitw. Vors. FDKB in Schweden, seit Jan. 1945 RedMitgl. der von → Fritz Bauer u. → Willy Brandt initiierten *Sozialistischen Tribüne;* ab März 1946 beratendes Mitgl. *Sopade-*Landesvorst., dann bis 1954 Vors. *Vereinigung deutscher Sozialdemokraten in Schweden.* Ab 1946 u.a. Doz. beim schwed. Arbeiterbildungsverein. Zahlr. Veröffentl. zu pol. u. soziolog. Themen, insbes. auch zur künftigen Staats- u. GesOrdnung in Deutschland, u.a. Mitarb. *Die Neue Zeitung* München. Ps. Otto Friedrich, Otto Fridén.

W: u.a. Hammer, Sichel und Mütze. 1927; Selbstmord einer Demokratie. Karlsbad (Graphia) 1933; Friedrich, Otto, Helden des Geistes, Hus – Cheltschicky – Komensky. Zürich (Europa-Verlag) 1936; ders., Weise von Zion. Bratislava (Prager) 1936; ders., Der Zaun ums Wissen. Eine Geschichte des Bildungsmonopols. Aussig (Verlag Neue Erziehung) 1937; Europa, federation eller protektorat? Stockholm (= Skrifter utg. av informationsbyrån Mellan fo eklipgt Samarbete för fred Nr. 28) 1940; Ö till salu (Kom.) Falun (Lindarnas Förl) 1941; Makt och magi. En socialpsykologisk undersökning. Stockholm (Natur och Kultur) 1942; Svar till „Stilla kycka". Falun (Lindarnas Förl) 1942; Fridén, Otto, Individ, klass och nation. Stockholm (Bonnier) 1943 (dt. 1947); ders., Panslavismen. Stockholm (Bonnier) 1944; Tyskland after Hitler. Stockholm 1944; Thomas Mann als Politiker. Stockholm (Lindström) 1945; Volkscharakter und Umerziehung in Deutschland. 1947; Die schwedische Demokratie. 1948. Grundformen der Gesellschaft. 1949. *L:* Grossmann, Emigration; Friberg, M., Die Sozialistische Tribüne. Ms.Univ. Stockholm 1969; Freyberg, Jutta von, Sozialdemokraten und Kommunisten. 1973; Müssener, Exil; Misgeld, Klaus, Die „Internationale Gruppe demokratischer Sozialisten" in Stockholm 1942-1945. 1976; Langkau-Alex, Volksfront. *D:* ArA (Nachl. mit autobiogr. Ms.) *Qu:* Arch. Hand. Publ. Z. – IfZ.

Friedländer, Paul, Dr. phil., Parteipolitiker, Publizist; geb. 2. Juli 1891 Baden b. Wien, umgek. KL Auschwitz; Diss.; *V:* RA; ∞ I. 1917 Elfriede Eisler (→ Ruth Fischer), 1921 gesch.; II. Martha Jakob (geb. 1893), 1933 Emigr. Frankr.; *K:* 1 S (geb. 1917), Mathematiker, Hochschullehrer in GB; *StA:* österr., 1939 Ausbürg. *Weg:* 1933 Österr., F; 1941 (?) Deutschland.

Stud. Philosophie, Soziologie u. Kunstgesch. Wien, Mitgl. *Freie Vereinigung Sozialistischer Studenten;* 1917 Prom. Ab März 1918 zus. mit Ehefrau u. Schwager → Gerhart Eisler führender Vertr. einer linksradikalen Studentengruppe in Wien. Nov. 1918 Mitgr. der KPÖ u. Mitgl. des ersten dreiköpfigen Sekretariats, Dez. 1918 neben → Franz Koritschoner Chefred. *Der Weckruf,* ab Jan. 1919 verantwortl. Red. des Nachfolgeorgans *Die Soziale Revolution.* Febr. 1919 auf dem 1. PT der

KPÖ in den Parteivorst. gewählt, Mai 1919 Ablösung durch ein vierköpfiges Direktorium, das die Ltg. der KPÖ übernahm. 1922 auf 5. PT erneut Wahl in den Parteivorst. Ende 1922 KPÖ-Deleg. auf 4. Weltkongreß der *Komintern* in Moskau. Aufgrund scharfer pol. Differenzen mit der Mehrheit des Parteivorst. 1926 nach Berlin, Mitgl. KPD; Red. *Inprekorr,* später Parteibeauftragter innerh. der Red. *Die Welt am Abend.* Angebl. führender Funktionär der IRH in Deutschland. 1933 Chefred. *Die Welt am Abend.* März 1933 Flucht nach Österr., Sept. 1933 nach Paris. Mitarb. im Auslandsapp. der KPD; Mitgl. *Weltkomitee gegen Krieg und Faschismus.* Sept. 1939 unmittelbar nach Kriegsausbruch Verhaftung, zunächst Gef. Santé, anschl. Internierung in Le Vernet. Schriftl. Protesterklärung gegen Hitler-Stalin-Pakt, daraufhin Ausschluß aus der kommunist. Zelle des Lagers. Angebl. verhinderte der KPD-App. nach franz. Kapitulation die Zuteilung eines Notvisums zur Ausreise aus Frankr.; vermutl. 1941 Auslieferung an Gestapo, Tod im KL Auschwitz.

W: u.a. Durch die Demokratie zum Sozialismus? o.J. (1918). *L:* Gross, Babette, Willy Münzenberg. 1967; Hautmann, KPÖ; Steiner, KPÖ; Reisberg, KPÖ. *Qu:* Arch. Hand. Publ. – IfZ.

Friedländer, Walter Andreas, Dr. jur. et phil., Rechtsanwalt, Fürsorger, Hochschullehrer; geb. 20. Sept. 1891 Berlin; jüd.; *V:* Hugo F. (geb. 1852 Bischofswerder/Ostpreußen, gest. 1924 Berlin), jüd., Fabrikant, später Buchprüfer, Mitgr., Sekr. u. Schatzmeister *Deutsche Friedensgesellschaft; M:* Ernestine, geb. Lichtenstein (geb. 1858 Ortelsberg/Westpreußen, gest. 1935 Deutschland), jüd.; *G:* Erich (geb. 1894, gef. Okt. 1914 bei Verdun), Stud. Med.; ∞ 1919 Lia Bergmann (geb. 1892 Berlin), jüd., später Quäker, 1933 Emigr. CH, F, Stud. Körperkultur u. Sport Paris, 1936 USA, Künstlerin u. Physiotherapeutin; *K:* Dorothea Mindlin (geb. 1920 Berlin), 1933 Emigr. CH, F, 1936 USA, Ph.D., Dir. eines Rehabilitationsprogramms für Alkoholiker; *StA:* deutsch, 1943 USA. *Weg:* 1933 CH, F; 1936 USA.

1917-18 Referendar an MilGericht, 1920 Prom. Berlin; ab 1917 Mitgl. USPD, später Mitgl. SPD, 1919-21 Abg. BezVersammlung Berlin-Wilmersdorf, 1920-21 Assessor am Jugendgericht Potsdam, ab 1921 RA in Berlin. 1921-33 StadtVO, verantwortl. für Jugendwohlfahrt, u. Ltr. des Jugendamtes im Bez-Amt Prenzlauer Berg Berlin, 1921 Mitgr. u. bis 1933 Vorst-Mitgl. *Arbeiterwohlfahrt,* 1926-33 Präs. *Deutsche Zentrale für Jugendwohlfahrt,* gleichz. Doz. Hochschule für Politik u. Wohlfahrtsschule der *Arbeiterwohlfahrt* in Berlin, Mitgl. versch. pazifist. Org. u. *Internat. Child Welfare Council* in Genf. März 1933 Teiln. an VorstTagung des *Council* in Genf, Verbindung zu NDW u. anschl. Emigr. Frankr. mit Familie, 1933-36 Mitgr. u. Dir. Sozial- und Rechtsbetreuung für Flüchtlinge der *Internationalen Liga für Menschenrechte* in Paris, 1933-36 Mitgr. u. Ltr. *Arbeiterwohlfahrt* Paris, aktiver Mitarb. *Hilfsfonds der Gewerkschaften,* journ. Arbeiten. 1936 in die USA, Unterstützung durch versch. jüd. Flüchtlingsorg., 1937-43 Doz. School Soc. Service Admin. der Univ. Chicago/Ill., gleichz. Präs. *Selfhelp* Chicago, 1943-48 Doz., 1948-55 Assoc. Prof., 1955-59 Prof. für Sozialfürsorge Univ. Berkeley/Calif., 1959 Emeritierung. Seit 1946 Vors. *Internat. Committee of Soc. Welfare,* seit 1965 Mitgl. US-Kommission für internationale Sozialfürsorge, 1956-57 Ausbildungsltr. für Studiengruppen von *Study Abroad Inc.* bei internat. Konf. in München, wiss. Mitarb. u. DelegMitgl. bei versch. nat. u. internat. Konf. in Europa, Gastprof. an europ. u. am. Univ., u.a. 1956-57 Fulbright Doz. an der Freien Univ. Berlin, 1966 Univ. Köln. Mitgl., 1976 Vors. internat. Komitee für Greater Calif. Chapter der *Nat. Assn. Soc. Workers,* Mitgl. *Publ. Welfare Assn., Am. Assn. Univ. Profs., Nat. Conf. Soc. Work, Council on Crime and Delinquency, Deutscher Verein für Jugendgerichte, Deutscher Verein für öffentliche und private Fürsorge* u.a. Lebte 1978 in Oakland/Calif. – *Ausz.:* Marie Juchacz-Preis der *Arbeiterwohlfahrt* Deutschland (BRD); BVK; 1971 Social Worker of the Year Award; Golden Gate Chapter der *Nat. Assn. Soc. Workers.*

W: Grundzüge des Jugendrechts (Mitverf.). 1924; Concepts and Methods of Social Work (Hg.). 1959; Individualism and Social Welfare. 1962; Introduction to Social Welfare (Mitverf.). 1974; International Social Welfare (Hg. u. Mitverf.). 1975; Bücher u. Art. über Sozialfürsorge. *Qu:* Fb. Hand. Publ. Z. – RFJI.

Friedlaender, Zvi Herbert, Kartograph, Verleger; geb. 9. Okt. 1898 Züllichau/Brandenburg; *V:* Isidor F. (geb. 1868 Rüdersdorf bei Berlin, gest. 1914), Textilkaufm., aktiv in jüd. Gde., StadtVO in Züllichau; *M:* Berta, geb. Schisser (geb. 1864 Trebnitz/Schlesien, gest. 1954 Haifa); *G:* Toni Lazarus (umgek. im Holokaust); ∞ 1925 Raḥel Rubinstein (geb. 1901 Kamenec-Podolski/Galizien), 1933 Emigr. Pal.; *K:* Yizḥak (geb. 1928, gef. 1948), 1933 Emigr. Pal.; *StA:* deutsch, IL u. deutsch. *Weg:* 1933 Pal.

Lehre in Textilgeschäft, anschl. Prokurist u. Einkäufer. Mitgl. *Jüdischer Jugendbund,* nach 1920 Mitgl. JJWB, 1931-33 Mitgl. Syn.-Ausschuß Kottbus, aktiv in zion. Ortsgruppe u. KKL. 1933 Entlassung. Aug. 1933 Emigr. Palästina mit C-Zertifikat mit Familie, Umschulung als Kartograph. Seit 1934 Verleger palästinens. u. isr. Stadtpläne u. Verkehrskarten. Im 2. WK brit. Luftwaffe. Seit 1933 Mitgl. *Histadrut.* Lebte 1977 in Haifa.

W: Palestine General Time-Table. 1934-40; Map of Tel Aviv-Yafo. 1936, 15. Aufl. 1972; Map of Haifa and Haifa Bay. 1936, 14. Aufl. 1973; Israel Road Maps. 1951, 10. Aufl. 1965; Map of Petah Tikvah. 1954; Map of Givatayyim. 1960; Map of Netanyah. 1961; Israel Road Maps. 1963, 4. Aufl. 1968. *Qu:* Fb. – RFJI.

Friedlander, Albert Hoschander, Ph.D., Rabbiner; geb. 10. Mai 1927 Berlin; *V:* Alex F. (geb. 1879 Kolmar, gest. 1956 Memphis/Tenn.), Textilkaufm., 1938 Emigr. Kuba, 1941 USA, Verkäufer; *M:* Salome, geb. Hoschander (geb. 1890 Teschen/ehem. österr. Schlesien, gest. 1965 Miss.), Sekr., 1938 Emigr. Kuba, 1941 USA; *G:* Charles (geb. 1927 Berlin), 1938 Emigr. Kuba, 1940 USA, Beschäftigungstherapeut; Dorrit (geb. 1929 Berlin), Emigr. mit Eltern, Hochschullehrer in den USA; ∞ 1961 Evelyn Phillipp (geb. 1940 London), Konzertpianistin; *K:* Ariel Judith (geb. 1963 New York); Michael Sali (geb. 1965 New York); Noam (geb. 1973 London); Ilana; *StA:* deutsch; USA. *Weg:* 1938 Kuba; 1940 USA.

1936-38 höhere Schule Berlin. Dez. 1938 Emigr. Kuba mit Familie auf Besuchervisum, 1940 USA unter Kinder-Quote, bis Ankunft der Eltern 1941 in Pflegeheim, 1944-46 Stud. Univ. Chicago, 1946 Ph.B., 1946-52 Stud. H.U.C.-J.I.R. Cincinnati, 1950 B.H.L., 1952 M.H.L., Rabbiner, 1952-56 Rabbiner United Hebr.Temple Fort Smith/Ark., 1956-61 Temple B'nai B'rith Wilkes Barre/Pa., gleichz. 1957-61 Doz. Wilkes Coll., 1961-65 Rabbiner Jew. Center of the Hamptons/ L.I., gleichz. 1962-66 Stud. Columbia Univ., 1966 Prom.; 1966 nach GB, bis 1970 Doz. für Gesch. u. seit 1970 Dir. Leo Baeck Coll. in London, ab 1966 Rabbiner Wembley Liberal Syn. London, seit 1971 Westminster Syn. London. Seit 1952 Mitgl. *B'nai B'rith,* seit 1952 Mitgl., seit 1973 Vizepräs. *World Union for Progressive Judaism,* 1953 CCAR, seit 1971 Mitgl. *Europ. Conf. Progressive Rabbis.* Lebte 1976 in London.

W: Leo Baeck. Teacher of Theresienstadt. 1968, 1973; Out of the Whirlwind. 1968; Hg. von Veröffentl. über jüd. Geschichte, Beiträge in Fachzs. *Qu:* Arch. Fb. Hand. Pers. Publ. – RFJI.

Friedlander (urspr. Friedländer), **Fritz,** Dr. phil., Verbandsfunktionär, Journalist, Publizist; geb. 17. Mai 1901 Berlin; jüd.; *V:* Arthur Friedländer (geb. 1863 Bischofswerder, umgek. 1942 KL Theresienstadt), jüd., Apotheker; *M:* Erna, geb. Fuchs (geb. 1876 Schildberg/Posen, gest. 1932), jüd., höhere Schule; *G:* Herbert (geb. 1899 Berlin, gest. 1971 IL), Verkäufer, Gärtner, 1935 Emigr. Pal.; ∞ 1936 Irma Cohn (geb. 1903 Breslau), jüd., Apothekerin, 1939 Emigr. Schanghai, 1946 AUS; *StA:* deutsch, 1952 AUS. *Weg:* 1939 Schanghai; 1946 AUS.

1921-27 Stud. Phil. Berlin bei Eduard Spranger u. Gesch. bei Friedrich Meinecke, 1925 Prom., 1929 Lehramtsprüfung, Einfluß von Leo Baeck u. Ismar Elbogen, StudAssessor Berlin, Mitgl. *Arbeitsgemeinschaft sozialdemokratischer Lehrer und Lehrerinnen*, 1933 Entlassung. 1933-38 Lehrer an jüd. Gde.-Schulen in Berlin, Mitarb. *Jüdisches Gemeindeblatt*, 1922-38 Mitgl. CV, nach 1933 Vors. Berliner Zweigstelle *Reichsverband jüdischer Lehrervereine Deutschlands*, 1929 Mithg. *Zeitschrift für die Geschichte der Juden in Deutschland*, 1929-38 Mitarb. *CV-Zeitung, Der Morgen, Jüdisch-Liberale Zeitung, Jahresberichte für Deutsche Geschichte, Deutscher Kulturatlas, Philo-Lexikon;* Nov.-Dez. 1938 KL Sachsenhausen. März 1939 Emigr. Schanghai; Kontakte zum *Hilfsverein*, Ehefrau Apothekerin; stellv. Schriftltr. *Shanghai Jewish Chronicle, Shanghaier Morgenpost*, Doz. in jüd. Erwachsenenbildung, Mitgl. China-Abt. WJC u. *Union Demokratischer Journalisten* Schanghai. Nov. 1946 Australien, ungelernter Arbeiter, Ehefrau Apothekerin; dann freier Mitarb. u.a. bei *Australian Jewish News, A.J.R. Information, Aufbau , Jahrbücher des LBI* London; in Melbourne Sammlung von Quellenmaterial für Wiener Library London, Mitarb. *Lexikon des Judentums* 1971. Lebte 1977 in Victoria/Australien. - *Ausz.:* 1926 B'nai B'rith Buchpreis, 1932 Preis der Moses-Mendelssohn-Stiftung.
W: Das Leben Gabriel Riessers. Ein Beitrag zur inneren Geschichte Deutschlands im 19. Jahrhundert (Diss.). 1926; Heine und Goethe. 1932; Zwischen Potsdam und Zion. Bruchstücke der Geschichte Erich Sanders (Autobiogr., Ms.). 1945; Trials and Tribulations of Jewish Education in Nazi Germany. In: Yearbook III LBI 1958; Artikel in Ztg. u. Zs. *L:* Friedlander, Irma, Sieben Jahre Shanghai 1939-46, LBI New York (ABiogr., Ms.). *Qu:* Arch. Fb. Publ. Z. - RFJI.

Friedler, Egon, Journalist, Verbandsfunktionär; geb. 13. Aug. 1932 Wien; jüd.; *V:* Adolph F. (geb. 1906 Großwardein/ungar. Komitat Bihar), jüd., Kürschner, 1938 Emigr. Urug.; *M:* Paula, geb. Rosner (geb. 1905 Wien), jüd., 1938 Emigr. Urug.; *G:* Sylvia Balas (geb. 1945 Montevideo), jüd., Sekr.; ∞ 1952 Roge Etel Kanovich (geb. 1931 Paysandu/Urug.), jüd., Lehrerin; *K:* Talma Brechner (geb. 1954 Reḥovot/IL), B.A. London Univ., Chemikerin; Rasia Katz (geb. 1956 Reḥovot/IL), Stud. Psychologie; *StA:* 1964 Urug. *Weg:* 1938 (1939 ?) Urug.
Emigr. Uruguay mit Eltern, höhere Schule; Mitgl. *HaSchomer HaZair* Uruguay. 1953-57 soziale, kulturelle u. polit. Arbeit in Israel, 1955 Teiln. polit. Seminar in Givat Ḥavivah, Musikstud. bei Kurt Oppenheimer, Moises Schwarzwort u. Camilo Guicci. 1961-66 Gr. u. GenSekr. *Uruguay-Israel-Gesellschaft*, 1962-67 beratendes Mitgl. WJC; 1967-70 geschäftsf. Dir. *Jüdisch-Uruguayische Gesellschaft für zwischenmenschliche Zusammenarbeit*, später Vertr. *Am. Jew. Comm.* in Uruguay, Ltr. Jüdisches Kulturinstitut, 1970-71 Pressechef u. PR-Dir. *Jüdisches Zentralkomitee* Uruguay. Mitarb. *El Pais* Montevideo, *Davar* Tel Aviv, *La Luz* Buenos Aires, *Nuevo Mundo Israelita* Caracas, *Schalom* São Paulo. Beiträge u. Artikel u.a. in *Am. Jew. Yearbook* New York, *Present Tense* New York, *Tribuna Israelita* Mexiko, *Semanario Hebreo* Montevideo, *Neue Musikzeitung* München; Schatzmeister Kammer der Kritiker klassischer Schallplatten, Mitgl. Presseverband. Stipendium der *Memorial Foundation for Jew. Culture* für Forschungsarb. über schöpferische Leistungen der Juden in Lateinamerika. Mai 1976 künstlerische Leitung Schallplattenproduktion Testimonio de una cultura asesinada mit Gedichten jüd.-sowj. Dichter. Dez. 1976 künstlerische Ltg. Rosas y Espinas, Teatro del Notariado in Montevideo; 1972 u. 1977 im Kulturaustausch nach Deutschland (BRD), anschl. Aufenth. in versch. Ländern. 1976 Teiln. Music Critics Congress, Washington/D.C. Lebte 1977 in Montevideo/Uruguay.
W: El Cooperativismo en Israel. 1963, 2. Aufl. 1965; Arnold Schönberg. 1976; Übers. aus dem Hebr.: Werke von David Ben Gurion, Lea Goldberg, Meir Talmi, Gedichte von Bialik, Černichovsky, Rahel; Übers. aus dem Deutschen: Gedichte von Nelly Sachs; Übers. aus dem Engl.: Hausners Anklageschrift im Eichmann-Prozeß, Geschichten von Bernhard Malamud. *Qu:* Fb. Hand. - RFJI.

Friedmann, Friederike, Dr. phil., Lehrerin, Pädagogin; geb. 31. März 1882 Mährisch-Weißkirchen (Hranice)/Mähren, gest. 7. Nov. 1968 Wien; jüd.; *V:* Aron F.; *M:* Lotte; *StA:* österr. *Weg:* 1939 (?) GB; 1946 Österr.
Gymnasiallehrerin, daneben Stud. Naturwiss. Univ. Wien, 1913 Prom. Ab 1910 Mitgl. SDAP, zuletzt stellv. Sektionsltr. u. Fürsorgerätin in Wien; Mitarb. von Alfred Adler, maßgebl. Vertr. der Reformpädagogik Otto Glöckels. 1925-34 Bürgerschuldirektorin. 1934 nach den Februarkämpfen Verhaftung, Aug. 1934 Zwangspensionierung. 1938 nach Anschluß Österr. erneut verhaftet, März 1939 Aberkennung der Pension, vermutl. Ende 1939 nach Haftentlassung Emigr. GB. ZusArb. mit *Londoner Büro der österreichischen Sozialisten in Großbritannien*, Tätigkeit als Lehrerin. 1946 Rückkehr nach Wien, Mitgl. SPÖ, ab Okt. 1946 als Hauptschuldirektorin Ltr. der Fachinspektion des Englischunterrichts an Hauptschulen. 1951 Pensionierung, 1952 Ernennung zum Schulrat. 1953-61 Präs. *Verein für Individualpsychologie*, Ltr. mehrerer Erziehungsberatungsstellen in Wiener Bezirken. Mitgl. *Bund sozialistischer Freiheitskämpfer und Opfer des Faschismus*.
W: u.a Lexikon der Erziehung (Mitverf.) 1956. *Qu:* Arch. Z. - IfZ.

Friedmann, Jacob, Rabbiner; geb. 1878 Buhuși/Moldau, gest. 1956 Tel Aviv; *V:* Isaac F. (1834-96), Rabbiner in Buhuși; ∞ 1895 Tochter des chassidischen Rabbiners Israel von Husyatin; *K:* Isaac (1900-68), letztes Oberhaupt der chassidischen Dynastie. *Weg:* 1937 Pal.
Talmudstud. in Rumänien. Während 1. WK Übersiedlung nach Frankfurt/M. u. später nach Wien. Mitgr. der Wiener chassidisch-zion. Org. *Chevrat Yishuv Erez Yisrael*, Mitgr. *Misrachi*-Org. Wien. 1937 Emigr. Palästina, 1939 Oberhaupt (Admer = verehrter Rabbiner) einer chassidischen Sekte als Nachf. seines Schwiegervaters Israel von Husyatin.
Qu: Hand. Publ. - RFJI.

Friedmann, Leo, Journalist; geb. 10. Sept. 1905 Ostpreußen; *K:* 1 S, Prof. Musikwiss. Univ. Pittsburgh/Pa. *Weg:* 1933 F; 1934 CSR; 1937 B; 1940 F; 1942 USA.
Handelsschule, RA-Gehilfe in Königsberg/Ostpr. Nach 1. WK KPD, Funktionär des *Proletarischen Freidenkerverbandes*, 1920 Bekanntschaft mit → Max Sievers; 1924 Austritt aus KPD, 1925 SPD; 1924-26 Vors. freigewerkschaftl. Jugendkartell Königsberg, Funktionär ZdA; ab 1926 journ. tätig, insbes. für sozdem. Presse, daneben Mitarb. *Der Freidenker* (Organ des *Deutschen Freidenker-Verbandes*) u. *Der Atheist*. Ab 1929 Gaststudium Heidelberg; als Korr. in Jena, Gera u. Frankfurt/M., Mitarb. u.a. *Berliner Börsen-Kurier, Volksbühne, Illustrierter Film-Kurier*. März 1933 in Frankfurt vorüberg. in Haft, danach in Illegalität; mit Hilfe von Max Sievers Flucht nach Straßburg, später Paris; 1934 Prag; Anfang 1937 nach Brüssel, Mitbegr. u. Red. der Exilzs. *Freies Deutschland* (Ps. L.J. Manfred), enge ZusArb. mit → Arkadij Gurland. 1940 Flucht nach Südfrankr., 1942 Emigr. in die USA; u.a. in einer Kunstdruckerei tätig, Ausbildung als Wirtschaftsprüfer, daneben freier Publizist, Mitarb. u.a. *Marxist Tribune* u. *Commonwealth*. Lebte 1977 in East Quogue/N.Y.
Qu: Hand. Pers. Publ. - IfZ.

Friedrich, Ernst Paul, Publizist; geb. 25. Febr. 1894 Breslau, gest. 1. Mai 1967 Le Perreux b. Paris; *V:* Ernst F., Sattler, Bankangest.; *M:* Ernestine, geb. Schulz; *G:* 7 B, 2 S (?); ∞ I. Charlotte Meier (geb. 1895), Emigr., 24. Apr. 1937 Ausbürg. mit Kindern; II. Marthe, Näherin, Französin; *K:* Heidi (geb. 1917), Emigr.; Ernst (geb. 1923), Emigr.; *StA:* deutsch, 3. März 1936 Ausbürg., F. *Weg:* 1933 CSR; 1934 CH; 1935 NL, B; 1940 F.
SchauspAusbildung, Wanderjahre; im 1. WK Kriegsdienstverweigerer, 1918 Teiln. an Spartakuskämpfen in Berlin; Mitgl. FSJ, dann führend in der von ihr abgespaltenen anarchist. *Freien Jugend*, ab 1919 Hg.der Zs. *Die Freie Jugend. Anarchistische Jugendföderation - Blatt der jungen Anarchisten, Die Waffen nieder, Die Schwarze Fahne*. Gr. einer antiautoritären

Wohnkommune, ab 1923 mit Gruppenhilfe Ausbau des *Internationalen Anti-Kriegsmuseums* in einem unterprivilegierten Stadtviertel Berlins, 1925 Eröffnung, diente mit Vortragssaal, Buchhandlung u. Druckerwerkstatt als Zentrum anarchist., pazifist. u. revol. pol. Randgruppen u. Reformbewegungen. Ende der 20er Jahre Zerfall der *Freien Jugend,* Konzentration auf Aktivitäten des Museums, Arbeiter-Kunst-Ausstellungen (u.a. Werke von Käthe Kollwitz, Heinrich Zille, Otto Nagel), Rezitationsabende, Vorträge insbes. über Individualpsychologie (u.a. mit Manès Sperber) u. Sexualwiss.; Org. antimilitarist. Jugendtreffen, u.a. auf Wohnschiff *Pax Vobiscum,* Verb. zu nonkonformist. Gruppen des Auslands. Nach 1930 wegen Lohndrucks des verbotenen KPD-Organs *Die Rote Fahne* Festungshaft in Gollnow. Ende Febr.–Sept. 1933 Schutzhaft, nach Entlassung Flucht nach Prag; März 1934 in die Schweiz, Aufenthalt in Zürich u. Genf, Versuch zum Neuaufbau eines Friedensmuseums in Aargau, Juli 1935 Ausweisung wegen Betätigung als pol. Schriftsteller, über Holland nach Belgien, Mitarb. bünd. Zs. *Kameradschaft,* 1940 Internierung im Lager Gurs/Südfrankr., dann illeg. auf dem Lande lebend, Flucht bei Verhaftung durch Gestapo, Anschluß an Résistance. Nach Kriegsende Aufbau eines pazifist. Jugendzentrums auf einer Seine-Insel bei Paris, Jugendherberge auf dem Wohnboot *Arche Noah.*

W: u.a. Proletarischer Kindergarten. Märchen- und Lesebuch für Groß und Klein. 1921; Krieg dem Kriege. 2 Bde. 1924; Die Verfolgung des Anarchismus in Sowjetrußland. 1926; Festung Gollnow. 1932; Man flüstert in Deutschland ... Die besten Witze über das Dritte Reich. 2 H. Prag und Paris (Kultur-Verlag) 1934; No more War! Plus jamais de guerre! Nie wieder Krieg. Paris (Internat. Fed. of Trade Unions) 1934; Vom Friedens-Museum ... zur Hitler-Kaserne. Ein Tatsachenbericht über das Wirken von Ernst Friedrich und Adolf Hitler. St. Gallen (F. Schwarz) 1935 (niederl.: Een Pacifist in Hitler-Duitsland. Gent [Uitg. Vrede] 1937); Sei herzlich! (Selbstverl. E. Friedrich) 1948. *L:* Linse, Ulrich, Der unzeitgemäße Ernst Friedrich. In: Europäische Ideen, H. 29, 1977. *Qu:* Arch. Hand. Publ. – IfZ.

Friedrich, Heinz Helmut, Partei- u. Staatsfunktionär, Journalist; geb. 28. Juni 1914. *Weg:* 1934 UdSSR; NL; F; 1945 (?) Deutschland (SBZ).

Vor 1933 Mitgl. KJVD, 1934 Deleg. in der UdSSR, Lenin-Schule der *Komintern,* 1935 KPD; Instrukteur bei AbschnLtg. West in Amsterdam, um 1938 in Frankr., Mitgl. FDJ Paris u. als Mitgl. der FDJ-Radiokommission Mitwirkung an Prop.-Kampagne des *Deutschen Freiheitssenders 29,8.* Nach 1945 Chefred. *Volksstimme* Chemnitz, 1949–51 Chefred. *Sächsische Zeitung,* ab 1951 stellv. Chefred. *Neues Deutschland* Berlin (Ost), 1955 Ltr. Verlag Die Wirtschaft, dann bis 1961 Chefred. *Volksstimme* Karl-Marx-Stadt, anschl. ltd. Mitarb. Zentrale Druckerei-, Einkaufs- und Revisionsgesellschaft (Zentrag); Mitgl. Zentrale Revisionskommission des *Verbandes Deutscher Journalisten.* Lebte 1974 in Klein-Machnow/Berlin (Ost).

Qu: Arch. Publ. Z. – IfZ.

Friemel, Rudi (Rudolf); geb. 11. Mai 1907 Wien, umgek. 30. Dez. 1944 KL Auschwitz; Diss.; *V:* Clemens F. (geb. 1881 [?]), Bäcker, zwischen 1934 u. 1938 ZusArb. mit RSÖ u. KPÖ in Wien, mehrmals verhaftet; *G:* Klemens; Stefanie Korvas (geb. 1909 [?]); ∞ während des Span. Bürgerkriegs Margarita Ferer y Rey, StA: E, nach Niederlage der span. Republik nach Wien, da die Zivilehe von Franco-span. Behörden u. somit auch von dt. Behörden nicht anerkannt wurde, erfolgte 18. März 1944 mit Sondergenehmigung von Heinrich Himmler nochmal. Eheschließung Standesamt Auschwitz; *K:* 1 S; *StA:* österr., 1934 CSR, Österr.; 1936 (?) E; 1939 F; 1941 (?) Deutschland.

Ab 1913 Mitgl. *Arbeiterverein Kinderfreunde;* Mitgl. SAJDÖ. Automechanikerlehre, Chauffeur. 1925 GewMitgl., 1926 SDAP. 1924, 1926 u. Jan. 1934 kurzfristig verhaftet. Mitgl. *Republikanischer Schutzbund,* 1934 Kommandant der Alarm-Kompanie des Victor-Adler-Btl. Teiln. Februarkämpfe, Flucht nach Brünn. Juli 1934 i.A. des ALÖS illeg. Rückkehr nach Wien, Ende Juli 1934 Verhaftung, Okt. 1934 Urteil mehrjähr. schwere Kerkerstrafe. Juli 1936 Amnestie, anschl. nach Spanien, Teiln. Span. Bürgerkrieg. 1938 nach Anschluß Österr. neben → Hubert Mayr Mitgr., zeitw. Vors. *Grupo de Socialistas Alemanes y Austriacos Unidos en España.* Dez. 1938 Mitunterz. Einheitsfrontaufruf dt. u. österr. sozdem. u. kommunist. Spanienkämpfer im Demobilisierungslager Nr. 4 der Internat. Brigaden bei Barcelona. Jan.–Febr. 1939 vermutl. Teiln. am zweiten Einsatz der Internat. Brigaden, anschl. Grenzübertritt nach Frankr., Internierung in St. Cyprien u. Gurs; briefl. Auseinandersetzungen mit AVÖS in Paris wegen ZusArb. mit KPÖ- u. KPD-Vertr. u. Übernahme der KPÖ-Forderung nach Wiederherstellung der Selbständigkeit Österreichs. 1941 vermutl. Auslieferung an Gestapo; Jan. 1942 KL Auschwitz, Mitgl. Widerstandsorg. *Kampfgruppe Auschwitz.* Kurz vor Evakuierung des Lagers auf dem Appellplatz öffentl. gehenkt.

L: Pasaremos; Langbein, Hermann, Menschen in Auschwitz. 1972; Die Völker an der Seite der Spanischen Republik. 1975; Widerstand 1; Reisberg. KPÖ. *Qu:* Arch. Publ. – IfZ.

Friese, Rudolf, geb. 4. Febr. 1913 Pihl/Böhmen; kath., dän. Volkskirche; *V:* Heinrich F. (1891–1970), ab 1920 Sekr. *Verband der Glasarbeiter und -arbeiterinnen in der ČSR,* SDAP, DSAP, ab 1946 S, schwed. sozdem. Partei; *M:* Auguste, geb. Gulich (geb. 1890), DSAP; *G:* Elsa Johansson (geb. 1910), ab 1946 S; ∞ 1958 Lene Bahry (geb. 1931); *K:* Peter (geb. 1950), Anne Jytte (geb. 1952), Bettina Annette (geb. 1962); *StA:* österr., 1919 CSR, 1939 staatenlos, 1952 DK. *Weg:* 1939 PL, DK; 1943 S; 1945 DK.

Kontorist, später Staatsangest.; 1929 SJ u. *Arbeiter-Turn- und Sport-Union der ČSR,* 1931 DSAP. Nach Anschluß des Sudetenlandes Verlust des Arbeitsplatzes, Flucht ins Landesinnere; Apr. 1939 über Polen nach Dänemark. 1939 Mitgl. dän. sozdem. Partei; 1940 Betriebsleiter in Odense; nach dt. Einmarsch Anschluß an dän. Widerstandsbewegung. 1943 mit deren Hilfe Flucht nach Schweden. Expedient, Mitgl. TG. Nach Kriegsende Rückkehr nach Dänemark, 1945 GewMitgl., Betriebsltr. einer Lederwarenfabrik. 1956 Kontorassist. beim staatl. Arbeitsamt. Ab 1956 Landesobmann der TG. Lebte 1978 in Odense/Dänemark.

Qu: Fb. – IfZ.

Frisch, Alfred, Dr. jur., Rechtsanwalt; geb. 8. Aug. 1910; *StA:* österr. *Weg:* 1938 (?) CH; 1945 (?) Österr.

Vermutl. 1938 Emigr. Schweiz. Nach Kriegsende Rückkehr nach Wien, RA, insbes. auf dem Gebiet von Opferfürsorge u. Wiedergutmachung tätig. Mitgl. Bundespräs. des *Bundesverbandes österreichischer Widerstandskämpfer und Opfer des Faschismus – KZ-Verband.* Lebte 1976 in Wien.

Qu: Pers. Z. – IfZ.

Frisch, Alfred, Journalist; geb. 7. Juli 1913 Heidelberg; jüd., 1937 kath.; *V:* (geb. 1881, gest. 1942 KL Auschwitz), Salzkaufm.; *M:* Auguste, geb. Klein (geb. 1877, gest. 1942 KL Auschwitz); *G:* Paula Norman (geb. 1908), Kaufm., A: AUS; ∞ Eva Liliane Staub (geb. 1924); *K:* Monique Teyssère (geb. 1945), Dekorateurin, A: F; *StA:* deutsch, staatenlos, 1951 deutsch. *Weg:* 1933 CH; F; Algerien; F; 1936 CSR; 1939 Deutschland, F.

1932–33 Stud. Rechtswiss. Heidelberg, Ausschluß wegen Mitgliedschaft *Sozialistischer Studentenbund* u. SPD; 1933 Stud. in Genf, später Bordeaux, Algier u. Lyon (Licence en droit). 1936–38 Kaufm. im väterl. Unternehmen in der CSR, Mitarb. *Deutschland-Berichte der Sopade.* 1939 nach mißglücktem Fluchtversuch aus der CSR 4 Mon. Schutzhaft in dt. Gef., anschl. Emigr. nach Frankr.; Sept. 1939–Aug. 1942 Internierung in Chambarand, Gurs u. Les Milles, nach Flucht in der Illegalität, Anschluß an Résistance. Ab Ende 1944 in Paris, Mitgl. *Landesgruppe deutscher Sozialdemokraten in Frankreich* (→ Günter Markscheffel). Nach 1945 Pariser Korr. dt. Zs. u. Ztg. für Wirtschaft u. Politik. Ab 1955 Mitarb. *Rheinischer Mer-*

kur; ferner u.a. *Allgemeine Zeitung* Mainz, *General-Anzeiger* Bonn; Mitarb. zahlr. Rundfunkanstalten, u.a. *Saarländ. Rundfunk, Deutsche Welle.* 1967-69 Chefred. *Dokumente. Zeitschrift im Dienst übernationaler Zusammenarbeit* Köln. Lebte 1977 in Paris. – *Ausz.:* Chevalier de la Légion d'honneur.
W: u.a. Réponse au défi de l'histoire. 1954 (dt. Übers.: Großmacht Technokratie, 1954/55); Notleidende Innenpolitik in Frankreich. In: Deutsche Rundschau 86/1960; Was bedeuten heute noch Vaterland, Nation und Einheit? In: Dokumente 17/1961; Frankreich im Umbau. Die Fünfte Republik nach der Algerienlösung. In: Politische Meinung 7/1962, H. 73. *Qu:* Arch. Fb. Pers. Z. – IfZ.

Frisch, Wilhelm, Gewerkschaftsfunktionär; geb. 29. März 1891 Wemmetsweiler/Saar, gest. 20. Okt. 1940 Saarbrücken; ∞ Wilhelmine Quak (geb. 1895); *K:* 1 T; *StA:* deutsch, 23. Mai Ausbürg. mit Ehefrau. *Weg:* 1935 F; 1940 Deutschland.
Bergarbeiter. Funktionär der Arbeiter-Sportbewegung, später saarländ. BergarbGew, RGO-Ltr. bis zu ihrer Rückführung in den ADGB 1934; Mitgl. KPD-BezLtg. Saar-Nahe, ab 1932 GdeRatsmitgl. Landsweiler/Saar, 1932-35 Mitgl. Landesrat des Saargebietes. Nach Saarabstimmung Flucht nach Frankr., in Forbach/Lothr. illeg. KPD-Arbeit; Mai 1936 Mitbegr. *Arbeitsausschuß freigewerkschaftlicher Bergarbeiter Deutschlands* in Paris, bis 1939 zus. mit dem sozdem. Gewerkschafter → Richard Kirn Ltr. der Grenzstelle des Arbeitsausschusses in Forbach. Als Vertr. der *Saarländischen Freiheitsfront (Front de Liberté en Sarre)* Mitunterz. der Völkerbundsbeschwerde vom 21. Sept. 1935 zum Bruch des Saarabkommens *(Requête au Conseil des Nations concernant la violation des mesures de protection dans la Sarre stipulées par convention internationale de Rome le 5 décembre 1934);* Aug. 1937 in Metz Teiln. GrdgKongreß des *Volksfront-Ausschusses für das Saargebiet.* Mit Kirn Vertr. der Bergarbeiter in dem von der KPD März 1937 initiierten *Koordinationsausschuß deutscher Gewerkschafter in Frankreich.* Teiln. Konf. der Berg- u. Metallarbeiter Nov. 1937 zur Vereinheitlichung der Betriebsarb. von KPD u. SPD im Reich. ZusArb. mit CGT; Mai 1938 mit → Wilhelm Knöchel u. → Franz Vogt dt. Vertr. beim 33. Kongreß der Bergarbeiter-Internationale in Luxemburg. Nach der Besetzung Frankreichs verhaftet, in Gestapo-Haft Freitod.
L: Schmidt, Deutschland; Bednarek, H., Die Gewerkschaftspolitik der KPD. 1969; Schneider, Saarpolitik und Exil. *Qu:* Arch. Publ. – IfZ.

Frischauer, Paul, Parteifunktionär; gest. 1964 (?) Wien (?); ∞ Ingeborg; *StA:* österr. *Weg:* 1938 (?) GB; 1946 (?) Österr.
Vermutl. 1938 Emigr. GB, ab 1941 Londoner Ltr. von *Young Austria in Great Britain,* wahrscheinl. maßgebl. Mitgl. KJVÖ-Gruppe bzw. Parteigruppe der KPÖ in GB. Vermutl. 1946 Rückkehr nach Österr., ltd. Funktionär *Freie Österreichische Jugend,* anschl. KPÖ-BezSekr. in Wien. 1964 zus. mit → Adolf Löwy Parteiausschluß aufgrund von Divergenzen mit Parteiführung über Verhältnis zur SPÖ.
L: Prager, Theodor, Zwischen London und Moskau. 1975; Maimann, Politik; Fischer, Walter, Kurze Geschichten aus einem langen Leben (unveröffentl. Ms. DÖW). *Qu:* Arch. Publ. – IfZ.

Frischauf, Maria (Mitzi), geb. Pappenheim, Dr. med., Schriftstellerin; geb. 4. Nov. 1882 Preßburg, gest. 24. Juli 1966 Wien; jüd., 1943 kath.; *V:* Max P.; *G:* Dr. Martin P. (geb. 1878), 1932 Emigr. Pal., UnivProf. Psychiatrie u. Neurologie; ∞ 1918 Dr. Hermann F. (1879-1942), 1938-40 KL Buchenwald; *K:* Dr. Johannes F. (geb. 1919), UnivProf. Wien; *StA:* österr. *Weg:* 1934 F; 1940 Mex.; 1947 Österr.
Stud. Medizin Wien, 1918-34 Fachärztin für Dermatologie in Wien. Bereits während des Stud. schriftst. tätig, Mitarb. *Die Fackel.* 1934 nach den Februarkämpfen Mitarb. illeg. *Sozialistische Arbeiterhilfe,* vermutl. ZusArb. mit illeg. KPÖ u. Mitarb. *Rote Hilfe,* kurzfristig Haft, anschl. Emigr. Paris, kosmet. Ärztin. Nach Anschluß Österr. Mitgr. u. Vors. *Cercle Culturel Autrichien* in Paris. 1940 Flucht vor dt. Vormarsch nach Südfrankr., Internierung. 1940 Emigr. Mexico City, Ärztin, gelegentl. Mitarb. *Freies Deutschland* u. vermutl. *Austria Libre,* pol. Tätigkeit in KPÖ-Parteigruppe in Mexiko. Mai 1947 Rückkehr nach Wien. Bis 1952 Fachärztin für Dermatologie in der Ambulanz der Wiener Gebietskrankenkasse; schriftst. Tätigkeit, Mitarb. *Stimme der Frau.*
W: u.a. Pappenheim, Maria, Erwartung, Monodram. 1909 (vertont von Arnold Schönberg, op. 17); Ist Abtreibung schädlich? (mit Annie Reich). 1930; Der graue Mann (R). 1949; Verspätete Ernte zerstreuter Saat (L). 1962; ab 1908 Lyrik u. Prosa in zahlr. Zs. *L:* Spiegel, Résistance; Frei, Bruno, Der Papiersäbel. 1972; Freies Deutschland Mexico, 1941-46. 1975. *Qu:* Fb. Publ. – IfZ.

Fritsch, Otto, Gewerkschaftsfunktionär; geb. 7. Aug. 1870 Ekkartsberga b. Merseburg/Sa.; Diss.; *StA:* deutsch. *Weg:* nach 1933 CSR.
Textilarb., Mitgl. SPD, ab 1904 BezLtr. *Deutscher Textilarbeiter-Verband* Schlesien in Liegnitz, ab 1911 StadtVO.; 1919-21 Mitgl. Verfassunggebende Preuß. Landesversammlung, ab 1921 MdL Preußen. Nach 1933 Emigr. in die CSR, ZusArb. mit SPD-Grenzsekr. → Emil Stahl.
Qu: Arch. Hand. – IfZ.

Fritz, Heinrich, Parteifunktionär; geb. 22. Juni 1908 Stadl Paura/Oberösterr.; *G:* Johann (gest.); ∞ Malvine, 1941 in Frankreich verhaftet, KL Auschwitz, 1945 Österr.; *K:* 1 S; *StA:* österr. *Weg:* 1934 (?) CH, UdSSR; 1936 E; 1939 F; 1941 Deutschland; 1945 Österr.
Kaufm. Angest. in Lambach/Oberösterr. (?), Mitgl. SDAP, *Republikanischer Schutzbund,* Arbeiterturnverein. 1934 KPÖ, Teiln. Februarkämpfe, maßgebl. Funktionen in *Autonomer Schutzbund;* vermutl. 1934 Flucht in die Schweiz, Emigr. nach Leningrad, Lenin-Schule Moskau. 1936 nach Spanien, Internat. Brigaden; Deckn. Julius Schacht. Major u. PolKommissar im Btl. Čapaev. 1939 Frankr., Internierung; Flucht aus dem Lager, illeg. Arbeit (Deckn. Julio); 1941 Verhaftung, KL Dachau u. Auschwitz (?); 1945 Rückkehr nach Österr., 1946-74 ZK-Mitgl. der KPÖ, 1948-57 Mitgl. PolBüro, 1954-65 Sekr. KPÖ; Mitarb. *Weg und Ziel.* Lebte 1977 in Wien.
L: Spiegel, Résistance; Die Völker an der Seite der Spanischen Republik. 1975.
Qu: Pers. Publ. – IfZ.

Fröhlich, Ernst, Parteifunktionär; ∞ verh., Emigr. mit Ehemann. *Weg:* CSR; GB.
SAPD-Funktionär. Nach 1933 Emigr. in die CSR, von dort weiter nach GB. 1938/39 VorstMitgl. SAPD-Landesgruppe GB, Beauftragter der SAPD in der *Union;* Bemühung um Aufbau einer sozialist. Einheitspartei auf der Basis der *Union,* Mitgl. der Apr.-Aug. 1943 tagenden Parteikommissionen zur Ausarb. eines entsprechenden Aktionsprogramms, darin Fachmann für Wirtschaftsfragen; ständiger Mitarb. Deutschlandabt. der BBC.
L: Drechsler, SAPD; Röder, Großbritannien. *Qu:* Arch. Publ. – IfZ.

Fröhlich, Georg, Dr. jur., Richter; geb. 20. März 1884 Kattowitz/Oberschlesien, gest. 5. Juli 1971 Bühlertal/Baden; kath.; *V:* Adolf F.; *M:* Marie, geb. Fischer; ∞ 1918 Edith Nissen (geb. 1895); *K:* Andreas (nach 1940 umgek.), Sabine (beide nach 1933 an kath. Schulen in NL); *StA:* deutsch. *Weg:* 1939 NL; 1946 Deutschland (BBZ).
Stud. Rechtswiss. Freiburg/Br., München, Berlin, 1911-14 RA Breslau, 1914-18 Kriegsteiln., 1918-21 RegRat im Min-Dienst, bis 1939 RA in Berlin. 1922-25 VorstMitgl. Brauerei Engelhardt Berlin. Juli 1939 nach Entzug des Notariats aus rass. Gründen Emigr. Vaals. Bis Mai 1940 im Kloster St. Camillus, Hilfstätigkeit für „nichtarische" Christen; anschl. illeg. in Amsterdam u. Nordholland. Unterstützung durch holländ.

Widerstandsbewegung. Deckn. Faessen. Sommer 1946 Rückkehr, durch brit. MilReg. Berufung zum OLG-Rat in Hamm, 1947 Senatspräs., ab 1948 OLG-Präs. Münster, rechtswiss. Vorträge im In- und Ausland, u.a. 1947 in USA über jur. Neuordnung in Deutschland. 1951-71 Richter Bundesverfassungsgericht Karlsruhe. Initiator der *Deutsch-niederländischen Juristenvereinigung,* Mitgl. jur. Studiengesellschaft am Bundesgerichtshof u. *Studienkreis für Presserecht und Pressefreiheit.* - *Ausz.:* 1957 BVK mit Stern.
W: Denkschrift zum Versailler Vertrag. 1920; Handbuch für das Vergleichsverfahren in Entschädigungssachen. 1924; Das Bürgerliche Gesetzbuch. Reichsgerichtskommentar II (Mitarb.). 10. Aufl. 1953. *Qu:* Fb. Hand. - IfZ.

Fröhlich, Hans, Dr. jur.; geb. 4. Sept. 1902 Hohenstadt/Mähren, gest. 9. Juni 1977 Konstanz; *V:* Fabrikbesitzer; ∞ Anny, 1938 Emigr. USA, später Rückkehr nach Deutschland (BRD); *StA:* österr., 1919 CSR, deutsch. *Weg:* 1938 USA; Deutschland (BRD).
Wirtschaftshochschule, später Stud. Rechtswiss. Deutsche Univ. Prag, Prom.; 1929-38 Red. *Prager Tagblatt.* 1938 Emigr. in die USA, 1945 Mitgr., dann Mitgl. *Am. Friends of Democratic Sudetens,* Red. *New Yorker Staats-Zeitung und Herold,* Mitarb. englischsprachiger Presse (Ps. Frederic March). Nach Kriegsende in Deutschland u. Österr. tätig, ab 1964 im Ruhestand. - *Ausz.:* BVK 1. Kl., Gr. Ehrenzeichen für Verdienste um die Rep. Österr., Rudolf-Lodgman-Plakette.
Qu: Arch. Pers. - IfZ.

Fröhlich, Rudolf. *Weg:* Urug.
Aug. 1944 neben Dr. Stefan Hänflein (Kassier), Dr. Eugen Riesz (Sekr.), Robert Ullmann (Rechnungsprüfer) u. Dr. Herbert Weingarten (stellv. Vors.) VorstMitgl., später Vors. von *Austria Libre* Uruguay in Montevideo, Deleg. zum *Comite Central Austriaco de America Latina* (→ Karl Stefan Grünberg).
Qu: Z. - IfZ.

Frölich, Paul, Parteipolitiker, Publizist; geb. 7. Aug. 1884 Leipzig, gest. 16. März 1953 Frankfurt/M.; Diss.; *V:* Max F.; *M:* Minna, geb. Munkwitz; *G:* 10; ∞ 1923 Rose Wolfstein (→ Rose Frölich) (Eheschließung 1948 New York); *StA:* deutsch, 25. März 1938 Ausbürg., 1951 deutsch. *Weg:* 1933 CSR; 1934 F; 1941 USA; 1950 Deutschland (BRD).
Aus sozdem. ArbFamilie. Realschule, kaufm. Lehre; Stud. Gesch. u. Sozialwiss. in Kursen des Leipziger Arbeitervereins. 1905 Volkswirtsch. Seminar Univ. Leipzig. 1902 SPD, nach MilDienst Volontär *Leipziger Volkszeitung,* später Red. *Altenburger Volkszeitung;* Mitarb. von → Hermann Duncker im Leipziger Arbeitersekretariat; 1910 als Red. zum *Hamburger Echo,* StadtVO. Altona; 1914 Red. linkssozialist. *Bremer Bürgerzeitung,* Gegner der sozdem. Burgfriedenpolitik; Kriegsdienst, Entlassung nach schwerer Verwundung; ab 1916 mit Johann Knief Hg. *Arbeiterpolitik,* Organ der sog. Bremer Linksradikalen *(Internationale Sozialisten Deutschlands);* als deren Deleg. 1916 Teiln. 2. internat. Konf. der sog. Zimmerwalder Linken in Kienthal/Schweiz; Ende 1916 erneut Kriegsdienst, wegen antimilitarist. Propaganda Mitte 1918 bis zur Befreiung durch die Novemberereignisse Nervenheilanstalt; als Vertr. der Nov. 1918 aus den Bremer Linken hervorgegangenen *Internationalen Kommunisten Deutschlands* auf GrdgsPT der *KPD/Spartakusbund* Dez. 1918/Jan. 1919 in die erste KPD-Zentrale gewählt, als deren Vertr. an Bildung der 2. Münchner Räterepublik beteiligt; bis 1924 ununterbrochen Mitgl. der Zentrale, 1921-22 als Sekr., Deckn. Paul Werner. Nach der März-Aktion 1921 innerh. der KPD Hauptvertr. der sog. Offensiv-Theorie; 1921 Deleg. zum 3. Weltkongreß der *Komintern,* Mitgl. des EKKI; verlor nach Niederlage der KPD Okt. 1923 als einer der Verantwortlichen für den unterdessen verurteilten Rechtskurs der Partei seine Führungsposition; danach hauptsächl. pol.-publizistisch tätig, u.a. 1925 mit Hg. der *Gesammelten Werke* Rosa Luxemburgs betraut, bis 1928 Lektor an der zentralen Parteihochschule; 1921-24 u. 1928-30 MdR; als Exponent der Opposition gegen die linke Führung um → Ruth Fischer u. → Arkadij Maslow 1928 Mitgr. der KPDO, daraufhin Ende 1928 KPD-Ausschluß; Mitgl. KPDO-ReichsLtg., neben → Jacob Walcher einer der Wortführer der Minderheit u. Kritiker der als „gesundbeterisch" verurteilten Haltung der KPDO-Mehrheit um → Heinrich Brandler u. → August Thalheimer gegenüber KPD u. *Komintern,* befürwortete ein Zusammengehen mit der sozdem. Linken; nach Disziplinierungsversuchen der Mehrheit Okt. 1931 Niederlegung des Mandats in der ReichsLtg., Jan. 1932 Ausschluß aus KPDO; Verf. der Übertrittserklärung der Minderheit zur SAPD vom 13. März 1932. Mitgl. SAPD-Parteiltg., Autor der programmat. Schrift *Was will die SAP(D)?;* März 1933 auf illeg. 2. ReichsPT in Dresden erneute Wahl in den Parteivorst., mit Aufnahme der Auslandsverbindungen beauftragt; anläßl. einer Reise nach Oslo Ende März zu Kontakten mit der befreundeten Norwegischen Arbeiterpartei beim Grenzübertritt verhaftet, bis Jahresende KL Lichtenberg/Sa.; nach Entlassung Flucht in die CSR, Frühj. 1934 nach Frankr. In Paris Mitgl. SAPD-AuslandsLtg., Deckn. K(arl) Franz, Wilhelm Fröhlig, Hans Wolf; als Mitgl. der AuslandsLtg. trotz starker ideolog. Differenzen zwischen KPD u. SAPD aktiv in Volksfrontbemühungen der dt. Emigr. in Frankr., Teiln. an Sitzungen des Lutetia-Kreises am 21. Nov. 1935 u. 2. Febr. 1936, vermutl. Mitgl. des auf der letzten Konf. gebildeten *Ausschusses zur Vorbereitung einer deutschen Volksfront;* Mitunterz. Volksfrontaufruf v. 21. Dez. 1936/9. Jan. 1937; nach dem nicht zuletzt durch den Konflikt KPD-SAPD gescheiterten Volksfrontexperiment als SAPD-Funktionär in den ab 1938 einsetzenden sozialist. Konzentrationsbemühungen aktiv; wandte sich jedoch innerhalb der im Sept. 1938 gegr. *Arbeitsgemeinschaft für sozialistische Inlandsarbeit* (AGSI) (→ Josef Buttinger) gegen die von Walcher u. der Mehrheit der AGSI geforderte Unterstützung auch imperialistischer Länder in einer Anti-Hitler-Koalition, die er als Neuauflage der Burgfriedenspolitik von 1914 kritisierte. Bis 1939 neben dem Parteisekr. u. OrgLtr. Walcher der eigentl. geistige Führer der SAPD; ständ. Mitarb. *Neue Front, Organ für proletarisch-revolutionäre Sammlung* u. *Marxistische Tribüne, Diskussionsblätter für Arbeiterpolitik;* nach Kriegsausbruch in Le Vernet u. Camp Bassens interniert; gelangte mit seiner Lebensgefährtin Rosi Wolfstein 1941 mit Notvisum über Martinique nach New York. Da ein Neuaufbau der SAPD-AuslLtg. insbes. aufgrund pol. u. persönl. Entfremdung zu dem ebenfalls in die USA emigr. Jacob Walcher nicht mehr möglich war, in der Folgezeit vor allem wiss. tätig, Studien über die Franz. Revolution, pol. ZusArb. mit German Branch des *Workmen Circle.* Ende 1950 Rückkehr nach Frankfurt/M., Anschluß an SPD, Vortragsreisen u. publizist. Tätigkeit.
W: u.a. Werner, Paul (Ps.), Die Bayrische Räte-Republik. Tatsachen und Kritik. O.J. (1919/20); Rosa Luxemburg. Gedanke und Tat. Paris 1939 (mehrere Aufl.); Zur Krise des Marxismus. 1949; 1798 - Die große Zeitwende. 1957 (hg. aus dem Nachl.); Ausführliche Bibliogr. bei Tjaden, KPDO. *L:* Tjaden, KPDO; Drechsler, SAPD; Bock, Syndikalismus; Weber, Wandlung; Langkau-Alex, Volksfront. *Qu:* Arch. Hand. Publ. - IfZ.

Frölich, Rose (Rosi), geb. Wolfstein, Parteifunktionärin; geb. 27. Mai 1888 Witten/Westf.; Diss.; *V:* Samuel Wolfstein (1843-1901), Kaufm.; *M:* Klara, geb. Adler (1851-1938); *G:* Paul (1884-1918); Gisela, gen. Elli (geb. 1885), 1942 dep.; Berta (geb. 1892), 1942 dep.; ∞ → Paul Frölich; *StA:* deutsch. *Weg:* 1933 B; 1936 F; 1941 USA; 1951 Deutschland (BRD).
Höhere Mädchenschule, kaufm. Lehre, 1907 Angest. *Frauen- und Mädchen-Arbeiterbildungsverein* Hagen/Westf., 1908 Mitgl. SPD, 1910 ZdA; 1912-13 Besuch SPD-Parteischule Berlin; nach 1914 Gegnerin der sozdem. Burgfriedenspolitik, Anschluß an *Spartakus-*Gruppe, Ostern 1916 Deleg. der Duisburger Arbeiterjugend auf der illeg. Jugendkonf. in Jena; Apr. 1917 Deleg. der *Spartakus-*Gruppe auf USPD-Grdgs-PT Gotha; Nov. 1918 Mitgl. *Arbeiter- und Soldatenrat* Düsseldorf; Dez. 1918/Jan. 1919 Deleg. zum GrdgsPT der *KPD/Spartakusbund* in Berlin, 1920 Deleg. zum 2. Weltkongreß der *Kom-*

204 Frölichsthal

intern; 1920 Kand., 1921-23 Mitgl. KPD-Zentrale u. des Org-Büros, verantwortl. für die Parteiverlage; 1921-24 MdL Preußen; in Opposition zur linken → Ruth Fischer-Führung 1924 Demission von Parteiämtern, ab 1928 Lektorin Malik-Verlag Berlin, Mitarb. ihres Lebensgefährten Paul Frölich bei Hg. der Werke Rosa Luxemburgs; 1929 als führendes Mitgl. des rechten Parteiflügels KPD-Ausschluß; Mitgr. KPDO, 1932 mit der oppos. Minderheit Übertritt zu SAPD. 12. März 1933 Flucht nach Belgien; von Brüssel aus Mitarb. SAPD-Auslandsltg., nach Übersiedlung nach Paris deren Mitgl., Deckn. Martha Koch. Mitunterz. Volksfront-Aufruf v. 21. Dez. 1936/9. Jan. 1937; journ. tätig für schweiz. u. norweg. sozialist. Presse. Nach Kriegsausbruch interniert in Paris, später Frauenlager Rieucros u. Bompard bei Marseille. 1941 mit Paul Frölich nach 6-wöch. Lageraufenthalt auf Martinique in die USA; ab 1945 für Central Location Index der amerikanischen Wohlfahrtsverbände in New York tätig; Jan. 1951 Rückkehr, Mitgl. SPD. Lebte 1978 in Frankfurt/M.

L: Tjaden, KPDO; Drechsler, SAPD; Weber, Wandlung. *Qu:* Fb. Hand. Pers. Publ. – IfZ.

Frölichsthal, Viktor (urspr. Frölichsthal, Viktor Eugen Maria Joseph Frh. von), Dr. jur., Ministerialbeamter; geb. 4. Juli 1899 Triest, gest. 28. Juni 1971 Bregenz/Vorarlberg; kath.; *V:* Viktor Frh. v. F. (1869-1944), Senatspräs.; *M:* Giulia, geb. Freiin Alber v. Glanstätten (1873-1949); *G:* Emma Jony-Jamnik (geb. 1901); ∞ 1926 Maria Lennkh (geb. 1907); *K:* Dr. Friedrich F. (geb. 1927), Botschafter; Viktor (geb. 1930), Kaplan; Alexius Frölichsthal de Schoeller (geb. 1931), Geschäftsf., A: Rom; Dr. Peter F. (geb. 1935), MinBeamter; *StA:* österr., 1938 (?) I, 1945 (?) österr. *Weg:* 1938 (?) I; 1945 (?) Österr.

Stud. Rechtswiss., Prom.; bis 1938 Sekr. des österr. Bundeskanzlers Kurt Schuschnigg. Vermutl. 1938 Emigr. Italien; 1944 mit → Egon Berger-Waldenegg Gr. *Ufficio Austriaco* (später: *Verein der befreiten Österreicher).* Lebte zuletzt als MinRat i.R. in Bregenz.

W: Genealogie und Geschichte der Frölichsthal. 1965. *L:* Schuschnigg, Kurt, Im Kampf gegen Hitler. 1969. *Qu:* Arch. Hand. Publ. – IfZ.

Fromm, Alfred, Kaufmann; geb. 23. Febr. 1905 Kitzingen/Bayern; jüd.; *V:* Max F., Weinhändler; *M:* Mathilde, geb. Maier; *G:* → Paul Fromm; ∞ 1936 Hanna Gruenbaum; *K:* David George, M.D., Herzchirurg in den USA; Caroline Ann, A: San Francisco. *Weg:* 1938 USA.

1921 Stud. Weinindustriefachschule; 1924-33 Ltr. Exportabt. bei Weinhandlung N. Fromm in Bingen, 1934-43 Teilh. Picker-Linz Importers New York. 1938 Emigr. USA; ab 1944 Präs. Paul Masson Vineyards, zugl. Vizepräs., Finanzdir., später Präs. u. Dir. Weingroßhandel Fromm & Sichel Inc. San Francisco; 1949-52 Dir. Licensed Beverages Industries Inc., seit 1952 Vors. Tarifkommission für den Weinhandel (Wine Inst.); Berater für Exportfragen im isr. Weinhandel, Gr. eines Weinmuseums in San Francisco, Dir. WJC, United HIAS, *St. Mary's Coll. Assn.,* Temple Emanuel, Vizepräs. KKL, Kuratoriumsmitgl. San Francisco Conservatory of Music, Calif. Med. Clinic for Psychotherapy; Gr. Fromm Institute for Adult Learning an Univ. San Francisco; ab 1953 ehrenamtl. Berater der Rishon le-Zion Weinkellerei in Israel. Lebte 1977 in San Francisco.

L: New York Times, 29. Okt. 1975, S. 35. *D:* RFJI. *Qu:* Hand. Pers. Z. – RFJI.

Fromm, Martin, Geschäftsmann; geb. 1. Dez. 1913 Würzburg; *V:* Heinrich F. (geb. 1884 Kitzingen, gest. 1958 Mo.), jüd., höhere Schule, Weinhändler, zeitw. KL Dachau, 1940 Emigr. USA; *M:* Bertha, geb. Landauer (geb. 1887 Urspringen, gest. 1950 Mo.), jüd., höhere Schule, 1940 Emigr. USA; ∞ 1941 Dorothy Fromm (geb. 1921 Chicago), jüd., Stud.; *K:* William (geb. 1942 Chicago), B.Sc., Präs. Firma des Vaters; Barbara Valins (geb. 1944), B.Sc.; *StA:* deutsch, 1939 USA. *Weg:* 1934 USA.

1932-33 Stud. Würzburg; Apr. 1934 Emigr. USA, 1934-36 Handelsschule Kansas City; 1942-45 Ordnance Dept. der US-Armee, Washington/D.C. Ab 1950 Gr. u. Präs. Martin Fromm & Assocs., Management von Reise- u. Werbeagenturen. Geschäftsf. Vizepräs., ab 1975 Präs. Automotive Warehouse Distributors Assn., Zeuge vor dem Kartell- u. Monopolausschuß des US-Senats; Mitgl. Am. Soc. Assn. Execs. Pres., 1962-65 Temple B'nai Jehudah, 1973-77 VorstMitgl. *Union Am. Hebr. Congr.,* VerwRatsmitgl. Menorah Med. Cent. u. Jew. Convalescent and Geriatric Cent. Kansas City. Lebte 1974 in Shawnee Mission/Kansas.

W: Art. in *Warehouse Distributors News. Qu:* Fb. Publ. – RFJI.

Fromm, Paul, Kaufmann; geb. 28. Sept. 1906 Kitzingen/Bayern; jüd.; *V:* Max F.; *M:* Lea, geb. Stiebel; *G:* Norman N. (1901-N.), Weingroßhändler; → Alfred Fromm; Herbert (geb. 1905 Kitzingen), Komponist, Organist, 1937 Emigr. USA; ∞ 1938 Dr. phil. Erika Oppenheimer (geb. 1910 Frankfurt/M.), jüd., 1934 Emigr. NL, AbtLtr. in psychiatr. Klinik in Amsterdam, 1938 Emigr. USA, Psychologe Univ. of Chicago, Psychoanalytikerin; *K:* Joan Greenstone (geb. 1940 Chicago), M.A., Fürsorgerin, A: Chicago; *StA:* deutsch, 1944 USA. *Weg:* 1938 USA.

Bis 1922 Gymn., 1930-38 Juniorchef Weinhandlung N. Fromm, Bingen. Juli 1938 Emigr. USA, bis 1939 Vertr. bei Schmidt Wine Co. Chicago, 1939 Gr. u. Präs. Weinimportfirma Geeting & Fromm Chicago. 1952 Gr. u. Präs. Fromm Foundation (Förderung von Komponisten, Konzertveranstaltungen für moderne Musik, jährl. Tanglewood Festival of Contemporary Music, Berkshire Music Center, Seminare für Komponisten u. Musikkritiker, Unterstützung der Zs. *Perspectives in New Music).* VerwRatsmitgl. Boston Symphony Orchestra, VorstMitgl. *Chicago Orchestral Assn.,* Chicago Inst. of Psychoanalysis, *Jewish Children Bureau,* Erikson Inst. for Early Childhood Educ., Präs. Family Inst. of Chicago, Schriftführer *Illinois Arts Council,* Kuratoriumsmitgl. Univ. of Illinois, Harvard Univ., Princeton Univ., Univ. of Chicago, Carnegie Inst. Lebte 1975 in Chicago/Ill. – *Ausz.:* Doctor of Music h.c. Univ. of Cincinnati.

Qu: Hand. HGR. Z. – RFJI.

Fruck, Hans, Staatsfunktionär; geb. 15. Aug. 1911 Berlin; *StA:* deutsch. *Weg:* nach 1933 Emigr.; 1936 E; Deutschland.

Dreher; 1929 KPD; nach 1933 als Mitgl. *Bund deutsch-jüdischer Jugend* im Widerstand, Emigr.; 1936-38 Span. Bürgerkrieg, anschl. in Deutschland Rollkutscher, Autoschlosser u. Kraftfahrer, Tätigkeit für KPD. 1941-45 Zuchth. Brandenburg. 1945 Ltr. Kriminalkommissariat Berlin-Weißensee; 1946 SED, Ltr. des Fahndungsdezernats Kriminalpolizei Berlin (Ost), 1948-50 stellv. Ltr. Kriminaldirektion Berlin (Ost); 1950-52 stellv. Ltr., 1952-56 Ltr. BezVerw. Groß-Berlin des Ministeriums bzw. Staatssekretariats für Staatssicherheit (MfS); Anfang der 50er Jahre maßgebl. Beteiligung am personellen Aufbau des MfS. 1952 Oberst, ab 1952 Mitgl. SED-BezLtg., 1956 GenMajor, ab 1957 stellv. Ltr. Hauptverw. Aufklärung im MfS u. stellv. Min. für Staatssicherheit sowie ab 1974 Ltr. der ArbGruppe Grenze im MfS, 1974 GenLt. – *Ausz.:* 1955 VVO (Silber), 1961 Banner der Arbeit, 1965 VVO (Silber), 1969 VVO (Gold).

L: Schmidt, Deutschland; Forster, NVA. *Qu:* Arch. Hand. Publ. Z. – IfZ.

Frühwirth, Michael (Michel), Gewerkschaftsfunktionär, Politiker; geb. 21. Okt. 1891 Schwarzenbach/Niederösterr., gest. 31. März 1958 Wien; *V:* Landwirt, nach Verlust des Hofs Fuhrknecht; *G:* 9; ∞ 1919 Anna Ehart; *K:* 1 S (gest.); *StA:* österr. *Weg:* 1934 CSR; 1938 Deutschland (Österr.).

Textildruckerlehre; 1906 Mitgl. *Verband jugendlicher Arbeiter Österreichs.* 1910 SDAP u. *Union der Textilarbeiter Österreichs,* in der Folgezeit Funktionen als Kassierer u. Bibliothekar lokaler Gruppen. 1912-13 MilDienst, anschl. Arbeit in Waggonfabrik. 1914-18 Frontsoldat, zuletzt Uffz., 1917 verwundet. 1918 Mitgl. der Volkswehr, bis 1920 Vors. *Soldatenrat des Volkswehrbtl. Hietzing u. Umgebung*; Funktionen u.a. auch in Arbeiter-Sportbewegung. 1919-34 Mitgl. GdeRat Atzgersdorf b. Wien, 1920-34 Funktionär der *Union der Textilarbeiter Österreichs*, ab 1921 Red. *Der Textilarbeiter* u. Mitgl. GenRat der *Internationalen Vereinigung der Textilarbeiter*. Ab 1923 Mitgl. *Republikanischer Schutzbund*, lokale Funktionen. 1930-34 MdNR, 1931-34 stellv. VorstMitgl. *Bund der Freien Gewerkschaften Österreichs*. Unmittelbar nach Februarkämpfen Anklage wegen Hochverrats, Waffenschmuggels u. Vorbereitung zum Aufruhr, Flucht in die CSR; Angest. *Union der Textilarbeiter* (CSR) in Reichenberg. 1934-38 Verbindungsmann der illeg. *Gewerkschaft der Textil- und Bekleidungsarbeiter* zur *Internationalen Vereinigung der Textilarbeiter*. Ende 1938 Rückkehr nach Wien; Versicherungsvertr., Verb. zu Widerstandskreisen. 1943 kurzfristig notdienstverpflichtet, nach 20. Juli 1944 mehrere Wochen Haft. Nach Kriegsende führend am Aufbau des ÖGB beteiligt; Mitgl. SPÖ, 1945-56 MdNR. 1945 erster stellv. Vors., ab 1947 erster Vors. (Zentralobmann) *Gewerkschaft der Textil-, Bekleidungs- und Lederarbeiter*, erneut Mitgl. *Internationale Vereinigung der Textilarbeiter*.

L: DBMOI. *Qu:* Arch. Publ. - IfZ.

Fuchs, Albert Hans, Dr. jur., Publizist; geb. 25. Okt. 1905 Wien, gest. 29. Nov. 1946 Wien; jüd., Diss.(?); *V:* Dr. Alfred Wilhelm F. (gest. 1927), Prof. Medizin an Univ. Wien; *M:* Bertha, geb. Ritter (gest. 1929); *G:* Felix, Georg; ∞ verh.; *StA:* österr., 1942 Ausbürg. *Weg:* 1938 CSR; 1939 GB; 1946 Österr.

Ab Herbst 1924 Stud. Rechtswiss. Wien, Schüler v. Hans Kelsen, Prom., gleichz. Bankbuchhalter. Ab 1933 RA-Konzipient u. Verteidiger in Strafsachen. März 1933 Mitgl. SDAP. Sommer 1933 Mitorg. einer Hilfsstelle für dt. Emigr. in Wien. Sept. 1933-Febr. 1934 in Paris, nach den Februarkämpfen Rückkehr nach Wien, Beitritt zur KPÖ. Mitarb. im Schulungs- u. AgitProp.-App.; 1936 PolLtr. Kreis II der KPÖ-Org. Wien, Deckn. König. Apr. 1936 Verhaftung, vermutl. durch Juli-Amnestie 1936 befreit. Juli 1937 erneute Verhaftung, vermutl. Febr. 1938 durch Schuschnigg-Amnestie befreit. Apr. 1938 Emigr. in die CSR, Frühj. 1939 nach der Besetzung der Rest-CSR nach London. Mitgl. KPÖ-Parteigruppe in GB (→ Leopold Hornik, → Franz West), Mitarb. *Zeitspiegel;* Sekr. u. Bühnenautor Kleinkunstbühne Laterndl, ab 1942 Mitarb. der Kulturveranstaltungen des *Free Austrian Movement* (FAM). Ab 1944 Mitarb. *Kulturblätter des FAM* bzw. *Kulturelle Schriftenreihe des FAM* (Hg. → Hermann Ullrich), Entwicklung von Konzeptionen für die Gestaltung der künftigen österr. Kulturpol. - Herbst 1946 Rückkehr nach Wien. Mitgl. *PEN-Club*.

W: u.a. Die Vertriebenen. Dichtung der Emigration (Hg.). London (Free German League of Culture/Austrian Centre/Young Czechoslovakia) 1941; Über österreichische Kultur. Vortrag vor dem *PEN-Club London*. London (Free Austrian Books) 1943; Ein Sohn aus gutem Hause (ABiogr.). Ebd. 1943; Österreich und die deutsche Kultur. Grundlinien künftiger Kulturpolitik (Vortrag in österr.-tschechoslow. ArbGemeinschaft 8. März 1944, Ms.); Geistige Strömungen in Österreich 1867-1918. 1949.

L: Maimann, Politik; Widerstand 1. *D:* DÖW. *Qu:* ABiogr. Arch. Pers. Publ. Z. - IfZ.

Fuchs, Ernst, Parteifunktionär; geb. 14. Febr. 1891 Jenkwitz b. Oels/Niederschlesien; ∞ Anna Seibst (geb. 1895); *K:* Willy (geb. 1917), Helmut (geb. 1919), Ursula (geb. 1923); *StA:* deutsch, 5. Aug. 1937 Ausbürg. *Weg:* 1933 CSR; Boliv.

SPD-Funktionär in Gleiwitz/Oberschlesien, 1924-29 StadtVO., ab 1929 ADGB-Sekr., Mitgl. *Reichsbanner* u. *Eiserne Front*. Juli 1933 Emigr. in die CSR. Mitarb. im *Sopade*-Grenzsekr. Jägerndorf. Um 1938 nach Lateinamerika, 1945 Vorst-Mitgl. der Gruppe *Das Andere Deutschland* in La Paz/Bolivien.

Qu: Arch. Pers. - IfZ.

Fuchs, Franz, Gewerkschaftsfunktionär; geb. 21. Aug. 1897, gest. 19. Aug. 1978 Wien; ∞ Johanna, 1941°wegen Wehrkraftzersetzung zu 8 J. Zuchth. verurteilt; *K:* Franz, 1934 im Schutzbund-Kinderheim Moskau, später Arbeit im Stalin-Autowerk, während des 2. WK verschollen; 1 T; *StA:* österr. *Weg:* 1934 CSR, UdSSR; 1936 Österr.

Gaswerkarb., Mitgl. Gew., SDAP u. *Republikanischer Schutzbund*. 1931 wegen KPÖ-Mitgliedschaft aus dem *Schutzbund* ausgeschlossen. Mitgl. RGO im Gaswerk Leopoldau in Wien, Hg. Betriebsztg. *Der rote Gasarbeiter*. 1933 Wahl zum RGO-Betriebsrat. 1934 Teiln. Februarkämpfe, anschl. illeg. in Wien, März 1934 Flucht nach Brünn, dort Apr. 1934 Mitorg. des ersten u. Juni 1934 in Prag des zweiten Schutzbündlertransports nach Moskau; Verhaftung, Entlassung unter Ausreise-Auflage, weiter illeg. in Prag. Aug. 1934 erneute Verhaftung, Ausweisung nach Österr., kurz vor Grenzübertritt Flucht, Rückkehr nach Prag. Sept. 1934 mit falschem Paß in die UdSSR. Vermutl. Besuch Lenin-Schule in Moskau. Apr. 1936 illeg. Rückkehr nach Österr., Instrukteur illeg. *Freie Gewerkschaften Österreichs;* Okt. 1936 Verhaftung, Verurteilung zu 5 J. schweren Kerkers. 1938 Befreiung durch Schuschnigg-Amnestie. 1941 wegen Widerstandstätigkeit verhaftet, Urteil 8 J. Zuchth., bis 1945 Zuchth. Stein a.d. Donau u. Gef. Bernau/Chiemsee. Mitgr., Mitgl. Landespräs. Wien u. BezGruppenobmann Alsergrund des *Bundesverbands österreichischer Widerstandskämpfer und Opfer des Faschismus - KZ-Verband*.

W: Broschüre über die Schutzbündler in der tschechoslow. Emigration (Ms., Juni 1934). *L:* Widerstand 2. *D:* DÖW. *Qu:* Arch. Publ. Z. - IfZ.

Fuchs, Friedrich, Industrieller; geb. 24. April 1898 Wien; jüd., 1950 (?) Diss.; *V:* Josef F., jüd., Fabrikant; *M:* Rosa, geb. Stössler, jüd.; *G:* Jenny, A: IL; Richard (gest. 1938); Emil (gest. 1944); Otto (gest. 1972); Renee Groger, A: USA; ∞ 1922 Katharina Stelzhammer (1899-1975), kath.; *K:* Elfriede Glattau, A: Wien; *StA:* österr. *Weg:* 1938 GB; 1947 Österr.

Offz. im 1. WK, 1918-22 Stud. TH Wien, Dipl.-Ing.; bis 1938 Betriebsltr. u. Gesellschafter Papierwarenfabrik Simon Korani in Wien. 1938 Emigr. GB, bis 1947 Ing. in Flugzeugfabrik D. Napier & Son, vermutl. 1940 Internierung u. Kriegsdienstverpflichtung. 1947 Rückkehr nach Wien. Geschäftsf. u. Gesellschafter Fa. FALPA Faltkarton- und Papierwarenfabrik Dipl.-Ing. F. Fuchs & Co., vormals S. Korani. Präs. *Österreichischer Faltschachtelverband*, VorstMitgl. *Verband der Papier und Pappe verarbeitenden Industrie*. - *Ausz.:* Orden aus dem 1. WK, Titel Kommerzialrat.

Qu: Fb. Hand. - IfZ.

Fuchs, Fritz, Journalist; geb. 16. März 1912 Wien; *G:* Ernst F. (gest. Anfang der 60er Jahre in Vorarlberg), Mitgl. SDAP, *Republikanischer Schutzbund*, 1934 (?) Mitgl. KPÖ, Emigr. UdSSR, 1937 (?) Teiln. Span. Bürgerkrieg, anschl. Techniker in Leningrad, 1941-45 Mitarb. dt.-sprach. Sendungen Radio Leningrad, 1947 Rückkehr nach Österr.; ∞ Anna (Anni); *StA:* österr. *Weg:* 1934 (?) UdSSR; 1947 Österr.

Zahntechniker, Mitgl. SDAP u. *Republikanischer Schutzbund;* 1934 (?) Emigr. UdSSR, bis 1941 Zahntechniker in Leningrad. Nach dem dt. Angriff auf die UdSSR Mitarb. des dt.-sprach. Senders in Leningrad, Frontpropaganda an der Leningrader Front. Ab Okt. 1945 ständiger Lehrer u. Instrukteur im österr. Sektor der Antifa-Schule in Krasnogorsk. 1947 Rückkehr nach Wien, Mitgl. KPÖ. Red. *Sowjetunion heute*. Lebte 1978 in Wien.

L: Vogelmann, Propaganda. *Qu:* Arch. Pers. Publ. - IfZ.

Fuchs, Georg, Dr. med., Dr. phil., Arzt; geb. 25. Okt. 1908; ∞ Eva, Emigr. u.a. I, 1944-45 Vizepräs. (?) *Gruppe Bari* des *Free Austrian Movement*, 1945 Österr.; *StA:* österr. *Weg:* 1939 TR; 1942 Pal.; 1944 (?) I; 1945 (?) Österr.

Stud. Medizin Wien, 1933 Prom., Röntgenfacharzt. 1939 (?) Emigr. Türkei, bis 1941 an Univ. Istanbul. 1942 nach Palästina, Univ. Jerusalem. 1942 Mitgr. *Free Austrian Movement in Palestine* unter → Willy Verkauf. 1943-46 Arzt u. Offz. in brit. Armee. Vermutl. 1944 nach Italien, Mitgr. u. neben Julius Freund u.a. maßgebl. Vertr. *Gruppe Bari des Free Austrian Movement* (Zweig des *Free Austrian World Movement* in London) unter Alexander Sacher-Masoch. Vermutl. 1945 Rückkehr nach Wien, Stud., 1948 Prom. Lebte 1975 als Chefarzt u. Vorst. Röntgeninstitut des Franz-Joseph-Spitals in Wien.

W: u.a. Eine neue Methode zur Messung der Intensität der gestreuten Röntgenstrahlen. 1947; Röntgentherapie. 1958; Strahlenschäden und Strahlenschutz. 1959; Wir und die Atombombe. 1960; Atomkrieg – Strahlenkrankheit – Strahlentod. 1964. *L:* ISÖE. *Qu:* Arch. Hand. Publ. – IfZ.

Fuchs, Hugo, Dr. phil., Rabbiner; geb. 1878 Lengsfeld/Thür., gest. 7. Okt. 1949 Buenos Aires; ∞ Raquel Philipps; *K:* Teodoro (geb. 1908, gest. 1969 Buenos Aires), Stud. Wien, 1933 Emigr. TR, 1937 Argent., Dirigent in Cordoba, Buenos Aires u.a. südamerikan. Städten, Chorltr. Musikakad. der Univ. Buenos Aires. *Weg:* 1938 Argent.

Stud. Berlin, Leipzig, Prom., Rabbinerexamen L(H)WJ Berlin. 1907-38 Rabbiner Isr. ReligGde. Chemnitz, Vorst. Chemnitzer Zentrale für jüd. Wohlfahrtspflege, aktiv in CV u. *Keren Hayessod,* Mitarb. am *Jüdischen Lexikon;* Nov. 1938 zeitw. KL. 1939 Emigr. Argentinien, 1939-49 Rabbiner der dt.-jüd. Flüchtlingsgde. in Buenos Aires.

W: Pesig, ein Glossenzeichen (Diss.). In: Vierteljahresschrift für Bibelkunde. 1907; Religions-Judentum. 1921; Gyges – die Judenheit. 1921; Lehrbuch der jüd. Geschichte. 1922, 6. Aufl., veröffentl. als Jüdische Geschichte. 1936; Art. in jüd. Ztg. u. Zs. *L:* Diamant, Chemnitz. *D:* LBI New York. *Qu:* Arch. Pers. Publ. Z. – RFJI.

Fuchs, Klaus Emil Julius, Ph.D., D.Sc., Dr. rer. nat. habil., Atomphysiker; geb. 29. Dez. 1911 Rüsselsheim/M.; *V:* Dr. Emil F., ev. Pfarrer, bekannte sich zum relig. Sozialismus u. trat nach dem 1. WK als erster lutheran. Pfarrer der SPD bei, ab 1925 Quäker, ab 1931 Prof. für Theol. an Hochschule für Lehrerbildung Kiel, 1933 als aktiver Gegner des NatSoz. Verhaftung, 1949 Berufung an Univ. Leipzig als Prof. für Theol.; *M:* 1932 Freitod; *G:* Gerhard, KPD, 1933 mit Vater Inh. eines Mietwagenunternehmens, das bes. der Rettung pol. Verfolger ins Ausland gedient, Emigr. CH; Christel, 1936, 1936 Emigr. USA; Elisabeth (1939 Freitod), Künstlerin, nach 1933 Haft; ∞ Margarete Keilson (→ Margarete Fuchs-Keilson); *StA:* deutsch, 1942 brit., deutsch. *Weg:* 1933 F, GB; 1941 CDN, GB.

Stud. Physik u. Math. in Leipzig, ab 1931 in Kiel, Mitgl. SAJ u. *Reichsbanner,* 1930-32 SPD, ltd. pol. Funktionen an Univ. Kiel, 1932 SPD-Ausschluß, KPD. 1933 illeg. Tätigkeit in Kiel u. Berlin, Juli im Parteiauftrag nach Paris, Sept. Emigr. nach GB. Ab Okt. 1934 mit Hilfe der *Society for the Protection of Science and Learning* Stud. Math. bei Nevill Mott/Univ. Bristol, 1937 Prom., anschl. Stud. theoret. Physik bei Max Born/ Univ. Edinburgh, 1939 Prom., danach Stipendiat Carnegie-Foundation, Juli 1939 1. Naturalisierungsgesuch. Mai 1940-Jan. 1941 Internierung Isle of Man u. Lager Sherbrooke b. Quebec/Kanada, Bekanntschaft mit → Hans Kahle. Nach Freilassung Forschungen über theoret. Physik Univ. Edinburgh, ab Mai 1941 Assist. bei Rudolf Peierls Kernforschungsprojekt Univ. Birmingham; 1942 2. Naturalisierungsgesuch u. Einbürgerung. Ab Okt. 1941 Kontakt zu sowj. Geheimdienst, Preisgabe von eigenen Forschungsergebnissen über Gasdiffusionsmethode zur Trennung von Uran-Isotopen, Dez. 1943-Juni 1946 wiss. Tätigkeit an Columbia-Univ. u. Atomforschungszentrum Los Alamos, unmittelbar beteiligt an Entwicklung der A-Bombe, systemat. Unterrichtung der sowj. Stellen über Technologie u. Terminierung des Projekts. Juni 1946 Rückkehr nach GB, ab Juli 1946 Ltr. Abt. für theoret. Physik an Atomic Research Establishment Harwell, nach Enttarnung als sowj. Agent im März 1950 zu 14 J. Gef. verurteilt, Febr. 1951 Entzug der Staatsbürgerschaft, Juni 1959 begnadigt u. in die DDR abgeschoben. Ab Aug. 1959 Dir. Zentralinstitut für Kernphysik Dresden u. ab 1963 nebenamtl. Prof. für theoret. Physik TU Dresden, ab 7. PT 1967 Mitgl. ZK der SED. Ab 1978 Ruhestand in Dresden. – *Ausz.:* 1962 VVO (Silber), 1971 VVO (Gold).

L: Moorehead, Alan, Der Fall Fuchs. In: Der Monat 1952/53. *D:* S.P.S.L. *Qu:* Arch. Hand. Publ. Z. – IfZ.

Fuchs, Martin (J.), Dr. jur., Diplomat; geb. 26. Sept. 1903 Wien, gest. 1. Okt. 1969 Wien; *StA:* österr., Ausbürg. (?). *Weg:* 1938 F; 1940 USA; 1947 Österr.

Stud. Rechtswiss. Wien, 1926 Prom.; 1926-36 Chefkorr. der amtl. österr. Telegraphen-Agentur in Paris. Ab 1927 der amtl. Nachrichtenstelle des Bundeskanzleramts zugeteilt, 1927-36 Vertragsangest. der österr. Botschaft in Paris. Österr. Vertr. in *Confédération Internationale des Travailleurs Intellectuels* in Paris u. Genf. 1936-37 Dienst im Präs. des Bundeskanzleramts in Wien, 1937-38 Presseattaché österr. Botschaft Paris. Mitgl. legitimist. Gruppen. Nach Anschluß Österr. Ausscheiden aus diplomat. Dienst, blieb in Paris. 1938-40 Mitarb. u.a. *Revue de Paris, Le Figaro, Evening Standard.* Enge ZusArb. mit → Otto Habsburg. Maßgebl. an offiz. Anerkennung von Österreichern, die die Annahme der dt. Staatsbürgerschaft verweigerten, als „ex-autrichiens" durch franz. Behörden beteiligt. Apr. 1938 Initiator u. Mitgr. u. neben → Ernst Hoor u. Alfred Kupscha Ltr. der halboffiz. Flüchtlingshilfsorg. *Entr'aide Autrichienne,* Mai 1938 als deren Vertr. Mitgr. u. VorstMitgl. der überparteil. *Fédération des Émigrés provenant d'Autriche (Zentralvereinigung österreichischer Emigranten)* sowie der konservativ-bürgerl. EmigrOrg. *Ligue Autrichienne,* Dez. 1938 Mitgr. u. bis Sept. 1939 (Einstellung) Mitarb. ihres Organs *Österreichische Post.* Verhandlungen u.a. mit → Julius Deutsch u. dem von der RSÖ im franz. Exil abgespaltenen *Organisationskomitee der österreichischen Sozialdemokraten* unter → Karl Hartl zur Bildung einer offiz. österr. Gesamtvertr. in Paris aus Vertr. aller pol. Richtungen mit Ausnahme der KPÖ, die jedoch nicht zustande kam. Nach Kriegsausbruch Initiator der Österr.-Sendungen von Radio Paris u. des *Österreichischen Freiheitssenders* in Fécamp/Normandie unter → Robert Bauer. Sept. 1939 Initiator u. angebl. GenSekr. des nach dem Scheitern des Projekts einer österr. Gesamtvertr. gebildeten *Office Autrichien* bzw. *Service National Autrichien* als unpol. Vertretungskörperschaft unter dem Vorsitz des ehem. Wiener UnivProf. Richard Wasicky, die von franz. Behörden ebenfalls nicht anerkannt wurde. Frühj. 1940 in diesem ZusHang neben → Hans Rott *(Ligue Autrichienne),* → Hanno Friebeisz *(Vereinigung zur Befreiung Österreichs)* u. Karl Hartl *(Organisationskomitee der österreichischen Sozialdemokraten)* Mitgr. Aktionskomitee zur Befreiung Österreichs. Sept. 1940 nach franz. Kapitulation Emigr. New York. Mitarb. *Austrian Action* unter → Ferdinand Czernin, Vors. *Young-Conservative Austrians (Jung-Konservative Partei);* 1941 Zusammenschluß mit *Austro-American Center* (→ Ernst Karl Winter) u. *Austrian Action* zu *Austrian Coordinating Committee,* Herbst 1941 gemeins. Protest gegen Versuch zur Bildung einer österr. Exilreg. durch Hans Rott u. → Willibald Plöchl; Febr. 1942 als Vors. *Young-Conservative Austrians* VorstMitgl. u. Schriftführer *Austrian National Committee* (ANC) unter dem Vors. von Hans Rott u. → Guido Zernatto. Herbst 1942 Austritt aus ANC, offiz. Bruch mit O. Habsburg, wandte sich gegen dessen Versuch der Aufstellung eines österr. Btl. im Verb. der US-Armee. Ab 1942 Mitarb. OWI, später Office of International Information and Cultural Affairs beim State Department. 1945-47 Chef der österr. Abt. *International Broadcasting Division* des State Department. War im Besitz der ersten US-Bürgerpapiere. 1947 Rückkehr nach Wien, zunächst MinSekr. u. MinOberkommissär im Bundeskanzleramt. Ab Febr. 1948 diplomat. Dienst, 1948-52 Legationsrat am österr. GenKonsulat in New York, Apr.-Dez. 1952 im Bundesmin. für Auswärtige Angel. (BMfAA) in Wien, Ende Dez. 1952 ao. Gesandter u. bevollm. Min. an österr. Botschaft in Brüssel, Sept. 1953 ao. u. bevollm. Botschafter; März 1958 GenSekr. des BMfAA in Wien. Apr. 1962-Juni 1969 ao. u. bevollm. Botschafter in Paris.

W: u.a. Un pacte avec Hitler. Le drame autrichien 1936-1938. Paris (Edition Plon) 1938 (engl.: London [Victor Gollancz] 1939, amerikan.: New York [Putnam] 1939). *L:* Buttinger, Beispiel; Deutsch, Julius, Ein weiter Weg. 1960; Goldner, Emigration; Schwager, Ernst, Die österreichische Emigration in Frankreich in der Zeit vom Anschluß Österreichs an das Deutsche Reich im März 1938 bis zum Einmarsch deutscher Truppen in Frankreich im Mai 1940. Hausarb. Geschichte, masch. o.J. [1971]; Scheu, Friedrich, Der Weg ins Ungewisse. 1972. *D:* DÖW. *Qu:* Arch. Hand. Publ. - IfZ.

Fuchs, Michael Walter, Ingenieur; geb. 1. Sept. 1901 Oderberg/Mähren; jüd.; *V:* Heinrich Arieh F. (geb, 1864 Iglau/Mähren, gest. 1937 Oderberg), jüd., Arzt; *M:* Ida, geb. Nowak (geb. 1877 Schluschowitz/Mähren, umgek. 1942 oder 1943), jüd.; *G:* Dr. jur. Paul F. (geb. Oderberg/Mähren, umgek. im Holokaust), jüd., RA, ∞ 1928 Eva Schwarz (geb. 1905 Oderberg/Mähren, jüd., 1936 Emigr. Pal.; *K:* Ruth Or (geb. 1931 Berlin), jüd., 1936 Emigr. Pal., Rechtsberaterin isr. Einwanderungsmin.; Dan Henry (geb. 1940), jüd., Ltr. Planungs- u. Entwicklungsabt. Verkehrsamt Tel Aviv; *StA:* österr., 1918 ČSR, später Pal./IL. *Weg:* 1934 ČSR; 1936 Pal.

1916-19 Jugendltr. *Blau-Weiß.* 1919-24 Stud. Techn. Univ. Brünn/ČSR; Mitgl. *Hakoah.* 1924-26 Arbeit als Ziviling., 1926-34 Ltr. Ing.-Abt. Baufirma Carl Brandt Berlin, gleichz. Stud. TH Charlottenburg. 1929 Dipl.-Ing.; 1934 Entlassung. Emigr. ČSR, Apr. 1936 Palästina mit A I-Zertifikat, Okt. 1936-1938 ltd. Ing. Hafenbau Tel Aviv, 1938-39 ltd. Ing. Wadi Rushmiah-Brückenbau, 1939-40 techn. Abt. *Jew. Agency,* ltd. Ing. Brückenbau Dan-Daphne-Straße, Nordgaliläa. 1940-48 stellv. Chefing. Bau-Abt. der Mandatsverw., 1948-66 in Bau-Abt. isr. Regierung, zuerst Dir. Dept. of Buildings, dann stellv. Dir. Public Works, 1954-66 Beraterfunktion, gleichz. Berater des Wasserversorgungsamtes; 1955-73 Doz. Technion Haifa. Ab 1966 Berater Igud Arim (Abwässer-Amt Dan-Gebiet), Netivei Ayalon (Verkehrsplanungs-Amt Tel Aviv). Sonderaufträge Public Works Dept. der isr. Hafen- u. Eisenbahnverw. u. der Stadtverw. Tel Aviv. Mitgl. Isr. Standards Inst., *Assn. of Engineers and Architects in Isr., Internat. Assn. of Structural and Bridge Engineers,* H.O.G. Lebte 1976 in Tel Aviv.

W: Concreting under Water. 1935; Beiträge in Fachzs. *Qu:* Fb. Hand. - RFJI.

Fuchs, Richard, Dr. jur., Rechtsanwalt; geb. Jan. 1884 Groß-Meszeritsch/Mähren, gest. 3. Sept. 1972 Wien; *StA:* österr. *Weg:* 1938 CSR, Finnl.; 1939 S; 1946 Österr.

1902 SDAP; Stud. Rechtswiss. Wien, 1905 Prom., ab 1908 RA-Konzipient. Offz. im 1. WK, anschl. RA in Wien. Ab 1921 Rechtsberater u. Anwalt der österr. Gewerkschaften. Ab 1934 Mitarb. in illeg. GewBewegung in Wien. 1938 Emigr. CSR, nach Münchner Abkommen nach Finnland, 1939 nach Stockholm. 1944-46 Mitgl., zeitw. VorstMitgl. *Österreichische Vereinigung in Schweden* unter → Bruno Kreisky. Aug. 1946 Rückkehr nach Wien; Mitgl. SPÖ, Rechtsberater u. Anwalt des ÖGB u. von Einzelgew.; 1951-61 Schiedsgerichtsbeisitzer beim PV der SPÖ. - *Ausz.:* 1954 Victor-Adler-Plakette der SPÖ, 1964 Johann-Böhm-Plakette des ÖGB.

L: Hindels, Gewerkschaften; Klucsarits, SPÖ. *Qu:* Arch. Publ. - IfZ.

Fuchs, Hermann Richard, Dr. jur., Ministerialbeamter; geb. 13. Juni 1886 Berlin, gest. 4. Febr. 1970 London; jüd.; *V:* Max Fuchs, Dr. jur., Geh. Justizrat; *M:* Jella, geb. Mendelsohn (gest. GB), Emigr.; *G:* Martin Foss (geb. 1890), RA, Emigr. F, USA, Hochschullehrer; ∞ 1918 Margot Engel (geb. 1890 Erfurt), jüd., Sängerin, Emigr.; *StA:* deutsch, Ausbürg., 1947 brit. *Weg:* 1939 GB.

1904-08 Stud. Rechtswiss., Volkswirtsch., Gesch. u. Kunstgesch. Freiburg/Br., Grenoble, Rom, Heidelberg, Berlin, 1909 Referendar, 1910 Prom. Göttingen, 1914 Assessor. Bis 1917 an Berliner Gerichten, dann am Reichswirtschaftsgericht; ab 1919 im WirtschMin., ab 1922 im Reichsmin. der Finanzen, MinRat, später stellv. AbtLtr., Fachmann für Reparationsfragen, u.a. Teiln. der Konf. 1930 in Den Haag u. 1932 in Lausanne, 1933 Entlassung, Berater *Reichsvertretung der Juden in Deutschland,* Berlin, zeitw. Rechtsvertr. brit. Firmen, 1936-38 Mitgl. Kuratorium L(H)WJ. März 1939 Emigr. GB, durch Vermittlung von → Kurt Hahn Lehrer am Marlborough College Wiltshire. 1945-57 Rechtsberater brit. Control Commission for Germany in Deutschland, 1957-60 Rechtsberater der brit. Botschaft Bonn.

W: u.a. Die Grundsätze des Versailler Vertrages über die Liquidation und Beschlagnahme deutschen Privatvermögens im Auslande. 1927; The „Hochschule für die Wissenschaft des Judentums" in the Period of Nazi Rule. In: Publ. of the Leo Baeck Inst., Year Book 12, 1976; Beitr. in zahlr. jurist. Zs. *Qu:* EGL. Pers. Publ. - IfZ.

Fuchs, Walter, Dr. jur. et rer. pol., Diplomat; geb. 27. März 1888 Tarnowitz/Oberschlesien, gest. 17. Sept. 1966 Bonn; kath.; *V:* Max F., Industrieller; *M:* Wilhelmine, geb. König; *StA:* deutsch. *Weg:* 1935 Schanghai; 1952 Deutschland.

Stud. Rechts- u. Staatswiss. Univ. Genf, München, Freiburg/Br., Paris u. Berlin; 1913 Prom. Univ. Würzburg, 1914 Gerichtsassessor. Teiln. 1. WK, Offz. (EK II u. I) 1919 vorübergehend Richter; ab 1920 im diplomat. Dienst, Auslandsposten als Legationssekr. in Addis Abeba u. Athen, Konsul in Singapur, Surabaja, Schanghai. Aufgrund der natsoz. Rassengesetze Entlassung, Niederlassung als RA in Schanghai. Erst 1952 Rückkehr nach Deutschland u. bis 1955 als GenKonsul in Paris im diplomat. Dienst der BRD. - *Ausz.:* u.a. 1925 Kommandeur-Stern von Äthiopien; 1927 Griechischer Erlöserorden; BVK.

W: Abessinien-Recht und Rechtsgang. In: Schlegelberger, Franz, Rechtsvergleichendes Handwörterbuch. 1927; Der Wille des Kwan-Yin. Eine chinesische Legende. 1955; zahlr. Aufs. u. Art. in der juristischen Fachpresse sowie in lit. Ztg. u. Zs. *Qu:* Arch. Hand. Pers. - IfZ.

Fuchs-Keilson, Margarete (Greta), Parteifunktionärin; geb. 21. Dez. 1905; ∞ I. → Max Keilson; II. 1959 → Klaus Fuchs; *StA:* deutsch. *Weg:* 1933 F; 1938 UdSSR; 1945 Deutschland (Berlin).

Früh in der ArbBewegung aktiv. KPD-Mitgl., Mitarb. ZK u. *Komintern*-App.; 1933 nach Frankr., Bekanntschaft mit späterem Ehemann Klaus Fuchs; 1938 UdSSR, Mitarb. *Komintern* u. Sekr. → Wilhelm Piecks. 1945 nach Berlin, hauptamtl. Mitarb. ZK der KPD bzw. PV der SED, 1946-50 Mitgl. Zentrale Revisionskommission der SED, 1950-53 Ltr. u. anschl. bis 1959 stellv. Ltr. ZK-Abt. Internationale Verbindungen, 1959-70 Mitarb. Presseabt. des MfAA. Lebte 1975 als Arbeiterveteranin in Dresden. - *Ausz.:* u.a. 1955 VVO (Silber), 1958 Med. für Kämpfer gegen den Faschismus 1933-1945, 1960 Banner der Arbeit.

L: Radde, J., Die außenpolitische Führungselite der DDR. 1976; Dahlem, Vorabend. *Qu:* Hand. Publ. Z. - IfZ.

Füchsel, Roman, Parteifunktionär; geb. 10. Mai 1900 Linz; 1916 Diss.; *V:* Roman F. (gef. 1915); *M:* Maria Krenn (gest. 1953); *G:* Maria Altendorfer, Hermine Ruhsam (gest.), Johann (gest. 1977); ∞ Hermine, geb. Nopp; *K:* Roman, Luzi; *StA:* österr., 1935 Ausbürg., 1945 (?) österr. *Weg:* 1934 UdSSR; 1937 E; 1939 UdSSR; 1944 JU; 1945 Österr.

Schlosser in Schiffswerften Linz, 1918 Einberufung an ital. Front, Eidesverweigerung. 1919-20 Eisenbahnarb., anschl. Frankr., Arbeit u.a. in Flugzeugwerk. 1927 Rückkehr nach Linz, bis 1934 GdeAngest.; SDAP, Mitgl. *Republikanischer Schutzbund.* 1934 Teiln. an den Februarkämpfen, kurzfristig Haft, über die CSR nach Moskau. KPÖ, vermutl. Lenin-Schule. 1937 Spanien, PolKommissar eines Btl. der Internat. Brigaden. 1939 über Frankr. in die UdSSR, Schlosser. 1941 Soldat in Roter Armee. Frühj. 1944 Mitgl. der auf Initiative des ZK der KPÖ in Moskau aufgestellten *Kampfgruppe Avantgarde* (→ Walter Wachs); Mai 1944 Fallschirmabsprung in Slo-

208 Füllenbach

wenien, bis Aug. 1944 in der Basis von Črnomelj Vorbereitung auf Partisaneneinsatz in Österr., anschl. Fußmarsch in das Geb. der Saualpe/Steiermark; wegen Nachtblindheit Rückkehr nach Črnomelj. Nov. 1944 PolKommissar des neugebildeten 1. Österreichischen Bataillons im Verband der jugoslawischen Volksbefreiungsarmee. Anfang März 1945 schwere Verwundung bei Kämpfen mit dt. Truppen im Raum Sela-Lašče, Einlieferung in alliiertes Lazarett in Bari/Süditalien. Herbst 1945 Rückkehr nach Linz. Geschäftsf. Obmann KPÖ Linz u. Mitgl. Landesltg. Oberösterr. Ab 1947 wieder GdeAngest. Zeitw. Personalvertr. der GdeAngest. Linz, gewerkschaftl. Vertrauensmann. Mitgl. *Bundesverband österreichischer Widerstandskämpfer und Opfer des Faschismus - KZ-Verband.* Lebte 1977 in Linz. - *Ausz.:* 1975 Gedenkmed. für Teiln. am jugoslaw. Volksbefreiungskampf.

L: Stern, Max, Spaniens Himmel. 1966; Wachs, Walter, Kampfgruppe Steiermark. 1968; Holzer, Bataillone. *Qu:* Arch. Pers. Publ. - IfZ.

Füllenbach, Peter-Josef, Parteifunktionär, Journalist; geb. 20. Okt. 1899 Neuwied/Rhein, gest. 1. Sept. 1968 Neuwied; ev.; *V:* Karl F. (1873-1925), Schlosser; *M:* Elise, geb. Stein (gest. 1952); *G:* Karl (1898-1969), Geschäftsf.; Leo (1901-23); Fritz (geb. 1902), VerwOberrat; Aenne Kentsch (1904-75), Schneiderin; Gertrud Pillen (1910-75), Verkäuferin; ∞ I. 1924 Susanna Kaster (1896-1959); II. 1960 Emmi Baumgart (geb. 1906); *K:* Ottfried (geb. 1930), Elektroing.; *StA:* deutsch. *Weg:* 1933 Saargeb., F; 1940 Deutschland.

Kaufm. Lehre; 1917-19 Kriegsteiln. (EK II), anschl. Buchhalter, 1925 Entlassung wegen pol. Betätigung. SPD, 1919-33 Kreisvors. Neuwied; u.a. Geschäftsf. *Arbeiterwohlfahrt,* Ltr. SAJ u. *Kinderfreunde*-Bewegung, 1927 BezVors. *Reichsbanner.* Ab 1925 Red. sozdem. *Nahetal-Bote* Idar-Oberstein. StadtVO., Kreistagsmitgl., 1929-31 Vors. SPD-Fraktion im Landesausschuß des Landesteils Birkenfeld/Oldenburg, Mitgl. Landesvorst. Birkenfeld. 1933 Emigr. über Saarbrücken nach Straßburg. Juli 1934 wegen Aufenthaltsverbots für das Grenzgeb. nach Paris; Versandltr. u. Buchhalter in dem von → Willi Münzenberg u. → Babette Gross geführten Exil-Vertrag Carrefour, der u.a. das *Braunbuch über Reichstagsbrand und Hitlerterror* veröffentlichte. 1936-37 bis KPD-Ausschluß Münzenbergs Mitgl. PCF. Ab 1938 Tätigkeit für Münzenberg-Zs. *Die Zukunft* u. beim Versand illeg. Schriften nach Deutschland, Mitgl. *Freunde der sozialistischen Einheit Deutschlands,* Mitunterz. GrdgAufruf für das Hilfskomitee *Menschen in Not* 1939. Sept. 1939 Internierung in Le Vernet, 1940 von der Gestapo übernommen, Apr. 1942 VGH-Urteil 8 J. Zuchth. Nach Befreiung aus dem Zuchth. Brandenburg Mitgr. DGB in Hessen-Nassau, u.a. BezVors. SPD in Neuwied, ab 1946 VerwDir. Allgemeine Ortskrankenkasse. - *Ausz.:* 1966 BVK 1. Kl.

L: Gross, Münzenberg. *Qu:* Arch. Fb. Pers. Publ. - IfZ.

Fünfrocken, Peter; geb. 1899, gest. 28. Dez. 1936 Teruel/E. Im Span. Bürgerkrieg Kommandeur Btl. Durruti der Internat. Brigaden.

Qu: Z. - IfZ.

Fürnberg, Friedl (Siegfried), Parteifunktionär; geb. 16. Mai 1902 Eggenburg/Niederösterr., gest. 27. April 1978 Wien; Diss.; *V:* Jakob F. (1870-1933), Goldschmied; *M:* Dorothea, geb. Kraupa (1871-1929); *G:* Erna Jellinek, 4 weitere; ∞ 1944 Elly Kann (geb. 1904); *StA:* österr., 1937 Ausbürg., 1949 österr. *Weg:* 1936 CSR, UdSSR; 1944 JU; 1945 Österr.

1921 Abitur in Wien; führender Vertr. der sich 1916-17 in losen Zirkeln illeg. formierenden linksradikalen Mittelschülerbewegung. 1918 SDAP, Frühj. 1919 KPÖ. 1921-22 Stud. TH Wien, ab 1922 Parteifunktionär. 1922-26 Sekr. des KJVÖ, ab 1924 Mitgl. ZK der KPÖ; spielte als Vertr. der Fraktion um Johann Koplenig eine maßgebl. Rolle in den heftigen Fraktionskämpfen innerhalb der KPÖ bis 1927. Ende 1926 nach Moskau, bis 1932 Mitgl. Exekutivkomitee, 1928-32 2. Sekr. der KJI. 1929-30 zwei illeg. Aufenthalte in Frankr., Verhaftung, Ausweisung. 1932 Rückkehr nach Wien, zunächst Sekr. Kreis IV der Wiener Org. der KPÖ, ab Frühj. 1933 illeg. Funktionär, Mitgl. der illeg. Zentralltg. (Sekretariat); Apr. 1934 kurzfristig Haft. 1934-35 PolLtr. Wiener Stadtltg. (Wiener Kommission) der KPÖ. Ende Jan. 1935 während Einheitsfrontverhandlungen mit Vertr. des ZK der RSÖ zus. mit → Franz Honner unter dem Deckn. Ludwig Hofkirchner verhaftet, März 1936 im Rahmen des großen Sozialistenprozesses zu 4 Mon. schweren Kerkers verurteilt; nach Strafverbüßung KL Wöllersdorf. Ende Okt. 1936 Flucht, nach Aufenthalt in Prag Emigr. Moskau. KPÖ-Vertr. im EKKI, Vertr. der *Komintern* bei den ausländ. Sendungen von *Radio Moskau,* Ltr. der für alle inoffiz. nat. Sender zuständigen zentralen Red. des EKKI-Sekretariats sowie Ltr. der sog. Geisterstimme, die in dt. Radiosendungen eingespielt wurde. Mitarb. *Die Welt* u. *Die Kommunistische Internationale.* Okt. 1941 Evakuierung nach Ufa, Jan. 1942 Rückkehr nach Moskau, ab Juni 1942 Mitarb. *Radio Moskau für Österreich.* Okt. 1944 mit einer Gruppe Freiw. Flug nach Slowenien in das befreite Gebiet um Črnomelj, neben Honner pol. Hauptverantwortl. für Aufbau der österr. Btl. im Verb. der jugoslaw. Volksbefreiungsarmee. Apr. 1945 Rückkehr nach Wien. Ab 1946 Mitgl. ZK u. PolBüro der KPÖ. 1946-54 GenSekr. des ZK unter dem Parteivors. Koplenig, 1954-70 einer von mehreren Sekr. Repräsentierte 1967 die KPÖ in Moskau bei den Feiern zum 50. Jahrestag der Oktoberrevolution. In den scharfen Auseinandersetzungen innerhalb der KPÖ im Gefolge der Intervention der Warschauer-Pakt-Staaten in der CSSR maßgebl. Vertr. des orthodoxen, moskautreuen Flügels. Ab 1976 Vors. Historische Kommission der KPÖ. - *Ausz.:* 1976 Dimitroff-Med. (Bulgarien).

W: u.a. Otto Bauer über die Sowjetunion. 1931; Von 1934 bis 1946 - 12 Jahre Kampf für Freiheit und Demokratie. 1946; Dreißig Jahre Sowjetunion. 1947; Der Ausweg aus eigener Kraft. 1948; Zum Programm der Partei. 1948; Im Kampf für ein soziales Österreich. 1952; Tatsachen gegen Lügen. 1952; An die sozialistischen Arbeiter. 1953; Die nationale Frage in Österreich nach Abschluß des Staatsvertrags. 1955; Fünfzig Jahre. Die Sozialistische Oktoberrevolution in Österreich. 1967; Hat die SP eine Ideologie? 1972; Österreichische Freiheitsbataillone - Österreichische Nation. 1975; Der Kommunismus in der Welt von heute. 1976; Die Revolution in Österreich im Jahre 1918. o.O. u.J. [London 1939]. *L:* Wisshaupt, RSÖ; Steiner, KPÖ; Göhring, KJVÖ; Holzer, Bataillone; Vogelmann, Propaganda; Neugebauer, Bauvolk; Widerstand 1. *Qu:* Arch. Hand. Pers. Publ. Z. - IfZ.

Fürstenberg, Hans (Jean), Bankier; geb. 20. Jan. 1890 Berlin; ev.; *V:* Carl F. (geb. 1850 Danzig, gest. 1933 Berlin), jüd.; Diss., Bankier, 1883 persönl. haftender Gesellschafter Berliner Handels-Gesellschaft (BHG), 1930-33 Mitgl. VerwRat; *M:* Aniela, geb. Natanson (geb. Warschau); *G:* Aniela Huldschinsky, Natalie Huf; ∞ 1930 Eugenie Levine (geb. Rußland). *Weg:* 1936 F; 1939 CH.

1908 Abitur Berlin. Einjährig-Freiw.; Stud. Berlin u. München, anschl. Banklehre, 1910-12 bei Berliner Handels-Gesellschaft, 1912-14 in London u. Paris. 1914-15 Kriegsteiln. (EK I), 1915-18 Mitarb. Bankabt. dt. GenGouvernement in Brüssel, ZusArb. mit Hjalmar Schacht, → Willy Dreyfus u. Ernst v. Mendelssohn-Bartholdy. 1919-35 persönl. haftender Gesellschafter BHG; AR-Mitgl. zahlr. Industrieunternehmen. Mitgl. *Kaiser-Wilhelm-Gesellschaft zur Förderung der Wissenschaften,* VorstMitgl. *Verein Berliner Kaufleute und Industrieller,* Schatzmeister *Deutsches Komitee der Paneuropa-Union,* Vors. *Verein der Freunde der Staatsbibliothek* Berlin, Mitgl. *Deutsch-Französische Gesellschaft* Berlin; Ehren-GenKonsul Luxemburg. 1933 Änderung der Statuten der BHG, Bildung einer sog. arischen Direktion zur „Unterstützung" der persönl. haftenden Gesellschafter, 1935-37 Mitgl. VerwRat. Ab 1934 Wohnsitz in Paris, 1936 Emigr. Frankr., 1939 2. Wohnsitz Schweiz. Nach 1940 Verfolgung durch Gestapo in Frankr. Ab 1948 Mitgl. VerwRat BHG, 1952 Vors. Schweiz.; zugl. AR-Mitgl. u. Vors. zahlr. Banken u. Industrieunternehmen. Ab 1970 ehrenamtl. Vors. u. AR-Mitgl. BHG (später Berliner Handels-Bank und Frankfurter Bank, Berlin u. Frankfurt). Präs.

Found. Fürstenberg-Beaumesnil, Vizepräs. *Association Internationale des Bibliophiles* Paris, Ehrenmitgl. *Gesellschaft der Bibliophilen, Maximilian-Gesellschaft* Hamburg, *Grolier Club* New York. Lebte 1972 in Paris u. Genf. - *Ausz.:* Chevalier de la Légion d'Honneur; BVK.

W: Ein Land ohne Betriebsmittel. 1925; Drei Jahre Goldwährung. 1927; Das französische Buch im 18. Jahrhundert und in der Empirezeit. 1929; Carl Fürstenberg. Die Lebensgeschichte eines deutschen Bankiers (Hg.). 1930, 2. Aufl. 1961; Dialectique du XXe Siècle. 1956; Magie des Mots. 1958; Sources de la Création Artistique. 1962; Walter Rathenau. 1964; Erinnerungen. Mein Weg als Bankier und Carl Fürstenbergs Altersjahre. 1965; Carl Fürstenberg. In: Neue Deutsche Biographie, 5. *L:* Lüke, Rolf E., Die Berliner Handels-Gesellschaft in einem Jahrhundert deutscher Wirtschaft 1856-1956. 1956. *Qu:* Arch. Erinn. Hand. Publ. - RFJI.

Fürstenheim, Ernst Gerhart, Journalist; geb. 18. Jan. 1913 Heidelberg; ev.; *V:* Dr. med. Walter F. (geb. 1879, gest. 1967 Frankfurt/M.), Medizinalrat, 1938 Emigr. GB, Mitgl. DDP; *M:* Elisabeth, geb. Sauter (1879-1965), Sekr., Emigr. GB; *G:* Günther (geb. 1918), Landwirt, 1936 Emigr. GB; Eva Luise (geb. 1920), Fürsorgerin; ∞ 1947 Honorine Blackley (geb. 1921), Lehrerin; *K:* Gretel (geb. 1948), Studienrätin, A: GB; Robert (geb. 1952), Sprachlehrer, A: J; Thomas (geb. 1957), A: B; *StA:* deutsch, Ausbürg., 1950 deutsch. *Weg:* 1934 GB.

1931-33 Stud. Rechtswiss. Frankfurt, Kiel, Berlin. Nach Amtsentlassung des Vaters Studienabbruch. Jan. 1934 nach GB; 1935-40 Farmer, 1941-49 VerwDienst War Agriculture Committee Hampshire County Council; 1945-50 externes Stud. Germanistik London, M.A.; 1950-53 Lektor Southampton Univ. College, 1954-58 Übers. *Public Service International;* Vorträge bei *German Educational Reconstruction.* Ab 1958 Red. u. seit 1968 Chefred. IBFG-Zs. *Freie Gewerkschaftswelt* Brüssel; Mitarb. dt. Gewerkschaftszs. u. IBFG-Schriften. Lebte 1977 in Brüssel.

Qu: Fb. Pers. - IfZ.

Fugger, Else, Parteifunktionärin; *StA:* deutsch. *Weg:* F; 1943 Deutschland.

Mitgl. KPD. Nach 1940 Mitwirkung am Aufbau der KPD-Ltg. Toulouse, Apr. 1941 Paris, ab Nov. mit → Paul Grasse, → Alfred Spitzer u.a. in sog. Landltg. der KPD, die vor allem durch Fremdarb. u. Urlauber im Reich zu wirken versuchte. Nov. 1943 Verhaftung mit gesamter Landltg. Nach 1945 Funktionen in der DDR, u.a. Sachbearb. FDGB-Hochschule Fritz Heckert in Bernau. - *Ausz.:* 1958 Clara-Zetkin-Med.

L: Schaul, Résistance; Pech, Résistance. *Qu:* Arch. Publ. - IfZ.

Fuhrmann, Bruno Hans, Parteifunktionär; geb. 2. Jan. 1907 Königsberg/Ostpr.; Diss.; ∞ nach 1945 II., geb. Vitzthum, KPÖ, 1934 Emigr. CSR, 1938 F, nach 1940 mehrj. Haft in Deutschland; *StA:* deutsch. *Weg:* 1936 CSR; 1937 CH; 1945 Deutschland (ABZ).

Zimmermann; KPD-Jugendfunktionär, ab Juni 1933 PolLtr. KJVD Bez. Thür.; Frühj. 1936 Flucht in die CSR. 1937 nach Zürich, mit Hilfe des *Schweizerischen Arbeiter-Hilfswerks* Aufenthaltserlaubnis als pol. Flüchtling. 1937-39 KPD-AbschnLtg. Süd in Zürich als KJVD-Vertr., Mitarb. illeg. Zs. *Süddeutsche Informationen* u. *Süddeutsche Volksstimme.* VerbMann zur KPD-Parteigruppe am Züricher Schauspielhaus u. zu linksgerichteten sozdem. Emigr. um → Valentin Baur u. → Erwin Schoettle. Ab Ende 1939 Mitarb. der neugebildeten AbschnLtg. Süd. Juni 1940 Verhaftung wegen illeg. pol. Betätigung, Ausweisungsbefehl, Internierung Zuchth. Witzwil, Arb-Lager Malvaglia, Gordola, Bassecourt. Ab Ende 1942 OrgLtr. der in Gordola konstituierten neuen KPD-Landesltg., u.a. mit → Fritz Sperling, → Ludwig Ficker, → Bruno Goldhammer. Während Lagerurlauben Teiln. an den KPD-Landeskonf. Zürich Jan. u. März 1945, Kontakte zu kath. Kreisen, u.a. zu Karl Barth, im Rahmen der BFD. Ende Juni 1945 auf Anweisung der Parteiltg. Flucht aus dem Lager Wallisellen, mit → Hans Teubner illeg. Einreise nach Deutschland. Nach Berichterstattung vor dem ZK der KPD in Berlin Einsatz als Instrukteur der PolBüros für Süddeutschland. Vizepräs. VVN. 1950 Parteiausschluß im Rahmen der „Noel-Field-Säuberungen".

L: Bergmann, Schweiz; Teubner, Schweiz. *Qu:* Arch. Pers. Publ. - IfZ.

Fulda, Steven M., Systemanalytiker; geb. 20. Dez. 1932 Kassel; ev.; *V:* Hans Karl Ludwig F. (geb. 1894 Darmstadt, gest. USA), kath., Wirtschaftsprüfer, 1934-37 USA-Aufenthalt, 1938 Emigr. USA; *M:* Margot, geb. von Weiler (geb. 1905 Kassel, gest. USA), Musikerin, 1934-37 USA-Aufenthalt, 1938 Emigr. USA; *G:* Hubertus X. (geb. 1926 Kassel), techn. Dir., 1934 USA, ab 1937 Deutschland; Renate (geb. 1926 Kassel), 1934-37 USA-Aufenthalt, 1938 Emigr. USA; ∞ 1956 Sandra M. (geb. USA), ev., B.Sc., Pianistin; *K:* 3; *StA:* deutsch, 1940 USA. *Weg:* 1934 USA; 1937 Deutschland; 1938 USA.

1934 mit Familie in die USA wegen Versetzung des Vaters; 1937 Rückkehr, 1938 erneute Versetzung in die USA; Emigr. wegen jüd. Herkunft der Mutter. Stud. Southern Methodist Univ. Dallas/Tex., 1954 B.Sc.; 1954-66 in der techn. Ltg. der Systemanalyse Bell Telephone Labs.; 1966-68 Ltr. Abt. für WissManagement der Am. Telephone and Telegraph Co. 1968-70 Ltr. Abt. für wiss. Analyse, 1970-71 Ltr. Abt. Univ.-Kontakte, ab 1971 Planungsltr.; zugl. Stud. New York Univ., 1962 M.Sc., 1956-57 Doz. Univ. Calif., 1964 Berater Planungsausschuß der Schulbehörde von Madison/N.J., 1967-71 Stud. New York Univ., 1966-69 Doz. für quantitative Methoden am wirtschaftswiss. Inst. der New Yorker Univ.; 1966 Fellow Nat. Defense Education Act, 1967 Fellow Ford Foundation. Mitgl. Planungsausschuß Inst. of Management Science, Mitgl. *North Am. Soc. of Corporate Planning,* Mitgl. Bez.-Komitee der *Boy Scouts.* Bis 1976 Major d. Res. US-Luftwaffe. Lebte 1977 in New York.

Qu: Fb. Hand. - RFJI.

Funke, Ewald, Parteifunktionär; geb. 30. Juli 1905 Remscheid/Rheinl., hinger. 4. März 1938 Berlin; *V:* Möbelschreiner, Gew-Sekr., nach 1933 zeitw. Schutzhaft; *G:* Otto, nach 1933 Verurteilung wegen KJVD-Tätigkeit; *StA:* deutsch. *Weg:* 1934 NL, Deutschland, CSR, NL; 1935 F, CH; 1936 Deutschland.

1919-21 städt. VerwGehilfe, anschl. Lehre, kaufm. Angest., bis Entlassung März 1933 beim ArbAmt Wuppertal. 1919 *Sozialistische Proletarier-Jugend* der USPD, 1921 KJVD, 1922 Ltr. KJVD-Unterbez. Wuppertal, 1923 KPD-OrgVolontär, 1924 KPD-Austritt im Rahmen der Kampagne gegen die „Parteirechte" um → Heinrich Brandler. Funktionär der *Arbeiter- Turn- und Sportbewegung;* 1927 SPD, u.a. in Gaultg. der *Jungsozialisten,* Doz. Volkshochschule; 1931 Parteiausschluß; 1932 KPD, in den MilApp. übernommen; Sachbearbeiter Abt. E (Sozialdemokratie), Tätigkeit in sog. Polizei-Zersetzung. Nach natsoz. Machtübernahme führende Rolle im MilApp. Wuppertal. Apr.-Mai 1933 Schutzhaft. Ab Aug. 1933 Ltr. Abt. E, ab Okt. Ltr. MilApp. Bez. Düsseldorf. Frühj. 1934 Flucht nach Amsterdam. Juni-Juli 1934 von KPD-AbschnLtg. West zur Inlandsltg. Berlin deleg.; anschl. nach Prag, bis Jahresende Ltr. von EmigrKursen, dann als Schulungsltr. nach Amsterdam. Juli 1935 nach Paris, Aug. Basel, Okt. Zürich zum Einsatz als Instrukteur für den Raum Stuttgart. Ab Febr. 1936 Aufbau eines Zellen-, Prop.- u. Nachrichtensystems. Mai 1936 Verhaftung bei 3. Inlandsreise, Aug. 1937 VGH-Todesurteil. Deckn. Heinz, Heinz Freiberg, André Koch, Rudolf, Kurt, Dirk Wilhelm van den Bos, Erich Kramer.

L: Teubner, Schweiz. *Qu:* Arch. Publ. - IfZ.

Furch, Bruno, Parteifunktionär, Journalist; geb. 20. Juli 1913 Wien (?); *V:* Eduard F. (1882-1956), Tätigkeit bei Gde. Wien, Mitgl. SDAP, SPÖ; *M:* Margarete, geb. Gaag (gest. 1977), SDAP, SPÖ; *StA:* österr. *Weg:* 1938 E; 1939 F; 1941 Deutschland; 1945 Österr.

1931 Realschulabitur, 1932 externe Reifeprüfung an Lehrerbildungsanstalt Wien. Mitgl. SAJDÖ, später SDAP u. *Republikanischer Schutzbund.* 1934 nach den Februarkämpfen zeitw. Haft in Graz. Mitgl. KJVÖ, illeg. Funktionär. Okt. 1934 erneut inhaftiert. Juli 1937 Verhaftung in Wien, 2 Mon. Haft. März 1938 unmittelbar nach Anschluß Österr. über Paris nach Spanien, ab Apr. 1938 Teiln. Span. Bürgerkrieg in den Internat. Brigaden. Febr. 1939 nach Frankr., Internierung in St. Cyprien, Gurs u. Le Vernet, Apr. 1941 Auslieferung an Gestapo, bis Juli 1944 KL Dachau, anschl. Flossenbürg, dann erneut Dachau. Okt. 1945 Rückkehr nach Wien. Mitgl. KPÖ, Mitarb. in kommunist. Presse, ab 1949 Red. *Volksstimme.* KPÖ-Funktionär, seit 1970 ZK-Mitgl. sowie stellv. Chefred. u. Ltr. AuslAbt. der *Volksstimme.* Seit 1977 Chefred. *Internationales Bulletin.* Vorst-Mitgl. *Vereinigung österreichischer Freiwilliger in der spanischen Republik 1936 bis 1939 und der Freunde des demokratischen Spanien,* verantwortl. Red. *Spanien heute.* Auch als Maler bekannt, Apr. 1977 Ausst. in Wien. Lebte 1978 in Wien.

L: Göhring, KJVÖ; Reisberg, KPÖ. *Qu:* Arch. Pers. Publ. Z. - IfZ.

Furtmüller, Aline, Dr. phil., geb. Klačko, Politikerin; geb. 20. Okt. 1883 Wien, gest. Dez. 1941 New York; ev.; *V:* Samuel K., führender Vertr. der frühen sozdem. Bewegung in Rußland, 1880 Emigr. nach Wien; *M:* Anna; *G:* mehrere; ∞ 1904 → Carl Furtmüller; *K:* Lydia (geb. 1907); Lux Ernst (geb. 1910), 1938 (?) Emigr. GB; *StA:* österr. *Weg:* 1939 F; 1940 E; 1941 USA.

Ab 1900 enge Verb. zum *Sozialwissenschaftlichen Bildungsverein* Wien; Mitgl. SDAP. 1903-04 Stud. Französisch Univ. Wien. 1904-09 in Kladno/Nordböhmen; 1905 Mitgr. Ortsgruppe Kladno *Verein Freie Schule.* Privat Vorbereitung auf Gymnasiallehrerexamen (1908) u. Prom. 1909 Rückkehr nach Wien, Lehrerin an höherer Schule in Wien. 1919-34 Mitgl. GdeRat Wien. Enge Freundschaft u. ZusArb. mit → Käthe Leichter. Febr. 1934 Verhaftung, mehrere Wochen Gefängnis. Anschl. ZusArb. mit illeg. RSÖ. Juni 1939 Emigr. Paris, Mitgl. des Kreises österr. Sozialisten um AVÖS. Sommer 1940 vor dt. Vormarsch Flucht aus Montauban/Südfrankr., Mitarb. bei Flüchtlingshilfe, kurzfr. interniert. Anschl. Flucht nach Spanien, bei illeg. Grenzübertritt verhaftet, mehrere Mon. in span. Gefängnissen. Jan. 1941 Emigr. New York. Sept. 1941 neben → Friedrich Adler u.a. Mitunterz. Protest österr. SozDem. gegen Versuch der Bildung einer österr. Exilreg. durch → Hans Rott u. → Willibald Plöchl.

L: Steiner, Herbert, Käthe Leichter. Leben und Werk. 1973. *D:* VfGdA. *Qu:* Arch. Publ. - IfZ.

Furtmüller, Carl, Dr. phil., Pädagoge; geb. 2. Aug. 1880 Wien, gest. 1. Jan. 1951 Mariapfarr/Steiermark; ∞ I. 1904 Aline Klačko (→ Aline Furtmüller), II. Leah Cadbury; *K:* Lydia (geb. 1907); Lux Ernst (geb. 1910), 1938 (?) Emigr. GB; *StA:* österr., Ausbürg. (?). *Weg:* 1939 F; 1940 E; 1941 USA; 1947 Österr.

Stud. Univ. Wien, Prom.; Mitgl. SDAP. 1904-09 Gymnasiallehrer in Kladno/Nordböhmen. 1905 Mitgr. Ortsgruppe Kladno *Verein Freie Schule.* Ab 1909 Wien, enger Mitarb. von Victor Adler. In ZusArb. mit Alfred Adler einer der Mitbegr. der Individualpsychologie, Mitgl. *Verein für Individualpsychologie,* 1914-16 Mithg. *Zeitschrift für Individualpsychologie.* Ab 1919 Mitarb. Reform-Abt. des Unterrichtsministeriums, neben → Hans Fischl u.a. enger Mitarb. von Otto Glöckel bei Durchführung der Schulreform in Österr.; 1922-34 Doz. Pädagogisches Institut der Stadt Wien, Landesschulinspektor u. Mitgl. Stadtschulrat Wien, 1930-33 Hg. der Zs. *Wiener Schule.* 1934 Zwangspensionierung. Mitarb. des ZK der illeg. RSÖ, ab Sept. 1934 neben → Käthe Leichter u.a. Mitgl., zeitw. Obmann Schulungsausschuß der RSÖ. Juni 1939 Emigr. Paris; Mitarb. *Der Sozialistische Kampf,* Ps. Karl Schratt. Sommer 1940 Flucht vor dt. Vormarsch nach Südfrankr., kurzfr. interniert, bei illeg. Grenzübertritt nach Spanien Verhaftung, mehrere Mon. in span. Gefängnissen. Jan. 1941 Emigr. New York. Zunächst Textilarb. in Philadelphia, Herbst 1942 Mittelschullehrer in Baltimore/Md., später New York. Ab Febr. 1942 Mitgl. Advisory Board des *Austrian Labor Committee* unter → Friedrich Adler. Mitarb. OWI für Radiosendungen nach Österr. u. im Abhördienst der *Voice of America* für fremdsprachige Sendungen. Ab 1943 Mitgl. eines Ausschusses der österr. Sozialisten in New York zur Planung des künftigen Ausbildungswesens in Österr. - 1947 Rückkehr nach Wien. 1948-51 Dir. Pädagogisches Institut der Stadt Wien, Mitgl. Stadtschulrat Wien u. AR-Mitgl. Theater der Jugend. - *Ausz.:* Hofrat.

W: u.a. Die Philosophie Schillers und der Deutschunterricht in den Oberklassen des Gymnasiums. 1905; Heilen und Bilden (Mithg.). 1914; Auf dem Weg zur Schulgemeinde. 1926; Innere Reform! 1928. *L:* Buttinger, Beispiel; Leichter, Diktaturen; DBMOI; Steiner, Herbert, Käthe Leichter. Leben und Werk. 1973; Maimann, Politik. *D:* VfGdA. *Qu:* Arch. Publ. Z. - IfZ.

Furtwängler, Franz Josef, Gewerkschaftsfunktionär, Journalist; geb. 12. Juni 1894 Vöhrenbach/Baden, gest. 22. Juli 1966 Vöhrenbach; kath.; *V:* Primus F., Arbeiter; *M:* Emilie, geb. Scherzinger; *G:* Karl Josef (geb. 1896); ∞ Eda Harenberg (geb. 1901), Emigr.; *K:* Dorothea Schindler (geb. 1928), A: Bras.; Barbara Ilse Dermarkar (geb. 1932), A: Ägypten; *StA:* deutsch. *Weg:* 1934 H; 1938 Deutschland.

Schlosserlehre; 1908 Mitgl. DMV, autodidakt. Studien, AuslAufenthalte, Kriegsteiln.; 1917-19 brit. Gefangenschaft. Bis 1921 Tätigkeit als Feinmechaniker; Stud. Akademie der Arbeit u. Univ. Frankfurt/M.; 1923 AuslSekr. ADGB-Vorst. Berlin, enger Mitarb. des Vors. Theodor Leipart, zahlr. Studien- u. KonfReisen, auslandskundl. Publikationen. Mai-Okt. 1933 mehrmals Schutzhaft. 1934 Emigr. nach Ungarn, Tätigkeit als Erdöling., 1938 Rückkehr aufgrund mangelnder Weiterwanderungsmöglichkeit. Kontakte zu Graf Moltke, Dienstverpflichtung als Orientalist ins AA, Mitgl. *Kreisauer Kreis.* Nach 20. Juli 1944 im Untergrund. 1946-49 Ltr. der von ihm wieder aufgebauten Akademie der Arbeit Frankfurt/M.; März 1949-Apr. 1951 Mitgl. Hessischer Staatsgerichtshof, Mitgl. *Deutscher Rat der Europäischen Bewegung.* Ab 1950 SPD-MdL Hessen. 1955-63 Doz. für Sozialkunde IngSchule Darmstadt, freier Schriftst. u. Journ., u.a. für *Die Neue Zeitung.*

W: u.a. Arbeit und Volksklassen in der Geschichte. 1924; Amerikareise deutscher Gewerkschaftsführer. 1925; Die weltwirtschaftliche Konkurrenz des indischen Industriearbeiters. 1929; Das Brahmanenland im Frühlicht. 1931; Das neue China. 1932; Bedeutung und zukünftige Aufgaben der Arbeiterbewegung. 1947; Männer, die ich sah und kannte. 1951; ÖTV - Die Geschichte einer Gewerkschaft. 1955; Die Gewerkschaften, ihre Geschichte und internationale Auswirkung. 1956; Vöhrenbach, eine Schwarzwaldgemeinde im Industriezeitalter. 1961. *Qu:* Arch. Hand. Publ. - IfZ.

G

Gaathon, Arie Ludwig (urspr. Grünbaum, Ludwig), Dr. rer. pol., Wirtschaftswissenschaftler; geb. 24. Dez. 1898 Eisenach/Thür.; *V:* Arnold Grünbaum (geb. 1851 Geisa/Thür., gest. 1917, Kaufm.; *M:* Philippine, geb. Stettauer (geb. 1858 Treuchtlingen/Bayern, umgek. 1943 [?] KL Theresienstadt); *G:* Dr. med. Edgar Grünbaum (geb. 1883 Eisenach/Thür., umgek. 1944 KL Auschwitz), Ltr. jüd. Gde. u. zion. Org. in Eisenach; Thea Stern (geb. 1892 Eisenach), A: Jerusalem; ∞ 1938 Tamar Jungermann (geb. 1909 Brest-Litovsk), Krankenschwester; *K:* Ariel (geb. 1943 Jerusalem), M.Sc. Physik u. Chemie, Doz. Hebr. Univ.; *StA:* deutsch, Pal./IL. *Weg:* 1934 Pal.

1916 Abitur, 1916-19 Kriegsteiln. in Frankr., der Türkei u. Palästina, 1919 Kriegsgef. in Ägypten. 1920-29 Angest. Großhandels- u. Bankwesen in Berlin; sozialwiss. Teilzeitstud., 1929-34 Stud. Wirtschaftswiss. Berlin. 1931 Dipl.-Volkswirt,

1934 Prom.; 1934 Emigr. Palästina mit A I-Zertifikat, 1934-36 Intensivstud. des Hebräischen, Forschungsarb. u.a. für *Haavara;* 1936-48 wirtschaftswiss. Forschungsarb. für *Jew. Agency* unter Ltg. v. A. Ruppin; 1948-53 Dir. wirtschaftswiss. Forschungsinst. der *Jew. Agency,* 1953-55 Mitgl. Beraterstab des MinPräs., seit 1955 Ltr. wirtschaftswiss. Abt. der Bank of Israel. Ab 1949 Mitgl. *Internat. Assn. of Research in Income and Wealth.* Lebte 1977 in Jerusalem. *Ausz.:* 1961 Bar-Eli Preis der Bank Hapoalim, 1972 Dr.h.c. Hebr. Univ., 1973 Peretz Naphtali-Preis der Stadt Tel Aviv.

W: u.a. Grünbaum, Ludwig, Arbeitsbeschaffung und Siedlung (Diss.). 1934; ders., National Income and Outlay in Palestine 1936. Jerusalem (Economic Research Institute *Jew. Agency*) 1941; ders., Outlines of a Development Plan for Jewish Palestine. Ebd. 1946; ders., Four Years Development Plan of Israel, 1950-53. 1950, 2. Aufl. 1951; Kalkalat Yisrael biShnat 1950 (Israels Wirtschaft im Jahre 1950). 1951; Pituah Kalkali beYisrael 1951 (Die wirtschaftliche Entwicklung Israels 1951). 1959 (engl. Übers. Survey of Israel's Economy 1951. 1959); Capital Stock, Employment and Output in Israel 1950-1959. 1961; Economic Productivity in Israel. 1971; Zahlr. Beiträge in isr. u. ausländ. Fachzs. u. sozialwiss. Handb. - *Qu:* Fb. Hand. - RFJI.

Gabelin, Bernward, Journalist, Verlagsleiter; geb. 15. Febr. 1891 Krefeld; *Weg:* CSR; UdSSR; Deutschland (SBZ).

Nach 1918 Hg. *Die Republik* (Organ der USPD-Fraktion des *Arbeiter- und Soldatenrats* Berlin), dann stellv. Vors. Pressekommission des USPD-Zentralorgans *Freiheit,* anschl. Buchhändler, als Mitarb. Geschäftsabt. des ZK der KPD mit → Hugo Eberlein Ltr. Verlag *Betrieb und Gewerkschaft* Berlin, Hg. Zs. *Betriebszeitungsredakteur* der KPD-BezLtg. Berlin-Brandenburg. Nach natsoz. Machtübernahme Emigr., Red. in einem Prager Buchverlag, später Kontrollred. einer Tagesztg. in der UdSSR, 1944-45 Red. Ztg. *Freies Deutschland* Moskau u. *Sender Freies Deutschland,* nach Kriegsende Red. bei Deutschlandabt. der TASS in Moskau. Nach Rückkehr Ende der 40er Jahre Dir. Sachsenverlag Dresden, ab 1956 Ltr. Büro für Druckerei u. Verlagswesen der Deutschen Akademie der Wissenschaften, später kommissarischer Ltr. Druckerei- u. Verlagskontor Berlin. Lebte 1976 als Parteiveteran in Berlin (Ost). - *Ausz.:* u.a. VVO (Silber).

Qu: Arch. Z. - IfZ.

Gabert, Anton, Lehrer, Parteifunktionär; geb. 12. Juni 1888 Hochpetsch b. Brüx/Nordböhmen, gest. 28. Febr. 1960 München; ∞ Olga Braithut (geb. 1892), Emigr. GB; in den 50er Jahren nach Deutschland, A: 1978 München; *K:* Otfried (geb. 1919), BezFunktionär *Rote Falken* u. Arbeiterjugendsportbewegung, 1939 Emigr. N, nach dt. Einmarsch nach S, Mitgl. SJ u. TG, Kaufm., A: 1978 S; → Volkmar Gabert; Adelhart (geb. 1932 [?]), 1939 Emigr. GB, Pädagoge u. Schulltr., A: 1978 GB; *StA:* österr., 1919 CSR, deutsch. *Weg:* 1939 GB; nach 1950 Deutschland (BRD).

Lehrerbildungsanstalt Teplitz-Schönau, Lehrer; DSAP-Mitgl., Lehrer bei Bildungskursen der Partei u. Kreisfunktionär der *Reichsvereinigung deutscher sozialdemokratischer Lehrer in der ČSR.* Nach Abschluß des Münchner Abkommens mit Fam. ins Landesinnere. März 1939 nach GB, Mitgl. TG, Lehrer, nach Kriegsende Mitgl. TG-Landesvorst., in den 50er Jahren Übersiedlung nach Deutschland.

Qu: Arch. Pers. - IfZ.

Gabert, Volkmar, Politiker; geb. 11. März 1923 Dreihunken/Nordböhmen; *V:* → Anton Gabert; ∞ 1951 Inge Kassler (geb. 1927), nach 1945 Funktionärin *Rote Falken,* zeitw. Sekr. des SPD-Landesvors. → Waldemar v. Knöringen, Mitgl. BezVorst. der *Jungsozialisten* für Ober- u. Südbayern, zuletzt Schriftführerin im Landesvorst.; *StA:* 1923 ČSR, deutsch. *Weg:* 1939 GB; 1946 Deutschland (ABZ).

Realschule Teplitz-Schönau, 1938 BezFunktionär *Rote Falken.* Nach Abschluß des Münchner Abkommens ins Landesinnere, März 1939 nach GB, landwirtschaftl. Arbeiter, später Monteur, Eisendreher; ab Bildung 1942 Vors. ArbAusschuß der SJ, Mitgr. u. Mitgl. *International Fabian Youth Forum* sowie Mitwirkung in dt. u. europ. sozialist. Exiljugendgruppen in GB. Ab 1944 Jugendvertr. in TG-Vorst. - 1946 nach Deutschland, SPD, Sozialarb., 1950-57 Landesvors. der *Jungsozialisten* in Bayern, ab 1950 MdL Bayern, 1958-62 u. ab 1976 stellv. sowie 1962-76 Fraktionsvors., 1963-72 SPD-Landesvors. u. ab 1964 Mitgl. SPD-PV, ab 1976 Vizepräs. LT Bayern; 1950 GrdgMitgl. *Arbeitsgemeinschaft zur Wahrung sudetendeutscher Interessen;* langj. Landesvors. in Bayern, Mitgl. Bundesvorst. u. zeitw. Bundesgeschäftsf., schließlich beratendes Mitgl. im Bundesvorst. der SG. Lebte 1978 in München. - *Ausz.:* u.a. Bayer. VO, 1973 Gr. BVK.

Qu: Arch. Hand. Pers. - IfZ.

Gabler, Leo, Parteifunktionär; geb. 11. Mai 1908 Wien, hinger. 7. Juni 1944 Wien; *V:* Photograph; *StA:* österr. *Weg:* 1936 ČSR; 1937 (?) UdSSR; 1941 Deutschland (Österr.).

Taschnerlehre, anschl. arbeitslos. 1926-27 Wanderung durch mehrere europ. Länder. 1926 (1922 ?) Mitgl. KJVÖ, aktiv in ArbSportbewegung. 1928 angebl. als Mitgl. einer ArbSportdeleg. in Moskau. 1929 nach Moskau als Mitgl. der zweiten Jungarbeiter-Delegation, 1929 Mitgl. Wiener Stadtltg. des KJVÖ, Red. *Die Proletarierjugend,* führender KJVÖ-Vertr. in dem Juni 1929 gebildeten überparteil. *Antikriegskomitee,* 1930 (?) ZK-Mitgl. des KJVÖ, Verbandskassier; mehrfach verhaftet. Ab 1931 illeg. KJVÖ-Funktionär, Deckn. Heini. 1935 Verhaftung, Sommer 1936 vermutl. durch Juliamnestie befreit, Emigr. Prag. 1937 auf 6. KJI-Weltkongreß Wahl ins Exekutivkomitee. Vermutl. 1937 Kooptierung ins ZK der KPÖ. 1938-41 Bildberichterstatter in fremdsprach. Verlag in Moskau, vermutl. Besuch Lenin-Schule. Mai 1941 nach Zerschlagung der 3. illeg. Ltg. der KPÖ unter → Erwin Puschmann über Jugoslawien nach Wien, in ZusArb. mit → Julius Kornweitz Aufbau der 4. illeg. KPÖ-Ltg.; Okt. 1941 Verhaftung, mehrmon. Gestapohaft, anschl. KL Mauthausen. Febr. 1944 Rückführung nach Wien, Apr. 1944 Todesurteil.

L: Szecsi, Maria/Stadler, Karl R., Die NS-Justiz in Österreich und ihre Opfer. 1962; Koch, Widerstand; Göhring, KJVÖ; Konrad, KPÖ; Widerstand 2; Unsterbliche Opfer; Reisberg, KPÖ. *D:* DÖW. *Qu:* Arch. Publ. Z. - IfZ.

Gadiesh (bis 1952 Grünfeld), **Falk,** Unternehmensleiter; geb. 27. Juni 1921 Berlin; *V:* → Max Grünfeld; ∞ 1947 Pnina Margalit (geb. 1922 Kiev), Krankenschwester; *K:* Orit, Talya; *StA:* deutsch, IL. *Weg:* 1935 Pal.

Gymn.; Okt. 1935 Emigr. Palästina mit B III-Zertifikat, 1935-40 Schulbesuch u. Stud. Technion Haifa, 1945 B.Sc. u. Dipl.-Ing. Im 2. WK u. 1945-48 Dienst in *Haganah,* 1948-52 IDF (Oberst). 1952-54 Stud. Mass. Inst. of Technol. Cambridge/Mass., 1954 M.Sc.; 1954-55 Assist. des Präs. der Bradley Container Corp., Mass., 1955-60 GenDir. United Saran Plastic Co., 1961-62 Geschäftsf. Isr. Central Trade and Investment Co. Ab 1963 GenDir. Isr. Chemical Fibres Ltd.; AR-Mitgl. versch. Ges. in Israel, Mitgl. des Präsidiums des Isr. Industrie-Verb., Präs. der Org. ausländ. Investoren in Israel, AR-Mitgl. Jerusalem Inst. of Management u. Rekanati-Schule der Univ. Tel Aviv. Lebte 1977 in Zahalah/Israel.

Qu: Fb. Hand. - RFJI.

Gärtner, Eugene (urspr. Eugen), Dr. phil., Rabbiner; geb. 7. Dez. 1885 Schweinfurt; *V:* Abraham G. (geb. 1843, gest. 1934 Nürnberg), Geschäftsm.; *M:* Recha, geb. Kohnstamm (geb. 1843 Niederwerrn/Unterfranken, gest. 1930 Nürnberg); *G:* 3 S, 8 B; ∞ I. Helen (geb. 1886 Butzheim, gest. 1959 New York), Modeschöpferin, 1938 Emigr. USA; II.

212 Gaida

1961 Irma E. Ruman (geb. 1892 Frankfurt/M.); *K:* Jack Nathan (geb. 1921 München), 1936 Emigr. USA, Buchprüfer in New York; Elisabeth Schumann (geb. 1926 Zwickau/Sa.), 1938 Emigr. USA; *StA:* deutsch, USA. *Weg:* 1938 USA.

1905-12 Stud. L(H)WJ Berlin, 1910 Prom. Würzburg; 1913-20 Rabbiner in Dresden, 1920-24 in München, 1924-30 in Zwickau, 1930-38 Landesrabbiner jüd. Gde. Braunschweig; gleichz. Präs. *B'nai B'rith-Loge,* Mitarb. jüd. Wohlfahrtsorg.; 1938 Emigr. USA mit Familie, Gelegenheitsarb., 1946-56 Hotel-Buchführer, 1956-66 Bibliothekar LBI. Lebte 1976 in Kew Gardens/N.Y.

W: Komposition und Wortwahl des Buches der Weisheit. (Diss.). 1912. *Qu:* Fb. Pers. Publ. - RFJI.

Gaida, Wilhelm, Parteifunktionär, Offizier; geb. 6. Nov. 1902; *StA:* CSR, 1945 deutsch. *Weg:* 1939 UdSSR; 1944 Slowakei; 1945 Deutschland (SBZ).

KSČ-Mitgl., ab 1932 PolLtr. Bez. Hohenelbe. 1939 Emigr. UdSSR, Schulung für Partisaneneinsatz; Sept. 1944 mit einer Gruppe sudetendt. Kommunisten im slowak. Aufstandsgeb. für PropArb. unter dt. Minderheit in der CSR eingesetzt, nach Niederwerfung des slowak. Nationalaufstands Funker in Partisaneneinheit Vpřed. 1945 Übersiedlung in die SBZ, Mitgl. KPD bzw. SED, ab 1950 Offz. des Staatssicherheitsdienstes, später ltd. Mitarb. MfS (Oberst), ab 1967 im Ruhestand. - *Ausz.:* u.a. 1962 Banner der Arbeit.

W: Im Partisaneneinsatz in der Slowakei (mit Franz Gold u. Josef Schütz). In: Beiderseits der Grenze (Hg. H. Köpstein). 1965. *Qu:* Hand. Publ. Z. - IfZ.

Gaile, Karl, Parteifunktionär, Diplomat; geb. 11. Okt. 1905 Berlin-Schöneberg; *StA:* deutsch. *Weg:* UdSSR; 1936 E; 1939 F; 1945 (?) Deutschland (SBZ).

1930 KPD. Nach 1933 Emigr. UdSSR. 1936-39 Teiln. Span. Bürgerkrieg, dann nach Frankr., bei Kriegsausbruch Internierung in La Guiche; später in der Résistance, zuletzt stellv. Btl.-Kommandeur Maquis-Einheit Jean Pierson in Südfrankr. u. Mitgl. KFDW-Ltg. Marseille. Nach Rückkehr sog. Verkehrsexperte im App. des ZK der SED, 1952 Mitarb. ZK-Abt. Wirtschaftspol. (für Anleitg. der KPD), 1953-59 Ltr. Zentrale Abt. Kader u. Ausbildung im Min. für Verkehrswesen. 1960 Ltr. DDR-Handelsvertretung Damaskus, 1961-65 Konsul ebd.; danach Parteiveteran. - *Ausz.:* 1954 Befreiungsmed. (Frankr.), 1955 VVO (Bronze), 1956 Hans-Beimler-Med., 1965 Banner der Arbeit u. Arthur-Becker-Med. (Gold).

W: Episoden aus dem Maquis. In: Schaul, Résistance. *L:* Pech, Résistance; Radde, Diplomat. Dienst. *Qu:* Arch. Erinn. Hand. Publ. - IfZ.

Galbar (urspr. Gelber), **Emmanuel,** Offizier, Diplomat; geb. 13. Sept. 1917 Wien; jüd.; *V:* → Nathan Michael Gelber; ∞ 1942 Carmela Kipper (geb. 1921 Tel Aviv), jüd., Stud. Hochschule für Pädagogik Tel Aviv, Bar-Ilan-Univ. Ramat Gan, Lehrerin; *K:* Joav (geb. 1943 Tel Aviv), Ph.D., Doz.; Michal Schwartz (geb. 1948 Tel Aviv), Lehrerin; *StA:* österr., Pal./IL. *Weg:* 1934 Pal.

1927-34 jüd. Realgymn. Wien. 1934 Emigr. Palästina, ab 1934 *Haganah,* 1940-46 jüd. Brigade der brit. Armee. 1946 M.A. Hebr. Univ. Jerusalem, nach 2. WK Mitarb. Hilfsorg. für D.P. u.a. Opfer des NatSoz.; 1948-61 Oberst IDF. 1961-63 verantwortl. Sachbearbeiter der isr. Reg. für Industrieprojekte in neu entstehenden Städten, Geschäftsf. Isr. Sperrholzfabrik in Point Noir/Kongo, Brazzaville, Dir. Ouman Erschließungsges. Tel Aviv. Ab 1964 im isr. Außenmin., u.a. Botschafter in Niger, Sierra Leone, Kambodscha u. Laos, GenKonsul in Hongkong, 1977 Dir. PR-Abt. des Außenmin.; zeitw. ltd. Stellung bei El-Al Airlines u. im Verteidigungsmin. Lebte 1978 in Jerusalem. - *Ausz.:* brit. Ausz. (2. WK), isr. Unabhängigkeitsmed., Sinai-Orden.

W: Art. über Logistik in mil. Fachzs. *Qu:* Fb. Hand. - RFJI.

Gall, Willi, Parteifunktionär; geb. 3. Okt. 1908 Falkenstein/Vogtl., hinger. 25. Juli 1941 Berlin-Plötzensee; *V:* Klempnermeister; ∞ led.; *StA:* deutsch, 7. Dez. 1934 Ausbürg. *Weg:* 1933 CSR; 1938 (?) Deutschland (?); 1939 DK, Deutschland.

1923-26 Eisendreherlehre, bis 1929 in Zittau/Sa. Dreher, dann Gelegenheitsarb., ab 1932 erwerbslos. 1924 Mitgl. Arbeitersportbewegung, später KJVD, 1929 KPD; Funktionär u. GdeVertr. in Pethau b. Zittau. 1933 illeg. Tätigkeit, Apr. 1933 Flucht in die CSR. KPD-Kurier im Grenzgeb., ab Mai 1933 in Flüchtlingsheimen in Prag u. sog. Patronaten in der Prov.; Teiln. an Parteischulungen, später Lehrgangsref., Patronatswerbung u. EmigrBetreuung. Angebl. schon 1938 i.A. der AbschnLtg. Zentrum in Prag Einsatz als Instrukteur im Reich. März 1939 Flucht über Deutschland nach Dänemark, i.A. der AbschnLtg. Nord in Kopenhagen Instrukteur für KPD-Unterbez. Berlin-Adlershof. Mai 1939 erster Aufenthalt in Berlin, Aug. zweiter Einsatz, von dem er aufgrund der Kriegsereignisse nicht mehr nach Kopenhagen zurückkehren konnte. Ltg. des Unterbez. Adlershof, Ausbau der Betriebsorg., Verbreitung von Flugschriften, u.a. der in Schweden gedruckten *Berliner Volkszeitung,* Deckn. Max; Dez. 1939 Verhaftung mit 94 Mitgl. seiner Gruppe, 23. Jan. 1941 VGH-Todesurteil.

L: Schmidt, Deutschland; GdA 5. *D:* IfZ. *Qu:* Arch. Hand. Publ. - IfZ.

Galliner, Julius, Dr. phil., Rabbiner; geb. 1872, gest. 1949 New York; *V:* Kantor u. Lehrer in ostpreuß. Kleinstadt; *G:* Arthur G. (geb. 1878 Zinten/Ostpreußen, gest. 1961 London), Lehrer am Philantropin in Frankfurt/M., Schriftsteller u. Künstler; → Siegfried Galliner; Emil Galliner; ∞ verh.; *K:* Helmut, Emigr. USA, Bibliothekar bei LBI New York, 1976 Ruhestand; 1 T (gest.), Emigr. Chile; *StA:* deutsch. *Weg:* 1938 (?) GB; nach 1945 USA.

Stud. jüd. Lehrerbildungsanstalt Michael Holzmann Berlin; Volksschullehrer in Schwerin/Mecklenburg, Kantor u. Relig.-Lehrer jüd. Gde. Schwerin, gleichz. Abitur, Stud. L(H)WJ Berlin, Rabbinerexamen. Anschl. Rabbiner in Berlin-Charlottenburg, gleichz. Stud. Berlin u. Heidelberg, Prom. Heidelberg. Ab 1912 Volksschulrektor u. Rabbiner Syn. Fasanenstr. der Jüd. Gde. Berlin. Um 1920 völlige Erblindung. Mitgl. städt. Schuldeputation in Berlin, Inspektor für den ReligUnterricht in den Berliner Schulen, 1933 Ltr. Kulturdezernat des preußischen Landesverbands jüdischer Gemeinden, Geschäftsf. *Hilfsverein für jüdische Studenten.* 1938 (?) Emigr. GB, nach 2. WK in die USA.

W: Abraham Ibn Esra's Hiob-Kommentar nach seinen Quellen untersucht (Diss.). 1901; Übers. von Samuel I u. II für dt. Bibelübers., hg. von H. Torcziner. 1937; Beiträge für jüd. Zs. u. Festschriften in Deutschland. *L:* Hirschbert, H., In Memoriam Julius Galliner. In: Gegenwart im Rückblick. *Qu:* Publ. Z. - RFJI.

Galliner, Peter, Verlagskaufmann; geb. 9. Sept. 1920 Berlin; jüd.; *V:* Moritz G. (1942 Freitod Berlin), jüd., RA, Mitgl. SPD, Vors. Repräsentantenvers. der jüd. Reformgde. Berlin; *M:* Hedwig, geb. Isaac (1942 Freitod Berlin), jüd., Sekr., Mitgl. SPD; *G:* Ann Neubauer (geb. 1906 Brandenburg), Sekr., 1935 Emigr, A: USA; ∞ 1948 Edith Goldschmidt (geb. 1914 London), jüd., 1933 Emigr. GB, Malerin, Graphikerin; *K:* Nicola Madeleine (geb. 1950), Photographin in Deutschland; *StA:* deutsch, 1948 brit. *Weg:* 1938 GB.

Gymn. Berlin, 1938 Ausschluß. Dez. 1938 nach London, Unterstützung durch *Jewish Refugees Committee,* Stud. Bibliothekswiss. Polytechnikum der London School of Econ., 1942-45 Bibliothekar in London, 1944-47 bei Nachrichtenagentur *Reuter.* März 1946 Eintritt in SPD London. 1947-60 Dir. der Auslandsabt. *Financial Times,* London, 1960-64 GenDir. Ullstein Verlag Berlin, 1964-68 GenDir. British Printing Co. Publishing Group, London, dann Verlagsberater; Verdienste beim Ausbau der dt.-brit. Wirtschaftsbeziehungen. Ab 1975 Dir. Internationales Presseinstitut Zürich. Mitgl. *PEN-Club.* Lebte 1975 in Zürich. - *Ausz.:* BVK 1. Kl.

Qu: Arch. Fb. Hand. - IfZ.

Galliner, Siegfried, Dr. phil., Rabbiner; geb. 26. Okt. 1875 Zinten/Ostpreußen, gest. 12. März 1960 London; *G:* → Julius Galliner; ∞ verh. (Ehefrau gest. vor 1939). *Weg:* 1939 GB.

Stud. Rabbinerseminar Berlin, Rabbinerexamen, 1902 Prom. Erlangen. Lehrer an der ReligSchule Adass Jisroel Berlin, 1904-14 stellv. Rabbiner in Beuthen/Oberschlesien, 1914-39 Rabbiner SynGde. Gelsenkirchen/Westf., zugl. Vors. Wohlfahrtsausschuß u. Gr. Jüdische Schule. 1939 Emigr. GB.

W: Saadia Al-fajjumi's arabische Psalmenübersetzung und Kommentar (Psalm 73-89) (Diss.). 1903; *Qu:* Pers. Publ. Z. - RFJI.

Gallinger, Joseph Stephen (urspr. Josef), Rabbiner; geb. 13. März 1912 Wittelshofen/Unterfranken; *V:* Louis G. (geb. 1874 Wittelshofen, gest, Würzburg), Kaufm., VorstMitgl. jüd. Gde. Wittelshofen; *M:* Bertha (Yetta), geb. Lindo (geb. 1881 Waisendorf/Unterfranken, gest. Miltenberg/Unterfranken); *G:* Selma Sundheimer (geb. 1903 Wittelsdorf, umgek. 1941 KL Sobibor), Bankangest., 1935 Emigr. NL; Rita Deutsch (geb. 1906 Wittelshofen), 1939 Emigr. USA über Kolumbien; ∞ 1936 Anna N. Schellenberg (geb. 1916 Goddelau/Hessen), Gymn., 1938 Emigr. USA, Modeberaterin; *K:* Laura Denaburg (geb. 1937 Frankfurt/M.), 1938 USA, Stud., RegBeamtin; Lynn Rosemore (geb. 1947 Jacksonville/Fla.), Stud.; *StA:* deutsch, USA. *Weg:* 1938 USA.

1929-33 Stud. Isr. Lehrerbildungsanstalt Würzburg, 1933-35 Jeschiwah Frankfurt/M., 1935 Rabbiner. 1933-35 Lehrer u. Kantor in Uffenheim/Mittelfranken, 1935-36 in Hörstein/Unterfranken, 1936-37 Lehrer u. Jugendrabbiner in Frankfurt/M.; 1938 Emigr. USA, 1938 Lehrer für Hebr. Yeshivah Beth Abraham Brooklyn, New York, anschl. bis 1940 Hilfsrabbiner Jacksonville Jew. Center/Fla., gleichz. Stud. Univ. Gainsville, 1940 B.A., 1943 M.A.; 1941-43 Instrukteur der US-Armee für Methoden der Kriegsgefangenenbefragung; 1940-48 Rabbiner Valdosta Hebr. Congr./Ga., 1948-57 Temple Beth El Bessemer/Ala., seit 1948 Red. u Hg. *The Jewish Monitor* Birmingham/Ala., seit 1957 Rabbiner Temple B'nai Israel Florence/Ala.; Mitgl. u. 1961-62 Vizepräs. *B'nai B'rith* in Alabama, Mitgl. *Am. Jew. Comm.,* CCAR. - *Ausz.:* Ph.D.h.c. Burton Seminar/Colo.

W: Militärwissenschaftliche deutsche Sprachlehre (US-Army). 1942; Der Jude in den Werken Gustav Freytags. 1943; The Pulpit Club. 1957. *Qu:* Fb. Hand. - RFJI.

Gans Edler Herr zu Putlitz, Wolfgang, Dr. rer. pol., Diplomat; geb. 1889 Laaske/Brandenburg; *V:* Landwirt; *G:* Gebhard, Walter, Armgard; *StA:* deutsch, 1948 brit., 1952 deutsch. *Weg:* 1939 GB; 1941 USA; 1944 GB; 1946 Deutschland (BBZ).

Ritterakademie Brandenburg/Havel, 1916-18 Kriegsdienst (Lt., Preuß. Garde-Ulanen), Anfang 1919 Freikorps in Oberschles., dann Stud. Landwirtsch. in Berlin, 1921-23 Volontär b. Hugo Stinnes AG für Seeschiffahrt u. Überseehandel u. Stud. Volkswirtsch. Univ. Hamburg, 1924 Prom.; 1924-25 Sprachstudien in Oxford, Juli 1925 Eintritt in diplomat. Dienst, bis 1928 Attaché Dt. Konsulat Posen, 1928-31 Attaché dt. Botschaft Washington, 1931-32 Geschäftsträger auf Haiti, danach in der Presseabt. der Reichsreg. tätig, 1934 bei Wirtschaftsabt. dt. Botschaft Paris, Juni 1934-Mai 1938 Ltr. Konsularabt. der dt. Botschaft in London; 1936 NSDAP, ab Mai 1938 Gesandtschaftsrat in Den Haag. Mitarb. des brit. Nachrichtendienstes, nach Kriegsausbruch im Okt. 1939 mit dessen Hilfe Flucht nach GB, Aufenthalt ab Jamaika, 1941 USA. Jan. 1944 nach GB u. bis Apr. 1945 Mitarb. des sog. *Soldatensenders West* unter Ltg. Sefton Delmers (Deckn. Gebhard Mansfeld). Febr. 1946 nach Deutschland (BBZ), OberregRat in Kiel, 1947 Rückkehr nach London, Jan. 1948 Erwerb der brit. Staatsangehörigkeit, dann Lehrer u. Firmenvertr. in GB, Frankr. u. der Schweiz. Jan. 1952 Übersiedlung in die DDR. Schriftst. Betätigung, zeitw. Berater des MfAA.

W: Unterwegs nach Deutschland (Erinn.). 1956. *Qu:* Erinn. Hand. - IfZ.

Garbarini, Kurt, Parteifunktionär; geb. 13. Jan. 1913 Hamburg, hinger. 21. Apr. 1943 Berlin; ∞ ledig; *StA:* deutsch, 1937 E, 22. Mai 1939 Ausbürg. aus Deutschland. *Weg:* CSR, Österr., CH, F, Saargeb., F, B; 1937 E; 1938 F; 1939 B; 1941 Deutschland.

Bis 1933 Maschinenbauerlehre; 1930 SAJ, SPD, 1932 *Reichsbanner.* Mai 1933 ins Ausland, Unterstützung durch sozdem. EmigrOrg., in Belgien als pol. Flüchtling anerkannt. Ende 1936 Verb. zur KPD-Emigr., Anfang 1937 als Interbrigadist nach Spanien, Dez. 1937 mit → Ernst Braun Grd. *Einheitskomitee deutscher Sozialdemokraten und Kommunisten* in Albacete. März 1938 Teiln. Einheitskonf. dt. Antifaschisten in Valencia; später nach Frankr., Ende 1938 Internierung in St-Cyprien, Anfang 1939 Flucht nach Belgien, 1940 kurzfristig interniert, als Staatsbürger der ehem. span. Republik freigelassen. Mitwirkung an Wehrmachtsprop. der KPD-Gruppe unter → Hermann Geisen. Nov. 1941 Festnahme, Jan. 1943 VGH-Todesurteil.

L: Pasaremos; Jahnke, Karl-Heinz, Entscheidungen. 1970. *D:* IfZ. *Qu:* Arch. Publ. - IfZ.

Gartenberg, Alfredo (urspr. Alfred), Dr. jur., Journalist, Verbandsfunktionär; geb. 24. Nov. 1897 Wien; jüd.; *V:* Samuel G.; *M:* Jeanette, geb. Heimann; ∞ 1921 Szeindel Flaumenhaft (geb. 1898 Tarnow/Galizien), 1933 Emigr. Österr., F, 1939 Bras.; *K:* Emanuel (geb. 1922 Wien, gef. 1943 Tunis), Ing.; *StA:* österr., Bras. *Weg:* 1933 Österr.; F; 1939 Bras.

Im 1. WK österr.-ungar. Armee. 1924 Prom. Wien, dann Journ. im Ullstein-Verlag, Berlin, 1929-30 Gr. Theaterzs. *Die neue Bühne.* 1930 Referendar, 1929-1930 Assist. bei der dt. Deleg. zum Völkerbund in Genf, 1930-33 Angest. in Anwaltspraxis. 1933 Rückkehr nach Österr., später Emigr. Frankr., 1933-39 Handelsvertr. für US-Gummiges.; 1939 Brasilien, 1939-40 Werbeltr. Kaufhaus Mesbla in Rio de Janeiro. Im 2. WK Mitarb. Sender *France Libre,* Inh. einer Leihbibliothek, 1943-44 Sekr. bei der türk. Botschaft in Rio de Janeiro. 1946-48 Dir. *Keren Hayessod,* 1948-57 Dir. *Federação de Sociedades Israelitas de Rio,* 1957-72 Mitarb. Org. für Wiedergutmachung in Rio de Janeiro. Lebte 1976 in Rio de Janeiro.

W: Der gläserne Berg. 1931; O J vermelho. 1976; The Messiah from the Gutter. 1977; The Plagiary. 1977. *Qu:* Fb. - RFJI.

Gartmann, Hermann, Partei- u. Staatsfunktionär; geb. 24. Dez. 1906 Waldheim/Sa., gest. 18. März 1972 Berlin (Ost); *StA:* deutsch. *Weg:* 1937 CSR, E; 1939 F; 1941 Deutschland.

Arbeiter; Mitgl. KJVD, 1927 KPD, 1928-31 LtgMitgl. Mil-App. Bez. Berlin-Brandenburg. 1931-33 wegen Polizei-Agitation Festungshaft Groß-Strelitz. 1933-37 illeg. Tätigkeit u.a. bei Siemens Berlin. 1937 über die CSR nach Spanien, Parteisekr. einer Panzereinheit der Internat. Brigaden; 1939 nach Frankr., Internierung in Le Vernet, 1941 Auslieferung, KL Dachau, Bewährungseinsatz als Flughafenarb. in Berlin-Schönweide. Nach Kriegsende I. Kreissekr. der KPD/SED in Templin/Brandenburg; 1948 stellv. Landeschef Deutsche Volkspolizei (DVP) Brandenburg, 1949-52 Ltr. MfS-Landesbehörde ebd., 1951 DVP-Chefinspekteur, 1952-54 Ltr. Hauptverw. Deutsche Grenzpolizei im MdI bzw. MfS, 1955 GenMajor, milit. Berater des Staatssekr. für Staatssicherheit → Erich Wollweber. 1956-58 Ltr. MfS-Hauptverw. Innere Sicherheit u. stellv. Min., 1958-61 MilAttaché in der UdSSR, 1961-66 (?) Kommandeur NVA-OffzSchule Frankenberg/Sa., 1967-72 Sekr. *Solidaritätskomitee für das spanische Volk in der DDR.* - *Ausz.:* u.a. 1956 Hans-Beimler-Med., 1971 VVO (Gold).

L: Forster, NVA. *Qu:* Arch. Hand. Publ. Z. - IfZ.

Gaupp, Peter G., Ph. D., Sozialfürsorger; geb. 16. Juni 1928 Berlin; *V:* Dr. Frederick Ernest G. (geb. 1897 Freiburg i. Br.), Methodist, Lektor u. Autor beim Ullstein-Verlag. 1935 Emigr. I, 1939 CH, 1946 USA, Hochschullehrer; *M:* Ilse, geb. Partos (geb. 1902 Herkulesbad [Baile Erculane]/Südkarpaten), jüd.,

Methodistin, Emigr. mit Ehemann, Hilfsbibliothekarin u. Buchbinderin; *G:* Dieter E. (geb. 1924 Breslau), 1935 Emigr. I, 1939 GB, 1947 USA, Fürsorger in Tex.; ∞ verh.; *K:* 1 T, 1 S; *StA:* 1952 USA. *Weg:* 1935 I, 1939 GB, 1947 USA.

1935 Emigr. Italien mit Familie, Stud. Collegio Technico Florenz. Sommer 1939 nach GB mit Bruder, Unterstützung durch *Soc. of Friends* (Quäker), Stud. Stoutly Rough School für Flüchtlingskinder, 1945-46 Arbeiter in Rüstungsbetrieb. 1947 in die USA, 1950 B. A. Southwestern Univ. Tex., 1950 Freizeitgestalter in Methodisten-Kinderheim in Waco/Tex., 1951 therapeut. Mitarb. Brown Schools in Austin/Tex., 1952-54 ltd. Mitarb. bei Kinderfürsorge im Bez. Jefferson/Tex. beim staatl. Amt für öffentl. Wohlfahrt. 1954 M.S.W. Texas Univ. Austin. 1954-59 Krankenhausfürsorger am US Public Health Service Hospital in Fort Worth, gleichz. 1958-59 Stud. Texas Wesleyan Coll., 1959-62 Ltr. Abt. Gesundheitsplanung bei *Council Soc. Agencies* in Dallas, gleichz. 1960-61 Ltr. Dallas County Inter-Agency Project, 1962 Programmdir. der Gesundheitsabt. Dallas County Youth Study. Seit 1959 Doz. Southwestern Med. School u. an versch. anderen Univ. u. Coll. in Tex. – 1962-68 an der Pittsburgh Univ., zunächst 1962-63 Fellow Lilly Foundation, 1963 Assist., 1963 Dipl. in Gde.-Fürsorgeplanung, 1963-64 Fellow Nat. Inst. Mental Health, 1963-68 Ltr. des US-Projekts zur Untersuchung der Personalsituation in der Sozialfürsorge, 1968 Prom. Gleichz. 1964-66 Geschäftsf. Timberlawn Foundation in Dallas, 1965-68 Ltr. Abt. für med. Planung des Community Council of Greater Dallas. 1966-68 stellv. Projektltr. des N. Texas Planning Council for Hospitals u. angeschlossener med. Institutionen. 1967-70 Mitgl. Planungskommission der Abt. für Einzelfürsorge der *Nat. Conf. Soc. Welfare*, 1968-71 Vors. Abt. für Community Practice Sequence der School of Soc. Work an der Univ. Texas in Arlington, seit 1971 Adjunct Assist. Prof. der Grad. School Soc. Work, seit 1971 Ltr. für städt. u. regionale med. Planung des Community Council of Greater Dallas, 1968 Berater des US-Präs. in Fragen der Gesundheitspol.; seit 1971 Mitgl. Verw-Rat u. Vors. Beratungskomitee des Dallas County Mental Health and Mental Retardation Center, ltd. Dir. Dallas Health Planning Council, Berater an versch. Inst., Univ. u. Projekten. 1973 Fellow der *Am. Publ. Health Assn.*, Mitgl. Ausschuß für med. Planung der *Nat. Assn. Soc. Workers*; u.a. Mitgl. *Am. Assn. Soc. Workers, Acad. Cert. Soc. Workers,* Inst. Relig. and Health. Lebte 1978 in Dallas/Texas.

W: Implementing the Dallas County Youth Study. In: Proceedings of Southern Regional Internat. Childbirth Educ. Assn. 1965; Authority, Influence and Control in Consultation. In: Community Mental Health Journal. 1966; Community Organization and the Public Interest. In: Proceedings. Symposium Texas Nat. Assn. Soc. Workers Council. 1969; *Qu:* Hand. Pers. - RFJI.

Gazda, Anton (Antoine), Unternehmer; geb. 5. Juni 1895 Wien, gest. 19. Sept. 1957 Österr.; *V:* Antoine G.; *M:* Anna; ∞ 1926 Leopoldine de Suchan; *K:* Hans Otto. *Weg:* 1938 (?) CH; 1940 USA.

Stud. TH Wien, Dipl.-Ing.; 1914-15 Offz. in k.u.k. Luftwaffe, 1915-18 Ing. in Skoda-Flugzeugwerken. Nach Kriegsende Inh. bzw. Mitarb. von Flugzeug- u. Waffenbau-Unternehmen in Wien, Paris (Etablessiments Gazda) u. der Schweiz (WerkzeugmaschFabrik Oerlikon). Vermutl. 1938 nach Anschluß Österr. endgültige Niederlassung in der Schweiz, 1939 Gr. (?) u. Vizepräs. Pilatus-Werke (Flugzeugbau). 1940 über Frankr. in die USA. 1940 Gr. u. Vizepräs. Am. Oerlikon Gazda Corp. (Maschinenbau u. Waffenfabrikation); ZusArb. mit → Otto Habsburg u. den konservat. u. legitimist. Emigrationsgruppen in den USA. 1944 Gr. u. Präs. Am. Octanator Corp.; Vertriebsltr. für Citroen-Automobile in den neuengl. US-Staaten, Halter von mehr als 280 Patenten in Flugzeug-, Waffen- u. Automobilbau. Starb während einer Besuchsreise in Österreich.

L: Vasari, Emilio, Dr. Otto Habsburg oder die Leidenschaft für Politik. 1972. *Qu:* Hand. Publ. Z. - IfZ.

Gebelein, Walter (Guébelin, Gauthier), Journalist; *StA:* deutsch, im Exil F. *Weg:* 1935 F, 1945 Deutschland/Saargeb.; 1946 F.

Gebürtiger Saarländer, aktiv in der frankophilen Bewegung nach dem 1. WK; erster Geschäftsf. des 1920 gegr. *Saarbundes.* Mitarb. der pazifistischen Ztg. *Die Menschheit.* Während des Abstimmungskampfes Hg. *Saar-Chronik* (Organ der frankophilen *Saarländischen Wirtschaftsvereinigung).* 1935 Emigr. nach Frankr., Verf. der von der *Association française de la Sarre* hg. Kampfschrift *La France et le Problème sarrois.* 1945 zurück an die Saar, bis Ende 1946 Chefred. *Die Neue Saar* (Organ des *Mouvement pour le Rattachement de la Sarre à la France*). Nach persönl. Konflikten mit der Besatzungsmacht Ende 1946 nach Frankr. ausgewiesen.

L: Schmidt, Saarpolitik; Schneider, Saarpolitik und Exil. *Qu:* Publ. - IfZ.

Gebhard (Gebhardt, Gebhart), **Franz;** geb. 27. Juli 1908 Wien; *V:* Brauereiarb.; *StA:* österr. *Weg:* 1934 CSR, UdSSR; 1937 E; 1939 F, UdSSR; 1944 JU; 1945 Österr.

Lehre als Kupferschmied; 1930 Mitgl. KPÖ. 1934 Teiln. an den Februarkämpfen, Flucht in die CSR, anschl. mit Schutzbündlertransport nach Moskau, 1934-37 Feinmechaniker u. Laborarb. in chem. Fabrik in Char'kov. 1937 nach Spanien, Teiln. Span. Bürgerkrieg in Internat. Brigaden. 1939 Frankr., Internierung in St. Cyprien; noch 1939 Rückkehr nach Char'kov. 1941 nach dt. Angriff auf die UdSSR im Parteiauftrag nach Moskau, kämpfte in einer Sondereinheit der Roten Armee. Anschl. Parteischule Moskau zur Vorbereitung auf Partisaneneinsatz, Sommer 1944 mit → Franz Honner Fallschirmabsprung über befreitem Gebiet bei Črnomelj/Slowenien. Herbst 1944 Betreuer in österr. Basis bei Ljubno, wo ein Teil der Mitgl. des 1. österr. Btl. im Verband der jugoslaw. Volksbefreiungsarmee rekrutiert u. ausgebildet wurde; Deckn. Alois Maurer. Anfang 1945 Kompanie-PolKommissar innerh. des 1. österr. Btl., ab März 1945 nach Verwundung von → Roman Füchsel PolKommissar des Btl., Major. Frühj. 1945 mit dem Btl. Rückkehr nach Wien, bis Frühj. 1946 Kommandeur der österr. Grenzschutzeinheiten im Gebiet zwischen Pittsee u. Pamhagen/Burgenland. Anschl. Werkschutzchef in USIA-Betrieb. 1968 Pensionierung. – *Ausz.:* 1975 Gedenkmed. für Teiln. am jugoslaw. Volksbefreiungskampf.

L: Stern, Max, Spaniens Himmel. 1966; Holzer, Bataillone; Die Völker an der Seite der spanischen Republik. 1975. *Qu:* Arch. Pers. Publ. Z. - IfZ.

Gebhardt, Hermann P., Dr. jur., Journalist; geb. 28. Dez. 1903 Frankfurt/Oder; jüd.; *V:* Wilhelm G. (1857-1932), RA u. Notar; *M:* Helene, geb. May (1861-1931); ∞ 1958 Montevideo, Elfriede Brundiers (geb. 1923), ev., Schausp.; *K:* Irene G.-Freudenheim (geb. 1932), Journ.; Liliana (geb. 1965); Robert (geb. 1968); *StA:* deutsch. *Weg:* 1937 Urug.

Stud. Rechtswiss. Hamburg, Freiburg, Berlin, Prom. Breslau. 1932-33 RA in Frankfurt/Oder, Berufsverbot. 1933-37 in Berlin, anschl. Emigr. nach Montevideo. Ab Aug. 1938 Gr., Ltr. u. pol. Kommentator der einzigen dt.-sprachigen Rundfunksendung an der südamerikan. Atlantikküste, *La Voz del Día*; Hauptmitarb. *Jüdische Wochenschau* Buenos Aires. Ab 1950 Südamerika-Korr. zahlr. dt. Ztg. u. Rundfunkanstalten, u.a. *Frankfurter Rundschau, Stuttgarter Zeitung, Der Tagesspiegel* Berlin, SWF; ständiger Mitarb österr., holländ. u. nordamerikan. Ztg., u.a. *Aufbau;* Leitartikler *Argentinisches Tageblatt.* Lebte 1978 in Montevideo.

W: Deutschland von außen gesehen (Mitverf.). 1961; Guerillas: Schicksalsfrage für den Westen. 1971; Die lateinamerikanische Revolutionsbewegung. 1971. *Qu:* Fb. Hand. - IfZ.

Gebler, Anton, Parteifunktionär; geb. 12. Apr. 1899 Hösbach b. Aschaffenburg/M., gest. 4. Okt. 1970 Duisburg; Diss.; *V:* Peter G.; *M:* geb. Volk; ∞ 1925 Wilhelmine Lemmen (geb. 1902); *K:* 1; *StA:* deutsch. *Weg:* 1933 NL; 1934 Deutschland, NL, Deutschland.

Rohrleger; 1925 Mitgl. KPD, 1930 *Verband proletarischer Freidenker;* 1931 *Kampfbund gegen den Faschismus,* OrgLtr. BezLtg. Ruhrgeb.; 1933 Flucht nach Amsterdam. Dez. 1933 erfolgloser Auftrag zur Reorg. der Freidenkerbewegung im Ruhrgeb., Anfang Jan. 1934 Ltr. Instruktionsgeb. Essen, nach Verhaftung führender Funktionäre im März Flucht nach Amsterdam, April i.A. der KPD-Grenzstellenltg. als neuer BezLtr. für das Ruhrgeb. nach Essen, Verhaftung, Nov. 1934 Urteil OLG Hamm 2 J. Zuchth. Bis Kriegsende in versch. KL.

L: Steinberg, Widerstand; Bludau, Gestapo. *Qu:* Arch. Publ. - IfZ.

Geggel, Heinz, Parteifunktionär; geb. 11. Nov. 1921 München; *V:* Alfred G. (geb. 1882), Kaufm., 1938 mit Fam. Emigr. CH, später USA; *M:* Hedwig, geb. Weil (geb. 1893); *G:* Anneliese (geb. 1924); *StA:* deutsch, 1940 Ausbürg. mit Fam., deutsch. *Weg:* 1936 CH; 1938 B; 1940 (?) F; 1941 Kuba; 1948 Deutschland (SBZ).

1936 in die Schweiz, 1938 nach Belgien, später Frankr., Internierung u.a. in St. Cyprien u. Les Milles, 1941 nach Kuba, Diamantenschleifer, ab 1943 Mitgl. *Comite Alemán Antifascista da Cuba* (CAAC), 1944 KPD, nach Kriegsende Ltr. CAAC-Sekretariat, Mitgr. u. Präs. *Circulo Alejandro von Humboldt. Asociación Cultural de Demócratas de habla alemána,* bis Ende 1947 publizist. Tätigkeit im Sinne des *Kulturbundes zur demokratischen Erneuerung Deutschlands.* 1948 Rückkehr nach Deutschland, ltd. Funktionär in FDJ, zunächst Parteiarb. in Westdeutschland, 1950 SED; Ltr. Ressort Innenpol. (zeitw. Stellv. von → Leo Bauer), ab 1953 Ltr. gesamtdt. Red., 1956 Chefred. u. Dez. 1956-1960 Intendant *Deutschlandsender;* daneben Mitarb. u. zeitw. stellv. Vors. Staatliches Rundfunkomitee beim Ministerrat, ab 1960 Ltr. Westabt. des ZK der SED u. Sekr. der Westkommission des PolBüros, ab 1961 gleichz. Mitgl. ZV im *Verband der Deutschen Presse,* 1963-71 Kand. u. ab 1971 Mitgl. ZK der SED, Ltr. ZK-Abt. Agitation. - *Ausz.:* 1959 VVO (Bronze), 1965 VVO (Silber), 1968 Banner der Arbeit, 1970 VVO (Gold).

L: Walther, Gerhard, Der Rundfunk in der Sowjetischen Besatzungszone Deutschlands. 1961; Kießling, Alemania Libre. *Qu:* Hand. Publ. Z. - IfZ.

Geheeb, Paul Hermann Albert Heinrich (Henri), Pädagoge; geb. 10. Okt. 1870 Geisa/Rhön, gest. 1. Mai 1961 Goldern/ CH; ev.; *V:* Adalbert G. (1842-1909), Apotheker, Botaniker; *M:* Adolfine, geb. Calmberg (1840-1884); *G:* Reinhold (1872-1937), Chefred. *Simplicissimus;* ∞ I. 1906-09 Helene Merck (1860-1948), Sängerin; II. Edith Cassirer; *StA:* deutsch. *Weg:* 1934 CH.

1889-99 Stud. Theol., Philosophie, Orientalistik, Medizin u. Naturwiss. Berlin, Gießen, Jena; 1891 Gr. eines student. Temperenzbundes, Kontakte zur Arbeiter- u. Frauenbewegung, pädagog. Reformversuche; 1899 Gr. Nordseepädagogium auf Föhr, 1902-04 Mitarb., zuletzt Ltr. Deutsches Landerziehungsheim Haubinda, 1906 mit Gustav Wyneken Gr. Freie Schulgemeinde Wickersdorf, 1910 Gr. Odenwaldschule Oberhambach/Bergstr. als führende Reformschule (Koedukation, Kurssystem). Nach Schließung März 1934 Co-Dir. Institut Monnier, Versoix/CH. Gr. Ecole d'Humanité, ab 1939 in Schwarzsee/Fribourg, ab 1946 in Goldern/Berner Oberland. 1936 Anerkennung als pol. Flüchtling. Mitgl. *Internationaler Guttemplerorden, Tabakgegnerbund.* - *Ausz.:* 1953 Gr. BVK, 1960 Dr. h.c. Univ. Tübingen.

W: u.a. Die Odenwaldschule, ihre geistigen Grundlagen und ihr Aufbau. 1924. *L:* NDB 6 (dort weitere LitAngaben). *Qu:* Arch. Hand. - IfZ.

Geiger, Rudolf, Dr. jur., Rechtsanwalt, Funktionär; geb. 25. Juli 1873 Frankfurt/M., gest. 3. Aug. 1956 New York; *V:* Dr. jur. Berthold G., Justizrat, Präs. der Anwaltskammer u. des Anwalts- und Notar-Vereins u. StadtVO. in Frankfurt/M., Abg. des hessischen ProvLT; *M:* geb. Auerbach; *G:* Alfred (gef. im 1. WK), RA; ∞ Rosy Kullmann (geb. 1886 Frankfurt/ M., gest. 1963), 1939 Emigr. Kuba, 1940 USA, Komponistin, Pianistin, Musiklehrerin; *K:* Hermann Geiger-Torel (geb. 1907, gest. 1976 Toronto), Theater- u. Operndir., 1933 Emigr. CSR, 1937 F, 1938 Argent., 1948 CDN, 1951-75 GenDir. Canadian Opera Co. Toronto; Ruth Wolff (geb. 1914), Konzertsängerin in den USA. *Weg:* 1939 GB; Kuba; 1940 USA.

Stud. Rechtswiss. Berlin, Heidelberg u. München, bis 1933 RA in Frankfurt/M., zugl. Syndikus u. Ltr. Finanzabt. der Isr. Gde. Frankfurt/M., VorstMitgl., zeitw. Vors. *Deutsche Anwaltskammer,* 1933 Berufsverbot. 1933-38 Rechtsberater der Isr. Gde. Frankfurt, 1933-38 Mitgl. Hauptvorst., später stellv. Vors. des CV, Nov. 1938 kurzfristig Haft. Apr. 1939 Emigr. GB über die Niederlande, später nach Kuba, Sept. 1940 in die USA. Ab 1940 Vizepräs., später Ehrenpräs. u. Treuhänder der Congr. Habonim New York. VorstMitgl. A.F.J.C.E.

D: LBI New York. *Qu:* Arch. Pers. Publ. Z. - RFJI.

Geiringer, Alfred, Journalist; ∞ Margaret Layton; *StA:* österr., brit. *Weg:* 1938 GB.

Mitgl. *Vereinigung Sozialistischer Mittelschüler* Wien. Bis 1938 Mitarb. u. Assist. des Wiener Korr. der Nachrichtenagentur *Reuter.* 1938 unmittelbar nach Anschluß Österr. Flucht über Deutschland u. die Schweiz nach GB. Ab 1942 Mitarb. *London Information of the Austrian Socialists in Great Britain,* Mitgl. RedKomitee. 1942 Londoner Deleg. auf DelegKonf. der österr. Sozialisten in GB. Nach 1945 ltd. Angest. Nachrichtenagentur *Reuter,* anschl. Gr. einer Wirtschaftsnachrichtenagentur in London. Später Chef der brit. Nachrichtenagentur *Universal News.* Lebte 1978 in London.

L: Scheu, Friedrich, Der Weg ins Ungewisse. 1972; Simon, Autobiogr. *Qu:* Pers. Publ. - IfZ.

Geis, Robert Raphael, Dr. phil., Rabbiner; geb. 4. Juli 1906 Frankfurt/M., gest. 18. Mai 1972 Baden-Baden; *V:* Moritz G.; *M:* Sittah, geb. Stern; ∞ 1945 Susanne Landshut; *K:* Jael, Ilse, Gabriel. *Weg:* 1939 Pal.; 1947 CH; 1949 NL; 1952 Deutschland (BRD).

1926-27 Stud. Jüd.-Theol. Seminar Breslau, 1929 Prom. Univ. Köln, 1932 Rabbinerexamen L(H)WJ Berlin. 1932-34 Rabbiner München, 1934-37 Mannheim, 1937-39 Landes-, Provinz- u. GdeRabbiner, Vorst. der isr. Gde. Kassel, Oberrabbiner Hessen. 1939 Emigr. Palästina, 1939-46 Doz. für Religionsgesch. Hebr. Univ., Kurse für Erwachsenenbildung Jerusalem u. Tel Aviv.; zugl. 1942-44 Stabsmitgl. einer Kriegsprop.-Einheit in Jerusalem. 1947-49 Rabbiner Zürich, 1949-52 Amsterdam. 1952-56 Landesrabbiner Baden u. UNESCO-Deleg. des *Zentralrats.* Ab 1952 Doz. Univ. Freiburg, 1956-72 Prof. für jüd. Religionswiss. PH Duisburg, gleichz. RedMitgl. *Religionsgeschichtliches Wörterbuch zum Alten Testament.* Theol. Berater Koordinierungsrat der *Gesellschaften für Christlich-jüdische Zusammenarbeit,* jüd. Vors. Arbeitsgruppe Juden u. Christen des Deutschen ev. Kirchentags, Mitgl. Rundfunkrat WDR. - *Ausz.:* 1970 Buber-Rosenzweig-Med.

W: Der Sturz des Reichskanzlers Caprivi. 1930 (2. Aufl. 1965); Der Begriff des Patriotentums bei Hermann Cohen. 1942; Vom unbekannten Judentum. 1961; Versuche des Verstehens. Dokumente jüdisch-christlicher Begegnung aus den Jahren 1918-33 (Hg.). 1966; Gottes Minorität. Beiträge zur jüdischen Theologie und zur Geschichte der Juden in Deutschland. 1971; Aufsätze zur Gesch. der Juden in Deutschland. *L:* Robert Raphael Geis. Ein später Zeuge des deutschen Judentums. In: Emuna, Jg. VIII, Nr. 6, 1973. *Qu:* Arch. Hand. Publ. Z. - RFJI.

Geisen, Hermann, Parteifunktionär; geb. 25. Sept. 1899 Grenzhausen/Hessen, hinger. 21. Apr. 1943 Berlin-Plötzensee; *V:* Arbeiter; ∞ Emma Soldat (geb. 1900), Emigr., 1945 Deutschland (BBZ); *K:* 1 S; *StA:* deutsch, 13. März 1939 Ausbürg. *Weg:* 1934 Saargeb.; 1935 F; B; 1936 E; 1938 F; 1939 B; 1940 F; B; 1941 Deutschland.

Keramikerlehre, bis 1930 im Beruf, dann Gelegenheitsarb. u. erwerbslos. Ab 1917 Kriegsdienst, anschl. Freikorps u. Sicherheitspolizei. Ab 1924 Mitgl. *Fabrikarbeiterverband Deutschlands*, Betriebsobmann. 1929 KPD, Ortsgruppen-PolLtr. Nach 1933 mehrmals Schutzhaft. Sept. 1934 Emigr. ins Saargeb., 1935 Frankr., später Belgien. Aug. 1936 mit → Hans Beimler mit der ersten Freiwilligengruppe nach Spanien (Centuria Thälmann); Okt. 1936 kurz vor ihrer Eingliederung in Internat. Brigaden Kommandeur der Centuria. Nach Verwundung Mitarb. MilKomitee *Partido Socialista Unificado de Cataluña*. Sept. 1938 Paris, ab März 1939 KPD-OrgLtr. Brüssel, Mai 1940 Verhaftung durch belg. Polizei, Abschiebung nach Frankr. u. Internierung in St. Cyprien, Sept. 1940 Flucht über Toulouse nach Brüssel zur Ltg. der KPD-Org. in Belgien i.A. der KPD-Westltg. Nach dt. Angriff auf die UdSSR vor allem Flugblattprop. unter den Besatzungstruppen, Deckn. Hermann. Aug. 1941 Verhaftung, Jan. 1943 VGH-Todesurteil.

L: Jahnke, Karl-Heinz, Entscheidungen. 1970; Pasaremos; Schaul, Résistance; Pech, Résistance. *D:* IfZ. *Qu:* Arch. Publ. – IfZ.

Geiser, Ernst Victor **Hans,** Gewerkschaftsfunktionär; geb. 17. Febr. 1884 Stuttgart, gest. 20. Okt. 1961 Weybridge/Surrey, GB; o.K.; *V:* Bruno G. (geb. 1846), Diss., Schriftst. u. Red., MdR; *M:* Alice, geb. Liebknecht (geb. 1858, T. von Wilhelm L.), Diss.; *G:* Arno (geb. 1879), Walter (geb. 1881), Karl Lothar Kurt (1885–1972); ∞ Elsa Lehmann (geb. 1907); *K:* Dagmar (geb. 1922); *StA:* deutsch, 12. April 1937 Ausbürg., CSR, deutsch. *Weg:* 1933 CSR; 1939 GB; 1945 Deutschland (BBZ).

Gymn., Mechanikerlehre, 1905–08 Techniker-Studium. Ab 1902 SPD, Gew., Vertrauensmann des DMV u. des *Bundes der technischen Angestellten* (Butab). Ab 1910 Sekr., ab 1912 Gaultr. Butab Berlin; anschl. bis 1933 Gaultr. Sa., zugl. Gauvors. AfA, Mitgl. SPD-BezVorst. Ostsa., StadtVO. Dresden; MdL Sa., 1923 Mitgl. der Siebener-Kommission für die Verhandlungen mit der KPD zur Tolerierung der Reg. Zeigner. 1. Apr. 1933 Flucht nach Aussig, Entführungsversuch durch natsoz. Agenten. Später in Brünn. 1939 Emigr. nach London, Mitgl. der Parlamentarier-Gruppe um → Karl Höltermann, 1943 vorüberg. Annäherung an FDB (in den Quellen auch als Kurt G. überliefert; Verwechslung mit Bruder kann nicht ausgeschlossen werden). Nov. 1944 Eintritt in *Landesgruppe deutscher Gewerkschafter*. Juli 1945 nach Hannover, ab Sept. 1947 LandesverbLtr. der DAG Niedersa., Mitgl. DAG-Hauptvorst., 1951 Ehrenvors. DAG-Landesverb. Niedersachsen.

L: Röder, Großbritannien. *Qu:* Arch. Hand. Pers. Publ. – IfZ.

Geissler, Rudolf; geb. 31. Aug. 1907 Turn b. Teplitz-Schönau/Böhmen; kath., 1922 Diss.; *V:* Karl G. (1881–1914), Textilarb.; *M:* Hermine, geb. Oppelt (1882–1963); *G:* Karl (geb. 1909), Paula (geb. 1910); ∞ 1937 Dorothea Schöttl (geb. 1916); *K:* Gerhart (geb. 1945), Erich (geb. 1949); *StA:* österr., 1919 CSR, 1938 staatenlos, 1950 S, 1957 deutsch. *Weg:* 1938 S.

Einzelhandelskaufm., später Angest.; 1922 Mitgl. SJ, 1924 *Allgemeiner Angestellten-Verband* Reichenberg, 1925 *Verband der öffentlichen Angestellten in der ČSR*, 1925 DSAP, 1929–37 Verbandssekr. SJ, 1933–38 Schriftführer in DSAP-PV, 1938 Red. *Der Sozialdemokrat* Prag; als Mitgl. der Zentralltg. der Sprengelbeiräte für den Schutz der arbeitenden Jugend (Reichenberg) u. der Landeskommission für Jugendfürsorge ltd. Tätigkeit in sozialen SelbstverwKörperschaften, die auf Initiative des DSAP-Vors. u. Min. für soziale Fürsorge Ludwig Czech entstanden waren. Nach Eingliederung des Sudetenlandes mit Ehefrau über Belgien nach Schweden, 1938–55 Mitgl. AngestGew. u. schwed. sozdem. Partei; Mitgl. TG, 1944 Mitarb. *Samarbetskommittén för demokratiskt uppbyggnadsarbete*, Verf. von Richtlinien für Neuorg. des öffentl. Bibliothekswesens im Sudetengeb.; 1950–53 Gruppenvors. TG Malmö u. 1950–55 Mitgl. Landesltg., 1951–55 Sekr. *Sudetendeutscher Arbeitsausschuß*. Nov. 1955 Übersiedlung in die BRD, 1955–72 Sekr. u. Grundstücksverw. u. ab 1961 zugleich Personalltr. der gewerkschaftl. Konsumläden-Kette co-op in Augsburg; 1956 SPD, *IG Nahrung-Genuß-Gaststätten* u. SG; Ortsvors., ab 1957 Mitgl. Landesltg. Bayern u. ab 1975 Mitgl. Bundesvorst. der SG; ab 1968 Mitgl. SPD-Ortsvorst. Diedorf, 1975 Mitgl. *Arbeiterwohlfahrt*. Lebte 1978 in Diedorf b. Augsburg.

L: Müssener, Exil; Menschen im Exil. *Qu:* Arch. Fb. Pers. Publ. – IfZ.

Gelber, Nathan Michael, Dr. phil., Verbandsfunktionär, Publizist; geb. 27. Mai 1891 Lemberg/Galizien; gest. 23. Sept. 1966 Jerusalem; jüd.; *V:* Nachman G. (geb. Brody/Galizien, gest. 1938), Kaufm., Vors. der Jüd. Gde. Brody; *M:* Regina, geb. Rappaport (geb. Lemberg, gest. 1935), jüd.; *G:* Sabina Dobschüty (geb. 1893 Brody), im 2. WK Emigr. UdSSR, später nach PL; Andzia Breitman (geb. 1897 Brody, umgek. im Holokaust), Sekr.; ∞ 1915 Sara Wischnitzer (geb. 1893 Brody/Galizien, gest. 1967 Jerusalem), jüd., Schwester von → Mark Wischnitzer, 1934 Emigr. Pal.; *K:* → Emmanuel Galbar; Gary Mady (geb. 1920 Wien), Emigr. Pal., A: Elfenbeinküste; *StA:* österr., Pal./IL. *Weg:* 1934 Pal.

1906–10 Mitgr. zion. akad. Jugendorg. in Galizien u. *Hatechiya* in Wien. 1909–14 Stud. Berlin u. Wien, 1918 Prom.Wien. 1914–18 Kriegsteiln. (Hptm., Ausz.). 1918–21 GenSekr. der ostgaliz. Deleg. von *Vaad Leummi* Wien, 1921–24 GenSekr. *Zionistische Organisation* Österr., 1924–31 Dir. *Keren Hayessod* Wien. Zugl. 1921–31 Schriftltr. *Wiener Morgenzeitung* u. *Die Stimme* Wien. 1925 Dir. WZO-Büro in Wien, 1927, 1929 u. 1933 GenSekr. der zion. Welt-Kongresse. 1930–31 Schriftltr. *Nowe Slowo* u. *Hatzefirah* Warschau, Mitarb. *Encyclopaedia Judaica* u. *Jüdisches Lexikon* Berlin u. Beiträge in versch. anderen Lexika, Zs. u. Ztg. 1931–40 Vertr. von *Keren Hayessod* für Mitteleuropa in Wien u. in Jerusalem. Aug. 1934 Emigr. Palästina mit Einwanderer-Zertifikat. 1940–54 Dir. in der *Keren Hayessod*-Zentrale in Jerusalem, 1954 Ruhestand. 1948 verwundet während eines Angriffs auf Geschäftsstelle der *Jew. Agency* in Jerusalem.

W: Zahlr. Bücher u. Art. über den Zionismus u. die Gesch. der galiz. u. poln. Juden. *L:* Gold, H., Sefer haYovel leNathan Michel Gelber leRegel Yovlo haShivim (Festschr. zum 70. Geburtstag, mit Bibliogr.), 1963; E.J.; U.J.E. *D:* Central Arch. for the Hist. of the Jew. People in Jerusalem. *Qu:* Hand. Pers. Publ. – RFJI.

Gelberg, Heinz Joseph, Gewerkschaftsfunktionär; geb. 3. März 1924 Hamburg; jüd.; *V:* Alfred G. (1895–1969), Kaufm., SPD, Emigr. Argent., nach 1945 Deutschland (BRD); *M:* Jeanette, geb. Oljenick (geb. 1896), SPD, Emigr. Argent., A: Deutschland (BRD); *G:* Inge Gentzsch (geb. 1922), Emigr. Argent., ab 1954 A: Deutschland (BRD); ∞ I. gesch.; II. 1956 Carola Signhild Persson (geb. 1918 S); *K:* Alfredo (geb. 1944), Enrique (geb. 1948); *StA:* deutsch, Ausbürg., 1950 deutsch. *Weg:* 1938 Argent.; 1953 Deutschland (BRD).

Ab 1934 Talmud-Thora-Schule Hamburg, Mai 1938 Auswanderung nach Argent.; 1938–41 Fotografenlehre, 1943–47 Ausbildung als Elektrotechniker, bis 1953 Tätigkeit als Werkstattlehrer u. Schiffselektriker. 1939–44 Mitgl. *Verein Vorwärts* u. *Klub Blau-Weiß* Buenos Aires. 1954–61 Elektromechaniker in Hamburg, anschl. Rechtsschutzsekr. ÖTV; seit 1955 SPD, 1968–72 Kreisvors., 1957–66 BezTagsabg., 1966–72 MdHB. Lebte 1975 in Hamburg.

Qu: Fb. Hand. – IfZ.

Gellert, Kurt Christian Ernst, Landwirt; geb. 7. Jan. 1900 Hannover; *V:* Johannes G., Tischler; *M:* Helen; ∞ 1928 Catharina Hövermann (geb. 1900), Emigr. NL, S; *K:* Hille Beeke (geb. 1933 Amsterdam), Emigr. S; *StA:* deutsch, 1. Febr. 1937 Ausbürg. mit Fam. *Weg:* 1933 NL, 1935 S.

Kleinbauer u. Finanzamtsangest. in Winsen b. Lüneburg. Mitgl. SPD u. *Reichsbanner*, Kreistagsabg., Ortsvors. Kleinbauernbund, militanter Gegner der NatSoz. - März 1933 Flucht nach Amsterdam. Mit → Alfred Mozer i.A. der niederl. ArbPartei u. der Gew. für Überprüfung pol. Flüchtlinge verantwortlich. Deckn. Lütterloh. Aug. 1935 nach Schweden; Landwirt bei Malmö.
D: IfZ. *Qu:* Arch. - IfZ.

Gelles, Benjamin, Ph. D., Rabbiner; geb. 2. Nov. 1916 Lissa/Posen; *V:* → Siegfried Gelles; ∞ 1946 Annette Esther Broza (geb. 1926 London); *K:* Naomi Zmiri (geb. 1949 London), 1967 IL; Rena Hadary (geb. 1951 London), 1970 IL; Jonathan (geb. 1952 London), Wissenschaftler; David (geb. 1955), in höherer Talmud-Akad. tätig; *StA:* deutsch, 1948 brit. *Weg:* 1939 GB.
1926-35 Gymn. Mönchengladbach, 1935-38 Rabbinerseminar Berlin, Predigerdipl.; Febr. 1939 Emigr. GB mit Familie, zunächst beschränkte, später ständige Aufenthaltserlaubnis; Unterstützung durch Chief Rabbi's Religious Fund u. durch Verwandte; 1939-40 Liverpool Talmudical Coll.; Juni 1940 bis Jan. 1941 Internierung Isle of Man u. Huyton. 1941-42 Manchester Talmudical Coll., ab 1941 Univ. of Manchester, 1945 M.A.; 1944-46 Rabbiner Manchester Great Syn., ab 1947 Finchley Syn. London. 1949 Vertr. des Oberrabiners im *Nat. Marriage Guidance Council;* Mitgl. Hauptgeschäftsvorst. *Mizrahi Org.* für GB u. Irland, 1952 Präs. *Finchley Mizrahi Org.*, 1958-71 stellv. Vors., 1971-77 Vors. *Jew. Marriage Educ. Council* London. 1974 Ph.D. Univ. London. Lebte 1977 in GB.
W: Peshat and Derash in the Exegesis of Rashi. Diss. phil. 1975; *Qu:* Fb. Hand. - RFJI.

Gelles, David, Dr. jur., Rechtsanwalt; geb. 24. Dez. 1883 Kudrynce/Galizien, gest. 20. Aug. 1964 Wien; jüd.; *V:* Nahum G., jüd.; *M:* Esther, geb. Weinstein, jüd.; ∞ 1921 Renee Griffel; *K:* Edward. *Weg:* 1938 GB, 1949 Österr.
Prom. Wien; 1919-38 RA in Wien; Präs. *Herzl-Klub* Wien, Vizepräs. isr. Kultusgde. Wien, Gr. u. Ehrenpräs. *Allg. Zionisten Österreichs,* Mitgl. ZA der Weltkonf. *Allg. Zionisten.* 1938 Emigr. GB, 1938-49 Rechtsberater für kontinentaleurop. Recht in London. 1949 Österr., 1949-64 RA in Wien; VorstMitgl. österr. Zionistenorganisationen.
Qu: Hand. Pers. - RFJI.

Gelles, Siegfried, Dr. phil., Rabbiner; geb. 30. Dez. 1884 Krotoschin/Posen, gest. 3. Sept. 1947 London; *V:* Benjamin G. (geb. Litauen), Dayan (ehrenamtl. relig. Richter), Schächter; *M:* Marie Peshe, geb. Tobianski (geb. Litauen); *G:* 2 S, um 1900 Auswand. GB; 1 S (gest. vor 1914 in Deutschland); 1 S u. 1 B (umgek. im Holokaust); 1 B Emigr. USA; ∞ 1915 Lydia Guttmann (geb. 1890 Namslau/Schlesien, gest. 1969), 1939 Emigr. GB mit Familie; *K:* → Benjamin Gelles; *StA:* deutsch. *Weg:* 1939 GB.
1905-13 Stud. Jüd.-Theol. Seminar Breslau, Rabbiner, 1908 Prom. Erlangen. 1913-21 Hauptrabbiner in Lissa/Posen, 1921-38 Rabbiner jüd. Gde. Mönchengladbach u. bis 1933 ReligLehrer an höheren Schulen. Mitgl. *B'nai B'rith;* Nov. 1938 zeitw. Haft. Febr. 1939 Emigr. GB, Unterstützung durch Verwandte u. *Chief Rabbi's Emergency Fund,* Geschäftsf. *Brit. Rabbis Assn.;* im 2. WK einige Mon. Internierung Isle of Man.
W: Die pantheistischen Gedanken in Leibniz' „Theodizee" und Schleiermachers „Reden über die Religion" (Diss.). 1908.
L: Kisch, Breslauer Seminar. *Qu:* Arch. Pers. Publ. Z. - RFJI.

Geminder, Friedrich (Bedřich), Parteifunktionär; geb. 19. Nov. 1901 in Nordmähren, hinger. 3. Dez. 1952 Prag; *StA:* österr., 1919 CSR. *Weg:* 1938 UdSSR, 1945 CSR.
Als Mittelschüler Anschluß an die zionist. Jugendvereinigung *Blau-Weiß,* 1919-21 Stud. in Berlin, 1921 KSČ, 1924-26 Mitarb. des illeg. *Komintern*-App. u. angebl. auch der GPU in Moskau, danach KSM-Kreissekr. in Teplitz-Schönau. Deckn. Friedrich, G. Friedrich. Gleichz. internat. Tätigkeit für illeg. *Komintern*-App. unter Deckn. Otto Kramer u. Jiří Vltavský; 1928 Teiln. 6. Weltkongreß der *Komintern* u. 5. Kongreß der KJI, Wahl in deren Exekutivkomitee; 1934-35 Mitarb. Agit-Prop-Abt. der *Komintern* in Moskau. Nach Abschluß des Münchner Abkommens Emigr. in die UdSSR, Ltr. Informations- u. Presseabt. der *Komintern* u. nach ihrer Auflösung 1943 Ltr. der Nachfolgeorg. *Institut Nr. 205.* 1945 Rückkehr in die CSR, Sekr. u. Ltr. Abt. für internat. Verbindungen im ZK der KSČ, gleichz. bis 1951 Red. Parteizs. *Funktionář* Prag; 1947 Teiln. Grdgskonf. der *Kominform.* Galt wegen enormer Leistungsbezogenheit u. seiner Öffentlichkeitsscheu infolge mangelnder Tschechischkenntnisse als „graue Eminenz" der KSČ, Anfang der 50er Jahre mitbeteiligt an der Einleitung der bisher größten Säuberungsaktion in einer kommunist. Partei außerhalb der UdSSR, am 24. Nov. 1951 zus. mit dem GenSekr. der KSČ Rudolf Slánský selbst verhaftet, nach einem Schauprozeß am 27. Nov. 1952 zum Tode verurteilt. 1963 gerichtl. u. 1968 parteil. rehabilitiert. - *Ausz.:* 1945 Leninorden (UdSSR).
L: u.a. Pelikán, Jiří (Hg.), Das unterdrückte Dossier. 1970. *Qu:* Pers. Hand. Publ. Z. - IfZ.

Gentsch, Erich, Parteifunktionär; geb. 1. Aug. 1893 Altenburg/Thür., hinger. 24. Aug. 1944 Stuttgart; *V:* Metallschleifer, SPD; *G:* 6; ∞ 1916 Erna Kuhn (geb. 1893, gest. 1945 KL Ravensbrück), 1934 Emigr. Saargeb.; *K:* Ilse Gröning; Hildegard Kohlmaier, unterstützte 1941-43 die Gruppe → Wilhelm Knöchel in Berlin; *StA:* deutsch, 1938 Ausbürg. *Weg:* 1934 Saargeb.; 1935 CSR; 1937 NL; 1943 Deutschland.
1908-10 Bauschlosserlehre, Wanderschaft, 1913-20 bei Daimler-Werken Stuttgart; 1910 Mitgl. *Arbeiterbildungsverein* u. DMV, 1911 SPD, 1916 Landesausschußmitgl. der USPD-Jugendorg. in Württ., 1917 *Spartakusbund,* 1919 KPD; 1920 Betriebsratsmitgl. bei Daimler, Entlassung wegen Streikbeteiligung. Ab März 1921 Red. *Schlesische Arbeiter-Zeitung* Breslau, Kand. ZK der KPD; 1922 GewRed. *Zentraler Pressedient* der KPD Berlin, 1923 u. 1924-28 GewRed. *Die Rote Fahne,* 1923-24 GewSekr. Südhannover-Braunschweig, 1928-30 Mitgl. KPD-BezLtg. Pommern u. Chefred. *Volkswacht* Stettin. März 1930-1932 RGO-Ltr. Berlin-Brandenburg, Jan. 1933 Vors. *Einheitsverband der Metallarbeiter Berlins* in der RGO. Apr.-Sept. 1933 KL Sonnenburg, Juni 1934 Flucht vor erneuter Verhaftung ins Saargeb., Beteiligung am Abstimmungskampf, 1935 über Paris in die CSR, bis 1936 Ltr. KPD-Grenzstelle Prag (später: AbschnLtg. Zentrum), dann Sachbearb. der Industriegruppe Metall in GewAbt. der Parteiltg. Prag. Apr. 1937 Nachf. von → Paul Bertz als AbschnLtr. West in Amsterdam, ab Herbst 1937 „erster Mann" der kollektiven AbschnLtg. mit W. Knöchel u. → Wilhelm Beuttel. U.a. Hg. *Die Freiheit.* Jan./Febr. 1939 Teiln. Berner Konferenz bei Paris, Wahl in ZK der KPD. Ab 1942 in Amsterdam Verbindungsmann der im Reich arbeitenden Knöchel-Gruppe zum ZK. 23. Apr. 1943 Festnahme unter Mithilfe des in Berlin verhafteten Knöchel, 23. Juni 1944 VGH-Todesurteil. Deckn. Alwin, Amst, Arno, Egon, Fritz Graichen, Tom de Jager.
L: u.a. Scholmer, J., in: Vorwärts, 5. 9. u. 10. 10. 1968; Weber, Wandlung; Kraushaar, Deutsche Widerstandskämpfer; Duhnke, KPD; Bludau, Gestapo. *D:* IfZ. *Qu:* Arch. Publ. - IfZ.

George (bis 1939 Georg), **Manfred** (urspr. Cohn, Manfred Georg), Dr. jur., Journalist, Schriftsteller; geb. 22. Okt. 1893 Berlin, gest. 30. Dez. 1965 New York; jüd.; *V:* Carl Cohn (geb. 1854, jüd., Kaufm.; *M:* Felicia, geb. Sachs (gest. 1907); Stiefmutter: Anna Sachs-Cohn; *G:* Stief-S: Mary Sachs-Graf, verh. mit Oskar Maria Graf; Katie Sachs-Meier; ∞ 1920 Hanna (Jeanette) Simon, jüd., 1933 Emigr. CSR, 1938 USA; *K:* Frank (geb. 1921), Architekt, 1933 Emigr. GB, 1938 USA, A: Calif.; René O'Sullivan (geb. 1924), Malerin, 1933 Emigr. GB, 1938 USA, A: New York; *StA:* deutsch, USA. *Weg:* 1933 CSR; 1938 USA.

1914 Soldat, 1915 Verwundung; 1915-16 Stud. Phil. u. Rechtswiss. bei Franz von Liszt in Berlin, Genf, Greifswald, daneben journ. tätig, u.a. für *Deutsche Montagszeitung* Berlin u. schweiz. Zs. *Die Ähre*. Ab 1917 Mitgl. des Berliner zionist. Vereins, Mitarb. zahlr. zionist. Ztg., u.a. in Berlin zeitw. Hg. des illustrierten Magazins dès *Keren Hayessod*. 1918-20 Mitarb. zahlr. Ztg. des Ullstein-Verlags (Red. *Berliner Morgenpost, Berliner Allgemeine Zeitung, Berliner Abendpost, BZ am Mittag),* 1920 Korr. *Vossische Zeitung,* 1923-28 Journ. bei Ztg. des Verlags Mosse (Red. *8 Uhr Abendblatt,* Ressort Justiz u. Kulturpolitik; Theaterkritiker *Berliner Volkszeitung).* 1928-33 wieder bei Ullstein, Feuilletonchef *Tempo.* Mitarb. *Die Weltbühne.* Pol., kulturpol., jurist. Beiträge, Theater- u. Filmkritiken auch für Provinzpresse u. schweiz. Ztg., daneben schriftst. tätig (Romane, Nov., Filmdrehb., Revue *Oh, USA).* - 1924 mit Carl von Ossietzky, Fritz von Unruh u. → Berthold Jacob Gr. *Republikanische Partei Deutschlands;* Mitgl. DLM, ZVfD. Okt. 1933 Flucht nach Prag, bis 1938 Red. *Prager Montagszeitung,* 1936-38 Chefred. *Jüdische Revue* Mukačevo. Mitarb. zahlr. Exilzs., u.a. *Pariser Tageblatt/Pariser Tageszeitung, Internationale Literatur* Moskau, *Die Neue Weltbühne, Die Kritik, Deutsche Freiheit* Paris. 1938 Flucht über Ungarn, Jugoslawien, Italien, die Schweiz u. Frankr. in die USA. 1938-39 Mitarb. *Deutsches Volksecho* New York. 1939-65 als Nachfolger → Rudolf Brandls Chefred. der Zs. *Aufbau,* die unter George zum führenden Organ der deutsch-jüd. Emigration wurde. 1944 Gr. *Immigrants' Victory Council,* einer Dachorg. zur Koordinierung der Kriegsbeiträge der Emigranten. Sekr. *German-Am. Writers Assn.;* Mitarb. zahlr. Ztg., u.a. *National-Zeitung* Basel. Mitgl. zahlr. Journ.-Org.; Mitgl. *Jewish Academy of Sciences* New York, *B'nai B'rith,* American Committee of the Weizmann Institute. Ps. Spectator, Otto Brock, Karl Herne, Lucien Labarre, Helveticus. - *Ausz.:* 1960 Franklin D. Roosevelt Award *(Aufbau),* 1963 Berliner Bär.

W: u.a. Cohn, Manfred, Das Problem der Bestrafung des Ehebruchs (Diss.). 1916; Georg, Manfred, Der Rebell (Nov.). 1921; ders., Marlene Dietrich. Eine Eroberung der Welt in sechs Monaten. 1931; ders., Der Fall Ivar Kreuger. Abenteuer des Geldes. 1932 (engl. Übers. London [Cape] 1933); ders., Theodor Herzl, sein Leben und sein Vermächtnis. 1932; ders., Theodor Herzl. Briefe (Hg. u. Einleitung). Berlin 1934; ders., Männer, Frauen, Waffen (R). Locarno (Verbano) 1934; Das Wunder Israel. Eindrücke von einer Reise durch den jungen jüdischen Staat. New York (Aufbau) 1949. *L:* u.a. RHdG; Cazden, Exile Literature; Deak, Intellectuals; Radkau, Emigration; Walter, Exilliteratur, 1, 2, 7; Steiner, Frank C., Manfred George. His Life and Works (Diss.). 1977. *D:* DLA Marbach. *Qu:* Arch. Hand. Pers. Publ. Z. - IfZ.

Gerats, Johannes Hubert, Dr. jur., Jurist, Verbandsfunktionär; geb. 1. Febr. 1915 Goch/Rheinl.; *V:* Johann Hubert G., Drechslermeister; *M:* Juli, geb. Thelen, 1933-34 KL Brauweiler u. Mohringen; *StA:* deutsch. *Weg:* 1933 NL; 1940 Deutschland.

Realgymn., 1932 Ortsgruppenltr. des KJVD Goch, KPD-Mitgl. Illeg. Tätigkeit, Apr. 1933 Emigr. nach Holland. Mitarb. *Rote Hilfe* u. Schulungsltr. versch. kommunist. EmigrZirkel. Nach dt. Einmarsch zweiter Auswerter der Luftwarnvermittlung der Wehrmacht in Utrecht. 30. Okt. 1940 Verhaftung. 17. Febr. 1941 wegen Vorbereitung zum Hochverrat 3 J. Gef. Nach 1945 FDJ-Vors. in Sa.-Anhalt, 1946 zeitw. Mitgl. Provis. Ltg. der FDJ der SBZ, 1946-47 Mitgl. Zentralrat der FDJ, nach Abschluß eines Lehrgangs für Volksrichter Ltr. der Volksrichterschulen Halle u. Babelsberg, ab 1953 bis zur vorzeit. Emeritierung Prof. für Strafrecht u. Strafprozeßrecht an der Humboldt-Univ. Berlin sowie Dir. Institut für Strafrecht, Mitgl. NatRat der *Nationalen Front des demokratischen Deutschland,* ab 1959 VorstMitgl. *Komitee zum Schutz der Menschenrechte gegen militärische Willkür und Klassenjustiz in Westdeutschland.*

W: Die strafrechtliche Verantwortlichkeit in der Deutschen Demokratischen Republik. 1952; Die Lehre vom Objekt des Verbrechens. 1955; Lehrbuch des Strafrechts der Deutschen Demokratischen Republik (Bearb.). 1957; Staat ohne Recht. Des Bonner Staates strafrechtliche Sonderjustiz in Berichten und Dokumenten (Hg.). 1959. *Qu:* Arch. Hand. - IfZ.

Gerberich, Karl, Parteifunktionär; geb. 30. Juli 1898 Deutschprausnitz/Böhmen; kath., ev., Diss.; *V:* Josef G. (1872-1916), Schuhmacher u. Zimmermann; *M:* Marie, geb. Fiedler (1878-1963), Weberin; *G:* Florian (geb. 1901), Webmeister; Anna Maschek (1902-1973); Philomena Reh (geb. 1905); ∞ 1923 Hedwig (geb. 1900), 1938-47 Emigr. GB; *K:* Helga Nutter (geb. 1923), 1938 Emigr. GB, Mitgl. SJ-ArbAusschuß, *A:* 1978 GB; *StA:* österr., 1919 CSR, 1945 Ausbürg., 1947 deutsch. *Weg:* 1938 GB; 1947 Deutschland (ABZ).

Urspr. Weber, 1915-16 Besuch einer gewerbl. Fortbildungsschule, 1918 MilDienst in österr.-ungar. u. 1920-21 in tschechoslow. Armee, bis 1928 Tätigkeit als Stuhlvorrichter, Zimmermann u. Eisenbahner; 1923 DSAP, 1923-29 *Union der Textilarbeiter in der ČSR,* 1925-28 Vors. eines Betriebsausschusses, ab 1928 hauptamtl. DSAP-BezSekr. in Trautenau u. ab 1930 in Braunau, ab 1931 StadtVO. u. ab 1935 Stadtrat sowie stellv. Bürgerm. ebd., 1933-38 BezObmann *Arbeiterfürsorge* u. 1935-38 Konsumgenossenschaft. 1938 Flucht ins Landesinnere, später nach GB, TG-Mitgl. u. 1940-47 deren Gruppenvors. für Mittelengland; ab 1940 Tätigkeit als Weber u. ab 1942 als Schlosser. 1945 Ausbürg. wegen angebl. Untreue gegenüber der CSR. 1947 Übersiedlung nach Deutschland, Mitgl. SPD u. ÖTV, 1947-53 Ltr. Flüchtlingsref. im SPD-Landessekr. Stuttgart, 1953-63 Ref. im Amt für Vertriebene, Flüchtlinge u. Kriegsgeschädigte beim MdI Hessen; ab 1953 Mitgl. *Arbeiterwohlfahrt* u. Vors. SG-Landesgruppe Hessen, 1963-71 Bundesgeschäftsf. der SG. Lebte 1978 in Wiesbaden. - *Ausz.:* 1963 BVK 1. Kl., 1972 Wenzel-Jaksch-Preis, 1973 Ehrenbürger von Braunau.

Qu: Fb. Pers. Z. - IfZ.

Gerechter, Gerhard G.; geb. 6. Mai 1907 Berlin, gest. 21. Jan. 1977 New York; jüd.; ∞ Ruth Czraninski, Emigr.; *K:* Franklin; Eva Shiraldi; *StA:* deutsch, USA. *Weg:* 1922 Saargeb.; F; Deutschland; Kolumbien; J; Schanghai; 1947 USA.

Kaufm. Lehre, Behördenangest. in Berlin. Frühzeitig SAJ u. SPD, ZdA, Betriebsrat, Reichsbanner-Führer Berlin-Mitte. Mitgr. *Bund jüdischer Arbeitnehmer.* 1933 illeg. Tätigkeit, Schutzhaft, Flucht ins Saargeb., später in Frankr., illeg. Rückkehr nach Deutschland, Haft, Emigr. über Kolumbien, Panama u. Japan nach Schanghai; dort Caféhausbesitzer. Mitarb. dt. Exilzss. in Schanghai, 1945 Vors. *Gemeinschaft Demokratischer Deutscher in Shanghai (Resident's Assn. of Democratic Germans in Shanghai),* Gr. u. Vors. *SPD-Landesverband China, Bezirksverband Shanghai.* 1947 Niederlassung in New York; Kellner, Hilfsarb., Expedient; Mitgl. Deutsche Sprachgruppe der *Social Democratic Federation of America,* Betriebsrat der *Internat. Jewelry Workers Union,* Sekr. *Workman's Benefit Fund,* Sekr. *Friends of German Labor.* 1949 Mitgr. u. Präs. *Assn. of Former Central European Refugees from Shanghai* (Gemeinschaft ehem. Shanghaier in New York). Sekr. dt.-sprach. *Forum für Kultur und Politik,* Vertr. SPD-Informationsdienst *News from Germany.*

D: IfZ. *Qu:* Arch. Fb. Z. - IfZ.

Gerlach, Hellmut Georg **von,** Journalist, Politiker; geb. 2. Febr. 1866 Mönchmotschelnitz/Schlesien, gest. 1. Aug. 1935 Paris; ev.; *V:* Max v. G. (1832-1909), Gutsbesitzer; *M:* Wally, geb. Peyer (1837-99); ∞ 1904 Hedwig Wiesel (1874-1956), Emigr.; 1935 StA F; *K:* 1 S, 1 T, Emigr.; *StA:* deutsch, 25. Aug. 1933 Ausbürg. *Weg:* 1933 F.

Stud. Rechtswiss. Genf, Straßburg, Leipzig, Berlin. Bis 1892 Staatsdienst, dann Journ., u.a. Mitarb., später Chefred. *Die Welt am Montag* Berlin. Mitgl. *Freisinnige Vereinigung,* 1903-07 MdR. 1908 mit → Rudolf Breitscheid Gr. *Demokratische Vereinigung,* führender Vertr. des dt. Pazifismus. 1918-19

Unterstaatssekr. für poln. Angelegenheiten im MdI Preußen. Mitgr. u. bis 1922 Migl. DDP; Mitgr., ab 1926 Vors. DLM, VorstMitgl. *Liga für Völkerrecht*, Mitgl. *Internationales Friedensbüro* Genf. Führendes Mitgl. *Reichsbanner*, ab Mai 1932 Stellv. des inhaftierten Carl v. Ossietzky in Red. der *Weltbühne*. VorstMitgl. *Kartell der republikanischen Verbände*, Mitgl. *Deutsch-französische Gesellschaft*. März 1933 Flucht über Österr. nach Paris. Ltr. Flüchtlingshilfe der *Ligue des droits de l'homme*, Vors. Landesgruppe Frankr. der DLM, Mitarb. *Pariser Tageblatt* u. *Die Neue Weltbühne*. Juli 1935 Mitgl. *Vorläufiger Ausschuß zur Vorbereitung einer deutschen Volksfront*.

W: Die Geschichte des preußischen Wahlrechts. 1908; Das Parlament. 1908; August Bebel. 1909; Meine Erlebnisse in der preußischen Verwaltung. 1919; Der Zusammenbruch der deutschen Polen-Politik. 1920; Die deutsche Mentalität 1871-1921. 1921; Erinnerungen eines Junkers. 1925; Die große Zeit der Lüge. 1926; Von rechts nach links (ABiogr., hg. v. Emil Ludwig). Zürich (Europa Verlag) 1937. *L:* NDB 6; Die bürgerlichen Parteien in Deutschland. 1968, 1970; Stephan, Linksliberalismus; Langkau-Alex, Volksfront. *D:* BA, IfZ, PA. *Qu:* Arch. Hand. Publ. - IfZ.

Gerling, Heinz (Abraham), Beamter, Verbandsfunktionär; geb. 6. Dez. 1904 Görlitz/Schlesien; jüd.; *V:* Max G. (geb. 1862 Wissek/Westpreußen, gest. 1942 Jerusalem), jüd., Stud. Jüd. Lehrerseminar Berlin, Lehrer u. Kantor in Görlitz, Mai 1933 Emigr. USA, 1936 nach Pal.; *M:* Hedwig, geb. Hesse (geb. 1873 Halle, gest. 1970 Jerusalem), jüd., 1933 Emigr. USA, 1936 nach Pal.; *G:* Meta Weigert (geb. 1897 Görlitz, gest. 1976 St. Louis/ Mo.), jüd., 1927 Emigr. USA; Bianka (geb. 1899 Görlitz), jüd., 1933 Emigr. Pal.; ∞ 1933 Else (Rivka) Panofsky (geb. 1907 Tarnowitz/Oberschlesien), jüd., Krankenschwester, Photographenlehre in Berlin, 1933 Emigr. Pal.: *K:* Gideon (geb. 1934, gest. 1942); Dr. med. Dan G. (geb. 1936), Stud. Univ. Jerusalem, Univ. Berkeley u. Univ. Riverside/Calif., Prof. für Entomologie Univ. Tel Aviv; Reuben (geb. 1943), jüd., 1966 nach Kopenhagen, seit 1970 in Japan, Stud. japan. Sprache u. Lit., B.A. Sophia-Univ. Tokio, EnglLehrer in Tokio; *StA:* deutsch, Pal./IL. *Weg:* 1933 Pal.

1921-25 Lehrling u. später Angest. bei Metallwarenhandlung, gleichz. Mitgl. *Herzl-Klub* Halberstadt, 1926 Mitgl. VJJD Görlitz. 1927-32 Stud. Rechtswiss. in Freiburg u. Berlin. 1930-33 PräsMitgl. K.J.F.; Aug. 1933 Emigr. Palästina mit Ehefrau mit A I-Zertifikat, Mitgl. *Histadrut;* 1933-34 Gr. eines Mineralwasserwerkes in der Bucht von Haifa, geschäftl. Mißerfolg. 1935-36 Dir. Kulturabt. H.O.G., 1937-48 Dir. von H.O.G., HOGOA, I.O.M.E. u. *Aliyah-Chadaschah*-Zweigstellen in Jerusalem, gleichz. 1938-48 Mitgl. *Haganah*. Mai 1948 im Unabhängigkeitskrieg verwundet, 1948-51 Reservedienst. 1949-52 stellv. AbtLtr. für dt. Wiedergutmachung bei der *Jew. Agency* in Jerusalem, 1953-70 Angest. Controller's Office in Jerusalem, enger Mitarb. von → Siegfried Moses, 1965-70 AbtLtr. u. Ombudsman, 1953-68 Mitgl. der Landesltg. u. seit 1968 des Präsidiums der I.O.M.E.; 1956 RA-Examen in Israel. Seit 1956 VorstMitgl. des LBI; PräsMitgl. u. seit 1975 Co-Präs. *Council of Jews from Germany*, Hg. *Council Correspondence*. Lebte 1978 in Jerusalem.

W: u.a. Väter und Söhne. In: Council Correspondence. 1959; Der erste Staatskontrolleur von Israel. Sein Weg und sein Werk. In: In Zwei Welten. 1962. *L:* Meilensteine. *Qu:* Fb. Publ. - RFJI.

Gerö, Josef, Dr. jur., Politiker; geb. 23. Sept. 1896 Maria-Theresiopel (Subotica)/Bačka, gest. 28. Dez. 1954 Wien; ev.; ∞ Leopoldine Bürger; *K:* Dr. Heinz G. (geb. 1922), RA in Wien; *StA:* österr., 1941 Ausbürg., 1945 (?) österr. *Weg:* 1939 JU; 1941 Deutschland (Österr.), JU; 1944 Deutschland (Österr.).

Stud. Rechtswiss. Wien, 1915-18 Offz., 1920 Prom., anschl. Rechtspraktikant; 1922-23 Vorbereitungsdienst als Richteramtsanwärter, 1923 Richteramtsprüfung. 1923-26 Hilfsrichter bei Staatsanwaltschaft Wiener Neustadt. Jan.-Aug. 1926 Strafrichter beim BezGericht Baden b. Wien, Aug. 1926-Jan. 1929 Staatsanwalt in Wiener Neustadt. Anschl. Versetzung zur Staatsanwaltschaft Wien II, bis 1930 Ref. in allg. Strafsachen, ab Jan. 1931 Ref. in pol. Strafsachen. Ab. Aug. 1934 Dienst im Bundesmin. für Justiz, zunächst Tätigkeit im Personalreferat, anschl. Ltr. der Abt. für pol. Strafsachen. Ab März 1936 Erster Staatsanwalt in Korneuburg/Niederösterr., blieb jedoch weiterhin in Verwendung beim Bundesmin. für Justiz in Wien. März 1938 Zwangspensionierung, Verhaftung, bis Juli 1939 KL Dachau u. Buchenwald. Anschl. Emigr. Zagreb, Prokurist in großem Textilunternehmen. Apr. 1941 Verhaftung durch Gestapo, bis Juni 1941 Haft in Wien u. Graz. Anschl. Rückkehr nach Zagreb, erneut Prokurist. Juni 1944 neuerlich von Gestapo verhaftet, bis Juli 1944 Haft in Wien. Nach Freilassung Ltr. Verkaufsniederlage Wien u. Exportltr. für den Südosten eines großen dt. Textilunternehmens. Apr. 1945 Bestellung zum Staatssekr. für Justiz, Aug. 1945 Sektionschef im Staatsamt für Justiz, Ende 1945-Ende 1949 Bundesmin. für Justiz. Ab 1945 Präs. *Österreichischer Fußballbund*, ab 1946 Präs. *Österreichisches Olympisches Komitee*. 1950-52 Präs. OLG Wien, ab Sept. 1952 erneut Bundesmin. für Justiz. - *Ausz.:* mehrere milit. Verdienstzeichen im 1. WK, 1933 Ritterkreuz des österr. Verdienstordens, Offizierskreuz der Krone von Italien, 1954 Gr. Goldenes Ehrenzeichen am Bande für Verdienste um die Rep. Österreich.

Qu: Arch. Hand. - IfZ.

Gerold, Karl, Journalist, Verleger; geb. 29. Aug. 1906 Giengen a.d. Brenz/Württ., gest. 28. Febr. 1973 Frankfurt/M.; o.K.; *V:* Arbeiter; *M:* Christine; *G:* 2 Stief-S; ∞ 1943 Basel, Elsy Lang (geb. 1900), Pianistin; *StA:* deutsch, Ausbürg., deutsch. *Weg:* 1933 CH; E; CH; 1945 Deutschland (ABZ).

Realschule in Giengen, Lehre, Schlosser in Berlin, Mannheim u. Friedrichshafen; zeitw. Seemann. Früh Mitgl. CVJM, ab 1922 Funktionär SAJ; Funktionär SPD, Mitgl. DMV. Mitarb. versch. Ztg., u.a. sozdem. *Volkswacht* Freiburg/Br.; nach Reichstagsbrand bis Apr. 1933 Schutzhaft, nach Entlassung illeg. Tätigkeit im badisch-schweiz. Grenzgebiet. Herbst 1933 wegen drohender Verhaftung Flucht nach Basel; Forts. der Widerstandstätigkeit (Nachrichtenbeschaffung, Kurierdienste). Im Exil schriftst. tätig, als Korr. schweiz. Ztg. Teiln. am Span. Bürgerkrieg, anschl. Internierung in schweiz. Lagern. 1942 Gr. *Bund Deutscher Revolutionärer Sozialisten;* Mitgl. SDS. Jan. 1945 von Schweizer Militärgericht wegen „Neutralitätsbruch" u. „nachrichtendienstlicher Tätigkeit" zu 1 J. Gef. verurteilt; Sept. 1945 Rückkehr nach Deutschland; 1946-73 Lizenzträger, Mithg. u. Chefred. der ersten Lizenzztg. der ABZ, *Frankfurter Rundschau*. Mitarb. zahlr. schweiz. Ztg., u.a. *Basler Nachrichten*, *National-Zeitung* Basel, *du* Zürich. 1952 SPD-Austritt, Mitgl. zahlr. JournOrg., Mitgl. *PEN-Club*. Ps. Paul Schuhmann (Schumann). - *Ausz.:* 1966 Ehrenplakette der Stadt Frankfurt/M., 1967 Gr. BVK (1969 wegen Verleihung des Ordens an Francos Informationsmin. Iribarne Rückgabe), 1970 Wilhelm-Leuschner-Med., 1971 Goethe-Plakette.

W: Es lohnt sich noch (L). Paris (Asra-Verlag) 1935; Die Schmuggler von Plivio (R). Zürich (Stauffacher) 1937; Gedichte. Aarau (AZ-Presse) 1943; Die graue Gruft (L). Ebd. 1945; Aus dunklen Jahren: 1937-45 (L). 1946; Ein Leben lang (L), 2 Bde. 1970. *Qu:* Arch. Hand. Pers. Z. - IfZ.

Gerstel, Alfred, Dr. jur., Richter; geb. 1879 Laurahütte/Oberschlesien, gest. 1954 El Cerrito/Calif.; *StA:* deutsch. *Weg:* 1939 Kuba; 1940 USA.

1901 Prom. Göttingen. Ab 1920 LG-Rat Berlin, 1922-27 LG-Dir., ab 1927 gleichz. Vors. Landesarbeitsgericht, 1928-33 Senatspräs. Kammergericht Berlin, bis 1934 (?) als Amtsgerichtsrat tätig. In den USA in einem Boarding House beschäftigt. Vors. sog. *Berkeleyer Juristenkreis* zur Vorbereitung von Wiedergutmachungsansprüchen.

Qu: EGL. Hand. - IfZ.

Gerstenberg, Karl Emil, Textilfabrikant, Geschäftsführer; geb. 20. Juli 1891 Berlin, gest. 24. Jan. 1965 New York; jüd., christl.; *V:* Dr. jur. Albert G., RA; *M:* Margarete, geb. Zander;

220 Gerstenfeld

G: Ernst; Franz, Emigr. USA, Gr. Germania Broadcasts (dt.-sprachiges Radioprogramm in Chicago); ∞ I. Olly Cohn; II. Greta Frankley, Ph.D., Psychoanalytikerin; *K:* 2 T. *Weg:* 1936 USA.

Abitur Berlin, 1910-12 Lehre Bautzener Tuchfabrik AG, 1912-16 stellv. Dir. AEG Berlin, 1920 in Norwegen, 1921-23 im Bank- u. Exportgeschäft in Berlin, ab 1923 Angest., später Dir. u. VorstMitgl. Gruschwitz Textilwerke AG Neusalz/O., 1931-33 VorstMitgl. Rudolf Karstadt AG Hamburg, 1. Apr. 1933 erzwungener Rücktritt. 1936 Emigr. USA, Mitarb. bei versch. Kaufhausunternehmen, Dir. Abt. Marktforschung bei Federated Department Stores, 1963 Ruhestand aus gesundheitl. Gründen. Mitgl. *Committee for Urban Research, Downtown Development Committee for the Nat. Retail Merchant Assn., Am. Marketing Assn., Urban Land Inst., Nat. Acad. of Sciences* Washington/D.C.

Qu: Hand. HGR. Pers. Z. – RFJI.

Gerstenfeld, Manfred, Dr., Chemiker, Verbandsfunktionär; geb. 27. Juli 1937 Wien; jüd.; *V:* → Rafael Gerstenfeld; ∞ 1962 Marianne Schwarz (geb. 1937 Essen), jüd., Stud. Amsterdam, Ecole des Interprètes Genf, Sorbonne Paris, 1943 KL Westerbork, 1944 Dep. KL Bergen-Belsen, 1945 Amsterdam, Übersetzerin bei Royal Dutch Shell; *K:* Dan Moshe (geb. 1966 Neuilly sur Seine); Alon Zwi (geb. 1968); *StA:* österr., 1952 NL, 1974 IL. *Weg:* 1938 NL.

1938 Emigr. Niederlande, 1942-45 im Versteck in Amsterdam mit Eltern. Ab 1954 Stud. Chem. Amsterdam, 1961 Prom. 1961-64 Forschungsassist. für organ. Chemie Univ. Amsterdam, 1964-65 Stud. Rotterdam School of Econ., Dipl. als Oberschullehrer des niederländ. Rabbiner- u. Lehrerseminars; ReligLehrer an Internat. School Eerde u. bei jüd. Gde. Amsterdam. 1958-59 Vors. *Benei Akiva* Niederlande, 1959-60 stellv. Vors. *Dutch Zion. Stud. Org.,* 1961-63 VorstMitgl. *Europ. Jew. Commitee.* 1962-64 Red. der Jugendbeilage der niederländ.-jüd. Wochenzs. N.I.W., 1963-67 VorstVors. *World Union of Jew. Students,* 1965-67 Mitgl. Assembly World Univ. Serv.; 1964 nach Frankreich, 1964-68 Ltr. chem. Abt. von Eurofinance Paris, gleichz. 1965-67 VorstMitgl. *Memorial Found. for Jew. Culture,* 1965-67 VorstMitgl. Europ. Sektion von WJC. 1968 nach Israel, seit 1970 Dir. Internat. Consultants and Nat. Consultants, 1972-73 stellv. Vors. Jerusalemer Zweigstelle der niederländ. Einwandererorg. *Irgun Olei Holland,* 1976 Mitgr. *Democratic Movement for Change.* Mitgl. NatRat u. Vors. der Ideologiekommission des *Democratic Movement for Change,* Deleg. auf dem 29. Zion. Kongreß, Mitgl. Aktionskomitee der Zion. Weltorg. Lebte 1977 in Jerusalem.

W: De vergeten Mediene (ArtSerie über die Gesch. ehem. holländ.-jüd. Kleingemeinden); The Status and Prospects of the Western European Petro-chemical Industry. 1974. *Qu:* Fb. Hand. – RFJI.

Gerstenfeld, Rafael, Dr. rer. pol., Sozialarbeiter, Lehrer; geb. 6. Mai 1900 Kolomea/Galizien, gest. Okt. 1976 Jerusalem; jüd.; *V:* Moshe G. (umgek. 1941 Kolomea), jüd.; *M:* Laura Lipshe, geb. Holder (gest. 1918 Mielec/Galizien), jüd.; ∞ 1934 Mina Weiss (geb. 1908 [1909?] Ciechanow/Galizien), jüd., Handelsschule Wien, 1938 Emigr. NL, 1942-45 im Versteck in Amsterdam, 1971 nach IL; *K:* → Manfred Gerstenfeld; *StA:* österr., NL. *Weg:* 1938 NL.

1920-25 Stud. Hochschule für Welthandel Wien, 1925 Dipl.-Kaufm., 1925-34 Lehrer an Privatschule, gleichz. Stud. Wien, 1929 Prom.; Tätigkeit für *Bar Kochba.* 1934-38 Ltr. der Parfümerie-Ladenkette Markus Weiss, 1938 Schutzhaft, Aug. 1938 Emigr. Niederlande; 1938-42 kaufm. Angest., 1942-45 im Versteck in Amsterdam. 1945-67 Gr. u. Ltr. Fürsorge- u. Seelsorgeabt. der jüd. Gde. Amsterdam, 1945-46 auch VorstMitgl. dieser Gde.; 1952-68 Prediger in Gefängnissen u. Jugendstrafanstalten in Amsterdam u. Umgebung. 1945-71 VorstMitgl. der jüdisch-kulturellen Sozialfürsorge-Org. *Het Verbond,* später ehrenamtl. Vors. Organisation der Juden aus Zentral- und Osteuropa in Holland. 1950-71 (?) Präs. OSE in den Niederlanden, 1961-71 (?) Vors. der *Org. of D.P.s in Holland,* VorstMitgl. Syn. Kehillat Ya'akov in Amsterdam, Mitgl. VerwRat der Stiftung für jüdische Genesungs- und Ferienheime Den Dolder. 1971 nach Israel, tätig in der freiw. Altersfürsorge der Stadt Jerusalem.

W: Marxismus und Kapitalismus (Diss.). 1929. *Qu:* Hand. Pers. – RFJI.

Gert (bis 1944 Gutstein), **Gerard Martin,** Ministerialbeamter; geb. 4. Febr. 1920 Danzig; jüd.; *V:* Samuel Gutstein (geb. 1876 Neidenburg/Ostpreußen, gest. 1947 New York), jüd., höhere Schule, Geschäftsm., 1938 Emigr. USA; *M:* Martha, geb. Levy (geb. 1883 Posen, gest. 1970 New York), jüd., 1938 Emigr. USA; *StA:* Danzig, 1943 USA. *Weg:* 1937 USA.

1935-37 Privatunterricht in Berlin, gleichz. prakt. Vorbereitung auf Emigr.; Sept. 1937 Emigr. USA mit befristetem StudVisum, Dez. 1937 Kuba, Unterstützung durch *Assn. of Univ. Women,* Jan. 1938 USA mit Einwanderervisum. Gelegenheitsarb. als Schuh- u. Kurzwarenverkäufer u. als Kellner, 1937-39 Stud. Lebanon Valley Coll. Annville/Pa., 1942 B.Sc. New York Univ., 1942 Stud. New School for Social Research New York. 1942-46 beim Nachrichtendienst der US-Armee, Abt. Europa (Hauptfeldwebel), 1942-43 russ. Sprachkurse Univ. of Indiana, 1943-44 mil. Nachrichtendienst in Camp Ritchie (1969 Oberstlt. der US-Army Res.); 1946-49 Entnazifizierungsinspektor bei OMGUS, anschl. bei Abt. Demokratisierung (pol. Parteien), 1949-53 Abt. Öffentlichkeitsarb. HICOG Frankfurt, Bad Godesberg u. Berlin, ab 1953 bei USIA, 1954-58 Rundfunk-Abt. der US-Botschaft in Wien, 1958-60 Sachbearbeiter für Österr. u. Jugoslawien bei der USIA in Washington/D.C., 1960-62 Presseattaché in Belgrad, 1962-65 Dir. Info. u. Kultur an der Botschaft in Vientiane/Laos, 1965-66 Stud. National War Coll. Washington/D.C., 1966-67 Assoc. Dir. Field Services Saigon/Vietnam, ab 1968 US-Dir. beim RIAS Berlin. Mitgl. *Am. Foreign Service Assn., Beta Gamma Sigma.* – *Ausz.:* Meritorious Honor Award USIA.

Qu: Fb. Hand. – RFJI.

Gessner, Rudolf (urspr. Mars, Hans). *Weg:* 1934 (?) GB.

Sekr. u. Fachexperte für Rationalisierungsfragen bei der Arbeiterkammer Wien. Mitgl. SDAP. Vermutl. 1934 nach den Februarkämpfen i.A. des ZK der RSÖ nach London. Wahrscheinl. Lehrer an einer Hochschule in Birmingham. Ab 1939 VorstMitgl. *Austrian Labour Club* in London.

L: Klenner, Gewerkschaften; Maimann, Politik. *Qu:* Pers. Publ. – IfZ.

Geva (urspr. Glasberg), **Joseph,** Offizier; geb. 22. Sept. 1924 Wien; *V:* Kasiel Glasberg (geb. 1893 Galizien), Jeschiwah, 1939 Emigr. Pal.; *M:* Rosa, geb. Kremer (geb. 1902 Galizien), 1939 Emigr. Pal.; *G:* Arie Leo (geb. 1927 Wien, gest.), Mitgl. Kibb. Bet Keshet; Vera (geb. 1936 Wien), M.A., ReligLehrerin, A: Tel Aviv; ∞ 1966 Ilana Jankilevitz (geb. 1939 Warschau), 1948 nach IL, B.A., Krankenschwester u. Fürsorgerin; *K:* Shmuel Eli (geb. IL), Stud. Bar-Ilan-Univ., Oberlt. IDF; Jonathan (geb. IL), Stud. Hebr. Univ. Jerusalem; Dan (geb. IL); Daphna (geb. Washington/D.C.); *Weg:* 1939 Pal.

Bis 1939 Chajes-Gymn. Wien. 1939 Emigr. Palästina mit Eltern (A I-Zertifikat), Mitgl. Jugend Alijah-Gruppe der Landwirtschaftsschule Mikveh Israel, 1940-48 Dienst in *Haganah,* 1948 Kompaniechef IDF, 1949-51 BtlKdr., 1953-55 StabsVerwChef, 1956 Oberst u. Brigadekdr., 1958-60 Chef Abt. Ausbildung im GenStab, 1960-66 Brigadegen. u. Kdr. Sektor Mitte; 1966-68 isr. MilAttaché in den USA u. Kanada (1967 GenMaj.). 1968 B.A. Hebr. Univ., 1968-70 GenDir. im Integrationsmin., ab 1970 Geschäftsf., später Präs. Supermarkt-Gruppe Super-Sol Ltd., Vors. M. E. Shek Investment Co., ZK-Mitgl. der *Mapai,* Dipl. in Operations Research der Univ. of Maryland. AR-Vors. des Komitees für den Wiederaufbau der jüd. Altstadt von Jerusalem.

Qu: Fb. Hand. – RFJI.

Geyer, Anna, geb. Elbert, Journalistin, Parteifunktionärin; geb. 13. März 1893 Frankfurt/M., gest. 2. März 1973 Detroit/ USA; o.K.; *V:* Hans E. (1864-1928), Bildhauer, SPD, USPD; *M:* Amalie, geb. Kress (geb. 1871, gest. 1956 New York), 1931 USA; *G:* Resi Ehlen (geb. 1894), 1928 USA; Sekr. *German-American Congress for Democracy;* ∞ → Curt Geyer; *K:* Lily Skalsey (geb. 1927), Emigr. CSR, F, 1940 USA, A: Detroit/ USA; *StA:* deutsch, 25. Juli 1936 Ausbürg. mit Fam., USA. *Weg:* 1933 CSR; 1937 F; 1940 Port., USA.

Ausbildung als Sekr.; SAJ, SPD, später USPD. Mit Curt Geyer Aktivistin des linken USPD-Flügels, 1919 StadtVO. Leipzig, Mitgl. Sächsische Volkskammer, Hg. eines Informationsdienstes. Ab Dez. 1920 KPD, Ltr. Parteipressedienst Berlin. Nach KPD-Ausschluß 1921 *Kommunistische Arbeits-Gemeinschaft,* März 1922 zur Rest-USPD, Ende 1922 SPD. Mitarb. *Vorwärts.* Okt. 1933 Emigr. mit Familie nach Prag; Mitarb. *Neuer Vorwärts,* ab 1937 *Pariser Tageblatt.* 1940 Flucht über Südfrankr. nach Portugal, Nov. 1940 von Lissabon in die USA. Diätassist.; 1941 Mitgl. Executive Committee des von → Albert Grzesinski gegr. *German-American Council for the Liberation of Germany from Nazism* u. *Association of Free Germans, Inc.*

W: Die Frauenerwerbsarbeit in Deutschland. 1924. *L:* MGD; Geyer, Curt, Die revolutionäre Illusion. 1976. *Qu:* Arch. Pers. Publ. - IfZ.

Geyer, Curt Theodor, Dr. phil., Journalist, Politiker; geb. 19. Nov. 1891 Leipzig, gest. 24. Juni 1967 Lugano/CH; Diss.; *V:* Friedrich August G. (1853-1937), Zigarrenmacher, 1886-87 MdL Sa., 1890-1924 MdR (SPD, USPD, KPD, KAG, USPD, SPD), 1918-19 sächs. Finanzmin.; *G:* Dr. Fritz G., Richter, A: DDR; Dora; ∞ I. 1917 Anna Elbert (→ Anna Geyer); II. → Irene Herzfeld; *K:* aus I: Lily Skalsey; *StA:* deutsch, 25. Juli 1936 Ausbürg. mit Fam., brit. *Weg:* 1933 CSR; 1937 F; 1940 Port.; 1941 GB.

1911-14 Stud. Gesch. u. Volkswirtsch. Leipzig, anschl. Red. sozdem. Zs. in Leipzig, Nürnberg, Würzburg. 1917 USPD, Red. *Leipziger Volkszeitung.* 1918/19 führend in revol. Rätebewegung, VorstMitgl. USPD-Fraktion bei den Reichskongressen der *Arbeiter- und Soldatenräte* in Berlin. MdNV. 1920 Chefred. *Hamburger Volkszeitung,* Mitgl. ZK der USPD, für Vereinigung mit KPD, Dez. 1920 ZA der VKPD. 1920-24 MdR (USPD, KPD, *Kommunistische Arbeits-Gemeinschaft* [KAG], SPD). 1921 KPD-Vertr. Exekutivkomitee der *Komintern* in Moskau. Aug. 1921 Parteiausschluß als Anhänger des abgesetzten Parteivors. Paul Levi, anschl. Mitorg. KAG, März 1922 Rückkehr zur Rest-USPD, Sept. 1922 mit dieser zur SPD. 1925-33 innenpol. Red. *Vorwärts* Berlin, 1933 geschäftsf. Red.; Verbindungsmann zur emigr. Parteiltg. u. Berichterstatter für SAI, i.A. des Prager PV Verf. der Schrift *Volk in Ketten* als Rechtfertigung der SPD-Politik. Okt. 1933 Emigr. Prag. Mit → Friedrich Stampfer Ltr. *Neuer Vorwärts,* 1935-40 Chefred., Mitgl. *Sopade*-Büro. Außenpol. Mitarb. der von → Erich Rinner hg. *Deutschland-Berichte,* Beiträge *Prager Tagblatt.* Mit Stampfer u. Rinner in *Sopade*-Programmkommission (*Prager Manifest* v. Jan. 1934). Hauptvertr. eines kompromißlosen Kurses gegen linke Parteiopposition u. ZusArb. mit KPD. Ende 1937 mit *Neuer Vorwärts* nach Paris; 1938 Übernahme in den nach Paris ausgewichenen PV. 1939 als Entgegnung auf → Otto Bauers Schrift *Die illegale Partei* Veröffentl. der Broschüre *Die Partei der Freiheit,* die als Vorläufer des Godesberger Programms der SPD von 1959 bezeichnet worden ist. Juli 1940 mit → Fritz Heine nach Marseille, Org. der Hilfsaktion für bedrohte Flüchtlinge in Verb. mit GLD u. Varian Fry. Über Spanien nach Lissabon, Juni 1941 nach London. Nachdem es in der vom PV eingesetzten ArbGemeinschaft *Der kommende Friede und das kommende Deutschland* zu Konflikten u.a. über die Frage der „einseitigen" Abrüstung Deutschlands nach Kriegsende gekommen war, Jan. 1942 Austritt aus dem PV. März 1942 mit → Walter Loeb, → Bernhard Menne u.a. Veröffentl. einer Erklärung über angebl. Nationalismus der dt. SozDem. vor 1933 u. im Exil u. ihre Mitverantwortlichkeit für den Aufstieg des NatSoz.; Ausschluß aus SPD u. *Landesgruppe deutscher Gewerkschafter.* AR-Mitgl. u. Pressesekr. der „vansittartistischen" *Fight for Freedom Editorial and Publishing Services, Ltd.,* von deren zunehmender Deutschfeindlichkeit G. bald abrückte. Ab 1942 parteiloses Mitgl. Internationales Beratungskomitee der *Labour Party* unter Vors. des letzten SAI-Präs. Camille Huysmans. Nach 1943 Rückzug aus Exil-Politik. Nov. 1947-Juni 1948 Hg. Korrespondenz *German Affairs;* 1947-63 Korr. *Süddeutsche Zeitung* in London. Ps. Max Klinger.

W: Politische Parteien und Verfassungskämpfe in Sachsen von der Märzrevolution bis zum Ausbruch des Maiaufstandes 1848-1849. 1914; Sozialismus und Rätesystem. 1919; Für die dritte Internationale! Die USPD am Scheidewege. 1920; Der Radikalismus in der deutschen Arbeiterbewegung. Ein soziologischer Versuch. 1923; Drei Verderber Deutschlands. Ein Beitrag zur Geschichte Deutschlands und der Reparationsfrage von 1920 bis 1924. 1924; Führer und Masse in der Demokratie. 1927; Revolution gegen Hitler. Die historische Aufgabe der deutschen Sozialdemokratie. Karlsbad (Graphia) 1933; Die Wahrheit über Deutschland. Amsterdam (Het Volk) 1933; Klinger, Max, Volk in Ketten. Deutschlands Weg ins Chaos. Karlsbad (Graphia) 1934; Die Partei der Freiheit. Paris (Selbstverlag) 1939 (Neudr. in: Drei Schriften aus dem Exil. 1974); Hitler's New Order - Kaiser's Old Order. London (Hutchinson) 1942; Gollancz in German Wonderland (mit W. Loeb). Ebd. 1942; Macht und Masse. Von Bismarck zu Hitler. 1948; Die revolutionäre Illusion (Erinn.). 1976. *L:* Matthias, Erich, Sozialdemokratie und Nation. 1952; Edinger, Sozialdemokratie; MGD; Röder, Großbritannien; Schulze, Hagen, Anpassung oder Widerstand? 1975; GdA-Biogr. *D:* AsD. *Qu:* ABiogr. Arch. Hand. Pers. Publ. Z. - IfZ.

Geyer, Hans-Martin, Dr., Staatsfunktionär, Diplomat; geb. 1922 (?); *V:* Jurist; *StA:* deutsch. *Weg:* nach 1933 GB; nach 1945 Deutschland (SBZ).

Nach 1933 Emigr. GB. Nach Rückkehr bis 1952 AbtLtr. im MdI Sa., später bis Juni 1960 2. stellv. Ltr. der Vertretung der Kammer für Außenhandel der DDR in Griechenland, ab 1963 Ltr. 5. außereurop. Abt. (Amerika) im MfAA; SED-Mitgl. - *Ausz.:* 1969 VVO (Bronze).

L: Radde, Diplomat. Dienst. *Qu:* Hand. Publ. - IfZ.

Geyerhahn, Walter, Buchhändler; geb. 17. März 1912 Wien; jüd.; *V:* Norbert G., jüd., Kaufm.; *M:* Emmi, jüd.; ∞ verh., gesch.; *K:* Norberto (geb. 1944), Kunsthändler; Suzanne (geb. 1945), höhere Schule; *StA:* österr., Bras. *Weg:* 1935 Bras.

Abitur Handelsakad. Wien, Mitarb. in Kaffee-Importfirma des Vaters. 1935 Emigr. Bras.; 1935 Gr., seitdem Inh. Buchantiquariat Livraria Kosmos Editoria Rio de Janeiro, Zweigstellen in São Paulo u. Porto Allegre, zugl. Buchverlag u. -vertrieb. Mitgl. Repräsentantenhaus Guanabara, Mitgl. *Internat. Assn. of Publishers, Internat. Assn. of Secondhand-Booksellers, Internat. Assn. of Retail-Booksellers, Österreichischer Buchantiquariatsverband.* Lebte 1977 in Rio de Janeiro.

L: Em busca dos livros raros. In: Revista do Domingo, 18, 5. Aug. 1976. *Qu:* Fb. Publ. - RFJI.

Gichermann, Naḥum, Verleger; geb. 28. Febr. 1895 Šargorod/Ukraine, gest. 1959 IL; jüd.; *V:* Leo Salomon G.; *G:* Moses (urspr. Moise, geb. 1885 Šargorod, umgek. 1944 im Holokaust), jüd., Handelsschule in Rum., Bankdir.; Aharon (geb. 1887 Šargorod), jüd., 1910 (?) Emigr. USA; Ida (geb. 1890 Šargorod), jüd., vor 1. WK Emigr. USA; Dora, A: New York; ∞ Charlotte Salomon (geb. 1892 Iserlohn/Westf., gest. Tel Aviv), jüd., Handelsschule, 1934 Emigr. Pal., Sekr., freie Journ.; *K:* → Mordechai Gichon; *StA:* russ., 1929 deutsch, 1938 Pal., IL. *Weg:* 1934 Pal.

Gymn. Šargorod, Mitgl. zion. Jugendgruppe Warschau; 1916 Mitgl. dt. Miliz in Rußland. 1919-22 Gasthörer Univ. Berlin u. Stud. Handelsschule. 1922(?)-34 Geschäftsf. u. Dir. versch. Berliner Unternehmen, u.a. Ullstein-Verlag; zugl. Inh. u. Geschäftsf. Dr. Gerb, Gichermann & Co., Chem. Fabrik in Dollbergen; Mitarb. Zion. Bewegung. 1934 Emigr. Palästina mit

A I-Zertifikat; 1939-46 Vertr. einer chem. Fabrik Tel Aviv; 1946-59 Geschäftsf. *Jediot Chadaschot.* Mitgl. H.O.G., I.O.M.E., Mitgl., später VerwRatsmitgl., 1953-59 Präs. Verb. isr. Zeitungsverleger u. isr. Vertr. *Internat. Newspapers Assn.*
Qu: Pers. - RFJI.

Gichon (urspr. Gichermann), **Mordechai,** Offizier, Archäologe; geb. 16. Aug. 1922 Berlin; jüd.; *V:* → Naḥum Gichermann; ∞ 1948 Chava Goldberg (geb. 1922 Dresden), 1934 Emigr. F, 1936 Pal., Fernstud. London Univ., Sekr.; *K:* Arion Romit Shakhaf (geb. 1950), B.A. in Soziologie, M.A. in isr. Gesch.; Eran Zeev (geb. 1953); Eyal Nachum (geb. 1963). *Weg:* 1934 Pal.

Gymn., dann jüd. Gymn., 1933-34 Mitgl. *Habonim.* 1934 Emigr. Palästina mit Eltern; 1940 Mitgl. *Haganah,* 1941 Stud. Archäologie, Gesch. u. Ägyptologie Hebr. Univ.; 1941 Dienst in jüd. Brigade der brit. Armee, Einsatz in Palästina, Afrika u. Italien. 1945 Mitarb. bei Fahndung nach ehem. Nationalsozialisten in Österr., Schulung von D.P.s u. Vorbereitung ihrer illegalen Einwanderung. 1946-47 Stud. Hebr. Univ.; 1947-61 MilDienst *Haganah* u. IDF, 1947-48 geheimdienstl. Tätigkeit in Jerusalem, Btl.-Kommandeur, 1950-56 Mitarb. beim Aufbau u. später Ltr. Forschungsabt. im Nachrichtendienst beim GenStab, Hauptberater beim IDF-Geheimdienst. Ab 1950 Oberstlt., 1956-61 Kommandeur MilBez. Süd, Org. der Nachrichtenverbindungen im Sinai-Feldzug, Kommandeur Schule für Nachrichtenoffz. Bet Hasefer Lemadaei Hamedinah, Jerusalem, Chef der Abt. Verbindungsoffiziere; 1961 Ausscheiden aus aktivem Dienst, 1967 Reserveoffz. im Sechs-Tage-Krieg. 1947-56 Abendstud. Hebr. Univ., 1956 M.A., 1968 Prom., 1961-69 Doz. für MilGesch. u. röm. Archäologie, ab 1970 Assoc. Prof. Univ. Tel Aviv; 1969-70 Honorary Research Fellow für Latein Univ. Birmingham, 1970-71 Gastdoz. Queens Coll. City Univ. of N.Y.; 1967-76 Ltr. von Ausgrabungen in Israel, Teiln. internat. Fachkongresse, isr. Direktoriumsmitgl. *Cong. of Roman Frontier Studies,* Vorträge im Rundfunk u. Fernsehen. Ausschußmitgl. *Israelische Gesellschaft für Altertumsforschung.* DirMitgl. Israelische Gesellschaft für Kriegsgeschichte, Ltr. israelisch-römische Meilenstein-Kommission, Gr. *Asiatische Gesellschaft,* Mitgl. Israelische Gesllschaft für Studien der Antike, Mitgl. *Vereinigung für Außenpolitik.* Lebte 1977 in Tel Aviv. - *Ausz.:* African Star, Italy Star, Defense Medal, Victory Medal, Ausz. der Haganah, der Jerusalem Fighters sowie aus Unabhängigkeits-, Sinai- u. Sechs-Tage-Krieg.

W: u.a. Atlas Carta le Toldot Erez Yisrael - haHistoriyah ha-Zevait shel Erez Yisrael miBar Kochba vead Trumpeldor (Costas Atlas von Pal. Die Militärgesch. Israels von Bar Kochba bis Trumpeldor. Geschichtsatlas) 1969; haLimes haRomi baNegev miTechilato vead leDiokletianus (Der röm. Limes im Negev von den Anfängen bis zu Diokletian). Diss. 1968; Die Ausgrabungen der Oase Eyn Bogeq 1967-71. 1977; The Battles of the Bible. 1977; Bar Kochba. Die Konfrontation zwischen Rom und Jerusalem zwischen 70 u. 135. 1977 (Manuskript); Limes Palaestinae (in Vorbereitung). *Qu:* Fb. - RFJI.

Giebel, Albert, Offizier; geb. 1906 (?); *StA:* deutsch. *Weg:* 1936 E; Deutschland.

1936-39 Teiln. Span. Bürgerkrieg, Kommandeur Batterie Georgi Dimitroff der Internat. Brigaden. Nach Kriegsende Offz. Deutsche Grenzpolizei, zunächst stellv. Chef u. Ltr. Pol-Abt. in Sa.-Anhalt, ab 1954 Oberst u. Ltr. Kaderabt. in Hauptverw. Deutsche Grenzpolizei bzw. ab Umbenennung 1956 in Hauptverw. Innere Sicherheit.
Qu: Arch. Publ. - IfZ.

Giessler, Hali H. (bis 1938 Giessler, Heinrich Hansuli), Fürsorger, Pädagoge; geb. 6. Febr. 1927 Kassel; Quäker; *V:* Fritz G. (geb. 1896 Kassel, gest. 1947 USA), Quäker, Lehrer, 1938 Emigr. USA; *M:* Marty, geb. Voellmy (geb. 1894 Basel), Quäkerin, Lehrerin, 1938 Emigr. USA; *G:* Veronica Nicholson (geb. 1930 Kassel), 1938 Emigr. USA, B.A., Fürsorgerin; ∞ 1952 Dorothy Brown (geb. 1930 Chicago), Baptistin, Quäkerin, B.A., zeitw. Ltr. eines Mädchenheims in Pa.; *K:* Donna E. (geb. 1955); Helen J. (geb. 1957); *StA:* deutsch, 1952 USA. *Weg:* 1938 USA.

1933 Entlassung des Vaters aus pol. Gründen. Familie verließ Deutschland wegen Visumsschwierigkeiten getrennt (Vater in die Niederlande, Mutter nach Frankr., Kinder in die Schweiz), traf sich anschl. in den Niederlanden, Okt. 1938 Emigr. USA mit Unterstützung durch *Am. Friends Service Committee* (Quäker) u. *Fellowship of Reconciliation.* Verweigerte 1945 Wehrdienst. 1949 B.A., 1951 M.A. Earlham Coll./Ind., dann Stud. Indiana Univ., Cornell Univ. u. Univ. Wisconsin, gleichz. 1947-51 Halbtagsarb. für *Am. Friends Service Committee.* 1951-52 Familienberater am Flanner House in Indianapolis, 1952-53 Ltr. ArbLager des *Am. Friends Service Committee* als Ersatz für Wehrdienst. 1952-66 Mitarb., später Vors. Abt. für Mittelschulen der *Friends Gen. Conf.* u. 1953 Ltr. Fellowship House in Reading/Pa., 1954-59 Bewährungshelfer für Jugendliche beim Berks County-Gericht in Reading/Pa., 1959-65 Ltr. Abt. für Familienleben u. Beziehungen zwischen Eltern u. Schule an der Milton Hershey-Schule in Hershey/Pa., 1963 stellv. Dir. eines Seminars der *Fellowship of Reconciliation,* 1965-73 Gr. u. Dir. der Friends School in Detroit, seit 1973 Geschäftsf. *Center for Urban Educ.* in Detroit. 1965-69 Kuratoriumsmitgl. Sophie Wright Settlement, 1968-72 u. seit 1975 Franklin Wright Settlement, Inc., seit 1969 Grosse Pointe Acad., seit 1969 VorstMitgl., 1969-71 Vizepräs., 1971-73 Präs. Ortsgruppe Detroit der *Nat. Assn. Soc. Workers,* seit 1970 VorstMitgl., *Children's Center of Wayne County,* 1968-73 geschäftsf. Ausschuß-Mitgl. des *Friends Council on Educ.,* seit 1950 Mitgl. *Nat. Council on Crime and Delinquency, Mich. Assn. Independent School Heads* u.a. Verbände. Doz. für Fürsorgewesen an Univ. in Indiana, Mitarb. in Gruppenfürsorge in Pa. Lebte 1977 in Detroit/Michigan.
Qu: Fb. Hand. - RFJI.

Gilead, Mordechai (bis 1950 Guttfeld, Heinz), Meteorologe; geb. 10. Apr. 1906 Luckenwalde/Brandenburg; jüd.; *V:* Max Guttfeld (geb. 1868 Rastenburg/Ostpreußen, gest. 1937 Kiryat Bialik/Pal.), jüd., Einzelhändler, 1936 Emigr. Pal.; *M:* Louise, geb. Simonis (geb. 1870 Driesen/Pommern, gest. 1907); *G:* Hilde Saenger (geb. 1902 Luckenwalde), Sekr., 1934 Emigr. Pal.; Kurt Guttfeld (geb. 1907 Luckenwalde), Nov. 1938 KL Sachsenhausen, 1939 Emigr. GB, Internierung Kitchener Camp Sandwich/Kent, Freiw. brit. Armee, Elektroing. in London; ∞ 1934 Ellen Ephraim (geb. 1908 Bernstein/Neumark, gest. 1972), jüd., 1929 Dipl.-Turnlehrerin, Gymnastiklehrerin u. Ltr. des Kinderheims der UOBB-Logen in Dresden, Emigr. Pal., Sport- u. Schwimmlehrerin; *K:* Michael (geb. 1939 Ramat Gan), Architekt u. Städteplaner in Tel Aviv; Yoḥanan (geb. 1944 Jerusalem), Ph.D.; *StA:* deutsch, Pal./IL. *Weg:* 1933 I, 1935 Pal.

1912-22 Gymn. Luckenwalde, 1922-27 Lehrling u. kaufm. Angest., 1927-29 Arbeiter-Abiturienten-Kurs Berlin-Neukölln, Abitur, zugl. Fensterputzer; 1929-33 Stud. Math., Geographie, Meteorologie mit Stipendium der Studienstiftung des Deutschen Volkes in Berlin, Freiburg u. Frankfurt/M., 1932 Dipl.-Mittelschullehrer; 1922-32 Mitgl. *Jungsozialisten, Kinderfreunde, Naturfreunde, Sozialistischer Studentenbund.* Okt. 1933 Emigr. Italien, Mitgr. u. Ltr. Internat für jüd. Kinder aus Deutschland in Florenz, später Recco. Okt. 1935 Palästina mit C-Zertifikat, Mitgl. *Histadrut,* H.O.G., bis Dez. 1936 statist. Untersuchungen für Kuppat Milveh haOleh (Darlehensvergabe für Einwanderer) u. für brit. Mandatsverw. Ab Jan. 1937 beim pal. Wetterdienst, zugl. 1940-45 MilDienst brit. Luftwaffe (Flugwetterdienst), 1947-48 *Haganah* (Wetterdienst). Ab 1948 Dir. Isr. Wetterdienst, 1971 Pensionierung. Berater in der Entwicklungshilfe, Mitgl. wiss. Deleg. nach Nigeria u. Ghana, im Auftrag der UN 1965-67 in Nepal, 1968-69 auf Zypern u. 1969 in Westafrika; Einrichtung u. Ltg. Zentralinstitut für Meteorologie Bet Dagan/Israel (UN-Entwicklungsprojekt). 1971-75 Dir. Wetterdienstplanung im isr. Verkehrsmin.; Mitgl. *Am. Meteorological Soc., Israelische Meteorologische Gesellschaft, Gesellschaft für Umweltschutz,* ab 1954 *Rotary Club* Tel Aviv-Jaf-

fa. 1947-71 ständiger isr. Vertr. bei meteorolog. Weltorg. (Sonderorg. der UN). Mitgl. Schriftltg. *Atlas von Israel,* ab 1963 Mitgl. Schriftltg. *Agricultural Meteorology* Amsterdam. Lebte 1978 in Ramat Gan.
Qu: Fb. Hand. - RFJI.

Gingold, Peter Philipp, Parteifunktionär; geb. 8. März 1916 Aschaffenburg/M.; o.K.; *V:* Moritz G., Schneider, 1933 Emigr. F; *M:* Elasa G., 1933 Emigr. F, Eltern 1912 nach Deutschland eingew.; *G:* David; Fanny, dep.; Leo, dep.; Sigmund, 1933 Emigr. F, Mitgl. Résistance; ∞ 1940 Paris, Etty Stein-Haller (geb. 1913), Mitgl. Résistance; *K:* Alice Czyborra (geb. 1940); Silvia (geb. 1946), Lehrerin; *StA:* PL, 1936 staatenlos, 1974 deutsch. *Weg:* 1933 F; 1945 Deutschland (ABZ).
1930-33 kaufm. Lehre Frankfurt/M., 1930 Gewerkschaftsjugend, 1931 KJVD u. ZdA. Aug. 1933 Emigr. aufgrund rass. u. pol. Verfolgung nach Paris. 1933-36 Bürohilfe *Pariser Tageblatt,* bis 1939 im väterl. Hutmacheratelier; ab 1936 FDJ Paris; 1940 Internierung, anschl. mit Geschwistern u. Ehefrau Beteiligung an FDJ-Reorg.; illeg. Arbeit für neugegr. KPD-Westltg. in Frankr., Ende 1942 in Dijon Ltr. TA innerhalb der franz. Résistance. Febr. 1943 Verhaftung, Apr. Flucht aus Gestapohaft. Wehrmachtsprop. für KFDW unter Ltg. von → Otto Niebergall. Ende 1944 i.A. der KPD-Westltg. bei Partisaneneinheiten in Norditalien. Ab Herbst 1945 hauptamtl. Funktionär der KPD in Frankfurt/M., Kand. BT. Nach Parteiverbot Tätigkeit in Schallplattenbranche. Mitgl. ÖTV u. VVN, ab 1968 DKP. - *Ausz.:* 1953 Ordre de la libération, 1975 Ordre pour le mérite républicain (Frankr.).
L: Hauser, Harald, Wo Deutschland lag (biogr. R). 1947; Bonte, Florimond, Les antifascistes Allemands dans la Résistance française. 1966; Schaul, Résistance; Der Fall Gingold. Hg. von Vereinigung Demokratischer Juristen, 1973; Pech, Résistance.
Qu: Fb. Publ. Z. - IfZ.

Ginor (urspr. Dulberg-Ginshparg), **Fanny,** geb. Dulberg, Dr. rer. pol., Regierungsbeamtin, Hochschullehrerin; geb. 20. Juni 1911 Otynja/Galizien; jüd.; *V:* Oskar Dulberg (geb. 1885, gest. 1952 IL), Kaufm., 1913 nach Deutschland, 1936 Emigr. Pal.; *M:* Rosa, geb. Rosenrauch (geb. 1886 Otynia, gest. 1965 IL), jüd., 1936 Emigr. Pal.; *G:* Shulamit (urspr. Friedl) Fluss (geb. 1915 Bad Cannstatt), Lehrerseminar, 1933 Emigr. Pal., Kindergärtnerin; Shlomo (geb. 1916 Bad Cannstatt), Gymn. u. techn. Inst., 1936 Emigr. Pal., Ing.; Yael (urspr. Sophie) Shamir (geb. 1920 Bad Cannstatt), 1936 Emigr. Pal., M.A. Hebr. Univ., Lehrerin u. Psychologin; ∞ 1947 (?) Yehoshua Ginor (urspr. Ginshparg) (geb. 1905), jüd., Gymn. u. 1925 Emigr. Pal., Stud. Hebr. Univ., Bankangest., später AbtLtr. städt. Erziehungsbehörde Tel Aviv; *StA:* österr., später Pal./IL. *Weg:* 1933 CH; 1934 Pal.
1930-33 Stud. Frankfurt, Heidelberg, München; Mitgl., 1932-33 Vors. Zweigstelle München der Zion. StudOrg.; Apr. 1933 Emigr. Schweiz mit StudVisum, 1934 Prom. Basel. 1934 Palästina, zunächst Landarbeiterin, später Bankangest.; 1943-48 Mitarb. Wirtschaftsabt. der *Jew. Agency.* 1949-53 Wirtschaftsberaterin im Finanzmin., 1953-71 Beraterin beim Governor der Bank of Israel. 1954-60 Hochschul-Doz. für Jura u. Wirtschaftswiss. in Tel Aviv, 1956-60 Doz. für Landwirtschaft u. Wirtschaftswiss. Hebr. Univ., 1957 u. 1962-64 Beraterin u. Mitgl. isr. Deleg. bei UN New York, ab 1966 Doz., später Assoc. Prof. Tel Aviv Univ., Abt. Entwicklungsländer; isr. Vertr. in versch. Reg.- u. UN-Ausschüssen (u.a. UNCTAD) für wirtschaftl. u. sozialpol. Probleme. Ab 1968 Mitgl. *Soc. for Internat. Development, Assn. of Graduates in the Social Sciences,* ab 1975 *Isr. Assn. of Univ. Women,* ab 1976 *Am. Econ. Assn.* Lebte 1977 in Tel Aviv.
W: Der Imperialismus im Lichte seiner Theorien. 1936; The Problem of the Economic Development of Israel. 1952; Uses of Agricultural Surpluses. 1963; Der Einfluß der Reparationen auf die Wirtschaft Israels. (Hebr.) 1965; Socio-Economic Disparities in Israel. 1978; Art. in isr. u. ausländ. Fachzs. *Qu:* Fb. Hand. - RFJI.

Gjebin, Rafael, Dr. med., Arzt; geb. 16. Jan. 1909 Tiflis; *V:* Abraham G. (geb. 1870 Čuguev/Ukraine), Geschäftsf., 1934 (1935 ?) Emigr. Pal., Mitgl. *Allgemeine Zionisten; M:* Henrietta, geb. Flit (geb. 1875 Odessa), 1934 (1935 ?) Emigr. Pal.; *G:* Michael (geb. 1901 Tiflis, gest.), Architekt, 1934 (1935 ?) Emigr. Pal.; Dr. med. Jakob G. (geb. 1906 Tiflis), Frauenarzt, 1934 (1935 ?) Emigr. Pal.; ∞ 1933 Helena Rozenfeld (geb. 1913 St. Petersburg) Klavierlehrerin, Sekr., Geschäftsf.; *K:* Daniela Ziv (geb. 1943 Addis Abeba), Krankenschwester; Tamar Adari (geb. 1948 Tel Aviv), B.A., Sekr.; Michal Semel (geb. 1948 Tel Aviv), Krankenschwester; *StA:* russ., Freie Stadt Danzig, Pal./IL. *Weg:* 1935 Pal.
Stud. Med. Freiburg, Heidelberg, Wien u. Berlin. Prom. Berlin, Ausbildung am Städtischen Hospital Danzig. 1935 Emigr. Palästina mit A I-Zertifikat, 1935-38 Arzt am Hadassah-Hospital Tel Aviv, daneben Privatpraxis in Tel Aviv u. Werbung für Arzneimittelindustrie. 1938 Kompaniechef *Haganah,* später IDF, 1939-40 Arzt beim Magen David Adom (isr. *Rotes Kreuz),* 1941-46 Major, Oberstlt. im Medical Corps der brit. Armee. 1946-48 stellv. Dir. Hadassah-Hospital Tel Aviv, 1948-63 Dir. Rambam-Hospital Haifa, 1963-71 ltd. Stellung im Gesundheitsmin., 1964-71 Ltr. Oberste Krankenhaus-Notdienstbehörde. Ab 1973 Vors. Ärztl. Prüfungskommission für Schadensersatzansprüche an Deutschland (BRD), 1957-61 Vors. Zentralausschuß *Israelischer Ärzteverband.* 1960 mit Ärzteteam im Kongogebiet, 1961-63 med. Studien in Tanganjika, Burundi, Gabun u. Gambia, 1963 Berater der WHO auf den Philippinen, Berater im isr. Außenmin., 1963-64 VorstMitgl. WHO, 1963-70 stellv. Ltr. isr. Deleg. auf der GenVersammlung der WHO. 1967 Doz. Internationales Kolloquium für Gesundheitsvorsorge am Prins Leopold Instituut voor Tropische Geneeskunde Antwerpen. Lebte 1977 in Haifa. - *Ausz.:* 1971 Most Hon. Order of Hospital of St. John of Jerusalem (Offz.).
Qu: Fb. Hand. - RFJI.

Gladewitz, Richard, Partei- u. Verbandsfunktionär, Journalist; geb. 30. Aug. 1898 Zwickau/Sa., gest. 23. Nov. 1969; ∞ bis 1945 Emigr. in der UdSSR; *StA:* deutsch. *Weg:* 1933 CSR; 1934 Deutschland; 1935 UdSSR, Deutschland; 1936 CSR, DK, F; 1937 E; 1939 F, B, F; 1945 Deutschland (SBZ).
Arbeiter; 1919 USPD, 1920 KPD, Funktionär KPD u. *Rote Hilfe,* aus pol. Gründen strafverfolgt u. inhaftiert. 1933 Emigr. in die CSR, Ltr. KPD-Grenzarb. für Ostsa., danach illeg. Tätigkeit im Reich, Okt. 1934-Mai 1935 PolLtr. der KPD in Oberschlesien, Febr. 1935 Teiln. KPD-Grenzkonf. in der CSR (Ltg. → Franz Dahlem, → Walter Ulbricht), dann in die UdSSR. Teiln. 7. Weltkongreß der *Komintern* u. Deleg. sog. Brüsseler Konferenz der KPD (Deckn. Lange), anschl. erneuter Einsatz in Deutschland, Juli 1936 in die CSR, über Dänemark u. Frankr. 1937 nach Spanien, Angehöriger der Internat. Brigaden, 1939 nach Frankr., vorüber. in Belgien. Im 2. WK unter Deckn. Charles Berger in Résistance aktiv, ab Ende 1943 Mitgl. KPD-Westltg. u. KFDW, KFDW-Beauftragter für Paris u. Umgebung, nach Befreiung von Paris Ltr. Frontbüro des CALPO, März (?) 1945 Mitunterz. des gemeins. Aufrufs der SPD- u. KPD-Landesgruppen zur bedingungslosen Kapitulation. Juli 1945 illeg. Rückkehr nach Chemnitz, KPD-Kreissekr. in Plauen/Vogtl., ab Dez. 1945 Ltr. Nachrichtendienst der sächs. Landesreg. u. Mitgl. Sächs. Landeskommission für staatliche Kontrolle, dann AbtLtr. (Ost-) *Berliner Rundfunk* im Funkhaus Masurenallee Berlin (West), Dez. 1950 mit drei Mitarb. verhaftet, Anklage wegen Menschenraubs für Staatssicherheitsdienst der DDR, Sommer 1951 Freispruch infolge Mangels an Beweisen; 1952 Red. *Tägliche Rundschau* Berlin (Ost), danach stellv. Vors. *Gesellschaft für Sport und Technik,* anschl. wiss. Mitarb. Institut für Marxismus-Leninismus beim ZK der SED. - *Ausz.:* u.a. 1955 VVO (Bronze), 1956 Hans-Beimler-Med., 1958 VVO (Silber) u. Ernst-Moritz-Arndt-Medaille.
W: Das Vertrauen der Bevölkerung wurde im Kampf mit den Schwierigkeiten erworben. In: Wir sind die Kraft (Erinn.). 1959; Auf nach Lindewiese zum Maskenball! (Erinn.). In: Schon damals kämpften wir gemeinsam. 1961. *L:* Friederici, Hans-Jürgen, Zur Entwicklung der neuen Strategie und Taktik der KPD und ihrer führenden Rolle im antifaschistischen

Widerstandskampf. Habil. phil. masch. 1965; Schreier, Kampf; GdA; GdA-Chronik; Pasaremos; Duhnke, KPD; Pech, Résistance; Schaul, Résistance; Klinger, Christian, Zum Anteil deutscher Frauen am antifaschistischen Widerstandskampf unter Führung der KPD (1933 bis 1939). Diss. phil. masch. 1975. *D:* IML. *Qu:* Erinn. Hand. Publ. Z. - IfZ.

Glaesser, Georg Ferdinand **Wolfgang,** Dr. jur., Ministerialbeamter; geb. 9. Sept. 1908 Breslau, gest. 26. Sept. 1973 Bonn; calv.; *V:* Ernst G., Schausp.; *M:* Betty, geb. Worms, Schausp.; ∞ 1950 Irmgard Numrich (geb. 1924); *K:* Roland (geb. 1952); *StA:* deutsch, 25. Juli 1936 Ausbürg., deutsch. *Weg:* 1933 CSR, Österr.; 1938 CH; 1950 Deutschland (BRD).

1927-30 Stud. Rechts- u. Staatswiss. Leipzig, Rechtsreferendar; VorstMitgl. *Hochschulring deutscher Art,* Vors. *Verein Sächsischer Referendare und Assessoren,* Zentrum-Anhänger. Bis Apr. 1933 Schutzhaft wegen antinatsoz. Äußerungen, Entlassung aus Staatsdienst, Emigr. nach Prag. Verb. zu → Otto Straßer, Haft im ZusHang mit Formis-Attentat. Aug. 1933 Graz; Mitgl. *Vaterländische Front,* bis 1935 Ref. für Prop., Mitarb. Grazer Presse. 1938 Emigr. nach Zürich; 1945 Vors. *Liberal-Demokratische Vereinigung der Deutschen in der Schweiz,* die sich vorüberg. der ArbGemeinschaft *Das Demokratische Deutschland* (DD) unter → Otto Braun u. → Joseph Wirth anschloß. VorstMitgl. DD, Hg. u. Hauptmitarb. Zs. DD. 1950-73 Ref. u. AbtLtr. Presse- u. Informationsamt der Bundesreg. - *Ausz.:* BVK 1. Klasse.

D: BA. *Qu:* Arch. Hand. Pers. - IfZ.

Glaser, Franz (František), Dr. phil., Journalist; geb. 7. März 1903 Teplitz/Nordböhmen, gest. 29. Febr. 1972 Könitz b. Bern/CH; *V:* Ernst G.; *M:* Elisabeth, geb. Nachod; ∞ Josefine Meisel; *StA:* österr., 1919 CSR, CH. *Weg:* 1939 NL; 1940 B; 1942 CH.

Journ., Mitarb. zahlr. dt.-sprachiger Ztg. in der CSR u. später Red. *Prager Montagsblatt.* Nach dt. Einmarsch in Prag Emigr. nach Holland, später Belgien, dort nach dt. Einmarsch interniert, Juli 1942 Flucht in die Schweiz. Pressechef der tschechoslow. Botschaft, Mitarb. *Vaterland, Berner Tagblatt* u.a. schweizer. Ztg. unter Ps. Arthur Grodowsky. - Weitere Ps. Christianus, Vlastimil Verny. - *Ausz.:* Komtur des Gregoriusordens.

W: Die gute Saat der Slawenapostel. Fribourg (Kanisiuswerk) 1944 (franz.: L'esprit chrétien dans la littérature tchèque. Bulle [Les Hoirs de J. Erroud] 1945); Partisan Karel Kratochvil. Ein Roman aus der tschechischen Widerstandsbewegung, 1939-1943. Basel (Verlag für Wissenschaft, Technik u. Industrie) 1945; Exilierte böhmische Literatur. 1952. *Qu:* Arch. Hand. Z. - IfZ.

Glaser, Kurt, Dr. med., Arzt; geb. 12. Mai 1892 Zittau/Sa.; Diss.; *V:* Salomon G. (gest. 1936), Kaufm.; *M:* Johanna, geb. Kosch, dep.; ∞ I. Alice Wertheimer; II. 1930 Emilie Schwarz (1895-1970), Emigr. F, USA; *K:* aus I: Marianna Friedländer (geb. 1922), Emigr. Kolumbien; 2 Stiefs., Emigr. USA; *StA:* deutsch. *Weg:* 1933 F; 1941 USA; 1948 Deutschland (BBZ).

1910-14 Stud. Medizin Breslau, im 1. WK Sanitätsoffz. (EK II); Ausbildung als Facharzt für Haut- u. Geschlechtskrankheiten in Berlin, ab 1923 Dermatologe in Chemnitz. 1918 SPD, Gew., *Bund Neues Vaterland,* DLM u. *Verein sozialistischer Ärzte;* SPD-Vors., 1930-33 StadtVO. Chemnitz. März-Sept. 1933 Schutzhaft, Ausweisung aus Sa., vorüberg. in Bayern, Ende 1933 nach Paris. 1934-39 gemeins. Praxis mit franz. Arzt. Vors. der Pariser Gruppe der von → Karl Böchel geleiteten RSD, nach 1935 mit → Friedrich Wilhelm Wagner u. → Max Braun im Vorst. SPD-Landesgruppe Frankr. u. Vors. Landesorg. der DLM. Mitarb. des Juli 1935 gegr. *Vorläufigen Ausschusses zur Vorbereitung einer deutschen Volksfront.* Teiln. Volksfrontkonf. Sept., Nov. 1935 u. Febr. 1936, DLM-Vertr. in der *Deutschen Volksfront* Paris. Ab 1936 mit → Albert Grzesinski, → Georg Bernhard u.a. im Vorst. der *Zentralvereinigung der deutschen Emigration.* 1940 Flucht nach Südfrankr., Mitarb. in der von → Fritz Heine geleiteten SPD-Hilfsorg. in Marseille in Verb. mit Varian Fry. Anfang 1941 mit Hilfe des *Jewish Labor Committee* über Spanien, Portugal u. Kuba nach New York. Mitarb. GLD, Mitgl. Executive Committee des 1941 gegr. *German-American Council for the Liberation of Germany* bzw. *Association of Free Germans, Inc.,* Juli 1943 Mitorg. Landeskonf. dt.-sprachiger Sozialdemokraten u. Gewerkschaftler in den USA. Ab Aug. 1943 Executive Secretary *Immigrants' Victory Council.* Mitgl. Board of Directors der Mai 1942 gegr. *International League for the Rights of Men* New York. Sekr. *New World Club* u. ab 1944 Nachf. von → Siegfried Aufhäuser in Red. des *Aufbau.* Apr. 1944 Mitgr. CDG, Mitgl. Fürsorgeausschuß, Mai 1945 mit → Felix Boenheim u. → Kate Frankenthal Verf. CDG-Programmschrift *A Democratic System of Public Health for Germany.* Ab 1946 als Nachf. von → Rudolf Katz Vors. Deutsche Sprachgruppe der *Social Democratic Federation of America,* Mitarb. *Aufbau* New York. Febr. 1948 nach Zusammentreffen mit Kurt Schumacher in New York auf Anforderung des SPD-PV mit Hilfe von US-Dienststellen nach Deutschland. Bis 1956 ltd. med. Beamter im Gesundheitsmin. Kiel, bis 1968 Präs. der Behörde für Gesundheitswesen in Hamburg. Mitgl. Bundesgesundheitsrat, dt. Vertr. bei WHO, Vors. *Arbeitsgemeinschaft sozialistischer Ärzte.* Lebte 1977 in Hamburg.

W: Vom Reichsgesundheitsrat zum Bundesgesundheitsrat. Ein Beitrag zur Geschichte des deutschen Gesundheitswesens. 1960. *L:* MGD; Radkau, Emigration; Freyberg, Jutta v., Sozialdemokraten und Kommunisten. 1973; Langkau-Alex, Volksfront. *Qu:* Arch. EGL. Fb. Pers. Publ. - IfZ.

Glass, Martin Josef, Ministerialbeamter; geb. 22. Mai 1912 Berlin; jüd.; *V:* Dr. med. Michaelis Max G. (geb. 1864 Schrimm/Posen, gest. 1924), jüd.; *M:* Clara, geb. Dessau (geb. 1877 Hamburg, gest. 1942 Pal.), jüd., 1937 Emigr. Pal.; *G:* Charlotte Masur (geb. 1900 Berlin), Stud. Med., 1936 Emigr. Pal., Musiklehrerin; Leonore (geb. 1902 Berlin), stellv. Oberin in Altersheim, 1935 Emigr. Pal.; Heinrich (geb. 1904 Berlin), Kaufm., 1933 Emigr. Bras.; ∞ 1941 Nora Kaumann (geb. Münstermaifeld bei Koblenz), 1933 Emigr. GB, 1936 Pal., Schneiderin, später Sekr.; *K:* Jonathan (geb. 1943), M.Sc., Doz. geolog. Planungsabt. d. Innenmin. in Jerusalem; Emanuel (geb. 1945), Lehrer u. Landwirt; Orith (geb. 1953), Orientalist; *StA:* deutsch, IL. *Weg:* 1933 F, 1936 Pal.

1930-33 Stud. Rechtswiss. Berlin, Mitgl. *Kameraden, Jüdisch-Liberaler Jugendverein.* 1933 Emigr. Frankr., 1934 licencié en droit Univ. Paris; Privatlehrer für dt. Sprache, Mitarb. bei zion. u.a. jüd. Zs. in Frankr. u. Deutschland, Mitgl. *Jeunesse Libérale Israélite* Paris. 1936 nach Palästina mit C-Zertifikat, 1936-38 Banklehre, 1939 RA-Examen für Ausländer. 1940-42 jurist. Vorbereitungsdienst, 1942 RA-Zulassung, 1942-48 RA. 1943-48 Mitgl. *Haganah* u. Selbstschutzorg. *Mischmar haMoledet,* 1948-49 IDF, 1949-61 Reservedienst. Seit 1949 im isr. Justizmin., ab 1950 in Abt. Gesetzgebung u. Vertr. des Justizmin. beim Planungsausschuß, verantwortlich für Gesetzentwürfe. 1963-69 Vors. Har El Congr. for Progressive Judaism Jerusalem, seit 1965 Mitgl. National-Ausschuß Congr. for Progressive Judaism. 1954-55 Forschungsassist. im Projekt für vergleichende Rechtswiss. an der Harvard Univ. Law School. Stellv. Vors. des nat. Rats der isr. Anwaltschaft, zeitw. Vors. *Union of Lawyers in the Public Service,* Mitgl. *Society of Protection of Nature.* Mitgl. Disziplinargericht für den öffentlichen Dienst. Lebte 1978 in Jerusalem.

W: Das Recht in Israel. In: Isr. Reg.-Jahrbuch. 1976. *Qu:* Fb. Hand. - RFJI.

Glatzer, Helene, Parteifunktionärin; geb. 8. Febr. 1902 Weinböhla b. Dresden, gest. 31. Jan. 1935 Halle/S.; *G:* 1 S; ∞ Max Čalevičov, Arzt, sowj. Staatsbürger; *StA:* deutsch. *Weg:* UdSSR; 1935 Deutschland.

Kontoristin; 1921 KJVD, 1922 KPD, ab 1925 Mitgl. BezLtg. Ostsa.; ab 1926 MdL Sa., ab 1928 Gaultr. *Roter Frauen- und Mädchenbund* Ostsa., 1930 Mitgl. Frauenabt. des ZK der KPD. 1930-33 Lenin-Schule Moskau, anschl. im Büro der *Komintern* beschäftigt. Jan. 1935 Rückkehr nach Deutschland als ltd. Mitgl. KPD-BezLtg. Ostsa., im gleichen Monat verhaftet. Kam im Polizeigef. Halle ums Leben.

L: Weber, Wandlung; Kraushaar, Deutsche Widerstandskämpfer; Klinger, Christian, Zum Anteil deutscher Frauen am antifaschistischen Widerstandskampf unter Führung der KPD (1933-1939). Diss. phil. masch. 1975. *Qu:* Publ. - IfZ.

Glaubauf, Fritz, Dr., Partei- u. *Komintern*-Funktionär, Journalist; geb. 10. Juni 1901 Graupen b. Teplitz-Schönau/Nordböhmen, gest. 13. Mai 1975 Wien; *V:* Ernst G.; *G:* → Hans Glaubauf; ∞ Karla Kampf, A: Wien; *StA:* österr. (?), Ausbürg. (?), 1946 (?) österr. *Weg:* 1939 UdSSR; 1945 Österr.

Stud. Univ. Wien, Prom.; 1919 Mitgl. KJVÖ, zeitw. Funktionär, später KPÖ. Ab 1925 *Komintern*-Funktionär, zeitw. Mitarb. Marx-Engels-Institut in Moskau; i.A. der *Komintern* in den Niederlanden, in Frankr. u. Lateinamerika. Anfang 1939 nach Moskau, Mitarb. *Komintern*-Presseagentur, Ltr. *Komintern*-Telegraphendienst *Service Universel de Presse.* Ab Juni 1941 Betreuer der kommunist. Auslandskorrespondenten in Moskau. Ab 1943 Lehrer im österr. Sektor der Antifa-Schule Krasnogorsk. 1944 als Nachf. von → Friedl Fürnberg Ltr. der für alle „inoffiziellen" nat. Sender in Moskau zuständigen zentr. Red. des ehem. EKKI-Sekretariats. Frühj. 1945 zus. mit → Friedrich Hexmann u.a. Betreuer *Antifaschistisches Büro österreichischer Kriegsgefangener.* 1945 Rückkehr nach Wien. Kand., 1948-65 Mitgl. des ZK der KPÖ. 1946 Grdgsmitgl. *Journalistengewerkschaft* im ÖGB, langjähr. VorstMitgl., Arbeitsrechtsreferent. Ab 1946 bis zur Pensionierung Red. *Volksstimme.* 1949-53 Sekr. der Parlamentsfraktion Linksblock (Wahlbündnis der KPÖ); nach Pensionierung insbes. auf schulpol. Gebiet aktiv. - *Ausz.:* 1966 Silbernes Ehrenzeichen für Verdienste um die Republik Österreich.

W: u.a. Ein Jahr länger in der Schule. Die Kommunisten zu den neuen Schulgesetzen. 1964. *L:* Frick, Karl, Umdenken hinter Stacheldraht. Österreicher in der UdSSR. 1967; Vogelmann, Propaganda. *Qu:* Arch. Publ. Z. - IfZ.

Glaubauf, Hans, Dr. rer. pol., Publizist; geb. 10. Juni 1901 Graupen b. Teplitz-Schönau/Nordböhmen, hinger. 8. Okt. 1942 Berlin-Plötzensee; *G:* → Fritz Glaubauf; ∞ Marianne; *K:* Jeanne; *StA:* österr. *Weg:* 1933 NL, F; 1934 CSR, GB, 1936 Österr., CSR, F; 1941 Deutschland.

1919 DSAP, 1921 KPÖ; ab 1919 Stud. Staatswiss. Wien, 1923 Prom., Übersiedlung nach Berlin, KPD, rege propagandist. Tätigkeit u. Mitarb. an kommunist. Ztg., später wieder Wien, zeitw. Red. *Die Rote Fahne* Wien; ab Apr. 1926 Mitarb. Marx-Engels-Institut. Moskau (Hg. Marx-Manuskripte, Mitarb. Sowjetenzyklopädie). Okt. 1928 nach Wien, Mai 1929 nach Frankr. u. nach Ausweisung im Sept. 1931 nach Berlin. Mitarb. der sowj. Rohölvertriebsfirma Derop, später des Internationalen Büros (IB) des *Bundes der Freunde der Sowjetunion.* Apr. 1933 mit IB Übersiedlung nach Amsterdam, Herbst 1933 nach Paris, für *Bund der Freunde der Sowjetunion* in der Schweiz, nach Ausweisung aus Frankr. Ende 1934 in Prag u. London sowie 1935 in den USA tätig. Anfang 1936 nach Wien, März Inhaftierung, danach nach Prag u. anschl. nach Paris, Mitarb. *Inprekorr.* Deckn. Franz Illing. Nach Kriegsausbruch Internierung in Colombes, Freilassung nach Meldung zur tschechoslow. Legion, Aug. 1940 Festnahme durch Gestapo, März 1941 Überstellung nach Berlin, 17. Aug. 1942 VGH-Todesurteil.

D: IfZ. *Qu:* Arch. Publ. Z. - IfZ.

Glauben, Franz, Partei- u. Gewerkschaftsfunktionär; geb. 8. Juni 1895 Dillingen/Saar. *Weg:* 1935 F; 1946 Deutschland (Saargeb.).

Expedient sozdem. *Volksstimme* Saarbrücken, Sekr. DMV Saar. Mitgl. letzter Vorst. der SPD/S vor 1935, Ltr. Agitationsbez. Untere Saar. Nach Saar-Referendum Jan. 1935 Emigr. nach Frankreich, bis Nov. 1935 Internierung im Saar-Flüchtlingslager Montauban/Südfrankr. Danach als GdeArbeiter in der Region Calvados. Sept. 1939-Juli 1940 erneut interniert, dann Anschluß an Résistance im Maquis Cevennen. Nach Befreiung Frankreichs Mitgl. *Deutsche Sprachgruppe* in der CGT. Rückkehr an die Saar, Mitgl. SPS, Verwalter des Knappschaftskrankenhauses Völklingen. Lebte 1977 in Merzig.

L: Schneider, Saarpolitik und Exil. *Qu:* Arch. Pers. Publ. - IfZ.

Gleissberg, Gerhard, Dr. phil., Journalist; geb. 27. Juli 1905 Breslau, gest. 19. Febr. 1973 Torremolinos/E; Diss.; *V:* Carl G. (geb. 1863), Kaufm.; *M:* Ernestine, geb. Wollstein (geb. 1872); *G:* Wolfgang (geb. 1903), Hochschullehrer, Emigr. TR, A: Deutschland (BRD); ∞ 1950 Ruth Eichwald (geb. 1912), Sozialarb.; *StA:* deutsch. *Weg:* 1933 CSR; 1939 GB; 1947 Deutschland (BBZ).

Stud. Phil., Germanistik, Anglistik Breslau u. Berlin; bis 1933 freier Mitarb. *Vossische Zeitung* u. Verlag J. H. W. Dietz Nachf. GmbH, Sprecher *Berliner Rundfunk;* SPD. Mai 1933 Emigr. CSR, bis 1938 Mitarb. *Der Sozialdemokrat* Prag. 1939 nach London, bis 1947 Red. der vom Sopade-Landesvertr. hg. *Sozialistischen Mitteilungen;* mit → Wilhelm Sander innerhalb von *Czech Refugee Trust Fund* u. *International Solidarity Fund* verantwortl. für Betreuung dt. SozDem.; ab Herbst 1939 Mitarb. in dem von der *Labour Party* initiierten *Central European Joint Committee* (Beratung brit. Propaganda); 1940-41 Mitgl. dt. Expertenkommission für die Entlassung internierter Flüchtlinge. Mitarb. in der vom SPD-PV Mai 1941 berufenen Arbeitsgemeinschaft *Deutschland und Europa nach dem Kriege,* wandte sich gegen Kollektivschuld u. Mitverantwortung der SPD für den Aufstieg des NatSoz. Ab Ende 1942 Mitgl. Programmkommission der *Union;* Mitarb. Nachrichtenbüro *Exchange Telegraph,* KriegsgefSchulung, Mitgl. *Landesgruppe deutscher Gewerkschafter* in GB. 1947 Red. *Sopade-Informationsdienst* Hannover, ab Sept. 1948 Chefred. SPD-Zentralorgan *Neuer Vorwärts.* 1955 Mitgr. *Die Andere Zeitung,* die unter der Parteilinken Einfluß gewann. Mai 1956 Parteiausschluß; VorstMitgl. *Vereinigung Unabhängiger Sozialisten* u. DFU.

W: H. v. Kleists Prinz von Homburg und das Problem der deutschen Romantik (Diss.). 1927; Die Presse in England. 1948; Zur Pressekonzentration und Meinungsmanipulierung. 1972; SPD und Gesellschaftssystem. 1973. *L:* Pirker, Theo, die SPD nach Hitler. 1965; Röder, Großbritannien. *Qu:* Arch. Hand. Pers. Publ. Z. - IfZ.

Glesinger, Egon, Dr. jur., Dr. rer. pol., Forstwirtschaftler, UN-Beamter; geb. 25. Mai 1907 Teschen/Schlesien; *V:* Emil G.; *M:* Jolan, geb. Heller; ∞ 1937 Ruth Lindman (geb. Klockrike/S); *Weg:* 1939 USA.

1927 Ing. Commercial Univ. Genf, 1929 Dr. jur. Prag, 1932 Dr. rer. pol. Inst. des Hautes Études Internat. Genf. Mitinh. einer Holzgroßhandlung in Cieszyn (Familiengeschäft, eine der bedeutendsten Holzverarb.- u. Exportfirmen der ČSR), 1933-38 Geschäftsf. Internat. Holzkommission. 1939 Emigr. USA; 1941-43 RedMitgl. *Fortune Magazine* New York. 1943-44 Sonderberater der US-Reg., Bestandsaufnahme der Holzindustrie im Bundesstaat N. Carolina. 1944-46 Berichterstatter der Vorläufigen Kommission für das Forstwesen, 1946-49 Ltr. des Ausschusses für Holzproduktion, 1949 Vizedir. der Sektion, später Dir. der Sektion Forstwesen u. Holzproduktion der FAO.

W: Le Bois en Europe. 1932; Nazis in the Woodpile. Hitler's Plot for Essential Raw Materials. 1942; A Postwar Program for North Carolina's Forest Industries. 1944; The Coming Age of Wood. 1949, 1950 (hebr. Übers. 1950); Holz in Österreich. Bericht der FAO-Mission nach Österreich vom April 1950. 1951; Informe al Gobierno de Chile Sobre la Mision Forestal de la FAO. 1966. *Qu:* Hand. Publ. - RFJI.

Glienke, Franz Hugo Richard, Parteifunktionär; geb. 25. Febr. 1900 Hamburg; ∞ Helene Reher (geb. 1905), Emigr.; *StA:* deutsch, 28. Apr. 1937 Ausbürg. mit Ehefrau, 1951 deutsch. *Weg:* 1933 UdSSR, Deutschland, S, B, F; 1934 Deutschland, DK, S; nach 1945 Deutschland (BRD).

Zimmermann; Kriegsteiln., Desertion u. Haft. Nach Befreiung durch Revolution in Hamburg Anschluß an die kommunist. Bewegung unter Heinrich Lauffenberg. Am Kampf gegen Kapp-Putsch beteiligt. Danach in Frankr., Anschluß an Anarchosyndikalisten. Unter Deckn. Moise Grimberg in Reims einer der Org. des Generalstreiks von 1920, Flucht u. Eintritt in Fremdenlegion. In Marokko Desertion, Kriegsgericht u. Verurteilung, 1924 Amnestie. 1925 in Deutschland. Veröffentlichte vielbeachteten Erlebnisbericht über die Fremdenlegion. KPD, Arbeiterkorr. *Hamburger Volkszeitung,* Febr. 1931 Deleg. Arbeiter- u. Bauernkorr.-Kongreß Moskau. Ab 1930 PolLtr. RGO-Industriegruppe Bau Bez. Wasserkante. Im illeg. App. der KPD tätig. 1933 Schutzhaft, Entlassung nach scheinbarem Eingehen auf ZusArb. mit Gestapo, danach in die UdSSR. Als GPU-Agent Rückkehr nach Deutschland, Einsatz in NS-Org., Deckn. Asew, Franz Corinth. Vor erneutem erzwungenen Agentendienst für Gestapo Flucht nach Schweden, später Belgien u. Frankr.; Febr. 1934 in Deutschland Festnahme, KL Oranienburg. Juni 1934 Flucht nach Skandinavien. Nach 1945 Rückkehr nach Deutschland. Lebte 1977 in Hamburg.

W: u.a. Ein Prolet in der Fremdenlegion (Erinn.). 1931 (auch russ. u. schwed.); In Dienst van GPU en Gestapo (Erinn.). Amsterdam (N.V. de Arbeiderspers) 1935. *Qu:* Arch. Erinn. - IfZ.

Globig, Fritz, Parteifunktionär; geb. 25. Jan. 1892 Reudnitz b. Leipzig, gest. 24. Febr. 1970 Leipzig; *V:* Schneidermeister, Arbeiter; *G:* 10; ∞ Marta Jogsch (geb. 1901), Funktionärin in kommunist. Jugendbewegung, nach 1930 UdSSR, nach Rückkehr langj. wiss. Mitarb. Institut für Marxismus-Leninismus, lebte 1976 als Arbeiterveteranin in Berlin (Ost); *StA:* deutsch. *Weg:* UdSSR; 1955 Deutschland (DDR).

1906-10 Lehre als Chemigraph, danach Wanderschaft; 1908 Gew. u. SPD, aktiv in sozialist. Jugendbewegung, im 1. WK Antikriegsprop. in Berlin, Jan. 1916 Jugendvertr. auf Grdg.-Konf. der *Spartakus-Gruppe,* Apr. 1918 Mitgr. u. anschl. Vorst.-Mitgl. *Freie Jugend* Groß-Berlin; Okt. 1918 Teiln. Reichskonf. der *Spartakus-Gruppe,* Mitgr. u. Wahl zum Mitgl. des ZV der FSJ, Teiln. Grdg.-PT der KPD v. Dez. 1918/Jan. 1919 u. Jugendvertr. in der Programmkommission. Red. *Die junge Garde* u. 1921-23 *Die Rote Fahne* Berlin, 1923-26 Chefred. *Arbeiter-Zeitung* Bremen, Mitgl. KPD-BezLtg. u. Bremische Bürgerschaft; als Anhänger der Linken ab 1926 pol. Red. u. 1929 Chefred. *Sächsische Arbeiterzeitung* Leipzig, anschl. kurze Zeit Red. *Die Rote Fahne,* Ende 1930 Berufung ins ZK der IAH nach Moskau. Blieb nach natsoz. Machtübernahme als Emigr. in der UdSSR, 1937 Verhaftung durch NKVD, Haft in versch. ArbLagern. 1955 in die DDR, hauptamtl. Mitarb. SED-BezLtg. Leipzig; Parteiveteran. - *Ausz.:* u.a. 1958 VVO (Silber), 1962 Karl-Marx-Orden; ZK-Nachruf.

W: Was wir wollen. 1919; ... aber verbunden sind wir mächtig. Aus der Geschichte der Arbeiterjugendbewegung (Erinn.). 1958. *L:* GdA; Weber, Wandlung; Jahnke, Arbeiterjugendbewegung. *Qu:* Erinn. Hand. Publ. Z. - IfZ.

Glucksmann, Hannah, Pianistin, Politikerin, Gewerkschaftsfunktionärin; geb. 23. Aug. 1912 Hamburg; jüd.; *V:* Samuel G. (geb. 1884 bei Krakau, gest. 1945 New York), jüd., Verkäufer, bis 1938 Inh. eines Delikatessengeschäfts in Hamburg, 1939 Emigr. USA; *M:* Cilly (geb. 1888 Przemysl/Galizien), Mitarb. im Geschäft des Ehemannes, 1939 Emigr. USA; *G:* Arnold (geb. 1911 Hamburg), jüd., Talmud-Thoraschule Hamburg, 1938 Geschäftsf. elterl. Betrieb, 1938 Emigr. USA, Buchhalter in New York; Manfred (geb. 1919 Hamburg), Talmud-Thoraschule Hamburg, 1936 Emigr. Pal., 1940 MilDienst brit. Armee, dt. Kriegsgef., 1947 Pal., später USA, Autohändler; Harry (geb. 1926 Hamburg), Talmud-Thoraschule Hamburg, 1938 Emigr. USA, höhere Schule, im 2. WK US-Armee, Druckereibesitzer in New York; *StA:* deutsch, Pal./IL. *Weg:* 1934 Pal.

1932-34 Stud. Phil., Lit. u. Musik Hamburg, 1934 Verweisung von Univ.; Gr. u. Präs. *Zionistische Studentinnengruppe* (ZIST), Mitgl. K.J.V., *Hechaluz* Hamburg. 1934 Emigr. Palästina mit B III-Zertifikat, 1934-35 Stud. Hebr. Univ. u. 1934-36 Konservatorium, Dipl.-Musiklehrerin für Volksschulen, 1936-38 Musiklehrerin Pua Grunspoon-Inst., Konzertbegleiterin auf Kibb.-Moshavim- u. *Histadrut*-Veranstaltungen, 1938-44 im Pua Grunspoon-Inst. Konzerte für Jugendliche mit dem Palestine Symphony Orchestra; zugl. 1939-44 Pianistin u. Geschäftsf. Yarkon-Hotel. 1944-72 Ltr. Abonnementabt. Palestine Symphony Orchestra, Geschäftsf. *Friends of Palestine Symphony Orchestra,* Mitgr. *Alijah Chadaschah* u. Ltr. Frauenabt., Vorst-Mitgl. *Fortschrittspartei, Liberale Partei, Unabhängige Liberale Partei,* 1974 Ltr. der Parteiabt. für Emigr. aus Mitteleuropa. Parteivertr. im Frauenarbeiterrat der *Histadrut,* Kandidatin für den Stadtrat von Tel Aviv. 1957 Gr. u. Präs. *Soroptimist Club* Tel Aviv, 1962-64 Präs. *Soroptimist Union,* ab 1971 Mitgl. *B'nai B'rith.* Lebte 1974 in Tel Aviv.

Qu: Fb. - RFJI.

Glück, Fritz, Richter; geb. 28. Apr. 1910 Stuttgart; *V:* Moses (urspr. Moritz) G. (geb. 1879 Ludwigsburg/Württ., gest. 1932 Stuttgart), jüd., Kaufm., Mitgl. *B'nai B'rith,* CV; *M:* Helene, geb. Rosenfelder (geb. 1887 München, umgek. 1942 Getto Riga), jüd., Mitgl. *B'nai B'rith,* CV; ∞ 1937 Deborah Safier (geb. 1914 Krakau); *K:* Moshe (geb. 1938), D.Sc. Technion Haifa, Physiker, Forschungsarb. am physikal. Inst. der Univ. Mainz; *StA:* deutsch, IL u. deutsch. *Weg:* 1934 Pal.

1928-32 Stud. Rechtswiss. Heidelberg, München, Berlin, Tübingen, ab 1932 Referendar Stuttgart. 1933-34 Hachscharah auf Gut Loetze bei Rathenow u. auf Winkelhof in Baden; Mitgl. K.C., *Reichsbanner;* 1933 Berufsverbot, Okt. 1934 Emigr. Palästina mit A I-Zertifikat, 1934-35 Hachscharah Kibb. Ḥefzi Bah, 1935-36 Landarb. in Nahariyyah, 1936-40 bei der Jew. Settlement Police, 1940-46 Feldwebel brit. Armee u. Abwehrdienst, 1941-45 im Hauptquartier der 8. Armee, Teiln. an der Invasion in Nordafrika u. Italien, 1945-46 mit brit. Truppen in Österr.; 1946-48 Postangest., 1948-52 IDF-Major beim MilGericht in der Abt. des Judge Advocate u. beim Nachrichtendienst. 1952-57 RA-Praxis in Nahariyyah, 1957-66 Richter in Safed, 1966-72 in Haifa, 1972-78 in Nahariyyah, dann Ruhestand. Ab 1934 Mitgl. *Histadrut, B'nai B'rith,* bis 1966 Mitgl. *Internat. Rotary Club.* Lebte 1977 in Nahariyyah.

Qu: Fb. - RFJI.

Glück, Gustav, Bankdirektor; geb. 6. März 1902 Wien, gest. 18. Mai 1973 Wien; *V:* Dr. Gustav G. (1871-1952), Dir. der Gemäldegalerie im Kunsthistor. Museum Wien, 1938 Emigr. GB, 1942 USA; *M:* Else, geb. v. Schönthan (geb. 1877, gest.); *G:* Franz (geb. 1899), Schriftst., Dir. Histor. Museum der Stadt Wien, A: Wien; Elisabeth Hernried (Henreid), gesch. Edthofer (geb. 1908), 1936 nach GB, 1940 Emigr. USA, A: Hollywood; ∞ I. Erika Sieber; II. Elisabeth Pongratz (gest. 1974); *K:* aus II: Cora Priessnitz (geb. 1943), Fotografin, A: Wien; *StA:* österr., argent. (?), österr. *Weg:* 1934 (?) GB; 1938 Argent.; 1946 GB; 1947 Österr.

1918 (?) Schulausschluß, ging in die USA; zunächst Gelegenheitsarb., später Banklehre. In den 20er Jahren Rückkehr nach Europa. Ab 1928 Dir. Auslandsabt. Reichskreditgesellschaft in Berlin; Mitgl. des linksintellektuellen Künstler- u. Schriftstellerkreises in Berlin, befreundet mit Bertolt Brecht u. Walter Benjamin, vermutl. Mitgl. KPD. 1934-38 in London Chef des Europäischen Büros der Chemical Bank and Trust Co. New York. 1938 nach Buenos Aires, Arb. im Bankhaus Roberts, Meynell & Co. 1941 Mitgr. u. bis 1945 (?) Sekr. *Comite Austriaco* unter → Ferdinand Erb-Rudtorffer als Zusammenschluß der konservativ-bürgerlichen u. der kommunist. österr. Emigration in Argentinien. Maßgebl. am Zusammenschluß der *Freien österreichischen Bewegungen* in Südamerika zum *Comite Central Austriaco de America Latina* (CCAAL) unter → Karl Stefan Grünberg in Montevideo im Okt. 1943 und am Beitritt des CCAAL zum *Free Austrian*

World Movement London (→ Franz West) im März 1944 beteiligt. 1946 Rückkehr nach London, 1947 nach Wien. Dez. 1947-Aug. 1958 Dir. Österreichische Länderbank; 1958-68 (?) zunächst stellv., später o. VorstMitgl. Dresdner Bank Frankfurt/M.

W: Vorwort zu → Walter Freund, Was wird aus Österreich? Buenos Aires (Verlag des Österreichischen Komitees) 1945. *Qu:* Arch. Hand. Pers. - IfZ.

Glückauf, Erich, Parteifunktionär; geb. 12. Sept. 1903 Wittlich/Eifel, gest. 23. Apr. 1977 Berlin (Ost); *V:* Julius (geb. 1879); ∞ Edith; *StA:* deutsch. *Weg:* 1934 (?) Saargeb.; 1935 F; 1936 E; 1939 F, N; 1940 S; 1945 Deutschland (SBZ).

Bergmann; 1922 KPD, 1923-27 Parteijourn., 1927-32 Sekr. KPD-Reichstagsfraktion u. Chefred. ihres Pressedienstes, 1931 Chefred. KPD-Tageszig. *Die Nachrichten* Berlin, 1932-33 Chefred. *Freiheit* Düsseldorf. Nach natsoz. Machtübernahme Ltr. KPD-Bez. Niederrhein, dann Delegierung ins Saargeb., Red. *Deutsche Volkszeitung* Saarbrücken. 1935 nach Frankr., 1936 Spanien, mit → Hans Teubner Chefred. *Kurzwelle 29,8* bzw. *Deutscher Freiheitssender 29,8.* Deckn. Oskar. 1939 über Frankr. nach Norwegen, bei dt. Einmarsch nach Schweden, bis 1943 Internierung in Loka Brun u. Långmora. Juli 1943-Nov. 1945 Chefred. u. Leitartikler *Politische Information* Stockholm; Mitgr. u. Mitgl. FDKB, 1944 Teiln. KPD-Landeskonf. u. Wahl in die engere Parteiltg., ab Grdg. 1944 LtgMitgl. *Arbeitsausschuß deutscher antinazistischer Organisationen,* VorstMitgl. des im Juni 1945 gegr. *Hilfskomitees für deutsche und staatenlose Opfer der Konzentrationslager.* Dez. 1945 illeg. Rückkehr nach Deutschland (SBZ), ab 1946 Ltr. AgitPropAbt. der SED-Landesltg., Chefred. des Landesparteiorgans u. MdL Mecklenburg; Ende der 40er Jahre angebl. mehrjähr. pol. Schulung in der UdSSR; 1950 Mitarb., ab 1951 stellv. Vors. u. ab 1954 Vors. Zentrale Kommission für gesamtdeutsche Arbeit beim ZK der SED (ab 1962 Westkommission); 1961-69 Mitgl. des in die DDR verlegten ZK u. PolBüros der illeg. KPD, ab 1971 AbtLtr. im ZK der SED, ab 1972 SED-Vertr. im RedKollegium *Probleme des Friedens und des Sozialismus* Prag, zuletzt Mitarb. Institut für Marxismus-Leninismus beim ZK der SED. Rege publizist. Tätigkeit. - *Ausz.:* u.a. 1955 VVO (Silber), 1958 Med. für Kämpfer gegen den Faschismus 1933-45, 1959 Banner der Arbeit, 1970 Karl-Marx-Orden, 1973 VVO (Gold), ZK-Nachruf.

L: Mewis, Auftrag; Müssener, Exil; Dahlem, Vorabend. *Qu:* Arch. Hand. Publ. Z. - IfZ.

Glücksmann, Anselm, Dr. jur., Staats- u. Verbandsfunktionär; geb. 31. Juli 1913; jüd.; *StA:* deutsch. *Weg:* 1933 E; 1934 CH; 1935 Deutschland; 1938 CH; 1939 Honduras; 1948 Deutschland (Berlin).

Jurist u. Volkswirt. 1933 nach Spanien, 1934 Stud. in der Schweiz, 1935 Rückkehr nach Deutschland, 1938 erneut in die Schweiz, 1939 nach Honduras, 1942 in enger ZusArb. mit BFD Mexiko Gr. *Comite de Antihitlerianos de Habla Alemana Honduras* u. als dessen Vors. ab 1943 Vizepräs. *Lateinamerikanisches Komitee der Freien Deutschen.* 1948 Rückkehr nach Deutschland (Berlin). Dir. Büro für Urheberrechte u. Lehrbeauftr. für Urheber-, Verlags- u. Presserecht Univ. Leipzig; gleichz. Verb.-Funktionär, ab 1959 Mitgl. Revisionskommission *Kulturbund zur demokratischen Erneuerung Deutschlands.* Lebte 1975 in Berlin (Ost).

L: Kießling, Alemania Libre. *Qu:* Arch. Hand. Publ. - IfZ.

Glücksmann, Frida (Frieda), geb. Lebrecht, Sozialarbeiterin; geb. 25. Juli 1890 Breslau, gest. 7. Sept. 1971 London; jüd.; *V: Louis Lebrecht (gest. Deutschland), jüd., Kaufm.; M:* Jenny geb. Engel (gest. 1940 [?] Deutschland), jüd.; *G:* Therese Lebrecht (geb. 1891 Breslau, umgek. 1941 [?] KL), Stud., Photographin, Künstlerin; ∞ Erich Glücksmann (gest. 1962 London), jüd. Kaufm., 1934 gesch., Emigr. GB; *K:* Peter (geb. 1922 Breslau), Emigr. NL, Quäkerschule, 1939 Emigr. GB, Kaufm.; Marianne Blackmore (geb. 1922), 1937 Emigr. GB; Ernest J. Mann (urspr. Glücksmann, geb. 1925), Emigr. NL, 1939 GB, Stud. Landwirtschaft, Dir. Commonwealth Bureau of Dairy Science Technol.; *StA:* deutsch, brit. *Weg:* 1938 GB.

1903-06 Stud. Lehrerinnenseminar Breslau, 1906 Kindergärtnerinnen-Dipl., 1908-12 Ltr. Privatkindergarten in Breslau. 1912-13 Stud. Lausanne/Schweiz, 1913 Fremdsprachendipl. in Franz., 1915-16 Stud. Anna von Gierke-Sozialpädagogisches Seminar in Berlin, 1916 Jugendltr.-Dipl.; 1917-31 VorstMitgl. u. Dezernentin für Schulkinderfürsorge am städt. Jugendamt Breslau (Aufsicht über Kindergärten u. Ausbildung von Krankenschwestern, Lehrerinnen u. Sozialarb., Verteilung der Lebensmittelspenden von Quäkern in Schlesien), im 1. WK Org. von Kinder-Schulspeisungen in Deutschland; 1934-38 Gr. u. Dir. jüd. hauswirtschaftl. Internat für die Ausbildung von Emigr. in Lehnitz bei Berlin unter Ltg. des *Jüdischen Frauenbunds,* unter pol. Druck Schließung. 1938 i.A. der *Reichsvertretung* in die USA zur Förderung der Emigr. dt. Juden. 1938 Emigr. GB mit Stellenangebot, 1938-39 Ltr. eines Wohnheims für Flüchtlingsfrauen u. -kinder i.A. des *Jüdischen Flüchtlingskomitees* in Highgate, London. 1939-46 Ltr. eines Wohnheimes für obdachlose Mädchen in Hampstead, Gr. eines Restaurants, Mitarb. bei Schulspeisung; 1946-71 Inh. des All Nations Guest House in London.

D: Nachlaß im Besitz von Ernest Mann, Arborfield/Berkshire *Qu:* EGL. Pers. Z. - RFJI.

Glücksmann, Siegmund, Dr. jur., Rechtsanwalt, Politiker; geb. 30. Mai 1884 Radocza b. Wadowitz/österr. Schlesien, gest. Taschkent/UdSSR; ∞ verh.; *K:* 1 S, A: Deutschland (BRD). *Weg:* 1939 UdSSR.

Wegen sozialist. Aktivitäten vom Gymn. relegiert, Abitur in Krakau, Stud. Rechtswiss., Mitarb. sozialist. Zs., RA in Bielitz. Ab 1920 Mitgl. u. dt. sozdem. Partei im Teschener Schlesien, Mitarb. *Volksstimme.* Mit → Johann Kowoll Befürworter der ZusArb. mit poln. u. jüd. SozDem., stellv. Vors. *Deutsche Sozialistische Arbeiterpartei Polens,* zu der sich die dt. sozdem. Org. Oberschlesiens u. des ehem. Kongreßpolens auf Vereinigungs-PT Okt. 1929 in Lodz zusammenschlossen; Verf. des Programmentwurfs. 1930 Wahl in Schlesischen Sejm. Sept. 1939 mit Fam. Flucht in die UdSSR.

W: Das Wohnungsproblem in Polen. 1930. *L:* Wertheimer, Fritz, Von deutschen Parteien und Parteiführern im Ausland. 1930; Matull, Arbeiterbewegung. *Qu:* Publ. - IfZ.

Gnevkow gen. Blume, Rudolf, Journalist, Publizist; geb. 22. Apr. 1889 Wien; *V:* Rudolf Sylvester G., Ztg.-Hg., Chefred.; *M:* Dorothea, geb. Schlesinger; ∞ 1920 Elsa Götz; *K:* Rudolf (geb. 1922). *Weg:* 1938 CH.

Stud. Kunstgesch. Univ. Wien. 1910 Gr. *Korrespondenz für Aviatik;* im 1. WK Soldat u. Zensor im Kriegspressequartier. AbtLtr. Österreichische Waffenfabriks-AG, Dir. Pomona GmbH, Geschäftsf. Österreichische Fiaker-Automobilges., Eigentümer u. Hg. *Sportkorrespondenz Gnevkow-Blume* u. *Blume's Sport-Telegramme.* War 1937 Bundessportref. der *Vaterländischen Front* (VF) u. Ref. der Landesführung Niederösterr. der VF; 1. Vizepräs. *Verband der Zeitungs-Korrespondenzen.* Ab 1938 als pol. Flüchtling in der Schweiz. 1945 Mitgr. u. Obmann *Vereinigung der Österreicher in Genf* (?). Ehrenamtl. Konservator Bundesdenkmalamt Wien. Lebte 1951 in Genf.

W: u.a. Galiziens Wiedereroberung in Wort und Bild. 1916; Der Krieg gegen Italien in Wort und Bild. 1916; Wichtige Bestimmungen für österreichische Baumschulbesitzer. 1931; Maria Laach. Kunst, Legende und Geschichte. 1932; Adelsbriefe für österreichische Künstler des 18. Jahrhunderts. 1935; Die Ahnfrau der Stockalper vom Turm. 1942; Ein unbekannter Augsburger Goldschmied und seine Werke in der Schweiz. 1948. *Qu:* Hand. - IfZ.

Godin, Michael (Michel) Paul Ludwig Richard **Frhr. von,** Polizeioffizier; geb. 8. Oktober 1896 München; *V:* Reinhart v. G., Kämmerer, Major a.D.; *M:* Maria, geb. von Bals; ∞ I. 1920-28 u. II. 1932-75 Freiin Antonie Henn von Henneberg (geb. 1894); III. 1975 Gila Wollenhaupt, geb. Brauer (geb. 1895); *StA:* deutsch. *Weg:* 1938 CH; 1945 Deutschland (ABZ).

Teiln. 1. WK (Offz.); Dez. 1920 Bayer. Landespolizei, Führer der Polizeieinheit, die 9. Nov. 1923 Demonstrationszug der NSDAP an der Münchner Feldherrnhalle zurückschlug. 1926 Entlassung als Polizeioberlt. mit Versorgung. Mai 1933-Jan. 1934 Schutzhaft, März 1938 Emigr. nach Luzern. Verb. zu → Joseph Wirth, → Otto Braun, → Wilhelm Hoegner, für Sonderstatus Bayerns nach Kriegsende. Hg. militärpol. Privatkorr. *Betrachtungen.* Mitgl. *Das Demokratische Deutschland,* mit Hoegner für künftige Westorientierung Deutschlands. 5. Juni 1945 durch Vermittlung von Allen Dulles mit Hoegner Rückkehr nach München. Juli 1945-April 1946 Chef der Landpolizei von Oberbayern, bis Okt. 1959 Präs. Bayer. Landpolizei. Lebte 1976 in München.

L: Hoegner, Wilhelm, Der schwierige Außenseiter. 1959. *D:* IfZ. *Qu:* Arch. Fb. Publ. - IfZ.

Goergen, Hermann Mathias, Dr. phil., Hochschullehrer; geb. 23 Dez. 1908 Wallerfangen/Saar; *V:* Adam G.; *M:* Gertrud, geb. Zimmer; *G:* 8; *StA:* deutsch, Ausbürg., deutsch. *Weg:* 1935 Österr.; 1938 CSR, CH; 1941 Bras.; 1954 Deutschland/Saargeb.

Stud. Phil., Pädagogik, Gesch. u. Theologie Univ. Trier, Bonn, Köln, Freiburg u. Salzburg; Prom. über die Entwicklung der philosophischen und pädagogischen Ansichten Friedrich Wilhelm Försters; 1933-35 wiss. Assist. bei Friedrich Wilhelm Förster; 1935 Assist. am Forschungsinst. für dt. Geistesgesch., 1938 Berufung durch Fürsterzbischof Dr. Waitz auf Lehrstuhl der v. der Grdg. stehenden kath. Univ. Salzburg. Nach dem Anschluß Österr. Emigr. in die CSR, von dort in die Schweiz. Hier wiederum Assist. des unterdessen ebenfalls emigr. F. W. Förster; daneben Org. der Auswanderung dt. Emigr. nach Brasilien mit Hilfe von Pässen, die CSR-Staatspräs. Beneš dem Gesandten beim Völkerbund, Jaromir Kopecky, zur Verfügung gestellt hatte (sog. Tschechen-Visa), u. mit Unterstützung des Vatikans. 1941 Emigr. Brasilien. Ab 1950 Lehrtätigkeit an der Bundesuniv. Juiz de Fora/Minas Gerais, Prof. wirtschaftswiss. Fakultät. Nach Rückkehr ins Saargeb. Mitgl. CVP → Johannes Hoffmanns; Jan. 1954-Okt. 1955 GenDir. *Radio Saarbrücken,* in dieser Funktion wichtiger Eintreten für Saarstatut. 1957-61 MdB (CSU Saar/CDU), Sonderbeauftragter des Presse- u. Informationsdienstes der Bundesreg. Seit 1960 Präs. *Deutsch-Brasilianische Gesellschaft* Bonn, seit 1961 Lateinamerika-Zentrum ebd. u. Hg. *Brasilianische Hefte. - Ausz.:* u.a. Ehrenbürger von Rio de Janeiro u. São Paulo, Dr. h.c. Univ. Parana u. Ceara/Bras., Komtur-Kreuz des Südens/Bras., Großoffz. des Ordens für Verdienste um die Erziehung, 1969 Gr. BVK.

W: Zahlr. Veröffentl.; Bibliogr. in: Caltofen-Segura, Rodolfo (Hg.), Dados biograficos et bibliograficos de Prof. Dr. Dr. hc. H.M. Goergen. 1963. *L:* Schwan, Heribert, Der Rundfunk als Instrument der Politik im Saarland 1945-1955. 1974; Schneider, Saarpolitik und Exil. *Qu:* Arch. Pers. Publ. - IfZ.

Görlinger, Robert Johann, Kommunalpolitiker; geb. 29. Juli 1888 Ensheim/Saarland, gest. 20. Febr. 1954 Köln; Diss.; *V:* Werkmeister; ∞ I. 1909-33; II. 1933 Else Wolf, Emigr.; *K:* aus I: 2 T, 2 S; aus II: 1 S (geb. 1936); *StA:* deutsch, 26. Apr. 1939 Ausbürg., deutsch. *Weg:* 1933 Saargeb., F; 1941 Deutschland.

Ab 1902 Fabrikarb.; 1907 Mitgl. u. ab 1919 Angest. DMV in Köln. 1909 Mitgl. SPD; 1915-19 MilDienst (Uffz. EK II). 1919-33 StadtVO., ab 1926 Fraktionsvors.; ab 1923 Abg. Prov.-Landtag, ab 1929 stellv. BezVors. SPD. VorstMitgl. Rheinischer u. ab 1928 Deutscher Städtetag. Ab 1925 Geschäftsf. *Arbeiterwohlfahrt* Köln. März 1933 Flucht ins Saargeb. In Saarbrücken Kontakte zu → Max Braun, → Wilhelm Sollmann u. → Emil Kirschmann. Mai-Juli 1933 im SPD-Sekr. Straßburg, anschl. nach Besançon; Marktländler u. Angest. Ab 1936 Vertrauensmann des *Comité Consultatif* u. ab 1938 des Landesverb. Frankr. der Saar-SPD (Ltg. Max Braun). Sept. 1939-Febr. 1940 u. Mai-Juni 1940 Internierung, anschl. Wehrmachtsdolmetscher in Nevers. März 1941 Verhaftung, Nov. 1941 Verurteilung durch OLG Hamm zu 2 J. Gef., bis Kriegsende KL Sachsenhausen. 1945 Wahl in SPD-PV, Mitgl. Zonenbeirat, bis 1947 BezVors. SPD; 1946 Bürgerm. u. stellv. OBürgerm. Köln, 1948-49 u. 1950-51 OBürgerm.; 1947-49 MdL NRW, ab 1949 MdB. Ab März 1946 Lizenzträger u. Verlagsltr. *Rheinische Zeitung* Köln. U.a. Präs.-Mitgl. Deutscher Städtetag, Vors. Deutsches Volksheimstättenwerk u. *Deutsche Gesellschaft für Fotografie.*

D: IfZ. *Qu:* Arch. Hand. - IfZ.

Goetz, Fritz, Journalist; geb. 2. April 1876 Breslau, gest. 8. März 1957 Tel Aviv; jüd. *Weg:* 1933 F; 1938 Pal.

Stud. oriental. u. klass. Sprachen, 1904-33 bei Ullstein-Verlag Berlin, gleichz. Chefred. für Lokalteil der *Vossischen Zeitung* u. Red. *Berliner Morgenpost,* Doz. am Institut für Zeitungswissenschaft in Berlin, Vors. *Kommunalpolitische Pressekonferenz* Berlin, 1933 zeitw. KL Dachau. Anschl. Emigr. Frankr., 1938 Palästina; Vortragstätigkeit u. publizistische Arbeit.

W: Toledot haItonaut haOlamit (Weltgeschichte des Zeitungswesens). 1951; Bildung und Beeinflussung der öffentlichen Meinung im Deutschland der letzten 50 Jahre (Ms). 1956. *L:* Mendelssohn, Zeitungsstadt. *Qu:* EGL. Publ. Z. - RFJI.

Goetz (Götz), **George,** Publizist; geb. 13. Nov. 1892 Kopenhagen, gest. 15. Juni 1968 Kopenhagen; jüd.; *V:* George G. (geb. 1865 [?] Hamburg, gest. 1892 Bras.), jüd., Kaufm. in Hamburg; *M:* Martha, geb. Nathanson (geb. 1865 Kopenhagen, gest. 1945 Kopenhagen), jüd., 1892 von Bras. nach DK, 1943-45 S; *G:* Gertrud Skibsted (geb. 1890 Santos/Bras., gest. 1972 Kopenhagen), 1892 nach DK, 1943-45 S; ∞ I. 1919 Lili Lewy (geb. 1890 Danzig, gest. 1945 Kopenhagen), jüd., 1938 Emigr. DK, 1943-45 S; II. 1945 Gertrud Klijn (geb. 1902 Amsterdam), Krankenschwester; *K:* Wolfgang Ephraim (geb. 1920 Danzig), Apr. 1938 Emigr. DK, 1943-45 S, Dolmetscherschule in Kopenhagen, 1945-48 Angest. bei der brit. Armee in Deutschland (BBZ), 1948 nach GB, Unternehmensltr. in London; Hans Raphael (geb. 1921 Danzig), Musikstud. in Berlin, 1938 Emigr. DK, 1939-42 Stud. Kgl. Konservatorium u. Univ. Kopenhagen, 1943-45 S, seit 1945 Musiker in Kopenhagen; *StA:* DK. *Weg:* 1938 DK; 1943 S; 1945 DK; 1946 Deutschland (BBZ); 1947 NL; 1949 DK.

1897 nach Hamburg, kaufm. Lehre, 1917-25 Kaufm. in Danzig; gleichz. VorstMitgl. Jüd. Gde. Danzig, Mitgl. Komitee zur Neugestaltung der Gebetbücher u. des Gottesdienstes der jüd. Gde. Danzig. 1925 nach Berlin, 1925-34 GenSekr. *Vereinigung für das Liberale Judentum in Deutschland,* gleichz. 1926-38 Laienprediger Hermann Falkenberg-Syn. u.a. Syn. d. Jüd. Gde. Berlin, Chefred. *Mitteilungsblatt der jüdischen Reformgemeinde* Berlin u. *Gemeindeblatt für die jüdischen Gemeinden Preußens,* Nachf. von Bruno Woyda als Chefred. der *Jüdisch-Liberalen Zeitung* (später *Jüdische Allgemeine Zeitung*). 1933-38 Stud. L(H)WJ, VorstMitgl. ORT, Mitgl. liberale Fraktion der Repräsentantenversammlung der Jüd. Gde. Berlin, Freimaurer-Großloge; Nov. 1938 kurzfristig Haft, anschl. Emigr. Dänemark mit Ehefrau u. jüngstem Sohn, 1938-43 Vortrags- u. publizist. Tätigkeit; Okt. 1943 mit Familie illeg. nach Schweden, bis 1945 in Stockholm Schriftsteller u. Doz. für Philosophie. 1945 nach Kopenhagen, 1946-47 Angest. bei der brit. Control Commission in Hamburg, Mitarb. *Gesellschaft für Jüdisch-Christliche Zusammenarbeit.* 1947-49 in Den Haag, Mitgr. u. 1957-68 Präs. Internat. Constantin Brunner-Inst.; 1949-68 Schriftsteller in Kopenhagen, Doz., Mitarb. NWDR für relig. u. jüd. Fragen, Übers. für dän. RegStellen, u.a. für Außenmin.; Ps. Hans Rosby, Leopold Nathanson.

W: Die physikalische Atomforschung im Lichte der philosophischen Atomlehre (Ms.); zahlr. Beiträge in dt. und ausländ. Zs. u. Ztg. *Qu:* Pers. Publ. Z. - RFJI.

Götze, Ferdinand; geb. 28. März 1907 Leipzig; ∞ verh.; *K:* 1 T, verh. mit dem schwed. Dichter Stig Dagerman, gesch. *Weg:* 1934 CSR; 1935 E; 1939 F, N; 1940 S.

Mitgl. anarchosyndikalist. *Freie Arbeiter-Union Deutschlands* (FAUD), nach 1933 Vors. der illeg. FAUD-Reichsltg.; Ende 1934 Flucht in die CSR; Febr. 1935 nach Spanien, vermutl. Teiln. Span. Bürgerkrieg; 1939 über Frankr. nach Norwegen, von dort 1940 nach Schweden; dort zunächst im ArbLager Loka Brun interniert, danach Waldarb. u. Tischler. Lebte 1974 in Stockholm.

L: Müssener, Exil. *Qu:* Arch. Publ. - IfZ.

Gold, Hugo, Dr. phil., Verleger, Publizist; geb. 15. Okt. 1895 Wien, gest. Nov. 1974 Tel Aviv; *V:* Adolf G.; *M:* Fanny, geb. Hickl; ∞ 1948 Miryam Pikkel; *K:* Abraham, Amalia. *Weg:* 1939 (?) Pal.

Teiln. 1. WK, 1915-18 Kriegsgef. in Sibirien. Anschl. Konservatorium, Stud. Dt. Univ. Brünn, 1928 Prom.; 1918-39 Mitarb., ab 1924 Ltr. Jüd. Buch- u. Kunstverlag seines Onkels Max Hickl in Brünn, Hg. populärer jüd. Zs., u.a. *Jüdische Volksstimme* u. *Hickls Illustrirter Jüdischer Volkskalender,* 1930-38 Hg. *Zeitschrift für die Geschichte der Juden in der Tschechoslowakei,* 1934-39 illustrierte jüd. Familienzs. *Die Welt.* 1939 (?) illeg. Emigr. Palästina, 6 Mon. Internierung in Athlit. 1943 Wiedereröffnung des Verlags als Olamenu Publ. House in Tel Aviv, spezialisiert auf Bücher über mitteleurop. Judentum, 1964-74 Verleger u. Red. *Zeitschrift für die Geschichte der Juden.* Gr. Zwi Perez Chajes Inst. Tel Aviv, Mitgl. *PEN-Club.* - *Ausz.:* 1967 Förderungspreis des Theodor Körner-Stiftungsfonds für Wiss. u. Kunst, 1973 Fellow der Jew. Acad. of Arts and Sciences New York.

W: Die Juden und die Judengemeinden Mährens in Vergangenheit und Gegenwart. 1929; Die Juden und die Judengemeinde in Preßburg in Vergangenheit und Gegenwart. 1932; Die Juden und die Judengemeinden Böhmens in Vergangenheit und Gegenwart. 1934; Geschichte der Juden in der Bukowina, 2 Bde. 1958, 1962; Geschichte der Juden in Wien. 1966; Gedenkbuch für Max Brod, 1884-1968. 1969; Gedenkbuch der untergegangenen Gemeinden des Burgenlandes. 1970; Geschichte der Juden in Österreich. 1971; Österreichische Juden in der Welt. Bio-bibliographisches Lexikon. 1971; Zwi Perez Chajes. Dokumente aus seinem Leben und Wirken. 1971.

Qu: Hand. HGR. Pers. Z. - RFJI.

Goldbaum, Wenzel, Dr. jur., Rechtsanwalt, Kaufmann, Schriftsteller; geb. 19. Sept. 1881 Lodz, gest. 15. Mai 1960 Lima/Peru; jüd.; *V:* Adolf G.; *M:* Bronislava, geb. Grünfeld; ∞ Maria Elisabeth Alecander-Katz; *K:* Heinrich (Heinz); Peter; Suse; Paul E.; *StA:* deutsch, 1936 EC (?). *Weg:* 1933 F; 1936 EC; Peru.

Stud. München, Berlin, Marburg, 1906 Prom. Marburg, 1909-33 RA u. Notar in Berlin, zus. mit Gerhard Jacoby Sozius einer bedeutenden RA-Firma, Spezialist für Urheber- u. Theaterrecht, bis 1933 erster Sekr. u. Syndikus des *Verbandes deutscher Bühnenschriftsteller und Bühnenkomponisten.* 1933 Emigr. Frankr., 1936 Ecuador mit Fam., mit seinen Söhnen Gr. einer Lebensversicherungsges., ab 1939 Südamerika-Korr. für *Le Droit d'Auteur* Bern u.a. Zs.; 1946 Vertr. Ecuadors bei Copyright Convention in Washington/D.C.; Mitgr. u. Mitgl. *Confédération Internationale des Sociétés d'Auteurs et Compositeurs, Circulo de la Prensa, Ateneo Ecuatoriano;* später nach Lima/Peru. Ps. Georg Wilhelm Müller. - *Ausz.:* 1954 Richard Strauss-Med.

W: Schutz gegen drohende Gefährdungen (Diss.). 1906; Übereinkunft zwischen Deutschland und Rußland zum Schutze von Werken der Literatur und Künste. 1913; Theaterrecht. 1914; Lichtspielgesetz. 1920; Devisenverordnung und Devisengesetz. 1922; Urheberrecht und Urhebervertragsrecht. 1922, 3. Aufl. 1961; Urheberrecht im Tonfilm. 1929; Fruchtschale. Kleine Anthologie ecuadorianischer Lyrik (Hg.). 1941; Buitres en Berrvecos. 1941; Derecho de autor panamericano, estudio comparativo. 1943; Pitalal lucha. 1943; Südamerikanische Lyrik (Hg.). 1949; Universal Convention over the Rights of the Unesco. 1954: zahlr. Kommentare, u.a. zu Urheberrecht u. unlauterem Wettbewerb; Verf. von Dramen unter dem Ps. G. W. Müller; Beiträge in dt., span., engl. u. franz. Fachzs. *Qu:* EGL. Hand. Publ. Z. - RFJI.

Goldberg, Eber Alfred (Fred), Unternehmensleiter; geb. 4. Febr. 1913 Dresden; jüd.; *V:* Jeremias G. (geb. 1881 Oberschlesien, gest. 1945 Rio de Janeiro), jüd., Weinhändler, 1939 Emigr. Bras.; *M:* Anna (geb. 1886 Oberschlesien, gest. 1953 Rio de Janeiro), jüd., 1939 Emigr. Bras.; *G:* Rosa (geb. 1906 Dresden, gest. 1965 New York), Gymn., 1938 Emigr. USA; Helena Zimmer (geb. 1908 Dresden), im 2. WK in Deutschland, A: Deutschland (BRD); ∞ 1942 Esther Hoineff (geb. 1916 Rio de Janeiro), Zahnärztin: *K:* Ronald James (geb. 1947), Exportkaufm.; Ilana (geb. 1951), Publizistin; *StA:* deutsch, Bras. *Weg:* 1933 Bras.

Gymn. u. Handelschule Dresden, 1930-33 Bundesltr. *Kameraden* in Sa., 1924-29 Mitgl. *Deutsch-Jüdische Jugendgemeinschaft;* kaufm. Lehre. Nov. 1933 Emigr. Brasilien, 1933-34 engl.-dt. Korr. in Exportfirma. 1935-46 Angest., später Verkaufsltr. Filmges. Columbia Pictures, 1947-51 Filmvertrieb für Republic Pictures of Brazil, 1951-54 Ltr. der lateinam. Vertriebsabt. von London Films in Rio de Janeiro. Mitgr. der Wohlfahrtsorg. *Centro 33* (später ARI u. *União Beneficente*), 1939 (?) -54 VorstMitgl. von ARI. Ab 1954 Geschäftsltr. der bedeutendsten Spielzeugfabrik in Brasilien, Manufactura de Brinquedo Estrela S.A. in São Paulo mit über 3500 Angest.; Mitgl. des *Club dos Exportadores,* 1955-71 Komitee-Mitgl., 1968 Vizepräs., 1970-77 Präs. C.I.P., Berater *Federação dos Sociedades Israelitas do Estado de São Paulo.* VorstMitgl. *Confederação dos Federações do Brasil.* Lebte 1978 in São Paulo.

W: Art. in *Resenha Judaica* u. Wirtschaftszs. *Qu:* Fb. Publ. - RFJI.

Goldberg, Isidor, Dr. jur., Rechtsanwalt; geb. 1. August 1881 Bromberg/Posen, umgek. 1943 (?) KL Auschwitz; jüd.; *V:* Nathan (geb. 1858, gest. 1929), Kantor; *M:* Fanny, geb. Cribowitz; *G:* Manny. *Weg:* 1933 F.

1907 Prom. Leipzig, bis 1933 RA u. Notar in Plauen/Sa., Beteiligung am Prozeß gegen NS-Gaultr. Martin Mutschmann; 1927-33 Präs. der isr. Religionsgde. Plauen, verantwortl. für Restaurierung der Syn.; StadtVO Plauen, Mitgl. DDP u. DSP, Vorst. des Landesverb. u. des pol. Ausschusses des CV in Sa., Präs. *Eugen-Fuchs-Loge* des *B'nai B'rith* Plauen, Mitgl. Israelitischer Gemeindeverband Sa. in Dresden; 1933 Berufsverbot, zeitw. Haft, Emigr. Frankr.; Mitarb. in franz. RA-Büro als Spezialist für dt. Probleme, tätig für Flüchtlingsorg. *Renouvelé.* Nach Kriegsausbruch Haft in versch. Lagern, u.a. Nexon in Südfrankr., Dep. nach Gurs, Drancy u. März 1943 KL Auschwitz.

W: Der Mißbrauch an Forderungen nach dem Bürgerlichen Gesetzbuche (Diss.). 1907. *L:* Bewährung im Untergang. *Qu:* EGL. Publ. - RFJI.

Goldberger (Goldberg, Goldenberg), **Max,** geb. 24. Febr. 1907 Steiermark; *StA:* österr. *Weg:* 1934 UdSSR; 1937 (?) E; 1939 (?) F; 1945 JU, Österr.

Arbeiter in der Steiermark, aktiv in ArbSportbewegung, vermutl. Mitgl. SDAP, *Republikanischer Schutzbund.* 1934 Teiln. an den Februarkämpfen, Emigr. UdSSR, vermutl. Mitgl. KPÖ. Ab 1937 (?) Teiln. Span. Bürgerkrieg in Internat. Brigaden, Deckn. Walter Sommer. Vermutl. 1939 nach Frankr., dort Internierung. Nach franz. Kapitulation Leitungsfunktionen in TA innerhalb der Résistance im Raum Lyon, 1944 (?) als Capitaine Ltr. einer Partisaneneinheit des Partisanenbtl. Carmagnoles, Ende 1944 mit einer Gruppe österr. Widerstandskämpfer unter → Othmar Strobel über Marseille nach Bari, Jan. 1945 nach Belgrad. Major, Kommandant des 4. österr. Btl. im Verband der jugoslaw. Volksbefreiungsarmee, das infolge Kriegsende nicht mehr zum milit. Einsatz gelangte, Mitarb. an dt.-sprach. Radiosendungen. Ende Mai 1945 Rückkehr nach Wien. Bis Frühj. 1946 Kommandeur der österr. Grenzschutzeinheiten im Raum Zwettl/Niederösterreich.

W: Vom Maquis zu den jugoslawischen Partisanen. In: Brigada Internacional ist unser Ehrenname... 1974. *L:* Spiegel, Résistance; Holzer, Bataillone; Pech, Résistance; Brigada Internacional ist unser Ehrenname... 1974; Die Völker an der Seite der spanischen Republik. 1975. *Qu:* Arch. Publ. - IfZ.

Goldenberg, Boris, Dr. phil., Journalist; geb. 7. Aug. 1905 St. Petersburg/Rußland; *V:* Dr. Wladimir G., RA aus Kiew, ab 1920 in Deutschland, naturalisierter Franzose, Angest. der franz. Botschaft in Berlin, 1939 nach Frankreich, nach dt. Besatzung mit zweiter Ehefrau von Gestapo verhaftet u. in KL Auschwitz umgek.; *M:* Olga, geb. Jaffé, in 2. Ehe verh. Munk, gest. in London; *G:* Halb-G.: Lady Ira Winterbottom, geb. Irene Munk (geb. 1916), 1936 mit Eltern nach GB; Alexey G. (1920-61), naturalisierter Franzose, im 2. WK Mitgl. Résistance, Oberst der Sureté Nationale, in Algier von OAS ermordet; ∞ I. 1935 Paris, Dr. med. Rosa Lenz (geb. 1910), Ärztin, 1942 gesch.; II. 1960 London, Dr. Gertrude Pachl (geb. 1929); *K:* aus II: Rina Andrea Ruth (geb. 1962); *StA:* russisch, 1917-46 staatenlos, anschl. bis 1967 kubanisch, seit 1967 deutsch. *Weg:* 1933 B, F; 1935 Pal.; 1937 F; 1941 Kuba; 1960 GB.

Gymn. in Berlin, 1924 Abitur, Stud. Gesch., Soziologie u. NatÖkonomie in Berlin, Freiburg, Heidelberg, u.a. bei Karl Mannheim u. Alfred Weber; 1930 Prom. 1924 SPD, nach Kontaktaufnahme mit KPD 1926 Ausschluß; 1927 KPD u. bis 1929 zus. mit → Richard Löwenthal u. → Franz Borkenau Mitgl. Reichsltg. *Kostufra;* Anschluß an KPDO, 1932 mit der Gruppe um → Jacob Walcher u. → Paul Frölich zur SAPD, Mitarb. *Sozialistische Arbeiterzeitung.* Schon Anfang der 30er Jahre aktive Mitarb. bei Versuchen zur Zersetzung der natsoz. Bewegung, vor allem in student. Gruppen u. der HJ-Linken; Kontakte zu *Organisation Consul* u. *Schwarze Front* (→ Otto Straßer). In der Wahlnacht März 1933 von SA verhaftet u. im Polizei-Krankenhaus Berlin mißhandelt, später Polizeigef. Alexanderplatz. Nach Entlassung Apr. 1933 Flucht über Brüssel nach Paris. Dort Mitgl. SAPD-AuslLtg., Deckn. R. Frey. Mitgl. SFIO; Mitgr. u. einer der Verf. des Volksfront-orientierten Programms der *Gauche Révolutionnaire,* unter Ps. Gilbert Mitarb. des gleichnam. Organs; 1934 persönl. Auseinandersetzung mit Leo Trockij um die von der SAPD für verfrüht gehaltene Grdg. einer IV. Internationale; enge Verbindung mit *Independent Labour Party* u. Fenner Brockway. Ende 1935 zu Verwandten nach Palästina, um eine berufliche Existenz zu gründen, 1937 Rückkehr nach Frankr, Mitunterz. Volksfrontaufruf v. 21. Dez. 1936/9. Jan. 1937; im Pariser Exil gute Beziehungen u.a. zu Jacques Doriot. Nach Kriegsausbruch Flucht nach Montauban/Südfrankr.; vergebl. Bemühungen um USA-Visum; über Spanien u. Portugal Sept. 1941 nach Kuba; in Havanna 1946 Mitgr. u. vorübergehend Ideologe der extremist. Org. *Movimiento Socialista Revolucionario;* 1945-48 Mitarb. Wochenzs. *Tiempo* Kuba; bis 1960 in Havanna, anfängl. von AFL unterstützt, ab 1948 Lehrer an amerikan.-kuban. Privatschule u. Gastprof. Univ. Havanna. Aufgrund seiner Ablehnung des Castrismus 1960 nach GB, in London publizist. u. als Übers. tätig. Febr. 1964 Berufung als Ltr. der Lateinamerika-Redaktion bei der *Deutschen Welle* Köln. 1971 Ruhestand. - *Ausz.:* 1971 BVK.

W: u.a. Karl Marx, Ausgewählte Schriften (Hg). 1963; Lateinamerika und die kubanische Revolution. 1963; Kommunismus in Lateinamerika. 1971; Mitarb. mehrerer Sammelwerke über Lateinamerika u. die Sowjetunion. *L:* Guérin, Daniel, Front populaire - révolution manquée. 1963; Drechsler, SAPD. *Qu:* Fb. Publ. - IfZ.

Goldenberg, Norbert, Dr. med., Arzt, Verbandsfunktionär, geb. 7. März 1909 Gross-Felda/Hessen, gest. 25. Sept. 1974 New York; jüd.; *V:* Julius G. (geb. 1881 Kestrich/Hessen, gest. 1968 New York), jüd., Viehhändler; *M:* Rosa, geb. Goldenberg (geb. 1884 Kestrich, gest. 1964 New York), jüd.; *G:* Helma Seewald (geb. 1912 Gross-Felda), Abitur, Emigr. USA; ∞ Lilo Lamm (geb. 1920 Berlin), jüd., 1937 USA, Sekr. *Deutsch-Jüdischer Club*, aktiv in ORT, UJA u. für isr. Staatsanleihen; *K:* Eva Ganz (geb. 1941 New York), B.A. (Chemie), Doz. in New York; David (geb. 1948 New York), 1974 M.D., Arzt u. Doz. in New York; *StA:* deutsch, 1940 USA. *Weg:* 1934 USA.

1927-32 Stud. Med. Frankfurt/M., München, Gießen, Köln u. Wien, 1932 Prom., 1932-34 AssistArzt Israelitisches Krankenhaus Hannover. 1934 Emigr. USA, 1934-74 Mitgl. med. Fak. des Montefiore Hospital New York, zuletzt als Assoc. Attending Physician der Abt. für Lungenkrankheiten. 1940-74 Mitarb., ab 1965 Chefarzt der Washington-Heights-Lungenklinik des Gesundheitsamtes der Stadt New York. 1934 Mitgl., später Hg. *Aufbau,* 1968-74 Präs. *New World Club,* Mitgl. *Blue Card,* ORT, A.F.J.C.E., *Leo Baeck-Loge* des *B'nai B'rith, Selfhelp, New York Acad. of Science,* med. Abt. der *Nat. Tuberculosis Assn., Med. Soc. of the County of New York, Am. Committee for Weizmann Inst. of Science, Am. Assn. for the Israel Med. Assn.,* Beratungsausschuß des Shaare Zedek-Hospitals in Jerusalem, *Am. Coll. of Chest Physicians.* - *Ausz.:* 1955 Award of Merit der *Bergen County/N.J. Heart Assn.,* 1963 Certificate of Service Award des Gesundheitsamtes der Stadt New York, 1968 ehrenamtl. Doz. für öffentl. Gesundheitswesen der Columbia Univ.

W: Über den Einfluß des Arsens auf die Neutralschwefelausscheidung (Diss.) 1935. *L:* Wronkow, Ludwig, Norbert Goldenberg zum Gedächtnis. In: Aufbau, 4. Okt. 1974; *D:* RFJI. *Qu:* Arch. Hand. Pers. Z. - RFJI.

Goldhaber, Leo, Dr. rer. pol., Bankier, Verbandsfunktionär; geb. 10. Aug. 1902 Danzig; jüd.; *V:* Simon G. (geb. 1872 Rußl., umgek. im Holokaust), jüd., Holzhändler, orthod. Zion.; *M:* Paula, geb. Perla (geb. 1872, umgek. im Holokaust), jüd.; *G:* Becka (geb. 1897 Danzig, umgek. im Holokaust), Stud. Kunsthochschule Berlin; ∞ Sophie Barinbaum (geb. 1911 Königsberg), jüd., 1938 Emigr. Pal.; *K:* Gideon (geb. 1936), 1938 Emigr. Pal., Stud. Hebr. Univ., Apotheker; Gad (geb. 1943), Stud. Technion Haifa, Architekt; *StA:* deutsch, Freie Stadt Danzig, IL. *Weg:* 1938 Pal.

Abitur Danzig, 1921-22 Angest. in Sägemühlen, landwirtschaftl. Hachscharah, dann Stud. Handelshochschule u. Univ. Leipzig, Prom., dann Stud. Rechtswiss., 1933 unterbrochen, Ltr. der Bank für Realbesitz Leipzig; 1916-35 Jugendführer *Blau-Weiß, Kadimah, Jüdischer Pfadfinderbund, Makkabi Hazair, Hechaluz,* Mitgl. Zion. Org. Leipzig, jüd. GdeVertr. Leipzig; 1935 als Danziger aus Sa. ausgewiesen, Ltr. Jüd. Bank Danzig, 1937-38 Haft. 1938 Emigr. Palästina, 1939-58 Ltr. Feuchtwanger-Bank Tel Aviv, 1958-68 stellv. Dir. Bank Leumi u. Dir. Cifico-Leumi-Bank Zürich u.a. Tochterges. der Bank Leumi. Seit 1969 Finanzdir. der Firma Eisenberg Internat. in Tel Aviv, AR-Mitgl. versch. Ges.; Vors. Org. der Einwanderer aus Danzig, Eintreten für Einbeziehung von NS-Verfolgten aus Danzig in die Wiedergutmachungsgesetzgebung in Deutschland (BRD). Lebte 1977 in Tel Aviv.

W: Art. in dt.-jüd. Zs. *Qu:* Fb. - RFJI.

Goldhammer, Bruno, Journalist, Parteifunktionär; geb. 10. Febr. 1905 Dresden, gest. 7. Aug. 1971 Dresden; ∞ verh.; *StA:* deutsch. *Weg:* 1933 CSR; 1935 CH; 1945 Deutschland (ABZ).

Gymn. Dresden; 1920 KJVD, 1922 KPD. Ab 1927 Red., 1929 Chefred. *Sächsische Arbeiterstimme* Dresden. 1930-31 Festungshaft; 1931-33 Red. Chemnitz u. Parlamentsjourn. im LT Sachsen. 1933 illeg. Tätigkeit in Dresden, Haftbefehl, Emigr. in die CSR, Mitgl. EmigrLtg., nach sog. Brüsseler Konferenz 1935 als Gegner der Unterwanderungspol. → Walter Ulbrichts gegenüber SPD Suspendierung, gemäß Parteibeschluß in die Schweiz. Auf Empfehlung des Schriftst. Friedrich C. Weiskopf Anerkennung als GewFunktionär, 1936 Aufenthaltserlaubnis. Mitgl. KPD-Landesltg. (Sekr. für AgitProp.), Mitarb. Abschn.-Ltg. Süd u. Chefred. ihres Organs *Süddeutsche Informationen/ Süddeutsche Volksstimme;* 1939-40 Ltr. von Schulungskursen für in Süddeutschland aktive KPD-Funktionäre. Ab Herbst 1939 enger Kontakt zu Noel H. Field. Mitte 1940 Verhaftung, Haft in Regensdorf u. Witzwil, Internierungslager Malvaglia u. Gordola, Mitgl. der in Gordola gebildeten KPD-Landesltg. Während Internierung mit Hilfe des Arztes Dr. Hoffmann (Deckn. für Dr. Tibor Szönyi, 1949 im Rajk-Prozeß als Ltr. der Kaderabt. des ZK der ung. KP wegen früherer Kontakte zu Field zum Tode verurteilt u. hingerichtet) Erlaubnis zu regelmäßigen Konsultationsreisen nach Zürich, die ihm Fortsetzung der pol. Arbeit ermöglichten. Ab Febr. 1941 durch Field Verb. mit KPD-Ltg. Marseille (→ Walter Beling, → Lex Ende, → Willi Kreikemeyer). Mitte 1944 Entlassung; Mitgl. BFD, Chefred. *Freies Deutschland*, Mitgr. *Gesellschaft der Freunde freier deutscher Kultur*. Deleg. 1. u. 2. Landeskonf. der KPD-Gruppe 14. Jan. u. 24.-25. März 1945 in Zürich. Mitte 1945 München; 1945-46 KPD-Landesvors. Bayern, Aug. 1945 Mitgr. *Aktionsgemeinschaft der Sozialdemokratischen und Kommunistischen Partei in München*, plädierte als Exponent der volksdemokrat. Blockpol. des Berliner ZK für Umbenennung der KPD in Bayern in *Bayerische Kommunistische Volkspartei*. Anfang 1947 Übersiedlung in die SBZ, Mitgl. SED. 1947-48 Mitarb. Zentralverw. für Volksbildung, 1948-49 Chefred. *Berliner Rundfunk*, 1948-49 AbtLtr. Amt für Information. Aug. 1950 Verhaftung im Zuge der Stalinschen Maßnahmen zur Unterdrückung nationalkommunistischer Tendenzen, SED-Ausschluß. Als der „Hauptschuldige für das Eindringen Noel H. Fields in die deutsche Emigration der Schweiz" von sowj. MilTribunal zum Tode verurteilt, Dep. in die UdSSR, nach Stalins Tod Begnadigung zu 25 J. Zwangsarb.; 1956 voll rehabilitiert, Wiederaufnahme in SED. Ab 1956 Red. *Zeit im Bild* Dresden u. anschl. bis zu seinem Tod Ltr. der Nachwuchsausbildung des Verlages. - *Ausz.:* 1959 Verdienstmed. der DDR, 1965 VVO.

W: Im Kampf um die Staatsautorität. 1929. *L:* Stern, Porträt; Müller, Walter, Die Aktionsgemeinschaft zwischen KPD und SPD in München 1945/1946. In: BZG, 1961 (Sonderh.), S. 117-138; Lewis, Flora, Bauer im roten Spiel. 1965; Weber, Wandlung; Fricke, Gerechtigkeit; Niethammer, Lutz, Entnazifizierung in Bayern. 1972; Bergmann, Schweiz; Borsdorf, Ulrich/Niethammer, Lutz (Hg.), Zwischen Befreiung und Besatzung. 1976; Niethammer, Lutz/Borsdorf, Ulrich/Brandt, Peter (Hg.), Arbeiterinitiative 1945. 1976; *Qu:* Hand. Publ. Z. - IfZ.

Goldhammer-Sahawi, Leo Aryeh (urspr. Goldhammer, Leo), Verbandsfunktionär, Journalist, Rechtsanwalt; geb. 18. März 1884 Mihâileni/Bukowina, gest. 18. Juli 1949 Haifa; *StA:* Österr. *Weg:* 1939 Pal.

1898 Teiln. 2. zion. Kongreß in Basel. 1902 nach Wien, 1902-07 Stud. Rechtswiss. Wien, Soziologie Berlin, Wirtschaftswiss. Frankfurt/M., 1907 Mitgr. Weltvereinigung *Poale Zion*, Mitgr. zion. *Studentenvereinigung Theodor Herzl*. 1907-09 in Rumänien, 1909-38 RA in Wien, Hg. der zion. Zs. *Die Stimme* u. *Die Hoffnung*, Vors. *Zion. Org. in Österreich*, Präs. *Jüdisches Volksheim* u. *Jüdische Volksbibliothek;* 1938-39 Ltr. J.N.F. u. Palästina-Amt Wien, Auswandererhilfe, bes. für Jugendliche. 1939 illeg. Emigr. Palästina, Mitarb. in Stadtverw. Haifa, stellv. Bürgermeister, VorstMitgl. *Hitachdut Olej Germania veAustria*, 1942 Mitgr. u. aktives Mitgl. *Alijah Chadaschah*, Mitgr. *Progressive Party;* 1941-45 literar. Beiträge in *Hege* (Mitteilungsblatt der *Hitachdut Olej Germania veAustria*). Die ersten Wahlen in Israel wurden z.T. seinen Vorschlägen entsprechend vorbereitet.

W: Die Handelsbeziehungen zwischen Österreich und Rumänien. 1910; Die landwirtschaftlichen Produktivunternehmungen in Rumänien. 1915; Soziologie und Tendenzen der jüdischen Wanderung. 1918; Kleiner Führer durch die Palästina-Literatur. 1919; Die Juden Wiens. 1927; Die Juden Mährens. 1927; Das Zahlenbild der Juden in Preßburg. 1932; Dr. Leopold Plaschkes. Zwei Generationen des österreichischen Judentums. 1943; Beiträge in *Arim veImmahot beYsrael* (Biogr. Lexikon). Bd. I. 1946. *Qu:* Hand. Publ. Z. - RFJI.

Goldmann, Erwin Zvi, Dr. rer. pol., Bankier; geb. 31. Aug. 1904 Tarnowitz/Schlesien, gest. 1977 IL; jüd.; *V:* Leo G. (geb. 1875 Friedrichshütte/Oberschlesien, umgek. KL Auschwitz), Kaufm.; *M:* Selma (geb. 1880 Trachenberg/Schlesien, umgek. KL Auschwitz); ∞ II. 1955 Ann Hanna Oelbaum (geb. 1911 Chemnitz/Sa.), med.-techn. Assist., 1935 Emigr. Pal., im Sanitätskorps von *Haganah* u. IDF; *K:* (aus I.) Ayala (geb. 1940), Beschäftigungstherapeutin, Tätigkeit für Kuppat Holim in IL; *StA:* deutsch, Pal./IL. *Weg:* 1933 F; 1934 Pal.

Stud. Freiburg, Zürich, Paris u. Berlin. Angest. IHK Berlin, später bei Hermes Versicherungs-Ges. AG, Apr. 1933 Entlassung. Mai 1933 Emigr. Frankr., Gelegenheitsarb. in Paris; Febr. 1934 nach Palästina mit A I-Zertifikat, 1934-45 Hoteldir., 1934-43 Schriftführer, 1940-43 Dir. *Haavarah*, Mitgl. mehrerer AR, 1943-50 geschäftsf. Dir. Safed Development Co. Ltd. (gegr. von *Jew. Agency*, KKL u. *Histadrut*). Ab 1935 (?) Mitgl. *Haganah*, 1948 Offz.; 1950-70 bei Anglo-Pal. Bank (später Bank Leumi leIsrael), zunächst geschäftsf. Dir. des Fonds für industrielle Entwicklung Ozar leTaasiyyah (gegr. in ZusArb. mit *Jew. Agency),* später stellv. Dir. Bank Leumi; ab 1970 AR-Mitgl. versch. Firmen. Mitgl. Berufungskommission für Umsatzsteuerfragen, Laienmitgl. Berufungsinstanz der isr. Verwaltungsgerichte, VorstMitgl. *Isr. Festival World Assembly of Choirs in Israel*.

Qu: Fb. Hand. - RFJI.

Goldmann, Heinz Meinhardt, Industrieberater; geb. 11. Aug. 1919 Bielefeld; jüd., 1938 Diss.; *V:* Sidney G. (1888-1953), o.K., Kaufm., KL-Haft, 1939 Emigr. S; *M:* Elfriede, geb. Hecht (1892-1973), jüd., Emigr. S; *G:* Walter (geb. 1923), Emigr. S, Kaufm. in Bielefeld; ∞ 1944 Stockholm, Gullevi Anderssen (geb. 1913), ev.; *K:* Lennart (geb. 1951), Sprachlehrer in Lund/S; *StA:* deutsch, Ausbürg., 1948 S. *Weg:* 1939 S.

Oberrealschule, nach 1933 Institut Monnier u. Ecole Nouvelle, Schweiz (→ Paul Geheeb), 1937-39 kaufm. Lehre Berlin, Jan. 1939 Emigr. mit Fam. nach Stockholm, 1940-43 Sprachlehrer, Fußballtrainer, Journalist u. Verkäufer, ab 1944 selbstänt. Verkaufsberater, Aufbau eines Management-, Verkaufs- u. Personalberatungsunternehmens mit weltweiten Aufträgen. 1955 Niederlassung in Genf. Ehrenvors. *Vereinigung Europäischer Marketingberater,* Koordinator *European Assn. of Management Training Institutes.*

W: Wie man Kunden gewinnt - Handbuch der Verkaufspraxis. 1952 (Übers. in 12 Sprachen). *Qu:* Fb. Hand. - IfZ.

Goldmann, Josef, Dr. jur., Wirtschaftswissenschaftler, Staatsfunktionär; geb. 3. Mai 1912 Karlsbad; *StA:* ČSR. *Weg:* 1939 GB; 1945 ČSR.

1931-34 Stud. Volkswirtsch. London (B. Sc.), 1934-36 Rechtswiss. Karls-Univ. Prag, Prom.; 1936-38 RA-Konzipient. 1937 KSČ. 1939 Emigr. nach GB, bis 1940 Mitarb. *Windsor-Organisation* für pol. Flüchtlinge aus der ČSR. 1940-42 Forstarb., 1942-43 Assist. Statistisches Amt London, 1943-45 Mitarb. Gallup-Institut für öffentl. Meinung. Mitgl. der kommunist. Gruppe um → Gustav Beuer, darin mit wirtschaftspol. Fragen beschäftigt, enger Mitarb. von → Ludwig Freund. 1945 Rückkehr in die ČSR. 1945-49 Ref. für Planung beim ZK der KSČ; 1947-49 Institut für Wirtschafts- u. Sozialforschung; 1949-52 Vors. Staatl. Planungskom., stellv. Min.; Anfang 1952 Verhaftung, 1954 im ZusHang mit der sog. Slánský-Affäre mit acht anderen NatÖkonomen Verurteilung vor Oberstem Gerichtshof der ČSR wegen „Hochverrats, Sabotage und Spionage", 1958 Revision, Reduzierung des Strafmaßes, 1959 Entlassung. Bis Rehabilitierung Aug. 1963 Fräser, anschl. ltd. wiss. Mitarb. Ökonom. Institut der Tschechoslow. Akad. der Wiss.; Sept. 1963-Jan. 1964 Mitgl. Kommission für Fragen des Lebensstandards im ZK der KSČ. Mit seiner These von den Quasi-Zyklen bahnbrechend in der Erforschung konjunktureller Schwankungen in planwirtschaftl. Systemen.

W: u.a. Plánované hospodářstvi v Československu. 1947; Strukturální problémy československého hospodářství a první pětiletka. 1951; Hospodářský růst v ČSSR. 1967. *L:* London, Artur, Ich gestehe. 1970; Pelikán, Jiří (Hg.), Das unterdrückte Dossier. 1970. *Qu:* Hand. Publ. Z. - IfZ.

Goldmann, Nahum, Dr. jur., Dr. phil., Politiker; geb. 10. Juli 1894 (1895 ?) Visznevo/Litauen; jüd.; *V:* Solomon (Shalmon) Zevi G., HebrLehrer u. hebr. Schriftsteller; *M:* Rebecca, geb. Kwin; ∞ 1934 Alice Gottschalk; *K:* Guido (geb. 1935 Genf), Stud. Harvard Univ. u. München, B.A., M.A., Ph. D. Harvard Univ., Doz. Harvard Univ., Dir. für Westeurop. Studien, 1972-73 stellv. Ltr. des *German Marshall Fund of the USA;* Michael (geb. 1937 Genf), Künstler, Stud. Columbia Univ.; *StA:* österr., deutsch, Juni 1935 Ausbürg., 1935 Honduras, 1962 IL, 1968 CH. *Weg:* 1933 CH, 1940 USA, 1962 IL.

1900 (?) Übersiedlung der Familie nach Frankfurt/M., Stud. Marburg, Heidelberg u. Berlin, 1913 Reise nach Palästina, 1914 Veröffentl. von *Eretz Israel* (Reisebriefe aus Palästina). Im 1. WK Ref. für jüd. Angel. im AA; 1920 Prom. Heidelberg. 1921-22 mit → Jacob Klatzkin Gr. u. Hg. *Freie Zionistische Blätter* Heidelberg, 1923 mit Klatzkin Gr. des Eschkol-Verlags Berlin, 1924-33 Hg. histor. u.a. wiss. Werke über jüd. Fragen, u.a. Hg. *Encyclopaedia Judaica* mit zweibändiger hebr. Ausg., pol. Buchbesprechungen in der von Martin Buber hg. Zs. *Der Jude,* Beiträge u.a. in dt. u. hebr. Zs. in Palästina, mehrere Jahre Berliner Korr. des *Jewish Day* New York. Anfang der 20er Jahre zeitw. Mitgl. *Hapoel Hazair,* später Übertritt zu radikalem zion. Flügel unter Yitzḥak Grynbaum. Mitgl. Hauptvorst. der ZVfD, 1926 Mitgl. Aktionskomitee der WZO, 1931 Vors. pol. Komitee auf dem 17. Zionistenkongreß, bekämpfte Wiederwahl von Chaim Weizmann als Präs. der WZO. 1931-32 Vortragsreise in die USA, 1932-36 auf Initiative des am. Rabbiners Stephen S. Wise Vorbereitungen zur Grdg. des WJC. 1933 Emigr. in die Schweiz, Vertr. der Interessen jüd. Flüchtlinge u. der jüd. Einwanderer nach Palästina auf internat. Ebene. 1933 Vors. *Comité des Délégations Juives* Genf. Ab 1934 Mitgl. Hauptvorst. der *Jew. Agency,* 1934-40 Vertr. der *Jew. Agency* beim Völkerbund, 1936 Mitgr., Vors. des geschäftsf. Vorst., 1945-71 des VerwAusschusses, ab 1951 Präs. des WJC. 1936-68 Mitgl. zion. Exekutive, 1935-40 zion. Vertr. beim Völkerbund für WZO. 1940 Emigr. USA, Vertr. der *Jew. Agency* in New York, Geschäftsf. des Büros in Washington, Teiln. an Hilfsaktionen für Juden in von Deutschland besetzten Gebieten. Unterstützung des Palästina-Teilungsplans u. der isr. Staatsgründung durch Öffentlichkeitsarb. u. diplomat. Aktivität. 1948-56 MitVors. der Exekutive, 1956-68 als Nachf. von Rabbiner Stephen S. Wise Präs. WZO. 1951 Teiln. an Formulierung des Jerusalem-Programms u. an Verhandlungen mit isr. Reg. über den Rechtsstatus der WZO in Israel. Bedeutende Rolle in der Einleitung von Wiedergutmachungs- u. Rückerstattungs-Verhandlungen mit Deutschland (BRD), Gr. u. ab 1950 Präs. der *Claims Conf.,* 1953-55 Teiln. an Wiedergutmachungs-Verhandlungen mit Österr.; 1965 erster Präs. *Memorial Found for Jew. Culture,* Gr. u. Präs. *Conf. of Jew. Orgs.,* Gr. *World Council of Jew. Educ.,* Mitgr. *Conf. of Presidents of Major Am. Jew. Orgs. for Israel,* 1960 Vors. erste internat. Konf. zur Lage der Juden in der UdSSR in Paris. Führender Vertr. einer gemäßigten Linie der zion. Bewegung u. einer flexiblen Politik Israels gegenüber arab. Staaten. Veranlaßte in den 60er Jahren Neuhg. der *Encyclopaedia Judaica.* 1962 nach Israel, 1968 in die Schweiz. Lebte 1978 in Paris. - *Ausz.:* u.a. 1976 First Jew. Public Service Medal der A.F.J.C.E.

W: Der Geist des Militarismus. 1915; Von der weltweiten kulturellen Bedeutung und Aufgabe des Judentums. 1916; Die drei Forderungen des jüdischen Volkes. 1919; Der Jüdische Weltkongreß. Seine Aufgaben und Ziele. 1936; Status of Jewry. Eröffnungsansprache vor der Vollversammlung des Jüdischen Weltkongresses, 4. Aug. 1953. 1953; Die Juden in der UdSSR (Mitverf.). 1961; Deutsche und Juden (Beiträge). 1967; Dor shel Hurban uGeullah (Die Generation des Untergangs u. der Erlösung). 1968; BeDarkhei Ammi (Auf den Spuren meines Volkes). (Reden u. Aufsätze) 1968; The Autobiography of Naḥum Goldmann. Sixty Years of Jewish Life. 1969 (dt. Übers.: Staatsmann ohne Staat. 1970); Die jüdische Paradoxie. 1978 (franz. Übers.). Zahlreiche Art. in am. u. europ. Ztg. u. Zs. *L:* Dranger, Jacob, Nahum Goldmann. Ein Leben für Israel. 2 Bde. 1959; Carlebach, A., Sefer ha Demuyyot (Charakterbilder). 1959; Muhlen, Norbert, The Survivors. A Report on One Jew in Germany Today. 1962; Vogel, R. (Hg.), The German Path to Israel. 1969; Beiträge zum 80. Geburtstag. In: Yearbook LBI, 1976, bibliogr. Hinweis ebd., Nr. 12 912; E. J.; Meilensteine. *D:* LBI New York. *Qu:* ABiogr. Hand. Publ. Z. - RFJI.

Goldmann, Robert B., Journalist; geb. 1. Mai 1921 Reinheim/Hessen; jüd.; *V:* Dr. med. Jakob G. (geb. 1887 Gundersheim b. Worms, gest. 1961 New York), jüd., Arzt, 1939 Emigr. GB, 1940 USA; *M:* Martha, geb. Frohmann (geb. 1895 Reinheim, gest. 1965 Englewood/N.J.), jüd., Krankenschwester, 1939 Emigr. GB, 1940 USA; ∞ 1948 Eva Petschek (geb. 1920 Prag), jüd., 1938 Emigr. CH, GB, 1939 CDN, 1941 USA, Kindergärtnerin u. Klavierlehrerin; *K:* Peter D. (geb. 1953), M.S. London School of Economics, Journ.; Andrea R. (geb. 1955), B.A.; Judith L. (geb. 1955), B.A.; *StA:* deutsch, 1945 USA. *Weg:* 1939 GB; 1940 USA.

März 1939 Abitur Frankfurt/M., im gleichen Monat Emigr. GB, Jan. 1940 mit Familie in die USA; Lagerist, 1943 US-Armee, 1944-45 Mitarb. OWI, 1945-48 Übersetzer im US-Außenmin., gleichz. Stud. Columbia Univ., 1948 B.Sc., 1950 M.Sc. in Zeitungswiss.; ab 1949 freier Journ., 1950-62 Journ., Red. u. Nachrichtenchef bei *Voice of America,* 1962-64 Dir. für öffentliche Angelegenheiten der Alliance for Progress, AID; 1965-66 Red. Magazin *Vision,* 1966-67 Dir. für öffentl. Angelegenheiten der Human Resources Admin., Stadt New York. Ab 1968 Planungsdir. Ford Foundation; ab 1975 VorstMitgl. *Am. Jew. Comm.,* Vors. Beratungsausschuß Zweigstelle New York des *Am. Jew. Comm.,* 1976-77 Ltr. Sonderausschuß des *Am. Jew. Comm.* für isr.-am. Beziehungen. Lebte 1977 in New York.

W: Report for Action (Hg.). 1967; A Work Experiment - Six American Workers in a Swedish Plant. 1976. *Qu:* Fb. Hand. - RFJI.

Goldner, Franz, Dr. jur., Rechtsanwalt, Publizist; geb. 9. Okt. 1903 Wien; *V:* Philipp M. G. (geb. 1867, umgek. KL Theresienstadt), jüd.; *M:* Hedwig, geb. Liechtenstein (geb. 1878, umgek. KL Auschwitz), jüd.; ∞ 1934 Alice Karpfen (geb. 1903), jüd., 1938 Emigr. F., 1940 USA; *K:* Dr. Frank G. (geb. 1940), Arzt; *StA:* österr., 1946 (?) USA. *Weg:* 1938 F; 1940 USA.

Stud. Rechtswiss. Wien, 1926 Prom., anschl. bis 1935 RA-Konzipient in Wien, Neusiedl am See/Burgenland, Gloggnitz/Niederösterr. u. Wiener Neustadt. 1929-30 Firmenvertr. in Wien u. in Jugoslawien. 1935-38 RA in Wiener Neustadt. März 1938 kurzfristig verhaftet, Juni 1938 Emigr. Paris. Gelegenheitsarb., vermutl. Mitgl. *Ligue Autrichienne* unter → Hans Rott. Herbst 1939 2 Mon. interniert. Mai 1940 Emigr. New York. 1941-43 Stud. City College u. St. John's School of Law New York, 1943 LL.B. Zeitw. Mitarb. bei dt.-sprach. Rundfunksendungen. 1944-45 Law Clerk, ab 1946 RA in New York. Besonders mit Wiedergutmachungsfällen befaßt. 1975 Mitgl. der *Kommission zur Erforschung der österreichischen Geschichte von 1927 bis 1938.* Lebte 1977 in New York. - *Ausz.:* 1974 Berufstitel Professor.

W: u.a. Die österreichische Emigration 1938 bis 1945. 1972. *Qu:* Arch. Fb. Z. - IfZ.

Goldscheider, E. (Eduard ?). *Weg:* Ägypten.
Kaufm.; 1944 in Kairo Mitgl. der Exekutive des *Free Austrian World Movement* London als Vertr. der *Freien Österreichischen Bewegungen* in Ägypten, Palästina, Mauritius, Südafrika u. der österr. Soldaten in den alliierten Armeen im Mittelmeergebiet.

L: ISÖE. *Qu:* Arch. Publ. - IfZ.

Goldschmidt, Frederick (urspr. Fritz), Dr. jur., Rechtsanwalt, Verbandsfunktionär; geb. 13. Nov. 1893 Breslau, gest. 28. Juni 1968 London; jüd.; *V:* Dr. med. Alfred G. (1867-1934), jüd.,

Goldschmidt 233

Arzt, Sanitätsrat, Mitgl. K.C., VorstMitgl. *B'nai B'rith; M:* Franziska, geb. Ehrenfried (geb. Wreschen/Posen, gest. 1950 USA [?]), jüd.: Mitgl. Schwesternvereinigung der *Spinoza-Loge,* 1942 (?) Emigr. USA; *G:* Dr. med. Heinz G. (geb. 1895 Breslau), Emigr. USA; Dr. med. Ilse Westermann (geb. 1897 Breslau), Emigr. USA, A: Salisbury/Rhod.; ∞ 1926 Dr. phil. Erna Jeselsohn (geb. 1901 Mannheim), jüd., Sozialarb., Präs. Schwesternvereinigung der *Spinoza-Loge* von *B'nai B'rith,* Vors. *Jüdischer Frauenbund* Bez. Charlottenburg, 1939 Emigr. GB, Mitgr. Belsize Square Syn., Gr. *Leo Baeck Women's Lodge* u. Altersheim Clara Nehab House, Ltr. Hilfsorg. für Hinterbliebene von *B'nai B'rith*-Mitgl. in Europa; *K:* Marion Ingrid (urspr. Inge Marianne) Beckmann (geb. 1927 Berlin), 1939 Emigr. GB, ltd. Stellung im öffentl. Dienst in London; John Henry (urspr. Hans Helmut) Goldsmith (geb. 1929), 1939 Emigr. GB, B.A., stellv. AbtLtr. Midland Bank; *StA:* deutsch, 1946 brit. *Weg:* 1939 GB.

Stud. Rechtswiss. Greifswald, 1916 Prom., 1916-26 Referendar u. Assessor in Schlesien, 1926-33 Amtsgerichtsrat, 1932-33 Hilfsrichter Kammergericht Berlin. Vors. CV-Ortsgruppe Charlottenburg, 1933-38 ltd. Rechtsberater für CV u. *Reichsvertretung,* 1933-39 Berater insbes. für jüd. Akademiker u. Vertr. jüd. Ärzte bei natsoz. Behörden; Mitgl. K.C., Präs. *Spinoza-Loge* u. VorstMitgl. *Großloge* des *B'nai B'rith;* Nov.-Dez. 1938 KL Sachsenhausen. Mai 1939 Emigr. GB, Unterstützung durch *B'nai B'rith;* 1939 Mitarb. *Bloomsbury House* (Flüchtlingshilfe), 1939-47 Mitarb. *Jew. Refugees Comm.,* 1948-68 Rechtssachverständiger für URO London u. Ltr. Londoner Büro. 1952 im Auftr. des *Council of Jews from Germany* Teiln. Claims Conference, die zum Bundesentschädigungsgesetz von 1953 u. zum Bundesrückerstattungsgesetz von 1957 führte, 1952-58 wiederholt zu Verhandlungen in Deutschland (BRD). Mitgl. *Council of Jews from Germany,* Gr. u. Präs. *Leo Baeck Lodge B'nai B'rith* London, 1947-56 stellv. Präs., zeitw. BezPräs. der *Großloge,* Vors. B'nai B'rith Rehabilitation Fund.

W: Mein Leben in Deutschland vor und nach dem 30. Januar 1933 (ABiogr., Ms. LBI New York); Die Arbeit des Council of Jews from Germany auf dem Gebiet der Wiedergutmachung (Mitverf., Privatdruck). *Qu:* ABiogr. EGL. Pers. Z. - RFJI.

Goldschmidt, Hans Eberhard, Dr. phil., Verleger, Publizist; geb. 22. März 1908 Wien; ev.; *V:* Dr. Hans E. G. (1873-1963), ev., RA, Hofrat; *M:* Elisabeth, geb. v. Schumacher (1881-1959), kath.; *G:* Erika Kühtreiber (geb. 1904), Fürsorgerin, A: Wien; ∞ 1942 London, Suzanne Gilpin (geb. 1905), anglikan., A: London; *K:* John Anthony G. (geb. 1943), M.A., Fernsehregisseur, A: London; *StA:* österr. *Weg:* 1938 GB; 1940 AUS; 1941 GB; 1946 Österr.

1927-32 Stud. Germanistik u. Gesch. Univ. Wien, 1927-30 neben Stud. Buchhandelslehre u. Buchhändler. Mitgl. KPÖ, 1928-31 Mitgl. *Freie Vereinigung sozialistischer Studenten* bzw. *Kommunistische Studentenfraktion,* zeitw. Vors.; 1932-37 in Moskau Verlagsred. der Verlagsgenossenschaft Ausländischer Arbeiter. 1937 Rückkehr nach Wien, Wiederaufnahme des Stud.; März-Aug. 1938 illeg. Arbeit im Rahmen der *Roten Hilfe,* Fluchthelfer. Ende Aug. 1938 als Tourist in die Schweiz, Sept. 1938 London. Mitarb. der Flüchtlingshilfsorg. *Austrian Self Aid,* Mitgl. Parteigruppe der KPÖ in GB; 1939-40 Mitarb. *Austrian Centre* unter → Franz West. 1940 vermutl. im Zuge der Auseinandersetzungen um den Hitler-Stalin-Pakt Parteiausschluß. Juli 1940-Dez. 1941 Internierung in Australien. Dez. 1941-Okt. 1942 Buchhändler in London, Nov. 1942-Apr. 1946 Mitarb. im BBC-Abhördienst für dt. u. russ. Sendungen. 1942-46 Mitarb. *Zeitspiegel,* ab 1942 Mitarb. *Österreichische Kulturblätter,* ab 1944 *Kulturblätter* bzw. *Kulturelle Schriftenreihe des Free Austrian Movement* (Hg. → Hermann Ullrich). Apr. 1946 auf offiz. Anforderung der KPÖ Rückkehr nach Wien, 1946-56 Mitgl. Schriftstellergruppe der KPÖ; ab 1946 Mitgl. *Österreichischer Schriftstellerverband,* ab 1947 Mitgl. *Österreichischer Verlegerverband* (Abt. des *Hauptverbands des österreichischen Buchhandels).* Mai 1946-Dez. 1947 Dir. Globus-Buchverlag. Jan. 1948-Dez. 1957 Dir. Schönbrunn-Verlag Wien; daneben 1947-49 Stud. Germanistik u. Gesch. Univ.

Graz, 1949 Prom. 1946-56 Mitarb. *Volksstimme* u. *Österreichisches Tagebuch,* bis 1957 Mitgl. KPÖ. Seit 1958 Inhaber Buchhandlung u. Antiquariat Dr. Goldschmidt. 1932-56 gelegentlich Ps. Hans Fischhof. Lebte 1978 in Wien.

L: ISÖE. *Qu:* Fb. Hand. Pers. Publ. - IfZ.

Goldschmidt, Jakob, Bankier; geb. 31. Dez. 1882 Eldagsen/Hannover, gest. 23. Sept. 1955 New York; jüd.; *V:* Markus, G., Manufakturwarenhändler; *M:* Lina, geb. Bacharach; *G:* 6, u.a. → Julius Goldschmidt; ∞ 1913 Sophie Joseph (gest. nach 1920), gesch.; *K:* Alfred Erwin. *Weg:* 1934 USA.

Banklehre, 1907 Angest. Bankhaus Emil Wechsler Berlin, 1910-18 Mitgr. u. Teilh. Bankhaus Schwarz, Goldschmidt & Co. Berlin, 1918 Dir. Nationalbank für Deutschland KG a.A. Berlin, 1922-31 persönl. haftender Gesellschafter Darmstädter und Nationalbank KG a.A., 1924 Mitgr. u. stellv. AR-Vors. Internationale Bank Amsterdam, 1926 Ltg. der Kapitalübertragung von Stinnes-Unternehmen an Dachkonzern Vereinigte Stahlwerke AG, stellv. AR-Vors. Zugl. AR-Mitgl. zahlr. Industriebetriebe u. Banken. Kunstsammler, Senator der *Kaiser Wilhelm-Gesellschaft zur Förderung der Wissenschaften,* Vors. Auerbachsches Waisenhaus Berlin, Sophie-Goldschmidt-Mädchenheim, Mitgr. u. Vors. Initiativkomitee *Encyclopaedia Judaica* Berlin, Kuratoriumsmitgl. Akademie für die Wissenschaft des Judentums Berlin, Mitgl. Hauptvorst. CV. 1934 Emigr. USA, zahlr. geschäftl. Unternehmungen, 1949 AR-Vors. Pierce Governor Co. Inc. Anderson/Ind., AR-Mitgl. u. Mitgl. der Geschäftsführung Tennessee Corp., Tennessee Copper Co., Birdsboro Steel Foundry & Machine Co., Birdsboro Amorcast Co.; Mitgl. Am. Acad. of Pol. Science, *Am. Geographic Soc.,* Nat. Geographic Soc., *Am. Acad. of Pol. and Social Science,* Handelskammer New York, *Foreign Policy Assn., China Soc. of America,* Metropolitan Museum of Art, New York Museum of Modern Art New York, *New York Zoological Soc.,* Nat. Conf. of Christians and Jews, New York Econ. Club. - *Ausz.:* 1927 Dr. rer. pol. h.c. Univ. Heidelberg.

L: Born, Karl Erich, Die deutsche Bankenkrise 1931. Finanzen und Politik. 1947. *Qu:* EGL. Hand. HGR. Z. - RFJI.

Goldschmidt, Josef, Pädagoge, Politiker; geb. Frankfurt/M.; jüd.; ∞ Elisabeth (geb. 1912 Frankfurt/M.), Emigr. GB, 1936 B.Sc. London Univ., Emigr. Pal., 1942 Ph.D. Hebr. Univ., 1950-51 Forschungsarb. Columbia Univ. u. Univ. of Calif., 1958 Univ. Zürich, 1950-57 Doz. Hebr. Univ. für Zoologie u. Genetik, 1964 Beraterin Hadassah-Univ.-Klinik. *Weg:* 1935 Pal.

Stud. Naturwiss. in Deutschland, Pädagogik in London, Stud. Jeschiwah Adas Jeschurun bei Rabbiner Breuer in Frankfurt/M.; 1935 Emigr. Palästina, 1935-42 Lehrer in Jerusalem, 1941-48 Mitgl. palästinens. Aufsichtsbehörde für jüd. Erziehung, 1952-53 Ltr. Miẓraḥi-Schulen, gleichz. stellv. AbtLtr. im Erziehungsmin., 1953-68 Ltr. Abt. für relig. Erziehung, 1968-69 Mitgl. *World Mizraḥi* u. Vors. Abt. für relig. Erziehung. 1969-77 M.K., *National-Religiöse Partei (Mizraḥi);* zeitw. stellv. Dir. im Innenministerium.

W: The New Dimensions of Who is a Jew. 1972; zahlr. Art. über pädagog. Themen. *Qu:* Hand. - RFJI.

Goldschmidt, Julius, Fabrikant; geb. 26. Sept. 1884 Eldagsen b. Hannover, gest. 11. Febr. 1936 Zürich; jüd.; *G:* 6, u.a. → Jakob Goldschmidt; ∞ Erna Bauer; *K:* 2 S, 1 T; *StA:* deutsch. *Weg:* 1935 (?) CH.

Vor 1914 Erfinder u. Hersteller des Adrema-Systems zur mechan. Massenadressierung, das wesentlich zur Verwaltungsrationalisierung bei Behörden u. in der Wirtschaft beitrug. 1918 erste Auslandsvertr., 1924 Verlegung des Betriebs nach Berlin. Nach 1933 Versuch zur Erhaltung des Unternehmens durch Grdg. Adrema-Export GmbH, 1935 Zwangsverkauf an Mercedes-Büromaschinenwerke AG Zella-Mehlis, Emigr. in die Schweiz.

L: NDB 6. *Qu:* EGL. Hand. - IfZ.

Goldschmidt, Leopold, Journalist u. Verbandsfunktionär; geb. 29. Jan. 1896 Teplitz-Schönau; jüd.; *V:* Karl G., Sänger; *M:* Franziska, geb. Bloch; *G:* 2 S, umgek. KL Auschwitz; ∞ I. gesch., KL Auschwitz; II. 1948 Else Hirche (1909-1969); *K:* Klaus, vor Kriegsausbruch mit Hilfe der Quäker nach GB; Miriam; *StA:* österr., 1919 CSR, deutsch. *Weg:* 1938 F; 1940 GB; 1946 Deutschland (ABZ).

Im 1. WK Korporal österr.-ungar. Armee. Stud. Rechtswiss. Univ. Wien, Journ., 1922-38 Red. DSAP-Zentralorgan *Der Sozialdemokrat* Prag, ltd. Red. dt.-sprach. Programm *Radio Prag;* ab Teplitzer PT 1927 Anhänger der linken DSAP-Opposition. Dez. 1938 im Parteiauftrag zur Org. der DSAP-Emigr. nach Paris, als Ltr. des dortigen DSAP-Büros nach Konsolidierung der tschechoslow. Exilbewegung enger Kontakt insbes. zu damals isolierten tschechoslow. SozDem., Mitorg. u. Teiln. an gemeins. Beratung beider Gruppen v. 28. Dez. 1939; mit → Johann Wolfgang Brügel u. → Walter Kolarz Verf. *Le problème du transfert de population. Trois millions Sudetes doivent-ils émigrer?* (hektograph., Paris 1939). Juni 1940 nach Südfrankr., Juli 1940 nach GB, Gelegenheitsarb., 1943-45 Mitarb. *London Representative of the Sudeten German Rufugees* u. zeitw. Privatsekr. → Wenzel Jakschs, gegen Kriegsende im Abhördienst der *British Associated Press.* Mai 1946 Übersiedlung nach Deutschland, Red. *Passauer Zeitung,* später *Die Neue Zeitung* München, 1947-49 lizenzierter Mithg. u. Red. *Frankfurter Neue Presse,* 1949 Ltr. Frankfurter Redaktionsbüro *Der Tagesspiegel* Berlin (West), 1950-53 Direktionsmitgl. *Zentralrat der Juden in Deutschland,* 1952-60 VorstMitgl. Jüd. Gde. Frankfurt/M., 1953-64 GenSekr. *Deutscher Koordinierungsrat der Gesellschaften für Christlich-jüdische Zusammenarbeit,* bis 1968 Vors. *Internationales Komitee für christlich-jüdische Verständigung.* Lebte Anfang der 70er Jahre in Frankfurt/M. - *Ausz.:* 1964 Gr. BVK.

L: Bachstein, Jaksch; Menschen im Exil. *Qu:* Arch. Erinn. Hand. Publ. Z. - IfZ.

Goldschmidt, Ludwig, Dr. jur., Richter; geb. 13. Apr. 1895 Hof b. Kassel, gest. 16. Mai 1970 Kassel; jüd.; *V:* Jacob G.; *M:* Johanna, geb. Hirschfeld; *G:* David, RA; ∞ 1928 Liselotte Stein (gest. 1965 Frankfurt/M.); *K:* Yvonne Alweiss; *StA:* deutsch. *Weg:* 1939 GB; 1948 Deutschland (ABZ).

1914 Abitur, 1915-18 Kriegsteiln., Stud. Rechtswiss. Lausanne, Berlin, München, Marburg, 1920 Referendar, 1921 Prom., 1923 Assessor. Ab Nov. 1925 RA in Kassel, 1932 bis Berufsverbot 1935 auch Notar. 1933-39 VorstMitgl. Israelit. Gde., Ltr. ihres Wohlfahrtsamts, Rechtsberater des Vorsteheramts der Israeliten, stellv. Vors. Kuratorium der Meier-Bär-Mond-Stiftung. 1938 kurzfristig KL Buchenwald, Anfang 1939 Emigr. London. Apr. 1948 Rückkehr nach Kassel, Mai 1948-März 1951 OLG-Rat, Apr. 1951-Juni 1966 Senatspräs. OLG Frankfurt/M., ab Febr. 1959 Mitgl. Hess. Staatsgerichtshof, ab Mai 1960 bis Ruhestand 1966 dessen Vizepräs. - *Ausz.:* 1965 Gr. BVK.

Qu: Arch. EGL. Publ. Z. - IfZ.

Goldschmidt, Richard Harry, Dr. jur., Ministerialbeamter; geb. 15. Sept. 1884 Frankfurt/M., gest. 15. Mai 1955; ev.; ∞ Cläre Fehling, A: Deutschland (BRD); *K:* Rudolf, A: S-Afrika; *StA:* deutsch. *Weg:* 1939 (?) S-Afrika; 1949 Deutschland (BRD).

Stud. Rechtswiss. Bonn u. Berlin, 1920-24 Reichsausgleichsamt Zweigst. Frankfurt, 1924-30 Reichsausgleichsamt Berlin, 1931-33 in der Restverw. für Reichsaufgaben, 1933-35 in der Reichsschuldenverw. Berlin. Ab 1939 Hotelangest. u. Importeur in Johannesburg; 1949-54 Bundesschuldenverw. Bad Homburg, zuletzt Vizepräs. - *Ausz.:* 1954 Gr. BVK.

Qu: Arch. Hand. - IfZ.

Goldschmidt, Siegfried, Dr. jur., Staatsanwalt, geb. 10. Febr. 1890 Kosten/Brandenburg; ∞ Irma Seliger (geb. 1897 Berlin), Emigr.; *StA:* deutsch, 21. Apr. 1938 Ausbürg. mit Ehefrau. *Weg:* 1933 CSR; 1938 USA (?).

Staatsanwaltschaftsrat, aktives Mitgl. SPD u. *Reichsbanner* in Breslau, enge ZusArb. mit → Eugen Bandmann. Juni 1933 Entlassung, Sept. 1933 Emigr. CSR, Mitarb. im Karlsbader Graphia Verlag, i.A. der *Sopade* Grenzarb., Mitarb. *Neuer Vorwärts,* später Ltr. jüd. EmigrFürsorge Prag. Angebl. Veröffentl. unter Ps. Ben-Esther u. Friedrich Eckmann (nach anderer Quelle: Ps. Friedrich Eckmann = Lothar Guenther). Nach 1938 vermutl. Emigr. USA (nach anderer Quelle: in der CSR umgek.)

W: Die Rechte Privater im deutschen Friedensvertrage mit besonderer Berücksichtigung der handelsrechtlichen Bestimmungen (mit Kurt Zander). 1920; Das Zivilrecht Englands in Einzeldarstellungen (Hg.). 1931; Eckmann, Friedrich, Menschen und Masken. Fälle aus dem Leben eines Staatsanwaltes. Karlsbad (Graphia) 1936; Ben-Esther, Menschlichkeiten - Unmenschlichkeiten. Emigrantenschicksale. Prag (Die Brücke) 1937; Legal Claims Against Germany. Compensation for Losses Resulting from Anti-racial Measure. Publ. for the Am. Jew. Committee Research Inst. on Peace and Post-War Problems. New York (Dryden) 1945. *Qu:* Arch. Hand. - IfZ.

Goldschmidt-Rothschild, Albert Max von, Bankier; geb. 3. Juni 1879 Frankfurt/M., gest. 1940 Lausanne; jüd.; *V:* Maximilian Benedikt H. von Goldschmidt (ab 1878 Goldschmidt-Rothschild) (geb. 1843 Frankfurt/M., gest. 1940 Frankfurt/M.), jüd., Seniorchef Bankhaus B. H. Goldschmidt Frankfurt/M., 1903 geadelt, 1907 Frhr., 1901-18 Österr.-ungar. GenKonsul; *M:* Minna Caroline, geb. von Rothschild (geb. 1857 Frankfurt/M., gest. 1900 Frankfurt/M.); *G:* Rudolf (geb. 1881 Frankfurt/M., gest. 1962 Basel), jüd., 1937 (1938 ?) Emigr. CH, im 2. WK USA; Lily; Lucy; Erich M. (geb. 1894 Frankfurt/M.), jüd., 1922-31 Teilh. Goldschmidt-Rothschild & Co., ab 1931 auf Reisen, nach 2. WK bei Egoro Corp. of America in Rom, ab Nov. 1976 AR-Vors. Park Bridge Egoro Corp. New York; ∞ I. 1910 Miriam Caroline de Rothschild (geb. 1884); II. Marion Schuster; *K:* (aus II.) Lucie Antoinette (geb. 1923); Carl Maximilian (geb. 1925); Mathilde Marion (geb. 1927); Nadine Minka (geb. 1927); *StA:* deutsch. *Weg:* 1939 CH.

Stud. Rechtswiss., Referendar, Diplomat an der dt. Botschaft in London, später bei der preuß. Gesandtschaft in München. Ab 1922 Teilh. Bankhaus von Goldschmidt-Rothschild & Co. Berlin (ehem. A. Falkenburger & Co.), 1932 Verkauf an Reichs-Kredit AG. 1939 Emigr. Schweiz, 1940 Freitod in Lausanne.

L: Hamburger, Juden; Heilbrunn, Rudolf M., Das Haus Rothschild - Wahrheit und Dichtung, Vortrag vom 6. März 1963 beim Frankfurter Verein für Geschichte und Landeskunde (masch.); Morton, Frederick, The Rothschilds. 1962. *Qu:* Hand. HGR. Pers. Publ. - RFJI.

Goldsmith, Clifford Henry, Unternehmensleiter; geb. 6. Sept. 1919 Leipzig; *V:* Conrad; *M:* Elise, geb. Stahl; ∞ Katherine W. Kaynis; *StA:* 1943 USA. *Weg:* 1936 GB, 1940 USA.

1936 Emigr. GB, 1936 Stud. Bradford Techn. Inst. in Yorkshire, Mitgl. Textil-Inst. in Manchester, 1940 in die USA, 1940-41 Facharb. bei Glenside Mills Corp., anschl. bei Falls Yarn Mills in Wonnsocket/R.I., 1942-43 bei Aldon Spinning Mills in Talcottville/Conn., 1943-45 MilDienst. 1945-53 Betriebsltr. Zigarettenfabrik Benson, Hedges Co., ab 1954 Angest., später geschäftsf. Vizepräs. u. Dir. Tabakkonzern Philip Morris, zugl. Präs. Philip Morris USA, Dir. Central Nat. Corp. u. Central Nat. Bank. Lebte 1978 in New York.

Qu: Hand. Pers. Publ. - RFJI.

Goldsmith, Mac (bis 1947 Goldschmidt, Max), Industrieller; geb. 3. Juli 1902 Sterbfritz/Hessen; jüd.; *V:* David Goldschmidt (geb. 1875 Sterbfritz, gest. 1931), Landmaschinenfabrikant, Vors. jüd. Gde.; *M:* Klara, geb. Hirsch (geb. 1877 Lohr/M., gest. 1961 USA), jüd., höhere Schule, 1938 Emigr. GB, 1946 USA; *G:* Lina Bachrach (geb. 1903 Sterbfritz), höhere Schule, jüd., Emigr. USA, GB; Gisela Breslau (geb. 1904 Sterbfritz), höhere Schule, 1938 Emigr. GB, USA; Gerda David (geb. 1906 Sterbfritz), höhere Schule, zeitw. Verkäuferin, Emigr. USA; Fritz (geb. 1907 Sterbfritz), höhere Schule,

Geschäftsm., Emigr. GB, USA; Martha Peritz (geb. 1910 Sterbfritz), Emigr. GB, USA, GB; Henny Weis (geb. 1912 Schlüchtern/(Hessen) Emigr. GB, USA; ∞ Ruth Baum (geb. 1916 Frankfurt/ M.), Handelsschule, Stud. Hauswirtschaftslehre in NL, Ausbildung als Laborantin, Emigr. mit Ehemann; *K:* John (geb. 1938 London), M.A., Dir. chem. Ges. in CH; Ann Frances (geb. 1942 Leicester), D.Sc. London School of Econ.; *StA:* deutsch, 1946 brit. *Weg:* 1937 GB.

Stud. TH Mannheim. 1925 Gr. der Firma Mecano u. 1933 der Firma Metallgummi Frankfurt/M. (Herstellung von Maschinen-, Flugzeug- u. Autoteilen); Jan. 1937 nach Vermögensentzug Emigr. GB auf Einladung des brit. Innenmin., Aufbau von Zulieferungsbetrieben für Autoindustrie, 1937 Mitgr. u. GenDir. Metalastik Ltd. Leicester (Gummi-Metall-Verbindungen) u. Brit. Bundy Tubing Ltd.; 1940 zeitw. Internierung. 1955 Angliederung von Precision Rubbers Ltd. u. Fusion mit John Bull-Betrieben Leicester, AR-Vors. u. GenDir., 1958 Fusion mit Dunlop Ltd.; 1970 Pensionierung. Schatzmeister Univ. Leicester, Treuhänder der Leicester Hebr. Congr. u. des Theaters sowie Präs. Symphonieorchester Leicester, Treuhänder der Univ.-Med.-School u. der angeschlossenen Lehrkliniken in Leicestershire. Präs. *Maccabi Assn.,* Mitgl. *Ingenieurs de l'Automobile* Paris, *Soc. of Automotive Engineers* USA, Mitgl. *Hillel House* London, Kuratoriumsmitgl. Jerusalem Coll. Technology, Gr. Churchill-Lehrstuhl der Bar-Ilan-Univ. Ramat Gan/Israel. Lebte 1978 in Leicester. - *Ausz.:* 1971 Queens Award to Industry, Dr. jur. h.c. Univ. Leicester, Ehrenbürger von Leicester.

Qu: EGL. Fb. Z. - RFJI.

Goldstein, Arthur, Journalist. *Weg:* 1933 F.

1914 SPD, 1917 USPD, Anschluß an *Spartakus-Gruppe,* nach Grdg. der KPD Angehöriger des linksradikalen Flügels, nach dessen Ausschluß 1920 Mitgr. der linkskommunist. KAPD; zeitw. verantwortl. Red. des KAPD-Organs *Kommunistische Arbeiter-Zeitung;* in seiner Broschüre *Nation und Internationale* scharfe Stellungnahme gegen den Nationalbolschewismus der Hamburger KAPD-Führer Heinrich Laufenberg u. Fritz Wolffheim. Ende 1920 Delegierung als erster KAPD-Vertr. ins EKKI nach Moskau. Nach Bruch mit der Komintern im Verlauf des 3. Weltkongresses mit Kreis um Karl Schröder Versuch, eine *Kommunistische Arbeiter-Internationale* aufzubauen u. ein radikal-utopisches Programm durchzusetzen mit der These, während der durch den WK eingeleiteten „Todeskrise des Kapitalismus" sei jeder Kampf für Tagesinteressen der Arbeiterklasse unzulässiger Opportunismus; aufgrund dieser radikalen Haltung März 1922 mit der Schröder-Gruppe Ausschluß aus KAPD. Mitarb. an Paul Levis Zs. *Unser Weg* u. noch Ende 1922 Eintritt in die SPD. Trotz dieses Schritts blieb das linksradikale Engagement der ausgeschlossenen KAPD-Führer (neben G. u.a. Schröder, Alexander Schwab u. → Bernhard Reichenbach) erhalten, zunächst Mitarb. in Nebenorg. der SPD wie z.B. *Der Bücherkreis.* Ab 1928 neben Paul Levi Mitarb. beim Aufbau der *Sozialwissenschaftlichen Vereinigung* (SWV) in Berlin zur Org. marxistischer Kurse u. Diskussionen unter bes. Betonung des Rätegedankens. Ausgehend von der SWV Bildung von ähnlichen Zirkeln in der sozdem. ArbBewegung; ab Nov. 1930 Erscheinen der Zs. *Der Rote Kämpfer,* die den unter Führung von ehem. KAPD-Funktionären stehenden Kadergruppen den Namen gab; *Die Roten Kämpfer* lehnten sowohl die reformist. wie die bolschewist. Ideologie ab u. strebten die Errichtung einer Rätedemokratie auf antiparlamentarischem Weg an. Ab 1929 angesichts von Wirtschaftskrise u. wachsender Gefahr einer Diktatur Aufbau eines streng konspirativen Zirkels innerh. der SPD, der nach 1931 auch in der abgespaltenen SAPD tätig wurde u. nach 1933 relativ lange als Widerstandsgruppe fortwirken konnte. Die *Roten Kämpfer* entstanden als linkskommunistische Reaktion auf die Krise der etablierten ArbParteien u. fanden ihre Entsprechung auf rechtskommunistischer Seite durch die *Leninistische Organisation* → Walter Löwenheims. G. schrieb in *Der Rote Kämpfer - Marxistische Arbeiterzeitung* vor allem über wirtschaftl. Fragen; zugl. Mitarb. des sozdem. *Vorwärts.* Nach der natsoz. Machtübernahme 1933 Emigr. nach Paris, dort vergeblicher Versuch, mit Unterstützung von *Sopade* u. SAI nach dem Vorbild der Gruppe *Neu Beginnen* (→ Karl Frank) eine *Rote Kämpfer*-Auslandsorg. aufzubauen. Während des Krieges angeblich von SS ermordet.

L: Ihlau, Olaf, Die Roten Kämpfer. Zur Geschichte einer linken Widerstandsgruppe. Dokumentation. In: VHZ 7/1959; Bock, Syndikalismus; Ihlau, Olaf, Die Roten Kämpfer. Ein Beitrag zur Geschichte der Arbeiterbewegung in der Weimarer Republik und im Dritten Reich. 1969; Müller, Hans-Harald, Intellektueller Linksradikalismus in der Weimarer Republik. Seine Entstehung, Geschichte und Literatur - dargestellt am Beispiel der Berliner Gründergruppe der Kommunistischen Arbeiter-Partei Deutschlands. 1977. *Qu:* Publ. - IfZ.

Goldstein, Kurt, Parteifunktionär, Journalist; geb. 3. Nov. 1914 Dortmund. *Weg:* 1935 Pal.; 1936 E; 1939 F; 1941 Deutschland.

Mitgl. *Deutsch-jüdischer Wanderbund Kameraden,* 1928 KJVD, 1930 KPD. 1935 nach Palästina, 1936 nach Spanien, bis 1939 Angehöriger 1. Transportrgt. der Internat. Brigaden, angebl. PolKommissar; anschl. nach Frankr., Internierung in Le Vernet, 1941 Auslieferung u. bis Kriegsende KL Buchenwald u. Auschwitz (?). Nach 1945 Teiln. am KPD-Wiederaufbau in Thür., bis 1957 Sekr. der Landes- bzw. BezLtg. der FDJ, zw. 1945 u. 1949 vorüber. auch in den Westzonen FDJ-Org., 1957-61 AbtLtr., 1961-67 stellv. Chefred. u. anschl. Intendant *Deutschlandsender* Berlin (Ost) bzw. ab 1971 *Stimme der DDR;* Mitgl. Staatliches Rundfunkkomitee beim MinRat der DDR u. Zentrale Ltg. *Komitee der Antifaschistischen Widerstandskämpfer in der DDR.* Wirkte 1977 in Berlin (Ost). - *Ausz.:* u.a. 1956 Hans-Beimler-Med., 1964 Aktivist der ersten Stunde u. VVO (Bronze), 1970 VVO (Silber), 1971 Franz-Mehring-Ehrennadel, 1974 VVO (Gold), 1975 Fritz-Heckert-Med.

L: Armee-Rundschau, 1/68; Neue Deutsche Presse, 3/71; *Qu:* Hand. Publ. Z. - IfZ.

Golke, Arthur, Parteifunktionär; geb. 14. Okt. 1886 Danzig, gest. 1937 (?) UdSSR; Diss.; *G:* 2 B, KPD-Funktionäre; ∞ Hedwig Hoffmann (geb. 1890); *K:* Gerda (geb. 1911), Martha (geb. 1913); *StA:* deutsch, 18. Nov. 1938 Ausbürg. mit Fam. *Weg:* 1933 F; UdSSR.

Dreher. 1908 SPD, linker Flügel; DMV. Während des 1. WK Anschluß an *Spartakus*-Gruppe, ab Grdg. KPD-Mitgl. Auf 3. PT 1920 Wahl in Mandatsprüfungs-Kommission, seither bedeutende Rolle in Berliner Parteiorg.; 1922-25 als Kassierer Mitgl. der Berliner BezLtg.; Jan. 1923 Scheinehe mit → Ruth Fischer, damit diese die dt. Staatsangehörigkeit erhielt. 1924-33 MdL Preußen. 1925 Hauptkassierer des ZK u. Mitgl. des ZK der KPD. März 1933 Emigr. zunächst nach Paris, später UdSSR. Während der Säuberungen verhaftet und 1937 (?) ums Leben gekommen.

L: Weber, Wandlung. *Qu:* Hand. Publ.- IfZ.

Gollmik, Walter, Parteifunktionär; geb. 4. Okt. 1900 Berlin-Schöneberg, gest. 15. Febr. 1945 Hamburg; *V:* Maurer, *Weg:* 1933 F; 1936 DK; 1941 Deutschland.

Realschule, kaufm. Lehre, Angest., 1918 Kriegsdienst. Nach Novemberrevolution Mitgl. FSJ, dann KJVD u. 1920 KPD. Funktionär u. Mitgl. Reichszentrale KJVD, längere Zeit verantwortl. für AgitpropArb. 1921 StadtVO. Berlin. 1924 Mitgl. der Streikltg. der Gruben- u. Metallarb. in Schlesien. Später Parteiarb. u. Red. in Suhl/Thür. (Ps. Kanzai). 1927 Deleg. auf Essener PT, 1928 als AgitpropSekr. Mitgl. BezLtg. Ruhr. 1929-1933 versch. wichtige Funktionen im ZK, u.a. in der Agitprop-Abt. - Nach natsoz. Machtübernahme Illegalität, enger Mitarb. von John Schehr. Okt. 1933 im Parteiauftrag nach Paris. Dort Funktionär der Exil-KPD, bis 1935 Sekr. *Internationales Komitee zur Freilassung Thälmanns und aller eingekerkerten Antifaschisten.* 1936 auf Veranlassung → Walter Ulbrichts nach Dänemark zur AbschnLtg. Nord. Deckn. Louis, Oskar. 1937 Hg. der auch in dän. Sprache erscheinenden *Deutschlandbriefe,* außerdem beteiligt an Org. des *1937er Komitees für deutsche Emigranten* in Dänemark zu deren wirt-

schaftl. Unterstützung. Nach dt. Besetzung Apr. 1940 stellte sich G. der dän. Polizei; Internierung, 7. Febr. 1941 Auslieferung nach Deutschland. 7. Mai 1942 Urteil 3 J. Zuchth., 1944 Entlassung. Die Umstände seines Todes sind nicht bekannt.
L: Weber, Wandlung. *Qu:* Arch. Publ. - IfZ.

Gomme, Haim (urspr. Gomma, Heinz Oskar), Ministerialbeamter, Diplomat; geb. 5. Apr. 1924 Breslau; *V:* Max Gomma (geb. 1901 Breslau, gest. 1956 Jerusalem), Elektroing., 1935 Emigr. Pal.; *M:* Ella, geb. Abramowitz (geb. 1901 Kosel/Oberschlesien), 1935 Emigr. Pal., A: Jerusalem; *G:* Yehuda Gomme (urspr. Klaus Gomma, geb. 1925 Breslau), 1935 Emigr. Pal., Gewerbelehrer, Angest. im öffentl. Dienst, Kriegsbeschädigter; Josef (urspr. Günter Ludwig) Gomma (geb. 1927 Breslau), 1935 Emigr. Pal., Ltr. techn. Abt. Hadassah-Krankenhaus in Jerusalem; Michael Gomme (geb. 1936 Jerusalem), Angest. in der Metallindustrie; Hanna Klein (geb. 1939 Jerusalem), A: Haifa; ∞ Alisa Hanon (geb. 1928 Jerusalem); *K:* David (geb. 1955 Jerusalem), Lt. isr. Luftwaffe; *StA:* deutsch; IL. *Weg:* 1935 Pal.

Volksschule Görlitz/Schlesien. 1935 Emigr. Palästina mit Einwanderungszertifikat, Handelsschule Jerusalem, Kurs in VerwRecht in Jerusalem, 1943-45 Dienst in brit. Armee, 1945-50 in *Haganah* u. IDF. 1950-56 u. 1958-60 ltd. Stellung im Personalamt (Civil Service Commission), 1956-58 Konsulatsbeamter bei der isr. Mission in Köln, 1960-64 Vize-Konsul, später 1. Botschaftssekr. in Addis Abeba, 1964-69 u. ab 1974 Assist. Dir. der Personalabt., VerwAbt., Protokollabt. u. VerwLtr. der Forschungs- u. Planungszentrale im Außenmin.; 1969-74 Ltr. Konsularabt. der isr. Botschaft in London. Lebte 1978 in Jerusalem.
Qu: Fb. Hand. - RFJI.

Gompertz, Leo, Kaufmann; geb. 15. Jan. 1887 Krefeld/Rheinland, gest. 26. Febr. 1968 N. Y.; jüd.; *V:* Albert G. (geb. 1857 Krefeld, gest. 1921), jüd., Pelzhändler in Gelsenkirchen; *M:* Sophie, geb. Rubens (geb. 1853 Gelsenkirchen), jüd., *G:* Betty Stamm (geb. Krefeld, gest.), 1938 Emigr. NL, 1948 USA; ∞ 1921 Betty Isacson (geb. 1900 Rotterdam), jüd., 1939 Emigr. NL, USA; *K:* Albert (geb. 1921 Gelsenkirchen), 1939 Emigr. NL, USA, Textiling., Pelzhändler; Fred (geb. 1924 Gelsenkirchen), 1939 Emigr. NL, USA; Ralph (geb. 1928 Gelsenkirchen, gest. 1961), 1939 Emigr. NL., USA, Fernsehdir.; *StA:* deutsch, 1945 USA. *Weg:* 1939 NL, USA.

1906 Abitur, Handelslehre, aktiv in VJJD. 1908-09 MilDienst, 1914-18 Kriegsteiln. (EK II, Ehrenkreuz für Frontkämpfer). Ab 1919 Teilh., 1921-38 Inh. u. Dir. Pelzgeschäft der Familie in Gelsenkirchen; Mitgl. SPD. 1921-36 Vors. Kürschnervereinigung, 1918-38 Vors. VJJD, 1921-38 Vors. CV, Mitgl. *B'nai B'rith* u. jüd. Gde. in Gelsenkirchen, 1928-38 Mitgl. RjF, Mitgr. Sportklub *Schild*, 1935 Mitgr. u. bis 1938 Dir. jüd. Jugendheim Haus Bertha in Dorsten. Nov. 1938 Zerstörung des Geschäfts, 1939 Emigr. Niederlande, Aufenthalt in Flüchtlingslagern. Dez. 1939 in die USA, Familienzusammenführung. Anfangs Handelsreisender, Ehefrau Heimarb., später wieder Beschäftigung in Kürschnerbranche; ab 1942 Gr. u. Inh. L.F. Gompertz Furs N.Y.; 1948-60 Mitgl. *Master Furriers Guild of N.Y.*, 1942-56 *Leo Baeck Lodge B'nai B'rith*, 1946 Mitgr. u. bis 1964 Vors. *Jew. War Veterans* (Hilfsorg. für ehem. Mitgl. RjF), 1952-62 VorstMitgl. Congr. *Habonim.* - *Ausz.:* Ehrungen durch *Leo Baeck Lodge* u. *Jew. War Veterans.*
D: Mein Erlebnis im Dienst des Judentums, N.Y. 1966 (Ms. LBI-Archiv N.Y.). *Qu:* ABiogr. Pers. Z. - RFJI.

Gorder, Curt, Beamter; geb. 5. Jan. 1925 Österr.; ∞ Lenore Gerstle; *StA:* 1943 USA. *Weg:* 1939 USA.

Okt. 1939 Emigr. USA, 1943-46 MilDienst in Übersee, 1946-47 Angest. einer Pelzfirma, 1947 Dolmetscher in Deutschland (ABZ), 1947-52 Section Chief für das US-Armeemin. in Österr.; 1954 B.A., 1955 M.A. Univ. Michigan, 1955-56 Fellow der Ford Foundation an der Columbia Univ.; 1957-59 Ltr. einer Marktforschungs-Firma für Lebensmittel. 1959-66 sozialwiss. Analytiker, 1967-73 Ltr. Europa-Abt. des Pol. Res. Dept. u. seit 1973 Ltr. Abt. für sozialwiss. Analyse der USIA in Washington/D.C.
Qu: Hand. Pers. - RFJI.

Gordon, Myron Kantorovitz (bis 1945 Kantorovitz, Myron), Dr. phil., Publizist, Ministerialbeamter; geb. 18. Juli 1895 Minsk/Weißrußl.; jüd.; *V:* Kiva Kantorovič (geb. 1850 Sluck/Weißrußl., gest. 1947 Pal.), Fabrikant, ab 1919 in Deutschland, 1936 Emigr. Pal.; *M:* Sophie, geb. Feyn (geb. 1860 Nesviž/Weißrußl., gest. 1951 IL), 1936 Emigr. Pal.; *G:* Mathilda Woznansky (geb. 1890 Moskau), 1919 nach Deutschland, 1936 Emigr. Pal., Dr. med. Ephraim Kantorowitsch (geb. 1899 Minsk), 1919 nach Deutschland, 1936 Emigr. Pal., Arzt; ∞ 1929 Ann S. Wolitzer (geb. 1895 Berlin), jüd., Fürsorgerin in Berlin, 1934 Emigr. GB, 1938 USA; *StA:* russ., 1945 USA. *Weg:* 1934 GB; 1938 USA.

1915-17 Stud. Petrograd, 1917-18 Moskau. Ab 1919 in Deutschland, 1920-25 u. 1927-29 Stud. Berlin, 1929 Prom., Fachautor für Sozialhygiene u. Bevölkerungswesen. 1929-33 Bibliothekar u. Assist. am sozialhygien. Seminar Univ. Berlin; 1933 Entlassung. Juni 1934 Emigr. GB mit vorläufigem Visum, Statistiker u. Demograph bei *Jew. Health Org. of Great Britain*, Finanzierung durch *Professional Comm. des Central Comm. for Jew. Refugees*, zugl. Hauslehrer. 1938 in die USA mit Einwanderervisum, Unterstützung durch *Jew. Refugees Comm.*, kurzfristig Stellungen Princeton Univ. u. Carnegie Corp., 1940-42 Research Assoc. Milbank Memorial Fund New York, 1942-45 demograph. Forschungsarb. Am. Univ. Washington/D.C., 1945-46 Ltr. Bevölkerungs- u. Personalabt. im US-Außenmin., später Ltr. der Balkanabt. u. Tätigkeit in der Abt. für Präventivmed. im Armeemin., 1954-63 Ltr. Eurasienabt. für med. Information. Mitgl. u.a. *Am. Statistical Assn., Am. Sociology Assn., Public Health Assn., Am. Population Assn.* Lebte 1977 in Washington/D.C. - *Ausz.:* Meritorious Civilian Service Award.
W: Die Tuberkulosesterblichkeit und ihre sozialen Ursachen. Diss. phil. (masch.) 1930; zahlr. Artikel über öffentl. Gesundheitspflege, Sozialhygiene, Demographie, Bevölkerungswesen in dt., engl. u. am. Fachzs. - *Qu:* Fb. Hand. - RFJI.

Goress, Josef (urspr. Gochsheimer, Heinz), Landwirtschaftsexperte; geb. 22. Apr. 1911 Mainz; *V:* Max Gochsheimer (geb. 1874 Mainz, umgek. im Holokaust), Mitinh. einer Getreidegroßhandlung in Mainz; *M:* Chlotilde, geb. Stern (geb. 1879 Mainz, umgek. im Holokaust), Mitinh. des Familienunternehmens; *G:* Adolf (geb. 1913, umgek. im Holokaust); ∞ I. 1939 Lilli-Noemi Ascher (geb. 1915 Mannheim, gest. 1943); II. 1947 Paulette Tirzah Adania (geb. 1918 Sofia, gest. 1970); III. 1975 Evelyne Kleerfeld-Stern (geb. 1923 Zürich); *K:* Noemi (geb. 1948 Zürich); Arnon (geb. 1951 Maayan Zevi, gef. 1973); *StA:* deutsch, Pal./IL. *Weg:* 1939 Pal.

Realgymn. Mainz u. Handelshochschule Mannheim, Mitgl. *Kadimah, Brith Hazofim,* JPD; Ausbildung im Getreidehandel in Deutschland u. den Niederlanden, 1930-33 Angest., 1933-36 Filialgeschäftsf. der Schiffahrtsges. Rhenania in Frankfurt/M. 1935-38 VorstMitgl. des dt. Kreises von *Makkabi Hazair* Berlin, internat. VorstMitgl. von *Gordonia-Makkabi Hazair,* 1936-37 landwirtschaftl. Ausbildung in Altkarbe/Neumark, 1938 VorstMitgl. *Hechaluz* u. Ltr. Abt. für landwirtschaftl. Ausbildung außerhalb Deutschlands; 1938 zeitw. KL Fuhlsbüttel. Jan. 1939 Emigr. Palästina, seitdem Mitgl. Kibb. Maayan Zevi (früher Kibb. Maayan), Fachmann für Anbau von Südfrüchten; 1939-47 Mitgl. *Haganah,* 1939-40 als Deleg. der Gesellschaft für landwirtschaftliches Gemeinwesen *Hever haKewuzot* nach GB, dort Ausbildungstätigkeit in Trainingszentren, 1947-49 Mitgl. europ. Büro der *World Union of Poalei Zion* in der Schweiz, u. Bevollmächtigter des *Labor Zion. Commitee for Relief and Rehabilitation* New York, 1950-52 Präs. regionaler Stadtrat Hof haKarmel, 1962-65 Deleg. des Verb. der *Kewuzot* u. *Kibbuzim* sowie Schatzmeister europ. Büro *Ihud Habonim,* 1. Vertr. der isr. landwirtschaftlichen Exportgesellschaft

Agrexco in Frankr., 1962 isr. Deleg. Asian Agric. Coop. Conf. in Tokio, 1962 StudReise nach Taiwan, seit 1965 geschäftsf. Dir. *Isr. Fruit Production and Marketing Board* Tel Aviv. Lebte 1976 im Kibb. Maayan Zevi.

W: Maayan Zevi - Die ersten zwei Jahrzehnte einer Siedlung in Israel. 1957 (Neuaufl. in: Nachbar Mensch - Er ist wie du. 1968); zahlr. Art in Fachz. über Obstanbau, Marketing u. Export. *Qu:* Fb. Hand. - RFJI.

Gorrish, Walter (urspr. Kaiser, Walter), Schriftsteller, Funktionär; geb. 22. Nov. 1909 Wuppertal-Barmen; *V:* Joseph Kaiser; *M:* Anna, geb. Gorrichs; ∞ Edith; *StA:* deutsch. *Weg:* 1933 F, B, NL; 1936 E; 1940 Deutschland; 1943 UdSSR; 1945 Deutschland (SBZ).

Stukkateur, 1931 KPD. 1933 Emigr. Frankr., zeitw. in Holland u. Belgien; ab 1936 Teiln. Span. Bürgerkrieg, Offz. Internat. Brigaden, Adjutant v. Ludwig Renn, danach Internierung in Frankr., 1940 Auslieferung, 1940-43 Zuchth.; 1943 Strafbtl. 999, auf der Krim Desertion zur Roten Armee. 1945 Rückkehr nach Deutschland (SBZ), bis 1949 Offz. Deutsche Volkspolizei, dann freier Schriftst. - 1963-67 ZK-Kand. der SED, ab Grdg. 1963 Mitgl. *Solidaritätskomitee für das spanische Volk in der DDR*. Lebte Anfang der 70er Jahre in Berlin (Ost). - *Ausz.:* u.a. 1956 Hans-Beimler-Med., 1961 NatPreis für Kunst u. Literatur, 1965 Banner der Arbeit.

W: u.a. Um Spaniens Freiheit. 1946 (Neuaufl. u. Verfilmung 1956: Mich dürstet); Die dritte Kugel. 1950; Die tönende Spur. 1950; Jahrgang 21 (Drehb.). 1958; Revolte der Gefühle (S). 1960; Fünf Patronenhülsen (Erz. u. Drehb.). 1960; Königskinder (Drehb.). 1962; Engel im Fegefeuer (Drehb., zus. mit Edith G.). 1964; Ball vom roten Mohn (Drehb.). 1965. *L:* Pasaremos; Albrecht, Deutschspr. Schriftsteller. *Qu:* Hand. Publ. - IfZ.

Gorsky, John, geb. 1885 (?), gest. 27. Dez. 1967 Washington/D.C.; *StA:* österr., USA (?). *Weg:* 1938 (?) USA.

Vermutl. Mitgl. SDAP, Fürsorgerat der Stadt Wien, Gr. u. Förderer von Volkshochschulen in Wien. Vermutl. 1938 Emigr. USA. Nach Kriegsende Initiator u. Ltr. der großen Hilfsaktion *American Friends of Austrian Children*. - *Ausz.:* u.a. Ehrenmed. der Bundeshauptstadt Wien, Gold. Ehrenz. für Verdienste um die Rep. Österreich.

Qu: Z. - IfZ.

Goslar, Hans, Ministerialbeamter, Publizist; geb. 4. Nov. 1899 Hannover, umgek. 25. Febr. 1945 KL Bergen-Belsen; jüd.; *V:* Gustav G., Diss. (?), Kaufm.; ∞ 1926 Judith Klee (1901-42), T von → Alfred Klee, 1934 Emigr. NL, umgek. in dt. KL in Holland; *K:* 2 T, A: IL; *StA:* deutsch. *Weg:* 1933 NL; 1943 (1944 ?) Deutschland.

Handelshochschule Berlin, Handelsjourn., Red. Wirtschaftszs. *Plutus* unter → Georg Bernhard. Kriegsteiln., Hg. einer Soldatenztg. an der Ostfront. Mit Förderung durch Bernhard ab 1919 in der Pressestelle des Preuß. Staatsmin., Hg. *Amtlicher Preußischer Pressedienst*. Ab 1926 MinRat u. „preußischer Pressechef"; ab 1923 AR-Mitgl. der staatl. Aktienges. für Buch u. Presse, später Drahtloser Dienst AG. Mitgl. SPD, galt als Vertrauensmann von → Otto Braun, u. geistiger Führer der preuß. Pressepol. Trat in zahlr. Publikationen u. Rundfunkbeitr. für die Weimarer Demokratie u. gegen den Antisemitismus ein. Vor 1914 Mitgl. *Herzl-Klub* Berlin, nach 1. WK relig.-orthod. Zionist. Mitgl. *Misrachi*, 1928-33 Abg. *Jüdische Volkspartei* in Repräsentantenvers. der Jüd. Gde. Berlin. Nach sog. Preußenschlag 1932 entlassen. Anfang 1933 Flucht nach Amsterdam, Wirtschafts- u. Finanzberater. Nach dt. Besetzung im Untergrund, 1. Nov. 1943 verhaftet, zunächst KL Westerbork, dann nach Bergen-Belsen deportiert.

W: u.a. Die Krisis der jüdischen Jugend Deutschlands. 1911; Die Sozialethik der jüdischen Wiedergeburt. 1919; Jüdische Weltherrschaft! Phantasie oder Wirklichkeit? 1919; Amerika 1922. 1922; Politik und Parlament. 1928; Weimar - trotz alledem! 1932; Steffen, Hans (Ps.), Otto Braun. 1932; Ausweg oder Irrweg? 1933. *L:* u.a. Lerg, Winfried B., Der preußische Pressechef 1919-1932. In: Publizistik, H. 2/1969; Schulze, Hagen, Otto Braun. 1977 *Qu:* EGL. Hand. Publ. - IfZ.

Gottfurcht, Hans, Gewerkschaftsfunktionär; geb. 7. Febr. 1896 Berlin; jüd., 1926 Diss.; *V:* Siegmund G. (geb. 1864, umgek. 1942 KL Theresienstadt), Kaufm., jüd.; *M:* Auguste, geb. Abraham (1866-1933), jüd.; *G:* Käthe Helft (geb. 1893), Sozialarb., 1933 Emigr. GB; Frederic Gotfurt (urspr. Fritz Gottfurcht) (1901-73), Schriftst., Filmjourn., 1933 Emigr. F, später GB; ∞ I. Käthe Kristaller (1896-1923); II. 1925 Herta Blendinger (geb. 1902), GewSekr., Emigr. GB; *K:* 1 S; *StA:* deutsch, Ausbürg., 1948 brit., 1960 brit. u. deutsch. *Weg:* 1938 GB; 1950 B.

Gymn., 1911-19 Lehre u. Tätigkeit in Textilindustrie. 1913 SPD u. ZdA, 1916-18 Kriegsdienst; ab 1919 GewAngest., zuletzt Gaultr. ZdA Berlin. 1933-38 Versicherungsagent. Nach 1933 Aufbau illeg. GewOrg. in Sa., Thür., Schlesien u. Nordwestdeutschland mit Verb. zur *Sopade* Prag u. zum *Internationalen Bund der Privatangestellten;* Juli 1937 vorüberg. Haft, Juli 1938 Emigr. über Amsterdam nach London. Ab 1938 Mitgl. *Labour Party* (LP) u. brit. Gewerkschaften; ab Herbst 1939 Vors. der neugegr. *Londoner Vertretung der Freien Arbeiter-, Angestellten- und Beamtengewerkschaften* als Landesverb. der ADG (Ltg. → Fritz Tarnow). 1939/40 Mitgl. *Central European Joint Committee* (unter Ltg. von → Fritz Demuth) zur Beratung der brit. Deutschlandprop.; 1940 kurzfristig interniert, anschl. Mitgl. der Beratungskommission für die Freilassung internierter Flüchtlinge. Ab Febr. 1941 Vors. der mit Zustimmung von IGB, TUC u. LP gegr. *Landesgruppe deutscher Gewerkschafter in Großbritannien* (LG), unabhängig von der ADG als gewerkschaftl. Einheitsorg. unter Einschluß linksoppos., christl. u. liberaler Gewerkschafter, ab Ende 1941 auch von KPD-Mitgl.; März–Nov. 1941 Hg. LG-Zs. *Die Arbeit*. Mitgl. der vom SPD-PV Mai 1941 gebildeten Arbeitsgemeinschaft *Deutschland und Europa nach dem Kriege,* dort Vertr. des „antivansittartistischen" Flügels, der den Anlaß zur Grdg. der *Fight-For-Freedom*-Gruppe um → Curt Geyer gab. Ab März 1941 LG-Vertr. in Exekutive der *Union;* ab Dez. 1942 Mitgl. Programmkommission der *Union*, in der er für ein enges Verhältnis zwischen künftiger Partei u. Gew. eintrat. Mitwirkung an Deutschland-Sendungen der BBC u. KriegsgefSchulung, ZusArb. mit OSS London, Vertr. *Das Andere Deutschland* für GB. 1945 Mithg. des von der LG ab 1943 erarbeiteten Nachkriegsprogramms, das aufgrund der geforderten pol. Koalitionsautonomie der Arbeiterbewegung keine Zustimmung der KPD-Fraktion fand. 1945-50 Verbindungsmann zwischen TUC u. dt. Gew.; 1950-52 Ltr. Bildungsabt., anschl. bis 1960 stellv. GenSekr. IBFG in Brüssel. 1960-61 Gastdoz. Akademie der Arbeit Frankfurt/M.; 1961 in die Schweiz. Lebte 1975 in Savosa/Schweiz.

W: u.a. The Trade Unions in a New Germany. Some Observations on the Problem of Economic and Social Reconstruction of Germany and the Recreation of the Trade Union Movement. London (Selbstverlag der LG) 1944; Gewerkschaftsbewegung in Deutschland. Vergangenheit, Gegenwart, Zukunft. Ebd. 1944; Die neue deutsche Gewerkschaftsbewegung. Programmvorschläge für einen einheitlichen Gewerkschaftsbund (Mithg.). Ebd. 1945; Die Internationale Gewerkschaftsbewegung im Weltgeschehen. Geschichte, Probleme, Aufgaben. 1962. *L:* Klein, Jürgen, Vereint sind sie alles? 1972; Röder, Großbritannien; Niethammer, Lutz/Borsdorf, Ulrich/Brandt, Peter (Hg.), Arbeiterinitiative 1945. 1976. *D:* AsD, DGB-Archiv, IfZ, IISG, LP-Archiv. *Qu:* Arch. Fb. Publ. Z. - IfZ.

Gottgetreu, Erich, Journalist; geb. 31. Juli 1903 Chemnitz; *V:* Adolf G. (geb. 1866 Wrietzen/Oder, gest. 1944 Berlin), Kaufm., Mitgl. CV; *M:* Elsbeth, geb. Baswitz (geb. 1872 Frankfurt/Oder, umgek. im Holokaust), Lehrerin; *G:* Eva Potter (Ps. Gontram), Schauspielerin, nach 1933 Emigr. Österr.,

1938 USA; Minnie Rich, 1934 Emigr. GB; ∞ 1934 Sonya Reznik (geb. Stolin/Weißrußl.), Stud. Naturwiss. Berlin, Sekr. für ORT Berlin, 1933 Emigr. Pal., Journ.; *StA:* deutsch; IL. *Weg:* 1933 Pal.

Reform-Realgymn., Mitgl. *Deutscher Pfadfinderbund,* Lehre im Buch- u. Textilhandel, 1925-26 Stud. Theaterwiss. Inst. u. Inst. für Zeitungskunde der Univ. Berlin. Ab 1923 freiberufl. Mitarb. an dt. u. dt.-sprach. ausländ. Ztg., 1923-28 Reisen in Europa, Ägypten u. Palästina, 1928-29 Reporter u. stellv. Red. sozdem. Parteiztg. *Lübecker Volksbote,* 1930-33 stellv. Schriftltr. *Sozialdemokratischer Pressedienst* Berlin, 1932 Verf. eines antinatsoz. Romans. Mitgl. SPD u. JJWB. 1933 zeitw. Haft. Juni 1933 Emigr. Palästina mit Touristenvisum als Journ. für die *Arbeiter-Zeitung* Wien u. für *Daily Herald* London, später C-Zertifikat, 1933-34 Art. über Deutschland in palästinens. Ztg., Berichte über palästinens. Einwanderungs- u. Integrationsprobleme, Lokalnachrichten für jüd. Ztg. in Deutschland u. für ausländ. zion. u. dt.-sprach. Ztg., Mitarbeit *Jüdische Wochenschau, Jüdische Weltrundschau, Jüdische Revue,* Mitarb. *Pariser Tageblatt* u. *Pariser Tageszeitung,* Mitarb. *Deutsche Freiheit* Saarbrücken u. Emigrantenztg. in Prag u. Amsterdam, Art wurden z.T. von *Times* London, *Menorah Journal* New York u. Pressebüro der JNF übernommen. Daneben mit → Hans Loewenson Schriftltr. franz. Nachrichten-Bulletins für KKL u. *Keren Hayessod* u. 1935-47 Palästina-Korr. *La Bourse Egyptienne* Kairo u. Alexandrien u. *Le Progrès Egyptien* Kairo, 1935-40 Korr. des franz. Nachrichtenbüros *Agence Havas,* 1940-42 für de Gaulles Nachrichtenbüro *Agence Française Indépendante,* 1942-67 Palästina-Korr., später Israel-Korr. u. Ltr. Israel-Büro der US-Nachrichtenagentur *Associated Press.* Seit 1968 freier Journ. für MB u. *Chadaschot Israel* u. für dt., österr. u. schweiz. Ztg.; Mitgl. H.O.G. u. I.O.M.E. Lebte 1977 in Jerusalem.

W: Haben Sie gelesen, daß... (Reiseberichte). 1929; Zwei Kurzgeschichten. In: Das blaue Auge. 1930; Drittes Reich Geheim. 1932; Das Land der Söhne – Palästina nahegerückt. 1934; Beiträge u.a. in Bulletin u. Yearbook LBI, *Neue Deutsche Hefte;* lit. Beiträge u. Buchbesprechungen in MB u. *Jerusalem Post;* Verf. eines Hörspiels. *Qu:* Fb. Hand. Z. – RFJI.

Gotthelf, Herta, Parteifunktionärin; geb. 6. Juni 1902 Breslau, gest. 13. Mai 1963 Alf/Mosel; *V:* Leopold G. (geb. 1878); *M:* Dorothea (geb. 1879); ∞ led.; *StA:* deutsch. *Weg:* 1934 GB; 1946 Deutschland (BBZ).

Gymn., Handelsschule u. Banklehre. Ab 1920 Bankangest. in Breslau u. Köln. 1918 *Spartakus*-Jugend, 1920 SPD, ZdA, Angehörige des linken Jungsozialisten-Flügels. 1924 erwerbslos, Werkstudentin an Akademie der Arbeit Frankfurt/M.; 1925 RedVolontärin bei der vom SPD-PV hg. Zs. *Frauenwelt* Berlin, 1926-33 Mitarb. von → Marie Juchacz u. Red. *Die Genossin.* Mitgl. SPD-Parteiausschuß. Febr. 1934 Emigr. GB, zunächst Haus- u. Heimarb., zeitw. Sekr. von Ernst Toller, Übers., journ. Arbeit, Vorträge bei *Labour Party* u. brit. Gew., 1943-46 BBC-Monitordienst. Ab 1941 enge ZusArb. mit SPD-PV London, ab 1942 Mitgl. Ausschuß der SPD-Ortsgruppe London, 1941-44 Mitgl. Arbeitsausschuß der *Landesgruppe deutscher Gewerkschafter in Großbritannien,* Mitarb. Programmkommission der *Union* für die künftige Einheitspartei. Mitgl. der von → Fanny Blatny gegr. „kleinen Fraueninternationale", die emigr. Sozialistinnen aus allen europ. Ländern einschl. Deutschlands u. Österr. umfaßte. Frühj. 1946 Rückkehr, ab Juli 1946 Ltr. Zentrales Frauensekretariat beim SPD-PV Hannover, bes. Verdienste um Wiederherstellung der internat. Verb. der SPD nach 1945. 1947-58 Mitgl. geschäftsf. PV, 1947-49 Red. *Die Genossin,* 1950-63 Red. *Gleichheit.* Mitgl. *Internationales Sozialistisches Frauenkomitee,* nach Ausscheiden aus dem Frauensekretariat 1958 weiterhin Mitgl. Bundesfrauenausschuß der SPD.

L: Röder, Großbritannien. *Qu:* Arch. Hand. Publ. Z. – IfZ.

Gotthilf, Francisco (urspr. Franz), Radio- u. Fernsehproduzent, Verbandsfunktionär; geb. 25. Juli 1923 Breslau; jüd.; *V:* Siegfried G. (geb. 1891 Krojanke/Posen, gest. 1952 São Paulo), 1938 Emigr. Bras. über NL, 1939-40 Teilh. versch. Unternehmen, 1940-52 Dir. eines tägl. jüd. Rundfunkprogramms; *M:* Regina, geb. Imbach (geb. 1899 Skalmierschütz/Posen, gest. 1965 São Paulo), 1938 Emigr. Bras.; ∞ 1950 Rachel Perla (geb. 1930 Sokolow/Galizien), Gymn. in PL, Stud. jüd. Seminar in Bras.; *K:* Ronaldo (geb. 1951), Werbeagent; Sérgio (geb. 1954), VerwAngest.; Fábio (geb. 1957); *StA:* deutsch; Bras. *Weg:* 1938 Bras.

Gymn. Breslau, Mitgl. *Werkleute.* Sept. 1938 illeg. Emigr. Niederlande u. Frankr., Nov. 1938 nach Brasilien, 1939 Ausbildung als Radiotechn., 1940-42 für die Propagandaabt. des brit. Konsulats tätig; 1942-66 Inh. einer Radiowerkstatt bzw. eines Radiogeschäfts; 1942-49 Dir. jüd. Pfadfinderbund *Avanhandava,* seit 1951 VorstMitgl. C.I.P. Seit 1952 Nachf. des Vaters als Produzent u. Dir. für jüd. Radioprogramme, seit 1961 Produzent des einzigen jüd. Wochenprogramms im brasil. Fernsehen. Dir. Reklameagentur Mosaico Publicidade, 1955 Dir. Zion. Org., Gr. u. Präs. *Movimento Sionista Independente,* angeschlossen an die *World Confed. of United Zionists,* 1974-78 stellv. Mitgl. *Actions Committee W.Z.O.,* 1961-67 GenSekr. *Fed. Isr. do Estado de São Paulo,* 1967-73 Sekr. *Confed. Isr. do Brazil,* 1970 Mitgr. der Zs. *Resenha,* 1967-71 Vertr. des Nat. Tourist Off. of Isr., 1969-71 Vertr. des Touristenbüros des Staates Santa Catarina in São Paulo; 1969-71 Exekutivmitgl., 1972-77 Assist. des Präs. für Öffentlichkeitsarb. des C.I.P.; Mitgr. u. 1967 Präs. *Oswaldo-Aranha-Loge,* 1973 Präs. *B'nai B'rith* São Paulo, Mitgl. regionaler Rat *B'nai B'rith,* seit 1972 Sekr. VerwRat des Isr. Albert Einstein-Krankenhauses. Lebte 1978 in São Paulo. – *Ausz:* u.a. Medalle Hipólito Jose da Costa der *Assn. Interamericana de Imprensa,* 1964 Med. der *Soc. Bras. de Heróldica e Medalhística,* 1974 Silbermed. des isr. Min. für Tourismus.

W: Beiträge in *Herança Judaica* u.a. Zs. *Qu:* Fb. Publ. – RFJI.

Gottschalk, Benno, Rabbiner; geb. Okt. 1883 Berlin, gest. Juli 1966 Los Angeles/Calif.; *G:* 1 S (gest. IL), Emigr. IL; 1 B (gest. San Francisco), Emigr. China, dann USA; ∞ Ehefrau umgek. im Holokaust; *K:* 1 S, Emigr. S-Amerika. *Weg:* 1939 GB; 1940 (?) USA.

Stud. Jüd. Lehrerseminar Berlin, ab 1909 Stud. L(H)WJ Berlin, verweigerte Prüfung über jüd. Ritualgesetze, die er als irrelevant ansah, daher kein Rabbinerexamen, Examen als Prediger u. ReligLehrer. Rabbiner an liberalen u. Reformsyn. in Konitz/Westpreußen, bei der Brudergemeinde Posen, in Hirschberg, am Friedenstempel Berlin, an der Westend-Syn. Frankfurt/M., dann Rabbiner der nur kurze Zeit bestehenden Reformgde. Die Gemeinschaft Köln. 1933 Rabbiner jüd. Reformgde. Berlin, ideolog. Gegner des Zionismus, auch nach natsoz. Verfolgung engagierter Vertr. der Assimilationspolitik. Rabbiner Syn. Prinzregentenstraße u. später Syn. Johannisstraße Berlin. 1933-37 Beiträge in *Mitteilungen der Jüdischen Reformgemeinde zu Berlin.* Frühjahr 1939 Emigr. GB, 1940 (?) in die USA, lebte in Texarcana/Arkansas, New York u. 1944-66 in Los Angeles. Rabbiner einer an den hohen jüd. Feiertagen zusammentretenden Gde. (Dr. Gottschalk Congr.) in Verb. mit → William Stagen u. dem *Jew. Council of 1933* Los Angeles.

W: Methodische Fragen des jüdischen Religionsunterrichts. 1917; Israel B. Lewner, Agada-Sammlung (Hg. u. Übers.). 1920; Art. in versch. jüd. Zs. *L:* Hamburger, Wolfgang, The Reactions of Reform Jews to the Nazi Rule. In: Gegenwart im Rückblick. 1970. *Qu:* Pers. Publ. Z. – RFJI.

Gottschalk, Charles Max, Bibliothekar, Fachmann für Datenverarbeitung; geb. 2. Febr. 1928 Bochum; *V:* Josef G.; *M:* Elsbeth, geb. Ermeler; ∞ 1948 Marianne Ida Besser; *K:* Diane Linda, Leslie Anne; *StA:* 1949 USA. *Weg:* 1941 USA.

1946-47 US-Armee, 1947-49 Reservist US-Marineinfanterie. 1950 B.E.S. Coll. for Engineering der Cleveland State Univ., 1950-51 Stud. Physik Pennsylvania State Univ., M.A., 1951-54 wiss. Mitarb. Library of Congress; 1954 beim US-Eichamt; ab 1956 ltd. Stellung bei Library of Congress, zunächst naturwiss. u. techn. Abt., 1962 Ltr. Magazin u. Lesesaal, 1962-63 Ltr. Datenverarbeitung. Ab 1963 bei US Atomic Energy Commission, Datenverarbeitungsfachmann in der Abt. für techn. Info., 1966-68 Ltr. der Bibliothek. 1966 M.L.S. (wiss. Bibliothekar) Catholic Univ. Washington/D.C.; 1969-74 ltd. Stellung bei der Internat. Atomic Energy Agency, ab 1974 stellv. Ltr. Systementwicklung bei der US Energy Research and Development Admin.; 1954-59 wiss. Mitarb. u. Berater am Arctic Inst. of North America, 1958-59 wiss. Mitarb. Ohio State Univ., 1965 Mitgl. Beratungsgruppe für Kernenergiefragen, 1965-68 Geschäftsf. des Ausschusses für Erziehung u. Ausbildung beim Committee for Scientific and Techn. Info., 1971-73 FAO-Berater für Nutzung von InfoSystemen in der Landwirtschaft, ab 1964 Doz. US Dept. Agric. Grad. School. Mitgl., Vors., Schriftführer, Schatzmeister versch. Bez.- u. Ortsgruppen der *Special Libraries Assn.*, Mitgl. *Am. Nuclear Soc., Am. Phys. Soc., Am. Assn. for the Advancement of Science, Am. Soc. for Info. Science, Am. Soc. for Metals, Assn. of Computer Machines* New York, *Acad. of Science*. Lebte 1977 in Wien.

W: SIPRE Bibliographie (Hg.). 1952-54; Beiträge in: Arctic Bibliography. 1956-61, in: Handbook American Institute of Physics. 1963, in: INIS (Internat. Nuclear Info. System), Descriptive Cataloguing Rules (Internat. Atomic Energy Agency). 3. Aufl. 1972. *Qu:* Hand. - RFJI.

Gotzlinger (bis 1941 Götzlinger), **Leopold**, J.D., Diplomat; geb. 8. Juli 1928 Wien; jüd.; *V:* Frederick Götzlinger (geb. 1895, gest. 1960 USA), jüd., RA, 1938 Emigr. S, 1939 GB, 1940 USA, Geschäftsf. u. Rechnungsprüfer; *M:* Henrietta, geb. Grun (geb. 1906), jüd., 1938 Emigr. S, 1939 GB, 1940 USA; ∞ 1961 Sakiko Uno (geb. 1925 Yubari/Japan), höhere Schule, Büroangest., 1962 USA; *K:* Alice Marie (geb. 1965 München); *StA:* österr., 1946 USA. *Weg:* 1938 S, 1939 GB, 1940 USA.

Emigr. mit Unterstützung durch HIAS, Bürgschaft durch Bekannte, 1950 B.Sc. Ohio Univ. Athens/O., 1950 Rechnungsprüfer, 1951-53 MilDienst in Korea, 1955 Prom. Ohio State Univ. Columbus/O., RA-Zulassung, Aufträge des MarineMin.; ab 1957 im US-Außenmin., 1957 Stud. Foreign Service Inst., 1957 Vizekonsul Sapporo/Japan, 1959-61 Sachbearb. in Washington/D.C., 1961-62 ungar. Sprachstud. Foreign Service Inst., 1962-65 2. Botschaftssekr. u. Vizekonsul US-Botschaft Budapest, 1965-67 Sachbearb. für auswärtige Angelegenheiten u. 1967-70 für internat. ZusArb. in Washington/D.C.; 1970-71 Beauftragter für Handelsförderung in Rotterdam, 1971-73 Handels- u. Wirtschaftsref. Den Haag, 1973-74 Wirtschaftsberater Botschaft Belgrad, 1975-76 Ltr. Wirtschaftsabt. GenKonsulat Hongkong; Berater Commn. on Security and Cooperation in Europe des US-Außenmin. Lebte 1976 in Washington/D.C. - *Ausz:* 1971 u. 1975 Merit Honor Award.

Qu: Fb. Hand. - RFJI.

Gradl, Josef, Polizeibeamter; geb. 19. Juni 1914 Wien; kath.; *V:* Josef G. (gest. 1930), altkath., Schlosser; *M:* Amalia, geb. Lachnit (gest. 1965), altkath.; *G:* Johann (geb. 1918), Binder, A: Wien; Walter (geb. 1920), Installateur, A: Wien; Leopoldine (geb. 1922), A: Wien; Heinrich (geb. 1924), Eisenbahner, A: Wien; ∞ 1945 Wien, Irene Zlatohlavek (geb. 1901), Diss.; *StA:* österr., 1938 Ausbürg., 1948 österr. *Weg:* 1936 E; 1939 F; 1943 Deutschland (Österr.); 1944 JU; 1945 Österr.

1928-36 Schlosserlehre u. Schlossergehilfe im väterl. Betrieb. Ab 1932 Mitgl. KPÖ. Ab Mai 1933 illeg. Arbeit in Wien; 1934 Mitgl. *Autonomer Schutzbund*, maßgebl. Funktionen in der techn. Ltg. Bis 1936 mehrfach verhaftet, KL Wöllersdorf, 1936 durch Juliamnestie befreit, mit falschem Paß nach Spanien, Teiln. Span. Bürgerkrieg u.a. in Maschinengewehrkompanie des Thälmann-Btl., später Instrukteur für Maschinengewehrbtl. bei der GenInspektion für Instruktion u. Mobilisierung. Febr. 1939 Frankr., Internierung in St. Cyprien u. Gurs, 1940 Zwangsverpflichtung zum Festungsbau an der franz.-schweiz. Grenze, Juni 1940 Flucht über Toulouse in die Pyrenäen, zus. mit → Josef Meisel u.a. halblegale Existenz als Holzfäller u. Kohlenbrenner. Ende 1942 nach Besetzung Südfrankr. durch dt. Truppen nach Lyon, illeg. Arbeit in der TA innerh. der franz. Résistance, Dez. 1943 als franz. Fremdarb. unter dem Namen Josèphe Gramont nach Graz, 1944 Arb. in dt. Rüstungsbetrieb in Slowenien. Juli 1944 Verhaftung durch Gestapo, Folterung, bei mißglücktem Fluchtversuch schwer verwundet, Aug. 1944 mit Hilfe jugoslaw. Widerstandskämpfer abenteuerl. Flucht aus Krankenhaus, bis Kriegsende bei jugoslaw. Partisanen. Danach Rückkehr nach Wien, Mitgl. KPÖ. Febr. 1946 Eintritt in Polizeidienst ab provis. Amtsassistent, ab Jan. 1947 Beamter des gehobenen Verwaltungsdienstes, Jan. 1949 Amtsrevident, Mai 1950 Amtsoberrevident, Juli 1967 Amtssekr. 1972 Pensionierung. Mitgl. *Bundesverband österreichischer Widerstandskämpfer und Opfer des Faschismus - KZ-Verband* u. *Vereinigung österreichischer Freiwilliger in der spanischen Republik 1936 bis 1939 und der Freunde des demokratischen Spanien*. Lebte 1977 in Baden bei Wien. - *Ausz.:* 1975 Gedenkmed. für Teiln. am jugoslaw. Volksbefreiungskampf.

L: Spiegel, Résistance; Widerstand 1. *D:* DÖW. *Qu:* Arch. Fb. Pers. Publ. Z. - IfZ.

Gräf, Hugo, Partei- u. Gewerkschaftsfunktionär; geb. 10. Okt. 1892 Rehestädt/Thür., gest. 23. Okt. 1958 Gotha/Thür.; Diss.; *V:* Maurer, SPD; ∞ II. Herta Kaule (geb. 1903), 1936 Emigr. CSR, 1937 Ausbürg.; *K:* aus II: Arno (geb. 1932), 1936 Emigr. CSR, 1937 Ausbürg.; *StA:* deutsch, 14. Apr. 1937 Ausbürg. *Weg:* 1935 CSR; 1938 GB; 1946 Deutschland (SBZ).

Schlosser; 1907 DMV u. sozialist. Jugendbewegung, 1910 SPD, 1912-14 MilDienst, anschl. Kriegsteiln., schwere Verwundung; 1917 Gr. *Reichsbund der Kriegsbeschädigten* in Thür., 1917 USPD u. *Spartakus-Gruppe*, 1918 Mitgl. *Arbeiter- u. Soldatenrat* Erfurt, KPD-Mitgl. ab Grdg., Mitgr. KPD-Ortsgruppe Erfurt, 1919 maßgebl. beteiligt an Abspaltung des *Bundes der Kriegsopfer* (später *Internationaler Bund der Opfer des Krieges und der Arbeit* [IB]) aus sozdem. *Reichsbund der Kriegsopfer*, ab 1920 Sekr. der Bundesltg. des kommunist. Kriegsopferverbands. 1921 Gastdeleg. 3. Weltkongreß der *Komintern* u. GrdgKongreß der RGI, Mitgr. u. langj. Mitgl. der Exekutive der IAH, Mitgr. *Rote Hilfe* (RH), ab 1927 Mitarb. OrgAbt. ZK der KPD u. Mitgl. Exekutive IRH, 1927-33 Vors. IB, ab 1928 MdR. März 1933-Juli 1935 KL Sachsenburg u. Colditz, anschl. Emigr. CSR. Kurzfristig Lager Stodoulky, dann ltd. Mitgl. KPD-Landesgruppe, Landesltr. RH u. Sekr. *Union für Recht und Freiheit* (gemeins. Org. von KPD u. KSČ zur jur. Betreuung dt. Emigr.). LtgMitgl. der *Demokratischen Flüchtlingsfürsorge*. Deckn. Engler. Mitunterz. Volksfrontaufruf v. Dez. 1936, Teiln. Internationaler Kongreß gegen Krieg und Faschismus in Brüssel, Mitunterz. Prager Volksfrontaufruf v. 10. Juli 1938. Nach Sudetenkrise über Frankr. nach GB, 1939-40 Internierung Isle of Man, danach Mitgl. KPD-Landesltg., 1943 Mitgr. FDB, Mitgl. FDB-ArbAusschuß. Aug. 1946 Rückkehr, Mitarb. Abt. für Arbeit u. Sozialpol. im PV der SED, Mitgr. u. 1949-51 Vors. Gew. Gesundheitswesen im FDGB, 1950-58 angeh. Mitgl. FDGB-Bundesvorst., 1951-53 Landrat u. 1955-58 Mitgl. SED-Kreisltg. in Gotha. - *Ausz.:* 1957 VVO (Silber).

L: Köpstein, Horst (Hg.), Beiderseits der Grenze (Erinn.). 1965; Röder, Großbritannien; Weber, Wandlung; GdA-Biogr. *Qu:* Arch. Hand. Publ. - IfZ.

Gräfe, Willi, Parteifunktionär; geb. 11. Febr. 1907 Milspe/Westf.; ∞ led.; *StA:* deutsch. *Weg:* 1934 F; S, B, Lux.

Packer; ab 1930 Red. KPD-Organ *Sozialistische Republik* Düsseldorf. Bis Flucht 1934 illeg. Tätigkeit im Ruhrgeb.; Deckn. Schwarzer Hans. Ab 1941 Vertr. der KPD-Westltg. u. ab 1943 Verbindungsmann des KFDW in Luxemburg.

L: Pech, Résistance. *Qu:* Arch. Publ. - IfZ.

Graetz, William (Wilhelm, Guillermo), Bankier, Verbandsfunktionär; geb. 18. Okt. 1879 Krojanke/Posen, gest. 13. Jan. 1974 Philadelphia/Pa.; jüd.; *G:* Kati Anshel; ∞ Agnes Simon (geb. 1888 Berlin), aktiv in ORT; *K:* Elisabeth Jacob, 1938-39 Emigr. GB, später USA; 2 weitere T u. 1 S, alle Emigr. GB; *StA:* deutsch. *Weg:* 1938 CH; 1939 F; 1940 Argent.; 1947 USA.

240 Graf

Ab 1896 Angest., 1907-19 Prokurist bei Nationalbank für Deutschland, Mitgl. der Börse u. Dir. Devisenabt. Im 1. WK Kriegsteiln. (Lt., EK). 1919-21 Dir. Bank für Brauindustrie, AR-Mitgl. versch. Ges. der Gebr. Arnhold; 1921 Mitgr. u. langjähriger Präs. von ORT Deutschland. 1921-25 Inh. Siegmund Pincus, 1925-38 (?) Inh. Bankhaus Wilhelm Graetz Berlin. Gleichz. 1931-36 VorstMitgl. jüd. Gde. Berlin, Ltr. Finanzu. Jugendabt.; VorstMitgl. preuß. Landesverband Jüdischer Gemeinden, *Vereinigung für das liberale Judentum*, Mitgl. R.j.F., DDP. 1937-38 Reise nach Argentinien i.A. von ORT. 1938 Emigr. Schweiz, März 1939 nach Frankr. i.A. von ORT, Reisen nach Belgien u. in die Niederlande zur Org. von Flüchtlingshilfe. Apr. 1940 nach Argentinien, Mitgr. u. Präs. *Vinculo Cultural de las Colonias* (VerbOrg. zwischen jüd. Org. in Buenos Aires u. der *Jew. Colonization Assn.* ICA), aktiv in ORT. 1947 in die USA, Zusammenarbeit mit URO u. *Legal Aid Soc.*, Spezialist für Wiedergutmachungsfragen, Gr. u. Ehrenpräs. der *Heinrich Graetz Lodge* von *B'nai B'rith* in Philadelphia.

D: LBI New York. *Qu:* Arch. Pers. Z. - RFJI.

Graf, Ernst Victor, Parteifunktionär; geb. 2. Aug. 1898 Glauchau/Sa.; *StA:* deutsch, 27. Jan. 1938 Ausbürg. *Weg:* 1933 CSR; 1940 GB.

Schlosser, Bau- u. Transportarb.; 1918 Gew., 1920 USPD, dann SPD, SPD-Bez.Vors. u. 1928-33 StadtVO. Crimmitschau/Sa., Korr. *Sächsisches Volksblatt* Zwickau, Mitgl. *Reichsbanner, Schufo*-Führer. Apr. 1933 Emigr. CSR, Mai 1940 GB, bis 1941 Internierung, dann Schlosser. Mitgl. SPD London.

Qu: Arch. - IfZ.

Graf, Louis Gerhard, Dr. phil., Rabbiner; geb. 28. März 1912 Berlin; *V:* Max G. (geb. 1877 Schwetz/Westpreußen, gest. 1944 Bradford/GB), Geschäftsm., Apr. 1939 Emigr. GB mit Familie; *M:* Margarete, geb. Warschauer (geb. 1888 Wilsnack/Brandenburg, gest. 1952 Cardiff/GB); ∞ 1938 Eve-Inge Lippmann (geb. 1918 Berlin), Kindergärtnerin, Umschulungskurs d. jüd. Gde. Berlin, 1939 Emigr. GB; *K:* Barbara Naomi (geb. 1942 Bradford), Schule f. Sprachtherapeutik, Sekr. Univ. Coll. Cardiff; Michael Harold (geb. 1945 Bradford), Technikum, Einkäufer; *StA:* deutsch, dann brit. u. deutsch. *Weg:* 1939 GB.

1930-38 Stud. L(H)WJ Berlin, 1938 Rabbinerexamen, 1930-35 Stud. Univ. Berlin; 1936-39 Rabbiner jüd. Gde. Berlin. 1. Apr. 1939 Emigr. GB, Unterstützung durch Verwandte, 1940-48 Rabbiner Reform. Syn. Bradford, 1948-49 Gr. u. Rabbiner Sinai Syn. Leeds, seit 1949 Rabbiner New Syn. Cardiff/Wales. 1952 Prom. Univ. Bonn, dann Stud. vergleichende Religionswiss. u Religionsphil. Univ. Leeds. Gr. u. Vors. *Interfaith Assn.* Cardiff, Ltr. Samariter Cardiff, VorstMitgl. jüd. Vormundschaftsamt Cardiff, Mitgl. Abt. Eheberatung der *Friendship Unlimited,* Mitgl. walisisches Zentrum für internat. Fragen, *Anglo-Jewish Assn.,* VorstMitgl. brit. Synagogenverb. Lebte 1978 in Cardiff/Wales.

W: The Development of Religion According to Wilhelm Wundt and Rudolf Otto (Diss.). 1952; The Influence of German Rabbis on British Reform Judaism. In: Reform Judaism. 1973. *Qu:* Arch. Fb. Hand. Pers. - RFJI.

Granath, Axel. *Weg:* S.

Ab 1937 Sekr. *Arbetarrörelsens flyktingshjälp* Stockholm, 1938/39 u.a. Hilfe bei Rettung dt. Emigr. aus der CSR, Org. von Flüchtlingslagern in Schweden, ab 1940 Vertr. von *Arbetarrörelsens flyktingshjälp* im Ausschuß für staatl. Flüchtlingshilfe. Ab Dez. 1954 Sekr. *Hilfskomitee für sudetendeutsche Antifaschisten.*

L: Müssener, Schweden. *Qu:* Arch. Publ. - IfZ.

Granitsch, Helene, geb. Mündl, Schriftstellerin, Sozialpolitikerin; geb. 8. Juni 1876 Wien; *V:* Norbert Mündl (1832-88), k.u.k. Hofbeamter, Vetter Adalbert Stifters; *StA:* österr. *Weg:* USA.

Stud. Lehrerinnenbildungsanstalt Wien. Ab 1902 mit Theodor Escherich Org. der Säuglingsschutzbewegung in Österr., 1903 Mitgr. *Verein Säuglingsschutz,* 1911-20 Vors. *Reichsorganisation der Hausfrauen Österreichs,* Gr. *Wirtschaftsverband der geistigen Arbeiter* u. *Internationale Hilfe für geistige Arbeiter;* 1914 Gr. u. bis 1920 Vizepräs. österr. Kriegspatenschaft. Nach dem 1. WK Vizepräs. *Österreichische Frauenpartei,* in dieser Funktion 1928 Mitgl. Consultatives Frauen-Völkerbundkomitee in Genf. Ab 1930 Präs. *Frauenschaft* in Österr. Nach 1933 Emigr., lebte 1952 in den USA.

W: u.a. Teuerung! 1912; Die Kriegsdienstleistung der Frauen. 1915; Krieg und Luxus. 1917; Das Buch der Frau. 1920. *Qu:* Hand. - IfZ.

Grant, Hubert Brian (urspr. Levin-Goldschmidt, Konrad), Richter; geb. 5. Aug. 1917 Berlin; *V:* Dr. jur. Robert Levin (geb. 1862 [?] Berlin, gest. 1936 Berlin), jüd., RA, Justizrat; *M:* Irene, geb. v. Goldschmidt (geb. 1881 Wien, gest. 1936 Berlin), jüd.; *G:* Dr. phil. Hermann Levin-Goldschmidt, Honorarprof., 1938 Emigr. CH, Stud. Phil. Zürich, 1951-61 Mitgr. u. Ltr. des Jüd. Lehrhauses Zürich; ∞ Jeanette Mary C.; *K:* 1 S, 2 T. *Weg:* 1936 GB.

1936 Emigr. GB, Stud. Trinity Coll., Cambridge Univ. 1939 rechtswiss. Examen mit first class honours, M.A. Ab 1940 Militärdienst, 1942-44 Kommandoeinsätze. 1945 Zulassung als RA in Gray's Inn. 1965-72 Richter an Grafschaftsgerichten, 1970-72 Mitgl. der Law Reform Comm., 1970-72 stellv. Vors. des *Nat. Marriage Guidance Council.* Ab 1972 Bezirksrichter (circuit judge) in Sussex u. Kent. Seit 1973 Mitgl. der E. Sussex Probation Comm. Lebte 1978 in Tunbridge Wells/Kent.

W: Marriage, Separation and Divorce. London 1946, 1948²; Family Law. 1970. *Qu:* Hand. Pers. - RFJI.

Granzow, Kurt Erich, Parteifunktionär; geb. 7. Mai 1909 Berlin, hinger. 10. Sept. 1943 Berlin-Plötzensee; *StA:* deutsch, 1939 Ausbürg. *Weg:* 1934 CSR, F, Saargeb., CSR; 1935 CH; 1936 DK; 1938 F, E; 1939 F; N-Afrika; F; 1942 Deutschland.

Goldschmiedelehre; 1925 KJVD, 1929 KPD, Waffenverwalter. Nov. 1932 militärpol. Ausbildung Moskau, ab Juli 1933 illeg. Tätigkeit in Berlin. Anfang 1934 nach Ermordung eines Gestapo-Spitzels Emigr. nach Prag, ab März in EmigrÜberprüfung in Paris, ab Okt. in Saarbrücken u. anschl. in Prag. Vorüberg. Haft, anschl. nach Zürich, bis Ende 1935 KPD-Abwehrltr.; wiederholt Reisen nach Stuttgart u. Frankfurt/M. zur Prüfung von Emigrantenaussagen. 1936-38 Abwehrltr. in Kopenhagen, Verhandlungen in Schweden u. Norwegen über Asylmöglichkeiten für KPD-Flüchtlinge. 1938 über Paris nach Spanien, Mitgl. Internat. Brigaden. Ab Febr. 1939 Internierung in Frankr. u. Nordafrika, Nov. 1942 aus Castres nach Deutschland überführt. Aug. 1943 VGH-Todesurteil. Deckn. Niels Larsen, Felix, Bert van der Laan, Rudolf Karaseck.

L: Teubner, Schweiz. *Qu:* Arch. Publ. - IfZ.

Grasse, Paul, Parteifunktionär; geb. 23. Dez. 1883 Dahme b. Jüterbog/Brandenburg, gest. 24. Jan. 1946 Berlin; *StA:* deutsch, 9. Dez. 1937 Ausbürg. *Weg:* 1934 CSR; 1937 F; 1943 Deutschland.

Schlosserlehre, Wanderschaft, Niederlassung in Berlin; Kaufm., nach 1. WK Schlosser. SPD, 1917 USPD, 1920 KPD. Ab 1925 Mitgl. BezLtg. Berlin-Brandenburg, 1927 Kand. ZK, 1928-32 MdL Preußen, anschl. Tätigkeit für RGO. Febr. 1933 Schutzhaft, nach schweren Mißhandlungen 1934 irrtüml. entlassen. 6 Mon. illeg. in Berlin, Emigr. In Prag KPD-PolLtr. der EmigrLtg., europ. GenAgent *Deutsche Volkszeitung.* 1937 nach Paris. Entging 1940 aufgrund seines CSR-Passes der Internierung, Beteiligung am Wiederaufbau der KPD-Org. in Paris; Wehrmachtsprop. Ab Nov. 1941 Mitgl. der für die Arbeit im Reich zuständigen KPD-Landleitung, ab Frühj. 1942 der neuen Westltg. unter → Otto Niebergall. Nov. 1943 Verhaftung durch franz. Geheimpolizei, der Gestapo übergeben. Bis Kriegsende KL Buchenwald. An den Folgen der Haft gestorben.

L: Weber, Wandlung; Schaul, Résistance; Pech, Résistance. *Qu:* Arch. Publ. - IfZ.

Graul, Hermann, Kaufmann, Verbandsfunktionär; geb. 8. Sept. 1895 Leipzig, gest. 20. Nov. 1953 Braunschweig; Diss.; *V:* Otto G.; *M:* Martha, geb. Haupt; ∞ Frieda Döring (geb. 1895), Emigr.; *K:* Karl-Heinz (geb. 1921), Lehrer, Emigr.; *StA:* deutsch, Ausbürg. *Weg:* 1933 CSR; 1939 B; 1940 F; 1943 CH; 1949 Deutschland (BRD).

SPD, 1919 Mitgl. ProvLT. Dessau, bis 1924 Parteisekr., 1928-33 GenSekr. *Deutscher Freidenker-Verband,* unter Rettung von VerbGeldern Emigr. nach Prag. Flüchtlingsbetreuung, Grenzlandfunktionär der von → Max Sievers geleiteten *Siko-Gruppe* für den Bez. Hirschberg/Görlitz, u.a. Versuche zur Verbreitung des Zs. *Freies Deutschland* im Reich u. zur Nachrichtenbeschaffung. Vertrieb der *Siko-*Schriften in der CSR u. Südosteuropa. Febr. 1939 Flucht nach Brüssel. 1940 Verhaftung, nach Frankr. abgeschoben. Mai 1943 illeg. in die Schweiz. Nach 1945 Sekr. der *Gemeinschaft deutscher Demokraten in der Schweiz,* Sektion Basel. Landesvertr. der Zs. *Das Andere Deutschland* Buenos Aires. Juli 1949 Rückkehr nach Braunschweig. VorstMitgl. *Deutscher Freidenker-Verband.*

Qu: Arch. - IfZ.

Grauman (urspr. Graumann), **John Victor,** Ph. D., UN-Beamter; geb. 7. März 1919 Wien, gest. 19. Apr. 1976; kath., 1957 Quäker; *V:* Arthur R. G. (geb. Brünn/Mähren, gest. 1961 Wien), kath., RA, Emigr. CH, Kuba, USA; *M:* Emma, geb. Flatter (geb. 1895 Wien, gest. 1973 Bridgeton/N.J.), Diss., Landwirtin, Emigr. CH, Kuba, USA; *G:* → Robert Anthony Grauman; ∞ 1949 Hilda Beer (geb. 1925 Saarbrücken), Quäkerin, 1935 Emigr. F, 1937 USA, B.A., M.A., UN-Personalverw., Lehrerin; *K:* Frank (geb. 1952 New York), B.A., B.Sc., Architekt; Thomas (geb. 1954 New York), B.A., Fürsorger; Lisa (geb. 1962 Chile); *StA:* CSR, USA. *Weg:* GB, 1948 USA.

Abitur; im 2. WK bei brit. Forstverw., dann tschechoslowak. Exil-Armee in GB. 1941-45 Stud., 1945 B.Sc. (Wirtschaftswiss.) Univ. Coll. of Southwest England. 1948 USA, 1948-49 Statistiker bei den UN, 1949-51 Stud., 1951 M.A. Am. Univ. Washington/D.C., 1956-57 Praktikum Institut National d'Études Démographiques Paris, 1959 Ph.D. London School of Econ.; 1959-62 UN-Wirtschaftskommission für Lateinamerika, bis 1976 Ltr. Unterabt. für Demographie bei UN Dept. of Econ. and Social Affairs. Mitgl. *Internat. Union for the Scientific Study of Population.*

W: Redistribución de la Población en el Perú. 1962; Art. in Publikationen der UN-Bevölkerungsabt. - *Qu:* Hand. Pers. - RFJI.

Grauman, Robert Anthony, UN-Beamter; geb. 18. Nov. 1925 Wien; kath.; *G:* → John Victor Grauman; *StA:* USA. *Weg:* USA.

1946-49 Stud. American Univ. Washington/D.C., 1949 B.A., 1949-51 Stud. London School of Econ., 1951 M.Sc.; 1951-64 Mitarb. ILO in Genf, ab 1964 ltd. VerwTätigkeit bei UNESCO Paris, ab 1973 Ltr. Abt. für Org. u. Methoden. Lebte 1975 in Sèvres/Frankreich.

Qu: Hand. - RFJI.

Graupner, Kurt, Jurist; geb. 16. Jan. 1907 Beuthen/Oberschlesien; *StA:* deutsch, 1941 Ausbürg. *Weg:* GB; 1941 CDN, GB.

1925 SPD, Stud. Rechtswiss., Assessor; Mitarb. *Die Gesellschaft, Neue Blätter für den Sozialismus, Arbeiterrecht;* ab 1931 Mitgl. *Reichsbanner.* Emigr. GB, Deutschlehrer u. Übers. in Bradford/Yorksh., Vertreter der von → Max Sievers hg. Zs. *Freies Deutschland* für GB, 1937-39 Vertrieb der *Deutschland-Berichte* der *Sopade;* Juli-Okt. 1941 Internierung in Kanada. Stud. Rechtswiss., LL.B., Tätigkeit in Londoner RA-Büro.

Qu: Arch. - IfZ.

Grill 241

Greene, Harold Herman, J.D., Richter; geb. 6. Febr. 1923 Frankfurt/M.; jüd.; *M:* Edith, geb. Spandau; ∞ 1948 Evelyn Schroer; *K:* Michael, Stephanie; *StA:* 1944 USA. *Weg:* 1942 USA.

1944-47 US-Armee; 1946 Stud. Am. Univ. Biarritz, 1952 J.D. George Washington Univ., 1952 Zulassung als RA. 1953-57 stellv. Staatsanwalt Washington/D.C., 1957-58 im Office of Legal Counsel, 1958-65 Dir. Berufungsinstanz der Bürgerrechtsabt. im US-Justizmin., 1965-66 Richter, 1966-71 Oberrichter D.C. Court of General Sessions, seit 1971 Oberrichter Superior Court D.C.; Mitgl. *Am. Fed. Bar Assns., Bar Assn. DC., Am. Judicature Soc., World Peace through Law.* Lebte 1973 in Washington/D.C. - *Ausz.:* 1971 Isiah Award for Pursuit of Justice, 1969 Distinguished Alumnus Award George Washington Law School.

Qu: Hand. - RFJI.

Greilsheimer, Julius, Rabbiner; geb. 29. Apr. 1891 Friesenheim/Baden, umgek. KL Auschwitz; jüd.; ∞ Karoline Schlesinger (geb. Flehingen/Baden, umgek. KL Auschwitz), 1939 Emigr. NL; *K:* 2 T (umgek. KL Auschwitz), 1939 Emigr. NL; *StA:* deutsch. *Weg:* 1939 NL.

Stud. Jüd.-Theol. Seminar Breslau, Rabbinerexamen. 1919-25 Privatlehrer, 1925-39 BezRabbiner für Mosbach-Merchingen-Wertheim/Baden, gewählter Vertr. der Rabbinerschaft in der Badischen Landessynode. Emigr. Niederlande mit Familie, später mit Ehefrau KL Westerbork, dann Dep. KL Auschwitz. - *Ausz.:* 1947 Anpflanzung eines Erinnerungswaldes in Gan Yiskor/Israel.

W: Ein Kompetenzstreit um die Besetzung des Rabbinats Merchingen um die Wende des 18. Jahrhunderts. In: Nathan Stein-Schrift. 1938. *Qu:* Publ. - RFJI.

Grierson (bis 1943 Griessmann), **Ronald Hugh,** Bankier, Unternehmensleiter; geb. 1921 Nürnberg; *V:* E. J. Griessmann; ∞ 1966 Lady Elizabeth Heather Bearstead, geb. Firmston-Williams; *K:* 1 S; *StA:* deutsch, brit. *Weg:* 1937 GB.

Stud. Lycée Pasteur Paris, Highgate School London, Balliol Coll. Oxford. 1939-45 brit. Armee. 1947-48 RedMitgl. *Economist* London, 1948-58 Angest., 1958-68 geschäftsf. Dir. Handelsbank S. G. Warburg & Co. Ltd. London, 1971-73 Vors. Orion Bank London. Ab 1973 brit. Vertr. bei der Wirtschaftskommission für Europa in Brüssel. Zugl. 1966-67 geschäftsf. Dir. Industrial Reorganization Corp. London, 1968-73 Dir. General Electric Co., 1970-73 Dir. Davy Ashmore, Kuratoriumsmitgl. United World Coll., Vors. New Philharmonic Trust, ehrenamtl. Schatzmeister St. Mary's Hospital, Medical School. Lebte 1977 in London.

Qu: EGL. Hand. - RFJI.

Grill, Theodor, Parteifunktionär, Kommunalpolitiker; geb. 15. Okt. 1902 Bad Ischl; Diss.; *V:* Theodor G. (1875-1969), Postbeamter, Mitgl. *Reichsverein der Post- und Telegraphenbeamten,* 1934 auf eigenes Ansuchen pensioniert; *M:* Aloisia, geb. Beranek (1882-1968); *G:* Alois (geb. 1905, gef. 1943); Anna (1906-26); Rudolf (geb. 1912), BezSchulinspektor Linz; Dr. Ernst G. (geb. 1917), Obersenatsrat Linz; ∞ 1929 Gertrude Brüll (geb. 1901), jüd., 1934 Emigr. CH, 1936 B, 1940 F, 1941 USA; 1947 SAI zu Zürich, 1934-40 Sekr. von → Friedrich Adler bei der SAI in Zürich u. Brüssel, später in New York; *StA:* österr., 1934 Ausbürg., 1947 österr. *Weg:* 1934 CH, CSR; 1935 Österr.; 1936 B; 1940 F; 1941 USA; 1947 Österr.

Schule in Linz. 1914-18 Wandervogel-Bewegung. 1918 Mitgl. *Kinderfreunde* u. SAJDÖ, versch. lokale Funktionen, SDAP. 1919-21 Staatl. Lehrerbildungsanstalt Linz, 1921-23 Wanderschaft in Deutschland. 1923 Rückkehr nach Linz, Mitgl. *Republikanischer Schutzbund,* aktiv in Wehrsportlerbewegung. 1925-34 Landesobmann Oberösterr. *Sozialdemokratischer Erziehungs- und Schulverein Freie Schule - Kinderfreunde.* Ab 1925 im Dienst des Magistrats der Stadt Linz. 1934 an den Februarkämpfen in Linz beteiligt, anschl. Flucht in die Schweiz; enger Mitarb. von Friedrich Adler, holte im Mai 1934 in dessen Auftrag → Richard Bernaschek von München nach Zürich. Deckn. Eduard Graf. Ende Mai 1934 Ausweisung aus der Schweiz, in Brünn Mitarb. ALÖS. 1934/35 Teiln. Sylvesterkonf. der RSÖ. Anschl. illeg. nach Wien, Mitarb. ZK der RSÖ, Deckn. u.a. Walter Reisinger, Neumeyer. Jan. 1935 Verhaftung. März 1936 Mitangeklagter im großen Sozialistenprozeß, Urteil 1 J. schwerer Kerker. Herbst 1936 nach Hungerstreik Entlassung, Flucht über die Schweiz nach Brüssel. Mitarb. Sekr. der SAI u. *Comité International du Bois.* 1940 vor dt. Vormarsch Flucht über Paris nach Südfrankr., Internierung in St. Cyprien u. Gurs; Herbst 1940 nach Erhalt von US-Notvisum Entlassung, über Spanien u. Portugal Juni 1941 nach New York. Ab Ende 1941 Mitarb. OWI. Febr. 1942 Mitgl. *Austrian Labor Committee.* Mitarb. *Austrian Labor Information,* Mitarb. Adlers. Ende 1943 nach Moskauer Deklaration (Wiederherstellung der Selbständigkeit Österr. als alliiertes Kriegsziel) Ausscheiden aus OWI; bis 1946 Arbeit als Tischler, in Tierversuchsanstalt der Yale Univ. sowie Buchhalter u. MaschStriker. Aug. 1947 Rückkehr nach Linz. SPÖ. Ab 1948 wieder Magistratsbeamter in Linz, Sekr. des Bürgerm. Dr. Ernst Koref. 1954-70 Landesobmann Oberösterr. *Die österreichischen Kinderfreunde.* Ab 1955 Mitgl. GdeRat, 1. Vizebürgerm. u. Finanzref.; Mai 1968 Wahl zum Bürgerm. von Linz. Nov. 1969 Rücktritt aus Altersgründen. Kuratoriumsmitgl. DÖW. Lebte 1978 in Linz. – *Ausz.:* 1966 Gr. Ehrenzeichen für Verdienste um die Republik Österr., 1967 Ehrenring der Stadt Linz, 1969 Ehrensenator der Hochschule Linz, 1978 Ehrenz. für Verdienste um die Befreiung Österreichs.

L: Wisshaupt, RSÖ; DBMOI; Stadler, Opfer; Kykal, Inez/ Stadler, Karl R., Richard Bernaschek. 1976. *Qu:* Arch. Hand. Pers.Publ.Z. – IfZ.

Grimm (Grimm-Goedeke), **Kurt** Wilhelm, Dr. jur., Rechtsanwalt; geb. 5. Mai 1903 Wien; *V:* Heinrich G., RA; *M:* Gisela, geb. Beck; ∞ I. Susanne Marien; II. 1954 Lore Bäumel; *StA:* österr. *Weg:* 1938 CSR; 1939 CH.

Bis 1938 RA in Wien. Apr. 1938 Emigr. CSR, über Brüssel Aug. 1939 nach Zürich, befristete Aufenthaltsbewilligung für die Dauer des Krieges. Mitgl. *Schweizerisches Hilfskomitee für ehemalige Österreicher.* Verbindungsmann oppos. österr. Kreise in der Schweiz zu den Alliierten, bes. zu US-Geheimdienst, galt als Vertrauensmann maßgebl. Kreise der internat. Hochfinanz. 1942 Initiator u. neben → Ludwig Klein, → Anton Linder u. → Johannes Schwarzenberg Mitgl. eines Komitees, das Verb. nach Österr. vor allem zu kath.-konservat. Widerstandsgruppen aufbaute. Herbst 1944 Mitgl. *Verbindungsstelle Schweiz* als Außenstelle österr. Widerstandsgruppen, die für Nachrichtenübermittlung zu alliierten Stellen sorgte; Ende 1944 u. Anfang 1945 Mitgl. eines österr. Komitees in der Schweiz in Zusammenhang mit *Provisorischem Österreichischen Nationalkomitee.* Nach Kriegsende Mitgl. *Schweizerisches Hilfskomitee für Österreicher* u. dessen Vertr. für Kantone Zürich, Innerschweiz, Graubünden, GesamtvorstMitgl. *Verein der Österreicher in der Schweiz.* Mitgl. zahlr. AR in Wien. Lebte 1977 in Wien u. Zürich.

L: Molden, Gewissen. *Qu:* Arch. Hand. Publ. – IfZ.

Groenewald, Heinrich, Pädagoge; geb. 23. Juni 1909 Einbeck/ Prov. Hannover, gest. 22. Mai 1958 Königstein/Taunus; Diss.; *V:* Heinrich G., Ziegelmeister; *M:* Frieda, geb. Grube; *G:* Walter (gef. 2. WK); Gustav; ∞ 1938 Ilse (geb. 1913), Sekr., 1937 Emigr. nach Buenos Aires, Mitarb. *Das Andere Deutschland,* 1962 wegen wirtschaftl. Schwierigkeiten in die USA, 1963 Deutschland (BRD); *K:* Enriqueta Leonor Grönewald de Rothman (geb. 1945 Buenos Aires); *StA:* deutsch, 29. März 1934 Ausbürg. *Weg:* 1932 F; 1935 Argent.

Gehörte während des Studiums zum Kreis des Schulreformers Adolf Jensen; aktiv in der *Allgemeinen Freien Lehrergewerkschaft Deutschlands;* Mitgl. SPD, linker Flügel. Nach Studienabschluß an der TH Braunschweig 1931 Berufsverbot als Lehrer durch das bereits natsoz. Kultusmin.; journ. Tätigkeit für sozdem. Presse in Schöningen b. Göttingen. Nach Mordanschlag durch Nationalsozialisten 1932 Emigr. nach Frankreich.

In Paris Privatlehrer, Mitarb. Zs. der franz. Lehrergew. *École Libératrice.* Mit Unterstützung des IGB Versuch des Aufbaus einer illeg. Lehrergew. im Reich. 1935 mit Nansen-Paß nach Argentinien, schon vorher zus. mit → August Siemsen durch → Alfred Dang an die Pestalozzi-Schule in Buenos Aires verpflichtet, die 1934 als Gegengewicht zur natsoz. Gleichschaltung des dt. Schulwesens gegr. worden war. Mit Siemsen Gr. *Das Andere Deutschland* (DAD), Ltr. der administrativen Arbeit, internat. Kontakte zu befreundeten pol. Gruppen, Org. der Arbeit im Landesinnern. Mitarb. der Zs. *Das Andere Deutschland* u. verantwortlich für Hg. der im DAD-Auftrag veröffentl. span. *Informaciones originales (Informaciones para la prensa sudamericana),* die 1940-42 kostenlos an Ztg., Zs. u. Rundfunkstationen zur Information über das 3. Reich, seine „5. Kolonne" in Lateinamerika u. die Arbeit des DAD verteilt wurden. Ltr. ADG-Landesverb. Argentinien. Aktiv bei den Einigungsbestrebungen des DAD, zus. mit seiner Frau Hauptorg. des Kongresses antifaschist. EmigrOrg. Jan. 1943 in Montevideo. Nach Verbot der DAD-Ztg. in Argentinien 1944 gab G. die Ztg. vorübergehend in Uruguay heraus. Nach 1945 Mitgr. *Deutschland-Hilfswerk.* Bis 1952 weiterhin Lehrer an der Pestalozzi-Schule, dann an der dt.-sprach. Escuela del Norte, Buenos Aires, ab 1953 Dir.; Mitarb. *Allgemeine Deutsche Lehrerzeitung.* Starb während eines Besuchs in Deutschland.

L: Seelisch, Winfried, Das Andere Deutschland. Eine politische Vereinigung deutscher Emigranten in Südamerika. Dipl.-Arb. Otto-Suhr-Inst. Berlin o.J. *Qu:* Arch. Pers. Publ. Z. – IfZ.

Grötzsch (Grötsch), **Robert Gottlieb,** Journalist, Schriftsteller; geb. 10. März 1882 Naunhof b. Leipzig, gest. 6. März 1946 New York; ev.; *V:* Arbeiter; ∞ Hedwig Selma (Hede) Günzel (geb. 1882), Emigr.; *StA:* deutsch, 25. März 1938 Ausbürg. mit Ehefrau. *Weg:* 1933 CSR; 1938 F; 1941 USA.

Klempnerlehre, Wanderschaft; Mitarb., ab 1906 ltd. Red. *Sächsische Arbeiter-Zeitung* Dresden (später: *Dresdner Volkszeitung*), 1919-33 Chefred. *Dresdner Volkszeitung;* 1918/19 mit → Edgar Hahnewald Ltr. Presseamt des *Arbeiter- und Soldatenrats* Dresden. Verf. zahlr. Kinderbücher, Satiren u. Dramen, galt als einer der führenden Arbeiterdichter der Weimarer Republik. Mitgl. *Verband der Bühnenschriftsteller* u. *Verein Arbeiterpresse.* März 1933 Flucht nach Prag, Mitarb. im Graphia-Verlag Karlsbad bei ZusStellung der Zs. *Sozialistische Aktion,* Beiträge in *Neuer Vorwärts, Deutsche Freiheit* Saarbrücken u. *Pariser Tageszeitung,* schriftst. Tätigkeit, u.a. zeitgenöss. Flüchtlingsroman *Wir suchen ein Land.* Ps. Bruno Brandy. Anfang 1938 mit Red. des *Neuen Vorwärts* nach Paris, 1939 Internierung, nach Entlassung Flucht nach Südfrankr., mit Notvisum durch Vermittlung des *Jewish Labor Committee* über Spanien u. Portugal Jan. 1941 nach New York. Zeitw. als Klempner tätig, Mitarb. *Neue Volks-Zeitung, New Yorker Staats-Zeitung und Herold, Aufbau;* Mitgl. *Social Democratic Federation,* Mitgl. Executive Committee des von → Albert Grzesinski gegr. *German-American Council for the Liberation of Germany from Nazism.* Nach Kriegsende mit → Marie Juchacz Gr. *Arbeiterwohlfahrt USA-Hilfe für die Opfer des Nationalsozialismus.* Konnte aus Gesundheitsgründen der Aufforderung zur Rückkehr nicht mehr folgen.

W: u.a. Dyckerpotts Erben (S). 1917; Wir suchen ein Land. Roman einer Emigration. Bratislava (Prager) 1936; Gerechtigkeit. 14 Bilder aus einem Freiheitskampf. Ebd. 1936; Tormann Bobby (R). Ebd. 1938. *L:* Osterroth, Biogr. Lexikon; MGD. *Qu:* Arch. Hand. Publ. Z. – IfZ.

Grohs, Stefan Andreas; geb. 30. Nov. 1906 Wien; kath.; *V:* Hermann G., Kaufm.; *M:* Eugenie Irene, geb. Licht; ∞ 1958 Nora Heywood, geb. Denton; *StA:* österr.; S-Afrika (?). *Weg:* 1933 NL; 1936 S-Afrika; 1946 Deutschland (BBZ); 1949 S-Afrika.

1927-33 Bankbeamter in Exportabt. Bankhaus Liebig in Wien, 1933-34 Firmenvertr. in Holland u. ehrenamtl. Vertr. der Österreichischen Handelskammer in Amsterdam, 1934-36 Expositurltr. Österreichisches Exportförderungsinstitut in Hol-

land. 1936 nach Johannesburg, 1937-38 Ltr. Außenhandelsstelle Johannesburg des Österr. Exportförderungsinstituts. 1939-48 Soldat in brit.-südafrikan. Armee, 1946-48 Mitgl. Britische Kontrollkommission in Deutschland. 1949 Rückkehr nach Südafrika, ab 1950 Vertr. der Österreichischen Verkehrswerbung u. des Bundespressedienst, ab 1951 Expositurltr. der Bundeskammer für gewerbl. Wirtschaft u. Vertr. der Wiener Messe AG in Johannesburg. 1956-71 österr. Handelsdeleg. für Südafrika u. Ltr. der Außenhandelsstelle Johannesburg. Lebte 1976 (?) in Johannesburg. - *Ausz.:* mehrere milit. Ausz. aus 2. WK; Goldenes Verdienstzeichen der Republik Österreich.
Qu: Arch. Hand. - IfZ.

Gromulat, Albert, Parteifunktionär; geb. 1882, gest. 1950. *Weg:* 1933 DK, F; 1941 Mex.; 1947 Deutschland (SBZ).

Angest.; später verantwortl. Funktionär im ZK der KPD. 1933 Emigr. über Dänemark nach Frankr.; nach Kriegsausbruch in Le Vernet interniert. 1941 Mexiko, Mitgl. BFD u. *Heinrich-Heine-Klub.* Vors. der Aug. 1942 gegr. *Sozialvereinigung politischer Flüchtlinge deutscher Sprache in Mexiko e.V. (Asociación Pro-Refugiados Politicos de Habla Alemana en México reg.).* Anfang 1947 Rückkehr.
L: Kießling, Alemania Libre. *Qu:* Publ. - IfZ.

Gronich, Gustav, geb. 1916 Wien; *StA:* österr. *Weg:* 1939 I, F.

Automechaniker in Wien; Mitgl. KJVÖ bzw. KPÖ, 1934 Teiln. Februarkämpfe, entzog sich der Verhaftung durch Flucht. Nov. 1934 Deleg. auf illeg. KPÖ-Konf., Verhaftung, mehrere Mon. Polizeiarrest. 1935 Mitgl. u. führender Funktionär *Revolutionäre Kommunisten Österreichs* (RKÖ); sollte 1936 als Sekr. von Leo Trockij ins Ausland gehen, Frühj. 1936 vor der Abreise verhaftet, zu 6 Mon. Polizeiarrest verurteilt, Juli 1936 Amnestie. Bis Apr. (Mai?) 1938 verantwortl. Ltr. der RKÖ in Wien, Verhaftung durch Gestapo, KL Dachau u. Buchenwald. 1939 nach Italien, Herbst 1939 unmittelbar nach Kriegsausbruch nach Frankr., Verhaftung, Internierung in Les Milles/Südfrankr., 1940 mit → Georg Scheuer in Prestataire-Kompanie. 1940-45 pol. Arbeit im Untergrund in Südfrankr. (Montauban, Lyon, Grenoble, Marseille), 1943-45 maßgebl. Mitarb. an Zs. *Spartakus* zur Agit. unter den dt. Besatzungstruppen. Nach Kriegsende Buchhändler in Frankreich.
L: Keller, Fritz, Biographie Karl Fischer (unveröffentl. Ms.). *Qu:* Arch. Pers. Publ. - IfZ.

Gropper, Roberta Franziska, Gewerkschaftsfunktionärin; geb. 16. Aug. 1897 Memmingen/Allgäu; Diss.; *V:* Alois G., Arbeiter; *M:* Roberta, geb. Lederle; *G:* Ignaz (geb. 1889); Walburga (geb. 1890); ∞ verh.; *K:* 1; *StA:* deutsch. *Weg:* 1934 F; 1935 (?) UdSSR; 1947 Deutschland (Berlin).

Arbeiterin, später Büroangest.; 1915 sozialist. Jugendbewegung. 1918-24 Tabakarbeiterverband, 1919 KPD, 1924-29 ZdA, 1929-33 RGO, 1930-32 Sekr. für Frauenarb. bei KPD-Landesltg. Berlin-Brandenburg, Sept. 1930-Juli 1932 MdR. 1934 Emigr., Deleg. Internationaler Kampfkongreß der Frauen gegen Krieg und Faschismus 4.-6. August 1934 Paris. 1935 (?) in die UdSSR. 1947 Rückkehr nach Berlin, Mitgl. SED-BezLtg. Groß-Berlin, ab 1950 MdVK (Berliner Vertr.), 1955-63 VerwLtr. Sozialversicherung u. Sekr. FDGB-BezVorst. Berlin (Ost); Mitgl. Bundesvorst. *Demokratischer Frauenbund Deutschlands.* Lebte 1977 in Berlin (Ost). - *Ausz.:* u.a. 1977 Karl-Marx-Orden.
Qu: Hand. Z. - IfZ.

Groß, Arthur, Parteifunktionär; geb. 5. Jan. 1903 Chemnitz; *StA:* deutsch, 24. März 1934 Ausbürg. *Weg:* 1933 CSR; 1938 (?) Boliv.

BezVors. SAJ in Chemnitz, 1933 Flucht in die CSR, Mitgl. SPD-BezLtg. für Chemnitz, Zwickau u. Plauen in Karlsbad, die gleichzeitig die Aufgaben eines Grenzsekretariats für die *Sopade* Prag wahrnahm. Ab 1934 Mitgl. linksoppos. RSD unter → Karl Böchel, u.a. Bemühungen um gleichberechtigtes Bündnis mit KPD bis zur Auflösung der Gruppe 1937. Anschl. Emigr. nach Bolivien, Vors. *Klub Freundschaft* La Paz, Teiln. Landeskonf. der Freien Deutschen Aug. 1943 zur Grdg. des *Landesverbands Alemania Democratica en Bolivia* als Dachorg. der sozdem. u. kommunist. Exilgruppen, unabhängig von dem KPD-gesteuerten *Lateinamerikanischen Komitee der Freien Deutschen* Mexiko unter → Paul Merker. Nach Scheitern des Landesverb. 1944 VorstMitgl. *Landesausschuß deutscher demokratischer Organisationen in Bolivien* als Kartell von *Klub Freundschaft, Arbeitsgemeinschaft Freier Europäer* unter → Ernst Schumacher u. der von der KPD beeinflußten *Vereinigung Freier Deutscher in Bolivien* unter → Paul Baender. Mitarb. *Rundschau vom Illimani.*
L: Freyberg, Jutta von, Sozialdemokraten und Kommunisten. 1974. *D:* IfZ. *Qu:* Arch. Publ. - IfZ.

Gross, Babette Lisette, Publizistin; geb. 16. Juli 1898 Potsdam; ev.; *V:* Heinrich Thüring (1866-1942), Braumeister; *M:* Else, geb. Merten (1871-1960); *G:* → Margarete Buber-Neumann; Gertrud Fleiß; ∞ I. 1921 Fritz Gross, II. 1925 → Willi Münzenberg; *K:* aus I: Peter Gross; *StA:* deutsch, 1939 (?) Ausbürg., deutsch. *Weg:* 1933 F; 1941 Mex.; 1947 Deutschland (ABZ).

1904-15 Lyzeum u. Oberlyzeum Potsdam, 1918/19 Lehrerinnenexamen. 1920 Mitgl. KPD, 1922 Mitarb. IAH, 1924-33 Geschäftsf. Neuer Deutscher Verlag Berlin, ab 1925 Mitarb. u. Lebensgefährtin von W. Münzenberg. März 1933 Flucht nach Paris, bis 1936 Geschäftsf. in Münzenbergs Verlag Editions du Carrefour. 1937 Bruch mit KPD; 1938 Geschäftsf. der Wochenschrift *Die Zukunft* Paris; 1940 interniert in Gurs; Flucht über Portugal nach Mexiko. 1947 Rückkehr nach Frankfurt/M.; 1949 Mitgr. u. bis 1951 Mitgl. Geschäftsltg. der *Frankfurter Allgemeinen;* publizist. tätig. Lebte 1978 in München.
W: Die Volksfrontpolitik in den dreißiger Jahren. In: Aus Politik und Zeitgeschichte, Bd. 43/1962, S. 521 ff; Willi Münzenberg. Eine politische Biographie. 1967; Frankreichs Weg zum Kommunismus. 1971. *L:* Walter, Exilliteratur 1. *Qu:* Fb. Hand. Pers. Publ. - IfZ.

Gross, Emil, Verleger; geb. 6. Aug. 1904 Bielefeld, gest. 19. Febr. 1967 Bielefeld; ev.; *V:* Eisendreher; ∞ 1947 Maria Schmidt (geb. 1903), Angest., vor 1933 SAJ-StadtBezLtr. Bielefeld, aktiv im Dortmunder Widerstand, ZusArb. mit G. in Amsterdam, 1936 Festnahme, 1937 Urteil OLG Hamm 4 J. 6 Mon. Zuchth.; *StA:* deutsch, 5. Aug. 1937 Ausbürg. *Weg:* 1933 NL; 1941 Deutschland.

Nach kaufm. Lehre Angest. in Bielefeld. Bereits während Lehrzeit Mitgl. SAJ, später Jugendltr. Bielefeld. Ab 1924 hauptamtl. SPD-Funktionär, 1926 BezLtr. SAJ Bielefeld. 1928 Heimvolkshochschule Tinz/Thür.; Nov.1929 Zulassungsprüfung zum Stud. ohne Reifezeugnis, ab 1930 Stud. Staatswiss. Berlin; 1931/32 Aufnahme in Studienstiftung des dt. Volkes. Ab 1931 Vors. *Sozialistische Studentenschaft* der Berliner Hochschulen u. Mitgl. Hauptvorst. der *Sozialistischen Studentenschaft Deutschlands und Österreichs.* Anfang Apr. 1933, wenige Wochen vor Abschluß des Studiums, aufgrund äußerster Gefährdung Emigr. in die Niederlande. Vergebl. Bemühungen um Studienabschluß. In Amsterdam führend unter sozdem. Emigr., mit → Helmut Kern Hg. *Freie Presse,* die die Meinung vertrat, daß die natsoz. Herrschaft nur von kurzer Dauer sein werde; daher sei zur Vorbereitung der sozialist. Machtübernahme der Aufbau illeg. SPD-Org. im Inland notwendig. Von Holland aus gelenkte illeg. Gruppenarb. im Ruhrgeb., insbes. Dortmund (Deckn. Jan van Dyck). Mit Edo Fimmen Org. eines Erkundungsdienstes über Aufbau der dt. Industrie im Zus-Hang mit den Kriegsplänen Hitlers. 1936-Sept. 1939 Geschäftsf. niederländ. Firma Alhando. Scheitern von Fluchtplänen nach GB; nach dt. Besetzung bis Herbst 1940 im Untergrund, Febr. 1941 durch Gestapo verhaftet, nach Dortmund überstellt. 2. Sept. 1941 Urteil OLG Hamm 2 J. u. 3 Mon. Zuchth.; anschl. Betriebsassist. in Dortmund. 1945 nach Wiederzulassung der Parteien vorläufiger SPD-BezSekr. im östl. Westf.; Mai 1946 auf 1. Nachkriegs-PT der SPD Wahl in PV, 1946 Mitgl. Beratender ProvRat für Westf., MdL NRW u. StadtVO.

Bielefeld. 1946-48 Mitgl. Zonenbeirat der BBZ. Danach BezLtr. Ostwestf.-Lippe, bis 1960 PV-Mitgl., später Mitgl. Parteirat. Ab 1946 Aufbau des ZtgVerlags Freie Presse Bielefeld u. Grdg. Phönix-Verlag. Mitgr. u. Vors. *Nordwestdeutscher Zeitungsverleger-Verein.* Maßgebl. an Neuorg. des Nachrichtenwesens beteiligt, 1947 Mitgr. *dpd-Genossenschaft* (später dpa), AR-Mitgl.; 1951 nach ZusSchluß der Zonenverb. im *Gesamtverband der Deutschen Zeitungsverleger* dessen Präs., 1954 nach Grdg. des *Bundesverbands Deutscher Zeitungsverleger* stellv. Präs. Ab 1951 VorstMitgl., später im Exekutivausschuß des *Internationalen Zeitungsverleger-Verbandes.* 1959-61 Mitgl. Rundfunkrat WDR; Vertr. der Zeitungsverleger im ZDF-Fernsehrat. - *Ausz.:* 1964 Gr. BVK.

L: Klotzbach, Nationalsozialismus. *Qu:* Arch. Hand. Publ. - IfZ.

Grossauer, Willibald, Parteifunktionär; geb. 14. Apr. 1901 Reiterndorf/Mähren; *StA:* CSR, österr. (?). *Weg:* 1934 CSR, UdSSR; 1937 (?) CSR; 1938 GB; 1946 (?) Österr.

Färbergehilfe; 1925 MilDienst in der CSR, Desertion, ging nach Steyr/Oberösterr.; Mitgl. KPÖ. 1931-32 Lenin-Schule in Moskau. Anschl. Rückkehr nach Steyr, Obmann Ortsgruppe der KPÖ u. GdeRat Steyr. 1934 nach den Februarkämpfen illeg. Funktionär, Verhaftung, Mai-Sept. 1934 KL Wöllersdorf. Anschl. in die CSR, Ende 1934 UdSSR, wahrscheinl. 1937 Rückkehr in die CSR. 1938 nach GB, während des 2. WK vermutl. in Leeds. Nach Kriegsende Rückkehr nach Österreich.

Qu: Arch. Pers. - IfZ.

Große, Fritz Willibald, Parteifunktionär, Diplomat; geb. 5. Febr. 1904 Altenberg/Erzgeb., gest. 12. Dez. 1957 Berlin (Ost); *V:* Bernhard G., Zimmermann, SPD; *M:* Heimarb.; *G:* Irmgard, Melanie; ∞ Lea Lichter (→ Lea Große); *K:* 1 S, 1 T; *StA:* deutsch. *Weg:* 1933 CSR, UdSSR, F, NL; 1934 Deutschland.

Holzarb., 1928 *Deutscher Holzarbeiter-Verband.* 1920 UdSSR, Rote Armee, Dez. 1920 Mitgl. dt. Sektion der KPR(B) in Minsk. Frühj. 1921 im Parteiauftrag Rückkehr nach Deutschland, Mitgl. KPD, 1922 KJVD, nach Besuch einer Parteischule bis 1923 Ltr. KJVD-Unterbez. Siegmar-Hohenstein, 1924-27 Mitgl. BezLtg. Chemnitz, 1925-27 als OrgSekr. des KJVD-Bez. Mitgl. KPD-BezLtg. Erzgeb.-Vogtl., ab 1925 Mitgl. ZK des KJVD, Frühj. 1927 KJVD-Schule Brieselang b. Berlin, 1927-29 Sekr. KJVD-Bez. Halle-Merseburg (Deckn. Ignatz), ab 12. PT der KPD (Juni 1929) ZK-Kand., ab 11. KJVD-Kongreß (Sept. 1929) OrgSekr. ZK-Büro des KJVD. März 1930 Verlust aller Parteifunktionen wegen Oppos. gegen ultralinken Kurs der KPD-Führung, bis 1932 Mitarb. Exekutivkomitee KJI bzw. Vollzugsbüro RGI Moskau. 1931-32 KJI-Berater in GB, wegen illeg. Aufenthalts 6 Mon. Haft, Okt. 1932 Rückkehr nach Deutschland. Nov. 1932 von Ernst Thälmann als KJVD-Vors. eingesetzt, ab Nov. 1932 MdR, 1933 illeg. Tätigkeit, 7. Febr. 1933 Teiln. ZK-Tagung der KPD, März Wahl in den Reichstag, Mai im Parteiauftr. nach Prag, nach Berichterstattung in Moskau im Juni zur Beratung mit KPD-Exilführung nach Paris; Aug. nach Amsterdam, dort mit → Wilhelm Florin Vors. sog. Bayreuther Konferenz des ZK des KJVD, Nov.-Dez. Teiln. 13. EKKI-Plenum Moskau. Febr. 1934 Rückkehr nach Deutschland. In Westdeutschland Bemühungen um Kooperation mit kirchl. u. sozialist. Widerstandskreisen. 23. Aug. 1934 mit Lea Lichter Verhaftung in Düsseldorf, 17. März 1936 Urteil lebenslängl. Zuchth.; Apr. 1937 Zeuge im sog. Berliner Katholikenprozeß vor VGH; bis 1944 Zuchth. Brandenburg-Görden, dort Mitgl. illeg. Parteigruppe; ab Jan. 1944 KL Mauthausen (Außenlager Ammstätten u. Ebensee), Ltr. Solidaritätsarb. in KPD-Lagerltg. Nach Befreiung mit → Franz Dahlem nach Moskau, 1. Juli 1945 Rückkehr mit *Gruppe* → *Wilhelm Pieck,* Mitgl. Antifaschistischer Landesausschuß Sa., Sekr. KPD-Landesvorst. Sa., darin nach gemeins. Landesfunktionärskonf. der SPD u. KPD v. 15. Jan. 1946 Sekr. für Kaderarb., später bis 1949 gleiche Funktionen in der SED. Maßgebl. beteiligt an Vereinigung von SPD u. KPD in Sa., 1946-49 PT-Deleg.; ab 1946 MdL Sa., 1948-49 Vors. Landeskontrollkommission Sa., Dez. 1949-Jan. 1953 Ltr. DDR-Mission in der CSR, Jan. 1953-Dez. 1957 HauptabtLtr. u. Mitgl. Kollegium im MfAA. - *Ausz.:* 1955 VVO (Silber).

L: Jahnke, Anteil; GdA; GdA-Chronik; Weber, Wandlung; GdA-Biogr.; Bludau, Gestapo; Jahnke, Arbeiterjugendbewegung; Simon, K., Fritz Große. In: Lebendige Tradition, Bd. 2. 1974; Peukert, Ruhrarbeiter. *Qu:* Hand. Publ. - IfZ.

Grosse, Georg, Gewerkschaftsfunktionär; geb. 25. Febr. 1897 Lug, Krs. Kalau/Brandenburg, gest. 20. März 1967 Kohlscheid b. Aachen; Diss.; *M:* Maria; ∞ I. 1921 Ernestine Martha Weber (gest. 1952); II. 1955 Gertrud Stuchly (gest. 1975); *K:* Helmut Müller. *Weg:* 1933 (?) Emigr.; Deutschland.

Bergmann. 1916-18 Soldat. 1920 KPD. Nach 1931 Mitgl. RGO-BezLtg. Rheinland. 1929-32 Mitgl. GdeRat Oidtweiler u. Alsdorf u. Amtsrat Baesweiler, Bez. Aachen. Nach natsoz. Machtübernahme Emigr., nach Rückkehr bis Dez. 1940 Haft, dann Kohlenhauer im Aachener Revier. Aug. 1944 erneute Festnahme. Nach Einmarsch der Alliierten Okt. 1944 Wiederaufnahme der pol. Arbeit. Jan. 1945 Betriebsratsvors. Grube Anna I Alsdorf, Beteiligung am Wiederaufbau der Gew., 1946-60 GewSekr., 1947-50 BezLtr. Aachen *IG Bergbau.* 1947-50 KPD-MdL NRW.

Qu: Hand. - IfZ.

Große, Lea, geb. Lichter, Parteifunktionärin; geb. 1906; ∞→ Fritz Willibald Große; *StA:* deutsch. *Weg:* 1939 (?) UdSSR; 1945 Deutschland (SBZ).

Funktionärin im *Jung-Spartakus-Bund* u. KJVD, ab 1932 Mitgl. ZK des KJVD. Nach natsoz. Machtübernahme mit F. Große illeg. Tätigkeit, Aug. 1934 Verhaftung, Urteil 3 J. Zuchth. Vermutlich 1939 Emigr. in die UdSSR, ab 1941 neben → Hans Mahle u. → Hans Rodenberg Red. Jugendsender *Sturmadler* bei *Deutscher Volkssender,* ab Bildung 1944 Mitarb. Arb-Gruppe für Jugendfragen beim PolBüro des ZK der KPD in Moskau u. Mitarb. Sender *Freies Deutschland.* 1945 in die SBZ, bis 1949 Mitarb. KPD- bzw. SED-Landessekretariat Sachsen.

L: Jahnke, Anteil; Jahnke, Arbeiterjugendbewegung. *Qu:* Publ. - IfZ.

Grossmann, Herbert, Parteifunktionär; *StA:* österr. *Weg:* 1938 (?) GB; 1946 (?) Österr.

Zwischen 1934 u. 1938 Mitarb. u. Funktionen im illeg. KJVÖ in Wien. Vermutl. 1938 Emigr. London, LtgMitgl. *Young Austria in Great Britain,* wahrscheinlich Mitgl. der konspirativ organisierten KJVÖ-Gruppe in GB. Nach Kriegsende Rückkehr nach Wien, zunächst Funktionär *Freie Österreichische Jugend,* anschl. Funktionär im KPÖ-App., langj. BezSekr. der KPÖ in Wien u. BezRat.

Qu: Pers. - IfZ.

Grossmann, Kurt R., Publizist; geb. 21. Mai 1897 Berlin, gest. 2. März 1972 St. Petersburg/Florida, USA; jüd.; *V:* Hermann G., Kaufm.; *M:* Rahel, geb. Freundlich; ∞ 1925 Elsa Meckelburger (geb. 1897), 24. März 1937 Ausbürg. mit S, Emigr.; *K:* Walter (geb. 1925), Emigr.; *StA:* deutsch, 25. Aug. 1933 Ausbürg., USA. *Weg:* 1933 CSR; 1938 F; 1939 USA.

Kaufm. Lehre, Stud. Deutsche Hochschule für Politik Berlin. 1916-18 Teiln. 1. WK; Pazifist. Ab 1919 Angest. Internationale Bank Danzig, 1923-26 Prokurist. Nach Kriegsende in der Kriegsopfer-Bewegung aktiv, 1923 Gr. Danziger Zweig der DLM. Org. der ersten dt.-poln. Verständigungskonferenzen; 1926 Berufung als GenSekr. der DLM nach Berlin. Mitgl. SPD. Kampf gegen reaktionäres Verhalten in der Weimarer Justiz, Verf. *Dreizehn Jahre republikanische Justiz* (1931), zahlr. Beiträge in führenden in- u. ausländ. Ztg., insbes. zu den Justizfällen Jakubowski u. Bullerjahn. 1932 Sekr. des von → Georg Bernhard initiierten Komitees *Das Freie Wort.* Nach natsoz. Machtübernahme Febr. 1933 Org. des gleichnam. Kongresses in der Berliner Kroll-Oper, nach Warnung durch → Robert Kempner Flucht mit Fam. in die CSR. In Prag in ZusArb. mit tschechoslowak. Liga für Menschenrechte Org. u. Ltr. der *Demokratischen Flüchtlingsfürsorge;* Herbst 1933 Sekr. *Comité tchéchoslovaque pour les réfugiés provenant d'Allemagne.* Schon 1933 durch Vermittlung des Journ. F.A. Voigt Berichte über Lage der Flüchtlinge an Roosevelt; publizist. Aktivität gegen natsoz. Regime in Exilpresse u. tschechoslow., schwed. u. engl. Ztg. unter Ps. Felix Binger u. im *Aufbau,* Ps. Kay R. Gilbert. Vertr. der Deutschland-Flüchtlinge auf mehreren internat. Konf., Juli 1936 Deleg. Genfer Flüchtlingskonf. Ab 1935 CSR-Korr. *Pariser Tageblatt.* Mai 1938 mit Fam. nach Paris, von dort Org. der Rettung der in der CSR verbliebenen Flüchtlinge, Nov. 1938 Eröffnung des Pariser Büros der *Demokratischen Flüchtlingsfürsorge.* 1939 in die USA, 1940-42 Reiseagent American Lloyd u. Taussig Service Corp.; Mitarb. *The Jewish Refugee,* Organ des Institute of Jewish Affairs. März 1943 Berufung in den Jüdischen Weltkongreß, mit europ. Flüchtlingsfrage beauftragt. G. wies als einer der ersten auf die „Endlösung der Judenfrage" hin. März 1944 Mitarb. Rescue Department des Jüdischen Weltkongresses in Verb. mit dem amerikan. War Refugee Board. - Nach dem 2. WK sah G. seine Aufgabe in der dt.-jüd. Aussöhnung; in diesem Sinne publizist. aktiv u. ab 1948 regelm. Vortragsreisen nach Deutschland. 1952-66 Experte für Wiedergutmachung in der amerikan. Sektion der *Jewish Agency for Israel.* Korr. u.a. *Neuer Vorwärts, Jedioth Chadashoth* (Tel Aviv), *Rheinischer Merkur.* Mitgl. Academy of Polit. and Soc. Science, *PEN-Club London,* Beraterkomitee der internat. Liga für Menschenrechte New York u. Institut gegen den Antisemitismus Wien. - *Ausz.:* Ehrenmitgl. der DLM.

W: u.a. Deutschland am Hakenkreuz. Prag (Zentralbildungsinstitut) 1933; Der gelbe Fleck. Ein Bericht vom Frühjahr 1933. Prag (Verlag Die Abwehr), Paris (Tschechoslow. Liga gegen den Antisemitismus) 1933; Juden in brauner Hölle (Juden hinter Stacheldraht). Prag (Verlag Die Abwehr) 1933; Menschen auf der Flucht. Tätigkeitsbericht der Demokratischen Flüchtlingsfürsorge. 1936; Burger, Felix (Ps.), Carl von Ossietzky (zus. mit → Kurt Singer). Zürich (Europa-Verlag) 1937; The Jewish Refugee (zus. mit A. Tartakover). New York (Inst. of Jewish Affairs) 1944; The German Exiles and the „German Problem" (mit Hans Jacob). In: Journal of Central European Affairs, 4/1944-45; Emigration. Geschichte der Hitler-Flüchtlinge. 1969; Ossietzky - ein deutscher Patriot. 1963 (ausgezeichnet mit dem Albert Schweitzer-Preis des Kindler-Verlages); außerdem mehrere Publikationen zum deutsch-jüdischen Verhältnis. *Qu:* Arch. Fb. Hand. Publ. Z. - IfZ.

Grossmann, Oskar, Parteifunktionär; geb. 4. Febr. 1903 Teplitz/Nordböhmen, gest. 1944 (?); *V:* Angest.; *G:* 1 S; ∞ Dr. Selma Steinmetz, Emigr. F, Mitarb. TA innerhalb der franz. Résistance, A: Wien, Mitarb. DÖW; *StA:* österr., Ausbürg (?). *Weg:* 1933 UdSSR; 1936 CSR; 1938 F.

Stud. Univ. Wien, vermutl. Studienabbruch aus wirtschaftl. Gründen. Mitgl. KJVÖ, ab 1921 (?) Mitgl. der Wiener Ltg.; 1930 Red. *Die Rote Fahne,* Ps. u.a. Peter Graumann. 1933 nach Moskau, zeitw. KPÖ-Vertr. bei der *Komintern,* Mitarb. *Die Kommunistische Internationale* u. *Inprekorr.* Vermutl. ab 1934 ZK-Mitgl. der KPÖ. 1935 KPÖ-Deleg. auf 7. Weltkongreß der *Komintern.* 1936-38 in Prag Chefred. *Weg und Ziel,* Ps. Alexander Schönau. Red. des 12. März 1938 veröffentl. Manifests *An das Volk von Österreich! An alle Völker der Welt!,* in dem die KPÖ als erste u. damals einzige Partei zum Kampf für die Wiederherstellung eines selbständigen Österr. aufrief. 1938 Emigr. Paris, Mitarb. *Nouvelles d'Autriche,* LtgMitgl. KPÖ-Parteigruppe in Paris. Blieb nach Kriegsausbruch in Frankr. Ab 1942 LtgMitgl. TA innerhalb der franz. Résistance in Lyon für Südfrankr., Deckn. Lucien, RedLtr. illeg. Ztg. *Soldat am Mittelmeer* zur Agit. innerhalb der dt. Besatzungsmacht. Mai 1944 während Partisanenaktion verwundet u. erblindet, von Gestapo unter dem Vorwand, die PCF wolle ihn in Sicherheit bringen, aus der Klinik entführt, seitdem verschollen.

L: Fischer, Erinnerungen; Spiegel, Résistance; DBMOI; Widerstand 1; Reisberg, KPÖ; Unsterbliche Opfer; Albrechtová, Tschechoslowakei. *Qu:* Arch. Publ. - IfZ.

Grubel, Frederick (urspr. Fritz), Dr. jur., Wirtschaftsprüfer, Verbandsfunktionär; geb. 22. Okt. 1908 Leipzig; *V:* Salomon G. (geb. 1876 Brody/Galizien, gest. 1940 Sarajevo) jüd., Kaufm., 1936 Emigr. JU; *M:* Lucy, geb. Fischer (geb. 1887 Leipzig, umgek. im Holokaust), jüd., 1936 Emigr. JU, 1941 (?) Dep.; ∞ 1935 Lisa Markus Cohen (geb. 1913 Bremen), jüd., kaufm. Angest., 1939 Emigr. GB, 1940 USA; *K:* Henry (geb. 1936 Leipzig), 1939 Emigr. GB, 1940 USA, LL.D., RA; Eva J. Fischer (geb. 1939 London), 1940 USA, A: I; Lucille A. Goldsmith (geb. 1951 New York), M.A., Lehrerin; *StA:* österr., 1928 deutsch, 1940 USA. *Weg:* 1939 GB; 1940 USA.

Stud. Freiburg u. Leipzig, 1930 Prom. Leipzig, 1930-34 Referendar, 1933 Ausschluß vom 2. Staatsexamen; 1934-39 ltd. VerwAngest. in Steuerabt. der jüd. Gde. Leipzig, später Verw.-Dir., Mitarb. *Jüdischer Jugendring* u. Ltr. *Jüdisches Jugendzentrum.* 1938 Besuch in den USA; Nov. 1938 KL Buchenwald, dann Mitarb. beim Wiederaufbau der jüd. Gde. Leipzig. 1939 Emigr. GB mit Familie, 1939-40 mit Ehefrau Hausangest. in anglikan. Pfarrhaushalt in Essex, später Unterstützung durch Flüchtlingshilfe, Tätigkeit als Buchhalter ohne Arbeitserlaubnis. Aug. 1940 USA mit Unterstützung des *Bloomsbury House;* 1940 Arbeit an Planungsprojekten für HIAS u. UJA, Stud. Volkswirtschaft u. Betriebswirtschaft New York Univ., 1943 amtl. zugelassener Wirtschaftsprüfer, 1945 M.B.A.; 1941-44 stellv. Dir. Budgetabt. der *New York Fed. of Jew. Philanthropies,* 1944-45 stellv. Dir. Beth Israel Hospital New York, 1945-51 Ltr. Finanzabt. J.D.C. in New York u. Paris, 1951-65 stellv. Dir. u. Ltr. Finanzabt. der Krankenhäuser Beth Israel, Maimonides u. Montefiore in New York. 1965 Wirtschaftsprüfer; 1966-68 Assist. des Dir. u. ab 1968 Dir. LBI New York, VorstMitgl. A.F.J.C.E., Gde. Habonim u. JRSO. Lebte 1977 in Flushing/N.Y.

W: Die Rechtslage der römisch-katholischen Kirche in Polen nach dem Konkordat vom 10. Februar 1925 (Diss.). 1930, Nachdruck 1971; HIAS Survey (Mitverf.). 1940-41 u. 1942; Der Judenfriedhof im Johannistal. In: LBI Bulletin, Nr. 18, 1962; From Kiev via Brody to Pankow, Berlin. In: Strauss, H.A. u. Reissner, H.G. (Hg.), Jubilee Volume dedicated to Curt Silbermann. 1969; Aufsätze in versch. Fachzs. *Qu:* Arch. Fb. Pers. Publ. Z. - RFJI.

Grün, Anna, Parteifunktionärin; geb. 1889, gest. 9. Juni 1962 Wien; ∞ → Josef Grün; *K:* Peter, Emigr. F, Mitarb. TA innerhalb der Résistance, gegen Kriegsende Mitgl. einer Partisanenformation; *StA:* österr. *Weg:* 1933 F; 1945 (?) Österr.

In Deutschland in sozialist. Jugendbewegung aktiv, anschl. in *Kinderfreunde*-Bewegung in Wien. Berufl. Tätigkeit als Fürsorgerin. 1918 KPÖ, Febr. 1919 auf 1. PT Wahl in den dreiköpfigen Presseausschuß. 1922 Wahl in Reichsvertr. (erweitertes ZK) der KPÖ. Red. Frauenseite von *Die Rote Fahne,* 1923 Mitgl. Frauenzentrale der KPÖ. 1924 Wahl in erstes PolBüro der KPÖ. Vermutl. 1926 mit Josef Grün Übersiedlung nach Berlin, Fürsorgeassist. bei der Polizei; Mitgl. KPD. 1933 Emigr. Frankr.; österr. Vertr. in internat. Frauenorg. *Comité mondial des femmes* u. GrdgMitgl. *Fédération mondiale des femmes démocrates.* Nach Kriegsausbruch Arbeit als Fürsorgerin in ev. Pfarrgde. bei Lyon, baute ein Kinderheim auf, in dem während des Kriegs eine Reihe jüd. Kinder in Sicherheit gebracht wurden. Mitarb. TA innerhalb der franz. Résistance, Deckn. u.a. Madame Blanc. Frühj. 1944 Verhaftung. Lager Drancy, unmittelbar vor Transport nach Auschwitz von alliierten Truppen befreit. 1945 (?) Rückkehr nach Wien, Mitgl. KPÖ, Mitgr. u. VorstMitgl. *Bund demokratischer Frauen;* Eintritt in den Polizeidienst, zeitw. Leiterin Polizeifürsorge, Aufbau eines Polizei-Kinderheims.

L: Steiner, KPÖ; Spiegel, Résistance; DBMOI; Tidl, Maria, Frauen im Widerstand. O.J. *Qu:* Arch. Pers. Publ. - IfZ.

246 Gruen

Gruen, Iwan Jacob, Dr. phil., Rabbiner; geb. 4. Okt. 1900 Berlin; *V:* Sally G. (geb. 1870 Neustadt/Posen, gest. 1938 Berlin), Kaufm.; *M:* Clara, geb. Jellin (geb. 1871 Tschirnau/Schlesien, gest. 1943 Berlin); *G:* Ruth (geb. 1903 Berlin), Gymn., 1946 in die USA; ∞ 1928 Gertrude Zimmt (geb. 1901 Berlin), 1939 Emigr. USA mit Familie; *K:* Hannelore (geb. 1935 Danzig), 1939 Emigr. USA, Stud. Ohio State Univ., Beschäftigungstherapeutin; *StA:* deutsch, 1945 USA. *Weg:* 1939 USA.

1919-23 Stud., 1923 Prom. Berlin, gleichz. 1919-25 Stud. L(H)WJ Berlin, 1925 Rabbinerexamen. 1925-27 Rabbiner Frankfurt/O., 1928-39 SynGde. Danzig. 1925 Mitgl. *Allgemeiner Deutscher Rabbinerverband, Liberaler Rabbinerverband*, 1935-38 Präs. *B'nai B'rith Borussia-Loge* Danzig, 1936-39 VorstMitgl. WUPJ. Apr. 1939 Emigr. USA mit Non-Quota-Visum, Unterstützung durch das *Nat. Refugee Comm.*, 1939-42 Rabbiner Temple Sinai Wausau/Wisc., 1942-44 B'nai Israel Oshkosh/Wisc., 1944-46 B'nai Abraham Decatur/Ill., ab 1946 Temple Israel New Castle/Pa.; Vors. *Soc. for Crippled Children*, VorstMitgl. *Canser Soc., Mental Health Soc.* - *Ausz.:* 1962 Hon. D. D. des H. U. C. - J.I.R.

W: Die Paranomasien im Aramäischen des Babylonischen Talmuds (Diss.). 1923; 50 Jahre Synagogengemeinde Danzig. 1933; Beiträge in am., dt. u. jüd. Zs. *Qu:* Arch. Fb. Hand. Z. - RFJI.

Grün, Josef, Parteifunktionär; geb. 1889 Wien, gest. 27. Aug. 1969; ∞ Anna (→ Anna Grün); *K:* Peter, Emigr. F, Mitarb. TA innerhalb der Résistance, gegen Kriegsende Mitgl. einer Partisanenformation; *StA:* österr. *Weg:* 1933 CH; 1935 F; 1945 (?) Österr.

Ab 1903 aktiv in Arbeiter-Abstinenten-Bewegung. 1907 in Hamburg Mitgl. SPD u. Gew.; Aufenthalte in Brüssel u. Mailand, Mitgl. versch. Auslgruppen der dt. u. der österr. Sozdem.; 1912 Wien, Mitgl. SDAP. Ab 1914 Frontsoldat, Juni 1916 russ. Kriegsgefangenschaft; ab 1917 aktiv in der Org. revolution. Kriegsgef., Apr. 1918 vermutl. Deleg. 1. Allrussischer Kongreß der internationalistischen Kriegsgefangenen in Moskau, vermutl. Mitgl. KPR(B), Red. der Zs. *Die Dritte Internationale*. 1919 Rückkehr nach Wien, Mitgl. KPÖ, Red. *Die Soziale Revolution*. In der Folgezeit versch. Parteifunktionen, 1922 KPÖ-Vertr. bei der *Komintern* u. KPÖ-Deleg. 4. Weltkongreß der *Komintern*. Anschl. vermutl. im *Komintern*-App. auf dem Balkan, 1924 Red. der Monatszs. *Bulletin der kommunistischen Balkanföderation*. Mitarb. *Inprekorr*. 1926 nach Berlin, Mitgl. KPD, Red. u. Übers. *Inprekorr*. 1933 Emigr. in die Schweiz, Red. bei *Inprekorr*-NachfOrgan *Rundschau über Politik, Wirtschaft und Arbeiterbewegung*, 1935 nach Paris. Sept. 1939-Febr. 1940 Internierung, anschl. illeg. journ. Tätigkeit für KPD u. KPÖ, Mai 1940 erneut interniert, nach franz. Kapitulation Flucht nach Südfrankr. Vermutl. weiterhin illeg. Arbeit. 1945 (?) Rückkehr nach Österr., aus gesundheitl. Gründen Rückzug aus pol. Arbeit.

L: DBMOI; Hautmann, KPÖ; Reisberg, KPÖ. *Qu:* Arch. Pers. Publ. - IfZ.

Gruenbaum, Heinz, Unternehmensleiter, Bankier; geb. 16. Okt. 1904 Brandenburg; ∞ Renate Benscher; *K:* 1 S. *Weg:* 1934 Pal.

Stud. Berlin, bis 1933 Mitarb. Inst. für Konjunkturforschung Berlin. 1934 Emigr. Palästina, 1934-38 AR-Mitgl. Joseph Loewy Ltd. u. Nahariyyah Smallholders Ltd., 1938-48 GenDir. Electrical Wire Co. of Palestine Ltd., 1948-51 GenDir. im isr. Min. für Handel u. Industrie u. Ltr. Zentrale für RegInvestitionen, 1951-55 Vize-Präs. Palestine Economic Corp.; 1948-52 wiederholt im RegAuftr. nach Europa, 1955-60 Vertr. der Bank Leumi leIsrael in Europa, 1960-63 GenDir. Anglo-Israel Bank Ltd. London, seit 1963 AR-Vors. Cifico Leumi-Bank Zürich. Kuratoriumsmitgl. Technion Haifa. Lebte 1972 in Zürich.

W: Die Umsatzschwankungen des Einzelhandels als Problem der Betriebspolitik. 1928; Die Welttextilkrise. 1931. *Qu:* Hand. - RFJI.

Grünbaum, Max, Kaufmann; geb. 17. Mai 1874 Büdingen/Hessen, gest. 5. Dez. 1952 Daun/Eifel; jüd.; *V:* Robert G. (gest. 1923), jüd., Kaufm.; *M:* Babette, geb. Lahnstein (gest. 1902), jüd.; *G:* Toni Victor (gest. 1918); 1 S, verh. Cohn (umgek. 1943 KL Auschwitz); Blanka Schlesinger (gest. um 1950 IL); ∞ 1903 Lina Gella Lahnstein (1874-1949), jüd., Emigr.; *K:* Martin (1905-28), Dipl.-Kaufm.; Dr. med. Arnold G. (1910-44), 1933 Ausschluß von Prom., Emigr., erneut med. Stud. in London u. Athen, im 2. WK Offz. der brit. Luftwaffe in GR, Apr. 1944 von kommunist. Partisanen getötet; *StA:* deutsch, 24. Nov. 1938 Ausbürg. mit Ehefrau, 1949 deutsch. *Weg:* 1933 B; 1934 GB, B; 1935 Deutschland, B; 1949 Deutschland (BRD).

Abitur, 1894-98 Lehre als Speditionskaufm., anschl. Angest. in Bremen, Antwerpen u. Köln, Selbststud. der Betriebswirtschaft. Ab 1901 Ltr. Zentralbuchhaltung des Warenhauses Leonhard Tietz, Köln, 1905 Mitgr. und Prokurist Leonhard Tietz AG, nach dem Tod von L. Tietz 1915-31 VorstMitgl., 1931-33 stellv. AR-Vors.; Gr. Patria-Versicherung, Mitgl. mehrerer AR, Konsul von Bolivien. Nach natsoz. Machtübernahme Rücktritt von allen Ämtern, freiwilliger Abbruch seiner Kölner Villa u. Niederlassung in der Eifel als Ltr. der 1929 von ihm gegr. Kohlensäurefabrik Dauner Burgbrunnen, um dem Regime keinen Anlaß zu Verfolgungsmaßnahmen zu bieten. Apr. 1933 Flucht vor Haftbefehl nach Brüssel, 1934 zeitw. in London, nach erfolgreicher Anfechtung der verhängten Reichsfluchtsteuer vor dem Reichsfinanzhof 1935 Rückkehr nach Daun; Warnung vor erneutem Haftbefehl, endgültige Emigr. nach Brüssel. Nach dt. Besetzung 1940 im Untergrund, Anfang 1949 Rückkehr, Ltr. Dauner Burgbrunnen. - *Ausz.:* 1949 Ehrenbürger Daun.

Qu: Pers. - IfZ.

Grünberg, Aron, Parteifunktionär; geb. 4. März 1893 Kolomea/Galizien, gest. 3. Sept. 1970 Wien; Diss.; ∞ 1920 Salome (1898-1948), Diss., Angest., KPÖ, 1935 Emigr. UdSSR, 1946 Österr.; *K:* → Martin Grünberg; *StA:* PL, 1936 UdSSR, 1945 österr. *Weg:* 1935 UdSSR; 1945 Österr.

Buchhalter; Offz. im 1. WK, 1915 schwer verwundet, Beinamputation; ab 1916 (?) Stud. Medizin in Wien, um 1920 Studienabbruch aus wirtschaftl. Gründen, Arbeit als Buchhalter. Mitgl. *Linke Poale Zion*, später *Jüdische Kommunistische Partei - Poale Zion*, die 1929 kollektiv der KPÖ beitrat. 1927 auf 9. PT Wahl in Kontrollkommission der KPÖ. Ab 1929 Buchhalter in UdSSR-Handelsvertr. in Wien. 1935 über Lettland Emigr. UdSSR, Buchhalter im Forschungsinstitut für Holzbearbeitung bei Moskau. Mitgl. KPdSU. 1945 Rückkehr nach Wien; Mitgl. KPÖ, bis 1953 kommerzieller Dir. Globus-Verlag, ab 1953 Hauptbuchhalter OROP (Vertriebsgesellschaft der Sowjetischen Mineralölverw.), 1956 nach Abschluß des Staatsvertrags Pensionierung.

L: Steiner, KPÖ. *Qu:* Arch Pers. Z. - IfZ.

Grünberg, Gottfried, Staats- u. Verbandsfunktionär, Offizier; geb. 25. (29.?) Mai 1899 Beuthen/Oberschlesien; ∞ verh., Ehefrau ab 1931 in der UdSSR, im 2. WK Mitarb. Antifa-Schule für dt. Kriegsgef. in Talici b. Gor'kij; *K:* 1 T, ab 1931 in der UdSSR, im 2. WK Mitarb. Antifa-Schule für dt. Kriegsgef. in Talici; *StA:* deutsch u. UdSSR. *Weg:* UdSSR; 1937 E; 1939 F, UdSSR; 1945 Deutschland (SBZ).

Bergarbeiter, 1917-19 MilDienst (Kavallerie), danach Bergmann im Ruhrgebiet, Teiln. an Kämpfen der Roten Ruhrarmee, Funktionär *Rote Hilfe* u. RFB, 1928 (nach anderen Quellen 1924) KPD, als PolLtr. einer Ortsgruppe insbes. unter Bergleuten aktiv, Frühj. 1929 GewAusschluß, 1930-31 Mitgl. KPD-Unterbez. Aachen u. Mitgl. der BezLtg. des nach dem 5. RGI-Kongreß gegr. *Freien Bergarbeiterverbands*, 1931 Ermittlungsverfahren wegen Waffenschmuggels, Illegalität u. Flucht in die UdSSR. Bergarbeiter im Donecbecken, 1933-34 Stud. Kommunistische Universität der nationalen Minderheiten des Westens, Moskau, 1934-35 Lenin-Schule der *Komintern*. Deckn. Weber. Gastdeleg. 7. Weltkongreß der *Komintern*, danach als Instrukteur des ZK der *Bergarbeitergewerkschaft des Ostens* in

Sibirien insbes. mit der Abwehr angebl. natsoz. Infiltration unter dt. Arbeitern beauftragt, März-Juni 1937 pioniertechn. u. milit. Schulung, anschl. über Frankr. nach Spanien; Kommandeur (Capitán) einer Pionierkompanie der XIII. Internat. Brigade, ab Febr. 1939 Internierung in Argelès, dann als sowj. Staatsbürger in die UdSSR; IAH-Dolmetscher für span. Emigr. in Gor'kij, ab Jan. 1941 Stud. Kaderschule des EKKI Moskau, nach dt. Einmarsch Beitritt zur Roten Armee, nach milit. Schulung ab Okt. Angehöriger einer internat. Sondereinheit, ab Anfang 1942 Seminarltr. Schule zur Ausbildung dt. Fallschirmspringer in Nagornaja, Mai 1943-Herbst 1944 Sektorltr. Antifa-Schule für dt. Kriegsgef. in Talici b. Gor'kij, ab Herbst 1944 Teiln. Schulungskurs für KPD-Kader in Moskau zur Vorbereitung auf Aufgaben in Deutschland. 6. Mai 1945 Rückkehr nach Mecklenburg als Mitgl. Gruppe → Gustav Sobottka, pol. u. org. Aufbauarb. in Greifswald u. auf Rügen; Juli 1945-46 als 3. Vizepräs. der Landesverw. Mecklenburg-Vorpommern Ressortchef für Volksbildung, Kultur, Justiz u. Gesundheitswesen, Apr. 1946 Teiln. SED-Grdgs.-PT, nach den ersten LT-Wahlen nach Ende des 2. WK 1946-50 Min. für Volksbildung u. MdL Mecklenburg, Frühj. 1947 Mitgr. u. ab Sommer 1947 Landesvors. *Gesellschaft zum Studium der Kultur der Sowjetunion,* ZV-Mitgl.; nach Umbenennung in *Gesellschaft für Deutsch-Sowjetische Freundschaft* (GDSF) 1949 hatte G. von 1950-56 als ihr GenSekr. wesentl. Anteil an der Umwandlung der GDSF in eine breite Massenorg. mit über 2 Mio. Mitgl. (1953). 1956 vom ZK der SED mit Ltg. der PropAbt. der Pol. Hauptverw. der zu schaffenden NVA beauftragt u. bis zur Rückkehr des nominellen Chefs → Rudolf Dölling aus der UdSSR 1958 ihr Ltr., später Stellv.; 1956 Oberstlt., 1957 Oberst, 1958-60 Sekr. SED-Org. im MfNatVert., 1960-61 Mil-Attaché in Moskau. Im Ruhestand in gesellschaftl. Org. tätig, Mitgl. NatRat der *Nationalen Front des demokratischen Deutschland.* Lebte 1977 in Berlin (Ost). - *Ausz.:* 1956 Hans-Beimler-Med., 1957 VVO (Silber), 1960 Banner der Arbeit.

W: Das enge Kampfbündnis zwischen den Interbrigadisten und der spanischen Bevölkerung. In: Interbrigadisten; Als Mitglied der Gruppe Sobottka im Einsatz. In: Vereint; Kumpel, Kämpfer, Kommunist. (Erinn.) 1977. *L:* Forster, NVA; Pasaremos. *Qu:* Erinn. Hand. Publ. Z. - IfZ.

Grünberg, Karl Stephan, Dr.; *V:* Carl G., Dir. Institut für Sozialforschung Frankfurt/M., ab 1911 Hg. *Archiv für die Geschichte des Sozialismus und der Arbeiterbewegung* („Grünberg-Archiv"). *Weg:* Urug.

Mitgl. österr. Völkerbund-Deleg. in Genf. Emigr. Uruguay. 1942 Mitgl. *Austria Libre* Montevideo unter Anton Babouczek (1926-38 österr. Honorarkonsul von Montevideo, bereits 1919 nach Südamerika ausgewandert, zunächst Vors. *Asociación Cultural Austro-Uruguayén* bzw. *Asociación Austriaca).* Okt. 1943 Mitgr. u. Präs. des von zwölf lateinamerikan. *Austria Libre*-Vereinigungen gebildeten *Comite Central Austriaco de America Latina* (CCAAL) in Montevideo. März 1944 nach Beitritt des CCAAL zum *Free Austrian World Movement* (FAWM) in London Mitgl. Exekutivkomitee FAWM.
L: Goldner, Emigration. *Qu:* Arch. Publ. - IfZ.

Grünberg, Martin, Partei- u. Verbandsfunktionär; geb. 4. Dez. 1920 Wien; Diss.; *V:* → Aron Grünberg; ∞ 1959 Renée Schwarz, geb. Göth (geb. 1925), Diss., Angest., A: Wien; *K:* Felix Glesarov (geb. 1942), Bauing., A: UdSSR; Christa (geb. 1959); *StA:* 1920 PL, 1936 UdSSR, 1948 österr. *Weg:* 1935 UdSSR; 1948 Österr.

1935 mit Eltern Emigr. über Lettland nach Moskau; 1938 Abitur, 1938-41 Stud. Pädagog. Hochschule Moskau, 1941 Mittelschullehrer-Dipl.; 1936-46 Mitgl. *Komsomol,* u.a. Fakultätssekr. Pädagog. Hochschule. Juli 1942-Sept. 1943 unter Deckn. Felix Falk Lehrer an *Komintern*-Schule in Kušnarenkovo, zum milit. Unterricht als Ausbilder herangezogen. Sept. 1943-Apr. 1944 PolInstruktor im Auffanglager Šachty der 4. Ukrain. Front, Sept. 1944-Febr. 1948 Lehrer in Antifa-Kursen Lager Talici bei Gor'kij, 1945-47 Ltr. österr. Sektor. März 1948 auf Anforderung der KPÖ Rückkehr nach Wien, 1948-73 Sekr. *Österreichisch-Sowjetische Gesellschaft;* 1954-61 Kand., 1961-70 Mitgl. des ZK der KPÖ, im Zuge der Auseinandersetzungen um den Einmarsch der Warschauer-Pakt-Staaten in die CSSR nicht wiedergewählt. Seit 1973 freiberufl. Dolmetscher u. Übers. Lebte 1978 in Wien.

L: Leonhard, Revolution; Vogelmann, Propaganda. *Qu:* Arch. Fb. Publ. - IfZ.

Grünberger, Alois, Parteifunktionär, Polizeibeamter; geb. 23. Febr. 1915 Linz; Diss.; *V:* Alois G. (1871-1917); *M:* Maria, geb. Pleiner (1878-1944); *G:* Maria (gest.); ∞ Anna Keml, verw. Reumayr. *StA:* österr. *Weg:* 1934 CSR, UdSSR; 1937 E; 1939 F; 1941 Deutschland; 1944 UdSSR; 1945 Deutschland (Österr.).

Schuster in Linz-Urfahr. Mitgl. SDAP, *Republikanischer Schutzbund.* 1934 Teiln. an den Februarkämpfen, Flucht in die CSR, Emigr. nach Leningrad, KPÖ, Schlosser u. MaschArb.- 1937 Spanien, Teiln. Span. Bürgerkrieg innerhalb der Internat. Brigaden. 1939-41 Internierung in mehreren franz. Lagern. 1941 Auslieferung an Deutschland, Haft in versch. Gefängnissen, u.a. Linz, anschl. KL Dachau. 1944 Entlassung, Kriegsdienst im Strafbtl. 999, Einsatz an Ostfront, Desertion zur Roten Armee. Ausbildung als Fallschirmspringer; Anfang 1945 Absprung bei Zwettl/Niederösterr., schlug sich bis Walding/Mühlviertel durch, dort Nachrichtendienst über Funk für die Rote Armee. Nach dem Einmarsch der sowj. Truppen vorüberg. als Lt. der Roten Armee nach Wien. Ab Herbst 1945 Polizeikommissar in Linz u. Beirat der Zivilverw. Mühlviertel. 1955-56 Oberpolizeirat der Polizeidir. Linz. 1956 Pensionierung aus Gesundheitsgründen. Lebte 1977 in Linz.

Qu: Arch. Pers. - IfZ.

Gründorfer, Wilhelm, Dr. med., Arzt; geb. 17. Febr. 1910; *StA:* österr. *Weg:* 1938 F; 1940 USA; 1947 Österr.

Stud. Medizin in Wien, 1935 Prom. Ab 1927 Mitgl. KJVÖ, später KPÖ, zwischen 1934 u. 1938 illeg. Arbeit in Wien, mehrfach Haft. 1938 nach Anschluß Österr. Flucht über die Schweiz nach Frankr. Vermutl. Mitgl. Parteigruppe der KPÖ in Frankr., Mitgl. *Vereinigung der geflüchteten österreichischen Juden in Frankreich* (?), neben Robert Ehrenreich Vertr. dieser Org. u. LtgMitgl. *Fédération des Emigrés provenant d'Autriche.* Ab Sept. 1939 Internierung, Jan. 1940 Emigr. USA, nahm den Namen William Green an. Arbeitete als Arzt in einem Krankenhaus. Ab 1940 Mitgl. *Austro-American-Assn.,* bis 1946 pol. Hauptverantwortl. *Austro-American Tribune.* Juli 1947 Rückkehr nach Wien, Mitgl. KPÖ. Lebte 1978 in Wien.

Qu: Arch. Pers. - IfZ.

Grünebaum, Kurt, Journalist; geb. 7. Mai 1910 Gießen/Hessen; jüd.; *V:* → Otto Grünebaum; ∞ 1933 Brüssel, Alice Freudenberger (geb. 1910 Wuppertal), jüd., Kindergärtnerin, Emigr. B, seit 1945 Journ. beim belg. Staatsrundfunk; *StA:* deutsch, Ausbürg. *Weg:* 1933 B; 1940 F; 1942 CH; 1945 B.

1928 Abitur in Gießen, danach bis 1933 Stud. Rechtswiss. u. Volkswirtschaft in Freiburg/Breisgau, Köln u. Gießen; daneben journ. Tätigkeit für sozdem. *Oberhessische Volkszeitung* u. *Frankfurter Zeitung;* 1928 Mitgl. SPD u. *Reichsbanner.* März 1933 Emigr. nach Belgien, Mitarb. *Grenz-Echo* Eupen, *Indépendance Belge* Brüssel sowie *Escher Tagblatt* Luxemburg; Mitarb. der Exilztg. *Pariser Tageblatt* u. *Der Gegen-Angriff,* Ps. Kurt Victor, Kurt Leon; in Brüssel enge Verbindung zu bündischem Widerstand um → Hans Ebeling; nach der Besetzung Belgiens nach Frankr. verbracht u. dort u.a. in Gurs interniert, später Prestataire, 1942 Flucht in die Schweiz; 1945 Rückkehr nach Brüssel, ab 1946 Red. der sozialistischen Tageszg. *Le Peuple,* Mitarb. mehrerer dt.sprachiger Zs., Ztg. u. Rundfunkanstalten. Lebte 1975 in Brüssel. - *Ausz.:* BVK, Ritterkreuz des belg. Leopold- u. des Kronenordens, Italienisches Verdienstkreuz.

W: Kongo im Umbruch. 1960. *Qu:* Fb. Hand. Publ. - IfZ.

248 Grünebaum

Grünebaum, Otto, Lehrer; geb. 26. Juni 1880 Partenheim/Hessen, gest. 15. Febr. 1969 Clifton/N.J.; jüd.; ∞ 1909 Johanna Bockmann (geb. 1888 Stein-Bockenheim/Rheinhessen, gest. 1971 USA); jüd.; *K:* → Kurt Grünebaum; Walter (geb. 1912 Gießen), A: USA; Erich (geb. 1917 Gießen), A: USA; Charlotte (geb. 1930 Gießen), A: USA; *StA:* deutsch, Ausbürg., 1945 USA. *Weg:* 1939 USA.
1899-1900 Lehrerseminar, 1905-33 Lehrer in Gießen. 1914-18 Kriegsteiln., Mitgl. SPD, *Reichsbanner,* R.j.F., Mitgr. *Republikanischer Lehrerbund Deutschlands.* 1933 Entlassung, 1938-39 KL Buchenwald, Frühsommer 1939 USA, Hilfsarb. in einem Krankenhaus.
Qu: Pers. Publ. - IfZ.

Grünert, Wilhelm Karl (Willi), Parteifunktionär; geb. 26. Mai 1901 Berlin; *StA:* deutsch, 4. Juli 1939 Ausbürg.; deutsch. *Weg:* 1934 DK, 1942 Deutschland.
Werftarbeiter, aktives Mitgl. der Arbeitersportbewegung, 1925 DMV, 1929 KPD, ab 1931 techn. Ltr. *Kampfgemeinschaft für Rote Sporteinheit* im Bez. Kiel. 1933-34 insbes. illeg. Druckschriftenschmuggel u. -vertrieb im Bez. Kiel. Dez. 1934 Emigr. nach Dänemark, März 1935 Anerkennung als Emigr. durch KPD-EmigrLtg. u. danach bis Ende 1936 Mitwirkung bei der wirtschaftl. Betreuung der KPD-Emigr., anschl. als sog. dt. Sekr. bei *Rote Hilfe* u. Mitarb. *37er Komitee für humanitäre Arbeit,* Landesltr. der EmigrHilfe sowie ab Ende 1938 Mitgl. EmigrLtg.; Deckn. Mogens. Ab Juli 1940 Internierung, nach Auslieferung vom VGH zu 10 J. Zuchthaus verurteilt, Haft in Waldheim u. KL Buchenwald. 1945-51 stellv. Vors. KPD-Bez. Wasserkante u. Mitarb. des PV; 1945 aktives Mitgl. des Aktionskomitees zwischen SPD u. KPD in Hamburg; nach Übersiedlung in die DDR GewFunktionär, ab 1956 Ltr. *Internationaler Seemannsklub* Rostock. - *Ausz.:* u.a. VVO (Bronze), Fritz-Heckert-Medaille.
L: Hochmuth/Meyer, Streiflichter. *Qu:* Arch. Publ. Hand. - IfZ.

Grünewald, Hans Isaak, Rabbiner; geb. 15. März 1914 Frankfurt/M.; *V:* Edmund G.; *M:* Julie, geb. Rothschild; ∞ 1940 Martha Nebenzahl (geb. Frankfurt), Schwester von → Itzhak E. Nebenzahl; *K:* Jaakow, Eliezer, Joseph. *Weg:* 1936 Pal.; GB, Deutschland (BRD).
1932-36 Stud. Univ. u. Jeschiwah in Frankfurt/M.; 1936 Emigr. Palästina, 1936-39 Stud. Hebr. Univ., Präs. *B'nai B'rith Bialik-Loge* Tel Aviv; 1960 Rabbinerexamen am Jews' Coll. London. 1960-63 Landesrabbiner für Norddeutschland, seit 1964 Rabbiner der Isr. Kultusgde. München. Vizepräs. *Konferenz deutscher Rabbiner,* Mitgl. ständiger Ausschuß der *Konferenz europäischer Rabbiner,* Mitgl. *B'nai B'rith Mentor Hebraica'-Loge* München, Doz. Volkshochschule München. Lebte 1977 in München.
W: Die Lehre Israels. Bemerkungen, Erklärungen und Hinweise zu wöchentlichen Lesungen des Juden aus der Thora. 1970; Beiträge über theol. Fragen in *Udim* u.a. jüd. Zs. in Deutschland. *Qu:* Hand. Pers. - RFJI.

Grünfeld, Fritz Vincent, Dr. rer. pol., Fabrikant; geb. 15. Jan. 1897 Landeshut/Schlesien; jüd.; *V:* Heinrich G. (geb. 1865 Landeshut, gest. 1936 Berlin), jüd., zus. mit Bruder → Max Grünfeld Mitinh. Familienfirma Leinen- u. Gebildweberei F. V. Grünfeld Landeshut; *M:* Margarethe, jüd., 1939 Emigr. GB, Schneiderin, 1946 (?) Pal.; *G:* Hilde Freudenberg, Emigr. Pal.; Ilse Stern, Emigr. Pal.; ∞ Hilde Osborn, Ltr. der Kölner Filiale von F. V. Grünfeld, 1939 Emigr. Pal.; *K:* 2 T, 1 S, alle 1939 Emigr. Pal.; *StA:* deutsch, IL. *Weg:* 1938 Pal.
Im 1. WK Kriegsteiln. (EK), dann Stud. Heidelberg, 1920 Prom.; bis 1938 zus. mit Onkel → Max Grünfeld u. Vetter Franz Viktor Grünfeld (→ Frank Victor Grunfeld) Mitinh. von F. V. Grünfeld; Dez. 1938 Verkauf an Konkurrenzunternehmen u. Emigr. Palästina, 1939 mit Ehefrau Mitgr. F. V. Grünfeld Wäschesalon in Tel Aviv, im 2. WK Ltr. einer Näherei, Beschäftigung von Soldatenfrauen, später im Kontrollbüro für Leichtindustrie der Mandatsverw.; nach dem Krieg Berater für Einzelhandelsgeschäfte bei Textilfabrik Ata, später Lehrer in der Erwachsenenbildung beim Erziehungsmin. Lebte 1977 in Jerusalem.
W: Das Versandgeschäft in der Deutschen Textilbranche (Diss.). 1920; Das Leinenhaus Grünfeld. 1967. *Qu:* ABiogr. Hand. - RFJI.

Grünfeld, Max, Textilfabrikant; geb. 27. Jan. 1884 Landeshut/Schlesien, gest. 9. Dez. 1939 Haifa; jüd.; *V:* Falk Valentin G. (geb. 1837 Leschnitz, gest. 1897 San Remo/I), jüd., 1862 Gr. Leinen- u. Gebildweberei F. V. Grünfeld, Landeshut; *M:* Johanna, geb. Schuck (geb. 1843 Oppeln/Schlesien, gest. 1897 Landeshut), jüd., Mitarb. in Firma des Ehemannes; *G:* Ludwig (geb. 1864 Landeshut, gest. 1929 Bühlerhöhe), jüd., Mitinh. Familienunternehmen, Ltr. Berliner Zweigstelle; Heinrich (geb. 1865 Landeshut, gest. 1936 Berlin), Mitinh. Familienunternehmen; ∞ Ilse Hahn (geb 1897 Gleiwitz/Schlesien, gest. 1960 Haifa), jüd., 1939 Emigr. Pal.; *K:* → Falk Gadiesh; *StA:* deutsch. *Weg:* 1938 (?) Pal.
Einjährig-Freiw., Eintritt in Familienunternehmen, 1912 Mitinh. mit Neffen Franz Viktor Grünfeld (→ Frank Victor Grunfeld) u. → Fritz Vincent Grünfeld. Kriegsteiln. (EK); 1919 techn. Ltr. u. Personalchef im Familienunternehmen, nach 1929 verantwortl. für Einzelhandel. 1938 Zwangsverkauf an Konkurrenzfirma Max Kuhl Berlin; Dez. 1938 oder Anfang 1939 Emigr. Palästina mit A I-Zertifikat; kurzzeitig Landwirtschaft.
L: Grünfeld, Fritz Vincent, Das Leinenhaus Grünfeld. 1967. *Qu:* Hand. Pers. Publ. - RFJI.

Grünfeld, Walter, Dr. phil., Journalist; geb. 17. März 1902 Berlin, jüd.; *V:* Max G. (geb. 1870 Tilsit/Ostpr., gest. 1960 Haifa), jüd., Handelsvertr., 1938 Emigr. Pal.; *M:* Clara, geb. Schlesinger (geb. 1881 Berlin, gest. 1937 Berlin), jüd.; *G:* Ilse Lipshütz (geb. 1910 Berlin, gest. 1941 Haifa), jüd., Sekr., Emigr. Pal.; Käthe Kahn (geb. 1915 Berlin), jüd., Sekr., Emigr. Pal.; ∞ I. 1932 Miriam Marx (geb. 1906 Stettin, gest. 1972), jüd., 1935 Emigr. Pal.; II. 1973 Toni Mandelbaum (geb. 1910 Leipzig), jüd., Sekr.; *StA:* deutsch, IL. *Weg:* 1935 Pal.
Ab 1920 Stud. Berlin, 1925 Prom.; 1918-25 Mitgl. JJWB, 1920-33 Mitgl. *Akademischer Verein für jüdische Geschichte und Literatur;* 1923-25 Bankangest., 1925-27 Handelsred. *Berliner Tageblatt,* 1927-35 im Berliner RedBüro *Hamburger Fremdenblatt.* 1935 Emigr. Palästina mit Ehefrau mit A I-Zertifikat, *Haganah* Jerusalem; 1935-66 Mitarb. *The Palestine Post* (später *The Jerusalem Post*), bis 1942 Handelsred., 1937 Gr., bis 1950 Ltr. Red.-Archiv, 1942-54 Ltr. Werbeabt., 1954-66 Ltr. RedBüro Tel Aviv. Zugl. 1961-66 Doz. für Zeitungswiss. Hebr. Univ. Lebte 1977 in Givatayim/Israel.
Qu: Fb. Hand. - RFJI.

Grünstein, Herbert, Funktionär, Offizier; geb. 27. Juli 1912 Erfurt; *V:* Angest.; ∞ 1944 Paula Pauker, StA: Rum., Tochter der Altkommunistin u. zeitw. rum. Außenmin. Anna Pauker; *StA:* deutsch. *Weg:* 1933 UdSSR; 1936 E; 1939 F; 1943 (?) UdSSR; 1948 Deutschland (SBZ).
1928 SAJ, 1930 KJVD, 1931 KPD. 1933 illeg. Tätigkeit, dann im Parteiauftrag Emigr. UdSSR, 1933-36 Kuriertätigkeit nach Deutschland; 1936 nach Spanien, Besuch OffzSchule der Internat. Brigaden in Pozo Rubio, ab Frühj. 1937 als Kompaniechef u. später stellv. BtlKommandeur in span. Div. „Carlos Marx" an der Aragónfront mit pol. Aufgaben betraut. 1939 nach Frankr., bis 1943 Internierung, zeitw. in Nordafrika; 1943 in die UdSSR (nach westl. Angaben: 1939 UdSSR, 1940 nach Schweden als Mitarb. des sowj. Geheimdienstes u. gegen Kriegsende in gleicher Funktion nach Rumänien). Mai 1945-1948 Lehrer u. stellv. Ltr. Antifaschule für dt. Kriegsgef. im Lager 165 Talici bei Gor'kij. 1948 Rückkehr nach Deutschland (SBZ), Mitarb. zentraler SED-App., ab Febr. 1949 Ltr. Hauptabt. PolKultur in Hauptverw. Deutsche Volkspolizei (DVP), 1950 stellv. Ltr. der Hauptverw. u. DVP-Chefinspekteur, 1951 GenMajor, ab 1956 stellv. Min. u. Staatssekr. im

MdI, Mitgl. Zentrale Katastrophenkommission u. Vors. Zentrale Hochwasserkommission; 1962 GenLt., nach Versetzung in den Ruhestand Mitte der 60er Jahre GenSekr. *Gesellschaft für Deutsch-Sowjetische Freundschaft.* Lebte 1977 in Berlin (Ost). – *Ausz.:* 1954 VVO (Silber), 1956 Hans-Beimler-Med., 1958 Med. für Kämpfer gegen den Faschismus 1933–1945, 1962 Arthur-Becker-Med. u. VVO (Silber), 1965 Banner der Arbeit, 1969 Scharnhorst-Orden, 1971 Orden des Vaterländ. Krieges 1. Grades (UdSSR), 1977 Karl-Marx-Orden.

W: An der Seite sowjetischer Genossen erfüllte ich meinen Parteiauftrag. In: Im Zeichen des roten Sterns (Erinn.). 1974; Deutsche Interbrigadisten in spanischen Einheiten der republikanischen Volksarmee. In: Interbrigadisten, S. 377–383. *L:* Forster, NVA; Antifaschisten. *Qu:* Erinn. Hand. Publ. Z. – IfZ.

Grünwald, Leopold, Journalist, Parteifunktionär; geb. 26. Aug. 1901 Wien; jüd., 1920 Diss.; *V:* Jakob G. (geb. 1870, gest. 1943 [?] KL Auschwitz), jüd. Drechslermeister; *M:* Bertha (geb. 1871, gest. 1943 [?] KL Auschwitz), jüd., Textilverkäuferin; *G:* Rudolf (geb. 1907), Tischler, A: Prag; ∞ 1948 Paula Winkler (geb. 1905), Sekr., 1935 Emigr. UdSSR, 1946 Österr.; *K:* Johann (geb. 1936), MaschBauing., A: Wien; Margarete Carney (geb. 1948), Fotografin, A: Wien; *StA:* österr., 1921 CSR, 1947 österr. *Weg:* 1939 UdSSR; 1947 Österr.

Führender Vertr. der sich 1916–17 in losen Zirkeln illeg. formierenden linksradikalen Mittelschülerbewegung. 1918–19 VorstMitgl. *Vereinigung sozialistischer Mittelschüler* Wien; 1919 Abitur, anschl. Übersiedlung nach Trautenau/Ostböhmen. 1919–22 Funktionär deutscher *Verband der Sozialdemokratischen Arbeiterjugend* (Jugendverband der DSAP in der CSR), ab 1921 Mitgl. KSČ. 1921–24 Red. *Ostböhmische Arbeiterzeitung* in Trautenau, 1925–29 Red. *Die Internationale* in Aussig; 1925–39 Mitgl., zeitw. VorstMitgl. *Deutsche Journalistengewerkschaft* Prag, 1926–29 StadtVO. Türmitz b. Aussig. 1929–31 Red. *Vorwärts* in Reichenberg, 1932–38 Red. *Die Rote Fahne* in Prag. 1930–39 Korr. Inprekorr bzw. des NachfOrgans *Rundschau über Politik, Wirtschaft und Arbeiterbewegung* Paris u. Basel. 1938–39 Red. *Welt am Abend* Prag. 1933–39 Ps. Jan Kubal. März 1939 nach Einmarsch der dt. Truppen in die Rest-CSR Flucht, Mitorg. illeg. Grenzübertritte nach Polen, Apr. 1939 nach Moskau. 1939–41 Mitarb. in EmigrBetreuung der MOPR. 1940–41 journ. Mitarb. im *Komintern*-App.; 1941–43 Red., 1943–45 Chefred. *Sudetendeutscher Freiheitssender* sowie regelmäßige Mitarb. *Radio Moskau,* 1941–42 Evakuierung nach Ufa. 1945–46 journ. Mitarb. bei Komintern-NachfOrg. *Institut Nr. 205.* Jan. 1947 nach Österr., Mitgl. KPÖ. Lehrer an Parteischulen, Red. *Volksstimme,* Korr. mehrerer tschechoslow. u. sowj. Ztg. Seit 1947 Mitgl. *Journalistengewerkschaft* im ÖGB. 1968 im Zuge der Auseinandersetzungen um den Einmarsch der Warschauer-Pakt-Staaten in die ČSSR KPÖ-Austritt, anschl. freier Schriftst.; Mitarb. *Wiener Tagebuch* u. mehrerer westeurop. Zs. Lebte 1978 in Wien.

W: u.a. Marxismus und Religion. 1932; Der Widerstand der europäischen Völker (russ.). Moskau 1944; Österreich, Land und Leute (slowakisch). 1965; Die intellektuelle Revolution (Mitverf. Eugen Löbl). 1969; Die CSSR im Umbruch. 1969; Legende Weltkommunismus. 1974; Sudetendeutscher Widerstand gegen Hitler. 1978; Die Mittelschülerbewegung 1917–19 unveröffentl. Ms. DÖW); Lebenserinnerungen (Ms.). *L:* Hauptmann, KPÖ. *Qu:* Arch. Fb. Pers. Publ. Z. – IfZ.

Grünwald (Grunwald), **Max,** Dr. phil., Rabbiner, Historiker; geb. 10. Okt. 1871 Zabrze/Oberschlesien, gest. 24. Jan. 1953 Jerusalem; ∞ I. Margareta Bloch (T. von Rabbiner Dr. Josef Bloch, Schriftltr. der *Österreichischen Wochenschrift,* Mitgl. des österr. Landtages, führender jüd. Politiker u. Gr. der *Österreichisch-Israelitischen Union);* II. T. von Nathan Ehrenfeld, Oberrabbiner in Prag; *K:* Kurt (geb. 1901), 1921 Emigr. Pal., Bankier u. Volkswirt in Jerusalem, Verf. von Büchern über jüd. Wirtschaftsgesch., u.a. über Baron de Hirsch; *StA:* deutsch, österr. (?); Pal./IL. *Weg:* 1938 Pal.

1889–97 Stud. Jüd.-Theol. Seminar Breslau, Rabbinerexamen, zugl. Stud. Univ. Breslau, 1892 Prom., 1895–1903 Rabbiner der Dt.-Isr. Gde. Hamburg, Mitgr. Jüd. Museum Hamburg, 1903–12 Rabbiner Tempel Fünfhaus, 1913–30 Großer Leopoldstädter Tempel Wien, ab 1930 Ruhestand u. Forschungstätigkeit. 1897 Gr. *Gesellschaft für jüdische Volkskunde* u. bis 1922 Schriftltr. ihrer *Mittheilungen,* 1923–25 Schriftltr. *Jahrbücher für jüdische Volkskunde,* 1911 Ltr. jüd. Abt. der Internat. Hygiene-Ausstellung in Dresden, 1913 Mitgr. Archiv für jüd. Familienforschung. Im 1. WK Fürsorgearb. für Flüchtlinge u. jüd. Soldaten. Korrespondierendes Mitgl. der *Deutschen Historischen Vereinigung.* 14. März 1938 kurzfristig Haft. 1938 Emigr. Palästina.

W: Zahlr. Bücher u. Art. über jüd. Volkskunde, Phil. u. Gesch. in Mitteleuropa; Bibliogr. bis 1941 in: Omanuth, Quarterly Bulletin of the Jewish National Museum, Bezalel. 1941; Bibliogr. bis 1946 in: Grunwald Anniversary Issue. 1946–47. *L:* Patai, Raphael, Dr. M. Grunwald. In: Grunwald Anniversary Issue. 1946–47; U.J.E.; E.J.; Kisch, Breslauer Seminar. *D:* Jüd. NatBibliothek Jerusalem; Zentralarch. für die Gesch. des jüd. Volkes Jerusalem. *Qu:* Hand. Publ. Z. – RFJI.

Grundler, Wilhelm, Dr. jur., Rechtsanwalt; geb. 30. Nov. 1889 Wien, gest. 23. Sept. 1971 Wien (?); *StA:* österr. *Weg:* 1939 (?) F; 1947 (?) Österr.

Stud. Rechtswiss. Wien, 1913 Prom., anschl. Gerichtspraxis, später Verbandsjurist. 1931–39 RA in Wien. Vermutl. 1939 Emigr. Frankr.; Tätigkeit im österr. Widerstand in Frankr., angebl. Obmann einer Org. österr. Widerstandskämpfer, nach Kriegsende Ehrenpräs. *Vereinigung der geflüchteten österreichischen Juden in Frankreich* (?). Vermutl. 1947 Rückkehr nach Wien, bis 1964 RA.

Qu: Arch. Hand. – IfZ.

Grunebaum, Erich Otto, Bankier; geb. 26. März 1902 Essen; jüd.; *V:* Ernst G. (geb. 1861 Gesecke/Westf., gest. 1944 London), jüd., OLG-Rat, VorstMitgl. jüd. Gde. Hamm u. Düsseldorf; *M:* Agathe, geb. Hirschland (geb. 1865 Essen, gest. 1947 London), jüd., VorstMitgl. CV; *G:* Dr. phil. Ludwig G. (geb. 1899 Essen), Emigr. USA, Doz.; Käthe Weinberg (geb. 1900 Essen), Emigr. USA; → Kurt Hermann Grunebaum; Dr. jur. Lotte Hackett (geb. 1910 Hamm, gest. 1957 London); ∞ 1933 Gabriele Neumann (geb. 1910 Cottbus/Brandenburg), jüd., 1929–33 Stud. Rechtswiss. München u. Berlin, Referendarin, 1938 Emigr. GB, 1940 CDN, 1941 USA, Stud. Adelphi Univ. N.Y., Sozialarb.; *K:* Ernest Michael (geb. 1934 London), 1941 USA, M.A., Bankier; Eva Irene Koppel (geb. 1937 London), jüd., VorstMitgl. CV; *G:* Dr. phil. Ludwig G. (geb. 1944), LL.D., RA; *StA:* deutsch, 1947 USA. *Weg:* 1938 GB, 1940 CDN, 1941 USA.

1920–23 Stud. München, 1920–21 Banklehre bei Simon Hirschland in Essen, 1921–23 Devisenhändler bei H. Aufhäuser in München, 1923 Mitarb. Hamburger Filiale von Simon Hirschland. 1924–25 Stud. London School of Econ., 1924–28 Ausbildung in engl. u.a. ausländ. Banken. Ab 1928 Prokurist, später Teilh. Simon Hirschland Hamburg. Mitgl. *Deutscher Übersee-Club* Hamburg, 1935–38 Mitgl. Repräsentantenversammlung der jüd. Gde. Hamburg, VorstMitgl. *Keren Hayessod.* Okt. 1938 Emigr. GB, Jan. 1940 Kanada, Juni 1941 USA. 1942–48 Vizepräs. 1948–59 Präs., 1959–74 AR-Vors. u. ab 1974 Ehrenvors. New York Hanseatic Corp.; AR-Mitgl. Nyhaco Credit Corp. Ltd., Aberdeen Manufacturing Corp. u. Peruinvest Compania de Fomento e Inversiones S.A. Lima/Peru; nach 1945 stiller Teilh. der Bank Burkhardt u. Co. (ehem. S. Hirschland) in Essen. Ab 1948 Mitgl., später einer der Schatzmeister der *Combined Campaign for Victims of Nazi Oppression* New York, ab 1948 Mitgl., 1965–74 Präs. Congr. Habonim, 1960–69 Dir. *Costwold Assn.,* Mitgl. auf Lebenszeit ZOA, Mitgl. *Nat. Assn. of Security Dealers, Investment Bankers Assn., Foreign Policy Assn.* – Lebte 1977 in Dobbs Ferry/N.Y.

Qu: Fb. Hand. Pers. – RFJI.

Grunebaum (urspr. Grünebaum), **Hans Theodor,** Textilfabrikant; geb. 18. Juni 1909 Köln; jüd.; *G:* → Kurt Grunebaum; ∞ 1947 Ilse Sara Rosenberg (geb. 1920 Berlin), Buchhalterin; *K:* Mario Alfonso (geb. 1949 São Paulo), UnivStud.; *StA:* deutsch, Bras. *Weg:* 1936 Bras.

1925 Abitur; 1936 Emigr. Bras.; 1943 zus. mit Bruder Gr. Textilfabrik Tekla Industrial S.A.; Mitgl. *B'nai B'rith.* Lebte 1977 in São Paulo.

Qu: Fb. - RFJI.

Grunebaum (urspr. Grünebaum), **Kurt,** Textilfabrikant; geb. 26. Okt. 1914 Köln; jüd.; *G:* → Hans Theodor Grunebaum; ∞ 1946 Chana Grinkraut (geb. 1924 Warschau), jüd.; *K:* Nelson Abrao (geb. 1947), jüd., Stud., Dir. Tekla Industrial S.A.; Melanie (geb. 1951), jüd., Lehrerin; *StA:* deutsch, Bras. *Weg:* 1936 Bras.

Stud. Betriebswirtschaftslehre Köln, 1936 Emigr. Bras., 1936-43 Teppichweber, Werkmeister u. Produktionsltr. Teppichweberei Lanificio Anglo Brasileiro, 1943 zus. mit Bruder Gr. u. Ltr. Textilfabrik Tekla Industrial S.A.; Gr. CIP, Mitgl. *B'nai B'rith.* Lebte 1977 in São Paulo.

Qu: Fb. - RFJI.

Grunebaum, Kurt Hermann, Bankier; geb. 11. Aug. 1905 Essen; jüd.; *G:* → Erich Otto Grunebaum; ∞ 1929 Anneliese Eichwald (geb. 1906 Düsseldorf), jüd., Gymnastiklehrerin in Düsseldorf, 1938 Emigr. NL, 1939 CDN, 1941 USA; *K:* Peter K. (geb. 1933 Essen), Stud., Bankier in den USA; *StA:* deutsch, 1947 USA. *Weg:* 1938 NL; 1939 CDN; 1941 USA.

1915-24 Oberrealschule, Abitur, 1929 Stud. London School of Econ., 1924-31 Bankausbildung in Deutschland, Frankr. u. GB; 1931 Prokurist, 1936-38 Teilh. Simon Hirschland Essen u. Hamburg (gegr. von Urgroßvater), 1938 Übernahme der Bank durch Burkhardt & Co. Essen. Mitgl. *Blau-Weiß,* 1932-38 Repräsentant jüd. Gde. Essen. 1938 Emigr. Niederlande, 1939 nach Kanada, 1939-40 Berater bei der Devisenabt. der Bank of Canada. 1941 USA, ab 1942 bei New York Hanseatic Corp., bis 1948 Vizepräs., 1948-49 geschäftsf. Vizepräs., anschl. bis 1974 Präs. u. Dir. Danach Teilh. Stuart Brothers New York; zugl. Dir. zahlr. Finanzierungs- u. Versicherungsges. u. Industriebetriebe. Schatzmeister AFJCE, AR-Mitgl. *Selfhelp.* VorstMitgl. LBI, Mitgl. *Investment Bankers Assn. of America.* Lebte 1977 in Harrison/N.Y. - *Ausz.:* 1976 Gr. BVK.

W: Art. in *Die Wirtschaftskurve,* Frankfurt/M. 1926-27. *Qu:* Fb. Pers. - RFJI.

Grunewald (urspr. Grünewald), **Max,** Dr. phil., Rabbiner; geb. 4. Dez. 1899 Königshütte/Oberschlesien; *V:* Simon G., ReligLehrer u. Schulltr. in Königshütte; *M:* Klara, geb. Ostheimer; ∞ 1926 Hedwig Horowitz (geb. 1896 Breslau, gest. 1974 Millburn/N.J.), jüd., Stud. Med., Mitarb. *Hadassah,* 1938 Emigr. Pal., 1946 USA; *K:* Ruben (geb. 1932), jüd., 1938 Emigr. Pal., 1946 USA, Ph. D., Bakteriologe u. Pathologe, Laborltr. am Bird S. Cooler Hospital New York; *StA:* deutsch, USA. *Weg:* 1938 Pal.; 1939 USA.

1919-25 Stud. Jüd.-Theol. Seminar Breslau, 1925 Rabbinerexamen, gleichz. Stud. Breslau u. Heidelberg, 1926 Prom.; 1925-37 Rabbiner Isr. Gde. Mannheim, 1934-37 Vors. der Gde.; Mitgr. Jüd. Jugendgde. Mannheim u. Ltr. *Jüdisches Lehrhaus;* 1933 Mitgr., 1936-38 Mitgl. Präsidialausschuß der *Reichsvertretung.* 1938 Emigr. Palästina, 1939 in die USA auf Einladung des Jew. Theol. Seminar New York durch Vermittlung von → Joachim Prinz. 1940-43 Vors. *Theodor Herzl Soc.* New York; ab 1944 Rabbiner in Millburn/N.J., ab 1970 Emeritus; 1942-45 Vizepräs. *Jew. Cultural Reconstruction Foundation,* 1952-62 Präs. u. ab 1962 Vors. des VerwRats A.F.J.C.E., Mitgl. des Präsidiums *Council of Jews from Germany,* 1956 Mitgr. u. Vors. LBI New York, seit 1974 internat. Präs. des LBI als Nachf. von → Siegfried Moses, Kuratoriumsmitgl. *Gustav Wurzweiler Foundation,* ab 1958 VorstMitgl. *New York Board of Rabbis;* Gastdoz. Jew. Theol. Seminar New York. Lebte 1978 in Millburn/N.J. - *Ausz.:* D.D. h.c. Jew. Theol. Seminary New York, 1970 Hon. Fellow Hebr. Univ.; Dr. h.c. Bar Ilan-Univ. Tel Aviv.

W: Constructive Assistance in Warfare. In: Historia Judaica. 1945; Benjamin Franklin's Parable on Brotherly Love. In: Publications Am. Jew. Hist. Soc. 1947; Education and Culture of the German Jews under Nazi Rule. In: The Jewish Review. 1948; Leo Baeck - Witness and Judge. In: Judaism. 1957; The Beginning of the Reichsvertretung. In: Yearbook LBI. 1956; The Modern Rabbi. In: Yearbook LBI. 1957; Leo Baeck. In: American Jewish Yearbook. 1958; Art. in Zs. u. Festschr. *D:* RFJI; LBI New York. *L:* Adler-Rudel, S., Jüdische Selbsthilfe unter dem Naziregime 1933-39. 1974. *Qu:* Arch. Hand. Pers. Publ. Z. - RFJI.

Grunfeld, Frank Victor (urspr. Grünfeld, Franz Viktor), Dr. phil., Textilfabrikant, Graphologe; geb. 24. Nov. 1895 Berlin, gest. 16. Okt. 1965 Zürich; jüd.; *V:* Ludwig Grünfeld (geb. 1864 Landeshut/Schlesien, gest. 1929 Bühlerhöhe), jüd., Textilfabrikant, Mitinh. Landeshuter Leinen- u. Gebildweberei F. V. Grünfeld; *M:* Gertrud, geb. Goldstein, Emigr. GB; *G:* Edith Tietz (geb. 1894), 1941 Emigr. USA; Thea Marx; ∞ Elfriede Neumann, Emigr. USA; *K:* Fred, Ingrid Miriam Remak, Svea Gold; *StA:* deutsch; USA. *Weg:* 1938 USA.

Kriegsdienst, 1920 Prom. Greifswald, dann Eintritt in Familienunternehmen (→ Max Grünfeld), 1922 Teilh.; erstmals Auswertung von Handschriftenanalysen zur Beurteilung von Angest., USA-Besuch als Deleg. der internat. Handelskammer; 1938 Zwangsverkauf der Firma. 1938 Emigr. USA, Berater US-Air Force, grapholog. Forschungsarb. Nach 1945 Doz. ETH Zürich u. Univ. Frankfurt/Main.

W: Streiks in der schlesischen Leinen- und Baumwollindustrie (Diss.). 1920, 2. Aufl. 1921; Victor, Frank (Ps., Mitverf.), The Handwriting Analyzer. A Shortcut to Character Analysis. 1947; Victor, Frank (Ps., Mitverf.), Handwriting, a Personality Projection. 1952 (dt. Übers. 1955, franz. Übers. 1956); Victor, Frank (Ps.), Beethoven. Der Mensch in seiner Handschrift. 1961. *L:* Grünfeld, Fritz Vincent, Das Leinenhaus Grünfeld. 1967. *Qu:* Arch. Hand. Z. - RFJI.

Grunfeld (urspr. Grünfeld), **Isaiah Isidor,** Dr. jur., Rabbiner; geb. 27. Okt. 1900 Tauberrettersheim/Unterfranken, gest. 8. (9. ?) Sept. 1975; *V:* Joseph G., Landwirt, Kaufm.; *M:* Caroline, geb. Fromm; ∞ 1932 Dr. phil. Judith Rosenbaum, 1933 Emigr. GB, Mitarb. in Förderungsorg. für relig. Mädchenschulen Beth Jacob u. jüd. Oberschulen; *K:* Anneruth Cohn, Naomi, Joseph, Raphael, Alexander; *StA:* deutsch; brit. (?). *Weg:* 1933 GB.

Stud. jüd. Lehrerbildungsanstalt Würzburg, Diplom, Stud. Marburg, Frankfurt, Hamburg, gleichz. Stud. Jeschiwot Frankfurt u. Hamburg, Rabbinerexamen. Bis 1933 RA-Praxis in Würzburg. 1933 Emigr. GB über Straßburg u. Palästina. 1936-38 Rabbiner Finsbury Park Syn. London, 1938 2. Rabbinerexamen durch rabbin. Prüfungskomitee in London, 1939-45 Richter (Dayan) am Gerichtshof des Oberrabbiners von London. 1946-47 Mitarb. *Nat. Marriage Guidance Council,* Präs. *Sabbath League of Great Britain,* 1964-75 Vizepräs. *London Council of Social Services,* 1945-75 Vors. *Commission on the Status of Jew. War Orphans in Europe,* 1945-46 Geschäftsf. *Relig. Emergency Committee* des Oberrabbiners. Mitgl. des Vorst. u. Zentralkomitees für jüd. relig. Erziehung London, Mitgl. *Central Brit. Fund for Relief and Rehabilitation, Jew. Committee for Relief Abroad,* Ausschuß der *Anglo-Jew. Assn.,* relig. Beratungsausschuß der *Nat. Assn. of Boys Clubs,* AJR, VorstMitgl. *Amnesty International.* Mitgl. Erziehungsausschuß *London Board of Jew. Educ.;* Zuteilungskomitee des *Jew. Trust Fund for Victims of Nazism,* Präs. *Sabbath Observance Employment Bureau.* Förderer des *Thank You Britain Fund.*

W: The Sacred and the Secular in Modern Life. 1951; The Sabbath. 1954; Judaism Eternal (Hg. u. Übers.). 2 Bde. 1956; Three Generations. 1958; What is a Jew? 1958; Horeb (Hg. u. Übers.). 2 Bde. 1962; The Philosophical and Moral Basis of the Jewish Dietary Laws. 1961; versch. Beitr. in Zs. in IL, GB u. USA. *Qu:* Hand. Z. - RFJI.

Grunow (Grunov), **Heinrich** (urspr. Beer, Friedrich), Parteifunktionär; geb. 15. Aug. 1900 Schweinfurt/M., umgek. 27. März 1945 KL Sachsenhausen; *V:* Johann Georg Beer, ev., Spenglermeister; *M:* Julie, geb. Straßer, ev.; *G:* Wilhelm Georg (1905-1970), Elisabetha Babetta (geb. 1907); *StA:* deutsch, 18. Sept. 1937 Ausbürg. *Weg:* 1933 CSR; 1937 F; 1940 Deutschland.

Kaufm. Angest. in München, Febr. 1931 NSDAP, Verb. zu → Otto Straßer, Okt. 1931 NSDAP-Ausschluß wegen „Parteiverrats"; ab Nov. 1931 Ltr. Kampfgruppe München der *Kampfgemeinschaft Revolutionärer Nationalsozialisten,* Red. *Der deutsche Scheinwerfer.* Juni 1933 Schutzhaft, Sept. 1933 Emigr. nach Prag. Engster Mitarb. Straßers, Geschäftsf. der Reichsltg. *Die Schwarze Front* (SF), Ltr. Grunov-Verlag Prag (Zs. *Die Deutsche Revolution* u. *Die Dritte Front*), Kurierreisen u.a. in die Schweiz, nach Frankr., Holland, Dänemark u. Spanien, 1937 Vors. des Flüchtlingskomitees der *Deutschen Front gegen das Hitlerregime.* 1937 Trennung Straßers von G., angebl. wegen dessen Kontakten zum CSR-Nachrichtendienst; Übersiedlung nach Paris mit dem Auftrag, in Frankr. den von der *Volkssozialistischen Bewegung* (→ Hans Jaeger) der SF überlassenen Kurzwellensender zu betreiben. In Paris ZusArb. mit dem kath. Publizisten Edgar Alexander u. → Helmut Klotz, mit → Erich Wollenberg u. → Karl Otto Paetel; Verb. zu → Max Gruschwitz, → Peter Bultmann, → Hermann Meynen u. einem Nachrichtenbüro in Celje/Jugoslawien. Ab Herbst 1939 Kontakte zum franz. Nachrichtendienst, u.a. Erörterung von Attentatsplänen gegen Hitler. Jan. 1940 Festnahme durch franz. Polizei auf Veranlassung des Deuxième Bureau, nach dt. Besetzung der Gestapo in die Hände gefallen.

Qu: Arch. Publ. - IfZ.

Gruschwitz, Max, Journalist; geb. 9. Okt. 1892 Breslau, gest. (?); *V:* Max G., Kaufm.; *M:* Emma, geb. Barth; ∞ Valeska Thomas (geb. 1894); *StA:* deutsch, 13. Juni 1935 Ausbürg. *Weg:* 1933 Österr. 1938 CSR; 1939 F.

1914-18 Kriegsteiln.; USPD-Mitgl., später Parteisekr. u. KPD-BezLtr. Breslau. Anschluß an Kreise der *Schwarzen Reichswehr* u. später an *Kampfgemeinschaft Revolutionärer Nationalsozialisten* (→ Otto Straßer), Landesltr. Schlesien der *Schwarzen Front* (SF) u. Schriftltr. des SF-Organs *Tribüne.* März 1933 zus. mit Ehefrau Emigr. nach Österr. In Wien gegen den NatSoz. publizistisch aktiv in österr. Rundfunk u. Presse *(Deutsche Zukunft, Wiener Zeitung, Freiheit,* Ps. Brutus), Mitarb. Bundes-Kommissariat für Prop. (Richard Steidle). In Attentatspläne gegen Himmler anläßlich dessen ersten Besuches in Rom verwickelt. 1938 nach Prag, 1939 Frankr.; Mitarb. des Deuxième Bureau Paris. 1941 in Brief an Hitler vorbehaltloses Einschwenken auf natsoz. Politik, Bemühungen um Rückkehr. Wahrscheinlich von Gestapo ermordet.

Qu: Arch. Publ. - IfZ.

Grylewicz, Anton, Parteifunktionär; geb. 8. Jan. 1885 Berlin, gest. 2. Aug. 1971 Berlin (West); Diss.; *V:* Tischler; ∞ verh.; *StA:* deutsch. *Weg:* 1933 CSR; 1937 F; 1941 Kuba; 1955 Deutschland/Berlin (West).

Schlosserlehre; 1907-09 MilDienst, 1912 SPD, 1915-17 Kriegsteiln.; 1917 USPD, führend in *Revolutionäre Obleutebewegung* u. Berliner USPD, 1920 deren Vors.; Dez. 1920 KPD, bis 1924 OrgSekr. Berlin-Brandenburg, 1920-24 StadtVO., ab 1921 unbesoldeter Stadtrat Berlin-Neukölln, Mai-Dez. 1924 MdR u. ab Dez. 1924 MdL Preußen. Führendes Mitgl. der „ultralinken" Gruppe um → Ruth Fischer u. → Arkadij Maslow; ab Apr. 1924 Mitgl. Parteizentrale. 1925 im Maslow-Prozeß verurteilt, amnestiert. Nach *Offenem Brief* der *Komintern* 1925 gegen Fischer-Maslow-Führung weiterhin Vertr. der Parteilinken, im gleichen Jahr ZK-Ausschluß; 1926 Mitgl. der neugebildeten Reichsltg. *Linke Opposition der KPD,* März 1927 auf 11. PT der KPD einer der drei linksopposit. Deleg., Apr. 1927 KPD-Ausschluß. Vors. der Gruppe ausgeschlossener Linkskommunisten im LT Preußen, ReichsorgLtr. des Apr. 1928 gegr. *Lenin-Bunds;* Frühj. 1930 nach Trennung der Gruppenmehrheit unter → Hugo Urbahns von der durch L.D. Trockij vertretenen Politik neben → Kurt Landau u.a. Gr. *Vereinigte Linke Opposition in der KPD (Bolschewiki-Leninisten)* als dt. Sektion der *Internationalen Linksopposition* (ILO). 1931 nach Spaltung der dt. Sektion der JLO in zwei gleichnamige Gruppen maßgebl. vertr. von *Linke Opposition der KPD/Bolschewiki-Leninisten* (dt. Sektion der ILO) u. bis 1933 Hg. des neugegr. ZentrOrgans *Die Permanente Revolution,* während die abgespaltene gleichnamige Gruppe um Landau das ursprüngl. ZentrOrgan *Der Kommunist* beibehielt. März 1933 Flucht nach Prag. Aufgrund von KPD-Denunziation vorübergehend Haft, 1937 nach Paris, vermutl. Mitgl. *Internationale Kommunisten Deutschlands,* Deckn. Zemann. 1941 Kuba, bis 1955 Tischler. Nach Rückkehr SPD.

L: Bahne, Siegfried, Der Trotzkismus in Deutschland 1931-33, Diss. phil. masch. 1958; Weber, Wandlung; Zimmermann, Leninbund; Alles, Trotzkisten; Schafranek, Hans, Kurt Landau (unveröffentl. Ms.). *Qu:* Hand. Publ. - IfZ.

Grynszpan (Grünspan), **Herschel** Feibel, geb. 28. März 1921 Hannover; *V:* Sendel Shmuel (urspr. Siegmund) G. (geb. 1886 Radomsko b. Tschenstochau), 1911 nach Hannover, Schneider, Altwarenhändler, Okt. 1938 als poln. Staatsbürger Dep. nach PL, später IL; *M:* Rifka (urspr. Regina), geb. Silberberg (geb. 1887 Radomsko), 1911 nach Hannover, Dep. mit Ehemann; *G:* Berta (Esther Beile, geb. 1916), Dep. mit Eltern; Marcus Mordekhai (geb. 1919); 5 weitere G (früh gest.); *StA:* PL. *Weg:* 1936 B; 1937 F; 1940 Deutschland; F (?).

1926-35 Mitgl. *Misrachi,* Mai 1935 Stud. Jeschiwah Salomon Breuer in Frankfurt/M.; Absicht zur Emigr. nach Palästina, 1936 Besuch bei Verwandten in Brüssel, Sept. 1936 illeg. Emigr. Frankr., Unterkunft bei Verwandten in Paris, Unterstützung durch *Comité National de Secours aux Réfugiés Allemands Victimes de l'Antisémitisme,* 1937 begrenzte Aufenthaltserlaubnis; August 1938 Ausweisung aus Frankr., anschl. illeg. Aufenthalt unter dem Namen Heinrich Walter Hanover, fast mittellos. Beging am 7. Nov. 1938 Mord an dt. Botschaftssekr. Ernst vom Rath (Gegner des NatSoz.) als Racheakt für die Dep. seiner Familie nach Polen, Verhaftung. In Deutschland war dieser Mord propagandist. Anlaß für die Kristallnacht 9./10. Nov. 1938. Kampagne für seine Freilassung durch WJC u. am. Journ.; 8. Juni 1940 Anklage durch franzos. Staatsanwaltschaft, Juli 1940 Auslieferung an Deutschland durch Vichy-Reg., Haft KL Sachsenhausen u. Gestapogefängnis Berlin-Moabit, Sommer 1941 Gestapo-Verhör in Berlin, Vorwurf homosexueller Beziehungen zum Mordopfer, Prozeßverschiebungen wegen gegensätzlicher Auffassungen der natsoz. Behörden hinsichtl. der jur. u. pol. Behandlung des Falls. April 1942 endgültige Verschiebung des Prozesses auf Befehl Hitlers. Nach 1945 vermutlich Rückkehr nach Paris, Aufenthalt unter falschem Namen, um französ. Strafverfolgung zu entgehen; andererseits ist seine Ermordung in deutscher Haft nicht auszuschließen.

L: Diewerge, Wolfgang, Anschlag gegen den Frieden. Berlin 1939; Heiber, H., Der Fall Grünspan. In: VHZ 1957; Kaul, F.K., Der Fall Herschel Grynspan. 1965; Nimtzovitch, Y., Bizekhutam: Demuyot min haPinkas (Selfmade Man-Charakterbilder). 1968; Thalmann, Rita/Feinermann, Emmanuel, Crystal Night. 1972, 1974. *Qu:* Hand. Publ. Z. - RFJI.

Grynvogel (Grünvogel), **Sally** (Salomon), Parteifunktionär; geb. 1918, gest. Paris; ∞ Rosi; *Weg:* F; Deutschland; F.

Anfang 1936 FDJ Paris, ab 1940 Beteiligung an Reorg. der illeg. KPD in Paris, Wehrmachtsprop.; ab Frühj. 1941 Ltr. der Pariser KPD-Gruppe der TA innerhalb der franz. Résistance, ab Nov. 1941 Mitgl. KPD-Landltg. unter Führung von → Paul

Grasse. Nov. 1943 Verhaftung der ges. Landltg. durch franz. Geheimpolizei, Auslieferung an Gestapo. 1944 Mitgl. der Widerstandsorg. im KL Auschwitz. Nach Kriegsende Frankreich.

L: Schaul, Résistance; Pech, Résistance; Baum, Bruno, Widerstand in Auschwitz. 1957. *Qu:* Pers. Publ. – IfZ.

Grzesinski, Albert Karl Wilhelm, Politiker; geb. 28. Juli 1879 Treptow/Pommern, gest. 31. Dez. 1947 in New York; o.K.; *V:* Albert Lehmann (1853–1902), Metzger; Stiefvater: Thomas G., Stellmacher; *M:* Bertha, geb. Ehlert (1856–1926), Hausmädchen; ∞ I. 1901 Dorothea Schardt (geb. 1880); II. Daisy Torrens (geb. 1886), Schausp., Emigr., 5. Apr. 1937 Ausbürg.; *K:* 2 T aus I; *StA:* deutsch, 25. Aug. 1933 Ausbürg. *Weg:* 1933 CH, F; 1937 Peru, USA.

1893–97 Metalldrücker- u. Gürtlerlehre, bis 1906 im Beruf tätig; 1897 DMV, 1898 SPD, ab 1903 SPD-Funktionär, 1906–19 Sekr. DMV Offenbach u. Kassel. 1918/19 Vors. *Arbeiter- und Soldatenrat* Bez. Kassel u. Mitgl. 1. u. 2. Zentralrat der Deutschen Sozialist. Republik, 1919–24 Mitgl. u. Vors. StadtVO.-Vers. Kassel. 1919–21 Mitgl. Preuß. Landesvers., 1921–33 MdL Preußen. 1919 Unterstaatssekr. im Preuß. Kriegsmin., anschl. bis 1921 Ltr. Reichsabwicklungsamt, 1921–22 Kommissar Reichsarbeitsmin., 1922–24 Präs. Preuß. Landespolizeiamt, anschl. Ref. im MdI Preußen, Mai 1925– Okt. 1926 Polizeipräs. Berlin, 1926–30 Preuß. Innenminister, anschl. bis Juli 1932 Polizeipräs. Berlin. Als exponierter Vertr. der republ. Exekutive 6. März 1933 Emigr. in die Schweiz. Ausbürg. wegen Begünstigung ostjüd. Einwanderung nach Deutschland. Nachdem ein Beratervertrag mit der chin. Polizeiwesens nicht zustande kam, Sept. 1933 nach Paris. Zeuge im sog. Londoner Reichstagsbrandprozeß. 1934 Veröffentl. von *La Tragi-Comédie de la République allemande* auf der Grundlage geretteter Handakten. Verb. zu → Otto Straßer u. volkssozialist. Kreisen in der SPD, Mitarb. *Komitee zur Vorbereitung einer deutschen Volksfront* (Ltg. Heinrich Mann), Mitunterz. Volksfrontaufruf v. Febr. u. Dez. 1936. Ab Juli 1936 geschäftsf. Vors. der aus *Fédération des Émigrés d'Allemagne en France* hervorgegangenen *Zentralvereinigung der deutschen Emigration* (Gesamtvertr. der Flüchtlingsinteressen beim Völkerbund). Aug. 1936–Juli 1937 Vors. Beratungskomitee für dt. Flüchtlinge (*Comité Consultatif*) beim franz. Innenmin.; 1935–37 Mithg. des gemeinsamen Organs der Hilfsorg. *Arbeiterwohlfahrt, Rote Hilfe* u. *Beratungsstelle für Saarflüchtlinge* in Frankr., *Information von Emigranten für Emigranten*. 1937 über Peru in die USA, ab Juli New York. VorstMitgl. *Deutsche Sprachgruppe der Social Democratic Federation of America* (SDF); ab März 1939 Vors. GLD (*Sopade*-Vertretung in den USA). 1940–41 maßgebl. an der Rettung von Emigr. aus Südfrankr. beteiligt. 1941 Gr. *German-American Council for the Liberation of Germany from Nazism*, ab Nov. 1941 Vors. der daraus hervorgegangenen *Association of Free Germans, Inc.*, die unter Berufung auf die Atlantik-Charta pol. u. wirtschaftl. Demokratie, Abrüstung u. Eingliederung in eine neue internat. Friedensordnung für das künftige Deutschland forderte. Persönl. Beziehungen zum State Dept., ab Anfang 1942 Informator für die dt. Emigr. beim OSS. Juli 1943 auf Landeskonf. dt.-sprachiger SozDem. u. Gewerkschafter New York Referat zur staatl. Neugestaltung Deutschlands. Nach internen Konflikten Frühj. 1943 als Vors. GLD durch → Max Brauer u. → Siegfried Aufhäuser abgelöst. Ab 1943 Metalldrücker. Anfang 1944 Mitgr. CDG (Ltg. → Paul Tillich); aufgrund strikter Ablehnung des CDG durch den Kreis um → Rudolf Katz u. → Friedrich Stampfer trennte sich G. von *Association of Free Germans* u. legte seine Funktionen in der SDF nieder, verblieb jedoch in der SPD. Er starb kurz vor seiner durch Besatzungspol. verzögerten Rückkehr in die BRD.

W: Im Zeppelin nach Amerika. 1929; La Tragi-Comédie de la République allemande. Souvenirs. Paris (Plon) 1934; I kamp for den tyska republiken (Übers.). Stockholm 1935; Inside Germany. New York (Drutton) 1939. *L:* NDB 7; MGD; Radkau, Emigration; Röder, Großbritannien; Langkau-Alex, Volksfront. *D:* IISG, AsD, IfZ. *Qu:* Arch. Hand. Publ. Z. – IfZ.

Guckenheimer, Ludwig, Sozialfürsorger; geb. 19. Apr. 1911 Darmstadt; jüd.; *V:* Moritz Maximilian G. (geb. 1878 Mainz, gest. 1934); *M:* Sofie, geb. Hirsch (geb. 1880, gest. 1970 Washington/D.C.), 1940 Emigr. USA; *G:* Sig N. (geb. 1909 Darmstadt), 1938(?) Emigr. USA, M.A., Schulltr. Columbus/Ohio; ∞ 1939 Gertrude Goldschmidt (geb. 1916 Darmstadt), jüd., 1937 Emigr. USA, M.A. Louisiana State Univ. Baton Rouge, Lehrerin; *K:* Anna Maria Rappaport (geb. 1940), Statistikerin in Chicago/Ill.; Elizabeth H. Lee (geb. 1942), B.A., Lehrerin in Abindon/GB; John Mark (geb. 1945), Ph.D., Prof. in Santa Cruz/Calif.; Sam Robert (geb. 1956); *StA:* deutsch, 1939 USA. *Weg:* 1933 USA.

Ab 1928 Stud. Rechtswiss. Frankfurt/M. u. Heidelberg, 1932 Referendar. Okt. 1933 Emigr. USA, Unterstützung durch Verwandte, 1934–37 Verkäufer u. Kassierer Armour & Co. Chicago/ Ill. u. 1935–36 Stud. Northwestern Univ. Evanston/Ill.; 1938 Jugendberater Elmwood Home for Boys in Springfield/ Pa., 1938–39 Orthodox Jew. Home for Children in Cleveland/ O., 1939 kaufm. Angest., 1941 wiss. Mitarb. Council of Social Agencies in New Orleans/La.; Fürsorgeausbildung Tulane Univ. New Orleans, 1941 M.S.W., 1941–64 Fürsorger, später ltd. Stellung im staatl. Fürsorgeamt Baton Rouge/La., gleichz. 1962–64 Doz. School of Social Welfare der Louisiana State Univ., 1964–67 BezVerw. u. Steuerfachmann Bureau of Family Services, Zweigstelle Dallas, 1967–70 stellv. Ltr., ab 1970 Ltr. Abt. für Landes- u. Finanzverw. bei Sozialbehörde HEW. 1957–68 Mitgl. Gruppenführerkommission *Boy Scouts*, 1960–64 Bez.-Gruppenführer, 1961 2. Vizepräs. US-Pfadfinderinnen-Org. Baton Rouge; zeitw. Sekr. Louisiana Org. of State Legislation, Mitgl. *Nat. Conf. on Social Welfare*, 1960–64 Schatzmeister *Louisiana Conf. on Social Welfare*, Mitgl., zeitw. Vors. der Ortsgruppe u. Schriftführer *Nat. Assn. of Social Workers*, Mitgl. *Am. Public Welfare Assn., Am. Acad. of Pol. and Social Science* u.a. Org. Lebte 1976 in Washington/D.C. – *Ausz:* 1962 George Freemann Award, *Louisiana Conf. on Social Welfare*.

Qu: Fb. Hand. – RFJI.

Güdemann, Josef, Dr. med., Arzt; geb. 4. Apr. 1897 Wien, gest. 8. Jan. 1972 New York; jüd.; *V:* Moritz G. (geb. 1835 Hildesheim, gest. 1918 Wien), Oberrabbiner von Wien, Historiker, insbes. Geschichte des Judentums, 1886 Mitgr. *Österreichisch-Israelitische Union*, 1893 Mitgr. Isr. Theol. Lehranstalt Wien; *M:* Ida, geb. Sachs (geb. 1869 Breslau, gest. 1951 New York), 1939 Emigr. GB, 1940 USA; *G:* Franzi (geb. Wien, gest. 1914 Wien); Bona (geb. 1899 Wien, gest. 1924 Wien); Leo (geb. 1908 Wien, gest. 1947 GB), Kaufm.; ∞ 1930 Basia Terepolski (geb. 1906 Raseiniai/Litauen), Techn. in bakteriol.-serolog. Labor in Wien, 1938 Emigr. USA; *K:* Frances Guenette (geb. 1934 Wien), 1938 Emigr. USA, B.A., Forschungsarb. beim Fernsehen; *StA:* österr. *Weg:* 1938 USA.

1915 Einjährig-Freiw., Kriegsteiln. (Lt., Ausz.). 1918–22 Stud. Med. Wien, 1922 Prom., 1923–25 Assist. Med. Klinik Univ. Wien, gleichz. Stud. am Physiolog.-Chem. Inst., 1925–28 Assist. u. Doz. Inst. für allg. u. experimentelle Pathologie, 1927–38 Dir. des diagnost. Labors der Arbeiterkrankenkasse, gleichz. Laborltr. eines Pflegeheims. 1927 Mitgl. *Gesellschaft der Ärzte, B'nai B'rith-Loge Wahrheit,* 1931–38 *Gesellschaft jüdischer Ärzte* (Deleg. zum Weltkongreß der Weltorg. jüd. Ärzte). 1938 Auswanderungsberater für Ärzte, ltd. Mitgl. des *Keren Hajessod* Wien. Okt. 1938 Emigr. GB mit Familie, Besuchervisum mit Hilfe von *Woburn House* u. Bruder Leo W., dann USA. 1939–42 Fellow Pathology Dept. des Mt. Sinai Hospitals in New York, 1942–46 Dir. des patholog. u. diagnost. Labors des Beth David Hospitals in New York, 1957–67 Pathologe u. Dir. des Labors im Trafalgar Hospital New York, gleichz. Privatpraxis. 1940 Mitgr., 1948 Vorst. *Am. Congr. Jews from Austria*, Vizepräs. *Am. Federation of Jews from Austria*, 1946–47 Mitgr. u. Vorst. *Liberty Loge* des *B'nai B'rith*, Eintreten für die Anerkennung von Wiedergutmachungsansprüchen durch die österr. Bundesreg., Mitgl. *Am. Med. Assn., County* u. *State Med. Soc. of New York,* ZOA.

W: Beitr. für med. u. biochem. Zs. in Wien. *Qu:* Hand. Pers. Z. – RFJI.

Günther, Alwin, Partei- u. Gewerkschaftsfunktionär; geb. 21. Apr. 1906 Viernau/Thür.; *StA:* deutsch. *Weg:* 1936 E; 1939 UdSSR; 1945 Deutschland (SBZ).

Werkzeugmacher; 1924 KPD. 1936-39 Teiln. Span. Bürgerkrieg, Adjutant des Kommandeurs des Btl. Čapaev. Deckn. Julius Lackner. In der UdSSR milit. Schulung, vermutl. Angehöriger der Roten Armee. 1945 in die SBZ, Partei- u. Gew-Funktionär, Mitgl. SED-Landesltg. Thür.; bis 1958 1. Vors. ZV Industriegruppe Metallurgie der FDGB, anschl. bis 1968 FDGB-BezVors. in Suhl u. Mitgl. Bundesvorst. des FDGB; Mitgl. SED-BezLtg. u. BezTag Suhl. Wirkte Anfang der 70er Jahre als Vors. der Kommission zur Betreuung alter verdienter Parteimitgl. der BezLtg. in Suhl. - *Ausz.:* 1955 VVO (Bronze), 1956 Hans-Beimler-Med., 1958 Med. für Kämpfer gegen den Faschismus 1933-1945, 1959 VVO (Silber); VVO (Gold), 1974 Ehrenspange zum VVO (Gold).
Qu: Hand. Publ. Z. - IfZ.

Günther, Otto, Publizist, Verleger; geb. 20. Apr. 1895 Wien; gest.; *StA:* österr., Ausbürg. (?). *Weg:* 1939 F; 1941 USA; Österr.

Stud. Hochschule für Welthandel Wien; 1925-38 Verleger u. Ztg.-Hg., u.a. *Christliche Frauenzeitung, Bürgermeisterzeitung, Das moderne Hotel, Donauländerzeitung* (alle Wien), *Hotelový Žurnál* (Preßburg). Aktiver Legitimist, 1933 Vizepräs. *Kaisertreue Volkspartei* u. Chefred. des Parteiorgans; Kand. der *Christlich-Sozialen Partei* für NatRat u. GdeRat Wien. 1938 nach Anschluß Österr. Verhaftung, mit dem ersten Österreicher-Transport ins KL Dachau. 1939 Entlassung, Emigr. Frankr., 1939-41 in Nizza Hg. der Zs. *La femme provençale* u. *La Française chrétienne.* 1941 Flucht nach New York; eng ZusArb. mit → Otto Habsburg, galt als dessen publizist. Fachmann. Hg. der Zs. *Austria.* Nach 1945 Rückkehr nach Wien, Hg. *Das moderne Hotel.*
W: u.a. Streiflichter auf die österreichischen Eisenbahnen. 1925; Christlichsoziale programmatische Gedanken. 1932; Unser Kaiser kehrt heim! Legitimistische Arbeit in Österreich. 1933. *Qu:* Hand. Pers. - IfZ.

Gütermann, Heinrich, Verleger; geb. 20. Jan. 1880 Bamberg, gest. 11. Febr. 1963 Montevideo; jüd.; *V:* Louis G. (1855-1909), Verleger; *M:* Berta, geb. Heidenheimer (1857-1899); ∞ 1919 Luise Feitel (geb. 1893 Worms, gest. 1965 Montevideo), jüd., Emigr.; *StA:* deutsch, 1941 Ausbürg. *Weg:* 1938 F; 1942 Urug.

Abitur, Einjährig-Freiw., ab 1899 in FamUnternehmen J. Bensheimer Verlagsbuchhandlung Mannheim; ab 1906 Juniorchef, ab 1907 Sozius. 1914-17 Kriegsteiln. (Lt.), anschl. Ltr. des Verlags. Ausbau des Unternehmens zum führenden jurist. Fachverlag, Zusammenfassung belletrist. Verlage im Zweigunternehmen Allgemeine Verlagsanstalt München, maßgebl. Beteiligung an Casa Editrice Apollo Bologna. Hg. *Neue Badische Landeszeitung.* Mitgl. Landesausschuß der Dresdner Bank für SW-Deutschland. Febr. 1934 Einstellung der Ztg., 1936/37 Zwangsverkauf von Druckerei u. Verlag. Aug. 1938 Emigr. Paris, Sept. 1939-Juli 1941 Internierung in Villemallard, Marolles, St. Germain-Les Belles, Gurs u. Les Milles, März 1942 Emigr. Uruguay. Aufbau einer Buchhandlung, Grossist u. Vertr. ausländ. Verlage. - *Ausz.:* 1955 Schiller-Medaille.
L: Fliedner, Hans-Joachim, Die Judenverfolgung in Mannheim, Bd. 2. 1971. *Qu:* Arch. Hand. Publ. - IfZ.

Guggenheim, Felix, Dr. rer. pol., Dr. jur., Verleger, Rechts- u. Finanzexperte; geb. 6. Juni 1904 Konstanz, gest. 21. Juni 1976 Beverly Hills/Calif.; jüd.; *G:* Lene; ∞ Evelyn Holl, Filmschauspielerin; *K:* Kim; *StA:* deutsch, USA. *Weg:* 1938 CH, GB; 1940 USA.

Stud. München u. Hamburg, 1925 Prom. Zürich, 1926 Prom. Leipzig. Wirtschaftsjourn. *Vossische Zeitung* Berlin, 1926-31 Bankangest.; 1932(?)-38 VorstMitgl. Druckerei Seydel AG Berlin u. Deutsche Buchgemeinschaft. 1938 Emigr. Schweiz, GB, 1940 USA; 1940-45 Tätigkeit in der Industrie, ab 1945 lit. Agent. Mitgr. u. Red. *Pazifische Presse* Los Angeles (bibliophile Ausgaben der Werke von Exil-Schriftstellern). Gr. u. Inh. von Betrieben für Verarbeitung von Zitrus-Früchten. Präs. *Jew. Club of 1933* Los Angeles, 1941/42 Mitgr. u. Vors. Ausschuß gegen Internierung von Einwanderern als feindl. Ausländer. Nach 1945 Wiederaufnahme der Verbindung zu dt. Schriftstellern u. Verlegern, Tätigkeit als Rechts- u. Finanzsachverständiger. - *Ausz.:* BVK.
L: Bloch, E., Geschichte der Juden von Konstanz. 1971, S. 211-214. *D:* RFJI. *Qu:* EGL. Fb. Publ. Z. - RFJI.

Guggenheim, Siegfried, Dr. jur., Rechtsanwalt, Publizist; geb. 12. Okt. 1873 Worms, gest. 30. Jan. 1961 New York; jüd.; *V:* Samuel G. (1840-1930); *M:* geb. Merzbach; ∞ Eugenie Bloch; *K:* Ernest D.; Bertel Meyer, Emigr. USA. *Weg:* 1938 USA.

Prom., 1900-38 RA u. Notar in Offenbach/M., Partner des späteren hess. Min. Otto von Brentano; zugl. 1907-38 Vorst-Mitgl., 1933-38 Vors. Isr. ReligGde. Offenbach, Org. des Baus einer neuen Syn., Vors. CV-Ortsgruppe Offenbach u. Mitgl. CV-Hauptvorst. Berlin, Verf. zahlr. Flugschriften u. Broschüren gegen antisemit. Angriffe; Vors. *Verein für jüdische Geschichte und Literatur,* Sammler seltener Buchausgaben, Unterstützung von Studenten der Kunstgewerbeschule Offenbach u. der *Offenbacher Werkstattgemeinschaft* zur Verbesserung der Qualität dt. Buchausgaben; Mitarb. u. Hg. der *Offenbacher Haggadah,* einer bibliophilen dt.-hebr. Ausgabe des Pesach-Rituals mit Illustrationen von Rudolf Koch. 1938 Emigr. USA, dort Neubearb. u. 1960 Neuaufl. der *Offenbacher Haggadah. - Ausz.:* 1948 (1953?) Ehrenbürger Offenbach.

W: Die Entwicklung des Krankenkassenwesens in der israelitischen Gemeinde zu Offenbach am Main. 1910; Aus der Vergangenheit der Israelitischen Gemeinde Offenbach (Hg.). 1915; Stammbaum der Familie Guggenheim in Worms. (Mitverf.) 1926; Offenbacher Haggadah (Hebr. mit dt. Übers.). 1927, überarb. 2. Aufl. 1960; Wolf Breidenbach. Eine Gestalt aus Alt-Offenbach. In: Alt-Offenbach, Blätter des Offenbacher Geschichtsvereins, 1930; Rudolf Koch. His Work and the Offenbach Workshop. In: Print. 1947; Art. in versch. Zs. *L:* Reissner, H. G., The Truman Menorah, u.: The Achievement of a Senior Citizen. In: Twenty Years A.F.J.C.E. 1940-1960. 1961; Arnsberg, Hessen. *Qu:* EGL. Hand. HGR. Publ. Z. - RFJI.

Gumbert, Arthur, Dr., geb. 3. März 1877 Hannover. *Weg:* 1936 NL.

Zuletzt in Hannover wohnhaft, Febr. 1936 Emigr. Amsterdam; 2. Vors. der Jan. 1937 gegr. *Vereeniging van Duitse Emigranten* (→ Otto Falkenberg), die mit der *Zentralvereinigung der deutschen Emigration* (→ Albert Grzesinski) zusammenarbeitete.
Qu: Arch. - IfZ.

Gumpel, Gustav, Dr. jur., Bankier, Industrieller; geb. 8. Sept. 1889 Lindhorst/Schaumburg-Lippe; *V:* → Hermann Gumpel; ∞ Lilli Freudenheim (geb. 1903); *K:* Gerda (geb. 1924), Emigr. CH; Heinz (geb. 1926), Emigr. CH; *StA:* deutsch. *Weg:* 1937 CH.

Stud. Rechtswiss. Deutschland u. Frankr., 1912 Referendar, 1914 Prom.; Kriegsteiln. (OLt. Königsulanen, EK II u. I, Lipper OffzKreuz, Verdienstkreuz Schaumburg-Lippe). Tätigkeit bei Berliner Banken u. in Familienbank Z.H. Gumpel Hannover, 1921 Einzelprokura, 1925 Teilh., Ltg. u. Mitverw. der Bankbeteiligungen auf dem Gebiet der Kali-, Zement-, Asphalt-, Gummi-, Maschinen- u. Verkehrsindustrie, Mitgl. zahlr. AR, wirtschaftl. u. kult. Vereinigungen. Febr. 1937 Emigr. CH.
L: RhDG. *Qu:* Arch. Hand. - IfZ.

Gumpel, Hermann, Bankier, Industrieller; geb. 4. Febr. 1862 Lindhorst/Schaumburg-Lippe, gest. CH; jüd.; *V:* Gustav G. (1829-89), Getreide- u. Holzhändler; *M:* Emilie, geb. Franck (1837-1911), 1889-95 Teilh. Getreide- u. Holzhandelsunternehmen Z.H. Gumpel Hannover; *G:* Max (1863-1913), Prokurist

u. Gesellschafter des FamUnternehmens; Julius (Vater von → Kurt Gumpel); ∞ Sophie Franck (1861-1907); *K:* Hedwig Friedländer; → Gustav Gumpel; *StA:* deutsch. *Weg:* 1938 (?) CH.

Israelit. Schule, 1872-78 Gymn., Eintritt in väterl. Firma Z.H. Gumpel, 1886 Teilh., Aufbau des Bankhauses Z.H. Gumpel Hannover, Beteiligung an Hannoverschen Kaliwerken AG, nach 1900 einer der führenden Kalikonzerne; zahlr. Industriebeteiligungen, u.a. im Bergbau, in der Elektro- u. Asphaltbranche, Vors. bzw. Mitgl. von 35 AR u. Grubenvorständen. Mitgl. AR, später VerwRat Deutsches Kalisyndikat; maßgebl. beteiligt am Zustandekommen der Auslandsanleihe der dt. Kaliindustrie 1925/26 u. des Exportabkommens mit der französ. Kaliindustrie 1926. 1938 Liquidierung des Bankhauses, Emigr. in die Schweiz. – *Ausz.:* EK II, Kommerzienrat.

L: RhDG. *Qu:* Hand. Publ. – IfZ.

Gumpel, Kurt, Bankier; geb. 25. Dez. 1896 Hannover, gest. 16. Apr. 1972 Hannover; *V:* Julius G. (geb. 1865 Lindhorst, umgek. KL Theresienstadt [?]), bis 1926 Teilh. Bankhaus Z.H. Gumpel, mit → Hermann Gumpel Aufbau des Kalikonzerns, dann Teilh. Bankhaus Ephraim Meyer & Sohn, Hannover, Vors. u. Mitgl. zahlr. AR, u.a. AR-Mitgl. Deutsches Kalisyndikat, Kommerzienrat; *M:* Alice, geb. Steinberg (1874-1935); ∞ I. 1921 Olga Dahl (1889-1947); II. Ilse Vogelsang; *K:* aus I: 2; *StA:* deutsch. *Weg:* 1935 F; Port.; 1949 Deutschland (BRD).

Gymn., 1914-18 Kriegsfreiw., Kriegsgef. in Griechenland; 2 Semester Stud. Staatswiss. Köln, Bankausbildung, Eintritt in Bankhaus Z.H. Gumpel, Einzelprokura u. Teilh., später Mitinh. des väterl. Bankgeschäfts Ephraim Meyer & Sohn, Hannover. U.a. Mitwirkung am ZusSchluß u. AR-Vors. Vereinigte Elektrotechn. Fabriken Lüdenscheid, dem größten dt. Konzern für Installationsmaterialien. Vors. u. Mitgl. zahlr. AR, u.a. der Zement-, Kali- u. Maschinenindustrie. Österr. Konsul. Jan. 1935 Emigr. nach Paris, später Portugal, Okt. 1949 Rückkehr aus Lissabon.

Qu: Arch. Hand. – IfZ.

Gundelach, Gustav Rudolf August, Parteifunktionär; geb. 19. Dez. 1888 Kiel, gest. 8. Juli 1962 Hamburg; *V:* Adolph G. (gest. 1907), Maler, SPD-Mitgl.; *M:* Marie (gest. 1964); ∞ Alwine Hollert (geb. 1894), Zuchthausstrafe wegen illeg. Tätigkeit für *Rote Hilfe; K:* Käthe (geb. 1917), Adolf (geb. 1920); *StA:* deutsch, 25. März 1938 Ausbürg., deutsch. *Weg:* 1934 DK, Österr.; 1935 N, DK; 1936 Rum., CH; 1937 (?) E; 1938 DK, S; 1940 UdSSR; 1945 Deutschland (SBZ).

1904-08 Eisendreherlehre, 1908-09 Wanderschaft, bis 1923 auf Kieler u. Hamburger Werften beschäftigt. 1907 DMV, 1909 SPD, 1919 USPD, 1920 KPD. 1920-23 Mitgl. KPD-Stadtltg. Hamburg, während des Oktoberaufstands 1923 Ltr. des Kurierdienstes; ab 1924 Mitgl. KPD-BezLtg. u. Vors. *Rote Hilfe* (RH) Bez. Wasserkante, Mitgl. RH-Zentralvorst., 1924-33 MdHB u. 1927/28 ihr Vizepräs., 1929 als zeitw. Ltr. des RH-Zentralsekretariats an der Ausschaltung der Parteirechten beteiligt. 1933-34 Ltr. illeg. RH, Dez. 1933/Jan. 1934 Kontaktaufnahme zur RH-Auslandsvertretung unter → Willi Koska; 1934 Emigr. nach Kopenhagen, Tätigkeit für IRH in Österr., 1935 in Norwegen u. Dänemark. 1936 in Rumänien u. der Schweiz; Sept. 1936 Haft u. Ausweisung aus der Schweiz, Ltr. RH in Dänemark, anschl. nach Spanien, Jan. 1937-Juni 1938 Ltr. Sanitätsdienst der Internat. Brigaden. 1938-39 in Dänemark u. Schweden. Juli 1940 in die UdSSR, 1941-42 Schulung in Moskau, Dez. 1942-März 1945 Red. u. Sprecher *Deutscher Volkssender* Moskau bzw. Ufa. Apr. 1945 Rückkehr nach Deutschland als Mitgl. *Gruppe* → *Walter Ulbricht;* neben → Bernhard Koenen maßgebl. am Aufbau der Landesverw. in Sa.-Anhalt beteiligt, Aug. 1945- Apr. 1946 Präs. Zentralverwaltung für Arbeit und Sozialfürsorge, auf 1. SED-PT Apr. 1946 Wahl in den PV; Mai 1946 Übersiedlung nach Hamburg, 1946-47 MdHB, 1946-49 Vors. KPDLandesltg., 1949-53 Mitgl. KPD-PV u. MdB, nach Parteiverbot illeg. Tätigkeit, 1961 Einzelbewerber zum BT, bis 1962 Teiln. an KPD- u. SED-PT. Deckn. Bruno Stohn, Roßbach, Dr. Christian Möller. – *Ausz.:* 1956 Hans-Beimler-Medaille.

W: Erinnerungen. Die Rote Hilfe – Solidaritätsorganisation der internationalen Arbeiterklasse. In: BZG, 1977/3. *L:* Weber, Wandlung; GdA-Biogr. *Qu:* Arch. Erinn. Hand. Publ. – IfZ.

Gundelfinger, Leo, Journalist; geb. 22. Mai 1901 Regensburg; jüd.; *V:* Abraham G. (1842-1904); *M:* Lina, geb. Stein (1863-1927); *G:* Gretchen (geb. 1899), Flora (geb. 1869), Betty (geb. 1872), Alexander (geb. 1884); ∞ 1932 Katharina Guntershausen (geb. 1903), 24. Apr. 1937 Ausbürg. mit Ehrn., Emigr.; Hugo (geb. 1933), Emigr.; *StA:* deutsch, 3. Dez. 1936 Ausbürg. *Weg:* 1933 Saargeb.; 1935 F; USA.

Bankangestellter. 1918 Mitgl. SPD. 1928-33 Schriftltr. *Rheinische Warte* Koblenz. März 1933 Emigr. ins Saargebiet, Mitarb. sozdem. *Volksstimme* Saarbrücken sowie der Exilpresse, Ps. Meyer-Dillingen. Nach der Saarabstimmung Jan. 1935 Flucht nach Frankreich, später in die USA. – Ps. Leo Guild.

L: Schneider, Saarpolitik und Exil. *Qu:* Arch. Publ. – IfZ.

Gundermann, Marianne, Dr., Parteijournalistin; geb. 20. Aug. 1902 Krimmitschau/Sa., gest. 29. Mai 1974 Berlin (Ost); *V:* Michael G.; *M:* Clara, geb. Schlewinski; *StA:* deutsch. *Weg:* 1933 F; 1936 UdSSR; 1938 NL; 1943 Deutschland; 1945 S; Deutschland (Berlin).

Stenotypistin, Redaktionssekr. *Die Weltbühne;* Mitgl. KPD; ab 1924 Red. *Der Klassenkampf* Halle, wegen versöhnlerischer Abweichung gemaßregelt; 1931-33 Chefred. *Der Weg der Frau;* 1933 Emigr. Frankr., 1936 Moskau. Lenin-Schule, Lektorin, ab 1938 unter Deckn. Toni Abhördienst ausländ. Rundfunkstationen bei AbschnLtg. West in Amsterdam; Apr. 1943 Verhaftung, 1 J. Untersuchungshaft, anschl. KL Auschwitz u. Ravensbrück; nach Befreiung nach Schweden, 1945 im Abhördienst der *Politischen Information* Stockholm. Nach 1945 KPD/SED, Red. *Berliner Rundfunk* (Ps. Johanna Rudolph), Mitarb. Staatliches Rundfunkkomitee beim Ministerrat der DDR, Mitarb. *Neues Deutschland* u. *Einheit,* Degradierung im Zusammenhang mit der Affäre um → Rudolf Herrnstadt, Journ., nach Rehabilitierung 1956 wiss. Mitarb. Min. für Kultur, Mitgl. Kollegium des Min. für Kultur. – *Ausz.:* 1959 Händel-Preis; Med. Für ausgezeichnete Leistungen, Franz-Mehring-Ehrennadel.

W: Der Humanist Arnold Zweig. 1955; Händelrenaissance. 1960. *L:* Müssener, Exil. *Qu:* Hand. – IfZ.

Gur-Arie, Shlomo (urspr. Jungleib, Friedrich), Beamter; geb. 13. Aug. 1927 Wien; jüd.; ∞ verh.; *K:* 3. *Weg:* 1938 Pal.

Schulbesuch in Wien. Nov. 1938 Emigr. Palästina mit *Jugend-Alijah,* 1938-43 im Erziehungsheim der *Jugend-Alijah Mosad Ahakah,* 1943-45 landwirtschaftl. Ausbildung Kibb. Sedeh Eliyahu, 1945-48 Kibb. Massuot Yizhak in Gush-Ezyon, Mitgl. Jew. Settlement Police, 1948-49 Kriegsgef. in Jordanien. 1949-50 Stud. Lehrerseminar, 1950-52 Lehrer u. Jugendltr. an der Landwirtschaftsschule Mikweh Israel, 1952-53 Lehrer in Jerusalem, 1953-61 Schriftführer eines Seminars der *Jew. Agency,* 1961-75 Kontrollbeamter staatl. Rechnungshof, ab 1975 Ltr. Abt. Hochschulen der Nat. Sozialversicherung. 1965 B.A. Hebr. Univ. Jerusalem. Lebte 1978 in Jerusalem.

Qu: Fb. – RFJI.

Gurdus, Nathan, Journalist; geb. 11. Okt. 1909 Warschau, gest. IL; jüd.; *V:* Isser G. (geb. Lettland, 1942 umgek. im Getto Warschau), Lederwarenhändler, Zion.; *M:* Esther, geb. Nikelburg (1942 umgek. KL Treblinka); *G:* Jack (geb. 1906 Warschau), 1939 Emigr. Pal., 1947 USA; Clara Shalit (geb. Warschau), 1933 Emigr. Pal., Stud. Columbia Univ., Psychotherapeutin; Rose (geb. Warschau), A: New York; 2 G (1942 umgek. KL Treblinka); ∞ 1938 Irene Nachtmann (geb. Warschau), 1939 Emigr. Pal; *K:* Michael (geb. 1944 Tel Aviv), Stud. Hebr. Univ., Rundfunkreporter; *StA:* PL. *Weg:* 1934 PL; 1939 (?) Pal.

Höhere Schule Kopenhagen, 1925-34 Presse- u. Radiokorr. in Berlin u. Kopenhagen. 1934 Ausweisung aus Berlin, Emigr. Warschau; 1934-39 pol. Korr. für Londoner *Daily Express* in Warschau u. zeitw. in Moskau. Sept. 1939 Flucht nach Bukarest, dann nach Palästina mit Touristenvisum. Mitarb. im Radioabhördienst in Palästina, u.a. verantwortl. für illeg. Sendungen von Untergrund- u. Frontorg., u.a. *Haganah, Irgun Zevai Leummi* u. *Stern-Gruppe.* Korr. für *Haaretz,* dann für *Yediot Acharonot,* ab 1944 stellv. Korr. im Büro Tel Aviv, dann Dir. der *Agence France Presse* in Israel. - *Ausz.:* Königl. Freiheitsorden Dänemark, Stella della Solidarietà Italien.

Qu: Hand. Pers. Z. - RFJI.

Gurian, Waldemar, Dr. phil., Hochschullehrer, Publizist; geb. 13. Febr. 1902 St. Petersburg/Rußland, gest. 26. Mai 1954 South Haven/Mich.; jüd., 1914 kath.; *V:* Nahum G., jüd., Kaufm., lebte später in Paris, Juni 1940 verschollen; *M:* Clara, geb. Lurjé, jüd., später kath.; 1911 Übersiedlung mit Kindern nach Berlin; *G:* Sonja Orgeich; ∞ 1924 Edith Schwarzer (geb. 1897), Lehrerin; *K:* Johanna Maria (geb. 1926), Emigr. mit Eltern, Statistikerin bei US-Reg., A: USA; *StA:* russ., 1920 deutsch, Ausbürg., 1942 USA. *Weg:* 1934 CH; 1937 USA.

Höhere Schule Berlin, während 1. WK Collegium Albertinum der Dominikaner in Venlo/Niederlande, 1920 Abitur in Düsseldorf; Stud. in Köln, Breslau, München u. Berlin, 1923 Prom. bei Max Scheler mit Diss. *Die deutsche Jugendbewegung;* während des Stud. Anschluß an *Quickborn,* beeinflußt von Romano Guardini, Mitarb. u.a. *Hochland.* Nach Studienabschluß Red. *Kölnische Volkszeitung,* ab 1924 freier Publizist, Mitarb. kath. Blätter, Ps. Peltastes, Dr. Bernhard Histermann, Walter Gerhart. Einer der führenden Interpreten des pol. Katholizismus in der modernen Gesellschaft, beeinflußt u.a. von Carl Schmitt; Integralist u. Gegner des sog. säkularisierten Katholizismus; publizist. Arbeitsschwerpunkte u.a. die *Action Française* u. der russ. Bolschewismus. Vertrat die Idee einer „autoritären Demokratie", war jedoch Gegner des drohenden totalen natsoz. Staates. Aufgrund seiner jüd. Herkunft u. nach Zusammentreffen mit → Ludwig Kaas in Rom Ostern 1934 im gleichen Jahr Emigr. in die Schweiz. Dort freier Publizist, Mitarb. u.a. *Der Deutsche in Polen, Der Christliche Ständestaat* u. *Schweizerische Rundschau,* Ps. Lorenz Brunner, Stefan Kirchmann, Paul Müller; im Hinblick auf die nach den Morden v. 30. Juni 1934 erkennbare Entwicklung im Dritten Reich zunehmende Kritik am Verhalten des dt. Episkopats in der Broschüre *Ambrosius und die deutschen Bischöfe;* nach Bekanntschaft mit → Otto Michael Knab Grdg. der kath. Exilzs. *Deutsche Briefe,* die ab Sept. (Okt.) 1934 in Luzern erschien, Berichterstattung über das relig., kulturelle u. pol. Leben in Deutschland, u.a. ausführl. Wiedergabe von Dokumenten u. Besprechungen natsoz. Bücher; Nachrichtenquellen waren u.a. die kritische Auswertung der dt. Presse sowie eigene Verb. zu dt. kath. Kreisen; in den Analysen der Zs. wurde angesichts des totalitären Charakters des NatSoz. noch vor dem eigentl. Einsetzen der repressiven natsoz. Kirchenpol. auf den unvermeidlichen ZusStoß zwischen Kirche u. Staat hingewiesen u. die Taktik des Ausgleichs u. der Verständigungsbereitschaft der dt. Bischöfe kritisiert. Auf der Basis relig.-weltanschaulicher Gegnerschaft zum NatSoz. Unterstützung des für den Status quo an der Saar kämpfenden *Volksbundes für christlich-soziale Gemeinschaft* (→ Johannes Hoffmann). Zus.Arb. mit → Joseph Wirth, u.a. in dessen Auftrag mit Karl Thieme Verf. des Memorandums *Die Kirche und die Judenfrage.* Noch vor Einstellung der *Deutschen Briefe* Spätsommer 1937 Berufung an kath. Univ. Notre Dame/Indiana u. Übersiedlung in die USA; 1937-43 Ass. Prof., ab 1943 Prof. für pol. Wiss.; 1939 Gr. *Review of Politics* mit für die USA innovator. Forschungsansatz einer pol. Wiss., vornehmlich basierend auf histor. u. philosophischer Analyse; 1942 Mitunterz. des in Kreisen der New School for Social Research in New York erarb. Manifests *Devant la crise mondiale;* 1949 Dir. *Committee on International Relations* mit Arbeitsschwerpunkt Rolle der Kirche in der moder-

nen Welt u. Bolschewismus in Rußland; Mitgl. *Joint Committee on Slavic Studies;* wesentl. Beitrag zur Entwicklung der Univ. Notre Dame. Im Exil seit Arb. an den *Deutschen Briefen* Hinwendung zur Demokratie westl. Prägung.

W: u.a. Kirchmann, Stefan, St. Ambrosius und die deutschen Bischöfe. Luzern (Liga-Verlag) 1934; Der Kampf um die Kirche im Dritten Reich. Luzern (Vita Nova) 1935 (Übers. engl., holländ.); Bolschewismus als Weltgefahr. Ebd. 1935; Brunner, Lorenz, Marxismus am Ende. Einsiedeln (Benziger) 1936 (engl. Übers.); The Future of Bolshevism. New York (Sheed and Ward) 1936; Permanent Features of Soviet Foreign Policy. London (Stevens) 1947; zahlr. Aufs. in *Review of Politics;* vollständ. Bibliogr. in: Hürten, Heinz, Waldemar Gurian. Ein Zeuge der Krise unserer Welt in der ersten Hälfte des 20. Jahrhunderts. 1972. *L:* Arendt, Hannah, The Personality of Waldemar Gurian. In: Review of Politics, The Gurian Memorial Issue (17/1955, S. 33-42); Hürten, op. cit.; ders. (Bearb.), Deutsche Briefe 1934-1938. Ein Blatt der katholischen Emigration. 2 Bde. 1969; Radkau, Emigration; *D:* Nachl. Waldemar Gurian, South Bend/Indiana. *Qu:* Arch. Biogr. Fb. Hand. Pers. Publ. - IfZ.

Gurland, Arcadius (Arkadij), Dr. phil., Publizist, Hochschullehrer; geb. 1. Sept. 1904 Moskau, gest. 27. März 1979 Darmstadt; *V:* Isaak G., Dipl.-Ing., 1938 aus Berlin dep., 1941 im Getto Wilna ermordet; *M* u. *S* Emigr. nach GB; ∞ Juliane; *StA:* staatenlos, deutsch. *Weg:* 1933 B, F; 1940 USA; 1950 Deutschland (BRD).

1922 Abitur in Berlin, 1922-24 Stud. Mathematik, Physik, Phil. u. Gesch. Univ. Berlin, 1924-28 Wirtschafts- u. Sozialwiss. in Leipzig; 1929 Prom.; SPD, Funktionärstätigkeit, ab 1923 hauptberufl. Mitarb. sozdem. Presse, Mitgl. des sog. *Klassenkampf-Kreises* u. Red. von dessen Organ *Marxistische Tribüne für Politik und Wirtschaft,* 1931-32 Red. *Sozialistische Presse-Korrespondenz;* innerh. der sozdem. Linken einer der theoret. u. ideolog. Wortführer, Mitarb. u.a. *Der Bücherkreis* unter Ltg. des späteren *Roten Kämpfer*-Ideologen Karl Schröder (→ Arthur Goldstein); 1932 stellv. Chefred. *Volksstimme* Chemnitz. März 1933 Emigr. nach Belgien, im Aug. gleichen Jahres nach Frankr.; in Paris u.a. Mitarb. *Documentation de Statistique Sociale et Économique* (DOSSE); Mitarb. *Freies Deutschland* (→ Max Sievers) in Wirtschaftsfragen sowie unter dem Ps. W. Gundal *Zeitschrift für Sozialforschung;* weitere Ps. Rudolph Lang, Felix Graham, Vexator. Angebl. pol. Anschluß an RSD, laut → Karl Böchel Mitgl. Pariser SPD-Gruppe; 1937 Mitgr. u. bis 1939 VorstMitgl. *Bund Freie Presse und Literatur* Paris. Febr. 1940 Emigr. in die USA, 1940-45 Forschungsarbeiten am Institute of Social Research New York, danach i.A. versch. amerikanischer Institute u. Institutionen; in den USA Mitgl. der *Neu Beginnen* nahestehenden *American Friends of German Freedom.* Rückkehr nach Deutschland, 1950-54 Ltr. Institut für Politische Wissenschaft Berlin, 1958-62 freie Forschungs- u. Übersetzertätigkeit, 1962-72 (Emeritierung) o. Prof. für Wissenschaftliche Politik TH Darmstadt.

W: u.a. Der proletarische Klassenkampf in der Gegenwart. 1925; Produktionsweise - Staat - Klassendiktatur. Versuch einer immanenten Interpretation des Diktaturbegriffes der materialistischen Geschichtsauffassung. Diss. phil. 1929 (1930 erschienen unter dem Titel: Marxismus und Diktatur); Die geistigen Strömungen im modernen Sozialismus. 1929; Das Heute der proletarischen Aktion. Hemmnisse und Wandlungen im Klassenkampf. 1931; Spaltung oder Aktivität (mit Kurt Laumann). 1931; Political Science in Western Germany. Thoughts and writings 1950-1952. 1952; zahlr. Aufs. u. Artikel in dt. u. amerikan. Zs. u. Ztg. *L:* Drechsler, SAPD; MGD; Langkau-Alex, Volksfront. *D:* Nachlaß bei Juliane Gurland. *Qu:* Arch. Hand. Publ. - IfZ.

Gutkind, Walter, Dr. jur., Richter; geb. 26. Mai 1880 Braunschweig, gest. 1971 Guildford/Surrey, GB; *V:* Max G. (1847-1931), jüd., Bankier, Kommerzienrat; *M:* Fanny, geb. Hertz; *G:* 3 S; ∞ Margarete Pape (geb. 1897), Emigr.; *K:* Lore-Barbara (geb. 1926), Emigr.; *StA:* deutsch. *Weg:* 1938 GB.

Stammte aus einer der bedeutendsten jüd. Fam. Braunschweigs. Ab 1898 Stud. Rechtswiss. München, Berlin, Heidelberg u. Leipzig. Kriegsteiln. (Hptm., EK I, Braunschweigisches Verdienstkreuz 1. Kl.), ab 1928 als OberverwGerichtsrat hauptamtl. Mitgl. des Braunschweigischen Verwaltungsgerichtshofs, Dez. 1935 gegen Intervention des Gerichtspräs. entlassen. Dez. 1938 Emigr. nach GB. - *Ausz.:* 1934 Ehrenkreuz für Frontkämpfer.

Qu: Arch. EGL. Hand. Publ. - IfZ.

Gutman (bis 1939 Gutmann), **Theodore E.** (Ted), Dr. jur., Kaufmann, Politiker; geb. 24. Dez. 1909 Gotha/Thür.; jüd.; *V:* Dr. jur. Leo Gutmann (geb. 1875 Coburg, gest. 1951 Los Angeles), jüd., RA u. Notar, Mitgl. DDP u. Freimaurer, 1937 Emigr. USA; *M:* Henrietta, geb. Cosmann (geb. 1881 Essen, gest. 1959 Salzburg), jüd.; höhere Schule, 1937 Emigr. USA; *G:* Carl M. (geb. 1911 Gotha), Stud., 1933 Emigr. USA, Börsenmakler; ∞ 1939 Ruth Pearlman (geb. 1914 Summerville/Mass.), jüd., Stud. Mass. Art Inst., Künstlerin; *K:* Carol Betsy Cosman Alter (geb. 1943 Cambridge/Mass.), M.A. Univ. Calif. Berkeley, Schriftstellerin u. Übersetzerin; Marjorie Ann Weiss (geb. 1947 Los Angeles/Calif.), Stud.; *StA:* deutsch, 1939 USA. *Weg:* 1933 E; 1936 USA.

1928-31 Stud. München, Cambridge, Berlin, 1932 Prom. Jena, Referendar; Apr. 1933 Entlassung. Aug. 1933 Emigr. Spanien, nach ca. 8 Mon. Widerruf der ArbErlaubnis, zeitw. unbezahlte Arbeit bei einer Reederei, Unterstützung durch Familie in Deutschland, Jan 1934-36 kaufm. Tätigkeit; Okt. 1936 in die USA mit Einwanderungsvisum, Lehre als Pfeifenhersteller, 1936-52 Handelsvertr.; 1943-45 Offz. des Nachrichtendienstes der US-Armee in Europa (1954 Major der Reserve). 1952-73 Teilh. Großhandelsfirma Hays Co., ab 1974 Ruhestand. 1972, 1974, 1975 ltd. Funktionen in Ortsgruppen der *Democratic Party*, ab 1975 Mitgl. Zentralausschuß *Democratic Party* in Calif.; Mitgl. Archaeological Inst. Univ. Los Angeles/Calif., Fellow *Soc. Calif. Archaeology*. Lebte 1976 in Sherman Oaks/Calif.

Qu: Fb. Hand. - RFJI.

Guttentag, Werner Karl Alexander, Verleger, Buchhändler; geb. 6. Febr. 1920 Breslau; jüd., 1939 o. K.; *V:* Erich G. (geb. 1889 Gnesen/Posen, gest. 1965 Cochabamba/Boliv.), jüd., Kaufm., KL Buchenwald, Emigr. Boliv.; *M:* Margarete, geb. Tichauer (geb. 1890 Tost/Oberschlesien); ∞ I. 1947 Brigitte Plan (geb. Wien), 1952 gesch.; II. 1955 Eva Renate Mohr (geb. 1928), Aug. 1944 bis Jan. 1945 ArbLager Schmiegerode u. Ostlinde, Flucht nach Altenburg/Thür., 1946-47 Stud. Jena, Flucht in die ABZ, Sekr. beim US-Hauptquartier in Frankfurt/Main, 1948 nach Boliv., Sekr., später Mitarb. im Geschäft des Ehemannes; *K:* Stefan (geb. 1948); Carola (geb. 1950), Hotelinh.; Rolf (geb. 1957, gest. 1959); Ingrid (geb. 1960); Petra (geb. 1965); *StA:* deutsch, 1948 Boliv. *Weg:* 1938 NL; 1939 Boliv.

1930-33 Realgymn. Breslau, 1934-37 Lehrling u. Angest. bei Schlesische Furnierwerke Breslau, 1934-37 Mitgl. *Freie deutsch-jüdische Jugend* (linke Splittergruppe von *Kameraden)*, 1938 Mitgl. *Haschomer Hazair*, Kurier für die linke Untergrundbewegung, illeg. Grenzübertritt in die ČSR u. Rückkehr nach Deutschland; 1938 Stud. Maschinenbau Jüd. Schule in Breslau. 1938 Emigr. NL über Luxemburg u. Belgien, Ausbildung als Schlosser im Lager Wieringermeerpolder, Unterstützung durch jüd. Stiftung in Amsterdam, Mitgl. *Haschomer Hazair*. 1939 nach Bolivien, 1939-43 Angest. im Juweliergeschäft Joyeria Vienesa in Cochabamba, 1943-45 Angest. bei Mauricio Hochschild in Oruro; gleichz. 1940-44 Mitarb. *Das andere Deutschland* (→ August Siemsen). 1945 Eröffnung des Buchladens Los Amigos del Libro, später Inh. eines Verlags u. 5 weiterer Buchläden, seit 1962 Hg. der *Bibliografia Boliviana, Bolivia Magica* (Serien über Bolivien) u. kultureller Zs., Romane usw.; 1968-72 VorstMitgl. der Handelskammer in Cochabamba, 1970-72 deren Deleg. bei der *Assn. of Free Entrepreneurs,* 1969 Stifter des Erich Guttentag-Preises für Originalbeiträge zur bolivian. Lit., 1977 Stifter des Hector Cossio Salinas-Preises für Beiträge zu bolivian. Sozial- u. Naturwiss. Lebte 1977 in Cochabamba/Bolivien. - *Ausz.:* 1973 BVK 1. Klasse, 1974 Ehrenbürger von Cochabamba.

W: Una Tradicion Transplantada. (Eine verpflanzte Tradition) 1972; Survey of the Library Situation in Bolivia. 1973; Problems of Latin American Booksuppliers. 1974; Beiträge in Book Trade of the World. 1977; Beiträge in versch. Tagesztg. in Bolivien u. in *Börsenblatt für den deutschen Buchhandel* u.a. Zs. *L:* The Economist. 1969; Tages-Anzeiger Zürich (Magazin). 11. Nov. 1972; Library of Congress Info. Bull. 1977; Opinion, Buenos Aires 1978. *Qu:* Fb. Z. - RFJI.

Guttmann, Heinrich, Kaufmann; geb. 24. Nov. 1892 Chemnitz, gest. 1975 Frankfurt/M.; jüd.; *V:* Salo G. (geb. 1862 Rosenberg/Oberschlesien, gest. 1939 Chemnitz), jüd., Kaufm.; *M:* Marie; *G:* Erich (geb. 1895 Chemnitz, gest. 1929), Kaufm.; ∞ Ilse Cohn (geb. 1898 Königshütte/Oberschlesien), 1934 Emigr. I, 1939 Pal., 1958 Deutschland (BRD); *K:* Werner Erich (geb. 1933 Chemnitz), 1934 Emigr. I, 1939 Pal., Hoteldir.; *StA:* deutsch, IL. *Weg:* 1934 I; 1939 Pal.

1913-16 kaufm. Lehre in Chemnitz, 1916-19 Kriegsteiln. Bis 1934 Inh. eines Bekleidungsgeschäfts in Chemnitz, 1923 Mitgr., Präs. Landesverband Sachsen des VJJD, 1923 Mitgl., *Saxonia-Loge* des *B'nai B'rith* Chemnitz, Präs. u. später Vizepräs.; Mitgl. Repräsentantenversammlung der Jüd. Gde. Chemnitz, VorstMitgl. CV Chemnitz, Mitarb. *Liga für Menschenrechte;* März 1933 Haft, Febr. 1934 Emigr. Italien, 1934-39 Handelsvertr.; März 1939 Ausweisung, dann nach Palästina, Ladeninh., Inspektor beim Rechnungshof der brit. Mandatsverw. für die Leichtindustrie, später Vertr. in der Textilbranche. 1958 Rückkehr nach Deutschland (BRD), tätig in Wiedergutmachungsangelegenheiten, 1961-67 Mitgr. u. Präs. Frankfurter Loge des *B'nai B'rith,* 1971-75 Gr. u. Präs. *Franz-Oppenheimer-Gesellschaft zur Pflege deutsch-jüdischer Kulturwerte,* Mitgl. *Gesellschaft für christlich-jüdische Zusammenarbeit.* - *Ausz.:* 1969 BVK.

Qu: Pers. Z. - RFJI.

Guttmann, Henry (urspr. Heinrich), Dr. phil., Rabbiner; geb. 26. März 1909 Csongrád a.d. Theiß; *V:* Michael G. (geb. 1872, gest. 1942 Budapest), Rabbiner, Prof. Landesrabbinerschule Budapest u. Jüd.-Theol. Seminar Breslau; *M:* Camilla, geb. Schnürer; *G:* Alexander (geb. 1904 Budapest), Rabbiner, Prof. Jüd. Lehrerseminar u. L(H)WJ Berlin, 1940 Emigr. USA, Prof. am H.U.C. Cincinnati; Wilma, Ehefrau von → Max Katten; Raiza (gest.); ∞ verh.; *K:* 1 T. *Weg:* 1934 H; 1945 (?) USA.

1924-30 Stud. Jüd.-Theol. Seminar Breslau, 1930 Rabbinerexamen, Prom. Gießen, 1929 Rabbiner Isr. Religionsgde. Bingen/Rhein, 1932 Rabbiner SynGde. Landsberg an der Warthe. 1934 Emigr. Ungarn, 1934-45 Prof. Landesrabbinerschule Budapest. Anschl. in die USA, 1953-56 Rabbiner in Bristol/Va., 1956-61 Lake Placid/N.Y., 1961-65 Forschungstätigkeit, 1965-67 Rabbiner in Lafayette/La. u. Geistl. der Handelskammer Greater Lafayette, 1967-68 Rabbiner in East Liverpool/O., ltd. Mitarb. an Radioprogrammen des *B'nai B'rith.* Lebte 1977 in Daytona Beach/Fla.

W: Die Darstellung der jüdischen Religion bei Flavius Josephus (Diss.). 1928; Marannen und Apostaten unter den spanischen Juden. In: Jewish Studies in Memory of Michael Guttmann. 1946. *D:* LBI New York. *Qu:* Arch. Pers. Publ. - RFJI.

Guttmann, Josef, Parteifunktionär; geb. 23. Mai 1902 Tábor/Böhmen, gest. 1958 USA; *StA:* 1919 CSR. *Weg:* 1938 S; USA.

Ab Grdg. 1921 KSČ-Mitgl., zunächst KSM-Funktionär, später Parteifunktionär, Vertr. des linken Parteiflügels; 1928 Deleg. 6. Weltkongreß der Komintern, als Anhänger der linken (Gottwald-)Fraktion auf 5. PT 1929 Wahl in ZK u. PolBüro sowie zum Chefred. des Parteiorgans *Rudé právo* Prag, ab 11. EKKI-Plenum 1931 Mitgl. Präs. u. Sekretariat des EKKI; auf 12. EKKI-Plenum 1932 Kritik an KPD-Politik, nach nat-

soz. Machtübernahme in Deutschland Kritik an KPD- u. *Komintern*-Politik in der dt. Frage, Dez. 1933 KSČ-Ausschluß wegen angebl. Trotzkismus. Nach Abschluß des Münchner Abkommens über Schweden in die USA.
L: PS KSČ; Hejzlar, Zdenek, Reformkommunismus. 1976. *Qu:* Hand. Publ. Z. - IfZ.

Guttsman, Valerie, geb. Lichtigova, Fürsorgerin, Kommunalpolitikerin; geb. 3. Juni 1918 Hatalov/Slowakei; o.K.; *V:* Herman Lichtig (geb. Vranov/Slowakei, gest. 1940 Prag), jüd., höhere Schule, Handelsreisender, DSAP; *M:* Zephia, geb. Stern (geb. Matasovce/Slowakei, umgek. im Holokaust), jüd., höhere Schule; *G:* Dr. med. Ella Lichtigova (geb. 1909 Hatalov, umgek. im Holokaust), Kinderärztin; Adela Licht (urspr. Lichtigova) (geb. 1912 Hatalov), Lehrerin, 1938 Emigr. Pal.; Olga Lichtigova (geb. 1914 Hatalov, umgek. im Holokaust), höhere Schule; ∞ 1942 Wilhelm Leo Guttsman (geb. 1920 Berlin), jüd., 1939 Emigr. GB, M.Sc. London School of Econ., Bibliothekar Norwich/GB; *K:* Janet Helen (geb. 1958 London), höhere Schule; *StA:* staatenlos, 1948 GB. *Weg:* 1939 GB.

Ein Semester Stud. Chemie, Mitarb. zion. Org.; Apr. 1939 Emigr. GB, Land- u. Fabrikarb., 1944-45 Kindergärtnerin, 1946-51 Fürsorgerin im Gesundheitswesen; 1951-52 Diplom für Mental Health der London School of Econ., 1952-58 Fürsorgerin für psych. Kranke. Mitgl. *Labour Party,* ab 1963 StadtVO Norwich, ab 1973 Mitgl. Grafschaftsrat Norfolk, 1976-77 stellv. Oberbürgerm. Norwich, Mitgl. versch. Ausschüsse des Stadt- u. Grafschaftsrates. VorstMitgl. *Norfolk-Norwich Assn. of Mental Health.* Lebte 1976 in Norwich/GB.
Qu: Fb. - RFJI.

Guy (urspr. Löwenthal), **Yehuda,** Polizeioffizier, Transportexperte; geb. 10. Juni 1911 Frauenkirchen/Burgenland; *V:* Oskar Löwenthal; *M:* Katherina, geb. Karlburger; ∞ 1943 Thalia Feldman; *K:* Dorith Moor, Lydia; *StA:* österr.; Pal./IL. *Weg:* 1939 Pal.

Stud. MaschBau TH Wien. 1939 Emigr. Palästina; 1942-46 Hptm. brit. Armee. 1948-64 Ltr. Verkehrs- u. Patrouillenabt. der isr. Polizei, später stellv. Polizeichef, 1964-67 Dir. Abt. Straßentransport, 1967-70 Dir. Abt. Verkehrssicherheit, seit 1970 stellv. Dir. im Transportmin.; VorstMitgl. Technion Road Safety Research Center, Nat. Safety Council, *Internat. Assn. of Chiefs of Police* Washington/D.C., Mitgl. IDF. Verf. einer Abhandlung über Verkehrsunfälle u. deren Verhinderung, geschrieben im Auftrag von Traffic Inst. Northwestern Univ. Lebte 1976 in Ramat Gan. - *Ausz.:* 1955 Ehrenbürger des Staates Texas.
Qu: Hand. - RFJI.

Gyptner, Richard Georg, Partei- u. Staatsfunktionär, Diplomat; geb. 3. Apr. 1901 Hamburg, gest. 2. Dez. 1972; *V:* Wenzel G.; *M:* Sophie Auguste Luise, geb. Hunger; *K:* Rudolf (geb. 1923, gef. Nov. 1944), ab 1933 UdSSR, ab 1941 Rote Armee, als Funker einer Einsatzgruppe Aug. 1944 mit Fallschirm über Westpolen abgesprungen; *StA:* deutsch. *Weg:* 1933 Skandinavien; F; 1935 UdSSR; 1945 Deutschland (SBZ).

1916-18 kaufm. Lehre, danach bis 1922 Werftarb.; 1916 Gew., 1918 FSJ, Teiln. an Novemberrevolution, 1919 KPD, 1920 Mitgr. u. bis 1922 Vors. KJVD, 1922-28 Mitgl. u. zeitw. Sekr. Exekutivkomitee KJI, ab 1929 Sekr. von Georgi Dimitrov im Westeuropäischen Büro der *Komintern,* 1931 *Komintern*-Vertr. bei *Partei der Arbeit* (KP der Schweiz), Kand. EKKI. 1933 illeg. Tätigkeit in Berlin, Emigr. nach Skandinavien, später Frankr., 1935 UdSSR, Mitarb. im GenSekr. der *Komintern,* ab Sept. 1941 mit → Otto Winzer Chefred. *Soldatensender* sowie RedSekr. u. Sprecher *Christlicher Sender* beim *Deutschen Volkssender* Moskau bzw. Ufa. Nach Auflösung der *Komintern* Mitgl. u. Mitarb. der inoffiziellen Nachfolgeorg. *Institut Nr. 205.* 30. Apr. 1945 Rückkehr nach Berlin mit *Gruppe* → *Walter Ulbricht,* 1945-49 Sekr. ZK-Büro der KPD bzw. ab Apr. 1946 im Zentralsekr. der SED, 1949-50 Vizepräs. Deutsche Volkspolizei Berlin (Ost), 1951-53 HauptabtLtr. Amt für Information, 1953-55 Ltr. Hauptabt. Kapitalistisches Ausland u. Mitgl. Kollegium im MfAA, 1954 Mitgr. u. später Ehrenpräs. *Deutsche Liga für die Vereinten Nationen,* 1955-58 Botschafter in Peking, 1958-61 Bevollmächtigter der DDR-Reg. für die Arabischen Staaten in Kairo, 1961-63 Botschafter in Warschau. - *Ausz.:* u.a. 1955 VVO (Silber), 1960 Orden Banner der Arbeit, 1961 VVO (Gold), 1965 Karl-Marx-Orden.

W: Aktivisten der ersten Stunde. In: Wir sind die Kraft (Erinn.). 1959; Über die antifaschistischen Sender während des zweiten Weltkrieges. In: BzG 1964, S. 881 ff. *L:* Leonhard, Revolution; GdA 5; GdA-Chronik; Kraushaar, Deutsche Widerstandskämpfer; Jahnke, Karl-Heinz, Entscheidungen. 1970; Duhnke, KPD; Fischer, Deutschlandpolitik; Lerg, Winfried B./Steininger, Rolf, Rundfunk und Politik 1923-1973. 1975; Radde, Diplomat. Dienst. *Qu:* Erinn. Hand. Publ. Z. - IfZ.

Gysi, Irene, geb. Lessing, Staatsfunktionärin; geb. 10. März 1912 St. Petersburg/Rußland; *G:* → Gottfried Lessing; ∞ Klaus Gysi (geb. 1912), 1928 KJVD, 1931 KPD, Stud. Wirtschaftswiss. Frankfurt/M., Berlin, dann AuslStud. in Innsbruck, Cambridge u. Paris, Dipl.-Volkswirt, während Stud. in Paris Mitgl. KPD-Studentengruppe, 1939-40 Internierung als feindl. Ausländer, nach Besetzung Frankr. Rückkehr nach Deutschland, 1940-45 freie wiss. Tätigkeit u. Teiln. an illeg. Widerstand, 1945-48 Chefred. *Aufbau,* 1945-57 Mitgl. Präs-Rat, 1948-51 Bundessekr. u. ab 1957 PräsMitgl. des PräsRats des *Kulturbunds zur demokratischen Erneuerung Deutschlands,* 1949-50 MdProvis. VK, 1950-54 MdVK, 1952-56 AbtLtr. Verlag Volk und Wissen, 1957-66 Ltr. Aufbau-Verlag, 1958-62 StadtVO. Berlin (Ost), 1961-66 Vors. *Börsenverein der Deutschen Buchhändler zu Leipzig,* Jan. 1966-Jan. 1973 Min. für Kultur, ab 1967 MdVK, ab Febr. 1973 Botschafter in Italien, Ausz. u.a. 1970 Banner der Arbeit, 1972 VVO (Gold); *StA:* deutsch. *Weg:* F; 1945 (?) Deutschland (Berlin).

Stud. Volkswirtsch. Berlin, Dipl.-Volkswirt. Nach 1933 illeg. Tätigkeit, später Emigr. nach Frankr., nach Kriegsausbruch zeitw. interniert. Nach Rückkehr freie Mitarb. *Berliner Zeitung,* Mitgr. *Frau von heute.* 1946 SED; Mitarb. Zentralverw. für Industrie u. anschl. Ltr. Verlag Kultur und Fortschritt Berlin (Ost), 1951-57 Ltr. Verlag Rütten & Loening ebd., danach Mitarb. u. Ltr. Abt. für kulturelle Beziehungen mit dem Ausland im Min. für Kultur. - *Ausz.:* u.a. 1969 VVO (Bronze), 1972 VVO (Gold).

L: Radde, Diplomat. Dienst *Qu:* Arch. Hand. Publ. Z. - IfZ.

Gyssling, Walter, Journalist; geb. 18. März 1903 München; ev., 1923 Diss; *V:* Karl Walter G. (1836-1903), ev., Ing., Versicherungsdir.; *M:* Friederike, geb. Clossmann (1866-1945), ev., Diss., Sängerin; ∞ I. 1928-35 Lotte Balk (geb. 1904), ev., Bankangest.; II. 1958 Irma (gest.); *K:* Erika Klein (geb. 1929), Journ. in Deutschland (BRD); *StA:* deutsch, 20. Apr. 1938 Ausbürg., 1940 CH. *Weg:* 1933 CH, F; 1940 CH.

1922-24 Stud. Rechtswiss. u. Volkswirtsch. Jena u. München, anschl. Red. *Süddeutscher Zeitungsdienst* München, 1928 Chefred. *Regensburger Neueste Nachrichten,* dann freier Journ. in Berlin, 1930-33 ltd. Mitarb. u. Archivar des vom CV zur Abwehr des NatSoz. eingerichteten *Deutschen Volksgemeinschaftsdienstes.* 1921 Mitgl. DFG, 1922 Vors. *Sozialistischer Studentenbund* u. Schatzmeister *Kartell republikanischer Studenten* in Leipzig, ab 1929 SPD, Mitgl. *Reichsbanner.* Ende März 1933 Flucht vor Verhaftung nach Basel, ab Mai 1933 in Paris, Unterstützung durch *Matteotti-Komitee,* dann Korr. für schweizer. u. skandinav. Presse, Mitgl., zeitw. Vors. *Verband deutscher Journalisten im Ausland;* Anschluß an trotzkist. Gruppe um → Erwin Ackerknecht. Sept. 1939-Febr. 1940 u. Mai 1940 interniert, dann Prestataire. Juli 1940 nach Zürich, Anerkennung des ererbten schweiz. Bürgerrechts. Journ. Tätigkeit, u.a. Mitarb. Basler *National-Zeitung* u. *Volksrecht* Zürich, ab 1941 Mitgl. schweiz. sozdem. Partei, ab 1943 *Freigeistige Vereinigung der Schweiz.* Mitarb. in der 1943 unter maßgebl. Einfluß der KPD gegr. BFD in der Schweiz, ab Juli 1944 Mitgl. ihrer Provis. Leitung, Mai 1945 Wahl in den Landesvorst. als Repräsentant der SozDem.; Okt. 1944 Mitgr. u. Vorst-Mitgl. *Schweizer Gesellschaft der Freunde freier deutscher Kultur* im Rahmen der BFD. 1946-58 Pariser Korr. *Zürcher Tagesanzeiger* u. freier Journ.; Mitgl. *Verband des Personals öffentlicher Dienste,* Mitgl., zeitw. Vors. *Vereinigung der Zürcher Balettfreunde,* Ehrenpräs. *Freigeistige Vereinigung Zürich,* Ehrenmitgl. *Académie des Vins de Bordeaux.* Lebte 1975 in Zürich.

W: u.a. Der Anti-Nazi. 1931; Automation und Gewerkschaft. 1958. *L:* Bergmann, Schweiz; Teubner, Schweiz. *Qu:* Arch. Fb. Pers. Publ. - IfZ.

H

Haas, Ernst, Dr. phil., Rechtsanwalt; geb. 4. Nov. 1901 Oppenau/Baden; kath.; *V:* Gregor H., Uhrmachermeister; *M:* Emma, geb. Huber; ∞ 1931 Maria Hertenstein (geb. 1908); *K:* Doris, Renate, Annemarie; *StA:* deutsch. *Weg:* 1944 CH; 1945 Deutschland (FBZ).

Stud. NatÖkonomie u. Rechtswiss. Univ. Erlangen, München u. Heidelberg; 1923 Prom., 1926 u. 1929 1. u. 2. jurist. Staatsexamen. Ab 1929 RA in Villingen/Schwarzwald. 1929-33 Mitgl. Bürgerausschuß Villingen. Nach 1933 in offenem Konflikt mit NatSoz. u. in seiner beruflichen u. gesellschaftl. Tätigkeit behindert. Ab 1941 Kriegsdienst in Rußland u. Frankr., zuletzt bei einer Intendantureinheit im Oberelsaß; aufgrund seines regimekritischen Verhaltens von SS bedroht, Sept. 1944 Flucht vor Verhaftung in die Schweiz, dort interniert. Aug. 1945 Rückkehr nach Deutschland, Mitgl. SPD; 1946 Mitgl. Kreistag Landkr. Villingen u. Mitgl. Verfassunggebende Badische Landesversammlung, bis 1952 MdL Baden; 1952 Mitgl. Verfassunggebende Landesversammlung Baden-Württemberg, MdL bis 1964, Vors. des Rechtsausschusses. Lebte 1976 in Villingen.

Qu: Fb. Hand. Pers. - IfZ.

Haas, Joe de, Industrieller; geb. 2. Dez. 1914 Kattowitz/Oberschlesien; jüd.; *V:* Dr. phil. Philip de H. (geb. 1884 Pyrmont/Baden, gest. 1935 Deutschland), Rabbiner; *M:* Anny, geb. Markhoff (geb. 1889 Dortmund, gest. 1974 Deutschland/BRD), jüd., höhere Schule, 1939 Emigr. GB, 1940 Rhod.; *G:* Miriam Trepp (geb. 1916 Kattowitz), Stud. Lehrerseminar, 1939 Emigr. GB, dann USA, Lehrerin; Suse Lessem (geb. 1917 Kattowitz), Handelsschule, 1939 Emigr. Rhod.; ∞ 1938 Liselotte Mayer (geb. 1917 Freiburg), jüd., Realgymn., 1937 Emigr. GB, kaufm. Kurse Hudderfields u. High School of Commerce in Manchester, 1938 nach Rhod.; *K:* David Philip (geb. 1944 Salisbury/Rhod.), Verkaufsltr. in GB; Margaret (geb. 1954 Salisbury/Rhod.), Stud. in GB; *StA:* deutsch, 1947 Rhod. *Weg:* 1936 S-Afrika, Betschuanaland; 1938 Rhod.

Gymn. Oldenburg, 1933 Abitur, 1933-35 Stud. Textilhochschule Dresden, Ltr. dt.-jüd. Jugendorg. Bez. Sachsen, 1935-36 kaufm. Angest.; Apr. 1936 Emigr. Südafrika, ArbErlaubnis für 6 Mon., Mitarb. in Textilfabriken, 1937-Mai 1938 arbeitslos in Betschuanaland, Mai 1938 nach Rhodesien, 1938-57 versch. Stellungen in der Textil- u. Bekleidungsindustrie; 1942-45 rhodes. Armee (Feldwebel). Ab 1957 Dir. Consolidated Textiles (Rhod.) Ltd., Rhodesia Weaving Mills Ltd., Nat. Dye House Ltd. Bulawayo. Präs. *Rotary-Club* Bulawayo, Senior-Vicepres. Bulawayo Chamber of Industries, Vors. *Nat. Council for the Textile Industry,* zeitw. Präs. Salisbury Chamber of Industries, zeitw. Senior-Vizepräs. *Assn. of Rhodesian Industries,* VerwRats-Mitgl. Nat. Free Library of Rhodesia, zeitw. Präs. *B'nai B'rith Lodge* Salisbury. Lebte 1977 in Bulawayo/Rhodesien.

Qu: Fb.-RFJI.

Haas, Kurt, Journalist, geb. 1. Febr. 1898 Fürth/Bayern, jüd.; ∞ Anna Wärter (geb. 1894 Wien), ab 1930 getrennt; *StA:* deutsch, 1936 Ausbürg. *Weg:* 1933 CSR; 1935 S.

1915 Kriegsfreiw. (EK II), Mitgr. SPD, nach 1923 zeitw. in Wien, Mitgl. SDAP, später Mitarb. *Mitteleuropäischer Pressedienst* Berlin. Mai 1933 Emigr. Prag, u.a. Mitarb. *Die Neue Weltbühne, Der Aufruf* u. österr. Presse, u.a. fingiertes Interview mit Reichskanzler → Joseph Wirth; Ps. Heinrich Hell. 1934 wegen krimineller Delikte in Haft, Frühj. 1935 nach Stockholm, Mitarb. u.a. *Social-Demokraten, Danziger Volksstimme* u. poln. Presse. Verursachte Sept. 1935 durch Anzeige angebl. Gestapo-Überwachung seiner Korr. in Stockholmer Postamt antinatsoz. Pressereaktion in Skandinavien.

Qu: Arch. - IfZ.

Haas, Nikolaus, Gewerkschaftsfunktionär; geb. 2. Apr. 1891 Aachen; Diss.; ∞ Gertrud Schulz; *K:* Michael; *StA:* deutsch, 28. Apr. 1937 Ausbürg. *Weg:* 1933 B.

Weber. 1919 Mitgl. SPD. BezSekr. *Deutscher Textilarbeiter-Verband,* Vors. ADGB-Ortsausschuß sowie Führer der *Eisernen Front* Aachen. Nach natsoz. Machtübernahme in Schutzhaft, Juli 1933 Emigr. nach Belgien. Danach im westl. belgischen Grenzgebiet einer der Org. der illeg. SPD-Arbeit in Aachen in ZusArb. mit belg. u. niederländ. Sozialisten u. Kommunisten, Mitarb. von → Gustav Ferl. Hg. der Ztg. *Die Arbeit. Wochenzeitung für alle Werktätigen im deutschsprachigen Grenzgebiet Belgiens* in Eupen.

L: Vollmer, Bernhard, Volksopposition im Polizeistaat. 1957. *Qu:* Arch. Publ. - IfZ.

Haas, Peter Herbert, Physiker, geb. 20. Apr. 1921 Frankfurt/M. jüd.; *V:* Hugo Hieronomus H. (geb. 1883 Bad Homburg, gest. 1965 New York), jüd., Gymn., Bankier, 1939 Emigr. GB, 1944 USA; *M:* Erna Klara, geb. Blumenthal (geb. 1893 Montabaur), jüd., 1939 Emigr. GB, 1944 USA; ∞ 1945 Albina Dina Amoroso (geb. 1920 Rapino/I), kath.; *K:* Peter H. (geb. 1946 New York), B.Sc., Kaufm.; Robert E. (geb. 1951 Washington/D.C.), kaufm. Angest.; Jeffery J. (geb. 1957 Washington/D.C.); *StA:* deutsch, 1942 USA. *Weg:* 1937 USA.

Gymn.; Okt. 1937 Emigr. USA, 1938-42 Angest. Putzwarenfabrik, 1942-46 MilDienst, Verwundung; 1949 B.Sc. Columbia Univ., 1949-56 Stud. Univ. Md.; 1949-54 Physiker Abt. Hochfrequenznormen des staatlichen Eichamts beim US-Handelsmin., 1954-65 wiss. Berater Abt. Minenzünder u. später Ltr. Nuclear Vulnerability Branch im Harry Diamond-Labor des US-Armeemin., Washington/D.C.; ab 1965 Assist. d. stellv. Ltr., später stellv. Ltr. Abt. Wiss. u. Techn. d. Defense Nuclear Agency Washington/D.C.; Mitgl. *Am. Physics Soc., Washington Acad. of Sciences.* Lebte 1978 in Washington/D.C. *Ausz.:* Bronce Star, Purple Heart u.a. MilOrden; 1954 Meritorious Service Award des US-Handelsmin.; 1966 Meritorious Service Award des US-Armeemin.; 1969 Exceptional Civilian Service Medal der Defense Nuclear Agency.

Qu: Fb. Hand. - RFJI.

Haas, Viktor, Dr. jur., Partei- u. Gewerkschaftsfunktionär; geb. 21. Juli 1882 Krásná b. Valašské Meziříčí/Mähren, gest. 1964 Smithwick/GB; *G:* → Wilhelm Haas (geb. 1869 [?]); *StA:* österr., 1919 CSR. *Weg:* 1939 GB; 1945 CSR; 1948 GB.

Stud. Rechtswiss. Univ. Wien, Prom., RA in Mährisch-Ostrau; 1919 DSAP, Parteifunktionär, 1920-25 Abg. NatVers. der CSR, anschl. bis 1939 Dir. Revierbruderlade (Knappschaftsversicherung) in Mährisch-Ostrau. 1939 nach GB, Mitgl. TG u. *Arbeitsausschuß freigewerkschaftlicher Bergarbeiter Deutschlands,* später zur *DSAP-Auslandsgruppe,* angebl. deren VorstMitgl.; 1945 Rückkehr in die CSR, 1948 erneut nach GB.

W: Das Arbeitsrecht in der ČSR (Hg.). *L:* Cesar/Černý, Politika. *Qu:* Arch. Hand. Pers. Publ. - IfZ.

Haas, Wilhelm, Dr. jur., Parteifunktionär; geb. 1869 (?), gest. 1941 Baldock/GB; *G:* → Viktor Haas; ∞ verh.; *K:* Dr. Fritz H. u. Dr. Otto H., beide 1940 (?) über GB nach Bras.; 1 T; *StA:* österr., 1919 CSR. *Weg:* 1938 (?) GB.

RA; ab den 90er Jahren SDAP-Mitgl., 1919 DSAP, langjähr. BezVertrauensmann Mährisch-Ostrau u. stellv. Kreisvertrauensmann für Troppau; StadtVO. Ostrau; ab 1920 DSAP-Beisitzer in tschechoslow. Wahlgericht. Emigr. nach GB, Mitgl. *DSAP-Auslandsgruppe.*

Qu: Arch. - IfZ.

Haas, Wilhelm, Dr. jur., Diplomat; geb. 4. Sept. 1896 Bremen; ev.; *V:* Kaufm.; ∞ Ursula Corwegh, Emigr.; *K:* 4; *StA:* deutsch. *Weg:* 1937 China; Deutschland (ABZ).

Abitur, Reederei-Volontär, Stud. Rechts- u. Staatswiss. Marburg u. Freiburg/Br., 1922 Attaché AA Berlin, 1924 Botschaft Paris, 1925 Legationssekr. Gesandtschaft Addis Abeba, 1927 zum GenKonsulat Schanghai, 1929 zur Gesandtschaft Peking, 1930 AA Berlin, u.a. Sekr. der dt. Völkerbundsdelegation; 1934 Botschafter in Tokio, 1937 Versetzung in den Ruhestand wegen jüd. Abstammung der Ehefrau, anschl. als Beauftragter der IG Farben in China tätig. 1947 Staatsrat u. Chef der Präsidialkanzlei Bremen, 1949 als Ltr. des OrgBüros für die konsular.-wirtsch. AuslVertretung mit dem Neuaufbau des diplomat. Diensts betraut; 1950 MinDir. u. Ltr. Personalabt. der Dienststelle für Auswärtige Angelegenheiten im Bundeskanzleramt bzw. im AA Bonn. 1952 Botschafter in Ankara, 1956 erster Botschafter der Bundesrepublik in Moskau, erregte durch Kritik an Ostpol. der Reg. Adenauer Aufsehen; 1958 Versetzung als Botschafter nach Tokio; 1961 Ruhestand, Präs. *Deutsche Gesellschaft für Osteuropakunde.* Lebte 1978 in Bremen. - *Ausz.:* 1954 Gr.BVK mit Stern.

Qu: Hand. Z. - IfZ.

Haase, Emil, Gewerkschaftsfunktionär; geb. 24. Febr. 1889, gest. Dez. 1969; ∞ Beatrix (gest. 1950), Emigr. S; *StA:* österr., 1919 CSR, 1948 S. *Weg:* 1938 S.

DSAP-Mitgl., GenSekr. *Union der Bergarbeiter in der ČSR* u. Mitgl. Zentralgewerkschaftskommission des *Deutschen Gewerkschaftsbundes in der ČSR.* Nov. 1938 Emigr. nach Schweden, Mitgl. TG sowie *Auslandsvertretung sudetendeutscher Gewerkschafter,* nach Abspaltung der Gruppe um → Josef Ladig führender TG-Vertr. in der GewGruppe; Mitgl. *Internationale Gruppe Demokratischer Sozialisten* (sog. *Kleine Internationale)* u. deren Wirtschaftsausschusses. Nach Kriegsende Mitarb. der schwed. Bergarbeitergew., zuständig für internat. Kontaktpflege.

L: Menschen im Exil; Müssener, Exil; Misgeld, Klaus, Die „Internationale Gruppe demokratischer Sozialisten" in Stockholm 1942-1945. 1976. - *Qu:* Arch. Pers. Publ. - IfZ.

Haase Edler von Wranau, Guido; geb. 2. Juli 1890 in Böhmen, gest. 1. Dez. 1970 Plainfield/New Jersey; *V:* Adolf H.; *M:* Maria Wilhelmina; *Weg:* 1938 CDN; USA.

Dir. einer Glasfabrik in Maiershöfen b. Karlsbad. 1938 Emigr. nach Kanada, Ltr. einer Glasfabrik in Winnipeg/Manitoba, dann in die USA, techn. Berater in der Glasindustrie, 1945 Mitgr. u. bis Auflösung 1953 Mitgl. *American Friends of Democratic Sudetens* (→ Franz Reilich).

Qu: Arch. Pers. - IfZ.

Haasz (Haas), **Arpád,** Dr. oec. publ., Hochschullehrer, Publizist; geb. 16. Aug. 1896 Orszentmiklos b. Budapest, gest. 1. Apr. 1967 Budapest; *K:* Agnes Haasz (geb. 1919 Budapest), 1935 Emigr. UdSSR; 1945 Österr., Dolmetscherin, A: Wien; *StA:* 1919 H, österr., 1948 (?) H. *Weg:* 1935 UdSSR; 1937 (?) E (?); F; 1941 Deutschland; 1945 Österr.; 1948 H.

Stud. Rechts- u. Staatswiss. Univ. Budapest, im 1. WK Mitgl. *Galilei-Kreis* (intellektuelles Zentrum der ungar. Linksopposition); Nov. 1918 Mitgl. *Kommunistische Partei Ungarns,* pol. Funktionen während der ungar. Räterepublik. 1919 nach dem Sturz der Räterepublik Emigr. nach Wien, Stud. Wirtschaftswiss., Prom.; Mitgl. KPÖ, Mitarb., zeitw. Red. *Die Rote Fahne,* maßgebl. Funktionen im Schulungsapp.; Mai 1933 nach KPÖ-Verbot kurzfristig Hg. *Die Rote Fahne,* Verhaftung, anschl. illeg. Arbeit; Ps. Florian Krumholzer. 1934-35 KL Wöllersdorf. Nach Freilassung Emigr. Moskau, 1936-37 Lehrer an Lenin-Schule. Ab 1937 möglicherw. in Spanien. 1939 in Frankr., Untergrundarb., Ps. Leopold Holzknecht. 1941 in Montauban von Vichy-Behörden verhaftet, Anklage wegen Hochverrats, Auslieferung an Gestapo. Bis 1945 KL Auschwitz, Mauthausen u. Ebensee. Mai 1945 Rückkehr nach Wien, Mitgl. KPÖ, 1948 Berufung nach Budapest als Prof. für Wirtschaftswiss. Daneben maßgebl. Funktionen im ungar. Handelsministerium.

L: Steiner, KPÖ; Spiegel, Résistance; DBMOI; Tidl, Studenten. *Qu:* Arch. Publ. Z. - IfZ.

Habsburg-Lothringen, Felix (urspr. Erzherzog Felix Friedrich August Maria vom Siege Franz Joseph Peter Karl Anton Robert Otto Pius Michael Benedikt Sebastian Ignatius Marcus d'Aviano), Industrievertreter; geb. 31. Mai 1916 Schönbrunn; kath.; *G:* → Otto Habsburg-Lothringen; ∞ 1952 Dr. med. vet. Anna-Eugénie Prinzessin und Herzogin v. Arenberg (geb. 1925); *K:* Maria del Pilar (geb. 1953), Carl Philipp (geb. 1954), Kinga (geb. 1955), Raimund (geb. 1958), Myriam (geb. 1959), István (geb. 1961), Viridis (geb. 1961). *Weg:* 1938 B; 1939 USA; Mex.

Apr. 1919 Ausweisung der ehem. kaiserl. Fam. aus Österr.; bis 1922 Aufenthalt in der Schweiz, Übersiedlung nach Spanien, Kindheit u. erste Schulausbildung in Lequeitio/Baskenland. 1929 Übersiedlung nach Belgien; 1937 nach Aufhebung der Habsburgergesetze von 1919 Stud. Theresianische Militärakademie Wiener Neustadt. März 1938 unmittelbar nach dt. Einmarsch Flucht über die Grenze, Rückkehr nach Belgien, 1939 Übersiedlung in die USA. Ab 1940 nach dem Eintreffen von Otto Habsburg in den USA dessen enger Mitarb.; Herbst 1941 kurzfristig in GB, 1941-45 wiederholt in Südamerika, Versuch des Aufbaus u. der Koordinierung legitimist. Gruppen in fast allen südamerikan. Staaten mit dem Ziel der Unterstützung einer Restauration in Österr. nach Kriegsende. Herbst 1942 Mitgl. *Military Committee for the Liberation of Austria,* Eintritt in das vorüberg. innerhalb der US-Armee aufgestellte österr. Btl.; vermutl. nach Kriegsende Übersiedlung nach Mexiko. Lebte 1977 unter dem Namen Prince Felix de Bar als Südamerika-Vertr. des belg. Konzerns Sybetra u. Direktionsmitgl. versch. Gesellschaften in Mexico City.

L: Andics, Hellmut, Der Fall Otto Habsburg. 1965; Andics, 50 Jahre; Goldner, Emigration; Vasari, Emilio, Dr. Otto Habsburg oder Die Leidenschaft für Politik. 1972. *Qu:* Arch. Hand. Publ. - IfZ.

Habsburg-Lothringen, Karl Ludwig (urspr. Erzherzog Carl Ludwig Maria Franz Joseph Michael Gabriel Antonius Robert Stephan Pius Gregor Ignatius Marcus d'Aviano); geb. 10. März 1918 Baden b. Wien; kath.; *G:* → Otto Habsburg-Lothringen; ∞ 1950 Yolande Prinzessin v. Ligne (geb. 1923); *K:* Rudolf (geb. 1950), Alexandra (geb. 1952), Carl Christian (geb. 1954), Constanza (geb. 1957); *Weg:* 1940 USA; 1943 Port.; 1945 Österr.; 1946 B.

Apr. 1919 Ausweisung der ehem. kaiserl. Fam. aus Österr.; bis 1922 Aufenthalt in der Schweiz, Übersiedlung nach Spanien, Kindheit u. erste Schulausbildung in Lequeitio/Baskenland. 1929 Übersiedlung nach Belgien. Mai-Juni 1940 mit der Fam. Habsburg Flucht vor dt. Vormarsch über Paris u. Bordeaux aus Frankr., Übersiedlung nach Lissabon, dann in die USA. Mitarb. Otto Habsburgs bei dessen Versuchen der Bildung einer österr. Exilvertr. u. eines österr. Btl. - Sept. 1943 Rückkehr nach Europa, verhandelte i.A. Otto Habsburgs in Lissabon mit Kontaktpersonen zu Mitgl. der ungar. Regierung, die Ungarn aus dem Bündnis mit Deutschland lösen u. auf die Seite der Alliierten ziehen wollten. Juni 1945 Rückkehr nach Österr., Wohnsitz in franz. Besatzungszone in Tirol. Nach erneutem Inkrafttreten der Habsburgergesetze von 1919 verließ H. Anfang 1946

260 Habsburg-Lothringen

Österr., um der drohenden Ausweisung zuvorzukommen. Lebte 1977 unter dem Namen Prince Charles de Bar als Dir. mehrerer Gesellschaften u. VorstMitgl. eines belg. Bankhauses in Brüssel.

L: Andics, Hellmut, Der Fall Otto Habsburg. 1965; Andics, 50 Jahre; Goldner, Emigration; Vasari, Emilio, Dr. Otto Habsburg oder Die Leidenschaft für Politik. 1972. *Qu:* Hand. Publ. - IfZ.

Habsburg-Lothringen, Otto (urspr. Franz Joseph Otto Robert Maria Anton Karl Max Heinrich Sixtus Xaver Felix Renatus Ludwig Gaetan Pius Ignatius von Österreich, Kronprinz von Österreich und Ungarn), Dr. rer. pol.; Schriftsteller; geb. 20. Nov. 1912 Reichenau/Niederösterr.; kath.; *V:* Karl (1887-1922), letzter Kaiser von Österr.-Ungarn; *M:* Zita, geb. Prinzessin v. Bourbon-Parma (geb. 1892), 1940 Emigr. USA, A: Deutschland; *G:* Adelhaid (1914-71), Dr. rer. pol., Emigr. USA; → Robert Habsburg-Lothringen; → Felix Habsburg-Lothringen; → Karl-Ludwig Habsburg-Lothringen; Rudolf (geb. 1919), Bankdir. Brüssel, Emigr. USA; Charlotte Herzogin v. Mecklenburg (geb. 1921), Caritas-Dir. München, Emigr. USA; Elisabeth Prinzessin v. Liechtenstein (geb. 1922), Emigr. USA; ∞ 1951 Nancy, Regina v. Sachsen-Meiningen (geb. 1925); *K:* Andrea (geb. 1953), Michaela (geb. 1954), Monika (geb. 1954), Gabriela (geb. 1956), Walburga (1958), Karl (geb. 1961), Georg (geb. 1964); *StA:* österr., 1938 Ausbürg., 1956 österr., 1978 österr. u. deutsch. *Weg:* 1940 USA; 1944 F; 1945 Österr.; 1946 F; 1954 Deutschland (BRD).

Frühj. 1919 Ausweisung der ehem. kaiserl. Familie aus Österr. aufgrund der sog. Habsburgergesetze. 1919-22 Schweiz, nach dem Tod des Vaters Übersiedlung nach Lequeitio/Baskenland, Ausbildung durch Privatlehrer nach österr. u. ungar. Lehrplan, 1930 Abitur u. Großjährigkeitserklärung, Familienoberhaupt. 1929 nach Belgien, 1930-40 Familienwohnsitz Steenockerzeel. 1930-35 Stud. Staats- u. Rechtswiss. Louvain, 1935 Dr. rer. pol. Seit 1937 Mitgl. *Paneuropa-Union* → Richard Coudenhove-Kalergis. 1930-1935 bzw. 1936 erfolgreiche Bemühungen um Aufhebung der Habsburgergesetze u. Rückgabe des Familienvermögens. Enge Verb. zum österr. Legitimismus, u.a. zu → Ernst Karl Winter; ab 1934 Verhandlungen mit maßgebl. ausländ. u. österr. Politikern, um Voraussetzungen für eine Restauration zu schaffen. Bis 1938 scheiterten Rückkehrpläne an der abwartenden Haltung des österr. Kanzlers Kurt Schuschnigg u. am pol. Druck Deutschlands. Ende 1937/Anfang 1938 erneute Verhandlungen mit Schuschnigg in der Schweiz, um diesen zu entschiedenerer innerer u. äußerer Abwehr des Nat.-Soz. zu bewegen. Anfang März 1938 vergebl. Anerbieten, die österr. Kanzlerschaft zur Org. des Widerstands gegen einen dt. Einmarsch zu übernehmen. Nach Anschluß Österreichs Hochverratsanklage u. Konfiszierung des Familienvermögens. 1938-40 in Paris aufgrund seiner Verb. zu maßgebl. franz. Politikern eine Zentralfigur der österr. Emigr. in Frankreich. Apr. 1938 Mitinitiator Flüchtlingshilfsorg. *Entr' aide Autrichienne* unter → Martin Fuchs. Pläne zur Bildung einer legitimist. geführten österr. Gesamtvertr. im Exil scheiterten an der Weigerung der Sozialisten unter Einbeziehung der AVÖS u. am Ausbleiben einer offiz. Anerkennung durch die franz. Behörden. März-Apr. 1940 Aufenthalt in den USA, Gespräche mit Präs. Roosevelt u.a. Politikern über Schaffung einer Donauföderation nach dem Krieg; Rückkehr nach Paris. Mai-Juni 1940 mit den Familienangehörigen Flucht über Bordeaux nach Lissabon, Juni 1940 Emigr. in die USA (New York u. Washington). Initiator des Okt. 1940 unter Ltg. von → Hans Rott in Toronto gegr. *Free Austrian Movement* (FAM). Ab Frühj. 1941 intensive Vortragstätigkeit in den USA zu österr. Fragen. Ende 1941 vergebl. Versuch zur Bildung einer österr. Gesamtvertr. bzw. einer Exilreg. unter Führung von Coudenhove-Kalergi, Ablehnung durch die österr. Sozialisten in den USA, die weiterhin an gesamtdt. Nachkriegsperspektive für Österr. festhielten u. die ZusArb. mit legitimist. u. ständestaatl. Politikern verweigerten. Nach Kriegseintritt der USA konnte H. aufgrund guter Verb. zu Roosevelt u. dem US-Justizministerium dazu beitragen, daß Österreicher in den USA nicht als feindl. Ausländer eingestuft wurden. Juli 1942 Org. eines „Austrian Day" in mehreren Staaten der USA. Herbst 1942 Vors. *Military Committee for the Liberation of Austria* zur Rekrutierung eines österr. Btl. in der US-Armee. Mai 1943 Auflösung des „Habsburger-Bataillons" nach massiven Protesten des *Austrian Labor Committee* u.a. österr. EmigrOrg. sowie von Exilorg. aus den Nachfolgestaaten der ehem. österr.-ungar. Monarchie, vor allem der tschechoslow. Exilreg. Ab Frühj. 1943 bis zur dt. Besetzung März 1944 mit Billigung Roosevelts Verb. zu ungar. RegMitgl., mit dem Ziel der Lösung Ungarns aus dem Bündnis mit Deutschland. Herbst 1944 anläßl. der Konf. von Quebec Gespräche mit Roosevelt u. Churchill über europ. Nachkriegsordnung, Protest gegen alliierte Pläne, Österr. weitgehend unter sowj. Einfluß zu stellen. Herbst 1944 Rückkehr über Lissabon nach Paris. Juni 1945 Einreise nach Österr., Wohnsitz in der franz. Besatzungszone in Tirol. Anfang 1946 nach erneutem Inkrafttreten der Habsburgergesetze aufgrund der provis. Wiedereinsetzung der Verfassung von 1920 bzw. 1929 nach Paris, um Ausweisung zuvorzukommen. Seit 1947 weltweite Vortrags- u. Studienreisen, Korr. u. Mitarb. zahlr. Ztg. in den USA, GB, Spanien, Frankr., Belgien; Vertr. eines konservativen europ. Integrationsgedankens. Seit Anfang der 50er Jahre als Publizist u. Ref. bei dt. Vertriebenenverb. tätig. 1952 Mitgr., 1953-57 Präs. *Centre Européen de Documentation et d'Information* Madrid. 1954 Niederlassung in Pöcking/Starnberger See. Nach Unterz. des österr. Staatsvertrags 1955, der die Habsburgergesetze von 1919 erneut bekräftigte, ständige Bemühungen um Rückkehrmöglichkeit. 1956 Bestätigung der österr. Staatsbürgerschaft bei Aufrechterhaltung des Einreiseverbots, 1957 offiz. Namensfeststellung „Habsburg-Lothringen, Otto", 1958 erste Verzichtserklärung auf Herkunftsrechte gegenüber der österr. Reg., die von der SPÖ als nicht ausreichend betrachtet wurde; 1960-66 heftige Auseinandersetzungen in Österr. um den „Fall Habsburg": 1961 zweite offiz. Verzichtserklärung nach dem vom Habsburggesetz vorgeschriebenen Wortlaut, Verweigerung der Rückkehrerlaubnis durch SPÖ innerhalb des Koalitionskabinetts, Ende 1961 vergebl. Klage beim Verfassungsgerichtshof, der sich für nicht zuständig erklärte; 1963 Aufhebung der Landesverweisung durch VerwGerichtshof, bis 1966 Verhinderung der Urteilsvollstreckung durch Verfahrensmittel. Juni 1966 nach ÖVP-Wahlsieg Ausstellung eines voll gültigen österr. Reisepasses, Okt. 1966 erster Besuch in Österr., seitdem häufige Aufenthalte u. Vortragsreisen. 1968-73 Vizepräs., seit 1973 Präs. *Paneuropa-Union*. 1972 offiz. „Aussöhnung" zwischen H. u. dem SPÖ-Parteiobmann Bundeskanzler → Bruno Kreisky. Seit 1972 zweiter Wohnsitz Innsbruck. Außenpol. Berater der CSU-nahen Hanns-Seidel-Stiftung (HSS), Vors. des Beirats für außenpol. Fragen innerhalb der HSS, seit 1974 Org. des von der HSS getragenen Instituts für internationale Begegnungen und Zusammenarbeit zur Förderung eines internat. ZusSchlusses der christl.-konservat. Parteien insbes. der Alpenregion. Lebte 1978 in Pöcking/Starnberger See. - *Ausz.:* u.a. Ritter des Ordens vom Goldenen Vlies, Mitgl. Académie des Sciences Morales et Politiques Paris u. Madrid, a.o. Prof. internationales Recht Univ. Bogotà/Kolumbien.

W: Austria, Otto of, Danubian Reconstruction. Reprinted from Foreign Affairs, American Quarterly Review, New York 1942; Entscheidung für Europa. 1953 (Übers. span., holländ., port., ungar.); Probleme des Atomzeitalters. 1955 (Übers. span.); Soziale Ordnung von Morgen. Gesellschaft und Staat im Atomzeitalter. 1957 (Übers. span., engl., ungar., franz.); Bernhard von Baden. 1958; Im Frühling der Geschichte. 1961; L'Extrême Orient n'est pas perdu. 1962 (dt. Übers.: Der Ferne Osten ist nicht verloren, Wien 1963); Européens et Africains - l'entente nécessaire. 1963 (dt. Übers.: Afrika ist nicht verloren. Schwarz und Weiß - Partner, nicht Feinde, 1964; auch span.); Europa - Großmacht oder Schlachtfeld? 1963 (auch franz.); Gottes Hand in der Geschichte. Gedanken über Bernhard von Baden. 1966; Charles Quint. 1967 (dt. Übers.: Karl V., 1967; auch span., engl.); Bientôt l'An 2000. 1969 (dt. Übers.: Politik für das Jahr 2000, Wien 1968/Literaturpreis Acad. Française; Übers. span., port.); Les Transports et l'Europe. 1969; Damals begann unsere Zukunft. 1971; Rudolf von Habsburg. 1973; Bis hierher und weiter. 1974; Die heilige Hedwig von Schlesien und unsere Zeit. 1974; La Naissance d'un Continent (zus. mit Guy de Chambure). 1975; Idee Europa - Angebot der Freiheit. 1976. *L:* Gulick, Österreich; Buttinger, Beispiel; Wagner, Friedrich, Der österreichische Legitimismus 1918-1938. Diss. phil. masch. 1956; Deutsch, Julius, Ein weiter Weg. Lebenserinnerungen. 1960; Nenning, Günther, Anschluß an die Zukunft. 1963; Bayern, Konstantin v., Ohne Macht und Herrlichkeit. Hohenzollern, Wittelsbach, Habsburg. 1961; Andics, Hellmut, Der Fall Otto Habsburg. 1965; Goldner, Emigration; Vasari, Emilio, Dr. Otto Habsburg oder Die Leidenschaft für Politik. 1972; Auclères, Dominique, Soleil d'Exil. 1974; Maimann, Politik; Widerstand 3; Vieregge, Henning v., Zur politischen Bildungsarbeit der parteinahen Stiftungen. In: Aus Politik und Zeitgeschichte. Beilage z. Wochenztg. Das Parlament, 19. 2. 1977. *D:* IfZ. *Qu:* Arch. Biogr. Fb. Hand. Pers. Publ. Z. - IfZ.

Habsburg-Lothringen, Robert (urspr. Erzherzog Robert Karl Ludwig Maximilian Michael Maria Anton Franz Ferdinand Joseph Otto Hubert Georg Pius Johannes Marcus d'Aviano von Österreich-Este), Bankier; geb. 8. Febr. 1915 Schönbrunn b. Wien; kath.; *G:* → Otto Habsburg-Lothringen; ∞ 1953 Margherita, geb. Prinzessin Savoia Aosta (geb. 1930); *K:* Maria Beatrix (geb. 1954); Lorenz (geb. 1955); Gerhard (geb. 1957); Martin (geb. 1959); Isabelle (geb. 1963); *StA:* österr. *Weg:* 1939 GB; 1944 F; 1945 Österr.; 1946 F.

Apr. 1919 Ausweisung des letzten Kaisers u. seiner Familie aus Österr., bis 1922 in der Schweiz, dann Übersiedlung nach Spanien, Kindheit u. erste Schulausbildung in Lequeitio/Baskenland. 1929 Übersiedlung der Familie Habsburg nach Belgien, bis 1935 Gymn. in Brüssel, 1935-39 Stud. Staats- u. Wirtschaftswiss. Louvain, Licencié. Sept. 1939 aufgrund Stellenangebots Übersiedlung nach London, bis Jan. 1940 berufl. Arbeit. In ZusArbeit mit → Georg Franckenstein als Repräsentant der Familie Habsburg führende Rolle innerhalb der Org. des österr. Legitimismus in GB, jedoch ohne offizielle Funktion, Verb. zu Winston Churchill u.a. brit Politikern. Seit Grdg. des *Austria Office* Ende 1939 Bemühungen um Anerkennung des *Office* durch brit. Regierung als offizielle österr. Exilvertr.; nach dem Ausbleiben der Anerkennung 1941 zus. mit → Kurt Strachwitz Versuch der Bildung eines repräsentativen *Austrian Advisory Committee*, bestehend aus → Hans Rott, → Richard Schüller, → Heinrich Allina u. Franckenstein, als erster Schritt zur Schaffung einer österr. Exilreg., Ablehnung durch brit. Foreign Office. Zugleich Bestrebungen zur Aufstellung einer österr. Legion innerhalb der alliierten Armeen aus Österreichern der westl. EmigrLänder, was in dieser Form ebenfalls abgelehnt wurde: März 1941 wurde nach Protest der österr. Sozialisten in GB über Abg. der *Labour Party* auch die Anordnung rückgängig gemacht, innerhalb des brit. Pionierkorps eine eigene österr. Einheit aufzustellen. Febr. 1942 zus. mit Franckenstein Ltr. einer österr. Deleg., die Churchill eine von österr. Emigr. gespendete Rotkreuz-Ambulanz übergab. Bei dieser Gelegenheit erkannte Churchill Österr. zum ersten Mal offiziell als „erstes Opfer der Nazi-Aggression" an. Ab Ende 1943 (Moskauer Deklaration) Verschlechterung der Beziehungen H. zu brit. RegStellen, denen die habsburg. Nachkriegspläne einer Donauföderation nicht mehr ins Konzept paßten: 1944 Ablehnung des Angebots von H., an brit. Nachkriegsplanung für Österr. mitzuarbeiten, sowie der Bitte um Beschäftigung im Luftfahrtmin. Sommer 1944 unmittelbar nach alliierter Invasion Einreiseerlaubnis nach Frankr., Aufenthalt in Paris. Juni 1945 über die Schweiz Rückkehr nach Österr., Wohnsitz in Tirol in der franz. Besatzungszone. Anfang 1946 nach erneutem Inkrafttreten der Habsburggesetze von 1919 Übersiedlung nach Paris, um drohender Ausweisung zuvorzukommen. 1948-60 Bankbeamter Banque de l'Indochine, 1960-66 Industriegesellschafter, seit 1966 Präs. u. GenDir. Compagnie Privée de Banque. 1970 nach Unterz. der in den Habsburggesetzen geforderten Verzichtserklärung Erhalt eines voll gültigen österr. Reisepasses. Lebte 1977 in Versailles. - *Ausz.:* Ehrenritter des Malteserordens, Ritter des Ordens vom Goldenen Vlies.

W: Robert Archduke of Austria, The New Austria. London 1942. *L:* Andics, Hellmut, Der Fall Otto Habsburg. 1965; ders., 50 Jahre; Vasari, Emilio, Dr. Otto Habsburg oder Die Leidenschaft für Politik. 1972; Maimann, Politik. *Qu:* Fb. Hand. Pers. Publ. - IfZ.

Hacke, Ludwig, Parteifunktionär. *Weg:* F; USA.

Red. sozdem. *Volkszeitung für das Vogtland* in Plauen; später SAPD-Funktionär, 1931 Vors. des mitgliederstärksten Bez. Südwestsa., März 1932 auf SAPD-PT in Berlin Wahl in den PV. Nach natsoz. Machtübernahme Emigr. nach Frankr.; in Paris Mitgl. SAPD-Auslandsltg., Deckn. Th. Vogt. Mitunterz. Volksfrontaufruf v. 21. Dez. 1936 (9. Jan. 1937). Später in die USA, Anschluß an CDG (→ Paul Tillich).

L: Drechsler, SAPD. *Qu:* Arch. Publ. - IfZ.

Hacker, Walter, Parteifunktionär, Publizist; geb. 26. Jan. 1917 Wien; *V:* Buchdrucker, SDAP; *StA:* österr. *Weg:* 1938 F; 1939 GB; 1944 I; 1945 Österr.

Mitgl. *Vereinigung Sozialistischer Mittelschüler* in Wien, ab Juni 1933 nach Verbot pol. Mittelschülerorg. Mitgl. illeg. Gruppe der *Achtzehner* um → Joseph Simon. 1934 nach den Februarkämpfen führendes Mitgl. des aus den *Achtzehnern* hervorgegangenen *Georg-Weissel-Bunds,* der 1935 zu den RSÖ bzw. zur *Revolutionären Sozialistischen Jugend* stieß. Stud. Medizin, 1935-37 Relegierung, bis 1938 insges. 1 1/2 J. Haft. Apr. 1938 über die Schweiz nach Frankr., 1939 GB. Ab 1940 Mitarb. *Londoner Büro der österreichischen Sozialisten in Großbritannien.* Sommer 1940-1941 Internierung Isle of Man, nach Entlassung Fabrikarb.; 1942-43 stellv. Europa-Red. bei *British United Press,* 1943-44 bei Nachrichtenagentur *Reuter.* Ab Anfang 1944 Dienst in brit. Armee, als Mitgl. einer Fallschirmspringergruppe für den Aufbau sozialist. Widerstandsgruppen in Österr. vorgesehen, die nicht zum Einsatz kam. 1944 mit brit. Armee nach Italien. Juni 1945 Rückkehr nach Wien, Mitgl. SPÖ. 1945 i.A. des SPÖ-Parteivorst. mit → Ernst Lemberger Gr. u. bis 1951 Chefred. *Sozialistische Korrespondenz,* daneben Stud. Ethnologie, Afrikanistik u. Psychologie Univ. Wien. 1951-52 USA-Korr. *Arbeiter-Zeitung,* 1952-55 Chefred. *Weltpresse* (ehemals Organ der brit. Besatzungsmacht, 1950 an SPÖ verkauft). 1956-63 stellv. Chefred. u. innenpol. Red. *Neues Österreich.* 1964 als österr. Spezialattaché nach Nigeria, nach Rückkehr freier Publizist u. Mitarb. Europa-Verlag. Ab 1967 Chefred. *Sozialistische Korrespondenz;* seit 1976 Internationaler Sekretär der SPÖ, Kuratoriumsmitgl. DÖW. Lebte 1978 in Wien. - *Ausz.:* österr., brit. u. ital. Orden, 1971 Berufstitel Prof., 1977 Victor-Adler-Plakette der SPÖ, Ehrenzeichen für Verdienste um die Befreiung Österreichs.

W: Worte am Weg (L). 1947; Käufer gib acht; 1963; Bestandsaufnahme Österreichs 1945-63 (Mitverf.) 1964; Warnung an Österreich (Hg. u. Mitverf.). 1966; Probleme der österreichischen Politik, Bd. 2 (Mitverf.). 1968. Übers. a.d. Engl. u. Einleitung folgender Werke: Priestley, J.B., Brief an einen heimkehrenden Soldaten. 1946; Gedye, George Eric Rose, Die Bastionen fielen. 1947; Healey, Denis, Karten auf den Tisch. 1949; Mboya, Tom, Afrika: Freiheit - und nachher? 1966; Buttinger, Joseph, Der kampfbereite Drache. Vietnam nach Dien Bien Phu. 1968; Infeld, Leo, Ein Leben mit Einstein. 1970; - Zahlr. Leitart., Aufs. etc. in führenden österr. u. ausländ. Publikationen. *L:* Simon, Autobiogr. *D:* VfGdA. *Qu:* Arch. Pers. Publ. Z. - IfZ.

Hacohen (urspr. Kohn), **Abraham,** Gewerkschaftsfunktionär, Politiker; geb. 20. Okt. 1911 Szamosujvár (Gherla)/Siebenbürgen; jüd.; *V:* Meir A. Kohn (geb. 1882 [?] Ungarn, gest. 1911), jüd., Kaufm.; *M:* Ida, geb. Sajovits (geb. 1885 Siebenbürgen, umgek. im Holocaust), jüd.; *G:* Jacob (geb. 1907 Szamosujvár) kaufm. Angest., 2. WK ArbLager, 1963 nach IL, A: Haifa; Dora Silberstein (geb. 1909 Szamosujvár, gest. 1973) höhere Schule, 1935 Emigr. Pal. (?); ∞ 1943 Rivka Cafri (geb. 1929

Chisinau (Kišinev)/Bessarabien), jüd., 1935 Emigr. Pal., Oberschwester im Kuppat Holim-Krankenhaus Galilea; *K:* Avner (geb. 1943 IL), Stud. Hebr. Univ., Tennislehrer in New York; Daniel (geb. 1956 IL); *StA:* H; Pal./IL. *Weg:* 1933 Pal.

1929-33 Gymn., Stud. Breuer-Jeschiwa Frankfurt/M.; 1933 illeg. Emigr. Palästina, Stud. Hebr. Univ. Jerusalem, Arbeiter, Sekr. der Gewerkschaft *Petah Tikvah.* 1942-45 brit. Armee, Unterstützung illeg. Einwanderung von Italien nach Palästina, später *Haganah* u. IDF. 1948-55 Reporter u. RedMitgl. *Mapai*-Ztg. *Hador,* Mitgl. *Histadrut;* 1952-54 Bürgermeister von Kiryat Shemonah, 1954-55 Gewerkschaftssekr., 1955-65 Bürgermeister von Safed, Gr. des Safed-Industriezentrums. Teiln. am Austauschprogramm des US-Außenmin. zum Stud. von Problemen der Lokalverw., Stud. VerwWesen Univ. Birmingham. 1965-68 Vertr. der *Histadrut* in West-Kanada; 1966-67 Stud. Volkswirtschaft Techn. Inst. Winnipeg. Ab 1976 ltd. Mitarb. bei der Wiederherstellung hist. Stätten in der Altstadt von Safed. Mitgl. *B'nai B'rith.* Lebte 1978 in Haifa.

W: Zahlr. Art. in Z. über Gewerkschafts- u. Entwicklungsprobleme. *Qu:* Fb. Hand. - RFJI.

Hadek, Alfred, Parteifunktionär; geb. 10. Jan. 1898 Leipertitz/Mähren, gest. 16. Okt. 1975 Pentenried/Bayern; verh. *K:* Otto; *StA:* österr., 1919 CSR, 1947 deutsch. *Weg:* 1939 (?) GB, 1945 CSR, 1947 Deutschland (ABZ).

Arbeiter, KSČ-Funktionär, ab 1929 Abg. NatVers. der CSR. Nach Abtretung der Sudetengebiete Emigr. nach GB, Mitgl. *Beuer-Gruppe,* ab Grdg. 1943 Mitgl. *Sudetendeutscher Ausschuß - Vertretung der demokratischen Deutschen aus der CSR.* 1945 Rückkehr in die CSR, 1947 Aussiedlung nach Bayern, ltd. KPD-Funktionär im Landesvorstand.

Qu: Arch. Pers. Hand. - IfZ.

Häfner, Heinrich, Gewerkschaftsfunktionär; geb. 29. Dez. 1898 Langenselbold/Hessen; ∞ verh., Ehefrau Emigr., nach 1945 USA; *K:* 2 T, Emigr. F, 1942 USA; *StA:* deutsch. *Weg:* 1933 Saargeb.; 1935 F; nach 1940 Deutschland; nach 1945 USA.

Schweißer; Mitgl. DMV, Arbeitersportbewegung u. SPD, 1933 mit → Heinrich Sorg an Waffenverlagerung der *Eisernen Front* in Frankfurt/M. beteiligt, Flucht nach Saarbrücken, nach Saarabstimmung 1935 nach Paris, Mitarb. *Matteotti-Komitee,* ab Herbst 1937 mit → Bruno Süss u. → Ernst Langendorf LtgMitgl. ADG- Landesgruppe Frankr., Teiln. ADG-Konf. von Mühlhausen (→ Heinrich Schliestedt). Mai-Juli 1940 Prestataire, nach dt. Besetzung in Südfrankr. verhaftet, nach Deutschland verbracht u. zu 15 J. Zuchth. verurteilt, Apr. 1944 Einstellung eines zusätzl. Verfahrens wegen Landesverrats, das aufgrund seiner Zugehörigkeit zu franz. Prestataire-Einheit noch im März 1944 vom Amtsgericht Saarbrücken gegen H. eingeleitet worden war. 1945 Befreiung aus Gef. Ludwigsburg, später in die USA. Lebte zuletzt in Newark/N.J.

Qu: Arch. Pers. Publ. - IfZ.

Hähnel, Walter, Parteifunktionär; geb. 12. Apr. 1905 Chemnitz/Sa.; *StA:* deutsch. *Weg:* 1935 UdSSR; 1938 F; 1945 Deutschland (SBZ).

Kaufm. Angest., 1920 KJVD, 1923 (1925?) KPD, ab 1924 Mitgl. KJVD-BezLtg. Erzgeb.-Vogtland, ab 1925 Mitgl. ZK, 1926-27 Chefred. *Junger Kämpfer* Chemnitz, 1927-29 Mitgl. ZK der KPD u. 1929-30 in dessen OrgAbt., 1931-32 Mitgl. Reichsltg. *Kampfbund gegen den Faschismus.* 1933-35 Mitgl. illeg. Landesltg. u. ab Aug. 1934 als Nachf. von → Erich Jungmann Landesltr. KJVD, Bestätigung als ZK-Mitgl. Aug. 1934 auf sog. Bayreuther Reichskonferenz des KJVD in Moskau; 1935 Teiln. u. Ref. 7. Weltkongreß der *Komintern* u. sog. Brüsseler Konferenz der KPD (Deckn. Karl), Wiederwahl ins ZK der KPD; danach eigentlicher Vors. der kollektiven KJVD-Führung (Erich Jungmann, → Robert Lehmann u. → Kurt Siegmund) u. ihr Kaderltr., Kand. KJI-Sekretariat u. KJVD-Vertr. in Moskau; vorüberg. in Holland, Frankr. u. der CSR. Mitunterz. des gemeins. Aufrufs der sozialist. u. kommunist. dt. Jugendorg. v. 30. Jan. 1938, Mai 1938 Mitgl. Deutsche Kommission des EKKI, Aug. 1938 nach Paris, Ltr. Sekretariat des ZK des KJVD u. Mitarb. Sekretariat des ZK der KPD, Deleg. sog. Berner Konferenz. Deckn. Karl Kunart. Nach Kriegsausbruch in der Illegalität, Aug. 1940 Mitgr. Toulouser KPD-Ltg. (Westltg.), bis Kriegsende Mitgl.; ab 1941 Red. u. nach dem Tod von → Hans Zipper Chefred. der illeg. Ztg. *Soldat im Westen,* Sept. 1943 Mitgr. u. anschl. Mitgl. KFDW bzw. CALPO, Red. *Volk und Vaterland* sowie Mitarb. *Die Stimme des Volkes* Paris; nach Jalta-Konf. der Großmächte Mitunterz. des gemeins. Aufrufs von SPD- u. KPD-Landesgruppe an das dt. Volk zur freiwilligen Kapitulation. 1945 in die SBZ, hauptamtl. Mitarb. des ZK der KPD/PV der SED, langj. Ltr. Sektor Westliche Kader in Kaderabt. des ZK der SED. Lebte 1975 als Arbeiterveteran in Berlin (Ost). - *Ausz.:* u.a. 1955 VVO (Silber), 1965 Banner der Arbeit, 1970 VVO (Gold).

L: Jahnke, Anteil; GdA-Chronik; Weber, Wandlung; GdA-Biogr.; Duhnke, KPD; Jahnke, Arbeiterjugendbewegung; Schaul, Résistance; Pech, Résistance; Dahlem, Vorabend. *Qu:* Hand. Publ. Z. - IfZ.

Häntzschel, Kurt Emil Richard, Dr. jur., Ministerialbeamter, Presserechtler; geb. 13. Juli 1889 Berlin, gest. 1941 Bras.; *V:* Dr. Emil H., Prof. TH Berlin-Charlottenburg; *M:* Selma, geb. Lehnkering; ∞ Ursula Patyna (geb. 1898), Emigr.; *K:* Günter (geb. 1920); Wolfgang-Kurt (geb. 1926); Gerhard (geb. 1928); Irene (geb. 1929), Emigr.; *StA:* deutsch, 11. Juni 1935 Ausbürg. mit Fam., 15. Jan. 1936 österr. (Dez. 1938 widerrufen). *Weg:* 1933 Österr.; 1937 Bras.

1908-11 Stud. Rechtswiss. u. Volkswirtsch. Heidelberg, Leipzig, Grenoble, Oxford, Berlin, 1912 Prom. Leipzig, Referendar, 1916 Attaché dt. Gesandtschaft Stockholm, 1918 Assessor. Ab 1922 MinRat RMdI, ab 1929 MinDir. u. Ltr. der Pol. Abt., daneben Doz. für Presserecht Univ. Berlin. Ab 1929 Vors. Ausschuß für Presserechtsreform, der bis 1932 ein neues, nicht mehr verabschiedetes Pressegesetz erarbeitete. Vors. Internat. Presserechtskommission des *Internationalen Journalistenverbands,* Mitgl. *Vereinigung für Rechts- und Wirtschaftsphilosophie, Deutscher Juristentag* u. *Deutsche Gesellschaft 1914.* Apr. 1933 als linker Demokrat Entlassung aus dem Reichsdienst, Sept. 1933 Emigr. nach Wien, bis März 1934 Ruhegehalt. Stellv. Verlagsltr., Apr. 1934-März 1935 Pol. Dir. Verlag *Neues Wiener Journal,* Herbst 1937 nach São Paulo, später Aufbau einer Fazenda in der dt. Siedlung Rolandia.

W: u.a. Reichspreßgesetz und die übrigen preßrechtlichen Vorschriften des Reiches und der Länder (Kommentar). 1927; Gesetz zum Schutze der Republik (Kommentar, mit Kurt Schönner). 1930; Mitarb. mehrerer jur. Handb. u. Sammelwerke. *L:* RhDG. *Qu:* Arch. Hand. Publ. - IfZ.

Haffner, Sebastian (d.i. Pretzel, Raimund), Journalist; geb. 26. Dez. 1907 Berlin; *StA:* deutsch, 1948 brit. *Weg:* 1938 GB; 1954 Deutschland (BRD).

Stud. Rechtswiss., 1933-36 RA in Berlin, Mitarb. *Vossische Zeitung.* 1938 GB, nach Kriegsbeginn Internierung, regte über → Johannes Lothar beim brit. Informationsmin. die Hg. eines dt.-sprach. Blatts im Stil der *Frankfurter Zeitung* an, ab 1941 Red. *Die Zeitung* London; durch prinzipielle Kritik des dt. Nationalcharakters u. die Empfehlung zur Auflösung des Reichs in einen Staatenbund in scharfem Gegensatz zu den linken Exilorg. in GB. Ab 1942 Mitarb. *Observer,* nach 1945 dessen diplomat. Korr., ab 1954 in Deutschland; Ps. Student of Europe. Publizist. Verfechter eines harten Kurses gegenüber DDR u. Sowjetunion, 1961 Trennung von *Observer* aufgrund kompromißbereiter Linie der Ztg. in der Berlinfrage, Mitarb. *Die Welt* u. *Christ und Welt;* nach der *Spiegel*-Affäre 1963 Kolumnist u. Serienautor für die Illustrierte *stern,* nunmehr Kritik an der Deutschlandpolitik unter Konrad Adenauer, Eintreten für Anerkennung der DDR u. Abschluß der Ostverträge, für Truppenabbau u. innere Reformen; in den 60er Jahren Solida-

risierung mit Forderungen der Außerparlamentarischen Opposition, u.a. nach Auflösung von Meinungsbildungsmonopolen im Verlagswesen. Lebte 1978 als freier Publizist in Berlin (West).
W: u.a. Germany, Jekyll and Hyde. London (Secker and Warburg) 1940; Offensive Against Germany. Ebd. 1941; Die sieben Todsünden des Deutschen Reiches. 1965; Winston Churchill. 1967; Der Teufelspakt. 50 Jahre deutsch-russische Beziehungen. 1968; Die verratene Revolution. Deutschland 1918/19. 1969; Der Selbstmord des Deutschen Reiches. 1970; Bürger initiativ (Mitarb.). 1974; Generale (S). 1977. *L:* Röder, Großbritannien. *Qu:* Arch. Hand. Publ. Z. - IfZ.

Hager, Kurt Leonhard, Parteifunktionär; geb. 24. Juli 1912 Bietigheim/Enz; *V:* Georg Leonhard H. (1882-1915), Herrschaftsdiener; *M:* Sofie Friederike, geb. Starzmann (geb. 1880), in 2. Ehe ab 1920 mit Albert Gottlob Munz verh.; ∞ Sabina, Emigr., 1937-39 unter Deckn. Vera (?) u. Käthe Albin bei Red. *Deutscher Freiheitssender 29,8* tätig. *K:* 2; *StA:* deutsch. *Weg:* 1934 CH, CSR, F; 1937 E; 1939 F; GB; 1946 Deutschland (Berlin).
Als Oberrealschüler Mitgl. *Sozialistischer Schülerbund,* 1929 KJVD, 1930 KPD, ab 1931 GewMitgl.; journ. Tätigkeit. Nach 1933 illeg. Arbeit für KPD, Haft im KL Heuberg; 1934 Emigr., im Parteiauftrag in die Schweiz, Kurier, später KJVD-Oberberater für Mittel- u. Norddeutschland in der CSR, anschl. Mitarb. Grenzstelle Straßburg; 1937-39 in Spanien, Red. *Deutscher Freiheitssender 29,8,* verantwortl. Ltr. des Auslandsprogramms v. *Radio Madrid* sowie KJVD-Vertr. bei *Vereinigte Sozialistische Jugend Spaniens.* Anschl. nach Frankr., Mitarb. FDJ Paris, nach Kriegsausbruch nach GB, Internierung, dann als Schweißer u. Forstarb. tätig, Mitgl. FDJ, Mitarb. u. ab Juni 1945 Chefred. *Freie Tribüne* London; Mitgl. EmigrLtg. KPD u. ArbAusschuß FDB, auf ihrer ersten Delegiertenkonf. v. Nov. 1943 Verfechter der These vom Versagen aller demokrat. Parteien in der Endphase der Weimarer Republik u. der Notwendigkeit einer nationalen Erneuerung auf der Basis der NKFD-Grundsätze, an denen H. noch nach 1945 festhielt. Deckn. Felix Albin, Leo. Apr. 1946 nach Berlin, 1946-49 Ltr. Abt. Parteischulung bei SED-PV, 1947-48 stellv. Chefred. *Vorwärts* Berlin, 1949-52 AbtLtr. für Prop. u. 1952-55 für Wiss. u. Hochschulen im ZK der SED; ab 1949 gleichz. Prof. u. Lehrstuhlinh. sowie AbtLtr. für dialekt. u. histor. Materialismus am Institut für Philosophie Humboldt-Univ. Berlin (Ost). Ab 1950 Kand. u. ab 1954 Mitgl. ZK der SED, ab 1955 ZK-Sekr., ab 1958 Kand. u. ab 1963 Mitgl. PolBüro des ZK; ab 1958 MdVK (Vors. VK-Ausschuß für Volksbildung) u. Mitgl. PräsRat *Kulturbund zur demokratischen Erneuerung Deutschlands,* ab 1958 Mitgl. u. ab 1966 PräsMitgl. Forschungsrat der DDR; Vizepräs. *Deutsch-Südostasiatische Gesellschaft* u. PräsMitgl. *Gesellschaft zur Verbreitung wissenschaftlicher Kenntnisse.* Nach 1963 als Ltr. der Ideologischen Kommission des PolBüros SED-Chefideologe, exponierter Vertr. eines orthodoxen Marxismus-Leninismus sowj. Musters. - *Ausz.:* u.a. 1956 Hans-Beimler-Med., 1958 VVO (Silber), Med. für Kämpfer gegen den Faschismus 1933-1945, 1962 Banner der Arbeit, 1964 VVO (Gold), 1965 Med. 20 Jahre Sieg im Großen Vaterländ. Krieg (UdSSR), 1969 Held der Arbeit, 1977 Karl-Marx-Orden.
W: Albin, Felix (Ps.), The Socialist Unity Party of Germany. London (New Germany Publications) 1946; Der dialektische Materialismus - die theoretische Grundlage der Politik der SED. 1958; Humanismus und Wissenschaft. 1961; Zur geistigen Situation der Gegenwart. 1961. *L:* Stern, Porträt; Ludz, Peter Christian, Parteielite im Wandel. 1968; Röder, Großbritannien; Weber/Oldenburg, SED; Duhnke, KPD; Mewis, Auftrag; Lerg, Winfried B./Steininger, Rolf (Hg.), Rundfunk und Politik. 1975; Weber, Hermann, SED. Chronik einer Partei 1971-1976. 1976. Dahlem, Vorabend. *Qu:* Hand. Publ. Z. - IfZ.

Hagmüller, Leopold, Parteifunktionär; geb. 13. Nov. 1894 Wien, gest. 1974; Diss.; ∞ Paula Draxler, Emigr. F, 1944 (?) Freitod; *K:* 2 T; *StA:* österr. *Weg:* 1933 UdSSR; 1935 Österr.; 1938 F; 1943 Deutschland; 1945 F.

MetallarbLehre; Soldat 1. WK, 1 J. ital. Kriegsgef., anschl. Arbeit in Linzer Schiffswerft, Betriebsrat. Mitgl. *Österreichischer Metall- und Bergarbeiterverband, SDAP, Republikanischer Schutzbund.* 1932 KPÖ; 1933 Lenin-Schule Moskau, Aug. 1934 auf 12. PT ZK-Mitgl. - 1935 illeg. Rückkehr nach Österr., Deckn. u.a. Rudolf Primosch. Mai 1936 bei Ausreise in die CSR verhaftet, bis Febr. 1937 KL Wöllersdorf, anschl. Handelsvertr. in Linz. Herbst 1937 illeg. Rückkehr nach Wien. 1938 nach Anschluß Flucht über Prag nach Paris. Zeitw. Ltr. KPÖ-Parteigruppe in Paris. 1942 Abstellung nach Lyon, illeg. Arbeit in TA innerhalb der franz. Résistance. Zus. mit Paula Draxler Ende 1943 oder Anfang 1944 Verhaftung durch Gestapo, KL Buchenwald. Geplante Hinrichtung wurde durch illeg. Lagerorg. verhindert. 1944 Parteiausschluß wegen angebl. Aussagen bei Gestapoverhör. 1945 nach Befreiung aus KL Rückkehr nach Frankr., Hausmeister in jüd. Kinderheim. 1953 Rückkehr nach Linz.
Qu: Arch. Pers. - IfZ.

Hahlo, Georg, Dr. jur., Rechtsanwalt; geb. 1. Nov. 1895 Oldenburg; ev.; *V:* Wilhelm H. (1858-1944), jüd., 1892 mit Fam. ev., Kaufm., 1939 Emigr. GB; *M:* Sophie, geb. Wallach (1869-1950), jüd., dann ev., 1939 Emigr. GB; *G:* Fritz (geb. 1891), Fabrikant, umgek. 1944 in Haft (wegen sog. Rassenschande); Dr. med. Lotte Giessel (geb. 1899), Kinderärztin, 1936 Emigr. USA; Else Hochfeld (geb. 1903), Laborantin, 1936 Emigr. GB; ∞ I. 1921-40 Elli Drewin, 1939 Emigr. GB; II. 1940 Margot Pincus (geb. 1902), jüd., 1965 ev., Sekr. *Hilfsverein der deutschen Juden* Berlin, 1939 Emigr. Boliv.; *K:* aus I: Susan Hunter (geb. 1923), 1936 Emigr. GB; Peter Hahlo (geb. 1926), 1938 Emigr. GB; *StA:* deutsch, Ausbürg., 1949 Boliv., 1953 deutsch. *Weg:* 1939 GB, Boliv.; 1953 Deutschland (BRD).
1914 Abitur, Kriegsfreiw. (Lt.d.R., EK), 1918-21 Stud. Rechtswiss. Berlin u. Jena, Mitgl. Burschenschaft Suebia, 1921 Prom., 1922-33 Syndikus Arbeitgeberverb. Kreuznach/Nahe, VorstMitgl. DVP Kreuznach; Mai 1933 Entlassung, bis Tätigkeitsverbot Aug. 1934 Steuerberater in Darmstadt, anschl. Makler in Hannover. Jan. 1939 über London mit Landarbeiter-Visum nach La Paz, bis 1947 Sekr. u. Dolmetscher in RA-Büro, daneben ab 1946 Stud. Rechtswiss., 1947-53 RA, ab 1952 auch Rechtsberater der dt. Gesandtschaft. 1941-53 VorstMitgl. *Deutscher Demokratischer Verein* La Paz. 1953-54 Syndikus Arbeitgeberverb. Nürnberg, 1955-56 wieder RA in La Paz, 1957 beim Entschädigungsamt Hannover tätig, 1958-75 Rechtsbeistand in Wiedergutmachungssachen. Lebte 1978 in Hannover.
Qu: Fb. Publ. - IfZ.

Hahn, Albert Ludwig, Dr. jur., Dr. phil., Bankier, Finanzwissenschaftler; geb. 12. Okt. 1889 Frankfurt/M., gest. 4.Okt. 1968 Zürich; jüd.; *V:* Louis Alfred H., Bankier; *M:* Regine, geb. Goldschmidt; ∞ Nora Freiin von Ginsewald; *K:* L. A. Nikolas. *Weg:* 1936 CH, 1939 USA, 1950 F.
Stud. Freiburg, Heidelberg, Berlin, Marburg, Referendar, 1919 Assessor; 1919-33 VorstMitgl. Deutsche Effekten- u. Wechselbank (vormals Bankhaus L. A. Hahn), Ausschußmitgl. *Centralverband des Deutschen Bank- und Bankiergewerbes e. V.,* 1929-33 Honorarprof. für Geld- u. Kreditwesen Univ. Frankfurt. 1936 Emigr. Schweiz, 1939 USA, Doz. New School for Social Research New York. 1950 Lehrtätigkeit Univ. Frankfurt/M., maßgebl. Einfluß auf internat. Goldpreispolitik. - *Ausz.:* Dr. rer. pol. h. c.
W: Volkswirtschaftliche Theorie des Bankkredits. 1920, 1930; Geld und Kredit (Gesammelte Aufsätze). 1924, 1929; The Economics of Illusion (Aufsatzsammlung). 1949; Fünfzig Jahre zwischen Inflation und Deflation. 1963; Geld und Gold. 1969; Zahlreiche Beiträge in wiss. Fachzs. u. Z. *Qu:* EGL. Hand. Publ. Z. - RFJI.

Hahn, Hugo, Dr. phil, Rabbiner; geb. 14. Jan. 1893 Tiengen b. Heidelberg, gest. 7. Nov. 1967 New York; *V:* Sussmann H., Lehrer; *M:* Henriette, geb. Weill; ∞ 1924 Aenne Rosenberg (umgek. 1955 auf der Reise nach IL beim Abschuß ihres Zivilflugzeuges über Bulgarien), Mitgl. *Jüdischer Frauenbund* u. *Blau-Weiß*, 1939 Emigr. USA, führend beim Aufbau der Gde. Habonim; *K:* Miriam Cohn (geb. 1927 Essen), 1939 Emigr. USA, 1949 M.S.W. Columbia Univ., Fürsorgerin, Ehefrau von → Bernhard N. Cohn; Hannah Biberstein (geb. 1928 Essen), 1939 Emigr. USA, M.A., Hochschullehrerin. *Weg:* 1939 USA.

Stud. Erlangen u. Heidelberg, Stud. Rabbi Horowitz-Jeschiwah Frankfurt/M., 1915-19 Hilfsrabbiner in Offenburg/Baden, Kriegsteiln.; Stud. Jüd.-Theol. Seminar Breslau, 1921 Rabbinerexamen, 1920-22 Red. *Jüdische Volkszeitung* Breslau, 1921-28 2. Rabbiner, später Rabbiner liberale Syn. in Essen; Präs. VJJD, VorstMitgl. CV als Vertr. des zion. Flügels, 1933 Mitgr. *Reichsvertretung*, Mitarb. *Der Morgen* u. *CV-Zeitung*. März 1939 Emigr. USA, 1939 Gr. u. bis 1965 Rabbiner der liberalen dt. Einwanderer-Gde. Habonim in New York. 1940-48 Vors. *Conf. of New Immigrant Congr.* New York, Mitarb. LBI, A.F.J.C.E., *Blue Card* u.a. Wohlfahrtsorg. - *Ausz:* 1963 D.H.L. h.c. H.U.C. - J.I.R Cincinnati-New York.

W: Die Gründung der Reichsvertretung. In: Zwei Welten. Siegfried Moses zum 75. Geburstag. 1962; Gleanings. Sermons Preached by Rabbi Hugo Hahn. 1974; Artikel in *Jüdisches Lexikon* u. in jüd. Zs. in Deutschland u. in dt.-jüd. Veröffentlichungen in USA, u.a. *Aufbau. D:* RFJI. *L:* Living Legacy. Essays in Honor of Hugo Hahn. 1963; Strauss, H.A., The Jugendverband. In: LBI Yearbook VI, 1961. *Qu:* Arch. Biogr. Publ. Z. - RFJI.

Hahn, Joseph (Sepp), Parteifunktionär; geb. 6. Juli 1896 Hof/Bayern, gest. 24. Febr. 1965 Berlin (Ost); *V:* Andreas H. (1856-1932), Hausdiener, später Fabrikarb.; *M:* Margarete, geb. Schmidt (1857-1900); *G:* Johann (geb. 1887); Matthäus (Max), (geb. 1891); Bernhard (geb. 1893); Josephine Marie (geb. 1898); Katharine (1899-1900); ∞ 1920 Friederike Georgine Spindler (geb. 1900), 1950 gesch.; *K:* Max (geb. 1920). *StA:* deutsch. *Weg:* 1939 DK; 1941 Deutschland.

Elektriker; 1910 sozialist. Jugend, 1912 SPD u. 1912-24 *Deutscher Textilarbeiter-Verband*, 1912-14 Wanderschaft durch Deutschland, Österreich-Ungarn, die Schweiz u. GB, ab Nov. 1915 Kriegsteiln., 1917 Urteil 12 J. Festungshaft wegen Insubordination. Nach Amnestie Dez. 1918 Mitgl. *Arbeiter- und Soldatenrat* Ingolstadt, Jan. 1919 KPD, Apr. 1919 Teiln. an Kämpfen zur Verteidigung der Münchener Räterepublik, Mai-Okt. 1919 Festungshaft; danach Übersiedlung nach Chemnitz, bis 1924 Textilarb., ab 1921 Mitgl. KPD-BezLtg. Erzgeb.-Vogtland u. 1923-24 Vors. *Deutscher Textilarbeiter-Verband;* 1924-25 Schulung in der UdSSR, Teiln. 5. Weltkongreß der *Komintern* u. 3. RGI-Kongreß; nach Rückkehr 1925 AgitPropSekr. Bez. Erzgeb.-Vogtland, Teiln. 10. PT, 1926-27 Sekr. von Ernst Thälmann, ab Mitte 1927 Sekr. für GewFragen BezLtg. Erzgeb.-Vogtland, Herbst 1927-30 OrgLtr. Bez. Baden, 1929 StadtVO. u. BezRat Mannheim, 1930 Mitarb. Westeuropäisches Büro der *Komintern*, 1931 BezVors. RGO Baden, 1931-33 ltd. Mitarb. RGI u. *Komintern* in Moskau. Ende 1933 im Parteiauftrag Rückkehr nach Deutschland, Febr. 1934 Festnahme in Berlin wegen illeg. GewArb., Zuchth. Hamburg-Fuhlsbüttel u. anschl. bis Apr. 1939 KL Esterwegen u. Sachsenhausen. Juli 1939 Emigr. Dänemark, Jan. 1940 Verhaftung, Sept. 1941 Auslieferung, bis Apr. 1945 KL Neuengamme u. Sachsenhausen. 1945 maßgebl. beteiligt am Aufbau der Berliner Stadtverw. u. des KPD-Druckereiwesens, ab Apr. 1946 Mitarb. PV der SED, ab 1948 AbtLtr. u. 1951-54 Ltr. des SED-eigenen Druckerei-, Presse- u. Verlagstrusts Zentrale Druckerei-, Einkaufs- und Revisionsgesellschaft (Zentrag), 1954-65 Mitgl. u. stellv. Vors. Zentrale Revisionskommission, Teiln. 4.-6. PT. - *Ausz.:* 1956 VVO (Silber), 1958 Med. für Kämpfer gegen den Faschismus 1933-1945 u. Fritz-Heckert-Med., 1959 Banner der Arbeit, 1961 Karl-Marx-Orden.

L: Weber, Wandlung; GdA-Biogr. *Qu:* Hand. Publ. Z. - IfZ.

Hahn, Kurt Matthias Robert Martin, Pädagoge; geb. 5. Juni 1886 Berlin, gest. 14. Dez. 1974 Salem/Baden; ab 1945 ev.; *V:* Oskar H., Industrieller; *M:* Charlotte, geb. Landau; *G:* → Rudolf Hahn; ∞ led.; *StA:* deutsch, 1938 brit. *Weg:* 1933 GB.

Ab 1904 Stud. Klass. Philologie Oxford, Berlin, Heidelberg, Freiburg/Br., Göttingen, 1914 Rückkehr aus Oxford, als England-Lektor in der Zentralstelle für Auslandsdienst des AA nachrichtendienstl. tätig, ab 1917 pol. Berater in Verb. mit der Obersten Heeresleitung, Sekr. u. Ratgeber des Prinzen Max von Baden, Sondermissionen, u.a. Teiln. der dt. Deleg. in Versailles. Ab Febr. 1918 Sekr. *Heidelberger Arbeitsgemeinschaft für Politik des Rechts* unter Ltg. von Prinz Max u. Max Weber. Entwickelte pädagog. System zur Neuformierung einer Führungselite auf der Basis von Selbstkontrolle, Leibesübung u. gemeinschaftl. sozialen Einsatz, das er ab 1920 mit Hilfe des ehem. bad. Herrscherhauses im Landerziehungsheim Schloß Salem verwirklichte. Krit. Haltung zur Weimarer Demokratie, zeitw. Hoffnung auf positive nat. Entwicklung der NSDAP. März 1933 aus pol. u. rass. Gründen Schutzhaft, Entlassung nach Interventionen, Aufenthaltsverbot für Baden, Emigr. GB. 1934 Gr. der Schule Gordonstoun/Schottland, die u.a. Mitgl. der königl. Fam. ausbildete; ab 1941 auch Initiator von sog. Outward-Bound-Kurzschulen, ab 1962 auf Anregung des Nato Defence College Aufbau der sog. Atlantic Colleges mit Hilfswerken, Rettungseinsätzen u. Leistungswettkämpfen als Erziehungsmittel. Daneben Org. von Schülerexpeditionen, Jugendtreffen u. -turnieren. - *Ausz:* 1953 Hon. LLD. Edinburgh; 1956 Dr. phil. h.c. Göttingen, 1961 Tübingen, 1966 Berlin; 1961 Gr. BVK, 1962 Freiherr-v.-Stein-Med., 1964 CBE, 1968 Foneme-Preis Mailand.

W u. *L:* siehe Röhrs, Hermann (Hg.), Bildung als Wagnis und Bewährung. 1966 (engl. Übers.: Kurt Hahn, 1970). *Qu:* Arch. Hand. Publ. Z. - IfZ.

Hahn, Otto, Dr., Gewerkschaftsfunktionär; geb. 5. Okt. 1888 Wien, gest. 10. Apr. 1946 London; jüd., Diss.; ∞ 1920 Anna Klimpel (geb. 1898), Diss., 1938 Emigr. nach GB, nach Bildung der TG-*Frauengruppe* in GB im Jan. 1944 deren Ausschuß-Mitgl. A: 1978 London; *StA:* österr., 1919 CSR. *Weg:* 1938 GB.

Stud. Univ. Wien; DSAP-Mitgl., Parteired. in Reichenberg, 1920-21 Abg. NatVers. der CSR, nach Übertritt zur KSC Mandatsaberkennung durch tschechoslow. Wahlgericht, danach wieder DSAP. 1922-38 Zentralsekr. *Verband der öffentlichen Angestellten in der CSR* Reichenberg; Mitgl. der böhmischen Landesvertretung. Sept. 1938 Flucht nach Prag, Okt. nach GB, Mitgl. TG-Landesvorst., nach Grdg. *Landesgruppe England der deutschen Freigewerkschaftlichen Arbeiter- und Angestelltenorganisationen in der Tschechoslowakischen Republik* im Febr. 1940 ltd. Funktionär der vom TG-Vorst. im Herbst 1940 eingesetzten *Landeskommission der freien Gewerkschaften* (→ Franz Kögler, → Max Koutnik, → Josef Lenk, → Josef Zinner). Ab Bildung des *Czechoslovak Trade Union Centre in Great Britain* im Herbst 1941 Ausschußmitgl. u. Ltr. dieser gesamttschechoslow. gewerkschaftl. Exilrepräsentanz, in die auch die rivalisierenden sudetendt. GewGruppen bis zum Ausschluß des Vertreters der TG-nahen GewGruppe → Gustav Neumann 1944 integriert waren.

L: Cesar/Černý, Politika. *Qu:* Arch. Pers. Publ. - IfZ.

Hahn, Rudolf, Industrieller; geb. 28. März 1897 Berlin, gest. 12. Juli 1964 Birmingham; jüd.; *V:* Oskar H. (geb. 1860 Berlin, gest. 1907), jüd., Industrieller, Inh. Hahn'sche Werke; *M:* Charlotte, geb. Landau (1865-1934), jüd.; *G:* → Kurt Hahn; Franz (geb. 1892 Berlin, gest. 1933), Ing. bei Hahn'sche Werke; 2 B; ∞ 1921 Lola Warburg (geb. 1901 Hamburg), Mitgr. u. Ltr. Kinder- u. Jugend-Alijah, aktiv in zahlr. jüd. Wohlfahrtsorg.; *K:* Oscar (geb. 1923 Berlin), jüd., 1938 Emigr. GB, Stud. Gordonstoun School, Trinity Coll. Cambridge Univ., Industrieller; Benita Cioppa (geb. 1927 Berlin), 1938 Emigr. GB, A: I; *StA:* deutsch, 1946 brit. *Weg:* 1938 GB.

Kaiser-Wilhelm-Gymn. Berlin, nach 1914 Kriegsfreiw. (EK u.a. Ausz.), anschl. Lehre im Bankhaus M. M. Warburg & Co. Hamburg, dann Eintritt in Familienunternehmen Hahn'sche Werke (Röhrenwerke in Großenbaum/Westf., versch. Tochterges. u. Beteiligungen), bis 1937 AR-Mitgl. Hochofenwerk Lübeck, bis 1938 VorstMitgl. Hahn'sche Werke. Unter wachsendem pol. Druck Verkauf an Flick u. an Mannesmann. Sept. 1938 Emigr. GB, Gr. u. Geschäftsf. einer Aluminiumfabrik in Birmingham. Nach 2. WK Restitutionsverfahren, AR-Vors. Hahn'sche Werke AG Duisburg, Stahlkontor AG Düsseldorf, AR-Mitgl. Mannesmann AG Düsseldorf.

L: Genschel, Helmut, Die Verdrängung der Juden aus der Wirtschaft im Dritten Reich. 1966. *Qu:* EGL. HGR. Pers. Publ. - RFJI.

Hahne, Margarete, geb. Lux, Sozialarbeiterin; geb. 21. Juli 1898 Breslau; ∞ II. Ehemann KPD-Funktionär, Emigr., 1942 durch Gestapo aus Frankr. verschleppt, Zwangsverpflichtung in Potsdamer Industriebetrieb, 1945 von sowj. Besatzung verhaftet, Urteil 10 J. Zuchth., 1950 Entlassung. *Weg:* 1933 CSR; 1936 F; 1946 Deutschland (SBZ).
Kaufm. Lehre, Stenotypistin in Breslau. Ab 1919 Mitgl. KPD, aktive Funktionärin. 1926 Mitgr. *Roter Frauen- und Mädchenbund,* Führerin des Bundes in Schlesien, 1928 Mitgl. BezLtg. Schlesien als Ltr. der Frauenarbeit. StadtVO. Breslau. 1929 auf Weddinger PT Wahl ins ZK. Übersiedlung nach Berlin u. Sekr. der kommunist. *Arbeitsgemeinschaft sozialpolitischer Organisationen (Arso),* 1932 Sekr. in Berliner Zentrale des RGO-Textilarbeiterverbandes. Nach natsoz. Machtübernahme bis Sept. 1933 illeg. in Berlin tätig, anschl. Flucht in die CSR. Nach illeg. Parteiarb. in der CSR 1936 Emigr. nach Frankr., dort enge Zus-Arb. mit dem Kreis um → Willi Münzenberg; während Internierung in Gurs 1940 Parteiausschluß. 1946 Rückkehr nach Deutschland; zunächst Sozial- u. Frauenarb. Bez. Prenzlauer Berg in Berlin, dann aufgrund eines lfd. KPD-Parteiverfahrens Arbeitsverbot. Lehnte Aufnahme in die SED ab; Übersiedlung nach West-Berlin, Anschluß an SPD; später ausschließlich fürsorg. Tätigkeit.

L: Weber, Wandlung. *Qu:* Publ. - IfZ.

Hahnewald, Edgar William, Journalist, Illustrator; geb. 21. Aug. 1884 Dresden, gest. 6. Jan. 1961 Solna/Schweden. *Weg:* 1933 CSR; 1938 S.
Ursprüngl. Dekorationsmaler. Mitgl. SPD. 1910-13 Red. *Reuß(ische) Tribüne* Gera/Thür.; ab 1913 Red. *Dresdner Volkszeitung,* Mitgl. Arbeiterbildungsausschuß, Vorst. Volksbühne u. Volkshochschule Dresden. 1933 Flucht nach Prag, dort Red. *Sozialdemokrat,* ständiger Mitarb. *Neuer Vorwärts, Der Freidenker, Deutsche Freiheit* Saarbrücken u. ab 1937 *Freies Deutschland* Antwerpen. 1938 nach Schweden, Jan. 1943 Wahl in den Vorst. SPD-Ortsgruppe Stockholm, Juli 1943 Rücktritt wegen Kontakten der Gruppe zur SAPD. Danach enge Zusammenarbeit mit → Kurt Heinig, gehörte zu der Anfang 1945 gegr. *Deutschen Vereinigung von 1945.* In Schweden Profilierung als Buchillustrator, Jan. 1944 Teiln. Ausstellung von Exil-Künstlern in Schweden *Konstnärer i landsflykt.*

L: Müssener, Exil; *Qu:* Arch. Hand. Publ. - IfZ.

Haid, Bruno, Partei- u. Staatsfunktionär; geb. 2. Febr. 1912; *StA:* deutsch. *Weg:* 1933 Emigr.; 1936 E; Deutschland.
KPD-Mitgl., 1933 Emigr., 1936-39 Teiln. Span. Bürgerkrieg in den Internat. Brigaden. Nach 1945 in der Justizverw. der SBZ tätig, Ende der 40er Jahre im SED-PV zuständig für illeg. Zonenhandel. 1950 Ltr. ZK-Abt. Abwehr, ab 1951 zunächst Mitarb. Kaderabt., später Ltr. Abt. Wirtschaftspol. des West-Büros des ZK der SED, 1954 Ltr. ZK-Abt. „M" zur Kontrolle des Staatssicherheitsdienstes, 1955-58 stellv. GenStaatsanwalt der DDR. 1957 Parteiverweis, 1958 Funktionsenthebung u. Rüge wegen Verhaltens in der Affäre um Karl Schirdewan u. → Ernst Wollweber, danach Ltr. Abt. Literatur u. Buchwesen im Min. für Kultur, 1963-73 stellv. Min. für Kultur, Mitte der 60er Jahre Ltr. der trust-ähnlichen VVB Verlage-Presse-Kultur, ab Grdg. 1970 Präs. Kuratorium für sozialistische Kinderliteratur u. *DDR-Zentrum für Kinderliteratur;* Mitgl. *Heinrich-Mann-Komitee in der DDR. - Ausz.:* 1956 VVO (Silber), 1969 Banner der Arbeit, 1970 Alex-Wedding-Medaille.

Qu: Arch. Hand. Z. - IfZ.

Haid, Kassian (urspr. Josef), OCist., Dr. phil., Ordenspriester; geb. 26. Nov. 1879 Oetz/Tirol, gest. 22. Sept. 1949 Bregenz; kath.; *V:* Johann Tobias H., Postmeister u. Gastwirt in Oetz; *M:* Agnes, geb. Jäger. *Weg:* 1938 CH; 1945 Österr.

1897 Eintritt in Zisterzienserkloster Mehrerau b. Bregenz/Vorarlberg, 1900 Reifeprüfung Staatsgymn. Feldkirch, theol. Studien in Mehrerau, 1903 Priesterweihe; danach bis 1907 Stud. Gesch. u. Geographie Univ. Innsbruck, Lehramtsprüfung u. 1907 Prom.; 1908/09 für 1/2 Jahr als Mitgl. des österr. histor. Institutes am vatikan. Archiv in Rom; 1909-19 Dir. der Stiftsschulen Mehrerau; 1917 Wahl zum Abt von Wettingen-Mehrerau u. Präses der Mehrerauer Kongregationen des Ordens, 1920-27 Generalabt des Zisterzienserordens u. gleichz. Abt von Mehrerau; aufgrund der von ihm geforderten Residenz in Rom Resignation als Generalabt; in Mehrerau hervorragendes Wirken in klösterl. Schulwesen u. Ökonomie; nach Anschluß Österreichs u. Verlust der Schulen 1938 aus pol. Gründen Emigr. in die Schweiz, dort Abt-Präses von 5 Frauenklöstern, erwirkte 1938 die Neugründung der Zisterzienserabtei Hauterive b. Fribourg. Ab 1945 wieder in der 1941 von den Natsoz. aufgehob. Abtei Mehrerau, Wiederaufbau des klösterl. Lebens u. der Schulen, Verf. von histor. u. religiösen Arbeiten.

W: u.a. Die Besetzung des Bistums Brixen in der Zeit von 1250-1376. 1912; Meinhard II. von Tirol. In: Veröffentl. des Tiroler Landesmuseums Ferdinandeum in Innsbruck. 1928; Otto von Freising. (Sonderdruck Cistercienser Chronik, Jg. 44 u. 45.) 1933. *L:* Cistercienser Chronik (Mehrerau), besonders die Jg. seit 1917; P. Sinz, Abt Dr. Kassian Haid zum Gedächtnis. In: Cistercienser Chronik, Jg. 57, 1950; Griesser, B., Dr. Kassian Haid, Abt von Mehrerau und Generalabt. In: Schlernschriften 171, 1957 (mit Schriftenverzeichnis). *Qu:* Hand. Publ. - IfZ.

Haider, Franz, Parteifunktionär; geb. 11. Sept. 1907, gest. 15. März 1968; Diss.; *V:* Franz H. (1878-1950), Zimmermann, Eisenbahner; *M:* Maria (1881-1966), Tabakarb.; *G:* Hans (geb. 1900), Poldi (geb. 1909); ∞ Anny Ladislav (geb. 1902) Mitgl. KPÖ, 1942 zu 15 J. Zuchth. verurteilt, bis 1945 Zuchth. Aichach; *K:* Helmut (geb. 1938); *StA:* österr. *Weg:* 1935 CSR; 1936 UdSSR; 1938 CSR; 1939 Deutschland (Österr.).

1922-25 kaufm. Lehre; Mitgl. *Sozialdemokratischer Erziehungs- und Schulverein Freie Schule - Kinderfreunde* sowie SAJDÖ. 1925-27 Bau- u. Eisenbahnarb., 1927-34 Angest. städt. Gaswerk in Linz. Funktionär *Arbeiterbund für Sport und Körperkultur Österreichs,* bekannter Arbeitersportler u. Zehnkämpfer, einer der Initiatoren des Sportaustauschs mit der UdSSR; 1932 bei Gletscherunglück Verlust von Fingern u. Zehen. 1933 Deleg. internat. Arbeitersportler-Konf. Moskau; 1933 Mitgl. illeg. KPÖ, OrgLtr. Oberösterr.; 1934 Teiln. an den Februarkämpfen, kurzfristig Haft, anschl. Org. von Hilfsaktionen für die Opfer der Kämpfe. Zeitw. Landesltr. KPÖ Oberösterr., Deckn. u.a. Alex. Herbst 1934-März 1935 Haft, anschl. illeg. Arbeit. Vermutl. ab 1934 ZK-Mitgl. - Dez. 1935 Prag, März 1936 Moskau. Herbst 1938 Rückkehr nach Prag, Ende März 1939 nach Besetzung durch dt. Truppen verhaftet, bis Sept. 1939 Haft. Anschl. nach Linz, Febr. 1941 mit Ehefrau erneut verhaftet, Urteil 13 J. Gef., bis 1945 im Gef. Garsten. Sept. 1945 bis zu den Wahlen Nov. 1945 stellv. Landeshauptmann Oberösterr.; Sommer 1946 von US-Besatzungsbehörden wegen eines ZtgArt. zu 2 Mon. Gef. verurteilt; 1946-68 ZK-Mitgl., 1948-51 Mitgl. PolBüro der KPÖ.

L: DBMOI; Kykal, Inez/Stadler, Karl R., Richard Bernaschek. 1976; Reisberg, KPÖ. *Qu:* Arch. Pers. Publ. - IfZ.

Halevi (urspr. Levi), **Benjamin,** Dr. jur., Richter, Politiker; geb. 6. Mai 1910 Weißenfels/Sa.; jüd.; *V:* Hermann Levi; *M:* Vally, geb. Saling; ∞ 1936 Hemda Luba Syman; *K:* Hai, Ophra. *Weg:* 1933 Pal.

Stud. Freiburg, Göttingen, Berlin, 1933 Prom.; 1933 Emigr. Palästina, 1933-34 landwirtschaftl. Arbeit im Kibb. Deganyah A; 1935-37 jurist. Assist. Palestine Land Development Co., 1938-48 Friedensrichter in Jerusalem, 1948-63 Vors. BezGericht Jerusalem, 1952 stellv. Oberrichter, 1953 Gerichtspräs. des Sondergerichts in Sarafand, 1955 Vorsitz bei pol. wichtiger Verleumdungsklage um den ungar.-jüd. Funktionär u. *Mapai-* Politiker Israel Kastner wegen Kollaboration mit NatSoz. in Ungarn, 1961 Richter im Prozeß gegen den Verteidigungsmin. Pinhas Lavon wegen Fahrlässigkeit in einer Staatssicherheitsangelegenheit. 1961 einer der drei Richter im Eichmannprozeß. 1963 Richter am Obersten Gericht. 1969-74 M. K. für *Gaḥal-*Partei, ab 1974 unabhäng. M. K. Lebte 1974 in Jerusalem.

L: Man in the News, New York Times, 26. April 1961. *Qu:* Hand. Publ. Z. - RFJI.

Halle, Felix, Dr. jur., Rechtsanwalt; geb. 1. Mai 1884 Berlin; ∞ Dr. Ruth Kämmrich (1886-1937), Emigr., Schriftst., unter Ps. Fannina W. Halle Verf. *Women in Soviet Russia.* London (Routledge) 1933; *Frauen des Ostens. Vom Matriarchat zu den Fliegerinnen von Baku.* Zürich (Europa-Verlag) 1938. - 16. Apr. 1937 Ausbürg.; *StA:* deutsch, 3. März 1936 Ausbürg. *Weg:* 1933 F; 1937 UdSSR.

Prom. in Berlin, nach 1. WK kurzfristig Prof. an jurist. Fak. Univ. Berlin. Ab 1922 Mitgl. u. jurist. Hauptberater der KPD, bis 1926 Syndikus der jurist. Zentralstelle der kommunist. Reichstags- u. LT-Fraktion u. der Parteizentrale. 1927 als Ltr. der jurist. Zentralstelle Mitgl. ZK der KPD, zugleich Ltr. jurist. Zentralstelle der *Roten Hilfe.* Verteidiger in pol. Prozessen. 1933 mehrere Mon. Haft, danach Emigr. zus. mit Ehefrau nach Frankreich. 1937 mit seiner Frau in die UdSSR, während der Säuberungen verhaftet, seitdem verschollen. Ruth H. beging Selbstmord.

W: Wie verteidigt sich der Proletarier in politischen Strafsachen vor Polizei, Staatsanwaltschaft und Gericht? 1924 (mehrere Aufl.); Völkerrechtliches Gutachten zum Auslieferungsfall Heinz Neumann. Paris 1935. *L:* Weber, Wandlung. *Qu:* Arch. Publ. - IfZ.

Hallmeyer, Rudolf, Parteifunktionär; geb. 3. Febr. 1908 Plauen/Vogtl., hinger. 8. Sept. 1943 Berlin-Plötzensee; *V:* Buchbinder; *Weg:* 1934 CSR; 1935 UdSSR; 1937 CSR; 1938 S; 1940 Deutschland.

Rohrleger; 1923 DMV, ab 1924 KJVD-Funktionär, 1931 KPD, 1932 StadtVO. Plauen. Nach 1933 illeg. Tätigkeit als Instrukteur der KPD-BezLtg. Sa., Apr. 1934 Emigr. CSR, Herbst Einsatz in Deutschland, bis 1935 KJVD-Instrukteur für Bez. Magdeburg u. Hannover. Sept.-Okt. 1935 Teiln. 6. Weltkongreß der KJI, anschl. Lenin-Schule Moskau; nach Rückkehr Ende 1937 von Prag u. ab 1938 von Göteborg aus i.A. der KPD-AbschnLtg. Zentrum Einsatz als Instrukteur für Berlin. 24. Aug. 1940 Verhaftung in Berlin, 5. Aug. 1943 VGH-Todesurteil.

Qu: Arch. Publ. - IfZ.

Halper-Szigeth, Ernst, Dr. jur., Journalist; geb. 18. Apr. 1911 München. *StA:* deutsch. *Weg:* 1938 China; 1946 Deutschland.

Gymn. München, Stud. Jura in Wien u. Greifswald, 1934 Referendar, 1936 Prom. Konservativer Gegner des NatSoz., 1938 Emigr. nach China. Im dt. Beraterstab Tschiang Kaischeks unter → Walter Stennes, 1938-40 China-Korr. versch. ungar. u. jugoslaw. Ztg.; 1942-45 Sektionschef im Finanzdept. der Internationalen Niederlassung in Schanghai. 1946 Repatriierung, als freier Journ. tätig; 1951-58 Presseref. im Bayrischen Finanzmin. Lebte 1978 in München.

Qu: Hand. Pers. - IfZ.

Hamburger, Charlotte, geb. Liepmann, Sozialarbeiterin; geb. 18. Dez. 1899 Berlin, gest. 25. Juli 1977 Bras.; jüd.; *V:* Dr. med. et Dr. phil. Hugo Liepmann (geb. 1863 Berlin, gest. 1925 Berlin), Hochschullehrer Univ. Berlin, Dir. Herzberge-Krankenhaus Berlin; *M:* Agathe, geb. Bleichroeder (1871-1933); *G:* Kaethe Liepmann, 1933 Emigr. GB, Ph. D. in Soziologie, Doz. Univ. Bristol, A: London; Dorothee Zweigenthal (gest. 1936 London), 1935 Emigr. GB; Dr. med. Hans Liepmann (gest. 1959 USA), 1934 Emigr. USA, Arzt; ∞ 1925 → Hans Nathan Hamburger; *K:* Hugo (geb. 1927, gest.) Emigr. Bras., Ing.; Adelaide (geb. 1928), Emigr. USA; Stefan (geb. 1930), Emigr. Bras., Unternehmensltr.; Ernesto Wolfgang (geb. 1933), 1936 Emigr. Bras., Hochschullehrer; *StA:* deutsch (?). *Weg:* 1936 GB, Bras.

Stud. Lehrerinnenseminar u. Schule für Sozialarb. in Berlin, Mitgl. *Wandervogel;* 1923-25 Lehrerin an der Salem-Schule Berlin. Aug. 1936 Emigr. GB, Okt. 1936 nach Brasilien (eines der wenigen Länder, die bereit waren, dem kriegsbeschädigten Ehemann mit Familie ein Visum zu erteilen), 1949-59 Dir. *Liga Feminina Israelita do Brazil,* Mitgr. u. 1938-75 Dir. u. Vorst.-Mitgl. Kinderheim der C.I.P. Lar das Criancas in São Paulo, Mitgr. u. Mitgl. des *Centro Israelita de Assistencia āo Menor* (CIAM).

W: O estudo critico (Krit. Studie über die Arbeit in Lar das Criancas, veröffentl. von C.I.P.). *Qu:* Fb. Pers. - RFJI.

Hamburger, Ernest (Ernst), Dr. phil., Ministerialbeamter; geb. 30. Dez. 1890 Berlin; *V:* Salo H. (1860-1923), Industriemanager; *M:* Julie, geb. Seffmann (1863-1908); *G:* Minnie (1893-1914); ∞ 1918 Charlotte Lamm (geb. 1893), Byzantinistin, Emigr.; *K:* Eva H. (geb. 1920), Lehrerin, 1933 Emigr. mit Eltern. *Weg:* 1933 F; 1940 USA.

1913 Staatsexamen u. Prom. Univ. Berlin. 1914-18 Teiln. 1. WK. 1919 Studienassessor. In der sozdem. ArbBewegung aktiv, ab 1919 akad. Unterrichtskurse für Arbeiter, beeinflußt u.a. von → Karl Kautsky u. → Rudolf Hilferding. 1919-20 in Waffenstillstandskommission (später Reichsmin. für Wiederaufbau) tätig, in der sozialist. Presse Eintreten für dt.-franz. Verständigung; 1921 Ltr. der Pressestelle beim Oberpräsidium Breslau; 1922 RegRat im Polizeipräs. Breslau, 1927 ORegRat Polizeipräs. Berlin u. preuß. MdI. 1924-33 MdL Preußen (SPD), 1928-33 im Fraktionsvorst., Profilierung als Verwaltungs- u. Verfassungsrechtler. März 1933 Emigr. nach Frankr., Forschungsarb. an der jurist. Fak. der Univ. Paris u. Mitarb. franz. u. schweiz. Fachzs.; 1937 Mitgr. u. stellv. GenSekr. Institut de Science de la Presse an der Sorbonne sowie Red. des Inst-Organs *Cahiers de la Presse.* Nach Kriegsausbruch Prestataire. Okt. 1940 mit Unterstützung des *Jewish Labor Committee* Emigr. in die USA, Forschungsarb. u. Lehrtätigkeit New School for Social Research, Ernennung zum Prof. 1946-56 Bearb. des von der UNO hg. *Yearbook on Human Rights* (in engl. u. franz. Sprache), ltd. Stellung in der Menschenrechtsabt. der UNO. 1958 Ruhestand, seitdem freier Publizist u. Vortragsredner in den USA u. der Bundesrepublik Deutschland, Mitarb. u.a. *Süddeutsche Zeitung.* 1962 VorstMitgl. Leo Baeck-Inst. New York, Arbeiten insbes. über jüd. Geschichte.

W: u.a. Sozialdemokratische Verwaltungsarbeit in Schlesien (Hg.). 1928; Education for an Industrial Age (mit Alfred Kahler). Ithaca/New York (Cornell University Press) 1948; Juden im öffentlichen Leben Deutschlands. Regierungsmitglieder, Beamte und Parlamentarier in der monarchischen Zeit 1848-1918. 1968; Jews, Democracy and Weimar Republic. 1978. *D:* LBI New York. *Qu:* Arch. Hand. Pers. - IfZ.

Hamburger, Ernst Emanuel, Versicherungskaufmann; geb. 20. Juli 1908 Frankfurt/M.; jüd.; *V:* Ludwig H. (geb. 1877 Aschaffenburg), Emigr. Pal.; *M:* Bessy (geb. 1884 Aschaffenburg), Emigr. Pal.; *G:* 1 B, 1 S, beide Emigr. Pal.; ∞ Margot Auskern (geb. 1913 Berlin), 1935 Emigr. Pal., mit Ehemann Inh. versch. Versicherungsges.; *K:* Gideon (geb. 1944 Tel Aviv); Yair (geb. 1946 Tel Aviv), B.A. Hebr. Univ., Wirtschaftswiss.; Nurith Manor (geb. 1952 Tel Aviv); *StA:* deutsch, IL. *Weg:* 1935 Pal.

Realschule Frankfurt/M.; VorstMitgl. K.J.V., Vors. *Bar Kochba* Frankfurt/M., VorstMitgl. *Zionistische Organisation* u. *Union der Zionisten-Revisionisten* Frankfurt, 1934 Vors. *Staatszionistische Vereinigung*. Jan. 1935 Emigr. Palästina mit AI-Zertifikat; Mitgl. *Irgun Zevai Leummi,* Einsatz für illeg. Einwanderungen; Senior-Partner Hamishmar Insurance Service Tel Aviv, AR-Vors. Harel-Versicherungsges. GenDir. versch. Versicherungsges., zeitw. Hg. Tagesztg. *Hayarden;* Vors. *Assn. of Holders of Lloyd's Contracts in Israel,* Mitgl. Zentralausschuß des isr. Versicherungsverbands u. Staatlicher Versicherungsausschuß, Kuratoriumsmitgl. Israelisches Philharmonisches Orchester, Mitgl. I.O.M.E., Freimaurer, Mitgl. Zentralkomitee des *Solidaritätswerks,* VorstMitgl. *Verein der Freunde des Weizmann-Inst.* Lebte 1977 in Tel Aviv.

W: Staatssozialismus. Sein Weg und sein Ziel. 1935. *Qu:* Arch. Fb. Hand. - RFJI.

Hamburger, Hans Nathan, Dr. jur., Richter; geb. 27. März 1891 Posen, gest. 7. Sept. 1953 São Paulo; jüd.; *V:* Naphtali H. (1854-1934), Bankdir. in Posen u. Berlin; *M:* Ida, geb. Lichtenstein (geb. 1867 St. Louis/Mo., gest. 1937 Berlin); *G:* Dr. med. Hedwig Landsberg, Ärztin, 1940 Emigr. Bras., später GB; ∞ 1925 → Charlotte Hamburger; *StA:* deutsch. *Weg:* 1936 Bras.

Stud. München, Kiel, Breslau u. Berlin, 1914 Prom. Breslau, 1913 Referendar in Posen. Kriegsteiln., Verwundung. 1921-35 Richter am Kammergericht in Berlin, 1935 Entlassung, Mitgl. CV; Aug. 1936 Emigr. GB, Okt. 1936 nach Brasilien, Gutsverw., 1938-40 u. 1945-53 Geschäftsf. C.I.P. u. 1945-53 Geschäftsf. *Comité Auxiliar* des JDC in São Paulo.

W: Die rechtliche Natur der Erfüllung bei Schuldverhältnissen auf positive Leistung (Diss.). 1914. *Qu:* EGL. Hand. Pers. Z. - RFJI.

Hamlisch, Robert, UN-Beamter; geb. 26. Juni 1926 Budweis/Böhmen; jüd.; *V:* Richard H. (geb. 1889, umgek. 1942 KL Treblinka), jüd.; *M:* Claire, M., geb. Arnstein (geb. 1897 Budweis/Böhmen, umgek. 1942 KL Maidanek, jüd.; *G:* Eva Elisabeth (geb. 1923 Wien, umgek. 1942 KL Maidanek); ∞ Doris Emily Koenig (geb. 1920 Portland/Ore.), o.K., M.A.; *K:* Claire L. (geb. 1951), M.A., VerbOffz. des UN-Hochkommissars für Flüchtlingsfragen; *StA:* ČSR, 1943 USA. *Weg:* 1939 Pal.; 1940 USA.

1930-38 Gymn. Mährisch-Ostrau, 1938-39 Stud. landwirtschaftl. Hochschule Brünn. Dez. 1939 nach Palästina, Jan. 1940 mit StudVisum in die USA; 1940-42 Stud. North Dakota Agricultural Coll., B.Sc., 1942-45 US-Armee, 1946-50 Stud. Grad. School of Business, Columbia Univ., 1947 M.Sc.; 1947 Ausbildung bei Internat. General Electric Co. Schenectady/N.Y., 1948-49 Doz. Hunter Coll. New York, 1950-54 wirtschaftswiss. Mitarb. beim Amt für ArbStatistik u. bei der US-Handelskommission in Washington/D.C., 1953-55 Methods Analyst beim Finanzinspektor der Calif. Oil Co. in Perth Amboy/N.J., 1956-57 wirtschaftswiss. Mitarb. bei der Fischereibehörde Washington/D.C.; 1957-59 Programmverw. FAO, 1959-71 ltd. Verw. u. Ltr. Abt. für Fischereiwirtschaft in Rom, 1971-74 Hauptsachverständiger für Fischereiwirtschaft, ab 1974 Ltr. Abt. Fischereiindustrie. Lebte 1977 in Rom.

W: Zahlr. Art. in Büchern u. wiss. Zs. *Qu:* Fb. Hand. - RFJI.

Hamlyn (urspr. Hamburger), **Paul Bertrand,** Verleger; geb. 12. Febr. 1926 Berlin; jüd.; *V:* Richard Hamburger (geb. 1884 Warschau, gest. 1940 GB), jüd., Prof. für Kinderheilkunde Univ. Berlin u. Charité Berlin, 1933 Emigr. GB, Arzt u. Berater am Jew. Swanley Children's Hospital in London; *M:* Lily Martha, geb. Hamburg (geb. 1887 Frankfurt/M.), Quäkerin, 1933 Emigr. GB, Fürsorgetätigkeit; *G:* Maria R. Weinstein (geb. 1921 Berlin), 1933 Emigr. GB, Sängerin; Eva A. Seligman (geb. 1922 Berlin), 1933 Emigr. GB, Psychologin u. Fürsorgerin; Michael Hamburger (geb. 1924 Berlin), 1933 Emigr. GB, M.A. Oxford Univ., Dichter, Übers., Kritiker, Prof. für dt. Lit.; ∞ I. 1952 Eileen Margaret Watson, 1969 gesch.; II. 1970 Helen Guest; *K:* 1 S, 1 T; *StA:* brit. *Weg:* 1933 GB.

1933 Emigr. GB mit Familie, St. Christopher's School in Letchworth/Herts.; 1941 Büroangest. in Magazinverlag. Im 2. WK als „Bevin Boy" zum Hilfsdienst eingezogen u. in einer Walliser Kohlenzeche eingesetzt. Gr. u. Vors. Hamlyn Publishing Group, 1949 Books for Pleasure, 1960 Prints for Pleasure, 1961 Records for Pleasure, gemeinsam mit Golden Press New York. 1965 Music for Pleasure u. mit Electrical and Musical Industries Ltd. (E.M.I.). 1964 Verkauf der Hamlyn Publ. Group an die Internat. Publ. Corp., 1965-70 Dir. der Internat. Publ. Corp., verantwortl. für alle Buchveröffentl.; 1968 Erwerb der Butterworth & Co., 1970-71 Verw. u. Dir. News of the World Org., seit 1971 Gr. u. Vors. Octopus Books in London, New York u. Sydney; seit 1974 auch bei Mandarin Publs. Hongkong, ZusArb mit Jardine Matheson & Co. Hongkong; 1973 Mitgr. (mit David Frost) u. Dir. Sundial Publs., 1973 Mitgr. (mit Doubleday & Co. New York) u. Dir. Octopus Internat. B.V. Niederlande; 1971 Dir. News International.

Qu: Hand. Pers. Z. - RFJI.

Hammer, Walter (d.i. Hösterey, Walter), Schriftsteller, Verleger; geb. 24. Mai 1888 Elberfeld, gest. 9. Dez. 1966 Hamburg; *V:* (gest. 1913), Bäcker; *M:* (gest. 1935); ∞ 1957 Erna Schulz, vor 1933 Mitarb. Zs. *Junge Menschen* u. Fackelreiter-Verlag; *StA:* deutsch, Okt. 1938 Ausbürg., deutsch. *Weg:* 1933 NL; 1934 DK; 1940 Deutschland.

Wandervogel-Bewegung, ab 1906 schriftst. Betätigung, Ps. Walter Hammer. Ab 1912 führend in *Freideutscher Jugend,* 1913 Teiln. Freideutscher Jugendtag auf dem Hohen Meißner; ab 1915 Kriegsdienst, Hg. *Drucksachen des Werbeamts für Kriegsernährung;* 1920 Hg. *Das Blaue Heft,* Mitgr. MonZs. *Junge Menschen,* die zu einem der wichtigsten Organe der Jugendbewegung wurde, Org. internat. Jugendtreffen. Entging 1921 einem Bombenattentat durch Rechtskreise. 1922 Ehrenvors. *Friedensbund der Kriegsteilnehmer,* Gr. des Fackelreiter-Verlags, der binnen kurzem ein weites internat. Publikationsprogramm mit namhaften Autoren aus bündischen u. pazifist. Kreisen entfaltete, Hg. Zs. *Der Fackelreiter;* 1923-27 Hg. *Junge Republik* als Organ der von H. gegr. *Republikanischen Freischaren,* 1924 Reichstags-Kand. der *Republikanischen Partei Deutschlands* (→ Berthold Jacob), 1925 Mitgl. Reichsausschuß des *Reichsbanners,* 1926 Ehrenmitgl. DLM, 1928 Mitgl. Reichsausschuß des *Republikanischen Reichsbunds,* 1932 Aufbau der *Republikanischen Werbestelle* Berlin i.A. des MdI Preußen (→ Wilhelm Abegg); Verb. zum ISK, Juni 1932 Mitunterz. des Appels für eine Einheitsfront der ArbParteien gegen den NatSoz.; 1933 Schutzhaft, Forts. der publizist. Tätigkeit in Hamburg unter dem Tarnnamen Uhlenhorster Buch und Bild GmbH., Verb. ins Ausland. 22. Dez. 1933 Flucht nach Amsterdam, Mitarb. in lit. Abt. von *Radio Hilversum,* Sept. 1934 mit → Ludwig Quidde dt. Vertr. bei Weltfriedenskonf. Locarno. Ende 1934 nach Kopenhagen, journ. Tätigkeit, ZusArb. mit → Hans Ebeling u. → Theodor Hespers als Mitgl. des *Bündischen Arbeitskreises* im Exil u. VerbMann der *Deutschen Jugendfront* für Dänemark; Mitarb. in der DFP (→ Carl Spiekker), Einschleusung der *Deutschen Freiheitsbriefe* ins Reich u.a. im Rahmen seiner Tätigkeit als Fremdenführer in Kopenhagen. Mai 1940 mißglückter Fluchtversuch nach Schweden, Aug. 1940 Festnahme durch dän. Polizei u. Auslieferung an Gestapo, Selbstmordversuch, Überstellung nach Berlin, 1941 KL Sachsenhausen, 29. Okt. 1942 Urteil 5 J. Zuchth., 27. Apr. 1945 von der Roten Armee aus dem Zuchth. Brandenburg befreit, anschl. Rekonvaleszent im Zuchthaushospital, Bergung von Akten u. Auskunftserteilung an Angehörige ehem. Häftlinge. Ab 1948 Ltr. Forschungsinstitut Brandenburg des Landesarchivs Potsdam, Aufbau eines Archivs, eines Museums u. einer Gedenkstätte, Mitgl. BezVorst. der VVN. 1950 Schließung der ArbStelle auf Veranlassung der SED, Übersiedlung nach Ham-

burg, dort Aufbau des *Walter-Hammer-Archivs* über Widerstand u. Verfolgung, publizist. Tätigkeit auf diesem Gebiet; Gr. u. Ltr. *Arbeitskreis Deutscher Widerstand.* - *Ausz.:* 1953 BVK 1. Kl., 1964 Gr. BVK.
W: u.a. Theodor Haubach zum Gedächtnis. 1955; Hohes Haus in Henkers Hand. 1956; Der lautlose Aufstand (mit Günther Weisenborn). 1956. *L:* u.a. Link, ISK; Die bleibende Spur. Ein Gedenkbuch für Walter Hammer. 1967 (dort auch vollst. Bibliogr.); Jantzen, Hinrich, Namen und Werke, Bd. 1. 1972. *D:* IfZ. *Qu:* Arch. Hand. Publ. Z. - IfZ.

Hammerschlag, Ludwig, Dr. rer. pol., Syndikus; geb. 2. Apr. 1887 Leer/Ostfriesland, gest. 11. Aug. 1965 Warwick/R.I., USA; *V:* Isaak (gen. Isidor) H.; *M:* Golde (gen. Adele); ∞ verh.; *K:* 1 S; *StA:* deutsch. *Weg:* 1939 (?) USA.
Ab 1906 Stud. Freiburg/Br., Genf u. Berlin, GenSekr. *Deutsche Gesellschaft für ethische Kultur,* 1914-18 Kriegsteiln., Mitgl. *Soldatenrat* u. StadtVO. Freiburg/Br.; 1920 Fortsetzung des Stud. in Berlin, Freiburg/Br. u. Heidelberg, 1925 Prom., 1927-33 Syndikus der Angestelltenkammer Bremen, 1933 Entlassung. Kurz vor Kriegsbeginn Emigr., Sprachlehrer an US-Universitäten, 1946-57 als Assist. Prof. an Univ. of Maryland tätig.
Qu: Arch. Publ. - IfZ.

Handler, Arieh Leon, Bankier, Verbandsfunktionär; geb. 27. Mai 1915 Brünn/Mähren; jüd.; *V:* Ephraim H.; *M:* Helena; ∞ Henny Prilutsky (geb. 1921); *K:* Daniel, Gabriel. *Weg:* 1938 Pal., GB.
Stud. Jeschiwa in Frankfurt/M. u. Rabbinerseminar in Berlin. Mitgl. Landesausschuß der relig.-zion. Jugendbewegung u. Präsidiumsmitgl. von *B'rith Chaluzim Datiim (Bachad).* Ab 1935 Teiln. an den Zion. Kongressen, 1937 Mitarb. Auswanderungshilfe für relig.-zion. Jugendliche. 1938 Emigr. Palästina, 1939-48 Dir. *Jugend-Alijah*-Büro in London u. Ltr. von *B'rith Chaluzim Datiim* in Europa. Zugl. Stud. an der London School of Econ.; 1948 nach Israel, ab 1948 Journ. u. AR-Mitgl. der *Mizrahi*-Tageszeitg. *HaZofeh.* 1955 Rückkehr nach GB als Dir. der isr. Versicherungsges. Migdal Insurance Co., Vors. London and Geneva Insurance Co. mit Zentrale in Israel, Dir. für GB an der Internat. Credit Bank in Genf, AR-Mitgl. Jew. Colonial Trust (später Bank Leumi leIsrael). Mitgl. des *Inst. of Bankers,* Geschäftsf., Vizepräs. u. Vors. *Mizrahi-HaPoel ha Mizrahi* in GB sowie Schatzmeister u. Vorst. seines Weltrates. Mitgl. *Board of Deputies of Brit. Jews,* Ehren-Schatzmeister u. stellv. Vors. brit. Abt. des WJC, Mitgl. *World Zion. Actions Committee,* Ratsmitgl. *Freunde der Bar Ilan-Universität,* stellv. Vors. Boys Town in Jerusalem, Vors. *Bachad Fellowship,* Dir. relig. Arbeiterbewegung *Torah veAvodah.* Lebte 1977 in London.
Qu: Hand. - RFJI.

Hanfstaengl, Ernst Franz Sedgwick („Putzi"), Dr. phil., Publizist; geb. 11. Febr. 1887 München, gest. 6. Nov. 1975 München; ev.; *V:* Edgar H. (1842-1910), Kunsthändler u. Verleger; *M:* Katharina, geb. Sedgwick Heine (geb. 1859 USA, gest. 1945); *G:* Edgar (1883-1958), Kunsthändler; Egon (geb. 1884, gef. 1915); Erna (geb. 1885); Erwin (1888-1914); ∞ Helene Niemeyer (1893-1973), StA: USA, zeitw. deutsch; *K:* Egon (geb. 1921), Historiker, Kunsthändler; Hertha Luise (1924-29); *StA:* deutsch, 1938/39 (?) Ausbürg., deutsch. *Weg:* 1937 CH, GB; 1940 CDN; 1942 USA; 1945 Deutschland (ABZ).
1905-09 Stud. Kunstgesch. Harvard Univ., Studienfreund Franklin D. Roosevelts. 1909 MilDienst. 1910 Univ. Grenoble, Wien, Rom, London. 1911-21 Ltr. New Yorker Filiale des Münchner Kunstverlags Franz Hanfstaengl. 1921 Rückkehr nach München, Stud. Gesch.; Herbst 1922 Bekanntschaft mit Adolf Hitler, 1923 Kontaktmann der NSDAP zur AuslPresse. Nov. 1923 Teiln. am Hitler-Putsch München, bis Frühj. 1924 Exil in Österr. 1924-28 Stud. Gesch. München, Prom. 1928-30 Studienaufenthalte in Paris u. London. 1931 Mitgl. NSDAP, bis Febr. 1937 AuslPressechef der NSDAP, Vertrauter Hitlers (u.a. Verf. von natsoz. Musikstücken wie *Hitler-Suite,* 1934). Nach Röhm-Putsch 1934 wachsende Kritik am NatSoz.; 11. Febr. 1937 Flucht über die Schweiz nach London. 1939 Internierung in GB (Clacton on Sea, Seaton-on-the-Sea, Lingfield, Swanwick) u. 1940-42 in Kanada (Red Rock, Fort Henry). 1942-44 Berater von Präs. Roosevelt in Fragen der pol. u. psychol. Kriegsführung. 1945 Internierung in GB (Isle of Man, Stanmore, Wimbledon) u. Deutschland (Recklinghausen), Sept. 1946 nach München, schriftst. Tätigkeit.
W: Hitler-Liederbuch 1924. 1924; Amerika und Europa von Marlborough bis Mirabeau. 1930; Hitler in der Karikatur der Welt. 2 Bde., 1933-1934; Hitler. The Missing Years. 1957; Unheard Witness. 1957; Zwischen Weißem und Braunem Haus. Memoiren eines politischen Außenseiters. 1970. *Qu:* ABiogr. Pers. Hand. Z. - IfZ.

Hannak, Jacques (Johann Jakob), Dr. jur., Publizist; geb. 12. März 1892 Wien, gest. 14. Nov. 1973 Wien; jüd., kath., Diss. (?); *V:* Hermann H. (1868 [?]-1933), jüd., Angest.; *M:* Fanny, geb. Glücklich (1870 [?] -1935), jüd.; *G:* Amin (1893-1971), Kaufm., 1939 (?) Emigr. GB; ∞ III. Marthe Lorenz; IV. 1945 New York, Hilde Marmorek, Sprachlehrerin, 1934 Emigr. CSR, 1938 F, 1940 (?) USA; 1946 Österr., Kuratoriumsmitgl. VfGdA; *K:* Eva Maria Heygen (geb. 1928), Bibliothekarin; *A:* Wien; *StA:* österr., Ausbürg. (?). *Weg:* 1939 B; 1940 F; 1941 Port., USA; 1946 Österr.
Ab 1910 Stud. Rechtswiss. Wien, 1920 (?) Prom.; Offz. im 1. WK.; Mitgl. SDAP, ab 1920 Red. *Arbeiter-Zeitung,* zunächst Sport- u. Lokalberichterstattung, später Politik u. Kultur; 1920-28 Mitarb. *Der Kampf,* 1921-34 Chefred. GewZtg. *Arbeit und Wirtschaft.* 1934 nach den Februarkämpfen Mitgl. des sog. Schattenkomitees aus ehem. Parteired. u. Mitarb. vor allem der *Arbeiter-Zeitung,* auf dessen Initiative die erste zentrale Fünfergruppe (ZK) der RSÖ unter → Manfred Ackermann gebildet wurde, Mitorg. der vom Quäker-Hilfswerk in Wien getragenen Hilfsmaßnahmen für die Opfer der Kämpfe, bis Ende 1937 VerbMann zwischen Quäker-Hilfswerk u. ZK der RSÖ. Herbst 1934-1935 RedLtr. *Nachrichten-Dienst* der RSÖ. u. Ps. Loisl Schackerl bzw. h.sch. 1935-38 Red. *Wiener Schachzeitung.* März 1938 unmittelbar nach dem Anschluß Österr. kurzfristig Haft, Mai 1938 erneut Haft, bis Mai 1939 KL Dachau u. Buchenwald. Aug. 1939 Emigr. nach Brüssel, Mai 1940 Flucht nach Frankr., bis Febr. 1941 in Le Vernet interniert. Febr.-Apr. 1941 in Lissabon, anschl. New York. Sept. 1941 neben → Friedrich Adler u.a. Mitunterz. Protest österr. SozDem. gegen Versuch der Bildung einer österr. Exilreg. durch → Hans Rott u. → Willibald Plöchl. Kaufm. Angest. u.a. in Herrenkleiderfabrik u. Meinungsforschungs-Inst., Mitarb. bei amerikan. Gewerkschaften. Ab 1942 Mitgl. Advisory Board des *Austrian Labor Committee,* Mitarb. *Austrian Labor Information.* 1943 (?)-45 Mitarb. Rundfunkabt. des OWI. März 1946 Rückkehr nach Wien. Mitgl. SPÖ, 1946-61 Red., anschl. freier Mitarb. u. Leitartikler *Arbeiter-Zeitung;* Mitarb. u.a. *Die Zukunft* u. ORF. Mitgl. *Presseclub Concordia,* Kuratoriumsmitgl. VfGdA. - *Ausz.:* 1960 Preis der Stadt Wien für Publizistik, 1968 Dr.-Karl-Renner-Preis für Publizistik.
W: u.a. Der Michel Angelo des Schachspiels. 1936; Vier Jahre Zweite Republik. 1949; Der Fürst, der sein Land verkaufte. 1949; Im Sturm eines Jahrhunderts. 1952; Vorposten der Freiheit. 1954; Männer und Taten. 1962; Oskar Helmer - Ausgewählte Reden und Schriften (Hg.). 1963; Karl Renner und seine Zeit. 1965; Johannes Schober, Mittelweg in die Katastrophe. 1966. *L:* Buttinger, Beispiel; Leichter, Diktaturen; DBMOI. *Qu:* Arch. Fb. Hand. Pers. Publ. - IfZ.

Hanover, Siegmund, Rabbiner; geb. 1880 Wandsbek b. Hamburg, gest. 1964 Haifa; ∞ zweimal verh.; *K:* Ruth (gest. IL), Sportlehrerin; Rosie. *Weg:* 1938 (1939?) USA.
Stud. Rabbinerseminar Berlin, vor 1914 Rabbiner in Köln, nach 1. WK isr. Kultusgde. Würzburg u. BezRabbiner für Unterfranken; Nov. 1938 Flucht vor Verhaftung von Würzburg nach Frankfurt/M., Emigr. USA mit Non-Quota Visum (er-

halten mit Hilfe von → Curt C. Silbermann). Mitgr. u. 1940-63 Rabbiner Einwanderergde. Shaare Hatikvah, New York, 1948-55 Vors. *Conf. of Jew. Immigrant Congr.,* VorstMitgl. der A.F.J.C.E.; Ruhestand, um 1963 nach Israel.

L: Carlebach, Alexander, The German-Jewish Immigration (1933-1942). In: Yearbook IX, LBI. 1964. *D:* RFJI. *Qu:* Arch. Publ. - RFJI.

Hansch, Ernst Emil August, Journalist; geb. 5. Febr. 1914 Altona, gest. 24. Nov. 1970; *V:* Arbeiter; *StA:* deutsch. *Weg:* 1934 NL; 1940 Deutschland.

Buchdruckerlehre; 1929 GewMitgl. u. SAJ, 1931 KJVD; Funktionär in Hamburg. Nach 1933 UnterbezLtr. Altona. Juni 1934 Emigr. in die Niederlande, Mitgl. kommunist. Jugendgruppe, Teiln. an Schulungen. Ab Juni 1939 Mitgl. erweiterte KPD-EmigrLtg. sowie Sozial- u. Auslandsdeutschenkommission. Deckn. Ernst, Gerhard 1014. 25. Juni 1940 Verhaftung, 5. Juni 1942 VGH-Urteil 6 J. Zuchth.; Frontbewährung im Strafbtl. 999. 1944 Desertion, Offz. 11. Div. Griechische Volksbefreiungsarmee; anschl. über Bulgarien in die UdSSR, Schulungstätigkeit in Lagern für dt. Kriegsgef. Nach Rückkehr 1948 SED, Sekr. im Zentralvorst. u. Ltr. Pressestelle der *Vereinigung der gegenseitigen Bauernhilfe,* anschl. Chefred. *Die Ähre* u. *Das Land* sowie AbtLtr. ZK der SED; 1953-70 Chefred. *BZ am Abend* Berlin; Mitgl. ZV *Verband der Deutschen Presse* u. ab 1962 Vors. Bez. Berlin (Ost). - *Ausz:* 1964 VVO (Bronze).

Qu: Arch. Hand. Z. - IfZ.

Hansen, Georg (urspr. Leitner, Willi), Parteijournalist; geb. 9. März 1903 Köln, gest. 11. Mai 1976 Berlin (Ost); *StA:* deutsch, UdSSR. *Weg:* UdSSR; 1945 Deutschland (Berlin).

Metallarbeiter; 1919 KPD, ab 1923 Parteifunktionär u. -Red.; 1926 Red. *Ruhr-Echo* Essen. Angebl. 1927 mit sowj. Spionageauftrag nach GB u. dort nach 1932 inhaftiert, später in die UdSSR ausgetauscht; 1939 Mitarb. EKKI in Moskau, ab Grdg. 10. Sept. 1941 Chefred. *Deutscher Volkssender* Moskau (Okt. 1941-Anfang 1943 Ufa), ab Febr. 1944 Mitgl. ArbKommission des PolBüros des ZK. 1945 Rückkehr nach Deutschland (Berlin), Red. KPD-Zentralorgan *Deutsche Volkszeitung,* danach Gr. u. Chefred. *Sächsische Zeitung* Dresden, 1946 Gr. u. anschl. bis 1952 Ltr. des ADN, dann Ltr. Abt. Presse u. Rundfunk im ZK der SED, 1956-62 stellv. Chefred. u. 1962-69 Mitgl. des RedKollegiums *Neues Deutschland.* - *Ausz.:* 1955 VVO (Silber), 1960 Banner der Arbeit, 1968 Karl-Marx-Orden, VVO (Gold), ZK-Nachruf.

L: Gyptner, Richard, Über die antifaschistischen Sender während des zweiten Weltkriegs. In: BzG 1964; Kraushaar, Luise, Zur Tätigkeit und Wirkung des „Deutschen Volkssenders" (1941-1945). In: BzG 1964; GdA-Chronik; Wehner, Untergrundnotizen. *Qu:* Hand. Publ. Z. - IfZ.

Hansen, Richard, Parteifunktionär; geb. 2. Aug. 1887 Kiel, gest. 5. Sept. 1976 Kiel; ev.; ∞ Luise Meitmann (geb. 1902); *K:* Sonja (geb. 1924), Richard (geb. 1925); *StA:* deutsch, 28. Apr. 1937 Ausbürg. mit Fam. *Weg:* 1933 DK; 1940 S; 1941 USA; 1946 S; 1947 Deutschland (BBZ).

Werftarbeiter. Mit 19 Jahren gewerkschaftlich organisiert, ab 1907 Mitglied SPD. Im 1. WK Sanitäter an der Front. An der Niederschlagung des Kapp-Putsches in Schleswig Holstein beteiligt. Nach Aufkommen der sozialdemokratischen Schutzformationen Leiter der *Vereinigung Republik* in Schlesw.-Holst., auf der Konf. vom 22. Febr. 1924 Mitgr. *Reichsbanner* u. Gauvors. Schlesw.-Holst., außerdem 2. Vors. SPD-Bez. Schleswig-Holst.; 1925-33 StadtVO. Kiel u. MdL Schlesw.-Holst. 1928 stellv. Mitgl. des Preußischen Staatsrates. Juni 1933 Flucht nach Dänemark. In Kopenhagen *Sopade*-Grenzsekr. u. Geschäftsf. *Matteotti-Komitee,* enge Verbindungen zu führenden dän. SozDem. Nach dt. Besetzung Dänemarks März 1940 Flucht mit Fam. nach Schweden; von dort über die UdSSR (Vladivostok) u. Manila in die USA, Ankunft Juli 1941. Lebte zunächst im Mittelwesten, ab 1943 als Schiffbauer in New York. Mitgl. *Association of Free Germans* u. GLD, Mitunterz. der Erklärung der GLD zur Deutschlandfrage *What is to be done with Germany* v. Ostern 1945. 1946 Rückkehr nach Schweden, dort VorstMitgl. *Hilfskomitee für deutsche und staatenlose Opfer der Konzentrationslager.* Ab Herbst 1947 in Deutschland, bis Ende der 50er Jahre SPD-Fraktionssekr. im LT Schlesw.-Holstein.

W: Das Reichsbanner in Schleswig-Holstein. In: Reichsbanner Schwarz Rot Gold. Gautreffen 10./11. Mai 1930, o.J. (1930). *L:* Rohe, Reichsbanner. *Qu:* Arch. Publ. Z. - IfZ.

Hansen, Werner (urspr. Heidorn, Wilhelm), Gewerkschaftsfunktionär; geb. 31. Juli 1905 Rethem a.d. Aller, gest. 15. Juni 1972 Neuß/Rheinl.; Diss.; *V:* Heinrich H. (geb. 1877), Postbeamter; *M:* Dorothee, geb. Meyer (geb. 1878); ∞ 1956 Toni Kolleck (geb. 1914), GewSekr.; *K:* Rolf (geb. 1957); *StA:* deutsch. *Weg:* 1937 F; 1939 GB; 1940 AUS; 1941 GB; 1945 Deutschland.

Kaufm. Angestellter. Ab Mitte 20er Jahre SPD, ZdA, pol. u. gewerkschaftl. aktiv; 1931-33 VorstMitgl. ZdA-Ortsverw. Bremen. 1926 Mitgl. ISK, Mitarb. Parteiorgan *isk* u. *Der Funke.* Nach natsoz. Machtübernahme Org. der illeg. Arbeit des starken ISK-Stützpunktes Köln; 1935-36 in der Hauptphase des org. illeg. Widerstands von ISK u. *Unabhängiger Sozialistischer Gewerkschaft* zus. mit → Hans Dohrenbusch Ltr. Bez. West. Anfang 1937 nach Einsetzen der Verhaftungswelle unter ISK-Funktionären u. Zerschlagung der Org. im Rheinland durch Gestapo Flucht nach Frankr.; in Paris Mitarb. *Reinhart-Briefe* u. des theoret. ISK-Organs *Sozialistische Warte,* Ps. H. Klein. 1938 während der sog. Konzentrationsdebatte offiz. Vertr. der ISK-Jugend im Einheitsfrontkartell der FDJ Paris. Aug. 1939 über Frankr. nach GB, Anschluß an bereits bestehende ISK-Exilgruppe. 1940 Internierung, bis Sept. 1941 in Australien. Rückkehr nach GB, ab Dez. 1941 zus. mit → Willi Eichler Hg. ISK-Informationsdienst *Europe Speaks.* Mitarb. u.a. ISK-Zs. *Renaissance - For Right, Freedom and Progress* u. *Socialist Commentary,* Organ der brit. ISK-Sektion *Socialist Vanguard Group.* Mitgl. *Landesgruppe deutscher Gewerkschafter in Großbritannien* (LG). Bei Entwicklung u. Propagierung von Plänen zur Neuordnung Deutschlands nach dem Kriege einer der ISK-Sprecher für GewFragen, im Rahmen der auch vom ISK getragenen Bemühungen um Schaffung einer sozdem. Einheitspartei Ende 1942 für das ArbGebiet Verhältnis zwischen Partei und Gewerkschaften zus. mit → Hans Gottfurcht in die Beratungskommission der *Union* berufen. 1944 Mitverf. des gewerkschaftl. Deutschlandprogr. der LG, als eines ihrer führenden nichtkommun. Mitgl. ebenfalls Mitverf. der Frühj. 1945 in London hg. Programmvorschläge für eine Einheitsgewerkschaft *Die neue Gewerkschaftsbewegung.* März 1945 mit Unterstützung der brit. MilReg. Rückkehr ins Rheinland, mit Hans Böckler im sog. Siebenerausschuß am Neuaufbau der Gew. beteiligt. 1946-47 als Nachf. von Hans Böckler Ltr. des brit. DGB-Zonensekretariats in Bielefeld; 1947-56 1. Vors. DGB-Landesbez. Nordrhein-Westfalen, 1956 bis zur Pensionierung 1969 Mitgl. DGB-Bundesvorst. u. Ltr. Hauptabt. Jugend. 1953-57 MdB u. Mitgl. SPD-Parteipräsidium. Zahlr. Veröffentl. zu GewFragen, Mitarb. u.a. *Welt der Arbeit* u. *Wirtschaft und Wissen.* Neben pol. u. gesellschaftl. Ehrenämtern Mitgl. zahlr. AR, u.a. Bank für Gemeinwirtschaft, Büchergilde Gutenberg, Gelsenberg AG.

W: Re-making Germany (zus. mit Willi Eichler, → Mary Saran, → Minna Specht). London 1945; Die neue Gewerkschaftsbewegung. Programmvorschläge für einen einheitlichen Gewerkschaftsbund (Mitverf.). London 1945. *L:* Link, ISK; Röder, Großbritannien. *Qu:* Fb. Hand. Publ. Z. - IfZ.

Hansmann, Wilhelm, Kommunalpolitiker; geb. 29. Okt. 1886 Eichlinghofen/Westf., gest. 27. Okt. 1963 Dortmund; Diss.; *V:* Heinrich H., Bergarb.-Funktionär; *M:* Emma, geb. Ruhfuss; ∞ 1923 Dr. med. Charlotte Steinkopf; *K:* Charlotte (geb. 1925), Irene (geb. 1926), Elisabeth (geb. 1928), Wilhelm (geb. 1930); *StA:* deutsch, 25. August 1933 Ausbürg., deutsch. *Weg:* 1933 Saargeb.; 1935 F; 1942 CH; 1945 Deutschland (BBZ).

Kriegsteiln., 1918-19 als Mitgl. des *Arbeiter- und Soldatenrats* zur Regierung nach Arnsberg/Westf. delegiert. Ab Frühj. 1919 Landrat im Landkreis Hörde; 1929-31 Landrat Ennepe-Ruhr-Kreis. StadtVO. u. Vors. SPD-Stadtratsfraktion Dortmund; Parteisekr. westl. Westfalen; 1928-33 MdL Preußen. Führend in Dortmunder Sozialdemokratie, aktiv gegen antirepubl. Bewegungen. 17./18. März 1933 von NatSoz. schwer mißhandelt, 30. März 1933 Flucht ins Saargeb. Nach Rückgliederung des Saargeb. Frühj. 1935 Flucht nach Frankr.; 1. Sept. 1939 evakuiert, 8. Okt. Internierung. Nach Zusammenbruch Frankr. Flucht in den Süden; Illegalität u. Untergrundarb.; 17./18. Okt. 1942 Flucht in die Schweiz. 28. Okt. 1945 Rückkehr nach Deutschland. 1945 Mitgl. der ersten Dortmunder Ratsvers., Febr. 1946 OBürgerm., Apr. 1946-Dez. 1954 OStadtdir. von Dortmund. Mitgl. mehrerer regionaler Körperschaften u. AR. - *Ausz.:* 1956 Ehrenbürger Dortmund.

L: Festschrift zum 65. Geburtstag Wilhelm Hansmanns. 1951; Klotzbach, Nationalsozialismus. *Qu:* Arch. Hand. Publ. - IfZ.

Hantusch, Rudolf, Partei- u. Gewerkschaftsfunktionär; geb. 17. Sept. 1898 Altstadt a.d. Elbe, Bez. Teschen/Böhmen, gest. 23. Okt. 1945 Kidderminster/GB; *V:* Hermann H. (gest. 1930); ∞ Franziska Novotny (geb. 1902); *K:* 1 S; *StA:* österr., 1915 deutsch, 1933 CSR. *Weg:* 1938 GB.

Lehre als Metallschleifer u. Galvaniseur in Dresden, 1915-18 Kriegsdienst in dt. Armee (Feldwebel), 1918 Mitgl. eines *Soldatenrats*, bis 1920 Reichswehr, dann Rückkehr nach Böhmen; Mitgl. DSAP, 1920-32 Metallarb. u. ehrenamtl. Partei- u. Gew-Funktionär, 1933-37 Kassier bzw. BezSekr. *Internationaler Metallarbeiterverband der CSR* (IMV) in Komotau, gleichz. Bez-Führer u. Mitgl. Reichsltg. der RW, 1937-38 IMV-Gebietssekr. in Bodenbach. Okt. 1938 nach GB, zunächst in EmigrLagern in England u. Schottland, dann Metallarb.; ab 1940 Mitgl. TG-Landesvorst., ab Bildung im Herbst 1941 bis Aug. 1943 Ausschußmitgl. *Czechoslovak Trade Union Centre in Great Britain,* nach Scheitern der gewerkschaftl. Einheitspol. ab Grdg. Anfang 1945 Vors. der TG-nahen *Vereinigung Sudetendeutscher Freigewerkschafter im Auslande (Committee of Sudeten-German Trade Unionists in Great Britain).*

Qu: Arch. Hand. - IfZ.

Hanzlik, Schella (Hella), geb. Förster, Parteifunktionärin; geb. 14. Jan. 1912 Czernowitz/Bukowina; *StA:* österr. *Weg:* 1938 (?) GB; 1945 Österr.

Kaufm. Angest. in Wien, 1929-34 Funktionärin im SAJDÖ-Verbandssekr. Wien. Zwischen 1934 u. 1938 Ltg.-Mitgl. *Revolutionäre Sozialistische Jugend.* Vermutl. 1938 Emigr. GB; Mitarb. *Londoner Büro der österreichischen Sozialisten* u. Sekr. *Austrian Labour Club.* Nov. 1945 Rückkehr nach Wien; 1945-46 Sekr. von Bruno Pittermann in der Arbeiterkammer Wien, 1946-48 Sekr. der SPÖ-Parlamentsfraktion, ab 1948 Wiener Frauensekr. der SPÖ. Ab 1955 Mitgl. Frauen-Zentralkomitee der SPÖ. 1956-59 Mitgl. Bundesrat, 1959-62 Mitgl. GdeRat Wien, 1962-66 MdNR, 1966-71 (?) erneut Mitgl. Bundesrat. Ab 1967 Mitgl. PV der SPÖ. Bes. aktiv im Bereich der Konsumentenaufklärung, 1972 Vors. konsumentenpol. Beirat. Lebte 1978 in Wien. - *Ausz:* 1972 Victor-Adler-Plakette der SPÖ.

L: Neugebauer, Bauvolk; Klucsarits, SPÖ. *Qu:* Arch. Hand. Publ. Z. - IfZ.

Haon (urspr. Hahn), **Josef,** Dr. jur. et rer. pol., Finanzfachmann, Beamter; geb. 16. Sept. 1909 Bad Hersfeld, gest. 20. Jan. 1970 Jerusalem; *V:* Adolf Hahn (geb. um 1880 Gudensberg, gest. 1938 Bad Hersfeld), jüd., Kaufm.; *M:* Rosa, geb. Nussbaum (geb. um 1885 Niederaula, umgek. im Holokaust), jüd.; *G:* Jack (geb. 1919 Bad Hersfeld), 1938 Emigr. GB, Internierung CDN, dort Stud., Elektroing. in Montreal; ∞ 1936 Vera Klebe (geb. 1912 Bad Hersfeld), Sekr., 1933 Emigr. E, 1936 Pal., Mitarb. im Restaurationsbetrieb der Familie. *Weg:* 1933 GB, 1934 Pal.

1927-31 Stud. Erlangen, Marburg, Berlin; 1931 Prom.; Jugendltr. *Esra* Bad Hersfeld u. Fürth, Mitgl. *Verein jüdischer Akademiker* Berlin u. *Agudas Jisroel.* 1931-33 Referendar in Bad Hersfeld u. Berlin, dann Berufsverbot. Okt. 1933 Emigr. GB, 1933-34 landwirtschaftl. Lehre St. Alban's School; Nov. 1934 Palästina mit C-Zertifikat, 1935-36 Mitgr. u. Mitgl. Kibb. Ḥafez Ḥayyim; 1939-53 Kaufm., *Haganah* u. IDF. 1953-61 Steuerbeamter in Ramat Gan, Netanyah u. Tel Aviv, 1961-68 stellv. Ltr. Abt. Einkommensteuer im Finanzmin.; 1968-70 Finanzattaché isr. Botschaft Bonn.

W: Die Entziehungsermächtigung (Diss.). 1933; *L:* Arnsberg, Hessen. *Qu:* Hand. Pers. - RFJI.

Harand, Irene, geb. Wedl; geb. 6. Sept. 1900 Wien, gest. Febr. 1975 New York; kath.; *V:* Franz W., kath., Bauunternehmer; *M:* ev.; ∞ 1920 Frank (Franz) H. (geb. 1895, gest.), k.u.k. Offz., 1938 Emigr. GB, USA, 1942 Mitgr. *Free Austrian Movement* unter → Hans Rott, Mai 1942 als Mitgl. *Austrian National Committee* unter Hans Rott u. → Guido Zernatto vorgeschlagen; *StA:* österr., USA. *Weg:* 1938 GB, USA.

Ab 1928 pol. Aktivität im Interesse der Kleinsparer, Mitgl. Kommission für Kleinrentner des Bundesmin. für soziale Verw.; 1930 Mitgr. der kurzlebigen *Österreichischen Volkspartei,* vergebl. Kandidatur für den NatRat. 1933 Gr. *Weltbewegung gegen Rassenhaß und Menschennot* (sog. *Harand-Bewegung),* bis 1938 Hg. ihres Organs *Die Gerechtigkeit.* Bekämpfte aus christl. Motivation den Antisemitismus. 1935 Verf. *Sein Kampf. Antwort an Hitler,* bis 1938 intensive Vortrags- u. Werbetätigkeit in Österr. u. zahlr. europ. Ländern. 1938 während des Anschlusses Österr. zufällig in London, Juni 1938 Emigr. über Kanada nach New York. 1939 Mitgr. *Austrian American League* unter Robert Heine-Geldern. ZusArb. mit *Austrian Action* unter → Ferdinand Czernin, vermutl. Mitarb. OWI. 1942 als Mitgl. *Austrian National Committee* unter Hans Rott u. Guido Zernatto vorgeschlagen. 1943 Vors. Women's Divison der *Anti Nazi League* New York. Sommer 1943 Mitgr. *Austrian Institute* unter → Friedrich Krejci in New York zur Org. eines österr. Kulturlebens u. zur Unterstützung österr. Künstler u. Wissenschaftler in den USA, nach 1945 zur Pflege der österr.-amerikan. kulturellen Beziehungen. 1959 Vizepräs. *Austrian Institute.* 1962 nach Übernahme des *Austrian Institute* durch österr. Staat Gr. der Nachfolgeorg. *Austrian Forum* in den Räumen des *Austrian Institute.* 1963 Präs. *Austrian Forum* als Nachf. von → Siegfried Altmann. - *Ausz.:* 1971 Goldenes Ehrenzeichen für Verdienste um die Rep. Österreich.

W: u.a. So oder So. Die Wahrheit über den Antisemitismus. 1933; Sein Kampf. Antwort an Hitler. 1935 (1937 engl. u. franz. Übers., eine amerikan. Ausgabe wurde während des Weltkriegs durch *Anti Defamation League* an alle öffentl. Bibliotheken der USA verteilt). *L:* Grossberg, Mimi, Österreichische literarische Emigration in den Vereinigten Staaten 1938. 1970. *D:* DÖW. *Qu:* Arch. Hand. Publ. Z. - IfZ.

Haras, Ḥayim (urspr. Heinrich), Verbandsfunktionär; geb. 4. Dez. 1911 Chemnitz/Sachsen; *V:* Shraga Haras (geb. 1870 Botosani/Moldau, gest. 1941 Hedera/Pal.), 1896 Übersiedlung nach Chemnitz, Inh. einer Handschuhfabrik, 1934 Emigr. Pal., lebte in Kibb. Givat haSheloshah; *M:* Tovah, geb. Shapira (geb. 1876 Botosani, gest. 1949 Kibb. Dorot), 1934 Emigr. Pal.; *G:* Adolf (geb. 1898 Chemnitz), Industrieller, Emigr. S u. USA; Max (geb. 1900 Chemnitz), Dekorateur, 1936 Emigr. Pal.; Hanah (geb. 1906 Chemnitz), Kindermädchen, 1934 Emigr. Pal.; ∞ Hanah (urspr. Johanna) Teichner (geb. 1913 Hamburg), 1933 Emigr. Pal.; *K:* Dan (geb. 1934), Dipl.-Techn.; Hagar Bin Nun (geb. 1940), Absolvent Kadoorie-Landwirtschaftsschule; Hillel (geb. 1947), Geschäftsf. einer Zementfabrik; *StA:* Rum., Pal./IL. *Weg:* 1933 Pal.

1930 Abitur Chemnitz, 1930-32 Hachscharah, Ausbildung als Installateur in Berlin-Charlottenburg, 1932-33 Dipl. der TH für Hoch- u. Tiefbau Berlin-Neukölln als Installationstechn.; 1925-33 Mitgl. u. 1929 Dir. Chemnitzer Ortsgruppe sowie VorstMitgl. des *Brith Haolim* in Berlin, 1929-33 Mitgl. u. 1932-33 VorstMitgl. *Hechaluz*. 1933 Emigr. Palästina mit Ehefrau mit C-Zertifikat, 1933-36 Mitgl. Kibb. Givat haSheloshah, 1936-42 Mitgr. Kibb. HaBoneh in Haderah zus. mit Mitgl. des *Habonim* aus Deutschland, ab 1942 Mitgl. des von der brit. Mandatsverw. als illeg. angesehenen Kibb. Dorot. Seit 1934 Mitgl. *Haganah*, 1936-37 während der arab. Aufstände *Haganah*-Polizist in Haderah, 1940-41 Bildungsoffz. der *Haganah* für den Küstenstreifen nördl. von Tel Aviv. 1950-52 Sekr. von *Hehaluz* in Frankr., Org. der zion. Bewegung *Dror Habonim* in Frankr., Marokko u. Ägypten. 1954-56 Ltr. Auslandsabt. des Sekr. der KibbBewegung, *Ihud haKevuzot vehaKibbuzim*, 1960-62 Mitgl. Personalabt., 1964 VerwDir. der Bez-Schule Shaar haNegev, 1969-71 Ltr. des *Aliyah*-Amtes in Marokko, 1973-74 Schulungsltr. für Neusiedler im Kibb. Katorah. Lebte 1978 in Kefar Sava.

Qu: Fb. - RFJI.

Harburger, Perez (urspr. Fritz), Gewerkschaftsfunktionär, Ministerialbeamter; geb. 28. März 1911 München; jüd.; *V:* Sigmund H. (geb. 1883 Hirben-Schrumbach/Schwaben, umgek. KL Auschwitz), jüd., Pelzhändler; *M:* Helene-Lily, geb. Kahn (geb. 1883 München), jüd.; *G:* Eric (geb. 1912 München, umgek. KL Auschwitz), jüd.; Walter Bruno (geb. 1922 München), jüd., höhere Schule, Emigr. GB, später USA, staatl. Angest.; Ruth (geb. 1924 München), jüd., höhere Schule, Emigr. GB, später USA, 1954 IL, zeitw. Büroangest.; ∞ 1934 → Shoshana Harburger, geb. Heller; *K:* Maayan-Helena Lowenthal (geb. 1938 Haifa), zeitw. Hotelgeschäftsf.; Shlomit (geb. 1945), Sekr.; Yoram (geb. 1949, gest. 1973), Lehrer; *StA:* deutsch; Pal./IL. *Weg:* 1935 Pal.

Stud. Med., Lehre als Automechaniker, zugl. ltd. Funktionen in *Kameraden, Werkleute*, zion. Jugendvertr. jüd. GdeRat München, in der Unterstützung von Arbeitslosen tätig. Febr. 1935 Emigr. Palästina mit C-Zertifikat, Mitgl. H.O.G., 1935-40 Automechaniker u. Elektriker in Haifa, 1936-48 Mitgl. *Haganah*, 1940-44 Sekr. MetallarbGew. Haifa, 1944-48 VorstMitgl. GewRat Haifa, 1948-49 Schlichtung von Arbeitskämpfen im Auftrag des Innen- u. ArbMin.; 1948-58 Dienst in IDF, 1949-71 im ArbMin., bis 1950 Ltr. Abt. des ArbMin. für ethn. Minderheiten in Haifa, 1950-57 Ltr. Abt. für Erwachsenenumschulung Jerusalem, 1957-69 Ltr. Abt. für Jugenderziehung u. Berufsausbildung, zugl. 1967 Vors. Kommission für Berufsausbildung in Israel, Mitarb. ILO, 1968 Sachverständiger auf Zypern, 1969-71 Berater für Berufsausbildung, 1971-74 im Auftr. der UNESCO in Singapur. Mitgl. *Morashon Hadar Hacarmel* Haifa, Vaad Leummi, VorstMitgl. *Mapai* Haifa, Mitgr. *Arlosoroff-Kreis, Gesellschaft für Politische Wissenschaften* Haifa. Doz. für Pädagogik u. Sozialwiss. Hebr. Univ. Lebte 1974 in Jerusalem.

W: Aufsätze über Erziehung u. Ausbildung in isr. u. ausländischen Fachzs. *Qu:* Fb. Hand. - RFJI.

Harburger, Shoshana (urspr. Rose), geb. Heller, Ministerialbeamtin; geb. 12. Mai 1912; jüd.; *V:* Dr. phil. Alfred Heller (geb. 1885 München, gest. 1956 Jerusalem), jüd., 1911 Prom. Tübingen, Druckereibesitzer, 1940 Emigr. Pal.; 1940-45 nach Mauritius, Aufbau einer Papierfabrik, 1945 Pal., bis 1951 stellv. Geschäftsf. Warhaftigs Druckerei Haifa, 1951-56 Gr. u. Geschäftsf. einer Papierfabrik in Jerusalem; *M:* Friedel, geb. Seligmann (geb. 1883 Wangen/Baden), jüd., Handelsschule, 1940 Emigr. Pal., 1940-45 Mauritius, 1945 Pal.; ∞ 1934 → Perez Harburger; *StA:* deutsch; Pal./IL. *Weg:* 1935 Pal.

Stud. Wirtschaftswiss., Druckereilehre, anschl. Druckerin. Mitgl. *Kameraden*, später *Werkleute*, Jugendvertr. jüd. GdeRat München, Arbeit in jüd. Waisenhaus u. für Arbeitslose. Febr. 1935 Emigr. Palästina mit C-Zertifikat, Mitglied H.O.G., 1935-51 Mitarb. in versch. Druckereien in Haifa. 1954-63 Inspektorin für Druckereilehre im Min. für Arbeit, Erziehung u. Kultur, anschl. Landesinspektorin für das Druckereigewerbe, ab 1974 zeitw. Beraterfunktion. 1971-74 mit Ehemann im Auftrag der UNESCO in Singapur. Mitgl. Druckereiarbeiter-Gew. Haifa, VorstMitgl. *Mapai* Haifa, Mitgl. *Mishan* (Hilfsverb. der *Histadrut* für Waisen- u. Altersheime), Mitgl. *Arlosoroff-Kreis, Vereinigung der Regierungsangestellten*, VorstMitgl. der Druckereiarbeiter-Gew., 1947-53 Mitarb. *Magen David Adom*. Lebte 1974 in Jerusalem.

Qu: Fb. - RFJI.

Harder, Wilhelm (Willi), Gewerkschaftsfunktionär; geb. 21. Sept. 1863 Lübeck; *StA:* deutsch. *Weg:* S; nach 1945 Deutschland (BRD) (?).

Buchbinder, ab 1906 2. Vors. *Verband der Buchbinder und Papierverarbeiter*, Berlin. Nach natsoz. Machtübernahme Emigr. Schweden, Dez. 1944 Wahl in SPD-Landesvorst. Schweden unter → Willi Seifert. Nach Kriegsende vermutl. Rückkehr.

L: Müssener, Schweden. *Qu:* Hand. Publ. - IfZ.

Harding, Felix (bis 1948 Herzig, Felix), Dr. jur., Rechtsanwalt, Immobilienmakler; geb. 16. Mai 1907 Przemysl/Galizien; jüd.; *V:* Dr. jur. Berthold Herzig (geb. 1872 Tarnow/Galizien, gest. 1928), jüd., RA, Mitgl. SDAP, Parlamentskandidat, Mitarb. örtl. Kultusgde.; *M:* Maria (geb. 1872 Przemysl, 1943 [?] umgek. KL Minsk), jüd., Korsettmacherin; *G:* Annie (geb. 1901 Przemysl, 1943 [?] umgek. KL Minsk), Stud. Wien, Musikwiss.; ∞ I. bis 1942 Gisela Demant (geb. 1907 Wien), jüd., Emigr. CH, 1939 GB, Physiotherapeutin, Kosmetikerin in London; II. 1943 Erica Rosenstrauch (geb. 1913 Suceava/Bukowina), jüd., 1939 Emigr. GB, Hauslehrerin, 1948 USA, Ltr. Windsor-Altersheim New York; *K:* Stephen Robert (1944-1974), 1948 USA, M. B. A. Baruch Coll., School of Business Admin., New York, Stud. St. John's Law School, Mitgl. Commodity Exchange New York; Susan Ann (geb. 1954), B.A. Hunter Coll. New York, Choreographin in New York; *StA:* österr., 1954 USA. *Weg:* 1939 GB, 1948 USA.

Stud. Hochschule für Welthandel Wien, 1928 DiplKaufm., 1929 Prom. Wien. 1929-34 RA-Konzipient, 1934-38 RA, 1934-37 Strafverteidiger, bes. in Prozessen gegen pol. Häftlinge. 1938 Umschulung auf Fußpfleger u. Weber in Vorbereitung auf Emigr.; Mai 1939 Emigr. GB mit vorläufigem Visum, Unterstützung durch *Bloomsbury House* u. dän. Freund, 1939-40 Weber, gleichz. Stud. Derby Techn. Coll.; Apr. 1940-März 1941 Internierung Isle of Man. 1941-42 Lagerhausarb. in Derby, 1941-43 Stud. Rechtswiss. London, gleichz. 1942-45 Fußpfleger in Nottingham. 1945 Sekr. eines Antiquitätengeschäfts in London, 1946-48 Dir. u. Geschäftsf. Antique Art Restorers Ltd. London. 1948 nach 10jähr. Wartezeit USA, 1949-76 Sekr., dann Geschäftsf. einer Immobilienfirma in New York, ab 1976 Immobilien-Berater beim Controller der Stadt New York. 1952-72 Vors. örtl. Selective Service Board, 1966 Gr., bis 1968 u. ab 1973 Präs. *Am. Council for Equal Compensation of Nazi Victims from Austria* Inc., Mitgl. *Kuratorium der Hilfsfonds* Wien, VorstMitgl. AFJCE, Mitgl. versch. Immobilien- u. Versicherungsmaklerorg., *John F. Kennedy Democratic Club* Jackson Heights/N.Y., *B'nai B'rith Jackson Heights Lodge, Gothic-Warren Lodge* (Freimaurer). Lebte 1977 in New York. - *Ausz.:* 1972 Distinguished Service Medal, Selective Service System.

W: Restitution News (Hg.); zahlr. Beitr. in Fachzs. *Qu:* Fb. Z. - RFJI.

Hareli, Hava (urspr. Eliasberg, Eva), Diplomatin; geb. 21. Aug. 1917 Wien; jüd.; *V:* Dr. med. et phil. Wladimir Gottlieb Eliasberg (geb. 1887 Wiesbaden, gest. 1969 New York), Psychiater, 1933 Emigr. Österreich, 1938 USA, Gerichts- u. Sozialpsychologe; *M:* Ester (Elisabet), geb. Lourie (geb. 1890 Wien, gest. 1965 Jerusalem), jüd., Stud., 1933 Emigr. Österr., 1938 USA, 1951 IL; *G:* Hanna Avriel (geb. 1920 München), 1933 Emigr. Österr., 1938 Pal., KibbMitgl.; Miriam Rosenzweig (geb. 1925 München), 1933 Emigr. Österr., 1938 USA, B.A. (Biologie), freie Publizistin; Shoshana (Sozanne) Eliasberg (geb. 1927 München), 1933 Emigr. Österr., 1938 USA, 1950 IL; *StA:* deutsch, Pal./IL. *Weg:* 1933 Österr., 1936 GB, 1945 Pal.

Gymn. München, 1927-33 Mitgl. *Kadimah*. 1933 Emigr. Wien mit Hilfe von Verwandten, 1933-36 Mitgl. Jugendbewegung *Brith Bilu*, 1935-36 Stud. Wien. 1936 nach GB, 1936-39 Stud. London School of Econ., 1939 B. Sc. in Wirtschaftswiss., 1939-43 Ausbilderin bei *Jugend-Aliyah*, 1940-45 Mitgl. *Mishmar haBonim, Hechaluz*. 1945 nach Palästina mit A I-Zertifikat, 1945-50 Mitgl. Kibb. Galed, gleichz. *Haganah*, IDF. 1950-58 Assist., ltd. Assist. u. Ltr. Wirtschaftsabt. im Außenmin., 1958-63 Erste Sekr. u. Beraterin Ständige isr. Mission bei der UNO in New York, 1963-67 Ltr. Abt. für Internat. ZusArbeit, 1967-73 Vertr. des Ständigen isr. Deleg. im europ. Büro der UNO u. Ständige isr. Vertr. bei Gen. Agreement on Tariffs and Trade in Genf, ab 1974 Dir. der Abt. für internat. Wirtschaftsorg. im Außenmin., ab 1978 isr. Botschafterin in Oslo. Mitgl. *Org. of Social and Humanistic Academics* Israel, *Soc. for Internat. Development*. Lebte 1977 in Jerusalem.

Qu: Fb. Hand. - RFJI.

Harf, Hanns, Rabbiner; geb. 23. März 1914 Gladbach; *V:* Moritz H.; *M:* Rosa, geb. Freundlich; ∞ 1939 Suse Hallenstein; *K:* Eva Raquel, Ruth Dorotea, Miquel Mauricio; *StA:* deutsch; Argent. (?). *Weg:* 1939 Argent.

1933-38 Stud. Hamburg u. Berlin, gleichz. Stud. L(H)WJ Berlin, 1939 Rabbinerexamen. 1939 Emigr. Argentinien, 1939 Gr. u. seitdem Rabbiner Nueva Comunidad Israelita in Buenos Aires, Mitgl. versch. argent.-jüd. Org., 1974 Teiln. an Gründungskonf. der *Union Nichtorthodoxer Synagogen* in Buenos Aires. Lebte 1978 in Buenos Aires.

Qu: Hand. Publ. - RFJI.

Harig, Gerhard, Dr. phil., Staatsfunktionär, Hochschullehrer; geb. 31. Juli 1902; *StA:* deutsch. *Weg:* 1933 UdSSR; 1938 Deutschland.

Stud. Physik in Aachen, Mitgl. *Gesellschaft der Freunde des neuen Rußland* u. *Antifaschistischer Studentenbund,* 1933 KPD, angebl. Assist. an TH Aachen, 1933 fristlose Entlassung u. Verhaftung. Okt. 1933 Emigr. in die UdSSR, Physiker in Leningrad, wiss. Mitarb. des Inst. der Geschichte der Wissenschaften u. Technik der Akad. der Wissenschaften der UdSSR. 1938 angebl. i.A. der KPdSU Rückkehr nach Deutschland, Verhaftung, KL Buchenwald. Nach 1945 Mitarb. des Magistrats von Leipzig, später Lehrer an der SED-Parteihochschule, Prof. Phil. an Univ. Leipzig. 1950-51 Hauptabt.-Ltr. im Min. für Volksbildung, Febr. 1951-Febr. 1957 Staatssekr. für Hochschulwesen, seitdem Prof. für Gesch. der Naturwiss. an der math.-naturwiss. Fak. der Karl-Marx-Univ. Leipzig. Dir. der Abt. für Gesch. der Naturwiss. des Karl-Sudhoff-Instituts für Gesch. der Med. u. der Naturwiss.; 1. Vors. BezVorst. Leipzig der *Gesellschaft zur Verbreitung wissenschaftlicher Kenntnisse* u. Mitgl. SED-BezLtg. - *Ausz.:* 1955 VVO (Silber).

Qu: Hand. - IfZ.

Harig, Paul, Gewerkschaftsfunktionär; geb. 3. Juli 1900 Nivilingen/Saar; *V:* Eisenbahner. *Weg:* 1933 Saargeb.; 1935 Deutschland.

Metallarbeiter. Ab 1919/20 GewMitgl., 1923 KPD; Mitgr. RGO, Betriebsrat u. RGO-Ltr. Hüttenwerk Haspe/Hagen. 1933 Emigr. ins Saargeb. 1935 Rückkehr nach Deutschland, 2 J. Gefängnis. Nach 1945 Mitgl. KPD-Landesvorst. Nordrhein-Westfalen; Betriebsratsvors., 1947 AR-Mitgl. Hüttenwerk Haspe; 1946 1. Bevollmächtigter *IG Metall* Hagen, Mitgl. Bizonenrat der *IG Metall* sowie 1947 Beiratsmitgl. im Vorst. *IG Metall*; Okt. 1949 Deleg. zum GrdgsKongreß des DGB in München; 2. Vors. Kreisausschuß DGB Hagen; Mitgl. erste Stadtvertretung Hagen nach 1945, 1949 KPD-MdB. 1950 wegen parteipol. Aktivität in den Gewerkschaften gemaßregelt u. seiner gewerkschaftl. Funktionen enthoben, im gleichen Jahr Ausschluß aus *IG Metall* u. Entlassung aus Hüttenwerk Haspe. Später DKP, Vors. Ortsgruppe Hagen. Lebte 1976 in Hagen.

W: Arbeiter, Gewerkschafter, Kommunist (ABiogr.). 1973. *Qu:* Arch. ABiogr. Hand. - IfZ.

Hark, Joseph; geb. 22. Mai 1875 Bochum, umgek. 15. Apr. 1945 KL Bergen-Belsen; *V:* Wilhelm H.; *M:* Katharina, geb. Paffen; ∞ Maria Formen (1876-1948); *K:* Wilhelm (geb. 1900); Josef (1901-72), 1935-42 in Haft, 1946 u. 1948-52 KPD-GdeRat Kohlscheid/Krs. Aachen; Gertrud (geb. 1904); *StA:* deutsch, 15. Okt. 1938 Ausbürg. *Weg:* 1937 NL; nach 1940 Deutschland.

Um 1900 Mitgl. Bergarbeiterverband im Aachener Kohlenrevier, 1906 SPD. 1915 wegen der Haltung der Partei zum Krieg Austritt aus SPD. 1917 Anschluß an USPD. Mit dem Linken USPD-Flügel 1920 zur KPD. 1927-29 Kand. des ZK, ZK-Mitgl.; ab 1928 Invalidenrentner, weiterhin aktiv für KPD. 1937 Flucht in die Niederlande. 1940 nach Einmarsch der dt. Truppen festgenommen, 1941 Urteil 3 Mon. Zuchth., Ende 1942 Entlassung, 20. Aug. 1944 erneut verhaftet, KL Oranienburg, 1945 im KL Bergen-Belsen umgekommen.

L: Weber, Wandlung. *Qu:* Arch. Pers. Publ. - IfZ.

Harpner, Otto, Dr. jur., Rechtsanwalt; gest. März 1959 London; *V:* Dr. Gustav H., RA Wien; *K:* Stefan (?); *Weg:* 1938 GB.

Stud. Rechtswiss., Prom. Bis 1938 RA in Wien, anschl. Emigr. GB. Mitgl. *Austrian Democratic Union* (ADU) unter → Julius Meinl, 1943 Mitgl. *New Commonwealth Society of Justice and Peace*. 1944 zeitw. als ADU-Vertr. im *Austrian Representative Committee*. 1944 Mitbegr. u. bis zu seinem Tod Vors. *Anglo-Austrian Democratic Society* (→ Friedrich Scheu), ab Dez. 1945 Vors. *Anglo-Austrian Music Society*. Blieb nach Kriegsende als RA in London, anerkannter Fachmann für internat. Recht.

L: Maimann, Politik. *Qu:* Arch. Publ. - IfZ.

Harpuder, Heinrich, Journalist; geb. 3. Aug. 1882 Jaroslaw b. Krakau; o.K.; *G:* 1 B, Arzt; 1 B, Ing.; 1 S; ∞ Gisa Blum (geb. 1887), 1933 Emigr. Österr., 1934 CH, 1939 F, 1940 Monaco u. USA; *StA:* österr., 1919 deutsch, Ausbürg., 1951 USA. *Weg:* 1933 Österr.; 1934 CH; 1939 F; 1940 Monaco, USA.

Stud. Univ. München; Mitgl. SPD; Mitbegr. u. Lehrer (u.a. Gesch. u. Theorie des Sozialismus) Hochschule für Arbeiterbildung München. Ab 1921 pol. Red. u. 1928-März 1933 Chefred. der sozdem. *Volksstimme* Mannheim. Nach Erstürmung des *Volksstimme*-Gebäudes durch SA März 1933 wegen drohender Verhaftung Mai 1933 Flucht nach Salzburg; Winter 1934 nach Baden/Schweiz. 1939 wegen bevorstehender Ausweisung durch die Schweizer Behörden Übersiedlung nach Paris. 1940 kurz vor Einmarsch der dt. Truppen Flucht nach Monte Carlo; 6 Mon. später Ausreise in die USA. Im 2. WK Beratertätigkeit beim OSS. Lebte 1975 in New York.

L: Schadt, Jörg (Hg.), Alles für das Volk. Alles durch das Volk. 1977. *Qu:* Arch. Pers. Publ. - IfZ.

Hartig, Valentin, Partei- und Gewerkschaftsfunktionär; geb. 1889; *StA:* deutsch. *Weg:* 1933 F.

Neuphilologe, im 1. WK zur USPD, 1919-22 Festungshaft wegen aktiver Teiln. an der Novemberrevolution, 1923-26 Ltr. Arbeiterbildungsinstitut Leipzig u. Red. ArbBildungszs. *Kulturwille,* 1926 Ltr. des Bildungssekretariats des *Verbands der Gemeinde- und Staatsarbeiter,* ab 1930 Ltr. Büro der Internationale des Personals öffentlicher Dienste in Berlin. 1933 Emigr. nach Paris, VerbMann der *Sopade* zu CGT u. ltd. Funktionär der ADG, 29. Mai 1937 Verhandlungen mit → Paul Merker über Anschluß des *Koordinationsausschusses deutscher Gewerkschafter* an ADG; nach dt. Einmarsch vergebl. Bemühungen um Einreise in die USA, während der Besetzung illeg. als Lehrer tätig.

L: MGD; Bednareck, Gewerkschaftspolitik. - *Qu:* Publ. - IfZ.

Hartl, Karl Paul Ernst, Diplomat; geb. 30. Juni 1909 Wien, gest. 21.5.1979; kath., 1935 Diss.; *V:* Karl H. (1880-1957), Handelsangst.; *M:* Ernestine, geb. Buchar (1887-1920); ∞ 1936 Dr. med. Franziska Grünhut (geb. 1908), 1938 Emigr. F; *K:* Anna Johanna Weich (geb.1937), Dolmetscherin; *StA:* österr. *Weg:* 1938 F; 1946 Österr.

1926 Mitgl. SDAP, 1927 *Republikanischer Schutzbund* u. *Vereinigung Sozialistischer Mittelschüler* in Wien, 1929-30 Bundesobmann *Bund Sozialistischer Mittelschüler Österreichs*. 1928-32 Stud. Hochschule für Welthandel Wien, 1932 Dipl.-Kaufm., 1930-34 Stud. Phil. Wien, M.A., 1934 Relegierung. 1928 Mitgl., 1929-34 VorstMitgl. *Verband Sozialistischer Studenten Österreichs*. 1932-34 Mitgl. Technische Ltg. Wien des *Republikanischen Schutzbunds*. Ab 1933 führendes Mitgl. *Gruppe Funke* unter → Leopold Kulcsar, ab Ende 1934 nach Eingliederung der Gruppe in die RSÖ illeg. Arbeit im techn. App., u.a. Transport u. Verbreitung der illeg. *Arbeiter-Zeitung* Brünn, Deckn. Hermann, 1935 angebl. Parteiausschluß oder Parteiaustritt, 1936-38 Wiener Kontaktmann des Büros von Kulcsar bei der republikan. span. Botschaft in Prag, u.a. Anlaufstelle für Mitarb. aus Deutschland, Nachrichtenbeschaffung über Waffenlieferungen Italiens an Franco; Autor mehrerer Jugendbücher. März 1938 unmittelbar nach Anschluß Österr. Flucht nach Paris; bis Apr. 1939 Konsulent der span. Botschaft in Paris, anschl. freier Übers.; wandte sich gegen die gesamtdt. pol. Perspektive der AVÖS, Aug. 1939 formeller Parteiaustritt. Bei Kriegsausbruch Ltr. *Organisationskomitee der österreichischen Sozialdemokraten* (weitere Mitgl. Georg Brenner u. Dr. Curt Kaiser), auf Initiative von → Martin Fuchs in die Verhandlungen um Bildung einer durch franz. Behörden anerkannten österr. Exilvertr. einbezogen, nach deren Scheitern Mitarb. des daraufhin gebildeten *Office Autrichien* bzw. *Service National Autrichien*. Mai 1940 in diesem ZusHang neben → Hans Rott *(Ligue Autrichienne)* u. → Hanno Friebeisz *(Vereinigung zur Befreiung Österreichs)* Mitgr. *Aktionsmitee zur Befreiung Österreichs*. Sept. 1939-Juni 1940 Mitarb. franz. Rundfunk u. *Österreichischer Freiheitssender* in Fécamp/Normandie unter Ltg. von → Robert Bauer. Nach franz. Kapitulation Flucht in das unbesetzte Dépt. Lot. Herbst 1940 10 Wochen in Puy l'Evêque interniert, anschl. bis 1943 Landarb. Ab 1942 ZusArb. mit franz. Résistance, 1943 Sergeant u. Waffenmeister im 3. Rgt. der *Franc-Tireurs et Partisans Français* mit der Aufgabe, die von brit. Flugzeugen abgeworfenen u. engl. beschrifteten Waffen zusammenzusetzen. Juni 1944 Gefangennahme durch SS, Flucht; Herbst 1944 aufgrund pol. Gegensätze zur lokalen Résistance-Führung mehrere Wochen Haft. Ab 1946 Mitgl. SPÖ u. ÖGB. Febr. 1946 Eintritt in diplomat. Dienst, bis Juni 1947 österr. Konsul u. Kriegsgef.-Kommissär zur Rückführung der österr. Kriegsgef. in Paris. Okt. 1947-Mai 1949 Legationssekr. bei österr. Vertr. in Rom, Juni 1949-Jan. 1950 Konsul in Wien, anschl. GenKonsul in Tel Aviv. März 1955 Legationsrat, 1955-58 Kabinettschef des Staatssekr. → Bruno Kreisky in Wien. Ab Mai 1958 ao. u. bevollmächt. Botschafter in Ankara, ab Dez. 1963 in Belgrad. Ab März 1968 in Wien, Jan. 1969-Dez. 1974 Ltr. Kulturabt. des Bundesmin. für Auswärtige Angel.; gewählter Personalvertr. u. Vors. der sozialist. Fraktion des Außenamts. Ab 1968 Präs. *Vereinigung für Demokratie und Kultur* sowie *Österreichische Gesellschaft zur Förderung von Kunst und Kommunikation*. *Arena 2000*. 1974 Pensionierung. - *Ausz.:* u. a. Offz. Légion d'honneur; Gr. Silbernes Ehrenzeichen für Verdienste um die Rep. Österreich.

W: Wie, wann, wo? 1936; Warum, Wozu? 1937; Sergius, Karl F. [gemeins. Ps. für Hartl, Karl/Feitelberg, Serge], Der Weg des Lebens, 1937. *L:* Buttinger, Beispiel; Spiegel, Résistance. *D:* DÖW. *Qu:* Arch. Fb. Hand. Pers. Publ. - IfZ.

Hartl, Rudolf(?), gefallen; *StA:* österr. (?). *Weg:* 1934 (?) UdSSR; E.

Koch; Mitgl. *Republikanischer Schutzbund*, vermutl. 1934 Teiln. Februarkämpfe, anschl. Emigr. UdSSR. Mitgl. Stadtsowjet von Char'kov. Teiln. Span. Bürgerkrieg, gefallen.

L: Stadler, Opfer. *Qu:* Pers. Publ. - IfZ.

Hartman (bis 1953 Hartmann), **Paul,** Dr. jur., Rechtsanwalt; geb. 10. Sept. 1905 Pilsen/Böhmen; jüd.; *V:* Dr. med. Gustav Hartmann (geb. 1875 Merklin/Böhmen, umgek. 1943 KL Theresienstadt), jüd., Spezialist an Med. Fak. der Deutschen Univ. Prag, Präs. *B'nai B'rith-Loge* Pilsen; *M:* Martha, geb. Schanzer (geb. 1884 Pilsen/Böhmen, umgek. 1943 KL Theresienstadt), jüd., höhere Schule, Mitarb. *B'nai B'rith;* ∞ 1935 Marianne Lichtenstern (geb. 1913 Prag), jüd., Abitur, 1939 Emigr. F, 1940 GB, 1948 USA; *K:* Martin P. (geb. 1938 Prag, gest. 1976 Washington/D.C.), 1939 Emigr. F, 1940 GB, 1948 USA, B.A. u. B.Sc. Columbia Univ., LL. M. u. Patentanwalt US Patent Office; Michael T. (geb. 1944 Kingston/GB), 1948 USA, B.B.A. Hofstra Univ., Sozialarb.; *StA:* österr., 1953 USA. *Weg:* 1939 F, 1940 GB, 1948 USA.

Ab 1923 Stud. Deutsche Univ. Prag, 1928 Prom., Präs. *Lese- und Redehalle der deutschen Studenten* Prag; 1928-35 RA-Konzipient Prag, daneben 1928-29 Stipendium *Rockefeller Foundation*, Forschungsarb. in GB u. USA. 1931-33 ČSR-Armee. Ab 1935 RA in Prag, März 1939 Berufsverbot, Apr. 1939 Emigr. Frankr., Aufenthaltsgenehmigung; Apr. 1940 Eintritt tschechoslowak. Exil-Armee in Beziers/Frankr., Juni 1940 Evakuierung mit Familie nach GB. Bis 1947 ČSR-Armee in London, 1942-44 Richter am tschechoslowak. Mil.-Berufungsgericht. Daneben 1941-43 Stud. London Univ., Juni 1943 LL.B., 1946-48 Rechtsberater in London. Jan. 1948 USA, Unterstützung durch Verwandte, Übersetzertätigkeit; 1948 N.Y. State Bar-Examen, 1954 Zulassung als RA; 1948-71 stellv. Dir., 1971-73 Dir. Rechtsabt. der ADL. 1973-75 RA N.Y. State Division of Human Rights. Ab 1948 Mitgl., zeitw. Vizepräs. *Joseph Popper Lodge, B'nai B'rith,* VorstMitgl. *Soc. for Hist. of Czech. Jews.* Lebte 1977 in Forest Hills/N.Y.

W: Die politische Partei in der tschechoslowakischen Republik. Eine juristische Studie. 1931; The Right to Equal Opportunities as a Personal and a Present Right. In: Legal Aspects of the Civil Rights Movements. 1965; Aufsätze in tschechoslowakischen, dt., brit. u. am. juristischen Fachzs.; *Qu:* Fb. Hand. - RFJI.

Hartmann, Paul, geb. 1907 (?), gest. 29. Dez. 1974. *Weg:* E; F; 1945 (?) Deutschland (SBZ).

Im Span. Bürgerkrieg Mitgl. Internat. Brigaden, danach Holzfäller in Frankr. - Sept. 1944 Frontbeauftragter des CALPO im Frontabschnitt Metz. 1944 Lt. in Maquis-Einheit *Bir Hakeim* u. Mitgl. der KPD-Parteiltg. der Partisanengruppe. Nach 1945 verantwortl. Funktionär in SED. - *Ausz.:* u.a. 1956 Hans-Beimler-Med.; VVO (Gold), ZK-Nachruf.

W: Mit Waffen aus dem ersten Weltkrieg... In: Résistance (Erinn.), 1973. *L:* Pasaremos; Pech, Résistance. *Qu:* Erinn. Publ. Z. - IfZ.

Hartwig, Theodor, Parteifunktionär; geb. 4. Apr. 1878 Xions/Krs. Schrimm (Posen), gest. 1949 Magdeburg; Diss. *Weg:* 1933 CSR; 1938 PL, Lettland, S; 1948 Deutschland (SBZ).

Fleischer, ab 1901 Fabrikarb. 1907-12 GewAngest. Ab 1913 SPD-Parteisekr. Bromberg, dann BezParteisekr. Pommern in Stettin. 1910-12 StadtVO. Königsberg. 1919/20 Mitgl. Verfassungsgebende Preußische Landesversammlung, 1921-33 MdL Preußen. Gauvors. *Reichsbanner* Pommern. 1933 Emigr. CSR; 1938 über Polen u. Lettland nach Schweden, Mitunterz. des Grdgsaufrufs für den FDKB v. Jan. 1944. 1948 Rückkehr nach Deutschland; lebte in Magdeburg.

W: Unsere Stellung zu Sowjet-Rußland. Lehren und Perspektiven der russischen Revolution (zus. mit → Fritz Lewy, Alexander Gerschenkron, Eduard Wolf, Max Adler). Berlin o.J. (1931). *L:* Matull, Arbeiterbewegung; Müssener, Exil. *Qu:* Hand. Publ. - IfZ.

Hass, Peter, Parteifunktionär; geb. 21. Aug. 1903 Flensburg; *G:* Otto H., Emigr. S, auf 2. Landeskonf. dt. SozDem. in Schweden 9.-10. Juni 1945 Wahl in den Landesvorst., A: S; ∞ Mary Ratbrock (geb. 1908). *Weg:* 1936 DK; 1940 S; 1946 Deutschland (BBZ); 1948 S.

Lehre in Hufbeschlag u. Wagenbau, Mitgl. DMV. Weiterbildung in NatÖkonomie Volkshochschule Hamburg, später DMV-Wirtschaftsakademie. 1933 MdHB (SPD), Ltr. *Reichsbanner*. Nach natsoz. Machtübernahme Ltr. des illeg. *Reichsbanners* in Hamburg. Juni 1936 Emigr. nach Dänemark, Apr. 1940 nach Schweden. Mitgl., ab Jan. 1944 Vors. SPD-Ortsgruppe Stockholm. Mitgl. *Landesgruppe deutscher Gewerkschafter.* 2./3. Dez. 1944 auf Landeskonf. dt. SozDem. in Schweden Wahl in die Landesltg. Mitgl. FDKB. In schwed. Hilfsorg. tätig, Kassierer des *Hilfskomitees für deutsche und staatenlose Opfer der Konzentrationslager (Hjälpkomittén för tyska och statslösa offer för koncentrationslägren).* Jan. 1946 mit einem Repatrianten-Transport Rückkehr nach Deutschland (Lübeck). Erster Sekr. *Arbeiterwohlfahrt* Hamburg. 1946-48 MdHB (SPD). 1948 Rückkehr nach Schweden. Lebte 1975 in Malmö.

W: Die Arbeiter der Welt helfen dem demokratischen Deutschland (Hg.). 1946/47. *L:* Müssener, Exil. *Qu:* Arch. Publ. - IfZ.

Hasselmann, Erwin, Dr. phil., Genossenschaftsfunktionär; geb. 23. Jan. 1903 Hadmersleben/Sa.; Diss.; *V:* Ferdinand H. (1873-1947), Lehrer; *M:* Anna, geb. Schwarz (1876-1944); *G:* Hans-Siegfried H. (1918-1942), Offz., gef. 2. WK; Johanna Jenke (geb. 1904), Lehrerin; ∞ I. 1929 Dr. phil. Dorethea Leo (1905-1952), Dipl.-Volkswirt; II. 1953 Rottraut Haack (geb. 1926); *K:* Almut Davies (geb. 1929); Dr. rer. nat. Klaus H. (geb. 1931), UnivProf.; Dr. rer. nat. Dieter H. (geb. 1939), Meteorologe; Peter H. (geb. 1939), Architekt; Ute H. (geb. 1953); Anke H. (geb. 1955); *StA:* deutsch. *Weg:* 1934 GB; 1948 Deutschland (BBZ).

Gymn. Schulpforta, Stud. NatÖkonomie u. Soziologie u.a. bei Hermann Heller, Max Weber u. Ernst Troeltsch in Leipzig, Freiburg/Br. u. Marburg; 1926 Dipl.-Volkswirt, 1927 Prom.; Mitgl. sozialist. Studentenbewegung Freiburg u. Marburg, 1926 Vors. *Sozialistische Studentengruppe* Marburg. 1927 SPD. Ab 1928 Geschäftsf. *Landesverband der Polizeibeamten* Hamburg, zugleich Mitgl. ZdA. 7. Apr. 1934 Emigr. GB, lebte in Welwyn Garden City in dt. Wohngemeinschaft (Community). Bis 1936 freier Journ. u. Übers.; 1937-48 Red. u. Dokumentar für *Internationalen Genossenschaftsbund* London, Mitarb. mehrerer Genossenschafts-Zs., u. a. in GB, Skandinavien, der Schweiz, Österr. u. der CSR. 1945-48 ständ. Mitarb. *Manchester Evening News.* Sept. 1948 Rückkehr nach Deutschland u. Okt. 1948 Berufung in den Vorst. *Zentralverband deutscher Konsumgenossenschaften* in Hamburg, dem H. bis zur Pensionierung 1964 angehörte. Als dessen Vertr. 1948-66 Mitgl. Zentralvorst. *Internationaler Genossenschaftsbund* London *(Internat. Cooperative Alliance).*

Zahlr. Veröffentl. zum Genossenschaftswesen, u.a.: Načela Ročdelskih Zadružnih Pionira (Die Grundsätze der Rochdaler Genossenschaftspioniere). Belgrad 1936; Cooperation under the Nazis (an. ersch.). Manchester 1940; Die genossenschaftliche Selbsthilfe der Verbraucher. 1957 (4. Aufl. 1960); Die Rochdaler Grundsätze im Wandel der Zeit. 1968 (schwed. Übers. 1971); Geschichte der deutschen Konsumgenossenschaften. 1971. *Qu:* Fb. Hand. Pers. - IfZ.

Hatschek, Anni(e), Dr. jur.; geb. 1914 Wien, gest.; *V:* Arzt, SDAP, *Republikanischer Schutzbund. Weg:* 1939 GB; 1946 (?) Österr.

1930-33 Landesobmann Niederösterr. u. Burgenland *Bund Sozialistischer Mittelschüler Österreichs,* bis 1934 Mitgl. Kreisltg. Wien der SAJDÖ. Vermutl. ab 1933 Stud. Rechtswiss. Wien, Arbeit in illeg. Studentengruppen. 1934-38 Mitgl., zeitw. LtgMitgl. *Revolutionäre Sozialistische Jugend.* 1936 mehrwöchige Haft, einjähr. Unterbrechung des Stud.; März 1939 unmittelbar vor StudAbschluß Emigr. GB, zeitw. Kindermädchen u. Köchin in Südengland, anschl. in London. Innerhalb der sozialist. österr. Emigration in London Exponentin einer ZusArb. mit den Kommunisten. Herbst 1941 Parteiausschluß wegen Beteiligung an von österr. Kommunisten in London initiierten Veranstaltungen, neben → Marie Köstler Mitgr. u. Sekr. *League of Austrian Socialists in Great Britain* (Gruppe Köstler), ab Ende 1941 Teil des neugegr. *Free Austrian Movement* (FAM). Mitarb. *Austrian Centre* u. FAM unter → Franz West. Vermutl. 1946 Rückkehr nach Wien. Zuletzt Obermagistratsrat in Wien.

L: Neugebauer, Bauvolk; Maimann, Politik; Tidl, Studenten. *Qu:* Arch. Pers. Publ. - IfZ.

Haupt, Paul, Journalist; geb. 18. Juni 1898 Berlin, gest. 24. Juli 1972 Biebergemünd/Hessen; ∞ Elsa Elisabeth; *K:* mehrere T; *StA:* deutsch. *Weg:* 1936 Chile; 1938 Peru; 1940 Chile; 1950 Deutschland (BRD).

Stud. Forstwirtsch., 1918 Volontär *Vorwärts* Berlin, später Korr. *Sozialdemokratischer Pressedienst* in Genf, nach 1933 in der Berliner Red. der *Chicago Daily News* tätig. Red. *Der Deutsche Oekonomist* bis zu dessen Einstellung aus pol. Gründen Herbst 1935. 1936 mit Hilfe von Beziehungen zur AuslPresseabt. des AA Emigr. nach Chile, journ. Tätigkeit u.a. für *Neue Volks-Zeitung* New York, Mitgl. *Alemania Libre* Santiago u. *Demokratischer Wirtschaftsdienst,* Verb. zu chilen. Gew.; zuletzt Verw. eines Sägewerks im südchilen. Urwald. 1950 Rückkehr durch Vermittlung des SPD-PV, Nov. 1951-Dez. 1956 Red. für das dt. Sprachgeb. bei IBFG Brüssel, 1960 Presseabt. dt. Botschaft Tunis, 1961-63 Red. *Morgenzeitung* Kiel.

W: Chile. Land, Volk, Wirtschaft. 1954. *Qu:* Arch. Fb. - IfZ.

Hauptmann, Alfred, Gewerkschaftsfunktionär; geb. 25. Nov. 1903 Wigstadtl b. Troppau/Schlesien; kath., 1924 Diss.; *V:* Johann H. (1866-1945), Arbeiter, DSAP; *M:* Marie (1865-1947), Arbeiterin, DSAP; *G:* Otto (geb. 1896, gef. 1945); Max (1900-61), 1939 Emigr. S; ∞ 1930 Elvira Heinisch (geb. 1904), 1939 Emigr. S; *K:* Erika (geb. 1933), Helga (geb. 1938), beide 1939 S; *StA:* Österr., 1919 CSR, 1949 S. *Weg:* 1939 S.

Mitgl. SJ, später DSAP; StadtVO. Neutitschein/Mähren, BezVertr. u. Obmann Krankenversicherungsanstalt ded., GenSekr. *Verband der Arbeiter und Arbeiterinnen in der Bekleidungsindustrie/Sitz Reichenberg.* Nach Abschluß des Münchner Abkommens Flucht ins Landesinnere, 1939 Emigr. nach Schweden, LtgMitgl. *Auslandsvertretung der Freien Gewerkschaften des Sudetengebietes* u. Mitgl. TG-Landesvorst.; 1945-72 Angest. in Bekleidungsindustrie. Lebte 1978 in Sundbyberg.

Qu: Fb. - IfZ.

Hauschild, Robert, Parteifunktionär, Journalist; geb. 28. Apr. 1900 Gera/Thür.; *V:* Maurermeister; ∞ 1928 Hilde Löwenstein (geb. 1904), KPD, Mitarb. Parteipresse, Ps. H. Löwen, Emigr.; *K:* Peter-Andreas (geb. 1935 Moskau); *StA:* deutsch, 14. Apr. 1937 Ausbürg. mit Fam. *Weg:* 1933 UdSSR.

Mitgl. SAJ, *Spartakusbund,* 1917 wegen „versuchten Landesverrats" zu 18 Mon. Gef. verurteilt, KPD, Verb. zu → Karl Korsch. Ltr. KPD-Ortsgruppe Gera, später Ltr. Unterbez. Thür., 1921 als Agitator nach Österr., Ausweisung, bis 1924 Mitarb. *Neue Zeitung* Jena, Ps. Rudolf Haus, Robert Haus. Anschl. angebl. u.a. in GB, ab 1929 Parteijourn. in Berlin, Hg. *Die Front,* Mitgl. *Bund proletarisch-revolutionärer Schriftsteller,* 1931-32 zeitw. in der UdSSR, angebl. Ausbildung bei Roter

Armee, anschl. Verf. u.a. von kriegspol. Veröffentl.; Verb. zu ausländ. kommunist. Parteien u. zur sowj. Handelsmission Berlin. Febr. 1933 mit Ehefrau nach Moskau, Mitarb. *Pravda, Izvestija* u. *Deutsche Zentral-Zeitung* Moskau.

Qu: Arch. - IfZ.

Hauschner, Ludwig, Ministerialbeamter; geb. 2. Nov. 1907 Breslau; jüd.; *V:* Georg H. (geb. 1875 Breslau, gest. 1931 Breslau), jüd., Fabrikant, Mitgl. DDP; *M:* Anna, geb. Rosenbaum (geb. 1885 Kempen/Posen, umgek. 1940 KL), jüd.; *G:* Ilse Fisher (urspr. Fischer, geb. 1905 Breslau), A: CDN; ∞ Lisbeth Vincenz (geb. 1915 Naumburg), ev., Auswanderung USA als Ehefrau eines US-Soldaten; *K:* Peter G. (geb. 1950 Alexandria/Va.), B.A., Lehrer; *StA:* deutsch, 1943 USA. *Weg:* 1939 USA.

1926-27 Handelsschule Breslau; 1928-30 Mitarb. Konservenversuchsanstalt Braunschweig, 1931 Konservenfachmann in väterl. Fabrik, Lebensmitteleinkäufer; 1938 Vermögenseinzug. Febr. 1939 Emigr. USA, Fabrikarb., Kraftfahrer, 1939-42 Betriebsltr. einer Fabrik; 1942-46 MilDienst; 1946-48 im Versorgungswesen der US-Armee in Deutschland tätig, 1948-53 Nachschubverw. des Armeemin., 1954-56 Nachschubeinkäufer in Seoul/Korea, 1956 stellv. Ltr. des Versorgungswesens; 1956-61 Mitarb. Abt. Agrarprodukte des Armeemin. Ab 1961 USAID, 1962-65 Industrieexperte, 1965-73 für Food-for-Peace tätig, ab 1973 Sachbearbeiter für Hilfsprogramme. Lebte 1976 in Washington/D.C.

Qu: Fb. Hand. - RFJI.

Hausen, Erich, Parteifunktionär; geb. 5. Febr. 1900 Muskau/Oberlausitz, gest. 19. Dez. 1973 Swarthmore/Pa., USA; Diss.; *V:* Hartwig H. (geb. 1874), Schlosser u. Elektriker; *M:* Elise, geb. Schulze (geb. 1878), aktiv in sozialist. ArbBewegung; *G:* Herbert H. (1902-72), Elektriker, Mitgl. KPD, später KPDO; Käthe (1909-72); ∞ 1927 Elisabeth Herold (geb. 1906); *StA:* deutsch, 1964 USA. *Weg:* 1934 F; 1941 USA.

Elektrikerlehre, 1916-17 Elektromonteur in Stettin. 1918-19 Kriegsteiln. 1919 USPD, UnterbezLtr. Weißwasser/Oberlausitz. 1920 KPD, Mitgl. BezLtg. Lausitz. 1921 Lokalred. *Rote Fahne der Lausitz* in Cottbus u. als Kand. für Bez. Lausitz Wahl in den ZA, Ende 1922 PolLtr. dieses Bez. Nach 8. KPD-PT 1923 ZA-Mitgl. 7. Dez. 1923-26. Aug. 1925 Haft wegen Hochverrats. Nach Amnestie Sekr. Rote Hilfe in Thüringen. 1926-Dez. 1928 Sekr. KPD-Bez. Schlesien in Breslau. 1928 auf dem Essener PT Wiederwahl ins ZK. Wegen Rechtsopposition Okt. 1928 Funktionsentzug durch EKKI; Ende 1928 in Moskau Ausschluß aus KPD. Ab 17. Nov. 1928 Hg. Zs. *Gegen den Strom,* 1929 in Stuttgart Sekr. BezLtg. Württ. u. Mitgl. der KPDO-Reichsltg. Ab 1919 Gew., in Stuttgart Mitgl. der DMV-Ortsltg. u. Führer der Opposition. 1929-30 Aufenthalt in der Schweiz zur Org. der dortigen KP-Opposition. Vor der natsoz. Machtübernahme trat H. auf Versammlungen in Württ., Thür. u. Schlesien u.a. den NatSoz. Streicher u. Sauckel entgegen. 1. März 1933 wegen drohender Verhaftung Flucht nach Rastatt, Ostern 1933 nach Berlin, als Nachf. → Hans Tittels bis 1934 PolLtr. der illeg. KPDO-Inlandsarbeit. Deckn. Charles Bischoff. 1934 vorüberg. wegen Devisenvergehens u. Urkundenfälschung in Haft, jedoch Ende des Jahres unerkannt entlassen. Daraufhin Emigr. nach Frankr. Während illeg. Aufenthaltes in Straßburg Verbindungsmann der KPDO für Westdeutschland u. verantwortl. Red. der Wochenzs. *Arbeiterpolitik.* 1936 nach Troyes, 1938 nach Vincennes. Bei Kriegsausbruch in Les Milles interniert, 1941 Flucht nach Marseille, Ausreise in die USA, Ankunft 16. Apr. 1941. Anfangs Unterstützung der Fam. H. durch Quäker u. *International Rescue and Relief Committee,* später Arbeit als Elektriker. Initiator eines Diskussionskreises von emigr. SAPD-Mitgl., der u.a. zur nat., pol. u. wirtschaftl. Neuordnung Deutschlands nach dem Kriege Stellung bezog. 1945 aufgrund seiner pol. Vergangenheit u. Einstellung Versuch, H. aus den USA abzuschieben. Erst 1952 nach mehrjähr. Kampf Anerkennung als pol. Flüchtling.

W: Bemerkungen zur nationalen Frage im gegenwärtigen Deutschland (Ms. verfaßt 1945/46 im Exil in den USA). IfZ-Archiv. *L:* Tjaden, KPDO; Drechsler, SAPD; Weber, Wandlung. *Qu:* Arch. Fb. Pers. Publ. - IfZ.

Hauser, Harald, Parteifunktionär, Schriftsteller; geb. 17. Febr. 1912 Lörrach/Baden; *V:* Dr. Wilhelm H., Hochschullehrer, KL Dachau, 1938 Emigr. GB, nach 1945 Berlin (Ost); *M:* Emigr. F, Ausbürg.; *G:* 1 B, Emigr. F, Ausbürg.; ∞ Edith Götze (→ Edith Zorn); *StA:* deutsch. *Weg:* 1933 F; 1945 Deutschland (SBZ).

1930 KJVD; 1930-33 Stud. Rechtswiss. Freiburg/Br., Berlin. 1931 Studienreise UdSSR. 1932 KPD; Agitprop-Ltr. *Rote Studentengruppe* Univ. Berlin. 1933 Emigr. Frankr., 1939 Freiw. in der franz. Armee; ab 1940 illeg. Tätigkeit in Paris, u.a. Wehrmachtsprop. Ab Dez. 1942 unter Deckn. Jean Louis Maurel in Lyon u. Avignon, ab 1943 Paris. Sept. 1943 Mitverf. GrdgAufruf des KFDW, Hauptred. der KFDW-Ztg. *Volk und Vaterland.* Ab Anfang 1944 GenSekr. KFDW, Ltr. Büro des KFDW/CALPO. Anfang 1945 mit → Otto Niebergall im Saargeb. u. Rheinl. zur KPD-Reorg.; Juni 1945 Berichterstatter vor dem ZK in Berlin. Red. *Deutsche Volkszeitung, Neues Deutschland.* 1949-55 Chefred. *Die neue Gesellschaft,* Gr. der Illustrierten *Freie Welt.* Mitgl. geschäftsf. Vorst. *Deutscher Schriftstellerverband.* Ab Febr. 1962 PräsMitgl. *Deutsch-Französische Gesellschaft in der DDR.* Lebte 1977 in Berlin (Ost). - *Ausz.:* 1959 Lessing-Preis, 1960 NatPreis 3. Kl., 1962 VVO (Bronze).

W: u.a. Wo Deutschland lag. 1947, 1952, 1959, 1964. Neuaufl. Berlin 1975: Botschafter ohne Agreement; Prozeß Wedding (S). 1951; Im Himmlischen Garten (S). 1958, 1959, 1960, 1961; Am Ende der Nacht (S). 1959, 1960; Weißes Blut (S). 1960, 1961, 1962; Zeitweilige Verbündete (Erinn.). In: Schaul, Résistance. *L:* Schaul, Résistance; Pech, Résistance; Albrecht, Deutschspr. Schriftsteller. *Qu:* Hand. Publ. - IfZ.

Hausser, Alfred Theodor; geb. 27. Aug. 1912 Stuttgart; *StA:* deutsch. *Weg:* UdSSR; 1934 NL, Deutschland.

Mechaniker, KJVD, Schulung in Moskau, März 1934 nach Amsterdam, Mitte Apr. 1934 Einsatz als KJVD-BezLtr. Ruhrgeb. mit Auftrag, Verb. zur kath. Jugend herzustellen. Grdg. von KJVD-Zirkeln in Essen u. Oberhausen, Hg. Zs. *Die junge Ruhrgarde.* Mai/Juni 1934 mit → August Creutzburg Ltr. eines Lehrgangs in Amsterdam, Herbst Versetzung vom Ruhrgeb. nach Chemnitz (Deckn. Hellmuth), Dez. Festnahme. Juli 1936 VGH-Urteil 15 J. Zuchth. Lebte 1977 in Stuttgart.

L: Steinberg, Widerstand; Bludau, Gestapo. *Qu:* Arch. Publ. - IfZ.

Hautmann, Maria. *Weg:* 1938 (?) GB.

Mitgl. SDAP, 1930-34 MdNR aus niederösterr. Wahlkreis. Vermutl. 1938 Emigr. GB, lebte 1943 in London (?).

L: Maimann, Politik. *Qu:* Arch. Hand. Publ. - IfZ.

Hayler, Franz Xaver, SJ, Ordenspriester; geb. 29. Sept. 1876 Metten/Niederbayern, gest. 1. Jan. 1965 Neuhausen-Filder/Neckar; kath.; *V:* Dr. Carl H., Oberstabsarzt des päpstlichen Zuaven-Korps, später Arzt in Metten; *StA:* deutsch. *Weg:* 1935 Österr., CH; 1946 Deutschland.

Benediktinerschule Metten, nach Abitur 1895 Eintritt in Jesuitenorden, 1908 Priesterweihe; 1911 Dir. der sog. Bauernhochschule Dr. Heim in Regensburg; im 1. WK Seelsorger in GefLagern u. Lazaretten; nach Kriegsende Präses der kath. Männerkongregation Straubing/Niederbayern; 1921 als Seelsorger nach München, 1923-25 Aufbau Berchmann-Kolleg in Pullach b. München; 1926 Superior des Ignatius-Hauses, 1928-35 Provinzialoberer der Oberdeutschen Jesuitenprovinz in München; Herbst 1935 in Zusammenhang mit den Ordensdevisenprozessen von Verhaftung bedroht, daraufhin nach Feldkirchen/Österr.; von dort wegen Auslieferungsgefahr Emigr. in die Schweiz; 1935-37 Exerzitienmeister in Schönbrunn/Schweiz, später Ltr. der Priesterkonferenzen in der Diözese Basel; Rückkehr nach Deutschland, 1946-56 Instruktor des Dritten Probejahres des Jesuitenordens, bis 1961 vor allem in der Priesterseelsorge tätig.

L: Hoffmann, E./Janssen, H., Die Wahrheit über die Ordensdevisenprozesse 1935/36. 1967. *Qu:* Pers. Publ. - IfZ.

Hearst, Ernest (bis 1942 Herz, Erwin), Journalist; geb. 1. Dez. 1912 Berlin; jüd.; *V:* → Emil Emanuel Herz; ∞ 1949 Flora Aronsfeld (geb. 1922 Berlin, gest. 1970), jüd., 1935 Emigr. Pal., 1947 GB, Stud. Bezalel-Schule, Kunstgewerblerin; *K:* Caroline (geb. 1953 London); Gabriel (geb. 1957 London); *StA:* deutsch, brit. *Weg:* 1933 CH, F, 1934 GB.

1932 Stud. Rechtswiss.; Juli 1933 Emigr. Schweiz, Okt. 1933 Frankr., Unterstützung durch Eltern; 1934 GB, bis 1939 Mitarb. einer lit. Agentur, 1939-43 brit. Armee. 1946-57 Dir. Druckerei Colourprint Ltd.; 1943-46 u. 1958-75 Mitarb. Wiener Library London, 1966-75 Mitarb. *Wiener Library Bull.* - Lebte 1975 in London.

W: Beiträge jüd. Presse in GB, u.a. *AJR-Information. L:* Herz, Emanuel, Denk ich an Deutschland in der Nacht. (ABiogr. des Vaters) 1951; *Qu:* Fb. Hand. Pers. Z. - RFJI.

Hecht, Hermann, Reeder; geb. 13. März 1877 Gondelsheim/Baden, gest. 27. Febr. 1969 New York; jüd.; *V:* Hauptlehrer (1840-1927), jüd., 1913 Gold. Verdienstmed. Baden; *M:* Johanna Rosenberg; *G:* Nathan (1870-1920), Red. *Frankfurter Zeitung;* Gustav, RA; Ludwig, Mühlendir.; → Jacob Hecht; 1 S (Ehefrau von Hypolite Bloch, Dir. Le Rhin-Société Gén. de Navigation, Straßburg); ∞ Antonie Rosenberg (1880-1958), Emigr.; *K:* Elisabeth Hirsch (geb. 1905), 1939 Emigr. USA; Charlotte Lesser (geb. 1906), 1939 Emigr. GB; *StA:* deutsch. *Weg:* 1938 CH; 1941 USA.

Aus alteingesessener bad. Fam., 1886-92 Gymn. Bruchsal, bis 1897 Lehre u. kaufm. Praxis in Mannheim, anschl. im Getreidehandel u. Bankgeschäft in Deutschland u. Holland, nach Tod des Onkels Übernahme der Schiffahrtsagentur S. Rosenberg, Mannheim. 1908 Mitgr. der späteren Schiffahrtsgruppe Rhenania AG, Mannheim, die zur größten Binnenreederei Europas unter Angliederung von Lagerhäusern, Werften u. Speditionen aufstieg. Ab 1913 Vertrag mit bayer. Staat über Wahrnehmung bayer. Rheininteressen gegen langfristigen Kredit; 1934 in einem „Gleichschaltungsvertrag" Übernahme der Aktienmehrheit durch Bayern, z.T. im Austausch gegen Beteiligungen an der von Jacob Hecht geleiteten Neptun Transport- u. Schiffahrts-AG Basel, weiterhin GenDir.; Febr. 1938 Ausscheiden aus Vorst. u. AR unter Druck der bayer. Behörden mit Verkaufsauflage bis Jahresende, Verkauf des persönl. Firmenanteils unter Preis an Haniel-Konzern gegen 1 Mill. Sperrmark, hiervon Abzug von 25% Reichsfluchtsteuer, 25% Judenabgabe u. 20% Vermögenszuwachsabgabe. Dez. 1938 in die Schweiz, 1941 Emigr. USA. 1949 endgültige Restitution, Übertragung des persönl. Firmenanteils an Jacob Hecht. - *Ausz.:* u.a. nach 1945 Ehrenpräs. AR Rhenania-Gruppe, 1953 Ehrenmitgl. *Verein zur Wahrung der Rheinschiffahrtsinteressen,* 1956 Gr. BVK.

D: IfZ. *Qu:* Arch. Erinn. Z. - IfZ.

Hecht, Jacob, Reeder; geb. 25. Juni 1879 Gondelsheim/Baden, gest. 6. Apr. 1963 Basel; jüd.; *G:* u.a. → Hermann Hecht; *StA:* deutsch, CH. *Weg:* CH; 1941 (?) USA; 1945 (?) CH.

Banklehre, ab 1897 Angest. in Schiffahrtsagentur des Onkels S. Rosenberg, Mannheim, 1898/99 Einjährig-Freiw., ab 1900 bei Getreidetransportfirmen in Antwerpen, Filialltr., später Teilh.; 1907 mit Hermann Hecht Gr. Société Belge de Navigation Fluviale, Firmenltr.; 1908 Mitgr. Rhenania-Speditions-Ges. Mannheim, Mitgr. 1910 Allg. Speditions-Ges. Duisburg, 1912 Société de Remorquage, Belgien, 1918 Le Rhin - Société Générale de Navigation, Straßburg, 1920 Neptun Transport- u. Schiffahrt AG, Basel, hinkünftig Ltr. der Neptun AG im Rahmen des Rhenania-Konzerns. 1934 Teilabfindung der persönl. Anteile an Rhenania mit Neptun-Aktien durch den bayer. Staat in einem „Gleichschaltungsvertrag", 1937 zwangsweise Rückzug aus den AR der Rhenania-Tochtergesellschaften, 1938 Zwangsverkauf der restl. Rhenania-Anteile an Haniel-Konzern. Nach Kriegsbeginn wegen Bedrohung der Schweiz Emigr. in die USA. 1949 Restitution, ab 1951 als Eigentümer der Aktienmehrheit der Gebr. Hecht AR-Vors. Rhenania Schiffahrtsgruppe Mannheim-Duisburg. - *Ausz.:* Ehrenbürger Gondelsheim, Gr. BVK, Bayer. VO.

Qu: Arch. Erinn. Publ. - IfZ.

Hecht, Otto, Dr. jur., Rechtsanwalt; geb. 18. Juni 1869 (?) Wien; kath.; *G:* Dr. Robert H., Sektionschef, jur. Berater von Engelbert Dollfuß bei Ausschaltung des Parlaments u. Errichtung des ständestaatl. Regimes. *StA:* österr., Ausbürg. (?). *Weg:* 1938 (?) GB.

Stud. Rechtswiss., 1910 Prom.; 1925-38 RA in Wien; Legitimist, pol. aktiv in *Christlich-Sozialer Partei* u. *Vaterländischer Front.* Vermutl. 1938 nach Anschluß Österr. Emigr. London; zeitw. Sekr. von → Robert Habsburg. Apr. 1940 neben → Witold Schey Mitgr., zeitw. Vors., 1942 stellv. Vors. *Austrian League;* Dez. 1941 Beitritt der *Austrian League* zum *Free Austrian Movement* (FAM), Ende Aug. 1943 Austritt der *Austrian League* aufgrund pol. Differenzen mit der kommunist. Mehrheit innerhalb des FAM.

W: u.a. The Case of the Tyrol. London 1943 (?); A Austria na Conferência de San Francisco. Rio de Janeiro 1945 (?). *L:* Maimann, Politik. *Qu:* Arch. Pers. Publ. - IfZ.

Hecht, Werner Arthur, Unternehmensleiter, Versicherungskaufmann; geb. 13. Dez. 1923 Bielefeld; jüd.; *V:* Leo H. (geb. 1890 Bielefeld, gest. 1957 New York), jüd., Handelsschule, Kaufm., 1938 Emigr. USA; *M:* Herta, geb. Lewinski (geb. 1896 Elbing/Ostpreußen), jüd., 1938 Emigr. USA; *G:* Günther H. (geb. 1927 Bielefeld), 1938 Emigr. USA, B.A., Betriebsltr.; ∞ 1951 Doris Ida Goldstein (geb. 1925 Stockholm), jüd., 1941 Emigr. Mex., 1947 USA, B.A., Lehrerin; *K:* Stephen Thomas (geb. 1954 Berkeley/Calif.), Stud. Med.; *StA:* deutsch, 1943 USA. *Weg:* 1938 USA.

Sept. 1938 Emigr. USA mit Einwanderervisum, Aufenthalt bei Verwandten, 1941-42 Stud. City Coll. New York, 1942-46 US-Armee in Europa (Feldwebel), 1946-49 US-Army Reserve (Hptm. im Nachrichtendienst); 1948 B.Sc. Columbia Univ. New York; 1948-53 Angest. bei versch. Firmen, 1953-59 techn. Produktionsltr. Continental Can Co., 1959-66 stellv. Dir. Allwork Manufacturing Co., ab 1967 Vertr. New York Life Insurance Co.; ab 1965 ltd. Funktionen in der BezOrg. der *Republican Party* San Francisco/Calif.; ab 1967 Mitgl. Zentralausschuß Calif. der *Republican Party,* Mitgl. Finanzausschuß der Partei im Alameda County; ab 1970 Mitgl. Schulvorstand Piedmont/Calif.; 1970 Versicherungskaufm.; Mitgl. u. Schriftführer *Am. Inst. of Industrial Engineers,* stellv. Vors. *Soc. for the Advancement of Management,* Mitgl. *Nat. Assn. of Life Underwriters, Soc. of Chartered Life Underwriters, Boy Scouts, Am. Jew. Committee* (Dir. Ortsverb. Oakland). Lebte 1977 in Piedmont/Calif. - *Ausz.:* Silver Beaver Award der US-Pfadfinder, 1971 Man of the Year der Handelskammer u. des Life Underwriters Service Committee von Oakland/Calif.

Qu: Fb. Hand. - RFJI.

Heckert, Fritz (Friedrich) Karl, Partei- u. *Komintern*-Funktionär; geb. 28. März 1884 Chemnitz, gest. 7. Apr. 1936 Moskau; Diss.; *V:* Paul H., Schlosser, Konsumangest., SPD; *M:* Handschuhnäherin; ∞ 1909 Wilma (geb. 1885 Lettland, gest. 1967 DDR), Mitgl. *Sozialdemokratische Arbeiter-Partei Rußlands,* nach Teiln. am russ. Aufstand ab 1906 in der Schweiz; Emigr. UdSSR; *StA:* deutsch, 25. Aug. 1933 Ausbürg. *Weg:* 1933 UdSSR.

Maurerlehre; 1902 SPD u. *Zentralverband der Maurer.* 1908-12 Schweiz, Anschluß an bolschewist. Emigr.; 1912-18 Vors. Bauarbeiterverb. Chemnitz, 1916 Mitgr. der örtl. *Spartakus-Gruppe,* 1917 USPD, mit → Heinrich Brandler Vertr. des revol. Flügels in Chemnitz. 1918 nach kurzfristiger Haft Vors.

Arbeiter- und Soldatenrat Sa., Dez. 1918 Hauptredner *Spartakusbund* auf 1. Reichskongreß der *Arbeiter- und Soldatenräte*, Mitgl. Reichsvollzugsrat. Neben Brandler Ltr. KPD-Org. Chemnitz. 1920-36 mit kurzer Unterbrechung 1924 Mitgl. Zentrale bzw. ZK der KPD. Ab 1921 Exekutivkomitee der RGI, PräsMitgl. EKKI, 1922 stellv. Ltr. GewAbt. der KPD-Zentrale. Okt. 1923 Wirtschaftsmin. der sächs. Reg. Zeigner, aufgrund von Beteiligung an Aufstandsvorbereitungen der KPD 1924/25 in der Illegalität bzw. Haft. 1924-33 MdR. Ab 1927 Mitgl. PolBüro, 1928 Mitgl. Büro des Reichsausschusses des *Bundes der Freunde der Sowjetunion*, Kand. EKKI u. KPD-Vertr. in deren Westeurop. Büro. 1932-34 (Ablösung durch → Hermann Schubert) KPD-Vertr. bei der *Komintern* Moskau; Anfang Jan. 1933 letzter Aufenthalt in Deutschland. 1935 Mitgl. EKKI, Sekr. RGI u. KPD-Vertr. bei der RGI. Einen Tag vor seinem Tod eröffnete H. in Moskau eine internat. Befreiungskampagne für Ernst Thälmann. ZK-Nachruf, Beisetzung an der Kremlmauer.

W: Zahlr. Beiträge in *Komintern*-Presse, u.a.: Ist die Sozialdemokratie noch die soziale Hauptstütze der Bourgeoisie? Basel 1933; Was geht in Deutschland vor? KPD und Hitlerdiktatur. Moskau 1933. *L:* u.a. Weber, Wandlung; Duhnke, KPD; Biographisches Lexikon zur deutschen Geschichte. 1971; GdA; BZG 10/1968, H. 5; Fritz Heckert - ein revolutionärer Führer des Proletariats. 1968; GdA-Biogr. *Qu:* Arch. Hand. Publ. - IfZ.

Heckmann, Gustav, Dr. phil., Hochschullehrer; geb. 22. Apr. 1898 Voerde/Kr. Dinslaken; ev., 1925 Diss.; *V:* Gustav H. (1868-1938), Sparkassendir.; *M:* Wilhelmine, geb. Kortenhaus (1865-1944); *G:* Paula Lauer (geb. 1899), Krankenschwester; ∞ 1945 Johanna Charlotte Jacob; *K:* Peter (geb. 1950); *StA:* deutsch, Ausbürg., deutsch. *Weg:* 1933 DK; 1938 GB; 1940 CDN; 1941 GB; 1946 Deutschland (BBZ).

1917-19 Kriegsfreiw., anschl. Stud. Math., Physik, Phil. Göttingen, Marburg, Berlin, u.a. bei Leonard Nelson; 1924 Prom., 1925 Lehramtsprüfung. 1926 ISK, 1927-31 Lehrer ISK-Landerziehungsheim Walkemühle/Hessen, dann bis Febr. 1933 Mitarb. ISK-Zs. *Der Funke* Berlin. Okt. 1933 nach Schließung der Schule durch NatSoz. zus. mit der Leiterin → Minna Specht nach Dänemark; Weiterführung der Kinderabt. in Möllevangen, später Östrupgaard u. Hanneslund; Verb-Stelle zu illeg. Org. im Reich; Nov. 1938 mit der Schule nach Wales, Mai-Juni 1940 Somerset, dann Internierung des dt. Lehrerpersonals. Jan. 1941 nach Meldung zum Pioneer Corps Rückkehr aus einem kanad. Internierungslager. Juli 1942-Aug. 1946 für brit. Admiralität in der Minenabwehr tätig. Mitgl. Ortsgruppe Glasgow der *Landesgruppe deutscher Gewerkschafter*, 1945/46 Ref. in KriegsgefLagern. Ab Aug. 1946 auf Anforderung der niedersächs. Kultusbehörde Prof. Pädagog. Hochschule Hannover. SPD, 1947-53 Vors. Niedersächs. Lehrerverband. Lebte 1975 in Hannover.

W: u.a. in: Leonard Nelson zum Gedächtnis (Hg. Minna Specht u. Willi Eichler). 1953. *L:* Link, ISK. *Qu:* Arch. Fb. Publ. - IfZ.

Hector, Edgar Georg Maria (Georges Marie), Politiker; geb. 9. Mai 1911 Saarlouis; kath.; *V:* → Jakob Hector; ∞ 1936 Thérèse Brulebois (geb. 1911); *K:* Michèle Mournan (geb. 1938); Monique Andres (geb. 1946); *StA:* deutsch, 1930 F. *Weg:* 1935 F; 1945 Deutschland/Saargeb.; 1956 F.

Jesuitenschule in Metz, Stud. Sorbonne Paris, 1938 Prom., Verwaltungsjurist. Zwischenzeitl. franz. MilDienst, pol. engagiert für Anschluß des Saarlandes an Frankr., aktiv in *Association française de la Sarre*, stellv. Vors. *Union franco-sarroise*. 1935 als Bürger von Saarlouis zus. mit Eltern Emigr. nach Frankr., 1936 Berufung in das von der franz. Reg. für Saarflüchtlinge eingerichtete *Office Sarrois* (→ Max Braun). Nach Kriegsbeginn Offz. der franz. Armee, 1940 dt. Gefangenschaft, 1941 Flucht, bis Kriegsende Résistance, Deckn. Jacques Henry. Nach Befreiung von Paris Eintreten für ein franz. „Département Sarre", März 1945 Mitgr. *Mouvement pour la Libération de la Sarre* (später *Mouvement pour le Rattachement de la Sarre à la France*). 1945 als franz. Sonderbeauftragter (Assimilés Spéciaux des Troupes d'Occupation) im Rang eines Capitaine bzw. Commandant zurück an die Saar, bis 1947 im Stab des MilGouverneurs Grandval. Mitgl. CVP, 1953-55 als Kreisvors. Saarbrücken-Stadt Mitgl. des PV, 1947-55 MdL Saar. 1947 Staatssekr. für Inneres, 1951-55 Innenmin. der Reg. → Johannes Hoffmann. Nach deren Scheitern in ihrer autonomist. Pol. 1956 Rückkehr nach Frankr., Wirtschaftsjurist, GenSekr. Zentrale für öffentliche Wirtschaft bei der EWG Brüssel. Lebte 1978 in Paris. - *Ausz.:* Chevalier de la Légion d'Honneur, Officier du Mérite.

L: Schmidt, Saarpolitik; Schneider, Saarpolitik und Exil. *Qu:* Arch. Fb. Pers. Publ. Z. - IfZ.

Hector, Jakob, Dr. med., Arzt, Politiker; geb. 28. Febr. 1872 Pachten/Saar, gest. 4. Febr. 1954 Saarlouis; kath.; *V:* Landwirt; ∞ Maria Kaas (1875-1960), 1935 Emigr. F; *K:* Arno (geb. 1906), Prof. für Chirurgie in Rouen; Karl (geb. 1908), Dr. med., Arzt; → Edgar Hector (geb. 1911); Marie-Luise (geb. 1918), 1935 Emigr. F; *StA:* deutsch, 1930 F. *Weg:* 1935 F; 1946 Deutschland/Saargeb.

Arzt in Saarlouis, 1919-20 von franz. Besatzung ernannter Bürgerm. 1920-23 Mitgl., zeitw. Vors. Internationale Regierungskommission des Völkerbundes im Saargeb., Ressort Landwirtschaft, Wohlfahrts- u. Gesundheitswesen. Okt. 1933 Mitbegr. u. zunächst Vors. der frankophilen *Saarländischen Wirtschaftsvereinigung*. Febr. 1935 Emigr. nach Metz, 1940 nach dt. Besetzung Flucht nach Südfrankr.; Okt. 1946 Rückkehr der Familie nach Saarlouis. - *Ausz.:* Ehrenvors. des Saarländ. Roten Kreuzes, 1950 Ehrenbürger der Stadt Saarlouis, Chevalier de la Légion d'Honneur.

L: Zenner, Saargebiet; Schneider, Saarpolitik und Exil. *Qu:* Arch. Pers. Publ. - IfZ.

Hegen, Josef, Partei- u. Staatsfunktionär, Diplomat; geb. 24. Apr. 1907 Hunschgrün/Böhmen, gest. 28. Febr. 1969 Berlin (Ost); *V:* Bergarb.; *StA:* österr., CSR, 1946 deutsch. *Weg:* 1939 UdSSR; 1943 PL, Deutschland; 1945 CSR; 1946 Deutschland (SBZ).

Bergarb.; 1921 SJ, 1924 KSČ, Gew. u. *Rote Hilfe*; 1929-34 Mitgl. ZK der KSČ u. Sekr. des ZK des KSM, 1935-38 Lenin-Schule Moskau, dann ZK-Instrukteur u. Sekr. in Brünn, 1939 dort illeg. tätig. Anschl. im Parteiauftrag in die UdSSR; 1943 Partisaneneinsatz in Polen, Verhaftung u. bis Kriegsende KL Mauthausen. Nach Kriegsende KSČ-Instrukteur in Karlsbad, 1946 Übersiedlung nach Deutschland, SED-Vors. Südwestsa., später Kr. Zwickau; 1948-50 Chef Deutsche Volkspolizei (DVP) in Sa.-Anhalt, 1950-52 MdI ebd., 1952-53 Vors. Rat des Bez. Magdeburg, 1953-57 Staatssekr. u. stellv. Min. im MdI der DDR, 1957-61 Botschafter in Warschau u. anschl. bis 1964 in Peking, ab 1964 stellv. Min. sowie 1966-69 Staatssekr. u. 1. Stellv. des Min. für Auswärtige Angel. - *Ausz.:* u.a. 1957 VVO (Silber), 1967 VVO (Gold).

L: Antifaschisten; Radde, Diplomat. Dienst. *Qu:* Hand. Publ. Z. - IfZ.

Hegner, Jakob, Verleger; geb. 25. Febr. 1882 Wien, gest. 24. Sept. 1962 Lugano/CH; jüd., 1919 ev., 1935 kath.; *V:* Moritz H. (geb. Mährisch-Ostrau); *M:* Sophie, geb. Singer (geb. Wien); *G:* 8; ∞ 1919 Elisabeth Dröse, ev.; *K:* 1 S, 1 T; *StA:* österr., 1918 staatenlos. *Weg:* 1936 Österr., 1938 GB, 1946 CH.

Stud. Leipzig, 1899-1903 Druckereilehre in Leipzig, 1903-04 Gr. Magazin-Verlag Jacques Hegner, Stud. in Florenz. Ab 1910 in Hellerau bei Dresden, 1912-13 Gr. Verlag Jacob Hegner Hellerau, 1918 Gr. Hellerauer Druckerei, 1930-36 Dir. Druckerei Oscar Brandstetter Leipzig; 1936 Ausschluß aus der Reichskulturkammer. 1936 Emigr. Österr., Gr. Thomas-Verlag Jakob Hegner Wien. 1938 zeitw. Haft. 1938 Emigr. GB, 1946 in die Schweiz, Mitarb. im Summa Verlag Olten/Schweiz u. Kösel Verlag München, Anfang 1950 Mitgr. Jakob Hegner-Verlag Köln. Mitgl. *PEN-Club* in versch. Ländern. - *Ausz.:* 1957 Gr. BVK.

L: Homeyer, Juden als Bibliophilen. *Qu:* Arch. Hand. Pers. – RFJI.

Heichler, Lucian, Diplomat; geb. 1. Apr. 1925 Wien; jüd.; *V:* Dr. med. Joseph H. (geb. 1884 Czernovitz/Bukowina, gest. 1953 New York), jüd., Arzt, 1940 Emigr. USA; *M:* Else, geb. Wolf (geb. 1884 Wien, gest. 1965 Berlin), jüd., höhere Schule, 1940 Emigr. USA; ∞ 1951 Muriel Nordsiek (geb. Juni 1925 Chicago/Ill.), ev., B.A., wiss. Mitarb. der US-Reg.; *K:* Paula Gay (geb. 1952 Washington/D.C.), Stud., VerwAssist.; Peter Lucian (geb. 1955 Washington/D.C.); Katherine Anne (geb. 1958 Washington/D.C.); Elizabeth Jane (geb. 1961 Washington/D.C.); *StA:* österr., 1944 USA. *Weg:* 1940 USA.

1938 Verweisung vom Gymn. Wien. März 1940 Emigr. USA über Niederlande, ca. 1 Jahr Unterstützung durch Hilfsorg. für Flüchtlinge, Teilzeitarb., 1944-46 MilDienst in USA u. Japan. 1947 B.A. New York Univ., 1947-51 Laborant, 1949 kaufm. Angest., 1951 M.A. New York Univ., 1951-53 Stud. George Washington Univ. Washington/D.C., 1951-54 MilHistoriker beim Armeemin. Washington/D.C.; 1954-60 beim Nachrichtendienst des US-Außenmin. in Washington/D.C., 1960 bei Abt. ArbRecht, 1960-66 pol. Abt. in Berlin, 1963 Konsulatssekr., 1966 Stud. Volkswirtschaft Foreign Service Inst. Washington/D.C., 1966-68 bei der Wirtschaftsabt. in Jaunde/Kamerun, 1968-70 in Kinshasa/Kongo, 1970-71 Stud. NATO Defense Coll. Rom, 1971-73 pol. Abt. u. Abt. für öffentl. Angelegenheiten an der US-Botschaft Bern; ab 1973 Wirtschaftsabt. Washington/D.C.; Mitgl. *Am. Foreign Service Assn.* Lebte 1976 in Washington/D.C.

Qu: Fb. Hand. – RFJI.

Heide, Johann Karl, Parteifunktionär; geb. 20. Juni 1897 Itzehoe/Holst., gest. 3. Mai 1974 Arnsberg/Westf.; *V:* Heinrich H.; *M:* Maria, geb. Schmidt; ∞ 1920 Marta Franke, gesch.; *StA:* deutsch. *Weg:* 1933 F; 1940 N-Afrika; 1945 Deutschland (BBZ).

Tapetendruckerlehre; 1914-18 Kriegsfreiw., 1919 SPD u. DMV; Metallfacharb., Büroangest., Parteisekr.; ab 1924 Mitgl. *Deutsche Friedensgesellschaft;* ab 1930 *Reichsbanner,* Kreisltr. u. Mitgl. Gauvorst.; 1932 Kand. LT Preußen. Juni 1933 Emigr. Frankr., 1940 nach Nordafrika. Okt. 1945 Rückkehr, 1945/46 Mitgl. Beratender Provinzialrat für Westfalen, 1946/47 Mitgl. des ernannten LT, 1947-50 SPD-Parteisekr., 1950-53 MdL in NRW, 1953-65 MdB. Mitgl. DLM. – *Ausz.:* 1965 Gr. BVK.

Qu: Arch. Hand. – IfZ.

Heide, Paul, Parteifunktionär; geb. 3. Okt. 1879 Hohenstein-Ernstthal/Sa., gest. 9. Apr. 1973 Windeck/Sieg; 1912 Diss.; ∞ 1904 Elisabeth Zieger (geb. 1883), 1935/36 Schutzhaft, 1936 Emigr. CSR, 1938 GB; 1957 Deutschland; *K:* Charlotte (geb. 1904, ∞ → Kurt Lorenz), Emigr. 1933 CSR, 1937 F, GB; 1960 Deutschland; Max; Hanni; *StA:* deutsch. *Weg:* 1933 CSR; 1938 GB.

Weberlehre; 1899 SPD. Straßenbahnschaffner in Dresden, nach Entlassung wegen sozdem. Betätigung ab 1912 Angest. Konsumgenossenschaft Stolpen/Sa., nach 1925 in Dresden. 1915-18 Kriegsdienst (Uffz., EK). StadtVO. u. SPD-Vors., 1918-25 stellv. Bürgerm. Stolpen, 1927-33 MdL Sa.; März 1933 Flucht aus der Haft, Emigr. CSR, Ltr. Konsumverein Oberplan. 1938 über Polen nach GB; Mitarb. in sog. Abgeordneten-Gruppe um → Karl Höltermann, ab Febr. 1944 Mitgl. Londoner Ausschuß der SPD. 1945-57 Kassier *Vereinigung deutscher Sozialdemokraten in Großbritannien.* 1957 Rückkehr nach Deutschland (BRD).

L: Röder, Großbritannien. *Qu:* Arch. Pers. Publ. – IfZ.

Heilborn, Ismar, Journalist, Parteifunktionär; geb. 30. Apr. 1893 Oppeln/Oberschlesien; *V:* Kaufm.; *StA:* deutsch. *Weg:* 1935 NL; F; 1945 Deutschland (BBZ).

Gärtnerlehre; 1914 SPD, 1915-18 Armierungssoldat, dann kaufm. Angest.; 1919 KPD, 1923 Kand. ZA der KPD, 1924 Mitgl. Lübecker Bürgerschaft; ab 1923 Red. in Lübeck, 1925 in Rostock, 1926 *Echo des Ostens* Königsberg, 1927 bis zu seiner Ablösung als „Versöhnler" 1929 Chefred.; 1932-33 Red. *Sozialistische Republik* Köln. Aug. 1933-Febr. 1935 Haft, Emigr. nach Amsterdam. Nach Kriegsbeginn illeg. Tätigkeit in Südfrankr., ab 1943 Tätigkeit in dem von → Otto Niebergall geleiteten KFDW in Südfrankr., Mitarb. *Soldat am Mittelmeer.* 1945 Rückkehr nach Köln, März-Juli 1946 Lizenzträger u. ab 1949 Chefred. KPD-Zs. *Volksstimme,* 1950-54 Chefred. *KPD-Pressedienst.* Lebte 1969 in Bergisch Gladbach.

L: Weber, Wandlung; Pech, Résistance. *Qu:* Arch. Publ. – IfZ.

Heilbronn, Isaac (Isak), Dr. phil., Rabbiner; geb. 4. Juni 1880 Tann/Rhön, gest. 9. Juni 1943 New York; *V:* Menko H. (geb. 1855 Tann, gest.), jüd., Kaufm.; *M:* Eva, geb. Freudenthal, jüd.; *G:* Julius (umgek. im Holokaust); Leopold (gef. im 1. WK); Ella Marcus (umgek. im Holokaust); ∞ 1914 Erna Gruen (geb. 1892 Urspringen/Bayern, gest. 1977), jüd., Emigr. GB, USA; *K:* Irmgard Pinto (geb. 1915 Nürnberg), 1933 Emigr. GB, 1949 CDN; Erich (geb. 1923, gef. 1944), 1939 Emigr. USA; *StA:* deutsch. *Weg:* 1940 USA.

1900-06 Stud. Jüd.-Theol. Seminar Breslau u. Univ. Berlin, Breslau, Erlangen, 1913 Prom.; 1909-12 Rabbiner in Spandau u. Brandenburg, 1912-39 jüd. Kultusgde. Nürnberg, 1938 Haft KL Dachau. 1940 Emigr. USA über GB, Rabbiner einer konservativen Gde. ehem. Nürnberger Juden, anfangs ZusArb. mit engl.-sprach. Gde., 1941-43 Rabbiner der Einwanderergde. Beth Hillel in New York, gemeinsam mit → Leo Baerwald Gr. der Beth Hillel-Jugendgruppe u. der Beth Hillel-Beerdigungsgesellschaft.

W: Die mathematischen und naturwissenschaftlichen Anschauungen des Josef Salomo Medigo (Diss.). 1913. *Qu:* Arch. Pers. Publ. – RFJI.

Heilbrunn, Ludwig, Dr. jur., Rechtsanwalt, Politiker; geb. 6. Okt. 1870 Frankfurt/M., gest. 3. Apr. 1951 Bühl/Baden; jüd.; *V:* Moritz H.; *M:* Henriette, geb. Epstein; ∞ 1900 Klara Koch; *K:* Dr. jur. Rudolf H. (geb. 1901); Robert (geb. 1905); *StA:* deutsch. *Weg:* 1939 GB.

Stud. Rechtswiss. Straßburg, Heidelberg, Leipzig, Berlin, 1893 Referendar, 1898 Gerichtsassessor, RA in Frankfurt/M., 1907-19 Hg. *Monatsschrift für Handelsrecht und Bankwesen,* 1910-18 StadtVO., stellv. Vors. Stadtparl.; stellv. Mitgl. Prov.-Rat Hessen-Nassau, 1915-18 Mitgl. Preuß. AbgHaus *(Fortschrittliche Volkspartei),* 1919-21 Mitgl. Preuß. Verfassunggebende Landesvers. (DDP). 1919-33 VorstMitgl. Frankfurter Anwaltskammer, Justizrat. Maßgebl. an Grdg. der Univ. Frankfurt beteiligt. Frühj. 1939 Emigr. nach GB. Während eines Sanatoriumsaufenthalts verstorben. – *Ausz.:* Dr. rer. pol. h. c., Kuratoriumsmitgl. u. Ehrenbürger der Univ. Frankfurt/M., nach 1945 Ehrenmitgl. der Anwaltskammer.

W: Die Gründung der Universität Frankfurt/M., 1915; Faust II. Teil als politische Dichtung. 1925; Frankfurt im Sezessionskrieg. 1926; Kaiserreich, Republik, Naziherrschaft. Ein Rückblick auf die deutsche Politik 1870-1945. 1947. *L:* Hamburger, Juden. *Qu:* Arch. EGL. Publ. Z. – IfZ.

Heilig, Bruno, Journalist, Übersetzer; geb. 26. Apr. 1888 Hohenau/Niederösterr., gest. Aug. 1968 Berlin (Ost); *V:* Kaufm. *Weg:* 1933 Österr.; 1938 Deutschland; 1939 GB; 1947 Deutschland (Berlin).

1908-10 Stud. Rechtswiss. Wien, ab 1909 Journ. in Wien, u.a. Korr. einer ungar. Nachrichtenagentur. 1914-18 Soldat. Bis 1923 Red. ungar. Ztg., ab 1924 Korr. dt. Ztg., 1928 Ausweisung aus Österr. wegen pol. Betätigung. Bis 1933 Journ. in Berlin, anschl. nach Wien, Mitarb. u. Korr. *Der Wiener Tag* u. *Der Morgen.* 1938 nach Anschluß Österr. verhaftet, KL Dachau u. Buchenwald, 1939 Entlassung, über Italien nach GB. Mitarb. *Land and Liberty,* Mitgl. des von den österr. Kommunisten in

GB initiierten Diskussionsforums *Austria (of) Tomorrow*. Dez. 1941 Mitunterz. *Deklaration österreichischer Vereinigungen in Großbritannien,* Mitgl. *Free Austrian Movement.* 1947 Rückkehr nach Berlin, Mitarb. Office of Chief of Council for War Crimes. Nach Übersiedlung in den Ostsektor Mitgl. SED, Mitarb. u. Red. von Ztg. u. Rundfunk in der SBZ bzw. der DDR. Ab 1952 freier Journ. u. Übersetzer.

W: u.a. Nicht nur die Juden geht es an ... Wien 1936; Men Crucified. London (Eyre and Spottiswoode) 1941 (dt.:Menschen am Kreuz. Berlin [Verlag Neues Leben] 1948); Der lange Marsch. Ein Bericht vom Werden des neuen China. 1951. *L:* Maimann, Politik. *Qu:* Arch. Hand. Publ. – IfZ.

Heilig, Otto, Dipl.-Ing., Unternehmensleiter; geb. 27. Okt. 1905 Vavrinec/Mähren; jüd.; *V:* Friedrich H. (geb. 1859 Proßnitz/Mähren, gest. 1938 Brünn/Mähren), jüd., Ladeninh.; *M:* Eugenie, geb. Fein (geb. 1867 Boskowitz/Mähren, gest. 1931 Brünn), jüd.; *G:* Ida Lanska (geb. 1901 Vavrinec/Mähren), KL Theresienstadt, 1954 nach IL; ∞ 1935 Gerta Singer (geb. 1911 Brünn), jüd., Handelsschule, Sekr. in Brünn u. Prag, 1939 Emigr. Bras.; *StA:* ČSR, 1950 Bras. *Weg:* 1939 Bras.

1923–33 Stud. ČSR u. Deutschland, 1933 Dipl.-Ing.; Mitgl. zion. Jugend- und Studentenvereinigungen. 1929–31 ČSR-MilDienst, Lt.; 1933–39 Angest. Schuhfabrik Bata, 1933–35 Einkaufsltr. für MaschTeile der Zentrale in Zlin/Mähren (Gottwaldov), 1935–37 in Vernon/Frankr. u. Tilbury/GB; 1937–39 Ltr. Maschinenexport in Kotva. 1926 GrdgMitgl. *Vereinigung zion. Akademiker* Brünn. Febr. 1939 Emigr. Bras., Besuchervisum durch Vermittlung der Bata-Konzerns, später Aufenthaltsgenehmigung; 1939–41 Angest. Bata bis zum Boykott der Firma durch Alliierte. 1941–42 mit Ehefrau Herstellung künstl. Blumen; 1942–44 Aufsicht beim Bau einer pharmazeut. Fabrik in São Paulo, 1944–46 Angest. Geigy do Brasil, Rio de Janeiro, Aufbau von DDT-Fabrikation. 1946–60 Verkaufs- u. Produktionsltr. bei MaschBaufirmen (hydraul. Kräne) Rio de Janeiro, zugl. eigenes Unternehmen. 1967–73 Schriftführer u. Geschäftsf. *B'nai B'rith*-Distrikt Bras., 1955–73 Vizepräs. u. Geschäftsf. *B'nai B'rith* Rio de Janeiro u. São Paulo, 1969 Mitgr. *B'nai B'rith*-Verlag, Mitwirkung bei Hg. der Zs. *Herança Judaica,* 1950–54 Ltr. Kulturabt. A.R.I. in Rio, 1961–75 Mitgl. GdeRat CIP São Paulo. Lebte 1977 in Petropolis/Brasilien.

Qu: Fb. – RFJI.

Heilmann, Friedrich Wilhelm (Fritz), Parteifunktionär, Journalist; geb. 1. März 1892 Berlin, gest. 30. Juni 1963 Berlin (Ost); *V:* Schuhmacher; *StA:* deutsch, 18. Apr. 1939 Ausbürg. *Weg:* 1933 UdSSR; 1945 Deutschland (SBZ).

Vergolder, 1907 *Verein der Lehrlinge und jugendlichen Arbeiter Berlins* u. *Deutscher Holzarbeiter-Verband,* 1910 SPD, 1911–13 Jugendfunktionär in Hannover, 1915 9 Mon. Gef. wegen Antikriegsprop., 1916–18 Kriegsteiln., Mitgl. *Spartakusgruppe,* Gastdeleg. KPD-Gründungs-PT; Mitgr. u. Jan. 1919–Apr. 1921 Mitgl. Reichsausschuß sowie bis Ende 1920 Vors. FSJ bzw. KJVD, Nov. 1919 Teiln. KJI-Grdgskongreß Berlin; 1920–März 1921 KJVD-Vertr. beim ZK der KPD, Apr.–Okt. 1921 ZK-Mitarb. für OrgFragen, Nov. 1921–Okt. 1922 Sekr. KPD-Oberbez. Mitteldeutschland, 1922–23 PolLtr. Bez. Baden. Teiln. 4.–8. u. 10.–12. PT; 1923 ZK-Kand., 1923–29 Chefred. der Parteiorgane *Arbeiter-Zeitung* Mannheim, *Freiheit* Düsseldorf u. *Thüringer Volksblatt* Gotha; während Parteiauseinandersetzungen nach 11. PT vorübergeh. „Versöhnler", dann an Bekämpfung der Opposition beteiligt, 1927–31 (andere Angaben: 1929–33) Mitgl. BezLtg. Thür., 1929–33 MdL Thür. u. ab 1930 Fraktionsvors., 1931 Versetzung als KPD-Red. nach Düsseldorf u. Solingen, Apr.–Aug. 1933 PolLtr. Bez. Nordbayern, Deckn. Robert, Paul Ciepluk, Paul Cuplick, Robert Kayser, Fritz Robert. Sept. Emigr. in die UdSSR, ab Okt. Ref. Mitteleurop. Sekretariat des EKKI, Okt. 1935 Gastdeleg. sog. Brüsseler Konferenz der KPD, danach bis Ende 1937 Mitarb. IRH, ab Ende 1936 Sprecher deutschsprachiger Sendungen *Radio Moskau,* Juni 1938–1942 Red. Verlag für fremdsprachige Literatur, nach Kriegsausbruch bis Juli 1943 Deutschlehrer an sowj. OffzSchulen u. Verf. von AgitPropMaterial, 1942 Red. KriegsgefZtg. *Das freie Wort* Moskau, Juli 1943–Sept. 1945 Red. u. Sprecher Sender *Freies Deutschland,* Mitgl. der inoffiz. NKFD-Ltg. *Institut Nr. 99.* Am 7. Nov. 1945 nach Thür., führend beteiligt an Vereinigung der SPD u. KPD, bis Ende 1948 Chefred. Parteilandesorgane *Thüringer Volkszeitung* bzw. *Thüringer Volk,* 1946–52 MdL Thür. u. 1947–50 LT-Vizepräs., 1949–52 Mitgl. Provis. bzw. Länderkammer der DDR, 1950–53 Landessekr. Thür. bzw. BezSekr. Erfurt *Gesellschaft für Deutsch-Sowjetische Freundschaft* (GDSF), 1952–53 Mitgl. SED-BezLtg. u. 1952–54 Mitgl. BezTag Erfurt. 1954–57 Chefred. *Sonntag* (Organ *Kulturbund zur Demokratischen Erneuerung Deutschlands*), danach Parteiveteran. – *Ausz.* 1946 Med. Für heldenhafte Arbeit im Großen Vaterländischen Krieg 1941–45 (UdSSR), 1946 VVO (Silber), 1962 Karl-Marx-Orden.

W: Deutsche Kinderfibel (zus. mit → Ruth Fischer). Berlin 1931; Zur Rolle des Senders „Freies Deutschland" bei der Anleitung und Orientierung der antifaschistischen deutschen Widerstandsbewegung. In: Das Nationalkomitee „Freies Deutschland" und seine militärpolitische Bedeutung. 1963. *L:* Leonhard, Revolution; Nollau, Die Internationale. 1959; Scheurig, Bodo, Freies Deutschland. Das Nationalkomitee und der Bund Deutscher Offiziere in der Sowjetunion 1943–1945. 1960; Das Nationalkomitee „Freies Deutschland" und seine militärpolitische Bedeutung. 1963; Weber, Wandlung; GdA-Biogr.; Duhnke, KPD; Jahnke, Arbeiterjugendbewegung. *Qu:* Arch. Hand. Publ. Z. – IfZ.

Heimann, Hanan (urspr. Hans), Verbandsfunktionär; geb. 28. Jan. 1910 Dortmund/Westf.; *V:* Berthold (Baruch) H. (geb. 1875 Dortmund-Hörde), Schneider, 1935 Emigrt. Pal.; *M:* Martha, geb. Elsrach (geb. 1879 Dortmund-Hörde), Näherin, 1935 Emigr. Pal.; *G:* Paul Levi (geb. 1915 Dortmund, gef. im 2. WK), landwirtschaftl. Hachscharah, Emigr. F, 1935 Pal. mit Jugend-Aliyah, Lehrer, brit. MilDienst; Erela (Erika) Ihron (geb. 1915 Dortmund), 1934 Emigr. Pal., Lehrerin in Ramat Efal; ∞ 1936 Ruth Scherl-Wertheimer (geb. 1914 Hamburg), Kindergärtnerin; *K:* Giyora (geb. 1938); Mikhal (geb. 1943), Krankenschwester; Amiti (geb. 1947); Nimrod (geb. 1954); *StA:* deutsch; Pal./IL. *Weg:* 1933 Pal.

Realgymn., Abitur, Mitgl. JJWB (*Brith Haolim*), *Habonim, Hechaluz,* 1930 Ltr. Hachscharah-Gruppe in Gut Winkel/Brandenburg, 1932 Gr. *Hechaluz*-Haus in Hamburg, Gr. Hachscharah-Zentrum in Belzig/Brandenburg, 1933 SpitzMitgl. *Hechaluz* Berlin. 1933 Emigr. Palästina mit C-Zertifikat, 1933–36 Mitgr. Kibb. Givat haShelosha mit Hachscharah-Gruppe Belzig, 1936 Mitgr. Kibb. HaBoneh in Ḥaderah mit anderen dt. *Habonim*-Mitgl.; 1939 als Teiln. an illeg. OffzKurs (sog. Affaire der 43) von der Mandatsbehörde zu 10 J. Gef. verurteilt, Entlassung nach 18 Monaten. 1941 Mitgr. Kibb. Dorot, einem nach dem Peel-Bericht von 1937 illeg. von *Haboneh*-Siedlern im Süden gegr. Kibbuz. Mitgl. *Haganah,* 1948 Kommandant der Siedlungen im nördl. Negev, später Btl.-Kommandeur. In den 50er Jahren aktiv in Org. von Einwanderersiedlung Gevim-Dorot Maabarah. Lebte 1978 in Kibb. Dorot.

Qu: Fb. – RFJI.

Heimann, Hanns, Dr. rer. pol., Wirtschaftsberater; geb. 14. Febr. 1879, gest. Quito/EC. *Weg:* EC.

Kaufm. Lehre, Stud. Volkswirtsch. Breslau, München, Heidelberg, 1906 Prom., ab 1902 Mitarb. versch. Industrieverbände, u.a. geschäftsf. Dir. des Ausstellungsamts der deutschen Industrie. u. versch. Textilindustrieverbände, Hauptausschußmitgl. *Reichsverband der deutschen Industrie.* Aktivität in Coudenhove-Kalergis *Paneuropa*-Bewegung, publizist. Tätigkeit. Emigr. Ekuador, Privatier, Vortrags-, Forschungs- u. publizist. Tätigkeit.

W: Humboldt und Bolivar. Begegnung zweier Welten in zwei Männern. In: Schultze, Joachim H. (Hg.), Alexander von Humboldt. Studien zu seiner universalen Geisteshaltung. 1959; Alexander von Humboldt, Freund der Juden. Rede vor der B'nai-B'rith-Loge Quito (Privatdruck 1959); Aufsätze über Industrieausstellungen, Kartell- u. Versicherungswesen, Europ. Zollunion. *Qu:* EGL. Pers. Z. – RFJI.

280 Heimann

Heimann, Hugo, Verleger; Politiker; geb. 15. Apr. 1859 Konitz/Westpr., gest. 24. Febr. 1951 New York; jüd.; *V:* Eduard H. (1818–61), Verleger: *M:* Marie, geb. Levy (1822–92); *G:* 4; ∞ 1888 Cäcilie Levy (geb. 1868), 1939 Emigr. USA; *K:* Leonhard; Eduard, UnivProf., 1933 Emigr. USA; Johanna, dep.; *StA:* deutsch, 1945 USA. *Weg:* 1939 GB, USA.

Gymn. Zum Grauen Kloster Berlin, Buchhandelslehre, 1880–84 Volontär in London, 1885 Juniorpartner, 1890 Alleineigentümer J. Guttentagsche Verlagsbuchhandlung (später de Gruyter) Berlin. SPD, Freundschaft mit August Bebel; Bürgerdeputierter der Armendirektion. Nach Verkauf des Verlags 1898 finanzielle Förderung der Partei, Stiftung der Öffentlichen Bibliothek und Lesehalle Berlin nach angelsächs. Vorbild. 1900–32 StadtVO. Berlin, 1911–25 Fraktionsvors., ab 1919 StadtVO.-Vorsteher, ab 1906 Vors. Zentraler Bildungsausschuß der SPD, 1908–10 Mitgl. Preuß. AbgHaus, 1918 Volksbeauftragter der Stadt Berlin, 1919/20 MdNV; 1920–32 MdR, Vors. Hauptausschuß. Ende 1939 Emigr. nach New York. Mitgl. Deutsche Sprachgruppe der *Social Democratic Federation of America*. 1947 Mitunterz. eines Aufrufs sozdem. Emigr. in den USA für Versöhnungspol. der Alliierten u. Mitwirkung eines demokrat. dt. Gesamtstaats an einer Friedensregelung. – *Ausz.* 1926 Ehrenbürger von Berlin (1933 Aufhebung, 1947 Erneuerung).

W: Der Kampf um die Aufwertung von Helfferich bis Hindenburg. 1925; Der Reichshaushalt, Grundlagen, Inhalt und Bedeutung. 1929; Vom tätigen Leben (ABiogr.). 1949. *L:* Oschilewski, Walther G., 50 Jahre im Dienst des sozialen Fortschritts. 1949; NDB 8; Hamburger, Juden; MGD. *Qu:* Hand. Publ. Z. – IfZ.

Heims, Edward (Eduard) H., Dr. jur., Finanzexperte; geb. 28. Nov. 1884 Berlin; *V:* Dr. med. Paul Heims-Heymann (geb. 1849), Facharzt für Laryngologie, Geh. SanRat, Prof. Univ. Berlin; *M:* Adele, geb. Josephi; *G:* Elisabeth (geb. 1895); ∞ 1933 Hildegard Hartmann; *StA:* deutsch, USA. *Weg:* 1937 USA.

Stud. Rechtswiss. Tübingen, Halle, Berlin. 1910 Teiln. Internat. Strafrechtskongreß Washington/D.C., 1912–14 Richter, 1914–19 Außenhandelsabt. des AA Berlin, RegRat; 1919–21 VorstAssistent der *Reichsvereinigung der deutschen Industrie*, anschl. Dir. Bankhaus Hardy & Co., 1926–36 GenDir. Ges. für Hypothekenberatung u. -verwertung (Internat. Mortgage and Investment Co.) Berlin u. Baltimore/USA. Ab 1937 Farmer in Kalifornien. Mitgl. u.a. *Calif. Council Table, Commonwealth Club of Calif., Press and Union League Club* San Francisco, Marin County Real Estate Bd. Lebte 1964 in Berkeley/Calif.

W: u.a. Territorialitätsprinzip und Distanzdelikt. 1914; Beiträge zur Reform des Strafvollzugsrechts: Anregungen einer amerikanischen Studienreise. 1920; Zur Lehre vom Schuldbegriff. 1921. *Qu:* Hand. – IfZ.

Hein, Ludwig Martin, Unternehmer; geb. 5. Juni 1906 Berlin; jüd.; *G:* 2 B; ∞ 1930 Rosalie Sommerfeld (geb. 1907 Kiel), Krankenschwester; *K:* Sven (geb. 1932 Berlin), Emigr. Bras., Kaufm.; Franco (geb. 1935), Emigr. Bras., Industrieller; *StA:* deutsch, Bras. *Weg:* 1933 F, Bras.

Realschule, Mitgl. *Kameraden;* bis 1921 Bank- u. kaufm. Lehre, 1921–33 Bankangest. bei Berliner Handelsges. u. bei Central-Kreditbank. Mitgl., 1924–33 Vors. *Demokratische Jugend* Berlin; Apr. 1933 mit Brüdern zeitweilig in Haft, dann Emigr. Frankr. mit Hilfe von HIAS, Sept. 1933 weiter nach Bras. (Ehefrau erhielt Visum für die ganze Familie wegen ihres Berufes als Krankenschwester). 1933–43 Handelsvertr., 1943–45 Ltr. Mac Hardy de Campinas, São Paulo. 1945 Gr., dann Ltr. Importfirma für Maschinen u. Rohstoffe Transmares Import Ltda., ab 1955 Dir. Generatoren- u. Pumpenfabrik Transmet. 1961 Mitgl. einer Handelsdelegation nach Osteuropa. Langj. Schatzmeister bzw. Präs. der Finanzkommission C.I.P., Mitgl. *B'nai B'rith* u. Dir. des jüd. Altersheims. Lebte 1977 in São Paulo. – *Ausz.:* Rondon-Medaille der bras. geograph. Gesellschaft.

Qu: Fb. – RFJI.

Heine, Fritz (Friedrich, nach 1933 auch B[edřich] F.), Parteifunktionär, Verleger; geb. 6. Dez. 1904 Hannover; ev.; 1918 Diss.; *V:* Friedrich Christian H. (1877–1954), ev., Orgelbauer, SPD; *M:* Luise, geb. Stock (1880–1918), ev., SPD; *G:* Theodor, Orgelbauer u. Tischler; Anni Sohns; o.K., Buchhalterin, nach 1933 illeg. Tätigkeit, 1935 Emigr.; *StA:* deutsch, 23. Jan. 1939 Ausbürg., 1946 deutsch. *Weg:* 1933 CSR; 1937 F; 1941 Port., GB; 1946 Deutschland (BBZ).

1919–20 Handelshochschule, 1920–23 kaufm. Lehre u. bis 1925 Angest. in Hannover; ab 1919 Mitgl. u. Funktionär *Freie Turnerschaft Hannover* im *Arbeiter-Turn- und Sport-Bund,* 1920 SAJ u. ZdA, 1922 SPD. Ab 1925 Sekr. beim SPD-PV in Berlin, Tätigkeit u.a. in Org.- u. Werbeabt. u. in der Parteipresse, persönl. Ref. des Parteikassiers, 1926–27 Geschäftsf. *Sozialistische Bücherwarte* u. UnterabtLtr. im Reichsausschuß für sozialist. Bildungsarbeit; Verb. zu Carlo Mierendorff u. Julius Leber. Ab 1931 am Aufbau von zwei Untergrundsystemen für eine illeg. Parteiltg. beteiligt (u.a. geheime Sendeanlagen, Ausweichbüros). Nach natsoz. Machtübernahme Waffen-, Personen- u. Materialtransporte in Deutschland u. ab Apr. 1933 auch ins Ausland, Kuriertätigkeit; März-Mai 1933 im Untergrund, anschl. wegen persönl. Gefährdung u. auf Wunsch des PV Emigr. CSR, Sekr. für Verlags- u. PropFragen des Exil-PV im *Sopade*-Büro Prag; Geschäftsf. u. Umbruchred. *Neuer Vorwärts* (NV) u. Graphia-Verlag Karlsbad, bis 1936 Kurierfahrten nach Deutschland; Mitarb. *Deutschland-Berichte, Germany-Reports* u. *Neue Volks-Zeitung* New York. Herbst 1937 im Rahmen der von der CSR-Reg. veranlaßten Verlegung des NV Übersiedlung nach Paris. In der Volksfront- u. Konzentrationsfrage (→ Paul Hertz) Anhänger der PV-Mehrheit um → Otto Wels; 1938 Kooptation in den nunmehr in Paris residierenden Exil-PV. Mai-Juni 1940 Internierung, Prestataire. Ab Juli 1940 mit → Curt Geyer als *Sopade*-Beauftragter in Marseille, einer der Hauptorganisatoren bei der Rettung von 700–1000 sozdem. Flüchtlingen durch Ausreise in die USA mit Notvisa: Vertrauensmann der GLD New York, Vertr. der dt. pol. Emigr. im *Centre Américain de Secours* (Büro des *Emergency Rescue Committee* unter Varian Fry), ZusArb. mit *Unitarian Service Committee* (zuletzt dessen hauptamtl. Mitarb. in Marseille u. Lissabon), mit *American Friends Service Committee* (Quäker), *Comité d'Assistance aux Refugiés,* HICEM, *Schweizerischem Arbeiter-Hilfswerk* (über René Bertholet) u. franz. Résistance. Vergebl. Versuche zur Rettung von → Rudolf Breitscheid u. → Rudolf Hilferding. Febr. 1941 nach Lissabon, Juni 1941 durch Vermittlung der *Labour Party* (LP) nach GB, mit → Hans Vogel u. → Erich Ollenhauer u.a. Mitgl. des für die Kriegszeit in London konstituierten SPD-PV. Bis Herbst 1942 Unterstützung durch LP, 1941 Mitgl. SPD-ArbGemeinschaft *Deutschland und Europa nach dem Kriege,* die das Ausscheiden Geyers aus dem PV u. Konflikte mit der LP über den Charakter der dt. Sozdem. u. der dt. Nation einleitete. Mitgl. *Landesgruppe deutscher Gewerkschafter,* Mitarb. *Left News,* Berater für PropFragen im Rahmen des *Central European Joint Committee* unter → Fritz Demuth u. der Rundfunkarb. von Sefton Delmer, ab Sommer 1942 durch Vermittlung des LP-Politikers Richard Crossman wiss. Hilfsarb. für Foreign Office außerhalb Londons, ab 1943 auch Gutachten für OSS, Sommer 1943 Informationsreise in dt. Kriegsgefangenenlager der Alliierten in Nordafrika. Dokumentation *Würdenträger im Dritten Reich* (Ms., 4 Bde., 966 S. u. Anhang) im Auftrag des PV, Mitarb. Programmberatungen der *Union,* Pläne für „Wiederaufbau einer freien Arbeiterpresse"; konsequenter Gegner einer ZusArb. mit der KPD in den freidt. Bewegungen. Mit Ollenhauer u. → Erwin Schöttle Vertr. der GB-Emigr. bei SPD-Parteikonf. von Wennigsen 5.–7. Okt. 1945, Auftrag zur Bildung der *London-Vertretung der SPD.* Febr. 1946 Rückkehr nach Hannover, Mitgl. SPD-Vorstl.; Mai 1946 Wahl in geschäftsf. PV, bis 1957 Verantwortl. für Pressewesen, Lizenzträger *Hannoversche Presse, Vorwärts* u. *Sopade-Informationsdienst,* Mithg. PPP u. *Sozialdemokratischer Pressedienst,* 1958–74 Geschäftsf. des SPD-Presseverbunds *Konzentration GmbH* Bad Godesberg, 1970–74 Geschäftsf. Westfalendruck Dortmund, Gesellschafter mehrerer Verlagsunternehmen. U.a.

Sekr. u. Vors. *Internationale Föderation der Sozialistischen und Demokratischen Presse,* Mitgl. GenRat der *Sozialistischen Internationale,* VorstMitgl. u. Schatzmeister Friedrich-Ebert-Stiftung. Ab 1974 im Ruhestand. Lebte 1978 in Bad Münstereifel.

W: u.a. Kurt Schumacher. 1970; The International (mit Inge Deutschkron). 1964; Zeitgeschichte im Zeitungsbild (Hg.). 1964. *L:* u.a. Fry, Varian, Surrender on Demand. 1945; Edinger, Sozialdemokratie; Kaden, Einheit; MGD; Röder, Großbritannien. *D:* AsD. *Qu:* Arch. Fb. Hand. Publ. - IfZ.

Heine, Wolfgang K.W., Rechtsanwalt, Politiker; geb. 3. Mai 1861 Posen, gest. 9. Mai 1944 Ascona/CH; ev.; *V:* Dr. Otto H. (1832-1906), Geh. RegRat, GymnDir.; *M:* Meta, geb. Bormann; ∞ I. Cornelia Zeller (gest. 1889), II. Emilie Vogel; *K:* Walther (geb. 1890), Volker (geb. 1900); *StA:* deutsch. *Weg:* 1933 CH.

Stud. Naturwiss. u. Rechtswiss. Breslau, Tübingen, Berlin. Burschenschafter, Reserveoffz.; 1884-89 im preuß. Staatsdienst, anschl. RA Berlin, Strafverteidiger in pol. Prozessen. 1884 SPD, 1898-1918 u. 1919-20 MdR, prominenter Verfechter der Geistesfreiheit u. Opponent von Klassenjustiz. Angehöriger des rechten Parteiflügels, Mitarb. *Sozialistische Monatshefte* u. *Berliner Tageblatt.* Nov. 1918-Juli 1919 Vors. Staatsrat Anhalt, MdL; Dez. 1918 preuß. Justizmin., März 1919-März 1920 preuß. Innenmin., MdNV; nach Kapp-Putsch mit dem Vorwurf mangelnder Wachsamkeit zum Ausscheiden aus dem MinAmt gezwungen. Tätigkeit als Anwalt u. Notar, u.a. Rechtsvertr. des Reichspräs. Friedrich Ebert. 1923-25 Mitgl. Staatsgerichtshof zum Schutze der Republik; Mitgl. Initiativkomitee u. Präsidium des Kongresses *Das Freie Wort,* der am 19. Febr. 1933 in Berlin während des Referats von H. *Die Freiheit der Kunst* von der Polizei aufgelöst wurde. Emigr. in die Schweiz, Unterstützung durch *Schweizerisches Arbeiterhilfswerk.*

W: u.a. Gegen die Quertreiber. 1917; Wer ist schuld am Bürgerkrieg? 1919. *L:* NDB 8; GdA-Biogr. *Qu:* Arch. Hand. Publ. - IfZ.

Heinig, Kurt, Finanzfachmann, Politiker; geb. 19. Jan. 1886 Leipzig, gest. 21. Mai 1956 Stockholm; Diss.; *V:* Schuhmacher; ∞ I. Cäcilie (gest. 1951), Emigr., Übers. schwed. Kinderbücher; II. 1953; *K:* aus I: Peter, Emigr., S; John, Emigr., USA; Marianne, Emigr., DK; *StA:* deutsch. *Weg:* 1933 DK; 1940 S.

Lithografenlehre, Tätigkeit in Leipzig, München, Berlin. Ab 1906 Journ. u. Redner für SPD. Ab 1908 Hg. *Wirtschafts-Informationen* für Partei- u. GewPresse. 1913-14 AbtLtr. *Verein für soziale Kolonisation.* Im 1. WK Armierungssoldat. 1918-20 Beauftragter Preuß. Finanzmin., u.a. für Liquidation des Hohenzollernvermögens, anschl. Red. *Vorwärts,* ab 1923 Ltr. wirtschaftspol. Abt. *Deutscher Werkmeisterverband,* 1927-33 MdR, Budget- u. Wirtschaftssachverständiger der Fraktion, u.a. im Osthilfeskandal 1932/33. In Dänemark Arbeit in landwirtschaftl. Flüchtlingskollektiv, Angest. Rechnungskammer Kopenhagen. Ab 1934 Mitarb. *Deutschland-Berichte der Sopade,* Hg. ihrer dän. Ausgabe *Tyskland-Information;* Forschungstätigkeit Institut for Economics and History. Kontakte zu illeg. Gruppen in Deutschland, finanz. Unterstützung für verfolgte SozDem. im Reich. 1940 Flucht nach Stockholm; schriftst. Tätigkeit. Mitgl. *Sopade-*Gruppe Schweden, ab März 1943 Nachf. von → Emil Stahl als Landesvertr. des Londoner PV, 1943-47 Hg. *Information.* Geriet als Gegner jeder ZusArb. mit KPD u. bürgerl. Gruppen in Konflikt mit Mehrheit der sozdem. Emigr. u. der ADG-Landesgruppe Schweden. Initiator der *Deutschen Vereinigung von 1945* als Gegengewicht zum KPD-beeinflußten FDKB. Ab Juni 1943 Mitgl. des „Inneren Kreises" der *Internationalen Gruppe demokratischer Sozialisten (Kleine Internationale),* von deren Nachkriegsmodellen er sich aus Mißtrauen gegenüber den „imperialistischen" Westmächten distanzierte. Trat auf der Basis eines orthodoxen Marxismus u. einer Interessenautonomie der dt. Arbeiterbewegung nach Kriegsende ein. Später enge Verb. zu Kurt Schumacher, Mai 1946 Teiln. Konf. von Hannover, PV-Vertr. für Schweden, Org. der Schwedenreise von Schumacher, → Erich Ollenhauer u. Franz Neumann Dez. 1947. Nach Kriegsende Archivarb., finanzwirtschaftl. Studien, Korr. u.a. *Telegraf* Berlin, Berufungen als Chefred., Finanzmin. u. Rechnungshofpräs. mehrerer Bundesländer nahm H. aus persönl. Gründen nicht wahr. Gastvorlesungen an dt. Univ. - *Ausz.* 1950 Dr. h. c. Univ. Stockholm.

W: u.a Der Dawesplan. 1926; Finanzskandale des Kaiserreichs. 1928; Osthilfe. 1930; Ökonomie og Politik. Kopenhagen 1934; Parlamentarisk Budgetkontrol. Kopenhagen 1934; Daglighvets Socialökonomi. Kopenhagen 1938; Vardagens nationalekonomi. Stockholm 1942 (dt. Übers.: Nationalökonomie des Alltags. 1949, 1953, 1954); Der schwedische Mittelweg. 1947; Das Budget, 3 Bde., 1948-51; Haushaltsfibel. 1953; Einführung zur Geschichte der Volkswirtschaft. 1954. *L:* Müssener, Exil; Misgeld, Klaus, Die Internationale Gruppe demokratischer Sozialisten in Stockholm. 1976. *D:* ArA, AsD, IfZ. *Qu:* Arch. Hand. Publ. - IfZ.

Heinz, Karl, Parteifunktionär; geb. 16. Sept. 1895 Wien, gest. 7. Nov. 1965 Berkeley/Calif.; Diss.; *V:* Ferdinand H. (1866-1954), Diss., Zimmermann, SDAP u. Gew.; *M:* Magdalene, geb. Binder; ∞ 1921 Ella Stern (geb. 1900), Diss., SAJDÖ-Funktionärin, 1934 Emigr. CSR, 1938 F, 1939 (?) S, 1941 USA; *K:* Otto (geb. 1924), 1934 Emigr. CSR, 1938 F, 1939 (?) S, 1941 USA, UnivProf. für Physik Berkeley/Calif.; *StA:* österr., Ausbürg. (?), 1948 USA. *Weg:* 1934 CSR; 1938 F; 1939 (?) S; 1941 USA.

Schriftsetzerlehre, 1909 Mitgl. *Verband jugendlicher Arbeiter Österreichs* in Wien; aktiv in Arbeitersportbewegung, Besuch der SDAP-Parteischule u. Volkshochschule Wien. Nach Beendigung der Lehrzeit Wanderung durch Deutschland, die Schweiz u. Italien. Herbst 1914 Wien, Mitgl. Reichsbildungsausschuß *Verband jugendlicher Arbeiter Österreichs.* 1915-18 Kriegsteiln., Ende 1918 Berufung in Wiener Parteisekr. der SDAP. 1919-34 Mitarb. *Der Kampf.* 1919 auf 2. Reichskonf. der *Arbeiterräte* Wahl zum Sekr. Reichsvollzugsausschuß der *Arbeiterräte Deutschösterreichs* u. zum Sekr. *Kreisarbeiterrat* Wien. Nov. 1919 Mitgr. *Verband der Sozialistischen Arbeiterjugend Deutschösterreichs (SAJDÖ)* als NachfOrg. des *Verbands jugendlicher Arbeiter Österreichs,* 1919-21 stellv. Vors., 1921-30 Vors. SAJDÖ u. ParteivorstMitgl. SDAP; 1919-21 Ltr. Reichsbildungsausschuß SAJDÖ. Nahm 1919-21 während der Auseinandersetzungen um den Beitritt zur KJI u. 1922-25 bei den Konflikten um die Ausrichtung der SAJDÖ zwischen den Fraktionen → Manfred Ackermann u. → Otto Felix Kanitz eine vermittelnde Position ein, die Spaltungen verhindern konnte. 1921-23 Sekr. *Internationale Arbeitsgemeinschaft sozialistischer Jugendorganisationen (IASJ),* der Jugendorg. der *Internationalen Arbeitsgemeinschaft Sozialistischer Parteien* („Internationale 2 1/2" unter → Friedrich Adler), ab 1923 nach Vereinigung von IASJ u. Jugendorg. der *Zweiten Internationale* zur *Sozialistischen Jugend-Internationale* (SJI) Sekr., 1926-31 Vors. SJI. 1923-33 Sekr. *Republikanischer Schutzbund* unter → Julius Deutsch, 1926-31 verantwortl. Red. *Der Republikanische Schutzbund;* 1926 nach Beitritt des Republikanischen Schutzbunds zum *Arbeiterbund für Sport und Körperkultur Österreichs* (ASKÖ) Deleg. in den ASKÖ-Hauptvorst.; 1929 neben → Rudolf Löw Sekr. *Internationale Kommission zur Abwehr des Faschismus.* 1930-34 MdNR. 1934 während der Februarkämpfe i.A. des SDAP-Parteivorst., blieb nach der Niederlage in Brünn, Mitarb. von → Otto Bauer im ALÖS. Frühj. 1938 nach Anschluß Österr. mit ALÖS nach Paris, als Mitgl. des alten Parteivorst. zus. mit → Karl Hubeny als Jugendvertr. Aufnahme in *Erweiterte AVÖS.* Vermutl. 1939 auf Einladung schwed. Sozialisten nach Stockholm, Mitarb. Flüchtlingssekr. der schwed. Arbeiterbewegung (gegr. von *Sozialistischer Partei Schwedens* u. schwed. Gewerkschaften). 1941 mit → Helene Bauer Emigr. USA über UdSSR, Japan u. die Philippinen, Niederlassung in Los Angeles/Calif.; Sept. 1941 neben F. Adler u.a. Mitunterz. Protest österr. SozDem. gegen Versuch der Bildung einer österr. Exilreg. durch → Hans Rott u. → Willibald Plöchl. 1942 durch Vermittlung von Charles A. Gulick Arbeit in Verw. der Univ. von Berkeley/Calif. Ab 1942 Mitgl. Advisory Board des *Austrian Labor Committee* in New York unter Adler. Blieb nach Kriegsende in den USA.

W: u.a. Die Aufgaben der sozialistischen Jugendbewegung. 1921; Kampf und Aufstieg – Die Geschichte der sozialistischen Jugendbewegung Österreichs. 1932; Nacht über Österreich. Karlsbad (Sozialistischer Jugendverband für die deutschen Gebiete der Tschechoslowakischen Republik) 1935. *L:* Buttinger, Beispiel; Reventlow, Rolf, Zwischen Alliierten und Bolschewiken. 1969; DBMOI; Vlcek, Christine, Der Republikanische Schutzbund in Österreich. Diss. phil. masch. 1971; Neugebauer, Bauvolk; Magaziner, Alfred, Karl Heinz. In: Rentner und Pensionist, Febr. 1977; Simon, Autobiogr. *D:* VfGdA. *Qu:* Arch. Hand. Pers. Publ. – IfZ.

Heising, Alfons, Parteifunktionär, geb. 22. Apr. 1903 Altona b. Hamburg; ∞ Ella Anna Schild (geb. 1905), Diss.; *K:* 3; *StA:* deutsch, 9. März 1938 Ausbürg. *Weg:* 1933 UdSSR, Deutschland; 1934 DK.

Seemann, ab 1924 KPD, ab 1926 *Rote Hilfe,* 1928 Studienreise in die UdSSR, anschl. Gr. *Bund der Freunde der Sowjetunion* in Hamburg, bis März 1933 BezLtr. Wasserkante. Nach natsoz. Machtübernahme illeg. Tätigkeit, Mai–Okt. 1933 Mil-Schule Moskau, nach Rückkehr Versuch zur Org. einer Deleg-Reise von KPD- u. SPD-Mitgl. in die UdSSR. Nov. 1934 Flucht nach Kopenhagen, Tätigkeit für KPD, u.a. Zeuge im Edgar André-Gegenprozeß, später Ltr. KPD-Spitzelabwehr in Kopenhagen. 1936 Parteiausschluß wegen Verb. zur oppos. Gruppe um → Hermann Amter.

Qu: Arch. – IfZ.

Heiß, Kurt, Journalist; geb. 13. Aug. 1909 Mannheim, gest. 26. Nov. 1976 Berlin (Ost); *V:* Johann Jean H. (geb. 1879); *M:* Maria, geb. Matis (geb. 1880); *G:* Otto Wilhelm (geb. 1906); Leo (geb. 1910), 1931 KPD, 1933–35 illeg. Tätigkeit in Mannheim, Emigr. CH, 1936–Jan. 1939 Teiln. Span. Bürgerkrieg, anschl. F, Juli 1940 Festnahme durch dt. Truppen, 1941 Urteil 3 J. Zuchth., bis 1945 KL Dachau; Viktor Walter (1912–45); ∞ Liselotte; *K:* Gerda, Ursula; *StA:* deutsch. *Weg:* 1933 F; Saargeb.; 1935 UdSSR; 1936 E; 1939 UdSSR; 1947 Deutschland (SBZ).

Stud. Rechtswiss. Berlin u. Heidelberg. 1927 KPD, 1932 Red. einer kommunist. Ztg.; 1933 Schutzhaft KL Kislau, nach Flucht Okt. Emigr. Frankr.; Red. im Saargeb.; 1935 Mitarb. *Radio Moskau.* Im Span. Bürgerkrieg Mitgl. Internat. Brigaden, anschl. wieder Mitarb. *Radio Moskau.* 1947 Rückkehr nach Deutschland, SED; 1947–48 Ltr. Hauptabt. *Politisches Wort* im *Berliner Rundfunk,* 1948–49 Intendant *Mitteldeutscher Rundfunk* Leipzig, 1949–51 Intendant *Berliner Rundfunk* u. *Deutschlandsender,* 1951 GenIntendant der DDR-Rundfunkanstalten, 1952–56 Vors. Staatliches Rundfunkkomitee, 1957 GenSekr. *Gesellschaft für kulturelle Verbindungen mit dem Ausland,* 1959–61 Chefred. SED-BezOrgan *Ostsee-Zeitung* Rostock, ab 1961 Chefred. *Humanitas.* – *Ausz.:* u.a. 1955 VVO (Silber), 1969 VVO (Gold).

L: Walther, Gerhard, Der Rundfunk in der Sowjetischen Besatzungszone Deutschlands. 1961; Salm, Fritz, Im Schatten des Henkers. 1973; Verfolgung und Widerstand unter dem Nationalsozialismus in Baden (bearb. von Jörg Schadt). 1976. *Qu:* Hand. Publ. Z. – IfZ.

Helbing, Philipp, Bankier; geb. 19. Febr. 1868 Fürth/Bayern, gest. 28. Apr. 1944 Central Valley/N.Y., USA; ∞ Minnie, geb. Pappenheimer (geb. 1879 USA, gest. 1960 USA), Emigr.; *K:* Robert (geb. 1907 Stuttgart, umgek. KL Auschwitz), 1933 Emigr. CH, F, 1934 NL, 1943 dep.; Marion (geb. 1911), 1933 Emigr. CH, 1934 USA; *StA:* deutsch. *Weg:* 1933 CH; 1938 USA.

Dir. Württembergische Landesbank Stuttgart, nach Übernahme durch Dresdner Bank 1910 Dir. ihrer Stuttgarter Niederlassung, ab 1932 im Ruhestand. März 1933 Emigr. Zürich, Aug. 1938 nach New York.

Qu: Arch. Pers. – IfZ.

Held, Robert O., Dr. jur., Rechtsanwalt; geb. 5. Nov. 1889 Nürnberg, gest. 19. Aug. 1977 Starnberg/Bayern; jüd.; *V:* Dr. jur. Sigmund H. (geb. 1860, gest. 1926 Nürnberg), RA, Präs. Anwaltsverein, 1920–26 Präs. Jüd. Gde. Nürnberg u. Präs. Landesverband Bayerischer Israelitischer Gemeinden; *M:* Frida, geb. Hahn (geb. 1869 Nürnberg, gest. 1944 London), jüd., 1939 Emigr. GB; *G:* Elsbeth Schmidt (geb. 1891 Nürnberg, gest. 1964 USA), 1939 Emigr. GB, 1940 USA, Sekr.; Gertrude Jung (geb. 1894 Nürnberg, gest. 1962 New York), jüd., 1939 Emigr. GB, USA, Sekr. *Blue Card,* Ehefrau von → Richard Jung; ∞ I. 1916 Gertrud Blum (geb. 1891 Würzburg, gest. 1918), jüd.; II. 1920 Tilla von Moser (geb. 1891 New York, gest. 1968 New York); III. 1971 Dr. med. Elisabeth Alletag, geb. Kramer (geb. 1906 Heidelberg), ev., Ärztin in Starnberg; *K:* Ursula Corens (geb. 1918 München), 1933 Emigr. GB, 1938 USA, M.A. (Psychologie), Lehrerin; Robert C. (geb. 1927 Starnberg), 1938 Emigr. USA, Schriftsteller, Kunsthändler u. Verleger in Florenz; *StA:* deutsch, 1941 USA. *Weg:* 1938 USA, 1971 Deutschland (BRD).

1908–12 Stud. Rechtswiss. Würzburg u. Oxford; 1914 Kriegsteiln. (Verwundung). 1919–33 RA in Starnberg u. 1928–33 in München, führend im Kampf für „Simultanzulassung". Bis 1933 VorstMitgl. *Deutscher Anwaltsverein* u. Anwaltskammer München. 1933 zweimal Schutzhaft, Ausweisung aus Starnberg, anschl. Aufhebung des Berufsverbots, 1933–38 RA in München. Okt. 1938 Emigr. USA mit Sondervisum als Ehemann einer US-Staatsangeh.; Handelsvertr., Ehefrau Fabrikarb., später tätig für *Nat. Refugee Service.* Abendkurse an Brooklyn Law School, 1945 LL.B., in den 60er Jahren Teilh. Rechtsanwaltsbüro Held, Walter & Conston, spezialisiert auf Rückerstattungs- u. Entschädigungsfälle, 1957 einflußreiche Studie über Fragen des Kaufkraftausgleichs im Entschädigungsrecht. Mitgr. *Am. Assn. of Former Europ. Jurists, Jew. Philanthropic Fund of 1933, Margaret Tietz Cent. for Nursing Care,* Mitgr. u. VorstMitgl. *New York Foundation for Nursing Homes,* geschäftsf. Ausschuß-Mitgl. A.F.J.C.E., Committeeman *Democratic Party* New York, Washington Heights. 1971 Rückkehr nach Deutschland (BRD), Ruhestand in Starnberg.

W: Zur Frage der Kaufkraft des U.S. Dollars im Entschädigungsrecht. 1957; Beiträge in *Rechtsprechung zum Wiedergutmachungsrecht* u. *Aufbau. D:* RFJI. *Qu:* Pers. Z. – RFJI.

Heller, Carl, Dr. jur., Politiker; geb. 9.Sept. 1872 Liboch/Böhmen, gest. 7. Apr. 1944 Stockholm; ∞ Ella Horb; *StA:* österr., 1919 CSR. *Weg:* 1939 DK; 1940 S.

Stud. Rechtswiss. Prag u. Berlin, ab 1903 RA in Teplitz-Schönau, ab Grdg. der DSAP Mitgl. PV u. Parteivollzugsausschuß, 1920–38 Senator in NatVers. der CSR u. 1929–38 Vizepräs. des Senats; stellv. Vors. tschechoslow. Gruppe der *Interparlamentarischen Union* u. *Liga für Völkerbund* in der CSR. Nach Abschluß des Münchner Abkommens mit Fam. nach Prag, Mitarb. EmigrBüro der DSAP, 14. März 1939 über Polen nach Kopenhagen. Nach dt. Einmarsch nach Schweden, Mitgl. TG-Landesltg., nahm ereist. eine krit. Haltung gegenüber der Politik → Wenzel Jakschs ein.

L: Černý/Cesar, Politika; Brügel, Johann Wolfgang, Tschechen und Deutsche. 1968, 1974; Jauernig, Edmund, Sozialdemokratie und Revanchismus. 1968; Weg, Leistung, Schicksal; Bachstein, Jaksch; Menschen im Exil. *Qu:* Publ. Z. – IfZ.

Heller, Frederico (Fritz), Dr. phil., Journalist; geb. 3. Okt. 1904 Wien; Diss.; ∞ Charlotte Weinberg (geb. 1893 Berlin); *StA:* österr.; Bras. *Weg:* 1933 Österr., Bras.

Stud. Med., Wirtschaftswiss., Soziologie u. Zeitungswiss. Berlin u. Leipzig, 1928 Prom.; Mitgl. SPD, WirtschRed. *Leipziger Volkszeitung.* März 1933 Emigr. nach Wien, Nov. 1933 nach São Paulo mit der Aussicht, dort die Red. einer unter dem Titel *Deutsche Tribüne* geplanten antinatsoz. Zs. zu übernehmen, die jedoch nicht erschienen ist. Ab 1934 Red. der Zs. *Gegenwart,* 1937 Verbot aufgrund natsoz. Intervention. Korr. für europ. Blätter, Mitarb. *Argentinisches Tageblatt,* ab 1940 Mitarb. der Ztg. *O Estado de São Paulo,* seit 1946 Ltr. der Wirtschaftsredaktion; Beiträge für Bildungsprogramme des Fernsehens. Mitgl. JournGew., Deleg. Conselho Consultativo de Planejamento (CONSPLAN), Rio de Janeiro. - *Ausz.:* 1973 Premio Halles de Jornalismo; Preis der *Fédération Internationale des Etudiants en Sciences Politiques,* Genf. Lebte 1975 in São Paulo.

Qu: Fb. - IfZ.

Heller, Max Moses, Unternehmensleiter, Kommunalpolitiker; geb. 28. Mai 1919 Wien; jüd.; *V:* Israel H.; *M:* Lea, geb. Hirschl; ∞ 1942 Trude Schönthal; *K:* Francie Hurvitz, Susan Moses, Steven Neil; *StA:* USA. *Weg:* 1938 USA.

Handelsschule, 1938 Emigr. USA, 1938-45 Geschäftsf. Piedmont Shirt Co., 1945-48 Präs. Williamston Shirt Co., 1948-68 Präs. Maxon Shirt Corp., 1957-68 Präs. Helco Inc., ab 1957 Präs. Trumax Inc., 1968 Gr. u. dann Dir. First Piedmont Bank & Trust. 1969-71 Stadtrat Greenville/S.Car., ab 1971 Bürgermeister; ab 1969 Präs. Greenville Housing Foundation u. Vizepräs. Greenville County Health Planning Council, 1960-62 Vizepräs. Community Council, Mitgl. VerwRat St. Francis Hospital, VorstMitgl. u. 1949 u. 1957-59 Präs. Congr. Beth Israel, 1950 u. 1954 Präs. ZOA, 1951 Präs. *B'nai B'rith,* Mitgl. *Fed. Jew. Philanthropies, United Fund, Nat. Conf. Christians and Jews,* Vors. Governor's Comm. on Housing, Mitgl. Governor's Comm. on Child Care, C. of C., *Federated Jew. Charities.* Lebte 1975 in Greenville/S. Carolina. - *Ausz.:* 1975 LL. D. h.c. Furman Univ. Greenville.

Qu: Hand. Z. - RFJI.

Heller, Otto, Schriftsteller, Parteifunktionär; geb. 14. Dez. 1897 Brünn, umgek. 24. März 1945 KL Ebensee; *V:* Prokurist, jüd.; ∞ 1922 Emma, 1933 Emigr. CH, 1934 UdSSR, 1937 F, bis 1945 KL Ravensbrück, A: CH; *K:* Lilly, bis 1945 KL Ravensbrück; *StA:* österr. *Weg:* 1933 CH; 1934 UdSSR; 1936 F; 1944 Deutschland.

1914-18 Frontoffz. (Lt.), vermutl. 1918 Mitgl. SDAP. Stud. in Wien u. 1919 Prag, 1919 VorstMitgl. SJ in Teplitz-Schönau/Nordböhmen sowie Org. u. Ltr. der zentralen DSAP-Parteischule in Teplitz, kurzfristig Sekr. von → Josef Luitpold Stern. Mitgl. Reichsaktionskomitee der sog. Reichenberger Linken in der DSAP. 1921 GrdgMitgl. KSČ (Deutsche Sektion), bis 1926 Red. *Vorwärts* u. Kreissekr. der KSČ in Reichenberg. 1925-32 mehrere ausgedehnte Reisen in die UdSSR. 1926 nach Ausweisung aus der CSR nach Berlin, Mitarb. u. Red. *Welt am Abend, Rote Fahne* u.a. Ztg. - 1933 über die CSR Emigr. Schweiz, Mitarb. *Inprekorr* u. des NachfOrgans *Rundschau über Politik, Wirtschaft und Arbeiterbewegung* Basel, Mitarb. *Neue Deutsche Blätter* Prag. 1934 nach Moskau, bis 1936 außenpol. Red. *Deutsche Zentral-Zeitung.* Sommer 1936 im Parteiauftrag nach Paris, Mitarb. u.a. *Europäische Stimmen,* Mitarb. im Spanienkämpfer-App., kurzfristig zu Agitprop.-Veranstaltungen nach Spanien. Sept. 1939-Jan. 1940 Internierung im Stadion von Colombes u. Lager Meslay/Dépt. Mayenne. Mai 1940 erneut im Lager Meslay, bis zur franz. Kapitulation in ArbKompanie in Südfrankr. Anschl. Freilassung, lebte als Pächter eines Bauernhofs in Langlade b. Nîmes. Apr. 1941 Verhaftung, Anklage wegen Hochverrats durch Vichy-Behörden, trotz Freispruch Internierung in Le Vernet. Nach Erhalt eines Visums Verlegung nach Les Milles b. Marseille, Flucht, illeg. nach Paris. 1942 unter dem Deckn. Raymond Brunet Dolmetscher bei dt. Wehrmachtsstelle in Lille/Nordfrankr., Mitarb. TA innerhalb der franz. Résistance. Dez. 1943 Verhaftung durch Gestapo. 1944 KL Auschwitz, 1945 Evakuierung in KL Mauthausen u. anschl. Ebensee, Tod durch Unterernährung u. Krankheit.

W: Die Aufgaben der proletarischen Jugendorganisation. o.J.; Sibirien, ein anderes Amerika. 1930; Der Untergang des Judentums. 1931; Wladiwostok. 1932; Das Geheimnis der Mandschurei. 1932; Die rote Fahne am Pazifik. Moskau 1933; Auf zum Baikal! Ebd. 1933; Der Jude wird verbrannt (unveröff. Ms.). 1939. *L:* Spiegel, Résistance; Die Völker an der Seite der spanischen Republik. 1975. *D:* DÖW. *Qu:* Arch. Hand. Pers. Publ. - IfZ.

Hellmann, Henry (urspr. u. Ps.: Jakubowicz, Heinrich Paul Moritz), Journalist u. Übersetzer; geb. 23. Apr. 1906 Breslau; *V:* Michael (Max) Jakubowicz (1873-1930), Verleger, SPD-Mitgl.; *M:* Anna, geb. Gorstelle (1875-1940), SPD-Mitgl.; *G:* Natalie Goll (1907-68), Anneliese Wilke (1910-64); ∞ 1940 Eva Beroun (geb. 1907), Dr. phil., Lehrerin, 1938 Emigr. F, GB; *K:* Anna Petterson (geb. 1943 London), Sozialarb.; *StA:* deutsch, 1947 brit. *Weg:* 1935 CSR; 1938 GB.

1926-27 Volontär *Volkswacht* Breslau, 1927-33 Reporter *Vorwärts,* zeitw. bei SPD-Reichstagsfraktion. Zugleich Stud. Volkswirtsch. Univ. Breslau u. Berlin. 1919 SAJ, 1924 SPD-Mitgl., 1927-33 Ltr. SAJ Berlin-Lichterfelde. Anschluß an Leninistische Organisation (LO) → Walter Löwenheims. Nach 1933 illeg. pol. Arbeit in der LO (*Neu Beginnen*). Als Führungsmitgl. der LO nach der ersten Verhaftungswelle unter Mitgl. der Org. Sept. 1935 Emigr. in die CSR. Dort 1935-38 Deutschlehrer u. Übersetzer. 1938 weiter nach GB mit Hilfe des *British Committee for Refugees from Czechoslovakia (Czech Refugee Trust Fund),* dort Jan. 1939-Okt. 1941 Angest., Nov. 1941-Dez. 1950 Red. *The Exchange Telegraph Co. Ltd.* London. In GB gehörte H. zum Freundeskreis um Walter Löwenheim, nachdem sich die urspr. LO 1935 aufgelöst hatte (→ Richard Löwenthal). Nach dem Kriege verblieb H. in GB. Als Nachfolger → Fritz Segalls 2. Vors. der *Vereinigung deutscher Sozialdemokraten in Großbritannien.* 1947-65 Mitgl. *Labour Party,* im gleichen Zeitraum der North London *Fabian Society* (1947-50/51 als Sekr.). Ab 1949 Mitgl. *European Atlantic Group.* Anfang der 50er Jahre VorstMitgl. *Anglo-German Assn.,* 1950-60 Mitgl. *British Committee for Freedom in Russia.* 1950-57 freier Journ. für dt. u. schweiz. Blätter; seit 1941 Mitgl. *National Union of Journalists.* Ab 1957 Übers. u. Red. beim *Petroleum Press Service* (ab 1974 *The Petroleum Economist*). Lebte 1976 in London.

L: Kliem, Neu Beginnen; Reichardt, Hans J., Neu Beginnen. In: Jahrbuch für die Geschichte Mittel- u. Ostdeutschlands, Bd. 12, 1963. *Qu:* Arch. Fb. Pers. Publ. - IfZ.

Hellmann, Max, Ph.D., Chemiker, Ministerialbeamter; geb. 27. Nov. 1919 Beraun/Böhmen; jüd.; *V:* Otto H. (geb. 1868 Beraun, gest. 1929), jüd., Dipl.-Ing., Betriebsltr. einer Textilfabrik; *M:* Therese, geb. Jerusalem (geb. 1883, umgek. um 1942 im Holokaust), jüd., höhere Schule; *G:* Bedřich (geb. 1906 Beraun), Elektroing., KL-Haft, A: ČSR; Dr. phil. Eva H. (geb. 1907 Beraun), 1939 Emigr. GB; Dolly Perutz (geb. 1908 Beraun), höhere Schule, Künstlerin, 1938 Emigr. USA; ∞ 1957 Elizabeth Robitschek (geb. 1921 Prag), Lyzeum, 1940-45 KL, 1947 in die USA; *StA:* ČSR, 1944 USA. *Weg:* 1939 USA.

1937-38 Stud. TH Prag. Okt. 1939 Emigr. USA mit StudVisum, Stipendium des *Internat. Stud. Service,* 1940 Stud. New York Univ., 1940-42 Coll. of Wooster/Ohio, B.A.; 1942-44, 1946-49 grad. Assist. u. Teaching Fellow, 1947 M.A., 1950 Ph.D. Univ. of Buffalo/N.Y.; 1944-46 US-Marine. 1949-51 Stipendium Univ. North Carolina, 1951 Chem. im Eichamt des US-Handelsmin. Ab 1960 bei der *Nat. Science Foundation,* bis 1962 Projektltr. Amt für internat. wiss. ZusArb. Washington/D.C., 1962-64 stellv. wiss. Ltr. des südamerikan. Büros der *Nat. Science Foundation* in Brasilien, 1964-68 Programmltr. u. 1968-69 AbtLtr. im Amt für internat. wiss. ZusArb., 1969-71 Ltr. Verbindungsstab New Delhi, ab 1971 AbtLtr. in der wiss. Verw.; Mitgl. *Am. Chemical Soc.* - Lebte 1971 in Washington/D.C.

Qu: Fb. Hand. - RFJI.

Hellmich, Josef, Parteifunktionär; geb. 20. Juni 1897 Teplitz-Schönau/Böhmen, gest. Dez. 1972 Hannover; *K:* Juliane; *StA:* österr., 1919 ČSR, deutsch. *Weg:* 1939 S; 1946 (?) Deutschland (BBZ).

Kaufm. Angest., 1911 Mitgl. *Verband jugendlicher Arbeiter Österreichs,* Funktionär; 1915-18 Kriegsteiln., anschl. russ. Kriegsgef.; 1919 5 Mon. Haft wegen Kuriertätigkeit für dt.-böhmische Landesreg., 1920-38 DSAP-Schatzmeister u.

Kassenverw. des DSAP-Zentralorgans *Der Sozialdemokrat* Prag. 1939 Emigr. nach Schweden, Mitgl. TG. Nach Kriegsende Rückkehr nach Deutschland, Mitarb. Vertriebsabt. der Ztg. *Telegraf* Berlin (West).

Qu: Arch. – IfZ.

Helms, Paul Eduard, Parteifunktionär; geb. 13. Okt. 1901 Hamburg, gest. 1943; ∞ ledig; *StA:* deutsch, 14. Febr. 1940 Ausbürg. *Weg:* 1936 DK; 1942 Deutschland.

Dreher; 1919 USPD, 1920 KPD; DMV, Betriebsratsmitgl.; 1932 Mitgl. RGO-BezLtg. Wasserkante, nach natsoz. Machtübernahme illeg. Tätigkeit. Aug. 1933 Verhaftung, 1934 zu 18 Mon. Zuchth. verurteilt, nach Freilassung Ende 1935 illeg. Arbeit in Hamburg. Sept. 1936 auf Anweisung der KPD-AbschnLtg. Nord Emigr. nach Kopenhagen. Anfang 1937 EmigrLtr. für Kopenhagen. Febr. 1937 Ernennung zum „zweiten Mann" der AbschnLtg. Nord; ab Mitte 1937 neben → Heinrich Wiatrek u. → Herbert Warnke „dritter Mann" AbschnLtg. Nord; Org. der Prop. u. des Instrukteureinsatzes im Raum Hamburg, 1939 zudem Ltr. der Frauenkommission. Nach dt.-sowjet. Nichtangriffspakt u. Auflösung der AbschnLeitungen zeitw. Verbindungsmann zur dän. KP, bis zur Einstellung der illeg. Tätigkeit in Dänemark Mitgl. des sog. Instrukteurzirkels. Mai bis Okt. 1941 (Verhaftung) im Untergrund. 9. Jan. 1943 VGH-Todesurteil trotz umfassender Aussagen vor der Gestapo.

D: IfZ. *Qu:* Arch. – IfZ.

Henke, Georg, Partei- u. Staatsfunktionär, Diplomat; geb. 9. Apr. 1908 Berlin; *V:* Arbeiter; *StA:* deutsch. *Weg:* 1935 CSR; F, 1938 E, 1939 UdSSR; S; 1946 Deutschland (SBZ).

Exportkaufm.; 1931 KPD, 1933-35 illeg. Tätigkeit. 1935 Emigr. CSR, Okt. 1935-Sommer 1937 unter Deckn. Fritz Krüger Teiln. Lenin-Schule der *Komintern*; später nach Frankr., März 1938 nach Spanien, Angehöriger XI. Internat. Brigade, nach Kriegsende in die UdSSR; im 2. WK illeg. Aufenthalt in Schweden, als Instrukteur für Berlin bei KPD-AuslLtg. Stockholm mehrere Reisen ins Reich (Deckn. Sven), Mitarb. *Die Welt* Stockholm (Ps. Erna Schmitz); 19. Aug. 1942 Verhaftung durch schwed. Polizei, bis Sommer 1943 Ausweisungshaft, dann wirtschaftspol. Mitarb. *Politische Information* Stockholm. Jan. 1946 Rückkehr nach Deutschland, 1946-50 Chefred. *Die Wirtschaft,* 1950-51 Handelsrat DDR-Mission in der UdSSR, 1951-54 stellv. Ltr. DDR-Vertr. beim Ständigen Büro des Rats für Gegenseitige Wirtschaftshilfe Moskau, 1955-64 stellv. Vors. u. 1958-64 Abt.- bzw. HauptabtLtr. für internat. Wirtschaftsbeziehungen bei Staatlicher Plankommission, 1964-68 Ltr. Abt. Wirtschaftspolitik MfAA, 1968-72 Botschafter in Nordkorea. Lebte 1973 in Berlin (Ost). – *Ausz.:* 1955 VVO (Silber), 1956 Hans-Beimler-Med., 1968 VVO (Gold).

L: Jahnke, Anteil; Dasbach-Mallinckrodt, Anita, Wer macht die Außenpolitik der DDR? 1972; Mewis, Auftrag; Müssener, Exil; Pasaremos. *Qu:* Hand. Publ. Z. – IfZ.

Henry, Grete, geb. Hermann, Dr., Hochschullehrerin; geb. 2. März 1901 Bremen; ∞ verh.; *StA:* deutsch, 1938 durch Eheschließung brit. *Weg:* 1936 DK; 1938 GB; nach 1945 Deutschland (ABZ).

1920-25 Stud. Pädagogik, Math., Physik u. Phil. in Bremen, Göttingen u. Freiburg; 1925 Prom. u. Lehramtsprüfung in Göttingen; langjähr. Schülerin u. Mitarb. Leonard Nelsons (zur Phil. Nelsons s. → Willi Eichler), führende ISK-Ideologin, Mitarb. 1932 RedMitgl. *Der Funke.* Nach 1933 illeg. Kader-Schulungsarbeit in diesem ZusHang Nutzung wiss. Kontakte auch im Ausland, u.a. zu Carl Friedrich v. Weizsäcker, Werner Heisenberg u. Niels Bohr. Okt. 1936 Emigr. nach Dänemark, von dort Okt. 1938 nach GB; im Exil unter Ps. Gerda Bremer u. Peter Ramme Mitarb. des ISK-Organs *Sozialistische Warte;* führendes Mitgl. der ISK-Gruppe London, in dem März 1941 konstituierten Exekutivkomitee der *Union* für den ISK Stellv. W. Eichlers; bei Bemühungen um Aufbau einer sozialist. Einheitspartei auf der Basis der *Union* Mitgl. der Apr.-Aug. 1943 tagenden Kommissionen zur Ausarb. eines Aktionsprogr. Nach ihrer Rückkehr nach Deutschland Anteil am Aufbau der PH Bremen, ab 1946 Lehrauftrag, 1950-66 Prof.; bildungspol. Arbeit in SPD u. Gew., u.a. ab 1947 Mitgl. Kulturpolitischer Ausschuß der SPD, 1954-66 Mitgl. Deutscher Ausschuß für Erziehungs- und Bildungswesen. Lebte 1978 in Bremen.

W: Abhandlungen der Fries'schen Schule. Neue Folge, Bd. 1-6. 1904-37 (Mithg.); Die Frage der endlich vielen Schritte in der Theorie der Polynomideale. Unter Benutzung nachgelassener Sätze von Kurt Hentzelt. Math.-naturwiss. Diss. 1925; Verzeichnis der Schriften Leonard Nelsons. 1929 (zus. mit Hellmut v. Rauschenplat [→ Walter Eberhard]); System der philosophischen Ethik und Pädagogik (eine systematische Darlegung in dem Landerziehungsheim Walkemühle praktizierten Pädagogik L. Nelsons). 1932 (Hg. mit → Minna Specht); Die naturphilosophischen Grundlagen der Quantenmechanik. 1935; Über die Grundlagen physikalischer Aussagen in den älteren und den modernen Theorien. 1937; Politik und Ethik. Hg. ISK. London (Welwyn Garden City: Renaissance Publ. Co.) o.J. (Jan. 1945, engl. Übers.); Hermann-Henry, Grete, Die Überwindung des Zufalls. Kritische Betrachtungen zu Leonard Nelsons Begründung der Ethik der Wissenschaft. In: Leonard Nelson zum Gedächtnis, Hg. Minna Specht u. Willi Eichler. 1953. *L:* Link, ISK; Röder, Großbritannien. *Qu:* Pers. Arch. Hand. Publ. – IfZ.

Henschke, Erich, Verbandsfunktionär, Journalist; geb. 23. Jan. 1907 Berlin; *StA:* deutsch. *Weg:* 1933 (?) Emigr.; E; 1939 F; GB; 1946 (?) Deutschland (Berlin).

1926 KPD. Nach 1933 Emigr., im Span. Bürgerkrieg in XI. Internat. Brigade, nach Verwundung bei Kämpfen um Madrid ab Anfang 1939 Nachf. von → Georg Stibi als Ltr. der dt.-sprach. Abt. bei Radiosender der span. Republik. Deckn. Karl Castro. Danach nach Frankr., Internierung, anschl. nach GB. Nach Kriegsende Rückkehr nach Berlin, 1946 Mitarb. Presseabt. beim Bundesvorst. u. anschl. Ltr. Internat. Büro des FDGB, 1950-55 stellv. Chefred. *Berliner Zeitung,* ab 1954 StadtVO. Berlin (Ost); vorüberg. Korr. für *Berliner Zeitung* u. ADN in Peking, anschl. Lektor bei DDR-Fernsehen. Lebte 1977 in der DDR. – *Ausz.:* 1956 Hans-Beimler-Med.; VVO (Gold).

L: Pasaremos; Dahlem, Vorabend. *Qu:* Hand. Publ. Z. – IfZ.

Hentschke, Gustav **Reinhold,** Partei- u. Verbandsfunktionär, Offizier; geb. 25. Mai 1899 Neundorf b. Bernstadt/Sa.; ∞ Elsa Urland (geb. 1898), 24. April 1937 Ausbürg. mit Kindern; *K:* Herbert (geb. 1919), Erna (geb. 1921); *StA:* deutsch, 29. März 1934 Ausbürg., deutsch. *Weg:* 1933 CSR; 1934 UdSSR; 1937 E; 1939 F, NL; 1940 (?) Deutschland.

Dachdecker; 1913 sozialist. Jugend, 1918 *Spartakusbund* u. KPD. Bei natsoz. Machtübernahme PolLtr. KPD-Ortsgruppe Oberseifersdorf u. Mitgl. UnterbezLtg. Zittau. Illeg. Tätigkeit bis März 1933, danach OrgLtr. Grenzstelle Grottau/CSR für Zittauer Gebiet u. später Bez. Dresden. Deckn. Fritz. Herbst 1934 Deleg. nach Moskau, bis 1936 Lenin-Schule der *Komintern* (Deckn. Herbert Walter), anschl. OffzLehrgang, angebl. Frunse-Akad. Jan. 1937 über Skandinavien u. Frankr. nach Spanien, Instrukteur u. später Führer einer Partisaneneinheit mit Sonderauftrag zur Störung der Nachschubwege der Franco-Armee, Lt., nach Verwundung ab Sommer 1937 Parteisekr. XI. Internat. Brigade. Ab Jan. 1939 illeg. Tätigkeit in Frankr. u. Holland, 1940 Verhaftung, 1941 Urteil 15 J. Zuchths., bis Kriegsende KL Mauthausen. Ab Juli 1945 KPD-Sekr. in Chemnitz, später Vors. SED-Kreisltg. ebd., ab 1946 MdL Sa. u. ltd. Funktionen Deutsche Volkspolizei (DVP), 1953 1. Sekr. BezLtg. Rostock *Gesellschaft für Sport und Technik,* ab 1954 in Berlin (Ost) bei Verw. DVP bzw. NVA tätig, 1956 Oberstlt. der NVA, langjähr. GenSekr. *Schützenverband der DDR.* Lebte 1974 als Oberstlt. a.D. in Dresden. – *Ausz.:* 1956 Hans-Beimler-Med., 1957 VVO (Bronze), 1959 VVO (Silber).

W: Wolter, Herbert, Abschiedsworte unserer Verwundeten. In: El Voluntario de la Libertad v. 22. Okt. 1938; Wir standen immer in der vordersten Reihe. In: Im Kampf bewährt (Erinn.). Berlin (Ost) 1969. *L:* Schreier, Kampf. *Qu:* Arch. Erinn. Hand. Publ. Z. - IfZ.

Heppner, Otto, *StA:* deutsch. *Weg:* E; UdSSR.
Im Span. Bürgerkrieg Angehöriger der Internat. Brigaden; im 2. WK i.A. der Roten Armee Einsatz hinter der Frontlinie, postum mit dem Leninorden der UdSSR ausgezeichnet.
L: Interbrigadisten. *Qu:* Publ. - IfZ.

Herdan, Richard, Dipl.-Ingenieur, Unternehmenslciter; geb. 20. Sept. 1900 Brünn/Mähren, gest. 4. Sept. 1966 S-Afrika; jüd.; *V:* Maximilian H. (umgek. im Holokaust); *M:* Bertha (umgek. im Holokaust); *G:* 1 B (umgek. im Holokaust); ∞ 1933 Hannah Teltscher (geb. 1909 Nikolsburg/Mähren), Angest., 1938 Emigr. S-Afrika, 1946-63 Teilh. First South African Glove Manufacturers, ab 1965 vereidigte Übersetzerin in Johannesburg; *K:* Leo Thomas (geb. 1933), 1938 Emigr. S-Afrika, Wirtschaftsprüfer; Felicitas M. Sherman (geb. 1937), 1938 Emigr. S-Afrika, B.Sc., Beschäftigungstherapeutin; *StA:* österr.; ČSR; 1944 S-Afrika. *Weg:* 1938 S-Afrika.
Stud. Ing. Brünn, Prag u. Wien, AbtLtr. für Südamerika-Export bei den Skoda-Werken Prag. Aug. 1938 Emigr. Südafrika, zunächst Ing., dann Geschäftsf., GenDir. u. Vors. Skoda Works Ltd., Dir. von N. T. Automative Agencies Ltd., Nat. Transportation and Engineering Supplies Ltd., Robertson and Moss Africa Ltd., E. D. C. Motors (Pty) Ltd. u.a.; Präs. *B'nai B'rith*-Loge Johannesburg.
Qu: Hand. Pers. - RFJI.

Herlinger, Erich, Dr. rer. nat., Chemiker; geb. 6. Nov. 1899 München, gest. 9. Febr. 1950; ∞ Esther Ettinger, A: Tel Aviv. *Weg:* 1933 GB, 1934 Pal.
1924 Prom. München, Schüler von Richard Willstätter, 1926-28 Rockefeller-Forschungsstipendium, Assist. am Kaiser-Wilhelm-Institut für Silikatforschung Berlin, 1928-33 Assist., später Privatdoz. Mineralogisch-Petrographisches Institut TH Berlin. 1933 Emigr. GB, 1933-34 Stipendium, Forschungsarb. (Research Fellow) Victoria Univ. Manchester. Durch Chaim Weizmann für die zion. Bewegung gewonnen, 1934 Emigr. Palästina, 1934-42 chemotechn. Berater Sieff Inst. Reḥovot, im 2. WK Forschungsarb. für brit. Armee, 1942-48 selbständ. techn. Berater in Tel Aviv. Ab 1948 ltd. techn. Berater u. Archivar im Physikal. Planungsbüro der Industrieabt. des Handels- u. Industriemin.
W: Bibliogr. s. Poggendorf. *Qu:* Hand. Pers. - RFJI.

Herlitz, Esther, Diplomatin, Politikerin; geb. 9. Okt. 1921 Berlin; *V:* → Georg Yosef Herlitz; *StA:* IL. *Weg:* 1933 Pal.
Mitgl. Kadimah-Habonim, 1933 Emigr. Palästina mit Eltern, 1941 Diplom Hebr. Lehrerseminar Jerusalem, Offz. im Auxiliary Territorial Service der brit. Armee, anschl. Beamtenschule, Mitarb. pol. Abt. der *Jew. Agency;* 1946 beim Amt für Einordnung u. Berufsausbildung von ehem. Soldaten, 1947-48 Sekr. in der pol. Abt. (arab. Angelegenheiten) der *Jew. Agency;* 1948 stellv. Kommandeur Hen-Frauen-Btl. der IDF in Jerusalem. 1948-50 Ltr. US-Abt. im Außenmin., 1949 Berater der isr. Deleg. bei der UN-Vollversammlung, 1950-54 1. Botschaftssekr. in Washington/D.C., 1955-58 Konsul in New York, 1958-62 im *Mapai*-Sekretariat, 1962 Ltr. InfoAbt. im Außenmin., 1966-71 Botschafter in Dänemark, 1961-65 StadtVO. Tel Aviv, Mitgl. *Histadrut, Mapai* (Mitarb. der Abt. für internat. Angelegenheiten), M.K. (Mitgl. Ausschüsse für auswärtige Angelegenheiten, Sicherheit, innere Angelegenheiten u. Rechtsschutz), Auslandsvertr. für *Israel Bonds, Jugend-Alijah, Hadassah* u. WIZO. Mitgl. *Foreign Policy Assn.,* Vors. *Friends of Denmark in Israel,* Mitgl. *Isr.-Am. Assn.,* Vors. isr. Zentrum für freiw. Dienstleistungen, zeitw. Beraterin von PremMin. Golda Meir, 1978 Mitgl. *Maarach*-Zentralausschuß.
Qu: Fb. Hand. - RFJI.

Herlitz, Georg Yosef, Dr. phil., Archivar; geb. 11. März 1885 Oppeln/Schlesien, gest. März 1968; jüd.; *V:* Adolf H.; *M:* Emilie, geb. Böhm; ∞ Irma, geb. Herzka (geb. Schoenbrunn/Böhmen), 1933 Emigr. Pal.; *K:* → Esther Herlitz; *StA:* deutsch, Pal./IL. *Weg:* 1933 Pal.
Stud. Berlin u. Halle, 1909 Prom. Halle, 1904-10 Stud. L(H)WJ Berlin. 1909-16 Ltr. K.J.V., 1911 Teiln. Zion. Weltkongreß. 1911-16 Dir. *Gesamtarchiv der deutschen Juden.* 1919 stellv. Vors. *Zionistische Organisation* Berlin, 1919-33 Gr. u. Dir. ihres Archivs in Berlin, 1926-30 Archivar beim zion. Aktionskomitee. 1927-30 zus. mit → Bruno Kirschner Hg. *Jüdisches Lexikon.* 1930-32 Präs. *Montefiore*-Loge des *B'nai B'rith* Berlin, 1933 Dir. *B'nai-B'rith-Großloge* Deutschland. 1933 Emigr. Palästina, Überführung des Berliner Zion. Archivs nach Jerusalem, 1933-55 Dir. Central Zion. Archives in Jerusalem, 1933-68 Dir. für Bildungswesen bei H.O.G. Jerusalem. Mitgl., 1934-35 Vizepräs. *B'nai B'rith* Jerusalem, 1955-56 Mitgl. Hauptvorst. *B'nai-B'rith-Großloge* Israel, VorstMitgl. LBI Jerusalem.
W: Geschichte der Herzöge von Meran (Diss.). 1909; Hebraismen in lateinischen und deutschen Judenurkunden des Mittelalters. In: Martin-Philippson-Festschrift. 1916; Jüdisches Lexikon (Mithg.). 1927-30; Der Zionismus und sein Werk. 1933; Kedem Hebräisch-Deutsches Wörterbuch. 1933-35; Das Jahr der Zionisten. 1949; Iggerot Herzl (Herzls Briefe). (Mithg.) 1947-48; Pinkas Kehillat Berlin, 1723-1854 (Protokollbuch der Berliner jüd. Gde.) (Mithg.). 1962; Mein Weg nach Jerusalem. 1964; Die Lehranstalt (Hochschule) für die Wissenschaft des Judentums in Berlin. In: LBI Bulletin 1966; Beiträge zur jüd. Gesch. in Fachzs. *Qu:* Hand. Z. - RFJI.

Hermes, Andreas, Dr. phil., Verbandsfunktionär, Politiker; geb. 16. Juli 1878 Köln, gest. 4. Jan. 1964 Krälingen/Eifel; kath.; *V:* Andreas H., Packmeister; *M:* Therese, geb. Schmitz; *G:* 2; ∞ Annemarie Schaller, Emigr. *K:* Otto, Peter, Bruno, Therese; *StA:* deutsch. *Weg:* 1936 Kolumbien; 1939 Deutschland.
Dipl.-Landwirt, 1902-04 Assist. Landwirtschaftl. Akademie Bonn, 1905 Prom. Jena, anschl. wiss. Tätigkeit *Deutsche Landwirtschaftsgesellschaft,* 1911-15 AbtLtr. Internat. Agrarinstitut Rom. Bis 1918 im Kriegsausschuß für Ersatzfutter u. Landwirtschaftskommissar in Rumänien. Mitgl. *Zentrum.* 1919 MinDir. im Reichswirtschaftsmin., 1920-22 Reichsmin. für Ernährung u. Landwirtschaft, 1922-23 Reichsfinanzmin. im Kabinett Cuno, 1924-28 MdL Preußen, 1928-33 MdR. Ab 1928 Präs. *Vereinigung der Deutschen Bauernvereine,* ab 1930 Präs. *Reichsverband der deutschen landwirtschaftlichen Genossenschaften (Raiffeisenverband).* Mitgl. zahlr. staatl. u. internat. Landwirtschaftsgremien, Verw.- u. AR. März 1933 Verhaftung wegen angebl. pol. Verwendung von Genossenschaftsgeldern, Juli 1934 4 Mon. Gef. Im März 1936 als landwirtschaftl. Berater der kolumbian. Reg. Emigr. nach Bogotà. Aufbau eines ländl. Genossenschaftswesens, Hg. *La Cooperativa.* Unterstützung jüd. Einwanderer. März 1939 Deutschlandbesuch mit Plan zum Aufbau einer Ibero-Amerikan. Agrarbibliothek, vom Kriegsausbruch überrascht. Anschluß an Widerstandskreis um Carl Goerdeler, 20. Juli 1944 Verhaftung, 11. Jan. 1945 Todesurteil. Nach Befreiung aus Vollstreckungshaft stellv. OBürgerm. u. Ltr. des Ernährungswesens in Berlin. Mitgr. u. Vors. CDU der SBZ, Ende 1945 von sowj. Besatzungsmacht zum Rücktritt gezwungen, Übersiedlung nach Bad Godesberg. 1946-54 Vors. des neugegr. *Deutschen Bauernverbandes,* 1947-61 Vors. *Deutscher Raiffeisenverband,* Mitgl. Frankfurter Wirtschaftsrat u. Präs. *Zentralausschuß der deutschen Landwirtschaft.* Mitgl. zahlr. dt. u. internat. Landwirtschaftsorg., u.a. Präs. *Verband der Europäischen Landwirtschaft.* 1949 Gr. des sog. *Godesberger Kreises* u. 1950 der *Gesellschaft für die Wiedervereinigung Deutschlands.* - *Ausz.:* Dr. agr. h. c., Dr. rer. pol. h.c., 1953 Gr. BVK.

286 Hermon

W: u.a. Der Teilbau in Frankreich (Diss.). 1906; Der Reinzuchtbegriff und seine Auslegung in deutschen und ausländischen Züchtervereinigungen (mit A. Lydtin). 1909; Zur Kenntnis der argentinischen Landwirtschaft. 1913; Unser Kampf gegen Gewalt und Willkür. 1923; Um die Rettung der deutschen Landwirtschaft. 1929. *L:* Festschrift für Andreas Hermes. 1948; Reichhardt, F., Andreas Hermes. 1953; Pritzkoleit, Kurt, Die neuen Herren. 1955; Christliche Demokraten der ersten Stunde. 1966; Conze, Werner/Kaiser, Jakob, Politiker zwischen Ost und West 1945-1949. 1969; Hermes, Anna, Und setzet ihr nicht das Leben ein. 1971. *Qu:* Biogr. Hand. Publ. Z. - IfZ.

Hermon, Zvi (urspr. Ostfeld, Hermann), Dr. phil., Rabbiner, Kriminologe, Ministerialbeamter; geb. 10. Febr. 1912 Duisburg-Hamborn; jüd.; *V:* Emanuel Menaḥem Ostfeld (geb. 1885 Guora Humora/Bukowina, gest. 1965 Tel Aviv), Kaufm., Vertr. der Zion. u. Ostjüd. Org. in der jüd. Gde. Hamborn, ehrenamtl. Schatzmeister, 1936 Emigr. Pal. mit Ehefrau u. jüngerer Tochter; *M:* Frieda, geb. Kinsbrunner (geb. 1888 Breaza/Bukowina, gest. 1918 Hamborn), jüd., Mitarb. im Geschäft des Ehemanns; *G:* Hilde Kalir (geb. 1913 Hamborn), jüd., höhere Schule, 1939 Emigr. Pal. mit Ehemann; Ruth Juhn (geb. 1923 Hamborn), jüd., 1936 Emigr. Pal.; ∞ 1943 Gerda Katz (geb. 1916 Lüneburg), höhere Schule, Weberlehre, Umschulung als Schneiderin, 1937 Emigr. Pal., Kinderschwester, Weberei-Ausbildung; *K:* David Eliezer (geb. 1947 Haifa), Stud. Volkswirtschaft u. Gewerkschaftswesen, B.A. Univ. Tel Aviv, 1971 Stud. London School of Econ., 1973 M.Sc., Finanzberater; *StA:* deutsch; österr.; Pal./IL. *Weg:* 1938 Pal.

1930-35 Stud. Berlin u. Würzburg, 1933 Prom., Stud. L(H)WJ Berlin, 1935 Rabbinerexamen, 1935-38 Rabbiner in Göttingen u. Bez. Hannover-Süd, Mitgl. *Makkabi Hazair* u. *B'nai B'rith*, *Z.V.f.D.* u. *Keren Hayessod*. 1938 Emigr. Palästina, Mitgl. *Histadrut* u. *Haganah*, 1938-41 Assist. Hebr. Univ. Jerusalem, 1938-39 Kurse für Einwanderer bei *Vaad Leummi*, Lehrerdiplom, Stud. School of Social Work, 1941 Diplom. 1942-50 bei der palästinens. Reg., ab 1948 Bewährungshelfer Abt. für jugendliche Kriminelle, ab 1950 Ltr. Abt. für Rehabilitierung Jugendlicher im isr. Sozialmin. in Jerusalem (insbes. Sozialisierung gefährdeter Jugendlicher während der Masseneinwanderungen). 1948-52 Stud. Psychoanalyse, 1952-58 RegBeauftragter für Strafanstalten, verantw. für Einführung von Beratungsdienst auf fürsorgerischem, psycholog. u. psychiatr. Gebiet, 1953-56 Mitgl. Agranat-Kommission (Reg.-Enquête über Jugendkriminalität). 1958-66 wiss. Ltr., später Berater isr. Gefängnisverw.; 1952-66 isr. Vertr. Social Defense Section der UN (Verbrechensverhütung u. Behandlung von Straffälligen). 1954 Doz. für Kriminalwiss. u. Strafvollzugskunde in der isr. Polizeiausbildung, 1960-68 Doz. für Strafvollzug Hebr. Univ. Jerusalem; 1961-62 Vors. Ministerialkommission für Anstellung psychisch kranker ehem. Soldaten, 1965-68 Doz. für Gesellschaftspathologie Tel Aviv Univ.; 1966-71 Mithg. u. Mitverf. (Kriminalwiss.) *Encyclopaedia Judaica*. 1968 Gastdoz. am kriminalwiss. Inst. der Univ. Köln, 1968-69 Gastdoz. Univ. Montreal; 1969-73 Gastprof., ab 1973 Adjunct Prof. für Kriminalwiss. u. Besserungsverfahren an der South Illinois Univ., gleichz. Vorlesungen im Black American Studies Program. Fellowship US-Außenmin., 1966-70 Stipendium der Stone Found. Brockton/Mass., u. 1970-72 der Wurzweiler Found. New York. Mitgl. *Isr. Soc. of Criminology*, *Internat. Soc. of Criminology and its Arbitration Court*, *Am. Soc. of Criminology*, *Illinois Acad. of Criminology* (Mithg. der Zs. *Delinquency and Society*), *Nat. Council*, *Israel Workers Assn.*, Mithg. *Excerpta Criminologica* Amsterdam.

W: Die Haltung der Reichstagsfraktion der fortschrittlichen Volkspartei zu den Annexions- und Friedensfragen in den Jahren 1914-18 (Diss.). 1934; zahlr. Beiträge in isr., engl., am., kanad. u. UN-Fachzs. *Qu:* Fb. Hand. - RFJI.

Herr, Otto, Journalist; geb. 14. Juni 1905 Freiburg/Br., gest. 26. Nov. 1973 Bad Homburg/Hessen; kath.; *M:* geb. Kempf; ∞ 1934 Anna Hess (geb. 1909); *StA:* deutsch. *Weg:* F; 1945 (?) Deutschland (FBZ).

Nach 1933 Emigr. Paris, Stud. Rechtswiss. Sorbonne, Wirtschaftsjurist; Jan. 1946-Dez. 1970 Chefred. u. außenpol. Kommentator beim *Hessischen Rundfunk* Frankfurt/Main.

Qu: Arch. Hand. - IfZ.

Herr, Willi (Wilhelm) Ludwig, Partei- u. Staatsfunktionär, Offizier; geb. 2. März 1912 Heilbronn, gest. 27. Febr. 1970 Bad Saarow-Pieskow; *V:* Ludwig H., Arbeiter; *M:* Lina, geb. Grießmayer, Arbeiterin; *Weg:* UdSSR; E; UdSSR; Deutschland (SBZ).

Elektromechaniker; 1929 KPD, vor 1933 unter Deckn. Hans Stark aktiv, strafverfolgt u. inhaftiert. Nach 1933 Emigr. in die UdSSR, im Span. Bürgerkrieg Offz. der Internat. Brigaden, danach in die UdSSR, im 2. WK Offz. der Roten Armee. Nach 1945 ltd. Funktionen in Partei- u. Staatsapp. der SBZ/DDR; Anfang der 50er Jahre Chefred. *Deutschlandsender* Berlin (Ost) bzw. Staatliches Rundfunkkomitee beim MinRat, nach den Juniereignissen 1953 strenge Rüge wegen fehlerhafter Programmpol.; 1. SED-Sekr. Staatliches Rundfunkkomitee, zuletzt Oberstlt. der NVA. - *Ausz.:* Milit. Ausz. der UdSSR, 1956 Hans-Beimler-Med.; ZK-Nachruf.

L: Walther, Gerhard, Der Rundfunk in der Sowjetischen Besatzungszone Deutschlands. 1961; Pasaremos. *Qu:* Publ. Z. - IfZ.

Herrmann, Franz, Dr. jur., Ministerialbeamter; geb. 29. Dez. 1886 Berlin, gest. 7. März 1967 Bonn; jüd., 1938 kath.; *V:* Siegfried Josef H. (1856-1920), jüd., Kaufm.; *M:* Laura, geb. Hollstein (1862-1916), jüd.; ∞ I. Hertha Kneucker, geb. Maerker (geb. 1892 Berlin), jüd., Diss., 1938 Emigr. GB, 1939 Schanghai, 1948 USA, später CDN; II. 1941 Gertrud Moewes, geb. Fischer (geb. 1891), ev., kath.; *K:* Irene Hobsbawn (geb. 1922), 1938 Emigr. GB, 1939 Chile, 1952 CDN, Manager in kosmet. Großunternehmen; Werner (geb. 1918), 1937 Emigr. GB, unter Ps. Peter Hemingway brit. Soldat, seit 1948 CDN, Immobilienmakler; *StA:* deutsch. *Weg:* 1937 I; 1939 CH, Chile; 1952 Deutschland (BRD).

1912-15 Stud. Rechtswiss. Berlin, ab 1917 Kriegsteiln., später Staatsanwalt Kriminalgericht Berlin, u.a. 1924 Ankläger gegen Putschisten von Küstrin, ab 1925 im preuß. Justizmin., u.a. Ltr. der Abt. für pol. Strafsachen u. Personalref., MinRat, Mitgl. SPD u. *Republikanischer Richterbund*, 1930-33 VorstMitgl. *Deutsche Juristische Gesellschaft*; Apr. 1933 einstweil. Ruhestand, Verhaftung durch Staatssekr. Roland Freisler, Aug.-Dez. 1933 KL Oranienburg, Papenburg, Lichtenburg. 1937 Emigr. Italien, Kaninchenzüchter, 1939 über die Schweiz nach Chile, Buchhalter in Santiago, 1952 Rückkehr auf Ersuchen der Bundesreg., bis 1967 im AngestVerh. Ltr. des Referats, zuletzt Unterabt. Beamten-Wiedergutmachung im BMdI, OLG-Präs. a.D. - *Ausz.:* 1956 Gr. BVK.

L: Kaznelson, Siegmund, Juden im deutschen Kulturbereich. 1962. *Qu:* EGL. Hand. Pers. Publ. Z. - IfZ.

Herrmann, Willi (Wilhelm), Parteifunktionär; geb. 17. Nov. 1897 Wiebelskirchen/Saar, gest. 17. Febr. 1945 Butzbach/Hessen; *V:* Christian H. (gest. 1941), Hüttenmeister; *M:* Wilhelmine, geb. Reiter (gest. 1940); *G:* 3 B, 2 S; ∞ 1921 Lilli Ries (1904-1971), Verkäuferin, KPD, 1933-35 Mitgl. Saarländischer Landesrat, nach 1935 Emigr. F, zweijähr. Besuch Leninschule in Moskau, nach Kriegsausbruch Verhaftung, 1941 durch OLG Stuttgart zu 5 J. Zuchth. verurteilt, bis 1945 Haft, Rückkehr ins Saargeb.; *K:* Helga Maus (geb. 1924), Krankenschwester; *StA:* deutsch. *Weg:* 1935 F; 1942 Deutschland.

Grubenschlosser, KPD-Funktionär, Mitgl. BezLtg. Saarland; nach dessen Rückgliederung illeg. tätig. Deckn. Genosse Blank. 3.-15. Okt. 1935 Deleg. sog. Brüsseler Konferenz der KPD bei Moskau. Mai 1940-Apr. 1942 Internierung in Gurs/Frankr. 29. Apr. 1942 Verhaftung durch Gestapo, 20. Mai 1942 VGH-Urteil 14 J. Zuchth., Tod im Zuchth. Butzbach.
Qu: Arch. Pers. Publ. - IfZ.

Herrnstadt, Gerhard Paul, DDr., Polizeibeamter; geb. 7. Mai 1916 Wien; *M:* jüd.; *G:* 1 B; ∞ Gundl Steinmetz, Emigr. F, B, in Brüssel maßgebl. Funktionen in der TA innerh. der Résistance, 1944 verhaftet, A: Wien; *StA:* österr. *Weg:* 1938 B; 1940 F; 1941 B; 1944 F; 1945 JU, Österr.
Spediteurlehre, Mitgl. illeg. KJVÖ. Mai 1938 nach Belgien, auf dem Weg bei Aachen kurzfristig verhaftet. 1938-40 Dreher in Brüssel, Mitgl. KPÖ-Parteigruppe; Mai 1940 Transport nach Südfrankr., Internierung in St. Cyprien, Aug. 1940 Flucht. Ab Herbst 1940 erneut interniert, zunächst in Lager bei Gaillac, ab März 1941 in Gurs. Frühj. 1941 Freilassung; bei Versuch, in die deutsch besetzte Zone zu gelangen, von dt. Feldgendarmerie verhaftet, anschl. Haft im Lager Beau Désert in Merignac bei Bordeaux; Flucht, im Parteiauftrag über Paris u. Lille nach Brüssel. Ab Herbst 1941 LtgMitgl. der österr. Widerstandsgruppe in Brüssel im Rahmen der TA innerh. der Résistance, Deckn. u.a. Georges Michel Florin u. Emile François Bekaert. Ab Herbst 1943 als Nachf. von → Dori Meiselmann jun. Hauptverantwortl. der Gruppe, Kompaniekommandant innerhalb der Armée Belge des Partisans. Herbst 1944 nach Befreiung von Belgien u. Frankr. nach Paris. Jan. 1945 mit → Othmar Strobel u.a. über Bari/Süditalien nach Belgrad, Mitarb. am Aufbau österr. Bataillone im Verb. der jugoslaw. Volksbefreiungsarmee. Zunächst Mitgl. des 2. Btl., später PolKommissar u. Major des 4. Btl., das infolge Kriegsende nicht mehr zum milit. Einsatz kam. Mai 1945 Rückkehr nach Wien, Juni 1946 Eintritt in den Polizeidienst. Zunächst als Vertragsbediensteter des rechtskundigen Diensts u. ab 1946 als Polizeikommissär Personalref. in der Bundespolizeidirektion Wien, daneben Stud. Staatswiss., 1951 Prom.; Jan. 1953 Konzeptsbeamter, März 1953 Ltr. eines BezPolizeikommissariats, Juli 1953 Ernennung zum Polizeioberkommissär. Ab Juni 1961 Referatsltr. im Sicherheitsbüro, Juli 1964 Ernennung zum Oberpolizeirat. Bis zu den Auseinandersetzungen im Gefolge der Intervention der Warschauer-Pakt-Staaten in der ČSSR KPÖ-Mitgl. Lebte 1977 in Wien. - *Ausz.:* 1975 Goldenes Ehrenzeichen für Verdienste um die Republik Österreich.
W: u.a. Versuch einer zusammenfassenden marxistischen Theorie der periodischen Krisen (Diss.). 1951. *L:* Spiegel, Résistance; Holzer, Bataillone. *D:* DÖW. *Qu:* Arch. Publ. Z. - IfZ.

Herrnstadt, Rudolf, Journalist, Parteifunktionär; geb. 17. März 1903 Gleiwitz/Oberschles., gest. 28. Sept. 1966 Halle; *V:* RA, SPD-StadtVO Gleiwitz; ∞ Wanja H., StA: UdSSR; *StA:* deutsch u. UdSSR. *Weg:* 1933 PL; 1939 UdSSR; 1945 Deutschland (SBZ).
1921-22 Stud. Rechtswiss. Berlin u. Heidelberg, 1922-24 Praktikant Zellstoffwerke Krappitz, 1924 (nach anderen Angaben: 1929) KPD, 1925-27 Lektor in Berlin, 1928-36 Mitarb. *Berliner Tageblatt* in Prag, Warschau u. Moskau, ab Anfang der 30er Jahre Mitarb. des sowj. milit. Nachrichtendienstes. 1933 in Warschau, bis Kriegsausbruch nachrichtendienstl. Tätigkeit, u.a. Anwerbung des 1942 hinger. Mitgl. der *Roten Kapelle*, Gesandtschaftsrat Rudolf von Scheliha. Ab 1939 Ref. Westeuropa-Abt. des sowj. milit. Nachrichtendienstes (nach anderen Angaben: 1939-40 Besuch eines Lehrgangs u. anschl. Mitarb. *Komintern*-App.), ltd. Mitwirkung bei Einsatz u. Anltg. von Fallschirmagenten in Deutschland. Ab Juli 1943 Chefred. NKFD-Organ *Freies Deutschland* u. führender Mitarb. des inoffiz. NKFD-Leitungsgremiums *Institut Nr. 99,* ab Sept. 1943 Mitgl. erweit. NKFD, ab Febr. 1944 in ArbKommission des PolBüros des ZK der KPD verantwortlich für die pol. Nachkriegsplanung der KPD; enge Kontakte zu sowj. Stellen. Mai 1945 Rückkehr als Mitgl. der *Gruppe Sobottka*

(→ Gustav Sobottka), Mitgr. u. bis März 1949 Chefred. *Berliner Zeitung,* anschl. bis Juli 1953 Chefred. SED-Zentralorgan *Neues Deutschland* Berlin (Ost), 1948/49 Exponent der Hegemonialpolitik der KPdSU in der SED, 1949-50 MdProvis. VK u. 1950-54 MdVK, ab 3. PT 1950 Mitgl. des ZK u. Kand. PolBüro. Übte im Zusammenhang mit sowj. Märznote 1952 Kritik an der Politik der SED-Führung um → Walter Ulbricht, als dessen Nachfolger er in Kreisen der Parteiopposition galt. Nach der Junikrise 1953 neben → Wilhelm Zaisser führender Repräsentant des sog. Neuen Kurses, Verfechter einer gesamtdt. orientierten Politik sowie weitgehender innenpol. Liberalisierung. 26. Juli 1953 Funktionsenthebung wegen „parteifeindlicher Fraktionsbildung", 23. Jan. 1954 Parteiausschluß. 1954-66 wiss. Mitarb. Deutsches Zentralarchiv Abt. Merseburg. Nicht rehabilitiert.
W: Der Weg in die Deutsche Demokratische Republik. 1950; Die erste Verschwörung gegen das internationale Proletariat. 1958; Die Entdeckung der Klassen. 1965; R. E. Hardt (Ps.), Die Beine der Hohenzollern. 1960; Zahlr. Art., u.a. in *Einheit* u. *Neues Deutschland.* *L:* Jänicke, Dritter Weg; Leonhard, Revolution; Dallin, Sowjetspionage; Stern, Porträt; NDB 8; GdA-Biogr.; Strassner, P., Verräter. 1960; Duhnke, KPD; Fischer, Deutschlandpolitik. *Qu:* Hand. Publ. Z. - IfZ.

Hertz, Ernst, Dr.; *Weg:* EC.
SPD; Präs. *Deutsche Bewegung für Demokratie und Freiheit* in Ecuador. Nach Kongreß von Montevideo Jan./Febr. 1943 Vermittlerrolle zwischen *Das Andere Deutschland* unter → August Siemsen u. dem kommunist. orientierten *Lateinamerikanischen Komitee der Freien Deutschen* Mexiko (LAK). Nach erzwungenem Rücktritt 1944 Anschluß der *Deutschen Bewegung* an das LAK unter dem Namen *Bewegung Freies Deutschland in Ecuador.*
L: Kießling, Alemania Libre. *Qu:* Publ. - IfZ.

Hertz, Paul, Dr. rer. pol., Politiker; geb. 23. Juni 1888 Worms, gest. 23. Okt. 1961 Berlin; Diss.; *V:* Carl H., Kaufm.; *M:* Hermine, geb. Strauss; ∞ 1914 Johanna Loeb-Gernsheimer (1886-1973); Emigr. mit Fam., 24. März 1937 Ausbürg. mit Kindern; *K:* Wilfried (Fred W.) (geb. 1915); Hilda Golden (geb. 1919); *StA:* deutsch, 29. März 1934 Ausbürg., USA, deutsch. *Weg:* 1933 CSR; 1938 F; 1939 USA; 1949 Deutschland (Berlin).
1894-1903 Stiftungsschule Hamburg u. Barnimschule Stettin, danach kaufm. Ausbildung, ab 1905 SPD, 1906-10 Angest. *Zentralverband der Handlungsgehilfen;* 1910-14 Stud. Staatswiss. München u. Tübingen, 1914 Prom., Red. *Leipziger Volkszeitung;* Aug. 1914-Okt. 1917 Kriegsteiln. 1917-18 wiss. Hilfsarbeiter Reichsstelle für Gemüse, Nov. 1918-Febr. 1919 Ref. im Reichsernährungsamt. Während des Krieges Anschluß an USPD, ab Nov. 1918 Red. des Parteiorgans *Freiheit;* nach Vereinigung der Parteien Sept. 1922 wieder SPD; 1920-33 MdR, ab Okt. 1922 Fraktionssekr. SPD-Reichstagsfraktion. 1919-25 StadtVO. Berlin. Bereits in USPD Wirtschaftsexperte, lehnte nach Rücktritt → Rudolf Hilferdings Dez. 1929 die Übernahme des Finanzmin. ab. Nach natsoz. Machtübernahme u.a. mit → Friedrich Stampfer nach einem Erpressungsmanöver Görings vom PV beauftragt, März 1933 im Ausland auf eine zurückhaltende Deutschland-Berichterstattung der sozialist. Presse hinzuwirken. 26. Apr. 1933 auf SPD-Reichskonf. in Berlin Wahl in den PV, auf dessen erster Sitzung 4. Mai neben → Siegmund Crummenerl, Stampfer, → Hans Vogel, → Otto Wels u. → Erich Ollenhauer mit Errichtung einer Auslandsstelle betraut, Emigr. nach Prag; nach Konstituierung u. treuhänderischer Mandatsübernahme des sozdem. Exilvorst. besoldetes Mitgl. der *Sopade.* Sept. 1933 Zeuge im Reichsbrand-Gegenprozeß London. Verantwortl. Red. der Okt. 1933-März 1938 für die Verbreitung in Deutschland hergestellten Zs. *Sozialistische Aktion* marxistisch-klassenkämpferischen Inhalts; nach Ausschluß der linken *Sopade*-Mitgl. → Siegfried Aufhäuser u. → Karl Böchel einziger Vertr. sozialrevol. Tendenzen im Exil-PV; ab 1935 Annäherung an NB u. ihr Vertrauensmann innerhalb der *Sopade;* differenzierte Haltung gegenüber Volks-

frontbestrebungen der KPD. Juni 1936 *Sopade*-Vertr. auf der Konf. der *Fédération des Emigrés d'Allemagne en France* in Paris, nach Grdg. der *Zentralvereinigung der deutschen Emigration* deren sozdem. Vertr. im Beirat des Hochkommissars beim Völkerbund für die Flüchtlinge aus Deutschland. Juni 1937 als Berichterstatter in Spanien, mit → Erich Kuttner Beratungen über intensiveres Engagement der *Sopade* im Bürgerkrieg; spielte bei den Konzentrationsbemühungen des sozialist. Exils eine Schlüsselrolle: Jan 1938 Initiative für eine ZusArb. mit NB, wesentl. beteiligt an *Sopade*-Beschluß vom 26. Febr. 1938 zur Unterstützung sozdem. Konzentrationsbestrebungen, Mitgl. des unter Zustimmung der *Sopade* gewählten Prager „Konzentrationsausschusses". Nach Übersiedlung des PV nach Paris Mai 1938 zunehmender Konflikt mit *Sopade*: Gegenüber der Hertzschen Forderung, NB, RSÖ u. SPD-Landesgruppe Frankr. (→ Max Braun) innerhalb eines Zusammenschlusses der *Sopade* gleichzustellen u. damit eine neue Führung der sozialist. Exilbewegung anzustreben, hielt die *Sopade* ihren Führungsanspruch auf der Grundlage der Mandatswahrung aufrecht. Nach der Ende Febr./Anfang März 1938 beschlossenen Verkleinerung des „geschäftsführenden Vorstandes" der *Sopade* von fünf auf vier besoldete Mitgl. De-facto-Ausschluß von Hertz; verließ nach anderen Quellen Mitte/ Ende 1938 freiwillig die *Sopade*. Nach Bruch mit *Sopade* offene Identifikation mit NB. Mitgl. der Frühj. 1939 von → Willi Münzenberg gegr. *Union Franco-Allemande*. Ende 1939 Ankunft in den USA; mit → Karl Frank führender NB-Vertr., u.a. Vermittlung bei der Finanzierung der Londoner NB-Gruppe durch *American Friends of German Freedom;* Konflikt mit GLD (→ Friedrich Stampfer), opponierte u.a. mit den PV-Mitgl. → Marie Juchacz u. → Georg Dietrich gegen die Juli 1943 nach New York einberufene Landeskonf. dt.-sprachiger SozDem. u. Gewerkschafter in den USA als Veranstaltung unter Ausschluß der sozdem. Linken. Bis Herbst 1945 Mitgl. CDG (→ Paul Tillich), Mitunterz. des Progr. v. Mai 1944; lehnte im Frühj. 1945 mit Juchacz, Dietrich u. Aufhäuser die Aufforderung des SPD-Vors. Hans Vogel in London ab, den alten, 1933 gewählten SPD-PV zu rekonstruieren, um das Mandat der *Sopade* als Zeichen ungebrochener pol. Tradition an die Partei in Deutschland zurückzugeben. In den USA bis zu seiner Rückkehr nach Deutschland als freier Wirtschaftsprüfer tätig. 1949 auf Wunsch von → Ernst Reuter Rückkehr als Finanzberater des Magistrats von Berlin, 1950 Ltr. des Hauptamtes Banken und Versicherungen, 1951-53 Senator für Marshallplan u. Kreditwesen, 1953-55 als Bevollmächtigter für Kreditwesen verantwortl. für das Berliner Notstandsprogramm, 1955 bis zu seinem Tode Senator für Wirtschaft u. Kredit. – *Ausz.:* 1957 Ehrenring des Berliner Handwerks, Gr. BVK, Ernst-Reuter-Med. (Silber).

W: u.a. Geschichte der sozialistischen Gewerkschaftspresse. 1914; Die Münchener Tragödie. 1919; Der Mieterschutz. 1920; Arbeitszeit, Arbeitslohn und Arbeitsleistung. 1922; Die Lohnsteuer. 1925; Reich und Reichsbetriebe unter dem Einfluß der Kreditversteuerung. 1932. *L:* Kliem, Neu Beginnen; Edinger, Sozialdemokratie; MGD; Plum, Günter, Volksfront, Konzentration und Mandatsfrage. Ein Beitrag zur Geschichte der SPD im Exil 1933-1939. In: VHZ, 4/1970; Langkau-Alex, Volksfront. *D:* IISG. *Qu:* Arch. Hand. Publ. – IfZ.

Hertz, Richard Otto, Dr. phil., Schriftsteller, Diplomat; geb. 23. Mai 1898 Klein Flottbek b. Hamburg, gest. 2. Aug. 1961 Mexico City; ev.; *V:* Dr. jur. Rudolf H. (1861-1933), ev., RA, Bruder des Physikers Heinrich Hertz; *M:* Carmen, geb. Eggert (1869-1952), ev.; *G:* Dr. phil. Carmen Gräfin v. Finckenstein (1889-1972); Carl Heinrich (geb. 1893, gef. 1918), Referendar; Dr. phil. Gerta Calman, A: GB; ∞ 1932 Feliza Vorwerk (geb. 1910 Chile), ev., A: USA; *K:* Dr. phil. Peter Donald H. (geb. 1933), Hochschullehrer in New York; Imogen M. Sieveking (geb. 1935), Künstlerin in Venezuela; Dr. phil. Richard Alan H. (geb. 1940), Hochschullehrer in Pasadena/ Calif.; Feliza M. Koester (1947-74), B.F.A. Univ. of Calif.; *StA:* deutsch, 1944 USA, 1950 deutsch. *Weg:* 1937 USA; 1938 Mex., USA; 1951 Deutschland (BRD).

1917-19 Kriegsteiln., anschl. Stud. Gesch. Freiburg/Br., Tübingen, Hamburg, 1922 Prom.; ab 1925 auswärtiger Dienst, 1927 Attaché Alexandrien, Legationssekr. Istanbul u. 1929 Bangkok, 1931-32 Vizekonsul Batavia, anschl. Pol. Abt. des AA Berlin; März 1937 als Vizekonsul nach Chicago, Apr. 1937 Versetzung in den Wartestand, März-Dez. 1938 in Mexiko zur Erlangung des US-Einwanderervisums. 1942 endgült. Entlassung aus dt. Dienst. 1938-39 Doz. Carleton College, Northfield/Minn., 1940-47 Prof. für europ. Gesch., Volkswirtsch. u. Phil. Univ. Dubuque/Ia., publizist. Tätigkeit, anschl. Guggenheim Fellowship. 1951 Rückkehr, ab 1952 Aufbau des dt. Konsulats Los Angeles/Calif., ab 1954 GenKonsul; 1956-57 GenKonsul Seoul, 1957-60 Gesandter Seoul, 1960-61 Botschafter in Mexiko. – *Ausz.:* 1959 Dr. h. c. Univ. Seoul, Preisträger für engl. Lyrik in Korea.

W: u.a. Man on a Rock. Chapel Hill (Univ. of Carolina Press) 1946; Chance and Symbol. Chicago (Univ. of Chicago Press) 1948; Die Metamorphosen der Macht. 1951; Then Thousand Things are One. 1952. *D:* StA Hamburg. *Qu:* EGL. Hand. Pers. – IfZ.

Hertz, Rudolf H., Bankier; geb. 4. Febr. 1917 Göttingen; jüd.; *V:* Dr. phil. Paul H. (geb. 1881 Hamburg, gest. 1940 Philadelphia), 1918-35 Prof. für Physik Univ. Göttingen, Emigr. USA; *M:* Dr. phil. Helene H., geb. Markiel (geb. 1891 Hamburg, gest. 1973 Pa.), jüd., Fürsorgerin, Emigr. USA; *G:* Hans G. (geb. 1915 Göttingen, gest. 1976), Emigr. USA, Ph.D. Yale Univ., Astronom im US Naval Observatory u. bei NASA; Elisabeth Freed (geb. 1924 Göttingen, gest. 1977), Emigr. USA, M.Sc., Forschungschemikerin; ∞ 1947 Margaret Stern (geb. 1922 Nürnberg), jüd., Emigr. USA, M.A. Columbia Univ., Vors. Biologie-Dept. am C.W. Post Coll./N.Y.; *K:* Michael (geb. 1949 New York), J.D., Jurist im US-Justizmin.; Shelley (geb. 1952 New York), M.Sc., Sonderschullehrerin; *StA:* deutsch, 1941 USA. *Weg:* 1936 USA.

1936 Abitur, dann Emigr. USA mit Stellenangebot der in Familienbesitz stehenden Merchants Bank of New York, anfangs Angest., später Vizepräs. u. Dir.; 1941-45 US-Armee, Einsatz in Europa; 1948-52 Stud. Columbia Univ. New York, 1952 B.Sc., 1954 Dipl. Stonier Grad. School of Banking, Rutgers Univ. Newark/N.J. Lebte 1977 in Roslyn Heights/N.Y.

Qu: Fb. – RFJI.

Hertzka, Jella (Yella), geb. Fuchs, Verlegerin; geb. 4. Febr. 1873 Wien, gest. 13. Nov. 1948 Wien; ∞ 1897 Emil H. (1869-1932), Musikverleger; *StA:* österr. *Weg:* 1938 GB; 1946 Österr.

Ausbildung an Höherer Gartenbauschule in Bad Godesberg. 1903 Mitgr. u. 1909-33 Präs. *Neuer Wiener Frauenklub*. 1913 Gr. u. bis 1938 Ltr. der ersten zweij. höheren Gartenbauschule für Mädchen in Wien, Initiatorin einer Künstlerkolonie in Wien u. Org. zahlr. künstler. Veranstaltungen, Mäzenin junger Künstler. Nach Ende des 1. WK bes. bei Rückführung von Kriegsgef. aktiv. 1921 Mitgr. u. bis 1938 Präs. *Internationale Frauenliga für Frieden und Freiheit,* Org. internat. Frauenkongresse in Wien. Ltr. der Gruppe für Gartenbau und Kleintierzucht im *Bund österreichischer Frauenvereine*. Ab 1932 AR-Mitgl. Universal-Edition. 1938 Emigr. GB, Tätigkeit als Gartenbauarchitektin. 1946 Rückkehr nach Österr., Wiederaufbau des Verlags, 1947 dessen öffentl. Verwalterin.

Qu: Hand. Pers. – IfZ.

Herz, Carl (Karl), Dr. jur., Rechtsanwalt, Politiker; geb. 29. Juli 1877 Köthen/Anhalt, gest. 14. Sept. 1951 Haifa/IL; ∞ Else; *K:* 2 S, Emigr. IL; *StA:* deutsch, IL. *Weg:* 1939 GB; 1946 IL.

Stud. Rechtswiss., ab 1904 RA Altona, 1904 SPD, ab 1906 Parteijurist u. Vortragsredner; ab 1909 StadtVO. u. Fraktionsvors. Altona, ab 1921 besoldeter Stadtrat u. stellvertr. BezBürgerm. Berlin-Spandau, ab 1926 in Berlin-Kreuzberg. Führender SPD-Kommunalpol., zahlr. grundsätzl. Veröffentl., u.a. in Zs. *Die Gemeinde.* März 1933 Amtsenthebung u. öffentl. Mißhandlung durch SA. 1939 Emigr. GB, 1940 Internierung. 1941 Teiln. SPD-Arbeitsgemeinschaft *Deutschland und Europa nach dem Kriege,* März 1942 mit → Curt Geyer, → Walter Loeb, → Bernhard Menne u.a. Unterz. der Erklärung über histor. Verantwortung der dt. Arbeiterbewegung am Aufkommen des NatSoz., Mitgr. der *Fight-For-Freedom*-Verlagsges. (FFF), Ausschluß aus SPD u. *Landesgruppe deutscher Gewerkschafter.* Ende 1943 Trennung von FFF, Ausarb. von Nachkriegsprogrammen, u.a. in Verb. mit DLM-Kreis um → Otto Lehmann-Russbueldt. Seine Pläne, die brit. u. amerikan. RegStellen vorgelegt wurden, sahen einen dezentralisierten Einheitsstaat unter Ausschaltung preuß. Dominanz vor, der nach etwa 5jähr. zonaler Besatzungsreg. von der Gde.-Ebene her demokrat. aufgebaut werden sollte. 1944/45 Mitarb. in der KPD-initiierten *Freien Deutschen Bewegung* in GB. Febr. 1945 VorstMitgl. *Vereinigung demokratischer deutscher Juristen in Großbritannien.* 1946 Niederlassung in Haifa.

W: The Straight Line. From Soldier King to Soldier Dictator. London 1942; Geister der Vergangenheit (aus dem Nachl., vervielf.) 1953. *L:* Röder, Großbritannien. *D:* IISG. *Qu:* Arch. Publ. Z. - IfZ.

Herz, Emil Emanuel, Dr. phil., Verleger; geb. 5. Apr. 1877 Warburg/Westf., gest. Juli 1971 Rochester/N.Y.; jüd.; *V:* Aron H. (geb. Jülich, gest. 1877), Häute- u. Fellhändler; *M:* Amalie, geb. Grünewald (geb. 1844); *G:* Karl (geb. 1874 Warburg/Westf., gest. 1880 Warburg); ∞ 1910 Gabriele Berl (geb. 1886 Wien), Oberin, 1938 Emigr. CH, I, 1939 Kuba, 1941 USA; *K:* Gertrud Krakauer (geb. 1911 Berlin), Kindergärtnerin, 1939 Emigr. China, 1948 USA; → Ernest Hearst; Ly Bretter (geb. 1916 Berlin), Damenschneiderin, 1938 Emigr. CH, I, 1939 Kuba, 1941 USA; *StA:* deutsch. *Weg:* 1938 CH, I, 1939 Kuba, 1941 USA.

Stud. Bonn, 1902 Prom., anschl. Lehre bei Buchverlag in Hamburg; 1903(?)-34(?) beim Ullstein Verlag Berlin, später Dir. u. 1921-34 VorstMitgl. Ullstein AG, führte die *Ullstein-Taschenbücher* ein, Gr. der Ullstein-Abt. Propyläen-Verlag; 1934 Entlassung. 1938 Emigr. Schweiz u. Italien mit Familie, 1939 nach Kuba, 1941 USA. 1941-47 Ruhestand in Rochester/N.Y.

W: Englische Schauspieler und Englisches Schauspiel zur Zeit Shakespeares in Deutschland (Diss.). 1903; Denk ich an Deutschland in der Nacht. 1951 (engl. Übers.: Before the Fury - Jews and Germans before Hitler. 1966). *Qu:* ABiogr. Hand. Pers. Publ. - RFJI.

Herz, Ernst (Ernest), Dr. jur., Rechtsanwalt, Publizist; geb. 2. Mai 1898 Bingen/Rhein, gest. 1. Febr. 1957 Genf(?); jüd.; *V:* Josef Herz, Kaufm.; *M:* Anna; ∞ Erica Greeven, A: Genf; *StA:* deutsch, 1945 EC. *Weg:* 1940 EC; 1945 CH.

Stud. Medizin Heidelberg, 1917 Kriegsdienst, Dez. 1918 Entlassung. Anschl. Stud. Rechts- u. Wirtschaftswiss. Würzburg, Frankfurt u. Gießen, 1921 Referendar, 1923 Prom., 1924 Assessor, ab 1924 Mitarb. Bureau Internationale du Travail (BIT - Internationales Arbeitsamt) in Genf. Mitarb. *Neue Zeitschrift für Arbeitsrecht, Revue Internationale du Travail* sowie der vom BIT publizierten einschlägigen Sammelwerke. Mai 1940 Ausscheiden aus BIT, Emigr. nach Quito/Ecuador. 1945 Wiedereintritt in BIT nach Aufgabe der dt. Staatsangehörigkeit; zuletzt ltde. Tätigkeit in der Abt. für Arbeitsbeziehungen. Mitarb. *International Labor Review.*

Qu: Arch. Hand. - IfZ.

Herz, Harry Hugo Josef; geb. 25. Apr. 1914 Berlin; *V:* Fritz H.; *M:* Else, geb. Neisser; ∞ 1945 Ruth Hablützel (geb. 1915); *StA:* deutsch, 25. Nov. 1941 Ausbürg., 1959 CH. *Weg:* 1938 B; 1940 F; 1942 CH.

Schriftsetzer, SAJ. Dez. 1938 Flucht von Berlin nach Belgien, Mai 1940 nach Frankr. abgeschoben, Internierung. Dez. 1942 illeg. Einreise in die Schweiz. Ab Aug. 1943 als „Parteiloser" in ProvisLtg. BFD, u.a. Tätigkeit in der Internierten-Betreuung der BFD; Mai 1945 Mitgl. Landesvorst. Im Rahmen der *Centrale Sanitaire Suisse* für Deutschlandhilfe der BFD zuständig. Lebte 1977 in Zürich.

L: Bergmann, Schweiz; Teubner, Schweiz. *Qu:* Arch. Publ. - IfZ.

Herz, Kurt, Unternehmer; geb. 25. Nov. 1907 Alpen/Rheinland, gest. 27. Juli 1970 Rio de Janeiro; jüd.; ∞ Ellen Lissauer; *StA:* deutsch, Bras. *Weg:* 1933 NL, 1935 Bras.

Stud. Univ. Köln, Stud. Mechanik u. Flugzeugbau Moers/Rheinland, 1932 Stud. Mechanik, Thermodynamik u. Krankenhausplanung in Amsterdam. 1933 Emigr. Niederlande, Angest. Philips-Werke Eindhoven. 1935 Rio de Janeiro, ltd. Mitarb. in mehreren Fabriken, 1947 Gr. Hospitec, Hersteller med. Geräte (später Hospitec-Equipamentes Industriais S.A.). Mitarb. Gesundheitsmin., techn. Aufbau von Kranken- u. Altenheimen, insbes. Krebskrankenhaus Rio de Janeiro. Gr. einer Schule zur Ausbildung von Krankenhaus-VerwPersonal. Ende der 40er Jahre Gr. der ersten Gasges. in Manaus, Beteiligung am Aufbau der staatl. Erdölges. in Petrobras. Lebte 1977 in Rio de Janeiro/Bras.

Qu: Fb. - RFJI.

Herz, Kurt G., Dr. phil., Pädagoge, Sozialarbeiter; geb. 2. Febr. 1903 Offenbach/M.; jüd.; *V:* Carl H. (geb. 1874 Mainz, gest. 1942 Offenbach), Kaufm.; *M:* Emma, geb. Hanf (geb. 1861 Grünstadt/Pfalz, umgek. im Holokaust), jüd.; *G:* Elsa (geb. 1904 Offenbach), höhere Schule, 1933 Emigr. USA; ∞ 1932 Ellen M. Wolff (geb. 1906 Bad Kreuznach), jüd., Diätköchin u. Kindergärtnerin, 1939 Emigr. GB, Dir. Hostel for Refugee Boys, Sutton/Surrey, 1940 USA, Ltr. Kinderbetreuungsprogramm in New York; *K:* Stefan P. (geb. 1932 Berlin), 1938 Emigr. NL, 1939 GB, 1940 USA, M.S.W., Fürsorger; Frank M. (geb. 1936 Düsseldorf), 1939 Emigr. GB, 1940 USA, Coll., Künstler; *StA:* deutsch, 1946 USA. *Weg:* 1939 GB, 1940 USA.

1921-25 Stud. Freiburg, Frankfurt, Gießen; 1925 Prom. Frankfurt; Mitgl. *Kameraden* u. Vors. *Jüdischer Jugendverein,* Landesverb. Hessen. 1925-26 Lehrer Oberrealschule Gießen, 1926-29 Oberrealschule Mainz, 1929-33 Kaiser-Friedrich-Realgymn. Berlin-Neukölln, Doz. in der Erwachsenenbildung; 1931 StudRat, 1933 Entlassung; 1933-35 Lehrer Theodor-Herzl-Schule Berlin, 1935-39 Rektor jüd. GdeSchule Düsseldorf, Doz. in der jüd. Erwachsenenbildung u. Lehrerfortbildung; Mitarb. in illeg. sozialist. Gruppen in Berlin, 1938 KL Dachau. Febr. 1939 Emigr. GB, Ltr. des Hostel for Refugee Boys, Sutton/Surrey; 1940 USA, Unterstützung durch HIAS, 1940-42 Angest. eines Industrieunternehmens in Cleveland/O.; 1941-44 Stud. Western Reserve Univ., 1944 M.Sc.; 1942-44 Kinderbetreuer Bellefair Jew. Children's Home Cleveland, 1943 Doz. Officers' Training School an der Western Reserve Univ., 1944-46 Fürsorger u. Psychotherapeut Jew. Board of Guardians N.Y., 1944-45 auch Fürsorgeberater YMCA u. YWCA Bronsville u. East New York, 1945-49 Doz. für Soziologie am Brooklyn Coll. New York, 1946-53 wissenschaftl. Mitarb. u. Berater im *Council of Jew. Fed. and Welfare Funds* New York, bis 1950 Dir. Home for Jew. Aged Philadelphia/Pa., 1953-56 Dir. Hebr. Home for Aged Disabled San Francisco/Calif., seit 1956 Dir. *United Help Inc.* New York, 1961-72 Dir., 1972-76 Vizepräs., 1976 Berater *Selfhelp* New York. Gr. Nat. Comm. on the Aged der *Nat. Soc. Welfare Assembly,* Adv. Group on Aged to Federal Security Agency, 1953-56 Comm. on Aging des Community Chest San Francisco; Comm. on Revision of Standards for Insts. for the Aged des Calif. State Dept. Soc. Welfare; Citizens Comm. on the Aging des Council of Greater New York, 1971 Vors. Task Force on Housing N.Y. State; White House Conf. on Aging; Mitgl. u. 1955 Schatzmeister San Francisco Zweigstelle d. *Nat. Assn. Soc. Workers,* Fellow *Am. Sociol. Assn., Soc. for the Psychol. Study of Soc. Issues,*

Fellow *Gerontological Soc.*, Mitgl. *Western Gerontological Soc., Nat. Conf. of Jew. Communal Service*, AR-Mitgl. Central Bureau of *Jew. Aged, Nat. Council on Aging* u.a. Lebte 1978 in New York.

D: RFJI. *Qu:* Fb. Pers. Z. – RFJI.

Herzberg, Hans, Industrieller; geb. 7. Febr. 1923 Braunschweig; jüd.; *V:* Georg H.; *M:* Alica; ∞ 1951 Margrit Holzheim (geb. 1933 Frankfurt/O.), Stud. Pädagogik; *K:* Rafael (geb. 1954 São Paulo), Stud., stellv. Dir.; Eliana (geb. 1956 São Paulo), Stud.; Jeanete (geb. 1959 São Paulo), Stud.; *StA:* deutsch, Bras. *Weg:* 1936 Bras.

Reform-Realgymn. Braunschweig. Sept. 1936 Emigr. Brasilien mit Familie, Okt. 1936 São Paulo. Besuch des Mackenzie Coll. u. des Instituto Profissional Masculino. 1941 Gr. Tecnico de Importex Ltda. Sambra e Laminacão Rafael de Martino (elektrotechn. Importgeschäft), später GenDir. Construçoes eletricas Eltec S.A. São Paulo (elektrotechn. Betrieb mit 650 Angest.). 1973 Mitgl. Wirtschaftsdeleg. von São Paulo nach Japan, u.a. Teiln. an Tagungen über Elektrotechnik. Dir. u. 1. Sekr. Einwanderergde. Congregacão Israelita Paulista (C.I.P.), Mitgl. *Rotary International*. Lebte 1977 in São Paulo.

Qu: Fb. Hand. – RFJI.

Herzberg, Rolf, Kaufmann, Verbandsfunktionär; geb. 6. März 1923 Berlin; jüd.; *V:* Dr. jur. Hans H. (geb. 1893 Essen, gest. 1969 São Paulo), Uffz. im 1. WK, 1922-38 Teilh. einer Bank, später RA in Berlin, 1939 Emigr. Bras., zeitw. in Verwaltung von C.I.P., Rechtsberater für Einwanderer, 1947-53 Mitgl. VerwRat C.I.P., später Rechtsberater in Wiedergutmachungsangelegenheiten; *M:* Ellen, geb. Königsberger (geb. 1900 Berlin, gest. 1950), 1939 Emigr. Bras.; *G:* Kaethe Heilberg (geb. 1925 Berlin), 1939 Emigr. Bras., Mitinh. einer Textilfirma; ∞ 1954 Helene Margot Sandberger (geb. 1932 Karlsruhe), Emigr. F, nach Kriegsende Lehrerin in Bras.; *K:* Daniel Alain (geb. 1966); *StA:* deutsch; Bras. *Weg:* 1939 Bras.

Bis 1937 Gymn., 1937-38 jüd. Schule in Berlin, gleichz. Mitgl. BDJJ, zeitw. Mechanikerlehre an ORT-Schule in Berlin. Febr. 1939 Emigr. Brasilien zus. mit Eltern mit Touristenvisum, Mechanikerlehre, bis 1945 Mechaniker bei versch. Firmen, 1945-63 techn. Zeichner in Maschinen- u. Werkzeuggeschäft, später techn. Übers. u. Assist. des Chef-Ing. in Elektromotorenfabrik u. Angest. Importgeschäft von Werkzeugmaschinen. 1963-68 Dir. eines Versicherungs-Maklergeschäfts. 1940 Mitgl. Jugendabt., 1941-52 Jugendltr., 1944-47 u. 1953-68 VorstMitgl., 1966-68 Vizepräs., 1968-71 Superintendent C.I.P., ab 1971 VerwDir. *Federacão Israelita São Paulo* (Dachorg. aller jüd. Org.), Mitgl. *B'nai B'rith*. Lebte 1977 in São Paulo.

W: Art. in *Journal Resenha Judaica*. *Qu:* Fb. – RFJI.

Herzfeld, Arnold, Dr. jur., Versicherungsmakler; geb. 20. Okt. 1889 Hamburg, gest. 30. Okt. 1975 New York; jüd.; *V:* Julius H. (geb. 1851 Nienburg, gest. 1918 Hannover), jüd., höhere Schule, Inh. Herrenbekleidungsgeschäft; *M:* Frieda, geb. Spanier (geb. 1862 Paderborn, gest. 1900 Hannover), jüd.; *G:* Dr. jur. Manfred H. (geb. 1887 Hannover, gest. 1968 Berlin), jüd., um 1937 Emigr. Pal., nach 2. WK RA in Wiedergutmachungsfragen; Dr. phil. Franziska Walter (geb. 1891 Hannover, gest. 1939), Emigr. F, Lehrerin; Hans (geb. 1893 Hannover, gef. 1914), Ernst (geb. 1896 Hannover, gef. 1917), Ilse Burroughs (geb. 1900 Hannover), A: Luzern; ∞ 1920 Hertha Bleichröder (geb. 1898 Hamburg), jüd., Stud. Kiel u. Hamburg, 1934 Emigr. F, 1941 USA; *K:* Thomas B. (geb. 1921 Hamburg), Abitur Hamburg, 1934 Emigr. F, Stud. Lycée Pasteur Paris, Winter 1939/40 in die USA, Abschluß Harvard Univ., Vors. u. Dir. Bleichröder, Bing & Co. Inc. New York; Gabriele Sands (geb. 1923 Hamburg), 1933 Emigr. F, USA, Stud. Columbia Univ.; Michael Herzfeld (geb. 1927), Geschäftsf., 1934 Emigr. F, 1941 USA; *StA:* deutsch; USA. *Weg:* 1933 F, 1941 USA.

1908-11 Stud. Rechtswiss. Berlin u. Göttingen, Referendar; Kriegsteiln. (Kriegsverdienstkreuz). 1920 Assessor, Justitiar bei der Rickmers-Linie Hamburg, Teilh. Bleichröder & Co. Hamburg (Versicherungsges. des Schwiegervaters). Mitgl. DDP, VorstMitgl. jüd. Gde. Hamburg, *Tempelverband* u. Jüdisches Krankenhaus Hamburg, 1929 Mitgl. Initiativkomitee für die Erweiterung der *Jew. Agency*. Aug. 1933 Emigr. Frankr., 1933-40 Mitinh. u. Dir. Société d'Assurance pour le Commerce et l'Industrie Paris u. Mitinh. Bleichröder & Co. in Amsterdam u. Antwerpen. In Paris Unterstützung von Flüchtlingsorg. Mai 1941 in USA, 1941-75 Mitgr., Teilhaber, Vors., später ehrenamtl. Vors. Versicherungsges. Bleichröder, Bing & Co. Inc. New York, Einstellung zahlr. Flüchtlinge. Nach 2. WK durch Wiedergutmachungsverfahren Aktieninh. der Hamburger Versicherung AG (HAVAG). Spenden an UJA, Metropolitan Museum of Art New York, Lincoln Center for the Performing Arts New York. – *Ausz.:* Hanseatisches Verdienstkreuz.

Qu: Pers. Z. – RFJI.

Herzfeld, Ernst Salomon, Dr. jur., Rechtsanwalt; geb. 14. Febr. 1875 Graetz/Posen, gest. 1948 Buenos Aires; jüd.; *V:* Abraham H. (gest. 1907), jüd., Industrieller, StadtVO in Graetz; *M:* Julie, geb. Badt (geb. 1848, gest. 1914 Berlin); *G:* Rosa Brodnitz (geb. 1871 Graetz, gest. 1933 Berlin); Helene Meyer (geb. 1873 Graetz, gest. Buenos Aires); Hedwig Brodnitz (geb. 1878 Graetz, gest. USA), Mutter von → Friedrich S. Brodnitz, Emigr. Pal.; Hugo (geb. 1881 Graetz, gest. 1933 Berlin), Patentanwalt; Bianka Brodnitz (geb. 1884), A: Washington/D.C.; ∞ 1904 Klara Frankenstein (geb. 1879 Karlsruhe, gest. 1958 Tel Aviv), Malerin, 1939 Emigr. Pal.; *K:* → Julius Ernst Herzfeld; Walter H. (geb. 1907, gest. 1968 Wolfenbüttel), Stud. in F, Deutschland u. USA, 1933 Emigr. F, dann USA, RA u.a. für Volkswagenwerk; Hanna Marcus (geb. 1911), 1935 Emigr. Pal., Bürovorst.; Chawa (urspr. Hilde) Weinberg (geb. 1921), 1939 Emigr. Pal., Handelsschule, Angest. in Versicherungsfirma; *StA:* deutsch, Pal. *Weg:* 1939 Pal.

1894-97 Stud. Freiburg, München, Berlin, Breslau, 1897 Prom. Breslau, Mitgl. K.C.; 1897 Referendar, 1902-03 RA in Posen, 1903-36 Teilh. RA-Praxis Abel, Herzfeld, Kronbach, später Herzfeld in Essen. 1916-19 Kriegsteiln. (Uffz.), Kriegsgef. in Rußland. 1903 Vors. CV-Landesverband Rheinland, 1936-38 letzter Präs. des CV, VorstMitgl. u. Vizepräs. jüd. Gde. Essen, 1933-38 Mitgr. u. Mitgl. des Beirats der *Reichsvertretung*. 1939 Emigr. Palästina mit Ehefrau u. Tochter Hilde, Teilh. in Firma des Schwiegersohnes, Robert Marcus & Co., Schätzer für Versicherungsschäden. Starb auf Besuchsreise in Argentinien.

W: Introduction to Civil Wrongs Ordinance. 1947; Art. in CV-Zeitung; Meine letzten Jahre in Deutschland 1933-38 (Teilveröffentl. in versch. Zs.). *D:* LBI New York; *Qu:* ABiogr. Arch. Fb. Pers. Publ. Z. – RFJI.

Herzfeld, Irene Rose Susanne, Journalistin; geb. 21. Jan. 1903 Chemnitz, gest. 23. Aug. 1972 London; *V:* Dr. Adolf H., jüd., RA u. Notar; ∞ → Curt Geyer (Lebensgefährte); *StA:* deutsch, Ausbürg. *Weg:* 1933 CSR; 1938 F; 1940 E, Port.; 1941 GB.

Ausbildung als Sozialpflegerin, früh zur SPD. Ab 1925 Mitarb. *Dresdner Volkszeitung,* daneben freie Mitarb. bei SPD-Presse, 1929-31 auch nebenberufl. Sozialarbeit. Mai 1933 Emigr. nach Prag, Mitarb. *Deutschland-Berichte der Sopade* sowie im Feuilleton *Neuer Vorwärts* u. *Deutsche Freiheit* Saarbrücken, 1938 mit der Red. des *Neuen Vorwärts* nach Paris. Ps. Kara, Hugin, Munin, Mucki, Christian Abendstern. Mai 1940 Internierung Gurs, nach Entlassung zurück nach Paris zur Vernichtung pol. Dokumente, dann Flucht über Spanien nach Lissabon, Juli 1941 durch Vermittlung der *Labour Party* nach London, Mitarbeiterin Curt Geyers, Erwerbstätigkeit als Sekr.; Mai 1945 bis Mitte der 50er Jahre Angest. im Foreign Office, zunächst ZusStellung von Nachrichtenmaterial für die dt. Presse der BBZ, Ende 1945 kurzfristig Red. *German News Service* Hamburg, bis 1962 (1963?) Mitarb. der brit. Informationszs. für Deutschland, *Englische Rundschau*. Ps. Irene Harding, Irene Geyer-Harding.

W: u.a. Konzentrationslager (anon., mit Arthur Müller). Karlsbad (Graphia) 1934. *Qu:* Arch. Hand. Pers. - IfZ.

Herzfeld, Joseph, Dr. jur., Jurist, Politiker; geb. 18. Dez. 1853 Neuß/Rhein, gest. 27. Juli 1939 Ritten (Collalbo) b. Bozen; jüd., 1898 Diss.; *V:* Fabrikbesitzer; *M:* geb. Gotthelf; *G:* 3; Franz (Ps. Franz Held), Schriftst.; *StA:* deutsch. *Weg:* 1933 CH, 1934 I.

1871 Abitur, Tätigkeit in väterl. Fabrik, anschl. Bankvolontär, ab 1874 in einer Versicherungsbank New York, daneben 1878-80 Stud. Rechtswiss. Columbia Law School, 1881-85 RA New York. 1885-87 Stud. Berlin, Prom. Ab 1892 RA in Berlin. 1887 SPD, 1898-1906 u. 1912-18 MdR; 1917 Mitgr. USPD, 1919 Mitgl. USPD-Beirat, 1918 Beigeordneter im Reichsamt des Innern; 1920 KPD, 1920-24 MdR (USPD, KPD), 1921 Komitee *Arbeiterhilfe für Sowjetrußland,* 1924 Mitgr. *Rote Hilfe* (RH). Strafverteidiger für KPD u. im Rahmen der RH, ab 1928 Beisitzer Staatsgerichtshof zum Schutze der Republik. Sympathisant der KPD-Mittelgruppe bzw. der „Versöhnler". Sept. 1933 Emigr. nach Zürich; Vertr. dt. Flüchtlinge vor schweiz. Gerichten. 1934 Übersiedlung nach Südtirol.

W: Die Mecklenburgische Verfassung. 1901; Landarbeiter in Mecklenburg. 1905. *L:* Weber, Wandlung; GdA-Biogr. *Qu:* Hand. Publ. - IfZ.

Herzfeld, Julius Ernst, Dr. jur., Rechtsanwalt, Versicherungskaufmann; geb. 6. Okt. 1905 Essen, gest. 18. Dez. 1961 Buenos Aires; jüd.; *V:* → Ernst Salomon Herzfeld; ∞ 1938 Otta Cosmann (geb. 1912 Essen), 1938 Emigr. Argent., Sekr.; *K:* Monica (geb. 1943), Architektin in IL; Roberto (geb. 1944), Teilh. in der Versicherungsges. des Vaters; *StA:* deutsch, Argent. *Weg:* 1938 Argent.

Stud. Freiburg u. Köln, 1928 Prom. Frankfurt/M., Referendar, Assessor, Mitgl. K.C.; 1931 Mitarb. in Anwaltskanzleien in New York u. den Niederlanden, 1931-33 RA in Praxis des Vaters in Essen. Seit 1922 Präs. des VJJD Essen, später in Bundesltg., aktiv in K.C, CV u. *Esra.* 1933 Berufsverbot; 1933-38 Versicherungsagent in Essen, Übernahme der Phoenix Versicherungs-Agentur. 1938 Emigr. Argentinien mit Ehefrau, Besuchervisum, Versicherungsagent in Buenos Aires, Teilh. Herzfeld u. Levi, einer der führenden Versicherungsfirmen Argentiniens; Mitgr. des Versicherungsmakler-Verb. A.P.A.S., aktiv im Vorst. eines jüd. Altersheims u. im *Hilfsverein deutschsprechender Juden in Argentinien.*

W: Die Konsortien zur Beherrschung einer Aktiengesellschaft (Diss.). 1928. *Qu:* EGL. Pers. - RFJI.

Herzog, Martin John, Fürsorger; geb. 9. Okt. 1930 Wien; *V:* John H.; *M:* Ida, geb. Pick; ∞ 1967 Nancy Myers; *K:* Joy Suzanne, Julie Eileen; *StA:* 1945 USA. *Weg:* 1939 USA.

1939 Emigr. USA; 1952 B.A., 1954 M.A. Univ. Ill., 1954-55 Fürsorger in Chicago, 1956-61 Fürsorger für Bez. Santa Clara in San José/Calif., 1961-62 Dir. des Wohlfahrtsamtes für Bez. Del Norte u. in Crescent City/Calif., seit 1963 Dir. des Wohlfahrtsamts für Bez. Lassen in Susanville/Calif.; gleichz. seit 1966 BezLtr. *Parent-Teacher Assn.* im Bez. Lassen. Mitgl. *Calif. Welfare Dirs. Assn.,* Mitgl. u. 1965-68 Präs. *Nine North Counties Welfare Dirs.,* Mitgl. *Am. Public Welfare Assn.* Lebte 1973 in Susanville/Calif.

Qu: Hand. - RFJI.

Herzog, Wilhelm, Parteifunktionär; geb. 22. Mai 1901 Hörde/Westf., gest. 2. Nov. 1970 Dortmund; ∞ Anna Emilie Bainhofer, geb. Wehlow (geb. 1898), A: Köln; *StA:* deutsch. *Weg:* 1934 NL, B, Saargeb., Deutschland; 1935 CSR; CH; F; 1948 Deutschland (BBZ).

Bis 1931 Lehrer u. Kunsterzieher, anschl. Red., dann Chefred. KPD-Zs. *Echo des Westens.* Bis Verhaftung 29. Apr. 1933 „Apparat-Mann" u. Agitprop-Ltr. legale u. illeg. KPD-BezLtg. Ruhrgeb.; Haft u.a. KL Brauweiler u. Börgermoor, Ende Apr. 1934 Flucht nach Holland, Juni 1934 Abschiebung über Belgien ins Saargeb.; Sept. 1934-Apr. 1935 illeg. in Berlin; Apr. 1935-März 1937 illeg. Grenzarb. in der CSR, Schweiz u. Frankr.; Sept. 1939 bis Flucht Mai 1940 Internierung im Lager Bassins/Bordeaux. 1940 Mitarb. der sog. Toulouser Ltg. der KPD Frankr., vor allem Ausweisherstellung; bis Aug. 1944 franz. Résistance. Deckn. Pierre Mansuy. Juli 1948 Rückkehr nach Deutschland.

L: Klotzbach, Nationalsozialismus; Schaul, Résistance; Pech, Résistance. *Qu:* Arch. Publ. - IfZ.

Hes, David, Wirtschaftsprüfer, Ministerialbeamter, Politiker; geb. 2. Aug. 1901 Papenburg/Ems; jüd.; *V:* Israel H. (gest. Papenburg); *M:* Friederike (umgek. KL Auschwitz); *G:* Joseph (geb. Papenburg); Else Hirsch (geb. 1898 Papenburg), Emigr. GB, im 2. WK Internierung, Emigr. Pal./IL, A: Jerusalem; Leni Selig (geb. 1899 Papenburg), Emigr. USA über UdSSR, A: New York; ∞ 1930 Cilli Stern (geb. 1903 Berlin), jüd., höhere Schule, 1923-30 Religionslehrerin an jüd. Schulen, 1934 Emigr. Pal. mit Tochter, 1950-65 Kinderschwester u. Wöchnerinnenhilfe, ab 1969 ehrenamtl. Mitarb. im Shaarei Zedek-Krankenhaus; *K:* Ada Kahn (geb. 1931 Hamburg), M.A., Angest. bei *Jew. Agency* Jerusalem, Emigr. USA, ehrenamtl. Lehrer für Judentumskunde in Chicago; Israel (geb. 1935 Haifa), Stud. Merkaz Harav Yeshivah, Jerusalem; Sarah Koraen (geb. 1938 Haifa), M.A., Handarb.-Lehrerin; *StA:* deutsch, IL. *Weg:* 1933 Pal.

1916-19 Stud. Lehrerseminar Köln, Volksschul- u. Religionslehrer; 1920-25 Stud. Math. u. Naturwiss. Hamburg, 1925-26 Stud. Berlin, 1926-28 Stud. Rom, gleichz. 1920-28 Privatlehrer u. Angest. einer Chemikalienfirma. 1928-33 Buchprüferausbildung, 1930-33 Bücherrevisor in Hamburg. 1933 Emigr. Palästina mit A I-Zertifikat, 1933-37 Bücherrevisor, 1934-38 Mitgr. Kiryat Shemuel (relig. Siedlung bei Haifa), 1937-44 Ltr. Abt. Buchhaltung Kuppat Holim Haifa. 1942-48 Mitgl. Jew. Community Council Haifa, Mitgr. Notstandsausschuß, Ltr. Kalkalah-Nahrungsmittelgeschäft, gleichz. ltd. Funktionär der *HaPoel haMizrahi* (Orthodoxe Arbeiter-Partei) u. *Torah veAvodah* (Orthodoxe Arbeiter-Org.). 1948-49 Ltr. Personalabt. im Arbeits- u. Baumin., ab 1949 AbtLtr. am Rechnungshof. Lebte 1977 in Jerusalem. - *Ausz.:* Ehrung für Tätigkeit im Regierungsrechnungswesen.

Qu: Fb. Hand. - RFJI.

Hespers, Theodor Franz Maria, Jugendfunktionär; geb. 12. Dez. 1903 Mönchengladbach, hinger. 9. Sept. 1943 Berlin-Plötzensee; kath.; *V:* Textilkaufm.; *G:* 1 B, kath. Geistlicher; ∞ 1930 Katharina, Emigr.; *K:* Dieter (geb. 1931), Emigr.; *StA:* deutsch, 1. Febr. 1937 Ausbürg. *Weg:* 1933 NL; 1940 B; 1942 Deutschland.

Textilkaufm.; 1917-27 Mitgl. *Quickborn,* zuletzt Ltr. Ortsgruppe Mönchengladbach. 1925 *Christlich-Soziale Jugend* u. *Christlich-Soziale Reichspartei* unter Vitus Heller. 1927 IAH, Teiln. einer Jugenddeleg. in die UdSSR. 1932 *Pfadfinderschaft Westmark* unter → Hans Ebeling u. RGO, März 1933 Reichstagskand. KPD-Ersatzorg. *Einheitsliste der Arbeiter und Bauern.* Apr. 1933 Emigr. nach Holland. Bis Mitte 1934 Mitarb. beim Transport kommunist. Schriften nach Deutschland, Ausweisung aus Grenzgeb. aufgrund dt. Interventionen; anschl. Helmond. 1936-40 Eindhoven, Betrieb eines Reformladens, Mitarb. kath. Flüchtlingskomitee Oldenzaal u. an → Friedrich Muckermanns Zs. *Der Deutsche Weg.* 1935 mit Ebeling, → Eberhard Koebel, → Karl Otto Paetel u. → Walter Hammer Grdg. *Arbeitskreis Bündische Jugend,* Mithg. *Rundbriefe.* Ab 1937 Bemühungen um ZusSchluß der bünd. u. kath. Jugendverb. im Exil (*Deutsche Jugendfront*) um die Zs. *Kameradschaft-Schriften junger Deutscher,* Hg. *Sonderinformation deutscher Jugend.* Ab Nov. 1939 Verbreitung von Druckschriften in Deutschland i.A. des *Central European Joint Committee* um → Fritz Demuth in London, Bemühungen um milit. Nachrichtenbeschaffung für brit. Geheimdienst, Pläne für MilSabotage im Grenzgeb.; Mai 1940 vergebl. Versuch von brit. Seite, H. aus Rotterdam nach GB zu bringen, bis Verhaftung Febr. 1942 im Untergrund. 22. Juli 1943 VGH-Todesurteil. Deckn. Hellmuth.

W: Beiträge in: Ebeling, Hans/Hespers, Dieter (Hg.), Jugend contra Nationalsozialismus. 1966. L: Jovy, Ernst Michael, Deutsche Jugendbewegung und Nationalsozialismus. Diss. phil. masch. 1952; Leber, Annedore, Das Gewissen steht auf. 1956; Jahnke, Karl-Heinz, Entscheidungen. 1970; Billstein, Aurel, Der eine fällt, die andern rücken nach ... 1973; Röder, Großbritannien. D: IfZ. Qu: Arch. Hand. Publ. Z. - IfZ.

Hesse, Max, Parteifunktionär; geb. 21. Febr. 1895 Berlin, gest. 7. Juni 1964 Hamburg; Diss.; V: Wilhelm H., Metallarb., Mitgr. DMV Berlin, 1908 aus Preußen ausgewiesen; ∞ verh.; StA: deutsch. Weg: 1933 NL; 1947 Deutschland (BBZ).

Mechanikerlehre; 1910 SAJ, 1912 DMV, 1914-16 Kriegsdienst, Mitgl. Berliner *Revolutionäre Obleute,* wegen Streikbeteiligung Fronteinsatz, 1917 nach Desertion 6 J. Gef., Frontbewährung. 1918 Mitgl. *Soldatenrat* Spandau, *Spartakusbund,* KPD. März-Sept. 1919 Haft, ab 1920 KPD-Vors. Berlin-Charlottenburg, 1920-23 Betriebsratsvors. Fa. Lorenz, Mitgl. BezLtg.; 1924-26 KPD-Vertr. beim OrgBüro des EKKI in Moskau, Rückkehr nach Amnestierung der Aufstandsbeteiligten von 1923. Anhänger der Parteilinken um → Ruth Fischer u. → Arkadij Maslow, 1926 Mitgl. der neugebildeten Reichslтg. *Linke Opposition der KPD.* Nov. 1927 Entzug der Parteifunktionen, Dez. 1927 Ausschluß. Apr. 1928 Mitgl. *Lenin-Bund;* Frühj. 1929 SPD, BezVors. Charlottenburg. März 1933 KL Oranienburg, Juli 1933 Ausbruch u. Flucht nach Amsterdam. Mitarb. ITF, nach dt. Besetzung Anschluß an Widerstandsbewegung. Okt. 1941 Verhaftung, mit holländ. Papieren im KL Verght, Sept. 1944 Flucht, bis Kriegsende illeg. in Amsterdam. 1947-60 Sekr. Gew. ÖTV in Emden.

L: Weber, Wandlung; Zimmermann, Leninbund. Qu: Publ. - IfZ.

Hesse, Rudolf Robert, Fabrikant; geb. 6. Juli 1920 Guben/Brandenburg; jüd.; ∞ 1945 Suse Rosenthal (geb. 1924 Duisburg); K: Michele Hirschheimer (geb. 1947), Psychologin; Milton Walter (geb. 1959). Weg: 1939 Bras.

Höhere Schule u. techn. Ausbildung. 1939 Emigr. Brasilien, Angest., dann Teilh. u. später GenDir. Redutores Transmotecnica S.A.; Mitgl. *Brasilianische Vereinigung für technische Normung,* jüd. Gde. São Paulo, *Rotary Club.* Lebte 1977 in São Paulo.

Qu: Fb. - RFJI.

Hesslein, Paul Leonhard (Pablo), Journalist; geb. 30. Apr. 1886 Bamberg, gest. 30. Juni 1953 Bad Godesberg; kath.; V: Arthur H. (1847-1903), Kaufm.; M: Klara, geb. Feist (1853-1913); G: Arthur (geb. 1876), Kaufm., 1919-24 StadtVO. Bamberg. 1939 Emigr. Bras.; Maria (geb. 1879), HandarbLehrerin; ∞ 1914 Anna Jaeger (1885-1967); K: Claire; Bernd Clemens, Journ. in Hamburg; StA: deutsch, Chile. Weg: 1938 GB, 1939 Chile; 1952 Deutschland (BRD).

Stud. Volkswirtsch.; 1920 MdL Sa. (*Zentrum*), später GenSekr. *Zentrum* in Sa., Bürgerm. in Schirgiswalde/Sa.; 1926-33 ehrenamtl. geschäftsf. Präs. *Deutscher Republikanischer Reichsbund;* ab Ende 1927 VorstMitgl. u. Pressechef *Demokratischer Klub* Berlin. Mitarb. *Berliner Tageblatt,* Pressechef *Deutscher Beamtenbund,* 1929-32 Hg. seines Nachrichtenblatts *Der Warte- und Ruhestandsbeamte.* Mitgl. *Reichsbanner,* ab 1931 ehrenamtl. Ltr. *Kartell der republikanischen Verbände Deutschlands.* Hg. *Wirtschaftspolitische Information,* nach 1933 mit Hilfe eines Strohmannes. 1938 wegen pol. Verfolgung Emigr. nach GB, Jan. 1939 nach Santiago de Chile. 1939-40 Angest. beim Dachverb. der chilen. Wirtschaft; ab Febr. 1939 Hg. der monatl. Korr. *Wirtschaftliche Privatinformationen für Chile und Südamerika* (ab Mai 1941 auch span.) sowie ab Febr. 1944 der monatl. Korr. *Politische Briefe,* die u.a. von Friedrich Wilhelm Foerster unterstützt wurden; zeitw. Mitgl. BFD, Mitarb. *Aufbau* New York u. *Rundschau vom Illimani;* 1949 Angest. chilen. Kongreßbibliothek. 1952 Rückkehr, Red. der Südamerika-Ausgabe von *Deutsche Korrespondenz für die Auslandspresse* u. Hg. der zum *Wirtschaftspolitischen Konjunkturdienst* vereinigten *Politischen Briefe* u. *Wirtschaftlichen Privatinformationen.* Berater des AA für Fragen der Presse Lateinamerikas.

W: u.a. Öffentliche Meinung und Beamtenschaft. 1931. L: Feder, Heute. Qu: Arch. EGL. Hand. Pers. Publ. Z. - IfZ.

Heucke, Alwin, Parteifunktionär; geb. 19. Okt. 1890 Rockendorf/Sa., gest. 15. März 1962 Fulda; K: 1 S; StA: deutsch. Weg: 1933 F; Paraguay.

Schneiderlehre; 1910 SPD, Bauarb. in Offenbach/M. Im 1. WK Kriegsmarine, 1918 führend am Kieler Matrosenaufstand beteiligt. 1919 KPD, 1922/23 BezSekr. in Leipzig. 1924-25 wegen Beteiligung am Aufstandsversuch in Haft, ab Sept. 1925 PolLtr. für Hessen. Okt. 1928 als Anhänger der Parteirechten um → Heinrich Brandler seiner Funktionen enthoben, Dez. 1928 Mitgr. KPDO, Parteisekr. für Hessen, Red. KPDO-Zs. *Das Volksrecht* u. *Arbeiter-Tribüne* in Offenbach. 1933 Flucht, über Frankr. Emigr. nach Paraguay. 1958 Rückkehr nach Deutschland (BRD), Mitgl KPDO-Nachfolge-Gruppe *Arbeiterpolitik.*

L: Tjaden, KPDO; Weber, Wandlung. D: IWP Marburg. Qu: Publ. - IfZ.

Heumann, Isabella, geb. Weisz; geb. 7. März 1910 Budapest; ∞ Wolf H., Mitgl. ZdA, SAPD; 1935 Emigr. GB. Weg: 1933 CSR; 1934 GB.

Damenschneiderin, Direktrice; 1926 Mitgl. ZdA; 1928 SAJ, Ltr. Gruppe Berlin-Schöneberg; 1931 SAPD, Mitgl. SAPD-Ltg. Berlin. 1933 Emigr. in die CSR, März 1934 nach GB.

Qu: Arch. - IfZ.

Heumann, Otto, Parteifunktionär; geb. 1886 Apolda/Thür.; ∞ Bluma Deyner, Emigr.; K: Benny (geb. 1907), Architekt, Mitgl. Reichsltg. der *Kostufra,* 1930 Mitgr. Kollektiv *Für sozialistisches Bauen,* wiss. Mitarb. ZK der SED; StA: deutsch. Weg: 1938 B; 1939 Urug.

Schneider; 1919 KPD, Teiln. an den Kämpfen um Münchner Räterepublik, Emigr. Schweiz. 1920 mit Ehefrau, die dem Kreis um W.I. Lenin in Zürich angehörte, in die UdSSR, Mitgl. dt. Sektion der KPR(B), 1921 im Parteiauftrag nach Berlin. 1925 formeller Wiedereintritt KPD, Landobmann BezLtg. Berlin-Brandenburg, StadtbezVO. Berlin-Friedrichshain. 1933 zeitw. im Untergrund, Haft; bis 1937 illeg. Betriebsarb., 1938 Flucht nach Belgien, 1939 Emigr. nach Montevideo. Vors. des März 1939 gegr. *Freien Deutschen Klub* (FDK, *Club Alemán Independiente*), der als Volksfrontorg. in enger Verb. zum *Ausschuß der deutschen Opposition* Paris stand. Nach dt.-sowj. Nichtangriffspakt Annäherung an *Das Andere Deutschland* unter → August Siemsen, bis Auflösung März 1943 Vors. FDK trotz Ausschaltung der kommunist. Mitgl. Kein Anschluß an die Juli 1941 gegr. kommunist. Ersatzorg. *Deutsches Antifaschistisches Komitee zur Unterstützung der Sowjetunion.* Jan./Febr. 1943 Vors. Kongreß von Montevideo. Erst in den folgenden Jahren Rückkehr zur Parteilinie.

L: Im Zeichen des roten Sterns. 1974; Kießling, Alemania Libre; Israel, G./Kießling, Wolfgang, Deutsche Antifaschisten in Uruguay. In: BZG 4/1976. Qu: Arch. Publ. - IfZ.

Hexmann, Friedrich, Parteifunktionär; geb. 27. Apr. 1900 Brünn/Mähren; StA: österr. Weg: 1937 (?) UdSSR; 1946 (?) Österr.

Angest.; Mitgl. *Verband jugendlicher Arbeiter Österreichs* in Wien, während des 1. WK zur Gruppe der Linksradikalen um → Franz Koritschoner. 1918 Unterstützung der Januarstreiks, Verhaftung. Nov. 1918 Mitgr. KJVÖ (eigentl. *Verband der Proletarierjugend*), in der Folgezeit maßgebl. Funktionär des KJVÖ. 1919-20 nach 1. Kongreß der KJI Mitarb. von → Richard Schüller bei Org. des KJI-Untersekretariats Wien; ab 1919 maßgebl. Org. der zunächst vom KJVÖ dominierten Schülerrätebewegung. 1921 österr. Deleg. auf 2. KJI-Kongreß in Moskau, trat erfolglos für die Schaffung von Massenjugendorg. neben den kommunist. Jugendverbänden ein. In den heftigen Fraktionskämpfen innerhalb der KPÖ zunächst Anhänger der linken Fraktion um → Josef Frey, später Anschluß an Fraktion von → Johann Koplenig. 1930 kurzfristig Parteiausschluß. Ab Mai 1933 illeg. KPÖ-Funktionär, Dez. 1934 Verhaftung, 1935 Urteil 1 J. schwerer Kerker, anschl. KL Wöllersdorf. 1937 (?) Emigr. UdSSR, vermutl. Tätigkeit im *Komintern*-App. Nach Kriegsausbruch Ltr. dt.-sprachiger Sektor des Abhördienstes bei der Presseabt. des EKKI zur Auswertung ausländ. Rundfunksender, Red. des tägl. Abhör-Bulletins für alle dt.-sprachigen Sender in Moskau. 1941 Evakuierung nach Ufa, anschl. wieder Moskau, gelegentl. Mitarb. *Radio Moskau* für Österreich (→ Walter Fischer). Ab 1943 Schulungs- u. Aufklärungsarb. unter österr. Kriegsgef., Lehrer an Antifa-Schule in Krasnogorsk. Ab Mai 1945 Verantwortl. u. zus. mit → Fritz Glaubauf, → Erwin Knausmüller u. → Rudolf Zika Betreuer *Antifaschistisches Büro österreichischer Kriegsgefangener* (ABÖK), Red. *Mitteilungen des ABÖK*. Parteivertr. der KPÖ in Moskau. Vermutl. 1946 Rückkehr nach Wien. 1946-69 ZK-Mitgl. der KPÖ, 1948-65 Mitgl. PolBüro. Arbeiterkammerrat. Lebte 1977 in Wien.

W: u.a. Wohlstandsgesellschaft, Klassenkampf, Partei. 1970. *L:* Frick, Karl, Umdenken hinter Stacheldraht. 1967; Steiner, KPÖ; Göhring, KJVÖ; Vogelmann, Propaganda; Neugebauer, Bauvolk; Widerstand 1; Reisberg, KPÖ. *Qu:* Arch. Publ. Z. – IfZ.

Hexner, Ervin Paul, Dr. rer. pol., Dr. jur., Industriekaufmann, UN-Beamter, Hochschullehrer; geb. 13. Aug. 1893 Liptau/Ungarn, gest. 15. Mai 1968; *V:* Julius H.; *M:* Irene, geb. Teltsch; ∞ 1922 Gertrud Stern, Bibliothekarin; *K:* Peter Eugen (geb. Wien), Ph. D. Physik, Assist. Vicepres. Gilette Co. Mass.; John Thomas; *StA:* 1946 USA. *Weg:* 1939 USA.

Dr. rer. pol. Klausenburg/Siebenbürgen, Dr. jur. Preßburg/ČSR, 1931-39 Doz. Preßburg, zugl. Dir. des Zentral-Verkaufsbüros der Verein. Eisen- u. Stahlwerke Prag u. 1936-39 GenDir. der Zentralhandelsstelle der tschechoslowak. Stahlindustrie; VerwRatMitgl. der tschechoslowak. Staatsbahn, Sekr. der Zentralunion tschechoslowak. Industrieller in Preßburg. 1939 Emigr. USA, 1939-41 Gastprof., dann außerordentl. u. 1945-46 ordentl. Prof. Univ. North Carolina, 1944 tschechoslow. Deleg. auf der Internat. Monetary and Financial Conf. Bretton Woods/USA, 1946-58 Assist. GenCounsel beim Internat. Monetary Fund (UN) in Washington/D.C., 1958-64 Prof. für Wirtschafts- u. Pol. Wiss. Pennsylvania State Univ., 1964 emeritiert. Berater von internat. Arbeitskonferenzen in Genf u. Philadelphia, Mitgl. *Am. Econ. Assn., Am. Pol. Science Assn., Am. Soc. for Internat. Law.*

W: Blut und Brot. Ein Beitrag zur Deskription des Wesens der Arbeiterfrage in der Nachkriegszeit. 1920; Das Dienstvertragsrecht in der Slowakei und Karpathorussland. 1925; Grundlagen des tschechoslowakischen Kartellrechtes. 1929; Kartelové a syndikalisační předpisy československé (tschechoslowak. Regulierung von Kartellen u. Konsortia). (Mitverf.) 1936; Pocta k šesdesiatým narodeninám Dr. Karla Laštovku (Festschrift zum 60. Geburtstag von Dr. Karl Laštovka; Hg.). 1936; Studies in Legal Terminology. 1941; The International Steel Cartel. 1943, 1946; International Cartels. 1945, 1971 (span. Übers.: Cárteles Internacionales. 1950); The International Trade Organization and the Monetary Fund. 1950; The General Agreement on Tariffs and Trade. 1951; Das Verfassungs- und Rechtssystem des Internationalen Währungsfonds. 1960; The Constitutional Structure of the International Monetary Fund. 1961; The „Fixed vs. Flexible Exchange Rate" Controversy. 1964; Art. in jurist. u. wirtschaftswiss. Zs. *Qu:* Arch. Hand. Pers. Publ. – RFJI.

Hey, August, Parteifunktionär. *Weg:* 1935 (?) Emigr.; 1945 (?) Saargeb.

Bergmann. KPD-Funktionär, 1932-35 Mitgl. Landesrat des Saargebiets. Aktiv in Einheitsfront mit SPD/S im Kampf um saarländ. Status quo. Nach Rückgliederung des Saarlandes im Exil. Nach dem Kriege zurück an die Saar, 1946 von der MilReg. ausgewiesen. 1956 KPD-Kreisratsmitgl. Dudweiler.

L: Schneider, Saarpolitik und Exil. *Qu:* Arch. Publ. – IfZ.

Heymann, Bernardo Walter, Fabrikant; geb. 5. Jan. 1911 Langenlonsheim/Hessen; jüd.; ∞ 1942 Käte Friedmann (geb. 1921 Berlin); *K:* Claudio Heymann Feliciano (geb. 1943), Industrieller; Thomas Heymann Feliciano (geb. 1947), Industrieller; *StA:* deutsch; Bras. *Weg:* 1936 F, 1937 Bras.

Gymn. Bad Kreuznach, kaufm. Lehre Mainz, Prokurist im väterl. Betrieb in Aschaffenburg. 1936 Emigr. Frankr. über die Schweiz, März 1937 Brasilien, 1937 mit → Alfredo Strauss Gr. Roupas Profissionais Ltda. (Herstellung von Berufskleidung, Beschäftigung von über 600 Arbeitern in 5 Zweigfabriken). Lebte 1977 in São Paulo.

Qu: Fb. – RFJI.

Heymann, Berthold, Politiker; geb. 25. Juli 1870 Posen, gest. 6. Sept. 1939 Zürich; Diss.; *V:* Max H., Inspektor; *M:* Lina, geb. Zadek; ∞ Anna Auer (1879-1965), Tochter des SPD-Politikers Ignaz Auer, Emigr.; *K:* Hans (geb. 1901), Grete (geb. 1903), Lotte (geb. 1907); *StA:* deutsch. *Weg:* 1933 CH.

Gymn., kaufm. Lehre, Handlungsgehilfe u. Journ. Frühzeitig SPD-Mitgl.; 1897-1901 Red. *Volksfreund* Braunschweig, anschl. Red. *Der Wahre Jakob* Stuttgart. Ab 1906 u. 1920-33 MdL Württ.; Nov. 1918-Okt. 1919 württ. Kultusmin., anschl. bis Juli 1920 Min. des Innern; 1919 Mitgl. württ. Landesvers., Mitgl. Reichsrat, Mitgl. württ. Staatsgerichtshof. Ab 1926 Mitarb. *Die Sonntagspost* Stuttgart. Apr. 1933 Rücktritt von erneuter LT-Kandidatur unter natsoz. Druck u. auf Betreiben von Parteigenossen, Emigr. nach Zürich; Kontakte zu emigr. Sozialdemokraten, u.a. → Wilhelm Dittmann. Inh. einer Fremdenpension in Zürich.

W: Vom württembergischen Volksschulwesen. 1912; Die Intellektuellen und die Sozialdemokratie (Vorträge 1915-1920, zus. mit Paul Sakmann). o.J. *L:* Hamburger, Juden. *Qu:* Arch. Hand. Publ. – IfZ.

Heymann, Friedrich (Fritz), Dr. jur., Journalist; geb. 28. Aug. 1897 Bocholt/Westf., umgek. nach 1943 KL Auschwitz; jüd.; *V:* Joseph H. (geb. 1871); *M:* Mathilde, geb. Rosenkranz (geb. 1871); ∞ Gertrud Stern; *StA:* deutsch, 3. Dez. 1936 Ausbürg. *Weg:* 1933 Saargeb.; 1935 NL; 1940 Deutschland.

Teiln. 1. WK, Offz., engl. Kriegsgefangenschaft; nach Kriegsende Mitgl. eines Freikorps; Stud. Jura Heidelberg u. Bonn, 1921 Prom. Zuerst in der Wirtschaft tätig, später Journ.; Mitarb. *Vossische Zeitung,* dann Red. *Düsseldorfer Lokalzeitung* (→ Siegfried Thalheimer). Juni 1933 Emigr. ins Saargeb., Red. der Exilztg. *Westland,* ab Nov. 1934 *Grenzland.* Nach Rückgliederung des Saargeb. an Deutschland Flucht nach Holland. Nach dt. Besetzung Mai 1939 im Untergrund, 1940 Verhaftung durch Gestapo.

W: Der Chevalier von Geldern. Eine Chronik vom Abenteuer des Juden. Amsterdam (Querido) 1937; Übers.: Roberts, St.H., Das Haus, das Hitler baute. Amsterdam (Querido) 1937. *L:* Schneider, Saarpolitik und Exil. *D:* LBI. *Qu:* Arch. EGL. Hand. Publ. – IfZ.

Heymann, Friedrich, Dr. phil., Journalist; geb. 24. Dez. 1900 Berlin; *StA:* deutsch. *Weg:* 1933 CSR; 1939 GB.

Stud. Volkswirtsch., Gesch., Soziologie, 1924 Prom. Frankfurt/M.; 1920-21 führendes Mitgl. sozialist. Studentenbewegung. 1925 zur *Frankfurter Zeitung,* ab 1926 stellv. Red. im Wirtschaftsressort, ab 1931 Korr. in Prag. Nach 1933 Prager Korr. *Der Österreichische Volkswirt,* 1935-Jan. 1939 außenpol. Red. *Bohemia* Prag. 1939 Emigr. GB, 1941-43 (?) Mitarb. *Die Zeitung* unter → Hans Lothar. Ps. Heinrich Frei.

294 Heymann

W: u.a. Die Polarität in der vergleichenden Soziologie Max Webers (Diss.). 1924; Gold aus Glas. Prag 1938; Der Young-Plan. 1939; In Tyrannos: Four Centuries of Struggle Against Tyranny in Germany (Mitarb.). London (Drummond) 1944. *Qu:* Arch. Publ. – IfZ.

Heymann, Lida Gustava, Frauenrechtlerin; geb. 15. März 1868 Hamburg, gest. 31. Juli 1943 Zürich; *V:* Gustav Christian H. (1813–96), Kaufm.; *M:* Adele, geb. von Hennig (1843–1918); *G:* Hannah von Puttkamer (geb. 1864), Ellen von Mitzlaff (geb. 1866), Margarite von und zu Egloffstein (geb. 1870), Marie Hets (geb. 1872); ∞ ledig; *StA:* deutsch. *Weg:* 1933 CH.

Früh in Hamburger Sozialarb. aktiv, u.a. Grdg. einer Mädchenreform- u. einer Handelsschule, Org. weibl. Bühnenangehöriger. Ab 1896 VorstMitgl. *Allgemeiner Deutscher Frauenverein* Hamburg, 1899 Vors. dt. Zweig der *Britischen, kontinentalen und allgemeinen Föderation*, ab 1901 mit → Anita Augspurg Vors. *Deutscher Verein* (ab 1904 *Verband*) *für Frauenstimmrecht;* 1913 Mitgr. radikal-emanzipat. pazifist. *Bund für Frauenstimmrecht,* bis 1919 Red. *Bundesmitteilungen;* Mitinitiatorin Internationaler Frauenkongreß für einen dauernden Frieden Apr./Mai 1915 Den Haag; Mitgr. *Internationaler Ausschuß für einen dauernden Frieden,* 1919 als *Internationale Frauenliga für Frieden und Freiheit* (IFFF) konstituiert, bis 1933 Vizepräs. dt. Sektion. Mithg. *Die Frau im Staat* u. *Zeitschrift für Frauenstimmrecht.* 1918 Mitgl. Provis. Nationalrat des Volksstaats Bayern, 1919 Kand. NatVers. für *Sozialpolitische Frauengruppe* Hamburg. 1929/30 Ltr. der dt. u. internat. Frauenkonf. gegen Opium u. Rauschgifte in Verb. mit dem Völkerbund. Anfang 1933 Veranstalterin einer Friedenskundgebung in München gegen NatSoz. Während natsoz. Machtübernahme mit A. Augspurg im Ausland, Exil in Zürich; Unterstützung durch IFFF. Organisat. u. publizist. Tätigkeit gegen NS-Regime im Rahmen der IFFF; Verb. zu Gesinnungsfreunden im Reich. Ehrenpräs. IFFF. Ps. Adele Schlösser.

W: Erlebtes-Erschautes (in ZusArb. mit Anita Augspurg). Aus dem Nachlaß hg. von M. Twellmann. 1972. *L:* Rotten, E., Eine Kämpferin für den Weltfrieden! In: Die Friedenswarte, 1943; Lida Gustava Heymann. Nachrufe von Christine Thies u. Magda Hoppstock-Huth. 1948; Meyer, Streiflichter. *Qu:* Arch. Hand. Publ. Z. – IfZ.

Heymann, Otto, Dr. phil., Bankier; geb. 23. Juli 1887 Mannheim, gest. 6. Dez. 1974 Wellington/NZ; jüd.; *V:* Adolph H., Kaufm.; *M:* Hermine, geb. Gerber; ∞ II. Bertie Bacharach (gest. 1948), jüd., 1937 Emigr. NZ; III. in 50er Jahren Ursula; *K:* (aus I.) Irmgard, A: Chicago; Hans, A: Floral Park, Long Island/N.Y.; (aus II.) Thomas; Stephan (gest. um 1972); *StA:* deutsch; NZ (?). *Weg:* 1937 NZ.

Stud. Wirtschaftswiss. Berlin u. München, 1908 Prom. Heidelberg, Lehre im Bank- u. Versicherungswesen u.a. in Paris u. London. Ab 1912 Assist., später Ltr. des Archivs der Dresdner Bank Berlin, 1926–29 Dir. der Filiale Leipzig, zugl. portugies. Ehren-Konsul in Leipzig, ab 1929 stellv. Dir. Dresdner Bank Berlin. Jan. 1937 Emigr. Wellington/Neuseeland mit Familie. In den 50er Jahren Gr. u. GenDir. Finance Company of New Zealand (später United Dominions Corp. South Pacific Ltd., Zweigniederlassung von United Dominions Trust London).

Qu: Hand. HGR. Pers. – RFJI.

Heymann, Rudolf Eduard, Ingenieur; geb. 14. Okt. 1901 Breslau; *V:* Bruno H. (geb. 1871 Breslau, gest. 1943 Berlin), jüd., Prof. für Med. Univ. Breslau u. Berlin; *M:* Martha, geb. Cohn (geb. 1872 Hirschberg/Schlesien, gest. 1940 Berlin), Lehrerinnenseminar; *G:* Dr. med. Gerhard H. (geb. 1903 Breslau, gest. 1972 IL), Arzt, 1933 zeitw. Haft, 1934 Emigr. Pal., im 2. WK Sanitätskorps der brit. Armee, 1948 *Haganah,* Arzt in Kuppat Holim; Charlotte (geb. 1904 Breslau, umgek. im Holokaust), Kindergärtnerin; ∞ 1933 Eleonore Sophie Wallach (geb. 1901 Alsfeld/Hessen), Lehrerinnenseminar; *K:* Uriel (geb. 1942), Sozialarb., Lehrer am Baerwald Inst. für Sozialarb. der Hebr. Univ.; *StA:* deutsch, IL u. deutsch. *Weg:* 1939 Pal.

1920–26 Stud. MaschBau TH Berlin, 1926 Dipl.-Ing., 1926–38 Ing. in Patentbüro u. PublAbt. einer Werkzeugmaschinen-Fabrik in Berlin. Febr. 1939 Emigr. Palästina über London mit A I-Zertifikat, Unterstützung durch Freunde u. Verwandte, 1939–45 u.a. Angest. in photograph. Betrieb, Bauzeichner am Technion Haifa, Ing. bei Stahlgießerei in Haifa, später eigenes Konstruktionsbüro. Ab 1942 Durchführung von Abendkursen in MaschBau für dt.-sprachige Einwanderer unter Ltg. von H.O.G., 1945–51 Assist., 1951–52 Doz., 1952–69 Senior Lecturer für MaschBau am Technion Haifa, Lehrer an der Seefahrtsschule Haifa u. an Techn. Highschool des Technion. Zugl. 1946 Vorbereitungsarb. für das isr. Meeres- u. Schiffahrts-Museum, 1954 wiss. Berater Nat. Meeres- u. Schiffahrts-Museum Haifa. 1948 Ausbildungskurse für Lokomotivführer u. für Maschinisten der Handelsmarine, zugl. Ing. bei der *Haganah.* Mitgl. H.O.G., I.O.M.E., *Histadrut,* Sektionsgeschäftsf. beim Internat. Kongreß für Geschichte der Naturwissenschaften, zeitw. Mitgl. isr. Kommission für Azetylenbehälter, Normenausschuß, Mitgl. Kommission für techn. Fachausdrücke der Akad. für Hebr. Sprache, Mitgl. von Kommissionen für techn. Lehrpläne des Arbeits- u. Erziehungsmin., Mitgl. *Vereinigung der israelischen Ingenieure u. Architekten,* 1931–33 u. ab 1965 *Deutsche Gesellschaft für Geschichte der Medizin, Naturwissenschaft und Technik e.V.* Lebte 1977 in Haifa.

W: Grundlagen des technischen Zeichnens (hebr.). 1958; ferner andere Lehrbücher; Art. über Technik u. Gesch. der Technik in isr. u. ausländ. Fachzs. *Qu:* Fb. Hand. – RFJI.

Hiebl, Lorenz (Laurenz); geb. 1903 Reinthal/Niederösterr.; *V:* Schneidermeister; *StA:* österr. *Weg:* 1934 CSR, UdSSR; 1936 E; 1939 F, B, UdSSR; 1944 JU; 1945 Österr.

Drei Jahre Volksschule, ab 1915 Arbeit in der Landwirtschaft. Ab 1919 aktiv in sozdem. Jugendbewegung. 1924–30 Soldat österr. Bundesheer, anschl. arbeitslos. 1932–34 zeitw. Gärtner bei der Stadt Wien. Gelegenheitsarb. Leistete Febr. 1934 dem Stellungsbefehl nicht Folge u. kämpfte in Wien-Floridsdorf auf seiten des *Republikanischen Schutzbunds,* anschl. Flucht in die CSR, Apr. 1934 mit erstem Schutzbündler-Transport nach Moskau. Mitgl. KPÖ. Bis 1936 Modelltischler in Char'kov. Nov. 1936 nach Spanien, bis 1939 Teiln. Span. Bürgerkrieg, zuletzt Hptm., Kommandant eines Btl. innerhalb der 35. span. Div. – Febr. 1939 nach Frankr., konnte sich der Internierung entziehen. März 1939 i.A. der KPÖ nach Brüssel, Mai 1939 UdSSR, Arbeit in Char'kov. Juni 1941 nach dt. Angriff auf die UdSSR freiw. Meldung zur Roten Armee; Arbeit in Rüstungsindustrie in Char'kov, Dienst bei bewaffneter freiw. Stadtverteidigungs-Truppe; Evakuierung nach Stalingrad, Taškent u. Ufa, milit. u. pol. Schulung. Ende 1943 in Moskau. Ende 1944 mit → Willy Frank u.a. über Belgrad in die österr. Basis bei Črnomelj/Slowenien. Mitte Febr. 1945 als Mitgl. der Partisanengruppe Frank Abmarsch in Richtung Kärnten, nach Scheitern des Unternehmens Rückkehr nach Črnomelj. Anschl. Org. u. als Major Kommandant des 3. österr. Btl. im Verb. der jugoslaw. Volksbefreiungsarmee im Raum Zadar/Dalmatien, das infolge Kriegsende nicht mehr zum milit. Einsatz kam. Juni 1945 mit dem Btl. Rückkehr nach Wien. Mitgl. KPÖ. Bis Frühj. 1946 Kommandant österr. Grenzschutzeinheiten in den Bez. Gänserndorf u. Mistelbach/Niederösterr. Anschl. Arbeit in USIA-Betrieben, Org. von Werkschutz u. Feuerwehr, später Stellv. des sowj. Kulturref. der Betriebe der Österreichischen Mineralöl-Verwaltung A.G. Lebte 1975 in Wien. – *Ausz.:* 1975 Gedenkmed. für Teiln. am jugoslaw. Volksbefreiungskampf.

L: Stern, Max, Spaniens Himmel. Die Österreicher in den Internationalen Brigaden. 1966; Holzer, Bataillone; Die Völker an der Seite der spanischen Republik. 1975. *Qu:* Arch. Publ. Z. – IfZ.

Hietzenberger, Mathias (Hias); geb. 13. Febr. 1908 Gmunden/ Oberösterr., gest. 25. März 1977; Diss.; *V:* Franz H. (1869-1944), Telegrafenarb.; *M:* Maria, geb. Pertlwieser (1876-1937); *G:* Franz, Josefine, Maria, Theresia, Anna; ∞ Frieda Roidinger, geb. Bittendorfer; *StA:* österr. *Weg:* 1936 CSR; 1937 E; 1939 F; 1940 Deutschland.

1922-25 Malerlehre; Mitgl. Arbeiterturnverein u. *Touristenverein Die Naturfreunde* in Gmunden/Oberösterr.; 1926-27 Arbeit in Schwaz/Tirol u. Innsbruck, 1927 Meran. Mai 1927 Mitgl. illeg. PCI. Zirkusarbeiter in Mailand u. Genua, Seemann. Wegen illeg. Tätigkeit Verhaftung, Ausweisung in die Schweiz. 1929 Werftarb. in Bremen, anschl. in Münster/Westf. u. Berlin tätig. Mitgl. KPD u. RFB. 1931 Verhaftung wegen Wehrkraftzersetzung, nach 6monatiger Untersuchungshaft Verurteilung zu mehrj. Festungshaft Wesermünde u. Groß Strehlitz durch Reichsgericht Leipzig, Ende 1932 Beurlaubung aus Gesundheitsgründen. 1933 Berlin, nach natsoz. Machtergreifung Verhaftung während illeg. KPD-Konf., Zentralgef. Hamburg-Bergedorf u. KL Fuhlsbüttel. Ende 1933 Flucht während Transport nach Berlin, illeg. Rückkehr nach Österr.; Tätigkeit für illeg. KPÖ Bez. Gmunden, 1934 Teiln. Februarkämpfe. Sept. 1934 Deleg. illeg. Landeskonf. Oberösterr. der KPÖ, Wahl in Landesltg.; 1935 Verhaftung, 2 Mon. KL Wöllersdorf. 1936 Prag, Arbeit im Spanienkämpfer-App., Transport poln. Spanienkämpfer durch Österr. in die Schweiz; erneute Verhaftung in Österr., während des Transports nach Linz in Salzburg Flucht, Rückkehr nach Prag; 1937 mit dt. Spanienkämpfern über Kiel, Straßburg, Paris nach Spanien. Teiln. Span. Bürgerkrieg, Führer einer Partisaneneinheit aus bergerfahrenen Österreichern im Geb. der port. Grenze. Febr. 1939 Frankr., Internierung u.a. in St. Cyprien. 1940 als Prestataire Befestigungsarb. an belg. Grenze, nach dt. Vormarsch Internierung in der Bretagne; Auslieferung an Gestapo, KL Dachau, 1943-45 Außenarb. in Österr., 1945 Befreiung duch US-Truppen. 1945-51 Mitgl. KPÖ-Landesltg. Oberösterr., 1948-73 BezObmann Gmunden. Betriebsrat Oberösterreichische Kraftwerks-AG, BezObmann *Bundesverband österreichischer Freiheitskämpfer und Opfer des Faschismus – KZ-Verband.* VorstMitgl. *Vereinigung österreichischer Freiwilliger in der spanischen Republik 1936 bis 1939 und der Freunde des demokratischen Spanien.* Ab 1973 Obmann Ortsgruppe Gmunden der KPÖ. - *Ausz.:* 1956 Spanienkämpfermed. (Polen); Johann-Koplenig-Med. der KPÖ.

L: Plieseis, Sepp, Vom Ebro zum Dachstein. 1946; Die Völker an der Seite der Spanischen Republik. 1975. *Qu:* Pers. Publ. - IfZ.

Hildebrand, Dietrich von, Dr. phil., Hochschullehrer; geb. 12. Okt. 1889 Florenz, gest. 26. Jan. 1977 New Rochelle/N.Y., o.K., 1914 kath.; *V:* Adolf v. H. (1847-1921), Bildhauer; *M:* Irene, geb. Schäuffelen; *G:* 5 S; ∞ I. 1911 Laura Margarete Denck (1885-1957), 1933 Emigr. I, 1934 Österr., 1938 CH, 1939 F, 1940 USA; II. 1959 Dr. Alice Marie Jourdain (geb. 1923), Belgierin, Emigr. USA, StA: USA; *K:* aus I: Franz (geb. 1912); *StA:* deutsch u. CH, 1934 Österr., 3. Dez. 1936 Ausbürg. aus Deutschland mit Fam., 1948 USA. *Weg:* 1933 I, Österr.; 1938 CH; 1939 F; 1940 USA.

Stud. Phil. in München u. Göttingen, 1913 Prom. Urspr. Schüler von Edmund Husserl, distanziert sich bei Konversion von Husserls szientist. Denken. 1918-24 Privatdoz., 1924-33 ao. Prof. für Phil. Univ. München, vertrat die sittliche Begründung der reinen Phänomenologie in der Phil.; Mitgr. u. GenVorst.-Mitgl. *Katholischer Akademikerverband* (KAV), Vors. AuslKommission sowie Mitgl. u. Vors. weiterer Unterabt. des KAV. Bereits zu Beginn der 20er Jahre entschiedener pol. Gegner des NatSoz., 1923 bei Hitlerputsch in München auf natsoz. Verhaftungsliste. März 1933 Emigr. Florenz, Sept. Wien. Herbst 1933 mit → Klaus Dohrn im Einvernehmen u. mit Unterstützung von Engelbert Dollfuß Gr. der Wochen-Zs. *Der Christliche Ständestaat* (CS), Organ gegen den NatSoz. in Deutschland u. Österr.; trat bes. für Eigenstaatlichkeit u. Selbständigkeit Österr. als Bollwerk kath.-abendländ. Kultur ein; Vors. *Kulturpolitischer Presseverein* (formeller Hg. des CS). Febr. 1934 für 3 Jahre Ernennung zum Honorarprof. an Theolog. Fakultät der Univ. Salzburg, maßgebl. Anteil am Aufbau der Katholischen Universität Salzburg. Dez. 1934 auf direkte Weisung des österr. Unterrichtsministeriums u. gegen Widerstand des Professorenkollegiums Berufung zum ao. Prof. für Phil. mit besonderer Berücksichtigung der Weltanschauungslehre an die Univ. Wien, mußte Jan. 1935 bei Antrittsvorlesung Polizeischutz gegen natsoz. Studenten anfordern. Maßgebl. Mitarb. u. Red. CS, Ps. Kassiodor. Enge Verb. zu → Otto Habsburg, ab 1935 häufig Redner auf legitimist. pol. Veranstaltungen; ZusArb. mit → Ernst Karl Winter. Ab Juli 1936 in Gegensatz zu Kurt Schuschniggs Ausgleichspol. gegenüber Deutschland, Auseinandersetzungen des CS u.a. mit der Ztg. *Reichspost* wegen mangelnder bzw. unzureichender Distanzierung vom NatSoz. - Apr. 1937 nach dt. Druck auf österr. Reg. Ausscheiden aus der Red. des CS, zunächst weiterhin Vors. *Kulturpolitischer Presseverein,* Febr. 1938 nach Berchtesgadener Abkommen Rücktritt. März 1938 bei dt. Einmarsch in Österr. Flucht über die CSR, Ungarn u. Italien in die Schweiz, Aufenthalt in Fribourg. Febr. 1939-1940 ao. Prof. Institut Catholique in Toulouse, nach franz. Kapitulation Flucht über Lissabon u. Rio de Janeiro in die USA, Dez. 1940 New York. Ab Anfang 1941 assoc. Prof. Fordham Univ. New York. Juni 1941 Mitgr. *Austrian Committee* unter → Richard Schüller, ZusArb. mit O. Habsburg, Herbst 1942 Mitunterz. des Aufrufs an die Österr. in den USA zum Eintritt in geplantes Österr. Btl.; 1942 Quästor im *Austrian National Committee* unter → Hans Rott u. → Guido Zernatto, 1943 Mitgr. u. Mitgl. *Austrian Institute* unter → Friedrich Krejci. Blieb nach Kriegsende in den USA, 1949 o. Prof. Fordham Univ., 1960 Emeritierung.

W: u.a. Reinheit und Jungfräulichkeit. 1927; Metaphysik der Gemeinschaft. 1930; Zeitliches im Lichte des Ewigen. 1932; Liturgie und Persönlichkeit. 1933; Engelbert Dollfuß. Ein katholischer Staatsmann. Salzburg (Verlag Anton Pustet) 1934; Ott, Peter (Ps.), Die Umgestaltung in Christus. 1940; Christian Ethics. 1952; Trojan Horse in the City of God. 1968; Zölibat und Glaubenskrise. 1970; Der verwüstete Weinberg. 1972; Gesammelte Werke. 1971 ff. *L:* Goldner, Emigration; Dietrich von Hildebrand. In: Philosophie in Selbstdarstellungen, 1975; Wahrheit, Wert und Sein, Festgabe für Dietrich von Hildebrand zum 80. Geburtstag. 1970; Ebneth, Ständestaat; Mertens, Karla, In memoriam Dietrich von Hildebrand. In: Una Voce-Korrespondenz, Juni 1977. *Qu:* Arch. Hand. Pers. Publ. Z. - IfZ.

Hildesheimer, Arnold (Aharon), Dr. phil., Chemiker, Kaufmann; geb. 3. Nov. 1885 Berlin, gest. 8. Aug. 1955 IL; *V:* Hirsch H. (geb. 1855 Eisenstadt/Österr., gest. 1910 Berlin), Dr. Rabbinerseminar Berlin; *M:* Rosa, geb. Hirsch (geb. Halberstadt/Sa); *G:* Fanny (geb. 1879 [?] Berlin); Salomon (geb. 1881 Berlin, gest. 1942), Augenarzt; Henrietta Hirsch (geb. 1883 Berlin); Golda (geb. 1889 Berlin); Käthe Wolff; ∞ 1913 Hanna Goldschmidt (geb. 1889 Hamburg, gest. 1962), Stud. Lehrerinnenseminar; *K:* Eva Teltsch (geb. 1914 Wilhelmsburg/Preußen); Wolfgang (geb. 1916 Hamburg), 1934 Emigr. GB, Pal., Schriftsteller, 1966 Georg-Büchner-Preis, A: CH; *StA:* deutsch; IL. *Weg:* 1933 Pal.

Prom. Berlin, Chemiker am Kaiser-Wilhelm-Inst., dann techn. Dir. bei der Öl-, Margarine- u. Seifenfabrik Estol in Mannheim. Mitgl. K.J.V., Ltr. der zion. Ortsgruppe Mannheim. 1933 Emigr. Palästina mit A I-Zertifikat, 1933-36 Margarine-Import-Geschäft, 1936-55 Gr. u. Dir. Margarinefabrik Palestine Edible Co. in Haifa.

W: Die Welt der ungewohnten Dimensionen. 1953; Art. in Zs. *Qu:* Fb. Z. - RFJI.

Hilferding, Rudolf, Dr. med., Politiker; geb. 10. Aug. 1877 Wien, gest. 12. Febr. 1941 Paris; jüd., Diss.; *V:* Emil H. (1852-1905), Versicherungskaufm.; *M:* Anna, geb. Liß (1854-1909); ∞ I. 1904 Dr. med. Margarethe Hönigsberg, 1923 gesch.; II. 1923 Dr. Rose Lanyi (Rosa Löwinger) (1884-1959), deutsch, 24. Apr. 1937 Ausbürg., Emigr. F, USA; *K:* 2 S; *StA:* österr., 1920 deutsch, 13. Juni 1935 Ausbürg. *Weg:* 1933 CH, 1938 F.

Während Medizinstud. in Wien Anschluß an *Freie Vereinigung sozialistischer Studenten,* Mitarb. *Sozialwissenschaftlicher Bildungsverein;* mit → Otto Bauer u. Gustav Eckstein Schüler Viktor Adlers. 1901 Prom., dann vornehmlich Studien zu volkswirtschaftl. u. finanzwiss. Problemen, ab 1902 erste Veröffentlichungen in der sozialist. *Neuen Zeit,* später Hg. des Organs der sog. Austromarxisten *Marxstudien.* 1906 Berufung durch SPD-PV als Lehrer für NatÖkonomie u. Wirtschaftsgesch. an die Parteihochschule in Berlin, nach Ausweisungsandrohung durch preuß. Polizei u. Übernahme des Lehrauftrags durch Rosa Luxemburg Auslandsred. *Vorwärts,* daneben Mitarb. *Neue Zeit* u. *Der Kampf* (Österr.). Mit Veröffentlichung seines bekanntesten Werkes *Das Finanzkapital* Profilierung als einer der bedeutendsten sozialist. Theoretiker mit Einfluß u.a. auf die Entwicklung der Imperialismustheorie Lenins. In diesem Werk analysierte H. mit Marxscher Methodik die Entwicklung der konkurrenzbedingten kapitalist. Wirtschaft zum Monopolkapitalismus mit Trusts, Kartellen u. imperialistischem Expansionsstreben; von entscheidender Bedeutung sei hierbei das ständig wachsende u. die Industrie beherrschende Bankkapital als Träger des Finanzkapitals; H. vertrat die fortschreitende Planmäßigkeit der Produktion im org. Kapitalismus u. wandte sich gegen ökonomische Zusammenbruchstheorien, an deren Stelle er die bewußte pol. Handlung der Arbeiterklasse setzte. Nach Ausbruch des 1. WK mit der SPD-Minderheit Ablehnung der Kriegskredite; 1915-18 als Lazarettarzt Kriegsdienst in der österr. Armee; 1917 USPD, nach der Novemberrevolution 1918 Chefred. USPD-Organ *Freiheit;* 1920 auf dem PT in Halle mit der Minderheit Ablehnung der Aufnahmebedingungen der *Komintern;* nach Spaltung der USPD auf dem Leipziger PT Jan. 1922 Wahl in den Vorst.; nach Wiedervereinigung von SPD u. Rest-USPD Sept. 1922-Apr. 1933 Mitgl. des SPD-PV, mit → Karl Kautsky entscheidender Einfluß auf das 1925 angenommene *Heidelberger Programm* der SPD; 1924-33 Schriftltr. des theoret. Parteiorgans *Die Gesellschaft,* Vertr. der Theorie von der strukturellen Umwandlung des Kapitalismus durch Arbeiterschaft u. Sozialdemokratie in eine Wirtschaftsdemokratie. 1918 Unterstaatssekr. im Reichswirtschaftsmin., 1920-25 Mitgl. Reichswirtschaftsrat, 1924-33 MdR; Aug.-Okt. 1923 Reichsfinanzmin. in der Reg. Stresemann, Juni 1928-Dez. 1929 in der Reg. Hermann Müller, Rücktritt aus Protest gegen Anleihepol. u. Interventionen des Reichsbankpräs. Schacht. Entschiedener Gegner der natsoz. Linken um Gregor Strasser, denen er die Usurpierung des Begriffes Sozialismus vorwarf; nach natsoz. Machtübernahme bes. gefährdet, auf Veranlassung des PV Ende März 1933 Flucht nach Dänemark, von dort Emigr. in die Schweiz. Enger Mitarb. der *Sopade,* Mitarb. *Neuer Vorwärts* u. *Deutsche Freiheit* Saarbrücken, Ps. Richard Kern; Chefred. des von der *Sopade* hg. neuen theoret. Parteiorgans *Zeitschrift für Sozialismus* u. Verf. der programmat. Erklärung des Exil-PV *Kampf und Ziel des revolutionären Sozialismus* v. 28. Jan. 1934 (sog. Prager Manifest): Der natsoz. Sieg habe Wesen u. Aufgabe der dt. Arbeiterbewegung geändert, unter Überwindung von Reformismus u. Legalitätsdenken sei die sozdem. Taktik fortan allein bestimmt durch das Ziel der Eroberung der Staatsmacht. Dieser Kampf erfordere jedoch eine revolutionäre Org. bei Aufgabe des alten Parteiapparates; die sozdem. Auslandsltg. stehe im Dienst dieser revol. Org., deren Voraussetzung in Deutschland einmal die wirtschaftl. Sicherung der Arbeiter u. die Wiedereingliederung der Arbeitslosen in den Produktionsprozeß, zum andern die Wiedereroberung demokrat. Rechte sei; ohne sie sei keine emanzipatorische ArbBewegung möglich. Die Sozialdemokratie hoffe nicht auf ein Ende des natsoz. Regimes durch Krieg; sollte dieser jedoch unvermeidbar sein, so wende sie sich bei aller Gegnerschaft zum Dritten Reich gegen eine Zerstückelung Deutschlands nach Sturz der Diktatur, da diese eine freiheitliche u. wirtschaftl. Entwicklung behindern würde. Die Frage nach der Überwindung des totalen Staates sei zu beantworten mit: „Totale Revolution, moralische, geistige, politische und soziale Revolution". Im Exil war H. vornehml. mit außenpol. Analysen u. dem Verhältnis von Ökonomie u. Politik im natsoz. Staat befaßt. Ab 1938 in Paris, nach dt. Besetzung Nordfrankreichs mit → Rudolf Breitscheid aus Sicherheitsgründen in den Südwesten des Landes; nach Erhalt eines Notvisums für die USA über Martinique kurz vor der Abreise u. trotz der Bemühungen Varian Frys, Breitscheid u. Hilferding zu retten, durch Vichy-Behörden mit Zwangsaufenthalt in Arles belegt; dort Abfassung der letzten Arbeit *Das historische Problem* über die Rolle der Gewalt in der Geschichte; 11. Dez. 1941 zus. mit Breitscheid Auslieferung an Gestapo aufgrund Artikel 19 des dt.-franz. Waffenstillstandsabkommens, auf der Fahrt in das Pariser Gef. Santé schwer mißhandelt. 10. Okt. 1941 offiziöse Bekanntgabe seines Freitodes; die wirkl. Todesursache blieb ungeklärt.

W: u.a. *Böhm-Bawerks Marx-Kritik.* 1904; *Parlamentarismus und Massenstreik.* In: Die Neue Zeit 23, Bd. 2, 1904/05; *Das Finanzkapital. Eine Studie über die jüngste Entwicklung des Kapitalismus.* 1910 (mehrere Aufl. u. Übers.); *Historische Notwendigkeit und notwendige Politik.* In: Der Kampf, Nr. 8/1915; *Revolutionäre Politik oder Machtillusion?* Rede. 1920; *Die Sozialisierung und die Machtverhältnisse der Klassen.* Rede. 1920; *Probleme der Zeit.* In: Die Gesellschaft 1, 1924, Bd. 1; *Realistischer Pazifismus,* ebd., Bd. 2; *Die Aufgaben der Sozialdemokratie in der Republik.* Rede. 1927; *Die Eigengesetzlichkeit der kapitalistischen Entwicklung.* In: Kapital und Kapitalismus. 1931, S. 20-37; *Nationalsozialismus und Marxismus.* Rede. 1932; *Revolutionärer Sozialismus.* In: Zeitschrift für Sozialismus Nr. 1, 1933/34; *Macht ohne Diplomatie - Diplomatie ohne Macht,* ebd. Nr. 2, 1934/35; *Das historische Problem.* Aus dem Nachl. hg. u. eingeleitet von Benedikt Kautsky. In: Zeitschrift für Politik Nr. 1, 1954; Bibliogr. in: Gottschalch, Wilfried, Strukturveränderungen der Gesellschaft und politisches Handeln in der Lehre von Rudolf Hilferding. 1962. *L:* Stein, Alexander, Rudolf Hilferding und die deutsche Arbeiterbewegung. 1946; Timm, Helga, Die deutsche Sozialpolitik und der Bruch der großen Koalition im März 1930. 1952; Tormin, Walter, Zwischen Rätediktatur und sozialer Demokratie. 1954; Sweezy, Paul M., The Theory of Capitalist Development. Principles of Marxian Political Economy. 1956; Blumenberg, Werner, Kämpfer für die Freiheit. 1959; Gottschalch, Wilfried. op.cit. *D:* AsD. *Qu:* Arch. Hand. Publ. Z. - IfZ.

Hiller, Kurt, Dr. jur., Schriftsteller; geb. 17. Aug. 1885 Berlin, gest. 1. Okt. 1972 Hamburg; Diss.; *V:* Hartwig H., Fabrikant; *M:* Ella, geb. Singer; ∞ 1917 Ella Lisa Gottheil (gest. 1919); *StA:* deutsch, 11. Juni 1935 Ausbürg., 1951 deutsch. *Weg:* 1933 NL; Deutschland; 1934 CSR; 1938 GB.

1903-07 Stud. Univ. Berlin, Freiburg, Heidelberg, u.a. bei Georg Simmel u. Franz v. Liszt. Ab 1908 freier Schriftst. Berlin, 1909 Gr. des expressionist. *Neuen Clubs,* des Neopathetischen Cabarets u. des lit. Kabaretts Gnu. Hg. der expressionist. Anthologie *Kondor,* Mitarb. *Die Aktion, Der Sturm, Weiße Blätter, Die Weltbühne.* Kriegsgegner, Desertion aus Heeresdienst. 1915 Begr. des „Aktivismus", der den „revolutionären Aristokratismus" u. einen „logokratischen Staat" propagierte; Hg. *Ziel*-Jahrbücher. 1918 Vors. *Politischer Rat geistiger Arbeiter* Berlin, ab 1920 Mitgl. *Deutsche Friedensgesellschaft,* 1922 Berliner Vors. *Bund der Kriegsdienstgegner,* 1926 Gr. u. Präs. *Gruppe revolutionärer Pazifisten.* 1924 Kartellprogramm *Rote Einheit,* 1931 Versuch zur Grdg. eines „Sozialistenbunds" mit kommunist. u. sozialist. Oppositionsgruppen, Juni 1932 Munterz. ISK-Aufruf für eine Einheitsfront gegen den NatSoz.; März 1933 schwere Mißhandlungen, Flucht nach Holland, nach Rückkehr bis Apr. 1934 KL Oranienburg. Sept. 1934 Emigr. nach Prag. Mitarb. u.a. *Die Neue Weltbühne,* Fortsetzung der Einheitsfrontbemühungen unter den Exilgruppen, Verb. zum ISK, dessen Kritik an Volksfronttaktik von KPD u. SPD er unterstützte. Jan. 1938 Veröffentl. eines Manifests mit → Otto Straßer. 1938 Emigr. nach London, Ende 1939 Gr. *Freiheitsbund deutscher Sozialisten* (FDS), Hg. der hektogr. *FDS-Rundschreiben.* Apr. 1940 Bemühungen um Bildung eines „Deutschen Freiheitsrats". H.s Einigungsversuche, u.a. 1941 das Projekt *Freiheit - Geeinte deutsche Opposition,* scheiterten an seinem extremen Individualismus u. der Kritik am demokrat. System der Weimarer Republik. 1939-46 Vors. *Gruppe unabhängiger deutscher Autoren,* Mitarb. u.a. → Hans Jaeger, → Willi Eichler, → Bernhard Menne. 1947 Einladung zur

Rückkehr durch Kulturrat der Stadt Hamburg, 1955 nach Deutschland. Ab 1956 Vors. *Neusozialistischer Bund* Hamburg. Ps. Gorgias. - *Ausz.:* 1955 Preis des *Verbands der deutschen Kritiker*.

W: u.a. Das Recht über sich selbst. 1908; Das Ziel (Hg.), 5 Bde. 1916-24; Geist werde Herr. 1920; Logokratie. 1921; Der Aufbruch zum Paradies. 1922; § 175: Die Schmach des Jahrhunderts. 1922; Verwirklichung des Geistes im Staat. 1925; Das Ziel: Die rote Einheit. 1931; Der Sprung ins Helle. 1932; Selbstkritik links. 1932; Profile. Paris (Editions Nouvelles). 1938; Der Unnennbare (L). Peking (Privatdruck) 1938; After Nazism - Democracy? (Hg.) London (Lindsay Drummond) 1945; Geistige Grundlagen eines schöpferischen Deutschlands der Zukunft. 1947; Köpfe und Tröpfe. 1950; Rote Ritter. Erlebnisse mit deutschen Kommunisten (Erinn.). 1950; Ratioaktiv. Reden 1914-1964. 1966; Leben gegen die Zeit (ABiogr.), Bd. 1: Logos, 1969, Bd. 2: Eros, 1973. *L:* Link, ISK; Durzak, Exilliteratur; Röder, Großbritannien; Walter, Exilliteratur 7. *Qu:* ABiogr. Arch. Hand. Publ. Z. - IfZ.

Himmel, Rudolf Alexander, Dr. jur., Richter; geb. 20. Sept. 1903 Berlin; jüd.; *V:* Joseph H. (geb. 1872 Danzig, umgek. 1942 KL Auschwitz [?]), jüd., Gymn., Kaufm., aktiv in jüd. Gde.; *M:* Magda, geb. Laserstein (geb. 1874 Wormditt/Ostpr., umgek. 1942 KL Auschwitz), jüd.; *G:* Edith (1901-18); ∞ I. Mathilde Lesser, wiederverh. Servadio (geb. 1910, gest. Tel Aviv), jüd., 1942 gesch.; II. Judith Braun (geb. 1907 Lodz), jüd., Registrar Labour Dept. u. später Postangest. in Tel Aviv, gesch.; III. 1960 Anneliese Kollhoff (geb. 1912), ev.; *K:* aus I: Ruth-Edith Blecher (geb. 1935 Tel Aviv), Bankangest. in IL; *StA:* deutsch, Ausbürg., deutsch u. IL. *Weg:* 1933 F; 1935 Pal.; 1953 Deutschland (Berlin/West).

1921 Abitur, Stud. Rechtswiss. Berlin, München, Freiburg, 1924 Referendar, 1926 Prom., ab 1928 Gerichtsassessor in Berlin, Apr. 1933 Beurlaubung, Ausbildung als Postkartendrucker, Mai 1933 Emigr. nach Paris, Drucker bei einem Postkartenverlag ohne ArbErlaubnis, 1934-35 durch Vermittlung von *Artisanat et Agriculture* Tischlerlehre in der Handwerkerschule Marmontel in Bort-les-Orgues, Okt. 1935 nach Palästina, bis 1940 selbst. Tischler, Mitgl. *Histadrut*. 1940-46 Soldat in der Jüd. Brigade der brit. Palästina-Armee. 1946-53 jur. Hilfsbeamter im Dept. of Labour, Tel Aviv. Dez. 1953 Rückkehr wegen Verweigerung einer Beamtenstelle bei der isr. Staatsanwaltschaft; ab Febr. 1954 Hilfsrichter in Berlin, dann Richter am LG, Kammergerichtsrat u. Senatspräs. am Kammergericht Berlin, 1963-72 Richter am Internat. Obersten Rückerstattungsgericht. Lebte 1978 in Berlin (West).

Qu: Fb. Z. - IfZ.

Hindels, Josef, Gewerkschaftsfunktionär; geb. 10. Jan. 1916 Wien; *StA:* österr. *Weg:* 1937 CSR; 1939 N; 1940 S; 1946 Österr.

Kaufm. Lehre in Wien, Mitgl. Jugendgruppe *Zentralverein der kaufmännischen Angestellten Österreichs*. 1933 Mitgl. des illeg. KJVÖ, Nov. 1933 auf einer von der Dollfuß-Reg. verbotenen Republikfeier verhaftet. 1935 Mitgr. u. bis 1939 LtgMitgl. der trotzkistischen Org. *Revolutionäre Kommunisten Österreichs* (RKÖ) um → Johann Schöffmann u. → Georg Scheuer, Mitarb. *Bolschewik* u. *Der Einzige Weg*. Deckn. u. Ps. Bruno bzw. -Ed. 1936 mehrere Mon. Haft. 1937 im ZusHang mit Wiener Trotzkistenprozeß steckbriefl. gesucht, Emigr. Prag, Aufbau RKÖ-Auslandsvertr., Juli-Sept. 1938 Mitverf. *Junius-Briefe*. Jan. 1939 mit Unterstützung des Nansen-Komitees Emigr. Oslo, Hilfsarb., nahm den Namen Karl Popper an. Mai 1939 Mitverf. *Bulletin oppositionnel* Nr. 1 (Zs. der *IV. Internationale*), von RKÖ-Gruppe in Antwerpen um → Karl Fischer wegen Differenzen in nationaler Frage u. Frage des Entrismus in sozialist. Org. ausgeschlossen. 1939-40 Mitarb. *Bulletin der Front Ouvrier International* des Londoner Büros der kommunist. Linksopposition. Ab Apr. 1940 nach Norwegen u. Dänemark durch dt. Truppen illeg. Aufenthalt in Oslo, anschl. Flucht nach Schweden, zunächst in einem Flüchtlingslager. Juni 1940 zus. mit → Ernst Winkler Holzarb. in Nordschweden. Vermutl. Ende 1940 Niederlassung in Uppsala, da keine Aufenthaltsbewilligung für Stockholm, Holz- u. Gartenarb., Vortrags- u. Referententätigkeit bei *Sozialistischer Jugend Schwedens*. Mitarb. *Gruppe österreichischer Gewerkschafter in Schweden* unter → Josef Pleyl. 1944-46 VorstMitgl. *Österreichische Vereinigung in Schweden* unter → Bruno Kreisky, Betreuer der zahlr. nach Schweden desertierten Angehörigen der dt. Wehrmacht. 1946 Rückkehr nach Wien. Mitgl. SPÖ. 1946-50 stellv. Obmann *Sozialistische Jugend Österreichs;* Mitarb. *Die Zukunft* u. *Arbeit und Wirtschaft*. Zentralsekr. *Gewerkschaft der Privatangestellten* im ÖGB, Red. *Der Privatangestellte*. Stellv. Vors. *Bund sozialistischer Freiheitskämpfer und Opfer des Faschismus,* Mitarb. *Der sozialistische Kämpfer*. Kuratoriumsmitgl. DÖW. Lebte 1978 in Wien. - *Ausz.:* 1971 Goldenes Abzeichen *Bund sozialistischer Freiheitskämpfer und Opfer des Faschismus*.

W: u.a. Popper, Karl, Österreich und die Habsburger. Stockholm 1945; ders., Von der Ersten Republik zum zweiten Weltkrieg. Stockholm (Socialdemokratisca Ungonsdistrikt) 1946; Lehrbriefe der SJ-Akademie I. u. II. 1947 u 1948; Warum sind wir Internationalisten? 1949; Von der Urgesellschaft zum Sozialismus. 1950; Franzl wird Sozialist. Junge Funktionäre diskutieren über Fragen des Sozialismus. 1959; Der Sozialismus kommt nicht von selbst. 1959; Hitler war kein Zufall. 1962; Der Sozialismus und die jungen Intellektuellen, 1962; Lebt Stalin in Peking? 1964; Österreichs Sozialisten in der Opposition. 1966; Der moderne Sozialismus braucht Marx. 1966; NDP-Nationaldemokratische Partei Deutschlands. Ein Alarmzeichen, 1967; Der Freiheitskampf in der Welt: Gestern, heute, morgen. 1968; Warum sind wir Sozialisten? 1969; Was ist heute links? 1970; Österreichs Gewerkschaften im Widerstand 1934-1945. 1976; *L:* DBMOI; Müssener, Exil; Neugebauer, Bauvolk; Widerstand I; Winkler, Ernst, Mit Josef Hindels in der Emigration. In: Der sozialistische Kämpfer 1-6/1976; Keller, Fritz, Gegen den Strom. 1978; ders., Biographie Karl Fischer (unveröffentl. Ms.). *Qu:* Arch. Hand. Pers. Publ. - IfZ.

Hines, Gus (bis 1946 Heinsfurter, Gustav), Großkaufmann; geb. 20. Apr. 1912 Nürnberg; jüd.; *V:* Jacob Heinsfurter (geb. 1876 Niederstetten/Württ., gest. 1925), jüd., Inh. einer Eisenwarenhandlung; *M:* Minna, geb. Erlanger (geb. 1877 Ichenhausen/Bayern, gest. 1958 Adelaide/AUS); *G:* Sophie Rosenberg (geb. 1906 Nürnberg, gest. 1960 Adelaide), 1938 Emigr. AUS, Büroangest.; ∞ 1938 Hilde Guckenheimer (geb. 1917 Nürnberg), jüd., bis 1934 Gymn., 1936-37 Stud. jüd. Kindergärtnerinnenseminar Berlin, Emigr. AUS, Kindermädchen, ehrenamtl. Tätigkeim im Jew. Old Age Home in Adelaide/AUS, Präs. WIZO Südaustralien, Präs. der Henrietta-Irwell-Carmel-Gruppe der WIZO, Dir. in Firma des Ehemannes; *K:* Judith Helen Callman (geb. 1941), B.A., Fürsorgerin; John Jacob (geb. 1944), Dir. im Familienunternehmen; *StA:* deutsch, 1946 AUS. *Weg:* 1939 NL, 1940 AUS.

1922-25 Reformgymn. Nürnberg, 1925-28 Handelsschule; 1928-37 Ausschußmitgl. *Bar Kochba,* 1932-37 Jugendltr. *Esra,* später *Hechaluz,* 1932-37 Ausschußmitgl. KKL, 1935-37 VorstMitgl. Isr. Kultusgde. Nürnberg; 1933 kurzzeit. Haft. 1938 Emigr. Niederlande mit Mutter u. Ehefrau, keine ArbErlaubnis, 1938-39 Handlungsreisender in Belgien u. in der Schweiz. Nov. 1939 nach Australien mit Mutter u. Ehefrau, 1940-56 Angest. in der Abt. Metallwarenhandel bei William Charlich Ltd. in Adelaide, später stellv. Dir.; 1956-73 Gr. u. Inh. der Hines Metals Pty. Ltd., seit 1973 Inh. der G. and J. Hines Pty. Ltd. (Metallwarenherstellung u. Export/Import von Metallen, Mineralien u. Erzen). 1943-56 Präs., seit 1958 Mitgl. VerwRat, Vizepräs. *State Zion. Council* Südaustralien, seit 1944 im Vollzugsausschuß der *Zion. Fed.* Australien und Neuseeland, 1945-60 Präs., seit 1960 ehrenamtl. Präs. der JNF in Südaustralien, 1944-51 VorstMitgl., 1952-54 ehrenamtl. Schatzmeister, 1955-64 Präs. der Adelaide Hebr. Congr., 1948-72 Präs., seit 1972 Vizepräs. UIA in Südaustralien, 1957-67 Senior Vizepräs., seit 1967 Präs. südaustral. *Jew. Board of Deputies,* Vizepräs. u. Mitgl. Vollzugsausschuß *Australia Jewry*. Seit 1956

Friedensrichter, Mitarb. in zahlr. jüd. u. gemeinnütz. Org., u.a. Rotes Kreuz, Handelskammer u. *B'nai B'rith*. Lebte 1978 in Adelaide. - *Ausz.:* 1972 OBE, 1975 Jew of the Year in Australia, 1977 Silberjubiläumsmedaille.
W: Beiträge in jüd. Zs. über Gemeindeleben in Australien. *Qu:* Fb. Hand. Z. - RFJI.

Hirsch, Abraham, Verbandsfunktionär; geb. 3. Sept. 1913 Duisburg; jüd.; *V:* Avigdor H.; *M:* Gitel, geb. Sprey; ∞ 1937 Mirjam Kanarek; *K:* Daniel, Eliahu, Zehava, Chanah. *Weg:* 1933 Pal.
Stud. Thora-Lehranstalt Jeschiwa Frankfurt/M., Vors. Stipendienfond *Esra*. 1933 Emigr. Palästina, 1933-40 SekrMitgl. des *Agudat Israel*-Jugendkibb. Kefar Sabba, seit 1942 GenSekr. u. seit 1954 Mitgl. des Weltrats der *Agudath Israel World Org.*, seit 1954 SekrMitgl. der *Central Agudat Israel* in Israel, Teiln. an versch. Deleg. ins Ausland; Mitgl. RedAusschuß hebr. Tagesztg. *Hamodia*. Lebte 1976 in Jerusalem.
D: LBI New York. *Qu:* Arch. Hand. - RFJI.

Hirsch, Abraham Menco, Ph. D., Sozialwissenschaftler, Beamter; geb. 1927 Halberstadt; jüd.; *V:* Menco Max H. (geb. 1896 Halberstadt, gest. 1951 Basel), jüd., Gymn., Mitarb. in jüd., anti-natsoz. u. Hilfsorg., 1933 Emigr. CH, B, 1940 F, Port., 1941 USA; *M:* Sophia, geb. Prins (geb. 1902 Antwerpen), jüd., höhere Schule, 1933 Emigr. CH, B, 1940 F, Port., 1941 USA, um 1964 NL; *G:* Lili Rosalie Krakowski (geb. Juli 1930 Berlin), 1933 Emigr. CH, B, 1940 F, Port., 1941 USA, B.A., Keramikerin; Julia G. Schwartz (geb. Jan. 1938 Antwerpen), 1940 F, Port., 1941 USA, Ph. D. Columbia Univ., Hochschullehrerin in USA; ∞ I. 1951 Miryam Beatrix Aber (geb. 1929 Bremen), jüd., 1939 Emigr. USA über NL, B.A., Verlagsangest., 1971 gesch.; II. 1971 Ann Victoria Dudley (geb. 1939 Cambridge/Mass.), ev., B.A., Stud. London Coll. of Printing, Graphikerin; *K:* Daniel Menco (geb. 1959 Washington/D.C.); Elihu Prins (geb. 1961 Washington/D.C.); Ruth Alexandra (geb. 1965 Kabul/Afghanistan); Susannah Alice Dudley (geb. 1973 Washington/D.C.); David Benjamin Dudley (geb. Dez. 1976 Frankfurt/M.); *StA:* deutsch, 1948 USA. *Weg:* 1933 CH, B, 1940 F, Port., 1941 USA.
Jan. 1933 in die Schweiz, Apr. 1933 nach Antwerpen, Aufenthaltsgenehmigung, Juni 1940 Frankr., Sept. 1940 Portugal; April 1941 USA, Unterstützung durch Verwandte, 1946-47 MilDienst. 1947-50 Stud. Seminary Coll., Jew. Theol. Seminary New York, 1949 B.S.S. City Coll. New York, 1949-50 Mitarb. bei jüd. Org. in New York, 1950-51 Lehrer an höherer Schule Beth Yerach Kinneret/Israel. 1955 M.A. School of Internat. Affairs, 1955 Dipl. Near and Middle East Inst., 1957 Ph. D. Columbia Univ., 1957-61 Senior Research Assoc., gleichz. Übersetzer beim US Joint Publications Research Service u. 1958-60 Stud. Am. Univ. Washington/D.C.; 1958 Berater beim US-Außenmin., 1959-61 bei USIA. Ab 1961 beim Büro für internat. ZusArb. USAID, zunächst 1961-63 in Colombo/Ceylon, 1963-66 in Kabul/Afghanistan, 1966-68 in Saigon/Süd-Vietnam, 1968-69 Vietnam-Abt. Ab 1969 Experte für Methodik, sozialwiss. Berater u. AbtLtr. im Amt für techn. Unterstützung, Vortragstätigkeit bei Versammlungen, Konf. u. Lehrveranstaltungen des US-Außenmin., in Radio u. Fernsehen sowie an Univ.; 1970 Mitgl. Task Force on Openness in the Foreign Affairs Community des US-Außenmin., 1968-69 Southeast Asia Development Advisory Group. Lebte 1972 in Washington/D.C. - *Ausz.:* 1947 Victory Medal US Army, 1968 Medal for Civilian Service in Vietnam.
W: International Rivers in the Middle East. A Hydropolitical Study and Legal Analysis (Diss.). 1957; Ethiopia. (Mitverf.). 1962; Attitudinal Differences Between Vietnamese and Americans. 1967; Some Cultural Variables in Institution-Building and Technical Assistance. In: Proceedings of the Regional Conference on Institution-Building. Utah State Univ., 1970; Mitverf. US-Armee Handbücher über Malaya, Marokko, Afghanistan, Türkei, Äthiopien u. Kolumbien. 1957-61; Art. in Fachzs. *Qu:* Fb. Hand. - RFJI.

Hirsch, Albert Albrecht, Ph. D., Ministerialbeamter, Hochschullehrer; geb. 21. Jan. 1933 Heidelberg; jüd.; *V:* → Arthur Hirsch; ∞ 1961 Brenna A. Leach (geb. 1936 New Haven/Conn.), ev., Bibliothekarin; *K:* Aaron (geb. 1967 Washington/D.C.); Steffen (geb. 1969 Washington/D.C.); *StA:* deutsch, 1945 USA. *Weg:* 1938 CH, 1939 USA.
Dez. 1938 Emigr. Schweiz mit Besuchervisum, Apr. 1939 USA; Stud. Oberlin Coll., 1955 B.A., Ausbildung als Chemiker beim US-Eichamt, Stud. Duke Univ., 1958 M.A. Wirtschaftswiss., 1960 Ph.D.; 1959-62 wirtschaftswiss. Mitarb. bei der Fed. Reserve Bank in Atlanta/Ga.; 1962-63 Stud. Ökonometrik Univ. Pa.; 1963-72 wirtschaftswiss. Mitarb., ab 1972 Assist. des Dir. für Ökonometrik im Büro für Wirtschaftsanalyse des US-Handelsmin., Forschungsarb. über Ökonometrikmodell der USA. 1965-70 zeitw. Doz., 1973-74 Berater für *Org. Econ. Cooperation and Development* in Portugal, 1974 Gastprof. Univ. Mass.; Mitgl. u. 1968-70 Schatzmeister *Ethical Culture Soc.* Washington/D.C., Mitgl. *Econometric Soc., Am. Econ. Assn., Soc. Govt. Econs.* - Lebte 1977 in Chevy Chase/Md.
W: Sales Anticipation and Inventory Behavior (Mitverf.). 1969; Beiträge über Ökonometrik. *Qu:* Fb. Hand. Pers. - RFJI.

Hirsch, Arthur, Fabrikant; geb. 9. Juni 1898 Weinheim/Baden; jüd.; *V:* Max H. (geb. 1871 Weinheim, gest. 1950 Milwaukee/Wisc.), jüd., höhere Schule, Fabrikant, Mitgl. DDP, StadtVO in Weinheim, 1939 Emigr. Port., 1940 USA; *M:* Flora, geb. Altschul (geb. 1875 Rastatt/Baden, gest. 1952 New York), jüd., höhere Schule, Mitarb. Rotes Kreuz; *G:* Elisabeth May (geb. 1900 Weinheim), höhere Schule, Emigr. I, Port., AUS; Erna Hart (geb. 1902 Weinheim), Stud. München, Emigr. Port., USA; Marianne Fuchs (geb. 1905 Weinheim), Stud. Heidelberg, Emigr. Port., USA; ∞ 1927 Anna Marx (geb. 1903 München) jüd., höhere Schule, 1938 Emigr. CH, 1939 USA; *K:* Eva Fillion (geb. 1928 Heidelberg), Stud., 1938 Emigr. CH, 1939 USA; → Albert Hirsch; *StA:* deutsch, USA. *Weg:* 1938 CH, 1939 USA.
1916-18 Kriegsteiln. (EK II), dann Stud. TH Darmstadt, München u. Univ. München, 1926 Dipl.-Ing.; 1927-38 zunächst als Lehrling, später als stellv. Betriebsführer im Familienunternehmen Lederwerke S. Hirsch Weinheim; Mitgl. SynRat; 1938 KL Dachau. Dez. 1938 Emigr. Schweiz, Apr. 1939 USA, ab 1940 Angest., ab 1964 Vizepräs. Gerberei Albert Trostel & Sons Milwaukee. Lebte 1977 in Milwaukee/Wisc.
Qu: Fb. Pers. - RFJI.

Hirsch, Arthur, Ph. D., Industriechemiker; geb. 10. Dez. 1921 Wien; jüd.; *V:* Morris L. H. (geb. 1890 Galizien), jüd., 1917 nach Wien, SDAP-Funktionär, aktiv in jüd. Gde. u. Sekr. der *Landsmannschaft Galizischer Juden*, 1939 Emigr. USA; *M:* Anna, geb. Hirsch (geb. 1896 Galizien, gest. 1974 New York), jüd., 1939 Emigr. USA; *G:* Malvine Oland (geb. 1919 Wien), 1939 Emigr. USA, B.Sc.; ∞ 1949 Ruth Jaul (geb. 1923), jüd., 1938 Emigr. USA; *K:* Steven (geb. 1955 New York), Stud.; *StA:* österr.; USA. *Weg:* 1939 USA.
1931-39 Gymn. Wien. Febr. 1939 Emigr. USA mit Unterstützung von HIAS u. *Council of Jew. Women;* 1942-46 Stud. City Coll. New York, 1946 B.A.; gleichz. 1941-44 Vors. *Jew. Youth from Austria.* 1946-52 Chemiker bei Pease Labs., 1952-55 Chefchemiker bei Atlantic Gummed Paper Co. u. Swingline Industrial Corp. New York; gleichz. 1952-55 Stud. Brooklyn Coll., 1956 M.A., 1955-60 techn. Dir. bei General Gummed Prod., gleichz. 1956-60 Stud. New York Univ., 1960 Ph. D.; 1956-58 Doz. am Wagner Lutheran Coll., Staten Island/New York. 1960-62 Chefchemiker bei Skeist Labs., 1962-68 Forschungsdir. bei Canadian Technical Tape Ltd. in Montreal. Gleichz. 1963-68 Stipendiat des *Nat. Research Council,* 1965-68 des *Defence Research Board of Canada.* 1963-68 Präs. *Assn. of Orthodox Jew. Scientists,* 1967-68 *Young Israel of Montreal.* Seit 1968 Forschungsdir. bei Standard Packing Corp. in Clifton/N.J.; Mitgl. *Am. Chem. Soc., Am. Soc. Testing Materials* u. Mitgl. versch. Kommissionen dieser Org., *Techn. Assn. Pulp & Paper Indus.* Lebte 1978 in Elizabeth/N.J.
W: mehr als 50 Art. in versch. Fachzs. *Qu:* Fb. Hand. - RFJI.

Hirsch, Bettina, geb. Mai 1901 Wien (?); ∞ → Hans Hirsch; *K:* Fred. H. (1931-1978), 1934 Emigr. GB, ab 1966 Berater International Monetary Fund Washington/D.C., später Prof. Wirtschaftswiss. Univ. Warwick/GB; 1 K; *StA:* österr. *Weg:* 1934 GB, 1946 (?) Österr.

Mitarb. *Kinderfreunde*-Bewegung, Mitgl. SDAP. 1934 nach den Februarkämpfen Emigr. GB, führte ein Boarding House in London. 1938 nach Anschluß Österr. vor allem in Flüchtlingshilfe (Visabeschaffung, Aufenthaltsbewilligungen) aktiv, bildete zus. mit Hans Hirsch Anlaufstelle u. Sammelpunkt für die 1938 u. 1939 nach GB emigrierten österr. Sozialisten. Mitgl. *Austrian Labour Club*, Mai 1942 Londoner Delegierte für die DelegKonf. der österr. Sozialisten in GB. Vermutl. 1946 Rückkehr nach Wien, Mitgl. SPÖ, zunächst im *Österreichischen Fürsorge- und Wohlfahrtsverband Volkshilfe* tätig, anschl. Red., nach dem Tod von → Marianne Pollak Chefred. *Die Frau.* Lebte 1978 in Wien. - *Ausz.:* 1971 Victor-Adler-Plakette der SPÖ, Silbernes Verdienstzeichen des Landes Wien.

W: u.a. Marianne. Ein Frauenleben an der Zeiten Wende. 1970. *L:* Maimann, Politik. *Qu:* Arch. Pers. Publ. - IfZ.

Hirsch, Donald Freiherr von, Dr. rer. pol., Ph. D., Diplomat; geb. 22. Sept. 1901 Schloß Planegg b. München; kath.; *V:* Rudolf Frhr. v. H. (geb. 1875), kath., Großgrundbesitzer, Physiker, 1933 Haft, 1938 Vermögenseinzug, 1942-45 KL Theresienstadt; *M:* Elisabeth, geb. Mac Donald (geb. 1871 USA, gest. 1910), kath.; *G:* Theo (geb. 1903), Wissenschaftler; Ferdinand (geb. 1905), Großgrundbesitzer; ∞ I. 1930-46 Katharina Weil, geb. Bachart (geb. 1902), jüd., Emigr., 1940 USA; II. 1948 Joyce Temperley, geb. van Oss (geb. 1904 Groningen/NL); *K:* aus I: Andreas (geb. 1934), Emigr., 1940 USA, Prof. für Strafrecht Rutgers Univ.; *StA:* deutsch, 1941 Ausbürg., brit., nach 1945 deutsch u. brit. *Weg:* 1933 I; 1934 CH; 1936 I; 1938 GB.

1919-25 Stud. München u. Köln, 1925 Prom., bis 1926 Bankvolontär, anschl. Vorbereitung auf diplomat. Dienst in Genf, 1927-33 Attaché im AA, zuletzt bei Dt. Gesandtschaft Prag. Entlassung aus pol. u. rass. Gründen, Mai 1933 Emigr., Privatstudien in Italien, der Schweiz u. ab 1938 in GB. 1940 3 Mon. Internierung, anschl. bis 1941 Pionierkorps; Kontakte zu konservat. EmigrKreisen in London. 1942-45 Stud. Cambridge, 1945 Ph. D., anschl. Lehr- u. Vortragstätigkeit. 1948-50 in brit. Kontrollkommission in Deutschland tätig, 1950-56 Privatstudien, 1956-70 Ltr. Deutsches Kulturinstitut London. LegRat 1. Kl. Lebte 1975 in München. - *Ausz.:* 1969 Gr. BVK.

Qu: Arch. Fb. Hand. - IfZ.

Hirsch, Emil, Dr. phil., Industrieller; geb. 25. Febr. 1870 Halberstadt, gest. 28. Juli 1938 Amsterdam; jüd.; *V:* Benjamin H. (geb. 1840 Halberstadt, gest. 1911 Karlsruhe), jüd., Industrieller, 1857-58 Jeshiva Eisenstadt, 1871 Teilh. Aron Hirsch & Sohn (Montanindustriebetrieb), StadtVO, stellv. Vors. Handelskammer Halberstadt, 1906 preuß. Kommerzienrat, Mitgl. Zentralrat der deutschen Handelskammern u. London Metal Exchange, Vors. jüd. Gde. Halberstadt, Mitgr. *B'nai B'rith*-Loge Halberstadt; *M:* Julie, geb. Auerbach (1844-1916); *G:* Helene (1865-68); Dr. Abraham H. (geb. 1867 Halberstadt, gest. 1920 Bad Harzburg), jüd., Teilh. Aron Hirsch & Sohn; Bertha (1867-1892); Therese (1872-1901); Dr. med. Joseph H., Chefarzt Krankenhaus der Gde. Adass Jisroel Berlin; Rosa Auerbach; ∞ Else Dülken (geb. 1878, umgek. 1942 KL Auschwitz), 1938 Emigr. NL, 1942 Dep. KL Westerbork, später KL Auschwitz; *StA:* deutsch. *Weg:* 1938 NL.

Stud. Chemie u. Physik Berlin, Eintritt in Familienunternehmen Aron Hirsch & Sohn. 1911 Vors. jüd. Gde. Halberstadt, stellv. AR-Vors. Hirsch Kupfer- u. Messingwerke. 1927 Betriebsverlegung nach Berlin, 1932 Liquidation. Gr. Erze u. Metall Hirsch AG Berlin mit Zweigstelle in Amsterdam. März 1938 Emigr. Amsterdam.

L: Auerbach, S.M., Jews in German Metal Trade. In: LBI Yearbook X, 1965. *Qu:* EGL. Publ. - RFJI.

Hirsch, Hans (Johannes), Dr., Journalist; gest. 11. Febr. 1944 London; ∞ Bettina (→ Bettina Hirsch); *K:* Fred (1931-1978), 1934 Emigr. GB, ab 1966 Berater Monetary Fund Washington/D.C., später Prof. Wirtschaftswiss. Univ. Warwick/GB; *StA:* österr. *Weg:* 1934 GB.

Agronom, Mitgl. SDAP; 1924-29 Mitarb. *Der Kampf,* 1927 (?)-34 Red. *Das Kleine Blatt,* bis 1934 Red. *Arbeiter-Zeitung.* 1934 nach den Februarkämpfen Mitgl. des sog. Schattenkomitees aus ehemaligen Parteired. u. Mitarb. vor allem der *Arbeiter-Zeitung,* auf dessen Initiative die erste zentrale Fünfergruppe (später ZK) der RSÖ unter → Manfred Ackermann gebildet wurde. Bis Ende 1934 Presseref. des ZK der RSÖ u. Hg. *Pressedienst* (Vorläufer des *Informationsdiensts* der RSÖ). Dez. 1934 kurzfristig Haft, Emigr. GB. Bildete nach dem Anschluß Österr. zus. mit Bettina Hirsch Anlaufstelle u. Sammelpunkt für die 1938 u. 1939 nach GB emigrierten österr. Sozialisten; 1938-39 Mitarb. *Der Sozialistische Kampf* Paris. Nach Kriegsausbruch als Metallarb. in die Rüstungsindustrie. Anfang 1940 Mitgr. u. VorstMitgl. *Austrian Labour Club.* Mai 1942 Londoner Deleg. für die DelegKonf. der österr. Sozialisten in GB.

L: Buttinger, Beispiel; Wisshaupt, RSÖ; Leichter, Diktaturen; Scheu, Friedrich, Die Emigrationspresse der Sozialisten 1938-1945. 1968; ders., Der Weg ins Ungewisse. 1972; Maimann, Politik. *Qu:* Arch. Pers. Publ. Z. - IfZ.

Hirsch, Helmut, Ph. D., Historiker, Publizist; geb. 2. Sept. 1907 Barmen; jüd., 1941 ev.; *V:* Emil H. (geb. 1876 Berlin, gest. 1947 London), jüd., Kaufm., 1919-24 SPD-StadtVO. Barmen, 1933 Schutzhaft, Emigr. GB; *M:* Hedwig (geb. 1876 Hoerde, gest. 1962 Chicago), jüd., Emigr. GB, USA; *G:* Werner (1903-18), 1 Halbbruder; ∞ I. 1933 Eva Buntenbroich (geb. 1910), 1933 Emigr. mit Ehemann, 1964 gesch.; II. 1964 Anne Henecka (geb. 1927), Bildhauerin, 1973 gesch.; III. 1973 Marianne Tilgner (geb. 1926), Bankangest., Prokuristin; *K:* Helmut Villard Buntenbroich Hirsch (geb. 1943 Chicago), Biologe, A: USA; Mark Alexander (geb. 1965 Düsseldorf); *StA:* deutsch, 1937 Ausbürg., 1947 USA. *Weg:* 1933 Saargeb., F; 1941 USA.

Nach Abitur 1927-28 kaufm. Lehre; 1928-32 Stud. Zeitungswiss., Theaterwiss., Germanistik, Gesch. u. Kunstgesch. in München, Berlin, Bonn, Köln u. Leipzig. Mitgl. jüd. Wanderbund *Blau-Weiß* Wuppertal. 1933 Flucht ins Saargeb., Unterkunft bei Onkel → Gustav Levy, im gleichen Jahr weiter nach Frankr.; in Paris akkreditierter Korr. der von → Siegfried Thalheimer hg. Exilzs. *Westland,* 1938 RedMitgl. der ebenfalls von Thalheimer hg. Halbmonatsschrift *Ordo* u. Sekr. *Comité juif d'études politiques,* Mitarb. außerdem u.a. von *L'Europe Nouvelle, Deutsches Volksecho* Zürich, *Deutsche Freiheit, Deutsche Volkszeitung* Paris, *Pariser Tageszeitung;* Deckn. bzw. Ps. H. Bichette (1937/38) u. H. Bichet (1939); in Volksfrontbewegung aktiv, mit Rudolf Leonhard Vertr. der *Westland*-Gruppe im *Aktionsausschuß für Freiheit in Deutschland,* Mitgl. Lutetia-Kreis u. Freundeskreise der deutschen Volksfront. Neben pol. u. journ. Tätigkeit wiss. Arbeit für Internationales Institut für Sozialgeschichte Zweigstelle Paris. Nach Kriegsausbruch interniert, 1940 Prestataire beim brit. Expeditionskorps. 1941 mit Notvisum in die USA; 1942-45 mit Stipendium der Enzyclopaedia Britannica Fortsetzung der Studien mit Schwerpunkt Gesch. u. Sozialgesch. an der Univ. Chicago; 1945 Prom. zum Ph. D. mit einem Thema über die Gesch. des Saargeb., zeitw. Lehrtätigkeit im Army Specialized Training Program der Univ. von Wyoming; ab Sommer 1945 durch Vermittlung von → Siegfried Marck Lehrtätigkeit am YMCA-College, im gleichen Jahr Assist. Prof. Roosevelt College (später University), bis 1957 akad. Lehrer u.a. für europ. Gesch., zuletzt als Assist. Prof. auf Lebenszeit, Gastprof. u.a. Univ. Chicago; in den USA pol. engagiert u.a. in der amerikan. Bürgerrechtsbewegung u. in der Frage des israel.-arabischen Konflikts (Org. von humanitären Hilfsaktionen in ZusArb. mit *European Relief*

Committee), aktive pol. Verb. mit der dt. Nachkriegs-SPD; wiss.-pol. Profilierung in der Saar-Frage. Häufige Besuche in Deutschland, 1957/58 vorübergeh. Ltr. Auslandsinstitut der Stadt Dortmund, 1961 definitive Rückkehr in die BRD, jedoch weiterhin vorübergeh. Lehrtätigkeit im Ausland, u.a. Lake Erie College, Painsville/Ohio u. Institut Universitaire d'Études Européennes, Turin; 1962-69 mit Unterbrechungen Doz. Verwaltungs- u. Wirtschaftsakademie Düsseldorf, freie Forschungstätigkeit u. wiss. Publizist; 1972 Lehrauftrag, 1973-77 Honorarprof. Gesamthochschule Duisburg. Mitarb. u.a. *Allgemeine Jüdische Wochenzeitung, Welt der Arbeit, Vorwärts; Aufbau.* – *Ausz.:* u.a. 1975 Eduard-von-der-Heydt-Preis der Stadt Wuppertal, 1977 BVK 1. Klasse.

W: Bibliogr.: Quaasdorf, Adelheid, Helmut Hirsch. Bibliographisches Teilverzeichnis. In: Im Gegenstrom (Hg. Horst Schallenberger u. Helmut Schrey). Festschrift zum 70. Geburtstag von Helmut Hirsch, 1977. *L:* u.a. Im Gegenstrom, op. cit.; Kraus, Albert H. V., Helmut Hirsch. Dem Saar-Forscher und Sozialismus-Experten zum 70. Geburtstag. In: Saarheimat Nr. 3/1978. *D:* SUNYA, LBI New York; *Qu:* Arch. Fb. Pers. Publ. Z. – IfZ.

Hirsch, Jakob, Rechtsanwalt, Ministerialbeamter; geb. 23. Juni 1924 Halberstadt; jüd.; *V:* → Salli Hirsch; ∞ 1957 Shoshana Rose Bilski (geb. 1930 Halle/Saale), jüd., Emigr. USA, später IL, B.Sc. Univ. of Syracuse, Therapeutin für Hör- u. Sprachfehler am Hadassah-Krankenhaus Jerusalem, später am Beith-Lörenstein-Krankenhaus Raanana; *K:* Gideon-Shlomo (geb. 1959 Jerusalem); Judith (geb. 1962 Jerusalem); Orli (geb. 1966 Princeton); *StA:* deutsch; Pal./IL. *Weg:* 1935 Pal.

1931-35 Volksschule des *Jüdischen Schulvereins* Berlin. 1935 Emigr. Palästina, 1935-43 Volks- u. höhere Schule Jerusalem, 1942-48 *Haganah,* 1943-46 brit. MilDienst. 1946-47 Stud. Hebr. Univ. Jerusalem. 1947 externes Stud. London Univ., 1947-50 Stud. Rechtswiss. Jerusalem, Lt. d. Reserve, IDF, ab 1950 Major d. Reserve; 1950-72 beim Rechnungshof, zunächst Beratungsassist., dann stellv. Rechtsberater des GenSekr., Assist. des GenDir., stellv. GenDir. u. GenDir.; 1951 Zulassung isr. Anwaltskammer. 1955-56 UN-Stipendium für die Niederlande u. GB, 1965-66 Gaststud. Princeton Univ., Woodrow Wilson School of Public and Internat. Affairs. Ab 1972 stellv. Geschäftsf. u. Inspektor Bank Leumi leIsrael. Mitgl. *Isr. Bar Assn., Isr. Management Center* u. VorstMitgl. Solidaritäts-Werk, I.O.M.E.

Qu: Fb. Hand. – RFJI.

Hirsch, Julius, Dr. phil., Wirtschaftspolitiker, Nationalökonom; geb. 30. Okt. 1882 Mandel b. Bad Kreuznach/Nahe, gest. 14. Aug. 1961 New York; jüd.; *V:* Salomon H., Kaufm., Versicherungs-GenAgent; *M:* Mathilde, geb. Emanuel; ∞ 1927 Edith Jarislowski (geb. 1900), jüd., NatÖkonomin, nach 1931 in Erwerbslosenhilfe tätig, Emigr., nach 1941 Doz. New School for Social Research, nach 1954 Mitarb. in Wirtschaftsberatungsfirma des Ehemanns, VorstMitgl. LBI New York; *K:* Rudolph Ernest Hirsch (geb. 1928), Emigr. USA, M.A. Wirtschaftswiss. Ltr. Abt. Datenverarbeitung bei der Filiale der First Nat. City Bank London in New York. *StA:* deutsch, USA. *Weg:* 1933 DK; 1941 USA.

Kaufm. Lehre u. Tätigkeit, Abitur, ab 1907 Stud. Staats- u. Rechtswiss. Bonn u. Aachen, 1909 Prom. Bonn, 1911 Habil. Handelshochschule Köln, ab 1913 Doz., ab 1917 o. Prof. für Privatwirtschaftslehre des Handels. 1914 bis Verwundung 1916 Kriegsteiln. (Offz.), anschl. stellv. AbtLtr. für Preisregulierung im Kriegsernährungsamt Berlin. Ab März 1919 AbtLtr. für Fragen der Übergangswirtschaft im Reichsernährungsmin., Aug. 1919-März 1923 Staatssekr. im Reichswirtschaftsmin., maßgebl. mit Lösung kriegsbedingter Währungs- u. Wirtschaftsfragen sowie Reparationsproblemen befaßt, Teiln. der Reparationskonf. 1920-22. Im 1. WK mit der Lage des Ostjudentums konfrontiert, Mitgl. des 1915 gegr. *Komitees für den Osten* zugunsten der jüd. Bevölkerung in den von Deutschland besetzten Geb.; trat für Erhaltung der ostjüd. Kulturformen ein. Ab 1924 Doz., ab 1928 Honorarprof. für Betriebswirtschaft Handelshochschule Berlin, ab 1926 auch Honorarprof. Univ. Berlin, ab 1926 an der vom Reichstag veranlaßten Wirtschaftsenquete beteiligt, 1929 Gr. Forschungsstelle für den Handel in Berlin. Beratertätigkeit u.a. für Völkerbund, Internationales Arbeitsamt u. Internationale Handelskammer. Ab 1928 VorstMitgl. CV, ab Herbst 1933 Prof. für Betriebswirtschaftslehre Univ. Kopenhagen, Gr. u. Ltr. Handelswiss. Forschungsinstitut, Hg. seiner *Mitteilungen,* 1938 Mitgr. *Nordiska Samarbetet för Foretagsøkonomisk Forskening.* Apr. 1940 zeitw. in dt. Haft, Jan. 1941 über die UdSSR u. Japan in die USA, Consultant im Research Institute of America, New York. 1941-61 Prof. an der New School for Social Research, New York; 1941-43 Chefberater im Office of Price Administration, Washington/D.C. Ab 1954 Dir. Business Administration Center New York zur Wirtschaftsberatung öffentl. u. priv. Unternehmen. H. gilt vor allem als Hauptvertr. der modernen Handelswissenschaft. Er trat u.a. als wirtschaftspol. Kritiker des Potsdamer Abkommens hervor. – *Ausz.:* Dr. oec. publ. h.c., Dr. rer. pol. h.c.

W: u.a. Der moderne Handel. 1925; Das amerikanische Wirtschaftswunder. 1926 (zahlr. Aufl., Übers.); Grundlagen der Handels-Enquete. 1929; Den moderne handels omkostninger. Kopenhagen (Schœnberg) 1935; Driftsøkonomien og det praktiske erhvervsliv. Kopenhagen (Nielsen u. Lydiche) 1937 (weitere Aufl. 1939, 1942); Kennzahlen der Industrie. Kopenhagen (Schœnberg) 1939; Den moderne detailhandels hovedproblemer. Kopenhagen (E. Harck) 1940, 1941; Priskalkulation og prislovgivning. Ebd. 1940; Beliggenhedslære. Ebd. 1941; Den skandinaviske kolonigroshandels normtal. Ebd. 1942; Price Control in the War Economy. New York – London (Harper) 1943. *L:* RhDG; NDB 9 (dort weitere Lit.); Hamburger, Juden; Behrens, Karl Christian, Der Handel heute. In memoriam Julius Hirsch. 1962. *D:* LBI New York. *Qu:* Biogr. Hand. Publ. Z. – IfZ.

Hirsch, Max, Fabrikant; geb. 23. Febr. 1871 Weinheim/Nekkar, gest. 1. Nov. 1950 Milwaukee/USA; jüd.; *V:* Sigmund H. (geb. 1845 Neukalen/Mecklenburg, gest. 1908 Weinheim), jüd., Gr. Lederfabrik Hirsch, StadtVO. Weinheim; *G:* Julius (geb. 1874 Weinheim, gest. 1955 New York), jüd., Mitinh. Lederfabrik Hirsch, 1939 Emigr. F, USA; ∞ Flora Altschul (geb. 1875 Rastatt, gest. 1952 New York), Emigr.; *K:* Arthur (geb. 1898), Emigr. USA; Elisabeth May (geb. 1900), Emigr. AUS; Erna Hart (geb. 1902), Emigr. USA; Marianne Fuchs (geb. 1905), Emigr. USA; *StA:* deutsch. *Weg:* 1939 Port., USA.

Mitinh. der bedeutendsten Roßlederfabrik Deutschlands mit internat. Exportmärkten; führende Rolle der Fam. im jüd. Gemeindeleben, philanthrop. Tätigkeit, insbes. Unterstützung von Teiln. des 1. WK. StadtVO. Weinheim. 1938 Zwangsauflösung der Firma, Jan. 1939 über Lissabon nach USA.

Qu: Arch. Pers. Publ. – IfZ.

Hirsch, Salli, Dr. jur., Rechtsanwalt, Verbandsfunktionär; geb. 27. Juni 1885 Heinrichswalde/Ostpreußen, gest. 21. Nov. 1950 Jerusalem; jüd.; *V:* Nathan H. (geb. 1832 Schlochau/Pommern, gest. 1895 Heinrichswalde), jüd., Kaufm.; *M:* Bertha, geb. Blumenthal (geb. 1847 Schlochau, gest. 1918 Berlin), jüd.; *G:* Louis (geb. 1873 Heinrichswalde, umgek. KL Theresienstadt), Gymn., Kaufm.; Max (geb. 1878 Heinrichswalde, gest. 1946 Tel Aviv), Kaufm., Weinhändler, 1939 Emigr. Pal.; Klare Freundlich; Gertrude (geb. 1890, gest. 1935 Schlochau), kaufm. Angest.; ∞ Dr. med. Edith H., geb. Henschel (geb. 1892 Berlin, gest. 1955 Jerusalem), Ärztin, Mitgl. *Blau-Weiß,* ZVfD, WIZO, 1935 Emigr. Pal., Halbtagstätigkeit bei ArbKrankenkasse Kuppat Holim in Jerusalem; *K:* → Jakob Hirsch; *StA:* deutsch, Pal./IL. *Weg:* 1935 Pal.

Prom. Berlin, RA u. Notar in Halberstadt, später ZusArb. mit → Siegfried Moses in Berlin. 1914-18 Kriegsteiln. (Offz.-Stellv., EK II). Ab 1914 PräsidiumsMitgl., später Präs. K.J.V., Mitgl. Landesvorst. ZVfD, VorstMitgl. jüd. Gde. Berlin, Aktionskomitee der *World Zion. Org.,* ab 20er Jahren bis 1937 Deleg. auf Zion. Kongressen, wiederholt Reisen nach Palästina, VorstMitgl. von *Haavarah* u. *Paltreu,* Art. in *Jüdische Rundschau* u. *Blau-Weiß-Blätter.* Nov. 1935 Emigr. Palästina mit

A I-Zertifikat mit Familie. Bis 1949 Mitarb. in RA-Büro in Jerusalem. VorstMitgl. von *Ihud,* Förderer eines binationalen Staates in Palästina, Hg. der *Ihud-Zs. Baayot haYom.* Vizepräs. Ehrengericht u. Mitgl. HauptVorst. der *World Zion. Org.* 1948-49 StadtVO Jerusalem. 1949-50 Treuhänder für feindl. Vermögen im Finanzmin., VorstVors. der Darlehnskasse für Einwanderer Kuppat Milveh haOleh, Mitgl. HauptVorst. der *Alijah Chadasha* u. der *Progressive Party.* Zahlr. Beiträge in *Haaretz,* M.B. u.a.

L: Rothschild, Meilensteine; Lichtheim, Zionismus. *D:* Central Arch. of World Zion. Org. Jerusalem. *Qu:* Pers. Publ. Z. - RFJI.

Hirsch, Siegmund, Fabrikant; geb. 25. Nov. 1885 Halberstadt; jüd.; *V:* Aron Siegmund H. (geb. 1858 Halberstadt, gest. 1941 Wiesbaden), jüd., 1884 Teilh. Metall-Handelsges. Aron Hirsch u. Sohn, zugl. VorstMitgl. Hirsch Kupfer- & Messingwerke AG Berlin, 1922 Dr.-Ing. h.c. TH Darmstadt; *M:* Mally, geb. Mainz (geb. 1865 Frankfurt/M., gest. 1942 Wiesbaden); *G:* Dora Schwartz (geb. 1893 Halberstadt), jüd., 1933 Emigr. F, A: Paris; ∞ I. Luise Bux (geb. 1886, gest. 1954); II. Ilse Harting, verw. Fürst (geb. 1907); *StA:* deutsch, USA. *Weg:* 1936 Ägypten.

Ab 1923 VorstMitgl. Hirsch Kupfer- & Messingwerke AG Berlin, 1937 Arisierung der Geschäftsltg., Übernahme durch Gesfürel-Ludwig Loewe & Co. AG; 1934 Errichtung eines Kupfer-Walzwerkes in Palästina u. 1936 in Ägypten nach Emigr. dorthin, Gr. u. Geschäftsf. Ägyptische Kupferwerke Alexandria, Finanzierung durch Haavarah-Transfer u. Bankiers Mosserie in Kairo. Dez. 1952 in die USA. 1961 Aufbau Aluminium-Walzwerk Aluminium Raeren S.A. Raeren/Belgien, 1963 Verkauf an ALCAN, Kanada. Seit 1964 Ruhestand in Luzern.

Qu: HGR. Pers. Z. - RFJI.

Hirsch, Theodor Carl, Schuhfabrikant; geb. 1888 Stuttgart, gest. Okt. 1965 New York; jüd.; *V:* Louis H. (1858-1941), jüd., Teilh. Weingroßhandlung Seeligmann Hirsch Stuttgart, Mitgl., 1924-30 Vizepräs. Oberrat der Isr. RelGemeinschaft Württemberg, Ehrenpräs. *Israelitischer Kranken-Unterstützungsverein* Stuttgart, 1941 Emigr. USA, gest. auf der Überfahrt; *G:* Dr. jur. Otto H. (geb. 1885 Stuttgart, umgek. 1941 KL Mauthausen, jüd., 1919-33 in der Württembergischen Landesverw., 1921 MinRat, GenDir. Neckar-Bau-AG, gleichz. ltd. Stellungen in jüd. Gde., 1933-41 geschäftsf. Vors. *Reichsvertretung* (ab 1939 *Reichsvereinigung*); ∞ Minna Hirsch; *K:* Trude Schwarz, A: Flushing/N.Y.; Lotte Bogard. *Weg:* 1941 USA.

1926-37 bei Salamander AG, später AR-Mitgl., 1937 erzwungene Entlassung. 1938-41 Vorst. jüd. Gde. Stuttgart. 1941 KL Welzheim, nach Entlassung Emigr. USA mit Familie. Ab 1941 Mitarb. Import-Exportgeschäft TEHI Company New York. VorstMitgl. *Verein ehemaliger Württemberger,* Congr. Habonim.

L: Hirsch, Louis, Familiengeschichte und Lebenserinnerungen. Stuttgart (masch.). 1937; Bewährung im Untergang. *Qu:* EGL. Publ. Z. - RFJI.

Hirsch, Werner Daniel Heinrich, Journalist, Parteifunktionär; geb. 7. Dez. 1899 Deutsch-Wilmersdorf (?) [andere Quellen: Berlin, Königsberg], gest. 1941 Moskau; ev.; *V:* Bankier; *M:* geb. v. Bismarck; *StA:* deutsch, 13. Juni 1935 Ausbürg. *Weg:* 1934 CSR, F, UdSSR.

Bereits im Gymn. Agitator für USPD; 1. WK Marine, Teiln. an Revolution in Kiel. 1919 enger Mitarb. von Leo Jogiches, Tätigkeit für *Spartakusbund* in Cuxhaven, Breslau, Berlin, Mitorg. Volksmarine-Div. Nach Parteiausschluß von Paul Levi zeitw. Distanzierung von KPD; 1922 Mitarb. *Deutsche Montagszeitung,* Korr. *Vossische Zeitung* Wien. 1924 bis Ausweisung 1925 Chefred. *Die Rote Fahne* Wien, 1926 Ltr. pol. Red. der *Sächsischen Arbeiterzeitung* Leipzig, 1927 Red. *Kämpfer* Chemnitz. Haft, ab 1929 Red. KPD-Zentralorg. *Die Rote Fahne* u. *Volkswacht,* ab 1930 Chefred. *Die Rote Fahne.* Mitgl. ZK u. Gauführung Berlin-Brandenburg des RFB, ab 1932 persönl. Sekr. von Ernst Thälmann. März 1933-Apr. 1934 Schutzhaft, Zeuge im Reichtstagsbrandprozeß. Nach Freilassung aufgrund von Intervention der mütterl. Familie bei Hermann Göring Emigr. über Prag u. Paris nach Moskau. Zahlr. Vorträge u. Veröffentl. über KL-Greuel. 1937 als angebl. Polizei- u. Gestapoagent verhaftet, nach langem Hungerstreik im Gef. Butýrka gestorben.

W: Blutige Maitage in Berlin. 1929; Sozialdemokratische und kommunistische Arbeiter im Konzentrationslager. Straßburg (Ed. Prométhée) 1934; Hinter Stacheldraht und Gitter. Erlebnisse und Erfahrungen in den Konzentrationslagern und Gefängnissen Hitler-Deutschlands. Zürich-Paris (MOPR) 1934; (Vorwort zu:) Mühsam, Kreszentia, Der Leidensweg Erich Mühsams. Zürich-Paris (MOPR) 1935. *L:* Weber, Wandlung. *Qu:* Arch. Publ. Pers. - IfZ.

Hirschberg, Alfred, Dr. jur., Journalist, Verbandsfunktionär; geb. 27. Sept. 1901 Gnesen/Posen, gest. 22. Sept. 1971 São Paulo; jüd.; *V:* Louis H.; *M:* Jenny, geb. Powidzer; ∞ I. Celeste Levy (gest. 1971), 1935 gesch.; II. 1936 Eva Striemer (geb. 1912 Breslau), Stud., 1940 Emigr. Bras. über F, GB, Dolmetscherin; *K:* Lucie A. Wegner (geb. 1923 Berlin), Gymn., 1940 Emigr. Bras.; Alice Irene (geb. 1940 London), 1940 Bras., UnivStud., Lehrerin; Gabriela Suzana Wilder (geb. 1943 São Paulo), Stud.; *StA:* deutsch, Bras. *Weg:* 1939 F, 1940 GB, Bras.

Stud. Univ. Leipzig u. Berlin, 1927 Prom. Berlin; 1920-38 Mitarb. CV Berlin, Ltr. Jugendabt., später stellv. Dir., 1933-39 Dir. u. Syndikus; 1933-38 auch Chefred. *CV-Zeitung.* Intensive anti-natsoz. Tätigkeit. Mitarb. in *Reichsvertretung,* nichtzion. Mitgl. der *Jew. Agency;* 1938 KL Sachsenhausen. Jan. 1939 Emigr. Frankr. mit Hilfe des J.D.C., 1940 GB, Sept. 1940 Brasilien mit Aufenthaltsgenehmigung; 1940-45 geschäftsf. Dir. C.I.P., 1945 techn. Sekr. JDC für Brasilien, 1945-52 Sekr. *Sociedade Amigos da Universidade Hebraica,* 1941-69 Red. *Crônica Israelita* (GdeZs. in port. Sprache), 1946-61 Dir. u. Schatzmeister *Keren Hayessod,* UJA, 1962 Deleg. Zion. Weltkongreß, Vizepräs. World Council of Syn., ab 1969 Berater C.I.P., 1. Sekr. Conf. Isr. do Brasil, Dir. u. Pres. Comissão das Relacões Publicas São Paulo, Nat. Präs. *Comites de Direitos Humanos das Lojas B'nai B'rith* Bras., Präs. Comissão de Cultura, *Loja Hillel, B'nai B'rith,* GenSekr. *Sociedade Beneficente Isr. Brasileira,* Albert-Einstein-Krankenhaus, Vizepräs. Inst. Brasileiro-Judaico de Cultura e Divulgacaõ São Paulo, 1. Schatzmeister *Fraternidade Cristão-Judaica São Paulo,* VorstMitgl. *Associacão de Imprensa Paulista,* Conf. das Entidades Representativos da Colectividade Isr. do Brasil, brasilian. Vertr. A.J.C., Mithg. u. Dir. *Comentario,* Mitgr. Centro Bras. de Estudos Judaicos der Univ. São Paulo.

W: Die Beleidigung von Personengesamtheiten und von Einzelpersonen durch eine Gesamtbezeichnung (Diss.). 1929; Kollektiv-Ehre und Kollektiv-Beleidigung. 1929; Der Central-Verein deutscher Staatsbürger jüdischen Glaubens. In: Wille und Weg des deutschen Judentums. 1935; The Economic Adjustment of Jewish Refugees in São Paulo. In: Jewish Social Studies. 1945; Human Rights or Minority Rights. In: Contemporary Jewish Record, Bd. VIII, Nr. 1, Febr. 1945; A Report from Brazil. Dispersion and Resettlement. 1955; Ludwig Hollaender, Director of the C. V. In: LBI Yearbook 1962; zahlr. Art. in *CV-Zeitung* 1933-38 u. in *Crônica* 1940-69. *Qu:* Arch. Hand. Pers. Publ. Z. - RFJI.

Hirschberg, Ernst, Dr. jur., Rechtsanwalt, Beamter; geb. 28. Juni 1903 Danzig, gest.; o.K.; *V:* Hugo H. (gest. 1920 [?]), Importkaufm., jüd.; *M:* Dora, geb. Anker (gest. 1917 [?]), jüd.; *G:* Lotte Lichtenstein (geb. 1902 [?]), IL; ∞ 1938 Warschau, Irene Wall (geb. 1908); *K:* Denise Kaplan (geb. 1941), Dolmetscherin, F; *StA:* deutsch, 1936 Ausbürg., 1950 deutsch. *Weg:* 1937 PL; 1938 Österr., F; 1948 USA; 1950 Deutschland (BRD).

Stud. Phil. u. Rechtswiss. Danzig Berlin, Hamburg; Tätigkeit in der Anwaltskanzlei von → Bernhard Kamnitzer. SPD, Mitarb. *Danziger Volksstimme.* 1938 Haft, Entlassung mit Auflage der Auswanderung. Emigr. nach Warschau, März 1938 mit Hilfe poln. Parteifreunde über Wien nach Paris. Ende 1939 Internierung, Prestataire. 1940 Toulouse, 1940-42 Marseille. Ab März 1941 Nachf. von → Fritz Heine bei der Betreuung dt. u. österr. Flüchtlinge u. Vertrauensmann *International Rescue Committee* unter Varian Fry. Nach Besetzung Südfrankr. im Untergrund, Verb. zur Résistance. PräsMitgl. KFDW unter → Otto Niebergall, nach Ausscheiden Frühj. 1945 Beauftragter der *Sopade*. Mitgl. *Deutsche Sprachgruppe der CGT*. 1948 Auswanderung USA, 1950 Rückkehr nach Hamburg auf Veranlassung von → Max Brauer. 1950 Behörde für Arbeitsschutz, 1950-71 Ltr. Amt für Wiedergutmachung (ltd. RegDir.), anschl. Anwaltspraxis.

L: MGD; Schaul, Résistance; Pech, Résistance. *D:* AsD. *Qu:* Pers. Publ. – IfZ.

Hirschberg, Harris Hans, Dr. phil., Rabbiner; geb. 14. Juli 1908 Berlin; *V:* Leo H.; *M:* Tea, geb. Kottner; ∞ 1931 (1932 ?) Fay Beermann; *K:* Margaret Joanne Greene, Eva Rosy Barr. *Weg:* 1939 USA.

Stud. Berlin, 1932 Prom., gleichz. Stud. L(H)WJ, 1933 Rabbinerexamen. 1932-34 Rabbiner u. Lehrer jüd. Gde. Berlin, 1934-39 Rabbiner SynGde. Oppeln/Oberschlesien, 1936-39 BezRabbiner für Oberschlesien. 1939 Emigr. USA, 1939-43 Rabbiner Gde. Beth Sholom in Frederick/Md., 1943-44 Gde. House of Isr. in Staunton/Va. u. Friendship Gde. in Harrisonburg/Va., gleichz. Geistlicher am Woodrow Wilson MilKrankenhaus u. Doz. für Gesch. an der Augusta Mil. Acad.; 1944-46 Rabbiner Temple Isr. in New Rochelle/N.Y., 1946 D.H.L. H.U.C. Cincinnati/O.; 1946-49 Rabbiner West End Temple in Neponsit/N.Y., 1949-50 Hebr. Union Temple in Greenville/Miss., gleichz. 1950-52 MilGeistlicher an der Greenville Air Force Base. Ab 1952 Rabbiner Temple Beth Jacob, zunächst in Menlo Park, dann in Redwood City/Calif., gleichz. MilGeistlicher am Palo Alto Veterans Admin. Hospital. Schließlich Rabbiner Temple Judea in Encino-Tarcana/Calif.; Vortragstätigkeit über jüd. Themen in Kirchengruppen. Mitgl., 1949-52 Präs. *Greenville Ministerial Assn., CCAR, N. Calif. Board of Rabbis; Gesellschaft für biblische Literatur, Community Chest, Board Educ.* Lebte 1977 in Northridge/Calif.

W: Studien zur Geschichte Esarhaddons, König von Assyrien (Diss.). 1932; Kol Yaakov (The Voice of Jacob, Hg. u. Übers.). 1955; Hebrew Humanism. 1964; In Memoriam Julius Galliner. In: Strauss u. Grossmann (Hg.), Gegenwart im Rückblick, 1970; Art. in Journal Biblical Literature u.a. wiss. Zs. *Qu:* Arch. Hand. Publ. – RFJI.

Hirschberg, Josef, Arzt, Verbandsfunktionär; geb. 12. Nov. 1897 Breslau, gest. Apr. 1954 IL; jüd.; *V:* Felix H. (geb. 1863 Breslau, gest. 1929), RA, Vors. *Keren Hajessod* Breslau, VorstMitgl. jüd. Gde. Breslau; *M:* Marie, geb. Ritter (geb. 1879 Oels/Schlesien, gest. 1966), jüd., 1939 Emigr. Chile, 1952 IL; *G:* Erich (geb. 1898 Breslau, gest. 1947 Chile), Richter, 1939 Emigr. Chile, Sprachlehrer; Frieda Jelenkiewicz (geb. 1902 Breslau, gest. 1963 Chile), Sekr., 1939 Emigr. Chile; Edith Ehrlich (geb. 1906 Breslau), Kinderschwester, 1936 Emigr. Chile, 1949 IL; ∞ Charlotte Krieg (geb. 1898 Breslau), Kindergärtnerin, 1936 Emigr. Chile, 1952 IL; *K:* Susi Schoschana Efrati (geb. 1924 Breslau), Volkswirtschaftlerin, 1936 Emigr. Chile, 1948 IL; Elieser (urspr. Werner) Ajalou (geb. 1928 Breslau, gef. 1956 IL), Kunsterzieher, 1936 Emigr. Chile, 1950 IL; Hannelore Liora Wasserlauf (geb. 1932 Breslau), Volkswirtschaftlerin, 1932 Emigr. Chile, 1952 IL; *StA:* deutsch. *Weg:* 1936 Chile, 1952 IL.

MedAssist. im 1. WK (EK), Kriegsgef. in GB. 1923-27 Arztpraxis in Bad Landeck/Schlesien, 1928-35 in Bad Altheide/Schlesien; Ltr. *Kameraden;* Mitgl. K.C.; 1933 Einschränkung der Praxis, kurzfristige Umschulung in pharmazeut. Labor Berlin. Febr. 1936 Emigr. Chile, 1936-52 Inh. Laboratorio Silesia, Gr. u. Präs. dt.-jüd. Flüchtlingsorg. *B'nai Jisroel.* Dez. 1952 nach Israel, 1953 Arzt-Praxis Kibb. Kfar Szold, 1953-54 Praxis in Moshav Ramot HaShavim u. Ramatayim.

Qu: Pers. – RFJI.

Hirschbruch, Peretz, Dipl.-Ing., Unternehmensleiter; geb. 11. Febr. 1893 Bromberg/Posen; jüd.; ∞ Esther Elfriede Zimmermann; *K:* 1 T; *StA:* deutsch, IL. *Weg:* 1935 Pal.

Stud. TH Berlin, Dipl.-Ing., Stud. Inst. für Gärungsgewerbe Berlin; Mitgl. KJV; im 1. WK Kriegsteiln.; 1919-24 Bierbrauerlehre, 1924-27 Geschäftsf. Engelhardt-Brauerei Berlin, 1927-34 techn. Ltr. Schlesische Brauereien Breslau. 1935 Emigr. Palästina, 1935-38 techn. Ltr., 1938 Ltd. Geschäftsf. Palestine Brewery Ltd. Rishon-le-Zion. Mitgl. Zentralstelle *Isr. Manufacturers Assn.*

Qu: Hand. Publ. – RFJI.

Hirschfeld, Hans Emil, Dr. phil., Journalist; geb. 26. Nov. 1894 Hamburg-Harburg, gest. 10. Apr. 1971 Muri/Bern; Diss.; *V:* Emil H. (gest. 1927), Arzt, 1919-27 SPD-Senator Harburg; ∞ Bella Strauss (gest. 1972), Emigr., 24. März 1937 Ausbürg. mit Kindern; *K:* Dorothea, Emigr., Ausbürg.; Eva Killy (geb. 1923), Emigr., Ausbürg.; *StA:* deutsch, 3. März 1936 Ausbürg., deutsch. *Weg:* 1933 CH, F; 1940 USA; 1949 Deutschland/Berlin (West).

SPD; bis 1920 Stud. Kiel, Berlin, Göttingen u. Hamburg, WK-Teiln. (Lt.). Journ. Tätigkeit, Red. *Fränkische Tagespost* u. *Sozialdemokratischer Pressedienst.* Ab 1924 persönl. Ref. des preuß. Innenmin. Severing u. bis Juli 1932 Presseref. MdI Preußen, AR-Mitgl. *Deutsche Welle;* MinRat.; 1933 Emigr. nach Zürich u. Genf, wegen antinatsoz. Betätigung nach Frankr. abgeschoben; journ. Arbeit u.a. für Zs. *Deutsche Freiheit* Paris, Mithg. Zs. *Deutsche Informationen vereinigt mit Deutsche Mitteilungen.* 1940 New York, bis 1949 Research Assist., während des Krieges beim OWI. Ende 1949 Rückkehr auf Veranlassung von → Ernst Reuter; 1950-60 Ltr. Presse- und Informationsamt Berlin u. 1957-59 Ltr. Senatskanzlei; SenDir.; 1961-70 Vors. *Berliner Presse-Club.* – *Ausz.:* 1960 Gr. BVK mit Stern, 1965 Ehrenmitgl. *Journalistenverband* Berlin.

W: u.a. Du und der Staat (Hg. mit Hans Goslar). 1931-1935; Ernst Reuter – Aus Reden und Schriften (Hg. mit H. J. Reichardt). 1963; Ernst Reuter: Schriften. Reden (Hg.). 3 Bde. 1972-74. *Qu:* Arch. Hand. Z. – IfZ.

Hirschfeld, Kurt, Dr. rer. pol., Wirtschaftsprüfer; geb. 10. März 1898 Bayreuth, gest. 18. Nov. 1963 Hamburg; *V:* Sigmund H., jüd.; *M:* Emma, geb. Hahn (geb. 1870, gest. 1960 New York), Emigr.; *G:* Fritz, Otto, beide im 1. WK vermißt; ∞ 1935 Elisabeth Assum (geb. 1909), Emigr. GB; *StA:* deutsch, brit. *Weg:* 1939 GB, 1950 Deutschland (BRD).

1914-19 Bankausbildung, anschl. Stud. Wirtschaftswiss., 1923 Prom. Frankfurt/M., 1921-29 bei Frankfurter Banken tätig, ab 1930 Prokurist u. Wirtschaftsprüfer bei Deutscher Waren-Treuhand-AG in Frankfurt u. 1933-36 in Hamburg; 1936-38 Ltr. *Allgemeine Treuhandstelle für die jüdische Auswanderung GmbH* Berlin, Nov.-Dez. 1938 KL Sachsenhausen, März 1939 Emigr. GB; 1939-42 Buchhalter *Jewish Refugee Committee* London, anschl. Manager F. Gutkind & Co., Ltd., 1947-50 Assist. Manager S.G. Warburg, Ltd. 1950-61 in der Verw. für erbenloses Vermögen bei der International Trust Corp. GmbH in Hamburg, anschließend Geschäftsf. u. VorstMitgl. Deutsche Waren-Treuhand-AG Hamburg.

Qu: Arch. EGL. Pers. – IfZ.

Hirschland, Georg Simon, Dr. jur., Bankier; geb. 16. Juli 1885 Essen, gest. 14. März 1942 Scarsdale/N.Y.; jüd.; *V:* Isaac Simon H. (geb. 1845, gest. 1912 Essen), jüd., Bankier, Vorst. SynGde. Essen, StadtVO, Kommerzienrat; *M:* Henriette, geb. Simon (geb. 1851 Lechenich bei Köln, gest. 1935 Essen), jüd., Ltr. Kinderheim der jüd. Gde. Essen; *G:* Dr. Ing. Franz Herbert

H. (geb. 1880 Essen, gest. 1973 New York), 1906 Prom. TH Hannover, 1908 Emigr. USA, Präs. Metal-Thermit Corp./N.Y.; → Kurt Martin Hirschland; Agathe Grünebaum (geb. 1875 Essen, gest. 1947 GB), 1938 Emigr. GB; ∞ 1918 Elsbeth Panofsky (geb. 1893 Berlin, gest. 1973 New York), jüd.; *K:* 1 S, gest.; Ellen-Dorothee Trieste (geb. 1923 Berlin), 1938 Emigr. USA, M.S.W.; Henry (urspr. Heinz-Eugen) (geb. 1925 Essen), 1938 Emigr. USA, M.A., Ing.; *StA:* deutsch, staatenlos. *Weg:* 1938 USA.

Stud. Rechtswiss. Bonn, Münster, 1907 Prom., Banklehre in Berlin, London, New York. 1912-38 Teilh. Familienunternehmen Simon Hirschland Bank, Dir. versch. Bank- u. Industrieges., Ausschußmitgl. des *Centralverbands des deutschen Bank- u. Bankiergewerbes e. V.,* im 1. WK Geschäftstätigkeit im Bereich der Kriegsfinanzierung, nach der Inflation Beschaffung von AuslKrediten für rhein.-westf. Industrie; die Firma stieg in den 20er Jahren als einziges mittleres Kreditinstitut durch Konzentration in die Reihen der großen dt. Privatbanken auf. VorstMitgl. jüd. Gde. Essen, 1933 Mitgr. *Reichsvertretung.* 1938 Zwangsverkauf der Familienbank, 1938 Emigr. USA über Niederlande, 1939-42 Ltr. Finanzierungsges. Hanseatic Corp. New York.

L: Wisskirchen, W., Burckhardt u. Co. Privatbankiers im Herzen des Ruhrgebiets. In: Tradition 2, Nr. 1, 1957; Cohn, Bernhard (Hg.), Living Legacy, 1963; Bauer, Yehuda, My Brother's Keeper. 1974; Hahn, Hugo, Die Gründung der Reichsvertretung. In: Zwei Welten. Siegfried Moses zum fünfundsechzigsten Geburtstag. 1962; NDB 9. *D:* LBI New York. *Qu:* EGL. Fb. Hand. Pers. Publ. Z. - RFJI.

Hirschland, Kurt Martin, Bankier; geb. 14. Mai 1882 Essen, gest. 2. Jan. 1957 New York; jüd.; *G:* → Georg Simon Hirschland; ∞ 1911 Henriette Hildegard Simons (geb. 1889 Düsseldorf, gest. 1968 New York), jüd., Emigr. USA; *K:* August Simon (geb. 1911 Essen, gest. 1934 Madrid), Bankier; Marianne-Henriette Aufhauser (geb. 1912 Essen), Stud. Med. Freiburg, 1936 Emigr. USA; Paul-Michael (geb. 1914 Essen), 1937 Emigr. USA, LL.B. Cambridge Univ., Bankier; Ruth-Else Schlesinger (geb. 1920 Essen), 1936 Emigr. USA, 1942 B.A., Assoc. Curator Johnson Museum of Art der Cornell Univ.; *StA:* deutsch, staatenlos. *Weg:* 1936 NL; 1939 CH; 1950 USA.

Banklehre, ab 1905 Prokurist bei Familienbank Simon Hirschland Essen, 1912-38 Senior-Teilh., AR-Mitgl. versch. Banken u. Industriebetriebe, stellv. Mitgl. Zentralausschuß der Reichsbank. 1938 Arisierung der Familienbank unter Firmenbezeichnung Burckhardt u. Co.; 1936 Emigr. in die Niederlande, 1939 in die Schweiz, nach 1945 stiller Teilh. der Firma Burckhardt u. Co.; 1950 in die USA, ab 1950 im Ruhestand in New York.

L: Genschel, Helmut, Die Verdrängung der Juden aus der Wirtschaft im Dritten Reich. 1966; Wisskirchen, Wilhelm, Burckhardt u. Co., Privatbankiers im Herzen des Ruhrgebiets. In: Tradition, 1957. *Qu:* Arch. Biogr. Hand. Pers. Publ. - RFJI.

Hirschler, Franz Sali, Dr. jur., Rechtsanwalt, Kommunalpolitiker; geb. 7. März 1881 Mannheim, gest. Juni 1956 Buenos Aires; jüd.; *V:* Aron H. (geb. 1840), Kaufmann; *M:* Cäcilie, geb. Lakisch (1841-87); *G:* Rosalie (geb. 1868), Heinrich (geb. 1869), Carl (geb. 1871), Ernst (geb. 1873), Fanny (geb. 1875), Richard (geb. 1877); ∞ Berta Freund (geb. 1878); *K:* Hans Martin (geb. 1913), Emigr.; Otto Ernst (geb. 1913), Emigr.; *StA:* deutsch, Ausbürg., Argent. *Weg:* 1933 Saargeb.; 1934 F; 1940 Argent.

Ab 1907 RA in Mannheim. Bis 1914 Sozius des SPD-MdR Ludwig Frank; 1919-33 StadtVO, zuletzt Fraktionsvors. SPD, bes. kulturpol. Tätigkeit; ab 1927 stellv. Vors. SPD-BezAusschuß Baden. März 1933 Emigr. nach Saarbrücken, 1934 nach Paris, 1940 nach Buenos Aires.

L: Fliedner, Hans-Joachim, Die Judenverfolgung in Mannheim 1933-1945. 1971. *D:* StA Mannheim. *Qu:* Arch. Publ. Z. - IfZ.

Hirshman (urspr. Hirschmann), **John Hans,** M.D., Arzt; geb. 29. Aug. 1921 Wien; ∞ 1954 Lydia M. Ince; *K:* 3 S; *StA:* AUS. *Weg:* 1939 AUS.

1939 Emigr. Australien mit Eltern, 1940-46 Stud. Sydney, Prom.; 1948-52 Chefarzt der IRO in Deutschland (BBZ). 1952 Diplom in Public Health, 1954 Diplom für tropische Medizin. 1956-62 stellv. Ltr., 1962-64 Ltr. städt. Gesundheitsbehörde Sydney, 1963-64 Mitgl. *N.S.W. Ambulance Transportation Board,* 1964 Mitgl. geschäftsf. Ausschuß *Publ. Health Assn.,* 1960-64 Vors. *N.S.W. Humanist Soc.;* 1964-66 Regional Public Health Off. der WHO in Manila, 1966-68 Assist. Dir., dann ab 1968 Dir. Gesundheitsdienst im Regional Office West Pacific, ab 1968 WHO-Deleg. im südpazifischen Regional Office in Suva/Fidschi; GrdgMitgl. Austral. Coll. of Med. Admin., Fellow *Royal Soc. of Tropical Med.,* Mitgl. *Aboriginal Affairs Foundation, Council for Civil Liberties.* Lebte 1977 in Suva/Fidschiinseln.

Qu: Hand. Pers. - RFJI.

Hitschmann, Maximilian, Dr. jur., Rechtsanwalt; geb. 16. Febr. 1870 Wien, gest. 15. Okt. 1950 Nizza; *Weg:* 1938 (?) F.

Stud. Rechtswiss., 1893 Prom.; 1900 RA-Prüfung, 1901-38 RA in Wien, 1911-31 Mitgl. Wiener Kammerausschuß, 1931-38 Anwaltsrichter am Obersten Gerichtshof. Mitarb. *Juristische Blätter,* maßgebl. an Fortentwicklung des österr. Anwaltsrechts beteiligt. Vermutl. 1938 Emigr. Nizza.

W: u.a. Kartelle und Staatsgewalt. 1897. *Qu:* Arch. Hand. - IfZ.

Hladnik, Hans (Johann), Parteifunktionär; geb. Sept. 1899 (?), gest. 18. Sept. 1951 Graz; *StA:* österr. *Weg:* 1934 (?) JU; 1939 (?) GB, 1944 (?) JU (?); 1946 (?) Österr.

Bauarb. in der Steiermark, Mitgl. SDAP; 1926 ArbeiterHochschule in Wien. Sekr. Landesvereinigung Steiermark der *Freien Arbeitsbauern Österreichs.* 1934 Teiln. der Februarkämpfe, Verhaftung; Flucht nach Jugoslawien, Ltr. des RSÖ-Grenzsekr. Maribor, ZusArb. mit KPÖ. Nach Kriegsbeginn Emigr. London, gehörte zum Kreis der KPÖ-Emigr. in London, Anfang der 40er Jahre aufgrund pol. Differenzen isoliert. 1944 angebl. i.A. des brit. Geheimdienstes nach Jugoslawien (?). 1945 in GB; vermutl. 1946 nach Österr., Mitgl. SPÖ, Tätigkeit beim *Österreichischen Arbeitsbauernbund* in Graz. 1949-51 Mitgl. Bundesrat.

Qu: Arch. Z. - IfZ.

Hochdorf, Martin, Fachmann für Datenverarbeitung; geb. 5. Nov. 1920 Berlin; jüd.; *V:* Saul H. (geb. Rzeszów/Galizien, gest. 1940 Warschau), jüd., Handelsschule, Fabrikant, zeitw. KL-Haft wegen Verbreitung anti-natsoz. Lit., vergebl. Bemühen um US-Visum, Dep. PL; *M:* Frieda, geb. Kober (geb. Lissa b. Posen, gest. 1938 Berlin), jüd., höhere Schule; *G:* Eli (urspr. Manfred, geb. 1919 Breslau), 1935 Emigr. Pal., Transportbeamter; ∞ 1943 Jane Schleisner (geb. Juni 1923 New York), jüd., B.A., Technikerin in Chattanooga/Tenn.; *K:* Dr. jur. Robert Saul H. (geb. 1950 Tucson/Ariz.), RA; Therese H. Yarmush (geb. 1955 Chattanooga/Tenn.); *StA:* deutsch, 1945 USA. *Weg:* 1938 USA.

Gymn., dann jüd. Schule. Febr. 1938 Emigr. USA, Unterstützung durch *Hilfsverein,* Gelegenheitsarb. während Schulzeit u. Stud., 1940-41 Stud. Tulane Univ. New Orleans/La., 1947 B.E.E. New York Univ., 1947-48 Ing. bei der Tennessee Valley Authority in Chattanooga/Tenn., 1948-52 Doz. für Elektronik, 1952 M.Sc. Univ. Tucson/Ariz., 1952-58 wiss. Mitarb. Tennessee Valley Authority, 1958 Begr. u. Ltr. EDV-Abt., 1955-60 Doz. für Math. Univ. Chattanooga/Tenn., 1960 Stud. Univ. Pittsburgh/Pa.; 1962-63 in der Budget-Abt. des US-Finanzmin., Mitarb. im Untersuchungsausschuß für die Anwendung von EDV in der Verw.; 1974 Stud. Harvard Univ., Mitgl. versch. wiss. StudVereinigungen, Mitgl. *Inst. of Electrical and Electronic Engineers,* VorstVors. des Ortsverb. *Tenn. Assn. of Computing Machinery.* Lebte 1976 in Chattanooga/Tenn.

304 Hoche

W: Mitverf. zahlr. Aufsätze über EDV-Anwendung in der Elektronik; *Qu:* Fb. Hand. - RFJI.

Hoche, Ernst, Parteifunktionär; geb. 26. Nov. 1905 Altona, gest. 2. Mai 1972 Hamburg; Diss.; *V:* Karl H., Küfer; *M:* Margarete, geb. Länger (gest. 1946); *G:* 4; ∞ 1946 Amsterdam, Neeltje Mollema (geb. 1904), 1940-45 in Widerstandsbewegung tätig; *StA:* deutsch. *Weg:* 1934 NL; 1950 Deutschland (BRD).

Küferlehre; 1920 Arbeiterjugend, Arbeitersportbewegung, 1923 SPD, 1923-34 Vors. *Arbeiter-Turn- und Sportbewegung (ATUS)* Ottensen, nach 1933 Ltr. des illeg. SPD-Kurier- u. Verteilungsdienstes in Hamburg. Nov. 1934 Flucht nach Amsterdam; Jugendltr. Arbeitersportbewegung, 1940-45 im Untergrund; 1945-50 Angest. beim *Jugendring* Amsterdam. 1950-67 SPD-Geschäftsf. Hamburg-Altona, BezTagsabg.; stellv. Vors. Hamburger Turnerbund, Vors. ATUS Ottensen. 1967-70 Wohnungsprüfer Spar- u. Bauverein Altona.

L: ATUS-Information, Nr. 2, Mai 1970. *Qu:* Pers. Publ. - IfZ.

Hochfelder, Harry (Hermann), Dr. phil., Parteifunktionär; geb. 30. Dez. 1914 Oderberg/Schlesien; jüd., 1928 Diss., 1944 kath.; *V:* Isidor H. (geb. 1886), jüd., Diss., Kaufm., DSAP, 1941 Freitod aufgrund bevorstehender Verhaftung; *M:* Emma (geb. 1885, dep. 1942), jüd., kath., Mitgl. *Deutsche Christlichsoziale Volkspartei in der ČSR,* ∞ 1948 Dagmar Caroline Ann Šlajch (geb. 1920 Brünn), kath., Diss., 1948 GB; *K:* Sonia Kathleen Emma (geb. 1952), Henry John Richard (geb. 1955); *StA:* österr., 1918 CSR, 1947 brit. *Weg:* 1939 GB.

1931-38 SJ; Mitgl. u. zeitw. BezFunktionär der DSAP, Mitgl. RW, 1933-38 *Arbeiter-Turn- und Sport-Union der ČSR;* 1933-39 Stud. Sprachwiss. Dt. Univ. Prag, 1936-38 Sekr. *Freie Vereinigung sozialistischer Akademiker,* Mai 1937-Aug. 1939 Bibliothekar TH Prag, Sept. 1937-Juni 1938 Deutschlehrer. Nach Errichtung des Protektorats Böhmen u. Mähren Mitgr. einer Widerstandszelle in Prag, nach Verhör durch die Gestapo im Petschek-Palais am 21. Aug. 1939 Ausreise mit gültigem slowak. Paß über Deutschland u. die Niederlande nach London. Ab 1939 Mitgl. TG, Jan. 1940-Juli 1941 Mitgl. *London Representative of the Sudeten German Refugees,* Juli 1941 Eintritt in brit. Armee, Juni 1942-Okt. 1944 i.A. der Special Operations Executive in der Türkei, enge ZusArb. mit → Wenzel Jaksch u. → Richard Reitzner sowie Kontakte zu Widerstandsgruppen im Sudetengeb. Anschl. KriegsgefBetreuung in GB, Entlassung als Captain. 1946-52 *Labour Party,* Okt. 1947-Jan. 1952 Beamter in Control Commission for Germany/British Element, Febr. 1952-Apr. 1975 Beamter im Dept. of Trade. Ab 1952 Mitgl. Auslandsbeirat des *Sudetendeutschen Rates.* 1954 Prom. Univ. Erlangen. 1956-73 ltd. Funktionär in *Treuegemeinschaft Sudetendeutscher Sozialdemokraten-Landesgruppe der Seliger-Gemeinde für Großbritannien,* 1957-66 Mitarb. *Die Brücke* München (Ps. Heinrich Hillmann, Howard Hughes), ab 1972 Mitarb. *Der Sudeten-Bote* Pouce Coupe (Kanada). Ab Mai 1975 ltd. Position in der Privatwirtschaft. Lebte 1978 in Harrow/GB.

L: Menschen im Exil. *Qu:* Fb. Pers. Publ. - IfZ.

Hochmuth, Walter, Partei- u. Staatsfunktionär, Diplomat; geb. 14. Febr. 1904 Reichenbach/Vogtl.; *StA:* deutsch. *Weg:* 1936 E; F (?); 1942 (?) Deutschland.

1925 KPD, GewFunktionär, angebl. LT-Abg.; 1936-38 Angehöriger der Internat. Brigaden im Span. Bürgerkrieg; ab 1942 Inhaftierung in Deutschland, Juli 1944 VGH-Urteil 5 J. Zuchth., Haft in Brandenburg-Görden. Nach Kriegsende Personalltr. Deutsche Zentralverwaltung für Post- u. Fernmeldewesen, ab 1949 Ltr. Verwaltungsamt der DDR-Reg., 1957-58 stellv. Ltr. DDR-Handelsvertretung in Indonesien, anschl. bis 1959 deren Ltr.; Apr. 1959-Juni 1962 Ltr. Handelsvertretung (Legationsrat), anschl. bis Ende 1963 GenKonsul im Irak; 1964 kurzfr. Mitarb. MfAA, dann stellv. Dir. Deutsches Zentralarchiv Potsdam, ab 1965 Ltr. Archivverw. im MdI. Lebte 1974 als Arbeiterveteran in Potsdam. - *Ausz.:* 1960 VVO (Silber), 1964 Banner der Arbeit.

L: Radde, Diplomat. Dienst. *Qu:* Hand. Publ. Z. - IfZ.

Hocke, Willibald (Willi), Partei- u. Verbandsfunktionär; geb. 27. Dez. 1896 Wilsdorf b. Bodenbach/Böhmen, gest. 6. Sept. 1962 Bobingen; ∞ Emmi Hiebel, Emigr. GB, Ausschußmitgl. TG-*Frauengruppe* GB; *K:* Hans, Emigr. GB, ab Bildung 1944 Mitgl. SJ-ArbAusschuß in GB; Senta; *StA:* österr., 1919 CSR, deutsch. *Weg:* 1938 B; 1940 GB; Deutschland (ABZ).

Vor 1914 Funktionär *Verband jugendlicher Arbeiter Österreichs,* nach Ende des 1. WK Kreissekr. des SJ in Bodenbach, 1923-26 Ltr. Volksbuchhandlung u. 1926-31 DSAP-BezSekr. ebd., 1931-38 Zentralsekr. des von H. mitgegr. *Arbeitervereins Kinderfreunde für die ČSR,* Red. der Verbandszs. *Der Kinderfreund* u. *Junge Welt,* Mitgr. *Sozialistische Erziehungs-Internationale* (SEI). Okt. 1938 Emigr. nach Belgien, Ltr. Belgien-Gruppe der DSAP-Emigr., nach dt. Einmarsch Flucht nach Calais u. Mai 1940 nach GB, Internierung auf Isle of Man, danach TG-Mitgl., 1945 Mitgl. provis. Büro der SEI u.Hg. *SEI-Nachrichten* London. Nach Kriegsende Übersiedlung nach Deutschland, provis. Sekr. der SEI in Frankfurt/Main.

L: Weg, Leistung, Schicksal; Menschen im Exil. *Qu:* Arch. Publ. Z. - IfZ.

Hodann, Max Julius, Dr. med., Arzt, Sexualpädagoge; geb. 30. Aug. 1894 Neisse/Schlesien, gest. 17. Dez. 1946 Stockholm; *V:* Carl H., Oberstabsarzt; ∞ I. → Mary Saran, gesch.; II. Gertrud Her(r)lich; *K:* 1 T; *StA:* deutsch, 13. Juni 1935 Ausbürg. *Weg:* 1933 CH; 1934 (?) N; 1937 E; 1938 N; 1940 S.

Stud. Med. in Berlin, im 1. WK vorüberg. Lazarettdienst, 1919 Prom.; 1916 Dr. *Centralarbeitsstätte für Jugendbewegung* als Versuch zur Politisierung der Jugend innerh. der *Freideutschen Jugend.* Anhänger der Philosophie Leonard Nelsons (→ Willi Eichler), Mitgr. IJB, maßgebl. beteiligt an Verbindung des IJB mit der Arbeiterjugend, später gegen Grdg. des ISK als selbst. Partei. Bis 1933 Stadtarzt in Berlin u. Ltr. Gesundheitsamt Reinickendorf; Mitarb. Institut für Sexualwissenschaft von Carl Magnus Hirschfeld, sexualwiss. Aufklärungsarbeit in Gew. u. Arbeiterjugend; VorstMitgl. *Vereinigung sozialistischer Ärzte,* ab 1923 Ltr. *Proletarischer Gesundheitsdienst,* Gr. der ersten Mütterberatungsstelle in Berlin; 1927 Mitgl. Reichsvorst. IAH, aktiv im *Bund der Freunde der Sowjetunion,* 1931 Ausschluß aus IAH wegen Kritik an der UdSSR; 1932 Mitgl. Ltg. *Kampfkomitee gegen den imperialistischen Krieg.* Nach natsoz. Machtübernahme in Schutzhaft, Sommer 1933 Flucht in die Schweiz; von dort über Frankr. Emigr. nach Norwegen; 1937-38 MilArzt in Spanien; danach wieder in Norwegen, nach Besetzung nach Schweden; in beiden Ländern Mitarb. von Fachzs. in med. u. sexualwiss. Fragen; März 1944-Juli 1945 pol. Berater der brit. Botschaft, in dieser Eigenschaft Kontaktmann zu den Org. der dt. Emigration u. Betreuung von Militärflüchtlingen, Mentor einer „Orientierungsgruppe junger Deutscher in Schweden" u. Hg. der *Mitteilungen an deutsche Militärflüchtlinge;* Mitbegr. u. bis Nov. 1945 Vors. FDKB Schweden; Konflikt mit FDKB aufgrund Beratertätigkeit bei der brit. Botschaft, Rücktritt als FDKB-Vors.; Mitarb. *Samarbetskommittén för demokratiskt uppbyggnadsarbete* (Koordinationskomitee für demokratische Aufbauarbeit [in Deutschland]); Apr. 1945 Verf. *Die auslandsdeutschen Organisationen zur deutschen Frage.*

W: u.a. Die Urburschenschaft als Jugendbewegung (zus. mit Walter Koch). 1917; Magnus Hirschfeld zum Gedächtnis. Prag 1935; Palestinas stilling i verdenspolitiken. Oslo 1935; Jødene vender hjem. Oslo (Aschehoug) 1937; History of Modern Morals. London (Heinemann) 1937; Kärleken och könslivet. Stockholm (Riksförbundet för sexuell upplysning) 1939; Sa dant är Spanien. Stockholm (Svenska hjälpkommittén för Spanien) 1939; vor 1933 mehrere sexualaufklärende Schriften, die bereits Anfang der 30er Jahre ins Schwed. übersetzt wurden. *L:* Link, ISK; Müssener, Exil. *D:* ArA. *Qu:* Arch. Publ. - IfZ.

Hoeber, Elfriede, geb. Fischer, Dr. rer. pol., Ministerialbeamtin; geb. 12. Mai 1904 Bielefeld; o.K.; *V:* Franz Fischer (geb. 1868, gest. 1937), ev., 1926 Diss., höhere Schule, Geschäftsm.; *M:* Clara, geb. Schallenberg (geb. 1881 Rheine, gest. 1969), ev., 1926 Diss., höhere Schule, Geschäftsfrau; *G:* Günther Fischer (geb. 1906 Düsseldorf), Gymn., Ruhestand in Deutschland (BRD); Herbert Fischer (geb. 1907 Düsseldorf), höhere Schule, Ruhestand in Deutschland (BRD); Dr. jur. Paul Fischer (geb. 1909 Düsseldorf, gest. 1945), RA; ∞ 1928 → Johannes Uto Hoeber; *K:* Susanne Rudolph (geb. 1930 Mannheim), 1939 Emigr. USA, Ph.D. Harvard Univ., Hochschullehrerin Univ. Chicago; Thomas (geb. 1941 Philadelphia/Pa.), M.A., Verleger *California Journal;* Francis W. (geb. 1942 Philadelphia/Pa.), B.A. Columbia Univ., Assist. BezDir. Nat. Labor Relations Board; *StA:* deutsch, 1945 USA. *Weg:* 1939 USA.

1923-28 Stud. Freiburg, Berlin, Heidelberg, 1926 Dipl.-Volkswirt, 1928 Prom. Heidelberg. 1928-30 Dir. Akademische Auslandsstelle Heidelberg, 1933-38 Teiln. an antifaschist. Untergrundarb. des Ehemannes. Aug. 1939 Emigr. USA mit Einwanderervisum, Unterstützung durch *Am. Friends Service Committee* u. durch Familie des Ehemannes. 1945-63 Forschungsdir. *Philadelphia Housing Assn.,* 1963-66 Sachverständige für Städteplanung beim US Dept. of Housing Washington/D.C., 1966-69 Dir. für Programmentwicklung der US-Kommission für Menschenrechte, 1969-72 Assist. beim Sekr. für Gleichberechtigung im US Dept. of Housing; 1972 Pensionierung. 1946-63 Red. *Issues Philadelphia Housing Assn.,* Mitgl. *Nat. Assn. of Housing and Redevelopment Officials* (1950-72 Mitgl. Forschungsabt.). Lebte 1976 in Washington/D.C.

Qu: Fb. Hand. - RFJI.

Hoeber (urspr. Höber), **Johannes Uto,** Dr. phil., Ministerialbeamter; geb. 7. Aug. 1904 Zürich, gest. 26. Juni 1977 Washington/D.C.; ev., 1926 Diss.; *V:* Dr. med. Rudolf Höber (geb. 1873 Stettin, gest. 1952 Philadelphia/Pa.), ev., Prof. für Physiologie u. Rektor Univ. Kiel, 1933 Emigr. GB, 1934 USA, 1935-46 Prof. für Physiologie Univ. of Pa.; *M:* Dr. med. Josephine H., geb. Marx (geb. 1876 Berlin, gest. 1941 Philadelphia/Pa.), jüd., 1901 ev., Prom. Zürich, Ärztin, StadtVO Kiel, Mitgl. DVP, 1933 Emigr. GB, 1934 USA; *G:* Gabriele Blashy (geb. 1906 Zürich), Gymn., 1938 Emigr. USA; Dr. med. Ursula Hober (geb. 1912 Kiel), 1934 Emigr. USA, Prom. Univ. of. Pa., Ärztin; ∞ 1928 Elfriede Fischer (→ Elfriede Hoeber); *StA:* deutsch, 1944 USA. *Weg:* 1938 CH, USA.

1923-25 Stud. Freiburg, Kiel, Berlin, 1926-27 Stud. London School of Econ., 1926 Dipl.-Volkswirt, 1930 Prom.; 1925 Mitgl. AStA Berlin, 1926 stellv. AStA-Vors. Heidelberg, 1926-28 Vors. *Sozialistische Studentengruppe* Heidelberg, 1926 Deleg. *Conféderation des Etudiants* Paris. 1928-33 Dir. Nachrichtenamt Mannheim, Entlassung, 1933-38 Ltr. des Düsseldorfer Büros der *Frankfurter Zeitung.* 1930-33 SPD-Wahlkreisltr. in Mannheim, Mitgl. des Landesvorst. Baden des *Reichsbannes,* 1933 SPD-Kandidatur für bad. Landtag, Febr.-März 1933 Schutzhaft. 1933-38 anti-natsoz. Aktivität in Untergrundbewegung in Düsseldorf, häufige Haussuchungen u. Verhöre durch Gestapo. 15. Nov. 1938 in die Schweiz, 20. Dez. 1938 Emigr. USA mit Einwanderervisum; Unterstützung durch Eltern, 1939 Teilzeitbeschäftigung als wiss. Mitarb. bei Comm. on Charter Reform in Philadelphia, 1939-40 wiss. Mitarb. Inst. for Local and State Government der Univ. of Pa., 1940-42 Dir. für Public Relations bei der Wohnungsbehörde Philadelphia. 1943-48 Vertr. d. Belegschaft des United War Chest Philadelphia, 1948 Wahlhelfer für Präs. Harry S. Truman u. 1949-52 für demokrat. Bürgermeisterkandidaten von Philadelphia. 1952-62 ltd. Funktionen beim Fürsorgeamt der Stadt Philadelphia, 1962-66 ltd. VerwBeamter Bundesbehörde für regionale Entwicklung des US-Handelsmin., 1967-72 Ltr. Abt. für Flüchtlinge u. Sozialfürsorge der USAID im Außenmin., 1972 Pensionierung. Mitgl. *Council of Internat. Programs for Youth Leaders and Social Workers* Cleveland/O. (1972-75 Teilzeitbeschäftigung als Vertr. für Afrika u. Asien), 1946-52 Mitgl. u. VorstMitgl. *Americans for Democratic Action* u.a. - *Ausz.:* Meritorious Honor Award, USAID.

Qu: Fb. Hand. - RFJI.

Höchster, Eliezer (urspr. Emil), Regierungsbeamter; geb. 13. Apr. 1920 Fürth/Bayern; jüd.; *V:* Simon H. (geb. 1890 Mainstockheim/Bayern, gest. 1922 Fürth), Kaufm., SynVorst. in Fürth; *M:* Martha, geb. Seeberger (geb. 1893 Gunzenhausen, umgek. 1942 in Lublin), aktiv in jüd. Gde.; *G:* Shmul (urspr. Siegfried, geb. 1921 Fürth), höhere Schule, Emigr. NL, 2 Jahre KL Auschwitz, nach 2. WK nach Deutschland (BRD), dann Pal., CH, IL, Bankangest.; ∞ 1944 Sitta Rabinowitz (geb. 1922 Fürth), jüd., 1933 Emigr. NL, 1939 Pal.; *K:* Shimon (geb. 1945 Jerusalem), M.A., UNO-Beamter in New York; Miriam Prins (geb. 1947 Jerusalem), Lehrerin; Jehudith Stulman (geb. 1950 Jerusalem), Orthopädin; Michael (geb. 1952 Jerusalem); *StA:* deutsch, Pal./IL. *Weg:* 1939 GB, 1940 AUS, 1941 Pal.

1935-37 Handelsschule München, 1937 kaufm. Lehre, 1938 kaufm. Angest., 10. Nov. 1938 Entlassung; 1935-38 Jugendleiter *Esra,* Deleg. auf Bundestagen, Okt. 1938 Org. eines Hilfsprogramms für poln. Juden in München, 1938-39 Mitarb. *Reichsvertretung* in Flüchtlingshilfe u. -beratung. 1939 Emigr. GB mit StudVisum über die Niederlande, Unterstützung durch den *Relig. Emergency Council* des brit. Oberrabbiners, 1939-40 Automechaniker, Mitarb. in örtl. Komitees zur Unterstützung von Emigr., Kurse in jüd. Gesch. u. Relig., Jugendarb. unter brit. Juden u. dt. Emigr.; 1940-41 Internierung, 1940 Dep. nach Australien. 1941 nach Palästina mit B III-Zertifikat, 1941-42 Stud. Yeshivah; 1942-43 Angest. im Büro für Schwerindustriekontrolle der Mandatsverw., 1943-46 ltd. Angest. beim Pal. Industrial Survey, 1946-48 Angest. bei der Mandatsverw., 1948-51 Oberassist. des GenSekr. im Büro des isr. Premiermin., 1951 stellv. Dir., ab 1952 Dir. der Org.- u. Planungsabt. der isr. Civil Service Commission. Stud. öffentl. VerwWesen mit UN-Stipendium in der Schweiz, GB u. Schweden, 1954 Mitgr. *Senior Civil Servants Assn.,* 1958-60 Personalchef des ICEM in Genf, seit 1964 Vors. u. VorstMitgl. von Horeb Schools (relig. Schulsystem, bestehend aus Grund- u. Oberschulen u. Yeshiva Coll.). Lebte 1977 in Jerusalem.

Qu: Fb. Hand. - RFJI.

Höfer, Kurt, Offizier; geb. 1915; *StA:* deutsch. *Weg:* 1936 E; Deutschland.

Nach 1933 illeg. Tätigkeit, 1936-39 (?) Teiln. Span. Bürgerkrieg als Angehöriger der Internat. Brigaden. Nach Ende des 2. WK Offz. Deutsche Volkspolizei bzw. Deutsche Grenzpolizei, zuletzt Kommandeur u. SED-Funktionär der Grenztruppen der DDR; Oberst, seit 1975 i.R. in Berlin (Ost). - *Ausz.:* u.a. 1956 Hans-Beimler-Medaille.

Qu: Publ. Z. - IfZ.

Höft, Otto, Journalist; geb. 31. März 1907 Plagow/Neumark, gest. 23. März 1973 Stuttgart; *V:* Rudolf H., Schneidermeister; ∞ Luise; *K:* 2 T; *StA:* deutsch. *Weg:* 1933 Emigr.; 1934 Deutschland; 1935 F; 1940 Deutschland; 1941 F; 1948 Deutschland (ABZ).

Abitur, 1927-30 kaufm. Lehre Stettin. 1927 Gew., 1930 KPD, Anhänger der im Widerspruch zur KP-GewPol. stehenden „Berliner Opposition"; Mitarb. → Willi Münzenbergs, ab 1932 ArbGebLtr. IAH in den Ostprov.; 1933 Emigr., 1934-35 als Org. für *Rote Hilfe* ins Reich entsandt. Nach Rückkehr ins Exil VorstMitgl. *Deutsche Sprachgruppe* der CGT, Red. Verlag Editions du Carrefour u. Editions Sebastian Brant, ab 1938 Red. Münzenberg-Zs. *Die Zukunft.* 1939 Internierung, von dt. Besatzung als angebl. franz. Staatsbürger nach Deutschland dep.; März 1941 Flucht ins unbesetzte Frankr., Holzfäller in den franz. Alpen bis Anschluß an das Maquis Bir Hakeim. U.a. Org. des illeg. Grenzverkehrs mit der Schweiz. Deckn. Roger Martin. 1944-45 im Bureau d'Epuration Grenoble. Mit ehem. Mitgl. der *Freunde der sozialistischen Einheit Deutschlands* (Münzenberg-Gruppe) unter Führung von → Hans Schulz Anschluß an Frankr.-Gruppe der SPD unter → Günter Markscheffel. Ab 1946 Korr. in Paris, u.a. Deutschlandreisen für *Combat* u. *Franc-Tireur.* Versuche zur Org. oppos. Kommunisten in Offenbach u. Worms in *Gruppe Galm.* Ab 1948 freier Journ., Mitarb. *Frankfurter Rundschau* u. *Neue Presse* Coburg. Ab 1950 Red. beim Hauptvorst. der Gew. ÖTV.

L: Pech, Résistance; *Qu:* Arch. Pers. Publ. - IfZ.

Hoegner, Wilhelm Johann Harald, Dr. jur., Richter, Politiker; geb. 23. Sept. 1887 München; kath., 1918 Diss.; *V:* Georg Michael H. (1846-1919), Eisenbahnbeamter; *M:* Therese, geb. Engelhardt (1854-1913); *G:* Maria Therese (1879-1963); Fritz (1880-1971); Karl (geb. 1890, gest.); Mathilde (1892-1971); Anna (1894-1974); ∞ 1918 Anna Woock (geb. 1892), kaufm. Angest., Emigr.; *K:* Harimella Stock (geb. 1919), Emigr., Lehrerin, UnterbezVors. *Arbeitsgemeinschaft sozialdemokratischer Frauen* Aschaffenburg; Harald (geb. 1925), Emigr., RegDir., Vors. SPD-Fraktion im BezTag von Oberbayern; *StA:* deutsch, 26. Okt. 1938 Ausbürg. mit Fam., 1945 deutsch. *Weg:* 1933 Österr.; 1934 CH; 1945 Deutschland (ABZ).

1898-1907 Gymn. Burghausen, Freiplatz im königl. Seminar, frühzeitig der bayer. SozDem. unter Georg v. Vollmar pol. verbunden; Stud. Rechtswiss. Berlin, München, Erlangen, 1912 Prom., 1914 als Kriegsfreiw. aus Gesundheitsgründen abgewiesen, 1917 Assessor, 1920-33 Staatsanwalt u. Richter in München, zuletzt LG-Rat. Ab 1919 SPD, 1924-32 MdL Bayern, Mitberichterstatter des von ihm beantragten Untersuchungsausschusses zu den Hintergründen des Hitler-Putschs 1923, früher Gegner des NatSoz. in Reden u. Veröffentl.; 1930-33 MdR, Wiederwahl März 1933. Ab 9. März zur Fahndung ausgeschrieben, im Untergrund lebend, Entlassung aus dem Staatsdienst, 11. Juli 1933 Flucht nach Österr.; SDAP-Parteisekr. in Innsbruck, Mitarb. bei Parteipresse. 27. Febr. 1934 nach Unterdrückung der österr. SozDem. Emigr. nach Zürich, ohne ArbErlaubnis, Unterstützung durch *Schweizerisches Arbeiter-Hilfswerk,* schriftst. u. journ. Tätigkeit in Verb. zur Schweizer SozDem., Übersetzungen, u.a. für Büchergilde Gutenberg, zahlr. unveröffentl. histor. u. rechtswiss. Arbeiten (Ps. u.a. Wilhelm Ritter, Justinian, Stefan Fadinger, Thrasybul, Ueli Engelhardt, Urs Liechti, Rudolf Bertschi); vergebl. Bemühungen um legale Erwerbstätigkeit, u.a. als Sekr. beim Hochkommissariat des Völkerbunds, u. um Weiterwanderung nach GB u. den USA, ab 1940 wiederholt Ausreiseanordnungen der Schweizer Behörden. Beiträge für *Neuer Vorwärts* u. *Deutschland-Berichte der Sopade,* Veröffentl. im Parteiverlag Graphia Karlsbad, jedoch Kritiker des SPD-PV im Exil u. der sozdem. Politik vor 1933. ZusArb. mit → Otto Braun, → Wilhelm Dittmann, → Heinrich Georg Ritzel u. → Joseph Wirth in der Schweiz, pol. Korr. u.a. mit → Rudolf Breitscheid, → Hans Dill u. → Waldemar von Knoeringen, Unterstützung der Position Breitscheids in der Volksfrontfrage, Forderung nach Gewinnung bürgerl. Schichten für eine künftige soziale Demokratie. Ab 1939 Planungen für eine dt. Nachkriegsordnung, u.a. Entwurf einer Reichsverfassung, Gesetzestexte für die Errichtung eines bayer. Staates im Rahmen eines föderalist. Systems. Ab 1943 Verb. zu Allen Dulles in Bern, u.a. Gutachten über Föderalismus für OSS. Mit Wirth, Braun, Ritzel u. → Johann Jakob Kindt-Kiefer Gr. u. nach offiz. Konstituierung Anfang 1945 Mitgl. Hauptvorst. der ArbGemeinschaft *Das Demokratische Deutschland* (DD), Mitgl. Geschäftsf. Ausschuß der Apr. 1945 gegr. *Union deutscher Sozialisten in der Schweiz,* die sich auf seine Initiative dem DD anschloß. Okt. 1944 noch Mitwirkung an der Volksfront-Gründung *Schweizer Gesellschaft der Freunde freier deutscher Kultur* mit → Wilhelm Abegg u. → Walter Gyssling, dann zunehmende Frontstellung gegen BFD in der Schweiz (→ Karl Hans Bergmann), die Mai 1945 auf Veranlassung der KPD ihre Zustimmung zur Übereinkunft mit dem DD zurückzog, H. als gemeins. Beauftragten für Wahrnehmung konsular. Befugnisse nach dem ZusBruch des Dritten Reiches bei der schweizer. Reg. vorzuschlagen. 25. Febr. - 1. März 1945 Teiln. Flüchtlingskonf. von Montreux. 6. Juni 1945 mit Hilfe der US-Armee Rückkehr nach München, Sept. 1945 Senatspräs. beim OLG München, 28. Sept. 1945 Ernennung zum bayer. MinPräs., ab Okt. 1945 auch Justizmin.; um Zurückdrängung des pol. Einflusses der KPD unter dem ebenfalls aus dem Schweizer Exil heimgekehrten → Bruno Goldhammer bemüht. Nach CSU-Wahlsieg Dez. 1946 bis Sept. 1947 gegen starke Widerstände in der eigenen Partei stellv. MinPräs. u. Justizmin. im Kabinett Ehard, Führend an Formulierung der bayer. Verfassung u. am Wiederaufbau der bayer. SPD beteiligt; ab 1946 Honorarprof. für bayer. Verfassungsrecht Univ. München. 1948 Ernennung zum Staatsrat, Generalstaatsanwalt beim Bayer. Obersten Landesgericht. Ab Dez. 1950 stellv. MinPräs. u. Innenmin. im 2. Kabinett Ehard, 1954-57 MinPräs. einer Koalitionsreg. der SPD mit BHE, BP u. FDP. - 1946 Mitgl. Verfassunggebende Bayer. Landesvers., 1946-70 MdL, 1958-62 Fraktionsvors., 1958-70 Vizepräs. des LT. Lebte 1978 in München. - *Ausz.:* u.v.a. 1954 Großkreuz des VO der BRD; Bayer. VO, Goldene Verfassungsmed. des Freistaates Bayern, Goldmed. der Bayer. Akad. der Wiss., mehrere Ehrenbürgerschaften, 1957 Ehrenbürger München.

W: u.a. Hitler und Kahr. Die bayerischen Napoleonsgrößen. 1928; Der Volksbetrug der Nationalsozialisten. 1930; Der Faschismus und die Intellektuellen (anon.). Karlsbad (Graphia) 1934; Reichstagsbrand. Wer ist verurteilt? Ebd. 1934; Wodans Wiederkunft. Ein lustiger Reisebericht aus einer traurigen Zeit. Ebd. 1936; Politik und Moral. Zürich (Jean-Christophe-Verlag) 1937; Das Demokratische Deutschland. Grundsätze und Richtlinien für den deutschen Wiederaufbau in demokratischen, republikanischen, föderalistischen und genossenschaftlichen Sinne (Mithg.). Bern (Paul Haupt) 1945; Die verratene Republik. 1958; Der schwierige Außenseiter (Erinn.). 1959; Der Weg der deutschen Sozialdemokratie 1863-1963. 1965; Flucht vor Hitler (Ms. aus der Exilzeit). 1977. *L:* u.a. Montgelas, Albrecht Graf/Nützel, Carl, Wilhelm Hoegner. 1957; MGD; Baer, Fritz, Die Ministerpräsidenten Bayerns 1945-1962. 1971; Bergmann, Schweiz; Teubner, Schweiz; Kritzer, Peter, Wilhelm Hoegner, ein bayerischer Sozialist. In: Das andere Bayern, 1976. *D:* IfZ. *Qu:* Arch. Hand. Publ. Z. - IfZ.

Hoellering (urspr. Höllering), **Franz,** Dr. jur., Journalist; geb. 9. Juli 1896 Baden b. Wien, gest. 11. Jan. 1968 München; kath., Diss.; *V:* Musiker; *G:* Georg (George, geb. 1900), Filmproduzent u. -autor in Österr., H, später Deutschland. Emigr. nach GB, dort Filmverleih u. -produktion, u.a. 1951 mit T.S. Eliot *Murder in the Cathedral;* ∞ 4 Ehen, 1954 Amélie Grisar (geb. 1920), Psychagogin, Musiklehrerin, A: Deutschland (BRD); *K:* Michael, A: USA; Franziska Martina (geb. 1954), Musikstud.; Stefanie Theresa (geb. 1955), Malerin; *StA:* österr., USA. *Weg:* 1933 CSR; USA; Deutschland.

Stud. Rechtswiss.; in Berlin zus. mit Bert Brecht u. John Heartfield Hg. Sportztg. *Arena;* Red. *Arbeiter Illustrierte-Zeitung* (AIZ); Chefred. *BZ am Mittag.* März 1933 Emigr. nach Prag. 1933-38 Chefred. *Prager Mittag;* Mitarb. *Der Monat* Prag. Emigr. in die USA, im 2. WK Ltr. der dt. Abt. in der New Yorker Übersee-Abt. des OWI; Mitarb. *Esquire, Red Book, Nation;* Übers. zahlr. amerikan. Autoren, u.a. Tennessee Williams. 1968 Rückkehr nach Deutschland.

W: Der blaue Bienenkorb (Hg. Grete Wiesenthal). 1920; The Defenders. Boston (Little, Brown) 1940, London (Routledge & Kegan) 1941 (dt. Übers.: Die Verteidiger, Zürich [Europa-Verlag] 1947); Furlough. New York (The Viking Press) 1944. *L:* Gross, Münzenberg; Radkau, Emigration; Koszyk, Presse 3; Walter, Exilliteratur 1, 2. *Qu:* Arch. Hand. Publ. - IfZ.

Höltermann, Karl, Journalist, Verbandsfunktionär; geb. 20. März 1894 Pirmasens/Pfalz, gest. 3. März 1955 King's Langley/GB; *V:* Schuhmacher, GewSekr.; ∞ Helene Marold (geb. 1897), Emigr.; *K:* Ursula, Dora, Erna-Rosa; alle Emigr.; *StA:* deutsch, 11. Juni 1935 Ausbürg. *Weg:* 1933 NL; 1935 (?) GB.

Schriftsetzer; Mitgl. Arbeiterjugendbewegung, später SPD. 1915-19 Frontsoldat (Uffz.), Teiln. an den Kämpfen gegen Münchner Räterepublik. 1919 Mitarb. *Fränkische Tagespost* Nürnberg, ab 1920 Red., später Chefred. *Volksstimme* Magdeburg. 1922/23 mit → Horst W. Baerensprung u. → Gustav Ferl Gr. *Republikanische Notwehr* Magdeburg; treibende Kraft bei der Grdg. *Reichsbanner Schwarz-Rot-Gold* (RB) Febr. 1924, stellv. Bundesvors., Red. *Das Reichsbanner;* Initiator der 1930 gegr. paramilit. Kaderorg. *Schufo* (Schutzformation); ab Dez. 1931 komiss. Vors., ab April 1932 Bundesführer RB, Org. des republ. Schutzkartells *Eiserne Front.* 1928 Mitgl. der Wehrkommission der SPD, 1932-33 MdR. Für aktiven Widerstand der *Eisernen Front* gegen den „Preußenschlag" v. Juli

1932; als Reformist u. Vertr. eines nat.-republ. Frontsoldatengeists Konflikte mit Teilen der SPD-Führung. Kontaktaufnahme mit der Reg. Schleicher. Anfang Mai 1933 Flucht nach Amsterdam, um 1935 Emigr. nach London. In betonter Unabhängigkeit von der *Sopade* Prag mit G. Ferl u. → Max Hofmann Bemühungen um Reorg. des RB u. Bildung einer Exilltg. mit Hilfe europ. Arbeiterparteien. Nach Scheitern dieser Versuche ergebnislose Vorverhandlungen mit dt. Diplomaten über Rückkehr ins Reich. Über seine Verb. zu *Labour*-Führern Bemühungen um Einflußnahme auf brit. Deutschlandpol., u.a. Mitwirkung an Londoner Stellungnahme zu Hitlers Friedensangebot v. März 1936 u. *Manifest von Manchester* Febr. 1937. 1939/40 vergebl. Versuche um Anerkennung als offiz. SPD-Vertr. in GB, Grdg. *Gruppe der Parlamentarier* u.a. mit → Arthur Arzt, → Max Braun u. → August Weber als Konkurrenz zum Londoner PV mit Ziel pol. Gesamtvertr. des Exils. Kontakte zur DFP. 1941 erschien sein Name im ZusHang mit der von → Otto Straßer geplanten AuslReg. mit → Heinrich Brüning, → Hermann Rauschning u. → Wilhelm Sollmann. 1942 zog sich H. aus der Exilpol. zurück u. blieb nach 1945 trotz Rückkehrersuchen aus der bayer. SPD in GB; lexikograph. Arbeiten.

W: Republikanische Notwehr. In: Die rote Stadt im roten Land. *L:* Rohe, Reichsbanner; Röder, Großbritannien; Thape, Ernst, Von Rot zu Schwarz-Rot-Gold. 1969. *D:* AsD. *Qu:* Arch. Hand. Publ. Z. – IfZ.

Hoernle, Edwin, Partei- u. *Komintern*-Funktionär, Agrarpolitiker; geb. 11. Dez. 1883 Cannstatt b. Stuttgart, gest. 21. Juli 1952 Bad Liebenstein/Thür.; ev., Diss.; *V:* Immanuel Gottlieb Hermann H. (1839–1907), ev. Pfarrer u. Missionar; *M:* Beate Marie Emilie, geb. Walker (geb. 1849); *G:* 3 S; ∞ 1910 Helene Wilhelmine Heß (geb. 1886), ev., IAH-Funktionärin, Emigr. UdSSR; *K:* Alfred Hermann (geb. 1906); *StA:* deutsch, 18. Nov. 1938 Ausbürg. mit Ehefrau; deutsch. *Weg:* 1933 CH, UdSSR; 1945 Deutschland (Berlin).

1885–89 ev. Missionsstation Mirat/Ostindien, 1902 Abitur, 1903 MilDienst, 1904–08 Stud. Theol. Berlin u. Tübingen, 1909 theol. Dienstprüfung, Vikar. Sommer 1909 Bruch mit Familie u. Kirche, Privatlehrer u. Mitarb. SPD-Presse Berlin, Freundschaft mit Franz Mehring u. Rosa Luxemburg. 1910 SPD, Febr. 1912–Sept. 1914 stellv. Chefred. *Schwäbische Tagwacht* Stuttgart, nach Kriegsausbruch wegen oppos. Haltung gemaßregelt, ab Sept. 1914 Chefred. der Ztg. der Stuttgarter Parteiopposition, *Sozialdemokrat*, ab März 1915 Ltr. Druckschriftenvertrieb der *Gruppe Internationale* u. VerbMann zur Schweiz sowie stellv. Chefred. *Die Gleichheit*, ab Febr. 1916 Chefred. Jugendztg. *Morgenrot* Stuttgart. Juni 1916 Verhaftung, Aug. 1916–Okt. 1918 Fronteinsatz, Frühj. 1917 Verhaftung wegen Vertriebs der *Spartakusbriefe*, Nov. 1918 *Arbeiter- und Soldatenrat* Groß-Stuttgart u. Chefred. *Die Rote Fahne*, Mitgr. KPD-Landesverb. Württ., Jan.–Juni 1919 Haft als Hauptangeklagter im sog. Stuttgarter Kommunistenprozeß, nach Freispruch KPD-Landesvors. u. Chefred. *Kommunist*, Juli 1919 Mitgr. u. Okt. 1920–1922 Ltr. ZK-Landabt., Mitgr. u. Chefred. Bauernztg. *Der Pflug* Stuttgart, 1920 Deleg. 3. u. 4. PT (dort Ref. zur Bauernfrage u. für stärkere Einbeziehung der Mittelschichten in die Parteiarb.) sowie 2. Weltkongreß der *Komintern*, Deleg. 5. PT u. Mitgl. Programmkommission, Deleg. sog. Vereinigungs-PT v. Dez. 1920. 1919–20 Publ. unter Ps. Spartakus u. H. Erwin. Ab 1920 führend in kommunist. Kinder- u. Jugendarb.; 1921 Mitgr. u. anschl. Chefred. *Der junge Genosse* u. *Das proletarische Kind*, Jan.–Juli 1921 Chefred. *Agrarkorrespondenz* der ZK-Landabt. für KPD-Funktionäre, Juni/Juli 1921 Gastdeleg. 3. Weltkongreß der *Komintern* u. Deleg. 2. KJI-Kongreß, ab Juli Mitgl. *Ausschuß für Rußlandhilfe*, Aug. Deleg. 7. PT u. Wahl zum ZK-Mitgl., Mitgr. u. anschl. Ltr. ZK-Abt. Bildung u. Prop., 6./7. Aug. 1922 Ltr. 1. Reichskonf. der kommunist. Bildungsobleute u. Kursusltr. Berlin, Org. u. Ref. 1. Internationale Konferenz der Leiter der kommunistischen Kinderbewegung v. 16./18. Sept. 1923, Wahl zum EKKI-Mitgl. auf dem 4. Weltkongreß der *Komintern*, anschl. bis Nov. 1923 in Moskau; auf 8. KPD-PT Jan./Febr. 1923 Bestätigung als ZK-Mitgl., Teiln. Beratung mit PolBüro KPR(B) über Vorbereitung des Oktoberaufstands. Nach Rückkehr in Illegalität 1924/25 führend in sog. Mittelgruppe; Okt. 1924 Mitgr. *Jung-Spartakus-Bund* (JSB), ab Dez. 1924 MdR; Juli 1925 Deleg. 10. PT, Sprecher ZK-Agrarkommission sowie Sekr. ZK-Kleinbauernkommission; nach dem Offenen Brief des EKKI von 1925 erneut Ltr. ZK-Landabt., Sept. 1925 Teiln. u. Ref. 2. Internat. Konf. der Ltr. der kommunist. Kinderbewegung Moskau, Wahl zum Mitgl. Kinderbüro beim Exekutivkomitee der KJI. 1920–25 Publ. unter Ps. Georgi. Führend beteiligt an Ausarbeitung des agrarpol. KPD-Progr. v. Febr. 1926. März 1927 Teiln. 11. PT, anschl. bis 1928 wegen oppos. Haltung Beschäftigung als Chefred. *Süddeutsche Zeitung* Stuttgart (nach anderen Angaben vorüberg. Chefred. *Arbeiterzeitung* Frankfurt/M.), Sept. 1927 Teiln. u. Ref. 3. Internat. Konf. der Ltr. der kommunist. Kinderbewegung Moskau, 1928–32 Mitarb. ZK-Landabt., Juni 1929 Deleg. 12. PT, Mitorg. u. Teiln. 1. Europäischer Bauernkongreß Berlin v. 27. März 1930, ab Frühj. 1932 ZK-Instrukteur Berlin u. Umgebung. Apr. 1933 Emigr. Schweiz, Ende 1933 UdSSR, 1933–38 Ltr. Abt. Mitteleuropa beim Internationalen Agrarinstitut Moskau, Juli 1938 Kand. der Wirtschaftswiss. (Akad. der Wiss. der UdSSR), ab 1938 wiss. Mitarb. Institut für Weltwirtschaft Moskau, ab Mai 1942 Lehrer an der ersten Schule für dt. Kriegsgef. in der UdSSR im Lager Oranki, ab Juli 1943 Mitgl. NKFD, Mitunterz. NKFD-Manifest; ab Febr. 1944 Mitgl. u. Agrarexperte in ArbKommission des PolBüros. 1933–45 Deckn. Hansen (?). Mai 1945 Rückkehr nach Berlin, Mitarb. Ernährungsamt, Mitunterz. ZK-Aufruf v. 11. Juni 1945, ab Juli 2. Vizepräs. Provinzialverw. Brandenburg, Aug. 1945–Sept. 1949 Präs. Deutsche Zentralverwaltung für Land- und Forstwirtschaft. Mitinitiator u. führender Mitorg. der Bodenreform in der SBZ, Nov. 1945 Mitgr. Wochenztg. *Der Freie Bauer*, ab Okt. 1949 Prof. u. Dekan Agrarpol. Fak. sowie Vizepräs. Deutsche Verwaltungsakademie Forst Zinna. Ab Grdg. 1951 ordentl. Mitgl. Deutsche Akademie der Landwirtschaftswissenschaften.

W: Aus Krieg und Kerker (L). 1919; Okuli (Ps.), Fabeln. 1920; Die roten Lieder. 1924; Grundfragen der proletarischen Erziehung. 1927; Bauern unterm Joch. Erzählung. Moskau (Verlagsgenossenschaft ausländischer Arbeiter in der UdSSR) 1936; Wie lebt der deutsche Bauer? Moskau (Verlag für fremdsprachige Literatur) 1939; Deutsche Bauern unterm Hakenkreuz. Paris (Ed.Prométhée) 1939; Agrarpol. Schriften vgl. Edwin Hoernle, Berlin (Ost) 1965, D. 687–694. *L:* Leonhard, Revolution; Edwin Hoernle. 1965; GdA; GdA-Chronik; Weber, Wandlung; GdA-Biogr.; Durzak, Exilliteratur; Fischer, Deutschlandpolitik; Gerhard-Sonnenberg, Gabriele, Marxistische Arbeiterbildung in der Weimarer Republik. 1976. *D:* Nachlaß bei Institut für Agrargeschichte der Akademie der Landwirtschaftswissenschaften der DDR Berlin(Ost). *Qu:* Arch. Hand. Publ. – IfZ.

Hörz, Martin Ludwig; geb. 26. Juni 1909 Mannheim; *V:* Martin H. (geb. 1883), Zeichner; *M:* Maria, geb. Grözinger (geb. 1881); *StA:* deutsch, S. *Weg:* 1939 DK; 1940 S.

1928–30 Vors. *Sozialistische Studentengruppe* Heidelberg, 1929–31 Vors. der süddt. Gebietsorg., 1931 Vors. *Rote Studentengruppe* Berlin, 1932 PolLtr. *Kostufra* für das Deutsche Reich, ab Herbst 1932 bis zum Ausschluß als Trotzkist 1933 Vors. *Kommunistische Studenten-Internationale;* bis 1936 Tätigkeit in illeg. trotzkist. Gruppen. Juni 1939 nach Dänemark, Aug. 1940 Schweden, zuletzt Bibliothekar. Lebte Anfang der 70er Jahre in Enköping.

L: Müssener, Exil. *D:* VSLB. *Qu:* Arch. Publ. – IfZ.

Hößler, Albert, Parteifunktionär; geb. 11. Okt. 1910 Mühlau b. Burgstädt/Sa., gest. 1942 Berlin; *V:* Arbeiter; *StA:* deutsch. *Weg:* 1933 CSR; 1934 Deutschland; 1935 UdSSR; 1937 E; 1938 F; 1939 UdSSR; 1942 Deutschland.

Waldgehilfe, Gärtner u. Kraftfahrer; 1927 KJVD, 1929 KPD, RFB-Funktionär. März 1933 Flucht in die CSR, 1934 i.A. des KJVD im Ruhrgeb., Jan. 1935 zur Schulung nach Moskau. Ab März 1937 Spanien, PolKommissar u. Kompanieführer im

Hans-Beimler-Btl. der Internat. Brigaden. Nach schwerer Verwundung ab Aug. 1938 Mitgl. FDJ Paris, Korr. Jugendred. *Deutscher Freiheitssender 29,8.* Frühj. 1939 UdSSR, Arbeiter im Traktorenwerk Čeljabinsk. 5. Aug. 1942 mit dem ehem. Angest. der *Roten Fahne* Robert Barth (Deckn. Walter Kersten) bei Gomel als Fallschirmagent abgesetzt, Anschluß an *Rote Kapelle*-Gruppe Schulze-Boysen, Aufnahme von Funkkontakten mit Moskau. Anfang Okt. 1942 verhaftet, Tod in Gestapo-Haft. Deckn. Oskar, Helmut Viegner, Franz, Walter Stein.

L: Helden des Widerstandskampfes gegen Faschismus und Krieg. 1952; Dallin, Sowjetspionage; Höhne, Heinz, Kennwort Direktor. 1970; Duhnke, KPD; Biernat, Karl Heinz/Kraushaar, Luise, Die Schulze-Boysen/Harnack-Gruppe im antifaschistischen Kampf. 1970. *Qu:* Publ. – IfZ.

Hofäcker, Friedrich, Kommunalpolitiker; geb. 11. Febr. 1888 Annweiler/Trifels, gest. 29. Juni 1965 Annweiler; *V:* Friedrich H.; *M:* Juliane, geb. Schneider; ∞ Margarete Schwarz (geb. 1893), Emigr.; *K:* Karl (geb. 1922), Luise Schönfeld, Frieda Weber; *StA:* deutsch. *Weg:* 1933 F; 1946 (?) Deutschland (FBZ).

Schlosser; 1917 SPD, Ortsvors., DMV-Zahlstellenltr., 1918–33 StadtVO. Annweiler, 1920–24 stellv. Bürgerm.; 1933 Schutzhaft, Mai 1933 Flucht ins Elsaß, Flugzeugschweißer in Straßburg. Tätigkeit für SPD, Kontakte zu → Emil Müller, ZusArb. mit franz. Geheimdienst. 1945 (1946 ?) Rückkehr, Sept. 1946–Dez. 1948 ehrenamtl. Bürgerm. Annweiler, ab Okt. 1946 Mitgl. Kreistag, Mitgl. Landkreistag Rheinl.-Pfalz, zeitw. SPD-Ortsvors.; Dez. 1948–Dez. 1958 hauptamtl. Bürgerm. Annweiler.

Qu: Arch. Pers. – IfZ.

Hofbauer, Josef (Peppi), Parteifunktionär u. Publizist; geb. 20. Jan. 1886 Wien, gest. 25. (23.?) Sept. 1948 Frankfurt/M.; *V:* Arbeiter; ∞ verh.; *K:* u.a. Inge, Emigr. S, ab Nov. 1943 stellv. Hg. Exilorgan des SJ *Sozialistische Jugend* Stockholm u. ab Sept. 1944 Mitgl. zentrale Ltg. des Exil-SJ; *StA:* österr., 1919 CSR, 1947 deutsch. *Weg:* 1938 S; 1948 Deutschland (ABZ).

Schriftsetzer, Autodidakt; 1904 Mitgl. *Verband jugendlicher Arbeiter Österreichs,* 1910 vom sudetendt. Sozialistenführer Josef Seliger in Red. *Freiheit* Teplitz-Schönau berufen, Mitgr. Arbeiter-Abstinenzbewegung u. an Entwicklung der sozialist. Jugendbewegung in Nordwestböhmen beteiligt; 1914–18 Kriegsdienst, danach als Parteiredner maßgebl. beteiligt an Reorg. der durch Kriegsfolgen isolierten dt. ArbBewegung in der CSR, 1919–21 Chefred. *Freiheit* Teplitz-Schönau, 1921–23 Chefred. *Sozialistische Jugend* Teplitz-Schönau, 1924–38 Red. *Der Sozialdemokrat* Prag u. verantwortl. Red. der Frauenzs. *Gleichheit* u. *Frauenwelt;* Mitgl. PV der DSAP; Lehrer an Partei- u. GewSchulen sowie schriftst. Tätigkeit. Herbst 1938 Emigr. nach Schweden, TG-Mitgl., Übers. u. Publizist, Mitarb. *Sudeten-Freiheit* Oslo, *Der Sozialdemokrat* London u. *Blätter für sudetendeutsche Sozialdemokraten* Malmö; Mitgr. Verein *Die Naturfreunde* in Schweden. 1948 Übersiedlung nach Deutschland (ABZ), Chefred. *Sozialistische Tribüne* Frankfurt/M.

W: u.a. Im roten Wien. 1926; Josef Seliger – ein Lebensbild. 1930; Der Marsch ins Chaos (R). 1934; Dorf in Scherben (R). 1937; Der große alte Mann (Biogr. T.G. Masaryks). 1938; Späte Ernte (L, Selbstverlag). 1944. *L:* Müssener, Exil; Bachstein, Jaksch. *Qu:* Arch. Hand. Publ. Z. – IfZ.

Hofer, Peter, Polizeibeamter; geb. 2. Juli 1911 Wien. *Weg:* 1935 UdSSR; 1937 E; 1939 F; 1943 (?) CH; 1945 JU, Österr.

Aktiv in sozdem. Jugendbewegung, später Mitgl. SAJDÖ, *Republikanischer Schutzbund.* 1934 nach den Februarkämpfen Mitgl. *Rote Front,* anschl. KPÖ, UnterbezLtr. in Wien-Ottakring. 1935 über die CSR in die UdSSR. Ab 1937 Freiw. im Span. Bürgerkrieg, Deckn. Paul Steiner, Major u. PolKommissar im Btl. 12. Februar. Dez. 1938 Mitunterz. Einheitsfrontaufruf dt. u. österr. sozdem. u. kommunist. Spanienkämpfer im Demobilisierungslager Nr. 4 der Internat. Brigaden bei Barcelona. 1939 nach Frankr., ab 1941 Tätigkeit im franz. Widerstand. Vermutl. 1943 illeg. in die Schweiz, 1944 Verhaftung, Internierung im Lager Bassecourt. Ende 1944 Flucht mit → Max Stern u. → Theodor Maller, stieß in Marseille zu der Gruppe um → Othmar Strobel, Anfang 1945 über Bari/Süditalien nach Belgrad. Major u. Kommandant des 2. österr. Btl. im Verb. der jugoslaw. Volksbefreiungsarmee, das infolge Kriegsende nicht mehr zu mil. Einsatz kam. Mitte Mai 1945 mit dem Btl. Rückkehr nach Wien, Eintritt in den Polizeidienst, Amtsoberrevident. Mitgl. KPÖ. Ende Juli 1945 provis., Nov. 1945 wirkliche Bestellung zum Stellvertr. des GenInspektors der Sicherheitswache Wien (Wiener Polizeipräs.). Sept. 1948 Ref. in Wiener BezPolizeikommissariat, Juni 1949 mit vorläufiger Führung der Geschäfte des BezPolizeikommissariats Wien-Liesing betraut, Sept. 1955 Ref. im Korrespondenzbüro, Juli 1967 Ref. im BezPolizeikommissariat Wien-Innere Stadt. Okt. 1971 Pensionierung als Amtsoberrevident. PräsMitgl. *Bundesverband österreichischer Widerstandskämpfer und Opfer des Faschismus – KZ-Verband* u. VorstMitgl. *Vereinigung österreichischer Freiwilliger in der spanischen Republik 1936 bis 1939 und der Freunde des demokratischen Spanien.* Mitarb. der histor. Abt. beim ZK der KPÖ. Lebte 1978 in Wien. – *Ausz.:* 1975 Gedenkmed. für Teiln. am jugoslaw. Volksbefreiungskampf.

L: Stern, Max, Spaniens Himmel ... 1966; Pasaremos; Holzer, Bataillone; Teubner, Schweiz; Brigada Internacional ist unser Ehrenname ... 1975; Die Völker an der Seite der spanischen Republik. 1975. *Qu:* Arch. Publ. Z. – IfZ.

Hoffert-Horani, Miryam (urspr. Hoffert, Marie), Dr. phil., Fürsorgerin, Beamtin; geb. Aug. 1905 Jaslo/Galizien; jüd.; *V:* Naftali Hoffert; *M:* Feiga, geb. Müller; ∞ 1934 Jacob Horani. *Weg:* 1933 Pal.

1924 (?) Prom. Univ. Wien, 1925 Abschluß Hebr. Lehrerseminar Wien, 1929 Dipl. des Psychologischen Instituts der Schule für Sozialarbeit Berlin. 1933 Emigr. Palästina, 1933–48 Ltr. Wohlfahrtsabt. für Einwanderer des *Vaad Leummi,* während des 2. WK u. während des isr. Unabhängigkeitskrieges Ltr. Wohlfahrtsabt. für Einwanderer im isr. Sozialamt, 1952 UN-Stipendium, ab 1952 Ltr. Abt. für Gemeinschaftsfürsorge im Min. für Sozialfürsorge, 1962 Ltr. Kenya-Israel Soc. Workers' Training School in Machakos/Kenia sowie Ltr. u. Doz. School of Social Work Addis Abeba/Äthiopien. Zeitw. Vors. u. Mitgl. VerwRat *Isr. Mental Hygiene Soc.,* Mitgl. Isr. Inst. für Psychoanalyse, Beraterin von Arbeiterinnen-Org. der *Histadrut,* Mitgl. VerwRat einer Eheberatungsstelle, Sekr. Org. für Sozialarb., Sekr. *Soroptimists,* Mitgl. *Mapai,* Mitgl. *Labour Council* Tel Aviv. Lebte 1974 in Tel Aviv.

W: Johann Heinrich Pestalozzis Psychologie (Diss.). 1924; Art. über Fürsorge u. Psychologie in isr. u. ausländ. Zs. *Qu:* Hand. – RFJI.

Hoffmann, Akiba, Dr. jur., Rechtsanwalt, Politiker; geb. 27. Sept. 1911 Kostel/Mähren; *V:* → Jacob Hoffmann; ∞ Hilde Kaufmann; *K:* Gabrielle; *StA:* Pal./IL. *Weg:* 1933 CH, 1934 NL, 1936 Pal.

Stud. Frankfurt/M., Wien, München. 1933 Emigr. Schweiz, 1934 Prom. Basel, 1934 Niederlande, 1934–35 Rechtsberater N.V. Agricola Rotterdam u. Den Haag. 1936 nach Palästina, gleichz. Geschäftsverbindungen nach Frankr., u.a. 1939–41 AR-Mitgl. Lafayette S.A. Paris; Rechtsberater Anglo-Palestine Bank Ltd. Tel Aviv, ab 1941 Praxis als RA u. Notar. Ab 1960 Mitgl. Ehrengericht der W.Z.O., ab 1961 VorstMitgl. u. Vors. des Tel Aviv-Jaffa-Bez. der *Liberalen Partei* Israels, 1961 Deleg. Zion. Weltkongreß, 1965–69 StadtVO Tel Aviv-Jaffa, AR-Mitgl. Am. Israel Prospects Corp., Shikun Ezraḥi Corp., ab 1938 Mitgl. U.I.A. (im Auftr. der U.I.A. 1952 nach Fernost, 1953 nach Zypern, 1956 nach Deutschland), Vors. I.O.M.E., AR-Mitgl. HaMifdeh haEzraḥi, Shikun haEzraḥi, Am.-Isr. Phosphate Corp., Queen of Sheba Hotel.

W: Das Depositum nach talmudischem Recht. 1935. *Qu:* Hand. – RFJI.

Hoffmann, Erich, Parteifunktionär; geb. 13. Febr. 1906 Zerbst/ Anhalt, gest. 14. Febr. 1959 Berlin (Ost); ∞ Elsa Frieda H.; *K:* 1 T; *StA:* deutsch. *Weg:* 1933 DK; Saargeb.; F; UdSSR; 1936 E; 1939 F; 1942 Deutschland.

Kernmacherlehre Kiel, 1922 KJVD, 1929 Volontär, später verantwortl. Red. KPD-Zs. *Hamburger Volkszeitung,* 1930 vom Reichsgericht zu Festungshaft verurteilt. Unterbez.-PolLtr. Hamburg, Mitgl. KJVD-BezLtg. Wasserkante, Gauführer *Rote Jungfront,* 1931-32 MdHB. Ab 3. März 1933 KL Fuhlsbüttel, nach schweren Mißhandlungen Flucht nach Dänemark, über Saargeb. u. Frankr. Emigr. nach Moskau. 1936-39 Panzerlt. Internat. Brigaden in Spanien, 1939-42 Internierung in Le Vernet; 1942-45 KL Auschwitz u. Buchenwald. In Auschwitz-Birkenau mit → Hermann Axen in einer Widerstandsgruppe, die u.a. 158 jüd. Kinder vor der Vernichtung rettete. Deckn. Vatti, F. Eckert. 1945-46 stellv. BezSekr. KPD u. AgitProp-Ltr. BezLtg. Wasserkante, 1946-51 Chefred. *Hamburger Volkszeitung,* 1951-53 MdHB. Nach KPD-Verbot in Berlin(Ost), wo er an den Folgen der NS-Haft starb. - *Ausz.:* Hans-Beimler-Medaille. Nachruf des ZK der KPD.

L: Bredel, Willi, Unter Türmen und Masten. 1960. Hochmuth/Meyer, Streiflichter. *Qu:* Arch. Pers. Publ. Z. - IfZ.

Hoffmann, Heinz (Karl-Heinz), Partei- u. Staatsfunktionär; geb. 28. Nov. 1910 Neckarau b. Mannheim; *V:* Karl H. (1890-1919), Schleifer; *M:* Maria, geb. Beil (geb. 1891); ∞ 1933 Regina Röhrig; *StA:* deutsch, UdSSR. *Weg:* 1935 UdSSR; 1937 E; 1938 F; 1939 UdSSR; 1945 Deutschland (SBZ).

Maschinenschlosser; 1926 KPD, Funktionär. Ab Juli 1933 in Illegalität, OrgLtr. u. ab Sept. 1934 PolLtr. KPD-Bez. Baden-Pfalz (Deckn. Kurt); Jan. 1935 Emigr. UdSSR, Lenin-Schule der *Komintern* (andere Quellen: Frunse-Akad.), Anfang 1937 über Skandinavien u. Frankr. nach Spanien, stellv. PolKommissar, ab Mai 1937 PolKommissar Hans-Beimler-Btl., Lt., Deckn. Heinz Roth. Nach schwerer Verwundung 1938 nach Frankr., 1939 über Skandinavien Rückkehr in die UdSSR, sowj. Staatsangehörigkeit u. angebl. Beitritt zur Roten Armee; 1941-43 *Komintern*-Schule in Kušnarenkovo/Ufa (Deckn. Artur), danach Lektor in KriegsgefLager Oranki, später Antifa-Zentralschule Krasnogorsk. Nach Rückkehr 1945-47 persönl. Ref. → Walter Ulbrichts, 1947-49 Sekr. SED-BezLtg. Groß-Berlin, ab 1949 Ltr. Hauptverw. Ausbildung u. 1949-50 Vizepräs. der Deutschen Volkspolizei (DVP), ab 1950 GenInspekteur DVP u. 1950-55 Chef Kasernierte Volkspolizei (KVP), 1950-52 Kand. u. ab 1952 Mitgl. ZK der SED, ab 1950 MdVK, 1952 GenLt., 1952-56 stellv. MdI, 1955-57 Stud. GenStabsakad. der UdSSR (1957 Dipl.-Militärwissenschaftler), 1956-60 1. Stellv. Min. für NatVert., Chef des Heeres u. DDR-Vertr. im Stab des Oberkommandos der Streitkräfte der Warschauer-Pakt-Staaten. Ab 1958 Chef des Hauptstabes der NVA, 1959 GenOberst, ab 1960 Min. für NatVert. u. somit stellv. Oberbefehlshaber der Streitkräfte der Warschauer-Pakt-Staaten, 1961 Armeegen., ab 1964 Mitgl. Nationaler Verteidigungsrat der DDR, ab 1974 Mitgl. PolBüro des ZK der SED, 1975 Mitgl. Kommission zur Überarbeitung des Parteiprogramms der SED. - *Ausz.:* neben zahlr. in- u. ausländ. Orden u. Ehrenzeichen 1954 VVO (Gold), 1956 Hans-Beimler-Med., 1958 Med. für Kämpfer gegen den Faschismus 1933-1945, 1960 Banner der Arbeit, 1962 Med. Tadeusz Kościuszko (Polen), 1965 Orden des Roten Banners (UdSSR), Ehrenbürger der Stadt Eger (CSR), 1966 Scharnhorst-Orden, 1970 Kampforden für Verdienste um Volk und Vaterland (Gold), Karl-Marx-Orden, 1973 Kommandeursstern des Ordens Polonia Restituta (Polen), 1975 Dr. h.c. der SED-Hochschule Karl Marx beim ZK der SED, 1976 Held der DDR, Orden der Oktoberrevolution (UdSSR).

W: Die marxistisch-leninistische Lehre vom Krieg und von den Streitkräften. 1960; Sozialistische Landesverteidigung - Aus Reden und Aufsätzen 1963-1970, 2 Bde. 1971 *L:* Leonhard, Revolution; Forster, NVA; Antifaschisten; Duhnke, KPD; Winters, Peter Jochen, Held der DDR. In: FAZ v. 2.4.76. *Qu:* Arch. Hand. Publ. Z. - IfZ.

Hoffmann, Jacob, Dr. phil., Rabbiner; geb. 1881 Papa/H, gest. 21. Juni 1956 Tel Aviv; ∞ Recha, geb. Schlesinger; *K:* → Akiba Hoffmann; Israel; Joseph; Benjamin, alle in IL; 1 T in New York. *Weg:* 1938 USA; 1954 IL.

1908 Rabbinerexamen in Preßburg, 1908-10 Rabbiner *Verein Montefiore* in Wien, 1910-14 in Kostel/CSR; 1914-18 Stud. Wien, 1919 Prom., 1918-22 Rabbiner in Radautz/Bukowina, 1923-37 Rabbiner Isr. Gde. Frankfurt/M. Zugl. Gr. u. Dir. Rabbiner-Lehranstalt Frankfurt, 1933-37 Vertr. des *Misrachi* in der *Reichsvertretung,* 1929 Mitgl. des Initiative-Komitees zur Erweiterung der *Jew. Agency.* 1937 Verhaftung durch Gestapo, Freilassung auf Intervention der ungar. Reg., 1938 Emigr. USA. 1938-53 Rabbiner Congr. Ohav Zedek New York u. Vizepräs. *Mizrachi Org. of Am.,* Mitgl. geschäftsf. Vorst. A.F.J.C.E., Ehren-Präs. der *World Fed. of Jews of Hungarian Descent.* 1953 nach Israel, Mitgl. des Obersten Rabbinischen Gerichts. - *Ausz.:* 1951 Dr. theol. h.c. Yeshiva Univ. New York.

W: Die Bedeutung des Sabbath im jüdisch-religiösen Leben. 1912; Halachische Elemente im Koran (Diss.). 1919; Die Schicksalsfrage der deutschen Judenheit (Rede). 1930; Perush Talmid haRamban Zal leMassecheth Taanith (Der Kommentar eines Nachmanides-Schülers zum Traktat Taanit). (Hg.) 1951; Perush Talmid haRamban Zal leMassecheth Bezah (Kommentar eines Nachmanides-Schülers zum Traktat Bezah). (Hg.) 1956. *L:* UJE. *Qu:* Hand. Pers. Publ. Z. - RFJI.

Hoffmann, Johannes, Politiker; geb. 23. Dez. 1890 Landsweiler-Reden/Saar, gest. 21. Sept. 1967; kath.; *V:* Jakob H. (1859-1928), Bergmann, Kassenrendant; *M:* Katharina, geb. Bungert (1859-1912); *G:* Maria (gest. 1918), Angela (1885-1958), Margarete (1894-1969), Katharina (1895-1964), Friedrich (1900-1964); ∞ 1919 Gertrud Frieda Krause (1894-1973), 1933-45 mit Kindern Exil in Lux. *K:* Hansjakob (1920-1975), Ordenspriester; Heinz Joachim (geb. 1923, gef. 1943); Theophila Maria (geb. 1924); Regina Brigitta (geb. 1927); Franz Heribert (1929-1976); Christa Maria (geb. 1936); *StA:* deutsch, 1937 (?) Ausbürg., deutsch. *Weg:* 1935 F, Lux.; 1940 F; 1941 Bras.; 1945 Deutschland/Saargeb.

Theol. Ausbildung bischöfl. Konvikt Trier, später Stud. Philosophie u. Volkswirtsch. Innsbruck u. Freiburg/Breisgau. 1914-18 Teiln. 1. WK (EK I), zuletzt Offz. Nach Kriegsende Wiederaufnahme Stud. in Berlin, Anschluß an Kreis um Carl Sonnenschein, Mitgl. *Zentrum.* Ab 1920 als Journ. beim Scherl-Verlag Berlin, später Korr. mehrerer kath. Ztg. in Süd- u. Westdeutschland. Ab Okt. 1929 Chefred. *Saarbrücker Landeszeitung,* Mitgl. Landesvorst. Saar des *Zentrums.* Wurde nach dessen Selbstauflösung 1933 u. Gleichschaltung der Zentrumspresse einer der exponiertesten Verfechter des saarländ. Status quo, 1934 auf Druck der Reichsreg. als Chefred. der *Saarbrücker Landeszeitung* entlassen. Org. einer kath. Oppositionsbewegung gegen Rückgliederung des Saargeb. an das natsoz. Deutschland, Juni 1934 Gr. u. Ltr. *Neue Saarpost;* Nov. 1934 mit → Heinrich Imbusch Gr. *Volksbund für christlich-soziale Gemeinschaft (Volksbund für christliche und soziale Kultur).* Nach Saarabstimmung Jan. 1935 mit Fam. Emigr. nach Forbach/Lothr., Mai 1935 nach Luxemburg. Im Exil auf kath. Seite weiterhin einer der führenden Hitler-Gegner, aktiv in der Volksfrontbewegung, 21. Nov. 1935 u. 2. Febr. 1936 Teiln. der 2. u. 3. Konf. des Lutetia-Kreises in Paris. Bei Ausbruch des 2. WK im dt.-sprach. Dienst des franz. Rundfunks; Internierung, 1940 Flucht nach Südfrankr., von dort mit einer der von CSR-Präs. Beneš dem Völkerbund zur Verfügung gestellten Visa über Spanien, Portugal nach Brasilien. In Rio de Janeiro in engem Kontakt mit emigr. franz. Widerstandskreisen um Georges Bernanos; Mitinitiator u. Führer der *Freien Deutschen Bewegung* in Brasilien. Spätsommer 1945 auf franz. Initiative über Paris Rückkehr nach Saarbrücken. Zunächst Mithg. *Neue Saarbrücker Zeitung,* Jan. 1946 Mitbegr. u. bis zu deren Auflösung Apr. 1959 Vors. bzw. Ehrenvors. CVP, 1946-47 Chefred. des Parteiorgans *Saarländische Volkszeitung;* Mai 1947 Vors. saarländ. Verfassungskommission, Okt. 1947 Vors. Gesetzgebende Versammlung, 1947-55 Min-Präs. des Saarlandes. Vertrat im Einvernehmen mit der franz.

Saarpol. Kurs der Wirtschaftsunion mit Frankr. bei Wahrung der pol. Autonomie. Nach seiner Niederlage bei der Abstimmung über das Saarstatut am 23. Okt. 1955 Rücktritt als Reg-Chef, später im öffentl. pol. Leben nicht mehr aktiv.

W: Am Rande des Hitlerkrieges, Tagebuchblätter. 1948; Wille und Weg des Saarlandes, Nr. 1-3 (Reden). 1951; Das Ziel war Europa - Der Weg der Saar 1945-1955. 1963. *L:* Dischler, Ludwig, Das Saarland 1945-1956, 2 Bde. 1956; Schmidt, Saarpolitik; Freymond, Jacques, Le conflit sarrois 1945-55. 1960 (dt. 1961); Schneider, Saarpolitik und Exil; NDB. *Qu:* ABiogr. Arch. Hand. Pers. Publ. Z. - IfZ.

Hoffmann, Martin, Parteifunktionär; geb. 18. Okt. 1901 Hohensalza/Westpr.; *V:* Volksschullehrer; ∞ verh.; *StA:* deutsch. *Weg:* 1934 NL, Deutschland.

Realgymn., kaufm. Lehre, Red.; 1918 als Kriegsgegner in Haft. 1919 KPD, 1920-26 Red. Parteizs. *Echo des Ostens* Königsberg; mehrmals Haft. 1927 OrgLtr. Bez. Ostpr., anschl. Parteired. in Thür.; Aug. 1929 als Anhänger der „Versöhnler" um → Hugo Eberlein Parteiausschluß, 1930 Wiederaufnahme, bis 1933 Red. *Ruhr-Echo* Essen. Apr. 1933-Mai 1934 KL, Flucht nach Holland. 1934 Rückkehr, zus. mit → Wilhelm Firl in KPD-Ltg. Berlin. Febr. 1936 Verhaftung, Mai 1937 VGH-Urteil lebenslängl. Zuchth.; in Haft verschollen.

L: Weber, Wandlung. *Qu:* Arch. Publ. - IfZ.

Hoffmann, Moses, Dr. phil., Rabbiner; geb. 17. Nov. 1873 Berlin, gest. 16. Juli 1958 Petah Tikvah/IL; *V:* David Zevi H. (geb. 1843 Verbo/Slowakei, gest. 1921), Stud. Wien, Berlin u. Tübingen, Rektor Rabbinerseminar Berlin, Talmud- u. Bibelwissenschaftler, VorstMitgl. *Agudas Jisroel; M:* Zerline, geb. Rosenbaum (1849-1936). *Weg:* 1939 Pal.

1891-95 Stud. Gesch., Volkswirtschaft u. Phil. Berlin, zugl. Stud. Rabbinerseminar Berlin, 1901 Rabbinerexamen, 1898-1900 ReligLehrer jüd. GdeSchule Fürth/Bayern, 1901-03 ReligLehrer in Frankfurt/M., 1903-12 Rabbiner in Randegg/Baden; 1910 Prom.; 1912-21 Landrabbiner in Emden, 1921-38 Rabbiner in Breslau; 1938 KL Buchenwald, 1939 Emigr. Palästina.

W: Der Geldhandel der deutschen Juden während des Mittelalters bis zum Jahre 1350 (Diss.). 1910 (auch in: Staats- und sozialwissenschaftliche Forschungen, H. 152, 1910); Judentum und Kapitalismus. Eine kritische Würdigung von Werner Sombarts: Die Juden und das Wirtschaftsleben. 1912; Shtar Iska und contractus trinus. In: Festschrift zum 70. Geburtstage D. Hoffmanns, 1914; Mitteilungen an die Vorstände der Synagogengemeinden des Landrabbinats Emden, Gebete während des Krieges betreffend, nebst Kriegsgebet für die Familie. 1914, 1915; Melamed LeHoil (Responsa David Hoffmanns; Hg.). 3 Bde. 1926-32. *Qu:* Hand. Publ. Z. - RFJI.

Hof(f)mann, Richard, gest. 1941; *StA:* deutsch. *Weg:* E; UdSSR; 1941 Deutschland.

Eisenbahner aus dem Ruhrgeb.; KPD. Im Span. Bürgerkrieg Stabschef Edgar-André-Btl. XI. Internat. Brigade. Herbst 1941 bei Landung als sowj. Fallschirmagent in Deutschland umgekommen. - *Ausz.:* Orden des Vaterländ. Krieges 2. Kl. (postum).

L: Helden des Widerstandskampfes gegen Faschismus und Krieg. 1952; Schmidt, Deutschland. *Qu:* Publ. - IfZ.

Hofmann, Arthur, Staatsfunktionär; geb. 24. Juni 1907 Plauen/Vogtl.; *StA:* deutsch. *Weg:* UdSSR; 1945 Deutschland (SBZ).

Vermutl. schon vor 1933 in die UdSSR; Hochofenspezialist in Čeljabinsk, 1943-44 Besuch einer Sonderschule der Roten Armee, Aug. 1944 i.A. des ZK der KPD Fallschirmeinsatz in Westpolen als Mitgl. einer 5köpfigen Gruppe dt. Emigr. zum Aufbau von Stützpunkten in Schlesien, nach teilw. Liquidierung der Gruppe Jan. 1945 Vereinigung mit der vorrückenden Roten Armee, Mai 1945 Rückkehr nach Deutschland als Mitgl. *Gruppe* → Anton Ackermann. Polizeioffz. in Sa., 1948 MinDir. im MdI u. Inspekteur der Deutschen Volkspolizei für Sa., später auch stellv. MinPräs. ebd., ab 1950 MdI Sa., 1952 Sekr. Rat des Bez. Dresden, ab 1953 Mitarb. des MfS, ab 1956 Ltr. Hauptabt. III (Schutz der Wirtschaft) des ZK der SED, ab 1959 Mitarb. ZK-Abt. Sicherheit, ab 1962 Mitarb. MdI u. ab 1967 MfS, ab 1971 stellv. Ltr. BezVerw. Dresden des MfS; Oberst. Lebte 1977 als Arbeiterveteran in Eichwalde. - *Ausz.:* 1945 Goldenes Kreuz (UdSSR), 1955 VVO (Bronze), 1962 Partisanen-Kreuz (Polen), 1970 Orden des Gr. Vaterländ. Krieges 1. Grades (UdSSR).

W: Die Partei ruft. In: BZG/1962, S. 79 ff. *L:* Otten, Ch., Memento einer Nacht. In: Die Front war überall, 1968; Fischer, Deutschlandpolitik. *Qu:* Arch. Publ. Z. - IfZ.

Hofmann, Theodor Lothar, Parteifunktionär; geb. 16. Febr. 1903 Leipzig, hinger. 1943; *V:* Oberlehrer; ∞ verh.; *StA:* deutsch, 5. Nov. 1938 Ausbürg. *Weg:* 1933 DK; 1934 Saargeb., UdSSR; 1937 E; 1939 DK; 1942 Deutschland.

Gymn., Banklehre, ab 1925 Angest.; ab 1929 Tätigkeit bei UdSSR-Handelsvertr. u. Marxistische Arbeiterschule Hamburg. 1929 KPD, ab 1930 im MilApp.; 1931-32 Inhaftierung wegen versuchten Verrats milit. Geheimnisse. März 1933 i.A. der BezLtg. Emigr. nach Dänemark. Bis Mai 1934 Grenzarb., Okt. aufgrund von Instruktionen des ZK Paris mit organisat. Parteiauftrag nach Saarbrücken, Nov. MilSchule Moskau. 1936 bis Anfang 1937 Betriebsarb. in Moskau, anschl. Span. Bürgerkrieg. Mai 1939 i.A. des ZK nach Kopenhagen, ab Nov. „zweiter Mann" der EmigrLtg.; Mai 1941 Verhaftung, 5. Jan. 1943 VGH-Todesurteil.

D: IfZ. *Qu:* Arch. - IfZ.

Hofmann, Max Moritz, Journalist, Verbandsfunktionär; geb. 1. März 1891 Chemnitz, gest. 26. Dez. 1951 Schweinfurt; *V:* Ernst Moritz H.; *M:* Lina, geb. Wagner; ∞ Elfriede (geb. 1892); *K:* Brigitte (geb. 1925), Ernst (geb. 1927), Friedrich (geb. 1928); *StA:* deutsch, 1. Febr. 1937 Ausbürg. mit Fam., deutsch. *Weg:* 1933 F; 1934 Saargeb.; 1935 F; 1941 Port.; 1944 GB; 1946 Deutschland (ABZ).

Buchdrucker, ab 1909 Gew., ab 1911 SPD. 1912-19 Soldat, dann Beamter im sächs. ArbMin., zuletzt RegAmtmann; Schlichter bei Arbeitskämpfen, Mitgl. SPD-BezLtg. Erzgebirge-Vogtland. Sekr., dann Vors. *Republikanischer Reichsbund;* ab 1924 Gauvors. *Reichsbanner* (RB) Chemnitz, 1933 2. Bundesführer. Mai 1933 Emigr. über Dänemark nach Frankr. In Verb. mit → Karl Höltermann bei Kontaktreisen zu sozdem. Org. in Belgien, Holland, GB u. Skandinavien Versuch einer Neuorg. des RB im Exil. Ab Mai 1934 Geschäftsf. des SPD/S-Verlags Volksstimme Saarbrücken, ab 1935 mit → Emil Kirschmann u. → Marie Juchacz Grenzarb. in Mülhausen/Elsaß. Mithg. *Deutsche Freiheits-Korrespondenz,* Mitarb. *Social-Democraten* Stockholm, *Escher Tagblatt* Luxemburg, *Basler Arbeiterzeitung.* Mit dem Kreis um → Max Braun, → Kurt Glaser u. → Victor Schiff Verfechter einer sozdem. Volksfrontpol., 2. Febr. 1936 Teiln. an Volksfront-Konf. Hotel Lutetia Paris. Im Rahmen der sog. Konzentrationsdebatte 1938 um Zus-Arb. zwischen *Sopade, Landesverband deutscher Sozialdemokraten* in Frankreich, NB, ISK, SAPD u. RSÖ Mitgl. *Arbeitsgemeinschaft für sozialistische Inlandsarbeit* (→ Josef Buttinger). Ab 1941 Mitarb. u. Vertr. eines US-Hilfskomitees in Portugal, Okt. 1944 nach GB. Ab Juli 1946 Lizenzträger u. Verlagsltr. *Der Volkswille* Schweinfurt.

L: Rohe, Reichsbanner; MGD; Schneider, Saarpolitik und Exil. *D:* IISG. *Qu:* Arch. Pers. Publ. - IfZ.

Hofmann, Steffie, Parteifunktionärin; geb. 1906 Wien; *StA:* österr. *Weg:* 1938 CSR; 1939 (?) GB; 1946 (?) Österr.

Modistin, 1920 Mitgl. KJVÖ, 1927 KPÖ. Ab 1933 illeg. Parteifunktionärin, Mitarb. *Rote Hilfe,* bis 1938 mehrmals verhaftet; Juli 1938 Flucht in die CSR, vermutl. 1939 nach GB; Mitgl. u. OrgLtr. der illeg. organisierten Parteigruppe der KPÖ in GB. Nach Kriegsende Rückkehr nach Wien, KPÖ-Funktionärin, Bezirksrätin in Wien, 1958 Mitgl. GdeRat Wien. 1961-65

ZK-Mitgl. der KPÖ, zeitw. Mitgl. Wiener Stadtltg. Mitgl. *Bund Demokratischer Frauen.* Gehörte in den Auseinandersetzungen um die Intervention der Warschauer-Pakt-Staaten in der ČSSR zum orthodoxen, moskautreuen Flügel. Lebte 1978 in Wien.

L: Tidl, Maria, Frauen im Widerstand. O.O.u.J. *Qu:* Publ. Z. - IfZ.

Hofmann, Wilhelm, Rechtsanwalt, Journalist; geb. 30. Aug. 1878 Landsberg/Lech, gest. 26. Apr. 1944 Kaiserslautern; ev., Diss., kath.; *V:* Johann Leonhard H., Justizobersekr.; *M:* Christine, geb. Greiner; ∞ 1908 Katharine Nonweiler (1886-1955); *StA:* deutsch. *Weg:* 1933 F; 1940 Deutschland.

RA, 1903 Mitgl. SPD, ab 1921 VorstMitgl. *Verband der Arbeiterjugend-Vereine,* ab Febr. 1924 Red. *Pfälzische Freie Presse* Kaiserslautern, StadtVO., Mitgl. SPD-Vorst. Rheinpfalz. März 1933 Emigr. nach Nizza, Teiln. Lutetia-Konf. der dt. Volksfront am 2. Febr. 1936. Nach Kriegsbeginn Internierung, Juni 1940 Festnahme durch Gestapo, Okt. 1940 Urteil 4 J. Zuchth., nach 6 Mon. begnadigt, Jan. 1943 freiw. ArbEinsatz bei Wehrmachtsstelle in Kaiserslautern, ab Juli 1943 durch Vermittlung der NSDAP-Kreisltg. städt. Angestellter.

Qu: Arch. Hand. Publ. - IfZ.

Hofmannsthal, Emil (urspr. Hofmannsthal, Emilio Edler von), Dr. jur., Rechtsanwalt; geb. 30. Dez. 1884 Wien; *V:* Ivan Leonhard Edler v. Hofmannsthal, Bankier; *M:* Anna, geb. Malkiel; ∞ 1938 Maria Sofer; *StA:* österr., USA. *Weg:* 1937 GB; 1939 Argent.; 1942 (?) USA.

Stud. Rechtswiss. u. Phil., 1905 Gr. u. Präs. *Akademische Antiduell-Liga* in Wien, 1906-08 maßgebl. Vertr. einer Bewegung zur Reform des rechtswissenschaftl. Stud.; 1907 Prom., anschl. RA-Konzipient. 1908 Gr. *Akademische Verständigungsvereinigung der österreichischen Nationen,* in den folgenden Jahren Vertr. der *Akademischen Antiduell-Liga* auf Internationalem Antiduell-Liga-Kongreß in Pest, der *Österreichischen Friedensgesellschaft* auf einem internat. Kongreß in London sowie des *Österreichischen Eherechtsreformvereins* auf Konf. der *International Law Assn.* (ILA) in Pest. Ab 1909 Mitgl. *Internationaler Antiduell- und Ehrenschutzrat,* 1912 Mitgl. *Internationale Kommission für Luftverkehrsrecht* Brüssel. Ab 1914 RA in Wien, spezialisiert auf Eherecht u. Aktiengesetzgebung. 1919 Mitgl. der österr. Deleg. auf der Konf. des Völkerbunds über Österr. in Bern. Mitarb. *Neue Freie Presse* u.a. Ztg. u. Zs. für jur. u. lit. Themen. Gr. u. Vizepräs. österr. Abt. der ILA. Emigrierte 1937 nach London, 1939 nach Argentinien, Mitarb. Instituto Argentino de Derecho Internacional u. Hochschullehrer Univ. Buenos Aires. Vermutl. 1942 nach New York, Hochschullehrer, ZusArb. mit der konservat.-bürgerl. u. legitimist. österr. Emigr. in den USA. Bewarb sich nach Kriegsende vergebl. um die Stelle des Chefs der Legal Division der US-Besatzungsbehörde in Wien. Lebte 1954 in New York.

W: u.a. Ehrenkodex für Duellgegner. 1910; Das Aktienminimale. 1917; Das Recht der Aktie. 1918; Das Recht der Obligation. 1919; Der deutsche und österreichische Friedensvertrag. 1921; Naturgeschichte der Scheidung. 1925; Das österreichische Bankhaftungsgesetz und die Bankgewerbekonzessions-Bestimmungen. 1928; Das neue Mietenrecht. 1929; Instituto americano de investigaciones sociales y económicos. Un estudio sobre los proyectos de ley de reformas fiscales impuestos a los réditos, a las ganancias excesiras y a los transmisiones hereditarias. Buenos Aires 1941; Inflación monetaria y medios de contrarestarla. Buenos Aires 1942; Attention, Legislators! 50 Billions Spurned. International Justice for Refugees. New York 1943; El pais sin murallas. Sobre la forma de favorescer la industrialización y comercialización de la Argentinia. Buenos Aires 1944; Foreign Investment: Risky Under International Law. New York 1950. *L:* Simon, Autobiographie. *Qu:* Arch. Hand. Publ. - IfZ.

Hohenlohe-Langenburg, Max Karl Josef Maria **Prinz zu,** Maler, Journalist; geb. 21. Juli 1901 Toblach/Tirol, hinger. 27. Juli 1943 Stuttgart; kath.; *V:* Max Prinz zu H.-L. (gest. 1935); *M:* Karoline, geb. Gräfin Wittgenstein; *G:* Marie Therese Prinzessin zu H.-L., gesch. Kohlseisen (geb. 1894); ∞ 1931 London Scheinheirat mit Luigia-Georgina Pazquero (geb. 1900); *StA:* österr., 1919 CSR, 1928 deutsch, 1. Nov. 1934 Ausbürg. *Weg:* 1933 F; 1935 CSR; 1936 F; 1940 N-Afrika; 1941 Deutschland.

Lebte bis 1918 in Meran; Erziehung durch Privatlehrer, 1912-14 Klosterschule Ettal/Bayern. Nach kriegsbedingter Verarmung der Fam. ab 1920 Stud. Mosaik- u. Glasmalerei in München, ab 1927 Lebensunterhalt als Reiseberichterstatter mit Wohnsitz u.a. in Tunis. 1930 persönl. Bekanntschaft mit Ernst Röhm in Bolivien u. später in Berlin. 1931 Scheinheirat gegen Abfindung, vermutl. auf Veranlassung des franz. Geheimdienstes. März 1933 nach Berlin, vergebl. Versuche um Anschluß an das natsoz. Regime über SA-Stabschef Röhm; Ende 1933 nach Paris, Solidarisierung mit dt. Emigration. Beitrag in *Die Sammlung,* dann Mitarb. *Pariser Tageblatt, Das Neue Tage-Buch, Der Gegen-Angriff* u. franz. Presse, u.a. Art. über Ernst Röhm. Kontakte zu → Max Braun, mit zahlr. prominenten Schriftst. u. Politikern Unterz. des Saaraufrufs v. Sept. 1934; kurzfristig Ehrenpräs. *Comité d'Entr'aide Catholique.* Anfang 1935 Ausweisungsbefehl, bis Febr. 1936 in Prag; 1936-38 Lebensrente aus väterl. Erbansprüchen in der CSR. Nach anfängl. Rückstellung mit Hilfe von M. Braun Sept. 1939 Internierung in Colombes u. Meslay du Maine, Apr. 1940 zur Fremdenlegion, Stationierung in Nordafrika, ab Nov. 1940 Bemühungen um Rückführung nach Deutschland, Juli 1941 an SS überstellt, Lageraufenthalte im Reich. 12. Dez. 1942 VGH-Todesurteil.

Qu: Arch. - IfZ.

Hohenstein, Adolf, Dr. jur., Rechtsanwalt, Beamter; geb. 7. März 1881 Boppard/Rhein, gest. S-Afrika; jüd.; ∞ verh.; *StA:* deutsch. *Weg:* 1935 S-Afrika.

Stud. Rechtswiss. Heidelberg, 1913 Rechtsberater dt. Unternehmen in Afrika, Kriegsteiln. in dt. Kolonialtruppe (EK I), später RA in Köln u. Beamter im AA Berlin. Mitgl. *Pro-Palästina-Komitee.* Ab Apr. 1928 Polizeipräs. Kassel, Sommer 1932 einstweil. Ruhestand, 1933 entlassen. 1935 durch Vermittlung von Chaim Weizmann nach Südafrika, kaufm. Angest., später RA in Tabora.

W: Reichsschädengesetze. 1922. *Qu:* Arch. Pers. - IfZ.

Hollander, Fritz, Industrieller, Verbandsfunktionär; geb. 25. Sept. 1915; *V:* Julius H.; *M:* Paula, geb. Gutmann; ∞ 1938 Camilla Ettlinger; *K:* Per Henrik, Judith Madaleine, Ernst Esaias, Jacqueline Ann. *Weg:* 1933 S.

Ab 1931 Mitarb. im Unternehmen F. Hollander & Co.; 1933 Emigr. Schweden, geschäftsf. Dir. F. Hollander & Co. AB u. AB Baltiska Skinnkompaniet, AR-Mitgl. der Hollander-Filialen in Stockholm, Kopenhagen, Amsterdam, Tel Aviv, New York, Montevideo, Buenos Aires, Montreal, Bulawayo. Ab 1952 stellv. Vors. *Swedish Assn. of Hide and Skin Sellers,* VorstMitgl. *Internat. Council of Hide and Skin Sellers Assn.,* Schwedisch-Israelitische Handelskammer. 1934 Gr., bis 1940 Repräsentant, 1934-35 u. 1936-38 Vors. *Zeire Mizrachi,* 1938 Mitgr. u. seitdem VorstMitgl. *Emigraternas Självhälp,* ab 1944 VorstMitgl. WJC Sektion Schweden, ab 1962 Präs. der Geschäftsf. von Mosaiska Församlingen Stockholm; ab 1947 VorstMitgl. der Abg.-Versammlung, 1950 VorstMitgl., 1952 VorstVors. u. 1953 Präs. *Zion. Vereinigung Schwedens;* 1953-54 stellv. Vors., 1948, 1950, 1951/52 Vors. der *Förenade Israel Insamlingen (United Israel Campaign),* 1967 Schatzmeister u. 1973 Präs. der *Standing Conf. on Europ. Jew. Community Services* in Genf. - *Ausz.:* 1947 Ritter Finland's Lejon, 1948 Finn. Mannerheim Förbundet, 1949 Ehrung durch schwed. *Rotes Kreuz,* 1951 Citation *Jew. Agency* Jerusalem, 1953 Ritter des Vasa-Ordens 1. Kl.

Qu: EGL. Hand. - RFJI.

Hollitscher, Johann Jakob (Walter ?), Dr. jur., Dr. phil., Rechtsanwalt; geb. 26. Sept. 1875 Nikolsburg/Mähren, gest.; *V:* Simon H.; *M:* Betty, geb. Deutsch; ∞ Leopoldine Kraus; *StA:* österr., Ausbürg. (?). *Weg:* 1938 CH.

Stud. Rechtswiss., 1914 Prom., ab 1923 RA in Wien. Legitimist, Propagandatätigkeit für *Vaterländische Front*, Mitarb. von → Guido Zernatto u. Tätigkeit im österr. Bundeskanzleramt bis 1938 (?). Nach Anschluß Österr. Einreise in die Schweiz, Anerkennung als pol. Flüchtling, lebte in Zürich. Verb. mit konservat. Widerstandskreisen in Österr., vermutl. ZusArb. mit brit. Geheimdienst in der Schweiz, in ZusArb. mit → Thomas Sessler Hg. der illeg. Ztg. *Der freie Österreicher*, die nach Österr. geschmuggelt wurde. (?)
L: ISÖE. *Qu:* Arch. Pers. Publ. - IfZ.

Hollitscher, Walter, Dr., Hochschullehrer; geb. 16. Mai 1911 Wien; *Weg:* 1938 GB; 1946 Österr.

Ab 1924 Mitgl. KJVÖ, 1929 KPÖ. Stud. Philosophie u. Biologie Wien, 1934 Prom., Stud. Medizin u. Psychoanalyse in Wien u. Lausanne. Bis 1938 Präs. *Akademische Vereinigung für Medizinische Psychologie* Wien. 1938 Emigr. GB, Fortsetzung der Studien in London. Mitgl. KPÖ-Parteigruppe. Dez. 1941 Mitunterz. *Deklaration österreichischer Vereinigungen in Großbritannien.* Vizepräs. *Austrian Centre* unter → Franz West. Sekr. *Österreichischer PEN-Club* in London, Gr. u. Vors. *Refugee Teachers Assn.;* Mitarb. *Zeitspiegel*, Mitarb. im *Free Austrian Movement* (FAM), Mitgl. Erziehungskommission des FAM, ab 1944 Mitarb. *Kulturblätter des FAM* bzw. *Kulturelle Schriftenreihe des FAM* (→ Hermann Ullrich). 1946 Rückkehr nach Österr., Wissenschafts-Konsulent im Wiener Rathaus. 1949-53 Prof. Philosophie Humboldt-Univ. Berlin. Tätigkeit als wissenschaftl. Konsulent im ZK der KPÖ, seit 1965 ZK-Mitgl.; Red. *Weg und Ziel.* Seit 1965 nebenberufl. Prof. Karl-Marx-Univ. Leipzig. Lebte 1978 in Wien. - *Ausz.:* u.a. 1971 Dr. h.c. Karl-Marx-Univ. Leipzig; Lenin-Med. (UdSSR), Stern der Völkerfreundschaft in Gold (DDR).

W: u.a. Rassentheorie? 6 Lehrbriefe an österreichische Biologielehrer. London (Verlag Jugend voran) 1944 (masch.); Über die Begriffe der psychischen Gesundheit und Erkrankung. 1947; Sigmund Freud. An Introduction. London 1947, Buenos Aires 1950; Rassentheorie im Lichte der Wissenschaft. St. Gallen u. Wien 1948; Die Entwicklung im Universum. 1951; Wissenschaftlich betrachtet ... 1951; Psychoanalysis and Civilisation. 1963; Die Natur im Weltbild der Wissenschaft. 1960; Der Mensch im Weltbild der Wissenschaft. 1969; Tierisches und Menschliches. 1971; „Kain" oder Prometheus. 1971; Aggressionstrieb und Krieg (Hg.). 1973; Der überanstrengte Sexus. 1975; Für und wider die Menschlichkeit. 1977. *L:* Maimann, Politik; ISÖE. *Qu:* Arch. Hand. Pers. Publ. Z. - IfZ.

Hollos, Julius, Journalist; geb. 9. Jan. 1906 Klausenburg/Siebenbürgen; ∞ Elfriede Klement (geb. 1899), Sekr., 1928-35 KPD, Mitgl. BezLtg. Berlin-Brandenburg der IAH, Apr. 1936 Emigr. CSR, Apr. 1939 GB, ab 1942 SPD; *StA:* staatenlos, 1939 CSR. *Weg:* 1933 CSR; 1939 GB.

Kaufm. Angest., später Journ., Mitgl. ZdA, 1928-36 KPD, Mitgl. Reichsltg. der IAH in Berlin. Mai 1933 Emigr. CSR, wirtschaftspol. Beiträge u.a. in *Der Gegen-Angriff* u. *Die Neue Weltbühne*, Ps. Hans Konrad; Red. *Ostrauer Morgenzeitung*, Chefred. *Prager Mittag*, Mitarb. *Demokratische Flüchtlingsfürsorge* unter → Kurt R. Grossmann. Apr. 1939 nach GB, ab Juli 1940 Red. *Exchange Telegraph*, 1942 Antrag auf Aufnahme in SPD London. Nach Kriegsende brit. Kontrollbeauftragter bei *Die Welt* Hamburg, später Mitarb. Axel Springer Verlag. 1953-58 Bonner Korr. *Financial Times.* Lebte 1978 in München.

L: Grossmann, Emigration; Walter, Exilliteratur 7. *Qu:* Arch. Publ. - IfZ.

Holm, Hans, Verlagsleiter; *StA:* deutsch. *Weg:* CH; CSR; 1936 (?) UdSSR (?); nach 1945 Deutschland (SBZ).

KPD-Mitgl., 1926-28 Ltr. KPD-Verlag Vereinigte Internationale Verlagsanstalten bzw. nach Umbenennung 1927 Internationaler Arbeiterverlag, 1928-32 Ltr. Abt. Buchverlag in Neuer Deutscher Verlag. Nach natsoz. Machtübernahme Emigr. in die Schweiz, dort u. in der CSR enge Zusammenarb. mit dem Schriftenbeauftragten der *Komintern* Karl Zillig; 1936 vermutl. in die UdSSR. Lebte nach Kriegsende in Leipzig.

Qu: Publ. - IfZ.

Holoubek, Karl, Parteifunktionär; geb. 21. Apr. 1899 Wien, gest. 28. Dez. 1974 Wien; Diss.; *V:* Handweber; ∞ Therese Amler; *StA:* österr. *Weg:* 1935 CSR, Österr.

Schriftsetzerlehre, 1913 Mitgl. *Verband jugendlicher Arbeiter Österreichs*, ab 1919 SAJDÖ, bis 1922 Mitgl. Kreisltg. Wien, 1921-28 Mitgl. Verbandsvorst. der SAJDÖ. Mitgl. SDAP. 1927 Absolvent der Arbeiterhochschule Wien, anschl. ltd. Funktionär der sozdem. Zentralstelle für das Bildungswesen (Bildungszentrale). Führender Vertr., ab 1932 Ltr. *Sozialistische Jungfront* in Wien. 1934 nach den Februarkämpfen illeg. Tätigkeit in Wien, 1934-35 Mitgl. des ZK u. OrgLtr. Wien der RSÖ, Deckn. u.a. Peter, Hans Hahn, Hans, Kramer u. Tauber. Jan. 1935 aufgrund drohender Verhaftung Emigr. in die CSR, in Brünn Mitarb. ALÖS unter → Otto Bauer. Mai 1935 Rückkehr im Parteiauftrag, erneut Wiener OrgLtr. u. ZK-Mitgl. der RSÖ unter → Joseph Buttinger. Dez. 1935 Verhaftung, bis Aug. 1937 Gef. u. KL Wöllersdorf. Okt. 1937 Wiederwahl ins ZK der RSÖ. Juni 1938 während Emigrationsvorbereitung von Gestapo verhaftet, Juni 1939 Urteil 2 1/2 J. wegen Betätigung für illeg. *Sozialistische Arbeiterhilfe*, Zuchth. Stein a.d. Donau. Anschl. Strafbtl. 999. 1944 in Frankr. US-Kriegsgefangenschaft, 1945 Rückkehr nach Wien. Mitgl. SPÖ, BezObmann. 1950 Mitgl. Bundesrat, 1953-66 MdNR. - *Ausz.:* 1972 Goldenes Abzeichen *Bund Sozialistischer Freiheitskämpfer und Opfer des Faschismus.*

L: Buttinger, Beispiel; Wisshaupt, RSÖ; Leichter, Diktaturen; DBMOI; Widerstand 1, 2. *Qu:* Arch. Hand. Publ. - IfZ.

Holowatyj, Rudolf, Gewerkschaftsfunktionär; geb. 1905, gest. 8. Apr. 1951 Wien; *StA:* österr., 1937 (?) Ausbürg. (?). *Weg:* 1937 DK; N; 1940 S; 1946 Österr.

Tischlerlehre; Mitgl. SAJDÖ, aktiv in sozdem. Schülerrätebewegung. Mitte der 20er Jahre Org. u. Ltr. Jugendsektion des *Verbands der Holzarbeiter Österreichs*, 1926-32 Obmann der neugebildeten *Lehrlingssektion der Gewerkschaftskommission* als Führungskörperschaft der österr. GewLtg. Ab 1929 Mitgl. des dreiköpfigen Vertretergremiums der *Lehrlingssektion* im reaktivierten Jugendbeirat der Arbeiterkammer Wien, der sozdem. u. christl. orientierte Jugendverbände umfaßte u. durch Initiierung der Jugendfürsorgeaktionen *Jugend in Not* (1931) u. *Jugend am Werk* (1932) die bes. von Arbeitslosigkeit u. mangelnder sozialer Fürsorge betroffenen jugendl. Arbeiter zu unterstützen versuchte. 1932-34 Obmann des Unterausschusses für Agit. der *Lehrlingssektion.* 1934 nach den Februarkämpfen Mitarb. RSÖ, Reisen nach Brünn zu → Otto Bauer, Paris u. Amsterdam zu Verhandlungen mit Vertr. des IGB. Bis Anfang 1935 zweimal Haft KL Wöllersdorf. Anschl. als Nachf. von → Otto Leichter Red. *Die Gewerkschaft* (zentrales Organ der illeg. *Freien Gewerkschaften Österreichs*). Apr. 1935 auf Reichskonf. der *Gewerkschaft der Bau- und Holzarbeiter* zur Vereinigung der Gew. beider Berufsgruppen Wahl in Verbandsltg.; Ende 1935 erneut Haft, Febr. 1936 Urteil 10 J. schwerer Kerker. Juli 1937 aufgrund massiver Proteste vor allem aus dem Ausland Entlassung mit Auflage der Emigr.; nach Dänemark, später Norwegen, Mitarb. dän. u. norweg. Gew.; 1939 Mitgl. der neugebildeten *Auslandsvertretung der Freien Gewerkschafts Österreichs* unter → Franz Novy. 1940 nach Besetzung Dänemarks u. Norwegens durch dt. Truppen Flucht nach Schweden. Mitgl. *Klub österreichischer Sozialisten* in Stockholm u. *Gruppe österreichischer Gewerkschafter in Schweden* unter → Josef Pleyl, ab 1943 Vors. eines von beiden Gruppen org. Ausschusses für parteipol. u. gewerkschaftl. Nachkriegsfragen in Österr.; 1944 Mitgl. *Österreichische Vereinigung in Schweden*, neben → Bruno Kreisky Red. *Österreichische Informa-*

tion; Ref. schwed. Gew., Mitarb. schwed. u. Schweizer Ztg., Ps. Erich Binder. Febr. 1946 Rückkehr nach Wien. Stellv. Vors. *Gewerkschaft der Bau- und Holzarbeiter,* Hg. u. Chefred. *Die Welt der Arbeit.*

L: Klenner, Gewerkschaften; Buttinger, Beispiel; Leichter, Gewerkschaften; Leichter, Diktaturen; DBMOI; Müssener, Exil; Neugebauer, Bauvolk; Maimann, Politik; Widerstand 1; Hindels, Gewerkschaften. *Qu:* Arch. Hand. Publ. Z. - IfZ.

Holten, Carl von, Dr. jur., Diplomat; geb. 26. Juli 1899 Hamburg; ∞ 1929 Vera Maria Johansson; *K:* 2 S; *StA:* deutsch. *Weg:* 1937 S; 1950 Deutschland (BRD).

Stud. Rechtswiss. Heidelberg u. Hamburg, 1923 Prom., jur. Vorbereitungsdienst, 1925 auswärt. Dienst, Tätigkeit im AA Berlin, ab 1927 Gesandtschaft Bern u. GenKonsulat Kattowitz, 1937 aus pol. Gründen in den Wartestand, 1942 endgültig entlassen. Ab 1937 in Stockholm, Stud., 1941 fil. kand. - 1950 Wiedereintritt in auswärt. Dienst, Botschaftsrat Kopenhagen, 1955 GenKonsul Amsterdam, 1959-64 Botschafter in Oslo. - Lebte 1978 in Stockholm.

Qu: Hand. - IfZ.

Holzer, Isaac, Dr. phil., Rabbiner; geb. 15. Jan. 1873 Krakau, gest. 2. Juli 1951 USA; ∞ 1901 Betty Löwenstein (1877-1969); *K:* Kurt, Emigr. USA, Arzt; 3 weitere S. *Weg:* 1940 USA.

Stud. Rabbinerseminar u. Univ. Berlin, Prom. in Phil. u. Orientalistik; bis 1910 Rabbiner jüd. Gde. Schwedt/Oder, 1910-40 SynGde. Worms. 1940 Emigr. USA, 1942-46 Rabbiner Gde. Beth-El Poughkeepsie/N.Y.

W: Aus dem Leben der alten Judengemeinde zu Worms nach dem ‚Minhagbuch' des Juspa Schammes. In: Zeitschrift für die Geschichte der Juden in Deutschland, V, 1934; Art. in versch. Zs. u. Ztg. *Qu:* Arch. Z. - RFJI.

Holzer, Paul, Dr. phil., Rabbiner; geb. 18. Dez. 1892 Krotoschin/Posen, gest. 2. Nov. 1975 London; jüd.; *V:* Heinrich H. (geb. Lissa/Posen), jüd., Juwelier u. Uhrmacher; *M:* Ernestine, geb. Tausk (geb. Posen, gest. Liegnitz), jüd.; *G:* Arthur (geb. Krotoschin, umgek. im Holokaust), Pelzhändler; Kurt (geb. Krotoschin, umgek. KL Riga); ∞ I. 1923 Grete Cohn (geb. 1889 Breslau, gest. 1959 London), jüd., Lehrerin, 1939 Emigr. GB; II. 1962 Elsa Levie (geb. 1895 Hamburg), jüd., Musiklehrerin, 1939 Emigr. GB, Krankenschwester; *K:* Gabriele Horovitz (geb. 1924 Hamburg), 1939 Emigr. GB mit Kindertransport zus. mit Schwestern; Hannah Levy; Eva Blitz (geb. 1929 Hamburg); *StA:* deutsch; brit. *Weg:* 1939 GB, 1951 Deutschland (BRD).

1914-15 u. 1918-23 Stud. Jüd.-Theol. Seminar Breslau, 1915-17 Kriegsfreiw., 1923 Rabbinerexamen, 1921 Prom. Erlangen. Jugendarb. Syn. Hamburg, Lehrer am Gymn., 1923-39 Rabbiner Neue Dammtor-Syn. Hamburg, 1934-38 Doz. für bibl. Theol., jüd. Gesch. u. ReligPhil. am Hamburger Jüdischen Lehrhaus, Jugend- u. Wohlfahrtsarb., geistl. Betreuung jüd. Häftlinge in Hamburg; Nov. 1938 KL Sachsenhausen. Jan. 1939 Emigr. GB mit Ehefrau, Visaerteilung mit Hilfe des brit. Rabbiner-Rats, Unterstützung durch Flüchtlingskomitee u. *Woburn House;* zunächst Lehrer in London, 1941-47 Prediger Epsom u. District Syn. in Surrey, 1947-51 Schultr. u. Lehrer in ReligSchulen in London. 1951 nach Deutschland (BRD), bis 1958 Landesrabbiner für NRW in Dortmund. 1958 Ruhestand, Übersiedlung nach Hendon/Middlesex. Präs. *Henry Jones Lodge* des *B'nai B'rith,* Mitgl. AJR.

W: Carl Leonhard Reinholds Wandlungen (Diss.). 1921. *Qu:* Arch. Hand. Pers. Publ. Z. - RFJI.

Holzer, Ricardo (urspr. Richard), Architekt, Verbandsfunktionär; geb. 22. Okt. 1923 Wien; jüd.; *V:* Steve (urspr. Stephan) H. (geb. 1896 Budapest), jüd., Kaufm., 1938 Emigr. Panama, 1947 USA; *M:* Nora, geb. Turcsan (geb. 1904 Wien), 1938 Emigr. Panama, 1947 USA; ∞ 1958 Leticia L. Pallete (geb. 1930 Panama), jüd.; *StA:* österr., um 1947 Panama. *Weg:* 1938 B, Panama.

1934-38 Gymn. Wien. Mai 1938 illeg. Emigr. Belgien mit Eltern, Kontakt zum J.D.C., Nov. 1938 nach Panama mit Einwanderer-Visum, Unterstützung durch J.D.C. u. jüd. Gde., Bäckergehilfe. 1945-51 Stud. Architektur Univ. Panama, B.A., Mitgl. *Sigma Lambda Honor Soc.;* 1955-56 Stud. Architektur Univ. Calif. in Berkely, M.A.; 1944-51 Konstruktionszeichner bei Architektenfirma G. Schay, 1951-71 Mitgr. u. Teilh. von Schay & Holzer Architects, ab 1971 Teilh. u. seit 1977 Präs. Schay, Holzer, Narbona y Asociados, Entwurf wichtiger Gebäude in Panama City, Forschungen über den Einfluß bioklimat. Faktoren auf die Architektur in den Tropen. Seit 1965 Prof. für Architektur Univ. Panama, Mitgl. verschied. staatl. Kommissionen, Teiln. an Fachkongressen. Ehem. Präs. Coll. of Architects, seit 1952 Mitgl. *Panama Soc. of Engineers and Architects,* zeitw. Präs. der *B'nai-B'rith*-Loge in Panama City, Schatzmeister für Südamerika; Gr., Präs. u. später ehrenamtl. Präs. Caribbean Dist., internat. Vizepräs. u. Vors. internat. Ausschuß des *B'nai B'rith,* seit 1975 Präs. jüd. Gde. Panama. Seit 1956 Mitgl. *Illuminating Engineer Soc.* USA, seit 1961 Mitgl. u. 1968 Schatzmeister *Rotary Club* Panama, 1969-70 Mitgl. VerwRat u. Vizepräs. Congr. Kol Shearith Isr. Lebte 1977 in Panama City. - *Ausz.:* für Entwürfe vom Coll. of Architects Panama City.

Qu: Fb. Hand. - RFJI.

Holzinger, Arthur, Parteifunktionär; ∞ Marie, Emigr. GB (?), KPÖ, Funktionärin *Bund demokratischer Frauen; StA:* österr. *Weg:* GB, 1946 (?) Österr.

Mitgl. KPÖ, vor 1938 führender Funktionär der illeg. *Freien Gewerkschaften Österreichs;* Emigr. GB, LtgMitgl. Parteigruppe der KPÖ in GB sowie der kommunist. Fraktion der *Landesgruppe österreichischer Gewerkschafter* in GB. 1943 zus. mit → Leopold Hornik Parteiausschluß aufgrund von Differenzen mit Mehrheit der KPÖ-Parteigruppe in der Frage des Verhältnisses zum *Londoner Büro der österreichischen Sozialisten in Großbritannien,* vermutl. Appellation an das ZK in Moskau. Nach Kriegsende Rückkehr nach Österr., KPÖ-Funktionär.

L: Maimann, Politik. *Qu:* Arch. Pers. Publ. - IfZ.

Holzmann, Siegfried (urspr. Philipp), Parteifunktionär; geb. 1. Mai 1897 Eberswalde b. Berlin, umgek. 22. Okt. 1943 Mauthausen/Niederösterr.; ∞ Franzie, Emigr. F; *K:* 2; *StA:* deutsch. *Weg:* 1936 CSR, F; 1943 Deutschland.

Angest.; KPD. Nach 1933 wegen illeg. Tätigkeit in Haft. 1936 über die CSR nach Paris. Mit → Kurt Schmidt u. Walter Schrecker bis Dez. 1936 Mitgl. KPD-EmigrLtg. Frankr. Nach 1940 Wehrmachtsprop. im Raum Paris, ab 1942 Gebietsbeauftragter Bretagne der TA innerhalb der franz. Résistance. Jan. 1943 Verhaftung in Nantes, im KL Mauthausen ermordet.

L: Kraushaar, Deutsche Widerstandskämpfer; Schaul, Résistance; Pech, Résistance. *Qu:* Arch. Publ. - IfZ.

Homburger, Paul Philipp, Dr. oec.publ., Bankier; geb. 10. Sept. 1882 Karlsruhe, gest. 19. Mai 1965 New York; jüd.; *V:* Fritz H. (geb. 1850 Karlsruhe, gest. 1920 Karlsruhe), jüd., Privatbankier, Kommerzienrat, StadtVO; *M:* Sophie, geb. Nachmann (geb. 1852 Mainz, gest. 1935 Karlsruhe), jüd.; *G:* Helene Raphael (geb. 1880 Karlsruhe, umgek. 1944 KL Theresienstadt); → Victor Veit Homburger; ∞ 1913 Anna Schülein (geb. 1888 Bretten, gest. 1939 Frankfurt), jüd.; *K:* Richard Hans (geb. 1914 Karlsruhe), Emigr. CH, 1940 USA, Hochschullehrer; Frederick Rudolph (geb. 1918 Heidelberg), Ing., Emigr. CH, 1940 USA, A: Lancaster/Pa.; *StA:* deutsch, 1946 (?) USA. *Weg:* 1940 F, 1941 USA.

Stud. Leipzig, Berlin, München, Freiburg, Heidelberg, 1904 Prom., 1904-06 Banklehre Berlin u. London; ab 1906 Prokurist, ab 1909 Teilh. bei Familienbank Veit L. Homburger, Karlsruhe. Im 1. WK kurzfr. MilDienst. Ausschußmitgl. *Zentralverband des deutschen Bank- und Bankiergewerbes* e.V. Berlin, SynRat Karlsruhe, AR-Mitgl. bzw. Vors. zahlr. Bank- u. Industrieunternehmen, Präs. CV Karlsruhe u. Mitgl. Hauptvorst. Berlin, Präs. *Karl-Friedrich-Loge* Karlsruhe. Nach 1933 Übernahme des Bankhauses Veit L. Homburger durch Badische Kommunale Landesbank. Nov.–Dez. 1938 KL Dachau. 1940 Dep. nach Frankr., Lager Gurs u. Les Milles; 1941 Emigr. USA, bis in die 50er Jahre Vertr. für Investmentfonds.

L: RhDG. *Qu:* EGL. Fb. Hand. Publ. – RFJI.

Homburger, Victor Veit, Dr. rer.pol., Bankier; geb. 2. Okt. 1888 Karlsruhe, gest. 31. Mai 1968 New York; jüd.; *G:* u.a. → Paul Philipp Homburger; ∞ I. 1922 Lotte Frühberg (geb. 1897 Bleicherode, gest. 1933 Karlsruhe); II. 1937 Marianne Bredig; *K:* aus I: Walter (geb. 1924 Karlsruhe), 1939 Kindertransport mit Geschwistern nach GB, Internierung in CDN, Orchestermanager in Toronto; Wolfgang S. (geb. 1926 Karlsruhe), 1946 USA, Forschungsing. in Berkeley/Calif.; Peter (geb. 1928 Karlsruhe), 1947 USA, Wirtschaftsprüfer in Denver/Colo.; *StA:* deutsch; USA. *Weg:* 1940 F, 1941 USA.

Banklehre in der Familienbank Veit L. Homburger in Karlsruhe, Stud. Berlin, München, Freiburg, Banklehre in Hamburg, London, New York; 1914–20 Aufenthalt in den USA. Ab 1920 Teilh. Familienbank bis zur Übernahme durch Badische Kommunale Landesbank. VorstMitgl. Isr. Gde. Karlsruhe. AR-Mitgl. von Versicherungs- u. Industrieunternehmen. 1938 KL Dachau, 1940 Dep. Frankr., Lager Gurs. 1941 Emigr. USA, Hausierer; Buchhalter, später VorstMitgl. *Selfhelp*, geschäftsf. Vorst. Old Age Home Newark/N.J.

L: RhDG. *Qu:* Arch. EGL. Hand. HGR. Pers. Publ. – RFJI.

Hommes, Edith, geb. Stillmann, Lehrerin; geb. 10. Febr. 1891 Breslau, gest. 2. Dez. 1935 Kweisui/Südl. Mongolei; ∞ I. → Gerhard Rudolf Hommes; II. → Andreas Knack; *StA:* deutsch. *Weg:* 1933 China.

Sprach- u. Handelslehrerin; 1918 USPD, 1920 KPD; 1921–27 MdHB, Mitgl. BezLtg. Wasserkante. 1927 als Angehörige des linken Parteiflügels nicht mehr aufgestellt. Zog sich aus aktiver Politik zurück. 1933 aufgrund jüd. Herkunft Emigr. nach China.

L: Weber, Wandlung. *Qu:* Arch. Publ. – IfZ.

Hommes, Gerhard Rudolf, Lehrer, Journalist; geb. 28. März 1894 Hannover, gest. 6. Okt. 1955 Bogotá/Kolumbien; *V:* Ulrich H. (1865–1933), Buchdrucker; *M:* Katharine, geb. Uphoff (geb. 1869); *G:* Hermann (geb. 1896), Buchhändler; Annette Schütte (geb. 1897); ∞ I. 1919–29 Edith Stillmann (→ Edith Hommes); II. 1942 Josefina Rodriguez (geb. 1912), A: Kolumbien; *K:* Jan Detlef Enrique; *StA:* deutsch. *Weg:* CH; Kolumbien.

Stud. Germanistik u. Gesch., nach 1918 3 Jahre im Schuldienst. 1917 USPD, 1920 KPD, 1923 in MilLtg. des Hamburger Aufstandes; 1921–26 MdHB, 1927 als Angehöriger des linken Parteiflügels nicht wiedergewählt; Mitgl. Bürgerausschuß 1921–26 Red. *Hamburger Volkszeitung*, später *Sächsische Arbeiterzeitung* Leipzig. 1923 ZA-Kand. der KPD, Ende der 20er Jahre Übertritt zur SPD; zog sich aus aktiver Politik zurück, Oberstudienrat in Berlin. Emigr. nach Zürich, Kontakte zu → Wilhelm Hoegner, Studien zur Agrarreform. Nach 1939 Emigr. nach Kolumbien. Mai 1954–Jan. 1955 vorübergehende Rückkehr nach Deutschland (BRD).

L: Weber, Wandlung. *Qu:* Arch. Publ. – IfZ.

Honig, Frederick, Dr. jur., Richter; geb. 22. März 1912; *V:* Leopold H.; ∞ 1940 Loan Burkart. *Weg:* GB.

Stud. Rechtswiss. Berlin u. Heidelberg, 1934 Prom. Heidelberg. Emigr. GB, 1937 Zulassung als RA in Middle Temple, London, 1940–47 Judge Advocate General am MilGericht der brit. Armee, 1947–48 Judge Advocate im Zivildienst, 1948–68 RA, dann Richter am County Court, seit 1968 Richter am Circuit Court. Lebte 1973 in Lavenham/Suffolk.

W: Cartel Law of the European Economic Community (Mitverf.). 1963; Art. über Völkerrecht in Fachzs. *Qu:* Hand. – RFJI.

Honig, John Gerhart, Rüstungsexperte; geb. 30. Okt. 1923 Wien; jüd.; *V:* Walter H. (geb. 1896 Wien, gest. 1951 New York), jüd., Inh. einer Druckerei, 1939 Emigr. USA; *M:* Gertrude, geb. Weiß (geb. 1901, gest. 1952 New York), jüd., 1939 Emigr. USA; ∞ 1949 Erna Appenzeller (geb. 1929 Wien), jüd., 1939 Emigr. I, 1940 Port., 1941 USA, B.A. George Washington Univ. Washington/D.C., 1976 gesch.; *K:* Gary Walter (geb. 1954 Washington/D.C.); Judy Gail (geb. 1956 Washington/D.C.); *StA:* österr., 1943 USA. *Weg:* 1938 GB, 1940 USA.

1938 Einzug des Familienvermögens. Sept. 1938 Emigr. GB mit StudVisum, Apr. 1940 in die USA zu den Eltern, 1943–46 US-Armee. 1947 B.A. Drew Univ. Madison/N.J., 1948 M.Sc. Univ. of Mich., 1948–51 Chemiker beim *Nat. Inst. of Cleaning and Dyeing* (Fachverb. für chem. Reinigung u. Färberei), 1951–56 Chemiker Naval Research Laboratory Washington/D.C., 1956 Ph.D. Georgetown Univ. Washington/D.C., 1956–59 beim Office of the Chief of Naval Operations im US-Verteidigungsmin. Washington/D.C., 1959–62 außerordentl. Projektltr. für die wiss. Prüfung von Waffensystemen, 1962–66 Fachmann für Marinewaffen bei Honeywell Inc. Washington/D.C., 1966–67 beim Kontrollamt für US-Abrüstungsbehörde. Ab 1964 Präs. Mil. Operations Research Soc., ab 1967 wiss. Berater u. Forschungsdir., 1968 Ltr. Abt. für Waffenbedarf u. -analyse beim Amt des Stabschefs im US-Armeemin., Berater in VerwFragen bei versch. RegBehörden. Fellow *Am. Assn. for Advancement of Sciences,* Washington Acad. of Sciences, Mitgl. *Nat. Security Industrial Assn.,* Präs. *Washington Operations Research Council,* Am. Inst. of Management Science, ab 1970 Mitgl. Government Science Advisory Council, Vors. Washington Acad. of Science, Präs. Nat. Council for Policy Sciences, Aktivität in gemeinnütz. Org. Lebte 1978 in Washington/D.C. – *Ausz.:* David A. Rist Prize; mehrere Verdienstausz.

Qu: Fb. Hand. – RFJI.

Honner, Franz, Parteifunktionär; geb. 4. Sept. 1893 Heinrichsöd/Böhmerwald, gest. 10. Febr. 1964 Wien; *V:* Kleinbauer (gest. 1909 [?]); ∞ Grete Kalteis, Emigr.; *StA:* österr., 1937 Ausbürg., österr. *Weg:* 1936 CSR, UdSSR; 1937 E; F; 1939 JU; 1940 UdSSR; 1944 JU; 1945 Österr.

Elektrikerlehre, Arbeit in seiner Heimatgde. Vermutl. Mitgl. *Verband jugendlicher Arbeiter Österreichs,* 1911 Mitgl. SDAP. 1914–18 Frontsoldat, 1918 kurzfristig bei ungar.-ungar. Truppe in Odessa, Kontakt mit kriegsgegnerischen u. internationalist. Gruppen. Nach Kriegsende Arbeit in Mitterberg/Steiermark u. Grünbach am Schneeberg/Niederösterr.; GewMitgl.; 1920 KPÖ, bald Obmann Ortsgruppe Grünbach. Ab 1921 Betriebsrat Steinkohlebergwerk Grünbach, zeitw. GdeRat Grünbach, 1923 KPÖ-BezObmann Neunkirchen/Niederösterr.; Hg. Betriebszellenztg. *Der rote Kumpel.* In den scharfen Fraktionskämpfen innerh. der KPÖ zunächst Mitgl. der Fraktion → Josef Frey, 1924 Anschluß an Gruppe um → Johann Koplenig. 1925 einer der Führer des großen BergarbStreiks in Grünbach, Entlassung; ab 1925 Parteifunktionär in Wien, Jan.–Apr. 1926 Sekr. der ersten sog. österr. ArbDelegation in die UdSSR. Juni 1927 auf 9. PT ins ZK gewählt, danach Verantwortl. für GewArb.; 1930 kurzfristig verhaftet. Ab Mai 1933 illeg. KPÖ-Funktionär, Deckn. u.a. Rudolf Neubel. Jan. 1935 neben → Friedl Fürnberg bei Einheitsfrontverhandlungen mit Mitgl. des ZK der RSÖ verhaftet, März 1936 im Wiener Sozialistenprozeß Urteil 4 Mon. Kerker, nach mehrwöch. Haft KL Wöllersdorf. Okt. 1936 Flucht, mit falschem Paß über Prag nach Moskau. Mai–Sept. 1937 i.A. des ZK der KPÖ in Spanien, Org. der Zusammenfassung österr. Spanienkämpfer im Btl. 12. Februar. 1939 bei Kriegsausbruch in Paris, Herbst 1939 über die Schweiz nach Jugoslawien, bis Mai 1940 in Zagreb u. Split, Versuch des Aufbaus von Anlaufstellen u. LitApp. für illeg. Arbeit in Österr.; Mai 1940 über Bulgarien nach Moskau. Arb. im *Komintern*-App., Sommer 1942 bis Auflösung der *Komintern*

1943 Ltr. der österr. Sektion der *Komintern*-Schule Kušnarenkovo, anschl. KriegsgefBetreuung u. -schulung in Lagern um Moskau. Ab Ende 1943 nach Moskauer Deklaration Verhandlungen mit Vertr. der jugoslaw. Volksbefreiungsarmee (ab Juni 1944 mit deren ständ. MilMission in Moskau) über Aufstellung selbständiger österr. Einheiten im Verband der jugoslaw. Volksbefreiungsarmee. Sommer 1944 zus. mit → Franz Gebhard u.a. Fallschirmabsprung über dem befreiten Gebiet von Črnomelj/Slowenien. In den folgenden Mon. Aufbau einer österr. Basis bei Črnomelj, Verbindungsmann zum ZK der KP Sloweniens u. neben Friedl Fürnberg pol. Hauptverantwortl. für den Aufbau österr. Einheiten, zumeist aus österr. Deserteuren, Überläufern u. Kriegsgef. mit ehem. österr. Spanienkämpfern als Offz.: Aug. 1944 Kampfgruppe Avantgarde (→ Walter Wachs), Ende 1944 u. Anfang 1945 1. u. 3. österr. Btl. im Verband der jugoslaw. Volksbefreiungsarmee in Slowenien (→ Leopold Stanzel u. → Laurenz Hiebl) u. 2., 4. u. 5. Btl. im Verband der jugoslaw. Volksbefreiungsarmee im Raum Belgrad unter → Othmar Strobel, von denen aufgrund Kriegsende neben Kampfgruppe Avantgarde nur das 1. Btl. zu milit. Einsatz kam. Apr. 1945 Rückkehr nach Wien. Mai-Nov. 1945 Staatssekr. für Inneres in der provis. Reg. Karl Renner. 1945-59 MdNR. 1946-64 Mitgl. ZK u. PolBüro der KPÖ, vor allem mit GewFragen befaßt, Vors. *Fraktion Gewerkschaftliche Einheit* im ÖGB, bis 1950 Mitgl. der Ltg. des ÖGB. - *Ausz.:* 1975 postum Gedenkmed. für Teiln. am jugoslaw. Volksbefreiungskampf.

W: u.a. Armee ohne Brot (Hg.). 1931; Streik in der Krise. Die Lehren des Grünbacher Streiks. Wien (um 1934); Die sozialen Forderungen der Arbeiter und Angestellten. 1946; Gegen Preischaos und Hungerlöhne. 1947; Wie steht die Kommunistische Partei Österreichs zum Schilling-Umtausch und warum ist sie aus der Regierung ausgetreten? (Mitverf.) 1947. *L:* Leonhard, Revolution; Mitteräcker, Kampf; Franz Honner, Das Leben eines österreichischen Kommunisten. 1964; Stern, Max, Spaniens Himmel... 1966; Wisshaupt, RSÖ; Frick, Karl, Umdenken hinter Stacheldraht. 1967; Steiner, KPÖ; Wachs, Walter, Kampfgruppe Steiermark. 1968; DBMOI; Holzer, Bataillone; Vogelmann, Propaganda; Brigada Internacional ist unser Ehrenname... 1974; Stadler, Opfer; Die Völker an der Seite der spanischen Republik. 1975; Widerstand 1; Reisberg, KPÖ. *Qu:* Arch. Hand. Pers. Publ. Z. - IfZ.

Hoor, Ernst, Dr. jur., Generaldirektor; geb. 1911 Wien; *V:* Ludwig H., Ing., GenDir.; *M:* Anna, geb. Tichy; *StA:* österr. *Weg:* 1937 (?) F; 1940 (?) USA.

Stud. Gesch., Rechts- u. Wirtschaftswiss. Wien, Prag, Stockholm, 1929 Mitgr. *Akademische Vereinigung für die Völkerbundliga* Wien, 1933-35 GenSekr. *Österreichisch-Schwedische Vereinigung* in Stockholm. 1937-39 Stud. Fondation Nationale des Sciences Politiques in Paris; Prom. - 1938 nach Anschluß Österr. pol. Tätigkeit u. Arbeit in Flüchtlingshilfsorg., ZusArb. vor allem mit der legitimist. Emigr., neben → Martin Fuchs u. Dr. Ernst Kupscha Ltr. der Flüchtlingshilfsorg. *Entr' aide Autrichienne.* Vermutl. Mitgl. *Ligue Autrichienne* unter → Hans Rott. 1938 mit → Maximilian Brandeisz Führer einer österr. Deleg. zum Völkerbund nach Genf, vergebl. Versuch, Nichtanerkennung des Anschlusses zu erreichen. 1941-43 Hochschullehrer Abt. für Internat. Beziehungen Yale Univ. New Haven/Conn., 1942 Mitgl. *Austrian National Committee* unter Hans Rott u. → Guido Zernatto. 1943-49 wiss. Mitarb. Union Carbide and Carbon Corp., New York. 1949-51 Tätigkeit bei OEEC in Paris, 1951-53 Sekr. Sektion für Papierherstellung der Internat. Rohstoffkonf. in Washington/D.C.; 1953-60 Dir. Österreichisches Zentrum für Wirtschaftlichkeit und Produktivität; 1960-62 Dir., 1962-66 GenDir. BP Benzin- und Petroleum AG Wien, ab 1966 GenDir. Wertheim-Werke AG, 1965-66 Doz. Diplomatische Akademie Wien. Lebte 1978 in Wien.

W: u.a. Österreich 1918-1938 - Staat ohne Nation, Republik ohne Republikaner. 1966. *Qu:* Arch. Hand. Pers. - IfZ.

Hopfe, Günther, Journalist; geb. 19. Juli 1896 Berlin. *Weg:* 1933 DK.

Bis 1914 Büroangestellter, dann Redakteur. 1912-16 SAJ, 1914 SPD u. ZdA; 1916 *Spartakus*, 1918-29 KPD; 1929 KPDO, ab März 1932 SAPD; PolLtr. Berlin-Brandenburg u. Mitgl. der erweiterten Reichsltg. der SAPD. Dez. 1933 Emigr. nach Kopenhagen; in Zusammenhang mit Span. Bürgerkrieg in Opposition gegen Volksfrontpol. u. Haltung der SAPD zur POUM, nach Parteiausschluß der Oppositionellen in Paris mit Mehrheit der SAPD-Gruppe Kopenhagen auf seiten → Walter Fabians u. Gruppe *Neuer Weg.*

W: Die Jungsozialisten, ein Träger bürgerlicher Ideologie in der Arbeiter- und Arbeiterjugendbewegung. In: Die Arbeit 1/Nr. 6-7, S.81 ff. *L:* Drechsler, SAPD. *Qu:* Arch. Publ. - IfZ.

Hoppe, Karl August, Verbandsfunktionär; geb. 10. Juni 1898 Kürzell/Baden, gest. 7. Juli 1963 Saarbrücken; *V:* August H. (1874-1916); *M:* Maria, geb. Wagner (1879-1953); *G:* Julius (1907-1944), Sattlermeister; Olga Bäuerle (1913-1971); ∞ 1922 Frieda Minna Henningsen (geb. 1896). *Weg:* F; 1945 Deutschland (Saargeb.).

Aus Kleinbauern- u. TabakarbFam.; landwirtschaftl. Arbeiter. 1916-18 Kriegsdienst, verwundet. Ab 1919 Zivildienst beim Kommando der Marinestation Ostsee in Kiel, gewerkschaftl. Vertrauensmann für den ges. Ostseebereich, 1924 Entlassung wegen pol. u. gewerkschaftl. Aktivitäten, u.a. bei Abwehr des Kapp-Putsches. 1924-29 SPD-StadtVO. Kiel u. hauptamtl. BezLtr. Schlesw.-Holst. des *Reichsbundes der Kriegsgeschädigten, Kriegsteilnehmer und Kriegshinterbliebenen;* Mitgl. Reichsversorgungsgericht; 1929-33 Gauleiter des *Reichsbundes* im Saargeb.; Mai 1933 aufgrund von Opposition gegen Gleichschaltung der Kriegsopferversorgung von der Berliner Zentrale entlassen. Aktiv in Status-quo-Bewegung des Saargeb., nach dessen Rückgliederung Emigr. nach Frankr.; Internierung Lager Blaye bei Bordeaux, 1940 bei Tours Prestataire. Anschluß an *Bewegung Freies Deutschland für den Westen,* Okt. 1943 Mitverf. des GrdgsAufrufs des KFDW. Jan. 1944 Verhaftung u. Auslieferung an die dt. Besatzung, Zwangsarb. in *Organisation Todt.* März 1944 Flucht, Anschluß an TA innerh. der Résistance. Bis zur Auflösung Sept. 1945 einer der Vizepräs. des KFDW/CALPO unter → Otto Niebergall. Okt. 1945 Übertritt von SPD zur KPD, Dez. 1945 Rückkehr ins Saargeb.; 1946 Landessekr. der KPD Saar. 1946-49 StadtVO. Saarbrücken. Mitgl. Verfassungskommission, 1947-48 KPD-Fraktionsvors. des saarländ. LT, MdL bis 1952. Okt. 1948 Parteiaustritt. Sept. 1950-Okt. 1955 Ltr. des Presse- u. Informationsamtes der Reg. → Johannes Hoffmann. 1947-56 1. Vors. *Vereinigung der Kriegsbeschädigten und Kriegshinterbliebenen des Saarlandes.*

L: Schmidt, Saarpolitik; Zorn, Edith, Einige neue Forschungsergebnisse zur Tätigkeit deutscher Antifaschisten, die an der Seite der Résistance kämpften. In: BZG Nr. 21, 1965; Schaul, Résistance; Pech, Résistance; Schneider, Saarpolitik und Exil. *Qu:* Arch. Pers. Publ. Z. - IfZ.

Horn, Shimon Yitzchak, Ministerialbeamter; geb. 25. Aug. 1919 Wien; *V:* Elimelech H.; *M:* Chaya, geb. Grünfeld; ∞ 1945 Alice Bugeslov; *K:* Armonit; Galia; Oud. *Weg:* 1937 Pal.

1937 Emigr. Palästina; 1945-48 Gr. u. Hg. *Mapai*-Jugendzeitung *Ashmoret,* 1950- 53 als Deleg. der *Jew. Agency* Mitarb. in *HeHaluz*-Jugendbewegung in den USA, gleichz. Stud. Roosevelt Coll. Chicago, 1951 B.A., B.Sc., 1953 M.A. Univ. of Chicago; 1953-57 Wirtschaftsberater des isr. Finanzmin., 1957-61 Ltr. Amt für Investitionen aus Ländern der westl. Hemisphäre, ab 1961 GenDir. isr. Investors Corp., AR-Mitgl. versch. Aktienges. Lebte 1976 in Kefar Shemaryahu/Israel.

Qu: Hand. - RFJI.

Horn, Wenzel, Journalist; geb. 17. Sept. 1884 Simmern b. Auschau/Böhmen, gest. 19. Sept. 1955 Frankfurt/M.; *StA:* österr., 1919 CSR, 1945 deutsch. *Weg:* 1938 GB; 1945 Deutschland (ABZ).

Seit früher Jugend in sozdem. Bewegung aktiv, nach Ende des 1. WK Mitorg. DSAP in Joachimsthal, später Kommunalpolitiker im Egerland, 1933-37 verantwortl. Red. *Neuer Vorwärts* (→ Friedrich Stampfer), bis 1938 Red. Parteiorgan *Volkswille* Karlsbad, 1938 Emigr. nach GB, Mitgl. TG. 1945 nach Frankfurt/M., Red. *Neuer Weg* Frankfurt/M. u. *Die Brücke* München.

L: Weg, Leistung, Schicksal. *Qu:* Arch. Publ. - IfZ.

Hornick, Paul, Parteifunktionär; geb. 18. Sept. 1898 Forst/Lausitz, gest. 8. Sept. 1964; Diss.; *M:* Berta, Textilarb., SPD, Mitbegr. KPD-Lausitz, Mitgl. Prov.-LT Brandenburg; *StA:* deutsch, 17. Aug. 1939 Ausbürg., deutsch. *Weg:* 1935 B; 1937 E; 1939 F; 1942 N-Afrika; 1943 UdSSR; 1956 Deutschland (DDR).

Stukkateur. 1913 sozialist. Jugendbewegung u. Gew., 1916-18 Kriegsdienst, Desertion, 1919 Mitgr. KPD in Forst, ab 1919 PolLtr. Bez. Lausitz; ab 1925 maßgebl. am Aufbau des RFB in den Bez. Berlin-Brandenburg beteiligt, bis 1926 RFB-Untergaultr. Forst, ab März 1927 Mitgl., ab 1928 2. Sekr. der Bundesltg., nach Verbot 1929 OrgLtr. des illeg. RFB; Sept. 1930-Juli 1932 MdR. Wandte sich 1931 erfolgreich gegen die innerhalb der KPD geforderte Auflösung des illeg. RFB. Nach natsoz. Machtübernahme illeg. Tätigkeit, Juli 1933-Jan. 1935 Haft, 1935 im Parteiauftrag Emigr. nach Belgien, bis Ablösung durch → Otto Niebergall Mitte 1937 AbschnLtr. Südwest, mehrere Instruktionsreisen ins Reich. Juli 1937 nach Spanien, Ausbilder in XI. Internat. Brigade in Albacete, ab Nov. 1937 Zugführer, später Kompaniechef, Jan.-März 1938 Kommandeur Thälmann-Btl., danach Stabsoffz. in XI. Internat. Brigade. Febr. 1939 nach Frankr., 1939-43 Internierungslager Argelès, Gurs, Le Vernet u. ab 1942 Djelfa/Nordafrika. Nach Befreiung durch brit. Truppen 1943 in die UdSSR, Bauarb. - Sommer 1956 Rückkehr, SED. Assist. des Werkltr. Kombinat Schwarze Pumpe Eisenhüttenstadt, Mitgl. der Betriebsparteiltg. u. *Kampfgruppen der Arbeiterklasse,* ab Aug. 1958 1. Vors. BezParteikontrollkommission Cottbus. - *Ausz.:* 1956 Hans-Beimler-Med., 1958 VVO (Silber), 1959 Verdienstmed. der DDR.

L: Pasaremos; Bludau, Gestapo; Böbel, Werner, Paul Hornick. In: Lebendige Tradition 1. Bd. 1974; Schuster, RFB. *Qu:* Arch. Hand. Publ. - IfZ.

Hornik, Leopold Martin, Parteifunktionär; geb. 4. Okt. 1900 Dej/Siebenbürgen, gest. 6. Nov. 1976 Wien; Diss.; *V:* Michael H.; *M:* Olga, geb. Korn; ∞ I. 1922 Anna Ströhmer (→ Anna Hornik-Ströhmer); II. → Eva Priester; *StA:* österr., Ausbürg., 1947 (?) österr. *Weg:* 1936 UdSSR, Österr.; 1937 F; 1938 GB; 1940 (?) CDN; 1942 GB; 1946 Österr.

1915 Mitgl. *Verband jugendlicher Arbeiter Österreichs* in Wien, stieß zur Gruppe der Linksradikalen um → Franz Koritschoner. 1918 aktiv bei Unterstützung der Januarstreiks, Dez. 1918 mit Linksradikalen Beitritt zur KPÖ. In den Fraktionskämpfen innerh. der KPÖ in den 20er Jahren zeitw. Mitgl. der „rechten" Fraktion um Koritschoner u. Karl Tomann. 1928-30 stellv. Betriebsltr. bzw. ltd. Betriebsbeamter Opal-Petroleumgas-Apparate-Fabrik Wien. Mai 1930-Mai 1933 RGI-Mitarb. in Moskau. 1933 nach KPÖ-Verbot Rückkehr nach Wien, zentraler illeg. Funktionär, Deckn. u.a. Martin u. A. Hart. Febr. 1935 Verhaftung, bis Okt. 1935 Haft, vermutl. KL Wöllersdorf, Entlassung mit Auflage zur Ausreise. Jan. 1936 nach Moskau, Mai 1936 illeg. Rückkehr nach Wien, zeitw. PolLtr. Zentralltg. (Wiener Sekretariat) der KPÖ, Chefunterhändler bei Einheitsfrontverhandlungen mit Vertr. der RSÖ, u.a. mit → Joseph Buttinger. Mai 1937 als Korr. der tschechoslow. Ztg. *Halo Noviný* nach Paris, Arb. im illeg. Spanienkämpfer-App., wiederholt Reisen nach Österr. u. in die CSR, Deckn. u.a. Dr. Tauer. Apr. 1938 nach London, bis 1940 Ltr. der neugebildeten KPÖ-Parteigruppe in GB. März 1939 Vorst-Mitgl. *Austrian Centre.* Mai 1940-Juni 1942 Internierung Isle of Man u. in Kanada. Dez. 1941 Mitunterz. *Deklaration österreichischer Vereinigungen in Großbritannien.* 1942 Rückkehr nach London, Mitarb. im *Free Austrian Movement,* Mitarb. *Zeitspiegel,* maßgebl. KPÖ-Unterhändler mit *Londoner Büro der österreichischen Sozialisten in Großbritannien.* 1943 Parteiausschluß aufgrund pol. Differenzen mit der Mehrheit der KPÖ-Parteigruppe in der Frage des Verhältnisses zu den österr. Sozialisten, nach Appellation an das ZK der KPÖ Aufhebung des Ausschlusses, dennoch Rückzug aus pol. Arb.; 1944-46 Arbeit in einem Betrieb, Mitgl. *Amalgamated Engineering Union.* Mai 1946 Rückkehr nach Wien. 1946-55 Red. *Globus-Verlag,* Gewerkschafts- u. sozialpol. Red. *Volksstimme.* 1957-65 ZK-Mitgl. der KPÖ, 1965-76 Sekr. Historische Kommission beim ZK der KPÖ, LtgMitgl. *Fraktion Gewerkschaftliche Einheit* im ÖGB bzw. nach der Intervention der Warschauer-Pakt-Staaten in der CSSR des *Gewerkschaftlichen Linksblocks* im ÖGB. Mitarb. *Weg und Ziel.*

W: u.a. Der Weg zur Einheit. Die Kommunisten zur Haltung des Londoner Büros der österreichischen Sozialisten. o.O. u.J. (London 1942); Einheit für die Unabhängigkeit Österreichs - gegen jede großdeutsche Politik! Eine Erklärung der österreichischen Kommunisten in Großbritannien zur Politik des Londoner Büros der österreichischen Sozialisten. o.O. u.J. (London 1943). *L:* Buttinger, Beispiel; Steiner, KPÖ; Hautmann, KPÖ; Maimann, Politik; Reisberg, KPÖ. *D:* DÖW. *Qu:* Arch. Pers. Publ. Z. - IfZ.

Hornik-Ströhmer, Anna, geb. Ströhmer, Parteifunktionärin; geb. 13. Mai 1891 Wien, gest. 8. März 1966 Wien; *V:* Arbeiter; ∞ 1922 → Leopold Martin Hornik; *StA:* österr. *Weg:* 1939 (?) GB; 1946 Österr.

Mitgl. SDAP, während 1. WK zus. mit → Franz Koritschoner Bildungsbeirat einer Wiener BezGruppe des *Verbands jugendlicher Arbeiter Österreichs,* Mitgl. des geheimen Aktionskomitees der Linksradikalen, 1916 Mitgl. *Verein Karl Marx* unter → Friedrich Adler. 1918 pol. aktiv in Unterstützung der Januarstreiks. Dez. 1918 Mitgl. KPÖ, übernahm 1919 nach Sturz der ungar. Räterepublik die Betreuung der Flüchtlinge aus Ungarn. Ende 1919 auf 3. PT der KPÖ zur Ltr. der Frauenarbeit gewählt, Chefred. *Die Arbeiterin,* persönl. befreundet mit → Clara Zetkin. Ab 4. PT 1921 Mitgl. Parteivorst. (ab 1927 ZK) der KPÖ. 1924 österr. Deleg. auf 5. Weltkongreß der *Komintern.* Ab 1933 illeg. KPÖ-Funktionärin, tätig vor allem im Genossenschaftswesen. 1937 vermutl. kurzfristig in Frankr., blieb nach dem Anschluß zunächst in Österr. 1939 (?) Emigr. GB, Mitgl. Parteigruppe der KPÖ in GB, vermutl. 1940-41 interniert. 1946 Rückkehr nach Österr., Mitgl. KPÖ, Wiener Vors. *Bund demokratischer Frauen,* Mitarb. u Red. u.a. von *Stimme der Frau, Die Arbeit* u. *Volksstimme.*

W: u.a. Hornik, Anna, This is Austria. The Story of a Beautiful Country. London (Austrian Centre - Young Austria) 1942. *L:* Laurat, PCA; Steiner, KPÖ; Hautmann, KPÖ; DBMOI; Neugebauer, Bauvolk. *Qu:* Arch. Pers. Publ. - IfZ.

Hornstein, Willy, Dr. jur., Richter; geb. 17. Dez. 1893 Kassel, gest. 2. Febr. 1974 München; ev.; *V:* David H. (1849-1930), Kaufm.; *M:* Florence, geb. Lilienfeld (geb. 1863 S-Afrika, umgek. 1943 KL Theresienstadt); *G:* Carl (geb. 1889, umgek. 1943 KL Sobibor); ∞ Ilse Königsberger (geb. 1902), Emigr.; *K:* Dr. phil. Klaus-Georg H. (geb. 1926), Emigr., Hochschullehrer in Princeton/N.J., USA; Ursula Bowles (geb. 1929), Emigr., Lehrerin in GB; *StA:* deutsch, deutsch u. brit. *Weg:* 1939 GB; 1950 Deutschland (BRD).

Teiln. 1. WK (EK II u. I), Jurist, ab 1924 RegRat beim Finanzamt Braunschweig u. Dortmund, 1933 Entlassung aus rass. Gründen, März 1939 Emigr. GB. 1939-41 Pionierkorps, bis 1940 Intelligence Corps. Juni 1950 Rückkehr, ab 1951 RegDir. Finanzgericht Hannover, ab 1954 Finanzgerichtspräs. Hannover, ab 1956 Richter beim Bundesfinanzhof München.

Qu: Pers. Publ. - IfZ.

Horovitz, Abraham, Dr. jur., Rechtsanwalt, Verbandsfunktionär; geb. 22. Aug. 1880 Frankfurt/M., gest. 19. Nov. 1953 GB; jüd.; *V:* Marcus H. (geb. 1844 Ladány/H, gest. 1910 Frankfurt/M.), Rabbiner der konserv. Gde. Frankfurt/M., Veröffentl. über die Gesch. der Juden in Frankfurt/M.; *M:* Auguste, geb. Ettlinger (geb. Altona, gest. 1919), jüd.; *G:* Josef (1874–1931), ab 1914 Prof. für semit. Philologie Univ. Frankfurt; → Jakob Horovitz; → Therese Freimann; weitere B. u. 1 S., gest.; ∞ 1918 Rosi Feist (geb. 1894 Frankfurt/M.), jüd., 1934 Emigr. GB; *K:* 10; *StA:* deutsch, brit. *Weg:* 1937 GB.

Stud. München, Berlin, Marburg, Prom.; Teiln. 1. WK (Offz., EK), RA u. Notar in Frankfurt/M.; 1934–37 Mitgl. Präsidialausschuß der *Reichsvertretung,* Vors. Versorgungsanstalt für Israeliten in Frankfurt. Nach Berufsverbot u. Beschlagnahme des Vermögens Juni 1937 Emigr. GB. Ab 1937 Berater für kontinent. Recht, Mitgr. u. VorstMitgl. AJR, VorstMitgl. *Council of Jews from Germany,* Mitgl. Koordinations-Komitee der URO, Mitgr. *Leo-Baeck-Loge* London.

Qu: Hand. Pers. Z. – RFJI.

Horovitz, Bela, Dr. jur., Verleger; geb. 18. Apr. 1898 Budapest, gest. 9. März 1955 New York; jüd.; *V:* Joseph H.; *M:* Dora, geb. Hayden; ∞ Lotte Beller; *K:* Joseph, Elly, Hannah. *Weg:* 1938 GB.

Prom. Wien. 1924–38 Mitinh. u. Dir. Phaidon Verlag Wien (Kunst- u. Kulturgeschichte), Verleger exklusiver Ausgaben. 1938 Emigr. GB, 1938–55 Wiederaufbau des Verlags als Phaidon Press London mit Tochterges. in Zürich u. New York, internat. Vertrieb, 1944 Gr. u. Ltr. Verlagsabt. The East and West Library für Judaica, mittelalterl. jüd. Lit., Hg. u.a. der *Yearbook*-Serie des LBI London, 1951 Neugr. der dt. Phaidon Verlags GmbH durch H. u. J.C. Witsch. Starb auf Besuchsreise in USA.

Qu: Hand. Z. – RFJI.

Horovitz, Jakob, Dr. phil., Rabbiner, Verbandsfunktionär; geb. 1873 Lauenburg/Pommern, gest. 1939 Arnheim/NL; *V:* Marcus H. (geb. 1844 Ladány/H, gest. 1910 Frankfurt/M.); *M:* Auguste, geb. Ettlinger; *G:* Josef (geb. 1874 Lauenburg, gest. 1931 Frankfurt/M.), jüd., 1914–31 Hochschullehrer in Frankfurt/M.; → Abraham Horovitz → Therese Freimann. *Weg:* 1938 NL.

Stud. Phil., Philologie u. Gesch. Marburg u. Berlin, 1899 Prom. Marburg; Stud. Rabbinerseminar Berlin, Rabbiner u. Dir. ReligSchule der isr. Gde. in Frankfurt/M.; Vizepräs. *Allgemeiner deutscher Rabbinerverband,* Dir. von *Achdut* (orthod. Org., die den Separatismus anderer orthod. jüd. Org. bekämpfte), 1929 Beitritt zur *Jew. Agency* als Nicht-Zion., VorstMitgl. preuß. Landesverband jüdischer Gemeinden, Mitgr. u. ehrenamtl. Präs. *Jüdische Wohlfahrtspflege* in Frankfurt/M., Präs. *Provinzialverband für jüdische Wohlfahrtspflege Hessen-Nassau;* Nov. 1938 zeitw. KL Buchenwald. 1938 Emigr. Niederlande.

W: Das Platonische noëton zoön und der Philonische kosmos noëtos (Diss.). 1900; Untersuchungen über Philons und Platos Lehre von der Weltschöpfung. 1900; Babel und Bibel. Randglossen zu den beiden Vorträgen Friedrich Delitzsch's. In: Bericht der Isr. Religionsschule, Frankfurt/M. 1904; Agudas Jisroel. 1912; Entwicklung des alexandrinischen Judentums unter dem Einfluße Philos. In: Judaica. Festschrift zu Hermann Cohens 70. Geburtstag. 1912; Auge um Auge, Zahn um Zahn. In: Judaica. Festschrift zu Hermann Cohens 70. Geburtstag. 1912; Zur rabbinischen Lehre von den falschen Zeugen. 1914; Zur Lehre von der Zeugenüberführung. In: Festschrift für David Hoffmann. 1914; Hever Ir. (Der städtische Verband) 1915; Die Josephserzählung. 1921. *L:* Horovitz, Marcus (Hg.), Matteh Levi. In: Responsa. Bd. II, 1932; E.J.; Feder, Heute; UJE. *Qu:* Hand. Publ. – RFJI.

Horwell (urspr. Horwitz), **Arnold Raphael,** Dr. rer. pol., Großkaufmann, Verbandsfunktionär; geb. 19. Jan. 1914 Berlin; jüd.; *V:* Hugo Horwitz (geb. 1868 Tremessen/Posen, gest. 1941), jüd., Dir. Reichsmonopolverw. für Branntwein, Mitgl. staatl. VerwRat für Alkohol, Mitgl. *B'nai B'rith* Berlin u.a. jüd. Org., 1939 Emigr. Lux.; *M:* Jenny, geb. Haber (geb. 1873 Heilbronn, gest. 1941), jüd., Mitgl. *B'nai B'rith, Jüdischer Frauenbund,* 1939 Emigr. Lux.; ∞ 1943 Susanne Caspary (geb. 1913 Berlin), jüd., Emigr. GB, 1950 zus. mit Ehemann Gr., später stellv. Dir. eines eigenen Geschäfts, 1976–78 Präs. *Leo Baeck Frauen-Loge; K:* Dr. med. David H. (geb. 1946), Arzt in London, Facharzt für Geburtshilfe u. Gynäkologie; *StA:* deutsch, brit. *Weg:* 1939 GB.

1932–35 Stud. NatÖkonomie Berlin, 1935 Dipl.-Volkswirt, 1937 Prom. als letzter Jude an der Univ. Berlin. Mitgl. DJJG, *B'nai-B'rith-Jugend-Loge* u.a. Org., 1932–36 Mitarb. CV u. beim *Gesamtarchiv der Deutschen Juden* in Berlin, 1936–39 Ltr. Sekretariat des *Hilfsvereins* u. 1938–39 Ltr. Nachrichtenbüro der Abt. Auswanderung der *Reichsvereinigung* Berlin; Vortragstätigkeit u. Verf. von Art. über Auswanderungsfragen, 1938–39 Kontakte zu engl. Journ. in Berlin, 1935–39 Mithg. u. Mitarb. *Jüdische Auswanderung* u.a. Zs. sowie *Philo-Atlas.* Mai 1939 Emigr. GB mit Spezialvisum für Personal des Kitchener Camp, Juni–Herbst 1939 Mitarb. des Overseas Settlement Dept. des Kitchener Camp in Richborough/Kent, 1939–40 mit brit. Armee in Frankr., ab 1943 Staff Captain in GB, 1944–46 in Deutschland (BBZ). 1946–50 Ltr. Textil-Großhandelsgeschäft in London, seit 1950 Gr., Inh. u. Dir. Arnold R. Horwell Ltd. in London u. von Tochtergesellschaften, Vertrieb von Labor- u. Krankenhausbedarf (führender Betrieb dieser Branche in GB, auch Import-Export). Seit 1971 Mitgl. Vollzugsausschuß der *Brit. Laboratory Ware Assn.;* 1967–69 Präs. *Leo Baeck Lodge* des *B'nai B'rith,* Mitgl. Vollzugsausschuß u. VerwRat der AJR, Mitgl. Exekutivausschuß der Belsize Square Syn., *Council of Jews from Germany,* Assn. of Jew. Ex-Servicemen u. *Hillel House.* Lebte 1977 in London.

W: Preistheorie und Preiseingriff (Diss.). 1937. *L:* Personal Service Brings Success. In: Medical Technician. 1972. *Qu:* Arch. EGL. Fb. Z. – RFJI.

Hubalek, Felix, Journalist; geb. 26. Dez. 1908 Wien, gest. 23. Nov. 1958 Wien; *V:* Eisenbahnarb.; *StA:* österr. *Weg:* 1938 CSR; 1939 CH; Österr.

1924 Abbruch der höheren Schule aus wirtschaftl. Gründen, Buchhandelslehre. 1927 SDAP; arbeitslos, 1929 nach Holland, Reporter u. Mitarb. holländ. Ztg. Vermutl. 1933 Rückkehr nach Wien, Wiener Korr. holländ. Ztg.; Mitgl. *Republikanischer Schutzbund.* 1934–38 RSÖ, illeg. Arbeit in Wien, Deckn. Georg. 1938 nach Anschluß Österr. Emigr. in die CSR, 1939 nach Besetzung der Rest-CSR durch dt. Truppen in die Schweiz. Später Rückkehr nach Wien, kurzfristig von Gestapo verhaftet, anschl. Arbeit in Automobilwerk. Ab 1941 in Wien u. Wiener Neustadt zwangsverpflichtet, mehrfach verhaftet u. gefoltert. 1945 nach Kriegsende von sowj. Besatzungsbehörden verhaftet u. aus Wien abtransportiert, Sommer 1945 Rückkehr; Mitgl. SPÖ, Aug. 1945 bei Wiedererscheinen der *Arbeiter-Zeitung* Berufung in die Red., später Kulturred. u. stellv. Chefred. Ab 1950 Schiedsgerichtsbeisitzer beim PV der SPÖ, ab 1954 Red. *Forum. Österreichische Monatsblätter für kulturelle Freiheit.*

W: u.a. Vom Tag zum Morgen (L). 1948; Die Ausweisung (R). 1962. *L:* DBMOI; Klucsarits, SPÖ. *Qu:* Arch. Publ. – IfZ.

Hubeny, Karl, Verbandsfunktionär; *StA:* österr., USA (?). *Weg:* 1938 F; 1940 USA.

Aktiv in *Kinderfreunde*-Bewegung; Bauzeichnerschule, anschl. arbeitslos. Bis 1934 BezGruppenfunktionär der SAJDÖ in Wien. Zwischen 1934 u. 1938 LtgMitgl. *Revolutionäre Sozialistische Jugend* (RSJ). März 1938 unmittelbar nach Anschluß Österr. Emigr. Paris, bis 1939 Mitgl. *Auslandsvertretung der Revolutionären Sozialistischen Jugend* Österr., Mithg. *RSJ-Korrespondenz.* Vermutl. Mitgl. der Exekutive der SJI unter dem Deckn. Rudolf Wagner. In den Auseinandersetzungen um Konstituierung u. Zusammensetzung der AVÖS Parteigänger von → Josef Buttinger, Sommer 1938 zus. mit → Karl Heinz als Jugendvertr. Aufnahme in *Erweiterte AVÖS*. Sept. 1939 Internierung. Herbst 1940 Emigr. New York. Dez. 1941 zus. mit Buttinger u. dem „kleinen" → Otto Bauer Austritt aus der AVÖS. Blieb nach Kriegsende in den USA.

L: Buttinger, Beispiel; Neugebauer, Bauvolk. *Qu:* Arch. Publ. - IfZ.

Huebner, Judith (urspr. Jessie), geb. Winkler, Ministerialbeamtin; geb. 19. März 1921 Wien; jüd.; *V:* Philip Schragah Winkler (geb. 1887 Osteuropa, umgek. 1940 KL Buchenwald), jüd., Kaufm.; *M:* Manya (Miriam), geb. Weinreb (geb. 1890 Osteuropa, umgek. 1942 Getto Lodz); *G:* Edith Margit Winkler (geb. 1930 Wien, umgek. 1942 Getto Lodz); ∞ 1942 Yizḥak Huebner (geb. 1914 Osteuropa), jüd., Emigr. Pal., Angest. Hebr. Univ. Jerusalem; *K:* Miriam Ḥanah (geb. 1951 Jerusalem), 1974 Stud. Rechtswiss. Hebr. Univ. Jerusalem; *StA:* staatenlos, Pal./IL. *Weg:* 1939 Pal.

Mitgl. *Makkabi Hazair,* höhere Schule Wien, Verweisung 1 Jahr vor dem Abitur, Ltr. zion. Jugendorg.; 1939 Emigr. Palästina mit B III-Zertifikat, Stud. Philologie Hebr. Univ. Jerusalem, Unterstützung durch StudOrg., Teilzeitarb., Dipl. als Lehrerin u. Diätetikerin, AbtLtr. für Ernährung bei der Stadtverw. Jerusalem (Bet Ḥanah), 1948 Angest. im Innenmin., 1961 M.A. (Rechtswiss.) Hebr. Univ., ab 1967 stellv. Dir. Innenmin., Ltr. Amt für Einwandererstatistik u. Demographie. Mitgl. *Org. of Acad. Workers in Government Service, Internat. Org. of Acad. Women,* versch. internat. Org. für Computerverfahren.

W: Divorce in Roman Law (M.A.-Arbeit). 1961; Beiträge in Fachzs. u.a. über Einwanderungsgesetze, Volkszählung, Bürgerrecht u. Computerverfahren. *Qu:* Fb. Hand. - RFJI.

Hünigen, Gerhard, Funktionär, Journalist; *StA:* österr., 1919 CSR. *Weg:* 1938 (?) GB; 1945 CSR.

Ab Mitte der 30er Jahre ltd. Funktionär in *Deutscher Jugendbund* (→ Gustav Schramm), KSČ-Mitgl. Nach Abschluß des Münchner Abkommens Emigr. nach GB, Mitgl. *Beuer-Gruppe,* Soldat der tschechoslow. AuslArmee. 1945 Rückkehr in die CSR, als GewFunktionär Mitarb. unter der dt. Minderheit, in den 60er Jahren Red. der dt.-sprachigen GewZtg. *Aufbau und Frieden* Prag, aktiver Anhänger der Innovationsphase der KSČ im sog. Prager Frühling 1968/69, nach Durchsetzung des verfassungsmäßigen Schutzes der dt. Minderheit in der ČSSR 1969 Mitgl. u. erster Zentralsekr. *Kulturverband der Bürger deutscher Nationalität der ČSSR* u. ZA-Mitgl. der tschech. Nat. Front, im Verlauf der sog. Normalisierung Anfang der 70er Jahre KSČ-Ausschluß, Funktionsverlust u. Schreibverbot. Lebte 1978 in Prag.

Qu: Arch. Z. - IfZ.

Hünlich, Oskar Hermann, Journalist, Parteifunktionär; geb. 28. Nov. 1887 Neugersdorf/Sa., gest. 2. Febr. 1963 Wilhelmshaven; *V:* Hermann H., Eisendreher; *M:* Luise, geb. Olbrig; ∞ 1910 Marta Radelski; *StA:* deutsch. *Weg:* 1933 CSR; DK; 1939 S; 1946 Deutschland (BBZ).

Buchdruckerlehre, Wanderschaft; SPD, 1911 Red. *Republik,* ab 1912 Red. *Norddeutsches Volksblatt* Wilhelmshaven-Rüstringen; dort 1914 StadtVO., 1919-20 Fraktionsvors., ab 1919 SPD-BezSekr., Mitgl. SPD-Parteiausschuß; 1920-33 MdR, Fachmann für Wehr- u. Verkehrsfragen; ab 1924 Firmenträger des örtl. Parteiverlags. 10. Mai 1933 mit → Albert Neue Emigr. in die CSR, Grenzarb.; später nach Dänemark, 1939 Schweden. Ab 1940 Buchdrucker in Norrköping, später Tätigkeit in Stockholm; Anhänger der rechten SPD-Gruppierung in Schweden unter → Kurt Heinig. Okt. 1946 Rückkehr nach Wilhelmshaven; Firmenträger des reorgan. Parteiverlags, Chefred. SPD-Zs. *Nordwestdeutsche Rundschau,* SPD-BezSekretär.

L: Müssener, Exil. *Qu:* Arch. Hand. Publ. Z. - IfZ.

Hütter, Helmut, Journalist; *StA:* österr. (?). *Weg:* 1938 (?) F (?); Bras.

Journalist in Österr., vermutl. Mitarb. *Vaterländische Front.* Wahrscheinl. nach dem Anschluß Österr. nach Frankr., enge Verbindung zu → Martin Fuchs. Später Emigr. Brasilien, lebte in Rio de Janeiro, führende Vertr. *Service National Autrichien* in Brasilien, 1940 GrdgMitgl. *Österreichischer Nationaldienst für Südamerika.* 1940 Red. *Österreichischer Kurier* (österr. Beilage der Ztg. *Die Zeit* in Montevideo unter → Erich Schoenemann). Enge ZusArb. mit *La Alemania Libre* (→ Otto Straßer). Wandte sich Herbst 1941 scharf gegen den Versuch zur Bildung einer österr. Exilreg. durch → Hans Rott u. → Willibald Plöchl u. protestierte gegen die Exilpolitik der österr. Legitimisten (→ Otto Habsburg). 1942 als Mitgl. *Austrian National Committee* unter H. Rott u. → Guido Zernatto vorgeschlagen (im Wahlvorschlag irrtümlich *Franz* Hütter genannt). 1944-45 Hg. *Centropa Boletim* Rio de Janeiro als Organ der *Austria Action of Brazil.*

Qu: Arch. Hand. - IfZ.

Hütter, Heribert, Parteifunktionär; geb. 1. März 1902 Gösting/Steiermark; *StA:* österr. *Weg:* 1934 UdSSR; 1945 Österr.

Fabrikarb., Mitgl. SDAP u. *Republikanischer Schutzbund,* bis 1934 Betriebsratsobmann in Papierfabrik in Nikolsdorf/Steiermark. 1934 Teiln. Februarkämpfe, Mitgl. KPÖ, Flucht in die CSR, Apr. 1934 mit erstem Schutzbündlertransport nach Moskau. Zunächst Chauffeur bei MOPR, anschl. Besuch der Lenin-Schule. 1942 Vorbereitung von Antifa-Kursen im Lager 165 in Talici bei Gorkij, Sommer 1943-Frühj. 1945 Lehrer u. PolInstrukteur im österr. Sektor der Antifa-Kurse in Talici. Mai 1945 Rückkehr nach Österr., 1945-56 (?) Landesobmann Steiermark der KPÖ, 1946-65 ZK-Mitgl. der KPÖ, 1946-54 Mitgl. PolBüro.

L: Fischer, Erinnerungen; Vogelmann, Propaganda; Fischer, Walter, Kurze Geschichten aus einem langen Leben (unveröffentl. Ms. DÖW). *Qu:* Arch. Hand. Pers. Publ. - IfZ.

Hugger, Victor, SJ, Dr., Ordenspriester; geb. 1876, gest. 1945; kath. *Weg:* 1936 CH.

1906-20 Lehrer an den Jesuitenkollegs in Sittard/Niederlande, Feldkirch/Österr. u. Ordrup/Dänemark; 1920-32 Präses der kath. Lehrerinnenkongregation München; 1933 Lehrer, 1934-36 Rektor von St. Blasien. Febr. 1936 wegen angebl. Devisenvergehens verhaftet, danach in die Schweiz. 1936-45 Religionslehrer u. Spiritual der Ursulinen in Brig/Kanton Wallis.

Qu: Pers. Publ. - IfZ.

Hulse, Wilfred Cohn (urspr. W.C. Hülse), Dr. med., Psychiater, Publizist; geb. 21. Mai 1900 Namslau/Schlesien, gest. 9. Jan. 1962 New York; jüd.; *V:* Dr. med. Eugen Cohn (geb. 1865 Namslau, gest. 1944 USA), jüd., Arzt; *M:* Josephine, geb. Hülse (geb. 1879 Sagan/Schlesien, gest. 1958 USA), jüd.; *G:* Dr. med. Heinz G. Cohn (geb. 1901 Namslau), Psychiater in USA; Dr. med. Hans H. Cohn (geb. 1910 Namslau), Psychiater in USA; ∞ 1929 Ilse Florsheim (geb. 1901 Berlin), jüd., Stud. Med. Berlin, Emigr., A: New York; *K:* Irene Ross (geb. 1931 Berlin), Emigr., M.S., Sozialarb. in USA. *StA:* deutsch; USA. *Weg:* 1933 F, N-Afrika; 1935 USA.

1918 Abitur, Stud. Med., 1925 Prom. Breslau, Ausbildung als Facharzt für Psychiatrie, ab 1928 Privatpraxis in Berlin. Juli 1933 in Haft, Aug. 1933 Emigr. nach Paris, Unterstützung durch OSE, Dez. 1933 nach Tunesien, Nov. 1935 nach USA. Arzt bei der Heilsarmee, ab 1936 Privatpraxis in New York. Ab Febr. 1938 VorstMitgl. *German-Jewish Club* (ab 1940: *New World Club*), ab Dez. 1939 2. Vizepräs., ab Ende 1942 Präs.; Hauptmitarb. der vom Club hg. Zs. *Aufbau,* vertrat dort die konsequente Amerikanisierung der dt.-sprachigen Emigranten u. harte Straf- u. Kontrollmaßnahmen gegenüber Deutschland nach dem Sturz des NatSoz. - Ab 1943 Armeearzt, 1945 Major. Bis 1962 psychiatr. u. kinderpsychol. Praxis in New York, Assoc. Attending Psychiatrist Mount Sinai Hospital. Mitgl. *Am.*

Med. Assn., Diplomate *Am. Board of Pediatrics* u. *Am. Board of Neurol. and Psychiatry,* 1959-61 Vors. *Eastern Group Psychotherapy Assn.,* 1961 Vors. *New York Council of Child Psychiatry.*
  W: Beitr. üb. Kinder- u. Gruppenpsychiatrie. *L:* Journ. of The Mount Sinai Hospital, New York, Juli/Aug. 1962; Radkau, Emigration; Schaber, Will (Hg.), Aufbau - Reconstruction. Dokumente einer Kultur im Exil. 1972; Walter, Exilliteratur 4. *Qu:* Hand. Pers. Publ. - IfZ.

Hummel, Hermann, Politiker, Wirtschaftsfunktionär; geb. 22. Juni 1876 Lahr/Baden, gest. 15. Sept. 1952 Krefeld/Rheinl.; ev.; *V:* Hermann Ludwig H., Lehrer; *M:* Luise, geb. Göbelbecher; ∞ Emma Reis; *K:* 1 T; *StA:* deutsch. *Weg:* 1939 USA; 1951 Deutschland (BRD).
  1894-1902 Stud. IngWiss., Astronomie, Chemie u. Phil. Karlsruhe, Heidelberg, Freiburg u. Straßburg, ab 1902 Realschullehrer in Karlsruhe, 1906 Realschul-Prof. Ab 1903 2. Vors. DVP, 1909-24 MdL Baden (DVP/DDP). 1912-14 Tätigkeit in chem. Industrie, 1914-18 Kriegsfreiw. (Ltn.), zuletzt im Kriegsmin.; 1918/19 als Stellv. des bad. Min. für milit. Angelegenheiten mit Demobilisierung u. Aufstellung von Freiw.-Verb. betraut. Mitgl. geschäftsf. Hauptausschuß DDP, Mitgl. NatVers. Baden, 1919-22 bad. Min. für Kultus u. Unterricht, 1921-22 bad. Staatspräs.; ab Herbst 1922 Tätigkeit für Bad. Anilin- u. Sodafabrik, am Aufbau der I.G. Farbenindustrie A.G. beteiligt. 1924 Kand. für DDP-Parteivors., 1924-30 MdR. Gr. DDP-Materndienst Deutscher Provinzverlag; 1930 als Kand. der Staatspartei keine Wiederwahl in den Reichstag. AR-Mitgl. I.G. Farben Frankfurt/M. u. Horchwerke A.G. Zwickau, GenDir. Rhein. Stahlwerke, Mitgl. Wirtschaftspol. Ausschuß *Reichsverband der Deutschen Industrie* u. *Kaiser-Wilhelm-Gesellschaft zur Förderung der Wissenschaften.* Nach 1933 mit Carl Bosch Versuche oppos. Einflußnahme, u.a. durch finanz. Unterstützung der *Frankfurter Zeitung.* 1939 Wohnsitz in den USA. - *Ausz.:* 1923 Dr.-Ing. E.h. TH Karlsruhe.
  W: Der Kampf des Bürgertums um die Freiheit. In: Volksschriften des Nationalvereins für das liberale Deutschland, H.16/1911; Baden und die Eisenbahngemeinschaft. Eine Studie. 1912; Die volksparteiliche Fraktion im Landtag des Jahres 1911/12. Ein politisches Handbuch. 1912. *L:* RhDG; Stephan, Linksliberalismus. *Qu:* Hand. Publ. - IfZ.

Huschak, Arthur, Offizier; geb. 23. Febr. 1903 Kolomea/Galizien, gest. 25. Juni 1971 Klagenfurt; *G:* 1 B; *StA:* österr., Ausbürg. (?). *Weg:* 1939 F; 1940 Deutschland; 1941 F; 1944 Deutschland; 1945 F; 1947 Österr.
  Militäroberrealschule Marburg (Maribor)/Slowenien u. Staatserziehungsanstalt Traiskirchen/Niederösterr., ab 1922 Berufssoldat; 1926 nach Absolvierung MilAkademie der Heeresschule Enns/Oberösterr.; Lt., 1930 Oberlt., 1936 Hptm., zuletzt in Klagenfurt. Apr. 1938 Außerdienststellung, Mai 1938 Zwangspensionierung. Sommer 1939 aufgrund drohender Verhaftung Flucht nach Frankr., Sept. 1939 Internierung im Stadion von Colombes b. Paris, anschl. Lager Meslay. Freiwilliger in franz. Armee. Frühj. 1940 Offz.-Prüfung in Rennes, anschl. als sous-lieutenant der Reserve im Bez. Perpignan, Ende Apr. an die Front im Elsaß, Verwundung, dt. Gefangenschaft, konnte sich als franz. Soldat namens Jean-Pierre Oudry ausgeben; Transport nach Görlitz/Schlesien, anschl. in Arbeitskommando im Kohlenrevier Waldenburg/Schlesien. 1941 mit Unterstützung franz. Ärzte als Kriegsinvalide Rückkehr nach Südfrankr., zunächst Lazarettaufenthalt, anschl. Nachtwächter beim MilKommando in Toulouse. Sommer 1944 Verhaftung durch Gestapo, u.a. Haft in MilGef. von Toulouse, anschl. KL Buchenwald. März 1945 Evakuierung, bei Lipperode/Westf. von US-Truppen befreit. Rückkehr nach Toulouse, anschl. nach Paris, Capitaine in franz. Armee. Bis 1947 in ZusArb. mit → Karl Hartl maßgebl. an Aussonderung u. Rückführung der österr. Kriegsgef. beteiligt, Mitorg. eines österr. Freiwilligenbtl., das später im Grenzdienst in Tirol eingesetzt wurde. Febr. 1947 Demobilisierung u. Rückkehr nach Österr.; Vertragsbediensteter, zuletzt Amtsrat bei Finanzlandesdirektion Klagenfurt. Aug. 1956 Wiedereinberufung in das österr. Bundesheer, bis 1958 Ltr. Ergänzungskommando für Kärnten, 1958-66 für Niederösterr., Dienstrang Oberst. 1966-68 stellv. Ltr. Ergänzungsabt. beim Bundesmin. für Landesverteidigung, 1967 Beförderung zum Brigadier. Jan. 1969 Pensionierung. - *Ausz.:* mehrere franz. milit. Ausz., 1964 Gold. Ehrenzeichen für Verdienste um die Rep. Österr. u. Bundesheerdienstzeichen 3. Kl., 1965 Gr. Ehrenzeichen für Verdienste um das Bundesland Niederösterr., 1968 Gr. Ehrenzeichen für Verdienste um die Rep. Österr., 1970 Bundesheerdienstzeichen 1. u. 2. Kl. sowie Spange zum Bundesheerdienstzeichen 3. Kl.
  L: Spiegel, Résistance; ISÖE. *Qu:* Arch. Publ. Z. - IfZ.

Huyn, Hans (urspr. Johannes Franz Carl Victor Clemens Max Maria Graf v. Huyn), Diplomat; geb. 3. Juli 1894 Krakau, gest. 20. Aug. 1941 São Paulo/Bras.; kath.; *V:* Carl Georg Otto Maria Graf v. H. (1857-1938), k.u.k. Gen.; *M:* Ignatia, geb. Gräfin v. Lützow (1871-1956); ∞ I. 1928 Elisabeth Charlotte v. Philipp (geb. 1910), gesch. 1933; II. 1936 München, Irmgard (1908-1952), Emigr. 1936 GB, 1940 Bras., nach Kriegsende Rückkehr nach Deutschland; *K:* aus I: Hans (Johannes Georg Carl Friedrich) Graf H. (geb. 1930), Diplomat u. MinBeamter, MdB, zeitw. außenpol. Ref. der CDU/CSU-Fraktion; *StA:* österr., deutsch, österr., Ausbürg. (?). *Weg:* 1934 Österr., GB; 1940 (?) Bras.
  1908-12 Marineoffz.-Schule in Fiume (Rijeka), anschl. bis 1917 Marineoffz., u.a. auf dem Flaggschiff der österr.-ungar. Flotte Viribus Unitis. Ab Ende 1917 Dienst im Marinemin. Wien. Nach Zusammenbruch der Donaumonarchie in Privatwirtschaft tätig. 1921 Eintritt in österr. diplomat. Dienst, bis 1924 Attaché an der österr. Vertr. in Warschau. 1924-27 Warschauer Vertr. der halboffiz. dt. Nachrichtenagentur *Wolff'sches Telegraphenbüro.* 1927 Eintritt in dt. diplomat. Dienst, bis 1934 Presseattaché an dt. Gesandtschaft in Warschau. Schied Sommer 1934 nach öffentl. Distanzierung vom NatSoz. aus dem dt. diplomat. Dienst aus, Rückkehr nach Wien, ab Ende 1934 Presseattaché an österr. Gesandtschaft in London. Blieb 1938 nach Anschluß Österr. in London, Ende 1939 maßgebl. legitimist. Vertr. im *Austria-Office,* Mitarb. an dt.-sprachigen Sendungen des BBC. Vermutl. 1940 Emigr. Brasilien.
  W: u.a. Huyn, Count Hans, Tragedy of Errors. The Chronicle of a European (Erinn.). London (Hutchinson & Co. Publishers Ltd.) 1939. *L:* Scheu, Friedrich, Der Weg ins Ungewisse. 1972; Maimann, Politik. *Qu:* Arch. Erinn. Hand. Pers. Publ. - IfZ.

I

Idan, Avner (urspr. Wollheim, Erich-Ernst), Diplomat; geb. 1. Sept. 1921 Berlin; *V:* Hans Wollheim (geb. 1894 Libau, gest. 1963 Berlin), Stud. Rechtswiss., Fabrikant, Zion., 1933 Emigr. Pal.; *M:* Käthe, geb. Freudenberg (geb. 1897 Berlin, gest. 1964 Berlin), höhere Schule, Musikausbildung; ∞ I. 1948 Regina Havilio (geb. Jerusalem, gest. 1969 Bonn), höhere Schule, Sekr.; II. 1970 Rivka Wohlberg (geb. 1942 H), KL Bergen-Belsen, Emigr. Pal., Stud. Hebr. Univ. u. Univ. Zürich; *K:* Dorit (geb. 1951 Haifa), B.A. (Linguistik) Hebr. Univ., Sekr.; Orly (geb. 1960 Washington/D.C.); *StA:* deutsch; Pal./IL. *Weg:* 1933 Pal.
  Gymn. Berlin; 1933 Emigr. Palästina mit A I-Zertifikat, 1933-39 Stud., ab 1933 Mitgl. *Maccabi* u. *Pfadfinder,* 1936 *Haganah,* 1939 Mitgl. *Ḥanitah* (freiw. Dienstjahr), 1940-42 Stud. Naturwiss. Hebr. Univ., 1942-46 Freiw. heit. Armee, 1948-51 IDF (Major), 1951-55 pol. Berater im Verteidigungsmin., 1955-56 bei der isr. Botschaft in Paris. 1958-63 Botschaftsrat in Washington/D.C., 1963-66 Mitarb. im Büro des

320 Ikenberg

MinPräs., 1966-71 Gesandter an der Botschaft in Bonn, 1971-73 in Washington, 1973-76 Botschafter in Schweden, ab 1977 Dir. Abt. Europa im Außenmin. Jerusalem. Lebte 1977 in Jerusalem.
Qu: Fb. Hand. - RFJI.

Ikenberg, Siegfried, Richter; geb. 26. Okt. 1887 Ransbeck/Westf., gest. 1. Juni 1972 Brüssel; jüd.; *V:* Kaufm.; *M:* Lina, geb. Grueneberg (gest. 1951); *G:* Dr. Albert I. (gest. Chicago), RA; Aenne Markus (gest. London); Mie (Mary) Littaur, A: NL; ∞ Marie Marxsohn (geb. Frankfurt/M., gest. 1964 Köln), Emigr.; *K:* keine; *StA:* deutsch, Ausbürg., USA, 1951 deutsch. *Weg:* 1939 USA; 1951 Deutschland (BRD).
1906 Abitur Köln, Stud. Rechtswiss., 1909 Referendar, 1915 Assessor, Kriegsteiln. (mehrfach verwundet). Ab 1919 Richter beim LG Köln, 1923 LG-Rat, 1930 OLG-Rat. Vors. *Provinzialverband für jüdische Wohlfahrtspflege in der Rheinprovinz,* Köln. Dez. 1936 Zwangspensionierung als Richter, Apr. 1939 Emigr., Buchhalter in Chicago. 1951 Rückkehr, Sept. 1951 bis Ruhestand Okt. 1955 Senatspräs. beim OLG Köln. 1953-72 Mitgl. Pension Advisory Board der *Claims Conference* in Bonn, ab 1955 jur. Berater URO Köln, Berater der Isr. Handelsmission. Aktiv in jüd. Gde. Köln, GrMitgl., zeitw. VorstMitgl. u. zuletzt Ehrenmitgl. *Kölnische Gesellschaft für christlich-jüdische Zusammenarbeit.* Starb auf einer Besuchsreise in Brüssel, in Köln beigesetzt. - *Ausz.:* 1962 Gr. BVK.
Qu: Arch. EGL. - IfZ.

Ilgner, Karl, Jurist; geb. 5. Nov. 1895 Magdeburg, gest. 1965 (?) Stockholm; *StA:* deutsch. *Weg:* 1933 CSR; 1938 S.
1913 SPD; 1931-33 Ltr. der Rechtsabt. von *Reichsbanner* (RB), Mithg. der Febr. 1933 einmalig erschienenen RB-Zs. *Der Wehrsport.* 1933 Emigr. in die CSR; *Sopade*-Stützpunktltr. in Mährisch-Ostrau. In Stockholm Mitgl. SPD-Ortsgruppe, RedMitgl. u. Geschäftsf. der ab Jan. 1945 hg. Zs. *Die Sozialistische Tribüne,* ab März 1946 beratendes Mitgl. SPD-Landesvorst. Schweden.
L: Rohe, Reichsbanner; Friberg, Margareta, Bibliographie einer Zeitschrift. Die Sozialistische Tribüne (als Ms. gedr.). 1969; Müssener, Exil; *D:* ArA, AsD. *Qu:* Arch. Publ. - IfZ.

Illner, Arthur, Komintern- u. Parteifunktionär; geb. 15. Okt. 1891 Königsberg/Ostpr., gest. 25. Dez. 1974; *V:* Arbeiter; ∞ Erna Hackbarth (→ Erna Illner). *Weg:* E; UdSSR; 1940 S; 1942 UdSSR; nach 1945 Deutschland (SBZ).
Tischler; Teiln. 1. WK, Kriegsgef. in GB, 1919 KPD, Teiln. an kommunist. Aufständen in Mitteldeutschland u. im Ruhrgeb., dann Ltr. des MilApp. in Ostpr., nach sog. Oktoberniederlage 1923 in die UdSSR, MilSchule Moskau, danach i.A. der *Komintern* nach China, 1927 Mitorg. des Kantoner Aufstands. 1933 illeg. Tätigkeit in Deutschland; im Span. Bürgerkrieg als Ltr. des Internat. Partisanen-Btl. bes. mit konspirativen Aufgaben betraut, u.a. Mitwirkung bei Liquidierung parteioppos. Kräfte. Ab 1936 Deckn. Richard Stahlmann, genannt Partisanen-Richard. Nach Kriegsende in die UdSSR, Nov. 1940 i.A. Dimitroffs zur Kontrolle der Tätigkeit von → Karl Mewis bei Errichtung der illeg. KPD-Landesltg. nach Schweden. Deckn. Kalle. Vorgesehen für Einsatz im Reich, 1941 Kooptierung ins ZK der KPD, Mitunterz. ZK-Aufruf v. 6. Okt. 1941. Nach Verhaftung von → Herbert Wehner u. Mewis Rückkehr in die UdSSR, Mitarb. Deutschlandabt. des sowj. milit. Nachrichtendienstes. Nach Kriegsende in die SBZ, 1948 Ltr. Interzonenbüro der SED, ltd. Mitwirkung beim Aufbau der sog. Abt. Verkehr des ZK der SED, einer Tarneinrichtung für konspirative Arbeit in Westdeutschland. Anfang der 50er Jahre Ltr. Zentralstelle für Kurierdienste; illeg. Einsätze in der BRD. 1952 Oberst, bis 1959 Mitarb. MfS. - *Ausz.:* u.a. 1954 VVO (Silber), 1956 Hans-Beimler-Med., 1961 Banner der Arbeit, 1966 KarlMarx-Orden; ZK-Nachruf.
L: u.a. Dallin, Sowjetspionage; Duhnke, KPD; Mewis, Auftrag; Dahlem, Vorabend; Wehner, Untergrundnotizen. *Qu:* Arch. Hand. Publ. Z. - IfZ.

Illner, Erna, geb. Hackbarth, Parteifunktionärin; geb. 1896 (?) Berlin, gest. 14. Nov. 1967; *V:* Arbeiter; ∞ → Arthur Illner. *Weg:* F, 1943 Deutschland.
1916 USPD, 1917 *Spartakus*-Gruppe, ab Grdg. KPD-Mitgl., Partei- u. *Komintern*-Funktionärin, enge Mitarb. Georgi Dimitroffs u. Red. der von ihm hg. *Balkankorrespondenz.* 1933 Verhaftung, nach Entlassung Emigr. nach Frankr., 1939 Internierung, Flucht, ab 1941 Mitgl. KPD-Ltg. für das besetzte Frankr. (ab Mai 1942 sog. Westltg.), darin zuständig für die Verbindung zum PolBüro der PCF u. der sog. KPD-Landltg. für die Arbeit nach Deutschland, Hg. u. Chefred. des Organs der Westltg. *Die Rote Fahne* Paris, 15. Nov. 1942 Teiln. der illeg. Beratung der KPD-Funktionäre bei Valmondois. Ende 1943 Verhaftung durch franz. Polizei, nach Auslieferung Inhaftierung in Berlin, Flucht, bis Kriegsende im Untergrund. Danach infolge zerrütteter Gesundheit nur kurzfristig im Pressedienst der KPD/SED tätig. Deckn. Erna Stahlmann.
L: Schaul, Résistance; Pech, Résistance. *Qu:* Publ. Z. -IfZ.

Ilsar (urspr. Issler), **Yeḥiel,** Ph. D., Ministerialbeamter; geb. 20. Dez. 1912 Groß-Radomisch/Galizien; jüd.; *V:* Heinrich Issler (geb. 1878 Groß-Radomisch, umgek. KL Maidanek), jüd., Vertr.; *M:* Elke, geb. Blatt (geb. 1887 Kolbosow/Galizien, umgek. KL Maidanek), jüd.; *G:* Jaffa Wasserberg (geb. 1908 Groß-Radomisch), A: Haifa; Raḥel Danzig (geb. 1919 Dortmund), 1936 Emigr. Pal. mit *Jugend-Alijah,* Gärtnerin im Kibbuz Sarid; Tirza Michael (geb. 1922 Dortmund), 1938 Emigr. Pal. mit *Jugend-Alijah,* A: Kibbuz Lehavot HaBashan; ∞ 1937 Miriam Badt (geb. 1920 Breslau), jüd., 1933 Emigr. Pal., Stud. Lehrerseminar Tel Aviv u. Pädagog. Inst. Zürich, Lehrerin u. Fürsorgerin für geistig behinderte Kinder; *K:* Tamar Bilu (geb. 1942 Jerusalem), Stud. Hebr. Univ. Jerusalem, Pädagoge; *StA:* österr.; IL. *Weg:* 1933 F, 1934 Pal.
1932-33 Stud. Med. Köln, Mitgl. u. Ltr. zion. Jugendorg., Mitgl. *Blau-Weiß, U.O.B.B., Habonim,* K.J.V.; 1933 Emigr. Frankr., Ausbildung als Heizungsmechaniker in Vorbereitung für Alijah; 1934 illeg. nach Palästina, 1934 Mitgl. Kibbuz Givat Haseloshah, 1936-38 Stud. Hebr. Univ., Mitgl. *Haganah* u. Jew. Settlement Police. 1938-39 Stud. Heilpädagog. Inst. Univ. Zürich, 1955-57 Ps. Yeḥiel Ben Ḥanoch. 1958-60 Forts. des Stud., 1972 Ph. D.; 1943-48 Mitarb. pol. Abt. der *Jew. Agency* (Abt. Jugendbewegungen); 1960 GenKonsul in Zürich, seit 1977 Ltr. Abt. für GeschForschung im Außenmin. Lebte 1977 in Jerusalem.
Qu: Fb. Hand.-RFJI.

Imbusch, Heinrich, Gewerkschaftsfunktionär, Politiker; geb. 3. Sept. 1878 Oberhausen, gest. 16. Jan. 1945 Essen; kath.; *V:* Johann Heinrich I., Tagelöhner; *M:* Gertrud, geb. Borbeck; *G:* Hermann (gef.1915), Gewerkschaftssekr.; ∞ 1908 Franziska Breddemann; *K:* 6; *StA:* deutsch, 5. Aug. 1937 Ausbürg. mit Fam. *Weg:* 1933 Saargeb.; 1935 Lux.; 1940 B, F; 1942 Deutschland.
Vor 1905 Bergarb. im rhein.-westf. Kohlenrevier; ab 1897 Mitgl. *Gewerkverein christlicher Bergarbeiter Deutschlands,* 1905-19 Red. des Verbandsorgans *Der Bergknappe,* 1913 VorstMitgl. des *Gesamtverbandes der christlichen Gewerkschaften Deutschlands,* 1919 Vors. des *Gewerkvereins;* 1919-24 StadtVO Essen, Mitgl. der Nationalversammlung *(Zentrum),* 1919-25 Mitgl. des Vorläufigen Reichswirtschaftsrates, außerdem stellv. Vors. des Reichskohlenrates, 1920-33 MdR. Gehörte zum linken Flügel des *Zentrums,* einer der Väter des Reichsknappschaftsgesetzes von 1923 u. der Knappschaftsnovelle von 1926. 1929 als Nachfolger Adam Stegerwalds Vors. des christlichen *Deutschen Gewerkschaftsbundes* (mit *Gesamtverband der christlichen Gewerkschaften* u. dt. Angestellten- u. Beamtengewerkschaften); umfassende publizist. Tätigkeit zur Lage, Versicherung u. Org. der Bergarbeiter. 1933 Emigr. ins Saargeb., aktiv im Kampf gegen die Rückgliederung der Saar an das natsoz. Deutschland, Mitbegr. *Volksbund für christlich-soziale Gemeinschaft* → Johannes Hoffmanns; vergebl. Entführungsversuch durch SA; nach dem Saar-Referendum Jan. 1935

Flucht nach Luxemburg, 1940 nach der Besetzung des Landes weiter nach Belgien u. Frankr.; 1942 illeg. Rückkehr nach Essen, wo sich I. bis zu seinem Tode vor der Gestapo verborgen hielt.

W: u.a. Ist eine Verschmelzung der Bergarbeiterorganisationen möglich? 1906; Arbeitsverhältnis und Arbeiterorganisationen im deutschen Bergbau. 1908, Neudruck 1979; Das deutsche Knappschaftswesen. 1910; Zur Lage der Arbeiter im staatlichen Bergbau an der Saar. 1910; Die grundsätzliche Stellung des Gewerkvereins christlicher Bergarbeiter Deutschlands. 1911; Der Bergarbeiter-Streik im Ruhrgebiet im Frühjahr 1912. 1912; Die Saarbergarbeiterbewegung 1912/13. 1913; Die Tätigkeit und Erfolge des Gewerkvereins christlicher Bergarbeiter Deutschlands. 1915; Jugendliche Arbeiter im Bergbau. 1916; Arbeiterinnen im Bergbau. 1917; Die Brüder Imbusch. In: 25 Jahre christliche Gewerkschaftsbewegung. 1924; Die Ordnung der Verhältnisse zwischen Arbeitgebern und Arbeitnehmern. 1926. *L:* NDB; Schneider, Saarpolitik und Exil. *Qu:* Arch. Hand. Publ. – IfZ.

Ingrim, Robert (bis 1946 Klein, Franz Johann), Dr., Publizist; geb. 20. (?) Juni 1895, gest. März 1964 Chardonne/CH; *V:* Dr. Hugo Klein, Arzt; *M:* Marie, geb. Kandelburg; ∞ Anna Christina Schmid; *StA:* österr., 1942 Ausbürg., 1946 USA. *Weg:* 1938 GB; 1941 CDN, USA; 1942 CDN; USA; 1947 CH.

Stud. Rechtswiss. Wien, 1915-18 Artillerieoffz. Nach Kriegsende angebl. Vertr. des Anschlusses Österr. an das Dt. Reich, sozdem. orientiert u. Mitgr. *Deutsch-Österreichischer Volksbund.* 1920 Prom., anschl. Industrieberater, 1926-30 Red. *Der Österreichische Volkswirt* in Wien. 1930-33 Donauraumkorr. *Vossische Zeitung* Berlin, 1933-35 Donauraumkorr. *Basler Nachrichten.* Mitarb. *Der Christliche Ständestaat,* bis 1938 in enger pol. Verb. zu der Gruppe um → Dietrich von Hildebrand u. → Klaus Dohrn. Zwischen 1934 u. 1938 Mitarb. u. Leitartikler *Volkszeitung* Innsbruck. 1936 (?)-37 Italienkorr. *Basler Nachrichten* in Rom. Juli 1937 Ausweisung aus Italien auf Veranlassung dt. Stellen. Hg. *Donauecho.* Bis 1938 Völkerbund-Korr. *De Tijd* Amsterdam in Genf. Sept. 1938 nach London, Korr. Basler *National-Zeitung.* 1940 Mitgl. *Austria Office,* Mitarb. *Free Austria,* ZusArb. mit → Robert Habsburg. Frühj. 1941 nach Kanada, anschl. New York, Juni 1941 Mitgr. *Austrian Committee* unter → Richard Schüller. Enge ZusArb. mit → Otto Habsburg, Hg. u. Ltr. der legitimist. *Voice of Austria,* Frühj. 1942 mit deren Red. Übersiedlung nach Ottawa, heftige Auseinandersetzungen mit → Richard Redler u.a. Vertr. des *Austrian National Committee* unter → Hans Rott u. → Guido Zernatto in New York. Bis 1947 in Kanada u. den USA als Publizist u. Hochschullehrer für pol. Wiss. tätig. 1947 Rückkehr nach Europa, Wohnsitz in Meggen/Kanton Luzern; Korr. u. Mitarb. zahlr. amerikan. u. dt.-sprachiger Ztg. u. Zs., u.a. *Newsweek, Christ und Welt, Rheinischer Merkur, Kölnische Rundschau, Vaterland* Luzern, *Bayern-Kurier* u. *Neues Abendland.* Vertr. einer Politik der Stärke gegenüber der UdSSR.

W: u.a. Der Griff nach Österreich. Zürich (Europa-Verlag) 1938; After Hitler Stalin? Milwaukee (Bruce) 1946 (dt.: Von Talleyrand zu Molotow, Zürich 1947 u. Stuttgart 1952); Außenpolitik mit falschen Begriffen. 1947; Die Rettung Deutschlands. 1952; Bündnis oder Krieg? 1955; Hitlers glücklichster Tag: London, am 18. Juni 1935. 1962. *L:* Molden, Gewissen; Goldner, Emigration; Maimann, Politik; Ebneth, Ständestaat. *Qu:* Arch. Hand. Publ. Z. – IfZ.

Intrater, Norbert Nehemia, Ingenieur; geb. 1920 Wien; *V:* Moses Moritz I. (geb. 1893 Osteuropa, gest. 1968 IL), 1934 Emigr. Pal.; *M:* Sara (geb. 1898 Osteuropa), 1934 Emigr. Pal.; *G:* Alfred (geb. 1923 Wien), Zahnarzt, 1934 Emigr. Pal.; ∞ 1946 Shoshana Lachovsky (geb. 1924 UdSSR); *K:* Yaacov (geb. 1951); Amos (geb. 1954); Gideon (geb. 1960); Tamar (geb. 1963); *StA:* österr., Pal./IL. *Weg:* 1934 Pal.

Realgymn., 1934 Emigr. Palästina, 1934-37 Herzliya-Gymn. Tel Aviv; Dipl.-Ing. (MaschBau) u. B. Comm. Univ. London, 1942-46 Ing. in brit. Armee, 1946-49 Produktionsing. bei Firmen in Loughborough u. London; 1949 Rückkehr nach Israel, 1949-53 techn. Dir. Koor Industries Ltd., 1953-62 techn. Dir. der Wiedergutmachungsorg. Shilumim Corp., 1961 Sonderberater Min. für Handel u. Industrie, 1962 Mitgl. isr. Handelsmission in Kanada; ab 1962 Teilh. Ing.- u. Wirtschaftsberaterfirma N. Intrater & Assoc., gleichz. Berater isr. Entwicklungsmin., Isr. Industr. Development Bank u. Industrieabt. der *Jew. Agency.* Mitgl. Inst. of Mechan. Engineers London, *Rotary Club Internat.* Lebte 1974 in Ramat Gan/Israel.

W: Metal Working Industry in Israel. 1968 u. 1973; Agricultural Industry in Israel. 1969. *Qu:* Fb. Hand. – RFJI.

Irmer, Erich, Verleger. *Weg:* GB.

Inh. ISK-Verlag Öffentliches Leben in Berlin (→ Willi Eichler). Mai 1933 Schutzhaft, 1934 einer der Führer der illeg. ISK-Arbeit. Emigr. nach GB, Führungsmitgl. der ISK-Gruppe London.

L: Link, ISK; Röder, Großbritannien. *Qu:* Arch. Publ. – IfZ.

Israel, Herbert, Dr. rer. pol., Warenhausunternehmer; geb. 16. Apr. 1903 Berlin, gest. 5. Aug. 1961 Sirmione/I; jüd.; *V:* Berthold I. (geb. 1868 Berlin, gest. 1935 Berlin), jüd., Abitur, 1894 Mitinh., 1905 Alleininh. Kaufhaus N. Israel Berlin, Mitgl. jüd. Gde., VorstMitgl. *Esra, Hilfsverein u. Verein der Freunde der Hebräischen Universität; M:* Amy, geb. Solomon (geb. 1872 London, gest. 1950 Hollywood), 1935 Emigr. GB, 1940 USA; *G:* Viva Prins (geb. 1896 Berlin, gest. 1920 London); → Wilfrid Israel; *StA:* deutsch; USA. *Weg:* 1939 GB, 1940 Haiti, 1940/41 USA.

1925 Dipl.-Volkswirt, 1926 Prom. Berlin, 1927-28 in New York. Ab 1928 Ltr. Warenabt. Kaufhaus N. Israel Berlin, März 1933 zeitw. Festnahme durch SA, 1935 Teilh. N. Israel, 9. Febr. 1939 Geschäftsübernahme durch Emil Köster AG. März 1939 Emigr. GB, 1940 nach Haiti, Winter 1940/41 in die USA mit Einwanderervisum. 1943-45 Tätigkeit in der Marktforschung. Spenden an das Wilfrid Israel House for Oriental Art im Kibb. Haẓorea.

W: Die Stellung des Textilgroßhandels in der Zeit der Zwangswirtschaft in und nach dem Kriege (unter besonderer Berücksichtigung des Webwarenhandels) (Diss.). 1926. *L:* Reissner, H. G., The Histories of Kaufhaus N. Israel and of Wilfrid Israel. In: Yearbook III, LBI London, 1958. *Qu:* HGR. Pers. Publ. – RFJI.

Israel, Wilfrid, Kaufhausunternehmer; geb. 11. Juli 1899 London, gest. 1. Juni 1943; jüd.; *G:* → Herbert Israel; ∞ led.; *StA:* bis 1941 deutsch, brit. *Weg:* 1939 GB.

Privatschule in Berlin, 1921-39 Angest., 1922-35 Geschäftsf. im Familienbetrieb Kaufhaus N. Israel, 1925 Einrichtung einer betriebsinternen Schule für kaufm. Lehrlinge, Einstellung eines Sozialarb. zur Betreuung von Angest., Verkaufsverbot für mil. Spielzeug; 1935 nach Tod des Vaters mit Bruder Herbert Israel Inh. u. „Betriebsführer" bis 14. Nov. 1935. 1920-40 Reisen nach Palästina, Polen, Litauen, Indien, Ostasien u. in die UdSSR, Sammler ostasiat. Kunst, Teiln. an wohltätigen Projekten der jüd. Gde., u.a. Unterstützung der *Gesellschaft der Freunde,* Förderung der Öffentlichkeitsarb. des Berliner Anti-Kriegsmuseums (→ Ernst Friedrich), der Siedlungspolitik von *Agro-Joint* in der UdSSR u. des Waisenhauses in Kaunas/Litauen (späteres Kinderdorf Ben-Schemen/Palästina). 1927-28 Beteiligung an der Verlegung des Hebräischen Nationaltheaters nach Palästina, 1933 Mitgr. *Zentralausschuß für Hilfe und Aufbau, Reichsvertretung,* 1933 Mitgl. *Kinder- u. Jugend-Alijah.* März u. Juni 1933 jeweils kurzzeitige SA-Haft, 1937 Einzug des Reisepasses. Ab 1937 Dir. *Hilfsverein,* 1938 Einrichtung eines Hilfsausschusses, der sich für Freilassung ehem. Angest. aus dem KL Sachsenhausen u. für die Auswanderung jüd. Angest. nach Palästina einsetzte. 9. Febr. 1939 unter pol. Druck Geschäftsübergabe an Emil Köster AG. Mai 1939 Emigr. GB, 1939-40 Verbindungsmann zwischen RegStellen u. jüd. Unterstützungs- u. Flüchtlingsorg. in GB, Wohltätigkeitsarb. u. Einsatz für Entlassung von Internierten, 1940 Besuch im Kibb. Haẓorea/Palästina, Juni 1941 Mitgr. AJR, VorstMitgl. ICA, 1941-43 Berater der dt. u. jüd. Abt. im ausländ. Forschungs- u.

Pressedienst des Royal Inst. of Internat. Affairs in Oxford. März-Juni 1943 i.A. der Jew. Agency nach Portugal u. Spanien, Durchführung von Flüchtlingstransporten nach Palästina, Febr. 1944 Vermittlung der Einreise von 750 Flüchtlingen nach Palästina. Kam auf dem Flug von Lissabon nach London beim Abschuß der Maschine durch dt. Luftwaffe um. - *Ausz.:* Durch Kinder- u. Jugend-Alijah Errichtung des Wilfrid-Israel-Wohnheims im Kinderdorf Ben-Schemen, 1951 Eröffnung des Wilfrid-Israel-Hauses für ostasiat. Kunst u. Studien in Kibb. Hazorea; Eintragung in Goldenes Buch des J.N.F.

L: Wilfrid Israel (Gedächtnisausg. mit Einführung von → Eva Michaelis). 1944; Reissner, H. G., The Histories of Kaufhaus N. Israel and of Wilfried Israel. In: Yearbook III, LBI London, 1958; Bentwich, Norman, Jewish Youth Comes Home. The Story of Youth Aliyah (Zur Erinn. an W. Israel). 1944; Colvin, Ian, Flight 777. 1957; Bewährung im Untergang. *Qu:* Hand. HGR. Pers. Publ. - RFJI.

Italiener, Bruno, Dr. phil., Rabbiner; geb. 6. Febr. 1881 Burgdorf/Hannover, gest. 17.Juli 1956 London; *V:* Joseph I.; *M:* Marianne, geb. Adler; *G:* Ludwig (geb. 1883 Burgdorf, gest. 1938 Brüssel [?]), Kaufm., Emigr. B; Gustav (geb. 1884 Burgdorf, umgek. im Holokaust), Kaufm., Emigr. B, Dep.; ∞ 1910 Hedwig Seckel (geb. 1885 Peine, gest. 1976 London), jüd., höhere Schule, Sekr. des Ehemannes; *K:* Gerty Ruth Ivor (geb. 1911 Darmstadt), Journ., Stud., vor 1939 Emigr. GB, später USA, A: New York; Hannah Irene Finburgh (geb. 1919 Darmstadt), Handelsschule in London, Modezeichnerin, A: London; *StA:* deutsch; brit. *Weg:* 1939 GB.

Ab 1899 Stud. Jüd.-Theol. Seminar Breslau, 1908 Rabbinerexamen, 1903 Prom. Erlangen. 1907-27 Rabbiner Isr. Religionsgde. Darmstadt, zugl. 1907-18 Rabbiner für das Großherzogtum Hessen, Einjähr.-Freiw., anschl. 1914-18 Feldrabbiner 7. Armee. Verf. von Aufsätzen gegen den Antisemitismus, sein Buch *Waffen im Abwehrkampf* (1920) beeinflußte die Auseinandersetzung mit dem Antisemitismus. 1928-38 Rabbiner Tempelverband der Deutsch-Israelitischen Gemeinde Hamburg. Jan. 1939 Emigr. GB über Brüssel, Unterstützung durch *Chief Rabbi's Emergency Fund* u. *Bloomsbury House,* 1939-41 Rabbiner St. George Jew. Settlement East End/London, 1942-52 stellv. Rabbiner West London Syn., Beiträge in GdeZtg. *Synagogue Review,* Mitarb. in liberaler brit. Reformbewegung.

W: Die Gotteslehre des Thomas Campanella (Diss.). 1904; Von Heimat und Glauben: Kriegsbetrachtung. 1916; Waffen im Abwehrkampf. 1920; Die Darmstädter Pessach Haggadah (Hg.), 2 Bde. 1927-28 (Neudruck 1970); Eine Sederschüssel aus dem 16. Jahrhundert. In: Festschrift Max Dienemann zum 60. Geburtstag gewidmet. 1935; Isak Secharjah, ein jüdischer Lederschnittkünstler des 15. Jahrhunderts. In: Festschrift für Aron Freimann zum 60. Geburtstag. 1935; Festschrift zum hundertzwanzigjährigen Bestehen des Israelitischen Tempels in Hamburg (Hg.). 1937; Der Rabbiner (Leo Beack). In: Festschrift für Leo Baeck. 1935; The Mussaf Kedushah. In: Hebrew. College Annual. 1955; Which is the Oldest Woodcut Haggadah? In: Journal of Jewish Studies. 1955; Thoughts of a Jew on Dante's Divine Comedy. In: Hibbert Journal. 1956; zahlr. Aufsätze, u.a. in *Monatsschrift für Geschichte und Wissenschaft des Judentums, Der Morgen, Meyers Konversationslexikon. L:* Kisch, Breslauer Seminar. *Qu:* Arch. Hand. Pers. Publ. Z. - RFJI.

J

Jablonski(-Jouhy), **Ernest,** Dr. phil., Sozialpädagoge, Hochschullehrer; geb. 29. Juli 1913 Berlin; jüd.; *V:* Ludwig Jablonski (geb. 1880, umgek. KL Theresienstadt), jüd., Kaufm., DDP; *M:* Annie, geb. Levy (1889-1932), jüd.; ∞ I. 1976 gesch.; II. 1976 Gudrun Jouhy, geb. Dressler (geb. 1931); *K:* Eve (geb. 1945), A: F; André (geb. 1952); *StA:* deutsch, 1934 F, 1952 deutsch. *Weg:* 1933 F; 1952 Deutschland (BRD).

Ab 1926 Mitgl. dt.-jüd. Wanderbund *Kameraden* u. nach Spaltung 1931 Ltr. des aus ihm hervorgeg. *Roten Fähnleins,* 1929-31 Reichsltr. *Sozialistischer Schülerbund,* 1931-33 Stud. Pädagogik Univ. Berlin, Mitgl. Reichsltg. *Rote Studentengruppe.* 1933 illeg. Tätigkeit, Aug. Emigr. nach Frankr., Stud. Psychologie (Diplom, Docteur de l'université de Paris), Soziologie u. Statistik; Tätigkeit als Journ., Mitgl. FDJ Paris, 1939-41 Internierung, im 2. WK in der Résistance (MOI); 1941-52 u.a. Ltr. eines Heimes für jüd. Flüchtlingskinder in Frankr., ab 1944 pädagog. Ltr. OSE Paris; 1952 Berufung zum Studienltr. der Odenwaldschule Oberhambach, ab 1969 Prof. Sozialpäd. Univ. Frankfurt/M., 1971 Mitgr. u. danach Ltr. *Arbeitskreis Bürgerinitiative* (AKB). Lebte 1978 in Frankfurt/M. - *Ausz.:* Med. de la Jeunesse et des Sports.

Qu: Fb. Hand. - IfZ.

Jacob, Benno, Dr. phil., Rabbiner; geb. 8. Sept. 1862 Breslau, gest. 24. Jan. 1945 London; *V:* Kantor u. Lehrer in Schlesien; ∞ Helene Stein; *K:* → Ernest I. Jacob. *Weg:* 1938 GB.

1883-90 Stud. Jüd.-Theol. Seminar Breslau, 1889 Prom. klass. Philologie u. Orientalistik Breslau; Religionslehrer in Breslau. 1886 Gr. *Viadrana* (erste jüd. StudOrg. an dt. Univ.). 1906-29 Rabbiner in Dortmund, 1924 Doz. Lehrhaus Frankfurt/M., 1929 Pensionierung, Übersiedlung nach Hamburg, dort Stud. der Bibelexegese. Publizist. Eintreten gegen Antisemitismus, Kritiker des Zionismus; Mitgl. *Vereinigung der Liberalen Rabbiner Deutschlands,* VorstMitgl. CV. 1939 Emigr. GB mit Unterstützung des brit. Oberrabbiners H. Hertz, 1939-49 Fortsetzung der Bibelstud., bes. des Pentateuch, Anhänger textimmanenter Interpretation, deshalb Ablehnung extremer Bibelkritik. Mitarb. Inst. for Jew. Learning London.

W: s. Bibliographie in Meyer, H.C. (Hg.), Aus Geschichte und Leben in Westfalen. 1962. *Qu:* EGL. Hand. Publ. - RFJI.

Jacob, Berthold (d.i. Salomon, Berthold Jacob), Publizist; geb. 12. Dez. 1898 Berlin, gest. 26. Febr. 1944 Berlin; *V:* David Salomon, jüd., Kunsthändler u. Seifenfabrikant, 1943 von Gestapo verhaftet; *M:* Minna, geb. Rosenau; *G:* Gerhard (1903-56), Ps. Hans Roger Madol, 1923 Ausw. F, DK, GB, 1949 USA, Schriftst.; Wolfgang, Bankfachmann, 1933 Emigr. NL, nach 1945 USA; ∞ 1931 Else Lau (geb. 1898), Emigr. mit Ehemann, 1937 Ausbürg., 1940 Internierung Gurs, 1941 Port., 1950 Rückkehr nach Deutschland (BRD); *StA:* deutsch, 25. Aug. 1933 Ausbürg. *Weg:* 1932 F; 1935 Deutschland, CH, F; 1941 E, Port., Deutschland.

Gymn., ab 1914 kaufm. Lehre, 1917-18 Kriegsfreiw. (EK II), Hinwendung zum radikalen Pazifismus, ab 1920 Journ.; Mitgl. *Friedensbund der Kriegsteilnehmer,* DLM, *Deutsche Friedensgesellschaft.* 1921-24 durch Vermittlung Kurt Tucholskys ständiger militärpol. Mitarb. *Berliner Volkszeitung,* 1924 Mitgr. *Republikanische Partei Deutschlands,* ab 1925 Mitarb., kurzfristig Berliner Red. *Das andere Deutschland* u. 1925-26 Red. der Beilage *Warte für Menschenrechte* (Organ der DLM); daneben Juni 1925-Herbst 1928 Mitarb. *Die Weltbühne;* mehrere Verfahren wegen antimilitarist. Enthüllungsart., u.a. Dez. 1929 im sog. Feme-Prozeß mit Carl von Ossietzky verurteilt, 1928-29 nach dem sog. Ponton-Prozeß 8 Mon. Festungshaft wegen versuchten Landesverrats; 1926 Mithg. der Pressekorr. *Zeit-Notizen,* deren Enthüllungen den Anstoß zum Rücktritt des Reichswehrchefs General von Seeckt gaben. Ab 1928 kurzfristig Red. der Monatssz. *Der Krieg,* anschl. Mitarb. u.a. bei *Dortmunder Generalanzeiger, Welt am Montag* u. linkssozdem. Presse. 1928 trotz äußerst kritischer Haltung gegenüber sozdem. Politik Eintritt in SPD, 1931 zur SAPD, Mitarb. *Sozialistische Arbeiter-Zeitung.* Juli 1932 in Erwartung von Verfolgungsmaßnahmen durch Rechtskreise u. NatSoz. Emigr. nach Straßburg, Mitarb. *Straßburger Neueste Nachrichten, La République,* später auch der Exilpresse, u.a. *Die Neue Weltbühne, Pariser Tageszeitung, Das Neue Tage-Buch,* Mitgl. *Verband deutscher Journalisten im*

Ausland. Ab Aug. (Sept. ?) 1932 Hg. der bis Kriegsbeginn erscheinenden zweisprachigen Korr. *Unabhängiger Zeitungs-Dienst* (UZD, *Service de Presse Indépendant*), Buchveröffentl. gegen das Dritte Reich, Verb. zu → Willi Münzenberg. Mit → Alfred Falk Gr. u. Vors. DLM-Sektion Straßburg, die sich führend an der Nobelpreiskampagne für Carl von Ossietzky beteiligte. 9. März 1935 Entführung durch Gestapo-Agenten von Basel nach Deutschland, in Berlin Vernehmungen u.a. durch Reinhard Heydrich über Hintergründe milit. Nachrichten des UZD, für die J. die systemat. Auswertung dt. Publikationen als Quelle nachweisen konnte. Durch Intervention der schweiz. Reg. u. Kampagnen im Ausland am 17. Sept. 1935 Rückführung nach Basel, 20. Sept. Ausweisung nach Frankr., ab Nov. 1935 in Paris ansässig. Der „Fall Jacob", der auch als Motiv in Lion Feuchtwangers Roman *Exil* nachwirkt, erregte als erfolgreiche Demonstration diplomat. Härte gegenüber dem Dritten Reich u. als Beispiel für die AuslTätigkeit der Gestapo sowie den ungeschützten Status der Emigr. Aufsehen u. wurde von den Exilgruppen zur Unterstützung ihrer Forderungen nach einem internat. Flüchtlingsrecht u. ihrer Pressearb. gegen den NatSoz. herangezogen: Aufnahme J.s als prominente „Einzelpersönlichkeit" in den *Vorläufigen Ausschuß zur Vorbereitung einer deutschen Volksfront,* Teiln. an Lutetia-Konf. vom 26. Sept. 1935 u. 2. Febr. 1936. In der Affäre um das *Pariser Tageblatt* Mitgl. der Untersuchungskommission, Febr. 1937 Mitunterz. des Minderheitenvotums, das die Rolle → Georg Bernhards mit besonderer Schärfe verurteilte. Vermutl. als Folge dieses Engagements 1936/37 in gerichtl. Auseinandersetzungen u.a. mit → Hans E. Hirschfeld verwickelt, der J. wegen eines öffentl. Angriffs auf einen von franz. Behörden der Spionage verdächtigten Flüchtling beschuldigt hatte, das dt. pol. Exil zu verunglimpfen. Ab Sept. 1939 Internierung in Le Vernet, Verpflichtung als Prestataire (?), ab Okt. 1941 Aufenthalt in Marseille, ab Jan. 1941 Zwangsaufenthalt in Argon/Dépt. Lot-et-Garonne, Deckn. Marcel Rollin. Trotz Hilfe des *Emergency Rescue Committee* vergebl. Bemühungen um US-Visum, vermutl. auch als Folge der gegen J. im ZusHang mit den Auseinandersetzungen innerhalb der pol. Emigration erhobenen Vorwürfe. Apr. 1941 mit gefälschten Papieren nach Spanien, Festnahme, Internierung bei Madrid. Aug. 1941 mit Hilfe von Varian Fry illeg. nach Lissabon, vor Erteilung eines brit. Visums, um das sich → Otto Lehmann-Russbueldt u. → Karl Retzlaw gegen pol. Vorbehalte von → Victor Schiff bemüht hatten, am 25. Sept. 1941 von Gestapo-Agenten entführt u. über Madrid nach Berlin verbracht; in den Gef. Prinz-Albrecht-Straße u. Alexanderplatz vermutl. für späteren Schauprozeß in Haft gehalten, durch Wachpersonal Verb. zu dem in Berlin lebenden Vater. Febr. 1944 in Jüdisches Krankenhaus Berlin überführt.

W: u.a. Weißbuch über die „Schwarze Reichswehr" (Mitarb.). 1925; Wer? Aus dem Arsenal der Reichstagsbrandstifter. Straßburg (La République) 1934; anon., Die Memoiren des Stabschef Röhm (Mitarb.). Saarbrücken (Uranus) 1934; Die Hindenburg-Legende. Ebd. 1935; Das neue deutsche Heer und seine Führer. Paris (Carrefour) 1936; Warum schweigt die Welt? (Hg.). Paris (Phénix) 1936; Weltbürger Ossietzky. Ein Abriß seines Werkes. Paris (Carrefour) 1937. *L:* u.a. Grossmann, Emigration; Willi, Jost Nikolaus, Der Fall Jacob-Wesemann. 1972 (dort auch vollst. Bibliogr.); Langkau-Alex, Volksfront. *Qu:* Arch. Hand. Publ. Z. - IfZ.

Jacob, Ernest I. (urspr. Ernst), Dr. phil., Rabbiner; geb. 24. Sept. 1899 Göttingen, gest. 11.Apr. 1974 Pittsburgh/Pa.; *V:* → Benno Jacob; ∞ 1929 Annette F. Loewenberg (geb. 1902, gest. 1974 Pittsburgh/Pa.), Schwester von → Ernst Loewenberg, jüd.; *K:* → Walter Jacob; Herbert (geb. 1933 Augsburg), 1939 Emigr. GB, 1940 USA, Ph.D. Palo Alto/Calif., Hochschullehrer; *StA:* deutsch, USA. *Weg:* 1938 GB, 1940 USA.

Stud. Semitistik Bonn, Berlin, Breslau, 1921 Prom., 1920-22 Stud. Jüd.-Theol. Seminar Breslau, 1923 (1924 ?) Rabbinerexamen. 1924-29 Rabbiner Saarbrücken, 1929-38 BezRabbiner Augsburg; Nov. 1938 KL Dachau. Dez. 1938 Emigr. GB, Unterstützung durch Verwandte, Jan. 1940 Emigr. USA, im 2. WK als Geistlicher im O'Reilly General Hospital u. im Medical Center for Federal Prisoners in Springfield/Mo., 1943-74 Rabbiner United Hebr. Congr. Springfield/Mo., Assoc. Prof. für Gesch. Dury Coll. Springfield/Mo.; Mitgl. Hauptvorst. *Community Chest Board, Red Cross Board,* Mitgl. *Missouri Commn. on Human Rights.*

W: Paths of Faithfulness. A Collection of Sermons (mit Bibliographie bis 1964, Hg. Walter u. Herbert Jacob). 1964; The First Book of the Bible. Genesis Interpreted by Benno Jacob (Mitverf.). 1974. *D:* RFJI. *Qu:* Arch. Hand. Pers. Publ. Z. - RFJI.

Jacob, Frederico (urspr. Fritz Walter Siegfried), Rechtsanwalt, Fabrikant; geb. 13.Sept. 1903 Duisburg; jüd.; *V:* Julius J.; *M:* Paula; *StA:* deutsch, 1935 Bras. *Weg:* 1935 Bras.

Stud. Rechtswiss. Frankfurt/M., Heidelberg, Berlin, Köln, 1924-27 Referendar, 1927-29 Gerichtsassessor, 1930-33 RA. Okt. 1935 Emigr. Bras., 1936 Vertr. für General Electric, 1937 Mitgr. u. Geschäftsf. Mueller & Co., 1943 Umwandlung in AG, danach Präs. Plasticos Mueller S.A. Zugl. Dir. Companhia Brasileira de Plasticos Koppers, Companhia Brasileira de Estireno, Gr. der Plastik-Gewerbeschule Escola Senai Frederico Jacob. Präs. São Paulo Kunststoff-Syndikat, Mitgl. u. Dir. Industrieverband São Paulo u. Handelsvereinigung São Paulo. Ab 1955 Mitgl., 1958-59 Präs. *Rotary Club* São Paulo-Oeste, 1970-71 Governor Distr. 461 *Rotary International.* Lebte 1978 in São Paulo.

Qu: Fb. Hand. - RFJI.

Jacob, Hans Joseph, Kaufmann; geb. 3. Febr. 1904 Glatz/Schlesien, gest. 24. Juli 1968 Sydney; jüd.; *V:* Albert J. (gest. 1934 Glatz), jüd., Fabrikant; *M:* Else, geb. Loewy (gest. 1923 Glatz), jüd.; *G:* Dr. med. Rudolf J. (geb. 1901 Glatz, gest. 1965 Glasgow), jüd., 1938 (?) Emigr. Pal., 1947 AUS, 1948 GB; Eric (geb. 1908 Glatz), jüd., 1938 Emigr. AUS; Lily Kiffer (geb. 1922 Glatz), jüd., 1938 Emigr. AUS; ∞ I. 1929-31 Elfriede Schirokauer (geb. Zaborze [Zabrze]/Schlesien); II. 1935 Marianne Goetz (geb. 1908 Hohensalza/Posen), jüd., 1937 Emigr. AUS, med.-techn. Assist.; *K:* Michael (geb. 1936 Glatz), 1937 AUS, Stud. Internationale Hotelfachschule Lausanne, Unternehmensltr. in AUS; Elsie Goldman (geb. 1941); Ruth Musael (geb. 1945), B.A., Emigr. IL; *StA:* deutsch, AUS. *Weg:* 1937 AUS.

Gymn. Glatz, kaufm. Lehre, anschl. Mitarb. in väterl. Fruchtsaftfabrik, 1934-37 Mitinh.; 1936 Reise nach Italien u. in die USA zur Prüfung von Einwanderungsbedingungen. Okt. 1937 Emigr. Australien, Unterstützung durch Verwandte u. *Jew. Welfare Soc.,* Fabrikarb., Ehefrau Arbeit als med.-techn. Assist.; 1940-59 GenDir. Port Huon Fruit Juices Pty. Ltd. Hobart (Entwicklung eines neuen Herstellungsverfahrens für Apfelsaft), 1959-68 GenDir. Importfirma Grindstead of Denmark Sydney (europ. Beerenfrüchte). 1944-59 Präs. *Zionistische Organisation* u. *Jew. Welfare Guardians* Tasmanien, 1945-51 Vizepräs., 1951-59 Präs. Hobart Hebr. Congr., 1951-59 Vizepräs. *Executive Council of Austral. Jews,* Mitgl. *UN Assn.* Tasmanien, 1955-68 Mitgl. Inst. of Management London.

L: Parliamentary Debates, House of Representatives. In: Hansard, 6. Nov. 1973, S. 2805. *Qu:* Hand. Pers. Publ. - RFJI.

Jacob, Johann, Kaufmann; geb. 8. Mai 1865 Mettenheim/Hessen, gest. 31. Juli 1946 Argent.; jüd.; *V:* Abraham J. (geb. 1817), jüd.; *M:* Sara, geb. Landsberg (geb. 1820), jüd.; *G:* August (Feitel, 1855-1928), Getreidehändler; Berta Bloch (1887-1936); Anna Feitel (1859-1926); ∞ 1892 Anna Friederike Heymann (geb. 1869 Mannheim, gest. 1931 Heidelberg), jüd.; *K:* Louise Gütermann (geb. 1893), Stud. Germanistik, Emigr. F, Lager Gurs, Urug.; Franz Feitel (geb. 1902), Getreidehändler, Emigr. Argent., CH; Else (geb. 1910), Sozialarb., Emigr. NL, USA; *StA:* deutsch; 1942 Argent. *Weg:* 1939 CH; 1940 Argent.

Mittlere Reife, 1883-84 MilDienst (Vizefeldwebel), Mitarb. in väterl. Mühle, Getreidehändler in Worms, ab 1902 in Mannheim, Erwerbung von Malzfabriken u. ab 1917 von Brauereien, gleichzeitig Beteiligung im Hopfenhandel u. in Brauereiausrüstungen, expandierendes AuslGeschäft. Ab 1926 Mitgl. IHK Mannheim, AR-Mitgl. Dresdner Bank u. von 15 Brauereien, 20 Prozent Marktanteil im dt. Getreidehandel. Nach 1933 Zwangsverkauf von Unternehmen u. Beteiligungen, Juni 1939 Emigr. in die Schweiz, Febr. 1940 nach Argent., Privatier.
Qu: Pers. - IfZ.

Jacob, Walter, Rabbiner; geb. 13. März 1930 Augsburg; V: → Ernest I. Jacob; ∞ 1958 Irene Löwenthal (geb. 1928 Hamburg), 1938 Emigr. GB, 1949 IL, 1958 USA, Vortragstätigkeit am Carnegie Museum; K: Claire Helen (geb. 1959, gest. 1975); Kenneth Gabriel (geb. 1962); Daniel Benjamin (geb. 1966); StA: deutsch, 1945 USA. Weg: 1939 GB, 1940 USA.

Jüd. Volksschule Augsburg; März 1939 Emigr. GB mit Mutter u. Bruder, Jan. 1940 USA mit Familie. 1950 B.A. Drury Coll. Springfield/Mo., 1950-55 Stud., 1955 M.H.L., 1961 D.H.L., H.U.C. Cincinnati/O.; 1955-66 stellv. u. später Hilfs-Rabbiner, seit 1966 Rabbiner Rodef Shalom Congr. in Pittsburgh/Pa., daneben 1955-57 Assoc. Chaplain US Air Force auf den Philippinen. Seit 1968 Gastprof. Pittsburgh Theol. Seminar, 1966 Mitgr. u. seitdem Ltr. *Pittsburgh Area Relig. and Race Council,* seit 1967 Mitgl. Committee on Responsa der CCAR, seit 1968 ehrenamtl. Vors. *Pennsylvania Equal Rights Council,* seit 1968 Kuratoriumsmitgl. WQED Educ. Television in Pittsburgh, Vors. des Responsa Committee der Central Conf. of Am. Rabbis, Hg. der *Hebr. Union Coll. Press,* Mithg. der Zs. *Reform Judaism;* seit 1972 Präs. *Assn. Am. Jew. Museums Inc.,* seit 1974 Kuratoriumsmitgl. H.U.C.-J.I.R., seit 1974 Mitgr. u. Ltr. *Interrelig. Aid Org.* der *United Farm Workers,* zeitw. Berater im Kulturbüro des Bürgermeisters von Pittsburgh/Pa. Lebte 1978 in Pittsburgh/Pa.

W: Paths of Faithfulness, A Collection of Sermons by Ernest I. Jacob (Mitverf.). 1964; Essays in Honor of Solomon B. Freehof. 1964; Our Biblical Heritage. A Course of Study. 1965; Benno Jacob's Commentary on Genesis. 1974; Christianity Through Jewish Eyes. 1974; zahlr. Art. in am. Zs. D: RFJI. Qu: Arch. Fb. Hand. Pers. - RFJI.

Jacobi, Friedrich Paul, Unternehmer; geb. 24. Mai 1901; V: Adolf J. (gest. 1936), Kommerzialrat, Gr. Ysperdorfer Holzschleiferei und Pappenfabrik Adolf Jacobi; StA: österr., brit.(?). Weg: 1938 GB.

Stud. TH Darmstadt, 1934-37 Gesellschafter, 1937-39 Inh. Ysperdorfer Holzschleiferei und Pappenfabrik Adolf Jacobi; bis 1938 VorstMitgl. *Österreichischer Papierverband.* 1938 Emigr. GB, Gr., Präs. u. GenDir. F.P.Jacobi & Co. Ltd., 1947-51 öffentl. Verwalter, 1951-63 Alleininh. der in Sarmingsteiner Pappen- und Kartonagenfabriken Loose & Gloger vormals Adolf Jacobi umbenannten väterl. Firma. Lebte 1976 in London (?).
Qu: Arch. Hand. - IfZ.

Jacobi, Grete, geb. Rabow, Fürsorgerin; geb. 31. Jan. 1910 Königsberg, gest. 22. Apr. 1973 Tel Aviv; jüd.; V: Albert Rabow (geb. 1869 Karthaus/Westpreußen, gest. 1939 Tel Aviv), jüd., höhere Schule, Versicherungsvertr., 1936 Emigr. Pal.; M: Paula, geb. Wohlgemut (geb. 1874 Kielau/Westpreußen, gest. 1961 Tel Aviv), Sängerin, 1936 Emigr. Pal.; G: Fritz Shlomo (geb. 1908 Königsberg), Stud. TH Berlin, Ing., 1933 Emigr. Pal.; Annemarie Posner (geb. 1917 Königsberg), höhere Schule, 1935 Emigr. Pal.; ∞ 1933 Hermann Jacobi (geb. 1910), jüd., Stud. TH Berlin-Charlottenburg, Architekt, 1933 Emigr. Pal., Reklamefachmann in Tel Aviv; G: Uri (geb. 1936 Tel Aviv), Stud. Landwirtschaftsschule Kadoorie, KibbMitgl., landwirtschaftl. Stud. Hebr. Univ., B.A. Reḥovot; Alisa Eshed (geb. 1938 Tel Aviv), B.A. Hebr. Univ., RegAngest.; StA: deutsch, Pal./IL. Weg: 1933 Pal.

Höhere Schule, kaufm. Ausbildung, Verkäuferin, Mitgl. zion. Studentenorg. Z.I.S.T. u. ZVfD, Sekr. Alijah-Abt. der ZVfD Berlin. 1933 Emigr. Palästina, bis 1944 Schreibarb., ab 1944 ehrenamtl. Mitarb. im Büro für Einwandererfürsorge unter Ltg. von → Miryam Hoffert-Horani, ab 1948 Fürsorgerin der Stadtverw. Tel Aviv (Betreuung neuer Einwanderer), 1948 Gr. u. bis 1973 Mitarb. in Werkstätten für körperlich Behinderte u. alte Menschen, später Übernahme durch städt. Fürsorgeamt, Weiterführung als Maas Jaffa. Mitgl. H.O.G., I.O.M.E., *Alijah Chadaschah, Progressive Party* u. *Liberal Independent Party;* Mitgl. *Soroptimists.*
Qu: Fb. HGR. - RFJI.

Jacobi, Pablo (Paul), Industrieller; geb. 30. Dez. 1879 Straßburg, gest. 3. Nov. 1961 Lugano/CH; jüd.; *Weg:* Argent, 1940 USA; CH.

Ab 1897 Lehre im Familienunternehmen Wolff Netter & Jacobi, u.a. in Lüttich, London u. den USA, MilDienst; 1901-19 Prokurist, später Teilh. des Familienunternehmens, 1919 Verlegung der Firma von Straßburg nach Frankfurt/M., 1919-37 Seniorchef u. AR-Vors. Wolff Netter & Jacobi-Werke K.G. a.A. Berlin u. AR-Mitgl. zahlr. Zweigniederlassungen; 1937 Zwangsverkauf an Mannesmann-Konzern. 1937-40 Reisen in Europa u. Südamerika (Argentinien), 1940 USA, Mitbegr. Stahlexport-Firma Marcel Loeb & Co. Inc. New York. Im 2. WK Berater der US-Regierung als Kenner der dt. Stahlindustrie. 1947 Präs. des Familienrates der Lederwarenfabrik Adler & Oppenheimer.
Qu: EGL. Hand. Z. - RFJI.

Jacobi, Paul Jaacov, Rechtsanwalt, Politiker; geb. 14. Mai 1911 Königsberg; V: Julius J. (geb. 1876 Landsberg/Ostpreußen, gest. 1955 IL), RA u. Notar in Königsberg, ltd. Position in zion. Gruppen u. Gde., 1933 Emigr. Pal.; M: Herta, geb. Samelson (geb. 1887 Pakosch/Posen, gest. 1938 Pal.), 1933 Emigr. Pal.; G: Hermann (geb. 1910 Königsberg), Architekt, 1933 Emigr. Pal., Teilhaber in Werbefirma; ∞ ledig; StA: deutsch, 1948 IL. Weg: 1933 GB, Pal.

1919-25 Mitgl. *Blau-Weiß,* 1925 Mitgr. *Kadimah,* 1929 Mitgl. K.J.V.; 1929 Stud. Rechtswiss. Hebr. Univ. Jerusalem, 1929-30 Stud. London School of Econ., 1931-32 Stud. Frankfurt/M. u. Königsberg, Vertr. jüd. Stud. im AStA der Univ. Königsberg, K.J.V.-Vertr. bei nat. u. internat. StudKonf., u.a. in Riga u. London; 1932-33 Referendar. März 1933 Emigr. London, Mitarb. in Anwaltskanzlei, Gr. u. 1. Vors. *Union of Young Zionists* (später *Theodor Herzl Soc.).* Okt. 1933 Palästina mit A II-Zertifikat durch Vermittlung der palästinens. Obstzüchtergenossenschaft; ab 1933 ZK-Mitgl. H.O.G., später I.O.M.E., 1947-48 geschäftsf. Vors. der Zweigstelle Jerusalem. 1933-35 jur. Examina, 1934-37 Mitarb. Anwaltskanzlei, 1936 RA-Zulassung, 1937-47 RA-Praxis; 1934-38 *Haganah* (Ausz.). 1935-37 VorstMitgl. K.J.V. in Palästina, 1947-53 Gr. u. Ltr. KKL-Abt. für die Restitution jüd. Eigentums, 1948 Teiln. KKL-InfoReise nach Osteuropa, ab 1953 KKL-Rechtsberater. 1937 ZK-Mitgl. *Alijah Chadaschah,* 1948 *Progressive Party,* 1960 *Liberal Party,* 1965 *Independent Liberal Party;* seit 1943 StadtVO in Jerusalem, zunächst als *Alijah Chadaschah*-Vertr., 1945-48 VorstMitgl. Jerusalemer Stadtrat, 1948-49 Mitgl. Jerusalemer Mil-Rat, 1948-65 StadtVO in Jerusalem auf Listen der *Progressiven, Liberalen* u. *Unabhängigen Liberalen Parteien,* Mitgl. u.a. der Gde.-Steuerausschüsse, 1956-59 1. stellv. Bürgermeister von Jerusalem, Referent für Erziehung u. Kultur, 1956-65 Vors. isr. Kriegsentschädigungstribunal, 1956-66 Mitgl. staatl. Kultur- u. Kommunalrat, 1958 Vors. Ausstellungsges. für die 10-Jahresfeier des Staates Israel, 1961 Vors. isr. Anwaltskammer in Jerusalem. 1934 Mitgr. Palestine, jetzt Isr. Philharmonic Orchestra, 1936-45 ehrenamtl. Sekr. Palestine Orchestra Trust, Vors. des Jerusalem-Komitees u. Mitgl. der Landesltg. des Orchesters, 1959-68 Vors. Haskel-Sasson-Stipendienfonds für irak. Kinder, ab 1959 Mitgl. VerwRat Jugendzentrum Novomeysky, 1959 Kuratoriumsmitgl. Nature and Science Museum,

1966-70 AR-Mitgl. East Jerusalem Development Co. Ltd.; 1966 Mitgl. VerwAusschuß *Old City Writers,* 1970 AR-Mitgl. Isr. Government Tourist Corp., Berater des Israel-Festivals, Veröffentl. wiss. Art. Lebte 1977 in Jerusalem.

Qu: Fb. Hand. – RFJI.

Jacobs, Alfred, Dr. phil., Rabbiner; geb. 6. Apr. 1897 Nuttlar/ Westf., gest. 15. Apr. 1972 New York; *V:* Meyer J. (geb. ca. 1861 Sögel bei Hannover, gest. 1918 Nuttlar), jüd., Kurzwarenhändler; *M:* Emma, geb. Weinberg (geb. ca. 1866 Sittlinghausen b. Hannover, gest. 1941 Nuttlar), jüd.; *G:* Erich (gest. 1973 Trenton/N.J.), Emigr. E, Kuba, 1946 USA, Schächter u. Lehrer; David (gef. im 1. WK); Adele Silverstein (umgek. im Holokaust); Rosa Weinberg (umgek. im Holokaust); Hilde Bayer, Emigr. GB, B, CDN, 1977 nach IL; Frieda Neumann, 1934 Emigr. Pal., 1952 CDN; Erika Kohn (umgek. im Holokaust); ∞ Caroline Schieren (geb. 1897 Düsseldorf, gest. 1971 New York), 1939 Emigr. USA, Fürsorgerin in Washington/ D.C.; *K:* Meyer (geb. 1924), 1939 Emigr. USA, Stud. Howard Univ., Taxifahrer in Rockville/Md.; Aryeh L. (geb. 1925), 1939 Emigr. USA, Stud. Ner Isr. Rabb. Coll. Baltimore u. an einer Yeshivah, Stud. Psychol. Johns Hopkins Univ. u. City Coll. New York, seit 1949 Rabbiner Astoria Heights Jew. Center; Zvi David (geb. 1926, gest. 1941 Washington/D.C.), 1939 Emigr. USA; Judith Durst (geb. 1932), 1939 Emigr. USA, Lehrerin Yeshiva Univ. New York; Esther Keane (geb. 1941); *StA:* deutsch; USA. *Weg:* 1939 USA.

1922 Examen am Rabbinerseminar Berlin, 1922 Prom. Univ. Würzburg, 1922-27 Lehrer für jüd. Ritualgesetz in Köln, 1927-38 Rabb. SynGde. Bad Kreuznach/Nahe, Unterstützung jüd. Verfolgter bei der Flucht über die franz. Grenze; Nov. 1938 KL Dachau. 1939 Emigr. USA über Frankr. u. die Niederlande mit Ehefrau u. Kindern, 1939-66 Hauslehrer für Hebr. Bibelkunde, Talmudwiss. u. ReligGesetze in Washington/D.C.; ab 1966 Ruhestand in New York.

W: Die Kere-Kethib des Buches Jeremia nach der Auffassung der jüdischen Exegeten (Diss.). 1924; Exegetisches Miszellen-Jahrbuch der Jüdisch-liberalen Gesellschaft, Nr. XVII, 1925; Ḥaser uMale baTanakh (Fehlerhafte und Vollständige Rechtschreibung in den Heiligen Schriften). 1977. *Qu:* Arch. Pers. Z. – RFJI.

Jacobsohn, Max, Dr. jur., Rechtsanwalt, Landwirt; geb. 1887 Gleiwitz/Schlesien, gest. 13. Dez. 1972 Pardes Ḥannah/IL; *V:* Louis J., Lehrer in Gleiwitz; *M:* Luise, geb. Hamburger; *G:* 1 S (umgek. im Holokaust); ∞ Else Nathan (geb. 1891 Zduny/ Posen, gest. 1959), 1933 Emigr. Pal.; *K:* Hannah Navar (urspr. Nawratzki), 1933 Emigr. Pal.; Lea Lotte Bernheim (gest. 1948), 1933 Emigr. Pal.; Bathschewa Ronat, 1933 Emigr. Pal.; Esther Theodor, 1933 Emigr. Pal. *Weg:* 1933 Pal.

Stud. Rechtswiss. München, Berlin, 1908 Prom., 1913-33 Steueranwalt in Breslau, RA u. Notar. 1905-33 Mitgl. *Zionistische Organisation,* 1913-33 Vors. zion. Ortsgruppe Breslau u. VorstMitgl. ZVfD, Deleg. zum Zion. Kongreß, Komitee-Mitgl. jüd. Gde. Breslau, Mitgl. preuß. Landesverband Jüdischer Gemeinden, aktiv in der Unterstützung osteurop. Emigr. (Unterbringung in dt. *Hechaluz-* u. *Hachscharah-*Zentren), Mitgl. K.J.V., 1923 Mitgl. *B'nai B'rith;* Reise nach Palästina, Landankauf. 1933 Emigr. Palästina, 1933-34 landwirtschaftl. Ausbildung im Kibb. Gan Shemuel, 1934-75 Bes. eines landwirtschaftl. Betriebs u. von Obstplantagen in Pardes Ḥannah, Mitarb. in Dorfverw., später Ltr. GdeRat in Pardes Ḥannah. Zugl. 1935-75 Dir. Jaffa Plantation, später Hashgaḥah Ltd., Mitgl. Citrus Marketing Board, AR-Mitgl. u. Vors. Steuerkommission der landwirtschaftl. Vereinigung, Vors. Landes-Blindenbibliothek in Netanyah (Übertragungen von Literatur in die Blindenschrift), Mitgl. RegAusschüsse für Wasserwirtschaft, für Genossenschaften u. Blinde, Präs. u. Mitgl. Ehrengericht Großloge *Ruppin-Loge B'nai B'rith,* Gr. des *B'nai-B'rith-*Jugendklubs für Kinder von Einwanderern in Pardes Ḥannah.

Qu: Hand. Pers. – RFJI.

Jacobsohn, Walter, Dr. phil., Apotheker, Industrieller; geb. 14. Febr. 1904 Kosten/Posen; *V:* Jacob J. (geb. 1877 Lauenburg/Pommern, gest. 1948 New York), Apotheker, 1940 Emigr. Mex., 1945 USA; *M:* Margarethe, geb. Olschewsky (geb. 1877 Zaborze [Zabrze]/Oberschlesien, gest. 1962 New York), jüd., 1933 Emigr. Mex., 1945 USA; *G:* Hertha Dach (geb. 1908 Berlin, gest. 1957 New York), jüd., Stud. Rechtswiss. Berlin, Referendarin, 1936 Emigr. USA, Chefsekr.; ∞ 1930 Dorethea Bronner (geb. 1910 Zaborze [Zabrze]), jüd., 1933 Emigr. Pal.; *K:* Jochanan (urspr. Hans, geb. 1931 Berlin), 1933 Emigr. Pal., Buchprüfer; Ruth Shomroni (geb. 1937 Tel Aviv), Keramikerin; *StA:* deutsch, Pal./IL. *Weg:* 1933 Pal.

Stud. Frankfurt/M., Freiburg, Berlin, Approbation als Apotheker, pharmazeut. Laborausbildung in Berlin u. Frankfurt, Assist. in UnivLabors, Mitarb. an Entwicklung u. Herst. von Medikamenten; Mitgl. JJWB u. ZVfD. Mai 1933 Emigr. Palästina, 1933-36 Ankauf der pharmazeut. Werke Zori Ltd. (Teilh. u.a. → Paul Weiss), 1936-50 (?) Dir. u. Teilh. Palmed-Palestine Products Ltd. u. Taro Ltd.; 1933-48 Tätigkeit für illeg. Einwanderung. 1950 (?)-58 Dir. pharmazeut. Abt. von Rafa Labs. Jerusalem u. Abic Ltd. Ramat Gan, Inh. einer Apotheke in Tel Aviv. 1956 nach Afrika u. Burma zur Förderung der Ausfuhr isr. pharmazeut. Produkte, 1957-58 Sonderberater der Reg. von Burma, Reorg. der Burma Pharmaceut. Indus. Ltd., 1960-63 Dir. der Miles Chemicals (Isr.) Ltd., 1963 nach Singapur i.A. des UN Techn. Assist. Board; 1964 u. 1966 nach Thailand u. Singapur i.A. von ECAFE als Berater für die örtl. pharmazeut. Industrie. Ehrenamtl. sozialfürsorger. Tätigkeit für Soldaten u. Soldatenfamilien in Haifa. Lebte 1977 in Haifa.

Qu: Fb. – RFJI.

Jacobson, Ann R., Sozialfürsorgerin; geb. 25. Apr. 1926 Berlin; ∞ verh.; *K:* 3. *Weg:* 1939 USA.

1939 Emigr. USA, 1939-43 Schulbesuch in Kansas City/Mo., 1943-46 Stud. Univ. Missouri in Kansas City, 1946 B.A., 1946-48 Lehrerin für dt. Sprache an der Univ. Missouri u. Kansas. 1965-66 Sozialfürsorgerin beim Kansas Child Welfare Service, 1966-67 Sozialfürsorgerin beim Mattie Rhodes Center in Kansas City; 1967 M.S.W. Univ. Kansas. 1967-71 Projektdir., 1969 stellv. Dir. Carver Nachbarschafts-Zentrum, 1969 Doz. für Erwachsenenbildung Univ. Missouri; 1970-71 Stud. Univ. Kansas, ab 1973 Assoc. Dir. United Community Services, 1966-72 Mitgl. Interkonfessioneller Ausschuß der Union Am. Hebr. Congr.; 1968-71 Vorst. der Women's Dir. der *Jew. Fed. and Council;* 1969-73 Mitgl. Rehabilitations-Projektausschuß der Goodwill Industries Am.; 1970-72 Präs. *Assn. Volunteer Bureaus Am.* 1971 u. 1973 Deleg. auf der Weltkonf. der *Jew. Agency* in Israel, Mitgl., 1973 Deleg., 1973-74 Vizepräs., 1974-75 Vors. *Nat. Assn. Soc. Workers,* Mitgl. *Acad. of Cert. Soc. Workers, League of Women Voters, Assn. Voluntary Action.* Lebte 1977 in Kansas City.

W: Art. in Fachzs. *Qu:* Fb. Pers. – RFJI.

Jacobus, Hans, Journalist; geb. 6. Aug. 1923 Berlin; *StA:* deutsch. *Weg:* 1938 GB; 1945 (?) Deutschland (Berlin).

Metallarb.; 1938 Emigr. nach GB. 1945 KPD. Rückkehr nach Berlin, Red. Verlag Neues Leben, anschl. bis 1953 Chefred. *Sport-Echo* Berlin (Ost), ab 1954 AbtLtr. für Kultur beim Rat des Stadtbez. Berlin-Mitte, danach Red. bzw. Kommentator *Berliner Rundfunk* u. *Deutscher Fernsehfunk;* ab 1965 Mitgl. *Friedensrat der DDR.* – *Ausz.:* u.a. 1968 VVO (Silber).

Qu: Hand. – IfZ.

Jacoby, Gerhard, Dr. jur., Dr. rer. pol., Rechtsanwalt, Verbandsfunktionär; geb. 30. Juli 1891 Berlin, gest. 19. Aug. 1960 New York; jüd.; *V:* Oscar J. (geb. 1860 Landsberg/Brandenburg, gest. 1922 Berlin), jüd., Schrott-Großhändler; *M:* Eva, geb. Meyer (geb. 1860 Posen, gest. 1916 Berlin), jüd.; *G:* Lina Goldschmidt (geb. 1888 Berlin, gest. 1935 New York), Stud. Musikhochschule, Schriftstellerin u. Kunstkritikerin, Emigr. UdSSR, Mexiko, USA; Ludwig (geb. 1895 [?] Berlin, gest. 1959 Buenos Aires), Volkswirt, Textilfabrikant, Emigr. Rum., Argent.; ∞ Dr. Margot Goldstandt (geb. 1899 Strelno/Posen), jüd., 1926 Prom. Berlin, 1938 Emigr. Pal., 1940-45 Sängerin, 1945 Emigr. USA, Sprach- u. Gesanglehrerin, Schriftstellerin, seit 1947 Kunsthändlerin; *K:* Frank R. (geb. 1925), 1935 Emigr. Pal., 1945 Emigr. USA, Ph. D., Doz. für Germanistik Brandeis Univ.; *StA:* deutsch; Pal.; USA. *Weg:* 1935 Pal., 1937 USA.

1912 Staatsexamen, 1913 Dr. jur. Berlin. 1914-18 Kriegsteiln. (Offz.-Anwärter, Uffz., EK II). 1921 Dr. rer. pol. Würzburg, Assessor, 1921-35 RA, nach 1927 (?) Notar in Berlin, zus. mit → Wenzel Goldbaum Teilh. einer bedeutenden RA-Firma für Urheber- u. Theaterrecht, tätig u.a. für S. Fischer Verlag, UFA, Schriftsteller u. Bühnenkünstler. Gleichz. Syndikus des S. Fischer Verlages, Gr. u. Syndikus der GEMA (Genossenschaft zur Verwertung musikalischer Aufführungsrechte). 1921-35 Mitgl. *Berliner Anwaltschaft, Gesellschaft der Bibliophilen, Deutscher Schriftstellerverband.* 1935 mit Sohn Emigr. Palästina über Frankr. mit A I-Zertifikat, Rechts- u. Wirtschaftsberater u.a. für Versicherungsges. Migdal; 1937 in die USA mit Touristenvisum, später Einwanderungsvisum nach Aufenthalt in Kanada, 1939-60 tätig beim WJC, 1941-60 als Forschungsmitarb. u. Mithg. der Publikationen des *Inst. of Jew. Affairs* des WJC. 1951-52 Vertr. des WJC in Deutschland (BRD), Besuch von D.P.-Lagern, Mitarb. an Grdg. des *Zentralrats der Juden in Deutschland* und an der Vorbereitung für die Nürnberger Prozesse. 1949-60 Vertr. des WJC bei UNESCO. Mitgl. *Am. Jew. Congress, Internat. Lawyers Assn.*

W: Hitler's Ten-Year War Against the Jews (Mitverf.). 1943; The Racial State. The German Nationalities Policy in the Protectorate of Bohemia-Moravia. 1944; The Story of the Jewish D.P. (Mitverf.) 1947 (2. Aufl. u. dt. Übers. 1953); Dictionary of Jewish Public Affairs and Related Matters (Mithg.). 1958; *Qu:* Arch. EGL. Hand. Pers. - RFJI.

Jacoby, Gustav, Dr. jur., Rechtsanwalt; geb. 10. März 1904 New York; jüd.; *V:* Siegfried J. (geb. 1873 Berlin, gest. 1932 Berlin), jüd., Bankier, um 1900 zeitw. in GB u. USA; *M:* Amenda, geb. Rappaport (geb. 1871 New York, gest. 1947 New York), jüd., 1905-35 in Deutschland, anschl. USA; *G:* Dr. jur. Sidney J. (geb. 1908), 1934 Emigr. USA; ∞ 1935 Eva Michaelis (geb. 1908 Berlin), jüd., 1924 mit Eltern nach J, später USA, B.A., Fachübersetzerin; *K:* Sylvia J. Cohn (geb. 1937); Stephen M. (geb. 1940), Stud. Columbia Univ., RA, Mitgl. VerwRat *Selfhelp; StA:* USA u. deutsch. *Weg:* 1933 USA.

1905 Rückkehr der Familie aus den USA nach Deutschland. Ab 1922 Stud. Rechtswiss. Freiburg, Berlin u. Leipzig, 1927 Prom.; als Stud. Mitarb. in versch. Berliner Banken u. 1924-27 Ltr. Finanzabt. bei Mansfeldscher Metallhandel Berlin; Referendar, Assessor, bis 1933 RA in Berlin, dann Berufsverbot. Juni 1933 Emigr. USA mit Besuchervisum, 1934 Anerkennung der ehem. USA-StA.; 1933-35 Stud. Rechtswiss. Univ. New York u. Columbia Univ., zugl. Sachverständiger für dt. Recht, Verf. von Richtlinien für dt. Juristen in EmigrFragen; März 1936 Zulassung als RA in New York, anschl. Anwaltspraxis in New York. Im 2. WK Mitgl. Citizens' Defense Corps. 1946-58 Präs. u. VorstVors. Einwanderergde. Congr. Habonim New York. VorstMitgl. LBI, *Jew. Philanthropic Fund of 1933,* AFJ-CE, *New York Foundation for Nursing Homes Inc., Am. Barrister Assn.,* ab 1936 Mitgl. *N.Y. County Lawyers' Assn.* (langj. Ausschußmitgl. *Foreign Law Comm.*). Lebte 1977 in New York.

W: Die interparlamentarische Regierung nach deutschem Reichsstaatsrecht (Diss.). 1927; Habonim - „And All The Past Is Future". In: Living Legacy, Festschrift für Rabbi Hugo Hahn. 1963. *L:* Anniversary Yearbook. Congr. Habonim 1939-49. O. J.; Congr. Habonim, 1939-59. Past, Present and Future. O. J. *D:* RFJI. *Qu:* Fb. Pers. - RFJI.

Jacoby, Henry (Heinz), Schriftsteller, UN-Beamter; geb. 3. Aug. 1905 Berlin; *V:* Sigmund J., Kaufm.; ∞ 1930 Frieda (später Freda) Koschke, Textilarb., Mitgl. *Freie Jugend,* KPD, nach 1933 illeg. Tätigkeit, März 1934 Flucht nach Prag, 1937 GB, F, 1941 USA; *StA:* deutsch, USA. *Weg:* 1936 CSR; 1937 F; 1941 USA.

Bis 1920 Gymn., dann kaufm. Lehre in Berlin. Anschluß an *Freie Jugend* unter → Ernst Friedrich, Mitarb. beim Aufbau des Anti-Kriegsmuseums, bis 1927 Ltr. von Verlag u. Buchhandlung. Anhänger der Individualpsychologie Alfred Adlers, Verb. zu → Otto Rühle, Mitarb. *Internationale Zeitschrift für Individualpsychologie.* Ausbildung als Sozialarb. an der Wohlfahrtsschule von Carl Mennicke, 1930-32 Ltr. des Sekr. der *Deutschen Vereinigung für Jugendgerichte und Jugendgerichtshilfen.* Sommer 1930 StudReise in die UdSSR, Eintritt in KPD. Nach natsoz. Machtübernahme Anschluß an illeg. KPD-Oppositionsgruppe unter → Kurt Landau, ab Mitte 1933 führend in illeg. Tätigkeit der Gruppe, Mitarb. *Der Funke* u. Betriebszs. *Der revolutionäre Vertrauensmann.* März 1934 Verhaftung, u.a. Columbia-Haus, 2 1/2 J. Zuchth. Waldheim u. Brandenburg; Juli 1936 Emigr. Prag, Apr. 1937 Paris, schriftst. Tätigkeit, Privatlehrer, ab 1938 Ltr. eines privaten Waisenhauses für jüd. Kinder aus Berlin. Mitgl. *Verband deutscher Lehrer-Emigranten.* In Paris Mitarb. *Gruppe Funke (Marxisten-Internationalisten)* um Zs. *Der Funke* u. *Kritische Parteistimme,* Deckn. Sebastian Franck. 1939 Internierung, Ende 1941 mit Notvisum durch Vermittlung von Max Horkheimer u. Frederick Pollock nach New York, Fabrikarb., Angest. jüd. Org., ab 1942 mit Auswertung europ. Zs. u. ökonom. Analysen in New York u. Washington beauftragt (→ Adolf Kozlik). Mitarb. sozialist. Zs. *Call* u. Zs. *Politics,* Ps. André Martin, Sebastian Franck, Berger. Nach 1945 Angest. FAO, zuletzt Ltr. Genfer Büro. Mitarb. *Amnesty International.* Lebte 1977 in Genf.

W: u.a. Franck, Sebastian, Zur Kritik der politischen Moral. 1947, 1971; ders., Soziologie der Freiheit. Otto Rühles Auffassung von Sozialismus. 1951; Die Bürokratisierung der Welt. 1969; Otto Rühle: Baupläne für eine neue Gesellschaft (Hg. u. Beiträge). 1971; Beiträge zur Soziologie der sozialistischen Idee. 1973; Alfred Adlers Individualpsychologie und dialektische Charakterkunde. 1974; Begegnungen mit meiner Zeit und manchen Zeitgenossen (autobiogr. Ms.). 1977. *D:* IfZ; IISG. *Qu:* Arch. Fb. - IfZ.

Jacoby, Konrad Yoram, Dr. jur., Rechtsanwalt, Ministerialbeamter; geb. 4. Juli 1906 Königsberg; *V:* Siegfried J. (geb. 1872 Saalfeld/Ostpr., gest. 1928 Königsberg), jüd., RA u. Notar, Mitgl. SPD, Kontakt zu Hugo Haase, später DDP; *M:* Antonie Elfriede, geb. Behrendt (geb. 1879 Königsberg, gest. 1968 Jerusalem), jüd., Stud. Malerei, 1940 Emigr. J. über UdSSR, 1947 Pal.; *G:* Paul (geb. 1905 Königsberg, gest. 1965 Jerusalem), 1932 StudAssessor, 1933-39 Lehrer an jüd. Schulen in Berlin u. Breslau, 1939 Emigr. Pal., Inh. einer Leihbibliothek in Jerusalem; Heinrich (Chanoch, geb. 1909 Königsberg), 1927 Abitur, Stud. Hochschule für Musik Berlin-Charlottenburg, Mitgl. Radio-Orchester Frankfurt/M., 1933 Emigr. TR, 1934 Pal., Gr. Musikakad. in Jerusalem, Komponist, ab 1959 Mitgl. Philharm. Orchester in Tel Aviv; Hans Kurt (geb. 1918 Königsberg), Emigr. CH, dort Abitur, 1938-39 kaufm. Tätigkeit in London, 1939 Pal., im 2. WK Dienst in jüd. Brigade, Buchhalter in Kefar Ata; ∞ 1931 Dr. med. Hanna Pelz (geb. 1909 Königsberg, gest. 1972 Jerusalem), 1933 Prom. Basel, 1934 Emigr. Pal. mit Ehemann, 1944 gesch.; *K:* Rachel Varon (geb. 1934 Berlin), 1934 Emigr. Pal., Stud. VerwWesen, Beamtin im Gesundheitsmin.; Dr. rer. nat. Yael Naaman (geb. 1937 Petaḥ Tikvah), Forschungstätigkeit auf dem Gebiet der Biochemie; *StA:* deutsch; Pal./IL. *Weg:* 1934 Pal.

Ab 1920 Mitgl. *Blau-Weiß,* 1924-27 Stud. Rechtswiss., Gesch., Phil. in Freiburg, München, Königsberg, 1928 Prom.; Mitgl. K.J.V., 1927-31 Referendar, 1931-32 Assessor, Apr.-Okt. 1932 Assist. des Syndikus bei IHK Berlin, Nov. 1932-Okt. 1934 Syndikus Bankhaus Boehm u. Reitzenbaum Berlin, gleichz. Mitarb. *Berliner Zionistische Vereinigung,* Ltr. zion. Jugendgruppe, 1932-34 ltd. Position in K.J.V.; 1934 Emigr. Palästina mit A I-Zertifikat (Transfer durch *Haavarah*), Mitgl. Histadrut, *Kuppat Ḥolim, Haganah.* 1935-41 Landwirt in Kefar Yedidyah, Emek Hefer, Hilfspolizist; gleichz. Mitarb. bei der dt. Abt. der *Jew. Agency,* 1939 Siedlungsberater der H.O.G., Mitgl. des Rates der landwirtschaftl. Genossenschaftssiedlungen *Tenuat haMoshavim* in Emek Hefer; 1942 Verkauf der Farm. Mitarb. Instruktions-Abt. im Sekr. der *Tenuat haMosha-*

vim in Tel Aviv, 1943-51 Sekr. für Wirtschaft u. Finanzen in BenSchemen (Kinderdorf der *Jugend-Alijah*), zeitw. IDF-Dienst. 1951-52 Sekr. der Stadt Holon, gleichz. Anwaltsprüfung, Mitgl. isr. Anwaltskammer u. RA-Vereinigung, 1952 Rechtsberater u. stellv. Ltr. Devisenabt. im Finanzmin., 1957-59 stellv. Ltr. Abt. für Rechtsfragen bei der isr. Mission in Köln, ab 1969 wirtschaftspol. Berater isr. Botschaft in Bonn, 1971-74 gleichz. Vertr. des Finanzmin. in Reparations- u. Wiedergutmachungsfragen. Seit 1974 Pensionist in Israel, freier Mitarb. beim Finanzmin., *Yad Vashem* u. Leo Baeck-Inst. Jerusalem.

W: Eine Frage der 'exeptio doli generalis' im bürgerlichen Recht (Diss.). 1928. *Qu:* Fb. - RFJI.

Jacoby, Kurt, Verleger; geb. 1893 Insterburg/Ostpreußen, gest. 1968 USA; ∞ Tochter von Leo Jolowitz, Inhaberin Akademische Verlagsgesellschaft Leipzig u. Johnson Reprints New York. *Weg:* 1941 USA.

Bis 1938 bei Akademischer Verlagsgesellschaft Leipzig, dann Arisierung des Verlags, 1938-41 in versch. KL. 1941 Emigr. USA über die UdSSR u. Japan. 1942 mit Schwager Walter Johnson Gr. u. Inh. des wiss. u. Lehrbuch-Verlags Academic Press Inc. New York, später Johnson Reprints New York, ab 1941 zugl. Hg. der krit. Zs. *Advances* (Rezensionen wiss. Lit.).

L: Homeyer, Juden als Bibliophilen; Fermi, Immigrants. *Qu:* Publ. Z. - RFJI.

Jacoby, Peter Heinz, Diplomat; geb. 14. Juli 1927 Berlin; jüd.; *V:* Dr. jur. Werner J. (geb. 1893 Berlin), jüd., 1933 Emigr. NL, 1940 Urug.; *M:* Hildegard, geb. Turk (geb. 1900 Berlin, gest. 1977 Urug.), jüd., 1933 Emigr. NL, 1940 Urug.; *G:* Beate Capandeguy (geb. 1931 Berlin), 1933 Emigr. NL, 1940 Urug., B.A., Psychologin in Urug.; ∞ 1956 Ellen Apolant (geb. 1935 Berlin), ev., 1936 Emigr. USA (?), M.A. Univ. Washington, Lehrerin, Dir. Am. Cultural Center in Paraguay; *K:* Richard A. (geb. 1961 USA); Sharman E. (geb. 1967 USA); *StA:* deutsch, 1953 USA. *Weg:* 1933 NL; 1940 Urug.; 1942 Argent.; 1945 USA.

1933 Emigr. Niederlande, 1940 Uruguay; 1942-44 Stud. Am. Highschool in Argentinien. 1945 USA, 1948 B.A. Amherst Coll./Mass., 1949 M.A. Harvard Univ., 1949-50 Kulturred. einer Zs., 1950-52 US-Armee, 1952-62 Verlagslektor Am. Book Co. Ab 1963 Mitarb. US-Außenmin., bis 1964 Ltr. des Programms Bücher für Südamerika USIA Washington/D.C., 1964-67 Ltr. Bücherabt. der US-Botschaft Mexico City, 1967-68 Dir. US-Kultur-Inst. Paris, 1968-70 Presseattaché Den Haag, 1970-71 amtierender Botschaftsrat Phnom Penh, 1971-73 im Außenmin. Washington/D.C., 1973-76 Botschaftsrat in Asunción/Paraguay, ab 1976 Kulturattaché US-Botschaft Wien. Lebte 1977 in Wien. - *Ausz.:* 1970 VO Kambodscha.

Qu: Fb. Hand. - RFJI.

Jäckh, Ernst, Dr. phil., Publizist, Politiker; geb. 22. Febr. 1875 Urach/Württ., gest. 17. Aug. 1959 New York; ev.; *V:* Ludwig J. (1830-1903), Kaufm.; *M:* Caroline, geb. Borst; *G:* Gustav (1866-1907), sozdem. Journ., Red. *Leipziger Volkszeitung*; ∞ I. 1899 Bertha Klein; II. 1926 Marta Ruben, jüd., Emigr.; *K:* aus I: Hans (geb. 1900, gef. im 1. WK); *StA:* deutsch, brit., USA. *Weg:* 1933 GB; 1940 USA.

1893-99 Stud. Phil., Sprach-, LitWiss., Gesch., Volkswirtsch. in Stuttgart, Breslau, Genf, München u. Heidelberg. Journ. Tätigkeit, u.a. Hg. *Schwäbische Zeitungs-Korrespondenz,* 1901-02 Chefred. *Schwabenspiegel,* 1902-12 Chefred. *Neckar-Zeitung* Heilbronn. VorstMitgl. *Nationalverein für das liberale Deutschland,* Mitgr. Demokratischer Volksbund u. DDP. Ab 1908 Verfechter einer imperialist. Außen- u. Kolonialpol. im Vorderen Orient u. auf dem Balkan, Mithg. *Deutsch-asiatisch-afrikanische Korrespondenz,* Berater des GenSekr. *Deutsches Orientkomitee,* Gr. *Deutsch-türkische Vereinigung. Deutsche Gesellschaft 1914* u. der Zs. *Das größere Deutschland* (1914-15). Geschäftsf. *Deutscher Werkbund.* Im 1. WK vielfältige Funktionen im Rahmen der dt.-türk. ZusArb., der wirtschaftl. Expansion im Nahen Osten u. der Mitteleuropa-Konzeption. Hg. der Reihen *Der deutsche Krieg, Deutsche Orientbücherei, Weltkultur und Weltpolitik* u. der Zs. *Deutsche Politik.* 1918 Gr. *Deutsche Liga für Völkerbund* u. *Reichszentrale für Heimatdienst.* Nach 1918 Kampf gegen die sog. Kriegsschuldthese, u.a. als Sachverständiger des Parlamentarischen Untersuchungsausschusses u. Mitinitiator der *Zentralstelle für die Erforschung der Kriegsursachen.* 1920 Gr., bis 1933 Präs. Deutsche Hochschule für Politik Berlin, 1930 Gr. der Friedensakademie Stresemann-Stiftung. Ab 1916 Prof. am Oriental. Seminar Univ. Berlin, Gastdoz. im Ausland. Freimaurer, Mitgl. *Pro-Palästina-Komitee.* DDP, Mitgl. Revisionsausschuß, PräsMitgl. ReichswirtschRat, Mitgl. zahlr. AR. Nachdem in einer Unterredung mit Hitler Apr. 1933 die Bemühungen um Erhaltung des pol.-publizist. „Jäckh-Konzern" gescheitert waren, Mai 1933 Emigr. nach London. Internat. Dir. der unter seiner Ltg. weltweit expandierenden *New Commonwealth Society of Justice and Peace,* diplomat. Berater Foreign Office. 1939/40 AbtLtr. für den Nahen Osten im brit. Informationsmin. Ab Aug. 1940 Prof. Columbia Univ. New York, ab 1948 Ltr. des von ihm gegr. Nah- und Mittelost-Instituts. 1949 Gr. *Amerikanisch-türkische-Gesellschaft.* Berater des State Dept., Fürsprecher der westdt. Politik in den USA. - *Ausz.:* Zahlr. Orden u. Ehrungen, u.a. 1955 Gr. BVK u. Ehrung durch Jüd. Nationalfonds.

W: u.a. The War for Man's Soul. New York 1943; The Rising Crescent. New York u. Toronto 1944; Yukselen Hilal. Istanbul 1946; Der goldene Pflug, Lebensernte eines Weltbürgers (ABiogr.). 1954; Weltsaat, Erlebtes und Erstrebtes. 1960 (für die über 20 Werke umfassende Bibl. siehe RhDG, NDB). *L:* RhDG; NDB. *D:* Columbia Univ. New York; Yale Univ. New Haven/USA. *Qu:* EGL. Hand. Publ. - IfZ.

Jaeger, Hans Heinrich Ferdinand, Publizist; geb. 10. Febr.1899 Berlin, gest. 12. Okt. 1975 London; ev., 1920 Diss.; *V:* Gotthilf J. (geb. 1871), ev., Bildhauer, DDP, 30. Nov. 1933 Freitod nach Verfolgung durch NatSoz. wegen angebl. Fluchthilfe für Sohn; *M:* Emilie, geb. Puller (1873-1964), ev.; ∞ 1920 Carola, verw. Gilbert, geb. Vater (1890-1976), ev., 1920 Diss., Pianistin u. Sängerin, Emigr., Kassier *Club 1943* in London, Mitarb. Wiener Library; *K:* Horst (1920-22); Stiefk. Karl Gilbert (geb. 1909), Elisabeth Hennig (geb. 1912); *StA:* deutsch, 1940 Ausbürg., 1949 brit. *Weg:* 1933 CSR; 1939 GB.

1917 Abitur, anschl. Soldat; 1919-22 Stud. Gesch., Germanistik, Phil. u. Volkswirtsch. Berlin, Frankfurt/M., Köln, daneben Privatlehrer u. Red. bei Nachrichtenagenturen, bis 1925 *Wolff'sches Telegraphenbüro* Köln. Ab Dez. 1918 *Spartakusbund,* dann KPD, 1920 kurzfristig KAPD; ab 1925 Mitgl. Institut für Sozialforschung Frankfurt/M., dort bis 1929 Ltr. Marx-Engels-Verlag. Intensive Schulungs- u. Rednertätigkeit für KPD, Mitarb. zahlr. Zs., u.a. *Deutsche Zentral-Zeitung* Moskau, *Inprekorr, Linkskurve, Roter Aufbau;* Mitgl. RH, IAH, *Bund geistiger Arbeiter, Bund proletarisch-revolutionärer Schriftsteller, Liga gegen Imperialismus* (1927-29 Ortsvors. Frankfurt, Teiln. 1. Kongreß 1927 in Brüssel, Org. des 2. Kongr. 1929 in Frankfurt, Ende 1932 kurzfristig Reichsltr.). Ab 1929 Ltr. Marx-Engels-Verlag Berlin, daneben AbtLtr. für AgitProp beim ZK der KPD, ab 1931 auch führend in Abt. für Intellektuellenarb. u. bei Kontakten zu nat.-revolut. Kreisen tätig; zahlr. AuslReisen, u.a. UdSSR; Anfang 1933 nach Dänemark zur Erkundung von Umsiedlungsmöglichkeiten für den Verlag. Nach natsoz. Machtübernahme zur Fahndung ausgeschrieben, 16. März 1933 auf Anweisung des Marx-Engels-Inst. Moskau Emigr. nach Prag, lehnte bei Aufenthalt in Moskau Übernahme des Marx-Engels-Verlags in Leningrad ab, Juni 1935 KPD-Austritt u. Parteiausschluß durch *Komintern.* Mitarb. u.a. *Volksrecht* Zürich, *Der Deutsche in Polen, Ostsee-Beobachter* Memel, *Freies Deutschland* (→ Max Sievers), *Le Moment* Bukarest; Okt. 1934-Sept. 1938 Autor der von → Bernhard Koch hg. pol. Korrespondenz *Aero Press* Prag. Hatte ab Anfang der 30er Jahre innerhalb der KPD auf bevorstehenden Einbruch des NatSoz. in die Arbeiterklasse hingewiesen u. vertrat nunmehr unter Eindruck der Niederlage die Integration na-

tionaler u. ständischer Elemente in eine neue dt. Arbeiterbewegung; u.a. Kontakte zu → Wilhelm Sollmann, → Otto Straßer, → Wenzel Jaksch, → Hermann Rauschning, → Hans Ebeling, tschechoslow. SozDem. u. *Národní Socialisti,* pol. Verb. zu CSR-Behörden u. poln. Stellen. Febr. 1936 mit → Fritz Max Cahen u. → Arthur Arzt Gr. *Volkssozialistische Bewegung* (VS), Verb. zu Oppositionsgruppen im Reich, zeitw. Betrieb eines Kurzwellensenders; 10. Jan. 1937 Mitgr. *Deutsche Front gegen das Hitlerregime* mit SF, *Christlichem Reichsbund für deutsche Freiheit* (→ Rudolf Möller-Dostali), *Revolutionärer Landvolk-Bewegung, Bund für föderative Reichsgestaltung, Schwarzem Stahlhelm, Ring bündischer Jugend, Ring deutscher Jungkatholiken* (→ Klaus Dohrn, → Peter Bultmann), 24./25. Juni 1937 Konf. des *Vorbereitenden Komitees für die Gründung des deutschen Volksrates* in Preßburg unter Teiln. von → Dietrich von Hildebrand. Nach dt. Besetzung Prags im Untergrund, Ende März 1939 Flucht nach Polen, über Kopenhagen Ende Apr. nach London, Unterstützung durch *Czech Refugee Trust Fund,* Juni 1940–März 1941 Internierung Kempton Park, Douglas, Isle of Man, Promenade Camp. Anschl. journ. Tätigkeit, u.a. für BBC, poln. Exilreg., *Central European Observer, Free Europe, Die Zeitung,* Fortführung der VS u.a. mit → Eugen Brehm, Hg. *Volkssozialistische Blätter* u. *Mitteilungsblätter* der VS, nunmehr in Gegnerschaft zum sog. dt. Volksimperialismus u. seiner nationalist.-militarist. Tradition, Eintreten für geistige Neustrukturierung in Deutschland nach alliiertem Sieg auf Grundlage eines nicht-marxist. Sozialismus mit rätedem. u. logokrat. Elementen. Sept. 1942 Gr. *Klub Kunstruktivisten,* der bis 1946 Programmdiskussionen veranstaltete. Ab 1946 Sekr., ab 1952 Vors. des als Gegengewicht zum kommunist. dominierten FDKB gegr. Kulturforums, *Club 1943.* Mitgl. *Landesgruppe deutscher Gewerkschafter, Deutscher PEN-Club London* (später: *PEN-Zentrum deutschsprachiger Autoren im Ausland,* in den 60er Jahren VorstMitgl.), bis 1945 Mitgl. der von → Kurt Hiller gegr. *Gruppe unabhängiger deutscher Autoren;* gegen Kriegsende zunehmend Annäherung an SPD u. Union. Nach 1945 Mitarb. zahlr. dt. Zs. u. Rundfunkanstalten, ab 1949 Hg. der Monatskorr. *Bulletin on German Questions* u. ab 1971 der *Afro-Asian Latin-American Information* im eigenen Verlag Gamma Publications; umfangreiche Vortragstätigkeit im Sinne der dt.-brit. Annäherung, u.a. bei *German YMCA, Anglo-German Circle, Anglo-German Assn.* u. *Arbeitskreis 1961* (Mitgr. u. VorstMitgl.); Mitgl. *Labour Party, Movement for Colonial Liberation,* Institute for Foreign Affairs, AJR, VorstMitgl. *German Welfare Council.* – *Ausz.:* 1959 BVK 1. Kl., 1969 Gr. BVK.
W: u.a. Italien, die Erfüllung des Dritten Reiches. 1929; Das wahre Gesicht der NSDAP. Prag (Linksfront) 1933; Volkssozialismus. Bodenbach (Peters) 1936; No More German Nationalism. London (German People's Socialist Movement) 1943; A New Form of Democracy. In: After Nazism – Democracy. London (Lindsay Drummond) 1945; Staatsallmacht und Bürokratismus in der Sowjetunion. 1953; The Reappearance of the Swastika. 1961; Maupassant-Übers. *L:* u.a. Röder, Großbritannien. *D:* IfZ. *Qu:* Arch. Fb. Publ. Z. – IfZ.

Jäkel, Wilhelm Paul, Parteifunktionär; geb. 7. Apr. 1890 Klein-Helmsdorf/Riesengeb., gef. 1945 (?); ∞ Emma Palitzsch (geb. 1891), Emigr.; *StA:* deutsch. *Weg:* 1933 CSR; F; UdSSR.
Maurer; 1908 SPD, 1919 KPD. Ab 1921 Gew.- u. Parteifunktionär in Ostsa., 1928 Sekr. für GewFragen KPD-BezLtg. Erzgebirge-Vogtland, 1930 BezLtg. Sa.; bis 1932 Vors. RGO Sa., anschl. führende RGO-Funktion beim ZK Berlin. Nov. 1932 MdR. 1933 Emigr. in die CSR, später nach Frankr. u. Moskau; Tätigkeit für NKFD. Deckn. Jean Dietrich. 1945 als „Obergefreiter Dietrich" vermutl. an Kampfgruppeneinsätzen des NKFD beteiligt u. an der russ. Westfront gefallen.
L: Weber, Wandlung; Wolff, Willy, An der Seite der Roten Armee. 1975. *Qu:* Arch. Publ. – IfZ.

Jaffe, Joshua Erwin, Dr. phil., Ministerialbeamter; geb. 25. Apr. 1913 Bromberg; *V:* Max (Mordechai) J. (geb. 1885 Lorch, umgek. im Holokaust), Kantor u. Lehrer; *M:* Emilie, geb. Alexander (geb. 1884, umgek. im Holokaust); *G:* Felix (geb. 1915 Leipzig, gest. 1977 Johannesburg), höhere Schule, Geschäftsmann, 1938 Emigr. S-Afrika; Ruth Minor (geb. 1917), höhere Schule, 1936 Emigr. USA; ∞ Else (Elisheva) Hamburger (gest. 1974); *StA:* deutsch, IL. *Weg:* 1940 Pal.
Stud. Leipzig, Prag u. L(H)WJ Berlin, 1938 Prom. Prag. 1933–37 Org. jüd. Sportveranstaltungen, 1935–38 Veranstalter jüd. Schachmeisterschaften in Deutschland mit Treffen in Leipzig, Frankfurt u. Hamburg. 1938–39 im Versteck, Vater u. Bruder in Haft; 1939 Sekr. Zentralbüro *Keren Hayessod* in Berlin, Journ. in Leipzig. Mitgl. *Makkabi,* Mitarb. jüd. Gde., 1939 Mitarb. *Reichsvereinigung,* 1940 Emigr. Palästina mit B III-Zertifikat, Kontakt zu H.O.G. u. *Haavarah,* 1940 Kantor Gde. Emet veEmunah in Jerusalem, Stud. Anglistik u. Buchprüfung Hebr. Univ.; Mitgl. *Haganah.* 1940–44 Angest. Zahlmeisterei der brit. Armee. 1944–48 bei Abt. Preiskontrolle der Mandatsreg., 1948 VerwArb. während des Ausnahmezustands in Jerusalem, 1948–68 Berater für Fragen der Preiskontrolle beim Min. für Handel u. Industrie, 1960–68 Bevollmächtigter für Handelsbeschränkungen, 1968–71 bei der wirtschaftspol. Abt. der isr. Botschaft in London, ab 1971 Bevollmächtigter für Verbraucherfragen beim Handels- u. Industriemin.; 1966–68 Mitgl. ausländ. Beraterstab des *Anti-Trust Bulletin* (USA).
W: Beiträge in internat. Fachzs. über Probleme der Preiskontrolle, Preis- u. Handelsbeschränkungen; Mitarb. *Anti-Trust Bulletin. Qu:* Fb. Hand. – RFJI.

Jahn, Hans (Johannes), Gewerkschaftsfunktionär; geb. 29.Aug. 1885 Hartha/Sa., gest. 10. Juli 1960 Frankfurt/M.; o.K.; *V:* Kaufm.; ∞ Frieda Richter (geb. 1904), Mitgl. SPD, GewAngest., 1935 Emigr., Tätigkeit für ITF, 1940 Festnahme, VGH-Urteil, ab 1944 KL, *A:* Deutschland (BRD); *K:* Marion (geb. 1934), Emigr., 1940 mit der Mutter nach Deutschland verbracht, *A:* Deutschland (BRD); *StA:* deutsch. *Weg:* 1935 CSR, NL; 1936 B; 1938 Lux.; 1940 F, E, Port., GB; 1945 Deutschland.
Schmiedelehre, 1909 Bevollmächtigter Ortsgruppe Bremen des *Deutschen Schmiede-Verbands,* ab 1914 Lokomotivheizer, ab 1917 Reservelokomotivführer, ab Dez. 1920 Sekr. der Betriebsräteabt. des *Deutschen Eisenbahnerverbands* Berlin, 1927–33 Sekr. der OrgAbt. im Vorst. des *Einheitsverbands der Eisenbahner Deutschlands* u. des *Allgemeinen Deutschen Beamtenbunds,* Mitgl. Vorläufiger Reichswirtschaftsrat. Warnte auf dem Londoner ITF-Kongreß Sept. 1930 vor aufkommendem NatSoz., 1932 Org. sowie Einsatzübung für Generalstreik, 1933 vergebl. Bemühungen um Verhinderung der widerstandslosen Gleichschaltung der Gew.; Entlassung, als Versicherungsagent tätig, Versuche zum Wiederaufbau org. Verbindungen mit Hilfe geretteter MitglKarteien, zunächst im Aktionskomitee der *Vorläufigen Reichsleitung für den Wiederaufbau der Gewerkschaften* in Berlin unter → Heinrich Schliestedt, Kontakte zur *Sopade* Prag; ab Sept. 1933 Verb. mit ITF Amsterdam; bis Frühjahr 1935 Aufbau einer weitverzweigten Kaderorg. in ganz Deutschland mit 19 Gauen. Ostern 1935 Teiln. ITF-Konf. in Roskilde/Dänemark, auf der über Deutschlandarb. berichtet u. weitere Unterstützung durch europ. Gew. vorbereitet wurde. 1935 Festnahme bei der mit Spitzelhilfe einsetzenden Zerschlagung der Geheimorg., 19. Juni Freilassung nach Intervention der Ehefrau u. Flucht in die CSR, bevor noch am gleichen Tag seine Rolle der Gestapo bekannt wurde. Juli 1935 über Prag, Österr., die Schweiz u. Frankr. nach Amsterdam zur ITF-Zentrale, Anfang 1936 Ausweisung nach Belgien, Niederlassung mit Fam. in Antwerpen. In enger ZusArbeit mit ITF-Vors. Edo Fimmen weiterer Ausbau der Kaderorg. im Reich, ZusKünfte mit illeg. Funktionären, Schriftenherstellung u. -transport nach Deutschland, u.a. in Verb. mit sog. *Antwerpener Gruppe* von ehem. Mitarb. der kommunist. Seeleute- u. Hafenarb.-Gew. ISH; Sammlung von Nachrichten, bes. über milit. Maßnahmen auf dem Verkehrssektor; 1936–38 Hg. Monatssz. *Fahrt Frei* für Angehörige der Deutschen Reichsbahn, Mitarb. an der Zs. *Schiffahrt* der ITF, ZusArb. mit Korr. *Faschismus* unter Ltg. von → Walter Auerbach, Beiträge in sozialist. Zs., insbes. ISK-Organ *Sozialistische Warte* Paris. Annäherung an Ideolo-

gie u. Politik der Gruppe NB, ZusArb. mit ISK unter → Willi Eichler, Ablehnung der OrgForm u. Programmatik der ADG unter Schliestedt u. → Fritz Tarnow. 1937 schwere Schläge der Gestapo gegen illeg. Org. im Reich nach Einsicht geheimer Materialien in einem Pariser Postfach durch Spitzel der dt. Botschaft. März 1938 Übersiedlung nach Luxemburg zum Aufbau einer grenznahen Org., die Frühj. 1939 wieder über weitverzweigte Verb. ins Reich, z.T. über die Schweiz (→ Karl Molt), verfügte; daneben direkte PropAktionen durch Ballons u. Flaschenpost. Nach dt. Besetzung 1940 vergebl. Fluchtversuch mit Fam.; anschl. allein über Frankr., Spanien u. Portugal nach London. Febr. 1941 Versuch zur Errichtung eines *Gewerkschaftlichen Freiheitsbundes* als Vertr. der illeg. Betriebsorg. im Reich zus. mit → Hans Gottfurcht, → Erwin Schoettle, → Fritz Eberhard u. Walter Auerbach, ZusArb. mit der nach London verlegten ITF-Zentrale bei Zurückhaltung gegenüber sozdem. Exilpolitik. Erst ab 1943 Mitgl. Arbeitsausschuß der *Landesgruppe deutscher Gewerkschafter* (LG), mit → Anna Beyer vorwiegend in der LG-Jugendbildungsarbeit tätig. Org. einer *Gruppe deutscher Seeleute in Großbritannien* in Verb. mit ITF. Mitverf. des Nachkriegsprogr. *Die neue deutsche Gewerkschaftsbewegung* v. Frühj. 1945, das aufgrund sozialist. Umgestaltungspläne bereits ohne Mitwirkung der KPD-Mitgl. der LG erschien. - Ps. Fritz Kramer. Anfang 1945 mit Hilfe des Labor Desk des OSS London mit der US-Armee über Italien nach Deutschland. Zunächst in Leipzig am Wiederaufbau der Gew. in Abstimmung mit US-Besatzung beteiligt, im Sinne der LG in GB starke Vorbehalte gegen Beteiligung ehem. RGO-Funktionäre an der Neuorg. der freien Gew.; anschl. Gr. *Arbeitsgemeinschaft der Gewerkschaften für Verkehr* in der britischen Zone, Mitgl. Hauptverkehrsbeirat für die drei Westzonen; 1947 Mitgr. *Gewerkschaft der Eisenbahner Deutschlands* als erste bizonale Gew., 1949-59 deren Vors., daneben VorstMitgl. DGB u. Mitgl. VerwRat der Deutschen Bundesbahn, ab 1952 als 1. Vizepräs., Mitgl. VerwRat Bundesanstalt für den Güterfernverkehr; Mitgl. Generalrat u. Exekutive der ITF, ab 1956 Präs.; ab 1949 SPD-MdB. - *Ausz.:* 1954 Gr. BVK mit Stern.

W: Forces of Resistance Inside Germany. An Address Given by Fritz Kramer at a Members' Meeting of the Trade Union Centre for German Workers in Great Britain. London (Landesgruppe deutscher Gewerkschafter) 1943. *L:* u.a. Esters, Helmut/Pelger, Hans, Gewerkschafter im Widerstand. 1967; Röder, Großbritannien; Klein, Jürgen, Vereint sind sie alles? 1972; Borsdorf, Ulrich/Niethammer, Lutz (Hg.), Zwischen Befreiung und Besatzung. 1976; Lehmann, Hans Georg, In Acht und Bann. 1976. *D:* AsD, DGB, IfZ. *Qu:* Arch. Hand. Publ. Z. - IfZ.

Jahnel, Fritz; gest. 14. Juli 1952 New York; ∞ Judith, 1938 Emigr. F; USA; *K:* 1 T; *StA:* österr., USA. *Weg:* 1938 F; USA.

Ing. in Wien, Mitgl. SDAP. Bis 1934 Angest. des von Otto Neurath gegr. Wirtschafts- und Gesellschaftsmuseums der Stadt Wien. 1934 nach den Februarkampfen neben Josef Afritsch u. → Jacques Hannak Mitorg. der vom Quäker-Hilfswerk in Wien getragenen Hilfsmaßnahmen für die Opfer der Kämpfe. Zeitw. Gutsverw. u. Musikimpresario; Mitgl. RSÖ, Nachrichtenref. des ZK der RSÖ u. Verbindungsmann zur AuslPresse in Wien. Deckn. u.a. Doleschal. Nov. 1936 zus. mit → Marie Jahoda Verhaftung, mehrere Mon. KL Wöllersdorf. Sollte Anfang März 1938, als die Schuschnigg-Reg. angesichts des drohenden dt. Einmarschs ZusArb. mit der illeg. ArbBewegung suchte, als Prop.- u. Presseref. in reorg. *Soziale Arbeitsgemeinschaft* der *Vaterländischen Front* eintreten. 1938 unmittelbar nach Anschluß Emigr. Frankr., später USA. Fachmann für Wirtschaftsstatistik, Mitgl. der österr. sozialist. Emigr.-Gruppe in New York um das *Austrian Labor Committee* unter → Friedrich Adler. 1946-48 stellv. Vors. *American Friends of Austrian Labor.*

L: Buttinger, Beispiel; Leichter, Diktaturen; Scheu, Friedrich, Die Emigrationspresse der Sozialisten 1938-1945. 1968; ders., Der Weg ins Ungewisse. 1972; Widerstand 1. *Qu:* Arch. Publ. Z. - IfZ.

Jahoda, Marie (Maria, Mitzi), Dr. phil., gesch. Lazarsfeld, verehel. Albu, Politikerin, Hochschullehrerin; geb. 26. Jan. 1907 Wien; Diss.; *V:* Carl J. (1867-1926), jüd., Geschäftsmann; *M:* Betty, geb. Probst (1881-1967), 1938 Emigr. GB, 1940 USA; *G:* Dr. Edward J. (geb. 1903), 1938 Emigr. USA, Geschäftsmann; Dr. Rosi Kuerti (geb. 1905), 1938 Emigr. TR, 1939 GB, USA, Hochschullehrerin; Fritz (geb. 1909), 1938 Emigr. GB, 1939 USA, Kapellmeister u. Hochschullehrer f. Musik, emeritiert; ∞ I. 1926 Paul Lazarsfeld, (1901-1976), Soziologe, maßgebl. Vertr. der sozdem. Jugendbewegung nach dem 1. WK. 1933 Emigr. USA, Prof. Columbia Univ., 1934 gesch.; II. 1958 Austin Albu (geb. 1903), B.Sc., 1948-74 Labour-Abg. in GB; *K:* Dr. Lotte Bailyn (geb. 1930), 1937 Emigr. GB; USA, Assoc. Prof. of Social Psych. am Mass. Inst. of Technology/Cambridge, Mass.; *StA:* österr., 1938 (?) Ausbürg., 1959 GB. *Weg:* 1937 GB; 1944 (?) USA.

Mitgl. *Vereinigung Sozialistischer Mittelschüler* in Wien, zeitw. Vors. *Bund Sozialistischer Mittelschüler Österreichs.* 1926-28 Stud. Pädagogische Akademie Wien, 1928 Diplom, 1926-33 Stud. Psychologie Univ. Wien, 1933 Prom.; mit Paul Lazarsfeld u. Hans Zeisel Autorin der Studie *Die Arbeitslosen von Marienthal,* deren neuartige sozialpsycholog. Untersuchungsmethode wissenschaftl. Aufsehen erregte. Stellv. Ltr., später Ltr. Österreichische Wirtschaftspsychologische Forschungsstelle in Wien. 1934 nach den Februarkämpfen Mitgl. RSÖ. Mitgl. Schulungsausschuß u. Mitarb. des ZK der RSÖ, Vertr. der *Neu Beginnen*-Theorien (→ Walter Loewenheim), enge Mitarb. von → Joseph Buttinger. Benutzte die Forschungsstelle als Deckadresse für illeg. Post. Ende 1936 Verhaftung, Aushebung der Forschungsstelle durch Polizei, Juli 1937 Urteil 3 Mon. schweren Kerkers, nach zahlr. Interventionen aus Frankr. u. GB Haftentlassung mit Ausreiseauflage, Emigr. London. 1938-39 wiss. Mitarb. Institute of Sociology, 1939-40 Stipendiatin Cambridge Univ., anschl. Soziologin Ministry of Information. 1941-44 Mitgl. *Londoner Büro der österreichischen Sozialisten in Großbritannien,* Vertr. der Linie von → Karl Czernetz. Sommer-Herbst 1941 neben → Walter Wodak u. → Stefan Wirlandner verantwortl. für den Sender *Radio Rotes Wien* in London. Mitarb. National Institute of Social and Economic Research. Vermutl. 1944 nach New York. 1945-48 Mitarb. *American Jewish Committee,* 1948-49 Bureau Applied Social Research Columbia Univ., 1949-58 Associate Prof. u. ordentl. Prof. Sozialpsychologie New York University. 1958 Rückkehr nach GB, Soziologieprof. Univ. Sussex. Lebte 1976 in Keymer/Sussex. - *Ausz.:* CBE.

W: u.a. Die Arbeitslosen von Marienthal (Mitverf.). Leipzig 1933. *L:* Buttinger, Beispiel; Wisshaupt, RSÖ; Leichter, Diktaturen; Scheu, Friedrich, Der Weg ins Ungewisse. 1972; Maimann, Politik; Widerstand 1; Simon, Autobiogr. *Qu:* Arch. Fb. Publ. - IfZ.

Jakobovits, Immanuel, Ph. D., Rabbiner; geb. 8. Febr. 1921 Königsberg; *V:* → Julius Jakobovits; *M:* Paula, geb. Wreschner (geb. 1897 Samter/Posen, gest. 1973 London), jüd., 1939 Emigr. GB; *G:* Georg (geb. 1923 Königsberg), 1937 Emigr. GB, Kaufm.; Joseph (geb. 1925 Königsberg), 1938 Emigr. GB; Sulamit Rappaport (geb. 1929 Berlin), 1938 Emigr. GB; Solomon; Manfred; ∞ 1949 Amelie Munk (geb. 1928 Ansbach), jüd., Tochter von Rabbiner → Eli Munk, 1936 Emigr. F, CH, 1949 nach IRL, Mitarb. Frauenorg. von *Mizrahi* u.a. gemeinnütziger Org., 1958 in die USA, 1967 nach GB; *K:* Julian (geb. 1950); Samuel (geb. 1951); Esther Pearlman (geb. 1953), Lehrerin; Jeannette; Aviva; Elisheva; *StA:* deutsch, 1947 brit., 1966 USA. *Weg:* 1936 GB; 1949 IRL.

1932-36 Adass-Jisroel-Schule Berlin. Nov. 1936 Emigr. GB mit Unterstützung vom *Central Brit. Fund,* 1936-37 Jüd. Oberschule in London, 1937-38 intermediate degree, 1941 B.A. Univ. London, 1937-47 Stud. Yeshivah Etz Hayyim London, 1947 Rabbinerexamen, 1937-45 Stud. Jews' Coll. London, 1945 Predigerdipl., Mitarb. in versch. jüd. Jugend- u. StudOrg.; 1940 5 Monate Internierung Isle of Man. 1941-44 Prediger Brondesbury Syn. London, 1944-47 Prediger Syn. Südost-London, 1947-49 Rabbiner Great Syn. London, 1948 Gr. jüd. Eheberatungsstelle, 1949-58 Oberrabbiner Jew. Community in Irland; 1951-58 Hg. *Irish-Jewish Year Book*. Seit 1950 Vizepräs. *Mizraḥi Fed. of GB and Ireland*. 1955 Prom. Univ. Coll. London. 1958-67 Rabbiner Fifth Avenue Syn. New York, Mitgl. *Rabbinical Council of Am.* u. Vors. seines Komitees für die Frage der (nach jüd. Ritualgesetz verbotenen) Sezierung von Leichen; Vizepräs. *Committee on Syn. Relations*, Mitgl. *Fed. Jew. Philanthropies*, seit 1967 Chief Rabbi der United Hebr. Congrs. des Brit. Commonwealth of Nations, Präs. Jews' Coll. London, Inst. für Medizin u. Judentum in Jerusalem, Kuratoriumsmitgl. Hebr. Univ., Bar-Ilan-Univ., Mitgl. VerwRat Shaare Zedek Hospital Jerusalem, Gr. u. Vors. *Jew. Educ. Development Trust*, Mitgl. *Europäischer Rabbinerverband*. Lebte 1978 in London. – *Ausz.*: 1975 Hon. D.D. Yeshiva Univ. New York, 1977 Queen's Jubilee Award.

W: Order of Jewish Marriage Service. 1950, 1959; Jewish Medical Ethics. 1959, mehrere Aufl. u. hebr. Übers.; Journal of a Rabbi. 1966, 1967; Jewish Identity. Three Essays. 1971; The Timely and the Timeless. 1977; Beiträge in EJ u. in populären u. wiss. Zs. *L*: EJ. *Qu*: Fb. Hand. Publ. – RFJI.

Jakobovits, Julius, Dr. phil., Rabbiner; geb. 23. März 1886 Lackenbach/Österr., gest. 7. Febr. 1947 London; *K*: → Immanuel Jakobovits. *Weg*: 1938 GB.

1914 Prom. Würzburg, Rabbiner in Königsberg, 1928-38 Rabbiner der Jüd. Gde. Berlin, Mitgl. u. Vors. (Dayan) rabbinisches Gericht. 1938 Emigr. GB, 1945-47 Dayan des rabbinischen Gerichts in London.

W: Die Lüge im Urteil der neuesten deutschen Ethiker (Diss.). 1914. *Qu*: Arch. Pers. Publ. Z. – RFJI.

Jakobs, Hermann, Parteifunktionär, Parteijournalist; geb. 28. März 1901 Gotha; *StA*: deutsch. *Weg*: 1933 F; 1939 (?) USA.

Aus bürgerlicher Fam., Abitur, Stud. Leipzig u. Berlin. 1921 KJVD u. KPD, als Anhänger der linken Opposition KJVD-Funktionär in Berlin. Deckn. Adolf, Lothar. 1923 Red. *Die junge Garde* Berlin, 1924 als Exponent der linken Führung vorüberg. KJVD-Vors. u. Juli 1924 Wahl ins Exekutivkomitee der KJI auf deren 4. Weltkongreß. Nach dem Offenen Brief des EKKI v. 1925 Abkehr von der Linken, 1926-Ende 1927 Red. *Neue Zeitung* München; Deleg. 10. u. 11. PT, 1928 Parteired. in Pommern, 1929 Chefred. *Sächsische Arbeiterzeitung* Leipzig u. anschl. *Der Kämpfer* Chemnitz. 1933 in der Illegalität Anhänger v. → Hermann Schubert im Machtkampf um den Parteivorsitz. Ende 1933 Emigr. nach Frankr., kurz vor Kriegsausbruch im Parteiauftrag in die USA.

L: Weber, Wandlung. *Qu*: Publ. – IfZ.

Jaksch, Wenzel, Politiker; geb. 25. Sept. 1896 Langstrobnitz, Bez. Kaplitz/Südböhmen, gest. 27. Nov. 1966 Wiesbaden; kath.; *V*: Wenzel J. (1854-1917), Kleinbauer u. Maurer; *M*: Marie, geb. Sieko (1855-1905); *G*: 11; ∞ I. Hanna Bröckl, 1945 gesch.; II. 1945 Joan Simeon; *K*: aus II: Georg, Mary; *StA*: österr., 1919 CSR, deutsch. *Weg*: 1939 GB; 1949 Deutschland (ABZ).

Maurerlehre in Wien, 1913 *Verband jugendlicher Arbeiter Österreichs*, 1914-17 Einsatz in Rüstungsindustrie, 1917-18 Wehrdienst. 1919 Rückkehr nach Südböhmen, 1920 vom späteren DSAP-GenSekr. Karl Čermak nach Teplitz-Schönau berufen, im Parteiauftrag Gr. u. Sekr. *Zentralverband der Kleinbauern und Häusler*, 1921 (nach anderen Quellen 1922 bzw. 1924) Wahl in den Parteivorst. aufgrund seiner Verdienste um den Parteiwiederaufbau nach Auseinandersetzungen mit der Parteilinken u. der aus ihr hervorgegangenen Deutschen Sektion der KSČ; 1921-24 Chefred. *Volkszeitung* Komotau, 1924-38 Red. DSAP-Zentralorgan *Der Sozialdemokrat* Prag, 1929-38 Abg. NatVers. der CSR, ab 1932 Mitgl. Parteivollzugsausschuß. – Durch Herkunft u. Tätigkeit kleinbürgerl. Schichten verbunden, galten J.s Bemühungen der Einbeziehung breiter nichtproletar. Massen in die Parteiprogrammatik unter gleichz. Betonung der nat. Problematik, die nach dem Ausgleich der DSAP mit der tschech. Sozialdemokratie 1928 u. dem tschechoslow. Staat 1929 von der Partei lediglich als ein Aspekt der Sozialpolitik berücksichtigt wurde; diese war jedoch infolge der strukturell bedingten Benachteiligung der dt. Grenzgebiete u. inflexibler Nationalitätenpolitik der Prager Reg. in der Weltwirtschaftskrise ab Anfang der 30er Jahre nicht mehr geeignet, das dt. Minderheitenproblem durch soziale Reformen zu lösen. In Fühlung mit reichsdt. u. österr. Emigr., die nach der natsoz. Machtübernahme Kritik an Ideologie u. Praxis der alten sudetendt. ArbBewegung übten, beeinflußt durch die sozio-ökonom. Analysen des sudetendt. Volkstumspolitikers Emil Franzel u. gefördert durch persönl. Freundschaft mit → Otto Straßer, wurde J. zum Sprecher eines natpol. Parteiflügels. Nach den Parlamentswahlen von 1935, bei denen die *Sudetendeutsche Partei* (SdP) infolge Anwachsens nationaler Euphorie (Wiedereingliederung des Saargeb. ins Reich) 60 Prozent aller dt. Stimmen erhielt u. damit die stärkste Fraktion in tschechoslow. Parlament bilden konnte, wurde J. zum stellv. Parteivors. als Exponent einer volkstumspol. Neuorientierung der DSAP gewählt. In der Schrift *Volk und Arbeiter* (Bratislava 1936) revidierte er die orthodoxe sozdem. Programmatik: Nation statt Klasse als Träger sozialist. Umgestaltung u. Absorbierung der deklassierten Mittel- u. Zwischenschichten. Trotz seiner Tendenz zum föderativen Großraumstaat (Donauföderation) wurde J. zum Hauptinitiator des sog. Neoaktivismus der staatsloyalen dt. Parteien in der CSR für eine pol. u. ökonom. Lösung des sog. Sudentenproblems in enger ZusArb. mit der Reg. Milan Hodža; diese Bestrebungen scheiterten infolge tschechoslow. Verzögerungstaktik u. des dadurch bedingten Anschlusses der dt. Koalitionspartner an die SdP unter dem Eindruck des natsoz. Erfolgs in Österr. – Ende März 1938 mit Unterstützung durch CSR-Präs. Edvard Beneš einstimmige Wahl zum Parteivors. trotz der Vorbehalte des orthodox-internationalist., bes. von den Gew. gestützten Flügels; als Parteivors. erhob J. die Forderung nach Anerkennung der dt. Minderheit als zweites Staatsvolk u. nach Autonomie im Staatsverband der CSR. 2. Apr. 1938 Sondierungsgespräch mit dem Vertr. des autonomist. Flügels der SdP, Prof. Josef Pfitzner, beginnende Distanzierung von tschechoslow. Reg. angesichts ihrer mangelnden Bereitschaft zur Lösung der nat. Frage; Juli-Ende Sept. 1938 Hg. der vom CSR-Außenmin. initiierten u. finanzierten dreisprach. Pressekorr. *Sudetenberichte* Prag zur Propagierung der tschechoslow. Minderheitenpol. im Ausland, nach Einleitung der Verhandlungen der Hodža-Reg. mit der SdP u. damit verbundener Existenzgefährdung für die DSAP am 14. Sept. 1938 Aufruf zur Schaffung einer überparteilichen, demokrat. sudetendt. Sammlungsbewegung gegen Totalitätsanspruch der SdP u. Grdg. des *Nationalrats der demokratischen Sudetendeutschen*. Infolge des Münchner Abkommens Einstellung der Parteitätigkeit, Febr. 1939 Bildung der *Treuegemeinschaft sudetendeutscher Sozialdemokraten* (TG) als Auslandsorg. der DSAP u. danach ihr Vors., Mitorg. der Emigr. von über 3000 Parteimitgl. ins westl. Ausland, nach dt. Einmarsch in Prag Asyl in brit. Botschaft, Ende März über Polen nach London, das zum Zentrum der DSAP-Emigr. gewählt wurde, Hg. TG-Zentralorgan *Der Sozialdemokrat* u. Chefred. *Freundschaft* London. In der programmat. Schrift *Was kommt nach Hitler?* (London 1939) weiterhin Forderung nach Autonomie u. weitgehendem Selbstbestimmungsrecht der Deutschen in der CSR, vorzugsw. innerh. eines föderat. Mitteleuropa unter Einbeziehung Deutschlands bei gleichz. Berücksichtigung der tschechoslow. Forderung nach Auflösung der dt. Sprachinsel in Zentralböhmen u. Schaffung einheitl. nationaler Gebiete durch evtl. Bevölkerungsaustausch. Bei Kriegsausbruch für Verhandlungen mit Vertr. des tschechoslow. Exils, die die staatsrechtl. Stellung der Sudetendeutschen auf der Grundlage des Münchner Abkommens als Voraussetzung einer pol. Kooperation klären sollten. Nach Beilegung der ersten Differenzen innerh. der TG (→ Fritz Kessler, → Franz Kögler, → Max Koutnik) u. Scheitern der Bemühungen um offiz. brit. Anerkennung als Exilrepräsentant der Sudetendeutschen im Jan./Febr. 1940 Proklamation der Ziele der TG in der sog. Holmhurster Grundsatzerklärung v. 10. März 1940, die im Okt. 1940 zur Abspaltung der staatsloyal-internationalistisch eingestellten sog. *Zinner-Gruppe* (→ Josef Zinner) führte, der sich etwa ein Drittel der Exilparteimitgl. anschloß. Trotz Beneš' anfänglichem Interesse an einer Kooperation wurden die Verhandlungen mit der

CSR-Exilreg. durch die Nichtanerkennung der tschechoslow. Rechtskontinuitätstheorie durch TG (→ Egon Schwelb), J.s Ablehnung der tschechoslow. Aussiedlungspläne u. schließlich durch Beneš' fehlende Bereitschaft zur endgült. Vertragslösung im Exil behindert, bis sie schließlich angesichts der Festigung der internat. Position des CSR-Exilpräs. im Jahre 1943 ganz scheiterten. - Fixiert auf eine sudetend.-tschechoslow. Vertragslösung, trat J. nach Anerkennung der CSR-Exilreg. durch GB am 18. Juli 1941 auf der 1. Landeskonf. der TG v. 27./28. Sept. 1941 für Berücksichtigung der realen Lage durch eine vorsichtige Option für eine nach Kriegsende wiederentstehende Tschechoslowakei ein. Unter Berufung auf die Atlantikcharta forderte er als Alternativlösung zu Exilverhandlungen mit Beneš die Ausarbeitung eines sog. Einsatzplanes zur revol. Lösung der nat. u. sozialen Fragen im Sudetengebiet. Auf der 2. TG-Landeskonf. v. 4. Okt. 1942 führte die Unverbindlichkeitserklärung des Münchner Abkommens durch GB v. Aug. 1942 zur Überbetonung des demokr.-revol. Aspekts (→ Ernst Otto Rambauske, → Eugen de Witte) gegenüber materiellrechtl. Überlegungen (Schwelb); nach endgült. Scheitern der Verhandlungen mit Beneš wurde im Aug. 1943 der sog. Einsatzplan zur *Aktion für Freiheit und Heimat* entwickelt. Nach Proklamation der autonomist. Ziele auf der 3. Landeskonf. v. 7. Nov. 1943 Bemühungen um breitere Legitimationsbasis, 1. Aug. 1944 unter Einbeziehung nichtsozialist. dt. Exilvertr. aus der CSR Mitgr. u. danach Vors. *Democratic Sudeten Committee (Nationalausschuß der demokratischen Sudetendeutschen)*. Gegen Kriegsende mit brit. Hilfe Entsendung von Operationsgruppen ins Sudetengebiet zur Entfachung einer dt. Erhebung gegen natsoz. Herrschaft u. zur Verhinderung tschechoslow. Inbesitznahme der von Deutschen besiedelten Gebiete nach Kriegsende; ihre Aktivitäten wurden jedoch entweder von der Gestapo frühzeitig aufgedeckt oder scheiterten an der pol. Apathie der Bevölkerung (s. → Albert Exler). Mitunterz. Erklärung führender internat. Sozialisten *Deutschland und die Atlantic-Charta* v. Juni/Juli 1944 zur Grundrechtsgarantie für die Besiegten. Nach Kriegsende massive Proteste u. Appelle an die internat. Öffentlichkeit gegen die pauschale Vermögensenteignung u. Zwangsvertreibung der Deutschen in der CSR, von der auch etwa 70 000 von CSR-Behörden als aktive Antifaschisten anerkannte frühere DSAP-Mitgl. betroffen waren. J., der 1938 durch das Münchner Abkommen de jure dt. Staatsbürger geworden war u. bis Kriegsende tschechoslow. Personalpapiere besaß, wurde nach 1945 aufgrund tschechoslow. Einflußnahme auf die Alliierten die Einreise nach Deutschland verweigert. 1947 erste Besuchsreise in Deutschland, Febr. 1949 Übersiedlung nach Wiesbaden, SPD, 1950-53 Ltr. Hessisches Landesamt für Vertriebene, Flüchtlinge u. Evakuierte im Rang eines MinDir.; 1950-56 Mitgl. Parteivorst. der SPD, 1951 Mitgr. u. anschl. Vors. *Seliger-Gemeinde, Gesinnungsgemeinschaft sudetendeutscher Sozialdemokraten* (SG), ab 1953 MdB, ab Dez. 1958 VorstMitgl. u. Vizepräs. sowie ab 1964 Präs. *Bund der Vertriebenen - Vereinigte Landsmannschaften,* ab Sept. 1959 Präs. Bundesversammlung der *Sudetendeutschen Landsmannschaft,* 1961 Mitgr., anschl. PräsMitgl. Deutsche Stiftung für europäische Friedensfragen; Mitgl. *Sudetendeutscher Rat* u. PräsMitgl. *Kuratorium Unteilbares Deutschland.* Als Heimat- u. Vertriebenenpolitiker zeitw. übernat. Ambitionen innerh. der SPD umstritten u. ab Anfang der 60er Jahre zunehmend isoliert, nachdem J. bis 1964 der sog. Ministermannschaft des SPD-Kanzlerkand. → Willy Brandt angehört hatte. - *Ausz.:* 1963 Dr. h.c. Park College, Missouri (USA), 1966 Gr. BVK mit Stern.

W: u.a. Der Weg der letzten freien Deutschen (mit → Walter Kolarz). London (Lincolns-Prager) 1941; Can Industrial Peoples be Transferred? The Future of the Sudeten Population. London (Executive of the Sudeten Social Democratic Party) 1943; Sozialistische Möglichkeiten in unserer Zeit. London 1944; Sudeten Labour and the Sudeten Problem. London (Executive of the Sudeten German Social Democratic Party) 1945; Hans Vogel. 1946; Benesch war gewarnt. 1949; Europas Weg nach Potsdam. 1958; Westeuropa-Osteuropa-Sowjetunion. 1966; ferner zahlr. Art. in versch. Zs. u. Ztg. *L:* u.a. Cesar/Černý, Politika; Brügel, Johann Wolfgang, Tschechen und Deutsche. 1967 u. 1974; Wenzel Jaksch (Hg. → Karl Kern).

1967 f.; Jauernig, Edmund, Sozialdemokratie und Revanchismus. 1968; Křen, Do emigrace; Röder, Großbritannien; Bachstein, Martin K., Die Politik der Treuegemeinschaft sudetendeutscher Sozialdemokraten als Hauptrepräsentanz des deutschen Exils aus der Tschechoslowakischen Republik. In: Karl Bosl (Hg.), Das Jahr 1945 in der Tschechoslowakei. 1971; Prinz, Friedrich (Hg.), Wenzel Jaksch - Edvard Beneš. 1973; Bachstein, Jaksch; Bodensieck, Heinrich, Jakschs Exilauseinandersetzungen mit Beneš. In: Zeitschrift für Ostforschung, 1976, S. 69 ff. *D:* Seliger-Archiv Stuttgart, Sudetendeutsches Archiv München, Frau Joan Jaksch. *Qu:* Arch. Hand. Pers. Publ. Z. - IfZ.

Janka, Walter, Parteifunktionär, Verlagsleiter; geb. 1914; *StA:* deutsch. *Weg:* 1935 CSR; 1936 E; 1939 F; 1941 Mex.; 1947 Deutschland (SBZ).

Schriftsetzer; 1930 KPD, 1933-35 Haft, Emigr. in die CSR. 1936-39 Major republ. span. Armee, Internierung in Frankr.; 1941 Mexiko. Berichterstatter für den ab Jan. 1942 erschienenen KPD-Pressedienst *Alemania Libre - Boletin Semanal de Informacion Antinazi,* Mitgl. Ausschuß der BFD Mexiko u. *Heinrich-Heine-Klub,* ab Juni 1944 dessen VorstMitgl.; Geschäftsf. des Mai 1942 gegr. Verlags El Libro Libre. Juni 1946 Mitgr. *Komitee für Mexikanisch-Deutschen Kulturaustausch.* Frühj. 1947 nach Deutschland, Personalchef DEFA, später Ltr. Aufbau-Verlag Berlin (Ost). 1950 u. 1953 öffentl. Parteirügen im Zusammenhang mit SED-Vorwürfen gegen → Paul Merker, → Anton Ackermann u. → Franz Dahlem; nach Ungarn-Krise Ende 1956 Verhaftung, bis 1959 in Haft. Lebte Anfang der 70er Jahre in der DDR. - *Ausz.:* Hans-Beimler-Medaille.

L: Kießling, Alemania Libre. *Qu:* Arch. Publ. - IfZ.

Jannack, Karl, Partei- u. Gewerkschaftsfunktionär; geb. 23. Jan. 1891 Cölln bei Bautzen, gest. 27. Mai 1968 Cölln b. Bautzen; *M:* Landarb.; *G:* 2 S; ∞ Emilie Krant (1893-1940), aus Lothringen, StA: F; Frühj.-Herbst 1933 in Deutschland inhaftiert, dann über Saargeb. nach Lothringen; *StA:* deutsch, 14. Juli 1938 Ausbürg. deutsch. *Weg:* 1933 B, Lux., F; 1940 Deutschland.

Sorbischer Abstammung; wuchs in ärmlichen Verhältnissen auf, zunächst Knecht, dann Schuhmacherlehre, 1909 Wanderschaft. Mitgl. *Zentralverband der Schuhmacher Deutschlands* u. SPD, 1910-13 Schuhmacher in Bremen, ab 1913 MilDienst, Teiln. 1. WK (EK II), nach Verschüttung 1916 nach Bremen, Verhaftung wegen aktiver Mitwirkung bei den *Bremer Linksradikalen* u. Mitarb. *Arbeiterpolitik,* wegen drohender Schutzhaft 1916-18 freiw. Soldat in Saarburg/Lothr., Nov. 1918 Rückkehr nach Bremen, Mitgl. Exekutivausschuß des *Soldatenrats,* Mitgl. *Internationale Kommunisten Deutschlands* u. ab Grdg. KPD, 1919 führend an der Errichtung der Bremer Räterepublik beteiligt u. Mitgl. Rat der Volkskommissare; nach deren Niederschlagung in der Illegalität. Okt. 1919 Deleg. 2. PT, Parteiausschluß wegen ultralinker Opposition, nach einigen Mon. Unterordnung unter ZK-Linie u. Wiederaufnahme in die Partei; bis Apr. 1922 Vors. KPD-Bez. Nordwest, 1920-22 Mitgl. Bremische Bürgerschaft (Fraktionsvors.), 1920-23 Mitgl. ZK der KPD. 1922 vom ZK mit Wiedereingliederung der kommunist. *Union der Bergarbeiter* in *Verband der Bergarbeiter Deutschlands* im Sinne der Einheitsfrontbeschlüsse des 3. Weltkongresses der *Komintern* beauftragt, daneben Red. *Ruhrecho* Essen; nach Wiederherstellung der Einheitsgew. der Bergarb. ab Aug. 1922 ADGB-Sekr. Remscheid u. Beauftragter der ZK-GewAbt. für Oberbez. West (Ruhrgeb., Mittel- u. Niederrhein); StadtVO. Remscheid. Nach der Oktoberniederlage als Anhänger der rechten Führung um → Heinrich Brandler Teiln. an der Beratung der KPD-Führung mit EKKI-Präsidium über den pol. Kurs der Partei v. 8.-21. Jan. 1924 Moskau, nach dem Sieg der Linken auf 9. PT Apr. 1924 Funktionsenthebung u. wegen intensiver Fraktionsarbeit für die entmachtete Brandler-Gruppe am 10. Okt. 1924 Parteiausschluß. Nach Wiederaufnahme in die KPD infolge des Offenen Briefes des EKKI v. 1925 IAH-Sekr. in Schweden u. Norwegen. Ab Anfang 1927 Geschäftsf. Literaturvertrieb GmbH Berlin, ab Nov.

1927 Red. *Sozialistische Republik* Köln, 1928/29 Chefred. *Welt am Abend* Essen, anschl. Kontroll- u. Schulungstätigkeit für Verlag der *Arbeiter Illustrierten Zeitung* (AIZ) im Rheinland. Sept. 1929-Okt. 1930 Ref. für Mitteleuropa bei IAH-Exekutive Moskau, danach für IAH kurze Zeit in Prag tätig, 1931-33 Ltr. *Rote Hilfe* u. Mitgl. KPD-Ltg. Bez. Niederrhein. Nach natsoz. Machtübernahme illeg. Tätigkeit, Mai 1933 über Belgien u. Luxemburg nach Frankr.; Schuhmacher in Saarburg/Lothr. Nach Kriegsausbruch ab Jan. 1940 Internierung in St. Dié u. später in Fort d'Arches, 5. Okt. 1940 Festnahme durch Gestapo, Untersuchungshaft Düsseldorf, Urteil OLG Hamm 14 Mon. Gef., Haft in Hamm u. Wolfenbüttel, danach KL Buchenwald. Nach Befreiung durch amerikan. Truppen kurzer Aufenthalt in Saarburg/Lothr., dann Niederlassung in Bautzen/SBZ, stellv. Landrat Kreis Bautzen, während der Bodenreform Sekr. der Kreisbodenkommission; bis Auflösung des SED-Bez. Lausitz Ende 1946 Mitvors. der BezParteiorg. u. Mitgl. Landesvorst. Sa. Als Mitarb. im Staatsapp. des Kreises Bautzen u. der Kulturvereinigung der Lausitzer Sorben, *Domowina*, bis 1955 aktiv in der Bekämpfung des nach Kriegsende erstarkten sorbischen Separatismus. – *Ausz.:* 1961 VVO (Silber), 1966 VVO (Gold).

W: Wir mit der roten Nelke (Erinn.). Bearbeitet von Hans Brüchner. 1959; Janak, Korla, W pazorach fašisma. Buchenwaldske dopomnjenki z pridawkom: Serbja w antifašistiskim wojowanju. 1963. *L:* GdA; GdA-Chronik; Weber, Wandlung; GdA-Biogr.; Eildermann, Wilhelm, Jugend im ersten Weltkrieg. 1972. *Qu:* Arch. ABiogr. Publ. Z. – IfZ.

Janus, Richard, Parteifunktionär; geb. 1891 Berlin, gest. 5. Mai 1972 Stockholm. *Weg:* 1933 CH; 1937 S.

Metallarbeiter, ab 1910 gewerkschaftl. organisiert (DMV); 1918 KPD, Parteired. in Stuttgart; 1928 Ausschluß, danach zur KPDO, 1929-33 Red. des Organs der württ. KPDO *Rote Einheit* (ab Juni 1929: *Arbeiter-Tribüne*). Nach der natsoz. Machtübernahme Emigr. in die Schweiz, von dort über Frankr. 1937 nach Schweden. Metallarbeiter, Mitgl. der ab 1938 in Schweden aktiven KPDO-Exilgruppe, Mitgl. *Landesgruppe Schweden der Auslandsvertretung deutscher Gewerkschaften*.

L: Tjaden, KPDO; Müssener, Exil. *Qu:* Arch. Publ. – IfZ.

Japhet, Ernest Israel Marcus, Bankier; geb. 8. Mai 1921 Berlin; jüd.; *V:* Jacob J.; *M:* Elizabeth, geb. Feuchtwanger; ∞ 1948 Ella Gilead; *K:* Michal, Jacob, Ruth, Tamar, David. *Weg:* 1933 Pal.

1933 Emigr. Palästina; 1938-41 u. 1946-51 Mitarb. Bankhaus Jacob Japhet & Co., zuletzt GenDir.; 1941-46 brit. Armee. 1952-63 bei Union Bank of Israel Ltd. (Filiale der Bank Leumi), ab 1963 GenDir., später AR-Vors. der Bank Leumi Tel Aviv; AR-Mitgl. Industrial Development Bank of Israel, Union Bank of Israel, Industrieentwicklungsfonds Otzar letaassiya Ltd., Bank Leumi Investment Co., Yaad Agricultural Development Bank u. versch. Industriebetriebe. Kuratoriumsmitgl. Hebr. Univ. Jerusalem, Weizmann-Inst. u. Technion, Vors. Hauptvorst. der isr. Bankvereinigung. Lebte 1976 in Herzliyyah Pituaḥ/Israel.

Qu: Hand. Z. – RFJI.

Jarczyk, Franz. *Weg:* 1933 CSR.

Fleischergeselle aus Zaborze (Hindenburg)/Oberschlesien, Ltr. RHD in Oberschlesien. Nach natsoz. Machtübernahme illeg. Tätigkeit, Dez. 1933 Emigr. in die CSR.

L: Friederici, Hans-Jürgen, Zur Entwicklung der neuen Strategie und Taktik der KPD und ihrer führenden Rolle im antifaschistischen Widerstandskampf (Ms.). Phil. Habil. 1965. *Qu:* Publ. – IfZ.

Jarecki, Henry George, Dr. med., Psychiater, Geschäftsmann; geb. 15. Apr. 1933 Stettin; jüd.; *V:* Dr. med. Max J. (geb. 1889 Deutschland, gest. 1975 USA), jüd., Prom. Heidelberg, Arzt, Mitgl. KC, 1938 Emigr. USA; *M:* Gerda Sabor, geb. Kunstmann (geb. 1910 Deutschland), jüd., M.A. Sorbonne Paris, 1939 Emigr. GB, 1941 USA, MilDienst; ∞ 1957 Gloria Friedland (geb. 1931 USA), jüd., B.A., bis 1963 Arbeit in Verlag, Forschung u. als Journ.; *K:* Andrew (geb. 1963 USA); Thomas (geb. 1966 USA); Eugene (geb. 1969 USA); *StA:* deutsch, USA. *Weg:* 1939 GB, 1941 USA.

1939 Emigr. GB, 1941 USA. 1949-51 Stud. Univ. of Mich., 1951-57 Stud. Heidelberg, Prom., 1957 Internship am Hospital for Joint Diseases New York, 1958-61 Psychiater an der Yale Univ., 1963 Diplom des Am. Board of Psychiatry and Neurology, 1963-70 Chefarzt u. Dir. Psychiatric Assn. in New Haven/Conn.; Sammler von Goldmünzen, versch. Stellungen im Münzhandel, zunächst ab 1969 Vors. u. AR-Mitgl. Mocatta Metals Corp. New York, Dir. der Schwesterges. Mocatta & Goldsmid Ltd. London, Dir. The Commercial Metal Co. Ltd. London. Ab 1970 Psychiater an der Yale Univ. School of Medicine (Assist. Clinical Prof. u. Resident Psychiatrist), DirMitgl. zahlr. Produkten- u. Handelsbörsen, Mitgl. *Am. Psychiatric Assn., Yale Club of New York*. Lebte 1977 in Rye/N.Y.

W: Modern Psychiatric Treatment. 1971; Foreign Exchange Research Report. 1972; Bullion Dealing, Commodity Exchange Trading and the London Gold Fixing. In: Studies in the Game Theorie and Mathematical Economics. 1976; Art. über Gold in *Euromoney* u.a. Zs., Art. über psychiatr. Themen in am. u. schweizer. Zs. *Qu:* Fb. Z. – RFJI.

Jeidels, Otto, Dr. phil., Bankier; geb. 13. März 1882 Frankfurt/M., gest. 16. Juni 1947 Bürgenstock/CH; ev.; *V:* Julius J., Kaufm.; *M:* Anna, geb. Niederhofheim; ∞ Gertrud Stargardt. *Weg:* 1938 USA.

Stud. Handelshochschule Köln, Univ. Bonn u. Berlin, 1904 Prom. Berlin. Angest. bei brit. u. am. Tochterunternehmen der Metallgesellschaft Frankfurt/M., anschl. bei der Berliner Handels-Gesellschaft (BHG), ab 1909 Ltr. des Sekretariats, Aug. 1918-1938 persönl. haftender Gesellschafter zus. mit → Hans Fürstenberg; nach 1. WK für Konsortialbeziehungen zu anderen Banken zuständig. Mitgl. VerwRat Deutsche Reichsbahn. Nach 1933 durch Veränderung der Statuten der BHG Bildung einer arischen Direktion zur „Unterstützung" der beiden persönlich haftenden Gesellschafter. Jan. 1938 Teiln. an Sitzung des internat. Stillhalteausschusses für dt. Auslandsanleihen u. -kredite in London. März 1938 Rücktritt u. Emigr. USA; Juli 1939 Teilh. internat. Privatbank Lazard Frères & Co. New York, 1943 Vizepräs. Bank of America NT & SA San Francisco.

W: Das Verhältnis der deutschen Großbanken zur Industrie mit besonderer Berücksichtigung der Eisenindustrie (Diss.). 1905. *L:* Lüke, Rolf E., Die Berliner Handels-Gesellschaft in einem Jahrhundert deutscher Wirtschaft 1856-1956. 1956. *Qu:* EGL. Hand. HGR. Pers. Publ. – RFJI.

Jellinek, Gustav, Dr. med., Arzt; geb. 24. März 1885 Mistelbach/Niederösterr.; *StA:* österr.; USA. *Weg:* 1939 USA.

1911 Prom. Wien, Privatpraxis in Wien. Im 1. WK Offz. im Sanitätskorps. Mitgr. u. stellv. Vors. *Vereinigung jüdischer Ärzte* Wien. 1939 Emigr. USA, Privatpraxis in New York u. bis 1972 Ltr. med. Abt. des Daughters of Israel Hospital. Zugl. Präs. *Am. Fed. of Jews from Austria*, Abg. zum *World Council of Jews from Austria* u. Mitgl. *Committee for Jew. Claims Against Austria*, Kuratoriumsmitgl. des ehem. österr. Abgeltungsfonds u. der Sammelstelle A für die Rückerstattung erblosen jüd. Eigentums. Kuratoriumsmitgl. *Österreichischer Hilfsfonds*, Vorst-Mitgl. *United Help* New York, als Vertr. der österr. Flüchtlings-Gde. Vize-Präs. von *Igul* New York. Lebte 1978 in New York.

L: Fraenkel, Jews of Austria. *Qu:* Hand. Pers. Publ. Z. – RFJI.

Jellinek, Paul, Gewerkschafter; geb. 17. Apr. 1910 Wien; jüd.; *V:* Alfred J. (gest. 1941); *M:* Therese (gest. 1934); *G:* Hans

(1906-73), Physiker, 1934 Emigr. UdSSR, 1947 Österr.; ∞ Alice Pollak (geb. 1911); *K:* Alfred J. (geb. 1948), Musikstud. in Wien; *StA:* österr. *Weg:* 1937 E; 1939 F; 1943 Deutschland; 1945 Österr.

1925-28 kaufm. Lehre in Wien. 1925-34 Mitgl. SAJDÖ u. *Zentralverein der kaufmännischen Angestellten Österreichs.* 1928-37 Angest., zeitw. arbeitslos. 1934 nach den Februarkämpfen Sympathisant des illeg. KJVÖ sowie Zeitungs- u. Flugschriftenverteiler. Mai 1937 nach Spanien, bis zur Demobilisierung der Internat. Brigaden Ende 1938 Soldat in einer Flak-Batterie. Anfang 1939 nach Frankr., Internierung in St. Cyprien, Gurs u. Argelès, Nov. 1940 Flucht, arbeitete mit anderen Österreichern als Holzfäller u. Köhler in den Pyrenäen. Nach Besetzung Südfrankreichs Nov. 1942 unter Deckn. Paul Vautrin Dolmetscher bei der dt. Feldpost in Nîmes, Mitarb. TA innerh. der Résistance, Verb. zu der von → Oskar Grossmann in Lyon red. illeg. Ztg. *Soldat am Mittelmeer.* Frühj. 1943 Festnahme, Haft u. Folter in Marseille, Juli 1943 bis Ende 1944 KL Auschwitz, Überstellung nach Buchenwald, Mitgl. der geheimen milit. Widerstandsorg., die im Frühj. 1945 beim Herannahen der amerikan. Truppen das Lager befreite. Rückkehr nach Wien, 1945-50 BezSekr. der KPÖ, 1945-70 Angest. der Österreichischen Mineralölverwaltung (ÖMV), 1952-60 Obmann der KPÖ-Betriebsorg., 1960-70 Angestellten-Betriebsratsobmann in einem Großbetrieb der ÖMV. 1958-70 Mitgl. Landesltg. Wien der *Gewerkschaft der Privatangestellten,* 1960-70 Obmann der *Fraktion Gewerkschaftliche Einheit* im ÖGB. Im Gefolge der Auseinandersetzungen um die Intervention der Warschauer-Pakt-Staaten in der CSSR Austritt aus der KPÖ. Ab 1970 Pensionist. Lebte 1976 in Wien.

L: Spiegel, Résistance; Pech, Résistance. *Qu:* Arch. Fb. Pers. Publ. - IfZ.

Jennes, Johann, Parteifunktionär; geb. 10. Dez. 1910 Düsseldorf; *V:* Wilhelm J. (geb. 1888), Arbeiter; *M:* Emma, geb. Kilius; *G:* Else, 1934 wegen illeg. KJVD-Tätigkeit verurteilt; *StA:* deutsch. *Weg:* 1933 NL; 1934 Saargeb.; 1935 F, NL; 1940 Deutschland.

1925-28 Maschinenschlosserlehre, ab 1930 arbeitslos; 1926 KJVD, DMV, 1930 KPD; ab 1928 Mitgl. KJVD-UnterbezLtg., 1930-31 UnterbezLtr. Düsseldorf. Sept. 1931-Aug. 1932 KJI-Schule Moskau. Ab Sept. 1932 Jugendinstrukteur Ruhrgeb., Dez. 1932-Febr. 1933 KJVD-BezLtr. Halle/S. Ab Juni 1933 illeg. Tätigkeit, ab Aug. wieder KJVD-UnterbezLtr. Düsseldorf, Ende Okt. Flucht nach Holland, mit Parteiauftrag ins Saargeb.; 1934-35 KJVD-OrgLtr. Saarbrücken, ZusArb. mit dem saarländ. PolLtr. Erich Honecker. Deckn. Franz. 1935 Paris, Ausweisung, Weiteremigr. nach Amsterdam, Tätigkeit für *Rote Hilfe.* Ab 1936 Feinmechaniker. Apr. 1940 Internierung Lager Hoek van Holland, Mai 1940 Festnahme durch Gestapo. Dez. 1941 VGH-Urteil 4 J. Zuchth. - 1945 Sekr. KPD-BezLtg. Niederrhein, 1946 Landesltg. NRW; 1950-Apr. 1951 MdL NRW. PräsMitgl. VVN, Mitgl. Kuratorium Gedenkstätte Ernst Thälmann e.V., Hamburg. Lebte 1977 in Köppern/Hessen.

L: Bludau, Gestapo; Schädel, Gudrun, Die KPD in Nordrhein-Westfalen von 1945-1956. Diss. phil. masch. o.J. *D:* BA, IfZ. *Qu:* Arch. Hand. Publ. - IfZ.

Jensen, Fritz (urspr. Jerusalem, Friedrich Albert), Dr. med., Arzt, Publizist; geb. 26. Dez. 1903 Prag, gest. 11. April 1955 b. Singapur; Diss.; *V:* Alfred Jensen (urspr. Jerusalem) (1874-1945), Psychologe, 1939 Emigr. USA; *M:* Elsa, geb. Kotanyi (1878-1942); *G:* Edith Stein (geb. 1902), 1938 Emigr. Argent., *A:* Wien; Dr. Bernhard Jensen (urspr. Jerusalem) (1916-61), Arzt, 1938 Emigr. USA; ∞ Wang Wu An (geb. 1921), Chin., im chin. Bürgerkrieg Lehrerin in den befreiten Geb., *A:* Peking; *K:* Mischa (geb. 1953); *StA:* österr. *Weg:* 1936 E; 1939 F, GB, China; 1948 Österr.

Stud. Medizin Wien, anschl. Sekundararzt Krankenhaus Lainz; SAJDÖ, 1929 KPÖ. Lit. Arbeiten für Agitprop-Gruppen, Reg. u. Schausp. in der Gruppe Stoßbrigade. 1934 Teiln. an den Februarkämpfen, ärztl. Hilfe für die Opfer u. Unterstützung flüchtiger Schutzbündler. März 1934 Verhaftung, KL Wöllersdorf. 1935 nach Entlassung ärztl. Praxis in Wien. 1936 Spanien, Arzt in den Internat. Brigaden, zeitw. Chefarzt XIII. Internat. Brigade, Major, Anfang 1938 Chefarzt Hospital-Zentrum Benicasim, anschl. bis Anfang 1939 Chefarzt 42. span. Div.; 1939 Frankr., kurzfristig interniert, anschl. London. Nach Vereinbarungen mit Vertr. des chin. *Roten Kreuzes* noch vor Kriegsausbruch als Arzt nach China. Errichtung von Seuchenspitälern, med. Tätigkeit in den befreiten Geb., Mitarb. UNRRA, 1947 vorüberg. zur Medikamentenbeschaffung in den USA. 1948 Rückkehr nach Wien über die Schweiz, ärztl. Praxis, dann Red. *Volksstimme.* 1953 als Fernost-Korr. u.a. für *Volksstimme* u. *Neues Deutschland* nach China, 1954 Informationsreise nach Vietnam, anschl. Begleiter der chin. Deleg. zur ersten Genfer Friedenskonferenz. 1955 als Journ. zur ersten Afro-Asiatischen Konferenz in Bandung eingeladen, auf dem Weg dorthin im Südchin. Meer Opfer eines Flugzeugabsturzes durch Bombenanschlag.

W: China siegt. 1949, 1950; Erlebtes Vietnam. 1955; Opfer und Sieger (L, Vorwort Ernst Fischer). 1955. *L:* Stern, Max, Spaniens Himmel... 1966; Pasaremos; Durzak, Exilliteratur; Brigada Internacional ist unser Ehrenname. 1974; Die Völker an der Seite der spanischen Republik. 1975; Fischer, Walter, Kurze Geschichten aus einem langen Leben (unveröffentl. Ms. DÖW). *Qu:* Arch. Pers. Publ. - IfZ.

Jentsch, Heinrich, Parteifunktionär; geb. 26. Okt. 1887 Aussig(?)/Nordböhmen; *StA:* österr., 1919 CSR. *Weg:* 1938(?) GB.

Mitgl. DSAP, Ltr. Arbeiter-Bäckerei Aussig, bis 1938 stellv. Bürgerm. ebd.; Mitgl. DSAP-PV. Vermutl. 1938 Emigr. nach GB, Mitgl. TG-Vorst., LtgMitgl. EmigrLager in Margate, Fabrikarb.; 1944 Mitgl. *Democratic Sudeten Committee.* Nach Kriegsende TG-LtgMitgl. in GB.

Qu: Arch. - IfZ.

Jesse, Willy, Parteifunktionär; geb. 14. Dez. 1897 Rostock/Mecklenburg, gest. 17. Aug. 1971 Eutin/Schleswig; ev.; *V:* Hermann J.; *M:* Caroline, geb. Gossel; ∞ 1963 Grete Neumann (geb. 1913), ev.; *StA:* deutsch. *Weg:* 1944 S; 1945 Deutschland (SBZ).

1912 SPD, ab 1923 SAJ-Sekr., ab 1926 SPD-UnterbezSekr., ab 1931 BezSekr. Mecklenburg-Lübeck in Rostock; MdL, Mitgl. SPD-Parteiausschuß. Nach 1933 Lebensmittelhändler, 1939-40 Wehrmacht, anschl. kurz in Rüstungsbetrieb tätig, wegen pol. Unzuverlässigkeit entlassen; Angehöriger des Kreises um Julius Leber u. Wilhelm Leuschner. Nach dem Juli-Attentat Flucht bei Verhaftung am 23. Aug. 1944, über Kopenhagen im Sept. nach Schweden, Berichte an Parteiemigration über Struktur u. Ziele der Verschwörung; in diesem Zusammenhang Auseinandersetzungen mit → Willy Brandt u. → Stefan Szende wegen Informationsverwertung in dem Buch *Misslyckad revolt.* 1945 Rückkehr nach Rostock, SPD-Landessekr. für Mecklenburg u. Pommern; als Gegner der Zwangsvereinigung mit KPD Apr. 1946 von der sowj. Besatzungsmacht verhaftet, vierjähr. Untersuchungshaft in der SBZ/DDR, anschl. in sibirischem Schweigelager. Sept. 1954 Entlassung in die BRD, Jan. 1955 bis 1964 Ltr. Abt. Betriebsgruppenarbeit beim SPD-PV Bonn.

L: Müssener, Exil. *Qu:* Arch. Pers. Publ. - IfZ.

Jesselson, Ludwig, Kaufmann; geb. 1910 Neckarbischofsheim/Baden; jüd.; *StA:* deutsch, USA. *Weg:* 1934 NL, 1937 USA.

Tätigkeit im Metallhandel. 1934 Emigr. Niederlande, 1937 USA, Mitarb. Philipp Brothers (internat. Handelsunternehmen für Metalle, Erze u. chem. Erzeugnisse), Fusion mit Engelhard Minerals and Chemicals Corp. New York, daraufhin Vors. u. Präs. Philipp Brothers Division, ab 1967 Abt-Vors. u. Dir., ab 1975 geschäftsf. Vizepräs. Engelhard Corp. Zugl. VorstMitgl. Bar-Ilan-Univ. Ramat Gan, Technion Haifa u. Shaarei Zedek Hospital Jerusalem; Mitgr. Albert Einstein

Coll. of Med. der Yeshiva Univ. New York u. Kuratoriumsmitgl. Yeshiva Univ.; Dir. Am. Comm. for the Weizmann Inst., Isr. Econ. Corp. u. Isr. Development Bank. Bibliophile Sammlung von Judaica u. Hebraica. Lebte 1976 in New York.

Qu: Hand. HGR. Z. - RFJI.

Jewelowski, Julius, Industrieller, Politiker; geb. 6. Mai 1874 Willimpol/Rußland; jüd.; *StA:* Freie Stadt Danzig. *Weg:* 1938 GB.

1880 Einw. nach Danzig; Inh. des holzverarb. Industrieunternehmens S.J. Jewelowski, Vors. *Verband der Holzhändler und Holzindustriellen des Freistaats Danzig und Pommerellens,* Vors. *Danzig-Polnischer Wirtschaftsverband,* Mitgl. Handelskammer Danzig, VerwRat Danziger Werft, Dresdner Bank, Sarotti AG; Türk. Konsul. Mitgl. *Deutschdemokratische Partei,* Mitgl. Danziger Volkstag. Dez. 1920-1924 parl. Wirtschaftssenator, umstritten wegen Ausgleichspol. gegenüber Polen. Jan. 1928-1930 erneut Wirtschaftssenator, u.a. mit → Bernhard Kamnitzer Bemühung um Handelsbeziehungen zur UdSSR. 1938 Emigr. London.

L: Wertheimer, Fritz, Von deutschen Parteien u. Parteiführern im Ausland. 1930; Sprenger, Heinrich, Heinrich Sahm. 1969; Echt, Samuel, Die Geschichte der Juden in Danzig. 1972. *Qu:* Arch. Publ. - IfZ.

Joel, Clark, Ph.D., Finanzexperte; geb. 5. Juni 1928 Berlin; jüd.; *V:* Dr. med. Walter J., jüd., Pathologe, 1933 Emigr. Ägypten, Arzt im jüd. Krankenhaus Alexandria, 1948 Ausweisung, USA; *M:* Ilse, geb. Moses, jüd., 1933 Emigr. Ägypten, 1948 USA; ∞ 1959 Sunja Choi; *K:* Vivian, Alexander; *StA:* 1952 USA. *Weg:* 1933 Ägypten; 1946 USA.

Apr. 1933 Emigr. Ägypten mit Eltern, Stud. Lycée Français, anschl. Lycée de l'Union Juive pour l'Enseignement, 1945 (1946?) Bakkalaureat. 1946 USA, Unterstützung durch Verwandte; 1949 B.A. George Washington Univ. Washington/ D.C.; 1953-55 Sachbearb. für wirtschaftl. Planung beim UN-Wiederaufbauprogramm für Korea in Pusan u. Seoul, 1955-58 Assist. für wirtschaftl. Entwicklung; 1961 Ph.D. Univ. Wisconsin, 1958-62 Assist. Prof., 1962-63 Assoc. Prof. Norfolk Coll. of William and Mary/Va.; 1965-70 Wirtschaftsberater bei Robert R. Nathan Assoc. (Studie über die Landwirtschaft El Salvadors), 1970-72 Wirtschaftsberater der USAID in Panama. 1972-77 Wirtschaftssachverständiger der Regionalstelle für Zentral-Amerika-Programme in Guatemala City, seit 1977 Ltr. Wirtschaftsabt. der US-Botschaft in Kingston/Jamaika.

Qu: Fb. Hand. - RFJI.

Joel, Hans Theodor, Journalist; geb. 1. Nov. 1892 Gotha, gest. Jan. 1936 (Dez. 1935 [?]) Paris; ev.; ∞ Grete Böhmer (geb. 1904); *StA:* deutsch, 13. Juni 1935 Ausbürg. *Weg:* 1933 F; 1934 E, F.

Im 1. WK Fliegeroffz., dann Journ., langjähr. Korr. *Berliner Tageblatt* in Madrid, Verb. zur span. Linken; 1933 in Berlin, Juni Emigr. Frankr., Sept. 1934 nach Spanien, 7. Okt. Festnahme auf Veranlassung dt. Stellen, 14. Nov. 1934 Ausweisung nach Frankr.; Mitarb. u.a. *Das Neue Tage-Buch* Paris, *Die Neue Weltbühne* Prag, *Politiken* Kopenhagen, *Neue Zürcher Zeitung;* Ps. Ernst Kirchhof. Verb. zum Kreis um → Willi Münzenberg, Mitarb. *Der Gegen-Angriff.* Berichtete u.a. über Luftfahrttechnik u. über Entwicklung des span. Faschismus.

Qu: Arch. Publ. - IfZ.

John, Otto, Jurist; geb. 19. März 1909 Marburg/Lahn; *G:* Hans; ∞ 1949 Lucinde (Lucie) Mankiewicz (Mankiewszy ?), Ps. Manén (geb. 1899), Sängerin, später Gesangslehrerin, Emigr. London, nach Kriegsausbruch Stud. Medizin, Physiotherapeutin, Gesangslehrerin; *StA:* deutsch, 1946 staatenlos, 1950 deutsch. *Weg:* 1944 E, Port., GB; 1950 Deutschland (BRD).

Stud. Rechtswiss. Berlin, ab 1937 Syndikus bei Deutsche Lufthansa, ab 1938 enge ZusArb. mit Widerstandsgruppe um Admiral Canaris, bes. als Verbindungsmann zu amerikan. u. brit. Geheimdiensten in Madrid, nach Scheitern des Offz.-Putsches v. 20. Juli 1944 am 24. Juli Flucht nach Madrid, dann mit Hilfe des brit. Geheimdienstes über Portugal nach GB, kurzfristige Internierung. Ab Dez. 1944 Mitarb. von Sefton Delmer bei sog. *Soldatensender Calais* (Deckn. Oskar Jürgens), nach Kriegsende Mitarb. Foreign Office. Anfang 1946 Kriegsberichterstatter in Deutschland (ABZ), nach Rückkehr Legalisierung als staatenloser Nansen-Flüchtling, Mitarb. der Rechtsabt. bei Control Office for Germany and Austria (COGA) in KriegsgefLagern u. der Deutschland-Abt. der BBC, ab Okt. 1946 vorüberg. Betreuer des Lagers Nr. 11 bei Bridgend/ Südwales für kriegsgef. höchste dt. milit. Führer, später Zulassung als Berater für dt. u. internat. Recht. Anfang-Mitte 1948 StudAufenthalt beim Ltr. der amerikan. MilGerichte Gen. Telford Taylor in Nürnberg, ab Herbst 1948 mit Beratung u. Übers. für brit. Kriegsgerichte beauftragt. 1950 endgültige Niederlassung in Deutschland, ab Nov. 1950 kommissar. Ltr. des neugeschaffenen Amtes für Verfassungsschutz u. ab 1952 dessen Präs. Gelangte 1955 nach Gedenkfeier zum 20. Juli 1944 in Berlin unter mysteriösen Umständen in die DDR, 12. Dez. 1955 Rückkehr in die BRD, 23. Dez. Verhaftung, 22. Dez. 1956 Urteil Bundesgerichtshof 4 J. Zuchth. wegen Landesverrats, 25. Juli 1958 vorzeitige Entlassung. Seitdem Bemühungen um Rehabilitierung u. Wiederaufnahme des Verfahrens unter Berufung auf Menschenraub durch DDR-Organe. Lebte 1978 in Igls/Tirol.

W: Zweimal kam ich heim (Erinn.). 1969. *L:* Lehmann, Hans Georg, In Acht und Bann. 1976. *D:* IfZ. *Qu:* Arch. Erinn. Publ. Z. - IfZ.

Johne, Fritz, Parteifunktionär, Offizier; geb. 1911 Chetyn/ Böhmen; *V:* Arbeiter; *StA:* CSR, deutsch. *Weg:* 1936 E; 1939 F; 1940 Deutschland; 1945 CSR; 1947 Deutschland (SBZ).

1926-29 kaufm. Lehre, anschl. arbeitslos; 1926 Mitgl. des kommunist. Jugendverb. in der CSR, 1933-35 MilDienst in tschechoslow. Armee, 1935-36 Angest. Konsumgenossenschaft in Kratzau b. Reichenberg. 1936 nach Spanien, Angehöriger u. zuletzt PolKommissar im Btl. T.G. Masaryk der Internat. Brigaden. 1939 nach Frankr., Internierung, Auslieferung an Deutschland, 1940-45 KL Sachsenhausen. 1945 Rückkehr in die CSR, 1945-47 Funktionär der KSČ-Kreisltg. in Reichenberg. 1947 Übersiedlung nach Deutschland, Landesjugendsekr. der SED u. ab 1948 Inspekteur der Deutschen Volkspolizei (DVP) in Sa.-Anhalt, 1949-50 Besuch der sowj. MilAkad. Privolsk b. Saratov, anschl. Ltr. Hauptverw. der DVP, 1953 GenMajor u. Ltr. Fachverw. Infanterie im MdI/Abt. Lehranstalten, 1954-58 Befehlshaber Armeekorps Süd in Leipzig; 1958-59 erneut Fachschulung in der UdSSR, 1960-63 Kommandeur MilAkad. Friedrich Engels, Dresden, 1963-67 Botschafter auf Kuba, ab 1971 Arbeiterveteran, ab 1974 Vors. *Komitee der Antifaschistischen Widerstandskämpfer in der DDR* Bez. Dresden. - *Ausz.:* u.a. 1954 VVO (Silber), 1956 Hans-Beimler-Med., 1961 VVO (Silber).

L: Forster, NVA; Radde, Diplomat. Dienst. *Qu:* Hand. Publ. - IfZ.

Jordan, Henry (urspr. **Heinrich**) **Paul,** Dr. phil., Diplomat, Hochschullehrer; geb. 4. Sept. 1897 Frankfurt/M.; ev.; *V:* Paul J., Major; *M:* Henriette, geb. Hanau; ∞ 1932 Irene Brandt, Philologin, in USA, Kuba u. Deutschland Doz. für Sprachen; *K:* Paul (geb. 1939), Musiker, Assoc. Prof. in USA; Don (geb. 1941), Journ.; *StA:* deutsch, 1940 USA, 1952 deutsch. *Weg:* 1933 USA; 1952 Deutschland (BRD).

Gymn., 1915-19 Kriegsdienst, 2 J. brit. Gefangenschaft, anschl. Stud. Phil., Gesch. u. Wirtschaftswiss. in Bonn, Freiburg/Br., Berlin, Paris, Grenoble, 1926 Prom. Berlin. 1926-27 Attaché im AA Berlin, 1928 Vizekonsul Memel, 1928-29 Legationssekr. in Stockholm u. 1929-30 in Bogotá, anschl. Vizekonsul beim GenKonsulat New York. Gegner des NatSoz., Sommer 1933 bei Aufenthalt in Berlin aus dem Dienst entlassen, Okt. 1933 Emigr. USA mit Einwanderervisum. 1934 Gastprof. New York Univ., anschl. Assist. Prof. für Philosophie Carleton Coll., Northfield/Minn., 1937-49 Assist. Prof. für Politologie New York Univ., ab 1940 Ltr. Seminar on Post-War Reconstruction. Gastprofessuren, u.a. 1943 Puerto Rico; 1944-45 Berater Foreign Econ. Admin., Washington/D.C.; 1950-52 Vortragsreisen in Deutschland für HICOG, insbes. zu Themen des Schuman-Plans u. der europ. Einigung, Gastvorlesungen Univ. Marburg u. Gießen. Sept. 1952 Wiedereintritt in dt. Auswärtigen Dienst als Vortragender Legationsrat u. Ref. für Technische Unionen in Europa. 1955-59 Botschafter in Kuba, 1960-62 GenKonsul in Amsterdam. Lebte 1978 in Freiburg/Br. - *Ausz.:* 1956 Ehrenmitgl. *Sociedad Cubana de Filosofia,* 1961 Gr. BVK.

W: u.a. Zur Objektivitätsfrage des Wertes (Diss.). 1926; Problems of Post-War Reconstruction (Hg. u. Mitverf.). Washington 1942; Foreign Governments (Mitverf.). New York 1949, 1952; Beitr. in Sammelwerken u. Zs. *Qu:* Fb. Hand. Publ. - IfZ.

Jordan, Rudolf Julius Adolf, Dr. jur., Rechtsanwalt, Unternehmensleiter; geb. 1. Dez. 1905 Mannheim; ev.; *V:* Dr. jur. Ludwig J. (geb. 1862 Mannheim, gest. 1942 Kapstadt), jüd., Diss., RA, März 1939 Emigr. S-Afrika; *M:* Milly, geb. Neukirch (geb. 1877 Frankfurt/M., gest. 1947 Kapstadt), jüd., Diss., Emigr. mit Ehemann; *G:* Dr. rer. pol. Elisabeth J. (geb. 1900 Mannheim, gest. 1950 New York), Emigr. USA; ∞ 1934 Charlotte Kirchhoff (geb. 1912 Johannesburg), ev., B.A., A: Johannesburg; *K:* Edward Carl Ludwig (geb. 1935 Johannesburg); Roland Hendrik (geb. 1937 Johannesburg); Elizabeth Angela Heinz (geb. 1939 Johannesburg); Veronica Juliet Laros (geb. 1944 Johannesburg); *StA:* deutsch; S-Afrika; deutsch. *Weg:* 1933 GB, S-Afrika.

1923-26 Stud. Berlin, München, Heidelberg, 1927 Prom., Mitgl. von Sportvereinen. 1926 Referendar in Baden, 1929 Gerichtsassessor, anschl. RA u. Syndikus der Konkursverw. von FAVAG in Frankfurt/M. u. Berlin; 1. Apr. 1933 Berufsverbot. Juni 1933 Emigr. GB, engl. Sprachstud., Okt. 1933 Südafrika, bis Sept. 1934 Hilfsbuchhalter, 1934-46 bei F. Kirchhoff & Co. (Pty) Ltd. Im 2. WK MilDienst, 1939-40 bei der Rand Light Infantry, 1942-45 South African Engineers. Anschl. Stud. Botanik Witwatersrand Univ., 1946-55 Farmer in Paarl. Ab 1955 Dir., später Vors. der Kirchhoff-Unternehmen. 1972 Mitgl. Wirtschafts-Deleg. nach Deutschland und Österr.; zeitw. Präs. Handelskammer Johannesburg, geschäftsf. VorstMitgl. Südafrikan. Ausschuß der internat. Handelskammer, Präs. *Internat. Vereinigung für Saathandel,* zeitw. Präs. *Rotary-Club* Johannesburg/North Central, Kuratoriumsmitgl. Witwatersrand Coll. for Advanced Techn. Education, Mitgl. *Gesellschaft der Freunde Mannheims, South African PEN Club.* Lebte 1978 in Johannesburg/S-Afrika.

W: Volkmar-Heinsheimer, Zivilprozeßordnung und Nebengesetze (Mithg.). 1930; The New Perspective. 1951; Bridges to the Unknown. 1958; Beiträge in *Deutsche Juristen Zeitung* sowie wiss. u. lit. Zs. in S-Afrika. *Qu:* Fb. - RFJI.

Joseph, Asher Otto, Regierungsbeamter; geb. 14. Juli 1922 Gelnhausen/Hessen; *V:* Sigmund J. (geb. 1878 Gauersheim/Pfalz, gest. 1931), jüd., höhere Schule, Kaufm.; *M:* Bertha Stern (geb. 1890 Meerholz/Hessen, 1942 umgek. im Holokaust), jüd., Geschäftsfrau; ∞ 1946 Hannelore David (geb. 1925 Ettlingen/ Baden), 1937 Emigr. GB, 1937 London School of Pitman's for Girls, Stenotypistin, 1945 Pal., Sekr. in Jerusalem; *K:* Jocheved Metzger (geb. 1947 Haifa), Stud. Coll. for Women Teachers, Lehrerin; Pnina Schaul (geb. 1949 Haifa), Krankenschwester; Pinchas (geb. 1953 Haifa), Stud. Yeshiva Coll.; *StA:* deutsch, Pal./IL. *Weg:* 1938 GB, 1940 AUS, 1942 Pal.

1931-35 Gymn. Gelnhausen, 1935-38 Samson Raphael Hirsch-Realschule Frankfurt/M.; 1938 Emigr. GB mit StudVisum, 1938-39 Stud. Enfield Grammar School London, 1939-40 Laborassist. in chem. Betrieb in London; Juni 1940 Internierung, Juli 1940-Juli 1942 Internierung in Australien. 1942 nach Palästina, 1942-45 Stud. Yeshiva Coll. Jerusalem, 1942-47 Fernstud. am Brit. Inst., versch. Diplome. 1945-48 Laborassist. u. Mitarb. Budgetplanung bei Fruitarom Chem. Haifa, 1948-49 IDF-Dienst, 1949-52 techn. Zeichner; 1953 Gr. u. Ltr. Abt. Publikationen des Customs and Excise Dept. im Finanzmin., Red. *Isr. Tax Legislation, Isr. Tariff and Fees, Customs Regulations,* Beteiligung an Ausarb. v. Steuersystemen, Red. u. Übers. v. Broschüren u. Büchern über Zolltarife u. Finanzprobleme. Ps. AJO. Ab 1962 Mitgl. Nat. Council, ab 1968 ehrenamtl. Sekr. *Isr. Soc. of Editors of Periodicals* Jerusalem, 1967-68 Vors. Einwandererkommission der *Jew. Agency.* 1968-75 Stud. Hebr. Univ., B.A., M.A. in VerwWesen. Mitgl. *Assn. of Senior Government Officials.* Lebte 1977 in Jerusalem.

W: Israel Customs Tariff. 1968; Joseph and David Family Tree. 1973; Milon leMunaḥim beMadaei haḤevrah vehaRuaḥ (Begriffslexikon der Sozial- u. Geisteswissenschaften). 1974; Israel's Temple Mount. The Jews' Magnificent Sanctuary (Mitverf.). 1975. *D:* Hebr. Univ.; Nat. Library Jerusalem; New York Public Library. *Qu:* Fb. Hand. - RFJI.

Joseph, Curt, Chemiker, Fabrikant; geb. 1899 Berlin, gest. 24. Dez. 1963 Heswall/GB; jüd.; *V:* Apotheker in Berlin, Inh. Kopp & Joseph; *G:* Max; ∞ I. gesch.; II. 1940 Ilse; *K:* 1 S, 1 T, umgek. im Holokaust; *StA:* deutsch; brit. *Weg:* 1939 NL, GB.

1914 freiw. Krankenträger des *Roten Kreuzes,* 1917-18 MilDienst bei Armee u. Luftwaffe an der Westfront; Ende 1918 Freikorps, Ausschluß aufgrund jüd. Herkunft, 1919 Teiln. an Niederschlagung kommunist. Aufstandsversuche. 1918-38 Dir. Kopp & Joseph (chem. Fabrik u. Vertrieb); Nov. 1938 KL Sachsenhausen, Zwangsverkauf des Unternehmens; 1939 Emigr. GB über die Niederlande, Laborant Pilkington Brothers; 1940 Internierung, danach Luftschutzwart bei der Home Guard, anschl. Rückkehr zu Pilkington Brothers, 1944 Geschäftsf., später wiss. Chemiker. Später Mitarb. Fibreglass Ltd. Birkenhead/GB.

D: No Homesickness (unveröffentl. ABiogr.), LBI New York. *Qu:* ABiogr. EGL. Hand. - RFJI.

Joseph, Franz M., Dr. jur., Rechtsanwalt, Ministerialbeamter; geb. 24. März 1905 Landau/Rheinpfalz; o.K.; *V:* Emil J. (geb. 1873 Ingelheim/Rheinpfalz, umgek. 1944 KL Theresienstadt), jüd., Inh. eines Weinguts, Vors. IHK Rheinpfalz, Vors. Ortsgruppe *B'nai B'rith; M:* Anna, geb. Hockenheimer (geb. 1879 Bruchsal, umgek. 1945 KL Auschwitz), jüd.; *G:* Elisabeth Kett (geb. 1908 Landau), Emigr. GB, USA, Kunstgewerblerin; ∞ 1964 Sakoto Motoyoshi (geb. 1929 Bombay/IND), o.K., Stud. Tokio; *StA:* deutsch, 1943 USA. *Weg:* 1935 USA.

1923-28 Stud. München, Paris, Frankfurt/M., Genf, Berlin, Heidelberg, Assist. bei H. Sinzheimer u. G. Anschütz; Mitgl. *Wandervogel, Republikanischer Studentenbund.* 1928 Prom., 1928-30 Referendar, 1931-33 RegAssessor u. Assist. bei J. Popitz, Mitarb. an der 1. Fassung eines Vertrages zur Vermeidung internat. Doppelbesteuerung, der vom Finanzausschuß des Völkerbundes angenommen wurde; 1933 Entlassung. Nov. 1935 Emigr. USA mit Besuchervisum, später Umwandlung in Einwanderervisum; Doz. Univ. Chicago, gleichz. Stud., 1938 J.D., 1938-40 Berater für Internat. Telephone and Telegraph Co. N.Y., 1940 Berater beim US-Schatzamt (Kontrolle ausländ. Vermögens), 1940 Berater für internat. Steuerfragen, Devisenbestimmungen u. Vermögen feindl. Ausländer im US-Finanzmin., 1944 Berater für Nachkriegsplanung im US-Außenmin., ab 1945 RA in New York; 1944-52 Prof. des französ. Institute de Droit Comparé New York, 1945 Rechtsberater der UN-Konf. San Francisco/Calif., Korr. für *Internat. Bar Assn.* u. *Internat. Fiscal Assn.* 1948-60 Justitiar am Council on NATO, 1955-78 Am.-Europe Foundation, 1960-73 Mitgl. am. Atlantik-Rat. Vorträge an dt. Univ., Berater des dt. Finanzmin. für internat. Steuerrecht; Mitgl. *Internat. Bar Assn.* (1954 Vors. Konfiszierungs- u. Nationalisierungsausschuß),

Am. Bar Assn. (Tätigkeit in versch. Ausschüssen für internat. Steuerrechtsfragen), *Bar Assn. of the City of New York, Am. Soc. of Internat. Law Foreign Law Assn.* u.a. Lebte 1977 in Lausanne/Schweiz.

W: Discretionary Trust. 1951; Organizing International Businesses. 1952; Elements of Proper Estate Planning. 1953; Income Tax Treaties. 1954; International Aspects of Nationalization. 1954; Death Tax Treaties. 1955; As Others See Us: The United States through Foreign Eyes. (Hg.) 1959; Beiträge in Fachzs. *Qu:* Fb. Hand. Z. - RFJI.

Josephthal, Giora (urspr. George), Dr. jur., Verbandsfunktionär, Politiker; geb. 9. Aug. 1912 Nürnberg, gest. 22. Aug. 1962 Luzern/CH; *V:* Paul J. (geb. 1869 Nürnberg, gest. 1943 Tel Aviv), Kaufm., Major im 1. WK, 1939 Emigr. Pal.; *M:* Emma, geb. Schnabel (geb. 1875 Nürnberg, gest. 1943 Tel Aviv), 1939 Emigr. Pal.; *G:* Hans (geb. 1907), Emigr. ČSR, USA, Kaufm.; Rolf (geb. 1910), Emigr. USA, Kaufm.; ∞ 1936 Senta Punfud (→ Senta Josephthal); *StA:* deutsch; IL. *Weg:* 1938 Pal.

1930-33 Stud. Rechtswiss. Berlin, Heidelberg, München, 1933 Dr. jur. Basel, da in Deutschland keine Zulassung zur Prom. Ab 1933 Jugendltr. *Jüdischer Jugendbund* Nürnberg (später ZusSchluß mit J.P.D. u. *Habonim*); Mitarb. Abt. für Sozialhilfe jüd. Gde. München, Ausarb. eines Umschulungsprogramms für jüd. Jugendliche als Vorbereitung auf Emigr. nach Palästina; 1933 Ltr. Jugendabt. des *Verbands der Bayerischen Israelitischen Gemeinden,* bis 1938 Mitgl. geschäftsf. Ausschuß der ZVfD, 1934-38 Ltr. *Hechaluz*-Bewegung in Deutschland, deshalb Verhaftung während des Prozesses gegen → David Shaltiel, Paßentzug. 1938 landwirtschaftl. Umschulung in Ellguth/Schlesien, Emigr. Palästina mit Ehefrau mit A I-Zertifikat. Mit einer Hachscharah-Gruppe Gr. Kibb. Givat-Ḥayyim, u.a. Arbeit in der Bäckerei; im Auftr. der *Jew. Agency* nach GB, nach Nov. 1938 Unterstützung der jüd. Emigr. aus Deutschland, Org. der Fahrt des Flüchtlingsschiffes Dora nach Pal.; 1939 Rückkehr Kibb. Givat-Ḥayyim. Zus. mit 40 Mitgl. von *Habonim* Mitgr. Kibb. Garin Raananah (ab 1945 Kibb. Galed), Finanzverw.; 1941-43 im Auftrag der *Jew. Agency* in Europa u. Arbeit im Internierungslager Atlit/Pal., ab 1943 brit. Armee, Dienst in Mobilisierungszentrale Haifa der brit. Armee u. der *Jew. Agency;* Interviews für brit. Nachrichtendienst in dt. Kriegsgefangenenlagern in Ägypten, Mitarb. am Programm *Reeducation to Democracy,* Dienst im Pionier-Korps, 1945 Entlassung auf Ersuchen der *Jew. Agency.* Ab 1945 bei Abt. für Einwanderer- u. Integrationsprobleme der *Jew. Agency,* 1948-52 Ltr. Abt. Integration, 1952 Deleg. bei Wiedergutmachungsverhandlungen mit Deutschland (BRD), ab 1953 Finanzdir. der *Jew. Agency.* Ab 1956 Mitgl. Zentralkomitee der *Mapai,* 1956-59 GenSekr.; Mitgl. Hauptvorst. des *Histadrut.* Ab 1959 M.K., 1960 Min. für Arbeit, 1961 Min. für Wohnungsbau u. Entwicklung (insbes. Förderung der Einwandererintegration durch Wohnungsbauten, techn. Ausbildungsprogramme u. Arbeitsvermittlung).

W: Immigration during Israel's Second Year of Statehood. 1950; Sikumim veKavei Peulah (Tätigkeitsbericht u. Programmpunkte). 1960; Giora Josephthal (ABiogr., hg. von Shalom Wurm). 1963; *L:* Halpern, Ben/Wurm, Shalom, The Responsible Attitude. Life and Opinions of Giora Josephthal. 1966; Laufban, Yeḥeskel, Ish Yoze el Eḥav (Die Geschichte der Einwanderer-Integration in Israel). 1967. *Qu:* ABiogr. Fb. Hand. Z. - RFJI.

Josephthal, Senta, geb. Punfud, Politikerin, Gewerkschaftsfunktionärin; geb. 5. Dez. 1912 Fürth/Bayern; *V:* Jakob Punfud (geb. Frankenwinheim b. Bamberg, gest. 1951 Ramat Gan/IL), jüd., Kaufm., KL Dachau, 1939 Emigr. Pal. mit A I-Zertifikat; *M:* Hedwig, geb. Schild (geb. 1884 Würzburg), 1939 Emigr. Pal.; ∞ 1936 → Giora Josephthal; *StA:* deutsch, IL. *Weg:* 1938 Pal.

1932-33 Stud. Wirtschafts- u. Rechtswiss. Erlangen; Mitgl. *Jüdischer Kulturbund, Habonim,* 1933 Gr. *Hechaluz*-Zentrale München. 1934-38 Lehrerin bei *Jugend-Alijah* u. Mitarb. *Hechaluz*-Zentrale; Jugendltr. u. Ltr. Hachscharah für Mädchen; 1938 landwirtschaftl. Umschulung in Ellguth/Schlesien, Emigr. Palästina mit A I-Zertifikat, 1938 mit einer Hachscharah-Gruppe Aufbauarb. Kibb. Givat-Ḥayyim, 1939 Mitgr. Kibb. Garin Raananah (ab 1945 Kibb. Galed) zus. mit 40 Mitgl. von *Habonim;* 1947-51 Arbeit im Kibb. Ab 1953 ltd. Positionen bei *Iḥud haKevuzot vehaKibbuzim* (Kibbuz-Vereinigung), 1963-65 u. 1967-70 Mitgl. des GenSekretariats. Ab 1955 M.K. (3. Knesset); 1956-60 Mitgl. Zentralkomitee des *Histadrut,* verantwortl. für die Planung neuer Siedlungen, 1960-63 Ltr. Wirtschaftsabt.; 1960 Mitgl. Zentralausschuß u. Sekretariat der *Mapai,* 1963-65 u. 1967-70 Mitgl. PV; 1965-67 wirtschaftl. Ltr. u. 1970-72 Ltr. Kibb. Galed. Ab 1970 AR-Mitgl. Am-Oved (Arbeiter-Verlagsanstalt), ab 1972 AR-Vors. Mekorot (Nat. Wasserversorgung), ab 1974 Ltr. Wirtschaftsabt. der Landwirtschaftszentrale; 1976-Mai 1977 M.K. Lebte 1977 im Kibb. Galed/Israel.

Qu: Fb. Hand. - RFJI.

Jospe, Alfred, Dr. phil., Rabbiner; geb. 31. März 1909 Berlin; *V:* Josef J. (geb. 1878 Roggow/Pommern, gest. 1939 Deutschland), Stud. Lehrerseminar, Kantor; *M:* Rosa, geb. Cerini (geb. 1883 Gombin/Prov. Posen, umgek. 1943 KL Auschwitz); *G:* Erwin (geb. 1907 Breslau), Stud. Hochschule für Musik Berlin, Musikdir., 1938 Emigr. USA, Pal.; ∞ 1935 Eva Scheyer (geb. 1913 Oppeln/Schlesien), jüd., 1932-33 Stud. Berlin, Frankfurt/M. u. Breslau, 1939 Emigr. GB, USA, M.A., seit 1973 Doz. für Theol. Georgetown u. George Washington Univ., 1975 Hg. u. Übers. von *Moses Mendelssohn, Selections from His Writings; K:* Susanne Greenberg (geb. 1935), 1939 Emigr. USA, M.A.; Naomi Pisetzky (geb. 1942), M.A., Lehrerin in IL; Raphael Jospe (geb. 1947), Doz. in den USA; *StA:* deutsch, 1946 USA. *Weg:* 1939 GB, USA.

1928-34 Stud. Jüd.-Theol. Seminar Breslau, 1935 Rabbiner-Examen, gleichz. 1928-32 Stud. Univ. Breslau, 1932 Prom., tätig im K.J.V.; 1934-36 BezRabbiner für die Provinz Posen-Westpreußen, 1936-39 Rabbiner u. Prediger jüd. Gde. Berlin, Mitgl. ZVfD; Nov. 1938 KL Oranienburg. März 1939 Emigr. GB mit Visum für 1 Jahr durch Vermittlung des brit. Oberrabbiners; Juni 1939 in die USA mit Ehefrau mit Non-Quota-Visum, 1939 Rabbiner in Cleveland/O., 1939-44 bei der Tree of Life Congr. in Morgantown/West-Va., gleichz. 1940-44 Dir. *B'nai B'rith Hillel Foundation* an der Univ. West-Va., 1944-49 Dir. *B'nai B'rith Hillel Foundation* an der Univ. Ind., 1949-71 nat. Dir. Programs and Resources der *B'nai B'rith Hillel Foundations* in Washington/D.C., gleichz. Vors. allg. Beratungsausschuß der *Intercollegiate Zion. Fed. of Am.,* 1971-74 internat. Dir. *Hillel Foundations;* 1975 Ruhestand. Seit 1975 Vortragstätigkeit u. Publizist. Ausschußmitgl. *World Univ. Serv., CCAR, Inst. for Jew. Life, New York Board of Rabbies, B'nai B'rith Hillel Commission* LBI, Mitgl. ZOA, *Am. Acad. of Relig., Washington Board of Rabbies.* Lebte 1978 in Washington/D.C. - *Ausz.:* 1935 Joel-Preis, 1970 Award for Outstanding Jew. and Civil Leadership der *Jewish War Veterans* Washington/D.C., 1972 D.D.h.c. des H.U.C.-J.I.R. in New York.

W: Die Unterscheidung von Religion und Mythos bei Hermann Cohen und Ernst Cassirer in ihrer Bedeutung für die jüdische Religionsphilosophie (Diss.). 1932; Erziehung (Lessler-Schule, Festschrift). 1938; The B'nai B'rith Hillel Foundations. An Orientation Manual. 1951; College Guide for Jewish Youth. 1955, 5. Aufl. 1968; The Jewish Heritage and the Jewish Student. A Reader in Jewish Life and Thought. (Hg.) 1958; Clearing House. Hillel Little Books Series (Hg., 5 Bde.); Hillel Library Series (Hg., 8 Bde.); Hillel Program Monographs. (Hg.) 1949-71; Judaism on the Campus. Essays on Jewish Education in the University Community. 1963; Israel as Idea and Experience. (Hg.) 1963; The Legacy of Maurice Pekarsky. (Hg.) 1965; Moses Mendelssohn's Jerusalem and Other Jewish Writings. (Hg.) (Übers. der Einleitung) 1969; Tradition and Contemporary Experience. Essays in Jewish Thought and Life. (Hg.) 1970; Bridges to a Holy Time. New Worship for the Sabbath. (Mithg.) 1973; Jewish Thought (Übers. von dt. Art. ins Engl. i.A. des LBI). 1978. *Qu:* Arch. Fb. Hand. Pers. Publ. - RFJI.

Jourdan, Berta, Pädagogin; geb. 21. Juni 1892 Frankfurt/M.; Diss.; *StA:* deutsch. *Weg:* 1939 Rhodesien.
Aus jüd. Fam., ab 1913 Sonderschullehrerin in Frankfurt/M., 1917 SPD, 1924-28 StadtVO., 1928 MdL Preußen. 1933-39 Ltr. Privatschule für jüd. Kinder. Jan. 1939 Emigr. Rhodesien, 1942-63 beamtete Sonderschulpädagogin in Bulawayo. UN-Berichterstatterin für rhodes. Schulfragen. März 1969 nach Frankfurt/M., Tätigkeit in Sonderschulwesen u. SPD. Lebte 1977 in Frankfurt/Main.
Qu: EGL. Z. - IfZ.

Juchacz, Marie, geb. Gohlke, Sozialpolitikerin; geb. 15. März 1879 Landsberg a.d. Warthe, gest. 28. Jan. 1956 Bonn; Diss.; *V:* Friedrich Theodor Gohlke, Zimmerermeister; *M:* Henriette, geb. Heinrich; *G:* Otto; Elisabeth Roehl-Kirschmann (1888-1930), SPD, 1919-20 MdR, 1920 MdL Preußen, 1913 verh. in 2. Ehe mit → Emil Kirschmann; ∞ Bernhard Juchacz (gest. 1922), 1911 gesch.; *K:* Lotte, RA; Paul; *StA:* deutsch. *Weg:* 1933 Saargeb.; 1935 F; 1941 USA; 1949 Deutschland (BRD).
Volksschule, infolge materieller Notlage der Fam. zunächst Hausangest., dann Fabrikarb., Krankenwärterin u. Näherin. 1906 nach Trennung von Ehemann mit ihren Kindern u. der jüngeren Schwester Übersiedlung nach Berlin, Heimarb., Mitgl. *Verein der Frauen und Mädchen der arbeitenden Klasse* u. 1908 SPD; VorstMitgl. sozdem. Wahlvereins Neukölln u. 1910 im Zentralvorst. des sozdem. Wahlvereins Teltow-Beeskow; 1911 Deleg. zur Reichsfrauenkonf. in Jena; ab 1913 hauptamtl. Frauensekr. für den SPD-Parteibez. Obere Rheinprovinz in Köln, u.a. Org. der Textilarbeiterinnen des Aachener Reviers; während 1. WK aktiv in der *Nationalen Frauengemeinschaft;* ab Jan. 1917 als Nachf. von Luise Zietz zentrale Frauensekr. der SPD in Berlin u. bis 1933 Mitgl. des PV; 1917-19 mit Heinrich Schulz Schriftltr. *Die Gleichheit;* 1919 MdNV, 1920-33 MdR; 1919 Gr. *Arbeiterwohlfahrt,* die sich unter ihrer Ltg. zu einer bedeutenden fürsorg. u. sozialpädagog. Org. entwickelte. Nach Auflösung der *Arbeiterwohlfahrt* 1933 mit ihrem Schwager Emil Kirschmann Emigr. ins Saargeb., dort in der Flüchtlingsfürsorge tätig; nach der Saarabstimmung Jan. 1935 Flucht nach Frankr., in Mulhouse/Elsaß u.a. mit Kirschmann u. → Max Hofmann Bildung einer sozdem. Arbeitsgruppe vornehmlich aus Saaremigranten zur Org. des Widerstands in Deutschland. Nach Kriegsausbruch Flucht nach Südfrankreich, von dort mit Notvisum zus. mit Emil Kirschmann Emigr. in die USA, Mai 1941 Ankunft in New York. Nach anfängl. Unterstützung durch Quäker u. Unterbringung in deren Einwandererheim in Scattergood/Iowa ab Herbst 1942 wieder in New York. Stand im amerikan. Exil *Neu Beginnen* nahe (→ Karl Frank), Mitgl. Exekutivkomitee *German-American Council for the Liberation of Germany from Nazism* (→ Albert Grzesinski), in Gegnerschaft zur GLD (→ Friedrich Stampfer); u.a. mit den PV-Mitgl. → Paul Hertz u. → Georg Dietrich Kritik an der Juli 1943 nach New York einberufenen Landeskonf. dt.-sprachiger Sozialdemokraten und Gewerkschafter in den USA wegen Ausschluß der sozdem. Linken; Anschluß an CDG (→ Paul Tillich), Mitunterz. des Programms vom Mai 1944; lehnte Mai 1945 mit Dietrich, Hertz u. → Siegfried Aufhäuser die Aufforderung der *Sopade* in London ab, den 1933 gewählten SPD-PV im Exil zu rekonstruieren, nachdem sie bereits in den Vorkriegsjahren Kritik an Mandatsanspruch u. innerparteil. Taktik der *Sopade* geübt hatte. Arbeitete in New York wieder auf sozialpol. Gebiet; Mitgl., später Vors. *Workmen Circle* im *Jewish Labor Committee;* nach 1945 Org. von Hilfsaktionen für die vom NatSoz. befreiten Länder, führend in der Sommer 1946 gegr. Dachorg. *Arbeiterwohlfahrt USA-Hilfe für die Opfer des Nationalsozialismus.* Jan./Febr. 1949 Rückkehr nach Deutschland; wieder in *Arbeiterwohlfahrt* u. sozdem. Frauenbewegung tätig, 1949 Ehrenvors. *Arbeiterwohlfahrt.*
W: Die Arbeiterwohlfahrt. Voraussetzungen und Entwicklung (mit Johanna Heymann). 1924; Sie lebten für eine bessere Welt. 1956. *L:* Roehl, Fritzmichael, Marie Juchacz und die Arbeiterwohlfahrt. 1961; MGD. *D:* AsD. *Qu:* Arch. Biogr. Hand. Publ. - IfZ.

Juda, Walter, Docteur ès sciences, Industriechemiker; geb. 16. Febr. 1916 Berlin; jüd.; *V:* Dr. med. Adolf J. (geb. 1882 Hagenow/Mecklenburg-Schwerin, gest. 1971), jüd., Arzt in Berlin, 1936 Emigr. Pal.; *M:* Gertrud, geb. Futter (geb. 1892 Kobylin/Posen, gest. 1954), jüd., 1936 Emigr. Pal.; *G:* Lotte Goldstein (geb. 1912), 1936 Emigr. Pal.; ∞ 1941 Renée Meolino (geb. 1916 Digne/F), kath., dann jüd., Stud. Lyon, 1939 Emigr. USA, M.A., Französ.-Lehrerin; *K:* Simone N. Press (geb. 1943), M.A., Lehrerin; Daniel P. (geb. 1945), M.A. klin. Psychologie; David E. (geb. 1948), Schauspieler, Theaterdir.; *StA:* deutsch, USA. *Weg:* 1933 F, 1939 USA.
1925-33 Realgymn.; 1933 Emigr. Frankr. mit StudVisum, 1934 Baccalauréat, 1934-39 Stud. Chem. Univ. Lyon, 1936 Dipl.-Ing., 1939 Docteur ès sciences, gleichz. Lehrer, u.a. für Naturwiss. u. Deutsch; Sept.-Nov. 1939 Internierung. Nov. 1939 Emigr. USA, 1940-49 Berater für Albi Manufacturing Co. New York. Gleichz. 1942-44 Stud. Harvard Univ., 1944 M.A., 1944-48 Doz., 1947-48 Forschungschem. am Weizmann-Inst. in Reḥovot/Israel, Mitarb. beim Entwurf u. Bau einer Versuchsanlage für Meerwasserentsalzung in Reḥovot. 1948-51 Angest. bei Div. of Indus. Coop., 1948-61 Vizepräs. u. techn. Dir. bei Ionics Inc./ Mass., gleichz. 1950-54 Berater bei den Oak Ridge Nat. Labs., seit 1961 Präs. Prototechn. Co. in Burlington/Mass., gleichz. Doz. am Mass. Inst. Technol.; Inh. von 50 Patenten. 1953 Vors. Gordon Research Conf. on Ion Exchange, Mitgl. *Am. Chem. Soc., Am. Assn. Advancement Science, Assn. of Harvard Chems., Soc. of Sigma Chi.* Lebte 1978 in Lexington/Mass. - *Ausz.:* 1960 J.P. Wetherill Med. Franklin Inst. für Wasserentsalzungsmethoden durch Elektrodialyse.
W: Zahlr. Art. in Fachzs.; *L:* E.J. *Qu:* Fb. Hand. Publ. - RFJI.

Jürgensen, Julius Thomas, Parteifunktionär; geb. 1. Apr. 1896 Flensburg, gest. 6. Nov. 1957 Berlin (Ost); *V:* Fuhrmann; ∞ Therese Götz (geb. 1896); *K:* Julius Anton (geb. 1919), Hans Fritz (geb. 1920); *StA:* deutsch, 25. März 1938 Ausbürg. mit Fam. *Weg:* 1935 DK; 1936 E; 1939 F; 1944 (?) Deutschland.
Hausdiener, Fabrikarbeiter; 1915-18 Militär- bzw. Kriegsdienst; 1920 Mitgl. KPD, ab 1926 auf der Insel Sylt, in Westerland Gr. einer KPD-Ortsgruppe, 1929-33 StadtVO. 1931-33 Ltr. KPD-ArbGebiet Sylt. März 1933 mit der Ltg. des illeg. KPD-Unterbez. Sylt beauftragt, Apr.-Nov. 1933 KL Glückstadt, danach illeg. Arb. in Schlesw.-Holst. u. VerbMann zur KPD-AbschnLtg. Nord in Kopenhagen. Jan. 1935 Emigr. nach Dänemark, in Kopenhagen Funktionär der KPD-EmigrLtg. u. Ltr. des Flüchtlingskomitees der *Roten Hilfe;* Deckn. Christian, Mogens; 1936 als Kriegsfreiw. nach Spanien, Ausbilder Artillerieschule Albacete; 1939-40 in versch. Internierungslagern in Frankr., Verschleppung nach Deutschland, Jan. 1944-April 1945 KL Buchenwald, Mitgl. illeg. Lagerltg. Nach Kriegsende Mitgl. KPD-BezLtg. Wasserkante, später der neugebildeten Landesltg. Schlesw.-Holst.; 1950-56 Mitgl. u. bis 1954 AbtLtr. Landwirtschaft im KPD-PV in Düsseldorf, 1954-56 Mitgl. Parteikontrollkommission; 1946-47 Mitgl. des 1. u. 2. ernannten LT Schlesw.-Holst., KPD-Fraktionsvors. Nach KPD-Verbot Nov. 1956 Übersiedlung in die DDR, Mitgl. SED u. Mitarb. Institut für Marxismus-Leninismus. - *Ausz.:* Hans-Beimler-Med., 1957 VVO (Silber).
W: Dokumente des Widerstandes. Ein Beitrag zum Verständnis des illegalen Kampfes gegen die Nazidiktatur (Mitverf.). 1948. *Qu:* Arch. Pers. Publ. - IfZ.

Jung, Franz, Schriftsteller; geb. 26. Nov. 1888 Neiße, gest. 21. Jan. 1963 Stuttgart; *V:* Uhrmacher; ∞ Claire Jung (geb. 1902[?]), Schriftst., Mitarb. *Die Aktion,* 1921-23 in Moskau, Sekr. bei *Komintern* u. IAH, nach 1933 Emigr. UdSSR, 1945 Deutschland (SBZ), Mitarb. beim Aufbau des DDR-Rundfunks, zum 85. Geburtstag Ehrung durch SED-ZK. *Weg:* 1936 (?) CSR; Österr.; CH; H; 1948 USA.
Stud. Rechts- u. Staatswiss. u. NatÖkonomie in Leipzig, Jena, Breslau u. München, kein Abschluß; früher Kontakt mit Münchner Bohème-Kreis um Erich Mühsam u. Gustav Landauer sowie der *Freien Vereinigung deutscher Gewerkschaf-*

ten; 1911/12 Mitarb. der expressionistischen Zs. *Der Sturm,* 1912/13 erste Prosaveröffentl. in Buchform, ab 1913 sozialkrit. Aufs. u. Skizzen in der *Aktion* → Franz Pfemferts. 1914 Kriegsfreiw., Desertion, Festungshaft in Spandau; 1915 Gr., dann Mithg. der Zs. *Freie Straße,* während des Krieges zum *Aktions-*Kreis gehörig, kurzfr. aktive Teiln. u. PräsMitgl. der Berliner Dada-Gruppe, Mitarb. *Neue Jugend* u. Mithg. *Club Dada.* Einfluß u.a. auf George Grosz u. John Heartfield, 1919 mit Grosz Hg. der Zs. *Jedermann sein eigener Fußball.* Bis 1924 zahlr. sozialkrit. Romane, Erz. u. Dramen. Mitgl. *Spartakus,* aktive Teiln. an der Novemberrevolution 1918, pol. Engagement in der Bewegung des Linkskommunismus u. GrdgMitgl. der KAPD; als KAPD-Deleg. Apr. 1920 unter abenteuerlichen Umständen mit einem gekaperten Schiff nach Murmansk zur Teiln. am 2. *Komintern*-Kongreß in Moskau, Verhandlungen mit Lenin u. der *Komintern*-Führung über KAPD-Beitritt. Nach Rückkehr u. vorüberg. Haft wegen der Schiffsentführung Teiln. an den mitteldt. Kämpfen März 1921, Verurteilung zu längerer Freiheitsstrafe, Flucht über Holland in die UdSSR; dort als Wirtschaftsexperte tätig, u.a. Aufbau einer Zündholzfabrik u. Mitarb. IAH; 1923 als Franz Larsz illeg. Rückkehr nach Deutschland, nach Amnestierung tätig als Wirtschafts- u. Handelskorr., Ltr. Deutscher Korrespondenz-Verlag in Verb. mit internat. antikapitalist. Bauhüttenbewegung; ab 1930 unter Einfluß Le Corbusiers Hg. der Zs. *Gegner* u. Bildung einer gleichn. nationalrevol. Gruppe. 1929 vorüberg. Dramaturg bei Erwin Piscator. Nach 1933 Kontakte zu *Roten Kämpfern* ([RK], → Arthur Goldstein) u. im Widerstand, Mitarb. *Wirtschaftskorrespondenz* Alexander Schwabs; im Zuge der Verhaftungswelle der Berliner RK-Gruppen Nov. 1936 verhaftet, als einziger wieder von Gestapo freigelassen. Anschl. Emigr. nach Prag, in den folgenden Jahren unstete Wanderschaft durch Europa, Aufenthalte in Wien u. Genf, ab 1940 in Budapest. 1936-38 Mitarb. *Die Neue Weltbühne* Prag, 1937-38 der *Wiener Wirtschaftswoche.* Nachrichtendienstl. Verb. zu Widerstandskreisen in Deutschland, 1944 in Ungarn von Faschisten verhaftet, Flucht nach Italien u. Internierung bei Bozen. 1948 Einreise in die USA, Wirtschafts-Korr. versch. Agenturen, ab 1950 Mitarb. *Aufbau* New York. 1960 Rückkehr nach Deutschland.

W: u.a. Das Trottelbuch (Erz.). 1912; Kameraden (R). 1913; Sophie (R). 1915; Saul (S). 1916; Opferung (R). 1916; Der Sprung aus der Welt (R). 1918; Reise in Rußland (R). 1920; Proletarier (R). 1921; Der Fall Groß (R). 1921; Die Rote Woche (R). 1921; Kanaker (S). 1921; Wie lange noch? (S). 1921; Arbeitsfriede (R). 1922; An die Arbeitsfront nach Sowjetrußland. 1922; Die Eroberung der Maschinen (R). 1923; Geschichte einer Fabrik (R). 1924; Hausierer (R). 1931; Der Weg nach unten. (Neuaufl.: Der Torpedokäfer. 1972); Bibliogr. in: Melzwig, Brigitte, Deutsche Sozialistische Literatur 1918-1945. 1975; Jung, Franz, Gott verschläft die Zeit. Frühe Prosa. 1976. *L:* Bock, Syndikalismus; Ihlau, Olaf, Die Roten Kämpfer. Ein Beitrag zur Geschichte der Arbeiterbewegung im Dritten Reich. 1969; Höhne, Heinz, Kennwort Direktor. Die Geschichte der Roten Kapelle. 1970; Haardt, Ralph, Franz Jung: literarisches Werk und Bedeutung in der Weimarer Republik. Unveröffentl. Ms. Ruhr-Univ. Bochum. *Qu:* ABiogr. Hand. Publ. - IfZ.

Jung, Richard, Dr., Rechtsanwalt, Verbandsfunktionär; geb. 23. Apr. 1883 Nürnberg, gest. 18. Juni 1957 New York; jüd.; *V:* Heinrich J. (geb. 1844 Obernbreit/Bayern, gest. 1911 Nürnberg), jüd., Hopfenhändler, journ. Mitarb. Ztg. *Correspondenten von und für Deutschland; M:* Julie, geb. Schloß (geb. 1851 [?] Würzburg, gest. 1894), jüd.; *G:* Otto (geb. Nürnberg, gest. 1912 Arosa/CH); Karoline Metzger (geb. 1874 Nürnberg, gest. 1965 New York), zeitw. KL Theresienstadt, 1946 in die USA über CH; Rosalie Metzger (geb. Nürnberg, gest. 1938 Nürnberg); Ida Bing (geb. 1886 Nürnberg, gest. 1976 London); ∞ Gertrud Held (geb. 1894 Nürnberg, gest. 1962 New York), jüd., Kindergärtnerin, 1939 Emigr. GB, 1940 USA, Sekr. bei *Blue Card; K:* Hildegard Tuchmann (geb. 1914 Nürnberg), 1937 Emigr. USA, Fotografin; Annemarie Teutsch (geb. 1919 Nürnberg), 1939 Emigr. GB, 1940 USA, Kindergärtnerin; Margaret Rosskamm (geb. 1922 Nürnberg), 1939 Emigr. GB, 1940 USA, Fotografin; *StA:* deutsch, 1945 USA. *Weg:* 1939 GB, 1940 USA.

Stud. Grenoble, Berlin, München, 1909 Prom.; 1909-39 RA in Nürnberg. 1914-18 Kriegsteiln. (Lt., u.a. EK). 1920-39 Mitgl. VerwRat Verband Bayrischer Israelitischer Gemeinden, gleichz. aktiv in CV. 1924-27 Dir. Concentra Nürnberg, 1926-39 VorstMitgl. Liberale Jüd. Gde. Nürnberg; Nov. 1938 zeitw. Haft, Berufsverbot. Mai 1939 Emigr. GB mit Familie mit Besuchervisum, Unterstützung durch Verwandte u. Privatpersonen; 1939-40 VorstMitgl. der dt.-sprach. Gde. New Liberal Jew. Syn. London. Mai 1940 in die USA, anfangs Handelsvertr., Ehefrau Kassiererin u. Heimarb., 1941-57 Geschäftsf. *Blue Card Inc.,* 1941 Mitgr. u. bis 1948 VorstMitgl., ab 1948 Ehrenvors. Einwanderergde. Beth Hillel.

Qu: Pers. Publ. Z. - RFJI.

Junge, Heinz, Parteifunktionär; geb. 1. Nov. 1914 Dortmund; *Weg:* 1936 NL; 1940 Deutschland.

Gärtnergehilfe; KJVD-Funktionär, Mitgl. BezLtg. Dortmund. Aug. 1933 Verhaftung nach illeg. Tätigkeit, März 1934 Verurteilung zu 1 1/2 J. Gef. Nach Entlassung Juni 1935 Gärtner, Okt. 1935 Berufung in KPD-BezLtg. Dortmund. Deckn. Paul. Aug. 1936 Emigr. nach Holland; Einsatz als Instrukteur der AbschnLtg. West Amsterdam für Dortmund. Nach Kriegsausbruch in Holland interniert, Mai 1940 Verhaftung durch Gestapo. Bis Mai 1945 KL Sachsenhausen u. Mauthausen. Lebte 1976 in Dortmund.

L: Klotzbach, Nationalsozialismus. *Qu:* Arch. Publ. - IfZ.

Jungmann, Erich, Journalist, Parteifunktionär; geb. 31. Juli 1907 Reichenberg/Sa.; Diss.; ∞ Rosl (geb. 1905), Schneiderin, österr. StA, 1937 Emigr. E, F, 1941 Mex., 1946 Deutschland (SBZ); Mitgl. BFD; *StA:* deutsch, 16. Sept. 1937 Ausbürg., deutsch. *Weg:* 1934 (?) UdSSR, NL; 1937 F; 1942 Mex.; 1946 Deutschland.

Kaufm. Angest., 1920 KJVD, 1927 KPD. Ab 1929 erwerbslos. KJVD-Funktionär. 1930 als Pionierltr. Reise in die UdSSR, ab Nov. 1932 ZK-Mitgl. u. OrgLtr. des KJVD, ab 1932 MdR. Nach natsoz. Machtübernahme ltd. Mitgl. der illeg. KJVD-Landesltg., Apr./Mai 1933 Besprechungen mit KJI-Führung in Moskau, nach Verhaftung von → Fritz Große kurzfristig KJVD-Inlandsltr., Deckn. Alex, Felix, Heinz, Willi. Herbst 1934 zur Vorbereitung der sog. Berliner Reichskonferenz des KJVD nach Moskau, Mitarb. KJI-Sekretariat, 1935 Teiln. 7. Weltkongreß der *Komintern* u. 6. Weltkongreß der KJI sowie sog. Brüsseler Konferenz der KPD, danach neben → Walter Hähnel Mitvors. u. verantwortl. für internat. Verbindungen des KJVD, 1935-37 Jugendltr. bei AbschnLtg. West in Amsterdam, mit → Herbert Wehner Kontakte zum Kreis um Pater → Friedrich Muckermann. 2.-4. Juli 1937 Ref. *Die Arbeit unter den Soldaten* auf Berner Funktionärskonferenz des KJVD, 1937-39 mit → Robert Lehmann u. → Kurt Siegmund sowie ab 1938 unter Ltg. Hähnels Mitgl. Sekretariat des ZK des KJVD in Paris, führend in FDJ. 16.-23. Aug. 1938 KJVD-Deleg. Weltjugendkonf. für den Frieden in New York, Jan.-Febr. 1939 Deleg. sog. Berner Konferenz der KPD. Nach Kriegsausbruch Internierung in Le Vernet u. Les Milles. März 1942 Mexiko, Kooptierung in die Engere Gruppenltg. der KPD; 1. Sept. 1942 Teiln. KPD-Landeskonf., danach bis 1946 OrgSekr. der Landesgruppe u. mit → Paul Merker Verbindungsmann zur KP Mexikos u. Spaniens. Mitgl. u. ab Jan. 1943 Sekr. BFD, Mitgl. Exekutivausschuß *Lateinamerikanisches Komitee der Freien Deutschen,* Mitgl. *Heinrich-Heine-Klub,* führender pol. Mitarb. *Freies Deutschland* u. *Demokratische Post.* 1946 Rückkehr, KPD-Funktionär. Später in die SBZ, bis 1953 Chefred. SED-BezOrgan *Volkswacht* Gera. Wurde im ZK-Beschluß zum Prozeß gegen die sog. Slánský-Gruppe v. 20. Dez. 1952 zionist. Abweichungen in der mexikan. Emigr. beschuldigt u. März 1953 von seiner Tätigkeit suspendiert. Nach Bewährungseinsatz 1956 Rehabilitierung, 1956-60 stellv. Chefred. *Berliner Zeitung,* 1960-72 i.R., bis Auflösung Kand. PolBüro der illeg. KPD. Ab Jan. 1972 Intendant *Radio Berlin International.* Lebte 1977 als Arbeiterveteran in Berlin (Ost). – *Ausz.:* u.a. 1977 Karl-Marx-Orden.

L: Jahnke, Anteil; GdA; GdA-Chronik; Fricke, Gerechtigkeit; Duhnke, KPD; Jahnke, Arbeiterjugendbewegung; Bludau, Gestapo; Kießling, Alemania Libre; Pech, Résistance; Peukert, Ruhrarbeiter; Dahlem, Vorabend. *Qu:* Arch. Hand. Publ. Z. – IfZ.

Jungnitsch, Siegfried, *Weg:* USA.

StadtVO. Dresden (*Zentrum*?); in den USA VorstMitgl. *Assn. of Free Germans* unter → Albert Grzesinski.

Qu: Arch. Publ. – IfZ.

Junke, Paul, Parteifunktionär; geb. 12. Mai 1886 Braunschweig, gest. 6. Jan. 1945 Basel; Diss.; *V:* Heinrich J. (geb. 1849); *M:* Johanna, geb. Schwerdtfeger (geb. 1848); ∞ 1907 Else Steinmetz; *StA:* deutsch, 25. Juni 1938 Ausbürg. *Weg:* 1933 F; CH.

Schlosser u. Dreher. 1919 SPD-Parteisekr., 1919-20 StadtVO. in Braunschweig. 1920-24 MdL Braunschweig; 1924-32 MdR. Juni 1933 Emigr. nach Frankr., später bis zu seinem Tode im Schweizer Exil.

Qu: Arch. Hand. – IfZ.

Jurr, Gerhard, Parteifunktionär; geb. 1. Juli 1905 Berlin; *G:* Werner, KPD-Funktionär, Reichsvors. *Rote Jungfront,* später Führer KPDO-Jugend; 8 weitere Geschwister. *Weg:* 1934 UdSSR; 1935 NL; 1936 Deutschland.

Schlosser, Telegraphenarb. Ab 1924 in sozdem. Jugendorg.; 1925 Mitgl. KJVD, später KPD u. *Rote Hilfe.* 1930 RGO, 1931-33 Ltr. RGO-Gruppe Groß-Berlin der Post- u. Telegraphenarbeiter. 1933 PolInstrukteur des KPD-Unterbez. Berlin-Schöneberg. 1934 UdSSR, Besuch Lenin-Schule Moskau bis Aug. 1935. Danach über Prag nach Amsterdam, von dort Anfang 1936 i.A. der KPD-AbschnLtg. West als Gebietsinstrukteur nach Bochum. Deckn. Bernhard. Mai 1936 Festnahme, Dez. 1936 VGH-Urteil 15 J. Zuchth., Mai 1945 von der Roten Armee aus Zuchth. Brandenburg befreit. Beteiligt am Wiederaufbau der KPD in Berlin, 1945 Vors. der VerwBezLtg. Schöneberg; Febr. 1946 von US-MilGericht wegen illeg. pol. Tätigkeit zu 5 J. Gef. verurteilt, nach wenigen Wochen begnadigt.

L: Thomas, Siegfried, Entscheidung in Berlin. Zur Entstehungsgeschichte der SED in der deutschen Hauptstadt 1945/46. 1964. *Qu:* Arch. Publ. – IfZ.

Juttke, Julius, Dr. phil., Industrieller; geb. 10. Okt. 1863 Berlin, gest. 1941 Juan-les-Pins/F; jüd.; ∞ 1891 Julie Veit (geb. 1857 Berlin, gest. 1935 Paris), jüd., Lehrerin, März 1934 Emigr. F.; *K:* Alice (geb. 1893 London, gest. 1938 Paris), jüd., Sekr., Emigr. F; Walter Leopold (geb. 1895 London, gest. 1977 London), Angest. Gero GmbH, Mitgl. Finanzabt. Preußischer Landesverband jüdischer Gemeinden, führendes SPD-Mitgl. Berlin-Wilmersdorf, 1939 Emigr. GB, Briefmarkenhändler; Herbert Wilhelm Victor (geb. 1897 London, gest. 1952 Paris), jüd., Red., Filmautor, 1933 Emigr. GB, F. *Weg:* 1934 F.

1882-87 Berlin, Angest. Aron Elektrizitäts-Gesellschaft Berlin, vor 1. WK Gr. Aron Electricity Co. London, nach 1918 Dir. *Verband Deutscher Elektrizitätszählerfabriken* Berlin, Mitgr. *Bund der Auslandsdeutschen,* Beisitzer Reichswirtschaftsgericht. Sept. 1933 Entlassung aus Direktionsamt, März 1934 Emigr. Frankreich.

Qu: Pers. – RFJI.

K

Kaas, Ludwig, Priester, Politiker; geb. 23. Mai 1881 Trier, gest. 15. Apr. 1952 Rom; kath.; *V:* Peter K. (1835-1909), Kaufm.; *M:* Anna, geb. Brockschläger (1843-1897); *StA:* deutsch. *Weg:* 1933 I.

Phil.-theol. Studium in Trier u. am Collegium Germanicum Rom, 1906 Priesterweihe; ab 1909 Seelsorger u. Erzieher, daneben Stud. Kirchenrecht Univ. Bonn; 1918 Prof. für Kirchenrecht in Trier, 1919 Berufung auf kirchenrechtl. Lehrstuhl der Univ. Bonn; 1921 Päpstlicher Hausprälat, 1924 Domkapitular u. 1929 Apostolischer Protonotar. 1919 als Vertr. des *Zentrums* MdNV, 1920-33 MdR; 1921 Berufung in den Preußischen Staatsrat; führender Zentrumspolitiker mit Interessenschwerpunkt Außenpol., Mitgl. des Auswärtigen Ausschusses des Reichstags sowie ab 1926 Mitgl. der dt. Völkerbundsdelegation; 1928 Fraktionsvors. des *Zentrums* im Reichstag, Dez. gleichen Jahres als Nachf. von Wilhelm Marx Parteivors.; enger Berater des päpstl. Nuntius Eugenio Pacelli, mit diesem Vertreter der Konkordatspol. des Vatikans, wesentl. beteiligt am Abschluß des Preußenkonkordates; zum klerikal-konservativen Flügel des *Zentrums* gehörig, unterstützte die Politik → Heinrich Brünings, mit diesem nach 1930 Vertr. eines autoritär-präsidialen Parteikurses u. mitverantwortl. für innere Ablösung von der demokrat.-republikanischen Substanz des Weimarer Staates. Aug. 1932 Bereitschaft zu einer Koalitionsreg. mit Hitler; im Gegensatz zu Brüning Befürworter des Ermächtigungsgesetzes, dem das *Zentrum* unter seinem Einfluß zustimmte; ab Apr. 1933 in Rom, ZusArbeit mit v. Papen u. Pacelli bei Realisierung des Reichskonkordats vom 20. Juli 1933, dessen positive Resonanz in dt. kath. Kreisen dem natsoz. Regime zugute kam; mitverantwortlich für die Selbstauflösung der Zentrumspartei. Mai 1933 in Rom Niederlegung des Parteivorsitzes u. Entschluß, nicht nach Deutschland zurückzukehren. 1934 Wirklicher Apostolischer Protonotar, 1935 Domherr der Basilika St. Peter; 1936 Ernennung zum Ökonomen u. Ltr. der Bauhütte St. Peter, in dieser Funktion Ltr. der archäolog. Forschungen; in Rom weiterhin enger Berater des Kardinalstaatssekr. Pacelli u. späteren Papstes Pius XII.

W: Die geistliche Gerichtsbarkeit der katholischen Kirche in Preußen. 2 Bde. 1915 f.; Tagebuch 7.-20. April 1933 (Hg. Rudolf Morsey). In: Stimmen der Zeit Nr. 166/1960. *L:* Wynen, Arthur, Ludwig Kaas, aus seinem Leben und Wirken. 1953; Bracher, Karl Dietrich, Die Auflösung der Weimarer Republik. Eine Studie zum Problem des Machtverfalls der Demokratie. 1960; Morsey, Rudolf, Die deutsche Zentrumspartei. In: Matthias, Erich/Morsey, Rudolf (Hg.). Das Ende der Parteien 1933. 1960, S. 281-453; Deuerlein, Ernst, Zentrum und Ermächtigungsgesetz. In: VHZ Nr. 9/1961; ders., Der deutsche Katholizismus 1933. 1963; Becker, Josef, Brüning, Prälat Kaas und das Problem der Regierungsbeteiligung der NSDAP 1930-1932. In: Historische Zeitschrift Nr. 196/1963; Arentin, Karl Otmar Freiherr von, Prälat Kaas, Franz von Papen und das Reichskonkordat von 1933. In: VHZ Nr. 14/1966; Morsey, Rudolf, Die Deutsche Zentrumspartei 1917-1923. 1966; ders. (Hg.), Die Protokolle der Reichstagsfraktion und des Fraktionsvorstandes der Deutschen Zentrumspartei. 1969; Kupper, Alfons, Staatliche Akten über die Reichskonkordatsverhandlungen. 1969; Brüning, Heinrich, Memoiren. 1918-1934. 1970; Volk, Ludwig, Kirchliche Akten über die Reichskonkordatsverhandlungen 1933. 1969; ders., Das Reichskonkordat vom 20. Juli 1933. 1972; Schauff, Karin, Erinnerung an Ludwig Kaas. 1972. *Qu:* Arch. Biogr. Hand. Publ. Z. – IfZ.

Kaasch, Wienand, Parteifunktionär; geb. 30. Jan. 1890 Stolp/Pommern, gest. 19. Jan. 1944 Luckau; ∞ 1926 Hertha Geffke (geb. 1893), Arbeiterin, 1912 SPD, USPD, 1920 KPD, 1922-27 Ltr. Frauenabt. BezLtg. Ruhr, danach bis 1933 versch. Funktionen in KPD u. *Rote Hilfe* in Westdeutschland. Sept. 1933 Verhaftung, 6 Mon. KL-Haft, anschl. 2 1/2 J. Zuchth., 1937-45 Näherin, Juni 1945-März 1946 Ltr. Landesjugend- u. Sozialamt

340 Kaddar

Mecklenburg, ab Apr. 1946 Ref. für Frauenfragen SED-Landesvorst., MdL; ab Bildung der Zentralen Parteikontrollkommission der SED Jan. 1949 bis 5. PT 1958 ihr Mitgl., ab Bildung Sept. 1949 Vors. der Sonderkommission zur Untersuchung der Verbindungen ehem. dt. kommunist. Emigranten zu dem angebl. amerikan. Agenten Noel H. Field, deren Arbeitsergebnisse Anfang der 50er Jahre zur großangelegten Säuberungsaktion in der SED auf der Grundlage des antititoist. *Kominform*-Kurses führten u. insbesondere die sog. Westemigranten aus dem öffentl. Leben der DDR vollständig verdrängten. Ausz.: u.a. 1955 VVO (Silber), 1958 Karl-Marx-Orden. (Vgl. u.a. Fricke, Gerechtigkeit.) *StA:* deutsch. *Weg:* 1933 UdSSR; 1935 Deutschland.

Steindrucker, Gew., 1912 SPD, 1920 über USPD zur KPD, Parteifunktionär in Berlin, 1923-24 als ZK-Instrukteur OrgArb. im Ruhrgeb., ab Grdg. Anfang 1925 PolLtr. der BezLtg. Saar, Juli 1925 Deleg. 10. PT, ab 1927 Mitarb. u. zeitw. AbtLtr. in ZK-OrgAbt.; 1928-32 MdL Preußen, ab 1931 Tätigkeit für *Komintern,* u.a. im Ausland. März 1933 in die UdSSR, Mitarb. Internat. Agrarinstitut Moskau, Mai 1935 i.A. des ZK der KPD Rückkehr nach Berlin, Aug. 1935 Verhaftung, Mai 1936 Urteil 11 J. Zuchth., Tod im Zuchth. Luckau.

L: Stern, Porträt; Weber, Wandlung; Kraushaar, Deutsche Widerstandskämpfer. *Qu:* Hand. Publ. - IfZ.

Kaddar (urspr. Kessler), **Shelomo,** Ministerialbeamter, Diplomat; geb. 1. Sept. 1913 Münster; *V:* Siegfried Kessler; *M:* Selma, geb. Weinberg; ∞ 1945 Marisa Passigli; *K:* Edna Tal, Ruth, Mikhal. *Weg:* 1933 Pal.

Stud. München u. Utrecht. 1933 Emigr. Palästina; 1938-45 *Haganah,* Kommandeur Bez. Jerusalem, 1945-48 Mitarb. polit. Abt. der *Jew. Agency,* 1948-49 als Assist. bei Zeev Sharef, dem 1. Sekr. der isr. Reg., mitverantwortl. für Planung des isr. Staates u. Org. des VerwApparats. 1949-51 1. Botschaftssekr. Paris, 1951-53 1. Botschaftssekr. u. Botschaftsrat Brüssel, 1953-57 Gesandter in Prag, 1957-60 Inspekteur im isr. Außenmin.; 1960-67 Dir. Abt. für städtische Dienste in Jerusalem, seit 1967 Verbindungsmann zur Jerusalemer Stadtverw. Lebte 1972 in Jerusalem.

L: Postal, B./Levy, H.W., And the Hills Shouted for Joy. 1973, S. 181-183. *Qu:* Hand. Publ. - RFJI.

Kaddar (bis 1972 Gans), **Theodor,** Landwirtschaftsexperte; geb. 1. Mai 1925 Borken/Westf.; jüd.; *V:* Moritz Gans (geb. 1885 Aalten/NL), 1887 nach Deutschland, Kaufm., StadtVO, Vors. Kriegsopferbund, VorstVors. jüd. Gde. Borken, 1938 KL, 1939 Emigr. NL, 1953 IL; *M:* Else, geb. Fraenkel (geb. 1891 Völksen/Hannover), 1939 Emigr. NL; *G:* Gershon Kaddar (geb. 1920 Borken), 1936 Emigr. Pal., Landwirtschaftsschule, Bankdir.; Manfred Gans (geb. 1922 Borken), 1938 Emigr. GB, 1947 USA, M.Sc., Vizepräs. chem. Beratungsfirma; ∞ 1952 Lisa Fredericka Lohnberg (geb. 1929 Köln), jüd., 1936 Emigr. USA, 1952 IL; *K:* Judith (geb. 1953), Handelsschule, Lehrerin für Behindertengymnastik; Andor, Pilot; Yoav; *StA:* deutsch, 1945 brit., 1957 IL. *Weg:* 1938 NL, GB, 1949 USA, 1952 IL.

1936-38 Gymn.; Nov. 1938 illeg. Emigr. Niederlande, Dez. 1938 GB mit StudVisum, 1938-42 höhere Schule des *British Refugee Council,* landwirtschaftl. Ausbildung zur Vorbereitung auf die Emigr. nach Palästina; Mitgl. Jugendorg. *Bachad;* 1947 Dipl. Askham Bryan Agric. Coll. in York. 1949 in die USA, 1949-51 Landwirtschaftsstud. Univ. of Calif., Davis, 1951 B.Sc., 1951-52 Ltr. milchwirtschaftl. Betrieb in Calif.; 1952 nach Israel, M.Sc. Hebr. Univ., M.B.A. Univ. Tel Aviv, 1952-53 Ltr. Abt. Milchwirtschaft im Kibb. Shefayim, 1953-54 Ltr. Zuchtregistratur (Herdbuch) der *Israelischen Viehzuchtgesellschaft,* 1954 landwirtschaftl. Berater in Bet Yizhak, 1954-56 Untersuchung landwirtschaftl. Familienbetriebe in Israel für Falk Foundation, 1956-60 Ltr. landwirtschaftl. Studienprojekte für *Jew. Agency,* 1960-62 Dir. Internat. Potash Inst. Iran, 1963-72 Dir. Entwicklungsausschuß für Düngemittel u. Chemikalien in Tel Aviv, Durchführung von Kursen über ausländ. Düngungsmethoden, 1972-75 Landwirtschaftsattaché der isr. Botschaft in London. Ab 1975 Vertriebsltr. Kaliwerke Dead Sea Works Ltd., zugl. Kurse u. Symposien für Internat. Potash Inst., Förderung isr. landwirtschaftl. Produkte im In- u. Ausland. Mitgl. *Internat. Agronomic Soc.,* Vors. SynAusschuß in Bet Yizhak. Lebte 1977 in Moshav Bet Yizhak/Israel.

W: Selling or Marketing Agricultural Products? Third Ami Shachari Memorial Lecture. 1975; Berichte u. Broschüren über isr. Düngemethoden. *Qu:* Fb. - RFJI.

Kadman, Moshe (urspr. Kindermann, Max), Ministerialbeamter; geb. 1. Juni 1907 Leipzig; *V:* Josef Kindermann (geb. 1864 Soldau/Ostpreußen, gest. 1922 Berlin), jüd., höhere Schule, Kaufm., Mitgl. CV; *M:* Hedwig, geb. Wittenberg (geb. 1875 Memel, umgek. 1934 KL Theresienstadt), höhere Schule; *G:* Ada (geb. 1908 Leipzig), höhere Schule, 1940 Emigr. Pal., Inspektorin im isr. Erziehungsmin.; ∞ 1943 Zipora Friedman (geb. 1918 Lemberg/Galizien), jüd., höhere Schule, 1935 Emigr. Pal.; *K:* Josef (geb. 1944 Haifa), Stud. Landwirtschaft u. Pädagogik, Ltr. Jugendabt. der Stadtverw. Jerusalem, Treuhänder des Mendelson-Fonds für Jugendorg. im Musrara-Viertel von Jerusalem; Noam (geb. 1949 Haifa), höhere Schule, Sekr. Kibb. Eyal; *StA:* deutsch, Pal./IL. *Weg:* 1934 Pal.

Höhere Schule, kaufm. Lehre, Stud. Polizeiakad., 5 Jahre Polizeidienst in Berlin, 1933 Entlassung; Mitgl. Fußballklub *Hakoah* Berlin. 1934 Emigr. Palästina mit C-Zertifikat, Mitgl. *Histadrut* u. *Haganah,* 9 Mon. Kibb. Hefzibah, 2 Jahre Kibb. Evron, Mitgl. Hilfspolizei u. Jew. Settlement Police; 1940-45 brit. MilDienst in jüd. Brigade (Feldwebel). 1945-48 im Rechnungsamt der palästinens. Reg., später beim Landwirtschaftsmin. u. Min. für Industrie u. Handel, Inspektor für isr. Häfen u. Bahnhöfe, Ltr. der Kontrollabt. Haifa u. der nördl. Bez. beim Rechnungshof, ltd. Inspektor für Rechnungsbehörden der Stadt- u. GdeRäte, Bezirke, religiösen Gremien, öffentl. Anstalten u. Stadtplanungsausschüsse; 1976 Pensionierung. Mitgl. Disziplinarausschuß im Min. für Kommunikation; 1948-49 Lt. IDF, 1956 Teiln. Sinai-Feldzug, 1967 Freiw. im Sechs-Tage-Krieg (Transportabt.). Versch. Ausz. Lebte 1974 in Kefar Sava.

Qu: Fb. - RFJI.

Käseberg, Arthur **Alfred,** geb. 4. Jan. 1900 Zwickau/Sa.; ev., 1924 Diss.; *V:* Friedrich K. (gest. 1905), Bahnschmied; *M:* Rosa, geb. Geyer; *G:* 3; ∞ 1923 Elsa Schott (geb. 1900), ev., 1925 Diss., Mitgl. ArbSportbewegung, Emigr.; *K:* Erika (geb. 1925), Emigr.; *StA:* deutsch, 27. Jan. 1938 Ausbürg. mit Fam. *Weg:* 1934 CSR, 1938 Boliv.

Ab 1914 Stellmacherlehre, 1918 Soldat, 1919 Grenzschutz-Freiw., anschl. als Stellmacher, Zimmerer, Textilhändler u. Sportphotograph in Zwickau tätig, zuletzt erwerbslos. Ab 1923 SPD, Mitgl. Bildungsausschuß, 1931 SAPD; Mitgl. *Reichsbanner,* 1926-32 BezFrauenturnwart *Arbeiter-Turn- und Sportbund.* Ab Sommer 1933 Kurier für *Sopade* Prag, Anfang 1934 Emigr. CSR, *Sopade*-Stützpunktltr. in Eibenberg für Erzgebirge-Vogtland, Mitarb. DSAP-Presse. Deckn. Lux, Meyer. 1938 Emigr. nach La Paz, Inh. einer Möbelschreinerei. Mitgl. *Klub Freundschaft,* ab Aug. 1943 Mitgl. Landesausschuß des *Landesverbandes Alemania Democratica en Bolivia* (→ Richard Bombach), nach dessen Scheitern 1944 Sekr. *Vereinigung DAD für Bolivien* im Sinne der von → August Siemsen hg. Zs. *Das Andere Deutschland.* Lebte in den 70er Jahren in La Paz.

D: AsD; IfZ. *Qu:* Arch. - IfZ.

Kafka, Alexandre, Wirtschaftswissenschaftler; geb. 25. Jan. 1917 Prag; *V:* Bruno K.; *M:* Jana, geb. Bondy de Bondrop; ∞ 1947 Rita Petschek; *K:* Doris, Barbara. *Weg:* GB, 1940 Bras., 1963 USA.

Emigr. GB, Stud. Balliol Coll. Oxford Univ., 1940 B.A.; 1940 nach Brasilien, 1941-49 Doz. für Wirtschaftswiss. Univ. São Paulo, 1946-48 Berater bras. Deleg. beim Vorbereitungstreffen u. bei der Konf. der internat. Handelsorg., 1949-51 stellv. Ltr. lateinam. Abt. IMF, 1951-56 Prof. Univ. Rio de Janeiro, Dir. Brasilianisches Wirtschaftsinstitut, Berater Oberste Geld- und

Kreditbehörde (später Brasilianische Zentralbank). 1954-55 stellv. Präs. IMF, 1954-63 Dir. Getulio Vargas-Foundation Rio de Janeiro; ab 1963 Prof. Univ. Va./USA, 1965-70 Dept. Chairman, zugl. ab 1966 geschäftsf. Dir. der lateinam. Abt. IMF, 1972-74 stellv. Vors. Komitee für Reform des internat. Währungssystems. 1975 Gastprof. Boston Univ., Mitgl. *Conselho Regional dos Economistas Professionais* Rio de Janeiro, Mitgl. techn. Rat der *Nationalen Handelsvereinigung,* Mitgl. *Am. Econ. Assn.,* 1966-68 RedMitgl. *Southern Economic Journal.* Lebte 1976 in Washington/D.C.

W: Theoretical Problems of Latin American Economic Growth. In: Economic Development for Latin America. 1961; Stabilization Policies. 1971; Aufsätze in Fachzs. *Qu:* Hand. Z. - RFJI.

Kafka, Egon Ewald, Luft- und Raumfahrtexperte; geb. 5. Febr. 1923 Berlin; jüd.; *V:* Hugo K. (geb. 1886 Lobositz/Böhmen, gest. 1964), jüd., höhere Schule, Textilfabrikant, 1938 Emigr. USA über CH; *M:* Ela, geb. Donig (geb. 1889 Frankfurt/M., gest. 1968), jüd., höhere Schule, Modeschöpferin, 1938 Emigr. USA über CH; *G:* Henry (geb. 1913 Berlin), höhere Schule, Verkaufsltr., 1938 Emigr. USA über CH; Edith Spencer (geb. 1915 Berlin), Stud., 1939 Emigr. USA über F; ∞ I. 1945 Geraldine Silverman (geb. 1922 Detroit/Mich.), jüd., höhere Schule, Buchhalterin, 1977 gesch.; II. 1977 Bessie B. Binder (geb. 1921 Baltimore/Md.), jüd., B.A., US-RegBeamtin; *K:* Darrin (geb. 1951 Detroit/Mich.), B.A., Versicherungsvertr.; Ninon (geb. 1952 Chicago/Ill.), Ph. D. (Chemie); *StA:* deutsch, 1944 USA. *Weg:* 1938 USA.

1937 engl. Sprachstud. in GB; Einzug des Familienvermögens. Sept. 1938 Emigr. USA, 1940-42 u. 1946-47 Stud. Univ. of Southern Calif.; 1943-46 US-MilDienst, 1949-62 Hptm. Luftwaffen-Reserve. 1949 B.Sc. Univ. Denver/Colo., 1949-53 Verkaufs- bzw. Betriebsltr. bei Eastern Airlines, 1953-54 bei Swiss Air, 1954-55 bei Real Aerovias Brasil, 1952-57 Berater für Fragen des Lufttransports in Baltimore/Md., 1955-62 Luftfahrt-Ing. bei Flugzeugges. Martin Co. Baltimore/Md.; 1962-69 VerwLtr. des Apollo-Saturn-Projekts der NASA, 1969-73 techn. Verw. des Skylab-Projekts, ab 1973 Ltr. des Space-Shuttle-Projekts (tätig in US-Raumforschung, beteiligt an Vorbereitungen für erste Mondlandung). Mitarb. bei US- u. internat. Sportprogrammen, insbes. für geistig behinderte Kinder, sog. Special Olympics. Mitgl. *Soc. of Automotive Engineers,* Inst. of Engineering. Lebte 1977 in Washington/D.C. - *Ausz.:* 1953 Outstanding Sales Manager of the Year der Eastern Airlines, 1970 Apollo Achievement Award; Spaceship Earth-Ausz. der NASA.

Qu: Fb. Hand. - RFJI.

Kahana (urspr. Kahan), **Kalman,** Dr. phil., Talmud-Wissenschaftler, Politiker; geb. 1910 Brody/Galizien; *V:* Benjamin Zeev Kahan; *M:* Chaya Idil; ∞ 1935 Hannah Kunstadt; *K:* Shifra Eckstein, Margalit Heymann, Tirtza Freedman, Sara Schoenberger, Benjamin, Abraham, Adina, Hadassa. *Weg:* 1938 Pal.

Stud. Rabbinerseminar Berlin u. Univ. Berlin u. Würzburg, Prom. Berlin, Lehrer u. Rektor der Jeschiwah Fulda; Mitgr. Jugendbewegung der *Agudas Jisroel,* Vors. jüd. StudOrg. Berlin. 1938 Emigr. Palästina mit Gruppe junger orthodoxer Siedler, Mitgl., später Präs. u. VorstMitgl. *Poalei Agudat Yisrael,* 1938 Mitgr. Kibb. Ḥafez Ḥayyim, Mitgl. *Vaad Leummi.* 1948 Mitunterzeichner der Proklamation des Staates Israel, ab 1949 M.K., Fraktionsmitgl. der *Poalei Agudat Yisrael,* 1952-53 u. 1962-69 stellv. Min. für Erziehung u. Kultur. Lebte 1974 im Kibb. Ḥafez Ḥayyim.

W: Seder Tannaim weAmoraim (Die Abfolge der talmudischen Weisen, Hg. u. Übers.). 1935; Taharat Bat Yisrael (Die Reinheit der jüdischen Frau). 4. Aufl. 1965 (hebr.-engl. Ausgabe: Daughters of Israel. 1970); Hilkhot Shemittat Karkaot (Die religiöse Gesetzgebung zum Sabbatjahr). 1944; Shenat haSheva (Das Sabbatjahr). 4. Aufl. 1965; Halsh veḤazono (Der Mensch und seine Vision). 2. Aufl. 1963/64; Shulḥan Aruch (Kurzfassung des jüdischen Gesetzes). 1954; LeḤeker Biurei HaGera (Studien zu den Glossen des Gaon von Wilna). 1956/57; Yom-Tob ben Abraham Ishbili, Sefer HaZikkaron (Verteidigung Maimonides'). (Hg.). 1956/57; Hilkhot Shemittah veHilkhot Terumot uMaasrot, Kilei Zeraim, Orla, veNeta Revii (Zu Fragen des Religionsgesetzes). 1957/58; Mizvot Haarez (Gesetz des Heiligen Landes). 1965; Sefer HaZikkaron leMorenu ... Yeḥiel Yaakov Weinberg (Zum Andenken an Rabbiner Yeḥiel Weinberg, Mithg.). 1969; Massekhet Sheviit (Das Traktat Sheviit) (Hg.). 1972; A Guide for the Year of Shemittah. 1972; zahlr. Art. über jüd. ReligGesetze in Zs. u. Anthologien. *L:* Postal, B. u. Levy, H. W., And the Hills Shouted for Joy. 1973. *Qu:* Hand. - RFJI.

Kahane, Ariel (urspr. Anselm), Architekt; geb. 29. Nov. 1907 Berlin; o. K., 1932 jüd.; *V:* Arthur K. (geb. 1872 Wien, gest. 1932 Berlin), jüd., dann Diss., später jüd., Chefdramaturg Max-Reinhardt-Theater Berlin; *M:* Paula, geb. Ornstein (geb. 1874 Wien, gest. 1959 Chikago), jüd., Emigr. Südeuropa, 1939 USA; *G:* Dr. phil. Henry K. (geb. 1902 Berlin), Emigr., Prof. für roman. Sprachen Univ. Ill.; Dr. phil. Peter K. (geb. 1904 Berlin, gest. 1974 Basel), Archäologe, 1939 Emigr. Pal., Ltr. Abt. für Altertümer am Israel-Museum Jerusalem; ∞ 1938 Ernestyna Esther Reis; *K:* Josiah (geb. 1943 Jerusalem), Stud. Marineakad. u. Univ. Los Angeles/Calif., M.A., Graphiker in Tel Aviv; Gabriella Eliasaf (geb. 1946 Jerusalem), Stud. Hebr. Univ., Sekr.; *StA:* österr., Pal./IL. *Weg:* 1934 Pal.

Stud. Architektur TH Berlin-Charlottenburg, Dipl.-Ing., 1934 mit Hilfe der *Zionistisch-Revisionistischen Partei* Emigr. nach Pal. mit A I-Zertifikat, 1934-36 Assist. in Architektenbüros, 1936-46 techn. Zeichner im Beratungsbüro für Städteplanung der palästinens. Reg., 1937-38 *Haganah.* 1946-48 Mitgl. der ersten Architekten- u. Ing.-Genossenschaft in Israel, 1948-63 Mitarb. bei Reg.-Planungsbehörde, 1953-63 Ltr. Abt. für nat. u. regionale Planung, 1955-56 UN-Forschungsstipendium für Belgien, Italien u. die Schweiz, 1964 im UN-Auftrag Berater für Regionalplanung der türk. Reg., 1965-68 Ltr. Planungsabt. Stadtbauamt Jerusalem, ab 1968 freiberufl. Städteplaner. Seit 1943 Mitgl. *Engineers- and Architects' Assn.,* Verf. eines Architekten- u. Ing.-Verzeichnisses, Teiln. an internat. Kongressen für Städteplanung u. Wohnungsbau. Gr. der Stadt Maolot in Galiläa.

W: Art. über isr. Planungswesen u. Städtebau u.a. Beiträge in isr. u. internat. Fachzs. *Qu:* Fb. Hand. - RFJI.

Kahane, Max Leon, Journalist; geb. 31. Jan. 1910 Hannover; *V:* Jakob K. (geb. 1889), Kaufm.; *M:* Krainzi, geb. Litower (geb. 1884); ∞ Doris (gest. 1976), im 2. WK französ. Résistance; *StA:* deutsch. *Weg:* 1933 CSR; F; 1938 E; 1939 F; 1945 Deutschland (Berlin).

1925 KJVD, 1932 KPD. 1933 aus pol. Gründen von Berliner Univ. relegiert, Emigr., in die CSR, später nach Frankr.; 1938-39 in Internat. Brigaden im Span. Bürgerkrieg, danach Internierung in Frankr. Im 2. WK Capitaine der Forces Françaises de l'Interieur, 1943-44 PropArb. für KPD u. KFDW in Südfrankr. als Verf. von Flugblättern u. Mitarb. *Soldat am Mittelmeer* sowie ab Ende 1943 *Unser Vaterland.* Organ der *Bewegung Freies Deutschland für Südfrankreich/Mittelmeerküste,* 1944-45 CALPO-Beauftragter in KriegsgefLagern. 1945 Rückkehr nach Berlin, Journ., 1946 SED, zeitw. Auslandskorr. Paris u. London; danach langjähr. Chefred. u. 1953-55 stellv. Dir. ADN, 1955-57 stellv. Chefred. *Berliner Zeitung,* 1957-64 Korr. *Neues Deutschland* (ND) in Indien u. Brasilien, 1965-68 Chefkommentator ND, ab Nov. 1968 Chefkommentator der außenpol. Wochenztg. *horizont* Berlin (Ost). Deckn. Mackel. Lebte 1976 in Berlin (Ost). - *Ausz.:* 1956 Hans-Beimler-Med., 1959 VVO (Silber), 1961 Franz-Mehring-Ehrennadel, 1970 VVO (Gold), 1974 Ehrenspange zum VVO (Gold).

L: Voßke, Heinz (Hg.), Im Kampf bewährt. 1969; Pech, Résistance. *Qu:* Hand. Publ. Z. - IfZ.

Kahlberg, Abraham Albert, Dr. phil., Rabbiner; geb. 8. Febr. 1883 Uslar/Weserbergland, gest. 19. Febr. 1966 Hamburg;

342 Kahle

∞ Auguste Weiß, geb. Riesenfeld (geb. 1882 Breslau, gest. 1969 Hamburg), jüd., höhere Töchterschule; *K:* Josef Heinz (geb. 1917 Halle/S.), 1936 Emigr. I, 1938 S, 1948 IL, Mitgl. Kibb. Naot Mordekhai; *StA:* deutsch. *Weg:* 1938 S.

1901-06 Stud. Breslau, 1906 Prom., 1901-10 Stud. Jüd.-Theol. Seminar Breslau; 1910-38 Rabbiner in Halle/Saale, 1938 KL Buchenwald. 1938 Emigr. Schweden durch Vermittlung des Oberrabbiners von Stockholm, Dr. Ehrenpreis; 1939-63 Rabbiner in Göteborg, ab 1962 Ruhestand in Hamburg.

W: Die Ethik des Bachja ibn Pakuda (Diss.). 1906. *Qu:* Publ. Z. - RFJI.

Kahle, Hans, Offizier, Publizist; geb. 22. Apr. 1899 Berlin-Lankwitz, gest. 1. Sept. 1947 Ludwigslust/Mecklenburg; *V:* Karl K., Kaiserl. Geh. ORegRat, Berlin; ∞ I. Gertrud Schröder (geb. 1913, gest. 1945 London), Mitgl. *Rote Hilfe,* 1933 Emigr. CH, 1933-34 UdSSR, F, GB, gesch.; II. Emma Cohn, A: Leipzig/DDR; *K:* Hans-Peter (geb. 1933), Eva Margaret Doerfel (geb. 1943); *StA:* deutsch, 27. Jan. 1939 Ausbürg. *Weg:* 1933 CH, UdSSR; 1934 Saargeb.; F; 1936 E; 1939 GB; CDN; 1946 Deutschland (SBZ).

Kadettenkorps, Berufsoffz., Teiln. 1. WK; nach Kriegsende KPD, Funktionär des MilApp., angebl. Schulung in der UdSSR; längerer Aufenthalt in Mexiko; 1930-33 Red.Zs. *Arbeiter-Sender* Berlin. Nach Emigr. Journ. in der Schweiz, im Saargeb. u. in Paris, Red. des IRH-Organs *Tribunal,* Mitarb. u.a. *Deutsche Volkszeitung;* im Span. Bürgerkrieg einer der fähigsten republ. Truppenführer, ab Okt. 1936 Kommandeur 1. Btl. Edgar André, Dez. 1936 nach dem Tod → Hans Beimlers der gesamten XI. Internat. Brigade im Rang eines Oberstlt.; zuletzt Kommandeur 45. republ. Div.; Ps. Hans, Jorge Hans. Ende 1938 über Frankr. nach GB; 1940 Internierung auf der Isle of Man, später Kanada, auf Intervention u.a. von Ernest Hemingway frühzeitig entlassen; Mitgl. KPD-Ltg. GB, trat Herbst 1941 mit dem Plan einer „Deutschen Brigade" in den alliierten Armeen an die Öffentlichkeit; nach Grdg. der FDB in GB 1943 Mitgl. des Vorläufigen Ausschusses; publizist. aktiv, Mitarb. u.a. *Einheit/Young Czechoslovakia, Freie Tribüne, Daily Worker* u. *Time Magazine;* Freundschaft u.a. mit Thomas Mann u. Alfred Kantorowicz. Jan. 1946 Rückkehr nach Mitteldeutschland, bis zu seinem Tod Polizeichef Mecklenburg-Vorpommern.

W: Know Your Enemy. Aspects of the German Army's Strategy and Morale. London (I.N.G. Publ.) 1943; Under Stalin's Command. London (Caledonian Press for the Russia Today Society) 1943; They Plotted Against Hitler. London (I.N.G. Publ.) 1944; Stalin the Soldier (Hg. The Russia Today Society). London (Metcalfe and Cooper) 1945. *L:* Kantorowicz, Alfred, Deutsches Tagebuch. 1959; Pasaremos. *Qu:* Arch. Pers. Publ. - IfZ.

Kahle, Hans Hermann, Diplomat; geb. 6. Juli 1920 Gießen/Hessen; ev.; *V:* Paul Ernst K. (1875-1964), Hochschullehrer, Emigr.; *M:* Marie, geb. Gisevius (1893-1948), Lehrerin, Emigr.; *G:* Wilhelm (geb. 1919), kath. Priester, A: GB; Theodor (geb. 1922), Kaufm., A: USA; Paul Erich (1923-55), Ägyptologe; Ernst (geb. 1927), Versicherungsexperte, A: S-Afrika; ∞ 1951 Sigrid Nyberg (geb. 1928 Paris); *K:* Marie Louise (geb. 1957), Felix (geb. 1959); *StA:* deutsch, Juni (?) 1940 Ausbürg., 1950 deutsch. *Weg:* 1939 CH, GB; CDN; GB; 1950 Deutschland (BRD).

1938 Arbeitsdienst, anschl. Stud. Orientalistik Bonn. Nov. 1938 offener Konflikt der regimefeindl. Fam. mit Nat-Soz., März 1939 Emigr. über die Schweiz nach GB. 1939 Univ. London, 1940-41 Internierung in GB u. Kanada, 1940-43 Oxford, B.A., M.A.; 1943-46 Research Assist. bei Selection Trust Group of Companies, London, daneben 1945-47 Stud. in Recht Inner Temple, London. Mitgl. *Union Debating Society* Oxford u. *Oxford Canuing Club,* 1944-47 *Young Conservatives* (1945-46 Ortsgruppenvors.). 1950 Rückkehr, Stud. Volkswirtsch. Bonn, Verwaltungsakademie Speyer, ab 1951 im Auswärt. Dienst, 1952-57 Dt. Botschaft Karatschi, 1958-61 Botschaftsrat Bagdad, 1961-63 Ltr. Afrika-Referat in handelspol. Abt. des AA, 1963-67 Ltr. Referat für Kulturinstitute u. Buchwesen in der Kulturabt.; 1967-68 Fellow im Center for Internat. Affairs, Harvard Univ., 1968-71 Ltr. Wirtschaftsdienst Dt. Botschaft Neu-Delhi, 1971-73 Presseref. Dt. Botschaft Washington, Gesandter. 1973 Wahl zum GenSekr. des Goethe-Instituts München, Sept. 1976 Rückkehr in Auswärt. Dienst, ab 1977 Botschafter in Khartum.

Qu: Fb. Hand. - IfZ.

Kahler, Felix von, Industrieller; geb. 10. Dez. 1880 Prag, gest. 19. Aug. 1951 Woodstock/N.Y.; jüd.; *V:* Max von K. (geb. Böhmen), jüd., Fabrikant, Gutsbesitzer, Präs. Prager Handelsbörse, Präs. des VerwRats der Böhmischen Vereinsbank Prag; *M:* Ottilie, geb. Boni (geb. Prag, gest. während dt. Besatzung); *G:* Eugen von K. (1882-1911), Maler; Victor von K. (geb. 1887 Prag, gest. um 1963 USA); ∞ 1912 Lilli Stein (geb. 1888 Prag, gest. 1953 New York), jüd., Bildhauerin, 1939 Emigr. F, 1940 USA; *K:* Elisabeth Tregnier (geb. 1913 Prag), Handelsschule, A: F; Anita von Kahler-Gumpert (geb. 1915 Prag), Emigr. GB, USA, Musikhochschule, Journ. in Washington/D.C.; Maria Bauer (geb. 1919 Prag), Stud. Lycée Français, Univ. Prag, Dolmetscherin u. Schriftstellerin in Washington/D.C.; *StA:* österr., CSR, USA. *Weg:* 1939 F, 1940 USA.

Stud. Chemie Dresden, Examen. Zuckerfabrikant, Gutsbesitzer, Präs. böhmischer Kupferbergwerke, Berater Prager Handelskammer, AusschußMitgl. Böhmische Unionsbank. Mitgl. Kammermusikverein Prag, Schriftsteller u. Librettist der Operette *Die Weiße Göttin* (Ps. Felix Killian), 1937 Aufführung in Karlsbad. Apr. 1939 Emigr. Frankr. mit Frau u. Tochter Maria, Aug. 1940 USA. Im 2. WK ehrenamtl. Mitarb. New York City Defence Council, Mitarb. *Voice of America.*

Qu: Fb. Hand. - RFJI.

Kahmann, Fritz Wilhelm, Parteifunktionär; geb. 13. März 1896 Girschunen/Ostpr.; *StA:* deutsch. *Weg:* 1936 E; F; N-Afrika; 1943 (?) UdSSR; 1945 Deutschland (SBZ).

Landwirt; 1923 KPD, ab 1927 Mitgl. KPD-BezLtg. Ostpr., 1928-32 MdL Preußen, ab 1929 ltd. Funktionär in *Kommunistischer Bauernbund,* ab Nov. 1932 MdR. Nach 1933 illeg. Tätigkeit, Haft, 1936 Emigr. nach Spanien, Teiln. Span. Bürgerkrieg, anschl. nach Frankr., Internierung u.a. in Djelfa/Nordafrika. Vermutl. 1943 in die UdSSR. 6. Mai 1945 Rückkehr nach Mecklenburg als Mitgl. *Gruppe* → *Gustav Sobottka,* Parteifunktionär, später Mitarb. BezRat Schwerin u. Mitgl. Bez.-Revisionskommission der SED. Lebte 1976 in Schwerin. - *Ausz.:* 1955 VVO (Bronze), 1956 Hans-Beimler-Med., 1959 Verdienstmed. der DDR, 1961 VVO (Silber), 1971 Karl-Marx-Orden.

L: Weber, Wandlung. *Qu:* Publ. Z. - IfZ.

Kahn, Alphonse (Alfons), Verwaltungs- u. Wirtschaftsjurist; geb. 13. Mai 1908 Hamburg; *V:* Martin Michael K. (geb. 1881, dep.), Kaufm.; ∞ 1948 verh.; *K:* 1 T (geb. 1949); *StA:* deutsch, 1939 (?) Ausbürg., 1946 deutsch. *Weg:* 1933 F; 1944 Deutschland.

Banklehre, ab 1928 Stud. Rechts- u. Wirtschaftswiss. in Freiburg/Br., Berlin, Paris u. Hamburg. Mitgl. *Freie Wissenschaftliche Vereinigung,* 1931-33 Rechtsberater *Rote Hilfe.* Ende 1933 Emigr. nach Frankr., als Kaufmann tätig; pol. Kontakte zu CGT, Mitgl. Freundeskreise der deutschen Volksfront sowie Mitarb. Exiltheater in Paris (Laterne, Bunte Bühne); 1939-40 interniert u.a. in Camp du Vernet u. Camp de Tombebouc; Anschluß an Résistance, 1942-43 Deckn. André Dufour, 1933-44 Albert Octave Morel; Mitgl. *Bewegung Freies Deutschland für den Westen.* Anfang 1944 Rückkehr zur illeg. Arbeit nach Deutschland. Nach Kriegsende VerwRat u. Ltr. der Kriegsschaden-Feststellungsbehörde in Ludwigshafen/Rhein; ab Febr. 1946 in der Finanzverw. der ProvReg. Hessen-Pfalz, später OberRegRat im Staatsmin. der Finanzen Rheinland-Pfalz (Entschädigungsabt.) u. Richter am Landesentschädi-

gungsamt Koblenz. Ab 1952 Syndikus versch. Firmen. Mitgl. KPD, später DKP; Mitgl. VVN u. *Vereinigung demokratischer Juristen.* Lebte 1975 in Frankfurt/M. - *Ausz.:* Med. für Kämpfer gegen den Faschismus 1933-1945.
L: Pech, Résistance. *Qu:* Fb. EGL. Publ. - IfZ.

Kahn, Bernhard, Dr. jur., Sozialarbeiter, Verbandsfunktionär; geb. 19. Apr. 1876 Oscarshamn/S, gest. 27. Apr. 1955 New York, jüd.; ∞ Dora Frischberg (geb. 1886 Rußl., gest. 1964 New York), Stud. Zürich, Berlin, Emigr. Frankr., USA; *K:* Dr. med. Marcel Theodor K. (geb. 1909 Berlin), Arzt, Emigr. USA; Dr. phil. Ludwig W. K. (geb. 1910 Berlin), jüd., 1933 Emigr. CH, 1933-34 Stud. u. Prom. Bern, 1934 nach GB, 1937 USA, Hochschullehrer; *StA:* F. *Weg:* 1933 F, 1939 USA.

Stud. Würzburg, München, Prom. 1899, 1904-21 GenSekr. *Hilfsverein der Deutschen Juden* Berlin, Unterstützung bei Auswanderung von Juden aus osteurop. Ländern. 1912-24 Mitgr. Technion Haifa, beteiligt am sog. Sprachenkampf, 1914-18 Ltr. des vom *Hilfsverein* gegr. *Jüdischen Hilfskomitees für Polen;* 1920 Vors. des Arbeiterfürsorgeamtes Berlin, 1920-24 Dir. Flüchtlingsabt., 1924-33 Dir. Europ. Büro des J.D.C. in Berlin, 1924-39 GenSekr. der *Am. Joint Reconstruction Found.,* gleichz. Gr. kooperativer jüd. Darlehenskassen in Polen für J.D.C.; 1933 Emigr. Frankr., Verlegung des europ. Zentralbüros des J.D.C. nach Paris, 1933-39 Dir. J.D.C.-Büro in Paris, Hilfszentrum für jüd. Emigr. aus Deutschland u. Österreich; gleichz. aktiv in Central Bank for Coop. Investment in Palestine, Pal. Econ. Corp., Keren Hayessod. 1939 in die USA, 1939-50 Ehrenvors. *Europ. Council,* 1950-55 Vizevors. J.D.C. New York, ab 1940 (?) Schatzmeister der *Dominican Republic Settlement Assn.*
W: u.a. Die Schadenszufügung durch Tiere nach dem Bürgerlichen Gesetzbuch. 1902; Die Auswandererfürsorge des Hilfsvereins der deutschen Juden in der Vorkriegszeit. Festschrift anläßl. der Feier des 25jähr. Bestehens des Hilfsvereins der deutschen Juden. 1926. *L:* Szaikowski, Z., Jewish Relief in Eastern Europe 1914-17. In: Yearbook LBI, 1965; Bauer, Y., My Brother's Keeper. 1972; EJ; UJE; Lichtheim, Zionismus; Feder, Heute. *D:* LBI New York. *Qu:* ABiogr. Hand. Pers. Publ. Z. - RFJI.

Kahn, Chaim (urspr. Heinz), Rechtsanwalt; geb. 9. März 1926 Darmstadt; *V:* Sally K. (geb. 1891 Groß Umstadt/Hessen), Bankier, Vorst. jüd.-orthodoxe Gde. Darmstadt, Mitgr. jüd. Schule, Förderer der Hachscharah, 1936 Emigr. Pal., Kaufm.; *M:* Rosa, geb. Bendheim (geb. 1901 Bensheim/Hessen), 1936 Emigr. Pal., Gr. *Jerusalem Help Center; G:* Chowa (urspr. Herta) Sohlberg (geb. 1931 Darmstadt), 1936 Emigr. Pal., M.A., Lehrerin, ∞ 1954 Alisa Glueckstadt (geb. 1929 Hamburg), 1939 Emigr. Pal., B.A., ltd. Bewährungshelferin in Jerusalem; *K:* Shlomit-Chana (geb. 1957 Jerusalem); Shlomo (geb. 1967 Jerusalem); *StA:* deutsch; IL. *Weg:* 1936 Pal.

Febr. 1936 Emigr. Palästina mit A I-Zertifikat. Stud. London School of Econ., 1950 LL.B., Stud. Inst. for Advanced Legal Studies Univ. London, 1950 Zulassung als RA an Lincoln's Inn; 1954 stellv. Staatsanwalt Jerusalem, ab 1955 RA-Praxis in Jerusalem, zeitw. Vors. Berufungsausschuß für Beamtenpensionen am BezGericht Jerusalem, zeitw. Mitgl. Gericht für Sozialversicherung u. VerwRat des Jugendgefängnisses, RedMitgl. *HaPeraklit* (Zs. der isr. Anwaltschaft), geschäftsf. Mitgl. u. Jugendltr. *Esra,* geschäftsf. Mitgl. *Poalei Agudat Yisrael,* Ausschußmitgl. beim isr. Rundfunk, VorstMitgl. Forschungsinst. für jüd. Rechtswiss. Hebr. Univ., *Internat. Commn. of Jurists, Internat. Law Assn.,* zeitw. VorstMitgl. isr. Anwaltschaft, zeitw. Ehrensekr. u. VorstMitgl. Israel Bar Council, zeitw. Präs. *Haganah*-Loge B'nai B'rith, Mitgl. *Haganah,* IDF-Major d. Res. Lebte 1977 in Jerusalem.
Qu: Fb. Hand. - RFJI.

Kahn, Ernst, Bankier, Kommunalpolitiker, Journalist; geb. 7. März 1884 Augsburg, gest. 19. Febr. 1959 Jerusalem; jüd.; *V:* Aron K. (geb. 1841 Gemmingen/Baden, gest.), jüd., Textilindustrieller; *M:* Flora, geb. Farnbacher (geb. 1852 Augsburg, gest. 1898 Augsburg); *G:* 10; ∞ 1911 Lene Samuel (geb. 1891 Frankfurt/M., gest. 1953), jüd., Lehrerin, Emigr. mit Ehemann; *K:* Margarete Singer (geb. 1913 Frankfurt, gest. 1975 New York); Marianne Marx (geb. 1916), Emigr. mit Eltern, Kindermädchen, A: Tel Aviv; Elizabeth Herzberg (geb. 1918), Emigr. mit Eltern, Kindermädchen, A: Tel Aviv; Lore Sproule (geb. 1921), Emigr. mit Eltern, dann GB, A: London; *StA:* deutsch, Pal./IL. *Weg:* 1933 GB, 1934 USA, 1935 Pal.

Abitur, Stud. Handelshochschule Berlin, 2 J. techn. u. kaufm. Lehre in Deutschland, GB u. USA; 1909-20 RedMitgl. Handelsteil der *Frankfurter Zeitung,* 1924-33 (?) Inh. Investitionshaus Lazard Speyer-Ellissen KG a.A., AR-Vors. Farblederfabrik Bonames AG, Frankfurter Baukasse AG in Frankfurt/M. u. zahlr. anderer Gesellschaften. Gleichz. SPD-StadtVO in Frankfurt, Dezernent für Bauplanung; bis 1933 Doz. für Wohnungswesen, Nationalökonomie u. Statistik Univ. Frankfurt. Ab 1922 Hg. *Die Wirtschaftskurve,* VorstMitgl. *Gesellschaft für jüdische Volksbildung* Frankfurt, Vortragstätigkeit über wirtschaftl. u. soziale Themen, Gr. der *Forschungsstelle für Wohnungswesen* in Frankfurt/M., Dir. AG für kleine Wohnungen. 1933 Emigr. GB, 1934-35 RegBerater in USA. 1935 nach Palästina mit A I-Zertifikat, 1935-36 bei Palestine Econ. Corp., Ltr. u. später AR-Mitgl. von Ata Textiles, Gr. u. Dir. der *Palestine Investors Assn.* in Jerusalem, der späteren PIA Isr. Trust Management Ltd. bei der Bank Leumi; Wirtschaftsberater. - *Ausz.:* Dr. phil. h. c. Univ. Frankfurt/M.
W: Der Krieg und die Amerikanische Wirtschaft. 1916; Unsere Valutasorgen. Ursachen, Wirkungen und Heilmittel. 1917; Wie liest man den Handelsteil einer Tageszeitung? (Mitverf.) 1921, zahlr. Aufl.; Der internationale Geburtenstreik. 1930; Ein historischer Wendepunkt im Judentum. In: Jüd. Wohlfahrtspflege und Sozialpolitik. 1933-34; Das Auswanderungsproblem der deutschen Juden. Ebd.; The Jewish Labour Economy in Palestine. (Mitverf.) 1943, 1945; The Frankfurter Zeitung. In: Yearbook LBI. 1957. *L:* RhDG. *Qu:* EGL. Hand. HGR. Pers. Publ. Z. - RFJI.

Kahn, Fritz Reiner, Rechtsanwalt, Beamter; geb. 12. Nov. 1926 Ludwigshafen/Rhein; jüd.; *V:* → Richard A. Kahn; ∞ 1950 Ann Pasternack (geb. 1926 Denver/Colo.), jüd., B.A., Mitarb. *League of Women Voters* Washington/D.C., Mitgl. Schul-Komitee Fairfax Country/Va.; *K:* Nancy D. Bolasch (geb. 1955 Washington/D.C.), Stud.; David W. (geb. 1958 Washington/D.C.), Stud.; *StA:* deutsch, 1940 USA. *Weg:* 1935 USA.

Dez. 1935 Emigr. USA mit Familie, Unterstützung durch HIAS u. J.D.C., 1944-46 u. 1952-54 MilDienst bei US-Maritime Service (Lt., Zahlmeister u. Apothekergehilfe), Fregattenkapitän beim Nachschubkorps US-Navy Reserve. 1948 B.A., 1950 LL.B. George Washington Univ., RedMitgl. *Univ. Law Review.* 1950 RA-Zulassung in Washington/D.C., 1951 beim US-Berufungsgericht, 1961 beim Obersten Bundesgericht (Supreme Court). 1950-52 RA beim US-Landwirtschaftsmin., 1954-59 Rechtsberater des Fachverb. für Straßentransport u. der Möbelspediteursvereinigung, 1959-76 bei der Interstate Commerce Commission (ICC), 1970-76 Syndikus u. Ltr. Berufungs-Abt. der ICC. Ab 1976 Sozius RA-Kanzlei Verner, Liipfert, Bernhard, McPherson and Alexander in Washington/D.C.; 1963-68 Doz. für Transportwesen u. Ltr. Transportabt. der Southeastern Univ. Washington/D.C.; 1959 VorstMitgl. *Federal Bar Assn.,* Mitgl. *Assn. of ICC Practitioners* u. Red. *Journal of ICC Practitioners,* Mitgl., ab 1973 Kassenführer Beth El Hebr. Congr. Alexandria/Va., Mitgl. *Order of the Coif, Phi Beta Kappa.* Lebte 1976 in Washington/D.C. - *Ausz.:* 1975 Distinguished Service Award der *Federal Bar Assn.*
W: Principles of Motor Carrier Regulation. 1958; John McKnight Miller. Law of Freight Loss and Damage Claims. 2. Aufl. 1961; zahlr. Art. über Transportfragen. *Qu:* Fb. Hand. - RFJI.

Kahn, Richard A., Dr. jur., Dr. phil., Ministerialbeamter; geb. 29. Dez. 1891 Pfalz, gest. 20. Aug. 1958 Miami/Fla.; *V:* Adolph K.; *M:* Ida, geb. Stern; ∞ 1915 Alice Berg (geb. 1891

Deutschland, gest. 1965 Fairfax/Va.), jüd., 1935 Emigr. USA; *K:* Arthur E. (geb. 1920 Ludwigshafen), 1935 Emigr. USA, Fabrikant; Wolf H. (geb. 1921 Ludwigshafen), 1935 Emigr. USA, Ltr. Walt Disney Enterprises; → Fritz Reiner Kahn; *StA:* deutsch, 1940 USA. *Weg:* 1935 ČSR, USA.

Stud. Leipzig, München, Würzburg, 1913 Dr. jur., 1915 Dr. phil. Heidelberg. 1915-19 Berater des Bürgermeisters in Ludwigshafen, 1919-35 Berater Handelskammer; kurzfristig Haft, Juni 1935 illeg. in die ČSR, dann mit Einwanderervisum Emigr. USA, Unterstützung durch HIAS, J.D.C. u. durch Freunde. 1935-36 Stipendiat Johns Hopkins Univ. Baltimore/Md., 1936-38 Doz. Am. Univ. Washington/D.C., 1938-41 wiss. Mitarb. u. Doz. Catholic Univ. Washington/D.C.; 1941 volkswirtschaftl. Mitarb. Sozialrentenamt für Eisenbahnangest., 1942-43 Preiskontrollamt, ab 1944 Ltr. Wirtschaftsabt. US Fish and Wildlife Service d. US-Innenmin.; Mitgl. *Catholic Univ. Alumni Assn., Riccobous Seminar on Roman Law, Am. Econ. Assn., Acad. of Polit. Science.*

W: Music and Economics. 1939; Art. in Fachzs. *Qu:* Hand. – RFJI.

Kahn, Shlomo, Rabbiner; geb. 15. Apr. 1926 Stuttgart; *V:* Karl K. (geb. 1895 Stuttgart, gest. 1972 New York), Gymn., Textilvertr., VorstMitgl. jüd. Gde., 1939 Emigr. USA; *M:* Rahel, geb. Hirschberg (geb. 1896 Frankfurt/M., gest. 1937 Stuttgart), Gymn.; *G:* Sophie Taub (geb. 1929 Stuttgart), Büroangest., 1939 Emigr. USA; ∞ 1958 Eva Gluck (geb. 1938 Breslau), jüd., Emigr. Österr., CH. 1951 USA; *K:* Rachel (geb. 1963 New York); Yaffa (geb. 1963 New York); *StA:* deutsch; USA. *Weg:* 1939 USA.

1939 Emigr. USA; Stud. Yeshivah, 1943-52 Stud. Rabbi Isaac Elchanan Theol. Seminar der Yeshivah Univ.; 1952 Rabbinerexamen, anschl. Rabbiner Congr. Beth Israel (orthodox) New York, Red. GdeZs. *Hakohol* u. *Rabbi's Newsletter for Young Adults,* ab 1958 Mitgl. rabbin. Vorst. Yeshivah Heichal Hatorah, *Am. Comm. for Shaare Zedek Hospital* Jerusalem, 1972 Vors. u. OrgLtr. Washington *Heights-Inwood Council for Soviet Jewry* in Verbindung mit *Greater New York Conf. for Soviet Jewry,* Mitgl. u. ab 1973 Vors. *Jew. Community Council,* Mitgl. *Rabbinical Council of America.*

W: Book of Prayers for Hoshanah Rabbah (Übers.). 1959; From Twilight to Dawn. The Traditional Passover Haggadah. 1960, 1969. *Qu:* Fb. Hand. – RFJI.

Kahn, Siegbert, Wirtschaftswissenschaftler, Parteifunktionär; geb. 23. Sept. 1909 Berlin, gest. 15. Okt. 1976 Berlin (Ost); ∞ Rosa. *Weg:* 1938 ČSR; 1939 GB; 1946 Deutschland (SBZ).

Goldschmied, 1928 KPD. Nach 1933 illeg. Tätigkeit, 1934 Verhaftung, bis 1936 Haft im Zuchth. Brandenburg-Görden. Danach Emigr. in die ČSR, 1939 nach GB, Juli 1940-Dez. 1941 Internierung, 1941-42 PolLtr. u. danach LtgsMitgl. KPD-Landesgruppe; Mitgr. u. Sekr. FDB; richtete im Apr. 1944 als FDB-Sekr. ein nichtautorisiertes Schreiben an ČSR-Exilpräs. Edvard Beneš, das aufgrund der Zustimmung zu Bevölkerungstransfer u. Gebietsabtrennungen zum Ausscheiden der Mehrheit nichtkommunist. FDB-Mitgl. führte. 1946 Rückkehr nach Deutschland (Berlin), Mitarb. Zentralverwaltung für Brennstoffindustrie u. Fernstud. der Wirtschaftswiss., ab 1949 Dir. Deutsches Wirtschaftsinstitut Berlin (Ost), Mitgl. Deutsche Akademie der Wissenschaften. – *Ausz.:* 1951 NatPreis, 1959 VVO (Silber), 1974 Banner der Arbeit; VVO (Gold), ProfTitel, ZK-Nachruf.

W: Antisemitismus und Rassenhetze. 1948. *L:* Röder, Großbritannien; Kuczynski, Jürgen, Memoiren. 1975. *Qu:* Hand. Publ. Z. – IfZ.

Kaiser, Bruno, Dr. phil., Bibliothekar, Literaturhistoriker; geb. 5. Febr. 1911 Berlin; *V:* Max K., Lehrer; *M:* Emma; *StA:* deutsch. *Weg:* 1938 B; 1940 F; 1942 (?) CH; 1946 (3); 1947 Deutschland (Berlin).

Stud. Kunstgesch. u. Literaturwiss. Berlin. Bis Entlassung 1933 Red. *Vossische Zeitung* Berlin. 1938 nach Belgien, 1940 Frankr., 1942-Okt. 1943 Internierung, danach wiss. u. publ. Tätigkeit in Basel, Mitgl. BFD in der Schweiz, 1945 Gr. Herwegh-Museum in Liestal; Juli 1946 nach Belgien. 1947 Rückkehr nach Berlin, Bibliothekar u. Literaturhistoriker, ab Anfang der 50er Jahre Ltr. der Bibliothek des Instituts für Marxismus-Leninismus beim ZK der SED. Lebte Anfang der 70er Jahre in Berlin (Ost). – *Ausz.:* 1958 Heinrich-Heine-Preis, Med. für Kämpfer gegen den Faschismus 1933-1945, 1961 Prof.-Titel.

W: Die Schicksale der Bibliothek Georg Herweghs. Liestal 1944; Der Maler Disteli und die Flüchtlinge. Affoltern (Aehren-Verlag) 1945; Das Wort der Verfolgten (Hg., Ps. Oswald Mohr). Basel (Mundus-Verlag) 1945; Über Beziehungen der deutschen und russischen Literatur im 19. Jahrhundert. 1948; Über die Entwicklung der politischen Literatur in Deutschland (mit Erich Weinert). 1951; Die Achtundvierziger. 1952; Adolph Menzel. 1956; Georg Weerth. Sämtliche Werke in fünf Bänden (Hg.). 1956-57; Die Pariser Kommune im deutschen Gedicht (Hg.). 1958. *L:* Teubner, Schweiz. *Qu:* Arch. Hand. Publ. – IfZ.

Kaiser, Herman George, Dr. jur., Rechtsanwalt, Erdölproduzent; geb. 13. Jan. 1904 Mardorf/Hessen; jüd.; *V:* Simon K. (geb. 1876 Mardorf, gest. 1950 Tulsa/Okla.), jüd., höhere Schule, 1939 Emigr. GB, 1940 USA; *M:* Fanny, geb. Wertheim (geb. Hatzbach, gest. 1948 USA), jüd., höhere Schule, Emigr. mit Ehemann; *G:* Toni Neuwald (geb. 1906 Mardorf), 1938 Emigr. USA; ∞ 1930 Kate Samuel (geb. 1910 Güstrow/Mecklenburg), jüd., höhere Schule, 1938 Emigr. USA; *K:* Ruth Nelson (geb. 1935 London), 1941 in die USA, B.A.; George Bruce (geb. 1942 Tulsa/Okla.), Stud. Harvard Univ. u. Harvard Business School, Erdölproduzent; *StA:* deutsch, USA. *Weg:* 1938 B, GB, 1940 USA.

1922-25 Stud. Rechtswiss. Marburg, Gießen, Frankfurt/M., 1925 Referendar, 1927 Prom., 1929 Assessor, Dez. 1929-Sept. 1933 RA am Kammergericht Berlin. Mai 1938 in Rostock von Gestapo als Spion verdächtigt, Emigr. Belgien, Aug. 1938 nach GB, Febr. 1940 in die USA. Zunächst Inh. eines Ölfeld-Zulieferungsbetriebs, ab 1949 einer Erdöl- u. Gasges. (später Übernahme durch Sohn u. Schwiegersohn). Zugl. VorstMitgl. u. AR-Mitgl. versch. Firmen. Mitgl. *First Human Rights Commission* Okla. u. Econ. Advisory Council to Governor, Mitgl. *Independent Petroleum Assn. of Am.,* AR-Mitgl. *Am. Petroleum Inst.,* Kuratoriumsmitgl. *Am.-Europ. Unity* Inc., mehrfach US-Vertr. auf dt.-am. Konferenzen in Bonn, Berlin u. Washington/D.C., Vors. versch. UJA-Gruppen, 1953-56 Präs. u. VorstMitgl. Congr. B'nai Emunah in Tulsa, Mitgl. *Republican Party,* 1962 Mitgl. *Am. Council on Germany.*

Qu: Fb. – RFJI.

Kaiser, Konrad, Dr. jur. Beamter, Verbandsfunktionär; geb. 1886 Berlin, gest. 25. Aug. 1946 Tel Aviv; ∞ Margot, Mitarb. I.O.M.E.; *StA:* deutsch. *Weg:* 1939 Pal.

Frühzeitig Zion., Exekutivmitgl. K.J.V.; ab 1923 im Polizeipräsidium Berlin, 1930-33 RegDir., 1933 Versetzung in unpolit. RegRatstelle, 1935 Entlassung. 1937-39 Vors. Repräsentantenversammlung der jüd. Gde. Berlin, Mitgl. Rat der *Reichsvertretung,* letzter Präs. des K.J.V., Exekutivmitgl. u. Vors. Disziplinargericht ZVfD, VorstMitgl. des Palästina-Amtes. 1939 Emigr. Palästina.

D: LBI New York. *Qu:* Arch. EGL. Pers. – RFJI.

Kaiser, Ludwig, Journalist; geb. 1. März 1907 Hannover; *V:* Moritz K. (geb. 1861); *M:* Emilie, geb. Ohryn (geb. 1866); *G:* Alfred (geb. 1894), Frida (geb. 1900); ∞ Josephine Buthe (geb. 1904); *StA:* deutsch. *Weg:* ČSR; E.

Mitgl. KPD, vor 1933 Red. *Ruhr-Echo* Köln. Nach Emigr. Ltr. der Jugendarb. bei KPD-AbschnLtg. Zentrum Prag, im Span. Bürgerkrieg mit → Max Spangenberg Ltr. fremdsprach. Programm von *Radio Barcelona* u. Sprecher in dt. Sendungen.

L: Jahnke, Anteil; Mewis, Auftrag. *Qu:* Arch. Publ. – IfZ.

Kaiser-Blüth, Kurt, Journalist, Schriftsteller; geb. 27. Sept. 1903 Naumburg/Hessen, gest. 31. Mai 1976 Forest b. Brüssel; *G:* Anne, verh. mit → Alfred Rosenzweig; ∞ led.; *StA:* deutsch, 27. Okt. 1937 Ausbürg. *Weg:* 1933 CSR; 1938 F; 1950 B.

1921-23 red. Mitarb. *Kasseler Tageblatt* u. dramaturg. Sekr., Bibliothekar u. Regisseur Kammerspiele. Hg. *Der Vivisekteur - Wochenblatt für Politik, Literatur und Kunst* in Kassel. 1924 Red. *Die Republik* Berlin, Organ der von Carl von Ossietzky gegr. *Republikanischen Partei Deutschlands,* anschl. Mitarb. u.a. *Vorwärts, Vossische Zeitung, Die Weltbühne,* Textdichter für Kabarett der Komiker, Verf. von Novellen u. Gedichten. 1933 Emigr. nach Prag, journ. Tätigkeit, später in Karlsbad Mitarb. Graphia Verlag. 1938 über die Schweiz u. Belgien nach Paris, Tätigkeit im franz. Informationsmin., Mitarb. u.a. *Pariser Tageszeitung* u. *Deutsche Freiheit* Paris. Ps. Charles Roesmer. Mitgl. *Verband deutscher Journalisten im Ausland.* Nach 1940 Anschluß an Résistance, 1942 verhaftet, bei Flucht aus Deportationszug verletzt, unter falschem Namen zeitw. in franz. Krankenhaus. Ab 1950 freier Journ. in Belgien, u.a. Mitarb. *Frankfurter Rundschau* u. *Aufbau* New York.

Qu: Arch. Hand. Z. - IfZ.

Kalir, Joseph (bis 1949 Kliersfeld, Joseph), Dr. phil., Rabbiner, Hochschullehrer; geb. 2. Dez. 1913 Stettin; jüd.; *V:* Herman Kliersfeld (geb. 1884 Österr., umgek. im Holokaust), jüd., Geschäftsm., Zion.; *M:* Regina, geb. Stegman (geb. 1885 Österr., umgek. im Holokaust), jüd.; *G:* Kate Wites (geb. 1915 Duisburg, umgek. im Holokaust); Israel Alt (geb. 1918 Duisburg), 1939 Emigr. Pal., Lehrer; Margarete Reiff (geb. 1921, umgek. im Holokaust); Siegmund Alt (geb. 1923, gest. 1944 Pal.), Emigr. Pal.; Bertha Morgenstern (geb. 1925), 1939 Emigr. GB, 1946 USA; ∞ 1938 Hilda Ostfeld (geb. 1918 Duisburg), jüd., 1939 Emigr. Pal., 1955 S, 1957 USA, Künstlerin; *K:* Shulamith Jeanette (geb. 1943 Jerusalem), Lehrerin in Los Angeles; *StA:* deutsch, USA. *Weg:* 1939 Pal.

1930-35 Stud. Berlin u. Würzburg, 1933 Prom. Würzburg, 1930-36 Stud. L(H)WJ Berlin, 1935 Rabbinerexamen, dann Rabbiner SynGde. Bochum; Nov. 1938 KL Oranienburg. Febr. 1939 Emigr. Palästina, Autorentätigkeit, Sekr. u. Lehrer, 1955-57 Rabbiner in Göteborg; 1957 Doz. Brooklyn Coll. New York, 1958-65 Doz. Hebr. Lehrerseminar Boston, seit 1965 Rabbiner u. ReligLehrer Gde. Beth Sholom Santa Ana/Calif., seit 1970 Prof. für ReligWiss. Calif. State Univ. Fullerton/Calif.; Mitgl. CCAR. Lebte 1976 in Tustin/Calif.

W: Die Haltung Kaiser Wilhelms II. zur Arbeiterbewegung und zur Sozialdemokratie (Diss.). 1933; Sarei Zava miYisrael (Berühmte jüdische Soldaten). 2 Bde. 1941-43; MiMandat liMedinah (Vom Mandat zum Staat). 1952. *Qu:* Arch. Fb. - RFJI.

Kalmar, Fritz, Dr.; *G:* Ernst (1913) [?]-1978), Reg. u. Schausp., Künstlername Erni Scholz, Emigr. Urug.; ∞ Erna Terrel (Witwe von Dr. Georg [Eisler] von Terramare [1899-1948], Reg. u. Schriftst., Emigr. Boliv.), Schausp., 1938 Emigr. Boliv., 1948 (?) Urug. *Weg:* Boliv.; 1948 (?) Urug.

Emigr. La Paz. 1941 Mitgl. u. Vizepräs. GrdgKomitee der *Federación de Austriacos libres en Bolivia* (FAL), später Vizepräs. u. als Nachf. von → Gustav Löwy Präs. FAL. Ab 1942 Bühnenautor u. Schausp. bei der von G. v. Terramare geleiteten österr. Bühne in La Paz, Mitorg. eines aktiven österr. Klub- u. Kulturlebens. Mitgl. *Amigos de la Voz del Día* (→ Hermann P. Gebhardt). Vermutl. 1948 nach dem Tod von G. v. Terramare mit dem Theaterensemble nach Montevideo, Inszenierung zahlr. Kammerrevuen (Szenen mit Chansoneinlagen). Später langj. österr. Honorarkonsul u. Honorar-GenKonsul mit Paß- u. Visabefugnis in Uruguay. Lebte 1978 in Montevideo.

W: u.a. Doppelte Buchführung (S; aufgef. nach 1948 in Montevideo). *Qu:* Arch. Hand. - IfZ.

Kamann, Rudolf, Kaufmann; geb. 26. Juni 1916 Chemnitz; ∞ verh.; *StA:* deutsch. *Weg:* 1936 Paraguay.

Bis 1936 in Berlin, dann kaufm. Angest. in Asunción, 1938-41 bei Vertretung der Farbwerke Bayer. 1943-45 mit Anton Hoerschgens Hg. *Noticias Alemanas,* Organ der als Gegengewicht zur natsoz. dt. Kolonie gegr. *Deutsch-Demokratischen Bewegung* in Paraguay. Ende der 50er Jahre in die USA.

Qu: Arch. - IfZ.

Kaminka, Aharon Noah (bis 1938 Armand), Dr. phil., Rabbiner, Schriftsteller; geb. 5. Mai 1866 Berdičev/Ukraine, gest. 12. März 1950 Tel Aviv; *V:* Wolf Zeev K. (gest. 1905), Bankbuchhalter; *M:* Sara Beila, geb. Perlmann (gest. 1918 Safed/Pal.), Emigr. Pal. nach Kišinev-Pogrom; *G:* u.a. David (geb. 1871 Berdičev, gest. 1970 Washington/D.C.), Uhrmacher, 1933 Emigr. USA (?); ∞ 1896 Clara Löwi (geb. 1875 Saaz/Böhmen, gest. 1965 Haifa), 1938 Emigr. Pal.; *K:* Felix Ephraim (geb. 1901 Wien), Buchprüfer, 1933 Emigr. Pal.; → Gideon Guido Kaminka; Irene Nekhama Fischer (geb. 1907 Gaifarn b. Wien), RegGeodätin, 1939 Emigr. Pal., 1941 USA; *StA:* russ.; Pal./IL. *Weg:* 1938 Pal.

Stud. Rabbinerseminar Berlin, 1886-88 Stud. semit. Sprachen, Phil. u. Volkswirtschaft Univ. Berlin, 1888-89 Sorbonne, 1889-93 L(H)WJ, 1893 Prom. u. Rabbinerexamen. 1893-94 Rabbiner Frankfurt/O., 1894-97 Großer Gde.-Tempel Prag, Gr. Rabbinerseminar Prag, 1897-1900 Rabbiner Esseg/Kroatien. Mitgl. frühzion. *Chibbat Zion*-Bewegung, 1883 Gr. *Ahavat Zion-*Gesellschaft in Deutschland zur Förderung der hebr. Sprache u. Ansiedlung in Palästina; 1897 als einziger Rabbiner aus einem westl. Land Teiln. 1. Zionistischer Weltkongreß in Basel, Ref. über jüd. Siedlung in Palästina; langjähr. Kontakt mit Theodor Herzl (brach später ab, da K. Herzls rein pol. Einstellung ablehnte). 1900 Österr., 1900-38 Geschäftsf. *Israelitische Allianz* in Wien; 1903 in Kišinev, Org. einer Hilfsaktion für Pogromopfer, Weiterführung dieser Unterstützungsarb. in Rußl. u. Rumänien bis Ende 1. WK; 1908 Org. Erziehungsarb. der *Allianz* in Galizien. 1901-24 Talmud-, Philosophie- u. GeschLehrer Bet Hamidrash von I.H. Weiss in Wien u. an Oberschulen; 1924 Gr., bis 1938 Dir. Maimonides-Schule für jüd. Erwachsenenbildung in Wien, Vorträge in kath. *Leo-Gesellschaft.* Bis 1938 Mitgl. *Wiener Leseverein, Chowewei Zion,* Rabbinerverband. Frühjahr 1938 einige Wochen Haft. Sommer 1938 Emigr. Palästina mit Einwandererzertifikat; Übers. klass. Texte ins Hebr.; 1938-50 Mitgl. *Verband hebräischer Autoren.* - *Ausz.:* Cernichowsky-Preis der Stadt Tel Aviv (2mal).

W: Poésies hébraiques. 1888; Studien zur Geschichte Galiläas. 1889, 1890; Die Geonim und ihre Schriften. 1892; Al-Harisi's Tachkemoni (Red.). 1899; Tzaharayim (Zohoraim, hebr. Gedichte). 1909; Meine Reise nach Jerusalem. 1913; Le prophète Isafe. 1925; Raze Olam. 1927; Studien zur Septuaginta. 1928. (Übers. ins Hebr.: Marcus Aurelius, Raayonot Markus Aurelius [De rebus suis]. 1922); Septuaginta und Targum zu Proverbia. 1932; Meḥ Karim baMikra uvaTalmud (2 Bde.). 1938, 1951; Shever bet Ahav. 1940-41; Kitvei Bikkoret Historit. 1944; Perush hegyoni Iyov. 1949; Übers. aus Werken von Seneca, Marc Aurel u. Aristoteles. *L:* Festschrift A. Kaminka zum 70. Geburtstag (einschl. Biographie, dt. u. hebr.). 1937; Gelber, N.M., Die Wiener Israelitische Allianz. In: Leo Baeck Bulletin III, S. 202; Jewish Outlook, Apr. 1941; Hadoar 29/4, 1950; Patai, R. (Hg.), Theodor Herzl, Complete Diaries, Bd. 5., 1960; Zeitschrift für die Geschichte der Juden, 3/7, 1966; Kressel, G., Lexicon Hasifrut Haivrit baDorot haAchronim. 1967. *Qu:* Hand. Pers. Publ. - RFJI.

Kaminka, Gideon Guido, Dr.-Ing., Architekt, Stadtplaner, Kommunalpolitiker; geb. 30. Juli 1904 Wien; *V:* → Aharon Noah Kaminka; ∞ 1939 Dr. med. Josefine Fischer (geb. 1901 Wien), Frauenärztin; *K:* Michal Katznelson (geb. 1940 Haifa), Soziologin; *StA:* österr.; IL. *Weg:* 1933 Pal.

Ab 1916 Mitgl. *Blau-Weiß,* Stud. Architektur TH Wien, Dipl.-Ing., prakt. Ausbildung, später selbständiger Architekt; wegen zion. Aktivität keine Anstellung im öffentl. Dienst u. keine öffentl. Aufträge. 1926 u. 1932 Reise nach Palästina, 1933 Emigr. Palästina mit A II-Zertifikat, ab 1933 Architekt u. Stadtplaner in Haifa (u.a. Mitarb. am Elternheim der I.O.M.E., Planung von Siedlungen am Carmel u. in Haifa Bay). Mitgl. H.O.G., I.O.M.E., *Alijah Chadaschah, Fortschrittspartei,* Vorst-Mitgl. *Unabhängige Liberale Partei.* Ab 1939 Interessenvertr. der mitteleurop. Emigr. in Stadtbaufragen. Mehrfach Mitglied BezParlament Vaad Hadar Hakarmel, ab 1950 StadtVO in Haifa, Mitgl. Ratsvorstand Haifa, 1957-72 Mitgl. Distriktplanungskommission. Mitgl. *Verband der Ingenieure und Architekten,* Isr. u. Internat. Ges. für Wohnungsbau u. Stadtplanung. Lebte 1978 in Haifa.

W: Der regelmäßige Stadtgrundriß des 13. Jahrhunderts im östlichen Österreich (Diss.). 1930; Ins Land, das ich Dir zeigen werde. Geschichte eines ruhigen Exodus in stürmischer Zeit. 1977. *Qu:* Fb. Hand. – RFJI.

Kaminski, Hanns-Erich, Journalist. *Weg:* F.

Pol. Red. sozdem. *Volksstimme* Frankfurt/M., später Red. *Die Weltbühne.* Im franz. Exil aktiv in Volksfrontbewegung, Mitgl. Lutetia-Kreis, auf der Konf. vom 26. Sept. 1936 in Paris Protagonist einer „Richtung Kaminski" mit kritischer Haltung zur *Sopade* u. Forderung nach sozialist. Revolution zur Überwindung des NatSoz. – 1940 verschollen.

W: Faschismus in Italien. Grundlagen, Aufstieg, Niedergang. 1925; Ceux de Barcelone. Paris (Denoel) 1937; El nazismo como problema sexual. Ensayo de psicopatologia. Buenos Aires (Ed. Iman) 1940. *L:* Deak, Intellectuals; Langkau-Alex, Volksfront. *Qu:* Publ. – IfZ.

Kamm, Gunter, Dr. jur., Rechtsanwalt; geb. 9. Aug. 1905 Beuthen/Oberschlesien, gest. 30. Apr. 1978 New York; jüd.; *V:* Isidor K. (geb. 1874 Beuthen, gest. 1943 Shanghai), Möbelhändler, VorstMitgl. jüd. Gde., 1940 Emigr. Shanghai; *M:* Julie, geb. Stolzmann (geb. 1878 Posen, gest. 1948 New York), jüd., 1940 Emigr. Shanghai, 1947 USA; *G:* Erich (geb. 1902 Beuthen, gest. 1953 New York), Bankangest., 1940 Emigr. USA über Port.; ∞ I. 1936 Irene Handler (geb. 1912 Gleiwitz/Oberschlesien, gest. 1973), Apothekerin, 1939 Emigr. Shanghai, 1947 USA; II. 1974 Carla Levy (geb. 1912 Hamburg), Bibliothekarin, 1939 Emigr. USA; *K:* Marianne K. Sterling (geb. 1937 Beuthen), Emigr.; *StA:* deutsch, 1953 USA; *Weg:* 1939 China, 1947 USA.

1924 Mitgl. K.C.; 1924-27 Stud. Freiburg, Würzburg, Breslau, 1927 Prom.; Apr. 1933 Berufsverbot; Mitverf. der sog. Petition Bernheim an den Völkerbund für Minderheitenrechte der Juden in Oberschlesien, Unterstützung durch den Völkerbund aufgrund des Genfer Abkommens von 1922 zum Schutze von nat. u. religiösen Minderheiten in Oberschlesien, daraufhin Wiedereinstellung; 1937 nach Ablauf des Genfer Abkommens erneut Berufsverbot. 1939 Emigr. nach Shanghai, ab 1943 im Ghetto Hongkew, ltd. Mitarb. J.D.C.; 1947 USA mit D.P.-Visum, 1947-48 kaufm. Angest., Ehefrau Kosmetikerin; ab 1948 Ltr. dt. Abt., ab 1966 Dir. URO New York; gleichz. 1949-52 Stud. Brooklyn Law School, 1952 LL.B., 1953 Zulassung zur Anwaltskammer New York, 1953-73 RA-Praxis mit → Alfred Prager (Spezialisierung auf dt.-am. Streitfälle); 1950-53 Vortragstätigkeit über Wiedergutmachungsfragen, Beiträge in *Aufbau.* Mitgl. *Assn. Former Europ. Jurists,* Congr. Habonim, ab 1957 VorstMitgl. A.F.J.C.E. New York.

D: RFJI; LBI New York. *Qu:* Arch. Fb. Pers. – RFJI.

Kamm, Henry, Journalist; geb. 3. Juni 1925 Breslau; jüd.; *V:* Rudolf K. (geb. 1902 Breslau), jüd., Büroangest., 1938 KL Buchenwald, 1939 Emigr. GB, 1940 USA; *M:* Paula, geb. Wischnenski (geb. 1897 Freystadt/Westpr., gest. 1955 New York), jüd., höhere Schule, 1941 Emigr. USA über F, E u. Port.; ∞ 1950 Barbara Lifton (geb. 1930 New York), jüd., B.A., Bibliothekarin; *K:* Alison (geb. 1957), UnivStud. in IL; Thomas (geb. 1959), UnivStud. in F; Nicholas (geb. 1965), Schulbesuch in F; *StA:* deutsch, 1943 USA. *Weg:* 1941 USA.

Volksschule, später jüd. Schule, März 1941 Emigr. mit Mutter über Frankr., Spanien u. Port. in die USA, Unterstützung durch jüd. Hilfsorg.; 1943-46 US-Armee. 1949 B.A. New York Univ., Mitgl. *Phi Beta Kappa.* Ab 1949 bei *New York Times,* zunächst Lehrling, 1955 Umbruchred., 1960 stellv. Red. des Nachrichtenteils, dann Red. für internat. Nachrichten in Paris, 1964 Korr. in Paris, 1966 Korr. für Osteuropa in Warschau, 1967 Nachrichtenchef in Moskau, 1969-71 Korr. in Südostasien, 1971-77 Korr. in Paris, 1977 Nachrichtenchef in Tokio, ab 1977 Asien-Korr. Lebte 1978 in Bangkok. – *Ausz.:* 1969 Sigma Chi Award, 1970 George Polk Award, 1978 Pulitzer-Preis für internat. Berichterstattung.

W: Einleitung zu: Amalrik, A., Will the Soviet Union Survive until 1984? 1970. *Qu:* Fb. Z. – RFJI.

Kamnitzer, Bernhard, Dr. jur., Rechtsanwalt, Politiker; geb. 25. Okt. 1890 Dirschau/Westpr., gest. 15. Juli 1959 New York; jüd.; *V:* Wilhelm K., Kaufm.; *G:* Dr. Siegbert K., Emigr. USA; Grete Beck, Emigr. USA; ∞ Irma; *K:* 2 S, USA; *StA:* deutsch, Freie Stadt Danzig, USA. *Weg:* 1938 USA.

1909-12 Stud. Rechtswiss. Danzig u. Königsberg; Kriegsteiln.; Aug. 1921 Wahl zum Landgerichtsrat Danzig. Frühzeitig SPD, 1924-28 Mitgl. Danziger Volkstag; ab 1928 parl. Senator, Jan. 1929-Frühj. 1930 hauptamtl. Finanzsenator, u.a. Bemühungen um Wiederaufbau der Handelsbeziehungen zur UdSSR, erwirkte Annulierung der Danziger Kriegslasten bei Haager Schuldenkonf. Nach 1930 RA, vor allem in rechtl. Auseinandersetzungen mit den NatSoz.; VorstMitgl. *Central-Verein Danziger Staatsbürger jüdischen Glaubens,* Sprecher der liberalen Fraktion in der Synagogengde. Mitgl. Hauptvorst. des CV. Im Lauf der natsoz. Gleichschaltung Danzigs Berufsverbot, kurzfristig Haft. Okt. 1938 Emigr. über GB nach New York. Mitgl. *Association of Free Germans, Inc.,* 1941 mit → Albert Grzesinski u. → Georg Bernhard Verf. eines Entwurfs zur internat. Nachkriegspol.; Mitgr. *Verein der Danziger Staatsbürger in Amerika (American Danzig Association),* der sich erfolgreich gegen ihre Einordnung als feindl. Ausländer verwendete. Nach 1945 Vertr. der Wiedergutmachungsansprüche der Danzig-Emigration.

W: Neubearb. (mit Heinrich Bohnenberg): Heinrich Rosenthal, Bürgerliches Gesetzbuch. 14. Aufl., 1953; Das Handelsgesetzbuch (ohne Seerecht). 4. Aufl., 1956. *L:* Echt, Samuel, Die Geschichte der Juden in Danzig. 1972. Matull, Arbeiterbewegung. *Qu:* Arch. EGL. Hand. Publ. Z. – IfZ.

Kamnitzer, Heinrich (Heinz), Dr. phil., Verbandsfunktionär, Publizist; geb. 10. Mai 1917 Berlin. *Weg:* GB; 1946 Deutschland (SBZ).

Wegen rass. Verfolgung Emigr. nach GB, dort angebl. journ. Tätigkeit; Mitgl. FDKB u. ab Grdg. 1941 zunächst parteiloser, später KPD-Vertr. im ArbAusschuß der *Landesgruppe deutscher Gewerkschafter* (LG), Mithg. des von den Kommunisten abgelehnten gewerkschaftl. Deutschlandprogramms v. Frühj. 1945 sowie Mitunterz. der Erklärung der LG v. 17. Nov. 1945. Nach Rückkehr 1946-50 Stud. Gesch. Humboldt-Univ. Berlin (Ost), 1951 Prom. bei → Alfred Meusel (Diss. *Die wirtschaftliche Struktur Deutschlands zur Zeit der Revolution 1848);* neben seinem Lehrer bedeutendster Vertr. der marxist.-leninist. DDR-Neuhistoriker, ab 1950 Prof. für neuere Gesch. Humboldt-Univ., später gleichz. Dir. Institut für Geschichte des deutschen Volkes u. ab 1953 auch Mithg. *Zeitschrift für Geschichtswissenschaft* Berlin (Ost); nach längerer Beurlaubung 1955 Ausscheiden aus Lehramt. Danach freier Publizist u. wiss. Berater bei Akademie der Künste zu Berlin sowie *PEN-Zentrum Ost-West,* ab Juni 1963 PräsMitgl. *Deutsch-Britische Gesellschaft,* ab 1964 Vizepräs. u. ab Apr. 1970 Präs. *PEN-Zentrum Ost-West* bzw. *PEN-Zentrum der DDR;* Vizepräs. *Liga für Völkerfreundschaft.* – *Ausz.:* 1958 Deutsche Friedensmed., 1971 Lessing-Preis, 1974 VVO (Silber), 1977 VVO (Gold).

W: Öl und Außenpolitik. 1949; Der Kampf der Partei um die Hebung des Lebensniveaus der Werktätigen. 1950; Die diplomatische Vorgeschichte des 2. Weltkrieges. 1952; Zur Vorgeschichte des deutschen Bauernkrieges. 1953; Über Literatur und Geschichte. 1955; Wider die Fremdherrschaft. Betrachtungen zur Geschichte der Befreiungskriege. 1956; Erkenntnis und Bekenntnis - Arnold Zweig 70 Jahre. 1958; Die deutsche Alternative. Eine Betrachtung. 1961. *L:* Timm, Albrecht, Das Fach Geschichte in Forschung und Lehre in der Sowjetischen Besatzungszone Deutschlands seit 1945. 1965; Röder, Großbritannien. *Qu:* Hand. Publ. Z. - IfZ.

Kamradt, Albert Alfred, Parteifunktionär; geb. 16. März 1903 Goschin b. Danzig, hinger. 1944; *StA:* deutsch. *Weg:* 1934 NL; 1942 Deutschland.

Schmiedelehre, landwirtschaftl. Arbeiter, Kaufm., Baggerführer. 1929 *Rote Hilfe* (RH), 1930 KPD. 1934 Flucht nach Amsterdam; Tätigkeit für RH, Herbst 1935 erfolgloser Einsatz im Reich, ab 1937 RH-Tätigkeit in Rotterdam. Ab Juni 1942 als Instrukteur der Gruppe → Wilhelm Knöchel im Raum Oberhausen-Duisburg in Verb. mit → Alfons Kaps u. → Willi Seng. Apr. 1943 Verhaftung, 24. Mai 1944 VGH-Todesurteil. Deckn. Karl, Ernst, Paul Kaiser.

L: Klotzbach, Nationalsozialismus. *Qu:* Arch. Publ. - IfZ.

-

Kanitz, Otto Felix, Dr. phil., Verbands- u. Parteifunktionär; geb. 5. Febr. 1894 (1899 ?) Wien, umgek. 29. März 1940 KL Buchenwald; Diss.; *V:* Dr. Alfred K. (gest. 1907), RA in Wien; ∞ Ria; *StA:* österr. *Weg:* 1934 CSR; 1935 (?) Österr.

Höhere Schule, 1907 nach dem Tod des Vaters Lehre als Installateur. Mitgl. *Verband jugendlicher Arbeiter Österreichs,* 1915 Ersatzmitgl. der Verbandskontrolle. Mitgl. *Zentralverein der kaufmännischen Angestellten Österreichs,* 1914 erster vergebl. Versuch der Org. von gewerkschaftl. Jugendsektionen. Während u. nach 1. WK Tätigkeit für die *Kinderfreude*-Bewegung, Org. von Ferienlagern mit Kinderselbstverwaltung (sog. Kinderrepubliken), Mitgl. *Arbeiterverein Kinderfreunde* in Niederösterr.; 1918 pädagog. Ref. *Arbeiterverein Kinderfreunde,* 1919-22 Ltr. Erzieherschule der *Kinderfreunde* in Schönbrunn. Daneben Abendschule, Abitur u. Stud. Pädagogik, 1922 Prom.; 1921-34 Red. u. Schriftltr. der neugegr. Zs. *Die Sozialistische Erziehung.* Mitgl. u. ab 1923 maßgebl. Theoretiker der SAJDÖ, forderte Einbeziehung der Methoden der dt. Jugendbewegung, vertrat gegen die pol.-klassenkämpferisch orientierte Richtung → Manfred Ackermann innerh. der SAJDÖ eine kulturell-pädagog. Linie der Erziehung zur Solidarität. Setzte sich 1926 mit Unterstützung des PV der SDAP durch, 1926-28 Ltr. der Bildungsarb. der SAJDÖ Wien, 1928-30 geschäftsführender stellv. Obmann, 1930-33 SAJDÖ-Verbandsobmann. Mitgl. SDAP, 1932-34 Mitgl. Bundesrat. Ab 1932 Ltr. der zentralen sozdem. Propagandastelle; Gr. sozdem. *Zentralstelle für Jugend- und Erziehungsarbeit.* Ab 1933 Obmann der Kontrolle der SAJDÖ. 1934 nach den Februarkämpfen Flucht in die CSR, zunächst Mitarb. ALÖS in Brünn, angebl. auf Veranlassung maßgebl. Vertr. der illeg. RSÖ vom ALÖS isoliert. Kehrte vermutl. 1935 nach Österr. zurück. Gelegenheitsarb.; 1938 nach dem Anschluß Österr. Verhaftung, KL Buchenwald; 1940 Tod infolge Mißhandlungen.

W: u.a. Die Erziehungsaufgaben des Arbeitervereins Kinderfreunde. 1920; Familienerziehung, Staatserziehung und Gesellschaftserziehung. Diss. phil. Wien 1922; Kampf und Bildung. 1924; Arbeiterjugend auf zum Kampf! 1925; Das proletarische Kind in der bürgerlichen Gesellschaft. 1925; Wirtschaft und Kultur. Ein Leitfaden für unsere Jugendschulen. 1927; Unsere Arbeit. Handbuch für die Tätigkeit in der sozialistischen Jugendbewegung. 1928; Kämpfer der Zukunft. 1929; Lustige Schülerstreiche. 1951; Nazi und der Bücherwurm (L). O.J.; Die Geschichte des Franzl Lechner. O.J. *L:* Buttinger, Beispiel; Neugebauer, Bauvolk. *Qu:* Arch. Hand. Pers. Publ. - IfZ.

Kanowitz, Siegfried Schimon, Dr. med., Arzt, Politiker; geb. 1900 Insterburg/Ostpr., gest. 25. Juli 1961 Tel Aviv; ∞ Genia, Ärztin; *K:* 1. *Weg:* 1933 Pal.

Mitgl. K.J.V., Z.V.f.D.; enge ZusArb. mit → Herbert Yeshayahu Foerder u. → Kurt Blumenfeld; Mitarb. *Jüdische Rundschau.* 1933 Emigr. Palästina, Kinderarzt; 1958-61 Doz. für Psychologie Hebr. Univ. Jerusalem. Vizepräs. *Isr. Med. Assn.,* Mitgl. *Aliyah Chadaschah;* 1958-60 M.K. (4. Knesset) für *Progressive Party,* Entwurf des sog. Kanowitz-Gesetzes gegen Luftverschmutzung.

W: u.a. Zionistische Jugendbewegung. 1927; Väter und Söhne, Georg Landauer, Sigmar Ginsburg. In: Meilensteine. 1972. *L:* Markel, Richard, Brith Haolim: Der Weg der Alija des Jung-Jüdischen Wanderbundes (JJWB). In: Bull. LBI 1966. *Qu:* Pers. Publ. Z. - RFJI.

Kantorowicz, Frieda (Friedl), Journalistin; geb. 18. Juni 1905; *StA:* deutsch. *Weg:* 1933 F; E; F; USA; 1947 Deutschland (Berlin).

Ab 1925 KPD-Mitgl.; 1933 Emigr. nach Paris, u.a. Mitwirkung bei Vorbereitung des 1. internat. Schriftstellerkongresses zur Verteidigung der Kultur, im Span. Bürgerkrieg Sprecherin dt. Sendungen *Radio Madrid* u. Mitarb. GenKommissariat der Internat. Brigaden in Madrid u. Barcelona, dann über Frankr. in die USA. 1947 Rückkehr nach Berlin, Journ., Mitarb. Amt für Information der DDR, ab 1953 bei ADN, Auslandskorr., langjähr. UNO-Korr. in Genf u. New York. - *Ausz.:* 1956 Hans-Beimler-Med., VVO (Bronze).

Qu: Z. - IfZ.

Kantorowsky, George (Georg), Dr. phil., Rabbiner; geb. 24. Aug. 1883 Loslau/Oberschlesien, gest. 31. Aug. 1972 San Francisco. *Weg:* 1940 China; 1949 USA.

Stud. Heidelberg, 1907 Prom., 1902-11 Stud. Jüd.-Theol. Seminar Breslau, 1912-17 Rabbiner in Bernburg/Saale, 1917-40 Rabbiner u. Lehrer jüd. Brüdergde. Berlin-Neukölln u. jüd. Gde. Berlin; nach 1933 zeitw. KL Sachsenhausen. 1940 Emigr. China, 1940-49 Rabbiner dt.-jüd. Gde. Shanghai; 1949 USA, 1949 Mitgr. u. bis 1969 Rabbiner Gde. B'nai Emunah San Francisco (Grdg. dt. Einwanderer aus Shanghai).

W: Ein anonymer hebräischer Kommentar zu den Proverbien (Diss.). 1907. *Qu:* Arch. Publ. Z. - RFJI.

Kappes, Heinz (Martin Heinrich), Pfarrer; geb. 30. Nov. 1893 Fahrenbach/Baden; ev., Quäker; *V:* Georg K. (1863-1931), ev. Pfarrer u. Kirchenrat; *M:* Marie, geb. Stoll (1866-1933), ev.; *G:* Anny Badenhop (geb. 1892); Maria (geb. 1895), Ärztin; Friedrich (1897-1965), Arzt; Auguste (geb. 1900); ∞ I: 1922 Elisabeth Kern (1922-1973), 1948 gesch., 1936 Emigr. Pal., 1947 USA; II: 1949 Diederika Liesveld (geb. 1902 Rotterdam); *K:* Elisabeth (geb. 1924), A: USA; Georg Ludwig (geb. 1925), A: USA; Hildegard (geb. 1926), A: GB; Christina (geb. 1928), A: USA; *StA:* deutsch, 1944 Ausbürg., 1941-45 Mandatspaß Palästina, 1949 deutsch. *Weg:* 1934 Pal.; 1948 Deutschland (ABZ).

Stud. ev. Theologie u. Orientalistik Univ. Tübingen u. Berlin; 1914-18 Kriegsfreiw., Offz. (EK II u. I, Zähringer Löwenorden mit Schwertern, Schwarzes Verwundetenabzeichen); 1919-20 Univ. Heidelberg, 1. u. 2. theol. Examen; 1919-20 Vikar u. Pfarrer u.a. in Mannheim, 1921-33 als Pfarrer der Ev. Landeskirche Baden Ltr. der kirchlich-karitativen Arbeit in Karlsruhe, Jugendpfarrer. Mitgl. *Wingolf,* nach dem Kriege über christl. Studentenbewegung zum *Bund deutscher Jugendvereine,* Vors. *Arbeitsgemeinschaft Karlsruher Jugendbünde;* seit 1923 führendes Mitgl. der religös-sozialist. Bewegung, ab 1926 *Bund religiöser Sozialisten Deutschlands;* 1926 bis zu seiner Verdrängung aus der bad. Kirchenreg. Okt. 1932 Vertr. des *Bundes* in der Landessynode. 1924 SPD, 1926 Mitgl. Bürgerausschuß, 1930-33 StadtVO. Karlsruhe. Ab 1926 Auseinandersetzung mit Deutschen Christen u. natsoz. Tendenzen innerh. der ev. Kirchen, 1933 strafversetzt, Aug. 1933 Verhaftung u. Verbannung nach Südbaden, fortan Polizeiaufsicht; nach dienstgerichtlichem Verfahren vor der Kirchenbehörde

Dez. 1933 Amtsenthebung u. Ausweisung aus Baden. Danach Vorbereitung auf Emigr., 1934/35 vorüberg. als Tourist in Palästina, März 1936 mit Hilfe befreundeter Quäker legale Ausreise der ganzen Fam. nach Jerusalem. Dort Deutschlehrer, in enger Verb. mit *Ichud* u. Kreis um Martin Buber, ZusArb. mit engl. u. amerikan. Quäkern; nach Kriegsausbruch vorüberg. Internierung in Jerusalem u. im Lager Sarona, nach Intervention des Präs. der Hebräischen Univ. entlassen; 1940-48 Angest. British Food Control, zuletzt als Chief Rationing Officer. Nach Ende der brit. Mandatszeit Juli 1948 über die Niederlande Rückkehr nach Deutschland u. Rehabilitierung durch Badische Landeskirche; 1948-59 Religionslehrer, später Ltr. GdeDienst Karlsruhe; Lehrtätigkeit Volkshochschule Karlsruhe u. Diakoniewiss. Institut Univ. Heidelberg sowie Vortragsreisen mit den Themen Integraler Yoga, karitative Tätigkeit u.a. bei *Anonymen Alkoholikern*. Mitgr. *Gesellschaft für Christlich-jüdische Zusammenarbeit* Karlsruhe, bis 1956 Geschäftsf. Lebte 1975 in Karlsruhe.

W: u.a. Der theologische Kampf der religiösen Sozialisten gegen das nationalsozialistische Christentum. In: Reich Gottes, Marxismus, Nationalsozialismus. 1931, S. 90-116; seit 1964 Übers. der Werke von Sri Aurobindo aus dem Engl. *L:* Breipohl, Renate, Religiöser Sozialismus und bürgerliches Geschichtsbewußtsein zur Zeit der Weimarer Republik. 1971; Balzer, Martin, Erwin Eckert und der Bund der religiösen Sozialisten Deutschlands 1926-1931. Ein Beitrag zur Arbeiterbewegung und zur Sozialgeschichte der protestantischen Landeskirchen der Weimarer Republik. 1973. *D:* Bibliothek des Ev. Oberkirchenrates Karlsruhe (Sammlung Pfarrer Kappes). *Qu:* Fb. Publ. - IfZ.

Kappius, Josef (Jupp), Parteifunktionär; geb. 3. Nov. 1907 Bochum, gest. 30. Dez. 1967 Dortmund; ∞ Änne Ebbert (gest.), ISK, nach 1933 illeg. Arbeit, Emigr. mit Ehemann, ab Frühj. 1944 von der Schweiz aus ISK-Kurier zu illeg. Gruppen in Deutschland; *StA:* deutsch. *Weg:* 1937 CH; F; 1939 GB; AUS; 1944 Deutschland.

Nach Besuch der Betriebsfachschule für Werkmeister in Bochum u. 4jähr. techn. Lehre Vorzeichner u. Konstrukteur im Stahlhoch- u. Brückenbau. 1924 SAJ, 1925 DMV, später *Bund Technischer Angestellter und Beamter;* ab 1933 aktiv im vom ISK geleiteten *Unabhängigen Sozialistischen Gewerkschaft* (USG), ab Frühsommer Ltr. der USG-Zelle Bochum, führend in der illeg. ISK-Jugend- u. Schulungsarb.; Deckn. J. Schmidt. Nach Zerschlagung der ISK/USG-Gruppen durch die Gestapo Ostern 1937 Flucht in die Schweiz, ab Nov. gleichen Jahres mit seiner Frau steckbrieflich gesucht. Aus Existenzgründen weiter nach Frankr., kurz vor Kriegsausbruch nach GB. Nach Beginn des 2. WK bis 1944 in Australien interniert. In ZusArb. mit Labor Desk des OSS u. internat. GewBewegung Frühj./Sommer 1944 Schulung zum Einsatz in Deutschland mit dem Ziel der Verbindung zu innerdt. Widerstandsgruppen u. Vorbereitung für die Neuordnung Deutschlands; Deckn. Downed. Nach vorbereitenden Kurierdiensten seiner Frau Sept. 1944 Fallschirmabsprung über dem Emsland, in den folgenden Monaten mit Hilfe alter ISK-Kontakte im Ruhrgebiet Vorbereitungen zur Reorg. von Betriebsräten u. Gewerkschaften, erfolgreiche illeg. Arbeit mit Anknüpfung von Kontakten, u.a. bis Berlin, Hamburg, Hannover, Köln u. Frankfurt/M. Bei Bemühungen nach Kriegsende um Aufbau einer neuen, einheitl. sozdem. Partei auf der Basis der im englischen Exil gebildeten *Union* neben → Willi Eichler als ISK-Vertreter Verhandlungen mit der SPD in den Westzonen, auf Vorschlag Kurt Schumachers Gastmandat auf der Konf. zur Wiederberg. der SPD Okt. 1945 in Wennigsen/Niedersa.; auf dieser „Sozialdemokratischen Reichskonferenz" mit → Günter Markscheffel entschiedener Gegner der Einheitstaktik Otto Grotewohls. Ab 1945 Mitgl. ÖTV; in der neugegr. SPD vor allem Schulungs- u. Bildungsarbeit, Vors. *Zentralausschuß Sozialistischer Bildungsgemeinschaften* in NRW sowie Vors. *Arbeitsgemeinschaft Demokratischer Bildungswerke* Bonn, Mitgl. versch. Ausschüsse beim PV der SPD; ab 1955 MdL NRW.

L: Kaden, Einheit; Link, ISK; Borsdorf, Ulrich/Niethammer, Lutz (Hg.), Zwischen Befreiung und Besatzung. 1976. *Qu:* Arch. Hand. Publ. - IfZ.

Kapralik, Carl I. (Charles), Dr. jur., Finanzfachmann, Verbandsfunktionär; geb. 24. Apr. 1895 Sereth (Siret)/Bukowina; *V:* Heinrich K.; *M:* Dionisia, geb. Kriss; *G:* 1 S (umgek. im Holokaust); ∞ 1921 Camilla Körner (geb. 1895), jüd.; *StA:* österr., brit. *Weg:* 1939 GB.

Im 1. WK Kriegsteiln. österr.-ungar. Armee, 1918 Prom. Wien. Bis 1929 Prokurist, später Oberprokurist an Wiener Bank. 1929-34 Direktionsrat, 1932-34 stellv. Dir. Gde. Wien - Städtische Versicherungsanstalt, Febr. 1934 Entlassung. Ab 1936 ltd. Devisenberater an Wiener Großbanken. Juni 1938-39 Ltr. Finanz- u. Devisenabt. der Isr. Kultusgde. Wien. Mitgl. u. Doz. *Österreichische Gesellschaft für Versicherungswissenschaft*. März 1939 Emigr. GB, 1940 6 Mon. Internierung auf Isle of Man. Mitgl. *Austrian Democratic Union* unter → Julius Meinl; Mitarb. u. Sekr. *Central Brit. Fund for Jew. Relief and Rehabilitation;* ab 1953 als VorstMitgl. der österr. Sammelstelle „A" bedeutende Rolle in der Rückerstattung erblenloser jüd. Eigentums aus der brit. Besatzungszone Österreichs. 1950 Mitgr. u. bis 1969 GenSekr. *Jew. Trust Corp. for Germany,* ab 1956 VorstMitgl., ab 1963 stellv. Vors. *Österreichischer Hilfsfond für Opfer des NatSoz.* u. österr. Abgeltungsfond, stellv. Vors. URO, 1956 VorstMitgl. Flüchtlings-Unterstützungsfond der österr. Reg.; 1958-69 Mitgl. geschäftsf. Komitee von *Central Brit. Fund* u. AJR, zuständig für Verw. von Altersheimen. 1969 Ruhestand. Mitgl. *Royal Statistical Soc.* Lebte 1978 in London. - *Ausz.:* 1966 Großes Ehrenzeichen für Verdienste um die Republik Österreich.

W: Reclaiming the Nazi Loot. A History of the Work of the Jewish Trust Corporation. 2 Bde., 1962, 1971; Art. über wirtschaftl. Fragen, Sozialversicherung u. die österr. Rückerstattungs-Gesetzgebung in M.B., *AJR Information* u. *Aufbau*. *L:* Fraenkel, Jews of Austria. *D:* LBI London. *Qu:* Fb. Hand. Publ. Z. - RFJI.

Kaps, Alfons, Parteifunktionär; geb. 1901, gest. 1943; *G:* Alois; *StA:* deutsch. *Weg:* 1935 NL; 1941 Deutschland.

1936 Tätigkeit im *Wuppertal-Komitee,* 1937-39 Instrukteur KPD-AbschnLtg. West in Amsterdam unter → Erich Gentsch u. → Wilhelm Knöchel; Jan. 1941 zur Reorg. der KPD ins Ruhrgeb., in Verb. mit W. Knöchel in Berlin u. den Instrukteuren → Albert Kamradt u. → Willi Seng Hg. der illeg. Zs. *Der Friedenskämpfer* u. *Freiheit*. Jan. 1943 Festnahme in Düsseldorf, Aussagen vor der Gestapo, die u.a. zur Verhaftung von Seng führten; Freitod in Haft. Deckn. Fred.

L: Klotzbach, Nationalsozialismus; GdA 5; Steinberg, Widerstand; Duhnke, KPD; Bludau, Gestapo. *D:* IfZ. *Qu:* Arch. Publ. - IfZ.

Karafiat, Oskar, Parteifunktionär; geb. 1910 (?); ∞ Trude Bechmann (geb. 1904), Schausp., 1932 KSČ, 1939 kurzfr. Emigr. JU, danach Wien u. ab 1956 Berlin (Ost); *StA:* CSR. *Weg:* 1939 JU.

KSČ, bis 1932 ltd. Mitarb. u. zeitw. Ltr. ZK-Abt. für Prop. in CSR-Armee (sog. Abt. „anti"). Deckn Max. Danach BezSekr. für die dt.-sprachigen Gebiete der Slowakei in Poprad. Während des Span. Bürgerkriegs Ltr. tschechoslow. Abt. im Org.-Komitee der Internat. Brigaden in Paris. Deckn. Samuel Bot. 1939 Emigr. nach Jugoslawien, im 2. WK Anschluß an Tito-Partisanen. K. überlebte den 2. WK, seit dem Konflikt zwischen Jugoslawien u. der UdSSR verschollen.

Qu: Pers. Publ. Z. - IfZ.

Karbach, Oscar, Dr. jur., Verbandsfunktionär; geb. 19. März 1897 Wien, gest. 20. Sept. 1973 New York; jüd.; *V:* Friedrich K. (umgek. KL Theresienstadt), jüd., Inh. einer Klavierfabrik in Wien, Orchesterdirigent; *M:* Olga, geb. Treu (geb. Österr., umgek. in Riga), jüd., Publizistin; *G:* 1 S (gest.); ∞ 1935 Selma Silberstein (geb. 1909 Wien), jüd., Bankangest., 1939 Emigr. USA; *StA:* österr., USA. *Weg:* 1939 USA.

Stud. Wien, 1920 Prom.; Mitgl. zion. StudOrg., 1919 ehrenamtl. Sekr. der jüd. Kulturvereinigung *Harnach.* Teilh. u. Berater in Klavierfabrik des Vaters. 1919-23 ehrenamtl. Sekr., 1924-27 Deleg. der *Jüdischen Gesellschaft für den Völkerbund* bei den GenVersammlungen der *Internat. Union of League of Nations Assns.,* setzte sich aktiv für die Rechte jüd. Minderheiten in Osteuropa ein; 1925-26 Beobachter des Minorities Congresses in Genf. 1921 Org. erste Ausstellung jüd. Kunst in Wien. 1939 Emigr. USA mit Familie über die Niederlande, 1940 Forschungsarb. i.A. von Rabbinern, 1941-45 Mitarb. in der Forschung des *Inst. of Jew. Affairs* beim *World Jew. Congress* New York, gleichz. 1944 Sekr. der pol. Kommission der War Emergency Conf. des WJC, 1945-48 Assist. des GenSekr. von WJC, 1948-73 Assist. Abt. für internat. Angelegenheiten, 1964-73 Ltr. Abt. für Verfolgung von natsoz. Verbrechen. 1951-68 RedMitgl. *Reconstructionist* New York.

W: Wende der staatlichen Judenpolitik. (Mitverf.) In: Ordnung in der Judenfrage. Sonderschrift der Berichte zur Kultur- und Zeitgeschichte, 1933; Were the Minorities a Failure? (Mitverf.) 1943; The Task of the Austrian Jewish Representative Committee after the Declaration of Austrian Independence. In: Bulletin of the Aus. Jew. Representative Comm. 1944; Beiträge über jüd. Gesch. u. Pol., u.a. in *Hitler's Ten Years War Against the Jews.* 1948, *Unity in Dispersion. Hist. of WJC.* 1948 *L:* Blum, H., Wanted: The Search for Nazis in America. 1977. *Qu:* Hand. Pers. Publ. Z. - RFJI.

Karbaum, Willi (Guillermo), Parteifunktionär; geb. 25. Aug. 1899 Magdeburg, gest. 20. Jan. 1971 Deutsch Evern/Niedersa.; ∞ Helene Dähme (geb. 1905), 1935 Emigr.; *K:* Gerhard (geb. 1925), 1933 Emigr.; *StA:* deutsch, 14. Juli 1938 Ausbürg. mit Fam., deutsch. *Weg:* 1933 CSR; 1938 Boliv.; 1953 Deutschland (BRD).

1919 SPD. Mitverf. Programm des *Reichsbanners* (RB), PrivSekr. des ersten RB-Vors. Otto Hörsing, März 1924-März 1928 Bundessekr. RB; Geschäftsf. *Reichskartell Republik;* 1928-33 SPD-Sekr. Magdeburg, 1929-33 MdL Sa., März 1933 Reichstagskand.; Juli Verhaftung, schwere Mißhandlungen im KL Lichtenburg, Okt. 1933 Flucht nach Prag. Juni 1938 Emigr. nach La Paz, Briefmarkenhändler. Zeitw. Kassier *Klub Freundschaft,* Mitgl. *Vereinigung Freier Deutscher in Bolivien,* nach Konflikten mit der KPD-Mehrheit 1939 Gr. *Leserkreis des DAD (Das Andere Deutschland,* → August Siemsen) in La Paz. Mit → Richard Bombach, → Alfred Käseberg u. → Waldemar Ossowski Gegner einer Angliederung der dt. Exilorg. in Bolivien an *Lateinamerikanisches Komitee der Freien Deutschen* Mexiko, von kommunist. Seite als angebl. NS-Sympatisant angegriffen. Mai 1945 Mitgr. *Club der demokratischen Deutschen in Bolivien,* ab Juni 1945 Präs. *Vereinigung DAD für Bolivien.*

D: AsD; IfZ. *Qu:* Arch. Z. - IfZ.

Kardos, Otto, Dr. phil., Industriechemiker; geb. 7. Febr. 1907 Wien; jüd., 1912 ev., später o.K.; *V:* Samuel Robert K. (geb. 1871 Preßburg, gest. 1921 Wien), jüd., Kaufm.; *M:* Adele, geb. Zandt (geb. 1881 Wien, gest. 1968 USA), kath., später ev., Emigr. USA, Verkäuferin u. Dekorateurin; ∞ 1930 Irene Zuk (geb. 1910 Lemberg/Galizien), griech.-orthodox, 1932-36 Stud. Wien, 1938 Emigr. CH, 1940 F, 1942 USA, 1960 Rückkehr nach Wien, 1961 gesch.; *K:* Helen Lester (geb. 1942 Lyon), 1942 Emigr. USA, M.A., Lehrerin; *StA:* österr., 1948 USA. *Weg:* 1938 F, 1942 USA.

1927-32 Stud. Univ. Wien, 1932 Prom. (Chemie), 1933 Gymnasiallehrerprüfung, 1933-34 Lehrer am Gymn., 1935-38 Elektrochem. bei Galvapol Co. Wien; 1923-34 Mitgl. SDAP. Juli 1938 Emigr. nach Frankr. mit Besuchervisum, Unterstützung durch HICEM, Herbst 1939 Internierung, Febr.-Juli 1940 Prestataire, Aug. 1940-Juli 1942 Berater für versch. Elektrofirmen in Frankr.; Aug. 1942 mit Familie in die USA, Unterstützung durch HICEM u. *Internat. Rescue Committee;* 1942-43 Chemiker bei Elektrofirmen, 1944-64 Elektrochemiker in der Forschung, 1958-64 Chefchemiker bei Hanson-Van Winkle Munning Co. Matawan/N.J., 1965-72 Mitarb. in der Forschung, 1969-72 ltd. Stellung bei M. u. T. Chemicals, Ferndale/Mich.; 1972 Ruhestand. Berater für M. u. T. Chemicals; Inh. von über 70 Patenten; Mitgl. *Am. Electroplaters Soc., Am. Chem. Soc., Am. Electrochem. Soc.* Lebte 1978 in Ferndale/Mich. - *Ausz.:* 1956 C.-Heussner-Preis, 1972 Science Achievement Award der *Am. Electroplaters Soc.*

W: Über singulare Katalyse (Diss.). 1932; Beitr. in Büchern u. Fachzs. *Qu:* Fb. Hand. - RFJI.

Kareski, Georg, Industrieller, Politiker; geb. 21. Okt. 1878 Posen, gest. 2. Aug. 1947 Ramat Gan/Pal.; jüd.; ∞ Selma Stahl. *Weg:* 1937 Pal.

Gymn. Posen, kaufm. Lehre in Posen, 1913 Prokurist, 1916 VorstMitgl. bei C. A. F. Kahlbaum; spielte später als GenDir. eine wichtige Rolle bei der Fusion mit der Schultheiss-Patzenhofer-Brauerei Ostwerke; Gr. u. langjähr. Vors. *Arbeitgeberverband für die Getränke-Industrie* in Berlin, VorstMitgl. *Reichsverband der Deutschen Industrie;* ab 1924 Verbindung zu → Jacob Michael, Dir. u. VorstMitgl. Michael-Industrie AG u. Industrie- und Privatbank AG in Berlin. 1927 Gr. u. Dir. Jüd. Genossenschaftsbank Iwria in Berlin. Bereits vor 1. WK aktiv in Zion. Bewegung, frühes Mitgl. ZVfD, erfolgloses Eintreten für die Umwandlung jüd. relig. Gden. in Deutschland in „Volksgemeinden"; 1919 Mitgr. *Jüdische Volkspartei* u. Aktivität in der Berliner jüd. GdePol., 1928 Wahl als ltd. Mitgl. der zion. Mehrheit in der Repräsentantenversammlung der Berliner jüd. Gde., 1928-30 Vors., 1930 Ablösung durch liberale Koalition unter Ltg. von → Bruno Woyda, 1929-37 VorstMitgl. Jüd. Gde. Berlin. 1932 erfolglose Kandidatur *(Zentrumspartei)* für den Preußischen Landtag. 1933 Versuch, mit Unterstützung der zion.-revisionist. Gruppe Betar u. unter Anwendung fragwürdiger Methoden die Kontrolle über die Berliner Jüd. Gde. zurückzugewinnen; dies führte zu seinem Ausschluß aus der ZVfD. 1933 Gr. der *Staatszionistischen Partei,* die revisionist. Prinzipien vertrat, aber die Mitgliedschaft in der *Welt-Union zionistischer Revisionisten* ablehnte u. den Beitritt zur *Reichsvertretung* verweigerte; erfolgloser Versuch, mit Hilfe von natsoz. Stellen den GdeVorsitz zu erhalten; forderte den Ausschluß sog. linker Elemente aus der jüd. GdeFührung, denunzierte 1936 → Salomon Adler-Rudel u. → Wilfrid Israel. Zurückweisung seiner pol. Vorstellungen durch jüd. Org. in Deutschland, ausländ. Hilfsorg. drohten seinetwegen mit Verweigerung weiterer finanzieller Unterstützung von dt. Juden. Mai 1936 Veröffentl. eines Interviews in der natsoz. Zeitung *Der Angriff,* in dem er die „Rassentrennung" zwischen Juden u. Deutschen befürwortete, ohne allerdings die Nürnberger Gesetze von 1935 voll zu akzeptieren. Mai 1936 Berichte im *Pariser Tageblatt* über die Ausweisung eines Gestapo-Agenten aus GB, der angebl. finanzielle Unterstützung von der Iwria-Bank Berlin erhalten hatte. Juli (Sept.?) 1937 Konkurs der Iwria-Bank unter zweifelhaften Umständen. 1937 Ausschluß aus dem Vorst. der jüd. Gde. Berlin. 1937 Emigr. Palästina. Durch H.O.G. u.a. wegen Aufwiegelung zum Mord, Bestechung u. Denunziation bei natsoz. Behörden öffentl. angegriffen; seine Verleumdungsklage beim rabbinischen Obergericht in Jerusalem wurde abgewiesen u. die Beschuldigung damit bekräftigt. 1937-47 im Ruhestand, zugl. Vors. des Krankenfonds der Zion.-Revisionisten.

D: LBI New York. *L:* Reissner, H. G., The Histories of „Kaufhaus N. Israel" and of Wilfrid Israel. In: Yearbook LBI. 1958; Levine, Herbert S., A Jewish Collaborator in Nazi Germany. The Strange Career of Georg Kareski. In: Central European History. 1975; Lichtheim, Zionismus; RhDG. *Qu:* EGL. HGR. Hand. Publ. Z. - RFJI.

Karger, Heinz, Dr. rer. pol., Verleger; geb. 1895 Berlin; gest. Ostern 1959 Tessin/CH; jüd.; *V:* gest. 1935, Verleger; *G:* Dr. jur. Fritz K. (geb. 1903 Berlin), bis 1933 RA, 1936 Emigr. CH, Verlagsmitarb.; Eva Elkan (geb. 1904 Berlin), A: USA; Lily (geb. 1907 Berlin), A: GB; ∞ verh.; *K:* Thomas (geb. 1930 Berlin), Emigr. CH, ab 1959 Verlagsltr., Gr. von Verlagsfilialen in Deutschland (BRD), Paris, London u. Sydney, 1972 Dr. med. h.c. Univ. Basel. *Weg:* 1936 CH.

Stud. Nationalökonomie, Inh. des 1890 gegr. med. Fachverlags S. Karger Berlin, VorstMitgl. *Gesellschaft zur Förderung der Wissenschaft des Judentums.* 1936 Schließung des Verlags unter Druck der Reichsschrifttumskammer, Wiederaufbau in Basel als S. Karger AG trotz Autoren- u. Bezugsboykotts durch NatSoz., 1939 Gr. einer Filiale in New York. Nach Kriegsende Ausweitung des Verlagsprogramms auf 57 med. Zs. u. 75 wiss. Buchserien. – *Ausz.:* 1955 Dr. med. h.c. Univ. Basel; Stiftung Heinz-Karger-Preis für hervorragende wiss. Arbeiten.

Qu: Pers. EGL. – IfZ.

Karin, Menachem (urspr. Karger, Mendel), Journalist, Verbandsfunktionär; geb. 19. Apr. 1906 Sieniawa/Galizien; jüd.; *V:* Shulem K. (geb. 1881 Sieniawa, gest. vor 2. WK Sieniawa), jüd., Kaufm.; *M:* Feige (Fani), geb. Landesman (geb. 1884 Blazova, gest. vor 2. WK Sieniawa), jüd.; *G:* Frieda Jaroslawitz (geb. Sieniawa), jüd.; Rachel Litwak (geb. Sieniawa), Schneiderin in IL; Tikwa Feldman (geb. Sieniawa), Beamtin in IL; Gitl (geb. Sieniawa, umgek. im Holokaust); ∞ Vera Scheer (geb. Österr.-Ungarn), 1934 Emigr. Pal., Buchhalterin in Tel Aviv; *K:* Zvi (geb. 1929), jüd., 1934 Emigr. Pal., Buchprüfer; *StA:* PL, Pal./IL. *Weg:* 1934 Pal.

Gymn., Stud. Rabbinerseminar Prag. Bis 1933 Inspektor einer Ladenkette in Berlin; Mitgl. *Jüdische Volkspartei,* Vors. ZVfD-Ortsgruppe Janowitzbrücke u. stellv. Vors. des Bezirks Berlin-Zentrum, Mitarb. beim JNF u. beim *Ostjudenverband,* Unterstützung osteurop. jüd. Einwanderer, pol. Publizist im Zusammenhang mit zion. Kongreßwahlen in Deutschland u. der ČSR; Jan. 1933 Haussuchung, Verlust der Anstellung. 1934 Emigr. Palästina mit Familie mit A I-Zertifikat, ab 1934 *Haganah,* 1934–35 Privatsekr. von → Kurt Blumenfeld, 1935–41 DelegMitgl. des KKL in Mittel- u. Osteuropa, 1935–36 Korr. für *Haaretz* in Deutschland, 1934–39 zion. Vortragstätigkeit in Deutschland, Polen u. der ČSR. 1941–46 Dienst bei Security Intelligence der brit. Armee. 1946–49 Angest. bei Rassco in der Abt. Wohnungssuche für ehem. Angehörige der Streitkräfte u. verantwortl. für Investitions-Werbung in Westeuropa, Mitarb. bei UNRRA u. *Aliyah Bet,* 1946–52 Mitgl. Hohes Gericht der *Histadrut,* VorstMitgl. der Darlehenskasse für Einwanderer, Kuppat Milveh haOleh, Mitgr. u. VorstMitgl. *Ozar haḤayal,* einer Org. für finanzielle Unterstützung ehem. Soldaten, 1949–51 Geschäftsf. in Deutschland (BRD) u. in Österr. u. Ltr. der dt. Wiedergutmachungsabt. des JNF. 1951–52 Ltr. Zweigstelle Jerusalem der Org. für die Anlage eines Waldes in Israel zur Erinnerung an jüd. Märtyrer des 2. WK, 1952–54 ltd. Dir. des am. Zentralbüros dieser Org. in Mexiko. 1954–63 Reisen nach Europa u. Mittelamerika, u.a. im Auftr. von *Keren Hayessod, Youth Aliyah* u. WZO, 1956–65 u. 1967–70 Hg. *Keren Hayessod-Jahrbuch* Frankfurt/M., 1963–70 Vertr. des *Keren Hayessod* in Deutschland (BRD), seit 1970 europ. Beauftragter des JNF für Testamente, Nachlässe, Fonds u. Vermächtnisse. Lebte 1978 in Tel Aviv.

W: Salzburgs wiederaufgebaute Synagoge. (Mithg.) 1968; Beiträge in jüd. Ztg. u. Zs. in Isr., Westeuropa, Mittel- u. Südamerika. *L:* Stern, Jüd. Autoren. *Qu:* Fb. Hand. Publ. – RFJI.

Karpin, Bruno David, Ministerialbeamter; geb. 16. Nov. 1912 Wiesbaden, gest. 9. Okt. 1958 Sarafand/IL; *V:* Dr. phil. Simchah Bunim K. (geb. Brzezany/Galizien, gest. 1948 IL), Rabbiner, Stud. Univ. Lemberg, Rabbinerseminar, Mitarb. *Keren Hayessod,* 1933 Emigr. Pal. mit A I-Zertifikat, Hotelbesitzer, Vors. Hoteliersverb.; *M:* Rosa, geb. Geizals (geb. Lemberg/Galizien, gest. 1959 IL), als Kind nach Wiesbaden, Emigr. Pal. mit A I-Zertifikat; ∞ 1942 Ziporah Ḥanah Kreizer (geb. 1920 Lodz/PL), 1940 Flucht aus Getto Lodz, Emigr. Pal. über Wien u. Triest, RegAngest.; *K:* Michael (geb. 1945 Kairo), B.A. Hebr. Univ., Stud. Univ. Calif. Los Angeles, Reporter *Isr. Broadcasting Co.,* Anat Anwar (geb. 1950 Jerusalem), Stud. Paul Baerwald School of Social Work, Hebr. Univ., Fürsorgerin für mißhandelte Kinder; Orly Manor (geb. 1952 IL), M.A. Hebr. Univ., Lehrassist.; *StA:* deutsch, IL. *Weg:* 1933 Pal.

Stud. Rechtswiss. u. Volkswirtschaft Berlin, 1933 zwangsw. Studienabbruch; Mitgl. *Kadimah* (zion. Jugendbewegung) u. K.J.V.; 1933 Emigr. Palästina mit A I-Zertifikat; 1939 bei brit. Luftwaffe in Bengasi u. Kairo, Dienst in *Haganah,* 1948 isr. Luftwaffe, Abt. Planung u. Verw.; 1946 im Postmin., Abt. Planung u. Verw., 1958 stellv. Dir. im Postmin.; 1955 zum Stud. VerwWesen an der Hebr. Univ. abgeordnet, mit UN-Stipendium 6mon. Studienreise zu Kommunikationszentren u. Postverw. in GB u. in der Schweiz. – *Ausz.:* African Star.

W: Übers.; Beitr. in *Hebrew Encyclopedia. Qu:* Pers. – RFJI.

Karsen, Fritz, Dr. phil., Schulreformer, Hochschullehrer; geb. 11. Nov. 1885 Breslau, gest. 25. Aug. 1951 Guayaquil/EC; ∞ 1917 Erna Heidermann, Emigr.; *K:* Dr. Sonja Petra K., Emigr., Hochschullehrerin in den USA; *StA:* deutsch, 1937 kolumbianisch, 1944 USA. *Weg:* 1933 CH; 1934 F; 1936 Kolumbien; 1938 USA.

Ab 1904 Stud. Germanistik, Anglistik, Phil., Indologie, 1908 Prom. Breslau, 1909 Staatsexamen, 1911–20 Oberlehrer, zuletzt in Berlin. Mitgr. u. führendes Mitgl. *Bund entschiedener Schulreformer,* 1920 zum Ltr. der Staatlichen Bildungsanstalt Berlin-Lichterfelde berufen, die zur Erprobung sozdem. Schulreformpläne diente. Nach zeitbedingtem Abbruch des Schulexperiments wiss. Hilfsarbeiter im Referat Versuchsschulen des Preuß. Min. für Wissenschaft, Kunst und Volksbildung. Mitgl. SPD, *Arbeitsgemeinschaft sozialdemokratischer Lehrer und Lehrerinnen Deutschlands.* Ab Okt. 1921 OStudDir. Kaiser-Friedrich-Realgymn. Berlin-Neukölln, 1930 in Karl-Marx-Schule umbenannt. Angliederung von Aufbauklassen, Arbeiter-Abiturientenkursen, der Deutschen Oberschule u. einer Volksschule, Einrichtung eines Studienseminars für Referendare, 1928 Planungen für eine Gesamtschule im Sinne der Demokratisierung des Schulwesens, u.a. durch Erschließung des Bildungspotentials der Arbeiterschaft u. Betonung der Gesellschafts- u. Kulturkunde; Angriffe auf K.s Modell der „sozialen Arbeitsschule" von konservativer u. linksradikaler Seite. 1929–33 außerdem Lehrbeauftragter Univ. Frankfurt/M. u. Berlin; ab 1921 führende Mitarb. in schulpol. Org., Studienreisen u.a. in die UdSSR u. USA, zahlr. Publikationen über Reformpädagogik. Febr. 1933 Beurlaubung, Sept. 1933 Entlassung, 28. Febr. 1933 Emigr. in die Schweiz, journ. Tätigkeit. Febr. 1934 durch Vermittlung von Max Horkheimer nach Paris, Gr. der internat. École Nouvelle de Boulogne unter Mitarb. von → Walter Damus. 1936 angesichts staatl. Schulreglementierung in Frankr. als Bildungs- u. Erziehungsberater der kolumbian. Reg. nach Bogotá, Planungen zur Neuordnung des Schulwesens, Reform der Lehrpläne der Univ. Bogotá. Mai 1938 nach USA, bis 1940 Doz. Brooklyn College, anschl. Bryn Mawr College, 1941–46 City College New York, daneben New School for Social Research. Berater für US-Verteidigungsmin., ab 1943 i.A. des Bermann-Fischer Verlags New York mit der Vorbereitung eines Geschichtsbuchs für dt. Schulen befaßt (*Geschichte unserer Welt.* 1947; Schulgebrauch in der franz. Besatzungszone). Mitgl. GLD, *Assn. of Free Germans.* Referat über Jugenderziehung in Nachkriegsdeutschland auf Landeskonf. dt.-sprach. Sozialdemokraten u. Gewerkschafter in den USA vom 3./4. Juli 1943. Juni 1946–Febr. 1948 Ltr. der Abt. Higher Education and Teacher Training bei der US-MilReg. in Berlin. Planung einer Forschungshochschule in Berlin-Dahlem. Ab 1948 Assist. Prof. für Deutsch am City College, ab 1949 Assoc. Prof. für Pädagogik am Brooklyn College, New York. März 1951 als Ltr. einer UNESCO-Mission zum Stud. von Erziehungsfragen nach Ecuador. – *Ausz.:* Fritz-Karsen-Einheitsschule in Berlin-Britz.

W: u.a. Die Schule der werdenden Gesellschaft. 1921; Deutsche Versuchsschulen der Gegenwart und ihre Probleme. 1923; Die neuen Schulen in Deutschland. 1924; Some Remarks on the Nazi Philosophy of Education. In: The German Quarterly Nr. 14/1941. *L:* NdW; MGD; Radde, Gerd (Hg.), Festschrift für Fritz Karsen. 1966; ders., Fritz Karsen. 1973. *Qu:* Arch. Publ. - IfZ.

Karu, Israel, Unternehmensleiter; geb. 22. Okt. 1926 Wien; *V:* Moshe K.; *M:* Miriam, geb. Maisels; ∞ 1948 Shlomit Zait; *K:* Eran. *Weg:* 1939 Pal.
1939 Emigr. Palästina, Stud. Hebr. Univ. Jerusalem, M.B.A. Columbia Univ. New York; 1948-57 IDF, Oberstlt., 1957-61 Pressechef isr. InfoBüro New York, 1961-67 Ltr. der Börse Tel Aviv, ab 1967 GenDir. Rassco Corp. Lebte 1977 in Tel Aviv. *Qu:* Hand. - RFJI.

Kaschte, Rudolf, gest. 1958; *StA:* österr., 1919 CSR. *Weg:* 1938 GB; 1939 CDN.
DSAP- u. RW-Funktionär in Bodenbach/Nordböhmen, 1938 Flucht ins Landesinnere der CSR, dann Emigr. nach GB, 1939 Weiteremigr. nach Saskatchewan, Siedler u. Farmer, ab 1941 in Toronto tätig, dort Mitgr. u. langj. Kassier *Sudetenclub Vorwärts,* 1957 Mitgr., anschl Präs. u. Sekr. *Zentralverband sudetendeutscher Organisationen in Canada.*
Qu: Arch. Pers. - IfZ.

Kaskell, Peter Howard, Rechtsanwalt, Syndikus; geb. 29. März 1924; *V:* Joseph K., RA in Berlin, aktiv in liberal-protestant. Bewegung, Emigr. USA, RA in New York, mit → Paul Tillich im *Council for a Democratic Germany,* Vertr. des liberalen Protestantismus in US-Exilpolitik, Sekr. *Am. Committee to Aid Survivors of German Resistance; M:* Lilo, geb. Schaeffer; ∞ 1968 Joan Folsom Macy; *K:* (Stiefk.:) Brenda Macy, Allison Lament; *StA:* deutsch, 1943 USA. *Weg:* 1939 USA.
1943 B.A. Columbia Univ., 1943-45 US-Armee, Intelligence Services (Bronze Star). 1948 J.D., 1948 Zulassung zur New Yorker Anwaltskammer, 1948-51 Mitgl. der RA-Firma White & Case New York, 1951-52 Rechtsberater für Nat. Prod. Authority in Washington, 1952-54 bei W. R. Grace & Co. New York, 1954-56 Berater bei Curtis-Wright Corp. Buffalo, ab 1956 bei Olin Corp. Stamford/Conn., ab 1971 Vizepräs., verantwortl. für jurist. Fragen. AR-Mitgl. Ormet Corp. Hannibal/Ore., Maryland Housing Corp. Baltimore, Morrison Homes Oakland/Calif., Yeonas Corp. Vienna/Va., Tourism Promotion Services Ltd. Nairobi/Kenia, 1956-69 Kurator *Boys' Athletic League* New York, Mitgl. *Am. Bar Assn., New York Bar Assn.* Lebte 1976 in Stamford/Conn.
Qu: Hand. Pers. - RFJI.

Kasper, Willi (Willibald), Parteifunktionär; geb. in Braunau/Böhmen; *StA:* österr., 1919 CSR. *Weg:* 1938 S.
Ltr. sudetendt. KSČ-EmigrGruppe in Schweden mit etwa 50 Mitgl., die, als unpol. ArbGemeinschaft getarnt, insbes. in Südschweden (Göteborg) tätig war u. erst durch Anschluß an *Arbeitsgemeinschaft čechoslovakischer Sozialisten* (ACS) im Febr. 1943 (→ Franz Krejči) an die Öffentlichkeit trat; KSČ-Vertreter in sudetendt. Einheitsausschuß in Schweden v. Nov. 1943. Nach Kriegsende vermutl. wie die meisten ACS-Anhänger Verbleib in Schweden. Deckn. Heinrich Bischl (?).
Qu: Arch. - IfZ.

Kassler, Georg, Parteifunktionär; geb. 8. Apr. 1887 Berlin, gest. 8. Okt. 1962 Berlin; Diss.; ∞ verh.; *K:* 3 (1 S in sowj. ArbLager gest.); *StA:* deutsch. *Weg:* 1933 UdSSR; 1946 Deutschland (SBZ).
Buchdrucker; 1904 SPD, 1905 Gew., 1915 Mitgl. *Gruppe Internationale.* In Trebbin Teiln. an Novemberrevolution, Vors. *Arbeiter- und Soldatenrat* u. Gr. der örtl. KPD; Deleg. der PT 1921 u. 1923. 1925 Übersiedlung nach Berlin, StadtVO, hauptamtl. Parteifunktionär; 1928-30 MdR, UnterbezLtr. Lausitz, 1930 wegen Sympathie für „Versöhnler" nicht mehr als Reichstagskand. aufgestellt. 1933 Emigr. UdSSR; während stalinist. Säuberungen längere Haft, bei Kriegsausbruch Evakuierung nach Karaganda; einer der Initiatoren der Umschulungsarb. für dt. Kriegsgef., Lehrer an Antifa-Schulen. 1946 Rückkehr nach Deutschland; Mitgl. SED, Funktionär im unteren Parteiapp., VerwDir. RegKrankenhaus Berlin (Ost). - *Ausz.:* u.a. Karl-Marx-Orden.
L: Weber, Wandlung; Fischer, Deutschlandpolitik. *Qu:* Hand. Publ. - IfZ.

Kassowitz, Friedrich (Friedl), Dr., gef. E; *Weg:* E.
KSČ-Mitgl., in den 30er Jahren neben → Rudolf Beckmann u. → Hans Rothschild Mitinh. einer RA-Praxis in Reichenberg, ab 1935 Hg. u. presserechtl. verantwortl. Chefred. *Der Gegen-Angriff* Prag. Im Span. Bürgerkrieg als Angehöriger der Internat. Brigaden gefallen.
L: Albrechtová, Tschechoslowakei. *Qu:* Publ. Z. - IfZ.

Kast, Peter (d.i. Preissner, Carl), Schriftsteller, Verbandsfunktionär; geb. 1. Aug. 1894 Barmen, gest. 23. Mai 1959 Berlin (Ost); *V:* Carl Wilhelm Preissner, Böttcher; *M:* Maria, geb. Nolte. *Weg:* 1932 CSR; UdSSR; 1936 E; 1939 F; CH; 1945 Deutschland (Berlin).
Kunstschlosserlehre, im 1. WK Marinesoldat, 1918 5 Mon. Haft wegen Insubordination; Teiln. an revol. Kämpfen, Mitgl. *Arbeiter- und Soldatenrat* Emden, 1918 Mitgl. *Spartakusbund* u. ab Grdg. KPD, Metallarb., ab 1924 Reporter *Die Rote Fahne* Berlin, 1928 UdSSR-Reise. Mitgl. *Bund proletarisch-revolutionärer Schriftsteller Deutschlands,* 1928-32 verantwortl. Red. *Die Rote Fahne* Berlin, 1932 3 Mon. Haft wegen Pressevergehens, wegen weiterer schwebender Strafverfahren Ende 1932 Flucht in die CSR u. nach Ausweisung in die UdSSR, publizist. Tätigkeit. 1936-39 Teiln. Span. Bürgerkrieg, 1939 nach Frankr., Internierung in St. Cyprien, Flucht in die Schweiz, Internierung in Hedingen, Sion u. Winterthur. 1945 Rückkehr nach Berlin, ab 1946 Ltr. Kulturredaktion *Vorwärts* Berlin, bis Grdg. *Deutscher Schriftstellerverband* 1952 Vors. *Arbeitsgemeinschaft sozialistischer Schriftsteller und Journalisten,* ab 1951 freier Schriftst., Hörspielautor. - *Ausz.:* u.a. 1956 Hans-Beimler-Med., 1957 Med. für Kämpfer gegen den Faschismus 1933-1945, 1957 Med. für Teilnahme an den bewaffneten Kämpfen der dt. Arbeiterklasse 1918-1923, 1958 Erich-Weinert-Medaille.
W: u.a. Kampf an der Grenze (Erz.). Moskau (Verlagsgenossenschaft ausländischer Arbeiter in der UdSSR) 1937; Der Birnbaum (Erz.). Moskau (Meždunarodnaja kniga) 1939; Der Millionenschatz am Müggelsee. 1951; Das Geschenk. 1954; Erich Weinert: Camaradas (Hg.). 1956; Verf. zahlr. Erzählungen. Ms. Rassokraten (geschr. 1934) ging verloren. *L:* Schriftsteller der Deutschen Demokratischen Republik. 1961; LSDL; Schriftsteller der DDR. 1974. *Qu:* Arch. Hand. Publ. Z. - IfZ.

Katten, Max, Rabbiner; geb. 5. Okt. 1892 Bonn, gest. 25. März 1957 London; ∞ Wilma Guttmann (Schwester von → Henry Guttmann); *StA:* deutsch, brit. (?). *Weg:* 1939 GB.
1913-22 Stud. Jüd.-Theol. Seminar Breslau, 1924-30 Rabbiner in Görlitz/Schlesien, 1930-39 (?) Isr. Kultusgde. Bamberg, zugl. 1928-34 RedMitgl. *Encyclopaedia Judaica.* 1939 Emigr. GB, Doz. Leo Baeck Coll. London, Mitarb. *Assn. of Syns. of GB* u. *Jew. Hist. Soc. of England.*
W: Genesis, Kapitel 41. In: Festschrift zum 75jährigen Bestehen des Jüdisch-Theologischen Seminars Fraenckelscher Stiftung. 1929; Um das Gebot der Nächstenliebe. In: Monatsschrift für Geschichte und Wissenschaft des Judentums. 1935. *L: Synagogue Review* London. *D:* LBI New York. *Qu:* Arch. Publ. - RFJI.

352 Katz

Katz, Franz, Politiker; geb. 25. Sept. 1887 Janessen b. Karlsbad/Westböhmen, gest. 2. Aug. 1955 London; *StA:* österr., 1919 CSR. *Weg:* 1938 (?) GB.

Bergarb., 1908 Mitgl. *Verband jugendlicher Arbeiter Österreichs;* GewFunktionär, ab Anfang der 20er Jahre DSAP-Bez-Sekr., Kreisvors. Verband *Arbeiterfürsorge* u. StadtVO Falkenau; Mitgl. PV der DSAP, 1926-38 Abg. NatVers. der CSR. Nach Eingliederung der Sudetengeb. ins Reich Emigr. nach GB, im TG-Vorst. neben → Ernst Otto Rambauske u. → Eugen de Witte Wortführer des radikal-autonomist. Flügels mit großdt. Tendenzen, der auf der Grundlage der völkerrechtl. Verbindlichkeit des Münchner Abkommens den Anschluß der Sudetengeb. an die CSR oder an Deutschland vom Ausgang einer Volksabstimmung der Deutschen in der CSR abhängig machen wollte. Protestierte mit de Witte beim tschechoslow. Exilpräs. Dr. Edvard Beneš gegen angebl. eigenmächtige Loyalitätserklärung der Mitgl. des TG-Vorst. → Fritz Kessler, → Franz Kögler u. → Robert Wiener; ab 1942 Mitgl. *London Representative of the Sudeten German Refugees,* 1944 Mitgl. *Democratic Sudeten Committee* (→ Wenzel Jaksch). Nach Kriegsende erster Vors. TG-Landesgruppe GB.

L: Cesar/Černý, Politika; Jauernig, Edmund, Sozialdemokratie und Revanchismus. 1968; Křen, Do emigrace; Weg, Leistung, Schicksal; Brügel, Johann Wolfgang, Tschechen und Deutsche. 1974; Bachstein, Jaksch. - *Qu:* Arch. Publ. Z. - IfZ.

Katz, Israel, D.S.W., Sozialarbeiter, Politiker; geb. 6. Dez. 1927 Wien; jüd.; *K:* 1 S. *Weg:* 1937 Pal.

Schulbesuch Wien. 1937 Emigr. Palästina, Stud. Hebr. Univ., Dipl. als Sozialarb. Columbia Univ. New York. 1953-55 Ausbildungsltr. für *Jugend-Alijah* der Jew. Agency, 1955-59 Dir. Heim für psych. gestörte Kinder Kiryat Yearim. 1962 D.S.W. School of Applied Social Sciences der Western Reserve Univ. in Cleveland/O., 1962-69 Dir. Paul Baerwald-Schule für Sozialarb. der Hebr. Univ., 1969 (?)-73 GenDir. Staatl. Versicherungs-Inst., 1971-73 Ltr. Komitee des MinPräs. für bedürftige Kinder u. Jugendl.; Knesset-Kandidatur. Ab 1973 Dir. Brookdale Inst. für Alterskrankheiten u. Erwachsenenbildung des J.D.C. in Israel. Seit 1977 M. K. (*Democratic Movement for Change*), Minister für Arbeit u. soz. Fortschritt im Kabinett Begin. Lebte 1978 in Jerusalem.

W: Some Background Correlates of Occupational Choice (Diss.). 1962; The University and Social Welfare (Mithg.). 1969. *Qu:* Hand. Pers. Publ. Z. - RFJI.

Katz, Leo, Dr. phil., Schriftsteller; geb. 22. Jan. 1892 Sereth b. Czernowitz/Bukowina, gest. 9. Aug. 1954 Wien; Diss.; *V:* Jakob K.; ∞ 1924 Bronislawa Rein (geb. 1902), 1933 Emigr. F, 1938 USA, 1940 Mex., 1949 Österr., A: Wien; *K:* Friedrich (geb. 1927), Historiker, UnivProf. USA; *StA:* österr. *Weg:* 1933 F; 1938 USA; 1940 Mex.; 1949 Österr.

Stud. Geschichtswiss. u. Orientalistik Wien, 1920 Prom.; gehörte als Kriegsgegner gegen Ende des 1. WK zum Kreis der Linksradikalen in Wien, angebl. 1918 aktiv bei Unterstützung der Januarstreiks. Ab 1918 Mitgl. KPÖ, Mitarb. *Die Rote Fahne* Wien u. sowj. Zs. - 1930 Übersiedlung nach Berlin, Mitgl. KPD, Mitarb. *Die Rote Fahne* Berlin. 1933 Emigr. Paris, Mitarb. u. Red. bei dt.-sprachigen Exilztg. Mitb. in jüd. Sektion der PCF. Nach Ausbruch des Span. Bürgerkriegs Einkäufer des Munitionsministeriums der republikan. Reg., vermutl. im Spanienkämpfer-App. in Paris tätig. 1938-40 mit Visum Aufenthalt in den USA, Mitarb. bei jüd. Immigrantenpresse, u.a. *Morning Freiheit.* 1940 nach Mexico City; 1941 mit → Otto Katz, → Bruno Frei u. → Rudolf Feistmann Mitgl. der ersten Engeren Ltg. der KPD-Parteigruppe in Mexiko, ab Jan. 1942 PolLtr. der zweiten Engeren Ltg., Anfang April 1942 auf eigenen Wunsch Ausscheiden; Mitarb. *Freies Deutschland* Mexiko. 1941-49 Administrator *Tribuna Israelita.* Ab 1942 Vorst-Mitgl. *Acción Republicana Austriaca de Mexico,* Mitarb. *Austria Libre.* Mitgl. *Heinrich-Heine-Klub,* ab Mai 1943 Mitgl. des lit. Beirats des neugegr. Verlags El Libro Libre. Sept. 1949 Rückkehr nach Wien, Mitgl. KPÖ. Red. *Volksstimme* u. freier Schriftsteller.

W: El Libro Negro del Terror Nazi en Europa (Mitverf.). Mexico (El Libro Libre). 1943; Totenjäger (R). Ebd. 1944; Seedtime (R). 1947; Grenzbuben (R). 1951; Tamar (R). 1952; Die Welt des Columbus (R). 1954; Der Schmied von Galiläa (R). 1955. *L:* Frei, Bruno, Der Papiersäbel. 1972; Kießling, Alemania Libre; Freies Deutschland Mexico 1941-1946. 1975. *Qu:* Fb. Hand. Publ. Z. - IfZ.

Katz, Otto, Publizist; geb. 27. Mai 1895 Prag, hinger. 3. Dez. 1952 Prag; *V:* Kaufm., jüd.; ∞ Ilse, StA: deutsch, Emigr. F, später USA u. Mex., 1946 CSR, 1952-63 Arbeiterin in Mähren, danach Staatspensionärin in Prag; *StA:* österr., 1919 CSR. *Weg:* 1933 F; 1939 USA; 1940 Mex.; 1946 CSR.

Handelsschule, ab 1922 in Berlin im Verlagswesen tätig, zeitw. Verlagsltr. bei → Leopold Schwarzschild; 1922 KPD, ab 1927 Verwaltungsdir. Piscatorbühnen, ab Sept. 1929 Mitarb. Universum-Bücherei des IAH-Konzerns u. Verbindungsmann → Willi Münzenbergs zu Film- u. Theaterschaffenden; Ende 1930 aufgrund bevorstehenden Prozesses wegen Steuerhinterziehung im ZusHang mit früherer Tätigkeit bei Erwin Piscator nach Moskau, Dir. Mežrabpom-Film. Frühj. 1933 von Münzenberg nach Paris geholt, wegen seiner Lebensart u. Kontaktfreudigkeit unentbehrlicher Helfer im engeren Münzenberg-Kreis; Mitarb. *Hilfskomitee für die Opfer des deutschen Faschismus* u. Sekr. *Komitee zur Untersuchung des Reichstagsbrandes* (kurzfristig Deckn. Breda), zu deren Finanzierung K. durch PropReisen in GB u. den USA wesentlich beitrug. Chefred. u. eigentl. Verf. *Braunbuch über Reichstagsbrand und Hitler-Terror;* Org. sog. Londoner Gegenprozeß u. Verf. *Dimitroff contra Göring. Enthüllungen über die wahren Brandstifter.* Ab Juli 1936 Mitarb. *Kriegshilfskomitee für das Republikanische Spanien* u. Münzenbergs VerbMann im *Untersuchungsausschuß für Verstöße gegen das Nichteinmischungsabkommen über Spanien,* in dessen Auftrag u. mit Hilfe des sowj. Geheimdienstes Autor einer Dokumentation über Rolle des natsoz. Deutschlands bei Vorbereitung des Franco-Putsches (*Spione und Verschwörer in Spanien*). 1936 Mitgr. u. anschl. Ltr. *Agence d'Espagne* Paris u. somit inoffiz. PropLtr. der republ. span. Reg. für Westeuropa. Deckn. André Simone. Nach Zusammenbruch der span. Republik vorübergeh. in den USA, 1939 maßgebl. Anteil an Gründung u. Mitgl. *Thomas-Mann-Ausschuß;* Mitarb. Tschechoslowakischer Nationalausschuß Paris. Nach Kriegsausbruch in die USA, Sommer 1940 nach Mexiko, nach Bildung der KPD-Gruppe Ende 1941 mit → Rudolf Feistmann, → Leo Katz u. → Bruno Frei Mitgl. der Engeren Ltg. sowie deren Beauftragter u. VerbMann zu englischsprach. Mitgl. der *Acción Democrática Internacional,* eines internat. Koordinierungskomitees zur Abwehr der natsoz. Infiltration in Mexiko. Als BFD-Sekr. Mitgr. u. außenpol. Mitarb. *Freies Deutschland,* 1942 Initiator u. Chefred. eines Schwarzbuchs über natsoz. Terror zur Aufklärung der südamerikan. Öffentlichkeit, *El Libro Negro del Terror Nazi en Europa* (Mexico, El Libro Libre, 1943). Mitgl. des lit. Beirats des Verlags El Libro Libre, Initiator der Tarnausgabe v. *Deutsche Zeitung von Mexiko* zur Prop. antinatsoz. Widerstands vom Standpunkt einer fingierten nationalorientierten dt. Widerstandsgruppe. Apr. 1942 Funktionsniederlegung in KPD u. BFD, danach außenpol. Berater des Präs. des lateinamerikan. GewBundes Lombardo Toledano u. mit dessen Hilfe Org. von Vorlesungszyklen dt. Kommunisten an Universidad Obrero (ArbUniversität) Mexiko, Mitarb. u. ab März 1945 VorstMitgl. *Asociación Checoslovaco-Méxicana;* VorstMitgl. der prozionist. *Tribuna Israelitica;* Mitgl. *Heinrich-Heine-Klub.* Teiln. Tagung der KPD-Landesltg. v. 9. u. 10. Jan. 1943 über die pol. Folgerungen des Aufrufs des ZK der KPD v. 6. Dez. 1942. Anfang 1946 mit tschechoslow. Diplomatenpaß in die CSR, Mitgl. KSČ, außenpol. Red. u. Kommentator KSČ-Zentralorgan *Rudé právo* Prag, Anfang 1952 Verhaftung im Zusammenhang mit sog. Clementis-Slánský-Affäre, als angebl. brit. u. zionist. Agent zum Tode verurteilt u. mit zehn Mitangeklagten hingerichtet. 1963 voll rehabilitiert. - *Ausz.:* postum Orden der Republik (CSSR).

W: u.a. Neun Männer im Eis. Dokumente einer Polartragödie. 1929; Braunbuch über Reichstagsbrand und Hitlerterror (an. ersch.). Basel 1933; Dimitroff contra Göring. Enthüllungen über die wahren Brandstifter (an. ersch.). Basel 1934; Das Braune Netz. Wie Hitlers Agenten im Ausland arbeiten und den Krieg vorbereiten (an. ersch.). Paris 1935; Spione und Verschwörer in Spanien (an. ersch.). Paris 1936; J'accuse. The Men Who Betrayed France. New York (Dial Press) 1940 (Übers.: franz., span., tschech.); Men of Europe. New York (Modern Age) 1941 (span. Übers.); André Simone (Ps.), La batalla de Rusia. Mexiko (Editorial „El Libro Libre") 1943. *L:* Koestler, Arthur, Die Geheimschrift. 1954; Buber-Neumann, Margarete, Von Potsdam nach Moskau. 1957; Gross, Münzenberg; London, Arthur, Ich gestehe. 1970; Pelikan, Jiří (Hg.), Das unterdrückte Dossier. 1970; Durzak, Exilliteratur; Duhnke, KPD; Kießling, Alemania Libre; Dahlem, Vorabend. *Qu:* Hand. Publ. Z. - IfZ.

Katz, Paul, Dr. jur., Rechtsanwalt; geb. 24. Dez. 1904 Beuthen/Oberschlesien; jüd.; *V:* Arnold K. (geb. 1878 Prag, gest. 1947 London), jüd., Holzkaufm., Emigr. GB; *M:* Hedwig, geb. Brann (geb. 1881 Beuthen, Freitod 1938 Beuthen), jüd.; *G:* Lotte Franklin (geb. 1906), A: GB; Dr. phil. Rudolf K. (geb. 1914, gest. 1945 Manila), StudReferendar, Emigr.; ∞ 1947 Ingeborg Selig (1919-73), jüd.; *K:* Renate (geb. 1949), Red., A: NL; Sybille (geb. 1958), A: NL; *StA:* österr., deutsch, 11. Sept. 1939 Ausbürg., 1946 NL. *Weg:* 1938 NL.
1924-27 Stud. Rechtswiss. Freiburg/Br., Würzburg u. Breslau, Mitgl. KJV, 1931 Assessor. Mitgl. *Republikanischer Richterbund*. Nach 1933 Amtsentlassung, 6 Mon. Gef.; Aug. 1938 bis Emigr. Okt. 1938 KL Buchenwald. In Amsterdam Unterstützung durch *Hilfskomitee für deutsche Flüchtlinge*, 1938-41 landwirtschaftl. Eleve in jüd. Umschulungsbetrieb, anschl. bis Mai 1945 als Mitgl. einer Amsterdamer Widerstandsgruppe im Untergrund. Juli 1945-Okt. 1947 Mitgl., später Sekr. *Vereinigung deutscher und staatenloser Antifaschisten* in Amsterdam (VDSA), ab Febr. 1946 Chefred. der VDSA-Zs. *Mededelingen*. U.a. ZusArb. mit niederländ. Behörden bei pol. Säuberungsmaßnahmen gegen Kollaborateure. Ausbildung u. bis 1973 Tätigkeit als Chemiker, daneben Zulassung als RA in Gronau/Westf. Lebte 1975 in Hengelo/Niederlande.
Qu: Fb. - IfZ.

Katz, Rudolf, Dr. jur., Rechtsanwalt, Politiker; geb. 30. Sept. 1895 Falkenburg/Pommern, gest. 23. Juli 1961 Baden-Baden; *V:* Leopold K., jüd., Lehrer u. Kantor; *M:* Hulda; ∞ 1933 Dr. Agnes Kuehl, RA, Emigr.; *K:* Susanna Melamed, Bettina Plott; *StA:* deutsch, 6. Sept. 1938 Ausbürg., 1941 USA, 1947 deutsch. *Weg:* 1933 China; 1935 USA; 1946 Deutschland (BBZ).
1913-19 Stud. Rechtswiss. Kiel, 1914-18 Kriegsteiln. (Ltn.), Referendar, Assessor, 1923/24 Syndikus Lübeck, ab 1924 RA u. 1929 Notar Altona. SPD, ab 1929 StadtVO. u. StadtVO.-Vorsteher, Mitgl. des Schleswig-Holsteinischen Städtetags. Apr. 1933 Emigr. nach China. Mit → Max Brauer 1933-35 i.A. des Völkerbundes Berater für Kommunalfragen in Nanking, Mitgl. Nationaler Wirtschaftsrat Chinas. 1935 nach New York, 1936-38 Assist. Inst. für Verwaltungswiss. der Columbia-Univ., ab Frühj. 1936 Mitarb. der von → Gerhart Seger geleiteten *Neuen Volks-Zeitung* (NVZ), 1938-46 deren Red. (Ps. Michael Kühl); DirMitgl. Zs. *New Leader* u. *Rand School of Social Science*, Vors. Deutsche Sprachgruppe der *Social Democratic Federation of America*. 1939 Mitgr. GLD unter Vors. von → Albert Grzesinski u. als GenSekr. ihr einflußreichstes VorstMitgl.; 1941 GenSekr. *German-American Council for the Liberation of Germany from Nazism* u. seiner NachfOrg. *Association of Free Germans, Inc.* Neben → Friedrich Stampfer bestimmend für die Politik der NVZ gegen Isolationismus der USA u. „Vansittartismus" der Kriegsjahre, Hauptvertr. des rechten Parteiflügels in der Volksfrontfrage u. bei der Auseinandersetzung mit oppos. Gruppen (→ Karl Frank). Juni 1946 Rückkehr mit der von M. Brauer geleiteten AFL-Deleg.; Dez. 1947- Sept. 1950 Justizmin. in Schlesw.-Holst., Mitgl.

Frankfurter Länderrat, 1948-49 Parlamentarischer Rat, 1949-50 BR. Ab Sept. 1951 Richter u. Vizepräs. Bundesverfassungsgericht. 1960 Mitgl. Internat. Juristenkommission der UN.
L: MGD; Röder, Großbritannien; Radkau, Emigration; Lüth, Erich, Max Brauer, Glasbläser, Bürgermeister, Staatsmann. 1972. *D:* AsD, IISG. *Qu:* Arch. Hand. Publ. Z. - IfZ.

Katz, Vera, geb. Pistrak, Politikerin; geb. 3. Aug. 1933 Deutschland; *V:* Lazar Pistrak; *M:* Raissa, geb. Goodman; ∞ 1954 Melvin Katz; *K:* Jesse; *StA:* USA. *Weg:* 1933 F, 1940 USA.
Aug. 1933 Emigr. Frankr. mit Familie, Okt. 1940 in die USA. 1954 B.A., 1956 M.A. Brooklyn Coll.; seit 1972 Abg. des 8. Bez. im Abg.-Haus des Staates Oregon. Lebte 1977 in Portland/Oregon. - *Ausz.:* 1970 Service to Mankind Award des *Rose City Sertoma Club*.
Qu: Hand. Pers. - RFJI.

Katz, Walter Shlomo, Dr. jur., Journalist, Verbandsfunktionär; geb. 1. Jan. 1901 Kassel; jüd.; *V:* Daniel K. (geb. 1866 Züschen/Hessen, gest. 1936), jüd., Kaufm.; *M:* Anna, geb. Feis (geb. 1878 Mussbach/Pfalz, 1937 Freitod); *G:* Liselotte (geb. 1904), Beamtin; ∞ Lilo Plaut (geb. 1908 Eschwege/Hessen), 1933 Emigr. Pal.; *K:* Amitai (geb. 1932), 1933 Emigr. Pal., Ph. D., Doz. Hebr. Univ.; Dr. Gideon K. (geb. 1932), 1933 Emigr. Pal., Dir. isr. Landwirtschaftsschule Mikveh Israel; Yoram (geb. 1936), gef. 1955); Yehudit (geb. 1939); Amirah (geb. 1945); *StA:* deutsch, Pal./IL. *Weg:* 1933 Pal.
1919-22 Stud. Rechts- u. Wirtschaftswiss. Heidelberg, München, Kiel u. Frankfurt/M., 1922 Prom. Frankfurt, Referendar; Textillehre in Mönchengladbach, bis 1933 Mitarb. in Textilfabrik der Familie in Kassel. 1924-33 Mitgl. u. Red. *Jüdische Wochenzeitung für Kassel, Hessen und Waldeck* (später *Allgemeine Jüdische Wochenzeitung*), ab 1921 Mitgl. ZVfD, *Blau-Weiß* u. J.J.W.B., Teiln. der Zion.-Kongresse in Karlsbad u. Zürich. 1933 Emigr. Palästina mit A I-Zertifikat mit Familie, 1933 Verkaufsltr., 1934-71 Inh. einer Strickwarenfiliale in Jerusalem, 1933-48 Mitgl. *Haganah*, 1948-49 Teiln. an Kämpfen um Jerusalem (Lt. IDF). 1949-50 Lehrer für Wirtschaftswiss. Zeligsberg-Berufsschule Jerusalem, 1952 Mitgr. von Jugendherbergen in Israel, seit 1971 Vors. isr. Jugendherbergswerk, isr. Vertr. bei versch. internat. Treffen, Mitarb. internat. Jugendaustauschprogramm, Mitgl. öffentl. Ausschuß für internat. Jugendaustausch des isr. Touristenbüros. 1973 freiw. Helfer im Yom-Kippur-Krieg. Lebte 1978 in Jerusalem. - *Ausz.:* Ehrungen durch BRD u. internat. Jugendherbergsorganisation.
W: Ha veGai (Berg und Tal. 60 Wanderungen um Jerusalem) (Mitverf.) 1947; Yeraḥ haHaganah biYerushalayim (Die Haganah in Jerusalem) (Mitverf.). 2 Bde., 1973-75; Art. über Wandern in der Wochenzs. *HaGalgal*; Die Haganah in Jerusalem. 1977; Veröffentl. im Yad-Ben-Zwi-Inst., 1977/78; Art. über Erziehung, Tourismus u. Jugendaustausch in isr. u. ausländ. Zs. *Qu:* Fb. Hand. - RFJI.

Katz, William (urspr. Willy), Prediger; geb. 15. Dez. 1895 Diemerode bei Kassel; jüd.; *V:* Kalman K. (geb. 1849 Diemerode, gest. 1907 Diemerode), jüd., Geschäftsm., Vorst. jüd. Gde.; *M:* Fanny, geb. Levistein (geb. 1865 Geisa/Rhön, umgek. im Holokaust); *G:* Therese Wahlhaus (geb. 1897), 1933 Emigr. Pal., A: Natania/IL; Elieser (geb. 1899), 1933 Emigr. Pal., A: Kfar Sirkin/IL; Moritz (umgek. im Holokaust); Julius (umgek. im Holokaust); ∞ 1928 Rosalie Mann (geb. 1906 Lampertheim), jüd., 1939 Emigr. AUS mit Familie; *K:* Claude (geb. 1930 Kassel, gest. 1960 Wien), 1939 Emigr. AUS, Konservatorium Sydney, 1957 Kapellmeisterdipl. Musikakad. Wien, Dirigent, Mitgl. Tonkünstler-Orchester Wien; Eva Jago (geb. 1936 Kassel), 1939 Emigr. AUS, Konservatorium, A: Sydney; *StA:* deutsch; 1945 AUS. *Weg:* 1939 AUS.

354 Katz de Castro

1912-15 u. 1918-19 Lehrerseminar Kassel, 1919 Lehrerexamen, 1921 Staatsexamen Münster/Westf.; 1915-18 Kriegsteiln.; Stud. bei Martin Buber u. Franz Rosenzweig, 1919-39 Lehrer u. geistl. Ltr. versch. jüd. Gden. (u.a. Mönchengladbach u. Kassel), Jugendltr., 1929-39 zugl. Kantor, 1936-38 ehrenamtl. Bibliothekar GdeBibliothek in Kassel; 1929-38 VorstMitgl. CV, 1922-39 VorstMitgl. jüd. Lehrerbund in Rheinl.-Westf. u. Hessen-Kassel; 1938 zeitw. KL Buchenwald. Jan. 1939 Emigr. Australien mit Affidavit der *Jüdischen Wohlfahrtsgesellschaft* Sydney, Rabbiner in ländl. Gde., Ehefrau zeitw. Pensionswirtin, private rabbinische u. Sprachstudien, 1940 Mitbegr. North Shore Syn. (urspr. North Sydney Hebr. Congr.), 1940-60 Prediger u. Rektor der ReligSchule, Vors. Kulturkommission, 1963 Emeritierung. Danach ehrenamtl. Bibliothekar u. Archivar, ab 1973 Aufbau Reverend Katz-Bibliothek, Mitarb. jüd. Schulbehörde in New South Wales. 1943-47 Vors. Lehrerausschuß J.N.F., 1946-48 u. 1956-59 VorstMitgl. Erziehungsausschuß der jüd. Schulbehörde in New South Wales, 1942-44 Mitgl. *Friends of Hebr. Univ.*, 1946-48 Mitgl. u. Berater *B'nai B'rith*. Lebte 1976 in Sydney/Australien. - *Ausz.:* 1975 M.B.E.
W: And the Ark Rested. The Story of a Jewish Community Born During the Holocaust in Emigration. 1966. *Qu:* Fb. Hand. Z. - RFJI.

Katz de Castro, Karl Gerhard, Unternehmensleiter; geb. 1. Okt. 1923 Eisenach/Thür.; jüd.; ∞ 1953 Sonia (geb. 1933 Rio de Janeiro); *K:* Ruth (geb. 1968); *StA:* deutsch, Bras. *Weg:* 1937 Bras.
Gymn. in Deutschland. 1937 Emigr. Brasilien, 1938-43 Stud. Mackenzie Coll. São Paulo, zugl. Tätigkeit in Industrie, 1943 Gr., bis 1975 Ltr. Bauunternehmen Quartzolit S.A. Rio de Janeiro, Geschäftsbeziehungen zu dt. Firmen; 1962 Gr. Farbenfabrik Construquimica S.A. Rio de Janeiro u. Gr. Baufirma Servicon S.A. Rio de Janeiro. Mitgl. Handelsverband, Industrieverband, Yachtklub, *Lions Club*. Lebte 1977 in Rio de Janeiro. - *Ausz.:* Ehrenzeichen für Dienste im Staat Guanabara.
Qu: Fb. - RFJI.

Katzenellenbogen, Ludwig, Industrieller; geb. 21. Febr. 1877 Krotoschin/Posen, gest. 30. 5. 1944 Berlin; ev.; *V:* Adolf K. (1834-1903), Fabrikant; ∞ II. 1930 Tilla Durieux (geb. 1880 Wien, gest. 1971 Berlin), Schauspielerin, 1934 Emigr.; *K:* (aus I.) Konrad, Leonie, Estella; *StA:* deutsch, in den 30er Jahren Honduras. *Weg:* 1933 CH, 1935 (1936 [?]) I, 1938 CH, JU, 1941 GR; Deutschland.
Gymn. Krotoschin; Eintritt in Familienbetrieb, 1903 Alleininh.; Gr. u. bis 1931 GenDir. Ostwerke AG, 1931 3 Mon. Gef. wegen Finanztransaktionen zur Rettung der Ostwerke, Fusion mit Familienbetrieb zu Interessengemeinschaft Ostwerke-Schultheiß-Patzenhofer GmbH Berlin (Brauerei-Konzern), Hauptgeschäftsf.; zugl. AR-Mitgl. versch. Firmen. Mitgl. *Deutsche Gesellschaft von 1914*. 1933 Emigr. Schweiz, 1935 (1936 [?]) durch dt. Druck erzwungene Ausreise nach Abbazia/Italien, Automobilkaufm., dann Teilh. eines Hotels; Apr. 1938 in die Schweiz, dann nach Zagreb/Jugoslawien, 1941 Griechenland, Verhaftung in Saloniki, Dep. KL Oranienburg.
L: Durieux, Tilla, Meine ersten 90 Jahre. 1970. *Qu:* EGL. Hand. - RFJI.

Katzenstein, Ernst, Dr. jur., Rechtsanwalt, Verbandsfunktionär; geb. 11. Febr. 1898 Bodenwerder/Weser; jüd., *V:* Moses K. (geb. 1847), jüd.; *M:* Elfriede, geb. Frankenstein (geb. 1866), jüd.; *G:* Gertrud Kallner (geb. 1889); Eva (geb. 1905), Sozialbeamtin; ∞ Hildegard Ilberg (geb. 1897 Wolfenbüttel), jüd., *K:* Michael (geb. 1929 Hameln), Kinderarzt; *StA:* deutsch, deutsch u. IL. *Weg:* 1933 Pal.
1917-20 Stud. Heidelberg, München, Berlin, Göttingen; Mitgl. K.J.V.; 1924-33 RA in Hameln u. Hannover. Sommer 1933 Emigr. Palästina mit Einwanderervisum, 1935 Examen für Auslandsadvokaten in Jerusalem, 1936-39 Stud. für Zulassung zur Middle Temple Inn, dann Zulassung als palästinens. u. brit. RA, 1939-49 RA in Jerusalem. 1949-55 Dir. JRSO Nürnberg, seit 1956 Dir. *Claims Conference* für Deutschland u. Dir. URO-Bez. Frankfurt/M., führender jurist. u. pol. Repräsentant in Wiedergutmachungs- u. Schadensersatzfällen. Lebte 1977 in Frankfurt/M.
Qu: Fb. Hand. - RFJI.

Katzenstein, Simon, Journalist, Politiker; geb. 1. Jan. 1868 Gießen/Hessen, gest. 28. März 1945 Solna/S; Diss.; *V:* Siegmund K., Holzfabrikant; *M:* Sophie; *G:* Henriette Fuerth (1861-1936), Schriftst.; Rosa Cahn (1863-1963), Emigr. USA; Anna Loeb (1866-1966), Emigr. USA; Betty Mossbacher; ∞ 1917 Henriette Rubin (1886-1958), 1937 Emigr. S; *K:* Hans Siegmund (geb. 1916, gef. 1948), Emigr. S, 1948 Pal.; Anna Sophie Bengtsson (geb. 1918), Emigr. S; Gershom (Gerd) Nevo (geb. 1920), Emigr. Pal.; *StA:* deutsch, Ausbürg. *Weg:* 1933 Saargeb.; 1935 DK, S.
1885-90 Stud. Gesch., Phil., Jura u. Volkswirtsch. Gießen, Leipzig, Zürich. 1889 SPD, deshalb 1893 aus hess. Justizdienst entlassen. 1894-96 sozdem. Red. in Leipzig, 1897-98 in Mainz. 1894-95 Mitgl. SPD-Agrarkommission. 1903-06 Hg. *Genossenschafts-Pionier* Berlin, 1908-14 Pressekorr. *Arbeiterrecht* u. *Auslands-Korrespondenz*. Arbeitersekr. u. Lehrer in der Arbeiter- u. GewSchulung. Bis 1913 VorstMitgl. *Arbeiter-Abstinentenbund*. 1915-18 StadtVO., ab 1925 BezVO. in Berlin-Charlottenburg. 1917-19 volkswirtschaftl. Mitarb. Zentraleinkaufsgesellschaft deutscher Genossenschaften u. im Reichswirtschaftsmin.; Vertr. der sozdem. Landesverteidigungspol.; 1919-20 MdNV, 1928-33 Hg. der Zs. des *Arbeiter-Abstinentenbunds*, sozpol. Mitarb. *Vorwärts*. 25. Juli 1933 nach Saarbrücken, Mitarb. *Deutsche Freiheit* u. *Westland*. Jan. 1935 über Frankr., Holland u. GB nach Dänemark, Mai 1935 nach Stockholm. Beisitzer im Vorst. der *Sopade*-Gruppe Stockholm als Vertr. der Linken. Okt. 1937 Teiln. Volksfrontkonf. von Göteborg. Mitgl. FDKB, Mitgl. der sog. *Emigrantengemeinschaft* als Interessenvertretung der von der *Arbetarrörelsens flyktingshjälp* anerkannten Flüchtlinge, Mitgl. schwed. Konsumgenossenschaft. Zuletzt unvollendete statist. Arbeit über Alkoholismus in Deutschland i.A. des Sozialpol. Instituts der Univ. Uppsala. Ps. Eckhard, Ernst Hardeok.
W: u.a. Wofür kämpfen wir? 1905; Heimarbeit und Genossenschaftswesen. 1906; Jugendbewegung und Alkoholfrage. 1907; Anarchismus und Arbeiterbewegung. 1908. *L:* Osterroth, Biogr. Lexikon; Müssener, Exil. *D:* LBI New York, VSLB. *Qu:* Arch. Hand. Pers. Publ. - IfZ.

Katzki, Kate, gesch. Mandel, geb. Schiffmann, Fürsorgerin, Verbandsfunktionärin; geb. 27. Aug. 1910 Herne/Westf.; jüd.; *V:* Oscar Schiffmann (geb. 1873 Wittlich/Mosel, gest. 1935 Herne), jüd., höhere Schule, Kaufm.; *M:* Martha, geb. Lilienthal (geb. 1874 Hannover, gest. 1943 New York), jüd., 1939 Emigr. GB, 1941 USA; *G:* Eric (geb. 1908 Herne), Stud. Berlin, Verkäufer u. Verw., 1937 Emigr. USA, Kaufm.; ∞ I. 1933-40 Dr. med. Walter H. Mandel (geb. 1902 Wanne-Eickel, gest. 1971 [?]), jüd., Internist, 1934 Emigr. USA; II. 1950 Herbert Katzki (geb. 1907 Elizabeth/N.J.), jüd., M.Sc. New York Univ., Bankier, ab 1936 Sachverständiger für Sozialarb. u. Verw. bei J.D.C.; *K:* Marian Helen (geb. 1951 Paris, gest. 1965); *StA:* deutsch; USA. *Weg:* 1934 USA.
1930-33 Stud. München, Lausanne, Berlin, Leipzig; Mitgl. SAJ. 1934 Emigr. USA, Hausangest. u. Hauslehrerin. 1938-43 Mitarb. *Nat. Council of Jew. Women* New York u. Newark/N.J., Betreuung von Emigr.; 1940-41 Teilzeitstud. Hunter Coll. New York u. School of Social Work der Columbia Univ., 1944 M.S.W. School of Social Work, Columbia Univ.; 1946-47 Ltr. Einwanderungsabt. für Belgien bei J.D.C., 1947-50 Dir. für Belgien, Niederlande u. Luxemburg (Wiederaufbau jüd. Gde-Lebens in Belgien). 1955-58 Vorlesungen Paul Baerwald School of Social Work in Paris; Mitarb. High Comm. for Refugees der UN; 1956 Nothilfe für ungar. Flüchtlinge in Salzburg u. Wien, 1958-62 Beraterin u. Seminarltr., 1961-67 Prof. u. Beraterin an Schulen für Sozialarb., Vortragstätigkeit an Univ. in Frankr. u. der Schweiz. 1963-67 Vertr. des *Internat. Council on*

Social Welfare in Genf, ab 1967 Geschäftsf., Verdienste bei der Entwicklung des Council zu einflußreicher Weltorg.; Mitgl. *Am. Assn. for Social Workers,* 1938-40 *Social Service Employees Union,* Mitgl. *Nat. Assn. of Social Workers, Acad. of Certified Social Workers, Alumni Assn. Columbia Univ. School of Social Work, Women's City Club, League of Women Voters, Society for Internat. Development.* Lebte 1977 in New York.
Qu: Fb. Hand. - RFJI.

Kauffmann, Felix J., Dr. phil., Verleger; geb. 7. Febr. 1878 Frankfurt/M., gest. 15. Nov. 1953 New York; jüd.; *V:* Ignaz K. (geb. 1849 Frankfurt, gest. 1913 Frankfurt), Inh. des Familien-Verlags J. Kauffmann; ∞ Käthe; *StA:* deutsch; USA. *Weg:* 1941 USA.
Stud. Würzburg, Berlin, Straßburg u. Heidelberg, 1903 Prom.; ab 1902 Mitarb. im Familien-Verlag, ab 1913 Alleininh., verlegte Schul-, Jugend- u. Kunstbücher sowie Musikeditionen, bedeutender Verleger von Judaica. Mitgl. HauptVorst. der Männer- und Frauenkrankenkasse (Kippestub) in Frankfurt/M. u. Mitgl. der Rhein-Main-Sektion des *Kulturbundes der Juden in Deutschland.* Mai 1941 Emigr. USA über Portugal. Im Buchhandel in New York tätig, u.a. Verkauf einer Gutenberg-Bibel an die Library of Congress.
Qu: Arch. Hand. Publ. Z. - RFJI.

Kauffmann, Kurt, Dr. phil., Finanzberater, Schriftsteller; geb. 19. Febr. 1900 Hamburg; o.K.; *V:* Alex K., Kaufm.; *M:* Friederike, geb. Glogau; ∞ 1934 Nelly Baade. *Weg:* 1933 CH, 1937 USA, 1961 CH.
Stud. Hamburg u. Berlin, 1922 Prom. Heidelberg; 1927-33 Betriebsberater. 1933 Emigr. Schweiz, bis 1937 Betriebsberater; 1937 USA, bis 1960 Effektenberater, u.a. bei R.M. Smythe & Co. New York, ab 1961 Reiseschriftsteller. 1961 Schweiz, ab 1965 ltd. Berater Kauffmann Associated (Investmentges., tätig in Deutschland [BRD], der Schweiz, Italien, Peru). Ehrensenator Univ. für Naturwiss. u. Techn. in Lima/Peru, Mitgl. Verw-Rat der *Royal Lifeboat Institution* GB, Fellow *Royal Econ. Soc. of England.* Lebte 1973 in Luzern/Schweiz.
W: Wertschutz-Memoblätter für Sparer u. Vermögensbesitzer mit Weitblick, aber wenig Zeit. 1966; Die Kunst, klüger zu reisen... 1969. *Qu:* EGL. Hand. - RFJI.

Kauffmann, Thekla, Sozialarbeiterin; geb. 18. Jan. 1883 Stuttgart; jüd.; *StA:* deutsch. *Weg:* 1941 USA.
Vor 1914 aktiver Einsatz für Frauenwahlrecht, 1919-20 Mitgl. Verfassunggebende Landesvers. Württ., MdL für die DDP. Ab 1920 Ltr. Hilfsstelle für Frauenarbeit, später Sozialfürsorgerin beim LandesarbAmt Stuttgart. Ab 1933 in der Abt. Auswanderung der Israelitischen Religionsgemeinde u. Ltr. Auswanderungsberatungsstelle Stuttgart des *Hilfsvereins der deutschen Juden.* 1941 USA, Ltr. eines Mütterheims in Chicago. Lebte 1978 in New York.
Qu: EGL. Z. - IfZ.

Kauffungen, Baron Kunz von, Journalist; geb. 6. Apr. 1904 Mühlhausen/Thür.; ev.; *V:* Dr. phil. Kunz v. K. (1875-1939 [?]), Reichsoberarchivrat Potsdam; *M:* Meta-Dora, geb. Schultz (1879-1955); *G:* Ilsefried (gest. 1933), Dietrich (geb. 1921); ∞ I. 1937 Louise Gertrud Jongeneel (1917-49); II. Elfriede Dittmar (geb. 1927), 1966 gesch.; III. Uta-Bärbel Bernd (geb. 1941); *K:* Roderick Glendale (geb. 1941 Montreux), Ellinor Jocelyne (geb. 1951), Yvonne Suzanne (geb. 1955); *StA:* deutsch, 1941 Ausbürg., später F u. deutsch. *Weg:* 1934 CH; 1937 Österr.; 1938 NL; 1939 CH; 1946 Deutschland (FBZ).
1923 Abitur Odenwaldschule; Stud. Germanistik u. Lit-Gesch. Heidelberg; 1925-26 RedVolontär in Dresden u. München, 1926-28 Red. *Münchner Zeitung* u. *Münchner Neueste Nachrichten,* 1928-34 Korr. versch. Ztg. Seit 1925 Mitgl. SPD sowie ab 1925 *Reichsbanner;* nach 1933 pol. verfolgt, Schreibverbot. 1934 Emigr. in die Schweiz, 1937-38 als ZtgKorr. in Österr., Mitarb. u.a. *Prager Tagblatt,* 1938-39 Korr. in den Niederlanden; Ps. Kuka, Eddy Warner. Ab 1939 in der Schweiz, 1943 Mitgl. *Union deutscher Sozialisten in der Schweiz,* Anschluß an BFD, 1944-46 Regionalltr. Westschweiz. Aug. 1946 Berufung zum Chefred. des *Schwarzwälder Boten* in Konsens mit franz. MilReg., 1948-52 Chefred. *Die Rheinpfalz* Ludwigshafen, 1953-55 Chefred. *Saarbrücker Zeitung;* 1946-52 Mitgl. Bundesvorst. *Deutscher Journalistenverband,* Vors. Landesverb. Württ.-Hohenzollern u. Rheinl.-Pfalz; Gr. u. Vors. *Christlich-jüdische Arbeitsgemeinschaft des Saarlandes.* Nach Rückkehr in die Schweiz Korr. versch. dt. u. franz. Presseagenturen. Lebte 1975 in Köniz b. Bern.
W: u.a. Ohne Maulkorb. Erlebnisse eines Nonkonformisten (ABiogr.). 1964. *L:* Schneider, Saarpolitik und Exil. *D:* IfZ. *Qu:* ABiogr. Arch. Fb. Hand. Publ. - IfZ.

Kaufman, Fred (bis 1941 Kaufmann, Fritz), Rechtsanwalt, Richter, Hochschullehrer; geb. 7. Mai 1924 Wien; jüd.; *V:* Richard Kaufmann (geb. 1879 Krumau/Böhmen, gest. 1967 New York), jüd., Kaufm., 1940 Emigr. USA; *M:* Alice, geb. Singer (geb. 1896 Saybusch/Galizien), jüd., Emigr. mit Ehemann, 1972 nach CDN; ∞ 1967 Donna Soble (geb. 1943 Hamilton/Ontario), jüd., Stud. Carleton Univ. Ottawa, bis 1967 Fernsehproduzentin u. Dir. Publ. Affairs bei einer Fernsehstation in Hamilton; *K:* Leslie (geb. 1968); David Richard (geb. 1969); *StA:* österr., 1947 CDN. *Weg:* 1939 GB; 1940 CDN.
1934-38 Gymn. Wien, Juli 1939 Emigr. GB mit Kindertransport, Aufnahme bei einer Familie, Schulbesuch. 1940 Internierung in GB u. Kanada, anschl. Niederlassung als Einwanderer. 1943-45 Dienst im kanad. Officers Training Corps, 1943-46 Stud. Bishop's Univ. Quebec, 1946 B.Sc.; 1953 B.A. Thomas Moore Inst. Montreal, 1955 B.LL. McGill Univ. Montreal. 1954 Chefred. des *McGill Law Journal.* RA-Praktikum bei Joseph Cohan, Q.C., Montreal. 1955 Zulassung als RA in Quebec, 1961 in den NW Territories, 1968 in Alberta. 1962-68 Doz. für Strafrecht an der McGill Univ., 1968-73 ao. Prof. für Gerichtsmed.; 1971 Ernennung zum Queen's Counsel (Q.C.). Seit 1973 Richter am Berufungsgericht in Quebec. Ratsmitgl. der *Can. Bar Assn.;* Vizepräs. der *Quebec Corrections Soc.,* Mitgl. *Can. Soc. of Forensic Sci.* u. *Medico-Legal Soc.* Lebte 1979 in Montreal. - *Ausz.:* 1976 D.C.L. h.c. Bishop's Univ., 1977 Silver Jubilee Medal.
W: The Admissibility of Confessions in Criminal Matters. 1960, 1974; Beiträge in rechtswiss. Zs. *Qu:* Fb. - RFJI.

Kaufman, Robert Max, Rechtsanwalt; geb. 17. Nov. 1929 Wien, gest. New York; jüd.; *V:* Paul M.K. (geb. 1886 Wien, gest. 1976 New York), jüd., Handelsakad., 1938 KL Dachau, 1939 Emigr. USA; *M:* Bertha, geb. Hirsch (geb. 1894 Wien), jüd., 1939 Emigr. USA, Dir. u. Schatzmeister *B'nai-B'rith*-Loge in New York; *G:* Susan K. Hardt (geb. 1922 Wien), 1938 Emigr. GB, 1939 USA; ∞ 1959 Sheila S. Kelley (geb. 1928 Bronxville/N.Y.), ev., B.A., Werbeltr.; *StA:* österr., 1945 USA. *Weg:* 1938 GB; 1939 USA.
Dez. 1938 Emigr. nach GB mit Kindertransport, Unterstützung durch Verwandte u. Flüchtlingshilfe, Dez. 1939 Emigr. in die USA mit Familie. 1948-49 US-Armee, 1949-54 im Reservedienst. 1951 B.A. mit Ausz., Brooklyn Coll., New York. 1952 Büroangest., 1953-57 als Wirtschaftsexperte bei der N.Y. State Division of Housing tätig. 1954 M.A. New York Univ., Stud. an der Brooklyn Law School. 1956-57 Red. *Brooklyn Law Review.* 1957 J.D. magna cum laude. 1957 Zulassung als RA in New York, 1960 Zulassung als Anwalt vor dem Obersten Gerichtshof der USA. 1957-58 Rechtsexperte in der Kartellbehörde des US-Justizmin. 1958-61 Berater von Senator Jacob K. Javits. Ab 1961 Mitarb., ab 1969 Teilh. der RA-Firma Proskauer, Rose, Goetz & Mendelsohn, New York. Zugl. Berater von gemeinnützigen Krankenhäusern in Stadt u. Staat New York u. von multinat. Unternehmen. Vors. des Wahlrechtskomitees des Staatsparlaments von N.Y. Ab 1974 Vors. des Beratungskomitees der Wahlbehörde des Staats N.Y.; 1977-79 vom

US-Präs. als Mitgl. des Board of Visitors der Militärakad. West-Point ernannt; Mitgl. des Rechtsberatungskomitees der Senatoren Jacob K. Javits u. Patrick Moynihan; Sekr. u. Dir. *Community Action for Legal Servs;* an ca. 20 Wahlkämpfen beteiligt, u.a. Finanzverw. u. stellv. Wahlkampflltr. für Senator Javits u. Gerichtspräs. Breitel. Mitgl., ab 1977 im geschäftsf. Ausschuß u. 1965-77 Vors. der Ausschüsse für Bürgerrecht, Wahlrecht u. Berufsethik der *Assn. of the Bar of the City of New York;* Mitgl., in den 60er Jahren Vors. des Ausschusses für Bürgerrechte der *N.Y. County Lawyers Assn.*

W: Beitr. in: J.C. Kirby u.a., Congress and the Public Trust. 1970, u. L. Friedman, Disorder in the Court. 1974. *Qu:* Fb. Hand. Publ. - RFJI.

Kaufmann, Gert, Fabrikant; geb. 29. Jan. 1914 Berlin; jüd.; ∞ 1942 Beate Frankfurter (geb. 1918 Frankfurt/M.), Photographin; *K:* Suzana Mizne (geb. 1945), Dolmetscherin; André (geb. 1947), Industrieller; *StA:* deutsch; Bras. *Weg:* 1936 Port., 1938 NL, 1939 Bras.

1932-33 Stud. Berlin, Lehre in Gerberei Adler & Oppenheimer Berlin, anschl. Angest. einer Gerberei in Neumünster/Schlesw.-Holst.; 1939 Emigr. Portugal, 1938 Niederlande, 1939 Brasilien; 1939 Gr. Beta Industrial e Commercio S.A. São Paulo, einer der ersten bras. Belieferungsbetriebe für Gießereien. Schatzmeister u. zeitw. VorstMitgl. Albert Einstein-Krankenhaus. Lebte 1977 in São Paulo.

Qu: Fb. - RFJI.

Kaufmann, Leo, Unternehmensleiter; geb. 1. Juli 1879 Mannheim; *V:* Jacob K., Tabak-Importeur; *M:* Clara, geb. Löffler; ∞ Ilse Flechtheim (geb. 1890), 1935 Emigr. GB; *K:* 2; *StA:* deutsch. *Weg:* 1935 GB.

Oberrealschule, kaufm. Lehre, 10 J. selbst. Kaufm. in GB, während 1. WK dort interniert. Ab 1920 Dir. Getreide-Commission AG Düsseldorf, ab 1927 nach Verschmelzung mit Getreide-Industrie- u. Handels-AG Mainz Dir. u. VorstMitgl. Getreide-Industrie u. -Commission AG (AR-Vors. → Fritz Andreae) für Getreide-, Lebens- u. Futtermittelhandel u. Mühlenfabrikate, vor allem auf der Grundlage des Weizen-Anleihegeschäfts. AR-Mitgl. Getreide-Finanzierung AG Berlin u. Getreidehaus GmbH. Düsseldorf. 1933 zweimaliger Wohnungswechsel in Düsseldorf, März 1935 Emigr. nach London.

L: RHdG. *Qu:* Arch. Hand. - IfZ.

Kaufmann, Luise, geb. Frankenstein, Dr. rer. pol., Sozialpädagogin; geb. 4. Jan. 1896 Aachen; jüd.; *V:* Julius F. (1853-1938), Kaufm., Kriegsfreiw. 1870/71, Kriegsteiln. 1914-18 (Hptm.); *M:* Hedwig, geb. Gräfenberg (1870-1941), Sozialarb. in jüd. u. nichtjüd. Frauenvereinen; *G:* Dr. Lilli F. (geb. 1889), bis 1933 StudRätin, 1942 dep.; Ida F. (1891-1953), Musikpädagogin, 1938 Emigr. S; ∞ 1954 Dr. Fritz K. (geb. 1891 Leipzig, gest. 1958 Zürich), Religions- u. Kunstphilosoph Univ. Freiburg/Br., 1936 Entlassung, Emigr. USA, 1938-54 Hochschullehrer; *StA:* deutsch, 1946 brit. *Weg:* 1935 CH; 1937 Österr.; 1938 GB.

Ab 1915 Stud. Rechtswiss. u. Volkswirtsch. Bonn, Heidelberg, Aachen, Greifswald, 1919 Prom., 1920-22 Assist. TH Aachen, 1922-33 stellv. Dir. Niederrhein. Frauenakad. Düsseldorf. 1935-37 beim Internat. Arbeitsamt Genf, anschl. in Tiroler Kinderheim tätig, 1938 nach GB, Tätigkeit bei *Internat. Council of Nurses,* Lehrerin an versch. Schulen, Mitarb. BBC. 1949-54 Tätigkeit bei *Internationale Vereinigung für Jugendhilfe* Genf, 1954-58 deren Vertr. bei UN New York. Lebte 1978 als Übers. in Zürich.

Qu: EGL. Fb. - IfZ.

Kaufmann, Otto, Bankier; geb. 11. Aug. 1873 Aachen; *V:* Tuchgroßhändler; *M:* Sophie, geb. Kahn; ∞ Meta Lilienthal; *K:* Dorothea (geb. 1914); *StA:* deutsch. *Weg:* 1937 USA (?).

Gymn., 1889-92 Banklehre, 1893-1903 Angest., ab 1897 Prokurist Londoner Filiale der Deutschen Bank; daneben Privatstudium Volkswirtsch. u. Rechtswiss., 1900-03 Ehrenstipendium London School of Economics; 1904-09 Gr. u. Ltr. der Filialen Barcelona u. Madrid der Deutschen Überseeischen Bank, 1909-19 Dir. Deutsche Bank Konstantinopel, im 1. WK zeitw. Mitgl. Deutsche Militär-Kommission Konstantinopel. Ab 1921 Mitinh. Bankhaus Sal. Oppenheim jr. & Cie., Köln; Vors. u. Mitgl. zahlr. AR, Mitgl. Börsenvorst. Köln, VorstMitgl. *Bankenvereinigung in Rheinland und Westfalen,* Ausschußmitgl. *Centralverband des Deutschen Bank- und Bankiergewerbes.* 1936 Ausscheiden bei Bankhaus Oppenheim, Ende 1937 Emigr., vermutl. in die USA. - *Ausz.:* u.a. EK II am weißschwarzen Bande, Roter-Adler-Orden 4. Kl., Verdienstkreuz für Kriegshilfe, Kommandeurskreuz 2. Kl. mit Stern Isabel la Catolica, Medschidje 2. Kl. mit Stern, Eiserner Halbmond, Imitas-Medaille mit Schwertern.

L: RhDG. *Qu:* Arch. Hand. - IfZ.

Kaul, Friedrich (Fritz) Karl, Dr. jur., Rechtsanwalt, Schriftsteller; geb. 21. Febr. 1906 Posen; o.K.; *V:* Albert K. (geb. 1869, gest. 1951 New York, Kaufm.; *M:* Emmi K., geb. Blum (geb. 1870, gest. 1952 New York); *G:* Marga (geb. 1899), 1938 Emigr. USA; ∞ Louise Voss (geb. 1901), gesch. 1935; *StA:* deutsch, 23. Febr. 1939 Ausbürg., 1946 deutsch. *Weg:* 1937 Kolumbien; 1941 NIC, USA; 1946 Deutschland (Berlin).

1925-29 Stud. Rechtswiss. Berlin u. Heidelberg, 1929-33 Referendar; 1931 Prom., 1933-34 Versicherungsvertr. u. Rechtsberater. 1935-37 KL Lichtenburg u. Dachau, Frühj. 1937 Entlassung mit Auflage, das Reichsgebiet zu verlassen. Juli Emigr. Kolumbien, Büroangest. u. Bauarb., 1941 nach Nicaragua, Internierung, Ausweisung in die USA, 1941-42 Internierung Camp Kennedy/Texas. Sept. 1946 Rückkehr nach Berlin, Mitgl. SED, Referendar u. Hilfsrichter LG Berlin, dann Justitiar *Berliner Rundfunk,* ab Juli 1947 Justitiar Deutsche Verwaltung für Volksbildung, Nov. 1947 Assessorexamen in Berlin, 1948 Zulassung als RA in allen Berliner Sektoren. Trat mehrmals in der BRD als Verteidiger in Erscheinung; 1954/55 Hauptprozeßbevollmächtigter bei KPD-Verbotsprozeß vor dem Bundesverfassungsgericht, 1964-66 Nebenkläger im Auschwitz-Prozeß. Ab Okt. 1962 Vizepräs. *Vereinigung Demokratischer Juristen Deutschlands* (ab 1970: *Vereinigung der Juristen der DDR*), ab Dez. 1965 Prof. mit vollem Lehrauftrag u. Dir. Institut für zeitgenössische Rechtsgeschichte Humboldt-Univ. Berlin (Ost); Chefjustitiar Staatliches Komitee für Rundfunk und Fernsehen beim MinRat der DDR. Rege schriftst. u. publizist. Tätigkeit. - *Ausz.:* 1956 VVO (Silber), 1958 Banner der Arbeit, 1960 ProfTitel, NatPreis, 1961 VVO (Gold), 1976 Ehrenspange zum VVO (Gold).

W: u.a. Ankläger auf der Anklagebank. 1952/53; Mord in Grunwald (KrimR). 1953; Das Pitaval der Weimarer Republik. 1953/54; Der Ring (KrimR). 1954; Der Weg ins Nichts (R). 1955; Der blaue Aktendeckel (R). 1957; Es wird Zeit, daß du nach Hause kommst (R). 1959; Ich fordere Freispruch. 1960; Mordkomplott ohne Komplicen? Eichmann-Prozeß. 1962; Der Fall des Herschel Grynszpan. 1965; Ich klage an. 1971; In Robe und Krawatte. 1972. *L:* Albrecht, Deutschspr. Schriftsteller. *Qu:* Arch. Fb. Hand. Publ. Z. - IfZ.

Kaulla, Otto, Richter; geb. 12. Juni 1866 Stuttgart, gest. 8. Juli 1955 New York; jüd., ev., später wieder jüd.; ∞ 1900 Lilli Warburg, Emigr.; *StA:* deutsch. *Weg:* 1939 GB; USA.

Aus prominenter jüd. Fam., die traditionsgemäß den Ltr. der Württembergischen Hofbank stellte. Ab 1894 im Justizdienst, 1914 LG-Rat, Kriegsteiln. (Vizefeldwebel, Wilhelmskreuz), ab 1920 am LG Stuttgart, 1928 LG-Dir., Mai 1933 Ruhestand. Ab 1936 Vors. Disziplinargericht für Rabbiner u. jüd. Religionslehrer. März 1939 Emigr. GB.

Qu: Arch. EGL. Publ. - IfZ.

Kaulla, Rudolf, Dr. jur., Dr. oec. publ., Nationalökonom, Bankier; geb. 12. Dez. 1872 Stuttgart, gest. 22. Sept. 1954 Oberstdorf/Allgäu; jüd.; *V:* Max K., RA; *M:* Jeanette, geb. Goldschmidt; ∞ Luise Stern; *K:* Margarete. *Weg:* 1933 GB; 1934 (?) CH.

Stud. Lausanne, Straßburg, Leipzig, Tübingen, 1895 Referendar, 1897 Dr. jur. München 1898 Assessor, 1902 Dr. oec. publ., 1903 Privatdoz. u. 1910 a.o. Prof. TH Stuttgart. 1920 nach Frankfurt/M., Mitinh. Bankhaus Jacob S. H. Stern, zugl. AR-Mitgl. Deutsche Effekten- und Wechselbank, Deutsch-Asiatische Bank, Schantung-Eisenbahngesellschaft. 1933 Emigr. London, vermutl. 1934 in die Schweiz. Lebte in Lausanne.

W: Die geschichtliche Entwicklung der modernen Werttheorien. 1906; Ideale und Vorurteile der deutschen Finanzpolitik. 1902, 2. Aufl. 1911; Die Grundlagen des Geldwertes. 1920; Der Liberalismus und die deutschen Juden. 1928; Theory of the just Price. 1940; Beiträge zur Entstehungsgeschichte des Geldes. 1945; Rechtsstaat und Währung. 1949. *L:* Spitaler, Armin, Der Nationalökonom Rudolf Kaulla. In: Zeitschrift für die gesamte Staatswissenschaft, 105/1949. *Qu:* Hand. - RFJI.

Kaut, Josef, Politiker; geb. 16. Febr. 1904 Salzburg; ∞ verh.; *StA:* österr., CSR (?). *Weg:* 1934 CSR; 1945 Österr.

1922 Abitur in Salzburg, anschl. journ. Ausbildung u. Journalist in Wien. Mitgl. SDAP. 1929-34 Kulturred. *Arbeiterwille* Graz. 1934 nach den Februarkämpfen Emigr. nach Prag, bis 1945 Tätigkeit in Schallplattenindustrie u. Verlagswesen, zeitw. Inh. einer Foto-Korr.; 1945 nach Kriegsende Rückkehr nach Salzburg, Mitgl. SPÖ. Okt. 1945 Gr. u. bis 1956 Chefred. *Demokratisches Volksblatt* (später *Salzburger Tagblatt*). Seit 1950 Mitgl. des neubegr. Direktoriums der Salzburger Festspiele. Ab 1954 MdL Salzburg, 1956-69 Mitgl. Salzburger Landesregierung, Landesrat, u.a. Ressorts Kulturangelegenheiten, Naturschutz u. Fürsorgewesen. Mitgl. SPÖ-Landesparteivorst., Landesobmann *Die österreichischen Kinderfreunde* u. *Wirtschaftshilfe der Arbeiterstudenten Österreichs.* Bis 1966 Vertr. des Landes Salzburg im Aufsichtsrat des ORF. Maßgebl. am Ausbau Salzburgs zu internat. Festspiel- u. Kulturzentrum beteiligt. Seit 1971 Präs. Salzburger Festspiele; Mitbegr. u. Vizepräs., seit 1972 Präs. *Salzburger Kulturvereinigung.* Mitgl. bzw. Vors. zahlr. kultureller Institutionen u. Vereinigungen. Lebte 1978 in Salzburg. - *Ausz.:* u.a. 1960 Gr. Goldenes Ehrenzeichen für Verdienste um die Republik Österr.; 1964 Ehrenring des Landes Salzburg; 1969 Gr. Ehrenzeichen des Landes Salzburg; 1974 Goldene Medaille der Mozartstadt Salzburg; Gr. BVK.

W: u.a. Salzburg von A bis Z. 1954; Schöpferischer Sozialismus. 1960; Der steinige Weg - Geschichte der sozialistischen Arbeiterbewegung im Lande Salzburg. 1961; Wegweiser durch die Kulturkrise. 1962; Festspiele in Salzburg. 1969; Fünfzig Jahre Salzburger Festspiele. 1970; Die Salzburger Festspiele - Bilder eines Welttheaters. 1973. *Qu:* Arch. Hand. Z. - IfZ

Kautsky, Karl (Karel), Parteipolitiker; geb. 16. Okt. 1854 Prag, gest. 17. Okt. 1938 Amsterdam; *V:* Jan K. (1827-1896), Maler u. Theatermaler; *M:* Minna, geb. Jaich (1837-1912), Schriftst.; *G:* Minna (geb. 1856); Fritz (geb. 1857), Theatertechniker; Hans (1864-1937), Theatermaler, Emigr. USA (?); ∞ I. Louise Strasser (1860-1950), bekannte österr. Sozialistin, 1893 verehel. Freyberger; II. Luise Ronsperger (geb. 1864, gest. 1944 in KL-Haft), Emigr. CSR, NL; *K:* Felix (1891-1953), 1938 Emigr. USA; → Karl Kautsky; Dr. phil. Benedikt K. (1894-1960), 1938-45 KL Dachau, Auschwitz u. Buchenwald, sozdem. Historiker u. Theoretiker; *StA:* österr., deutsch, 1935 (?) Ausbürg., 1935 CSR. *Weg:* 1938 CSR, NL.

1874-79 Stud. Gesch., Rechts- u. Wirtschaftswiss., Phil. in Wien, stark vom Darwinismus beeinflußt. 1875 Beitritt zu den sich formierenden SozDem., in den folgenden Jahren unter Ps. Symmachos Mitarb. österr. sozdem. Ztg. sowie *Vorwärts* Leipzig. 1876 Bekanntschaft mit August Bebel u. Wilhelm Liebknecht; 1880-82 nach StudAbbruch wiss. Mitarb. Karl Höchbergs bei der Edition sozialist. wiss. Lit.; Mitarb. Ztg. *Sozialdemokrat* (aufgrund der Sozialistengesetze in Zürich ersch.), Freundschaft mit Eduard Bernstein. 1881 mehrmon. Londonaufenthalt, Bekanntschaft mit Karl Marx u. Friedrich Engels. 1883 Gr. u. bis 1917 Hg. des theoret. Organs der dt. SozDem., *Die Neue Zeit.* 1885 Übersiedlung nach London, 1888 Rückkehr nach Wien, 1890 kurz vor Fall der Sozialistengesetze Übersiedlung nach Stuttgart; 1891 Verf. des theoret. Teils des Erfurter Programms der SPD. In den 90er Jahren unangefochtener Theoretiker der dt. SozDem. u. der *Zweiten Internationale.* 1897 Übersiedlung nach Berlin. Ab 1899 Exponent der Marx-Orthodoxie gegen den Bernsteinschen Revisionismus. Nach russ. Revolution von 1905 geistiger Führer des sog. marxist. Zentrums, in den Jahren vor Ausbruch des 1. WK heftige Kontroversen mit Rosa Luxemburg. Unterstützte 1914 trotz theoret. Vorbehalte die Zustimmung der SPD-Reichstagsfraktion zu den Kriegskrediten, trat jedoch ab 1915 bei erneuten Kriegskredit-Abstimmungen gegen die Politik des PV u. der Reichstagsfraktion auf, deshalb 1917 Entlassung als Schriftltr. der *Neuen Zeit.* 1917 USPD. Propagierte ab Kriegsende ZusArbeit von USPD und SPD u. wandte sich scharf gegen Rätedemokratie u. bolschewist. Revolution. Nov.-Dez. 1918 als beigeord. Staatssekr. im AA mit Hg. der dt. Akten zum Kriegsausbruch beauftragt; Vors. Sozialisierungskommission. 1920 Reise nach Georgien zur Unterstützung der sozdem. Reg.; protestierte scharf gegen Besetzung Georgiens durch sowj. Truppen. Dez. 1920 anläßl. des Zusammenschlusses von KPD u. USPD Parteiaustritt, 1922 (Wiedervereinigung von Rest-USPD u. SPD) Wiedereintritt in SPD. 1924 Übersiedlung nach Wien, bis 1938 wiss. u. publizist. Tätigkeit. 1925 Mitverf. des Heidelberger Programms der SPD. Ab 1933 enger Kontakt zur *Sopade* Prag, Mitarb. *Neuer Vorwärts* u.a. sozdem. Exilztg. Unmittelbar nach Anschluß Österr. Emigr. in die CSR, anschl. Amsterdam.

W: u.a. Der Einfluß der Volksvermehrung auf den Fortschritt der Gesellschaft. 1880; Karl Marx' ökonomische Lehren. 1887; Arbeiterschutz und Achtstundentag. 1890; Das Erfurter Programm. 1892; Die Agrarfrage. 1899; Bernstein und das sozialdemokratische Programm. 1899; Die soziale Revolution. 1902; Der Ursprung des Christentums. 1908; Der Weg zur Macht. 1909; Habsburgs Glück und Ende. 1918; Demokratie und Diktatur. 1918; Wie der Weltkrieg entstand. 1919; Terrorismus und Kommunismus. 1919; Von der Demokratie zur Staatssklaverei. 1921; Die proletarische Revolution und ihr Programm. 1922; Mein Verhältnis zur Unabhängigen Sozialdemokratischen Partei. 1922; Die materialistische Geschichtsauffassung, 2 Bde. 1927; Erinnerungen und Erörterungen (Hg. Benedikt Kautsky). 1959. *L:* Blumenberg, Werner, Karl Kautskys literarisches Werk. 1960; Stampfer, Friedrich, Mit dem Gesicht nach Deutschland. 1968; DBMOI; Blumenberg, Werner, Kämpfer für die Freiheit. O. J.; Albrechtová, Tschechoslowakei. *D:* IISG. *Qu:* Arch. Hand. Publ. - IfZ.

Kautsky, Karl, Dr.med., Arzt, Politiker; geb. 13. Jan. 1892 Stuttgart, gest. 1978 Napa/Calif.; Diss.; *V:* → Karl Kautsky (geb. 1854); *M:* Luise geb. Ronsperger (geb. 1864, gest. 1944 in KL-Haft), Emigr. CSR, NL; ∞ 1918 Charlotte Kubelt (geb. 1892), 1939 Emigr. S, USA; *K:* Hilde Cherry (geb. 1920), 1939 Emigr. S, USA; Ilse Calabi (geb. 1922), 1939 Emigr. S, USA; *StA:* österr., Ausbürg., 1944 USA. *Weg:* 1939 S, USA.

1909-18 Stud. Medizin Berlin, Frankfurt/M. u. Wien, 1916 Prom.; 1917-18 MilArzt in österr.-ungar. Armee. 1918-34 SDAP. Ab 1919 ärztl. Tätigkeit innerhalb des Amts für Wohlfahrtseinrichtungen, Jugendfürsorge und Gesundheitswesen der Gde. Wien, bis 1934 Arzt u. Chefarzt in *Arbeiterwohlfahrts-*u. Gde.-Krankenhäusern, 1922 Gr. u. bis 1934 ärztl. Ltr. der Eheberatungsstelle Gesundheitsamt Wien. 1932-34 Mitgl. GdeRat Wien. 1934-38 prakt. Arzt, nach Anschluß Österr. Verlust der Praxis u. sechsmon. Schutzhaft. Febr. 1939 Ausweisung, bis Herbst 1939 Aufenthalt in Schweden, Okt. 1939 Einreise in die USA, zunächst keine Arbeitsbewilligung, anschl. Arzt in einer Gemeinschaftspraxis. Mitarb. *Jewish Labor Committee* (JLC) sowie *Labor Aid Project* (von Gew. u. JLC getragenes Hilfswerk für alte u. invalide Emigr. aus der internat. Arbeiterbewegung); 1946 als Nachf. von → Friedrich Adler Vors. *Labor Aid Project.* Nach dem Krieg bis 1964 praktizierender Gynäkologe. Anschl. als Publizist u. Übers. tätig, lebte in Kalifornien.

W: u.a. August Bebels Briefwechsel mit Karl Kautsky. 1971. *L:* Czeike, Wien 1; Patzer, Gemeinderat. *Qu:* Arch. Fb. Hand. Publ. Z. - IfZ.

Kazmierczak, Michael, Parteifunktionär; geb. 18. Sept. 1898, gest. 20. Nov. 1933; *Weg:* 1932 UdSSR; 1933 Deutschland.

Bauarbeiter; 1919 KPD. In der Weimarer Republik 3 J. in Haft; Mitgl. KPD-BezLtg. u. RFB-Gaultg. Westsa., 1930-32 Ltr. KPD-Unterbez. Riesa/Sa. Herbst 1932 v. ZK auf Lenin-Schule der *Komintern* delegiert, Juli 1933 Rückkehr nach Berlin, Zentralltr. KPD-Kurierdienst in Deutschland, 18. Nov. 1933 Verhaftung, angebl. von Gestapo ermordet.

L: Kraushaar, Deutsche Widerstandskämpfer. *Qu:* Publ. - IfZ.

Kaznelson, Siegmund, Dr. jur., Verleger; geb. 17. Mai 1893 Warschau, gest. 20. März 1959 Jerusalem; jüd.; *Weg:* 1937 Pal.

1911 Abitur Gablonz/Böhmen; Mitgl. zion. Bewegung, 1913-17 Red. zion. Wochenztg. *Selbstwehr* Prag, Beiträge für W.Z.O.-Ztg. *Die Welt.* Zugl. Stud. Deutsche Univ. Prag, 1919 Prom.; 1918 Mitgr. *Jüdischer Nationalrat* ČSR, 1920 Geschäftsf. Jüdischer Verlag Berlin, 1923 Red. *Der Jude,* 1931 Gr. The Jew. Publishing House Ltd. in Pal. (Zweigstelle des Jüdischen Verlages), 1920-37 Hg. bedeutender Judaica (u.a. S. Dubnow, *Weltgeschichte des Jüdischen Volkes,* 10 Bde., 1925-29; *Jüdisches Lexikon,* 5 Bde., 1927-30; *Juden im deutschen Kulturbereich,* 1935), dann Veröffentlichungsverbot. 1937 Emigr. Palästina, bis 1959 Hg. u. Schriftsteller; 1957 Wiedereröffnung Jüdischer Verlag Berlin.

W: Völkerbund und Zionismus 1922; Juden im deutschen Kulturbereich 1935, 2. Aufl. 1959, 3. Aufl. 1962; The Palestine Problem and its Solution. 1946; Beethovens ferne und unsterbliche Geliebte. 1954; Jüdisches Schicksal in deutschen Gedichten. 1959. *Qu:* Hand. HGR. Publ. - RFJI.

Keaton (bis 1948 Kuehns), **Harry Joseph,** Rechtsanwalt, Politiker; geb. 8. Juni 1925 Prag; jüd.; *V:* Fred (Fritz) G. Kuehns (geb. 1897 Prag), jüd., Kaufm., 1941 Emigr. Schanghai, 1947 USA, Büroangest. in San Franzisko; *M:* Nina Ordner (geb. 1905 Wien, gest. 1947 San Franzisko), jüd., Emigr. mit Ehemann; ∞ 1952 Minto Elizabeth Hannus (geb. 1928 San Franzisko), ev., 1952 M.S.W. Univ. of Calif., Sozialarb.; *K:* Elizabeth Ann (geb. 1956), Stud., Krankenhaus-Angest.; Deborah Michelle (geb. 1958); Janette Minto (geb. 1960); Juliana Jenifer (geb. 1964); *StA:* CSR, 1953 USA. *Weg:* 1941 China; 1947 USA.

1937-39 dt. Realgymn. Prag, 1939-40 Privatschule, 1940-41 Privatstunden. März 1941 Emigr. nach Schanghai, 1941-42 Stud. Betriebs- u. Volkswirtsch., 1942-47 Lehrling in Schuhfabrik, Verkaufsltr. für pharmazeut. Firma, Büroangest. bei US Air Force u. Foreign Liquidation Commission. 1947 in die USA. 1947 nach Fernunterricht Zulassungsprüfung Univ. of London, 1947-48 Stud. San Francisco City Coll., 1948-53 Univ. of Calif., Berkeley, 1950 B.A. summa cum laude, 1953 J.D., Vors. Studentenausschuß, Deleg. bei *National Student Assn.,* Red. *California Law Review.* 1953-55 im US-Justizmin. tätig, 1955-66 Teilh. der RA-Firma Loeb and Loeb, Los Angeles u. Santa Ana/Calif., 1962-66 Vorträge über Arbeitsrecht an Univ. of Southern Calif.; 1966-72 Teilh. der RA-Firma Rutan & Tucker, Los Angeles, ab 1972 von Mitchell, Silberberg, Knupp, Los Angeles 1960, 1968, 1970 u. 1972 Teiln. an Wahlkämpfen der *Republican Party,* u.a. für Eisenhower, Nixon u. Reagan. 1960-61 Rechtsberater u. Mitgl. des National Committee der Partei, 1962-63 Präs. *Young Republicans of Calif.;* 1961-74 Mitgl., 1961-64 Mitgl. des geschäftsf. Ausschusses u. 1973-74 stellv. Vors. des Anwaltskomitees des Calif. Republican State Central Comm.; GrdgMitgl., zeitw. geschäftsf. Vizepräs. für South Calif. u. 1968 Vizepräs. für Rechtsangelegenheiten der *Calif. Republican League,* 1964 Vizepräs. Los Angeles County Republican Assembly. 1968 u. 1972 Schatzmeister der *Calif. Lawyers for Nixon-Agnew.* Vors. Ausschuß für Bürgerrechte u. Mitgl. geschäftsf. Ausschuß beim West Regional Adv. Bd. der ADL. Mitgl. *Atlantic Council US, Inc., Los Angeles World Affairs Council;* Mitgl. *Atlantic Assn. of Young Political Leaders,* US-Deleg. bei den Verbands-Konf. in Bonn (1963), Oxford u. Paris (1965), 1963-65 Schatzmeister u. Mitgl. ihres geschäftsf. Ausschusses; Mitgl. *Orange County Bar Assn.;* Mitgl., mehrmals Landesdeleg., 1968-69 Vors. des Rechtsausschusses u. ab 1969 Mitgl. des Treuhänderausschusses der *Los Angeles County Bar Assn.;* Mitgl. mehrerer Ausschüsse der *Am. Bar Assn.,* 1965 Mitgl. Los Angeles District Attorneys Adv. Council; Mitgl. Community Relations Comm. des *Jewish Fed.-Council of Greater Los Angeles,* VorstMitgl. *Los Angeles Neighborhood Legal Serv. Soc.* - Lebte 1978 in Beverly Hills/Calif.

W: Jur. Beiträge in Fachzs., vor allem über Arbeitsrecht. *Qu:* Fb. Hand. - RFJI.

Kegel, Gerhard, Journalist, Diplomat; geb. 16. Nov. 1907 Preußisch Herby/Oberschlesien; *StA:* deutsch. *Weg:* 1937 UdSSR; 1945 (?) Deutschland (Berlin).

Abitur, Lehre bei Dresdner Bank, 1928-31 Stud. Staats- u. Rechtswiss. Breslau, nach Staatsex. Wirtschaftsjourn. u. Außenhandelskorr. in Berlin, Warschau u. Moskau, zeitw. Mitarb. *Breslauer Neueste Nachrichten;* 1931 KPD. In den 30er Jahren Mitarb. Deutsche Botschaft in Warschau, Mai 1934 NSDAP, 1937 nach Abberufung aus Warschau Emigr. in die UdSSR. Nach Kriegsende SED, stellv. u. später Chefred. *Berliner Zeitung,* gleichz. Geschäftsf. Berliner Verlag u. Allgemeiner Deutscher Verlag; 1950-51 stellv. Chefred. u. Mitgl. Red-Kollegium *Neues Deutschland* Berlin (Ost), 1951-52 Chefred. u. anschl. bis 1955 Verlagsdir. der Wochenzs. *Die Wirtschaft* Berlin (Ost), ab 1955 AbtLtr. im ZK der SED, ab Apr. 1959 Gesandter, Sprecher der DDR-Delegation auf Genfer Außenministerkonf., 1967-71 Kand. ZK der SED, ab Juli 1973 Botschafter, Ständiger Beobachter der DDR bei den UN u.a. internat. Org. in Genf. - *Ausz.:* 1955 u. 1959 VVO (Silber), 1967 VVO (Gold).

Qu: Hand. Z. - IfZ.

Keilson, Max, Grafiker, Parteifunktionär; geb. 1900, gest. 9. Nov. 1953; ∞ → Margarete Fuchs-Keilson; *StA:* deutsch. *Weg:* 1933 F; ČSR; UdSSR; 1945 Deutschland (Berlin).

Grafiker, bes. Fotomontage, Buchausstattung (Signum: K., son), Ltr. des graf. Ateliers des ZK der KPD im Karl-Liebknecht-Haus Berlin; 1928 Mitgr. u. geschäftsf. Vors. *Assoziation revolutionärer bildender Künstler Deutschlands* (ARBKD, Asso). Nach natsoz. Machtübernahme über Frankr. u. die ČSR in die UdSSR, im 2. WK verantwortl. Red. des *Senders SA-Mann Weber* bei *Deutscher Volkssender* Moskau/Ufa, ab Grdg. Mitgl. inoffiz. NKFD-LtgGremium *Institut Nr. 99* u. mit Gustav v. Wangenheim verantwortl. für Verb. zur offiz. NKFD-Rundfunkred. in Lunovo. 1945 Rückkehr nach Berlin, stellv. Chefred. *Deutsche Volkszeitung* Berlin, dann Chefred. *Vorwärts,* ab 1949 Präs. *Verband der Deutschen Presse* u. Ltr. Abt. UdSSR in Hauptabt. I des MfAA der DDR. 16. Jan. 1953 mit Ehefrau im Zusammenhang mit der Affäre um den damaligen DDR-Außenmin. Georg Dertinger verhaftet. Weiteres Schicksal unbekannt, angebl. 1953 (um 1955?) gestorben.

L: Gyptner, Richard, Über die antifaschistischen Sender während des zweiten Weltkrieges. In: BZG/1964, S. 881 f; GdA-Chronik; Duhnke, KPD; Fischer, Deutschlandpolitik; Kramer, Jürgen, Die ARBKD. In: Wem gehört die Welt, 1977. *Qu:* Publ. Z. - IfZ.

Kellen (urspr. Katzenellenbogen), **Stephen Max,** Bankier; geb. 21. Apr. 1914 Berlin; *V:* Max Katzenellenbogen; *M:* Leonie, geb. Marcuse; *G:* Leonie Marcuse; *StA:* deutsch, 1944 USA. *Weg:* 1935 (?) GB; 1936 USA.

1932 Abitur Berlin, bis 1935 Banklehre Berliner Handels-Gesellschaft. 1935 oder 1936 Emigr. GB, 1936 bei Lazard Brothers Ltd. London; 1936 USA, 1937-40 bei Loeb, Rhoades & Co. New York; ab 1940 Angest., ab 1955 Präs. Arnhold & S. Bleichroeder New York, zugl. Dir. Pittway Corp. u. Siemens Overseas Investments Ltd. Kanada. Mitgl., 1969-71 Vorst-Mitgl. *Investment Bankers Assn.*, Mitgl. *Securities Indus. Assn.*, Treuhänder New York Cancer Research Inst., Dir. Deutsches Theater, *Friends of Animals*. Lebte 1977 in New York.

Qu: Hand. - RFJI.

Keller, August Paul **Robert,** Journalist u. Kommunalpolitiker; geb. 12. Juni 1901 Trebbin b. Teltow, gest. 6. Dez. 1972 Frankfurt/M.; ∞ 1926 Elisabeth Annemarie Schulze (geb. 1905); *K:* Frank (geb. 1930), Annette (geb. 1940); *StA:* deutsch, 26. Jan. 1938 Ausbürg. *Weg:* 1933 CSR; 1938 F; 1942 USA; 1947 Deutschland (SBZ).

Gymn., 1920 SPD, 1921-26 Mitgl. Landesltg. *Jungsozialistische Vereinigung*, Mitarb. *Jungsozialistische Blätter*, zeitw. Mitarb. im Sekr. der sozdem. Reichstagsfraktion, dann bis 1928 hauptamtl. SPD-Funktionär in Kiel, ab 1928 in Eisleben u. Halle, 1929-33 StadtVO. Eisleben (Fraktionsvors.), 1929 ZdA, Mitgl. *Reichsbanner*, Redner u. Propagandist in der Auseinandersetzung mit der NSDAP. 10. März 1933 beteiligt an Verteidigung des Volkshauses Eisleben bei Erstürmung durch SA, bei der mehrere SPD-Mitgl. getötet wurden. Mai 1933 Gr. einer Widerstandsorg., die bis zur Zerschlagung 1936 in Verb. mit *Rotem Stoßtrupp* u. *Sopade* im Reichstagswahlkreis Halle-Merseburg operierte. 19. Juni 1933 Deleg. Bez. Halle-Merseburg auf letzter SPD-Reichskonf. in Berlin. Sept. 1933 Emigr. nach Röhrsdorf/CSR, ab 1934 Bensen b. Bodenbach, 1934/35 Org. einer Hilfsaktion für verfolgte Mitgl. des *Roten Stoßtrupps*, VerbMann zu *Sopade*. Sommer 1938 nach Paris, Juli 1938 Verf. eines offenen Briefes an *Sopade* gegen Ausschluß von → Paul Hertz. März 1941 USA-Visum, ab Febr. 1942 in New York, dort Speditionsbuchhalter, Mitgl. CDG. 1947 mit Unterstützung des SPD-PV London Rückkehr nach Deutschland, 1947-49 Chefred. SED-Organ *Vorwärts* Berlin, ab 1949 stellv. Chefred. *Neues Deutschland*. Spätestens ab Mitte der 50er Jahre in der Bundesrepublik Deutschland ansässig.

Qu: Arch. Hand. - IfZ.

Keller, Rudolf, Verleger, Biochemiker; geb. 26. Apr. 1875 Schlackenwerth b. Karlsbad, gest. Mai 1964 New York; *StA:* österr., 1919 CSR. *Weg:* 1939 GB; USA.

Stud. Deutsche Univ. Prag, Biochemiker; durch Einheirat in die Prager Verlegerfamilie Mercy mehrheitl. Mitbesitzer u. Hg. von *Prager Tagblatt, Aussiger Tagblatt* u. *Morgenzeitung* Mährisch-Ostrau; freie Forschungstätigkeit. 1939 Emigr. nach GB, Mitgl. *Thomas-Mann-Gruppe;* später in die USA, Dir. des biochem. Labors der Madison Foundation for Biochemical Research New York. - *Ausz.:* Dr.h.c. Univ. Basel.

W: Reibungselektrische Untersuchungen an Pflanzen. 1900; Elektrizität in der Zelle. 1918; Elektrohistologische Untersuchungen. 1920; Biochemische Hochspannungsversuche. 1927. *Qu:* Arch.Hand. - IfZ.

Kellermann, Henry Joseph (urspr. Heinz), Dr. jur., Verbandsfunktionär, Diplomat; geb. 12. Jan. 1910 Berlin; jüd.; *V:* Ernst Walter Kellermann; ∞ 1938 Mignon Lunt Pauli (geb. 1907 Brooklyn/N.Y.), B.A., Lehrerin; *K:* David B. (geb. 1938 Brooklyn), M.B.A., Geschäftsf. in CH; Thomas A. (geb. 1940 Brooklyn), B.A., Programmanalytiker; Susan (geb. 1944 Washington/D.C.), B.A., Schauspielerin; *StA:* deutsch, 1941 USA. *Weg:* 1937 USA.

1928-31 Stud. Rechtswiss. Berlin, Freiburg, Heidelberg, 1932 Referendar, 1937 Prom. Berlin; Mitgl. *Freie Wissenschaftliche Vereinigung* Heidelberg. 1932-33 Mitarb. in RA-Kanzlei, 1933 Berufsverbot. 1926-32 Mitgl. *Jüdisch-Liberaler Jugendverein*, 1928-32 Ltr. *Arbeitsgemeinschaft Jüdisch-Liberaler Jugendverbände*, 1932-37 RedMitgl. u. Journ. *CV-Zeitung* u. *Jüdisch-Liberale Zeitung*. 1935-36 Stud. L(H)WJ Berlin, 1934-37 Ltr. B.D.J.J., 1936 Mitgl. Arbeitskomitee für Groß-Breesen. Aug. 1937 Emigr. USA, 1937-38 Stipendiat der Johns Hopkins Univ., 1938-40 Stud. School of Social Work Columbia Univ., Diplom; zugl. 1938-40 Dir. Abt. für soziale und kulturelle Anpassung des *Nat. Refugee Service* New York, 1940 wiss. Assist. School of Social Work Columbia Univ., 1941-42 StudLtr. *New York Welfare Council*. 1942-44 Propagandafachmann im Foreign Broadcast Intelligence Service Washington/D.C., 1944-46 pol. Beamter im OSS Washington/D.C. u. London, 1945 Forschungsltr. u. Berater Office for the Prosecution of Axis Criminality, Mitarb. bei Vorbereitung der Nürnberger Prozesse. Seit 1945 im US-Ausland. 1946-50 Regionalsachverständiger, später Ltr. Abt. Erziehungs- u. InfoPol. für Deutschland. u. Österreich, 1948-49 Informationsreisen nach Deutschland, 1949 Mitgl. US-Delegation auf der Außenministerkonf. in Paris. 1950-53 Dir. Reorientierungsprogramm im Office of German Public Affairs. 1953-56 Berater des Assist. Secr. für europ. Angelegenheiten sowie des Dir. für dt. Angelegenheiten u. des Assist. Secr. für öffentl. Angelegenheiten, zugl. 1953-55 Berater Rand Corp. Santa Monica/Calif.; 1956-61 US-Vertr. bei der UNESCO in Paris, 1961-62 UN-Berater des Assist. Secr. für europ. Angelegenheiten. 1962-66 stellv. Missionschef, 1966-67 Chargé d'Affaires US-Botschaft Bern, 1967-68 Berater pol. Planungsrat Washington/D.C., anschl. im Umweltschutz tätig, 1968-70 stellv. Ltr. Bureau of Internat. Scient. and Techn. Affairs, 1969 Mitgl. White House Task Force für Bevölkerungs- u. Umweltfragen, 1969 Vors. Interdepartmental Committee on Internat. Environmental Affairs des Fed. Council of Science and Techn., 1970 Vors. US-Deleg. auf der Europ. Conservation Conf., 1970-73 1. Dir. Committee for Internat. Environmental Programs an der Nat. Acad. of Sciences Washington/D.C. Seit 1974 Doz. für Fragen des internat. Umweltschutzes an der School of Foreign Service Georgtown Univ. Washington/D.C.; Mitgl. *Am. Foreign Service Assn., Am. Pol. Science Assn., Common Cause,* Washington Hebr. Congr., *Urban Affairs and Social Action Committee, Jew. Community Board of Greater Washington.* Lebte 1977 in Washington/D.C. - *Ausz.:* 1954 Ehrung durch den Berliner Senat; Superior Honor Award des US-Außenmin.; 1976 Großes BVK.

W: Art. in dt.-jüd. Ztg., Broschüren zu dt.-jüd. Fragen; Beiträge über Deutschlandfragen in *Department of State Bulletin* sowie über Probleme der Ökologie u. des Umweltschutzes in wiss. u. techn. Zs. u. Handb. *L:* Angress, Werner T., Auswandererlehrgut Groß-Breesen. In: Yearbook X, Leo Baeck Inst. 1965. *D:* Dwight D. Eisenhower Library, Abilene/Texas; Nat. Arch.; Arch. des Außenmin. Washington/D.C. *Qu:* Fb. Hand. Pers. Z. - RFJI.

Kellner, Friedl (Siegfried ?), Parteifunktionär; gest. 19. Mai 1977 (?) Monheim/Rheinl. (?). *Weg:* 1935 (?) UdSSR; Österr.; 1938 CH; 1945 Österr.

Bäcker in Steyr/Oberösterr., Mitgl. KPÖ, ab 1933 illeg. Funktionär. 1935 (?) nach Moskau, Lenin-Schule, anschl. Rückkehr nach Österr., KPÖ-Instrukteur Steiermark. 1938 Emigr. Schweiz, Internierung, Lagerhaft. 1945 Rückkehr nach Österr. 1945-48 als AgitProp-Ltr. Mitgl. Landesleitung Oberösterr. der KPÖ. Arbeitete 1948-55 in einem USIA-Betrieb, anschl. Tätigkeit in Donau- u. Rheinschiffahrt. Angebl. 1969 Übersiedlung nach Monheim/Rheinland.

L: Göhring, KJVÖ. *Qu:* Pers. Publ. - IfZ.

Kellner, Viktor, Dr.phil., Pädagoge; geb. 1887 Österr., gest. 1970; jüd.; ∞ Emmy Hermann; *K:* Susi (gest. Kibb. Ein Ḥarod/IL); *K:* 1 S. *Weg:* 1938 Pal.

1905 nach Prag, Mitgl. *Bar Kochba* u. in dessen Ehrengericht, förderte Verbreitung der hebr. Sprache. 1910 Prom. Prag, 1910-14 Latein- u. Deutschlehrer am Herzliyyah-Gymn. in Jaffa/Pal., unterrichtete u.a. Moshe Shertok [urspr. Sharett] (1948-56 isr. Außenmin., 1953-56 MinPräs.). 1914-18 Kriegsteiln. österr. Armee. 1918-19 Gymnasiallehrer in Troppau/Schlesien, 1919-38 Dir. des Chajes-Gymn. in Wien; Mitgl. *B'nai B'rith, Herzl-Bund* u. *Zion. Org.;* 1938 Emigr. Palästina,

Dir. der Talpiyyot-Schule in Jerusalem, Dir. des Balfour-, dann des Ben-Yehudah-Gymn. in Tel Aviv, gleichz. Doz. für Gesch. der Pädagogik an Lehrerseminar u. für Bibelkunde am Gymn. - Ruhestand im Kibb. Ein Harod.

W: u.a. Iyunim baShirah haMikrait (Studien über die Poetik der Heiligen Schrift). 1965-66; Hakarat Panim (Gesammelte Aufsätze). 1968; Übers. ins Dt. u. Hebr. (u.a. Martin Bubers Abhandlungen über den Zionismus), Beiträge in Zs. u. Ztg., u.a. MB. *Qu:* Hand. Publ. Z. - RFJI.

Kelson, Anszel, Fabrikant; geb. 9. Aug. 1889 Warschau; jüd.; ∞ 1912 Chaja (geb. 1889 Warschau); *K:* Rosa Palatnik (geb. 1920 Berlin); Artur (geb. 1922 Berlin); Siegfried (geb. 1922 Berlin); Hanni Froelich (geb. 1924 Berlin); *StA:* PL; Bras. *Weg:* 1940 (?) Bras.

1919-39 Kaufm. in Berlin, vermutl. 1940 Emigr. Brasilien; seit Beginn der 40er Jahre Inh. einer Lederwarenfabrik, Entwicklung zu Unternehmen mit über 2500 Angest. u. bedeutendem Exportgeschäft, 1973 Übernahme durch intern. Ges. unter Fortführung des Firmennamens Kelson. Lebte 1977 in Brasilien.

Qu: Fb. - RFJI.

Kemény, Alfred, Kunsttheoretiker, Publizist; geb. 1895 Neusatz/Batschka, gest. Aug. 1945 Budapest; *V:* Arzt; *StA:* österr., 1918 H. *Weg:* 1933 CSR; 1934 UdSSR; 1945 H.

Stud. Rechtswiss., Ästhetik u. Kunstgesch. Univ. Budapest, 1918-19 Mitarb. der avantgardist. Kunst- u. LitZs. *Ma* Budapest, Teiln. an der Errichtung der ungar. Räterepublik, 1919 Emigr. nach Wien u. 1921 nach Berlin, Mitarb. der ungar. Exilzs. *Egység,* Mitgl. des expressionist. *Sturm*-Kreises um Herwarth Walden, Ausscheiden nach einer Reise in die UdSSR. 1923 KPD, 1924-33 Red. *Die Rote Fahne* Berlin, zahlr. theoret. Beiträge zur marxist. Ästhetik; ab 1925 Ps. Alfred Durus. 1933 Emigr. nach Prag, 1934 in die UdSSR, 1935-37 Sekr. *Internationales Büro revolutionärer Künstler,* danach Sekr. im Moskauer Komitee des *Verbandes bildender Künstler der UdSSR;* Mitarb. *Deutsche Zentral-Zeitung, Internationale Literatur, Das Wort* sowie sowj. u. ungar. Zs. Im 2. WK Offz. der Roten Armee. Rückkehr nach Ungarn. - Ps. Alfred Hart, Alfred Stark, Kamen.

W: Der amerikanische Zeichner Fred Ellis. Moskau 1937; Deutsche Künstler des Zeitalters der Reformation und des Bauernkrieges (1940 abgeschlossenes Ms., verschollen); zahlr. Art. *L:* LSDL. *Qu:* Hand. Publ. - IfZ.

Kempner, Paul H., Dr.jur., Bankier; geb. 30. Dez. 1889 Berlin, gest. 12. Apr. 1956 New York; ev.; *V:* Maximilian K. (geb. 1854 Kempen/Posen, gest. 1927 Berlin), jüd., später ev., Geheimer Justizrat, Mitarb. zahlr. Industrieunternehmen, Vors. Deutsches Kalisyndikat, Okt. 1918 Wahl zum MdR *(Fortschrittspartei),* Mandatsantritt durch Novemberrevolution verhindert; *G:* Frederick C.; ∞ 1918 Margarete Elisabeth Marie von Mendelssohn (geb. 1894 Berlin), ev., 1939 Emigr. USA; *K:* Martha Camfield (geb. 1919 Berlin); Fritz (Frederick) F. (geb. 1921 Amsterdam); Franziska Morris (geb. 1923 Berlin); Maximilian W. (geb. 1929 Berlin), Emigr. USA, RA in New York. *Weg:* 1939 USA.

Stud. Rechtswiss. Freiburg, Heidelberg, Berlin, 1922 Prom. Halle, Referendar Berlin, bis 1919 Gerichtsassessor. Im 1. WK Adjutant beim VerwChef des dt. GenGouverneurs in Belgien (EK II, Großes Silbernes Ehrenzeichen, Verdienstkreuz für Kriegshilfe). 1919 Eintritt in Privatbank Mendelssohn & Co. Berlin, 1922-38 Teilh., nach Liquidierung der Bank persönl. haftender Gesellschafter Mendelssohn & Co. KG a.A. in Amsterdam. Österr. Ehren-GenKonsul Berlin, VorstMitgl. DDP, stellv. Vors. *Friedrich-List-Gesellschaft,* VorstMitgl. *Kaiser-Friedrich-Museums-Verein;* Vertr. Deutschlands im Finanzausschuß des Völkerbundes. 1939 Emigr. USA, 1946 M.Sc. (Buchführung) School of Business, Columbia Univ.; Mitgr., Teilh., Finanzdir. Natvar Corp. Rahway/N.J.; 1944 ehrenamtl. Schatzmeister *Am. Comm. to Aid Survivors of the German Resistance of July 20.*

Qu: Arch. EGL. Hand. HGR. Pers. Z. - RFJI.

Kempner, Robert Maximilian Wasili, Dr. jur., Rechtsanwalt, Publizist; geb. 18. Okt. 1899 Freiburg/Br.; o.K.; *V:* Dr. med. Walter K. (geb. 1869 Glogau/Schlesien, gest. 1920), Sanitätsrat; *M:* Dr. phil. Lydia Rabinowitsch-K. (geb. 1871 Kowno/Litauen, gest. 1935), Bakteriologin, Dir. bakteriolog. Institut am Krankenhaus Berlin-Moabit, 1912 als erste Frau mit preuß. ProfTitel ausgezeichnet; *G:* Nadeschda (geb. 1901); Dr. med. Walter K. (geb. 1903), 1933 Emigr., Hochschullehrer Duke Univ., Durham/N.C., USA; ∞ I. 1922 Dr. med. Helene K.; II. 1935 Ruth Benedicta Maria Hahn (geb. 1904), kath., Sozialbeiterin, 1935 Emigr., Lehrerin Istituto Fiorenza in Florenz u. Nizza, 1939 USA, 1941-45 Sozialarbeiterin, 1944-45 Mitarb. M-Projekt von Präs. F.D. Roosevelt, 1947-48 Mitarb. US-Anklagebehörde Nürnberg, 1953-63 für die Entschädigung jüd. u. kath. NS-Opfer tätig, Publizistin (u.a. *Priester vor Hitlers Tribunalen,* 1966), Ausz.: Pro Ecclesia et Pontifice, BVK, Goldenes Ehrenz. für Verdienste um die Rep. Österreich; *K:* aus I: Lucian (geb. 1923), 1935 Emigr., M.A., Beamter im US-Verteidigungsmin.; aus II: André (geb. 1939 Nizza), Agrarwissenschaftler, A: S; *StA:* deutsch, 21. Okt. 1938 Ausbürg. mit Ehefrau, 1945 USA. *Weg:* 1935 I; 1938 F; 1939 USA.

1917 Abitur, Uffz. Gardeschützen-Btl. (EK II), anschl. Stud. Rechtswiss. Berlin, Freiburg/Br., Breslau; 1922 Referendar, 1923 Prom., 1926 Assessor, bis 1928 als Staatsanwalt u. Richter tätig. 1928-33 Justitiar in der Polizeiabt. des preuß. MdI, ORegRat, ab 1925 Mitarb. für Rechts- u. Polizeifragen u.a. bei *BZ am Mittag, Berliner Morgenpost* u. *Vossische Zeitung,* ab 1926 Doz. Deutsche Hochschule für Politik u. Polizeiakademie. VorstMitgl. *Republikanischer Richterbund.* Rechtsberater DLM, Mitgl. SPD u. *Reichsbanner.* Setzte sich Anfang der 30er Jahre für Verbot der NSDAP u. Ausweisung Hitlers ein. Febr. 1933 Entlassung; ab 1934 Mitinh. eines Auswanderungs-Beratungsbüros in Berlin, 1935 Gestapohaft, Ende 1935 Emigr. nach Italien, Lehrer u. kaufm. Ltr. Istituto Fiorenza für jüd. Schüler, Herbst 1938 nach Zwangsschließung Wiederaufbau des Landschulheims in Nizza. Über Albanien, Jugoslawien u. Palästina im Sept. 1939 in die USA. Bis 1942 mit Carnegie- u. Carl-Schurz-Stipendium als Research Assistant für Forschungen zur Struktur europ. Diktaturen an Univ. Pennsylvania tätig, daneben Vorlesungen an anderen Univ., ab 1941 Sonderberater bei Justizmin., Verteidigungsmin. u. OSS. Kontakte zu Exilorg., 1942 Initiator von Rundfunksendungen für dt.-sprach. Amerikaner, zahlr. Presseveröffentl., u.a. in *Aufbau.* 1944 mit Entwurf von Anklageschriften gegen Göring u. Frick beauftragt, ab 1945 AbtLtr. der US-Anklagebehörde beim Internat. MilTribunal in Nürnberg, 1947-49 stellvertr. Hauptankläger bzw. Hauptankläger im sog. Wilhelmstraßen-Prozeß, daneben 1946-48 Gastprof. Univ. Erlangen. 1949-50 im Rahmen des Beamten-Austauschprogramms des *Am. Council on Educ.* tätig. 1951 Niederlassung als RA in Frankfurt/M.; Experte für Restitutionsrecht, Nebenkläger bei NS-Prozessen; Sonderberater der isr. Reg. in Fragen der Strafverfolgung von NS-Tätern, zuletzt im Eichmann-Prozeß. Rege publizist. Tätigkeit. Mitgl. u.a. *Am. Society for Internat. Law, Am. Pol. Science Assn., Acad. Pol. and Social Science.* Lebte 1977 in Lansdowne/Pa., USA, u. Frankfurt/M. - *Ausz.:* 1934 Verdienstkreuz für Frontkämpfer; Polonia Restituta, 1969 Gr. BVK mit Stern, Carl-von-Ossietzky-Med., Silberne Med. Karls-Univ. Prag, 1970 Ehrenbürger Jerusalem, 1975 Wilhelm-Leuschner-Medaille.

W: u.a. Preußisches Polizeiverwaltungsgesetz (Kommentar). 1931; Justizdämmerung, Auftakt zum Dritten Reich. 1932, Neuaufl. 1963; Blueprint of the Nazi Underground. 1943; Women in Nazi Germany (mit Ruth K.). Washington (M-Projekt of the President of the USA) 1944; Das Urteil im Wilhelmstraßenprozeß. 1950; German Police Administration. 1953; Eichmann und Komplizen. 1960; SS im Kreuzverhör. 1964; Der Warren-Report (Hg.). 1964; Edith Stein und Anne Frank -

Zwei von Hunderttausend. 1968; Das Dritte Reich im Kreuzverhör. 1969; Der Mord an 35 000 Berliner Juden. In: Gegenwart im Rückblick, 1970. (W z.T. in engl., holländ. u. hebr. Übers.)
Qu: Arch. Fb. Hand. Publ. Z. - IfZ.

Keren, Moshe (urspr. Krämer, Erich), Dr. phil., Journalist, Diplomat; geb. 18. Okt. 1900 Berlin, gest. 8. Aug. 1955 Düsseldorf; jüd.; *V:* Bernhard Krämer (geb. 1864 Wien, gest. 1923 Berlin), Bankier; *M:* Charlotte, geb. Glaserfeld (geb. 1874 Berlin, gest. 1962 New York), 1938 Emigr. USA; *G:* Lilli Herzfeld (geb. 1898 Berlin, gest. 1972 [?] Berlin), Emigr. NL mit Familie, 1936 B, dort während des 2. WK unter falschem Namen, später Rückkehr nach Deutschland; Walter (geb. 1908 Berlin, gest. 1955 New York), 1926 Emigr. USA, Kaufm.; ∞ 1928 Miriam Mayer (geb. 1906 Berlin), Stud. Berlin, 1933 Emigr. Pal., Englischlehrerin, Sozialfürsorgerin in Yehudiyah, 1953-67 Abt. für Integration der *Jew. Agency* u. 1967-74 Mitarb. I.O.M.E. Jerusalem; *K:* Michael (geb. 1931 Berlin), 1933 Emigr. Pal., 1955 B.A., Mitarb. isr. Min. für Handel u. Industrie, 1968 Ph.D. Yale Univ., Doz. für Wirtschaftswiss. Hebr. Univ.; Yehudith Elkana (geb. 1935), 1966 Ph.D. Hebr. Univ., Chemikerin Hadassah-UnivKlinik; *StA:* deutsch, Pal./IL.
Weg: 1934 Pal.

Stud. Phil., Archäologie u. Griech. in Göttingen, 1921 Prom.; anschl. Angest. beim Bankhaus I. Loewenherz Berlin, später Red. *Berliner Börsen-Courier,* 1928-33 Red. u. Leitartikler *Vossische Zeitung,* 1933 AuslKorr. für Ullstein-Verlag in Rom, Reise nach Palästina (Familie blieb in Palästina), 1933-34 Korr. *Jüdische Rundschau.* 1934 Emigr. Palästina, 1934-35 Kreditbearb. u. Einwanderungsberater für H.O.G., zugl. Beiträge für I.O.M.E.-Ztg. *MB-Mitteilungsblatt;* 1935-36 Ausbildung als Buchhalter, 1936-41 Buchprüfer Palestine Orchestra; 1941-45 brit. Armee, Hptm.; 1945-46 Ltr. Abt. für Unterstützung ehem. Soldaten bei der *Jew. Agency* Tel Aviv, 1946-49 stellv. Red. u. Leitartikler Tagesztg. *Haaretz;* 1948 IDF u. Nachrichtendienst des Außenmin., 1949-51 Botschaftsrat in Washington, 1951-53 in London; 1953-55 Red. u. Leitartikler *Haaretz,* 1955 Reise nach Deutschland (BRD) auf Einladung der isr. Handelsmission in Köln. Mitgl. *Israelischer Journalistenverband.*
W: Der Gefühlsbegriff (Diss.). 1921; Was ist Technokratie? 1933. *Qu:* EGL. Pers. Z. - RFJI.

Kerff, Willi (Wilhelm Franz Maria), Partei- u. Staatsfunktionär; geb. 1.Mai 1897 Vaalser Quartier b. Aachen; Diss.; *V:* Caspar Nicolas Hubert K. (1858 [?]-1923); *M:* Maria Elisabeth, geb. Rohde (1859 [?]-1911); *G:* Anna Margaretha Hubertina (1893-1955), Maria Aloisia (geb. 1895), Bernhardine Elisabeth Paula (1900-25), Johannes Caspar (geb. 1902); *StA:* deutsch.
Weg: UdSSR; 1947 Deutschland (SBZ).

Lehrer; 1918 USPD, Mitgl. des *Arbeiter- und Soldatenrates* in Aachen, 1920 KPD, ab 1923 hauptamtl. Funktionär, Mai 1924-Anfang 1925 PolLtr. Bez. Mittelrhein, 1925-33 MdL Preußen, 1925 OrgLtr. Bez. Mittelrhein, Sept.-Okt. 1925 PolLtr. Bez. Thür., 1925-33 Mitarb. der Landabt. des ZK der KPD. 1933-35 KL Sonnenburg, Zeuge im Reichstagsbrandprozeß. Danach kurzfr. illeg. tätig, Emigr. in die UdSSR. Als Gestapo-Agent beschuldigt, 1937-40 in NKVD-Haft. 1947 in die SBZ, Mitgl. SED; Ltr. des Informationsamtes bei der Brandenburg. Landesreg., 1953-57 1. stellv.Dir. des Deutschen Instituts für Zeitgeschichte Berlin (Ost), 1957-62 Mitarb. ebd., ab 1962 Parteiveteran. Lebte Ende der 60er Jahre in Berlin (Ost). - *Ausz.:* 1955 VVO (Bronze), 1957 u. 1962 VVO (Silber); Banner der Arbeit.
W: Karl Liebknecht 1914-1916. Fragment einer Biographie. 1967. *L:* Weber, Wandlung. *Qu:* Arch. Hand. Publ. - IfZ.

Kern, Helmuth F., Journalist, Gewerkschaftsfunktionär; geb. 3. Juni 1905 Magdeburg; ∞ Eva; *StA:* deutsch, 17. Okt. 1938 Ausbürg., USA. *Weg:* 1933 NL; 1934 Saargeb.; 1935 NL; 1939 USA.

1919 SAJ, 1926 Mitgl. SAJ-BezLtg. Sachsen; 1927-30 mit Parteistipendium Stud. Soziologie u. Volkswirtschaft Halle, journ. Ausbildung. Bis 1933 Red. *Volkszeitung* Düsseldorf, Apr. 1933 im Auftrag der SPD nach Amsterdam, Grenzarbeit, Flüchtlingsbetreuung; Juli 1933-Apr. 1934 mit → Emil Gross Hg. u. Red. *Freie Presse* Amsterdam, mit → Alfred Mozer Gr. u. VorstMitgl. SPD-Gruppe Amsterdam; 1934-35 in Saarbrücken Red. *Volksstimme.* 1935 Rückkehr Niederlande. 1939 Emigr. USA als niederländ. Gewerkschaftsvertr., Mitgr. u. geschäftsf. Vors. einer von Gew. unterstützten Lebensmittelgenossenschaft in Washington/D.C.; 1944-45 Stud. Am. Univ. Washington/D.C. Ab 1946 Geschäftsf. WCFM (genossenschftl., von Gew. unterstützte Radiostation in Washington). 1949-51 AFL-Vertr. u. Berater für ArbRecht bei HICOG, Verb. zu dt. Gewerkschaften u. zur SPD. Ab 1954 Mitgl. *Amalgamated Meat Cutters and Butcher Workmen,* später Dir. Ausschuß für pol. Bildung. Mitgl. *Affirmative Action Council, Nat. Planning Assn.,* Statuten-Komitee *Democratic Party.* Lebte 1976 in Chicago.

L: Kern, Helmuth, Education and Cope Director. In: The Butcher Workman, Juli 1975. *Qu:* Arch. Hand. Publ. - RFJI.

Kern, Karl Richard, Parteifunktionär, Publizist; geb. 9.Juli 1902 Graupen/Böhmen; ev., 1920 Diss.; *V:* Richard K. (1865-1910), Bergarb.; *M:* Marie (1870-1932); *G:* Reinhold (1889-1910), Anna (1895-1972), Marie (geb. 1897), Martha (geb. 1899), Franz (geb. 1903), Gertrud (geb. 1908); ∞ 1924 Marie Agnes Heumann (1904-71; *K:* Erika (geb. 1925), Otto (geb. 1932); *StA:* österr., 1919 CSR, 1943 staatenlos, 1947 S. *Weg:* 1938 S.

Im 1. WK Besuch einer techn. Schule der österr.-ungar. Kriegsmarine, danach Arbeiter, ab 1921 Krankenkassenangest.; 1918 Mitgl. Gew. u. *Verband der sozialdemokratischen Arbeiterjugend,* 1919 DSAP, 1924-29 Verbandssekr. u. 1926-38 Verbandsvors. des SJ, 1923 Mitgr. u. 1929-38 Mitgl. Exekutivkomitee u. Büro der SJI; ab 1926 Mitgl. PV der DSAP; Chefred. SJ-Organ *Sozialistische Jugend* bzw. ab 1935 *Junges Volk* Teplitz-Schönau, 1929-31 Chefred. *Freigeist* Reichenberg, 1931-34 u. 1936-38 Red. *Der Sozialdemokrat.* 1934-36 Chefred. *Volkspresse* bzw. *Volkswacht* Troppau. 1938 über Belgien nach Schweden, Mitgl. TG-Landesvorst., 1940 Mitgl. schwed. sozdem. Partei, 1940-41 Umschulung zum Dreher u. Schleifer, anschl. bis 1947 als Hohlschleifer tätig; 1940-48 Mitgl. schwed. MetallarbVerb. Im ZusHang mit Tätigkeit für TG Frühj. 1942 mit → Josef Hofbauer u. → Ernst Paul wegen angebl. unerlaubter pol. Nachrichtenvermittlung verhaftet u. kurzfristig in Untersuchungshaft. Rege publizist. Tätigkeit, u.a. für *Arbeitet, Morgon-Tidningen, Ny Tid, Berner Tagwacht, Het Vrije Volk* Amsterdam. Nach Kriegsende ltd. Mitarb. bei internat. Solidaritätsaktionen für sudetendt. sozdem. Vertriebene; Okt. 1947-März 1948 als Berater der schwed. Arbeitsmarktdirektion in Linz, Mitwirkung bei Ansiedlung von Sudetendeutschen in Schweden. Danach bis 1967 Ausländerkonsulent bei Provinzialarbeitsamt Malmö. Nebenamtl. 1948-73 TG-Vors. in Schweden u. 1950-73 VorstMitgl. SG; Red. *Blätter für sudetendeutsche Sozialdemokraten* Malmö, 1951 Mitgr. u. anschl. Vors. *Sudetendeutscher Arbeitsausschuß in Schweden* als überparteil. Vereinigung zur Koordinierung der Volkstumsarb. unter den dort lebenden Deutschen aus der CSR; Mitgl. *Sudetendeutscher Rat,* reger Mitarb. der Vertriebenenpresse in Deutschland sowie bis 1958 *Vorwärts* u. *Sozialdemokratischer Pressedienst* Bonn. Lit. Übers., Lyrik. Lebte 1978 in Malmö. - *Ausz.:* u.a. Vasa-Med. (Schweden), Europäischer Karlspreis der Sudetendeutschen Landsmannschaft, BVK, Seliger-Plakette, Lodgman-Plakette.

W: Liebe, Leben, Welt (L). o.J.; Nordischer Dreiklang (Übers. ins Schwed.). o.J.; Mensch im Stahlwerk (Übers. ins Schwed.). o.J.; Wenzel Jaksch. Sucher und Künder (Hg.). 1967 f.; Veröffentl. in *Jahrbücher der Seliger-Gemeinde;* Menschen im Exil (Mitverf.). 1974. *L:* Bachstein, Jaksch; Menschen im Exil; Müssener, Exil. *Qu:* Arch. Fb. Hand. Publ. Z. - IfZ.

Kerneck, Heinz, Journalist; geb. 3. März 1912 Jena/Thür., gest. 19. Apr. 1968 Badenweiler; *V:* Arbeiter, SPD, zeitw. Bürgerm. einer sächs. Gde.; ∞ 1940 Ilse Liebscht; *K:* 1; *StA:* deutsch. *Weg:* 1933 NL; Deutschland.
1931 Abitur, kaufm. Ausbildung im Genossenschaftswesen, daneben journ. tätig, Mitgl. SPD. 1933 Emigr. Amsterdam, im Kreis um → Erich Kuttner. Freiw. Rückkehr nach Deutschland, Tätigkeit bei Reichsbahn u. Mitteleurop. Reisebüro, 1940-45 Soldat, zuletzt Kompanieführer. Ab 1946 hauptberufl. Journ., Red. *Sopade*-Dienst Hannover, 1948-53 Parlamentsberichterstatter für *Deutscher Pressedienst* (DPD) u. dpa beim Wirtschaftsrat Frankfurt u. bei Deutschem Bundestag, 1953-57 ltd. Red. *Deutsche Welle* Köln, 1957-68 Intendant *Radio Bremen,* u.a. Einführung der „Europäischen Wochen", die über westl. u. östl. Nachbarländer in ZusArb. mit den dortigen Rundfunkeinrichtungen berichteten. Mitgl. SPD u. Rundfunkpol. Ausschuß beim PV, Vors. *Bremer Journalistenvereinigung.* Starb während eines Kuraufenthaltes.
W: Hört! Hört! Anekdoten und Geschichten aus der deutschen Nachkriegspolitik. 1957. *L:* Reinken, Liselotte v., Rundfunk in Bremen 1924-1974. 1975. *Qu:* Arch. Hand. Publ. - IfZ.

Kerr, Sir Michael R.E., Richter; geb. 1. März 1921 Berlin; *V:* Dr. phil. Alfred K. (geb. 1867 Breslau, gest. 1948 Hamburg), Schriftst., namhafter Theaterkritiker; *M:* Julie geb. Weismann (geb. 1898 Wiesbaden, gest. 1965 Berlin), ev.; *G:* Judith Kneele (geb. 1923 Berlin, Schriftst., Künstlerin); ∞ 1952 Julia Braddock (geb. 1927 London), anglikan., Schauspielerin; *K:* Candide Juliet (geb. 1954); Jonathan Michael (geb. 1956); Timothy Julian (geb. 1958); *StA:* deutsch, 1948 brit. *Weg:* 1933 CH, F, 1935 GB.
Febr. 1933 Emigr. Schweiz mit Familie, dann Frankr., März 1935 GB; Besuch der Aldenham School. 1941-45 Pilot bei RAF (Hptm.); 1947 B.A. Rechtswiss., 1947 M.A. Clare Coll. Cambridge Univ.; 1948 Zulassung als Barrister an der Lincoln's Inn, 1961 Queen's Counsel (Kronanwalt), 1961-71 stellv. Vors. der Haupts Quarter Sessions, 1968-72 Mitgl., ab 1969 Senatsmitgl. des Bar Council. 1971-72 Richter am Vehicle and General Enquiry Tribunal; seit 1972 Richter am High Court, Queen's Bench Division. Seit 1959 Kuratoriumsmitgl. Aldenham School. Lebte 1977 in London. - *Ausz.:* 1972 Erhebung in den Adelsstand.
W: The Law of the Air (Mithg.). 2. Aufl. 1953. *Qu:* Fb. Hand. - RFJI.

Kersche, Georg (Gregor), Parteifunktionär; geb. 11. Mai 1892 Suetschach/Kärnten; *StA:* österr. *Weg:* 1935 (?) UdSSR; 1943 Deutschland (Österr.); 1945 (?) UdSSR.
Mechaniker; Mitgl. KPÖ. 1923 auf 6. PT Wahl in Reichsvertr. (erweitertes ZK), 1927 auf 9. PT ZK-Mitgl. Agrar- u. Bauernref. der KPÖ, Gr. einer kommunist. Kleinbauernorg. in Österr., 1929 Aufenthalt in Klagenfurt/Kärnten. Ab 1933 illeg. KPÖ-Funktionär, Deckn. vermutl. Franz Wolter bzw. Franz Walter, ab Herbst 1934 erneut Bemühungen um Aufbau einer Org. unter Kleinbauern in den österr. Bundesländern. Vermutl. 1935 aufgrund polizeil. Verfolgung Emigr. in die UdSSR. 1937 (?) bei den Säuberungen verhaftet, Lager (?). Herbst 1943 als Fallschirmspringer nach Polen, illeg. nach Wien, Anfang Jan. 1944 Verhaftung, Folterung, wahrscheinl. KL-Haft. Nach Kriegsende vermutl. in die UdSSR verschleppt, erneut Lagerhaft, wahrscheinl. 1956 nach 20. PT der KPdSU Rehabilitierung. Lebte 1976 (?) in Maganec b. Dnepropetrovsk/Ukraine.
L: Steiner, KPÖ; Stadler, Opfer; Widerstand 1, 2; Reisberg, KPÖ. *Qu:* Arch. Pers. Publ. - IfZ.

Kessler, Fritz, Politiker; geb. 1. Juni 1891 Arnsdorf, Bez. Tetschen/Böhmen, gest. 16. Juli 1955 Pentenried b. Starnberg; kath.; *V:* Raimund K., Flößer, später Angest.; *M:* Anna, geb. Weigel; *G:* Leopoldine, Gisela; ∞ 1914 Emilie Beutel (1891-1971), Emigr. GB, 1939 NZ, 1946 CSR, Deutschland (ABZ); *K:* Kurt (geb. 1914), VerwAngest., 1938 GB; Walter (1918-76), Emigr. GB; beide nach Kriegsende nach Deutschland (ABZ); *StA:* österr., 1919 CSR, 1946 deutsch. *Weg:* 1938 GB; 1939 NZ; 1946 CSR, Deutschland (ABZ).
1907-11 Lehrerbildungsanstalt Leitmeritz, anschl. bis 1933 Lehrer; 1914-17 Kriegsteiln.; Mitgl. DSAP, ab 1927 StadtVO u. 1933-38 Bürgerm. Bodenbach, als führender Vertr. der sog. Bodenbacher Linken ab Anfang der 30er Jahre Unterstützung v. → Wenzel Jaksch bei dessen Kampf um Parteivorsitz, ab 1935 Vors. Reichspropagandaausschuß der DSAP, Mitgl. Parteivorst., 1938 vorgesehen als Ltr. der dt.-sprach. Abt. von *Radio Melnik.* Nach Abtretung der Sudetengebiete Emigr. nach GB, Stellv. u. 1939 Nachf. → Willi Wankas als Ltr. *London Representative of the Sudeten German Refugees.* Bei Kriegsausbruch während Abwesenheit des TG-Vors. Jaksch neben → Franz Kögler u. → Robert Wiener Mitverf. TG-Erklärung an Dr. Edvard Beneš v. 1. Sept. 1939, in der enge u. vorbehaltlose ZusArb. mit tschechoslow. Exilrepräsentanten auf der Grundlage der territorialen Ungültigkeit des Münchner Abkommens befürwortet wurde, Mitgl. TG-Deleg. bei Beneš v. 2. Sept. 1939, am 10. Sept. 1939 Verf. eines Aufrufs an sudetendt. Emigr. zum Beitritt in tschechoslow. Auslandsarmee. Nach Zurückweisung dieser Aufforderung durch Jaksch in der Instruktion v. 11. Sept. 1939 Ausbruch der ersten Krise innerh. der sudetendt. Emigr., die zur Abspaltung der Gruppe um → Max Koutnik führte. Aus Resignation Herbst 1939 nach Neuseeland, Farmer, 1944-46 Angest., 1946 Rückkehr in die CSR, wegen Verweigerung der Aufenthaltsgenehmigung nach Bayern, SPD, Vors. Spruchkammer Markt Oberdorf u. ab 1949 in München, ab 1949 Vors. AR Siedlergenossenschaft Pentenried, 1951-53 Lehrer, 1951-55 stellv. Bürgermeister Krailling b. Starnberg.
L: Brügel, Johann Wolfgang, Tschechen und Deutsche. 1967 u. 1974; Bachstein, Jaksch; Menschen im Exil. *Qu:* Arch. Pers. Publ. Z. - IfZ.

Ketzlik (Keclik), **Alois,** Parteifunktionär; geb. 23. Febr. (24. Nov. [?]) 1886 Wien, gest.; *StA:* österr. *Weg:* 1933 UdSSR.
Schriftsetzer in Wien, vermutl. Mitgl. Gew. u. SDAP, 1919 KPÖ. Betriebsrat in Kartographischer Versuchsanstalt. Ab 1923 (6. PT) ZK-Mitgl. der KPÖ, 1924 als Vertr. der „rechten" Fraktion Karl Tomann Mitgl. österr. Deleg. auf 5. Weltkongreß der *Komintern.* GewRed. *Die Rote Fahne,* ltd. Funktionär von RGO u. IAH; zeitw. Mitgl. PolBüro der KPÖ, Arbeiterkammerrat. Dez. 1933 Emigr. Moskau, bis 1938 GewRed. *Deutsche Zentral-Zeitung.* Febr. 1938 Verhaftung, seitdem verschollen. Lt. sowj. Totenschein am 23. Aug. 1944 verstorben.
W: Die Alters- und Invalidenversicherung. Der Gesetzentwurf der sozialdemokratischen Parlamentsfraktion und die Abänderungsanträge der kommunistischen Kammerfraktion. 1925. *L:* Steiner, KPÖ; Stadler, Opfer; Reisberg, KPÖ. *Qu:* Arch. Pers. Publ. Z. - IfZ.

Keup, Erich Wilhelm Ferdinand, Dr. phil., Siedlungspolitiker, Wirtschaftsexperte; geb. 19. Nov. 1885 Treptow a.d. Rega; ev.; ∞ 1914 Erna Adeline Szagunn; *K:* Ingrid-Maria (geb. 1918), Wolfram (geb. 1920); *StA:* deutsch. *Weg:* 1933 (?) F; 1941 (?) Deutschland.
Stud. Staats- u. Wirtschaftswiss. Berlin u. Jena, 1912 Prom. bei Max Sering in Berlin, dann Stud. LandwirtschHochschule Berlin, Dipl.-Landwirt. 1912 DirAssistent Landgesellschaft Eigene Scholle Frankfurt/O., 1913 Ltr. *Zentralstelle gemeinnütziger Siedlungsgesellschaften* in Berlin, 1913 (1914 ?) - 25 Geschäftsf. *Gesellschaft zur Förderung der inneren Kolonisation,* 1918-27 Dir. Neuland AG, 1922 Mitgr., bis 1927 Dir. Roggenrentenbank AG Berlin, nach Fusionierung 1926 Dir. Preuß. Pfandbriefbanken, u. verschied. Hypothekenbanken, Vors. *Gesellschaft zur Förderung der inneren Kolonisation;* Rittergutsbes. in Mecklenburg. AR-Mitgl. zahlr. Siedlungsges., bis 1933 Hg. *Archiv für innere Kolonisation.* Nach der natsoz. Machtübernahme Emigr. Frankr., ab 1941 WirtschBerater in Berlin. Nach 1945 u.a. AR-Mitgl. Kamerun-Kautschuk-Compagnie AG Berlin, Westafrikan. Pflanzungsges. Victoria Berlin, Schleswig-

Holsteinische Treuhandges. für Flüchtlingssiedlung m.b.H. Kiel u.a. Siedlungsges., VorstMitgl. u.a. Deutsch-Ostafrikanische Gesellschaft, Kolonialwirtschaftliches Komitee, Studiengesellschaft für Privatrechtliche Auslandsinteressen, Deutsches Institut für tropische und subtropische Landwirtschaft u. Gesellschaft zur Förderung der inneren Kolonisation. Red. Zeitschrift für das gesamte Siedlungswesen u. Innere Kolonisation. - Lebte ab 1972 in Unterpfaffenhofen/Bayern.
W: u.a. Groß- und Kleinbetrieb in der Landwirtschaft. 1913; Innere Kolonisation. 2. Aufl. 1918. Qu: Hand. - IfZ.

Kiefer, Wilhelm, Journalist; geb. 10. Juli 1890 Freiburg/Br.; kath.; V: Ernst Friedrich K.; M: Frieda, geb. Blatt; ∞ Maria Theresia Kessler; StA: deutsch. Weg: 1933 CH.
Stud. Phil. u. Literaturgesch. in Freiburg/Br., Frankfurt/M. u. Hamburg. Mitarb. *Frankfurter Zeitung, Vossische Zeitung* u. *Münchner Neueste Nachrichten.* 1914-18 Kriegsfreiw., dann Freikorps *Oberland,* 1921 Teiln. an den Kämpfen in Oberschlesien u. am Kapp-Putsch. Später in München Anschluß an natrevol. Kreise, mit Fritz Gerlich Hg. *Der gerade Weg* mit antinatsoz. Tendenz. 1933 Emigr. in die Schweiz, Mitarb. *National-Zeitung, Basler Nachrichten* u. *Die Nation;* pol. ZusArb. mit → Rudolf Möller-Dostali u. → Fritz Max Cahen, in Verb. mit Kreis um die Zs. *Der Christliche Ständestaat* (→ Klaus Dohrn); nachrichtendienstlich tätig, Kontakte u.a. nach Deutschland u. zu führenden NatSoz., wegen dieser Verbindungen Juli 1939 vorüberg. aufgrund des Bundesratbeschlusses zum Schutz der Eidgenossenschaft v. 21. Juni 1935 in Haft u. 29. Mai 1945 definitiv aus der Schweiz ausgewiesen.
L: Ebneth, Ständestaat. Qu: Arch. Publ. - IfZ.

Kiesewetter, Ernst, Journalist; geb. 30. Nov. 1897 Kolberg; ∞ Paula Reschke (geb. 1899), gesch. 1937; K: Lieselotte (geb. 1922); StA: deutsch, 3. Dez. 1936 Ausbürg. mit Fam. Weg: 1933 Saargeb.; 1935 F.
1919 Teiln. Räte-Revolution in München, später aktiv in der rheinischen Separatistenbewegung, Red. *Rheinische Republik* Köln; als Journ. in Berlin Gegner des NatSoz., 1931 Verurteilung durch ein Berliner Gericht wegen Beleidigung von Joseph Goebbels; nach natsoz. Machtübernahme Flucht ins Saargeb., dort Anschluß an frankophile Separatisten, Mithg. von deren Organ *Saarchronik;* 1935 nach Saarabstimmung Emigr. nach Frankreich.
L: Schneider, Saarpolitik und Exil. Qu: Arch. Publ. - IfZ.

Kiesler, Karl, Ingenieur, Versicherungsunternehmer; geb. 4. Mai 1905 Wien; jüd.; V: Joseph K. (geb. 1875 Stanislau/Galizien, gest. nach 1918), jüd., Ing.; M: Dora (geb. 1875 Czernowitz/Bukowina, gest. 1958 Haifa), Inh. eines Modegeschäfts in Wien, 1937 Emigr. Pal.; G: Erwin Hans (geb. 1911 Wien, gest. 1928 Wien); ∞ 1936 Ilse Koenigsbuch (geb. 1914 Dortmund), Emigr. Pal., Teilh. Versicherungsges. der Familie; K: Yoram Mortimer (geb. 1940), Teilh. Versicherungsges. der Familie; Uri John (geb. 1943), Dipl. Chartered Insurance Inst. London, Teilh. Versicherungsges. der Familie; StA: österr.; Pal./IL; österr. u. IL. Weg: 1936 Pal.
Stud. Maschinenbau TH Wien; 1928-35 Kraftfahrzeugmechaniker in Amsterdam u. bei Opel AG Rüsselsheim/Hessen, 1933(?)-35 techn. Ltr. bei Opel u. Bayerischen Motorenwerken (BMW) Dortmund, Dez. 1935 Entlassung; 1933-35 Mitgl. ZVfD u. Hechaluz Dortmund. 1936 Emigr. Palästina, 1936-37 techn. Berater einer Versicherungsges. in Tel Aviv, ab 1937 Gr. u. Teilh. Karl Kiesler Ltd. (später Karl Kiesler and Sons Ltd.), Regelung von Schadensersatzansprüchen für ausländ. Versicherungsges., u.a. bei Transporten von Wiedergutmachungsgütern aus Deutschland (BRD) nach Israel. Mitgl. *Haganah,* 1948-50 ehrenamtl. Berater Amt für Straßenwesen im isr. Transportmin., StadtVO für die *Unabhängige Liberale Partei* in Hadar haCarmel. Ab 1948 Mitgl. Inst. of Road Transport Engineers, ab 1968 dt. HonKonsul in Haifa. Lebte 1977 in Haifa.
Qu: Fb. - RFJI.

Kindt-Kiefer, Johann Jakob Joseph, Dr. phil., Dr. jur., Schriftsteller; geb. 20. Aug. 1905 Dillingen/Saarland; kath.; V: Ferdinand Kindt; M: Maria; ∞ Ilse Kiefer; K: 2 S; StA: deutsch. Weg: 1935 CH.
1934 Stud. in Paris, 1935 Emigr. in die Schweiz u. Fortsetzung des Stud. in Zürich. Im Schweizer Exil enge ZusArb. mit → Joseph Wirth, aufgrund seiner Vermögensverhältnisse finanzielle Unterstützung der kath. Emigr., mit Wirth Gr. einer *Gruppe Christlicher Demokraten* in Luzern; Apr. 1945 Mitgr. u. bis 1946 im Vorst. der Arbeitsgemeinschaft *Das demokratische Deutschland* (→ Otto Braun, Wirth, → Wilhelm Hoegner), Mithg. der *Richtlinien für ein demokratisches, republikanisches, föderalistisches Deutschland* v. Mai 1945; vor allem mit Wirth u. Otto Dreyer Ausarbeitung von Deutschland- u. Europaplänen auf der Basis einer christl. Erneuerung u. Umerziehung des dt. Volkes. Mitgl. *Europa-Union.* März 1946 mit Wirth Gr. einer *Vereinigung Christlich-Demokratisches Deutschland in der Schweiz.* Nach 1945 pol. Betätigung in Westdeutschland, in engem Kontakt zur CVP des Saarlandes u. einer der saarpol. Berater Konrad Adenauers. Lebte 1978 in Boppelsen/Schweiz.
L: Schmidt, Saarpolitik. Qu: Arch. Pers. Publ. Z. - IfZ.

Kinzel, Walter Stephan, Lehrer; geb. 27. Jan. 1904 Wien; kath.; V: Josef K. (1868-1931), kath., Lehrer; M: Gabriela, geb. Maximilian (1875-1945), kath.; G: Elmar geb. 1900, gest. 1942 KL Buchenwald, Trude (geb. 1902); ∞ 1939 Maria Anna Ludwig (geb. 1908), Handarbeitslehrerin u. Designerin, nach 1933 Kuriertätigkeit für NB, 1939 Emigr. GB; K: 1 T; StA: österr., 1919 CSR, 1938 deutsch, 1947 brit. Weg: 1939 GB.
1927-34 Stud. Math. u. Physik Univ. Prag, Mitgl. *Deutsch-Demokratische Freiheitspartei* (DDFP) u. 1928-30 Vors. ihrer Studentenorg. *Lese- und Redehalle der deutschen Studenten in Prag;* Lehrer, ab Sept. 1938 in Prag. März 1939 über Polen nach GB. 1939-41 wiss. Mitarb. Univ. Birmingham, danach Lehrer, ab 1947 Mitgl. *Liberal Party.* Lebte 1977 mit Ehefrau in Bellerby/GB.
Qu: Fb. Pers. - IfZ.

Kinzl, Werner, Offizier; geb. 1910 (?) Chemnitz; StA: deutsch. Weg: CSR; 1936 E; 1939 F; 1945 Deutschland (SBZ).
KPD-Mitgl., nach 1933 Emigr. in die CSR, 1936-39 Teiln. Span. Bürgerkrieg, danach Internierung in Frankr., im 2. WK Angehöriger der Résistance. 1945 in die SBZ, ab 1947 Offz. Kasernierte Volkspolizei, ab 1956 ltd. Mitarb. Bereich Bundeswehr des MfNatVert.; Oberst. - Ausz.: 1959 Hans-Beimler-Med., 1971 VVO (Silber).
Qu: Arch. Publ. - IfZ.

Kippenberger, Karl Hans, Parteifunktionär; geb. 15. Jan. 1898 Leipzig, hinger. 3. Okt. 1937 Moskau; Diss.; V: freireligiöser Prediger; ∞ Thea Niemand (1901-1939), Emigr., 1938 Verhaftung durch NKVD, umgek., 1957 rehabilitiert; K: Margot (geb. 1924), Jeanette (geb. 1928), in der UdSSR aufgewachsen, später DDR; StA: deutsch, 3. Dez. 1936 Ausbürg. mit Fam. Weg: 1933 Saargeb., F; 1934 (?) UdSSR.
Mittlere Reife, Volontär in einer Leipziger Fabrik, Anfang 1915-Jan. 1919 Kriegsfreiw. (Oberlt.), danach Banklehre u. Bankangest. Leipzig; USPD, mit deren linkem Flügel Dez. 1920 zur KPD. Ab Anfang 1922 Stud. Volkswirtsch. Hamburg, Ltr. der kommunist. Studentengruppe, als Ltr. *Rote Hundertschaft* in Hamburg-Barmbek einer der milit. Führer des Aufstands v. 23.-25. Okt. 1923, danach Illegalität; März 1924 Flucht in die UdSSR, Besuch einer MilSchule der *Komintern* u. Stud. Kommunistische Universität der nationalen Minderheiten des Westens Moskau; 1924 Wahl zum MdHB, Anfang 1926 Rückkehr nach Deutschland, bis 1928 in Illegalität. Baute i.A. der *Komintern* aus Resten der versch. KPD-Geheimapp. den illeg. Infiltrations- u. Diversionsapparat der KPD auf (sog. Antimilitaristischer Apparat, auch Militärapparat genannt), der weitgehend unabhängig vom eigentl. Parteiapparat über ein weitverzweigtes Konfidentennetz in Staats-, Politik- u. Wirtschaftsbereich verfügte u. eng mit sowj. Geheimdienst zusam-

menarbeitete. 1928 kurzfristig in Haft; ab 1928 MdR, ab 12. PT 1929 Kand. ZK der KPD. Als Ltr. MilApp. eine der Hauptstützen der KPD-Führung um Jonny Scheer in Auseinandersetzungen um Nachfolge Ernst Thälmanns, Sept.(?) 1933 über Saargeb. nach Paris, Unterstützung der PolBüro-Gruppe um → Hermann Schubert u. → Fritz Schulte im Kampf um die pol. Linie der KPD (Deckn. Edmund). Wegen Eigenmächtigkeit im illeg. Kampf u. Kontakten zu Reichswehr u. westl. Geheimdiensten zunehmende Kritik seitens KPD- u. Komintern-Führung; 1934/35 zur Berichterstattung nach Moskau, Okt. 1935 Teiln. sog. Brüsseler Konferenz der KPD, auf der Auflösung des MilApp. u. Eingliederung seiner Kader in illeg. Parteiapparat beschlossen wurde. 5. Nov. 1936 Verhaftung durch NKVD als angebl. Agent der Reichswehr, nach „Geständnis" in einem Geheimprozeß zum Tode verurteilt u. 3. Okt. 1937 erschossen. Mai 1957 von sowj. Behörden rehabilitiert. Deckn. Leo, Heini, Adam, Alex, Franz, Alex Wedler, Seiler, Wolf, Nickel, Rähnisch.

L: Wollenberg, Apparat; Dallin, Sowjetspionage; Weber, Wandlung; GdA-Biogr.; Höhne, Heinz, Kennwort: Direktor. Die Geschichte der Roten Kapelle. 1970; Duhnke, KPD; Wehner, Untergrundnotizen. *Qu:* Arch. Hand. Publ. - IfZ.

Kirchner, Johanna, geb. Stunz, Parteifunktionärin; geb. 24. Apr. 1889 Frankfurt/M., hinger. 9. Juni 1944 Berlin-Plötzensee; *V:* Heinrich Ernst Stunz (geb. 1860, gest.); *M:* Caroline, geb. Prinz (geb. 1870, gest.); *G:* Heinrich (geb. 1889), Johann (geb. 1891), Dorethea (geb. 1895), Babette (geb. 1899), August (geb. 1903); ∞ 1913 Karl K. (1883-1945), 1919-33 StadtVO., ab 1924 SPD-Fraktionsvors. Stadtrat Frankfurt/M., 1926 gesch.; *K:* Lotte Schmidt (geb. 1912); Dr. med. Inge Leetz (geb. 1914), Ärztin; *StA:* deutsch, 1. Febr. 1937 Ausbürg. *Weg:* 1933 Saargeb.; 1935 F; 1942 Deutschland.

Entstammt alter sozdem. Fam. (Großvater während der Sozialistengesetze ausgewiesen, einer der ersten SPD-StadtVO. in Frankfurt/M.), Mitgl. SAJ, SPD. Ab 1. WK vor allem in Frankfurter Arbeiterwohlfahrt tätig. Berichterstatterin über Partei- u. GewKongresse, Mitgl. SPD-StadtbezLtg. Frankfurt/M. Kehrte 1933 aufgrund eines Haftbefehls von einer Reise in die Schweiz nicht zurück, Emigr. ins Saargeb., Tätigkeit in Flüchtlingshilfe. 1935 Flucht nach Frankr.; Mitarb. Beratungsstelle für Saarflüchtlinge in Forbach; 1936 mit → Emil Kirschmann Hg. des Informationsblattes *Beratungsstelle für Saarflüchtlinge.* Aktiv in Volksfrontbewegung, Mitgl. des 1937 in Straßburg gegr. Hilfskomitees für die Saar-Pfalz. 1940 Internierung in Südfrankr., von Vichy-Behörden an Gestapo ausgeliefert. Mai 1943 Urteil 10 J. Zuchth., Apr. 1944 vom VGH in Todesurteil umgewandelt.

L: Oppenheimer, Max, Das kämpferische Leben der Johanna Kirchner. 1974; Schneider, Saarpolitik und Exil. *Qu:* Arch. Publ. Z. - IfZ.

Kirn, Richard, Gewerkschaftsfunktionär, Politiker; geb. 23. Okt. 1902 Schiffweiler/Saar; ∞ Louise Bleibtreu (geb. 1902); *K:* Ilse (geb. 1928); *StA:* deutsch, 19. Nov. 1937 Ausbürg. mit Fam., deutsch. *Weg:* 1935 F; 1942 Deutschland.

Bergmann. 1924 Jugendsekr., 1928-35 BezLtr. Sulzbachtal u. Rechtsschutzsekr. des saarländ. BergarbVerb. 1927 Mitgl. Landesvorst. SPD/S, Ltr. Agitationsbez. Sulzbach. Nach Rückgliederung des Saargeb. Emigr., *Sopade*-VerbMann in Forbach/Lothr.; Dez. 1935 vom IGB mit sozialpol. Betreuung u. Integration der emigr. saarländ. Bergarb. in die CGT beauftragt. 1936 von CGT zum Sekr. des lothr. Bergarbeiterverbandes ernannt, Red. der BergarbBlätter *Le Travailleur du Sous-sol* u. *Der Kumpel.* Befürworter Einheitsfrontpol. mit KPD, 23.-24. Mai 1936 Teiln. Konf. der illeg. freigewerkschaftl. Bergarbeitergruppen in Paris, mit → Willi Frisch Ltr. Grenzstelle Forbach des auf dieser Konf. gebildeten *Arbeitsausschusses freigewerkschaftlicher Bergarbeiter Deutschlands.* Mitunterz. Volksfrontaufruf v. 21. Dez. 1935 (9. Jan 1937). GrdgsMitgl. *Koordinationsausschuß deutscher Gewerkschafter in Frankreich* 20. März 1937 in Paris. Nach Kriegsausbruch Flucht nach Südfrankr., Internierung in den Lagern Les Milles, St. Nicolas u. Le Vernet, Auslieferung an Gestapo. 12. Apr. 1943 VGH-Urteil 8 J. Zuchth., 27. Apr. 1945 Befreiung durch Rote Armee. Mai-Nov. 1945 stellv. Amtsltr. ArbAmt Berlin-Spandau. Anfang Nov. 1945 Rückkehr nach Saarbrücken, Berufung als ltd. RegDir. in das Regierungspräs. Saar. GrdgsMitgl., 1946-55 1. Vors. SPS. Mitgl. saarländ. Verfassungskommission, ebenso Gesetzgebende Versammlung (Verfassungsausschuß). 1947-55 MdL. Juni 1946 von der franz. MilReg. als Dir. für Arbeit u. Wohlfahrt in die vorläufige VerwKommission des Saargeb. berufen, 1947-51 u. 1952-55 Min. für Arbeit u. Wohlfahrt der 1. u. 2. Reg. → Johannes Hoffmann. 1954-55 Mitgl. *Saargrubenrat.* Lebte 1978 in Sarreguemines/Lothr. u. Saarbrücken.

W: „Saarfrage in sozialistischer Sicht, Planwirtschaft zum Wohle des Ganzen", aus der programmatischen Rede des Vorsitzenden der SPS-Landtagsfraktion, Richard Kirn. Saarbrücken o.J.; weitere Reden u. politische Stellungnahmen nach 1945 als SPS-Sonderdrucke der *Volksstimme,* Saarbrücken. *L:* Schmidt, Saarpolitik; Schneider, Saarpolitik und Exil. *Qu:* Arch. Pers. Publ. - IfZ.

Kirpal, Irene, Parteifunktionärin; geb. 1. Jan. 1886 Höritz/Böhmen, gest. 17. Dez. 1977 Aussig/CSSR; *V:* Privatbeamter; ∞ 1912; *K:* 2 T; *StA:* österr., 1919 CSR. *Weg:* 1938(?) GB; 1947 CSR.

Erzieherin; 1912 SDAP, ab 1915 Vors. Frauenorg. Aussig u. ab 1917 Bez. u. Kr. Aussig; ab 1918 Mitgl. Landeskommission, ab 1919 Frauenreichskomitee der DSAP, 1918-20 StadtVO. Aussig, 1920-38 Abg. NatVers. der CSR; Mitgl. PV u. Parteivollzugsausschuß der DSAP. Vermutl. 1938 nach GB, als Anhängerin des internationalist. Parteiflügels in Oppos. zum Parteivors. → Wenzel Jaksch, Mitunterz. des GrdgAufrufs der *DSAP-Auslandsgruppe* v. 19. Okt. 1940 u. stellv. Vors. der provis. Exekutive, später Mitgl. des Präs.; enge Mitarb. in tschechoslow. u. internat. Exilorg., ab 1941 PräsMitgl. des tschechoslow. *Frauenrats,* ab Grdg 1942 Mitgl. *Einheitsausschuß der sudetendeutschen Antifaschisten in Großbritannien* u. Okt. 1943 PräsMitgl. *Sudetendeutscher Ausschuß - Vertretung der demokratischen Deutschen aus der CSR* sowie des 1944 gebildeten *Sudetendeutschen Frauen-Komitees,* die, von Kommunisten majorisiert, ab 1943 die Politik der KSČ u. der Exilreg. Beneš propagierten. Nach Rückkehr in die CSR Funktionärin u. Widerstandspropagandistin in *Svaz protifašistických bojovníků.* - *Ausz.:* u.a. Orden der Arbeit (CSSR).

L: Cesar/Černý, Politika; Jauernig, Edmund, Sozialdemokratie und Revanchismus. 1968; Bachstein, Jaksch; Brügel, Johann Wolfgang, Tschechen und Deutsche. 1967, 1974; Menschen im Exil. 1974. *Qu:* Arch. Hand. Publ. Z. - IfZ.

Kirschbaum, Charlotte Emilie Henriette Eugenie **von;** geb. 25. Juni 1899 Ingolstadt; ev., *V:* Maximilian Wilhelm Sigmund v.K. (geb. 1862), Offz.; *M:* Henriette Josefine Theresia, geb. v. Brück (geb. 1874); *StA:* deutsch. *Weg:* 1935 CH.

Fürsorgerin u. Krankenpflegerin, 1925 Bekanntschaft u. ab 1930 enge ZusArb. mit dem ev. Theologieprof. Karl Barth, Verf. theolog. Traktate. 1935 mit Fam. Barth in die Schweiz, ab Bildung der BFD 29. Juli 1944 Vertr. der *Bekennenden Kirche* in der Provis.Ltg., ab Jan 1945 Mitgl. Landesltg. u. ab Mai Mitgl. des 3köpfigen Präsidiums der BFD in der Schweiz.

L: Bergmann, Schweiz; Teubner, Schweiz. *Qu:* Arch. Publ. - IfZ.

Kirschmann, Emil, Ministerialbeamter; geb. 13. Nov. 1888 Idar-Oberstein/Nahe, gest. 11. Apr. 1948 New York; *V:* Jakob K., Dosenmacher, 1888 Mitbegr. SPD-Ortsverein Idar-Oberstein; *M:* Luise, geb. Heß; *G:* 3 B; ∞ 1913 Elisabeth Roehl, geb. Gohlke (1888-1930), SPD, 1919-20 MdR, 1920 MdL Preußen; *StA:* deutsch, 3. Dez. 1936 Ausbürg. *Weg:* 1933 Saargeb.; 1935 F; 1940 USA.

Handlungsgehilfe. Teiln. 1. WK. 1919-26 Red. *Rheinische Zeitung* Köln. SPD, 1924-33 MdR. Ab Dez. 1926 im Preuß. Innenmin., zuletzt MinRat. Nach Staatsstreich v. 20. Juli 1932 Entlassung im Dez. 1932. 1933 zus. mit seiner Schwägerin

→ Marie Juchacz Emigr. nach Saarbrücken, ab Nov. 1933 Parteisekr. SPD/S, ltd. Funktion bei *Sopade*-Grenzarb. im Westen. Deckn. Emann, Stift. Nach Rückgliederung des Saargeb. einer der Ltr. der Beratungsstelle für Saarflüchtlinge Forbach, 1936 zus. mit → Johanna Kirchner Hg. des Informationsblattes *Beratungsstelle für Saarflüchtlinge*. 1936/37 Hg. *Gewerkschaftsdienst der Freiheits-Korrespondenz* Mulhouse, Mitgl. des in Straßburg gebildeten Hilfskomitees Saar-Pfalz. Einer der prominenten sozdem. Befürworter einer Einheitsfront mit der KPD. 26. Sept. u. 21. Nov. 1935 Teiln. der ersten beiden Konf. des Lutetia-Kreises in Paris zur Grdg. einer dt. Volksfront. Mitunterz. *Gemeinsamer Protest gegen den Justizmord an Rudolf Claus* v. 22. Dez. 1935, ebenso *Aufruf für die deutsche Volksfront, für Friede, Freiheit, Brot* v. 21. Dez. 1936. Enge ZusArb. mit → Max Braun, Mitgl. SPD-Landesverb. Frankr.; im Rahmen der sog. Konzentrationsdebatte 1938 um den ZusSchluß aller dt. u. österr. sozialist. Gruppen im franz. Exil Mitgl. *Arbeitsgemeinschaft für sozialistische Inlandsarbeit* (→ Josef Buttinger). 1940 über Marseille u. Martinique in die USA, 29. Mai 1941 zus. mit M. Juchacz Ankunft in New York. Mitgl. Exekutivkomitee des *German-American Council for the Liberation of Germany from Nazism*. Zus. mit → Paul Hertz, M. Juchacz u. → Georg Dietrich in Opposition zur GLD. Nach dem Krieg öffentl. Eintreten gegen Vertreibungs- u. Demontagepol. in Deutschland, Mitunterz. einer diesbezügl. Erklärung sozialdemokratischer Emigranten in den Vereinigten Staaten von Amerika v. 4. Jan. 1947.

L: Langkau-Alex, Volksfront; Schneider, Saarpolitik und Exil. *Qu:* Arch. Hand. Publ. - IfZ.

Kirschnek, Christof, Journalist; geb. 29. Nov. 1912 Haslau/Böhmen; *StA:* CSR, nach 1945 deutsch. *Weg:* 1938 GB; 1945 (?) Deutschland (SBZ).

Handlungsgehilfe, KSČ-Mitgl., bis 1938 Mitgl. Kreislt. Karlsbad u. Hg. *Die Rote Fahne* Karlsbad; nach 1933 aktive Unterstützung der KPD-Emigr. in der CSR; März 1933 wegen Druckschriftenschmuggels nach Bayern verhaftet, anschl. KL Dachau. 1938-45 (?) Emigr. GB. Nach 1945 Chefred., dann Intendant *Landessender Schwerin*, später Dir. *Sender Leipzig* u. Mitarb. dt.-sprach. Abt. von *Radio Moskau*, ab 1955 Mitarb. sowie SED-Sekr. u. ab 1962 stellv. Vors. Staatliches Rundfunkkomitee beim MinRat der DDR, ab 1963 Intendant *Radio Berlin International*, ab 1967 Präsidiumsmitgl. *Volkssolidarität.* - *Ausz.:* u.a. Med. für Kämpfer gegen den Faschismus 1933-45, VVO (Bronze).

Qu: Arch. Hand. - IfZ.

Kirschner, Bruno, Dr. phil., Versicherungskaufmann, Publizist; geb. Mai 1884 Berlin, gest. 13. Apr. 1964 Jerusalem; jüd.; *V:* Max K. (geb. 1855 Oberschlesien, gest. 1935 Berlin), jüd., Kaufm.; *M:* Bertha, geb. Cohn; *G:* Grete Wolfsohn (umgek. im Holokaust); Dr. med. Lotte K., 1933 Emigr. N, später nach S, dann USA, Hochschullehrerin; Kurt (gef. im 1. WK); ∞ Paula Jochsberger (geb. 1885 München), jüd., 1937 Emigr. Pal. mit Ehemann; *K:* Gideon (geb. 1919), jüd., 1937 Emigr. Pal., Stud. Technion Haifa, Ltr. einer Elektronik-Firma; Hanna (geb. 1921), jüd., 1937 Emigr. Pal., M.Sc., seit 1940 KibbMitgl.; Gabriel (geb. 1927, gest. 1972 USA), jüd., 1937 Emigr. Pal., Stud. London, Ing.; *StA:* deutsch; Pal./IL. *Weg:* 1937 Pal.

Stud. Wirtschaftswiss. Berlin, München u. Heidelberg, 1907 Prom., Präs. K.J.V., Mitgl. V.J.St., Stud. L(H)WJ Berlin, 1908 Rabbinerexamen. Angest. Stadtverw. Berlin, Syndikus Verb. dt. Eisenbahnsignalbauanstalten, bis 1923 Hauptgeschäftsf. ständiges Ausstellungs- u. Messeamt der dt. Industrie, dann Zweigstellenltr. Allianz Versicherungsges.; gleichz. Mithg. *Der Jüdische Student*, später *Der Jüdische Wille*, Journ. des K.J.V., 1923 Ltr. Kongreßbüro beim Zion. Weltkongreß in Karlsbad, 1924 Mitgr. der *Soncino-Gesellschaft der Freunde des jüdischen Buches* Berlin, 1927-30 zus. mit → Georg Yosef Herlitz Hg. des 5bändigen *Jüdischen Lexikons* Berlin, Leiter Jüd. Volkshochschule Berlin, Beiträge in *Jüdische Rundschau*. 1937 Emigr. Palästina mit Familie mit A I-Zertifikat, Angest. beim Massada Publ. House, Mithg. hebr. Lexikon *Encyclopedia Ivrit*, nach 1949 Angest. staatl. Kontrollbüro. 1954 Mitgr. u. Kuratoriumsmitgl. LBI Jerusalem. Mitgl. H.O.G., I.O.M.E. u. VorstMitgl. *Jew. Exploration Soc.*

W: u.a. Alfabetische Akrosticha in der Syrischen Kirchenpoesie (Diss.). 1907; Art. in Fachzs. *L:* Meilensteine; Herlitz, Georg, Zum Gedenken Dr. Bruno Kirschner. In: MB, 24. 2. 1964. *Qu:* Pers. Publ. Z. - RFJI.

Kisch, Friedrich (Friedel), Dr. med., Chirurg; geb. 18. Apr. 1894 Prag, gest. 1968 Berlin (West); *G:* Dr. Paul K., umgek. KL Theresienstadt; Egon Erwin, Schriftst.; Arnold, umgek. KL Theresienstadt; Wolfgang, gef. im 1. WK; ∞ 1952 Julia Fröschl, Deutsche aus der CSR, 1939 Emigr. GB, 1945 CSR; 1969 Deutschland (BRD); *StA:* österr., 1919 CSR. *Weg:* 1937 E; 1939 GB; China; Burma; 1946 CSR.

Chirurg, 1937-39 Ltr. des aus tschechoslow. Spenden errichteten Komensky-Lazaretts der Internat. Brigaden in Benicasim, nach Ende des Span. Bürgerkriegs über GB nach China, Chirurg bei chines. *Roten Kreuz* u. im 2. WK bei der amerikan. Armee (Major), danach kurze Zeit in Burma tätig. 1946 Rückberufung nach Prag, bis 1954 als Chirurg tätig, danach im Ruhestand.

Qu: Pers. Z. - IfZ.

Kiss, Alfred Paul, Gewerkschaftsfunktionär; geb. 1. Aug. 1894 Dölau/Thür. (Greiz/Vogtl. ?); *StA:* deutsch. *Weg:* 1933 CSR; 1938 GB.

Handlungsgehilfe, 1911 ZdA, 1912 SPD; 1913-14 Vors. ZdA-Ortsgruppe Greiz, 1919-23 GdeVertr. Weida, 1919-22 USPD-Kreisvors. Meißen-Riesa-Großenhain, 1921-33 Arb-Sekr. ADGB-Ortsausschuß Riesa/Sa., SPD-Ortsvors., Mitgl. BezVorst., Hauptschöffe u. StadtVO. Nach natsoz. Machtübernahme in Haft, Juli 1933 Emigr. CSR, Dez. 1938 nach GB, Juli-Nov. 1940 Internierung. Mitgl. SPD London. Apr. 1945 im Auftrag des OSS ins Ruhrgeb., u.a. Berichte an → Hans Gottfurcht über pol. Lage.

L: Borsdorf, Ulrich/Niethammer, Lutz, Zwischen Befreiung und Besatzung. 1976. *Qu:* Arch. Hand. Publ. - IfZ.

Kissinger, Henry Alfred (bis 1943 Heinz), Hochschullehrer, Politiker; geb. 27. Mai 1923 Fürth/Bayern; jüd.; *V:* Louis K. (geb. 1887 [?] Ermershausen/Bayern), jüd., StudRat, 1938 Emigr. USA, Büroangest., Buchhalter; *M:* Paula, geb. Stern (geb. 1900 [?] Leutershausen/Bayern), jüd., 1938 Emigr. USA, Köchin; *G:* Walter Bernhard (geb. 1924 Fürth), 1938 Emigr. USA, Geschäftsltr. Allen Electrical and Equipment Co. Chicago; ∞ I. 1949 Ann (Anneliese) Fleischer (geb. Nürnberg), jüd., Emigr. USA, 1964 gesch.; II. 1974 Nancy Maginnes, Stud. Holyoke Coll., Assist. von Gouverneur Rockefeller; *K:* aus I: Elisabeth (geb. 1960), Stud.; David (geb. 1962), Stud.; *StA:* deutsch; 1943 USA. *Weg:* 1938 USA.

Gymn., später jüd. Schule in Fürth. Aug. 1938 Emigr. USA über GB mit Familie, 1938-41 George Washington High School New York, zugl. Fabrikarb. u. Laufbursche. 1941-42 Abendkurse in Buchführung City Coll. New York. 1943-46 US-Armee, Abwehr-Abt. Europa, 1945-46 für US-Nachrichtendienst in Europa, Ltg. des Wiederaufbaus der Stadt- u. Bez-Verw. Krefeld i.A. von OMGUS Hessen, Beendigung d. Armeedienstes als Feldwebel. 1946-47 Doz. für dt. Gesch. an der Europ. Command Intelligence School in Oberammergau, 1946-49 Hptm. Mil. Intelligence Reserve. 1947-54 Stud. Harvard Univ. mit Stipendien der Harvard Univ. u. der Rockefeller Found., 1950 B. A. in Staatswiss., *Phi Beta Kappa*, Förderung durch Prof. William Yandell Elliott, 1950-54 Teaching Fellow, 1952 M.A., 1954 Ph. D., Sumner-Preis für seine unter dem Titel *A World Restored. Castlereagh, Metternich and the Restoration of Peace 1812-1822* veröffentl. Diss. (1957 u. 1973; dt. Übers.: *Großmachtdiplomatie. Von der Staatskunst Castlereaghs und Metternichs.* 1962). 1951-69 Dir. Harvard's Foreign Studies Project (später Harvard Internat. Seminar), 1952-69 Schriftltr. der vom Seminar hg. Zs. *Confluence. An Internatio-*

nal Forum. Seit den 50er Jahren RegBerater, ab 1950 tätig für US-Army Operations Res. Off., 1951 in dessen Auftrag nach Korea zum Stud. der Wirkungen der mil. Besetzung auf die Bevölkerung; ab 1952 Berater beim Psycholog. Strategy Board des Generalstabs, 1954-55 Doz. für Staatswiss. Harvard Univ.; 1955-56 Ltr. eines Studienprojekts über Atomwaffen u. Außenpol. für den *Council on Foreign Relations* New York, Ergebnisse veröffentl. unter dem Titel *Nuclear Weapons and Foreign Policy* (1958 ausgez. mit dem Woodrow Wilson Prize u. durch *Overseas Press Club),* vertrat eine Pol. der flexiblen atomaren Reaktion. Seit den 50er Jahren enge ZusArb. mit dem Gouverneur von N.Y., Nelson A. Rockefeller, 1956-58 Ltr. eines Sonder-StudProjekts des Rockefeller Brothers Fund New York, Ergebnisse veröffentl. unter dem Titel *The Necessity of Choice. Prospects of American Foreign Policy,* Warnung vor Optimismus über mögl. Entspannung mit der UdSSR. Zugl. RegBerater unter Präs. Dwight D. Eisenhower, 1955-56 Mitarb. Operations Coordination Board, 1950-60 der Weapons System Evaluation Group des Generalstabs. 1957-60 Assoc. Dir. des Center Internat. Affairs der Harvard Univ., 1958-71 Ltr. StudProgramm für Verteidigungspol., 1957-59 Doz., 1959-62 Assoc. Prof., 1962-71 Prof. Fakultät für Staatswiss. der Harvard Univ.; 1969 beurlaubt, 1971 Rücktritt. Daneben 1961-68 Berater der Rand Corp.; RegBerater unter den Präs. John F. Kennedy u. Lyndon B. Johnson, 1961-62 im Nat. Security Council, 1961-67 Mitarb. bei A.C.D.A., 1965-69 im Außenmin. tätig, Ende der 60er Jahre von Präs. Johnson zu geheimen Verhandlungen mit nordvietnames. Diplomaten in Paris delegiert, die 1968 zur Einleitung offizieller Friedensverhandlungen führten. 1965-66 Guggenheim Fellowship. 1964 u. 1968 außenpol. Wahlkampfberater des Gouverneurs Rockefeller. 1969-73 Sicherheitsberater von Präs. Richard M. Nixon, Reorg. der Sicherheitsmaßnahmen im Weißen Haus, Geschäftsf. des Nat. Security Council, vertrat Konzept vom Gleichgewicht der Macht zwischen den Großmächten, einflußreiche Rolle bei entscheidenden Richtungsänderungen der US-Außenpol., u.a. Entspannungspol. gegenüber der UdSSR, Verhandlung über ersten Vertrag mit der UdSSR über Einschränkung strateg. Waffen, Eintreten für beschränkte diplomat. Beziehungen zur VR China. 1971 Mitgl. des Council on Internat. Econ. Policy. 1973-76 Außenminister, 1973 nach dreieinhalbj. Befürwortung einer „Vietnamisierung" des Vietnam-Konflikts Unterzeichnung des Waffenstillstandsvertrages zwischen den USA u. Nordvietnam. Gleichz. Beginn diplomat. Verhandlungen im Nahen Osten, häufige Reisen zwischen Israel, Ägypten u. Syrien, die 1974 zum Disengagement-Abkommen zwischen isr. u. ägypt. Truppen in der Suezkanal-Zone führten. 1977 Doz., Prof. am Inst. für Strategic and Internat. Studies der Georgetown Univ.; stellv. Vors., später Vors. internat. Beratungsausschuß der Chase Manhattan Bank New York, außenpol. Berater des NBC-Fernsehens New York, Berater der Effektenbank Goldman Sachs; Dir. der *Foreign Policy Assn.,* Vors. internat. Ausschuß am Hubert Humphrey Inst. for Publ. Affairs, VorstMitgl. *Council on Foreign Relations,* VorstMitgl. zahlr. anderer Vereinigungen u. Org. Seit 1978 Arbeit an Memoiren. Mitgl. *Am. Pol. Science Assn.,* Mitgl. u. 1961-62 Mitgl. Sonderausschuß für internat. Beziehungen der *Am. Acad. Arts and Sciences,* Mitgl. *Century Club, Harvard Club, Cosmos Club.* Lebte 1978 in New York. - *Ausz.:* Bronze Star, 1969 Dr. hc. Brown Univ., 1973 Dwight D. Eisenhower Distinguished Service Med. der *Veterans of Foreign Wars,* HOPE Award für internat. Verständigung, George Catlett Marshall Award, *Soc. of Family of Man* Award, Charles Evans Hughes Award der *Nat. Conf. of Christians and Jews,* Friedens-Nobelpreis, Goldene Ehrenbürger-Med. der Stadt Fürth, 1974 *Am. Legion* Distinguished Service Med., Wateler Peace Prize, 1977 Dr. hc. Weizmann-Inst. Rehovot, BVK 1. Kl., Annual Humanitarian Prize des *Internat. Variety Club,* Great Decision Award der *Foreign Policy Assn.*

W: u.a. The Troubled Partnership. A Reappraisal of the Atlantic Alliance. 1965 (mehrere Aufl., dt. Übers.: Was wird aus der westlichen Allianz? 1965); American Foreign Policy. Three Essays. 1969, erw. Ausg. 1974, franz. Übers. 1970; Problems of National Strategy. A Book of Readings (Hg.). 1965; Bureaucracy, Politics and Strategy (Mitverf.). 1968; Art. in Fachzs. u.a.

Zs. *L:* Graubard, Stephen R., Kissinger. Portrait of a Mind. 1973 (dt. Übers.: Kissinger. Zwischenbilanz einer Karriere. 1974); Kraft, Joseph, Secretary Henry. In: New York Times Magazin, 1973; Landau, D., Kissinger: The Uses of Power. 1974; Kalb, Marvin u. Bernard, Kissinger. 1974 (dt. Übers.: Kissinger: Die definitive Biographie. 1974); Stoessinger, John G., Henry Kissinger. The Anguish of Power. 1976; Zumwalt, Elmo R., On Watch. 1976; Mazlish, Bruce, Kissinger. The European Mind in American Foreign Policy. 1976; Sheehan, Edward R.F., The Arabs, Israelis and Kissinger. A Secret History of American Diplomacy in the Middle East. 1976. *Qu:* Hand. Pers. Publ. Z. - RFJI.

Kissmann, Henry Marcel, Ph. D., Chemiker; geb. 9. Sept. 1922 Graz; *V:* Jacob K.; *M:* Regina, geb. Drimmer; ∞ 1956 Elise Cohn; *K:* Ellen Jane, Paul Jacob; *StA:* USA. *Weg:* 1939 USA.

1939 Emigr. USA, Stud. Sterling Coll., 1944 B.Sc., 1944-46 US-Armee; 1946-48 Stud. Univ. Cincinnati, 1948 M.Sc., 1948-50 Stud. Univ. Rochester/N.Y., 1950 Ph.D., 1950-52 Forschungschemiker Nat. Heart Inst. des US Pub. Health Service; 1952-61 Forschungschemiker Am. Cyanid Co. Pearl River/N.Y., 1961-62 Dir. Forschungs- u. Entwicklungsgruppe, 1962-63 Dir. chem. InfoGruppe, 1963-67 Ltr. InfoAbt.; 1967-70 Ltr. wiss. InfoDienst US Food and Drug Admin., ab 1970 Dir. Special Info Service der Nat. Library of Med., Ltr. InfoProgramm über Luftverschmutzung beim US-Office of Science and Technology. Ab 1951 Mitgl. Pub. Health Service, *Am. Chem. Soc., Brit. Chem. Soc., Drug Info. Assn., Arts and Sciences, Am. Info. Sciences.* Lebte 1974 in Bethesda/Md.

Qu: Hand. - RFJI.

Kiwe, Heinrich, Dr.jur., Rechtsanwalt u. Hochschullehrer; geb. 25. Juni 1895 Vama/Bukowina, gest. 13. Aug. 1952 Wien; jüd.; ∞ 1924 Dr. Renée K., RA; *K:* Thomas Martin (geb. 1929); *StA:* österr. *Weg:* 1938 Pal.; 1946 Österr.

Ab 1914 Stud. Rechtswiss. Wien, 1919 Prom.; anschl. Gerichtspraxis, 1927-38 RA in Wien, Tätigkeit als Industrieberater. 1938 Emigr. Palästina, 1939 RA-Examen an Rechtshochschule Jerusalem, Zulassung als RA, 1941-46 Doz. für Patent-, Markt- u. Urheberrecht an Rechtshochschule Jerusalem. 1946 Rückkehr nach Wien, Habilitation, erneut RA in Wien. Ab 1947 Privatdoz. für kaufm. Recht an Hochschule für Welthandel Wien. AR-Mitgl. bzw. -Vors., u.a. Montana AG, Ankerbrotfabrik AG, Aeterna Schuhfabrik AG.

W: u.a. Unlauterer Wettbewerb. Das Bundesgesetz vom 26. September 1923 gegen den unlauteren Wettbewerb. 1923; Das Effektenbankdepot unter Berücksichtigung des Bankhaftungs- und des Geldinstitutszentralegesetzes. 1926; Die sicherungsweise Abtretung offener Buchforderungen. 1928; Das Mietengesetz in der Fassung der Mietengesetz-Novelle vom 14. Juni 1929 samt einschlägigen Gesetzen. 1929; Entscheidungen zum Mietengesetz. 1932; Das Gesetz gegen den unlauteren Wettbewerb. 1935; Notes on the Palestine Law on Trade Marks. Jerusalem 1947; Österreichisches Kartellrecht unter Berücksichtigung der ausländischen Rechtsentwicklung. 1954. *Qu:* Arch. Hand. - IfZ.

Klahr (Klaar), **Alfred,** Dr. rer. pol., Parteifunktionär; geb. 16. Sept. 1904 Wien, gest. Juli 1944 Warschau; *V:* Angest. jüd. Gde. Wien; *G:* 4; ∞ Rosi, A: Wien; *K:* 1 S; *StA:* österr. *Weg:* 1934 CSR; 1935 UdSSR; 1938 CSR, B; 1940 F; 1941 CH, F; 1942 Deutschland.

In der Schulzeit aktiv in sozdem. Mittelschülerbewegung, 1920 (?) Mitgl. KJVÖ. Ab 1923 Stud. Staatswiss. Wien, 1928 Prom.; Mitgl. *Kommunistische Studentenfraktion.* Nach Studienabschluß einige Mon. Praktikant in Red. *Die Rote Fahne* in Berlin, anschl. Red. *Die Rote Fahne* Wien. 1930-32 KJVÖ-Vertr. beim Exekutivkomitee der KJI in Moskau, dann Chefred. *Die Rote Fahne* in Wien. Nach endgült. Verbot der *Roten Fahne* Ltr. der illeg. Ausgabe. Frühj. 1934 Verhaftung, Polizeigef. Wien, Dez. 1934 Entlassung mit Auflage zur Ausreise. Dez. 1934 nach Prag, vermutl. Kooptierung ins ZK der KPÖ,

Mithg. der illeg. *Roten Fahne.* Anfang 1935 kurzfristig verhaftet. Apr. 1935 nach Moskau, bis Anfang 1938 Ltr. österr. Abt. Lenin-Schule. Vertrat Frühj. 1937 in zwei Aufs. in *Weg und Ziel* unter Ps. Rudolf (Rudolf P.) u. in weiteren Aufs. unter Ps. Ph. Gruber die Auffassung, daß die großdeutsche Idee u. das Anschlußdenken, die die österr. ArbBewegung insgesamt geprägt hätten, histor. überholt u. für die weitere Entwicklung Österr. u. seiner ArbBewegung schädlich seien; Österr. bilde eine eigenständige Nation. Diese Auffassung setzte sich nach anfängl. Widerständen in der KPÖ rasch durch. Anfang 1938 Rückkehr nach Prag, Red. *Weg und Ziel.* Nach Münchner Abkommen nach Brüssel, Ltr. KPÖ-Parteigruppe in Belgien, enge Verb. zum ZK der KPÖ in Paris, Chefred. der in Brüssel hergestellten *Roten Fahne;* unter den Deckn. Ludwig u. Johann Mathieu VerbMann zum ZK der KPD, Anfang 1939 Teiln. an sog. Berner Konferenz der KPD. Mai 1940 Flucht vor dt. Vormarsch nach Südfrankr., Internierung in St. Cyprien. Aug. 1940 Flucht, illeg. in der unbesetzten Zone Frankreichs, zunächst in Toulon, anschl. in Arles u. Marseille, maßgebl. beteiligt an Org. der österr. Abt. der TA in der Franz. Résistance. Frühj. 1941 mit sowj. Paß auf den Namen Ludwig Lokmanis illeg. in die Schweiz, in Zürich bei einer Razzia verhaftet, Auslieferung an Vichy-Behörden, Internierung in Le Vernet. Aug. 1942 Auslieferung an Gestapo, KL Auschwitz. Juni 1944 mit Unterstützung der illg. Lagerorg. Flucht, konnte sich nach Warschau durchschlagen. Juli 1944 kurz vor Warschauer Aufstand von dt. Kommando aufgegriffen u. erschossen.

W: u.a. Zur nationalen Frage in Österreich. In: Weg und Ziel, März 1937; Die Österreicher, eine Nation. In: Weg und Ziel, Apr. 1937; handschriftl. Ms. zur Frage der Nation Österreich, verfaßt im KL Auschwitz, veröffentl. in: Weg und Ziel, Jan. 1957. *L:* Marek, Franz, Die österreichische Nation in der wissenschaftlichen Erkenntnis. In: Massiczek, Albert (Hg.), Die österreichische Nation. 1967; Steiner, Herbert, Gestorben für Österreich. 1968; Fischer, Erinnerungen; DBMOI; Duhnke, KPD; Langbein, Hermann, Menschen in Auschwitz. 1972; Koplenig, Hilde, Alfred Klahr. In: Zeitgeschichte, Jg. III/4, 1976; Reisberg, KPÖ; Unsterbliche Opfer; Dahlem, Vorabend. *Qu:* Arch. Pers. Publ. Z. - IfZ

Klanfer, Julius (Jules), Dr.phil., Publizist; geb. 1909 Wien, gest. 16. Juli 1967 F. *Weg:* 1938 F.

Mitgl. *Vereinigung Sozialistischer Mittelschüler* in Wien, Exponent der pol. aktivist. Linken; Stud. Phil. Wien, Prom., anschl. Stud. Soziologie u. Psychologie, 1938 Emigr. Frankr. Nach Kriegsende in Paris Journ., Korr. franz. Ztg., Red. *Agence France Presse* u. Korr. *Arbeiter-Zeitung* Wien. 1956-66 Marktforscher, Mitarb. Presse- und Informationsdienst der EWG. 1966 Rückkehr nach Wien, Ltr. des Österreichischen Instituts für Entwicklungsfragen. Starb während einer Urlaubsreise in Südfrankreich.

W: u.a. Das Wortspiel und die homerische Rede. 1936; L' exclusion sociale (dt. Übers.: Die soziale Ausschließung. Armut in reichen Ländern, 1969). *L:* Neugebauer, Bauvolk. *Qu:* Arch. Publ. Z. - IfZ.

Klappholz, Kurt, Rabbiner; geb. 5. Juli 1913 Berlin, gest. März 1975 New York; *V:* Salo K.; *M:* Sophie, geb. Weinhaus; ∞ 1943 Esther Grintuch; *K:* David, Hochschullehrer in den USA; Ruby Newmann; Shelley; *Weg:* 1938 USA.

1933-37 Stud. Univ. u. Rabbinerseminar Berlin, 1938 Rabbinerexamen. 1938 Emigr. USA, 1938-40 Rabbiner Gde. Kneses Israel Brooklyn/N.Y., 1941-48 Gde. Tifereth Ysroel Brooklyn, 1949-56 Gde. Shaare Zion Brooklyn, 1953-75 Verw-Beamter der Central Yeshiva Beth Joseph Brooklyn, 1956-75 Rabbiner Gde. Tifereth Ysroel Brooklyn. 1968-75 Präs. *Brooklyn Board of Rabbis,* Mitgl., 1951-75 pädagog. Beirat der Yeshiva Flatbush, 1955-75 VorstMitgl. *Relig. Zion. Org. of Am.,* 1963-75 VorstMitgl. *New York Board of Rabbis,* 1968-75 Mitgl. Ausschuß für kath.-jüd. Beziehungen. - *Ausz.:* 1956 Ehrungen für Verdienste um isr. Staatsanleihen, 1959 D.D.h.c. Burton Coll./Colorado.

W: Spiritual Awakening. 1954; The Power Within Us. 1961; Living Faith. 1966. *Qu:* Hand. Z. - RFJI.

Klatt, Werner, Dr. phil., Landwirtschaftsexperte; geb. 22. Mai 1904 Berlin; ev.; *V:* Willibald K. (geb. 1869 Posen, gest. 1944 Berlin), ev., Prof. für moderne Sprachen; *M:* Lucie Loch, geb. Leyser (geb. 1881 Posen, gest. 1943 New York), ev., Gewerkschaftssekr. in Wien, SDAP, 1938-39 österr. Widerstandsbewegung, 1939 Emigr. CH, F, 1940 USA; *G:* Senta M. (geb. 1905 Berlin), Sekr. bei Pastor Niemöller, Bischof Dibelius u. Präses Scharf in Berlin; ∞ 1935 Grete Buchholz (geb. 1902), ev., Assist. bei Karl Brandt bis zu dessen Emigr. in die USA 1933; Emigr. mit Ehemann, Mitgl. *Neu Beginnen; StA:* deutsch, brit. *Weg:* 1939 CH, GB.

Prom. Agrarwiss. Univ. Berlin; 1930-39 Landwirtschaftsfachmann I.G. Farben, Doz. in landwirtschaftl. Ausbildungsbetrieb der jüd. Gde. in Neuendorf bei Berlin; Mitgl. *Wandervogel, Akademische Gilde,* Mitgl. SPD u. Gewerkschaftsbewegung, Anschluß an *Neu Beginnen* (→ Walter Löwenheim), illeg. Tätigkeit, Jan. 1939 Emigr. Schweiz, Mai 1939 GB, 1940 Internierung. 1940-46 Tätigkeit Pol. Intelligence Dept. des brit. Außenmin., 1946-51 Dir. Food and Agricultural Section des Control Office London, 1951-66 Wirtschaftsberater Außenmin., zugl. Berater ILO u. FAO; 1966 Ruhestand, 1967 Rockefeller-Stipendium zum Studium der Wirtschaftsentwicklung in Asien, Mitgl. *Royal Inst. of Internat. Affairs, Labour Party,* Fellow St. Antony's Coll. Oxford Univ. Lebte 1977 in London. - *Ausz.:* OBE.

W: Food Prices and Food Price Policies in Europe. 1950; The World Sugar Economy. 1954; The Chinese Model. 1965; Artikel über Asien in Handbüchern u. Fachzs. *Qu:* Fb. - RFJI.

Klatzkin, Jacob, Dr. phil., Publizist, Verleger; geb. 10. März 1882 Kartusskaja Bereza/Rußl., gest. 26. März 1948 Vevey/CH; jüd.; *V:* Elijah K. (geb. 1852 Ushpol, gest. 1932 Pal.), Rabbiner in Lublin u.a. poln. Städten, 1928 Emigr. Pal., Talmud-Gelehrter u. Schriftsteller. *Weg:* 1933 CH, 1941 USA, 1947 CH.

Stud. Marburg, 1912 Prom. Bern. Zugl. 1909-11 Schriftltr. zion. Zs. *Die Welt.* 1912-15 Dir. J.N.F. in Köln. Nach 1912 Mitarb. u.a. bei den hebr. Zs. *HaZeman, HaShiloah, HaTekufah,* 1915-19 Schriftltr. *Bulletin Juif* Lausanne u. Gr. des Verlages Al haMishmar, Veröffentl. von Büchern über jüd. Fragen in Deutschland u. Frankr.; 1921-22 Schriftltr. *Freie Zionistische Blätter* Heidelberg, 1923 zus. mit → Nahum Goldmann Gr. Eschkol-Verlag Berlin, 1924 zus. mit Nahum Goldmann Initiator u. 1928-34 Hauptschriftltr. *Encyclopaedia Judaica* u. der hebr. Ausgabe *Enzyklopedyah Yisraelit.* Verf. phil. Werke, Vertr. einer vom Darwinismus geprägten Geschichtsauffassung, Kampf gegen die Intellektualisierung des Lebens, zugl. Vertr. des jüd. Nationalismus u. des Zionismus als „realistischer" Ideologie für die jüd. Selbsterhaltung. 1933 Emigr. Schweiz, 1941 in die USA, Doz am Coll. of Jew. Stud. in Chicago. 1947 Rückkehr in die Schweiz.

W: Bibliogr. in: Yalkut Masot (Aufsatzsammlung, Hg. J. Schächter). 1965. *L:* Kressel, G., Leksikon haSifrut haIvrit baDorot haAḥaronim (Handbuch der modernen hebr. Lit.). 1967; S. Federbusch (Hg.), Hokhmat Yisrael beMaarav Eiropa, Bd. I. 1958; E.J.; U.J.E. *Qu:* Hand. Publ. - RFJI.

Klaus, Emil Wilhelm, Kommunalpolitiker, Verbandsfunktionär; geb. 19. Juli 1900 Aussig, gest. 2. März 1971 Tikkurila/Finnland; kath.; *V:* Emil K. (1876-1955), kath., Lokomotivheizer; *M:* Anna (1876-1955), kath.; *G:* Willy (geb. 1901), Elsa (geb. 1904), Maria (geb. 1910); ∞ Helsinki, Irja Alice Linnea Wälimaa (geb. 1913), ev., Verkäuferin; *StA:* österr., 1919 CSR, 1949 Finnl. *Weg:* 1938 Finnl.

1915-19 Höhere Staatsgewerbeschule Reichenberg, ChemieIng., 1920-22 MilDienst in ČSR-Armee (Oberlt.); Chemiker. 1930 DSAP, ATUS, *Deutscher Arbeitersängerbund in der ČSR,* Mitgl. ZV *Allgemeiner Angestellten-Verband Reichenberg (All-a-ver)* u. *Arbeiterfürsorge,* 1933-36 Angest. *Union der*

Textilarbeiter, Febr. 1936-Apr. 1938 Bürgerm. Stadt Röchlitz, anschl. Zentralsekr. *Republikanische Wehr.* Nov. 1938 Emigr. nach Finnland, 1938-43 Laborant, 1943-67 Labormeister Staatliche Technische Forschungsanstalt Helsinki. - *Ausz.:* 1966 Med. 1. Kl. mit Goldenem Kreuz des Ordens „Weiße Rose".
Qu: Pers. Z. - IfZ.

Klausmann, Robert (urspr. Christian), Parteifunktionär; geb. 15. Mai 1896 Essen, gest. 27. Dez. 1972 Karlsruhe; ∞ verh.; *StA:* deutsch, 1. Febr. 1937 Ausbürg., deutsch. *Weg:* 1933 F; 1945 Deutschland (ABZ).
Lederarb.; 1915-18 Frontsoldat, 1920 KPD, ab 1922 Mitgl. Bürgerausschuß Weinheim/Bergstr., ab 1926 Kreistag Mannheim. 1929-33 MdL Baden, ab 1929 ZK-Mitgl.; 1930-32 Sekr. für RGO-Fragen bei KPD-BezLtg. Baden, Apr.-Dez. 1932 PolLtr. Bez. Baden-Pfalz. Ab März 1933 KL, Flucht u. erneute Festnahme, Okt. 1933 Flucht aus KL Kislau nach Frankr.; Grenzarb. in Straßburg (Deckn. Oskar Faß), Schrifteneinfuhr, angebl. Ltr. illeg. KPD-Bez. Karlsruhe. Ab 1939 in Südfrankr., lt. Gestapo-Akten später auch Aufenthalt in der UdSSR. 1945 Rückkehr über Paris, 1946-48 Landesdir. für Arbeit u. soziale Fürsorge in Karlsruhe, 1946 Mitgl. Vorläufige Volksvertr. Württ.-Baden u. Verfassungsgebende Landesvers., 1948-50 KPD-MdL Württ.-Baden. Nach 1948 vorüberg. Dir. für Sozialversicherung in Stuttgart, dann Parteisekr. in Stuttgart u. Karlsruhe.
L: Weber, Wandlung. *Qu:* Arch. Publ. - IfZ.

Klausner, Julius, Fabrikant; geb. 10. März 1874 Tarnow/Galizien, gest. 8. Sept. 1950 Buenos Aires/Argent.; jüd.; *V:* Jakob K. (geb. 1840[?], gest. 1922[?] Berlin), jüd., Müllersknecht; *M:* Marie, geb. Ettinger (geb. 1840[?] Tarnow[?], gest. 1922[?] Berlin), jüd.; *G:* Wilhelm (geb. 1870[?] Tarnow), Zahnarzt in Wien u. Berlin; Fanny (geb. 1871[?] Tarnow); Sabine (geb. 1872[?] Tarnow); Heinrich (geb. 1873[?] Tarnow), Schuhhändler in Berlin u. São Paulo; Leo (geb. 1876[?] Tarnow), Schuhhändler in Berlin u. Pal.; Ludwig (geb. 1877[?] Tarnow, gest. 1965[?]), Schuhhändler in Wien u. New York; Otto (geb. 1880 Tarnow, gest. 1932[?] Berlin), Inh. Otto Klausner GmbH, Schuhgroß- u. Einzelhandel; ∞ 1899 Dora Leiser (geb. 1882 Tarnow, gest. 1959 Berlin), jüd., höhere Schule, ab 1896 Mitarb. im Familienbetrieb, 1937 Emigr. NL, 1938 Argent., nach 1945 Berlin; *K:* Ilse Metzger, gesch. Levy (geb. 1900), Stud. Volkswirtschaft, Phil., Musik, Lehrzeit u. Prokuristin im Familienbetrieb, Emigr. F, 1940 GB, 1941 USA, 1957 Deutschland; Käte (geb. 1901 Berlin), Stud. Musik, Pianistin, vor 2. WK Emigr. H, 1962 (?) Wien; Margot Brandstetter, gesch. Rosner (gest. 1975 Tel Aviv), Sprachstud., in den 30er Jahren Emigr. Pal., Mitarb. *Habima* u. *Youth Aliyah.* Gr. des ersten Filmateliers in Pal.; *StA:* österr., 1910 deutsch, um 1921 auch FL. *Weg:* 1937 CH, 1938 NL, 1939 Argent.
1885-91 Lehre in Wiener Schuhgeschäft, 1891 Mitgr. u. Mitinh., 1898-1937 Alleininh. Leiser Fabrikations- u. HandelsGmbH Berlin, Schuhgroß- u. Einzelhandel (33 Filialen), 1921-39 auch Inh. Einzelhandelsunternehmen Huf in den Niederlanden (11 Filialen); bis 1935 Zwangsverkauf von 25%, bis 1937 von weiteren 50% des Unternehmens. 1935 zeitw. Haft in Berlin, Dez. 1937 Emigr. Niederlande mit Ehefrau, 1938 Geschäftsf. Fa. Huf; 1939 Argentinien.
L: Klausner, Margot, Julius Klausner. Eine Biographie. 1974. *Qu:* Hand. Pers. - RFJI.

Klee, Alfred, Dr. phil., Rechtsanwalt, Verbandsfunktionär; geb. 25. Jan. 1875 Berlin, 1943 umgek. KL Westerbork/NL; jüd.; *V:* Moritz K., Fabrikant; *M:* Eugenie, geb. Lagowitz; ∞ 1899 Therese Stargardt (umgek. KL Bergen-Belsen), 1938 Emigr. NL; *K:* Esther Eugenie Rawidowicz (geb. 1900 Bonn), Emigr. GB, USA; Ruth Judith (geb. 1901 Bonn, gest. 1942 NL), verh. mit → Hans Goslar; → Hans Klee; *StA:* deutsch. *Weg:* 1938 NL.

Stud. Rechtswiss. Heidelberg, Berlin, München, Bonn, 1901 Referendar, 1902 Prom. Heidelberg, RA in Berlin, bis 1938 aktiv bei der gerichtl. Verfolgung von Antisemiten (u.a. Prozeß gegen den Grafen Reventlow, den Hg. einer dt. Version der gefälschten Protokolle der Weisen von Zion), Vors. ZVfD, Mitgl. *Großes Aktionskomitee,* Förderer zion. Tätigkeit auf GdeEbene, Mitarb. von Theodor Herzl, Max Nordau u. David Wolffsohn; Org. des jüd. GdeVereins in Berlin, Mitgr. *Jüdische Volkspartei,* 1920 Mitgl. Repräsentantenversammlung der Jüd. Gde. Berlin, Fraktionsvors. u. stellv. Vors. jüd. Gde. Berlin, 1925 Vizepräs. Preußischer Landesverband Jüdischer Gemeinden, 1927 erster zion. Vertr. der Jüd. Gde. im ICA-VerwRat, 1933 Ratsmitgl., 1936 Mitgl. Präsidialausschuß der *Reichsvertretung,* Teiln. an der Algeciras-Konf. zur Sicherung der Rechte marokkan. Juden, Mitarb. *Emigdirekt* zur Verbesserung der Lage der Juden in den baltischen Staaten, mit Leo Motzkin u. *Internationales Hilfskomitee,* Tätigkeit für HICEM u. OSE. 1938 Emigr. Niederlande; Tätigkeit für Hachscharah u. jüd. Jugendorg. Präs. der jüd. Gde. Amsterdam.
W: Die Judenfrage. 1920. *L:* Bewährung im Untergang. *D:* LBI New York. *Qu:* Arch. EGL. Hand. Publ. - RFJI.

Klee, Hans, Dr. jur., Verbandsfunktionär; geb. 3. Nov. 1906 Berlin, gest. Mai 1959 Zürich; jüd.; *V:* → Alfred Klee; ∞ Edith Spira (gest. 1964), Zahnärztin; *StA:* deutsch, staatenlos. *Weg:* 1933 (1934 ?) CH.
Stud. Rechtswiss., Referendar, gleichz. Mitgl. Zentralausschuß Z.V.f.D. Berlin, Ratsmitgl. Preußischer Landesverband Jüdischer Gemeinden, VorstMitgl. *Makkabi* u. K.J.V., Red. *Der jüdische Wille,* Mitgl. *Jüdische Volkspartei,* 1932 Teiln. an 1. Tagung des WJC in Genf. 1933 (1934 ?) Emigr. in die Schweiz, 1934 Prom. Basel. 1934-45 tätig für zion. Belange, u.a. zus. mit seinem Vater Gr. einer neuen jüd. Gde. in Madrid. 1945-50 Vors. Flüchtlingsvertretung in der Schweiz, beeinflußte die Entwicklung der schweizer. u. internat. Auswandererpol.; 1946 Dipl. Inst. des Hautes Etudes Internationales in Genf. Ab 1947 Präs. *Verband der Allgemeinen Zionisten in der Schweiz* u. Vizepräs. europ. Exekutive der *World Confed. of Zionists,* 1953-59 Red. *Israelitisches Wochenblatt für die Schweiz* Zürich, 1937, 1946 u. 1951 Deleg. auf zion. Weltkongressen. 1946-59 Mitgl. *Zionistisches Aktions-Komitee,* Mitgl. eines Kuratoriums zur Gründung eines jüd. Lehrstuhls an der Univ. Lausanne, VorstMitgl. *World Union* OSE u. OSE Schweiz, Mitgl. zion. Komitees in der Schweiz, Vizepräs. *Schweizerischer Zionistenverband,* Deleg. der Genfer jüd. Gde. beim Schweiz. Isr. Gemeindebund, VorstMitgl. Isr. Kultusgde. Zürich.
W: Die Rechte des Kommittenten im Konkurse des Kommissärs (Diss.). 1934; Ordnung von 1919, eine Lehre für morgen. 1940; Christian Wolffs Civitas Maxima. 1941; Beitrag der Kirchen zur Nachkriegsfrage. 1943; Die Judenfrage am Kriegsende. In: Schweizer Monatshefte. 1944; Wir Juden und die deutsche Schuld. 1946; Hugo Grotius und Johannes Selden. 1946; Bei den Marranen in Portugal. In: Mélanges dédiés à Dr. B.A. Tschlonoff. 1947; Beiträge in jüd. u. zion. Ztg. u. Zs. *Qu:* EGL. Hand. Pers. Z. - RFJI.

Kleemann, Wilhelm, Bankier; geb. 17. Dez. 1869 Forchheim/Oberfranken; gest. 10. März 1969 New York; jüd.; *V:* Michael K. (geb. 1818 Werneck/Unterfranken, gest. 1908 Forchheim), jüd., Kantor, Religionslehrer; *M:* Amalie, geb. Fleischmann (geb. 1880 Schöningen/Braunschweig, gest. 1909 Forchheim); ∞ 1907 Lucie Friedländer (geb. 1886 Berlin, gest. 1968 New York), jüd., 1933 Emigr. CH, 1937 NL, 1940 USA; *K:* Herta Schloss (geb. 1908 Berlin), Emigr. mit Mutter; *StA:* deutsch, 1946 USA. *Weg:* 1933 CH, 1937 NL, 1940 USA.
Gymn. München u. Nürnberg, 1884-88 Bankausbildung in Berlin, 1890-1904 Angest. bei Deutsche Genossenschaftsbank Sörgel, Parrisius & Co. in Berlin, 1904 Übernahme durch Dresdner Bank, 1904-16 Geschäftsf. der Genossenschaftsbank der Dresdner Bank Berlin, 1916-33 VorstMitgl. u. Ltr. der Depositenkassen, gleichz. Mitgl. u. Vors. in AR versch. Industrieges.; zus. mit → William Marcus Gr. *Jüdischer Kreditverein für Handel und Gewerbe* Berlin, 1921-33 Mitgl. Hauptvorst. CV,

ab 1924 erster Präs. des dt. ORT, 1927-31 Mitgl. *Repräsentantenversammlung der jüdischen Gemeinden Berlin* (Wahl über liberale Liste), 1930-33 Vorst. u. Präs. *Vereinigte Synagogenvorstände,* Vors. VerwRat eines Waisenhauses. April 1933 Emigr. Schweiz, 1937 Niederlande, 1940 USA. 1941 Mitgr., später Vizepräs. u. Präs. *Friends of ORT,* VorstMitgl. *Am ORT Fed. - Ausz.:* 1929 Dr. rer. pol. h.c. Univ. Halle, 1966 Ehrenring der Stadt Forchheim.

W: Beiträge in *Neues Wiener Journal* Wien. *L:* Adler-Rudel, S., Jüdische Selbsthilfe unter dem Naziregime 1933-39. 1974. *D:* LBI New York. *Qu:* Arch. Fb. Hand. Pers. Publ. Z. - RFJI.

Klein, Alfred, Parteifunktionär; ∞ Liese, 1939 Emigr. UdSSR, dort verschollen; *StA:* 1919 CSR. *Weg:* 1939 UdSSR.

KSČ-Mitgl., ab Grdg. 1936 Zentralsekr. *Deutscher Jugendbund* (→ Gustav Schramm). 1939 Emigr. in die UdSSR, Funktionär der sudetendt. KSČ-Emigr. im EmigrHeim Opalicha b. Moskau, nach Kriegsausbruch zus. mit Ehefrau Einsatz in sowj. Industrie, verschollen.

Qu: Pers. - IfZ.

Klein, Emil, Gewerkschaftsfunktionär; geb. 21. Apr. 1881 Lauterbach/Saar, gest. 8. Febr. 1937 Morsbach/Lothr.; ∞ verh.; *K:* Emil K. (geb. 1908), Kriminalbeamter, 1940-45 in versch. Gef. u. KL, zuletzt Strafbtl. 999; Auguste Noll; Anna K. *Weg:* 1935 F.

Kinder- u. Schulzeit in Lothringen, um 1896 als Bergmann nach Bochum, ab 1902 Mitgl. *Deutscher Bergarbeiter-Verband;* 1914-17 Teiln. 1. WK; 1918-31 Gewerkschaftssekr. des Bergarbeiter-Verbandes in Bochum, 1926-29 SPD-StadtVO. Bochum, zeitw. Fraktionsvors., 1930-31 unbesoldetes Magistratsmitgl.; 1931 Versetzung als Gewerkschaftssekr. (Hauptkassierer) zur BezLtg. Saarbrücken des Bergarbeiter-Verbandes; nach der natsoz. Machtübernahme im Reich Unterstützung deutscher Flüchtlinge, ZusArbeit mit den ins Saargeb. emigrierten → Heinrich König, → Franz Vogt u. → Wilhelm Hansmann; nach der Saarabstimmung Jan. 1935 mit Fam. Emigr. nach Frankreich.

L: Wagner, Johannes Volker, Nur Mut, sei Kämpfer! 1976. *Qu:* Arch. Pers Publ. - IfZ.

Klein, Ludwig, Journalist; geb. 24. Nov. 1900 Wien, gest. 2. Mai 1959 Wien; ∞ Josephine Schott; *K:* 4; *StA:* österr. *Weg:* 1938 CH; 1945 Österr.

GdeBeamter in Wien; 1920 SDAP, Vertrauensmann u. Betriebsrat. Aug. 1938 Emigr. Zürich, Anerkennung als pol. Flüchtling. Mitgl. *Schweizerisches Hilfskomitee für ehemalige Österreicher* u. *Demokratische Vereinigung für ein freies unabhängiges Österreich.* Neben → Anton Linder maßgebl. Vertr. der *Landsmannschaft österreichischer Sozialisten in der Schweiz* u. Mitarb. des Mitteilungsblattes *Der Sozialist.* 1942 neben → Kurt Grimm u.a. Mitgl. eines Komitees, das Verb. nach Österr. vor allem zu kath.-konservat. Widerstandsgruppen aufbaute. Herbst 1944 Mitgl. *Verbindungsstelle Schweiz* als Außenstelle österr. Widerstandsgruppen, die für Nachrichtenübermittlung zu alliierten Stellen sorgte. Ende 1944 u. Anfang 1945 Mitgl. eines österr. Komitees in der Schweiz in Zusammenhang mit *Provisorischem Österreichischen Nationalkomitee.* Stellte zus. mit Anton Linder noch vor Kriegsende die Verb. zwischen sozialist. Oppositionsgruppen in Österr. u. den österr. Sozialisten in GB unter → Oscar Pollak u. → Karl Czernetz her. Unmittelbar nach Kriegsende Mitorg. einer vom *Schweizerischen Hilfskomitee für Österreicher* getragenen Hilfsaktion für Österr. - 1945 Rückkehr nach Österr., Mitgl. SPÖ, ab Nov. 1945 RedLtr. der sozialist. *Volkszeitung* in Innsbruck. 1945-53 (?) MdBR, 1946-50 Schiedsgerichtsbeisitzer beim PV der SPÖ. Ab 1951 Ltr. *Austria-Presseagentur.*

L: Molden, Gewissen; Klucsarits, SPÖ. *Qu:* Arch. Hand. Publ. Z. - IfZ.

Klein, Max, Gewerkschaftsfunktionär; geb. 4. Juni 1882, gest. 11. Dez. 1957; jüd.; *StA:* österr. *Weg:* 1935 Pal.; Österr.

Kaufm. Angest. in Wien, Mitgl. *Verein jugendlicher Arbeiter* Wien, ab 1903 *Verband jugendlicher Arbeiter Österreichs.* Mitgl. *Gehilfenausschuß der kaufmännischen Angestellten Österreichs,* SDAP. 1919 (?) 1. Sekr. Krankenkasse der Handlungsgehilfen; innerhalb der GewBewegung Fachmann für Fragen der Sozialversicherung. 1920 (?)-34 MdBR, bis 1934 stellv. Obmann *Zentralverein der kaufmännischen Angestellten Österreichs.* 1931-34 Ersatzmitgl. der Kontrolle beim Bundesvorst. *Bund der Freien Gewerkschaften Österreichs.* 1934 nach den Februarkämpfen kurzfristig Haft. 1935 Emigr. nach Palästina, maßgebl. am Aufbau des jüd. Sozialversicherungswesens beteiligt. Nach Rückkehr aus der Emigr. Mitgl. SPÖ, Mitgl. Zentralvorst. der *Gewerkschaft der Privatangestellten* u. VorstMitgl. Pensionsversicherungsanstalt der Angestellten. Zuletzt Dir. Perlmooser Zementwerke AG. 1952 Pensionierung.

L: Klenner, Gewerkschaften. *Qu:* Arch. Hand. Publ. Z. - IfZ.

Klein, Walter, Dr. jur., Rechtsanwalt, Verbandsfunktionär; geb. 1897, gest. 1953 London; *StA:* österr. (?), 1919 CSR. *Weg:* 1939 GB.

RA in Teplitz-Schönau u. Obmann des dt. Mieterschutzverbandes in der CSR; DSAP-Mitgl.; 1938 ins Landesinnere, 1939 Emigr. nach GB, Mitunterz. GrdgAufruf der *DSAP-Auslandsgruppe* v. 18. Okt. 1940 (→ Josef Zinner) u. 1940-46 deren Gruppenltr. im *Czech Refugee Trust Fund,* ab Grdg. 1942 Mitgl. *Einheitsausschuß der sudetendeutschen Antifaschisten in Großbritannien,* 1943 Mitgl. *Sudetendeutscher Ausschuß - Vertretung der demokratischen Deutschen aus der CSR.* 1948 Mitarb. der Anklage im Nürnberger Industriellenprozeß.

Qu: Arch. Pers. - IfZ.

Klein-Löw, Stella, geb. Herzig, Dr.phil.; geb. 28. Jan. 1904 Przemysl/Galizien; jüd.; ∞ I. Dr. Hans Klein (gest. 1932), Arzt; II. Dr. Moses Löw, Chemiker u. Physiker; *StA:* österr., Ausbürg. (?). *Weg:* 1939 GB; 1946 (?) Österr.

Stud. klass. u. moderne Philologie u. Psychologie Univ. Wien, Prom.; Mitgl. SAJDÖ, *Verband Sozialistischer Studenten Österreichs,* ab 1922 Mitgl. SDAP. 1932-39 Haupt- u. Mittelschullehrerin. 1939 Emigr. GB, zunächst Tätigkeit als Hausgehilfin, 1941-45 Psychologin. Mitgl. *Austrian Labour Club,* Mitgl. *Labour Party.* 1946 (?) Rückkehr nach Österr. Mitgl. SPÖ u. *Gewerkschaft der öffentlich Bediensteten.* Mittelschullehrerin, 1951-70 Mittelschuldirektorin in Wien. Ab 1955 Mitgl. Frauen-Zentralkomitee der SPÖ, 1956-64 Mitgl. Parteivertretung (Parteikontrolle) der SPÖ, 1959-70 MdNR. 1963-70 Mitgl. *Interparlamentarische Union.* Chefred. *Sozialistische Erziehung,* Obmannstellv. Wiener Bildungsausschuß, bis 1972 stellv. Vors. Bundesbildungsausschuß der SPÖ. Mitgl. des Bundesvorst. *Die österreichischen Kinderfreunde,* VorstMitgl. *Österreichisch-Israelitische Gesellschaft,* Mitgl. *Bund Sozialistischer Akademiker.* 1970 Pensionierung, lebte 1978 in Wien. - *Ausz.:* Hofrat; Gr. Silbernes Ehrenzeichen für Verdienste um die Rep. Österreich; Victor-Adler-Plakette der SPÖ.

W: u.a. Der suchende Mensch. 1961. *L:* Klucsarits, SPÖ. *D:* VfGdA. *Qu:* Arch. Hand. Publ. - IfZ.

Kleineibst, Max Richard, Dr. phil., Journalist; geb. 30. März 1886 Weilburg/Lahn, gest. 27. Apr. 1976 Kilchberg b. Zürich; *V:* Eduard K. (geb. 1852), jüd.; *M:* Johanna, geb. Jeßel (geb. 1853), jüd.; *G:* Clotilde Isaac (geb. 1875), dep.; Melanie (geb. 1883), dep. (?); ∞ Claire (Klara) Lepère (1892-1956), Schriftst., Emigr. CH; *K:* 1 S; *StA:* deutsch, 24. Juni 1939 Ausbürg. *Weg:* 1932 CH; 1933 Deutschland, CH.

Gymn., 1903-09 kaufm. Angest., 1909 Abitur, 1909-13 Stud. Philologie in München, Göttingen, Berlin u. Straßburg; 1913-14 Privatlehrer Berlin, 1915 Prom., 1915-18 Soldat. 1918/19 Vorst. *Soldaten-,* später *Arbeiterrat* Freiburg/B.; SPD. Schriftst. u. journ. Tätigkeit, u.a. Red. in Aschaffenburg u. bei

370 Kleinjung

Volksstimme Chemnitz; 1926 kurzfristig Lehrer Karl-Marx-Schule Berlin. 1927-31 Red. *Volkszeitung für die Oberlausitz* Löbau/Sa.; Exponent des linken pazifist. SPD-Flügels u. oppos. Kreises um die Zs. *Der Klassenkampf,* Mitarb. *Sozialistische Monatshefte,* pazifist. Zs. *Das Andere Deutschland, Die Zeit.* 1931 Mitgr. SAPD, ab Nov. 1931 Chefred., später Ausl-Red. SAPD-Zentralorgan *Sozialistische Arbeiterzeitung;* März 1932 auf 1. PT der SAPD als Anhänger der pazifist. Gruppe um → Anna Siemsen aus Red. entfernt, jedoch in geschäftsf. PV gewählt. Mai 1932 vorsorgl. Emigr. in die Schweiz, Okt. 1932-März 1933 Rückkehr nach Berlin als Red. des Zentralorgans der *Deutschen Friedensgesellschaft* (DFG) *Das Andere Deutschland* u. Präs. Berliner Zweig der DFG. März 1933 mit PV-Mehrheit um → Kurt Rosenfeld u. → Max Seydewitz SAPD-Austritt, Emigr. über die CSR u. Österr. nach Zürich. Durch A. Siemsen u. → Heinrich Ströbel Anschluß an die *Religiös-Soziale Vereinigung* um Prof. Leonhard Ragaz u. Hans Oprecht; journ. Tätigkeit, u.a. *Volksrecht* Zürich, *Volksstimme* St. Gallen u. ISK-Organ *Sozialistische Warte* Paris. Ps. u.a. Klaus Bühler, Mathias Merker, Florian Fechter. 1934/35 i.A. des Ragaz-Kreises Mitarb. am *Plan der Arbeit* der Schweizer sozdem. Partei.

W: u.a. Bühler, Klaus, Englands Schatten über Europa. 300 Jahre britischer Außenpolitik. Paris (Editions Nouvelles Internationales) 1938. *L:* Drechsler, SAPD. *Qu:* Arch. Pers. Publ. - IfZ.

Kleinjung, Karl Otto, Offizier; geb. 11. März 1912 Remscheid; *V:* Walter Otto K. (1884-1950); *M:* Katharina, geb. Herrmann; *StA:* deutsch, 27. Febr. 1940 Ausbürg. *Weg:* 1934 (?) NL; 1935 B; 1936 (?) E; UdSSR; nach 1945 Deutschland (SBZ).

Friseur; 1920 (?) KPD, Funktionär in Remscheid. Ab 1934 KPD-Kurier in Holland, Frühj. 1935 Verhaftung, nach Belgien abgeschoben. Im Span. Bürgerkrieg bei Partisaneneinheit der Internat. Brigaden, danach Ausbildung in der UdSSR; im 2. WK Partisaneneinsatz gegen dt. Truppen. Nach Kriegsende Rückkehr, Ltr. Landesbehörde Deutsche Volkspolizei (DVP) Thür. u. 1948 Mecklenburg. 1949-50 Teiln. 1. Lehrgang für DVP-Offz. MilAkad. Privolsk b. Saratov/UdSSR, anschl. DVP-GenInspekteur, Ltr. MfS-Dienststelle Groß-Berlin u. 1952-56 Ltr. BezVerw. Wismuth des Min. bzw. Staatssekretariats für Staatssicherheit, danach Ltr. Hauptabt. I (Schutz der NVA) des MfS. 1962 GenMajor. - *Ausz.:* 1955 VVO (Silber), 1956 Hans-Beimler-Med., 1962 VVO (Silber), 1965 VVO (Gold), 1970 Orden des Großen Vaterländischen Krieges 1. Grades (UdSSR).

L: Hössler, Albert, Leben und Kampf eines deutschen Kommunisten. Bearbeitet von Gerda Werner und Paul Hoffmann. 1961; Forster, NVA; Pasaremos; Interbrigadisten. *Qu:* Arch. Hand. Publ. - IfZ.

Klemperer, Alfred Herbert von, Bankier; geb. 22. Juni 1915 Berlin; *V:* Dr. Ing. Herbert Otto von K. (geb. 1878 Dresden, gest.), VorstVors. Berliner Maschinenbau-AG (vormals L. Schwartzkopff Berlin, Maschinen- u. Lokomotivbau), 1933-38 Mitgl. VerwRat der Berliner Handels-Gesellschaft; *M:* Frieda, geb. Kuffner; *G:* Klemens (geb. 1916), Historiker, Emigr. USA; ∞ 1943 Nancy Church Logan; *K:* William John, Diana, Marie; *StA:* deutsch, 1943 USA. *Weg:* 1937 USA.

1934-35 Handelsschule Berlin, 1934-37 Banklehre Berliner Handels-Gesellschaft. 1937 Emigr. USA, 1937-39 Buchhalter Mergenthaler Linotype Co. Brooklyn/N.Y., 1939-42 Bankangest. New York Trust Co., 1946-51 bei Federal Reserve Bank New York, Devisenabt. u. Beratung, 1951-59 Mitarb. Morgan Guaranty Trust New York, 1959-60 im US-Finanzmin. Washington/D.C., anschl. wieder Morgan Guaranty Trust, ab 1966 Senior-Vizepräs., zugl. Dir. Morgan Guaranty Internat. Banking Corp. u. Morgan Guaranty Internat. Finance Corp.; Dir. u. Schatzmeister Dt.-am. Handelskammer, 1970 Präs., 1973 VorstVors., ab 1971 Schatzmeister *Internat. Center* New York, Dir. *Nat. Foreign Trade Council,* VerwRatsMitgl. Internat. Handelskammer, Mitgl. *Council on Foreign Relations,* 1956-59 Schatzmeister Village of Plandome Long Island/N.Y., 1964-66 Präs. Buckley Country Day School. - *Ausz.:* 1973 Gr. BVK. *Qu:* Hand. HGR. Z. - RFJI.

Klemperer, Hubert Ralph von (bis 1936 Klemperer Edler von Klemenau), Geschäftsmann; geb. 22. Sept. 1914 Berlin-Wannsee; ev.; *V:* → Ralph Leopold von Klemperer; ∞ 1943 Marjorie Elizabeth Girdlestone (geb. 1919 Durban), B.Sc. u. UED, 1949-70 wiss. Assist. (Chemie) Natal Univ.; *K:* Geoffrey Ralph (geb. 1944 Pretoria), B.Sc., Textil-Ing.; Julian (geb. 1946 Durban), B.A., LL.B., RA; *StA:* 1921 österr.; deutsch; 1942 S-Afrika. *Weg:* 1936 S-Afrika.

1933 ArbDienst, 1933-35 Stud. Volkswirtschaft München. Febr. 1936 Emigr. Südafrika, 1936-39 Managerausbildung in Johannesburg u. Port Elizabeth. 1940-47 MilDienst, 1940-41 zeitw. Ausschluß als feindl. Ausländer, anschl. Captain Natal Command. Ab 1948 Angest., später GenDir. The Standard Yoke and Timber Mills (Pty) Ltd. in Pietermaritzburg. 1951-67 Mitgl., ab 1950 VorstMitgl. *Rotary-Club* Pietermaritzburg, 1957-58 Präs. Industriekammer Pietermaritzburg, 1954-75 geschäftsf. VorstMitgl. *Natal Horse Soc.,* ab 1957 Mitgl. Komitee für Arbeiterfragen der Vereinigten Industriekammern Südafrikas, ab 1965 geschäftsf. VorstMitgl. *Royal Agricultural Soc.,* Kurator Cowan Prep. School Hilton, ab 1966 stellv. Vors. *African Welfare Soc.* Pietermaritzburg, 1968-70 Präs. *South African National Equestrian Federation,* ab 1970 Kurator *Cluny Farm Centre* Johannesburg. Lebte 1978 in Claridge/Natal. *Qu:* Fb. Hand. Pers. - RFJI.

Klemperer, Ralph Leopold von (bis 1937 Klemperer Edler von Klemenau), Dr. Ing., Fabrikant, Geschäftsleiter; geb. 16. Nov. 1884 Dresden, gest. 25. Apr. 1956 S-Afrika; ev.; *V:* Gustav Klemperer Edler von Klemenau (geb. 1850 [1851 ?] Prag, gest. 1926 Dresden), jüd., 1910 geadelt, Geheimer Kommerzienrat, österr. GenKonsul in Dresden, VorstMitgl. Dresdner Bank; *M:* Charlotte, geb. Engelmann (geb. 1858 Olmütz/Mähren, gest. 1934 Dresden), jüd.; *G:* → Victor Klemperer Edler von Klemenau; Dr. Herbert Otto v. K. (geb. 1878 Dresden, gest. Ende der 40er Jahre New York), Fabrikant, Präs. des Vorst. Berliner Maschinenbau AG, Emigr. USA über GB; ∞ 1913 Lili Huldschinsky (geb. 1893 Berlin), ev., 1937 Emigr. S-Afrika; *K:* → Hubert Ralph von Klemperer; *StA:* österr., 1921 deutsch, 1942 S-Afrika. *Weg:* 1937 S-Afrika.

1904-10 Stud. TH Dresden u. Univ. Jena, 1910 Prom. TH Dresden, 1910-13 Ing. in Pilsen/Böhmen. 1913-14 AbtLtr. Gen.-Direktor der Skoda-Werke in Wien. 1914-18 Kriegsteiln. österr. Armee (Artillerieoffz., Ausz.), 1917-18 Hptm. im Kriegsmin. Wien. 1919-36 ltd. Dir. AG für Cartonnagen-Industrie in Dresden, 1920-36 AR-Mitgl. versch. Firmen, Mitgl. versch. Handels- u. Industrieorg., VorstMitgl. *Reichsbund der Metallwarenindustrie.* Anfang der 20er Jahre Mitgr. u. bis 1934 Mitgl. *Rotary Club* Dresden. Febr. 1937 Besuch beim ältesten Sohn in Südafrika, Mai 1937 Emigr. Südafrika mit Ehefrau u. Töchtern mit Besuchervisum, später Einwanderungsvisum. 1937-38 Ltr. Margate Estates Ltd. Natal, 1939-56 Vors. u. ltd. Dir. The Standard Yoke & Timber Mills (Pty) Ltd. in Pietermaritzburg Natal. *Qu:* Hand. Pers. - RFJI.

Klemperer, Victor, Edler von Klemenau, Dr. jur., Bankier; geb. 20. Juni 1876 Dresden, gest. 1943 Südrhodesien; jüd.; *V:* Gustav Klemperer Edler von Klemenau (geb. 1850 [1851 ?] Prag, gest. 1926 Dresden), jüd., 1910 geadelt, Geheimer Kommerzienrat, österr. GenKonsul in Dresden, VorstMitgl. Dresdner Bank; *M:* Charlotte, geb. Engelmann (geb. 1858 Olmütz/Mähren, gest. 1934 Dresden); *G:* Dr. Ing. Herbert Otto von Klemperer (geb. 1878), VorstVors. Berliner Maschinenbau A.G.; Dr. Ing. → Ralph Leopold von Klemperer; ∞ Sophie Reichenheim (geb. 1888 Berlin), ev., 1939 Emigr. Rhodesien; *K:* Sophie-Charlotte Ducker (geb. 1909 Dresden), 1941 Emigr.

AUS über IR, Prof. für Botanik Univ. Melbourne; Peter Ralph Klemperer; Gustav Victor (geb. 1915 Dresden), ev., 1939 Emigr. Rhodesien mit Eltern, Geschäftsm.; Dorothea Gysin (geb. 1919 Dresden, gest. 1977 Bern), ev., 1935 Emigr. CH; *StA:* österr. *Weg:* 1939 Rhodesien.

Stud. Rechtswiss. Freiburg, Berlin, 1898 Prom. Halle. 1898-99 bei Dresdner Bank in Dresden, 1899-1902 Kessler Bank New York, 1902-04 Prokurist bei Maschinen- u. Munitionsfabrik Ludwig Loewe A.G. Berlin, ab 1904 Dresdner Bank, 1904-08 Prokurist Berliner Filiale, 1908-14 Dir. Leipziger Filiale, ab 1914 Dir. in Dresden. 1. WK österr. Armee, (Hptm. d. Reserve, u.a. EK II); 1918 österr.-ungar. Vizekonsul Dresden. U.a. Mitgl. Ausschuß Zentralverband des Deutschen Bank- und Bankiergewerbes e.V.; 1939 Emigr. Südrhodesien.

Qu: Hand. Pers. - RFJI.

Klepetar, Harry Erich, Dr. jur., Journalist; geb. 26. Juli 1906 Brünn/Mähren; jüd.; *V:* Berthold K. (geb. 1875, umgek. 1942 KL Auschwitz), jüd., Fabrikant; *M:* Henriette Clara, geb. Loew (geb. 1886, umgek. 1942 KL Auschwitz), jüd.; *G:* Ernst Herbert (geb. 1909), jüd., Versicherungsmathematiker, 1939 Emigr. Bolivien, 1941 USA; ∞ 1947 Schanghai Eva Elisabeth Tanzer (geb. 1917 Graz), jüd., med. Assist., 1947 Emigr.; *K:* Steven Frank (geb. 1949), Hochschullehrer; *StA:* österr., 1919 CSR, 1956 USA. *Weg:* 1940 Schanghai, 1949 USA.

1924-29 Stud. Rechtswiss. Deutsche Univ. Prag, 1929 Prom.; 1927-39 pol. Red. *Prager Tagblatt.* 1940 nach Schanghai, 1943-45 Internierung. 1949 in die USA, 1950-55 Angest. Verlag Frederick A. Praeger, New York. 1955-74 Sachbearb. URO New York, ab 1974 Doz. für dt. Literatur am Institute for Retired Professionals der New School for Social Research New York. Lebte 1978 in New York.

W: Der Sprachenkampf in den Sudetenländern. Warnsdorf/Wien 1930; Seit 1918 ... Eine Geschichte der Tschechoslowakischen Republik. Mährisch-Ostrau 1937. *Qu:* Fb. Pers. - IfZ.

Klepper, Julius, Dr. rer. pol., Redakteur; geb. 12. März 1897 Köln, gest. 21. Juli 1960 Berlin (Ost); *V:* Johann Ignaz K., Postamtmann; *M:* Agnes, geb. Finklenburg; ∞ Gertrud Schmitz; *StA:* deutsch. *Weg:* 1933; 1934 UdSSR; 1955 Deutschland (DDR).

1916-18 Wehrdienst, anschl. Stud. Volkswirtsch. in Bonn u. Frankfurt, 1921 Prom.; 1920 USPD, 1922 KPD, 1924-26 pol. Red. des KPD-Organs *Sozialistische Republik* Köln u. 1926-27 Chefred., danach Red. an versch. KPD-Ztg.; 1929 Verurteilung zu 1 J. Festungshaft, anschl. zeitw. Sekr. der KPD-Reichstagsfraktion. 1933 Emigr., 1934 im Parteiauftrag nach Moskau; 1937 Verurteilung zu 25 J. Gef. Nach Stalins Tod Rehabilitierung. 1955 Rückkehr nach Deutschland (DDR), Mitgl. SED; Parteiveteran.

L: Weber, Wandlung. *Qu:* Publ. - IfZ.

Klepper, Otto, Jurist, Politiker; geb. 17. Aug. 1888 Brotterode/Hessen, gest. 11. Mai 1957 Berlin (West); ev.; *V:* Martin K., OLG-Rat; *M:* Karoline, geb. Klingender; ∞ Erna Eickhoff; *K:* 1 S, 2 T; *StA:* deutsch, 14. Apr. 1937 Ausbürg., deutsch. *Weg:* 1933 Finnl., S, F; 1934 China; 1935 USA; 1936 E, F; 1942 Mex.; 1947 Deutschland (ABZ).

Stud. Rechts- u. Staatswiss. Marburg, Berlin, Münster, 1921 Assessor; 1921-23 Syndikus *Reformbund der Gutshöfe Bad Nauheim.* 1923-24 geschäftsf. VorstMitgl. *Domänenpächterverband* Berlin, 1924-28 VorstVors. Deutsche Domänenbank, anschl. Präs. Preuß. Zentralgenossenschaftskasse (Preußenkasse), Mitgl. zahlr. AR. DNVP, später DDP/DSP. Nov. 1931-Juli 1932 Preuß. Finanzmin., trat für bewaffneten Widerstand gegen sog. Preußenschlag ein. Untersuchungsverfahren wegen angebl. Mißbrauchs von Genossenschaftsgeldern für pol. Zwecke. März 1933 auf Einladung der finn. Reg. nach Helsinki, Weiteremigr. nach Schweden u. Paris. 1934-35 Berater der chines. Reg. für Agrarreform u. Genossenschaftswesen, Entlassung aufgrund dt. Intervention. StudAufenth. USA; 1936 bei seiner Familie in Palma de Mallorca, wegen dt. Auslieferungsbegehren an Franco-Reg. Flucht nach Paris. Kontakte zu der von → Carl Spiecker repräsent. *Deutschen Freiheitspartei* (DFP), zählte aber vermutl. nicht zu ihrem Führungskreis. U.a. 1939-40 Mitarb. bei der von → Willi Münzenberg hg. Zs. *Die Zukunft,* Redner auf Veranstaltungen der *Freunde der sozialistischen Einheit Deutschlands* (Münzenberg-Kreis). Ps. Hans N. Stahn. 1940 Internierung, Prestataire. Jan. 1942 Flucht nach Mexiko. 1943-47 Teilh. einer RA-Praxis in Mexico City als Spezialist für internat. Recht u. Restitutionsansprüche; Mitarb. *Deutsche Blätter* Santiago de Chile. Ab Mitte 1947 RA u. Notar Frankfurt/M., GrdgMitgl. u. stellv. Vors. *Wirtschaftspolitische Gesellschaft von 1947,* Vortragstätigkeit u. Veröffentl.; Mitgr. u. Febr.-Nov. 1950 Geschäftsf. *Frankfurter Allgemeine Zeitung,* kurzfristig Hg. *Europäische Illustrierte.*

W: u.a. Beiträge in: Das Neue Tage-Buch, Paris; Vorfragen des Friedens. Die Kunst des Möglichen (Erstveröffentl. in *Deutsche Blätter* Santiago de Chile) 1948; Die bittere Wahrheit. Nachdenkliches zur deutschen Frage. 1952; Bildung und Ethos als Voraussetzung des politischen Handelns. 1952. *L:* RhDG; Otto Klepper zum Gedächtnis. In: Offene Welt, Nr. 49/1957; Otto Klepper. Ansprachen aus Anlaß der Gedächtnisfeier am 10. Juni 1957. 1957; Otto Klepper zum Gedächtnis. 1957; Gross, Münzenberg; Bouvier, DFP. *Qu:* Arch. Hand. Publ. - IfZ.

Klinghoffer, Yitzḥak Hans, Dr. rer. pol., Dr. jur., Hochschullehrer, Politiker; geb. 17. Febr. 1905 Kolomea/Galizien; *G:* 1 B; ∞ Miriam Kohn; *StA:* IL. *Weg:* 1938 F, 1939 (1940 ?) Bras., 1953 IL.

1927 Dr. rer. pol., 1930 Dr. jur. Wien. 1928-38 in Wiener Stadtverw., gleichz. 1930-32 Volkshochschuldoz. für öffentl. Recht in Wien. 1938 Emigr. Frankr., 1938-39 Forschungsarb. im Auftrag des Völkerbundes in Paris. 1939 (1940 ?) nach Brasilien; Mitarb. *Comite de Proteçao dos Intereses Austriacos no Brasil* (→ Anton Retschek), aktiv in legitimist. u. konservativer österr. Exilpolitik in Brasilien. 1946-48 Forschungsassist. bei der USA-Deleg. im Interam. Juridical Comm. Rio de Janeiro. 1953 nach Israel, 1953-57 Doz., 1957-59 Assoc. Prof. für Verw-Recht, 1959-68 Assoc. Prof. für Verfassungsrecht, ab 1968 Prof. für Verw.- u. Verfassungsrecht Hebr. Univ., 1959-61 Dekan der Rechtswiss. Fakultät; 1961-73 M.K. für *Liberale Partei Gaḥal (Ḥerut-Liberal Party Block);* Rechtsberater, Mitgl. Soc. Publ. Teachers of Law (GB). Lebte 1976 in Jerusalem.

W: Das parlamentarische Regierungssystem in den europäischen Nachkriegsverfassungen. 1928; La Pensée politique du Président Getulio Vargas (Hg. u. Übers.). 1942; Ofensiva branca. O „Anschluß" e os aspectos jurídicos da ocupaçao da Austria. 1942 (franz. Übers. 1943); Autriche à venir. Bref Commentaire de la „Declaration conjointe sur l'Autriche" (4. Dokument der Moskauer Konferenz, unterzeichnet am 30. Okt. 1943). 1945 (engl. Übers. 1945, dt. Übers. 1955); Mishpat Konstituzioni (Verfassungsrecht), Hg. Judith Peli, 4 Aufl. 1958 ff.; Mishpat Minhali (Verwaltungsrecht), Hg. B. Loewenbock, 4. Aufl. 1957 ff.; Die Entstehung des Staates Israel. In: Das öffentliche Recht der Gegenwart, NF 10, 1961; Megillat Zechuyot Hayessod shel haAdam (Die Erklärung der Menschenrechte). 1964; Parlamentarische Demokratie in Israel. In: Das öffentliche Recht der Gegenwart, NF 14, 1965. *Qu:* Hand. Publ. - RFJI.

Klötzel, Hans (Cheskel Zvi), Journalist, Schriftsteller; geb. 8. Febr. 1891 Berlin, gest. 27. Okt. 1951 Jerusalem; jüd.; *V:* Hersch Hermann Klötzel (geb. Brody/Galizien, gest. 1898 [?] Berlin), Angest., Handelsvertr.; *M:* Emilie, (geb. 1862 Glogau a.d. Oder, gest. 1922 [?] Hamburg); *G:* Margarethe Hotzner (geb. 1893 Berlin), 1937 Emigr. USA; Erich (geb. 1896 Berlin), 1929 Emigr. Bras., Geschäftsm. in São Paulo; ∞ 1919 Annette Esther Loewenthal (geb. 1888 Potsdam, gest. 1970 Jerusalem), Stud. Med., 1934 Emigr. Pal.; *K:* Katherina Raḥel Sophie (geb. 1919 Berlin), 1934 Emigr. Pal.; *StA:* deutsch, IL. *Weg:* 1933 Pal.

Jüd. Lehrerseminar Hamburg, Deutschlehrer an jüd. Schule in Saloniki/Griechenland. Im 1. WK Soldat; dann RedMitgl. *Jüdische Rundschau,* Auslandskorr. *Berliner Tageblatt* u. *Vossische Zeitung,* Reisen in Europa, Zentralasien u. Südamerika, Red. Jugendzs. *Barkochba-Blätter,* Autor von Reisebeschreibungen u. Kinderbüchern im Auftr. der *Jew. Agency* zur Vorbereitung von Kindern auf Pal.-Einwanderung. 1933 Emigr. Pal., bis 1939 versch. Beschäftigungen; Mitgl. *Haganah.* 1939–51 Red. Literaturbeilage der *Palestine Post* (später *Jerusalem Post*), Beiträge in *Aufbau.*

W: Moses Piepenbrinks Abenteuer. 1920; BCCÜ, die Geschichte eines Eisenbahnwaggons. 1922; Die Strasse der Zehntausend. 1925; Indien im Schmelztiegel. 1930; Die Maus Lea (Hg. *Jew. Agency*); Barak das Füllen (Hg. *Jew. Agency*); The Way to the Wailing Wall. 1935; The Visage of the Land. 1937; Kolombus Ish Tel Aviv. 1938; Anjuranam. Bericht über eine Reise zu den schwarzen und weißen Juden in Cochin (Indien). 1938; Eine jüdische Jugend in Deutschland. In: MB, Bd. 11, Nr. 32 u. Bd. 12, Nr. 3, 1947/48. *L:* Gottgetreu, Erich, Zum Gedenken an C. Z. Klötzel. In: MB 1961. *Qu:* Hand. Pers. – RFJI.

Klopstock, Fred Herman, Dr. rer. pol., Ministerialbeamter; geb. 11. Febr. 1913 Berlin; *V:* Felix K. (geb. 1881 Berlin, gest. 1950 GB), 1939 Emigr. GB; *M:* Annie, geb. Hermann (geb. 1884 Berlin, gest. 1971 GB), 1939 Emigr. GB; *G:* Lilli Caro (geb. 1914 Berlin), 1934 Emigr. GB; Eva Evans (geb. 1924 Berlin), 1939 Emigr. GB, Sekr.; ∞ 1947 Bernice Winn Higgins; *K:* Carol Christensen (geb. 1949); *StA:* deutsch, 1944 USA. *Weg:* 1937 USA.

1936 Prom. Berlin; Stipendiat der Rockefeller Foundation zum Stud. der Sozialwiss. in Deutschland. 1937 Emigr. USA, 1938–42 Gelegenheitsarb., u.a. Statistiker bei Kaffeeimportfirma, 1943 wiss. Berater im Ausschuß für den Wirtschaftskrieg Washington/D.C., 1942–51 volkswirtschaftl. Mitarb. Federal Reserve Bank New York, 1945 bei Strategic Bombing Survey des US-Kriegsmin. 1949 Doz. City Coll. New York, 1950 Finanzwirtschaftler bei der Wirtschaftsabt. HICOG in Frankfurt/M., 1950–51 Berater US-Außenmin.; 1951–59 Ltr. Balance of Payments Division der Federal Bank New York u. 1960–72 Geschäftsf. Abt. für internat. Forschung, 1972–77 Berater der Außenabt.; Mitgl. *Am. Econ. Assn.* – Lebte 1977 in Manhasset, Long Island/N.Y.

W: Der Tee im Britischen Weltreich (Diss.). 1936; Kakao. Wandlungen in der Erzeugung und Verwendung des Kakaos nach dem Weltkrieg. 1937; The International Status of the Dollar. 1957; Beiträge in wiss. Büchern u. Fachzs. – *Qu:* Fb. Hand. – RFJI.

Klotz, Helmut Paul Gustav Adolf, Dr., Schriftsteller; geb. 30. Okt. 1884 Freiburg/Br., hinger. 3. Febr. 1943 Berlin; *V:* Dr. Gustav Adolf K. (gest. 1936), OberverwGerichtsrat, MinRat; *M:* Johanna Pauline, geb. Manger; ∞ II. 1931 Marie von Bechthold (geb. 1905), Emigr., 5. Apr. 1937 Ausbürg.; *K:* aus I. Hans Helmut; Wilhelm (gef. 1944); *StA:* deutsch, 29. März 1934 Ausbürg., 18. März 1940 F. *Weg:* 1933 CSR, F; 1940 Deutschland.

Abitur, 1912 Kadett Kriegsmarine, im 1. WK Marineflieger, Oberlt. z. See (EK I, Ritterkreuz). 1919–20 Stud. Staatswiss. Rostock, Freiburg, Frankfurt/M., anschl. schriftst. Tätigkeit. Ende 1922 NSDAP, 9. Nov. 1923 als SA-Führer Teiln. Hitler-Putsch, bis Anfang 1924 Haft. Führend in NSDAP Baden, Ende 1924 Parteiausschluß. Anfang 1929 *Reichsbanner,* SPD. 1930–Febr. 1933 Hg. *Antifaschistische Korrespondenz* bzw. *A(llgemeine) P(resse)-Korrespondenz* Berlin, Verb. zu → Carl Spiecker. 1932 Hg. der Dokumentation *Der Fall Röhm.* 15. Mai 1933 Flucht nach Prag, Grdg. eines Pressedienstes. Mai 1933 Übersiedlung nach Paris, engl publizist. Tätigkeit gegen NatSoz. 1934 Ausschluß aus SPD-Ortsgruppe Paris, Kontakte zu KPD (→ Willi Münzenberg), *Weltkomitee gegen Krieg und Faschismus,* SF → Otto Straßers, zum Kreis um → Max Braun u. *Ausschuß zur Vorbereitung einer deutschen Volksfront* unter Heinrich Mann. Verb. zu ausländ. Politikern, Publizisten u. Nachrichtendiensten, u.a. auf der Grundlage von Kontakten zu oppos. Offz. im Reich. Ab 1937 Initiativen zur Schaffung einer Deutschen Legion in Frankr.; MilBerater für republ. span. Reg., 1939–40 Berater für das franz. Kriegsmin.; Juli 1940 Festnahme, 1940–41 KL Sachsenhausen, 27. Nov. 1942 VGH-Todesurteil.

W: u.a. Von Weimar zum Chaos. Politisches Tagebuch eines Reichswehrgenerals aus den Jahren 1932–33. In: Die Wahrheit, Prag 1934 (nach Materialien des GenMajors v. Bredow, engl. Übers.: The Berlin Diaries, May 30, 1932 – January 30, 1933, New York (Morrow) 1934, 2 Bde., u. London (Jarrolds) 1934/35); So wurde Hitler. Paris 1933 (franz. Übers.: L'Heure de Hitler, Paris, Nouvelle Revue Critique 1934); Germany's Secret Armaments. London (Jarrolds) 1934; Der neue deutsche Krieg. Paris (Selbstverlag) 1934, 1937² (franz. Übers.: La Nouvelle Guerre Allemande); Les leçons militaires de la guerre civile en Espagne. Paris (Selbstverlag) 1937² (dt. Übers.: Militärische Lehren des Bürgerkrieges in Spanien, Paris (Selbstverlag) 1938²). *D:* IfZ. *Qu:* Arch. Hand. Publ. – IfZ.

Klugman (urspr. **Klugmann**), **Richard,** Arzt, Politiker; geb. 18. Jan. 1924 Wien; o.K.; *G:* Lilian Howard (geb. 1927 Triest, gest. 1956 AUS), 1938 Emigr. AUS, Büroangest.; ∞ 1964 Kristine Barnard (geb. 1941 Newcastle/N.S.W.), o.K., M.A. Macquarie Univ., Krankenschwester, wiss. Mitarb. bei Health Comn.; *K:* Vikki (geb. 1957), Mittelschule, Sekr. in Sydney, AUS; Jeni (geb. 1964); Julie (geb. 1966); *StA:* I, 1944 AUS. *Weg:* 1938 AUS.

1938 Emigr. mit Fam. über Triest nach Australien. 1938–42 Hurlstone Agric. Highschool, 1946 B.Sc., 1956 B.M., B.S. Sydney Univ., 1946–47 Mitgl. chem. Institut der Univ. Sydney. 1953 Tätigkeit am Royal North Shore Hosp., 1954–69 prakt. Arzt, daneben ehrenamtl. ärztl. Tätigkeit in Krankenhäusern. Seit 1946 Mitgl. *Austral. Labor Party,* versch. örtl. Funktionen, 1947 Präs. *Australasian Student Labor Fed.* Seit 1969 House of Reps. für den Wahlkreis Prospect/N.S.W., zugl. 1972 Vors. Soc. Welfare Comm. der Parlamentsfraktion der *Labor Party,* seit 1972 Mitgl. Joint Foreign Affs. and Defence Comm., 1973 parl. Berater der austral. Deleg. zur UN-Generalversammlung, 1973–75 Mitgl. House of Representatives Select Comm. on Road Safety, seit 1977 Minister für Gesundheitswesen im Schattenkabinett der *Labor Party.* 1963–73 ehrenamtl. Schatzmeister des *Council for Civil Liberties,* seit 1977 Mitgl. *Australian Nat. Univ. Council.* Lebte 1978 in Fairfield/N.S.W.

Qu: Fb. Hand. – RFJI.

Kluthe, Hans Albert, Journalist, Verleger; geb. 15. Juli 1904 Schwelm/Westf., gest. 13. Dez. 1970 Eschwege/Hessen; ev.; *V:* Albert K., Textilfabrikant; *M:* Agnes, geb. Finger; ∞ 1938 Guildford/GB, Lucie Remming (gest. 1966); *K:* Hans Peter; *StA:* deutsch. *Weg:* 1936 GB; 1947 Deutschland (BBZ).

1923–28 Stud. Rechts- u. Staatswiss. München, Berlin, Köln. Mitgl. Reichsltg. *Kartell Republikanischer Studenten Deutschlands und Deutsch-Österreichs;* Mitarb. liberaler Zs., u.a. Hochschulberichterstatter *Vossische Zeitung.* 1928–34 Rechtsabt. *Vereinigung der Leitenden Angestellten* Köln, bis 1933 u.a. Mitgl. Reichsparteiausschuß DDP/DSP, VorstMitgl. *Jungliberale Internationale.* 1934–36 BezGeschäfsf. Hanseatische Versicherungsges., ab 1933 illeg. Tätigkeit. Okt. 1936 Flucht vor Verhaftung nach London; 1936–47 Red. *Neue Auslese.* Frühj. 1938 Kontaktaufnahme zu → Carl Spiecker u. *Deutsche Freiheitspartei* (DFP), Mitarb. der Jan. 1938–Dez. 1940 in London erschienenen Zs. *Das Wahre Deutschland, Auslandsblätter der Deutschen Freiheitspartei,* ab Sommer 1938 org. Ltr. u. Mithg.; Bemühungen um org. Ausbau der DFP, mit → August Weber DFP-Repräsentant in GB. Ps. Walter Westphal, Dr. Wilhelm Westphal. 1939/40 Versuche der Grdg. eines „Stellvertretenden Deutschen Nationalrats" mit Weber, → Hermann Rauschning, → Gottfried Reinhold Treviranus → Fritz Tarnow, Mitarb. *Central European Joint Committee,* das kurzfristig als Dachorg. für Mitwirkung dt. Emigr. an der brit. Prop. diente. Herbst 1940–Frühj. 1941 Mitarb. *Freiheitssender* der DFP. Bemühungen um Grdg. eines Auslandspräs. der DFP; nach ihrer fakt. Auflösung 1941 Tätigkeit als Sprachlehrer, freier

Journ. u. in KriegsgefSchulung. Okt. 1947 nach Eschwege, 1947-70 Verleger u. Chefred. *Werra-Rundschau* u. ab 1948 *Frankfurter Illustrierte.* U.a. geschäftsf. Gesellschafter der Frankfurter Societäts-Druckerei, Dir. *Pall Mall Press Ltd.* London. Zahlr. Ehrenämter, u.a. Ehrenpräs. *Fédération Internationale de la Presse Périodique,* Präs. *Verband Deutscher Zeitschriftenverleger,* Vizepräs. *Europa Union,* Mitgl. *Deutsche Unesco-Kommission* u. Comité de Patronage der *Liberalen Weltunion.* - *Ausz.:* 1959 Gr. BVK, 1964 Ritter der franz. Ehrenlegion.

L: Bouvier, DFP; Röder, Großbritannien. *D:* BA. *Qu:* Arch. Hand. Pers. Publ. - IfZ.

Knab, Otto Michael (urspr. Otto Josef), Publizist; geb. 16. März 1905 Simbach/Inn; kath.; *Adoptiveltern:* Otto K. (1834-1913), kath., Geheimer RegRat u. GenKriegszahlmeister in München u. Margarete K. (1849-1924), kath.; ∞ 1929 Judith Adele Antoinette Bultmann (geb. 1905), kath, 16. Apr. 1937 Ausbürg. mit Kindern; *K:* Judith Randol (geb. 1930), Klaus (geb. 1932), Bernhard (geb. 1936), Christopher (geb. 1944); *StA:* deutsch, 25. Juli 1936 Ausbürg., 1945 USA. *Weg:* 1934 CH; 1939 USA.

Urspr. für den Priesterberuf bestimmt, nach 4jähr. höherer Schule 1920-24 jedoch Druckerlehre. 1924 Setzer u. RedAssistent, 1926 Red. u. ab 1929 Chefred. *Land- und Seebote* Starnberg. 1922 Mitgl. kath. Gesellenverein *(Kolping-Verein).* 1932/33 Mitgl. u. 2. Ltr. Ortsgruppe Starnberg der von der BVP gegr. *Bayern-Wacht* zur Abwehr von Putschversuchen; aufgrund oppos. Haltung gegenüber dem NatSoz. im *Land- und Seeboten* nach 1933 bedroht, Juli 1934 mit Fam. legale Ausreise in die Schweiz. Als pol. Flüchtling anerkannt, freier Publizist u. Schriftst., Mitarb. versch. schweizer. Ztg., u.a. *Neue Zürcher Nachrichten, Luzerner Neueste Nachrichten, Vaterland* Luzern, *Schweizerische Rundschau;* Ps. Otto Michael. Tätig außerdem in der Erwachsenenbildung, korr. Mitgl. der pädagog. Zs. *Schweizerschule.* Mit → Waldemar Gurian Gr. u. Hg. der kath. Exilzs. *Deutsche Briefe;* urspr. vor allem für Herstellung zuständig, nach Übersiedlung Gurians in die USA selbständ. Weiterführung der Red. bis zur Einstellung der Zs. am 15. Apr. 1938 aufgrund finanzieller Schwierigkeiten u. pol. Drucks seitens des Schweizer NatRates; Autor der in den *Deutschen Briefen* veröffentl. *Fuchsenfabeln* über die natsoz. Machtübernahme u. Gleichschaltung in Deutschland; vergebl. Versuche, die Arbeit der *Deutschen Briefe* in der Zs. *Eidgenössische Besinnung* weiterzuführen. 1939 nach Ablauf der schweizer. Aufenthaltserlaubnis Emigr. USA, während des Krieges Werftarbeiter, 1940-44 Mitarb. eines dt.-sprach. kath. Wochenblattes der Benediktiner in Mount Angel/Oregon; danach 10jähr. Tätigkeit im erlernten Beruf als Layouter u. Produktionsmanager, später bis zur Pensionierung Red. für verw.-interne Publikationen im US-Staatsdienst. Mitgl. versch. kath. Org. Lebte 1975 in Portland/Oregon, USA.

W: u.a. Kleinstadt unterm Hakenkreuz (Erinn.). Luzern (Räber) 1934; sämtl. unter Ps. Otto Michael: Der Mann im Holz. Geschichten. Einsiedeln/Zürich (Benzinger) 1935; So einfach ist es nicht. Eine Jugendgeschichte von Mut und Übermut. Zürich (Benzinger) 1936 (holländ. Übers.: Zoo eenvoudig was't niet. Den Haag [Govers] 1937); Ärgernis (R). Salzburg (Pustet) 1936 (slowen. Übers.: Pohujšanje. Maribor (Naš Dom) 1938); Die fremde Puppe (Nov.). In: Schweizerische Rundschau H. 3 u. 4/1937; Die Stunde des Barrabas (Erz.). Luzern (Vita Nova) 1938 (engl. Übers.: The Hour of Barrabas. New York (Sheed and Ward) 1943); Die zudringliche Stunde (Nov.). In: Schweizerische Rundschau H. 1 u. 2/1939; Otto Michael Knab's Fox Fables (Übers. von Bernhard Knab, Washington State University Press) 1966; mehrere Übers. vom Dt. ins Engl. *L:* Hürten, Heinz (Bearb.), Deutsche Briefe 1934-1938. Ein Blatt der katholischen Emigration. 2 Bde. 1969; ders., Waldemar Gurian. Ein Zeuge der Krise unserer Welt in der ersten Hälfte des 20. Jahrhunderts. 1972. *Qu:* Arch. Fb. Hand. Publ. - IfZ.

Knack, Andreas Valentin, Dr. med., Arzt; geb. 12. Sept. 1886 Aachen, gest. 3. Mai 1956 Hamburg; ∞ I. Olga Brandt; II. → Edith Hommes; III. 1949 Franziska Zaremba (1913-65); *StA:* deutsch. *Weg:* 1934 China; 1948 Deutschland (BBZ).

1905-13 Stud. Medizin Berlin u. München, Assist. Mannheim. Ab 1913 hamburg. Staatsdienst. 1923 bis Entlassung 1933 Dir. Allg. Krankenhaus Barmbek, Prof.; SPD, 1919-33 MdHB. Ab 1928 Mitgl. Landesschulbehörde. 1934 durch Vermittlung des Völkerbundes stellv. Dir. Zentralkrankenhaus Nanking; 1935 belg. Missionshospital Kweisui/südl. Mongolei; 1936-37 prakt. Arzt Peking, 1938-48 Mukden. Mai-Sept. 1948 ärztl. Berater *International Relief Committee of China* Schanghai. Dez. 1948 mit Hilfe der IRO Rückkehr nach Hamburg. Apr. 1949- März 1952 Präs. der Gesundheitsbehörde.

W: Groß-Hamburg im Kampf gegen Geschlechtskrankheiten und Bordelle. 1921; Das allgemeine Krankenhaus Barmbek in Hamburg. 1928; Das Reichsgesetz zur Bekämpfung der Geschlechtskrankheiten und seine praktische Durchführung (Kommentar, zus. mit Max Quark) 1928. *Qu:* Arch. Hand. - IfZ.

Knausmüller, Erwin, geb. 1904 (?); *StA:* österr., UdSSR. *Weg:* 1934 (?) UdSSR.

Mitgl. *Republikanischer Schutzbund,* 1934 (?) Mitgl. KPÖ. Vermutl. 1934 Emigr. UdSSR, Verkäufer im Moskauer Kaufhaus Gum u. während des Sommers Bergführer. Ab 1943 (?) Politinstrukteur im OffzLager in Krasnogorsk (Antifa-Schule); betreute ab Frühj. 1945 nach Abreise der prominenteren KPÖ-Emigranten neben → Friedrich Hexmann u.a. das *Antifaschistische Büro österreichischer Kriegsgefangener.* Blieb nach Kriegsende in der UdSSR, Sprecher bei *Radio Moskau* für Österreich u. Darsteller dt. Offz. in sowj. Filmen. Lebte 1975 in Moskau.

L: Frick, Karl, Umdenken hinter Stacheldraht. Österreicher in der UdSSR. Wien 1967; Vogelmann, Propaganda. *Qu:* Pers. Publ. - IfZ.

Kneler, Leo, Parteifunktionär; geb. 1901; *StA:* deutsch. *Weg:* F; E; F; 1941 Deutschland; 1942 F; Deutschland (SBZ).

Zimmermann in Berlin, KPD-Funktionär. 1929 wegen pol. Delikte Flucht nach Frankr.; 1931 in Zürich, Ende 1932 Amnestie u. Rückkehr nach Deutschland. März u. Nov. 1933 festgenommen, 3 J. Haft in Köln, anschl. Emigr. nach Frankr.; Teiln. Span. Bürgerkrieg in XI. Intern. Brigade, zurück nach Frankr. u. Interniert in St. Cyprien, Gurs u. Le Vernet. In Parteiauftrag Flucht, ab März 1941 als Fremdarb. getarnt in Buna-Werken Marl-Hüls. Versuche zum Aufbau einer KPD-Widerstandsorg. im Ruhrgeb.; Herbst 1942 Rückkehr nach Frankr.; Deckn. Henri Karajan. Anschluß an Maquis-Gruppe Manouchian, Capitaine u. Chef des Détachement Stalingrad. Beteiligung an dem gegen den MilBefehlshaber von Paris, GenLt. Ernst Schaumburg, gerichteten Attentatsversuch am 28. Juli 1943 u. an Erschießung des GenBevollmächtigten für den Arb-Einsatz in Frankr., Dr. Julius Ritter, am 28. Sept. 1943. Teiln. an den Kämpfen der Libération Nord in der Normandie u. der Befreiung von Paris Aug. 1944. Deckn. Leon Basmadjian. Nach Kriegsende in die SBZ. - *Ausz.:* 1956 Hans-Beimler-Medaille.

L: Bonte, Florimond, Les Antifascistes Allemands dans la Résistance Française. 1969; Schaul, Résistance; Pech, Résistance. *Qu:* Publ. Z. - IfZ.

Kneschke, Karl, Partei- u. Verbandsfunktionär; geb. 28. Jan. 1898 Kratzau/Böhmen, gest. 15. Febr. 1959 Berlin; *V:* (gest. 1920), Tuchweber, später Gastwirt; *G:* Wilhelm, Ernst, Emil, Adolf; ∞ 1920 Gertrud; *StA:* österr., 1919 CSR, 1946 deutsch. *Weg:* 1938 GB; 1945 CSR; 1946 Deutschland (SBZ).

Gießer u. Tuchweber; 1914 *Verband jugendlicher Arbeiter Österreichs.* 1915 SDAP u. Gew., 1916-18 Kriegsdienst, ab 1919 hauptamtl. Parteifunktionär, 1921 Mitgl. KSM u. Mitgl. ZK; 1921 Deleg. GrdgsPT der *KSČ-Deutsche Sektion,* langjähr. Kreissekr. der KSČ in Bodenbach, Karlsbad u. Reichenberg;

374 Knigge

1929-30 aus pol. Gründen inhaftiert, ab 1930 Zentralsekr. des kommunist. *Arbeitersport- und Kulturverbands in der CSR.* 1938 Emigr. nach GB, Mitgl. sudetendt. KSČ-Gruppe unter Ltg. v. → Gustav Beuer, Hauptmitarb. *Einheit* London. 1945 Rückkehr in die CSR, 1946 Übersiedlung nach Deutschland (SBZ), SED, Landessekr. *Kulturbund zur demokratischen Erneuerung Deutschlands* (KB) in Sa., 1950-57 Bundessekr. des KB, 1950-59 MdVK; Mitgl. wiss. Beirat am Museum für Deutsche Geschichte Berlin (Ost) u. des Rates beim Min. für Kultur, 1954-59 Mitgl. *Deutsche Liga für die Vereinten Nationen.* - *Ausz.:* 1952 Med. für ausgezeichnete Leistungen, 1955 VVO (Bronze).

W: Vom Leben erzogen. Jugendjahre eines Arbeiters (Erinn.). 1960. *Qu:* Erinn. Hand. Publ. Z. - IfZ.

Knigge, Wilhelm Christian (Willi), Parteifunktionär; geb. 16. Dez. 1906 Bremen; *V:* Christian Friedrich K. (1868-1928), Vorarbeiter; *M:* Marie Margarethe Adelheid, geb. Rendigs (1871-1942); ∞ I. 1930 Frieda Margarete Haß, gesch.; II. 1947 Wiederverheiratung mit I; *StA:* deutsch, 1. Febr. 1937 Ausbürg. *Weg:* 1933 NL; 1935 B, F; 1944 CH, 1944 (?) Deutschland.

Maurer, 1921 Mitgl. *Deutscher Baugewerksbund,* 1927 KPD, 1927 Ltr. *Rote Jungfront* in RFB, ab 1930 Ltr. der wehrpol. Ausbildung im *Kampfbund gegen den Faschismus,* 1932 PolLtr. IAH-Bezirksausschuß Weser-Ems. 1933 illeg. Tätigkeit in Bremen, Aug. 1933 Emigr. nach Holland, 1935 Ausweisung nach Belgien, Weiteremigr. nach Frank., bis 1939 OrgLtr. KPD-Landesgruppe, später der sog. Toulouser Ltg., dort ab Nov. 1940 Verbindungsmann zu PCF in Paris, nach Aufbau der TA innerh. der Résistance in Südfrankr. im Nov. 1942 OrgBeauftr. ihrer Ltg. in Lyon, dort als Mitgl. der sog. Westltg. der KPD zus. mit → Walter Vesper zuständig für die Infiltration als Fremdarbeiter getarnter dt. Antifaschisten nach Deutschland. Daneben Mitarb. Zs. *Soldat im Westen,* Mitunterz. KFDW-Grdgsaufruf v. Sept. 1943 u. mit Vesper i.A. der Westltg. KPD-Verbindungsmann u. Berater im Gebietskomitee für Südfrankr.; Deckn. Max. Ende 1944 angebl. im KPD-Auftrag über die Schweiz nach Deutschland; Mitunterz. eines gemeinsamen Aufrufs v. SPD- u. KPD-Mitgl. im franz. Exil zur bedingungslosen Kapitulation v. März (?) 1945. Deckn. im Exil. u.a. Schiller. Ab Sept. 1945 in Bremen, 1945-51 stellv. BezSekr. u. KPD-Vors. ebd., Apr.-Okt. 1946 Mitgl. der ernannten, 1947-51 der gewählten Bremischen Bürgerschaft, dann Übersiedlung in die DDR, bis 1959 1. Sekr. SED-Stadtltg. Potsdam u. BezTag-Abg., 1959-63 Sekr. des Bundesvorst. u. Mitgl. im Präsidium des FDGB, ab 1962 PräsMitgl. *Deutsch-Französische Gesellschaft in der DDR,* 1966-71 Kaderltr. im Staatssekretariat für gesamtdeutsche (ab 1967 westdeutsche) Fragen, ab 1971 stellv. AbtLtr. im ZK der SED. Lebte 1976 als Parteiveteran in Berlin (Ost). - *Ausz.:* u.a. 1966 Banner der Arbeit, 1971 VVO (Gold). 1976 Karl-Marx-Orden.

L: GdA-Chronik; Duhnke, KPD; Schaul, Résistance; Pech, Résistance; Brandt, Peter, Antifaschismus und Arbeiterbewegung. Aufbau - Ausprägung - Politik in Bremen 1945/46. 1976; Dahlem, Vorabend. *Qu:* Arch. Hand. Publ. Z.-IfZ.

Knodt, Hans, Journalist, Parteifunktionär; geb. 21. März 1900 Essen, gest. 1937 (?) UdSSR; *V:* Michael K.; *M:* Salomone, geb. Alken; *StA:* deutsch. *Weg:* 1933 Saargeb., F; 1935 UdSSR.

Abitur; 1919 KPD, ab 1920 Parteired. u.a. in Frankfurt/M. u. 1922-23 in Thür., 1924 Chefred. *Arbeiter-Zeitung* Frankfurt/M., dann *Sächsische Arbeiter-Zeitung* Leipzig. 1925-26 wegen eines Landesverratsverfahrens im Untergrund; Deckn. Hans Kossert. 1926-27 Chefred. *Niederrheinische Arbeiter-Zeitung* Duisburg, 1928 Red. *Ruhr-Echo* Essen, Dez. 1928-32 Chefred. *Sozialistische Republik* Köln, Mitgl. KPD-BezLtg. Mittelrhein; 1932 Red. KPD-Zentralorg. *Rote Fahne* Berlin, ab Ende 1932 Chefred.; 1933 Emigr. Saargeb., 1933-März 1935 Chefred. *Die Rote Fahne.* 1935 nach Moskau berufen, Mitarb. Abt. Massenorg. der *Komintern;* Deckn. Horn. 1937 verhaftet u. verschollen.

L: Weber, Wandlung. *Qu:* Arch. Publ. - IfZ.

Knöchel, Wilhelm, Parteifunktionär; geb. 8. Nov. 1899 Offenbach/M., hinger. 24. Juli 1944; o.K.; *V:* Martin K. (1869-1910), Hilfsarb., SPD; *M:* Wilhelmine (1874-1918); *G:* 7; ∞ I. 1921 Maria Schulte (1892-1930), II. 1932 Margarete Ussat (geb. 1910); *K:* Ingeborg Hunger (geb. 1923); *StA:* deutsch. *Weg:* 1932 UdSSR; 1935 CSR, Deutschland, NL; 1942 Deutschland.

Dreher; 1914 Sozdem. Bildungsverein, 1917-19 Kriegsteiln.; 1919 SPD, 1919-25 DMV, 1923 KPD, 1924-30 Mitgl. UnterbezLtg. Dortmund, 1925-32 als Grubenschlosser Mitgl. *Deutscher Bergarbeiter-Verband.* Herbst 1932 RGO-Kurs Berlin, Ende 1932 Lenin-Schule Moskau. Deckn. Wilhelm Erasmus. Febr. 1934-Febr. 1935 Deutschland-Ref. bei der RGI, u.a. 1934 RGI-Beauftragter bei ZK-Tagung der KPÖ in Prag. 1935 nach Prag, Febr. 1935 Inlandseinsatz, Mai 1935 i.A. des KPD-Pol-Büros als Oberberater des KPD-Bez. Wasserkante nach Hamburg. Deckn. Kurt, Karl, Fritz, Walter, Emil. Okt. 1935 über Prag nach Moskau zur Brüsseler Konferenz der KPD, Wahl zum Kand. des ZK; Nov. 1935 i.A. des ZK über Finnland nach Amsterdam zur Ablösung von → Philipp Daub als 1. Mann der AbschnLtg. West. Ab Febr. 1936 neben dem neuen Ltr. → Paul Bertz (Nachf. ab Apr. 1937 → Erich Gentsch) u. → Wilhelm Beuttel in der AbschnLtg. West verantwortl. für GewFragen. Mai 1936 Wahl zum Sekr. des neugegr. *Arbeitsausschuß freigewerkschaftlicher Bergarbeiter Deutschlands* mit → Franz Vogt, in Abstimmung mit dem ZK Rückzug von Parteitätigkeit zugunsten gewerkschaftl. Einheitspol.; Mai 1938 auf Bergarbeiterkongreß Luxemburg Wahl zum dt. Vertr. im Exekutivkomitee der *Bergarbeiter-Internationale.* Deckn. Alfred Schröder. Auf sog. Berner Konferenz Jan. 1939 Wahl ins ZK der KPD. Nach Auflösung aller AbschnLtg. als Folge des dt.-sowj. Nichtangriffspakts Alleinbeauftragter des ZK für Holland, Belgien u. die Schweiz zur KPD-Reorg. im Reich. Im Jan. 1941 entsandte K. → Willi Seng, im Juli u. Aug. 1941 → Alfons Kaps u. → Alfred Kowalke als Instrukteure nach Deutschland; Jan. 1942 Einreise über Ruhrgeb. nach Berlin. Da die von → Herbert Wehner in Stockholm vorzuberietende weitere Besetzung des geplanten Inland-Sekr. ausblieb, versuchte K. in Verb. mit den Org. der *Roten Kapelle* Neuaufbau einer illeg. KPD. Deckn. Erhard Forgbert. Zus. mit seinen Instrukteuren (ab Juni 1942 auch → Albert Kamradt) Hg. *Der Friedenskämpfer, Ruhr-Echo, Freiheit, Der Patriotische SA-Mann;* zahlr. Flugschriften, Schaffung von Kurier- u. Nachrichtenwegen nach Amsterdam, Stockholm u. Moskau. Aufbau einer Funkstation, die jedoch nicht mehr zum Einsatz kam. Vermutl. auf Anweisung des ZK Veröffentl. des *Friedensmanifests* einer angebl. Westdeutschen Friedenskonferenz Ende 1942 (später zur Propagierung des NKFD-Programms verwendet). Bevor der Tbc-kranke K. auf eigenen Wunsch abgelöst werden konnte, 30. Jan. 1943 Verhaftung unter Beihilfe von W. Seng (20. Jan. 1943 aufgrund der Hinweise von A. Kaps der Gestapo in die Hände gefallen). Weitreichende Aussagen bei den Vernehmungen führten zur Aufrollung der sowj. Nachrichtenorg. in Holland; Apr. 1943 Mitwirkung bei Festnahme E. Gentschs in Amsterdam. 12. Juni 1944 VGH-Todesurteil. - Die Gruppe um K. nimmt als einzige vom ZK beauftragte innerdt. Widerstandsorg. nach 1939 einen prominenten Platz in der DDR-GeschSchreibung ein. Aus K.s Aussage vor dem VGH geht hervor, daß er mit seiner Tätigkeit in Deutschland eine sozialistische, von der Moskauer Zentrale unabhängige Einheitsbewegung anstrebte.

L: u.a. Weber, Hermann, Ulbricht fälscht Geschichte. 1964; GdA 5; Weber, Wandlung; Scholmer, Joseph, Wer falsch münzt. In: Vorwärts, Nr. 36/1968, S. 17; ders., Die Wahrheit ist aktenkundig; ebd., Nr. 41/1968, S. 18; Duhnke, KPD; Klotzbach, Nationalsozialismus; Bludau, Gestapo; Höhne, Heinz, Kennwort Direktor. 1970. *D:* IfZ. *Qu:* Arch. Publ. - IfZ.

Knoeringen, Waldemar Karl Ludwig **Freiherr von,** Politiker; geb. 6. Okt. 1906 Rechetsberg/Oberbayern, gest. 2. Juli 1971 Höhenried/Starnberger See; kath.; *V:* Clemens Frhr. v.K.

(gest. 1926), Gutsbesitzer; ∞ Juliane Astner (geb. 1906), Buchhalterin, Mitgl. ZdA u. SPD, Emigr. u. Ausbürg. mit Ehemann; *StA:* deutsch, 3. Sept. 1938 Ausbürg., deutsch. *Weg:* 1933 A; 1934 CSR; 1938 F; 1939 GB; 1946 Deutschland (ABZ).

VerwAngestellter. 1926 Mitgl. SPD, in Rosenheim Ltr. des Arbeiterbildungskartells u. Bibliothekar im Volksbüchereiwesen. Später ltd. Funktionär SAJ München, Parteiredner, Mitgl. *Reichsbanner.* März 1933 in Parteiauftrag Emigr. nach Österr., zuerst von Tirol u. Wien, nach den Februarereignissen 1934 von Neuern (Nýrsko)/CSR, später von Budweis aus Ltr. Grenzsekretariat Südbayern der *Sopade.* Deckn. Walter Kerber, Michel, Körber, Nagel. Kontakte zu → Karl Frank u. Anschluß an illeg. Arbeit der *Leninistischen Organisation* (LO)/*Neu Beginnen* (NB) aufgrund zunehmender Opposition gegen Exilpol. u. Mandatsanspruch der *Sopade* sowie deren org. Schwerfälligkeit in der illeg. Arbeit im Gegensatz zur LO (→ Walter Loewenheim, Karl Frank). Über K. erschloß LO/NB wichtige Verbindungen für die illeg. Arbeit in Bayern. K. selbst wurde LO-Mitgl. u. ihr OrgLtr. für den entspr. *Sopade*-Grenzbereich, ZusArb. mit den illeg. RSÖ (→ Joseph Buttinger) u. dem ALÖS in Brünn (→ Otto Bauer); maßgebl. am Aufbau eines zusammenhängenden Netzes illeg. NB-Gruppen in Bayern u. Österr. beteiligt (die Org. nannte sich später *Revolutionäre Sozialisten* u. reichte von Augsburg [Gruppe Josef Wager] über München [Gruppe Hermann Frieb] u. Salzburg/Tirol [Alois u. Josephine Brunner] bis nach Wien [Dr. Otto Haas], stand bis Kriegsausbruch über → Hans Lenk u. andere Kuriere in enger Verb. zu K. u. wurde erst Frühj. 1942 von der Gestapo aufgerollt). Ab Sept. 1936 in Prag, Sept. 1938 Emigr. nach Frankr., in Paris Mitgl. NB-Exilzentrale u. mit dieser Sommer 1939 nach London, wo K. als Hauptaufgabe der Gruppe während des kommenden Weltkrieges die „qualifizierte Berichterstattung" über die Lage im Reich vertrat. Nach Kriegsausbruch Internierung, u.a. Isle of Man; Ende 1940-42 ltd. Mitarb. Sender *Europäische Revolution,* später ständ. Mitarb. der Deutschlandabt. der BBC. Gab letztere Position auf, als die Alliierten 1943 in Casablanca die bedingungslose Kapitulation Deutschlands forderten. Im Rahmen der Re-education dt. Kriegsgef. einer der Hauptmitarb. des Umschulungslagers Wilton Park. Forderte 1941 den ZusSchluß der sozialist. Gruppen in der Londoner *Union* u. ihr Aufgehen in der SPD nach Kriegsende. Dez. 1945 vorüberg. als Major Holt in Deutschland, um dem ZA der SPD die Stellungnahme der brit. Reg. zu den Einheitsbestrebungen der KPD zu übermitteln. 1946 Rückkehr nach München, um bei Wiederaufbau der bayr. SPD mitzuwirken. 1946 Mitgl. Verfassunggebende Versammlung Bayern, 1946-62 Vors. der SPD-Fraktion im bayer. LT. 1949-51 (Mandatsniederlegung) MdB. 1947-63 Vors. SPD-Landesverb. Bayern, 1958-62 einer der stellvertr. Bundesvors. der SPD, Experte für Kultur- u. Bildungspol. Gehörte zu den Reformern der Nachkriegs-SPD u. war maßgebl. am Godesberger Programm beteiligt. Nach seinem Rücktritt als bayr. Landesvors. vor allem bildungspol. Arbeit, mitbeteiligt am Aufbau der Georg von Vollmar-Akademie in Kochel, Gr. u. Kurator der Akademie für politische Bildung in Tutzing sowie Kuratoriumsmitgl. Friedrich-Ebert-Stiftung. Mitgl. Rat der europäischen Bewegung. - *Ausz.:* 1956 Gr. BVK; Goldene Verfassungsmed. des Freistaates Bayern; Gr. Goldenes Ehrenzeichen der Republik Österreich.

W: Mobilisierung der Demokratie. 1966; Was bleibt vom Sozialismus (Hg. zus. mit Ulrich Lohmar). 1969. *L:* Junge Republik. Festschrift zum 60. Geburtstag. 1966; Röder, Großbritannien; Hetzer, Gerhard, Widerstand und Verfolgung in Augsburg 1933-1945. Diss. phil. masch. München 1978. *D:* AsD, IfZ. *Qu:* Arch. Fb. Hand. Publ. - IfZ.

Knoppe, Reinhold, Offizier; geb. 6. Apr. 1908. *Weg:* 1933 CSR; E; F, 1940 (?) Deutschland.

1927 KPD. Nach natsoz. Machtergreifung illeg. Tätigkeit, dann Emigr. in die CSR, Teiln. Span. Bürgerkrieg, danach Internierung in Frankr., später KL Sachsenhausen. Nach 1945 AbtLtr. der Berliner Kriminalpolizei u. VerbMann zu SMAD; nach der Teilung Berlins (1948) SED-Sekr. u. Kadersachbearbeiter bei der Ost-Berliner Kriminalpolizei, 1949 Chef „Stabswache" des DDR-Präs. → Wilhelm Pieck u. ab 1950 Offz. im Min. für Staatssicherheit (MfS). War zus. mit → Hans Fruck u. → Erich Mielke maßgeblich am personellen Aufbau des MfS beteiligt. 1953 Oberst, danach langjähr. Ltr. der BezVerw. Magdeburg des MfS u. Mitgl. des Büros der SED-BezLtg., anschl. ltd. Mitarb. im MfS. Lebte 1978 in Berlin (Ost). - *Ausz.:* u.a. 1955 VVO (Bronze), 1956 Hans-Beimler-Med., 1958 VVO (Silber).

Qu: Hand. Z. - IfZ.

Knüfken, Hermann, Gewerkschaftsfunktionär; geb. 9. Febr. 1893 Düsseldorf; *StA:* deutsch. *Weg:* 1933 NL; 1935 B; S (?).

Funktionär kommunist. GewVerb. *International Seamen and Harbour Workers* (ISH), Ltr. ISH-*Interclub* Leningrad, 1932 angebl. *Komintern*-Beauftragter für Skandinavien in Hamburg. 1933 Emigr. Rotterdam, Prop. unter dt. Seeleuten in Verb. mit dortigem *Interclub*. Anfang 1935 zur ISH-Gruppe in Antwerpen, ab Mitte 1935 nach Ausweisung des bisherigen Ltr. Aufbau einer *Knüfken-Gruppe,* die aufgrund „trotzkistischer" Ausrichtung zunehmend in Konflikt mit ISH-Ltg. geriet. ZusArb. mit brit. Geheimdienst. Jan. 1936 Anschluß der Gruppe an ITF, enge ZusArb. mit → Hans Jahn. Verbreitung der eigenen Zs. *Der Sturm* u. der von ITF hg. Zs. *Schiffahrt.* Nach Kriegsausbruch vermutl. Emigr. nach Schweden. Deckn. Karl.

L: Esters, Helmut/Pelger, Hans, Gewerkschafter im Widerstand. 1967; Bludau, Gestapo. *D:* IfZ. *Qu:* Arch. Publ. - IfZ.

Kober, Adolf, Dr. phil., Rabbiner, Historiker; geb. 3. Sept. 1879 Beuthen/Oberschlesien, gest. 30. Dez. 1958 New York; *V:* Emanuel K. (geb. 1848 [?] Kieferstädte/Oberschlesien, gest. 1923 Breslau), jüd., tätig in der Herrenbekleidungsindustrie; *M:* Cäcilie, geb. Wischnitz (geb. 1853 [?] Kieferstädte, gest. 1928 Breslau), jüd.; *G:* Elfriede (umgek. im Holokaust), Stud. Musik; Dr. jur. Hans K. (gest. Santiago de Chile), RA; Siegbert (1938 Freitod in Breslau wegen natsoz. Verfolgung); Dr. phil., Dr. jur. Herman K. (gest. 1974 Birmingham/GB), Sozialfürsorger u. Mathematiker, Hochschullehrer; ∞ Johanna Samoje (geb. 1894 Ratibor/Oberschlesien), 1939 Emigr. USA; *K:* William (geb. 1921 Köln), 1936 Emigr. GB, Stud. Wittingham Coll. Brighton, 1941 USA, tätig im Druckereiwesen; Eva Dorothy Rosenthal, 1939 Emigr. USA; *StA:* deutsch, 1945 USA. *Weg:* 1939 USA.

1897-1908 Stud. Jüd.-Theol. Seminar u. Univ. Breslau, 1907 Rabbinerexamen, 1903 Prom. Breslau. 1906-08 Hilfsrabbiner u. Religionslehrer jüd. Gde. Köln, 1908-18 BezRabbiner Wiesbaden, 1914 Vors. von B'nai B'rith-Logen in Wiesbaden u. Köln, 1918-39 Rabbiner SynGde. Köln, 1925-39 Deleg. *Preußischer Landesverband jüdischer Gemeinden,* 1920 Mitgl. *Gesellschaft für rheinische Geschichtskunde,* 1922 Gr. einer Armenhilfskasse, 1925 Dir. jüd. Abt. der Ausstellung zur 1000-Jahrfeier des Rheinlandes, 1928 zus. mit Bruno Kisch Gr. Jüdisches Lehrhaus Köln, 1928 Dir. hist. Abt. der jüd. Sektion im Rahmen der internat. Presseausstellung in Köln. 1939 Emigr. USA, 1939-58 Mitgl. der EinwandererGde. Congr. Kehillath Yavneh (Zweig der Gde. B'nai Jeshurun New York). 1943-58 Research Fellow *Am. Acad. for Jew. Research* in New York, *Committee for Europ. Cultural Reconstruction,* 1943-58 Mitgl. *Leo Baeck Loge* des *B'nai B'rith* New York, Vors., später Ehrenvors. *Blue Card,* AusschußMitgl. A.F. J.C.E. u. *New York Board of Rabbis.*

W: Bibliographie bis 1940 siehe in: History of Jews in Cologne. 1940; Jewish Monuments of the Middle Ages in Germany. 1944-45; Emancipation's Impact on the Education and the Vocational Training of German Jewry. 1954; zahlr. Beiträge u. Art. über jüd. Gesch. in wiss. Zs. u. Handbüchern, u.a. in: Germania Judaica. 1917, 1934; Universal Jewish Encyclopedia. 1941, 1942; Jüdisches Lexikon, Historia Judaica. 1943, 1945; LBI Yearbook. 1957; Monatsschrift für Geschichte und Wissenschaft des Judentums, Zeitschrift für Geschichte der Juden in Deutschland, Proceedings of the Am. Acad. for Jew. Research. *L:* Kisch, G., Historia Judaica, Bd. XXI. 1959; Zum Gedächtnis an Adolf Kober. Gedächtnisreden gehalten am 19. März 1959 im Kölner Historischen Archiv. In: Jahrb. des Kölnischen Geschichtsvereins, Bd. 34-35. 1959-60; *D:* LBI New York. *Qu:* Arch. Hand. Pers. Publ. Z. - RFJI.

Koch, Bernhard, Verleger, Buchhändler; geb. 5. Febr. 1894 Aachen; ∞ Margarete Dawidels (geb. 1899), Emigr.; *StA:* deutsch, 5. Aug. 1937 Ausbürg. *Weg:* 1933 CSR; 1938 (?) GB.
Mitinh. Verlag Albert Langen München, 1927-33 Geschäftsf. Zeitgeist-Buchhandlung Berlin. Apr. 1933 Emigr. Prag, Gr. Verlag Bernhard Koch - Internationale Nachrichten-Agentur, Okt. 1934-Sept. 1938 Hg. des volkssozialist. Pressediensts *Aero Press* unter Red. von → Hans Jaeger, Unterstützung durch CSR-Außenmin.; 1938 (?) GB, nach Kriegsbeginn Internierung.
Qu: Arch. - IfZ.

Koch, Ernesto (urspr. Ernst), Dr. jur., Rechtsanwalt, Verbandsfunktionär; geb. 30. Sept. 1892 Berlin; jüd.; *G:* 1 S, Emigr. GB; ∞ 1923 Lucy Adelhaid Schwalbe (geb. 1896 Berlin), Stud. Med. Jena u. Berlin, Stud. Psychoanalyse bei Otto Fenichel u. Ernest Jones, 1936 Emigr. Bras., 1937 Gr. *Sociedade Brasileria de Psicanalise de São Paulo,* RedMitgl. *Revista Brasileria de Psicanalise; K:* Esther K. B. (geb. 1924); Eleonore (geb. 1926), Emigr. Bras., Malerin, 1949 nach Europa; *StA:* deutsch, Bras. *Weg:* 1936 Bras.
Stud. Freiburg, Heidelberg u. Berlin, Prom.; 1914-18 Kriegsteiln.; 1918-21 Referendar u. Assessor, 1921-36 RA u. Notar, 1933 Berufsverbot, RA für jüd. Klienten. Okt. 1936 Emigr. Brasilien, 1936-37 Teilh. einer kleinen Lampenfabrik, seit 1937 Angest. bei RA-Büro in São Paulo. Mitgl. *Assemblia dos Representantes,* 1956-67 VorstMitgl. u. Präs. u. seit 1967 ehrenamtl. Präs. C.I.P., tätig in Wiedergutmachungsangelegenheiten, Mitarb. *Cronica Israelita.* Lebte 1975 in São Paulo.
Qu: Fb. - RFJI.

Koch-Weser, Erich Friedrich Ludwig (1927 Namensergänzung nach Reichstagswahlkreis), Politiker; geb. 26. Febr. 1875 Bremerhaven, gest. 19. Okt. 1944 Fazenda Janeta, Rolandia/Bras.; ev.; *V:* Dr. Anton Koch (1838-76), Oberlehrer, Inh. einer höheren Schule; *M:* Minna, geb. Lewenstein (1841-1930); ∞ I. 1903 Bertha Fortmann (1880-1923); II. 1925 Dr. Irma von Blanquet (1897-1970), 1933 Emigr. Bras.; *K:* → Geert Koch-Weser; Reimer (geb. 1906); Käte (geb. 1908, 1933 Freitod Berlin); Volker (geb. 1911); Dieter (geb. 1916); Erich (geb. 1926); Jan (geb. 1927), 1933 Emigr. Bras.; *StA:* deutsch. *Weg:* 1933 Bras.
1893-97 Stud. Rechts- u. Staatswiss., Volkswirtsch. Lausanne, Bonn, München, Berlin; MilDienst, Referendar. 1901-09 Bürgerm. Delmenhorst u. MdL Oldenburg, 1909-13 Stadtdir. Bremerhaven u. Mitgl. Bürgerschaft, 1913-19 OBürgerm. Kassel, 1913-18 Mitgl. Preuß. Herrenhaus, VorstMitgl. Deutscher u. Preuß. Städtetag. Mitgr. DDP, 1919-20 MdNV. Okt. 1919-Mai 1921 Reichsmin. des Innern, 1920 Vizekanzler, 1920-30 MdR, 1921-28 RA u. Notar, 1924-30 Vors. DDP. Mitgl. *Demokratischer Klub* Berlin; Juni 1928-Apr. 1929 Reichsmin. der Justiz. 1928-30 Ehrenvors. *Liberale Vereinigung,* geschäftsf. Vizepräs. Deutsches Komitee der *Paneuropa-Bewegung,* VorstMitgl. *Verband für europäische Verständigung.* 1929-33 RA u. Notar. Nach Scheitern der auf Initiative von K.-W. aus DDP u. *Jungdeutschem Orden* gebildeten DSP Rücktritt von Parteivors. u. Reichstagsmandat. Als VorstMitgl. der 1927 gegr. *Gesellschaft für wirtschaftliche Forschung in Übersee* 1932 Org. eines Siedlungsprojekts in Nordparaná. Apr. 1933 Emigr. nach Schließung der Anwaltspraxis durch NatSoz. aufgrund jüd. Abstammung der Mutter; wesentl. Anteil an Entwicklung der dt. Siedlung Rolandia zus. mit → Johannes Schauff. Aufbau einer Kaffeeplantage, Reisen nach Deutschland. Während des Krieges theoret. Vorarb. für Verfassung eines demokrat., nicht-imperialist. Deutschlands, Denkschriften u. Entwürfe an brit. u. amerikan. Politiker. 1943 als Mitgl. eines von der GLD in Verb. mit US State Dept. geplanten *Council of Free Democratic Germans* vorgeschlagen. Mitarb. *Deutsche Blätter* Santiago de Chile. Das programmatische Buch *Hitler and Beyond* wurde durch Vermittlung Thomas Manns 1945 in New York veröffentlicht.

W: Siehe Bibliogr. in: Bremische Biographie, 1912-1962; u.a. Hitler and Beyond. A German Testament, New York (A.A. Knopf) 1945. *L:* Bremische Biographie; RhDG; Portner, Ernst, Koch-Wesers Verfassungsentwurf. Ein Beitrag zur Ideengeschichte der deutschen Emigration. In: VHZ 14/1966; Die bürgerlichen Partein in Deutschland 1830-1945 (hg. unter Ltg. von Dieter Fricke), 2 Bde. 1968, 1970; Stephan, Linksliberalismus. *D:* BA Koblenz. *Qu:* Arch. Hand. Publ. - IfZ.

Koch-Weser (bis 1927: Koch), **Geert,** Dr. agr., Agrarexperte; geb. 2. Apr. 1905 Delmenhorst/Niedersa.; ev.; *V:* → Erich Koch-Weser; ∞ 1934 Els Wortmann (geb. 1911), Emigr.; *K:* Frauke Decurtins (geb. 1934 Bras.), Industrial designer; Dr. Elke Ammassari (geb. 1935), Soziologin; Anke Lersch (geb. 1937), Heilgymnastin; Kai (geb. 1944), Dipl.-Volkswirt; Klas (geb. 1946), Arzt; *StA:* deutsch, 1951 Bras., 1969 deutsch. *Weg:* 1934 Bras.
1923 Abitur, bis 1925 Landwirtschaftslehre u. Gutsverw., ab 1925 Stud. Agrarwiss. TH München u. Univ. Berlin, 1928 Dipl., 1930 Prom. bei Prof. Friedrich Aereboe. 1927 landwirtsch. Angest. in der UdSSR, 1930/31 weltweite StudReise. Ab Okt. 1931 Assist. des Geschäftsf. u. Zweigstellenltr. Reichsstelle für Siedlerberatung, Berlin, Red. *Der Ostsiedler,* Okt. 1933-Juli 1934 landwirtschaftl. Sachbearb. der Siedlungsges. Ostland. RedMitgl. *Korrespondenz Deutsche Siedlung.* Nach 1933 nicht „bauernfähig" aus rass. Gründen, berufl. Benachteiligungen; Juli 1934 zur elterl. Fam. nach Brasilien, Kaffeepflanzer in der dt. Siedlung Rolandia/Nord-Paraná. 1935-37 Vors. Siedler-Selbstverw., 1948-68 Vors. ev.-luth. Kirchengde., 1957-64 RedMitgl. *Roland,* 1956-68 dt. Wahlkonsul für Nord-Paraná, 1964-68 Beauftragter des Deutschen Entwicklungsdienstes für Brasilien, u. a. 1956-63 Vors. dt. Schulgemeinschaft Rolandia, Mitgl. *Pro Arte Rolandia.* 1969 Übersiedlung nach Deutschland (BRD). Lebte 1978 in München. - *Ausz.:* 1968 BVK 1. Kl.

W: u.a. Die Standarisierung in der Milchwirtschaft (Diss.). 1930; Siedlungspol. u. agrarwiss. Beiträge in Zs. *L:* Maier, Max Hermann, Settling in the Jungle. In: Dispersion and Resettlement. 1955. *Qu:* Fb. - IfZ.

Kochba, Uri, (urspr. Koch, Walter), Verbandsfunktionär; geb. 8. Febr. 1910 Lissa/Posen; *G:* → Shimon Avidan; ∞ Adina van Coevorden (geb. 1917 Coevorden/NL), Emigr.Pal.; *K:* Ephraim (geb. 1943), Facharb.; Jachin (geb. 1946), Pilot; Joseph (geb. 1952), Pilot; *StA:* deutsch; IL. *Weg:* 1933 CH, 1934 Pal.; 1938 NL; 1940 Deutschland; 1945 Pal.
Stud. Architektur TH Stuttgart, Mitgl. *Brith Haolim, Blau-Weiß, Habonim, Kinderfreunde,* J.J.W.B. u. SAPD. 1933 Emigr. Schweiz, bis 1934 Stud. Architektur Eidgenössische TH Zürich, zugl. Schulungstätigkeit für *Brith Habonim,* Mitgl. *Hechaluz Suisse.* 1934 nach Palästina mit Flüchtlingszertifikat, ab 1934 Mitgl. Kibb. Naan; Mitgl. Aliyah-Komitee u. Sekr. Kibb. Meuḥad, 1938-40 i.A. von Hechaluz in den Niederlanden, Teiln. an illeg. *Aliyah-Bet*-Operation, 1940-45 Haft in Deutschland als brit. Zivilgef.; 1946-49 tätig für *Jugend-Aliyah,* 1948 in der Givati-Brigade der *Haganah.* 1949-67 Gärtner, bis 1973 Zinkgießer, 1974 Plastikgießer. 1957-58 Berater für jüd. Jugend in Deutschland (BRD). 1968-70 Mitgl. Komitee für SozWiss. am Kibb.-StudZentrum Efal, ab 1976 Archivar im Zentralarchiv des Kibb. haMeuḥad; Mitgl. *Histradrut.* Lebte 1978 im Kibb. Naan.
Qu: Fb. - RFJI.

Kodicek, Egon, Partei- u. Gewerkschaftsfunktionär; geb. 28. (?) Sept. 1913 Berlin; *V:* Schneider; *G:* Julius, inhaftiert KL

Auschwitz; Hermann, im KL Auschwitz ermordet; ∞ Fridoline (Fritzi) Luksch (geb. 1917), 1938 Emigr. F, Mitarb. TA innerh. der franz. Résistance, 1945 Österr. *StA:* österr. *Weg:* 1938 F; 1944 Deutschland (Österr.).

Ab 1928 Schneiderlehre in Wien; Mitgl. SAJDÖ u. Lehrlingssektion *Gewerkschaft der Bekleidungsarbeiter,* Ortsgruppenobmann u. Mitgl. Jugendvorst. *Gewerkschaft der Bekleidungsarbeiter.* 1931 Mitgl. SDAP u. *Republikanischer Schutzbund.* Mai 1933 kurzfristig verhaftet. 1934 Teiln. an den Februarkämpfen, Verhaftung. Anschl. illeg. Arbeit, LtgMitgl. der illeg. *Freien Gewerkschaft der Bekleidungsarbeiter,* Mitgl. RSÖ. Nov. 1934, Nov. 1935 u. Juni 1936 jeweils mehrwöch. Haft. 1936 Deleg. zur ersten Gesamtkonf. des illeg. *Bunds der Freien Gewerkschaften Österreichs* in Prag. Ende 1936 i.A. der illeg. GewBewegung „Legalisierung" durch Wahl zum Betriebsobmann eines Textilbetriebs in Wien. Aug. 1938 aufgrund drohender Verhaftung Emgir. Frankr., zunächst Paris, anschl. Nizza. Herbst 1939 Internierung in Antibes u. Les Milles, Frühj. 1940 bei Transport nach Nordafrika Flucht, illeg. Rückkehr nach Nizza, ZusArb. mit KPÖ-Widerstandsgruppen. März 1942 Mitgl. KPÖ. Nov. 1942 nach Lyon, Mitarb. TA innerh. der franz. Résistance, maßgebl. an Herstellung der illeg. Ztg. *Soldat am Mittelmeer* u. *Soldat im Westen* beteiligt (→ Oskar Grossmann). Mai 1944 als franz. Fremdarbeiter André Jean-Paul Morin nach Wien, Arb. in Uhrenfabrik, infolge Verhaftung von Verbindungsleuten selbständ. Versuch zum Aufbau von Widerstandsgruppen, blieb bis Kriegsende unentdeckt. Ab 1945 maßgebl. am Aufbau des ÖGB beteiligt, Vors. u. Zentralsekr. *Gewerkschaft der Bekleidungs- und Lederarbeiter,* ÖGB-Sekr. u. Arbeiterkammerrat. Maßgebl. Funktionär der *Fraktion Gewerkschaftliche Einheit* im ÖGB. 1948-70 Mitgl. ZK, 1961-70 Mitgl. PolBüro der KPÖ. 1970 im Gefolge der Auseinandersetzungen um die Intervention der Warschauer-Pakt-Staaten in der ČSSR nicht mehr ins ZK gewählt. Lebte 1978 in Wien.

L: Spiegel, Résistance; DBMOI. *D:* DÖW. *Qu:* Arch. Hand. Pers. Publ. Z. - IfZ.

Koebel (urspr. Köbel), **Eberhard** Rudolf Otto (genannt **tusk**), Verbandsfunktionär, Publizist; geb. 22. Juni 1907 Stuttgart, gest. 31. Aug. 1955 Berlin (Ost); ev.; *V:* Dr. jur. Friedrich August Otto Köbel (1865 [?]-1927), LG-Rat; *M:* Eugenie, geb. Schüle (1876-1956); *G:* Dr. jur. Ulrich Fritz Köbel (1901-75), OLG-Rat; Hans Dietrich (1903-76); ∞ 1932 Gabriele Römer (geb. 1906), 1924 Abitur, Ausbildung als Krankenschwester, 1934 Emigr. über Schweden nach GB, 1942-46 Monitor BBC Evesham, 1948 Deutschland (Berlin), 1951-54 wiss. Assist. Märkisches Museum Berlin (Ost), A: 1978 Bremen; *K:* Romin (geb. 1935), M.A., Ph.D., Architekt, Prof. für Städteplanung, A: 1966 USA; Michael Frederick (geb. 1939), Dipl.-Volkswirt, A: 1955 Deutschland (BRD); *StA:* deutsch. *Weg:* 1934 S, GB; 1948 Deutschland (Berlin).

1926 Abitur, 1926-28 Württ. Staatl. Kunstgewerbeschule Stuttgart, ab 1928 freiberufl. Graphiker. 1920 *Wandervogel Deutscher Bund,* 1926 *Deutsche Freischar* (DF). 1927 u. 1929 ausgedehnte Reisen nach Lappland, ab 1927 Ps. tusk. 1928 DF-Gauführer Schwaben II, 1929-30 Chefred. *Briefe an die schwäbische Jungenschaft* Stuttgart, 1. Nov. 1929 Gr. *deutsche jungenschaft vom 1.11. (dj. 1.11.)* als „geheime Verschwörung der schwäbischen Jugendführer" zur Aktivierung der Jugendbewegung. K. strebte als Gegengewicht zum Totalitätsanspruch der HJ eine Intensivierung u. Zentralisierung der Jugendarb. an; nach seiner Übersiedlung nach Berlin 1930 auch als Hg., Chefred. u. graph. Gestalter zahlr. Zs. *(Atlantis, Tyrker, Das Lagerfeuer, Pläne)* großer Einfluß auf bünd. Jugend. Mai 1930 nach Ausschluß der *dj. 1.11.* aus der DF Reichsltr. *dj. 1.11.,* die in Deutschland, Österr. u. in dt.-sprachigen Teilen der ČSR starke Anhängerschaft gewann. 1931 Reise nach Nowaja Zemlja. Versuche der Politisierung der bürgerl. Jugendbewegung durch Grdg. *Verein deutscher Jungenschaft,* Jan. 1932 u. später *Kulturklub zur marxistischen Schulung,* Apr. 1932 Niederlegung der Reichsltg. der *dj. 1.11.,* demonstrativer KJVD- u. KPD-Beitritt, Aufruf an die Mitgl. der *dj. 1.11.* zum

sozialpol. Engagement; Mitarb. *Rote Pfadfinder,* Besuch Marxistische Arbeiterschule. Okt. 1932-März 1933 Chefred. *Der Eisbrecher* Plauen/Vogtl., anschl. der lit.-ästhet. Zs. *Die Kiefer* ebd., die starken pol. Einfluß auf die in die HJ integrierte bünd. Jugend u. illeg. *dj. 1. 11.* ausübten u. zu vorüberg. starker Opposition in der HJ führten. Okt. 1933 Übersiedlung nach Gerlingen b. Stuttgart, Jan. 1934 Verhaftung, bis 21. Febr. Verhöre in Stuttgart u. Columbia-Haus Berlin, Entlassung nach zwei Selbstmordversuchen u. schrifl. Verpflichtung zur Enthaltung von lit. u. org. Tätigkeit. 1932-34 Deckn. Arno Kansen. Juni 1934 Emigr. nach Schweden, Okt. 1934 GB. Fotograf, daneben Stud. klass. Sinologie (1936 Diplom) u. Neuphilologie (1939 B.A.) London, Mitarb. *Arbeitskreis Bündische Jugend,* 1940 Distanzierung von bünd. Gedankengut. 1941 beim *Monitoring Service* der BBC in Evesham, 1943-48 Lehrer. Mitgl. FDJ-Exekutive u. ArbAusschuß FDB, Nov. 1945 Deleg. Weltjugendkonf. London, nach 1945 Hg. *Londoner Briefe an die Deutsche Jungenschaft in der Bizone.* Angebl. weitere Deckn. im Exil: Arnold Nolden, Jochen Orlow, Olivar Sund. Sept. 1948 Rückkehr nach Berlin, kurzfristig Red. *Deutschlandsender* Berlin (Ost), 1948-51 (Ausschluß) SED, 1948 FDGB, VVN, *Kulturbund zur demokratischen Erneuerung Deutschlands* u. *Gesellschaft zum Studium der Kultur der Sowjetunion.* Nach vergebl. Versuchen um Wiederbelebung der bünd. Jugendtradition in der SBZ freier Schriftst. u. Übers. Litt bis zu seinem Tod an Folgen der Gestapohaft u. schwerer, in der Emigr. ausgebrochener Lungentuberkulose.

W: Fahrtbericht 29. 1930; Die Heldenfibel. 1933; Pinx der Buchfink. 1950; AEC: Energie - Profit - Verbrechen. 1958; tusk, Gesammelte Schriften und Dichtungen (Hg. Werner Helwig). 1962; (Bibliographie der Schriften von Eberhard Koebel-tusk, zusammengest. von Eckard Holler u. Renate Oberndorfer [masch.] 1968. *L:* Laqueur, Walter Z., Die deutsche Jugendbewegung. 1962; Pross, Harry, Jugend, Eros, Politik. 1964; Nasarski, Peter (Hg.), Deutsche Jugendbewegung in Europa. 1967; Brandenburg, Hans-Christian, Die Geschichte der HJ. 1968; Röder, Großbritannien; Mohler, Armin, Die konservative Revolution in Deutschland. 1972; Kindt, Werner (Hg.), Die deutsche Jugendbewegung 1920 bis 1933 - Dokumentation der Jugendbewegung Bd. III. 1974. *D:* Archiv der deutschen Jugendbewegung. *Qu:* Arch. Pers. Publ. Z. - IfZ.

Kögler (Koegler), **Franz** (Frank), Politiker; geb. 1. Jan. 1891 Rosendorf/Böhmen; Diss.; *V:* Florian K. (1871-1931), Schiffsmaschinist; *M:* Theresia (1870-1957); ∞ 1919 Frieda Heller (geb. 1895), Emigr. GB; *K:* Gertrud (geb. 1920), Doris (geb. 1923), beide Emigr. GB; *StA:* österr., 1919 ČSR, 1951 GB, ab 1957 gleichz. deutsch. *Weg:* 1939 GB.

Lichtdruckphotograph, 1909 Mitgl. u. später Kreisvertrauensmann *Verband jugendlicher Arbeiter Österreichs* Bodenbach; 1910-12 Konsumangest. u. 1912-14 Dir. Arbeiterkrankenkasse ebd., 1914-18 Kriegsdienst, 1919-38 Mitgl. Parteivorst. u. Parteivollzugsausschuß der DSAP, gleichz. deren Kreissekr. in Bodenbach. 1919-24 Red. *Nordböhmischer Volksbote* ebd., 1925-26 Dir. BezKrankenkasse Tetschen; VorstMitgl. *Allgemeiner Angestellten-Verband* Reichenberg u. *Verein Arbeiterfürsorge,* 1935-38 Abg. NatVers. der ČSR. Ab Sept. 1938 Ltr. Paßabt. des DSAP-EmigrBüros in Prag, nach dt. Einmarsch nach GB, 1939-41 Ltr. Flüchtlingshostel Nr. 28 London, ab 1939 Mitgl. *Independent Labour Party;* ab 1942 Mitgl. co-op London. 2. Sept. 1939 als Mitgl. der TG-Exekutive mit → Fritz Kessler u. → Robert Wiener sowie am 2. Okt. 1939 als Mitgl. der Gew-Delegation Teiln. der Unterredungen mit Edvard Beneš über eine Kooperation bei den Bemühungen um die Wiederherstellung der ČSR in den Grenzen vor dem Münchener Abkommen. Aus Oppos. zur Politik → Wenzel Jakschs in Kontakt mit tschechoslow. Exilkreisen, Febr. 1940 Mitgr. u. AngestVertr. in *Ausschuß der Landesgruppe England der deutschen Freigewerkschaftlichen Arbeiter- und Angestelltenorganisationen in der Tschechoslowakischen Republik* sowie prominenter Mitunterz. des Grdgsaufrufs der *DSAP-Auslandsgruppe* (→ Josef Zinner) v. 18. Okt. 1940, stellv. Vors. ihrer provis. Exekutive. Dez. 1942 Ausschluß aus *DSAP-Auslandsgruppe* als Wortführer der Opposition gegen enge ZusArb. mit sudetendt. Kommunisten; daneben Mitgl. u. Mitarb. *Fabian Society* sowie Mitgl. des internat. Beratungskomitees der *Labour Party* unter Vorsitz des SAI-Präs. Camille Huysmans. 1942-52 Farbenretuscheur, bis 1958 Mitgl. *Society of Lithographic Artists, Designers, Engravers and Process Workers*. 1965 Mitunterz. Erklärung ehem. DSAP-Funktionäre gegen ZusArb. der SG mit der *Sudetendeutschen Landsmannschaft*. Lebte 1977 in Wendover/GB.

W: Oppressed Minority? London 1942. *L:* Brügel, Johann Wolfgang, Tschechen und Deutsche. 1967 u. 1974; Jauernig, Edmund, Sozialdemokratie und Revanchismus. 1968; Bachstein, Jaksch; Menschen im Exil. 1974. *Qu:* Arch. Fb. Publ. - IfZ.

Köhler, Bruno, Parteifunktionär; geb. 16. Juli 1900 Neustadt a.d. Tafelfichte/Nordböhmen; *V:* Arbeiter; ∞ I. Else, Agentin des sowj. Geheimdienstes, 1940 bei AuslEinsatz tödlich verunglückt; II. Ehefrau nach 1945 zeitw. Sekr. Klement Gottwalds, später ltd. Mitarb. Kaderabt. des ZK der KSČ; *StA:* österr., 1919 CSR. *Weg:* 1938 (?) F; 1940 USA (GB?); 1941 UdSSR; 1945 CSR, Deutschland (Berlin); 1947 CSR.

1914-17 Druckerlehre, 1917-18 MilDienst in österr.-ungar. Armee, 1919 DSAP, Febr. 1921 Deleg. Grdg.-Kongreß des KSM, Wahl ins ZK, März 1921 Deleg. Grdg.-PT der *KSČ-Deutsche Sektion,* Deleg. 3. Weltkongreß der *Komintern* u. 2. Weltkongreß der KJI; 1921-23 KSM-Sekr. in Prag u. Karlsbad, nach Formierung der Linken infolge EKKI-Kritik an der KSČ auf 5. Weltkongreß der *Komintern* 1924 u.a. mit → Robert Korb, → Otto Heller u. → Victor Stern zu führender Repräsentant in KSČ, 1924-26 KSČ-Sekr. Kreisausschuß Mährisch-Ostrau. 1926-28 mit der ersten tschechoslow. Abordnung Stud. Lenin-Schule der *Komintern,* 1928 Deleg. 6. Weltkongreß, aktive Unterstützung der (Minderheits-)Linken um Klement Gottwald in der Auseinandersetzung mit der rechten KSČ-Mehrheit u. der sog. opportunist. Parteiführung nach dem Offenen Brief des EKKI v. 1928. Nach Gottwalds Wahl zum GenSekr. auf 5. PT 1929 ZK-Mitgl. u. Kand. des PolBüros, 1928-31 Sekr. KSČ-Kreisausschuß in Aussig u. Reichenberg, aktiv beteiligt an Auseinandersetzung mit sog. Liquidatoren, in deren Verlauf die KSČ 4/5 ihrer Mitgl. verlor; ab 6. PT 1931 Mitgl. PolBüro u. OrgBüro. des ZK, danach neben Rudolf Slánský maßgebl. beteiligt an Durchsetzung stalinist. Normen der Parteiarb. in der KSČ. 1932-33 Kand. u. 1933-43 Mitgl. EKKI-Präs., 1933-35 Mitgl. Pol. Sekretariat des EKKI, 1935 Deleg. u. Ref. über Parteiarb. in sudetendt. Grenzgeb. auf 7. Weltkongreß der *Komintern,* 1935-43 Kand. Präsidium der Internationalen Kontrollkommission, 1935-38 Abg. NatVers. der CSR. Okt. 1938 (Jan. 1939?) im Parteiauftrag Emigr. nach Frankr., als Mitgl. des Auslandssekretariats der KSČ in Paris mit Ltg. der Westemigr. beauftragt, Mitverf. KSČ-Richtlinien für die pol. Arbeit in der Emigr. v. Juni 1939. Nach der Kapitulation Frankr. nach den USA u. 1941 in die UdSSR (andere Quellen: über GB); Mitgl. sog. Moskauer Ltg. u. nach Umbildung 1943-45 des Auslandsbüros der KSČ. 1945 Rückkehr in die CSR, später Übersiedlung nach Berlin bzw. SBZ, dort ungeklärte Funktionen, zeitw. Pressechef der SED, enge ZusArb. mit → Walter Ulbricht bei Bekämpfung der nationalkommunist. Thesen → Anton Ackermanns. 1947 Rückkehr in die CSR, bis 1950 Mitarb. ZK der KSČ, Mai 1950-Jan. 1953 Ltr. Kaderabt. des ZK, Dez. 1952-Juni 1954 Mitgl. OrgSekretariat des ZK; als ZK-Kand. im Dez. 1952 Kooptation zum ZK-Mitgl. u. Wahl auf 10. PT 1954, 1953-63 ZK-Sekr., Juni 1958-Apr. 1963 Mitgl. ZK-Sekr., 1960-64 Abg. NatVers. der CSR, Juni 1961-Dez. 1962 Kand. des PolBüros; intensive Kontakte zur SED-Führung. 1963 im Zusammenhang mit der Überprüfung des Slánský-Prozesses von 1952 „wegen einiger Fehler in seiner Tätigkeit zur Zeit des Personenkults" in den Ruhestand versetzt, Mai 1968-1971 Suspendierung der Parteimitgliedschaft, danach erneut Parteimitarbeit.

L: Dějiny KSČ; Křen, Jan, Do emigrace. 1963; PS KSČ; Kuhn, Kommunismus; Gniffke, Erich W., Jahre mit Ulbricht. 1966; Pelikán, Jiří (Hg.), Das unterdrückte Dossier. 1970. *Qu:* Hand. Pers. Publ. Z. - IfZ.

Köhler, Hermann, Parteifunktionär; geb. 23. Apr. 1906 Odrau/Mähren; umgek. März (?) 1945 KL Mauthausen; *StA:* österr. *Weg:* 1934 (?) CSR; Österr.; 1936 E (?); 1938 Österr., CSR, F; 1939 Ju, TR; 1940 (?) UdSSR; 1943 (?) Deutschland (Österr.).

Tischlerlehre, Mitgl. KJVÖ, 1924 BezObmann in Wien, 1926 (?) ZK-Mitgl. des KJVÖ, anschl. einige Jahre im Exekutivkomitee der KJI in Moskau. 1933 Rückkehr nach Wien, illeg. KJVÖ-Funktionär. 1934 nach den Februarkämpfen Emigr. Prag, vermutl. ab 1934 (12. PT) ZK-Mitgl. der KPÖ. Später wieder nach Österr., illeg. Arbeit, angebl. 1936 nach Spanien. 1938 in Österr., nach dem Anschluß nach Prag, vermutl. Sommer 1938 mit dem ZK der KPÖ nach Paris. 1939 bei Kriegsausbruch nach Jugoslawien, Org. von Verbindungsstellen zur illeg. Bewegung in Österr., anschl. in Istanbul (→ Herbert Eichholzer), vermutl. 1940 nach Moskau, Mitarb. des *Komintern-*App. Wahrscheinl. 1943 Fallschirmabsprung im Burgenland, illeg. nach Wien, Versuch des Aufbaus einer neuen zentralen Ltg. der KPÖ in Wien nach Verhaftung von → Leo Gabler u. → Erwin Puschmann. März 1943 Verhaftung, KL Mauthausen, dort März (?) 1945 erschossen. Deckn. Konrad, Hermes, Jakob Wolloch (?).

L: Mitteräcker, Kampf; Stadler, Karl R., Die NS-Justiz in Österreich und ihre Opfer. 1966; DBMOI; Stadler, Opfer; Neugebauer, Bauvolk; Widerstand 1 u. 2; Göhring, KJVÖ; Unsterbliche Opfer; Reisberg, KPÖ. *Qu:* Arch. Hand. Pers. Publ. - IfZ.

Köhler, Max, Partei- u. Verbandsfunktionär; geb. 26. Juli 1897 Berlin, gest. 15. Dez. 1975 Berlin; Diss.; *V:* Weber; ∞ Luise; *K:* Vera Nietsch; *StA:* deutsch. *Weg:* 1937 F, DK.

Tischler; 1911 Arbeiterjugend, 1915 SPD, 1916 GrdgMitgl. u. Ltr. *Jugend-Bildungsverein* Groß-Berlin (Jugendorg. des *Spartakusbund)* 1917 zu 6 J. Festungshaft verurteilt. 1919 Mitgr. Berliner KPD, Mitgl. Zentrale der FSJ, später KJVD, Verlagsltr. *Junge Garde.* 1923-28 GewAbt. beim ZK der KPD. Ende 1928 Parteiausschluß als führender Vertr. der Rechten um → Heinrich Brandler. → Jacob Walcher, Mitgr. KPDO, Sekr. der Berliner Org., Mitgl. erweiterte Reichsltg., Okt. 1931 Rücktritt als Angehöriger der Minderheitsgruppe um Walcher, → Paul Frölich u. → August Enderle, Jan. 1932 Parteiausschluß. März 1932 SAPD, OrgLtr. BezVerb. Berlin-Brandenburg, 1933 OrgLtr. illeg. SAPD-Inlandsltg. Berlin, Deckn. Ernst Rohde, Mitarb. der von SAPD-Auslandsltg. hg. Programmschrift von Otto Erbe (d.i. Klaus Zweiling), *Der Sieg des Faschismus und die Aufgabe der Arbeiterklasse.* Nov. 1933 nach Rückkehr von Auslandskonf. Verhaftung, Ende 1934 aufgrund ausländ. Proteste Verurteilung zu lediglich 3 J. Gef., 1937 Emigr. über Prag u. Basel nach Paris, Mitgl. SAPD-AuslLtg. Ab Okt. 1937 Stützpunktltr. Kopenhagen, Kunsttischler. 1940-45 im Untergrund. 1955 Rückkehr nach Berlin (West), 1956 SPD, 1961 Parteiausschluß wegen religionskrit. Äußerungen, 1962 erfolgreiche Revision. Sekr., später Ehrenvors. der DLM. 1964-75 geschäftsf. Vors. BVN in Berlin.

L: Tjaden, KPDO; Drechsler, SAPD; Weber, Wandlung. *D:* PA. *Qu:* Arch. Pers. Publ. - IfZ.

Köhn, Fritz, Partei- u. Staatsfunktionär; geb. 20. Juni 1901 Stettin; *StA:* deutsch. *Weg:* 1934 (?) UdSSR, 1936 E, 1939 F, 1940 Deutschland.

Schlosser, 1932 KPD. Nach 1933 Schiffsheizer, Nov. 1934 Untersuchungshaft wegen Einfuhr illeg. Schriften; nach Freilassung Emigr. in die UdSSR, Parteischule. 1936-39 Offz. XI. Internat. Brigade in Spanien, anschl. Frankr., Internierung Le Vernet, 1940 Auslieferung u. bis Kriegsende KL Sachsenhausen (andere Quellen: Internierung Le Vernet, Anschluß an Résistance u. 1942 in die UdSSR, Offz. Rote Armee). 1945-46 OrgSekr. KPD-Kreisltg. Berlin-Treptow, später Offz. Deutsche Volkspolizei (DVP) bzw. Kasernierte Volkspolizei, ab 1950 Ltr. DVP-Personalabt.; 1952 GenMajor, 1957-62 stellv. Ltr. Kaderverw. MfNatVert., zwischen 5. u. 6. SED-PT 1958-63 Mitgl.

Zentrale Revisionskommission, ab 1962 Ruhestand. Lebte 1976 in Berlin (Ost). *Ausz.:* 1955 VVO (Bronze), 1956 Hans-Beimler-Med., 1959 VVO (Silber), 1961 Banner der Arbeit, 1966 VVO (Gold).

L: Forster, NVA; Pasaremos. *Qu:* Arch. Hand. Publ. Z. - IfZ.

Köller, Johann, Gewerkschaftsfunktionär; geb. 2. Febr. 1891 b. Neutitschein/Mähren, gest. 24. Aug. 1943 Stockholm; *V:* Soz-Dem.; ∞ 1920 Marie (1894-1943), 1938 Emigr. S; *K:* 2, darunter Hans, ab 1943 Kassier Landesvorst. der TG-Jugend in S; *StA:* österr., 1919 CSR. *Weg:* 1938 S.

Hutmacherlehre, danach nach Deutschland, Mitgl. u. Funktionär der Freien Gew., nach Rückkehr ab 1920 Sekr. *Verband der Arbeiter und Arbeiterinnen in der Bekleidungsindustrie* in Neutitschein, später Sekr. in dessen Zentrale in Reichenberg; DSAP-Mitgl. 1938 Emigr. nach Schweden, Mitgl. TG-Ausschuß Stockholm u. LtgMitgl. *Auslandsvertretung der Freien Gewerkschaften des Sudetengebietes.*

Qu: Arch. - IfZ.

Koenen, Bern(h)ard Johann Heinrich, Partei- u. Staatsfunktionär; geb. 17. Febr. 1889 Hamburg, gest. 30. Apr. 1964 Halle; *V:* Heinrich K., Tischler, langjähr. Mitgl. PV bzw. Kontrollkommission der SPD; *G:* → Wilhelm Koenen; ∞ → Frieda Koenen; *K:* Viktor (1920-42 [?]), 1933 Emigr. UdSSR, Schlosserlehre, im 2. WK Freiw. Rote Armee, 1942 Partisaneneinsatz Polen, Gefangennahme u. angebl. Ermordung; Heinz Alfred (geb. 1921), 1933 Emigr. UdSSR, im 2. WK Freiw. Rote Armee, nach Verwundung Lehrer in Talici, nach Kriegsende Offz. NVA. *StA:* deutsch, 22. Dez. 1938 Ausbürg. mit Fam., deutsch *Weg:* 1933 UdSSR, 1945 Deutschland (SBZ).

1903-07 Mechanikerlehre, 1906 DMV, 1907 SPD, 1907-10 Wanderschaft durch die Schweiz, Frankr., Tunesien u. Ägypten. 1910-12 MilDienst, 1912-14 Elektromonteur in Dänemark, Holland, Belgien u. Frankr.; 1914-16 Kriegsdienst, danach dienstverpflichtet im Leuna-Werk, 1917 USPD, Funktionär in Halle-Merseburg. 1918-19 Vors. u. anschl. bis 1921 stellv. Vors. Vollzugsausschuß des *Arbeiterrats* des Leuna-Werks. 1919-33 StadtVO. Merseburg, 1920 KPD, ab 1921 Red. u. 1927 vorüberg. Chefred. *Der Klassenkampf* Halle sowie Sekr. BezLtg. Halle-Merseburg; 1921 maßgebl. beteiligt an sog. Märzaktion, Juni/Juli 1921 Deleg. 3. Weltkongreß der *Komintern,* danach Mitwirkung bei Grdg. der belg. KP (Deckn. Jean de Rave) u. während eines einjähr. Aufenthalts in Frankr. beteiligt an Org. der kommunist. Gew., Mitarb. *La Russie Nouvelle* Paris, Nov./Dez. 1922 Deleg. 4. Weltkongreß der *Komintern.* 1922-33 MdProvLT Sa., auf 8. PT der KPD Wahl in ZK u. OrgKommission, 1924-29 Mitgl. Preuß. Staatsrat, 1929 Verlust aller Parteifunktionen als führender „Versöhnler" im Bez. Halle-Merseburg. 1929-31 Ltr. Volksbuchhandlung u. Konsumverein Merseburg, 1931-33 PolLtr. Unterbez. Mansfeld. Illeg. Tätigkeit, 12. Febr. 1933 am sog. Blutsonntag in Eisleben durch SA schwer mißhandelt, nach Genesung im Juni 1933 auf Parteibeschluß mit Fam. in die UdSSR; OrgSekr. IRH. 1935 Deleg. 7. Weltkongreß der *Komintern.* 1937-39 Haft, nach Freilassung erneut mehrere Mon. inhaftiert wegen Anschuldigungen gegen NKVD; 1941-43 Mitarb. *Deutscher Volkssender* Moskau/Ufa sowie stellv. Ltr. dt. Sektion an *Komintern-*Schule in Kušnarenkovo, Mitunterz. Aufruf führender Repräsentanten der dt. Emigr. in der UdSSR v. 25. Jan. 1942. 1943 Kooptation ins ZK der KPD, 1943-45 als NKFD-Mitarb. Lehrer an Antifa-Schulen Schule für dt. Kriegsgef., ab Herbst 1944 Ltr. dt. Sektor in Talici. Juni 1945 Rückkehr, Mitunterz. ZK-Aufruf v. 11. Juni 1945, Juli 1945-53 1. Sekr. KPD-/SED-Landesltg. Sa.-Anhalt bzw. ab 1952 BezLtg. Halle, 1946-52 MdL Sa.-Anhalt, 1946-64 Mitgl. PV bzw. ZK der SED, 1948-49 Mitgl. Deutsche Wirtschaftskommission u. Deutscher Volksrat, 1949-50 MdProvisVK, 1950-64 MdVK, 1953-58 Botschafter in Prag, 1958-63 1. Sekr. SED-BezLtg. Halle, 1960-64 Staatsrat

der DDR. - *Ausz.:* u.a. 1954 VVO (Silber), 1959 Karl-Marx-Orden, 1960 Banner der Arbeit, 1964 VVO (Gold), Med. Für heldenhafte Arbeit im Großen Vaterländischen Krieg 1941-1945 (UdSSR).

L: Leonhard, Revolution; Reinowski, Werner, Bernard Koenen. Ein Leben für die Partei. 1962; GdA-Chronik; Weber, Wandlung; GdA-Biogr.; Kraushaar, Deutsche Widerstandskämpfer. *Qu:* Hand. Publ. Z. - IfZ.

Koenen, Emmy, Partei- u. Verbandsfunktionärin; geb. 15 März 1903 Berlin; *V:* Arbeiter; ∞ I. 1922-27 Helmut Damerius, Regisseur; II. → Wilhelm Koenen; *StA:* deutsch, *Weg:* 1934 UdSSR; 1936 F, CH, CSR; 1939 GB; 1945 Deutschland (SBZ).

Angest.; 1924 KPD, Parteifunktionärin, 1932 bis Auflösung Aug. 1933 Mitgl. Frauenabt. der BezLtg. Berlin-Brandenburg-Lausitz; Besuch Reichsparteischule Rosa Luxemburg, März 1933 Wahl in LT Preußen, ab Aug. 1933 Instrukteur in Berlin. Aug. 1934 Emigr. in die UdSSR, Stud. Kommunist. Univ. für die nat. Minderheiten des Westens in Moskau, Ende 1936 als Parteibeauftr. zur KPD-AuslLtg. nach Paris deleg., Mitarb. AbschnLtg. Süd in der Schweiz u. Mitwirkung an ihren Organen *Süddeutsche Informationen/Süddeutsche Volksstimme,* danach in der CSR aktiv. 1939 nach GB, verantwortlich für Verbindung des KPD-Landesltg. zum *Austrian Centre.* Ende 1945 Rückkehr nach Deutschland, Red. *Sächsische Zeitung,* 1947 Mitgr. *Demokratischer Frauenbund Deutschlands,* Mitgl. des Bundesvorst. u. ltd. Funktionärin in Sa. Lebte Anfang der 70er Jahre als Arbeiterveteranin in Berlin (Ost).

W: Die wahre neue Welt der Arbeiter. In: Im Zeichen des roten Sterns (Erinn.). 1974. *L:* Röder, Großbritannien; Teubner, Schweiz; Klinger, Christian, Zum Anteil deutscher Frauen am antifaschistischen Widerstandskampf unter Führung der KPD (1933 bis 1939). Diss. phil. masch. 1975. *Qu:* Erinn. Publ. - IfZ.

Koenen, Frieda Wilhelmine Christine, geb. Bockentien, Parteifunktionärin; geb. 18. Apr. 1890 Flensburg; *M:* Emma Bockentien, geb. Lund (1859-1946); ∞ → Bernard Koenen; *StA:* deutsch, 22. Dez. 1938 Ausbürg. *Weg:* 1933 UdSSR; 1945 Deutschland (SBZ).

Schneiderin; 1913 SPD, 1917 USPD, Parteifunktionärin. 1920 KPD; ltd. Funktionen *Rote Hilfe* u. Genossenschaftsbewegung in Sa.; Sommer 1933 Emigr. UdSSR, Doz. *Komintern*-Schule in Kušnarenkovo, danach NKFD-Mitarb. Antifaschule für dt. Kriegsgef. in Talici. Nov. 1945 Rückkehr nach Deutschland (SBZ), Frauensekr. in KPD-Landesltg. Sa.-Anhalt, ab 1946 MdL Sa.-Anhalt, 1949-50 MdProvisVK; Ltr. der Abt. Schulung beim Innenmin. des Landes Sa.-Anhalt u. später beim Rat des Bez. Halle sowie 1. Vors. der Frauenkommission bei SED-BezLtg. Halle. Arbeiterveteran. - *Ausz.:* u.a. 1959 VVO (Silber), 1960 VVO (Gold), 1965 Banner der Arbeit.

L: Leonhard, Revolution. *Qu:* Hand. Publ. Z. - IfZ.

Koenen, Wilhelm, Partei- u. Staatsfunktionär; geb. 7. Apr. 1886 Hamburg, gest. 19. Okt. 1963 Berlin (Ost); *V:* Heinrich K., Tischler, SPD-Funktionär, langjähr. Mitgl. des PV bzw. der Kontrollkommission; *M:* Sophie, geb. Böttger; *G:* → Bernard Koenen; ∞ I. Martha Friedrich (geb. 1883); II. → Emmy Koenen; *K:* Heinrich (1910-1942 [?]), Buchhalter u. KJVD-Funktionär in Berlin. 1933 Emigr. UdSSR, Okt. 1942 Fallschirmabsprung über Ostpreußen, bei Kontaktaufnahme mit *Roter Kapelle* Berlin verhaftet, angebl. im Zuchth. ermordet; Johanna (geb. 1911); *StA:* deutsch, 3. Dez. 1936 Ausbürg. mit Fam., deutsch. *Weg:* 1933 F, 1935 CSR; 1938 GB; 1945 Deutschland (SBZ).

Kaufm. Angest.; 1903 SPD, 1904-07 Handlungsgehilfe Volksbuchhandlung Kiel, ab 1904 *Zentralverband der Handlungsgehilfen,* 1907 Berichterstatter *Schleswig-Holsteinische Volkszeitung* Kiel u. 1907-10 *Königsberger Volkszeitung.* 1910-11 Besuch Zentrale Parteischule Berlin, Apr. 1911-19 Red. *Volksblatt* Halle, ab 1912 stellv. Vors. GewKartell ebd., 1913-17 Mitgl. SPD-BezLtg. Halle-Merseburg, 1917 mit Mehrheit der BezLtg. zur USPD, 1917-23 als Vors. der BezOrg. der USPD Org. zahlr. Massenstreiks in Mitteldeutschland; Herbst 1917 zum Landsturm eingezogen. Nach Kriegsende als führender Anhänger des Rätesystems in der USPD-Linken Deleg. 1. (16.-21 Dez. 1918) u. 2. (8.-14. Apr. 1919) Reichsrätekongreß, Sommer 1919 Vors. *Provisorische Reichszentrale der Betriebsräte Deutschlands;* 1918-19 Kommissar des *Arbeiter- und Soldatenrats* bei BezReg. Halle-Merseburg, 1919-20 StadtVO. Halle, Jan. 1919-20 Mitgl. NatVers., Juli 1919-20 Sekr. ZK der USPD, 1920 Deleg. II. Weltkongreß der *Komintern* u. mit Walter Stoecker Befürworter des USPD-Anschlusses, 1920-32 MdR, ab 1924 im Fraktionsvorst.; nach Vereinigung der USPD-Linken mit KPD bis Aug. 1921 Sekr. des ZK; 1921 stellv. Vors. 3. Weltkongreß der *Komintern* u. mit Otto W. Kuusinen Verf. des Hauptref. über Organisation, Methoden u. Ziele der kommunist. Parteien (u.a. These vom sog. demokratischen Zentralismus); Wahl u. bis 1923 Mitgl. Internationale Kontrollkommission, Verf. KPD-OrgSatzung v. 1921, Jan. 1922-Apr. 1924 Mitgl. des ZK, 1922-23 Mitgl. Pol.- u. OrgBüro der KPD. Als Anhänger der Führung um → Heinrich Brandler nach Okt. 1923 zur Mittelgruppe u. nach 9. PT v. Apr. 1924 Anschluß an Linke, Ende 1924-Mitte 1925 Mitarb. ZK-GewAbt., 1926-32 StadtVO Berlin. Ref. Reichskongreß der Werktätigen 3.-5. Dez. 1926 Berlin. 10.-15. Febr. 1927 Teiln. Kongreß gegen koloniale Unterdrückung und Imperialismus Brüssel. Nach Wittorf-Affäre 1928/29 als ZK-Kommissar mit Reorg. der unter KPDO-Einfluß stehenden BezLtg. Thür. beauftragt. 1929 auf 12. PT Wahl zum Vors. der Reichstagsfraktion u. ZK-Mitgl.; 1929-31 PolSekr. Bez. Halle-Merseburg, 1929-32 Mitgl. Preußischer Staatsrat. Org. des Mansfelder Streiks v. Juli 1930. Ab Apr. 1932 MdL Preußen, 20. Nov. 1932 Hauptref. gemeinsame Tagung *Reichseinheitsausschuß der Antifaschistischen Aktion* u. *Reichserwerbslosenausschuß* Berlin. Nach Haftbefehl im Zusammenhang mit Reichstagsbrand über Saargeb. nach Frankr., Mitgl. OrgKomitee u. Präs. Antifaschistischer Arbeiterkongreß Europas v. 4.-5. Juni 1933 Paris (Deckn. Bernhard [Schulz] aus Hamburg), Wahl zum Sekr. *Weltkomitee gegen Krieg und Faschismus*; Mitarb. *Braunbuch über Reichstagsbrand und Hitler-Terror* (Basel 1933). Zeuge *Internationaler Untersuchungsausschuß zur Aufklärung des Reichstagsbrandes* London. Ab Jan. 1935 (andere Quellen: ab Ende 1935) Ltr. KPD-Emigr. in der CSR, Sommer 1935 angebl. Wahl in Internationale Kontrollkommission auf 7. Weltkongreß der *Komintern*, Okt. 1935 auf sog. Brüsseler Konferenz der KPD Wahl in ZK-Kontrollkommission; Mitgr. der gemeinsamen Org. der KPD u. KSC zur jurist. Betreuung von KPD-Emigr. u. -Internierten *Union für Recht und Freiheit* u. KPD-Vertr. in *Comité National Tchéco-Slovaque pour les Réfugiés provenant d'Allemagne.* Ab Juli 1935 Mitgl. *(Vorläufiger) Ausschuß zur Vorbereitung einer deutschen Volksfront,* 1936 Mitunterz. Protesterklärung gegen die Hinrichtung von Rudolf Claus, Aufruf zum Boykott der Berliner Olympiade, Aufruf für die deutsche Volksfront v. Dez. 1936/Jan. 1937. Zahlr. Beiträge in EmigrPresse mit dem Ziel der Einbeziehung konfessioneller Oppositionsgruppen in die Volksfrontbewegung. Ende Nov. 1938 über Paris nach GB, i.A. von → Franz Dahlem vergebl. Versuche zum Aufbau einer KPD-EmigrBasis in den USA. Nach Kriegsausbruch Nachf. v. → Jürgen Kuczynski als PolLtr. der KPD-Landesgruppe. Mai 1940-März 1942 Internierung auf Isle of Man u. in Kanada. Danach als PolLtr. der KPD-Landesgruppe in GB Bemühungen um Schaffung einer breiten Volksfrontbewegung, da K., ausgehend von der These über das Versagen aller pol. Parteien, einschl. KPD, in der Endphase der Weimarer Republik, von der besonderen pol. Relevanz der bürgerlich-demokrat. Kräfte im Nachkriegsdeutschland überzeugt war. Mitgl. des *Initiativausschusses* der FDB in GB, nach Grdg. Sept. 1943 deren LtgMitgl.; durch Anpassung an sowj. Außenpol. im Frühj. 1944 Änderung der ursprüngl. natpol. Linie u. Ausscheiden nichtkommunist. Mitgl. aus FDB (u.a. → Victor Schiff, → August Weber, → Fritz Wolff), gegen Kriegsende Mitarb. Sefton Delmers an *Soldatensender Calais.* 1933-45 Deckn. Bernard Schulz, Arnold, Wenzel, Kopp, Arnold Dreyer, Heinz Wilhelm. Dez. 1945 mit CSR-Hilfe Rückkehr, Red. KPD-Organ *Freiheit* Halle, März 1946-49 Landesvors. KPD bzw. SED in Sa., 1946-49 MdL Sa., 1946-63 Mitgl. PV bzw. ZK der SED, 1947-49 aktiv in Volkskongreßbewegung, 1948 Mitgl. u. ab Jan. 1949 Vors. Sekretariat Deutscher Volksrat, 1949-50 MdProvis. VK, 1950-63 MdVK; ab Mai 1949 Ltr. Sekretariat, ab 1950 PräsMitgl. u. 1950-53 Vors. PräsBüro NatRat der *Nationalen Front des Demokratischen Deutschland;* 1949-58 Ltr. Sekretariat der Volks- u. Länderkammer, ab 1956 Ltr. Interparlamentarische Gruppe der VK, 1958-63 Vors. VK-Ausschuß für Allgemeine Angelegenheiten. - *Ausz.:* u.a. 1955 VVO (Silber), 1956 Karl-Marx-Orden, 1959 Banner der Arbeit, 1961 Held der Arbeit.

W: Meine Begegnungen mit Lenin. 1957; Zur Entwicklung der Demokratie in Deutschland. 1957; Das ganze Deutschland soll es sein. 1958; Die Novemberrevolution 1918 in Deutschland. 1958. L: Köpstein, Herbert (Hg.), Beiderseits der Grenze. 1961; Oertzen, Peter v., Betriebsräte in der Novemberrevolution. 1963; GdA; GdA-Chronik; Röder, Großbritannien; Weber, Wandlung; GdA-Biogr.; Naumann, Horst, Verkörperung des Kampfes dreier Generationen der revolutionären deutschen Arbeiterbewegung. Wilhelm Koenen. In: BZG 1971; Sywottek, Volksdemokratie; Duhnke, KPD; Krause, Hartfried, USPD, 1975; Kuczynski, Jürgen, Memoiren. 1975; Dahlem, Vorabend. *Qu:* Arch. Hand. Publ. - IfZ.

König, Berthold, Gewerkschaftsfunktionär; geb. 21. Juni 1875 Wien, gest. 25. Nov. 1954 New York; jüd., Diss. (?); *StA:* österr., Ausbürg. (?), USA (?); *Weg:* 1934 CSR; 1939 (?) USA.

Ab 1928 Zentralsekr. *Gewerkschaft der Eisenbahner.* 1931-34 Mitgl. des vierköpfigen Präsidiums des *Bunds der Freien Gewerkschaften Österreichs* (BFGÖ). Mitgl. SDAP, ab 1933 Mitgl. Parteivorst., 1931-34 MdNR. Anfang 1933 maßgebl. an der Aufdeckung der sog. Hirtenberger Waffenaffäre u. der Verhinderung des Transports ital. Waffen durch Österr. nach Ungarn beteiligt. 1934 Flucht in die CSR, Mitgl. ALÖS, zus. mit → Franz Novy Aufbau einer VerbStelle des illeg. BFGÖ in Brünn, Vertr. des BFGÖ gegenüber dem IGB, maßgebl. an Aufbau u. Finanzierung der illeg. GewBewegung in Österr. vom Ausland her beteiligt. Vermutl. 1939 Emigr. in die USA, enge ZusArb. mit amerikan. Gew. bei Visabeschaffung u. Flüchtlingsbetreuung. Neben → Karl Heinz maßgebl. Vertr. der sozialist. Emigrantengruppe in Kalifornien. Sept. 1941 neben → Friedrich Adler u.a. Mitunterz. des Protests österr. SozDem. gegen den Versuch zur Bildung einer österr. Exilreg. durch → Hans Rott u. → Willibald Plöchl. Ab Febr. 1942 Mitgl. Advisory Board des *Austrian Labor Committee* in New York. Nach Kriegsende vermutl. Mitgl. *American Friends of Austrian Labor. - Ausz.:* Viktor-Adler-Plakette der SPÖ.

L: Klenner, Gewerkschaften; Buttinger, Beispiel; Leichter, Zwischenspiel; DBMOI; Widerstand 1; Hindels, Gewerkschaften; ISÖE. *Qu:* Arch. Hand. Publ. Z. - IfZ.

König, Erhard, Offizier; geb. 3. Febr. 1900 Kockisch-Mittweida/Sa., gest. 19. Apr. 1966; *V:* Arbeiter; *StA:* deutsch. *Weg:* 1934 CSR, UdSSR; 1936 E; 1939 F; 1941 N-Afrika; 1943 UdSSR; 1945 Deutschland (SBZ).

Bauarb.; 1918 SPD, 1923 KPD, Parteifunktionär, StadtVO. Mittweida. 1933 illeg. Tätigkeit, 1934 Emigr. in die CSR, später UdSSR. 1936-39 Teiln. Span. Bürgerkrieg als Kompanieführer im Edgar-André-Btl., 1937 schwere Verwundung. 1939 nach Frankr., Internierung u.a. 1941-43 in Algerien. 1943 in die UdSSR, Partisan. Nach Rückkehr Angehöriger Deutsche Volkspolizei (DVP), 1947 stellv. Ltr. Kriminalpolizei Dresden, 1948 DVP-Präs. Dresden, 1949 DVP-Inspekteur in Sa., ab Nov. 1949 Chefinspekteur u. Ltr. DVP-Landesbehörde Thür., 1952-59 Ltr. DVP-BezBehörde Erfurt, 1957 GenMaj.; ab 1959 im Ruhestand. - *Ausz.:* 1950 DVP-Ehrenzeichen, 1954 VVO (Silber), 1956 Hans-Beimler-Med., 1959 Verdienstmed. der DDR, 1960 Banner der Arbeit.

Qu: Hand. Publ. Z. - IfZ.

König, Heinrich, Kommunalpolitiker; geb. 13. Apr. 1886 Weitmar b. Bochum, gest. 7. Mai 1943 Bochum; Diss.; *V:* Carl Gottlob K. (1851-1928), Stellmacher, Bergmann; *M:* Anna, geb. Jacobi (1853-98); *G:* Amalie (geb. 1881), Wilhelm (geb. 1884); ∞ 1909 Elisabeth Kampert (geb. 1888), Emigr. Saargeb., F, 3. Dez. 1936 Ausbürg.; *K:* Heinz (geb. 1910), Emigr. F, 5. Aug. 1937 Ausbürg.; Werner (geb. 1912), Emigr. F, 3. Dez. 1936 Ausbürg.; Else (geb. 1921), Emigr. Saargeb., F, 3. Dez. 1936 Ausbürg.; *StA:* deutsch, 3. Dez. 1936 Ausbürg. *Weg:* 1933 Saargeb.; 1935 F; 1943 Deutschland.

Bürolehre, 1909-25 Beamter Ruhrknappschaft Bochum. 1914-18 Soldat, schwerkriegsbeschädigt. 1918 SPD; AfA; 1919 GdeVO. Weitmar, 1919-22 u. 1923-24 GdeVorsteher; Ortsvors. SPD, Mitgl. Kreistag, 1919-25 u. 1927-33 ProvLT Febr.-Okt. 1924 kommiss. Amtmann in Weitmar, nach Eingemeindung 1926-33 StadtVO. Bochum, Fraktionsvors., ab 1929 SPD-Ortsvors. Bochum. Mitgl. *Reichsbanner*. 10./11. März 1933 bewaffneter Widerstand gegen SA-Überfall, Mißhandlungen in Haft, anschl. im Untergrund, Flucht nach Saarbrücken, Jan. 1935 nach Frankr., bis Sept. 1935 in südfranz. Lagern für Saarflüchtlinge, dann Land- u. Fabrikarb.; Sept. 1939-Juli 1940 Internierung in Villary u. St. Cyprien. Ab Nov. 1940 Landwirt bei Agen/Dépt. Lot-et-Garonne. ZusArb. mit franz. Widerstand. Febr. 1943 Verhaftung, Übergabe an Gestapo, nach Mißhandlungen in der Haft gestorben. - *Ausz.:* 1950 Uffz. der franz. Résistance.

L: Wagner, Johannes Volker, Nur Mut, sei Kämpfer! (Biogr.) 1976. *D:* IISG. *Qu:* Arch. Biogr. - IfZ.

König, Johannes (Hans), Journalist, Diplomat; geb. 2. Apr. 1903 Arnstadt/Thür., gest. 22. Jan. 1966 Prag; *V:* Arbeiter; ∞ Ehefrau nach Haft aus Deutschland ausgewiesen, Emigr. Schanghai; *StA:* deutsch. *Weg:* 1935 (?) Schanghai; 1947 Deutschland (SBZ).

Gerber; 1919 FSJ bzw. KJVD, 1920 KPD, 1921-23 KJVD-Sekr. in Thür., 1923 hauptamtl. KPD-Mitarb. in Gotha, in der Illegalitätsphase 1923-24 im Untergrund tätig, 1924-25 Volontär u. anschl. Red. *Sozialistische Republik* Köln, 1926-28 Red. *Arbeiter-Zeitung* Mannheim, 1928-29 Red. *Sozialistische Republik* Köln, 1929-30 Chefred. *Bergische Arbeiterstimme* Solingen. Ab März 1930 1 1/2 J. Festungshaft in Gollnow, anschl. Chefred. *Der Kämpfer* Chemnitz. Illeg. Tätigkeit, Mai 1933 Verhaftung, KL Colditz u. Sachsenhausen, Urteil 2 J. Zuchth., nach Freilassung aus Waldheim 1935 (1939 ?) Emigr. nach Schanghai, Mitarb. kommunist. Partei Chinas u. TASS. 1947 Rückkehr nach Deutschland, 1947-50 Chefred. *Sächsische Zeitung* Leipzig, Juni 1950-Okt. 1953 Ltr. DDR-Mission u. Nov. 1953-Juli 1955 Botschafter in Peking, Dez. 1954-Juli 1955 gleichz. Botschafter in Vietnam, Aug. 1955-Aug. 1959 Botschafter in der UdSSR sowie Gesandter u. Bevollmächtigter Min. in der Mongolei, Aug. 1959-Juni 1965 stellv. Min. für Auswärtige Angel., Juni 1965-Jan. 1966 Botschafter in Prag. Präs-Mitgl. *Deutsch-Nordische Gesellschaft*, *Deutsch-Französische Gesellschaft* u. *Deutsch-Italienische Gesellschaft*, Mitgl. ZV *Gesellschaft für Deutsch-Sowjetische Freundschaft* (GDSF); als Spezialist für Ostasien rege publizist. Tätigkeit. - *Ausz.:* u.a. 1954 VVO (Silber), 1959 VVO (Silber) u. Goldenes GDSF-Ehrenzeichen, 1963 VVO (Gold).

L: Weber, Wandlung; Radde, Diplomat. Dienst. *Qu:* Hand. Publ. Z. - IfZ.

Köppe, Walter, geb. 21. Juni 1891 Berlin, gest. 25. Sept. 1970; *StA:* deutsch. *Weg:* E; UdSSR; 1945 Deutschland (Berlin).

Teiln. der Novemberrevolution 1918. Nach 1933 Emigr., Teiln. Span. Bürgerkrieg, dann in die UdSSR, im 2. WK Angehöriger der Roten Armee. 30. Apr. 1945 Rückkehr nach Berlin als Mitgl. der *Gruppe → Walter Ulbricht*, nach Wiedergrdg. der KPD in der SBZ Juni 1945 OrgSekr. Bez. Berlin, wegen mangelnder pol. Qualifikation ab 1947 Wirtschaftsltr. SED-Parteihochschule Karl Marx u. ab 1950 der Verwaltungsakad. Forst-Zinna, danach als Arbeiterveteran in Berlin (Ost). - *Ausz.:* u.a. 1956 Hans-Beimler-Med.; VVO (Gold) mit Ehrenspange.

L: Leonhard, Revolution; Pasaremos. *Qu:* Publ. Z. - IfZ.

Koessler, Roland, Journalist; *StA:* österr. (?), S (?). *Weg:* S. Wahrscheinl. Mitgl. SDAP; vermutl. 1938 Emigr. S. 1944 Mitgl. *Österreichische Vereinigung in Schweden* (ÖVS) unter → Bruno Kreisky. Ab Jan. 1946 Red. der ÖVS-Monatssz. *Österreich*. Blieb anschl. in Schweden, wurde Chefred. der offiz. schwed. Einwandererztg. *Invandrartidningen*. Lebte 1977 in Stockholm.

L: Fiebig, Gerdhartmut, Bibliographische Arbeit über die Österreichische Zeitung (unveröffentl. Ms.). 1970; Müssener, Exil. *Qu:* Pers. Publ. - IfZ.

Köstler, Maria, Parteifunktionärin; gest.; *StA:* österr. *Weg:* 1938 (?) GB; 1945 Österr.

Mitgl. SDAP; bei Ausbruch des 1. WK als Krankenpflegerin in MilKrankenhaus, 1917 Mitgr. u. bis 1933 Sekr. einer Krankenpflegerinnengew. in Graz. 1920-30 MdL Steiermark, Mitgl. *Landesgewerkschaftskommission Steiermark*, zeitw. Ltr. Landesvormundschaftsamt Graz, 1930-34 MdNR. 1934 nach den Februarkämpfen Verhaftung. Vermutl. 1938 nach London, Befürworterin der ZusArb. mit der kommunist. Emigr. in GB, vertrat im Gegensatz zu der Haltung des *Londoner Büros der österreichischen Sozialisten in Großbritannien* die Perspektive der Wiederherstellung eines selbständigen Österr. nach dem Krieg. Herbst 1941 Parteiausschluß, Dez. 1941 Mitunterz. *Deklaration österreichischer Vereinigungen in Großbritannien*, Gr. u. Vors. *League of Austrian Socialists in Great Britain* (stellv. Vors. Egon Jäger, Sekr. → Annie Hatschek, Exekutivmitgl. Egon Brüll, Karl Fürst, Walter Goldsaid, Alice Graber, Richard Hartmann, Grete Hauser, Robert Lenk, Grete Lichtenstein, Grete Mrak, Karl Mrak, Hedda Rattner, Georg Reichenfeld, Elise Schwarzthal, Annie Steiner, Paula Stieber, Ludwig Ullmann, Heinrich Weiser, Theodor Zerner). Ende 1941 Beitritt der *League* zum *Free Austrian Movement* (FAM); Mitgl. ltd. Ausschluß des FAM, Vors. *Coordinated Committee of Austrian Women*. Dez. 1945 Rückkehr nach Wien, Jan. 1946 Ablehnung des Ansuchens um Aufnahme in die SPÖ, daraufhin zur KPÖ. 1946-51 ZK-Mitgl. der KPÖ, VorstMitgl., später Ehrenpräs. *Bund demokratischer Frauen*.

W: Warum Spaltung in der österreichischen Sozialdemokratie? Eine Erklärung. London o. J. [1943]. *L:* Goldner, Emigration; Maimann, Politik; Tidl, Studenten. *Qu:* Arch. Hand. Pers. Publ. Z. - IfZ.

Kötting, genannt Börgerhoff, Egon, Journalist, Schriftsteller; geb. 29. Apr. 1914 Berlin; ev.; *V:* Emil Kötting, genannt Börgerhoff (1881-1955), ev., Beamter; *M:* Hermine, geb. Stoll (1889-1968), ev.; ∞ Margarethe Jörgensen (geb. 1919), ev., Angest.; *StA:* deutsch, Ausbürg., 1951 deutsch. *Weg:* 1934 CSR; 1936 DK; 1941 S; 1950 Deutschland (BRD).

Ab 1927 *Bündische Jugend*, nach 1931 Parteigänger → Otto Straßers, illeg. Tätigkeit, Spätherbst 1934 Flucht in die CSR, bis 1936 für die AuslLtg. der SF in Prag tätig. 1936-41 Kojenhagen, 1938-39 Stud. Gesch. u. Germanistik, 1941 Flucht nach Stockholm, bis 1942 Forts. des Stud., daneben freier Mitarb. bei schwed. Presse, Schriftst. u. Übers., Verlagstätigkeit, u.a. bei Bonniers. Ps. Germanicus, Walter Schramm, Eugen Westphal, Martin Carlsson. Abkehr von der SF, um 1942 Eintritt in SPD-Ortsgruppe Stockholm, 1944-45 Mitgl. FDKB. Nach Kriegsende jährl. Aufenthalte in Deutschland als Korr. schwed. Ztg., Frühj. 1950 Rückkehr, journ. Tätigkeit u. a. für *Hamburger Echo*, Korr., lit. Übers.; 1950-71 SPD. Ab 1953 Gr. u. Ltr. Skandinavien-Kreis am Institut für Auslandsbeziehungen Dortmund, u.a. Org. von „Schweden-Wochen" u. Städtepartnerschaften, 1953-67 Lektor am Institut für Auslandsbeziehungen. VorstMitgl. *Rheinisch-Westfälische Auslandsgesellschaft*. Lebte 1977 in Herdecke/Westfalen.

W: u.a. Kulissbygget. Tyskland mellan Molotov och Marshall (mit Ragnar Thoursie). Stockholm (Ljus) 1948; Moderna drakar. En debatt om dagspressens problem (Mitverf.). Ebd. 1949; Herr Karlsson und sein Königreich. 1958. *L:* Müssener, Schweden. *Qu:* Arch. Fb. Publ. - IfZ.

Kohlich, Herbert, Politiker, Publizist; gest. 1948 Wien; *StA:* österr. *Weg:* 1934 (?) CSR; 1939 (?) Deutschland (Österr.).

Im 1. WK Offz. 1918 Mitgl. *Soldatenrat* St. Pölten/Niederösterr.; Mitgl. SDAP, aktiv in Bildungsarbeit, Mitarb., später ltd. Red. sozdem. Ztg. *Volkswacht.* Bis 1934 Sekr. des Bürgerm. von St. Pölten. 1934 nach den Februarkämpfen Verhaftung, Freilassung, Emigr. Brünn; Mitarb. ALÖS unter → Otto Bauer. Nach Beginn des 2. WK Rückkehr nach Wien, Handelsvertreter. Nach Kriegsende Mitgl. SPÖ, von Parteivorst. mit Aufbau u. Ltg. Sozialistische Bildungszentrale beauftragt. 1946-48 Red-Mitgl. u. Mithg. *Die Zukunft.*

W: u.a. Ernte eines politischen Lebens - Zum 75. Geburtstage Dr. Karl Renners. Wien 1946. *L:* Schneidmadl, Heinrich, Herbert Kohlich zum Gedenken. In: Die Zukunft, 1948/11. *Qu:* Publ. - IfZ.

Kohn, Paul, Publizist, UN-Beamter; geb. 1902 (?), gest. Apr. 1976 Wien; *StA:* österr. *Weg:* 1938 F; 1940 (?) USA.

Mitgl. KJVÖ u. KPÖ, 1929 Parteiausschluß; 1934-38 Mitgl. RSÖ, illeg. Arbeit in Wien. 1938 Emigr. Frankr., vermutl. 1940 in die USA. Stud. Wirtschaftswiss., 1946-65 ltd. Beamter FAO in New York u. Rom. 1965 Rückkehr nach Wien, freier Publizist, Mitarb. u.a. *Arbeit und Wirtschaft, Die Zukunft,* Ps. Peter Anders. Mitgl. SPÖ, Mitarb. von *Amnesty International.*

L: Reisberg, KPÖ. *Qu:* Pers. Publ. Z. - IfZ.

Kohn, Pinchas (Ps. Kopi, Sanon), Rabbiner, Schriftsteller; geb. 1867 Klein Nördlingen/bayer. Schwaben, gest. Juni (Juli?) 1941 Jerusalem; *StA:* deutsch, österr. (?). *Weg:* 1938 Pal.

Stud. bei Rabbiner Selig Auerbach in Halberstadt, später bei Esriel Hildesheimer am Rabbinerseminar Berlin, zugl. Stud. Univ. Berlin. 1896-1916 BezRabbiner in Ansbach/Bayern, 1913-20 zus. mit S. Breuer Schriftltr. der orthod. *Jüdischen Monatshefte.* Auf seinen Vorschlag hin zog die dt. MilReg. in Polen 1916 jüd.-orthod. Rabbiner u. jüd. Pädagogen zur Lösung relig. Probleme u. Schulfragen in den jüd. Gden. Polens heran, 1916-18 zus. mit Rabbiner Emanuel Carlebach Abg. der *Freien Vereinigung für die Interessen des orthodoxen Judentums* in Warschau, Berater der MilReg. in jüd. Angelegenheiten u. Verbindungsmann zu jüd. Gden., entwarf zus. mit Ludwig Haas die jüd. GdeOrdnungen in Polen, die bis 1939 in Kraft blieben. Mitgr. des Warschauer Waisenhauses unter Ltg. des Kriegswaisen-Fonds der *Agudas Jisroel,* Gr. einer orthod. Parteiorg. mit Ztg. u. Schulen in Polen, wurde deshalb von dt. u. pol. Zionisten angegriffen. 1919-38 Ltr. des Wiener Zentralbüros der *Agudat Israel World Org.;* VorstMitgl. *Reichsbund gesetzestreuer jüdischer Gemeinden in Deutschland* u. *Verband orthodoxer Rabbiner Deutschlands.* 1938 Emigr. Palästina, tätig für *Agudat Israel* in Jerusalem. Mit → Isaac Breuer Verhandlungen i.A. der separatist. jüd. Orthodoxie mit Vertr. der brit. Reg. u. des Völkerbunds zur Verhinderung zwangsweiser Reorg. jüd. Gden. in Palästina unter Einheitsverwaltung.

W: Der Alte und der Neue Friedhof. 1893; Kopi (Ps.), Joel Gern. Der Werdegang eines jüdischen Mannes (Roman). 1912; Rabbinischer Humor aus Alter und Neuer Zeit. 1915, 2. Aufl. 1930; Die Bedeutung der Juden für die Leipziger Messen. In: Jahrbuch der jüdischen literarischen Gesellschaft, 1920; Sanon (Ps.), Kosbi Salonae (Roman). 1932; Eine würdige Jubiläumserinnerung. (ABiogr.) In: Schriften der Freien Vereinigung II/1936; Zs.-Beiträge. *L:* Rosenheim, Jacob, Tribute to Pinchas Kohn. In: Jewish Weekly, 1942; Rosenheim, Jacob, Zikhronot, 1955; Carlebach, Alexander, A German Rabbi Goes East. In: Yearbook LBI, 1961; Schrag-Haas, Judith, Ludwig Haas. Erinnerungen an meinen Vater. In: Bulletin LBI, 1961; Carlebach, A., Adass Yeshurun of Cologne. 1964; E. J.; Jews of Czechoslovakia. *Qu:* Hand Publ. Z. - RFJI.

Kohn, Rudolf, Partei- u. Gewerkschaftsfunktionär; geb. 12. Mai 1885 Město Králové/Böhmen, gest. 16. Sept. 1942 Kokand/Usbekistan; *StA:* österr., 1919 CSR. *Weg:* 1939 UdSSR.

Funktionär der *Poale Zion,* nach Ende des 1. WK Führer ihres linken Flügels, Mitgl. *Internationale marxistische Vereinigung* (→ Käthe Beckmann), Frühj. 1921 Mitgr. *Jüdische Kommunistische Partei in der Tschechoslowakei,* die auf VereinigungsPT v. Okt./Nov. 1921 wie alle andere nat. Sektionen in der gesamttschechoslow. KSČ aufging. 1921-29 Mitgl. ZK der KSČ u. Ltr. ZK-GewAbt., ab Formierung der KSČ-Linken 1924 ihr führender Vertreter in der Kreisltg. Prag u. als Mitverf. des sog. Prager Memorandums an den 6. Weltkongreß der *Komintern* 1928 maßgebl. beteiligt an der Durchsetzung des linken Gottwald-Flügels auf 5. PT der KSČ 1929, 1929-32 Mitarb. IAH-Sekretariat in Berlin, Herbst 1932-34 ltd. Funktionär *Ústředí rudých odborových svazů v Československu,* 1934-Jan. 1939 Presseref. bei sowj. Botschaft Prag. 1939 Emigr. in die UdSSR, pol. Red. bei Verlag für fremdsprachige Literatur Moskau.

L: Dějiny KSČ; PS KSČ. *Qu:* Hand. Publ. Z. - IfZ.

Kokotek, Jacob J., Dr. phil., Rabbiner; geb. 22. Juni 1911 Bendin/Posen; *V:* Samuel K. (urspr. Shmuel Hendel); *M:* Malka, geb. Hops; ∞ 1937 Wally Tramer; *K:* Sheila Esther, Susan Ruth. *Weg:* 1939 GB.

Stud. Hamburg u. Breslau, 1934 Prom.; 1930-35 Stud. Jüd.-Theol. Seminar Breslau, 1937 Rabbinerexamen. 1934-39 Rabbiner SynGde. Waldenburg/Schlesien. 1939 Emigr. GB, 1941-45 Hilfsrabbiner Liberal Syn. London, 1945-47 Rabbiner Progressive Syn. von Southfield u. Enfield, 1947-51 Liberal Syn. in Liverpool, ab 1957 bei New Liberal Congr., später an der Belsize Square Syn. London. 2. Vors. *Konferenz der Progressiven Rabbiner und Prediger in Europa,* AR-Mitgl. *Union of Liberal-Progressive Synagogues,* Mitgl. europäisches Komitee der *World Union for Progressive Judaism.* 1978 zum Vors. des *Council of Reform and Liberal Rabbis* gewählt.

W: Juden und Ketzergesetze der Kirche. 1933; Prayerbook for Jewish Worship Throughout the Year. Bd. II, 1962. *Qu:* Arch. Hand. - RFJI.

Kolarz, Walter, Publizist; geb. 26. Apr. 1912 Teplitz-Schönau, gest. 21. Juli 1962 London; kath.; *V:* Kurdir. in Teplitz-Schönau; *M:* Emigr. GB; ∞ 1939 Alexandra; *K:* 1 S. *Weg:* 1940 GB.

Als Gymnasiast Mitgl. SJ u. später DSAP; bis 1936 Vertr. des Orbis-Verlags Prag in Berlin u. anschl. in Paris, dort unter Ps. Bernhard Vernier Mitarb. *Der Sozialistische Kampf,* mit → Johann Wolfgang Brügel Hg. *Nouvelles tchéco-slovaques* Paris u. neben J. W. Brügel u. → Leopold Goldschmidt Mitverf. *Le problème du transfert de populations. Trois millions Sudetes doivent-ils emigrer?* (hektogr. Paris. 1939), worin zum ersten Mal Bevölkerungsumsiedlung als Mittel der Nationalitätenpolitik in Mitteleuropa aufgrund prinzipieller Erwägungen abgelehnt wurde (auch im Hinblick auf die ersten programmat. Vorstellungen → Wenzel Jakschs über innertschechoslowakischen Bevölkerungsaustausch); ab Herbst 1939 mit Zustimmung von Jaksch ZusArb. mit dem tschech. Politiker Hubert Ripka. Weiteremigr. nach GB, Mitarb. *United Press of America,* 1940 mit Jaksch Verf. *England and the Last Free Germans. The Story of a Rescue.* Ab 1949 Mitarb. u. später Ltr. der zentralen Forschungsstelle in Osteuropa-Abt. der BBC.

W: England and the Last Free Germans (zus. mit Wenzel Jaksch). London (Lincolns-Prager) 1941; Stalin und das ewige Rußland. Die Wurzeln des Sowjetpatriotismus. 2. dt. erw. Ausg. London (Lincolns-Prager) 1942 (engl. Stalin and Eternal Russia. London [Drummond] 1944); Myths and Realities in Eastern Europe. 1946; Russia and her Colonies. 1952; How Russia is Ruled. 1953; The Peoples of the Soviet Far East. 1954 (dt. Rußland und seine asiatischen Völker. 1956); Race Relations in the Soviet Union. 1955 (dt. Die Nationalitätenpolitik der Sowjetunion. 1956); Religion in the Soviet Union (dt. Die Religionen in der Sowjetunion. 1963); Religion and Communism in Africa. 1962; Books on Communism. 1963; Communism and Colonialism. 1964. *L:* Bachstein, Jaksch; Menschen im Exil. *Qu:* Hand. Publ. Z. - IfZ.

Kolb, Karl, Gewerkschaftsfunktionär; geb. 24. Nov. 1873 Horazdovice b. Brünn/Mähren, gest. 24. März 1952 Wien; *StA:* österr. *Weg:* 1934 CSR; 1938 (?) S; 1947 Österr.

1908–34 maßgebl. Funktionär *Verband der Arbeiterschaft der chemischen Industrie Österreichs,* Tätigkeit in der Verbandsltg., 1919–34 Red. der Verbandsztg.; 1934 Emigr. CSR, Mitarb. bei Unterstützung der illeg. GewBewegung in Österr. vom Ausland her. Vermutl. 1938 Emigr. Schweden. 1939 Mitgl. der in Paris konstituierten *Auslandsvertretung der Freien Gewerkschaften Österreichs* unter → Franz Novy. Wahrscheinlich Mitgl. *Gruppe österreichischer Gewerkschafter in Schweden* unter → Joseph Pleyl. Ab 1944 Mitgl. *Österreichische Vereinigung in Schweden* unter → Bruno Kreisky. 1947 Rückkehr nach Österr., bis 1949 Angest. der *Gewerkschaft der Arbeiter der chemischen Industrie Österreichs,* Red. *Der Chemiearbeiter.*
L: Müssener, Exil; Maimann, Politik. *Qu:* Arch. Publ. – IfZ.

Kolb, Leon, Dr. med., Dr. phil., Arzt, Schriftsteller; geb. 5. Juli 1890 Czernowitz/Búkowina; jüd.; *V:* Berl K.; *M:* Ettie, geb. Roth; ∞ 1919 Hilde Grunwald; *K:* Ruth Globerson, 1937 Emigr. USA; Dr. med. Felix Oscar K. (geb. 1921), 1937 Emigr. USA, M. D. Univ. Calif. in Berkley, stellv. Chefarzt am Mt. Zion Hospital in San Francisco; Theodor, RA; *StA:* USA. *Weg:* 1937 USA.

1914 Dr. med. Wien; Präs. *Jüdische Universitäts-Gesellschaft in Wien* u. 1925 DelegLtr. der Ges. zur Eröffnungsfeier der Hebr. Univ. in Jerusalem. 1919–37 Arzt u. Mitinh. eines Sanatoriums, gleichz. Mitarb. am pharmazeut. Inst. in Wien; 1930 Dr. phil. Wien. 1937 Emigr. USA mit Familie; 1940 private Wohltätigkeitsveranstaltungen für Flüchtlinge u. für *Russian and Allied War Relief,* zus. mit Frederick Strauss Gr. *Selfhelp* in San Francisco, mit Unterstützung durch *Am. Friends Service Committee* Versorgung jüd. Emigr. in Schanghai mit Medikamenten, 1941 Berater für Ernährungsfragen bei US-Armee. 1952–54 Forschungsmitarb., 1954–55 Assoc. Clinical Prof. für Pharmakologie u. Therapie an der Stanford Univ. Medical School, Forschungsstipendien der *Am. Cancer Soc.,* Vorst-Mitgl. BezKomitee der ZOA u. Mitgl. ihres US-Ausschusses, seit 1967 korrespond. Mitglied der *Am. Friends of Isr. Med. Assn.,* Mitgl. des A. J. C.; 1969 Stiftung seiner Graphik-Sammlung an das Haifa Municipal Museum.
W: Moses, the Near Easterner. 1956; Berenice, Princess of Judea. 1959; The Woodcuts of Jakob Steinhardt. (Hg.) 1959 u. 1962; Mission to Claudius. 1963; The Sage, Father of Generations to Come. 1965; The Vienna Jewish Museum. In: Fraenkel, J. (Hg.), The Jews of Austria; Art. in Fachzs. u. jüd. Publ. *D:* RFJI. *Qu:* Arch. Hand. Pers. Publ. – RFJI.

Kolisch, Arthur, Verbandsfunktionär; geb. 13. Mai 1889 Wien, gest. *Weg:* 1938 Emigr.; 1945 Österr.

Ab 1903 aktiver Sportler, Gr. *Wiener Amateur-Sportverein.* Soldat im 1. WK, anschl. Wiederaufnahme der sportl. Tätigkeit u.a. bei *Sportklub Wacker* u. *FC Wien.* 1938 Emigr.; während 2. WK Beteiligung am Widerstandskampf, schwer verletzt. 1945 Rückkehr nach Österr., Mitarb. am Wiederaufbau des *Wiener* u. des *Österreichischen Fußballbunds.* Totowerbeltr., Mitarb. Sporttoto-Org,; Anfang der 50er Jahre Internationaler Ref. *Österreichischer Fußballbund.*
Qu: Hand. – IfZ.

Koll, Otto, Parteifunktionär; geb. 14. Dez. 1905 Remscheid, gest. 29. Mai 1940 Lüttich; *V:* Hermann K.; *M:* Adele, geb. Wagener; *G:* Paul; ∞ 1933 Hildegard Arndt, 1937 gesch.; *StA:* deutsch, 1. Febr. 1937 Ausbürg. *Weg:* 1934 NL; 1935 B.

Schlosser; KPD-Funktionär, ab 1932 OrgLtr. RGO im Unterbez. Remscheid u. Ltr. KPD-Ortsgruppe, nach 1933 illeg. Arbeit. Deckn. Hans. Ende 1934 Flucht nach Holland, u.a. Kuriertätigkeit. Febr. 1935 Festnahme in Amsterdam, Ausweisung nach Belgien, KPD-LandesOrgLtr. in Brüssel, Deckn. Walter. Grenzarb. von Luxemburg aus. 29. Mai 1940 Verhaftung, Freitod.
Qu: Arch. Publ. – IfZ.

Kollek, Theodore (Theodor), Ministerialbeamter, Kommunalpolitiker; geb. 27. Mai 1911 Wien; jüd.; *V:* Alfred K., Dir. der Rothschild-Bank in Wien; *M:* Margaret, geb. Fleischer; *G:* Paul, A: Paris; ∞ 1937 Tamar Anna Schwartz, 1937 Emigr. Pal.; *K:* Amos (geb. 1947), Schriftsteller; Osnat; *StA:* IL. *Weg:* 1935 Pal.

Höhere Schule, 1931–34 Mitarb. in *Hechaluz*-Bewegung, Mitgl. *Blau-Weiß.* Dez. 1935 Emigr. Pal., 1937 GrMitgl. Kibb. Ein Gev in Galiläa, 1938 Teiln. an Verhandlungen mit brit. Mandatsverw. über 3000 Einwanderungszertifikate für landwirtschaftl. ArbKräfte, 1938–40 Mitarb. zion. Jugendgruppen in Europa, 1940–47 Mitgl. pol. Abt. der *Jew. Agency,* 1942–45 Mitgl. Kontaktbüro in Istanbul für die jüd. Untergrundbewegungen in Europa, im 2. WK i.A. des US- u. brit. Geheimdienstes in Kairo, GB u. Istanbul, ZusArb. mit *Jew. Agency* zur Unterstützung der illeg. Einwanderung, 1947–48 i.A. der *Haganah* in USA, Org. von illeg. Waffenkäufen, Finanzhilfe u. illeg. Einwanderung, 1948–50 Ltr. der US-Abt. im isr. Außenmin., 1951–52 Bevollmächtigter im Range eines Gesandten an der isr. Botschaft Washington/D. C., 1952–65 GenDir. im Amt des MinPräs., 1956–65 Vors. staatl. Ges. für Tourismus, 1964–66 Ltr. am.-isr. Projekt für nukleare Seewasserentsalzung. 1965 Wahl zum Bürgermeister von Jerusalem, ab 1967 Bürgermeister von Groß-Jerusalem; Gr., ab 1969 Vors. Israel-Museum, 1964–65 AR-Vors. Africa-Israel Investment Co., Oberstlt. der IDF. Lebte 1977 in Jerusalem.
W: Jerusalem. Sacred City of Mankind. A History of Forty Centuries (Mitverf.). 1968 (ital. Übers. 1968, franz. Übers. 1968, hebr. Übers. 1969, dt. übers. 1969); Pilgrims to the Holy Land. The Story of Pilgrimage Through the Ages. 1970; For Jerusalem. (Mitverf.) 1978. *L:* A Profile of Teddy Kollek, Mayor of Jerusalem. In: Public Administration, Bd. XI, 1971. *Qu:* Hand. Publ. – RFJI.

Kolmer, Eva, gesch. Wolloch, verehel. Schmidt, Hochschullehrerin; geb. 25. Juni 1913 Wien; *V:* Dr. Walter Kolmer, Biologieprof. Univ. Wien; ∞ I. Jakob Wolloch, Emigr. GB, Dipl.-Ing. in Wien; II.→ Heinz Schmidt; *StA:* österr., DDR. *Weg:* 1938 GB; 1945 Österr.; 1946 Deutschland (SBZ).

Aktiv in sozdem. Jugendbewegung, Mitgl. SAJDÖ; Stud. Medizin Univ. Wien, Mitgl. *Verband Sozialistischer Studenten Österreichs.* 1934 nach Verbot der SDAP Mitgl. KJVÖ, illeg. Arbeit in Wien. März 1938 Emigr. GB, Mitgl. Parteigruppe der KPÖ in GB. Zunächst Laborantin bei Pearson-Stiftung, Ausscheiden aus pol. Gründen. Ab Sept. 1938 neben → Ruth Zerner Sekr. der neugegr. überparteilichen Hilfsorg. *Council of Austrians in Great Britain.* März 1939 Mitgr. u. Sekr. *Austrian Centre* unter→ Franz West, spielte maßgebl. Rolle in Öffentlichkeitsarb. u. bei der Herstellung von Verb. zu prominenten Vertr. der brit. Öffentlichkeit. Mitarb. *Österreichische Nachrichten* u. *Zeitspiegel.* Ende 1941 Mitgr. u. GenSekr. *Free Austrian Movement,* maßgebl. an Org. der Massenarbeit u. Konkretisierung der Volksfrontpolitik der österr. Kommunisten in GB in den folgenden Jahren beteiligt. 1944 Mitgr. u. Sekr. *Free Austrian World Movement* als Londoner Dachorg. für die *Freien Österreichischen Bewegungen* in aller Welt. Dez. 1945 Rückkehr nach Wien, als Sekr. der kommunist. NatRatsfraktion vorgesehen. 1946 in die SBZ, in den folg. Jahren Abschluß des Studiums, Spezialisierung auf Kinderheilkunde. Mitgl. SED, Ratsmitgl. *Internationale Demokratische Frauenföderation.* Lebte 1977 als Prof. der Humboldt-Univ. in Berlin.
W: u.a. Hartmann, Mitzi (Ps.), Austria still lives. London 1938; Hilfe für die Österreicher im befreiten Europa. In: Bericht von der Konferenz über österreichische Flüchtlingsfragen des Free Austrian Movement vom 17. Sept. 1944. London 1944; Das Austrian Centre. 7 Jahre österreichische Gemeinschaftsarbeit. London 1945. *L:* Maimann, Politik. *Qu:* Arch. Pers. Publ. – IfZ.

Kolossa, Edwin Heinrich (urspr. Klein, Arnold), Parteifunktionär; geb. 15. Mai 1898 Mischowitz b. Beuthen/Oberschlesien. *Weg:* NL; UdSSR; Deutschland.

Sekr. KPD-Bez. Ruhrgeb., 1930-33 Ltr. des MilApp. Nach 1933 angebl. Ltr. KPD-Nachrichtendienst in Holland u. Verbindungsmann zum sowj. Geheimdienst. U.a. ZusArb. mit → Heinrich Broszolat u. → Johann Dombrowski. Deckn. Peitschenheinrich. Nach eigenen Aussagen vor der Gestapo schon ab 1934 in Moskau. Spätestens ab Sommer 1940 in Deutschland in Haft.

L: Bludau, Gestapo. *D:* IfZ, HStA Düsseldorf. *Qu:* Arch. Publ. - IfZ.

Konrath, Heinrich, Parteifunktionär; geb. 12. Okt. 1912 Elversberg/Saar, hinger. 15. Sept. 1942 Stuttgart; *V:* Peter K.; *M:* Luise, geb. Bayer; ∞ I. 1933 Frieda Klicker, II. 1941 Maria Elisabeth Augsburger; *K:* Hannelore Rummel (geb. 1934), Henri (geb. 1940), Peter Paul (geb. 1941). *Weg:* F.

Funktionär KJVD Saar. 1934-36 Leninschule Moskau. Ab 1936 Mitgl. illeg. KPD-AbschnLtg. Saarpfalz in Forbach/Lothr. u. Straßburg. 1940 Festnahme, Juli 1942 VGH-Todesurteil.

L: Schneider, Saarpolitik und Exil. *Qu:* Pers. Publ. - IfZ.

Koplenig, Hilde, geb. Oppenheim, Dr., Publizistin; geb. 31. Aug. 1904; jüd., 1923 Diss.; ∞ 1929 → Johann Koplenig; *K:* Dr. Elisabeth Markstein (geb. 1929), Dipl.-Dolmetscherin u. Lektorin Dolmetscher-Inst. Wien; *StA:* österr. *Weg:* 1934 CSR; 1938 F; 1939 UdSSR; 1945 Österr.

Stud. Rechts- u. Staatswiss. Wien, 1927 Prom.; Mitgl. KPÖ, 1927-28 Mitarb. Marx-Engels-Institut in Moskau. Anschl. wieder Wien, arbeitslos; 1934 Emigr. Prag, Gehilfin u. Sekr. von Johann Koplenig, 1938 nach Paris, 1939 nach Moskau. 1940-41 Übers., anschl. Evakuierung; 1943-45 Mitarb. *Radio Moskau* für Österreich (→ Walter Fischer). 1945 Rückkehr nach Wien, Mitgl. KPÖ. 1946-64 Red. *Volksstimme* u. *Stimme der Frau.* 1964 Pensionierung. Mitarb. *Wiener Tagebuch* (→ Franz Marek). Lebte 1978 in Wien.

W: u.a. Geburt der Freiheit. Gestalten und Ereignisse, Frankreich 1789-1794. 1964; Alfred Klahr. In: Zeitgeschichte, Jg. III/4, 1976. *Qu:* Arch. Pers. - IfZ.

Koplenig, Johann (Kop), Parteifunktionär, Politiker; geb. 15. Mai 1891 Jadersdorf, Bez. Hermagor/Kärnten, gest. 13. Dez. 1968 Wien; ev., 1929 Diss.; *V:* Christoph Peturnig, Bauer u. Holzarb.; *M:* Elisabeth Koplenig (geb. 1929); *G:* Maria K. (1884 [?]-1966), Bäuerin, Haushälterin; Georg K. (geb. 1886 [?], gef. 1915), Holzarb.; 1 B (1888 [?]-1916 [?]); ∞ I. 1919 Anna (gest. 1921), Deutschrussin, Lehrerin; II. 1929 Hilde Oppenheim (→ Hilde Koplenig); *StA:* österr., 1934 Ausbürg., 1945 (?) österr. *Weg:* 1934 CSR; 1938 F; 1939 UdSSR; 1945 Österr.

1906-09 Schuhmacherlehre, anschl. Wanderschaft. Ab 1910 Mitgl. SDAP. Schuhmachergeselle in Knittelfeld/Steiermark. 1911 Gr. Ortsgruppe Knittelfeld des *Verbandes jugendlicher Arbeiter Österreichs,* 1911-14 Vertrauensmann des Verb. für Obersteiermark. Mitgl. *Gewerkschaft der Lederarbeiter Österreichs,* aktiv in Arbeiterturn- u. Arbeitersängerbewegung. 1914 Wahl zum Deleg. der Obersteiermark für Kongreß der Sozialistischen Jugend-Internationale in Wien, der infolge Kriegsausbruchs nicht mehr stattfand. Ab Ende 1914 (Anfang 1915 ?) Soldat, Herbst 1915 Verwundung, Kriegsgef. in Lager b. Nižnyj Novgorod. Nach Oktoberrevolution maßgebl. am Aufbau der von bolschewist. Reg. geförderten Org. revolut. Kriegsgef. beteiligt. Ltr. Gruppe Nižnyj Novgorod der *Zentralen Föderation ausländischer Kriegsgefangener,* 1918-20 Mitgl. *Arbeiter- u. Soldatenrat* von Nižnyj Novgorod. Ab Frühj. 1918 Mitgl. KPR(B), während des Bürgerkriegs 1919 u. 1920 Parteitätigkeit in Orel u. Perm. Herbst 1920 Rückkehr nach Knittelfeld, Mitgl. KPÖ, zunächst Sekr. Ortsgruppe Knittelfeld, anschl. KPÖ-Sekr. Obersteiermark. März 1922 auf 5. PT der KPÖ Wahl in die Reichsvertr., Jan. 1923 Wahl zum Landessekr. Steiermark; verantwortl. Red. der KPÖ-Ztg. *Der Rote Soldat.* Nov. 1924 auf außerordentl. PT der KPÖ Wahl in den PV (später ZK), Sekr., ab 1925 GenSekr. der KPÖ, in den scharfen Fraktionskämpfen innerhalb der KPÖ zwischen der „linken" (→ Josef Frey) u. der „rechten" Fraktion (→ Franz Koritschoner, Karl Tomann) Führer einer Mittelgruppe, die sich mit Unterstützung der *Komintern* 1927 endgültig durchsetzte u. die Führer beider Fraktionen ausschloß bzw. in der Partei isolierte. Juli 1927 u. Okt. 1928 kurzfristig Haft. 1928 (6. Weltkongreß der *Komintern)* bis 1943 (Auflösung der *Komintern)* Mitgl. des EKKI. Ab Mai 1933 (Verbot der KPÖ) illeg. Arbeit, Aug.-Sept. 1933 mehrwöchige Haft. 1934 nach den Februarkämpfen nach Prag (nach Parteiverbot Sitz des ZK). Maßgebl. Vertr. der pol. Neuorientierung der erst durch die Februarereignisse zu einer Massenpartei gewordenen KPÖ auf Aktionseinheit u. Einheitsfront mit den RSÖ (→ Joseph Buttinger) im Kampf gegen den autoritären Ständestaat bzw. später auf Schaffung einer antinatsoz. Volksfront. 1935 auf 7. Weltkongreß der *Komintern* Wahl ins EKKI-Präs. - Mai 1938 über Rotterdam nach Paris (Verlegung des ZK der KPÖ), Kooptierung ins ZK der KPD, die Anfang 1939 auf Berner Konferenz der KPD bestätigt wurde. Herbst 1939 nach Kriegsausbruch mit norweg. Paß über die Schweiz, Jugoslawien u. Rumänien in die UdSSR, Arbeit im *Komintern-*App., Mitarb. *Die Welt* u. *Die Kommunistische Internationale.* Herbst 1941-Anfang 1942 Evakuierung nach Ufa. Ab 1942 Mitarb. „illegaler" Sender Österreich unter → Erwin Zucker-Schilling sowie *Radio Moskau für Österreich* unter → Walter Fischer. Mai 1943 Mitunterz. des Auflösungsbeschlusses der *Komintern.* Bis 1945 pol. Betreuung u. Schulung österr. Kriegsgef.; Anfang Apr. 1945 Rückkehr nach Österr., bis Ende 1945 Vizekanzler in provis. Reg. Karl Renner, 1945-59 MdNR. 1946-65 Vors., 1965-68 Ehrenvors. der KPÖ. Hg. *Volksstimme* (Zentralorgan der KPÖ). In den Auseinandersetzungen um eine Neuorientierung der kommunist. Bewegung ab Mitte der 60er Jahre Vertr. der orthodoxen, moskautreuen Richtung. - Parteiname Kop.

W: u.a. Der Freiheit entgegen! 1945 (?); An die jungen Kommunisten Wiens. 1947; Die entscheidende Wendung. 1948; Österreich braucht eine Regierung des Friedens. 1951; Reden und Aufsätze 1924-1950. 1951; Reden und Schriften von Johann Koplenig. In: Zucker-Schilling, Erwin, Er diente seiner Klasse. Eine Biographie. Mit Reden und Schriften von Johann Koplenig. 1971; Izbrannye proizvedenija 1924-62 g. [Ausgewählte Werke 1924-1963] 1963. *L:* Buttinger, Beispiel; Laurat, PCA; Steiner, KPÖ; Hautmann, KPÖ; DBMOI; Vogelmann, Propaganda; Zucker-Schilling, Erwin, Er diente seiner Klasse. 1971; Konrad, KPÖ; Fischer, Illusion; Widerstand 1 u. 2; Dahlem, Vorabend; Koplenig, Hilde, Johann Koplenig, unveröff. Ms. DÖW; Reisberg, KPÖ; West, Franz, Probleme des Pluralismus in der illegalen österreichischen Arbeiterbewegung 1934-1938 - Zur Politik der „Revolutionären Sozialisten" und der „Kommunistischen Partei" (unveröff. Ms.). *Qu:* Arch. Biogr. Fb. Hand. Pers. Publ. Z. - IfZ.

Koppel, Max, Dr. phil., Rabbiner; geb. 12. Aug. 1905 Lodz/russ.-poln. Gouv. Piotrkow, ermordet 16. Dez. 1974 New York; *V:* Mendel K. (geb. 1874 Osteuropa, gest. 1962 USA), Jeschiwah, Kaufm., Emigr. USA; *M:* Cäcilia, geb. Goldmann (geb. 1880 Osteuropa, gest. 1964 USA), Emigr. USA; *G:* u.a. Paula Simon (geb. 1903 Osteuropa), Emigr. USA, Geschäftsfrau; Michael (geb. Deutschland, gest. 1967 New York), Emigr. USA; Emmie Vida (geb. 1909 Deutschland), Emigr. ČSR, USA; Joseph (geb. 1913 Deutschland), Univ., Emigr. USA, Ing.; Karola Loeb (geb. 1915 Deutschland), höhere Schule, Emigr. USA; Leo (geb. 1922 Deutschland); ∞ 1939 Bertha Haas (geb. 1911), jüd., 1925 USA, Versicherungsangest.; *StA:* 1942 USA. *Weg:* 1937 USA.

1925-33 Jüd.-Theol. Seminar Breslau, 1931 Rabbiner; Stud. Univ. Würzburg u. Breslau, Prom. Breslau. 1933-34 Rabbiner jüd. Gde. Hirschberg/Schlesien, 1934-37 reformierte Gde. Berlin. 1936 USA-Besuch, Febr. 1937 Entschluß zur Emigr. gegen Widerstand der GdeVorst., Aug. 1937 Emigr. USA, 1938-39 Mitgr. u. Rabbiner SynGde. Washington Heights New York (Flüchtlingsgde.), 1939 Gr. *Jüdisches Gemeindeblatt;* 1939-74 Gr. u. Rabbiner Gde. Emes Wozedek (liberal-reform. Flüchtlingsgde.). Mitarb. UJA.

W: Schellings Einfluß auf die Naturphilosophie Görres' (Diss.). 1931. *Qu:* Arch. Pers. Publ. Z. - RFJI.

Koppell, Henry G. (urspr. Heinz Günther), Verleger; geb. 20. Okt. 1895 Berlin, gest. 1964 New York; jüd.; *G:* Werner (geb. 1890 Berlin, gest. 1955 Rochester/N.Y.), Kaufm., 1939 Emigr. USA; ∞ Dr. phil. Gabriele Kaufmann (geb. 1900 Weinheim/Baden), jüd., 1926 Prom. Heidelberg, Hg. Fachzs. in Berlin, 1934 Emigr. USA, 1940 M. S. W. School of Social Work Columbia Univ., 1950-72 Kindergärtnerin; *K:* Oliver (geb. 1940 New York), RA, Politiker; Olivia (geb. 1946 New York), B. A., Musikerin. *StA:* deutsch, USA (?). *Weg:* 1932 Pal., 1936 USA.

Kriegsteiln. 1. WK; 1918-32 Teilh. Deutsche Buchgemeinschaft u. Druckerei Seydel Berlin. 1932 Emigr. Palästina, 1932-36 Mitarb. an engl.-sprach. Ztg.; 1936 in die USA, 1938-42 Gr. u. Präs. Alliance Book Corp. New York & Toronto, die Exillit., u.a. Jan Valtin, Emil Ludwig u. Hermann Rauschning, veröffentlichte. 1942 Verkauf der Firma, später Gr. Arco Publ. Co. New York.

Qu: Publ. - RFJI.

Kops, Erich Ernst, Partei- u. Staatsfunktionär; geb. 20. Jan. 1905 Jena, gest. 28. Mai 1961 Dresden; *V:* Metallarb., SPD. *Weg:* 1934 CSR; 1935 UdSSR; 1937 E; 1939 F; 1943 Deutschland.

Schlosser; 1919 DMV, 1919-23 SAJ, 1921-23 Mitgl. BezLtg. u. OrgLtr. SAJ in Thür., 1922-23 SPD, Aug. 1923 KJVD u. KPD, 1923-29 Mitgl. BezLtg. KJVD in Thür.; Okt. 1924 Verhaftung, 1925 wegen Hochverrats 2 J. Gef., nach Freilassung Ende 1925-Ende 1928 Gauführer u. Sekr. *Rote Jungfront* in Thür., Dez. 1928-Sept. 1929 Lenin-Schule Moskau, danach bis Aug. 1930 Lokalred. *Neue Zeitung* Jena u. Ltr. KPD-LitVertrieb in Thür., anschl. Mitarb. Agitprop.-Abt. des ZK, Apr. 1931-1933 Sekr. für Agitprop. Bez. Halle-Merseburg, 1932-33 StadtVO. Bitterfeld u. Mitgl. Kreistag. 1933 illeg. Tätigkeit in Halle, Berlin u. Kassel. 1934 im Parteiauftrag Emigr. in die CSR, 1935 Ausweisung, Emigr. in die UdSSR, 1937 nach Spanien, Offz. u. Parteifunktionär in Internat. Brigaden, zuletzt Kompanieführer Thälmann-Bataillon, während Demobilisierung Deleg. einer Einheitsfrontkonf. österr. u. dt. Kommunisten u. SozDem.; 1939-43 Internierung in Frankr., nach Auslieferung kurze Haft in Halle, anschl. KL Sachsenhausen. Nach Befreiung Landrat Kr. Luwigslust/Mecklenburg, ab Aug. 1945 OrgSekr. KPD-Landesltg. Thür., dort maßgebl. beteiligt an Bildung der SED, bis 1950 Deleg. aller Nachkriegs-PT der KPD/SED, 1946-50 Mitgl. Parteivorst. SED; 1946 Sekr. u. Ltr. Abt. Org. u. Personalpol. sowie 1947-49 SED-Landesvors. Thür., ab Mai 1949 Mitgl. Deutscher Volksrat, 1949-50 MdProvis. VK, 1950-51 Gesandter in Ungarn, 1952-54 Ltr. Handelsorganisation in Sa., 1955-57 Ltr. Abt. Handel u. Versorgung beim Rat des Bezirks Dresden, dort 1957-58 Sekr., anschl. 1. stellv. Vors. - *Ausz.:* 1956 Hans-Beimler-Med., 1959 VVO (Bronze); Med. für Teilnahme an den bewaffneten Kämpfen der Deutschen Arbeiterklasse 1918-1923, Med. für Kämpfer gegen den Faschismus 1933-1945.

L: Pasaremos; GdA-Biogr.; Radde, Diplomat. Dienst. *Qu:* Hand. Publ. - IfZ.

Koransky, Walther, Dr. jur., Richter; geb. 8. Sept. 1889 Karlsruhe, gest. 3. Dez. 1963 Berlin; ∞ Ida; *K:* Wolfgang; Irene Romano, A: USA; *StA:* deutsch. *Weg:* 1938 (?) NL; 1946 (?) Deutschland (FBZ).

1908-12 Stud. Rechtswiss. Heidelberg, Straßburg, Berlin u. Freiburg/Br., 1918 Assessor, 1921 Staatsanwalt Karlsruhe, ab 1923 Amtsrichter, ab 1929 LG-Rat in Karlsruhe. 1933 Ruhestand, 1935-38 Versicherungsangest. - Emigr. nach Holland, 1946 LG-Dir. Karlsruhe, 1947 MinRat im Min. für Politische Befreiung, ab 1949 Präs. Verwaltungsgerichtshof, daneben ab 1955 Präs. Staatsgerichtshof von Baden-Württemberg. - *Ausz.:* Dr. h.c.

Qu: Arch. Pers. - IfZ.

Korb, Robert, Parteifunktionär, Offizier; geb. 25. Sept. 1900 Bodenbach/Böhmen, gest. 31. Dez. 1972; *V:* Arbeiter, jüd.; ∞ Hedwig; *K:* 2; *StA:* österr., 1919 CSR, 1946 deutsch. *Weg:* 1937 E; CSR (?); 1939 UdSSR; 1945 CSR; 1946 Deutschland (Berlin).

DSAP-Mitgl., 1921 Deleg. Grdg.-PT *KSČ-Deutsche Sektion* u. des Vereinigungs-PT, ab 1921 Sekr. des KSM, ab 1926 Chefred. *Die Internationale* Aussig, danach Mitarb. Presseabt. des ZK u. ltd. Funktionär MilApp. der KSČ, auf 5. PT 1929 als Anhänger der linken Gottwald-Fraktion Wahl ins ZK. 1933-34 Haft wegen Zersetzungsarb. in der Armee, ab 1935 Chefred. des dt.-sprachigen KSČ-Zentralorgans *Die Rote Fahne* Prag, ab 1936 Mitgl. PolBüro, Jan.-Mai 1937 OrgArb. unter tschechoslowak. Freiw. in Spanien. Jan. 1939 Emigr. in die UdSSR, Mitarb. der *Komintern*, Mitgl. der engeren sog. Moskauer KSČ-Ltg. unter Klement Gottwald, 1942-43 Chefred. *Sudetendeutscher Freiheitssender*, danach Mitarb. *Komintern*-Nachfolgeorg. *Institut Nr. 205*. 1945 Rückkehr in die CSR, Mitarb. ZK der KSČ als Ltr. der Aktion zur Aussiedlung dt. KSČ-Mitgl., 1946 Übersiedlung nach Berlin. Mitgl. SED, Mitarb. im Zentralsekr.; 1949-52 Ltr. Abt. Presse u. Rundfunk beim PV bzw. ZK der SED, 1952 Ltr. AgitProp-Abt. des ZK, ab 1953 ltd. Mitarb. im MfS bzw. MdI, 1955 Oberstlt. im MfS, Ltr. Abt. Auswertung sowie stellv. Ltr. Hauptverw. Aufklärung im MfS; Oberstlt., 1959 Oberst, Ltr. Zentrale Informationsgruppe im MfS sowie Ltr. des Informationsbüros beim Minister für Staatssicherheit, 1962 GenMajor, ab 1965 im Ruhestand. - *Ausz.:* u.a. 1955 VVO (Silber), 1960 Banner der Arbeit, 1961 Arthur-Becker-Med. (Gold), 1965 VVO (Gold); ZK-Nachruf.

L: Grünwald, Leopold, Der „Sudetendeutsche Freiheitssender" der Kommunistischen Partei der Tschechoslowakei (1941 bis 1945). In: Beiderseits der Grenze (Hg. H. Köpstein). 1965. *Qu:* Arch. Hand. Pers. Publ. Z. - IfZ.

Korbmacher, Willy, Fürsorger; geb. 23. Nov. 1897 Krefeld/Rheinl.; *StA:* deutsch, 14. Nov. 1939 Ausbürg., 1953 S. *Weg:* 1935 CSR; 1938 S.

Arbeiter; SPD, USPD, KPD. 1922-29 Zentralsekr. *Rote Hilfe* Berlin, anschl. Fürsorger, daneben 1929-31 Stud. Deutsche Hochschule für Politik. 1928 KPD-Ausschluß, Mitgl. KPDO, 1931 Übertritt zur SAPD. Nach 1933 illeg. Tätigkeit. Jan. 1935 Flucht nach Prag, Mai 1938 nach Schweden. SAPD- u. GewGruppe; pol. Vortragstätigkeit, Mitgl. Sozdem. Arbeiterpartei Schwedens. Fabrik- u. Archivarb., später ltd. Fürsorger. Lebte 1973 in Göteborg.

L: Drechsler, SAPD; Müssener, Exil. *D:* ArA. *Qu:* Fb. Publ. - IfZ.

Koritschoner, Franz, Parteifunktionär, geb. 23. Febr. 1892 Wien, gest. 8. (?) Juni 1941 KL Auschwitz; jüd., Diss. (?); *M:* Eugenie, geb. Brandeis, umgek. KL Theresienstadt; *G:* Luise, umgek. KL Theresienstadt; *StA:* österr. *Weg:* UdSSR; 1941 Deutschland.

Stud. Rechtswiss. Wien, Mitgl. SDAP; bereits in jungen Jahren Filialdir. Österreichische Länderbank. Im 1. WK neben → Anna (Hornik-) Ströhmer Bildungsbeirat *Verband jugendlicher Arbeiter Österreichs* in Wiener Ortsgruppe. Führendes Mitgl. des 1915-16 entstandenen geheimen *Aktionskomitees der Linksradikalen*, das 1916 zur Ausweitung seiner Wirkungsbasis dem neugegr. *Verein Karl Marx* unter → Friedrich Adler beitrat. Ende Apr. 1916 Deleg. des *Aktionskomitees der Linksradikalen* bei Konf. in Kienthal/Schweiz, enger Kontakt u. a. mit Lenin u. den Bremer u. Hamburger Linksradikalen. Ende Dez. 1917 Mitgl. des neugebildeten illeg. *Arbeiterrats*, der Jan. 1918 die Streikbewegungen initiierte. März-Okt. 1918 Haft, bei Demonstration zur Grdg. der Räterepublik verwundet, Dez. mit Gruppe der Linksradikalen KPÖ-Beitritt trotz Stellungnahme gegen verfrühte Parteigrdg., neben → Paul Friedländer Chefred. *Der Weckruf.* Jan.1919 Hg. des NachfOrgans *Die Soziale Revolution.* Febr. 1919 (1. PT) bis März 1924 (7. PT) Mitgl. PV der KPÖ. Mai-Juni 1919 Mitgl. des i. A. der *Komintern* zur Reorg. der KPÖ eingesetzten Direktoriums. Ab 1921 Mitgl. EKKI, Juni 1923 neben → Josef Frey KPÖ-Vertr. auf 3., erweitertem EKKI-Plenum. In den Fraktionskämpfen innerh. der KPÖ Führer der „rechten" Fraktion, deshalb 1924 nicht mehr in den PV gewählt. Ab 1924 verantwortl. Red. *Die Rote Gewerkschaft.* Vermutl. 1926 zur endgültigen Ausschaltung der Exponenten der Fraktionskämpfe in der KPÖ nach Moskau berufen, anschl. Tätigkeit für RGI. 1937 während der Säuberungen festgenommen, Lagerhaft; Apr. 1941 Auslieferung an Gestapo, Haft in Wien, Juni 1941 im KL Auschwitz erschossen. 1955 auf 20. PT der KPdSU rehabilitiert.

W: u.a. Die Kommunistische Partei und der Parlamentarismus. 1913; Zur Geschichte der internationalen Bewegung in Österreich (russ.). In: Proletarskaja revoljucija, 1932/2-3. *L:* Laurat, PCA; Steiner, KPÖ; Hautmann, KPÖ; DBMOI; Konrad, KPÖ; Stadler, Opfer; Neugebauer, Bauvolk; Reisberg, KPÖ. *Qu:* Arch. Publ. - IfZ.

Kormes, Karl, Staatsfunktionär, Diplomat; geb. 23. März 1915 Berlin; *V:* Arbeiter; *StA:* deutsch. *Weg:* 1934 Emigr.; 1936 E; 1945 Deutschland (Berlin).

Schlosser; 1930 KJVD. 1933 Verhaftung wegen illeg. Tätigkeit, Urteil 18 Mon. Gef.; 1934 Emigr., ab 1937 in den Internat. Brigaden im Span. Bürgerkrieg, 1937–43 in nationalspan. Gefangenschaft. 1945 KPD, ltd. Funktionen in Industrie u. Handel der SBZ bzw. DDR, zeitw. Ltr. Personalabt. Min. für Handel u. Versorgung, nach Fernstud. 1960 Dipl.-Gesellschaftswiss.; 1960–63 Handelsrat DDR-Botschaft Bukarest, 1963–66 stellv. Ltr. 3. europ. Abt. MfAA (Südosteuropa), 1966–68 Botschaftsrat Bukarest, Febr. 1969–Juli 1973 Botschafter in Belgrad, anschl. Mitarb. MfAA. Lebte 1975 in Berlin (Ost). - *Ausz.:* Hans-Beimler-Med., Med. für Kämpfer gegen den Faschismus 1933–1945, Verdienstmed. der DDR, 1969 VVO (Silber).

L: u.a. Antifaschisten; Pasaremos; Radde, Diplomat. Dienst. *Qu:* Hand. Publ. Z. - IfZ.

Korn, Wilhelm, Gewerkschaftsfunktionär; geb. 24. Sept. 1900 Karlsruhe; *StA:* deutsch. *Weg:* 1933 CSR; 1939 GB.

Bankangest.; 1916 SAJ, 1918 SPD, 1919 USPD, später SPD. 1926–28 *Allgemeiner Verband der Bankangestellten,* 1927–33 ZdA, Gaultr. für Rheinl.-Westf. in Köln, Mitgl. Zentralvorst. Berlin. Nach natsoz. Machtübernahme illeg. Tätigkeit. Juli 1933 Emigr. CSR, März 1939 nach GB, Mai 1940–März 1941 Internierung, dann Gärtner. Mitgl. SPD London.

Qu: Arch. - IfZ.

Kornweitz, Julius, Architekt, Parteifunktionär; geb. 8. Nov. 1911 Wien, umgek. 1944 KL Mauthausen; jüd.; *StA:* österr. *Weg:* 1938 (?) CSR; 1939 F, JU; 1941 Deutschland (Österr.).

Ing. u. Architekt in Wien, zwischen 1934 u. 1938 illeg. KPÖ-Funktionär, zumeist arbeitslos. Wahrscheinl. 1938 nach Prag, maßgebl. Funktionen im techn. App. der KPÖ, Deckn. angebl. Ing. Barda. 1939 nach Paris, nach Kriegsausbruch nach Zagreb. Ltd. KPÖ-Funktionär in Jugoslawien, Deckn. Bobby u. angebl. Christian Jensen u. Blinzinger. Sept. 1941 Rückkehr nach Österr., zus. mit → Leo Gabler Aufbau der 4. illeg. KPÖ-Ltg. in Wien, Deckn. u.a. Toni. Apr. 1942 Verhaftung, KL Mauthausen.

L: Widerstand 1, 2. *Qu:* Arch. Pers. Publ. - IfZ.

Kor(r)odi, Walther, Publizist; geb. 8. Juli 1902 Sächsisch-Reen/Siebenbürgen; *V:* Lutz K. (geb. 1867 Kronstadt/Siebenbürgen), GymnProf., dt. Volkstumspolitiker, Mitgl. ungar. Reichstag, Mitgl. rumän. Senat, Staatssekr. im rumän. Kultusmin., ab 1925 StudRat u. pol. Schriftst. in Deutschland; *M:* Therese, geb. Hermann; *G:* Hermann (geb. 1898, gef. 1918 als Lt. der preuß. Armee); Hertha (geb. 1900); Dietrich (geb. 1904), Red. *Deutsche Allgemeine Zeitung* Berlin; Thea Hammel (geb. 1906); ∞ Ruth Kutschera, 1953 gesch.; *StA:* deutsch, 14. Juli 1938 Ausbürg. *Weg:* 1935 CH; 1945 Deutschland (ABZ).

1918 Mitgl. Freikorps Reinhardt in Berlin. Mitgl. *Stahlhelm,* in dessen Auftrag ab 1927 publizist. u. rednerische Agit. gegen das *Reichsbanner,* vor allem Vorwurf des Landesverrats, enge Verb. zu Reichswehrkreisen. Vermutl. frühzeitig Mitgl. NSDAP, Mitarb. *Völkischer Beobachter,* 1932–33 Ltr. der von ihm gegr. *Abwehrstelle gegen kommunistische Umtriebe* in Berlin. Nach sog. Röhm-Putsch 1934 Haft, Okt. 1935 Emigr. in die Schweiz, Aufenthalt in Zürich, Bern u. Davos. In seinem von dt. Stellen als bes. gefährlich bewerteten Enthüllungsbuch *Ich kann nicht schweigen* widerlegte K. u.a. die These von der Verhinderung eines kommunist. Aufstands durch die Machtergreifung der NSDAP u. berichtete über oppos. Haltung von Teilen der Wehrmacht, die unter günstigen pol. Umständen zum Sturz des Regimes führen würde. 1939 Anerkennung als pol. Flüchtling, später Internierung wegen Verstoßes gegen fremdenpolizeiliche Auflagen, ab 1943 Zwangsaufenthalt. Okt. 1945 aufgrund von Wirtschaftsdelikten Ausweisung nach Deutschland, 1949 in Abwesenheit von schweiz. Gericht verurteilt. Lebte zunächst in Frankfurt/M., später in Lörrach, Tätigkeit als Journ. u. Wirtschaftsfachmann. Ps. Kutschera, Dr. Gerold, Dr. Günther, Kofing.

W: Fort mit dem Reichsbanner. Genug mit der Reichswehrhetze. 1927; Das Reichsbanner Schwarz-Rot-Gold. 1928; Gottlosenpropaganda der Sozialdemokratie durch die Schuld des Zentrums. 1932; Ich kann nicht schweigen (anon.). Zürich (Europa Verlag) 1936. *L:* Rohe, Reichsbanner; Stahlberger, Peter, Der Züricher Verleger Emil Oprecht und die deutsche politische Emigration 1933–1945. 1970. *Qu:* Arch. Hand. Publ. - IfZ.

Korsch, Karl, Dr. jur., Hochschullehrer; geb. 15. Aug. 1886 Tostedt/Lüneburger Heide, gest. 21. Okt. 1961 Belmont/Mass., USA; Diss.; *V:* Bankbeamter; *StA:* deutsch. *Weg:* 1933 DK; GB; 1936 USA.

Stud. Rechtswiss., Ökonomie u. Phil. in München, Genf, Berlin u. Jena; 1910 Prom.; 1910–11 MilDienst; bis 1911 jurist. Vorbereitungsdienst; 1912–14 zu jurist., ökonom. u. pol. Studien in London, Anschluß an *Fabian Society;* bei Kriegsausbruch Rückkehr nach Deutschland, Aug. 1914–Dez. 1918 Fronteinsatz, nach Degradierung wegen pazifist. Äußerungen zuletzt wieder Offz., zweimal schwer verwundet, EK I u. II. 1918/19 wiss. Assist. der Sozialisierungskommission für Kohlebergbau in Berlin; Okt. 1919 Habilitation u. ab 1920 PrivDozent Univ. Jena. 1919 Mitgl. USPD, 1920 Deleg. Spaltungsparteitag in Halle u. mit linkem USPD-Flügel zur KPD; ständiger Mitarb. der Parteipresse, 1923 Deleg. zum 8. Parteitag. Ab Okt. 1923 o. Prof. für Zivil-, Prozeß- u. Arbeitsrecht in Jena u. Ernennung zum Justizmin. der sozdem.-kommunist. Koalitionsreg. in Thüringen, 1924 MdL; Anschluß an linken KPD-Flügel, ab Mai 1924 Chefred. des theoret. Parteiorgans *Die Internationale,* 1924–28 MdR; 1924–25 Mitgl. ultralinker KPD-Flügel u. dessen Theoretiker, nach Auseinanderfallen der ultralinken Parteiopposition um K., Werner Scholem, Iwan Katz, → Arthur Rosenberg u. → Ernst Schwarz in zunehmendem Gegensatz zur *Komintern* u. KPD. Apr. 1926 Ausschluß aus KPD. Mit Schwarz Gr. Gruppe *Kommunistische Politik* u. Hg. der gleichnamigen Zs., 1926 Bruch mit Schwarz, der die Gruppe *Entschiedene Linke* bildete; mit Heinrich Schlagewerth bis Ende 1927 weiterhin Hg. *Kommunistische Politik;* als Gegner der pol. Entwicklung in der UdSSR unter Stalin in der Reichstagssitzung v. 24. Juni 1927 einziger Redner gegen den Abschluß des dt.-sowj. Handelsvertrages. Einer der führenden Vertr. eines kritischen Marxismus. Nach natsoz. Machtübernahme Juli 1933 aus dem UnivDienst entlassen, nachdem er bereits 1924 aus pol. Gründen vorüberg. seine Professur verloren hatte. Emigr. nach Dänemark, später GB u. 1936 in die USA. 1943–45 Prof. für Soziologie in New Orleans. Karl Korschs Theoriebildung ist aufs engste verknüpft mit dem realgeschichtlichen Prozeß der pol. u. sozialen Bewegung. In seiner ersten Entwicklungsperiode versuchte K. seine am konservativen

Rechtspositivismus orientierte theoret. Position in der pol. Praxis durch die kantianisch beeinflußte ethische Konstruktion eines aufklärerischen Sozialidealismus zu vermitteln u. hielt an der prinzipiellen Möglichkeit einer autonomen Wissenschaft einerseits als auch einer subjektiv autonomen Praxis aus wissenschaftlicher Einsicht andererseits fest. Eine Bestätigung für diese Möglichkeit sah er in der Erfahrung der Theorie und Praxis des engl. Sozialismus. Nach der Novemberrevolution versuchte er in einem Sozialisierungsprogramm diese Ansätze auf deutsche Verhältnisse umzusetzen. In streng begrifflicher Analyse, doch an der angebl. Antinomie von Produzenten u. Konsumenten festhaltend, synthetisierte er die rätedemokratischen Ansätze zur „industriellen Demokratie" als erste Stufe der Verwirklichung des Sozialismus. - Nach Scheitern der Räterepublik wandte sich K. bis 1923 einer intensiven Marx-Rezeption zu, die in leichtverständlichen Schulungsbroschüren wie *Quintessenz des Marxismus* u. *Kernpunkte der materialistischen Geschichtsauffassung* ihren ersten Niederschlag fand u. in *Marxismus und Philosophie* grundsätzlich behandelt wurde. K. unternahm hier den Versuch, die materialist. Geschichtsauffassung auf die Geschichte der Marxschen Theorie selbst anzuwenden u. als Theorie der sozialen Revolution in ihren einzelnen Schritten bei Marx/Engels sowie ihren theoret. u. prakt. Niedergang in der II. Internationale in ihrer geschichtlichen Bedingtheit zu rekonstruieren. Die von Lenin u. Luxemburg begonnene Wiederherstellung u. Weiterentwicklung des Marxismus begriff K. als Ausdruck der seit der Jahrhundertwende erneut sich verschärfenden Klassenkämpfe; diese begonnene Weiterentwicklung wollte K. in bezug auf die Philosophie wie den gesamten ideol. Überbau in der „geistigen Aktion" fortführen. Das Kernstück eines revol. Marxismus sah K. in der Betonung der dialektischen Einheit von Theorie u. Praxis, die vor jeder neuen dogmatischen Erstarrung bewahre; sie finde ihre Bestätigung in der tatsächlich die Revolution vorantreibenden proletarischen Bewegung. Strategisch entfaltete K. diese Dialektik von Reform u. Revolution anhand des neuen Arbeitsrechts. - Nach der Niederlage der KPD 1923 war für K. diese Einheit in der Praxis zerstört; er vertrat nun bis 1927 eine streng leninist. Variante des Marxismus in Form der „Bolschewisierung" der kommunist. Weltpartei; die Durchsetzung der durch die russ. Revolution bestätigten „richtigen" Theorie wurde jetzt zur Voraussetzung der zukünftigen Revolution, brachte ihn jedoch rasch in scharfe Opposition zum Stalinismus u. zu der Entartung des Marxismus-Leninismus zur Legitimationswissenschaft für die Bedürfnisse der russischen Staatspolitik. Eine Wurzel dieser theoret. u. prakt. Entwicklung sah K. nun in den ökonom. u. sozialen Verhältnissen des vorbürgerlichen Rußland, von wo aus Lenin den Marxismus als fortschrittlichste Theorie rezipierte. Lenin habe aber die materialistische Dialektik in eine bürgerliche, naturwissenschaftlich gefärbte materialistische Weltanschauung verwandelt u. den Dualismus von Sein und Bewußtsein nur umgekehrt durch die Ersetzung des Hegelschen Begriffes *Geist* durch den Begriff *Materie*. Diese Umformung zeige sich auch in der Entwicklung des Leninismus zur Staatsideologie, die allerdings ihre theoret. Wurzeln im Marxschen Verhältnis zur bürgerlichen Revolution habe. K. kritisierte nun an Marx' Staatstheorie, sie sehe den Widerspruch der bürgerlichen Revolution nur zwischen Ökonomie u. Politik, nicht aber unmittelbar in ihrer pol. Erscheinungsform; sie sei im Grunde eine Ergänzung zur bürgerlich-jakobinischen Theorie u. weniger ihr unvermeidbarer Gegensatz. Die Marxsche Revolutionstheorie trage selbst noch die Merkmale des Jakobinismus. Den realgeschichtl. Umschlag des Marxismus zum „Sozialismus als Ideologie" sah K. durch geschichtliche Spezifizierung partiell in Marx angelegt. - Die auf ihrer eigenen Grundlage basierende sozialist. Theorie erkannte K. s. Ansatz zunehmend im spanischen Anarcho-Syndikalismus, ohne jedoch den Marxismus als Ganzes preiszugeben; dieser war für ihn jetzt nur noch ein Ausdruck der Herausentwicklung der Theorie der proletar. Revolution, die ständig entsprechend den neuen Verhältnissen angepaßt u. weiterentwickelt werden müsse, um als Wissenschaft weiter bestehen zu können. In diesem ZusHang setzte sich K. kritisch mit den neuen erkenntnistheoretischen Bestrebungen des Wiener Kreises auseinander, da die formelle Seite der Marxschen Methode noch wenig entwickelt sei. - In der Emigration, von einer wirklichen sozialen Bewegung getrennt, beschäftigte sich K. vor allem mit dem Problem des Verhältnisses zwischen Revolution u. Konterrevolution; sein Versuch einer Kritik der Marxschen Dialektik wurde nicht zu Ende geführt. Größeren Einfluß als Theoretiker hat K. nur in der ersten Hälfte der 20er Jahre u. auf seinen Schüler Bert Brecht erlangen können. Er geriet bis in die 50er Jahre fast völlig in Vergessenheit u. wird erst seit der Periode der Entstalinisierung bzw. seit Ende der 60er Jahre wieder stärker rezipiert.

W: u. a. Die Anwendung der Beweislastregeln im Zivilprozeß und das qualifizierte Geständnis. 1911; Marxismus und Philosophie. 1966; Karl Marx. 1967; Schriften zur Sozialisierung. 1969; Die materialistische Geschichtsauffassung. 1971; Politische Texte. 1974; Bibliogr.: Buckmiller, Michael, Bibliographie der Schriften Karl Korschs. In: Arbeiterbewegung. Theorie und Geschichte. Jahrbuch 1.: Über Karl Korsch. 1973; *L:* Weber, Wandlung; Buckmiller, Michael, Marxismus als Realität. Zur Rekonstruktion der theoretischen und politischen Entwicklung Karl Korschs. In: op. cit., S. 15-85; ders., Karl Korsch und das Problem der materialistischen Dialektik. Historische und theoretische Voraussetzungen seiner ersten Marx-Rezeption (1909-1923). 1976; Zimmermann, Leninbund. *Qu:* Arch. Hand. Publ. Z. - IfZ.

Kosel, Gerhard (-Heinz), Partei- u. Staatsfunktionär; geb. 18. Febr. 1909 Schreiberhau; *M:* Elise, geb. Klaas (geb., 1872); *StA:* deutsch, 5. Sept. 1938 Ausbürg., deutsch. *Weg:* 1932 UdSSR; Deutschland (DDR).

Stud. Architektur TH Berlin, Dipl.-Ing., Mitgl. *Roter Studentenclub*, 1931 KPD. 1932 Emigr. UdSSR, Architekt u. Dozent. 1955-61 Staatssekr. u. 1. stellv. Min. für Bauwesen, 1958-67 Mitgl. ZK der SED, 1961-65 Präs. Deutsche Bauakademie Berlin (Ost), bis 1964 Vors. Ständige Kommission Bauwesen im Rat für Gegenseitige Wirtschaftshilfe, ab 1964 Vorst-Mitgl. Deutscher Forschungsrat beim MinRat der DDR, ab Dez. 1965 stellv. Min. für Bauwesen. Wirkte Mitte der 70er Jahre als Berater des Min. für Bauwesen. - *Ausz.:* 1958 Med. für Kämpfer gegen den Faschismus 1933-1945, 1959 VVO (Silber), 1961 ProfTitel, 1963 NatPreis 2. Kl., 1974 VVO (Gold).

Qu: Arch. Hand. Z. - IfZ.

Koska, Willi, Parteifunktionär; geb. 9. Jan. 1902 Berlin, hinger. (?) 1937 Moskau; Diss.; *StA:* deutsch. *Weg:* 1933 F; 1935 UdSSR.

Dreher; 1916 Gew., 1917 sozialist. Jugendbewegung, 1921 KPD. Bis 1928 ehrenamtl. Funktionär, auf 12. PT 1929 Wahl zum Kand. des ZK; 1929-33 GenSekr. *Rote Hilfe* (RH), ab 1929 BezVO. in Berlin, ab Juli 1932 MdR. 1933 KL-Haft, Flucht u. Emigr. Frankr., Ltr. RH-Auslandsvertretung in Paris. 1935 nach Moskau, 1937 Verhaftung, vermutl. Hinrichtung durch NKVD.

L: Leonhard, Revolution; Weber, Wandlung; Gunderlach, Gustav, Erinnerungen. Die Rote Hilfe - Solidaritätsorganisation der internationalen Arbeiterklasse. In: BZG, H. 3/1977. *Qu:* Hand. Publ. Z. - IfZ.

Kosterlitz, Edith, Dr. jur., geb. Dosmar, Rechtsanwältin, Verbandsfunktionärin; geb. 26. Juni 1904 Mönchengladbach; jüd.; *V:* Arthur Dosmar (geb. 1871 Breslau, gest. 1936 Wuppertal-Elberfeld), jüd., Realgymn., Möbelgroßhändler, Vorst-Mitgl. Jüd. Gde. Elberfeld; *M:* Mathilde, geb. Wolf (geb. 1877 Worms, gest. 1947 New York), Lyzeum, 1939 Emigr. B; *G:* Kurt Dosmar (geb. 1905 Mönchengladbach, gest. 1968 New York), Abitur, Emigr. Österr., F, USA, Journ. u. Wirtschaftswissenschaftler; ∞ 1958 Otto Kosterlitz (geb. 1899 Naumburg/S.), jüd., Abitur, Schuhfabrikant, 1939 Emigr. GB, 1940 El Salvador u. USA; *StA:* deutsch, 1953 USA. *Weg:* 1933 B; 1947 USA.

388 Kostmann

1924-30 Stud. Rechtswiss. Köln, Bonn u. Frankfurt/M., 1930 Referendarin, 1932 Prom., zugl. Arbeit mit jugendl. Straffälligen in Bonn, Frankfurt/M. u. Wuppertal-Elberfeld. Vorst-Mitgl. von *Kameraden* u. JJWB. 1933 Ausschluß von der 2. jur. Staatsprüfung, Juni 1933 Emigr. nach Belgien mit Einwanderervisum, Privatsekr., 1935-40 für einen Rechtsanwalt tätig. Mai 1940-1943 im Untergrund, Herstellung von gefälschten Ausweisen u. Nachrichtenübermittlung für belg. u. franz. Widerstandsgruppen in Verb. mit ICEM. 1945-47 Ltr. des *Comité Israélite de Réfugiés Victimes des Lois Raciales* (COREF) Brüssel, Juni 1947 dessen Deleg. auf der ersten Konf. des *Council of Jews from Germany*. Juli 1947 mit Mutter Emigr. in die USA aufgrund eines Stellenangebots von → Herman Muller. 1947-48 für AFJCE tätig. Ab 1948 Mitarb., ab 1978 geschäftsf. Dir. URO New York, Rundfunkvorträge über das Problem der Jugendkriminalität. Mitgl. Congr. Habonim, LBI, *Blue Card* u. Exekutivausschuß AFJCE. Lebte 1978 in New York.

W: Schutzaufsicht für Jugendliche (Diss.). 1932. *Qu*: Fb. Pers. - RFJI.

Kostmann, Jenö, Journalist; *StA*: österr. *Weg*: 1938 (?) GB; 1945 Österr.

Vor 1938 illeg. KPÖ-Funktionär in Wien. Emigr. GB, vermutl. Mitgl. Parteigruppe der KPÖ in GB; Mitarb. *Free Austrian Movement* (FAM), maßgebl. Red. *Zeitspiegel*. Ab Nov. 1944 neben → Walter Hollitscher u. Ernst Buschbeck Mitarb. Erziehungskommission FAM. Herbst 1945 Rückkehr Wien, Red. *Volksstimme*. 1951-69 ZK-Mitgl. der KPÖ. Lebte nach 1977 in Wien.

W: Restive Austria. London (Austrian Centre) 1942; Austria Within. In: The Austrian Ally, London 1943 (?). *L*: Mareiner, Hilde, Zeitspiegel. Eine österreichische Stimme gegen Hitler. 1967; Maimann, Politik. *Qu*: Arch. Publ. - IfZ.

Koutnik, Max, Gewerkschaftsfunktionär; geb. 19. Sept. 1895 Wiesa/Böhmen, gest. 29. Okt. 1972 Böblingen; ∞ Marie, geb. Baudisch (1899-1976); *StA*: österr., 1919 CSR, deutsch. *Weg*: 1939 GB; 1945 CSR.

DSAP-Mitgl., bis 1938 Sekr. *Union der Textilarbeiter in der CSR* in Reichenberg. 1939 nach GB, Mitgl. TG, in der Auseinandersetzung über Haltung zur tschechoslow. Exilreg. für Zus-Arb. mit Edvard Beneš u. Eintritt der Sudetendeutschen in tschechoslow. Auslandsarmee; freiw. Meldung, 1940 für Teiln. am Frankreichfeldzug ausgezeichnet; Febr. 1940 Mitgr. u. Vertr. der Textilarb. im Ausschuß der *Landesgruppe England der deutschen Freigewerkschaftlichen Arbeiter- und Angestelltenorganisationen in der Tschechoslowakischen Republik*, daraufhin Ausschluß aus TG, vorüberg. Anschluß an tschechoslow. sozdem. Gruppe, Okt. 1940 zur neukonstituierten *DSAP-Auslandsgruppe* (→ Josef Zinner), Ende 1942 mit → Franz Kögler Ausschluß wegen Kritik an ZusArb. mit KSČ. 1945 Rückkehr in die CSR, Konsumangest. in Reichenberg, 1962 mit Ehefrau nach Kanada, 1964 Bundesrep. Deutschland.

L: Mitteilungen der Arbeitsgemeinschaft ehemaliger deutscher Sozialdemokraten aus der Tschechoslowakei, 6. Jg., Nr. 6/Dez. 1962; Bachstein, Jaksch; Menschen im Exil; Brügel, Johann Wolfgang, Zur Geschichte der Zinnergruppe, hg. von der Arbeitsgemeinschaft ehemaliger deutscher Sozialdemokraten aus der Tschechoslowakei. O. J. *Qu*: Arch. Pers. Publ. Z. - IfZ.

Kowalke, Alfred August Rudolf, Parteifunktionär; geb. 11. Apr. 1907 Rummelsberg b. Berlin, hinger. 6. März 1944 Berlin; *V*: Tischler, KPD-Funktionär, StadtVO. Berlin-Lichtenberg, nach 1933 wegen illeg. Tätigkeit 2 J. Gef., KL; ∞ led.; *StA*: deutsch. *Weg*: 1933 CSR; 1937 NL; 1941 Deutschland.

Tischlerlehre; 1925/26 Arbeit in Berlin u. Hamburg. 1921 KJVD, 1925 KPD, 1931-32 in Waffen- u. Munitionsbeschaffungsapparat, Ende 1932-Mai 1933 milpol. Lehrgang bei Moskau, Rückkehr nach Berlin. Nov. 1933 Flucht nach Prag, bis Herbst 1934 Abwehrmann bei der EmigrÜberprüfung, Herbst 1934-Febr. 1937 KSČ-Instrukteur Weipert/Sudentenl., Verbindungsmann zur KP Danzig, Einsatz im Bez. Halle/Sa.; Febr. 1937 i.A. des ZK über Paris nach Amsterdam, Instrukteur der AbschnLtg. West, Reisen nach Bremen u. Dortmund. Deckn. Johannes Kleubel. 1938-39 wegen Verletzung konspirativer Regeln Versetzung nach Arnheim zum Aufbau eines Flüchtlings-Hilfskomitees. Ende 1939-Herbst 1941 Schulungsarb. Amsterdam. Dez. 1941 i.A. von → Wilhelm Knöchel als Instrukteur über das Ruhrgeb. nach Berlin. Aufbau einer Postanlaufstelle, Verbindungsmann der Gruppe Uhrig zum ZK u. damit zur Org. der *Roten Kapelle* Amsterdam. Verb. zu Rosa Thälmann in Hamburg u. zu KPD-Gruppen in Leipzig u. Chemnitz. Ab Jan. 1942 engster Mitarb. Knöchels, u. a. zahlr. Beiträge in *Freiheit* Düsseldorf. Deckn. Karl Schütte. 2. Febr. 1943 Festnahme, 5. Nov. 1943 VGH-Todesurteil.

L: u. a. Schmidt, Deutschland; Klotzbach, Nationalsozialismus; Duhnke, KPD; Bludau, Gestapo. *D*: IfZ. *Qu*: Arch. Publ. - IfZ.

Kowalsky, Werner, Parteifunktionär; geb. 28. Dez. 1901 Lüdenscheid, gest.; Diss.; ∞ Charlotte; *K*: Helma; *StA*: deutsch, 4. Juli 1939 Ausbürg. *Weg*: 1935 UdSSR; NL; B; 1939 F (?).

Buchbinder, KPD-Mitgl., 1930-33 Ltr. KJVD-Lüdenscheid. 1933-35 illeg. Tätigkeit, Deckn. Bruno, Klaus, Claus. Okt. 1935 Deleg. sog. Brüsseler Konferenz der KPD in Kuncevo b. Moskau, Wahl zum ZK-Kand. (Deckn. Dobler, Kurt Doberer), 1936 Ltr. sog. *Wuppertaler Komitee* bei AbschnLtg. West Amsterdam, dann ZK-Instrukteur in Belgien, ltd. Mitarb. im *Edgar-André-Komitee* u. Landesltr. *Rote Hilfe*, Teiln. u. Ref. Gründungskonf. *Deutsche Jungfront* v. 17./18. Juli 1937 in Brüssel; Parteiausschluß aufgrund Verstoßes gegen KPD-Volksfrontpolitik durch Zugeständnisse an → Hans Ebeling; 1939 Festnahme durch belg. Polizei u. angebl. Überführung ins Lager St. Cyprien/Frankreich.

L: Duhnke, KPD. *Qu*: Arch. Publ. - IfZ.

Kowoll, Johann, Gewerkschafts- u. Parteifunktionär, Politiker; geb. 27. Dez. 1890 Laurahütte/Oberschlesien, gest. nach 1941 UdSSR; o.K.; *V*: Bergmann; ∞ Alice, Emigr. *Weg*: 1939 UdSSR.

Bau- u. Grubenarb., zeitw. Stenograf u. Kontorist, Maschinist in chem. Industrie; 1906 Gew., 1908 SPD, ab 1914 ehrenamtl., ab 1918 hauptamtl. BezLtr. *Zentralverband der Maschinisten und Heizer* Oberschlesien. Obmann *Arbeiter- und Soldatenrat* Laurahütte, Beauftragter des *Zentralrats der Arbeiter- und Soldatenräte* für Prov. Schlesien. Ab Jan. 1919 Red. *Volkswille* Kattowitz, BezSekr. der Freien Gewerkschaftskartelle in Oberschlesien, 1920 GewDeleg. beim dt. Bevollmächtigten für das Abstimmungsgeb. Oberschlesien. Ab März 1921 Vors. dt. sozdem. Partei in Oberschlesien, Chefred. *Volkswille,* Korr. *Volkswacht* Breslau. 1922 Wahl in Schlesischen Sejm, Mitgl. Polnischer Sejm, Warschau. Befürworter eines Bündnisses zwischen poln., jüd. u. dt. SozDem. in Polen, daraufhin bei Wahlen 1928 Verlust des Sejm-Mandats, da Teile der dt. SozDem. die Listenverb. mit der *Polnischen Sozialistischen Partei* (PPS) ablehnten; ab 1929 stellv. Vors. *Deutsche Sozialistische Arbeiterpartei Polens* als ZusSchluß der zum Bündnis mit der PPS bereiten sozdem. Regionalorg. - Nach 1933 enge ZusArb. mit *Sopade* Prag, Beteiligung an Schriftentransport ins Reich, Berichterstattung für *Deutschland-Berichte*, ab 1938 Hilfe bei Grenzübertritt von Flüchtlingen aus der CSR u. ihrer Weiterleitung nach GB. Sept. 1939 Flucht vor dt. Besetzung nach Lemberg, später Industriearb. in Moskau, nach 1941 mit Ehefrau bei Evakuierung in die Wolgadeutsche Republik umgekommen.

L: Wertheimer, Fritz, Von deutschen Parteien und Parteiführern im Ausland. 1930; Matull, Arbeiterbewegung. *Qu*: Arch. Publ. - IfZ.

Kox, Wilhelm Hubert Josef Maria, Parteifunktionär; geb. 8. Nov. 1900 Aachen-Burtscheid, hinger. 1940; Diss.; *V*: Hubert Josef K., Metzger; *M:* Maria Catharina Gertrud, geb. Tillmanns; ∞ Adolfine Stammen; *K:* 1 S; *StA:* deutsch. *Weg:* 1934 Saargeb.; 1935 F; CSR, UdSSR; 1936 (?) CSR; 1938 Deutschland.

Metzger; 1918 SAJ, 1920 KPD, Funktionär im Bez. Niederrhein, 1930-31 Sekr. Unterbez. Koblenz. 1931-33 Lenin-Schule der *Komintern* Moskau, Dez. 1933-Mai 1934 Sicherheitsbeauftragter in der von → Johann Fladung, → Siegfried Rädel u. → Herbert Wehner gebildeten illeg. Landesltg.; Deckn. Schenk oder Scherl. Mai 1934 im Parteiauftrag ins Saargeb., als sog. Reichstechniker verantwortlich für Herstellung u. Verteilung der Druckerzeugnisse der illeg. KPD; Deckn. Stegmann, Rudolf. März 1935 nach Paris u. Prag; Herbst 1935 UdSSR zur Untersuchung von Verstößen gegen Konspirationsregeln, die Verhaftungen im Saargeb. zur Folge hatten; 1936 Parteiausschluß. Ab Mai 1938 Mitarb. des tschechoslow. mil. Nachrichtendienstes in Berlin. Deckn. Willi Steinhard. Juli 1938 Verhaftung, Untersuchungshaft in Berlin-Moabit, 20. März 1940 VGH-Todesurteil. – Weitere Deckn. Fritz Herstmann (Horstmann?), Rudolf Winter, Friedrich Steiner.

L: Bludau, Gestapo; Wehner, Untergrundnotizen. *Qu:* Arch. Publ. - IfZ.

Kozlik, Adolf, Dr. jur., Publizist, Hochschullehrer; geb. Mai 1912 Wien, gest. 2. Nov. 1964 Paris; *V:* Taxichauffeur; *G:* Franz; ∞ Lolita (Spanierin), A: Mexico City; *StA:* österr. *Weg:* 1938 CH; 1939 USA; 1944 Mex.; 1949 (?) Österr.

Mitgl. *Vereinigung Sozialistischer Mittelschüler* in Wien, Ortsgruppenobmann; Stud. Rechtswiss. Wien, Mitgl. *Verband Sozialistischer Studenten Österreichs, SDAP, Republikanischer Schutzbund.* 1934 Teiln. an den Februarkämpfen, Verwundung. Neben → Joseph Simon Mitgr. *Georg-Weissel-Bund* u. ZK-Mitgl. *Rote Front,* Sommer 1934 nach Beitritt der *Roten Front* zur KPÖ Mitgl. der Minderheit, die die *Rote Front* selbständig weiterzuführen versuchte. Ab Herbst 1934 RSÖ. 1935 Prom., anschl. Gerichtsjahr. März 1938 unmittelbar nach Anschluß Flucht in die Schweiz, UnivAssist. in Genf. 1939 über Frankr. in die USA, bis 1941 Assist. u. Assist. Prof. Iowa State College in Ames/Ia., anschl. Prof. School of Advanced Studies in Princeton/N.J. – 1943 unter dem Namen Prof. William Norman Gr. u. Ltr. Informationsbüro für Europäische Wirtschaft, das US-Behörden wirtschaftl. Daten über Deutschland u. die besetzten Gebiete lieferte. Stand pol. angebl. dem Trotzkismus nahe. 1944 nach Stellungsbefehl für US-Army im Rang eines Oberst Aufdeckung der falschen Identität, Flucht nach Mexiko, zeitw. interniert. Unter Ps. Adolf Schretter Mitarb. *Demokratische Post,* nach Kriegsende Prof. Univ. Mexico City. Vermutl. 1949 Rückkehr nach Wien, Mitgl. SPÖ. 1950 Gastprof. Univ. Wien u. Sozialakademie der Wiener Arbeiterkammer, 1959-60 Konsulent Österreichische Länderbank für Lateinamerika, 1960-62 Ltr. Urania Wien; Ref. Otto-Bauer-Schule der SPÖ. 1962-63 Prof. für Wirtschaftswiss. Dalhausie Univ. Halifax/Kanada. 1963 Rückkehr nach Wien, beigeordneter Dir. Ford-Institut (später Institut für Höhere Studien und Wissenschaftliche Forschung). Starb auf dem Weg nach Mexiko zu Vortragsreise i.A. der Friedrich-Ebert-Stiftung Bonn-Bad Godesberg.

W: u. a. Volkshaushalt und Dein Haushalt. 1961; Warum steigen die Preise? 1964; Wie wird wer Akademiker? 1965; Der Vergeudungskapitalismus. 1966; Volkskapitalismus. 1968. *L:* Vorbemerkung des Verlages in: Kozlik, Adolf, Wie wird wer Akademiker? 1965; DBMOI; Simon, Autobiogr. *Qu:* Arch. Publ. Z. - IfZ.

Krahl, Franz, Dr. rer. pol., Journalist; geb. 14. Nov. 1914 Berlin; *StA:* deutsch. *Weg:* 1936 CSR; 1939 GB; 1945 (?) Deutschland (Berlin).

Nach 1933 illeg. Tätigkeit, 1934-36 KL-Haft, Ende 1936 Flucht in die CSR, 1939 über Polen u. Schweden nach GB. Nach Kriegsende Rückkehr, Mitgl. SED, Stud. Wirtschaftswiss., Dipl.-Wirtschaftler, Prom.; 1955 wiss. Aspirant am Institut für Gesellschaftswissenschaften beim ZK der SED, 1955-56 RedMitgl. *Wirtschaftswissenschaft* Berlin (Ost); zeitw. Korr. *Neues Deutschland* (ND) in London, 1963-66 ND-Korr. in Moskau, danach Kommentator des ND. – *Ausz.:* u.a. 1960 Franz-Mehring-Ehrennadel, 1964 VVO (Bronze).

Qu: Hand. - IfZ.

Krakauer, Kurt, Dr. jur., Werbeleiter, Verbandsfunktionär; geb. 7. Mai 1902 Schoppinitz/Oberschlesien; *V:* Jacob K.; *M:* Valeska, geb. Weiss; ∞ 1937 Rose Buck, Sängerin; *K:* Ronald. *Weg:* 1937 Bras.

1925 Prom. Breslau; 1925-27 Syndikus von Industriebetrieben im Norden u. Osten Deutschlands, 1927-36 Syndikus in Berlin; Mitgl. K. C.; 1937 Emigr. Brasilien, seit 1938 Inh. u. künstlerischer Ltr. eines Werbebüros in Rio de Janeiro, 1953-54 Mithg. der ersten brasilian. zion. dt.-sprach. Monatsschrift *Neue Jüdische Rundschau,* 1959-61 Mithg. der dt.-zion. Monatsschrift *Porvenir-Zeitschrift für alle Fragen des jüdischen Lebens* Buenos Aires. GenSekr. *Bund Allgemeiner Zionisten* Brasilien, stellv. Präs. des *Lateinamerikanischen Bundes Allgemeiner Zionisten,* DirMitgl. *B'nai B'rith* in Rio de Janeiro u. der *Associação Brasileira de Propaganda,* zeitw. Präs., Vizepräs. u. VorstMitgl. von ARI Rio de Janeiro, Deleg. zum 27. Zion. Kongreß in Jerusalem, stellv. Deleg. im Aktionskomitee der *Jew. Agency.* Lebte 1972 in Rio de Janeiro. – *Ausz.:* 1962 Verdienstorden der *Associação Brasileira de Propaganda.*

Qu: Hand. - RFJI.

Kralik, Lya, geb. Rosenheim; geb. 22. Okt. 1901 Wesel/Rheinl.; Diss.; *V:* Siegmund R. (geb. 1867), Landwirt, jüd.; *M:* Johanna, geb. Isaac (geb. 1868), jüd.; ∞ 1929 Hanns K. (1900-71), Kunstmaler, Emigr.; *StA:* deutsch, Ausbürg., deutsch. *Weg:* 1934 NL, F; 1945 Deutschland (BBZ).

1918-19 Handelshochschule Duisburg, 1925 Bibliothekarausbildung, 1925-33 kaufm. Angest., 1929-33 Betriebsratsvors., Marxistische Arbeiterschule. KPD, nach 1933 illeg. Tätigkeit, Haft, Febr. 1934 Freispruch mangels Beweisen. Apr. 1934 Flucht nach Holland, Okt. 1934 Frankr. 1934-39 Bibliothekarin u. Archivarin *Deutsche Freiheits-Bibliothek.* Deckn. Inge. Mai-Sept. 1940 Internierung Gurs. 1940-42 in Albi, anschl. bis 1944 Lyon. Wehrmachtsprop., Mitarb. bei Hg. der Zs. *Soldat am Mittelmeer* u. *Unser Vaterland.* 1943-45 Beauftragte KFDW/CALPO unter Ltg. von → Otto Niebergall. Deckn. Yvonne Colette Martin. Über Paris Juni 1945 illeg. nach Düsseldorf zum Wiederaufbau der KPD. 1950-52 1. Sekr. *Kulturbund zur demokratischen Erneuerung Deutschlands* in Düsseldorf, 1953 bis Verbot 1957 Ltg. marxist. Verlag Das Neue Wort, ab 1968 Tätigkeit in DKP. VorstMitgl. *Interessengemeinschaft ehemaliger deutscher Widerstandskämpfer in den vom Faschismus okkupierten Ländern.* Lebte 1975 in Düsseldorf.

L: Schaul, Résistance. *Qu:* Fb. Publ. - IfZ.

Kramer, Asher (urspr. Adolf), Ministerialbeamter; geb. 8. Jan. 1905 Wien; jüd.; *V:* Dr. phil. Jacob K. (geb. 1876 Kismarton/Burgenland, gest. 1921 Davos), Rabbiner in Karlsruhe; *M:* Röschen, geb. Singer (geb. 1878 Schubin/Posen, gest. 1960 Jerusalem), jüd., KL in Deutschland u. Lager Gurs/F., 1947 Emigr. Pal.; *G:* Ignaz (geb. 1906 Karlsruhe, umgek. 1941 KL Sachsenhausen), jüd., Stud. Phil. u. Math. Berlin, Bankdir.; ∞ 1934 Karoline Lipinski (geb. 1908 Frankfurt/M., gest. 1966 Jerusalem), jüd., Stud. Lehrerseminar Frankfurt/M., Emigr. Pal.; Haushalthilfe, Mitgl. *Haganah,* 1948-56 Lehrerin in der Einwandererhilfe; *K:* Dina Sheni (geb. 1941 Pal.), Stud. Lehrerseminar Tel Aviv Univ., Lehrer Kibb. Gan Shemuel; *StA:* deutsch, Pal./IL. *Weg:* 1933 Pal.

Gymn. Karlsruhe, kaufmännische Angest.; 1933 Emigr. Palästina mit Besuchervisum, später Änderung in A I-Zertifikat, 1933-40 Geschäftsf. Druckereibedarfshandlung in Shekhunat Borochow (jetzt Givatayyim), gleichz. Heimstud. Volkswirtschaft u. Buchhaltung, Examen *Assn. of Certified and Public Accountants of London.* 1936-40 *Haganah,* 1941-47 Mitarb. Nahost-Büro des Zahlmeisters der brit. Armee, 1947-48 *Haganah* in Jerusalem, 1948-49 IDF. Ab 1950 Angest. isr. Rechnungshof, später AbtLtr. Rechnungsprüfung (Sonderfälle), gleichz. Berater für Budget- u. Finanzfragen; 1952 staatl. Examen für Rechnungsprüfer. 1967 Hilfspolizist im 6-Tage-Krieg. Ab 1972 Berater für Budget- u. Finanzfragen am isr. Rechnungshof. Mitgl. *Inst. of Certified and Public Accountants in Israel.* - *Ausz.:* Orden des Unabhängigkeitskrieges (1948) u. 6-Tage-Krieges (1967).

Qu: Fb. - RFJI.

Kramer, Erwin, Staatsfunktionär; geb. 22. Aug. 1902 Schneidemühl/Westpr.; *V:* Lokomotivführer; *K:* 4 S, 1 T; *StA:* deutsch. *Weg:* 1932 UdSSR; 1937 E; 1939 F, UdSSR; 1945 Deutschland (Berlin).

Abitur, Lehrling Reichsbahnausbesserungswerk Schneidemühl; 1923-29 Stud. Elektronik u. MaschBau TH Berlin, Mitgl. *Roter Studentenbund* u. KJVD, 1929 KPD; 1930 Dipl.-Ing.; Experte für Bahnwesen im MilApp. der KPD, 1932 Emigr. UdSSR. In Moskau Mitarb. Zentrales Forschungsinstitut für Verkehrswesen (u. a. Mitwirkung beim Bau der Metro). 1937-39 Span. Bürgerkrieg, Transportexperte Internat. Brigaden (Offz.). Anschl. in Frankr. Internierung, nach Freilassung Rückkehr in die UdSSR. Nach dt. Einmarsch Evakuierung nach Kuibyšev, Mitarb. dt. Abt. *Radio Moskau.* 1945 Berlin, Mitgl. KPD/SED; Hilfsdezernent, später Vizepräs. der Reichsbahndir. Berlin, 1949-50 stellv. u. 1950-54 GenDir. Deutsche Reichsbahn, 1953 stellv. Min. für Eisenbahnwesen, 1954-70 Min. für Verkehrswesen; ab 1954 ZK-Mitgl.; ab 1958 MdVK, 1971 stellv. Vors. Interparlamentarische Gruppe u. Mitgl. Ausschuß für Auswärtige Angelegenheiten. Lebte 1977 als Parteiveteran in Berlin. - *Ausz.:* u.a. Dr.-Ing. h.c., 1962 VVO (Gold), 1967 Ehrenspange zum VVO (Gold), 1970 Karl-Marx-Orden u. Orden des Vaterl. Krieges 2. Grades (UdSSR), 1977 Gr. Stern der Völkerfreundschaft.

L: Dallin, Sowjetspionage; Pasaremos; Beer-Jergitsch, Litti, 18 Jahre in der UdSSR (unveröffentl. Ms.). *Qu:* Hand. Publ. Z. - IfZ.

Kranold, Hermann Kuno Julius, Kommunalpolitiker, Hochschullehrer; geb. 9. März 1888 Hannover, gest. Juli 1942 Talladega/Ala., USA; *V:* Julius K. (1858-1918); *M:* Anna, geb. Hesterberg (1864-98); *G:* Albert (1889-1944), sozdem. Journ. u. Schriftst., 1933 KL; Julius (geb. 1892); Annemarie Geyer (geb. 1903), 1931 CH; ∞ 1922 Sofie Steinhaus (geb. 1889 Tarnopol/Galizien, gest. 1942 Talladega), Kunsthistorikerin, Sozialpol., SPD, 1934 Emigr. GB, 1936 USA; *K:* Candida (geb. 1920); *StA:* deutsch. *Weg:* 1934 GB; 1936 USA.

Stud. Lausanne, München, Tübingen. Frühzeitig SPD, Vertr. des linken *Hannoveraner Arbeitskreises* der Jungsozialisten in Opposition zum *Hofgeismarer Kreis*. 1925-32 Landrat Sprottau/Schlesien, Entlassung nach sog. Preußenschlag, Bürgerm. Hainau/Schlesien, März 1933 Wiederwahl; bis Herbst 1934 Haft, Emigr. GB; Sprachlehrer, Kontakte zur *Fabian Society*. Ab Herbst 1936 Assist. Prof. für Volkswirtschaft Talladega College, USA.

W: Arbeiterjugend und bürgerliche Jugend. 1917; Die Vereinigten Staaten von Europa. 1924; The International Distribution of Raw Materials. London. (Routledge) 1938. *L:* Osterroth, Biogr. Lexikon. *Qu:* Hand. Publ. - IfZ.

Kraschutzki, Heinrich Richard Albert, Journalist, Sozialarbeiter; geb. 20. Aug. 1891 Danzig; ev., 1925 Diss.; *V:* Franz K. (1856-1933), ObergenArzt, NSDAP; *M:* Lucie, geb. Wilcke (1864-1955); *G:* Lucie Siegfried (geb. 1886), Lehrerin; Wolfgang Kraneck (Namensänderung) (geb. 1900, gef. 1943), Landgerichtsrat, NSDAP; ∞ 1919-37 u. 1946 Luise Freiin von Eynatten (geb. 1897), 1932 Emigr. E, 1936 Deutschland; *K:* Hans-Adolf (1920-73), Kaufm.; Jürgen (geb. 1922), Aquariumsfachmann in E; Benita v. Gablentz (geb. 1925); Peter (geb. 1927, gef. 1945); alle 1931 Emigr. E, 1936 Deutschland; *StA:* deutsch, 29. März 1934 Ausbürg., 1949 deutsch. *Weg:* 1932 E; 1946 Deutschland (Berlin).

Abitur, 1910-18 Kriegsmarine (Kapitänlt.), 1918 *Soldatenrat Bremerhaven,* 1919-26 Prokurist Itzehoe, 1923 *Deutsche Friedensgesellschaft* (DFG), 1926-32 Red. DFG-Zs. *Das Andere Deutschland.* Als führender pazifist. Propagandist 1932 Emigr. nach Mallorca, selbst. Kaufm., Mitarb. saarländ., österr., poln., niederländ. u. elsäss. Zs.; 1936 Verhaftung, von falangist. Mil-Gericht zu 30 J. Gef. verurteilt. Okt. 1945 Entlassung nach brit. Intervention. 1946 Angest. Trade and Commerce Branch, OMGUS Berlin; 1946-48 Doz. für Gesch. Pädagogische Akademie Potsdam, Entlassung aus pol. Gründen; 1948-56 Oberfürsorger an Strafanstalten in Berlin (West). Ab 1947 *Internationale der Kriegsgegner,* 1947-62 Mitgl. ihres Internationalen Rats, Dez. 1949 Deleg. Weltfriedenskonf. Indien. 1961 Niederlassung auf Mallorca, lebte 1975 in Cala Ratjada.

W: Die verborgene Geschichte des Korea-Krieges. 1955; Die Untaten der Gerechtigkeit. München 1967. *Qu:* Arch. Fb. Hand. - IfZ.

Kratena, Franz, Parteifunktionär; geb. 3. Febr. 1899 Ruppersdorf/Nordböhmen; kath., 1926 Diss.; *V:* Josef K. (1872-1940), Eisenbahner, SozDem.; *M:* Maria (1876-1942); ∞ 1930 Gisela Raab (geb. 1907), Textilarb., 1938 Emigr. GB, 1944-69 Näherin; *K:* Hilda (geb. 1920), A: Berlin (West); *StA:* österr., 1919 CSR, 1951 brit. u. 1959 deutsch. *Weg:* 1938 GB.

1915-17 Lehre in Textilindustrie, 1917-18 MilDienst in österr.-ungar. u. 1921-22 in tschechoslow. Armee, 1920-38 Mitgl. *Arbeiter-Turn- und Sport-Union der ČSR (ATUS-Union),* 1928-38 Erzieher bei ATUS Bez. Braunau u. 1931-38 Kr. Trautenau; 1921-33 Mitgl. *Union der Textilarbeiter in der ČSR,* 1924-38 DSAP, 1934-38 Mitgl. DSAP-BezAusschuß Braunau; 1935-38 Mitgl. Zentralstelle für das Bildungswesen der DSAP, Mitgl. PV u. BezLtr. RW. Sept. 1938 ins Landesinnere, dann über Polen nach GB, Mitgl. TG-Landesvorst.; 1938-40 Ltr. eines EmigrHotels, 1940-64 Weizenmüller, 1940-46 Mitgl. *Internat. Friendships' Club,* 1940-64 Transportgew., ab 1960 *Labour Party.* Lebte 1977 in Bearsden/Schottland.

Qu: Arch. Fb. - IfZ.

Kraus, Arie, Verbandsfunktionär; geb. 19. Sept. 1909 Berlin; jüd.; *V:* Abraham J. K. (geb. 1869 Brzezanyn/Galizien, gest. 1953 Tel Aviv), jüd., Stud. Jeschiwah, Kaufm., Zion., Mitgr. Schiwat Zion Syn. Berlin, 1933 illeg. Emigr. Pal.; *M:* Debora, geb. Ashkenazy (geb. 1869 Zbaraz/Galizien, gest. 1947 Tel Aviv), jüd., 1935 Emigr. Pal.; *G:* Isidor (geb. 1897 Brody/Galizien, umgek. im Holokaust), Handelsvertr.; Fanny (geb. 1901 Berlin), Buchhalterin, Nov. 1935 Emigr. Pal.; Else (geb. 1905 Berlin, gest. 1968 Tel Aviv), Verkäuferin, 1934 Emigr. Pal.; ∞ 1954 Hannah Willig (geb. 1914 New York), jüd., M. A., 1942-46 Diätassist. US-Army Hospital, 1947-54 Lehrerin, 1954 nach IL, 1954-74 Hauswirtschaftslehrerin in Jerusalem; *StA:* staatenlos; Pal./IL. *Weg:* 1933 Pal.

1917-25 Gymn. Berlin, Mitgl. *Brith Haolim,* 1925-27 kaufm. Lehre, 1928-30 kaufm. Angest., später landwirtschaftl. Hachscharah. 1933 Emigr. Palästina mit C-Zertifikat, KibbMitgl., 1935-38 Abordnung vom Kibb. zu chaluzischer Jugendbewegung *Mahanot haOlim,* 1939-41 Dir. ArbJugendbewegung *Noar haOved* Tel Aviv, 1941-42 Sekr. landwirtschaftl. Schule Yagur in Haifa; 1942-46 Dienst in brit. Armee. 1946-51 geschäftsf. Red. Arbeiterjugend-Zs. *BaMaaleh,* 1951-66 Dir. Jugend-Abt. u. 1966-72 Dir. Projektabt. des *Keren Hayessod,* verantwortl. für Wohnungsbauprogramm für Einwanderer; zeitw. Mitgl. *Haganah-Loge* des *B'nai B'rith* in Jerusalem. Lebte 1977 in Jerusalem.

Qu: Fb. Hand. - RFJI.

Kraus, Hans Peter, Verleger; geb. 12. Okt. 1907 Wien; *V:* Emil K.; *M:* Hilda, geb. Rix; ∞ 1940 Hanni Zucker Hale; *K:* Mary Ann Mitchell, Barbara Gstalder, Evelyn Rauber; Susan Lilian Nakamura, Kunstphotographin; Hans Peter; *StA:* österr., 1945 USA. *Weg:* 1939 S, USA.

Stud. Handelsakad. Wien. 1939 Emigr. USA, 1940 Gr., bis 1970 Teilh. H. P. Kraus New York (Antiquariatsbuchhandel, insbes. alte Handschriften u. Drucke). 1948-68 Gr. u. Präs. Kraus Periodicals Inc. New York, 1962-68 Kraus Reprint Corp. New York (mit dt. Abt. in Liechtenstein), 1962-69 Gr. u. Präs. Bach Issues Corp., ab 1968 AR-Vors. Kraus Thomson Org. Ltd. New York. Ab 1969 Kuratoriumsmitgl. *Yale Library Assoc.*, Mitgl. *Bibliophile Soc. of Am., Bibliophile Soc. of London, Gutenberg-Gesellschaft.* 1969 Stiftung bedeutender Dokumenten- u. Briefsammlung zur span.-am. Gesch., einschließl. Reiseberichte von Amerigo Vespucci (1497-1502), an Library of Congress Washington/D.C. Lebte 1975 in Ridgefield/Conn. - *Ausz.:* 1951 Chevalier de la Légion d'Honneur, 1969 Hon. D. Litt. Univ. of Brigdeport/Conn.

W: Inter-American and World Book Trade. (Privatdruck) 1944; On Book-Collecting. The Story of my Drake Library. 1969; Sir Francis Drake. A Pictorial Biography. 1970; A Rare Book Saga. The Autobiography of H. P. Kraus. 1978. *Qu:* Hand. Z. - RFJI.

Kraus, Hertha, Dr. rer. pol., Sozialarbeiterin, Hochschullehrerin; geb. 11. Sept. 1897 Prag, gest. 16. Mai 1968 Haverford/Pa., USA; Quäkerin; *V:* Alois Krauß (geb. 1863 Cerhenic/Böhmen, gest. 1953 Bryn Mawr/Pa.), Hochschullehrer in Frankfurt, 1938 Emigr. USA; *M:* Hedwig, geb. Rosen; *G:* Wolfgang (geb. 1905), Assist. rechtswiss. Fak. Univ. Frankfurt, 1933 Emigr. USA, Hochschullehrer George Washington Univ.; ∞ led.; *StA:* deutsch, 1939 USA. *Weg:* 1933 USA.

1919 Prom. Frankfurt/M.; nach Nov. 1918 Ltr. des Hilfskomitees u. 1920-23 Ltr. der Kinderernährungsstelle des *Am. Friends Serv. Committee* Berlin, 1923-33 Dir. Abt. für öffentl. Wohlfahrtspflege der Stadt Köln, Mitgl. von BezKomitees versch. sozialer Einrichtungen, Doz. Schule für Sozialarb. in Köln, Gr. Altersheim Riehler Heimstätten u. Quäker-Nachbarschaftsheim. 1933 Emigr. USA, 1933-34 Beraterin einer Forschungsgruppe für Gemeindearb. u. Wohnungsbau der *Fam. Welfare Assn. of Am.* u. der *Russell Sage Foundation.* 1934-36 Prof. für Sozialarb. am Margaret Morrison Coll. u. am Carnegie Inst. Technol. in Pittsburgh, ab 1936 Assoc. Prof. für Sozial- u. Wirtschaftsgesch. am Bryn Mawr Coll./Pa., 1963 Ruhestand. Mitarb. in *Am. Friends Serv. Committee,* 1937-38 Flüchtlingsberatung, 1939-43 Beraterin der Flüchtlingsabt. u. Ltr. von Hilfsprojekten, Sommer 1939 Ltr. eines Ausbildungszentrums in Kuba, 1940-45 Mitgl. Exekutivkomitee des *Emergency Committee in Aid of Displaced Foreign Scholars,* jeweils im Sommer 1940, 1941, 1942 Ltr. des *Am. Seminar for Refugee Scholars and Artists,* 1948 Mitgl. geschäftsf. Ausschuß für Auslandshilfe sowie Mitgl. Landesausschuß des *Am. Friends Service Committee.* Zugl. Beratertätigkeit: 1934 Dir. of Subsistence Homesteads beim US-Innenmin., 1936 *Social Security Board,* 1943-45 Office of Foreign Relief and Rehabilitation in Washington/D.C., 1947 *Russell Sage Foundation,* 1948 Sonderberaterin der Wohlfahrtsstelle der MilReg. in Deutschland- 1950 Sonderberaterin für Sozialpolitik bei Alliierter Hoher Kommission in Deutschland, 1952 Beraterin für Gde-Verw. am Inst. for Urban Studies der Univ. Pennsylvania, 1938 u. 1942 Doz. Univ. Washington, 1942 Assoc. Prof. für internat. VerwKunde Columbia Univ., 1943 am Swarthmore Coll., 1944, 1951-52 am Haverford Coll., 1944-46 am Teaching Center der UNRRA. Mitgr. u. Ehrenpräs. des Direktoriums des Altersheims für Flüchtlinge *New Jersey Fellowship for the Aged (Newark House),* Mitgl. *Am. Soc. Publ. Admin., Am. Sociol. Soc., Am. Publ. Welfare Assn., Am. Assn. Social Workers, Soc. Friends.*

W: Work Relief in Germany. 1934; Aiding the Unemployed. 1935; Social Study of Pittsburgh (Mitverf.). 1938; International Relief in Action. Selected Records with Notes, 1914-43. 1944; Social Casework in USA. Theorie und Praxis der Einzelhilfe. (Hg.) 1949, 1950; Von Mensch zu Mensch. ‚Casework' als soziale Aufgabe. 1949; Common Service Resources in a Free Society. Attempt at a Frame of Reference. 1954; E. H. Litchfield (Hg.), Governing Postwar Germany (Mitarb.). 1953; H. M. Teaf u. P. G. Franck (Hg.), Hands Across Frontiers (Mitarb.). 1955; International Cooperation for Social Welfare. A New Reality (Hg.). 1960; Art. in Fachzs. *L:* N. d. W.; Fraenkel, Martha, Cooperative Residence Living for Aged Nazi Victims. Thirty years of Service 1942-72. 1974. *D:* Bryn Mawr Coll. *Qu:* EGL. Hand. Publ. Z. - RFJI.

Kraus, Max William, Journalist, Diplomat; geb. 2. Jan. 1920 Augsburg; ∞ Louise Matwijenko, gesch.; *StA:* 1943 USA. *Weg:* 1934 (?) USA.

Höhere Schule; 1934 (?) Emigr. USA; 1937-41 Stud. Harvard Univ., 1941 B. A., 1941-45 MilDienst, 1945-49 Schriftltr. bei OMGUS München. Ab 1950 im US-Außenmin., zunächst 1950-53 Red. im InfoDienst, 1953 Übers. für USIA, 1954-56 Ltr. Bild- u. PublAbt., 1956-57 Planungs- u. pol. Abt. in Rom, 1957-61 im Public Affairs Off. in Mailand, Konsul in Mailand. Zugl. 1961-64 stellv. Ltr. des Public Affairs Off. in Phnom Penh, 1964 Ltr. des Public Affairs Off. in Stanleyville/Kongo, 1964-65 Presse-Attaché in Leopoldville/Kongo, 1965-67 Personalinspektor des Auslands-Nachrichtendienstes u. Ltr. des Auslandsdienstes der *Voice of America* Washington/D. C., 1967-72 im InfoDienst in Paris, seit 1972 beim Public Affairs Off. der ständigen US-Mission der UNO-Deleg. in Genf. Mitgl. *Am. Foreign Serv. Assn., Am. Internat. Club of Geneva.* Lebte 1978 in Genf. - *Ausz.:* 1972 Ausz. des US-Außenmin.

Qu: Hand. - RFJI.

Krause, Eberhard Paul Otto **von,** Diplomat; geb. 10. Mai 1911 Bad Kreuznach/Nahe, ev.; *V:* Dr. jur. Paul v. K. (1882-1946), ev., bis 1933 RegVizepräs.; *M:* Luise, geb. Strauß (1886-1918), jüd., später ev.; *G:* 1 S; ∞ 1935 Altona, Käthe Schultze (geb. 1908), ev., Fürsorgerin, Emigr.; *K:* Monique Caparros (geb. 1937), Gabrielle Schneider (geb. 1941), Elisabeth Grenard (geb. 1943), Paul (geb. 1945), alle in F; *StA:* deutsch. *Weg:* 1934 F.

Ab 1929 Stud. Rechtswiss. Freiburg/Br., Königsberg, München, Breslau, 1933 Referendarexamen, keine Aufnahme in jur. Vorbereitungsdienst, kaufm. Lehre in Hamburg; Nov. 1934 Emigr. Frankr., 1935-38 Kleinhändler in Paris, 1939 Arbeiter in landwirtschaft. Siedlung der prot. Kirche, Sept. 1939-Sept.1940 Internierung, dann Prestataire, anschl. Landarb., ab 1944 Kleinpächter in Pujols/Dépt. Lot et Garonne; Beherbergung dt. Angehöriger der Résistance. 1949-52 Gutsverw. eines ev. Waisenhauses in Saverdun. Ab 1952 Angest. dt. Delegation bei Europ. Konf. zur Org. der Agrarmärkte, 1955 Angest. Dt. Botschaft Paris, 1956-60 Vizekonsul Lille, dann Referent für Wiedergutmachung Botschaft Paris, 1967 LegRat 1. Kl., zuletzt Botschaftsrat, 1976 Ruhestand. Lebte 1978 in Meudon-la-Forêt. - *Ausz.:* 1962 Ehrenmitgl. *Solidarité des Réfugiés Israélites,* 1976 Kommandeurkreuz Ordre National du Mérite.

Qu: Fb. Z. - IfZ.

Krause, Friedrich, Journalist, Verleger; geb. 16. Dez. 1897 Leipzig, gest. 13. Mai 1964 Lausanne; *V:* Rudolph K., Vorarb.; *M:* geb. Schaaf; ∞ I. Elisabeth Seidel (geb. 1890), 1933 gesch.; II. Rita Maas (geb. 1903), Emigr.; *K:* aus II: Sonja (geb. 1933); *StA:* deutsch, 27. Okt. 1937 Ausbürg. mit Fam. *Weg:* 1933 Österr.; 1937 CH; 1938 USA; Deutschland (BRD).

Stud. Politologie u. Zeitungswiss. Leipzig, anschl. Bankangest., Juni 1929-März 1932 Lokalred. *Neue Leipziger Zeitung,* Chefred. *Tessiner Illustrierte.* Okt. 1933 Emigr. nach Bregenz, Miteigentümer Europa-Verlag Zürich, Lektor u. Korrektor im Verlag Oprecht & Helbling. Ab 1934 Verb. zu → Otto Straßer, Pläne für eine Europäische Legion gegen den NatSoz., Kontakte zu → Max Braun u. → Hubertus Prinz zu Löwenstein. Gr. Sektion Ostschweiz der *Paneuropa-Bewegung.* Aug. 1937 (März 1938 ?) Verlegung des Hauptwohnsitzes in die Schweiz, ab Nov. 1938 Vertr. von Oprecht & Helbling, Europa-Verlag u. der antinatsoz. Schweizer Verlage Jean Christophe, Humanitas u. Vita Nova in New York, Ltr. *Free German Literature Center* u. des Verlags Friedrich Krause; nach Kriegsende Hg. der Reihe *Dokumente des anderen Deutschland,* in der er 1945 das pol. Testament Goerdelers publizierte. Später Rückkehr nach

Europa, Inh. Bollwerk Verlag u. Brückenbauer Verlag Frankfurt/M., Vorträge im Rahmen der Erwachsenenbildung u. in Amerika-Häusern, pol. Berater *Arbeitsgemeinschaft demokratischer Kreise*. Lebte zuletzt in Lausanne.

L: Stahlberger, Peter, Der Züricher Verleger Emil Oprecht und die deutsche politische Emigration 1933–1945. 1970. *Qu:* Arch. Hand. Publ. – IfZ.

Kraushaar, Luise, Publizistin; geb. Febr. 1905; ∞ im 2. WK François Nide (Deckn.), Teiln. Span. Bürgerkrieg, Angehöriger der Résistance; *K:* 2 T, beide 1934 in die UdSSR, 1945 Rückkehr nach Deutschland (SBZ); Marguerite (geb. im 2. WK in Südfrankreich.). *Weg:* 1934 F; 1945 Deutschland (SBZ).

Angest., 1924 KPD. 1933 illeg. Tätigkeit, 1934 im Parteiauftr. Emigr. nach Frankr., Mai 1940 Verhaftung, Internierung in Gurs, Juni 1940 Flucht nach Toulouse, Mitarb. der dortigen KPD-Landesltg., ab Nov. 1943 nach Marseille, dort Mitgl. der 3köpfigen Parteiltg. u. Mitwirkung bei Herstellung u. Verbreitung *Unser Vaterland. Organ der Bewegung Freies Deutschland für Südfrankreich/Mittelmeerküste,* nach Befreiung CALPO-Beauftr. in KriegsgefLagern. Deckn. Marie-Louise Parmentier. 1945 Rückkehr nach Deutschland (SBZ). Als wiss. Mitarb. Institut für Marxismus-Leninismus beim ZK der SED insbes. Propagandistin des KPD-Widerstands. Lebte 1975 in Berlin (Ost).

W: u.a. Zur Tätigkeit und Wirkung des „Deutschen Volkssenders" (1941–1945). In: BZG 1964; Während des zweiten Weltkrieges in Paris, Nimes und Marseille. In: Voßke, Heinz (Hg.), Im Kampf bewährt (Erinn.). 1969; Deutsche Widerstandskämpfer 1933–1945. Biographien und Briefe. (Hg.). 1970 *L:* Schaul, Résistance; Pech, Résistance. *Qu:* Erinn. Publ. Z. – IfZ.

Krautter, Ida, Parteifunktionärin; geb. 1902; ∞ → Paul Krautter; *StA:* deutsch. *Weg:* 1934 F; 1941 Mex., 1946 Deutschland (Berlin).

Buchbinderin; 1919 SPD, 1922 KPD, Parteifunktionärin, u.a. BezLtr. *Roter Frauen- und Mädchen-Bund* in Halle. Nach natsoz. Machtübernahme illeg. Tätigkeit in Berlin. Sept. 1933 Verhaftung, 1934 Emigr. nach Frankr., nach Kriegsausbruch Internierung in Frauengef. Petite Roquette Paris, anschl. Lager Rieucros. Dez. 1941 nach Mexiko, ab Grdg. 1942 Mitgl. BFD, Mitgl. *Heinrich-Heine-Klub* u. *Demokratische Deutsche Frauenbewegung.* 1946 Rückkehr nach Berlin, Tätigkeit im Justizwesen der SBZ/DDR, zeitw. Jugendrichterin beim LG Berlin, später Volksrichterin u. Verbandsfunktionärin. Lebte 1974 in der DDR.

L: Kießling, Alemania Libre; Pech, Résistance. *Qu:* Publ. Z. – IfZ.

Krautter, Paul, Gewerkschaftsfunktionär; geb. 22. März 1902, gest. 1961; ∞ Ida (→ Ida Krautter); *StA:* deutsch. *Weg:* 1936 UdSSR, CH, F; 1941 Mex.; 1946 Deutschland (SBZ).

Elektromonteur; 1923 KPD, Funktionär DMV, ab 1929 Ltr. RGO-Metall, 1933–36 illeg. Tätigkeit, 1936 über die UdSSR u. Schweiz nach Frankr., GewArb., Mitgl. *Koordinationsausschuß deutscher Gewerkschafter in Frankreich;* nach Kriegsausbruch Internierung u.a. in Le Vernet; Dez. 1941 nach Mexiko, ab Grdg. Anfang 1942 Mitgl. BFD-Ausschuß, Mitgl. *Heinrich-Heine-Klub;* führender Funktionär der KPD-Gruppe Mexiko. 1946 in die SBZ. GewFunktionär, ltd. Funktionen in Industriegruppe Metall des FDGB, zuletzt Mitgl. FDGB-Bundesvorstand.

L: Schmidt, Deutschland; Kießling, Alemania Libre; Pech, Résistance. *Qu:* Publ. Z. – IfZ.

Krebs, John Hans, Rechtsanwalt, Politiker; geb. 17. Dez. 1926 Berlin; *V:* James L. K.; *M:* Elizabeth, geb. Stern; ∞ 1956 Hanna Jacobson; *K:* Daniel Scott, Karen Barbara; *StA:* USA. *Weg:* 1933 USA.

Okt. 1933 Emigr. USA mit Familie. 1950 A. B. Univ. Calif. in Berkeley, 1952–54 MilDienst, 1957 LL. B. Univ. Calif. Hastings Coll. of Law in San Francisco, seit 1957 RA. 1965–69 Vors. Fresno County Democratic Central Committee, Mitgl. Fresno County Planning Committee, 1970–74 Mitgl. u. 1973 Vors. Fresno County Board Supervisors, seit 1975 Abg. des 17. Bez. des Staates Calif. im US-Abgeordnetenhaus. Mitgl. *Am. Cancer Soc., Fresno County Bar Assn., Calif. State Bar Assn.* Lebte 1977 in Washington/D. C. u. Fresno.

Qu: Hand. Pers. – RFJI.

Krebs, Martin, Gewerkschaftsfunktionär, Kommunalpolitiker; geb. 17. März 1892 Triebel/Schlesien, gest. 29. Dez. 1971 Eckernförde/Schlesw.-Holst.; o. K.; ∞ verh.; *K:* Hildegard (geb. 1920); *StA:* deutsch. *Weg:* 1935 CSR; 1938 S; 1946 Deutschland (BBZ).

Tafelglasmacher, Industriemeister, Werksltr.; Fachschule u. Arbeiterakad.; SPD. 1925–30 Sekr. Glasarb.-Verb. Berlin, 1930–33 Internat. Sekr. *Internationaler Glasarbeiter-Verband.* Nach 1933 illeg. Tätigkeit, wiederholt Haft, Herbst 1935 Flucht in die CSR. Org. illeg. GewTätigkeit in Deutschland in Verb. mit IGB. 1938 Stockholm, Vors. Landesverb. Schweden der ADG unter → Fritz Tarnow, ab Nov. 1942 Vors. *Landesgruppe deutscher Gewerkschafter,* aktives Mitgl. FDKB. Hilfsarb., freier Journ. (Ps. Albin Berg), Mitarb. schwed. Arbeiterbildung. Febr. 1946 Rückkehr durch Vermittlung des ehem. Londoner Exil-PV, Tätigkeit im Sozial- u. ArbMin. Kiel, Landesschlichter in Lohn- u. Tariffragen, ORegRat. 1948–50 StadtVO. Eckernförde, 1950–51 Bürgervorsteher, 1951–62 StadtVO, stellv. Bürgervorsteher, 1962–64 Stadtrat, 1964–70 Bürgervorsteher. Stellv. Vors. Kreistag. – *Ausz.:* BVK 1. Kl., Freiherr-vom-Stein-Med., Ehrenring Eckernförde.

L: Müssener, Exil. *Qu:* Arch. Hand. Publ. – IfZ.

Krebs, Richard Julius Hermann, Parteifunktionär, Schriftsteller; geb. 17. Dez. 1905 b. Mainz, gest. 1. Jan. 1951 Maryland/ USA; *V:* Inspektor bei Norddeutscher Lloyd, Sozialist, Mitgl. *Spartakus-Gruppe,* 1918 Teiln. Kieler Matrosenaufstand; *G:* 4; ∞ verh., Malerin, KPD, nach 1933 Kurier im MilApp., 1933 Emigr. nach B u. F; 1934 Deutschland, Verhaftung, 1938 im Zuchth. gest.; *K:* Jan, im 2. WK verschollen; *StA:* deutsch. *Weg:* 1933 DK, F, Deutschland; 1937 DK; 1938 Westindien; 1942 USA.

Wuchs im Ausland auf, Sept. 1918 Mitgl. illeg. *Jugend-Spartakus-Gruppe* in Bremen, 1918–23 Seemann u. Gelegenheitsarb. in Südamerika, 1923 KPD, während Oktoberaufstand Ltr. einer Abt. der *Roten Marine* in Hamburg, danach Flucht nach Holland u. Belgien, 1924–25 PropArb. unter amerikan. Seeleuten. 1925–26 milpol. Schulung in Leningrad (Deckn. Adolf Heller), anschl. führender Org. der Marinesektion der Komintern u.a. in USA (Deckn. G. F. Collins), dort 1926–29 Haft, Rückkehr nach Deutschland, 1930 i.A. von Georgi Dimitroff zur Konf. über Grdg. einer kommunist. Internationale der Seeleute u. Hafenarb. nach Moskau (Deckn. Rolf Gutmund), dann OrgArb. in Skandinavien (Deckn. Jan), ab Aug. 1931 Mitgl. Zentrale der *International Seamen and Harbour Workers* (ISH), ltd. Mitarb. Westeuropäisches Büro der *Komintern* in GB u. Norwegen. Nach natsoz. Machtergreifung illeg. Tätigkeit in Hamburg, enge ZusArb. mit → Ernst Wollweber, dann Emigr. nach Dänemark, IAH-Vertr. auf Antifaschistischem Arbeiterkongreß Europas in Paris v. 4.–6. Juni 1933, Herbst 1933 i. A. von Wollweber zur illeg. Arbeit nach Deutschland, 30. Nov. 1933 Verhaftung, KL Fuhlsbüttel u. Papenburg, später Zuchth. Plötzensee. Ab Febr. 1937 i. A. der KPD Doppelagent (Deckn. Ing. Berg). Nach vergebl. Bemühungen bei KPD- u. *Komintern*-App. um Befreiung seiner als Geisel festgehaltenen Frau Bruch mit der Partei u. Flucht nach Westindien, 1942 in die USA, Kriegsteiln. als amerikan. Soldat. Schriftst., Ps. Jan Valtin. Erregte Aufsehen mit der Schilderung der Praxis des illeg. *Komintern*-App. u. der Gestapo in seiner Autobiographie *Out of the Night* 1941.

W: Valtin, Jan, Out of the Night (ABiogr.). New York (Alliance Book Corp.) 1941 (dt. Übers.: Tagebuch der Hölle, 1957); Bend in the River. 1942; Children of Yesterday. New York (The Reader's Press) 1946; Castle in the Sand. New York (Beechhurst Press) 1947; Wintertime. 1950. *Qu:* ABiogr. Hand. - IfZ.

Kreibich, Karl (Karel), Parteifunktionär; geb. 14. Dez. 1883 Zwickau/Böhmen, gest. 2. Aug. 1966 Prag; *StA:* österr., 1919 CSR. *Weg:* 1938 GB; 1945 CSR.

Handelsschule, ab 1902 Sparkassenangest.; 1902 SDAP u. Gew., nebenamtl. Funktionär, 1906-11 Red. sozdem. Wochenztg. *Freigeist* Reichenberg, ab 1909 Mitgl. SDAP-BezLtg. ebd., 1911 Mitgr. u. anschl. bis 1914 Chefred. *Vorwärts* Reichenberg; führender Vertr. der Parteilinken in Nordböhmen. 1914-18 Kriegsdienst in österr.-ungar. Armee (Oberlt.); trat nach Kriegsende aktiv gegen Einverleibung der von Deutschen besiedelten Sudetengeb. durch den neuentstandenen tschechoslow. Staat ein. Ab 1919 BezVors. DSAP in Reichenberg, die als sog. Reichenberger Linke in Oppos. zum PV für Anschluß an *Komintern* plädierte u. sich nach Abspaltung von der DSAP im März 1921 als *KSČ-Deutsche Sektion* konstituierte. Als Vors. dieser ersten kommunist. Partei in der Tschechoslowakei hatte K. maßgebl. Anteil an der Umbildung des linken Flügels der tschech. SozDem. zur KSČ. 1920-29 Abg. NatVers. der CSR; Juni/Juli 1921 Deleg. 3. Weltkongreß der *Komintern,* dort wegen Linkstendenzen kritisiert; nach Beschluß über Vereinigung der nat. kommunist. Sektionen in der CSR als Anhänger der sog. Offensivtheorie Wahl zum Mitgl. des ZK, des engeren ZK u. stellv. Vors. der KSČ auf Vereinigungs-PT im Okt./Nov. 1921. Ab 1921 Mitgl. EKKI u. ab 1922 auch des EKKI-Präs., beteiligt an Anpassung der nach rechts tendierenden tschech. Mehrheitsgruppe in der KSČ-Führung an *Komintern*-Kurs, nach Beginn der Bolschewisierung auf 2. PT im Zusammenhang mit sog. Oktoberniederlage der KPD von 1923 wegen opportunist. Haltung in der nat. Frage u. sog. Brandlerismus (→ Heinrich Brandler) kritisiert u. nach Verlust der Parteiämter als KSČ-Vertr. zur *Komintern* nach Moskau deleg. Ab 1924 Mitgl. Internationale Kontrollkommission der *Komintern,*1927 Rückkehr in die CSR, 1927-29 Mitgl. ZK u. PolBüro der KSČ, 1929-33 Red. *Die Kommunistische Internationale* Moskau, danach Chefred. *Vorwärts* Reichenberg, später Red. *Die Rote Fahne* Prag. 1935-38 Senator in NatVers. der CSR. 1938 Emigr. nach GB, LtgMitgl. der sudetendt. KSČ-Gruppe um → Gustav Beuer, die zunächst in Übereinstimmung mit sog. Moskauer KSČ-Ltg. eine negat. Haltung gegenüber der tschechoslow. Auslandsbewegung einnahm u. nach Abschluß des dt.-sowj. Pakts weitgehend aktionsunfähig wurde. 1940-41 Internierung, Freilassung nach dt. Einmarsch in die UdSSR. Nach diplomat. Anerkennung der CSR-Exilreg. durch GB trat K. zus. mit der *Beuer-Gruppe* gemäß der pol. Linie der Moskauer KSČ-Führung für Wiederherstellung der CSR in den Grenzen vor dem Münchner Abkommen ein; ab Dez. 1941 KSČ-Vertr. im Staatsrat, dem quasi-parlament. Konsultativgremium der tschechoslow. Exilreg.; 1942 ergebnislose Verhandlungen mit → Wenzel Jaksch über Eingliederung der TG in Einheitsbewegung der sudetendt. Emigration zur Verhinderung der innerhalb des tschechoslowak. Exils diskutierten Aussiedlung der dt. Volksgruppe aus der Nachkriegs-CSR, ab Bildung Herbst 1942 Mitgl. *Einheitsausschuß der sudetendeutschen Antifaschisten in Großbritannien.* Frühj. 1943 vergebl. Bemühungen um Zustimmung der TG zu einem Teiltransfer, ab Grdg. Okt. 1943 PräsMitgl. *Sudetendeutscher Ausschuß - Vertretung der demokratischen Deutschen aus der CSR.* Nach der Zustimmung Stalins zur Aussiedlung der Deutschen anläßl. des sowj.-tschechoslow. Vertrages vom Dez. 1943 trat K. im Sinne der pol. Vorstellungen der Moskauer KSČ-Führer für Lösung des Nationalitätenproblems durch restlose Eliminierung der dt. Volksgruppe in der Tschechoslowakei ein. Im Exil Mitarb. des Organs der sudetendt. kommunist. Gruppe *Einheit* London u. enger Kontakt zu *Austrian Centre.* - 1945 Rückkehr in die CSR, Journ. u. Parteifunktionär, 1948 Vors. *Verband für tschechoslowakisch-israelische Freundschaft,* 1950-52 Botschafter in der UdSSR, Abberufung im Zusammenhang mit sog. Slánský-Affäre u. Versetzung in den Ruhestand, 1958-66 Mitarb. *Aufbau und Frieden* Prag.

W: Die öffentliche Verwaltung im Klassenstaat. 1927; 15 Jahre Kampf und Sieg. 1937; Die Deutschen und die böhmische Revolution 1848. 1952; Z dějin sporů církve a státu. 1950; Těsný domov - širý svět (Erinn.). 1968; zahlr. Aufs. u. Art. in Zs. u. Ztg. *L:* Reimann, Paul, Geschichte der Kommunistischen Partei der Tschechoslowakei. 1931; Dějiny, KSČ; PS KSČ; Křen, Do emigrace; Bachstein, Jaksch; Brügel, Johann Wolfgang, Tschechen und Deutsche 1918-1938. 1967; ders., Tschechen und Deutsche 1939-1946. 1974; Menschen im Exil. *Qu:* Arch. Erinn. Hand. Publ. Z. - IfZ.

Kreidl, Werner H., Dr. phil., Unternehmer; geb. 2. Juli 1906 Atzgersdorf b. Wien; *V:* Dr. Ignaz K. (1869-1947), kath., Unternehmer, 1938 Emigr. GB, 1939 USA; *M:* Hildegard, geb. Krenn (1884-1921), kath.; *G:* Dr. Norbert K. (geb. 1904), kath., Chemiker, 1938 Emigr. USA, em. Prof. in Rolla/Mo.; Dr. Ekkehard K. (geb. 1915), 1937 Emigr. USA, A: Wayland/USA; ∞ 1943 Lily E. Hartmann; *StA:* österr., 1943 USA. *Weg:* 1939 USA, 1949 (?) Österr.

Stud. Univ. Wien u. Kaiser-Wilhelm-Institut Berlin, 1931 Prom. Bis 1938 Forschungs- u. Entwicklungsdir. Vereinigte Chemische Fabriken Kreidl, Heller & Co (?). 1939 Emigr. USA, vermutl. in der Wirtschaft tätig. Ab 1949 Inh. Kreidl Chemico Physical Co. in Hope/N. J., ab 1950 persönl. haftender Gesellschafter Vereinigte Chemische Fabriken Kreidl, Rutter & Co. sowie Kreidl KG in Wien. Ab 1965 Vizepräs. Animalco Fribourg/Schweiz, Teilh. mehrerer Firmen in den USA u. Liechtenstein. Mitgl. bzw. VorstMitgl. Austro-American Chamber of Commerce in New York u. Wien sowie zahlr. österr. u. amerikan. Wirtschaftsfachverbände. Lebte 1978 in Wien, Liechtenstein u. Spanien.

Qu: Arch. Hand. - IfZ.

Kreikemeyer, Willi, Parteifunktionär; geb. 11. Jan. 1894 Magdeburg, gest. angebl. 31. Aug. 1950 Berlin (Ost); *V:* Schlosser, SPD-Funktionär; *G:* 4; ∞ II. Marthe, Emigr. F, ab 1946 Deutschland (SBZ), Anfang der 50er Jahre BRD; *StA:* deutsch. *Weg:* 1933 Saargeb.; 1935 F, CSR; 1936 E; 1938 F; 1946 Deutschland (SBZ).

Dreher; 1910 sozialist. Jugendbewegung, 1913 SPD; Teiln. 1. WK, USPD, angebl. Mitgl. *Spartakusbund,* 1920 KPD, Funktionär in Magdeburg, 1922 hauptamtl. Mitgl. BezLtg. Magdeburg, 1923 Sekr. des der KPD nahestehenden *Freien Eisenbahnerverbandes;* Anfang 1924 als Anhänger des linken Parteiflügels PolLtr. in Nordbayern (Deckn. Willi, Niran). Mai 1924 Verhaftung, Urteil 6 Mon. Gef., Juli 1924 Ausweisung aus Bayern, Mitte 1924 PolLtr. Bez. Mecklenburg in Rostock, als Deleg. 10. PT 1925 Kritik der Ultralinken; nach dem Offenen Brief des EKKI v. Sept. 1925 ZK-Kommissar in Niedersa., anschl. 1926-29 PolLtr. Danzig; danach mit versch. Aufgaben betraut, u. a. im illeg. KPD-App. - 1933 Emigr. ins Saargeb., 1935 nach Frankr., vom ZK der KPD in die CSR u. 1936 nach Spanien deleg., Teiln. Span Bürgerkrieg, 1938 Rückkehr nach Frankr. Bei Kriegsausbruch Internierung in ArbLager bei Reims, später bei Bordeaux, nach Einmarsch der dt. Truppen freigelassen. Aktiver Mitarb. u. LtgMitgl. der als *Union des Immigrés Allemands Anti-Nazis* getarnten KPD-Landesltg. in Marseille, verantwortl. für Kontakte zu Noel H. Field u. mit dessen Hilfe für die Betreuung in franz. Lagern internierter KPD-Funktionäre, nach Flucht von → Paul Merker 1942 für ein halbes Jahr Gesamtltr. der *Union.* 1944 mit Ehefrau i. A. der Parteiltg. nach Paris, nach der Befreiung von Paris bis Abberufung 1946 Ltr. Org. *Immigrés Allemands Anti-Nazis* (Repatriierung von mittellosen dt. Emigr.). Anschl. bis Ende 1948 in Berlin Präs. Reichsbahndirektion Berlin, dann Dir. Deutsche Reichsbahn in der SBZ. Im Zusammenhang mit der Noel-Field-Affäre Aug. 1950 Verhaftung. Seitdem - trotz intensiver

Nachforschungen der Ehefrau - verschollen. Lt. amtl. DDR-Todeserklärung v. 1957 am 31. Aug. 1950 Tod in Haft, nach Angaben des Mitgef. → Leo Bauer fanden jedoch noch Mon. danach Gegenüberstellungen mit K. statt.
L: Lewis, Flora, Bauer im roten Spiel. 1965; Weber, Wandlung; Fricke, Gerechtigkeit; Duhnke, KPD; Schaul, Résistance; Pech, Résistance. *Qu:* Publ. Z. - IfZ.

Kreiner, Josef, Parteifunktionär; *StA:* österr., 1919 CSR, S (?); *Weg:* 1938 S.
Mitgl. *Arbeiter-Turn- und Sportverband in der Tschechoslowakischen Republik,* SJ u. DSAP, ab Mai 1938 GenSekr. SJ. Nach Abschluß des Münchener Abkommens Emigr. nach Schweden. TG-Mitgl.
Qu: Arch. - IfZ.

Kreiser, Walter, Publizist; geb. 10. Febr. 1898 Heilbronn/Neckar; *StA:* deutsch, 24. März 1934 Ausbürg. *Weg:* 1932 F; CH; 1941 Bras.
Luftfahrt-Techniker, pazifist. Journ., Mitgl. DLM; ab 1926 Mithg. *Deutsche Militärkorrespondenz,* Nov. 1931 mit Carl von Ossietzky als Verf. des *Weltbühne*-Art. von 1929 *Windiges aus der deutschen Luftfahrt* vom Reichsgericht wegen Verrats milit. Geheimnisse zu 18 Mon. Gef. verurteilt, Anfang 1932 vor Strafantritt Emigr. nach Frankr.; veröffentlichte Febr. 1932 Auszüge von Anklageschrift u. Urteil sowie ab Apr. 1932 eine Enthüllungsserie über die Reichswehr in der konservat. Zs. *Echo de Paris* (vermutl. in Verb. mit Friedrich Wilhelm Foerster), Kritik Ossietzkys in der *Weltbühne* an dieser ZusArb. mit Rechtskreisen des Auslands. Später Wohnsitz in Genf, März 1941 Emigr. nach Braislien.
L: u.a. Grossmann, Kurt R., Ossietzky. 1963. *Qu:* Arch. Publ. - IfZ.

Kreisky, Bruno, Dr. jur., Politiker; geb. 22. Jan. 1911 Wien; Diss.; *V:* Max K. (gest. 1944), Dir. Österr. Wollindustrie-AG, 1940 Emigr. S; *M:* Irene, geb. Felix (gest. 1969), 1940 Emigr. S; *G:* Paul, 1938 Emigr. Pal., A: IL; ∞ 1942 Vera Alice Fürth, StA: S; *K:* Peter (geb. 1944); Susanne Doran (geb. 1948), Kindergärtnerin; *StA:* österr. *Weg:* 1938 S; 1950 Österr.
Realschule Wien, 1929 Abitur. 1926 *Vereinigung Sozialistischer Mittelschüler* Wien, nach 15. Juni 1927 SAJDÖ, 1929 VorstMitgl. u. Mitgl. Kreisltg. Wien. Ab 1930 Stud. Rechtswiss. Wien. 1933 Obmann Reichsbildungsausschuß der SAJDÖ, Red. *Der jugendliche Arbeiter* u. *Die Praxis.* Zwischen 1934 u. 38 Mitgl. Ltg. der *Revolutionären Sozialistischen Jugend* (RSJ) (illeg. Nachfolgeorg. der SAJDÖ); Deckn. Rainer, Brand, Braun, Pichler. 1934 Teiln. an 1. Reichskonf. der RSÖ, mehrere Reisen nach Brünn zu Verhandlungen mit dem ALÖS. Ende Jan. 1935 Verhaftung; März 1936 Hochverratsanklage im großen Sozialistenprozeß, nach aufsehenerregender Verteidigungsrede Verurteilung zu 1 J. Kerker. Mai 1936 Enthaftung. Gelegenheitsarb. u. wegen Relegierung von der Univ. Privatstud.; Anfang 1938 Wiederzulassung zum Stud., einige Tage nach Anschluß Österrichs Prom., danach Schutzhaft. Herbst 1938 Entlassung mit Auflage der Ausreise. Okt. 1938 Stockholm, ab 1939 Mitarb. im wiss. Sekr. der schwed. Konsumgesellschaften. 1939 RSJ-Vertr. beim 6. Kongreß der *Sozialistischen Jugend-Internationale* in Lille, unter Ps. Gustav Pichler. Skandinavienkorr. *Tribune London,* außenpol. Mitarb. schwed. Ztg., Korr. *Die Tat* (Schweiz), 1939-40 Kriegsberichterstatter im russ.-finn. Winterkrieg. Vertrauensmann der schwed. Sozialdemokratie für österr. Fragen, konnte ab 1943 rasche Anerkennung des Flüchtlingsstatus desertierter u. nach Schweden geflohener Österreicher erreichen. 1941 Mitgr., bis 1945 Vors. *Klub österreichischer Sozialisten* Stockholm. 1942-45 Vertr. der österr. Sozialisten in *Internationale Gruppe demokratischer Sozialisten* (IGDS), der in der schwed. Emigr. zur Entwicklung von Ordnungsvorstellungen für Nachkriegseuropa gegr. sog. Kleinen Internationale; Angehöriger des „inneren Kreises", enges freundschaftl. Verhältnis zu dem IGDS-Sekr. → Willy Brandt. Entwickelte u. präzisierte in diesem Kreis seine Vorstellungen von Selbständigkeit u. Unabhängigkeit Österr. nach dem Krieg; Gegensätze zum *Londoner Büro der österreichischen Sozialisten in Großbritannien* (LB) unter → Oscar Pollack u. → Karl Czernetz, das bis zur Moskauer Deklaration v. 30. Okt. 1943 an großdt. Perspektive für Österr. festhielt. Mitverf. der März 1943 endgültig formulierten *Friedensziele der demokratischen Sozialisten* u. der Nov. 1943 veröffentl. Plattform *Re-establishment of the Socialist International,* die konkrete Vorstellungen zum Wiederaufbau der Sozialistischen Internationale nach Kriegsende entwickelte. Febr. 1944 nach Verhandlungen mit Bürgerl. u. KPÖ-Vertr. Ausarbeitung gemeinsamer Grundlagen zur Bildung einer österr. Vertretungskörperschaft u. zur Einberufung eines österr. Nationalkongresses mit Vertr. aller pol. Richtungen (ohne Monarchisten) aus den westl. EmigrLändern; LB u. *Free Austrian Movement* London bzw. dessen internat. Dachverb. *Free Austrian World Movement* (FAWM) lehnten diese Position ab. Juni 1944 neben → Gustl Moser u.a. Mitgr. *Österreichische Vereinigung in Schweden* (ÖVS, starke sozialist. Mehrheit, KPÖ- u. bürgerl. Vertr.), zunächst provis., Aug. 1944 gewählter Obmann; mit → Rudolf Holowatyj Red. *Österreichische Information.* Febr. 1945 führten Versuche der KPÖ-Vertr. in der ÖVS, die Org. an das FAWM anzuschließen, zur Spaltung, alle kommunist. beherrschten Ortsgruppen (außer Gruppe Stockholm) schlossen sich einzeln dem FAWM an, bis Apr. 1945 auch in Schweden eine *Freie Österreichische Bewegung* (FÖB) gegr. wurde. Apr. 1945 Mitgr. u. VorstMitgl. *Schwedisch-Österreichische Vereinigung,* Frühj. 1945 Gr. *Österreichisches Kinderhilfskomitee* als Unterorg. des schwed. Kinderhilfswerks, zentrale Funktionen in Org. schwed. Unterstützungsaktionen für Österr. nach Kriegsende. Über ZusArb. in Unterstützungsaktionen wieder Annäherung von ÖVS u. FÖB. Nov. 1945 Mitgl. *Österreichischer Repräsentationsausschuß in Schweden* (von Vertr. beider Org. gegr.). März 1946 nach Wiederzusammenführung von ÖVS u. FÖB Obmann der gemeins. Org. ÖVS. Herbst 1945 Einreiseverbot in Österr. durch US-Besatzungsbehörden; erst 1946 Reise nach Wien, Rückkehr nach Schweden; 1947 österr. diplomat. Dienst in Schweden, Ernennung zum Legationssekr. 1. Kl. bei österr. Gesandtschaft Stockholm. Ende 1950 Rückkehr nach Wien; ab Anfang 1951 Legationsrat 3. Kl. im Außenmin., Mai 1951 Kabinettsvizedir. u. pol. Berater im Amt des österr. Bundespräs. Theodor Körner. 1953 Legationsrat 1.Kl., 1953-59 Staatssekr. im Außenmin., maßgebl. beteiligt an Verhandlungen zum Abschluß des österr. Staatsvertrags 1955. Seit 1956 MdNR u. PV-Mitgl. der SPÖ, 1959-66 Bundesmin. für Auswärtige Angelegenheiten, 1966-67 Parteiobmann Niederösterr., seit 1967 SPÖ-Vors.; Mitgr. u. Präs. Wiener Institut für Entwicklungsfragen, maßgebl. Funktionen bei Theodor-Körner-Stiftungsfonds für Förderung von Wissenschaft und Kunst u. bei Institut für Höhere Studien und wissenschaftliche Forschung, Initiator u. Mitgr. Diplomatische Akademie in Wien. Seit 1970 österr. Bundeskanzler. Lebte 1977 in Wien. - *Ausz.:* u.a. Gr. Goldenes Ehrenzeichen für Verdienste um die Republik Österreich, 1971 Goldenes Abzeichen *Bund sozialistischer Freiheitskämpfer und Opfer des Faschismus,* 1978 Wenzel-Jaksch-Gedächtnispreis.
W: u.a. Die Herausforderung. Politik an der Schwelle des Atomzeitalters. 1963, 1965; Aspekte des demokratischen Sozialismus. 1974 (dort auch weiterführende Bibliogr.); Neutralität und Koexistenz. 1975; Willy Brandt, Bruno Kreisky, Olof Palme. Briefe und Gespräche 1972-1975. 1975; Die Zeit, in der wir leben. Beobachtungen zur internationalen Politik. 1977; Der Beginn des neuen Österreich (Rede, März 1978); zahlr. Vorträge, Aufs. u. Vorworte. *L:* Lendvai, Paul/Ritschel, Karl-Heinz, Kreisky. Porträt eines Staatsmannes. 1972; Reimann, Victor, Bruno Kreisky. Porträt eines Staatsmanns. 1972; Buttinger, Beispiel; Helmer, Oskar, 50 Jahre erlebte Geschichte. O.J. (1957); Wisshaupt, RSÖ; Leichter, Diktaturen; DBMOI; Goldner, Emigration; Stadler, Opfer; Maimann, Politik; Neugebauer, Bauvolk; Widerstand 1; Moser, Gustl, Die Initiative ging von uns aus. Notwendige Feststellungen zu einem Kreisky-Buch. In: Volksstimme, 18. 5. 1975; Misgeld, Klaus, Die „Internationale Gruppe demokratischer Sozialisten" in Stockholm 1942-1945. 1976. *D:* AsD, DÖW, IfZ, VfGdA. *Qu:* Arch. Biogr. Hand. Publ. Z. - IfZ.

Kreisky, Rudolf, Genossenschaftsfunktionär; geb. 24. Nov. 1882 Prag, gest. 24. Nov. 1966 Wien; *V:* Lehrer; *K:* Anka; *StA:* österr., 1919 CSR. *Weg:* 1938 GB; 1945 CSR; Österr.

Kaufm. Angest., Mitgl. *Verband jugendlicher Arbeiter Österreichs;* ab 1907 Genossenschaftsangest. in Wien u. später Prokurist in Mährisch-Ostrau; nach Ende des 1. WK führend am Aufbau der eigenständigen dt. Genossenschaftsbewegung in der CSR beteiligt, 1922-38 Dir. *Großeinkaufsgesellschaft deutscher Konsumgenossenschaften in der Tschechoslowakischen Republik* (GEC) u. ihr ständiger Vertr. bei DSAP-PV. 1938 Emigr. nach GB. 1945 Rückkehr nach Prag, nach vorüberg. Aufenthalt Übersiedlung nach Österreich.

Qu: Arch. Publ. - IfZ.

Krejči, Franz Florian, Parteifunktionär; geb. 7. Dez. 1888 Trautenau/Böhmen, gest. 1973 Stockholm; *V:* Franz K., Schreiner; *M:* Anna, geb. Erben; ∞ 1913 Josefine Zeptner (geb. 1878); *StA:* österr., 1919 CSR, 1951 S. *Weg:* 1939 S.

Nach Schulabschluß Metallarb. in Österr., Deutschland u. der Schweiz, 1922 Rückkehr nach Trautenau, Textilarb., dann langjähr. Red. u. Kreissekr. der DSAP in Trautenau, ab 1932 Sekr. des kommunalpol. Sekretariats der DSAP u. Mitgl. böhmische Landesvertr., Mitgl. Parteivorst.; 1936-38 Abg. Nat-Vers. der CSR. Nach dt. Einmarsch in Prag Asyl in brit. Botschaft, Apr. 1939 freies Geleit nach Polen, Weiteremigr. nach Schweden, Mitgl. TG-Landesvorst., zunächst Unterstützung der Politik → Wenzel Jakschs, nach Abspaltung der sog. *Zinner Gruppe* (→ Josef Zinner) Okt. 1940 mit → Josef Ladig Bildung einer oppos. Gruppe, die sich im Febr. 1943 als *Arbeitsgemeinschaft čechoslovakischer Sozialisten* (AČS) konstituierte u. in ihrem Grundsatzprogramm v. Apr. 1943 zur Einheitspol. auf der Grundlage eines orthodoxen proletar. Internationalismus in der Nachkriegs-CSR bekannte. Ende 1944 unter Einschluß der bis dahin pol. unbedeutenden sudetendt. kommunist. Gruppe um → Willi Kasper Gr. *Vereinigung deutscher Antifaschisten aus der CSR in Schweden* (VdA), Hg. u. Hauptmitarb. ihres Organs *Weg und Ziel. Informationsblatt der deutschen Antifaschisten aus der CSR in Schweden,* in der sich K. in natpol. Hinsicht dem Progr. der durch die KSČ unterstützten Beneš-Exilreg. unterordnete. Nach Kriegsende mit seinen Anhängern aufgrund Einreiseverweigerung tschechoslow. Behörden im Exil verblieben, ab 1948 Mitarb. in Bibliothek des Sozialinstituts Stockholm; Mitgl. schwed. SozDem. Führte den Mißerfolg seiner Pol. auf chauvinist. Haltung der KSČ zurück, 1965 neben → Hans Dill, → Franz Kögler u. → Rudolf Zischka Mitunterz. einer Erklärung gegen ZusArb. ehem. sudetendt. Soz-Dem. mit früheren NatSoz. in der *Sudetendeutschen Landsmannschaft.*

W: „Sudetendeutsche" oder čechoslovakische Politik? Stockholm (Caslon Press) 1943; Deutschvölkische oder Arbeiterpolitik? London (Verlag Einheit) 1944; Das Aupatal im Riesengebirge und seine Textilarbeiter um die Jahrhundertwende. 1961. *L:* Cesar/Černý, Politika; Jauernig, Edmund, Sozialdemokratie und Revanchismus. 1968; Menschen im Exil; Müssener, Exil; Bachstein, Jaksch. *Qu:* Arch. Hand. Publ. Z. - IfZ.

Krejci, Friedrich (nach 1938 Taylor, Frederick E.), geb. 1895, gest. 1959 New York; ∞ Renée Margarethe Doctor; *StA:* österr., USA. *Weg:* 1938 USA.

Offz. im 1. WK, nach dem Krieg Polizeioffz. in Österr.; 1927 in die USA, bis 1929 Ltr. eines Reisebüros in Carmel/Calif.; 1929 Rückkehr nach Österr., in den folgenden Jahren mehrfach Weltreisen, kehrte März 1938 von einer Reise nicht nach Österr. zurück, Emigr. USA. Maßgebl. Vertr. der konservat.-legitimist. österr. Emigr. in den USA; 1942 Mitgl. *Austrian National Committee* unter → Hans Rott u. → Guido Zernatto u. Mitgl. *Military Committee for the Liberation of Austria* unter → Otto Habsburg. 1943 Mitgr. u. Präs. *Austrian Institute for Science, Art and Economics* in New York als Zentrum österr. Kulturlebens in den USA. Mitgl. Advisory Board *Aufbau.* Nach Kriegsende Vizepräs. *Austrian Chamber of Commerce* (später: *Austro-American Chamber of Commerce*) in New York; österr. Vertr. in dem von Dwight D. Eisenhower initiierten People-to-People-Programm. - *Ausz.:* Milit. Ausz. im 1. WK, Gr. Ehrenzeichen für Verdienste um die Republik Österreich.

Qu: Arch. Hand. - IfZ.

Krell, Wilhelm, Verbandsfunktionär; geb. 25. Aug. 1902 Zarwanica/Galizien, gest. 25. Nov. 1973 Wien; *V:* Ullrich K. (geb. 1870, gest. 1938 Wien), jüd., Gutspächter; *M:* Klara, geb. Sass (gest. 1906); *G:* Adolf (geb. 1906, gest. 1934); ∞ I. 1927 Diana Rosenzweig (geb. 1905 Chorostkov/Ukraine, umgek. 1944 [?] KL Auschwitz); II. 1947 Hermine Moser (geb. 1922 Parndorf/Burgenland); *K:* Cary (geb. 1936 Wien, umgek. 1945 KL Auschwitz), 1938 Emigr. PL; *StA:* österr., später PL. *Weg:* 1938 PL, 1945 Österr.

Stud. Rechtswiss. u. Landwirtschaft Wien, 1921-38 kaufm. Tätigkeit, u. a. nach 1932 Geschäftsf. in Wiener Firma; 1938 Entlassung. Apr. 1938 Emigr. Polen, Aug. 1938-39 Geschäftsf. der Derezycka Rafineria in Drohobycz, 1939 nach sowj. Besetzung u. nach Verstaatlichung der Firma Buchprüfer. März-Juli 1941 Angest. bei sowjet. Elektrizitätsverw. in Lemberg. Juli 1941-Sept. 1942 Zwangsarb. unter dt. Besatzung, Sept. 1942 mit Fam. Getto Drohobycz, Apr. 1944-Jan. 1945 KL Plaszow, Groß-Rosen u. Auschwitz. Juni 1945 Rückkehr nach Österr., PräsMitgl. *Bund der politisch Verfolgten - KZ-Verband,* 1947-72 VerwDir. Isr. Kultusgde. Wien, 1958-72 Chefred. *Die Gemeinde.* 1953-72 GenSekr. *Bundesverband der Israelitischen Kultusgemeinden Österreichs.* Hg. *Iskult Presse-Nachrichten,* 1956-59 stellv. Mitgl., 1959-72 Mitgl. Kuratorium des *Österreichischen Hilfsfonds,* führender Sprecher der Isr. Kultus-Gden. in Wiedergutmachungsangelegenheiten. 1949-70 Mitgl. des Opferfürsorgekomitees des Bundesmin. für Soziale Verw., 1955-60 Mitgl. Österr. Kommission für UNESCO, 1968 Kuratoriumsmitgl. Sammelstelle A, VorstMitgl., Tätigkeit für Finanzierung u. Org. von Altersheimen in Österr. u. Italien. - *Ausz.:* 1965 Goldenes Ehrenzeichen für Verdienste um die Republik Österreich, 1971 Hofrat.

Qu: Pers. Hand. Z. - RFJI.

Kremayer, Franz. *Weg:* S.

Aug. 1944 VorstMitgl. u. stellv. Obmann *Österreichische Vereinigung in Schweden* (ÖVS) unter → Bruno Kreisky. Apr. 1945 VorstMitgl. *Schwedisch-Österreichische Vereinigung,* die sich bes. mit Hilfsmaßnahmen für Österr. nach dem Krieg befaßte. Nov. 1945 Mitgl. *Österreichischer Repräsentationsausschuß in Schweden* (von ÖVS u. *Freier Österreichischer Bewegung* [FÖB] in Schweden unter → Gustl Moser gebildet). März 1946 nach Wiedervereinigung von ÖVS u. FÖB zur gemeins. Org. ÖVS deren stellv. Vorsitzender.

L: Müssener, Exil. *Qu:* Arch. Publ. - IfZ.

Kress, Willi. *Weg:* F; Mex. (?); Deutschland (SBZ) (?).

Kommunist aus Stuttgart-Zuffenhausen. Nach 1933 Emigr., Mitgr. u. Vors. *Deutsche Sprachgruppe* der CGT, Konflikte mit KPD-Ltg. Später angebl. mit der Gruppe um → Paul Merker in Mexiko.

Qu: Arch. Pers. - IfZ.

Kressmann, Willy Karl Erich, Kommunalpolitiker; geb. 6. Okt. 1907 Berlin; ev., Diss.; *V:* Werkzeugmacher; ∞ I. Charlotte (geb. 1904), SPD, ZdA, 1933 Emigr. CSR, 1939 GB; II. Sigrid Kressmann-Zschach (geb. 1929), Dipl.-Ing., Bauunternehmerin; III. 1962 Brigitte Succar, geb. Landsberg; *StA:* deutsch, Ausbürg., deutsch. *Weg:* 1933 CSR; 1939 GB; 1947 Deutschland (Berlin).

Schriftsetzerlehre, Selbststudium in ArbBildungseinrichtungen der Gew. u. SPD; 1922 SAJ, 1926-31 2. Vors. Groß-Berlin, Apr. 1931 in Leipzig in die Reichsltg. der innerh. der SPD linksoppos. Jungsozialisten gewählt, im gleichen Jahr Mitgr. SAPD u. Mitgl. Reichsltg. des SJVD, Red. des Zentralorgans des SJVD *Der Jungprolet.* Zwischenzeitl. Ausbildung als Fürsorger u. Anstellung beim Bez. Berlin-Mitte. Nach natsoz. Machtübernahme in der März 1933 gebildeten illeg. Jugendltg. der SAPD, auf Beschluß der Parteiltg. Okt. 1933 Emigr. in die CSR; in den folgenden Jahren wechselnder Aufenthalt in Österr., Schweiz, Spanien, Italien, Polen, danach Mai 1939 über die skandinav. Länder nach GB; Juni 1940–März 1941 interniert. Nach Wiedereintritt in die SPD innerh. der in GB entstehenden sozdem. Mitgliederorg. einer der Wortführer der linken Parteiopposition u. ZusArb. mit den RSÖ in der *Sozialistischen Arbeitsgemeinschaft*. 1945 Rückkehr nach Deutschland u. Hg. *Wirtschaftsblatt* Berlin, 1947 ltd. Magistratsdir. der Abt. Wirtschaft des Magistrats von Groß-Berlin; Febr. 1949 Bürgerm. Bez. Kreuzberg, 1950–54 Mitgl. Berliner-Abgeordnetenhaus; aufgrund von Differenzen über seine unorthodoxe Berlin-Politik 1962 Abberufung als Bürgerm. u. 1963 Austritt aus der SPD. Später Wahlredner der CDU. Lebte 1975 in Rottach-Egern/Oberbayern.

L: Drechsler, SAPD; Röder, Großbritannien. *Qu:* Arch. Fb. Hand. Publ. Z. – IfZ.

Kretzmer, Ernest, Sc. D., Ingenieur; geb. 24. Dez. 1924 Mönchengladbach/Rheinland; jüd.; *V:* Dr. med. Eugene K. (geb. 1883 Mönchengladbach, gest. 1955 USA), jüd., Hautarzt, 1939 Emigr. GB, 1940 USA; *M:* Lilli, geb. Cohen (geb. 1900 Mönchengladbach), jüd., 1939 Emigr. GB, 1940 USA, Dir. Abt. Immigr. & Naturalization des *Nat. Council of Jew. Women;* G: Dine Laurie (geb. 1921 Mönchengladbach), 1936 Emigr. GB, Stud. Cambrigde Univ., 1940 USA; ∞ 1954 Suzanne Bermann (geb. 1927 Ludwigshafen/Rhein), jüd., 1940 Dep. Lager Gurs/F, anschl. in der Illegalität; 1946 in die USA, Krankenschwester; *K:* Wendy Lynn (geb. 1955); Peter Eugene (geb. 1957); *StA:* deutsch; USA. *Weg:* 1939 GB, 1940 USA.

1934–Nov. 1938 Gymn. Mönchengladbach. März 1939 Emigr. GB mit Eltern, Apr. 1939–Jan. 1940 Privatschule auf der Isle of Man; 1940–41 höhere Schule in New York, 1941–44 Stud. Worcester Polytechn. Inst., 1945 B.Sc. (Ing. für Elektronik), 1945–49 Doz., dann Forschungsassist. beim Mass. Inst. Techn., 1946 M.Sc., 1949 Sc.D.; 1949–65 Ing., dann Chefing., 1965–70 AbtLtr., 1970 Dir. des Datenübermittlungslabors bei Bell Telephone New Jersey. Fellow *Internat. Inst. Electronic & Elec. Engineers,* 1967–75 Mitgl. örtl. Schulvorst. Lebte 1978 in Holmdel/N. J.

Qu: Fb. Hand. – RFJI.

Kreutner, Simson Jacob, Verbandsfunktionär; geb. 10. Nov. 1916 Leipzig; *V:* Israel K. (geb. 1878 Potock Zloty/Galizien), Kaufm., Talmudlehrer; *M:* Fanny, geb. Bratspiss (geb. 1883 Zurawno/Galizien); *G:* 1 B (gest. 1935 Leipzig); 2 B u. 1 S umgek. in PL; Shalom (geb. 1909 Leipzig); Marcos Ehrlich (geb. 1913 Leipzig), Kaufm.; ∞ 1936 Ruth Zinner (geb. 1912 Hamburg); *K:* Chana Gath (geb. 1939), M.A.; Ruchama Jitzchaki (geb. 1944), B.A.; *StA:* österr., bis 1937 PL, Pal./IL. *Weg:* 1933 GB, 1934 DK, 1935 Pal.

Stud. Leipzig. Mai 1933 Emigr. GB, Stud. London School of Econ., März 1934 Hachscharah in Dänemark, Aug. 1935 nach Palästina mit C-Zertifikat; 1935 Landarb. in Pardes-Ḥannah, 1936–39 freier Übersetzer u. Schriftsteller, Stud. Hebr. Univ., 1939–47 beim Finanzberater der brit. Armee in Palästina. 1948 Haganah-Nachrichtendienst, Teiln. an Kämpfen um Jerusalem, Verwundung. 1948 kommissar. Ltr. Abt. Einkommensteuer der MilReg. in Jerusalem, 1949–62 Ltr. Abt. für engl.- u. dt.-sprachige Länder u. für Skandinavien bei der WZO. 1962–67 Ltr. der europ. Abt., ab 1968 GenDir. von *Keren Hayessod* u. U.I.A., zahlr. Aufträge für zion. Org. u. *Keren Hayessod* in Europa, Nord- u. Südamerika. Vors. *Haoved haZioni* Jerusalem, Mitgl. des Hauptvorst. der *Progressive Party* u. der *Independent Liberal Party,* RedMitgl. der hebr. Tagesztg. *Zemanim* Jerusalem, Geschäftsf. des *Herzl-Gedächtniskomitees,* 1951 Sekr. des Komitees für Grundsatzfragen auf dem 23. Zion. Kongreß der WZO, 1956 u. 1960–61 Teiln. am 24. u. 25. Kongreß. Lebte 1978 in Jerusalem.

W: A Volk sucht sein Shutfus Bagrindung. 1961; The Story of the Keren Hayessod. 1972; Beiträge in hebr. Zs. *Qu:* Fb. Hand. Publ. – RFJI.

Kreutzberger, Max, Dr. rer. pol., Verbandsfunktionär, Sozialfürsorger; geb. 31. Jan. 1900 Königshütte/Oberschlesien, gest. 21. Nov. 1978 Locarno/CH; jüd.; *V:* Inh. eines Baugeschäftes in Königshütte, 1939 Emigr. Pal.; *M:* 1939 Emigr. Pal.; *G:* 1 B (gest. 1956), Emigr. USA, Kaufm.; 2 B, 1 S, 1933 Emigr. Chile; 1 weiterer B; ∞ Lisa, 1933 Emigr. Pal. mit Sohn; *K:* 1 S (geb.1928), 1933 Emigr. Pal.; 1947 in die USA, Geschäftsf. von Cook's Reisebüro in Los Angeles; *StA:* deutsch; Pal./IL; USA. *Weg:* 1935 Pal., 1948 Deutschland (BRD), 1955 USA, 1967 CH.

1917–18 Kriegsteiln., anschl. Stud. Freiburg, München, Breslau, 1924 Prom. Breslau, aktiv K.J.V.; 1920–22 (24 ?) Ltr. des ArbFürsorgeamts der jüd. Org. Deutschlands in Beuthen/Oberschl., später Breslau, 1925–35 Sekr. *Hauptstelle für jüdische Wanderfürsorge* (Geschäftsf. → Salomon Adler-Rudel), Mitgr. Volksheim für jüd. Jugendliche in Berlin, gleichz. 1927–29 Mit-Red. *Jüdische Arbeits- und Wanderfürsorge,* 1930–33 Red. u. Mitarb. *Jüdische Wohlfahrtspflege und Sozialpolitik;* Geschäftsf. *Zentralstelle für jüdische Darlehnskassen, Vereinigte Zentrale für jüdische Arbeitsnachweise, Jüdische Arbeitshilfe, Zentralausschuß für Hilfe und Aufbau* u. Mithg. der *Informationsblätter;* aktiv in *Reichsvertretung.* 1933 u. 1935 Reisen in die USA u. nach GB zur Vorbereitung von Berufsausbildungsprogrammen u. jüd. Emigr.; Herbst 1935 Emigr. Palästina, GenSekr. von H.O.G., enge ZusArb. mit → Georg Landauer; ChefRed. der H.O.G.-Zs *Mitteilungsblatt* (MB) Tel Aviv. 1938 Teiln. an Konf. von Evian, Mitarb. bei Org. von *Aliyah Chadaschah,* entschiedener Verfechter der Konzeption Landauers von einem bi-nationalen Staat in Palästina. 1938(37?) Mitgr. Ludwig Tietz-Schule für Handel und Technik bei Haifa. Okt. 1948 Vertr. der *Jew. Agency* in München, Mitarb. in Wiedergutmachungsfragen, Mitgr. von U.R.O. in Deutschland, VorstMitgl. JRSO, Mitarb. bei Registrierung u. Inventarisierung von erbenlosem jüd. Eigentum. 1955 in die USA, 1955–67 Mitgr. u. Sekr. des LBI New York, bedeutender Beitrag zur Entwicklung von Bibliothek u. Arch. des LBI. 1967 Ruhestand, anschl. Berater des LBI.

W: Über einige Grundbegriffe der Geschichtsphilosophie, (Diss.). 1924; Das geltende Ausländerrecht 1927; Wohlfahrtspflege und Sozialpolitik. 1929; Einltg. zu Lestschinsky, Jakob, Das wirtschaftliche Schicksal der deutschen Juden. 1932; Landauer, Georg, Der Zionismus im Wandel dreier Jahrzehnte. (Hg.) 1957; Strauss, Rahel, Wir lebten in Deutschland. Erinnerungen einer deutschen Jüdin 1880–1933. (Hg.) 1961; Bedeutung und Aufgabe deutsch-jüdischer Geschichtsschreibung. In: Zwei Welten. 1962; Studies of the Leo Baeck Institute. (Hg.) 1967; Mithg. sowie Mitarb. von zahlr. wiss. Publikationen, Jahrbüchern, Almanachen u.ä. *L:* Adler-Rudel, S., Ostjuden in Deutschland 1880–1940. 1959; Adler-Rudel, S., Jüdische Selbsthilfe unter dem Naziregime 1933–1939. 1974; Bauer, Y., My Brother's Keeper. 1972. *D:* LBI New York. *Qu:* Arch. Hand. Publ. Z. – RFJI.

Krewet, Erich; geb. 5. Dez. 1900 Wuppertal-Barmen, gest. 13. Febr. 1970 Mölln/Schlesw.-Holst.; *StA:* deutsch. *Weg:* 1935 B; 1936 USA; 1957 Deutschland (BRD).

Seemann, 1933 illeg. für KPD tätig, bis 1935 Strafhaft, Berufsverbot. Emigr. nach Antwerpen, Anschluß an dortige dt. Gruppe der ITF, PropArb. u. Schriftentransport auf dt. Schiffen. Blieb 1936 in USA, um Landung in dt. Hafen zu entgehen. 1937–39 unter Ps. Erich Rix Ltr. *Deutsch-Amerikanischer Kulturverband (German-Am. League for Culture)* für die Westküste, Org. von Lesungen emigr. Schriftst. (u.a. 1937 Ernst Toller), Mitarb. Verbandszs. *Volksfront* Chicago (Ps. T. E. Werk), ZusArb. mit *Hollywood Anti-Nazi-League.* 1941 Internierung. 1957 Rückkehr, gelegentl. publizist. tätig.

L: Die Mahnung, 15. Jan. 1966; Wicclair, Walter, Von Kreuzberg bis Hollywood. 1975. *Qu:* Arch. Fb. Publ. Z. – IfZ.

Kreyssig, Heinrich **Gerhard,** Dr. rer. pol., Journalist, Wirtschaftspolitiker; geb. 15. Dez. 1899 Crossen/Sa.; Diss.; *V:* Max K. (1864-1913), Kaufm.; *M:* Clara Jenny, geb. Stein (1867-1941); *G:* Herbert (1898-1968), Bibliothekar; ∞ 1924 Elsbeth Lambrecht (1899-1972), SPD, Emigr.; *K:* Elsbeth-Inge Ollenhauer (geb. 1925), Emigr.; *StA:* deutsch, 31. Aug. 1938 Ausbürg. mit Fam., deutsch. *Weg:* 1933 F; 1941 GB; 1945 Deutschland (ABZ).

1918 Kriegsfreiw. (Lt.), Stud. Volkswirtsch. u. Staatswiss. Leipzig u. Greifswald, 1925 Prom.; 1925-28 Bankangest. München. 1922 USPD, 1928-31 wirtschaftspol. Sekr. AfA Berlin, 1931-45 Ltr. wirtschaftspol. Abt. IGB in Berlin, Paris u. London; Parteiredner. März 1933 nach Verlegung der IGB-Zentrale über die Schweiz nach Paris. Aug. 1933-März 1934 VorstMitgl. franz. *Matteotti-Komitee,* bis März 1934 VorstMitgl. Pariser Gruppe der SPD. Als Vertr. der *Sopade*-Richtung u. Gegner einer ZusArb. mit der KPD kontinuierliche Konflikte mit Teilen des sozdem. u. gewerkschaftl. Exils in Frankr.; Verb-Mann für Finanzierung der *Deutschlandberichte der Sopade* u. der GewArb. in Deutschland u. Österr. durch IGB. Frankr.-Vertr. illeg. GewGruppen in Westdeutschland, Deckn. Gerd Westen. Hg. *Deutsche Gewerkschafter im Exil.* Mai-Aug. 1937 mit → Valentin Hartig Ltr. *AdG im Westen.* Mitgl. der Mai 1939 von → Willi Münzenberg gegr. *Deutsch-französischen Union.* 1938 zeitw. Internierung, anschl. Prestataire in franz. Armee. 1941 mit IGB nach London, ab 1942 Mitgl. Programmkommission für Wirtschaftsfragen der *Union.* Ende 1945 als Journ. nach München, 1946-51 Wirtschaftsred. *Süddeutsche Zeitung* u. Rundfunkkommentator; 1947-49 Mitgl. Frankfurter Wirtschaftsrat, 1951-65 MdB, ab 1952 Mitgl. Gemeinsame Versammlung der Europäischen Gemeinschaft für Kohle und Stahl, 1958-65 Mitgl. Europäisches Parlament, 1963-65 1. Vizepräs.; Mitgl. Wirtschaftspol. Ausschuß beim PV der SPD. AR-Mitgl. Siemens u. Halske AG, Siemens-Schuckertwerke AG. Lebte 1977 in München. - *Ausz.:* 1965 Gr. BVK; Bayer. Verdienstorden; Ehrennadel des Johanniter-Ordens.

W: Wirtschaftliche Organisation oder Untergang Europas. 1947. *L:* Röder, Großbritannien; Langkau-Alex, Volksfront. *D:* IfZ; AsD; DGB. *Qu:* Arch. Fb. Hand. Publ. - IfZ.

Kriedemann, Herbert, Politiker; geb. 1. März 1903 Berlin, gest. 20. Jan. 1977 Bad Nauheim; *V:* Ernst Wilhelm K. (1878-1933), Kaufm.; *M:* Sofie Pauline, geb. Kieseling (geb. 1877); *G:* Horst; ∞ I. gesch.; II. Herta Lebig (geb. 1925); *StA:* deutsch. *Weg:* 1934 CSR; 1935 Estl.; 1936 NL; 1941 Deutschland.

Realschule, nach 1919 Landwirtschaftslehre, landwirtschaftl. Beamter, Bankangest., Fabrikarb. in Berlin, daneben Hochschulstudien. 1925 SPD, 1928 Org. der SPD-Bildungsarb. Brandenburg, anschl. Angest. Reichsbildungsausschuß der SPD, Red. *Sozialistische Bildung,* ab Sommer 1930 Angest. Werbeabt. des PV. Mit anderen jüngeren Parteisekr. Vorbereitungen für erwartete illeg. Phase der SPD. Ab Sommer 1933 u.a. mit → Erich Rinner Versuche zum Wiederaufbau der SPD in Verb. mit Exil-PV in Prag. Kontakte zu NB unter → Karl Frank. Aug. 1934 Flucht nach Prag, Jan. 1935 nach Konflikten mit PV über Methoden der illeg. Arbeit Ausscheiden als Parteiangest., kurzfristig in Brünn, anschl. in Estland Bemühungen um Übernahme eines Landwirtschaftsbetriebs. Frühj. 1936 nach Amsterdam, schriftst. Betätigung, später Gärtner. Verb. zu ausländ. Nachrichtendiensten, 1936 mit Wissen von Parteifreunden Verpflichtung als Gestapo-Agent (V-Mann), von Teilen der Exil-SPD als Spitzel beschuldigt. Festnahme nach dt. Besetzung, Febr. 1941 aus Gestapohaft entlassen, Gutsinspektor bei Magdeburg. 28. Okt. 1941 VGH-Urteil 2. J. Gef., auf Wunsch der Gestapo zur Bewährung ausgesetzt. 1943 erneutes VGH-Verfahren wegen Spionage für brit. Geheimdienst in den Niederlanden, 3 J. Gef. unter Strafaussetzung. 1945 Ref. für Agrarpol. im Büro Schumacher Hannover, Verf. *Agrarpolitische Richtlinien* der SPD, ab 1946 PV-Mitgl.; 1947-49 MdL Niedersa., Mitgl. Zonenbeirat der BBZ, 1947-49 Fraktionsgeschäftsf. Wirtschaftsrat Frankfurt/M., 1949-72 MdB, Mitgl. Deutscher Rat der Europäischen Bewegung, 1961-72 Mitgl. Europäisches Parlament. Ab 1946 Angriffe der KPD/SED wegen Beziehungen zur Gestapo u. Verrats von Regimegegnern, 1947 Entführung eines ehem. Kriminalbeamten in die SBZ, der den Vorwurf einer tatsächl. V-Mann-Tätigkeit entkräftet u. bevorzugte Behandlung K.s nach 1941 aufgrund freundschaftl. Verb. eines Gestapo-Dezernenten zur Familie K. bezeugt hatte. Rehabilitierung durch Feststellungsverfahren der SPD u. 1949 im Rahmen eines Beleidigungsprozesses sowie durch einen von der CDU/CSU initiierten Untersuchungsausschuß des Wirtschaftsrats.

L: In Sachen Kriedemann. Hg. Vorstand der KPD, 1949; Kaden, Einheit. *D:* AsD, IfZ, IISG. *Qu:* Arch. Hand. Publ. Z. - IfZ.

Krieger, Henry N., Journalist; geb. 22. Sept. 1920 Wuppertal-Barmen; jüd.; *V:* Isaac K. (geb. 1875 Ulanow/Galizien, gest. 1939 Brüssel), jüd., höhere Schule, Kaufm., Sozialist. Fluchthelfer für pol. u. jüd. KL-Häftlinge, 1937 Emigr. Pal., 1938 B; *M:* Rose, geb. Lorberbaum (geb. 1875 Ulanow), jüd., 1937 Emigr. Pal., 1938 B, 1941 F, Kuba, 1943 USA; *G:* Charlotte Kamp (geb. 1904 Berlin, gest. 1971 Chicago), jüd., 1938 Emigr. USA, freiw. GdeArb.; Friedel Schimmel (geb. 1907 Wuppertal-Barmen), 1934 Emigr. B, 1947 USA; ∞ 1950 Pauline Lewis (geb. 1924 Jamaica Plain/Mass.), ev., B. A., Mitarb. Foreign Broadcast Information Service, Dolmetscherin im US-Außenmin., Filmregisseurin; *K:* Duncan E. (geb. 1955 Washington/D. C.), Stud.; Claudia (geb. 1957 Washington/ D. C.), Stud.; *StA:* deutsch, 1943 USA. *Weg:* 1933 CH, 1934 B, 1940 F, 1941 Kuba, 1943 USA.

Okt. 1933 Emigr. Schweiz, 1934 Belgien; Mai 1940 Frankr., Lager St. Cyprien, Flucht nach Marseille, dort Anschluß an belg. Untergrundgruppe. Dez. 1941 mit gefälschtem Ausweis über Spanien nach Kuba, 1942-43 zeitw. Laborant in Havanna; Apr. 1943 USA, zeitw. Laborant in Chicago. 1943-45 US-Armee in Europa, anschl. Mitarb. Entnazifizierungsprogramm in Deutschland. 1948 B. A. Stanford Univ./Calif., 1949-50 Stud. School of Advanced Internat. Studies der Johns Hopkins Univ. Baltimore/Md., 1950-51 Stud. George Washington Univ. Washington/D.C.; 1949-64 Nachrichtenred. Rundfunkprogramm USIA, ab 1964 ltd. Funktionen franz. Programm der *Voice of America,* ab 1971 Ltr. franz. Programm für das franz.-sprachige Afrika. Lebte 1977 in Washington/ D.C.

Qu: Fb. Hand. - RFJI.

Krille, Otto Moritz, Parteifunktionär, Schriftsteller; geb. 5. Aug. 1878 Börnersdorf/Sa., gest. 31. Jan. 1953 Zürich (?); *Weg:* 1933 CH.

Red. sozdem. Blätter, zuletzt Parteisekr. u. Gausekr. *Reichsbanner* in München, Juni 1933 Flucht nach Zürich. Unterstützung durch *Schweizerisches Arbeiter-Hilfswerk,* zeitw. Mitarb. Verlag Oprecht, auch als Schausteller tätig; 1940 Ausweisungsbefehl, dann bis 1941 interniert. Ab 1949 Dauerasyl in der Schweiz. Ps. Eugen Tubandt.

W: Der Wanderer im Zwielicht. Zürich (Oprecht) 1936; Klänge (L). Zürich (Privatdruck) 1943. *Qu:* Arch. Hand. - IfZ.

Kris, Paul (Paulo), Dr. jur., Rechtsanwalt; *StA:* österr., Bras. (?). *Weg:* 1938 (?) F; DOM; Bras.

RA in Wien. Vermutl. 1938 Emigr. Frankr., Mitarb. *Die Österreichische Post,* vermutl. Mitgl. *Ligue Autrichienne,* Mitarb. von → Martin Fuchs. Emigr. Dominikanische Republik, neben Dr. Luitpold Merten u. Dr. Bleyer Ltr. *Unión de los Refugiados Austriacos en la Republica Dominicana* in San Domingo. Später Übersiedlung nach São Paulo/Brasilien, ab Beginn der 50er Jahre Vertrauensanwalt des österr. Honorarkonsuls. Lebte 1966 in São Paulo.

W: u.a. Os austriacos e o pangermanismo no Brasil. Rio de Janeiro 1945 (?). *L:* Goldner, Emigration. *Qu:* Arch. Publ. - IfZ.

Kroch, Falk Heinz, Dr. phil., Chemiker, Industrieller; geb. 29. März 1904 Berlin; jüd.; *V:* Siegfried K. (geb.1871 Breslau, gest. 1934 Nizza), jüd., Gymn., Dir. Chemische Fabrik Siegfried Kroch AG Berlin; *M:* Anna, geb. Heynemann (geb. 1879 Hannover, gest. 1961 London), jüd., Gymn., 1936 Emigr. GB; *G:* Lieselotte Krotos (geb. 1905 Berlin, gest. 1974 Wincanton/Somerset), Gymn., 1936 Emigr. GB; ∞ 1931 Anna Mahler (geb. 1907 Bamberg), jüd., *K:* Ann Carol (geb. 1948 GB), B. A., bis 1972 Kunstkritikerin *Daily Telegraph,* Stud. Morley Coll. London; *StA:* deutsch, 1941 brit. *Weg:* 1936 GB.

TH Berlin, 1922-24 Stud. Univ. Freiburg, 1924-26 Max Planck-Inst. Berlin, 1926 Prom.; Mitgl. *Freie wissenschaftliche Vereinigung.* Ab 1926 Chemiker im väterl. Betrieb, 1929 Prokurist, 1930-34 Dir., 1934-36 GenDir.; 1926-34 Mitgl. *Internat. Soc. of Leather Trades Chemists,* ab 1928 *Deutsche Chemische Gesellschaft,* 1935 Ausschluß. 1936 Emigr. GB, zunächst befristet, ab 1939 ständige Aufenthaltsgenehmigung mit Unterstützung des *London Jew. Refugees Committee,* Juni 1940-Mai 1941 Internierung, danach Gr. u. bis 1970 AR-Vors. u. GenDir. Lankro Chemicals Ltd. in Eccles/Manchester; 1966 AR-Vors., später Dir. Keunen Bros. Ltd. in Irthling/Northants (Chromleder-Gerbung), 1970 AR-Vors., ab 1973 stellv. Vors. Possums Controls Ltd.; 1943 Mitgl. Gutachterkommission für Kunststoffe des Versorgungsmin., 1966-68 Präs. *Soc. of Leather Trades Chemists,* zeitw. Mitgl. *Council of Chem. Industry Assn.,* Mitgl. *Chem. Nat. Econ. Development Council;* ab 1941 Mitgl., 1976 Vorst. AJR, AJR-Vertr. im Ausschuß für Verteilung von Wiedergutmachungsgeldern, 1947 Mitgr., ehrenamtl. Schatzmeister u. Treuhänder, 1977 Präs. Morris Feinmann Homes Trust (Altersheim für Flüchtlinge aus Mitteleuropa), Hon. Fellow Inst. of Science and Technol. der Univ. Manchester. Lebte 1978 in Manchester. - *Ausz.:* Mitgl. Court of Governors der Manchester Univ. u. College of Science and Technology, Hon. M. Sc. Manchester Univ., 1973 CBE, 1967 Ehrenbürger der Stadt Eccles.

Qu: Fb. Z. - RFJI.

Kroch, Hans Mayer, Bankier, Kaufmann; geb. 3. Juni 1887 Leipzig, gest. 7. Febr. 1970 Jerusalem; jüd.; *V:* Samuel K. (geb. 1853 Breslau, gest. 1926 Leipzig), jüd., Gymn., Getreideimporteur in Leipzig, später Bankier, Inh. von Kroch jun. KGaA.; *M:* Hermine, geb. Rich (geb. 1857 Dresden, gest. 1929 Leipzig), jüd., Gymn.; *G:* Dr. jur. Curt K. (geb. 1884 Leipzig, gest. 1960 Frankfurt/M.), jüd., RA, 1929 Emigr. CH, 1946 Deutschland (ABZ); Emmie Monash (geb. 1885, gest. 1949 Melbourne), jüd., 1937 Emigr. AUS; Louise (geb. 1889 Leipzig, gest. 1971 Frankfurt/M.), jüd., 1929 (?) Emigr. CH, 1946 Deutschland (ABZ); Fritz (geb. 1893 Leipzig), 1938 Emigr. F, 1957 IL; Margarete Fishman (geb. 1896 Leipzig, gest. 1972 London), jüd., 1938 Emigr. AUS, 1951 GB; ∞ 1919 Ella Baruch (geb. Karlsruhe, gest. 1942 [?]); *K:* Ruth (geb. 1920 Leipzig, gest. 1933 Leipzig); Ernst (geb. 1923 Leipzig, gef. 1948 Nitzanim/IL), 1938 Emigr. NL, 1942 Argent., später Pal.; Elsie Weinberg (geb. 1925 Leipzig), 1938 Emigr. NL, 1942 Argent., 1964 IL, Geschäftsf. eines Hotels in Jerusalem; Edith Lamm (geb. 1927 Leipzig), 1938 Emigr. NL, 1942 Argent., später Bras.; Hedda Milman (geb. 1929 Leipzig), 1938 Emigr. NL, 1942 Argent., 1965 IL; *StA:* deutsch; Argent. *Weg:* 1939 NL, 1942 Argent.; IL.

Abitur Leipzig; 1905 Lehre in väterl. Bank, nach 1. WK Dir. u. Gr. zahlr. Tochterges. für Grundstücks- u. Bauwesen, Produktion u. Handel, u.a. Mietshausprojekt Kroch-Stadt in Leipzig; Philantrop. Nov. 1938 KL Buchenwald, Entlassung nach Zwangsverkauf des Unternehmens. Sept. 1939 Emigr. Niederlande, 1942 nach Argentinien. Ltg. der verbliebenen Unternehmen außerhalb des natsoz. Machtbereichs; 1958 Gr. Holyland-Hotelkomplex bei Jerusalem zum Gedenken an seinen gef. Sohn Ernst Kroch.

Qu: HGR. Pers. Z. - RFJI.

Kroener, Rudyard, Bankier; geb. 9. Mai 1904; jüd.; *V:* Arthur K. (geb. 1862 Leipzig, gest. 1911 Berlin), jüd., Unternehmensltr.; *M:* Margarete, geb. Cohn (geb. 1878 Berlin, gest. 1953 IL), 1935 Emigr. Pal.; *G:* Hildegard Sirk (geb. 1902 Berlin), Schauspielerin, 1938 Emigr. USA, nach 2. WK CH; Stephanie Schomelewitsch (geb. 1905 Berlin), jüd., 1930 nach Litauen, dann mit Ehemann UdSSR, 1967 IL; ∞ Mia Tuchler (geb. 1909 Berlin), jüd., Stud. Reimannschule, Kunstgewerblerin, 1934 Emigr. Pal.; *K:* Gabriele Norman (geb. 1938), jüd.; Dorith Bossik (geb. 1946), jüd., B. A.; *StA:* deutsch; Pal./IL. *Weg:* 1934 Pal.

Realgymn., Abgang vor dem Abitur, 1919-20 Hachscharah, Mitgl. *Blau-Weiß,* K. J. V., ZVfD, 1921-26 bei der Deutschen Unionbank in Berlin, 1926-33 Makler an der Berliner Börse als Mitgl. der Firma Martin Michaelis Cohn, später Teilh.; 1933 Ausschluß von der Börse. 1934 Emigr. Palästina mit A I-Zertifikat, 1934-73 Dir. u. Hauptaktionär Financial Industry & Trade Co. Ltd., die 1935 die Tel Aviver Börse mitgründete. 1936-40 Mitgl., dann Stabsoffz. *Haganah.* VorstMitgl. I. O. M. E. u. Exec. Vicepres. Darlehnskasse für Einwanderer Kuppat Milveh haOleh. Ab 1967 AR-Mitgl. Bank Leumi Investment Ltd., Kuppat Milveh, seit 1960 AR-Mitgl. PIA Isr. Trust Management Co. (gegr. von → Ernst Kahn). Mitgl. Exekutivausschuß des *Solidaritätswerks,* 1948 u. 1956 Mitgl. *Selbstwehr. - Ausz.:* Band of Merit der *Haganah.*

Qu: Fb. Hand. HGR. Pers. - RFJI.

Kroh, Fritz, Parteiangestellter; geb. 11. Apr. 1897; ∞ Ida Kroh, im franz. Exil Ltr. Frauenausschuß bei KPD-Emigr.-Landesltg. *Weg:* F; Deutschland (Berlin).

Schriftsetzer, 1912 SPD, über USPD 1920 zur KPD, ab 1920 Verlagsltr. *Volksblatt* Halle, maßgebl. beteiligt am Aufbau der Parteipresse in Mitteldeutschland, Mitgr. der Ztg. *Das Wort, Die Tribüne* u. *Mitteldeutsches Echo* Halle, dort ebenfalls Mitgr. u. Funktionär *Rote Hilfe* u. RFB; 1926-27 vorüberg. in Hamburg tätig, danach Verlagsltr. *Die Rote Fahne* Berlin u. anschl. bis 1933 Verlag für Literatur und Politik Wien-Berlin. Nach 1933 illeg. Tätigkeit, Emigr. nach Frankr., zuständig für Verlagsaufgaben bei der EmigrLtg., später Internierung. Nach Kriegsende erster Verlagsltr. *Berliner Zeitung* u. anschl. bis Apr. 1946 des KPD-Zentralorgans *Deutsche Volkszeitung* Berlin, später Verlagsltr. theoret. SED-Zentralorgan *Einheit* Berlin (Ost), danach Mitarb. ZK der SED auf dem Gebiet des Verlags- u. Druckereiwesens. Lebte 1977 als Arbeiterveteran in Berlin (Ost). - *Ausz.:* 1962 Karl-Marx-Orden, 1966 Artur-Becker-Med. (Gold), 1967 VVO (Gold).

Qu: Arch. Z. - IfZ.

Krohn, Margot, Pädagogin; geb. 27. Apr. 1892; ev.; *StA:* deutsch. *Weg:* 1939 GB; nach 1945 Deutschland (BRD) (?).

Lehrberechtigung für Gymn., Mittel- u. Volksschulen u. heilpädagog. Anstalten. An Privat- u. Volksschulen in Pleß, Strehlen u. Breslau tätig. VorstMitgl. *Schlesischer Provinzialverein Preussischer Volksschullehrerinnen, Allgemeiner Deutscher Lehrerinnenverein* u. Krankenkasse Deutscher Lehrer. Mitgl. Bez.-Lehrerrat Breslau, Ltr. DSP-Frauengruppe Breslau, erstes weibl. Mitgl. *Reichsbanner* Breslau, LT-Kand. - Sept. 1933 Entlassung, an Berliner Privatschulen tätig, zuletzt in der von der Bekenntniskirche getragenen Volksschule für christl.-nichtarische Kinder. Mai 1939 mit Hilfe der Church of England nach GB, Hausarb. Ab Okt. 1944 im United Kingdom Search Bureau for Missing People from Central Europe. Mitarb. *German Social Workers Group.*

W: Einführung in die Bürgerkunde. 1949. *Qu:* Arch. - IfZ.

Krojanker, Gustav, Dr. rer. pol., Journalist, Kaufmann; geb. 1. Juni 1891 Berlin, gest. Juni (Juli [?]) 1945 Pal.; jüd.; *V:* Wilhelm K. (gest. 1924), Schuhfabrikant, Gr. Conrad Tack & Cie. AG; *M:* Jenny, geb. Stern; *G:* → Hermann Krojanker; ∞ Ellen, A: GB; *StA:* deutsch. *Weg:* 1932 Pal.

Stud. Volkswirtschaft Berlin, Freiburg u. München, 1914 Prom.; Kriegsteiln. Bis 1928 Dir. u. VorstMitgl. Schuhfabrik Conrad Tack & Cie. Ausscheiden aus dem Familienbetrieb, um sich jüd.-pol. u. kultureller Arbeit zu widmen. Ab 1914 Präs-Mitgl. des K. J. V., ab 1918 Mitarb. in dt. zion. Bewegung,

1918-19 Hg. des Journals des K. J. V. *Der jüdische Wille,* Verf. von Untersuchungen über die Funktion der Juden in der dt. Kultur u. Lit. sowie über Probleme der osteurop. Juden in Polen. Dir. von Jüdischer Verlag u. Weltverlag Berlin, Beiträge in *Der Jude, Jüdische Rundschau, Jüdische Revue,* 1932 öffentl. Warnung an die dt. Juden vor dem NatSoz.; 1932 Emigr. Palästina, tätig bei der *Alijah Chadashah,* Schriftltr. u. Journ. bei ihrer Ztg. *Ammudim;* Art. über hebr. Lit. in *Haaretz,* 1938 Red-Mitgl. *Jüdische Weltrundschau,* Beiträge in MB. 1938 in pol. Auftrag zeitw. in Deutschland.

W: Die Entwicklung des Koalitionsrechts in England, (Diss.). 1914; Juden in der deutschen Literatur. (Hg.) 1922 u. 1926; Zum Problem des neuen deutschen Nationalismus, eine zionistische Orientierung gegenüber den nationalistischen Strömungen unserer Zeit. 1932; dt. Übers. von S. Ben Z'vi Gutmann, Die Bilu am Ziel. (Bilu: russ. zion. Bewegung nach 1881). 1935; Haavarah, The Transfer. 1936; Aliyah viYeridah baYahadut haGermanit. 1937; Chaim Weizmann's Reden und Aufsätze, 1901-36. (Hg.) 1937; Kunstbetrieb und Judenfrage. In: Bulletin LBI. 1964; Beiträge über jüd. Kultur u. Lit. *L:* Bach, Jaacov, Gustav Krojanker, in: Meilensteine; E. J. *Qu:* Hand. Pers. Publ. Z. - RFJI.

Krojanker, Hermann, Industrieller; geb. 21. Juli 1885 Berlin, gest.; jüd.; *G:* → Gustav Krojanker; ∞ 1927 Gertrud Eichelgrün, wiederverh. Lanz (gest. 1978 Montreux/CH); *StA:* deutsch. *Weg:* GB (?), CH (?).

Gymn., kaufm. Lehre, Volontär in London, Paris u. Nancy, 1907 Eintritt in väterl. Firma Conrad Tack u. Cie., die sich des neuartigen Direktvertriebs über Filialketten bediente. 1912 nach Umwandlung in AG Dir., ab 1924 GenDir. der Tack-Schuhfabriken in Burg b. Magdeburg u. Berlin, 4000 Beschäftigte, 130 Verkaufsfilialen. Österr. Konsul, Handelsrichter LG Berlin, VorstMitgl. *Vereinigung Berliner Handelsrichter, Verband Deutscher Filialbetriebe* u. *Verein Berliner Kaufleute und Industrieller,* Mitgl. *Club von 1880.* Nach 1933 Verkauf des Unternehmens u. Emigration.

Qu: HGR. Publ. - IfZ.

Kronfeld, Robert, Segelflieger, Offizier; geb. 5. Mai 1904 Wien, gest. 1947; jüd.; *V:* Dr. Robert K., MedRat; *StA:* österr., 1939 GB. *Weg:* GB.

Stud. TH Wien, anschl. Stud. Flugmeteorologie TH Darmstadt; unternahm 1928 den ersten Segelwolkenflug, 1931 den doppelten Flug über den Ärmelkanal (Preis der *Daily Mail*). 1931-32 Segelfluglehrer in Darmstadt. Nach natsoz. Machtübernahme Emigr. GB, 1939 Eintritt in brit. Armee als Offz. Zuletzt Colonel in RAF. 1947 bei Experimentierflug tödlich verunglückt.

L: Bentwich, Norman, I Understand the Risk. 1950. *Qu:* Hand. Publ. - IfZ.

Kropf, Ferdinand, Bergführer; geb. 4. Apr. (Juni ?) 1914 Servola b. Triest; ∞ Ljuba, Bergführerin; *StA:* österr., UdSSR (?). *Weg:* 1934 (?) UdSSR; 1945 (?) Österr.; UdSSR.

Mitgl. SDAP u. *Republikanischer Schutzbund* in Graz. Nach den Februarkämpfen in die UdSSR, vermutl. Mitgl. KPÖ. Ab 1935 Bergsteiger- u. Bergführer-Ausbildung (→ Gustl Döberl). Ab 1941 nach dt. Angriff auf die UdSSR in der Roten Armee, vermutl. Partisaneneinsatz. Nach Kriegsende kurzfristig Rückkehr nach Wien, dann wieder UdSSR. Vermutl. Mitgl. KPdSU. Jahrelang Ltr. des ges. Bergrettungswesens in der UdSSR. Lebte 1976 in der UdSSR.

Qu: Arch. Hand. Pers. - IfZ.

Kropp, Otto Alex, Parteifunktionär; geb. 7. Mai 1907 Elberfeld, hinger. 25. Mai 1937 Berlin-Plötzensee; *V:* August, Handlungsgehilfe; *M:* Luise, geb. Freitag; *StA:* deutsch. *Weg:* 1933 NL; 1934 Deutschland.

Packer; über ArbSportbewegung u. RFB 1931 zur KPD. 1933 illeg. Tätigkeit in Wuppertal-Elberfeld, Ende 1933 Emigr. in die Niederlande, Aug. 1934 im Parteiauftr. Rückkehr, bis Mai 1935 Instrukteur im Ruhrgebiet (insbes. für Essen u. Bochum), ab Aug. 1935 BezSekr. in Köln. - Deckn. Schorsch. 27. März 1936 Verhaftung, Jan. 1937 VGH-Todesurteil.

L: Quast, Cläre, Wie die Partei in Wuppertal den antifaschistischen Kampf organisierte. In: Im Kampf bewährt. 1969. *Qu:* Arch. Publ. - IfZ.

Kropp, Wilhelm (Willi), Parteifunktionär; geb. 3. Nov. 1899 Grünberg/Hessen, gest. 8. Aug. 1961 Berlin (Ost); *V:* Philipp Peter K. (1857-1901), Kaufm.; *M:* Marie, geb. Obermann (1859-1940); *G:* Margarethe Emma (1892-1936), Heinrich (1895-1915); *StA:* deutsch. *Weg:* 1935 UdSSR; 1945 Deutschland (SBZ).

Gymn., Buchhalter; 1920 KPD, Parteifunktionär, 1923 von der franz. Besatzungsmacht wegen kommunist. Tätigkeit zu 1 J. Gef. verurteilt, 1924 hauptamtl. KPD-Funktionär in Frankfurt/M., anschl. Mitarb. der KPD-Buchhandlung in Stuttgart, 1925 kurzfristig PolLtr. des Bez. Ruhr, 1926 Geschäftsf. *Niederrheinische Arbeiterzeitung* Duisburg u. gleichzeitig Ltr. Unterbez. Hamborn sowie Mitgl. BezLtg. Ruhr, 1926-28 OrgLtr. Bez. Ruhr in Essen, anschl. Red., 1929 Chefred. *Ruhr-Echo* Essen. Unterstützte den rechten Flügel in der KPD bei der Auseinandersetzung mit den sog. Versöhnlern. - Apr. 1930 zu 2 J. Festungshaft verurteilt. Nach natsoz. Machtübernahme zunächst in Vorbeugehaft, dann bis 22. Aug. 1934 KL. Danach Buchhalter. 1935 Emigr. in die UdSSR, Ltr. *Thälmann-Komitee* beim ZK der KPD, 1944 Mitgl. einer Unterkommission des ZK zur Ausarbeitung des agrarpol. Sofortprogramms der KPD. Mai 1945 nach Mecklenburg als Mitgl. der *Gruppe* → *Gustav Sobottka;* Deckn. Willi Keller. Ab 1946 erster Ltr. der SED-Parteihochschule Karl Marx, später Dir. des Instituts für Philosophie an der FDGB-Hochschule in Bernau bei Berlin. - *Ausz.:* u.a. Banner der Arbeit.

L: Weber, Wandlung; Fischer, Deutschlandpolitik. *Qu:* Publ. - IfZ.

Krould, Harry John, Dr. jur., Ministerialbeamter; geb. 23. Febr. 1903 Wien, gest. 1963; ∞ 1932; *StA:* 1944 USA. *Weg:* 1938 (1939?) USA.

1926 Prom. in Wien. 1926-38 AuslKorr. für versch. europ. Zeitungen. Vermutl. 1939 Emigr in die USA. 1939-41 wiss. Mitarb. an der Columbia Univ. School of Journ., 1941-42 Ltr. der Forschungsstelle für Kriegsdokumente, 1942-43 Sonderbeauftragter des Chefs des Nachrichtendienstes im Office of Facts and Figures, 1943-45 stellv. AbtLtr. beim OWI. 1945-47 Assist. Policy Coordinator im US-Außenmin.; 1947-55 AbtLtr. für europ. Angelegenheiten u. Sonderbeauftragter für Europa u. Afrika bei der Library of Congress. 1956-58 Berater im Verteidigungsmin., 1959 stellv. Geschäftsf. des Intl. Development Advisory Board, 1962-63 stellv. Dir. des Amts für Erziehung u. Sozialentwicklung bei AID. Daneben 1948 Berater von Ministerien u. von Kommissionen des US-Präsidenten; 1958 Berater der *Ford Foundation.*

Qu: Hand. - RFJI.

Krüger, Frida (Frieda), Parteifunktionärin; geb. 31. Aug. 1900 Berlin; *V:* Heinrich K.; *M:* Martha, geb. Kailus; *StA:* deutsch. *Weg:* 1937 CH; 1945 Deutschland (Berlin).

Kaufm. Angest.; 1919 Mitgl. ZdA u. KPD, ehrenamtl. Parteifunktionärin; 1928 Mitgl. BezLtg. u. FrauenLtr. in Berlin-Brandenburg; 1929 auf 12. PT als Kand. ins ZK gewählt, StadtVO. Berlin; 1930 ReichsfrauenLtr. RGO; 1933 illeg. Arbeit. Anfang Aug. 1937 Emigr. nach Basel. Okt. 1945 Rückkehr nach Berlin; Ltr. Frauenabt. FDGB, Ltr. OrgAbt. FDGB-BezVorst. Berlin u. Vors. BezVorst. Gewerkschaft Handel. Nov. 1949 Übersiedlung nach Ostberlin; ab 1956 pol. Mitarb. FDGB-Bundesvorst. Lebte 1975 als Arbeiterveteranin in Berlin (Ost). - *Ausz.:* u.a. Banner der Arbeit.

L: Weber, Wandlung. *Qu:* Arch. Publ. Z. - IfZ.

Krumme, Alfred, Funktionär, Offizier; geb. 23. März 1908 Köthen b. Magdeburg; *StA:* deutsch. *Weg:* 1936 E; 1938 (?) F; 1945 (?) Deutschland (SBZ).
1922 KJVD, 1927 KPD. 1936-38 Teiln. Span. Bürgerkrieg als Angehöriger der Internat. Brigaden, danach nach Südfrankr., im 2. WK in der Résistance. Nach Kriegsende ltd. Wirtschaftsfunktionär (Metallurgie) in Berlin, 1953-58 Ltr. Schiedsgericht beim Staatlichen Vertragsgericht u. 1. stellv. OBürgerm. Leipzig sowie Mitgl. SED-StadtLtg., ab 1959 Ltr. Kreisamt Leipzig der Deutschen Volkspolizei; Oberst. – *Ausz.:* 1956 Hans-Beimler-Med., 1959 Verdienstmed. der DDR, 1960 VVO (Silber).
Qu: Hand. Publ. – IfZ.

Kruppa, Peter, geb. 29. März 1903 Flensburg, Diss.; *StA:* deutsch. *Weg:* 1933 DK.
Schmied u. MaschSchlosser; 1924 SPD, Freidenkerverb., Mitgl. Ortsvorst. DMV, Apr.-Juni 1933 StadtVO. Flensburg. Aug. 1933 Emigr. Roskilde/Dänemark.
Qu: Arch. – IfZ.

Kuba (urspr. **Barthel, Kurt** Walter), Schriftsteller, Kulturfunktionär; geb. 8. Juni 1914 Garnsdorf/Kr. Chemnitz, gest. 12. Nov. 1967 Frankfurt/M.; *V:* Eisenbahnarb.; *Weg:* 1933 CSR; 1934 Österr., JU, CSR; 1939 GB; 1946 Deutschland (SBZ).
Halbwaise; 1928-32 Lehre als Dekorationsmaler. 1928 Gew., 1931 SAJ u. *Rote Falken,* 1933 SPD. März 1933 Emigr. CSR, Febr. 1934 über Österr. nach Jugoslawien, im Herbst Rückkehr in die CSR, 1935 SPD-Ausschluß wegen ZusArb. mit Kommunisten; Mitgl. *Bert-Brecht-Klub;* AgitPropArbeit in dt.-sprachigen Grenzgebieten. 1935 Ltr. Spieltruppe Neues Leben im Erzgebirge. Frühj. 1939 über Polen nach GB, Mitgl. FDKB, bei Kriegsausbruch Internierung in Huyton-Camp, danach Bau- u. Landarbeiter, Mitarb. FDJ. Okt. 1946 Rückkehr, Mitgl. SED, Dez. 1946-Jan. 1948 Red. in parteieigenem Verlag JHW Dietz Nachf. GmbH Berlin (Ost), anschl. bis Juli 1949 Kulturltr. in VEB Maxhütte Unterwellenborn, 1950-54 Kand. u. ab 1954 Mitgl. des ZK der SED, 1950-58 MdVK, Mai 1952-März 1954 GenSekr. *Deutscher Schriftstellerverband,* danach PräsMitgl.; ab 1953 Mitgl. Deutsche Akademie der Künste zu Berlin, ab 1954 Mitgl. *PEN-Zentrum Ost-West,* ab1956 Chefdramaturg Volkstheater Rostock. Vertreter eines dogmatischen sozialist. Realismus. – *Ausz.:* 1949 u. 1958 NatPreis 3. Kl., 1959 u. 1964 NatPreis 2. Kl., 1960 Dr. h.c. Univ. Rostock.
W: Gedicht vom Menschen. 1948; Gedanken im Fluge. 1950; Kantate auf Stalin (Musik v. J. K. Forest). 1949; Gedichte. 1952; Osten erglüht. 1954; Klaus Störtebecker (Dram. Ballade). 1959; Gedichte. 1961; Brot und Wein (L). 1962; Terra incognita (Dram. Poem). 1965. *L:* Röder, Großbritannien; GdA-Biogr.; Albrecht, Deutschspr. Schriftsteller. *Qu:* Hand. Publ. Z. – IfZ.

Kubasta, Gottfried, Parteifunktionär; geb. 3. Okt. 1910 Wien, hinger. 5. Dez. 1944 Berlin-Plötzensee; *G:* Johann (geb. 1913), 1938 wegen illeg. Arbeit für KPÖ 9. Mon. Haft; *StA:* österr. *Weg:* 1937 (?) CSR (?); 1938 (?) F; 1942 Deutschland (Österr.).
Mitgl. KPÖ, angebl. 1930-33 Ortsgruppen-Obmann in Wien u. Red. *Die Rote Fahne.* Ab 1933 illeg. KPÖ-Funktionär, bis 1937 mehrfach Haft. Dez. 1937 vermutl. in die CSR, 1938 (?) nach Frankr. Nach franz. Kapitulation Mitarb. TA innerh. der franz. Résistance. Nov. 1942 als franz. Fremdarb. Ernst Paul Clément Rückkehr nach Wien, Arbeit in Wiener Rüstungsbetrieb, maßgebl. am Aufbau der 4. illeg. Ltg. der KPÖ in Wien beteiligt. Sept. 1943 Verhaftung, VGH-Todesurteil.
L: Mitteräcker, Kampf; Spiegel, Résistance; Widerstand 2.
Qu: Arch. Publ. – IfZ.

Kuczynski, Jürgen, Dr. phil. Wirtschaftswissenschaftler, Funktionär; geb. 17. Sept. 1904 Elberfeld; *V:* → Robert René Kuczynski; ∞ 1928 Marguerite, StA: franz., Wirtschaftswissenschaftlerin, 1936 nach GB, Tätigkeit in brit. Genossenschaftsbewegung, bis 1942 Sekr. *Kriegshilfskomitee deutscher Flüchtlingsfrauen in Großbritannien; K:* 3; *StA:* deutsch. *Weg:* 1936 GB; 1945 Deutschland (Berlin).

1922-25 Stud. Volkswirtsch., Phil. u. Gesch. Univ. Berlin, Heidelberg u. Erlangen, 1925 Prom., Frankr.-Reise, ab Okt. 1925 Bankvolontär, Mitarb. *Finanzpolitische Korrespondenz* des Vaters u. Red. *Die Menschenrechte* der DLM, Sept. 1926-Juni 1927 Stud. Brookings School Washington, anschl. bis Sept. 1928 Ltr. der statist. Abt. der *American Federation of Labor,* nach Rückkehr Hauptmitarb. *Finanzpolitische Korrespondenz* u. USA-Korr. der sowj. Zs. *Industrializacija,* Mitarb. *Roter Aufbau,* Juli 1930 KPD, Nov. 1930 UdSSR-Reise, 1931-32 Wirschaftsred. *Die Rote Fahne* u. anschl. *Nachrichten* Berlin; ab Juli 1931 Ltr. Informationsabt. RGO-Reichskomitee. Nach natsoz. Machtübernahme Fortsetzung der Tätigkeit in der illeg. RGO-Reichsltg. u. bis Jan. 1934 Hg. *Finanzpolitische Korrespondenz,* nach deren Verbot im Juli 1934 Gr. u. anschl. bis 1935 Hg. der in der Schweiz ersch. *Konjunkturstatistischen Korrespondenz;* enge ZusArb. mit sowj. Botschaft in Berlin, Jan. 1935 zur Berichterstattung über Wirtschaftslage u. -entwicklung in Deutschland nach Moskau, Juli 1936 über Prag, Polen u. Danzig nach Kopenhagen u. schließlich nach GB. Mitgl. KPD-Landesltg., Okt. 1936-39 u. 1940-41 deren PolLtr., dann stellv. PolLtr.; ltd. Mitarb. in *Friends of the German People's Front;* Frühj. 1938 USA-Reise als Beauftragter des *Deutschen Freiheitssenders 29,8,* Lehrer an KPD-Kursen in Draveil b. Paris 1938 u. in Hauteville 1939; Dez. 1938 Mitgr. u. danach VorstMitgl. FDKB, Jan. 1940-Apr. 1941 Internierung, ab 1941 Mitgl. u. später Vors. Central London Branch der *Assn. of Scientific Workers,* Mitarb. im sog. *Club 1943,* rege Vortragstätigkeit; ab Sept. 1944 wiss. Mitarb. United States Strategic Bombing Survey (U. S. S. B. S.) u. in ihrem Auftrag ab Anfang Apr. 1945 zu Forschungszwecken in Deutschland; 27. Juli 1945 Ernennung zum Präs. der Zentralverwaltung der Finanzen durch SMAD, Nov. 1945 Rückkehr nach Berlin. 1946-69 Prof. mit Lehrstuhl für WirtschGesch. Humboldt-Univ. Berlin, 1947-50 erster Präs. *Gesellschaft zum Studium der Kultur der Sowjetunion,* 1949-52 Dir. Deutsches Wirtschaftsinstitut, 1949-50 MdProvisVK u. 1950-58 MdVK (zeitw. Fraktionsvors. *Kulturbund zur demokratischen Erneuerung Deutschlands* – KB), 1956-69 Dir. Institut für Wirtschaftsgeschichte der Deutschen Akademie der Wissenschaften (DAW); Mitgl. KB-PräsRat u. *Komitee für Europäische Sicherheit.* – *Ausz.:* u. a. 1949 NatPreis, 1955 Ordentl. Mitgl. DAW, 1964 Dr. rer. oec. h. c. Humboldt-Univ. Berlin (Ost), 1969 Karl-Marx-Orden, 1970 Friedrich-Engels-Preis.

W: Exilpubl. (Ps. Peter Forster, Peter Förster, Pierre Olivier, James Turner) Les antécédents d'une révolution. Paris (Rivière) 1936; Hitler and the Empire. London (Lawrence and Wishart) 1936; Wohin steuert die deutsche Wirtschaft? Strasbourg (Ed. Prométhée) 1937; New Fashions in Wage Theory. London (Lawrence and Wishart) 1937; Labour-Conditions in Western Europe. London (Lawrence and Wishart) 1937; Hunger and Work. London (Lawrence and Wishart) 1938; Germany's Economic Position. London (Germany to-day) 1939; The Conditions of the Workers in Great Britian, Germany and the Soviet Union 1932-38. London (Gollancz) 1939; Freedom Calling! London (Muller) 1939; Allies inside Germany. London (The Free German League of Culture) 1942; The Economics of Barbarism (mit Grete Witt [→ Margarete Wittkowski]). London (Muller) 1942; 300 Million Slaves and Serfs. London (I. N. G. Pubs) 1942; British Workers in the War. New York (International Publishers) 1943; British Trade Unionism. Ludgate Hill (Bull) 1943; Freie Deutsche damals und heute. London (The Free German League of Culture) 1944; Über die Unpraktischkeit des deutschen Intellektuellen. London (The Free German League of Culture) 1944; Germany Under Fascism 1933 to the Present Day. London (Muller) 1944; Germany. Economics and Labour Conditions under Fascism. New York (International Publishers) 1945; Weitere, insbes. wirtschaftswiss., Arbeiten in: The National Union Catalog. Vol. 1 ff., Washington

1956 ff. sowie The National Union Catalog. Pre-1956 imprints. Vol. 1 ff. London, Chicago 1968 ff. *L:* Röder, Großbritannien; Duhnke, KPD; Kuczynski, Jürgen, Memoiren. 1975. *Qu:* Arch. ABiogr. Hand. Publ. Z. - IfZ.

Kuczynski, Robert **René,** Dr., Statistiker; geb. 12. Aug. 1876 Berlin, gest. 25. Nov. 1947 London; *V:* Wilhelm K. (1843-1913), Bankier; *M:* Lucie, geb. Brandeis; ∞ Bertha, 1933 Emigr. GB; *K:* 5, u.a. Ursula, Emigr. China; Brigitte, Wirtschaftswissenschaftlerin, 1933 Emigr. CH; → Jürgen Kuczynski; *StA:* deutsch. *Weg:* 1933 GB.

1894-97 Stud. Wirtschafts- u. Rechtswiss. in Freiburg, Straßburg u. München, anschl. Statistiker im In- u. Ausland, 1904-05 Dir. Statistisches Amt von Elberfeld u. 1906-21 von Berlin-Schöneberg, Sympathisant der Linksbewegung, ab 1919 Hg. *Finanzpolitische Korrespondenz* Berlin, 1922-24 Frankreichreise i. A. von *Deutsches Friedenskartell*, DLM u. IAH, ab 1923 Hg. *Deutsch-Französische Wirtschaftskorrespondenz*, 1926 Gr. u. Vors. *Ausschuß zur Durchführung des Volksentscheides für die entschädigungslose Enteignung der Fürsten* (sog. Kuczynski-Ausschuß), danach insbes. wiss. tätig, VorstMitgl. DLM. Nach natsoz. Machtübernahme in die Illegalität, Apr. 1933 Emigr. nach GB, ab 1938 Lehrer für Demographie London School of Economics; Vors. *Initiativausschuß für die Einheit der deutschen Emigration*, nach Grdg. der FDB Sept. 1943 Mitgl. ihres Arbeitsausschusses u. ab Juni 1944 Präsidiumsmitgl.; ab 1944 Ehrenpräs. *Lateinamerikanisches Komitee der Freien Deutschen*.

W: u.a. Denkschrift über die Reparationszahlungen Deutschlands, über den Wiederaufbau in Frankreich, über Militärkontrolle und Völkerbund (mit Hans Schwann). 1924; Wenn Friedensfreunde reden. Vorträge in Frankreich. 1924; The Measurement of Population Growth. London (Sidgwick and Jackson) 1935; Population Movements. Oxford (The Clarendon Pr.) 1936; Colonial Population. London (Oxford Univ. Pr.) 1937; The Cameroons and Togoland. A demographic study. London (R. Inst. of Internat. Affairs) 1939; Living Space and Population Problems. Oxford (The Clarendon Pr.), New York (Farrar and Rinehart) 1939; Demographic Survey of the British Colonial Empire. 3 Bde. Ebd. 1948-53. *L:* Lehmann-Russbüldt, Otto, Der Kampf der Deutschen Liga für Menschenrechte für den Weltfrieden. 1927; Kuczynski, Jürgen, René Kuczynski. 1957; GdA-Chronik; Röder, Großbritannien; Kießling, Alemania Libre; Kuczynski, Jürgen, Memoiren. 1975. *Qu:* Hand. Publ. - IfZ.

Kühn, Bruno, Parteifunktionär; geb. 17. Dez. 1901 Berlin, umgek. Aug. (?) 1941; *V:* Arbeiter; *G:* Lotte Kühn, Lebensgefährtin → Walter Ulbrichts; *StA:* deutsch. *Weg:* 1933 (?) UdSSR; 1936 E; 1939 (?) F, UdSSR; 1941 Deutschland.

Arbeiter; 1918 FSJ, 1919 KPD; Funktionär *Jung-Spartakus-Bund* u. *Rote Jungpioniere*, Ltr. Kinderbüro der BezLtg. Berlin-Brandenburg. 1933 Verhaftung, dann Emigr. UdSSR. 1936 Spanien, PolKommissar 3. Kompanie im Btl. Čapaev, Deckn. Kuno Lützow; 1937-39 PolKommissar u. Major eines Partisanen-Btl., führte zahlr. Einsätze hinter der Front. Vermutl. 1939 Frankr., Internierung in Le Vernet, durch sowj. Intervention Rückkehr in die UdSSR, nach Kriegsausbruch Freiw. der Roten Armee, Aug. 1941 i. A. des ZK der KPD nach Deutschland, angebl. noch im gleichen Monat verhaftet u. hingerichtet.

L: Schmidt, Deutschland; GdA; Kraushaar, Deutsche Widerstandskämpfer; Pasaremos; Duhnke, KPD. *Qu:* Publ. Z. - IfZ.

Kühn, Heinz, Journalist, Politiker; geb. 18. Febr. 1912 Köln; Diss.; *V:* Schreiner, SPD; *M:* Elisabeth, kath., 1933 nach Flucht des Sohnes zeitw. KL Brauweiler; ∞ 1939 Marianne, Emigr., ab 1952 StadtVO. Köln; *K:* Hendrik; *StA:* deutsch, 4. Okt. 1934 Ausbürg., deutsch. *Weg:* 1933 Saargeb., CSR; 1936 B; 1945 Deutschland (BBZ).

1922 kath. *Bund Neudeutschland,* Mitarb. Zs. *Burg* u. *Leuchtturm;* 1928 SAJ, später Vors. SAJ-Bez. Oberrhein, 1930 SPD, nach 1931 der linksoppos. SAPD nahestehend. 1931-33 Stud. Volkswirtsch. u. Staatswiss. Köln, Vors. *Sozialistische Studentenschaft* u. VorstMitgl. *Reichsbanner* Köln, Mitarb. *Rheinische Zeitung.* 1933 illeg. Tätigkeit, Haft, Mai 1933 im Parteiauftrag an die Saar, im Herbst illeg. im Rheinl., anschl. Emigr. CSR, Grenzarb., Stud. in Prag. Kontakte zu → Marie Juchacz, → Emil Kirschmann u. → Wilhelm Sollmann. Ab 1936 in Antwerpen, Brüssel, pol. tätig im Kreis um → Max Sievers, 1937-39 Red. u. Hauptmitarb. *Freies Deutschland* (Ps. Audax), Kontakte zum ISK, Mitarb. *Sozialistische Warte.* 10. Mai 1940 von belg. Polizei verhaftet, durch Interministerielle Kommission von Internierung ausgenommen, während dt. Besetzung im Untergrund in Gent, Hg. *Freiheitsbriefe an die deutsche Wehrmacht.* 1944/45 Verb. zum SPD-PV London, gegen ZusArb. mit dem von der KPD initiierten *Komitee Freies Deutschland* in Belgien. Ende Dez. 1945 illeg. nach Köln, ab 1946 außenpol. Red. der von → Willi Eichler geleiteten *Rheinischen Zeitung,* 1949-50 deren Chefred.; 1948-54 u. ab 1962 MdL NRW, ab 1950 stellv. Vors., ab 1962 SPD-Fraktion; 1953-63 MdB, Ltr. SPD-Fraktionssekretariat, Vors. Sozialist. Fraktion in der Beratenden Vers. des Europarats. Vors. SPD-Bez. Mittelrhein, ab 1954 Mitgl. SPD-PV, Mitgl. Parteipräsidium; 1962-73 SPD-Landesvors., 1973 als Nachf. von → Herbert Wehner zum stellv. SPD-Vors. gewählt. Ab Dez. 1966 nordrhein-westf. MinPräs. einer SPD-FDP-Koalition, die als Modell der RegBildung in Bonn 1969 galt. K., der auch als Kand. für das Amt des Bundespräs. genannt wurde, konnte als MinPräs. vor allem Erfolge bei der Sanierung des Ruhrbergbaus u. in der Bildungsreform verzeichnen. U.a. Vors. VerwRat WDR, Präs. *Deutsch-Madagassische Gesellschaft,* Mitgl. *Bibliophile Gesellschaft.* Lebte 1978 in Köln. - *Ausz.:* u.a. 1967 Gr. BVK mit Stern u. Schulterband, 1969 Ehrenschild VdK, 1972 Großoffz. franz. Ehrenlegion.

W: Hitler oder Deutschland. Freiheitsbriefe an die deutsche Wehrmacht. Gent 1944; Den Staat menschlicher machen. 1972; Hg. Monatsschrift *Demokratischer Aufbau.* *L:* Henkels, Walter, 99 Bonner Köpfe. 1963; Goch, Gerd, Gefragt: Heinz Kühn. 1975. *D:* AsD, IISG. *Qu:* Arch. Fb. Hand. Publ. Z. - IfZ.

Kuehnberg, Walter, Journalist, geb. 16. Juli 1911 Breslau; *Weg:* 1933 CSR; 1939 GB.

1931 Mitgl. SPD, im gleichen Jahr zur SAPD, Mitgl. SAPD-Vorst. Breslau u. Red. *Sozialistische Arbeiterzeitung.* Nach Emigr. in die CSR 1934 Anschluß an *Neu Beginnen* (→ Karl Frank), später im englischen Exil Mitgl. *Fabian Society;* ab 1942 Bibliothekar Reuters Ltd.

L: Drechsler, SAPD; *Qu:* Arch. - IfZ.

Kühne, Martha, geb. Hähnel; geb. 6. März 1888 Leipzig; ∞ Erwin K. (geb. 1880); *K:* Margarethe (geb. 1911), Leonore (geb. 1917); *StA:* deutsch, 3. März 1938 Ausbürg. *Weg:* CSR.

Textilarb.; KPD-Mitgl., 1932-33 MdL Sa. Nach NS-Machtübernahme Emigr. in die CSR.

Qu: Arch. - IfZ.

Kühne, Otto, Parteifunktionär; geb. 12. Mai 1895 Berlin, gest. 8. Dez. 1955 Brandenburg/Havel; *StA:* deutsch. *Weg:* 1933 DK; S; N; 1935 UdSSR; 1937 E; 1938 F; 1945 Deutschland (Berlin).

Metallarb., 1914-16 Soldat, anschl. Eisenbahner. 1912 Gew., 1919 USPD, 1920 KPD. 1919 Betriebsrat, später Vors. Gesamtbetriebsrat Deutsche Reichsbahn Berlin. 1922 Sekr. kommunist. *Freier Eisenbahnerverband.* 1925 Mitgl. KPD-BezLtg. Berlin u. ZK, mit → Heinz Neumann als KPD-Vertr. bei der *Komintern* nach Moskau. 1927 Rückkehr, Ausscheiden aus dem ZK. 1931-33 Sekr. KPD-Reichstagsfraktion; Juli 1933 im Parteiauftrag nach Kopenhagen, später Schweden u. Norwegen, Aussage vor Reichstagsbrand-Untersuchungsausschuß London, versch. Funktionen in EmigrLtg.; 1935 UdSSR, ab 1937 Offz. Span. Bürgerkrieg, zuletzt Brigadekommissar XI. Internat. Brigade. 1939 Internierung Frankr., ab Dez. 1942 in Verb. mit Toulouser Ltg. der KPD Zusammenfassung von ehem. Spanienkämpfern zu Partisanengruppen im französ. Zentralmassiv. 1944 Bildung der internat. Maquis-Einheit *Bir Hakeim,* Oberstlt. (Deckn. Lieutenant-Colonel Jean Paul, Robert, Otto). Ltr. *Main-d'Œuvre Immigrée* - Interregion

Nîmes, u.a. Beteiligung an Befreiung von Nîmes, erster Stadtkommandant. 1944 Ausbildung einer *Freischar Freies Deutschland* zum Einsatz im Reich in Verb. mit KFDW. Mai 1945 Berlin, stellvertr. Ltr., später Ltr. Hauptabt. Verkehr der Deutschen Wirtschaftskommission. 1950 als ehem. Westemigr. seiner Funktionen enthoben. - *Ausz.:* Französ. Kriegsverdienstkreuz.

L: Pasaremos; Weber, Wandlung; Schaul, Résistance; Pech, Résistance. *Qu:* Arch. Publ. - IfZ.

Kühr, Fritz (Friedrich), Dr., Journalist u. Verbandsfunktionär; gest. 27.Okt. 1950 Rolandia/Bras.; kath.; ∞ verh., Emigr. Bras. *Weg:* 1933 S-Afrika, Österr.; 1938 Deutschland; 1945 (?) Bras.

Stud. Volkswirtsch. u. Theologie, Mitarb. von Gustav Gundlach in kath. Sozialbewegung. Red. *Germania* (Zentralorgan *Deutsche Zentrumspartei*), 1926-33 einer der Ltr. *Gesellschaft zur Förderung politischer Bildungsarbeit* (Bildungsges. beim GenSekretariat des *Zentrums* in Berlin), enger Kontakt zu → Heinrich Brüning. Juli 1933 Emigr. nach Johannesburg, Ende 1933 nach Österr., Hochschullehrer in Graz, 1934 nach den Februarkämpfen vermutl. Tätigkeit für Arbeiterkammer Wien. Ende 1935 von Bundeskanzler Kurt Schuschnigg zum GenSekr. *Gewerkschaftsbund der österreichischen Arbeiter und Angestellten* (sog. Einheitsgewerkschaft) berufen, entwarf i.A. Schuschniggs eine ständische ArbVerfassung. 1938 nach Anschluß Österr. Verhaftung, bis 1943 KL Dachau. Folgte unmittelbar nach Kriegsende seiner schon früher emigr. Ehefrau nach Bras. in die Emigrantensiedlung Rolandia (→ Johannes Schauff).

L: Franta, Karl, 50 Jahre Gewerkschaft der Bediensteten im Handel, Transport und Verkehr. 1954; Brüning, Heinrich, Reden und Aufsätze. 1968; ders., Briefe 1946-1960. 1974. *Qu:* Arch. Publ. - IfZ.

Künstler, Leopold, Dr. jur., Wirtschaftsjurist, Beamter; geb. 25. Apr. 1904 Straubing/Niederb., gest. 9. Febr. 1974 München; jüd.; *V:* Stefan K. (geb. 1868 Burghaslach, umgek. im Holokaust), jüd., Bankkaufm., später Hopfenhändler; *M:* Fanny, geb. Gundersheimer (geb. 1870 [?] Schweinfurt), jüd.; *G:* 3; ∞ 1939 Haifa, Caroline Käthe Meier (geb. 1904 Saarbrücken), jüd., Haushaltungslehrerin, Schulltr., Emigr., in IL Inspektorin für Klinik-Wirtschaftsbetriebe; *StA:* deutsch, Ausbürg., 1948 IL, 1955 IL u. deutsch. *Weg:* 1938 Pal.; 1955 Deutschland (BRD).

1923 Abitur, anschl. Stud. Rechtswiss. Würzburg, München, Köln, Mitgl. *Blau-Weiß* u. Verb. *Salia*, 1926 Prom., daneben Bankvolontär. Ab 1926 Mitarb., ab 1928 Gesellschafter der väterl. Firma Stefan Künstler, Hopfen- u. Malzgroßhandlung, ab 1931 Syndikus Bamberger Hofbräu AG u. Mitgl. Rechtsabt. der Engelhardt-Brauerei, Berlin, Apr. 1933 Entlassung, Rückkehr in den FamBetrieb, der 1936 nach München verlegt wurde. März 1938 mit Hilfe zionist. Org. Emigr. Palästina, bis 1941 Polizist bei der Mandatsverw., anschl. Zivilangest. der brit. Armee, Juli 1945-Mai 1948 Beamter in der Justizabt. der Mandatsreg., anschl. VerwLtr. im Versorgungsamt des MilGouverneurs Jerusalem, Dez. 1948-Sept. 1951 in der Ltg. des Amts für Vermögensverw. im isr. Justizmin., dann jur. Sekr. am Obersten Gerichtshof; 1952 nach nebenberufl. Stud. Zulassung als RA; Sept. 1952-Mai 1955 in Ltg. des Amts für Ölbohrungen, ab Herbst 1953 auch Kontrolleur für Bergbauwesen. - Enge, aus der Vaterstadt Straubing stammende Beziehungen zu dt. kath. Orden in Palästina, VerbMann der isr. Reg. zum dt. Episkopat in der Frage des dt. Kircheneigentums in Israel, zeitw. Verw. des dt. ev. Kircheneigentums. Juni 1955 Rückkehr nach Deutschland, DirAssist. Bergbräu Fürth, 1956-69 beim Bayer. Landesentschädigungsamt München, zuletzt SachgebLtr. - Mitgl. CSU, 1960-74 2. Vors. *Gesellschaft für Christlich-Jüdische Zusammenarbeit* in München. - *Ausz.:* 1969 Bayer. VO.

W: Der Bierlieferungsvertrag und die mit ihm zusammenhängenden Verträge (Diss.). 1926, 1929, 1957; Kommentar zum Hopfenherkunftsgesetz (mit Carl Stiegler). 1929, 1952; Die Bierbezeichnung in Recht und Wirtschaft (mit Walter Zipfel). 1957; Beiträge in jur. Zs. *Qu:* Pers. EGL. Hand. - IfZ.

Künzl, Oskar, geb. 18. März 1913 Rothau b. Graslitz; *V:* Otto K. (1885-1935), Tischlermeister, DSAP; *M:* Marie, geb. Meinlschmidt, DSAP, SPD; ∞ Anna Scheibner (geb. 1914); *K:* Helen, RA; Peter (1950-1968); *StA:* österr., 1919 CSR, deutsch, brit. *Weg:* 1939 GB.

Tischlermeister; 1920-38 *Arbeiter-Turn- und Sportverband in der Tschechoslowakischen Republik,* 1928-38 Mitgl. SJ, 1935-38 RW, 1936-38 DSAP. Bei Besetzung des Sudetengeb. Verhaftung u. schwere Mißhandlung durch Gestapo, Flucht ins Landesinnere, März 1939 Emigr. nach GB, Tischler, Mitgl. TG u. ab 1940 *Independent Labour Party.* Ab 1974 stellv. Obmann u. ab Nov. 1977 Obmann, ab Apr. 1978 gleichz. Sekr. *Treuegemeinschaft Sudetendeutscher Sozialdemokraten. Landesgruppe der Seliger-Gemeinde für Großbritannien.* Lebte 1978 in Greenford/GB.

Qu: Pers. - IfZ.

Küttner, Stefan, Dr.; ∞ verh., Ehefrau Emigr. GB; *K:* 1 T, Emigr. GB; *StA:* österr. *Weg:* 1934 (?) CSR; 1939 (?) GB.

Mitgl. SDAP in Wien, vor 1934 einer der Dir. des sozialisierten Unternehmens Gemeinnützige Werke Arsenal in Wien. Vermutl. 1934 Emigr. CSR, aktiv in Flüchtlingshilfe. 1939 (?) als Mitgl. der *Svitanics Group of the Czech Refugee Trust Fund* (→ Johann Svitanics) nach GB, vermutl. Mitgl. *Association of Austrian Social Democrats in Great Britain,* Mitarb. von → Heinrich Allina bei Grdg. des *Austria Office,* deshalb Anfang 1940 Ausschluß aus Svitanics Group.

Qu: Arch. - IfZ.

Kugler, Norbert; *StA:* deutsch. *Weg:* E; F; Deutschland (SBZ).

KPD, Teiln. Span. Bürgerkrieg. 1942 Bildung einer Ausländer-Partisanengruppe in Südfrankr. i.A. der *Main d'Œuvre Immigrée.* Ab 1943 milit. Verantwortl. für 5 Dépt., Anschläge auf Wehrmachtseinrichtungen. Sept. 1944 Teiln. an Befreiung von Lyon. Oberstlt. - *Ausz.:* 1956 Hans-Beimler-Medaille.

L: Schaul, Résistance; Pech, Résistance. *Qu:* Publ. - IfZ.

Kuhn, Elvira, Parteifunktionärin; *StA:* 1919 CSR, deutsch. *Weg:* 1938 (?) GB; nach 1945 Deutschland (SBZ).

Arbeiterin in einer Tabakfabrik, KSČ-Funktionärin in Kreisltg. Joachimsthal, ab 1929 Abg. NatVers. der CSR. Nach Abtretung der Sudetengeb. Emigr. GB, Mitgl. *Beuer-Gruppe.* Nach Kriegsende SED-Funktionärin.

Qu: Hand. Pers. - IfZ.

Kuhnen, Fritz, Gewerkschaftsfunktionär; geb. 5. Juni 1879 Essen-Borbeck, gest. 25. Sept. 1947 Püttlingen/Saar; kath.; ∞ Anna Klewe (geb. 1882); *Weg:* 1935 Lux.; nach 1945 Deutschland (SBZ); 1947 Saargeb.

Bergmann. Ab 1900 Mitgl. *Gewerkverein christlicher Bergarbeiter Deutschlands,* 1910-12 BezLtr. Bochum/Westf.; 1912-33 Vors. Gewerkverein Saargeb., 1930 Wahl in den Hauptvorst.; Mitbegr. u. VorstMitgl. *Internationaler christlicher Bergarbeiterbund.* Mitgl. Zentrum, ab 1921 StadtVO Saarbrücken; 1930-33 MdR. Anfänglich Befürworter der Rückgliederung des Saargeb., später einer der schärfsten Gegner der geplanten Gleichschaltung der Saar-Gew. u. Anschluß an Status-quo-Bewegung. Nov. 1934 GrdgsMitgl. des *Volksbunds für christlich-soziale Gemeinschaft* → Johannes Hoffmanns. 18. Febr. 1935 Emigr. Luxemburg.

L: Zenner, Saargebiet; Jacoby, Saar; Schneider, Saarpolitik und Exil. *Qu:* Arch. Hand. Publ. - IfZ.

Kukowitsch, Hans, Parteifunktionär; *G:* Rudolf, KPD, Emigr. F, Lt. franz. Maquis; *StA:* deutsch. *Weg:* E; F; 1945 Deutschland.

KPD; Span. Bürgerkrieg, nach 1940 Mitarb. Toulouser Ltg. der KPD, Mitwirkung an der Hg. der KFDW-Zs. *Soldat am Mittelmeer,* Hptm. in Partisaneneinheit. 1945 über die Schweiz illeg. nach Deutschland, nach Kriegsende mit → Karl Kunde Versuche zur Reorg. der KPD im Bodenseegebiet. Später DDR. - *Ausz.:* 1956 Hans-Beimler-Medaille.

L: Schaul, Résistance; Pech, Résistance; Teubner, Schweiz. *Qu:* Publ. - IfZ.

Kulcsar, Ilse, geb. Pollak, verehel. Barea, Publizistin; geb. 20. Sept. 1902 Wien, gest. 1. Jan. 1973 Wien; *V:* Dr. Valentin P. (1872 [?] - 1948), GymnProf., Hofrat, Emigr. GB; *M:* Alice, geb. v. Zieglmayer; ∞ I. 1922 → Leopold Kulcsar; II. 1938 Arturo Barea (gest. 1957), span. Politiker u. Schriftst.; *StA:* österr., 1937 (?) E, 1948 brit., 1965 (?) österr. *Weg:* 1934 CSR; 1936 E; 1938 F; 1939 GB.

Ab 1918 maßgebl. Vertr. der sozdem. Mittelschülerbewegung in Wien u. führendes Mitgl. des Dez. 1918 gegr. *Zentralen Mittelschülerrats,* 1919-20 Obmann-Stellv. *Vereinigung Sozialistischer Mittelschüler* u. Red. des Wochenblatts *Die Sozialistische Jugend.* Mitgl. SAJDÖ, ab 1919 Bildungsbeirat in Wiener Bez-Gruppe. 1920 Mitgl. SDAP. Ab 1920 Stud. Staats- u. Rechtswiss. Wien. Sommer 1921 anläßl. der Auseinandersetzungen um Beitritt der SAJDÖ zu KJI nach Teiln. an 2. Weltkongreß der KJI in Berlin als SAJDÖ-Vertr. Ausschluß aus der sozdem. Jugendorg., Eintritt in KJVÖ u. KPÖ. 1923-24 Wirtschaftsred. *Die Rote Fahne,* 1924 während der Fraktionskämpfe innerhalb der KPÖ mit einjähr. Funktionsverbot belegt, KPÖ-Austritt, i.A. der *Komintern* nach Rumänien. 1925 in Budapest verhaftet, nach mehrmon. Haft Anfang 1926 nach Wien abgeschoben. Ab 1926 wieder Mitgl. SDAP, Mitarb. Sozialistische Bildungszentrale, Vortragende u. Ref. bei Gew. u. Arbeiterkammern in ganz Österr.; VorstMitgl. *Sozialistische Arbeitsgemeinschaft für Wirtschaft und Politik* unter → Helene Bauer. 1933 kurzfristig Haft. Ab 1933 LtgMitgl. *Gruppe Funke.* 1934 nach den Februarkämpfen illeg. Arbeit in Wien, Red. der in Brünn gedruckten Zs. *Der Funke.* Ende 1934 aufgrund drohender Verhaftung Flucht in die CSR, ZusArb. mit ALÖS in Brünn unter → Otto Bauer, zus. mit Leopold Kulcsar u. → Rolf Reventlow Red. u. Hg. der Zs. *Sozialistische Tribüne.* Okt. 1936 über Paris nach Madrid, zunächst Ltr. Zensurstelle für die Auslandspresse, anschl. Mitarb. republikan. Rundfunksender. Febr. 1938 nach Heirat mit A. Barea nach Paris, Febr. 1939 nach GB. Während des 2. WK Mitarb. im Abhördienst der BBC; Mitgl. *Labour Party,* zeitw. GdeRätin in Dorfgemeinde. Nach Kriegsende Publizistin u. Übers., Dolmetscherin bei internat. Gew.-Kongressen. 1965 Rückkehr nach Wien. Mitgl. SPÖ, Bildungsfunktionärin in Partei u. Gew., gelegentl. Mitarb. *Die Zukunft* u. *Arbeit und Wirtschaft;* VorstMitgl. *Vereinigung österreichischer Freiwilliger in der spanischen Republik 1936 bis 1939 und der Freunde des demokratischen Spanien.* - *Ausz.:* 1970 Josef-Luitpold-Stern-Preis des ÖGB.

W: u.a. Die Großmächte der Finanz und Industrie. 1930; Barea-Kulcsar, Ilse, Vienna, Legend and Reality. 1966. *L:* Buttinger, Beispiel; Wisshaupt, RSÖ; Reventlow, Rolf, Spanien in unserem Jahrhundert. 1968; DBMOI; Neugebauer, Bauvolk; Widerstand 1. *Qu:* Arch. Hand. Pers. Publ. - IfZ.

Kulcsar, Leopold, Parteifunktionär; geb. 9. Sept. 1900 Wien, gest. 28. Jan. 1938 Paris; jüd., Diss. (?); *V:* Leopold K., Stellwagenkondukteur; *M:* Ernestine, Friseuse; ∞ 1922 Ilse Pollak (→ Ilse Kulcsar); *StA:* österr., Ausbürg. (?). *Weg:* 1934 CSR; 1937 (?) E, F.

Stud. Handelsakademie Wien, Mitgl. *Verband jugendlicher Arbeiter Österreichs,* Vertr. des linken, kriegsgegner. Flügels, 1917 Ausschluß. Mitgl. der Gruppe der Linksradikalen um → Franz Koritschoner, Mitgl. *Freie Vereinigung Sozialistischer Studenten,* 1918 aktiv bei Unterstützung der Januarstreiks, Deckn. Kutzer. März 1918 Verhaftung, bis kurz vor Kriegsende Haft. Dez. 1918 Mitgl. KPÖ, führender Funktionär. 1919 angebl. in Ungarn Tätigkeit für Räetereg., nach deren Sturz verhaftet, Todesurteil, angebl. durch Intervention des Wiener Polizeipräs. Johannes Schober (angeheirateter Onkel von Ilse Kulcsar) gerettet. Stand in den Fraktionskämpfen innerhalb der KPÖ der Fraktion Karl Tomann nahe; 1924 einjähr. Funktionsverbot, angebl. KPÖ-Austritt, i.A. der *Komintern* illeg. Arbeit in Ungarn u. auf dem Balkan, aber vermutl. noch 1926 Mitgl. erweiterter PV der KPÖ. Ab 1926 Mitgl. SDAP, Ref. der Sozialistischen Bildungszentrale, Red. *Der Eisenbahner* (Ztg. der Eisenbahnergew.), Mitarb. in Parteiorg. Niederösterr.; Deckn. u. Ps. Paul u. Paul Maresch. Ab Anfang 1933 enger Kontakt mit Gruppe NB (→ Karl Frank), Versuch des langfristigen Aufbaus einer konspirat. Kaderorg. innerhalb der SDAP zur Vorbereitung auf die erwartete Illegalität, Herbst 1933 mit Ilse Kulcsar Gr. u. Ltr. *Gruppe Funke,* die eine Splittergruppe blieb, jedoch durch Verbreitung der *Neu-Beginnen*-Theorien bes. die spätere Führung der RSÖ unter → Joseph Buttinger maßgebl. beeinflußte. 1934 während der Februarkämpfe kurzfristig Haft, anschl. illeg. Arbeit, finanzielle Unterstützung durch ALÖS in Brünn unter → Otto Bauer. Deckn. u.a. Franz Forster. Ende 1934 wegen drohender Verhaftung Flucht in die CSR; unter Ps. Paul Maresch zus. mit Ilse Kulcsar u. → Rolf Reventlow Red. u. Hg. der Zs. *Sozialistische Tribüne.* Ab 1937 Pressechef der span. Botschaft in Prag, Tätigkeit für Nachrichtendienst der span. Republik. 1937 in Barcelona wahrscheinl. maßgebl. an Verhaftung u. Verschleppung von → Kurt Landau durch span. Geheimpolizei u. GPU-Vertr. in Spanien beteiligt.

W: u.a. Die niederösterreichische Gemeinde, ihre Verfassung und Verwaltung. 1930; Die Kirche und unsere Zeit. 1933. *L:* Buttinger, Beispiel; Wissmann, RSÖ; Hautmann, KPÖ; DBMOI; Neugebauer, Bauvolk; Widerstand 1; Reisberg, KPÖ; Simon, Autobiogr. *Qu:* Arch. Pers. Publ. - IfZ.

Kummer, Friedrich, Journalist; geb. 1. Juni 1875 Albrechts b. Suhl/Thür., gest. 7. Dez. 1937 New York; ∞ Berta Ruoß (geb. 1891), Emigr., 1937 Ausbürg.; *K:* Wolfgang (geb. 1925), Emigr., 1937 Ausbürg.; *StA:* deutsch, 13. Juni 1935 Ausbürg. *Weg:* 1933 B; 1937 USA.

Maschinenschlosser, längere Zeit in USA tätig. Mitgl. DMV, ab 1921 Red., später Chefred. *Deutsche Metallarbeiter-Zeitung,* Mai 1933 kurzfristig Haft. Aug. 1933 nach Brüssel, Aufenthalte in Zürich, Saarbrücken, Paris. Bemühungen um Wiederbelebung des ADGB, Hg. eines Pressedienstes, Grdg. eines gewerkschaftl. Informationsbüros in Brüssel. Korr. *Volksrecht* Zürich u. *Daily Herald,* Mitgl. *Verband Deutscher Journalisten im Auslande.* Sept. 1937 nach New York, Tod durch Autounfall.

Qu: Arch. - IfZ.

Kunde, Karl Friedrich Ewald; geb. 25. Febr. 1904 Neustettin/Preußen; Diss.; *V:* Karl K. (1870-1948), Maurer, *M:* Elisabeth, geb. Nietz (1873-1960); ∞ 1945 Gertrud Schlenker (geb. 1913); *StA:* deutsch. *Weg:* 1934 CH; 1937 F; E; F; 1943 CH; 1945 Deutschland.

1918-21 MaschSchlosserlehre, 1921-24 Ruhrbergbau, ab 1925 in Württ., 1931-33 erwerbslos. KPD, illeg. Tätigkeit, März-Okt. 1933 u. Febr.-Juni 1934 KL, Juli 1934 Emigr. nach Zürich. 1935/36 OrgLtr. KPD-AbschnLtg. Süd; Ausweisung. 1937 nach Paris, Teiln. Span. Bürgerkrieg. 1939-43 Internierung Frankr., Flucht in die Schweiz, 1943-45 Internierung. Mai 1945 illeg. nach Deutschland, mit → Hans Kukowitsch bis Okt. 1945 Versuche zur Reorg. der KPD im Bodenseegebiet. Ab 1946 bei den Stadtwerken Ludwigsburg. Mitgl. VVN. Lebte 1975 in Ludwigsburg/Württ.

L: Teubner, Schweiz. *Qu:* Fb. Publ. - IfZ.

Kundermann, Änne, geb. Leibrand, Parteifunktionärin, Diplomatin; geb. 6. Okt. 1907 Mannheim; *StA:* deutsch. *Weg:* 1933 UdSSR; 1945 Deutschland (SBZ).

Arbeiterin, 1921 KJVD, ab 1923 Angest. des DMV, 1928 KPD, ab 1928 Angest. der sowj. Handelsvertretung in Berlin; Angehörige des MilApp. der KPD u. Agententätigkeit für Rote Armee. 1933 Emigr. in die UdSSR. Gehörte zum engsten Mitarbeiterkreis → Wilhelm Piecks, vorüberg. Mitarb. *Profintern* u. ab 1943 des NKFD. Mai 1945 Rückkehr nach Deutschland (SBZ), 1945-46 Ltr. Abt. Personalpolitik bei KPD-Landesltg. Mecklenburg, ab 1946 SED-Sekr. in Schwerin, Mitgl. Landesltg. Mecklenburg sowie MdL Mecklenburg, 1950-51 Ltr. der Diplomat. Mission der DDR in Bulgarien, 1951-53 Ltr. Diplomat. Mission bzw. Botschafterin in Polen, 1953-60 Ltr. der Hauptabt. I u. Mitgl. des Kollegiums des MfAA, 1955-62 ZV-Mitgl. *Gesellschaft für Deutsch-Sowjetische Freundschaft.* 1960-61 Botschafterin in Albanien, danach AbtLtr. im Min. für auswärtige Angelegenheiten der DDR, ab 1972 im Ruhestand. – *Ausz.:* u.a. VVO (1955 Bronze, 1967 Silber, 1972 Gold), Banner der Arbeit.

L: Gast, Gabriele, Die politische Rolle der Frau in der DDR. 1973; Radde, Jürgen, Die außenpolitische Führungselite der DDR. 1976. *Qu:* Hand. Publ. – IfZ.

Kunert, Franz (d.i. Reitmann, Geza), Parteifunktionär; geb. 14. Juni 1901, gest. 13. Juni 1977 Lienz/Tirol. *Weg:* 1934 CSR; UdSSR; 1946 (?) Österr.

Mitgl., bis 1926 hoher Funktionär KJVÖ, anschl. Funktionär KPÖ u. *Rote Hilfe.* 1929-33 in Deutschland, vermutl. Mitgl. KPD. 1934 Emigr. CSR; später nach Moskau, Red. *Deutsche Zentral-Zeitung,* Funktionär der MOPR, Deckn. Franz Falk. Febr. 1938 während der Säuberungen Verhaftung, bis 1948 (1946 ?) Lagerhaft. Anschl. Rückkehr nach Österr. KPÖ-Funktionär in Wien.

L: Beer-Jergitsch, Lilli, 18 Jahre in der UdSSR. Unveröffentl. Ms. *Qu:* Pers. Publ. Z. – IfZ.

Kunert, Marie Wilhelmine Pauline, geb. Bombe, Politikerin; geb. 20. Mai 1871 Berlin, gest. 28. Mai 1957 Berlingen/CH; o.K.; *V:* Lehrer; *G:* 5; ∞ 1890 Fritz K. (1850-1931), SPD-MdR, Red. *Vorwärts; StA:* deutsch. *Weg:* 1933 CH.

Lehrerinnenseminar, ab 1889 journ. u. redakt. Tätigkeit für SPD-Presse, Übers.; 1921-28 MdL Preußen, 1928-Juni 1933 MdR, vor allem sozialpol. tätig. 1933 nach Zürich, später im Tessin. Unterstützung durch *Schweizerisches Arbeiter-Hilfswerk.*

L: Osterroth, Biogr. Lexikon. *Qu:* Arch. Hand. – IfZ.

Kunick, Erich, Parteifunktionär; geb. 27. Apr. 1890 Lissa/Posen; ∞ verh.; *StA:* deutsch. *Weg:* 1933 UdSSR.

Parteijourn., ab Ende der 20er Jahre Ltr. Informationsabt. der GewAbt. des ZK der KPD. 1933 mit Ehefrau in die UdSSR, ltd. Mitarb. Institut für Weltwirtschaft, Moskau.

L: Kuczynski, Jürgen, Memoiren. 1975. *Qu:* Arch. Publ. – IfZ.

Kunkel, Ernst, Ministerialbeamter; geb. 17. Mai 1908 Dudweiler/Saar; ev.; *V:* Ernst K. (1881-1950), Bergmann; *M:* Charlotte, geb. Bleicher (1887-1963); *G:* Helmut (geb. 1927), Schlosser; ∞ 1935 Frankr., Berta von Ehren (geb. 1911); *K:* Dr. rer. nat. René K. (geb. 1937), Physiker; *StA:* deutsch. *Weg:* 1935 F; 1940 Deutschland/Saargeb.

Städt. VerwBeamter Dudweiler. 1922-25 Landesvorst. SAJ Saar, ab 1925 SPD/S-Ortsvorst. Dudweiler. Jan. 1935 Flucht nach Forbach/Lothr., später Carcassonne u. Auch/Südfrankr.; ZusArb. mit Beratungsstelle für Saarflüchtlinge, später *Office Sarrois* Paris. Unterhalt u.a. als Straßenarb. in versch. Gegenden Frankreichs; Mitgl. CGT. 21. Okt. 1940 Verhaftung in Straßburg, Urteil 14 Monat. Gef., anschl. nach Braunschweig dienstverpflichtet, Aufenthaltsverbot für das Saargeb.; Mai 1945 Rückkehr an die Saar. 1945-46 Amtsbürgerm. Völklingen, 1946-47 ORegRat RegPräsidium Saar, 1947-51 MinDir. Min. des Inneren, nach Auseinanderbrechen der Koalition CVP-SPS Rücktritt, anschl. im Wartestand. 1953-55 Wahrnehmung der Geschäfte des Präs. des Landesstocks für Aufgaben des Arbeitsmarkts. Apr.-Aug. 1954 Mitgl. *Saargrubenrat.* Seit 1958 auf Antrag im Ruhestand. 1945 Mitgl. Grdg.-Ausschuß, 1947-55 im Landesvorst. der SPS. 1947-55 MdL, zuletzt Fraktionsvors.; 1967 SPD-Stadtrat in Dudweiler.

W: Die Sozialdemokratische Partei des Saargebietes im Abstimmungskampf 1933/1935. 1967. *L:* Schmidt, Saarpolitik; Schneider, Saarpolitik und Exil. *D:* AsD. *Qu:* Arch. Fb. Pers. Publ. – IfZ.

Kunstmann, Arthur, Reeder; geb. 29. Dez. 1871 Swinemünde, gest. 27. Aug. 1940 London; jüd.; *V:* Wilhelm K. (geb. 1844 Stettin, gest. 1934 Stettin), 1870 Gr. Dampfschiffreederei W. Kunstmann (führende Reederei an der dt. Ostseeküste, Import von Erzen u.a. Rohstoffen, bedeutend für Entwicklung des oberschles. Kohlenexports u. Industriepotentials), Konsul; *M:* Lina, geb. Jacoby (geb. 1850 Swinemünde, gest. 1930 Stettin), jüd.; *G:* Julius (geb. 1877 Swinemünde, gest. 1896 Swinemünde); Walter (geb. 1882 Swinemünde, gest. 1962 Stockholm), Kaufm., vor 1920 nach S; ∞ 1901 Clara Händler (geb. 1879 Zabrze/Oberschlesien, gest. 1973 Melbourne), jüd.; Lyzeum; *K:* Gerda Sabor Jarecki (geb. 1901 Stettin), Lyzeum, 1938 Emigr. GB, A: Melbourne; Werner (geb. 1902, gest. 1961 Hamburg), Gymn., Reeder; *StA:* deutsch. *Weg:* 1936 GB.

Schulbesuch in Anklam/Pommern, Lehre in Deutschland, GB u. Frankr. 1894 Eintritt in väterliche Reederei, 1895 Geschäftsf., 1900 Teilh., 1934 Alleininh. Im 1. WK Ltr. Kaiserliches Motorboot-Korps Stettin (EK II). In den 20er Jahren Mitgl. der dt. Vertretung beim Völkerbund; Konsul von Japan, Spanien u. Peru. U.a. PräsMitgl. *Deutscher Reedereiverein* u. *Verband Deutscher Reeder;* 1936 Emigr. GB nach Zwangsverkauf der Reederei.– *Ausz.:* Ehrensenator u. Dr. h. c. Univ. Greifswald.

L: W. Kunstmann, Stettin-Swinemünde 1870-1930, o.J.; Böhm, F. u. Dirks, W., Judentum, Bd. II, 1965. *Qu:* EGL. Hand. Publ. – RFJI.

Kuraner, Maxim Heinrich, Parteifunktionär, Politiker; geb. 16. Dez. 1901 Metz/Elsaß-Lothr., gest. 26. März 1978 Neustadt/Weinstraße; Diss.; *V:* Max K. (1875-1915), Metzgermeister; *M:* Anna, geb. Nierenhausen; ∞ 1940 Dr. phil. Elise Schreiber (geb. 1906), KPÖ-Mitgl., nach Teiln. an den Februarkämpfen 1934 Flucht nach F, 1947 Deutschland (FBZ); *StA:* deutsch. *Weg:* 1933 F; 1936 E; 1939 F; 1946 Deutschland (FBZ).

Oberrealschule, kaufm. Lehre, Verlagsangest.; 1919 KJVD, 1921 KPD, Unterbez.-Funktionär. 31. Jan. 1933 Flucht aufgrund persönlicher Gefährdung mit dem Parteiauftrag, im Verlag Humanité in Paris mitzuarbeiten. 1933-35 Angest. Inseratenexpedition *Hermes* des Humanité-Verlages Paris, zugleich Mitarb. im Auslandskomitee der KPD. Ende 1936-Anfang 1939 Teiln. Span. Bürgerkrieg, XI. Internat. Brigade. 1939 nach Stalin-Hitler-Pakt Austritt aus KPD u. Internierung durch Vichy-Reg.; Sept. 1939-1943 in versch. Lagern, u.a. Le Vernet; Kontakte zu → Franz Bögler, auf die K.s Engagement beim Wiederaufbau der pfälz. SPD nach dem Kriege zurückgeht. 1943-44 Mitgl. Résistance u. Mitarb. Deuxième Bureau. Febr. 1946 nach Aufforderung durch pfälz. SPD Rückkehr nach Deutschland (Neustadt/Weinstraße); SPD-BezSekr., Lizenzträger u. pol. Red. *Die Rheinpfalz.* 1947 Stadtrat u. SPD-Fraktionsvors. Neustadt. Nach Übernahme ins Beamtenverhältnis (ORegRat) 1948-54 stellvertr. Landeskommissar für pol. Säuberung in Rheinl.-Pfalz. 1950 Wahl in LT Rheinl.-Pfalz, bis 1959 MdL, Mitgl. SPD-Fraktionsvorst., BezVorst. u. Landesausschuß.

Qu: Fb. Hand. Pers. – IfZ.

Kurella, Alfred, Dr. phil., Parteifunktionär, Schriftsteller; geb. 2. Mai 1895 Brieg/Schlesien, gest. 12. Juni 1975 Berlin (Ost); *V:* Dr. med. Hans Gustav K., Arzt; *M:* Maria, geb. von Karczenska; *G:* → Heinrich Gottfried Kurella; ∞ I. Margarete, geb. Hahlo (geb. 1896), 1930 gesch.; II. Valentina, geb. Sorokoumowski (geb. 1909); *K:* 8, u.a. aus I. Gregor (geb. 1925); *StA:* deutsch, 5. Aug. 1937 Ausbürg. mit Ehefrau. *Weg:* 1932 F; 1934 UdSSR; 1954 Deutschland (DDR).

Gymn. in Breslau, Ahrweiler u. Bonn, Abitur, Stud. Kunstgewerbeschule München, Maler u. Graphiker. Vor 1. WK führendes Mitgl. *Wandervogel - Deutscher Bund.* 1914-17 Kriegsdienst, nach Desertion Kontakt zur ArbJugendbewegung, 1918 Gr. u. Vors. FSJ bzw. KJVD München, ab Grdg. Mitgl. KPD. 1919 Mitgr. KJI, 1919-24 Sekr. Exekutivkomitee der KJI; unter Deckn. Ziegler Mitorg. der europ. kommunist. Jugendbewegung; zw. 1919 u. 1920 Inhaftierung in Österr., Dänemark u. der Schweiz; 1920-24 Mitgl. ZK u. ZK-Büro des sowj. *Komsomol,* 1922 KJI-Vertreter auf 5. Weltkongreß der *Komintern.* 1924-26 Dir. Parteischule des ZK der PCF in Bobigny/Frankr. Deckn. A. Bernard. 1926-27 stellv. Ltr. der AgitPropAbt. der *Komintern,* 1927-29 Ltr. Abt. Bildende Kunst im Volkskommissariat für Bildungswesen der RSFSR u. Red. für Lit. u. Kunst *Komsomolskaja Pravda* Moskau, 1929-32 Publizist in Berlin, Ltr. AgitPropAbt. im *Bund der Freunde der Sowjetunion,* Mitgl. *Bund proletarisch-revolutionärer Schriftsteller,* Mitarb. *Die Linkskurve, Literatur der Weltrevolution* u. *Arbeiter Illustrierte-Zeitung.* Lehrer Marxistische Arbeiterschule (MASCH). Nov. 1932 von *Komintern* mit Chefred. der Zs. *Le Monde* Paris bauftragt, Sekr. *Internationales Komitee zum Kampf gegen Krieg und Faschismus* u. Chefred. seines Organs *Le Front Mondial,* Mitgl. SDS. 1934 nach Moskau, bis 1935 Sekr. von Georgi Dimitroff, 1935-41 Ltr. Bibliographische Abt. Unionsbibliothek für ausländische Literatur Moskau; RedMitgl. *Internationale Literatur* Moskau. 1941-46 Oberred. bei GlavPURKKA, ab Grdg. NKFD stellv. Chefred. *Freies Deutschland* u. Mitgl. des inoffiz. NKFD-Leitungsgremiums *Institut Nr. 99;* rege publizist. Tätigkeit in *Internationale Literatur, Das Wort* sowie der 1942 gegr. Zs. *Das freie Wort* Moskau. Ab Febr. 1944 Mitgl. ArbKommission des PolBüros des ZK der KPD. Ps. Viktor Röbig, Bernhard Ziegler. 1946-49 als Schriftst. u. Übersetzer im Kaukasus. 1949-54 in Moskau. 1954 Rückkehr nach Deutschland (DDR), Mitgl. SED, 1954 Mitgr. u. anschl. bis 1957 Dir. Institut für Literatur Johannes R. Becher, Leipzig, ab 1955 Mitgl., ab 1963 Sekr. Sektion Dichtkunst u. Sprachpflege sowie ab 1964 Vizepräs. Deutsche Akademie der Künste zu Berlin; ab 1955 VorstMitgl. *Deutscher Schriftstellerverband,* ab 1957 Mitgl. PräsRat *Kulturbund zur demokratischen Erneuerung Deutschlands,* 1957-63 Ltr. Kulturkommission des PolBüros des ZK der SED, 1958-63 Kand. des PolBüros u. ZK-Sekr., Vertreter eines dogmat. Realismusbegriffs u. entschiedener Anhänger von Reglementierung in der Kulturpol. - 1958-75 ZK-Mitgl. (auf 9. PT nicht wiedergewählt), ab 1958 MdVK, ab 1962 PräsMitgl. *Deutsch-Italienische Gesellschaft,* ab 1963 Mitgl. Ideologische Kommission des PolBüros, ab 1964 PräsMitgl. *Deutsch-Arabische Gesellschaft;* 1968 Prom. Univ. Jena *(Das Eigene und das Fremde).* - *Ausz.:* u.a. 1945 Med. Sieg über den Faschismus u. Für hervorragende Leistungen im Großen Vaterländ. Krieg (UdSSR), 1955 ProfTitel, 1957 VVO (Silber), 1958 Med. für Teilnahme an den bewaffneten Kämpfen der dt. Arbeiterklasse 1918-1923, 1958 Med. für Kämpfer gegen den Faschismus 1933-1945, 1959 u. 1964 Verdienstmed. der DDR, 1960 Karl-Marx-Orden, 1961 Goethepreis der Stadt Berlin (Ost), 1961 Johannes-R.-Becher-Med. (Gold), 1965 VVO (Gold), 1969 NatPreis I. Kl. für Kunst u. Literatur.

W: Wandervogel-Lautenbuch (Hg.). 1913; Kennst du das Land ...? Mussolini ohne Maske. 1931, 1962; Dimitroff, G., Briefe und Aufzeichnungen (Hg.). 1935; Wo liegt Madrid? (Erz.). 1938, 1956; Ich lebe in Moskau. 1947; Ost und West (Essays). 1948; Schewtschenko, Taras, Der Kobsar (L; Hg.). 1951; Die Gronauer Akten (R). 1954; Der schöne Kaukasus. 1956; Die Depesche (Erz.). 1958; Das Magnificat. 1958; Der Mensch als Schöpfer seiner selbst (Essays). 1958; Kleiner Stein im großen Spiel (R). 1961; Zwischendurch (Essays). 1961; Frühlingssonate (Anthol., Hg.). 1961; Herzen, A., Briefe zum Studium der Natur (Essays, Hg.). 1961; Das Kraut Moly. 1963; Dimitroff contra Göring. 1964; Das Eigene und das Fremde. 1968. -

Übers. aus dem Ital., Franz. u. Russ. *L:* Leonhard, Revolution; Gross, Münzenberg; Duhnke, KPD; Jantzen, Heinrich, Namen und Werke. Bd. 1/1972. *Qu:* Arch. Hand. Publ. Z. - IfZ.

Kurella, Heinrich Gottfried, Parteijournalist; geb. 21. Juni 1905 Ahrweiler b. Bonn, umgek. in der UdSSR; *G:* → Alfred Kurella; *StA:* deutsch, 19. Nov. 1937 Ausbürg. *Weg:* 1933 CH; 1934 UdSSR.

Über bürgerl. Jugendbewegung zur KPD, Journ., ab Mitte der 20er Jahre Mitarb. *Die Rote Fahne* Berlin, ab 1930 verantwortl. Red. *Internationale Presse-Korrespondenz (Inprekorr),* Jan. 1931 Urteil 1 J. Festungshaft, in Gollnow Gewinnung des ehem. Reichswehrlt. u. NSDAP-Mitgl. Richard Scheringer für KPD-Ziele. Jan. 1933 in die Schweiz, Mitarb. *Rundschau über Politik, Wirtschaft und Arbeiterbewegung* Basel, 1934 nach vergebl. Versuch, Scheringer zur Emigr. zu bewegen, in die UdSSR; journ. Tätigkeit, 1937 Fluchtversuch u. Festnahme durch NKVD, vermutl. in Straflager umgekommen.

L: Buber-Neumann, Margarete, Von Potsdam nach Moskau. 1957; Mytze, Andreas W. (Hg.), Exil in der Sowjetunion. Europäische Ideen, H. 14/15/1976. *Qu:* Arch. Publ. Z. - IfZ.

Kurgaß, Paula, Fürsorgerin; geb. 2. Mai 1892 Bochum; *V:* Paul K., Obering.; *M:* Anna, geb. Bauer; *StA:* deutsch. *Weg:* 1934 GB; F (?).

SPD; bis 1933 Geschäftsf. Hauptausschuß der *Arbeiterwohlfahrt* Berlin. März 1933 Wahl als StadtVO., durch NS-Erlaß Ausschluß aus StadtVO.-Vers., zeitw. Haft, 1934 Emigr.; von Gestapo in London, später in Paris als Mitarb. von Flüchtlingshilfsorg. vermutet.

Qu: Pers. Arch. - IfZ.

Kurowski, Bruno, Rechtsanwalt, Politiker; geb. 12. Jan. 1879 Marienburg, kath.; *StA:* deutsch, Danzig. *Weg:* nach 1936 (?) Emigr.

Stud. Rechtswiss. Königsberg, 1911 Assessor, später RA u. Notar in Danzig. Mitgl. Verfassunggebende Versammlung, Abg. Volkstag, Fraktionsvors. *Zentrum,* ab 1920 parlament. Senator, österr. GenKonsul. Nach natsoz. Machtübernahme Emigration.

L: Wertheimer, Fritz, Von deutschen Parteien und Parteiführern im Ausland. 1930; Sprenger, Heinrich, Heinrich Sahm. 1969. *Qu:* Arch. Publ. - IfZ.

Kurtz, Moshe Aryeh, Dr. phil., Rabbiner; geb. 22. Dez. 1909 Jaworsno/Galizien, gest. 1972 Jerusalem; *V:* Hirsch K.; *M:* Esther, geb. Margulies; ∞ 1936 Chana M. Szydlowski, Apothekerin; *K:* Amiyah, Elisheva, Shlomit. *Weg:* 1936 Pal.

Stud. Yeshivot, 1935 Prom. Wien, 1936 Rabbiner am Rabbinerseminar Wien; 1931 Ltr. *Hapoel Hamisrachi.* 1936 Emigr. Palästina, 1936-41 Lehrtätigkeit an höheren Schulen in Tel Aviv u. an der landwirtschaftl. Schule Mikveh Israel, 1941 Mitgr. u. bis 1947 Mitarb. Jugendabt. der W. Z. O., 1947-57 Ltr. der kulturellen u. pol. Abt. *HaPoel haMizrahi,* 1957-60 Ltr. VerwAbt. des World Center *Mizrahi - HaPoel haMizrahi.* 1960 GenDir. im Fürsorgemin., gleichz. Vertr. der *Jew. Agency* in Polen u. UdSSR, Hilfsaktionen für Opfer des NatSoz., 1947 Mitgl. Zentralausschuß *HaPoel haMizrahi* in Isr., 1957(?)-62 VorstMitgl. Weltverband *Mizrahi-haPoel haMizrahi.* 1951-62 Mitgl. Aktionskomitee der *Zionistischen Organisation;* Vors. Hauptwahlausschuß für 2., 3., u. 4. Knesset, Mitgl. UN-Sachverständigenausschuß für das Fürsorgewesen, stellv. Vors. der isr. Deleg. auf der 1. internat. Konferenz über Probleme der Sozialfürsorge, Deleg. UN-Beirat für Jugendkriminalität u. Verbrechensverhütung, 1962 isr. Vertr. *Internat. Union of Family Organizations,* 1965 Ehren-GenSekr. *Internat. Conference on Jewish Communal Services.*

Qu: Hand. - RFJI.

Kurz, Oskar, Dr. med., Arzt; geb. 11. März 1885. *Weg:* 1939 (?) USA; 1947 Österr.

Ab 1902 Mitgl. *Arbeiter-Abstinentenverein* in Wien, später Vereinsobmann; 1905 Mitgr. *Österreichischer Arbeiter-Abstinentenbund.* 1906-34 Red. *Der Abstinent.* Mitgl. SDAP. Stud. Medizin Univ. Wien, Gr. *Akademischer Abstinentenverein.* Zeitw. Schiffsarzt, MilArzt im 1. WK, 1924-34 Chefarzt Arbeiter-Unfallversicherungsanstalt, 1934 nach den Februarkämpfen aus seinen Stellungen entfernt. 1938 nach Anschluß Österr. Verhaftung, nach Freilassung Emigr. USA. 1947 Rückkehr nach Österr.; Mitgl. *Arbeiter-Abstinentenbund,* vermutl. Mitgl. SPÖ. Lebte 1965 in Wien.

Qu: Z. – IfZ.

Kutscha, Emil, Parteifunktionär; geb. 12. Okt. 1895 Morawitz/ Schlesien; kath., 1935 Diss., 1938 kath.; *V:* Lorenz K. (gest. 1902), Kutscher; *M:* Marie (gest. 1940), Gemüsehändlerin; *G:* 5; ∞ 1919 Stefanie Beier (geb. 1897), Emigr. CDN; *K:* Ilse (1919-57); *StA:* österr., 1919 CSR, 1945 CDN. *Weg:* 1939 GB, CDN.

Seit frühester Jugend erwerbstätig, ab 1909 Formerlehre, 1910 *Verband jugendlicher Arbeiter Österreichs,* ab 1911 Obmann in Troppau, 1912-14 Mitgl. Kreisltg. Schlesien, 1914 Gr. Ortsgruppe Brüx. Ab 1912 Gew., 1914-18 Kriegsdienst, bis 1919 brit. Kriegsgef., 1919 SJ u. DSAP, während Auseinandersetzungen mit Parteilinken aktive OrgArbeit in Nordmähren u. Schlesien, Mitgr. DSAP-Ortsgruppe Mährisch-Ostrau u. ab 1923 deren Sekr., ab 1928 Parteisekr. Kreis Troppau, 1930-38 PV-Mitgl., ab 1930 Mitgl. Direktorium der Druck- u. Verlagsanstalt Vorwärts, ab 1932 Dir. Schlesische Boden- u. Kommunalkreditanstalt Troppau, ab 1936 StadtVO. ebd., nach Verlegung des Sitzes der Kreisltg. nach Jägerndorf ab 1937 Obmann Bezirkskrankenkasse; Mitgl. der Bezirksjugendfürsorge. Nach Abtretung des Sudetengeb. ins Landesinnere, Febr. 1939 über Polen nach GB, Juli nach Kanada. 1939-41 Farmer in Saskatchewan, anschl. bis 1965 Former. 1939 Mitgl. TG, 1941 Gr. u. anschl. Vors. *Sudetenclub Hamilton,* 1946 Mitgr. u. anschl. Präs-Mitgl. *Canadian Society for German Relief* Hamilton; 1957 Mitgr., 1957-65 Präs., anschl. Ehrenpräs. *Zentralverband sudetendeutscher Organisationen in Canada,* aktiv in Altenbetreuung der sudetendt. Kanadasiedler; 1965 Gr. *Benevolent Society Heidehof for the Aged* als Träger eines Seniorenheims in St. Catherines/Ont. Lebte 1977 in St. Catherines. – *Ausz.:* 1967 Centenniel Med. (Kanada); Seliger-Plakette.

Qu: Arch. Fb. Pers. – IfZ.

Kuttner, Erich, Journalist, Schriftsteller; geb. 27. Mai 1887 Berlin, gest. 6. (?) Okt. 1942 Mauthausen; Diss., 1941 jüd.; *V:* Bernhard K., Kaufm.; *M:* Lina, geb. Kaufmann; ∞ Frieda Rankwitz (geb. 1883), Emigr. NL; *StA:* deutsch, 1. Febr. 1937 Ausbürg. *Weg:* 1933 F; NL; 1936 E; 1937 NL; 1942 Deutschland.

1905-09 Stud. Rechtswiss. Berlin, München; SPD. 1910 Ausscheiden aus jur. Vorbereitungsdienst wegen pol. Maßregelung; Red. bei GewBlättern, ab 1912 SPD-Presse. Ab 1913 Red. *Volksstimme* Chemnitz, 1915-16 Kriegsfreiw., Verwundung, anschl. Red. *Vorwärts.* 1917 Mitgr. u. Vors. *Reichsbund der Kriegsbeschädigten,* Jan. 1919 Gr. *Regiment Reichstag* zum Schutz der Reg. Ebert in den Spartakuskämpfen. 1922-23 Red. *Die Glocke,* 1924-27 Chefred. *Lachen links.* 1921-33 MdL Preußen, März 1933 Wiederwahl. Vertr. des rechten Parteiflügels. Ständiger Mitarb. *Vorwärts,* justizkrit. Veröffentl., führende Rolle bei parlament. Untersuchung der Femmorde. Nach illeg. Tätigkeit Emigr. Paris, später Amsterdam. Mitarb. *Neuer Vorwärts, Freie Presse* Amsterdam, *Het Volk, Deutsche Freiheit, Volksstimme* u. *Pariser Tageblatt.* Mit → Rudolf Quast u. → Franz Vogt Gr. *Gruppe Revolutionäre Sozialisten* Amsterdam. Mit Kreis um → Rudolf Breitscheid, → Max Braun u. → Viktor Schiff für Versuch begrenzter ZusArb. mit der KPD in einer Volksfront, Teiln. Lutetia-Sitzung 22. Nov. 1935 i.A. der SPD-Ortsgruppe Amsterdam, Redner Volksfront-Konf. 2. Febr. 1936. Ende 1936 als Korr. nach Spanien, Mitarb. des die Volksfront propagierenden *Deutschen Freiheitssenders 29,8* Madrid zur Verstärkung des sozdem. Einflusses. Vergebl. Bemühung um Anerkennung als *Sopade*-Vertr. in Spanien. Mit → Julius Deutsch, → Franz Dahlem, Pietro Nenni u.a. Unterz. des internat. Spanien-Aufrufs 6. Juni 1937; Juli 1937 Verwundung bei Brunete, Rückkehr nach Amsterdam. Angebl. verstärktes Eintreten für ZusArb. mit der KPD, Verb. zu → Wilhelm Beuttel. Lit. Arbeiten, u.a. mit Hilfe von *American Guild for German Cultural Freedom.* Ab 1940 im Untergrund, Apr. 1942 Festnahme, im KL Mauthausen „auf der Flucht erschossen".

W: u.a. Klassenjustiz. 1912; Von dort marschieren sie... Ein Kriegstagebuch. 1916; Erdolchte Front, eine Anklage in Versen. 1920; Warum versagt die Justiz? 1921; Schicksalsgefährtin (R). 1924; Pathologie des Rassen-Antisemitismus. 1930; Justinian (Ps.), Reichstagsbrand. Wer ist verurteilt? Karlsbad (Graphia) 1934; Hans von Marées. Die Tragödie des deutschen Idealismus. Zürich (Oprecht) 1937; Het hongerjaar 1566. Amsterdam 1949. *L:* Pasaremos; MGD; Kraushaar, Deutsche Widerstandskämpfer; Langkau-Alex, Volksfront. *D:* AsD; IISG. *Qu:* Arch. Hand. Publ. – IfZ.

Kwasnik, Walter, Gewerkschaftsfunktionär; geb. 25. Apr. 1883 Berlin, gest. nach 1945 S; *StA:* deutsch. *Weg:* DK; 1940 S.

Gärtner; 1902 Vertrauensmann *Deutscher Gärtner-Verein* Berlin, 1907-19 Gaultr. Gärtnerverb., ab 1919 Red. *Landarbeiter-Verband.* Mitgl. Vorläufiger Reichswirtschaftsrat, Sekr. *Landarbeiter-Internationale,* Hg. *Bulletin.* Emigr. Dänemark, 1940 Schweden. Mitgl. SPD-Ortsgruppe Stockholm, Ltr. *Studienkreis für Agrarfragen* der ADG-Landesgruppe Schweden unter → Fritz Tarnow. 1944 Mitgr. FDKB Schweden.

L: Müssener, Exil. *Qu:* Hand. Publ. – IfZ.

Kwilecki, Erich (Arie), Exportkaufmann; geb. 2. März 1908 Berlin, gest. 8. Apr. 1973 IL; jüd.; *V:* Martin K. (geb. Berlin, umgek. 1945 im Holokaust), jüd., Handelsvertr.; *M:* Rosa, geb. Sinasohn (geb. 1880 Prov. Brandenburg, gest. 1969 Gederah/ IL), jüd., 1936 Emigr. Pal.; *G:* Eva (geb. 1911 Berlin), höhere Schule, Mitgl. Kibb. Givat Brenner; Fritz (geb. 1912 Berlin), höhere Schule, Mitgl. Kibb. Givat Brenner; ∞ 1932 Dr. phil. Hilde Wertheim (geb. 1907 Duisburg), jüd., 1930 Prom., 1936 Emigr. Pal., A: Ramat Gan; *K:* Adin Kawé (geb. 1938 Ramat Gan), Lehrerseminar, Mitgl. Kibb. Revivim; Margalit Kwilecki-Lai (geb. 1946 Ramat Gan), Ausbilderin für Krankenschwestern; *StA:* deutsch, IL. *Weg:* 1936 Pal.

Handelshochschule, jüd. GdeSchule, Schule der jüd. Jugend in Berlin, kaufmänn. Lehre, Angest., nach 1933 Entlassung; Mitgl. *Blau-Weiß,* B. Z. V. (Mitgr. der Jugendgruppen). Umschulung als Elektroschweißer, 1936 Emigr. Palästina mit C-Zertifikat, 1936-44 Gelegenheitsarb. als Schweißer, Fremdsprachenkorr. u. Verkaufsltr., Mitgl. *Histadrut* u. H. O. G., 1944-48 in Abt. für Außenhandel der *Jew. Agency,* 1948-53 Ltr. Abt. für Exportförderung im Handels- u. Industriemin., isr. Deleg. für Handel mit Europa u. Afrika. 1953-68 Gr. u. Geschäftsf. Foreign Trade and Supply Co. Ltd. Tel Aviv (*Rassco*-Tochterges.), 1954-55 Mitgl. GdeRat Ramat Gan, Vors. Zweigstelle Ramat Gan der I. O. M. E., AR-Mitgl. Israel Export Inst., Mitgl. *Liberal Party.*

W: Aufsätze in isr. u. europ. Ztg. *Qu:* Hand. Pers. – RFJI.

L

Lachman, Alexis E., Wirtschaftsberater; geb. 19. Juni 1920 Berlin; *V:* Ernst L.; *M:* Gisella, geb. Rabinerson, 1941 Emigr. USA; *G:* Erwin, 1941 Emigr. USA; ∞ 1943 Mildred Pollack, gesch.; *K:* Roy E., Ellen S.; *StA:* 1943 USA. *Weg:* 1933 CH, 1941 USA.

1933 Emigr. Schweiz, 1937 Bacc., 1940 Licencié ès sciences commerciales et écon. an der Univ. Lausanne. 1941 in die USA, 1942 M.B.A. Univ. Pa., 1942 tätig in Wertpapieranalyse in Philadelphia; 1942-46 US-Luftwaffe (Hptm.). 1947-49 Wirtschaftsexperte beim New York State Banking Dept., 1949-57 Mitarb. Marshall-Plan und von dessen Nachfolge-Org. in Washington/D.C.; 1958-67 beim US-Außenmin., Wirtschaftsberater in Rom, Vientiane, Ankara u. bei der OECD in Paris; 1967-71 Ltr. wirtschaftspol. Abt. AID in Washington/D.C.; 1968 Dr. sc. écon. Univ. Lausanne. 1971-74 Chef der Planungs- u. Budgetabt. der Internat. Bank for Reconstruction and Development, 1974-78 Senior Economist für Europa, den Mittleren Osten u. Nordafrika, dann Ruhestand. Mitgl. *Soc. Internat. Development, Am. Econ. Assn., Amnesty Internat.* Lebte 1978 in Washington/D.C.

W: Art. über Wirtschaftsfragen in Büchern u. Fachzs. *Qu:* Hand. Pers.-RFJI.

Lachman, Frederick R. (urspr. Lachmann, Fritz Richard), Dr. phil., Journalist, Verleger, Verbandsfunktionär; geb. 25. März 1902 Breslau; jüd.; *V:* Dr. med. Salo (später Shlomo) L. (geb. 1871 Kulm/Westpr., gest. 1940 Jerusalem), jüd., Badearzt, 1934 Emigr. Pal., Med. Dir. in Tiberias/Pal.; *M:* Elfriede, geb. Kleczewer (geb. 1877 Breslau, gest. 1974 London), jüd., 1934 Emigr. Pal., nach 1940 GB; *G:* Franz Wolfgang (1911-24); ∞ I. 1936 Elfriede Jarosy (geb. 1900 Ungarn), jüd., gesch. 1939; II. 1947 Lieselotte Hirsch (geb. 1912 Düsseldorf), jüd., 1939 Emigr. Argent.; *StA:* deutsch, 3. März 1936 Ausbürg., 1938 Pal., 1948 IL, 1961 USA. *Weg:* 1933 Lettland; 1935 H; 1936 Pal.; 1951 USA.

1921-25 Stud. Berlin u. Leipzig, 1926 Prom., Lehrer an Privatschule, 1928 zum Ullstein-Verlag Berlin, Filmkritiker *Vossische Zeitung* u. Reporter *BZ am Mittag,* ab Nov. 1929 Lokalred., dann pol. Red. *Tempo* Berlin, Mai 1933 Entlassung, Emigr. nach Riga auf Wunsch von Mitgl. der dortigen jüd. Gde., Gr., Verleger u. Chefred. der antinatsoz. Ztg. *Europa-Ost* als Gegengewicht zur natsoz. *Rigaer Tageszeitung,* 1934 nach Verhängung des Ausnahmezustands Einstellung mit anderen fremdspr. Blättern. Emigr. nach Budapest, Jan.-Dez. 1935 Feuilleton-Mitarb. *Pester Lloyd,* Ausweisung aufgrund dt. Intervention, Juni 1936 Emigr. nach Palästina. Hotelangest., schriftst. Tätigkeit, Beitr. in *Jüdische Revue* Prag (Ps. J. Monregard) u. *Jüdische Weltrundschau,* 1938 zur Presseabt. der Hebräischen Univ. Jerusalem, später Research Fellow u. Mitgl. der Histor. Abt., 1938/39 Vortrags- u. Werbereisen für Hebr. Univ. nach Polen, Jugoslawien u. in die Schweiz, ab 1940 Gastprof. an lateinamerikan. Universitäten, organisierte von Buenos Aires aus die Freundeskreise der Hebr. Univ. in Lateinamerika. Dez. 1951 i.A. der isr. Reg. u. der Hebr. Univ. in die USA, zunächst diplomat. Status als Vertr. des isr. Kultusmin., 1955 endgültige Niederlassung. Ab 1956 geschäftsf. Vizepräs. *Am. Friends of Hebrew Univ.,* ab 1961 Assoc. Editor *Aufbau,* ab 1964 geschäftsf. Vizepräs. *Am.-Israel Cultural Foundation,* ab 1976 Mithg. u. Red. *New Yorker Staats-Zeitung und Herold;* ab 1966 auch ltd. Red. *Encyclopaedia Judaica* u. bis 1977 USA-Red. ihrer Jahrbücher.

W: U.a. Die „Studentes" des Christophorus Stymmelius und ihre Bühne. 1926; Que es un Judio? Buenos Aires 1942; Jüdische Neueinwanderer in Lateinamerika und ihre Probleme. Zehn Jahre Aufbauarbeit in Südamerika. Buenos Aires 1943; Die jüdische Religion. 1977; zahlr. Beitr. zu jüd. Fragen in Zs. u. Jahrbüchern. *Qu:* Arch. Fb. - IfZ.

Lachmann (Lackmann), **Guy Kurt,** Unternehmer; geb. 5. Dez. 1906 Neunkirchen/Saar; jüd.; *V:* Heinrich L. (gest. 1931), Fabrikant; *M:* Anna, geb. Mai (gest. 1974); *G:* Jean (geb. 1909), im aktiven Widerstand gegen NatSoz., 2 1/2 J. KL Neuen-

gamme; ∞ 1937 Alice Netter (geb. 1912); *K:* Dr. Henry L. (geb. 1938), Wirtschaftsmanager; Evelyne Shechter (geb. 1940), Apothekerin; *StA:* deutsch. *Weg:* 1935 F; 1945 Deutschland/Saargeb.

Praktikum, Stud. Wirtschaftswiss. Straßburg, ab 1929 kaufm. Dir. im elterlichen Unternehmen Menesa Neunkirchen/Saar. Ab 1925 *Reichsbanner.* 1935 nach Saarabstimmung Emigr., in Frankr. als Wirtschaftsmanager tätig, u.a. 1938-42 kaufm. Dir. Peugeot-Werke. Ab 1941 Résistance, Mitgl. *Comité national* u. Chef de secteur. Nach Kriegsende als Commandant der franz. Armee Kreiskommandant von Saarburg. 1948-1956 Landespolizeipräs. Saarland. Später unternehmerisch tätig, Präs. *Société Internationale de Pétrole et de Chimie* Straßburg. Lebte 1977 in Saarbrücken.-*Ausz.:* Officier de la Légion d'Honneur, Croix de Guerre.

L: Schmidt, Saarpolitik; Schneider, Saarpolitik und Exil. *Qu:* Fb. Pers. Publ.-IfZ.

Lachmann, Karl Eduard, Rechtsanwalt, UN-Beamter; geb. 20. Sept. 1914 Berlin, gest. 30. Aug. 1968 New York; jüd.; *V:* Fritz L. (geb. 1881 Berlin, gest. 1932 Berlin), jüd., Fabrikant; *M:* Margarete, geb. Goldmann (geb. 1888 Berlin, umgek. im Holokaust), jüd.; *G:* Lene Ellinger (geb. 1911 Berlin), Stud. Med., Emigr. DK, USA; ∞ Lotte Becker (geb. 1925 Mannheim), 1939 Emigr. USA, 1948 M.A. Columbia Univ., Dipl. Inst. de Phonétique Sorbonne, Assist. Prof. für Franz. Manhattan Community Coll. New York; *K:* Richard (geb. 1956); David (geb. 1958); Susan (geb. 1962); *StA:* deutsch, 1942 USA. *Weg:* 1933 F, 1936 GB, 1937 USA.

1932-33 Stud. Berlin. 1933 Emigr. Frankr., Stud. Grenoble, 1935 Licencié en Droit Paris, 1936 Prom. Grenoble. 1936 nach GB, 1936-37 Stud. London School of Econ.; 1937 in die USA, 1938 J.D. Univ. Chicago, Hg. der *Law Review;* 1939-43 Jurist beim US-Innenmin., gleichz. 1940-43 RA-Praxis, 1943-47 Jurist im Office of Price Admin., 1945-46 Anwalt der US-Staatsanwaltschaft bei den Nürnberger Kriegsverbrecher-Prozessen. 1947-59 Ltr. Internat. Tax Section beim Fiscal & Financial Branch des UN-Sekr., 1959-68 Dir. Fiscal & Financial Branch, 1949 Sekr. des UN Ad-Hoc Committee on Declaration of Death of Missing Persons in Genf, 1951 Sekr. der UN Technical Assistance Conf. on Comparative Fiscal Admin. in Genf, 1953-54 Mitarb. bei Veröffentl. der World Tax Series der Harvard Univ., 1959, 1961, 1962 Vertr. der UN Technical Assistance als Steuer-Experte bei der Central Am. Econ. Integration Commission; 1962-63 Sekr. des Neuner-Komitees für die Grdg. der African Development Bank, 1968 UN-Vertr. bei der Conf. on Trade and Development in Neu Delhi. Fellow *Consular Law Soc.,* Mitgl. *Am. Econ. Assn., Am. Soc. Internat. Law, Internat. Inst. Publ. Finance,* Anwaltskammer des Obersten Gerichts u. des Staates Virginia.

W: De la Transformation de la Société Anonyme Moderne et de ses Effets sur son Organisation Intérieur. (Diss.) 1936; Art. über internat. Steuerrecht, Patentrecht u. internat. Finanzen in Fachzs. *Qu:* Fb. Hand.-RFJI.

Lachmann-Mosse (bis 1911 Lachmann), **Hans,** Verleger; geb. 9. Aug. 1885 Berlin, gest. 18. Apr. 1944 Oakland/Calif.; jüd.; *V:* Georg Lachmann, Fabrikant, Metallgroßhändler; *M:* Hedwig, geb. Eltzbacher; ∞ 1911 Felicia Mosse (geb. 1891 Berlin, gest. 1972 [?] New York), jüd., T des Verlegers Rudolf Mosse, 1933 Emigr. F, 1940 USA; *K:* Dr. med. Hilde L.-M. (geb. 1912 Berlin), Stud. Freiburg, Bonn u. Birmingham/GB, 1933 Emigr. CH, 1938 USA, Psychiaterin in New York; Dr. phil. Rudolf Mosse (geb. 1913 Berlin, gest. 1958), 1932 Emigr. CH, GB, ČSR, 1941 USA, Wirtschaftsexperte im US-Außenmin. Washington/D.C.; George L. Mosse (urspr. Gerhard Lachmann-Mosse) (geb. 1918 Berlin), 1937 Emigr. GB, 1939 USA, Prof. für Gesch. Univ. of Wisconsin u. Hebr. Univ. Jerusalem, Mithg. *Journal of Contemporary History. StA:* deutsch. *Weg:* 1933 (1935 ?) F, 1940 USA.

Stud. Rechtswiss. Freiburg u. Berlin, Bankangest.; ab 1910 beim Verlag Rudolf Mosse Berlin, 1920 Übernahme von 50 % des Geschäftsanteils der führenden liberalen Tagesztg. *Berliner Tageblatt,* Ehefrau Alleinerbin des Großverlags; Hg. *Allgemeine Zeitung des Judentums* u. 1922-33 *C.V.-Zeitung.* 1925 Renovierung des Verlagsgebäudes durch den Architekten Erich Mendelsohn. Investitionen in Immobilien- u.a. Unternehmen in Berlin u. im Ausland. Schwierigkeiten in der ZusArb. mit dem GenBevollmächtigten Martin Carbe, pol. Zurückhaltung u. expansive Geschäftsf. des Verlages; ab 1930 alleiniger GenBevollmächtigter nach Ausscheiden Carbes, Febr. 1933 Konkurs, ab 1933 natsoz. Kontrolle während der Liquidierung, 1934 Aufkauf der Gebäude u. Verlagsrechte der Konkursverw. Mosse Treuhand GmbH. durch Berliner Druck- u. Zeitungsbetriebe AG.- VorstMitgl. Jüd. Reformgde. Berlin, Vors. ihrer Liturgischen Kommission (Unterlagen in Music Collection, Hebrew Univ. Library, Jerusalem); Kunstsammler, Förderer der Architektur u. Musik, nach 1933 Beschlagnahme der Kunstsammlung. Apr. 1933 (1935 ?) Emigr. Frankr., 1940 in die USA, Kunstmäzen in Berkeley/Calif.

L: RhDG; Mendelsohn, Peter de, Zeitungsstadt Berlin. 1959; Mosse, W.E., Rudolf Mosse and the House of Mosse 1867-1920. In: Yearbook LBI, 1959; Hermann, Klaus, Jüdische Reformgemeinde. In: Emuna 1972; Mosse, G.L., Weimar Liberal. In: European History Review, 1977. *Qu:* Hand. Publ. Z.-RFJI.

Lachs, Ernst, Dr. jur., Kommunalbeamter; geb. 2. Jan. 1904 Mürzzuschlag/Steiermark; ∞ Dr. Minna Schiffmann, Hofrat, Vizepräs. der österr. UNESCO-Kommission; *K:* Dr. Thomas Georg, Volkswirtschaftsref. des ÖGB; *StA:* österr. *Weg:* 1938 CH; 1941 USA; 1946 (?) Österr.

Mitgr. sozialist. Mittelschülervereinigung Graz. Stud. Rechts- u. Staatswiss. Univ. Graz. Zeitw. Obmann der *Vereinigung Sozialistischer Studenten* in Graz. 1926 Prom., anschl. Gerichtstätigkeit u. Anwaltspraxis in Graz u. Wien. 1929-38 Jurist im Konzeptionsdienst der Stadt Wien, 1934 pol. Maßregelung, bis 1938 LtgMitgl. der illeg. *Gewerkschaft der Privatbediensteten.* 1938 nach Anschluß Österreichs Entlassung, Emigr. in die Schweiz, Tätigkeit als Zeitungskorr. u. Bibliothekar. 1941 in die USA, Stud. Sozialwiss. an New School for Social Research in New York. 1943 M.A., Tätigkeit in der Privatwirtschaft. 1943-45 Mitarb. Office of Strategic Affairs in Washington/D.C., nach Kriegsende im State Department. Vermutl. Ende 1946 Rückkehr nach Wien, ab 1947 Amtsinspektor, 1950-55 Ltr. Magistratsdirektion der Stadt Wien, 1955-70 Dir. Kontrollamt der Stadt Wien. Ab 1955 Schiedsgerichtsbeisitzer beim PV der SPÖ. Mitarb. *Arbeit und Wirtschaft* u.a. Fachzs., Mithg. *Österreichisches Sozialrecht.* Lebte 1978 in Wien.-*Ausz.:* 1974 Victor-Adler-Plakette der SPÖ; Gr. Goldenes Ehrenzeichen für Verdienste um die Rep. Österr., Gr. Goldenes Ehrenzeichen für Verdienste um das Bundesland Wien.

L: Klucsarits, SPÖ. *Qu:* Hand. Pers. Publ. Z.-IfZ.

Lachs, Reinhold, Dr. jur., Rechtsanwalt, Verbandsfunktionär; geb. 20. Okt. 1894 Berlin; jüd.; *V:* Richard L. (geb. 1852 Breslau, gest. 1941 London), jüd., Gymn., Kaufm., 1939 Emigr. GB.; *M:* Sophie, geb. Sachs (geb. 1863 Breslau, gest. 1949 London), jüd., höhere Schule, 1939 Emigr. GB; *G:* Werner (geb. 1885 Berlin), Gymn., Handelsvertr., 1941 Dep. KL; ∞ I. Ehefrau 1933 Emigr. GB, 1937 gesch.; II. 1938 Ellen Baumgarten (geb. 1905 Köln, gest. 1976), jüd., höhere Schule, Jugendgruppenltr.; *K:* Leah (geb. 1939 GB), M.A., später nach CDN; *StA:* deutsch, 1946 brit. *Weg:* 1933 GB.

1912-16 Stud. Berlin, Freiburg, 1915-16 Kriegsteiln., 1918 Prom. Heidelberg, 1920-21 Assessor Zivilgericht Berlin, 1922-25 RA in dt. Verrechnungsbüro für Vorkriegsschulden, 1925-33 RA in Berlin; 1933 Berufsverbot. Juli 1933 Emigr. GB, 1934-37 Stud. Rechtswiss., 1934-39 Rechtskonsulent, 1937 Zulassung zur Anwaltskammer Middle Temple London, 1939-45 Assist. to Counsel in Chambers, 1940 kurzzeit. Internierung. 1945-47 Rechtsberater dt. Abt. im Foreign Office London, 1947 ltd. Rechtsberater der Kontrollkommission für Deutschland. 1947-50 RA, 1950-56 Hauptgeschäftsf., 1956-69 Syndikus bei der Jew. Trust Corp. for Germany, 1969 Pensionierung, Mitgl. VerwRat von Altersheimen, Mitgl. AJR. Lebte 1977 in London.

Qu: Fb. Z.-RFJI.

Ladendorff, Rolf, geb. 17. Febr. 1911 Berlin; jüd., 1938 Diss.; *V:* Richard L. (geb. 1877 Königsberg, gest. 1964 Buenos Aires), jüd., Kaufm., Emigr.; *M:* Else, geb. Kuttner (geb. 1897 Rogasen/Prov. Posen, gest. 1946 Buenos Aires), jüd., Emigr.; *G:* Herbert (geb. 1906), Schlosser, 1938 Emigr. Argent.; ∞ 1946 Elsa Srodek (geb. 1917 Göppingen), jüd., 1938 Diss., Emigr. Argent.; *StA:* deutsch, 1950 Argent. u. deutsch. *Weg:* 1938 Argent.

1925 *Reichsbanner,* 1929 SPD, ehrenamtl. Funktionär. Ab 1930 Stud. Rechtswiss. Berlin, Freiburg, Frankfurt, Mitgl. *Sozialistische Studenschaft,* zeitw. im Gruppenvorst.; Okt. 1933 Ausschluß vom Studium. 1938 mit Unterstützung des *Hilfsvereins der deutschen Juden* Berlin Emigr. nach Buenos Aires, 1938-45 freiberufl. Buchhalter, 1945-76 ltd. Angest. in Handel u. Industrie. 1939-60 Mitgl., 1940 (?)-46 im Vorst. *Verein Vorwärts,* Mitarb. *Das Andere Deutschland,* 1943 DAD-Vertr. u. PräsMitgl. Kongreß von Montevideo. Lebte 1977 in Cuba/Argentinien.

Qu: Fb.-IfZ.

Ladig, Josef, Gewerkschaftsfunktionär; geb. 21. März 1895, gest. 13. März 1953; *M:* 1938 Emigr. S; ∞ Aloisia, 1938 Emigr. S, 1946 CSR, S. *K:* Kurt, 1938 Emigr. S, 1946 CSR, 1948 S; *StA:* österr., 1919 CSR, 1948 S. *Weg:* 1938 S.

Metallarb.; ab 1923 GewSekr. in Trautenau, später Karlsbad, ab Mitte der 30er Jahre Zentralsekr. *Internationaler Metallarbeiterverband in der CSR* in Komotau u. Mitgl. Zentralgewerkschaftskommission des *Deutschen Gewerkschaftsbunds in der CSR* (DGB). Ende 1938 Emigr. nach Schweden, 1939-46 Angest. des schwed. MetallarbVerb.; Vors. *Auslandsvertretung sudetendeutscher Gewerkschafter,* gebildet aus den ehemal. Mitgl. des DGB im schwed. Exil, → Emil Haase, → Anton Paul, → Johann Schiller u. → Wilhelm Weigel, die am 19. Nov. 1939 gemeins. gegen die angebl. eigenmächtige Loyalitätsbekundung ltd. Partei- u. GewFunktionäre im brit. Exil an CSR-Präs. Edvard Beneš vom Sept./Okt. 1939 protestierten (vgl. u.a. → Wenzel Jaksch, → Fritz Keßler, → Franz Kögler, → Gustav Neumann, → Josef Zinner); stellv. Landesvors. der TG, Sept. 1942 Niederlegung der Funktionen, mit → Franz Krejči in enger Verb. mit *DSAP-Auslandsgruppe* in GB (→ Josef Zinner) Wortführer der Oppos. gegen die autonomist. Politik von Jaksch; Mitgr. u. bis Auflösung Jan. 1946 Vors. *Landesgruppe vereinigter tschechoslowakischer Gewerkschafter in Schweden,* einer Einheitsgew. unter Einschluß in Schweden lebender Gewerkschafter aller Nationalitäten der CSR u. der dt. Kommunisten aus der CSR, auf gleicher einheitsfrontpol. Grundlage im Febr. 1943 Gr. u. anschl. Vors. *Arbeitsgemeinschaft Čechoslovakischer Sozialisten* (AČS), mit Krejči Hg. ihres Organs *Weg und Ziel.* Nov. 1943 Mitgl. von Krejči geleiteten *Einheitsausschusses der deutschen Antifaschisten aus der CSR in Schweden.* März 1946 Informationsreise in die CSR, Apr. desillusioniert über Nationalitätenpol. der CSR Rückkehr nach Schweden, bis zum Tode Mitarb. Arbetarörelsens Arkiv, Stockholm.

L: Bachstein, Jaksch; Menschen im Exil; Müssener, Exil. *Qu:* Arch. Publ. Z.-IfZ.

Lador, Mordechai (urspr. Lederberger, Manfred), Gewerkschaftsfunktionär, Diplomat; geb. 2. Juli 1923 Hamburg; *V:* Simon Lederberger (geb. 1883 Krakau, gest. 1958 Tel Aviv), Pelzhändler, Emigr. Pal.; *M:* Anni (geb. 1896 Tarnow/Galizien, gest. 1975 Tel Aviv), *G:* Esther Slonim (geb. 1920), höhere Schule, 1935 Emigr. Pal. mit *Jugend-Alijah;* ∞ 1952 Miriam Heyman (geb. 1922 Stockholm), höhere Schule, VerwDir. des Schwed. Theol. Inst.; *StA:* Pal./IL. *Weg:* 1938 Pal.

Talmud Thora-Oberrealschule, Mitgl. *Brith Chaluzim Datiim*, 1930 Teiln. am *Jugend-Alijah*-Vorbereitungslager Wilhelminenhöhe, Emigr. Palästina mit A I-Zertifikat, 1939–41 Kibb. Ramat Hashomron der *Jugend-Aliyah*, 1941–47 Mitgr. u. Mitgl., 1945–47 Schatzmeister Kibb. Sheluḥot. 1947–49 Mitgl. der jüd. Hilfsmission in UNRRA-Lagern in Europa. 1950–56 VorstMitgl. *Histadrut* u. Geschäftsf. der Abt. Produktivität. 1957–59 Mitgl. der skandinav. Mission der *Jew. Agency*. 1959–61 Mitgl. pol. Abt. *Histadrut*, verantwortl. für Kontakte mit Afrika u. Asien. 1961–64 Chargé d'Affaires isr. Botschaft in Katmandu/Nepal, 1964–67 Berater der isr. Botschaft in Washington/D.C., 1967–70 stellv. Ltr. Abt. Internat. ZusArb. im isr. Außenmin., 1970–72 Botschafter in Sierra Leone. 1972–75 2. stellv. GenDir. des KKL. Ab 1975 bevollmächtigter Gesandter bei der ständigen isr. Vertr. der UN. Lebte 1974 in Jerusalem.

Qu: Fb. Hand. - RFJI.

Lämmel, Josef Otto (urspr. von), Schriftsteller, Journalist, Unternehmensleiter; geb. 22. Apr. 1891 Waidhofen a.d. Ybbs/Niederösterr.; kath.; *V:* Heinrich v. L., Beamter der österr. Staatsbahnen; *M:* Janette, geb. Kizales; *G:* Dr. Carl L., Arzt (gest.); Dr. Rudolf L., wiss. Publizist (gest.); Alfred L., Schauspieler, Ps. Georg Lengbach (gest.); Irene Wittermann (gest.); Anton L., Beamter (gest.); Maximilian L., Postbeamter (gest.); Kajetan L., Unternehmer (gest.); ∞ 1939 Renate Maria Engel, (geb. 1897), Emigr. GB, Mitarb. *Austrian Centre;* *K:* Hansi (gest.); Gotthard (gest.); Albert, Kaufm.; *StA:* österr. *Weg:* 1938 CH; 1939 GB.

Höhere Schule in Graz u. Zürich, anschl. Lehrerseminar in Klagenfurt u. Angest. der österr. Staatsbahnen; nach kurzem MilDienst als Eisenbahner 1917 Freiw. an ital. Front. 1919 Kanzleiltr. des Wirtschaftsbetriebs der Landesreg. Salzburg in Tamsweg, 1920–22 Sekr. des Ortsbildungsrats u. Ltr. der Volksbücherei Hartberg/Steiermark sowie Sekr. der Ziehkinder-Aufsichtsstelle der BezHauptmannschaft Hartberg. 1922–34 red. Ltr. *Monatsbote für Schule und Haus* Graz, Mitgr. der lit. Vereinigung *Blaue Blume*, 1928–38 Sekr. *Steirischer Schriftstellerverband*, 1933–38 Presseref. *Ostmärkische Sturmscharen* in Graz. Sept. 1938 aufgrund drohender Verfolgung legale Ausreise in die Schweiz, März 1939 nach London; zunächst Liftboy, anschl. Bibliothekslltr. in großer RA-Kanzlei. Enge ZusArb. mit → Georg Franckenstein. Bis Frühj. 1940 Mitarb. *Austrian Centre* (→ Franz West), u.a. Ltr. der Bibliothek, Austritt aufgrund des zunehmenden kommunist. Einflusses. Frühj.- Sommer 1940 Internierung Isle of Man, anschl. Berater des Advisory Committee, das ab Sommer 1940 bei Entlassungen aus der Internierung mitwirkte. Ende 1940 zus. mit David Josef Bach Gr. u. bis 1945 Sekr. *Vereinigung österreichischer Journalisten in England* (einer der wenigen nicht von den Kommunisten kontrollierten Berufsverb. in der engl. Emigration). Herbst 1941 Mitgr. *Assn. of Austrian Christian Socialists in Great Britain* als NachfOrg. der *Christlich-Sozialen Partei* im brit. Exil, Kassier u. VorstMitgl. neben → Curt Strachwitz, → Franz Xaver Bosch, Pfarrer E.J. Eisenberger u. Georg Luzzatto. Nach Verhandlungen mit → Oscar Pollak u. dem *Londoner Büro der österreichischen Sozialisten in Großbritannien* kurzfristig Mitgl. eines von sozialist. Seite initiierten Post War Reconstruction Committee. Bis 1945 als „Steirer Seppl" Mitarb. BBC bei Radiosendungen nach Österr.; 1945 Mitgr., 1946–47 als Nachf. von → Franz Schneider Obmann *Austrian Christian People's Party in Great Britain* als Auslandsvertr. der ÖVP. 1946–47 als Major Reeducation-Officer in österr. KriegsgefLagern. 1947 Mitgr. *Weltbund der Österreicher im Ausland* (→ Paul Pereszlenyi), 1952 Gr. u. bis 1962 Präs. *Assn. of Austrians in Great Britain*. 1946–54 Dir. Continental and Overseas Travel Agency, 1955 Gr. u. bis 1962 Dir. des österr. Reisebüros Alpenland Travel Bureau Ltd., der Styria Holiday Agency u. der Styria Air Line Ltd., offiz. Touristik-Vertr. der Steiermark in London. 1962 Rückkehr nach Graz, seither freier Schriftst. u. Kritiker. Lebte 1976 in Graz. - *Ausz.:* 1962 Silbernes Ehrenzeichen für Verdienste um die Rep. Österreich; Goldenes Ehrenzeichen des Landes Steiermark; Ehrenmed. der Landeshauptstadt Graz; Gr. Goldenes Abzeichen des Weltbunds der Österreicher im Ausland.

W: u.a. Lucie (S). 1927; Altar der Sehnsucht. 1928 (L); Der Reformhofbauer. 1937 (S); Kuppel der Träume. 1969 (L); Andreas Baumkirchner. 1972 (S). *L:* Maimann, Politik. *Qu:* Arch. Hand. Pers. Publ. - IfZ.

Lahat, Shlomo, Offizier, Politiker; geb. 1927 Berlin; ∞ Ziva Pritzker; *K:* Dan, Avner. *Weg:* 1933 Pal.

1933 Emigr. Palästina; 1948 BrigKommandeur im Unabhängigkeitskrieg, 1952–55 Stud. Rechtswiss. Hebr. Univ. Jerusalem, 1956–57 Ausbildung Command and Gen. Staff Coll. Fort Leavenworth/Kan., Kommandeur an der Suez-Front, 1967 Kommandeur der ersten Panzerbrigade, die den Suezkanal im 6-Tage-Krieg erreichte. Seit 1955 Bürgerm. von Tel Aviv, 1975 Besuch versch. am. Städte i.A. von *Isr. Bonds;* GenMajor der Reserve, Mitgl. PV *Likud*. Lebte 1976 in Tel Aviv.

Qu: Hand. Z. - RFJI.

Lai, Wilhelm, Parteifunktionär; geb. 17. Jan. 1909 Würzburg, hinger. 1943; *StA:* deutsch, Ausbürg. *Weg:* 1933 CSR; 1934 Deutschland; 1935 CSR; 1936 CH, F, E; 1939 F; 1940 CH; 1941 E; 1942 Deutschland.

Eisendreher; frühzeitig KJVD, ab 1926 Funktionen, u.a. Mitgl. BezLtg. Frankfurt/M. u. Darmstadt. 1931 KPD, RFB, RGO. Apr.-Juni 1933 illeg. Tätigkeit, Schutzhaft, Ende Juni Emigr. CSR. Bis Mai 1934 Druckschriften-Transporteur für Bayern (Deckn. Kurt, Ludwig Schafhauser, Karl Stark). Nach Schulung Einsatz im Reich, ab Okt. 1934 zur Reorg. des sächs. KJVD in Leipzig. Jan. 1935 Flucht in die CSR, Konflikte mit Parteiltg. Herbst 1935-Jan. 1936 i.A. des CSR-Nachrichtendienstes Reisen nach Deutschland, anschl. über die Schweiz nach Frankr.; Herbst 1936–1939 span. republ. Armee, anschl. Frankr., 1940 in die Schweiz. Aug. 1941 mit Ziel der Übersee-Ausw. nach Spanien, Internierung im Lager Miranda del Ebro. Okt. 1942 Auslieferung, 22. Juni 1943 VGH-Todesurteil.

L: Wagner, Walter, Der Volksgerichtshof im nationalsozialistischen Staat. 1974. *Qu:* Arch. - IfZ.

Lakenbacher (Lackenbacher), **Ernst,** Gewerkschaftsfunktionär; geb. 20. Okt. 1891 Virovitica/Kroatien, gest. 18. Apr. 1967 Wien; jüd., 1921 Diss.; *V:* Sigmund L. (geb. 1861, gest.), Speditionsangest.; *M:* Charlotte, geb. Steiner; *G:* Robert (geb. 1892, gef. 1914); ∞ I. Pauline Kraus (geb. 1905), Diss., 1938 gesch., II. 1956 Pauline Olga Elischer, geb. Godina (geb. 1901), Goldschmiedin u. Schmuckhändlerin, A: Wien; *StA:* österr. *Weg:* 1938 GB; 1939 Argent.; 1948 Österr.

1909 Abitur, ab 1910 VersAngest. Mitgl. SDAP u. Mitgl. *Verein der Versicherungsangestellten Österreichs* in Wien; 1912–13 MilDienst, ab 1912 Mitgl. Hauptvorst. *Verein der Versicherungsangestellten Österreichs* unter → Alfred Broczyner. Mitarb. *Der Kampf*, Ps. Bacher. 1914–16 Offz.; 1916–19 hauptamtl. Sekr. *Verein der Versicherungsangestellten Österreichs*. Ab 1919 Geschäftsf. der Ständigen Delegation der freigewerkschaftl. Angestelltenorg. bei der *Gewerkschaftskommission*. 1921–27 Sekr. *Bund der Industrieangestellten Österreichs* u. Red. der Verbandsztg., 1928–34 Sekr. der Angestelltensektion der Kammer für Arbeiter und Angestellte in Wien u. Geschäftsf. der Sektion XIV (Privatangestellte) im *Bund der Freien Gewerkschaften Österreichs*. VorstMitgl. Industrielle Bezirkskommission Wien u. Pensionsanstalt für Angestellte; maßgebl. an Ausarbeitung der gewerkschaftl. Sozialgesetzgebungs-Initiativen beteiligt. März- Aug. 1934 in Haft, anschl. freier Schriftst.; journ. Tätigkeit für die illeg. *Freien Gewerkschaften Österreichs*. Juni 1938 aufgrund drohender Verhaftung Emigr. GB, Januar 1939 Buenos Aires, zunächst Hilfsarb., anschl. VersVertr. Ab 1939 Mitgl. Innerer Kreis der Gruppe *Das Andere Deutschland* (DAD) um → August Siemsen, Mitarb. der gleichnamigen Zs. u. bis 1945 verantwortl. Red. des österr. Teils. Neben → Theodor Brüll Mitgr. u. maßgebl. Vertr. der

410 Lamm

Gruppe österreichischer Sozialisten in Argent., die in scharfem Gegensatz zum *Comite Austriaco* (→ Ferdinand Erb-Rudtorffer u. → Gustav Glück) stand. 1948 auf Anforderung der Kammer für Arbeiter und Angestellte Wien Rückkehr, Mitgl. SPÖ u. ÖGB. Ab Mai 1948 Ltr. Pressedienst der Arbeiterkammer, Red. *Arbeit und Wirtschaft, Das Recht der Arbeit* u. *Sozialrechtliche Mitteilungen der Arbeiterkammer Wien.* 1955 Bestellung zum stellv. Kammeramtsdir., u.a. Ltr. der Abt. Sozialversicherung u. Bildungswesen sowie Sozialwissenschaftliche Studienbibliothek der Arbeiterkammer Wien. 1958 Pensionierung, anschl. ehrenamtl. Red. *Mitteilungen* (Zs. der Wiener Städtischen Wechselseitigen Versicherungsanstalt). *Ausz.:* u.a. 1959 Titel Regierungsrat.
 W: u.a. Die österreichischen Angestelltengewerkschaften. Geschichte und Gegenwart. 1967. *L:* Klenner, Gewerkschaften; Hindels, Gewerkschaften. *Qu:* Arch. Fb. Pers. Publ. Z. – IfZ.

Lamm, Fritz, Partei- u. Gewerkschaftsfunktionär; geb. 30. Juni 1911 Stettin; jüd., Diss.; *V:* Magnus L. (1866-1932), jüd., Kaufm.; *M:* Emma, geb. Amsberg (1883-1952), jüd., Emigr. Pal., Rückkehr nach Deutschland; *G:* Dora Lewin (geb. 1908), 1936 Emigr. Pal.; *StA:* deutsch, 27. Okt. 1937 Ausbürg. *Weg:* 1936 CH, Österr., CSR; 1938 F; 1942 Kuba; 1948 Deutschland (ABZ).
 Buchhändler. 1929 Mitgl. SAJ u. SPD, 1930-31 Ltr. SAJ-Gruppe Stettin; 1931 Anschluß an SAPD, Ltr. SJVD Stettin. Nach natsoz. Machtübernahme illeg. tätig; Febr./März 1933 vorüberg. in Schutzhaft, Jan. 1934 wegen Vorbereitung zum Hochverrat zu 2 J. Gef. verurteilt, bis Okt. 1935 in Haft. Nach Entlassung aufgrund neuerlicher Haftdrohung Jan. 1936 in die Schweiz, von dort abgeschoben u. Febr. 1936 über Österr. in die CSR. In Prag Mitgl. SAPD-Exilgruppe, Funktionärstätigkeit für SJVD. Aug. 1938 Emigr. nach Frankr., in Paris aktiv in SAPD-Gruppe, Mitarb. *Neue Front;* Mitgl. dt. Sprachgruppe in der CGT; nach Kriegsausbruch Okt. 1939-Dez. 1941 interniert in Le Vernet. 1942 nach Kuba, Arbeit als Diamantschleifer u. Büroangest.; Nov. 1948 Rückkehr nach Stuttgart, bis 1974 (Pensionierung) Verlagsangest. *Stuttgarter Zeitung* u. Turmhaus-Druckerei, Mitgl. des Betriebsrates, 1952 Ortsvors. Stuttgart IG Druck und Papier; 1948 Mitgl. SPD, zeitw. Ortsvorst. Stuttgart, 1963 Parteiaustritt; Mitgl. *Die Naturfreunde* u. *Deutscher Freidenker-Verband.* Lebte 1975 in Stuttgart.
 L: Drechsler, SAPD. *Qu:* Arch. Fb. Publ. – IfZ.

Lamm, Hans, Dr. phil., Verbandsfunktionär, Pädagoge; geb. 8. Juni 1913 München; jüd.; *V:* Ignaz L. (gest. 1944), jüd., Kaufm., 1939 Emigr.; *M:* Martha Pinczower (geb. 1884 Ratibor/Oberschlesien, gest. 1941), jüd., Lehrerin, aktiv in jüd. Sozialarbeit; *G:* Dr. med. Heinrich L. (geb. 1908, gest. 1975 Harlingen/Tex.), 1937 Emigr. USA; *StA:* deutsch; USA u. deutsch. *Weg:* 1938 USA; 1946 Deutschland (ABZ); 1952 USA; 1955 Deutschland (BRD).
 Ab 1928 freier Journ., 1932-33 Stud. München, 1937-38 L(H)WJ Berlin, ehrenamtl. Sozialarbeit in jüd. Gde. München, aktiv im CV. Juli 1938 Emigr. USA, Unterstützung durch Verwandte, 1938-39 Arbeit in jüd. Kinderheim in Kansas City/Mo.; 1940 beim *Jew. Welfare Fund* Kansas City; 1940 B. A. Univ. Kansas City, 1941 M.A.; 1941 Mitarb. *Am. Zion. Emergency Committee* New York; *Am. Jew. Hist. Soc.*, 1940-42 Stud. Washington Univ. St. Louis/Mo., 1942 M.S.W., 1942-43 Forschungsdir. *Jew. Welfare Fund* u. *Jew. Community Council* Kansas City, Mitarb. *Aufbau,* 1943-45 Assist. Dir. *Am. Zion. Emergency Council,* 1945-46 Vertr. der *Am. Jew. Conf.* in Deutschland. 1946-47 Dolmetscher am internat. MilGerichtshof u. am am. Gerichtshof für Wiedergutmachungsklagen in Nürnberg, 1947-49 Mitarb. des Chefverteidigers, 1949-52 Übersetzer bei HICOG Nürnberg. 1951 Prom. Erlangen. 1953-54 Forschungsdir. Wohlfahrtsausschuß des Gemeindefonds in Scranton/Penn., 1954-55 im Büro für geschichtl. Info. der *Am. Jew. Hist. Soc.* u. der am.-jüd.-Dreihundertjahrfeier in New York. 1955 Deutschland (BRD), 1955-61 Kulturdezernent *Zentralrat der Juden in Deutschland,* 1957 Gr. und literar. Dir. Ner-Tamid-Verlag München u. Frankfurt/M. Seit 1961 AbtLtr. Münchner Volkshochschule. Ehrenamtl. Präs. jüd. Gde. München. Mitgl. u. 1946 Vors. *Deutsch-amerikanischer Jugendclub* Nürnberg; 1959 Vors. der *Heinrich-Heine-Gesellschaft* Düsseldorf, VorstMitgl. der *Deutsch-Israelischen Gesellschaft,* DirMitgl. *Zentralrat der Juden in Deutschland,* Vorst.Mitgl. *Deutscher Koordinierungsrat der Gesellschaften für christlich-jüdische Zusammenarbeit.* Lebte 1978 in München. – *Ausz.:* 1954 Orden der am.-jüd. Dreihundertjahrfeier, 1956 Louis D. Brandeis-Orden, 1956 Joseph E. Drexel-Preis für Journ., 1977 Bayer. Verdienstorden, 1978 Med. „München leuchtet", 1979 Med. „In Honorem Fautoris" (Gold).
 W: u.a. Über die innere und äußere Entwicklung des deutschen Judentums im Dritten Reich (Diss.). 1951; Ewiger Zeitgenosse Heine. 1956; Vom Schicksal geprägt. Freundesgabe zum 60. Geburtstag v. Karl Marx (Mithg.). 1957; Von Juden in München (Hg.). 1958, 1959²; München ehrt Martin Buber (Hg.). 1961; Der Eichmann-Prozess in der deutschen öffentlichen Meinung (Hg.). 1961 (hebr. Übers.: Mishpat Aykhman beDaat haKahal beGermanyah haMaaravit. 1961); Erwachsenenbildung heute und morgen (Mithg.). 1962; Theodor Heuss. An und über Juden ... (Hg.). 1964; Walter Rathenau, Denker und Staatsmann. Hannover 1968; Karl Marx und das Judentum. München 1969. *Qu:* Fb. Hand. Publ. Z. – RFJI.

Lamm, Josef Michael, Dr. jur., Rechtsanwalt, Richter, Politiker; geb. 1. Dez. 1899 Wygdorwka/Galizien, gest. Mai 1976 Tel Aviv; *V:* Simon L. (geb. 1873 Galizien, gest. 1937 Wien), jüd., Landwirt, Zion.; *M:* Sarah, geb. Nagler (geb. 1873 Galizien), jüd., Zion., 1945 Emigr. Pal.; *G:* Dr. jur. Naftali Zwi L. (geb. 1893 Galizien), Kaufm., Beamter, 1945 Emigr. Pal., StadtVO Holon; ∞ 1928 Emma Spielberg (geb. 1900 Wien), höhere Schule, 1939 Emigr. Pal.; *StA:* österr., 1941 Pal./IL. *Weg:* 1939 Pal.
 Stud. Hochschule für Welthandel Wien, Dipl., Stud. Rechtswiss. Univ. Wien, 1921 Prom.; 1921-24 Bankangest., 1924-38 RA. 1918 Mitgl. *Poale Zion,* Vors. *Poale Zion*-Stud.-Org., 1918-21 Mitgl. u. ehrenamtl. Sekr. Gewerkschaftsrat Bez. Wien-Döbling, Mitgr. *Jüdischer Studentenausschuß Judaea.* Juli 1938 Berufsverbot, Rechtsvertr. der jüd. Gde., Nov.-Dez. 1938 KL Dachau, Entlassung wegen Krankheit. Jan. 1939 Emigr. Palästina mit Sonder-Zertifikat, 1940-41 Rechtsberater in Jerusalem, 1941 Zulassung zur Anwaltskammer, 1941-42 RA in Tel Aviv, 1942-48 Staatsanwalt u. Rechtsberater im Preiskontrollamt, 1948 Richter in Tel Aviv. 1948-51 M. K. für *Mapai.* 1951-56 Richter, 1965-69 Präs. BezGericht Tel Aviv-Jaffa. 1956-70 Doz. für Verfassungsgesch. Univ. Tel Aviv; 1969-70 Mitarb. *Haaretz.* 1940 Deleg. Zion. Kongr., Mitgl. *Alijah Chadaschah* u. stellv. Vors. *Alijah Chadaschah Owedet* (Arbeiterflügel), Mitgl. *Assefat Hanivharim,* 1945-48 Mitgl. *Vaad Leummi,* I.O.M.E.-Funktionär, Vizepräs. *Verband Österreichischer Juden,* VorstMitgl. *Histadrut, Mapai* u. Gewerkschaft *Hevrat Ovdim,* Vors. Oberste Berufungskommission für Arb-Rechtsfragen der Publ. Authority of Transcommunication, ab 1953 Mitgl. u. 1961-63 Präs. *B'nai B'rith* Israel, 1965-71 Vizepräs. B'nai B'rith-Weltorg., 1955-59 Präs. isr. Fußballverband, 1963-65 Großmeister der Freimaurer, 1971-72 Grand Commander Scottish Rite, 1970 Präs. isr. Verbraucherrat, 1974 Vors. *Israel-Österreich-Gesellschaft.*
 Qu: Fb. Hand. Z. – RFJI.

Lampersberger, Josef; geb. 16. Sept. 1912 Degerndorf/Obb.; kath.; *V:* Josef L., Werkmeister, SPD, 1939 zeitw. Haft; *M:* Maria, geb. Wiesbeck, SPD; *G:* Maria Graf (geb. 1907); ∞ Evelyne Maria Schreiber; *K:* Robert Josef (geb. 1953), Reisebüro-Angest., A: GB; Wanda Maria (geb. 1954), Sekr., A: NL; *StA:* deutsch, 17. Febr. 1939 Ausbürg., 1946 brit. *Weg:* 1933 CSR; 1939 F, NL, GB.
 1927-32 Lehre Hotel Vier Jahreszeiten, München, 1932-33 Kellner Mitropa Speisewagen-Ges.; ab 1928 ehrenamtl. SPD-Funktionär, 1929 *Zentralverband der Hotel-, Restaurant- und Café-Angestellten,* ab 1930 Jugend-Beauftragter, zuletzt Reichsjugendltr.; 1931-33 *Reichsbanner*-Führer München-

Aubing. 1933 als Speisewagenkellner Kurierdienste für *Sopade* Prag, Entlassung, Sept. 1933 Flucht vor Verhaftung nach Eger, bis Apr. 1934 Krankenhausaufenthalt, bis 1936 Büro- u. OrgTätigkeit für SDAP, Grenzarb.; Anschluß an RSD um Grenzsekr. → Alfred Ziehm. Kontakte zur sozdem. Gruppe Franz Faltner in München, die er 1934/35 als *Rote Rebellen* für Nachrichten- u. PropTätigkeit unter seiner Ltg. organisierte. Aufdekkung durch Gestapo-Spitzel, 27. Apr. 1935 Entführung aus CSR-Bereich des Grenzbahnhofs Eisenstein. Nach internat. Pressekampagne u. Intervention der Prager Reg. 3. Juni 1935 Entlassung in die CSR. Nachrichtenbeschaffung, Mitarb. in Emigrantenüberprüfung, 1937 Ausschluß aus SPD, auf Betreiben der SDAP annulliert. 1937-38 Tätigkeit in Prager Fotoatelier. Dez. 1938 mit A. Ziehm in Haft zur Auslieferung an Deutschland, dann zur Ausweisung nach Holland freigelassen. Anfang 1939 über Paris nach Amsterdam, Lageraufenthalt, mit Nansenpaß nach GB. Dez. 1939-Apr. 1940 Internierungslager Seaton. Während des Krieges Dolmetscher u. Vernehmungsoffz.-1945-50 Teilh. u. Geschäftsf. einer Holzwarenfabrik, ab 1960 Reiseltr. bei einem Reisebüro. Lebte 1977 in Bridgend/Wales.

L: Bretschneider, Heike, Der Widerstand gegen den Nationalsozialismus in München 1933 bis 1945. 1968; Tutas, Herbert E., Nationalsozialismus und Exil. 1975. *D:* IfZ, WL. *Qu:* Arch. Fb. Pers. Publ. - IfZ.

Lampl, Hans, Unternehmensleiter, Verbandsfunktionär; geb. 5. Sept. 1894 Wien; *V:* Kaufmann; *StA:* österr. *Weg:* 1938 (?) GB; 1946 Österr.

1907-10 Stud. Neue Wiener Handelsakademie, anschl. Eintritt in Buntpapier- und Großhandlung A. Katzer, zuletzt Bürochef. 1914- 18 Teiln. 1. WK, anschl. Gr. u. Inh. einer selbständigen Firma in der Papierbranche, die 1924 mit A. Katzer fusionierte. Ab 1928 Ltr. u. Disponent einer Buntpapierfabrik innerhalb der Leykam-Josefsthal AG, 1929 Prokurist u. stellv. Dir., 1936 GenDir. des Gesamtunternehmens. 1938 nach Anschluß Österr. Ausscheiden aus dem Unternehmen, anschl. Emigr. London. 1946 Rückberufung nach Wien, Ltr. u. öffentl. Verw. Leykam-Josefsthal Actiengesellschaft für Papier und Druckindustrie, AR-Vors. Mürztaler Holzstoff- und Papierfabrik Bruck a.d. Mur/Steiermark, Geschäftsf. mehrerer Papiergroßhandlungen; geschäftsf. VorstMitgl., Vors. Exportausschuß, Mitgl. Holzbeirat u. AR-Mitgl. Versicherungsverb. der *Vereinigung österreichischer Papier-, Zellulose-, Holzstoff- und Pappenindustrieller* sowie Mitgl. u. Funktionär weiterer Fachverbände auf Bundes- u. Länderebene. Exportbeirat der Bundeskammer für gewerbliche Wirtschaft Wien. Lebte 1955 in Wien.

Qu: Arch. Hand. - IfZ.

Land, Ernest G. (bis 1945 von Landau, Ernst), Dr. jur., Beamter; geb. 17. Mai 1911 Wien; kath.; *V:* Ernst v. Landau (geb. 1870 Wien, gest. 1930), kath.; *M:* Bertha Alice, geb. Spiegelberg (geb. 1880 New York, gest. 1966 Nizza/F), kath., höhere Schule, 1938 Emigr. F; *G:* Marie-Christine v. Lewandowski (geb. 1912 Wien, gest. 1961 Wien), höhere Schule, 1942 Emigr. CH, 1945 F, 1949 Österr.; ∞ 1944 Maria L. Errante della Vanella (geb. 1921 Nizza), kath., 1928 in die USA, B.A., tätig beim OWI; *StA:* österr., 1945 USA. *Weg:* 1938 F; 1941 USA.

1936 Prom. Wien, aktiv in kath. StudOrg., 1936-38 Richteramtsanwärter in Wien, 1938 Rücktritt; Dez. 1938 Emigr. Frankr. mit Touristenvisum, später mit Aufenthaltserlaubnis bei der Mutter in Nizza; Sept. 1939 - Juni 1940 Internierung. Juni 1941 in die USA, 1941-42 Angest. in Exportfirma, 1942-45 für OWI im Radioabhördienst des Columbia Broadcasting System, 1945-47 Dir. Abt. Hörerbriefe der *Voice of America,* 1948-49 im Untersuchungsdienst des US-Justizmin. in München; 1949-52 in Stuttgart u. 1952-53 in München für die Rundfunkabt. von HICOG tätig. Ab 1953 bei USIA, zunächst 1954-56 Dir. für Kulturprogramme bei RIAS Berlin, 1956-59 Dir. franz. Abt. der *Voice of America* in Washington/D.C., 1959-62 Presseattaché an der US-Botschaft in Brüssel, 1963-65 Dir. USIS u. US-Konsul in Genua, 1965-71 Dir. USIS für Norditalien in Mailand, 1971 Ruhestand; ab 1976 Berater für USIS in Genua; Mitgl. *Foreign Service Assn.* Lebte 1977 in Genua. - *Ausz.:* 1967 USIA Merit Award.

Qu: Fb. Hand. - RFJI.

Landau, Alfred (Fredl), UN-Beamter; geb. 30. Jan. 1914 Wien; jüd.; *G:* → Kurt Landau; ∞ 1936 Blanka Reitmann (geb. 1914), jüd., 1938 Emigr. F, 1940 USA, Lehrerin an Hebammenschulen; *StA:* österr., 1946 USA. *Weg:* 1938 F; 1940 USA.

Mitgl. *Vereinigung Sozialistischer Mittelschüler* in Wien, Exponent der pol. aktivist. Linken. Vermutl. Mitgl. SAJDÖ sowie *Sozialistische Jungfront* innerhalb der SDAP. Stud. Rechtswiss. Wien. 1934 nach den Februarkämpfen kurzfristig BezLtr. RSÖ in Wien, anschl. Studentenarbeit, Vors. *Revolutionäre Sozialistische Studenten* (RSS), Ende 1934/Anfang 1935 Zusammenschluß von RSS u. illeg. kommunist. Studentenorg. in Wien zum *Geeinten Roten Studentenverband* (GRSV) als gemeinsamer Dachorg. 1936 (zus. mit dem kommunist. Vertr. → Leopold Spira) als sozialist. Deleg. des GRSV zu internat. sozialist. Studentenkongreß in London. 1937 Prom., 1937-38 RA-Konzipient. Aug. 1938 Emigr. Frankr., gehörte in Paris zu dem Kreis sozialist. Emigr. um die AVÖS (→ Joseph Buttinger). Sept. 1939 Internierung, Apr.-Juli 1940 Prestataire in franz. ArbKompanie. Aug. 1940 in die USA, zunächst Fabrikarb., 1942-43 Research Assist. Institute of Advanced Studies u. National Bureau of Economics der Princeton Univ. Anschl. Research Assist., später Research Assoc. bei neugebildeter UN-Wirtschaftsabt. 1946-58 ltd. Beamter in UN-Finanzabt., 1958-67 Ltr. Budgetary Research Section der UN-Abt. für Wirtschafts- u. Sozialfragen, in dieser Zeit u.a. techn. Berater u. Ltr. von Budget-Schulungskursen der UNO in Chile, Äthiopien u. Thailand sowie in Dänemark. 1967-73 Sonderberater der Planungs- u. Programmsektion der UN-Abt. für Wirtschafts- u. Sozialfragen, ab 1973 AbtDir. im Büro für Rohstoff- u. Programmplanung des UN-GenSekretariats. Lebte 1975 in New York.

W: u.a. Public Debt. 1914-1946. 1948. *L:* Buttinger, Beispiel; Göhring, Walter, Der Geeinte Rote Studentenverband 1934-1938. In: Österreich in Geschichte und Literatur, Jg. 17/1973; Neugebauer, Bauvolk; Tidl, Studenten. *Qu:* Arch. Fb. Hand. Publ. - IfZ.

Landau, Charles Akiva, Agrarpolitiker; geb. 26. März 1920 Lancut (Landshut)/Galizien, gest. 1975 (?); jüd.; *V:* Hermann (Hersch) Zvi Elimelech L. (umgek. 1939 KL Sachsenhausen), jüd., Kaufm.; *M:* Leah, geb. Fellner (umgek. im Holokaust), jüd., 1940 Dep.; *G:* Gisela (geb. 1922 PL, umgek. im Holokaust), höhere Schule, 1940 Dep.; Manfred (geb. 1923 Berlin), 1939 Emigr. GB, Wirtschaftsprüfer in London; Benno (geb. 1925 Berlin), höhere Schule, 1939 Emigr. GB, 1949 IL, Kaufm.; Siegbert (geb. 1927 Berlin), höhere Schule, 1939 Emigr. GB, Wirtschaftsprüfer in London; ∞ 1948 Hanne Bernhard-Rath (geb. 1923 Neumünster/Schlesw.-Holst.), jüd., höhere Schule, 1939 Emigr. GB, 1940 Externen-Diplom Cambridge Univ., Sekr., 1943-48 tätig für *Jew. Relief Unit* in London u. Deutschland (BBZ), 1951 nach IL; *K:* Yeḥezkel Zvi (geb. 1950), 1951 nach IL, M.D., Arzt; Shalvit (geb. 1954), 1951 IL. *StA:* PL, 1948 brit., 1951 IL. *Weg:* 1939 GB; 1951 IL.

1931-35 Adass-Jisroel-Realgymn. Berlin, 1935-38 Mitarb. im väterl. Geschäft, Mitgl. *Makkabi* u. orthodoxe Jugendbewegung *Brith haNoar haDati.* 1939 Emigr. GB mit Brüdern, Unterstützung durch *Jüdisches Flüchtlingskomitee* Manchester, 1939-42 landwirtschaftl. Ausbildung auf Hachscharah-Farm in Castleston, 1941-42 deren stellv. Geschäftsf.; 1942-45 Ltr. eines Heimes des Landwirtschaftsmin. in Buckingham/Buckshire zur landwirtschaftl. Ausbildung jüd. Jugendlicher als Vorbereitung auf die Emigr. nach Palästina, zugl. 1941-43 Stud. als Externer der Cambridge Univ.; 1945-47 VerwDir. u. 1947-51 Dir. Farm Inst. des *Brith Haluzim Datiim (Bachad)* in Thaxted/Essex. 1949 u. 1951 StudReisen nach Israel u. in die USA. 1940-51 HauptvorstMitgl. des *Bachad,* 1947 Mitgl. *Nat. Farmers' Union,* 1948 Mitgl. Hauptvorst. Nat. Milk Marketing

Board. 1951 nach Israel, Unterstützung durch *Jew. Agency*, 1951-59 Mitgl., 1952-59 wirtschaftl. Ltr. des Kibb. Lavi. 1954-59 VorstMitgl. landwirtschaftl. Absatzgenossenschaft *Tenuwah*, gleichz. Vertr. des Kibb. Lavi im BezRat von Unter-Galiläa. 1959-61 Stud. Landwirtschaft u. Agrarwirtschaftslehre für Ltr. von Siedlungs-Genossenschaften am Ruppin-Inst. für Landwirtschaft in Emek Hefer. 1961-62 i.A. des Landwirtschaftsmin. VerwTätigkeit in Reḥovot. 1962-63 Ltr. Abt. für landwirtschaftl. Planung, 1964-75 Ltr. Gesamtplanungsabt. in der Zentrale für Planung u. Entwicklung der Landwirtschaft u. Besiedlung im Landwirtschaftsmin. Tel Aviv, u.a. Mitgl. Ausschuß für landwirtschaftl. Volkszählung am Statistischen Zentralamt, Ausschuß für Nahrungsmittelversorgung beim Nat. Wirtschaftsrat, Mitgl. OrgAusschuß der Weltbank in Washington/D.C., Ausarb. eines Kreditprogramms für landwirtschaftl. Projekte. Mitgl. Hauptvorst. *Mizraḥi* u. *HaPoel ha-Mizraḥi*. - *Ausz.:* Med. des isr. Landwirtschaftsmin. für bes. Verdienste in der Landwirtschaft u. Siedlungsarb. (posthum).

W: Art. in Fachzs. u. zahlr. Berichte, u.a. Entwurf mehrerer 5-Jahres-Pläne der isr. Landwirtschaft für das Landwirtschaftsministerium. *Qu:* Fb. Hand. Pers. - RFJI.

Landau, George Walter, Unternehmensleiter, Diplomat; geb. 4. März 1920 Wien; kath.; *V:* Dr. J. A. L.; *M:* Jeannette, geb. Klausner; ∞ 1947 Maria Anna Jobst; *K:* Robert W., Christopher T.; *StA:* 1943 USA. *Weg:* USA.

1941-42 Stud. New York Univ.; 1942-47 US-Armee (1944 Major), 1944-47 in Österr., ab 1947 Oberst d. Res. im Nachrichtendienst. 1947-55 stellv. Vizepräs. Intra-Mar Shipping Corp. New York, 1955-57 Geschäftsf. Alejandro Carces Limited Cali/Kolumbien. 1957-62 Handelsattaché US-Botschaft Montevideo, 1962-65 1. Botschaftssekr. u. Sachbearb. für pol. Angelegenheiten US-Botschaft Madrid, 1965-66 Stud. i.A. des Außenmin. beim Canadian Nat. Defense Coll. Kingston/Ontario, Diplom; 1966-72 Dir. Abt. Spanien u. Portugal im Außenmin. Washington/D.C., ab 1972 US-Gesandter in Asunción/Paraguay. 1969 A. A. George Washington Univ. Washington/D.C.; Mitgl. *Am. Foreign Service Assn., Federal City Club* Washington/D.C. Lebte 1976 in Washington/D.C. - *Ausz.:* 1971 Superior Service Award des US-Außenministeriums.

Qu: Hand. - RFJI.

Landau, Kurt, Parteifunktionär; geb. 29. Jan. 1903 Wien, gest.; jüd., Diss. (?); *V:* Abraham Simon L. (geb. 1872, umgek. im Holokaust), jüd., Weinhändler; *M:* Rosa, geb. Feldmann (1876-1935), jüd.; *G:* Stella Spiro (1902-55), 1939 Emigr. GB; → Alfred Landau; ∞ Katia (eigentl. Julia) Landau de Balboa, 1933 Emigr. F, 1936 Ausweisung, Emigr. E, 1937 in Barcelona verhaftet, A: 1978 Cuernavaca/Mex.; *StA:* österr., deutsch (?), Ausbürg. (?). *Weg:* 1933 F; 1936 E.

Ab 1921 Mitgl. KPÖ, bald BezLtr. in Wien. 1925 Ltr. Agit-Prop-Abt. beim ZK bzw. PV der KPÖ u. Kulturred. *Die Rote Fahne*. Ab 1925 in den Auseinandersetzungen innerhalb der kommunist. Parteien u. der *Komintern* Anhänger von L.D. Trockij, vermutl. enge ZusArb. mit Victor Serge in Wien. Vermutl. Kontakte mit ital. Bordigismus. Anfang 1926 während der Fraktionskämpfe innerhalb der KPÖ Bündnis mit der Fraktion → Josef Frey/Karl Tomann, Ende 1926 Parteiausschluß, Hg. der Zs. *Der neue Weg.* 1927 Mitgr. *KPÖ-Opposition*, Mitarb. *Arbeiterstimme*. Anfang 1928 nach theoret. Auseinandersetzungen mit J. Frey Ausschluß aus *KPÖ-Opposition*, Mitgr. u. Apr. 1928 Exekutivmitgl. *Kommunistische Opposition - Marxistisch-Leninistische Linke*, Red. *Der Neue Mahnruf*. Sept. 1929 i.A. Trockijs zur organisat. Zusammenfassung der kommunist. Linksopposition nach Berlin, März 1930 maßgebl. beteiligt am Zusammenschluß von kommunist. Oppositionsgruppen in Berlin (u.a. Weddinger Opposition), der trotzkist. Opposition im *Lenin-Bund* um → Anton Grylewicz u.a. linksopposit. Gruppierungen zur *Vereinigten Linken Opposition in der KPD (Bolschewiki-Leninisten)* als dt. Sektion der *Internationalen Linksopposition* (ILO), Mitgl. der provis. Reichsltg. u. maßgebl. Mitarb. des Zentralorgans *Der Kommunist.* Apr. 1930 von Konf. der ILO in Paris als dt. Vertr. neben Alfred Rosmer, Max Shachtman, Andres Nin u. Leon Sedov Wahl in das Internationale Büro der ILO. Mai 1931 nach Auseinandersetzungen mit Trockij Spaltung der dt. ILO-Sektion, Ausschluß der Gruppe um L. aus der ILO; Apr. 1932 Mitgr. *Internationale Arbeitsgemeinschaft linksoppositioneller Gruppen in der Komintern* als internat. Dachverb. gegenüber der ILO, neben → Hans Schwalbach u. Alexander (Sascha) Müller Führer *Linke Opposition der KPD/Bolschewiki-Leninisten* (weiterhin mit dem Zentralorgan *Der Kommunist*, während die gleichnam. offiz. Sektion der ILO als neues Zentralorgan *Die Permanente Revolution* herausgab); März 1933 auf illeg. Konf. Mitgr. der weit verbreiteten illeg. Ztg. *Der Funke* u. einer linksopposit. Gruppe mit dem OrgNamen *Linker Flügel in der KPD/Marxisten-Internationalisten* (auch *Gruppe Funke* genannt), die aufgrund langfrist. Vorbereitung auf die Illeg. bis Frühj. 1934 im Untergrund arbeiten konnte (→ Henry Jacoby). März 1933 zur Grdg. der AuslVertr. der *Gruppe Funke* nach Paris, bis 1937 Hg. der leg. Ausgabe *Der Funke*. Wandte sich gegen die trotzkist. Versuche der Grdg. einer neuen Internationale u. trat für Reform der *Komintern* ein. Ab 1934 ZusArb. mit franz. linksopposit. Gruppen, u.a. Red. der Zs. *Que faire?;* Ps. Spectator, Wolf Bertram, Agricola. 1934-36 Hg. u. Red. *Internationales Bulletin des linken Flügels in der KPD (Marxisten-Internationalisten)* sowie *Marx-Lenin-Blätter - Diskussionsmaterial der Linksoppositionellen in der Komintern* als Organe der AuslVertr. - 1936 in ZusArb. mit *Gruppe Internationale* um → Arkadij Maslow u. → Ruth Fischer sowie mit trotzkist. Gruppierungen in Frankr. Versuch einer internat. Kampagne gegen Moskauer Prozesse. Ende 1936 nach Ausweisung von Katia Landau aus Frankr. Verlegung der AuslVertr. nach Barcelona, Mitarb. des Internat. Sekretariats der POUM, Ltr. der Koordinationsstelle der POUM für ausländ. Journ. u. zur Eingliederung ausländ. Freiwilliger in die POUM-Miliz, 1937 Mitorg. einer internat. Konf. in Barcelona, Versuch, die POUM als maßgebl. Kraft einer geplanten internat. Zusammenfassung der weltrevolutionären Linken (Stichwort „Neues Zimmerwald") zu konstituieren. Scharfe Auseinandersetzungen mit den SAPD-Vertr. → Willy Brandt u. → Max Diamant in Barcelona, die den volksfrontfreundl. Flügel der POUM unterstützten, ZusArb. mit → Peter Blachstein *(Gruppe Neuer Weg).* Sommer 1937 nach Zerschlagung der POUM von Polizei u. GPU-Agenten verfolgt, konnte sich mit Unterstützung von → Augustin Souchy zunächst verbergen. Sept. 1937 Verhaftung, seitdem verschollen. Angebl. i.A. der KPD-Führung in der Haft ermordet, möglicherw. in die UdSSR verschleppt.

L: Wollenberg, Apparat; Stern, Ulbricht; Keller, Fritz, Gegen den Strom. 1978; Alles, Trotzkisten; Landau, Katia, Le stalinisme en Espagne. o.J.; Zimmermann, Leninbund; Schafranek, Hans, Kurt Landau (unveröffentl. Ms). *D:* IfZ. *Qu:* Arch. Pers. Publ. - IfZ.

Landau, Moses M., Dr. phil., Rabbiner; geb. 1. Juli 1907 Wien; *V:* Joshua L. (gest. 1909); *M:* Chane (Anne) (geb. 1880 Österr., umgek. im Holokaust); ∞ 1941 Frances Stern (geb. 1919 Chicago/Ill.); *K:* Joshua (geb. 1944), RA; Anne Lougrini (geb. 1947), Hochschullehrerin; *StA:* Österr., USA. *Weg:* 1938 B, USA.

1928-32 Stud. Pädagogik Wien, 1932 Prom., 1928-35 Stud. Isr.-Theol. Lehranstalt Wien, 1936 Rabbinerex., 1936-38 Religionslehrer an Gymn., 1937-38 Rabbiner jüd. Gde. Wien, 1938 Haft. Aug. 1938 Emigr. Brüssel, Dez. 1938 in die USA, Unterstützung durch Verwandte, 1941-46 Rabbiner Temple Judea in Chicago, 1946-50 Mt. Sinai Congr. in Texarkana/Ark., 1950-54 Temple Beth David in Temple City/Calif. u. 1954-57 Moses Montefiore Congr. in Bloomington/Ind., seit 1957 Adath Israel in Cleveland/Miss. Ab 1960 Prof. für dt. LitWiss. u. Weltlit. am Delta State Coll.; Mitgl. CCAR, *Miss. Educ. Soc., Am. Assn. of Teachers of German, Rotary Club.* Lebte 1977 in Cleveland/Miss.

W: Geschichte des Zionismus in Österreich-Ungarn. 1932; Das Verhältnis zwischen Sifra und den anderen Büchern des Talmuds. 1936; haChilufim haShitatim ben R'schal veR'mah beJore Deoh (Systematische Abweichungen in den Kommentaren von R'schal und R'mah im Traktat Jore Deah). 1937. *Qu:* Arch. Fb. Hand. - RFJI.

Landau, Saul Rafael, Dr. jur., Publizist, Verbandsfunktionär, Rechtsanwalt; geb. 1869 Krakau, gest. 16. Juli 1943 New York; jüd.; *V:* Pinchas L. (gest. Krakau), jüd.; *M:* Rosalie, geb. Rikel, jüd.; *StA:* österr. *Weg:* 1939 GB, 1941 USA.
1889 nach Wien, Mitgr. *Jüdisch-Nationale Vereinigung* Wien, Stud. Rechtswiss. Wien, 1893 Mitunterzeichner des zion. Studenten-Manifests. 2 Jahre Lehrer für poln.-jüd. Gesch. an der Isr.-Theol. Lehranstalt Wien; 1896 enger Kontakt zu Theodor Herzl, Vertr. der jüd. StudVerbindung *Gamalah* Wien, Teiln. an Vorbereitungen zur Gründung des zion. Zentralorgans *Die Welt,* 1897-98 Red. *Die Welt* (von Herzl als „Propagandaminister" bezeichnet), 1897 zugl. Wiener Korr. des *Jewish Chronicle* London. MilDienst. Verhandlung mit Behörden über Versammlungserlaubnis für zion. StudTreffen in Wien, 1897 Teiln. am Zion. Weltkongreß, 1898 Initiator u. Mitgr. der ersten zion.-sozialist. Bewegung in Österr. *Ahva,* 1898 Distanzierung von Herzls pol. Zionismus, 1899 Veröffentl. versch. gegen Herzl gerichteter Art. in der von Joseph Samuel Bloch hg. *Österreichischen Wochenschrift* (u.a. Vorschlag von Kolonisierungsarb. in Palästina). 1898 Gr., dann Schriftltr. der sozial.-zion. Wochenztg. *Der Jüdische Arbeiter.* 1899 Prozeß Herzls gegen Landau, um Enthüllungen des ehem. Mitarb. vorzubeugen, Angriffe auf Herzl in Maximilian Hardens *Die Zukunft,* 1906-17 Mitgr. u. Schriftltr. der jüd.-poln. Wochenschrift *Neue National-Zeitung* Wien, aktiv in der jüd. Gde. Krakau; RA in Wien, 1939 Emigr. nach London, Aug. 1941 in die USA.
W: Sionizm (poln.). 1897; Unter jüdischen Proletariern; Reiseschilderungen aus Ostgalizien und Rußland. 1898; Fort mit den Hausjuden. Grundlinien jüdischer Volkspolitik (Der Polenklub und seine Hausjuden). 1907; Sturm und Drang im Zionismus (ABiogr.). 1937; Das Jahr 1863. Polen und die europäische Diplomatie. 1896 (dt. Übers. von S. Koźmian); Beiträge in jüd. Ztg. u. Zs. *L:* Herzl, Diaries. *Qu:* ABiogr. Hand. Publ. Z. - RFJI.

Landau, Siegfried, Dr. jur., Rechtsanwalt, Verbandsfunktionär; geb. 7. Juni 1895, gest. 8. Mai 1962 Santiago/Chile; *V:* Alexander L., jüd.; *M:* Helene, jüd.; *G:* Dr. phil. Hilde L. (geb. Leipzig, umgek. im Holokaust), Emigr. B; ∞ 1926 Margarete Benjamin (geb. 1905 Halle/Saale), jüd., 1933 Emigr. Prag, 1939 nach Chile; *StA:* deutsch, Chile. *Weg:* 1933 ČSR, 1939 Chile.
MilDienst (Einjähriger); Stud. Leipzig, Paris; RA in Leipzig, Juni 1933 Berufsverbot. 1933-39 in Prag, 1939 nach Santiago/Chile; 1952-62 Präs. der von dt. Einwanderern gegr. *Sociedad Cultural B'ne Jisroel.*
Qu: Pers. - RFJI.

Landau, Yehuda Herman, Beamter, Landwirtschaftsexperte; geb. 14. Okt. 1917 Wien; jüd.; *V:* Meir L. (geb. 1885 Gorlice/Galizien, gest. 1934 Wien), Rabbiner, Kaufm.; *M:* Mindl (geb. 1888 Lemberg, umgek. 1942 Ghetto Minsk), jüd.; *G:* Mirjam (geb. 1915 Wien), höhere Schule, 1938 Emigr. Pal.; ∞ 1951 Shulamith Bauer (geb. 1916 Wien), höhere Schule, Emigr. Pal.; *K:* Ori (geb. 1952), höhere Schule, Offz. IDF; Michael (geb. 1957), höhere Schule; *StA:* österr., Pal./IL. *Weg:* 1938 Pal.
Abitur Wien, Stud. Hochschule für Bodenkultur, Staatsexamina; nach 1927 Mitgl. *Hechaluz,* zion. StudOrg. *Poale Zion, Histadrut Ivrit Olamit* (Org. für die Verbreitung der hebr. Sprache), Lehrer für Hebr. u. Judentumskunde. 1936 Auswand. nach Palästina mit B III-Zertifikat, ab 1936 Mitgl. *Histadrut,* 1936-37 Stud. Hebr. Univ. Jerusalem. 1937-38 Rückkehr nach Wien zur Fortsetzung des Stud., ab Mai 1938 endgültig Emigr. nach Palästina, 1938-40 Angest. bei H.O.G.; 1940-46 Dienst brit. Luftwaffe (Feldwebel). 1946-47 Stud. Hebr. Univ., M.Sc. in Landwirtschaft, 1947-49 wirtschaftswiss. Angest. bei der Agricultural Audit Union; 1948-49 IDF-VerwOffz. (Lt.). 1950-58 Dir. Abt. Planung der Siedlungsabt. der *Jew. Agency,* ab 1952 VorstMitgl. isr. Agronomenverb., 1952-62 VorstMitgl. IngGewerkschaft in der *Histadrut,* Mitgl. wiss.Beirat der *Mapai,* ab 1956 Mitarb. isr. Programm für techn. Hilfe, Teiln. an internat. Projekten u. Konf. in Europa, Asien u. USA. 1958-62 Dir. landwirtschaftl. Beratungsdienst, 1962-69 Dir. für regionale Planung der landwirtschaftl. Planungs- u. Entwicklungszentrale, ab 1970 Berater Siedlungsabt. der *Jew. Agency* im Landwirtschaftsmin. Ab 1963 Mitgl. *Agency for Internat. Development* (AID), Washington/D.C., beratender Red. *Internat. Development Review,* ab 1966 VorstMitgl. Inst. for Planning and Development, Inc. Ab 1960 Mitarb. Zentrale für Siedlungsforschung in Rehovot, ab 1966 Doz., ab 1970 Beratertätigkeit für Regionalentwicklung u. -planung. Vors. internat. Forschungsgruppe des Österreichischen Instituts für Entwicklungsfragen in Wien. Ab 1968 Mitgl. *Isr. Gesellschaft für Regionalplanung,* wiss. Beirat des Internationalen Forschungszentrums für ländliche Genossenschaftsgemeinden, ab 1973 RedMitgl. der isr. Zs. für Entwicklungspolitik *Kidma.* Lebte 1977 in Tel Aviv.
W: Negev Agriculture. (M.A.-These) 1947; Rural Regional Development in Israel. 1965; Rural Development in a Changing World. (Mithg.) 1971; Rural Communities. Inter-Cooperation and Development. (Mithg.) 1976. *Qu:* Fb. Hand. - RFJI.

Landau-Remy, Heinrich, Fabrikant; geb. 27. Apr. 1903 Saarbrücken; ev.; ∞ 1935 Maria Korte (geb. 1912 Berlin); *K:* Ludwig (geb. 1936), Industrieller; Maria (geb. 1937); Helmut (geb. 1938), Industrieller; Henrique (geb. 1941), Industrieller; Silvia (geb. Niteroi), Beschäftigungstherapeutin; *StA:* deutsch, Bras. *Weg:* 1935 Bras.
1921 Abitur Düsseldorf, anschl. Banklehre, Abendkurse in Volkswirtschaft in Köln. Später tätig bei Vereinigte Stahlwerke Düsseldorf. 1935 Emigr. Brasilien, Tätigkeit bei Tochterges. der Vereinigten Stahlwerke, Aufbau eines kleineren Industrieunternehmens, dann Übernahme u. Sanierung der Textilfabrik Fabrica Tecidos Werner S.A. Petropolis, später Übernahme und Ausbau Kunststoffabrik Alpina S.A. São Paulo. Lebte 1978 in Petropolis/ Brasilien. - *Ausz.:* Ehrenbürger von Petropolis.
Qu: Fb. - RFJI.

Landauer, Georg, Dr. jur., Verbandsfunktionär, Politiker; geb. 17. Nov. 1895 Köln, gest. 5. Febr. 1954 New York; jüd.; *V:* Josua L. (gest. 1914 [?] Köln), jüd., Kaufm.; *M:* Emilie, geb. Salomon (geb. Olfen/Westf., gest. 1938 Jerusalem, jüd., 1935 Emigr. Pal.; *G:* Paula (geb. 1890 Köln, gest. 1968 Kfar Shemaryahn), Ausbildung in Paris, Inh. Atelier Haute Couture Mannheim, 1963 nach IL; Ulla (geb. 1891 Köln, gest. 1968 Kfar Shemaryahn), Ausbildung in Paris, Ltr. eines Damenbekleidungsgeschäfts in Hagen/Westf., 1938 Emigr. Pal.; Helene Guggenheim (geb. 1893 Köln, gest. 1971 Ramat Gan), Ausbildung in Paris, Angest. beim Atelier Haute Couture Mannheim, 1935 Emigr. Pal.; ∞ 1923 Lou Levi (geb. 1897 Köln), jüd., Stud. Handelsakad. Köln u. Lehranstalt für Lichtbildwesen München, Photographin, 1934 Emigr. Pal., Lehrerin Bezalel-Kunstgewerbeschule Jerusalem, 1948 nach F, GB, 1951 in die USA, Angest. im Büro eines Diamantenhändlers u. Hilfsbibliothekarin beim LBI New York, 1968 CH; *StA:* deutsch, 1938 Pal. *Weg:* 1934 Pal., 1953 USA.
1913-14 Stud. Köln; 1914-18 Kriegsteiln. an der Ostfront, Vortragstätigkeit für Org. osteurop. Juden. 1919-21 Stud. Rechtswiss. u. Volkswirtschaft Bonn, 1923 Prom. Berlin, 1920-21 Syndikus einer Industrieges. in Düsseldorf; 1919-23 bei zion. Org. im Rheinland aktiv, Mitgr. dt. Zweigstelle *Hapoel Hazair,* enge ZusArb. mit Chaim Arlosoroff, Beitrag zur Ideologie des linksgerichteten Zion. in der dt. Jugend, Art. in seinen Zs., u.a. *Blau-Weiß-Blätter,* tätig bei Blau-Weiß u. K.J.V.; 1923-24 Ltr. Berliner Zweigstelle Firma Snoek & Moser Köln. 1924-25 Ltr. *Palästina-Amt* in Berlin, 1926-27 in Palästina als Sekr. des Labor Dept. der WZO-Exekutive in Jerusalem, 1925

Sprecher für Palästina beim Deleg.-Treffen des ZVfD in Breslau, 1929-33 Geschäftsf. u. Mitgl. geschäftsf. Ausschuß der ZVfD u. Ltr. *Palästina-Amt,* 1933 Mitgr. *Reichsvertretung* u. *Haavarah.* 1934 Emigr. Palästina mit Ehefrau, 1934-54 Dir. Zentralbüro der *Jew. Agency* für die Ansiedlung dt. u. österr. Juden, 1933 Mitgr. u. Schatzmeister der *Jugend-Alijah,* zus. mit Henrietta Szold Org. von *Alijah* u. *Jugend-Alijah,* Reise nach New York zu Verhandlungen über finanzielle Unterstützung durch *Hadassah,* 1942 Mitgr. *Aliyah Chadaschah,* Eintreten für bi-nationalen Staat u. für ZusArb. mit palästinens. Arabern. 1941-48 Mitgl. *Vaad Leumi,* regte 1943 Sammlung von Material für zukünftige Wiedergutmachungsansprüche an Deutschland an. 1945 aktiv bei der Gründung des *Council of Jews from Germany,* 1946-47 Ltr. Münchener Büro der *Jew. Agency.* 1947-53 (1954?) Ltr. Abt. Restitution dt.-jüd. Eigentums der *Jew. Agency,* zus. mit → Siegfried Moses einer der Hauptinitiatoren der Wiedergutmachung. Gleichz. 1947-53 Vors. I.O.M.E., ZK-Mitgl. *Mapai,* Mitgl. Exekutivkomitee *Histadrut,* VorstMitgl. palästinens. landwirtschaftl. Ansiedlungsges. u. der Mekorot-Wasserges. in Jerusalem. Mai 1953 in die USA.

W: Das geltende jüdische Minderheitsrecht, mit besonderer Berücksichtigung Osteuropas. (Diss.) 1924; 2 Bilderbücher über Palästina. 1925 u. 1935; Zwischen zwei Revolutionen. Zionistische Betrachtungen zu einigen Fragen der Übergangszeit. 1942; Probleme der Übergangszeit. 1945; Alijah Chadaschah, eine neue politische Formation. 1944 (hebr. Ausg. 1943); Kreuzberger, Max (Hg.), Der Zionismus im Wandel dreier Jahrzehnte. 1957; zahlr. Art. in Zs. u. Journalen, u.a. *Jüdische Rundschau Berlin, Jerusalem Post, Mitteilungsblatt* Tel Aviv. *L:* Georg Landauer zum Gedenken. In: Mitteilungsblatt. 1956; Georg Landauer. In: Dapim, Journal of Youth Aliyah. 1957; Weltsch, Robert, Georg Landauer in seiner Zeit. In: Der Zionismus im Wandel dreier Jahrzehnte. 1957; Lehmann, S., Über die Persönlichkeit Georg Landauers. In: Raayon veHagshamah. (Idee und Verwirklichung) 1962; Rothschild, Meilensteine; Feilchenfeld, W./Michaelis, D./Pinner, L., Haavara-Transfer nach Palästina und Einwanderung deutscher Juden 1933-1939. 1972. *D:* LBI New York. *Qu:* Arch. Hand. Pers. Publ. Z. - RFJI.

Lande, Adolf, Dr. jur., Rechtsanwalt, UN-Beamter; geb. 24. Juni 1905 Wien; *V:* Isser L. (1872-1920), jüd., Kaufm.; *M:* Adele, geb. Halpern (1875-1935), jüd.; *G:* Naftali (geb. 1898, gef. 1917), österr. Offz.; → Genia Quittner; ∞ März 1938 Dr. Rebecca Frances, geb. Lustmann (geb. 1909), Ärztin, 1939 Emigr. GB, 1940 USA; *StA:* österr., USA. *Weg:* 1939 GB; 1940 USA.

Ab 1924 Stud. Rechtswiss. Wien, 1929 Prom.; Mitgl., 1926 BezObmann der SAJDÖ in Wien. 1929-36 RA-Anwärter, 1936-38 RA; Juni 1938 Verhaftung, KL Dachau u. Buchenwald, Dez. 1938 Entlassung mit Ausreiseauflage. Febr. 1939 über Belgien nach GB, Juni 1940 in die USA, zunächst Hilfsarb., anschl. Stud. Bibliothekswiss. u. Völkerrecht Columbia Univ. New York; 1942-44 Ltr. Forschungsabt. OWI, 1945-47 Ltr. der Abt. Library Research des USIS. Ab 1947 bei versch. UN-Abt. für Rauschgiftbekämpfung, 1952-63 AbtLtr. bei Division of Narcotic Drugs in Genf, 1963-67 Dir. des Sekretariats des Permanent Central Narcotics Board, Rechtsberater der UN, bis 1971 Verf. aller Verträge u. Vertragsentwürfe gegen Rauschgiftverbreitung, die das UN-Sekr. Reg. oder internat. Konf. vorlegte. 1957 Rechtsberater der Internationalen Atomenergie-Behörde bei den Verhandlungen über Standortvertrag mit der österr. Reg., zeitw. Ltr. Rechtsbüro. 1961 stellv. geschäftsf. Dir. der Bevollmächtigtenkonf. für ein einheitl. Rauschgiftabkommen, 1961 u. 1962 Dir. zweier internat. Konf. zu Rauschgiftfragen in Südamerika. 1967 Pensionierung, 1967-71 Konsulent der UN, daneben 1967-70 Research Assoc. Columbia Univ. 1971 Mitgl. US-Deleg. auf UN-Konf. über einen Vertrag zur Kontrolle psychotrop. Drogen; 1978 Honorarprof. an jurist. Fakultät der Univ. Wien. Mitgl. *Am. Assn. of Internat. Law,* Mitgl., zeitw. im Präs. *Internat. Lawyers Club* Genf. Lebte 1978 in New York u. Wien.

W: u.a. Die Abgrenzung der Berufe der Fleischverschleißer und Fleischhauer. 1933; The Migration of Jews as Related to their Vocational Structure. In: Jewish Social Sciences Quarterly, 1940; Chronology of Hitler's Life. Office of War Information, 1944; Equality of States. In: Political Science Quarterly, 1947; International Organization (Mitverf.). 1950; Commentary to the Single Convention on Narcotic Drugs. 1973; Commentary to the Convention of 1971 on Psychotropic Substances. 1976; Commentary to the Protocol of 1972 amending the Single Convention on Narcotic Drugs. 1976; Monogr. u. Art. über Einschränkung des internat. Rauschgiftverkehrs.

L: Neugebauer, Bauvolk. *Qu:* Fb. Hand. Pers. Publ. - IfZ.

Landé, Peter Wolfgang, Diplomat; geb. 13. Apr. 1932 Berlin; *V:* → Walter Landé; ∞ 1956 Dilys Ellen Jones (geb. 1934 N.J.), B.A., Lehrerin; *K:* Ruth Alyssa (geb. 1956 Washington/D.C.), Stud.; Paul Walter (geb. 1959 NZ), Stud.; Adoptivkind: Vinod (geb. 1973 IND); *StA:* deutsch, 1944 USA. *Weg:* 1937 USA.

1937 Emigr. USA mit Familie; 1952 B.A. Haverford Coll., 1953 M.A.; 1954-56 Stud. u. 1955 Forschungsassist. Fletcher School of Law and Diplomacy der Harvard Univ., 1953-54 Stud. Hamburg. 1956 Ausbildung im US-Außenmin., anschl. im diplomat. Dienst, 1956-58 Berater für Fragen der internat. Wirtschaft in Washington/D.C., 1958-60 2. Vizekonsul u. Handelsreferent in Wellington/Neuseeland, 1961-63 Vizekonsul in der Visa- u. Wirtschaftsabt. u. 1. Konsulatssekr. in Stuttgart; 1963-65 im US-Außenmin. Washington/D.C., 1965-67 stellv. Ltr. Abt. für Handelsverträge im Büro für internat. Handel, 1967-68 vorüberg. Ltr. Abt. allg. Handelspol.; 1968-69 1. Sekr. Wirtschafts- und Handelsabteilung der US-Botschaft in Tokio. 1969-72 Wirtschaftsberater, 1972-73 Stud. Nat. War Coll.; 1973 Wirtschafts- u. Handelsabt. US-Botschaft New Delhi, später Dir. Büro für Pakistan, Afghanistan u. Bangladesh im US-Außenmin. Lebte 1977 in Washington/D.C. - *Ausz.:* 1974 Superior Honor Award.

W: Conflict in Indo-China and International Repercussions. A Documentary History (Mithg). 1956. *Qu:* Fb. Hand. - RFJI.

Landé, Walter, Ministerialbeamter; geb. 21. Okt. 1889 Pleschen/Posen, gest. 1938 USA; ev.; *V:* Paul L. (1857- 1932), LG-Dir., Geh. Justizrat; *M:* Maria, geb. Lippmann (1864-1926); *G:* Luise (geb. 1892), Emigr. Pal.; Margarete (geb. 1894); ∞ 1925 Margarete Feldmann (geb. 1905), kath., 1937 Emigr. USA, 1939-66 Lehrerin, A: Deutschland (BRD); *K:* → Peter Wolfgang Landé; *StA:* deutsch. *Weg:* 1937 USA.

1908-12 Stud. Rechtswiss. Freiburg/Br., Genf, Berlin, 1912 Referendar, 1914-18 Sanitäter, später in der Schulabt. der dt. Besatzungsverw. Brüssel tätig. 1920 Assessor, Mitgl. Provinzialschulkollegium Magdeburg, ab 1921 im Preuß. Min. für Wissenschaft, Kunst u. Volksbildung, ab 1922 als RegRat, ab 1923 als MinRat federführend in preuß. Schulgesetzgebung, Vertr. Preußens in Schulangelegenheiten auf Reichsebene, u.a. 1929-33 im Reichsrat. 1931-33 Doz. Univ. Berlin, Vorträge u. Seminare u.a. an Deutscher Hochschule für Politik u. Verwaltungsakademie Berlin; 1926-30 Mitgl. staatl. Prüfungskommission für den höheren Dienst. Der SPD nahestehend. 1933 Entlassung, 1937 in die USA, Lehraufträge New York Univ. u. Univ. of California.

W: u.a. Weidmannsche Taschenausgabe für die preußische Schulverwaltung (Hg.), 75 Bde. 1924-33; Aktenstücke zum Reichsvolksschulgesetz. 1928; Die Schule in der Reichsverfassung. 1929; Höhere Schule und Reichsvolksschulgesetz. 1929; Preußisches Schulrecht. 1933; Hg. mehrerer Gesetzessammlg. u. Kommentare, zahlr. Beiträge in Sammelwerken u. Zs. *Qu:* Hand. Pers. - IfZ.

Landegger, Karl Francis, Industrieller; geb. 16. Jan. 1905 Wien, gest. 2. Jan. 1976 Bahamas; *V:* Dr. med. Robert Maurice L., Hofrat; *M:* Agnes, geb. Domeny; ∞ I. 1928 Helene Berger,

1947 gesch., II. 1962 Mon Ling Yu, 1970 gesch.; *K:* aus I. Carl Clement (geb. 1930), 1937 Emigr. USA, B.S.S., Papierfabrikant; George Francis; aus II. Mon Ling; *StA:* 1946 USA. *Weg:* 1938 GB, 1940 USA.

Gymn., 1930-38 Inh. Welser Papierfabrik u. Wolfsberger Holzstoff- u. Pappenfabrik. 1938 Emigr. GB, 1938-40 Tätigkeit in der Papierindustrie in London, u.a. Dir. Parsons & Whittemore Ltd., 1940 US-Vertr. für Londoner Fabriken, 1944-76 Präs. Parsons & Whittemore Inc., New York, 1952-76 Dir., 1955-76 Präs. u. 1967- 76 AR-Vors. Black Clawson Co. in Hamilton/Ontario, Kanada. Zugl. Präs. Cellulose des Ardennes, Belgien u. Cellulose d'Aquitaine, Frankr., sowie AR-Vors. Prince Albert Pulp Co. Saskatchewan u. St. Anne-Nackawic Pulp & Paper Co., Kanada. AR-Mitgl. Zellulose-Fabriks-AG St. Michael/Steiermark.

Qu: Hand. Z. - RFJI.

Landenberger, Leopold, Dr. jur., Rechtsanwalt, Verbandsfunktionär; geb. 12. Nov. 1888 Scheßlitz/Oberfranken, gest. 2. Mai 1967 New York; jüd.; *V:* Emanuel L. (geb. Deutschland, gest. 1940 Scheßlitz), jüd.; *M:* Fanny, geb. Heimann (geb. Deutschland, gest. 1923 Schesslitz), jüd.; *G:* Dagobert, Dipl.-Ing., Patentanwalt; Ludwig, Viehhändler; Carl, Kaufm.; Jenny Herrmann; Max, Fabrikant; Else Bamberger; alle G Emigr. GB; ∞ 1918 Agnes Dux (geb. 1894 Deutschland), jüd., höhere Schule, 1939 Emigr. GB, 1940 USA; *K:* Ilse Seifert (geb. 1919), 1939 Emigr. GB, 1940 USA, Sekr.; Stella L. Schlam (geb. 1920), 1939 Emigr. GB, 1940 USA; *StA:* deutsch, USA. *Weg:* 1938 GB, 1940 USA.

Stud. Erlangen u. München, 1914 Prom.; im 1. WK Mil-Dienst (EK I u. II). 1918-38 RA in Nürnberg, Zulassung zum Oberlandesgericht. 1922-38 Mitgl. u. Geschäftsf. RjF u. Präs. RjF Bayern, VorstMitgl. u. Mitgl. Präsidialausschuß *Reichsvertretung*, VorstMitgl. Isr. Kultusgde. Nürnberg, Mitgl. *Maimonides-Loge* des B'nai B'rith. Nov. 1938 Emigr. GB, bis 1939 RA in London. Febr. 1940 in die USA, 1940-44 Versicherungsvertr. u. -makler, zugl. Stud. School of Law der St. John's Univ. New York, Okt. 1944 LL.B., 1945 RA-Zulassung in N.Y., Mitgr. u. Präs. *Jew. Veterans Assn.;* VorstMitgl. u. Mitgl. Hauptvorst. A.F. J.C.E., Mitgl. Beratungsausschuß für europ. Angelegenheiten des WJC, Gr. u. 1953- 56 Präs. Congr. Beth-Hillel, VorstMitgl. Jüd. BezAusschuß für Washington Heights u. Inwood/N.Y., Mitgl. *New York County Lawyer's Assn.,* Mitarb. in der *Fed. of Jew. Philanthropies.*

W: Die Ersatzeinrichtungen der Angestelltenversicherung. (Diss.) 1913. *Qu:* Hand. Pers. Z. - RFJI.

Landmann, Ludwig, Kommunalpolitiker; geb. 18. Mai 1868 Mannheim, gest. 5. März 1945; jüd., 1917 Diss.; *V:* Moritz L. (geb. 1836), Kaufm., jüd.; *M:* Rosa, geb. Kaufmann (geb. 1843), jüd.; *G:* Joseph (geb. 1870); Henriette (geb. 1871), 1940 dep. Gurs/F; Julius (geb. 1874), dep., ∞ I. Elisabeth Dentz (geb. 1877 Amsterdam, gest. 1925), jüd.; II. 1927 Christiane Merens (geb. 1881 NL, gest. 1960), Emigr. NL; *StA:* deutsch, 1941 Ausbürg. *Weg:* 1939 NL.

1886-90 Stud. Rechtswiss. Heidelberg, München, Berlin. Nach jurist. Vorbereitungsdienst 1898-1917 Stadtsyndikus Mannheim, 1917-24 besoldeter Stadtrat Frankfurt/M., Mitgl. DDP. 1924-33 OBürgerm. Frankfurt. VorstMitgl. Preuß. u. Deutscher Städtetag, Vors. Großer Rat u. Kuratorium der Univ. Frankfurt, Vors. u. Mitgl. zahlr. AR. 12. März 1933 Rücktritt in vorzeitigen Ruhestand, aufgrund natsoz. Bedrohung Niederlassung in Berlin. Juli 1933 zeitw. Pensionssperrung. Trotz niederländ. Interventionen keine Auswanderungsgenehmigung. 12. Aug. 1939 Emigr. Niederlande, nach 1941 im Untergrund. - *Ausz.:* Dr phil. h.c. Heidelberg, Dr. jur. h.c. Frankfurt/Main.

L: RhDG; Rebentisch, Dieter, Ludwig Landmann. 1975. *Qu:* Hand. Publ. Z. - IfZ.

Landor, David (urspr. Landwehr, David [Lucky]), Ministerialbeamter; *StA:* IL. *Weg:* 1938 Pal.

Funktionär der SAJDÖ in Wien, zwischen 1934 u. 1938 Mitgl. der Leitung der illeg. *Revolutionären Sozialistischen Jugend.* 1938 nach Anschluß Österr. Emigr. Pal. Hoher Beamter im israelischen Informationsmin., u.a. Pressesprecher der isr. Reg. Lebte Anfang der 70er Jahre in Tel Aviv.

L: Neugebauer, Bauvolk; Simon, Autobiogr. *Qu:* Publ. - IfZ.

Landsberg, Otto, Dr. jur., Politiker; geb. 4. Dez. 1869 Rybnik/Oberschlesien, gest. 9. Dez. 1957 Baarn b. Utrecht/NL; Diss.; *V:* jüd., Geh. MedRat, Kreisarzt; ∞ Ilse Christiansen, (geb. 1895); *K:* 1 (geb. 1901, gest. 1955 [1956?]), 1933 Emigr. B, Journ.; *StA:* deutsch; 22. Juni 1938 Ausbürg. *Weg:* 1933 NL.

1887-90 Stud. Rechtswiss. Berlin; 1890 SPD. Nach jur. Vorbereitungsdienst 1895-1919 RA in Magdeburg. 1903-09 StadtVO., 1912-18 MdR. Vertr. des rechten Parteiflügels u. der Burgfriedenspol. im 1. WK. Nov. 1918 Volksbeauftragter für Finanzen u. Justiz, 1919-20 MdNV, Febr.-Juni 1919 Reichsmin. der Justiz, Mitgl. der dt. Deleg. in Versailles, Rücktritt aus Protest gegen Friedensvertrag. 1920-23 Gesandter in Brüssel, 1924-33 MdR. Ab 1924 RA in Berlin, u.a. Rechtsvertr. der preuß. Reg. Braun u. des Reichspräs. Ebert. 1933 Flucht über die CSR, die Schweiz u. Belgien, von wo im Aug. nach Holland, Kontakte zur *Sopade.* 1940-45 von Freunden verborgen. Nach Kriegsende gelegentl. Mitarb. SPD-Organ *Neuer Vorwärts.*

W: Student und Politik. 1925; Beitr. in: Schiff, Viktor, So war es in Versailles. 1929; Politische Krisen der Gegenwart. 1931. *L:* u.a. GdA; Abmeier, Hans-Ludwig, Otto Landsberg. In: Jahrbuch der Schlesischen Friedrich-Wilhelm-Universität zu Breslau, 14/1969; GdA-Biogr. *D:* BA. *Qu:* Hand. Publ. Z. - IfZ.

Landshut, Aharon Arnold, Dr. jur., Rechtsanwalt, Ministerialbeamter; geb. 30. Mai 1900 Neumark/Westpreußen, gest. 1955 Jerusalem; jüd.; *V:* Lesser L. (geb. 1855 Neumark, gest. 1922 Berlin), jüd., Hotelinh.; *M:* Johanna, geb. de Rosenberg (geb. 1858 Lima, gest. 1940 Nahalal/Pal.), jüd., 1933 Emigr. Pal.; *G:* Dr. jur. Hermann L. (geb. 1885, gest. 1916 Danzig an Kriegsverwundung), RA, Offz. 1. WK; Leo (geb. 1886 Neumark, gest. 1967 Tivon/IL), Kaufhausinh. in Erfurt, Emigr. JU, I, USA, IL; Max (geb. 1887 Neumark, gest. 1960 Los Angeles), Stud. TH, Architekt, 1933 Emigr. Pal., Ingenieur, 1958 in die USA; Kurt (geb. 1890 Neumark, gest. 1969 [?] Florianapolis/Bras.), Bankdir. in Berlin, 1935 Emigr. Bras.; Samuel (geb. 1891, gest. 1914 Stettin an Kriegsverwundung), Stud. TH Stettin, Ing.; Julius (geb. 1893 Neumark, gest. 1928 Deutsch-Eylau), Landwirt u. Produktenhändler; Carola Ben Holm (urspr. Hermann), (geb. 1894 Neumark), höhere Schule, Emigr. GB, USA, AUS; Siegfried Shlomoh (geb. 1895 Neumark, gest. 1974 Tivon/IL), 1933 Emigr. Pal., Tierarzt; Charlotte Rahmer (geb. 1897, umgek. im Holokaust), höhere Schule; ∞ 1926 Gerda Kosack (geb. 1905 Berlin, gest. 1958 Jerusalem), jüd., Sekr., 1933 Emigr. Pal., Geschäftsinh. in Haifa, Sekr., 1940-48 Angest. der Mandatsreg. in der Treuhand-Abt. für Feindvermögen; *K:* Vera Emunah Kielsky (geb. 1928), 1933 Emigr. Pal., M.A. Volkswirtschaft Hebr. Univ., Statistikerin bei der isr. Reg., Lehrerin, 1961 nach Deutschland (BRD), Stud. Soziologie Frankfurt/M., Lehrerin; *StA:* deutsch, Pal./IL. *Weg:* 1933 Pal.

1919- 25 (26 ?) Stud. Rechtswiss. Berlin, Heidelberg, Würzburg u. Königsberg, 1926 Prom., 1926-33 RA; Mitgl. K.J.V. u. zion. Org.; 1933 Emigr. Palästina mit A I-Zertifikat, 1933-34 Inh. eines Lebensmittelgeschäfts, 1934-38 kaufm. Angest., 1938 Examen für ausländ. RA, 1938-47 Rechtsberater der Mandatsreg. in Preiskontrollangelegenheiten, 1943-48 Beamter des Preiskontrollamts u. Staatsanwalt für Preiskontrollvergehen, 1948-51 Ltr. isr. Fremdenverkehrsmin., 1948-50 Rechtsberater beim Min. für Vorräte u. Rationierung, 1951-55 Rechtsberater beim Min. für Handel u. Industrie, gleichz. RA mit Spezialisierung auf Wiedergutmachungsverfahren.

W: The Fundamental Law in the Respect of War-Time Control of Goods in Palestine. 1943. *Qu:* Hand. Pers. - RFJI.

Landwehr, Christian Heinrich, Parteifunktionär; geb. 24. Juli 1908 Bremen, gest. 8. Mai 1974 Bremen; ev., 1923 Diss.; *V:* Johann Friedrich (1880-1934), Schuhmachermeister, SPD; *M:* Eva Amalie, geb. Sachs (1887-1928), Putzmacherin; *G:* Eva (1924-29); ∞ 1930 Wilma Mahlstedt (s. → Wilma Landwehr); *K:* Dolores (1937-40); *StA:* deutsch. *Weg:* UdSSR; 1934 Deutschland; 1936 UdSSR; 1939 Deutschland.

Buchdrucker; 1923-27 SAJ, 1923-30 GewJugend; 1927-37 KJVD, 1927-31 OrgLtr. Bez. Weser-Ems. 1930-31 Mitgl. Bremische Bürgerschaft, ab Ende 1931 KJVD-BezLtr. Niederschlesien, Ende 1932 Delegierung in die UdSSR, bis Anfang 1934 Jugendsekr. RGI, danach illeg. Tätigkeit im Ruhrgeb.; Sommer 1936 Rückkehr in die UdSSR, bis Juni 1937 Dreher in Rostow, dann Verhaftung (1932-39 Deckn. Hans Schwarz). 18. Dez. 1939 Auslieferung infolge des dt.-sowj. Nichtangriffspakts, bis Kriegsende Buchdrucker in Bremen. Jan. 1946 SPD, nach längerer Krankheit Angest. in Automobilindustrie, 1952-59 SPD-Betriebsgruppenltr. bei Borgward, 1959-70 SPD-Landesgeschäftsf. Bremen, 1960-70 Mitgl. Deputation für Wiedergutmachung der Bremischen Bürgerschaft; Mitgl. u. Deleg. IGM.

L: Brandt, Peter, Antifaschismus und Arbeiterbewegung. 1976. *Qu:* Pers. Publ. - IfZ.

Landwehr, Wilma, geb. Mahlstedt, Kommunalpolitikerin; geb. 5. Jan. 1913 Bremen; Diss.; *V:* Johann M. (1888-1967), Former, KPD; *M:* Elisabeth, geb. Polcher (1891-1959); *G:* Friedrich (geb. 1909); ∞ 1930 → Christian Heinrich Landwehr; *K:* Dolores (1937-40); *StA:* deutsch. *Weg:* 1933 UdSSR; 1939 Deutschland.

Arbeiterin; 1927-37 KJVD, ab 1929 GewJugend, 1931 OrgLtr. KJVD Bez. Weser-Ems, 1931-32 Kassiererin BezLtg. Niederschlesien. 1933 illeg. Tätigkeit in Bremen u. Berlin, Dez. über die CSR nach Moskau. Jan. 1934-Aug. 1936 Praktikantin Europasekr. KJI, anschl. Tabakarb. Rostow/Don. 1933-39 Deckn. Dolly Wehner. Nach Auslieferung ihres Mannes Rückkehr nach Deutschland. Ab Dez. 1939 Arbeiterin u. Angest. in Bremen, 1946 SPD; langj. Mitgl. UnterbezVorst. Bremen; 1950-71 Mitgl. Bürgerschaft, Mitgl. ÖTV, langj. Vors. Personalrat beim Senator für Bauwesen. 1958-71 AR-Mitgl. Stadtwerke Bremen AG.

Qu: Fb. Hand. Pers. - IfZ.

Lang, Curt (urspr. Kurt) L., Dr. jur., Journalist; geb. 29. Juni 1907 Köln, gest. 26. Mai 1973 Paris; jüd.; *V:* umgek. im Holokaust; *M:* umgek. im Holokaust; *K:* Michael Weiner; 1 T; *StA:* deutsch, 1947 F. *Weg:* 1933 F.

Stud. Rechtswiss. Berlin, 1931 Prom. Erlangen, 1931-33 Referendar. Mai 1933 Emigr. Frankr., pol. u. Wirtschaftsjourn. in Paris, Mitarb. *Politique étrangère* (Ps. Léon Mendon) u. *La Journée Industrielle* Paris, *Der Österreichische Volkswirt* Wien, *Transradio Agency* Zürich u. *Petroleum Press Service* London. Sommer 1940 Flucht in die Pyrenäen, Anschluß an Résistance. 1944 (1945 ?) Auftrag vom *Comité de Coop. Intellectuelle,* rassist. Passagen aus Schulbüchern zu eliminieren. Mitgr., Vorst-Mitgl. u. bis 1964 Präs. *Solidarité des Refugiés Israelites,* Mitwirkung bei Errichtung von Wohnheimen für dt.-jüd. Flüchtlinge; bis 1972 VerwLtr. ORT-Büro Paris, ORT-Vertr. bei der UNESCO u. franz. Deleg. bei *World ORT Union.* Vorbereitungen zu einer Geschichte der dt.-jüd. Einwanderer während der natsoz. Herrschaft in Frankr. im Rahmen der vom *Council of Jews from Germany* geplanten Gesamtgeschichte der Emigration.

W: u.a. Der Untermaklervertrag und seine Rechtsfolgen. (Diss.) 1931; Second Start in France. In: Bentwich, Norman, Dispersion and Resettlement. 1955; Das Modell einer Immigration. Die Hugenotten in Preußen. In: Die Hugenotten und Berlin-Brandenburg. 1971. *Qu:* Fb. EGL. Z. - RFJI.

Lang, Erna Louise Margaretha, geb. Demuth, verw. Halbe, Parteifunktionärin; geb. 30. Juni 1892 Hamburg; *V:* Ernst Demuth (gest. 1912), SPD-Funktionär in Hamburg, Mitgl. Haupt-vorst. der Kürschner-Gew.; ∞ I. Max Halbe (gest. 1918 nach Kriegsverletzung), GewFunktionär; II. 1941 → Joseph Lang; *StA:* deutsch. *Weg:* 1934 CSR; 1937 F; 1940 USA; 1950 Deutschland (BRD).

Kindergärtnerin, Ausbildung im Fröbel-Haus Hamburg. 1907 Mitgl. Hamburger Jugendorg. *Jugendbund,* 1910 SPD; 1914 Gegner sozdem. Burgfriedenspolitik, 1916 Parteiausschluß u. Anschluß an sog. Bremer Linke *(Internationale Sozialisten Deutschlands),* 1918 wegen sog. Landesverrats zu 2 1/2 J. Zuchth. verurteilt; nach Befreiung durch die Revolution Mitgr. der KPD in Hamburg, 1920 Frauensekr. der BezLtg. Wasserkante, 1922 PolLtr. KPD-Bez. Magdeburg-Anhalt, auf 8. PT in die GewKommission gewählt; zum linken Parteiflügel gehörend (→ Ruth Fischer), 1924 Ltr. Frauenabt. in der KPD-Zentrale Berlin, 1927 auf 11. PT Wahl in die OrgKommission; Anschluß an rechte Parteiopposition, Funktionen in *Rote Hilfe.* 1929 Parteiausschluß, danach KPDO, Mitgl. Reichsltg.; ab 1930/31 bei der oppos. Minderheit innerh. der KPDO (→ Paul Frölich, → Jacob Walcher), Okt. 1931 Mandatsniederlegung in der Reichsltg. u. Jan. 1932 Parteiausschluß; März 1932 Mitunterz. der Übertrittserklärung der KPDO-Minderheit zur SAPD. Nach der natsoz. Machtübernahme vorüberg. in Haft, danach illeg. Arbeit; Juni 1934 Emigr. in die CSR, von Prag aus führend in der illeg. SAPD-Grenzarbeit, nach Auslieferungsersuchen der dt. Reg. Sept. 1937 nach Paris. Nach Kriegsausbruch in Gurs u. Montauban interniert, Dez. 1940 Ausreise in die USA. In New York Mitgl. dt. Sprachgruppe *Workmen Circle,* ab 1944 aktiv in Flüchtlingshilfe. Aug. 1950 Rückkehr nach Deutschland, Mitgl. SPD Frankfurt u. Ltr. Ortsgr. Sachsenhausen-West; 1951-54 Angest. *International Rescue and Relief Committee.* Lebte 1975 in Frankfurt/M.

L: Tjaden, KPDO; Drechsler, SAPD; Weber, Wandlung. *Qu:* Arch. Fb. Publ. - IfZ.

Lang, Henry George, Finanzexperte; geb. 3. März 1919 Wien; ev.; *V:* Dr. phil. Robert L. (geb. 1887 Wien, gest. 1968 Österr. [?]), ev., Fabrikant, Emigr. China, AUS, 1946 Österr.; Stiefvater: Ernst Anton Plischke (geb. 1905 Wien), 1938 Emigr. NZ, 1965 Österr., Prof. für Architektur Wien; *M:* Anna, geb. Schwitzer (geb. 1895 Wien), Gartenarchitektin, Emigr. 1939 NZ, 1965 Österr.; *G:* Frank Herbert (geb. 1922 Wien), Kaufm., 1938 Emigr. London, 1939 AUS; ∞ 1942 Octavia G. Turton (geb. 1921 NZ), anglikan., Turn- u. Tanzlehrerin; *K:* Anna (geb. 1946), Fernsehregisseurin; Mary (geb. 1949), Geschäftsfrau; Erica (geb. 1951), Lehrerin; Bryan (geb. 1961); Frances (geb. 1962); *StA:* österr., 1944 NZ. *Weg:* 1939 NZ.

1937 Abitur Wien. 1939 Emigr. Neuseeland, Vorarbeiter, 1942-43 Buchhalter u. Sekr. bei Warner Brothers Pictures, Stud. Handelswiss., 1944 B. Comm.; 1944-46 MilDienst. Fortsetzung des Stud., 1946 B.A., 1950 Dipl.-Bücherrevisor Victoria Univ. Wellington. 1946-50 Ermittlungsbeamter Econ. Stabilization Commission. 1955-58 wirtschaftl. Berater des Hochkommissars für Neuseeland in London, 1958 Sekr. im Finanzmin. u. ex officio Dir. der Reserve Bank. 1970, 1972, 1974, 1976 Dir. Internat. Bank for Reconstruction and Development, 1970-71 Dir. Asian Development Bank; 1977 Pensionierung. Gastprof. für Wirtschaftswiss. Victoria Univ. Wellington, Berater versch. Handelsges.; 1948-61 Mitgl., Red., VorstMitgl. *New Zealand Inst. of Public Admin.,* ab 1958 Schriftführer, VorstMitgl. Admin. Staff Coll., ab 1958 VorstMitgl. *New Zealand Assn. of Econ.,* Mitgl. Dairy Prices Authority, Nat. Development Council. Lebte 1977 in Wellington/Neuseeland. - *Ausz.:* Companion, Order of the Bath.

W: u.a. Economic Policy and National Insurance. In: New Zealand Official Yearbook. 1950. *Qu:* Fb. Hand. - RFJI.

Lang, Josef, Geistlicher, Politiker; geb. 5. Nov. 1882 Stoob/Burgenland, gest. 15. Juni 1964 Sopron (Ödenburg)/Ungarn; kath.; *V:* Johann L., Müller; *StA:* österr., H (?). *Weg:* 1938 H.

1905 Priesterweihe, 1907-13 Domkaplan in Ödenburg, 1920-38 Pfarrer in Pamhagen/Burgenland. Mitgl. *Christlich-Soziale Partei*, ab 1926 maßgebl. Mitarb. *Burgenländische Heimat*, Juni 1932-Okt. 1934 stellv. Obmann *Christlich-Soziale Partei* des Burgenlands. 1938 nach Anschluß Österr. Flucht nach Ungarn. - *Ausz.:* 1931 Gold. Verdienstzeichen der Rep. Österr., 1932 Geistlicher Rat.

L: Kriegler, Johann, Politisches Handbuch des Burgenlands, Teil I. 1972. *Qu:* Arch. Publ. - IfZ.

Lang, Joseph (Jola), Parteifunktionär; geb. 5. Apr. 1902 Erkenez/Ungarn, gest. 10. Sept. 1973 Frankfurt/M.; jüd., 1920 Diss.; *V:* Samuel L., jüd., Bauer; *M:* Fannie, jüd.; 7 G; ∞ 1941 Erna Halbe (→ Erna Lang); *StA:* österr., ungar., 1940 staatenlos. *Weg:* 1934 CSR; 1938 F; 1940 USA; 1950 Deutschland (BRD).

Mittelschule in Mainz, danach kaufm. Lehre u. Buchhändler in Frankfurt/M., später in Berlin. 1920 Mitgl. linkskommunist. KAPD, später KPD; zur Rechtsopposition gehörend, 1929 Parteiausschluß; Mitgl. KPDO, nach Ausschluß März 1932 mit der oppos. KPDO-Minderheit (→ Paul Frölich, → Jacob Walcher) zur SAPD. 1933 Mitgl. illeg. SAPD-BezLtg. Berlin Brandenburg u. der Ersatz-Reichsltg., Verhaftung, nach Entlassung Febr. 1934 Flucht in die CSR; in Prag Ltr. SAPD-Auslandsbüro. Anfang 1938 nach Paris, Mitgl. SAPD-Auslandsltg. Nach Kriegsausbruch Mai-Okt. 1940 in Montauban interniert, Dez. 1940 Ausreise in die USA. In New York Aufbau eines Textilgeschäftes; Mitgl. dt. Sprachgruppe des *Workmen Circle*. 1950 Rückkehr nach Deutschland, ab 1953 in Frankfurt/M.; Mitgl. SPD-UnterbezVorst. u. BezBeirat Frankfurt sowie Kreisdeleg. des DGB; 1952-67 Ltr. der Buchhandlung des gewerkschaftl. Bund-Verlages in Frankfurt.

L: Tjaden, KPDO; Drechsler, SAPD. *Qu:* Fb. Publ. Z. - IfZ.

Langbein, Hermann, Partei- u. Verbandsfunktionär, Schriftsteller; geb. 18. Mai 1912 Wien; *V:* Artur L. (gest. 1934), Privatbeamter; *M:* Margarete, geb. Haas (gest. 1924); *G:* Dr. Otto L. (geb. 1910), 1936 wegen illeg. Arbeit verhaftet, 1938 Emigr. F, 1939 (?) Internierung, 1941 Rückkehr nach Wien, Mitgl. einer kommunist. Widerstandsgruppe; ∞ 1950 Loisi Turko; *K:* Lisa (geb. 1952); Kurt (geb. 1953); *StA:* österr. *Weg:* 1938 E; 1939 F; 1941 Deutschland; 1945 Österr.

Nach Abitur Schauspieler, ab Jan. 1933 Mitgl. KPÖ, illeg. Arbeit, Frühj. 1935 u. Okt. 1936 Verhaftung, vermutl. KL Wöllersdorf. März 1938 über Frankr. nach Spanien, Teiln. Span. Bürgerkrieg in Internat. Brigaden. 1939 nach Frankr., Internierung in St. Cyprien, Gurs u. Le Vernet, Mai 1941 Transport ins KL Dachau, Aug. 1942 Überstellung ins KL Auschwitz, Schreiber des SS-Standortarztes Eduard Wirths, LtgMitgl. der im Mai 1943 gebildeten internat. Widerstandsorg. innerh. des Lagers *(Kampfgruppe Auschwitz)*. Aug. 1943 Bunkerhaft. Aug. 1944 nach Bremen (Borgwardwerke), nach Ausbombung ins KL Neuengamme b. Hamburg, Dez. 1944 nach Lerbeck (Außenlager des KL Neuengamme), Rapportschreiber. Anf. Apr. 1945 Evakuierung nach Fallersleben/Westf., bei Salzwedel Flucht aus Evakuierungstransport, Mai 1945 nach Vernehmung durch brit. Armeestellen nach Wien. Mitgl. KPÖ, 1948-51 ZK-Mitgl. 1954-61 Sekr. *Internationales Auschwitz-Komitee;* Mitgl. *Bundesverband österreichischer Widerstandskämpfer und Opfer des Faschismus - KZ-Verband.* Nach dem Ungarnaufstand 1956 u. Protest gegen geplante Hinrichtung von Imre Nagy Parteiausschluß. Anschl. freier Schriftst., Sekr. *Comité International des Camps* u. Mitgl. *Kommission zum Studium des Neofaschismus.* Lebte 1978 in Wien.

W: u.a. Die Stärkeren. 1949; Auschwitz. Zeugnisse und Berichte (Mithg.). 1962; Im Namen des deutschen Volkes. Zwischenbilanz der Prozesse gegen nationalsozialistische Verbrecher. 1963; ... wir haben es getan. Selbstporträts in Tagebüchern und Briefen 1939-1945. 1964; Der Auschwitz-Prozeß. 1965; Auschwitz und die junge Generation. 1967; Menschen in Auschwitz. 1972. *L:* Widerstand 1; Langbein, Hermann, Menschen in Auschwitz. 1972. *Qu:* Arch. Hand. Pers. Publ. Z. - IfZ.

Lange, Alfred; *StA:* deutsch. *Weg:* 1933 CSR; 1934 S; nach 1945 Deutschland (SBZ)(?).

Schuhmacher, ab 1925 GewMitgl., Ortsvors. Görlitz *Zentralverband der Schuhmacher,* ab 1932 SPD. Nach natsoz. Machtübernahme Emigr. CSR, Bemühung um Einreise in die UdSSR, März 1934 nach Schweden. Mitgr. des sog. Fünfer-Kreises (→ Ludwig Lewy, Arthur Hentschel, Josef Otto, → Simon Katzenstein, → Fritz Schreiber), der sich um eine Einheitsfront zwischen sozdem. Emigr. u. der KPD bemühte, mit dieser Zielsetzung Nov. 1934 Mitgr. u. Vors. *Emigrantengemeinschaft* als Interessenorg. der von *Arbetarrörelsens flyktingshjälp* betreuten Flüchtlinge, Kontaktaufnahme mit oppos. SPD-Mitgl. in anderen EmigrLändern. 1936 Mitgl. des sog. *Askania-Kreises* zur Vorbereitung einer dt. Volksfront in Schweden, ab 1937 zeitw. VorstMitgl. SPD-Ortsgruppe Stockholm; vergebl. Versuche der *Sopade* Prag, seine Parteimitgliedschaft in Frage zu stellen. Apr. 1940 Parteiausschluß wegen ZusArb. mit der KPD, angebl. Eintritt in Exil-KPD; Apr. 1940 Verhaftung, ab Juni Internierung im Lager Långmora. Ab 1943 Mitarb. der von der KPD initiierten Zs. *Politische Information* im Sinne des NKFD (→ Erich Glückauf, → Karl Mewis). Nach 1945 vermutl. in der SBZ.

L: Müssener, Exil; Broberg, Christina u. Nymann, Hans, Monographie über die „Politische Information" (hektogr., Univ. Stockholm). 1970. *D:* IML *Qu:* Arch. Pers. Publ. - IfZ.

Lange, Hans O., Journalist, Verleger; geb. 6. Jan. 1901 Dresden; jüd., 1914 ev.; *V:* Hans L., Kaiserl. Marinebaumeister; *M:* Hedwig, geb. Semm; *G:* Werner (geb. 1898), Kapitän; ∞ II. 1948 Victoria Söll (geb. 1923), kath.; *K:* aus II: Werner René (geb. 1948), Dipl.-Ing.; *StA:* deutsch. *Weg:* 1933 F; NL; E; GB; USA; 1939 Deutschland.

Bis 1914 Gymn., 1919/20 RedVolontär *Deutsche Nachrichten* Bromberg, 1920 Red. *Deutsch-Polnischer Pressedienst* Bromberg, 1920-22 Lokalred. *Kieler Zeitung,* 1923-25 Seemann, 1925-28 in USA, anschl. Agenturltr. *Wolff'sches Telegraphenbureau* Kiel, 1933 Berufsverbot, Hg. der illeg. Wochenschrift *Die blaue Zwiebel.* Aug. 1933 Emigr. nach Frankr., Unterstützung durch Heilsarmee, Anerkennung als Flüchtling. Ab 1934 Seemann, zeitw. Aufenthalt in europ. Ländern u. USA, 1939 in Gdingen festgehalten u. zur Kriegsmarine eingezogen, 1940 Entlassung aus Gesundheitsgründen (1943 Kriegsverdienstkreuz). 1945 Dolmetscher beim Landratsamt Bamberg, 1945-47 Bürolt. bei *Deutsche Nachrichten-Agentur* (DENA) in Stuttgart, ab Febr. 1947 Lizenzträger *Württembergisches Zeit-Echo* in Schwäbisch-Hall, 1950-51 Buchhändler in Stuttgart, 1953-57 ZsRed.; daneben ab 1949 zeitw. Hg. kulturpol. Wochenschrift *Neue Republik,* später freier Journ., Kriminalautor u. nautischer Fachpublizist. Mitgl. *Nat. Geographic Soc.* USA, 1960 *U.S. Naval Institute.*

Qu: Fb. Hand. - IfZ.

Lange, Karl, geb. 20. März 1899 Korschen/Ostpr.; ∞ Marie-Martha Rink (geb. 1896), SPD, Emigr., 6. Aug. 1937 Ausbürg.; *K:* Alois Rink (geb. 1917), Emigr.; *StA:* deutsch, 6. Aug. 1937 Ausbürg. *Weg:* 1933 Lettland; 1934 S, UdSSR.

Polizeiwachtmeister; SPD. VorstMitgl. SPD-Ortsgruppe Königsberg, Mitgl. Gauvorst. *Reichsbanner* für Ostpr. u. Gaustab der *Eisernen Front.* Ab Ende 1930 Ltr. der *Schufo* (republ. Schutzformation) Königsberg. März 1933 Schutzhaft, anschl. Emigr. nach Riga, Juni 1934 nach Stockholm, Aug. 1934 nach Leningrad. In der UdSSR verschollen.

Qu: Arch. Publ. - IfZ.

Lange, Willy, Parteifunktionär; geb. 20. Mai 1899 Oederau/Sa., gest. o.K.; ∞ Marianne Naumann (geb. 1907), Emigr. CSR, CH; *StA:* deutsch, 19. Nov. 1937 Ausbürg. mit Ehefrau, CSR, brit. *Weg:* 1933 CSR; 1939 CH; 1949 Deutschland (BRD).

418 Langendorf

Handlungsgehilfe, Genossenschaftsangest., Funktionen im *Reichsbund der Kriegsbeschädigten* u. in der Freidenkerbewegung. Ab 1925 SPD-BezSekr. Chemnitz-Erzgebirge; Unterbez-Vors. *Arbeiterwohlfahrt,* Mitgl. BezVorst. ZdA; 1933 StadtVO. Chemnitz. Ab März 1933 Aufbau einer unabhängig. illeg. SPD-Org. in Sachsen, Emigr. nach Karlsbad als Beauftragter der SPD-BezLtg. neben → Karl Böchel. Ab Juni 1933 *Sopade*-Grenzsekr. für Chemnitz, Zwickau u. Leipzig, Mitarb. Graphia-Verlag u. *Neuer Vorwärts.* Vertr. der linken Parteiopposition, Jan. 1935 Entlassung als *Sopade*-Grenzsekr. wegen org. Sonderbestrebungen, Anschluß an RSD unter Böchel u. → Siegfried Aufhäuser. Fortführung der Grenzarb. im Sinne der RSD mit geretteten sächs. Parteigeldern. Okt. 1936 Ausschluß im Rahmen des inneren Auflösungsprozesses der RSD. Angebl. ZusArb. mit CSR-Nachrichtendienst, Einbürgerung. 1939 als František Jellinek mit Hilfe der *Demokratischen Flüchtlingsfürsorge* zunächst Bemühungen um Ausreise nach GB, dann in die Schweiz. Angebl. ZusArb. mit brit. Geheimdienst. Lebte zeitw. als Harry Johnston in Zürich, Luzern u. Horn. 1949 nach Konstanz, lebte später angebl. wieder in der Schweiz.

L: u.a. Edinger, Sozialdemokratie; Kliem, Neubeginnen; MGD; Plum, Günter, Volksfront, Konzentration u. Mandatsfrage. In: VHZ 18/1970; Freyberg, Jutta von, Sozialdemokraten und Kommunisten. 1973. *D:* AsD, IISG, IfZ. *Qu:* Arch. Hand. Pers. Publ. - IfZ.

Langendorf, Ernst, Journalist; geb. 15. Dez. 1907 Rod a.d. Weil/Taunus; ev., 1930 Diss.; *V:* Wilhelm L. (1876- 1960), ev., Architekt u. Baumeister, SPD; *M:* Bertha, geb. Held (1878-1918), ev., SPD; *G:* Willi (geb. 1901); Heinrich (geb. 1903, gef. 1945); Hans (geb. 1905) Polizeibeamter; Alwin (geb. 1912); Lilli (geb. 1918); ∞ I. 1935 Gabrielle Monin (geb. 1906 CH), 1939 gesch.; II. 1958 Christiane Borchardt (geb. 1921), ev., Fremdsprachensekr., 1947 Ausw. USA, bis 1956 Sekr. in New York, 1956-61 Bürovorst. *Radio Liberty* München; *K:* aus I: Jean-Jacques (geb. 1938), Lehrer, A: I u. CH; *StA:* deutsch, 17. Nov. 1939 Ausbürg., 1943 USA. *Weg:* 1933 F; 1934 E; 1936 CH, F; 1941 Port., USA; 1945 Deutschland (ABZ).

Mittelschule, 1923-25 RedVolontär, anschl. Reporter u. Red. *Volksstimme* Frankfurt/M.; ab 1925 SAJ u. *Reichsbanner,* ab 1926 SPD, 1928-32 SAJ-Vors. Frankfurt u. 1930-32 stellv. Vors. SAJ-Bez. Hessen-Nassau, Mitgl. SAJ-Reichsausschuß, 1929-32 Mitgl. SPD-Vorst. Frankfurt, daneben 1929-32 Stud. Akademie der Arbeit u. Institut für Sozialforschung Frankfurt. März 1932 bis Verbot der Ztg. März 1933 Red. *Hamburger Echo,* Verfolgung durch SA, Apr. 1933 Emigr. nach Paris, Unterstützung durch *Matteotti-Komitee,* Sprachlehrer, Übersetzer, Apr. 1934 bis Beginn des Span. Bürgerkriegs Inh. Galerias Ibicencas auf Ibiza, Okt.-Dez. 1936 als Journ. in Genf, anschl. in Frankr., ab Mitte 1937 Angest. der *Sopade:* Ltr. *Matteotti-Komitee,* Mitarb. *Deutschland-Berichte,* Dolmetscher für den SPD-PV; pol. aktiv als SAJ-Vertr. in der SJI, Verb. zu den Jungsozialisten der SFIO, ab Ende 1937 mit → Bruno Süß u. → Heinrich Häfner in der Ltg. der ADG-Landesgruppe Frankr., i.A. der *Sopade* Verb. zu → Carl Spiecker (DFP), Jan.-Apr. 1938 Nachrichtenred., Kommentator u. Sprecher des *Deutschen Freiheitssenders* der DFP auf einem brit. Kutter vor der holländ. Küste. Sept. 1939-Febr. 1941 Internierung Stadion Colombe, Montargis, Le Vernet u. Les Milles, Bemühungen um Freilassung u.a. durch → Rudolf Breitscheid u. Spiecker; durch Vermittlung von → Max Brauer u. des *Jewish Labor Committee* im März 1941 mit Notvisum über Lissabon nach New York. Juli 1941-Sept. 1942 Research Assist. beim Office of European Economic Research, Mitgl. *Assn. of Free Germans* unter → Albert Grzesinski. Einberufung zur US-Armee, Tätigkeit in der psychol. Kriegsführung, u.a. Rundfunkarb. in Nordafrika u. Italien, Befragung von Kriegsgef., Frontprop. im Combat Propaganda Team der 7. US-Armee in Frankr., ZusArb. mit → Hans Wallenberg u. Klaus Mann; Stabsfeldwebel, Bronze Star. Juni 1945-Okt. 1949 Chef der Presseabt. der US-MilReg. für Bayern, u.a. zuständig für Zeitungslizenzierung, Okt. 1949-März 1952 Ltr. Presseabt. der US Land Commission for Bavaria, März-Okt. 1952 Publ. Aff. Officer bei US High Commission in Bonn, 1953-74 Red. u. AbtDir. *Radio Free Europe* München. Ab 1954 stellv. Vors. *Presse-Club München,* ab 1966 Vors. *Columbus-Gesellschaft* München; 1955-73 Kommentator *Osteuropäische Rundschau.* Lebte 1978 in Grünwald b. München.

Qu: Arch. Fb. Hand. Publ. Z. - IfZ.

Langer, Robert, Dr. jur., Dr. phil., Richter, Hochschullehrer; geb. 14. Aug. 1888 Wien, gest. 7. Jan. 1967 New York; kath.; *V:* urspr. Loebl; *StA:* österr., 1944 USA, 1953 österr. *Weg:* 1939 USA.

Stud. Rechtswiss. Wien, 1911 Prom.; 1912-20 im österr. Mil-Justizdienst, zuletzt Hauptmann-Auditor. Ab 1920 Richter im Bereich der österr. Justizverw.; 1928 Ernennung zum Rat der 2. Standesgruppe, 1935 der 3. Standesgruppe (OLG-Rat) beim Landesgericht Wien. März 1938 Dienstenthebung, Aug. 1938 Zwangspensionierung. 1939 Emigr. New York. Stud. Staatswiss. Columbia Univ.; nach Kriegseintritt der USA ZusArb. mit *Austrian Action* unter → Ferdinand Czernin, 1942 als Mitgl. des *Austrian National Committee* unter → Hans Rott u. → Guido Zernatto vorgeschlagen, trotz Bereitschaft zur Mitarb. kein Eintritt, da er die statutenmäßig vorgeschriebene Eidesleistung ablehnte. Kontakte zu → Julius Deutsch. Zeitw. Prof. Marymount Coll. New York City u. Prof. für Staatswiss. Columbia Univ., 1945 (?) Prom. mit Diss. über völkerrechtl. Nichtanerkennung gewaltsamer Gebietsveränderungen (im Hinblick auf den Anschluß Österr.). Ab 1948 Konsulent für UNESCO in Rechtsfragen des internat. Studenten- u. Professorenaustauschs, 1950 längerer Studienaufenthalt in Jugoslawien. Ab 1950 Prof. Queens Coll. New York City. Sept. 1953 Ernennung zum Senatsvors. des Landesgerichts Wien in 4. Standesgruppe, die wegen Nichtantreten des Dienstes jedoch nicht wirksam wurde. 1955 Pensionierung.

W: u.a. Seizure of Territory. 1947; Der Kampf um die Menschenrechtskonvention der Vereinten Nationen. 1958. *D:* DÖW. *Qu:* Arch. - IfZ.

Langerman, Aharon, Pädagoge, Ministerialbeamter; geb. 21. Juni 1925 Wiesbaden; jüd.; *V:* Moshe L.; *M:* Gitel, geb. Zuskind; ∞ 1958 Shoshana Pinczower; *K:* Aryeh, Talyah, Judith, Moshe. *Weg:* 1934 Pal.

1934 Emigr. Palästina; 1945-46 Stud. Seminar der *Jugend-Alijah,* 1948-65 IDF-Dienst; 1954-60 Lehrer am Lehrerseminar in Jerusalem, 1960 B.A. Hebr. Univ., Dir. der orthodoxen zion. Jugendbewegung *Bnei Aktiva,* 1961-66 Dir. Schule für Sozialfürsorger, ab 1966 stellv. GenDir. im Min. für Sozialfürsorge. Mitgl. Ausschuß für geistig behinderte Kinder u. Ausschuß zur Verhütung von Verbrechen. Lebte 1974 in Jerusalem.

Qu: Hand. - RFJI.

Langner, Paul, Parteifunktionär; geb. 20. Febr. 1896 Halberstadt/Harz, gest. Mai 1935 Moskau. *Weg:* 1933 (?) F; UdSSR.

Landarb., später Bergmann; 1916-18 Teiln. 1. WK.; 1914 SPD, 1917 USPD, Teiln. an der Revolution in Kiel, 1920 mit linkem USPD-Flügel zur KPD, Deleg. des Vereinigungs-PT; als KPD-Funktionär aktiv an der Märzaktion 1921 in Mitteldeutschland beteiligt; ab 1922 Red. der *Sozialistischen Republik* in Köln, Anhänger der insurrektionist. Parteilinken; 1924 Übernahme der Ltg. des KPD-Organs *Süddeutsche Arbeiter-Zeitung* (SAZ) Stuttgart, PolLtr. des KPD-Bez. Württ.; 1925 mehrere Monate Haft, Freispruch durch Staatsgerichtshof Leipzig; anschl. wieder Chefred. SAZ, März 1927-Mitte 1928 Chefred. *Arbeiter-Zeitung* Mannheim; 1928 vorüberg. PolLtr. des Bez. Oberschlesien, ab Anfang 1929 OrgLtr. KPD-Bez. Berlin-Brandenburg; im gleichen Jahr abgelöst u. GewRed. *Die Rote Fahne;* 1930 PolLtr. des Bez. Schlesien in Breslau, Anfang 1932 wieder Mitgl. der Berliner BezLtg., als Anhänger der Neumann-Gruppe (→ Heinz Neumann) Ende 1932 ausgeschlossen. 1933 Schutzhaft, nach Entlassung Flucht nach Frankr., von dort Emigr. in die UdSSR; in Moskau Mitarb. RGI.

W: Der Massenstreik im Kampf des Proletariats. 1931. *L:* Weber, Wandlung. *Qu:* Arch. Publ. - IfZ.

Langrock, Willi Karl, Funktionär; geb. 13. Nov. 1889 Leipzig, gest. 18. Sept. 1962 Berlin (Ost); *V:* Zigarrenarb., SPD; *StA:* deutsch. *Weg:* 1933 Emigr.; 1938 CSR; 1939 N; 1942 S; 1946 Deutschland (Berlin).

1904-08 Schriftsetzerlehre, Schriftsetzer; 1906 SPD, 1908 *Verband Deutscher Buchdrucker,* im 1. WK in Opposition zur Parteiführung, 1915 Anschluß an *Gruppe Internationale,* 1915-17 BezVors. *Freie Jugend* in Leipzig, Teiln. illeg. Konf. oppos. sozialist. Jugendgruppen v. 23./24. Apr. 1916 in Jena, 1917 *Spartakus*-Gruppe; wegen Antikriegsprop. 6 Mon. Gef. u. 1917 zum Landsturm eingezogen, Sept. 1918 Desertion. Während der Novemberrevolution Mitgl. *Arbeiter- und Soldatenrat* Leipzig, Jan. 1919 Mitgr. KPD in Leipzig, 1919-22 PolSekr. KPD-Bez. Leipzig, Teiln. 3.-7. PT u. 1920 Mitgl. sowie 1921-23 Kand. ZK der KPD, 1921-22 MdL Sa., ab 1923 Ltr. KPD-Druckerei u. -Verlag in Leipzig, 1925-33 Ltr. Druckerei- u. Verlagswesen der KPD sowie auf diesem Gebiet Beauftragter der Internationalen Kontrollkommission der *Komintern* für Europa. März-Juli 1933 verantwortl. für Aufbau illeg. Verlagsstützpunkte der KPD, danach 1933-37 Finanz- u. Verlagsfachmann der *Komintern* in versch. Ländern Europas, Verhaftung u. Ausweisung aus der Schweiz u. Österr.; 1938-39 in gleicher Eigenschaft beim ZK der KSČ tätig. 1939-41 KPD-Funktionär in Norwegen, 1942-46 Schriftsetzer u. Ltr. KPD-Ortsgruppe Stockholm. 1946 Rückkehr nach Deutschland (Berlin), AbtLtr. im Zentralsekretariat der SED u. Geschäftsf. sowie Verlagsltr. Deutscher Frauenverlag, Verlag Bildende Kunst u. Verlag Volk und Welt Berlin sowie Universalverlag Leipzig; 1949 Ltr. graph. Industrie in Hauptabt. Leichtindustrie der Deutschen Wirtschaftskommission u. 1949-54 Ltr. Hauptverw. Polygraph. Industrie im Min. für Leichtindustrie. Hatte maßgebl. Anteil am Wiederaufbau des Druckerei- u. Verlagswesens der DDR. - *Ausz.:* 1954 VVO (Bronze), 1959 Karl-Marx-Orden.

L: GdA-Biogr. *Qu:* Hand. - IfZ.

Langusch, Max, Parteifunktionär; geb. 1. Nov. 1904 Laurahütte/ Oberschlesien; ∞ verh.; *StA:* deutsch, 1. Okt. 1938 Ausbürg. *Weg:* 1935 (?) NL, UdSSR; 1935 CSR; 1936 NL, B; 1940 NL, Deutschland.

Bergmann im Steinkohle-Revier Moers/Niederrhein; 1930 Mitgl. KPD u. *Rote Hilfe* sowie *Einheitsverband der Bergarbeiter Deutschlands,* Funktonärstätigkeit. Nach natsoz. Machtübernahme Org. von Widerstandszellen in Moers, später bis Anfang 1935 PolLtr. illeg. KPD-Ortsgruppe Moers. Mai 1935 (?) Emigr. in die Niederlande; Teiln. 7. *Komintern*-Kongreß Moskau u. sog. Brüsseler Konferenz der KPD Okt. 1935, nach Sonderlehrgang dem illeg. Grenzapp. in der CSR zugeteilt, Instrukteur für das sächs. Grenzgeb.; Aug. 1936 bei neuerlichem Grenzübertritt in die Niederlande von holländ. Polizei wegen Paßvergehens inhaftiert u. Dez. 1936 nach Belgien abgeschoben. In Brüssel ab 1937 Mitgl. der KPD-EmigrLtg., im Bereich der AbschnLtg. West (Amsterdam) Ltr. der sog. Seemannsabt. in Antwerpen. Deckn. Rudi; Sept. 1939 Festnahme durch belg. Polizei u. Febr. 1940 Abschiebung in die Niederlande, dort erneut in Haft (Arnhem), 22. Okt. 1940 Auslieferung an Deutschland. U-Haft in Essen, VGH-Urteil 11. Nov. 1943 6 J. Zuchthaus.

Qu: Arch. - IfZ.

Lania, Leo (d.i. Herman, Lazar), Schriftsteller; geb. 13. Aug. 1896 Char'kov, gest. 9. Nov. 1961 München; jüd.; *V:* Dr. Friedrich Herman (gest. 1904), Arzt u. UnivProf. in Char'kov; *M:* gest. 1932; *G:* Alexander (Schura) Herman (geb. 1898 ?), 1919 Mitgl. KPÖ u. VerbMann zu Räte-Ungarn Bela Kuns, anschl. Bankbeamter, lebte später in NL; ∞ 1921 Maria (Lucy) Lutz, 1933 Emigr. F, 1940 (?) USA; *K:* Fritz (geb. 1924); *StA:* russ., 1915 staatenlos, österr. (?), deutsch (?), Ausbürg. (?), USA. *Weg:* 1932 Österreich; 1933 F; 1940 (?) USA.

Kindheit in Char'kov, nach Tod des Vaters zu Großeltern mütterlicherseits nach Wien, Schule u. Handelsakad. Vor 1. WK Mitgl. einer von dt. Jugendbewegung geprägten Gruppe, ZusArb. u.a. mit Siegfried Bernfeld, → Gerhart Eisler, Elfriede Eisler (→ Ruth Fischer), → Paul Friedländer u. → Karl Frank. Ab 1915 Mitarb. *Arbeiter-Zeitung,* vermutl. Mitgl. SDAP. 1915 freiw. Meldung zum Kriegsdienst, Dez. 1915 Uffz. in Krakau, Juni 1916 Kadett an russ. Front, 1917 Lt. an ital. Front. Nach Kriegsende Demobilisierung u. zunächst weiterhin Mitarb. *Arbeiter-Zeitung,* 1919 Mitgl. KPÖ u. Red. *Die Rote Fahne.* 1919 in Parteimission bei Bela Kun in Budapest, 1920 bei Karl Radek in Berlin. Frühj. 1921 nach Ausschluß Paul Levis aus der KPD Bruch mit KPÖ. Sept. 1921 nach Berlin. Gr. *Internationale Telegraphenagentur (Intel).* Verschaffte sich 1923 getarnt als ital. Faschist Zugang zu Adolf Hitler u. dem *Völkischen Beobachter* in München u. veröffentlichte eines der ersten internat. beachteten Interviews mit Hitler. Ab 1923 Assist. im Berliner Büro u. Auslandskorr. *Chicago Daily News;* zus. mit → Bruno Frei Gr. *Presseagentur ABC,* u.a. als Tarnorg. der kurzfristig verbotenen KPD. 1924 Autor *Gewehre auf Reisen* (Untersuchung über Waffengeschäfte u. die illeg. Aufrüstung nationalist. Wehrverbände in Deutschland), ein deshalb drohendes Verfahren wegen Landesverrats wurde schließlich niedergeschlagen. 1926 kurzfristig Lokalred. *Berliner Börsen-Courier,* anschl. freier Journ. u. Schriftst.; Mitarb. u.a. *Die Weltbühne* u. *Das Tage-Buch,* Autor von Theaterstücken, Drehbuchautor u. Filmregisseur, ZusArb. mit Erwin Piscator, Fritz Kortner u. Max Reinhardt, verfaßte auf Wunsch von Bertolt Brecht das Drehbuch zur Filmfassung der *Dreigroschenoper.* 1932 Reise durch die UdSSR. Aufgrund der drohenden natsoz. Machtergreifung Ende 1932 nach Wien (nach der Machtergreifung Beschlagnahmung der persönl. Bibliothek in Berlin). 1933 nach Paris, Mitarb. *Pariser Tageszeitung* u. *Pariser Tageblatt,* Autor für franz. u. brit. Filmproduzenten, 1936 erneut Reise in die UdSSR. 1938 nach Anschluß Österr. vermutl. ZusArb. mit konservativ-bürgerl. Emigr. in Paris (→ Martin Fuchs) 1939 bei Kriegsausbruch Internierung, nach 4 Mon. Haft Freilassung. Frühj. 1940 nach Erhalt eines US-Visums erneut verhaftet, Internierung im Stadion Roland Garros u. in einem Lager in der Bretagne, nach franz. Kapitulation kurz vor Auslieferung an dt. Besatzungsmacht Flucht nach Südfrankr., mit Fam. illeg. durch Spanien nach Lissabon, vermutl. Ende 1940 Überfahrt nach New York. Freier Schriftst. u. Mitarb. mehrerer amerikan. Zs., ab 1942 Mitarb. OWI, Autor von Radiosendungen. ZusArb. mit *Austrian Action* unter → Ferdinand Czernin. Ab 1946 Auslandsred. *United World Magazine,* Vortragsreisender, mehrf. Europareisen, 1950 auf Einladung der US-Behörden in Deutschland Vortragsreise durch die BRD. Mitarb. *Aufbau.* Später Rückkehr nach Deutschland. - *Ausz.:* Mehrere mil. Ausz. im 1. WK.

*W:*u.a. Die Totengräber Deutschlands. 1923; Gewehre auf Reisen. 1924; Das Urteil im Hitlerprozeß. 1924; Gruben, Gräber, Dividenden. 1924; Gott, König und Vaterland. 1928 (S); Land of Promise. London (Lovat Dickson) 1934 (dt.: Land im Zwielicht. 1950); Pilgrims without Shrine, London (Lovat Dickson) 1935; The Darkest Hour. Boston (Houghton Mifflin) 1941; Today We Are Brothers. Biography of a Generation, ebd. 1942 (dt.: Welt im Umbruch. Biographie einer Generation. [ABiogr.] 1954); The Nine Lives of Europe. 1950; Willy Brandt: Mein Weg nach Berlin. 1960; Der Außenminister. 1960 (R). *L:* Frei, Bruno, Der Papiersäbel. 1972. *Qu:* Arch. Autobiogr. Erinn. Hand. Z. - IfZ.

Lanir, Meir (urspr. Wollner, Martin), Kibbuzfunktionär; geb. 29. Nov. 1911 Nürnberg, gest. 8. Sept. 1969 Moledet/IL; jüd.; *V:* Heinrich Wollner (geb. 1876 Fürth, gest. 1944 Moledet), Kaufm., 1939 Emigr. Pal.; *M:* geb. Schloss (geb. 1885 Nürnberg, gest. 1966), 1939 Emigr. Pal.; *G:* Carola Lukas (geb. 1910 Nürnberg), 1934 Emigr. Pal.; ∞ 1936 Dora Steinhardt (geb. 1912 Nürnberg); *K:* Chavah Avivi (geb. 1942), Krankenschwester; Roni Elias (geb. 1945), Mitgl. Moshav Moledet; Doron (geb. 1950); *StA:* deutsch, Pal./IL. *Weg:* 1933 Pal.

Stud. Rechtswiss., Mitgl. *Jüdischer Jugendbund* Nürnberg, K.J.V.; April 1933 illeg. in die Schweiz, Mai 1933 nach Palästina mit C-Zertifikat, 1933-36 landwirtschaftl. Arbeit in Nahalal, Beer Tuviyyah, 1936 Deleg. der *Moshav*-Bewegung in Deutschland, 1937 Mitgr. u. Sekr. der landwirtschaftl. Genossenschaftssiedlung Moledet, eines Moshav Shittufi (die Gruppe Jugendlicher aus Deutschland, die Moledet mitbegründete, wurde nach Lanir „Wollner-Gruppe" genannt). 1958 i.A. des Min. für Landwirtschaft als Experte nach Ghana. 1958-69 Ltr. Ausschuß von Gilboa, verantwortl. für Straßenbau, Moscheen u. Schulen. Mitgl. Verteidigungskommission der Vereinigten BezAusschüsse, aktiv beim Bau von Jugendherbergen in Israel, Mitgl. *Histadrut, Cent. Agric. Union, Haganah,* IDF.

L: Meir Lanir (Gedächtnishefte engl. u. hebr.). o. J. *Qu:* Pers. Publ. - RFJI.

Lanzer, Wanda, geb. Landau, Dr.; geb. 25. Mai 1896; *M:* → Helene Bauer; ∞ Dr. Felix Lanzer, Jurist bei der Gde. Wien, 1938 (?) Freitod; *K:* 2 T, A: Schweden; *StA:* österr. *Weg:* 1938 S.

Stud. Univ. Wien; Mitgl. SDAP. 1922-23 Gr. Mittelschulkurs sozialistischer Arbeiter für Vorbereitung auf Abitur. Bis 1934 Beamtin in der Bibliothek der Arbeiterkammer Wien. 1938 Emigr. Stockholm. Nach Kriegsende Tätigkeit in der Flüchtlingshilfe. 1949-64 ltd. Mitarb. Arbetarrörelsens Arkiv (zentrales Archiv der schwed. Arbeiterbewegung. Anschl. Rückkehr nach Wien, 1965-69 Konsulentin der Arbeiterkammer Wien. Mitarb. *Verein für Geschichte der Arbeiterbewegung,* betreute u. ordnete den Nachlaß von Victor u. → Friedrich Adler, Mitgl. Herausgeberkomitee der Werkausgabe von → Otto Bauer. Lebte 1978 in Wien.

Qu: Arch. - IfZ.

Laqueur, Kurt, Diplomat; geb. 22. Okt. 1914 Berlin; ev.; *V:* Dr. med. August L. (1875-1954), ev., Hochschullehrer, 1935 Emigr. TR; *M:* Ilse, geb. Netto (1881-1963), ev., Emigr.; *G:* Marianne (geb. 1918), EDV-Expertin in Paris; ∞ 1945 Aenne Baade (T von → Fritz Baade); *K:* Klaus (geb. 1945 Ankara), Philologe; Hans-Peter (geb. 1949 Istanbul), Kunsthistoriker; Andreas (geb. 1954 Kiel), Theologe; *StA:* deutsch. *Weg:* 1936 TR; 1952 Deutschland (BRD).

1933-34 Stud. Rechtswiss. u. Volkswirtsch. Berlin. Anschl. Buchhandelslehre, Dez. 1935 erzwungener Abbruch aus rass. Gründen, 1936 Handelskurs, Nov. 1936 Emigr. Türkei, kaufm. Tätigkeit in Ankara u. Istanbul. Aug. 1944-Ende 1945 Internierung in Zentralanatolien, 1946-52 kaufm. Tätigkeit. Lektor Fremdsprachenschule der Univ. Istanbul; Nov. 1952 Eintritt in dt. auswärt. Dienst, ab 1953 WirtschRef. Beirut, ab 1959 Presseref. Ankara, ab 1968 GenKonsul Zagreb; seit Nov. 1973 Botschaftsrat 1. Kl. u. Ständiger Vertr. des Botschafters in Bern.

L: Widmann, Horst, Exil und Bildungshilfe. 1973. *Qu:* Fb. Publ. - IfZ.

Laster, Richard, Unternehmensleiter; geb. 10. Nov. 1923 Wien; jüd.; *V:* Alan L. (geb. 1893 Osteuropa, gest. 1965 USA), jüd., Holzgroßhändler, 1938 Emigr. I, GB, 1940 USA, aktiv in UJA, Mitgr. Albert Einstein Coll. of Med. der Yeshiva Univ. New York; *M:* Caroline, geb. Harband (geb. 1898 Osteuropa), jüd., 1938 Emigr. I, GB, 1940 USA, aktiv im Roten Kreuz; *G:* Oliver (geb. 1921 Wien), 1938 Emigr. I, GB, 1940 USA, Holzgroßhändler; ∞ 1948 Liselotte (geb. 1927 Wien), jüd., 1938 Emigr. Urug., 1940 USA, B.A., Lehrerin; *K:* Susan (geb. 1952), B.A.; Thomas (geb. 1955); *StA:* österr., 1946 USA. *Weg:* 1938 I, GB, 1940 USA.

1933-38 höhere Schule, Mitgl. *Makkabi* Wien. März 1938 Emigr. nach Italien mit Familie, später nach GB, 1940 in die USA; 1943 B.C.E. Brooklyn Polytechn. Inst., 1944-46 Stud. Stevens Inst. of Technol.; 1944-54 Assist. Dir. Zentrallabor für Forschung u. Entwicklung bei Gen. Food Corp., 1954-58 Forschungsltr. der Walter Baker Div., 1958-60 Ltr. Abt. Produktion u. IngWesen, 1960-62 Geschäftsf. der Franklin Baker Div., 1962-64 Geschäftsf. der Atlantic Gelatine Div., 1964-67 in der Abt. Forschung u. Entwicklung neuer Produkte der Jello Div., 1967 Dir. Abt. Qualitätsgarantie, 1967-69 Fabrikationsltr. der Maxwell House Coffee Div., 1969-71 Assist. des Geschäftsf., ab 1971 Vizepräs. u. Präs. der Div., ab 1974 auch Vizepräs. u. VorstMitgl. der Gen.Foods Corp.; 1970-72 Dir. Temple Beth El in Chappaqua/N.Y., 1971-74 Mitgl., dann Vizepräs. u. Präs. des Schulrats von Chappaqua, aktiv in UJA, Treuhänder der *Nutrition Foundation,* Dir. *Nat. Coffee Assn.,* Mitgl. *Am. Inst. of Chem. Engineers, Am. Inst. of Chem., Am. Assn. for the Advancement of Science, Am. Soc. for Chem.* Lebte 1978 in Chappaqua/N.Y. - *Ausz.:* Man of the Year Award der Bio-Engineering Div. des *Am. Inst. Chem. Engineers.*

Qu: Fb. Hand. - RFJI.

Laub, John (Hans), Dr. Ing., Elektroingenieur, Unternehmensleiter; geb. 12. Apr. 1902 Würzburg; *V:* Ludwig L.; *M:* Stephanie; ∞ 1930 Lilli Joan Rosen. *StA:* deutsch, USA. *Weg:* 1935 USA.

1924 Prom. TH Stuttgart, 1924-28 Ing. für Forschung u. Entwicklung bei AEG Berlin, 1928-30 ao. Prof. TH Stuttgart, 1930-35 Ltr. Elektro-Labor der AEG-Forschungsabt. Berlin. 1935 Emigr. USA; 1935-53 Betriebsltr., stellv. Präs. u. Vizepräs. Hanovia Chem. and Manufacturing Co. Newark/N.J., gleichz. 1950-53 Vizepräs. Charles Engelhard Indus. New Jersey, geschäftsf. Vizepräs. u. Dir. Amersil Co. New Jersey, Optosil Co./N.J., Nieder Fused Quartz Co./Mass., Vizepräs. Azoplate Corp./N.J., ab 1953 Dir. Skiatron Electronics and Television Corp./N.Y., ab 1970 Berater in Pasadena/Calif.; Inh. zahlr. Patente für automat. Zugkontrollen. Mitgl. *Am. Inst. Elec. Engineers, Soc. Motion Picture Engineers.* Lebte 1978 in El Mirador/Calif.

W: Bibliogr. siehe Poggendorff, Bd. 6 u. 7 a. *Qu:* Hand. Publ. - RFJI.

Laufer, Leopold, Beamter; geb. 27. Dez. 1925 Aussig/ČSR; jüd.; *V:* Robert L. (geb. 1886 Aussig, gest. 1962 New York), jüd., höhere Schule, Pelzhändler, 1939 Emigr. GB über Prag, später USA; *M:* Anna, geb. Vrba (geb. 1892), jüd., höhere Schule, 1940 Emigr. I, 1941 Kuba, USA; *G:* Hanna L. (geb. 1919 Aussig, gest. 1948 New York), Handelsschule, Dolmetscherin, 1940 Emigr. I, 1941 Kuba, USA; ∞ 1952 Rita Sylvia Freeman (geb. 1929 New York), jüd., Krankenschwester; *K:* David (geb. 1954), Stud., Handelsvertr.; Michael (geb. 1955), Miriam (geb. 1958), Daniel (geb. 1962); *StA:* ČSR, 1944 USA. *Weg:* 1940 I, 1941 Kuba, USA.

Mai 1940 Emigr. Italien mit Durchgangsvisum, anschl. Internierung, Unterstützung u. Schutz vor Dep. durch HIAS. Landarb., anschl. Elektrikerlehrling. Sept. 1941 nach Kuba mit Touristenvisum, Dez. 1941 in die USA mit Einwanderervisum, Unterstützung durch Geschäftsfreunde des Vaters. 1944-46 US-Armee, europ. u. pazif. Kriegsschauplatz. 1949 B.A. Queens Coll. New York u. M.A. (Internat. Relations), Dipl. Russ. Inst., 1969 Ph. D. Columbia Univ.; in jüd. u. a. StudGruppen tätig. 1952-54 zeitw. Übersetzer, Recherchiertätigkeit, freier Schriftsteller, u.a. 1952 in PublAbt. des US-Außenmin., 1953 bei *Voice of America* u. USIA. 1953-56 Fachautor für isr. Botschaft in Washington/D.C. 1956-58 Ltr. Forschungs- u. Bibliotheks-Unterabt. bei USIA, 1958-60 Mitarb. Pressedienst der USIA, 1960-62 pol. Berater beim Office of Pol. and Plans, gleichz. USIA-Vertr. im Inter-Agency Committee, 1962-64 u. 1966-70 Ltr. Entwicklungsabt. für Guyana, Jamaika u. Panama in der Abt. Lateinamerika bei USAID. 1964-66 von USAID freigestellter Projektltr. Twentieth Century Fund New York. 1970-71 Ltr. Multilateral Lending and Coordination Division der Abt. Lateinamerika von USAID. 1971-73 freigestellter UN-Berater für Entwicklungsplanung u. Projektbewertung, 1972-73 Gr. u. geschäftsf. Hg. *Kidma, Israel Journal of Development.* Ab 1973 Sachverständiger für internat. ZusArb. in Abt. für Programm- u. Verfahrenskoordinierung bei USAID. 1957-59 Doz. Univ. of Md., 1971-73 Doz. Univ. Tel Aviv. Mitgl., Schriftführer u. VorstVors. Ortsgruppe Washington/D.C. der *Soc. for Internat. Development,* VorstMitgl. Congr. Tifereth Israel Washington/D.C., Mitgl. *Am. Civil Liberties Union.* Lebte 1977 in Silver Spring/Md.

W: Communist Party Strategy and Tactics in the Arab World. In: Problems of Communism. 1954; Toward a World Without War (US Government Printing Office) 1962 (russ. Übers.); The Poet and his Society. In: Problems of Communism. 1962; The Time for a Great Revolution. In: Span (New

Delhi) 1963; Israel and the Developing Countries. New Approaches to Cooperation. 1967; Israel's Technical Assistance Experts. In: International Development Review. 1967; Israel and the Third World. In: Political Science Quarterly. 1972. *Qu:* Fb. Hand. – RFJI.

Lauinger, Art(h)ur, Journalist; geb. 23. Aug. 1879 Augsburg, gest. 15. Okt. 1961 Frankfurt/M.; jüd.; *V:* Heinrich L., Kaufm.; *M:* geb. Liebmann; ∞ I. 1910 Mathilde Hepp, II. Emilie Moos; *K:* Herbert (geb. 1913), Wolfgang (geb. 1917); *StA:* deutsch. *Weg:* 1939 GB; 1946 Deutschland (ABZ).

Abitur Karlsruhe, Stud. Tübingen, München u. Berlin, 1902–07 Handelsred. *Berliner Tageblatt,* 1907–38 Handelsred. *Frankfurter Zeitung.* 1914–17 Frontsoldat (Ausz.), 1918 Aufenthalt in der Schweiz. 1927–35 Beiratsmitgl. Reichsaufsichtsamt für Privatversicherung, bis 1933 1. Vors. *Verein Frankfurter Presse,* Mitgl. DDP. 1938 KL Buchenwald, 1939 Emigr. GB, zeitw. im Buchlager eines Londoner Verlagshauses tätig. 1946 Rückkehr nach Frankfurt, Mitarb. *Deutsche Wirtschafts-Zeitung* u. Zs. *Versicherungswirtschaft.* Ab 1946 Ehrenvors. *Hessischer Journalistenverband.* – *Ausz.:* 1952 Gr. BVK, 1954 Ehrenplakette der Stadt Frankfurt/Main.

L: RhDG. *Qu:* EGL. Hand. – IfZ.

Laumann, Kurt, Journalist; geb. in Ostpreußen, gest. 1978 New York. *Weg:* CSR; F; USA.

Stud. Rechtswiss. in Leipzig, dann Red. *Leipziger Volkszeitung* und *Chemnitzer Volksstimme;* Mitgl. SPD, einer der Ideologen des linken Parteiflügels in der *Klassenkampf-*Gruppe (→ Max Seydewitz, → Kurt Rosenfeld), nach Grdg. der SAPD mit → Karl Böchel u. → Fritz Bieligk Verbleib in der SPD. Nach 1933 Emigr. in die CSR, von dort nach Paris u. später nach New York; ZusArb. mit → Arcadius Gurland u. den *Neu Beginnen* nahestehenden *American Friends of German Freedom;* Mitarb. OSS.

W: Die Organisation im Klassenkampf. Die Probleme der politischen Organisation der Arbeiterklasse (mit Fritz Bieligk, Ernst Eckstein, Otto Jenssen u. → Helmut Wagner). 1931. *L:* Drechsler, SAPD. *Qu:* Arch. Publ. Z. – IfZ.

Laurin, Arne, Journalist, Politiker; geb. 1889 bei Prag, gest. 1945 New York; *StA:* österr., 1918 CSR. *Weg:* 1938 USA.

Journ., nach Staatsgründung der CSR Chefred. des inoffiz. dt.-sprachigen RegBlattes *Prager Presse.* In dieser Eigenschaft Gr. u. Ltr. eines umfangreichen Zeitungsausschnittsarchivs zur dt. Frage (VAPP [Výstřižkový archív Prager Presse]). Vertrauter u. Berater T. G. Masaryks u. E. Beneš, galt als hervorragender Kenner der europ. pol. u. diplomat. Szene. Nach Abschluß des Münchener Abkommens Emigr. in die USA, als Beamter des tschechoslow. GenKonsulats in New York Fortsetzung der Dokumentationstätigkeit, in ZusArb. mit tschechoslow. Exilzentren in Europa u. im Nahen Osten Aufbau eines Nachrichtenarchivs zum Weltgeschehen, Hg. des Pressedienstes des Tschechoslowakischen NatRates in Paris (Československá národní rada). Ab 1940 bildete L.s Dokumentation das Zentrum des Informationsdienstes *(Československá informační služba)* der Exilreg. unter Beneš. Das Archiv (ZTA [Zahraniční tiskový archív]) wurde Anfang 1946 in die CSR verbracht u. mit den geretteten Beständen des VAPP dem tschechoslow. Informationsmin. überlassen, nach kurzer Zeit jedoch bis zur Mitte der 60er Jahre unter Verschluß gehalten. Danach wurden wesentl. Teile der beiden Sammlungen als sog. Laurin-Archiv im Zentralen Staatsarchiv Prag (Státní ústřední archív) zugänglich gemacht.

Qu: Z. – IfZ.

Lauter, Hans, Parteifunktionär; geb. 22. Dez. 1914 Niederhermersdorf b. Chemnitz; *V:* Maschinenformer; *StA:* deutsch. *Weg:* 1933 CSR, 1935 Deutschland.

Glasschleifer; 1930 KJVD, später KPD. 1933 in die CSR, Grenzarb., Transport illeg. Druckschriften nach Deutschland; 1935 Verhaftung, Urteil 11 J. Zuchth.; 1945 Ltr. AgitPropAbt. der KPD in Chemnitz, Besuch der Parteihochschule; 1950–53 Mitgl. Sekretariat u. ZK der SED; im Gefolge des Beschlusses der 13. ZK-Tagung zum Slánský-Prozeß Mai 1953 Ämterverlust wegen angebl. ZusArbeit mit Gestapo. 1953–58 Doz. für Gesch. der internat. ArbBewegung an der Phil. Fak. der Karl-Marx-Univ. Leipzig, 1958–63 Sekr. für Kultur u. Erziehung sowie Büromitgl. der SED-BezLtg. Leipzig, 1963–67 Sekr. u. Ltr. Ideologische Kommission u. anschl. Sekr. für Wiss., Volksbildung u. Kultur der BezLtg. Leipzig; Mitgl. des BezTages. Lebte 1974 in Karl-Marx-Stadt. – *Ausz.:* 1959 VVO (Silber).

L: Köpstein, Herbert (Hg.), Schon damals kämpften wir gemeinsam (Erinn.). 1961; Fricke, Gerechtigkeit. *Qu:* Hand. Publ. Z. – IfZ.

Lavi (urspr. Lemberger), **Yeshayahu,** Offizier, Ministerialbeamter; geb. 26. Juni 1926; *V:* Shlomo Lemberger; *M:* Sara, geb. Schulback; ∞ 1946 Lea Zadikov; *K:* Zvi, Shlomit, Ilana. *Weg:* 1933 Pal.

1933 Emigr. Palästina; 1946–48 *Haganah,* Nachrichtendienst, 1948–62 IDF, 1948 Befehlshaber des Labors der Fernmeldetruppe, 1953–55 ltd. Ing., 1955–57 stellv. Kommandeur, 1957–62 Oberst u. Kommandeur der Fernmeldetruppe der IDF. Daneben 1950–53 Stud. Columbia Univ. New York, 1953 Dipl. Elektroing.; 1962–64 wiss. Berater der isr. Botschaft in Washington/D.C., 1964–67 GenDir. Isr. Postmin., ab 1965 AR-Vors. Internat. Telecommunication Inc., 1968–70 Dir. Amt für Waffenentwicklung im isr. Verteidigungsmin., 1970–72 GenDir. im Verteidigungsmin.; Ltr. isr. Sektion des Inst. für Elektrizität u. Elektroing., Mitgl. Radioamateur-Klub von Israel, isr. Ingenieur- und Architektenverband. Lebte 1976 in Zahala/Tel Aviv. – *Ausz.:* 1968 isr. Verteidigungsorden.

Qu: Hand. – RFJI.

Lavi, Yoḥanan (urspr. Loewenson, Hans), Journalist; geb. 30. Apr. 1898 Thorn/Westpreußen, gest. 30. Jan. 1966 Jerusalem; *V:* Albert Loewenson; *M:* Rosette, 1956 nach IL; *G:* 3 B, Emigr. Pal.; ∞ 1927 Trude Wolfsohn (geb. 1896 Berlin, gest. 1978 Haifa), 1934 Emigr. Pal., Bibliothekarin; *StA:* CH. *Weg:* 1933 CH, 1934 Pal.

Stud. Zürich, Berlin. Ab 1923 Journ. beim Ullstein-Zeitungskonzern, 1928 Auslandskorr. in Paris, 1933 Entlassung. Emigr. nach Genf, 1933–34 Mitarb. an Vorbereitung des von der Isr. Kultusgde. Bern u. dem Schweizerischen Isr. GdeBund (SIG) gegen die Schweizer NS-Führer Theodor Fischer u. Silvio Schnell wegen Verbreitung gefälschter *Protokolle der Weisen von Zion* angestrengten Prozesses. 1934 nach Palästina, Sekr. von → Salman Schocken, 1935–47 zus. mit → Erich Gottgetreu Palästina-Korr. *La Bourse Egyptienne* u. *Le Progrès Egyptien* Kairo, 1935–40 Korr. der Havas-Agentur Paris, ab 1940 Korr. von de Gaulles *Agence Française Indépendante,* später *Agence France Presse.* 1948–66 bei der franz. Verlagsabt. der *Jew. Agency,* mit Gottgetreu Hg. des franz. Nachrichtenblatts von KKL u. *Keren Hayessod.* Dt.-franz. Übers. u.a. der Werke M. Bubers u. G. Scholems, RedMitgl. der LitZs. *Cahiers de Jerusalem.*

W: Variations sur le destin. 1944; Femmes en Israël. 1950; Virtualités. 1961; Pièces pour une armature. 1966. *D:* Hebr. Univ. Libr. Arch. Jerusalem. *Qu:* Fb. Publ. – RFJI.

Lazarus, Bernhard, Industrieller; geb. 21. März 1926 Mainz; jüd.; *V:* Eugen L. (geb. 1893 Mainz), jüd., mittlere Reife, Teiln. 1. WK (EK II), Fabrikant, 1936 Emigr. S-Afrika mit Familie; *M:* Alice Herta, geb. Hess (geb. 1903 Karlsruhe, gest. 1960 Durban), jüd., Gymn., Ausschußmitgl. versch. jüd. Org.; *G:* → Günter Wolfgang Lazarus; ∞ 1951 Pearl Mirman (geb. 1928 Dünaburg/Lettland), jüd., B.A. (Sozialwiss.), 1930 nach

422 Lazarus

S-Afrika; *K:* Marilyn Pardowitz (geb. 1952), B.A. Hebr. Univ. Jerusalem; Ronald (geb. 1953), B.A.; Norman (geb. 1956); Tamara (geb. 1962); *StA:* deutsch, 1943 S-Afrika. *Weg:* 1936 S-Afrika.

März 1936 Emigr. Südafrika; 1946-51 Stud. Rhodes Univ., B.Sc., 1948-50 Vors. *Jew. Studies Assn.* Rhodes Univ.; ab 1943 MilDienst. 1951 Eintritt in die vom Vater gegr. NE-Metall-Werke, mit Bruder Aufbau eines internat. Konzerns (6 Fabriken, 5 Zweigniederlassungen), GenDir. NE-Metall-Konzern, Dir. Peltours Internat.; zugl. 1950-51 Vors. *Youth Section* des *Durban Jew. Club*, in den 50er Jahren geschäftsf. Mitgl. *Zion Youth Council*, Vizepräs. *Council of Natal Jewry*, zeitw. Präs. *Yitzhok Ben Zwi B'nai B'rith Lodge*, Vors. wohltätiger Sammlungen, geschäftsf. Mitgl. *Zion. Council for Natal*, südafrikan. Deleg. zur Isr. Prime Minister's Conf. on Human Needs. Lebte 1976 in Durban/Südafrika.

Qu: Fb. Hand. - RFJI.

Lazarus, Günter Wolfgang, Industrieller; geb. 18. Jan. 1930 Mainz; jüd.; *G:* → Bernhard Lazarus; ∞ 1956 Joan Kaplan (geb. 1937 Durban), jüd.; *K:* Marion Hannah (geb. 1956); Sandra (geb. 1958); Sidney (geb. 1960); Deborah (geb. 1961); Bernice (geb. 1964). *Weg:* 1936 S-Afrika.

März 1936 Emigr. Südafrika mit Familie. 1943-47 höhere Schule, 1948-49 Stud. Rhodes Univ., Grahamstown/Cape Province, seit 1949 AR-Mitgl. von 23 Betrieben der NE-Metallindustrie in Südafrika, Rhodesien, Sambia, GB, in der Schweiz u. Israel. Vizepräs. *Jew. Board of Deputies of South-Africa*, Präs. *Council of Natal Jewry*, Treuhänder *South-African Jew. Trust*, zeitw. Vors. *Natal Hebr. Schools Assn.*, geschäftsf. Mitgl. *Durban United Hebr. School, Natal Jew. Nursery School Assn., Durban Jew. Welfare Assn.*, Vors. Natal Committee der *Isr.South-Africa. Trade Assn.*, Natal Committee der *Friends of Tel Aviv Univ.*, südafrikan. Deleg. zu Wirtschaftskonf. in Israel. Lebte 1977 in Durban/Südafrika.

Qu: Fb. EGL. Hand. - RFJI.

Lazarus, Paul-Pinhas, Dr. phil., Rabbiner; geb. 30. Okt. 1888 Duisburg, gest. 1. Jan. 1951 Haifa; *V:* Raphael L. (gest. 1906 Duisburg), Prediger, Lehrer in Duisburg; *M:* Betty, geb Leseritz (gest. 1891); *G:* Dr. phil. Felix L. (gest. London), Rektor jüdisches Lehrer-Seminar in Kassel, Emigr. GB; Sieghart (umgek. im Holokaust), Kaufm. in Köln; Ludwig (Freitod im 2. WK), Antiquariatsinh. in Würzburg; ∞ 1925 Yehudith-Jadwiga Walfiz (geb. 1903 Warschau, gest. 1976) jüd., 1939 Emigr. Pal.; *K:* Hanna Karass (geb. 1927), 1939 Emigr. Pal.; Hava Lazarus-Yafeh (geb. 1930), 1939 Emigr. Pal., Ph.D., Assoc. Prof. für Islamistik Hebr. Univ.; *StA:* deutsch, Pal./IL. *Weg:* 1939 Pal.

1907-15 Stud. Jüd.-Theol. Seminar Breslau u. Univ. Breslau, Marburg, Erlangen, 1911 Prom. Erlangen, 1915 Rabbinerexamen; aktiv in jüd. Jugendbewegung. 1913 Hilfsrabbiner Essen; 1914 Kriegsfreiw., 1916-18 Feldrabbiner. 1918-38 Rabbiner für Stadt u. Bez. Wiesbaden, 1921-38 Mitgr. u. Doz. *Jüdisches Lehrhaus Wiesbaden*, 1929 Mitgl. *Komitee zur Erweiterung der Jewish Agency*, Mitgl. CV, *Keren Hayessod, Hilfsverein, Allgemeiner Deutscher Rabbinerverband*, ZVfD, Vorst-Mitgl. *Vereinigung der Liberalen Rabbiner Deutschlands*, Präs. *Nassau Lodge* des *B'nai B'rith*. Jan. 1939 Emigr. Palästina mit B II-Zertifikat, 1939-50 Rabbiner Einwanderergde. Beth Israel in Haifa (gegr. 1935 von → Max Elk), Mitgl. Kulturkomitee des I.O.M.E., Kuratoriumsmitgl. Leo Baeck School Haifa, Mitgl. *Hillel Lodge* des *B'nai B'rith*.

W: Bibliographie in: Rülf, Schlomo F. (Hg.), Paul Lazarus. Gedenkbuch. 1961. *L:* Rabbi Paul Lazarus (1888-1951). In: CCAR-Journal. 1971. *D:* Central Archives for Hist. of the Jew. People, Jerusalem. *Qu:* Hand. Pers. Publ. Z. - RFJI.

Lechner, Johann (Hans), Parteifunktionär; geb. 6. Okt. 1910; *StA:* österr. *Weg:* UdSSR; Österr.; 1938 (?) S; Österr.

Vor 1934 Kreisltr. SAJDÖ, vermutl. in Wien. 1934 nach den Februarkämpfen Mitgl. KPÖ. Anschl. nach Moskau, Besuch Leninschule, Rückkehr nach Österr., Kreisfunktionär in der Illegalität. Vermutl. 1938 Emigr. S, Mitgl. Parteigruppe der KPÖ in Schweden. 1944 wahrscheinl. Mitgl. *Österreichische Vereinigung in Schweden* (ÖVS) unter → Bruno Kreisky, 1945 nach Spaltung der ÖVS Mitgl. *Freie Österreichische Bewegung* in Schweden (→ Gustl Moser). Nach Kriegsende Rückkehr nach Österr., Parteifunktionär in Ternitz/Niederösterr., ab 1957 ZK-Mitgl. der KPÖ. Gehörte in den Auseinandersetzungen um die Intervention der Warschauer-Pakt-Staaten in der CSSR zum orthodoxen, moskautreuen Flügel. Lebte 1978 in Neunkirchen/Niederösterr. (?)

L: Müssener, Exil. *Qu:* Arch. Hand. Pers. Publ. - IfZ.

Ledebour, Georg Theodor, Journalist, Politiker; geb. 7. März 1850 Hannover, gest. 31. März 1947 Bern/CH; Diss.; *V:* Beamter (gest. 1860); ∞ Minna (geb. 1897), 1933 Emigr. CH; *StA:* deutsch. *Weg:* 1933 CH.

Realschule, kaufm. Lehre. 1870/71 Sanitätssoldat, anschl. Sprachlehrer u. Journ. Hannover, 1876-82 AuslKorr. London. Mitgr. *Demokratische Partei Norddeutschlands*, 1885 Red. u. 1886 Hg. *Demokratische Blätter*, 1889 Red. *Berliner Volkszeitung*. 1890 SPD, 1895-98 Red. *Vorwärts*, 1898-1900 *Sächsische Arbeiterzeitung* Dresden. 1900-18 MdR, Vertr. des linken Parteiflügels, 1915/16 Deleg. Konf. Zimmerwald u. Kienthal, 1917 Mitgr. USPD. Nov. 1918 Mitgl. Vollzugsrat des *Arbeiter- und Soldatenrats* Berlin, 1919 während der Januarkämpfe Mitgl. Revolutionsausschuß, Haft u. Freispruch. 1920-24 MdR, war gegen Aufgehen der USPD in KPD bzw. SPD. 1920-23 Mitvors. Rest-USPD. 1924 Gr. *Sozialistischer Bund*, ab 1924 in IAH aktiv, u.a. 1927 Mitgr. *Weltliga gegen Imperialismus*, 1928 mit führenden Kommunisten im Reichsausschuß für Volksentscheid gegen Panzerkreuzerbau. 1931 zur SAPD. 1933 Emigr. Bern, Lebensunterhalt durch *Schweizerisches Arbeiter-Hilfswerk*. Dez. 1945 Aufruf in *Neue Volks-Zeitung* New York gegen Vertreibung u. Gebietsabtrennung im Osten, 1946 Grußtelegramm an den Grdg.-PT der SED.

W: Der Ledebour-Prozeß (Hg.). 1919. *L:* u.a. Ledebour, Minna (Hg.), Georg Ledebour - Mensch und Kämpfer. 1954; Drechsler, SAPD; GdA; Rath, Ursula, Georg Ledebour. 1969 (mit ausführl. Bibliogr.); GdA-Biogr.; Teubner, Schweiz. *Qu:* Biogr. Hand. Publ. Z. - IfZ.

Lederer, Egon, Partei- u. Verbandsfunktionär; geb. 7. Jan. 1904 Karlsbad/Böhmen; ∞ Toni, Emigr. F; *StA:* österr. *Weg:* F; 1945 (?) Österr.

Ab 1929 Mitgl. KPÖ, zwischen 1934 u. 1938 illeg. Funktionär. Emigr. Frankr., Mitarb. TA innerhalb der franz. Résistance in Lyon, Juni-Okt. 1943 vermutl. von Vichy-Behörden inhaftiert. Sommer 1944 nach Verhaftung von → Oskar Grossmann in den Untergrund, Mitgl. des Partisanenbtl. Carmagnole im Raum Lyon, Deckn. Max, Lt. u. ab Juli 1944 pol. Verantwortlicher innerhalb der Einheit. Sept. 1944 an der Einnahme von Lyon beteiligt, anschl. Eingliederung der Einheit in die Forces Françaises de l' Interieur. Frühj. 1945 Demobilisierung. Rückkehr nach Österr., Mitgl. KPÖ. 1953 Bundessekr. u. Sekr. Wien des *Verbands der politisch Verfolgten*.

L: Spiegel, Résistance. *Qu:* Arch. Publ. Z. - IfZ.

Lederer, Franz, geb. 1915 Wien, gest. 1941 Florensac b. Montpellier/Südfrankr..; *StA:* österr. *Weg:* 1939 B; 1940 F.

Elektrotechniker; 1932 Mitgl. der linkszionist. Org. *Haschomer Hazair* in Wien, Deckn. Perez. 1934 Mitgl. des illeg. KJVÖ, ab 1935 LtgMitgl. *Revolutionäre Kommunisten Österreichs* (RKÖ) um → Johann Schöfmann u. → Georg Scheuer, als Artillerist im Wiener Arsenal Ltr. der Soldatenarbeit der RKÖ, Mitarb. *Bolschewik*. 1938 nach dem Anschluß Österr. Ltr. der RKÖ-Gruppe in Wien. 1939 Emigr. Antwerpen, Ltr. RKÖ-Auslandsgruppe in Antwerpen. Beitritt zur Gruppe der österr. Sozialisten in Belgien u. Ltr. des *Matteotti-Komitees* in Antwerpen; Deckn. Dieter. Frühj. 1940 bei dt. Einmarsch in

Belgien Verhaftung, Dep. nach Frankr., zus. mit → Karl Fischer Internierung in St. Cyprien. Nach franz. Kapitulation Flucht, lebte illeg. in Florensac. Herbst 1940 mit Karl Fischer u. Ignaz Duhl Hg. der handschriftl. vervielfältigten Zs. *Der Marxist.*

L: Keller, Fritz, Gegen den Strom. 1978; ders., Biographie Karl Fischer (unveröffentl. Ms.). *Qu:* Arch. Pers. Publ. - IfZ.

Lederer, Julius, Parteifunktionär; geb. 1. Apr. 1867 Podersam/ Böhmen; ∞ Anna (geb. 1872), Emigr. mit Ehemann; *K:* Heinz (geb. 1908), Schausp., Stud. bei Max Reinhardt u. Gustav Hartung in Berlin, bis 1933 Intimes Theater Nürnberg, ab 1926 Mitgl. GDBA, Agitprop-Arbeit, von Julius Streicher bedroht, Apr. 1933 Flucht nach Prag, 1939 nach GB; Maria Deutsch; *StA:* österr., 1923 deutsch, nach 1933 Ausbürg. mit Fam., 1937 CSR. *Weg:* 1933 CSR; 1939 GB.

Schulausbildung in Böhmen, Handelsvertr. Früh Anschluß an SozDem., ab 1910 in Deutschland, 1903 in Nürnberg Mitgl. SPD, freier Publizist, Mitarb. sozdem. Parteipresse in Nürnberg, Leipzig, Düsseldorf u. München, vor 1914 in der Arbeiterbildung tätig, zahlr. Vortragsreisen in Deutschland u. Österr., mehrfach wegen pol. Arbeit angeklagt, u.a. 1910 Gef. in Eger; 1908 Mitgl. ZdA; 1910 Gr. sozialist. Krematoriums-Verein, später Geschäftsf. u. 1. Vors. *Verband der Feuer-Bestattungsvereine Süddeutschlands.* Jan. 1933 Emigr. nach Prag, 1937 mit Unterstützung → Siegfried Taubs CSR-Staatsbürgerschaft, aufgrund von dt. Auslieferungsbegehren März 1939 Flucht nach London, im Exil pol. zurückgezogen.

Qu: Arch. - IfZ.

Lederer, Leo, Dr. phil., Journalist; geb. 1883 Wien, gest. 20. Nov. 1946 Paris. *Weg:* 1938 F; Deutschland; F.

Stud. Univ. Wien, anschl. nach Berlin, Mitarb. *Berliner Tageblatt,* Auslandskorr. in St. Petersburg, Konstantinopel u. Wien. 1938 Emigr. Paris, Mitarb. *Pariser Tageblatt.* 1940 nach Besetzung Frankr. durch dt. Truppen unter der Beschuldigung, an einem Anschlag auf Hitler beteiligt gewesen zu sein, verhaftet, bis 1944 Haft in Deutschland u. Frankr.; 1944 durch alliierte Truppen befreit, Mitgr. u. angebl. Präs. *Front National Autrichien* in Paris. Nach Kriegsende Auslandskorr. *Neues Österreich* in Paris.

Qu: Hand. -IfZ.

Lederman, Heinz Guenther, Dipl.-Ing., Unternehmensleiter; geb. 25. Mai 1907; ev.; *V:* Kurt Paul L. (geb. 1881 Berlin, gest. 1966 Berlin), ev., zeitw. KL; *M:* Grete Sophie (geb. 1883 Hannover, gest. 1958 London), ev., Emigr. GB; ∞ 1963 Anne Esther Sichel (geb. 1919 Kassel), 1939 Emigr. S-Afrika (T von → Frieda Sichel), Inh. einer Agentur; *StA:* deutsch, 1939 S-Afrika. *Weg:* 1934 S-Afrika.

Abitur Hamburg, Stud. Elektrotechnik TH München u. Berlin, 1931 Dipl.-Ing. Bis 1934 bei BV-Aral in Bochum. Mai 1934 Emigr. Südafrika, 1934-67 bei Hollerith Machines, nach Fusion zu Internat. Computers South Africa (Pty.) Ltd. GenDir., 1967 Pensionierung. Dann Inh. zweier Süßwaren- u. Delikatessengeschäfte. Lebte 1975 in Johannesburg/Südafrika.

Qu: Fb. - RFJI.

Leeb, Rudolf, Parteifunktionär; geb. 7. Mai 1902 Berlin; o.K.; *V:* Johann L. (geb. 1861), kath., Brauer, SPD; *M:* Martha L. (geb. 1874), ev., Näherin; *G:* Elsa (geb. 1895), Näherin; Hans (geb. 1905), Dreher; Gerda Roth (geb. 1916), Buchhalterin; ∞ 1927 Hildegard Grundei (1907-58), Emigr.; *K:* Lothar (geb. 1929), Emigr., Zimmermann; A: USA; *StA:* deutsch, Ausbürg., deutsch. *Weg:* 1933 CH, CSR; 1938 F; 1940 Port.; 1941 USA; 1950 Deutschland (BRD).

Bürolehre, 1917 ZdA, 1920 SPD. Ab 1925 *Reichsbanner.* 1927-33 Kassierer beim PV der SPD, Berlin. Mit Alfred Nau u. → Fritz Heine in „Gruppe z.b.V.", die Maßnahmen für die Illegalität vorbereitete u. maßgebl. an der Rettung von Parteivermögen ins Exil beteiligt war. Ab März 1933 im Untergrund, 12. Mai 1933 über CSR nach Zürich, Juli 1933 nach Prag. Angest. des *Sopade*-Büros in Prag, ab Mai 1938 in Paris. 1940 Internierung in Castres, Prestataire. Dez. 1940 nach Lissabon, Apr. 1941 mit Hilfe des *Jewish Labor Committee* nach New York. Maler, Färber, Hersteller von Süßwaren. 1941-50 Mitgl. Deutsche Sprachgruppe der *Social Democratic Federation of America,* VorstMitgl. Arbeiterwohlfahrt USA. Verb. zur GLD, Mitgl. *Association of Free Germans, Inc.* unter → Albert Grzesinski. Tätigkeit für *Relief for the German Victims of Nazism.* Apr. 1950 auf Wunsch der SPD nach Hannover, bis 1968 Kassier beim PV. Mitgl. *Arbeitsgemeinschaft verfolgter Sozialdemokraten.* Lebte 1977 in Bonn.

L: MGD. *D:* AsD. *Qu:* Arch. Fb. Publ. - IfZ.

Lefebre, John (urspr. Hans Joachim), Werbefachmann, Kunsthändler; geb. 2. Okt. 1905 Berlin; jüd.; *V:* Otto L. (geb. Falkenburg/Pommern, umgek. im Holokaust), jüd., Kaufm.; *M:* Martha, geb. Gruenberg (geb. Prillwitz/Pommern, gest. 1933 Berlin), jüd.; ∞ 1935 Gertrude Reissner (geb. 1912 Kottbus), jüd., Gymn., 1936 Emigr. USA, Mitarb. Lefebre Gallery New York; *K:* Marion Renée Burge (geb. 1947 Kairo), 1950 nach Paris, 1960 New York, B.A.; *StA:* deutsch, 1942 USA. *Weg:* 1936 USA.

1923 Abitur, Mitgl. *Blau-Weiß,* Stud. Berlin. 1925-36 Werbeltr. von Fanamet, der Berliner Agentur von MGM, zugl. Red. *Republik* (Hauptschriftltr. Karl Vetter), Beiträge u.a. in *Filmkurier;* auf Druck des PropMin. Joseph Goebbels Entlassung durch MGM. Aug. 1936 Emigr. USA, 1936-42 Tätigkeit bei Werbefirma E.T. Howard New York, zugl. ehrenamtl. tätig für *Nat. Council of Jew. Women.* Im 2. WK Dienst bei OWI in USA, GB, Deutschland, 1942-45 Ltr. der Filmabt. für psycholog. Kriegführung London u. Office of Information Control New York. 1945-59 bei 20th Century Fox, bis 1950 Dir. der Nahost-Zentrale in Kairo, 1950-59 GenDir. für Europa in Paris. 1960 Gr. u. Inh. Lefebre Gallery New York, die sich bes. der modernen europ. Malerei widmet. Lebte 1977 in New York.

Qu: Fb. Hand. HGR. Pers. - RFJI.

Legler, Helmuth (nach 1945 [?] **Gustav**), Dr., Funktionär; geb. 1915 (?) Nordböhmen; *StA:* CSR. *Weg:* 1939 GB; 1945 Österr.; 1948 CSR.

Bis 1938/39 Ltr. der kommunist. Kinderbewegung für die dt. Gebiete der CSR, KSČ-Mitgl.; 1939 Emigr. nach GB, Mitgl. sog. *Beuer-Gruppe* (→ Gustav Beuer). 1945 nach Österr.; 1945-48 Red. *Volksstimme* Wien. 1948 Rückkehr in die CSR, bis 1968 im diplomat. Dienst, 1969 KSČ-Ausschluß. Lebte 1978 als Übers. in Prag.

Qu: Arch. Pers. - IfZ.

Lehm, Richard, Parteifunktionär; geb. 29. Okt. 1906 Chemnitz/ Sa.; *StA:* deutsch, 1919 CSR, deutsch. *Weg:* 1938 GB; 1947 Deutschland (BBZ).

Aufgewachsen bei Großeltern in Böhmen, SJ-Funktionär, DSAP, ab 1926 Angest. BezKrankenkasse Komotau, Partei- u. RW-Funktionär. 1938 Emigr. GB, zus. mit → Volkmar Gabert Jugendvertr. im TG-Landesvorst. (Deckn. Richard Lehninger [?]), Anfang 1944 wegen Einberufung zur brit. Armee durch Werner Lauermann abgelöst. 1947 Rückkehr nach Deutschland, zunächst Mitarb. SPD-PV in Hannover, dann langjähr. Ltr. des Notaufnahmelagers für DDR-Flüchtlinge in Gießen. Lebte 1978 in Lahn.

Qu: Arch. Z. - IfZ.

Lehman (bis 1933 Sprinzeles), **Emil,** Dr. phil., Lehrer, Verbandsfunktionär; geb. 6. Aug. 1907 Mattersdorf/Burgenland; jüd.; *V:* Abraham Heinrich Sprinzeles (geb. 1868 Mattersdorf, gest. 1941 Wien), jüd., Lehrer; *M:* Regina, geb. Hirsch (geb. 1878 Mattersdorf, umgek. im Holokaust), jüd.; *G:* Dr. med. Herta Spencer (geb. 1910 Wien), 1938 Emigr. GB, Krankenschwester, 1943 USA, Mitarb. in der physiolog. Forschung am

Veterans' Hospital in Hines/Ill.; Martha Schone (geb. 1914 Wien), 1938 Emigr. GB, 1950 USA, Ph.D. New York Univ., klin. Psychologin u. psycholog. Beraterin am Memorial Hospital in New York; ∞ 1942 Pauline Ann Sneider (geb. 1912 Asbury Park/N.J.), jüd., B. A.; *K:* Carol Rena (geb. 1950), M.A., Fernsehproduzentin; *StA:* österr., 1942 USA. *Weg:* 1938 GB, 1939 USA.

1927-33 Stud. Gesch. u. LitWiss. Wien, 1928 Examen Lehrerseminar Wien, 1928-33 jüd. Religionslehrer an Volksschulen in Wien, 1933 Prom., 1933-38 Lehrer am Akad. Gymn. Wien, gleichz. 1934-38 Hg. *Jüdische Jugend, Zeitschrift für die jüdische Jugend Österreichs.* 15. März 1938 Emigr. GB, Verbindung zum JDC in London, 1938-39 Ltr. des Heims für jugendliche Flüchtlinge in Croydon. Dez. 1939 in die USA, 1940 geschäftsf. Sekr. der *Theodor Herzl Soc.* u. der ZOA-Sektion für Flüchtlinge. 1941-45 Abt. für psychol. Kriegsführung der US-Armee. 1945 Chefred. bei *Radio München,* 1946-48 Bez-Dir. United Syn. of America für New Jersey, 1948-50 Ltr. der Außendienstabt., 1950-54 stellv. Dir.; 1955-75 Dir. Theodor Herzl Inst. New York, seit 1975 ltd. Vizepräs. *Tarbuth Found. for the Advancement of Hebr. Culture* New York. Lebte 1978 in New York.

W: u.a. National Study on Synagogue Leadership. A Report and Study. 1954; Living with a Sense of Jewish History. 1961; Israel. Idea and Reality. 1962, 1965; *Qu:* Fb. Hand. Pers. - RFJI.

Lehman, Robert L., Rabbiner; geb. 3. Mai 1927 Heilbronn; *V:* Michael L. (geb. 1897 Schweinfurt, gest. 1960), Bankier, 1938 Emigr. USA, Vertr.; *M:* Toni, geb. Schaffner (geb. 1901 Heßloch/Hessen), Sekr., 1938 Emigr. USA; ∞ 1957 Ilona Tuch (geb. 1931 Alt-Landsberg/Brandenburg), Büroangest., Emigr. B, 1948 USA; *K:* Sharon Michele (geb. 1961); *StA:* deutsch, USA. *Weg:* 1938 USA.

1937-38 Ausbildung im Philanthropin Frankfurt/M.; März 1938 Emigr. USA, 1945-46 US-MilDienst, 1947-49 Stud. Long Island Univ., 1949 B.A. Phil., 1949-54 Stud. Hebr. Union Coll.-Jew. Inst. Religion in Cincinnati, 1951 B.H.L., 1954 M.H.L., Rabbinerexamen. 1954-56 Assist. Rabbiner Temple Ohab Shalom in Baltimore/Md., ab 1956 Rabbiner Hebr. Tabernacle Congr. New York; aktiv in Reformbewegung, Jugendarb. u. in der jüd.-christl. ZusArb., 1975-77 VorstMitgl. CCAR u. A.F.J.C.E., 1972-74 Präs. *New York Assn. Reform Rabbis,* VorstMitgl. *New York Board of Rabbis.*

W: Predigten in *New York Times* u. *New York Herald Tribune;* zahlr. Beiträge in Lokalzs. *Qu:* Arch. Fb. Hand. Pers. Publ. - RFJI.

Lehmann, Eduard, Rechtsanwalt; geb. 16. Sept. 1882 Warburg/Westf., gest. 13. Juni 1964 Saarbrücken. *StA:* deutsch, F. *Weg:* 1935 F; 1945 Deutschland/Saargeb.

Vor 1935 bekannter Anwalt der pol. Linken im Saargeb., Mitgl. Landesvorst. SPS (AgitBez. Saarbrücken) u. StadtVO Saarbrücken; zus. mit → Walter Sender mit der Rechtsvertr. von Dimitroff u. Torgler im Reichstagsbrandprozeß beauftragt, jedoch mit der Begründung der Unzulässigkeit jur. Vertretungen durch Saarländer am Reichsgericht abgelehnt; aktiv im Kampf der saarländ. *Freiheitsfront* gegen eine Rückgliederung an das natsoz. Deutschland. Nach der Saarabstimmung 1935 Emigr. nach Frankr., 1945 Rückkehr ins Saargeb., Okt. Zulassung als RA in Saarbrücken; Jan. 1957 mit W. Sender Prozeßbevollmächtigter des KPD-Landesverb. Saar vor dem Bundesverfassungsgericht Karlsruhe, Beschwerde gegen Gültigkeit des KPD-Verbots vom 17. Aug. 1956 im Saarland.

L: Schmidt, Saarpolitik; Schneider, Saarpolitik und Exil. *Qu:* Arch. Pers. Publ. - IfZ.

Lehmann, Ernst, Dr. rer. pol., Bankier; geb. 29. Apr. 1902 Berlin; gest. 28. Jan. 1979 Ramat Gan/IL; jüd.; *V:* Eugen L. (geb. 1861 Insterburg/Ostpreußen, gest.), jüd., Kaufm.; *M:* Elsa, geb. Bachrach (geb. 1874 Wiesbaden, umgek. KL Sobibor), 1938 Emigr. NL, KL Westerbork, Dep. KL Sobibor; *G:* Lore (geb. 1901 Berlin, gest. 1931); Anny (geb. 1907 Berlin), A: DK; ∞ 1926 Nelly Frank (geb. 1902 Hinterbrühl bei Wien), Buchbinderin, 1935 Emigr. Pal.; *K:* Ralph (geb. 1927), jüd., 1935 Emigr. Pal., B.Sc. Univ. of Calif., Ltr. Londoner Filiale der Bank Leumi. *Weg:* 1935 Pal.

1920-24 Stud. Berlin u. München, ab 1924 Angest., 1926-28 Prokurist Mitteldeutsche Bodenkreditanstalt Greiz-Berlin, 1928-33 Prokurist Deutsche Realkreditbank AG Dessau-Berlin, 1933 Entlassung, dann befristete Wiederanstellung i. A. des Reichsfinanzmin. zur Abwicklung der Fusion der beiden Banken. Juni 1934-35 Aufbau u. Ltg. der *Gesellschaft zur Förderung wirtschaftlicher Interessen von in Deutschland ansässigen oder ansässig gewesenen Juden* (FWI), einer von *Reichsvertretung* u. *Palästina-Amt* gegr. Org. zur geregelten Auflösung jüd. Vermögens. 1935 Emigr. Palästina, zunächst mit Touristenvisum, dann mit A I-Zertifikat. 1935-48 bei General Mortgage Bank of Palestine Ltd., 1948-54 Ltr. Abt. Notenausgabe der Anglo-Palestine Bank (später Bank Leumi), zugl. Ltr. isr. Amt für Staatsanleihen, 1954-70 stellv. GenDir., dann GenDir., 1970-73 AR-Vors., 1973-76 VorstMitgl. der Bank Leumi, 1954-73 Berater versch. Ausschüsse der Bank of Israel, UN-Stipendium zum Stud. des ausländ. Bankwesens, Vors. Börse von Tel Aviv, Vors. VerwRat der Siedlungsfinanzges. Jew. Colonial Trust London, 1970-76 AR-Mitglied versch. Banken, Investitions- u. Versicherungsges., Vors. UJA Israel, Vors. Maurice Falk Inst. für wirtschaftl. Forschung der Hebr. Univ. u. Y. Foerder Inst. für wirtschaftswiss. Forschungen der Tel Aviv Univ.; Vors. archäolog. Vereinigung *Ḥevrah leḤakirat Erez Israel veAtikotheha* Tel Aviv, 1970-73 Vors. VerwRat u. Präs. Israelische Bankenvereinigung, Kuratoriumsmitgl. Hebr. Univ. u. Weizmann Inst. Reḥovoth, Mitgl. H.O.G.

W: Die Restitution der englischen Goldwährung. (Diss.) 1924; zahlr. Art. über Währungs- u. Finanzprobleme in dt. u. isr. Zs. *Qu:* Fb. Hand. Z. - RFJI.

Lehmann, Hans, Dr. rer. pol., Parteifunktionär, Kaufmann; geb. 24. Aug. 1900 Hamburg; jüd., Diss.; *V:* Samuel L., jüd., Kaufm.; *M:* Rosa, geb. Pincus, jüd., Lehrerin; ∞ 1934 Emma Carl (1889-1973); *StA:* deutsch. *Weg:* 1933 F; 1934 Österr.; 1936 Argent.

Höhere Schule, anschl. kaufm. Lehre, 1919-23 Stud. Volkswirtsch. Univ. Hamburg, Göttingen u. Frankfurt/M.; bis 1933 kaufm. Tätigkeit, ab 1926 Geschäftsf. der den ISK unterstützenden Dreiturm-Seifenfabrik Victor Wolf in Steinau/Hessen. 1919 Mitgl. USPD, 1921 SPD, Mitgl. ZdA; Anschluß an *Internationalen Jugend-Bund* Leonard Nelsons (→ Willi Eichler), ab 1926 ISK, einer der führenden Funktionäre, 1929-33 mit → Erna Blencke Ltr. ISK-Gruppe Frankfurt/M. Nach natsoz. Machtübernahme bis Juli 1933 mehrere Monate Schutzhaft, dann Flucht nach Frankr., Herbst 1934 nach Feldkirch/Österr.; Mai 1936 Emigr. nach Argentinien. In Buenos Aires RedMitgl. u. Hauptmitarb. der ab 1938 erscheinenden Zs. *Das Andere Deutschland* (→ Heinrich Groenewald, → August Siemsen), Ps. Juan; Mitarb. des ISK-Exilorgans *Sozialistische Warte,* Mitgl. u. zeitw. VorstMitgl. *Verein Vorwärts,* nach 1945 Mitarb. *Deutschland-Hilfswerk.* Juli 1954 Rückkehr nach Deutschland (BRD), Mitgl. SPD u. später *Humanistische Union;* bis 1970 wieder in der Geschäftsführung der Dreiturm-Seifenfabrik. Lebte 1974 in Neuenhain/Taunus.

L: Link, ISK; Seelisch, Winfried, Das Andere Deutschland. Eine politische Vereinigung deutscher Emigranten in Südamerika (Dipl.Arb. Otto-Suhr-Inst.). Berlin o.J. *Qu:* Fb. Hand. Publ. - IfZ.

Lehmann, Jules, Elektroingenieur, Raumfahrtexperte; geb. 7. Juni 1915 Reinheim/Hessen; jüd.; *V:* Max L. (geb. 1876 Reinheim, gest. 1969 USA). 1940 Emigr. USA; *M:* Sara, geb. Stahl (geb. 1881 Hamm, gest. 1973 USA), 1940 Emigr. USA; *G:* Martha (geb. 1907 Reinheim), 1939 Emigr. USA; Arthur (geb. 1909 Reinheim), 1934 Emigr. I, 1939 USA; Siegfried (geb. 1913), 1934 Emigr. Pal.; ∞ 1957 Bettie Ann Petrini (geb. 1922 Scranton/Pa.), kath.; *K:* Robert (geb. 1960); David (geb. 1961); *StA:* deutsch, 1943 USA. *Weg:* 1934 F, 1942 USA.

1934 Abitur, Apr. 1934 Emigr. Frankr. mit StudVisum, Unterstützung durch franz. Verwandte, Schulbesuch, 1934-35 Ing. Optisches Institut Paris, 1937 Licencié ès sciences Univ. Paris, 1938-42 Elektro-Ing., 1939-40 französ. Armee. Sept. 1942 in die USA, Unterstützung durch HIAS, 1943-46 US-MilDienst, 1946-63 bei RCA Laboratories in Princeton/N.J., 1946-58 in der techn. Betriebsabt., 1958-63 Ltr. Earth Observations der Astro-Electronic Div.; 1963-66 Ltr. Abt. Fernsehsysteme der Electro-Optical Systems Inc. in Pasadena/Calif. Ab 1966 bei der NASA, zunächst anwendungstechn. Abt., ab 1967 Programmltr. u. techn. Berater Abt. Instrumente u. Prüfgeräte. Mitgl. *Am. Inst. of Aeronautics and Astronautics, Soc. of Photo-Optical Instrumentation Engineers, Sigma Xi.* Lebte 1977 in Washington/D.C. – *Ausz.:* 1961 u. 1962 Ehrungen durch RCA, 1973 Ehrung durch NASA.

Qu: Fb. Hand. – RFJI.

Lehmann, Otto, Unternehmensleiter; geb. 17. Mai 1876 Dortmund, gest. 8. Jan. 1961 San Francisco/Calif.; *V:* David L. (gest. 1902), Kaufm.; *M:* Emilie, geb. Kugelmann; *G:* Hugo (geb. 1873), war 1902 Kaufm. in Antwerpen; Gustav (geb. 1874), war 1902 Kaufm. in Antwerpen; Carl (geb. 1879),Kaufm.; Ernst (geb. 1881), Kaufm.; Anna (geb. 1881); Paul; ∞ Aenne Spier; *K:* Fritz (geb. 1904), war 1930 Kaufm. in Rotterdam; Else Carsch; *StA:* deutsch, USA (?). *Weg:* 1938 NL, 1940 USA.

Handels- u. Sprachenschule in der Schweiz, anschl. bis 1897 Tätigkeit für väterl. Getreideimport-Firma in Dortmund, Berlin, Rotterdam u. Antwerpen, dann Einjährig-Freiw. Ab 1899 Ltr., ab 1902 Mitinh. der nach Duisburg verlegten väterl. Firma. Ab 1910 VorstMitgl. Getreidebörse zu Duisburg, während 1. WK. Ltr. der amtl. Getreidestelle des Kommunalverbands Duisburg. 1921 Umwandlung der väterl. Firma in Allgemeine Commissionsges. m.b.H., neben Ernst L. Inhaber u. Geschäftsf.; 1924-26 erster Schriftführer, 1927-31 Vors. Duisburger Getreidebörse, ab 1926 VorstMitgl. *Verein Rheinisch-Westfälischer Getreidehändler.* AR-Mitgl. mehrerer Bank- u. Industrieunternehmungen sowie Mitgl. Handelskammer Duisburg-Ruhrort, Handelsgerichtsrat. Legte 1931 aus gesundheitl. Gründen seine Ämter in der Duisburger Getreidebörse nieder, ab 1931 selbstständ. Wirtschaftsberater. Dez. 1938 Emigr. nach Rotterdam, März 1940 nach New York, anschl. San Francisco.

L: RHdG. *Qu:* Arch. Hand. – IfZ.

Lehmann, Robert, Partei- u. Staatsfunktionär; geb. 23. Nov. 1910 Hannover; *V:* Werkzeugmacher; *K:* 1; *StA:* deutsch. *Weg:* 1935 CSR, F; NL; 1945 Deutschland(BBZ).

Maler; 1926 Mitgl. Gew. u. SAJ, 1929 KJVD; Mitgl. BezLtg. Hannover-Braunschweig, 1932 KPD. Nach 1933 illeg. Tätigkeit, Ltr. KJVD in Leipzig u. Berlin; Dez. 1934 auf sog. Berliner KJVD-Reichskonf. in Moskau Wahl zum ZK-Mitgl. u. -Sekr.; Okt. 1935 Teiln. Brüsseler Konferenz der KPD, danach Mitarb. KPD-AuslLtg. Prag u. Paris. Deckn. Peter Jansen. Im 2. WK Mitgl. einer Widerstandsgruppe in Amsterdam. Nach 1945 KPD-Funktionär in Hannover; 1947-51 MdL Niedersa., 1952 in die DDR, SED, bis 1957 Ltr. Abt. Kultur beim Rat des Bez. Gera, 1957-64 Vors. der *Pionierorganisation Ernst Thälmann,* 1958-67 ZK-Mitgl. der SED, 1958-69 PräsMitgl. NatRat der *Nationalen Front des demokratischen Deutschland,* 1958-67 MdVK, 1964-66 stellv. Min. für Kultur, 1967-72 Dir. *Kulturfonds der DDR,* ab 1972 Vors.; Präs. des Zentralausschusses der *Volkssolidarität.* Lebte 1973 in Berlin (Ost). – *Ausz.:* u.a. 1961 VVO (Silber), 1965 Orden Banner der Arbeit.

L: Jahnke, Anteil; Duhnke, KPD. *Qu:* Hand. Publ. Z. – IfZ.

Lehmann, Wolfgang J., Diplomat; geb. 18. Sept. 1921 Berlin; *V:* Karl L.; *M:* Elvine; ∞ 1947 Odette Chatenet; *K:* Mark E.; Michael D.; *StA:* deutsch, 1942 USA. *Weg:* 1934 USA.

1934 Emigr. USA; 1940-42 Stud. Haverford Coll. in Haverford/Pa., 1942-47 US-Armee (Major, Bronze Star), 1947-51 beim US-Army Dept.; 1951-53 i.A. des Außenmin. als stellv. Verbindungsoff. in Wien, 1953-54 Attaché in Rom, 1953-54 Halbtagsstud. George Washington Univ. Washington/D.C., 1954-56 bei der US-Vertr. in Genf, 1957 Berater für öffentl. Angelegenheiten u. Nachrichten-Spezialist in Washington/D.C., 1962-64 1. Sekr. der pol. Abt. der US-Mission bei der EWG in Brüssel, 1964-65 Stud. Army War Coll. in Washington/D.C., 1965-68 Abordnung zum Verteidigungsmin. als Sonderberater für europ. Angelegenheiten, 1968-70 Ltr. Abt. für Atomenergie u. Luftraum des Büros für pol.-mil. Angelegenheiten in Washington/D.C., 1970-71 Referent im Büro für pol. Beratung, 1971-73 pol. Berater des Oberbefehlshabers des US Europ. Command in Stuttgart u. Bonn, 1973-74 ltd. Position in Can Tho in Süd-Vietnam, 1974 stellv. Missionschef u. Berater im Rang eines Gesandten in Saigon. Mitgl. *Am. Foreign Service Assn., Sierra Club.* Lebte 1978 in Hanover/Pa. – *Ausz.:* 1960 Merit Service Award des US-Außenministeriums.

Qu: Hand. – RFJI.

Lehmann-Russbueldt, Otto Gustav Albert Willy, Schriftsteller; geb. 1. Jan. 1873 Berlin, gest. 7. Okt. 1964 Berlin (West); Diss.; *V:* Zollbeamter; *M:* geb. Helfer; ∞ I. Lucie Piontkowski (geb. 1907), Emigr., 1937 Ausbürg.; III. Jeanette Saphir (geb. Wien), Emigr.; *K:* aus I: Yvonne (geb. 1927), Emigr., 1937 Ausbürg.; 1 S; aus II: 1 T (geb. London); *StA:* deutsch, 25. Aug. 1933 Ausbürg., deutsch. *Weg:* 1933 NL, GB; 1951 Deutschland/Berlin (West).

Freistelle an Realschule, Buchhandelslehre, nach 1900 Sekr. *Giordano-Bruno-Bund,* Versandhandel für monist. Schriften, aktiv in Kirchenaustrittsbewegung, erste phil. u. pol. Veröffentl.; 1914 Mitgr. *Bund Neues Vaterland,* aus dem 1922 die DLM hervorging, bis 1926 GenSekr. der Liga. Eintreten für dt.-franz. Verständigung, zahlr. pazifist. Schriften, Kritiker der Reichswehr, Mitarb. *Die Weltbühne,* Mitgl. SDS, *Deutscher Monistenbund,* Mitinitiator des Kongresses *Das Freie Wort* v. 19. Febr. 1933 in Berlin. Febr./März kurzfristig Haft, Herbst 1933 über Holland nach GB. Mit → Rudolf Olden u. → Ernst Toller Vertr. der DLM in GB, publizist. Tätigkeit, u.a. mit finanz. Unterstützung des CSR-Außenmin. durch Vermittlung von → Kurt R. Grossmann; Mitarb. *Pariser Tageszeitung* u. *Pariser Tageblatt,* später *Das Andere Deutschland* (→ August Siemsen). 1935/36 Beteiligung an *Deutscher Volksfront* Paris, 1936 zus. mit → Max Braun, → Georg Bernhard, → Wilhelm Koenen, Heinrich Mann u.a. Mitunterz. Aufruf des *Aktionsausschusses für Freiheit in Deutschland* anläßl. der Rheinlandbesetzung. 1941-48 Hg. *Rundbriefe des Flüchtlings* (engl. *Circular of the Wanderer*). – L.-R. verkörperte auch im Exil den Typus des parteiungebundenen, nichtmarxist. Radikaldemokraten mit pol. u. persönl. Beziehungen zu oppos. Sozialisten u. zur KPD bei krit. Distanz zum sozdem. Parteiapp.: 1941 Zus.-Arb. mit *Gruppe der Parlamentarier* unter → Karl Höltermann, Verb. zu → Kurt Hillers *Freiheitsbund deutscher Sozialisten* u. zur *Volkssozialistischen Bewegung* (→ Hans Jaeger). 1942 Mitgl. des sog. *7. November-Ausschusses* kommunist., linkssoz. u. bürgerl.-demokrat. Emigranten zur Feier des sowj. Revolutionsjubiläums, gleichz. in Verb. mit → Carl Herz publizist. Mitarb. bei *Fight-For-Freedom* u. ab 1943 Mitwirkung in dem als Gegengewicht zum kommunist. beeinflußten FDKB gegr. *Club 1943;* für „Entpreußung des künftigen Deutschland", Kritik an sowj. NKFD-Politik. Mitarb. bei Schulung dt. Kriegsgef., Mitgl. *Deutscher PEN-Club London.* 1951 Rückkehr nach Berlin, Ehrensold durch Berliner Senat, schriftst. Tätigkeit, Ehrenpräs. DLM, 1954 Austritt aus Protest gegen DLM-Prop. in der DDR. – *Ausz.:* 1953 Gr. BVK.

W: u.a. Weißbuch über die Schwarze Reichswehr. 1925; Die blutige Internationale der Rüstungsindustrie. 1929[5] (übers. in 11 Sprachen); Germany's Air Force. London (Allen and Unwin) 1935; Wer rettet Europa? Die Aufgabe der kleinen Staaten. Zürich (Zentralstelle für Friedensarbeit) 1936; Hitler's Wings of Death. New York (The Telegraph Press) 1936; Landesverteidigung ohne Profit. London (International Publishing Co.) 1936; Der Krieg als Geschäft. Zürich (Pazifistische Bücherstube) 1938; Neues Deutschtum. Paris (Editions Nouvelles Internationales) 1939; Agression. The Origin of Germany's War Machine. London (Hutchinson) 1942; Should and Could the Jews Return to Germany? London (Drummond)

1944; Landesverteidigung. Vortrag vor deutschen Kriegsgefangenen in England. Hamburg 1947; Reiter durch Jahrhunderte. Jugendphantasien eines Revolutionssoldaten. Düsseldorf 1947³; Europa den Europäern (mit Alexander Hirsch). Hamburg 1948; Deutsche Generalfeldmarschälle und ihr General-Feldmarschall. 1953; Wie gewinnen wir den Frieden? 1956. *L:* Stöcker, Jakob, Männer des deutschen Schicksals. 1949; Röder, Großbritannien; Langkau-Alex, Volksfront. *D:* AsD, IISG, IfZ. *Qu:* Arch. Hand. Publ. – IfZ.

Lehnert, Gustav, Polizeibeamter; geb. 6. Juli 1896 Gelsenkirchen, gest. 1976; ∞ Emmi Brosch (geb. 1901); *K:* Ingeborg (geb. 1925), Kurt (geb. 1927); *StA:* deutsch, 3. Dez. 1936 Ausbürg. mit Fam., deutsch. *Weg:* 1933 Saargeb., 1935 F, 1945 Deutschland (BBZ).

Beamter der Kriminalpolizei Essen/Ruhr, Mitgl. SPD u. *Reichsbanner*, 1933 als zeitw. Ltr. der Schutzhaftstelle Tätigkeit gegen Natsoz., Juni 1933 Zwangsbeurlaubung u. Flucht ins Saargeb.; Eintritt in den Polizeidienst der RegKommission an der Saar, ab Nov. 1933 Kriminalkommissar; 1935 nach Rückgliederung des Saargeb. an Deutschland Emigr. nach Frankr., Arbeit als Kohlenhauer in lothr. Revier; 1939 interniert, anschl. Prestataire, ab 1942 Résistance, ab Aug. 1944 im Dienst der amerik. Armee, später Berater der MilReg. in Deutschland; ab Okt. 1945 Ltr. der Kriminalpolizei des RegBez. Düsseldorf; wesentl. Anteil am Neuaufbau der Polizei, später Kriminalrat Polizeipräsidium Essen.

L: Jacoby, Saar; Schneider, Saarpolitik und Exil. *Qu:* Arch. Publ. – IfZ.

Lehnert, Hans Ernst, Dr. jur., Rechtsanwalt; geb. 23. Okt. 1899 Hersbruck/Mittelfranken, gest. 1942 Schweiz. *Weg:* 1938 CH.

Mitgr. u. Gebietsobmann ISK München, aktiv in Freidenker-Bewegung (*Verband für Freidenkertum und Feuerbestattung*) u. Mitarb. *Der Freidenker*. Nach der natsoz. Machtübernahme unter Ltg. von L. u. Ludwig Koch Org. von ISK-Widerstandsgruppen in München u. im süddt. Raum, Deckn. Hansen; mit → Fritz Eberhard u. → Hilda Monte Vertreter einer Strategie der direkten Aktion im Kampf gegen Hitler u. aufgrund dieser innerhalb des ISK umstrittenen Forderung Herbst 1939 Parteiaustritt. Okt. 1937-Apr. 1938 in Haft. Nach Entlassung Flucht in die Schweiz, 1940 interniert, Tod im Exil.

L: Link, ISK. *Qu:* Arch. Publ. – IfZ.

Lehr, Toni (Antonie), Partei- u. Verbandsfunktionärin; geb. 30. Nov. 1907 Czernowitz/Bukowina; jüd., 1946 Diss.; *V:* Josef L. (gest. 1942), jüd., Spediteur, Emigr. Pal.; *M:* Lotte, geb. Schnitzer (gest. 1952 IL), jüd., Emigr. Pal.; *G:* Philipp L. (1904-72), Dipl.-Ing., Emigr. USA; Richard L. (geb. 1906), Angest., Emigr. USA; ∞ Franz Storkau; *StA:* österr. *Weg:* 1934 UdSSR; 1935 F; 1943 Deutschland (Österr.); 1945 S, F, Österr.

1923-27 Mitgl. SAJDÖ in Wien; ab 1926 Stud. Hochschule für Welthandel. 1927 Mitgl. KPÖ; Angestellte. Ab 1933 illeg. Funktionärin, Nov. 1934 aufgrund drohender Verhaftung nach Prag, Dez 1934 nach Moskau, 1935 Sekr. der österr. Deleg. auf 7. Weltkongreß der *Komintern*. 1935 nach Paris. Nach Kriegsausbruch illeg. Arbeit, ab Frühj. 1942 Sekr. in der Ltg. der österr. TA innerh. der franz. Résistance (→ Franz Marek), Mitarb. bei Hg. der unter dt. Soldaten verteilten illeg. Ztg. *Soldat im Westen*, Deckn. Edith, Annette Lefèvre u. Annette Lutterbach. Frühj. 1943 als franz. Fremdarb. nach Wien, Dolmetscherin in Lokomotivfabrik. Aug. 1944 Verhaftung, Folterung, Nov. 1944 KL Auschwitz, Jan. 1945 KL Ravensbrück. März 1945 nach Hinrichtungsbefehl von illeg. Lagerorg. innerh. des Lagers versteckt, Apr. 1945 als angebl. Französin im Zuge einer vom Vors. des schwed. Roten Kreuzes Graf Folke Bernadotte mit Heinrich Himmler vereinbarten Austauschaktion von Französinnen gegen dt. Kriegsgef. aus dem Lager geschmuggelt u. nach Schweden gebracht. Juli 1945 nach 4 Wochen Quarantäne von Schweden nach Paris, Aug. 1945 Rückkehr nach Wien, bis 1967 Arbeit im KPÖ-App., u.a. Sekr. von → Johann Koplenig, bis 1969 Gebietsobmann der KPÖ.

1950 auf 1. österr. Friedenskongreß Wahl in den *Österreichischen Friedensrat* (österr. Org. des *Weltfriedensrats*). 1969 im Zuge der Auseinandersetzungen um den Einmarsch der Warschauer-Pakt-Staaten in der CSSR Ausschluß aus der KPÖ, anschl. Mitarb. *Wiener Tagebuch*. Präsidiumsmitgl. u. Vizepräs. *Bundesverband österreichischer Widerstandskämpfer und Opfer des Faschismus – KZ-Verband*. Lebte 1978 in Wien. – *Ausz.:* 1977 Ehrenzeichen für Verdienste um die Befreiung Österreichs.

L: Spiegel, Résistance. *Qu:* Arch. Fb. Pers. Publ. Z. – IfZ.

Lehrmann, Cuno (Chanan-Charles), Dr. phil., Rabbiner; geb. 15. Juni 1905 Stryzow/Galizien, gest. 6. Sept. 1977 Lux.; *V:* Chaim Lehrmann-Frieder (geb. 1882 Przeworsk/Galizien, umgek. 1942 KL), Torah-Schreiber, Kleinhändler; *M:* Blima, geb. Kranzler (geb. Stryzow, umgek. 1942 KL); *G:* Jizchak (geb. 1903), A: IL; Naftali (geb. 1906, gest. 1961 Berlin [Ost]), Schauspieler; Eli Frieder (geb. 1912); Mali (geb. 1913, gest. Buenos Aires); Heinrich Pridor (geb. 1915, gest. 1977 Jerusalem); Hanna (geb. 1916); Solomon Frieder (geb. 1919), Schauspieler in New York; ∞ 1937 Graziella Marc Gandolfi (geb. 1913 Oberhofen/CH), jüd., Schriftstellerin, Red. der Zeitschrift der schweizerisch-italienischen Handelskammer, AbtLtr. beim Europa-Parlament in Luxemburg; *K:* Myriam Mali Beer (geb. 1938 Paris), Schauspielerin in IL; *StA:* österr., PL, 1958 Lux. *Weg:* 1933 CH, 1948 USA, 1949 Lux., 1958 IL, 1960 Deutschland (BRD), 1970 (?) Lux.

1921-24 Stud. Isr. Lehrerbildungsanstalt Würzburg, 1924-25 ReligLehrer in Tübingen, 1926-29 bei der Isr. Kultusgde. Würzburg-Rimpar, 1929-33 am Reichenheimschen Waisenhaus der Jüd. Gde. Berlin. daneben 1928-32 Stud. Würzburg u. Berlin, 1932 Prom. Würzburg, 1933 Examen am Rabbinerseminar Berlin. 1933 Emigr. Schweiz mit StudVisum, zeitw. Lehrer, 1934 Licencié ès lettres Univ. Lausanne, 1934-48 Privatdoz. für jüd. u. franz. Lit. Univ. Lausanne sowie 1936-48 Rabbiner der Jüd. Gde. Freiburg/Schweiz, Vorträge in Flüchtlingslagern. 1948 in die USA, 1948-49 Stipendium des Dropsie Coll. for Hebr. and Cognate Learning in Philadelphia/Pa., 1948-49 Rabbiner in Bristol/Conn.; 1949-58 Landesrabbiner von Luxemburg u. 1953-55 Sekr. der *Leo Baeck Fed. of Rabbis*. 1958-60 Gastdoz. an der Bar-Ilan Univ. in Ramat Gan/Israel. 1960 Rückkehr nach Deutschland (BRD), 1960-70 GdeRabbiner Jüd. Gde. Berlin (West), daneben 1967-70 Honorarprof. für Romanistik an der Univ. Würzburg u. 1967-70 VorstMitgl. der Rabbinerkonferenz in der Bundesrepublik, stellv. Schriftltr. *Udim*, 1967-72 Präs. *Janusz Korczak-Loge* Berlin. 1971 GdeRabbiner in Hannover sowie Rabbiner u. Prof. in Würzburg, Doz. für jüd. Phil. Univ. Lausanne, Ausschußmitgl. des *World Council of Synagogues*. – *Ausz.:* 1959 Ehrung durch Großherzogtum Luxemburg, Ehrenbürger von Luxemburg.

W: Das Humanitätsideal der sozialistisch-romantischen Epoche Frankreichs und seine Beziehung zur Judenfrage. (Diss.) 1934; Bergsonisme et Judaisme. 1937; L'élément juif dans la littérature française. 1941, 1947, 1960 (engl. Übers. 1971); La communauté juive de Luxembourg dans le passé et dans le present. (Mitverf.) 1953; Heinrich Heine. Kämpfer und Dichter. 1957; L'âme luxembourgeoise. 1962; Jewish Influences in European Thought. 1975; Beiträge in zahlr. dt., franz., am. u. isr. Zs. u. Festschriften. *L:* Stern, Werke (mit Bibliographie); Zopf, Lilli, Die Tübinger Juden. 1976. *Qu:* Hand. Pers. Publ. Z. – RFJI.

Leibholz, Gerhard, Dr. jur. Dr. phil., Hochschullehrer, Richter; geb. 15.Nov.1901 Berlin; ev.; *V:* William L. (1868-1933), jüd., Stadtrat, Dir.; *M:* Nina, geb. Netter (1874-1922), jüd.; *G:* Hans (1899-1940), LG-Rat, Freitod im holländ. Exil; Peter (1903-71), Kaufm., Emigr. AUS; ∞ 1926 Sabine Bonhoeffer (geb. 1906), ev., Emigr. (Schwester von Pfarrer Dietrich B.); *K:* Marianne (geb. 1927), Emigr., M.A. Oxford, A: GB; Christiane (geb. 1930), Emigr., Mitgl. Musikhochschule Karlsruhe; *StA:* deutsch, 1942 Ausbürg., 1948 brit. u. deutsch. *Weg:* 1938 CH, GB; 1951 Deutschland (BRD).

Ab 1919 Stud. Berlin u. Heidelberg, 1921 Dr. phil., 1922 Referendar, 1925 Dr. jur., 1926 Assessor, 1926-28 Ref. Kaiser-Wilhelm-Institut für ausländ. öffentl. Recht u. Völkerrecht, Berlin, 1928 Amts- u. Landrichter, 1928-29 PrivDoz., 1929-31 o.ö. Prof. Greifswald, anschl. Göttingen. 1935 zwangsweise in den Ruhestand. Sept. 1938 mit Fam. über die Schweiz nach GB, 1939-46 Fellow *World Council of Churches* London u. Oxford. Mai-Juli 1940 Internierungslager Huyton. Verb. zu Bischof George Bell, Chichester, Mitarb. bei Betreuung dt. Kriegsgefangener. 1947-72 o.ö. Prof. in Göttingen für Politik, Staatslehre, öffentl. Recht, insbes. Staats- u. Völkerrecht. Endgültige Rückkehr 1951, bis 1971 Richter am Bundesverfassungsgericht. 1953-63 Prof. Europa-Kolleg Brügge. Ab 1951 Hg. *Jahrbuch des öffentlichen Rechts der Gegenwart,* ab 1960 Hg. *Politische Vierteljahresschrift.* L. trat u.a. durch sozialpol. Reformvorschläge, etwa für Änderung des Eigentumsrechts bei Grund u. Boden, hervor. Mitgl. u.a. *Institut International de Droit Public.* Lebte 1978 in Göttingen u. Oxford. – *Ausz.:* 1968 Gr. BVK mit Stern u. Schulterband.

W: u.a. Probleme des faschistischen Verfassungsrechts. 1928 (franz. Übers. 1930); Die Auflösung der liberalen Demokratie in Deutschland und das autoritäre Staatsbild. 1933; National Socialism and the Church. 1939; Christianity, Politics and Power. 1942; Germany between East and West. 1942; Types of Democracy. 1945; vollständ. Bibliogr. s. Schneider, Franz (Hg.), Bibliographie Gerhard Leibholz. 1972. *L:* u.a. Die moderne Demokratie und ihr Recht (Festschrift), 2 Bde. 1966; An der Schwelle zum gespaltenen Europa. Briefwechsel zwischen George Bell und Gerhard Leibholz. 1974. *Qu:* Fb. Hand. Publ. – IfZ.

Leichter, Franz, Rechtsanwalt, Politiker; geb. 19. Aug. 1930 Wien; jüd.; *V:* → Otto Leichter; *M:* → Käthe Leichter; ∞ 1958 Nina Williams; *K:* Katherine, Joshua; *StA:* 1951 USA. *Weg:* 1938 F, 1940 USA.

Sept. 1938 Emigr. Frankr., Juni 1940 nach Spanien, dann nach Portugal, Sept. 1940 in die USA. Stud. Swarthmore Coll., 1952 B.A., 1953-55 US-Armee; 1955-57 Stud. Harvard Univ., 1957 LL.B., 1957 Zulassung zur Anwaltskammer, New York, 1957-73 Teilh. RA-Firma Robbins, Bondi & Leichter, seit 1974 bei Wachtell, Manheim & Grouf. BezVors. *Democratic Party,* 71st Assembly Dist. Manhattan, 1962-63 stellv. Vors. New York County Democratic Executive Committee, 1962, 1964, 1966 Deleg. auf dem Parteitag der *Democratic Party* im Staate N. Y., 1964 Deleg. auf dem US-Parteitag, 1969-74 Mitgl. Repräsentantenhaus des Staates N. Y. für den 69. Bez., seit 1975 Mitgl. Senat des Staates N. Y., 1969-70 Mitgl. N. Y. Temporary State Commission to Revise Penal Law, 1970-73 N. Y. State Commission for Cultural Resources, ab 1973 N. Y. State Temporary State Commission on Living Costs and the Economy, Mitgl. *Assn. of the Bar of the City of New York, Harvard Law School Assn., Am. Civil Liberties Union,* NAACP. Lebte 1977 in New York.

Qu: Hand. Pers. Z. – RFJI.

Leichter, Käthe (Marianne Katharina), geb. Pick, Dr. phil., Politikerin, Publizistin; geb. 20. Aug. 1895 Wien, umgek. Febr. 1942 im Holokaust; jüd., Diss.; *V:* Dr. Josef Pick, RA in Wien; *M:* Lotte; *G:* Vally Weigl, Musikerin u. Pädagogin, A: USA; ∞ 1921 → Otto Leichter; *K:* Dr. jur. Heinz (Henry O.) L. (geb. 1924), 1938 Emigr. F, 1940 USA, im 2. WK Soldat in US-Armee, RA in USA; → Franz Leichter; *StA:* österr. *Weg:* 1934 CH, Österr.

Beamten-Töchter-Lyceum, ab Herbst 1914 Stud. Staatswiss. Wien. Kriegsgegnerin, vor allem unter dem Eindruck des Attentats von → Friedrich Adler auf Ministerpräsident Graf Karl Stürgkh Entwicklung zur Sozialistin. Ab Herbst 1917 Stud. Heidelberg, da Abschlußexamina in Wien für Frauen noch nicht möglich. Ende 1917 wegen pol. Betätigung als Kriegsgegnerin Ausweisung aus dem Deutschen Reich, Sommer 1918 mit Sondergenehmigung Prom. mit Ausz. in Heidelberg. In Wien Mitgl. studentischer Linksgruppen, Mitgl. SDAP, neben Otto Leichter führendes Mitgl. der sog. Neuen Linken innerhalb der SDAP, aktive Beteiligung an den Sitzungen des Kreisarbeiterrats sowie des BezArbeiterrats Innere Stadt in Wien, Herbst 1918 Mitgr. *Verband der sozialdemokratischen Studenten und Akademiker* (1925 *Verband Sozialistischer Studenten Österreichs*). 1919-25 auf Veranlassung von → Otto Bauer wiss. Mitarb. der Sozialisierungskommission. 1919-34 stellv. Vors. u. Verantwortliche für Bildungs- u. Frauenarbeit in Wiener BezGruppe der SDAP, Deleg. zu fast allen sozdem. Parteitagen, ab 1923 zu allen Frauen-Reichskonf. der SDAP. Ständige Mitarb. *Der Kampf* u. *Arbeiter-Zeitung.* 1925-34 Mitarb. der Arbeiterkammer Wien, Aufbau u. Ltg. Frauenreferat, Red. *Arbeit und Leben* (gemeinsames Organ der Arbeiterkammern u. der *Freien Gewerkschaften Österreichs*) u. Ltr. des ab 1927 erscheinenden Frauenteils. In enger ZusArb. mit Frauenabt. der *Freien Gewerkschaften* u. Frauenkomitee der SDAP breite pol. u. gew. Versammlungstätigkeit, Betriebsrats- u. Funktionärinnen-Schulungen, führte eine Reihe soziologisch-statistischer Untersuchungen zu brennenden Problemen der Frauenarbeit durch, deren Ergebnisse in den Sozialgesetzen Ende der 20er Jahre Niederschlag fanden. Angehörige des linken Flügels der SDAP, forderte vor allem ab 1926 (Linzer PT) offensive Opposition u. Einheitsfrontpolitik. Mitarb. *Arbeit und Wirtschaft, Die Unzufriedene,* Red. der Frauenbeilage der Zs. *Der Metallarbeiter.* Ab 1927 im Rahmen der SAI u. des IGB Deleg. u. Beraterin auf zahlr. internat. Frauen- u. Arbeiterinnen-Konf.; 1934 nach den Februarkämpfen im Untergrund, spielte maßgebl. Rolle bei Bildung der ersten Organisationsansätze der RSÖ u. bei Unterstützung für die Opfer der Kämpfe. Anfang März 1934 über Brünn (Besprechungen mit O. Bauer) nach Zürich, wiss. Arbeiten. Sept. 1934 Teiln. an sog. Wiener Konferenz der RSÖ in Blansko bei Brünn, Wahl zur Ltr. des Bildungsausschusses der RSÖ. Anschl. Rückkehr nach Wien. Bis 1938 zentrale Rolle im illeg. App. der RSÖ, ab 1937 als Nachfolgerin von → Karl Ausch Ltr. *Informationsdienst* der RSÖ, Mitarb. *Der Kampf* (Brünn), Ps. u. Deckn. Maria, Maria Mahler, Anna Gärtner. Mai 1938 während Emigrationsvorbereitung von Gestapo verhaftet, Sept. 1938 Hochverratsanklage, Okt. 1939 Urteil vier Mon. Gef., Jan. 1940 KL Ravensbrück. Febr. 1942 im Zuge einer Versuchsvergasung von ca. 1500 Jüdinnen in der Nähe von Magdeburg in einem Eisenbahnwaggon ermordet.

W: u.a. Die handelspolitischen Beziehungen Österreich-Ungarns zu Italien. Diss. phil. masch. 1918; Wie leben die Wiener Hausgehilfinnen? 1926; Handbuch der Frauenarbeit in Österreich (Mitverf. u. Red.). 1930; Vom revolutionären Syndikalismus zur Verstaatlichung der Gewerkschaften. In: Festschrift für Carl Grünberg. 1932; Sanierung und Krise, Rationalisierungs- und Stabilisierungspolitik. In: Geschichte der österreichischen Gewerkschaftsbewegung im Weltkrieg und in der Nachkriegszeit. 1932; 100.000 Kinder auf einen Hieb. Die Frau als Zuchtstute im Dritten Reich. 1933; Mahler, Maria (Ps.), Die Gewerkschaften im Faschismus. In: Internationale Studienwoche, veranstaltet vom Internationalen Frauenkomitee der Sozialistischen Arbeiter-Internationale, Brüssel 22. 8. bis 29. 8. 1936. Brüssel 1936; Gärtner, Anna (Ps.), Erfahrungen und Aufgaben sozialistischer Schulungsarbeit. In: Der Kampf. 1936. *L:* Buttinger, Beispiel; Leser, Werk; Wisshaupt, RSÖ; Spiegel, Tilly, Frauen und Mädchen im österreichischen Widerstand. 1967; Leichter, Diktaturen; DBMOI; Steiner, Herbert, Käthe Leichter. Leben und Werk (mit vollst. Bibliogr.). 1973; Neugebauer, Bauvolk; Widerstand 1 u. 2. *Qu:* Arch. Biogr. Hand. Publ. Z. – IfZ.

Leichter, Otto, Dr. jur., Politiker, Journalist, Publizist; geb. 22. Febr. 1898 (1897 ?) Wien, gest. 14. Febr. 1973 New York; Diss.; *M:* Regine (?), jüd.; ∞ I. 1921 Käthe Pick (→ Käthe Leichter); II. 1943 New York, Elsa Koheri, geb. Schweiger (geb. 1905), Dr. phil., Stud. Medizin u. Rechtswiss. Wien, Sozialarb. Wien, 1938 Emigr. USA, M.A. Western Reserve Univ. Cleveland/O., Psychoanalytikerin, Mitarb. *Jewish Family Service; K:* Dr. jur. Heinz (Henry O.) L.; → Franz Leichter; *StA:* österr., Ausbürg. (?), 1945 USA. *Weg:* 1934 CH, Österr.; 1938 F; 1940 USA; 1946 Österr.; 1948 USA.

Stud. Rechtswiss. Wien, 1920 Prom.; 1918 Mitgr. u. Vorst-Mitgl. *Verband der sozialdemokratischen Studenten und Akademiker* (ab 1925 *Verband Sozialistischer Studenten Österreichs*), Mitgl. SDAP, führendes Mitgl. der sog. Neuen Linken innerhalb der SDAP, die nach Ende des 1. WK für Rätesystem, gegen Koalition mit *Christlich-Sozialer Partei* u. für Verständigung mit KPÖ eintrat; 1919-34 Mitarb. *Der Kampf.* In der ersten Hälfte der 20er Jahre an maßgebl. Stelle in Gemeinnütziger Anstalt Arsenal (einer der größten sozialisierten Betriebe) beschäftigt. 1925-34 Red. *Arbeiter-Zeitung* für wirtschaftl. u. gewerkschaftl. Fragen, ab 1930 auch Red. für Parlamentsberichterstattung. Febr. 1934 neben → Oscar Pollak maßgebl. Vertr. des sog. Schattenkomitees aus ehemal. Parteired. u. Mitarb. vor allem der *Arbeiter-Zeitung;* auf Pollaks Initiative wurde die erste zentrale Fünfergruppe (später ZK) der RSÖ unter → Manfred Ackermann gebildet. Anfang März 1934 über Brünn (Verhandlungen mit → Otto Bauer) nach Zürich, um AuslVerb. herzustellen u. die ausländ. Presse über die Situation in Österr. zu informieren, Gr. eines wöchentl. erscheinenden *Österreichischen Nachrichtendiensts* (ÖND). Sept. 1934 Teiln. an sog. Wiener Konferenz der RSÖ in Blansko b. Brünn, anschl. Rückkehr nach Österr. Ständiger Mitarb. *Arbeiter-Zeitung* u. *Der Kampf* Brünn, die illeg. in Österr. vertrieben wurden, maßgebl. Rolle innerhalb der illeg. Presse der RSÖ u. der illeg. *Freien Gewerkschaften Österreichs,* Deckn. u. Ps. Konrad, Wiener, Pertinax, Konrad Huber, Heinrich Berger, Stefan Mahler, Georg Wieser. Bis Anfang 1935 Red. des aus dem ÖND hervorg. illeg. *Informationsdienst* der RSÖ. Ab Ende 1934 (Anfang 1935?) Red. *Die Gewerkschaft* (zentrale Ztg. der illeg. *Freien Gewerkschaften*). März-Mai 1935 Haft, anschl. neben → Rudolf Holowatyj erneut Red. *Die Gewerkschaft,* Aug. 1935-März 1938 Red. der illeg. Funktionärsztg. *Gewerkschaftliche Information* (intern die *Kleine* genannt). Ab 1935 Auseinandersetzungen mit dem Obmann des ZK der RSÖ → Joseph Buttinger vor allem über ZusArb. mit KPÖ u. über Gewerkschaftsfrage, die 1937 in heftiger Polemik in *Der Kampf* kulminierten, infolgedessen in zunehmendem Maß nur für die illeg. *Freien Gewerkschaften* tätig, dennoch ab 1936 Red. des internen RSÖ-Organs *Die Debatte.* März 1938 Flucht, Apr. 1938 Teiln. Brüsseler Tagung der österr. Sozialisten, auf der sich die führenden SDAP- u. RSÖ-Vertr. im Exil auf eine gesamtdt. Revolution festlegten u. die Forderung nach Wiederherstellung der Selbständigkeit Österr. verwarfen. Anschl. nach Paris, Mitarb., nach O. Bauers Tod neben O. Pollak u. J. Buttinger red. Ltr. *Der Sozialistische Kampf,* Mitgl. *Erweiterte AVÖS.* Wandte sich ab Herbst 1938 gegen alleinige Festlegung auf gesamtdt. Perspektive u. gegen den Versuch der Einigung der dt. u. österr. sozialist. Exilgruppen in der sog. Konzentrationsdebatte, Ende 1939 Autor einer internen Denkschrift mit der Forderung, daß sich die österr. Sozialisten zumindest die Möglichkeit der Wiederherstellung der Selbständigkeit Österreichs nach dem Krieg offenhalten müßten. Nach Kriegsausbruch einige Wochen im Stadion von Colombes interniert; als Vertr. der Presseabt. der illeg. *Freien Gewerkschaften* Mitgl. der 1939 in Paris konstituierten *Auslandsvertretung der Freien Gewerkschaften Österreichs* unter → Franz Novy. Frühj. 1940 Flucht vor dt. Vormarsch nach Montauban/Südfrankr., Sept. 1940 mit Notvisum in die USA. Sept. 1941 neben → Friedrich Adler u.a. Mitunterz. des Protests österr. SozDem. gegen Versuch der Bildung einer österr. Exilreg. durch → Hans Rott u. → Willibald Plöchl. Febr. 1942 nach Stillegung der AVÖS Exekutivmitgl. *Austrian Labor Committee* in New York, Red. *Austrian Labor Information;* Mitarb. OWI. 1946 Rückkehr nach Wien, bis 1948 Mitarb. Arbeiterkammer Wien u. Red. *Arbeit und Wirtschaft.* Mitgl. SPÖ. 1948 nach Auseinandersetzungen mit führenden SPÖ-Vertr. Rückkehr nach New York, US-Korr. *Arbeiter-Zeitung* Wien u. anderer europ. Tagesztg., 1957-71 dpa-Korr. bei UNO. 1967 Initiator u. bis 1973 Präs. Dag-Hammarskjöld-Gedächtnisfonds der UN-Korrespondenten bzw. AR-Vors. Dag-Hammarskjöld-Stiftung (Stipendium für junge Journ. aus Entwicklungsländern). - *Ausz.:* u.a. 1972 Gr. BVK, 1977 Gold. Abzeichen *Bund sozialistischer Freiheitskämpfer und Opfer des Faschismus.*

W: u.a. Die Wirtschaftsrechnung in der sozialistischen Gesellschaft. 1923; Die Sprengung des Kapitalismus. 1932; Ende des demokratischen Sozialismus? Ein offenes Wort über die deutschen Lehren. 1932; An., Schwarzbuch der österreichischen Diktatur. Kommission zur Untersuchung der Lage der politischen Gefangenen. Brüssel (Maison d'Edition l'Eglantine) 1934; Pertinax (Ps.), Österreich 1934. Die Geschichte einer Konterrevolution. Zürich (Europa-Verlag) 1935; ders., Barbarei oder Sozialismus? Karlsbad (Graphia Druck- und Verlagsanstalt) 1935; An., Das schöne Österreich (Tarntitel, Hg.: Das österreichische Reiseverkehrsbüro). 1937; Beautiful Austria (Tarntitel, Hg.: Anglo-Austrian Friendship Union). 1937; An., Gibt es Gewerkschaftsfreiheit in Österreich? Bericht, vorgelegt dem Kongreß der Internationalen Vereinigung für sozialen Fortschritt in Paris, 1937. Brüssel (Imprimerie coop. Lucifer) 1937; Georg Wieser (Ps.), Ein Staat stirbt. Österreich 1934-1938. Paris (Editions Nouvelles Internationales) 1938; Der Versuch einer berufsständischen Gewerkschaft. Der Gewerkschaftsbund der österreichischen Arbeiter und Angestellten 1934-1938. Leyden (Verlag E.J. Brill) 1939; Amerika in der Weltpolitik. 1947; Amerika, wohin? Realität gegen Ideologie. 1954; Österreichs Freie Gewerkschaften im Untergrund. 1963; Weltmacht im Hintergrund. Hat die UNO eine Zukunft? 1964; Glanz und Elend der Ersten Republik. Wie es zum österreichischen Bürgerkrieg kam. 1964 (Neuaufl. von: Pertinax, Österreich. 1934); Zwischen zwei Diktaturen. Österreichs Revolutionäre Sozialisten 1934-1938. 1968; Otto Bauer - Tragödie oder Triumph? 1970; Für ein unabhängiges Österreich. Eine Denkschrift aus dem Jahr 1939. In: Die Zukunft, 1973/1-2. *L:* Buttinger, Beispiel; Leichter, Gewerkschaften; Schroth, Hans, Bibliographie Otto Leichter. In: Archiv, Mitteilungsblatt VfGdA, 1966/3; Wisshaupt, RSÖ; Leichter, Diktaturen; Leichter, Otto, Otto Bauer - Tragödie oder Triumph? 1970; DBMOI; Steiner, Herbert, Käthe Leichter. Leben und Werk. 1973; Widerstand 1; Neugebauer, Bauvolk; Maimann, Politik; Hindels, Gewerkschaften. *Qu:* Arch. Fb. Hand. Pers. Publ. Z. - IfZ.

Leinmüller, Franz, Gewerkschaftsfunktionär; geb. 18. Sept. 1887, gest. März 1968 Wien; *StA:* österr. *Weg:* 1934 CSR; 1935 UdSSR; 1938 PL; 1939 GB; 1946 Österr.

1903 Mitgl. SDAP; Sekr. *Zentralverein der kaufmännischen Angestellten Österreichs,* Mitgl. *Republikanischer Schutzbund.* 1934 Teiln. Februarkämpfe, Flucht in die CSR. Okt. 1935 Verhaftung wegen illeg. Arbeit, Ausweisung, ging nach Moskau. Febr. 1936 nach Engels/Wolgadeutsche ASSR, lit. Sekr. der Ztg. *Nachrichten.* Herbst 1936 nach Verhaftung der wolgadt. Reg. Entlassung, Arbeit im Autowerk Gorkij. Sept. 1937 im Zug der Säuberungen verhaftet, Aug. 1938 nach Polen ausgewiesen, Febr. 1939 nach London. Neben → Oskar Passauer Komitee-Mitgl. *Landesgruppe österreichischer Gewerkschafter in Großbritannien* unter → Johann Svitanics, 1942 Mitgl. Deleg.-Konf. der österreichischen Sozialisten in Großbritannien. 1946 Rückkehr nach Wien. Mitgl. SPÖ; ab 1946 Sekr. Rechtsschutzabt. der *Gewerkschaft der Privatangestellten,* später Gr. u. Obmann *Verband der Angestelltenpensionisten.* Mitgl. *Bund sozialistischer Freiheitskämpfer und Opfer des Faschismus.*

Qu: Arch. Pers. Z. - IfZ.

Leipziger, Michael Hermann, Rabbiner; geb. 17. März 1937 Beuthen/Oberschlesien; *V:* Georg L. (geb. 1902 Beuthen), Kaufm., 1939 Emigr. Bras.; *M:* Gertrud, geb. Zweig (geb. 1902 Schwientochlowitz/Oberschlesien), 1939 Emigr. Bras.; *G:* Eva Hirschberger (geb. 1933 Beuthen), 1939 Emigr. Bras., höhere Schule, A: GB; ∞ 1965 Fabia A. Terni (geb. 1942 São Paulo), jüd., Stud. Univ. São Paulo u. Simmons Coll./Mo., M.L.S., wiss. Bibliothekarin; *K:* Deborah (geb. 1967); David J. (geb. 1968), *StA:* deutsch. *Weg:* 1939 Bras., 1971 USA.

Febr. 1939 Emigr. Brasilien mit Familie, Unterstützung durch Verwandte. Unter Einfluß von → Henrique Lemle, Rabbinatsstud.: 1954-55 am Schulungszentrum für Jugendltr. Makhon leMadrichei Ḥuz laArez in Jerusalem, 1955-57 Stud. Inst. Internat. d'Études Hébraïques, Paris, Dipl., 1958-61 Stud. Columbia Univ. New York, 1961 B.Sc., zugl. 1958-64 Stud. Jew. Theol. Seminary New York, 1962 M.H.L., 1964 Rabbinerexamen. 1964-71 stellv. Rabbiner der C.I.P. in São Paulo, zugl. 1970-71 Doz. für Bibelkunde Inst. für jüd. Studien der Univ. São Paulo. Apr. 1971 in die USA, 1971-75 Rabbiner Congr. Agudat Achim in Leominster/Mass., 1975-77 Temple Beth Am in Randolph/Mass. u. Stud. Boston Univ., 1977 D. Min. (Seelsorgerdipl.). Seit 1977 Assoc. Rabbi Temple Emanuel in Newton/Mass.; Mitgl. *Rabbinical Assembly* des *New England Board of Rabbis, Amnesty International*. Lebte 1978 in Chestnut Hill/Mass. - *Ausz.:* 1963 Lamport Prize für Homiletik, 1964 Dorothy Gelgor Prize für Anwendung der Psychiatrie in der Seelsorge.

W: u.a. The Rabbi and Fund-Raising. (Diss.) 1977; *Qu:* Fb. Hand. - RFJI.

Leir (urspr. Leipziger), **Henry-J.**, Industrieller; geb. 28. Jan. 1900 Beuthen/Oberschlesien; *StA:* USA. *Weg:* 1933 Lux. 1938 USA.

1919-31 bei Metallhandlung Wolf Netter Ludwigshafen, 1931-33 Dir. Magnesit GmbH Bonn. 1933 Emigr. Luxemburg, bis 1938 GenDir. S.A. des Minerais Luxemburg, Gr. von Zweigstellen in USA u. in anderen Ländern. 1938 in die USA, 1939-68 Gr. u. Präs. Continental Ore Corp. New York, mit Zweigstellen in Düsseldorf, Luxemburg, London, Mexiko, Paris, Tokio u. Betrieben in Griechenland, Mexiko u. der Türkei. 1968 Fusion mit Internat. Minerals and Chemicals Corp. Chicago. Lebte 1978 in Luxemburg. - *Ausz.:* 1939 Grand Officier Couronne des Chêne, Luxemburg; Grande Croix Ordre du Mérite, Luxemburg ; Chevalier de la Légion d'Honneur, Frankr.; GenKonsul von Luxemburg für Vaud u. Valais/Schweiz.

Qu: Hand. Pers. - RFJI.

Lekisch, Karl Peter, Kaufmann, Verbandsfunktionär; geb. 30. Okt. 1912 Essen; jüd.; *V:* Dr. med. Hugo L. (geb. 1877 Mainz, gest. 1962 New York), jüd., Arzt, aktiv in med. Fachges., Präs. *Gesellschaft deutscher Krematorien*, 1938 Emigr. USA, Arzt am King's Park State Hospital Long Island; *M:* Else, geb. Schwabe (geb. 1888 Aschersleben/Harz, gest. 1960 New York), jüd., Präs. *Jüdischer Frauenbund* Essen, erstes weibl. VorstMitgl. CV, 1938 Emigr. USA; *G:* W. George (geb. 1918), 1936 Emigr. USA, Finanzfachmann in New York, M.B.A., C.P.A., Vizepräs. Imperial Knife Assn. Co., Vizepräs. Imperial Internat. Corp., Prof. für Betriebswiss. Baruch Coll. u. Pace Univ. New York; ∞ 1946 Lotte Levi (geb. 1912 Freiburg/Br.), jüd., Abitur, 1935 Emigr. CH, med. Assist. u. Laborantin Univ. Zürich, 1938-46 med. Assist. u. Krankenschwester, Emigr. GB, Deutschlehrerin an Mädchenschule, dann USA; *K:* Joan Ellen Goldstein (geb. 1948), B.A., Lehrerin; Jacqueline Carol Lantz (geb. 1951), B.A. Sozialwiss., Fürsorgerin; *StA:* deutsch, USA. *Weg:* 1933 F, 1934 GB, 1936 USA.

1931 Abitur, Mitgl. *Kameraden* Essen, trat für jüd. Liberalismus ein. 1931-32 Stud. Rechtswiss. München, Mitgl. K.C. (*Licaria*) u. AStA Univ. München, 1932-33 Stud. Berlin, 1933 Münster, keine Zulassung zum Examen; 1933 Hilfssyndikus des CV. 1. Apr. 1933 Emigr. Paris mit Besuchervisum, 1933-34 Stud. Univ. Paris, gleichz. kaufm. Angest.; Frühjahr 1934 mit Besuchervisum nach GB, 1934-36 Stud. London School of Econ., gleichz. Fremdsprachenkorr., Mitarb. *Woburn House*, Mitgl. West London Syn., *World Union for Progressive Judaism*. Mai 1936 nach Verweigerung von Arbeits- u. Aufenthaltserlaubnis in die USA. 1936-41 Handelsvertr. u. Ltr. eines Exportgeschäfts; 1943-46 Intelligence Service der US-Armee, 1944 Hptm. (Bronze Star), 1945 Assist. des Ltr. der Entnazifizierungsmaßnahmen bei OMGUS Berlin u. Frankfurt; 1946 Gr. Imperial Internat. Corp. innerhalb der Imperial Knife Corp. New York, Präs. Internat. Corp., Ltr. Export-Import-Abt., Vizepräs. Imperial Knife Associated Cos. Inc., Dir. u. Bevollmächtigter Imperial Internat. GmbH., Mitgr. u. VorstMitgl. Congr. Habonim New York, A.F.J.C.E., *United Help*, aktiv im *New World Club*, Treuhänder Max Mainzer Foundation des K.C., Mitgl. *American Jew. Committee*, ab 1974 Präs. *Selfhelp*. Lebte 1977 in New York.

D: Archiv *Selfhelp*. *Qu:* Fb. Pers. - RFJI.

Lelewer, Georg, Dr. jur., Richter; geb. 29. Sept. 1872 Wien, gest. 3. Apr. 1960 London; jüd., 1894 kath.; *V:* David L., Kaufm.; *M:* Anna, geb. Herrnstadt; ∞ 1897 Maria Patek (geb. 1875, gest. 1943 London); *K:* Anita (Anna Paula) Bild, geb. 1915, lebte 1960 in London; *StA:* österr., Ausbürg. (?). *Weg:* 1939 GB; 1946 Österr.; 1948 GB.

1891-92 MilDienst als Einjährig-Freiwilliger, Reserve-Lt., anschl. Stud. Rechtswiss. Wien. 1895 Reaktivierung für MilGerichtsdienst beim Garnisonsgericht in Wien, 1896 Prom., 1897 MilRichteramtsprüfung, Untersuchungsrichter am Garnisonsgericht Kronstadt/Siebenbürgen, Oberlt.-Auditor. 1899 Untersuchungsrichter am Marinegericht in Pula/Istrien, 1900 Dienst am Garnisonsgericht in Krakau, Hptm.-Auditor 2. Kl. Ab 1901 vor allem wiss. Tätigkeit, Hg. der ersten systemat. Ausgabe der alten MilStrafprozeßordnung, Mitarb. rechtswiss. u. mil. Fachzs. Ab 1902 Landwehroff. für den Justizdienst, Konzeptsoffz. im Justizdept. des Min. für Landesverteidigung in Wien, parlamentar. u. legislativer Ref., Hptm.-Auditor 1. Kl.; 1904 nach Anfeindung innerh. des Militärs wegen liberaler Haltung Versetzung zum Landwehrgericht in Graz, Untersuchungsrichter, 1905 als Vertr. des Gerichtsltr. u. Untersuchungsrichters zum Landwehrgericht in Czernowitz/Bukowina, ab 1906 Gerichtsltr. 1907 Habil. für allg. Strafrecht u. MilStrafrecht an Univ. Czernowitz. Ab 1909 erneut Konzeptoffz. im Min. für Landesverteidigung, zeitw. zuständig für Heiratskautionsangelegenheiten, Mitarb. bei Fertigstellung u. parlamentar. Vertretung neuer MilGesetze (u.a. Kriegsleistungsgesetz, MilStrafprozeßordnung), 1911 Major-Auditor. 1912 Doz., ab 1913 ao. Prof. Univ. Wien. 1914 Oberstlt.-Auditor, ab 1914 Mitgl. der Gruppe von höheren Offz. u. Beamten, die mit Ausbildung des späteren Kaisers Karl beauftragt waren; 1917 Oberst-Auditor. 1918 nach Zusammenbruch der Donaumonarchie Fachgruppenltr. (Sektionschef) der mil.-rechtlichen Gruppe im Staatsamt für Heerwesen u. Chef des OffzKorps für den Justizdienst. Setzte 1920 bei Aufhebung der gesonderten MilJustizbarkeit Übernahme des MilJustizpersonals in den Ziviljustizdienst durch. Rat Oberster Gerichtshof, 1927 Ernennung zum Generalauditor, 1934 Senatspräs. Oberster Gerichtshof. Daneben weiterhin Hochschullehrer, Mitgl. judizielle Staatsprüfungskommission, Mitgl. Oberstes Gefällsgericht. Dez. 1937 Pensionierung. Konnte Juli 1939 aufgrund der Initiative eines Komitees brit. Richter nach London emigrieren. Mitgl. *Council of Austrians in Great Britain* (→ Walter Schiff). Apr. 1940 Mitgr., später zeitw. Präs. (?) der legitimistischen *Austrian League*, ab Herbst 1940 neben → Heinrich Allina Direktoriumsmitgl. des als österr. Exilvertr. geplanten, von den brit. Behörden jedoch nicht anerkannten *Austria Office*. Dez. 1941 Mitunterz. *Deklaration österreichischer Vereinigungen in Großbritannien*. Anfang 1942 nach Eintritt von *Austrian League, Austria Office* u. *Council of Austrians in Great Britain* in das *Free Austrian Movement* (FAM) Ehrenpräs. FAM. Trennte sich Aug. 1943 bei Austritt der *Austrian League* aus dem FAM von der *Austrian League* u. blieb weiter Mitgl. FAM, bis Kriegsende ZusArb. mit kommunist. Mehrheit im FAM. Nov. 1946 auf Aufforderung des österr. Justizministeriums Rückkehr nach Österr., Mitarb. bei Wiederaufbau des österr. Justizwesens. Sept. 1948 Rückkehr nach London zu seiner Tochter. - *Ausz.:* u.a. 1920 Hofrat.

W: u.a. Die Militär-Straf-Prozeß-Ordnung. (Hg.) 1901; Die strafbaren Verletzungen der Wehrpflicht in rechtsvergleichender und rechtspolitischer Darstellung. 1907; Grundriß des Militärstrafrechts. 1909; Die Militärstrafprozeßordnungen Österreich-Ungarns für die gemeinsame Wehrmacht und für die beiden Landwehren. 1912; Die neuen militärstrafrechtlichen Gesetze (Mithg.). 1919; Beitrag über die Kriminalität der Militärpersonen. In: Exner, Franz, Krieg und Kriminalität in Österreich. 1927. *L:* Maimann, Politik. *Qu:* Arch. Hand. Pers. Publ. Z. - IfZ.

Lelewer, Hermann, Dr. jur., Rechtsanwalt, Verbandsfunktionär; geb. 9. Aug. 1891 Posen, gest. 20. Juli 1946 Tel Aviv; jüd.; *V:* Moritz (Moshe) L. (geb. Lissa/Posen), Kaufm.; *M:* Ernestine, geb. Kalischer (geb. 1856 Posen, gest. 1943 Pal.), jüd., 1933 Emigr. Pal.; *G:* Dr. med. Hans L. (geb. 1893 Posen, gest. 1957

IL); Frieda Gerechter (geb. Posen, gest. Deutschland); ∞ Grete Jacobowitz (geb. 1900 Posen), 1934 Emigr. Pal., Wohnungsvermittlerin; *K:* Ruth Zadik (geb. 1921 Berlin), 1934 Emigr. Pal., Sekr.; Chava (Eva Rachel) Ofer (geb. 1927 Berlin), 1934 Emigr. Pal., Lehrerin; *StA:* deutsch, Pal./IL. *Weg:* 1933 GB, 1934 Pal.

Stud. Berlin, Freiburg, Heidelberg, 1913 Prom. Berlin; 1913 Ltr. „Rucksack-Fahrt" nach Palästina mit einem Sportklub jüd. Studenten. 1914-18 Kriegsteiln.; 1919-33 RA am Kammergericht, Notar, Syndikus *Verband deutscher Schriftsteller.* 1919 GenSekr. u. Landesvorst. der ZVfD, Mitgr. u. 1926 Vors. *Bar Kochba* Berlin, 1927 Vors. Exekutive, später Präs. *Makkabi-Welt-Org.,* Mitgl. Repräsentantenversammlung Jüd. Gde. Berlin, ab 1928 verantwortl. für Vorbereitung der 1. Welt-Makkabiah in Palästina (1932), Prop.-Reisen in Ost- u. Westeuropa mit Lord Melchett. März 1933 Emigr. GB auf natsoz. Druck. 1933-34 Mitarb. RA-Firma in London, Gr. Abt. für Sachtransfer dt. Juden nach GB; Herbst 1934 nach Palästina, Dir. *Jibaneh* (gegr. von Juden aus GB u. Ägypten zwecks Landankauf in Palästina), gleichz. Vorbereitung für pal. RA-Examen. 1935 Präs. der zweiten u. folgender Welt-Makkabiahs, Mitgr. H.O.G., bis 1944 aktiv in *Alijah Chadashah,* Mitgl. *Assefat haNivḥarim* für *Makkabi.*

W: Die Todeserklärung Kriegsverschollener nach der Bundesratsverordnung vom 18. April 1916. (Diss.) 1916; Was will der Zionismus? 1920; Steuerstrafrecht. 1925. *Qu:* Fb. Pers. Publ. Z. - RFJI.

Lemberger, Ernst, Dr. jur., Diplomat; geb. 9. Sept. 1906 Wien, gest. 3. Dez. 1974 Wien; kath.; *V:* Adolf L., VorstMitgl. *Zentralverein der kaufmännischen Angestellten Österreichs; M:* Bertha, geb. Wiesner (1883-1953); 1905 Mitgl. *Verein der Heim- und Hausarbeiterinnen,* 1907 Mitgl., später Funktionärin SDAP; ∞ 1947 Marta Wobisch (geb. 1921), kath., Emigr.; *K:* Ernst Peter (geb. 1952), Kurt Robert (geb. 1953), Erich Walter (geb. 1955), Gerhard Wolfgang (geb. 1957); *StA:* österr. *Weg:* 1935 (?) F; 1940 (?) Algerien, F; 1945 Österr.

Stud. Rechtswiss. Wien, 1930 Prom.; Mitgl. SDAP u. *Akademische Legion* des *Republikanischen Schutzbunds.* 1931-35 RA-Anwärter in einer Kanzlei, die vor allem gewerkschaftl. Angelegenheiten vertrat. 1934 Teiln. an den Februarkämpfen. 1935 (Anfang 1936?) i.A. der illeg. *Freien Gewerkschaften Österreichs* zur Überbringung von Geldern nach Paris, wegen drohender Verhaftung Verbleib in Frankr. Bis 1939 Gelegenheitsarb., zeitw. Reisebüroangest., enge Verb. zu SFIO. 1939-40 Freiwilliger in Fremdenlegion in Frankr. u. Algerien. Okt. 1940 nach franz. Kapitulation Demobilisierung in Toulouse. 1941-43 Bergarb. in Carmaux bei Toulouse, Deckn. Jean Lambert, ab 1943 Widerstandskämpfer in sozialist. Einheit innerhalb der franz. Résistance, 1944 nach Befreiung Frankr. Hauptmann innerhalb der Forces Françaises de l' Intérieur, später Major, angebl. ranghöchster Österreicher innerhalb der franz. Armee. Ende 1944 als Kurier zu General de Gaulle nach Paris mit der Nachricht über Befreiung der Region Midi. Anfang 1945 nach Besprechung mit → Oscar Pollak in London mit Unterstützung von Kommandostellen der US-Armee als dt. Soldat Herbert Nowotny über die Schweiz u. Norditalien nach Österr.; nahm Febr. 1945 in Wien mit Adolf Schärf u. Vertr. des Ende 1944 gebildeten *Provisorischen Österreichischen Nationalkomitees* (POEN) Kontakt auf (daraufhin Eintritt von Schärf in POEN). Als Auslandsvertr. des POEN Rückkehr nach Paris, in der Schweiz Verb. zu der mit dem POEN zusammenarbeitenden österr. Gruppe um → Kurt Grimm, zus. mit Fritz Molden Vertr. des POEN bei alliiertem Kommando. März 1945 in Paris Verhandlungen mit franz. u. in London mit brit. Kommandostellen sowie Vertr. der der sowj. Botschaft über offiz. Anerkennung des POEN u. Einstellung der alliierten Bombenangriffe auf Wohngebiete Österreichs. - Mai 1945 Rückkehr nach Wien; Mitgl. SPÖ, bis Ende 1945 im SPÖ-Auftrag Reisen nach Frankr., GB, Schweden u. in die Schweiz zur Koordinierung der Hilfeleistungen für Österr.; Nov. 1945 mit → Walter Hacker Gr. u. bis Jan. 1946 Chefred. *Sozialistische Korrespondenz.* Nov. 1945 Eintritt in diplomat. Dienst, ab 1946 Attaché an österr. Vertr. in Paris, Jan. 1947 Ernennung zum Legationssekr. 1. Kl., Juli-Dez. 1948 in Wien, anschl. an österr. Gesandtschaft in Washington. Jan. 1951 Legationsrat 2. Kl., 1955-58 ao. Gesandter u. bevollm. Min. in Washington, ab 1958 Botschafter in Brüssel bei EWG, ab 1965 Botschafter in Washington, ab 1969 Botschafter in Paris. Mai 1972 Pensionierung. - *Ausz.:* u.a. Croix de guerre (Frankr.), Medal of Freedom (USA).

L: Molden, Gewissen; Goldner, Emigration; Spiegel, Résistance; DBMOI. *Qu:* Arch. Fb. Hand. Publ. Z. - IfZ.

Lemle, Henrique (urspr. Heinrich), Dr. phil., Rabbiner; geb. 30. Okt. 1909 Augsburg, gest. 22. Sept. 1978; *V:* Samuel L. (geb. 1876 Fischbach/Schwaben, umgek. 1942 KL Theresienstadt), Viehhändler; *M:* Regine, geb. Ney (geb. 1884 Niederstetten/Württ., umgek. 1943 KL Theresienstadt); ∞ 1934 Margot Rosenfeld (geb. 1914 Creglingen/Württ.), 1938 Emigr. GB, 1940 Bras., Stud. Kunstwiss.; *K:* Dr. med Alfred L. (geb. 1936), 1938 Emigr. GB, 1940 nach Bras., Arzt, Prof. Univ. Federal do Rio de Janeiro; *StA:* deutsch, Bras. *Weg:* 1938 GB, 1940 Bras.

1928-29 Stud. Jüd.-Theol. Seminar Breslau, 1932 Prom. Würzburg, 1933 Rabbinerexamen L(H)WJ Berlin; 1933-34 Jugendrabbiner Jüd. Gde. Mannheim, 1934-38 Rabbiner Isr. Gde. Frankfurt/M., Jugendrabbiner u. Lehrer am Philantropin, Doz. am Lehrhaus; Nov. 1938 KL Buchenwald. Dez. 1938 Emigr. GB, Arbeitsvertrag durch Vermittlung von Lili Montagu u. der *World Union for Progressive Judaism* (WUPJ) London, Mitarb. im *Woburn House,* 1939-40 Rabbiner Liberal Congr. in Brighton-Hove; 1940 Internierung Isle of Man. Dez. 1940 nach Brasilien mit Ehefrau u. Sohn i. A. der WUPJ, 1941 Mitgr. u. seitdem Oberrabbiner der A.R.I. in Rio de Janeiro, bedeutender Einfluß auf die Entwicklung des Reformjudentums in Brasilien. Bis 1976 Prof. an der phil. Fakultät, später der geisteswiss. Fakultät der Univ. Federal do Rio de Janeiro u. Ltr. ihres Zentrums für hebr. Sprache u. Judaistik, Gr. Centro Maimonides, eines Ausbildungsinst. für ReligLehrer. Vizepräs. Zion. Org. in Brasilien, Mitgr. u. Mitgl. Exekutivkomitee der *Confederacão Isr. Rio de Janeiro,* Mitgl. geschäftsf. Vorst. der WUPJ u. des WJC, Mitgl. Rabbinerrat der *Centra,* Kuratoriumsmitgl. Hebr. Univ. Jerusalem, Mitgl. CCAR, *Rabbinical Assembly of America, B'nai B'rith, Rotary Club. - Ausz.:* Cidadao benemérito Rio de Janeiro.

W: Mendelssohn und die Toleranz (Diss.) 1931; Jüdische Jugend im Aufbruch. 1935; Jornada Sem Fim. 1947; O Drama Judaico. 1951 (?); Machsor (Gebetbuch für die Feiertage). (Mithg. u. Mitübers.) 1949; Sidur Tefilot Yisrael (Gebetbuch). (Mithg. u. Mitübers.) 1953; Nosso Caminho. 1953; Duas Oracoes. 1955 (?); A Procura de Deus (3 Predigten). 1958; O Judeu e seu Mundo. 1961; Nobrezo do Povo. 1963; A Presenca do judaismo. 1965; Nesta Hora. 1973; Fourty Years Later. (unveröffentl. ABiogr.); Lehrstücke für Kinder. *L:* Boletim da A.R.I., edição dedicada ao Grão-Rabino Dr. Henrique Lemle, Rio de Janeiro, Apr. 1973. *Qu:* ABiogr. Arch. Fb. Hand. Pers. Publ. Z. - RFJI.

Lemmnitz, Alfred, Dr. rer. pol., Partei- u. Staatsfunktionär, Hochschullehrer; geb. 27. Juni 1905 Taucha b. Leipzig; *V:* Arbeiter; *StA:* deutsch. *Weg:* 1937 NL; 1940 (?) Deutschland.

Schriftsetzer; Heimvolkshochschule Leipzig, Begabtenabitur, Stud. Volkswirtschaft Leipzig aus finanz. Gründen abgebrochen; 1919 Gew., 1927 SPD, SAJ-Funktionär, 1931 KJVD u. KPD, KJVD-Funktionär im Rheinl., 1932-33 AgitProp-Ltr. KPD-Unterbez. Duisburg, StadtVO. ebd. Nach natsoz. Machtübernahme Ltr. KPD-Unterbez. Duisburg, März-Mai 1933 Schutzhaft, danach erneut illeg. Tätigkeit; ab Sept. 1933 Untersuchungshaft KL Börgermoor u. Esterwegen, Febr. 1937 Urteil 1 J. u. 9 Mon. Gef., März 1937 Freilassung, Emigr. Niederlande. Schulungsltr. KPD u. Mitgl. EmigrLtg. (Deckn. Klaas); Sept. 1938 Teiln. ZK-Lehrgang in Draveil b. Paris. Nach dt. Einmarsch Juni 1940 Verhaftung, 1941 VGH-Urteil 12 J. Zuchth., bis Kriegsende Haft in Brandenburg-Görden. Da-

nach Stadtrat für Volksbildung Berlin-Spandau, anschl. Stud. Volkswirtsch. u. 1946-48 Doz. für pol. Ökonomie Parteihochschule Karl Marx, 1948 Prom. Univ. Leipzig. 1948-53 Lehrstuhlinh. für pol. Ökonomie SED-Parteihochschule, 1953-55 Prof. für pol. Ökonomie Univ. Rostock, 1955 Rektor Hochschule für Finanzwirtsch. Potsdam. 1956-58 Rektor Hochschule für Ökonomie Berlin-Karlshorst, 1958 AbtLtr. im Staatssekr. für Hoch- u. Fachschulwesen, 1958-63 Min. für Volksbildung, ab 1960 Mitgl. SED-BezLtg. Groß-Berlin, ab Apr. 1963 stellv. Vors. Staatliche Kommission zur Gestaltung eines einheitlichen sozialistischen Bildungssystems, 1965-71 stellv. Dir. Deutsches Wirtschaftsinstitut Berlin (Ost), anschl. Mitarb. Institut für Internationale Politik und Wirtschaft. 1975 Mitgl. SED-BezLtg. Berlin (Ost). - *Ausz.:* u.a. 1958 NatPreis 3. Kl., 1970 VVO (Gold).
L: Bludau, Gestapo; Peukert, Ruhrarbeiter; Dahlem, Vorabend. *Qu:* Hand. Publ. Z. - IfZ.

Lendle, Ottmar, Verbandsfunktionär; geb. 1893; *Weg:* 1933 DK, S; 1938 Mex.; 1947 Deutschland (SBZ).
Ökonom u. Linguist, 1919 KPD. 1933 Emigr. nach Dänemark u. Schweden, ab 1938 Mexiko, bis 1941 Angest. Erdölindustrie. Mitgl. u. OrgSekr. *Liga für deutsche Kultur,* ab 1942 Mitgl. BFD Mexiko; publizist. Tätigkeit. 1947 Rückkehr. Lebte Anfang der 70er Jahre in der DDR.
L: Kießling, Alemania Libre. *Qu:* Publ. - IfZ.

Lenel, Richard, Fabrikant, Politiker; geb. 29. Juli 1869 Mannheim, gest. 2. Aug. 1950 Neckargemünd/Baden; jüd., 1902 Diss.; *V:* Viktor L. (geb. 1838), jüd., Fabrikant, 1939 Emigr. GB; *M:* Lea, geb. Michaelis (geb. 1844), jüd.; ∞ Emilie Maas (1880-1959), jüd., 1902 Diss., 1939 Emigr.; *K:* 10, Emigr.; *StA:* deutsch. *Weg:* 1939 GB; 1944 USA; 1949 Deutschland (BRD).
Aus alteingesessener Mannheimer KaufmFam., Großvater u. Vater Präs. IHK. Ab 1897 Geschäftsf. Lenel, Bensinger & Co., Fabrik wasserdichter Wäsche; Mitgr. Rhein. Gummi- u. Celluloidfabrik Mannheim. 1906 Mitgr. u. Vors. *Allgemeiner Arbeitgeberverband,* ab 1911 Vors. *Fabrikantenverein Mannheim.* 1914-17 StadtVO. *Nationalliberale Partei,* 1923-31 StadtVO. DVP. 1915-20 Handelsrichter, 1920-33 Präs. IHK. U.a. Vors. *Badischer Industrie- und Handelstag,* Mitgl. Hauptausschuß Deutsche Gruppe der internationalen Handelskammern, 1920-29 Vors. *Bund badischer Arbeitgeber-Verbände.* Nach 1933 Ämterverlust, Vermögenseinzug, Aug. 1939 Emigr. London, Dez. 1944 USA. Apr. 1949 Rückkehr mit Ehefrau auf Einladung der Stadt Mannheim, Wohnsitz in dem von Vater errichteten Kinderheim Viktor-Lenel-Stift. - *Ausz.:* 1930 Dr. rer. oec.h.c. Handelshochschule Mannheim, 1949 Ehrenbürger Mannheim u. Ehrenpräs. IHK.
L: Schriftenreihe der Gesellschaft der Freunde Mannheims, H. 11/1972. *D:* Stadtarchiv Mannheim. *Qu:* Arch. Hand. Publ. Z. - RFJI.

Lengwenat, Franz, Gewerkschaftsfunktionär; geb. 9. Jan. 1896 Lenken/Ostpr.; ∞ Charlotte Stillger (geb. 1894), 1918 SPD, Emigr.; *K:* 2 S, 1 T. *StA:* deutsch, 1. Okt. 1938 Ausbürg. mit Fam. *Weg:* 1933 Lettland.
Fabrikarb.; 1919-24 Betriebsratsvors. mehrerer Firmen in Ragnit/Ostpr., ab 1924 Angest., später Geschäftsf. *Fabrikarbeiterverband Deutschlands* Tilsit; Mitgl. SPD-Ortsvorst. u. StadtVO. Tilsit. Nach natsoz. Machtübernahme in Schutzhaft, Aug. 1933 Flucht nach Riga.
L: Matull, Arbeiterbewegung. *Qu:* Arch. Hand. Publ. - IfZ.

Lengyel, Peter George Michael, UN-Beamter; geb. 7. Jan. 1928 Wien; *V:* → Samuel Joseph Lengyel; ∞ I. Karen Levenson, gesch.; II. 1974 Susanne Gruber-Nadlinger (geb. 1940), ev., höhere Schule, 1961 in die USA, 1967 nach Wien, Angest.; *K:* aus I. Ariane (geb. 1964); Stiefsohn Marco Blanchard (geb. 1965); *StA:* österr., 1944 AUS. *Weg:* 1938 GB, 1940 AUS, 1947 GB.

1938 Emigr. GB, 1940 nach Australien. 1945 Abschlußexamen Wesley Coll. Melbourne, 1950 B.Sc. in Wirtschaftswiss. Univ. London, 1951-52 Stud. Institut d'Etudes Politiques Paris. Ab 1953 in versch. ltd. Positionen bei UNESCO. 1959 M.P.A. Harvard Univ., 1970 Visiting Fellow Univ. Sussex in Brighton/GB. Ab 1963 Red. *Internat. Social Science Journal.* Lebte 1976 in Paris.
W: u.a. Approaches to the Science of Socio-Economic Development (Hg. u. Mitverf.). 1971 (franz. Übers.: Approches de la Science du Développement Socio-Économique. 1971); Latogatóban (Hg.). 1971; Michaels, Peter (Ps.), Australie. 1964-76 (vier Auflagen). *Qu:* Fb. Hand. - RFJI.

Lengyel, Samuel Joseph, Wirtschaftsexperte, Hochschullehrer; geb. 15. Sept. 1886 Szatmár-Németi/Ungarn, gest. 23. Sept. 1964 London; ∞ Jolan Kemeny (geb. 1895 Kapesvar/Ungarn, gest. 1965 London), höhere Schule, Konservatorium; *K:* → Peter George Michael Lengyel. *Weg:* 1938 GB, 1940 AUS, nach 1945 GB.
Bis Ende 1. WK Doz. Ungar. Handelsakad., Gr. Ungar. Inst. für Wirtschaftsprüfer, Ltr. Versicherungsabt. im ungar. Finanzmin.; später in Wien Ltr. Versicherungsges. Anker der Schweizer Allgemeinen Rückversicherungs AG. 1938 nach Anschluß Österr. Emigr. GB, 1940 nach Australien, Prof. für Volkswirtsch. (bes. Statistik) Univ. Melbourne. Nach 2. WK GB, Schriftsteller, Schriftltr. u. Präs. *Brit. Centre of the World Federation of Jews of Hungarian Descent,* Unterstützung ungar.-jüd. Flüchtlinge in GB.
W: Zahlr. Bücher u. Art., Mitarb. internat. Zs. *Qu:* Pers. Z. - RFJI.

Lenhardt, Günther, Journalist; gest. vor 1945 Schanghai (?); *Weg:* China.
Stellv. Chefred. *8 Uhr Abendblatt* Berlin; nach natsoz. Machtübernahme Emigr. Schanghai, Chefred. *The Shanghai Herald,* Red. *Shanghai Jewish Chronicle.* Ps. guelena.
W: Drei Jahre Immigration in Shanghai (mit Heinz Ganther). Shanghai (Modern Times Publ. House) 1942. *Qu:* Arch. Hand. - IfZ.

Lenk, Hans (Johann); geb. 21. Dez. 1905 Innsbruck, gest. 15. Dez. 1945 London; *StA:* österr. *Weg:* 1936 (?) CH, B, CSR; 1939 GB; 1940 CDN; 1941 GB.
Mitgl. SDAP, Btl.-Kommandant (?) *Republikanischer Schutzbund* in Wörgl/Tirol. 1934 Teiln. Februarkämpfe, Todesurteil in Standgerichtsverfahren, anschl. Begnadigung zu lebenslanger Haft. Vermutl. 1936 Amnestie, Emigr. Schweiz, nach wenigen Wochen Verhaftung in ZusHang mit illeg. Arbeit, Ausweisung nach Belgien, anschl. in die CSR; enge ZusArb. mit dt. Sozialisten in der CSR, Mitarb. u. Kurier von → Waldemar v. Knoeringen, bis 1939 mehrf. illeg. Reisen nach Deutschland, u. a. VerbMann zu NB-Gruppen in München u. Augsburg. 1939 nach dem Einmarsch dt. Truppen in die Rest-CSR zunächst illeg. in Prag, anschl. über Polen Emigr. nach London. 1940 Internierung in GB u. Kanada, 1941 Rückkehr nach London. Als Franz Lechner Rundfunksprecher bei BBC für Sendungen nach Österr. Ab 1943 Mitarb. Political Intelligence Department. Zeitw. Mitgl. *Londoner Büro der österreichischen Sozialisten in Großbritannien.*
L: Bretschneider, Heike, Der Widerstand gegen den Nationalsozialismus in München 1933 bis 1945. 1968; Maimann, Politik. *Qu:* Arch. Publ. Z. - IfZ.

Lenk, Josef, Gewerkschafts- u. Verbandsfunktionär; geb. 9. Juni 1902 Budweis/Böhmen; *V:* Lokomotivführer; *StA:* österr., 1919 CSR. *Weg:* 1939 GB; 1945 CSR.
Realgymn. Budweis, 1921 DSAP, 1930-38 Kreissekr. *Einheitsverband der Privatangestellten* in Teplitz u. 1935-38 DSAP-Vors. ebd.; Juni-Sept. 1938 stellv. Bürgerm. Teplitz-Schönau. Nach Abschluß des Münchner Abkommens ins Landesinnere, 1939 nach GB, i.A. der *Internationalen der Privatan-*

gestellten in Amsterdam Betreuung der aus der CSR emigr. Privatangest., TG-Mitgl., einer der Wortführer der gewerkschaftl. orientierten Oppos. gegen die Politik → Wenzel Jakschs u. Mitgr. *Landesgruppe England der deutschen Freigewerkschaftlichen Arbeiter- und Angestelltenorganisationen in der Tschechoslowakischen Republik.* Nach Beilegung der Differenzen mit Jaksch im gewerkschaftl. Bereich Mitunterz. GrdgAufruf *DSAP-Auslandsgruppe* v. 18. Okt. 1940, Geschäftsf. ihrer provis. Exekutive, dann Präs.-Mitgl. der Exekutive sowie neben → Josef Zinner Mithg. u. Hauptmitarb. des Gruppenorgans *Sozialistische Nachrichten* London; Mitgl. Bildungsausschuß des *British-Czechoslovak Friendship Club,* ab Bildung 1942 Mitgl. *Einheitsausschuß der sudetendeutschen Antifaschisten in Großbritannien* u. ab 1943 des *Sudetendeutschen Ausschusses - Vertretung der demokratischen Deutschen aus der CSR.* Unterhielt in der Emigr. neben → Gustav Beuer u. → Karl Kreibich enge Kontakte zur *League of Austrian Socialists in Great Britain* (→ Maria Köstler). 1945 Rückkehr in die CSR, Mitgl. KSČ, 1945-48 Mitarb. ZK der KSČ für Betreuung der Deutschen in der CSR, 1948-51 GenSekr. *Svaz protifašistických bojovníků* (Verband der antifaschistischen Kämpfer), 1951-68 Ref. für die Erziehungsarbeit unter der dt. Bevölkerung bei *Ústřední rada odborů* (Zentralrat der Gewerkschaften). Wurde 1968 als rigoroser Verfechter der These → Bruno Köhlers von der „sozialistischen Assimilation" der Deutschen in der CSR/CSSR von zahlr. Minderheitenfunktionären scharf kritisiert, die die verfassungsrechtl. Anerkennung u. Gleichberechtigung der Deutschen in der CSSR als nat. Minderheit betrieben, deshalb im gleichen Jahr Versetzung in den Ruhestand. Nach Gewährung formaler Schutzgarantie für die dt. Minderheit in der CSSR 1969 wurde L. im Zuge der Beseitigung der Folgen des sog. Prager Frühlings im Okt. 1970 reaktiviert u. zum Chefred. der dt.-sprachigen *Volkszeitung* Prag bestellt, nach gleichgearteter Kadersäuberung im *Kulturverband der Bürger deutscher Nationalität der ČSSR* im Nov. 1970 als Mitgl. des ZK kooptiert u. zum Mitgl. des ZK-Präsidiums des *Kulturverbands* gewählt. Lebte 1975 in Prag. - *Ausz.:* 1972 Für Verdienste um den Aufbau.

L: Bachstein, Jaksch. *Qu:* Arch. Hand. Pers. Publ. Z. - IfZ.

Lenz, Heinrich Engelbert, Dr. jur., Verbandsfunktionär; geb. 7. Nov. 1901 Elberfeld; kath.; *V:* Adam L. (gest. 1956), kath., Rechtskonsulent; *M:* Christine, geb. Flossdorf (gest. 1934), kath.; *G:* 4 S, 3 B; ∞ 1928 Hermine Augusta Waigel (geb. 1904), kath.; *K:* Bernhard Josef (geb. 1930), Dipl.-Agr., Ordensgeistlicher; Johanna (geb. 1932), Musiklehrerin; Thomas Martin (geb. 1933), Industriemanager; alle in Bras.; Herbert (geb. 1937), Martin Mathias (geb. 1939), Alfred Gebhard (geb. 1941); alle Landwirte u. Lehrer Kolonie Itaparanga/Bras.; Gertrud Christine (geb. 1946), A: Deutschland (BRD); *StA:* deutsch. *Weg:* 1934 Bras.

Stud. Rechtswiss. Univ. Bonn, Berlin, Köln, 1926 Prom.; Mitgl. *Bund Neudeutschland* u. *Quickborn,* Teiln. Sozialkurse Anton Heinen des *Volksvereins für das katholische Deutschland.* 1932-34 Akademiedir. der Siedlerschule Haus Matgendorf/Mecklenburg, Mitgl. *Gesellschaft zur Förderung der inneren Kolonisation* (→ Johannes Schauff). 1934 Emigr. nach Brasilien, in Itaparanga/Santa Catarina Aufbau einer Landwirtschaftssiedlung mit Schlachthaus, Molkerei u. Berufsschule, Unterstützung durch kath. Hilfswerk *Misereor;* Mitgl. *Volksverein deutschsprechender Katholiken.* 1962 im Ruhestand, lebte 1977 in Itaparanga.

Qu: Fb. Publ. - IfZ.

Lenz, Paulus, Verbandsfunktionär; geb. 10. Aug. 1903 Konitz/Westpr.; ∞ Ehefrau Französin, gest.; *StA:* deutsch. F (?). *Weg:* 1933 F.

Lehrer; vor 1933 längere Zeit Generalsekr. des *Friedensbundes deutscher Katholiken,* Hg. von dessen Organ *Der Friedenskämpfer.* Nach der natsoz. Machtübernahme verhaftet, Ende 1933 Emigr. nach Frankreich. Lehrtätigkeit an der Sorbonne Paris. Während der dt. Besetzung längere Zeit in Haft. Nach 1945 Mitarb. der kath. Zs. *Hochland;* kritische Distanz zur pol. Entwicklung in Deutschland, blieb in Frankreich.

Qu: Arch. Pers. Publ. - IfZ.

Leo (Familienname unbek.), Parteifunktionär, Journalist; geb. 1900 Polen, gest. USA. *Weg:* 1933 F; USA.

Sohn poln.-dt. Eltern, 1918/19 zum Stud. nach Deutschland. Arbeitete zunächst in der Red. *Die Rote Fahne,* als Schüler → August Thalheimers später in der Red. *Die Internationale,* Ps. Peregrinus; nach 1923 Anschluß an rechte Opposition der KPD, Aufenthalt in der UdSSR, nach Rückkehr theoret.-publizist. Unterstützung der Rechtsopposition u. ab 1928/29 der KPDO. Zeitw. Mitgl. der KPDO-Reichsltg., 1932 Mitgl. des Büros der *Internationalen Vereinigung der Kommunistischen Opposition.* 1933 Emigr. zunächst nach Straßburg, dann Paris; Mitgl. Auslandskomitee der KPDO, enge ZusArb. mit der in Oppos. zur amerik. KP stehenden kommunist. *Lovestone-Gruppe,* nach Differenzen mit Thalheimer u. → Heinrich Brandler Bruch mit der KPDO. Noch vor Beginn des 2. WK in die USA.

L: Tjaden, KPDO. *Qu:* Publ. - IfZ.

Leo, Gerhard, Partei- u. Verbandsfunktionär, Journalist; geb. 8. Juni 1923 Berlin; Diss.; *V:* → Dr. Wilhelm Leo; ∞ Nora Lubinski (geb. 1922); *K:* 3; *StA:* deutsch. *Weg:* 1933 F, 1945 Deutschland (ABZ).

1933 mit Eltern über Belgien nach Frankr.; Gymn., Mitgl. *Faucons Rouges.* Stud. Germanistik Univ. Lyon, Herbst 1943-Jan. 1944 in KPD-Auftrag Dolmetscher dt. Transportkommandantur Toulouse, Mitarb. *Bewegung Freies Deutschland für den Westen* (Deckn. Gérard Laban). März 1944 Verhaftung, Juni 1944 Befreiung, danach Résistance (Lt.). Ende 1944 Frontbeauftragter CALPO. 1945 Rückkehr nach Deutschland (Hamburg), KPD, Mitgl. PV u. Red. KPD-Zentralorgan *Freies Volk* Düsseldorf. 1950 wegen Kontakten zu Noel Field im Exil Vorwurf „amerikanischer Agententätigkeit" seitens der SED-Führung (vgl. → Bruno Goldhammer). 1954 in die DDR; SED, 1954-59 Ltr. Hauptred. Gesamtdt. Fragen bei ADN, 1959-62 Korr. ADN u. DDR-Rundfunksender in Genf, 1962-68 Chef vom Dienst bei ADN, 1968-73 RedMitgl. u. danach Korr. *Neues Deutschland* Berlin (Ost) in Paris; PräsMitgl. u. ab 1967 Vizepräs. *Deutsch-Französische Gesellschaft,* PräsMitgl. *Deutsch-Britische Gesellschaft in der DDR,* Mitgl. *Komitee für Europäische Sicherheit.* - *Ausz.:* 1966 Med. für Verdienste um die Befreiung der franz. Republik, 1970 VVO (Silber), 1972 Franz-Mehring-Ehrennadel (Gold).

W: Feuerprobe. In: Schaul, Résistance. *L:* Schaul, Résistance; Pech, Résistance. *Qu:* Arch. Erinn. - IfZ.

Leo, Wilhelm, Dr. jur., Rechtsanwalt; ∞ verh., Ehefrau 1933 Emigr., im 2. WK Dep. nach Deutschland. *K:* 2 T (u.a. Ilse, Emigr. F, Mitgl. Résistance); → Gerhard Leo. *Weg:* 1933 F.

SPD-Mitgl. 1933 KL Oranienburg. 1933 Emigr. über Belgien nach Frankr., Buchhändler. Im franz. Exil jurist. Berater seiner Partei in der *Union des Immigrés Allemands Anti-Nazis.* Anschluß an Volksfront-Bewegung, im 2. WK illeg. in Südfrankr., Mitarb. *Bewegung Freies Deutschland für den Westen,* Okt. 1943 Vizepräs. KFDW. Lebte nach 1945 als Buchhändler in Paris.

L: Zorn, Edith, Über die Stellung deutscher Sozialdemokraten in Frankreich zur Bewegung Freies Deutschland (1944-1945). In: BZG 7/1965; Leo, Gerhard, Feuerproben. In: Schaul, Résistance; Pech, Résistance. *Qu:* Pers. Publ. - IfZ.

Leonhard, Susanne, geb. Köhler, Schriftstellerin, Publizistin; geb. 14. Juni 1885 Oschatz/Sa.; *V:* Eugen-Otto K., Jurist; *M:* Elsbeth Maria; ∞ I. 1918 Rudolf Leonhard (1889-1953) Schriftst., ab 1927 in F, 1933 Mitgr. u. anschl. Vors. SDS, als

KPD-Sympathisant aktiver Teiln. an Volksfrontbewegung, nach Kriegsausbruch Internierung, Flucht u. illeg. Aufenthalt in S-Frankr., 1950 in die DDR; II. 1921 Mieczysław Genrichovič Bronskij (1882-1941), sowj. Parteifunktionär u. Diplomat, Ehe später annulliert; *K:* → Wolfgang Leonhard; *StA:* deutsch. *Weg:* 1935 S, UdSSR; 1948 Deutschland/Berlin (Ost).

1915-20 Stud. Math. u. Phil. Univ. Göttingen, Berlin u. Wien; in Göttingen Mitorg. der sog. freien Studentenbewegung gegen die Korporierten, 1916 Mitgl. *Liebknecht-Jugend* der *Spartakus-Gruppe,* ab 1916 publizist. Tätigkeit, 1919-20 Red-Sekr. illeg. *Kommunistische Räte-Korrespondenz* Berlin, 1919-25 KPD, 1920-21 Ltr. Presseabt. der sowjetruss. Botschaft in Wien. 1922 Übersiedlung nach Berlin, 1923-33 SDS; Mitarb. KPD-Ztg., nach Parteiaustritt aus ideolog. Gründen Beiträge in linksbürgerl. Presse. 1933 Berufsverbot, Tänzerin, Kuriertätigkeit für KPD. März 1935 nach Schweden u. dann in die UdSSR, Sprachlehrerin, Okt. 1936 Verhaftung durch NKVD u. bis 1948 Inhaftierung in ArbLagern. 1948 Rückkehr nach Berlin (Ost), Sept. 1948-März 1949 Lektorin Verlag Kultur und Fortschritt Berlin (Ost), dann Flucht in die BRD, freie Publizistin (Ps. Hannelore Sandus), Mitarb. zahlr. Zs. u. Tagesztg.; bis Auflösung 1952 Mitgl. UAPD. Lebte 1978 in Stuttgart.

W: Unterirdische Literatur im revolutionären Deutschland während des Weltkrieges. 1920; Gestohlenes Leben (Erinn.). 1956. *Qu:* Arch. Pers. - IfZ.

Leonhard, Wolfgang (1921-45 Wladimir, genannt Wolodja), Publizist, Hochschullehrer; geb. 16. Apr. 1921 Wien; o.K.; *V:* Rudolf Leonhard; *M:* → Susanne Leonhard; ∞ 1974 Elke Schmid (geb. 1949), kath.; *K:* Marc (geb. 1964); *StA:* deutsch, ab 1960 österr. *Weg:* 1933 S; 1935 UdSSR; 1945 Deutschland (Berlin).

Ab 1931 Mitgl. *Junge Pioniere,* Sept. 1933-Juni 1935 Schulbesuch in Schweden, dann in die UdSSR, 1939-40 Vorbereitungskurs Lehrerinstitut für Fremdsprachen Moskau, 1939-45 Mitgl. *Komsomol,* 1940-41 Staatliche Pädagogische Hochschule für Fremdsprachen Moskau, Sept. 1941 im dt.-sprach. Minderheit Zwangsaussiedlung nach Kasachstan, Nov. 1941-Sommer 1942 histor. Fak. Lehrerinstitut Karaganda. Juli 1942-Juli 1943 *Komintern*-Schule Kušnarenkovo (Deckn. Linden), danach Mitarb. NKFD u. seiner inoffiz. pol. Ltg. *Institut Nr. 99,* Sept. 1943-Mai 1944 RedMitarb. *Freies Deutschland,* Mai 1944-Apr. 1945 Mitarb. u. Sprecher *Sender Freies Deutschland* Moskau. 30. Apr. 1945 nach Berlin als Mitgl. *Gruppe Walter Ulbricht* (→ Walter Ulbricht), pol.-org. Aufbauarbeit, ab Juni 1945 RedMitgl. *Deutsche Volkszeitung* Berlin, Juli 1945-1947 stellv. Ltr. Pressestelle ZK der KPD bzw. PV der SED, Apr. 1946 Teiln. Vereinigungs-PT, 1947-49 Doz. für Gesch. SED-Hochschule Karl Marx, Gastdoz. Zentralschule der FDJ; nach *Kominform*-Beschluß zur Jugoslawien-Frage Bruch mit Stalinismus, März 1949 Flucht nach Jugoslawien u. bis Nov. 1950 Red. Auslandsprogramm *Radio Beograd,* anschl. Journ. u. pol. Publizist in der BRD, u.a. stånd. Mitarb. *Ostprobleme, Die Zeit* Hamburg, *Neue Ruhr-Zeitung;* ab Grdg. 1951 bis Auflösung 1952 Mitgl. Bundessekretariat *Unabhängige Arbeiterpartei Deutschlands.* 1956-58 Studien- u. Forschungsaufenthalt University of Oxford u. 1963-64 Columbia University New York, ab 1966 Gastprof. u. ab 1972 Prof. histor. Fak. Yale University New Haven; international renomierter Kenner der Geschichte der UdSSR u. des internat. Kommunismus. Mitgl. IG Druck u. Papier, Mitgl. Ehrenpräs. Deutsche Sektion *Amnesty International,* Mitgl. *PEN-Club.* Lebte 1978 in Manderscheid/Eifel.

W: Schein und Wirklichkeit in der UdSSR. 1952; Die Revolution entläßt ihre Kinder. 1955; Kreml ohne Stalin. 1959 (erweiterte Ausg. 1962); Sowjetideologie heute - Politische Lehren. 1962; Chruschtschow - Aufstieg und Fall eines Sowjetführers. 1965; Die Dreispaltung des Marxismus - Ursprung und Entwicklung des Sowjetkommunismus, Maoismus und Reformkommunismus. 1970; Am Vorabend einer neuen Revolution? Die Zukunft des Sowjetkommunismus. 1975; Eurokommunismus. 1978; zahlr. Aufs. u. Art. *L:* Leonhard, Revolution. *Qu:* Fb. Hand. Publ. - IfZ.

Leow, Willy, Parteifunktionär; geb. 25. Jan. 1887 Brandenburg/Havel, gest. 1937 (?); Diss.; *StA:* deutsch. *Weg:* 1933 Emigr.; 1934 UdSSR.

Tischlerlehre, Wanderschaft, Arbeiterbildungsschule Berlin; 1901 Mitgl. *Deutscher Holzarbeiter-Verband,* 1904 SPD, 1916 *Spartakus-Gruppe,* 1917 USPD; Apr.-Nov. 1918 Haft, ab Grdg. Mitgl. KPD, zunächst Parteisekr. in Berlin-Nordwest, dann Pförtner des Karl-Liebknecht-Hauses; 1921 Deleg. 7. PT. Ab Febr. 1925 Stellv. Ernst Thälmanns im RFB, 1927 auf 11. PT Wahl zum ZK-Kand., 1927 längerer Aufenthalt in der UdSSR, 1928-33 MdR. Ende der 20er Jahre der Korruption beschuldigt, konnte jedoch nach der Wittorf-Affäre als Vertrauensmann Thälmanns seine Stellung festigen u. blieb nach RFB-Verbot im Mai 1929 Ltr. der illeg. Org.; 1929 auf 12. PT Wahl zum ZK-Mitgl.; 1933 Emigr., 1934 UdSSR, Verlagsdir. in der Wolgarepublik, 1937 Verhaftung wegen angebl. Unterschlagung, vermutl. Todesurteil. Nach GdA 1937 verstorben.

L: GdA 4; Weber, Wandlung; Schuster, RFB. *Qu:* Hand. Publ. - IfZ.

Lerdau, Enrique (bis 1939 Heinz), Wirtschaftsexperte; geb. 14. Febr. 1928 Hamburg; o. K.; *V:* Fritz L. (geb. 1897 Hamburg, gest. 1965 Deutschland auf Besuchsreise), Kaufm., 1938 Emigr. Peru; *M:* Barbara, geb. Elkan (geb. 1902 Hamburg), 1938 Emigr. Peru; *G:* Nora (geb. 1926 Hamburg, gest. 1940 Lima), 1938 Emigr. Peru; Ruth Hayn (geb. 1930 Hamburg), 1938 Emigr. Peru, 1950 in die USA. B.A. Univ. Wisc.; ∞ 1952 Louise Prober (geb. 1927 New York), wiss. Assist.; *K:* Nora Ruth (geb. 1959); Manuel Theodore (geb. 1963); *StA:* deutsch, 1948 Peru. *Weg:* 1938 Peru, 1949 USA.

1938 Emigr. Peru; 1948 Examen Univ. de San Marcos Lima. 1949 in die USA, 1950 M.A. 1950-52 Forschungs- u. Lehrtätigkeit Univ. Wisc., 1952-55 Gastdoz. am Auckland Univ. Coll. Neuseeland, 1955 Ph. D. Univ. Wisc., 1955-56 Lehrtätigkeit Carnegie Inst. of Technol. Pittsburgh/Pa., 1956-60 Wirtschaftsexperte bei den UN New York, 1960-64 stellv. Ltr. Abt. für wirtschaftl. Angelegenheiten der OAS Washington/D.C.; 1964-68 Wirtschaftssachverständiger Nord- u. Südamerika-Abt., 1968-70 Lateinamerika-Abt., 1971 stellv. AbtLtr. für Wirtschaftsprogramme, 1972 Ltr. Sektion Mexiko in der Abt. Lateinamerika, ab 1972 stellv. AbtLtr. für Projekte in Südasien bei der Internat. Bank for Reconstruction and Development. Mitgl. *Am. Econ. Assn., Royal Econ. Assn.* Lebte 1976 in Kensington/Md.

W: Art. in Fachzs. in Italien, Kanada, Mexiko, USA, Neuseeland, GB, Schweiz. *Qu:* Fb. Hand. - RFJI.

Lesch, Fritz, Parteifunktionär; geb. 16. März 1898 Berlin; gef. Febr. 1937 bei Madrid; *StA:* deutsch. *Weg:* 1933 NL; DK; CH; F; 1936 E.

Sportlehrer; im 1. WK Marinesoldat, 1918 Teiln. Kieler Matrosenaufstand; Mitgl. KPD, führender Funktionär Arbeitersportbewegung, Mitgl. Reichsltg. *Kampfgemeinschaft für rote Sporteinheit* (KG). 1931-34 Sekr. *Rote Sport-Internationale.* Nach natsoz. Machtübernahme Reichsltr. illeg. KG. 1933 Emigr. nach Holland, bis Auflösung der KG 1935 von Dänemark, der Schweiz u. Frankr. aus verantwortl. für Anleitung u. Kontrolle der in Deutschland eingesetzten Kader; mehrere illeg. Reisen ins Reich, enge ZusArb. mit Inlandsltr. → Karl Maron. Deckn. Axel. Herbst 1936 Spanien, Offz. u. Kommandant einer Panzereinheit der Internat. Brigaden.

L: Kurzer Abriß der Geschichte der Körperkultur in Deutschland seit 1800. 1952; Schmidt, Deutschland; Kraushaar, Deutsche Widerstandskämpfer. *Qu:* Arch. Publ. - IfZ.

Leschke, Jochen (Hans Joachim Alexander), Journalist; geb. 1. März 1919 Dresden, gest. 17. Febr. 1971 München; ev.; *V:* Alexander L. (1889-1942), ev., Berufssoldat, nach 1919 kaufm. Dir. Mercedes-Benz AG, Mitgl. NSDAP, SA-Standartenführer, im 2. WK Oberst; *M:* Erika, geb. Grosz (geb. 1895), ev., 1922 gesch.; ∞ I. 1948 Christine Litberg (geb. 1917), ev., Sekr., 1955 gesch.; II. 1955 Irene Naef; *K:* Thomas (geb. 1950), Lehrer; Eugenia (geb. 1960); *StA:* deutsch. *Weg:* 1944 USA, GB, 1945 Deutschland (BBZ).

1938 Abitur, wegen jüd. Abstammung der Mutter Studienverbot, kaufm. Lehre, 1939 Einberufung zur Wehrmacht, Teiln. Frankr.- u. Rußlandfeldzug. Aufgrund zunehmender Verfolgung der mütterl. Familie u. nach Dep. des Großvaters in das KL Theresienstadt Übergang zur US-Armee in Italien Frühj. 1944. Über die USA im Juni 1944 nach GB, Lager Ascot, Mitarb. an Sendungen der BBC für die dt. Wehrmacht u. an amerikan. Rundfunksendungen für Deutschland, Kontakte zu → Waldemar von Knoeringen. Sept. 1945 nach Hamburg, Ltr. des NDR-Frauenfunks, Frühj. 1946 zu Radio Frankfurt, Ltr. des Jugendfunks u. Gr. des Schulfunkprogramms; Förderer der pol.-gesellschaftl. Jugendbildungsarbeit durch Behandlung aktueller u. kontroverser Themen in Sendungen für jugendl. Hörer. Ab 1957 freier Journ. in München, Mitarb. mehrerer Rundfunkanstalten, u. a. Gemeinschaftsproduktionen mit BBC. Ab 1960 auch Reisereportagen für Presseabt. der Deutschen Lufthansa.

Qu: Hand. Pers. Z. - IfZ.

Leschnitzer, Adolf Friedrich, Dr. phil., Hochschullehrer, Verbandsfunktionär, Publizist; geb. 3. Febr. 1899 Posen; jüd.; *V:* Oscar L. (geb. 1864 Zabrze/ Oberschlesien, gest. 1934), Apotheker, 1910 nach Berlin; *M:* Natalie, geb. Fuchs (geb. Breslau); *G:* Gerhard (gest.); Franz (geb. 1905, gest. 1967), Schriftsteller, Anfang der 30er Jahre Emigr. Österr. u. später UdSSR, Doz. Univ. Taschkent, nach 2. WK Rückkehr nach Berlin (Ost); ∞ 1937 Dr. Maria E. Bratz, Prom. Heidelberg, 1940 Emigr. USA, Stud. Columbia School of Social Work, 1946 Ltr. des von ihrem Ehemann gegr. privaten Am. Inst. Modern Languages; *K:* Michael Lesch (geb. 1938), Stud. Harvard Univ., RA in New York; *StA:* deutsch, USA. *Weg:* 1939 GB, 1940 USA.

1917-18 Kriegsteiln., anschl. Stud. Heidelberg u. Berlin, 1923 Prom. Heidelberg, ab 1925 Deutsch- u. GeschLehrer an Gymn. in Berlin, 1927 StudAssessor, 1928 StudRat, 1933 Entlassung. 1933-39 Ltr. Schulabt. der *Reichsvertretung*, Oberster Schulinspektor für jüd. Konfessionsschulen in Deutschland, Neugr. von 60 Schulen, 1933-39 Hg. *Jüdische Lesehefte*, Mitgl. ZVfD. 1939 Emigr.GB über die Niederlande, Bibliotheksarb. in Cambridge; 1940 in die USA, 1940-52 Gr. u. Ltr. Am. Inst. Modern Languages New York (private Sprachenschule für Neueinwanderer, errichtet mit Unterstützung des *New World Club*); gleichz. 1943-44 Doz. Rutgers Univ., 1944 Berater für dt. Erziehungsfragen beim US-Kriegsmin. u. Mitarb. OWI, 1945 Stipendiat des *Am. Committee for Emigré Scholars, Writers and Artists*, 1946 Assist.Prof. Dept. of Germany Brooklyn Coll. New York, 1946-51 Doz., 1951-57 Assist. Prof., 1958-66 Assoc. Prof., 1958-61 Chairman Dept. of German and Slavic Languages City Coll. New York, 1952-53 Fellow Bollingen Foundation, 1952 Gastdoz. Freie Univ. Berlin (erster jüd. Gelehrter, der dort nach dem 2. WK Vorlesungen über dt.-jüd. Fragen hielt), 1955-72 Honorarprof. für Gesch. der dt. Juden. 1948-51 VorstMitgl. Congr. Habonim New York, 1950-56 Präs., seit 1957 Ehrenpräs. *New York Soc. of Teachers of German*, 1956 Mitgr. u. seitdem Kuratoriumsmitgl. des LBI New York, Mitgl. *Modern Language Assn. of Am., Am. Assn. of Teachers of German, Am. Hist. Assn.* Lebte 1978 in New York. - *Ausz.:* 1957 BVK, Dr. h.c. Freie Univ. Berlin.

W: Untersuchungen über das Hohelied in Minneliedern. Ein Beitrag zur Historienbibel-Forschung. (Diss.) 1924; Das Judentum im Weltbild des Mittelalters. 1935; Faust and Moses. In: American Imago. 1949; Die Geburt des modernen Antisemitismus aus dem Geist der Neuzeit. In: Ten Years. American Federation of Jews from Central Europe, Inc., 1941-51. 1952; Saul und David. Die Problematik der deutsch-jüdischen Lebensgemeinschaft. 1954 (engl. Übers.: The Magic Background of Modern Antisemitism. 1956); Antisemitismus. In: Bernsdorf, W., Bülow, F. (Hg.), Wörterbuch der Soziologie. 1955; The Unknown Leo Baeck. In: Commentary, Bd. 23, Nr. 5, 1957; Vom Dichtermartyrium zur politischen Dichtung. Heines Weg zur Demokratie. In: Berges, W. u. Hinrichs, C. (Hg.), Zur Geschichte und Problematik der Demokratie. Festschrift für Hans Herzfeld. 1957; Beiträge für Festschriften u. Zs. *L:* Fromm, E., Herzfeld, H., Grossmann, K. (Hg.), Der Friede, Idee und Verwirklichung. The Search for Peace. Festgabe für Adolf Leschnitzer. 1961. *D:* RFJI. *Qu:* EGL. Hand. Pers. Publ. Z. - RFJI.

Leser, Ludwig, Politiker; geb. 11. Aug. 1890 Neufeld a.d. Leitha/Westungarn, gest. 30. Okt. 1946 Wien; kath.; *V:* Ludwig L., Fabrikpförtner u. Magazinverw.; *G:* u. a. Franz (1892-1921), RegRat; ∞ Viktoria Gregorowitsch (1891-1972); *K:* Ludwig (geb. 1918), A: Wien; *StA:* H, österr. *Weg:* 1934 CSR; 1939 Deutschland (Österr., Reichsprotektorat Böhmen u. Mähren); 1945 (?) Österr.

1910 Abitur in Ödenburg/Westungarn, anschl. Angest. in Jutefabrik in Neufeld. Teiln. 1. WK. 1919 Gaukommissar für dt. Angelegenheiten in Westungarn während der Räetereg. Béla Kuns, nach deren Sturz unter der Reg. Peidl RegKommissar für Westungarn, 1920 nach Budapest, nach dem Sturz der Reg. Karolyi 13 Mon. Haft in Steinabrückl, nach Verurteilung zu 1 Jahr Kerker Flucht nach Österr., Mitgl SDAP, spielte maßgebl. Rolle im Kampf um den Ende 1921 erfolgten Anschluß des Burgenlands an Österr. Ab Anfang 1922 Mitgl. der Verwaltungsstelle für das Burgenland sowie des ständigen Dreierausschusses dieser VerwStelle. 1922-24 stellv. Obmann, 1924-34 Obmann der SDAP Burgenland, 1922-32 Mitgl. Landesparteikontrolle. 1922-34 MdL Burgenland u. stellv. Landeshauptmann. 1932-34 Mitgl. der Landesexekutive des *Bunds der Freien Gewerkschaften Österreichs*. 1934 nach den Februarkämpfen in die CSR, Mitarb. bei Flüchtlingsbetreuung. Lebte zunächst in Preßburg, 1937 in Prag unter dem Namen Jan Laufer kaufm. tätig. 1939 mehrwöch. Gestapohaft in Wien, anschl. wieder Prag. 1945 nach Österr., Landesparteiobmann SPÖ. Okt. 1945-Jan. 1946 Landeshauptmann, anschl. wieder stellv. Landeshauptmann Burgenland. - *Ausz.:* 1931 Dr. h.c. Univ. Heidelberg.

W: u.a. Die burgenländische Schulschande. 1925; Die wissenschaftliche Erschließung des Burgenlandes. In: 10 Jahre Burgenland. 1931; Das Burgenland und seine Menschen. In: Sinowatz, Fred, Ludwig Leser zum Gedenken, 1890-1946. 1971; *L:* Leser, Werk; DBMOI; Kriegler, Johann, Politisches Handbuch des Burgenlands, Teil I. 1972; Stadler, Opfer; Wallisch, Paula, Der Weg weiter. O. J.; Magaziner, Alfred, Die Wegbereiter. 1975; Leser, Norbert/Berczeller, Richard, ... mit Österreich verbunden. Burgenlandschicksal 1918-1945. *Qu:* Arch. Hand. Pers. - IfZ.

Leslie, John Ethelbert, Dr. jur., Börsenmakler; geb. 13. Okt. 1910 Wien; *V:* Julius L.; *M:* Valerie, geb. Lawetzky; ∞ 1940 Evelyn Ottinger Goetz; *StA:* österr., 1944 USA. *Weg:* 1938 USA.

1932 Prom. Wien, 1934 Dipl. Konsularakad. Wien, 1934-36 Sekr. Bundesgerichtshof Wien, 1936-38 RA. 1938 Emigr. USA; 1942 M.Sc. Columbia Univ., 1941-46 ltd. Rechnungsprüfer Arthur Anderson & Co., CPA New York, 1946-55 bei Steuerberatungsfirma R. G. Rankin & Co. New York, seit 1955 bei Börsenhandelsfirma Bache & Co. Inc. (Bache Halsey Stuart Inc.), 1956 Filialltr. in Frankfurt/M., erstes am. Maklergeschäft in Deutschland nach 2. WK, 1968-69 VorstVors., seit 1969 AR-Vors., seit 1970 VorstMitgl. Zugl. Präs. u. Dir. am.-österr. Handelskammer New York, AR-Mitgl. H.L. Bache Found., Präs. u. Dir. Bache Corp. Found., 1968-72 Kuratoriumsmitgl., seit 1972 Vors. VerwRat u. VorstVors. Inst. of Internat. Educ. (Förderung von StudAustausch). Mitgl. *Soc. Foreign Consuls in New York City* u. von Handelskammern in Belgien, Frankr., Deutschland (BRD), GB, Italien, den Niederlanden, Spanien. VorstMitgl. *Commerce and Industry Assn.* New York u. *France-Am. Soc.*, Mitgl. *Alumni Assn.* School of Business der

Columbia Univ. u. *Am. Foreign Service Assn.,* VorstMitgl. *Fed. French Alliances in USA,* VorstMitgl. *Am. Soc. Internat. Law, Foreign Pol. Assn., UN Assn.,* VorstMitgl. u. AR-Mitgl. *Securities Industry Assn.,* zeitw. Vors. New York Stock Exchange Adv. Committee on Internat. Capital Markets, VorstMitgl. Econ. Development Council of New York. Ab 1965 österr. EhrengenKonsul in New York. Lebte 1976 in New York. - *Ausz.:* u. a. Cruz Vermelha de Dedicacao Portugal, 1976 BVK, Cert. Appreciation der Stadt New York, 1978 Goldenes Ehrenzeichen für Verdienste um das Bundesland Wien.
Qu: Hand. Z. - RFJI.

Less, Georg, Fabrikant, Kommunalpolitiker; geb. 6. Apr. 1871 Berlin, gest. 4. Jan. 1953 Montevideo/Urug.; jüd.; ∞ Minna Hancke; *StA:* deutsch, Urug. *Weg:* 1941 Urug.
Kleiderfabrikant in Breslau. Im 1. WK AR-Mitgl. Kriegswirtschafts-AG, Gr. Breslauer Messe, Vors. Messe- u. Ausstellungs-AG, Vors. Beirat IHK u. Kuratorium Städtische Bank Breslau. Ehrenamtl. Stadtrat, u.a. Dezernent für die städt. Bühnen. Ehrenkurator Jüd.-theolog. Seminar, ab 1932 VorstMitgl. SynagogenGde. Breslau, 1934-41 Vors.; Mitgl. Engerer Rat des Preuß. Landesverbands jüdischer Gemeinden, später Berater *Reichsvereinigung der Juden in Deutschland.* Sommer 1941 Emigr. Uruguay; VorstMitgl., Apr. 1943-Aug. 1944 Präs. jüd. Gde. Montevideo. - *Ausz.:* Ehrensenator TH Breslau.
Qu: EGL. Pers. - IfZ.

Lesser, Wolfgang, Komponist, Verbandsfunktionär, Kulturpolitiker; geb. 31. Mai 1923 Breslau; *V:* Kaufm.; ∞ verh.; *K:* 1; *StA:* deutsch. *Weg:* 1939 GB, 1947 Deutschland (SBZ).
Realgymn., Lehre als Metallarb., dann Lehrenbauer, 1938 Stud. Sternsches Konservatorium Berlin. 1939 Emigr. GB, ab 1942 KPD-Mitgl., 1947 Rückkehr, bis 1949 FDJ-Funktionär, Mitgl. SED, ab 1948 FDGB. 1949 SED-Landesparteischule, 1950-54 Stud. Deutsche Hochschule für Musik Berlin (Ost), 1954-60 Musiklehrer u. Komponist, LtgMitgl. Staatl. Volkskunstensemble der DDR, seit 1960 freischaffender Komponist. 1964-68 2. Sekr., seit Nov. 1968 1. Sekr. *Verband Deutscher Komponisten und Musikwissenschaftler,* seit 1968 GenSekr. des Musikrats der DDR. Seit 1969 Mitgl. Nationalrat der *Nationalen Front des demokratischen Deutschland* u. Mitgl. Kollegium des Min. für Kultur. Seit 1971 Mitgl. Kulturkommission beim PolBüro des ZK der SED, seit Nov. 1971 MdVK (Fraktion des *Deutschen Kulturbunds* bzw. des *Kulturbunds der DDR*), Mitgl. Ausschuß für Volksbildung. Lebte 1977 in Berlin (Ost). - *Ausz.:* 1964 VVO (Bronze); VVO (Silber); Med. für Kämpfer gegen den Faschismus; Kunstpreis der DDR.
Qu: Hand. - IfZ.

Lessing, Fred William (urspr. Friedrich Wilhelm), Kaufmann; geb. 15. Febr. 1915 Bamberg; *V:* Willy L. (geb. 1881 Bamberg, gest. 17. Jan. 1939 infolge Mißhandlung durch NatSoz. am 10. Nov. 1938), Abitur, Inh. Hopfen- u. Ziegeleifirmen, Präs. jüd. Gde. Bamberg, Richter am ArbGericht, Mitgl. DDP, 1939 Zwangsverkauf der Firma; *M:* Paula, geb. Ehrlich (geb. 1888 Bamberg, gest. 1944 Newcastle-on-Tyne/GB), 1939 Emigr. GB; ∞ 1942 Helen D. Kahn (geb. 1915 Mannheim), jüd., Abitur, 1934 Emigr. CH, 1934-36 Stud. Genf, 1936 nach GB, 1936-37 Mithg. *European Herald* London, 1937-40 Fremdsprachenkorr. in London, 1940 in die USA, 1940-45 Fremdsprachenkorr. in New York; *K:* Joan C. (geb. 1945 New York), jüd., M.B.A. Columbia Univ., seit 1975 wiss. Assist. RFJI; Pamela R. Friedman (geb. 1950 New York), M.L.S. Univ. N. Carolina, Bibliothekarin in Washington/D.C.; *StA:* deutsch, USA. *Weg:* 1934 GB, 1942 USA.
1928 Mitgl. ZVfD, 1934 Abitur Bamberg. 1934 Emigr. GB mit StudVisum, 1935-36 Stud. London School of Econ., 1936-39 Sekr. u. Buchführer bei Bankier J. Wassermann London, Mitinh. einer Fabrik in Newcastle-on-Tyne; 1940 6 Mon. Internierung, Sekr. des Lagerltr.; 1942 mit Auswanderervisum in die USA, Buchhalter bei kleinen Firmen, 1942-47 Stud. New York Univ., 1947 B.Sc.; ab 1942 Rechnungsführer, Büroltr. u. Hauptbuchführer bei Stewart Stamping Co. in Yonkers/N.Y., ab 1947 Experte für arbeitsrechtl. Fragen u. seit 1949 Teilh.; 1950-65 Dir. u. Schatzmeister, 1965-68 stellv. Vizepräs., 1968-72 Präs., seit 1972 AR-Vors., ab 1974 Vizepräs. u. Dir. der Dachges. Insilco Corp.; Dir. Internat. Re-Insurance Co. New York, Kuratoriumsmitgl. Univ. Tel Aviv, VorstMitgl. A.F.J.C.E., LBI, *Selfhelp,* RFJI, Newark House (*N.J. Fellowship for the Aged*), Schatzmeister Whittier Foundation, VorstMitgl. *New York Found. for Nursing Homes,* Schatzmeister Margaret Tietz Center for Nursing Care, VorstMitgl. Inst. for Contemporary History London, *Jew. Philanthropic Fund of 1933 Inc.,* Kuratoriumsmitgl. Gustav Wurzweiler Found., Sekr. des Vorst. *Am. Friends of Tel Aviv Univ.* (Stifter des Lehrstuhls für Röm. Geschichte), Mitgl. anderer jüd. Org., ltd. Funktionen in kulturellen u. soz. Einwandererorg. New Yorks u. des Auslands. Lebte 1978 in Scarsdale/N.Y. - *Ausz.:* 1977 Dr. h.c. Univ. Tel Aviv.
D: RFJI. *Qu:* Fb. Hand. Pers. - RFJI.

Lessing, Gottfried, Dr. jur., Staatsfunktionär, Diplomat; geb. 14. Dez. 1914 St. Petersburg; *G:* → Irene Gysi; ∞ Ilse, Ltr. England-Referat der *Gesellschaft für kulturelle Verbindungen mit dem Ausland* in der DDR; *StA:* deutsch. *Weg:* 1933 GB, AUS; nach 1945 Deutschland (Berlin).
1933 Emigr. nach GB u. Australien, Stud. Rechtswiss., Tätigkeit als Jurist. Nach Rückkehr Mitarb. im DDR-Min. für Außenhandel u. Innerdeutschen Handel, SED-Mitgl. ab Grdg.; 1952-57 Präs. Kammer für Außenhandel, die als „gesellschaftliche Organisation des Außenhandels" zur Herstellung von Kontakten u. zum Abschluß von Handelsabkommen in den nichtsozialist. Staaten bis zur allgem. Anerkennung der DDR Anfang der 70er Jahre auch außenpol. VertrFunktionen wahrnahm. 1957-58 Besuch SED-Parteihochschule, 1959-60 Ltr. DDR-Handelsvertr. in Indonesien (Handelsrat), Apr.-Sept. 1961 Ltr. DDR-Handelsvertr. in Mali (Legationsrat), 1962-65 Ltr. 4. außereurop. Abt. (Afrika) im MfAA, 1965-68 GenKonsul in Tansania, danach Mitarb. MfAA. Lebte 1974 in Berlin (Ost). - *Ausz.:* 1956 Verdienstmed. der DDR, 1965 VVO (Bronze).
L: Radde, Diplomat. Dienst. *Qu:* Hand. Publ. Z. - IfZ.

Lessing, Hans Bruno, Dr. jur., Dr. phil., Bankier; geb. 20. Juni 1879 Bamberg, gest. 30. Mai 1954 London; jüd.; *V:* Benno L. (geb. 1842 Bamberg, gest. 1917 Bamberg), jüd., Hopfenhändler, Kommerzienrat; *M:* Adele, geb. Obermayer (geb. 1851 Fürth, gest. 1932 Bamberg), jüd.; *G:* Anton (geb. 1874 Bamberg, gest. Alexandria/Ägypten), jüd., Hopfenhändler; Otto (geb. 1875 Bamberg, gest. KL), jüd., Hopfenhändler; Olga Tuchmann (geb. 1878 Bamberg, Freitod 1937 Berlin), jüd.; Franz (geb. 1881 Bamberg, gest. 1965 London), jüd., Dipl.-Ing.; ∞ 1912 Lilly Rosenfeld (geb. 1892 Nürnberg, gest. 1954 London), jüd.; 1938 Emigr. GB; *K:* Eric H. (geb. 1914 Nürnberg), Elektro-Ing., Emigr. CH, 1938 Dipl. Zürich, anschl. F, Port., 1941 USA; Walter B. (geb. 1918 Nürnberg), 1935 Emigr. GB, Stud. London School of Econ., Kaufm.; *StA:* deutsch, brit. *Weg:* 1938 GB.
Stud. München u. Berlin, 1902 Dr. jur. Tübingen, 1904 Prom. Erlangen, RA am Oberlandesgericht München, 1906-17 bei Dresdner Bank u. Commerzbank Nürnberg. Kriegsteiln. 1. WK. Ab 1918 stellv. Dir., dann Dir., ab 1929 stellv. VorstMitgl. Berliner Zentrale der Dresdner Bank, Apr. 1932 VorstMitgl. *Internationale Vereinigung für vergleichende Rechtswissenschaft und Volkswirtschaftslehre,* Mitgl. *Gesellschaft von 1914.* 1933 Entlassung durch Dresdner Bank. 1933-38 Teilh. Bankhaus Georg Fromberg & Co. Berlin bis zur Arisierung. Sept. 1938 Warnung vor Verhaftung, Emigr. GB, Nov. 1938 Eröffnung eines kleinen Maklergeschäfts. Nach 2. WK Inh. einer Agentur zur Auswertung von Erfindungen.

W: u. a. Begriff der Rechtsnachfolge nach bürgerlichem Rechte. (Diss. jur.) 1902; Die Organisation der Bank von Frankreich. (Diss. phil.) 1904; Scheckgesetz vom 11. März 1908. (Hg.) 1908, 1926. *Qu:* Arch. Hand. HGR. Pers. - RFJI.

Lester, Conrad H.(Henry), (bis 1941 Lichtenstern, Kurt), Dr. phil., Unternehmensleiter, Hochschullehrer; geb. 5. Nov. 1907; kath.; *V:* Richard Lichtenstern (1870-1937), jüd., Industrieller; *M:* Elsa, geb. Wolf (1882-1929), kath.; ∞ 1946 Los Angeles, Hedwig Terber (geb. 1915), Sängerin, Emigr. Kuba, USA; *K:* Monica Johanna Maria (geb. 1947), A: Österr.; Paul Conrad (geb. 1950), A: Österr.; *StA:* österr., 1943 USA, 1970 österr. *Weg:* 1938 F; 1940 Alg.; 1941 Bras., USA.

1926-27 Stud. Hochschule für Welthandel Wien, 1927-28 Keramische Fachschule in Bunzlau/Oberschlesien. 1928-32 Volontär, 1932-38 techn Dir. in väterl. Steingut- u. Porzellanfabrik in Wilhelmsburg/Niederösterreich; 1932-35 Laienrichter am ArbGericht St. Pölten/Niederösterr., 1934-35 GdeRat in Wilhelmsburg u. Kreiskommandant St. Pölten der *Ostmärkischen Sturmscharen.* ZusArb. mit illeg. KPÖ, war Ende 1934 u. Anfang 1935 → Ernst Fischer bei seinem illeg. Aufenthalt in Österr. behilflich, Mai 1935 in diesem Zusammenhang Verhaftung. 1935-37 Stud. Univ. Zürich, 1937 nach Tod des Vaters Rückkehr nach Wilhelmsburg. März 1938 während des dt. Einmarschs in Österr. Flucht in die CSR, Apr. 1938 nach Frankr., lebte zunächst in der Region von Nizza, anschl. in Paris. Mai 1938 neben → Elisabeth Freundlich Gr. u. Sekr. *Liga für das geistige Österreich (Ligue de l' Autriche Vivante),* 1939-40 VorstMitgl. *Entr'aide Autrichienne* (→ Martin Fuchs). Sept.-Okt. 1939 Internierung in Aix-Les-Milles. Frühj. 1940 Gr. u. Hg. der kurzlebigen Zs. *Freies Österreich.* Okt. 1940 Flucht nach Algier mit falschem franz. Paß, da nach franz. Kapitulation von Gestapo gesucht. März 1941 mit Staatenlosen-Paß nach Brasilien, Aug. 1941 in die USA; vermutl. ZusArb. mit österr. Sozialisten in den USA (→ Friedrich Adler), protestierte Herbst 1941 öffentlich gegen Versuch der Bildung einer österr. Exilreg. in den USA durch → Hans Rott u. → Willibald Plöchl. Ab 1942 Stud. Germanistik Univ. of California/Los Angeles (UCLA). 1943-45 MilDienst in US-Armee, Demobilisierung als Sergeant (Good Conduct Med., Victory Medal), Forts. des Stud. UCLA, 1948 M.A., bis 1952 Teaching Assist., 1955 Prom. Ab 1948 in zunehmendem Maße von der Ltg. der unter dem Namen Österreichische Sanitär-, Porzellan- und Keramik AG (ÖSPAG) neu konstituierten väterl. Betriebe beansprucht, häufige Reisen nach Österr.; 1953-55 AR-Vors., 1955-67 GenDir., ab 1968 wieder AR-Vors. der ÖSPAG. Ab 1958 zugleich Doz., ab 1962 Assist. Prof., ab 1964 Assoc. Prof. Loyola-Univ. Los Angeles. 1968 endgültige Rückkehr nach Österr., Vertr. Österr. in mehreren internat. Fachverb. der Keramikindustrie. Seit 1977 Präs. *Wiener Goethe-Verein.* Lebte 1978 in Wien u. Ascona/CH. - *Ausz.:* u.a. Gr. Ehrenzeichen für Verdienste um die Republik Österr., Gr. Gold. Ehrenzeichen für Verdienste um das Bundesland Niederösterreich.

W: u.a. Zur literarischen Bedeutung des Oswald von Wolkenstein. 1949. *L:* Scheu, Friedrich, Der Weg ins Ungewisse. 1972; *Qu:* Arch. Fb. Hand. Pers. Publ. - IfZ.

Lettner, Fritz, Parteifunktionär; geb. Salzburg; ∞ Wilma; *StA:* österr. *Weg:* 1937 E; 1939 (?) F; 1945 (?) Österr.

Mitgl. KPÖ, ab 1933 illeg. Funktionär. Vermutl. 1937 nach Spanien, Teiln. am Span. Bürgerkrieg in den Internat. Brigaden. 1939 nach Frankr., Internierung, u. a. St. Cyprien, Gurs u. Argelès, Ende 1940 wegen Lungenkrankheit in Lazarett eingeliefert. 1943 Flucht, bei Partisaneneinheit der franz. Résistance, gegen Kriegsende Offz. der Forces Françaises de l' Intérieur. 1945 (?) Rückkehr nach Österr.; Landessekr. bzw. geschäftsf. Landesobmann Salzburg der KPÖ, hoher Funktionär der *Freien Österreichischen Jugend.* 1948-57 ZK-Mitgl. der KPÖ. Lebte 1977 in Wien.

L: Stern, Max, Spaniens Himmel. Die Österreicher in den Internationalen Brigaden. 1966; Die Völker an der Seite der spanischen Republik. 1975. *Qu:* Arch. Hand. Pers. Publ. Z. - IfZ.

Leuner (urspr. Loewy), **Heinz David,** Pfarrer, Publizist; geb. 15. Sept. 1906 Breslau, gest. Sept. 1977 London; jüd., 1935 ev.; *V:* Leo Abraham Loewy (geb. 1874, umgek. KL Auschwitz), jüd., Buchhalter u. Schriftst.; *M:* Elfriede Sarah, geb. Berger (geb. 1874, umgek. KL Auschwitz), jüd.; *G:* Kurt (geb. 1909), Bühnenbildner, dep. aus Prag; ∞ 1931 Alice Görke (geb. 1908), Emigr. mit Ehemann; *StA:* deutsch, 1. Okt. 1938 Ausbürg., 1947 brit. *Weg:* 1933 CSR; 1939 GB.

Aus jüd.-konservativem Elternhaus, nach Abitur in Breslau ab 1924 Journ. u. Red. versch. Blätter in Breslau u. Berlin, u.a. Red. *Die Tribüne* Breslau sowie *Berliner Volkszeitung;* 1931-32 GenSekr. *Deutscher Tuberkulösen-Bund* u. Schriftltr. von dessen Organ *Die Sonne;* ab 1928 entschiedener Gegner des NatSoz., heftige Angriffe in Ztg. u. Zs., nach der Machtübernahme im Untergrund, Apr. 1933 Flucht in die CSR; in Prag Lebensunterhalt u.a. als Handelsvertr. u. Buchhalter; Mitarb. Exil-Presse; 1935 Konversion zum Protestantismus; ab 1936 für Flüchtlingshilfe der Church of Scotland tätig, ab 1937 Mitgl. Church of Scotland, Nov. 1938- Febr. 1939 Sekr. *Christliche Flüchtlingsfürsorge* Prag; Frühj. 1939 Emigr. nach GB, mit Unterstützung der Church of Scotland Stud. Theol. u. Gesch. Glasgow University u. Trinity College; Aug.-Dez. 1940 interniert in Glenbranter, Knapdale u. Isle of Man; 1942 Arbeit für Home Board der Church of Scotland, nach Abschluß des theol. Stud. Pfarrer der Church of Scotland; ab 1950 Europasekr. *International Hebrew-Christian Alliance* London, in zahlr. Veröffentl. u. Reden in Westeuropa, den USA u. Israel Bemühen um christl.-jüd. ZusArb. im Sinne der ökumenischen Bewegung; ab 1949 Hg. Zs. *Der Zeuge,* Mithg. *The Hebrew Christian;* Mitarb. mehrerer theol. Zs., u.a. *Israel Forum* Göttingen, *Die Junge Kirche* Bremen u. *Emuna* Frankfurt/Main. Berater (Kommission The Church and the Jewish People) u. ab 1971 Vollmitgl. *Weltkirchenrat* Genf. - *Ausz.:* 1974 BVK.

W: u.a. Judaism. In: The World's Religions. 1950; The Impact of Nazism on European Jewry. 1962; When Compassion was a Crime. Germany's Silent Heroes 1939-1945. 1966 (dt. Übers. 1967); Religiöses Denken im Judentum des 20. Jahrhunderts. 1969; Beiträge in versch. Sammelwerken. *D:* Inst. Cont. Hist. London. *Qu:* Arch. Fb. Zs. - IfZ.

Leupold, Hermann, Publizist, Parteifunktionär; geb. 27. Juni 1900 Berlin, gest. (?); *Weg:* 1933 CSR; 1938 GB; 1946 Deutschland (Berlin).

Werkzeugmacher; 1919 USPD, 1921 KPD; aktives GewMitgl., Mitarb. versch. Betriebsztg., Besuch Marxistische Arbeiterschule Berlin; Red. des IAH-Organs *Mahnruf;* Red. u. ab 1928 Hg. *Arbeiter Illustrierte-Zeitung* (AIZ) u. Landesvors. IAH Berlin-Brandenburg; Vors. *Vereinigung der Arbeiterphotographen,* Mitgl. geschäftsf. Ausschuß *Arbeitersportverein Fichte.* 1933 Emigr. CSR, Red. AIZ bzw. *Das Illustrierte Volksblatt* Prag (Ps. Karl Vaněk), 1938 nach GB. 1946 Rückkehr nach Berlin, SED, AbtLtr., später Parteisekr. u. Ltr. Berliner Verlag Berlin (Ost), ab 1961 PräsMitgl. *Verband der Deutschen Presse.* - *Ausz.:* 1955 VVO (Silber), 1960 Banner der Arbeit, 1965 VVO (Gold).

L: Willmann, Heinz, Geschichte der Arbeiter Illustrierten-Zeitung 1921-1938. 1974. *Qu:* Hand. Publ. Z. - IfZ.

Levi, Gustav, Dr.-Ing., Ingenieur; geb. 5. März 1902 Alsfeld, gest. Haifa; jüd.; ∞ Johanna Oewerdieck; *StA:* deutsch, Pal./ IL. *Weg:* 1933 Pal.

Stud. TH Darmstadt, Dipl.-Ing., 1924-33 Angest. Berliner ElektrWerke (BEW), zuletzt ltd. Ing.; 1933 Emigr. Palästina, ab 1933 Angest. bei Electric Corp. Ltd. in Haifa, anfangs ltd. Ing. in Elektrizitätswerk, dann Chefing. u. Geschäftsf. der techn. Abt.; nach 2. WK versch. Auslandsreisen zum Ankauf von Materialien für den Ausbau der isr. Stromversorgung. Kuratoriumsmitgl. Technion Haifa.

Qu: Hand. - RFJI.

Levi, Hans Gottfried, Dr. jur., Rechtsanwalt, Verbandsfunktionär; geb. 16. Febr. 1899 Königs Wusterhausen bei Berlin, gest. 18. März 1977 Sydney; *V:* Emil L. (geb. 1854 Pfalz, gest. 1910), jüd., Kaufm.; *M:* Rosalie, geb. Lesser (geb. 1866 Ziebingen/Brandenburg, umgek. 1942 Ghetto Lublin); *G:* Elisabet Zipser (geb. 1887 Königs Wusterhausen, gest. 1957), KL There-

sienstadt, Emigr. AUS, USA; Leonie (geb. 1889 Königs Wusterhausen, umgek. 1942 Ghetto Lublin); Hermann Ernst (geb. 1896 Königs Wusterhausen), Kaufm., 1935 Emigr. Estland; ∞ 1932 Friedl Fuchs (geb. 1903 Mährisch-Ostrau), jüd., tätig für *Jugend-Alijah* Berlin, Haft in Konstanz, 1938 Emigr. B, AUS; *StA:* deutsch, 1946 AUS. *Weg:* 1938 B, AUS.
  1917-18 Kriegsteiln., 1919-25 Stud. Berlin, Leipzig, Halle, 1925 Prom., 1929 Assessor, 1931 Richter, 1933 Entlassung. 1935-38 Referent bei der *Zentralwohlfahrtsstelle* der *Reichsvertretung* u. *Altreu*, Juni 1938 Emigr. Belgien, Dez. 1938 mit Hilfe von Verwandten u. HIAS nach Australien, Ehefrau erhielt Visum als *Jugend-Aliyah*-Repräsentantin. 1939-49 Red. *The Australasian Inventor;* 1940-47 Stud. Rechtswiss., RA-Zulassung, ab 1947 RA in Sydney. 1954-74 Vertrauensanwalt der dt. Botschaft, später des GenKonsulats in Sydney. 1958-73 Dir. Sir Moses Montefiore Jew. Home, 1943-55 Mitgl. u. 1944-46 Präs. *Assn. of Refugees*, ab 1948 Mitgl., 1953-54 Präs. *B'nai B'rith*-Loge, 1947-74 Mitgl. *N.S.W. Law Soc.*, 1955 *Internat. Fiscal Assn.*, 1974 Mitgr. *Commission Jurists.* - *Ausz.:* BVK.
  W: Die Vorzugsaktion bei der Umstellung der Aktiengesellschaften. (Diss.) 1925. *Qu:* Fb. - RFJI.

Levi, Kurt, Dr. jur., Rechtsanwalt, Bankier; geb. 20. Mai 1910 Wiesbaden; *V:* Josef L. (geb. 1883 Limburg/Lahn), Kaufm., 1939 Emigr. USA; *M:* Martha, geb. Kahn (geb. Wiesbaden-Biebrich), jüd., höhere Schule, 1939 Emigr. USA; ∞ 1938 Ruth Neumann (geb. 1913 Worms), jüd.; *K:* Peter; *StA:* deutsch, USA. *Weg:* 1937 USA.
  Prom. Frankfurt, Referendar; 1933 Entlassung. Mai 1937 Emigr. USA, 1937-56 Angest., später Geschäftsf. bei Consolidated Retailing Stores; ab 1956 Angest. bei City Nat. Bank, später United Mo. Bank in Kansas City, ab 1971 1. Vizepräs.; aktiv in *B'nai B'rith* Kansas City u. *B'nai B'rith Anti-Defamation League*, 1. Vors. *Kansas City Bonds for Isr. Campaign*, Vizepräs. *Mo. Hillel Found.*, regionaler Präs. u. VorstMitgl. *Religious Zionists of Am.;* VorstMitgl. *Am. Jew. Committee.* Lebte 1977 in Kansas City/Mo.
  Qu: Fb. Hand. - RFJI.

Levi, Leopold, Fabrikant, Verbandsfunktionär; geb. 6. Mai 1870 Buttenhausen/Württ.; gest. 2. Aug. 1968 New York; jüd.; *V:* Moses L. (geb. 1833 Buttenhausen, gest. 1923 Buttenhausen), jüd., Viehhändler, Vors. jüd. Gde. u. Mitgl. GdeRat; *M:* Jeannette, geb. Heilbronner (geb. 1842 Hechingen/Württ., gest. 1924 Buttenhausen), jüd.; *G:* Salomon (geb. 1864 Buttenhausen, gest. 1935 San Francisco), 1878 in die USA, Innenarchitekt; ∞ 1897 Minna Stein (geb. 1876 Nürnberg, gest. 1971 New York), jüd., Buchhalterin, 1941 Emigr. USA; *K:* Luise Blumenthal (geb. 1898), Buchhalterin, 1939 Emigr. USA; Martha Eppstein (geb. 1901), Buchhalterin, 1939 Emigr. USA; Emil (geb. 1899, gef. 1918); Gertrud Fuld (geb. 1901, umgek. 1942 im Holokaust); *StA:* deutsch, 1949 USA. *Weg:* 1941 E; Port.; Kuba; 1943 USA.
  Jüd. Schule in Buttenhausen u. Handelsschule Munsingen/Württ., kaufm. Lehre, 1890-92 MilDienst in Nürnberg, 1892-94 Buchhalter in Hechingen, 1894-96 in Stuttgart, 1896-1938 Teilh. der Textilfabrik Leopold Levi in Reutlingen. 1919-41 Mitgl. Isr. Oberkirchenbehörde u. 1924 Mitarb. bei der Vorbereitung der revidierten Verfassung der Israelitischen Religionsgemeinschaft Württemberg vom 18. März 1924; ab 1924 Mitgl. der Landesversammlung, 1930-36 Präs., später Vizepräs. Israelitischer Oberrat in Württemberg, 1933 Mitgl. der Geschäftsführung der *Jüdischen Nothilfe für Württemberg* (Unterstützung für Emigr., bes. Studenten), Schatzmeister *Verein Israelitischer Lehrer in Württemberg,* Präs. *Israelitischer Männerverein für Krankenpflege und Leichenbestattung Chewra Kadischa* in Stuttgart, Kurator Abraham und Henriette Thalheimer-Stiftung, ab 1935 Mitgl. *Reichsvertretung,* VorstMitgl. *Verband der Kleider-Fabrikanten, B'nai B'rith, Deutsche Kriegsgräber-Fürsorge, Handelsgeographischer Verein, Berthold-Auerbach-Verein,* CV. 1938 Beschlagnahme des Unternehmens. Aug. 1941 Emigr., 2jährige Reise durch Spanien, Portugal, Internierung in Kuba, 1943 in die USA; Volontär beim Office of Price Admin. New York u. bei der US Citizens Serv. Corp.; 1947-68 Mitgl. Congr. Jos. Ben Mayer Bronx/New York, 1958-68 Mitgl. *Schiff Center* Bronx, *B'nai B'rith,* VorstMitgl. *Org. of Jews from Württemberg.* - *Ausz.:* 1960 Würdigungen durch Präs. Dwight D. Eisenhower, Gouv. Nelson R. Rockefeller, Bürgermeister Robert F. Wagner jr. u. Senator Jacob Javits.
  L: Tänzer, A., Die Geschichte der Juden in Württemberg. 1937; Zelzer, Stuttgarter Juden. *D:* LBI New York. *Qu:* Arch. EGL. Pers. Publ. Z. - RFJI.

Levin, August, Parteifunktionär; geb. 25. Mai 1895 Loritz/Pommern; *StA:* deutsch, 18. Sept. 1937 Ausbürg., deutsch. *Weg:* 1933 NL; 1936 E; 1938 NL; 1945 Deutschland (SBZ).
  1919 USPD, 1923 KPD, Ortsvors. u. StadtVO. Loritz, Mitgl. KPD-BezLtg. Pommern, Kreistagsabg. u. Mitgl. des ProvLT von Pommern. Nach natsoz. Machtübernahme illeg. Tätigkeit, 5. Sept. 1933 Verhaftung, KL Papenburg, 6. Nov. 1933 Flucht nach Holland. 1936 nach Spanien, Offz. in der Kaderabt. der Internat. Brigaden in Albacete. Deckn. Peter Winter. Ab Febr. 1937 Oberlt. im Čapaev-Btl. der XIII. Internat. Brigade, Frühj. 1938 Erkrankung an Malaria u. Abzug aus Spanien, nach Genesung Rückkehr nach Holland im Parteiauftrag, im 2. WK in der holländ. Widerstandsbewegung. Nach Kriegsende Rückkehr nach Deutschland. - *Ausz.:* 1956 Hans-Beimler-Medaille.
  L: Der antifaschistische Widerstandskampf unter Führung der KPD in Mecklenburg 1933 bis 1945. 1970. *Qu:* Arch. Publ. - IfZ.

Levin, Shaul, Dr. phil., Pädagoge, Diplomat; geb. 31. Okt. 1905 Kiew; *V:* Samuel L. (geb. 1875 Pinsk/Weißrußland, gest. 1942 Tel Aviv), Dipl.-Ing., 1934 (1935 ?) Emigr. Pal.; *M:* Sophia, geb. Kosteljanetz (geb. 1885 Libau/Kurland, gest. 1944 Tel Aviv), 1934 (1935 ?) Emigr. Pal.; *G:* Debora (geb. 1908 Kiew); ∞ 1933 Miryam Nacht (geb. 1913 Berlin), 1933 Emigr. Pal.; *K:* Dan (geb. 1938), M.A. Hebr. Univ., Lehrer; *StA:* russ., PL, Pal./IL. *Weg:* 1933 Pal.
  Staatl. Gymn. Kiew, später Hebr. Gymn. Lodz, 1924 Abitur Danzig, Stud. Gesch. u. Geographie Heidelberg, Genf, Berlin, 1932 Prom., gleichz. Examen als ReligLehrer L(H)WJ; anschl. Lehrer an der privaten Carsen-Oberschule in Berlin. Mitgl. *Blau-Weiß, Nordau-Klub, Klub junger Zionisten,* Tätigkeit in InfoAbt. ZVfD Berlin, Vorträge über Judentum, Verf. zion. Lehrspiele; 1933 i. A. der WZO aktiv beim Boykott dt. Waren u. in der antinatsoz. Propaganda in Lettland, Italien, Polen u. Österr., Juli 1933 zeitw. Haft. 1933 Emigr. Palästina mit Ehefrau mit A I-Zertifikat, anfangs Lehrer bei Tel Aviv, 1945-48 Dir. einer Oberschule in Tel Aviv, 1948 Dir. der städt. Schulen in Netanyah, 1948-53 Dir. der Schul- u. Kulturbehörde in Netanyah, 1953-64 Dir. Abt. Erziehung, Kultur u. Jugendangelegenheiten im Bez. Tel Aviv - Jaffa; 1956-58 Kulturattaché isr. Botschaft Paris, zugl. Mitgl. der isr. Deleg. bei UNESCO, 1963-65 Kulturattaché u. Ltr. der InfoAbt. für Südamerika bei isr. Botschaft in Rio de Janeiro, 1969-71 Gesandter in Kamerun u. Guinea. 1971-73 Dir. Abend-Univ. Tel Aviv; 1945-48 GenSekr. der zion.-revision. Splittergruppe *Tenuat Haam;* 1954-69 VorstMitgl. u. 1954-63 Vors. Jugendkommission des *Isr. Nat. Council for Culture and the Arts,* 1954-69 Vors. Sektion Theater; 1964-69 Präs. Union of Dir. of Educ. in Israel. Mitgl. *Rotary Club* Tel Aviv, *B'nai B'rith* Tel Aviv, *Freimaurer,* VorstVors. *Noar Lanoar* (Jugend für die Jugend), Präs. *Union of Isr. Educators for Youth Tourism.* - *Ausz.:* Preise der isr. Reg. u. der Städte Tel Aviv u. Netanyah für Verdienste in Bildungs- u. Erziehungswesen, BVK, Crusero do Sol (Bras.).
  W: Stücke u. Gedichte (hebr. u. dt.), u. a. Die einzige Lösung (S); Das ist nicht der Weg (S); Art. über Erziehungsfragen in isr. Zs. u. Fachzs. *Qu:* Fb. - RFJI.

Levy, Albert Günter David, Ministerialbeamter; geb. 6. Juni 1920 Berlin; jüd.; *V:* Dr. med., Dr. phil. Fritz L. (geb. 1889 Berlin, gest. 1957 Hyattsville/Md.), jüd., Pathologe, 1936

438 Levy

Emigr. USA, Mitgr. Am. Coll. of Pathology, Chief surgeon des öffentl. Gesundheitsdienstes der USA; *M:* Dr. med. Susanna L., geb. Bergas (gest. 1925 Deutschland); Stiefmutter: Else, geb. Weyl (geb. 1887 Berlin), jüd., Stud. Berlin, Saragossa, London, GymnLehrerin, 1937 Emigr. USA; ∞ 1946 Sylvia Cohn (geb. 1922 Montgomery/Ala.), jüd., M.A., Mitarb. des Oberstaatsanwalts bei den Kriegsverbrecherprozessen in Nürnberg; *K:* Janet Elsa (geb. 1948), B.A., Ltr. Social Advocacy Dept. der *United Charities* in Chicago; David William (geb. 1951), B.A., Psychologe; Robert Alan (geb. 1953); *StA:* deutsch, 1943 USA. *Weg:* 1937 USA.

Antinatsoz. Tätigkeit der Familie. 1937 Emigr. USA mit Einwanderervisum nach Fürsprache durch US-Senator M.M. Neely beim US-Außenmin.; Verkäufer, Bergarb., ltd. Mitarb. in der Sommerschule eines Coll., Kontakt zum *Council of Jew. Women.* 1938 B.A. Davis and Elkins Coll./W.Va., 1938–39 Stud. West Virginia Univ.; 1940–41 Ltr. Sprachabt. am Davis and Elkins Coll., 1942–44 Stipendiat, 1944 Ph. D. Univ. Chicago. 1944–46 volkswirtschaftl. Mitarb. bei oberster US-Zollbehörde; 1947–48 Assist. der Anklage bei den Kriegsverbrecherprozessen in Nürnberg. 1948–51 Assist. Prof. am Hiram Coll./O., 1951 u. 1952 Stud. Nat. War Coll., Teiln. an Seminaren des VerwDienstes u. Foreign Service School. 1951–57 CIA-Beamter in Washington/D.C.; 1957–58 VorstMitgl. Marketers Research Service Inc./Pa., 1958–60 u. 1974–76 Ltr. Forschungsprogramm für InfoSysteme bei der General Electric Co. in Washington/D.C., 1960–68 ltd. Funktionen bei versch. militärwiss. Einrichtungen, Sachverständiger für Kommunikationssysteme. 1961–66 wiss. Berater Office of Emergency Planning, 1966–68 im Transportmin., 1966–70 im Verteidigungsmin., ab 1970 im Handelsmin.; 1966 Kongreßkand. in Maryland. 1968–69 Projektltr. der US-Luftwaffe in Vietnam. Ab 1969 Präs. u. VorstVors. Albert Levy Assoc. Inc.; Mitgl. *Am. Soc. of Internat. Law, Am. Pol. Science Assn., Am. Soc. of Public Administration, Internat. Assn. of Chiefs of Police* u. a. Lebte 1976 in Silver Spring/Md. – *Ausz.:* Acorn Award der *Boy Scouts of Am.*, Blanche T. Cawton Award der *Allied Civic Group* Montgomery County/Md.

W: u.a. Dyes. A Study of the International Dye-Stuffs Cartel. (Mitverf.) 1946. *Qu:* Fb. Hand. Z.-RFJI.

Levy, Alfred, Parteifunktionär; geb. 6. Jan. 1885 Hamburg, gest. *V:* Selig L. (1866–1931), Kaufm.; *M:* Sara, geb. Bachrach (geb. 1865), 1942 Dep. Theresienstadt; *G:* Rosalie (geb. 1889), John (1895–1939), Manfred (geb. 1896), Bianca (geb. 1898); ∞ Anna Meta Elise Vieregg; *K:* Irmgard (geb. 1913). *Weg:* 1937 CSR.

Aus kinderreicher jüd. Familie. 1906 Wanderschaft, Anschluß an Gruppe um sozialist. Ztg. *Junge Garde* Mannheim, Mitgr. SPD. Hilfsarb., Kriegsteiln., als Schwerbeschädigter Rückkehr nach Hamburg, ab 1919 Staatsangest.; 1917 USPD, 1920 KPD, Mitgl. BezLtg. Wasserkante (linker Parteiflügel). 1921–27 MdHB. Anfang der 20er Jahre aus pol. Gründen zu 3 J. Gef. verurteilt, Nov. 1923 Haft wegen Teiln. am Hamburger Oktoberaufstand, Jan. 1925 als einer der Hauptangeklagten im Prozeß gegen Hugo Urbahns 4 J. Festungshaft. Mai 1926 Amnestie. 1927 als Anhänger der linken Opposition KPD-Austritt, Rückzug aus aktiver Politik. Während sog. ultralinker Periode nach 1929 Wiederannäherung an KPD, ab 1932 aktiver Parteifunktionär. Sept. 1933 3 J. Gef., anschl. KL Wittmoor. Nach Flucht illeg. Aufenthalt in Hamburg, 1937 Emigr. nach Prag. Seitdem verschollen. Lt. späterer Todeserklärung bei dt. Besetzung der CSR umgekommen; nach anderen Darstellungen Weiteremigr. in die UdSSR, angebl. 1938 verhaftet u. umgekommen.

L: Weber, Wandlung. *Qu:* Arch. Publ. – IfZ.

Levy, Alfred, Richter; geb. 15. Nov. 1888 Fraulautern/Saar, gest. 4. Okt. 1962 Saarbrücken; jüd.; *V:* Daniel L., Viehhändler; ∞ 1924 Meta Eva Mayer (1891–1969); *K:* Marie-Luise (geb. 1925), Theo (geb. 1932); *Weg:* 1935 Lux.; 1940 F; 1946 Deutschland/Saargeb.

Stud. Rechtswiss. Heidelberg, München, Bonn; 1911 Referendar. 1914–18 Kriegsdienst. 1919 Gerichtsassessor. 1925 LG-Rat Saarbrücken, ab 1931 Hilfsrichter beim Obersten Gerichtshof Saarlouis. Nach Zwangspensionierung März 1935 Übersiedlung nach Luxemburg; Ruhegehaltsbezüge bis Dez. 1940, dann wegen NS-Verfolgung Flucht nach Südfrankreich. 1945 im Vorst. des *Mouvement pour la Libération de la Sarre.* Jan. 1946 Rückkehr ins Saarland, ab 1. März 1946 LG-Dir. Saarbrücken, Aug. 1946–Nov. 1953 SenatsPräs. OLG Saarbrücken. 1947 von der franz. MilReg. in die saarländ. Verfassungskommission delegiert. Ab 1946 1. Vors. Synagogengemeinde Saar u. aktiv im überregionalen jüd. Verbandswesen in Deutschland.

L: Schmidt, Saarpolitik; Schneider, Saarpolitik und Exil. *Qu:* Arch. Publ. – IfZ.

Levy, Charles (Karl), Rechtsanwalt; geb. 23. Nov. 1897 Illingen/Saar, gest. 3. Okt. 1977 Paris; *V:* Gustav L., Metzgermeister; ∞ 1925 Else Loeb; *K:* Bernhard, Kaufm., A: Paris; Judith, RA, A: Paris. *Weg:* 1935 F; 1945 Deutschland/ Saargeb.

Nach Abitur 1916–18 Teiln. 1. WK; Stud. Rechtswiss. Univ. Heidelberg, Bonn u. Frankfurt/M., 1920 erste u. 1924 zweite jur. Staatsprüfung, 1924 Prom. in Frankfurt, 1924–35 RA in Saarbrücken. Nach Rückgliederung des Saargeb. an das natsoz. Deutschland 1935 Emigr. mit Fam. nach Frankr.; in Paris kaufm. tätig; nach Kriegsausbruch Flucht nach Südfrankr., nach dessen Besetzung 1942 unter dem Namen Roy versteckt in den Pyrenäen lebend, Anschluß an Résistance; 25. März 1945 Mitgr. der frankophilen Anschlußbewegung von Saaremigr. *Mouvement pour la Libération de la Sarre;* 1945 Rückkehr als franz. Offz. (Commandant) an die Saar, in der MilReg. Ltr. des dt. Justizwesens; ab Febr. 1946 wieder praktizierender Anwalt in Saarbrücken, 1968 im Ruhestand, Übersiedlung nach Paris. – *Ausz.:* Légion d'Honneur.

L: Schneider, Saarpolitik und Exil. *Qu:* Arch. Pers. Publ. – IfZ.

Levy, Gustav, Dr. jur., Rechtsanwalt, Politiker; geb. 7. Okt. 1886 Saarbrücken, gest. 24. März 1966 Saarbrücken; *V:* Heinrich L., Fabrikant; ∞ 1916 Helene Fleischhacker; *K:* 2 S; *StA:* deutsch, Ausbürg. 6. Dez. 1938. *Weg:* 1936 F; 1945 Deutschland/Saargeb.

Stud. Rechtswiss. Berlin, München, Bonn, 1913 2. Staatsprüfung. 1914–22 RA in Saarlouis, ab 1922 Saarbrücken. 1936 Emigr. Frankr., nach Rückkehr Ende 1945 Wiederzulassung als RA in Saarbrücken; 1956 Ernennung zum Justizrat. Mitgl. *Demokratische Partei Saar* (DPS), 1947 Mitgl. Verfassungskommission sowie Verfassungsausschuß der Gesetzgebenden Versammlung, bis 1952 MdL Saar, ab 1950 fraktionslos nach Ausscheiden aus DPS, da im Gegensatz zur Parteimehrheit frankreichorientiert; 1955 1. Vizepräs. *Europa-Union Saar,* später Mitgl. Landesausschuß. Präs. christl.-jüd. Arbeitsgemeinschaft des Saarlandes.

L: Schmidt, Saarpolitik; Schneider, Saarpolitik und Exil. *Qu:* Arch. Pers. Publ. Z. – IfZ.

Levy, Kurt, Journalist; geb. 23. Juni 1901 Berlin; *StA:* deutsch, 13. Juni 1935 Ausbürg. *Weg:* F.

Korr. *Sozialdemokratischer Pressedienst* in Paris, dort 1927 Mitgr. eines republikanisch-pazifist. *Deutschen Klubs.* Nach der natsoz. Machtübernahme im Exil, in Paris neben Weiterführung des *Deutschen Klubs* u.a. Mitarb. der Exilztg. *Freiheit!* u. *Pariser Tageblatt;* Ps. Kurt Lenz.

Qu: Arch. Hand. Publ. – IfZ.

Levy, Ludwig (urspr. Lévy, Louis), Dr. phil., Rabbiner; geb. 10. Juni 1881 Sulz/Oberelsaß, gest. 26. Dez. 1946 Epinay-sur-Seine; jüd.; *V:* Joseph Lévy (geb. 1832 Sulz); *M:* Josephine, geb. Kahn; *G:* Albert (geb. 1885 Sulz); Alphonse; Edouard (geb. 1891 Sulz); Erna; ∞ Marguerite Hegner (geb. 1884 Brünn/Mähren, gest. 1944 Clairvivre/Dordogne); *K:* Ilse Slipper; *StA:* 1905 österr. *Weg:* 1939 F.

Stud. Univ. Breslau u. Heidelberg, 1903 Prom. Heidelberg. 1899-1904 Stud. Jüd.-Theol. Seminar Breslau, Rabbinerex.; 1904-39 liberaler Rabbiner u. Oberrabbiner in Brünn. Ab 1918 stellv. Vors. des Landesverbands der israelitischen Kultusgemeinden in Mähren. Mai 1939 nach Frankr. Lebte mit seinen Brüdern in der Nähe von Paris. Nach Kriegsbeginn Übersiedlung nach Sète u. später nach Clairvivre/Dordogne. Lebte 1945-46 in der Nähe von Paris.

W: u.a. Reconstruktion des Commentars Ibn Esras zu den ersten Propheten. Diss. 1903 (mit Dr.-David-Rosin-Preis ausgezeichnet); Das Buch Qoheleth. Ein Beitrag zur Geschichte des Sadduzäismus. 1912; Beiträge u. a. in *Zeitschrift für Sexualwissenschaft* u. *Monatsschrift für Geschichte und Wissenschaft des Judentums*. *Qu:* Arch. Publ. - RFJI.

Levy, Rudolf (Rodolfo) Ludwig, Ingenieur; geb. 5. Mai 1908 Essen; jüd., 1928 Diss.; *V:* Ernst L. (1872-1945), jüd., Arzt, Emigr. Argent.; *M:* Martha, geb. Ruthenburg (1878-1953), jüd., Emigr. Argent.; *G:* Hermann (geb. 1906), RA; Hans (geb. 1911), Kaufm.; Eva Levy-Auerbach (geb. 1914), Sekr.; alle Emigr. Argent.; ∞ 1948 Erika Laub (geb. 1921 Argent.), o.K., Fremdsprachensekr.; *K:* Klaus (geb. 1952), Renate (geb. 1953); *StA:* deutsch, Ausbürg., 1954 deutsch. *Weg:* 1938 NL, Argent.

Mittlere Reife, 1924-26 Autoschlosserlehre, 1926-29 Polytechnikum, Ing. für Flugzeugbau. 1929-33 angest. Autosachverständiger in Essen, nach Entlassung als Betriebsltr. ab 1934 selbständig. 1924-29 *Deutsch-jüdischer Wanderbund Kameraden*, 1928 ISK, 1929 ZdA. 1934 nach Hamburg, illeg. Tätigkeit in ISK-Fünfergruppe. Jan. 1938 mit Zustimmung der ISK-Reichsltg. Flucht nach Amsterdam, Apr. 1938 Emigr. Argentinien. 1938-42 Autoschlosser, 1942-76 selbständiger Autosachverständiger. Mitarb. *Das Andere Deutschland* (DAD) unter → August Siemsen, ab 1939 Mitgl. u. mehrfach langj. Vorst-Mitgl. *Verein Vorwärts*, ab 1961 Vizepräs.; Jan. 1943 Deleg. für DAD beim Kongreß in Montevideo. Ab 1942 Mitgl. *Deutsch-jüdischer Hilfsverein*, Mitarb. des Aug. 1945 von DAD gegr. *Deutschland-Hilfswerks*. Lebte 1977 in Buenos Aires.

W: Historia de la asociación cultural y deportiva „Adelante" (Verein Vorwärts). 1969. *Qu:* Fb. - IfZ.

Levy, Shimon Arthur, Dr. phil., Rabbiner; geb. 1881 Hochfelden/Elsaß, gest. 1961 Kiryat Bialik/IL; ∞ Miriam Barth; *Weg:* 1934 (1935 ?) Pal.

1901-05 Stud. Rabbinerseminar Berlin; 1905 Rabbinerexamen, gleichz. Stud. semit. Sprachen u. Ägyptologie Berlin u. Straßburg, 1908 Prom. Straßburg. ReligLehrer in Berlin, 1911-34 (35 ?) Rabbiner der Syn. in der Münchener Straße in Berlin. Im 1. WK Feldrabbiner in Polen, Litauen u. Rußland. Gr. einer orthodoxen ReligSchule. 1934 (1935 ?) Emigr. Palästina, 1939-61 Rabbiner Kiryat Bialik.

W: Die Syntax der koptischen Apophthegmata patrum Aegyptiorum. (Diss.) 1909; Jüdische Grabmalkunst in Osteuropa. Eine Sammlung. In: Jeschurun, Bd. X, 1923. *Qu:* Hand. Z. - RFJI.

Levy, Shlomo (Gottfried), Verbandsfunktionär, Politiker; geb. 26. Aug. 1922 Berlin; jüd.; *V:* Jacob L. (geb. 1878 Hamburg, gest. IL), Kaufm., Mitgr. u. Mitgl. der Metallbörse in Berlin, tätig für *Agudas Jisroel* u. *Adass Jisroel*, Mitgl. *Reichsvertretung*. Nach 1933 KL Bergen-Belsen, gegen Kriegsende im Austausch für internierte Deutsche Emigr. Pal.; *M:* Fanny, geb. Farntrog (geb. 1889 Fürth, gest. IL), KL Bergen-Belsen, mit Ehemann Emigr. Pal.; *G:* Henriette Ansbacher (geb. 1914 Berlin), Emigr. F.; Carola Bauer (geb. 1915 Berlin), Emigr. Pal.; Leo (geb. 1916), Versicherungsmakler, Emigr. S-Afrika; Anne Schwab (geb. 1921), Emigr. GB; ∞ 1946 Lea (Charlotte) Hönig (geb. 1922 Leipzig), Hachscharah in Steckelsdorf, dann im *Jugend-Alijah*-Haus in den NL, 1939 nach Pal.; *K:* Etan (geb. 1948), Elektriker in Kibb.; Jacob (geb. 1953); Yoram (geb. 1953); *StA:* deutsch, Pal./IL. *Weg:* 1939 NL, PAL.

Adass-Jisroel-Realgymn. u. Jeschiwah Berlin, Mitgl. *Esra*. 1939 mit Kindertransport in die Niederlande, anschl. nach Palästina mit B III-Zertifikat; 1939-41 mit *Jugend-Aliyah* in Kefar Pines, einer Siedlung des Arbeiterverbandes *HaPoel haMizrahi*. Ab 1941 Mitgl. Kibb. Beerot Yizhak, zugl. Jew. Settlement Police, Mitgl. *Haganah*, später IDF. 1959-61 Zentralvertr. der *Jew. Agency* u. Sekr. *Bnei Akiva* (relig.-zion. Org. zur Unterstützung der *Chaluz-Aliyah*) für Nordamerika in New York. Mitgl. der Geschäftsf., Vors. des pol. Ausschuß u. 1966-71 GenSekr. Vereinigung orthodoxer Kibb. *HaKibbuz haDati*, Mitgl. im Sekretariat des Kibbuz-Dachverb. *Berit haTenuah haKibbuzit*. 1968-72 Mitgl. Zion. Aktionskomitee, 1971 i. A. von *World Mizrahi* nach Europa zur Vorbereitung des Zion. Kongresses. Seit 1973 Mitgl. Parteivorst. *National Orthodox Party*. Bis 1976 AR-Mitgl. United Mizrahi Bank Ltd. u. der Adanim (Hypotheken-) Bank Ltd., bis 1978 VorstMitgl. Yaniv Ltd., stellv. GenDir. u. Ltr. Finanzabt. Insurance Fund for Natural Risks in Agriculture Ltd. Tel Aviv, Mitarb. der Monatsschrift von HaKibbuz haDati *Ammudim* sowie relig. Publikationen. Lebte 1978 in Kibb. Beerot Yizhak.

Qu: Fb. Hand. - RFJI.

Levy, Walter James, Dr. jur., Erdölexperte, Ministerialbeamter; geb. 21. März 1911 Hamburg; *V:* Moses L., jüd., RA; *M:* Bertha, geb. Lindenberger, jüd.; ∞ 1942 Augusta Sondheimer; *K:* Robert Allen, Susan Beatrice Clementine; *StA:* deutsch, USA. *Weg:* 1937 GB, 1941 USA.

Stud. Wirtschafts- u. Rechtswiss. Heidelberg, Berlin, 1933 Prom. Kiel; 1937 Emigr. GB, 1937-41 stellv. Schriftltr. Petrol Press Bureau London, zugl. 1939 Assist. im Min. for Econ. Warfare, Stud. Statistik in London. 1941 in die USA, 1941-42 freiberufl. Volkswirt in New York, 1942-45 Ltr. Erdölabt. des OSS, zugl. 1943-45 Mitgl. Enemy Oil Commission der US Joint Chiefs of Staff. 1945-47 Sonderbeauftragter Nachrichtenabt. des Außenmin., 1945 Mitgl. US World Progress Group on Petroleum, als Mitgl. der US-Deleg. für Erdölfragen 1945 nach Schweden, 1946 nach GB, 1947 Berater für Erdölfragen der US-Deleg. bei der Konf. der alliierten Außenmin., Mitgl. der US-Deleg. bei der Kommission für den österr. Friedensvertrag. 1947 Mitarb. bei Vorbereitung des Marshall-Plans, vertrat den Plan vor dem zuständigen Kongreß-Ausschuß. 1947-48 Berater für Außenhandel Socony-Vacuum Oil Company, 1948-49 Berater u. Ltr. Erdölabt. im Amt für wirtschaftl. ZusArb. in Washington/D.C., bedeutender Einfluß auf Nachkriegs-Erdölpolitik der USA. Ab 1949 Präs. W. J. Levy Consultants Corp. New York, Beratungsfirma für zahlr. am. u. ausländ. Ölges. u. für versch. Reg., 1949-51 u. 1956-57 Berater Amt für wirtschaftl. ZusArb., 1950-53 Mitgl. Nat. Security Resources Board im Verteidigungsmin., 1951 Mitgl. President's Material Policy Commission, 1951 Berater von Averell Harriman (Bevollmächtigter des Präs. Truman) während einer Mission in den Iran. 1952-53 Berater Policy Planning Staff des Außenmin., ab 1960 Berater US-Außenmin. u. Amt für zivile u. mil. Mobilmachung, 1962 Berater Office for Emergency Planning, 1963 Berater des Sonderbeauftragten Präs. Kennedys bei der Reg. von Indonesien, 1960 u. 1965 Berater bei der EWG. Kuratoriumsmitgl. School of Advanced Studies der Johns Hopkins Univ. Mitgl. Ausschuß für Sozialwiss. des Yale Univ. Council, Mitgl. *Council on Foreign Relations, Am. Econ. Assn., Statistical Assn*. Lebte 1977 in New York. - *Ausz.:* 1947 President's Certificate of Merit für Verdienste im 2. WK, 1968 Special Plaque des US-Außenmin., 1969 Dato Setia Laila Jasa des Sultans von Brunei, 1969 Taj-Orden Iran, Ehrenmitgl. Order of St. Michael and St. George (GB).

W: Economic Considerations Bearing on Valuation of Alaskan Crude Oil and State Policy on Pipelines. Alaska Legislative Affairs Agency. 1970; Limitations on Oil Imports from Canada. Alaska Legislative Affairs Agency. 1970. *L:* Sampson, A., The Seven Sisters. 1976. *Qu:* Hand. Z. - RFJI.

Levy, Zwi Harry, Dr. phil., Rabbiner; geb. 20. Jan. 1893 Posen, gest. 1978 Tel Aviv; jüd.; *V:* Leopold L.; *M:* Auguste, geb. Jastrow; ∞ gesch.; *K:* Rachel Zelmanoff, Ari, Tamar Wurmfeld. *Weg:* 1939 Pal.
1920 Examen Rabbinerseminar Berlin, 1921-22 Dir. der hebr. höheren Schule in Telschi/Litauen. 1924-27 Rabbiner Jüd. Gde. Berlin u. stellv. Schriftltr. des *Jüdischen Wochenblatts*. 1927-33 Bezirksrabbiner der Isr. Kultusgde. Regensburg. 1929 Prom. Würzburg. 1933-39 Rabbiner Gde. Ahawath Zion Berlin, aktiv in *Misrachi*. 1939 Emigr. über Holland nach Pal. 1952-54 Landesrabbiner von Hessen, Vors. der Rabbinerkonferenz. 1954 nach Israel.
W: Die Religionsphilosophie Christian Wolffs (Diss.). 1928. *Qu:* Arch. Hand. Publ. Z. - RFJI.

Lewin, André Roderich, Diplomat; geb. 26. Jan. 1934 Frankfurt/M.; ev.; *V:* Stephan L. (1895-1959), ev., Mitgl. *Zentrum*, 1939 Emigr. mit Fam.; *M:* Sigrid, geb. v. Meyer (geb. 1906), ev.; ∞ 1959 Céline Dahan (geb. 1937), kath.; *K:* Patricia (geb. 1960), Stéphane (geb. 1965); *StA:* deutsch, 1947 F. *Weg:* 1939 F.
Höhere Schule in Limoges, 1950-56 Stud. Rechts- u. Pol. Wiss. Univ. Paris, 1954 Dipl. Institut d'études politiques, 1956 Licencié en droit; 1958-60 Besuch der Ecole nationale d'administration. Seit 1961 im diplomat. Dienst Frankr.: Außendienst in Ghardaia/Algerien u. vorüberg. dem Staatsmin. für den Sahara-Bereich unterstellt, 1962-67 versch. Positionen im franz. Außenmin.; 1967-68 techn. Berater beim Außen-Staatssekr., 1968 Kabinettschef des Min. für Post- u. Fernmeldewesen, danach bis 1969 des Wirtschaftsmin. u. 1969 des Min. für Raumplanung. Lehrtätigkeit am Institut d'études politiques, Paris, u. der Ecole nationale d'administration. 1972 Dir. UN-Presseamt u. Pressesprecher des UN-GenSekr., spielte i. A. Kurt Waldheims eine wichtige Rolle bei Bemühungen zur Regelung des Saharaproblems zwischen Spanien u. Marokko. Dez. 1975 Ernennung zum franz. Botschafter in Conakry/Guinea. - *Ausz.:* u.a. 1959 Croix de la valeur militaire, 1972 Ordre National du Mérite, Chevalier des Palmes academiques.
W: u.a. Politique et Administration en Allemagne. 1954; DDR-Allemagne de l'Est. 1955; Panorama de la France. 1966; Quelques Réflexions Critiques sur l'Aide Multilatérale. 1971; Données de Base sur les Problèmes de Coopération. 1976. *Qu:* Fb. Hand. Pers. Z. - IfZ.

Lewin, Daniel, Dr. jur., Rabbiner; geb. 14. März 1901 Pinne/Posen; *V:* → Louis Lewin; *M:* Meta, geb. Fraenkel (geb. 1868 Rybnik/Oberschlesien, gest. 1955 Holon/IL), 1937 Emigr. Pal.; *G:* Julie Gottlieb (geb. 1899 Pinne), Emigr. Pal.; Vera A. Miloslawer (geb. 1903 Pinne), Emigr. GB; Berthold (geb. 1908 Kempen/Posen), Ing., Emigr. Pal., später CH, CDN; ∞ Inez Steinberger (geb. 1916 Frankfurt/M.), Ausbildung an Samson-Raphael-Hirsch-Schule, 1933-38 Angest. Gießerei-Chemie GmbH. in Frankfurt, 1939 Emigr. GB, Sekr.; *K:* Eva Vivien Lewis (geb. 1945 Welwyn Garden City/GB), Stud. Stern Coll., Columbia Univ., Doz. in USA; Judith Regina Edelstein (geb. 1949 Cornwall/Ontario), Stud. Stern Coll.; *StA:* deutsch, CDN. *Weg:* 1937 GB, 1948 CDN.
1919 ReligLehrer Wilhelmsbrück/Posen, 1920-23 Stud. Rechtswiss. Breslau, 1923 Prom., 1923 Banklehre in Kattowitz/Oberschlesien, 1924-26 ReligLehrer in Kattowitz u. Myslowitz, 1927-29 in Breslau, 1928-30 Stud. Jüd.-Theol. Seminar Breslau, 1930-37 ReligLehrer an zwei Gymn. in Berlin, dann Entlassung; Rektor einer ReligSchule in Berlin, Ordination als Rabbiner durch Rabbinerkollegium der jüd. Gde. Berlin, Prediger. 1937 Emigr. GB mit Besuchervisum, später Aufenthaltserlaubnis, Kontakt zum *Woburn House*, 1937-38 Stud. Jews' Coll. London, 1938 ReligLehrer Regents Park School London, 1939 Lehrer Inst. for Higher Jew. Educ. London, 1939-40 Lehrer am Refugee Hostel in Welwyn, 1940-44 Rabbiner Welwyn Garden City, 1944-48 Rabbiner u. Rektor Clapton Syn. Talmud Torah London. 1948 nach Kanada, 1948-59 Rabbiner u. Lehrer Congr. Beth-El in Cornwall/Ontario, 1959-60 Lehrer Royal Talmud Torah in Montreal, 1960-63 Rabbiner Desola Club Montreal u. jüd. Gde. Dorval bei Montreal, 1963-67 und 1969-77 Rabbiner u. Lehrer jüd. Gde. Ste. Agathe Des Monts Quebec, 1967-68 Rabbiner Desola Club Montreal, ab 1972 relig. Betreuer Mount Sinai Hospital Prefontaine-Ste. Agathe, ab 1976 Rabbiner (Chaplain) für jüd. Gefangene in u. um Montreal. Lebte 1978 in Montreal.
W: Zur Entwicklung des „Judeneides" in Schlesien. (Diss.) 1923; Aus der Geschichte der Juden in Kapstadt. 1929; Posener Minhagim. 1937; Rabbi Jacob Simchah Rehfisch and the Jewish Community of Kempen (Posen). 1962; Louis Lewin in Memoriam. 1968. *L:* Kisch, Breslauer Seminar. *Qu:* Arch. Fb. Publ. - RFJI.

Lewin, Daniel (Kurt), Dr. jur., Verbandsfunktionär, Diplomat; geb. 18. Aug. 1907 Berlin, gest. 19. Jan. 1971 Bangkok; *V:* Dr. med. Max L. (geb. 1877 Schwiebus, umgek. im Holokaust), Arzt; *M:* Martha, geb. Tell (geb. 1885 Berlin, umgek. im Holokaust); *G:* Fritz (geb. 1912 Berlin), Emigr. GB, Internierung in CDN, nach dem 2. WK GB, Musiker; ∞ 1938 Hanna Zwiebel (geb. 1910 Stettin), Sekr. *Hechaluz* u. zion. Org. in Deutschland, 1938 Emigr. Pal.; *K:* Miriam Csasznik (geb. 1946), Stud. Hebr. Univ., Sozialhelferin; *StA:* deutsch, Pal./IL. *Weg:* 1938 Pal.
1928-34 Stud. Rechtswiss. Berlin, Freiburg, Heidelberg, Paris, Basel, 1934 Prom. Basel; Mitgl. Sportclub *Makkabi-Bar Kochba*, 1936 VorstMitgl. *Makkabi*-Jugendbewegung, ZK-Mitgl. *Hechaluz*, 1937 Ltr. der Hachscharah-Jugendgruppe in Westerbeck; Nov. 1938 KL Sachsenhausen-Oranienburg. Dez. 1938 Emigr. Palästina, Anschluß an Kibb.-Bewegung durch Hachscharah im Kibb. Deganyah A, 1939 Mitgl. *Kvuzah Kfar Hamakkabi*, tätig in der Aliyah-Abt. der *Histadrut* in Haifa, 1945-48 DelegLtr. der *Jew. Agency* in Deutschland (BBZ), Vertr. *Jew. Agency* im KL Bergen-Belsen, Mitarbeit bei den Hilfsaktionen *Grand National* u. *Exodus*. 1948-50 isr. Konsul in Wien, 1950-52 Berater u. isr. Chargé d'Affaires in Den Haag, 1952-57 Dir. der asiat. (seit 1954 asiat.-afrikan.) Abt. des isr. Außenmin., 1955 Mitgl. der isr. Deleg. nach China, 1957-60 Botschafter in Burma u. zugl. 1957-63 Gesandter in Ceylon, 1958-60 Gesandter in Laos u. auf den Philippinen, 1960-63 Gesandter in Japan, 1962-63 Botschafter in Korea, 1964-66 Dir. Asien-Abt. des Außenmin., 1966-68 Botschafter in den Niederlanden, 1969-71 Botschafter in Thailand. 1956, 1957 u. 1958 Mitgl. der isr. Deleg. zu der UN-Vollversammlung, 1965, 1966 u. 1970 Mitgl. der isr. Deleg. bei ECAFE, 1964 Mitgl. der isr. Deleg. bei UNCTAD.
Qu: Fb. Hand. Pers. Z. - RFJI.

Lewin, Henri J., Hotelier, geb. 20. Febr. 1923 Potsdam; jüd.; *V:* David L.; *M:* Edith, geb. Bernheim; ∞ 1951 Brigitta Oppenheimer; *K:* Larry, Jerry, Barry. *Weg:*USA.
Schule u. Hotelfachschule in den USA; 1947-64 ltd. Angest. Fairmont Hotel in San Francisco, ab 1963 Inh. El Mirando Hotel in Sacramento/Calif.; ab 1964 bei der Hilton Hotels Corp., 1967 Vizepräs., ab 1968 Senior-Vizepräs., 1972 geschäftsf. Vizepräs. Hilton Hotels Nevada. Zugl. 1966 Vors. City of Hope, Dir. u. 1974-75 Präs. San Francisco Convention and Visitors Bureau, Dir. u. zeitw. Präs. *Calif. Hotel and Motel Assn.*, Präs. *N. Calif. Hotel Assn.*, Dir. u. zeitw. Präs. *Hotel Employers Assn.*, Mitgl. B'nai B'rith, Mitgl. VerwRat Nat. Jew. Hosp. u. *Am. Jew. Comm.* Lebte 1977 in San Francisco/Calif. - *Ausz.:* 1968 Mann des Jahres der City of Hope, 1976 Mann des Jahres der *Am. Jew. Comm.*, Malteser Ritterorden.
Qu: ABiogr. Hand. HGR. - RFJI.

Lewin, Kurt, Journalist, Schriftsteller; geb. 17. Mai 1908 Berlin; jüd.; *V:* Georg Martin L., Kunstmaler, Dirigent, während des 2. WK als Illegaler in Berlin; *M:* Johanna, geb. Bender (umgek. bei Dep. ins KL Theresienstadt); *G:* Heinz (jetzt: Henry Lee), Emigr. GB, 1941-45 brit. Armee; ∞ led.; *StA:* deutsch, Ausbürg., deutsch. *Weg:* 1939 China, 1947 Deutschland/Berlin, 1949 IL, 1950 Deutschland/Berlin (West).

Schauspielausbildung, Engagements bei Provinzbühnen, dann freier Journ., Mitarb. *Berlin am Morgen;* pol. linksorientiert, Texter für Agitprop-Gruppe *Rote Blusen.* 1939 Emigr. von Hamburg nach Schanghai. 1941-46 Ltr. der deutschen Stunde beim brit. Radiosender XGDN, 1941-43 Hg. *Die Tribüne,* Nov. 1945-Nov. 1946 Mitarb. u. Umbruchred. der Halbwochenschrift *Die Neue Zeit (The New Time)* unter Ltg. von Heinz Ganther, Juni 1946-Juli 1947 Wachmann in einem Lager des Joint. GrdgMitgl. u. zuletzt Vizepräs. *Organization of Democratic Journalists and Writers from Central Europe* (Präs. Kuno Kahan). 1947 Rückkehr, Umbruchred. bei der (Ost-) *Berliner Zeitung,* dann Übersiedlung nach Westberlin. 1949-50 in Israel, dann freier Journ., Hörspielautor. Lebte 1978 in Berlin (West).

W: Schanghai und wir. Schanghai 1943. *Qu:* Arch. Fb. Hand. Z. - IfZ.

Lewin, Louis, Dr. phil., Rabbiner; geb. 29. Dez. 1868 Znin/Posen, gest. 22. Dez. 1941 Tel Aviv; jüd.; *V:* Kaufm., 1877 nach S-Afrika; ∞ Meta Fraenkel (1868-1955), Emigr. Pal.; *K:* → Daniel Lewin. *Weg:* 1939 Pal.

Stud. Berlin u. Heidelberg, 1893 Prom. Heidelberg, 1895 Examen Rabbinerseminar Berlin. 1895-97 Rabbiner Beth Hamidrasch in Hohensalza/Posen, 1897-1905 in Pinne, 1905-20 in Kempen, 1920-25 in Kattowitz, 1925-39 Abraham-Mugdan-Syn. Breslau, zugl. 1925-30 Ltr. eines jüd. Internats, 1933 Doz. für Talmudwiss. an Jüd.-Theol. Seminar Breslau, Doz. *Machsike Torah-Gesellschaft,* Wiss. Berater Jüdisches Museum u. 1929 Hg. Museumskatalog, Berater u. RedMitgl. *Monatsschrift für Geschichte und Wissenschaft des Judentums.* Bedeutende Sammlung hebr. Lit. u. Gde.- u. Familiendokumente, später z. T. der Yeshiva Univ. New York gestiftet. 1939 Emigr. Palästina, Ruhestand in Bene Berak. - *Ausz.:* Ehrenmitgl. des Jüd. Hist. Archivs Jerusalem.

W: u.a. Zu den Frankfurter Rabbinern (unveröffentl. Ms.), Zitate in: Horowitz, M., Frankfurter Rabbiner, 2. Aufl. 1969; ca. 100 hist. Werke u. Art. über osteurop. Juden in Deutschland, über Gettos in Polen, jüd. Ärzte, jüd. Graphik, Judenverfolgungen; u. a. Liste der jüd. Teiln. am Befreiungskrieg 1813 u.am. Krieg von 1870/71. *L:* Bibliographie: Heilperin, J., in:Kirjath Sepher 19/1943; Kisch, G., in: Historia Judaica 4/1942-1943. *Qu:* Hand. Pers. Publ. - RFJI.

Lewinski, Erich, Dr. jur. et rer. pol., Rechtsanwalt, Richter; geb. 1. Jan. 1899 Goldap/Ostpr., gest. 16. Febr. 1956 Kassel; ∞ 1925 Herta Voremberg (geb. 1897), ISK, Emigr. mit Ehemann, 1947 Rückkehr nach Deutschland; *K:* Theo-Lutz (geb. 1926), 1933 Emigr. DK, 1939 GB, A: GB; *StA:* deutsch. *Weg:* 1933 CH, F; 1941 USA; 1947 Deutschland (ABZ).

Stud. Rechts- u. Sozialwiss. Univ. Königsberg u. Breslau, 1917-19 Teiln. 1. WK, 1920 erstes u. 1923 zweites jurist. Staatsexamen, danach bis 1933 RA in Kassel. Mitgl. ISK. Nach natsoz. Machtübernahme Emigr. über Zürich nach Frankr., in Paris mit Ehefrau Betrieb eines vegetar. Restaurants, u.a. zur Finanzierung der ISK-Exilgruppe; nach Kriegsausbruch Südfrankreich, 1940/41 mit → Fritz Heine in ZusArb. mit dem *Emergency Rescue Committee* unter Ltg. Varian Frys Org. der Ausreise gefährdeter Emigranten in die USA; 1941 selbst mit Notvisum Flucht nach New York, dort u.a. Büroangest.; Mitgl. geschäftsf. Vorst. *German-American Council for the Liberation of Germany from Nazism* (→ Albert Grzesinski). 1947 Rückkehr nach Deutschland; ab 1947 LG-Dir., 1949-56 LG-Präs. in Kassel.

W: Zum Young-Plan. In: isk 5. Jg. (1930). *L:* Fry, Varian, Surrender on Demand. 1945; Link, ISK. *Qu:* Arch. Fb. Pers. Publ. - IfZ.

Lewinson, Fritz A., Verleger, Politiker; geb. 24. Mai 1906 Berlin; jüd.; *V:* Sally L. (geb. 1861 Allenstein/Ostpreußen, gest. 1921 Berlin), jüd., Kaufm.; *M:* Agnes, geb. Wohlfarth (geb. Breslau, gest. 1950), jüd., Lehrerin, 1938 Emigr. Pal.; *G:* → Paul Lewinson; ∞ 1934 Irene Weinstock (geb. 1913 Köln), jüd., 1936 Emigr. Pal.; *K:* Noemi Peltz, Edna Amir; *StA:* deutsch, Pal./IL. *Weg:* 1936 Pal.

Stud. Handelshochschule Berlin, Dipl. in Wirtschaftswiss., Mitgl. *Blau-Weiß;* Werbeltr. bei versch. Berliner u. Wiener Firmen bis zu ihrer Arisierung. Mitgl. HauptVorst. *Bar Kochba* Berlin, 1929-33 VorstMitgl. *Maccabi World Union* Berlin, 1929-36 VorstMitgl. *Deutscher Makkabi-Kreis,* 1933-36 Mitgl. HauptVorst. Zion. Ortsgruppe Köln u. Mitgl. *Hechaluz* Köln, 1934-36 Mitgl. GdeVertr. Jüd. Gde. Köln, 1932-35 Vors. *Hakoah* Köln, 1933-36 Vors. westl. Bez. des *Makkabi.* 1935-36 illeg. Transport von *Keren Hayessod*-Geldern in die Niederlande. 1933-36 mehrfach festgenommen. Nov. 1936 Emigr. Palästina mit A I-Zertifikat, 1937 Gr. einer Werbeagentur in Tel Aviv, ab 1941 Angest., ab 1943 Geschäftsf. *Israel Periodicals Co. Ltd.* Ab 1938 Mitgl. *Haganah,* bis 1947 Offz. der Spezialpolizei in Tel Aviv, 1948 Teiln. am Unabhängigkeitskrieg (Ausz.). 1953-70 Ltr. der Verhandlungen mit Deutschland (BRD) über die Rückerstattung von *Makkabi*-Eigentum. Mitgl. HauptVorst. *Aliyah Chadaschah, Progressive Party, Unabhängige Liberale Partei,* StadtVO. in Tel Aviv, VorstMitgl. Stadtverw. Tel Aviv. Ab 1972 Gr. u. Vors. *Vereinigung ehemaliger Berliner in Israel,* Präs. B'rith Maccabim-Atid Tel Aviv, Dir. Komitee für das Sportlerdorf der *Maccabiah.* VorstMitgl. H.O.G., Mitgl. Hauptvorst. I.O.M.E., Mitgl. Isr. Exportausschuß, Mitgl. Hauptvorst. *Deutsch-Israelische Industrie- u. Handelskammer, Deutsch-Israelische Gesellschaft,* Präs. *Vereinigung israelischer Zeitungsverleger,* Vertr. der Exportmesse Hannover in Israel. Lebte 1977 in Tel Aviv. - *Ausz.:* 1973 BVK.

Qu: EGL. Fb. Hand. Pers. - RFJI.

Lewinson, Paul, Unternehmensleiter; geb. 13. Apr. 1903 Berlin, gest. 1972; jüd.; *G:* → Fritz A. Lewinson; ∞ Mia (Miriam) Stillmann, ltd. Stellung in der Anlageberatungsfirma Kurt Lewinsohn & Co. Berlin; *K:* 1 S, 1 T; *StA:* deutsch, Pal./IL. *Weg:* 1938 F, 1940 Pal.

1921 Stud. Berlin, Mitgl. *Blau-Weiß,* Maurerlehre. Bis 1933 Angest. in Anlageberatungsfirma Kurt Lewinsohn & Co. Berlin, 1933-38 Dir. Reiseagentur Peltours. Zugl. ltd. Funktion *Makkabi;* Mitgl. *Reichsausschuß jüdischer Sportverbände,* VorstMitgl. Repräsentantenversammlung der jüdischen Gemeinde Berlin als Vertr. der *Jüdischen Volkspartei.* 1938 Emigr. Frankr., in Paris für Peltours tätig, 1940 nach Palästina, 1940-43 in Tel Aviv, 1943-45 in Teheran für Peltours tätig. 1945-48 Angest. Foreign Trade Inst. Tel Aviv, 1948-68 Ltr. Abt. Gütertransport der Zim Navigation Co. Ltd., zugl. AR-Vors. isr. Schiffahrts- u. Import-Exportges. M. Dizengoff & Co. Ltd. sowie Container Transport Inter Ltd., AR-Mitgl. Alda, Dizengoff West Africa u. Astramaris Hamburg.

Qu: Hand. Pers.-RFJI.

Lewy, Fritz, Dr., Journalist; *G:* → Ruth Seydewitz. *Weg:* CSR, Deutschland, E.

Red. *Volkszeitung für die Oberlausitz;* Mitgl. linksoppos. Jungsozialisten in der SPD, Mitgl. der Reichsltg.; Mitarb. *Klassenkampf*-Gruppe u. der von ihr hg. Reihe *Rote Bücher;* Mitgr. SAPD u. ltd. Red. des SAPD-Hauptorgans *Das Kampfsignal,* Mitgl. der ProgrKommission vor dem 1. PT März 1932; Nov. 1932 nach Fraktionskämpfen Ausscheiden aus der Red. des *Kampfsignals.* Nach der natsoz. Machtübernahme Flucht in die CSR; bei Kurierfahrt Festnahme u. Haft in KL Hohenstein; später unter dem Namen Frederico Lewy Teiln. am Span. Bürgerkrieg in Internat. Brigaden.

W: u.a. Vor der Revolution. In: Unsere Stellung zu Sowjetrußland. Lehren und Perspektiven der Russischen Revolution. 1931; Nach der Revolution. Ebd.; Fünfjahresplan und Sozialismus. Ebd. *L:* Drechsler, SAPD; Seydewitz, Max, Es hat sich gelohnt. Erkenntnisse und Bekenntnisse. 1976. *Qu:* Arch. Publ.-IfZ.

Lewy, Ludwig, Journalist; geb. 28. Febr. 1894 Berlin, gest. 1972 IL; ∞ Ingrid Lindberg (geb. 1911); *StA:* deutsch. *Weg:* 1935 S; 1946 Deutschland (ABZ); 1948 IL.

Realschule, Banklehre, im 1. WK Soldat (EK II), bis 1932 Bankangest., Prokurist u. WirtschRed. *8 Uhr Abendblatt* Berlin; 1933-35 Nachrichtenbeschaffung für linkssoz. Auslandsgruppen, vermutl. RSD u. ITF, dann Emigr. nach Schweden, LtgMitgl. *Emigrantengemeinschaft* der *Arbetarrörelsens Flyktingshjälp,* Bemühungen um Org. einer Volksfront, Teiln. an skandinav. Volksfrontkonf. in Göteborg Okt. 1937; Apr. 1940 Ausschluß aus SPD-Gruppe wegen ZusArb. mit der KPD; ab 1938 Mitgl. u. bis Okt. 1939 Sekr. jüd. *Emigranten-Selbsthilfe;* 1940-42 wegen angebl. Spionage inhaftiert, Lagerältester in Smedsbo; Mitgl. FDKB. Journ. Tätigkeit für schwed. Presse, Ps. Weyl, Archivarbeiter beim kunsthistor. Institut Univ. Upsala. Jan. 1946 Rückkehr, WirtschRed. bei DENA u. Juni-Okt. 1946 bei *Frankfurter Neue Presse,* anschl. Mitlizenzträger *Gießener Freie Presse,* Juni 1947 erzwungenes Ausscheiden wegen angebl. kommunist. Nachrichtenpolitik, Emigr. nach Israel.

W: Das braune Netz über dem Norden. Stockholm 1936; Kanonen statt Butter. Stockholm 1938; Von Versailles zum Vierzonendeutschland. 1947. *L:* Müssener, Exil. *Qu:* Arch. Hand. Publ. Z.-IfZ.

Leyden, Victor Ernst von, Dr. jur., Ministerialbeamter, Richter; geb. 2. März 1880 Berlin, gest. 10. Aug. 1963 Garmisch-Partenkirchen/Obb.; ev.; *V:* Dr. med. Ernst v. L. (1832-1910), ev., Prof., Ltr. Innere Klinik Charité Berlin; *M:* Marie, geb. Oppenheim (1844-1932), ev.: *G:* Clarissa Lohde-Boetticher, Schriftst.; ∞ 1903 Luise Reichenheim (geb. 1883), ev., aus jüd. Fam., Emigr.; *K:* Ernst Victor (geb. 1903, gef. 1945), Kaufm.; Albrecht (geb. 1905), Kaufm., 1927-67 IND; Rudolf (geb. 1908), Kaufm., 1933-68 IND; Wolfgang (geb. 1911), ab 1946 Hochschullehrer in GB; Viktoria Veit (geb. 1913), A: Deutschland (BRD); *StA:* deutsch. *Weg:* 1938 CH; 1939 IND; 1948 Deutschland (BRD).

Ab 1898 Stud. Rechtswiss. Bonn, 1901 Prom., 1902-12 Referendar u. RegAssessor, 1912-21 RegRat Potsdam; 1914-18 Husaren-Rittmeister (EK I). 1921-33 MinRat, später MinDir. Kommunalabt. des Preuß. MdI, ab 1932 Senatspräs. Oberverw.-Gericht Berlin, 1933 vorzeitig in den Ruhestand. Nach sog. Kristallnacht zum sofort. Verlassen des Wohnorts Garmisch-Partenkirchen gezwungen, Dez. 1938 in die Schweiz, März 1939 nach Bombay, Sept/Okt. 1939 Internierung. Dez. 1948 Rückkehr. - *Ausz.:* 1960 Gr. BVK mit Stern.

W: u.a. Das Problem der Großgemeinde. 1929; Wandlungen im Gemeinderecht. 1929; Großstädtische Eingemeindung in Indien. 1949. *Qu:* Pers. - IfZ.

Lichtblau, George Edward (urspr. Georg Eduard), Diplomat; geb. 6. März 1920 Wien; jüd.; *V:* Ernst L. (geb. 1877 Wien, gest. 1961), jüd., höhere Schule, Tabakwarenfabrikant, nach 1933 Schutzhaft, 1939 Emigr. USA; *M:* Alice, geb. Fischer (geb. 1893 Wien), jüd., Lehrerin, med.-techn. Assist., 1939 Emigr. USA; *G:* → John Lichtblau; ∞ 1949 Catherine Burke (geb. 1924 New York), kath., Stud., Werbetexterin, Weberin, Textildesignerin; *K:* Julia M. (geb. 1953), Tänzerin; Marcus R. (geb. 1956); *StA:* österr., 1943 USA. *Weg:* 1938 USA.

1932-38 Mitgl. *Makkabi Hazair* Wien, 1938 Abitur; Ausbildung als Schweißer. Aug. 1938 Emigr. USA, Unterstützung durch Freunde u. J.D.C., Gelegenheitsarb., 1939-42 Stud. Landwirtschaft Univ. of Georgia, B. Sc.; 1942-45 Sanitäter in der US-Armee, 1946-47 Buchhalter, 1948 M.A. New School for Social Research, 1948 Angest. beim Arbeitslosenversicherungsamt New York, 1949-52 im statist. Amt des ArbMin., 1952-55 Intelligence Research Analyst im Bureau of Intelligence Research, 1955-57 Intelligence Research Off. u. 1957-64 Research Specialist beim US-Außenmin.; 1964-66 mit Rockefeller-Stipendium Stud. Völkerrecht Johns Hopkins Univ.; 1966-70 Referent für ArbRecht in Abidjan/Elfenbeinküste, 1970-71 im Office of Econ. Opportunity, 1972-75 Referent für ArbRecht in Seoul/Korea, ab 1975 Attaché u. 1. Sekr. an der US-Gesandtschaft in Tel Aviv. Doz. an versch. am. u. ausländ. Univ.; Mitgl. *Am. Foreign Service Assn.* Lebte 1977 in Tel Aviv.

W: u. a. The Politics of African Trades Unionism. 1968 ; The Politics of Labor in Southeast Asia. In: World Politics, Okt. 1964. *Qu:* Fb. Hand. - RFJI.

Lichtblau, John (urspr. Hans), Wirtschaftsberater; geb. 26. Juni 1921 Wien; *G:* → George Edward Lichtblau; ∞ 1944 Charlotte Adelberg (geb. 1925 Wien), Kunstmalerin u. -kritikerin, 1938 Emigr. JU. GB, 1940 USA; *K:* Claudia Payne (geb. 1948 New York), Journ. *Wallstreet Journal; StA:* österr., USA. *Weg:* 1938 NL, B, F, 1939 GB, USA.

Gymn. Wien, Sept. 1938 illeg. Emigr. Niederlande, anschl. nach Belgien u. Frankr., März 1939 nach GB, Aug. 1939 in die USA; bis 1941 Fabrikarb., 1942-44 Buchhalter, 1944-47 US-Armee. 1949 B.S.S. City Coll. New York, 1951 M.A. (Weltwirtschaft) New York Univ.; 1951-52 Wirtschaftssachverständiger US Bureau of Labor Statistics, 1952-53 Programmltr. Sachverständigenausschuß für ausländ. Arbeiter beim Office for Internat. Labor Affairs, Experte für Außenhandel beim Nat. Industrial Conference Board, 1954-55 bei → Walter Levy Consultants Corp. New York, 1956-60 Dir., ab 1961 Hauptgeschäftsf. *Petroleum Indus. Research Found. Inc.* New York. Zugl. 1960-61 Doz. New School for Social Research New York, ab 1961 Berater *Nat. Oil Fuel Inst.* New York, 1965 Doz. Seminar Petroleum Econ. Transport Center der Northwestern Univ., ab 1968 Mitgl. *Nat. Petroleum Council* Washington/D.C., ab 1970 Berater im Office for Emergency Preparedness. 1972-73 Berater der Econ. Development Admin. in Puerto Rico, ab 1974 Berater New York State Energy Office, ab 1976 Präs. *Petroleum Indus. Research Assn. Inc.,* Mitgl. *Am. Econ. Assn., Am. Petroleum Inst., Nat. Petroleum Council, Council on Foreign Relations.* Lebte 1977 in New York.

W: State and Society in Independent North Africa. 1966; The Petroleum Industry. 1969; Analysis of Progress. 1971; The Tax Burden on the Domestic Oil Industry. 1972; versch. Aufsätze u. Monographien zur Öl- u. Energiewirtschaft. *Qu:* Fb. Hand. HGR. Z. - RFJI.

Lichtenberg, Franz, Lehrer; ∞ Elfriede (Elfi), Mitgl. SAJDÖ u. SDAP, Jugendfürsorgerin der Gde. Wien, Mai 1934 Zwangspensionierung u. Entlassung, 1938 Emigr. Kolumbien, nach Kriegsende in ZusArb. mit *Free Austrian World Movement* Versuch der Org. von Erholungsplätzen für Wiener Kinder in Kolumbien, A: 1975 Wien; *StA:* österr. *Weg:* 1938 Kolumbien; Österr.

Mitgl., zeitw. BezObmann SAJDÖ in Wien, Mitgl. SDAP. 1930 Besuch der Arbeiterhochschule. 1934 nach den Februarkämpfen Mitarb. der illeg. RSÖ. Juni 1938 mit kolumbian. Visum über Holland nach Bogotá. Mitgr. u. neben Dr. Paul Engel, Heinz Fischer, Nelly Friedmann, Dr. Stefan Fröhlich, Kurt Hirschel, Dr. Heinrich Kreisler, Dr. Peter Müller u. Hans Ungar Mitgl. der Ltg. des *Comite de los Austriacos Libres* (CAL) in Bogotá, in dem alle pol. Richtungen einschl. der Legitimisten vertreten waren; Okt. 1944 Deleg. des CAL zum *Comite Central Austriaco de America Latina* unter → Karl Stephan Grünberg, Org. von österr. Kulturveranstaltungen in Kolumbien u. nach Kriegsende von Hilfssendungen nach Österr. Kehrte später nach Wien zurück, Berufsschullehrer, Mitgl. SPÖ. Lebte 1975 in Wien. - *Ausz.:* 1972 Goldenes Abzeichen *Bund sozialistischer Freiheitskämpfer und Opfer des Faschismus.*

L: Steiner, Herbert, Käthe Leichter. Leben und Werk. 1973. *Qu:* Arch. Publ. Z. - IfZ.

Lichtenstein, Erwin, Dr. jur., Rechtsanwalt; geb. 16. Febr. 1901 Königsberg; jüd.; *V:* Dr. jur. Max L. (geb. 1860 Ortelsburg/Ostpreußen, umgek. 1942 KL Theresienstadt), jüd., RA in Königsberg, Mitgl. Repräsentantenversammlung der jüd. Gde. Königsberg, *B'nai B'rith*-Loge, *Vereinigung für das liberale Judentum,* Vors. örtliches *Keren Hayessod*-Komitee, Aug. 1942

Dep.; *M:* Johanna, geb. Samuel (geb. 1861 Pasewalk/ Pommern), jüd., Lehrerin; *G:* Käthe (geb. 1890 Königsberg, umgek. im Holokaust), jüd., Musik- u. Sprachlehrerin, 1942 Dep.; Eva Freyer (geb. 1895 Königsberg), Malerin, 1939 Emigr. USA; Dr. med. Heinz L. (geb. 1904 Königsberg), jüd., Prom. Heidelberg, 1936 Emigr. USA, Psychiater in Buffalo/N.Y.; ∞ Lotte Hirschberg (geb. 1902 Danzig), 1939 Emigr. Pal.; *K:* Ruth Shany (geb. 1923), 1939 Emigr. Pal., Schneiderin u. Sekr.; Hanna Ayalon (geb. 1925), 1939 Emigr. Pal., Englischlehrerin; Hans Walter (Zvi Snunit) (geb. 1933, gest. 1966 Givataym/IL), 1939 Emigr. Pal., Lehrer Musikakad. der Univ. Tel Aviv u. Telma Yellin School; *StA:* deutsch, Pal./IL. *Weg:* 1933 Danzig, 1939 Pal.

Stud. Rechtswiss. Königsberg, Leipzig, Berlin, 1922 Prom. Königsberg; 1919-23 Mitgl. *Kameraden* u. Red. Zs. *Kameraden,* 1919 VorstMitgl. DFG in Königsberg, 1922 Syndikus u. Mitgl. Hauptvorst. CV für Ostpreußen. 1923 Volontär Dresdner Bank in Danzig, 1924-26 Red. *Danziger Rundschau,* 1926-29 Referendar in Danzig, 1930 Assessor in Berlin; 1923-28 VorstMitgl. DLM Danzig, Teiln. an internat. Kongressen in Paris u. Warschau; 1929 Mitarb. in RA-Praxis des Vaters in Königsberg, 1930-33 RA in Königsberg, gleichz. Doz. Volkshochschule; Apr. 1933 Berufsverbot, Rückkehr nach Danzig, 1933-39 Syndikus der Syn.-Gde. Danzig, aktiv bei Gründung der jüd. Grund- u. Oberschule u. bei Org. jüd. Auswanderung, Red. *Jüdisches Gemeindeblatt,* Geschäftsf. *Jüdischer Kulturbund.* Aug. 1939 Emigr. Palästina mit Familie mit A I-Zertifikat, 1940-52 Inh. einer Buchhandlung u. einer Leihbibliothek in Tel Aviv, Mitgl. *Foreign Book Trade Assn.;* 1951 isr. RA-Examen, 1953-78 RA u. Notar in Tel Aviv, aktiv in Wiedergutmachungsfällen, besonders für Einwanderer aus Danzig; VorstMitgl. *Irgun Olej Danzig* (Org. der Einwanderer aus Danzig), Mitgl. I.O.M.E. Lebte 1977 in Tel Aviv.

W: Die Konferenz von Barcelona (10. März-20. April 1921). (Diss.) 1922; Die Juden in Danzig 1933-39. In: Zeitschrift für die Geschichte der Juden. 1967; Vorwort zu: Echt, Samuel, Geschichte der jüdischen Gemeinde Danzig. 1972; Der jüdische Kulturbund in Danzig. In: Zeitschrift für die Geschichte der Juden. 1973; Die Juden der Freien Stadt Danzig unter der Herrschaft des Nationalsozialismus. 1973; Art. in *Mitteilungsblatt* (MB) Tel Aviv u. in Zs. *Rechtsprechung zur Wiedergutmachung,* 1958-73. *Qu:* Arch. Fb. Z. - RFJI.

Lichtenstein, Julius, Dr. jur., Richter; geb. 28. Apr. 1895 Tapian/Ostpr.; ∞ Elisabeth Kellner (geb. 1902), Emigr.; *K:* Edith Lore (geb. 1930), Ludwig Fritz (geb. 1933), Emigr.; *StA:* deutsch, 27. Okt. 1937 Ausbürg. mit Fam. *Weg:* 1933 CH, F; 1941 USA.

Amts- u. LG-Rat Limburg/Lahn, 1932 Gr. *Republikanischer Club* Limburg, Mitgl. DLM, Vors. *Republikanischer Richterbund.* März 1933 Schutzhaft, Emigr. in die Schweiz, Ende 1933 nach Paris. Beitr. über NS-Recht in ausländischen Fachzs. 1941 mit Notvisum durch Vermittlung des *Jewish Labor Committee* in die USA.

Qu: Arch. - IfZ.

Lichtenstein, Kurt, Parteifunktionär, Journalist; geb. 1. Dez. 1911 Berlin; jüd.; ∞ verh.; *StA:* deutsch. *Weg:* 1933 Saargeb.; F; 1936 E; 1939 F; 1944 Deutschland.

Werkzeugmacher; seit 1928 gewerkschaftl. u. pol. organisiert. 1933 Emigr. Saargeb., später Frankr., ab 1936 Teiln. Span. Bürgerkrieg innerhalb der Internat. Brigaden. 1939-41 Internierung in Frankr.; anschl. in der Résistance, ab Apr. 1944 als franz. Fremdarb. Tätigkeit bei Firma Wagner, Suhl/Thür. Nach Kriegsende 3. Vors. KPD (BBZ) u. Mitgl. der Landesltg. NRW, ab 1946 Chefred. *Neue Volks-Zeitung* Dortmund u. *Freiheit* Herne, 1947-50 MdL NRW.

W: Kohlengruben in die Hand des Volkes (Broschüre). O.J. *L:* Schädel, Gudrun, Die KPD in Nordrhein-Westfalen von 1945-1956. Diss. phil. masch. o.J. *Qu:* Hand. Publ. - IfZ.

Lichtheim, Richard, Dr. oec., Verbandsfunktionär, Politiker; geb. 16. Febr. 1885 Berlin, gest. 29. Apr. 1963 Jerusalem; *V:* Georg L. (geb. 1849 Elbing/Westpreußen, gest. 1908 Berlin), jüd., Gymn., Gr. Kommissionsgroßhandel für Getreide an der Berliner Börse; *G:* Eva; ∞ 1911 Irene Hefter; *K:* Georg (geb. 1912 Berlin, Freitod 1973 London), Stud. Berlin u. Heidelberg, 1934 Emigr. Pal., Red. für Auslandsnachrichten bei *Jerusalem Post,* 1945 nach GB, Red. *Commentary* London, Korr. für versch. Zs., Publizist, Gelehrter u. Doz. über sozialist. u. staatswiss. Themen; *StA:* deutsch, Pal./IL. *Weg:* 1934 Pal., 1938 CH, 1946 Pal.

1904-06 Stud. Med. u. 1906-08 Stud. Volkswirtschaft Berlin u. Freiburg; ab 1904-05 Zion. unter dem Einfluß von → Felix Theilhaber u. Herzls Buch *Der Judenstaat.* 1904-05 Mitgl. Berliner K.J.V.-Ortsgruppe *Hasmonea,* 1907 PräsMitgl. des K.J.V.; Mitarb. *Jüdische Rundschau.* 1907 im *Palästina-Amt* der WZO Berlin, 1909 Deleg. auf 9. Zion. Kongreß Hamburg, Befürworter der Einwanderung u. Ansiedlung von Juden in Palästina, damit in Opposition zu Herzl, hielt programmat. Rede während des Kongresses, Wahl zum Vors. der Nationalfonds-Kommission; 1910 Wahl in den geschäftsf. Ausschuß der ZVfD. 1910 Besuch in Palästina, 1911 InfoReise nach Konstantinopel auf Einladung der zion. Diplomaten Victor Jacobson. 1911 pol. Sekr. des Aktionskomitees der WZO Berlin, 1911-13 Red. der offiziellen WZO-Wochenzs. *Die Welt* Berlin; 1913-Mai 1917 WZO-Deleg. in Konstantinopel als Nachf. von Victor Jacobson, enge ZusArb. mit der dt. u. am. Botschaft hinsichtl. jüd. Ansiedlung in Palästina (Benutzung dt. Kurierpost u. Kodeeinrichtungen), erwirkte 1915-16 Anweisung des AA an das dt. Konsulat in der Türkei, die jüd. Einwanderung u. Siedlung im türkischen Palästina zu unterstützen. 1917 Rückkehr nach Berlin, als Experte für Palästina vom Wehrdienst befreit; Mai 1917-1921 Exekutivmitgl. der WZO Berlin, 1917-20 Präs. der ZVfD, publizist. Tätigkeit, 1919 erfolgloser Versuch, über die Niederlande Einwanderungserlaubnis nach Palästina zu erhalten. 1919 Mitgl. zion. Deleg. bei der Versailler Friedenskonf.; 1921-23 Exekutivmitgl. der WZO u. Ltr. OrgAbt. in London. 1923 Rücktritt, beschuldigte Chaim Weizmann des Kompromisses mit der pro-arab. Politik der brit. Reg. in Palästina. Rückkehr nach Berlin, ltd. Angest. bei einer Versicherungsges., 1925 Mitgr. Lloyd's Palestine-Egypt und Migdal Insurance Co., Pal.; 1925 Beitritt zur Zion.-Revisionist. Bewegung unter der Ltg. von Vladimir Jabotinsky, Vors. des *Landesverbandes der Zionisten-Revisionisten in Deutschland* Berlin; 1931 (1932 ?) Rücktritt, nachdem Jabotinsky mit der WZO-Ltg. gebrochen u. eine separatist. zion. Rechtspartei gegründet hatte. 1933 zus. mit Meir Grossmann Gr. *Jüdische Staatspartei* (rechtsgerichtete Oppositionspartei innerhalb der WZO), Rücktritt nach kurzer Zeit wegen pol. Meinungsverschiedenheiten. 1934 Emigr. Palästina mit Familie, 1934-38 zus. mit G. Halpern Gr. u. Ltr. Migdal Versicherungsges.; 1938 (1939 ?)-49 Dir. WZO-Büro in Genf, verantwortl. für die illeg. Verbindung mit zion. Org. im natsoz. besetzten Europa. 1942 erste Berichte über Holokaust nach Jerusalem. 1939-46 ebenf. Vertr. *Jew. Agency* in Genf, 1946 Rückkehr nach Palästina; Journ. u. Publizist.

W: Das Programm des Zionismus. 1911, 2. Aufl. 1913; Der Aufbau des Jüdischen Palästina. 1919; Kritische Reise durch Palästina. 1921; Revision der zionistischen Politik. 1930; She'ar Yashuv (Ein Rest ist zurückgekehrt. Erinnerungen). 1953 (dt. Übers.: Rückkehr. Lebenserinnerungen aus der Frühzeit des deutschen Zionismus. 1970); Toledot haZiyyonut beGermaniyah. 1951 (dt. Übers.: Die Geschichte des deutschen Zionismus. 1954). *L:* Stern, Werke; Pinner, L., Richard Lichtheim. In: Meilensteine. 1972; Tidhar. *D:* LBI New York; Cent. Zion. Arch. Jerusalem. *Qu:* Arch. Hand. Pers. Publ. Z. - RFJI.

Lichtigfeld, Adolph, Dr. jur., Ph. D., Prediger, Hochschullehrer; geb. 23. März 1904 Düsseldorf; *V:* Joshua L. (geb. 1860 Osteuropa, gest. 1919 Düsseldorf), Jeschiwah-Ausbildung, 1896 nach Deutschland, Kaufm., Vors. Wohlfahrtsorg. *Gemiluth Chessed* Düsseldorf; *M:* Clara (Chaye), geb. Weissberg (geb. 1866 Osteuropa, gest. London), jüd., 1938 Emigr. GB; *G:* Jacob (geb. 1891, umgek. 1941 [?] im Holokaust), höhere

444 Lichtigfeld

Schule, Kaufm.; Leo (umgek. 1941 [?] im Holokaust), RA; Simon (geb. 1895, gest. 1965 London), Abitur, Kaufm., Emigr. NL, 1939 GB; → Isaac Emil Lichtigfeld; Lorenz (geb. 1898 Düsseldorf, gest.1968 IL), Abitur, Kaufm., 1935 Emigr. Pal.; ∞ 1931 Rückel (Renia) Lifschütz (geb. 1903), jüd., Stud. Lemberg, Köln u. Zürich, 1935 Emigr. GB, 1939 S-Afrika, Ltr. jüd. Waisenhaus Arcadia; *K:* Freddie Joshua (geb. 1933), 1935 Emigr. GB, 1939 S-Afrika, 1940 GB, B. Sc., M.D., Psychiater; Donnie David (geb. 1941), B.Sc., Lehrer; *StA:* deutsch, 1942 S-Afrika. *Weg:* 1935 GB, 1939 S-Afrika.

1920-27 kaufm. Angest. 1927-30 Stud. Rechtswiss. u. Phil. Bonn u. Köln, 1930-33 Referendar, 1931 Prom. Köln, 1933 Berufsverbot, 1932-35 Repetitor. Mai 1935 Emigr. GB mit Stipendium der *Jew. Refugee Org.* London, Stud. Yeshivah Coll. Etz Chaim London, Dipl. als Prediger, 1938-39 für *Jew. Board of Educ.* in London tätig. 1939 nach Südafrika, 1939-51 Prediger bei den United Hebr. Institutions in Germiston/Transvaal; 1940-45 auch Feldrabbiner bei den South African Union Defense Forces. Ab 1951 Doz. für Phil. am Union Coll. Johannesburg, 1952-72 Ltr. jüd. Waisenhaus Arcadia in Johannesburg; 1953 Ph.D. Univ. Pretoria. 1962-72 Doz. für Germanistik, seit 1972 für Phil. Univ. Witwatersrand, daneben 1964-68 Doz. für Phil. Univ. Pretoria. Mitgl. *Royal Inst. of Phil.* London. Lebte 1977 in Johannesburg.

W: Die Schwarzfahrt. (Diss.) 1931; Kommentar zum Strafrecht. 1973; Philosophy and Revelation in the Work of Contemporary Jewish Thinkers. 1937; Twenty Centuries of Jewish Thought. 1938; The Day of Prayer. 1942; Jaspers's Metaphysics. 1954; Aspects of Jaspers Philosophy. 1963, 2. Aufl. 1971; Art. über Phil. u. Rechtswiss. in Fachzs. *Qu:* Fb. Hand. Pers. - RFJI.

Lichtigfeld, Isaac Emil, Dr. jur., Rechtsanwalt, Rabbiner; geb. 4. Jan. 1894 Burstyn/Galizien, gest. 24. Dez. 1967 Frankfurt/M.; *G:* → Adolph Lichtigfeld; ∞ 1923 Ruth Rosenbaum (geb. 1897, gest. 1960 Frankfurt/M.), jüd., 1933 Emigr. GB, 1954 nach Deutschland (BRD); *K:* Joshua Lynfield (geb. 1925), 1933 Emigr. GB, M.D., 1954 USA; Berna Frisch, 1933 Emigr. GB, 1950 USA, 1970 nach IL; Naomi, 1933 Emigr. GB, LLB, 1952 IL; Michael (geb. London), Verkäufer; *StA:* österr., 1948 brit. *Weg:* 1933 GB, 1954 Deutschland (BRD).

Stud. Breuer-Jeschiwa Frankfurt/M., Freiw. 1. WK, Stud. Rechtswiss. Heidelberg, Berlin, Frankfurt, Köln, 1921 Prom.; Mitgl. B.J.A. u. *Agudas Jisroel,* nach 1918 GenSekr. Weltorg. *Agudas Jisroel.* 1922-23 RA in Düsseldorf; 1926-33 Gr., Dir. u. Lehrer Jüd. Schule in Düsseldorf. Dez. 1933 Emigr. GB, Stud. Jews' Coll. London, 1937 Rabbinerexamen, 1937-46 Rabbiner an United Syn. Congr. London, 1946-54 Cricklewood Syn. London, 1947-48 gleichz. Vertr. des *Brit. Chief Rabbinical Council* in Deutschland (BBZ). 1954 nach Deutschland (BRD); 1954-67 Rabbiner Jüd. Gde. Frankfurt, Landesrabbiner Hessen, Vors. *Konferenz der Rabbiner in Deutschland.* Präs. *Keren Hayessod,* Mitarb. an wöchentl. Radio-Kommentaren über die Thora, Gr. jüd. Schule (ab 1968 Lichtigfeld-Schule). - *Ausz.:* BVK; Ehrung durch Stadt Frankfurt/M.

W: Systematic Mishnah. 1943. *L:* Festschrift für I. E. Lichtigfeld, Landesrabbiner von Hessen. Zum 60. Geburtstag (Hg. Ernst Roth u. Fritz Bloch). 1964; Karger-Karin, Mendel (Hg.), Israel und Wir. Keren Hayessod-Jahrbuch der jüdischen Gemeinschaft in Deutschland 1967-70. 1970. Arnsberg, Paul, 900 Jahre „Muttergemeinde in Israel". 1974. *D:* LBI New York; Jüd. Gde. Frankfurt/M. *Qu:* EGL. Hand. Z. - RFJI.

Lidow, Eric, Elektroingenieur, Unternehmensleiter; geb. 9. Dez. 1912 Wilna/Litauen; *V:* Leon. L.; *M:* Rachel, geb. Schwartz; ∞ I. 1939-52 Judith Margolis; II. 1952 Elizabeth Ray; *K:* Alan, Derek Balfour, Alexander; *StA:* 1941 USA. *Weg:* 1937 USA.

1937 Dipl.-Ing. TH Berlin. 1937 Emigr. USA, 1939-41 Elektroing. bei Emby Products Calif.; 1941 Mitgr., 1941-44 Chefing. u. 1944-46 Vizepräs. für Forschung und Technik bei Selenium Corp. Am.; ab 1947 Präs. Internat. Rectifier Corp. El Segundo/Calif., später auch AR-Vors. u. Dir. der in- u. ausländ. Tochterges.; Inh. von Patenten für Halbleiter; Senior Member *Inst. Elec. and Electronic Engineers,* Kuratoriumsmitgl. Lidow Foundation, Treuhänder von City of Hope, Kuratoriumsmitglied der Univ. of. South Calif. Lebte 1975 in Los Angeles.

Qu: Hand. - RFJI.

Lieber, Herman, Rabbiner; geb. 22. Sept. 1901 Nürnberg; *V:* Josef L. (geb. Pistyàn/ungar. Komitat Neutra, gest. 1939 Deutschland), Kantor; *M:* Esther, geb. Adler (geb. 1870 Kleinsteinach/Unterfranken, umgek. 1942 [?] KL Auschwitz); *G:* Anna Sulzberger (geb. 1900 Nürnberg, umgek. 1942 [?] KL Auschwitz), Dep. KL Theresienstadt, dann KL Auschwitz; Salo (geb. 1903 Nürnberg, gest. 1938 Deutschland), Rabbiner; ∞ 1935 Sary Pifko (geb. 1915 Zürich), jüd., Grundstücksmaklerin; *K:* Susi Grama (geb. 1936 Hamburg), Emigr. USA, Lehrerin; Miriam Grumet (geb.1937 Hamburg), Emigr. USA, Yeshivah-Ausbildung, Sekr. in New York; Ester Levenbrown (geb. 1950 New York), Lehrerin in New York; *StA:* deutsch, USA. *Weg:* 1938 CH, 1939 USA.

1914-20 Stud. Isr. Lehrerbildungsanstalt Würzburg, 1920-21 Stud. Rabbinerschule Nürnberg, 1921-28 Lehrer u. Kantor Isr. ReligGes. Zürich, zugl. 1922-25 Stud. Zürich, 1928-38 Lehrer u. Kantor Neue Dammtorsyn. Hamburg; Mitgl. *Misrachi,* ZVfD, aktiv im *Jüdischen Kulturbund.* Dez. 1938 Emigr. Schweiz, Mai 1939 in die USA mit Unterstützung durch Verwandte, 1939-58 Rabbiner SynGde., später Congr. Ahavath Torah in Washington Heights/N.Y., ab 1958 Rabbiner orthodoxe Congr. Ahavath Israel New York. Lebte 1976 in New York.

Qu: Arch. Fb. Z. - RFJI.

Lieberasch, Arthur Hermann, Parteifunktionär; geb. 3. Nov. 1881 Leipzig, gest. 10. Juni 1966 Leipzig; *V:* Friedrich Hermann L.; *M:* Amalia, geb. Schulze; ∞ Flora Haase; *StA:* deutsch, 1939 Ausbürg. *Weg:* 1933 CH; 1947 Deutschland (SBZ).

Schlosser; 1899 DMV, 1906 SPD, 1917-23 Geschäftsf. DMV Leipzig, 1918 USPD, 1920 KPD, 1921 Deleg. 3. Weltkongreß der *Komintern;* 1922-29 MdL Sa., StadtVO. Leipzig, 1923 auf 8. PT als Anhänger der Rechten Wahl in ZK-GewKommission, ab 1926 Sekr. für GewFragen u. Mitgl. KPD-BezLtg. Westsa., dort 1928 einer der Wortführer der Parteiopposition, Jan. 1929 Parteiausschluß, Mitgr. KPDO in Westsa.; März 1933 in die Schweiz, Lebensunterhalt durch private Unterstützung, später Gelegenheitsarb. in Schaffhausen. 1947 Rückkehr nach Deutschland, SED, Mitarb. SED-Wirtschaftsapp., 1950 Parteiausschluß, später Wiederaufnahme in SED.

L: Tjaden, KPDO; Weber, Wandlung. *Qu:* Arch. Publ. - IfZ.

Lieberman (bis 1944 Liebermann), **Alfred,** Mathematiker, Ministerialbeamter; geb. 30. März 1926 Frankfurt/M.; jüd.; *V:* Leon L. (geb. 1889 Osteuropa, gest. 1970 USA), jüd., höhere Schule, Makler, 1932 Emigr. F, 1940 USA; *M:* Eva, geb. Zwas (geb. 1902 Saarbrücken, gest. 1955 USA), jüd., höhere Schule, 1932 Emigr. F, 1940 USA; *G:* Margo Lesch (geb. 1927 Frankfurt/M.), höhere Schule, Emigr. USA, Buchhalterin; ∞ 1950 Leila King (geb. 1926 New York), jüd., höhere Schule, Kunstgewerblerin; *K:* Diane (geb. 1953); Elissa Eva (geb. 1957); *StA:* deutsch(?), 1944 USA. *Weg:* 1932 B, F, 1940 Port., 1941 USA.

1932 mit Familie nach Belgien, Frankr., 1940 Portugal, 1941 in die USA, Unterstützung durch HIAS u. Verwandte; 1944-46 US-MilDienst. 1949 B.A. City Coll. New York, 1952 M.A. Univ. of Southern Calif.; 1950-52 ltd. Mitarb. Ausschuß für Regionalplanung Los Angeles/Calif., 1952-55 ltd. Statistiker bei Ralph M. Parsons Co. in Fort Dietrich, Frederick/Md.; 1953-60 Stud. Am. Univ. Washington/D.C., 1955-56 Mathematiker u. Berater Entwicklungsabt. der Avco Manufacturing Corp. in Stratford/Conn., 1956-58 Statistiker Bureau of Ships beim Dept. of the Navy in Washington/D.C., 1958-63 Senior Analyst Inst. of Defense Analyses; ab 1963 bei der Waffenkontroll- u. Abrüstungsbehörde, zunächst 1963-68 stellv. Ltr. Project Cloud Gap, 1968-72 stellv. Ltr. Field Operations Div., 1972-74 stellv. Ltr., ab 1974 Ltr. Operations Analysis Div.; Mitgl., 1957 VorstMitgl. *Am. Statistical Assn.*, Mitgl. *Biometrics Soc., Inst. of Math. Statistics, Internat. Assn. of Statisticians in the Physical Sciences,* 1977 Mitgl. ArbAusschuß *Military Operations Research Soc.* Lebte 1976 in Washington/D.C. - *Ausz.:* 1968 Meritorious Honor Award der US Arms Control and Disarmament Agency.

W: Tables for the Determination of Two-Sided Tolerance Limits for the Normal Distribution. 1957; Sequential Life Testing for the Exponential Distribution. In: Industrial Quality Control. 1959. *Qu:* Fb. Hand. - RFJI.

Liebermann, Kurt, Parteifunktionär. *Weg:* 1933 CSR, 1934 NL, Deutschland.

Mit → Walter Fabian Gr. SAPD Ostsa., als Vertr. Mitteldeutschlands im Reichsausschuß des SJVD; Mitgl. der Programmkommission vor u. nach dem 1. SAPD-PT. Nach der natsoz. Machtübernahme Ltr. illeg. SAPD-Bez. Sachsen-Ost. Emigr. in die CSR; Febr. 1934 u. a. mit → Willy Brandt u. → Franz Bobzien Teiln. einer Konferenz linkssozialist. u. trotzkist. Gruppen in Laaren/Niederlande zur Grdg. eines *Internationalen Büros revolutionärer Jugendorganisationen,* von dem mit Natsoz. sympathisierenden Bürgerm. mit Franz Bobzien u. a. verhaftet u. nach Deutschland ausgeliefert, Urteil 6 J. Zuchthaus.

L: Drechsler, SAPD. *Qu:* Arch. Publ. - IfZ.

Liebermann, Norbert, Versicherungsdirektor; geb. 28. Nov. 1881, gest. 7. Jan. 1959 Wien; *StA:* österr. *Weg:* 1939 (?) Kuba; 1940 (?) USA; 1947 Österr.

1898 Mitgl. SDAP, Zeitungsausträger, ab 1901 Fremdsprachenkorr. in Versicherungsges. Atlas. Aktiv in gewerkschaftl. Org. der Versicherungsangest., 1910 Mitgr. *Verein der Versicherungsangestellten Österreichs.* Zuletzt Prokurist Versicherungsges. Atlas. 1922 von → Hugo Breitner zur Reorg. u. Sanierung der in den Besitz der Gde. Wien übergegangenen Kaiser-Franz-Joseph-Lebens- und Rentenversicherungsanstalt berufen, Umwandlung in Gemeinde Wien-Städtische Versicherungsanstalt, bis 1934 GenDir.; 1934 nach den Februarkämpfen kurzfristig verhaftet, Zwangspensionierung. Konnte anschl. die Bibliothek von → Otto Bauer vor dem Zugriff des ständestaatl. Regimes retten. 1938 nach dem Anschluß Österr. Verhaftung, KL Buchenwald u. Dachau (?). Vermutl. 1939 Emigr. Kuba, von dort in die USA. 1947 auf Veranlassung des Wiener Bürgerm. Theodor Körner Rückkehr nach Wien, GenDir. Wiener Städtische Wechselseitige Versicherungsanstalt, Mitgl. SPÖ, *Gewerkschaft der Privatangestellten* u. *Die österreichischen Kinderfreunde.*

L: Schärf, Paul, Der 12. März 1938 in der Städtischen. In: Der Sozialist im Ringturm, Sondernr. März 1938. *Qu:* Arch. Publ. Z. - IfZ.

Liebesny, Herbert Joseph, Dr. jur., Rechtsexperte, Beamter; geb. 6. März 1911; ∞ 1946 Geneva Steiner-Heinbach; *K:* 1; *StA:* 1944 USA. *Weg:* 1938 (?) USA.

1930-31 Stud. Rechtswiss. München, 1935 Prom. Wien, 1935-37 RA-Konzipient in Wien, 1937-38 wiss. Assist. Univ. Wien. 1938 (?) Emigr. USA, 1939 Fellow Columbia Univ., 1939-42 wiss. Assist., 1942-43 Doz. Univ. Pa.; 1943-46 beim OSS. 1946-48 stellv. Dir. Forschungsabt. *Found. for Foreign Affairs,* 1948-50 Rechtsberater für den Nahen Osten bei der Am. Independent Oil Co.; 1950-60 Intelligence Analyst im US-Außenmin., 1961-65 Ltr. Sektion Mittlerer Osten u. Südasien; 1965-72 stellv. Dir. Forschungsabt. des Büros für den Nahen Osten u. Südasien, erteilt seit 1973 Ltr. von Ausbildungsprogrammen für RA aus Afghanistan im US-Außenmin.; Mitgl. *Am. Soc. Internat. Law, Internat. Law Assn., Middle East Inst., Am. Comparative Law Assn.* Lebte 1974 in Arlington/Va. - *Ausz.:* 1964 u. 1967 Merit u. Honor Awards des US-Außenministeriums.

W: Zenon Papyri. (Hg.) 1934-40; The Government of French North Africa. 1943; Law in the Middle East. (Hg.) 1955; Stability and Change in Islamic Law. In: Middle East Journal. 1967; Law of the Near and Middle East. Readings, Cases and Materials. 1967. *Qu:* Arch. Hand. - RFJI.

Liebknecht, Otto Wilhelm **Kurt,** Architekt, Parteifunktionär; geb. 26. März 1905 Frankfurt/M.; Diss.; *V:* Dr. phil., Dr. Ing. h.c. Otto Eduard L. (1876-1949), Diss., Chemiker, 1948 Prof. für anorgan. Chemie Univ. Berlin, zahlr. Fachpubl., Bruder Karl Liebknechts; *M:* Ernestine, geb. Friedland, jüd.; *StA:* deutsch. *Weg:* 1932 (?) UdSSR; 1948 (?) Deutschland (Berlin).

1925-29 Stud. Architektur TH Berlin, 1929 Dipl.-Ing.; 1931 SAPD, auf 1. PT 1932 Mitgl. der Programmkommission. Vermutl. 1932 in die UdSSR, Architekt in Projektierungsbüros u. Doz. Akad. für Architektur. 1948 (1949 ?) Rückkehr, SED, 1949-51 Ltr. Abt. Städteplanung im Min. für Aufbau, 1951-61 Präs. Deutsche Bauakademie, 1954-63 Mitgl. ZK der SED, 1961-63 Ltr. Institut für Theorie und Geschichte bei der Deutschen Bauakademie, ab 1964 Dir. Institut für Technologie der Gesundheitsbauten Berlin (Ost); LtgsMitgl. *Bund Deutscher Architekten.* Lebte 1974 in Berlin (Ost). - *Ausz.:* u.a. 1958 Med. für Kämpfer gegen den Faschismus 1933-1945, 1970 VVO (Silber); Prof.-Titel.

Qu: Hand. Publ. Z. - IfZ.

Liebknecht, Theodor, Parteipolitiker; geb. 19. Apr. 1870 Leipzig, gest. 6. Jan. 1948 Basel; *V:* Wilhelm L. (1826-1900), sozdem. Politiker, Teiln. Revolution 1848/49, Flucht in die Schweiz, 1850 nach GB, beeinflußt durch Karl Marx, 1862 Amnestie u. Rückkehr nach Deutschland, neben August Bebel 1867 der erste SPD-Reichstagsabg., ltd. Red. des *Vorwärts; G:* Karl (1871-1919), RA, Politiker; 1908 SPD-Mitgl. des Preuß. AbgHauses, stimmte 1914 gegen die Kriegskredite u. wurde aus der SPD ausgeschlossen, mit Rosa Luxemburg Gr. *Spartakusbund,* Nov. 1918 in Berlin Proklamation der „freien sozialistischen Republik", Mitgr. KPD, Jan. 1919 Aufstandsversuch gegen die mehrheitssozialist. Volksbeauftragten, 15. Jan. 1919 mit Rosa Luxemburg von Freikorpsoffz. ermordet; Otto Eduard (→ Otto Wilhelm Kurt Liebknecht); *StA:* deutsch. *Weg:* NL.

Stud. Rechtswiss. Univ. Leipzig, Freiburg/Br. u. Berlin; RA. Mitgl. USPD, 1921 MdL Preußen, auf PT 20.-23. Sept. 1922 in Gera Ablehnung der Vereinigung mit SPD, bis 1931 Führer u. Mitgl. des PV der Rest-USPD mit radikal klassenkämpferischem Programm u. Orientierung auf *Internationale Arbeitsgemeinschaft sozialistischer Parteien* (sog. Internationale 2 1/2, → Friedrich Adler); 1924 Abspaltung der Gruppe *Sozialistischer Bund* → Georg Ledebours; Nov. 1931 Fusion der USPD mit SAPD, in der L. zum rechten Flügel gehörte, der sich gegen eine Disziplinierung nach kommunist. Prinzipien wandte. Nach der Emigr. 1936-39 Mitarb. bei Errichtung u. Ausbau des Internationaal Instituut voor Sociale Geschiedenis Amsterdam.

L: Drechsler, SAPD. *D:* IISG. *Qu:* Arch. Hand. Publ.Z. - IfZ.

Liebmann, Carlos G. (urspr. Karl Wilhelm), Buchhändler, Verleger; geb. 21. März 1900 Berlin; ev., 1941 jüd.; *V:* Dr. jur. h.c., Dr. rer. pol. h.c. Otto L. (geb. 1865 Mainz, gest. 1942 Berlin), jüd., Gr. Liebmann-Verlag, 1896-1933 Hg. *Deutsche Juristen-Zeitung; M:* Lilly, geb. Herxheimer (geb. 1876 Frankfurt, gest. 1938 Berlin), jüd.; *G:* Margarete (geb. 1898 Berlin, umgek. KL Auschwitz), Sozialfürsorgerin; Irma (geb. 1902 Berlin, umgek. KL Auschwitz), Musiklehrerin; ∞ 1929 Hilde Mayer (geb. 1902 Mainz), jüd., 1939 Emigr. EC, Krankenschwester; *K:* Wolfgang (geb. 1930 Berlin), 1939 Emigr. EC, Stud., später USA, Restaurant-Manager in Denver/Col.; *StA:* deutsch, 1948 EC. *Weg:* 1939 F, EC.

1918 Einjährig-Freiw. (Kriegsverdienstkreuz). Anschl. Stud. Rechtswiss. Berlin. Schriftltr. im Unternehmen des Vaters, Beiträge in *Deutsche Juristen-Zeitung* Berlin u. im *Börsenblatt des deutschen Buchhandels.* Mitgl. *Akademischer Juristischer Verein, Verein Nichtarischer Christen, Fontane-Abend-Komitee, Platen-Gesellschaft* u. dt. Sektion der *Internationalen Gesellschaft für neue Musik.* 1933 Zwangsverkauf des Verlags; 1936-38 (?) Teilh. einer Blusenfabrik. 1939 zeitw. KL Sachsenhausen. Aug. 1939 Emigr. Frankr. mit Familie, beschränkte Aufenthaltsgenehmigung, Unterstützung durch Familie der Ehefrau in Paris. Okt. 1939 nach Ecuador, Vertr. für *Aufbau* New York, Drucker. 1942 Gr. u. seitdem Inh. der staats- u. rechtswiss. Buchhandelsfirmen u. Verlage S. U. Liberia Cia. Ltda. u. Casa Editora Liebmann, Schriftltr. der dt.-span. Ztg. *Informaciones Revista Israelita* Quito. Dir. KKL Ecuador, VorstMitgl. u. Sekr. ORT, Kassenführer Begräbnisgemeinschaft *Chesed Weemes,* VorstMitgl. u. Vizepräs. *Asociación de Beneficencia Israelita* Quito, Präs. *B'nai B'rith* Quito, VorstMitgl. südam. Bez. u. Vertr. für Ecuador im internat. Rat des *B'nai B'rith;* Org. von Buch- u. Gemäldeausstellungen, VorstMitgl. *Buchhändler-Vereinigung.* Lebte 1978 in Quito. - *Ausz.:* Goldmed. des *Maccabi* Quito, Ehrenmed. des *B'nai B'rith* Südamerika.

L: Fraenkel, Josef, Jewish Press of the World. 1972. *Qu:* Fb. Hand. Publ. Z. - RFJI.

Lietz, Carl, Fabrikant; geb. 27. Febr. 1899 Danzig; *StA:* deutsch, 1919 Freie Stadt Danzig. *Weg:* 1935 PL; 1937 GB.

Konservenfabrikant; 1925 *Sozialdemokratische Partei Danzigs,* VorstMitgl. *Arbeiterschutzbund,* Mitgl. Pressekomitee *Danziger Volksstimme,* zeitw. Ltr. ihres illeg. Vertriebs. 9 Mon. Haft, Febr. 1935 Emigr. nach Polen, März 1937 nach GB, Juni-Okt. 1940 Internierung, dann Pionierkorps; Mitgl. SPD London u. *Landesgruppe deutscher Gewerkschafter.* Aktiv im *Danzig Movement,* 1943-44 Red. des Informationsblatts *The Danzig Movement.*

Qu: Arch. - IfZ.

Ligendza, Roman, Partei- u. Gewerkschaftsfunktionär; geb. 4. Aug. 1891 Hindenburg/Oberschlesien, gest. 1945; o.K.; *V:* Valentin L.; *M:* Anastasia, geb. Bork; *StA:* deutsch. *Weg:* 1933 PL, Deutschland.

Bergmann, Kriegsteiln., bis 1919 franz. Gefangenschaft. 1920 KPD, ab 1926 Mitgl. BezLtg. Oberschles., GewFunktionär u. 1927-33 StadtVO. Hindenburg, ab 1929 ltd. Funktionen in RGO, ab Apr. 1932 MdL Preußen. März 1933 Emigr. nach Polen, Ende 1933 im Parteiauftrag Rückkehr, ab Anfang 1934 illeg. Tätigkeit in Berlin, später Beauftragter für Wiederaufbau der RGO im Ruhrgebiet, Mittel- u. Niederrhein; Frühj. 1934 Verhaftung in Düsseldorf, Aug. 1935 VGH-Urteil 2 J. u. 8 Mon. Zuchth., bis Sommer 1940 KL-Haft, danach Bergmann; 1945 angebl. ermordet.

L: Winzer, Otto, Zwölf Jahre Kampf gegen Faschismus und Krieg. 1955; Friederici, H.J., Zur Entwicklung der neuen Strategie und Taktik der KPD und ihrer führenden Rolle im antifaschistischen Widerstandskampf. Phil. Habil. masch. Leipzig 1965; Bludau, Gestapo. *Qu:* Arch. Hand. Publ. - IfZ.

Likwornik, Pinkas, Dr. jur., Versicherungsbeamter; geb. 15. Juni 1888 Radautz/Bukowina, gest. 9. März 1943 KL Maidanek; jüd.; *V:* Wolf L. (gest. 1923), jüd.; *M:* Pessi, geb. Schapira (gest. 1935), jüd.; *G:* Max (1894-1974), Kaufm. in Mulhouse/Elsaß; Coca Schaffer (gest. 1973); Fanny (gest. 1978), Pharmazeutin; Mitzi (gest. 1922); ∞ 1915 Gisela Sokal (1891-72), jüd.; *K:* Ellen Ruth Pawlowitz (geb. 1919), 1938 Emigr. F, 1947 Österr.; Wolfgang Raphael Lee (urspr. Likwornik) (1924-1974), 1938 Emigr. F, 1939 GB, Mitgl. *Free Austrian Movement,* 1943-48 Soldat in brit. Armee, anschl. Setzer u. Lektor bei Ztg. in Manchester; *StA:* österr. *Weg:* 1938 F, 1943 Deutschland.

1906-11 Stud. Rechtswiss. Univ. Czernowitz u. Wien, Mitgl. *Freie Vereinigung sozialistischer Studenten,* 1911 Prom. Anschl. Versicherungsbeamter u. kaufm. Angest. in Wien, Mitgl. SDAP u. *Republikanischer Schutzbund.* 1927-34 GenSekr. Gemeinde Wien-Städtische Versicherungsanstalt (→ Norbert Liebermann). 1934 nach den Februarkämpfen Entlassung, Mitgl. RSÖ, bis 1938 illeg. Arbeit. 1938 Emigr. Frankr.; Mai 1940 Verhaftung, bis Aug. 1942 Internierung u. Lagerhaft u.a. in Gurs u. Rivesaltes, Aug. 1942-März 1943 Lager Drancy, Vernichtungstransport ins KL Majdanek.

L: Schärf, Paul, Der 12. März in der Städtischen. In: Der Sozialist im Ringturm, Sondernr. März 1978. *Qu:* Fb. Pers. Publ. - IfZ.

Lilienfeld, Iwan, Dr. jur., Journalist; geb. 3. Juni 1910 Rybnik/Schlesien; *V:* Ludwig L. (geb. Lippstadt/Westf., umgek. 1943 im Holokaust), jüd., Kaufm.; *M:* Ida, geb. Pick (geb. Rybnik, gest. 1919), jüd.; ∞ 1934 Dr. jur. Edith-Johanna Fliess (geb. 1907 Berlin), Prom. Freiburg; *StA:* deutsch, Pal./IL. *Weg:* 1933 I, NL, 1935 Pal.

Stud. Freiburg, München, Berlin, Prom. Freiburg, dann Referendar in Berlin; 1924-29 Mitgl. *Kameraden.* 1933 Emigr. Italien, Niederlande, 1933-35 Lehre als Autoschlosser, gleichz. Griechisch- u. Lateinlehrer. 1935 nach Palästina mit A I-Zertifikat, 1935-37 kaufm. Angest. u. Übers., 1937 Korrektor, 1938-73 Red. der Ztg. *Jediot Chadaschot,* ab 1974 RedMitgl. *Mitteilungsblatt* des I.O.M.E., Mitgl. *Israelischer Journalistenverband, Internationales Presseinstitut* London. Lebte 1977 in Ramat Hen/Israel.

Qu: Fb. Hand. - RFJI.

Lindau, Rudolf, Parteifunktionär, Historiker; geb. 28. März 1888 Riddagshausen b. Braunschweig, gest. 18. Okt. 1977; Diss.; *V:* Hermann Wilhelm Otto L., Sattler; *M:* Henriette Dorothee Sidonie, geb. Rindermann; ∞ Eva Sindermann; nach 1933 Mitarb. Kaderabt. der *Komintern. K:* Rudolf (1912-34), 1927 KJVD, 1932 KPD, 1933 Verhaftung, wegen angebl. Ermordung von SA-Männern hinger. *StA:* deutsch, 23. Aug. 1938 Ausbürg., deutsch. *Weg:* 1934 UdSSR; 1945 Deutschland (Berlin).

Arbeiter; 1904 GewMitgl., 1906 SPD, ab 1911 hauptamtl. Berichterstatter *Hamburger Echo,* im 1. WK Anschluß an *Bremer Linksradikale,* Jan. 1916 deren Vertr. auf 1. Reichskonf. der *Spartakusgruppe,* 1916-18 Soldat, nach Revolution 1918 Red. *Kommunistische Arbeiter-Zeitung* Hamburg, KPD-Mitgl. ab Grdg., 1920 Sekr. BezLtg. Wasserkante, 1921-23 MdHB, als Anhänger der Linken auf VIII. PT Jan. 1923 Wahl ins ZK, Mitarb. AgitPropAbt. des ZK u. Hg. *Kommunistische Parteikorrespondenz;* später zur Mittelgruppe u. bis Mai 1924 PolLtr. Bez. Nordwest. Mai 1924 als ZK-Mitgl. verhaftet, bis Ende 1925 Untersuchungshaft, Mai-Dez. 1924 nominell MdR; März 1926-Febr. 1927 PolLtr. Bez. Wasserkante, 1927-28 MdHB u. Chefred. *Bergische Arbeiterstimme* Remscheid, 1928-30 Chefred. *Der Kämpfer* Chemnitz, ab 1930 Chefred. *Sächsische Arbeiterzeitung* Leipzig, anschl. histor. Studien. 1933 Ltr. illeg. KPD Bez. Ostsa. (Dresden), 1934 auf Parteibeschluß Emigr. UdSSR, Doz. für Gesellschaftswiss. (Gesch. der ArbBewegung), wiss. Tätigkeit; ab Mai 1942 Doz. an erster Antifa-Schule für dt. Kriegsgef. Lager Oranki, später Zentralschule Krasnogorsk; Febr. 1944 Mitgl. ArbKommission des PolBüros des ZK, Frühj. 1945 Vorträge über dt. ArbBewegung vor KPD-Spitzenfunktionären. Deckn. Paul Grätz. 1945 Rückkehr nach Berlin, Mitarb. ZK der KPD, 1946-50 Dir. SED-Parteihochschule Karl Marx, ab 1950 wiss. Mitarb. Institut für Marxismus-Leninismus. Geriet mit seiner These vom sozialist. Charakter der Novemberrevolution in Gegensatz zur offiz. SED-Auffassung. *Ausz.:* 1955 VVO (Silber), 1958 Karl-Marx-Orden, Franz-Mehring-Ehrennadel, 1963 VVO (Gold), 1968 Ehrenspange zum VVO (Gold), Banner der Arbeit; Dr. h.c., ProfTitel; ZK-Nachruf.

W: Geschichte der Hamburger Arbeiterbewegung. Probleme der Geschichte der deutschen Arbeiterbewegung. Berlin 1947; Revolutionäre Kämpfe 1918/19. Berlin 1960; Mithg. Sozialistische Briefe. *L:* Leonhard, Revolution; Strassner, Peter, Verräter. 1960; Schreier, Israel, Zum Kampf der KPD gegen den faschistischen deutschen Imperialismus im Bezirk Dresden (Ostsachsen) 1944-45. Diss. phil. masch. Meissen 1965; Kraushaar, Deutsche Widerstandskämpfer; Meyer, Gertrud, Nacht über Hamburg. 1971; Weber, Wandlung; Duhnke, KPD. *Qu:* Hand. Publ. Z. - IfZ.

Linde (urspr. Cohn Linde), **Hans Arthur,** Rechtsanwalt, Hochschullehrer; geb. 15. Apr. 1924 Berlin; *V:* Dr. jur. Bruno Cohn Linde (geb. 1893 Linde/Westpreußen), jüd., Prom. Greifswald, RA u. Notar Berlin, 1933-35 Geschäftsreisen nach DK, 1935 Emigr. DK, 1938 USA, Vertr., Immobilienmakler, RA; *M:* Luise, geb. Rosenhain (geb. 1892 Bromberg, gest. 1954 Portland/Ore.), Stud. Berlin, Greifswald, Apr. 1933 Emigr. DK mit Söhnen, 1939 USA; *G:* Peter Franz (geb. 1926), 1933 Emigr. DK, 1939 USA, Ph.D., Prof. für Chemie am San Francisco State Coll./Calif.; ∞ 1945 Helen Tucker (geb. Okt. 1923 Wenatchee/Wash.), B.A. Univ. of Calif. Berkeley, Bewährungshelferin für Jugendliche, 1951-54 Sekr. des Obersten Bundesrichters William O. Douglas, Assist. in RA-Kanzlei u. Gesetzgeb. Versammlung von Ore.; *K:* Lisa (geb. 1955); David T. (geb. 1960); *StA:* deutsch, 1943 USA. *Weg:* 1933 DK, 1939 USA.

Apr. 1933 Emigr. Dänemark, Nov. 1939 in die USA. Abendstud. Rechtswiss. Northwestern Coll. of Law in Portland/Ore., 1943-46 US-MilDienst. 1947 B.A. Reed Coll. Portland; 1950 J.D. Univ. of Calif. Berkeley. 1949-50 Red. *Calif. Law Review;* 1950-51 Mitarb. des Obersten Bundesrichters William O. Douglas, 1951 RA-Zulassung in Ore., 1951-53 Rechtsberater im US-Außenmin., US-Deleg. auf der UN-Vollversammlung, 1953-54 RA-Praxis, 1955-58 Assist. des Senators von Ore. Richard L. Neuberger. 1959-64 Assoc. Prof., ab 1965 Prof. Univ. Ore., 1964-65 Gastprof. Univ. of Calif. Berkeley, 1972 Gast-Prof. Stanford Univ./Calif., 1973 Gast-Prof. Univ. of Calif. Los Angeles, 1967-68 Fulbright-Doz. Univ. Freiburg, 1975-76 Univ. Hamburg, 1962-75 Schiedsrichter bei arbeitsrechtl. Verfahren, 1960-71 Berater bei US-Waffenkontrollbehörde, 1973 in Abt. für verwaltungsrechtl. Fragen in Washington/D.C.; 1975-76 US-Konf. über legislative Kontrolle der VerwBehörden, Rechtsberater u. amicus curiae in wichtigen Zivilprozessen in Ore.; ab 1976 Richter am obersten Gerichtshof des Staates Ore.; Rechtsberater der *Democratic Party.* Mitgl. u. zeitw. im Forschungsausschuß *Am. Soc. of Internat. Law,* Mitgl. u. 1970-76 Mitgl. Ausschuß für akad. Freiheit u. Angest. *Am. Assn. of Univ. Prof.* Lebte 1977 in Eugene/Ore.

W: Legislative and Administrative Processes. (Mitverf.) 1976; Art. über Verfassungsrecht u. andere Rechtsfragen in Fachzs. *Qu:* Fb. Hand. - RFJI.

Lindenfeld, Dina, Parteifunktionärin; *StA:* österr. *Weg:* 1938 (?) GB; 1946 (?) Österr.

Kindergärtnerin an Montefiore-Schule in Wien, pol. aktiv in zionist. Bewegung. Vermutl. 1938 Emigr. London. Im Exil Mitgl. KPÖ, Mitarb. *Austrian Centre,* Ltr. Englisches Sekretariat des *Austrian Centre,* das sich um Verbindungen zu brit. Stellen u. um Unterstützung von Privatpersonen in GB bemühte. Während des Krieges Ltr. *War Effort Committee,* das die Arbeit von Österr. in der brit. Kriegsindustrie zu organisieren versuchte. Nach Kriegsende Rückkehr nach Wien, Mitgl. KPÖ. Mitgl. *Bund Demokratischer Frauen,* lange Jahre Funktionärin u. Mitarb. AgitProp-Abt. der Wiener Stadtltg. der KPÖ. Lebte 1978 in Wien.

Qu: Arch. Pers. - IfZ.

Lindenstrauss, Micha, Richter; geb. 28. Juni 1937 Berlin; jüd.; *V:* → Walter Aharon Lindenstrauss; ∞ 1965 Sima Karsenti (geb. 1945 Safed/Pal.), jüd.; *K:* Dahliya (geb. 1966); Elona (geb. 1967); Sharon (geb. 1971); *StA:* deutsch, 1939 Pal./IL. *Weg:* 1939 Pal.

1939 Emigr. Palästina mit Eltern. 1957-62 Stud. Rechtswiss. Hebr. Univ. Jerusalem, 1962 M. J.; 1967-70 Rechtsberater der IDF in Nablus, 1970-71 Assist. von Min. Shimon Peres, verantwortl. für die unter isr. Verw. stehenden Gebiete, 1971-72 MilRichter, ab 1972 Richter am Schiedsgericht Haifa. Sprecher für den ArbRat Jerusalem, zeitw. Präs. *Histadrut*-Jugendparlament, zeitw. GenSekr. Treuhandges. für die Eingliederung arab. Flüchtlinge. Lebte 1977 in Haifa.

W: Scheloschah Zeirim beAfor Yerushalayim (Drei Jugendliche im Staub Jerusalems). 1964; Mischpat schebeLev (Das Recht des Herzens) (Drei Kurzgeschichten). 1970. *Qu:* Fb. Hand. Pers. - RFJI.

Lindenstrauss, Walter Aharon, Dr. jur., Rechtsanwalt, Bankier; geb. 12. März 1904 Berlin, gest. 10. Febr. 1977 Haifa; jüd.; *V:* Jacob L. (geb. 1879 Mewe/Westpreußen); *M:* Jeanette, geb. Rosenstein (geb. 1883 Guttstadt/Ostpreußen); *G:* Bruno (geb. 1908 Berlin, gest. 1968 IL (?)), 1933 Assessorexamen Berlin, Emigr. Pal., 1934-68 bei Anglo-Pal. Bank/Bank Leumi leIsrael, später stellv. Geschäftsf.; 4 weitere B, 1 S (geb. Berlin), alle Emigr. Pal.; ∞ 1932 Margarete Liebenau (geb. 1906), jüd., techn. Assist. UnivKlinik Berlin, 1939 Emigr. Pal.; *K:* → Micha Lindenstrauss; *StA:* deutsch, Pal./IL. *Weg:* 1939 Pal.

1931 Prom. Berlin, 1932-33 RA in Berlin, gleichz. ltd. Position in Berliner Zweigstelle der *Jew. Agency,* Berater *Verband der Ostjuden,* tätig in jüd. Gde. Berlin, 1933-39 Ltr. Alijah-Abt. im *Palästina-Amt* der ZVfD Berlin, führte Verhandlungen mit NatSoz. (u.a. Adolf Eichmann) über die Emigr. dt. u. österr. Juden nach Palästina. Mitgl. *Bar Kochba, K.J.V.;* 1939 Emigr. Palästina mit A I-Zertifikat, ltd. Mitgl. H.O.G. u. I.O.M.E. Haifa, Geschäftsf. Bank leMelakha (Handwerkerbank), ab 1946 Dir., ab 1968 AR-Mitgl. Israel Industrial Bank Ltd. (Bank le Taasiyah), Dir. Industrial Bank Tel Aviv, gleichz. 1958-73 Berater des Stadtrats von Haifa, Vors. *Allgemeine Zionisten,* dann *Liberale Partei,* später *Gahal-Partei* in Haifa, VorstMitgl. *Liberale Partei,* 1961 Ehrenmitgl. *Isr. Manufacturers Assn.;* 1961 Zeuge im Eichmann-Prozeß. Kuratoriumsmitgl. Univ. Haifa, Mitgl. VerwRat des Stadttheaters Haifa, Vors. Altersheim Bet Dinah in Haifa. - *Ausz.:* Ehrenbürger der Stadt Haifa.

Qu: Fb. Hand. Pers. - RFJI.

Linder, Anton Rudolf, Politiker, Partei- u. Verbandsfunktionär; geb. 23. Okt. 1880 Turnu(Thurn)-Severin/Kleine Walachei, gest. 23. Sept. 1958 Feldkirch/Vorarlberg; kath.; *V:* Anton Rudolf L. (geb. 1843, gest.), Kirchenmaler; *M:* Maria, geb. Valenta (geb. 1885 ?); ∞ Maria Rosa Cadalbert (1873-1945), *StA:* CH; *K:* Olga Hollenstein (geb. 1911), Schneidermeisterin, A: Dornbirn/Vorarlberg; Anton (geb. 1918, gef. 1945); *StA:* österr. *Weg:* 1934 CH; 1945 Österr.

Ab 1895 Tapeziererlehre in Wien, Mitgl. *Verein jugendlicher Arbeiter.* Nach Abschluß der Lehre Wanderschaft durch Italien, Griechenland, Deutschland u. die Schweiz. 1904-10 Arbeit in Feldkirch/Vorarlberg, Konstanz, Zürich, Bekanntschaft mit August Bebel, Hermann Greulich u. → Friedrich Adler. 1911 nach Innsbruck, Arb. im Büro der Arbeiterbäckerei, Mitgl. SDAP, Gew.- u. Genossenschaftsfunktionär. Ende 1913 Wahl zum Arbeitersekretär für Vorarlberg, der sowohl die Agenden der SDAP wie der freien Gewerkschaften zu verwalten hatte, Obmann Landesbildungsausschuß. 1914-18 Soldat im 1. WK, Nov. 1918 Rückkehr nach Vorarlberg; 1918-34 nach Trennung der Agenden von SDAP u. Gewerkschaften sowohl Landesparteisekr. der SDAP u. Mitgl. Reichsparteivertretung wie Obmann der Landesexekutive der *Freien Gewerkschaften Österreichs.* 1919-34 StadtVO. Dornbirn u. MdL Vorarlberg, 1921-34 MdBR. Trat aktiv für ZusSchluß u. Zentralisierung der Konsumgenossenschaften ein; bis 1934 Landesobmann *Sozialdemokratischer Erziehungs- und Schulverein Freie Schule - Kinderfreunde,* Red. u. Verwalter der sozdem. Ztg. *Vorarlberger Wacht.* 1934 während der Februarkämpfe kurzfristig verhaftet, Entlassung mit Angebot zum Wiedererscheinen der *Vorarlberger Wacht* unter Auflage antinatsoz. Tendenz. Noch im Febr. 1934 illeg. Einreise in die Schweiz, von dort nach Frankr. abgeschoben, Juni 1934 nach Kautionshinterlegung Aufent-

haltsbewilligung für Zürich u. Anerkennung als pol. Flüchtling. Mitgr. u. Hauptvertrauensmann *Landsmannschaft österreichischer Sozialisten in der Schweiz* u. Red. des Mitteilungsblatts *Der Sozialist,* Mitarb. sozdem. Ztg. *Volksrecht* sowie Zs. *Der Holzarbeiterverband.* Nach Anschluß Österr. Mitgl. *Schweizerisches Hilfskomitee für ehemalige Österreicher.* 1942 neben → Kurt Grimm u.a. Mitgl. eines österr. Komitees, das Verb. nach Österr. vor allem zu kath.-konservat. Widerstandsgruppen aufbaute. Herbst 1944 Mitgl. Verbindungsstelle Schweiz als Außenstelle österr. Widerstandsgruppen, die für Nachrichtenübermittlung zu alliierten Stellen sorgte. Ende 1944 u. Anfang 1945 Mitgl. eines österr. Komitees in der Schweiz in Zusammenhang mit *Provisorischem Österreichischem Nationalkomitee,* stellte noch vor Kriegsende die Verb. zwischen sozialist. Oppositionsgruppen in Österr. u. den österr. Sozialisten in GB unter → Oscar Pollak u. → Karl Czernetz her. 1945 Mitgr. *Landsmannschaft der österreichischen Sozialisten in der Schweiz,* Mitgr. u. Präs. *Verein der Österreicher in der Schweiz.* Herbst 1945 Rückkehr nach Feldkirch/Vorarlberg, Mitgl. SPÖ. Ltd. Sekr. der provis. gewerkschaftl. Landesexekutive, später Landessekr. Vorarlberg des ÖGB, beauftragt mit dem Wiederaufbau der Arbeiterkammer in Vorarlberg u. 1946-51 ihr Präs.; 1945-49 MdNR. Initiator der Jungbürgerfeiern in Österr. - *Ausz.:* u.a. Gr. Ehrenzeichen für Verdienste um die Rep. Österreich, Victor-Adler-Plakette der SPÖ.
L: Präsident Anton Linder 70 Jahre. Festschrift der Arbeiterkammer Feldkirch. 1950; Molden, Gewissen; Stadler, Opfer. *Qu:* Arch. Fb. Hand. Publ. Z. - IfZ.

Lindstaedt, Erich, Verbandsfunktionär; geb. 5. Nov. 1906 Berlin, gest. 29. Febr. 1952; *StA:* deutsch. *Weg:* 1933 CSR; 1939 S; 1946 Deutschland (BBZ).
Kaufm. Lehre, zeitw. Telefonist u. Filmvorführer. 1920 mit von ihm gegr. Jugendgruppe zur SAJ; später Ref. für Wanderwesen beim Hauptvorst. der Arbeiterjugendvereine Berlin, dann SAJ-Sekr. in Hamburg. 1933 Haft, Flucht vor erneuter Festnahme in die CSR. ZusArb. mit *Sopade,* Versuch des Aufbaus illeg. SAJ-Org. im Reich, Mitarb. *Sozialistischer Jugendverband,* später Jugendsekr. Karlsbad, Red. *Junges Volk,* Deckn. Erich Ernst. U.a. Deleg. Kongreß der *Sozialistischen Jugendinternationale* (SJI) Aug. 1935 in Kopenhagen, Apr. 1937 Teiln. SJI-Führeraussprache in den Niederlanden, Juli 1939 Deleg. SJI-Kongreß Lille. 1939 nach dt. Einmarsch Flucht nach Schweden, Arbeiter in Malmö. Mitgl. GewGruppe u. *Sopade* im Kreis um → Kurt Heinig, Mitarb. *Sozialistischer Jugendverband Schwedens.* 1946 Rückkehr, Ltr. des Sekr. der *Sozialistischen Jugend Deutschlands - Die Falken* (SJD) in Hannover. Ab Apr. 1947 Vors. *Die Falken,* ab Mai 1949 Red. *Junge Gemeinschaft.* Vertr. SJD bei *International Union of Socialist Youth* (IUSY), Mitgr. u. 2. Vors. *Deutscher Bundesjugendring,* zeitw. dt. Jugendvertr. bei UNESCO.
W: u.a. Mit Hordentopf und Rucksack. 1954; Mit uns zieht die neue Zeit. 1954. *L:* Osterroth, Biogr. Lexikon; Müssener, Exil. *D:* AsD, IISG. *Qu:* Arch. Hand. Publ. - IfZ.

Linstad (bis 1954 Lindenstadt), **Albert J.,** Dr. jur., Wirtschaftsexperte; geb. 10. März 1910 Berlin; jüd.; *V:* Harry Lindenstadt (geb. 1877 Berlin, gest. 1948 Sucre/Boliv.), jüd., Fabrikant, Emigr. Boliv.; *M:* Anna, geb. Lüth (geb. 1875 Zingst/Rügen, gest. 1957 Lima/Peru), ev., Emigr. Boliv.; *G:* Senta Silbermann (geb. 1914 Berlin), Emigr. Boliv.; ∞ 1936 Gerda Schneider (geb. 1910 Lyck/Ostpreußen), jüd., Stud. Berlin u. Königsberg, 1939 Emigr. Boliv., zeitw. Sekr., 1949 in die USA; *K:* Robert Manuel (geb. 1941), 1949 in die USA, M.A. (Internat. Marketing) Hofstra Univ. New York; *StA:* deutsch, 1954 USA. *Weg:* 1939 Boliv., 1949 USA.
1928-32 Stud. Rechtswiss. Berlin u. Freiburg, 1932 Referendar Berlin, 1933 Prom. Freiburg, 1933-38 kaufm. Angest., dann Exportltr. einer Fabrik, Umschulung als Filmvorführer. 1939 Emigr. Bolivien mit Einwanderervisum, bis 1941 Bez.-Vertr. *Immigrants' Aid Soc.* Bolivien, Gelegenheitsarb., 1939 Prof. für Germanistik u. Doz. für vergleichende Rechtswiss., 1941-44 Betriebsltr. u. Verw. bei landwirtschaftl. Siedlungsorg. Cocoico/Bolivien, 1945-46 Oberrechnungsprüfer u. Finanzsachverständiger bei Handels-, Bergbau- u. Agrarwirtschaftsfirma in La Paz, 1947-49 kaufm. Dir. bei internat. Zinn- u. Bergbaufirma in Oruro/Colquiri. 1949 in die USA, 1952 M.B.A. City Coll. of New York, 1949-62 Hauptrechnungsprüfer, anschl. Revisor u. Washington-Vertr. der isr. Einkaufsmission in New York. 1962-65 Dir. Office of East Coast Affairs der USAID, 1965-67 stellv. Dir. USAID-Abt. Argentinien, Paraguay u. Uruguay, 1967-71 Assist. Dir., anschl. amtierender Dir. Abt. San Salvador, 1972-75 Sachverständiger für internat. Handelspol. der Abt. für Exportentwicklungshilfe in Washington/D.C., 1975 Pensionierung. Mitgl. *Soc. for Internat. Development.* Lebte 1976 in Washington/D.C.
Qu: Fb. Hand. - RFJI.

Lion, Hildegard Gudilla, Dr. rer. pol., Sozialpädagogin; geb. 14. Mai 1893 Hamburg, gest. 8. Apr. 1970 Hindhead/Surrey, GB; jüd.; *V:* Eugen L.; *M:* geb. Wedeles; *G:* Bertrand; Max; Olga Sternberg, Emigr. GB; ∞ led.; *StA:* deutsch. *Weg:* 1933 GB.
Ab 1917 Ausbildung am Sozialpäd. Institut Hamburg, Examen als Sozialarb. u. Lehrerin, aktiv in der Frauenbewegung; Stud. Volkswirtschaft u. Pädagogik Freiburg, Hamburg, Berlin u. Köln, 1924 Prom.; ab 1925 Ltr. Jugendleiterinnenseminar des Vereins *Jugendheim* Berlin, 1929-33 Dir. Deutsche Akademie für soziale und pädagogische Frauenarbeit Berlin, Vors. *Vereinigung der Dozentinnen an sozialpädagogischen Lehranstalten.* Nach natsoz. Machtübernahme Entlassung, Emigr. GB, zunächst Forschungsstipendium, 1934 Gr. u. Ltr. Stoatley Rough School, Haslemere/Surrey, die vor allem Flüchtlingskinder aufnahm.
W: u.a. Für Gertrud Bäumer. 1923; Zur Soziologie der Frauenbewegung. 1926. *L:* Loeser, Herta/Loeser, Hans (Hg.), Since Then... Letters From Former Stoatley Roughians. 1971. *Qu:* EGL. Pers. - IfZ.

Lippmann, Kurt Edward, Buchprüfer, Verbandsfunktionär; geb. 14. Dez. 1920 Hamburg; jüd.; *V:* Franz Berthold L. (geb. 1886 Hamburg, gest. 1953 Melbourne), jüd., Präs. *B'nai B'rith* Hamburg, 1938 Emigr. AUS, Gr. *B'nai B'rith Victoria; M:* Olga, geb. Hahlo (geb. 1895 Hamburg, gest. Melbourne), jüd., 1938 Emigr. AUS; *G:* → Walter Max Lippmann; Elsbeth Leser (geb. 1923 Hamburg), höhere Schule, 1938 Emigr. AUS, Sekr.; ∞ I. 1947 Adeline van Engel (geb. 1919 Gelsenkirchen, 1969 Melbourne), Emigr. AUS; II. 1972 Marion Kroto (geb. 1927 Berlin), jüd., 1938 Emigr. GB, Stud. Nottingham Univ., 1949 Emigr. AUS, Fürsorgerin; *K:* Helen Olga Light (geb. 1948), Ph.D. (Altphilologie) Monash Univ. Melbourne; John Maxwell (geb. 1951), B.Sc. Monash Univ., MathLehrer; *StA:* deutsch, AUS. *Weg:* 1938 AUS.
1930-38 höhere Schule, Emigr. Australien mit Familie, 1939-41 Abendstud. Buchprüfung; 1942-46 austral. MilDienst. 1946 Diplom in Buchprüfung, ab 1946 Buchprüfer, 1948 Teilh. einer Buchprüfungsfirma. 1950-59 VorstMitgl. Temple Beth Isr. Melbourne, 1957-64 u. 1967-70 Vors. *B'nai B'rith Victoria,* zeitw. Präs. *B'nai B'rith Grand Lodge* Australien u. Neuseeland, 1959-68 Vors. ArbKreis für jüd. Körperbehinderte u. Greise, ab 1959 Dir. *Austral. Jew. Welfare Relief Soc.,* 1974-76 Präs. *Hillel Found.* Victoria, ab 1976 Präs. *Hillel Found.* Australien, ab 1966 Friedensrichter, Mitgl. *Australian Soc. Accountants.* Lebte 1977 in Melbourne.
Qu: Fb. Hand. - RFJI.

Lippmann, Max (Gad M.), Journalist, Politiker; geb. 16. Febr. 1906 Posen, gest. 26. Jan. 1966 Mainz; jüd.; ∞ Erna Sadger (geb. 1902 Wien), jüd., Verlagsangest., 1939 Emigr. aus der CSR nach GB, 1952 Deutschland (BRD); *StA:* deutsch. *Weg:* 1933 CSR; 1938 F; 1941 N-Afrika; F; GB; 1945 (?) Deutschland (FBZ).

Gymn., Journalist in Breslau, Mitarb. für Literatur u. Kunstgesch. Breslauer Rundfunk, Filmkritiker. Mitgl. SPD, Vors. DLM Schlesien. Aug. 1933 Flucht nach Prag, publizist. u. Rundfunktätigkeit in Verb. mit *Sopade*. Sept. 1938 mit falschem Paß nach Paris, bei Kriegsausbruch Internierung in Albi u. Le Vernet, 1941 Lager Oran, Orléansville u. Djelfa. 1943 Befreiung durch alliierte Truppen, 1944-45 Tätigkeit für OSS in Paris, über GB nach Deutschland. 1949 im Büro der MinPräs. der Westzonen in Wiesbaden, 1950-59 Vertr. der Filmwirtschaft bei der Filmselbstkontrolle Wiesbaden. 1954-58 SPD-MdL Hessen. Ab 1959 Dir. Deutsches Institut für Filmkunde Wiesbaden. VorstMitgl. *Fédération Internationale des Archives du Film*. Jurymitgl. Filmfestspiele San Sebastian 1959, Cannes 1960 u. Berlin 1961. Zeitw. VorstMitgl. *Gesellschaft für Christlich-Jüdische Zusammenarbeit* Wiesbaden.
W: Shakespeare im Film (Hg.). 1964. *Qu:* Arch. EGL. Hand. Pers. - IfZ.

Lippmann, Walter Max, Unternehmensleiter; geb. 19. Sept. 1919 Hamburg; jüd.; *G:* → Kurt Edward Lippmann; ∞ 1945 Lorna Matenson (geb. 1921 Melbourne), jüd., B. A., wiss. Mitarb. Cent. for Res. into Aboriginal Affairs, Monash Univ. Clayton/Victoria; *K:* Davina (geb. 1949), Lehrerin; Lenora (geb. 1953), B. A., wiss. Mitarb.; *StA:* deutsch, AUS. *Weg:* 1938 AUS.
Johanneum Hamburg, Mitgl. Tempeljugendgruppe. Sept. 1938 nach Australien, 1938-39 Büroangest., 1939-42 Ltr. der techn. Bibliothek u. 1943-46 Ltr. der Ersatzteilabt. der Werkzeugmaschinenfabrik McPherson's Pty. Ltd.; 1946-54 Teilh., ab 1954 Dir. von F. B. Lippmann & Son Pty. Ltd. Zugl. Dir. von Meteor Electric (Vic.). Pty. Ltd.; 1948-60 ehrenamtl. Sekr. *Exec. Council of Australian Jewry,* ab 1960 Präs. *Aust.-Jewish Welfare and Relief Soc.;* 1967-74 Mitgl. Australian Immigration Advisory Council, Canberra. Geschäftsf. Mitgl. u. 1970-72 Präs. des *Victorian Jewish Board of Deputies* u. Vors. des Ausschusses für Einwanderung und Sozialhilfe. Ab 1973 Präs. des *Victorian Council of Soc. Services*. Vizepräs., später Präs. der *Federation of Australian Jewish Welfare and Relief Societies;* Vizepräs. *Good Neighbour Council of Victoria;* Vors. Ausschuß für Gemeindebeziehungen des Min. für Arbeit u. Einwanderung, Mitgl. Nat. Comm. on Discrimination in Employment and Occupation. Ehrenamtl. Schatzmeister der *B'nai B'rith*-Loge Melbourne, zeitw. Vors. u. Schatzmeister des Komitees für Siedlungsfragen des *Australian Council of Soc. Service;* zeitw. Präs. *Melbourne Jewish Youth Council.* Mitgl. *Sociol. Assn. of Aust. and N. Zealand, Illuminating Eng. Soc. - Ausz.:* 1971 M.B.E.
W: Art. über Bevölkerungsstatistik, Siedlung, Integration von Einwanderern u. Probleme der Sozialhilfe, Beiträge in *Jewish Journal of Sociology* London. *Qu:* Fb. Hand. Pers. Publ. - RFJI.

Lipschutz, Gerdi, geb. Laemle, Politikerin; geb. 1923 Hagenbach/Bayern; ∞ 1952 Sam Lipschutz; *K:* 2 S; *StA:* deutsch, USA. *Weg:* 1937 USA.
1937 Emigr. USA, zahnärztl. Laborantin, Vors. *Hadassah* in Rockaway/N.Y., aktiv in jüd. u. gemeinnütz. Org.; Ltr. des 22. pol. Bez. der *Demokratischen Partei* Queens/N.Y., Mitgl. Demokr. Parteikomitee für den Staat New York, 1976-78 Mitgl. AbgKammer des Staates New York für den Bez. Queens, Nov. 1977 Senatskandidatin. Lebte 1977 in Queens/N.Y.
Qu: Z. - RFJI.

Lismann, Heinrich, Bankier; geb. 21. Sept. 1870 Frankfurt/M., gest. 26. Febr. 1950 Richmond/Va., USA; *V:* Gerson L., Bankier; *M:* Aurelie, geb. Neumann; *G:* Rudolf; ∞ Rosi Blankenstein; *K:* Gerhart, Lotte; *StA:* deutsch, USA (?). *Weg:* USA.
Schule in St. Petersburg u. Frankfurt, anschl. Ausbildung in Deutschland u. im Ausland. Ab 1897 Mitarb., 1900 zus. mit Bruder Übernahme des väterl. Bankgeschäfts, seitdem Bankhaus Gebr. Lismann. Während 1. WK Org. u. Ltr. der *Zentrale für Kriegsgefangenenfürsorge,* die dem Zentralnachweisbüro des Kriegsmin. angegliedert war; Org. großer Geldsammlungen für karitative Zwecke (u.a. U-Boot-Spenden für Kriegsgef., Ludendorff-Spende für Kriegsbeschädigte). Nach Kriegsende Fortführung der karitativen Tätigkeit, Org. u.a. von Kinderhilfe, Notgemeinschaft, Erwerbslosenhilfe, Mittelstandshilfe u. Zeppelin-Eckener-Spende in Frankfurt. AR-Vors. S.W. Brody AG, VorstMitgl. *Centrale für private Fürsorge, Rotes Kreuz* in Frankfurt u. Bürgerhospital; Ehrenvors. *Frankfurter Ruderverein von 1865,* 1. Vors. *Frankfurter Regattaverein* sowie *Bund süddeutscher Regattaverbände.* Nach natsoz. Machtübernahme Emigr. USA. Starb kurz vor geplanter Rückkehr. - *Ausz.:* u.a. Roter Adler-Orden IV. Kl., Rote-Kreuz-Med. III. u. II. Kl., OffzKreuz vom österr. Roten Kreuz, Bayer.,Württ., Mecklenburg., Lippisches u. Sa.-Weimarisches Kriegsverdienstkreuz, Hess. Ehrenzeichen für Kriegsverdienste; 1930 Ehrenplakette der Stadt Frankfurt.
L: RhDG. *Qu:* Arch. Hand. - IfZ.

Lissauer, Meno, Kaufmann; geb. 1880 Lübeck, gest. 27. Mai 1958 New York; jüd.; ∞ Meta Rothschild (gest. 1967 USA); *K:* Hanna Hirschfeld, Franz. *Weg:* 1937 NL, 1941 USA.
1903-37 Gr. u. Ltr. Fa. M. Lissauer & Co., einer der größten Erz- u. Metallhandelsfirmen Deutschlands, Dir. Rheinische Erz- u. Metallhandel GmbH Köln, Mitgl. IHK Köln. VorstMitgl. SynGde. u. Kuratorium der jüd. Schule Jawne in Köln. 1937 Emigr. Niederlande, 1941 in die USA. Gr. u. AR-Vors. Assoc. Metals & Minerals Corp. New York. Aktiv im UJA New York, 1957 Gr. Meno Lissauer Scholarship Endowment Fund der Brandeis Univ. Waltham/Mass.
L: Auerbach, S. M., Jews in the German Metal Trade. In: LBI Yearbook X, 1965; Reissner, H. G. (Hg.), Twenty Years American Federation of Jews from Central Europe, Inc., 1940-1960. 1961. *Qu:* EGL. HGR. Publ. Z. - RFJI.

Litten, Irmgard, geb. Wüst; geb. 30. Aug. 1879 Halle/S., gest. 30. Juni 1953 Berlin (Ost); *V:* UnivProf.; ∞ Dr. jur. Fritz Julius L., o.ö. Prof. Univ. Königsberg (1873-1939), jüd., ev., Emigr. GB; *K:* Dr. jur. Hans Achim L. (geb. 1903, umgek. 1938 KL Dachau), RA; Dr. jur. Heinz Wolfgang L. (geb. 1905, Freitod 1955), 1933 Emigr. CH, GB, Regisseur u. Intendant in der DDR; Rainer (1909-72), 1934 Emigr. F, CSR; 1935 CH; 1938 F; 1939 CH, Schausp., Regisseur, *StA:* deutsch. *Weg:* 1938 GB; Deutschland (SBZ).
Aus schwäb. Gelehrtenfam., kunsthistor. Studien. Führte ab 1933 einen auch im Ausland beachteten u. unterstützten Kampf um die Freilassung ihres Sohnes Hans L. (in der Weimarer Republik mit → Alfred Apfel, → Ludwig Barbasch, → Rudolf Olden einer der prominenten u. pol. Anwälte der Linken) aus KL-Haft. Nach angebl. Freitod von Hans L. im KL Dachau Emigr. nach GB, Unterstützung durch Quäker, Veröffentlichung ihres aufsehenerregenden Berichts über das Schicksal des Sohnes u. die Zustände in dt. KL. Mitgl. *Deutscher PEN-Club London,* Verb. zu → Kurt Hiller u. dessen *Gruppe Unabhängiger Deutscher Autoren.* Mitgl. des im Sommer 1943 gegr. *Initiativausschusses für die Einheit der deutschen Emigration* u. der FDB. Anfang 1944 Austritt aus FDB als Protest gegen Deutschlandpolitik der KPD. Nach Kriegsende Rückkehr, lebte als Rentnerin in Berlin-Niederschönhausen.
W: Die Hölle sieht dich an. Der Fall Litten (Vorwort Rudolf Olden). Paris (Editions Nouvelles Internationales) 1940 (engl.: A Mother Fights Hitler. London [Allen and Unwin] 1940; am.: Beyond Tears, New York [Alliance Book Co.] 1940, span.: Mexico [Minerva] 1941, Neuaufl. dt.: Rudolstadt 1947); Der Weg zu einem neuen Deutschland. 1943 (Mitarb.; engl.: Germany's Road to Democracy, London [Drummond] 1943); All the Germans - Are they Really Guilty? London (Gollancz) 1945. *L:* Röder, Großbritannien; Fürst, Max, Talisman Scheherazade. 1976. *Qu:* Arch. Hand. Publ. - IfZ.

Littmann, Arnold, Dr. phil., Pädagoge, Journalist; geb. 2. Apr. 1901 Berlin; *StA:* deutsch. *Weg:* 1944 S.

Stud. Pädagogik, UnivAssist., 1925 Prom.; ab 1913 *Wandervogel*-Bewegung, 1922/23 Mitgl. *Reichsstand,* dann Mitgl. *Deutsche Freischar,* Vertr. der bünd. Jugend im *Reichsausschuß der Deutschen Jugendverbände,* Red. der Sparte *Das Jugendbuch* in dessen Zs. *Das junge Deutschland;* 1926-36 Mithg. *Deutsche Jugend. Zeitschrift für das Jugendrotkreuz,* aktiv in der Arbeitslagerbewegung u. bei internat. Pfadfinderlagern. 1929 bis Entlassung 1933 Ltr. Deutsche Pädagogische Auslandsstelle für Lehrer- u. Schüleraustausch, Mitgl. *Bündische Gesellschaft Berlin* u. *Reichsgruppe bündischer Jugend in der Deutschen Staatspartei.* Kontakte zur illeg. SF unter → Otto Straßer, 1935 ein halbes Jahr in Schutzhaft; freier Journ. u. ZsRed. - 1944 Flucht vor Verhaftung nach Schweden, Kontakte zu Hans-Joachim Schoeps. 1951-68 im Beirat für den Deutschunterricht des schwed. Schulmin., Lektor Univ. Stockholm, Verf. von Lehr- u. Lesebüchern. - Lebte 1977 in Baden-Baden u. Berlin.

W: u.a. Herbert Norkus und die Hitlerjungen vom Beusselkietz (Vorw. von Baldur von Schirach). 1934. *L:* Kindt, Werner (Hg.), Die deutsche Jugendbewegung 1920 bis 1933. 1974. *Qu:* Publ. - IfZ.

Liveran (urspr. Liverhant), **Abraham Chaim Arthur,** Diplomat; geb. 3. Febr. 1919 Frankfurt/M.; *V:* Yeḥezkiel Liverhant; *M:* Esther, geb. Heilman. *Weg:* 1935 Pal.

1935 Emigr. Palästina, 1935-38 Stud. PH Jerusalem, 1940-42 Stud. Cambridge Univ., 1941 LL.B., 1942 LL.M. London Univ.; 1944-46 Mitgl. u. Geschäftsf. *Weltunion jüdischer Studenten,* Mitgl. Forschungs- u. Rechtsabt. des W.J.C. London, 1945-56 Mitgl. Komitee jüd. Abg. des W.J.C. aus GB u. IRL, 1946 Deleg. jüd. Org. auf Pariser Friedenskonf.; 1946-48 geschäftsf. Sekr. *Am. Jew. Congress.* 1948-51 1. Sekr. isr. Botschaft in Washington/D.C., 1949 isr. Deleg. zur Internat. Weizenkonf. u. FAO-Konf. I.C.A.O. in Washington/D.C., 1950 Deleg. Kongreß der Internat. Zivilluftfahrtsorg. in Montreal. 1951-53 stellv. Dir. Abt. für Internat. Org. im isr. Außenmin., 1952 Deleg. Mittelmeerschereikonf. auf Rhodos, 1952-58 Mitgl. Budget- u. VerwKomitee der UN, 1953-58 Mitgl. der ständigen isr. Deleg. bei den UN. 1955, 1956, 1957, 1960 Deleg. Konf. der Weltgesundheitsorg. (WHO). 1958-59 Botschaftsrat, 1959-60 Chargé d'Affaires isr. Botschaft in London. 1960 u. 1962-63 Dir. Abt. Brit. Commonwealth im isr. Außenmin., 1961 Dir. Abt. Internat. Org. als Gesandter mit Sondervollmachten. Mitgl. *Am. Acad. for Pol. Science, Gesellschaft für Internationales Recht.* Lebte 1976 in Jerusalem.

Qu: Hand. - RFJI.

Livneh, Eliahu K. (urspr. Liebstein, Karl), Dr. rer. pol., Dr. jur., Diplomat; geb. 17. Mai 1906 Ploitz/Böhmen, gest. 1963 Zürich; *V:* Maximilian Liebstein; *M:* Olga, geb. Levy; ∞ 1948 Shoshana Grosbard; *K:* Meil, Tamar, Ehud. *Weg:* 1939 Pal.

1928 Vertr. der *Arbeitsgemeinschaft sozialistischer Zionisten* bei 8. Zion. Landestagung. 1930 Dr. rer. pol. Wien, 1933 Dr. jur. Prag; tätig für *Makkabi* in Jablonec. 1939 Emigr. Palästina, 1939-45 Farmer; 1945-48 Ltr. des Büros der *Jew. Agency* in Berlin, 1948 Beamter beim isr. Einwanderungsamt in Berlin, 1949-53 isr. Konsul in München, 1953-58 im Außenmin. Jerusalem, 1959-60 Chargé d'Affaires in Oslo, 1960-63 Chargé d'Affaires der isr. Gesandtschaft in Prag.

L: Jews of Czechoslovakia. *Qu:* Hand. Publ. Z. - RFJI.

Livneh (urspr. Loewenthal), **Emmi,** geb. Strauss, Dr. rer. pol., Sozialarbeiterin; geb. 27. Mai 1902 Fulda, gest. 7. Nov. 1953 Jerusalem; *V:* Sally Strauss (geb. 1867 Vilbel/Hessen, gest. 1957 Jerusalem), kaufm. Angest., Emigr. Pal.; *M:* Minna, geb. Levi (geb. 1877 Bebra/Hessen, gest. 1940 Jerusalem). Emigr. Pal.; *G:* Trude Victor (geb. 1907 Frankfurt/M.), Gymnastiklehrerin, Emigr. USA; ∞ Dr. Ernst Livneh (urspr. Loewenthal) (geb. 1902 Frankfurt/M.), RA, 1934 Emigr. Pal., Rechtsberater im isr. Justizmin.; *K:* Micha, Emigr. Pal., B.Sc. Hebr. Univ., Mitgl. Kibb. Maayan Baruch; *StA:* deutsch, Pal./IL. *Weg:* 1934 Pal.

1921-25 Stud. Frankfurt u. Heidelberg, 1925 Prom., Mitgl. *Kameraden.* 1925-30 Ltr. Wohlfahrtsamt jüd. Gde. München u. Verband Bayrischer Israelitischer Gemeinden, 1933-34 Ltr. *Jüdische Beratungsstelle für Wirtschaftshilfe* Frankfurt, Ltr. der jüd. Umschulungsarb. u. Auswanderungshilfe in Frankfurt. 1934 Emigr. Palästina mit Unterstützung durch *Histadrut,* 1935-39 für *Histadrut* tätig, 1940 für Hilfsorg. *Sherut-Laam.* 1940-46 Sekr. *Committee on Welfare of Soldiers' Families* in Jerusalem, 1946-53 Ltr. Wohlfahrtsabt. im Büro für die Integration von Einwanderern der *Jew. Agency* in Jerusalem. Gr. u. Mitgl. *Vereinigung der Sozialarbeiter* Palästina.

W: Renners Kritik der Wertlehre Oppenheimers. (Diss.) 1925. *Qu:* Fb. Pers. - RFJI.

Lloyd, Frank (urspr. Leval, Franz Kurt), Kunsthändler; geb. 1911 Wien; *V:* (umgek. KL Auschwitz), Antiquitätenhändler in Wien, Emigr. F mit Ehefrau; *G:* 2 S, vor 1938 Emigr. F., später S; ∞ I. Herta, Emigr. F mit Ehemann, als Nichtjüdin mit Sohn Rückkehr nach Wien, gesch.; II. Susan; *K:* aus I. Gilbert (geb. 1940 Biarritz/F); Barbara, Ltr. Marlborough Graphics London; aus II. 2 K. *Weg:* 1938 F, 1940 GB.

1929 Examen Handelsakad. Wien, anschl. Angest. einer Wiener Kohlenfirma, Inh. u. Betriebsltr. eines europ. Tankstellenringes. 1938 Zwangsabtretung von Vermögen an NatSoz. gegen Pass u. Ausreisevisum, Rettung einiger Gemälde nach Paris. 1938 Emigr. Frankr., 1938-40 in Paris bei petrochem. Konzern, Flucht nach Biarritz, Internierung bei Bordeaux, Flucht nach GB; MilDienst brit. Armee. 1946 mit → Harry Fischer Inh. Galerie Marlborough Fine Art in London, Teilh. Marlborough Rare Books, Verkauf alter Meister u. impressionist. u. nachimpressionist. Kunst. Ab 1960 Filiale in Rom, Übernahme der Otto Gerson-Gallery in New York, Nov. 1963 Wiedereröffnung als Marlborough Gallery, Förderung abstrakter Expressionisten, u. a. Adolph Gottlieb, Lee Kramer, Jackson Pollock u. Mark Rothko. Filialen in Tokio, Zürich, Montreal, Toronto; Verlegung der Zentrale Marlborough AG nach Liechtenstein. Lebte u. a. auf Paradise Island/Bahamas.

L: Gordon, Leon, Getting to the Top of the Heap. In: New York Magazine, 20. Aug. 1973; Glueck, Grace, The Man the World Loves to Hate. In: New York Times Magazine, 15. Juni 1975. *Qu:* Z. - RFJI.

Loch, Hans, Dr. jur., Politiker; geb. 2. Nov. 1898 Köln, gest. 13. Juni 1960 Berlin (Ost); *V:* Johann Peter L., Schlosser; *M:* Margaretha, geb. Kraft. *Weg:* 1934 NL; 1936 Deutschland.

Abitur, 1916-18 Kriegsteiln., 1918-23 Stud. Rechtswiss. Bonn, Köln, 1923 Staatsexamen u. Prom., 1923-25 Referendar Koblenz u. Köln, 1926-33 Verb.- u. Steuersyndikus Berlin; 1919-24 DDP. 1933 aufgrund von ZusArb. mit jüd. Geschäftspartnern Verlust seiner Stellung, 1934 Emigr. nach Holland. 1936 Rückkehr, bis 1939 Privatunternehmer. Nach Kriegsende zeitw. Landarb. in der SBZ, Mitgr. LDPD Thür., 1946-48 OBürgerm. Gotha, 1947 Mitgr. *Gesellschaft für Deutsch-Sowjetische Freundschaft* (GDSF) u. später ZV-Mitgl., 1948-49 Justizmin. in Thür., 1949 Vors. Landesverb. der LDPD Thür., ab 1949 PräsMitgl. *Deutsches Komitee der Kämpfer für den Frieden;* 1949-50 MdProvis. VK, ab 1950 MdVK; 1949-55 Finanzmin. der DDR, 1950-55 stellv. MinPräs. u. ab 1955 stellv. MinRat; ab 1951 Vors. LDPD, ab 1954 PräsMitgl. NatRat der *Nationalen Front des Demokratischen Deutschland. - Ausz.:* u.a. 1954 VVO (Gold), 1957 Ernst-Moritz-Arndt-Med., Wilhelm-Külz-Ehrennadel, 1958 Professor-Joliot-Curie-Friedensmed., Ehrenzeichen der GDSF 1. Stufe, 1960 Banner der Arbeit.

Qu: Arch. Hand. Z. - IfZ.

Lochthofen, Lorenz, Parteifunktionär; geb. 21. Okt. 1907 Alten-Derne/Westfalen; *StA:* deutsch. *Weg:* 1933 UdSSR; nach 1945 Deutschland (DDR).

Schlosser, 1921 KJVD, 1932 KPD. 1933 Emigr. in die UdSSR, Stud. Kommunist. Univ. der nat. Minderheiten des Westens, danach Red. einer dt.-sprachigen Ztg. in der Autonomen Republik der Wolgadeutschen, später Mechaniker in Vorkuta. Nach Rückkehr 1959-61 techn. Assist. in VEB Waggonbau Gotha, ab 1961 Werkltr. VEB Büromaschinenwerk Sömmerda, 1963-67 Mitgl. ZK der SED.

Qu: Arch. Hand. - IfZ.

Löb, Rudolf, Bankier; geb. 21. Nov. 1877 Elberfeld, gest. Juli 1966 Boston/Mass.; jüd.; ∞ Martha Drews, Musikerin; *K:* Erich (geb. 1912); Ursula (geb. 1917); Walter (geb. 1919). *Weg:* 1939 Argent.; USA.

Banklehre, ab 1896 beim Bankhaus Mendelssohn & Co. Berlin, 1919-38 Teilh., 1920 auch Teilh. der neugegr. Amsterdamer Filiale, 1935 Seniorchef des Berliner Hauses. 1910 i. A. der dt. Reg. Berater des russ. Schatzamtes u. Unterhändler bei Finanztransaktionen. Stellv. Mitgl. Zentralausschuß der Reichsbank Berlin, AR-Mitgl. Deutsche Verkehrskredit-Bank AG Berlin, 1921-36 AR-Mitgl. Bayrische Vereinsbank München-Nürnberg. 1924-33 Berater versch. Reichskabinette, 1929 Mitarb. Memorandum *Das Reparationsproblem und seine Transferfolgen,* im Juni/Juli 1931 maßgebl. Teiln. an Verhandlungen während der Bankenkrise. März 1938 Ausschluß von Mendelssohn & Co. aus Reichsanleihekonsortium; 7. Apr.-14. Nov. Führung der Liquidationsverhandlungen mit der Deutschen Bank, 31. Dez. 1938 Liquidation, bis 31. März 1939 Auflösung des Immobilienbesitzes. Bereits vorher Emigr. der Familie, Rettung der privaten Gemäldesammlung (später Leihgaben an Museen in Boston). 1939 Emigr. Argentinien, nach 2. WK in die USA.

L: Seidenzahl, Fritz, 100 Jahre Deutsche Bank 1870-1970. 1970; Treue, Wilhelm, Das Bankhaus Mendelssohn als Beispiel einer Privatbank im 19. und 20. Jahrhundert. In: Mendelssohn-Studien. 1972; Wandel, Eckhard, Hans Schäffer-Steuermann in wirtschaftlichen und politischen Krisen. 1974. *Qu:* Hand. HGR. Publ. Z. - RFJI.

Loeb, Walter Josef, Bankier, Wirtschaftsexperte; geb. 12. Mai 1895 Mannheim, gest. 28. März 1948 London; jüd.; *V:* Alfred L., Kaufm.; *M:* Auguste, geb. Hannover; ∞ Hilde Fuld; *K:* 1 T; *StA:* deutsch, 14. Juli 1938 Ausbürg. *Weg:* 1933 NL; 1940 GB.

Gymn., kaufm. Lehre, 1910-17 kaufm. Angest., bis 1914 u.a. in New York u. Haiti. Ab 1918 Prokurist Textilindustrie GmbH Frankfurt/M., 1922 Dir. Süddeutsche Transportversicherungs-AG Frankfurt/M., AR-Vors.; 1922-24 Präs. der unter seiner Ltg. geschaffenen Thüringischen Staatsbank Weimar, Gr. Bank für Goldkredit AG (später Thüringische Landeshypothekenbank), als erste AG auf Goldbasis nach der Inflation, Mitgr. Werrakraftwerke u. Thüringenwerk. 1919 SPD, 1928-32 StadtVO. Frankfurt/M. Nach 1924 selbständiger Wirtschaftsberater in Frankfurt/M.; 1928-30 Mitgl. Rheinkommission zur Untersuchung der Rentabilität der Rheinschiffahrt. Mitgl. zahlr. AR, u.a. AR-Vors. Norddeutsche Acetylen- u. Sauerstoffwerke Hamburg, Deutsche Betriebsstoff AG (Debag) Berlin u. Vereinigung Deutscher Kaltasphalt-Fabriken GmbH Frankfurt/M.; VorstMitgl. Städt. Sparkasse Frankfurt/M. - 1933 Emigr. Amsterdam, 1940 London. Teiln. der vom SPD-PV Mai 1941 gebildeten ArbGemeinschaft *Deutschland und Europa nach dem Kriege,* Konflikt mit dem „sozialpatriotischen" Flügel um → Victor Schiff, der gegen künftigen Diktatfrieden mit ausländ. Kontrolle, Gebietsabtrennungen u. einseitiger Abrüstung auftrat. Unterstützung durch den Internat. Sekr. der *Labour Party* (LP), William Gillies, der Okt. 1941 mit Hilfe der Loeb-Gruppe ein Memorandum über SPD u. Gew. als histor. Stützen des expansiven dt. Nationalismus vorlegte, das in der Folgezeit der LP unter Einbeziehung der Loeb-Gruppe bzw. des SPD-PV u. zu gegenseitigen Denunziationen führte. Mit → Curt Geyer u. → Bernhard Menne Unterz. der Erklärung v. 2. März 1942, die der sozdem. ArbBewegung Mitschuld am Aufkommen des NatSoz. zuwies u. die Existenz einer nennenswerten Opposition in Deutschland leugnete. Ausschluß aus SPD u. Juni 1942 aus *Landesgruppe deutscher Gewerkschafter.* AR-Mitgl. der im Jan. 1942 von brit. u. emigr. europ. ArbPolitikern gegr. Fight-For-Freedom Editorial and Publishing Services, Ltd. zur Propagierung eines sog. Garantiefriedens gegenüber Deutschland, unter L.s maßgebl. Mitwirkung zunehmend rabiate antidt. Agit. auch gegen das sozdem. Exil; u.a. persönl. Verb. zu Lord Vansittart, Hauptexponent des sog. Vansittartismus innerhalb der dt. pol. Emigration. L. trat besonders durch seine Polemik gegen Victor Gollanczs Schrift *Shall our Children Live or Die? A Reply to Lord Vansittart on the German Problem* (1942) hervor.

W: Gollancz in German Wonderland (mit Curt Geyer). London (Hutchinson) 1942; Truce, Armistice and Peace. Some Observations. Ebd. 1944. *L:* RhDG; MGD; Röder, Großbritannien. *D:* AsD, BA, IISG, LP. *Qu:* Arch. Hand. Publ. - IfZ.

Löbe, Herbert, Parteifunktionär; geb. 1899 Greulich b. Breslau, gest. Jan. 1938 b. Politz a.d. Mettau/CSR; *StA:* deutsch. *Weg:* 1933 CSR.

Neffe des Reichstagspräs. Paul Löbe (SPD). SAJ-Sekr. Schlesien, Org. des Wiederaufbaus der SAJ Breslau nach Mehrheitsübertritt zur SAPD 1931. Juli 1933 Emigr. über Prag nach Braunau/CSR. Grenzarb. für *Sopade,* Jugendarb. u. Funktionär *Rote Wehr* bei DSAP Braunau. Da durch natsoz. Attentate bedroht, lebte L. mit behördl. Zustimmung unter Deckn. Günter Neumann, ab Juli 1937 bis zu seinem nicht aufgeklärten Tod mit unbekanntem Aufenthalt.

L: Matull, Arbeiterbewegung. *D:* IfZ. *Qu:* Arch. Pers. Publ. - IfZ.

Löffler, Robert, Parteifunktionär; geb. 1914 (?) Wien; ∞ Russin; *StA:* österr. *Weg:* 1934 UdSSR, 1937 (?) E, 1939 UdSSR, 1945 Österr.

Mitgl. SDAP u. *Republikanischer Schutzbund,* 1934 nach den Februarkämpfen Emigr. UdSSR, vermutl. Mitgl. KPÖ, arbeitete in Char'kov. Teiln. Span. Bürgerkrieg in Internat. Brigaden. 1939 Rückkehr nach Char'kov. 1941 nach dem dt. Angriff auf die UdSSR Evakuierung nach Rubzovsk/Westsibirien. 1945 Rückkehr nach Wien, BezSekr. der KPÖ. Trat später aus der KPÖ aus. Lebte 1978 in Wien.

Qu: Arch. Pers. Z. - IfZ.

Löhnberg, Erhart, Dr. phil., Lehrer; geb. 27. Jan. 1903 Hamm/Westf.; jüd., Diss.; *M:* Selma van Doorne, verw. L., geb. Bachmann, 1937 Emigr. B, 1947 GB; *G:* Marianne Walter (geb. 1910), Architektin, 1937 Emigr. GB; ∞ led.; *StA:* deutsch. *Weg:* 1937 CH; 1938 B, Bolivien; 1952 GB; 1958 Deutschland/Berlin (West).

1922 Abitur, Gärtnerausbildung, ab 1924 Stud. Naturwiss., Soziologie u. Psychologie in Erlangen, Zürich, Bonn, Jena u. Berlin, Mitgl. *Rote Studentengruppe,* Mai 1933 Prom. Berlin, dann Hauslehrer bei jüd. Familien, Okt. 1937 Emigr. nach Basel als Folge von Gestapo-Verhören über pol. Betätigung als Student, Unterstützung durch Liga für Menschenrechte, nach Umschulung zum Maschinenschlosser in Brüssel Ende 1938 über Frankr. nach Bolivien, Physiklehrer in Tarija, 1944-51 privater Sprachlehrer u. Fremdsprachenkorr. in La Paz. Org. u. journ. Mitarb. der Gruppe um die Zs. *Das Andere Deutschland* (DAD) Buenos Aires unter → August Siemsen, aktiv gegen natsoz. Umtriebe in Bolivien, Kritiker der Politik von → Ernst Schumacher u. der Exil-KPD. 1945 Sekr. DAD-Ortsgruppe La Paz, 1948-50 Sekr. *Sociedad de Inmigración y Socorro a los Inmigrantes Israelitas* La Paz, Mitgl. *Maccabi.* 1952-58 Mathematiklehrer in GB, anschl. bis 1960 Sprachlehrer in Nürnberg u. Heidelberg, dann freier Schriftst. 1958-63 Mitgl. SPD. Lebte 1978 in Berlin (West).

W: Die Rolle der Nachahmung bei den primitiven Völkern (Diss.), 1933; „Das Kapital" zum Selbststudium. 2 Bde. 1975. *L:* Seelisch, Winfried, Das Andere Deutschland (Dipl.-Arb. Otto-Suhr-Institut Berlin). O.J. *D:* IfZ. *Qu:* Arch. Fb. - IfZ.

Lörcher, Ernst, Parteifunktionär; geb. 17. Febr. 1907 München; ev., Diss.; *V:* Ernst L. (1872-1920), Mützenmacher, SPD, im 1. WK USPD, aktive Teiln. an Errichtung der Münchner Räterepublik; *M:* Marie, geb. Bär (gest. 1958); *G:* Elisabeth (geb. 1908); Albert (geb. 1913), GewAngest., nach 1933 illeg. Tätigkeit in München, Gef.- u. KL-Haft, anschl. Strafbtl. 999; ∞ 1932 Gertrud Sander (1913-66), Diss., bis 1933 Stud. Volkswirtsch. u. Rechtswiss. Frankfurt/M., dann Emigr. F, 1936 USA, 1946 Rückkehr nach München als Angehörige der amerikan. Armee; *StA:* deutsch. *Weg:* 1933 Österr., CH, F; 1934 Saargeb.; NL; 1935 Deutschland, NL, Deutschland.

Mützenmacher- u. Säcklerlehre, danach 3 J. Arbeiterbildungskurs in Berlin, Abitur, ab 1932 Stud. Rechts- u. Volkswirtsch. Frankfurt/M., Juli 1933 Relegation aus pol. Gründen. Über SAJ zum KJVD. 1933 illeg. Tätigkeit in München, dann über Österr. u. die Schweiz nach Frankr., 1934 nach Teiln. an einer Demonstration Ausweisung, 1934-35 KJVD-Instrukteur im Saargeb., nach Saarabstimmung i.A. des KJVD-ZK nach Amsterdam, Sommer-Herbst 1935 Instrukteur der KJVD-Org. in Solingen u. Duisburg. Deckn. Paul. Nach sog. Brüsseler Konferenz der KPD im Dez. 1935 Schulung in Amsterdam, danach erneut ins Ruhrgeb., Febr. 1936 Verhaftung, VGH-Urteil 10 J. Zuchth., bis Kriegsende KL Mauthausen. Nach Kriegsende Mitarb. Betreuungsstelle der politisch, rassisch u. religiös Verfolgten in Bayern, später selbst. Kaufm. Im Ruhestand publizist. tätig. Lebte 1978 in München.

L: Steinberg, Widerstand; Bludau, Gestapo; Peukert, Ruhrarbeiter. *Qu:* Pers. Publ. - IfZ.

Loersch, Maria, geb. Martin; geb. 2. Aug. 1900 Saarbrücken; Diss.; ∞ 1920 Franz Loersch (1897-1930); *K:* Marianne Wilhelmine (geb. 1921), Oskar Maximilian (geb. 1923), Elisabeth Emilie (geb. 1926); *StA:* deutsch, 14. Apr. 1937 Ausbürg. mit Kindern. *Weg:* 1935 F; 1945 Deutschland/Saargeb.

Angestellte. Mitgl. KPD. 1934-35 StadtVO Saarbrücken. Nach Rückgliederung des Saargeb. illeg. tätig. Als Vertr. der saarländ. *Freiheitsfront* Mitunterz. der Denkschrift v. 21. Sept. 1935 an den Völkerbund zum Bruch des Saarabkommens (*Requête au Conseil de la Société des Nations concernant la violation des mesures de protection dans la Sarre stipulées par convention internationale de Rome le 5 décembre 1934*). Lebte 1977 in Saarbrücken.

L: Jacoby, Saar; Schneider, Saarpolitik und Exil. *Qu:* Arch. Publ. - IfZ.

Loesch, Karl, Diplomat; geb. Apr. 1915. *Weg:* E; F; 1940 (?) Deutschland.

1936-38 Teiln. Span. Bürgerkrieg innerhalb der Internat. Brigaden, anschl. Internierung in Frankr., KL-Haft in Deutschland. SED-Mitgl., nach 1949 Mitarb. MfAA, Mai 1961-Jan. 1963 Ltr. DDR-Mission u. anschl. Geschäftsträger in Kuba, Sept. 1964-Jan. 1969 Ltr. DDR-Handelsvertretung in Algerien (Handelsrat). Lebte 1975 in Dresden. - *Ausz.:* u.a. 1956 Hans-Beimler-Medaille.

L: Radde, Diplomat. Dienst. *Qu:* Publ. Z. - IfZ.

Lövinger (Löwinger), **Andor,** Parteifunktionär; ∞ Ehefrau KPÖ-Funktionärin; *StA:* H, österr. (?), UdSSR (?). *Weg:* 1933 (?) UdSSR.

Pol. aktiv während ungar. Räterreg., nach deren Sturz Flucht nach Österr.; Mitgl., später zentraler Funktionär der KPÖ, zeitw. Ltr. AgitProp. Vermutl. 1933 Emigr. Moskau; arbeitete im Obersten Volkswirtschaftsrat. 1935 (1936 ?) Verhaftung, Lagerhaft im Norden der UdSSR, anschl. Ausbildung als Arzt, langj. Arbeit als Arzt in den arktischen Gebieten. Lebte vermutl. 1977 in Moskau (?).

L: Stadler, Opfer. *Qu:* Pers. Publ. - IfZ.

Löw, Otto, Beamter; geb. 30. Apr. 1898 Mährisch-Ostrau, gest. 26. Dez. 1973 Tel Aviv; jüd.; *V:* Dr. med. Hermann L. (geb. 1862 Ungarisch-Hradisch, umgek. 1942 KL Theresienstadt), jüd., Prom. Wien, Arzt in Witkowitz/Mähren; *M:* Paula, geb. Mojsezko (geb. 1877 Witkowitz, gest. 1922 Witkowitz); *G:* Lise (geb. 1903 Witkowitz, umgek. 1942 KL Auschwitz); ∞ 1934 Dr. phil. Anny Reitler (geb. 1907 Wien), jüd., Prom. Wien, 1939 Emigr. Pal., Angest. einer Versicherungsges. in Tel Aviv; *StA:* österr., ČSR, Pal./IL. *Weg:* 1939 Pal.

Mittelschule in Mährisch-Ostrau, ab 1910 Mitgl. *Makkabi* u. einer zion. StudVerb.; 1915 Notabitur, Freiw. k. u. k. Armee, 1915-18 OffzSchule, Frontdienst, Verwundung. 1919 Stud. Handelsakad. u. Univ. Wien. Bis März 1938 Angest. (AbtLtr.) Zentral-Europäische Länderbank Wien; in der zion. Bewegung aktiv, Mitgl. von *Ivriah, Hakoah* u. Ltr. der Schwimmannschaft zur 2. Makkabiah in Tel Aviv 1935, Mitgl. *Jüdische Staatspartei.* 1939 Emigr. Palästina mit Ehefrau, 1939-48 kaufm. Tätigkeit, u.a. Lieferant für austral. Truppen in Palästina, Betrieb eines Frachtschiffes u. Büroarb. in kleiner Privatbank. 1948-73 Inspektor für Grundsteuern der isr. Finanzverwaltung. Mitgl. zion.-revisionist. *Herut Partei,* Mitgl. Altherrenverband von *Ivriah,* Mitgr. Krankenkasse des *Maccabi,* Mitgl. *Council of Jews from Austria,* Kuratorium des *Hilfsfonds* in Wien, Mitgl. eines Komitees zur Verhandlung über Entschädigung mit Italien. Mitgr. u. VorstMitgl. Anita-Müller-Cohen-Elternheim (→ Anita Müller-Cohen) in Ramat-Hen, Mitgr. u. Mitgl. Vollzugsausschuß des Terezin-Hauses (Erinnerungsstätte für die Opfer von Theresienstadt im Kibb. Givat Ḥayyim).

Qu: Pers. Z. - RFJI.

Löw, Rudolf (nach 1938 Lev, Rafael), Offizier; geb. 7. Apr. 1891 Wien, gest. 1. Jan. 1961 Tel Aviv; Diss.; ∞ Sarah Sonja Merezki; *StA:* österr., IL. *Weg:* 1938 Pal.

Stud. Univ. Wien, Offz. im 1. WK, zuletzt Hptm.; 1916 in russ. Kriegsgef. Nach Rückkehr nach Österr. Mitgl. SDAP; Offz. im *Republikanischen Schutzbund,* ab 1927 Adjutant des Kommandanten im milit. App. des *Republikanischen Schutzbunds,* Mitgl. der milit. Ltg. Wien u. Zentralkassier; Stellv. Alexander Eiflers. 1929 neben → Karl Heinz Sekr. *Internationale Kommission zur Abwehr des Faschismus.* 1933 nach Auflösung des *Republikanischen Schutzbunds* administrativer Ltr. u. Kassier der Rechtsschutzstelle der sozdem. *Ordner-Organisation* (Nachfolgeorg. des *Republikanischen Schutzbunds*), verantwortl. Red. *Der Kämpfer* (Nachfolgeorgan der Zs. *Der Schutzbund*), Hauptbevollmächtigter für Waffen- u. Munitionseinkäufe. Anfang Febr. 1934 noch vor Ausbruch der Kämpfe Verhaftung, Apr. 1935 einer der Hauptangeklagten im Schutzbundprozeß. Urteil 12 J. schwerer Kerker, Zuchths. Stein a.d. Donau. Dez. 1935 Amnestie. Anfang 1938 als milit. Berater der *Haganah* nach Palästina, Dez. 1938 Instrukteur des Zugführerkurses, Aug. 1939 Ernennung zum Kommandeur des illeg. OffzKurses, Sept. 1939 Chef der Ausbildungsabt. u. im neugegr. GenStab der *Haganah.* Okt. 1939 Verhaftung durch brit. Mandatsbehörden, Urteil 10 J. Zuchth., Festung Akko, Febr. 1941 Amnestie, erneut Chef der Ausbildungsabt. u. GenStabsmitgl. der *Haganah.* 1946 kurzfristig Kommandeur *Haganah*-Wehrkreis Mitte. 1948 bei Kriegsausbruch nicht mehr im aktiven Dienst, übernahm nach Staatsgrdg. Israels u. Grdg. IDF auf Wunsch David Ben-Gurions Aufbau u. Ltg. des Heeresarchivs, 1953 Pensionierung.

L: Gulick, Österreich; Tramer, Erwin, Der Republikanische Schutzbund. Diss. phil. masch. 1959; Vlcek, Christine, Der Republikanische Schutzbund in Österreich. Diss. phil. masch. 1971; Stadler, Opfer. *Qu:* Arch. Hand. Publ. - IfZ.

Löw-Beer, Paul, Dr. phil. et rer. nat., Unternehmensleiter; geb. 10. Juli 1910 Svitavka/Mähren; *V:* Rudolf L.-B., Großindustrieller in Österr. u. CSR; *M:* Elise, geb. Wiedmann; *G:* Dr. Helene Inone, Psychologin, 1936 Emigr., A: Genf; ∞ 1937 Dr. Alice Rabinowitsch (geb. 1910), Kinderärztin, Emigr. GB,

1949 Österr., A: Wien; K: Dr. Catherine Anne Schmidt (geb. 1939), Psychologin, A: Wien; Martin (geb. 1948), A: Frankfurt/M.; Peter (geb. 1952); StA: österr. Weg: 1938 GB; 1949 Österr.

Stud. Univ. Wien, Berlin u. Prag, Prom. VerwRat Zellulose-Fabrik-AG St. Michael/Burgenland (?). Vermutl. Mitgl. KPÖ. 1938 (?) Emigr. GB. Ab 1941 (?) Vors. *Association of Austrian Engineers in Great Britain,* Mitarb. im *Free Austrian Movement* (FAM); Chefchemiker einer pharmazeut. Fabrik. Ab 1942 Vors. *Austrian Association for Co-operation with Czechoslovakia* als Ausschuß des FAM, die eng mit der tschechoslowak. Exilreg. in London zusammenarbeitete u. mit der *Czechoslovak Association for Co-operation with Austria* unter Prof. Vladimir Klecanda die *Österreichisch-Tschechoslowakische Arbeitsgemeinschaft* bildete. 1949 endgültige Rückkehr nach Wien. Ltd. Tätigkeit in Zellulose AG St. Michael, später Inh. Loba-Chemie Dr. Paul Löw-Beer & Co. in Wien. Lebte 1978 in Wien. - *Ausz.:* Gr. Ehrenzeichen für Verdienste um die Rep. Österreich.

L: Maimann, Politik. *Qu:* Arch. Hand. Pers. Publ. - IfZ.

Loewe, Heinrich Eliakim (urspr. Eljakim), Dr. phil., Bibliothekar, Journalist; geb. 11. Juli 1869 Wandsleben bei Magdeburg, gest. 3. Aug. 1951 Tel Aviv (Haifa ?); jüd.; V: Louis L. (geb. Strelitz/Mecklenburg), jüd.; M: Bertha geb. Plaut; G: Richard (geb. 1863 [1864?]); Johanna (gest.); 2 B; ∞ Johanna Auerbach (gest. 1948 Tel Aviv), tätig bei zion. u. jüd. Wohlfahrtsorg. in Berlin u. später in Pal.; K: Gideon, Elektro-Ing.; Hadassah Bergmann (geb. 1902), Philologin in Tel Aviv. StA: deutsch, Pal./IL. Weg: 1933 Pal.

Protestant. Gymn., gleichz. Mithg. *Israelitische Wochenschrift* Magdeburg; Stud. Berlin, 1892 Prom., gleichz. Stud. L(H)WJ Berlin, tätig bei *Esra,* 1888 (1891 ?) als einziger dt. Jude Mitgr. *Russisch-Jüdischer Wissenschaftlicher Verein* (eine der ersten zion. Org. in Berlin). 1892 Gr. der ersten größeren zion. Org. in Deutschland, *Jüdisch-Nationaler Verein Jung-Israel,* der sich später zur ZVfD entwickelte; Mitgr. *Verein jüdischer Studenten* (ab 1914 K.J.V.), Mitgl. *Hovevei Sefat Ever* (Freunde der hebr. Sprache), 1893-84 Hg. zion. Journal *Jüdische Volkszeitung,* zion. Propaganda unter dem Ps. Heinrich Sachse. 1895 Besuch in Palästina. 1895-96 Gr. u. Hg. Monatsschrift *Zion* Berlin. 1897 erneut nach Palästina, Lehrer am Gymn. in Jaffa, Hg. dt.-sprach. *Nachrichtenblatt* u. Korr. europ. Ztg. in Palästina, Deleg. zum 1. Zion. Kongreß in Basel, 1897 Mitgr. der ZVfD. 1898 Begleiter Herzls auf Palästinareise. 1899-1933 Bibliothekar Univ. Berlin, 1915 Prof.-Titel, Bibliothekarsprüfung Univ. Göttingen. 1902-08 Red. *Jüdische Rundschau,* 1905 zus. mit Joseph Chasanowich Initiative für eine jüd. NatBibliothek in Jerusalem, deren Einrichtung auf dem 7. Zion. Kongreß beschlossen wurde, Org. *Verein der Freunde der Jerusalem-Bibliothek,* 1919-24 als Dir. der Bibliothek vorgesehen, 1922 Besuch in Palästina u. USA zur Sammlung von Büchern. 1919-33 (?) Doz. Freie Jüdische Hochschule Berlin. 1933 Emigr. Palästina, 1933-48 Dir. Stadtbibliothek Shaar Zion Tel Aviv, 1948 Ruhestand. Mitgr. *Yeda An Soc.* (Isr. Volkskundeges.) zur Bewahrung der jüd. Volkskunst durch Sammlung von Liedern, Sprichwörtern u. Bräuchen der zahlr. jüd. Gden. außerhalb Palästinas; geschäftsf. Mitgl. des Verb. für relig. Flüchtlinge aus Deutschland in Israel *Ihud Shivat Zion.*

W: u.a. Richard von San Germano. (Diss.) 1894; Sachse, Heinrich, Antisemitismus und Zionismus. 1894, 2. Aufl. 1903; Liederbuch für jüdische Vereine. (Hg.) 1894; Sachse, Heinrich, Zionistenkongreß und Zionismus - eine Gefahr? 1897; Zur Kunde von den Juden im Kaukasus. 1900; Eine jüdische Nationalbibliothek. 1905; Aus der Geschichte der Berliner Judenschaft. 1908; Chibat Zion (Liebe für Zion). 1910; Die Sprache der Juden. 1911; Juden im türkischen Orient. 1915; Die jüdisch-deutsche Sprache der Ostjuden. 1915; Mark Brandenburg und Altmark. 1919; Schelme und Narren mit jüdischen Kappen. 1920; Reste von altem jüdischen Volkshumor. 1922; Proselyten. 1926; Geschichten von jüdischen Namen. 1929; Alter jüdischer Volkshumor aus Talmud und Midrasch. 1931. *L:* Weinberg, J. L., Aus der Frühzeit des Zionismus: Heinrich Loewe. 1946; Lichtheim, R., Toledot haZiyonut beGermaniyah. 1957; Eliva, M., Zur Vorgeschichte der jüdischen Nationalbewegung in Deutschland. In: Bulletin LBI. 1969; N.d.W.; Federbusch, Ḥokhmat; Tidhar. *D:* S.P.S.L.; Central Zion. Arch. Jerusalem. *Qu:* Hand. Publ. Z. - RFJI.

Loewenberg, Ernst Lutwin, Dr. phil., Lehrer, Verbandsfunktionär; geb. 15. Juni 1896 Hamburg; jüd.; V: Dr. phil. Jakob L. (geb. 1856 Niedertudorf/Westf., gest. 1929 Hamburg), jüd., Prom. Heidelberg, Dir. Mädchenschule, Publizist; M: Jenny, geb. Stern (geb. 1875 Siegen/Westf., gest. 1930 Hamburg), jüd.; G: Dr. med. Richard L. (geb. 1898 Hamburg, gest. 1954 USA), Arzt, 1933 Emigr. Schanghai, 1937 USA; Annette Jacob (geb. 1902 Hamburg, gest. 1974 Pittsburgh/Pa.), Stud. Lehrerseminar, 1939 Emigr. GB, 1940 USA, Germanistik-Prof., M von Rabbiner → Walter Jacob; ∞ 1923 Margarete Öttinger (geb. 1900 Hamburg), jüd., Stud. Hamburg, Frankfurt/M., Heidelberg, 1938 Emigr. USA; K: Frank M. (geb. 1925), 1938 Emigr. USA, Ph.D. Wayne Univ., Doz. Bar Ilan Univ./IL; Jakob R. (geb. 1929), 1938 Emigr. USA, Ph.D. Univ. Pa., Prof. Univ. Wisc. Milwaukee; Jörn Joseph (geb. 1933), 1938 Emigr. USA, Dr. Bus. Admin. Harvard Univ., Doz. Temple Univ. Philadelphia/Pa.; StA: deutsch, 1944 USA. Weg: 1938 USA.

1914-16 Stud. Germanistik Berlin, Heidelberg, 1916-19 Mil-Dienst (EK II), 1919-21 Stud. Genf, Hamburg, 1921 Prom. Hamburg; Mitgl. *Deutsch-jüdischer Jugendbund.* 1921-34 Stud-Rat Lichtwarkschule Hamburg, 1929-31 Dir. höhere Mädchenschule u. Doz. Volkshochschule Hamburg, 1921-33 Mitgl. Lehrerverein u. Philologenverein Hamburg; 1934 Entlassung, Pensionierung als ehem. Kriegsteiln.; 1934-38 Lehrer Talmud-Thora-Oberrealschule Hamburg, ab 1928 Mitgl., 1932-34 Vors. Repräsentantenkollegium, 1934-38 VorstMitgl. u. Vizepräs. dt.-isr. Gde. Hamburg, 1934-38 Mitgl. pädagog. Ausschuß der *Reichsvertretung,* 1930-38 VorstMitgl. CV-Landesverband Nordwestdeutschland, 1933-38 Berater jüd. Hilfsorg.; Sept. 1938 Emigr. USA mit Familie, Unterstützung durch *Committee for Refugee Teachers* Boston, Ehefrau zeitw. Haushälterin. 1939-40 Lehrtätigkeit an versch. Schulen u. Coll. in New England, 1940-62 Lehrer Dillon Chair of Humanities der Groton School in Groton/Mass., 1944 u. 1946 zeitw. Vorlesungen Middlebury Coll./Vt., 1949 u. 1950 Harvard Univ.; 1953 Stud. Univ. Aix-en-Provence, 1962-65 Gastlektor (Germanistik) Brandeis Univ. in Waltham/Mass., 1962-66 Dt.-Unterricht für Erwachsene am Fortbildungsinst. der Univ. of Mass.; ab 1940 Mitgl. *Modern Language Assn., Am. Assn. Teachers of German,* IMAS, ORT, HIAS, *Young Israel of Brookline,* 1942-62 Mitgr. u. Mitgl. Cong. Anshe Sholom in Ayer/Mass.

W: Studien zu Liliencrons „Poggfred". (Diss.) 1921; Die Lichtwarkschule in Hamburg: Berichte (Mitverf.). 1928; Jakob Loewenberg. Lebensbild eines deutschen Juden. (Verein für jüdische Geschichte und Literatur) 1931; Jakob Loewenberg. Eine Auswahl aus seinen Schriften (Jüd. Lesehefte, Nr. 17). 1937; Deutsch. A Split-Level Approach (Mitverf.). 1957; Meier Spanier. Leben und Wirken eines deutschen Juden. In: Bulletin LBI 41, 1968; Jakob Loewenberg - Excerpts from his Diaries and Letters. In: LBI Yearbook XV, 1970; Mitverf. von Festschriften u.a. für Max Plaut u. Adolf Leschnitzer; Beiträge in Jahrbüchern des LBI, *German-American-Review, Monatshefte, Groton Quarterly* u. a. *D:* RFJI. *Qu:* EGL. Fb. Pers. Publ. - RFJI.

Loewengart, Stefan, Dr. rer. nat., Geologe, Fabrikant; geb. 10. Dez. 1900 Fürth; jüd.; V: Sally L. (geb. 1865 Pflaumbach/Württemberg, gest. 1926 Fürth), jüd., Fabrikant; M: Anna, geb. Bing (geb. 1877 Nürnberg, gest. 1955 Haifa), jüd., Emigr. Pal.; G: Ernst (geb. 1902 Fürth, gest. 1953 Haifa), jüd., 1933 Emigr. Pal.; Otto (geb. 1909 Fürth), jüd., 1931 Emigr. USA, Sozialarb.; ∞ 1926 Irma Heymann (geb. 1904 Oelde/Westf.), jüd., in den 20er Jahren nach Pal.; K: Shimon (geb. 1927 Tel Aviv, gef. 1948 im Unabhängigkeitskrieg), 1933 Emigr. Pal.; Micha Lavy (geb. 1931 Fürth), jüd., 1933 Emigr. Pal., Landwirtschaftsschule, Geschäftsf. StA: deutsch, Pal./IL. Weg: 1933 Pal.

Gymn. Fürth u. Real-Gymn. Nürnberg; ab 1918 Kriegsdienst, 1919 Abitur, 1919-24 Stud. München, Berlin, Tübingen, 1924 Prom. Tübingen; Mitgl. *Blau-Weiß,* K.J.V., 1924-25 Sekr. nordbayer. zion. Org.; 1925-28 Aufenthalt in Palästina, vorbereitende Arbeit für das Novomejski-Projekt zur Gewinnung von Chemikalien aus dem Toten Meer. 1928 Rückkehr nach Deutschland, Teilh. einer Keramikfabrik, später Gr. einer Farbenfabrik. 1933 Emigr. Palästina mit Familie; Gr. Ariol Ltd. Haifa (Druckfarbenfabrik). 1938-41 Mitgl. *Haganah;* Mitgr. der Stadt Kiryat Bialik, Mitgl. Stadtrat (*Progressive Party*). 1959 Research Fellow Technion Haifa, Ehrenmitgl. *Geologische Vereinigung von Israel.* Lebte 1977 in Kiryat Bialik.

W: Beiträge zur Talgeschichte der Pegnitz. (Diss.) 1924; Beiträge in jüd. u. techn. Zs. in Deutschland u. Israel, bes. über Geochemie. *Qu:* Fb. Hand. - RFJI.

Loewenheim (später Lowe), **Walter,** Politiker, Kaufmann; geb. 18. Apr. 1896 Berlin, gest. 31. März 1977 London; *G:* Ernst Loewenheim (geb. 1898 Berlin), Kaufm., 1919-27 KPD, später LO, nach 1933 Mitgl. illeg. Reichsltg. *Neu Beginnen,* 1935 Emigr. CSR, 1936 GB, 5. Aug. 1937 Ausbürg., Mai 1940-Okt. 1941 Internierung Isle of Man, mit Walter L. Ltr. einer Ingenieurfirma; *StA:* deutsch, Ausbürg.(?). *Weg:* 1935 CSR; 1936 GB.

Aus jüd. Kaufmannsfam.; nach Gymn. in Berlin kaufm. Lehre, Kaufmann. Mitgl. Wandervogel u. freidt. Bewegung; im 1. WK Frontsoldat; nach Demobilisierung 1918 Anschluß an *Spartakusbund,* aktiv vor allem in der FSJ, ab 1919 Mitgl. KJVD u. KPD, 1920 Jugenddeleg. auf 2. Kongreß der *Komintern.* Beeinflußt von Paul Levi zunehmend ideologiekritische Haltung gegenüber Massenpol. der KPD, 1927 Bruch mit der Partei. Ab 1929 SPD. Gr. u. bis 1934 unbestrittener Führer der sich ab 1929 herausbildenden *Leninistischen Organisation* (LO). Ps. Kurt Menz. Der von L. vertretene Grundgedanke war, die kapitalist. Gesellschaft leide an so tiefen inneren Widersprüchen, daß in der aktuellen Weltwirtschaftskrise eine Kette von faschist. Revolutionen u. neuen Kriegen zu erwarten sei. Dies versuchte die LO durch ihre pol. Arbeit zu verhindern. L. stellte in seiner Schrift *Die politische Revolution* (1931) die Genesis der bürgerl.-demokrat. Revolution den Entwicklungsbedingungen der proletarischen gegenüber u. kam zu der Erkenntnis, daß letztere aus einer niedergehenden bürgerl. Gesellschaft erfolgen müsse, in der die Mehrheit ideolog. noch vom irreführenden Schein der Verhältnisse beherrscht sei. Die proletarische Revolution könne nur auf der Grundlage der Selbstbefreiung des wiss. Bewußtseins u. eines daraus abgeleiteten planvollen Handelns stattfinden. Voraussetzung zur Verhinderung des Faschismus in der Krise, von der die Weimarer Republik am stärksten betroffen sei, war für L. die Überwindung der Spaltung der Arbeiterbewegung. Durch eine konspirative Durchdringungspol. der LO in KPD u. SPD sollten Anhänger in diesen Parteien gewonnen werden. In ihrem elitären Selbstverständnis wollte die LO in der Arbeiterbewegung der überlegt handelnde Faktor zur Überwindung ihrer Spaltung sein. Das strenge Geheimhaltungsprinzip von Existenz u. Tätigkeit der bewußt namenlosen „Organisation" sollte jedoch zugleich ihren Sondercharakter innerhalb der Arbeiterparteien im Falle einer faschist. Machtübernahme verbergen. Aufbau der LO erfolgte in starker Anlehnung an leninist. Vorstellungen während der illeg. Periode der russ. Sozialdemokratie: straff zentralistisch, mit unbedingter Weisungsbefugnis der Ltg. u. konspirativer Abschottung nach außen. Etwa ab 1931 entsprechende Org. u. Schulung der Mitgl., um nach einem natsoz. Sieg die pol. Arbeit fortsetzen zu können. Nach Aufbau oppos. Kerngruppen in KPD u. SPD u. ersten Erfolgen des neuen Aktionskurses setzte der 30. Jan. 1933 dieser Arbeit ein Ende. Nach vorangegangenen Vorbereitungen erfolgreiche Umstellung der LO auf den illeg. Kampf trotz Zusammenbruch der Arbeiterparteien. L. wurde Mitgl. der illeg. Reichs- bzw. Inlandsltg. Während der Schwerpunkt auf der Inlandsarbeit lag, war die LO zugleich bemüht, ihre Tätigkeit mit der internat. sozialist. Arbeiterbewegung in Zusammenhang zu bringen: Ende März 1933 Forderung nach Anerkennung durch SAI, Apr. Reise von Fritz Erler (Genosse Grau) zu → Friedrich Adler nach Zürich, der für die LO Verb. zu Robert Grimm u. zur *Sopade* (→ Otto Wels) in Prag herstellte. In diesem Zusammenhang u. zur Koordination der Arbeit von Exil u. Widerstand Errichtung eines AuslSekr. in Prag, Ltg. ab Mai 1933 → Karl Frank. Aug. 1933 Abschluß eines Ms., in dem L. grundsätzl. zur neuen Lage Stellung nahm; nach Verhandlungen von Karl Frank u. Friedrich Adler mit *Sopade* Sept. 1933 Veröffentl. der Programmschrift *Neu Beginnen* (NB) im Graphia-Verlag Karlsbad (unter Ps. Miles, deshalb auch als Miles-Broschüre bezeichnet; Tarntitel: *Arthur Schopenhauer, Über Religion*): Das Ms., dessen Titel fortan der Org. den Namen gab, war von L. selbst in die Schweiz gebracht u. von Robert Grimm an *Sopade* weitergeleitet worden. Die Schrift fand beträchtl. Resonanz innerhalb der dt. u. internat. Arbeiterbewegung. Sie basierte auf dem seit Anfängen der LO erarbeiteten pol. u. theoret. Material zur internen Schulung der Mitgl. In ihr wurden grundlegend Politik, ideolog. Positionen sowie Strukturen der Arbeiterparteien der Weimarer Republik u. die Ursachen ihrer gemeinsamen Niederlagen dargelegt. Miles führte das Versagen dieser Parteien u. die Passivität der Arbeiterschaft nach dem Machtantritt des NatSoz. auf deren Zersplitterung u. innere Feindschaft zurück. Das faschist. Regime habe die Massen weniger durch Propaganda als im Zuge sozialer Wandlungen gewonnen, die die sozialist. Parteien nicht erkannt hätten. Der terroristische Faschismus bedrohe die moderne Gesellschaftsstruktur mit dem Untergang, falls eine Überwindung der Krise durch eine sozialist. Umwälzung u. Neugestaltung nicht gelänge. Während KPD u. SPD immer noch an eine spontane Erhebung der Arbeiterschaft glaubten, könne dieses Regime jedoch nur gestürzt werden, wenn es durch innere u. äußere Krisen geschwächt sei; dieser Sturz könne nur unter bestimmten günstigen histor. Konstellationen durch eine Macht erfolgen, die ebenso zentralistisch u. planmäßig, aber mit marxist. wiss. Einsicht u. Verantwortungsbewußtsein zu handeln verstünde. Ablehnung aller terrorist. Maßnahmen, die auf Illusionen über das System beruhten u. nur unnötige Opfer fordern. Voraussetzung für eine Überwindung des natsoz. Regimes „von innen" sei die Erneuerung der sozialist. Arbeiterbewegung, wobei NB aufgrund ihres elitären Selbstverständnisses deren Führung anstrebte. Ziel der Miles-Broschüre war, die „deutschen kämpferischen Sozialisten neu zu orientieren" u. zu sammeln; dieser Sammlung waren jedoch Grenzen gesetzt: Miles zweifelte an der loyalen ZusArb. der Kommunisten, da sie von der *Komintern* abhängig seien. Er forderte deren Auflösung u. die Überführung der ihr angeschlossenen Parteien in eine einheitl. Internationale aller Sozialisten. Aufgrund seiner Orientierung auf eine sozdem. Sammlungsbewegung Forderung nach Aufgabe des treuhänderischen *Sopade*-Mandats zugunsten der künftigen revol. antifaschist. Partei im Inneren. Zum Verhältnis Exil u. Widerstand vertrat er die Position, der Kampf gegen den NatSoz. werde nicht im Ausland, sondern in Deutschland selbst entschieden. Die Emigranten hätten sich der Arbeit der Illegalen unterzuordnen, die vorrangig über Politik u. Org. der neuen Sammlungspartei zu entscheiden hätten. - Differenzen zwischen AuslLtg. u. L. beruhten denn auch wesentl. auf der unterschiedl. Beurteilung der pol. Entwicklung u. der Aussichten des Kampfes in Deutschland. Schwerpunkte der illeg. Arbeit waren das Sammeln von Nachrichten aus Betrieben, NSDAP u. deren Org., die monatl. zu einem Gesamtüberblick der inneren Situation Deutschlands zusammengestellt u. von Kurieren verschlüsselt ins Ausland gebracht wurden, sowie Schulungsarb. in den illeg. Gruppen anhand der Miles-Thesen u. herausragender Ereignisse wie z.B. Röhm-Krise 1934. Ab Mai 1934 erfolglose Bemühungen um NB-Expansion in andere illeg. sozialist. Gruppen. Ohne nennenswerte Resonanz blieb bereits 1933 der Versuch, mit bürgerl. Oppositionskreisen in sog. „Gesellschaftlichen Aktionsgruppen" (Gesag) ein begrenztes Bündnis zu schließen. Den zunehmenden org. Schwierigkeiten u. dem Sichtbarwerden der Grenzen des Einflusses von NB standen die natsoz. pol. Erfolge entgegen. Daraufhin zunehmend „liquidatorische" Tendenzen der Führungsgruppe um L. Nach Einstellung der bisherigen Zahlungen an NB durch *Sopade* ab Ende 1934 hielt die Inlandsltg. die Aufrechterhaltung einer revol. marxist. Org. im Reich für unmöglich u. empfahl den wenigen noch aktiven Marxisten, sich in anderen Ländern mit revol. Möglichkeiten ein neues Betätigungsfeld zu suchen u. die LO in Deutschland aufzulösen. Juli 1935 wurde L. durch eine ab Herbst 1934 gebildete Opposition um → Richard Löwenthal u. Werner Peuke für abgesetzt erklärt. Nach Spaltung der Gruppe informierte L. die *Sopade* u. erklärte NB für aufgelöst; er empfahl allen Anhängern, sich fortan als Einzelmitgl. der SPD zu betrachten. Sept. 1935 endgültige Emigr. in die CSR; von dort Okt. 1936 nach GB, in London Dir. einer Ingenieurfirma, Mai 1940-Okt. 1941 Internierung Isle of Man. Im Exil Fortführung histor. u. gesellschaftstheoret. Studien, jedoch pol. nicht mehr aktiv.

W: Miles (Ps.), Neu Beginnen! Faschismus oder Sozialismus. Diskussionsgrundlage zu den Streitfragen des Sozialismus in unserer Epoche. Karlsbad (Graphia) 1933 (H. 2 der *Sopade*-Schriftenreihe *Probleme des Sozialismus;* Übers. engl., franz., japan., tschech., jiddisch, dt. Neuaufl. 1974); ders., Socialism's New Start. London/New York 1934; ders., Eine Welt im Umbruch. Zur Auseinandersetzung um die Krise unserer Zeit. 1961; Löwenheim, Walter, Am Scheideweg der Geschichte (unveröffentl. Ms.). Isle of Man, Dez. 1940. *L:* Kliem, Neu Beginnen; Reichardt, Hans J., Neu Beginnen. 1963; Hellmann, Henry, Walter Lowe (Miles) zum Gedächtnis. In: IWK, 13/1977, H. 2. *D:* IISG. *Qu:* Arch. Pers. Publ. - IfZ.

Loewenstamm, Arthur, Dr. phil., Rabbiner; geb. 20. Dez. 1882 Ratibor/Oberschlesien, gest. 1965 Manchester/GB; *V:* Nathan L. (gest. 1937 Deutschland), jüd.; *M:* Johanna, geb. Zweig (gest. 1937 Deutschland); *G:* Kurt (geb. 1883 Beuthen/Oberschlesien, gest. 1965 Rio de Janeiro), Kaufm., 1939 Emigr. Bras., aktiv in jüd. Gde., Verf. einer Gesch. der Juden in Bras.; ∞ 1911 Gertrude, geb. Modlinger (geb. 1887 Gleiwitz/Oberschlesien, gest. 1952 Richmond/Surrey), jüd., 1939 Emigr. GB; *K:* Erika Reid (geb. 1913), Stud. Rechtswiss., 1936 Emigr. GB; Gerda Weleminsky (geb. 1915), höhere Schule, 1938 Emigr. GB, Sekr.; *StA:* deutsch, GB. *Weg:* 1939 GB.

1902-11 Stud. Jüd.-Theol. Seminar Breslau, 1910 Rabbinerexamen, gleichz. Stud. Univ. Breslau, Erlangen, 1905 Prom., 1911-17 Rabbiner SynGde. in Pless/Oberschlesien, 1917-39 in Berlin-Spandau, gleichz. Betreuung von Kleingemeinden, Wohlfahrtsarb. gemeinsam mit christl. Kirchen; Präs. *Berthold-Auerbach-Loge* des *B'nai B'rith,* Mitgl. *Allgemeiner Rabbiner-Verband* u. *Gesellschaft zur Förderung der Wissenschaft des Judentums;* nach Zerstörung der Syn. Berlin-Spandau Nov.-Dez. 1938 KL Sachsenhausen, 1939 Emigr. GB mit Hilfe des brit. Oberrabbiners Hertz, 1940 Internierung in GB; 1947 StudDir. *Soc. for Jew. Studies* London, Mitgl. AJR, *Assn. of Rabbis from Germany,* Mitgl. Prüfungsausschuß für Rabbinatskandidaten. 1954 zeitw. rabbin. Tätigkeit in West-Berlin.

W: Lotzes Lehre vom Ding an sich und Ich an sich. (Diss.) 1906; Hugo Grotius' Stellung zum Judentum. 1920; Zum 50jährigen Bestehen des Ordens Bne Briss in Deutschland. (Mitarb.) 1933; Beiträge über Phil. u. Lit. des Judentums für jüd. Zs. *L:* Petuchovsky, Reform Judaism. In: Festschrift für Dr. Van der Zyl. 1912. *D:* LBI New York. *Qu:* Hand. Pers. Publ. - RFJI.

Löwenstein, Alfred, Industrieingenieur; geb. 4. Juni 1904 Witten-Annen/Westf., gest. 22. Jan. 1969; jüd.; *V:* Oscar L. (geb. 1867 Rheda/Westf., gest. 1939 Witten-Annen), jüd., Kaufm.; *M:* Sophie (geb. 1867 Schwerte/Westf., umgek. KL Theresienstadt), jüd.; *G:* Berthold (geb. 1899 Witten-Annen, gest. 1954 São Paulo), Kaufm., 1937 Emigr. Bras.; ∞ 1931 Grede de Vries (geb. 1904 Dortmund, gest. Mongede/Westf.), höhere Schule, Sekr., Emigr. Pal.; *K:* Micha (geb. 1936), jüd., Stud. Technion Haifa, Aston Univ. Birmingham, Dipl.-Ing., Nachf. des Vaters als Dir. u. Geschäftsf. in Familienfirma; *StA:* deutsch, Pal./IL. *Weg:* 1933 Rum., 1934 Pal.

1915-18 techn. Lehre, 1918-25 Oberrealschule Dortmund, 1925-29 Stud. Elektrotechnik TH Darmstadt, Dipl.-Ing.; Mitgl. J.J.W.B.; 1930-33 Angest. bei Hirsch Kupfer- u. Messingwerke in Finow/Brandenburg. Sept. 1933 Emigr. Rumänien, 1933-34 Angest. bei IngFirma in Klausenburg, Arbeit auf dem Gebiet des Schmelzofenbaus. März 1934 nach Palästina, 1934-36 Teilh. einer Firma zur Auffindung neuer Wasserquellen; 1936-42 Chefing. eines Walzwerks in Alexandria/Ägypten (gegr. von → Siegmund Hirsch), ZusArb. mit brit. Armee. 1942-69 Dir. IngFirma Löwenstein (Verbrennungs- u. Ventilationsmotoren) in Haifa, Exporte u.a. nach Jordanien u. Indien. Mitgl. *Isr. Engineers Assn., Isr. Manufacturers Assn.*

Qu: Pers. Z. - RFJI.

Löwenstein, Dyno, Statistiker; geb. 29. Nov. 1914 Berlin; o.K.; *V:* → Kurt Löwenstein; ∞ I. Ruth Müller, 1952 gesch.; II. 1953 Tilde Hoffmann (geb. 1924 Wien), jüd., Arzthelferin; *K:* aus I. Steven (geb. 1944), M.A., Angest.; aus II. Karin (geb. 1954), B.A.; Tim (geb. 1956), B.A.; *StA:* deutsch, 5. Aug. 1937 Ausbürg., 1942 USA. *Weg:* 1933 CSR, F; 1941 USA.

1933 Abitur Karl-Marx-Schule Berlin, ab 1924 Mitgl. *Kinderfreunde,* ab 1928 SAJ u. *Sozialistische Schülergemeinschaft.* 1929-33 Mitgl. ihres Berliner Vorst.; Febr. 1933 Flucht mit der Mutter in die CSR, Juni 1933 mit CSR-Fremdenpaß nach Paris. 1933-34 Bemühungen um Org. einer illeg. *Rote-Falken*-Bewegung im Reich, bis 1940 Mitarb. im Pariser Büro der *Sozialistischen Erziehungs-Internationale* (SEI), 1936-39 Sekr. *Fédération Internationale des Associations d'Instituteurs,* Mitgl. SFIO u. *Faucons Rouges,* Mitarb. Zs. *L'Aide, Deutschland-Berichte* der Sopade u. dt.-sprach. Pressekorr. *SEI-Dienst.* 1934-36 Stud. Statistik Sorbonne, Diplom. 1939-40 Internierung, anschl. mit falschen Papieren illeg. Tätigkeit für SFIO u. US-Hilfskomitee unter Varian Fry in Marseille. 1941 nach New York, kurzfristig Stud. Graduate Faculty der New School for Soc. Research, dann Eintritt in US-Armee, Offz., 1944 Versetzung zur Labor Section des OSS, Unterstützung illeg. Gruppen in Österr., 1945 Hilfe bei Wiederaufbau der sozdem. Parteien in Deutschland u. Österreich. Dez. 1945 Rückkehr nach New York, als Statistiker tätig, ab 1946 im eigenen Unternehmen, Mitgl. *Democratic Party.* Lebte 1978 in Glendale, N.Y.

Qu: Fb. - IfZ.

Löwenstein, Egon Israel, Rabbiner; geb. 2. Okt. 1912 Berlin; *V:* Ernst L. (geb. Berlin, umgek. KL Auschwitz), Zahntechniker; *M:* Jenny, geb. Levy (geb. Posen, umgek. KL Auschwitz); *G:* Ruth Russak (geb. 1916), Emigr. Pal.; ∞ 1939 Käte Brauer (geb. 1920 Beuthen/Oberschlesien), 1939 Emigr. Chile, 1970 IL; *StA:* deutsch, 1949 Chile. *Weg:* 1939 Chile.

1934-38 Stud. Jüd.-Theol. Seminar Breslau, 1936-37 Stud. Deutsche Univ. Prag, 1936-38 Rabbinatskandidat Syn. zum Tempel in Breslau, 1938 Rabbinerexamen. 1932 Mitgl. *Reichsbanner.* 1934-35 Mitgl. *Der Deutsche Vortrupp - Gefolgschaft deutscher Juden* Breslau, 1934-38 Mitgl. B.D.J.J.; Nov. 1938 KL Buchenwald, Entlassung nach Erhalt eines Schanghai-Visums. 1939 GdeRabbiner Jüd. Gde. Gleiwitz/Oberschlesien. Juli 1939 infolge Bedrohung durch NatSoz. Emigr. Chile mit Einwanderervisum. 1939-70 Rabbiner dt.-jüd. Einwanderergde. *Sociedad Cultural Israelita B'ne Jisroel* in Santiago, ab 1968 Doz. Univ. Chile. 1942-70 Mitgl. *B'nai B'rith Pacifico,* Ltr. *B'nai B'rith* Chile, 1943-70 Mitgl. versch. zion. Org., 1941-70 Ltr. von Jugendorg., Präs. *Unión de Rabinos en America Latina,* Ltr. CENTRA, 1955-77 Mitgl. *Confraternidad Judeo-Christiana,* Mitgl. jüd.-lateinam. Jugendverb. *Chazit.* 1970 nach Israel, Rabbiner der ehem. dt.-jüd. Einwanderergde. *Emet W'Emuna* Jerusalem. Ab 1970 Mitgl. *B'nai B'rith David Yellin-Loge,* Vors. des Verb. der Einwanderer aus Chile, ab 1973 Mitgl. *Überkonfessionelle Vereinigung für religiöse Verständigung,* ab 1976 Vors. Zweigstelle Jerusalem der *Vereinigung ehemaliger Berliner in Israel.* Lebte 1977 in Jerusalem.

W: Beiträge u.a. in *Allgemeine Zeitung der Juden in Deutschland, Semanario Israelita Buenos Aires. Qu:* Fb. Hand. Publ. - RFJI.

Löwenstein, Kurt, Dr. phil., Pädagoge, Erziehungspolitiker; geb. 18. Mai 1885 Bleckede/Elbe, gest. 8. Mai 1939 Paris; jüd., später Diss.; *V:* Bernhard L. (gest. 1934), jüd., Händler; *M:* Jeanette, geb. Blumenthal (gest. 1891), jüd.; *G:* Gertrud; 5

Stiefg.; ∞ 1911 Dr. phil. Mara Kerwel (geb. 1891, gest. 1962), ev., Diss., Mitgl. USPD, SPD, Emigr. CSR, F, 1941 USA; 1944-54 Chemikerin in New York; *K:* → Dyno Löwenstein; *StA:* deutsch, 5. Aug. 1937 Ausbürg. mit Fam. *Weg:* 1933 CSR, 1934 F.

1906 Orthodoxes Rabbinerseminar Berlin, daneben Stud. Pädagogik, Phil. u. Volkswirtsch. Univ. Berlin. Nach Abbruch der Rabbinatsausbildung 1908 Externabitur, Stud. Hannover u. Erlangen, 1910 Prom.; Kriegsgegner, 1915-18 Krankenpfleger. 1918 *Soldatenrat,* USPD, 1919 Vors. Zentralkommission für das Bildungswesen der USPD Berlin-Brandenburg. 1919-20 StadtVO. Charlottenburg, 1920-23 StadtVO. Berlin, 1921-33 Stadtschulrat Berlin-Neukölln. 1922 SPD, 1920-24 u. Dez. 1924-33 MdR, 1922-33 VorstMitgl. Reichsausschuß für sozialistische Bildungsarbeit, 1924-33 Vors. Hauptvorst. *Arbeitsgemeinschaft sozialdemokratischer Lehrer und Lehrerinnen Deutschlands,* 1924-33 VorstMitgl. *Sozialistischer Kulturbund.* Förderer der Karl-Marx-Schule Berlin, Vortragstätigkeit, zahlr. Veröffentl., u.a. unter Ps. Kerlöw; Mitgl. *Deutsche Gesellschaft für Ethische Kultur.* Angehöriger der linken SPD-Opposition um → Max Seydewitz u. → Kurt Rosenfeld. Febr. 1933 SA-Überfall, März Suspendierung als Schulrat, Apr. erzwungener Rücktritt als MdR u. Emigr. nach Prag. Pädagogisch-pol. Vortragstätigkeit, ab 1934 von Paris aus Wiederaufbau *Sozialistische Erziehungs-Internationale* (SEI), Sekr. u. Vors. SEI; Org. der *Kinderfreunde*-Bewegung in Frankr., Veranstalter sog. Kinderrepubliken in Frankr., GB u. Belgien, u.a. als Hilfe für EmigrKinder. Hg. Zs. *L'Aide* (auch dt. u. engl.) u. *SEI-Dienst,* Mitarb. *Union deutscher Lehrer-Emigranten,* Mitarb. *Deutschland-Berichte* der *Sopade* u. *Jüdische Welt-Rundschau.* Ps. Kurt Mattei, Kurt Falk. 2. Febr. 1936 Teiln. Volksfront-Konf. Paris.

W: Bibl. in: Kurt Löwenstein, Sozialismus und Erziehung. Eine Auswahl aus den Schriften 1919-1933. Neu hg. von Ferdinand Brandecker u. Hildegard Feidel-Mertz, 1976. – U.a. Falk, Kurt, Karl Marx. Erzählt für unsere Jugend. Bodenbach (Gärtner u. Co.) 1935 (Übers. franz., flämisch). *L:* Kurt Löwenstein, Leben und Leistung. Hg. von Arno Scholz u. G. Oschilewski, 1957; Osterroth, Biogr. Lexikon; Biogr. in: Löwenstein, Sozialismus und Erziehung. *D:* IISG; Univ. Frankfurt/M. *Qu:* Arch. Biogr. Hand. Pers. Publ. – IfZ.

Loewenstein, Kurt, Journalist, Verbandsfunktionär; geb. 11. Nov. 1902 Danzig, gest. 12. Nov. 1973 Tel Aviv; *V:* Siegfried L. (geb. Lauenburg/Pommern), 1938 Emigr. Pal.; *M:* Luise, geb. Goldstein (geb. Bromberg/Posen); ∞ 1929 Hanna Fuchs (geb. 1904), 1939 Emigr. Pal., Kindergärtnerin; *K:* Mirjam Arigi (geb. 1933), 1939 Emigr. Pal.; *StA:* deutsch, Pal./IL. *Weg:* 1939 Pal.

Stud. Wirtschafts- u. Rechtswiss., Journ., 1922 Gr. Wanderbund *Makkabi,* Mitgl. Zion. Org. Breslau, 1926-39 Mitgl. Landesvorst. ZVfD, Mitgl. Zentralausschuß *HaPoel haZair.* VorstMitgl. Zion. Org. Frankfurt, bes. in der Jugendarb. tätig, Schriftführer der BezGruppe der Zion. Org. von Westf., 1933-38 Mitarb. an Frankfurter Ausgabe des *Hamburger Israelitischen Familienblatts,* Mitgr. u. Mitarb. der Zs. zur Förderung der Auswanderung von Jugendlichen *Der Junge Jude,* RedMitgl. u. 1938 Hauptschriftltr. *Jüdische Rundschau* (Nov. 1938 eingestellt), Hg. *Jüdisches Nachrichtenblatt,* der einzigen zugelassenen jüd. Ztg. nach Nov. 1938. 1935-36 Reisen nach Palästina für *Palästina-Amt.* 1939 Emigr. Palästina mit Familie mit C-Zertifikat, AbtLtr. Hassneh-Versicherungsges., Mitarb. Tageszts. für Einwanderer *Hegeh,* RedMitgl. I.O.M.E.-Wochenztg. *Mitteilungsblatt.* Mitgl. H.O.G., Ltr. Abt. für kulturelle Angelegenheiten der I.O.M.E. Tel Aviv, Reservedienst IDF.

W: Land der Jugend. (Hg.) 1936; Robert Weltsch zum 70. Geburtstag von seinen Freunden, 20. Juni 1961. (Mithg.) 1961; Die innere jüdische Reaktion auf die Krise der deutschen Demokratie. In: Entscheidungsjahr 1932. 1965; Begegnungen zwischen Ost und West. Die Lebenserinnerungen von Frieda Kahn. In: Bulletin LBI, 1963; Thomas Mann zur jüdischen Frage. In: Bulletin LBI, 1967; Funktionäre im Zionismus. In: In zwei Welten; Sozialismus und Erziehung (in Vorbereitung, posthum). *Qu:* Fb. Publ. – RFJI.

Löwenstein, Ludwig, Kaufmann, Verbandsfunktionär; geb. 4. Sept. 1897 Offenbach/Hessen, gest. 29. Juli 1968 Baden-Baden bei Kuraufenthalt, *V:* Moritz L., Kaufm.; *M:* Dora, geb. Rosenthal, *G:* Martha Kohn; ∞ 1934 Edith Stevens, geb. Kahn (geb. Frankfurt); *K:* Peter, Chemiker; *StA:* deutsch, USA. *Weg:* B; F; Kuba; 1941 USA.

1918 Mitgr. u. mit Vater Teilh. Lederwarenhandlung Löwenstein & Co. Offenbach. Emigr. Belgien, 1940 Internierung St. Cyprien/Südfrankr.; später nach Kuba, 1941 in die USA. Inh. von Metro Leather Co., Geschäftsf. von Eagle Flag Tanning Corp., Gr. Leder- u. Plastikfirma Am. Renolit. Corp.; 1944-68 VorstMitgl. u. Finanzdir., dann Präs. *New World Club,* Hg. von *Aufbau,* Mitgr. u. VorstMitgl. A.F.J.C.E., *Jew. Philantropic Fund of 1933,* Deutscher Theaterverein, Schatzmeister *Blue Card,* Mitgl. Am. Arbitration Assn., VorstMitgl. *United Ger.-Am. Democratic Assn.* der *Democratic Party* in New York. – *Ausz.:* BVK, Hon. Deputy Commissioner of Commerce and Public Events der Stadt New York.

L: Arnsberg, Hessen. *Qu:* Publ. Z. – RFJI.

Loewenstein, Ludwig Yehuda, Dr. jur., Unternehmensleiter; geb. 11. März 1903 Grevenbroich/Rheinland; jüd.; *V:* Alexander L. (geb. 1873 Ibbenbühren/Westf., gest. 1964 Haifa), Lehrer, Kantor, 1937 Emigr. Pal.; *M:* Paula, geb. Maier (geb. 1877 Grevenbroich, gest. 1941 Tel Aviv); jüd., Geschäftsf., 1937 Emigr. Pal.; *G:* Hermann (geb. 1901 Grevenbroich, gest. 1970 Johannesburg), höhere Schule, Schauspieler, 1937 Emigr. S-Afrika, kaufm. Angest.; Henni (geb. 1905 Grevenbroich), Angest., 1937 Emigr. Pal.; Ilse (geb. 1910 Grevenbroich, gest. 1937 Karlsruhe); ∞ Hanna David (geb. 1901 Karlsruhe), Kinderschwester, 1933 Emigr. Pal.; *K:* Ruth Arad (geb. 1932), 1933 Emigr. Pal., Kinderschwester; *StA:* deutsch, Pal./IL. *Weg:* 1935 Pal.

Stud. Köln, Bonn, Freiburg, 1928 Prom., Mitgl. J.J.W.B., K.J.V., 1929-30 Assessor, 1930-33 RA am Oberlandesgericht Düsseldorf; gleichz. VorstMitgl. Zion. Org. Rheinl.-Westf. in Düsseldorf; 1933 Berufsverbot; Angest. des KKL. Nov. 1933 Emigr. Palästina mit Familie, 1933-34 Arbeiter im Kibb. Kiryat Anavim, 1934-35 Umschulung zum Schlosser, 1935-36 Schlosser in Tel Aviv, 1936-37 Buchhalter, 1937-40 im Haavarah-Büro in Tel Aviv, gleichz. Mitgl. *Haganah.* 1940-41 Buchhalter beim Zahlmeister der brit. Armee in Jerusalem, 1941-45 Rechnungsprüfer für Kriegslieferungen bei der Mandatsregr.; 1945-72 Oberrechnungsführer, später Unternehmensltr. isr. Zementwerke Nesher Haifa u. Dir. versch. Tochterges.; 1948 ehrenamtl. Geschäftsf. von Ozar haAm (Amt für Selbstbesteuerung der *Jew. Agency* vor der Staatsgr.). Treuhänder des I.O.M.E.-Fonds, Vors. K.J.V. Haifa, Vors. des Kuratoriums des Elternheims Haifa, Mitgl. *Isr. Management Centre, Internat. Fiscal Assn.* Lebte 1977 in Haifa.

W: Jubiläumsbuch der Israelischen Zementwerke Nesher. (Hg). *Qu:* Fb. Hand. – RFJI.

Loewenstein, Max, Ingenieur, Fabrikant; geb. 14. Juni 1890 Bocholt; jüd.; *V:* Samuel L. (geb. 1851 Rhede/Westf., gest. 1922 Deutschland), jüd., Kaufm.; *M:* Julie, geb. Kaufmann (geb. 1855 Geldern, gest. 1907 Deutschland), jüd., höhere Schule; ∞ 1919 Rose Apt (geb. 1895 Pattensen/Hannover), jüd., höhere Schule, 1933 Emigr. F, 1941 USA; *K:* Paul (geb. 1921 Eberswalde), jüd., 1933 Emigr. F, 1941 USA, Stud. Stevens Inst. of Techn., Ing.; Hanna Leuchtmann (geb. 1925 Berlin), jüd., 1933 Emigr. F, Lyzeum, 1941 USA, Stud. Yeshiva Univ. New York, Psychologin; *StA:* deutsch, 1937 (?) Ausbürg., 1946 USA. *Weg:* 1933 F, 1941 USA.

1909-11 Stud. TH München, dann TH Charlottenburg, 1914 Dipl.-Ing.; Freiw. im 1. WK. 1917-33 Betriebsing. bei Hirsch Kupfer- u. Messingwerke in Finow/Mark Brandenburg. Sommer 1933 Emigr. Frankr., 1933-34 Berater Tréfileries et Laminoirs du Hâvre, 1934-41 Gr. u. Präs. Société pour installations d'établissements métallurgiques. Unterstützung von Emigr.; Mai 1941 in die USA, Gr. u. Präs. LOMA Machine Manufacturing Co. Inc. New York (Konstruktion u. Herstellung von Maschinen für Metallindustrie), Mitgl. *Am. Soc. of Metals,* Congr. Habonim, *Selfhelp.* Lebte 1976 in Kew Gardens/N. Y.
Qu: Fb. - RFJI.

Loewenstein, Paul, Dr. jur., Richter; geb. 12. Febr. 1891 Burgdorf/Niedersachsen, gest. 12. Jan. 1966 Düsseldorf; jüd.; *V:* Meier L. (umgek. KL Theresienstadt); *M:* Ida, geb. Blumental (gest. 1954 Düsseldorf); *G:* 1 S (umgek. KL Theresienstadt); *StA:* deutsch. *Weg:* Pal.; 1948 Deutschland (BBZ).
Stud. Rechtswiss., Kriegsteiln., 1920 Prom. Erlangen; 1925-33 LGRat in Bochum u.Hamm. Nach natsoz. Machtübernahme Entlassung, Emigr. nach Palästina, 1940-48 in versch. Ämtern der brit. Mandatsverw. tätig. Nach Rückkehr Wiedereintritt in den Justizdienst, 1950-56 LGDir., 1957-60 Senatspräs. in Düsseldorf. Nach 1953 zeitw. VorstMitgl. u. Vors. GdeVertretung der Synagogen-Gde. Düsseldorf, Mitgr. u. VorstMitgl. *Freunde der Hebräischen Universität,* Düsseldorf. - *Ausz.:* 1961 Gr. BVK.
Qu: EGL. Z. - IfZ.

Löwenstein-Wertheim-Freudenberg, Hubertus Maximilian Friedrich Leopold Ludwig **Prinz zu,** Dr. jur., Schriftsteller, Politiker; geb. 14. Okt. 1906 Schloß Schönwörth b. Kufstein/Tirol; kath.; *V:* Maximilian Karl Friedrich Prinz zu L.-W.-F., Graf von Löwenstein-Scharffeneck (1871-1952), kath., Kgl.-bayer. Rittmeister, Privatgelehrter; *M:* Constance Baroness de Worms, wiederverh. von Alversleben (geb. 1875, T v. Lord Henry Pirbright, gesch. 1912, gest. 1962 London), kath.; *G:* Sophie (geb. 1896); Franziska (geb. 1899); Johannes (geb. 1901), Sinologe; Felix Leopold (1903-74), Schriftst., 1933 Emigr. GB; ∞ 1929 Helga Maria Schuylenburg (geb. 1910 N, holländ.Abstammung), kath., 1933 Emigr.; *K:* Elisabeth Maria (geb. 1939 USA), StA: USA u. deutsch, A:BRD; Konstanza Maria (geb. 1942 USA), StA: USA u. deutsch, A: BRD; Margareta Maria (geb. 1948); *StA:* deutsch; 3. Nov. 1934 Ausbürg.; 1938 first papers USA; 1946 deutsch. *Weg:* 1933 Österr., 1934 Saargeb.; 1935 USA; 1946 Deutschland (ABZ).
1924-30 Stud. Rechts- u. Staatswiss. München, Hamburg, Genf, Berlin u. Florenz, 1931 Prom. Hamburg. 1930-33 freier Mitarb. u. Leitartikler, u.a. *Vossische Zeitung, Berliner Tageblatt,* 1930 Zentrumspartei, linker Flügel, in der *Katholischen Jugend* aktiv, Okt. 1930 *Reichsbanner* (RB), Gr. u. Führer RB-Jugendorg. *Vortrupp Schwarz-Rot-Gold,* ab 1930 Mitgl. RB-Gauvorst. Berlin-Brandenburg. 1931-32 VorstMitgl. *Republikanischer Studentenbund.* 1933 Gr. der kurzlebigen illeg. RB-Jugendorg. *Deutsche Legion.* 30. Apr. 1933 nach wiederholter Bedrohung durch SA u. Warnung vor Festnahme nach Schloß Neumatzen b. Brixlegg/Tirol. Journ. Tätigkeit, 1934-35 Teiln. am Status-quo-Kampf im Saargeb., Dez. 1934 bis zum Verbot Jan. 1935 Hg. u. Chefred. Zs. *Das Reich,* Saarbrücken. Aufenthalte in GB u. Frankr., Febr. 1935 in die USA, Auslandsreisen, 1937 Korr. *Die Neue Weltbühne, Baseler Nationalzeitung* u. *New York Post* im republikan. Spanien. Rege publizist. Tätigkeit, Versammlungsreden, Rundfunkansprachen u.a. über *Deutscher Freiheitssender 29,8.* Gr. u. Vors. *Committee for Illegal Literature.* 1937-46 Gastprof. i.A. der Carnegie-Stiftung an Univ. in USA u. Kanada. Kontakte zu kath. Kreisen, zahlr. dt. u. österr. Exilorg. u. Politikern einschl. KPD im Rahmen der Volksfrontpolitik nach 1935 bzw. 1943; Mitgl. New Yorker Zweig RB. Pläne für eine dt. Exilreg. mit Freistaat in Ostafrika; Mitarb. an Exilzs. 1936 Mitgr. u. bis zur Auflösung 1941 GenSekr. *American Guild for German Cultural Freedom (Deutsche Akademie im Exil)* unter Vors. von Thomas Mann u. Sigmund Freud, Stipendien für zahlr. emigr. Schriftst.; 1940-41 Mitwirkung an Rettung von Emigr. in Westeuropa. 1943-44 Mitgl. u. Ehrenpräs. *Lateinamerikanisches Komitee der Freien Deutschen* unter Ltg. von Ludwig Renn u. → Paul Merker, 1944 auch kurzfristig Mitarb. im CDG, dann Konflikte vor allem mit KPD wegen Eintretens für territoriale Unversehrtheit Deutschlands nach Kriegsende u. Eindämmung des sowj. Einflusses in Osteuropa. Okt. 1946 nach Bremen, Korr. *International News Service,* Gr. u. Ltr. Amerikaabt. *Deutscher Caritas-Verband.* 1947 Doz. Univ. Heidelberg, Gr. u. bis 1957 Ltr. *Die Deutsche Aktion e.V.* zur Erneuerung des Reichsgedankens, die 1950/51 mit der „Aktion Helgoland" u. 1951-56 mit der „Aktion Saar" für die Wiederangliederung dieser Gebiete spektakulär hervortrat; Gr. *Deutscher Saarbund,* Mithg. der verbotenen *Deutschen Saarzeitung.* 1952-53 süddt. Korr. *Die Zeit.* 1952 FDP, 1953-57 MdB, Mitgl. Deutscher Rat der Europäischen Bewegung. 1957 DP/FVP-Vors. Landesverb. Saar. Seit 1958 CDU, 1959-71 Sonderberater, 1971-73 freier Mitarb. des Presse- u. Informationsamts der Bundesreg., zahlr. Auslandsreisen. 1960-63 StadtVO Bad Godesberg. Seit Febr. 1973 Präs. *Freier Deutscher Autorenverband,* München. Lebte 1977 in Bonn u. München. - *Ausz.:* 1943 Litt. D.h.c. Hamline Univ., St. Paul, Minn., 1966 Großkreuz von Athos, 1968 Gr. BVK; 1970 Komturkreuz Ital. Verdienstorden, HonProf. Führungsakad. des Heeres, Taipeh/Formosa.

W: u.a. Umrisse der Idee des faschistischen Staates und ihre Verwirklichung (unter Vergleich mit den wichtigsten Gebieten des deutschen Staatsrechts), Diss. jur. Hamburg 1931; The Tragedy of a Nation. Germany 1918-1934, London (Faber) 1934, New York (Macmillan) 1935 (dt. Übers. Die Tragödie eines Volkes; Deutschland 1918-1934. Amsterdam (Steenuil) 1934 [holl. ebd. 1934]); After Hitler's Fall; Germany's Coming Reich, London (Faber), New York (Macmillan) 1934; Conquest of the Past, an Autobiography (ABiogr. bis 1933). London (Faber), Boston (Houghton & Mifflin) 1937; A Catholic in Republican Spain. London (Gollancz) 1937 (dt. Übers. Als Katholik im republikanischen Spanien. Zürich [Stauffacher] 1938); On Borrowed Peace, an Autobiography. New York (Doubleday Doran) 1942, London (Faber) 1943; El Libro Negro del Terror Nazi en Europa (Mitarb.) Mexico (El Libro Libre) 1943; The Child and the Emperor. New York (Macmillan) 1945 (dt. Übers.: Das Kind und der Kaiser. Heidelberg 1948]; The Germans in History. New York (Columbia Univ. Press) 1945 (dt. Übers.: Deutsche Geschichte; der Weg des Reiches in zwei Jahrtausenden. 1. Aufl. Frankfurt/M. 1950); The Lance of Longinus. New York (Macmillan) 1946 (dt. Übers.: Die Lanze des Longinus, Heidelberg 1948); The Eagle and the Cross. New York (Macmillan) 1947, London (Adler) 1948 (dt. Übers.: Adler und Kreuz, 1950); Kleine deutsche Geschichte. 1953 (zahlr. Aufl. u. Übers.); Deutschlands Schicksal 1945-57 (mit Volkmar von Zühlsdorff). 1957; Nato - Die Verteidigung des Westens (mit Volkmar von Zühlsdorff). 1959 (auch engl.); Die deutsche Widerstandsbewegung. 1965 (auch engl., franz., span.); Der Rote Imperialismus. 1965 (auch span.); Towards the Further Shore, an Autobiography. 1968; Botschafter ohne Auftrag, ein Lebensbericht. 1972. *L:* Kießling, Alemania Libre; Schmidt, Saarpolitik. *D:* BA, IfZ. *Qu:* Arch. Fb. Hand. Publ. Z. - IfZ.

Löwenthal, Fritz, Dr. oec. publ., Rechtsanwalt, Politiker; geb. 15. Nov. 1888 München, gest. 28. Aug. 1956 Valdorf b. Herford/Westf.; o.K.; ∞ Maria; *StA:* deutsch. *Weg:* 1933 UdSSR; 1946 Deutschland (SBZ).
Stud. Rechts- u. Staatswiss. Berlin u. München, 1914 Gerichtsassessor, 1918 Ratsassessor, Syndikus Handelsgremium Bamberg, 1919 RA Nürnberg, 1922 Syndikus Stuttgart, ab 1927 RA Berlin. Red. *Revue der Internationalen Juristischen Vereinigung.* 1928 KPD, 1930-32 MdR. 1933 Emigr. UdSSR. 1946 Ltr. Abt. Justizaufsicht der Zentralverwaltung für Justiz in der SBZ, Mai 1947 Flucht nach Westdeutschland, SPD. Verf. des Berichts *Der neue Geist von Potsdam,* dessen Vertrieb von brit. Besatzung unterbunden wurde. Mitgl. Parlamentar. Rat, Mai 1949 nach öffentl. Angriffen auf die krit. Haltung des PV zu Grundgesetz u. Westintegration aus SPD-Fraktion ausgeschlossen.

W: Der preußische Verfassungsstreit 1862-66. 1914; Die Verordnung über das Reichswirtschaftsgericht. 1920; Das Gesetz über die Betriebsbilanz. 1921; Der neue Geist von Potsdam. 1948; Der Weg der Sowjetunion. 1948; News from Soviet Germany. 1950. *Qu:* Arch. Hand. Z. - IfZ.

Löwenthal, Richard, Dr. phil., Hochschullehrer, Publizist; geb. 15. Apr. 1908 Berlin; o.K.; *V:* Ernst L. (1870-1937), Handelsvertr.; *M:* Anna, geb. Gottheil (geb. 1880 Berlin, gest. 1969 New York); ∞ 1960 Charlotte Herz, geb. Abrahamsohn (geb. 1908), Stud. Rechtswiss., Soziologie u. Volkswirtsch.; 1936 Emigr. GB, 1939/40 Archivarin des *Central European Joint Committee; StA:* deutsch, Ausbürg., 1947 brit., deutsch. *Weg:* 1935 CSR; 1936 GB; 1937 CSR; 1938 F; 1939 GB; 1961 Deutschland/Berlin (West).
1926-31 Stud. NatÖkonomie u. Soziologie Berlin u. Heidelberg u.a. bei Max Weber u. Karl Mannheim. 1931 Prom. mit *Die Marxsche Theorie des Krisenzyklus.* 1926-29 Mitgl., ab 1928 Reichsltr. *Kostufra.* 1929 offenbar wegen der Sozialfaschismustheorie Abwendung von KPD u. Parteiausschluß. 1929-31 KPDO, 1932-33 Mitarb. theoret. Parteiorgan *Die Gesellschaft.* Anschluß an *Leninistische Organisation* (LO) → Walter Loewenheims, nach 1933 als führender Ideologe u. LtgMitgl. Berlin maßgebl. am Aufbau illeg. Elite-Kader der Gruppe *Neu Beginnen* (NB) beteiligt; Deckn. Paul Sering, S. Bohner, Ernst. Ab Herbst 1934 Wortführer der Opposition gegen die „liquidatorischen" Tendenzen der Führungsgruppe Loewenheim. In der Auseinandersetzung mit Loewenheims urspr. Konzeption Neuformierung der strateg. Richtlinien u. Orientierung auf Arbeit innerhalb der sozialist. Parteien u. Gew.; 1935 Veröffentlichung einer eigenen Theorie des Faschismus in *Zeitschrift für Sozialismus* (ZfS), die gegen Faschismustheorie der *Komintern* gerichtet war u. einen wesentl. Beitrag in der Diskussion über Grundlagen u. Perspektiven des natsoz. Regimes darstellte; beeinflußte u.a. die Arbeiten → Otto Bauers *(Zwischen zwei Weltkriegen)* u. → Franz Neumanns *(Behemoth).* Frühj. 1935 ZusSchluß mit dem zweiten Protagonisten der NB-Opposition Werner Peuke, der wie er die programmat. NB-These von 1933 von der Notwendigkeit des Kampfes im Reich selbst u. damit der Heranbildung von Kadern für die Zeit nach dem NatSoz. vertrat. Juli 1935 Spaltung von NB u. Absetzung Loewenheims, Ltg. von NB durch L. u. Peuke bis zur Gestapo-Verhaftungswelle unter NB-Mitgl., Aug. 1935 Emigr. in die CSR; in Prag mit → Karl Frank im NB-Auslandsbüro. April 1936-Okt. 1937 Forschungsstipendiat in London, danach wieder NB-Zentrale Prag, ab Apr. 1938 in Paris. Mit der Revision des in der Miles-Broschüre aufgezeigten sog. weiterentwickelten Leninismus erreichte L. nach 1935 eine ideolog. Annäherung an die Sozialdemokratie durch die Aufgabe des Konzepts des demokrat. Zentralismus u. der (Erziehungs-)Diktatur des Proletariats; Annäherung an Otto Bauers Austromarxismus u. an die Haltung der traditionellen linken sozdem. Parteiopposition; mit Karl Frank, → Joseph Buttinger u. → Josef Podlipnig Verf. *Der kommende Weltkrieg. Aufgaben und Ziele des deutschen Sozialismus* als Versuch linkssozialistischer Standortbestimmung gegenüber dem zu erwartenden Krieg in Europa. Sommer 1939 mit der NB-Auslandszentrale nach London, nach Kriegsausbruch Red. *Reports from Inside Germany* (→ Waldemar von Knoeringen). In *Klare Fronten* (London 1941) propagierte L. im Hinblick auf die Kriegsziele der Alliierten die „deutsche Revolution zwischen den Weltmächten"; wegen der NB-Konzeption eines demokrat. sozialist. Deutschland in den Grenzen der Weimarer Republik wurden L. u. Karl Frank von Lord Vansittart als Exponenten „pangermanischen Denkens" angegriffen. In *Klare Fronten* vertrat L. nach dem Angriff Hitlers auf die UdSSR u. dem Wiederaufleben einer „Ostorientierung" der linken Exilgruppen eine Beteiligung der UdSSR an der Neuordnung Europas, um die Unterdrückung der revol. Bewegungen u. die Oktroyierung der kapitalist. Gesellschaftsordnung (auch auf die UdSSR) durch die Westmächte zu verhindern; 1943 jedoch aufgrund der Polenpol. Moskaus grundlegende Revision seiner Ansichten u. Anlehnung an die Westmächte, vor allem an brit. u. amerikan. ArbBewegung. Enge Verb. zur *Fabian Society,* Beiratsmitgl. *International Socialist Forum,* Eintreten für Rekonstruktion der II. Internationale. Beeinflußt vom Nachkriegsprogramm der brit. ArbBewegung, befürwortete L. auch für Deutschland die Ergänzung der parlamentar. Demokratie durch zentrale, an den Interessen der arbeitenden Bevölkerung orientierte Investitionslenkung. 1940-42 Mitarb. *Sender der Europäischen Revolution,* in GB als freier pol. Journ. tätig, ab 1942 bei Nachrichtenagentur *Reuter.* Nach dem Krieg Verbleib in GB; 1948-49 Deutschlandkorr. für *Reuter,* 1949-54 für *Observer,* 1954-58 außenpol. Leitartikler *Observer.* Mitarb. St. Antony's College Oxford, 1959 Gastdoz. Otto-Suhr-Institut der FU Berlin, 1959-60 Forschungstätigkeit am Russian Research Center der Harvard Univ. Cambridge/Mass. 1961 Berufung als Ordinarius für die Wissenschaft von der Politik u. für Geschichte u. Theorie der Auswärtigen Politik an das Otto-Suhr-Institut, gleichzeitig Dir. Sektion für Osteuropäische Zeitgeschichte am Osteuropa-Institut der FU Berlin; 1964-65 Gastprof. Research Institute on Communist Affairs Columbia Univ. New York; seit Grdg. 1964 Vors. des Forschungsbeirats *Ostblock und Entwicklungsländer* bei der Friedrich-Ebert-Stiftung, 1964-67 VorstMitgl. *Deutsche Gesellschaft für Osteuropakunde,* ab 1970 deren Vizepräs.; 1968-69 Forschungsaufenthalt am Center for Advanced Studies in the Behavioural Sciences Stanford Univ. Palo Alto/Kalifornien; 1969 Rückkehr an die FU u. Geschäftsf. Dir. Osteuropa-Institut; Mitgl. u.a. Direktorium Bundesinstitut für ostwissenschaftliche und internationale Studien Köln sowie des Ostkollegs der Bundeszentrale für politische Bildung ebd., des Kuratoriums Stiftung Volkswagenwerk u. des wiss. Direktoriums der *Deutschen Gesellschaft für Auswärtige Politik.* Seit 1945 Mitgl. SPD, mit seiner theoretischen Schrift über den demokratischen Sozialismus *Jenseits des Kapitalismus* (1948) Einfluß auf die sozialist. Linke vor allem unter der studentischen Jugend in den 60er Jahren, Berater der SPD-Parteiführung insbes. in Fragen der Beziehung zwischen Sozialdemokraten u. Kommunisten; wandte sich Juli 1967 gegen Pläne des *Sozialistischen Deutschen Studentenbundes,* Formen der plebiszitären Demokratie in Gesellschaft u. Hochschule einzuführen, u. distanzierte sich von der Studentenbewegung im Jahre 1968; einer der Initiatoren des konservativen *Bundes Freiheit der Wissenschaft,* 1970-73 VorstMitgl.; 1970 Mitgr. *International Committee on the University Emergency.* Nach seiner Emeritierung 1974 freier Publizist. Lebte 1978 in Berlin. - *Ausz.:* Gr. BVK; 1978 Ernst-Reuter-Plakette.
W: u.a. unter Ps. Paul Sering: Die Wandlung des Kapitalismus. In: ZfS Nr. 20/21, Mai/Juni 1935; Der Faschismus (Voraussetzung und Träger). In: ZfS Nr. 24/25, Sept./Okt. 1935; Der Faschismus. System und Widersprüche. In: ZfS Nr. 26/27, Nov./Dez. 1935; Historische Voraussetzungen des deutschen Nationalsozialismus. In: ZfS Nr. 30, März 1936; Die Aufgaben der deutschen Revolution. In: ZfS, Nr. 33, Juni 1936; Der kommende Weltkrieg. Aufgaben und Ziele des deutschen Sozialismus. Paris 1939 (Mitverf.); Klare Fronten. In: Left News, Okt. 1941 (auch: Richard Löwenthal, op. cit., Hg. Auslandsbüro NB, London 1941); Jenseits des Kapitalismus. 1948 (3. Aufl.); unter dem Namen Richard Löwenthal: The Coming World War - Epilogue by Richard Löwenthal. London 1942; Ernst Reuter. Eine politische Biographie (zus. mit Willy Brandt). 1957; zahlr. Veröffentl. zur osteurop. Zeitgeschichte, u.a.: Chruschtschow und der Weltkommunismus. 1963; Der geborstene Monolith. Von Stalins Weltpartei zum kommunistischen Pluralismus. 1967 (2. Aufl.); Hochschule für die Demokratie. 1971; Sozialismus und aktive Demokratie. Essays zu ihren Voraussetzungen in Deutschland. 1974. *L:* Kliem, Neu Beginnen; Reichardt, Neu Beginnen; Röder, Großbritannien; Stollberg, Gunnar, Theorie und Erfahrung. Die Faschismusschriften Rosenbergs, Serings und Sternbergs im Lichte der Marxschen Theorie. In: IWK 1974/1. *Qu:* Arch. Fb. Hand. Publ. Z. - IfZ.

Löwi, Sigmund, Gewerkschaftsfunktionär; geb. 5. Apr. 1883 Barnsdorf b. Nürnberg, gest. 30. Dez. 1954 Stuttgart; o.K.; ∞ Johanna (gest. 1967); *StA:* deutsch. *Weg:* 1933 CSR, 1937 GB; 1946 Deutschland (ABZ).

Kupferschmied; 1900 DMV, ab 1913 Angest. Hauptvorst. DMV, 1929-33 Bevollmächtigter DMV-VerwStelle Bochum. 1933 Flucht in die CSR, 1933-37 Angest. *Internationaler Metallarbeiter-Verband der CSR,* Mitgl. ParteibezAusschuß Warnsdorf der DSAP. 1937 Emigr. GB, 1940 Mitgr. u. Mitgl. Exekutive der *DSAP-Auslandsgruppe* unter → Josef Zinner in Opposition zu der von → Wenzel Jaksch geleiteten TG. Ab Grdg. 1943 Mitgl. *Sudetendeutscher Ausschuß-Vertretung der demokratischen Deutschen aus der CSR.* 1946-49 Sekr. VerwStelle Heidenheim der *IG Metall,* 1949-53 BezLtr. Stuttgart.
Qu: Arch. Pers. - IfZ.

Löwit (Lowit), **Karl,** Gewerkschaftsfunktionär; geb. 6. Nov. 1887 Lang-Ugest/Böhmen, gest. 21. Apr. 1965 Mirfield/GB; ∞ Johanna (gest. 1951), 1938 Emigr. GB; *K:* → Ludwig Löwit; *StA:* österr., 1919 CSR, brit. *Weg:* 1938 GB.
Handelsakad., anschl. Fremdsprachenkorr., ab 1908 Vertrauensmann der österr. AngestGew., im 1. WK Kriegsdienst, dann Sekr. der Rechtsschutzstelle u. Red. der VerbZtg. des *Zentralverbands der Angestellten in Industrie, Handel und Verkehr* bzw. ab 1920 des *Zentralverbands der Angestellten,* Sitz TeplitzSchönau, ltd. Mitwirkung bei Vereinigung der dt. AngestVerb. in der CSR zum *Allgemeinen Angestellten-Verband Reichenberg (All-a-ver)* 1927 u. danach dessen ltd. Funktionär; 1919 DSAP, 1927-38 DSAP-Lokalvertrauensmann u. StadtVO. Reichenberg. Nach Abschluß des Münchner Abkommens ins Landesinnere. Nov. 1938 über Polen nach GB, Englischlehrer für sudetendt. Emigr. im Lager Chilworth-Albury/Surrey, ab Mai 1940 Lohnbuchhalter; ab 1944 Mitgl. TG-Landesvorst., ab Grdg. Anfang 1945 VorstMitgl. u. Kontrollobmann *Vereinigung Sudetendeutscher Freigewerkschafter im Ausland.* Nach Kriegsende Presseberichterstatter.
L: Weg, Leistung, Schicksal; Menschen im Exil. *Qu:* Arch. Publ. Z. - IfZ.

Löwit (Lowit), **Ludwig,** Verbandsfunktionär; geb. 16. Febr. 1916 Böhmen; *V:* → Karl Löwit; ∞ Anneliese, 1938 Emigr. GB, 1939 CDN; *StA:* CSR, CDN. *Weg:* 1938 GB; 1939 CDN.
Mitgl. *Arbeiterverein Kinderfreunde für die ČSR* u. SJ. 1938 Emigr. nach GB, 1939 nach CDN, Farmer, im 2. WK Angehöriger der kanad. Invasionsarmee, 1947 Mitgl., langj. Kassier u. später Präs. *Sudetenclub Vorwärts* Toronto; Sekr. *Zentralverband sudetendeutscher Organisationen in Canada.* Lebte 1977 in Kanada.
Qu: Arch. Z. - IfZ.

Löwy, Adolf, Dr., Journalist, Publizist; geb. 13. Okt. 1925 Wien; jüd.; *V:* Dr. Moriz L. (1890-1959), jüd., Kinderarzt, Mitgl. B'nai B'rith, 1938 Emigr. F, 1939 USA; *M:* Dr. Frania Berlin (geb. 1895 Lodz), jüd., Kinderärztin, Mitgl. SDAP, *B'nai B'rith,* 1938 Emigr. F, 1939 USA; *G:* Melitta (geb. 1923), Mathematikerin, A: USA; Nina (geb. 1931), Ärztin, A: USA; ∞ 1960 Gioia Taschdsian (geb. 1934), Diss.; *StA:* österr. *Weg:* 1938 F; 1939 USA; 1947 Österr.
Schule in Wien, 1936-38 Mitgl. einer dem illeg. KJVÖ nahestehenden Pfadfindergruppe. 1938 Schulausschluß; Juni 1938 mit den Eltern über die Schweiz nach Paris, Schulbesuch, Mitgl. eines Schülerkomitees für Spanien, Geldsammlungen zur Unterstützung von ehemaligen Angehörigen der Internat. Brigaden in Frankr.; Juli 1939 über GB nach New York. 1941 Schulabschluß, 1941-44 Stud. Soziologie u. Wirtschaftswiss. City College New York, B.S.A., 1944-45 Stud. Wirtschaftswiss. Columbia Univ., M.A.; 1942-47 Mitgl. *Free Austrian Youth (Austro-American-Association* u. *Austro-American Tribune* nahestehende Jugendorg.); 1945-47 Statistiker in Privatwirtschaft. 1947 Rückkehr nach Wien, Mitgl. KPÖ. 1947-51 Stud. Hochschule für Welthandel, Prom.; 1947-55 Mitgl., 1947-52 stellv. Obmann *Vereinigung Demokratischer Studenten;* Mitarb. *Weg und Ziel,* Ps. G.A. Löwy, Georg Löwy, Georg Lenz, G.L. 1949-67 stellv. Obmann u. Kultusrat *Jüdische Einigkeit;* 1952-71 Werbeltr. u. Marktforscher; 1956-61 VorstMitgl. isr. Kultusgde. Wien, 1960 Mitgr. u. bis 1970 Mitgl. *Freundeskreis,* 1963 Mitgr. u. bis 1968 Mitgl. *Kreis 63.* 1964 zus. mit → Paul Frischauer Ausschluß aus KPÖ. Mitgl. *Bundesverband österreichischer Widerstandskämpfer und Opfer des Faschismus - KZ-Verband.* Seit 1971 freier Journ. u. Publizist. Lebte 1978 in Wien.
W: u.a. Die Weltgeschichte ist das Weltgericht. Bucharin: Vision des Kommunismus. 1969. *Qu:* Fb. Pers. - IfZ.

Loewy, Erwin, Ingenieur, Industrieller; geb. 1897 Bečov bei Karlsbad/Böhmen, gest. 13. Juli 1959 New York; *G:* → Ludwig Loewy. *Weg:* 1934 (?) F, 1939 (1940?) USA.
IngAusbildung, techn. Berater zahlr. europ. Industrieunternehmen, u.a. Škoda-Werke Pilsen, Entwicklung neuer Herstellungsmethoden mit Strangpressen u. Walzwerken. Bis ca. 1934 in Düsseldorf, anschl. Emigr. Frankr., 1939 (1940?) in die USA. Im 2. WK US-Luftwaffe (Oberst), dann Aufenthalt in Europa zur Information über den Stand der Industrie, insbes. auf dem Stahl-Sektor. Gr. u. Inh. Hydropress Inc. New York (später Übernahme durch Baldwin-Lima-Hamilton Corp. Philadelphia/Pa.), Herstellung von hydraul. Strangpressen für die Flugzeugindustrie, Entwicklung neuer Methoden im Raketenabschuß (Polaris-Raketen), Aufträge von US-Armee u. -Luftwaffe, Bau von Gesenkschmieden für Herstellung von Bombertragflächen. Ab 1954 VorstMigl. New York City Symphony Orchestra.
Qu: HGR. Pers. Publ. Z. - RFJI.

Löwy, Gustav; *StA:* österr. *Weg:* Boliv.
Kommerzialrat; vermutl. nach Anschluß Österr. Emigr. Bolivien. 1941 Präs. Gründungskomitee für eine österreichische Vereinigung in Bolivien, anschl. Präs. *Federación de Austriacos libres en Bolivia* (FAL). ZusArb. mit *Austrian Action* in New York unter → Ferdinand Czernin, Org. eines aktiven österr. Kulturlebens in Bolivien. Ab 1943 war FAL MitglOrg. des *Comite Central Austriaco de America Latina* unter → Karl Stephan Grünberg (VorstMitgl. zwischen 1941 u. 1944: → Richard Adler, Ernst Aldor, Otto Fischer, → Fritz Kalmar, Oskar Klein, Dr. Julius Liebling, Josef Paschkus, Bruno Stroheim, Hubert Unger, Emil Weiss).
Qu: Arch. - IfZ.

Loewy, Ludwig, Industrieller; geb. Bečov bei Karlsbad/Böhmen, gest. 1942 GB; *G:* → Erwin Loewy; *StA:* ČSR, brit. *Weg:* 1936 GB.
Dipl.-Ing., Berater zahlr. europ. Industrieunternehmen, u.a. Škoda-Werke Pilsen, Entwicklung neuer Produktionsweisen (Strangpressen u. Walzwerk). Übersiedlung nach Düsseldorf, Gr. Fa. Schliemann; 1936 Emigr. GB, Gr. Loewy Engineering Co. Ltd. London; nach Kriegsbeginn Einbürgerung aufgrund der Bedeutung des Unternehmens für die Rüstungsindustrie.
L: Pick, J. C., The Economy. In: The Jews of Czechoslovakia. 1968. *Qu:* Arch. HGR. Pers. Publ. - RFJI.

Lohberger, Kurt, Offizier, Verbandsfunktionär, geb. 2. Juni 1914 Lugau/Erzgeb.; *V:* Bergarb.; *StA:* deutsch, 22. Dez. 1938 Ausbürg. *Weg:* 1933 Österr.; 1937 E; 1939 F; 1941 Deutschland; 1945 UDSSR; 1948 Deutschland (SBZ).
Maurer, 1930 KJVD; KPD. 1933 Emigr. nach Österr.; 1937-39 Teiln. Span. Bürgerkrieg in Internat. Brigaden; 1939-41 Internierung in Frankr., nach Auslieferung 1941-43 Zuchth. Waldheim, anschl. Strafbtl. 999, Jan. 1945 Desertion zu griech. Partisanen, dann in die UdSSR, angebl. Besuch einer Antifa-Schule u. danach NKFD-Mitarb. 1948 Rückkehr nach Deutschland (SBZ), SED, Offz. Kasernierte Volkspolizei (KVP), 1949-50 angebl. Besuch der sowj. MilAkad. Privolsk b. Saratov, dann Mitarb. KVP-PolVerw.; 1952 Oberst, 1953 Ltr. Abt. Organisation u. Instruktion in KVP-PolVerw., 1954-56 Ltr. PolAbt. bei KVP-Stab, 1957-60 stellv. Ltr. PolArb. in NVA-MilBez. Nord, 1961 Kommandeur PolOffzSchule 1 in Berlin-Treptow, 1963 GenMajor d.R.; 1963-68 Vors. *Gesellschaft für Sport und Technik,* anschl. Mitarb. MfNatVert.; Mitgl.

460 Loistl

BezLtg. Berlin *Komitee der Antifaschistischen Widerstandskämpfer in der DDR.* Lebte 1974 in Berlin (Ost). - *Ausz.:* 1956 Hans-Beimler-Med., VVO (Bronze), 1959 VVO (Silber), 1973 VVO (Gold), 1974 Scharnhorst-Orden.

W: Der Kampfweg der deutschen Interbrigadisten. In: Interbrigadisten, S. 405-408. 1966. *L:* Forster, NVA; Pasaremos. *Qu:* Arch. Erinn. Hand. Publ. Z. - IfZ.

Loistl, Franz, Parteifunktionär; geb. 14. Juni 1900 Friedberg/Steiermark, gest. Nov. 1956(?), *StA:* österr. *Weg:* CSR; 1938 (?) S; 1945 (?) Österr.

Bergmann; angebl. seit 1919 Mitgl. KPÖ, Betriebsrat u. GdeRat in Grünbach a. Schneeberg/Niederösterr., anschl. KPÖ-Funktionär in Wien. Erhielt Aufenthalts- u. Betätigungsverbot in Wien. Nach 1933 illeg. KPÖ-Funktionär in Wien, angebl. Mitgl. ZK u. PolBüro. Mai 1935 Verhaftung, KL Wöllersdorf, später noch mehrmals verhaftet, u.a. Jan. 1937, zeitw. in der CSR, Sekr. überparteilicher Org. in der CSR u. in Österr., illeg. Tätigkeit für *Freie Gewerkschaften.* Vermutl. 1938 Emigr. nach Schweden, lebte in Göteborg, wahrscheinlich Mitgl. KPÖ-Parteigruppe in Schweden. 1944 Vors. Ortsgruppe Göteborg der *Österreichischen Vereinigung in Schweden* (ÖVS) unter → Bruno Kreisky. 1945 nach Spaltung der ÖVS vermutl. Mitgl. *Freie Österreichische Bewegung* in Schweden (→ Gustl Moser). Nach Kriegsende Rückkehr nach Österr., 1946-56 ZK-Mitgl. der KPÖ.

L: Müssener, Exil; Widerstand 1. *Qu:* Arch. Hand. Pers. Publ. - IfZ.

Lomnitz, Ernst Alexander, Dr. jur., Kaufmann, Verbandsfunktionär; geb. 30. Apr. 1904 Breslau; *V:* Franz L. (geb. 1872 Breslau, gest. 1939 Breslau), jüd., höhere Schule, Textilkaufm.; *M:* Marie, geb. Schönbeck (geb. 1876 Nordhausen, gest. 1939 Bombay), jüd., höhere Schule, 1939 Emigr. IND; *G:* Alfred E. Laurence (geb. 1910 Breslau), 1937 Emigr. IND, 1940 USA, Industriechem., *A:* GB; ∞ 1951 Anna Emilia Reisz (geb. 1922 Oradea Mare/Rum.), jüd., Dep. KL Auschwitz; *K:* Georgina (Stieftochter, geb. 1946 Prag), 1948 nach IL, Sekr. in London; *StA:* deutsch, 1947 brit. *Weg:* 1932 F, 1935 IND, 1956 I.

1922-26 Stud. Göttingen, Freiburg, Breslau, 1926 Referendar, 1930 Assessor; Mitgl. *Blau-Weiß;* 1931-32 RA in Liegnitz u. Breslau. Okt. 1932 nach Paris mit StudVisum, 1933-34 Stud. internat. Recht, Sorbonne, 1934-35 Dir. Hachscharah-Zweigstelle Normandie. Okt. 1935 nach Indien, 1935-56 Dir. S.A.P.T. Textilprodukte, 1939 von brit. Behörden kurzzeitig interniert. 1943-56 Mitgl. *Jew. Children's Feeding Fund* Bombay, 1946-56 *Central Jew. Board* Bombay, 1950-56 ehrenamtl. Geschäftsf. u. Vors. *Jew. Relief Assn.* Bombay. 1956 nach Italien, 1956-62 bei S.A.P.T.-Zweigstelle Mailand. 1962 nach GB, 1962-75 stellv. GenSekr. AJR London.

W: Die geheime Konkurrenzklausel der Prinzipale im geltenden Recht. (Diss.) 1926. *Qu:* Fb. Hand. Pers. Z. - RFJI.

Lorch, Mordechai (urspr. Max), Dr. jur., Rechtsanwalt; geb. 11. Jan. 1895 Nürnberg, gest. 24. Febr. 1972 Jerusalem; *V:* Emil L. (geb. 1854 Mainz), bayer. u. ital. Hofjuwelier in Nürnberg; *M:* Paula, geb. Schwarz (geb. Nürnberg, umgek. KL Theresienstadt); *G:* Fritz (geb. 1893 Nürnberg, umgek. 10. Nov. 1938); ∞ 1923 Dr. phil. Hannah Wissman (geb. 1901 Künzelsau), 1923 Prom. Würzburg, 1935 Emigr. Pal.; *K:* Jacob (geb. 1924), 1935 Emigr. Pal., Prof. für Botanik u. WissGesch. Hebr. Univ.; → Netanel Lorch; Ruth (1932-51), 1935 Emigr. Pal.; Else (geb. u. gest. 1930); *StA:* deutsch, Pal./IL. *Weg:* 1935 Pal.

1913-14 Stud. Erlangen, 1914-18 Kriegsteiln. (EK), 1918-21 Stud. Würzburg, 1921 Prom.; 1921-25 Bankdir. in Berlin u. Breslau, 1925-35 RA in Nürnberg. Aktiv im KKL, 1920-72 Mitgl. K.J.V., 1927 Abg. zum 15. Zion. Kongreß, Mitgl. *Hakoah.* 1935 Emigr. Palästina mit Familie mit A I-Zertifikat, Unterstützung durch *Haavarah.* 1935 Mitgl. *Haganah,* 1936-39 Kommandant der Bezirke Neveh Shaanan u. Yemin Moshe, 1948 Artilleriebeobachter während der Belagerung von Jerusalem. 1945 Examen für ausländ. RA, 1945-52 RA in Jerusalem, 1952-72 Rechtsberater am isr. Rechnungshof; Mitgl. Ausschuß für das Berufsethos der Juristen der isr. RA-Kammer.

Qu: Fb. - RFJI.

Lorch, Netanel, Diplomat; geb. 24. Mai 1925 Künzelsau; *V:* → Mordechai Lorch; ∞ Erika Frost (geb. 1930 Wien), Bibliothekarin, 1938 Emigr. B, 1939 USA, Stud. Brooklyn/Coll., 1950 nach IL, ab 1967 Bibliothekarin Van Leer Inst. Jerusalem; *K:* Amnon (geb. 1953), Stud. Rechtswiss. Hebr. Univ.; Yahil (geb. 1955), Stud. Biologie Hebr. Univ.; Yiftach (geb. 1956); *StA:* deutsch, Pal./IL. *Weg:* 1935 Pal.

1935 Emigr. Palästina mit Eltern, 1941 *Haganah,* 1943 Dipl. Miẓrahi-Lehrerseminar Jerusalem, 1943-44 Lehrer im relig. Einwandererjugenddorf Kfar haNoar haDati, 1944-46 MilDienst jüd. Brigade der brit. Armee. 1946-47 Rundfunkmitarb., anschl. *Haganah,* dann IDF; 1951 M.A. Geschichtswiss. Hebr. Univ., 1952-55 Gr. u. Ltr. hist. Abt. der IDF. 1955-58 isr. Konsul u. Pressereferent in Los Angeles, 1958-60 Chargé d'Affaires isr. Gesandtschaft in Colombo/Ceylon, 1960-63 erster Ltr. Afrika-Abt. im isr. Außenmin., 1963-67 Botschafter in Peru u. Bolivien, 1967 Ltr. InfoAbt. im Außenmin., 1968 Dir. Südamerika-Abt., 1968-70 Mitgl. isr. Deleg. zur UN-Vollversammlung, ab 1972 GenSekr. Knesset. Daneben ab 1960 zahlr. Werbereisen für UJA u. *Isr. Bonds* in die USA, nach Kanada, Mittel- u. Südamerika u. Westeuropa. Kuratoriumsmitgl. Hebr. Univ., Vizepräs. *Assn. of Secr. Gen. of Parliaments,* Dir. Shazar Center for Jew. Heritage.

W: Korot Milḥemet haAzmaut. 1969 (engl. Übers.: The Edge of the Sword. 1968, 1970); HaNahar haLoḥesh (The Whispering River). 1969; One Long War - Arab vs. Jew, since 1920. 1976. *Qu:* Fb. Hand. - RFJI.

Lorenz, Kurt Walter, Parteiangestellter; geb. 18. Dez. 1903 Dresden, gest. 20. Nov. 1947 London; o.K.; *V:* Ernst L. (1875-1933), Schriftsetzer, SPD, Geschäftsführer *Volkszeitung* Dresden; *M:* Anna (1879-1935), Schriftsetzerin, SPD; ∞ 1924 Charlotte Heide (geb. 1904), Emigr. CSR, F, GB; *A:* 1960 Deutschland (BRD); *K:* Lotte Lam (geb. 1924), Emigr. CSR, F, GB; *StA:* deutsch, 18. Nov. 1938 Ausbürg. *Weg:* 1933 CSR; 1937 F, GB.

Schriftsetzerlehre, 1922-24 MaschSetzer, 1924-30 Angest. *Volkszeitung* Dresden, 1930-33 Geschäftsf. *Oberschlesisches Volksblatt* Gleiwitz. Ab 1922 SPD, 1933 Nachrichtenübermittlung für *Sopade* Prag, März 1933 Flucht in die CSR, Mitarb. bei Herstellung der *Deutschland-Berichte.* 1937 über Paris nach London, bis 1947 Buchdrucker. Mit → Curt Geyer, → Walter Loeb, → Bernhard Menne u.a. Unterz. der Erklärung v. 27. Jan. 1942 über Mitschuld der dt. ArbBewegung am NatSoz., Mitgr. *Fight-For-Freedom* (FFF); Ende 1943 mit → Carl Herz Austritt aus Protest gegen radikale Deutschlandpol. von FFF.

L: Röder, Großbritannien. *Qu:* Pers. Publ. - IfZ.

Lorenz, Richard, Parteifunktionär; geb. 21. Aug. 1888 Grasenau b. Elbogen/Böhmen, gest. 16. Aug. 1959 Stuttgart; *V:* Huf- u. Wagenschmied; *G:* 5; *StA:* österr., 1919 CSR, deutsch. *Weg:* 1938 GB; 1948 Deutschland (ABZ).

1904-07 Lehre als Porzellanmaler in Bayern, 1904 SPD, 1907 Rückkehr nach Böhmen, BezVertrauensmann *Verband jugendlicher Arbeiter Österreichs,* im 1. WK Kriegsdienst, 1919 DSAP, Mitgl. Kreisltg. Karlsbad, 1921-25 Parteisekr. in Neudeck, 1925-30 BezSekr. in Teplitz-Schönau, ab 1930 Kreissekr. für Nordwestböhmen, 1933-38 Mitgl. u. stellv. Fraktionsvors. in böhm. Landesvertr., ab Bildung 1935 Vors. Zentralstelle für das Bildungswesen der DSAP. 1938 Emigr. nach GB, Mitgl. TG-Landesvorst. - 1948 Übersiedlung nach Deutschland, 1948-59 erster Ltr. des Seliger-Archivs Stuttgart.

L: Weg, Leistung, Schicksal. *Qu:* Arch. Pers. Publ. - IfZ.

Loritz, Alfred Josef Georg, Politiker; geb. 24. Apr. 1902 München, gest. 14. Apr. 1979 Wien; kath.; *V:* Johann Baptist L., RegPräs. v. Oberbayern; *M:* Mathilde, geb. Zollner; ∞ led.; *StA:* deutsch. *Weg:* 1939 CH; 1945 Deutschland (ABZ).

RA, 1928-32 *Reichspartei des deutschen Mittelstandes (Wirtschaftspartei),* Dez. 1930-Mai 1931 Chefred. Parteiorgan *Freie Mittelstandszeitung,* 1931-32 RT-Wahlkreisvors. Oberbayern/Schwaben, Mitgl. Parteiausschuß u. Ehrengericht, 1932 Parteiausschluß infolge satzungswidrigen Verhaltens. Ab 1930 als RA auch in der Schweiz tätig, nach 1933 Kontakte u. teilw. auch finanz. Unterstützung versch. Widerstandsgruppen in Bayern, zw. 1937 u. 1939 Reisen nach Frankr. u. den USA angebl. i.A. kath. Widerstandskreise; 1939 Ausschluß aus Anwaltskammer, Sept. 1939 Emigr. in die Schweiz, angeblich Kontakte zu westl. Geheimdiensten. Mai 1945 Rückkehr nach München, Mitgr. u. anschl. Präs. *Interessengemeinschaft aller vom Nationalsozialismus politisch Verfolgten,* Dez. 1945 Gr. u. anschl. Vors. *Wirtschaftliche Aufbau-Vereinigung* (WAV), 1946 Mitgl. Bayer. Verfassungsgeb. Landesvers., 1946-50 MdL Bayern, Dez. 1946-Juni 1947 bayer. Staatsmin. für Sonderaufgaben (Entnazifizierung), Juli 1947 Verhaftung wegen Meineidsverleitung u. Schwarzmarktgeschäften, Sept. 1947 Flucht aus Untersuchungshaft u. bis Okt. 1948 im Untergrund, nach teilw. Freispruch bzw. Amnestie u. Strafanrechnung der Untersuchungshaft ab 1948 erneut WAV-Vors., 1949 Immunitätsaufhebung wegen Beleidigungsklage, Prozeßaussetzung infolge Einflußnahme der amerikan. MilReg., 1949-53 MdB (Fraktionsvors.), 1951 Fraktionsausschluß wegen eigenmächt. Verhandlungen mit der *Sozialistischen Reichspartei* (SRP); ab Anfang der 50er Jahre infolge Parteizerfalls Teilintegration neonazist. Gruppen u. 1953 Umbenennung der bis dahin schwerpunktmäßig in Bayern agierenden Partei in *Deutsche Aufbau-Vereinigung* (DAV), 1955 Anklage wegen Meineidsanstiftung u. Falschbeurkundung aufgrund Inkorrektheiten bei Einreichung des Wahlvorschlags für Bremische Bürgerschaft, 1959 Urteil 3 1/2 J. Zuchth. u. 5 J. Verlust der bürgerl. Ehrenrechte, 1959 Flucht nach Österr., 1962 Gewährung des pol. Asyls, Bemühungen um Revision des Urteils.

L: Winge, Sören. Die Wirtschaftliche Aufbau-Vereinigung (WAV) 1945-53. 1976. *D:* IfZ. *Qu:* Arch. Hand. Pers. Publ. - IfZ.

Lotan, Giora (urspr. Lubinski, Georg), Dr. jur., Rechtsanwalt, Politiker; geb. 22. März 1902 Berlin, gest. 1. Jan. 1974 Jerusalem; *V:* Eliezer Lubinski (geb. 1868 Neustadt (Zerków)/Posen, gest. 1924 Berlin), Buchhalter; *M:* Ulrike, geb. Heymann (geb. 1873, gest. 1941 Pal.), Ladeninh., Emigr. Pal.; *G:* Hans Lubinski (geb. 1900 Berlin, gest. 1965), Kinderarzt, Emigr. Pal.; Alfred Lubinski (geb. 1904 Berlin, gest. 1978), Teilh. eines Reisebüros, Emigr. Bras.; Gerda Lubinski (geb. 1916 Berlin), Krankenschwester, Emigr. Pal.; ∞ 1931 Hilda Kohn (geb. 1902 Nürnberg), Sozialfürsorgerin, 1938 Emigr. Pal.; *K:* Michael (geb. 1932 Berlin), Soziologe; Jehojakim (geb. 1935), Kibb-Mitgl.; *StA:* deutsch, Pal./IL. *Weg:* 1938 Pal.

Stud. Rechtswiss. Berlin u. Frankfurt, 1927 Prom., RA in Berlin. Ltr. zion. Jugendbewegung, zus. mit Ludwig Tietz Gr. u. erster GenSekr. *Reichsausschuß der jüdischen Jugendverbände;* 1933 Berufsverbot. 1933-38 Ltr. Abt. für Berufsausbildung der *Reichsvertretung,* Förderung der Hachscharah-Arbeit u. Auswanderungshilfe. Mitgl. *Hechaluz, Poale Zion,* J.J.W.B., *Habonim.* 1938 Emigr. Palästina mit A I-Zertifikat, 1938-39 aktiv im *Waad haPoel* (ArbAusschuß) des *Histadrut,* 1939-48 Ltr. Fürsorgeabt. des *Vaad Leummi.* 1948-50 Ltr. Sozialhilfe für Kriegsheimkehrer u. ihre Familien im isr. Verteidigungsmin. 1950-53 Mitarb. bei Vorbereitung der Sozialhilfegesetzgebung im ArbMin., 1953-69 Gr. u. GenDir. Nationales Versicherungsamt, zugl. 1959-60 Minister für Sozialhilfe, 1969 Minister für Arbeit. 1951-68 isr. Deleg. bei der UN Social Commission u. Mitgl. isr. Deleg. bei der *Internat. Social Security Assn.,* Vors. Landes-Präs-Rehabilitierungsausschuß.

W: The Zentralwohlfahrtsstelle. In: LBI Yearbook, 1959; Eser Shenot Bituah Leumi (Zehn Jahre Nationale Sozialversicherung). 1964 (Engl. Übers.: National Insurance in Israel. 1969); Supplementary Benefits: Final Report. (Mitverf.) 1970; Baderekh liMedinat haRevahah (Auf dem Weg zum Wohlfahrtsstaat). 1973; Art. in Fachzs. u. Hand. *Qu:* Hand. Pers. Z. - RFJI.

Lothar, Hans (Johannes) Herbert, Dr., Journalist; geb. 18. Juli 1900 (1901?) Wien, gest. 10. Jan. 1944 London; *V:* Dr. Rudolph L. (d.i. Rudolf Lothar Spitzer) (geb. 1865), Schriftst., Emigr.; *M:* Ernestine, geb. Singer. *Weg:* 1936 GB.

Ltr. Zentralbüro der Frankfurter Societäts-Druckerei; 1936 Emigr. GB, Mitarb. Verlag Secker & Warburg London, später Ltr. kontinentale Abt. Verlag Hamish Hamilton. Nach Kriegsbeginn Internierung, in Verb. mit → Sebastian Haffner Initiator des ab März 1941 i.A. des brit. Informationsmin. hg. dt.-sprachigen Wochenblatts *Die Zeitung* im Stil der *Frankfurter Zeitung* vor 1933; bis zur Ablösung durch → Dietrich Mende 1942 Chefredakteur.

L: Röder, Großbritannien. *Qu:* Arch. EGL. Publ. - IfZ.

Loval (urspr. Loebel), **Werner M.,** Diplomat, Immobilienkaufmann; geb. 1926 Bamberg; jüd.; *V:* Sali Loebel (geb. 1890 Bamberg, gest. 1944 Quito/EC), jüd., Kaufm., 1938 zeitw. KL Dachau, 1940 Emigr. über UdSSR, Korea u. Japan nach EC, kaufm. Angest.; *M:* Frieda, geb. Aufhäuser (geb. 1892 Augsburg, gest. 1952 New York), jüd., höhere Schule, 1940 Emigr. mit Ehemann, 1945 nach New York; *G:* Erika Steinberg (geb. 1924 Bamberg), höhere Schule, 1939 Emigr. GB mit Kindertransport, 1945 USA, B.A., Lehrerin, Ltr. eines priv. Kindergartens; ∞ 1956 Pamela Sabel (geb. 1936 London), höhere Schule in GB, 1949 mit Eltern nach Pal., Stud. Hebr. Univ., Sekr. des Präs. der Hebr. Univ.; *K:* Jonathan (geb. 1957), höhere Schule, IDF-Fallschirmjäger-Offz.; Benjamin (geb. 1959); Deborah; Daphna (geb. 1971); *StA:* deutsch, 1947 USA, 1955 IL. *Weg:* 1939 GB, 1942 EC, 1945 USA, 1954 IL.

1935-38 Gymn. Bamberg, 1939 Emigr. GB mit Kindertransport, 1939-42 Schulbesuch in Faversham/Kent u. in Wem/Shrophire, Cambridge-Zertifikat. 1942-45 nach Quito/Ecuador, Tätigkeit im Export-Import-Geschäft u. für den MilAtaché der US-Botschaft, gleichz. Korr. *Time Magazine,* aktiv in jüd. u. zion. Jugendorg.; 1945 in die USA, 1946 US-MilDienst. 1949 bei Export-Import-Firma Ernst Seidelmann New York, 1949-50 Tätigkeit bei der isr. UN-Deleg., 1950-51 beim US-wirtschaftspol. Ausschuß für Palästina, 1951-54 Assist. im wirtschaftspol. Beraterstab in. Botschaft Washington/D.C., gleichz. Stud. Columbia Univ. New York u. Georgetown Univ. Washington/D.C., in versch. jüd. Jugendorg. tätig. 1954 nach Israel, 1954-60 in der Südamerika-Abt. des isr. Außenmin. in Jerusalem. Ab 1955 Mitgl. u. Vors. Zweigstelle Jerusalem des A.A.C.I. (Verb. der Einwanderer aus den USA), 1957-60 Ltr. des ersten genossenschaftl. Siedlungsprojekts des Verbands, Nayot. 1960-63 1. Botschaftssekr. in Guatemala City, akkreditiert bei den 5 mittelam. Republiken, 1963-65 1. Botschaftssekr. u. Chargé d'Affaires der isr. Botschaft in Mexico City, 1965-66 im Außenmin. in Jerusalem. 1966-68 Gr. u. Ltr. Global of London Ltd. in Jerusalem, 1968 Gr. Immobilienfirma Cabir (Capital Building and Realty Co. Ltd.), 1969 Teilh. u. Geschäftsf. nach Zusammenschluß mit Immobilienunternehmen Anglo-Saxon Real Estate Agency Jerusalem (Verkauf, Vermietung u. Förderung ausländ. Anlagen in Israel). Vorst-Mitgl. *Maldau* (isr. Verband der Immobilienmakler), Vorst-Mitgl. u. Präs. Har-El Progressive Syn. Jerusalem, 1955 aktiv in relig. Reformbewegung in Israel, Mitgl. u. Präs. *Rotary Club* Jerusalem. Lebte 1977 in Jerusalem.

Qu: Fb. - RFJI.

Lovasz, Stefan, Parteifunktionär; geb. 6. Nov. 1901 Zeltweg b. Judenburg/Steiermark, hinger. 20. Juni 1938. *Weg:* 1933 NL; 1934 Saargeb., CH, Deutschland.

Modelltischler, ab 1930 arbeitslos; 1930 KPD, ab 1931 Tätigkeit in Arbeitslosenbewegung, 1932 vorüberg. Mitarb. *Arbeiterzeitung* Bremen. Ab Anfang März 1933 im Untergrund, ab Juni 1933 Kassierer der illeg. KPD in Bremen, Sept. 1933 Emigr. Niederlande, Unterstützung durch *Rote Hilfe,* Aug. 1934 i.A. des ZK von → August Creutzburg ins Saargeb. deleg. Mit gefälschtem Paß (Deckn. Karl Ullrich) nach Saarbrücken, dort von → Franz Dahlem zum BezLtr. Württ. bestimmt, über die Schweiz mit holländ. Paß (Deckn. Ebe van der Zwoog) nach Deutschland. Ab Okt. 1934 Stuttgart, BezLtr. Württ.; Bemühungen um Einheitsfront mit KPDO u. SPD, Org. u. Mitarb. der illeg. Zs. u. zahlr. Flugblätter, enger Kontakt zu KPD-Landesltg. Berlin u. KPD-Grenzstützpunkt Zürich (Deckn. Fritz, Franz Wanninger). 15. Juni 1935 Verhaftung in Stuttgart, 12. Juni 1937 VGH-Todesurteil, 20. Juni 1938 zus. mit Artur Göritz, Liselotte Herrmann u. Josef Steidle hingerichtet.

L: Wagner, Walter, Der Volksgerichtshof im nationasozialistischen Staat. 1974. *Qu:* Arch. Publ. - IfZ.

Low, George Michael, Raumfahrt-Ingenieur; geb. 10. Juni 1926 Wien; kath.; *V:* Arthur L.; *M:* Gertrude, geb. Burger; ∞ 1949 Mary Ruth McNamara; *K:* Mark S., Diane E., George David, John M., Nancy A.; *StA:* 1945 USA. *Weg:* 1940 USA.

1940 Emigr. USA, 1944-46 US-MilDienst. 1948 Examen als LuftfahrtIng. Rensselaer Polytechnic Inst. Troy/N.Y., 1950 M.Sc.; 1949-58 im Lewis Research Center Cleveland/O. des Nat. Advisory Committee on Aeronautics (NASA-Vorläufer), zunächst bis 1954 Forschungstätigkeit, 1954-56 Ltr. Abt. Hydromechanik, 1956-58 Ltr. Abt. Sonderprojekte. 1958-62 Ltr. Abt. für bemannte Raumflüge der NASA in Washington/D.C., 1963-64 stellv. VerwDir., 1964-67 stellv. Dir. Zentrale für bemannte Weltraumflüge in Houston/Tex., 1967-69 Manager des Apollo-Raumfahrtprogramms, ab 1969 stellv. VerwDir. NASA in Washington/D.C., u.a. verantwortl. für bemannte Weltraumflüge u. Bodenstationen. Fellow *Am. Inst. of Aeronautics and Astronautics, Am. Astronautical Soc.,* Mitgl. *Nat. Acad. of Engineering,* Ehrenmitgl. *Aerospace Med. Assn.,* Dir. *Nat. Aeronautics Assn.,* Kuratoriumsmitgl. Rensselaer Polytechnic Inst. Lebte 1977 in Washington/ D.C. - *Ausz.:* 1962 u. 1969 NASA-Ausz., 1963 Arthur S. Fleming-Ausz. der Junior C. of C. USA, 1968 Weltraum-Ausz. *Am. Astronautical Soc.,* 1969 Paul T. Johns-Preis *Arnold Air Soc.,* 1969 Louis W. Hill-Weltraumfahrt-Ausz. *Am. Inst. for Aeronautics and Astronautics,* 1970 Ausz. für Raumfahrttechnik *Nat. Space Club,* 1973 Robert H. Goddard-Gedenkpreis *Nat. Space Club,* Career Service Award *Nat. Civil Service, League,* 1974 Rockefeller-Ausz. für öffentl. Dienste.

Qu: Fb. Hand. Publ. - RFJI.

Lowe (urspr. Loewe), **Yehuda Ludwig,** Dr. agr., Landwirtschaftsexperte; geb. 16. Mai 1905 Magdeburg; jüd.; *V:* Eduard Loewe (geb. 1862 Wanzleben b. Magdeburg, gest. 1946 Tel Aviv), jüd., höhere Schule, Kaufm., 1934 Emigr. Pal.; *M:* Margaretha, geb. Schlochauer (geb. 1878 Berlin, gest. 1958 Tel Aviv), jüd., höhere Schule, 1934 Emigr. Pal.; ∞ I. 1934 Gerda Zadek (geb. 1906 Posen, gest. 1970 IL), jüd., höhere Schule, Sekr., 1934 Emigr. Pal., 1948 gesch.; II. 1948 Leora Loeffler (geb. 1915 Frankfurt/M.), jüd. höhere Schule, 1933 Emigr. GB, 1935 Pal., 1951-52 Sekr. bei isr. Botschaft in Washington/D.C.; *K:* Margalith (geb. 1936), M.Sc., Biochem. in IL; *StA:* deutsch, Pal./IL. *Weg:* 1933 Pal.

1923-28 landwirtschaftl. Arbeiter, 1929-33 Stud. Landwirtschaftl. Hochschule Berlin, 1931 Diplom, 1933 Prom., 1932-33 Assist. bei Prof. Karl Brandt am Inst. für landwirtschaftl. Marktforschung in Berlin, 1933 Berater *Verband für Getreide- und Futtermittel* Berlin, 1933 Emigr. Palästina, 1933-37 Landarb., ab 1935 Halbtagstätigkeit als landwirtschaftl. Berater, 1937-42 Assist. landwirtschaftl. Versuchsstation Reḥovot, 1942-50 landwirtschaftl. Berater Bank Leumi leIsrael; 1950-53 Attaché für Agrarfragen isr. Botschaft Washington/D.C.,
1953-62 Doz. Hebr. Univ. Reḥovot, ab 1959 beim Min. für Agrarwirtschaft, 1963 Gr. u. Ltr. Inst. für Landwirtschaftsertragsforschung in Tel Aviv, 1977 Ruhestand. Ab 1947 Mitgl. *Internat. Assn. of Agric. Econ.* Lebte 1978 in Ramat-Chen.

W: u.a. Lehrbücher für Agrarwiss. 1957 u. 1963 (Hebr.); 1963-73 Mitarb. jährl. Veröffentl. des Inst. für Landwirtschaftsertragsforschung. *Qu:* Fb. Hand. - RFJI.

Lowenberg, Shlomo Helmuth, Richter; geb. 20. Juni 1919 Hamborn; *V:* Otto L. (geb. Barmen), RA, Zion., Emigr.; *M:* Rosel, geb. Emanuel (geb. Nenterhausen/Hessen-Nassau), Emigr.; ∞ 1944 Bessie Michlewitz; *K:* Miriam, Judith, Jonathan; *StA:* deutsch, Pal./IL. *Weg:* 1935 Pal., 1938 GB, 1946 Pal.

Hachscharah am jüd. landwirtschaftlichen Ausbildungszentrum Gut Winkel in Brandenburg. 1935 Emigr. der Fam. nach Palästina mit A I-Zertifikat. Ab 1938 London. Stud. London School of Econ., 1942 LL.B., Zulassung als Barrister an Gray's Inn, 1943-46 RA in London. 1947-54 Amtsrichter in Tel Aviv, ab 1954 Richter am BezGericht Tel Aviv, 1958-68 Doz. für Steuerrecht Zweigstelle Tel Aviv der Hebr. Univ. u. Univ. Tel Aviv. 1954 Gr., dann Vors. des *Isr. Nationalausschuß für Unfallverhütung,* Vors. Vereinigung des israelischen Philharmonischen Orchesters, zeitw. Präs. Isr. Steueranstalt, Mitgl. *Internat. Fiscal Assn., Internat. Insurance Law Assn.,* isr. Korr. des *Am. Jew. Committee,* zeitw. Vors. *Univ. Zion. Council GB,* zeitw. Skr. *B'nai B'rith Grand Lodge GB.* Lebte 1977 in Tel Aviv.

W: Auflösung von Gesellschaften in Israel. (Hebr.) 1978. *Qu:* Fb. Hand. - RFJI.

Lowenstein (bis 1934 Löwenstein), **Edith,** Dr. jur., Rechtsanwältin; geb. 12. Mai 1910; jüd.; *V:* Emil (geb. 1876 Düsseldorf, gest. 1940 Chicago), jüd., Kaufm., 1939 Emigr. USA; *M:* Emmi, geb. Stern (geb. 1890 Aachen, gest. 1944 New York), jüd.; *G:* Franz (geb. 1913 Berlin, 1938 gef. im span. Bürgerkrieg); *StA:* deutsch, 1939 USA. *Weg:* 1934 USA.

1933 Prom. Heidelberg, Jan. 1934 Emigr. USA, 1934-35 Assist. im Frauengefängnis Framingham/Mass., 1934-39 Stud. Univ. Chicago Law School, 1939 J.D., Zulassung zur Anwaltskammer Illinois, 1947 Zulassung beim US Supreme Court; 1939-44 Tätigkeit bei der Criminal Division. 1944-53 bei der Alien Property and War Division des US-Justizmin. in Washington/D.C., 1946 nach Deutschland, Verhöre von Kriegsverbrechern, Analyse von Akten des Auswärt. Amts. 1953-58 Ltr. Abt. für Einzelfälle des *Common Council for Am. Unity,* Einwanderungsberaterin für mittellose Ausländer. 1954 RA in New York. Ab 1953 Hg. *Interpreter Releases* (InfoDienst für Einwanderung u. Naturalisation), 1956-57 i.A. des *Fund for the Republic* (Ford Found.). Ltr. eines Projekts zum Studium der Einwandererhilfe privater Org., ab 1958 RA-Praxis mit Spezialisierung auf Einwandererfragen; ab 1964 Doz. für Einwanderungsrecht an der New School for Social Research. Ab 1956 Mitgl. VerwRat, 1966 Vors. Zweigstelle New York u. 1973-74 Präs. der *Assn. of Immigration and Nationality Lawyers,* 1971-73 Vors. des *Committee on Immigration and Nationality* der *Assn. of the Bar of the City of New York.* Lebte 1978 in New York.

W: The Alien and the Immigration Law. (Hg.) 1957; Art. über Fremdenrecht in *Encyclopaedia Americana.* 1967. *Qu:* Fb. Hand. - RFJI.

Lowenstern, Henry (bis 1937 Löwenstern, Hans), Ministerialbeamter; geb. 22. Nov. 1925 Korbach/Waldeck; jüd.; *V:* Julius L. (geb. 1886 Deutschland), jüd., höhere Schule, Kaufm., 1937 Emigr. USA; *M:* Herta, geb. Neuburger (geb. 1895 Deutschland), jüd., höhere Schule, 1937 Emigr. USA. Schneiderin; *G:* Leon (geb. 1922 Deutschland), höhere Schule, 1937 Emigr. USA, Kaufm.; ∞ 1953 Martha Skillman Rutherford (geb. 1927 Scranton/Pa.), presbyt., M.A., Wirtschaftswiss.; *K:* James R. (geb. 1957); Evelyn S. (geb. 1959); Jacob B. (geb. 1963); *StA:* deutsch, 1944 USA. *Weg:* 1937 USA.

Juni 1937 Emigr. USA; 1944-46 US-Armee, 1950 B.Lit. Rutgers Univ./ N.J., 1951 M.A. Univ. Wisc.; 1951-52 Red-Mitgl. Bureau of Nat. Affairs, Inc. Washington/D.C., 1952-58 RedMitgl. *The Machinist* Washington/D.C., 1968-75 Geschäftsf. u. ab 1975 Chefred. *Monthly Labor Review* des US-Arbeitsmin. Ab 1975 Assoc. Commissioner am statist. Amt des US-Arbeitsmin. Mitgl. *Am. Econ. Assn., Industrial Relations Research Assn., Nat. Assn. of Government Communicators,* 1967-68 stellv. VorstVors. *Fairfax County Democratic Party Committee,* 1967-68 Vizepräs. *Internat. Labor Press. Assn.* Lebte 1976 in Washington/D.C. - *Ausz.:* Phi Beta Kappa, 1970 Special Achievement Award des Bureau of Labor Statistics, 1975 Merit Achievement Award des US-Arbeitsministeriums.

Qu: Fb. Hand. - RFJI.

Lowenthal, Eric I. (bis 1941 Loewenthal, Erich Isaak), Dr. phil., Rabbiner; geb. 25. Okt.1901 Tarnowitz/Oberschlesien; *V:* Dr. Abraham Loewenthal (geb. 1868 Posen, gest. 1928), Stud. Königsberg, Rabbiner; *M:* Jenny, geb. Kahn (geb. 1875 Wiesbaden, gest. 1961 Tel Aviv), 1930 Emigr. GB, 1949 IL; *G:* Toni Rechen (geb. 1897 Tarnowitz), 1935 Emigr. Pal., Schriftst. in Jerusalem; Ludwig (geb. 1898 Tarnowitz, gest. 1973), Thora-Realschule, 1935 Emigr. GB, Versicherungsmakler; Dr. med. Walter L. (geb. 1900 Tarnowitz, gest. 1975), Emigr. Pal.; Hilda Stulz (geb. 1908 Hamburg), 1934 Emigr. Pal.; ∞ 1936 Suzanne Moos (geb. 1906 Buchau am Federsee/Württ.), 1935-38 Sekr. *Jüdische Jugendhilfe* Berlin, 1939 Emigr. CH, USA (?) Lehrerin; *K:* Abraham F. (geb. 1941 Hyannis/Mass.), M.P.A. Harvard Univ., Ltr. lateinam. Studienprogramm des Woodrow Wilson Internat. Center for Scholars in Washington/D.C.; Judith F. Sacks (geb. 1944 Leominster/Mass.), B.A.; *StA:* deutsch, 1944 USA. *Weg:* 1939 CH, USA.

1922-23 Stud. Marburg, Freiburg, 1928-33 Berlin, 1935 Prom. Berlin. 1928-38 Religlehrer Jüd. Gde. Berlin, 1935-37 Mitarb. *Jüdische Jugendhilfe* e.V. Berlin, gleichz. Stud. Rabbinerseminar Berlin, 1938 Rabbinerexamen, 1938 Doz. für Phil. u. Homiletik am Rabbinerseminar Berlin u. HebrLehrer Gde. Agudas Achim in Zürich. 1939 Emigr. Schweiz mit Ehefrau, noch im gleichen Jahr in die USA, 1940-42 Rabbiner Cape Cod Syn. in Hyannis/Mass., 1943-44 Congr. B'nai Israel in Northampton/Mass., 1944-66 Congr. Agudas Achim in Leominster/Mass., dann emeritiert. 1945-66 Treuhänder Leominster Public Library, ab 1946 Mitgl. u. 1959-60 Schriftf. *Rabbinical Assembly of Am.,* 1967-75 Dir. of Chapel der *Associated Syn. of Mass.,* ab 1967 Doz. für zum Judentum konvertierte Christen am New England Gerim Inst. of Rabbinical Assembly in Brookline/Mass.; ab 1949 Mitgl. *Board of Rabbis.* Lebte 1977 in Brookline/Mass.

W: Johan Georg Schlosser. Seine religiösen Überzeugungen und der Sturm und Drang. (Diss.) 1935; The Joseph Narrative in Genesis. 1973; Jüdische Lyriker von Heine bis Werfel. O.J.
Qu: Fb. Hand. - RFJI.

Loy (urspr. Loewi), **Frank Ernest,** Rechtsanwalt, Luftfahrtexperte; geb. 25. Dez. 1928 Nürnberg; *V:* Alfred Loewi; *M:* Elisabeth, geb. Loeffler; ∞ 1963 Dale Haven; *K:* Lisel, Eric Antony; *StA:* 1949 USA. *Weg:* 1939 USA.

1939 Emigr. USA; 1950 B.A. Univ. of Calif. Los Angeles, 1953 Zulassung als RA in Washington/D.C., 1954 in Calif.; 1953-55 US-Armee, 1954-65 bei der Anwaltsfirma O'Melveny & Myers in Los Angeles, 1959 u. 1960 Deleg. auf der Jahresversammlung kalif. Rechtsanwälte, 1959-61 Schriftltr. *Los Angeles Bar Bulletin.* Zugl. 1959-61 Doz. für Finanzwirtschaft Univ. of Southern Calif.; 1961-63 Mitarb. u. 1962-63 Dir. Abt. für Grundsatzplanung der Federal Aviation Agency, 1963-64 Sonderberater bei der A.I.D.; 1965-70 Deputy Assist. Secr. of State für Transport u. Telekommunikation. Seit 1970 erster Vizepräs. von Pan American World Airways in New York. Lebte 1975 in Washington/D.C.

Qu: Hand. - RFJI.

Lubasch, Lothar, Dr. phil., Rabbiner, Hochschullehrer; geb. 17. Mai 1896, gest. 1976; *V:* Hermann L., Kaufm.; *M:* Hannchen, geb. Joseph; ∞ 1931 Lilly Decker (geb. 1905 Deutschland, gest. 1971 Selma/Ala.), Lehrerin, 1938 Emigr. USA; *K:* Inge Joan (geb. 1931 Deutschland), 1938 Emigr. USA, Apothekerin; *StA:* deutsch, USA. *Weg:* 1938 USA.

1914-23 Stud. Berlin, Erlangen, 1923 Prom. Erlangen, daneben Stud. L(H)WJ Berlin, 1923 Rabbinerexamen. Im 1. WK Uffz.; Mitgl. *Verein Jüdischer Studenten.* 1924-30 Hilfsrabbiner Isr. Tempelverb. Hamburg, 1930-31 Rabbiner Oppeln/Oberschlesien, 1931-37 Syn. Wuppertal-Barmen. 1938 Emigr. USA mit Familie, Ehefrau zeitw. Gymnastiklehrerin; 1938-46 Rabbiner Agudas Achim in Elyria/O., 1946-48 Gde. Beth Isr. in Liverpool/O., 1948-59 Gde. Rodef Shalom in Port Arthur/Tex., ab 1959 Gde. Mishkan Isr. in Selma/Ala.; aktiv im gemäßigten Flügel der Reformbewegung, Beschäftigung mit Fragen der Verbindung jüd. Tradition mit zeitgenöss. Phil.; Prof. für Germanistik u. Phil. Univ. Ala., Judson Coll., George C. Wallace Jr. Coll.; MilRabbiner Craig Airbase, Doz. *Jew. Chautauqua Soc.,* VorstMitgl. *Mental Health Soc., Selma Min. Assn., B'nai B'rith,* CCAR, Rotary Club.

Qu: Arch. Fb. Hand. - RFJI.

Lubliner, Manfred (Manfredo), Rabbiner; geb. 16. Febr. 1910 Halle/Saale; *V:* Leo L.; *M:* Marta; ∞ Ruth Herzka. *Weg:* 1939 Chile.

1929-36 Stud. Jüd.-Theol. Seminar Breslau, 1935 Rabbinerexamen, Stud. Univ. Breslau, Halle, Lausanne. 1939 Emigr. Chile; 1939-71 Rabbiner Congr. Cultural Isr. B'ne Israel in Santiago de Chile, gleichz. Prof. für jüd. Gesch. am Colego Hebreo de Chajim Weizmann in Santiago. 1971 (?) Rückkehr nach Deutschland (BRD), ab 1972 Rabbiner Jüd. Gde. Berlin als Nachf. von → Cuno Lehrmann.

Qu: Arch. Hand. Publ. Z. - RFJI.

Lucas, Robert (urspr. Ehrenzweig, Robert), Dr. phil., Journalist, Schriftsteller; geb. 8. Mai 1904 Wien; jüd.; *V:* Sigmund Ehrenzweig (1864-1935), jüd., Kaufm.; *M:* Emma, geb. Robinsohn (1877-1960), jüd., 1938 Emigr. GB; ∞ 1935 Ida Klamka (geb. 1909); *K:* Dr. John Martin L., (geb. 1942), Physiker, A: Montreal/Canada; Charles David Lucas (geb. 1947), RA, A: London; *StA:* österr., 1946 GB. *Weg:* 1934 GB.

1922-27 Stud. Chem. u. Physik TU u. Univ. Wien, 1927 Prom. 1928 Chemiker in Berlin, 1928-30 in Wien u. Brünn, zugleich journ. u. schriftst. tätig. 1928-34 Ltgsmitgl. Politisches Kabarett Wien. 1929 Mitgl. SDAP, 1930-34 Red. *Das Kleine Blatt.* 1932-33 Chefred. u. Hg. *Politische Bühne* Apr. 1934 Emigr. GB. 1934-38 Londoner Korr. *Neue Freie Presse* Wien, Mitarb. engl. Ztg. 1938-67 Mitarb. BBC, zunächst Übers. u. Sprecher bei dt.-sprach. Sendungen, Ps. Robert Lucas, später Red. u. Chief Scriptwriter. Ab Mai 1967 freier Mitarb. BBC sowie dt., österr. u. Schweizer Rundfunkanstalten. Londoner Korr. der Zs. *Sie und Er,* Zürich. 1959-74 Mitarb. *Die Zeit,* Hamburg. Lebte 1978 in Kingston Hill/Surrey. - *Ausz.:* 1966 M.B.E.

W: u.a. Das Jahr Achtundvierzig (S). 1928; Das große Festspiel (S - geschr. zur Eröffnung der ArbOlympiade Wien). 1931; Die neue Büchse der Pandora (S - zus. mit → Ernst Fischer). 1931; Ein Volk klagt an (zus. mit → Hans Hirsch). 1932 (?); Das Tagebuch des Mr. Pim (Drehb.). 1932; Krieg und Frieden (S; nach L. Tolstoj) 1943; Teure Amalia, vielgeliebtes Weib! Die Briefe des Gefreiten Adolf Hirnschall (Buchausg. der satir. BBC-Sendungen während der Kriegszeit). 1946; Frieda von Richthofen. 1972; zahlr. Features, Hörsp. u.a. bei versch. Rundfunksendern. *L:* Wittek, Bernhard, Der britische Ätherkrieg gegen das Dritte Reich. 1962; Brinitzer, Carl , Hier spricht London. 1969; Bramstead, Ernest K., Goebbels und die nationalsozialistische Propaganda. 1971; Scheu, Friedrich, Der Weg ins Ungewisse. 1972; Greuner, Ruth, Zeitzünder im Eintopf. 1975; Kotlan-Werner, Henriette, Kunst und Volk. David Josef Bach. 1977; Scheu, Friedrich, Humor als Waffe. 1977. *Qu:* Arch. Pers. Publ. - IfZ.

Ludewig, Johanna, Parteifunktionärin; geb. 28. März 1891 Berlin, gest. 1937 (?); Diss.; *StA:* deutsch. *Weg:* 1935 UdSSR.

Handelsschule, ab 1911 Buchhalterin. 1913 SPD, im 1. WK Übertritt zur USPD u. 1920 KPD, 1920-21 StadtVO. Berlin, Febr. 1921-33 MdL Preußen. Funktionärin der kommunist. Frauenbewegung, 1927-30 Zentralsekr. *Roter Frauen- u. Mädchen-Bund* u. 1932 der *Frauen- und Mädchen-Staffel* im *Kampfbund gegen den Faschismus.* 1935 Emigr. in die UdSSR. 1937 Verhaftung durch NKVD.

L: Weber, Wandlung. *Qu:* Arch. Hand. Publ. - IfZ.

Ludwig, Adolf, Gewerkschafts- u. Parteifunktionär; geb. 27. Juni 1892 Pirmasens, gest. 18. Febr. 1962 Pirmasens; Diss.; *V:* Franz L., Schuhmacher; *M:* Christine, geb. Schädler; ∞ Helene Sprenger; *K:* 1 S (geb. 1912), → Werner Ludwig; *StA:* deutsch, 3. Dez. 1936 Ausbürg. mit Fam. *Weg:* 1933 Saargeb.; 1935 F; 1945 Deutschland (FBZ).

Realschule, Schuhfabrikarb.; ab 1908 Mitgl. *Junge Garde,* später *Zentralverband der Schuhmacher,* 1910 SPD. 1915-18 Teiln. 1. WK. 1918 in München Zusammentreffen mit Kurt Eisner, Nov. 1918 Vors. des *Arbeiter- und Soldatenrates* Pirmasens. Ab 1919 hauptamtl. GewSekr. des Zentralverbandes in Pirmasens, 1922 Besuch der Akademie der Arbeit in Frankfurt/M., 1924 vorüberg. zur Weiterbildung in England; 1920-30 3. Bürgerm. von Pirmasens, als Separatisten-Gegner 1923-24 von der franz. Besatzungsmacht aus der Pfalz ausgewiesen; ab 1930 StadtVO. Pirmasens; Mitgl. Hauptausschuß des Bayrischen Städtebundes; 1932-33 MdL Bayern. Nach natsoz. Machtübernahme mehrfach verhaftet, Juli 1933 mit Familie Flucht ins Saargeb. Dort Mitarb. des *Sopade*-Grenzsekretariats unter → Georg Reinbold in Hanweiler, Mitarb. u.a. *Westland* (→ Siegfried Thalheimer), *Volksstimme* Saarbrükken. Nach dem Referendum v. Jan. 1935 u. Rückgliederung des Saargeb. an Deutschland Emigr. nach Frankr. (Lothr.), 1935-39 *Sopade*-Grenzarb. für das Gebiet Pfalz; aktiv in der Volksfront-Bewegung, Teiln. Konf. des Lutetia-Kreises 2. Febr. 1936 in Paris. Mitarb. *Freiheit-Korrespondenz* → Max Brauns. Nach Kriegsausbruch nach Südwestfrankr., Landwirt in der Dordogne; nach Besetzung des südl. Frankr. Nov. 1942 in der Illegalität; Ende 1943 Anschluß an *Bewegung Freies Deutschland für den Westen,* nach der Befreiung von Paris Sept. 1944 Mitgl. CALPO; Mitgl. des Dez. 1944 gegr. Aktionsausschusses, ab Febr. 1945 *Landesgruppe deutscher Sozialdemokraten in Frankreich* unter Vors. von → Ernst Roth. Nach Rückkehr Okt. 1945 zum 1. Vors. der neuaufzubauenden pfälz. SPD gewählt, ab Apr. 1946 mit → Franz Bögler BezVors. der wiederzugelassenen Partei; im gleichen Jahr Mitgl. Beratende Landesversammlung, dann bis 1949 Mitgl. erster LT Rheinl.-Pfalz; führend beteiligt am Wiederaufbau der pfälz. Gewerkschaften, 1947-49 Vors. *Allgemeiner Gewerkschaftsbund* Bez. Rheinhessen u. Pfalz, 1949-58 DGB-Vors. Landesbez. Rheinl.-Pfalz; 1946-62 StadtVO. Pirmasens, 1949-62 MdB. - *Ausz.:* 1956 Gr. BVK.

L: Zorn, Edith, Über die Stellung deutscher Sozialdemokraten in Frankreich zur Bewegung „Freies Deutschland" (1944-1945). In: BZG 7/1965, S. 808ff.; Pech, Résistance. *D:* AsD. *Qu:* Arch. Hand. Pers. Publ. Z. - IfZ.

Ludwig, Paul, Offizier; geb. 1910; *StA:* deutsch. *Weg:* Emigr.; E; Deutschland.

Zimmermann; 1932 KPD. Nach 1933 Emigr., Teiln. Span. Bürgerkrieg, Rückkehr nach Deutschland, Haft, anschl. Strafbtl. 999, während Einsatzes in Albanien Desertion, nach Antifa-Lehrgang in Moskau Ltr. Antifa-Schule für dt. Kriegsgef. im Lager Golubovka, Vorošilovgrad. Rückkehr nach Deutschland, Mitgl. SED, Angehöriger Deutsche Volkspolizei, 1954-58 Chefinspekteur, 1958 GenMajor, 1958-60 Kommandeur Deutsche Grenzpolizei, 1960-70 Chef Transportpolizei, ab 1970 Mitarb. MfNatVert. Lebte 1977 in Berlin (Ost). - *Ausz.:* 1954 VVO (Bronze), 1958 Hans-Beimler-Med., 1959 Verdienstmed., 1960 VVO (Silber).

L: Pasaremos. *Qu:* Arch. Hand. Publ. - IfZ.

Ludwig, Werner, Dr. jur., Kommunalpolitiker; geb. 27. Aug. 1926 Pirmasens; *V:* → Adolf Ludwig; ∞ 1952 Lucia Denig; *K:* Simone, Stefan, Ruth; *StA:* deutsch, 3. Dez. 1936 Ausbürg., deutsch. *Weg:* 1933 Saargeb.; 1935 F; 1945 Deutschland (FBZ).

1933 Emigr. mit Eltern, Schulbesuch in Frankr., 1944-47 Stud. Rechtswiss. Univ. Toulouse u. Paris, Licence en Droit; 1947-50 Fortsetzung des Stud. an der Univ. Mainz, 1950 erste u. 1954 zweite jurist. Staatsprüfung, 1955 Prom. Mitgl. SPD. 1954-56 nach vorüberg. Tätigkeit für den DGB-Bundesvorst. stellv. Dezernatsltr. im Rentendienst bei der Landesversicherungsanstalt Rheinland-Pfalz, 1956-58 Justitiar des Sozialdezernats u. Ltr. des Ausgleichsamtes Ludwigshafen; 1958 Wahl zum 4. hauptamtl. Beigeordneten der Stadt Ludwigshafen; seit Mai 1965 OBürgerm.; seit 1962 Vors. SPD-Bez. Pfalz u. seit 1964 Mitgl. BezTag Pfalz (1964-74 Vors. u. seit 1974 Fraktionsvors. SPD); 1963-65 MdL Rheinland-Pfalz; seit 1965 Vorst.Mitgl. Städteverband Rheinl.-Pfalz (1969-71 Vors.; Mitgl. Hauptausschuß Deutscher Städtetag; Mitgl. zahlr. Aufsichtsräte.

W: Regierung und Parlament im Frankreich der IV. Republik. 1956. *Qu:* Hand. Pers. - IfZ.

Lütkens, Charlotte, geb. Mendelsohn, Dr. phil., Publizistin; geb. 26. Dez. 1896 Erfurt, gest. 18. März 1967 Bonn; o.K.; *V:* Max M., jüd., Kaufmann; *M:* geb. Simon; ∞ 1922 → Gerhart Lütkens; *K:* 1 S, Emigr. GB, A: London; *StA:* deutsch. *Weg:* 1937 GB; 1949 Deutschland (BRD).

Stud. Volkswirtsch., Soziologie, Gesch. Berlin, Heidelberg, u.a. bei Max Weber. Jugendbewegung, SPD, dem Kreis um *Neue Blätter für den Sozialismus* nahestehend. 1920-22 Sekr. Deutsche Sektion der SAI, Berlin, 1923-27 AuslKorr. *Frankfurter Zeitung.* 1937 Emigr. London, 1937-49 Doz. für Soziologie Queen Mary's College der Univ. London. Enge Kontakte zu *Labour Party* (LP) u. sozialist. Emigr. in GB, bes. zu NB unter → Karl Frank. 1939-40 im *Central European Joint Committee* u. als Ltr. des Advisory Committee der LP in der Beratung der brit. Deutschland-Prop. tätig. Mitarb. der 1943 gegr. *German Educational Reconstruction* (GER), schriftst. Tätigkeit. Dez. 1949 nach Bonn; 1956-61 u. 1963-67 SPD-StadtVO., aktiv in Jugend- u. Kulturpol.; Gr. u. Vors. *Deutsch-Englische Austauschstelle* der GER, VorstMitgl. *Europäischer Austauschdienst;* VorstMitgl., ab 1958 Vizepräs. *Deutscher Rat der Europäischen Bewegung,* VorstMitgl. *Deutsche Gesellschaft für Soziologie,* PräsMitgl. *Deutsche Gesellschaft für Auswärtige Politik,* Direktoriumsmitgl. *Bildungswerk Europäische Politik.*

W: u.a. Wandlungen des liberalen England durch die Kriegswirtschaft. 1920; Auf- und Abbau der Kohlenplanwirtschaft in England. 1921; Die deutsche Jugendbewegung. Ein soziologischer Versuch. 1925; Staat und Gesellschaft in Amerika. 1929 (span. 1933); Women and a New Society. 1946; Das Bild vom Ausland (Hg. zus. mit Walther Karbe). 1959. *L:* Röder, Großbritannien. *Qu:* Hand. Pers. Publ. Z. - IfZ.

Lütkens, Gerhart, Dr. rer. pol., Diplomat, Politiker; geb. 5. Jan. 1893 Pinneberg/Schleswig-Holstein, gest. 16. Nov. 1955 Bonn; ev.; ∞ Charlotte Mendelsohn (→ Charlotte Lütkens); *StA:* deutsch. *Weg:* 1937 GB; 1947 Deutschland (BBZ).

Jugendbewegung, 1913 Mitgr. *Freideutsche Jugend* u. Mitgl. SPD. 1911-14 u. 1919-20 Stud. Rechts- u. Staatswiss., Soziologie u. Wirtschaftswiss. München u. Heidelberg. 1914-18 Kriegsteiln., 1918-19 *Soldatenrat,* 1919 Mitgr. *Sozialistischer Studentenbund* Heidelberg. Ab 1920 auswärt. Dienst, 1923 Riga, später Italien u. USA, zuletzt Konsul Galatz/Rumänien. 1937 Ausscheiden aus diplomat. Dienst, Emigr. nach London. Lektor für internat. Politik im Erwachsenenbildungsprogr. der Univ. London, Ltr. Forschungsstelle des *Internationalen Genossenschaftsbundes.* Enge Kontakte zu LP u. Exil-PV der SPD in London. Ab Dez. 1947 außenpol. Ref. des SPD-PV, ab Aug. 1949 MdB. Kritiker der westdt. Integrationspolitik u. der Wiederverwendung ehem. NSDAP-Mitgl. im auswärt. Dienst. Mitgl. *Deutscher Rat der Europäischen Bewegung,* ab 1950 Beratende Versammlung des Europarats; Vizepräs. *Deutsche Gesellschaft für auswärtige Politik*, VorstMitgl. *Interparlamentarische Union,* Vors. *Deutsch-englische Gesellschaft sozialistischer Parlamentarier.*

W: u.a. Deutschlands Außenpolitik und das Weltstaatensystem 1870-1922. 1923; Betrachtungen zu einem Deutschlandvertrag. In: Außenpolitik 4, 1953. *L:* Röder, Großbritannien. *Qu:* Hand. Publ. Z. - IfZ.

Lütsches, Peter, Kaufmann, Kommunalpolitiker; geb. 7. Nov. 1898 Oedt/ Rheinl., gest. 31. Okt. 1959 Düsseldorf; kath.; *V:* Heinrich L.; *M:* Eva, geb. Giebels; ∞ Margarethe Maassen; *K:* 2; *StA:* deutsch. *Weg:* 1935 NL; 1940 Deutschland.

Kaufm. Bis 1933 Vors. Zentrum u. StadtVO. Süchteln/ Rheinl. Nach natsoz. Machtübernahme in Opposition, 1935 Emigr. in die Niederlande; Mitgr. u. Sekr. *Katholiek Comité voor Vluchtelingen* (Kath. Flüchtlingskomitee für Deutschland), Mitwirkung bei der Aktion des kath. St. Raphaels-Vereins zur Rettung nicht-arischer Katholiken nach Südamerika (Brasilien) über Niederlande u. Belgien, ZusArb. mit *Comité Catholique d'Aide aux Réfugiés Allemands et Autrichiens* (Sekr. → Heinrich Müller) sowie Msgr. H.A.Poels; Deckn. P. van Meegen. 28. Juni 1940 anläßlich einer Gestapoaktion gegen die Zentralstellen des pol. Katholizismus in den Niederlanden verhaftet, KL Sachsenhausen. 1946-52 StadtVO. Düsseldorf (CDU), bis 1953 Vors. *Bund der Verfolgten des Naziregimes,* ab 1958 Vors. *Bund für Freiheit und Recht;* Hg. Wochenztg. *Das Freie Wort* Düsseldorf.

W: u.a. Hier spricht Europa. Die europäischen Widerstandskämpfer für den Schuman-Plan und für Europa. 1951; Die Wahrheit über den 20. Juli. 1952 (beide mit Eugen Budde). *L:* Reutter, Lutz-Eugen, Katholische Kirche als Fluchthelfer im Dritten Reich. Die Betreuung von Auswanderern durch den St.-Raphaels-Verein. 1971. *Qu:* Arch. Hand. - IfZ.

Luft, Gustav, Parteifunktionär, Journalist; geb. 17. Aug. 1901 Krzemusch b. Teplitz-Schönau/Böhmen, gest. 4. Dez. 1948 Münster/Westf.; *StA:* österr., 1919 CSR, deutsch. *Weg:* 1938 GB; 1945 Deutschland (ABZ).

Buchdruckerlehre, 1916 *Verband jugendlicher Arbeiter Österreichs,* nach Ende des 1. WK aktive Mitwirkung beim Wiederaufbau der dt. sozialist. Jugendbewegung in Nordböhmen, ab Mitte der 20er Jahre Red. u. VorstMitgl. *Verband der öffentlichen Angestellten in der CSR* in Reichenberg, Mitgl. Kreis- u. BezLtg. der DSAP, Gauobmann *Arbeiterverein Kinderfreunde für die Tschechoslowakische Republik,* Vors. BezBildungsausschuß der DSAP u. Landeskommission für Jugendfürsorge, StadtVO.; zuletzt bis 1938 Vors. Krankenkasse Reichenberg. 1938 mit Fam. Emigr. nach GB, TG-Mitgl., Umschulung zum Metallarb. 1945 Übersiedlung nach Frankfurt/M., GewJournalist. Genannt Luftgust.

Qu: Arch. - IfZ.

Lustig, Theodore Heinz, Dr. jur., Beamter; geb. 17. Mai 1912 Berlin; o.K.; *V:* Dr. phil. Franz L. (geb. 1873 Berlin, gest. 1947 London), jüd., Prom. (Chemie), 1940 Emigr. Port., 1947 GB; *M:* Rose Marie, geb. Philippson (geb. 1884 Magdeburg, jüd., höhere Schule, 1940 Emigr. Port., 1947 GB; *G:* Eva (geb. 1904 Berlin), höhere Schule, 1938 Emigr. GB; Dora Machado (geb. 1906 Berlin), höhere Schule, 1937 Emigr. Port.; Fritz (geb. 1919 Berlin), höhere Schule, 1938 Emigr. GB, Kaufm.; ∞ 1950 Ulla-Britta Södergren (geb. 1921 Stockholm), ev., höhere Schule, 1948 CH, 1953 USA, Sekr. u. Übers. an der schwed. Botschaft in Washington/D.C.; *K:* Ingrid (geb. 1950), Vors. *Wild Life Assn.*; Peter (geb. 1953), höhere Schule, Kaufm.; Christine (geb. 1954 Greenwich/Conn.); *StA:* deutsch, 1943 USA. *Weg:* 1937 USA.

1930-33 Stud. Berlin, 1933 Prom. Basel, bis 1933 Mitgl. pol. StudOrg., März-Juli 1934 Lehre als Automechaniker, dann kaufm. Angest. in Berlin. Apr. 1937 Emigr. USA mit Einwanderervisum, 1937-42 stellv. Einkäufer Assoc. Merchandising Corp. New York, 1942 Statistiker im Warenhaus Saks-34th Street New York, 1943 Landarb., 1943-46 US-MilDienst. 1946-48 stellv. Dir. UNRRA Paris, 1948-52 Nachschub- u. Transportbeamter der IRO in Genf, 1953-58 bei der UN-Wiederaufbaubehörde für Korea in New York, 1959-62 kaufm. Berater u. Übers.; 1962-63 Sachverständiger für vertragsrechtl. Fragen bei AID, 1963-64 AbtLtr. bei AID, 1964-65 stellv. Dir. u. ab 1965 Dir. im Nahost-Büro, Sachverständiger für Kapitalanlagen in den Entwicklungsländern. 1957-60 Mitgl. Town Meeting Greenwich/Conn., 1956-62 Mitgl. Stadtausschuß der *Democratic Party* Greenwich/Conn. Lebte 1976 in Washington/D.C. - *Ausz.:* 1970 Superior Honor Award, Superior Unit Citation USAID.

W: Five Plays by Gerhart Hauptmann. (Übers.) 1961; The Sitzkrieg of Private Stefan. (Übers.) 1962; Classical German Drama. (Übers.) 1963. *Qu:* Fb. Hand. - RFJI.

Lustig, Wilhelm, Rechtsanwalt; geb. 1. Sept. 1886 Gleiwitz/ Oberschlesien, gest. 12. Febr. 1960 Buenos Aires; jüd.; *V:* Dr. jur. Eugen L. (geb. 1856 Gleiwitz, gest. 1929 Wiesbaden), jüd., RA u. Notar, Justizrat; *M:* Clara, geb. Troplowitz (geb. 1864 Gleiwitz, gest. 1916 Breslau), jüd.; *G:* Rudolf, Emigr. Argent., Gr. u. Präs. *Jüdische Kulturgemeinschaft;* ∞ 1920 Gertrud Glaser (geb. 1895 Kattowitz/Oberschlesien, gest. 1976 Martinez/Argent.), jüd., höhere Schule, Fotografin; *K:* Dr. chem. Ernst L. (geb. 1921), 1953 in die USA, Chemiker, 1973 Deutschland (BRD), Abteilungsltr. der Ges. für Biotechn. Forschung, Braunschweig; Eva Hirschler (geb. 1926), Sekr. in Urug.; Renate Löwenstein (geb. 1929), Sekr.; *StA:* deutsch. *Weg:* 1938 Argent.

1907 MilDienst (UOffz.), 1910-37 RA u. Notar in Gleiwitz, Teiln. 1. WK (Lt., EK I u. II, österr. Kriegsausz.). VorstMitgl. *Deutsch-Österreichischer Alpenverein,* Vors. der Ortsgruppe Gleiwitz des CV. 1933-37(?) Mitgl. Aktionsausschuß des Synagogen-Verbands der Prov. Oberschlesien, Verhandlung mit dt. Reg. zur Beendigung der Terroraktionen der NSDAP in der unter dem Minderheitenstatut des Völkerbunds stehenden Provinz. Mitgl. der Anwaltskammer u. der Jüd. Gde. Gleiwitz. 1937 Entzug des Notariats, 1938 Berufsverbot. Mai 1938 mit Fam. Emigr. nach Argent., Unterstützung durch Bruder. 1938-41 Kaufm., 1941-66 Versicherungsvertr. in Buenos Aires. 1938-60 Mitgl. u. 2 J. Vors. *Jüdische Kulturgemeinschaft* in Buenos Aires, Mitgl. *Hilfsverein Deutscher Juden.*

W: Das Zurückbehaltungsrecht gegenüber unpfändbaren Forderungen (Diss.). 1910; Beiträge in Ztg., u.a. in *Oberschlesisches Heimatblatt.* *L:* Weissmann, Georg, Die Durchsetzung des jüdischen Minderheitsrechtes in Oberschlesien. In: Bulletin LBI, 1963. *Qu:* Pers. - RFJI.

Lustig-Prean (urspr. Lustig-Prean von Preanfeld und Fella), **Karl,** Theaterdirektor, Publizist; geb. 20. Jan. 1892 Prachatitz/ Böhmerwald, gest. 22. Okt. 1965 Wien; kath.; *V:* Heinrich Lustig-Prean v. Preanfeld u. Fella (1865-1932), k.u.k. Offz., Heimwehrführer; *M:* Helene, geb. Supán; ∞ I. 1921 Marianne Merck, Schausp.; II. 1933 Charlotte Silbiger, Opernsängerin, 1937 Emigr. Bras., Gesanglehrerin am Konservatorium von Santos b. São Paulo, 1948 Österr.; *StA:* österr. *Weg:* 1937 Bras.; 1948 Österr.

Stud. Rechtswiss. Theresianische MilAkademie Wiener Neustadt, Offz. im 1. WK, Beschäftigung im Kriegspressequartier, ab 1916 Org. von Fronttheatern. 1918-19 Chefred. der dt.-nat. Tageszg. *Deutsches Volksblatt.* 1919-21 Reg. u. stellv. Dir. Volksoper Wien. 1922-24 in Eger Chefred. *Egerland,* Mitgl. *Deutsche Christlich-Soziale Volkspartei* (DCV) in der CSR. 1924-34 Theaterdir. u. Intendant in Bozen, Graz, Augsburg u. Bern, 1934-35 Reg. u. Dir. Volksoper Wien. Anschl. Chefred. *Deutsche Presse* in Prag u. Mitgl. der Reichsltg. der DCV. 1937 nach Brasilien, Gr. einer Schauspielschule u. eines Kindertheaters in São Paulo, Opernreg. Vermutl. bis 1938 österr. Honorarkonsul in Santos b. São Paulo. 1939-40 ZusArb. mit *Service National Autrichien* bzw. *Office Autrichien* in Paris (→ Martin Fuchs), geriet vermutl. aufgrund ZusArb. mit *Das Andere Deutschland* (DAD) unter → August Siemsen in Gegensatz zu → Helmut Hütter u. → Walter Schuschnigg (weitere

466 Lustmann

lateinamerikan. Vertr. des *Service National Autrichien)* u. trat von Mitarb. zurück. Maßgebl. Vertr. des *Movimento dos Alemaes Livres do Brasil,* das seit Kriegsausbruch als inoffiz. Freundeskreis bestand u. Mai 1942 (nach Abbruch der diplomat. Beziehungen Brasiliens zu den Achsenmächten) behördlich als Verein legalisiert wurde, ab Mai 1942 Vors. *Movimento dos Alemaes Livres do Brasil.* Geriet als Befürworter einer Beteiligung der kath.-konservat. Emigr. an umfassender Volksfront gegen NatSoz. in Gegensatz zu DAD, Anschluß an BFD Mexiko, Anfang 1943 Mitgr., Vizepräs. u. Mitgl. des Ehrenpräs. des von der BFD initiierten *Lateinamerikanischen Komitees der Freien Deutschen* (LAK) aus Org. in 13 lateinamerikan. Ländern, Mitunterz. des Aufrufs *An das deutsche Volk!* des LAK. Dez. 1943 nach internen Streitigkeiten u. Spaltungen innerhalb des *Movimento dos Alemaes Livres do Brasil* formeller Rücktritt als Vizepräs. u. Mitgl. des Ehrenpräs. des LAK. ZusArb. mit dem Ende 1943 gegr. *Comité de Protecao dos Intereses Austriacos no Brasil* unter → Anton Retschek, Bestätigung als lokaler Vertr. österr. Interessen in Santos durch bras. Außenministerium. Ab 1943 enge pol. ZusArb. mit sudetendt. Emigration, Aug. 1944 Mitgl. *Democratic Sudeten Committee* unter → Wenzel Jaksch u. neben Pfarrer → Emanual Reichenberger (USA) Mitgr. *Auslandsvertretung der DCV,* zog Ende 1944 seine Unterschrift unter Grdg.-Aufruf des *Democratic Sudeten Committee* aufgrund von Meinungsverschiedenheiten mit W. Jaksch zurück. Nach Kriegsende zunächst in Brasilien. 1948 nach Wien, 1949-59 Dir. des Konservatoriums u. der Musiklehranstalten der Stadt Wien, Konsulent der Bundestheaterverw. für den Bühnennachwuchs u. Vors. Direktionsrat der Wiener Symphoniker; Mitgl. österr. UNESCO-Kommission. 1959-62 Dir. Stadttheater Baden b. Wien; RegRat. - Ps. Erwin Janischfeld. - *Ausz.:* u.a. Ehrenkreuz für Wissenschaft u. Kunst 1. Kl., Berufstitel Professor.

W: u.a. Briefe an eine junge Mutter. 1916; Blutgerüst. 1918; Die Krise des deutschen Theaters. 1929; Auserwähltes Volk zieht in die Wüste. Geschichte der Mormonen. São Paulo (Misao Brasileira da Igreja de Jesus Cristo) 1941; Mil destines da Europa. Rio de Janeiro 1943; Lustig-Preans lachendes Panoptikum. 1952. *L:* Unser Kampf gegen Hitler. Protokoll des ersten Landeskongresses der Bewegung „Freies Deutschland" in Mexiko. Mexico City o.J.; Kießling, Alemania Libre. *Qu:* Arch. Hand. Publ. Z. - IfZ.

Lustmann, Elek, Parteifunktionär; geb. 1912, gest. 1. März 1966 Wien; *StA:* österr. *Weg:* 1938 (?) CSR; 1939 GB; 1946 Österr.

Stud. Rechtswiss. Wien; Mitgl. KPÖ, ab 1933 illeg. Funktionär. Zwischen 1934 u. 1938 Arbeit bei illeg. *Freien Gewerkschaften Österreichs,* Verhaftung. Vermutl. 1938 Flucht in die CSR, 1939 mit *Winterberg-Gruppe* des *Czech Refugee Trust Fund* (→ Hans Winterberg) nach London. LtgMitgl. der KPÖ-Parteigruppe in GB, einer der offiz. Vertr. der KPÖ-Parteigruppe bei ihren Außenbeziehungen. 1946 Rückkehr nach Wien, arbeitete in Rechtsabt. der Verw. der USIA-Betriebe. Arbeiterkammerrat, Mitgl. Sekretariat u. Mitgl., später Ltr. GewAbt. der Wiener Stadtltg. der KPÖ, Mitgl. des Büros der *Fraktion Gewerkschaftliche Einheit* im ÖGB.

W: u.a. Weg und Ziel. Die Politik der österreichischen Kommunisten. Hans Winterberg (Hg.), London 1943. *L:* Maimann, Politik. *Qu:* Pers. Publ. - IfZ.

Lutterbeck, Alfred, SJ, Ordenspriester; geb. 22. Febr. 1902 Münster/Westf., gest. 20. März 1966 Köln; *V:* Johannes L.; *M:* Maria, geb. Wendker. *Weg:* 1938 Vatikanstadt; 1939 GB, NL; 1940 Port., 1941 Bras.; 1951 Deutschland (BRD).

1922 Eintritt in den Jesuitenorden; 1924-27 Stud. der Phil. in Valkenburg/Niederlande; 1927-31 Red. *Die Katholischen Missionen* in Bonn, Vortragstätigkeit Düsseldorfer Rednertürme (→ Walter Mariaux); 1931 Forts. der Studien (Theologie) in Valkenburg, 1933 Priesterweihe, nach Abschluß des Stud. 1936 Rückkehr in die Red. der *Katholischen Missionen* Bonn; aufgrund seiner Veröffentl. u. Rednertätigkeit Juni 1938 Redeverbot durch Gestapo; im gleichen Jahr Emigr. nach Vatikanstadt/Italien u. Sprecher von *Radio Vatikan;* 1939 nach GB u. den Niederlanden (Amsterdam), 1940-41 über Lissabon Flucht nach Brasilien; dort Lehrer am Jesuitenkolleg in Florianapolis u. Präses der Marianischen Kongregationen; 1951 Rückkehr in die Bundesrepublik Deutschland, in Bonn u. ab 1960 in Köln Missionsprokurator für die japan. Mission der Niederdeutschen Provinz der SJ, bei Hilfsaktionen für die Dritte Welt ZusArb. mit Pater Johannes Leppich SJ. Mitarb. *Die Katholischen Missionen.*

W: u.a. Geheimnistiefe Rose. 1931; Brandendes Leben. 1936; Gold am Zambesi. 1939; Luigi. Der Kleine Soldat. 1944; Die Märtyrer von Uganda. 1965; Übers. u. Art. in versch. Zs. *Qu:* Arch. Z. - IfZ.

Lyon, Walter Alphons, Hydrologe; geb. 26. Juni 1924 Köln; unitar.; *V:* Ludwig Paul L.; *M:* Lilly Elizabeth, geb. David; ∞ 1951 Ann Paterson Durr; *K:* Nancy, Clifford, James, Paul; *StA:* 1944 USA. *Weg:* 1939 USA.

1939 Emigr. USA; 1944-46 US-Armee; anschl. Stud. Johns Hopkins Univ., 1947 B.Sc., 1948 M.Sc., 1950-53 Stud. Am. Univ. Washington/D.C.; 1947 bei Washington Suburban Sanitation Commission, 1948-50 beim Health Dept. des Staates Md. tätig, 1950-54 stellv. Ltr. Planungs- u. Entwicklungsbüro der Div. Engineer Resources des US Public Health Service in Washington/D.C., 1954-57 stellv. Ltr. Environmental Health Section des Dept. of Public Health der Stadt Philadelphia, 1957-58 stellv. Dir., 1958-70 Dir. der Div. Sanitation Engineers des Dept. of Health des Staates Pa.; seit 1971 Dir. Büro für Wasserqualität des Dept. of Environmental Resources des Staates Pa. in Harrisburg. Doz. u.a. Univ. Pa., Pa. State Univ., Univ. Pittsburgh, Univ. of North Carolina, Cornell Univ. Bucknell, Univ. Lewisburg/Pa., Drexel Inst. Technol., Berater der Nat. Wasserkommission im Chicago Sanitation Dist., Berater für Wasserversorgung der Staaten Wisc., N.-Carolina, Minn., N.Y., Puerto Rico sowie von Jamaika u. Thailand; Beauftragter u. Mitgl. Wasserqualitäts-Kommission der Interstate Commission on the Potomac River Basin, 1972-73 Vors. Wasserqualitäts-Kommission für die Delaware River Basin Commission, 1964-72 Mitgl. Beratungskomitee zur Verhinderung der Verschmutzung der Erie-Sees bei der Internat. Joint Commission, 1967 US-Deleg. bei Internat. Conf. on Water for Peace, 1971 Mitgl. US-Environmental Control Mission in den Niederlanden u. Osteuropa, 1972 Mitgl. Internat. Great Lakes Quality Board, 1965 u. 1972. WHO-Stipendiat in Europa. Mitgl. *Am. Acad. Environmental Engineers, Am. Publ. Health Assn., Am. Publ. Works Assn., Water Pollution Control Fed., Am. Water Works Assn., Conf. State Sanitation Engineers, Am. Soc. of Chem. Engineers, Am. Soc. for Publ. Admin., Am. Acad. Arts Sciences.* Lebte 1975 in Harrisburg/Pa.

Qu: Hand. - RFJI.

M

Maaß, Alexander, Schauspieler, Journalist; geb. 11. Apr. 1902 Essen, gest. 13. Nov. 1971 Bad Homburg; ∞ I. Margit, Emigr.; II. Frieda Mathilde Brückmann; *K:* Christine, A: Deutschland (BRD); Michael Altrichter (Stiefsohn), A: Deutschland (BRD); *StA:* deutsch, 1. Apr. 1941 Ausbürg., deutsch. *Weg:* 1933 F; 1935 E; 1938 F; 1942 GB; 1945 Deutschland (BBZ).

Ab 1919 Schauspielschüler u. Volontär Stadttheater Essen, 1921-22 bei Rhein. Landesbühne Düren, dann Schauspielhaus Köln u. Stadttheater Münster. 1926 KPD. Ab 1927 Sprecher u. Reporter beim Kölner Rundfunk, journ. Tätigkeit u.a. für *Kölnische Zeitung, Kölner Tageblatt, Dortmunder Generalanzeiger* u. *Westdeutsches Echo.* Okt. 1931-Aug. 1932 Mitarb. am Ausbau des sowj. Rundfunks in Moskau. März 1933 Emigr. nach Frankr., vergeb. Bemühungen um Grdg. eines dt. Theaters in Straßburg mit emigr. Schauspielern. Ende 1935 nach Spanien, Ltr. RedBüro beim Komitee der Volks-Olympiade Barcelona. Nach Beginn des Bürgerkriegs Org. von Auslandssendungen des republikan. Rundfunks noch während der Kämpfe in Barcelona. Freiw. der span. Miliz, dann Soldat der Centuria Thälmann u. XII. Internat. Brigade, später Hptm. (Capitán), Nov. 1936 vor Madrid schwer verwundet, Sprecher bei *Kurzwelle 29,8 (Deutscher Freiheitssender 29,8)*, zuletzt Informationschef der 45. Division. 1938 Konflikt mit KPD, Flucht nach Frankr., Austritt aus der Partei u. Anschluß an den Kreis um → Willi Münzenberg, mit Hilfe der *Am. Guild for German Cultural Freedom* Arbeit an einem Spanienbuch; nach Kriegsbeginn Org. von dt.-sprachigen Rundfunksendungen i.A. des franz. Informationsmin., 1940 Internierung in der Bretagne, Flucht nach Marseille, mit brit. Hilfe nach Oran, Verb. zur *Sopade*, Ende 1941 Ausreise mit Ziel Mexiko, jedoch von den Bermudas über Kanada im Jan. 1942 nach GB. Ab Juni 1945 i.A. der brit. Besatzung in ltd. Stellung bei *Radio Hamburg*, Gr. u. ab 1947 Ltr. Rundfunkschule Hamburg, ab 1949 auch Programmref. beim NWDR, später stellv. Programmdir., März 1956 Ausscheiden aus NWDR. 1957 Rednerkurse für SPD u. DGB, 1958–62 Geschäftsf. *Ausschuß Kampf dem Atomtod* in Bonn. Lebte nach Aufgabe der sog. Anti-Atomtod-Kampagne durch SPD u. Gew. in Hamburg, gelegentlich Mitarb. bei Rundfunk u. Fernsehen.

Qu: Arch. Z. – IfZ.

Maass, Ernest, Bibliothekar; geb. 29. Mai 1914 Stettin, gest. 24. Jan. 1975 New York; jüd.; *V:* Dr. med. Ernst M. (geb. 1883 Stettin, gest. 1916), jüd., Chirurg; *M:* Lotte, geb. Mann (geb. Dez. 1888 Stettin, gest. 1964 USA), jüd., Krankenpflegerin, Sprachlehrerin, 1937 Emigr. Pal., 1938 USA; ∞ 1950 Ann Blum (geb. 1923 Frankfurt), jüd., Philanthropin Frankfurt, 1939 Emigr. Port., 1941 USA, med. Assist.; *K:* David (geb. 1954), M.Sc., Luftfahrt-Ing.; Robert (geb. 1956); *StA:* deutsch, 1943 USA. *Weg:* 1933 I, 1936 Pal., 1938 USA.

1932–33 Stud. Med. Heidelberg, München, Bern; 1933–36 Stud. Philologie Perugia, Angest. bei Verlag Bompiani. 1936 Emigr. Palästina, Angest. bei Reisebüro u. Buchhandlung. 1938 in die USA, 1938–40 Stud. Brooklyn Coll. New York, B.A., 1940–41 Stud. Columbia Univ. Library School, B.L.S., 1941–43 Hilfsbibliothekar Zion. Archives and Library New York. 1943–44 im Nachrichtendienst der US-Armee. 1946–48 Red. *El Indicator Industrial* New York, 1949 Bibliothekar beim *Am. Jew. Committee* New York, 1950 Red. bei der Japanese Internat. Christian Universalist Foundation New York, 1951–75 Bibliothekar bei der UN-Bibliothek New York, zuletzt Ltr. Legal Indexing Unit. 1953–55 Stud. polit. Wiss. Univ. New York, 1955 M.A. Mitgl. *Am. Name Soc., Am. Soc. of Indexers,* Congr. Habonim New York.

W: Etwa 80 Art. in zahlr. Zs. versch. Länder; Beiträge in *Special Libraries* (Zeitschrift der *Am. Name Soc.),* u.a. über Namenwechsel von Emigranten. *Qu:* Pers. – RFJI.

Maass, Rolf, Dr. jur., Dr. rer. pol., Rechtsanwalt; geb. 28. Sept. 1893 Pforta/Sa.; verh., Ehefrau gest. im Exil; 1 T. *Weg:* Emigr.

Vors. SPD-Bez. Oberlausitz, Arbeitersekr. u. pol. Syndikus des ADGB, StadtVO. Bautzen. Nach 1933 Emigration.

Qu: Arch. – IfZ.

Maaßen, Hanns (urspr. Otto Johannes), Publizist; geb. 26. Dez. 1908 Lübeck; *V:* Friedrich Otto (1883–1918); Zimmerergeselle; *M:* Martha Helene Marie, geb. Hiller (1888–1911); *G:* Ernst Friedrich (geb. 1910); *StA:* deutsch. *Weg:* 1934 Saargeb., F; 1936 CH, E; 1946 Deutschland (SBZ).

Steinbildhauer; KJVD, 1928 KPD, ab 1931 RGO-Ltr. in Steinarbeitergew. Kiel u. Red. der kommunist. *Norddeutschen Zeitung* Kiel. 1933–34 KL Kisslau/Baden, anschl. ins Saargeb. u. im gleichen Jahr nach Paris. Hg. eines internat. GewPressedienstes bei *Weltkomitee gegen Krieg und Faschismus,* 1936 Hg. *Pressemitteilungen* des schweiz. *Komitee für Recht und Freiheit* Zürich, ab Nov. 1936 im Btl. Čapaev der Internat. Briga-

den, Mitarb. zahlr. Frontztg., später Red. der dt.-sprachigen Zentralztg. *El Voluntario de la Libertad* u. Mitarb. Archiv der Internat. Brigaden Madrid, ab Jan. 1937 Sprecher *Deutscher Freiheitssender 29,8*. Gefangennahme durch Franco-Truppen in Madrid, bis 1946 Haft, Freilassung aufgrund internat. Interventionen. Nach Rückkehr pol. Red. u. Kommentator *Mitteldeutscher Rundfunk* Leipzig, um 1950 Entlassung aus pol. Gründen, 1953–66 Chefred. kulturpol. Zs. *Volkskunst* Leipzig, 1968–71 stellv. Chefred. Wochenztg. *Sonntag* des *Kulturbunds zur demokratischen Erneuerung Deutschlands,* Berlin (Ost). Schriftst. Tätigkeit, zeitw. Vors. *Deutscher Schriftstellerverband* Bez. Leipzig. Lebte 1974 in Kleinmachnow. – *Ausz.:* 1956 Hans-Beimler-Med., 1957 Heinrich-Heine-Preis, 1959 VVO (Bronze), 1969 VVO (Silber).

W: Volksverbundene Dichtung und Humanität bei Johann Gottfried Herder. 1953; Der Realismus in Shakespeares dramatischem Werk. 1953; Lieder und Gedichte des Widerstandskampfes (Hg.). 1953; Das Lied in der Negerfolklore der USA. 1953; Über Friedrich Engels' ästhetische Auffassungen. 1955; Die Messe des Barcelo. 1956; Die Volkspoesie im spanischen Bürgerkrieg. 1956; Die Söhne des Tschapajew. 1960; Tu Fu auf dem Wege nach Tschengtu. 1963; Die Kreuzertaufe. 1963; Spanien, Land der unerfüllten Sehnsucht. 1965; Odio y Amor. Lyrik und Prosa zum Spanischen Bürgerkrieg (Hg. zus. mit → Karl Kormes). 1966; ...in der Stunde der Gefahr (Jugend-Erinn. um Hans Beimler). 1971; Zur Rolle der Brigadezeitungen im Spanischen Freiheitskampf. In: Interbrigadisten, S. 396 ff. *L:* Interbrigadisten; Albrecht, Deutschspr. Schriftsteller; GdA-Chronik; Pasaremos; Durzak, Exilliteratur; Lerg, Winfried B./Steininger, Rolf (Hg.), Rundfunk und Politik 1923–1973. 1975. *Qu:* Arch. Hand. Publ. – IfZ.

Macek, Adolf, geb. 1. Juni 1909 Wien; *V:* Schlosser, 1934 Emigr. CSR; *M:* 1934 Emigr. CSR; ∞ 1934 Moskau, Ehefrau Deutsche, Emigr. UdSSR, 1947 Österr.; *K:* 1 S, 1947 von UdSSR nach Österr.; *StA:* österr., 1939 UdSSR, 1946 (?) österr. *Weg:* 1934 CSR, 1936 E; 1939 UdSSR; 1944 JU, Deutschland (Österr.); 1945 UdSSR, Österr.

1923–26 Schlosserlehre, Mitgl. SAJDÖ, später SDAP u. *Republikanischer Schutzbund.* 1934 Teiln. Februarkämpfe, Flucht in die CSR, Eintritt in KPÖ. Apr. 1934 mit erstem Schutzbündlertransport nach Moskau, Feinmechaniker in Stalin-Autowerken. Ende 1936 nach Spanien, Teiln. Span. Bürgerkrieg im Btl. Čapaev der Internat. Brigaden, zeitw. Verpflegungschef des Btl., Verwundung, Lazarettaufenthalt. Sommer 1937 zum Btl. 12. Februar. Ende 1938 nach formeller Demobilisierung der Internat. Brigaden nach Frankr., Apr.1939 über Leningrad nach Moskau, erneut Arbeit in Stalin-Autowerken. Juli 1941 nach dt. Angriff auf die UdSSR MilDienst, bis Herbst 1942 in Bereitschaftsdiv. bei Moskau. Okt. 1942 Flugzeugtransport in die Waldregion bei Brjansk hinter die dt. Front, Partisaneneinsatz, Mitgl. einer Spezialtruppe für Aufklärung u. Gegenspionage. Sept. 1943 nach Eroberung der Region von Brjansk durch Rote Armee Rückkehr nach Moskau, Schulung u. Vorbereitung für Partisaneneinsatz in Österr., Sommer 1944 Fallschirmabsprung über Partisanengeb. bei Črnomelj/ Slowenien, Aug. 1944 als Mitgl. der Kampfgruppe Avantgarde (→ Walter Wachs) Marsch ins steiermärk.-slowen. Grenzgeb., bis Kriegsende Partisaneneinsatz, März 1945 verwundet. Mai 1945 wieder in die UdSSR, nach Besuch einer Parteischule Herbst 1945 Rückkehr nach Wien. Bis Mai 1947 Dolmetscher des russ. Kommandanten eines Wiener Bez., 1947–50 öffentl. Verw. von Lederunternehmen der USIA-Betriebe. 1950–69 Garagenmeister in der Sowjetischen bzw. ab 1955 (Abschluß des Staatsvertrags) der Österreichischen Mineralölverwaltung. Lebte 1978 in Wien. – *Ausz.:* u.a. Orden Partisan des Vaterländischen Krieges 1. Kl. (UdSSR).

L: Wachs, Walter, Kampfgruppe Steiermark. 1968. *D:* DÖW. *Qu:* Arch. Pers. Publ. – IfZ.

Machts, Hartwig, Polizeibeamter; geb. 16. Juli 1895 Jena; ∞ Irene Tübben (geb. 1907), 16. Apr. 1937 Ausbürg.; *StA:* deutsch, 3. Dez. 1936 Ausbürg. *Weg:* 1933 Saargeb.; 1935 F.

468 Machwirth

Kriminalkommissar im Polizeipräs. Berlin, nach dem Staatsstreich v. 20. Juli 1932 zur Disposition gestellt. Ltr. der sog. Technischen Abteilung beim Bundesvorst. des *Reichsbanners* zur milit. Vorbereitung einer Auseinandersetzung mit dem NatSoz.; Ende 1933 Emigr. ins Saargeb. u. Eintritt in den Polizeidienst der saarländ. RegKommission, unter dem Dir. der Abt. Inneres, Heimburger, Aufstieg zum Ltr. der ges. uniformierten Polizei des Saargeb. Nach dem Referendum v. 13. Jan. 1935 u. der Rückgliederung des Saargeb. an das natsoz. Deutschland Emigr. nach Frankr., in Paris Mitgl. *Deutscher Klub*.

L: Rohe, Reichsbanner; Jacoby, Saar; Schneider, Saarpolitik und Exil. *Qu:* Arch. Publ. - IfZ.

Machwirth, Johann, geb. 18. Febr. 1890 Schöneberg/Hunsrück, hinger. 30. Juli 1943; *V:* Landwirt; ∞ verh.; *K:* 1 T; *StA:* deutsch, 1937 (?) F. *Weg:* 1932 F; 1942 Deutschland.

Pflasterer, Bauunternehmer (?). 1914-15 Teiln. 1. WK, schwer verwundet. Anschluß an separatist. Bewegung im Rheinland, mit Zustimmung der franz. Besatzungsmacht 1923-24 vorüberg. Bürgerm. von Stromberg/Hunsrück, Aufbau einer separatist. Miliz. Später meist im Ausland, nach Verbüßung einer Zuchthausstrafe aufgrund seiner pol. Aktivitäten 1932 Emigr. nach Frankr. u. Niederlassung in Metz. Dort weiterhin separatistisch tätig, Mitgl. *Ligue d'Amitié Franco-Rhénane*; 1936 Mitgr. *Union des Rhénans Expatriés* mit Ziel der Errichtung einer autonomen rheinischen Republik unter franz. Patronat, VorstMitgl. der Herbst 1938 gegr. Nachfolgeorg. *Fédération Franco-Rhénane*. Nach Kriegsausbruch Freiw. in der franz. Fremdenlegion u. Einsatz in Nordafrika; Mai 1941 demobilisiert, als Bauführer Einsatz in der *Organisation Todt;* nach Aufdeckung seiner pol. Vergangenheit Juni 1942 Festnahme u. Verbringung nach Deutschland, 1. Juni 1943 VGH-Todesurteil.

Qu: Arch. Publ. - IfZ.

Maddalena, Max (Maximilian), Parteifunktionär; geb. 17. Jan. 1895 Riedheim/Baden, gest. 22. Okt. 1943 Brandenburg-Görden; Diss.; *V:* Mosaikarb., ital. StA; ∞ Hilda, nach Ausbruch des 2. WK Internierung in Südfrankr., später Mitarb. KPD-Ltg. Marseille, 1940 angebl. nach Deutschland dep.; *StA:* I, 1914 deutsch. *Weg:* UdSSR, 1935 CSR, Deutschland.

Schlosserlehre; 1911 DMV, 1913 SPD, im 1. WK Kriegsfreiw. u. dadurch Erwerb der dt. Staatsangehörigkeit (1917 Uffz., EK I, EK II, Bad. Verdienstmed.), 1918 USPD, Deleg. PT v. Dez. 1920, mit der USPD-Linken zur KPD, 1918-24 Metallarb., 1920-24 DMV-Beauftragter in Singen, 1922-23 PolLtr. KPD-Unterbez. Singen-Konstanz, Jan.-Apr. 1925 Mitarb. ZK-GewAbt., danach PolSekr. Bez. Württ.; als Anhänger der sog. Linken nach dem Offenen Brief v. 1925 zur Thälmann-Gruppe, 1925-28 Sekr. für GewFragen bei BezLtg. Wasserkante, ab Mai 1928 MdR, nach Parteiausschluß John Wittorfs von Sept.-Dez. 1928 zugl. PolLtr. in Hamburg, Ende 1928-Mitte 1929 Mitarb. ZK-GewAbt., danach erneut GewSekr. bei BezLtg. Wasserkante. 1928 auf 4. RGI-Weltkongreß Wahl in Revisionskommission der RGI, 1931-32 Ltr. Industriegruppe Metall u. Mitgl. Reichsltg. der RGO. 1931 Urteil 2 J. Festungshaft, Herbst 1932 bis Amnestierung kurze Festungshaft in Rastatt. Ende 1932 in die UdSSR, bis Nov. 1933 RGI-Ref. für Belgien u. Luxemburg, nach politischer Abweichung Einsatz als Dreher in Moskauer Fabrik, ab Aug. 1934 auf Veranlassung von → Fritz Heckert Ref. für Österr. u. die CSR in mitteleurop. Sektion der RGI sowie Mitwirkung an Kommissionsarb. zur Vorbereitung des 7. Weltkongresses der *Komintern*. Anfang 1935 mit schweizer. Paß in der CSR, der Schweiz u. Österr. (Deckn. Lobedanz). Febr. 1935 Teiln. einer Beratung zwischen → Franz Dahlem, → Walter Ulbricht u. den Mitgl. der illeg. Landesltg. über pol. Linie der KPD nach Beilegung der parteiinternen Auseinandersetzungen in Prag, dort zum Nachf. von → Paul Merker als Ltr. der illeg. GewArbeit designiert. März

1935 Informationsreise nach Berlin, einen Tag nach endgültiger Übersiedlung am 27. März 1935 mit Landesltg. verhaftet, 4. Juni 1937 VGH-Urteil lebenslängl. Zuchth., Tod im Zuchth. Brandenburg.

L: Schmidt, Deutschland; Weber, Wandlung; GdA-Biogr.; Kraushaar, Deutsche Widerstandskämpfer; Duhnke, KPD. *Qu:* Arch. Hand. Publ. - IfZ.

März, Eduard, Ph.D., Publizist, Hochschullehrer; geb. 21. Dez. 1908 Lemberg/Galizien; jüd.; *V:* Sigmund M. (1873-1943), jüd., Uhrmacher, Emigr. Pal.; *M:* Maria, geb. Komrower (1880- 1956), jüd., Volksschullehrerin, Emigr. Pal; *G:* Laura Rosegg (geb. 1904), Musikpädagogin, 1937 Emigr. Pal., A: Tel Aviv; ∞ I. 1934 Dr. med. Gertrud Ruth Bleier (geb. 1915), jüd., 1933-38 Stud. Medizin Univ. Wien, 1939-41 Univ. Genf, Prom., 1941-52 Krankenhausärztin in USA, ab 1953 Neurologin in Wien, 1974 gesch.; II. 1974 Maria Szecsi (→ Maria März-Szecsi); *K:* Evelyne Elisabeth (geb. 1938 Wien), Emigr. CH, USA, A: Wien; Richard Otto (geb. 1947), UnivAssist. Biochemie, A: USA; *StA:* österr., 1944 USA, 1953 österr. *Weg:* 1938 TR; 1940 USA.

1926-28 Mitgl. *Vereinigung sozialistischer Mittelschüler* in Wien, 1930-33 Stud. Hochschule für Welthandel, 1933 Dipl.-Kaufm.; Mitgl. *Verband Sozialistischer Studenten Österreichs,* Ref. an Wiener Volkshochschulen. 1933-38 betriebswirtschaftl. Berater der Internat. Business Machines Corp. (IBMC) in Wien, daneben 1934-38 Stud. Wirtschaftswiss. Univ. Wien, illeg. Arbeit in ZusArb. mit KPÖ, 1935 Verf. einer Broschüre über den österr. Ständestaat, die beschlagnahmt wurde. März 1938 kurz nach Anschluß Österr. in die Schweiz, Apr. u. Mai 1938 i.A. der IBMC in Holland u. Polen, anschl. in die Türkei. Dez. 1940 in die USA, bis 1941 Tätigkeit für IBMC, 1942-43 Stud. Wirtschaftswiss. Harvard Univ., Ph.D.; 1942-43 Kommentator von für Österr. bestimmten Sendungen bei Kurzwellenstation WRUL in Boston; Mitarb. *Austro-American-Tribune* u. *Christian Science Monitor.* 1943-46 MilDienst bei US Navy, vor allem Ref. für Kriegsgesch. Bis 1947 Mitgl. einer österr. Exilgruppe ohne parteipol. Bindungen in Boston. Lehrtätigkeit an amerikan. Hochschulen, u.a. Univ. of Massachusetts in Amherst u. Union College in Schenectady/N.Y. Zeitw. Konsulent General Electric Corp. - Febr. 1953 Rückkehr nach Österr. Bis 1955 Ökonom im Österr. Institut für Wirtschaftsforschung u. Konsulent Creditanstalt-Bankverein. Ab 1955 Mitgl. SPÖ. 1955-71 Mitarb. Arbeiterkammer Wien, ab 1957 Ltr. wirtschaftswiss. Abt.; Mitarb. u.a. *Die Zukunft* u. *Arbeit und Wirtschaft;* Ps. Sigmund Schmerling. 1966 nach Freistellung durch Arbeiterkammer Wien Mitarb. Manpower Division der OECD in Paris. Ab 1968 Honorarprof. Hochschule für Sozial- und Wirtschaftswissenschaften Linz, 1971-73 Prof. für Volkswirtschaftslehre in Salzburg, ab 1973 Honorarprof. Univ. Wien. Mitgl. *Bund Sozialistischer Akademiker;* Kuratoriumsmitgl. des DÖW. Lebte 1978 in Wien. - *Ausz.:* u.a. 1958 Theodor-Körner-Preis der Theodor-Körner-Stiftung, 1973 Kulturpreis der Stadt Wien.

W: u.a. Ständestaat Österreich. Die Verfassung und der Aufbau des autoritären Staates. 1935; 100 Jahre Creditanstalt-Bankverein. 1957; Die Marxsche Wirtschaftslehre im Widerstreit der Meinungen. 1958; Bestandsaufnahme Österreich 1945-1961. In: Wirtschaftswunder Österreich?, 1963; Österreichs Wirtschaft zwischen Ost und West. 1965; Zur Genesis der Schumpeterschen Theorie der wirtschaftlichen Entwicklung. In: On Political Economy and Econometrics, Essays in Honour of Oskar Lange, 1965; Zur politischen Ökonomie des Neokapitalismus. 1966; Sozialistische oder reformistische Wirtschaftspolitik? In: Kritik der politischen Ökonomie heute - 100 Jahre „Kapital", 1968; Die Klassenstruktur der Zweiten Österreichischen Republik. In: Probleme der österreichischen Politik, Bd. 1. 1968; Klasse, Klassenstruktur und Klassenkampf, eine marxistische Analyse. In: Festschrift für Otto Brenner, 1968; Österreichische Industrie- und Bankpolitik in der Zeit Franz Josephs I. 1968; Soziale Reform und Sozialisierungsdebatte in Österreich nach dem Ersten Weltkrieg. In: Wissenschaft und Weltbild. Festschrift für Hertha Firnberg, 1975; Internationale Aspekte der Arbeitsmarktpolitik. In: Butschek,

Felix (Hg.), Die ökonomischen Aspekte der Arbeitsmarktpolitik, 1975. *L:* DBMOI; Sozialismus, Geschichte und Wirtschaft. Festschrift für Eduard März. 1973. *Qu:* Arch. Fb. Hand. Publ. Z. - IfZ.

März-Szecsi, Maria, Dr., Journalistin; geb. 23. Dez. 1914 Budapest; ∞ 1974 → Eduard März; *StA:* österr. *Weg:* 1938 (?) USA; 1948 Österr.
1934-37 Stud. Geschichtswiss. Univ. Wien, Relegierung wegen illeg. Arbeit für KPÖ. Vermutl. 1938 Emigr. USA, 1938-40 Stud. Geschichtswiss. Univ. of Cincinnati/O., 1945-47 Stud. Pol. Wiss. Univ. of Chicago/Ill.; Lehrauftrag Roosevelt-Univ. Chicago (?). 1948 Rückkehr nach Wien, Mitgl. KPÖ; publizist. Tätigkeit im Rahmen des ÖGB u. der GewPresse. 1956 nach ungar. Aufstand Parteiaustritt. 1960-74 Mitarb. der wirtschaftswiss. Abt. Arbeiterkammer Wien. Ab 1975 red. Ltr. der vierteljährl. Zs. *Wirtschaft und Gesellschaft.* Lebte 1978 in Wien. - *Ausz.:* u.a. 1977 Karl-Ausch-Preis für Wirtschaftspublizistik.
W: u.a. Szecsi, Maria/Stadler, Karl R., Die NS-Justiz in Österreich und ihre Opfer. 1962. *Qu:* Arch. Z. - IfZ.

Mätzig, Reinhard Edwin, Parteifunktionär; geb. 2. Juli 1895 Lichtenberg b. Reichenau/Böhmen; ∞ Gertrud Bergmann (geb. 1900), *StA:* CSR, 1936 gesch.; *K:* Rudolf (geb. 1912), Johanna (geb. 1912); *StA:* deutsch, 19. Nov. 1937 Ausbürg. *Weg:* 1933 CSR.
Mitgl. USPD, später KPD; Parteifunktionär, 1930-33 MdL Sa.; Anfang 1933 Emigr. in die CSR, Grenzarb. für die KPD in Reichenberg.
Qu: Arch. - IfZ.

Magaziner, Alfred, Journalist; geb. 8. Jan. 1902 München; jüd., Diss.; *V:* Arthur M., jüd., Diss., Eisenbahnangest.; *M:* Melanie, geb. Stein, jüd., Diss., Schneiderin; *G:* Erna Deutsch (geb. 1903, Ehefrau von → Julius Deutsch), Martha Stein (geb. 1906); ∞ 1927 Gertrud Zerner (geb. 1899, Schwester von → Fritz Zerner u. → Liesl Zerner), Pianistin, 1936 Emigr. JU, 1938 GB, Archivarin bei *Fabian Society,* dann Sekr. des Gouverneurs der jugoslaw. Nationalbank im Exil, anschl. Sekr. des Ministerpräs. der jugoslaw. Exilreg. in London, 1942 Londoner Deleg. der DelegKonf. der österr. Sozialisten in GB, nach Kriegsende Assist. des Presseattachés des österr. Botschafters in London, 1947 Rückkehr nach Wien, 1971 Gold. Abzeichen *Bund sozialistischer Freiheitskämpfer und Opfer des Faschismus; StA:* österr., 1938 (?) Ausbürg., nach 1945 österr. *Weg:* 1934 JU; 1938 GB; 1940 (?) AUS; 1941 GB; 1947 Österr.
Aktiv in *Kinderfreunde*-Bewegung. Nach Bürgerschulabschluß kurzfristig Mechanikerlehrling, anschl. Buchhändlerlehre. Mitgl. Lehrlingssektion der *Gewerkschaft der Buchhandelsangestellten;* Mitgl. SAJDÖ, Vertr. der Richtung → Manfred Ackermann, bis 1925 Mitgl. des VerbVorst., bis 1926 Kreisvertrauensmann in Kreisltg. Wien der SAJDÖ; Mitgl. SDAP, 1926 Besuch der Arbeiterhochschule. Ab 1927 Red. *Welt am Morgen* (Ztg. der Kleinrentnerbewegung) u. freier Mitarb. sozdem. Ztg. u. Zs. Ab 1931 maßgebl. Vertr. *Sozialistische Jungfront.* 1933-34 Red. *Sozialdemokratische Korrespondenz.* 1934 nach den Februarkämpfen über Brünn nach Zagreb, Mitarb. u. Berichterstatter für Wiener Büro von *The New York Times* u. *Daily Telegraph.* 1938 nach Münchner Abkommen Ausweisung aus Jugoslawien, Emigr. London. 1938-47 Mitarb. BBC sowie brit. Ztg. u. Zs. Ab 1939 Mitgl., später VorstMitgl. *Austrian Labour Club.* 1940-41 Internierung Isle of Man u. Australien, nach Rückkehr Mitgl. RedKomitee der *London Information of the Austrian Socialists in Great Britain,* 1942 Londoner Deleg. der DelegKonf. der österr. Sozialisten in GB (→ Karl Czernetz u. → Oscar Pollak); VorstMitgl. *Landesgruppe österreichischer Gewerkschafter in Großbritannien* unter → Johann Svitanics, Mitgl. *National Union of Journalists.* Mai 1947 Rückkehr nach Wien, Mitgl. SPÖ. 1947-54 Red. *Das Kleine Blatt,* 1954-56 Chefred. *Weltpresse,* 1956-61 Red. *Arbeiter-Zeitung.* Ab 1961 verantwortl. Red. *Die Zukunft,* VorstMitgl. *Journalistengewerkschaft* im ÖGB u. Kontrollobmann der sozialist. Fraktion, VorstMitgl. *Bund Sozialistischer Akademiker* (BSA) in Wien, Obmann der *Vereinigung sozialistischer Journalisten und Schriftsteller Österreichs* (Fachgruppe des BSA), VorstMitgl. *Presseclub Concordia,* Mitgl. *Bund sozialistischer Freiheitskämpfer und Opfer des Faschismus.* Lebte 1978 in Wien. - *Ausz.:* u.a. 1967 Preis der Gde. Wien für Publizistik, 1973 Berufstitel Prof., 1977 Ehrenmed. der Bundeshauptstadt Wien in Silber.
W: u.a. Wiener Wahlhandbuch 1932 (Hg., an.). 1932; Die Wegbereiter. 1975. *L:* Neugebauer, Bauvolk. *Qu:* Arch. Fb. Hand. Pers. Publ. - IfZ.

Mahle, Hans (urspr. Mahlmann, Heinrich August Ludwig), Partei- u. Staatsfunktionär; geb. 22. Sept. 1911 Hamburg; *V:* Heinrich Adolf Gottlieb Mahlmann; *M:* Helene Johanne Mathilde, geb. Grashorn; *StA:* deutsch, 1. Febr. 1937 Ausbürg., UdSSR, 1945 deutsch. *Weg:* 1935 CSR, UdSSR, 1945 Deutschland (Berlin).
Als kaufm. Lehrling Funktionär der KPD-Pionierorg. in Hamburg, später im KJVD; Mitarb. Pionierbeilage der *Hamburger Volkszeitung* u. *Die Junge Garde* Berlin, Mitgl. RFB u. KPD, ab Nov. 1932 Mitgl. ZK des KJVD u. KJVD-Vertr. bei *Internationales Kinderbüro* Moskau. Sommer 1933 Rückkehr nach Deutschland, bis Dez. KJVD-BezLtr. Sa., dann bis Frühj. 1934 Oberinstrukteur für die Bez. Sa., Thür. u. Halle-Merseburg, Frühj.-Herbst 1934 BezLtr. Berlin-Brandenburg, danach bis Apr. 1935 Ruhrgeb. u. Apr.-Juli 1935 Niederrhein. Vorüberg. in Holland u. der CSR. Dann über die CSR in die UdSSR, KJI-Mitarb. u. Doz. Lenin-Schule der Komintern, ab 1939 Red. *Radio Moskau,* Mitarb. des Jugendsenders *Sturmadler* des *Deutschen Volkssenders,* ab Sept. 1941 Mitgl. *Antifaschistisches Komitee der Sowjetjugend.* Mitunterz. Aufruf an das dt. Volk v. 25. Jan. 1942; aktive Mitwirkung bei Grdg. des NKFD, Mitgl. *Vorbereitender Ausschuß für die Bildung eines deutschen Nationalkomitees* u. Mitunterz. Aufruf v. Juni 1943. NKFD-Mitgl. u. Red. *Sender Freies Deutschland* sowie Mitarb. des inoffiz. LtgsGremiums des NKFD *Institut Nr. 99;* ab Grdg. März 1943 Mitgl. der von → Walter Ulbricht geleiteten Arb-Gruppe für Jugendfragen beim PolBüro des ZK u. ab im Febr. 1944 gegr. ArbKommission zur Ausarb. des Nachkriegsprogramms der KPD. 30. Apr. 1945 nach Berlin als Mitgl. *Gruppe Walter Ulricht,* ab Mai 1945 Intendant *Berliner Rundfunk,* 1946 Ltr. Rundfunkref. der Deutschen Zentralverw. für Volksbildung, 1947-51 GenIntendant der Rundfunksender der SBZ/DDR; 1951 Absetzung im Zusammenhang mit der Affäre → Paul Merker, 1951-53 Bewährungseinsatz als Werbeltr. einer Konsumgenossenschaft im Kreis Schwerin, 1954-59 Chefred. SED-BezOrgan *Schweriner Volkszeitung,* 1959-62 Mitgl. BezLtg. Groß-Berlin, ab Mai 1962 Chefred. *Die Wahrheit* u. Sekretariatsmitgl. des PV der SED-Westberlin bzw. SEW, ab Mai 1970 Mitgl. des Büros des PV der SEW. - *Ausz.:* u.a. 1960 Banner der Arbeit, 1961 VVO (Silber).
L: Leonhard, Revolution; Strassner, Peter, Verräter. 1960; Walther, Gerhard, Rundfunk in der Sowjetischen Besatzungszone Deutschlands. 1961; Jahnke, Anteil; GdA; GdA-Chronik; Duhnke, KPD; Waldmann, Eric, Die Sozialistische Einheitspartei Westberlins und die sowjetische Berlinpolitik. 1972; Fischer, Deutschlandpolitik; Lerg, Winfried B./Steininger, Rolf (Hg.), Rundfunk und Politik 1923-1973. 1975. *Qu:* Hand. Publ. - IfZ.

Mahlow, Bruno, Gewerkschaftsfunktionär; geb. 1. Mai 1899 Göhren/Rügen, gest. 3. Febr. 1964 Berlin (Ost); *StA:* deutsch. *Weg:* 1933 UdSSR; 1947 Deutschland (SBZ).
Buchdrucker, ab 1916 Soldat, wegen Widerstandes gegen Vorgesetzte 7 J. Festungshaft, 1918 Amnestie; 1918 Mitgl. Gew. u. *Spartakus-Gruppe;* Deleg. KPD-GrdgPT, ab 1923 Mitgl. BezLtg. Berlin-Brandenburg, Anhänger der Ultralinken; ab 1927 hauptamtl. Mitarb. ZK-GewAbt., ab 1929 Mitgl. RGO-Reichsltg., Sekr. u. Red. *Graphischer Block.* 1933 Emigr. UdSSR, bis 1937 Sekr. *Internationales Komitee der Buchdrucker*

Moskau, maßgebl. beteiligt an Druckschriftenherstellung der Exil-KPD; 1937-38 NKVD-Haft, Invalidität. Nach 1947 Mitgl. SED u. *Arbeitskreis verdienter Gewerkschaftsveteranen.* - *Ausz.:* u.a. VVO (Silber).

L: Weber, Wandlung; Gittig, Heinz, Illegale antifaschistische Tarnschriften 1933 bis 1945. 1972. *Qu:* Publ. Z. - IfZ.

Mahncke, August; *Weg:* E; F.

Teiln. Span. Bürgerkrieg, im 2. WK Stabschef der von → Max Brings kommandierten Partisanengruppe in der Résistance (Lt.-Colonel). - *Ausz.:* 1956 Hans-Beimler-Medaille.

L: Pasaremos; Pech, Résistance. *Qu:* Publ. - IfZ.

Maier, Max Hermann, Dr. jur., Rechtsanwalt, Plantagenbesitzer; geb. 25. Juni 1891 Frankfurt/M., gest. 23. Aug. 1976 Rolandia/Bras.; jüd.; *V:* jüd., Dir. Deutsche Bank, Zweigstelle Frankfurt; ∞ 1920 Dr. phil. Mathilde Wormser (geb. 1896 Dinslaken), jüd., A: Rolandia/Bras.; *StA:* deutsch, Bras. *Weg:* 1938 Bras.

Stud. Rechts- u. Wirtschaftswiss. Freiburg, München, Berlin, Kiel, 1913 Prom., Referendar, Mitgl. *Akademischer Freibund, Vereinigung von Studenten und Akademikern zur Verwirklichung von Demokratie und Freiheit.* Freiw. 1. WK (Lt. d. Res., EK II). 1921-Nov. 1938 RA, bis Sept. 1935 auch Notar. Ab 1919 Mitgl. DDP, 1921-33 VorstMitgl. *Frankfurter Anwaltsverein,* 1936-38 Ltr. hess. BezAmt des *Hilfsvereins.* 1935 Erwerb von 277 ha. Land in Paraná/Brasilien von London Plantations Ltd., 10. Nov. 1938 Emigr. Brasilien über Niederlande u. GB, Plantagenbesitzer in Rolandia, Kaffeeanbau u. Viehzucht. Mitgl. *Movimento dos Anti-Nazistas Alemaes do Brasil,* kulturelle Vereinigung *Pro Arte Rolandia,* versch. landwirtschaftl. Arbeitgeberverb. Nach 2. WK tätig in Wiedergutmachungs- u. Schadenersatzverfahren. - *Ausz.:* 1972 BVK 1. Kl.

W: Settling in the Jungle. In: Dispersion and Resettlement, AJR Bulletin, 1955; Rolandia, ein Siedlungsbeispiel mit Deutschen. In: 25 Jahre Rolandia. 1957; Arbeitsbericht. In: Dokumente zur Geschichte der Frankfurter Juden. 1963; In uns verwoben, tief und wunderbar. Erinnerungen an Frankfurt und Deutschland. 1972; Ein Frankfurter Anwalt wird Kaffeepflanzer im Urwald Brasiliens. Bericht eines Emigranten 1938-75. 1975; Art. in brasilian. u. jüd. Ztg., u.a. *Cronica Israelita Paulista. L:* Maier, Mathilde, Alle Gärten meines Lebens. 1978. *D:* LBI New York. *Qu:* ABiogr. Fb. Z. - RFJI.

Maier-Hultschin, Johannes Carl, Journalist; geb. 2. Mai 1901 Hultschin b. Ratibor/Oberschlesien, gest. 18.Okt. 1958 Düsseldorf; kath.; ∞ Johanna Loewenstein; *StA:* deutsch, 1. Febr. 1938 PL, 19. Apr. 1938 nachträgl. Ausbürg., deutsch. *Weg:* 1939 GB; 1950 Deutschland (BRD).

Bürgerschule, 1 J. soziale Hochschule München, ab 1922 Red. *Oberschlesischer Kurier* Königshütte-Kattowitz, 1926 bis zur pol. Gleichschaltung der Ztg. Chefred.; 1934 mit dem christl.-sozialen Senator Eduard Pant Gr. u. bis 1939 Chefred. *Der Deutsche in Polen* Kattowitz als strikt antinatsoz. Blatt für die dt. Bevölkerung im poln. Oberschlesien u. Sprachrohr für kath. Belange im Reich; Verb. zur konservativen Emigr., u.a. zu → Heinrich Brüning, → Carl Spiecker, → Otto Straßer u. → Friedrich Muckermann sowie zu Reichswehrkreisen in Deutschland. 1939 Flucht über Rumänien, Jugoslawien, Griechenland u. Frankr. nach London, journ. Tätigkeit, u.a. Ltr. der BBC-Sendungen für dt. Katholiken, Mitarb. *Tablet, Catholic Herald,* Ps. John S. Steward. 1950 Rückkehr, 1951-57 Landespressechef NRW in Düsseldorf. MinDirigent.

W: Sieg des Glaubens. Authentische Gestapoberichte über den kirchlichen Widerstand in Deutschland. Zürich (Thomas-Verlag) 1946; Struktur und Charakter der deutschen Emigration. In: Politische Studien 6/1955, H. 67. *Qu:* Arch. EGL. Hand. Publ. - IfZ.

Malik, Franz, Gewerkschaftsfunktionär; geb. 22. Dez. 1885, gest. 29. März 1967 Prag; *StA:* österr., 1919 CSR. *Weg:* 1939 GB; 1945 CSR.

GrdgMitgl. *KSČ-Deutsche Sektion,* 1925-38 Sekr. der BergarbGew. für das nordwestböhm. Kohlenrevier in Brüx, ltd. OrgArb. bei einer der größten Massenstreikbewegungen in der 1. tschechoslow. Republik, des sog. Brüxer Streiks v. Frühj. 1932. 1939 Emigr. nach GB, als sog. Gemischtsprachiger Anschluß an tschechische KSČ-Sektion. 1945 Rückkehr in die CSR, Vors. *Svaz zaměstnanců v hornictví* [Verband der Werktätigen im Bergbau].

Qu: Pers. Z. - IfZ.

Malkiel (urspr. Beigel), **Shelomo Avraham,** Lehrer, Ministerialbeamter; geb. 28. Dez. 1921 Frankfurt/M. jüd.; *V:* Elimelech (Emil) Beigel (geb. 1900, gest. 1974 Jerusalem), Rabbiner, 1933 Emigr. Pal.; *M:* Sara, geb. Teitelbaum (geb. 1894, gest. 1940 Jerusalem), 1933 Emigr. Pal.; *G:* Alexander (geb. 1920 Frankfurt/M.), 1933 Emigr. Pal., Lehrer; Esther Unger (geb. 1922 Frankfurt/M.), 1933 Emigr. Pal., Büroangest.; Miriam Meier (geb. 1924 Krakau), 1933 Emigr. Pal., Büroangest.; Shoshana Hen-Tov (geb. 1932 Frankfurt/M.), 1933 Emigr. Pal., Kindergärtnerin; ∞ 1947 Zehava Orenstein (geb. 1922 Jerusalem), M.A. Teacher's Coll. Columbia Univ. New York, Schuldirektorin, Schulinspektorin im isr. Kultusmin.; *K:* Avital Katz (geb. 1948), M.Sc. Hebr. Univ.; Ram (geb. 1950), Rabbiner, Ltr. einer Jeschiwah; Serayah N. (geb. 1955), Stud. Jeschiwah; *StA:* PL, 1939 Pal./IL. *Weg:* 1933 NL, Pal.

Apr. 1933 Emigr. mit Familie in die Niederlande über Belgien, Juni 1933 nach Palästina; 1934-38 Misrachi-Gymn. Jerusalem, gleichz. Jugendltr. *Benei Aktiva,* 1939-40 Stud. Lehrerseminar Jerusalem, 1941-48 Lehrer u. Mitgl. Küstenwache *Haganah,* 1947-48 Ps. Koheleth, 1948-49 IDF. 1949-54 Ltr. Volksschule in Herzliyyah, gleichz. 1946-50 Stud. Hebr. Univ., 1950 M.A., 1954-56 Ltr. Kinderdorf der am. *Mizrahi*-Frauenorg. in Kfar Batyah, 1956-59 Ltr. Abt. für jüd. Studien am Montefiore Coll./GB, gleichz. 1958-59 Stud. London Univ.; 1960-62 Ltr. prakt. Lehrerausbildung, 1962-72 Schulinspektor; 1967 Teiln. Sechstagekrieg. 1968 Stud. Jew. Theol. Seminary New York. 1973 Teiln. Yom Kippur-Krieg. Ab 1972 Dir. Abt. Kinder- u. Jugendfürsorge im Arb.- u. Sozialmin. Lebte 1977 in Jerusalem.

Qu: Fb. Hand. - RFJI.

Maller, Turl (Theodor), Parteifunktionär; geb. 14. Juni 1909 Wien; kath., 1927 Diss.; *V:* Peter M. (1882-1919), Mechaniker; *M:* Antonia (1880-1958), Schneiderin; *G:* Margarete (geb. 1907), Verkäuferin; ∞ 1946 Verena Maimann; *StA:* österr. *Weg:* 1936 CSR; 1937 Österr. (?); 1938 CH; 1945 JU, Österr.

1923-25 Mitgl. SAJDÖ in Wien. 1926-28 kaufm. Lehre, anschl. Kontorist u. Buchhalter in versch. Firmen in Wien, mehrfach arbeitslos. Mitgl. *Zentralverein der kaufmännischen Angestellten Österreichs,* 1927 Mitgl., ab 1929 BezObmann der KPÖ in Wien. 1933 nach KPÖ-Verbot illeg. Funktionär, Deckn. u.a. Bruno Amtmann; Okt. 1934 Verhaftung, KL Wöllersdorf, Febr. 1935 mit → Karl Zwifelhofer Flucht, Mai 1935-Aug. 1936 erneut Haft. Nach Haftentlassung in die CSR, Mitarb. im Spanienkämpfer-App., LitSchmuggel nach Österr. Ab Herbst 1937 vermutl. illeg. in Österr., März 1938 Flucht in die Schweiz, erneut Tätigkeit im Spanienkämpfer-App. Während des 2. WK Internierung, zuletzt Lager Bassecourt, Dez. 1944 mit → Peter Hofer u. → Max Stern Flucht nach Frankr., als Mitgl. der Gruppe um → Othmar Strobel Jan. 1945 nach Belgrad, Mitarb. am Aufbau der im Raum Belgrad formierten österr. Btl. im Verb. der jugoslaw. Volksbefreiungsarmee, die infolge Kriegsendes nicht mehr zum milit. Einsatz kamen. Apr. 1945 mit → Franz Honner u. → Friedl Fürnberg Rückkehr nach Wien, Mitgl. Wiener Stadtltg. der KPÖ; Nov. 1945-1966 Mitgl. des GdeRats Wien, 1946-69 ZK-Mitgl. der KPÖ. Mitarb. *Volksstimme* u. *Weg und Ziel.* Lebte 1977 in Wien. - *Ausz.:* 1965 Ehrenmed. der Bundeshauptstadt Wien in Gold, Gedenkmed. für Teiln. am jugoslaw. Volksbefreiungskampf.

L: Holzer, Bataillone; Teubner, Schweiz; Widerstand 1. *Qu:* Arch. Fb. Hand. Publ. Z. - IfZ.

Manasse, Fritz, Dr. jur., Rechtsanwalt; geb. 3. Nov. 1904; jüd.; ∞ Käthe Loewy (→ Käthe Manasse); *StA:* deutsch. *Weg:* 1935 S-Afrika; 1938 Pal.; 1949 Deutschland (BRD).

Stud. Rechtswiss. Berlin, RA in Berlin, nach natsoz. Machtübernahme verfolgt, 1935 Emigr. nach Südafrika, 1938 nach Haifa; Wäschereiarb., Buchhalter u. Buchprüfer. 1949 Rückkehr, jur. Mitarb. *Jewish Trust Corp.* u. URO, zeitw. Ltr. URO-Büro Hannover, dann Anwalt für Wirtschafts-, Handels-, Urheberrechts- u. Wiedergutmachungssachen in Hamburg. Seit 1954 mit Unterbrechungen VorstMitgl. jüd. Gde. Hamburg, seit 1955 Kuratoriumsmitgl. Isr. Krankenhaus, ab 1960 Deleg. zu den Vollvers. u. seit 1963 Mitgl. VerwRat u. Ref. für Rechtsfragen des *Zentralrats der Juden in Deutschland.* Mitgl. *World Union Progressive Judaism,* Vors. der dt. Sektion des KC, Justitiar *Hamburger Schutzverband Deutscher Autoren,* Berater Freie Akademie der Künste, Hamburg. – Lebte 1978 in Hamburg.

Qu.: EGL. Z. – IfZ.

Manasse, George (urspr. Georg), Unternehmensleiter, Fabrikant; geb. 28. Mai 1893 Margonin/Posen; jüd.; *V:* Manfred M. (geb. Posen, gest. 1938 Deutschland), jüd., Inh. einer Baufirma; *M:* Rebecca, geb. Spiro (geb. Posen, gest. 1931 Deutschland), jüd.; *G:* Hedwig Freudenheim (geb. 1882 Margonin, gest. 1972 Urug.), 1938 Emigr. Urug., Geschäftsinh.; Gustav (geb. Margonin, gest.); Hugo (geb. Margonin, gef. 1. WK); Siegfried (geb. Margonin, gest. um 1965), Emigr. Pal., Landwirt, Ende der 50er Jahre nach Deutschland (BRD); Max (geb. Margonin, gest. 1966), Emigr. Pal., Geschäftsinh., 1958 nach Deutschland (BRD); Hermann (geb. Margonin, gest.); Albert (geb. Margonin, gest. 1948 Schanghai), Textilkaufm., 1936 Emigr. Ägypten, 1937 Schanghei; ∞ 1927 Anne-Marie Simon (geb. 1908 Straßburg, gest. 1974 Scarsdale/N.Y.), jüd., Stud. Kunsthochschule London, 1935 Emigr. S, 1940 USA, ehrenamtl. Tätigkeit beim Roten Kreuz, ORT u. Temple Israel in New Rochelle/N.Y.; Vors. Women's Auxiliary des LBI New York; *K:* Claus (geb. 1929 Zwickau), 1933 Emigr. CH, 1935 S, 1940 USA, B.Sc., M.B.A., Comptroller; Renata Schwebel (geb. 1930 Zwickau), 1933 Emigr. CH, 1935 S, 1940 USA, B.A., M.F.A. Columbia Univ., Bildhauerin; *StA:* deutsch, USA. *Weg:* 1935 S, 1940 USA.

1906-09 Gymn. Berlin, 1909-12 Lehre in Textilfabrik u. Einzelhandelsgeschäft, 1912-35 Einkäufer, später Prokurist u. GenDir. Kaufhaus Schocken in Zwickau, maßgebl. an Entwicklung des Konzerns beteiligt. Zugl. Inh. Kaufhaus Manasse. VorstMitgl. Isr. ReligGde. Zwickau, Mitgl. DLM, zeitw. stellv. BezVors. Nach 1933 Gestapohaft, Juli 1935 Emigr. Schweden, Gr. Textilfabrik Estema AB; Bez. 1940 in die USA, bis 1955 Geschäftsbeteiligung an schwed. Firma. Einige Jahre Ltr. Hemdenfabrik Scan Manufacturing Inc. u. Import-Exportgeschäft Scan Corp.; AR-Mitgl. A.F.J.C.E. u. LBI, Stiftung im Namen seiner Frau (Scholar-in-Resident-Program, Temple Israel in New Rochelle). Lebte 1977 in Scarsdale/N.Y.

Qu: EGL. Pers. – RFJI.

Manasse, Käthe, geb. Loewy, Dr. jur., Richterin; geb. 1905 Berlin; jüd.; *V:* Markus L. (gest. 1930), Kaufm.; *M:* Linna, geb. London (Sept. 1942 Dep.); *G:* 1 S, 3 B, alle Emigr. Pal.; ∞ → Fritz Manasse; *StA:* deutsch. *Weg:* 1938 Pal.; 1949 Deutschland (BRD).

Ab 1924 Stud. Rechtswiss. Freiburg/Br., Berlin, Bonn, Berlin. 1930/31 Prom., 1932 Assessor, 1938 Emigr. nach Palästina, dort versch. Beschäftigungen als Angest. Nach Rückkehr Ende 1949 bis 1951 Referentin Amt für Wiedergutmachung Hamburg, 1952-62 LG-Rätin, seit 1973 LG-Direktorin bzw. Vorsitzende Richterin beim LG Hamburg. Mit Unterbrechung seit 1953 Mitgl. Beirat (Repräsentantenversammlung) jüd. Gde. Hamburg, zeitw. stellv. Vors., seit 1977 Vors. des Beirats. 1972 Gr. u. seitdem Ltr. der *Gruppe der Älteren* der jüd. Gde. Hamburg. Jüd. Mitvors. der *Gesellschaft für Christlich-Jüdische Zusammenarbeit* in Hamburg. VorstMitgl. des Hamburgischen Seehospitals Nordheim-Stiftung, Mitgl. Juristinnenbund.

Qu: Fb. – IfZ.

Mandel, Ernst (Ernest A.), Dr., Bankdirektor; geb. 13. Dez. 1887 Bad Dürkheim/Pfalz, gest. 23. Juni 1978 Scarsdale/N.Y.; jüd.; *V:* David M. (1856-1936), jüd., Kaufm.; *M:* Frieda, geb. Löb (geb. 1852 Bechtheim/Bergstr., gest. 1940 Bern), jüd.; ∞ 1918 Else Crailsheimer (geb. 1893 Straßburg), jüd., Emigr. USA, A: Scarsdale/N.Y.; *K:* Dr. H. George M. (geb. 1924), 1937 Emigr. USA, Ph.D. Yale Univ., Chairm. Pharmacology Dept. George Washington Univ. Medical School Washington/D.C.; *StA:* deutsch, Ausbürg., 1944 USA. *Weg:* 1937 USA.

Stud. Rechts- u. Wirtschaftswiss. Straßburg, München u. Erlangen, 1914 Prom.; 1914-18 Frontsoldat (Lt.). 1920 Eintritt in Süddeutsche Disconto-Gesellschaft Mannheim, später Prokurist, 1923 stellv. Dir., ab 1928 Dir. der Zentrale Berlin der Disconto-Gesellschaft. 1929 nach Fusion mit Deutscher Bank stellv. VorstMitgl., 1931-35 Dir. Deutsche Bank und Disconto-Gesellschaft Berlin. AR-Mitgl. u. -Vors. zahlr. Betriebe der Kaliindustrie sowie von Textilbetrieben, Bergwerken u. mechan. Mühlen. Emigrierte 1937 über Holland in die USA. 1946-53 Bankier York Commercial.

Qu: Arch. Fb. Hand. Z. – IfZ.

Mandl, Fritz Alexander Maria, Industrieller; geb. 9. Febr. 1900 Wien, gest. Sept. 1977; *V:* Dr. Alexander M.; *M:* geb. Mohr; ∞ II. 1933 (?) Hedy Kiesler (Hedy Lamarr) (geb. 1915 [1914?]), Filmschausp., 1937 Emigr. USA, 1938 gesch.; III. (?) Berta Schneider-Worrthal, Emigr. Argent.; V. Monika Brücklmeier, A: Graz; *StA:* österr., argent. *Weg:* 1938 Argent.; Österr.

Ab 1924 Prokurist, später GenDir. u. Hauptaktionär Hirtenberger Patronen-, Zündhütchen- u. Metallwarenfabrik in Wien u. Hirtenberg/Niederösterr. Eng befreundet mit → Ernst Rüdiger Starhemberg, Geldgeber des österr. *Heimatschutz* bzw. der *Heimwehr.* Anfang 1933 Hauptbeteiligter an sog. Hirtenberger Waffenaffäre (völkerrechtswidrige Waffenlieferung über Österr. nach Ungarn), deren Aufdeckung durch sozdem. Eisenbahner zu innen- u. außenpol. Verwicklungen führte. Unterstützte angebl. 1936 durch Waffenlieferungen den ital. Angriff auf Abessinien u. den Putsch span. Offiziere unter Franco gegen die republikanische Reg. Emigrierte vermutl. 1938 nach Argentinien, angebl. Verkauf seiner Beteiligung an Hirtenberger Patronenfabrik an natsoz. Mittelsmänner, transferierte einen Teil seines Vermögens von der Schweiz nach New York; das Vermögen von M. in den USA wurde trotz jurist. Bemühungen um Freigabe von der US-Reg. während des 2. WK blokkiert. Industrieller u. Unternehmensgr. in Buenos Aires, lebte zeitw. in Chile u. Peru, nach Kriegseintritt Argentiniens wurde das Vermögen von M. in Argentinien beschlagnahmt, bald nach Kriegsende Vermögensrückgabe. Später Rückkehr nach Österr., ab 1957 erneut GenDir. u. Hauptgesellschafter Hirtenberger Patronen-, Zündhütchen- und Metallwarenfabrik in Hirtenberg (bis zum Abschluß des österr. Staatsvertrags Teil der USIA-Betriebe). 1971 Kauf der Hirtenberger Patronenfabrik durch den österr. Staat. Lebte zuletzt in Buenos Aires u. Wien.

L: Gulick, Österreich; Simon, Autobiographie. *Qu:* Arch. Hand. Pers. Publ. Z. – IfZ.

Mané, Uri, Meteorologe; geb. 1. März 1913 Karlsruhe; jüd.; *V:* Heinrich M. (geb. 1878 Geinsheim/Pfalz, umgek. KL Auschwitz), jüd., Kaufm.; *M:* Paula, geb. Gerst (geb. 1884 Nürnberg, umgek. KL Auschwitz, jüd.; *G:* Yosef Karl Fränkl (geb. 1907 Scheßlitz/Oberfranken, gest. 1967 Netanyah/IL), 1935 Emigr. Pal.; ∞ I. 1935 Jehudith Rothenberg (geb. 1913 Lemberg/Galizien, gest. 1970 Ramat Gan), 1934 Emigr. Pal., Mitgl. Kibb. Geva, bis 1938 in der Bauindustrie tätig; II. 1973 Berta Friedmann (geb. 1927 Lemberg/Galizien, während des 2. WK im Lemberger Ghetto, später im Untergrund, 1951 Emigr. IL, Buchhalterin; *K:* Gilah Mashiah (geb. 1939), Bankangest.; Ednah Breier (geb. 1946); *StA:* deutsch, Pal./IL. *Weg:* 1934 Pal.

1931-33 Stud. Erlangen u. Karlsruhe, Mitgl. *Blau-Weiß, Hechaluz* u. *Habonim,* 1933-34 landwirtschaftl. Hachsharah. 1934 Emigr. Palästina, Mitgl. Kibb. Raananah, später Kibb. Mishmar haEmek; 1938-48 beim meteorolog. Dienst, daneben 1942 Fernstudium Univ. London, Stud. Meteorologie in Israel;

472 Mangold

1948-61 Ltr. Abt. Klimatologie, 1962-71 stellv. Dir. Abt. Klimatologie u. Hydrologie des isr. meteorolog. Dienstes. Gleichz. 1948-62 Meteorologe u. Klimatologe der IDF-Luftwaffe; stellv. Vors. meteorolog. Abt. der *Israelischen Gesellschaft für Geodäsie und Geophysik,* Mitgl. *Komitee für Hydrometeorologie,* Mitgl. brit. u. isr. meteorolog. Gesellschaften, Mitgl. Arbeitsgruppe für hydrometeorologische Datenverarbeitung des europäischen Verbands der *World Meteorological Org.* Lebte 1978 in Ramat Gan.
W: Art. über meteorolog. und klimatolog. Themen in Fachzs. u. Mitarb. am Atlas von Israel; wiss. Abhandlungen für den isr. Wetterdienst. *Qu:* Fb. Hand. - RFJI.

Mangold, Walter, Kaufmann, Unternehmensleiter, Sprachlehrer; geb. 4. Sept. 1892 Braunschweig; jüd.; *V:* Gustav M. (gest. 1933), jüd., Kaufm., Präs. *Deutsche Turnerschaft* Braunschweig; *M:* Johanna, geb. Loewenthal (gest. 1938 Braunschweig), jüd.; *G:* Dr. jur. Hans M. (geb. Braunschweig, gef. 1916), RA; Else (geb. Braunschweig, gest. 1968), 1938 Emigr. GB; Carola (geb. Braunschweig, gest. 1975), 1938 Emigr. GB; ∞ 1919 Irma Wolf (geb. Braunschweig), jüd., 1934 gesch., Emigr. Schanghai, USA, AUS; *K:* Anne Marie (geb. 1920), Stud. Kunstgesch., Lehrerin in Melbourne/AUS; *StA:* deutsch. *Weg:* 1938 B; 1940 F; 1942 E.
Stud. LitWiss., Fremdsprachen u. Volkswirtschaft Univ. Hamburg, München u. London; 1914-18 Teiln. 1. WK (verwundet, EK); Unternehmensltr. u. Großkaufm., GenDir. Louis Wolff AG Hannover u. Chemische Fabriken AG Neuß/Rheinl.; ab 1924 Geschäftsf. Frigorifo and Meatworks Products of America u. Frigomeat GmbH Hamburg, Inh. bzw. Hauptaktionär mehrerer Lebensmittel-Importgesellschaften, u.a. in Berlin, Hamburg, Breslau u. München. 1935-40 Verlust aller Gesellschaften aus rass.-pol. Gründen; 1935-38 Haft im KL Hamburg-Fuhlsbüttel, Flucht nach Brüssel. Nach der Besetzung Belgiens Mai 1940 Evakuierung nach Frankr., dort interniert in den Lagern Le Vigent, Saint Cyprien u. Gurs. Ende 1942 Flucht aus dem Lager nach Spanien, Festnahme, Gef. Isaba u. Pamplona, später KL Campo de Miranda, durch Vermittlung der amerikan. Botschaft Freilassung. Sprachlehrer, 1946 Gr. u. Präs. der Sprachenschulen Institutos Mangold S.A. mit Niederlassungen in ganz Spanien, 1955 Gr. u. Präs. Mangold Editorial S.A. Madrid, Verf. zahlr. audio-visueller Lehrbücher, 1962-67 Lehrtätigkeit an der Univ. Madrid, Ruhestand. Lebte 1979 in Madrid. Mitgl. u.a. *Foundation Council of the European Educational Centers* Zürich, Mitgr. u. Ehrenpräs. *Sociedad Cervantina* Madrid; Fellow *Royal Sociaty of Arts* London, Fellow *Institute of Linguists* ebd. - *Ausz.:* u.a. 1971 Gr. BVK, Gold Medal of the Institute of Linguists; Span. Zivildienstorden.
W: 21 audio-visuelle Sprach-Lehrbücher. *Qu:* Arch. Fb. Hand. - IfZ.

Maniv (urspr. Mansbach), **Asher,** Politiker, Journalist; geb. 27. Mai 1920 Leipzig; *V:* Josef David Mansbach (geb. 1887 Nowy Sacz [Neu-Sandez]/Galizien), jüd., Kaufm., Emigr. Pal.; *M:* Jetty (geb. 1891, umgek. im Holokaust); *G:* Bertl (geb. 1915 Deutschland), Emigr. Pal., Musikerin; Hanni (geb. 1918 Deutschland), Emigr. Pal.; Gila (geb. 1922 Deutschland), Emigr. GB, IL, Krankenschwester; ∞ 1942 Lea-Leni Wigdorowicz (geb. 1920 Halle/Sa.), Emigr. GB, 1947 Pal.; *K:* Daniel (geb. 1945), B.A. Rehovot, Farmer; Amnon (geb. 1950, gef. 1971), Pilot; Noga (geb. 1953); Gil'ad (geb. 1962); *StA:* PL, Pal./IL. *Weg:* 1939 GB, 1947 Pal.
Jüd. höhere Schule Leipzig, 1938 Druckerlehre, Mitgl. *Makkabi Hazair* u. *Habonim,* Nov. 1938 Abbruch der Lehre. 1939 Emigr. GB, landwirtschaftl. Umschulung, Mitgl. *Hechaluz.* 1944-46 Dienst in brit. Armee, u.a. als Dolmetscher. 1947 nach Palästina, ab 1947 Mitgl., zeitw. VerwLtr. Kibb. Maayan Zevi; 1948-49 IDF-Dienst, 1950 Mitarb. beim Aufbau eines neuen Kibb. im Negev. 1955-57 Deleg. der *Jew. Agency* für Jugendverband *Habonim* in Australien. 1960-63 Ltr. Jugendabt. im *Mapai*-Zentralbüro in Israel, 1961 Deleg. der *Mapai* auf Konf. in Indien, 1966-69 Ltr. Nachrichtenabt. der *Mapai* u. der 1968 geschlossenen Koalition von Arbeiterparteien *Miflegat haAvodah,* geschäftsf. Mitgl. *Ihud haKevuzot vehaKibbuzim* u. der *Milflegat haAvodah,* 1968 Deleg. der *Milflegat haAvodah* auf Konf. in Schweden. Red. Wochenztg. *Ot,* Monatssz. *Migran, Beiträge in Davar Igeret,* 1975 Dir. für Erziehung u. Propaganda des Labor Study Center Beth Berl. Lebte 1977 in Kibb. Maayan Zevi.
W: Selected Tales of Israeli Politics. 1977. *Qu:* Fb. - RFJI.

Mann, Charles August, Ministerialbeamter; geb. 22. März 1916 Mannheim; *V:* Ludwig M.; *M:* Anna, geb. Lindmann; ∞ 1953 Sara Louise Lockwood; *K:* Sara Susan; *StA:* deutsch, 1943 USA. *Weg:* 1938 USA.
1938 Emigr. USA, 1938-42 Gelegenheitsarb. in New York, Trenton/N.J. u. Albuquerque/N.Mex.; 1941 Stud. Univ. of N. Mex., 1942-45 US-MilDienst, 1945-47 Hafenverkehrsoffz. in Brindisi. Angest. UNRRA in Washington/D.C. u. New York, 1947-48 Hafenaufseher der US-Armee in Pusan/Korea, 1949-62 ltd. Funktionen bei der US Operations Mission (USOM), zunächst 1949-51 Korea, 1951-57 Vietnam, 1957-62 Kambodscha. 1962-65 u. 1968-75 Dir. USAID in Laos, 1965-66 in Vietnam u. 1967-68 im Kongo, zugl. Wirtschaftsberater bei US-Botschaften in Laos, u. Kongo. 1966-67 Foreign Service Inst. in Washington/D.C.; 1975-77 ltd. VerwFunktionen im Bureau of Program and Management Services der USAID, März 1977 Pensionierung, seitdem Dir. Programmentwicklung der Internat. Human Assist. Programs Inc. New York. Mitgl. *Am. Foreign Service Assn., Am. Acad. of Pol. and Social Sciences.* Lebte 1978 in Washington/D.C. - *Ausz.:* 1958 Meritorious Service Award der Internat. Coop. Admin., 1964 Distinguished Honor Award der USAID.
Qu: Fb. Hand. - RFJI.

Mannbar, Artur Karl, Journalist; geb. 18. Juli 1913 Landsweiler/Saarland; *V:* Karl M. (1886-1965), Bergarb., Mitgl KPD; *M:* Adele, geb. Trampert (geb. 1894), Mitgl. KPD; *G:* Karl Adolf (geb. 1919), HJ-Führer; *StA:* deutsch. *Weg:* 1935 F; UdSSR; 1938 DK; 1940 Deutschland.
Kaufm. Angest., 1929 KJVD, aktiver Sportfunktionär, 1933-35 Angest. bei *Arbeiterzeitung* Saarbrücken u. Mitarb. ihrer pol. Red., 1934 KPD, als Redner aktive Teiln. an Statusquo-Bewegung. März 1935 Emigr. nach Frankr., Mitarb. *Rote Hilfe,* Aug. 1935 gemäß Parteibeschluß über Schweden u. Finnland in die UdSSR, Besuch Lenin-Schule der *Komintern* unter Deckn. Werner Weirich, Frühj. 1938 mit gefälschtem österr. Paß über Stockholm nach Kopenhagen, Mitarb. *Rote Hilfe* u. *37er Komitee für humanitäre Arbeit,* dann Instrukteur AbschnLtg. Nord im Zirkel um → Paul Helms, bis zur Unterbrechung der Tätigkeit der AbschnLtg. infolge des dt.-sowj. Pakts mehrere illeg. Reisen nach Hamburg als Kontaktmann zu mittelständischen Kreisen, enge ZusArb. mit → Waldemar Verner u. → Walter Weidauer. Deckn. Martin, Max. 25. Mai 1940 Festnahme durch dän. Polizei, Juni Auslieferung an Gestapo, 3. Sept. 1942 VGH-Urteil lebenslänglich Zuchth., Haft in Brandenburg-Görden, Apr. 1945 Mitgl. des GefAusschusses. Nach Kriegsende Ltr. der Nachrichtenabt. u. unter Ps. Günther Hall Kommentator *Berliner Rundfunk,* ab 1947 Ltr. Abt. Innenpol. bei *Mitteldeutscher Rundfunk* Leipzig u. stellv. Ltr. ADN-Zweigstelle ebd., ab Mitte der 50er Jahre stellv. Ltr. u. ab 1959 Ltr. Hauptabt. Ausland, ab 1964 Chefred. für westdt. Fragen u. ab 1971 stellv. GenDir. ADN; ab 1971 Mitgl. RedKomitee *Neue deutsche Presse.* Wirkte 1977 als wiss. Mitarb. bei ADN in Berlin (Ost). - *Ausz.:* u.a. 1962 Franz-Mehring-Ehrennadel, 1967 VVO (Bronze), 1973 Silber, 1974 Gold.
W: Gesprengte Fesseln (zus. mit Max Frenzel u. Wilhelm Thiele). 1976. *L:* Ebeling, Richard, Artur Mannbar - ein „hervorragender" Journalist. In: Deutsche Fragen, H. 7/1962, S. 137 ff.; Hochmuth/Meyer, Streiflichter. *Qu:* Arch. Hand. Publ. Z. - IfZ.

Manor, Amos (urspr. Menzel, Hans), Dr. rer. pol., Dr. jur., Ministerialbeamter; geb. 14. Aug. 1907 Mährisch-Ostrau; *V:*

Alfred Menzel (geb. 1879 Nikolsburg/Mähren, umgek. Mecheln/B), jüd., höhere Schule, Bahnbeamter, Pferdehändler; *M:* Grete, geb. Kornblüh (geb. 1868 Freistadt/Schlesien, umgek. Mecheln), höhere Schule; *G:* → Aryeh Manor; ∞ 1954 Judith Rosenblum (geb. 1919 Karlsruhe), Kindergärtnerin, Stud. Lehrerseminar; *K:* 2 T, 1 S; *StA:* CSR, Pal./IL. *Weg:* 1938 B, GB, 1945 Pal.

Prom. Wien u. Prag, 1932 in der pol. Abt. ILO Genf, 1932-34 MilDienst, 1935-38 bei der Länderbank in Mährisch-Ostrau u. Prag, Entlassung; 1926-34 Mitgl. *Blau-Weiß*. 1938 Emigr. Brüssel, dann London, 1939-45 Tätigkeit in Hachscharah-Kibb. in Oxfordshire u. Gloucestershire, gleichz. Mitarb. bei Flüchtlingsausschüssen u. Mitgl. *Hechaluz*. 1945 nach Palästina mit C-Zertifikat, 1945-56 Mitgl. Kibb. Givat Ḥayyim, 1945-48 *Haganah*. 1952 Tätigkeit bei Sonderabt. des MinPräs. 1953-55 Mitarb. isr. Handelsmission in Köln, 1955-59 Ltr. Abt. Nachuntersuchung der Wiedergutmachungsorg. Shilumin Corp., 1959-75 GenSekr. Reḥovot-Konf., ab 1975 im VerwRat Settlement Study Centre Reḥovot. Mitgl. isr. Zweigstelle *Soc. for Internat. Development*. Lebte 1978 in Ramat Chen/Israel.

W: Standing of the British Commonwealth in International Law. (Diss.) 1932. *Qu:* Fb. Publ. - RFJI.

Manor, Aryeh (urspr. Menzel, Otto), Dipl.-Ing., Beamter; geb. 23. Okt. 1912 Wien; jüd.; *G:* → Amos Manor; ∞ 1935 Marianne Czempin (geb. Berlin, gest. IL); *K:* Michael, Tamar; *StA:* österr., Pal./IL. *Weg:* 1935 Pal.

Mitgl. *Blau-Weiß*, Stud. TH Berlin, 1931 Dipl. - 1935 Emigr. Palästina; 1949-50 Ltr. isr. Defence Supply Mission in New York, 1951-58 Dir. isr. Supply Mission in New York, 1958-64 Wirtschaftsattaché isr. Botschaft Washington/D.C., ab 1964 stellv. Geschäftsf. Bank Leumi leIsrael in Tel Aviv. Lebte 1977 in Herzliyah/Israel.

Qu: Hand. HGR. Pers. - RFJI.

Marchfeld, Rudolf, Publizist, Schriftsteller; geb. 5. Juli 1912 Wien; *V:* Wilhelm M.; *M:* Rose, geb. Sternfeld; ∞ Anna Müller; *StA:* staatenlos (Ausbürg.), österr. *Weg:* 1938 CH; 1946 Österr.

1926-29 kaufm. Lehre, 1927 Mitgl. Jugendgruppe *Zentralverein der kaufmännischen Angestellten Österreichs,* enge Verb. zu → Manfred Ackermann. 1928 Mitgl. SAJDÖ u. SDAP. Anfang der 30er Jahre arbeitslos. 1933-34 mehrere Mon. Heimltr. der *Aktion Jugend in Not,* noch vor den Februarkämpfen 1934 mehrfach kurzfristig Haft. 1. Aug. 1938 illeg. in die Schweiz, bis 1944 ehrenamtl. Tätigkeit in Flüchtlingshilfe, u.a. isr. Flüchtlingshilfe St. Gallen. Dez. 1939 Gr. *Kunst- und Kulturkreis,* Gemeinschaft zur Förderung kultureller Bestrebungen von Emigranten in der Ostschweiz in St. Gallen, Mitgr. u. VorstMitgl. *Landsmannschaft österreichischer Sozialisten in der Schweiz,* Red. *Der Sozialist.* Ende 1946 Rückkehr nach Wien, Mitgl. SPÖ, Bildungsfunktionär; 1946-72 Red., stellv. Chefred. u. ltd. Red. des ORF. 1947 Mitgr. u. bis 1972 VorstMitgl. *Sozialistische Fraktion der Runfunkangestellten,* VorstMitgl. *Vereinigung sozialistischer Journalisten und Schriftsteller Österreichs.* VorstMitgl. u. Obmann der Kontrolle *Journalistengewerkschaft* im ÖGB. Kuratoriumsmitgl. VfGdA, Bundesausschußmitgl. *Bund Sozialistischer Akademiker.* Mitarb. zahlr. Ztg. u. Zs., Verf. von Lyrik, Ps. u.a. Rudolf Martell. Lebte 1973 in Wien.- *Ausz.:* u.a. Gold. Abzeichen der SPÖ u. des ÖGB, Silbernes Ehrenz. für Verdienste um die Rep. Österreich.

Qu: Arch. - IfZ.

Marck, Siegfried, Dr.phil., Hochschullehrer; geb. 9. März 1889 Breslau, gest. 16. Febr. 1957 Chicago/USA; ∞ Claire (Klara) Rosenstock (geb. 1897), jüd., Journ., Mitgl. SPD u. *Internationale Frauenliga für Frieden und Freiheit,* aktiv in sozdem. Kulturarb. in Schlesien, 1933 Emigr. CH, Schanghai, 1934 F, 1941 USA, A: New York; *K:* Andreas (geb. 1916), Emigr. Pal./IL, tätig in Moshav-Verw.; Alf (geb. 1918), Emigr. GB; Louis (Ludwig, geb. 1921), 1938 Emigr. F, 1941 USA, Ph. D. New York Univ., Assoc. Prof. für moderne Sprachen am Polytechn. Inst. New York; Claudia Ancelot (geb. 1925), Emigr. F, USA, B.A., Dolmetscherin OECD Paris; *StA:* deutsch, 13. Juni 1935 Ausbürg. *Weg:* 1933 F; 1939 USA.

Stud. Rechts-, Staatswiss. u. Soziologie, 1917 Habil. Univ. Breslau, 1924 a.o. Prof., 1930 o. Prof. ebd.; Mitgl. SPD, kam aus dem Kreis der jungsozialist. Opposition. 1919-26 StadtVO. Anschluß an *Klassenkampf*-Gruppe (→ Kurt Rosenfeld). 1933 Entlassung, Emigr. nach Frankr.; Mitarb. *Neuer Vorwärts* u. *Deutsche Freiheit*. Mitgl. SPD-Gruppe Paris, die unter Einfluß der sog. alten u. neuen sozdem. Linken stand, den Führungsanspruch der *Sopade* ablehnte u. von einer marxist.-antireformist. Position her gegen das Prager Manifest (→ Rudolf Hilferding) Stellung nahm; nach vergebl. Kartellbemühungen mit SAPD (→ Paul Frölich, → Jacob Walcher) u. NB (→ Walter Löwenheim, → Karl Frank) Auflösung der Gruppe u. März 1934 Neukonstituierung unter Vors. von M.; weiterer Versuch, ein revol. sozialist. Kampfkartell zu bilden, um als Bestandteil der revol. Bewegung in Deutschland Kader für eine neue proletar. Einheitspartei aufzubauen. Nach Scheitern dieser Einheitsbemühungen Ende 1934 Zerrüttung der Pariser SPD-Gruppe u. Rücktritt von M.; Unterstützung der Volksfrontpol., u.a. Mitunterz. des Protests gegen die Hinrichtung des KPD-Funktionärs Rudolf Claus v. 20. Dez. 1935 u. des Volksfrontaufrufs v. Dez. 1936. Nach Fehlschlagen der Volksfrontversuche Mitgl. der Frühj. 1939 von → Willi Münzenberg gegr. *Union Franco-Allemande*. Ab 1934 Gastprof. Univ. Dijon, 1939 Emigr. in die USA, 1940-45 Prof. für Phil. Central Y.M.C.A. Chicago. Mitgl. der Ende 1941 unter Ltg. → Albert Grzesinskis gegr. *Association of Free Germans,* Mitunterz. der programmat. Richtlinien *Für das freie Deutschland von Morgen* v. Okt. 1942; Anschluß an GLD, Teiln. u. Ref. der von der GLD org. Landeskonf. dt.-sprachiger Sozialdemokraten u. Gewerkschafter in den USA 3.-4. Juli 1943 in New York; Mitunterz. Programm des *Council for a Democratic Germany* (→ Paul Tillich) v. Mai 1944. 1955 Gastprof. Bonn.

W: u.a. Die platonische Ideenlehre in ihren Motiven. 1912; Deutsche Staatsgesinnung. 1916; Kant und Hegel. 1917; Imperialismus und Pazifismus als Weltanschauung. 1918; Hegelianismus und Marxismus. 1923; Philosophie der Aufklärung. 1923; Marxistische Staatsbejahung. 1925; Substanz- und Funktionsbegriff in der Rechtsphilosophie. 1925; Reformismus und Radikalismus in der deutschen Sozialdemokratie. Geschichtliches und Grundsätzliches. 1927; Sozialdemokratie. In: Die geistige Struktur der politischen Parteien Europas. Deutsches Reich (3). Hg. von Kurt O.F. Metzner. 1931; Freiheitlicher Sozialismus. Dijon 1936; Thomas Mann als Dialektiker. In: Philosophia, Belgrad 1937; Zur Philosophie des Nationalsozialismus. In: Zeitschrift für freie deutsche Forschung, Nr. 1/1938; Der Neuhumanismus als politische Philosophie. Zürich (Der Aufbruch) 1938; Neo-Machiavellism and Ethical Nihilism. In: Ethics, Nr. 51/1941; Thesen zur Rußlanddebatte. In: Sozialistische Mitteilungen, Nr. 37/Mai 1942; Germany: To Be or not to Be? (zus. mit → Gerhart Seger) New York (The Rand School Press) 1943; Rethinking the Fundamentals of the Post-War-World. In: Common Cause, Nr. 1/1948; Goethes' Practical Wisdom. In: German Revue, Nr. 24/1949. *L:* Drechsler, SAPD; Radkau, Emigration; Langkau-Alex, Volksfront. *Qu:* Arch. Hand. Pers. Publ. - IfZ.

Marckwald, Joachim, Jurist; geb. 7. Juni 1902 Berlin; ev.; *V:* Dr. Dr. h.c. Willy M., Geh. RegRat. (geb. 1864 Jacobskirch/Schlesien, gest. 1942 Rolandia/Brs.); jüd., 1889 ev., Honorarprof. für anorgan. Chemie Univ. Berlin, Emigr. mit Sohn; *M:* Margarete, geb. Salomon (1972-1908); *G:* Fritz (geb. 1892, gef. 1917), Jurist; ∞ 1929 Prisca Ranzenberger (geb. 1902), Emigr. mit Ehemann; *StA:* deutsch, 1951 (1952?) Bras. *Weg:* 1936 Bras.

Stud. Rechtswiss. Würzburg u. Berlin, 1924 erstes u. 1927 zweites jur. Staatsex., Gerichtsassessor in Berlin; religiöser Sozialist, Mitgl. *Tat-Kreis,* aktiver Gegner des NatSoz.; nach 1933 VorstMitgl. *Verband nichtarischer Christen* u. Anschluß an *Bekennende Kirche;* Frühj. 1936 aufgrund der Nürnberger

Marcus, Ernst, Dr. jur., Wirtschaftsfachmann; geb. 15. Apr. 1900 Berlin, gest. 25. Okt. 1973 Hamburg; jüd.; ∞ Irene; *K:* Gabriel (geb. 1941 Tel Aviv), A: Bad Homburg b. Frankfurt/M.; *StA:* deutsch. *Weg:* 1939 Pal., 1952 Deutschland (BRD).

Stud. Staats- u. Rechtswiss. Heidelberg u. Berlin, 1929 Prom. Anschl. Tätigkeit für Banken u. Wirtschaftsverbände. Red. für Völkerbundsfragen *Zeitschrift für Völkerrecht.* 1933-39 stellv. Ltr. von *Paltreu,* die Auswanderung nach Palästina durch Verrechnung mit dt. Exporten finanzierte; enge Beziehungen zur dt. Reg., insbes. zu AA u. Wirtschaftsmin., zur dt. Industrie sowie zu zion. Org.; 1939 Emigr. Palästina. 1951 Rückkehr nach Deutschland (BRD), Spezialisierung auf Völker- u. Wirtschaftsrecht. 1952 Vors. der Hamburger Symphoniker. *- Ausz.:* 1972 BVK; Brahms-Med. Hamburg.

W: Palästina. Ein werdender Staat. (Diss.) 1929; The German Foreign Office and the Palestine Question in the Period 1933-1939. In: Yad Vashem Studies, 1958; Investment in Israel. Möglichkeiten für deutsches Privatkapital. 1966. *L:* Feilchenfeld, W./Michaelis, A./Pinner, W., Haavara-Transfer nach Palästina. 1972. *Qu:* EGL. Publ. - RFJI.

Marcus, Franz, Dr. jur., Richter, Publizist; geb. 22. Juni 1886 Hamburg; jüd.; *V:* Emil M. (1853-1922), jüd., Großkaufm.; *M:* Bertha, geb. Wolf (1860-1941), jüd., Emigr. DK; *G:* Robert (geb. 1888, gest. 1916), Kaufm.; Alfred (1891-1973), Kaufm., ab 1912 USA; ∞ 1925 Leonore Bernhard (1894-1973), jüd., 1900 ev., Emigr. DK; *K:* Maria (geb. 1926), Emigr., Schriftst., Programmsekr. dän. Fernsehen; Franz (geb. 1928), Emigr., Dipl.-Ing., Exekutivsekr. Nordiska Atomkoordineringskommittén; *StA:* deutsch, 1941 Ausbürg., 1948 DK. *Weg:* 1933 DK; 1943 S; 1945 DK.

1904-07 Stud. Rechtswiss. Leipzig, Freiburg/Br., Berlin, 1908 Prom., Referendar, 1911 Assessor, 1913-29 Landrichter LG Hamburg, ab 1929 LG-Dir., 1933 Zwangsversetzung in Ruhestand, Emigr. nach Kopenhagen. 1934-43 Bankrevisor, 1943 Flucht nach Stockholm, wiss. Mitarb. schwed. Justizmin. für europ. Rechtsvergleichung im Rahmen der Vorbereitung einer Strafrechtsreform, daneben Mitarb. Kunsthistor. Institut Univ. Stockholm. 1945 Rückkehr nach Kopenhagen, bis 1954 im Bankgeschäft, ab 1948 auch Anwaltstätigkeit im Rahmen des dt. Rechts u. Wiederaufnahme rechtsvergleichender Studien. Zahlr. wiss. Veröffentl. u. kommentierende Übers. von Gesetzestexten, Mitarb. jur. Fachzs. Ab 1956 Korr. Mitgl. *Gesellschaft für Rechtsvergleichung,* 1968-69 Mitgl. dän. Prüfungskommission für Übers. jur. Texte ins Deutsche. Lebte 1975 in Charlottenlund/Dänemark. *- Ausz.:* 1918 Verdienstkreuz für Kriegshilfe, 1973 Ehrenmitgl. dän. Übersetzervereinigung, 1974 Gr. BVK.

W: Über 100 Veröffentl., siehe u.a. Dansk Juridisk Biografi 1950-71. 1973. *Qu:* Fb. Hand Publ. Z. - IfZ.

Marcus, Joseph, Dr. jur., Rechtsanwalt; geb. 2. Aug. 1886 Grabow/Mecklenburg, gest. 1961 IL (?); jüd.; ∞ Käthe Ephraim (geb. 1892 Breslau, gest. 1970), Malerin u. Bildhauerin, Ausstellungen in Berlin, Dresden, Paris u. London, 1934 Emigr. Pal.; *K:* 1 S, 2 T; *StA:* deutsch, 13. Aug. 1938 Ausbürg., Pal./IL. *Weg:* 1934 Pal.

Stud. Breslau, Freiburg u. Leipzig; 1907 Gr. *Wanderverein 1907* Breslau, der sich 1912 dem neugegr. jüd. Wanderbund *Blau-Weiß* anschloß. 1913 Org. 1. K.J.V.-Reise nach Palästina. Kriegsteiln. 1. WK; 1917/18 Rücktritt von ltd. Funktion bei *Blau-Weiß* nach internen Auseinandersetzungen. 1920-33 RegRat in Breslau, später OberregRat in Düsseldorf; gleichz. Vors. ZVfD-Ortsgruppe Breslau, dann Düsseldorf, später Bez. Rheinland-Westf. u. Mitgl. Landesvorst. der ZVfD; Vertr. der sozialist.-zion. *Hapoel Hazair* in der Repräsentantenversammlung der Jüd. Gde. Breslau u. im Preußischen Landesverband jüdischer Gemeinden. 1934 Emigr. Palästina mit Ehefrau; 1935-48 RA, ab 1948 Rechtsberater beim Registrierungsamt des isr. Innenmin., anschl. Ruhestand in Jerusalem. Vors. Zweigstelle Ramat Gan der Isr.-Am. Friendship League; Unterstützung von Künstlern aus Privatfonds.

W: u.a. Tagebuch für jüdische Wanderer 5677 (1916-17). 1916; Beiträge über zion. Themen in isr. u. ausländ. Zs. *L:* Ephraim-Marcus, Käthe, Out of My Life. 1961; Tramer, Hans, Jüdischer Wanderbund Blau-Weiß. Ein Beitrag zu seiner äußeren Geschichte. In: Bulletin LBI. 1962. *Qu:* Hand. Publ. Z. - RFJI.

Marcus, Maria, geb. Lenhoff, Staatsanwältin, Hochschullehrerin; geb. 23. Juni 1933 Wien; jüd.; *V:* Dr. jur. Arthur Lenhoff (geb. 1885 Teplitz/Böhmen, gest. 1965 Buffalo/N.Y.), jüd., Prof. Rechtswiss. Wien, Richter am österr. Verfassungsgericht, 1938 Emigr. USA, Prof. Rechtswiss. Univ. Buffalo; ∞ 1956 Norman Marcus (geb. 1932 New York), jüd., LL.B. Yale Univ., RA bei der Städteplanungskommission der Stadt New York, Doz. Pratt Univ./N.Y.; *K:* Valerie Rae (geb. 1962); Nicole Emily (geb. 1965); Eric Arthur (geb. 1968); *StA:* österr., 1944 USA. *Weg:* 1938 USA.

März 1938 Emigr. USA über die Schweiz. 1954 B.A. Oberlin Coll. in Oberlin/O., 1957 LL.B. Yale Univ., 1961 RA-Zulassung in N.Y., 1961-68 RA der *Nat. Assn. for the Advancement of Colored People* (NAACP). 1968-76 Assist. u. stellv. Dir. Prozeßabt. beim Attorney General des Staates N.Y., ab 1976 Dir. Prozeßabt., ab 1977 Doz. New York Univ. Law School. 1972-75 Vors. Bürgerrechtsausschuß, ab 1976 VorstMitgl. der *Bar Assn. of the City of New York,* Mitgl. im Ausschuß für Verw-Recht der *Am. Bar Assn.* Lebte 1977 in New York.

W: Ethridge v. Rhodes Rouses a Slumbering Giant. In: Howard Law Review, Bd. XIV, 1968; Kap. IX. In: Trade Union Racial Practices and the Law. (Mitverf.) 1968. *Qu:* Fb. Hand. - RFJI.

Marcus, Theodor, Verleger; geb. 20. Apr. 1894 Breslau, gest. 28. März 1973 Graubünden/CH; jüd.; *V:* Max M. (geb. 1862 Posen, gest. 1929), Teilh., später Inh. Wilhelm Köbnerische Buchhandlung (später M. & H. Marcus), Mitgl. Breslauer Geschäftsstelle des *Hilfsvereins; M:* geb. Paradis; ∞ Gret Hagman (geb. CH, gest. 1934 CH), Mitarb. im Verlag des Ehemanns. *StA:* deutsch, Ausbürg. *Weg:* 1936 ČSR; 1940 S-Amerika; CH.

1911 Abitur in Breslau, 1911-14 Lehre als Verlagsbuchhändler in Breslau, Leipzig u. Paris, Mitgl. *Wandervogel* u. SAJ. Kriegsteiln., ab Frühj. 1917 Kriegsgef., im Herbst Austausch wegen Lungen-Tb., bis 1920 Sanatoriumsaufenthalt in der Schweiz. 1920-36 Mitarb., ab 1922 Teilh. Verlag M. & H. Marcus, Verleger rechtswiss., geograph. u. geistesgesch. Werke, Verlagsverträge mit IHK Breslau, Osteuropa-Institut Breslau, Geographisches Institut u. TH Breslau, *Schlesische Gesellschaft für Volkskunde* u. *Gesellschaft zur Förderung der Wissenschaft des Judentums,* Verleger der Moses Mendelssohn-Jubiläumsausgabe, der *Germania Judaica,* nach 1932 der *Monatsschrift für Geschichte und Wissenschaft des Judentums.* 1920 publizist. Tätigkeit in der Vorbereitung der Volksabstimmung in Oberschlesien. 1920-29 in SPD u. CV tätig, ab 1929 Mitgl. Breslauer Geschäftsstelle des *Hilfsvereins,* Treuhänder des kath. Schulbuchverlags Franz Goerlich Breslau; 1926-32 VorstMitgl. Werbeausschuß des *Börsenvereins des Deutschen Buchhandels* Leipzig. 1936 Emigr. ČSR. 1936-Jan. 1940 Dir. Academia Verlag Prag, veröffentl. eine Studie von Edvard Beneš über Descartes sowie Werke von Husserl, Vertrieb der Reihe *Philosophische Bibliothek,* Geschäftsf. des *Cercle philosophique de Prague.* Transfer der judaist. Abt. des ehem. Breslauer Verlags M. u. H. Marcus durch Reichsschrifttumskammer verboten. März 1939-Jan. 1940 von Prager jüd. Gde. in Bemühungen um Auswanderung unterstützt. 1940 nach Südamerika, später in die Schweiz.

W: Als jüdischer Verleger vor und nach 1933 in Deutschland (ABiogr.). In: Bulletin LBI, 1964; Verlagsgeschichte und Kulturgeschichte 1900-1930. In: Börsenblatt für den Deutschen Buchhandel, 1965, 1968. *L:* Homeyer, Juden als Bibliophilen. *Qu:* EGL. Publ. Z. - RFJI.

Marcus, William, Verbandsfunktionär; geb. 16. Apr. 1883 Ostrowo/Posen, gest. 20. Nov. 1954 New York; jüd.; ∞ 1934 Erna Gutman (geb. 1896 Berlin, gest. 1973 Berlin), jüd., Dir-Sekr. Deutsche Bank Berlin, 1930 Geschäftsf. Jüd. Darlehnskasse Berlin, 1938 Emigr. USA, später Rückkehr nach Berlin; *StA:* deutsch, USA. *Weg:* 1938 USA.

Glasereigeschäft in Berlin. 1909 Mitgr. u. 1919-38 (?) Präs. *Zentralverband jüdischer Handwerker Deutschlands* e.V. Berlin, 1931 Mitgr. u. 1913-38 (?) VorstMitgl. *Zentralstelle für jüdische Darlehnskassen* Berlin, Mitgr. u. Mitgl. VerwRat *Jüdischer Kreditverein für Handel und Gewerbe* Berlin, Mitgl. *Reichsverband des jüdischen Mittelstandes,* Mitgl. u. Sprecher der relig.-liberalen Fraktion in der Repräsentantenversammlung der Jüd. Gde. Berlin, VorstMitgl. Preußischer Landesverband jüdischer Gemeinden, 1937-38 Mitgl. Altreu-Fonds-Kommission der *Reichsvertretung* (Agentur für Kapitalüberweisung von jüd. Auswanderern in das Ausland mit Ausnahme von Palästina u. für die Bereitstellung von Zuschüssen für jüd. Auswanderungswillige). 1938 Emigr. USA, zus. mit Ehefrau Geschäftsf. eines Hotels, Mitgr. u. Vizepräs. Congr. Habonim, Mitgl. *New World Club* New York, Mitgr. u. Ehrenmitgl. *Freedom Lodge, Free Sons of Israel* New York, VorstMitgl. A.F.J.C.E., Kuratoriumsmitgl. Ludwig Tietz School in Jagur/Israel, Mitgl. Gewerbeschulges. der *Europ. Friends of ORT.*

L: Feilchenfeld, W./Michaelis, A./Pinner, L., Haavara-Transfer nach Palästina. 1972. *Qu:* EGL. Publ. Z. - RFJI.

Marcusson, Erwin, Dr. med., Arzt, Staatsfunktionär; geb. 11. Juni 1899 Berlin, gest. 29. Jan. 1976 Berlin (Ost); ∞ Hilde; *StA:* deutsch, 23. Mai 1941 Ausbürg., deutsch. *Weg:* UdSSR; 1945 (?) Deutschland (Berlin).

Arzt in Berlin-Wilmersdorf; 1919 KPD. Nach natsoz. Machtübernahme verfolgt u. inhaftiert, Emigr. in die UdSSR, Arzt. Vermutl. 1945 Rückkehr nach Berlin, Lehrtätigkeit als Sozialhygieniker an der Humboldt-Univ., zeitw. Ltr. der Hauptabt. Heilwesen im Min. für Gesundheitswesen u. 1957-58 stellv. Min., danach Dir. Institut für Sozialhygiene an der Akademie für Sozialhygiene, Arbeitshygiene u. ärztliche Fortbildung Berlin (Ost). - *Ausz.:* u.a. Prof.-Titel, VVO (Gold) mit Ehrenspange, Med. für Teilnahme an den bewaffneten Kämpfen der deutschen Arbeiterklasse 1918-1923, Med. für Kämpfer gegen den Faschismus 1933-1945, ZK-Nachruf.

Qu: Hand. Z. - IfZ.

Mareiner, verehel. Nürenberger, **Hilde,** Journalistin; geb. 23. Nov. 1912 Wien; jüd.; ∞ I. Alois Mareiner (geb. 1914), Tapezierer, zwischen 1934 u. 1938 illeg. Funktionär der KPÖ; II. Nürenberger; *StA:* österr., Ausbürg. (?). *Weg:* 1938 (?) GB; 1946 (?) Österr.

Zwischen 1934 u. 1938 illeg. Arbeit für KPÖ in Wien, mehrfach Haft. Vermutl. 1938 Emigr. London; ab 1938 Ltr. *Austrian Self Aid* (von der KPÖ-Parteigruppe in GB initiierte überparteil. Hilfsorg., später Unterorg. des *Austrian Centre).* Neben → Jenö Kostmann maßgabl. Red. *Zeitspiegel,* Mitarb. *Free Austrian Movement.* Vermutl. 1946 Rückkehr nach Wien, Mitgl. KPÖ; Funktionärin *Bund demokratischer Frauen,* zeitw. Chefred. *Stimme der Frau,* anschl. Red. *Volksstimme* u. Ltr. der Wochenendbeilage. Lebte 1978 in Wien.

W: u.a. Austrians in Britain. In: Kostmann, Jenö/Mareiner, Hilde, The Austrian Ally. London (Austrian Centre u. Young Austria in Great Britain) 1942; Zeitspiegel. Eine österreichische Stimme gegen Hitler. 1967. *L:* Mareiner, Hilde, Zeitspiegel; Maimann, Politik; Widerstand 1. *Qu:* Arch. Pers. Publ. - IfZ.

Marek, Ferdinand, Dr. jur., Diplomat; geb. 25. Jan. 1881 Prag, gest.; *V:* Bahnbeamter; *StA:* österr. *Weg:* CSR.

Stud. Rechtswiss. Prag u. Wien, 1904 Prom. Ab 1906 Tätigkeit an Handelskammer Brünn, 1914-18 Kriegsdienst, ab 1915 im Min. für Landesverteidigung in Wien. Nov. 1918 provis. österr. Geschäftsträger in Prag, Juni 1919 Bevollmächtigter, Jan. 1920 Geschäftsträger u. Legationsrat, 1922-38 ao. Gesandter u. bevollm. Min. in der CSR. 1938 nach dem Anschluß Österr. Ausscheiden aus diplomat. Dienst. Febr. 1939 formelle Entlassung, blieb in Prag. Übernahm 1945 unmittelbar nach Kriegsende erneut die Vertr. der österr. Interessen in Prag. Ende Mai 1945 zu Besprechung in die sowj. Stadtkommandantur, seitdem verschollen. Todesdatum lt. später übermitteltem sowj. Totenschein 4. Mai 1947.

Qu: Arch. Hand. - IfZ.

Marek, Franz, Parteifunktionär; geb. 18. Apr. 1913 Przemysl/Galizien, gest. 28. Juni 1979 Neukirchen/Oberösterr.; ∞ I. → Tilly Spiegel, 1974 gesch.; II. 1975 Barbara Coudenhove-Kalergi (geb. 1932), Journ., Nichte von → Richard Coudenhove-Kalergi; *StA:* österr. *Weg:* 1938 F; 1945 Österr.

Stud. GeschWiss. u. Phil. Univ. Wien. 1934 nach den Februarkämpfen Mitgl. KPÖ, illeg. Funktionär in Wien, 1935-36 AppLtr., 1936-38 AgitProp-Ltr. in Zentraltg. der KPÖ, Deckn. u. Ps. u.a. Karl Rohrer. Mai 1938 nach Paris, LtgMitgl. Parteigruppe der KPÖ in Frankr., zeitw. Hg. der zweisprachigen Zs. *Nouvelles d'Autriche.* 1939-41 Internierung in der Bretagne. Dez. 1941 illeg. Rückkehr nach Paris, neben Arthur London u. → Otto Niebergall Mitgl. der dreiköpfigen zentralen Ltg. der TA innerhalb der franz. Résistance, die als eigenständig org. Zweig der *Front National de Libération* vor allem für die illeg. Prop. innerhalb der dt. Armee zuständig war, Deckn. u.a. Claude, Marcel u. angebl. Leo, Hg. der illeg. Ztg. *Soldat im Westen.* Aug. 1944 Verhaftung durch Gestapo, Haft in Fresnes, Todesurteil, durch Befreiung von Paris gerettet. Mitgl. Bureau Politique der neugebildeten *Front National Autrichien.* Aug. 1945 Rückkehr nach Wien. 1946-69 ZK-Mitgl. der KPÖ u. Chefred. des theoret. Organs der KPÖ *Weg und Ziel,* verantwortl. insbes. für die ideolog. Arbeit; 1948-69 Mitgl. PolBüro. Ab 1956 neben → Ernst Fischer Exponent des Parteiflügels, der im Zusammenhang mit den Auseinandersetzungen innerhalb der kommunist. Parteien Europas um ein neues Selbstverständnis die Linie einer Entdogmatisierung der KPÖ (sog. Entstalinisierung) u. mehr Selbständigkeit gegenüber der KPdSU (sog. italienischer Weg) durchzusetzen versuchte. 1969 im Gefolge der Auseinandersetzungen um die Intervention der Warschauer-Pakt-Staaten in der CSSR Niederlegung der offiz. Parteifunktionen, 1970 Übernahme der Red. der Zs. *Tagebuch,* die vom ZK der KPÖ aus dem Medienapp. des Globus-Verlags ausgesperrt wurde. 1970 KPÖ-Ausschluß. Seit 1970 Chefred. der unabhängigen linken Monatszs. *Wiener Tagebuch* (Nachf-Organ des *Tagebuchs*) als Kristallisationspunkt für die Kräfte einer reformkommunist., vom Kommunismus sowj. Prägung unabhängigen Politik.

W: u.a. 12. Februar 1934 - 11. März 1938. Paris 1945 (Vortrag, Ms. IfZ); Österreichs aktuelle Situation. Paris 1945 (Vortrag, Ms. IfZ); Friedrich Engels zum 50. Todestag. London 1945; Irrwege der österreichischen Geschichte. 1946; Was ist Sozialismus? 1946; Frankreich. Von der Dritten zur Vierten Republik. 1947; Was ist Volksdemokratie? 1948; Stalin. Der Mensch und das Werk. 1949; Friedrich Engels. Denker und Kämpfer. 1950; Lenin. Der Lehrer der Revolution. 1950; Karl Marx. 1951; Klassenkampf, Sozialismus und die SP. 1955; Was ist Marxismus? Kapitalismus? Sozialismus? Kommunismus? Freiheit? 1960; Soyfer, Jura, Von Paradies und Weltuntergang (Vorwort). 1962; Philosophie der Weltrevolution. 1966; Die österreichische Nation in der wissenschaftlichen Erkenntnis. In: Massiczek, Albert (Hg.), Die österreichische Nation, 1967; Was Marx wirklich sagte (Mitverf. Ernst Fischer). 1968; Was Lenin wirklich sagte (Mitverf. E. Fischer). 1969; Was Stalin wirklich sagte. 1970; Le parti communiste autrichien. In: Politique d'aujourd'hui, Febr. 1971. *L:* Spiegel, Résistance; DBMOI; Résistance. Erinnerungen deutscher Antifaschisten. 1973; Fischer, Illusion; Prager, Theodor, Zwischen London und Moskau. 1975. *Qu:* Arch. Hand. Pers. Publ. - IfZ.

Margenau, Katharina, geb. Blaß; geb. 6. Dez. 1886 Trier; kath., 1909 Diss.; *V:* Zigarrenmacher; ∞ Jakob Johann Margenau, Schriftsetzer; *K:* 2 S; *StA:* deutsch. *Weg:* 1936 USA (?).

USPD, 1922 SPD; zeitw. Vors. SPD-Frauengruppe Mannheim, ab 1926 Mitgl. SPD-BezAusschuß Baden. 1930-33 StadtVO. Mannheim u. Mitgl. SPD-Landesvorst. Baden. 1936 vermutl. in die USA.

L: Schadt, Jörg, Im Dienst an der Republik. 1977. *Qu:* Publ. - IfZ.

Margon, Hans **Oscar,** Partei- u. Staatsfunktionär; geb. 10. Apr. 1911, gest. 24. März 1976 Berlin (Ost); ∞ Gertraud; *K:* Annette. *Weg:* 1933 F; E, F; 1941 Mex.; 1946 Deutschland (SBZ).

Angest.; 1933 Emigr. nach Frankr., später Spanien, 1936 Mitgl. *Vereinigte Sozialistische Partei Kataloniens;* Teiln. an Span. Bürgerkrieg als Dolmetscher u. PolKommissar, danach Internierung in Frankr.; 1941 nach Mexiko, Mitgl. BFD u. *Heinrich-Heine-Klub*, techn. Mitarb. *Demokratische Post* u. *Freies Deutschland,* Sprecher der span. Rundfunksendungen des *Lateinamerikanischen Komitees der Freien Deutschen.* 1946 Rückkehr nach Deutschland (SBZ), zuletzt Tätigkeit in DDR-Außenhandel. - *Ausz.:* 1956 Hans-Beimler-Med., Med. für Kämpfer gegen den Faschismus 1933-1945, VVO (Silber).

L: Pasaremos; Kießling, Alemania Libre. *Qu:* Publ. Z. - IfZ.

Margulies, Benzion, Verleger, Verbandsfunktionär; geb. 19. Okt. 1890 Skalat/Galizien, gest. 9. Febr. 1955 London; jüd.; *V:* Marcus Mordechai M. (geb. 1862 Skalat, gest. 1921 Mannheim), jüd., 1908 nach Deutschland, Kaufm.; *M:* Fanny (Feige), geb. Kesten (geb. 1865 Galizien, gest. 1943 Tel Aviv), jüd., 1908 mit Ehemann nach Deutschland, 1935 Emigr. GB, 1937 Pal.; *G:* Etti Kesten (geb. 1884 (?) Skalat, gest. 1954 Tel Aviv); Zeev (geb. 1886 (?) Skalat, gest. 1953 Tel Aviv); Mendel (geb. 1888 (?) Skalat, umgek. 1941 im Holokaust); Josef (geb. 1891 (?) Skalat, gest. 1973 Tel Aviv); Max (geb. 1893 Skalat), A: New York; Pepi (geb. 1895 Skalat), A: Tel Aviv; Alexander (geb. 1902 Skalat), Geschäftsf., 1931 Emigr. GB, Inh. Time Products Ltd., Mitgr. hebr. Verlag Ararat, Vors. *Bachad Fellowship,* Vizepräs. Ben Uri Art Gallery, Hillel Foundation; Lotte (geb. 1904 Skalat), A: Jerusalem; ∞ Perl (geb. 1893 Husiatyn/Galizien, gest. 1962 Jerusalem), jüd., Emigr. GB; *K:* William (geb. 1921), 1934 Emigr. GB, M.Sc. London School of Econ.; Edith (geb. 1922, gest. 1929?); Alice Shalvi (geb. 1926), 1934 Emigr. GB, 1949 IL, Prof. für engl. Lit. Hebr. Univ.; *StA:* österr., PL, 1946 brit. *Weg:* 1933 GB.

1911 (?) Stud. Handelsschule Wien; im 1. WK Kriegsteiln. österr.-ungar. Armee, 1916-18 russ. Kriegsgef.; nach 1918 Kaufm. in Essen, VorstMitgl. Jüd. Gde. Essen, aktiv in Wohlfahrtsarb., Mitgr. *Misrachi* u. *Zeirei Misrachi* Essen, Unterstützung der Eingliederung poln. Juden in Deutschland. Mai 1933 Emigr. London mit Besuchervisum, 1934 Aufenthaltserlaubnis, 1934-55 Dir. Elco Clocks and Watches Ltd. London; zus. mit Bruder Alexander Margulies Gr. u. Dir. hebr. Verlag Ararat London, engl., jiddische, hebr. Veröffentl., Hg. der einzigen literar. hebr. Zs. in Europa im 2. WK, *Mezuda.* Schatzmeister u. Vizepräs. *Mizrachi,* VorstMitgl. *Ha Poel haZioni,* Gr. brit. *Mizrahi*-Wochenzeitschrift *Jewish Review,* Mitgl. Direktorium *World Jew. Congr.* GB, ltd. Stellung bei ORT, im 2. WK Präs. *Fed. of Polish Jews* in GB, während u. nach dem Krieg aktiv in Wohlfahrtsarb. des *Jew. Refugee Committee,* Schatzmeister brit. OSE u. *Fed. of Jew. Relief Orgs.* London, VorstMitgl. *Board of Deputies of Brit. Jews.*

Qu: Hand. Pers. - RFJI.

Margulies, Fred, Dipl.-Ing., Partei- u. Gewerkschaftsfunktionär; geb. Okt. 1917; ∞ Paula, Emigr. (?), nach 1945 Red. *Volksstimme,* später Pressechefin Bundesmin. Gesundheit u. Umweltschutz; *StA:* österr. *Weg:* 1938 (?) Pal.; 1944 JU (?); 1945 (?) Österr.

Mitarb. RSÖ, 1937 KPÖ. 1938 (?) Emigr. Palästina. Während des 2. WK Soldat bei der brit. Armee in Palästina, zuletzt Sergeant. Aug. 1944 Meldung zur Transferierung von der brit. Armee zur jugoslaw. Volksbefreiungsarmee. Vermutl. 1945 Rückkehr nach Österr., Red. *Volksstimme,* Sekr. *Gewerkschaft der Privatangestellten,* 1965-70 ZK-Mitgl. der KPÖ. Im Gefolge der Auseinandersetzungen um die Intervention der Warschauer-Pakt-Staaten in der CSSR Parteiaustritt (Ausschluß ?). Lebte 1978 in Wien.

W: u.a. Arbeiter und Angestellte im technischen Wandel (Hg.) 1971. *L:* Prager, Theodor, Bekenntnisse eines Revisionisten. 1975. *Qu:* Arch. Hand. Publ. Z. - IfZ.

Mariaux, Walter, SJ, Ordenspriester; geb. 21. Dez. 1894 Uelzen/Niedersa., gest. 30. Apr. 1963 München; kath.; *V:* Joseph Vinzenz M.; *M:* Maria, geb. Gath; *G:* 10; *StA:* deutsch. *Weg:* 1935 I; 1940 Bras.; 1949 Deutschland (BRD).

1913 Eintritt in Jesuitenorden, im 1. WK Malteser-Krankenpfleger; anschl. theolog. Stud. in Valkenburg/Niederlande; 1926 Priesterweihe, 1927-29 Mitgl. der apologet. Rednerequipe *Rednertürme* der SJ in Düsseldorf; 1929-32 Präses der Marianischen Kongregationen für Kaufleute, Schüler u. Akademiker in Köln; 1932-33 Tertia Probatio in Münster; 1933-35 Ltr. der Männerkongregationen der Diözese Münster u. des Verbandes der norddeutschen Schülerkongregationen. Nach Konflikten mit dem NS-Regime 1935 Emigr. nach Rom. 1935-40 Ltr. Zentralsekretariat der Marianischen Kongregationen. Kämpfte als dt. Kommentator von *Radio Vatikan* gegen die natsoz. Kirchenpolitik; 1940 in London Hg. einer Dokumentation über die Kirchenverfolgung im Dritten Reich. Im selben Jahr nach Brasilien; 1940-42 in Rio de Janeiro u. 1942-49 in São Paulo Aufbau von Marianischen Kongregationen unter Schülern und Studenten. Nach Rückkehr 1949-53 Studentenpfarrer in Hannover; 1949-56 1. Vors. des Beirats der *Katholischen Deutschen Studenten-Einigung* (KDSE) u. Ref. für weltanschauliche Bildung; 1952-58 Hg. *Katholische Aktion an der Hochschule;* von bedeutendem Einfluß auf die kath. Studentengemeinden im Sinne des Laienapostolates der *Katholischen Aktion.* 1953-63 NatSekretär der Deutschen Marianischen Kongregationen in München, ab 1954 Hg. *Sodalenbrief der Marianischen Kongregationen* (ab 1960 *Die Sendung);* 1957 Gr. *Pauluskreis der Marianischen Kongregationen.*

W: The Persecution of the Catholic Church in the Third Reich. Facts and Documents. London 1940. *L:* Art. in: Die Sendung, 4. Apr. 1963; Aus der Provinz, 1963. *Qu:* Pers. Publ. Z. - IfZ.

Marill, Thomas Michael, Ph. D., Unternehmensleiter; geb. 13. Febr. 1929; jüd.; *V:* Dr. jur. Konrad M. (geb. Berlin, gest. 1956 Washington/D.C.), Publizist, 1935 (?) Emigr. GB, 1940 (?) USA, gesch.; *M:* Katherine Mueller, geb. Bergen (geb. 1909 Berlin), höhere Schule, Emigr. F, 1941 USA, A: GB; ∞ 1965 Marian (geb. 1935 New York), jüd., B.A. Oberlin Coll./O., Innenarchitektin; *K:* Nina (geb. 1964); Anthony (geb. 1965); *StA:* deutsch, USA. *Weg:* 1935 F, 1940 (1941 ?) E, 1942 USA.

1935 Emigr. Frankreich, 1940 (1941 ?) illeg. nach Spanien, später legalisiert, Unterstützung durch J.D.C.; Juni 1942 in die USA, 1947-51 Stud. Swarthmore Coll./Pa., 1951 B.A., 1951-52 Stud. Cornell Univ. Ithaca/N.Y., 1953 M.Sc., 1952-56 Stud. Mass. Inst. Technol., 1956 Ph. D. (Psychologie). 1956-58 Angest. am Lincoln Lab. des Mass. Inst. Technol., 1958-65 Angest. u. 1961-65 Ltr. Info.-Systemabt. Bolt Baranek & Newman Inc. Mass., ab 1965 Präs. Computer Corp. of Am.; Mitgl. *Am. Psych. Assn., Assn. Computer Mach.; Inst. Elec. and Electronic Engineers.* Lebte 1978 in Cambridge/Mass.

W: Detection Theory and Psychophysics. (Diss.) 1958; Libraries and Question Answering Systems. 1963. *Qu:* Fb. Hand. - RFJI.

Markowicz, Ernst Alfred Avraham, Dr. phil., Chemiker, Unternehmensleiter; geb. 27. Febr. 1901 Breslau; jüd.; *V:* Ludwig M. (geb. 1871 Dobrzyca/Posen, gest. 1962 Haifa), jüd., Inh. eines Bekleidungsunternehmens, Zion., Mitgr. *Keren Hayessod* Breslau, Mitgl. Repräsentantenvers. der Jüd. Gde. Breslau, 1939 Emigr. Pal., Futtermittelimporteur; *M:* Marie Minka, geb. Beier (geb. 1877 Breslau, gest. 1940 Jerusalem), jüd., höhere Schule, 1939 Emigr. Pal.; *G:* Shlomo Siegbert (geb. 1912 Breslau), Kaufm., 1935 Emigr. Pal., Kibb. Hazorea, später Teilh. in Firma des Vaters; Herbert (gest. 1927); ∞ I. 1928 Hilde Wolff (geb. 1906 Breslau, gest. 1961 IL), Stud. Pharmazie, 1937 Emigr. Pal., Apothekerin; II. 1963 Lotte Mühsam (geb. 1912 Görlitz/Niederschlesien), jüd., höhere Schule, 1934 Emigr. Pal., Dipl.-Fürsorgerin, später Bewährungshelferin; *K:* aus I → Menachem Merḥav; Rachel Nof (geb. 1936), 1937 Emigr. Pal., Kinderkrankenschwester in Petaḥ Tikvah; *StA:* deutsch, 1939 Pal./IL, IL u. deutsch (BRD). *Weg:* 1937 Pal.

Stud. Univ. u. TH Breslau; 1916-23 Mitgl., 1921-23 Bundesltr. *Kameraden* (Austritt als Zion.); 1924-26 Mitgl. *Blau-Weiß*, 1926 aktiv bei Fusion mit K.J.V., ab 1924 Mitgl. K.J.V., *Makkabi.* 1926 Prom., 1926-27 Assist. von Fritz Haber (Ltr. des Kaiser-Wilhelm-Instituts für physikalische Chemie). 1928-35 VorstMitgl. zion. Ortsgruppe Leipzig, half zion. Jugend bei Hachscharah-Arbeit. 1928-35 Chemiker u. techn. Ltr. bei chem. Fabrik in Leipzig, 1935-37 Ltr. Testlabor des Kaufhauses Schocken Söhne in Zwickau/Sa., wegen seiner Verdienste um die dt. chem. Industrie keine Entlassung; half bei der Auswanderung der Angest. von → Salman Schocken. 1937 Besuch in Palästina, erwirkte Vermögenstransaktion durch *Haavarah* in Verb. mit pharmazeutischer Firma Teva in Jerusalem, 1937 Emigr. Palästina mit A I-Zertifikat. 1937-40 ltd. Chemiker Teva Jerusalem, 1940-43 ltd. Chemiker u. techn. Dir. Chemical Industries Tel Aviv, 1943-44 Dir. u. Inh. chem. Fabrik Syntar, 1944-46 ltd. Chemiker Chemie-Werke Malton, 1946-48 ltd. Chemiker Tavas-Farbenwerke, 1948-50 verantwortl. für techn.-industriellen Bereich der chem. Kriegsindustrie (Korrosionsverminderung bei Waffen). 1950 ZK-Mitgl. *Progressive Party,* später *Independent Liberal Party.* 1950-61 Chefchemiker u. Ltr. chem. Abt. des Min. für Handel u. Industrie, zuständig für Entwicklung der chem. Industrie in Israel; 1955 isr. Deleg. zur ILO Genf, 1961-66 Experte beim Techn. Assist. Board der UN in Singapore u. Kuala Lumpur. Ab 1967 offizieller Berater chem. Sektion der *Manufacturers Assn. of Israel,* stellv. Vors. Central Committee for Chemicals des isr. Standard-Inst., 1968 u. 1969 Berater der portugies. Reg. i. A. der OECD für die Entwicklung der chem. Industrie, 1975 Berater in Venezuela. Mitgl. Professional Committee for the Determination of Standard Marks, Berater der isr. Reg. u. freie Beratertätigkeit. Ab 1950 Mitgl. *Assn. of Engineers and Architects,* ab 1962 Inst. of Chem. Engineers, Mitgl. *German-Isr. Assn.* Lebte 1978 in Ramat Gan.

W: u.a. Zur Kenntnis des Vanadins, insbesondere der Sulfate und Alaune seiner dreiwertigen Oxydationsstufe. (Diss.) 1926; Industrial Possibilities by Chemical Processes Based on Mineral Resources in the ECAFE Region. 1962; Oportunidas de Disenvolvimento na Industria Quimica. 1969. *Qu:* Fb. Hand. - RFJI.

Markrich (bis 1946 Markreich), **Max,** Verbandsfunktionär; geb. 11. Okt. 1881 Weener/Ostfriesland, gest. 27. Nov. 1962 San Francisco; jüd.; *V:* Isaac Markreich (geb. 1849 Leer/Ostfriesland, gest. Juli 1901 Weener), jüd., Viehhändler; *M:* Julia, geb. Meyerhof (geb. 1858 Hannover, gest. 1928 Bremen), jüd.; *G:* Therese Schragenheim (geb. 1883 Weener, umgek. 1942 KL Minsk), Nov. 1941 Dep.; Ella Tichauer (geb. 1886 Weener, gest. 1975 St. Paul/Minn.), 1934 Emigr. Paris, Internierung Gurs, Flucht, dann in die USA; Fritz (geb. 1888 Weener, gest. 1965 Haifa), Kaufm., 1933 Emigr. Pal., ∞ 1912 Johanna H. Behrens (geb. 1891 Bremen, gest. 1976 San Francisco), jüd., Jan. 1939 Emigr. Trinidad mit ältester Tochter, 1941 zum Ehemann in die USA; *K:* Mary Theresa Schwarz (geb. 1913), 1939 Emigr. Trinidad mit Mutter, 1940 Emigr. USA; Dr. phil. William Lois Markrich (urspr. Wilhelm Ludwig Markreich) (geb. 1914, gest. 1967 Arlington/Va.), Stud. roman. Sprachen, 1934 Emigr. I, Stud. Perugia u. Genua, 1938 Emigr. Honduras, 1940 in die USA, Beamter, ab 1952 bei der CIA; Irene Fischel (geb. 1915), 1938 Emigr. Trinidad, 1941 in die USA; *StA:* deutsch, 1946 USA. *Weg:* 1938 Trinidad, 1941 USA.

Kaufm. Lehre in Bremen, bis 1928 Inh. Großhandelsges. A. Aronson Bremen. 1910-16 Mitgl. VerwRat u. Wirtschaftsprüfer *Krankenwohltätigkeitsverein* der Isr. Gde. Bremen. Im 1. WK Schreibstubendienst. 1916-24 Schatzmeister, Buchprüfer u. VorstMitgl., 1924-28 Präs., 1928-38 Angest. der Isr. Gde. Bremen; gleichz. 1927 Mitgr. *Vorsteher-Bund der Jüdischen Gemeinden Nordwestdeutschlands,* 1929-38 Hg. *Gemeinde-Blatt* der Isr. Gde. Bremen, 1930-38 Ltr. Jüdisches Wohlfahrtsamt Bremen, Präs. Provinzialkasse des *Fürsorge-Ausschusses für jüdische Durchwanderer* für den Bezirk Bremen, Oldenburg und Ostfriesland, Mitgl. ZVfD, *Gesellschaft für Jüdische Familienforschung, B'nai B'rith;* Nov. 1938 KL Sachsenhausen. Dez. 1938 Emigr. Trinidad mit befristetem Visum mit Tochter Irene; Ehefrau u. älteste Tochter folgten später. 1940 Internierung der Familie, finanzielle Unterstützung durch Verwandte in GB; 1939-40 Vors. *Jew. Assn.* in Port-of-Spain/Trinidad. 1941 in die USA mit Familie, zeitw. Angest. in der Versandabt. einer Firma, 1941 Mitgr. Sha'arei Zedek Congr. in Astoria/N.Y., 1942 Mitgr. *Leo-Baeck*-Loge des *B'nai B'rith.* 1947 nach San Francisco/Calif., Mitgl. Congr. Beth Shalom.

W: Die Beziehungen der Juden zur Freien Hansestadt Bremen von 1065 bis 1848. 1928: Jüdisches Blut im ‚arischen Adel'. In: Jüdische Familien-Forschung. 1931; Geschichte der jüdischen Wohlfahrtshilfe und Auswanderungsfürsorge in Bremen. 1931; Bevölkerungs- und Berufsstatistik der Juden in Bremen 1803-1938. 1938; Die Juden in Ostfriesland 1348-1948. 1950; Geschichte der Juden in Bremen und Umgegend. 1956; zahlr. kurze Monographien u. Beiträge über jüd. Lokalgesch. u. Ahnenkunde für dt. u. am. Zs. *D:* LBI New York. *Qu:* Arch. Hand. Pers. Publ. Z. - RFJI.

Markscheffel, Günter, Journalist; geb. 16. Nov. 1908 Gleiwitz/Oberschles.; ev.; *V:* Julius M., (gest. 1958), Armeemusikinspizient; *M:* Anna-Luise, geb. Erdmann (gest. 1961); *G:* Charlotte (geb. 1904); ∞ Margarete Luttmann (geb. 1902), Funktionärin RGO, Abt. Theater, Film, Kunst in Essen, 1933 Emigr. Saargeb., F, 1935 Mitgl. Exil-SPD, 1945 Deutschland (FBZ); *StA:* deutsch; 22. Dez. 1938 Ausbürg.; 1945 deutsch. *Weg:* 1933 Saargeb.; 1935 F; 1945 Deutschland (FBZ).

Mittlere Reife, 1926-29 Volontär, bis 1933 Lokalred. *Waldenburger Bergwacht.* 1927 SPD. 1933 nach Zusammenstoß mit SA Untersuchungshaft, anschl. illeg. Aufenthalt in Berlin. Juni 1933 Flucht ins Saargeb., Gelegenheitsarb., journ. Tätigkeit. Ab Jan. 1935 Lager für Saarflüchtlinge bei Toulouse, dann Land-, Eisenbahn- u. Fabrikarb. Herbst 1936 Paris, Montagelehre, journ. Tätigkeit, u.a. für kommunist. GewZs. *Trait d'Union,* 1936-38 Vors. SAJ Paris. Grenzarb. für SPD-Grenzstelle Forbach, ab Jan. 1938 Mitgl. Landesausschuß des *Landesverbandes Deutscher Sozialdemokraten in Frankreich* unter → Max Braun. 1939 Internierung, 1940 Flucht nach Südfrankr., lebte im Untergrund. Nov. 1944 nach Paris, Verb. zum SPD-PV London, in dessen Auftrag Dez. 1944 Mitgr. u. Sekr. *Aktionsausschuß* bzw. ab Febr. 1945 *Landesgruppe deutscher Sozialdemokraten in Frankreich* unter Vors. von → Ernst Roth; zunächst Finanzhilfe durch poln.-jüd. *Bund* Paris. Als Gegengewicht zum kommunist. gelenkten KFDW Sammlung, Unterstützung u. Repatriierung von überlebenden dt. SozDem. in Frankr., Propagierung des „Anderen Deutschland" bei der franz. ArbBewegung, Versuch zur Förderung einer konstruktiven Deutschlandpolitik, u.a. im Rahmen der *Fédération des Groupes Socialistes Étrangers en France* u. in Verb. mit *Volontaires de la Liberté,* sowie zur Zurückdrängung der Einheitsfronttendenzen der Kriegsjahre u. des KFDW-Einflusses unter sozdem. Emigr.; der im März 1945 von KPD-Landesltg. u. Mitgl. der Landesgruppe geplante gemeinsame Aufruf an die dt. Bevölkerung scheiterte am Einspruch M.s u. des Londoner PV. Ab Aug. 1945 mehrfach Aufenthalte in Deutschland, Okt. 1945 Vertr. der Landesgruppe auf Konf. von Wennigsen, bis Ende 1946 Beauftragter der West- und Ostzonen-SPD bei der SFIO. Dez. 1945 nach Mainz, Aufbau eines VerbBüros für die SPD-Bezirke in der

FBZ. Ab 1947 Chefred. *Die Freiheit,* 1948-57 SPD-BezVors. Rheinhessen, Mitgl. Parteirat der SPD, 1950-57 MdL Rheinland-Pfalz. 1951-57 Landesvors. *Deutscher Journalisten-Verband,* 1957-70 Chefred. *Sozialdemokratischer Pressedienst* u. *Parlamentarisch-Politischer Pressedienst,* 1966-76 Mitgl. Rundfunkrat WDR. 1970-74 Persönl. Ref. bei Bundespräs. Gustav Heinemann, anschl. freier Journ. Lebte 1977 in Bonn. - *Ausz.* Ritter französ. Ehrenlegion, Verdienstorden zahlr. europ. Staaten, 1968 Gr. BVK; Gutenberg-Büste der Stadt Mainz.
  W: Als Emigrant in Frankreich (Erinn., unveröff. Ms., 1976).
  L: Kaden, Einheit; Zorn, Edith, Über die Stellung deutscher Sozialdemokraten in Frankreich zur Bewegung „Freies Deutschland" (1944-1945). In: BZG, H. 5, 1965; Schaul, Résistance. *D:* AsD; IfZ. *Qu:* Arch. Erinn. Hand. Pers. Publ. - IfZ.

Markus, Alfred, Dr. jur., Rechtsanwalt; geb. 6. Jan. 1906 Berlin; jüd.; *V:* Philipp M. (geb. Krotoschin/Posen, umgek. 1944 KL Theresienstadt), jüd., Vertr.; *M:* Sara, geb. Cohn (geb. Exin/Posen, umgek. 1942 KL Theresienstadt), jüd.; *G:* Gerda Landau (geb. 1909 Szubin/Posen [?]), Emigr. USA; ∞ 1934 Lotte Schlochauer (geb. 1901 Berlin, jüd., 1934 Emigr. USA, Buchhalterin; *K:* Amy (Amelia) Kellmann (geb. 1938), Bibliothekarin in Pittsburgh/Pa.; *StA:* deutsch, 1939 USA. *Weg:* 1933 USA.
  Stud. Rechtswiss., 1927-31 Referendar, 1931 Assessor, 1932 Prom. Berlin, 1932-33 RA in Berlin, verteidigte Mitgl. des *Reichsbanners;* Apr. 1933 Berufsverbot. Sommer 1933 Volontär bei Klempnerei in Berlin, Mitgl. ZVfD. Okt. 1933 Emigr. USA, Unterstützung durch Fam., Verkäufer u. Buchhalter, Fernkursus für Buchprüfung; 1934 Mitgr., später Präs. der zentralen Org. dt.-jüd. Einwanderer in Pittsburgh/Pa., *Friendship Club.* 1947 Examen als staatl. zugelassener Buchprüfer (C.P.A.), 1948-70 Buchprüfer-Praxis, nach 1964 Teilh. Fa. Markus and Kaufmann, später Fa. Exler, Miller and Co.; VorstMitgl. A.F.J.C.E., Berater in Wiedergutmachungsangelegenheiten, Mitgl. *Am. Inst. of CPA's.* Lebte 1978 in Pittsburgh/Pa.
  W: Die wirtschaftliche Vereinigung im Arbeitsrecht (Diss.). 1932. *D:* RFJI. *Qu:* Fb. Pers. - RFJI.

Markus, Erich, Fabrikant; geb. 4. Febr. 1905 Wagstadt/Mähren; jüd.; ∞ 1927 Ilona Karter (geb. 1908 Troppau/Schlesien); *K:* Alejandro Miguel (geb. 1942), Industrieller in Bras.; *StA:* österr., Chile. *Weg:* 1939 Chile.
  Büroangest., 1939 Emigr. Chile, ab 1939 Angest. in Exportabt. der Weinhandlung Vina Casa Blanca in Santiago, 1959 nach Brasilien, Gr. u. Inh. Betrieb für Pferdefleisch-Verarb. u. -Export Frigorifico Avante S.A., später Aufbau eines Verarb.- u. Exportbetriebs für Südfrüchte mit über 800 Angest. Lebte 1977 in São Paulo. - *Ausz.:* Rondon-Ehrenkreuz, Ehrenbürger von Aragauri u. Minas Gerais.
  Qu: Fb. - RFJI.

Marmorek, Schiller, Journalist; geb. 10. Nov. 1880 Wien, gest. 5. Dez. 1943 New York; *V:* Arzt; ∞ Hilde, Emigr. CSR, F, USA, heiratete 1945 → Jacques Hannak; *StA:* österr. *Weg:* 1934 CSR; 1938 F; 1940 USA.
  Stud. u.a. in Paris; anschl. Wien. Mitgl. SDAP, Prozeßberichterstatter *Arbeiter-Zeitung,* 1927-34 Red. *Das Kleine Blatt* unter → Julius Braunthal. 1934 nach den Februarkämpfen Mitgl. des sog. Schattenkomitees aus ehem. Parteired. u. Mitarb. vor allem der *Arbeiter-Zeitung,* auf dessen Initiative die erste zentrale Fünfergruppe (später ZK) der RSÖ unter → Manfred Ackermann gebildet wurde, Mitorg. von Hilfsmaßnahmen für die Opfer der Kämpfe. Ende 1934 Emigr. nach Brünn, Mitarb. ALÖS unter → Otto Bauer, Mitarb. *Der Kampf,* Ps. Peter Roberts. 1938 nach Paris, Mitgl. der sozialist. Emigr.-Gruppe um die AVÖS unter → Joseph Buttinger. 1940 nach New York. Sept. 1941 neben → Friedrich Adler u.a. Mitunterz. Protest österr. SozDem. gegen Versuch der Bildung einer österr. Exilreg. durch → Hans Rott u. → Willibald Plöchl. Ab Febr. 1942 Mitgl. *Austrian Labor Committee,* Mitarb. *Austrian Labor Information.*

  L: Braunthal, Julius, Auf der Suche nach dem Millenium. 1949; Buttinger, Beispiel; Leichter, Diktaturen; DBMOI. *Qu:* Arch. Publ. - IfZ.

Maron, Karl, Parteifunktionär, Offizier; geb. 27. Apr. 1903 Berlin, gest. 2. Febr. 1975 Berlin (Ost); *V:* Kutscher u. Stallmann; *M:* Reinigungsfrau; ∞ Hella (geb. 1915); *K:* 1; *StA:* deutsch. *Weg:* 1934 DK; 1935 UdSSR; 1945 Deutschland (Berlin).
  1917-21 MaschSchlosserlehre; 1919 aktiver Ringer in der Arbeitersportbewegung, 1926 KPD, 1927-28 Mitgl. KPD-Ltg. Siemens-Werke Berlin, ab 1929 arbeitslos; Vors. *Arbeitersportverein Fichte* u. ab 1932 *Arbeiter-Sport- und Kultur-Kartell Groß-Berlin.* 1933 Mitgl. Reichsltg. u. Ltr. der Inlandsarb. der *Kampfgemeinschaft für Rote Sporteinheit* (KG), Deckn. Claus. 1934 im Parteiauftr. Emigr. nach Kopenhagen, März Teiln. KG-Reichskonf. ebd., bis 1935 Sekr. u. 1935-36 dt. Vertr. bei *Rote Sport-Internationale* in Moskau, 1936-43 Red. Presseabt. EKKI, ab Juli 1943 stellv. Chefred. *Freies Deutschland* Moskau, Mitarb. *Deutscher Volkssender* Moskau/Ufa u. *Institut Nr. 99* (inoffiz. pol. LtgOrgan des NKFD); zeitw. Teiln. an Beratungen der Arbeitskommission des PolBüros. 30. Apr. 1945 Rückkehr nach Deutschland als Mitgl. *Gruppe → Walter Ulbricht,* Mai 1945-Dez. 1946 1. stellv. OBürgerm. u. Ltr. Personalabt. Berlin, 1946-48 StadtVO. u. Vors. SED-Fraktion, 1948-49 Stadtrat für Wirtschaft; Ende 1949-Aug. 1950 stellv. Chefred. *Neues Deutschland,* 1950-56 GenInspekteur u. Chef Hauptverw. Deutsche Volkspolizei (DVP), 1954-75 Mitgl. ZK der SED, 1954-55 stellv. MdI, 1955-63 MdI, 1958-75 MdVK, 1962 GenOberst DVP, 1965-74 Ltr. Institut für Meinungsforschung beim ZK der SED Berlin (Ost), 1974 Pensionierung. - *Ausz.:* u.a. 1955 VVO (Gold) u. Ehrenbürger Berlin (Ost), 1963 Karl-Marx-Orden, 1968 Ehrenspange zum VVO (Gold).
  W: Aus der Vorgeschichte (Erinn.). In: Wir sind die Kraft. 1959; Von Charkow bis Berlin. Frontberichte aus dem zweiten Weltkrieg. 1960. *L:* Leonhard, Revolution; Stern, Porträt; Forster, NVA; Duhnke, KPD; Fischer, Deutschlandpolitik. *Qu:* Arch. Erinn. Hand. Publ. Z. - IfZ.

Marsden, Edward Arthur (bis 1943 Maass, Herbert Adolf), Dr. jur., Rechtsanwalt, Richter; geb. 14. März 1912 Hamburg; jüd.; *V:* Adolf Maass (geb. 1875 Borgsholzhausen/Westf., umgek. 1944 KL Auschwitz), jüd., Mitinh. einer internat. Speditionsfirma; *M:* Käte, geb. Elsbach (geb. 1887 Herford, umgek. 1944 KL Auschwitz), jüd.; *G:* Lisa Masse (geb. 1916 Hamburg, gest. 1975 San Francisco), Säuglingsschwester, Emigr. GB, 1938 USA; Gerry (Gerhart) Maass (geb. 1918 Hamburg), 1938 Emigr. CDN, Kaufm. in Montreal; ∞ 1976 Evamaria Küchling, Dipl.-Dolmetscherin; *StA:* deutsch, 1946 brit. *Weg:* 1934 GB; AUS; GB.
  1930-33 Stud. Rechtswiss. Exeter/GB, Freiburg, München, Berlin, Hamburg, 1933 Referendar Hamburg, 1934 Prom. Hamburg. 1933-34 Volontär RA-Kanzlei Samson, Leo u. Samson in Hamburg; Berufsverbot. Juni 1934 Emigr. GB, bis 1937 Urlaubsreisen nach Deutschland; Unterstützung durch *Jüdisches Flüchtlingskomitee (Woburn* u. *Bloomsbury House),* 1934-36 Stud. Rechtswiss. Liverpool Univ., 1936 LL.B., zugl. Tätigkeit in RA-Büro. Volontär Midland Bank Liverpool, 1937-39 RA-Gehilfe, 1940 RA (Solicitor). 1940-42 Internierung in GB u. Australien; 1942-46 MilDienst (Major). 1947-55 bei Gerichten der Alliierten Hohen Kommission (Brit. Control Commission), 1949-55 Registraturbeamter beim Board of Review, später beim Obersten Rückerstattungsgericht (ORG) für die Brit. Zone in Herford, ab 1955 ltd. Stellung im ORG-GenSekr. des internat. Gerichtshofs für dt. Auslandsschulden in Koblenz. Mitgl. *London Law Soc.* Lebte 1978 in Herford. - *Ausz.:* 1978 O.B.E.
  W: Die Rechtsverhältnisse am Grundwasser und an der Quelle in Hamburg (Diss.). 1934; Entscheidungen des britischen Besatzungs- und Rückerstattungsgerichts (Hg.); Entscheidungen des Internationalen Obersten Rückerstattungsgerichts (Hg.); Zur Geschichte der jüdischen Gemeinde in Bielefeld von der brandenburgischen Zeit bis zur Emanzipation. In:

Historischer Verein für die Grafschaft Ravensburg, 65. Bericht. 1966-67; Elsbach. Die Geschichte einer Familie und eines Unternehmens in Herford. In: Herforder Jahrbuch. 1976/77. *Qu:* Fb. – RFJI.

Martens, Hans, Partei- u. Verbandsfunktionär; geb. 29. Mai 1908 Berlin; o.K.; *V:* Jakob M. (1882-1972), Sattler, SPD, später SED; *M:* Agathe, geb. Jux (1889-1945), Kragennäherin, SPD; ∞ 1940 Emmi Karger (geb. 1909), städt. Beamtin; nach 1933 illeg. Hilfsaktionen für Familien von pol. Flüchtlingen u. Inhaftierten; Dez. 1938 Emigr. Stockholm; *StA:* deutsch, 26. Sept. 1938 Ausbürg., 1949 S. *Weg:* 1933 CSR; 1936 S, E; 1939 S.

Feintäschner, 1922-26 SAJ, 1923-26 Mitgl. BezVorst. Berlin, danach Vors. *Jungsozialistische Vereinigung* Berlin-Lichtenberg; 1922-33 *Deutscher Freidenkerverband,* 1923-33 Gew., 1924-33 *Sozialistischer Esperanto-Bund,* 1926 SPD, ab 1926 *Sennacieca Asocio Tutmonda* (SAT), 1928-33 Konsumgenossenschaft. 1933 Mitgl. *Roter Stoßtrupp* Berlin, Dez. 1933 Emigr. CSR, Jan. 1934-Juli 1936 Mitarb. *Sozialdemokratische Flüchtlingsfürsorge;* Juli 1936 Schweden, Dez. 1936-Febr. 1939 Thälmann-Btl. der Internat. Brigaden im Span. Bürgerkrieg, ab 1937 Kriegskommissar, Mitgl. *Einheitskomitee deutscher Sozialdemokraten und Kommunisten* in Albacete u. Mitunterz. Aufruf v. 8. Dez. 1937, Teiln. Einheitskonf. dt. Spanienkämpfer vom 13. März 1938 in Valencia; Febr.-März 1939 Internierung in Frankr., März 1939 nach Schweden, seitdem Mitgl. u. zeitw. Funktionär in Gewerkschaft, *Svenska Socialdemokratiska Arbetarpartiet* u. Konsumgenossenschaft Stockholm, 1942-67 Genossenschaftsrat; 1939-41 im Gaststättengewerbe, nach Umschulung 1942-50 Monteur, anschl. bis Pensionierung 1974 Angest.; ab 1950 bis Auflösung 1974 Mitgl. *Vereinigung deutscher Sozialdemokraten in Schweden,* Mitgl., später im Vorst. u. ab Dez. 1976 Zentralsekr. *Svenska Spanienfrivilligas Kamratförening.* Lebte 1977 in Solna.

L: GdA-Chronik; Pasaremos. *Qu:* Fb. Pers. Publ. – IfZ.

Marum, Alfred, Fabrikant; geb. 12. Nov. 1875 Sobernheim/Nahe, gest. 22. Aug. 1958 Andover/Mass.; jüd.; *V:* Moritz M. (geb. 1845 Sobernheim, gest. 1922 Sobernheim), jüd., 1865 mit Bruder Heinrich Teilh. u. Geschäftsf. Strumpffabrik A. Marum Wwe. AG, 1889-1919 StadtVO Sobernheim; *M:* Amelie, geb. Loewenstein (geb. 1855 Levern b. Osnabrück, gest. 1919 Sobernheim), jüd.; *G:* Hugo (geb. 1879 Sobernheim, gest. 1966 New York), jüd., bis 1930 Teilh. des Familienbetriebes, Emigr. USA; Else Jacobi (geb. 1881 Sobernheim, gest. New York), jüd., 1940 Emigr. USA; ∞ 1906 Amalie Loeb (geb. 1887 Sobernheim, gest. 1974 Andover/Mass.), jüd.; *K:* Arnold (1906-51), Stud. Württ. Textilinstitut, 1938 mit Bruder Hans Gr. Marum Knitting Mills Inc. in Lawrence/Mass., Produktionsltr.; Herta Stern (geb. 1908 Sobernheim), Ehefrau von → Julius Stern; Hans, Stud. MaschBau in GB, Emigr. USA; Dr. jur. Claire M., Prom. Köln, Umschulung auf Buchhaltung u. Stenographie in New York, Büroltr. im Unternehmen der Brüder; Hildegard, Margot, beide Stud. in CH u. GB, Mitarb. im Unternehmen der Brüder; *StA:* deutsch, USA. *Weg:* 1940 USA.

Teilh. A. Marum Wwe. AG, Ehrenpräs. Jüd. Gde. Sobernheim. Sept. 1938 Zwangsverkauf an Gebr. Rhode, Mechanische Strickerei in Nottuln/Westf.; Febr. 1940 Emigr. USA, Mitarb. bei Marum Knitting Mills Inc.: 1948 Rückerstattung des Sobernheimer Unternehmens, Wiederaufbau.

L: Keiser, Günter, Die Konzernbewegung 1936 bis 1939. In: Die Wirtschaftskurve, 18. Jg., H. II, 1939; Friedmann, Lee M., Pilgrims in a New Land. 1948; Glesgen, Hermann, Auf Hundert Jahr gestellter Marum Kalender 1865 bis 1965. (Privatdruck) 1965. *Qu:* EGL. HGR. Pers. Publ. Z. – RFJI.

Marum, Hans, Journalist; geb. 28. Apr. 1914; Diss.; *V:* Ludwig M., Dr. jur. h.c. (1882-1934), 1903 Mitgl. SPD, ab 1908 RA in Karlsruhe, 1911-22 StadtVO. in Karlsruhe, 1914-28 MdL Baden, 1918-19 Justizmin. (Baden), 1919-29 Staatsrat ebd., 1928-33 MdR, umgek. KL Kisslau; *M:* Johanna, geb. Benedick; *G:* Elisabeth (geb. 1910), Eva Brigitte (geb. 1919); ∞ Sophie (geb. 1910), Krankenschwester, 1928 SPD, 1935 Emigr. über Österr. nach F, Mitgl. FDJ Paris, 1939 KPD, Internierungslager Bompard/Marseille, 1942 Mex., Mitgl. BFD u. *Heinrich-Heine-Klub,* 1947 Deutschland (SBZ). *Weg:* F, 1942 Mex., 1947 Deutschland (SBZ).

Journalist; 1928 SPD, Funktionär SAJ u. *Sozialistischer Studentenbund.* Nach 1933 Emigr. nach Frankr. 1939 KPD, LtgMitgl. FDJ, ab Kriegsausbruch Internierung, u.a. in Le Vernet u. Les Milles. Apr. 1942 nach Mexiko, Mitgl. BFD u. *Heinrich-Heine-Klub,* Frühj. 1943 Mitgr. FDJ in Mexiko, Mitarb. Verlag El Libro Libre; ab 1943 stellv. Chefred. u. Verlagsltr. *Demokratische Post.* 1947 Rückkehr nach Deutschland (SBZ).

L: Kießling, Alemania Libre. *Qu:* Publ. – IfZ.

Marx, Hugo, Dr. jur., Richter, Publizist; geb. 27. Juni 1892 Heidelberg, gest. 15. Sept. 1979 Basel; jüd.; *V:* Isaak M. (geb. 1858 Sandhausen/Baden, gest. 1935 Freiburg/Br.), jüd., Kaufm.; *M:* Friede, geb. Mayer (geb. 1870 Mühlheim/Donau, gest. 1940 Pau/Dépt. Gurs, F); *G:* Else Jakob (geb. 1893 Heidelberg, gest. 1966 Paris), Emigr. F; ∞ 1920 Gerty Heim (1898-1950), jüd.; *K:* Francis (geb. 1922), im 2. WK Hptm. brit. Armee, Chemiker in GB; Irene, RA in GB; Clare, Stud. Med. Univ. Oxford; *StA:* deutsch, 30. Jan. 1938 Ausbürg., 1946 USA. *Weg:* 1933 CH, F; 1935 B; 1940 F; 1941 USA.

1910-14 Stud. Rechtswiss. Heidelberg u. Freiburg, 1912-14 Mitgl. AStA Heidelberg, danach Hilfsrichter u. Staatsanwalt Baden, 1927-33 Richter in Mannheim; ab 1919 SPD, Mitgr. *Bund sozialdemokratischer Akademiker,* ab 1920 Mitgl. *Verein zur Abwehr des Antisemitismus,* ab 1928 in der *Vereinigung zur Förderung des Wissens vom Judentum* aktiv. 29. März 1933 Flucht vor Verhaftung in die Schweiz, Apr. 1933 Entlassung aus dem Justizdienst. Ab Aug. 1933 Rechtsberater in Paris, ab Aug. 1935 in Brüssel, daneben rechtswiss. Stud., 1934 Licencié en Droit Paris, 1937 Docteur en Droit Brüssel. 1937-40 Gr. u. Vors. *Hilfswerk der Arbeitsgemeinschaft von Juden aus Deutschland* (HIDAG), Brüssel. Mai 1940 Flucht nach Südfrankr., zeitw. Internierung, Jan.-Juni 1941 über Afrika u. Portugal auf versch. Schiffen Überfahrt in die USA mit Notvisum. Berater für europ. Recht in New York, 1942-44 Sekr. *German-Jewish Representative Committee* des WJC. Schriftst. Tätigkeit, 1960 Übersiedlung in die Schweiz.

W: u.a. Die Flucht. Jüdisches Schicksal 1940. 1955; Werdegang eines Staatsanwalts und Richters in Baden (1892-1933). 1965 (dort auch Bibliogr.). *Qu:* EGL. Fb. Hand. Publ. Z. – IfZ.

Marx, Karl, Journalist, Verleger; geb. 9. Mai 1897 Saarlouis, gest. 15. Dez. 1966 Ebersteinburg/Baden; jüd.; *V:* Sigmund M. (geb. 1863, umgek. 1944 [?] KL Auschwitz), jüd., Kaufm. Emigr. F, nach 1940 dep.; *M:* Helene, geb. Weil (geb. 1867, gest. 1942 [?] Nizza), Emigr. F; *G:* Leo (geb. 1893 Saarlouis, umgek. 1944 KL Auschwitz), Kaufm. Emigr. F, nach 1940 dep.; Erna Baer (geb. 1890 Saarlouis, gest. 1977 Frankfurt/M.), Emigr. F, zeitw. Lager Gurs, dann im Untergrund; ∞ 1947 Lilli Behrendt (→ Lilli Marx); *StA:* deutsch, Ausbürg., 1946 deutsch. *Weg:* 1933 Saargeb.; 1935 I; 1939 N-Afrika; 1942 GB; 1946 Deutschland (SBZ).

1914 Abitur Baden-Baden, Kriegsfreiw. (u.a. EK I); 1919-33 freier Journ., u.a. für Agentur *Havas,* zuletzt in Berlin. Frühzeitig in der Jugendbewegung aktiv, 1913 Teiln. des Jugendtreffens auf dem Hohen Meißner; ab 1919 Mitgl. u. zeitw. Landesvors. *Kameraden,* Mitgl. Landesvorst. Baden der DDP, Vorst-Mitgl. *Reichsverband der deutsch-demokratischen Jugend,* stellv. Landesvors. des Jugendherbergswerks in Baden. Nach natsoz. Machtübernahme Flucht ins Saargebiet, Kaffeehausbesitzer in Saarbrücken, Mitarb. Braunbuch über den Reichstagsbrand (→ Willi Münzenberg). Nach Rückgliederung des Saargebietes 1935 über Paris u. Nizza nach Italien, zuerst in Mailand u. Rom, 1939 6 Wochen Haft u. drohende Auslieferung nach Deutschland, Ausreise nach Tanger, u.a. Nachrichtensammlung für brit. Stellen, 1942 vor Auslieferung nach Deutschland mit brit. Hilfe Flucht über Gibraltar nach London. Unterstützung durch *Bloomsbury House*, Fabrikarb., dann Tätigkeit in Wirtschaftsbetrieb des FDKB, ab 1943 in der FDB aktiv. 1946 als erster jüd. Emigrant in die BBZ zurückgekehrt, Ltr. Bunkerhotel Düsseldorf, Lizenzträger *Jüdisches Gemeindeblatt für die Nordrhein-Provinz*, 1947 Umwandlung in *Allgemeine Wochenzeitung der Juden in Deutschland* (ab 1966: *Allgemeine unabhängige jüdische Wochenzeitung)*, deren Verleger u. Chefred.; Gr. u. Eigentümer Kalima-Druck. Zeitw. Vorst-Mitgl. Synagogen-Gde. Düsseldorf, Mitgl. GdeVertr., Deleg-Vers. des Landesverbands der jüd. Kultusgemeinden, 1952 GrdgMitgl. u. bis 1960 jüd. Vors. der *Gesellschaft für Christlich-Jüdische Zusammenarbeit* in Düsseldorf, 1953 Mitgl., Vors. u. Ehrenvors. *Vereinigung jüdischer Gewerbetreibender*, Gr. u. zeitw. Vors. *Zionistische Organisation in Deutschland*, 1954-64 Mitgl. Programmbeirat des WDR. 1949-60 Mitgl. SPD, später der CDU nahestehend. Als führender publizist. Vertreter des dt. Judentums nach 1945 trat M. gegen Kollektivschuldthese u. für diplomat. Beziehungen zwischen Israel u. der Bundesrepublik ein. - *Ausz.:* 1952 Gr. BVK, 1959 Gr. BVK mit Stern, 1960 Ehrenzeichen des Deutschen Roten Kreuzes.

W: u.a. Brücken schlagen. Aufsätze und Reden von Karl Marx aus den Jahren 1946 bis 1962. 1962; 20 Jahre Allgemeine Dokumentation und Echo, 1966. *L:* u.a. Vom Schicksal geprägt. Freundesgabe zum 60. Geburtstag von Karl Marx. 1957; Narben, Spuren, Zeugen. 15 Jahre Allgemeine Wochenzeitung der Juden in Deutschland. 1961; Karl Marx zum Gedenken. 1967. *Qu:* EGL. Hand. Pers. Z. - IfZ.

Marx, Lilli, geb. Behrendt, Geschäftsführerin, Verbandsfunktionärin; geb. 27. Jan. 1921 Berlin; jüd.; *V:* Arthur B. (geb. 1888 Berlin, umgek. 1941 KL Neuengamme), jüd., Kaufm.; *M:* Hettie, geb. Silberstein (geb. 1892 Berlin, umgek. 1942 KL Ravensbrück), jüd., ∞ 1947 → Karl Marx; *StA:* deutsch. *Weg:* 1939 GB; 1946 Deutschland (BBZ).

Bis 1934 staatl. Lyzeum, dann aufgrund antisemit. Übergriffe Privatschule in Berlin, 1937 mittlere Reife, private Ausbildung zur Krankengymnastin, ab 1938 Sprechstundenhilfe im Jüd. Krankenhaus Berlin. Trotz Affidavits der Familie für USA aufgrund des Quotasystems kein US-Visum, durch Vermittlung der Quäker März 1939 mit Hausarbeitsvisum nach London, bis 1941 Haushaltshilfe, anschl. Fabrikarb., ab 1944 Angest. FDKB London u. Sekr.; Mitarb. in FDKB u. FDB, Kriegsgef-Betreuung. Aug. 1946 mit späterem Ehemann nach Düsseldorf, 1946-72 Prokuristin u. Geschäftsf. *Allgemeine Wochenzeitung der Juden in Deutschland* bzw. *Allgemeine unabhängige jüdische Wochenzeitung*, seit 1966 der Kalima-Druck GmbH.; 1948-72 Gr. u. Vors. *Jüdischer Frauenverein Düsseldorf*, 1950 Gr. u. bis 1973 Vors. *Jüdischer Frauenbund Deutschlands*, 1956-66 Beiratsmitgl. *Zentralwohlfahrtsstelle der Juden in Deutschland*, 1950-72 Hg. *Die Frau in der Gemeinschaft*. Mitgl. *Gesellschaft für Christlich-jüdische Zusammenarbeit*; ab 1958 Mitgl. *Soroptomist International*, zeitw. Clubpräs. Düsseldorf, Präs. der Deutschen Union u. Vizepräs. der Europäischen Föderation der *Soroptomist International*. Lebte 1978 in Düsseldorf.

Qu: Fb. Hand. - IfZ.

Marx, Robert Marcus, Dr. jur., Richter; geb. 8. Apr. 1883 Berlin, gest. 12. Dez. 1955 Paris; ev.; *V:* Benjamin M., Bankier; *M:* Dorothea Katharina, geb. Edinger; ∞ 1919 Emma Gertrude Auerbach (geb. 1895); *K:* Paula Marsh (geb. 1920), Eugene Marsh (geb. 1923); *StA:* deutsch. *Weg:* F; Monaco (?); F.

1901 Abitur, Stud. Rechtswiss. Freiburg/Br., Genf, Berlin, 1904 Referendar, 1908 Prom., 1911 Assessor, ab 1913 Landrichter in Essen; 1914-18 Kriegsteiln. (Offz.). Geheimer Justizrat, Vizepräs. Schiedsgericht der Internat. Handelskammer Paris, 1921-35 dt. Vertr. beim Gemischten Schiedsgericht Paris, Entlassung; 1941-45 vermutl. in Monaco, 1953-55 wiederum dt. Vertr. beim Gemischten Schiedsgericht Paris. - *Ausz.:* 1952 Gr. BVK.

Qu: EGL. - IfZ.

Maschke, Hermann, Parteifunktionär; geb. 8. Dez. 1906 Proschwitz b. Gablonz/Böhmen; *StA:* österr., 1919 CSR, 1938 deutsch, 1939 Ausbürg., deutsch. *Weg:* 1936 E; 1942 Deutschland.

Textilarb., 1924 KSM, 1925 KSČ, Mitgl. einer KSČ-Kreisltg.; 1936-38 Angehöriger des 2. Btl. der XI. Internat. Brigade im Span. Bürgerkrieg, 1938-42 in span. Haft, 1942 Auslieferung an Deutschland, 1942-45 KL Sachsenhausen. Seit Kriegsende Wohnsitz in Schwerin, 1945 Mitgl. KPD, 1946 SED; bis 1958 Angehöriger der Deutschen Volkspolizei (Major), danach mehrere Jahre 1. Vors. SED-BezParteikontrollkommission in Schwerin. - *Ausz.:* 1958 Hans-Beimler-Med., 1959 VVO (Bronze).

L: Pasaremos. *Qu:* Arch. Hand. Publ. - IfZ.

Maschler, Kurt Leo, Verleger; geb. 19. Jan. 1898 Berlin; jüd.; *V:* Benno M. (geb. 1865 Tarnow/Galizien, gest. 1940 Berlin), jüd., Kaufm.; *M:* Fridericke, geb. Friedländer (geb. 1869 Berlin, umgek. 1942 KL Theresienstadt); *G:* Arthur (geb. 1894 Berlin, gest. 1964 USA), Emigr. Kuba, USA, Textilfabrikant; Martin (geb. 1895 Berlin), 1926 Emigr. Pal., Gärtner; Margarete Sussmann (geb. 1896 Berlin), Fürsorgerin, Internierung in Prag u. Amsterdam, Haft KL Westerbork u. KL Bergen-Belsen, Emigr. USA; Hilde Beer (geb. 1900 Berlin), 1933 Emigr. Pal., A: New York; ∞ 1930 Rita Lechner (geb. 1908 Berlin), jüd., 1937 Emigr. Österr., 1938 NL, 1939 GB, Teilh. eines Antiquitätengeschäfts, 1948 gesch.; *K:* Tom Michael (geb. 1933), 1937 Emigr. Österr., 1938 S, NL, GB, Verleger; *StA:* 1933 österr., 1946 brit. *Weg:* 1937 Österr., 1938 NL, 1939 GB.

1918-27 im Buchgroßhandel tätig, 1927-37 Inh. Singer Verlag, Schlesische Verlangsanstalt, Axel Juncker Verlag u. Williams Verlag, 1934 Gr. Atrium Verlag Basel. Mitgl. *Schweizerischer Buchhändler- u. Verlegerverband*. Sept. 1937 Emigr. Österr., März 1938 in die Niederlande, Frühj. 1939 nach GB; 1937-40 Verleger von in Deutschland verbotenen Autoren. Im 2. WK Mitgr. Lincolns Prager Ltd., Hg. anti-natsoz. Flugschriften des brit. Nachrichtendienstes. Später stellv. Hg. einer Kunstserie bei Faber & Faber London. Dir. Fine Art Engravers Ltd. u. Latimier Trend Ltd., Dir. u. Inh. Atrium Press Ltd. London u. Atrium Verlag Zürich. Dir. Williams Verlag Zug/Schweiz u. Fama Ltd. London. Lebte 1977 in London.

Qu: Fb. - RFJI.

Mashler (urspr. Maschler), **William Theodore,** UN-Beamter; geb. 26. Juni 1920 Breslau; jüd.; *V:* Eric J. Maschler (geb. 1893 Breslau, gest. 1954 USA), jüd., Kaufm., 1938 Emigr. USA, aktiv in jüd. Gde. u. *B'nai B'rith; M:* Erna, geb. Wollmann (geb. 1895 Breslau, jüd., 1938 Emigr. USA; *G:* Irene Bruckman (geb. 1922 Breslau), höhere Schule, 1938 USA, A: I; ∞ 1951 Doreen M. Bolton (geb. 1920 London, gest. 1972), ev., höhere Schule, UN-Beamtin; *K:* Stephen E. (geb. 1961 New York); *StA:* deutsch, 1943 USA. *Weg:* 1936 USA.

1936 Emigr. USA; 1943-46 US-Armee, 1946 B.A. City Coll. New York, 1951 M.A. Columbia Univ.; 1946-62 Mitarb. in der UN-Abt. für pol. Angelegenheiten in New York, 1948-49 Assist. von Dr. Ralph Bunche bei den Palästina-Verhandlungen. 1962-71 Geschäftsf. UN-Spezialfonds, ab 1972 Dir. Abt. globale u. interregionale Projekte des UN-Entwicklungsprogramms. Mitgl. *Am. Pol. Science Assn.* Lebte 1977 in Larchmont/N.Y.

Qu: Fb. Hand. - RFJI.

Maslow, Arkadij (urspr. Čemerinskij, Isaak), Parteifunktionär, Journalist; geb. 9. März 1891 Elizavetgrad/Südrußland, gest. 1941 Havanna/Kuba, ∞ → Ruth Fischer; *StA:* russ. *Weg:* 1933 F; 1940 E, Port., Kuba.

Aus begüterter russ. Familie, ab 1899 Ausbildung in Deutschland, Kreuzschule Dresden, ab 1912 Stud. Naturwiss. u. Musik in Berlin. Während des 1. WK als russ. Staatsangehöriger zunächst Zivilinternierter, später Dolmetscher in Sondereinheit der dt. Armee. Nach Kriegsende Fortsetzung des Studiums, 1919 Bekanntschaft mit Paul Levi u. der späteren Lebensgefährtin Ruth Fischer, Anschluß an KPD; unter dem später legalisierten Namen Arkadij Maslow Mitgl. Russische Sektion u. 1920-23 deren Vertreter im Partei-ZA; ab 1921 mit Ruth Fischer führend in Berliner Parteiorg., 1923-24 als Vertr. des Bez. Berlin-Brandenburg Mitgl. ZA; 1921 Red. *Die Rote Fahne,* führender Theoretiker des sich herausbildenden linken KPD-Flügels, als dessen Wortführer auf Leipziger Parteitag Jan./Febr. 1923 Wiederwahl in den ZA, ab Apr. 1924 auch Mitgl. des PolBüros u. nach Ablösung der Führungsgruppe → Heinrich Brandler mit Ruth Fischer u. Werner Scholem an der Spitze der KPD. Die KPD-Linke propagierte den gewaltsamen Aufstand, wandte sich gegen eine Einheitsfronttaktik u. forderte teilw. die Schaffung einer selbständ. kommunist. GewOrg.; ihre antiparlamentarische Mehrheit unterstützte unter Berufung auf Lenin die „Bolschewisierung" der KPD. 1922 Festnahme, wegen drohender Ausweisung ab 1923 in Illegalität, im Mai 1924 erneute Verhaftung, Sept. 1925 zu 4 J. Gef. verurteilt; in der Zwischenzeit auf 1. PT Juli 1925 Wiederwahl ins ZK u. PolBüro. Die sich auf diesem PT abzeichnenden taktischen u. personellen Konflikte mit der *Komintern*-Leitg. führten zum Offenen Brief Zinov'evs in der *Roten Fahne* vom 1. Sept. 1925, der die linke Führungsgruppe u. ihre Politik verurteilte; nach seiner vorzeitigen Haftentlassung (Juli 1926) zus. mit Ruth Fischer unter persönl. pol. Verdächtigungen am 20. Aug. 1926 KPD-Ausschluß. Gehörte dann zur parteiexternen Linksopposition, 1927 Mitgl. Gruppe *Orthodoxe Marxisten/Leninisten,* März 1928 Mitgr. *Lenin-Bund* in Zusammenhang mit Fraktionsbildung um Zinov'ev in der KPdSU, trat nach dessen Kehrtwendung im Mai gleichen Jahres aus dem *Lenin-Bund* aus. Danach weitgehend Rückzug aus der Politik, Tätigkeit als Übersetzer. Nach natsoz. Machtübernahme mit Ruth Fischer Emigr. nach Paris, Mitgr. u. führender Vertr. *Gruppe Internationale,* Mithg. *Mitteilungsblatt der Gruppe Internationale;* ab 1934 Zusammenarbeit mit Auslandskomitee *Internationale Kommunisten Deutschlands* (→ Erwin Ackerknecht), Mitarb. *Unser Wort,* 1936 Bruch mit Trotzkismus; u. a. Mitarb. *Cahiers internationaux* (zus. mit → Eugen Eppstein) u. *Cahiers d'Europe* (1939), Hauptmitarb. *Pariser Tageszeitung* u. *Pariser Tageblatt* sowie versch. linksoppos. Ztg. in Frankr.; Ps. Malam, Para Bellum. Bei den sowj. Schauprozessen als Agent bezeichnet. Juni 1940 mit Ruth Fischer Flucht vor den dt. Truppen nach Südfrankr., von dort mit Ziel USA über Spanien u. Lissabon nach Kuba, Verweigerung des US-Visums. Nach Angaben von Ruth Fischer in Havanna von sowj. Agenten ermordet.

W: u.a. (Hg. u. Übers. aus dem Russ.) Boris Sawinkow, Memoiren eines Terroristen. Berlin o.J.; Aleksandra Fjodorovna, Zarin von Rußland, geborene Prinzessin von Hessen-Darmstadt, Als deutsche Zarin im Weltbrand. Intime Aufzeichnungen aus der Zeit Rasputins. 2 Bde. Dresden 1932. *L:* Weber, Wandlung; Tjaden, KPDO; Zimmermann, Leninbund; Alles, Trotzkisten. *Qu:* Arch. Publ. – IfZ.

Maslowski, Peter Markus, Journalist, Verleger; geb. 25. Apr. 1893 Berlin; kath., 1919 Diss.; *V:* Peter M. (gest. 1917), Handwerksmeister; *M:* Maria geb. Chudzinski (gest. 1919); *G:* 4 S, 2 B; ∞ 1918 Berlin, Constanze Pirgalski (geb. 1891), Emigr. mit Ehemann, 1937 Ausbürg.; *K:* Ursula Maria Franciska Stanković (geb. 1918), Emigr., 1937 Ausbürg.; *StA:* deutsch, 25. Aug. 1933 Ausbürg. (1. Ausbürg.-Liste), 1945 deutsch. *Weg:* 1933 PL; 1934 CSR; 1935 CH, F; 1945 Deutschland (ABZ).

Gymn., Teiln. 1. WK, 1915 schwere Verwundung, im Lazarett Anschluß an *Spartakus-Gruppe,* nach Genesung ab 1917 Stud. Germanistik, Gesch. u. Phil. Univ. Berlin, aktiver Teiln. der Novemberrevolution, in ZusArb. mit Leo Jogiches Gr. *Roter Soldatenbund* u. Hg. seines Organs *Der Rote Soldat* Berlin, Dez. 1918/Jan. 1919 Teiln. Grdg.-PT der KPD, Volontär *Die Rote Fahne* Berlin, 1919 Mitgl. *Deutscher Freidenker-Verband,* 1919/20 im Ruhrgeb., Schutzhaft, dann nacheinander Red. *Sozialistische Republik* Köln, *Ruhrecho* Essen, *Süddeutsche Arbeiterzeitung* Stuttgart, *Schlesische Arbeiter-Zeitung* Breslau, *Die Rote Fahne Oberschlesiens* Gleiwitz, *Klassenkampf* Halle, *Die Rote Fahne* Berlin; 1923-Febr. 1924 PolLtr. KPD-Bez. Niederrhein, Absetzung wegen seiner Sympathien für sog. Mittelgruppe; Mai-Dez. 1924 MdR. Deleg. 9. PT 1927, 1928-30 MdR, 1930-33 Red. *Berlin am Morgen;* ab 1927 Mitgl. SDS, Verf. zahlr. Broschüren über die *Zentrumspartei,* zwischen 1919 u. 1933 mehrmals inhaftiert wegen Pressevergehens. 1933 illeg. Tätigkeit in Berlin, mit erster Ausbürgerungsliste Verlust der dt. Staatsbürgerschaft, Sept. 1933 Emigr. nach Polen, 1934 CSR. 1935 über die Schweiz nach Frankr., Teilh. Editions du Carrefour Paris, 1935-38 Ltr. IRH u. als deren Vertr. 1935 Mitgr. *Fédération des Emigrés d'Allemagne en France* sowie Mitgl. der Völkerbund-Deleg. v. Nov. 1935, 1936-38 Chefred. *Einheit für Hilfe und Verteidigung* Paris; Teiln. an Konf. des sog. Lutetia-Kreises v. 2. Febr. 1936 u. Mitgl. des dort gebildeten *Ausschusses zur Vorbereitung einer deutschen Volksfront.* Als Mitgl. des Kreises um → Willi Münzenberg nach dessen KPD-Ausschluß 1938 Bruch mit der Partei u. Anschluß an SPD, enge Kontakte zu intellektuellen EmigrKreisen, 1938-39 Mitarb. *Die Zukunft* Paris, Mitunterz. einer von W. Münzenberg initiierten Protesterklärung gegen den Hitler-Stalin-Pakt. 1935-39 Deckn. Pierre, André Pierre, M. Pierre. 1939-40 Internierung, dann Prestataire in Südfrankr., aktiv in Résistance unter Deckn. Griman. Dez. 1945 Rückkehr, Mitgl. VVN, Jan. 1946-1967 lizens. Hg. u. 1946-63 Chefred. *Neue Presse* Coburg, 1946-67 Mitgl. *Bundesverband Deutscher Zeitungsverleger,* danach freier Schriftst. Lebte 1978 in Coburg.

W: Was ist die deutsche Zentrumspartei: Klerikalismus und Proletariat. 1925; Wozu Konkordat? 1928; Gotteslästerung. 1930; Pierre, Die Toten an die Lebenden. Zürich (MOPR-Verlag) 1935; André Pierre, Der Kampf um das Asylrecht. Zürich (MOPR-Verlag) 1935; Volk ohne Recht. O.O., o.J.; nach 1945 Publ. religionskrit. Schriften. *L:* Groß, Münzenberg; Weber, Wandlung; Langkau-Alex, Volksfront. *Qu:* Fb. Hand. Pers. Publ. – IfZ.

Mass, Jonathan, Dr. Ing., Ingenieur; geb. 17. Mai 1922 Berlin; jüd.; *V:* → Rubin Mass; ∞ 1946 Carmela Ulreich (geb. 1926 Rotterdam); *K:* Chava Shahino (geb. 1947); Daniel (geb. 1949), Meteorologe bei IDF-Luftwaffe; Oren (geb. 1952); *Weg:* 1933 Pal.

Jüd. Grundschulen, 1933 Emigr. Palästina. Im 2. WK Dienst im IngKorps der brit Armee, 1944 Stud. Technion. 1948-58 IDF-Dienst (Major). Gleichz. 1950-60 Forschungsltr. in naturwiss. Abt. des isr. Verteidigungsmin.; 1963 Dr. ing. Univ. Paris. Ab 1963 Dir. Funkobservatorium. Mitgl. *Nationale Kommission für Raumforschung,* zeitw. Vizepräs. isr. Abt. des Instituts für Funktechnik, zeitw. Vors. *Isr. Astronaut. Soc.,* Mitgl. Israelisches Institut für Elektroingenieure, *Brit. Interplanetary Soc.* Lebte 1977 in Haifa.

W: L'Etude de l'Ionosphère à l'Aide des Satellites Artificiels. 1965. *Qu:* Hand. Pers. Publ. – RFJI.

Mass, Rubin, Verleger; geb. 10. Juni 1894 Litauen, gest. 2. (3.?) Juni 1979; jüd.; *V:* Nehemia M. (geb. 1860 Litauen), 1906 nach Königsberg; *M:* Ḥaya Sara, geb. Barkowsky (geb. 1862 Litauen, gest. Berlin), 1906 nach Königsberg; ∞ Hannah Heimann (geb. 1894 Duisburg), Malerin, 1933 Emigr. Pal.; *K:* → Jonathan Mass; Daniel (geb. 1923, gef. 1948 im isr. Unabhängigkeitskrieg); *StA:* Litauen, Pal./IL. *Weg:* 1933 Pal.

Mittelschule Königsberg, 1915-18 Buchhändlerlehre Berlin, 1918-20 bei Menorah Verlag Berlin, Mitarb. an dt.-hebr. Wörterbuch, 1920-26 beim hebr. Verlagshaus Yalkut Berlin, 1927-33 selbständig. Verlagsbuchhändler in Berlin. Zugl. Hg. *Yalkut Sefarim* (Hebr. Literaturkatalog), Geschäftsf. Mitgl. *Bet ha Vaad halvri* (Dichterlesungen hebr. Autoren). 1933 Emigr. Palästina, ab 1933 Gr. u. Ltr. Rubin Mass Publishing House (führender isr. Verlag), Mitgl. *Verband israelischer Verlagsbuchhändler, Internationale Verleger-Union,* Vors. *Verlegerverband für hebräische Publikationen,* 1948 Vors. GdeRat Talbiyah/Jerusalem, Mitgl. *B'nai B'rith,* Vors. Kriegsgräberfürsorge, RegAusschuß für Gefallenen-Gedenkfeiern, Mitgl. Yad la Banim-Gedächtnis-Institut, Vors. Zweigstelle Jerusalem der Hinterbliebenen-Unterstützung. Lebte 1978 in Jerusalem. – *Ausz.:* 1972 Ehrenbürger von Jerusalem.

482 Masur

W: HaIsh u Veito (Der Mensch und sein Haus, ABiogr.). In: Veim biGevurot - Fourscore Years. A Tribute to Rubin and Hannah Mass on their Eightieth Birthdays. 1974. *Qu:* ABiogr. Fb. Hand. - RFJI.

Masur, Kurt Bruno, Dr. jur., Dr. rer. pol., Ministerialbeamter; geb. 29. Jan. 1885 Breslau, gest. 7. Sept. 1964 Locarno/CH; jüd.; *V:* Max M., Kaufm.; *M:* Martha, geb. Freund (geb. 1860 Breslau, gest. 1941 Berlin); ∞ 1940 London Eva Borchardt (geb. 1907), jüd., Sekr.; *StA:* deutsch, 25. Nov. 1941 Ausbürg., deutsch. *Weg:* 1939 GB; 1948 Deutschland (BRD).

Ab 1902 Stud. Rechtswiss. München, Berlin, Breslau, 1907 Referendar, 1908 Dr. jur., ab 1907 im preuß. Staatsdienst, 1912 Assessor, 1926-33 RegVizepräs. Hannover. Ab 1917 SPD. Febr. 1933 Entlassung, bis 1938 Mitarb. CV in Berlin. Aug. 1939 Emigr. London, Juli-Aug. 1940 Internierung Isle of Man, 1941-48 in Cambridge, 1944-46 Statistiker bei Cambridge Examination Board, Verb. zur Exil-SPD in GB. 1948 Rückkehr, Okt. 1948-Sept. 1949 RegVizepräs. Hannover, gleichzeitig Abordnung als Ltr. der Polizeiabt. im Niedersächs. MdI, MinRat. Juni 1951 Ruhestand. Mitgl. SPD. - *Ausz.:* 1954 BVK.

Qu: Arch. EGL. Pers. - IfZ.

Matern, Hermann, Parteifunktionär; geb. 17. Juni 1893 Burg b. Magdeburg, gest. 24. Jan. 1971 Berlin; Diss.; *V:* Arbeiter, SPD; *M:* Arbeiterin; *G:* 4; ∞ II. 1935 Jenny Pickerodt (→ Jenny Matern); *K:* 2; *StA:* deutsch. *Weg:* 1934 CSR; 1935 F; 1936 B, NL; 1937 N; 1940 S; 1941 UdSSR; 1945 Deutschland (SBZ).

Gerber; 1907 SAJ, 1910 Gew., 1911-14 SPD, 1914-18 Kriegsteiln., USPD; Nov. 1918 Kommandant Wachregiment des *Arbeiter- und Sodatenrats* Burg, 1919-26 Gerber, ehrenamtl. KPD-Funktionär, 1926-27 hauptamtl. Sekr. für GewFragen bei BezLtg. Magdeburg-Anhalt, ab 1926 MdProv. LT; 1927 vom ZK als PolLtr. des Bez. eingesetzt, Dez. 1928-Mai 1929 Lenin-Schule Moskau, anschl. erneut PolLtr. Magdeburg-Anhalt u. Lehrer für Pol. Ökonomie BezParteischule Dessau, 1931-33 PolLtr. Bez. Ostpr., 1932-33 MdL Preußen; 1933 illeg. Tätigkeit, ab Apr. 1933 PolLtr. Bez. Pommern. 14. Juli 1934 Verhaftung, Sept. 1934 Flucht aus Untersuchungsgef. Altdamm/Stettin, Nov. 1934 im Parteiauftrag Emigr. CSR, als ltd. Funktionär der *Roten Hilfe* (RH) beauftragt mit Org. der Befreiungskampagne für Ernst Thälmann u.a. in Deutschland inhaftierte Regimegegner, Jan. 1935 Verhandlungen mit → Friedrich Stampfer u. → Otto Wels über gemeins. Befreiungsaktionen von KPD u. *Sopade*. Juni 1935 Frankr., Ltr. (?) KPD-Landesgruppe; wegen unflexibler Haltung in Einheitsfrontpol. Degradierung. Febr. 1936 über Belgien nach Holland, RH-Ltr. bei AbschnLtg. West. 1937 zum Stützpunktaufbau nach Norwegen, nach dt. Einmarsch Ende Apr. 1940 Schweden, illeg. Aufenthalt; Deckn. Jansen. März 1941 in die UdSSR. Lehrer an erster Antifa-Schule für dt. Kriegsgef. in Oranki; Mitunterz. *Aufruf an das deutsche Volk* v. 25. Jan. 1942, 1943 Mitgr. u. Mitgl. NKFD, Mitunterz. des Manifestes v. 13. Juli 1943. Ab 1944 Ltr. einer Antifa-Schule für dt. Kriegsgef., Febr. 1944 Mitgl. ArbKommission des PolBüro des ZK, Mitgl. u. nach dem Tode von → Wilhelm Florin Ltr. Unterkommission für GewFragen. Frühj. 1945 Schulungstätigkeit über Methoden der Parteiarb. für KPD-Spitzenfunktionäre. Mai 1945 Rückkehr nach Dresden als Mitgl. der *Gruppe* → *Anton Ackermann*, Stadtrat für Personalpol., Mitunterz. Aufruf des ZK der KPD v. 11. Juni 1945. Nach Wiedergrdg. der KPD PolSekr. Sa., neben → Otto Buchwitz führend an Vereinigung von KPD u. SPD beteiligt; Apr. 1946-48 Vors. SED Groß-Berlin, ab 1946 Mitgl. Zentralsekr. bzw. ab 1950 PolBüro des ZK der SED, ab 1946 Mitgl. PV bzw. ab 1950 des ZK, ab 1949 Vors. Zentrale Parteikontrollkommission, maßgebl. beteiligt an Umformung der SED in eine leninist. Kaderpartei. 1949-50 MdProvis. VK u. anschl. MdVK, 1950-54 Vizepräs. u. ab 1954 l. Stellv. des VK-Präs., 1957-63 1. Vors. Ständiger Ausschuß für die örtl. Volksvertretungen. Ab 1958 PräsMitgl. NatRat der *Nationalen Front des demokratischen Deutschland*, ab 1964 PräsMitgl. *Komitee der Antifaschistischen Widerstandskämpfer der DDR*, ab 1960 Mitgl. Nationaler Verteidigungsrat, Mitgl. GenRat *Internationale Föderation der Widerstandskämpfer,* Deleg. bei Beratungen der Kommunistischen u. Arbeiterparteien von 1957, 1960 u. 1968. - *Ausz.:* 1946 Ehrenbürger der Stadt Dresden, 1955 VVO (Gold), 1958 u. 1963 Held der Arbeit, 1965 Ehrenspange zum VVO (Gold), 1968 Leninorden (UdSSR), 1970 Med. für aktive Teilnehmer im Gr. Vaterländ. Krieg (UdSSR); Stern der Völkerfreundschaft (Gold).

W: Die Partei wies uns den Weg. In: Wir sind die Kraft (Erinn.). 1959; Im Kampf für Frieden, Demokratie und Sozialismus. Ausgewählte Reden und Schriften, 3 Bde. 1963-68. *L:* Leonhard, Revolution; Schmidt, Deutschland; Strassner, Peter, Verräter. 1960; GdA; GdA-Chronik; Gniffke, Erich W., Jahre mit Ulbricht. 1966; Weber, Wandlung; Fricke, Gerechtigkeit; Duhnke, KPD; Rothe, Lya, Du bist immer den geraden Weg eines Revolutionärs gegangen. Hermann Matern. In:BZG 1973, S. 485 ff.; Müssener, Exil; Wehner, Untergrundnotizen. *Qu:* Arch. Erinn. Hand. Publ. Z. - IfZ.

Matern, Jenny Helene Auguste, geb. Pickerodt, Staats- u. Verbandsfunktionärin; geb. 11. Apr. 1904 Hannover, gest. 22. Sept. 1960 Berlin (Ost); *V:* Drechsler, SPD; ∞ 1935 → Hermann Matern; *StA:* deutsch. *Weg:* 1934 CSR; 1935 F; 1936 NL, 1937 N; 1940 S; 1941 UdSSR; 1945 Deutschland (Berlin).

Handelsschule, 1919-21 Stenotypistin SPD-BezBüro Niedersa.; 1919 SAJ; SPD, 1921 KJVD, 1923 KPD, 1924-25 Mitgl. KJVD-BezLtg. Bayern, 1925-28 Mitgl. BezLtg. Niedersa. der *Roten Hilfe* (RH), danach Mitarb. Büro der KPD-BezLtg. ebd., nach längerer Krankheit 1931-33 bei RH-BezLtg. Berlin-Brandenburg u. in Red. des RH-Zentralorgans *Tribunal* Berlin. Sept. 1933 Verhaftung, Gef., anschl. bis März 1934 KL Moringen, Juni 1934 Emigr. nach Prag, 1934-35 im Büro des sog. Šalda-Komitees, 1935-36 in Büro der RH-AuslLtg. Paris. 1936 mit H. Matern nach Holland, Mitarb. RH bei AbschnLtg. West. 1937 Norwegen, 1940 Schweden; 1941 UdSSR, 1941-42 Lenin-Schule der *Komintern,* Mitarb. *Radio Moskau,* 1944 Deutsche Parteischule. Mai 1945 nach Deutschland, 1945-46 Staatssekr. für Sozialfürsorge in Landesverw. Sa., 1946-47 Vizepräs. Deutsche Zentralverwaltung für Arbeit u. Sozialfürsorge, 1948-49 HauptabtLtr. Hauptverwaltung für Arbeit u. Sozialfürsorge der Deutschen Wirtschaftskommission; 1948-49 Mitgl. Deutscher Volksrat, 1950-60 Mitgl. Bundesvorst. u. Präs. *Demokratischer Frauenbund Deutschlands,* 1950-59 Staatssekr. u. stellv. Min. für Gesundheitswesen, ab Mai 1959 Vors. des ZA der *Volkssolidarität*. - *Ausz.:* Med. für heldenhafte Arbeit im Gr. Vaterl. Krieg (UdSSR), 1955 VVO (Silber).

L: GdA-Biogr.; Gast, Gabriele, Die politische Rolle der Frau in der DDR. 1973. *Qu:* Hand. Publ. - IfZ.

Matsdorf, Hilda, geb. Meyerowitz, Fürsorgerin; geb. 17. März 1906 Königsberg; jüd.; *V:* Julius Meyerowitz (geb. 1860 Kowno/Litauen, gest. 1953 USA), jüd., Stud. Pharmazie, aktiv in jüd. Fachverb., 1936 Emigr. USA über E; *M:* Bertha, geb. Mottek (geb. 1878 Posen, gest. 1958 [?] USA), jüd., 1936 Emigr. USA über E; *G:* Lotte Tuch (geb. 1901 Königsberg), 1936 Emigr. USA, Näherin; Hans Meyerowitz (geb. 1902 Königsberg, gest. 1970 IL), Apotheker, 1936 (?) Emigr. Pal.; Thea Nathan; Friedel Guttmann (geb. 1912 Königsberg), Drogistin, Emigr. S-Afrika; ∞ 1956 → Wolf Simon Matsdorf; *StA:* deutsch, AUS. *Weg:* 1938 USA.

Dipl. der Arbeiterwohlfahrtsschule; bis 1933 Angest. der *Arbeiterwohlfahrt* Deutschland, bis 1938 Dir. *Jüdische Landeswohlfahrtsstelle* Hessen-Nassau, aktiv bei der Einrichtung von Schulen u. Altersheimen. Nov. 1938 Emigr. USA, Stipendiatin der *Assn. Soc. Workers,* 1941 Dipl. der School of Soc. Work Univ. Pennsylvania. Weiteres Stud. an Univ. Pennsylvania u. St. Louis; Fürsorgerin *Jew. Child Care Assn.* St. Louis, Ltr. *Jew. Child Care Assn.* New York, Dir. Reception Center des *US Committee for Care of Europ. Children,* Beraterin *Europ. Jew. Childrens' Aid,* AbtLtr. *Jew. Welfare Bureau* Baltimore. 1957 nach Heirat nach Australien, Doz. Univ. Sydney, ltd. Fürsorgerin der Presbyterian Orphanage Sydney, Einrichtung der

Fürsorgeabt., Beraterin versch. Org. des öffentl. Lebens u. für FreiwArb. in N.S.W.; Mitgl. u. Ausschußmitgl. *Child Welfare League of Am., Am. Assn. Soc. Workers, Austral. Assn. Soc. Workers.* 1970 nach Israel. Lebte 1977 in Jerusalem.

W: Art. in *US Jewish Social Service Review. Qu:* Fb. Pers. - RFJI.

Matsdorf, Wolf Simon (urspr. Matzdorff, Wolfgang Siegbert), Dr. jur., Verbandsfunktionär, Sozialarbeiter, geb. 9. Aug. 1907 Berlin; jüd.; *V:* Georg Matzdorff (geb. 1872 Frankenstein/ Niederschlesien, gest. 1960 S), jüd., Handelsvertr., Mitgl. *B'nai B'rith,* Emigr. DK, S; *M:* Elfriede, geb. Singer (geb. 1882 Magdeburg/Sa., gest. 1964 S), jüd., höhere Schule, 1942 Emigr. S; *G:* Ruth Matzdorff (geb. 1906 Berlin), höhere Schule, Modeschöpferin, Emigr. USA; ∞ I. Hertha Buchwalter (gest. 1956 AUS), 1938 Emigr. AUS; II. 1956 Hilda Meyerowitz (→ Hilda Matsdorf); *K:* Peter (geb. 1937), 1938 Emigr. AUS, 1968 IL, später CDN; *StA:* deutsch, 1944 AUS. *Weg:* 1938 AUS.

1932 Prom. Breslau, Mitgl. B.D.J.J., K.C., 1933-38 EmigrBerater in Berlin u. Frankfurt/M., 1933-38 Syndikus CV Hessen, beriet Geschäftsleute in Fragen des Vermögenseinzugs u. bei Boykottmaßnahmen, Mitgl. GdeVertr., VorstMitgl. *Jüdischer Kulturbund,* Doz. Jüdisches Lehrhaus Frankfurt. Ostern 1938 Emigr. Australien, ehrenamtl. Arbeit für den *Hilfsverein,* zunächst Handelsreisender u. Hühnerzüchter, 1938-42 Angest. *Austr. Jew. Welfare Soc.* Sydney; 1942-45 MilDienst. 1945-51 Dir. *United Jew. Overseas Relief Fund* Sydney, 1951-59 stellv. Dir. *Austr. Jew. Welfare Soc.,* 1953-57 Stud. Sozialfürsorgewesen Univ. Sydney, 1958 Ernennung zum Friedensrichter, 1959-70 ltd. Bewährungshelfer, zeitw. stellv. Vors. Bewährungshilfebüro des Dept. Corrective Servs./N.S.W., Ltr. von Trainingsprogrammen für Freiw. u. von Forschungs- u. Studienprojekten; 1961 Dipl. in Sozialfürsorge Univ. Sydney. 1955-61 Vors. Wohlfahrts-Kommission, 1965-69 VorstMitgl. *Good Neighbour Council;* 1965 austral. Deleg. beim UNO Congr. on Prevention of Crime and the Treatment of Offenders in Stockholm, Ltr. austral. Deleg. World Mental Health Congress Bangkok. 1967-70 Mitgl. Consult. *Council for the Intellectually Handicapped*/N.S.W., seit 1967 ad hoc-Berater Commonwealth Immigr. Adv. Council der austral. Reg.; Mitgl. *Austral. Assn. Soc. Workers,* 1968-70 ehrenamtl. Sekr., 1970 Ehrenmitgl. *Austral. Assn. Mental Health,* ab 1970 Vizepräs. *N.S.W. Assn. Mental Health,* Mitgl. *World Fed. Mental Health,* Mitgl. Exekutivausschuß *Austral. Jewry;* Vors. *Committee for Overseas Jewry* des *Jew Board of Deputies* Sydney. 1970 nach Israel. Gr. u. Präs. *Albert Einstein Lodge* des *B'nai B'rith*/ Israel, Vors. *Council of English Speaking B'nai B'rith Lodges in Israel,* Mitgl. *Isr. Interfaith Committee.* Lebte 1977 in Jerusalem.

W: Migrant Youth - Australian Citizens of Tomorrow. (Hg.) 1963; Work with Migrants in Prison After-Care. 1965; Social Defense in Israel. 1965; No Time to Grow. The Story of the Gross-Breeseners in Australia (Ms.) 1973; Beiträge über Psychohygiene, Einwanderung, Fürsorge u. Kriminologie in austral., engl. u. isr. Zs. *Qu:* Fb. Hand. Pers. Publ. Z. - RFJI.

Matzner, Fritz, Partei- u. Gewerkschaftsfunktionär; geb. 6. März 1896 Wien; *V:* Wilhelm M.; *M:* Anna, geb. Ende; *StA:* österr. *Weg:* 1944 JU; 1945 Österr.

Schule in Wien, Budapest, Dresden, München u. Bielefeld, 1910-14 Elektrotechnikerlehre in Wien, 1912-13 Betriebsltr.Schule für MaschBau u. Elektrotechnik. Vermutl. Mitgl. *Verband jungendlicher Arbeiter Österreichs.* Ab 1915 zur Kriegsdienstleistung in den Flugzeugwerken Wiener Neustadt. Mitgl. SDAP, 1917 Werkstätten-Vertrauensmann. 1918 Mitgl. *Arbeiter- und Soldatenrat* Wiener Neustadt, Mitgl. BezLtg. Wiener Neustadt des *Österreichischen Metall- und Bergarbeiterverbandes* u. Kreisltg. Wiener Neustadt der SDAP, stellv. Obmann der *Arbeiter-Turn-Verein Wiener Neustadt* u. Lehrer im *Arbeiterverein Kinderfreunde.* 1919 geschäftsf. stellv. Obmann des Arbeiter-Betriebsrats der Flugzeugwerke Wiener Neustadt u. Lehrer an der Sportschule für österr. Arbeiterturner, 1919-25 Mitgl. Landesfortbildungsschulrat für Niederösterreich. 1925-28 Sekr. der *Landesgewerkschaftskommission Steiermark* in Graz, 1925-34 Mitgl. Landes-PV der SDAP. 1928-34 Landessekr. Steiermark des *Bunds der Freien Gewerkschaften Österreichs* u. in dieser Eigenschaft Mitgl. der industriellen BezKommission Steiermark, VorstMitgl. der GdeSiedlungen u. Wohnungsgenossenschaft u. Berater der sozdem. Fraktion im LT Steiermark u. im GdeRat Graz. 1930-34 MdL Steiermark. 1934 aller pol. u. gewerkschaftl. Funktionen enthoben, illeg. Arbeit als RSÖ-Mitgl., bis 1938 4mal verhaftet. 1938-44 BüromaschVertr., 2mal verhaftet. In den letzten Kriegsjahren Verb. zu jugoslaw. Partisanen, Deckn. Wallner. Aug. 1944 aufgrund drohender Verhaftung Flucht nach Slowenien, ab Herbst 1944 neben → Franz Gebhard u. → Erwin Scharf maßgebl. am Aufbau des 1. österr. Btl. im Verband der jugoslaw. Volksbefreiungsarmee (→ Franz Honner) beteiligt. Apr. 1945 vermutl. bei Kampfhandlungen verwundet u. in ein alliiertes Lazarett nach Bari ausgeflogen. Anschl. Rückkehr nach Österr. Nach Kriegsende Mitgl. der provis. Landesreg. Steiermark, geschäftsf. Obmann der SPÖ u. provis. Vors. der Gewerkschaften in der Steiermark. 1945-67 Mitgl. Parteikontrolle der SPÖ. 1946-63 Mitgl. der steiermärk. Landesreg., stellv. Obmann der SPÖ Steiermark u. Mitgl. der Reichsvertr. bzw. des PV der SPÖ, Landesobmann u. ZV-Mitgl. *Gewerkschaft der Metall- und Bergarbeiter Österreichs.* Ab 1947 u.a. Ref. für Industrie in der steiermärk. Landesreg., in dieser Eigenschaft Mitgl. des Warenverkehrsbüros Wien, der Bundesbewirtschaftungskommission u. des Planungsbeirats in Wien. Ab 1948 Vizepräs. *Österreichisch-Jugoslawische Gesellschaft,* zweiter Präs. Eisenholding GmbH u. stellv. Vors. *Arbeiterbund für Sport und Körperkultur Österreichs* (ASKÖ) in der Steiermark. 1949 Mitgl. der Paritätischen Sechserkommission im Bundesmin. für Verkehr u. verstaatlichte Betriebe. 1953 Präs. Eisenholding GmbH, 1954 Präs. ASKÖ in der Steiermark. 1960-63 erster LandeshauptmannStellv. Steiermark. Ende 1963 Pensionierung, Ausscheiden aus LT u. Landesreg. Steiermark. Lebte 1978 in Graz. - *Ausz.:* u.a. 1959 Gr. Gold. Ehrenzeichen für Verdienste um die Republik Österr., 1963 Gr. Gold. Ehrenzeichen mit dem Stern für Verdienste um die Republik Österreich.

L: Stadler, Spiegel; Holzer, Bataillone; Klucsarits, SPÖ. *Qu:* Arch. Hand. Publ. - IfZ.

Mauchenheim, Egon Carl Freih. von (vorm. gen. von Bechtolsheim), Industrieberater; geb. 25. Sept. 1912 München; *V:* Johannes-Anton v. Mauchenheim gen. Bechtolsheim (1878-1945); *M:* Ida, geb. Wellenberg (1889-1975); ∞ I. 1935 Margarethe Clemm (geb. 1917), Emigr. USA, 1940 gesch.; II. 1941 Detroit, Carolyn Caulk (geb. 1909), StA: USA, gesch.; III. Merle Doris Dickert; IV. 1967 Helga Brensing, geb. Korte (geb. 1927); *K:* aus III: Marlene Ross (geb. 1947), A: USA; *StA:* deutsch, nach 1936 USA. *Weg:* 1936 USA.

Schule in München, 1936 in die USA, 1937-40 Stud. Inst. of Technology, Detroit/Mich., anschl. Public Relations-Tätigkeit für Ford Motor Company Dearborn/Mich.; 1946-61 Wirtschaftsforscher u. -analytiker für National Industrial Conference Board New York, Wirtschaftskorr. für dt. Fachpublikationen; 1961-63 Vizepräs. Lester B. Knight & Associates Inc. Chicago; 1961 Rückkehr nach Deutschland; 1963-67 Berater der Konzernltg. Friedrich Krupp Essen. 1967-77 Berater u. Public Relations-Dir. Management Consultants London u. Frankfurt/M. Seit 1972 Mithinh. der Ikonen-Kunststube Freifrau v. Mauchenheim OHG, Frankfurt/M. u. Rottach-Egern/Tegernsee. Ehrenmitgl. *American Institute of Management.* Lebte 1978 in Frankfurt u. Rottach-Egern.

W: u.a. Financial Management of Pension Trust. 1954; Financial Management of Raw Material Inventories. 1955; Mitarb. zahlr. dt. u. amerikan. Fachzs. *Qu:* Hand. Pers. - IfZ.

Mauer, Wilhelm, Partei- u. Gewerkschaftsfunktionär; geb. 25. Febr. 1903 Raunheim b. Mainz, gest. 21. Febr. 1974 Rüsselsheim b. Frankfurt/M.; o.K.; *V:* Heinrich M., Portier, Landwirt; *M:* Berta, geb. Rühl; ∞ 1927 Luise Sophie Risch (geb. 1906), Diss., Schneiderin, 1933 Schutzhaft, danach illeg. Tätigkeit, 1935 Verhaftung Leipzig, 4 J. Zuchth. Waldheim, anschl.

5 J. KL Ravensbrück u. Auschwitz; *K:* Wilhelm (1928-75), 1933-45 CH, nach 1945 in der DDR; *StA:* deutsch, 28. Apr. 1937 Ausbürg., deutsch. *Weg:* 1933 CH; 1934 F; 1941 CH; 1945 Deutschland (ABZ).

Schlosserlehre; Teiln. an Kämpfen gegen die rhein. Separatisten, 1922-29 DMV, 1926 KPD, 1929 Betriebsrat bei Opel Rüsselsheim; ab 1929 Mitgl. Gemeinderat Raunheim, Kreistag Groß-Gerau u. ProvTag Prov. Starkenburg; ab Frühj. 1929 Mitgl. engere BezLtg. der KPD, ab Ende 1929 OrgLtr. u. 1931-32 PolLtr. RGO-BezKomitee Frankfurt/M.; ab 1930 hauptamtl. Parteifunktionär, 1930 Besuch der ersten Reichsgewerkschaftsschule der KPD in Berlin. 1931-33 MdL Hessen, ab Jan. 1932 Volontär der ZK-OrgAbt. - 1933 illeg. Tätigkeit, nach erster Verhaftung der Ehefrau Emigr. in die Schweiz, Ltr. KPD-EmigrStelle Binningen b. Basel; 1934 Verhaftung wegen pol. Betätigung u. Ausweisung nach Frankr., 1941 Rückkehr in die Schweiz, Verhaftung u. bis Kriegsende Internierung. 1933-41 Deckn. Kurt Theodor Braun. Juni 1945 Rückkehr nach Deutschland, Gde.-Angest., Mitvors. Spruchkammer Groß-Gerau, ab 1952 Rentner, ab 1956 Mitgl. *Unabhängige Wählergruppe* u. bis 1960 1. Beigeordneter im Gde.-Vorst. der Stadt Raunheim.

D: IfZ. *Qu:* Arch. Pers. - IfZ.

Maurer, Emil, Dr. jur., Rechtsanwalt, Partei- und Verbandsfunktionär; geb. 11. Apr. 1884 Kuty/Mähren, gest. 22. Dez. 1967 Wien; *V:* Lehrer; *G:* 8; ∞ Fanny (gest. 1960), bis 1934 aktiv in sozialist. Bewegung; *StA:* österr., deutsch, Ausbürg. (?), österr. *Weg:* 1939 GB;. 1946 Österr.

1894 Uhrmacherlehre, 1896 nach Wien, 1897 in Lehrlingsheim der jüd. Gde. Wien, 1898-1901 Metalldrückerlehre, Mitgl. der sozialist. Jugendbewegung, später Mitgl. SDAP. Holte 1911 Abitur nach, anschl. Stud. Rechtswiss., 1916 Prom.; Offz. im 1. WK. Ab 1923 RA in Wien. BezObmann u. BezVorsteher SDAP u. BezKommandant *Republikanischer Schutzbund,* Gr. u. Vors. *Volkshaus Neubau* u. Bildungsverein *Morgenröte.* 1934 nach den Februarkämpfen Verhaftung, mehrere Mon. KL Wöllersdorf. 1938 nach Anschluß Österr. Verhaftung, Apr. 1938 mit erstem Österreicher-Transport ins KL Dachau, anschl. bis Mitte 1939 KL Buchenwald. Nach Entlassung Emigr. London, 1940 Internierung Isle of Man. Mitgl. *Austrian Labour Club,* 1942 Londoner Deleg. für die DelegKonf. der österr. Sozialisten in GB (→ Karl Czernetz, → Oskar Pollak). 1946 Rückkehr nach Wien, Mitgl. SPÖ, Tätigkeit als RA. 1948-51 Vizepräs., 1951-63 Präs. Isr. Kultusgde. Wien, Präs. Bundesverband der Israelitischen Kultusgemeinden Österreichs. Mitgl. *Bund sozialistischer Freiheitskämpfer und Opfer des Faschismus.* - *Ausz.:* u.a. Victor-Adler-Plakette der SPÖ.

L: Maimann, Politik. *D:* EGL. *Qu:* Arch. Hand. Pers. Publ. Z. - IfZ.

Mautner, Fritz, Dr., Verbandsfunktionär; gest. 22. Juni 1970 Wien. *Weg:* 1938 F; 1945 (?) Österr.

Vermutl. Mitgl. KPO, zwischen 1934 u. 1938 Mitarb. der illeg. *Freien Gewerkschaften.* 1938 nach Frankr., während des 2. WK im Widerstand in Frankr. tätig. Nach Kriegsende Rückkehr nach Wien. Bis zur Pensionierung Ltr. Statist. Abt. Arbeiterkammer Wien. Mitgl. *Bundesverband österreichischer Widerstandskämpfer und Opfer des Faschismus - KZ-Verband.*

Qu: Z. - IfZ.

Mautner, Karl, Dr. Ing., Unternehmensleiter, Hochschullehrer; geb. 2. Mai 1881 Enns/Oberösterr., gest. 12. Febr. 1949 London; *V:* Josef M., Obering. der österr. Staatsbahnen; *M:* Rosalinde, geb. Planner; ∞ Mathilde Tragau; *K:* 2 T; *StA:* österr., deutsch (?). *Weg:* 1938 (?) GB.

Stud. TH Wien Bauingenieurwesen, 1906 Prom., 1904-06 Assist. für Brückenbau. Anschl. Obering. u. techn. Ltr. Bauunternehmung Carl Brandt in Düsseldorf. 1912 Habil. u. Priv.-Doz. TH Aachen. Im 1. WK Lt. bei österr. Eisenbahnrgt. Ab 1915 Dir. Wayß & Freytag AG Düsseldorf, ab 1928 VorstMitgl. der Gesellschaft in Frankfurt/M. Ab 1926 Honorarprof. TH Aachen. VorstMitgl. *Verein Deutscher Diplomingenieure* Bez-Verb. Frankfurt. Ende 1938 (Anfang 1939 ?) Emigr. London. - *Ausz.:* EK II, Gold. Verdienstkreuz (Österr.-Ungarn), Tapferkeitsmedaille.

Qu: Arch. Hand. - IfZ.

Mautner, Shlomo (urspr. Fritz), Kaufmann, Verbandsfunktionär; geb. 23. Okt. 1906 Berlin; *V:* Josef M. (geb. Prag), Kaufm.; *M:* Käthe (geb. Berlin, umgek. im Holokaust); *G:* Ilse (geb. 1908 Berlin), 1938 Emigr. GB; ∞ 1938 Lea Kiesler (geb. 1906), jüd.; *K:* Zwi (geb. 1939 Tel Aviv); *StA:* deutsch, Pal./IL. *Weg:* 1934 Pal.

1921 Abitur Berlin, Lehrling, zuletzt Prokurist Gebr. Simon Textil AG; 1920 Mitgl. J.J.W.B., Blau-Weiß, 1923 *Bar Kochba,* 1925 ZVfD Berlin, 1931-34 PräsMitgl. *Deutscher Kreis des Makkabi-Weltverbandes,* 1933 Deleg. zum Zion. Kongreß in Prag. Apr. 1934 Emigr. Palästina mit C-Zertifikat, 1934-72 bei Einwanderer-Darlehnskasse Kuppat Milveh Olei Germania (später Kuppat Milveh HaOleh). 1964 Mitgl. RegAusschuß für Bestätigung von Darlehen an Wiedergutmachungsempfänger. Geschäftsf. von Kuppat Ezer, der Darlehnskasse des I.O.M.E. für Einwanderer u. Bedürftige. Mitgl. I.O.M.E., Haganah u. *Histadrut,* geschäftsf. VorstMitgl. *Verein ehemaliger Mitglieder des Bar-Kochba-Hakoah.* Lebte 1977 in Tel Aviv.

Qu: Fb. Hand. - RFJI.

Maxwell (urspr. Hoch), **Ian Robert,** Verleger, Politiker; geb. 10. Juni 1923 Selo Slotina/ČSR; *V:* Michael Hoch; *M:* Anne, geb. Slomowitz; ∞ 1945 Elizabeth Meynard; *K:* Michael, Philip, Anne, Christine, Kevin, Isabel, Ian, Ghislaine; *StA:* brit. *Weg:* GB.

1939-45 brit. Armee (Mil. Cross), 1945-47 Ltr. Presseabt. der brit. MilReg. in Berlin. Ab 1948 Vors. Robert Maxwell & Co. Ltd., ab 1949 Gr. u. AR-Vors. Verlagsanstalt für Fach- u. Kunstbücher Pergamon Press Oxford, London u. New York 1960-61 Vors. Wahlkreis Buckingham für die *Labour Party,* 1960-69 Vors. *Labour Nat. Fund Raising Foundation.* 1961-70 Dir. Verlag Gauthier-Villars Paris. 1963-64 Vors. *Labour Working Party on Science, Government and Industry,* 1964–70 u. ab 1974 M.P. der *Labour Party* für Buckingham. Ab 1966 Dir. Computer Technology Ltd., 1968-69 Vors. u. Hauptgeschäftsführer Internat. Learning Systems Corp. Ltd.; 1968-70 Mitgl. Europarat, stellv. Vors. Ausschuß für Wiss. u. Technik. 1971 Kennedy Fellow der Harvard Univ. Ab 1975 stellv. Vors. Scottish News Enterprises Ltd., ab 1965 Schatzmeister der Round House Trust Ltd., Produzent von Opern- u. Ballettverfilmungen. Ab 1974 Ehrenmitgl. *Acad. of Astronautics,* Mitgl. *Am. Nuclear Soc., Am. Vacuum Soc., Human Factors Soc., Fabian Soc.* Lebte 1976 in Oxford/GB.

W: Information, USSR. (Hg.) 1963; Progress in Nuclear Energy. The Economics of Nuclear Power. (Mithg.) 1963; The Economics of Nuclear Power. (Hg.) 1965; Public Sector Purchasing. (Hg.) 1968; Man Alive. (Mitverf.) 1968. *Qu:* Hand. Publ. - RFJI.

May, Karl Haran (Hermann), Ingenieur; geb. 28. März 1899 Hamburg; *V:* Hugo Ludwig M. (geb. Hamburg), jüd., RA; *M:* Elika, geb. Samson (geb. 1870 Altona); *G:* Dr. rer. pol. Hedwig M. (geb. 1898 Hamburg, gest. 1934); ∞ Käthe Lemberg (geb. 1898 Berlin, gest. 1973); *K:* Alisa England (geb. 1933), A: Haifa. *Weg:* 1933 Pal.

Stud. TH München, Berlin, 1924 Dipl.-Ing. Berlin, 1924-33 Elektroing. bei AEG, Inh. dt. u. am. Patente, 1933 Emigr. Palästina mit A I-Zertifikat; 1934-64 Angest. Electric. Corp., zunächst Assist. des Chefing., später Ltr. für Rundfunkwesen, dann Chefing. für Forschungswesen. Mitgl. elektrotechn. Kommission des isr. Eichamts, Vors. Sektion Elektroing. der *Isr. Engineers and Architects Assn.,* Zweigstelle Haifa. Lebte 1974 in Haifa.

Qu: Fb. Hand. - RFJI.

May, Kurt, Dr. jur., Rechtsanwalt; geb. 15. Aug. 1896 Meiningen/Thüringen; *G:* 1 B, Emigr. Pal., Kaufm.; ∞ Dr. jur. Vera May, 1933 Emigr. Pal.; 1950 Rückkehr nach Deutschland (BRD), Wiederaufnahme des Stud., Richterlaufbahn, zuletzt Senatspräs. OLG Frankfurt/M.; *K:* Miriam Gross, A: London. *Weg:* 1933 Pal. 1947 Deutschland (ABZ).

Kriegsteiln. im 1. WK; bis 1933 RA beim OLG Jena, 1933 Berufsverbot. 1933 Emigr. Palästina, zus. mit seinem Bruder Teilh. eines Kaufhauses in Jerusalem. 1947 Rückkehr nach Deutschland; 1948-53 Ltr. der Rechtsberatungsstelle der JRSO in Nürnberg u. Frankfurt/M., verantwortl. für Wiedergutmachungsangelegenheiten in der ABZ, Mitgr., seit 1955 GenDir. der URO-Dienststellen in Deutschland (BRD) u. in Mitteleuropa, Gr. der Ermittlungsabt. für die Erleichterung von Wiedergutmachungs- u. Schadenersatzansprüchen; wesentl. Einfluß auf Gesetzgebungs- u. Vollzugspol. der Wiedergutmachung. Lebte 1978 in Frankfurt/M.

L: Bentwich, Norman, The United Restitution Organization. 1969. *Qu:* EGL. Publ. Z. - RFJI.

Maybaum, Ignaz, Dr. phil., Rabbiner; geb. 2. März 1897 Wien, gest. 12. März 1976 GB; *V:* Moritz M., Kaufm.; *M:* Josephine, geb. Kohn; ∞ 1926 Frances Schor, 1939 Emigr. GB; *K:* Michael, 1939 Emigr. GB; Elisa Jaffa, 1939 Emigr. GB. *Weg:* 1939 GB.

1915-18 MilDienst k.u.k. Armee (Lt.). Stud. Berlin, 1924 Prom., gleichz. Stud. L(H)WJ Berlin, 1926 Rabbinerexamen; 1926-28 Rabbiner Bingen/Rhein, 1928-36 Frankfurt/O., 1936-39 Jüd. Gde. Berlin, 1934-39 Doz. Jüdische Lehrerbildungsanstalt Berlin. 1939 Emigr. GB mit Familie, Prediger in dt.-sprach. Gde. Hampstead Syn. London, 1941-45 Mitarb. im Hilfsprogramm für Flüchtlingsjugend in GB, 1948-64 Rabbiner in Edgeware u. BezRabbiner reform. Syn. in London, 1964 emeritiert; daneben 1956-75 Doz. für vergleichende Relig-Gesch., Theol. u. Homiletik am Leo Baeck Coll. London, 1957 Gastdoz. Univ. Frankfurt, 1964 Red. *Judaism Today,* ab 1966 Gr. u. Mitred. der Fachzs. für progressives Judentum *European Judaism,* Vertr. einer nichtzion. Auffassung des Judentums. Vors. *Assembly of Ministers of the Reform Syn. of GB,* 1952-54 Vors. *Assn. of Syn. in GB.* Vizepräs. *Leo Baeck Lodge* des *B'nai B'rith,* 1958 Mitgr. *Franz Rosenzweig Soc.,* 1941-76 VorstMitgl. AJR, 1941-76 VorstMitgl. *Soc. of Jew. Studies.*

W: Bibliographie bis 1967 in: European Judaism. Bd. 2, Nr. 1, 1967; Creation and Guilt. A Theological Assessment of Freud's Father-Son Conflict. 1969; Trialogue Between Jew, Christian and Muslim. 1973; Art. über jüd. Themen in dt., brit. u. US-Fachzs. *L:* Lowenthal, E.G., in: Allgemeine Wochenzeitung der Juden in Deutschland, 3. März 1949; Miller, Alan, Ignaz Maybaum at Seventy. In: European Judaism, Bd. 2, Nr. 1, 1967; Weltsch, Robert, Courageous Nonconformist. In: AJR Information, März 1967. *Qu:* Arch. Hand. Pers. Z. - RFJI.

Mayenburg, Ruth von, gesch. Fischer, verehel. Dichtl, Schriftstellerin; geb. 1. Juli 1907 Srbice/Böhmen; Diss.; *V:* Max Heinsius v.M. (1857-1940), Bergwerksdir.; *M:* Lucie, geb. Freiin v. Thümen (1874-1965); *G:* Felicie v. Herder, Maximiliane Hofmann, Wolf v. M.; ∞ I. 1932 Teplitz-Schönau → Ernst Fischer, 1955 gesch.; II. 1964 Wien, Kurt Dichtl-Diemann (geb. 1923); *K:* Dr. Marina Kowalski (geb. 1946), Soziologin; *StA:* österr., 1919 CSR, 1932 österr., 1934 Ausbürg., 1945 österr. *Weg:* 1934 CSR, UdSSR, 1945 Österr.

Schule in Teplitz-Schönau u. Dresden, Abitur; 1929-30 Stud. Architektur TH Dresden, 1930-31 Hochschule für Welthandel Wien, 1932 SDAP, Mitgl. *Sozialistische Jungfront.* Febr. 1934 unmittelbar nach Februarkämpfen in die CSR zur Besorgung falscher Pässe, illeg. Rückkehr nach Wien, erneute Reise in die CSR; Beitritt zur KPÖ. Apr. 1934 mit der ersten Gruppe von Schutzbündlern nach Moskau, Rückkehr nach Prag, Scheinscheidung von Ernst Fischer, 1935-37 Major, 1937-38 Oberst in 4. Abt. des GenStabs der Roten Armee, Deckn. Lena; mehrere längere Aufenthalte in Deutschland u. Reisen in westeurop. Länder zu illeg. Aufklärungsarb., begünstigt durch bes. gesellschaftl. Verb. aufgrund der Herkunft u. aus Schul- u. Stu-

dienzeit in Dresden. 1938 endgültig nach Moskau, bis 1941 unter *Komintern*-Deckn. Ruth Wieden Wohnung im Hotel Lux. 1941 nach dt. Angriff auf UdSSR im Archiv *Komintern*-Presseabt., Okt. Evakuierung nach Ufa, Radiosprecherin am dt.-sprachigen Sender; Jan. 1942 Rückkehr nach Moskau, erneut Tätigkeit im Archiv der *Komintern*-Presseabt. Nach Auflösung der *Komintern* Mai 1943 Abkommandierung durch Pol. Hauptverwaltung der Roten Armee (GlavPURKKA) zur KriegsgefBetreuung im OffzLager bei Elabuga/Tatar. ASSR. Herbst 1943-Anfang 1944 Ltr. einer Frontprop.-Truppe an der weißruss. Front, anschl. Rückkehr nach Moskau, bis Kriegsende Chefred. *Freies Deutschland im Bild* u. der mehrsprachigen Ausgabe der *Front-Illustrierten* der GlavPURKKA. Juli 1945 Rückkehr nach Wien. 1945-50 GenSekr. *Österreichisch-Sowjetische Gesellschaft,* 1950-51 Mitarb. Theater der Skala bei Aufführung russ. Stücke, 1952-61 Autorin und Dramaturgin bei Wien-Film Wien u. Pathé-Film Paris. Anschl. freie Schriftst. Bis etwa 1965 Mitgl. KPÖ. Lebte 1978 in Wien.

W: u.a. Blaues Blut und rote Fahnen. Ein Leben unter vielen Namen (ABiogr.). 1969; Hotel Lux. 1978; zahlr. Drehb. u. Libretti, zahlr. Übers. *L:* Fischer, Erinnerungen; Mayenburg, Blaues Blut; Fischer, Illusion; Vogelmann, Propaganda. *Qu:* ABiogr. Fb. Pers. Publ. - IfZ.

Mayer, Arnold, Gewerkschaftsfunktionär; geb. 19. Juni 1930 Mainz; jüd.; *V:* Fred (Friedrich) M. (geb. 1898 Ober-Olm/Mainz), jüd., Kaufm., 1938 Emigr. USA, Maschinist; *M:* Anna B. Mayer (geb. 1906 Königstaten/Hessen), jüd., 1938 Emigr. USA; ∞ 1959 Vera Waltman (geb. 1931 New York), jüd., LL.B., Tätigkeit in Politik, Konsumentenschutz u. Anti-Poverty Programs; *K:* Anna Sarah (geb. 1967 Washington/D.C.); Emily F. (geb. 1971 Washington/D.C.); *StA:* deutsch, 1943 USA. *Weg:* 1938 USA.

Okt. 1938 Emigr. USA; 1946-47 Fabrikarb., 1947-52 Journ., 1948-57 Public-Relations-Tätigkeit. 1952 B.A. Yale Univ., 1952-53 Journ. bei USIA. Ab 1955 Lobbyist für Metzger-Gewerkschaft der AFL-CIO in Washington/D.C., insbes. im Zusammenhang mit Gesetzesvorlagen zur Geflügelüberprüfung, Fleischbeschau, Landarbeiterreform, Sozialhilfe durch Verbilligung der Lebensmittel (Food Stamp Program). 1971-73 Schriftführer u. Kassierer, dann stellv. Vors. *Consumer Fed. of Am.* Lebte 1975 in Washington/D.C.

Qu: Fb. - RFJI.

Mayer, Bernhard Albert (Bernardo Alberto), Kaufmann; geb. 16. März 1866, gest. Buenos Aires; jüd.; ∞ 1893 Adela Trier; *K:* Carlos J. (geb. 1894, gest.), Kaufm., Präs. u. Dir. Remarex S.A., A: Argent.; *StA:* deutsch. *Weg:* 1941 Argent.

Inh. eines Gold- u. Silberwarengeschäfts in Pforzheim u. Mainz, Kommerzienrat. Ab 1904 VorstMitgl., mehrj. 1. Vorsteher Isr. ReligGde. Mainz, 1926-38 (?) Vors. Landesverband israelitischer Religionsgemeinden Hessens, Förderer des Jüd. Museums Mainz. 1941 Emigr. Argentinien.

L: Feder, Heute. *Qu:* EGL. Pers. Publ. - RFJI.

Mayer, Carl W., Dr. jur., Verleger, Journalist; geb. 20. Dez. 1889 Frankfurt/M., gest. 24. Apr. 1967 Lano Ameno/I; *V:* Rudolf M., Kaufm.; *M:* geb. Salomon; ∞ 1931 Charlotte Bauer (gest. 1960); *StA:* deutsch. *Weg:* 1933 CH; 1934 Österr.; 1938 USA; 1949 Deutschland (BRD).

Stud. Rechtswiss., Lit. u. Musik, 1918-24 Ltr. Bühnenverlag Chronos, anschl. als freier Mitarb. Verf. von Buchbesprechungen für neugegr. *Süddeutsche Rundfunk AG* Stuttgart, ab 1926 Programmltr. u. stellv. Intendant des SDR, Verdienste um Vermittlung zeitgenöss. Lit. (u.a. Sendungen zu Stefan Zweig, Carl Zuckmayer, Ina Seidel, Selma Lagerlöf). Nach Besetzung des SDR durch NatSoz. am 7. März 1933 entlassen, Emigr. in die Schweiz, Regisseur u. Autor bei *Radio Zürich* u. *Radio Basel,* ab 1934 ltd. Position in der Unterhaltungsabt. der RAVAG in Wien. 1938 nach Anschluß Österreichs Flucht in die USA, selbständ. Kaufm. in New York, daneben gelegentl. Mitarb. an dt.-sprach. Sendungen der CBS. 1949 Rückkehr nach Stuttgart, ab 1950 Ltr. des neugegr. Werbefunks des SDR, 1954 bis Ruhestand 1961 Ltr. Hauptabt. Unterhaltung, anschl. freier Mitarb. Lebte zuletzt in Forio d'Ischia/Italien. - *Ausz.:* 1959 BVK 1. Kl., 1963 Goldene Ehrennadel als Pionier des Rundfunks.

Qu: Arch. Hand. - IfZ.

Mayer, Eugen Eliyahu, Dr. jur., Journalist; geb. 4. Juli 1882 Zweibrücken, gest. 27. Dez. 1967 Jerusalem; jüd.; ∞ 1920 Hebe Rachel Bentwich (1893-1973); *K:* 2 S, 1 T. *Weg:* 1933 Pal.

Stud. Rechtswiss. München, Berlin u. Heidelberg, 1910 Prom., Assessor; 1910-14 stellv. Dir. von I.C.A. in Paris, ausgedehnte Reisen nach Rußland für I.C.A.; Kriegsteiln. im 1. WK; 1919-33 Syndikus, Rechtsberater u. VerwLtr. Isr. Gde. Frankfurt/M., gleichz. 1919-33 Red. *Frankfurter Israelitisches Gemeindeblatt,* ab 1919 VorstMitgl. *Gesellschaft für jüdische Volksbildung* Frankfurt/M., Art. über Frankfurt in *Encyclopaedia Judaica,* enger Kontakt zu Franz Rosenzweig u. Karl Wolfskehl. 1933 Emigr. Palästina, 1934-35 VerwBerater in Jerusalem, 1943-58 Mitgl. VerwKomitee von *Vaad haLashon haIvrit* (Org. zur Förderung der hebr. Sprache), 1943-57 Feuilletonist u. Wirtschaftsred. *Jerusalem Post*; unterstützte Bemühungen zur Errichtung eines Denkmals zur Erinnerung der im Holokaust umgek. Frankfurter Juden; Förderer des LBI Jerusalem.

W: A German-Jewish Miscellany. In: LBI Yearbook, III, 1958; Zehn Briefe Franz Rosenzweigs, mitgeteilt von Eugen Mayer. In: Bulletin LBI, 1960; Sendboten aus dem Heiligen Land. Zur Geschichte der Chaluka in Deutschland. In: Bulletin LBI, 1966; Die Frankfurter Juden. Blicke in die Vergangenheit. 1966; An Ecumenical Experiment. In: LBI Yearbook XIII, 1968; Beiträge in MB u.a. jüd. u. allg. Zs. in Israel u.a. Ländern. *L:* Salzberger, Georg, Die Gesellschaft für jüdische Volksbildung in Frankfurt/M. In: Bulletin LBI, 1967; Weltsch, Robert, Introduction. In: LBI Yearbook XIII, 1968. *Qu:* Arch. Hand. Publ. Z. - RFJI.

Mayer, Karl Leopold Moritz, Dr. jur., Verwaltungsbeamter, Schriftsteller; geb. 9. Okt. 1880 Berlin, gest. 5. Juni 1965 Baden-Baden; jüd., 1904 Diss.; *V:* Adolph M. (geb. 1848 Oberwesel/Rhein, gest. 1906 Berlin), jüd., Weinhändler; *M:* Marie, geb. Gottschalk (geb. 1854 Düsseldorf, gest. 1929 Nowawes b. Potsdam), jüd.; *G:* Paul (geb. 1882 Berlin), Kaufm., Emigr. NL, USA; ∞ 1904 Charlotte Pitsch (geb. 1882, gest. 1956 Montevideo), jüd., 1904 Diss., Emigr. Urug.; *K:* Helmut Wolfgang (geb. 1905), Kaufm., 1936 Emigr. Urug., Wollexporteur; Thomas (geb. 1907), Dirigent, 1933 Emigr. CSR, 1938 Argent., 1947 USA, CDN, A: Österr.; *StA:* deutsch, Okt. 1941 Ausbürg., 1951 deutsch. *Weg:* 1939 Urug.; 1957 Deutschland (BRD).

1898-1901 Stud. Rechtswiss. Bonn, München, Berlin, 1902 Prom. Leipzig. 1902-03 MilDienst als Einj.-Freiw., anschl. jur. Vorbereitungsdienst. Ab 1899 zahlr. Buch- u. ZsVeröffentl., vor allem Lyrik, Novellen, Schauspiele. 1909-13 Hilfsrichter Berlin, 1913 Amtsrichter Charlottenburg, 1914-16 Kriegsdienst (OffzStellv., EK II), 1916-19 bei Kreisverw. Teltow., ab Dez. 1919 RegRat bei der Reg. in Potsdam, ab 1926 ORegRat Polizeipräs. Berlin, ab März 1928 RegVizepräs. Potsdam. März 1933 Versetzung in einstweil. Ruhestand, Aug. 1933 endgültige Pensionierung, bis Jan. 1941 Ruhegehaltsbezüge. Nov. 1938 Haft, Mai 1939 Emigr. Montevideo. Lit. Vorträge, schriftst. Tätigkeit. 1944-57 freier Mitarb. *Argentinisches Tageblatt* Buenos Aires. Ab 1957 als freier Schriftst. in Baden-Baden. - *Ausz.:* 1920 Verdienstkreuz; BVK.

W: u.a. Im Waffenrock (L). 1904; Von Helden, Bettlern und Christus. 1910; Bismarck in deutscher Dichtung (Anthol.). 1913; Potsdamer Miniaturen. 1922; Die Heilige Nacht (S). 1930; Der Dichter Tschang-Tsi. 1932. *D:* Priv. *Qu:* Pers. Publ. - IfZ.

Mayer, Peter, Partei- u. Gewerkschaftsfunktionär; geb. 21. Juli 1885 Nagy-Szent-Miklos/H; kath., Diss.; ∞ Anna Maria Schnurr (geb. 1890), kath., Emigr.; *K:* 2 T; *StA:* H, 1921 deutsch, Ausbürg. *Weg:* 1933 F.

Schriftsetzer, 7 Semester Stud. Rechts- u. Staatswiss., ab 1911 in Freiburg/Br.; Kriegsteiln.; ab 1922 örtl. SPD-Vors. u. Parteisekr. für Oberbaden, GewVors., StadtVO., Mitgr. u. Vors. Volkshochschule Freiburg. März 1933 Emigr. Mühlhausen/Elsaß.

W: Agrarwiss. Beiträge in Zs. *Qu:* Arch. Hand. - IfZ.

Mayr, Hubert, Parteifunktionär; geb. 28. Nov. 1913 Innsbruck; kath.; *V:* Karl M., Landesoberforstwart; *M:* Maria, geb. Rantner (gest. 1915); ∞ Ehefrau Spanierin, nach dem Bürgerkrieg 1939 in F interniert; *K:* 1; *StA:* österr. *Weg:* 1936 (?) E; 1939 (?) F; Mex. (?).

1928-32 Gärtnerlehre in Andernach/Rheinl.; GewMitgl., aktiv in sozdem. Jugendbewegung. Anschl. in Innsbruck, Mitgl. SDAP u. *Republikanischer Schutzbund,* Mitgl. Österreichische Baugewerkschaft. Ab 1934 führender illeg. Funktionär der RSÖ in Tirol, Deckn. Leitner, vermutl. aus Tarnungsgründen MitglAnwärter des kath. *Bruder-Willram-Bundes.* Ende Mai 1936 Verhaftung in Alpbach/Tirol, Juli 1936 Urteil 3 Mon. Arrest. Anschl. nach Spanien, Teiln. Span. Bürgerkrieg innerhalb der Internat. Brigaden. Sommer 1938 neben → Rudi Friemel Mitgl. u. erster Vors. *Grupo de Socialistas Alemanes y Austriacos Unidos en España.* Sept.-Dez. 1938 Lazarettaufenthalt, anschl. Frankr., Jan. 1939 Internierung im Lager Gurs. Frühj. 1939 heftige briefl. Auseinandersetzungen mit AVÖS in Paris, die sich gegen ZusArb. der Gruppe mit KPÖ- u. KPD-Vertr. wandten. Kündigte 1939 Emigr. nach Mexiko an.

Qu: Arch. - IfZ.

Mayr, Karl, Offizier; geb. 5. Jan. 1883 Mindelheim/Schwaben, umgek. 9. Febr. 1945 KL Buchenwald; *V:* Richter; *StA:* deutsch. *Weg:* 1933 F; 1940 Deutschland.

1901 Eintritt in 1. Bayer. InfRgt., im 1. WK Truppen- u. Stabsdienst, Hptm. im Generalstab; 1919-20 als Ltr. Abt. Ib (Aufklärung u. Prop.) beim Reichswehrgruppenkommando in München Vorgesetzter Adolf Hitlers, der auf M.s Anordnung der *Deutschen Arbeiter-Partei* beitrat. Völkisch-antisemit. Haltung, Sympathisant des Kapp-Putschs, 1920 Ausscheiden aus der Reichswehr als sog. Charaktermajor. Später Eintritt in SPD u. *Reichsbanner,* RedMitgl. *Das Reichsbanner,* prominenter Redner, ab 1926 VorstMitgl. *Reichskartell Republik* zur Förderung des Kleinkaliber-„Sports". Konflikte mit radikal-pazifistischer Linken, Förderer der deutsch-franz. Verständigung auf der Grundlage des gemeins. Fronterlebnisses, Versuche zum Aufbau einer Abwehrfront gegen NSDAP auch innerh. des rechten pol. Spektrums durch persönl. Kontakte zu Stahlhelm-Führern u. zu Ernst Röhm, strikter Gegner einer ZusArb. mit KPD, die ebenso wie pazifist. Kreise scharfe Angriffe gegen ihn richtete (u.a. KPD-Broschüre *Geheimverhandlungen zwischen Nazi-Röhm und Reichsbanner-Mayr.* 1932). Jan. 1933 Flucht nach Paris, publizist. tätig. 1940 Festnahme durch Gestapo, Haft in Prinz-Albrecht-Straße Berlin u. KL Sachsenhausen, 1941 angebl. durch Intrigen der KPD-Lagerorg. nach Buchenwald verlegt, dort in Außenkommando bei alliiertem Bombenangriff umgekommen.

W: u.a. Die Maske herunter. Wer Hitler wählt, wählt den Krieg. O.J.; I Was Hitler's Boss (an.). In: Current History, Nov. 1941. *L:* u.a. VHZ 7/1959, H. 2; Rohe, Reichsbanner; Maser, Werner, Adolf Hitler. 1971. *Qu:* Arch. Publ. - IfZ.

Meerapfel, Ernst, Kommunalpolitiker; geb. 1. Sept. 1885 Untergrombach/Baden; ∞ verh.; *K:* Lina (geb. 1924), Klara (geb. 1924); *StA:* deutsch, 3. Juli 1939 Ausbürg. *Weg:* 1939 GB.

Polizei-OLt. a. D., SPD-Stadtrat in Heidelberg, Aug. 1939 Emigr. nach GB, Mitgl. SPD London.

Qu: Arch. - IfZ.

Meinhardt, William (Wilhelm), Dr. jur., Industrieller, Industrieanwalt; geb. 29. Aug. 1872 Schwedt a.d. Oder, gest. 31. Mai 1955 London; jüd.; *V:* Simon M., Tabakfabrikant; *M:* Ida, geb. Goldstein; ∞ Eva Frenkel; *K:* Dr. jur. Peter M. (geb. 1903), A: CH; Lotte (geb. 1907); *StA:* deutsch, Ausbürg. (?). *Weg:* 1933 GB.

Stud. Rechtswiss. Freiburg u. Berlin, 1894 Referendar, 1899 Assessor, anschl. RA u. Notar in Berlin, vornehmlich mit Patentrechtsfragen auf dem Gebiet der Elektrotechnik befaßt. Ab 1914 VorstMitgl. Auer-Gesellschaft Deutsche Gasglühlicht-AG, maßgebl. an Fusion der dt. Glühlampenindustrie beteiligt; ab 1919 Vors. des Direktoriums der neugegr. Osram GmbH in Berlin. 1924 Initiator General Patent and Development Agreement (internat. Abkommen der Glühlampenindustrie über Standardisierung u. Qualitätskontrolle). Hauptausschußmitgl. *Reichsverband der Deutschen Industrie,* VorstMitgl. des *Zentralverbands der Deutschen elektrotechnischen Industrie* sowie des *Vereins Berliner Kaufleute und Industrieller,* Ausschußmitgl. Internationale Handelskammer, Mitgl. der Industrie- und Handelskammer Berlin u. Rechtsausschuß u. Ausschuß für Geld- und Bankwesen des Deutschen Industrie- und Handelstags. Mitgl. u. Vors. des AR u.a. Hotelbetriebs-AG Berlin, Darmstädter und Nationalbank KG, Vereinigte Lausitzer Glaswerke AG, Wolfram-Lampen AG Augsburg, Charlottenburger Wasser- und Industriewerke AG. Mitgl. *Deutsche Gesellschaft 1914.* Emigrierte 1933 nach London. Mitgl. AJR. – *Ausz.:* Dr. ing. h.c. der TH Aachen.

W: u.a. Entwicklung und Aufbau der Glühlampenindustrie. 1932. *L:* Kaznelson, Siegmund, Juden im Deutschen Kulturbereich. 1962. *Qu:* Arch. Hand. Publ. Z. – IfZ.

Meinl, Julius, Unternehmer; geb. 14. Febr. 1903 Wien; *V:* Julius M. (1869–1944), Inh. internat. Kaffee-Konzern, Kommerzialrat, dän. GenKonsul; *M:* Emmy, geb. Schörner; ∞ 1929 Hansi Winterstein; *K:* Julius (geb. 1930), Thomas (geb. 1935); *StA:* österr., 1947 brit. *Weg:* 1938 GB; 1948 Österr.

Stud. Agronomie in Wien, 1922–24 kaufm. Ausbildung in Handelsfirmen u. Privatbanken in GB, anschl. Eintritt in väterl. Unternehmen, ab 1925 VerwRat, 1936–38 Vizepräs. des AR. 1938 über Jugoslawien Emigr. nach London. Sept. 1938 als Repräsentant des liberalen Bürgertums Mitgl. des neugegr. *Council of Austrians in Great Britain* (→ Walter Schiff); Ende 1940 Exponent des als offizielle österr. Exilvertr. geplanten, von den brit. Behörden jedoch nicht anerkannten *Austria Office* (→ Georg Lelewer u. → Heinrich Allina). 1941 zus. mit → Emil Müller-Sturmheim Gr. u. Vors. *Austrian Democratic Union* (ADU [Exekutivmitgl. u. maßgebl. Vertr. → Paul Abel, Dr. Viktor Bloch, → Martin Bunzl, Foster-Friedenstein]). Dez. 1941 Mitunterz. *Deklaration österreichischer Vereinigungen in Großbritannien.* Anfang 1942 Beitritt der ADU zum *Free Austrian Movement* (FAM). 1942 als Vertr. des *Austrian National Committee* in New York unter → Hans Rott u. → Guido Zernatto vorgeschlagen. Juni 1943 Mitgr. der österr. Sektion der *New Commonwealth Society of Justice and Peace.* Juli 1943 Austritt der ADU aus dem FAM aufgrund des kommunist. Übergewichts innerhalb des FAM. Nach Verhandlungen mit dem *Londoner Büro der österreichischen Sozialisten in Großbritannien* Nov. 1943 zus. mit E. Müller-Sturmheim Vertr. des liberalen Bürgertums innerhalb des *Austrian Representative Committee* (ARC) unter → Franz Novy, vertrat als Nachkriegskonzeption für Österr. einen Wiederaufbau im Rahmen eines demokrat. kontrollierten, antimonopolist. Kapitalismus. Juli 1944 Mitgl. des provis. Exekutivkomitees der neugegr. *Anglo-Austrian Democratic Society* (→ Friedrich Scheu). 1948 Rückkehr nach Wien; AR-Präs. Julius-Meinl AG u. Ltr. des ges. Konzerns. Ehrenmitgl. *Vereinigung österreichischer Industrieller,* Kuratoriumsmitgl. Österreichisches Wirtschaftsforschungsinstitut u. ständiger Beirat Schweizerischer Bankverein Basel. Lebte 1978 in Wien.

W: u.a. Austria – a European Factor. In: Democratic Conscience. A Report of the Austrian Democratic Union to its Members and Friends, London 1942. *L:* Maimann, Politik; ISÖE. *Qu:* Arch. Hand. Publ. Z. – IfZ.

Meisel, Josef, Parteifunktionär; geb. 18. Apr. 1911 Waag Neustadtl/Slowakei; Diss.; *V:* Jakob M. (geb. 1876), Tischlermeister, 1934 oder 1935 Emigr. UdSSR, 1937 Rückkehr Österr., 1938 Verhaftung, Ausbürg., Landesverweisung, Internierung in der CSR, 1939 UdSSR, dort verhaftet u. verschollen; *M:* Frieda, geb. Brod (1875-1925), Näherin; *G:* Alexander (geb. 1904, umgek. 1942 KL Sachsenhausen), Journ., 1938 Verhaftung, 1939 auf ausländ. Intervention freigelassen, nach CSR-Besetzung 1939-42 KL Sachsenhausen; Paul (geb. 1909, umgek. 1943 KL Auschwitz), KPÖ. 1935 Emigr. UdSSR, 1937 Verhaftung, 1938 Ausweisung, Gestapo-Haft, bis 1943 KL Buchenwald u. Auschwitz, umgek.; Stiefbruder (geb. 1928), mit Mutter (2. Ehefrau des Vaters) 1939/40 nach Besetzung der CSR verschollen; ∞ 1947 Maria Kabran, jüd. Abstammung, im Dritten Reich verfolgt; *K:* Peter (geb. 1948), DiplTechniker; Walter (geb. 1950), Maschinenbauer; *StA:* österr. *Weg:* 1934 CSR, UdSSR; 1936 Österr.; 1938 E; 1939 F, B; 1940 F; 1943 Deutschland (Österr.); 1945 UdSSR, Österr.

1925–28 Tischlerlehre, Mitgl. KJVÖ, ab 1929 Funktionen in KPÖ Wien. 1934 Teiln. an den Februarkämpfen, anschl. Emigr. CSR, Verhaftung, Ausweisung in die UdSSR. 1934–36 Lenin-Schule Moskau. Sommer 1936 im Parteiauftrag illeg. Rückkehr nach Wien, Okt. 1936 Verhaftung, KL Wöllersdorf, Febr. 1938 Befreiung durch Schuschnigg-Amnestie. Ende Apr. 1938 Flucht nach Spanien, Teiln. Span. Bürgerkrieg, Kaderkommandant Edgar-André-Btl. der XI. Internat. Brigade, Jan. 1939 beim zweiten Einsatz der Internat. Brigaden Parteiverantwortl. des österr. Btl.; Febr. 1939 illeg. nach Frankr., Apr. 1939 Belgien. Mai 1940 Verhaftung u. Transport nach Südfrankr., Internierung in St. Cyprien, Juli 1940 Flucht, bis Ende 1940 als Holzfäller u. Kohlenbrenner in den Pyrenäen. Ab Anfang 1941 illeg. Arbeit innerhalb der TA in der franz. Résistance, 1942–43 interregionaler Instruktor für Südwestfrankr. in Bordeaux. Febr. 1943 als franz. Fremdarb. Raymond Mesmer Rückkehr nach Wien, Arbeit in Großtischlerei, Versuch des Aufbaus einer neuen illeg. KPÖ-Ltg.; Mai 1943 Verhaftung, Febr. 1944 KL Auschwitz, Mitgl. der Ltg. der illeg. Lagerorg.; Juli 1944 abenteuerl. Flucht aus KL, Aufenthalt bei poln. Partisanen in der Gegend von Krakau, konnte sich Anfang 1945 zur sowj. Armee durchschlagen. Jan.–Aug. 1945 Lehrer Antifa-Schule Krasnogorsk. Sept. 1945 Rückkehr nach Wien. Ende 1945 Wahlkreissekr. KPÖ in Wiener Neustadt. 1946–69 Mitgl. ZK der KPÖ. 1946–64 Landessekr. Niederösterr. der KPÖ, 1964–69 Verantwortl. für Presseadministration. 1970 im Gefolge der Auseinandersetzungen um Intervention der Warschauer-Pakt-Staaten in der CSSR Parteiausschluß. Seitdem geschäftsf. Obmann *Verein Wiener Tagebuch* (→ Franz Marek), LtgMitgl. der *Fraktion Gewerkschaftliche Einheit* im ÖGB. Lebte 1978 in Wien.

L: Mayenburg, Blaues Blut; Spiegel, Résistance; DBMOI; Vogelmann, Propaganda; Widerstand 1; Tidl, Studenten. *D:* DÖW. *Qu:* Arch. Pers. Publ. – IfZ.

Meiselmann, Dori (Peter, Isidor), Partei- u. Gewerkschaftsfunktionär; geb. 8. Aug. 1914 Stanislau/Galizien; *StA:* österr. *Weg:* 1938 (?) B.

Handelsangest., Mitgl. KPÖ. 1934 nach den Februarkämpfen illeg. GewFunktionär. Sept. 1935 Verhaftung, 6 Wochen Arrest. Vermutl. 1938 Emigr. Belgien. Nach dt. Besetzung Belgiens Mitgl. der Ltg. der TA in der belg. Résistance, zeitw. pol. Verantwortl.; Herbst 1943 von den übrigen LtgMitgl. der Führungsposition enthoben (Nachf. → Gerhard Paul Herrnstadt), blieb weiterhin LtgMitgl. Kurzfristig verhaftet, Durchgangslager Mechelen (Malines), wurde nicht dep. – 1945 Mitgr. u. Sekr. *Front National Autrichien,* Groupe Belgique, Anschluß an *Free Austrian World Movement* London.

Qu: Arch. – IfZ.

Meisl (urspr. Meisel), **Joseph,** Dr. jur., Dr. phil., Verbandsfunktionär, Archivar; geb. 30. Mai 1882 Brünn/Mähren, gest. 4. März 1958 Jerusalem; jüd.; ∞ verh. *Weg:* 1934 Pal.

488 Melchior

1904-06 Mitarb. zion. Zs. *Unsere Hoffnung,* Stud. Wien, Prom. Berlin. Ab 1908 Sekr., 1915-34 GenSekr. u. VerwFachmann Jüd. Gde. Berlin; Beiträge in *Der Jude;* 1927-30 Mithg. *Jüdisches Lexikon.* 1931-34 Ltr. Bibliothek der Jüd. Gde. Berlin; 1934 Emigr. Palästina; 1939 Gr. u. bis 1957 Dir. Gen. Jew. Hist. Arch. Jerusalem (später Central Arch. for the Hist. of the Jew. People), Verdienste um Überführung von archival. Materialien von Einzelpersonen u. jüd. Gden. in Mittel- u. Osteuropa in das Arch. in Jerusalem, paläograph. Arbeiten an alten jüd. Grabsteinen auf dem Ölberg.

W: Die Juden im Zartum Polen. 1916; Heinrich Graetz, eine Würdigung des Historikers und Juden. 1917; Haskalah, Geschichte der Aufklärungsbewegung unter den Juden in Rußland. 1919; Geschichte der Juden in Polen und Rußland. 4 Bde. 1921-25; Die Durchführung des Artikel 44 des Berliner Vertrages in Rumänien und die europäische Diplomatie. 1925; Festschrift zu S. Dubnows Siebzigstem Geburtstag. (Mitverf.) 1930; Das älteste Protokollbuch der Jüdischen Gemeinde zu Berlin. 1935; Eleh Toledoth Keren Mazkereth haSar Mosheh Montefiore. (Geschichte des Fonds zum Andenken an Sir Moses Montefiore) 1939; S. P. Rabinowitz. (hebr.) 1943; Protokollbuch der Jüdischen Gemeinde Berlin 1723-1854. (posthum) 1962 (Hebr. Übers.: Pinkas Kehillat Berlin. 1936, 1962); zahlr. Beiträge u.a. in *Monatsschrift für Geschichte und Wissenschaft des Judentums.* *L:* Wininger S., Große Jüdische National-Biographie. 1930; Federbusch, Hokhmat; UJE; EJ. *D:* Central Arch. for the Hist. of the Jew. People. *Qu:* Hand. Publ. Z. - RFJI.

Melchior, Bent, Rabbiner; geb. 24. Juni 1929 Beuthen/Oberschlesien; *V:* → Marcus Lazarus Melchior; *G:* Werner David (geb. 1922 Tarnowskie Gory/PL), 1934 Emigr. DK, Journ.; Arne (geb. 1924 Kopenhagen), Politiker, Unternehmer; Hilde Schwarz (geb. 1927 Beuthen), 1934 Emigr. DK, Lehrerin; Poul (geb. 1938 Kopenhagen), M.A., stellv. Dir. Kefar Batjah-Schule in IL; Birthe Rabiyoff (geb. 1944 Malmö/S), Sozialfürsorgerin in IL; ∞ 1951 Lilian Weissdorff (geb. 1931 Kopenhagen); *K:* Michael (geb. 1954), Rabbiner in IL; John (geb. 1956), Reisebüroangest.; Alan (geb. 1962); Kim (geb. 1966); *StA:* DK. *Weg:* 1934 DK, 1943 S, 1945 DK.

Jan. 1934 Emigr. Dänemark mit Eltern, Okt. 1943 Flucht nach Schweden, Besuch einer dän. Schule, Mai 1945 Rückkehr nach Dänemark mit Familie. 1947-50 Stud. Univ. Kopenhagen, 1945-47 Vors. *Misrachi-*Jugendgruppe. 1948-49 in Israel Freiw. IDF. 1949-58 Lehrer der Jüd. Gde. Kopenhagen, 1950-53 Sekr. *Zionistische Vereinigung.* 1949-53 Stud. Rechtswiss., 1949-55 Red. Monatsschrift *Israel.* 1958-63 Stud. Jew's Coll. London, 1962 Predigerdipl. (Minister), 1963 Rabbinerexamen. Ab 1963 Rabbiner Jüd. Gde. Kopenhagen, ab 1970 als Nachf. des Vaters Oberrabiner von Dänemark. Zugl. 1971 Doz. Univ. Kopenhagen, 1970 Vizepräs. *World Council of Syn.,* 1975 Vizepräs. *Internat. Assn. for the Prevention of Suicide,* 1968-70 Präs. *Keren Hayessod* u. *Misrachi* Dänemark, 1974-78 Vizepräs., ab 1978 Präs. *B'nai B'rith,* Mitgl. dän. Kirchenausschuß für Vietnam u. *Amnesty International.* Lebte 1978 in Kopenhagen.

W: Begyndelsen. 1976; Jødedommen - en tekstcollage. 1977; Første Mosebog oversat til danks. 1977; Anden Mosebog oversat til dansk. 1978. *Qu:* Fb. Hand. Pers. Publ. - RFJI.

Melchior, Marcus Lazarus, Dr. phil., Rabbiner; geb. 26. Mai 1897 Fredericia/DK, gest. 22. Dez. 1969 Hamburg; *V:* Arnold M. (geb. 1857 Kopenhagen, gest. 1922 Kopenhagen), jüd., Fabrikant, Red. eine Börsenztg.; *M:* Bertha Thora, geb. Wallach (geb. 1863 Faaborg/DK, gest. 1942 Kopenhagen); *G:* Ludwig (geb. 1899 Kopenhagen), 1919 Emigr. USA; 4 Halbgeschwister; ∞ Meta, geb. Schornstein (geb. 1901 Leitmeritz/Böhmen), Sekr., Fürsorgerin, 1934 Emigr. DK; *K:* → Bent Melchior; *StA:* DK. *Weg:* 1934 DK, 1943 S, 1945 DK.

1915-21 Stud. Berlin u. Königsberg, 1921 Prom. Königsberg, zugl. 1915-21 Stud. Hildesheimer Rabbinerseminar Berlin, 1921 Rabbinerexamen, 1922-23 Rabbiner in Tarnowitz/Oberschlesien, 1923-25 Ltr. jüd. Knabenschule Mosaisk Drengeskole Kopenhagen, 1924-34 Rabbiner u. ReligLehrer SynGde. Beuthen/Oberschlesien, gleichz. VorstMitgl. *Oberschlesischer Rabbinerverband,* 1922 (1925 ?) - 1934 Mitgl. *Traditionell-gesetzestreuer Rabbinerverband Deutschlands,* Mitgl. B'nai B'rith-Loge Beuthen, 1929 Mitgl. zionistische Ortsgruppe, Ortsvors. *Misrachi.* Jan. 1934 Emigr. Dänemark mit Familie als dän. Staatsbürger, 1934-43 Ltr. Talmud-Thorah-Schule der Jüd. Gde., 1934-40 Gastvorträge bei nicht-jüd. Org. über Judentum u. Antisemitismus, Journ.; 1941-43 Stud. Rechtswiss. Univ. Kopenhagen, Okt. 1943 Beteiligung an Rettungsaktion für dän. Juden, Flucht nach Schweden, Okt. 1943-Mai 1945 in Schweden, relig. Betreuung dän.-jüd. Flüchtlinge. Mai 1945 Rückkehr nach Kopenhagen, 1945-47 Ltr. Talmud-Thorah-Schule u. SchriftLtr. der GdeZtg. *Jødisk Samfund.* 1947-69 als Nachf. von Dr. M. Friediger Oberrabbiner von Dänemark. Präs. Ortsloge *B'nai B'rith,* ehrenamtl. Vizepräs. *World Council of Syn.,* Mitgl. *Europäischer Rabbinerverband.* Starb auf der Reise zu einem Sanatoriumsaufenthalt. - *Ausz.:* 1958 dän. Ritterkreuz, 1967 Ritterkreuz 1. Kl., 1958 BVK 1. Kl., 1965 Gr. BVK.

W: Man siger, at jøderne. 1936; Den jødiske tro. 1950; Hagada schel pesach. 1951; Jødedommen i vor tid. 1957; Scholom Aleichems Mae Ikemanden Tewje. (Übers.) 1961; En jødedommens historie. 1962; Levet og oplevet. Erindringen. (ABiogr.) 1966 (dt. Übers.: Gelebt und erlebt. Ein Erinnerungsbuch. 1968; engl. Übers.: A Rabbi Remembers. 1968); Tænkt og talt. 1967; De danske jøders redning. 1968; zahlr. Art. u. Aufsätze in Zs. u.a. Publ. *L:* Marcus Melchior. En Mindebog. 1970 (Gedächtnisausg. mit Abdruck seiner Aufsätze u. Art.); Stern, Werke; E.J. *Qu:* Arch. Hand. Pers. Publ. Z. - RFJI.

Melis, Ernst Wilhelm, Parteifunktionär; geb. 5. März 1909 Kassel; *V:* Wilhelm Konrad M.; *M:* Maria, geb. Nolle; ∞ Reina; *Weg:* 1932 CSR; 1934 UdSSR; 1937 (?) F; 1945 Deutschland (SBZ).

Dreher, KJVD-Funktionär, zeitw. Kassierer für KPD-Bez. Hessen-Waldeck, Sept./Okt. 1928 KJVD-Schule Rosa Luxemburg, Dresden, Mitarb. MilApp.; Ermittlungsverfahren wegen Vorbereitung zum Hochverrat, Dez. 1932 Flucht in die CSR, 1933-34 angebl. illeg. Tätigkeit in Deutschland, Juni 1934 UdSSR, Lenin-Schule der *Komintern,* dann nach Frankr. Ab 1937 stellv. Chefred. *Deutsche Volkszeitung* Paris-Prag-Brüssel; nach Kriegsbeginn Illegalität, ab Sept. 1943 PropLtr. des KFDW Lyon, Red. *Soldat am Mittelmeer,* nach Befreiung von Paris Mitgl. u. Beauftragter CALPO. 1945 Rückkehr, 1946-50 Doz. SED-Parteihochschule Karl Marx in Liebenwalde bzw. ab 1948 Kleinmachnow, 1950 hauptamtl. Parteisekr. ebd., ab 1951 RedSekr. u. später stellv. Chefred. des theoret. SED-Organs *Einheit,* 1954-58 Kand. u. ab 1958 Mitgl. Zentrale Revisionskommission der SED. Lebte 1976 in Berlin (Ost). - *Ausz.:* u.a. 1955 VVO (Silber), 1969 VVO (Gold).

L: Mewis, Auftrag; Schaul, Résistance; Pech, Résistance; Dahlem, Vorabend. *Qu:* Arch. Hand. Publ. Z. - IfZ.

Mende, Dietrich Erich, Dr., Ministerialbeamter, Publizist; geb. 15. Apr. 1899 Guben/Brandenburg; *V:* Albert M., Richter; *M:* Dora, geb. Lesser; ∞ 1942 Wendy James; *StA:* deutsch. *Weg:* 1937 GB; 1951 Deutschland (BRD).

Stud. Berlin, Heidelberg, München, Würzburg u. TH Berlin, 1925-28 Ltr. Amt für Presse- und Öffentlichkeitsarbeit und Statistik in Harburg/Elbe, 1928-29 Chefred. *Die Hilfe,* ab 1929 persönl. Ref. des preuß. Finanzmin., ab 1930 OFinanzrat u. Presseref., Aug. 1933 Versetzung zur preuß. Bau- u. Finanzdirektion, dann Tätigkeit bei Berliner VerwGericht. 1935 Ausscheiden aus dem Staatsdienst, Stud. in Italien, 1936-37 illeg. Tätigkeit in Berlin, Emigr. nach GB, ab 1945 journ. u. wiss. Tätigkeit; ab 1942 Chefred. von brit. Informationsmin. hg. dt.-sprachigen Wochenblatts *Die Zeitung* (→ Johannes Lothar, → Sebastian Haffner), das nach dem Vorbild der *Frankfurter Zeitung* gestaltet war u. vor allem der Gegenpropaganda unter Auslandsdeutschen – zunächst bewußt ohne Mitwirkung der dt. pol. Exilgruppen – dienen sollte. 1946-51 Assist. in der wiss. Abt. des Foreign Office, Rückkehr nach Frankfurt/M., 1952 Mitgr. u. bis 1955 AbtLtr. Institut für Europäische Politik

und Wirtschaft Frankfurt, 1955-56 Sekr. *Deutsche Gesellschaft für Auswärtige Politik* Bonn, dann Mitarb. ihres Forschungsinstituts u. Mithg. der Jahrbücher *Die internationale Politik.* Lebte 1976 in Lamberhurst/Kent.
W: zahlr. ZsBeiträge, u.a. in *Europa-Archiv. L:* Röder, Großbritannien. *Qu:* EGL. Hand. Publ. - IfZ.

Mendelsohn, Kurt Yonah, Dr. phil., Wirtschaftsexperte; geb. 8. Jan. 1902 Breslau, gest. Juli 1973 IL; jüd.; *V:* Nathan M. (geb. 1894, gest. 1933 Breslau), jüd., Arzt; *M:* Elfriede, geb. Goldstein (geb. Beuthen, umgek. 1943 [?] KL Auschwitz), jüd.; *G:* Erich (geb. 1898 Breslau, gest. 1938 Paris), jüd., Mitgl. *Blau-Weiß,* Geschäftsf. einer pharmazeut. Firma, vor 1933 nach F; Cilla Hecht (geb. 1900 Breslau), Kindergärtnerin, Emigr. AUS; ∞ 1928 Jenny Hanemann (geb. 1903 Memel/Ostpreußen), Stud. Lehrerinnenseminar; *K:* Gabriel (geb. 1929, höhere Schule, Landwirt im Kibb. Hulatah/IL; Cecile (Adoptivtochter, geb. 1936 Paris), Tochter des Bruders Erich M.; *StA:* deutsch, 1941 Pal./IL. *Weg:* 1933 NL, 1938 Pal.
1922 Prom. Heidelberg, Mitgl. zion. Jugendbewegung, wiss. Mitarb. Forschungsstelle für Wirtschaftspolitik Berlin, Doz. Deutsche Hochschule für Politik Berlin. 1933 Emigr. Niederlande, Mitgr. u. Schriftf. *Het Werkdorp* (Umschulungszentrum für jüd. Emigranten). 1938 nach Palästina, 1938-48 Mitgl. Wirtschaftsabt. *Jew. Agency* Tel Aviv, zugl. Wirtschaftsberater Anglo-Palestine-Bank (später Bank Leumi). 1948-58 im isr. Finanzmin., zunächst Ltr. Zollabt., dann Ausschuß für Staatseinkünfte, Teiln. an Verhandlungen über Wiedergutmachungsabkommen mit Deutschland (BRD). 1957-73 Ltr. Zweigstelle Tel Aviv der Wirtschaftsberaterfirma Robert R. Nathan and Assoc. Washington/D.C. Zeitw. Vors. Österr.-Israel. Handelskammer, Ltr. Austral.-Isr. Handelskammer.
W: Handbuch der öffentlichen Wirtschaft. (Mithg.) 1930; Emile Vandervelde, Schaffendes Palästina. (Übers.) 1930; Kapitalistisches Wirtschaftssystem oder Sozialistische Planwirtschaft? 1932; The Balance of Resettlements. A Plan for Palestine. 1939. *Qu:* Fb. Hand. HGR. - RFJI.

Mendelson, John Jakob, Politiker; geb. 1917; *StA:* brit. *Weg:* GB.
Emigr. GB, B.Sc. Wirtschaftswiss. Univ. London. 1949-59 Doz. für Wirtschaftswiss. u. öffentl. Verw. Univ. Sheffield. Seit 1959 M.P. *Labour Party* für den Wahlkreis Penistone, West Riding/Yorkshire, 1964-66 Mitgl. *Public Accounts Committee,* ab 1973 Mitgl. Mr. Speaker's Conf. u. der Beratenden Versammlung des Europarats. Vizepräs. Sheffield Trades and Labour Council.
W: The History of the Sheffield Trades and Labour Council. (Mitverf.); The Growth of Parliamentary Scrutiny. (Mitverf.) 1970. *Qu:* Hand. Publ. - RFJI.

Mendelssohn, Heinrich, Unternehmer; geb. 21. Febr. 1881 Posen, gest. 7. Aug. 1959 Genf; jüd.; ∞ Hilly Bauerschmidt. *Weg:* GB; 1946 (?) Deutschland (Berlin).
Gr. eines Bauunternehmens, das sich noch vor dem 1. WK zu einem der führenden in Berlin entwickelte, erschloß u. erbaute zahlr. Wohnviertel. Konsul von Bolivien. Vermutl. nach natsoz. Machtergreifung Emigr. GB, Tätigkeit als Bauberater. Nach Kriegsende Rückkehr nach Berlin, erneut Bauunternehmer.
Qu: Arch. EGL. Hand.-IfZ.

Mendler, Avraham (Albert), Ingenieur, Offizier; geb. 1929 Linz/Oberösterr., gef. Okt. 1973 Sinai-Halbinsel; ∞ verh.; *K:* 2; *StA:* IL. *Weg:* 1940 Pal.
Schulbesuch in Österr., 1940 Emigr. Pal., Mitgl. *Haganah.* Ausbildung als Ing. Ab 1948 Dienst in IDF, 1956 Befehlshaber der 1. Aufklärungseinheit der Armee im Sinai-Feldzug, ab 1968 stellv. Kommandant, 1972-73 Kommandant des isr. Panzerkorps auf der Sinai-Halbinsel.
Qu: Z. - RFJI.

Menne, Bernhard Heinrich, Journalist; geb. 3. Sept. 1901 Fredeburg/Westf., gest. 9. Nov. 1968 Hamburg; *V:* Gerichtsvollzieher (gest. 1909); ∞ Elfriede Kupke (geb. 1908), 1933 Haft, Emigr., 5. Apr. 1937 Ausbürg.; *StA:* deutsch, 3. März 1936 Ausbürg., 1948 deutsch. *Weg:* 1933 CSR; 1939 GB; 1948 Deutschland (BBZ).
Lehrerseminar, ab 1917 Kriegshilfsdienst als Dachdecker, 1918 Teiln. Novemberrevolution. 1919 Agitator für USPD, nach Kapp-Putsch Mitgl. Zentralrat der Roten Armee im Ruhrgeb., KPD; während Märzaktion 1921 an Besetzung einer Ruhrzeche beteiligt. 1921 Red. *Die Rote Fahne* Berlin, seitdem Ps. Max Rudert, 1921 Red. *Hamburger Volkszeitung* u. Chefred. KPD-Organ in Bremen, nach Maßregelung durch Partei Versetzung als Red. nach Saarbrücken u. Düsseldorf, 1923 Verurteilung durch franz. Kriegsgericht, Red. *Bergische Volksstimme* Remscheid, als Anhänger von → Heinrich Brandler nach Stuttgart u. München versetzt, 1924-25 Chefred. *Klassenkampf* Halle/S., 1925-28 Chefred. *Arbeiter-Zeitung* Breslau, Verb. zum inhaftierten Aufstandsführer Max Hoelz. 1927 Deleg. 11. PT, Wahl in Agitprop-Kommission, Reise in die UdSSR. 1928 mit → Erich Hausen Opposition gegen Linkskurs der Partei, Mitte 1928 Versetzung nach Essen als Chefred. der KPD-nahen *Die Welt am Abend,* Dez. 1928 Parteiausschluß. 1929-32 Hg. Wochenztg. *Tribüne* Essen, Apr. 1929 Antrag auf Aufnahme in SPD. Beiträge über Industriegesch. in *Die Weltbühne* u. *Das Tage-Buch,* Mitgl. DLM. Ende Febr. 1933 Flucht nach Prag, Unterstützung durch *Sozialdemokratische Flüchtlingshilfe,* LtgMitgl. *Donnerstag-Arbeitsgemeinschaft,* Mitarb. *Die neue Weltbühne, Europäische Hefte, Aktion* Porto Alegre, Ps. Bernhard Westphal, Hilgenreich, dann bis Okt. 1938 Chefred. *Prager Mittag.* Mitgl. *Verband Deutscher Journalisten im Ausland.* 1939 Flucht nach GB, zunächst Unterstützung durch *PEN-Club* u. *American Guild for German Cultural Freedom* (→ Hubertus Prinz zu Löwenstein-Wertheim-Freudenberg), bis Apr. 1943 Ltr. *Thomas-Mann-Gruppe* des *Czech Refugee Trust Fund,* 1941-45 mit Wilhelm Sternfeld Hg. Nachrichtenblatt der *Thomas-Mann-Gruppe;* VorstMitgl. *Thomas-Mann-Gesellschaft,* Mitgl. *Deutscher PEN-Club London,* ab 1942 Mitgl. *Gruppe unabhängiger deutscher Autoren* (→ Kurt Hiller), später VorstMitgl., 1945 stellv. Vors.; Mitgl. *Landesgruppe deutscher Gewerkschafter* (LG). Ab 1939 ZusArb. mit *Sopade*-Landesvertr. → Wilhelm Sander vor allem im Abwehr linkssozialist. u. kommunist. OrgVersuche, ab Dez. 1939 SPD-Vertr. in gemischtnat. Kommission des *Central European Joint Committee* (→ Fritz Demuth) zur Erörterung einer künftigen europ. Union, ab Frühj. 1941 Teiln. der SPD-ArbGemeinschaft *Deutschland und Europa nach dem Kriege;* in diesem ZusHang Jan. 1942 mit → Curt Geyer, → Carl Herz, → Walter Loeb u.a. Erklärung über angebl. nationalist. Tradition der dt. sozdem. ArbBewegung u. Verwurzelung des NatSoz. im dt. Volkscharakter, Ausschluß aus SPD u. Juni 1942 aus LG, bis 1945 Mitarb. in „vansittartistischer" *Fight For Freedom Editorial and Publishing Services, Ltd.,* ab 1943 zunehmend Distanzierung von radikaler Deutschfeindlichkeit des Kreises um Loeb. 1948 Rückkehr, bis zu seinem Tod Chefred. *Welt am Sonntag* Hamburg.
W: Krupp, Deutschlands Kanonenkönige. Zürich (Europa-Verlag) 1937 (span. Santiago de Chile [Ercilla] 1937; engl. London [Hodge] 1937, New York [Furman] 1938); The Case of Dr. Bruening. London (Hutchinson) 1942; German Industry on the Warpath. Ebd. 1942; Armistice and Germany's Food Supply 1918/19. Ebd. 1944. *L:* Röder, Großbritannien; Weber, Hermann, Aktionismus und Kommunismus. In: Archiv für Sozialgeschichte, 15/1975. *Qu:* Arch. Hand. Publ. - IfZ.

Menzel, Rudolf, Partei- u. Staatsfunktionär; geb. 19. Nov. 1910 Borna b. Leipzig, gest. 16. Juli 1974; ∞ Gisela; *StA:* deutsch. *Weg:* 1933 CSR; 1936 UdSSR; 1937 E; 1939 (?) F; 1941 Deutschland.
Mitgl. KJVD u. KPD, KJVD-Funktionär in Sa.; 1933 im Parteiauftrag Emigr. in die CSR, 1936 UdSSR, 1936-37 Lenin-Schule Moskau, ab 1937 Thälmann-Btl. der Internat. Brigaden im Span. Bürgerkrieg, danach in Frankr.; Nov. 1941 in Paris verhaftet, bis Kriegsende KL Buchenwald u. Zuchth. Waldheim. 1945 AbtLtr. im Wirtschaftsmin. des Landes Thür., 1946 SED, 1948 stellv. Ltr. der thür. Landesbehörde der Deutschen Volkspolizei (DVP), 1949 als Ltr. des Sekretariats für Ausbildung, dann als Sekr. für Personalangelegenheiten des Unterführerkorps in der Hauptverw. der DVP maßgeblich am Aufbau der Kasernierten Volkspolizei beteiligt. 1950-52 Ltr. Landesbehörde des Staatssicherheitesdienstes in Thür., 1953-54 Oberst u. stellv. Min. für Staatssicherheit, 1954-56

490 Menzl

GenMajor der DVP u. stellv. MdI, ab 1954 Mitgl. PräsRat des *Kulturbundes zur demokratischen Erneuerung Deutschlands* (ab 1958 *Deutscher Kulturbund*, ab 1974 *Kulturbund der DDR)*, ab 1956 stellv. MfNatVert., ab 1963 stellv. Chef des Rückwärtigen Dienstes im MfNatVert., 1967-73 Militärattaché bei der DDR-Botschaft in Moskau, 1973 GenLt. der NVA. - *Ausz.:* u.a. 1958 Hans-Beimler-Med., 1965 VVO (Silber), 1970 Banner der Arbeit.
L: Forster, NVA; Pasaremos. *Qu:* Arch. Hand. Publ. - IfZ.

Menzl, Hans, Parteifunktionär; geb. 30. Mai 1894 Langenwang/Steiermark, gest. 31. Dez. 1952 Wiener Neustadt; *StA:* österr. *Weg:* 1934 CSR; 1937 (?) E; 1938 (?) F; 1939 S; 1947 Österr.
Eisendreherlehre, Mitgl. *Verband jugendlicher Arbeiter Österreichs.* Metallarb. in Ternitz/Niederösterr., Mitgl. SDAP u. Gew., Vertrauensmann in Neunkirchen/Niederösterr.; 1914-18 Frontsoldat. Ab Ende 1918 SDAP-Parteisekr. des Wahlkreises Viertel unter dem Wienerwald, ab 1923 maßgebl. am Aufbau des *Republikanischen Schutzbunds* im Industriebez. Wiener Neustadt-Neunkirchen beteiligt, milit. Ltg.-Funktionen. Enger Mitarb. von Oskar Helmer. Später SDAP-Landesparteisekr. u. MdL Burgenland. 1934 nach den Februarkämpfen verhaftet, Gef. in Eisenstadt, nach abenteuerl. Flucht über Ungarn in die CSR. Vermutl. 1937 nach Spanien, Teiln. Span. Bürgerkrieg, Offz. Vermutl. 1938 nach formeller Demobilisierung der Internat. Brigaden nach Frankr., 1939 nach Schweden. Metallarb. in Stockholm. Ab 1944 Mitgl. *Österreichische Vereinigung in Schweden* unter → Bruno Kreisky. 1947 Rückkehr nach Österr. Ab 1947 SPÖ-Obmann der Bez. Wiener Neustadt-Stadt u. -Land. Mitgl. Landesparteivert. u. MdL Niederösterr., 1949-51 MdBR.
L: Helmer, Oskar, 50 Jahre erlebte Geschichte. O.J.; Müssener, Exil. *Qu:* Arch. Hand. Publ. Z. - IfZ.

Merbeck, Johannes, Dr. med., Arzt; geb. 5. März 1907 Köln; *V:* Jean M.; *M:* Eva, geb. Rustenmeyer; *StA:* deutsch. *Weg:* 1939 CH; 1944 JU; CH.
KPD-Mitgl., Aug. 1939 Emigr. Schweiz, Juli-Okt. 1944 Mitgl. Provis. Ltg. BFD Schweiz, danach als Ltr. einer Ärztekommission der *Centrale Sanitaire Suisse* nach Jugoslawien, anschl. bis 1953 in der Schweiz als Arzt tätig.
L: Bergmann, Schweiz. *Qu:* Publ. - IfZ.

Meretz, David Paul (urspr. März, Paul), Dr. jur., Verbandsfunktionär, Ministerialbeamter; geb. 26. Dez. 1894 Hradiště/Nordböhmen; *V:* Moritz März (geb. 1862, gest. 1927 Hradiště), Zion.; *M:* Cäcilie (geb. 1867, gest. 1939 Hradiště), Zion.; *G:* Marta Winterstein (geb. 1893 Hradiště), 1939 Emigr. Pal., techn. Ltr. einer Krankenschwestern-Schule; Otto März (geb. 1897, umgek. 1944 KL Auschwitz), Kaufm.; Karl März (geb. 1899, gest. 1968 CSSR), KL Theresienstadt, Kaufm.; Hugo März (geb. 1901, gest. 1952 Haifa), Bankier; ∞ 1923 Tamara (Margarete) Kohn-Kresta (geb. 1900), Musiklehrerin, 1939 Emigr. Pal.; *K:* Uri (geb. 1924), 1939 Emigr. Pal. mit *Aliyah,* Mitgl. Kibb. Deganyah, Offz. *Palmach,* Beamter im isr. Min. für Transportwesen; Michael (geb. 1938), 1939 Emigr. Pal., Stud. Technion, Elektroing.; *StA:* österr., CSR, Pal./IL. *Weg:* 1939 Pal.
1919 Prom. Prag, Mitgr. *Blau-Weiß.* 1919 Mitgl. 1. zion. Landesexekutive der ČSR, Mitgr. u. VorstMitgl. *Jüdische Partei,* Deleg. zum 20. Zion.-Kongreß Zürich, Vors. Zion. Landesverb. CSR u.a. zion. u. jüd. Org.; 1920-39 RA in Mährisch-Ostrau, 1939 Berufsverbot; 1939 Geschäftsf. der Transferabt. im *Palästina-Amt* Prag; Org. legaler u. illeg. Einwanderung nach Palästina. 1939 Emigr. Palästina mit A I-Zertifikat, 1939-42 Geschäftsf. tschechoslow. Transferabt. in Jerusalem, 1942-48 Dir. für Finanzwesen der *Haganah,* 1946 Sonderbeauftragter für beschleunigte Übersiedlung poln. Einwanderer über die ČSR; 1948 aktiver MilDienst. 1948-65 Dir. Finanzabt. im isr. Innenmin., 1950-66 UJA-Deleg. in Skandinavien. 1961 Zeuge im Eichmann-Prozeß. Ab 1946 Mitgl. u. Vors. Zion. Kongreß-Gericht; Zensurmitgl. für Film und Theater, stellv. Vors. *Czech Immigrants Assn.,* ehrenamtl. Schatzmeister *Isr.-Swed. Friendship Assn.* Lebte 1977 in Jerusalem.
W: Report on the History of Czech Transfer (unveröffentl. Ms. im Arch. WZO Jerusalem). *Qu:* Fb. Hand. - RFJI.

Merhav (urspr. Markowicz), **Menachem,** M.Sc., Ministerialbeamter; geb. 15. Sept. 1931 Leipzig; jüd.; *V:* → Ernst Alfred Avraham Markowicz; ∞ 1960 Naomi Zysmann; *K:* Tamir, Dorit. *Weg:* 1937 Pal.
1937 Emigr. Palästina mit Familie. 1954 B.Sc. Technion. 1955 Lt. d. Res. IDF. 1959 M.Sc. Univ. of Calif., Berkeley. 1959-63 Bauing. bei Firmen in Calif. u. New York. 1967-68 Chefing. in der Forschung, 1968-76 ltd. Ing. für Wirtschaftsforschung des isr. Wohnungsbaumin., ab 1976 2. Dir. Abt. Planung u. Technik des Verkehrsmin.; Mitgl. *Verband israelischer Ingenieure und Architekten.*
Qu: Hand. - RFJI.

Merhav (urspr. Landsberg), **Schmuel Jacob,** Ph.D., Ingenieur; geb. 26. Febr. 1924 Hagen/Westf.; jüd.; *V:* Abraham Landsberg (geb. 1898 Zduńska-Wola b. Lodz), jüd., 1933 Emigr. Pal.; *M:* Atara (geb. 1893 Lask b. Lodz), 1933 Emigr. Pal.; *G:* Meir (geb. 1921), 1933 Emigr. Pal., D.Sc., Wirtschaftsberater; ∞ 1948 Noemi Roifer (geb. 1928 Pisa/I), jüd., Emigr. Pal.; *K:* Zvi (geb. 1950), Stud. Technion; Neri (geb. 1957); *StA:* deutsch, Pal./IL. *Weg:* 1933 Pal.
1933 Emigr. Palästina mit Familie. 1942 Abschluß Bialik-Oberschule; 1949 Dipl.-Ing. Technion, 1949-71 in der wiss. Abt. des isr. Verteidigungsmin., 1964-69 Ltr. Forschung u. Entwicklung, 1969-71 Ltr. Abt. Kontrollsysteme. Gleichz. 1954-56 Arbeiten im Philips-Forschungslabor Eindhoven/Niederlande, 1962-64 Stud. Cambridge Univ., 1964 Ph.D., 1959-71 Doz. Technion, ab 1971 Prof. für Kontrollsystemtechnik u. Ltr. Labor für Flugkontrolle des Technion. Hptm. IDF (Ausz.); Mitgl. Inst. f. Elektroing., Vors. isr. Gruppe der *Internationalen Gesellschaft für automatische Kontrollsysteme.* Lebte 1974 in Haifa.
W: u.a. Design of Adaptive Control Systems by Means of Finite Series Expansion. (Diss.) 1964. *Qu:* Fb. Hand. - RFJI.

Merkel, Karl, Parteifunktionär; geb. 20. Jan. 1903 Saarbrücken, gef. 28. Juli 1937 E; *V:* Heinrich M. (1863-1913), Eisenbahner; *M:* Karoline, geb. Klein (1881-1953); *G:* Charlotte (geb. 1909); ∞ 1924 Hedwig Elsa Schommer (geb. 1905), Arbeiterin; KPD, Rote Hilfe, IAH; 1936 Emigr. F, Internierung Gurs, Freundeskreis KFDW; 1945 Saargeb., DKP, VVN; *K:* Heinz (geb. 1924), BezVors. DKP Saar; *StA:* deutsch. *Weg:* 1935 F, UdSSR; 1936 E.
Stahlarbeiter, dann Kraftfahrer. 1927 KPD, bis 1935 Funktionär RFB, zuletzt stellv. Gauführer Saar. Nach 1935 Mitgl. illeg. KPD-AbschnLtg. Saarpfalz in Forbach/Lothr.; Aug. 1935-Juni 1936 UdSSR, Besuch Lenin-Schule. Mit Internat. Brigaden im Span. Bürgerkrieg, gefallen bei Brunete.
L: Schneider, Saarpolitik und Exil. *Qu:* Arch. Pers. Publ. Z. - IfZ.

Merker, Paul, Parteifunktionär; geb. 1. Febr. 1894 Oberlößnitz b. Dresden, gest. 13. Mai 1969 Berlin(Ost); Diss.; *V:* Arbeiter; ∞ Margarete Menzel (geb. 1903), 1921 KPD, bis 1931 Angest. beim ZK der KPD, 1931-33 für die IAH in den USA tätig, 1934-35 illeg. Arbeit in Deutschland, 1935 über UdSSR u. CSR nach F, dort ab 1939 interniert; 1941 Mex., Mitgl. BFD u. *Heinrich-Heine-Klub,* RedSekr. *Freies Deutschland,* später Red. des Pressedienstes des *Lateinamerikanischen Komitees der Freien Deutschen* (LAK), 1946 Rückkehr nach Deutschland (Berlin); *StA:* deutsch, 9. Dez. 1937 Ausbürg., deutsch. *Weg:* 1935 UdSSR; CSR; DK; F; 1942 Mex.; 1946 Deutschland (Berlin).
Kellner, 1911 Gew.; 1914-18 Kriegsdienst, wegen defaitist. Prop. 6 Mon. Haft; 1918 USPD, 1920 KPD, 1920-22 Angest. der freien Gew. in Berlin, 1923 MilLtr. in Mansfeld, 1923-24 hauptamtl. KPD-Funktionär in Halle-Merseburg, als Linker in PolBüro u. ZK kooptiert. In diesen Funktionen auf 11. PT 1927 u. 12. PT 1929 durch Wahl bestätigt, gehörte M. nach der Wit-

torf-Affäre zum Führungskern der Partei, 1929-30 Reichsltr. RGO sowie ZK-Sekr. u. Ltr. ZK-GewAbt.; trat ebenso wie andere führende Parteifunktionäre (u.a. → Franz Dahlem u. → Walter Ulbricht) entsprechend der damaligen Politik des *Profintern*-GenSekr. A. Lozovskij für Bildung selbständiger kommunist. Gew. ein (*Rote Gewerkschafts-Organisation* statt *Rote Gewerkschafts-Opposition*), wodurch die RGO vorüberg. jeden gewerkschaftl. Masseneinfluß verlor. M. wurde deshalb nach Änderung der *Profintern*-Taktik Apr. 1930 als Führer der sog. Merker-Opposition wegen angebl. linker Abweichung u. Fraktionsbildung sämtl. Parteifunktionen enthoben. 1930 nach Moskau, Lenin-Schule der *Komintern,* 1931 Wahl zum Präs-Mitgl. der RGI, 1931-33 i.A. der *Komintern* mit → Gerhart Eisler bei kommunist. Partei der USA aktiv. Ab März 1934 im RGI-Auftrag als Mitgl. des RGO-Reichskomitees illeg. Tätigkeit in Deutschland, nach RGO-Auflösung auf Empfehlung des EKKI-Präsidiums ab Aug. 1934 Nachf. von → Philipp Daub in der KPD-Landesltg., Deckn. Roland. März 1935 durch RGI Abberufung nach Moskau, nach Berichterstattung über KPD-GewPol. Gastdeleg. 7. Weltkongreß der *Komintern.* Galt neben → Paul Bertz, Ulbricht u. → Herbert Wehner als einer der Hauptkritiker der damaligen KPD-Pol.; Okt. 1935 Deleg. sog. Brüsseler Konferenz der KPD, Wahl ins ZK u. Pol-Büro; auf 1. ZK-Sitzung v. 15. Okt. 1935 mit Dahlem u. Ulbricht mit der operativen Leitung der KPD beauftragt. Hg. u. Chefred. *Informationsdienst der freien Gewerkschaftsgruppen Deutschlands* (ab 1936 *Deutsche Gewerkschaftsinformationen*) Prag (fingierte Verlagsangabe: Berlin) zur illeg. Verbreitung im Reich; Deckn. Martin Fuchs. Formelles RedMitgl. u. Mitarb. *Deutsche Volkszeitung;* starkes einheitsfrontpol. Engagement in Prag u. Paris, führendes Mitgl. Lutetia-Kreis bzw. *Ausschuß zur Vorbereitung einer deutschen Volksfront,* Mitunterz. des Volksfrontaufrufs v. Dez. 1936/Jan. 1937; 1936 als Nachf. Wehners mit der Org. der AbschnLtg. Nord in Kopenhagen betraut, ab Bildung Febr. 1937 Mitgl. ZK-Sekretariat der KPD in Paris u. während des LtgWechsels Ulbricht-Dahlem vorüberg. dessen Ltr.; trat nach der ZK-Tagung vom Mai 1938 mit Dahlem für die Verstärkung der Inlandsarb. u. die Schaffung einer operativen Ltg. im Reich ein. Nach Vereinbarung mit CGT über die Aufnahme emigr. dt. Gewerkschafter (20. März 1937) maßgebl. an Grdg. *Koordinationsausschuß deutscher Gewerkschafter in Frankreich* beteiligt u. zus. mit Walter Koppe Vertr. der Hotel- u. Caféhausangest. in dessen ArbAusschuß. Auf einheitsfrontpol. Basis konzipiert, plädierte der *Koordinationsausschuß* gemäß der KPD-Taktik des trojan. Pferdes für Bildung oppos. GewGruppen innerh. der natsoz. DAF. M.s Verhandlungen insbes. mit → Valentin Hartig, → Gerhard Kreyssig u. → Fritz Tarnow über die Bildung einer einheitl. GewOpposition scheiterten an deren prinzipieller Ablehnung, Kader durch Unterwanderungstaktik im Reich zu gefährden, sowie an der Aufdeckung von M.s Doppelrolle in KPD u. Gew. - Sept. 1938 Mitunterz. beider Aufrufe des *Ausschusses der deutschen Opposition;* Deleg. sog. Berner Konferenz der KPD u. danach mit Dahlem u. → Johann Koplenig beteiligt an Verhandlungen mit → Julius Deutsch, die den letzten Versuch zur Rettung der Einheitsfrontpol. des Exils darstellten. Bei Kriegsausbruch freiw. Registrierung als feindl. Ausländer, Festnahme u. Internierung in Le Vernet, 1940 Flucht nach Marseille, dort Ltr. *Union des Émigrés Allemands Anti-Nazi,* der ersten illeg. KPD-Ltg. in Frankr.; später erneute Verhaftung, Juni 1942 mit Hilfe von Noel Field nach Mexiko, ab Sept. 1942 PolLtr. KPD-Landesgruppe u. mit → Erich Jungmann Verbindungsmann zu kommunist. Parteien von Mexiko u. Spanien; auf 1. Kongreß der Jan. 1942 insbes. durch intellektuelle Kräfte um den *Heinrich-Heine-Klub* gegr. *Bewegung Freies Deutschland* (BFD) Wahl zum Mitgl. des Exekutivausschusses u. Ltr. der Abt. für internat. Verbindungen der BFD; ab Konstituierung des LAK im Febr. 1943 dessen Sekr., Hg. u. Hauptmitarb. *Freies Deutschland* Mexiko. Ursprünglich durch pol. Eigendynamik gekennzeichnet, übernahm die BFD nach Grdg. des NKFD in Moskau im Juli 1943 nur noch Hilfsfunktionen für die Moskauer KPD-Führung. Nach Auflösung des NKFD Umbenennung des BFD-Organs in *Neues Deutschland* u. Juni 1946 Umbildung der BFD in die Kulturorg. *Comite Pro-Intercambio Cultural Mexicano-Alemán (Komitee für Mexika-*

nisch-Deutschen Kulturaustausch). – Apr. 1946 in Abwesenheit Wahl in SED-PV, Juli 1946 Rückkehr nach Berlin, 1946-50 Mitgl. PV u. Zentralsekretariat der SED, 1946-50 MdL Brandenburg, 1949-50 Staatssekr. im Min. für Land- u. Forstwirtschaft der DDR, Aug. 1950 Ämterverlust u. Parteiausschluß wegen angebl. ZusArb. mit amerikan. Imperialisten im 2. WK. 1950-52 Ltr. einer HO-Gaststätte in Luckenwalde, Dez. 1952 im Zusammenhang mit dem Slánský-Prozeß in der CSR verhaftet u. 1954 zu 8 J. Zuchth. verurteilt, 1956 vorzeitig entlassen, 1957-61 Lektor Verlag Volk und Wissen Berlin (Ost), 1961-69 1. Vors. Kreisvorst. Königs Wusterhausen der *Gesellschaft für Deutsch-Sowjetische Freundschaft;* gerichtlich rehabilitiert. - *Ausz.:* Banner der Arbeit; VVO (Silber, 1969 Gold).

W: u.a. Deutschland. Sein oder Nichtsein. Bd. 1: Von Weimar zu Hitler; Bd. 2: Das Dritte Reich und sein Ende. Mexiko (El Libro libre) 1944-45. *L:* Bednareck, Gewerkschaftspolitik; Weber, Wandlung; Fricke, Gerechtigkeit; Sywottek, Arnold, Deutsche Volksdemokratie. 1971; Duhnke, KPD; Kießling, Alemania Libre; Dahlem, Vorabend. *Qu:* Arch. Hand. Publ. Z. - IfZ.

Meron, Gershon (urspr. Muenzner, Gerhard), Dr. rer. pol., Dr. jur., Rechtsanwalt, Ministerialbeamter; geb. 5. Mai 1904 Mannheim, gest. 17. März 1958 Tel Aviv; jüd.; *V:* Samuel Muenzner (geb. 1865 Neustadt/Litauen, gest. 1937 Pal.), jüd., Kaufm., 1895 nach S-Afrika, 1903 (?) Deutschland, 1933 Emigr. Pal.; *M:* Rahel Regina (geb. 1866 Memel, gest. 1938 Pal.), jüd., 1895 nach S-Afrika, 1903 (?) Deutschland, 1933 Emigr. Pal.; *G:* Dr. med. Ralph Muenzner (geb. S-Afrika, gest. USA), 1934 Emigr. USA, Arzt; Dr. med. Charles Muenzner (geb. S-Afrika, gest. USA), 1934 Emigr. USA, Neurologe; Arnold Muenzner (geb. S-Afrika, gest. USA), 1934 USA, Kaufm.; ∞ 1933 Edith Flachs (geb. 1909 Berlin), jüd., Stud. Hochschule für Leibesübungen, Dipl.-Physiotherapeutin, 1933 Emigr. Pal., tätig am Hadassah Hospital Tel Aviv u. bei der Vereinigung für körperbehinderte Kinder; *K:* Raya (geb. 1935), A: USA; Raphael (geb. 1939), Volkswirt, Angest. Bank of Israel; Gideon (geb. 1945, gest. 1974 München), Fernsehred.; *StA:* deutsch, 1937 Pal./IL. *Weg:* 1933 Pal.

1922-30 Stud. Heidelberg, 1927 Dr. rer. pol., 1930 Dr. jur., zugl. 1924-25 Stud. Handelshochschule Mannheim, 1925 Dipl.-Kaufm., Mitgl. *Sozialistischer Studentenbund.* 1926 Doz. für Handelsrecht, 1929 Referendar, 1932 Assessor, 1932-33 RA, spezialisiert auf Steuerrecht. 1932 Mitgl. Verteidiger-Ausschuß der *Roten Hilfe* für mittellose Angeklagte, Frühjahr 1933 drei Wochen Untersuchungshaft. 1933 Emigr. Palästina mit Touristenvisum über die ČSR u. Frankr., 1933-34 bei Barclays Bank Jerusalem, 1934-44 Dir. u. Ltr. Geschäftsstelle Tel Aviv von Jacob Japhet & Co., 1944-48 Finanzberater bei der Bank Solel-Boneh, Mitgl. *Haganah.* 1948-52 Dir. Wirtschaftsabt. im Außenmin., Teiln. an einleitenden Gesprächen über dt. Wiedergutmachung u. Rückerstattung. 1952-58 Mitgr. u. Gen-Dir. isr. Treibstoffges. Delek, 1953 u. 1954 Verhandlungen mit dt. Templerorden über Entschädigung für ehem. Besitz in Israel. 1955-58 philippin. Ehren-GenKonsul, Ehrenpräs. *Orientalische Gesellschaft* Tel Aviv, Mitgl. Landesausschuß des *Keren Hayessod* Israel.

W: u.a. Öffentliche Meinung und Presse. Eine sozialwissenschaftliche Studie. 1928; Stückekonto und Stückeverzeichnis. Ihre Funktion im heutigen Bankwesen. (Diss.) 1931; The Economic Structure of the Histadrut. 1942; Jewish Labour Economy in Palestine. The Economic Activities of the General Federation of Jewish Labour. (Mitverf.) 1945; Labour Enterprise in Palestine. A Handbook of Histadrut Economic Institutions. 1947; Four Years of Israel's Statehood. Israel's Economy. 1952. *Qu:* Hand. Pers. - RFJI.

Meroz (urspr. Marcuse), **Yohanan,** Diplomat; geb. 11. Apr. 1920; *V:* Dr. med. Max Marcuse (geb. 1877 Berlin, gest.), Psychologe, Sexualforscher, 1933 Emigr. Pal.; ∞ Yael Zacharia; *K:* 2 S, 1 T. *Weg:* 1933 (?) Pal.

Herzlia-Gymn. Tel Aviv, anschl. Stud.; 1952-54 1. Sekr. isr. Gesandtschaft in Ankara, 1954-59 Botschaftsrat isr. Botschaft in Washington/D.C., 1959-60 isr. Mission in Köln, 1961-63 Mitgl. isr. Deleg. zu den UNO-Vollversammlungen in New York, pol. Sekr. im isr. Außenmin., 1963-68 Botschafter in Paris, 1968-74 Dir. europ. Abt. im Außenmin., ab 1974 Botschafter in Bonn. Stellv. Vors. isr. Deleg. zur 13. UNESCO-Konf. in Genf.

W: Art. über hist. u. pol. Themen u.a. in *Encyclopaedia Judaica. Qu:* Hand. Pers. Z. - RFJI.

Merton, Alfred, Großkaufmann, Industrieller; geb. 25. Juni 1878 Frankfurt/M., gest. 4. Apr. 1954 Baden-Baden; ev.; *V:* Wilhelm (William) M. (geb. 1848 Frankfurt/M., gest. 1916 Berlin), jüd., 1890 ev., 1881 Gr., AR-Vors. Metallgesellschaft AG Frankfurt/M., Mitgr. Handelshochschule u. später Univ. Frankfurt, Gr. Inst. für Gemeinwohl; *M:* Emma, geb. Ladenburg (geb. 1859 Frankfurt/M., gest. 1939 Frankfurt/M.); *G:* → Walter Henry Merton; → Richard Merton; Dr. phil. Adolf M. (geb. 1886 Frankfurt/M., gef. 1914 F), Kunsthistoriker; ∞ I. Mathilde Schmidt-Fellner; II. Gerta Freifrau von Bissing (geb. 1894 Frankfurt/M., gest. 1968 Haufenmühle/Hessen), 1939 gesch., Emigr. GB, 1945 Rückkehr nach Deutschland (BRD); *K:* u.a. Beatrix (geb. 1910 Frankfurt/M.), ev., ab 1934 in 2. Ehe verh. mit → Ferdinand Czernin; William, A: USA; Mrs. William Strauss, A: USA. *Weg:* 1933 GB (?).

1906 AR-Mitgl., später VorstMitgl. der Berg- u. Metallbank AG Frankfurt/M., 1917-28 AR-Vors. u. 1928-33 Vorstandsvors. Metallgesellschaft AG. 1933 Emigr. GB (?). - *Ausz.:* Dr. rer. pol. h.c.

L: Sommer, Julius, Die Metallgesellschaft. 1931; Böhm, F./Dirks, W., Judentum, Bd. II. 1965; Auerbach, S.M., Jews in the German Metal Trade. In: LBI Yearbook, X, 1965 (Bibl.). *Qu:* Pers. Publ. - RFJI.

Merton, Richard, Großindustrieller; geb. 1. Dez. 1881 Frankfurt/M., gest. 6. Jan. 1960 Frankfurt/M.; christl.; *G:* → Alfred Merton; ∞ III. Elisabeth Ferdinande Prinzessin zu Löwenstein-Wertheim-Freudenberg (geb. 1890 Langenzell, gest. 1953), 1939 Emigr. GB, 1947 Deutschland (ABZ); *K:* Stiefk. u.a. Casimir Prinz Sayn-Wittgenstein-Berleburg, nach 1945 VorstMitgl. Metallgesellschaft AG, Geschäftsf. Institut für Gemeinwohl, zeitw. Kuratoriumsmitgl. Univ. Frankfurt; Franz Alexander Prinz Sayn-Wittgenstein-Berleburg; 2 S; *StA:* deutsch u. brit., 1939 Ausbürg., 1948 deutsch u. brit. *Weg:* 1939 GB; 1947 Deutschland (ABZ).

Ausbildung im FamUnternehmen u. bei brit., franz. u. am. Zweigstellen, in Mexiko u. Niederländ.-Indien. Im 1. WK Kriegsteiln. (OLt.), 1916-18 im Kriegsernährungsamt, persönl. Ref. des Chefs des Kriegsamts, Gen. Groener, 1919 als Vertr. des ReichswirtschMin. Teiln. an den Verhandlungen in Versailles, Mitgl. der dt. Wirtschafts- u. Finanzkommission. 1911-28 VorstVors. Metallgesellschaft, Metallschmelze u. Metallhandel Frankfurt/M., nach ihrer Fusion mit Metallbank u. Metallurgischer Gesellschaft 1928-38 VorstVors. u. AR-Vors. Metallgesellschaft AG, Vors. u. Mitgl. zahlr. AR der Metallindustrie u. des Bankwesens. Ab 1928 StadtVO Frankfurt (DVP), 1932-33 MdR. Bis 1933 u.a. PräsMitgl. Deutsche Gruppe der Internationalen Handelskammer, Ratsmitgl. Internationale Handelskammer Paris, bis 1936 Mitgl. Großer Rat u. Kuratorium Univ. Frankfurt. Mai 1938 Paßentzug, Nov. 1938 3 Wochen KL Buchenwald, Apr. 1939 Emigr. GB, bis Sept. 1939 bei British Metal Corp. London, die mit der Metallgesellschaft verflochten war. Angesichts der internat. Verb. des Großkonzerns u. der Bedeutung seiner weltweiten Handelsbeziehungen für die dt. Aufrüstung kein Vermögensentzug durch NatSoz. - Ab Febr. 1947 wieder AR-Vors., zuletzt Ehrenvors. Metallgesellschaft AG Frankfurt/M.; u.a. 1949-55 Vors. *Stifterverband für die deutsche Wissenschaft, Deutsche Vereinigung zur Förderung der Wirtschaftsbeziehungen mit Frankreich,* stellv. Vors. Außenhandelsbeirat des Bundeswirtschaftsmin., Beiratsmitgl. *Deutsche Weltwirtschaftliche Gesellschaft* Berlin, Mitgl.

VerwRat Institut für Weltwirtschaft Kiel, Kuratoriumsmitgl. u. Ehrensenator Univ. Frankfurt, Berater von Bundeskanzler Konrad Adenauer. - *Ausz.:* Dr. rer. pol. h.c. Univ. Frankfurt, 1956 Ehrenbürger der Univ. Frankfurt, BVK.

W: Über die Notwendigkeit eines staatlichen Eingriffs zur Regelung der Unternehmergewinne und Arbeiterlöhne. 1917; Diktatur der Idee und anderes (Brief- u. Aufsatzsammlung). 1918; 1919-33 Beiträge in *Frankfurter Nachrichten, Frankfurter Zeitung* u. *Europäische Revue;* Erinnernswertes aus meinem Leben, das über das Persönliche hinausgeht. (Erinn.) 1955; Sterling, Mark (Ps.), Hopes and Disappointments (Aufsätze). 1945. *L:* Pritzkoleit, Kurt, Die neuen Herren. 1955; Aichinger, Hans, Richard Merton. 1970. *Qu:* Hand. Pers. Publ. - RFJI.

Merton, Rolf Albert, Kaufmann; geb. 17. Sept. 1912 Heidelberg; *V:* Hugo Phillip M.; *M:* Gertie Pauline, geb. Oswalt; ∞ II. 1969 Maud Olive Berney; *K:* aus I. Suse, Timothy, Lisa. *Weg:* 1936 S-Afrika.

Abitur, 1931-36 Ausbildung bei Metallgesellschaft AG Frankfurt/M.; 1936 Emigr. Südafrika, 1936-42 im Goldbergbau u. in der Möbelindustrie tätig, 1943-45 Dienst in südafrikan. Marine, 1946-54 Inh. Import-Exportgeschäft R. A. Merton Ltd. Kapstadt. 1955 in die USA, ab 1955 geschäftsf. Vizepräs. Pellon Corp.; Mitgl. *Royal Inst. of Foreign Affairs* London, *Freies Deutsches Hochstift* Frankfurt/M., *Friends of Heidelberg and Frankfurt Univ.,* Mitgl. u. 1968-70 VorstMitgl. Dt.-Am. Handelskammer. Lebte 1974 in Scarsdale/N.Y.

Qu: Hand. - RFJI.

Merton, Walter Henry, Großkaufmann; geb. 28. Aug. 1879 Frankfurt/M., gest. 20. Apr. 1975 Lugano/CH; christl.; *G:* → Alfred Merton; ∞ 1908 Christine Henriette van Toulon van der Koog (geb. 1886 Osterbeck/NL, gest. 1944 Gut Ehrenhoff/Pommern), christl.; gesch.; *K:* Mathilde von Haselberg (geb. 1909 Frankfurt, gest. 1962 Frankfurt), Emigr. Argent., Urug., nach 1945 Rückkehr nach Deutschland (BRD); Margaret Picard (geb. 1910 Frankfurt, gest. 1965 Lugano), 1936 Emigr. USA, 1955 CH; Walter (geb. 1913 Berlin), 1937 Emigr. USA, 1958 Rückkehr Deutschland (BRD); Lili Pavel (geb. 1920 Gut Behl bei Plön/Schlesw.-Holst.); Christine Dewhirst (geb. 1925 Gut Behl); *StA:* deutsch, Ausbürg., deutsch. *Weg:* 1939 NL; Deutschland (BRD).

1900 Eintritt in Berg- und Metallbank AG, 1906 VorstMitgl. Metallurgische Gesellschaft Frankfurt/M., 1908-10 VorstMitgl. der von Metallgesellschaft u. Metallurgischer Gesellschaft kontrollierten Berg- und Metallbank; 1908 (1909?) AR-Mitgl. Metallgesellschaft, ab 1910 Ltr. ihrer Berliner Niederlassung, 1911-13 ZusArb. mit Berliner Handelsgesellschaft bei Bergwerks- u. Eisenbahnunternehmungen in Südwestafrika. 1913 AR-Mitgl. der mit Metallgesellschaft AG verflochteten Rawack u. Grünfeld AG Berlin, 1914-37 Mitgl. VerwRat Berliner Handels-Gesellschaft. - Im 1. WK Rittmeister (EK I), Adjutant von Gen. Hans v. Seeckt. Nach Kriegsende vorwiegend Bewirtschaftung des Landguts Behl bei Plön, nach 1933 Org. der ersten dt. Walfangexpedition zur Sicherstellung der künftigen Fettversorgung des Deutschen Reichs. Nov. 1938 KL Buchenwald, Beschlagnahme des Guts, anschl. Scheidung, um Besitz u. Vermögen für Ehefrau u. Töchter sicherzustellen. 1939 Emigr. Niederlande, im 2. WK durch einen SS-Offz. vor Dep. bewahrt. Nach 1945 Rückkehr, Rückerstattung von Gut Behl, 1955 Verkauf, Niederlassung in der Schweiz.

L: Sommer, Julius, Die Metallgesellschaft. 1931. *Qu:* HGR. Pers. Publ. Z. - RFJI.

Meschke, Kurt, Dr. phil., Pfarrer; geb. 10. Apr. 1901, gest. 18. März 1971 Schweden; ev.; *V:* Johannes M. (1871-1933), Tuchfabrikant; *M:* Margarete (1878-1964); *G:* 3 B, 2 S; ∞ 1930 Eva-Juliane Anker (geb. 1906), Dr. phil., Kirchenmusikerin u. Lehrerin, Emigr. mit Ehemann u. Kindern; *K:* Michael (geb. 1931), Regisseur u. Theaterltr. (Marionettentheater) in Stockholm; Christian (geb. 1935), Stud. Archäologie, Antiquar in Stockholm; Monika Barth (geb. 1937), A: Darmstadt; Esther-Maria (geb. 1945), A: Stockholm; *StA:* deutsch, 1949 (1950?) S. *Weg:* 1939 S.

Aktiv in Jugendbewegung. 1921-28 Stud. Theol. u. Germanistik Univ. Tübingen, Marburg, Berlin u. Greifswald; 1925 erstes u. 1929 zweites theol. Examen, beeinflußt von → Paul Tillich, 1928 Prom.; 1929-30 Arbeit für die kirchl. Presse in Breslau u. Königsberg; 1930-33 Studenten- u. Sozialpfarrer in Danzig; 1931 Mitgr. *Evangelischer Friedensbund;* nach natsoz. Reg-Übernahme in seelsorg. Arbeit behindert, verließ daraufhin Danzig u. wirkte als Landpfarrer im Odergebiet; aufgrund der jüd. Abstammung der Ehefrau mit Unterstützung des Büros von Probst Grüber in Berlin u. befreundeter Quäker in Schweden Febr. 1939 legale Ausreise nach Schweden. 1939-66 Lehrer u. Erzieher Viggbyholm-Schule; M. war mit seiner Frau maßgebl. an den Versuchen beteiligt, die Tochter Renate der eng befreundeten Fam. Jochen Kleppers nach Schweden zu retten; ab 1943 i.A. der Schwedischen Kirche Betreuung dt. Protestanten in Mittelschweden; Mitgl. FDKB u. *Deutsche Vereinigung von 1945;* VorstMitgl. des Juni 1945 gegr. *Hjälpkomittén för tyska och statslösa offer för koncentrationslägren (Hilfskomitee für deutsche und staatenlose Opfer der Konzentrationslager);* nach 1945 i.A. des Außenamtes der Evangelischen Kirche Deutschlands seelsorg. Betreuung der in südschwed. Lagern internierten sog. Kurlandkämpfer u. ihrer Angehörigen, bis in die 50er Jahre Hilfstätigkeit im Deutschen Kirchenkontor Stockholm, 1950-66 Hg. des dt.-sprach. GdeBlatts in Stockholm *Stecken und Stab.* - *Ausz.:* Gr. BVK, 1966 Ehrenplakette Viggbyholmskolan in Gold.

W: u.a. Schwerttanz und Schwerttanzspiel. 1931; Handwörterbuch des deutschen Aberglaubens (Mitarb.). 1930; zahlr. Beiträge in Publikationen der *Evangelischen Michaelsbruderschaft;* Kristna diktargestalter i våra dagars Tyskland (Christl. Dichter im heutigen Deutschland). In: Vår lösen. Stockholm, Nr. 3/1940; Den kristna litteraturen i våra dagars Tyskland (Die christl. Literatur im heutigen Deutschland). Ebd., Nr. 3/1941; Tyska litterära tidskrifter i deras förhållande till kristendomen (Dt. Literaturzeitschriften in ihrem Verhältnis zum Christentum). Ebd., Nr. 11/1941; Luther och den nya kristna konsten. Hugo Distler och Jochen Klepper in memoriam. Ebd., Nr. 9/1943; St. Mikael i norden. In: Hemmets Jul. Stockholm, Nr. 16/1942; Den tyska kyrkans nuvarande inre läge (Die gegenwärtige innere Situation der dt. Kirche). In: Tidskrift för predikanter. Stockholm, Nr. 8/1944; Von außen gesehen. In: Evangelische Jahresbriefe. Kassel 1948; Schwedischer Dienst an der Flüchtlingsdiaspora. In: Die evangelische Diaspora. Kassel 1954; Deutsche Flüchtlinge in Schweden. In: Stecken und Stab. Viggbyholm 1950-54; Der König (S) (Eine bibl. Exegese über Aufstieg u. Untergang der Diktatoren, unveröffentl. Ms.); Mitarb. mehrerer theol. Zs. in dt. u. schwed. Sprache sowie lit. Übers. ins Deutsche. *L:* Klepper, Jochen, Unter dem Schatten Deiner Flügel. Aus den Tagebüchern der Jahre 1932-1942. 1956; Müssener, Exil. *Qu:* Fb. Hand. Pers. Publ. - IfZ.

Messinger, Hermann; geb. in Köln, umgek. nach 1942 in Deutschland; *StA:* deutsch. *Weg:* 1933 UdSSR, 1936 E; UdSSR, 1942 Deutschland.

KJVD-Mitgl.; 1933 Emigr. in die UdSSR, im Span. Bürgerkrieg Offz. der Internat. Brigaden, 1942 i.A. der Roten Armee als Fallschirmagent in Deutschland eingesetzt; posthum mit dem Leninorden der UdSSR ausgezeichnet.

L: Interbrigadisten. *Qu:* Arch. Publ. - IfZ.

Messner, Johannes, Dr. jur., Dr. oec. publ., Publizist, Hochschullehrer; geb. 16. Febr. 1891 Schwaz/Tirol; kath.; *V:* Jakob, Bergmann; *M:* Maria, geb. Speckbacher; *G:* 2 B; *StA:* österr. *Weg:* 1938 CH; GB; 1949 Österr.

Priesterseminar in Brixen/Südtirol, 1914 Priesterweihe. Anschl. Kooperator in mehreren Gemeinden Nordtirols, Stud. Rechts- u. Staatswiss. Innsbruck, 1920 Prom., dann Stud. Sozial- u. Wirtschaftswiss. in München, 1925 Prom.; 1925-32 Chefred. der kath. Wochenzs. *Das Neue Reich* in Wien; 1927 Habil. an theol. Fak. Univ. Salzburg, ab 1930 PrivDoz. in Wien. Okt. 1932 nach Zusammenlegung von *Das Neue Reich* u. *Schönere Zukunft* bis 1935 Mithg., 1936-38 Hg. u. Chefred. *Monatsschrift für Kultur und Politik.* Beeinflußte die päpstl. Enzyklika *Quadragesimo anno,* die die geistige Grundlage der Sozialordnung in Österr. nach Febr. 1934 bildete; Ideologe des autoritären Ständestaats, ZusArb. mit Engelbert Dollfuß u. Kurt Schuschnigg. 1935-38 a.o. Prof. für Ethik u. christl. Sozialwiss. in Wien. 1938 nach dem Anschluß Österr. Flucht vor drohender Verhaftung in die Schweiz, anschl. nach Birmingham, wirkte dort in dem von Kardinal J.H. Newman gegr. Oratorium. Umfangr. wiss. Arbeit. 1949 Rückkehr nach Wien, erneut a.o. Prof. für Ethik und Sozialwiss. in Wien, bis zur Emeritierung 1962 (?) alljährlich zu halbjähr. Studienaufenthalt in Birmingham beurlaubt. 1955 Ernennung zum päpstl. Hausprälaten. Korr. Mitgl. Österreichische Akademie der Wissenschaften. - *Ausz.:* u.a. Dr. h.c. Univ. Wien, Freiburg/Br., Louvain u. Innsbruck; 1973 Ehrenring der Stadt Wien; Österr. Ehrenzeichen für Wissenschaft u. Kunst, Ehrenkreuz für Wissenschaft und Kunst 1. Kl., Großer Kardinal-Innitzer-Preis, Leopold-Kunschak-Preis.

W: u.a. Soziale Frage und soziale Ordnung. 1928; Der Weg des Katholizismus im 20. Jahrhundert. 1929; Um die katholische soziale Einheitslinie. 1930; Dollfuß. 1934; Die soziale Frage der Gegenwart. 1934; Die berufsständische Ordnung. 1936; Das Naturrecht. 1950; Das Wagnis des Christen. 1960; Der Funktionär. 1961; Moderne Soziologie und scholastisches Naturrecht. 1961; Das Gemeinwohl. 1962; Der Eigenunternehmer in Wirtschafts- und Gesellschaftspolitik. 1964; Die soziale Frage im Blickfeld der Irrwege von gestern, der Sozialkunde von heute, der Weltentscheidungen von morgen. 1964; Bibliogr. in: Naturordnung in Gesellschaft, Staat, Wirtschaft. Festschrift für Johannes Messner zum 70. Geburtstag. 1961; Menschen im Entscheidungsprozeß. Festschrift für Johannes Messner zum 80. Geburtstag. 1971; Ordnung im sozialen Wandel. Festschrift für Johannes Messner zum 85. Geburtstag. *L:* Busshoff, Heinrich, Das Dollfuß-Regime in Österreich in geistesgeschichtlicher Perspektive unter besonderer Berücksichtigung der „Schöneren Zukunft" und „Reichspost". 1968; Ebneth, Ständestaat. *Qu:* Arch. Hand. Publ. - IfZ.

Métall, Rudolf Aladár, Dr. jur., UN-Beamter; geb. 18. Aug. 1903 Wien, gest. 30. Nov. 1975 Versoix b. Genf; ev.; *V:* Dr. Hermann M., Medizinalrat; *M:* Laura Franziska; ∞ 1928 Margarethe Johanna Resch; *StA:* österr. (?), 1940 (?) Bras. *Weg:* 1940 Bras.; 1945 CH.

Stud. Rechtswiss. Wien, 1925 Prom., 1926 Gerichtspraxis, anschl. im Sekr. u. Rechtsbüro der Hanf-, Jute- und Textilit-Industrie AG Wien, zugl. Vertr. in VerwAusschuß u. Vorst. der Niederösterreichischen Versicherungskasse für Angestellte u. der Burgenländischen Versicherungskasse für Angestellte, Deleg. in Hauptanstalt für Angestelltenversicherung. Ab 1927 Vorlesungstätigkeit über Völker-, Staats- u. Sozialrecht an Volkshochschule Wien; RedSekr. *Zeitschrift für öffentliches Recht,* Mitgl. *Internat. Law Assn.;* Okt. 1930 wiss. Assist. am Inst. für Völkerrecht und internationales Recht, Univ. Köln (Hans Kelsen). Ab 1933 ltd. Beamter des Bureau International de Travail (BIT = Internationales Arbeitsamt bzw. International Labour Office/ILO), Febr. 1931-Juni 1940 Sektionsmitgl. der Sozialvers.-Abt. des BIT, Okt. 1937-Febr. 1938 Mitarb. der Abt. für Arbeitsbedingungen, 1933-40 Hg. *Revue internationale de la théorie de droit.* 1940 als Berater der bras. Reg. in Fragen der Sozialvers. nach Brasilien, nahm wahrscheinl. aus formellen Gründen (Weiterbeschäftigung bei BIT setzte nicht-dt. Staatsangehörigkeit voraus) die bras. Staatsangehörigkeit an. Mitgr. u. neben Dr. Amelio Faccioli-Grimani, Ludwig Kummer, Alfred Marterer u. Hubert Schönfeldt VorstMitgl. *Austria Livre Brasilien* (vermutl. Anfang 1942 nach Abbruch der diplomat. Beziehungen zwischen Brasilien u. Deutschland als Verein von bras. Behörden anerkannt). Ende 1943 Mitgr. *Comite de Proteção dos Intereses Austriacos no Brasil,* Sekr. u. enger Mitarb. des Vors. → Anton Retschek. Verbindung zur konservativ-legitimistischen österr. Emigr. in den USA, inoffiz. Mitgl. *Free Aus-*

trian Movement in den USA (→ Hans Rott). 1945 Rückkehr nach Genf, März 1945-Febr. 1948 erneut Sektionsmitgl. der Sozialvers.-Abt.; 1947-49 GenSekr. International Social Security Assn., Febr. 1948-Juli 1959 Ltr. der Abt. Internat. Organisationen, zunächst in Montreal, später in New York; ab 1952 Ltr., ab 1954 Dir. des Verbindungsbüros mit der UN in New York. Aug. 1959-Juni 1963 erneut Ltr. der Abt. Internat. Organisationen in Genf. Ab Juli 1963 AbtLtr., mit Sonderaufgaben betraut. - *Ausz.:* u.a. Großes Goldenes Ehrenzeichen für Verdienste um die Rep. Österreich.

W: u.a. Bibliographie der Reinen Rechtslehre. 1934; Die rechtliche Stellung der Ausländer in der österreichischen Sozialversicherung. 1936; Problemas atuais de seguro social. Rio de Janeiro (A. Coelho Branco F.) 1944; Law, State and International Legal Order (Hg.). 1964; Hans Kelsen. Leben und Werk. 1969; 33 Beiträge zur Reinen Rechtslehre (Hg.). 1974; zahlr. Abhandlungen in jur. Fachzs. *Qu:* Arch. Hand. - IfZ.

Meth (bis 1897 [?] Fracht), **Jakob** David, Parteifunktionär, Journalist; geb. 7. Juni 1885 Lemberg/Galizien; jüd., 1904 (?) Diss.; *V:* Moses Meth (Menkes), jüd., Kürschnergehilfe; *M:* Rachel Fracht, jüd., Marktfrau; ∞ 1919 Elise Hünecke (1880-1960), ev., Fabrikarb., Pflegerin, Buchhalterin, Emigr. S; *K:* Gabriele Waik (geb. 1913), 1934 zus. mit späterem Ehemann (Juli 1941 verhaftet, verschollen) nach Leningrad, Sept. 1941 Verhaftung, Dep. nach Sibirien, 13 Mon. Untersuchungshaft in Mariinsk/Amur, anschl. Zwangsarb., 1946 nach Freilassung Verbannung in Vereščagino b. Perm, 1953 nach Stalins Tod zum Vater nach S; *StA:* österr., 1953 S. *Weg:* 1938 S.

Goldarbeitergehilfe, 1890 Mitgl. *Verein jugendlicher Arbeiter* in Wien, ab 1903 VorstMitgl. *Verband jugendlicher Arbeiter Österreichs.* 1910-13 Gr. von Ortsgruppen des *Arbeitervereins Kinderfreunde,* 1914-16 Vereinssekr. in Wien; Mitgl. SDAP. 1916-18 Soldat im 1. WK; Mitgl. *Verband der Metallarbeiter Österreichs.* 1927-34 Red. *Das Kleine Blatt.* 1934 nach den Februarkämpfen Mitgl. des sog. Schattenkomitees aus ehem. Parteired. u. Mitarb. vor allem der *Arbeiter-Zeitung,* auf dessen Initiative die erste zentrale Fünfergruppe (später ZK) der RSÖ unter → Manfred Ackermann gebildet wurde. Bis 1938 Händler auf dem Karmelitermarkt in Wien, daneben illeg. Arbeit. Sept. 1938 Emigr. Schweden. Nach Kriegsausbruch Mitgl. *Klub österreichischer Sozialisten* in Stockholm, vermutl. Mitgl. *Gruppe österreichischer Gewerkschafter in Schweden* unter → Josef Pleyl. Maßgebl. an Diskussion der österr. Sozialisten um die Gestaltung Österr. nach dem Krieg beteiligt, vertrat 1942 (?) den Gedanken der Wiederherstellung Österr. im Rahmen eines übergreifenden Staatenbundes. Ab 1944 Mitgl. *Österreichische Vereinigung in Schweden* unter → Bruno Kreisky. Mitarb. zahlr. schwed. GewZtg. u. dt.-sprachiger Ztg., Ps. Otto Vild. Blieb nach Kriegsende in Schweden, Mitgl. sozdem. Partei Schwedens. 1949-50 Archivarb. im Svenska Institut Stockholm. Red. der Zs. *Österreich.* Mitarb. u.a. *Die Zukunft* Wien. Lebte 1975 in Huddinge/Schweden.

L: Stadler, Opfer; Müssener, Exil. *Qu:* Arch. Fb. Publ. Z. - IfZ.

Metzger, Kurt L., Dr. phil., Rabbiner; geb. 10. Dez. 1909 Nürnberg; *V:* Nathan M. (geb. 1877 Buttenwiesen b. Donauwörth/Schwaben, 1942 umgek. KL Theresienstadt), Versicherungsvertr.; *M:* Sali, geb. Habermann (geb. 1875 Lisberg b. Bamberg/Franken, gest. 1942 Fürth), Hebamme; ∞ 1942 Lore R. Scharff (geb. 1920 Landau/Pfalz), 1938 Emigr. USA, Lehrerin an jüd. Schule; *K:* Ralph Bernard (geb. 1945), Ltr. eines Beerdigungsunternehmens; *StA:* deutsch, USA. *Weg:* 1939 USA.

1929-34 Stud. Breslau u. Erlangen, 1934 Prom. Würzburg. 1929-35 Stud. Jüd.-Theol. Seminar Breslau, 1939 Rabbinerexamen; 1935-38 BezRabbiner Isr. Kultusgde. Landau/Pfalz, 1936-38 Schriftltr. *Das Jüdische Nachrichtenblatt für die Rheinpfalz,* 1938-39 BezRabbiner Isr. Kultusgde. Nürnberg; Nov. 1938 zeitw. KL Buchenwald, Beschlagnahme der Bibliothek. 1939 Emigr. USA, Unterstützung durch *Nat. Council of Jew. Women;* 1940-41 Rabbiner Congr. B'nai Israel in Connelsville/Pa., 1941-42 Temple of Israel in Amsterdam/N.Y., 1942-62 Temple Beth-El in Glens Falls/N.Y., 1962-70 Temple Beth-El in Bradford/N.Y. u. Temple B'nai Israel in Olean/ N.Y., 1970-72 Temple Beth-Am in Pearl River/N.Y., ab 1973 Temple Beth-El in Monroe/N.Y. Zugl. 1946-73 Rabbiner für Verbände, Krankenhäuser u. Strafanstalten in N.Y. Ab 1972 rabbin. Berater *Central N.Y. Fed. of Temple Youth.* 1967-70 Prof. für bibl. Altertum am Christ the King-Seminary der St. Bonaventure Univ./N.Y., zahlr. ltd. Positionen in gemeinnützigen Org., u.a. 1944-46 Vizepräs. Glens Falls Zion. District, 1957-58 Präs. *Charles Gelman Lodge* des *B'nai B'rith* Glens Falls/N.Y., Präs. *Am. Jew. Correctional Chaplains Assn.,* 1966-68 Präs. *Olean Lodge* des *B'nai B'rith,* 1968 Vors. UJA in Bradford/Pa., ab 1941 Mitgl. CCAR, ab 1946 *N.Y. Board of Rabbis,* Mitgl. *Rotary Club, Am. Jew. Committee,* ZOA, Freimaurerloge Glens Falls, Mitgl. Mohican Council der *Boy Scouts of Am., Council of Churches* Glens Falls, 1968 Mitwirkung bei Denkmalseinweihung in Erinnerung an die Juden in Landau/Pfalz, Ehrenrabbiner Isr. Kultusgde. Nürnberg. Lebte 1977 in Monroe/N.Y. - *Ausz.:* 1955 ADL Citation, 1966 D.H.L. h.c. H.U.C.-J.I.R.

W: Jüdische Wanderung. 1937; Students Prayer Book. 1950; Syllabus of Jewish Holidays. 1960; Manual for Jewish Correctional Chaplains. 1962; Manual for Chaplains in Correctional Institutions, State of N.Y. 1962; Songs and Prayers of Israel. - A Transliteration from the Prayerbook. 1972. *Qu:* Arch. Fb. Hand. Publ. - RFJI.

Meusel, Alfred Theodor Helmut, Dr. rer. pol., Hochschullehrer, Verbandsfunktionär; geb. 19. Mai 1896 Kiel, gest. 10. Sept. 1960; *V:* Richard Karl M. (1864-1926), Studienrat; *M:* Magdalene Auguste, geb. v. Pankow (1865-1910); *G:* Elisabeth (1899-1920), Magdalene Antonie; ∞ Meta Weber (geb. 1895), 1934 Emigr. DK, GB, 1946 Deutschland (Berlin); *StA:* deutsch, 3. März 1938 Ausbürg., deutsch. *Weg:* 1934 DK, GB; 1946 Deutschland (Berlin).

1914 Abitur, Kriegsfreiwilliger (Lt.), nach Verwundung Stud. Wirtschaftswiss., Soziologie u. Phil. Kiel, Berlin u. Hamburg. Während der Novemberrevolution Vors. sozialist. Studentenschaft Univ. Kiel u. Mitgl. USPD-Ortsvorst., März 1922 Prom. (*Untersuchungen über das Erkenntnisobjekt bei Marx.* Jena 1928), danach Assist. Wirtschaftswiss. Inst. TH Aachen; nach Spaltung der Rest-USPD 1922-25 SPD. Juli 1923 Habil. Volkswirtsch. u. Soziologie *(Zur Soziologie der Abtrünnigen),* ab Dez. 1926 a.o. Prof. u. ab Mai 1930 o. Prof. Volkswirtsch. u. Soziologie TH Aachen. 1930 Gr. *Sozialwissenschaftliche Arbeitsgemeinschaft* zur theoret. Auseinandersetzung mit natsoz. Ideologie, ab 1930 Ortsvors. *Gesellschaft der Freunde des neuen Rußland,* 1931 Dekan der Fak. für allgem. Wiss.; Mai 1933 Suspendierung, Apr.-Mai u. Juni-Sept. Schutzhaft, Okt. Entlassung aus dem Staatsdienst; Apr. 1934 nach Dänemark, Stipendiat *Society for the Protection of Science and Learning.* Dez. nach GB, Stipendiat *Academic Assistance Council.* Mitunterz. Volksfrontaufruf v. Dez. 1936/Jan. 1937; 1937 KPD, Sept. 1938 Mitgl. u. Mitunterz. beider Aufrufe des *Ausschusses der deutschen Opposition,* Mitgr. u. VorstMitgl. FDKB, Vors. *Friends of the German People's Front* u. 1939-40 Hg. *Inside Nazi Germany.* Bei Kriegsausbruch Internierung, 1942 Mitgr. u. anschl. mit Arthur Liebert Dir. *Free German Institute* London, Sommer 1943 Mitgl. *Initiativausschuß für die Einheit der deutschen Emigration;* 25. Sept. 1943 Teiln. u. Hauptref. Grdsgskonf. FDB, Mitgl. ihres ArbAusschusses; enge Kontakte zu *Austrian Centre* (→ Franz West). Juli 1946 nach Berlin, SED, ab Sept. 1946 Prof. für pol. u. soziale Probleme der Gegenwart Univ. Berlin, ab Nov. Dekan, ab Sept. 1947 o. Prof. für Neuere Gesch. Als erster marxist.-leninist. eingestellter Lehrstuhlinh. der SBZ maßgebl. Anteil an Herausbildung parteiorientierter Geschichtsschreibung, Ltr. der ersten sog. Arbeitsgemeinschaft der Aspiranten für Geschichtswissenschaft. 1947 Mitgl. Deutscher Volkskongreß für Einheit und gerechten Frieden, 1948 Mitgl. Deutscher Volksrat, 1949-50 MdProvis. VK, 1950-60 MdVK; ab 1947 Mitgl. Präsidialrat u. ab 1954 Vizepräs. *Kulturbund zur demokratischen Erneuerung Deutschlands;* ab Grdg. Jan. 1952-Sept. 1953 Dir. Institut für Geschichte des deutschen

Volkes Univ. Berlin. Ab Grdg. Jan. 1952 Dir. Museum für Deutsche Geschichte Berlin (Ost), ab 1955 Vors. Ständiges Präsidium *Deutsche Begegnung* in der DDR, einer gesamtdt. Org. zur Propagierung der Deutschlandpol. der SED; ab 1958 Sekr. Klasse für Phil., Gesch., Staats-, Rechts- u. Wirtschaftswiss. der Deutschen Akademie der Wissenschaften. – *Ausz.:* 1953 Nat-Preis II. Kl., 1958 Med. für Kämpfer gegen den Faschismus 1933–1945, 1959 VVO (Silber).

W: u.a. Zur Soziologie der Abtrünnigen. 1923; Untersuchungen über das Erkenntnisobjekt bei Marx. 1928; List und Marx. 1928; Volk und Intelligenz. 1947; Kampf um die nationale Einheit in Deutschland. 1947; Die deutsche Revolution von 1848. 1948; Thomas Münzer und seine Zeit. 1952; zahlr. wiss. Aufs. in versch. Zs.; Mithg. *Zeitschrift für Geschichtswissenschaft* Berlin (Ost). *L:* Alfred Meusel zum Gedenken. In: ZfG 7/1960; Timm, Albrecht, Das Fach Geschichte in Forschung und Lehre in der Sowjetischen Besatzungszone Deutschlands seit 1945. 1965; GdA; GdA-Chronik; Röder, Großbritannien; Duhnke, KPD; Streisand, Joachim, Alfred Meusels Weg vom bürgerlich-demokratischen Soziologen zum marxistisch-leninistischen Historiker. In: BZG 1975, S. 1021–31. *Qu:* Arch. Hand. Publ. Z. – IfZ.

Meuter, Paul, Parteifunktionär; geb. 9. Okt. 1903 Solingen; *V:* August M. (1867–1946), Schleifer; *M:* Emilie, geb. Becker (1875–1955); *G:* 4; ∞ I. Elfriede Völkner, gesch.; II. Henriette Friedrich, Schweizer Staatsangehörige; *StA:* deutsch. *Weg:* 1935 CH; 1945 Deutschland (BBZ).

Schleifer; Mitgl. DMV, 1929 KPD, ab Anfang 1932 Sicherheitsbeauftragter UnterbezLtg. Solingen, Jan. 1935 wegen drohender Verhaftung nach Düsseldorf, illeg. Tätigkeit. Nov. 1935 Emigr. in die Schweiz; verantwortl. für Sicherheits- u. Abwehrfragen in AbschnLtg. Süd (Deckn. Erwin), zeitw. Verbindungsmann zur kommunist. Gruppe am Zürcher Schauspielhaus u. zur sozdem. Emigr. Nach Kriegsausbruch in der Illegalität, 1942 Verhaftung, Internierung, 1944 stellv. Mitgl. Provis. Ltg. u. ab 2. Landeskonf. v. 27. Mai 1945 Mitgl. Landesvorst. BFD; Deleg. beider KPD-Landeskonf. – Nov. 1945 Rückkehr nach Solingen, Agitprop-Ltr. der KPD-Stadtltg., ab März 1946 gleichz. Lokalred. *Freiheit* Düsseldorf. Febr. 1946–1951 StadtVO. Solingen (Vors. Kulturausschuß), ab Okt. 1946 1. Sekr. der KPD-Stadtltg., ab Juli 1950 Zentralsekr. *Helmut-von-Gerlach-Gesellschaft* für die BRD. Sept. 1951 Übersiedlung nach Dresden, Sekr. der Stadtltg. des *Kulturbunds zur demokratischen Erneuerung Deutschlands,* ab Nov. 1960 Stadtrat für Volksbildung u. Kultur, Nov. 1960–Jan. 1967 Dir. *Dresdnerklub.* Lebte 1977 in Dresden.

L: Bergmann, Schweiz; Sbosny, Inge/Schabrod, Karl, Widerstand in Solingen. 1975; Teubner, Schweiz. *Qu:* Arch. Pers. Publ. – IfZ.

Mewes, Reinhold Ernst Lorenz; geb. 6. Sept. 1901 Wien, hinger. 13. Dez. 1943; *V:* August Albert Alexander M. (geb. 1866), ev., Ing.; *M:* Adeline Johanna, geb. List (geb. 1866), ev.; *Weg:* 1939 F, 1940 Deutschland.

Gymn., 1918 Soldat, dann Landwirtschaftspraktikant u. Bergmann im Ruhrgeb. 1931 KPD. Anhänger der nationalbolschewist. Gruppe um den ehem. Führer des *Freikorps Oberland* Dr. Josef (Beppo) Römer. 1932 Mitgr. u. anschl. Ltr. *Aufbruch-Arbeits-Kreis* (AAK) Duisburg. 1933 in enger Verb. mit Römer u. KPD illeg. Druckschriftenvertrieb im Raum München, im Herbst Verhaftung, Juni 1934 Urteil 1 J. u. 8 Mon. Gef., nach Strafverbüßung bis Apr. 1939 KL Dachau. Aug. 1939 über Schweiz nach Frankr., Sept. 1939 Verhaftung, Mai–Nov. 1940 Prestataire in Arbeitskompanie, Nov. 1940 Festnahme durch dt. Polizei, bis Sept. 1941 in Haft; danach Bergmann in Essen, in Verb. mit dem Kreis um Römer (Berlin) u. Hans Hartwimmer (München) Versuch zum Aufbau einer Widerstandsorg. aus ehemal. AAK-Anhängern im Ruhrgeb.; Febr. 1942 Verhaftung, Nov. 1943 VGH-Todesurteil.

L: Bludau, Gestapo; Peuckert, Ruhrarbeiter. *D:* IfZ. *Qu:* Arch. Publ. – IfZ.

Mewis, Karl, Parteifunktionär; geb. 22. Nov. 1907 Hannoversch-Münden; *V:* Schlosser, später Lokführer; ∞ 1939 Luise Dahlem, genannt Liesel, Tochter von → Franz Dahlem, aufgewachsen in Lothringen, nach 1933 F, ab 1939 S, 1945 Deutschland (SBZ), nach Entmachtung Dahlems 1953 gesch.; *K:* Katrin (geb. 1941 in S); *StA:* deutsch, Ausbürg., deutsch. *Weg:* 1932 UdSSR; 1934 Deutschland; 1935 UdSSR, Deutschland; 1936 CSR, DK; 1937 E; 1938 F, CSR, S; 1945 Deutschland (SBZ).

Schlosserlehre; *Bund Deutscher Jugend,* 1923 SAJ u. Übertritt zum KJVD, 1924 KPD; 1923 Vertrauensmann der Jungarbeiter der Eisenbahn-Werkstätten Kassel, 1924 wegen Zersetzungsarb. in der Reichswehr 6 Mon. Festungshaft, danach hauptamtl. Parteifunktionär, Vors. KJVD im Bez. Hessen-Waldeck u. Lokalred. für *Neue Arbeiterzeitung,* 1929 von → Hermann Matern nach Magdeburg geholt, 1930–32 OrgSekr. KPD-BezLtg. Magdeburg-Anhalt. Okt. 1932 Deleg. zur Lenin-Schule der *Komintern* nach Moskau, Dez. 1934 mit luxemburg. Paß über Amsterdam nach Köln, bis Mitte 1935 PolLtr. KPD-Bez. Niederrhein, Frühj. 1935 Teiln. an zwei Beratungen mit Franz Dahlem u. → Walter Ulbricht in Amsterdam über Org-Fragen der illeg. Arbeit bzw. Volksfronttaktik. Deckn. Fritz Arndt, Köbes. Juli 1935 Deleg. u. PräsMitgl. des 7. Weltkongresses der *Komintern* sowie Deleg. der sog. Brüsseler Konferenz der KPD Okt. 1937, Wahl zum Kand. des ZK der KPD. Deckn. Arndt, Karl Arndt. Anschl. über Prag nach Hamburg, bis Mitte 1936 PolLtr. KPD-Bez. Wasserkante. Deckn. Erwin. Danach nach Prag, Herbst nach Kopenhagen, Mitarb. AbschnLtg. Nord, Jan. 1937 nach Paris, dort von Ulbricht, mit dem M. schon früher sehr eng zusammengearbeitet hatte, als Nachf. von → Hans Beimler als KPD-Vertr. beim ZK der *Partido Socialista Unificado de Cataluña* (PSUC) in Barcelona eingesetzt, gleichz. Ltr. *Militärkomitee für Ausländer an der Aragonfront,* nach Abberufung Dahlems Dez. 1937 gemäß *Komintern*-Beschluß dessen Nachf. in der Zentralen Politischen Kommission der Internat. Brigaden in Albacete, enge ZusArb. mit → Arthur Illner u. → Erich Mielke, Doz. KPD-Parteischule in Benicasim, Mitgl. *Arbeitsausschuß der deutschen Sozialisten und Kommunisten in der XI. Brigade* u. Hauptref. Einheitsfrontkonf. dt. Sozialisten u. Kommunisten v. 13. März 1938 in Valencia. Deckn. Fritz Arndt. Apr. 1938 infolge grundsätzl. Differenzen u. Bruch mit André Marty anläßlich ergebnisloser KPD-Bemühungen um teilw. Freistellung dt. Kader der Internat. Brigaden für den innerdt. Widerstandskampf angesichts des sich abzeichnenden Mißerfolges der span. republ. Reg. (s. Dahlem) nach Paris, Legalisierung als staatenloser Flüchtling (Nansenpaß). Mit Inspektion der KPD-Ltg. Skandinavien beauftragt, dann Aug. 1938 nach Prag, Ltr. AbschnLtg. Zentrum, enger Kontakt zu → Johann Koplenig (KPÖ) u. zur KSČ-Führung, nach Abschluß des Münchener Abkommens mit → Wilhelm Koenen Org. der Evakuierung der AbschnLtg., Nov. nach Paris u. im gleichen Monat über Kopenhagen nach Stockholm, dort illeg. Ltr. der neueingerichteten AbschnLtg. Zentrum. Jan. 1939 Deleg. der sog. Berner Konferenz der KPD, in der dortigen Auseinandersetzung Vertreter orthodoxer Einheitsfronttaktik, Wahl zum ZK-Mitgl. Nach Kriegsausbruch mit Hg. der *Deutschen Volkszeitung* beauftragt, von der jedoch nur eine Ausgabe in Oslo erscheinen konnte; Nov.–Dez. 1939 Beratungen mit EKKI- u. KPD-Führung in Moskau über Auswirkungen des dt.-sowj. Vertrages auf künftige Pol. der Partei. Beschluß über Einstellung der Tätigkeit der KPD-AbschnLeitungen u. Einsetzung einer illeg. Landesltg., zu deren Mitgl. neben M. → Herbert Wehner u. → Heinrich Wiatrek bestellt wurden, mit dem Ziel ihrer baldigen Einrichtung im Reich u. Aufbau einer illeg. KPD-Org. mit Hilfe der Kader der bisherigen AbschnLeitungen. Ende Dez. 1939 nach Stockholm, Jan 1940 Auflösung der AbschnLtg., wegen ineffektiver Parteiarb. u. Verdachts der Unterwanderung durch Gestapo Nov. 1940 durch *Komintern*-Abgesandten Illner u. ab Jan. 1941 durch den designierten KPD-Reichsltr. Wehner überprüft, Paralysierung der pol. Arbeit infolge personal., org. u. ideolog. Differenzen mit Wehner; ein halbes Jahr nach dessen Verhaftung wurde auch M. am 19. Aug. 1942 durch die schwed. Polizei festgenommen u. bis Sommer 1943 in Smedsbo interniert. Nach Grdg. des NKFD in Moskau revidierte M. seine orthodoxe Meinung über die führende Rolle der Arbeiterklasse u. entwickelte sich zu einem der aktivsten Verfechter der Zus-Arb. mit bürgerl. u. sozdem. Exilgruppen, ab Herbst 1943 LtgMitgl. *Landesgruppe deutscher Gewerkschafter in Schweden,* Mitunterz. *Aufruf zur Sammlung der Deutschen in Schweden* v. 28. Okt. 1943 u. GrdgAufruf des FDKB v. Jan. 1944; Mitgl. FDKB; ab Konstituierung der KPD-Landesltg. 1944 deren Vors., Okt. 1944 Mitgr. u. anschl. bis Dez. 1945 Sekr. *Arbeitsausschuß deutscher antinazistischer Organisationen in Schweden,* dessen parteipol. Zusammensetzung eine einmalige Erscheinung innerh. des dt. Exils darstellt (Juni 1945 in *Zentralstelle deutscher antinazistischer Organisationen in Schweden* umbenannt). – Weiterer Deckn. Karl Meinhard. Nach Kriegsende ging aus diesem Kartell das *Hjälpkomitten för tyska och statslösa offer för koncentrations lägren (Hilfskomitee für deutsche und staatenlose Opfer der Konzentrationslager,* ab 1946: *Demokratisches Hilfskomitee für Deutschland)* hervor. In Schweden zahl. Leitart. u. programmat. Beiträge in *Die Welt* sowie Hauptmitarb. *Politische Information* Stockholm. Dez. 1945 illeg. Rückkehr nach Mecklenburg, dort bis März 1946 Parteifunktionär, 1946–49 Sekr. SED-Landesltg. Groß-Berlin, StadtVO. Berlin; 1949–50 MdProvis. VK u. 1950–63 MdVK; 1949–51 2. Sekr. u. 1951–52 1. Sekr. SED-Landesltg. Mecklenburg, 1950–52 Kand. u. ab 1952 Mitgl. ZK der SED, 1952–61 1. Sekr. SED-BezLtg. Rostock, Mitgl. Büro der BezLtg. u. Abg. des BezTages; 1958–63 Kand. u. 1960–63 Mitgl. PolBüro des ZK der SED, Staatsrat der DDR, Juli 1961– Jan. 1963 Min. u. Vors. Staatliche Plankommission. M., der sich als 1. Sekr. des SED-Bez. Mecklenburg insbes. durch den Ausbau des Rostocker Hafens eine Machtstellung in der SED-Führung sicherte u. sie durch engste ZusArb. mit Ulbricht bei der Einleitung der Kampagne zur Beendigung der Zwangskollektivierung der Landwirtschaft in der DDR 1960 noch weiter ausbaute, wurde aufgrund der 1962/63 aufgetretenen Folgen der SED-Wirtschaftspol. (Versorgungskrise) im Zuge der Liberalisierung u. Verfachlichung der SED-Führung 1963 entlassen; 1963–68 Botschafter in Polen, danach Parteiveteran. Lebte 1976 in Berlin (Ost). – *Ausz.:* u.a. 1954 VVO (Silber), 1956 Hans-Beimler-Med., 1957 Banner der Arbeit, 1958 Med. für Kämpfer gegen den Faschismus 1933–1945, 1960 VVO (Gold), 1961 Arthur-Becker-Med. (Gold), 1967 Karl-Marx-Orden, 1970 Ehrenspange zum VVO (Gold).

W: Im Auftrag der Partei (Erinn.). 1972; zahlr. Aufs. in Ztg. u. Zs. (u.a. *Die Einheit, Die Wirtschaft*). *L:* GdA; Hochmuth/Meyer, Streiflichter; Sywottek, Volksdemokratie; Duhnke, KPD; Müssener, Exil; Dahlem, Vorabend; Wehner, Untergrundnotizen. *Qu:* Arch. Erinn. Hand. Publ. Z. – IfZ.

Meyer, Ernst, Dr. (jur.?), Richter, Journalist. *Weg:* 1933 Saargeb.; 1935 F; nach 1945 Österr., Saargeb.

Vor 1933 LG-Rat; nach natsoz. Machtübernahme Emigr. an die Saar, Red. von *Westland* (→ Siegfried Thalheimer); nach Rückgliederung des Saargeb. an Deutschland Emigr. nach Frankr. Nach Kriegsende Chef der Informationsabt. der franz. MilReg. in Wien, Rückkehr an die Saar u. Chefred. von *Tele,* der einzigen saarländ. Nachkriegsillustrierten.

L: Schneider, Saarpolitik und Exil. *Qu:* Arch. Publ. – IfZ.

Meyer, Ernst Hermann, Dr. phil., Komponist u. Musikwissenschaftler, Funktionär; geb. 8. Dez. 1905 Berlin; *V:* Arthur M., Arzt; *M:* Margarete, geb. Hermann; ∞ verh.; *StA:* deutsch. *Weg:* 1933 GB; 1948 Deutschland (Berlin).

Angest., 1927–30 Stud. Musikwiss. Univ. Berlin u. Heidelberg, 1930 Prom. bei Heinrich Besseler in Heidelberg über *Die mehrstimmige Spielmusik des 17. Jahrhunderts.* 1930 KPD, ab 1930 Stud. Komposition Musikhochschule Berlin; 1930–32 Mitarb. *Die Rote Fahne* Berlin, 1931–33 aktiv in Arbeitersängerbewegung. 1933 Emigr. GB, Gelegenheitsarb., Gr. u. Dirigent des Chors des FDKB; Mitgl. *Workers' Music Assn.;* 1942 Lektor Univ. Cambridge. 1948 Rückkehr nach Berlin, Mitgl. SED, Prof. mit Lehrstuhl für Musiksoziologie u. Dir. Institut für Musikwissenschaft an der Humboldt-Univ. Berlin, 1950 GrdgMitgl. Deutsche Akademie der Künste zu Berlin (DAK), 1950–53 Sekr. Sektion Musik u. ab 1965 DAK-Vizepräs.; ab 1951 Hg. *Musik und Gesellschaft,* ab 1952 ZV-Mitgl. des *Verbandes Deutscher Komponisten und Musikwissenschaftler* (VDK), 1963–71 Kand. u. ab Juni 1971 Mitgl. ZK der SED, 1965–71 Präs. Musikrat der DDR, ab Juni 1967 Präs. *Händel-Gesellschaft der DDR,* ab 1967 Mitgl. *Arnold-Zweig-Komitee,* ab Nov. 1968 Präs. VDK. Mitgl. *Royal Music Society* London. Lebte 1976 in Berlin (Ost). – *Ausz.:* u.a. NatPreis für Kunst und Literatur (1950 3. Kl., 1952 2. Kl., 1963 1. Kl.), 1955 VVO (Silber), 1958 Med. für Kämpfer gegen den Faschismus 1933–1945, 1963 Händel-Preis, 1964 Verdienstmed. der DDR u. Johannes-R.-Becher-Med. (Gold), 1965 Dr.phil. h.c. Martin-Luther-Univ. Halle-Wittenberg, 1966 Erich-Weinert-Med., 1969 Banner der Arbeit, 1971 VVO (Gold).

W: u.a. Vokalsinfonik: Nun Steuermann. 1946; Vier Gesänge für Orchester. 1949; Mansfelder Oratorium. 1950; Des Sieges Gewißheit. 1952; Der Flug der Taube. 1952; Die Felswand. 1953; Gesang der Jugend. 1957; Das Tor von Buchenwald. 1959; Jahrhundert der Erstgeborenen, Kantate für Tenor-Solo, Chor und Orchester. 1961; weitere Kantaten. – Orchesterlieder. 1962. – Lieder für Chor; über 120 Lieder für Singstimme u. Klavier nach Texten von Becher, Brecht, Kuba, Fürnberg, Layh u.a.; Jugendlieder. – Orchesterwerke: Sinfonie für Streicher. 1947; Sinfonischer Prolog. 1949; Musiken für die Deutschen Turn- und Sportfeste. 1956/1959; Konzertante Sinfonie für Klavier und Orchester. 1961; Poem für Viola und Orchester. 1962; Sinfonisches Vorspiel. 1963; Konzert für Violine und Orchester. 1965. – Kammermusik: Thema mit Variationen. 1935; Klarinetten-Quintett. 1944; Suite für zwei Trompeten, zwei Klaviere, Schlagzeug und Pauken. 1944/1955; Klaviertrio. 1948; Aus dem Tagebuch eines kleinen Mädchens, neun Klavierstücke. 1946; Streichquartett Nr. 1. 1956; Streichquartett Nr. 2. 1959. – Filmmusiken. – Publikationen: u.a. Gesunkenes Kulturgut? 1930; Die mehrstimmige Spielmusik des 17. Jahrhunderts. 1933; Die Lage der zeitgenössischen Musikwissenschaft. 1938; Die Vorherrschaft der Instrumentalmusik im niederländischen Barock. 1938/39; English Chamber Music. London 1946 (dt.: 1958); Musik im Zeitgeschehen. 1952; Die nationale Intonation im deutschen Volkslied. 1953/54; Aufsätze über Musik. 1957; Die Entstehung der sinfonischen Musik. 1959. (S. a. *Dokumentation der Zeit,* 1969/H. 23, S. 34.) *Qu:* Arch. Hand. Z.-IfZ.

Meyer, Ernst Wilhelm, Dr. jur. et rer. pol., Diplomat; geb. 2. Apr. 1892 Leobschütz/Oberschlesien, gest. 15. Mai 1969 Berlin; ev.; *V:* Paul Eduard M., LG-Rat; *M:* Martha, geb. Krause; ∞ 1937 Annemarie Mascow; *StA:* deutsch, 9. März 1938 Ausbürg., deutsch. *Weg:* 1937 USA; 1947 Deutschland (ABZ).

Ab 1910 Stud. Rechtswiss. Breslau u. Straßburg, 1914 Prom., 1914–19 Kriegsteiln. (Lt.), 1919 Referendar, 1921 Assessor, anschl. im auswärt. Dienst: 1923 Legationssekr. Athen, 1925 Belgrad, 1926 Legationsrat Berlin, ab 1931 Gesandtschaftsrat Washington/D.C., Mai 1937 Ausscheiden auf eigenen Wunsch. Ab 1938 in New York, u.a. Vorträge über NatSoz. u. Christentum in Verb. mit der US-Sektion des Weltkirchenrats. 1939 Doz. Adelphi College, Long Island, ab 1940 Prof. für internat. Recht u. pol. Wiss. an Bucknell Univ., Lewisburg/Pa. – 1947 Rückkehr, Lehrbeauftragter für pol. Wiss. Univ. Marburg u. Frankfurt/M., ab 1949 o. Prof. Frankfurt. 1952–57 Botschafter Neu-Delhi, 1957–65 SPD-MdB, daneben Honorarprof. Univ. Frankfurt/M. – *Ausz.:* Gr. BVK mit Stern.

W: u.a. Der Kampf um die deutsche Außenpolitik. 1931; Die Grundlagen für den Frieden mit Deutschland. 1950. *Qu:* Arch. Hand. – IfZ.

Meyer, Franz (Elieser), Dr. phil., Verbandsfunktionär; geb. 26. Dez. 1897 Breslau, gest. Mai 1972 Tel Aviv; jüd.; ∞ Meta Rossmann (gest. 1954); *StA:* deutsch, Pal./IL. *Weg:* 1939 Pal.

1920 Prom. Breslau; Mitgl. *Jüdischer Wanderverein 1907* (1912 Zusammenschluß mit *Blau-Weiß*), Mitgl. K.J.V.; Mitarb. im väterl. Betrieb, VorstMitgl. Jüd. Gde. Breslau, 1923–24 Ltr. Jüd. Arbeitsamt Berlin, 1933–39 geschäftsf. Vors. *Palästina-Amt*

Berlin, 1933-36 GenSekr., 1937-39 geschäftsf. Vors. ZVfD, Mitgl. geschäftsf. Ausschuß u. 1936-39 Geschäftsf. *Reichsvertretung*, Vertr. zion. Interessen in der *Reichsvertretung*, Unterstützung der Emigr. nach Palästina, u.a. Auswanderungshilfe für Gruppe jüd. Bauern u. Kleinhändler aus Süddeutschland. 1939 Emigr. Palästina, 1939-48 Praxis als Wirtschaftsberater. 1948-62 Wirtschaftsberater für isr. Reg., zugl. 1957-62 (?) Stud. Phil. Univ. Tel Aviv. 1954-72 VorstMitgl. LBI Jerusalem u. Mitgl. I.O.M.E.

W: Zur systematischen Stellung der Descarte'schen Irrtumstheorie. (Diss.) 1920; Die Gesellschaft der Freunde des Leo-Baeck-Instituts. In: Bulletin LBI, 1957; Bemerkungen zu den „Zwei Denkschriften". In: Zwei Welten. 1962; Der Breslauer Bund. 50 Jahre Blau-Weiß (Hg. F.W. Pollack). 1962; Einleitung zur Denkschrift von Georg Weissmann. In: Bulletin LBI, 1963; Ernst Cassirer. 1969; Art. u. Buchbesprechungen in Mitteilungsblatt Tel Aviv, Mitarb. an Festschriften u. Zs. *L:* Gross, Walter, The Zionist Student Movement. In: Yearbook LBI, 1959; Lichtheim, Zionismus; Meilensteine; Weissmann, Georg, Die Durchsetzung des jüdischen Minderheitsrechts in Oberschlesien 1933-1937. In: Bulletin LBI, 1963. *Qu:* Publ. Z. - RFJI.

Meyer, Franz Wilhelm, Parteifunktionär; geb. 2. Mai 1906 Gelsenkirchen; *StA:* deutsch, 25. Jan. 1940 Ausbürg. *Weg:* 1934 B; Deutschland.

Zeichner u. Kunstmaler; PolLtr. KJVD Gelsenkirchen, später Kassierer KPD-Unterbez. Gelsenkirchen u. führende Stellung in *Rote Hilfe;* nach 1933 in der Illegalität, 1934 Emigr. nach Belgien (Antwerpen); dort längere Zeit im Exil, dann Rückkehr nach Deutschland, Festnahme durch Gestapo u. Haft. Lebte später in Paderborn.

Qu: Arch. Pers. - IfZ.

Meyer, Hans B., Journalist; geb. 21. Jan. 1905 Berlin; ∞ 1953 Ingeborg Scherwinsky; *K:* Frances Jane; *StA:* deutsch, 1945 USA. *Weg:* USA.

Realgymn., 1920-23 Stud. Volkswirtsch. Berlin, anschl. journ. Tätigkeit, 1927-33 Red. *Berliner Tageblatt.* Emigr. USA, ab 1936 in New York als Wirtschaftsstatistiker u. im Bankfach tätig. Ab 1942 bei OWI, zuletzt AbtLtr., ab 1946 im US-Außenmin., 1946-47 Ltr. dt. Abt. der *Voice of America,* 1947-49 Ltr. Zentrale Rundfunkkontrolle bei OMGUS, 1949-52 Radio Info. Specialist bei HICOG Berlin. Seit 1952 Rundfunk- u. Pressekorr. in Washington, D.C., u.a. für *Der Tagesspiegel,* Berlin. Mitgl. *Nat. Press Club* Washington. - Lebte 1978 in Washington D.C.

Qu: Hand. - IfZ.

Meyer, Hans Chanoch, Dr. phil., Rabbiner; geb. 3. Okt. 1909 Krone/Posen; *V:* Paul Paltiel M. (geb. Fordon/Posen); *M:* Emma Esther, geb. Gappe (geb. Krone); ∞ 1939 Traute Chaviva Schimmelsohn; *K:* Michael, Rafael. *Weg:* 1939 Pal., 1952 B; Deutschland (BRD).

1929 Jeschiwah Frankfurt/M., Stud. Berlin, 1933 Prom., Stud. Rabbinerseminar Berlin, 1938 Rabbinerexamen, 1933-38 Rabbiner u. ReligLehrer Gde. Ohel Jizchok Berlin; Nov. 1938 KL Oranienburg. 1939 Emigr. Palästina, 1939-40 Forschungsstipendium der Hebr. Univ., 1940-45 Landarb. in Kefar Atta, 1945-48 Ltr. eines *Jugend-Alijah*-Heims u. -Lagers. 1948-49 IDF-Dienst, 1949-51 Mitarb. im Arch. des isr. Verteidigungsmin.; 1952 nach Belgien, 1952-53 Dir. Tachkemoni-Schule Antwerpen. Später nach Deutschland (BRD); 1958-63 Landesrabbiner für Westf. in Dortmund. Seit 1969 Doz. für jüd. Gesch. Ruhr-Univ. Bochum.

W: Synagoge, Kultgeräte und Kunstwerke. 1960; Aus Geschichte und Leben der Juden in Westfalen. (Hg.) 1962; Ernte der Synagoga. 1962; Max Lazarus, Erinnerungen. (Hg.) 1967; Heinemann Stern, Warum hassen sie uns eigentlich? (Hg.) 1970. *Qu:* Hand. Publ. - RFJI.

Meyer, Hans J., Dr. jur., Bankier, Diplomat; geb. 9. Dez. 1891 Berlin, gest. 26. Juni 1968 New York; jüd.; *V:* Paul Joachim M.; *M:* Johanna, geb. Schiff; *StA:* deutsch, USA. *Weg:* 1941 USA.

1913 Prom. Berlin, 1914 Referendar Heidelberg, 1915-18 bei Zentrale Einkaufsges. GmbH, 1919 Sekr. der dt. Deleg. bei den Versailler Friedensverhandlungen. 1920-25 ORegRat im Finanzmin. u. an dt. Botschaft in Paris; gleichz. stellv. Vors. der Kriegslastenkommission in Paris, Teiln. an Reparationskonf. 1920 in Brüssel, 1922 London u. 1922 Genua, beteiligt an Ausarb. des Dawes- u. Young-Plans. 1926-30 Bankier bei M. M. Warburg & Co. in Hamburg (Vetter von → Max Moritz Warburg), 1930-41 Geschäftsf. u. Teilh. Warburg & Co. Amsterdam. 1941 Emigr. USA, 1942-46 bei OSS in New York; 1947-68 Präs. von E.M. Warburg & Co. New York. 1942-54 Vors. Koordinierungskomitee u. VorstMitgl. UJA, 1943-68 Vizepräs., später Vors. Finanzkommission u. Exekutivmitgl. A.F.J.C.E., ab 1948 VorstMitgl. Palestine (später Isr.) Econ. Corp. New York, ab 1950 VorstMitgl. Isr. Corp. of Am., ab 1957 VorstMitgl. Holyland Corp. Jerusalem, ab 1943 Mitgl. Nat. Council u. VorstMitgl. J.D.C., VorstMitgl. *United Help,* Präs. *Jew. Philanthropic Fund of 1933,* aktiv in *New York Foundation for Nursing Homes,* Mitgl. *Acad. Pol. Science, Foreign Pol. Assn., English Speaking Union.*

W: Melchior als Mensch und Diplomat. Schlußwort. In: Carl Melchior - Ein Buch des Gedenkens und der Freundschaft. 1967. *Qu:* EGL. Publ. Z. - RFJI.

Meyer, Heinrich (Heino), Parteifunktionär; geb. 22. Mai 1904 Hamburg, gest. 1937 (?) UdSSR. *Weg:* 1934 UdSSR.

Lehrerseminar; 1923 Mitgl. KPD, Funktionärstätigkeit, 1925 Red. *Hamburger Volkszeitung* (HVZ), ab 1926 Mitgl. KPD-BezLtg. Wasserkante; Mai 1927 als verantwortl. Red. der HVZ zu 1 J. Festung verurteilt, Okt. 1927-Okt. 1928 Haft, danach Parteisekr. in Hamburg; 1929-31 Chefred. HVZ; ab 1932 im engsten MitarbKreis um den Parteiführer Ernst Thälmann. Dez. 1932 mit John Schehr verhaftet, nach natsoz. Machtübernahme bis Herbst 1934 im KL. Entlassung, Emigr. in die UdSSR, ab 1935 Sekr. des KPD-PolBüros, Okt. 1935 Teiln. an sog. Brüsseler Konferenz. Während der Stalinschen Säuberungen ums Leben gekommen.

L: Weber, Wandlung. *Qu:* Arch. Publ. - IfZ.

Meyer, Hermann, Parteifunktionär; geb. 10. Mai 1875 Birkenhain/Ostpr.; ∞ verh.; *K:* Horst M., SAJ, 1933 Emigr. Pal., 1936 E; Teiln. Span. Bürgerkrieg, zuletzt Kapitän (Hptm.); Dez. 1938 Rückkehr nach Pal., Polizeibeamter. *Weg:* 1933 Danzig, PL; 1935 CSR; 1939 GB.

1896 Mitgl. SPD Tilsit; 1904 Gemeindevertr. in Schönbaum, Krs. Danziger Niederung; 1913 StadtVO. Danzig u. hauptamtl. Parteifunktionär, BezVors. Danzig-Langfuhr. Teiln. 1. WK. 1922 Übersiedlung nach Berlin, Obmann Zeitungskommission u. VorstMitgl. SPD-Bez. Berlin-Schöneberg, Deleg. zur Konsumgenossenschaft. März 1933 verhaftet, bis Sept. gleichen Jahres KL Sonnenburg bei Frankfurt/Oder; Flucht nach Danzig, von dort nach Polen; Sept. 1935 Emigr. in die CSR, Mitgl. DSAP; nach der Besetzung der Rest-CSR Frühj. 1939 Emigr. nach Großbritannien.

Qu: Arch. - IfZ.

Meyer, Hermann M.Z., Buchhändler, Verleger; geb. 1901, gest. 1972 Jerusalem; jüd. *Weg:* 1937 (?) Pal.

Mitgl. zion. Jugendbewegung. 1924-37 Gr. u. Dir. *Soncino-Gesellschaft der Freunde des Jüdischen Buches* Berlin, Hg. hebr. u. jüd. klass. Ausgaben. 1937 (?) Emigr. Palästina, Verleger bes. auf dem Gebiet der isr. Kartographie; Buchhändler u. Antiquar.

W: Moses Mendelssohn-Bibliographie. 1965; Kohelet Mussar. Berichtigungen, Ergänzungen, Meinungen. In: LBB 41, 1968. *L:* LBB 38, 39 u. 42. *Qu:* Arch. HGR. Publ. Z. - RFJI.

Meyer, Ludwig (Louis), Dr. med. vet., Beamter; geb. 4. Juni 1882 Neunkirchen/Saar, gest. 24. März 1942 Baltimore/USA; jüd.; *V:* Joseph M. (1853-1929), Metzger; *M:* Fanny, geb. Bernheim (geb. 1857); ∞ I. 1916 Alice Loeb (geb. 1893); II. 1936 Germaine Uhry (geb. 1894), A: USA; *K:* Kurt Joseph Albert (geb. 1917), A: USA; *StA:* deutsch, 2. Jan. 1935 F. *Weg:* 1935 F; 1942 USA.

1903-24 Tierarzt bei Stadt Neunkirchen, zuletzt Schlachthofdir.; 1926 RegRat, 1927-35 ORegRat in Zentralverw. der saarländ. RegKommission (Dezernent für Nahrungsmittelverkehr u. Auslandsfleischbeschau). 27. Febr. 1935 Emigr. nach Saargemünd/Frankr., 1936 Berufung in das von der franz. Reg. eingerichtete *Office Sarrois* zur Betreuung saarländ. Flüchtlinge. Frühj. 1942 über Marseille u. Lissabon in die USA.

L: Schneider, Saarpolitik und Exil. *Qu:* Arch. Z. - IfZ.

Meyer, Oscar, Dr. jur., Politiker; geb. 18. Dez. 1876 Berlin, gest. 1. Jan. 1965 Oakland/Calif., USA; jüd., ev.; *V:* Hermann M., jüd., Konsul; *M:* Clara, geb. Levy, jüd.; ∞ 1911 Margarete Lindenberg (1891-1941), ev., Kindergärtnerin, Emigr.; *K:* → Hermann Meyer-Lindenberg; Brigitte Bermann (geb. 1914), 1933 Emigr. CH, 1939 GB, später USA; Susanne Lehmann (geb. 1918), Bibliothekarin, 1933 Emigr. CH, 1939 GB, später USA; *StA:* deutsch. *Weg:* 1933 CH; 1939 GB, CH; 1940 USA, Kolumbien; 1941 USA.

Stud. Rechts- u. Staatswiss. Breslau, Freiburg/Br., Berlin, bis 1903 jur. Vorbereitungsdienst. 1904-33 Syndikus Handelskammer Berlin, Mitgl. Börsenvorstand. 1908-20 StadtVO. Berlin-Charlottenburg, ab 1920 StadtVO. Berlin, ab 1921 stellv. StadtVO.-Vorsteher. 1915-18 Mitgl. Preuß. AbgHaus, 1919-21 Preuß. Verfassunggebende Landesvers. u. Parlament. Staatssekr. im Preuß. MdI. Mitgl. DDP/DSP, *Reichsbanner* u. *Demokratischer Klub* Berlin. 1924-30 MdR. 31. März 1933 Emigr. über Amsterdam nach Zürich, Aug.-Dez. 1939 Aufenthalt in GB, Rückkehr nach Zürich, Juni 1940 in Erwartung dt. Invasion über USA nach Bogotá, Jan. 1941 in die USA. Im Exil Kontakte zu emigr. Politikern, u.a. → Rudolf Hilferding, → Erich Koch-Weser, → Heinrich Brüning u. → Gustav Stolper. Vors. sog. *Berkeleyer Juristenkreis,* der Pläne für eine dt. Restitutionsregelung ausarbeitete. - *Ausz.:* 1931 Dr. oec. h.c. Handelshochschule Berlin; Gr. BVK mit Stern.

W: Zahlr. jur. u. volkswirtschaftl. Veröffentl., u.a. Kommentar zum Börsengesetz; Von Bismarck zu Hitler. Erinnerungen und Betrachtungen. New York 1944, Offenbach 1948². *L:* u.a. RhDG; Kaznelson, Siegmund, Juden im deutschen Kulturbereich. 1962²; Stephan, Linksliberalismus; Hamburger, Juden. *Qu:* Arch. EGL. Hand. Pers. Publ. - IfZ.

Meyer, Otto Friedrich, Dr. jur., Diplomat; geb. 18. Apr. 1906 Ludwigshafen; ∞ Christine Elisabeth Frank (geb. 1906); *StA:* deutsch, 2. Okt. 1943 Ausbürg., N, deutsch. *Weg:* 1937 N; 1940 S; nach 1945 Deutschland (BRD).

Stud. Rechtswiss., Versicherungsjurist. 1928 Mitgl. SPD, 1932 SAPD. Nach der natsoz. Machtübernahme illeg. Arbeit, 1937 Flucht nach Norwegen, von dort 1940 Schweden; Mitgl. SAPD-Gruppe Schweden, pol. Publizist, Mitarb. schwed. Presse; nach 1945 Rückkehr in die Bundesrepublik Deutschland u. Eintritt in den diplomat. Dienst, zuletzt Konsul. Lebte 1977 in Bad Bellingen/Baden.

W: Den tyska totaliteten och den engelska ordningen. Bidrag till världspolitiken och den kommande freden (Die deutsche Totalität und die englische Ordnung. Beiträge zur Weltpolitik und zum kommenden Frieden). 1943. *L:* Müssener, Exil. *Qu:* Arch. Publ. - IfZ.

Meyer-Leviné, Rosa, geb. Broido, Schriftstellerin; geb. 18. Mai 1890 Grodek b. Bialystok; *V:* Rabbiner; ∞ I. 1915 Dr. rer. pol. Eugen Leviné (geb. 1883 St. Petersburg, hinger. 1919 München), jüd., SPD, *Spartakusbund,* Teiln. Grdg.-PT der KPD, Apr. 1919 Mitgl. Vollzugsrat Münchner Räterepublik; II. 1922 Dr. phil. Ernst Meyer (1887-1930), Red. SPD-Zentralorgan *Vorwärts,* Mitgr. *Spartakusbund,* langjähr. Mitgl. KPD-Zentrale bzw. ZK, 1921-22 KPD-Vors., MdL Preußen; *K:* Erich (geb. 1916), Emigr., 24. März 1937 Ausbürg.; *StA:* russ., deutsch, 3. März 1936 Ausbürg. *Weg:* 1933 F; 1934 GB.

Mittlere Reife als Externe in Wilna, 1910/11 Gouvernante u. Sprachstud. in Heidelberg, erste Bekanntschaft mit Leviné, anschl. private Sprachlehrerin in Wilna. Als Mitgl. des jüd. Theaters Habimah auf Tournee nach Wien, dann Aufenthalt in Deutschland, Eheschließung mit Leviné, nach Sturz der Münchner Räteherrschaft kurzfristig Haft, Lebensrente durch sowj. Reg. - Nach 1920 im Rahmen der KPD propagandist. tätig, Ehe mit dem Parteiführer Ernst Meyer, Bekanntschaft mit prominenten dt. u. ausländ. Kommunisten, mehrere Reisen in die UdSSR. Nach Meyers Ausschaltung als sog. Versöhnler zuletzt nur noch Mitarb. in *Roter Hilfe.* 1930/31 Aufenthalt in Moskau, Tätigkeit in PropAbt. u. Korr. - Mai 1933 Emigr. von Nürnberg über die CSR nach Paris, Verb. u.a. zu Leo Trockij, → Willi Münzenberg u. → Otto Katz, angebl. gute Kontakte nach Deutschland, u.a. Verbreitung von Nachrichten über KL Dachau. Okt. 1934 Emigr. GB, zunächst Schulungsarb. in KPD-Zellen, später Kontakte zu unabhängigen Linkssoz. u. Historikern der Arbeiterbewegung. Lebte 1977 in London.

W: Aus der Münchener Rätezeit. 1925; Leviné. Leben und Tod eines Revolutionärs (Erinn.). 1972 (engl.: 1973); Inside German Communism. Memoirs of Party Life in the Weimar Republik. 1977 (dt.: Im inneren Kreis. Erinnerungen einer Kommunistin in Deutschland. 1979). *Qu:* ABiogr. Arch. Hand. Publ. - IfZ.

Meyer-Lindenberg, Hermann, Dr. sc. pol., Dr. jur., Hochschullehrer, Diplomat; geb. 13. Mai 1912 Berlin; ev., 1940 kath.; *V:* → Oscar Meyer; ∞ 1936 Salzburg, Rosemarie Gräfin Rességuier (geb. 1914 Altlengbach/Österr.), kath.; *K:* Johannes (geb. 1937), Facharzt für Neurologie u. Psychiatrie, A: Deutschland (BRD); Peter (geb. 1942), Industriekaufm., A: Deutschland (BRD); *StA:* deutsch, deutsch u. Kolumb., deutsch. *Weg:* 1933 CH; 1937 Kolumb.; 1953 USA; 1954 Deutschland (BRD).

Ab 1930 Stud. Rechtswiss. u. Gesch. Heidelberg u. Berlin, Febr. 1933 in die Schweiz, Fortsetzung des Stud. in Zürich u. Genf, 1934 Lic. pol. Wiss., 1935 Dr. sc.pol., Genf, PrivDoz.; 1937-52 Prof. für Völker- u. VerwRecht Nationaluniv. Bogotá; 1940 Dr. jur. - 1953 Gastprof. Univ. Berkeley, Calif. - Jan. 1954 Eintritt in dt. diplomat. Dienst, Tätigkeit im Völkerrechtsref. des AA Bonn, 1957-58 LegRat 1. Kl. Botschaft Lima, anschl. Vortr. LegRat 1. Kl. u. Ltr. des Völkerrechtsref. im AA, ab 1961 MinDirig. u. stellv. Ltr. Rechtsabt., ab 1965 MinDir. u. Ltr. Pol. Abt. I; ab 1955 Lehrbeauftragter für Völkerrecht Univ. Köln, ab 1961 HonProf.; 1968-74 Botschafter in Madrid, 1974-77 Botschafter am Quirinal in Rom, anschl. im Ruhestand. Ab 1978 1. Vors. *Gesellschaft für Auslandskunde* München; Mitgl. *Deutsche Gesellschaft für Völkerrecht, Deutsche Vereinigung für Internationales Recht, Am. Soc. of Internat. Law, Internat. Law Assn., Deutsche Gesellschaft für Auswärtige Politik.* Lebte 1978 in München. - *Ausz.:* Zahlr. dt. u. ausländ. Orden.

W: u.a. Das Problem der europäischen Organisation und das Geistesleben der Restaurationsepoche. Lüttich 1935; La Organización de la Paz. Bogotá 1937; El Procedimento Interamericano por organizar la Paz. Ebd. 1940; Grundriß des Völkerrechts. 1957, 1974³; Das Staatsangehörigkeitsrecht von Bolivien und Peru (mit Ph. Schmidt-Schlegel u. P. Moosmayer). 1963; Internationales Recht und Diplomatie (Mithg.); zahlr. wiss. Beiträge in Sammelwerken u. Zs. *Qu:* EGL. Fb. Hand. - IfZ.

Meyer-Sevenich, Maria, Politikerin; geb. 27. Apr. 1907 Köln; kath.; *V:* Schmiedemeister; ∞ 1947 Werner Meyer (gest. 1963), RegRat; *StA:* deutsch. *Weg:* 1933 CH; 1937 F; 1942 Deutschland.

Nach Sonderbegabten-Reifeprüfung Stud. Phil. u. Rechtswiss.; Mitgl. KJVD, später SAPD, Teiln. 1. SAPD-PT, Jan. 1933 zurück zur KPD; im Widerstand, nach zweimaliger Verhaftung Ende 1933 Flucht in die Schweiz; ab 1937 in

Frankr., Bruch mit der KPD; 1942 von Gestapo verhaftet u. nach Deutschland verbracht, nach Sondergerichts-Urteil bis Kriegsende in Haft. 1945 Mitgr. der CDU Hessen, 1946 Mitgl. des ersten ernannten LT u. der Verfassunggebenden Versammlung; 1947-70 MdL Niedersachsen, 1949 Übertritt zur SPD; 1965-67 Min. für Bundesangelegenheiten, Vertriebene und Flüchtlinge in der niedersächsischen Landesreg.; Mitgl. Bundesrat; seit 1949 Hg. *Informationsdienst für Fragen christlicher Politik. - Ausz.:* 1966 Gr. BVK; Gr. Verdienstkreuz des Niedersächsischen Verdienstordens.

W: zahlr. pol. u. kulturpol. Veröffentlichungen, u.a. Elternrecht und Kindesrecht (Hg.). 1954. *L:* Drechsler, SAPD. *Qu:* Arch. Hand. Publ. - IfZ.

Meynen, Hermann, Journalist; geb. 7. Mai 1895 Mülheim/Ruhr; *V:* Volksschullehrer, Textilkaufm.; ∞ 1921; *K:* 3. *Weg:* 1936 Österr.; 1938 CSR, H, Bulg., F.

Kaufm. Angest. im Textilhandel. 1914-18 Kriegsfreiw. 1918-19 Ausbildung IHK Essen, anschl. halbjähr. Besuch der staatl. Webschule in Bramsche/Osnabrück; 1925-34 Geschäftsf. des elterlichen Textilhandels, Mitgl. IHK Essen, ab 1934 Werbeltr. Verlag u. Zs. *Der Deutsche Volkswirt* Berlin. 1920 Mitgl. Bürgerwehr Mülheim gegen kommunist. Aufstandsversuche, 1923-24 Teiln. an Aktionen gegen Separatistenbewegung in Duisburg; 1923 Mitgl. *Jungdeutscher Orden,* stellv. Großmeister der Bruderschaft Mülheim u. Schatzmeister der Ballei Niederrhein; Mai 1933 Eintritt in NSDAP, später in Opposition, Anhänger *Bekennende Kirche,* Jan./Febr. 1936 Mitarb. u. Verbreiter der Schrift *Frontberichte vom Kriegsschauplatz des Dritten Reiches.* Dez. 1936 Emigr. nach Österr., dort aktiv bei Versuch des Aufbaus einer kath. Exilorg., u.a. mit → Peter Bultmann, → Klaus Dohrn u. → Rudolf Möller-Dostali Teiln. an der konstituierenden Sitzung des *Christlichen Reichsbunds für deutsche Freiheit* 30. März 1937 in Wien; als Vertreter des *Jungdeutschen Ordens* Teiln. Konf. der *Deutschen Front gegen das Hitlerregime* bzw. der *Vorbereitenden Komitees für die Gründung des Deutschen Volksrates,* enge ZusArb. mit → Otto Straßer u. → Max Gruschwitz, Mitarb. *Die Deutsche Revolution;* 1938 in die CSR, Apr. 1938 in Budapest Mitarb. Nachrichtenbüro *Central European Service,* Zusammentreffen mit → Franz Jung; Juli 1938 nach Sofia als dt. Korr. einer Früchteexportfirma; Beiträge für *Ostkurier* Budapest u. Wirtschaftsblatt *Archiv* Sofia; Aug. 1938 aufgrund Verweigerung einer ständigen Aufenthaltsbewilligung von Bulgarien nach Frankr. In Paris Mitarb. Peter Bultmanns, u.a. Übernahme des Vertriebs von *Die Zukunft* → Willi Münzenbergs; ab Aug. 1939 ZusArb. mit *Deuxième Bureau,* Deckn. Lemoine, Stallmann. Nach Kriegsausbruch Sept. 1939 vorüberg. interniert, Mitte Mai 1940 erneute Internierung Lager Buffalo b. Paris, danach in versch. Internierungslagern; 26. Nov. 1942 Festnahme durch Gestapo im Lager Maison les Roches. VGH-Anklage.

L: Ebneth, Ständestaat. *Qu:* Arch. Publ. - IfZ.

Michael, Erna S., geb. Sondheimer, Verbandsfunktionärin; geb. 16. März 1905 Frankfurt/M., gest. 30. Dez. 1964 New York; jüd.; *V:* → Albert Sondheimer; *M:* Margarete, geb. Cohn; ∞ 1924 → Jakob Michael; *K:* Ernest Arthur (geb. 1925 Zürich), 1931 Emigr. NL, 1939 Emigr. USA, Ph.D. Univ. Chicago, Prof. für Math. Univ. Washington in Seattle; Jacqueline Errera (geb. 1932), 1939 Emigr. USA; Charles (geb. 1937), 1939 Emigr. USA, Kaufm., Investitionsfachmann; *StA:* deutsch, 9. Juli 1938 Ausbürg. *Weg:* 1931 NL, 1939 USA.

Dez. 1931 Emigr. in die Niederlande, Apr. 1939 mit Familie in die USA. 1955-57 Vors. der Frauenabt. u. des Zentrums für Werbung u. Öffentlichkeitsarb. des *Greater New York UJA,* gleichz. stellv. Vors. *Nat. Womens' Div. Board* des UJA, Mitgr. Albert Einstein Coll. der Yeshiva Univ. New York, mit Ehemann Stifterin des Jakob and Erna Michael Inst. for Biomedical Research, Gr. Erna Michael Coll. of Hebr. Studies an der Yeshiva Univ., Mitgr. u. VorstMitgl. *Am. Friends of Hebr. Univ.,* Zuschüsse für die Erweiterung des UnivGeländes in Jerusalem, Mitgl. New York City-Ausschuß des *Nat. Jew. Welfare Board,* AR-Mitgl. *Jew. Cent. Sisterhood* der 92nd Street YM-YMHA, Mitgl. Frauenkomitee von *Help and Reconstruction,* aktiv in *Am. Committee for Bar Ilan Univ.,* Ladies Auxiliary des Shaare Zedek Hosp. Israel, *Mizrachi Women's Org. of Am. Women's Soc. Service for Israel, Women's Am. ORT, Am. Mothers' Boys Town Jerusalem, Hadassah, Am. Jew. Congress, Nat. Council Jew. Women,* Yeshiva Torah Vodaath-Mesivta, Ladies League der Rabbi Jacob Joseph School, *Fed. of Jew. Philanthropies.* Spenden für versch. Schulen u. Kinderheime in Israel. *Ausz.:* Besondere Anerkennung durch MinPräs. David Ben-Gurion.

Qu: Hand. Pers. Publ. - RFJI.

Michael, H. Peter, Ministerialbeamter, Hochschullehrer; geb. 16. Juni 1912 Leipzig; *V:* Dr. med. Otto M., Chirurg; *M:* Elisabeth, geb. Halle; ∞ II. 1959 Rotraud Harte (geb. 1919), Kochbuchautorin, Werbeberaterin; *K:* Elizabeth, Clement; *StA:* deutsch. *Weg:* CH; 1938 S-Afrika; 1946 Deutschland (BBZ).

Stud. Rechts- u. Wirtschaftswiss. Leipzig, Heidelberg, München, Stud. BauingWesen ETH Zürich, Dipl.-Ing.; 1938-45 Tätigkeit für südafrikan. Eisenbahn- u. Hafenverw. auf dem Gebiet von Neubauten u. Verkehrspol., 1946-49 Wiederaufbau der Wasserstraßen in der brit. Zone; 1949-54 Dir. of Hydrological Survey in Kenia u. Uganda, 1953-69 Ref. für nat. u. internat. Fragen der Wasserwirtschaft im Bundesverkehrsmin. Bonn, MinRat. Ab 1961 Lehrbeauftragter, ab 1964 Honorarprof. für Wasserwirtschaft TU Berlin. Seit 1969 Geschäftsf. Internat. Mosel-Ges. in Trier.

Qu: Hand. - IfZ.

Michael, Jakob, Großkaufmann; geb. 28. Febr. 1894 Frankfurt/M., gest. 7. Sept. 1979 New York; jüd.; *V:* Elieser M.; *M:* Bertha, geb. Kohn; *G:* Rosi Rebecka (geb. Frankfurt/M.), jüd., Emigr. GB, USA, 1944-59 Präs. *Women's Social Services for Israel, Inc.,* aktiv in *B'nai B'rith;* ∞ → Erna S. Michael; *StA:* deutsch, 9. Juli 1938 Ausbürg., USA. *Weg:* 1931 NL, 1939 USA.

1910-13 kaufm. Lehre in Metall-Großhandelsfirma in Frankfurt/M., 1913-14 in väterl. Radium- u. Uranium-Ges. E.J. Michael (später J. Michael u. Co.), Frankfurt. 1914-17 Kriegsteiln. Ab 1918 im Metall- u. Chemie-Großhandel. In den 20er Jahren in ZusArb. mit der Industrie- u. Privatbank AG Berlin Erwerb der Immobilienfirma Terra AG Berlin, der Maschinen- u. Chemiefabrik Michael Industrie AG u. der Textil-Kredit AG, die bedeutende Anteile der Emil Köster AG (Dachkonzern des Kaufhauskonzerns Defaka) hielt. Mitgr. Ahawa-Kinderheim Berlin, *Jüdisches Hilfswerk* Berlin u. Jeschiwah der jüd. Gde. Frankfurt/M.; 1931 Emigr. Niederlande, 1939 in die USA. Anlage der Köster-Anteile in New Jersey Industries Inc., 1939 Übernahme des Kaufhauses N. Israel (→ Herbert Israel, → Wilfrid Israel); 1954 Verkauf von Köster-Defaka. In den USA Investitionen in versch. Unternehmen, Errichtung der Holdingges. New Jersey Industries Inc., Präs. von New England Industries Inc., ab 1954 Vors. Hauptvorst. von Lehigh Valley Industries Inc. - Mitgl. Board of Governors u. Kuratoriumsmitgl. Albert Einstein Coll. of Med. New York, J.D.C., HIAS, *UJA of Greater New York,* Hebr. Univ. Jerusalem, Weizmann Inst. Rehovoth, World Acad. for Higher Jew. Studies Jerusalem; finanzierte u.a. die Inneneinrichtungen der ehem. Vittorio Beneto-Syn. u. den Innenausbau der Syn. in Bezalel Mus, Jerusalem; Schenkung seiner Sammlung von Ritualgegenständen u. Manuskripten an das Isr. Museum Jerusalem, seiner Sammlung jüd. Musikalien an NatBibliothek der Hebr. Univ., 1966 Stiftung des Erna Michael Coll. der Yeshiva Univ. New York, Spenden an das Jakob and Erna Michael Inst. of Biomedical Research, an das Einstein Coll. of Med. New York u. an das Erna and Jacob Michael Microfilm Center in der Jüd. Nat.- u. UnivBibliothek der Hebr. Univ. Jerusalem. - *Ausz.:* 1967 Dr. Humane Letters h.c. der Yeshiva Univ. New York.

L: Feder, Heute; Pritzkoleit, Kurt, Die neuen Herren. Die Mächtigen in Staat u. Wirtschaft. 1955. *Qu:* EGL. Hand. HGR. Pers. Publ. - RFJI.

Michaeli, Wilhelm, Dr. jur., Rechtsanwalt, Verbandsfunktionär; geb. 10. Mai 1889 Schwiebus/Brandenburg, gest. 1. Juni 1969 Stockholm; jüd.; *V:* Dr. med. Wilhelm M. (geb. Deutschland, gest. 1923 Deutschland), jüd., Arzt; *M:* Emma, geb. Samson (geb. Deutschland, gest. 1933 Deutschland), jüd.; *G:* Dr. med. Ernst M. (geb. 1884 Schwiebus, gest. Argent.), Emigr. Argent.; Charlotte Herz (geb. Schwiebus, gest. USA), Emigr. USA; ∞ 1919 Sophie Goldstein (geb. 1895 Berlin, gest. 1968 Stockholm), jüd., Kindergärtnerin, 1933 Emigr. S, 1939-45 Dir. Heim für Flüchtlingskinder, 1945-49 Tätigkeit für schwed. Flüchtlingshilfe, Übers.; *K:* Hans Wilhelm (geb. 1921), Dipl.-Kaufm., Patentanwalt, 1933 Emigr. S; *StA:* deutsch, 1943 S. *Weg:* 1933 S.

Stud. Berlin, Greifswald, Genf u. Halle, 1911 Prom. Greifswald. 1915-18 MilDienst, Richter im besetzten Polen. 1919-33 RA in Berlin, 1933 Berufsverbot. Okt. 1933 Emigr. Schweden, Unterstützung durch *Komitee für intellektuelle Flüchtlinge,* 1934-38 kaufm. Tätigkeit in Stockholm; 1938-53 Ltr. JDC u. HIAS, Gr. Einwandereramt der jüd. Gde. Stockholm, 1953-67 Dir. URO Stockholm.

W: Die Grenzstreitigkeiten. Nach dem bürgerlichen Gesetzbuch unter besonderer Berücksichtigung der Bedeutung des öffentlichen Glaubens des Grundbuchs. (Diss.) 1911; Internationales Privatrecht gemäß schwedischem Recht und schwedischer Rechtsprechung. 1948; Ersättning åt offer för nationalsocialistik förföljelse (Bundesentschädigungsgesetz) och därmed sammenhängande spörsmål. 1957; Beiträge in jüd. Zs. u. in Fachzs. *Qu:* EGL. Hand. Pers. Z. - RFJI.

Michaelis, Adolf Paul (Dolf), Verbandsfunktionär, Finanzfachmann; geb. 20. Febr. 1906 Magdeburg; jüd.; *V:* Max M. (geb. 1873 Berlin, gest. 1952 GB), jüd., bis 1912 Teilh. Kaufhaus Adolph Michaelis in Magdeburg, dann Vertr. einer Lebensmittelgroßhandlung in Berlin, März 1939 Emigr. GB; *M:* Minni, geb. Borchert (geb. 1881 Posen, gest. 1956 Jerusalem), jüd., 1939 Emigr. GB, 1953 IL; *G:* Lisa (geb. 1907 Berlin), jüd., Gymn., Chefsekr. bei Ärzteverb. in Berlin-Brandenburg, Bankangest. in Berlin, 1937 Emigr. Pal., Bankangest.; ∞ 1938 Eva Stern (→ Eva Michaelis); *K:* David William (geb. 1945), Stud. Hebr. Univ., Journ., Drehbuchautor, Fernseh- u. Filmregisseur; *StA:* deutsch, Pal./IL. *Weg:* 1938 Pal.

Gymn. Berlin, gleichz. 1919-24 Mitgl. *Blau-Weiß,* 1921-29 Banklehre bei Gebr. Arnhold Berlin. 1930-31 StudReisen nach London u. Zürich. 1922-38 Angest. bei Gebr. Arnhold Berlin, später AbtLtr. für Devisen- u. Goldhandel, nach 1933 Treuhänder u. verantwortl. für den Transfer des Kapitals jüd. Emigr.; 1930-33 Mitgl., 1933-38 VorstMitgl. ZVfD, 1934-38 VorstMigl. des *Keren Hayessod* in Deutschland, 1936-38 Mitgl. Präsidialausschuß der *Reichsvertretung,* 1937 u. 1939 Deleg. zum Zion. Kongreß. März 1938 Emigr. Palästina; 1938-45 in GB; 1938-41 Ltr. einer Tochterges. von Haavara Trust & Transfer Tel Aviv, Intria Ltd. London, 1941-45 Londoner Vertr. der Palestine Land Dev. Corp. der landwirtschaftl. Ansiedlungsges. PASA. 1940-42 Luftschutzwart in London. 1942-45 Wirtschaftsberater des JNF, Mitgr. u. stellv. Vors. der AJR, u.a. zuständig für Niederlassungserlaubnis für Flüchtlinge; VorstMitgl. *Zion. Fed. of GB, Theodor Herzl Soc., Inst. for Jew. Learning.* 1945 Rückkehr nach Palästina, 1946-71 Zweigstellenltr. der Anglo-Palestine Bank in Jerusalem (später Bank Leumi leIsrael), 1971 Ruhestand. 1947-49 Mitgl. der Bürgerwehr *Mishmar HaAm* in Jerusalem, 1946-49 Beiträge in *Palestine Economist,* 1950-53 IDF-Reservedienst, Mitgl. versch. öffentl. Kommissionen, u.a. Joint Loan Fund for Industry, Co-Dir. des PIA Investment Trust, Mitgl. Civil Service Commission für die Auswahl höherer Staatsbeamter, Berater beim Arbeitsmin., Mitgl. Kommission für Kriegsanleihen des Finanzmin., 1969-77 Vizepräs. Handelskammer Jerusalem u. Verf. von Art. über Wirtschaft u. Gesch. in dessen Jahrbüchern, Mitgr. u. VorstMitgl. LBI Jerusalem, ab 1972 Kuratoriumsmitgl. u. ab 1976 Mitgl. Vollzugsausschuß der Hebr. Univ.; 1969, 1972 u. 1973 Ausstellungen seiner Zeichnungen und Malereien (Aquarell u. Pastell) in Jerusalem u. Haifa, Mitgl. *Pol. Science Assn.*

W: Mein Blau-Weiß Erlebnis. In: Bulletin LBI. 1962; Hundred Years Banking in Jerusalem. In: Israel Bankers Quarterly; Haavara-Transfer nach Palästina. (Mit Feilchenfeld, W., Pinner, U.L.) 1972. *L:* Adler-Rudel, S., Jüdische Selbsthilfe unter dem Naziregime 1933-39. 1947; *D:* LBI New York. *Qu:* ABiogr. Fb. Hand. Pers. Publ. Z. - RFJI.

Michaelis, David Jehuda Erich, Rechtsanwalt, Politiker; geb. März 1898 Hamburg; *V:* Carl M. (geb. 1869 Halle), Bankier, Zion., 1936 Emigr. Pal.; *M:* Blume, geb. Wohlgemuth (geb. 1871 Hamburg), Lehrerin; *G:* Walter (1900-1969), RA, Emigr. Pal.; Moritz (geb. 1908 Hamburg, gest. 1975), Emigr. S, GB, Internierung in CDN, Emigr. USA, Hochschullehrer; Eugen (Abraham) (1909-74), Mitgr. *Zierej Misrachi,* 1938 Emigr. Pal., Gr. u. Ltr. Kfar Hanoar Hadati (religiöses Jugenddorf), Mitgr. *Lamifneh (Hapoel haMizrahi);* Eli (geb. 1928, gest. 1934 Pal.), Emigr. Pal.; ∞ 1924 Susi Henriette (Shoshana) Helfft (geb. 1896 Berlin); *K:* Ruth Deborah Oren (geb. 1925); Ari Eliezer (geb. 1927), Emigr. Pal., Chauffeur; Ben Ami (geb. 1928), Emigr. Pal., Verkaufsltr.; Sara Elisheva Weisselberg (geb. 1933); *StA:* deutsch, Pal./IL. *Weg:* 1933 Pal.

Stud. Berlin, Marburg, Königsberg, 1921-24 Teilzeitstud. Rechtswiss. in GB u. Palästina; 1924-33 RA in Hamburg. 1912 Mitgr. *Jüdischer Wissenschaftlicher Jugendverein,* Mitgl. des orthodoxen *Vereins Jüdischer Akademiker, Misrachi* u.a. zion. Org.; Stud. Rabbinerseminar Berlin. Mit Bruder Eugen M. Gr., erster Präs. *Zeirej Misrachi,* Mitgl. Orts- u. Reichsvorst. ZVfD, Mitgl. Welt-Direktorium der *Thora-Veavodah-*(Thorah u. Arbeit-)Bewegung. 1933 Berufsverbot als RA. Emigr. Palästina mit A I-Zertifikat, ab 1943 RA in Tel Aviv. Zus. mit Bruder Gr., PräsMitgl. *Lamifneh* (linker Parteiflügel des *Hapoel haMizrahi),* Mitgl. Zentralausschuß *Hapoel haMizrahi;* 1962 Rückzug aus der Politik. Lebte 1978 in Israel.

Qu: Fb. Hand. - RFJI.

Michaelis, Eva (Chava), geb. Stern, Verbandsfunktionärin, Sozialarbeiterin; geb. 29. Dez. 1904 Breslau; jüd.; *V:* Dr. William S. (geb. 1871 Berlin, gest. 1938 Durham/N.Car.), jüd., Gr. der Differential-Psychologie, Prof. für Phil. u. Psychol. Univ. Breslau u. Hamburg, bis 1933 Präs. *Deutsche Gesellschaft für Psychologie,* 1934 Emigr. USA über NL, Prof. Duke Univ.; *M:* Clara, geb. Josephy (geb. 1877 Berlin, gest. 1945 New York), jüd., Mitverf. einiger Bücher des Ehemanns, 1934 Emigr. USA; *G:* Hilde Marchwitza (geb. 1900 Breslau, gest. 1961 Berlin), Fürsorgerin in Berlin, 1934-36 Haft wegen Unterbringung von Kommunisten, Emigr. USA, Fürsorgerin in New York, nach 2. WK Rückkehr nach Berlin (Ost), aktiv in der Friedensbewegung; Dr. Günther Anders (urspr. Stern) (geb. 1902 Breslau), Kunstkritiker der *Vossischen Zeitung,* 1933 Emigr. Paris, 1936 in die USA, Fabrikarb., 1950 nach Wien, Vortragstätigkeit im Rundfunk, Schriftsteller; ∞ 1938 → Adolf Paul Michaelis; *StA:* deutsch, Pal./IL. *Weg:* 1938 Pal., GB, 1945 Pal.

1916-20 jüd. Lyceum Löwenberg u. Klosterschule in Hamburg, Mitgl. *Brith Haolim.* Ausbildung als Turnlehrerin in Hamburg u. Breslau, Lehrerinnen-Dipl., bis 1928 Turnlehrerin in Hamburg, gleichz. ehrenamtl. Tätigkeit im *Jüdischen Volksheim* Altona, mehrere Mon. tätig im Kinderdorf Ben Shemen/Palästina. 1928-32 Turnlehrerin in Berlin, 1932-38 Mitgr. u. Ltr. *Arbeitsgemeinschaft für Kinder- und Jugend-Alijah* Berlin, half bei der Haftentlassung ihrer Schwester sowie Schwägerin Hannah Arendt u.a. jüd. Häftlinge. Ausgedehnte Vortragsreisen im In- u. Ausland zur Förderung der *Jugend-Alijah.* März 1938 Emigr. Palästina mit A I-Zertifikat, 1938 Reisen nach Polen u. in die ČSR zur Org. der *Jugend-Alijah,* i.A. von Henriette Szold Verlegung des europ. Hauptbüros der *Jugend-Alijah* nach London, 1938-45 Ltr. *Central Youth Alijah Office London u. Vertr. der Jew. Agency* für *Youth Aliyah* in London, Rettung bedrohter Jugendlicher. Gleichz. ehrenamtl. Vizepräs. *Brit. Youth Aliyah Committee* u. Deleg. der *Youth Aliyah* zur *Women's Appeal Commission* (Frauenkomitee des *Brit. Council for the Rescue of Jews from Germany),* Unterstützung von Flüchtlingen u. Vortragstätigkeit für das *Women's Appeal Committee.* 1945 Rückkehr nach Palästina. 1945-52 Ltr.

Abt. für internat. Beziehungen der *Youth Aliyah* in Jerusalem, zuständig für Finanzierung der Werbearbeit u. InfoDienst. Ab 1952 ehrenamtl. Vors. einer Werkstatt für die Rehabilitierung geistig Behinderter, Gr. u. Vors. *Der Schild* (Verb. zur Förderung geistig u. körperl. Behinderter in Jerusalem), Gr. Irene Gerster Hostel für geistig Behinderte, Mitgr. Schweizer Kinderdorf der *Jugend-Alijah* für seelisch gestörte Kinder in Kiryat Yearim, Mitgr. Schwedisches Kinderdorf der *Jugend-Alijah* für unheilbare Kinder, Vertr. der *Jugend-Alijah* im Komitee des *B'nai B'rith*-Kinderheims für durch Verfolgung gestörte Kinder. Mitgr. u. Vors. *Chovevei Jerushalayim* (Freunde Jerusalems) zur Förderung der Bürgerinitiative, freie Journ. für engl. u. schweizer. Ztg., Verf. von Rundfunksendungen über Henriette Szold. Lebte 1978 in Jerusalem.

W: Wilfrid Israel, July 11th 1899 – June 1st 1943 (Einleitung). 1944; Tragt ihn mit Stolz, den gelben Fleck. In: Die Kontroverse. Hannah Arendt, Eichmann und die Juden. 1964; Bibliography of William Stern's Writings. 1971; William Stern 1871–1938. The Man and his Achievements. In: Yearbook LBI. 1972; Beiträge über isr. Künstler u.a. Themen in: *Das Neue Israel*. *L:* Bentwich, Norman, Jewish Youth Comes Home. The Story of Youth Aliyah 1933–43. 1944. *D:* LBI New York; Inst. of Contemp. Jewry Hebr. Univ. *Qu:* Fb. Hand. Pers. Publ. – RFJI.

Michaelis, Robert, Dr. jur., Richter; geb. 4. Juli 1903 Berlin, gest. 1. Mai 1973 Mainz; ev.; ∞ Luise Marie Ventzke (gest.); *K:* Martin, Dipl.-Phys. in Mainz; 1 T, A: GB; *StA:* deutsch. *Weg:* 1939 China; 1948 Deutschland (BRD).

RA, 1939 Emigr. nach Schanghai, Vors. der Vereinigung emigr. Rechtsanwälte u. der Vereinigung prot. Emigr. in Schanghai; einziger dt. RA, der aufgrund chines. Sprachkenntnisse vor einheim. Gerichten plädierte. 1948 Rückkehr, LG-Dir. in Mainz.

L: Kranzler, David, Japanese, Nazis and Jews. The Jewish Refugee Community of Shanghai, 1938–1945. 1976. *Qu:* Arch. Publ. Z. – IfZ.

Michalski, Jacob Abraham Jehiel (Julius), Dr. phil., Rabbiner; geb. 12. Aug. 1889 Berlin, gest. 15. Febr. 1961 Tel Aviv; *V:* Shaul M.; ∞ Ehefrau Emigr. Pal. über NL; *StA:* deutsch. *Weg:* Pal.

Adass Jisroel-Schulen Berlin, Examen am Rabbinerseminar Berlin, 1915 (?) Prom. Berlin, 1913–19 Rabbiner in Recklinghausen/Westf.; 1919–24 BezRabbiner in Unterfranken u. Dir. der Isr. Lehrerbildungsanstalt Würzburg, 1924–38 Rabbiner orthodoxe Gde. Karlsruhe; 1938 KL Dachau. Emigr. Palästina über die Niederlande mit Ehefrau, 1940–58 (?) Rabbiner dt.-jüd. Syn. Adass Jeschurun Tel Aviv.

W: Raschis Einfluß auf Nicolaus von Lyra in der Auslegung der Bücher Leviticus, Numeri und Deuteronomium. (Diss.) 1915; Limmude Awraham (Aufsätze) Bd. I, 1946, Bd. II, 1960; Der Verein zur Wahrung der religiösen Interessen des Judentums in Westfalen. Zwei Zeitschriften (Mitverf.). In: Mayer, H.Ch. (Hg.), Aus Geschichte und Leben der Juden in Westfalen. 1962. *D:* NdW. *Qu:* Publ. – RFJI.

Michel, Max F., Dr. jur., Kommunalbeamter; geb. 22. Okt. 1888 Frankfurt/M., gest. 12. Sept. 1941 New York; jüd.; *V:* Dr. phil. Ferdinand M. (1853–1929), Prof., Oberlehrer am Philantropin Frankfurt/M.; ∞ Loschka, jüd., Emigr., Inh. eines Party-Service-Betriebs in New York; *K:* mehrere S; *StA:* deutsch. *Weg:* 1938 USA.

1906–09 Stud. Rechts- u. Staatswiss. Lausanne, München, Berlin u. Marburg. 1910 Prom., 1914 Assessor. 1914 Eintritt in Wohlfahrtsamt Frankfurt/M., Kriegsdienst, 1914 Finanz- u. Steuerverw., 1919 Ltr. Erwerbslosenfürsorge, 1920–22 Ltr. Arbeitsamt, ab 1921 Magistratssyndikus, 1922–23 u. 1925 Magistratskommissar für das Wohnungsamt. 1925 SPD, ab 1925 Mitgl. Wohlfahrtsausschuß u. Sozialpol. Ausschuß des Deutschen Städtetags, ab Okt. 1927 Mitgl. des Magistrats als Dezernent für Kunst u. Wissenschaft. Begründete die Römerberg-Festspiele, gestaltete das Goethe-Gedenkjahr 1932. Ab 1930 Lehrbeauftragter für Sozial- u. Fürsorgerecht an der Akademie der Arbeit. Mitgl. Hauptausschuß *Deutscher Verein für öffentliche und private Fürsorge.* März 1933 Beurlaubung. Ab 1936 Mitarb. *Hilfsverein* in Berlin. Okt. 1938 Emigr. New York; 1939 Betätigung in der *Peace Group* der Weltausstellung, u.a. mit Eleanor Roosevelt, Dorothy Thompson, Frank Kingdon, → Paul Tillich u. Thomas Mann, Bemühungen um Einrichtung eines sog. Friedenspavillons mit in Deutschland verbotenen Kunstwerken. 1940 Mitgr. der *Blue Card*-Org. nach Vorbild der jüd. sozialen Selbsthilfe in Deutschland.

W: Zahlr. sozialrechtl. Aufs. in dt. Fachzs.; Beiträge in *Aufbau*, New York. *Qu:* Arch. Publ. Z. – IfZ.

Middelmann, E.O.W. Hans, Bankier; geb. 30. Aug. 1912; ev., Diss.; *V:* Paul Emil M. (geb. 1876 Bochum, gest. 1948 Berlin), ev., höhere Schule, Betriebsltr.; *M:* Julie, geb. Köhler (geb. 1880 Offenbach/M., gest. 1973 Kapstadt), ev., höhere Schule, Stud. Lehrerseminar, 1948 Emigr. S-Afrika; *G:* Walter J. (geb. 1910 Berlin), Stud. Leipzig, Dipl.-Kaufm., 1936 Emigr. S-Afrika, Blumenzüchter u. -exporteur; 2 B (gef. im 2. WK); 1 S, 1948 Emigr. S-Afrika; ∞ 1947 Jessie Doreen Jack (geb. 1918 Beaufort West/S-Afrika), methodist.; *K:* Julia H. (geb. 1948), B.Sc. Univ. Kapstadt, Geschäftsf.; Paul A. (geb. 1950), B.Sc. Univ. Kapstadt, Wirtschaftsprüfer; Carl W. (geb. 1953), B.Sc. Univ. Kapstadt, Programmierer; Michael J. (geb. 1958); *StA:* deutsch, 1947 S-Afrika. *Weg:* 1937 S-Afrika.

1930 Abitur Leipzig, 1931 Stud. London School of Econ., Buchhalter bei Hunter Penrose Ltd., Jan. 1932–Febr. 1937 Bankangest. bei Kroch Jr. K.G.a.A. in Leipzig. April 1937 Emigr. Südafrika, 1937–70 Sekr., Geschäftsf. u. ab 1959 Gen-Dir. Inter-Union Finance Ltd. Kapstadt. Im 2. WK South African Coast Defense Corps. Ab 1964 Dir. u. Vors. Colonial Mutual Life Insurance Soc. Ltd. Kapstadt, ab 1963 AR-Mitgl., 1967 Vors. u. 1970 Dir. Standard Bank of S.A. Ltd. Johannesburg, ab 1969 Dir. Standard Bank Investment Corp. Ltd. Johannesburg, ab 1972 Dir. Standard Bank Merchant Bank Ltd. Johannesburg. 1941 Mitgl., 1946–47 Präs. Junior C.o.C., 1963 Senator *Junior Chamber Internat.,* 1950 Mitgl. u. 1959–60 AR-Mitgl. Handelskammer Kapstadt, ab 1952 VorstMitgl., 1954–61 Schatzmeister u. 1961–62 Präs. *Assn. of Chambers of Commerce of South Africa;* 1955–70 Ex-officio-Mitgl. *Statistics Council,* 1971 Mitgr. u. 1973–74 Präs. Cape Town Chapter der *Am. Field Service Internat. Fellowships,* ab 1973 Kuratoriumsmitgl. Univ. Kapstadt, ab 1976 Univ. of Cape Town Foundation.

Qu: Fb. – RFJI.

Mielke (urspr. Miehlke), **Erich** Fritz Emil, Partei- u. Staatsfunktionär, Offizier; geb. 28. Dez. 1907 Berlin; *V:* Emil M. (1877–1938), Stellmacher, KPD; *M:* Lydia, geb. Borchard (1876–1910); *G:* Hertha Maria Mathilde Goldmann, gesch. Johannsen (geb. 1906), A: (1967) London; Gertrud Lück, gesch. Dobrowolski (1909–66); Heinz (1910–55); ∞ verh.; *K:* 1 T, verehel. Riedel (geb. 1947); Frank (geb. 1949); *StA:* deutsch, UdSSR. *Weg:* 1931 UdSSR; 1936 E; 1939 F; 1940 UdSSR; 1945 Deutschland (SBZ).

Aus kommunist. orientierter ArbFamilie; Gymn. ohne Abschluß, danach Lehre als Speditionskaufm.; 1921 KJVD, 1925 KPD, versch. Funktionen im Parteiapp., u.a. Ltr. des paramilit. Parteiselbstschutzes Berlin-Nord; 1927 Expeditionsgehilfe Fa. Automatische Fernsprech-Bau-GmbH Berlin, 1928–31 Reporter *Die Rote Fahne* Berlin, 1931 kurzfristig Angest. beim Wohlfahrtsamt Berlin-Kreuzberg. 9. Aug. 1931 maßgebl. beteiligt an Ermordung der Polizeioffz. Paul Anlauf u. Franz Lenk auf dem Bülowplatz in Berlin (1934 Schuldspruch); danach Flucht über Belgien in die UdSSR, 1932–34 Lenin-Schule der *Komintern* (Deckn. Paul Bach) u. angebl. Frunse-Akad.; 1936–39 Teiln. Span. Bürgerkrieg (Deckn. Fritz Leißner), zunächst BtlChef, später Ltr. OffzSchule Pozorubio; als Mitarb. v. André Marty vermutl. pers. Mitwirkung bei pol. Säuberungsaktionen. 1939 nach Frankr., Internierung; 1940 illeg. in die UdSSR, Eintritt in Rote Armee, sowj. Staatsbürger. 1945 Rückkehr nach Berlin (Ost), Juli 1946–1949 Vizepräs. Zen-

502 Mießner

tralverw. für Inneres, mit → Wilhelm Zaisser Org. der pol. Polizei, 1950-53 Staatssekr. MfS. Ab 1950 ZK-Mitgl. der SED, 1953-55 GenLt. u. stellv. Staatssekr. für Staatssicherheit im MdI, ab 1953 Vors. *Sportvereinigung Dynamo,* 1955-57 Staatssekr. MfS, ab Grdg. 1957 Mitgl. Bundesvorst. *Deutscher Turn- und Sportbund,* ab Nov. 1957 Min. für Staatssicherheit, ab Nov. 1958 MdVK, Okt. 1959 GenOberst. 1964 Mitarb. beim Aufbau des Nachrichtendienstes in Kuba. Ab 1971 Kand. u. ab 1976 Mitgl. PolBüro des ZK der SED. - *Ausz.:* u.a. 1949 Ehrenzeichen der Deutschen Volkspolizei (DVP), 1954 VVO (Gold), 1955 Med. für treue Dienste in der DVP II. Stufe u. Med. für treue Dienste in der Kasernierten Volkspolizei, 1956 Ernst-Moritz-Arndt-Med. u. Hans-Beimler-Med., 1957 Karl-Marx-Orden, 1958 Med. für Kämpfer gegen den Faschismus 1933-1945 u. Ernst-Grube-Med., 1960 Orden des Roten Banners (UdSSR) u. Banner der Arbeit, 1969 Ehrenspange zum VVO (Gold), 1970 Orden des Vaterländ. Krieges 1. Grades (UdSSR), 1972 Scharnhorstorden, 1974 Leninorden (UdSSR), 1975 Held der DDR.
L: Stern, Porträt; Stern, Ulbricht; Forster, NVA; Antifaschisten; Fricke, Karl Wilhelm, Erich Mielke. In: Rheinischer Merkur v. 13. 7. 1971; Pasaremos; Mewis, Auftrag; Dahlem, Vorabend. *Qu:* Arch. Hand. Publ. Z. - IfZ.

Mießner, Rudolf, Journalist, Parteifunktionär; geb. 7. Nov. 1907, gest. Jan. 1973; *V:* Kaufm.; *StA:* deutsch. *Weg:* 1939 Emigr., 1945 Deutschland (SBZ).
Nach Abschluß des Gymn. in Berlin als Kaufm. tätig; 1924 KJVD, 1926 KPD, ab 1929 hauptamtl. Parteifunktionär in Dresden, zeitw. Sekr. → Siegfried Rädels, 1930 Urteil Reichsgericht Leipzig 15 Mon. Festungshaft; 1931-32 Mitarb. u. angebl. Chefred. *Die junge Garde* Berlin, Korr. *Breslauer Arbeiterzeitung.* Nach natsoz. Machtübernahme Instrukteur des ZK der KJVD bei BezLtg. Hamburg. Deckn. Hans. Frühj. 1934 Verhaftung, 7. Juni 1934 Urteil 2 J. u. 9 Mon. Zuchth.; bis 1939 KL Sachsenhausen, nach Freilassung Emigration. 1945 Rückkehr nach Deutschland, Mitgl. Zentraler Jugendausschuß der SBZ u. Mitgr. FDJ, 1946-52 Mitgl. Zentralrat der FDJ u. 1947-49 Chefred. FDJ-Zentralorgan *Junge Welt,* danach Chefred. *Neuer Weg* u. bis 1958 Vors. ZV der *Gesellschaft für Deutsch-Sowjetische Freundschaft* (GDSF), ab 1958 Rundfunkred., ab 1965 Red. *Deutscher Fernsehfunk* u. ArbGruppenltr. Staatliches Komitee für Fernsehen beim MinRat der DDR. - *Ausz.:* u.a. 1955 VVO (Silber), 1957 Gold. Ehrennadel der GDSF, 1970 Erinnerungsmed. zum 100. Geburtstag Lenins.
L: Hochmuth/Meyer, Streiflichter. *Qu:* Hand. Publ. Z. - IfZ.

Mikisch, Johann Karl, Parteifunktionär; geb. 6. Dez. 1898 Grohn/Bremen-Vegesack; ∞ 1922 Stenotypistin der KPD-Landtagsfraktion Sa., KPD, 1933-36 in Haft; *StA:* deutsch, 1. Febr. 1937 Ausbürg. *Weg:* 1935 NL, B, Deutschland; 1936 NL, E; 1939 F; 1941 Deutschland.
Dreherlehre, Werftarb. in Bremen. Während 1. WK als Werftarb. dienstverpflichtet, 1917 vorüberg. Einsatz an der Westfront. 1916 Mitgl. DMV, Vertrauensmann der GewJugend; 1918 USPD, 1919 KPD; ab 1922 Funktionär des KJVD in Weimar, 1924-26 Ltr. der dortigen kommunist. Arbeiterbuchhandlung; 1926 KPD-Funktionär in Berlin, Geschäftsstellenltr. *Die Welt am Abend;* 1928 OrgLtr. KPD-Unterbez. Bremen-Vegesack, ab 1931 OrgLtr. RGO Bremen. Nach der natsoz. Machtübernahme 1933 vorüberg. Schutzhaft u. Gef., nach Entlassung Aufbau einer illeg. BezLtg. Bremen, Mitgl. der vorläufigen BezLtg. u. ab Aug. 1934 OrgLtr. der BezLtg. Bremen, Herbst 1934 kurzfristig in Holland zur Koordination der illeg. Arbeit mit der KPD-AbschnLtg. West in Amsterdam. Jan. 1935 Emigr. in die Niederlande, von der AbschnLtg. West mit der Betreuung emigr. KJVD-Mitgl. beauftragt, im gleichen Jahr Festnahme durch die holländ. Polizei u. Abschiebung nach Belgien, in Brüssel Funktionär der KPD-EmigrLtg.; 1935/36 für einige Monate als Instrukteur zurück nach Deutschland, Einsatz im Rheinland; 1936 zurück in die Niederlande, von dort Herbst gleichen Jahres nach Spanien u. bis Sept. 1939 Teiln. Span. Bürgerkrieg, zuletzt Lt.; danach in Frankr. in mehreren Lagern, u.a. Le Vernet, interniert. Febr. 1941 freiw. Rückmeldung nach Deutschland, Festnahme u. VGH-Urteil 15 J. Zuchthaus.
Qu: Arch. - IfZ.

Miller, Josef (Sepp), Parteifunktionär; geb. 27. Aug. 1883 Scheppach/Bayern, gest. 23. März 1964 Berlin (Ost); Diss.; *V:* Kornel M., kath., Kleinbauer; *M:* Theresia, geb. Saur, kath.; *G:* Lorenz (1873-1934), Hans (1874-1960), Maria Kunz (1875-1954), Josefa Kirchner (1877-1953), Kornel (1878-1918), Gottfried (1880-1925), Katharina Ley (1881-1960), Ludwig (1885-1968), Wilhelm (1887-1958), Otto (1890-1962), Theresia Strobl (1891-1955); ∞ verh., Ehefrau Emigr., Internierung S, 1946 Deutschland (Berlin); *StA:* deutsch, 3. Sept. 1938 Ausbürg., deutsch. *Weg:* 1933 CSR; 1939 N; 1940 S; 1946 Deutschland (Berlin).
Schlosserlehre Augsburg, 1901 DMV, 1901-03 Wanderschaft, 1903-05 MilDienst, ab 1907 Werftarb. Bremen, 1912 Schlossermeister; 1907 SPD, im 1. WK Anschluß an *Bremer Linksradikale* um Johann Knief, Nov. 1918 Mitgl. *Arbeiterrat* Weser-AG, ab Grdg. Mitgl. KPD, aktive Teiln. an der Errichtung der Bremer Räterepublik; März-Sept. 1919 Mitgl. Bremische NatVers., 1919 hauptamtl. DMV-Sekr., 1920-21 KPD-Sekr. Bremen, 1920-23 Mitgl. der Bremischen Bürgerschaft, 1921-22 PolSekr., anschl. Mitgl. KPD-BezLtg. Niedersa., 1921-29 Verlags- u. Druckereiltr. *Arbeiterpresse* Hannover, auf 8. PT angebl. Wahl zum ZK-Mitgl. Als Anhänger der sog. Rechten ab 1924 Opposition zur Parteiltg., während Auseinandersetzungen 1928-29 Anschluß an „Versöhnler", bis 1930 aktive Opposition gegen ZK; 1928-30 MdR, 1930-33 OrgSekr. *Rote Hilfe* (RH), Mitgl. Exekutivkomitee IRH. Juli 1933 Emigr. in die CSR, vorüberg. in Frankr., 1933-36 RH-GenSekr. (wegen doktrinärer Einheitsfrontpol. u. fehlerhafter Personalpol. abgesetzt), 1935 Gastdeleg. 7. Weltkongreß der *Komintern* Moskau. Nach dt. Einmarsch in Prag nach Norwegen, 1940 Schweden, 1940-42 Internierung u.a. in Småland, danach Schlosser. Mitgl. *Landesgruppe deutscher Gewerkschafter in Schweden,* Mitunterz. *Aufruf zur Sammlung der Deutschen in Schweden* v. 28. Okt. 1943 u. GrdgAufruf FDKB; ab 1944 Mitgl. erweiterte Ltg. KPD-Landesgruppe. Jan. 1946 Rückkehr nach Berlin, Mitarb. Deutsche Zentralverwaltung für Umsiedler, Deleg. 15. PT der KPD u. 1. PT der SED, 1946-49 Hauptref. u. 1949-52 Ltr. Abt. Personalpolitik beim PV der SED, 1946-54 Mitgl. Zentrale Revisionskommission, ab 1952 Mitarb., später Ltr. Abt. Gedenkstätten im Museum für Deutsche Geschichte Berlin (Ost). - *Ausz.:* u.a. 1954 VVO (Silber), 1957 Karl-Marx-Orden, 1958 Med. für Kämpfer gegen den Faschismus 1933-1945.
W: Nach zwölfjähriger Emigration zurück nach Deutschland (Erinn.). In: Wir sind die Kraft, 1959. *L:* GdA; Weber, Wandlung; Mewis, Auftrag; GdA-Biogr.; Müssener, Exil. *Qu:* Arch. Erinn. Hand. Publ. Z. - IfZ.

Millo, Efraim (urspr. Mühlhauser, Franz), Sozialpädagoge; geb. 26. März 1912 Augsburg; jüd.; *V:* Albert Mühlhauser (geb. 1878 Hürben bei Krumbach/Schwaben, umgek. 1943 im Holokaust), jüd., Handelsagent, Vorst. jüd. Gde. Speyer; *M:* Marie, geb. Dreyfuss (geb. 1885, umgek. 1943 [?] im Holokaust); *G:* Stefanie Golderer (geb. 1909), 1937 Emigr. USA; Ernest Millhauser (geb. 1913), 1936 Emigr. USA; Klara Mühlhauser (geb. 1919, umgek. 1943 [?] im Holokaust); ∞ I. 1945 Ruth Fidelak (geb. 1913 Berlin), ev., dann jüd., Prokuristin, zeitw. Haft wegen linker pol. Aktivität, 1935 Emigr. Pal. über Prag, Arbeit in Kindergarten, 1973 gesch.; II. 1973 Rachel Rubinstein (geb. 1922 Berlin), jüd., 1934 Emigr. Pal., Lehrerin; *K:* Elon (geb. 1944), Bühnentechniker; Ora Tene (geb. 1947), Sozialbeamtin u. Lehrerin für schwererziehbare Kinder; Joram (geb. 1955), Fernseh-Kameramann; *StA:* deutsch, Pal./IL. *Weg:* 1938 Pal.

1931-33 Stud. Rechtswiss. Heidelberg u. Leipzig. 1934-36 Stud. jüd. Lehrerseminar Berlin, 1936-38 Lehrer an Privatschule Kaliski Berlin. Jugendltr. *Jüdischer Jugendbund,* Mitgl. K.C.; 1938 Emigr. Palästina mit B III-Zertifikat, 1938-41 Musiklehrer in Jerusalem, 1941-44 Lehrer in Heim für jugendl. Kriminelle bei Nahalal, 1944-48 Bewährungshelfer für jugendl. Kriminelle, 1948-62 im isr. Sozialmin., zuletzt Ltr. Abt. Bewährungshilfe für Jugendliche, gleichz. 1957-58 Stud. öffentl. Verw. Hebr. Univ., 1962-69 Ltr. Abt. Familienfürsorge im Sozialmin., 1969-76 Vize-GenDir. im Sozialmin. (verantwortl. für Richtlinien u. örtl. Verw.). Gleichz. 1967-68 M.P.A. Syracuse Univ./N.Y. 1976 Pensionierung, 1977 Lehrer am Ausbildungsinst. für Sozialbeamte des Sozialmin., ab 1977 Vors. Berufungskommission für Wohlfahrtsempfänger. Gr., Mitgl. u. zeitw. Schatzmeister *Israelische Gesellschaft für Kriminologie,* Mitgl. isr. Sektion der *Internationalen Gesellschaft für Kriminologie.*

Qu: Fb. Hand. - RFJI.

Milo, Josef J. (urspr. Milwidsky, Josef Joachim), Offizier, Bankier; geb. 14. Aug. 1915 Berlin; *V:* Sheftel (Shabtai) Milwidsky (geb. 1875 Novozagar/Litauen, gest. 1951 Tel Aviv), jüd., Fabrikant, Emigr. Pal.; *M:* Henriette, geb. Rothenberg (geb. 1883 Frankfurt/O., gest. 1971 Tel Aviv); *G:* Lilian Kopilowitz (geb. 1909 Berlin); Dr. med. Hanoch (Heinz) Milwidsky (geb. 1911 Berlin, gest. 1970 IL), Arzt, 1938 Emigr. Pal., Chirurg an der Hebr. Univ.; Evelyn Miriam Auster (geb. 1922 Berlin), Bankangest.; ∞ 1953 Brurya Weizen; *K:* Daniel (geb. Tel Aviv); Raanan (1956-62); Michael (geb. 1959); Tal (geb. 1968); *StA:* Pal./IL. *Weg:* 1938 Pal.

1933 Abitur Berlin, 1933-36 Tischlerlehre, 2 Jahre landwirtschaftl. Hachsharah, zeitw. Stud. Rabbinerseminar Berlin, aktiv in *Kadima, Bachad,* Jugendgruppenführer u. Fürsorger jüd. Gde. Berlin, Ltr. *Chaluz*-Heim in Hamburg u. *Jugend-Alijah*-Zentrum in Blankenese. Febr. 1938 Emigr. Palästina mit C-Zertifikat als Ltr. einer *Bachad-Jugend-Alijah*-Gruppe; 1938-39 Hafenarb. u. Tischler in Haifa, 1940-41 Büroangest.; 1942-48 Sergeant-Major jüd. Brigade, 1948-54 bei der IDF, 1949-50 Instrukteur der IDF-Schule, 1950 Adjutant General, 1951-54 Oberst im GenStab. 1954 Stud. Admin. Staff Coll. in Henley/GB., 1954-63 GenSekr. Bank of Israel, 1956-63 Dir. State Loans Admin., 1963-65 Wirtschaftsberater isr. Botschaft Paris, 1966-72 Senior Dir. Bank of Israel, Mitgr. u. Mitgl. Isr. Securities Commission (später: Securities and Exchange Commission); ab 1975 selbständiger Finanzberater, insbes. der Isr.-Brit. Bank. Lebte 1977 in Tel Aviv.

Qu: Fb. Hand. - RFJI.

Minster, Carl (Karl), Journalist; geb. 25. Dez. 1873 Edenkoben/Rheinpfalz, hinger. Sept. (?) 1942; ∞ 1905 Helene Schumann (1884-1936), Emigr. mit Ehemann; *StA:* deutsch, 1905 USA, staatenlos. *Weg:* 1933 Saargeb.; 1935 F; 1942 Deutschland.

Reisevertr. im Geschäft des Vaters. 1896 in die USA, wurde dort zum Sozialisten u. Pazifisten, Beginn journ. Tätigkeit, 1899-1901 Sekr. *Verein deutscher Gewerkschaften* in Philadelphia u. Red. *Philadelphia Tageblatt,* 1901-06 Red. *New Yorker Volkszeitung;* Korr. u.a. *Vorwärts, Arbeiter-Zeitung* Wien, *Dresdner Volkszeitung, Leipziger Volkszeitung* u. *Hamburger Echo.* 1912 Rückkehr nach Deutschland, Red. *Bergische Arbeiterstimme* Solingen; ab Jan. 1914 Red. der sozdem. *Niederrheinischen Arbeiter-Zeitung* in Duisburg, in der er nach Kriegsausbruch u.a. mit → Karl Böchel einen linksoppos. Kurs gegen die Politik der SPD-Mehrheit steuerte, deshalb Frühj. 1916 Ausschluß aus Red., daraufhin Gr. *Mitteilungsblatt des Sozialdemokratischen Vereins Duisburg (*ab Juli 1916: *Der Kampf. Sozialistisches Propaganda-Organ für Rheinland und Westfalen);* pol. Eintreten für Karl Liebknecht u. die linksradikale Gruppe *Internationale Sozialisten Deutschlands;* ab Okt. 1916 Red. *Volksfreund* Braunschweig, aus Gründen sozdem. Parteidisziplin Apr. 1917 Entlassung. Anschl. Flucht in die Niederlande, um dem Heeresdienst zu entgehen; in Amsterdam Hg. *Der Kampf. Revolutionär-sozialistisches Wochenblatt* (ab Juli 1918 mit dem Untertitel *Organ der deutschen Kampfgruppen in Holland*) mit radikal pazifist. u. klassenkämpferischer Tendenz, die nach Deutschland eingeschleust u. nach einem Bericht der dt. Heeresabwehr neben holländ. SozDem. wie David Wijnkoop auch von der brit. u. amerikan. Botschaft unterstützt wurde (Mitarb. u.a. Franz Mehring, Eduard Bernstein, → Willi Münzenberg, → Clara Zetkin u. Karl Radek; die red. Ltg. der Apr. 1917-Nov. 1918 erscheinenden Ztg. hatte zuletzt der ebenfalls aus dem Heer desertierte → Wilhelm Pieck). Gr. einer Sektion dt. oppos.-revolutionärer Gruppen in den Niederlanden innerhalb der *Sociaal-Democratische Partij.* Dez. 1917 von dt. Agenten entführt, Haft, durch die Novemberereignisse 1918 Freilassung, vorüberg. Red. *Die Freiheit* Mülheim/Ruhr, Mitgl. *Spartakusbund,* pol. Agit. im Rhein-Ruhr-Geb. unter Deckn. Otto Degner, Peter, Schädte, Moosmann; Okt. 1919 auf 2. KPD-PT zur KAPD, Ltr. Ortsgruppe Frankfurt/M.; später wieder linkssozialist. Position u. Anschluß an USPD, Red. des Mai 1919 gegr. USPD-Pressedienstes *Unabhängiger Zeitungsdienst,* ab 1922 Red. des Parteiorgans *Freiheit* Berlin, nach Vereinigung mit SPD mit → Georg Ledebour in Rest-USPD, 1923 Red. des USPD-Organs *Weckruf* Essen. Unstete pol. Wanderschaft; lt. VGH-Urteil aktiv in pfälzisch-separatist. Bewegung, 1924 „Staatssekretär" der „autonomen Regierung" Pfalz bis zu deren ZusBruch Febr. 1924; mehrfach von dt. Behörden u.a. wegen Verdachts der Agententätigkeit verhaftet, Journ. u. freier Schriftst.; Mitgl. KPDO, Herbst 1931 Anschluß an Gründerkreis der SAPD in Sa., nach Rückkehr ins Ruhrgeb. Gr. mehrerer SAPD-Ortsgruppen, u.a. in Essen u. Duisburg, Red. des SAPD-Regionalorgans *Rhein-Ruhr-Fackel;* Teiln. 1. SAPD-PT März 1932. Nach natsoz. Machtübernahme Versuch, im Rhein-Ruhr-Geb. illeg. SAPD-Widerstandsgruppen zu organisieren (vermutl. hier Deckn. Karl Pfälzer); vor drohender Verhaftung noch 1933 Flucht ins Saargeb., Anschluß an separatist. Bewegung um → Jakob Hector, Mitgr. der frankophilen *Saarländischen Wirtschaftsvereinigung* (SWV) u. Red. des SWV-Organs *Freie Saar* sowie der Ztg. der separatist. *Saarländischen Sozialistischen Partei, Generalanzeiger für das Saargebiet* u. *Saar-Fackel;* aktiv in Status-quo-Bewegung gegen einen Anschluß des Saargeb. an das natsoz. Deutschland. Nach Referendum v. 13. Jan. 1935 Emigr. nach Metz/Lothringen, Mitgl. *Association Franco-Rhénane et Sarroise* (NachfOrg. der *Ligue d'Amitié Franco-Rhénane),* u.a. mit → Johann Machwirth Gr. *Union des Rhénanes Expatriés,* 1937-38 Präs.; Mitarb. der Zs. *Rhénane.* Nach Kriegsausbruch Flucht nach Paris, vergebl. Bemühung um Wiedererlangung der nach längerer Abwesenheit verlorengegangenen amerikan. Staatsbürgerschaft; Anfang 1942 von Gestapo in Paris verhaftet u. nach Deutschland verbracht; 27. Juli 1942 VGH-Todesurteil.

L: Koszyk, Kurt, Das abenteuerliche Leben des sozialrevolutionären Agitators Carl Minster (1873-1942). In: Archiv für Sozialgeschichte, V/1965; Drechsler, SAPD; Bock, Syndikalismus; Bludau, Gestapo; Schneider, Saarpolitik und Exil. *Qu:* Arch. Publ. - IfZ.

Miodownik, Ismar, Bankier, Verbandsfunktionär; geb. 22. Nov. 1890 Kattowitz/Oberschlesien; jüd.; *V:* Samuel M. (geb. 1861 Josefsdorf/Oberschlesien, umgek. 1941 KL Theresienstadt); *M:* Regina, geb. Friedländer (geb. 1861, gest. 1933 Breslau); *G:* Rosa Dienstag (geb. 1895 Kattowitz, gest. 1971 São Paulo); Erich (geb. 1897 Kattowitz, gest. 1951 Chikago), Ltr. einer Eisen- u. Stahlfirma, 1939 Emigr. Bras., USA; 3 S (umgek. im Holokaust); ∞ 1929 Margot Meyer (geb. 1906 Halberstadt/Sa., gest. 1960 London), jüd., 1939 Emigr. F, GB; *K:* Alfred Peter (geb. 1930), 1939 Emigr. B, GB, Doz. Univ. of Surrey; *StA:* deutsch, 1948 brit. *Weg:* 1939 Pal.; GB.

1909-13 bei der Dresdner Bank in Beuthen/Oberschlesien u. Fulda, 1913-14 bei der Deutsch-Südamerikanischen Bank Berlin, zugl. Abendkurse Berliner Handelskammer. 1915 Mil-Dienst. 1914 u. 1919-23 Dir. Dresdner Bank Fulda, 1923-38 Dir. Deutsche Effekten- u. Wechselbank Frankfurt/M. u. Berlin, AR-Mitgl. versch. Firmen. Mitgl. Zion. Org., *B'nai B'rith.* 1934 erzwungener Rücktritt als AR-Mitgl., 1938 Entlassung als Bankdir.; 1939 Emigr. Palästina mit Touristenvisum, später

504 Mirowitz

nach GB über Frankr., 1940-41 Internierung, 1941-46 bei S.G. Warburg Bank London, 1946 bei der Börsenmaklerfirma William H. Hart & Co. London, später Pensionierung, anschl. Finanzberater. Ratsmitl. *Leo Baeck Lodge* des *B'nai B'rith* London u. Gr. *Leo Baeck Lodge Trust Fund.* Lebte 1978 in London.
Qu: Fb. - RFJI.

Mirowitz, Leo Isaak, Ingenieur; geb. 11. Dez. 1923 Mannheim; *V:* Harry David M.; *M:* Golda, geb. Schweitzer; ∞ 1947 Adele Shirley Levin; *K:* Howard D., Sheldon P., Lisa S.; *StA:* deutsch, 1944 USA. *Weg:* 1938 USA.
    1938 Emigr. USA; 1944-46 US-Armee (Oberlt.), 1944 B.A. u. 1957 M.Sc. (Elektro-Ing.) Washington Univ. St. Louis/Mo. 1946-54 zunächst Forschungsing., dann erster Konstruktionsing. der McDonnell Aircraft Corp. St. Louis, 1954-64 Ing. für Projektdynamik, dann ltd. Ing. für strukturelle Dynamik, 1964-69 Ltr. Raum- u. Raketensystem u. Voyager-Programm, ab 1969 Dir. Abt. für moderne Technologie der McDonnell Douglas Astronautics Co. in St. Louis/Mo.; 1954-64 Mitgl. des Aeroelasticity Panel der *Aircraft Industry Assn.,* 1956-58 Mitgl. Unterausschuß Vibrations and Flutter der NASA, 1958 Mitgl. Komitee für Raumschiffe u. Fellow des *Am. Inst. Aerospace and Aeronautics.* 1957 Präs. u. 1963 VorstVors. von *B'nai B'rith* St. Louis/Mo. Lebte 1975 in St. Louis/Mo.
Qu: Hand. - RFJI.

Misch, Carl Edward, Dr. phil., Journalist, Historiker; geb. 7. Sept. 1896 Berlin, gest. 13. Okt. 1965 Danville/Ky., USA; ev.; *StA:* deutsch, 5. Aug. 1937 Ausbürg. *Weg:* 1934 F; 1940 USA.
    Ab 1914 Stud. Gesch., Germanistik u. öffentl. Recht Berlin u. München, 1920 Prom. München, Mitarb. *Dammerts Deutscher Handelsdienst,* 1921-33 pol. Red. *Vossische Zeitung,* März-Juli 1933 Chefred.; Justizkritiker, Berichterstattung über pol. Verfahren, u.a. Hitler-Prozeß 1924, Eintreten gegen *Schwarze Reichswehr,* Fememorde u. Dolchstoß-Legende, Förderer einer dt.-franz. Verständigung, Mitgl. DLM, mit → Heinz Pol, → Rudolf Olden u.a. Vertr. der linken Red-Gruppe im Ullstein Verlag, Mitorg. des Kongresses Das freie Wort am 19. Febr. 1933 in Berlin. 1933 Schutzhaft, Okt. 1934 Emigr. nach Paris, Mitarb. *Die Neue Weltbühne, Das Neue Tage-Buch,* 1936-40 Red. *Pariser Tageszeitung* (→ Georg Bernhard), Ps. Otto von Freising, beschäftigte sich vor allem mit vergleichenden histor. Analysen des NatSoz.; Teiln. Volksfront-Konf. v. 2. Febr. 1936. 1940 mit Hilfe des *Jewish Labor Committee* in die USA, Beschlagnahme seiner zeitgeschichtl. Unterlagen in Paris durch Gestapo u. Abgabe an Parteiarchiv der NSDAP. In New York Mitarb. *Aufbau,* ab 1941 VorstMitgl. *German-American Council for the Liberation of Germany from Nazism* bzw. *Assoc. of Free Germans* unter → Albert Grzesinski. Ab 1943 Instructor, ab 1947 Assist. Prof., ab 1948 Assoc. Prof., ab 1956 Prof. für europ. u. neuere Gesch. Centre Coll. Danville/Ky.; nach 1945 Mitarb. *Die Neue Zeitung* München, 1962-63 Gastprof. für Zeitungswiss. FU Berlin.
    W: Geschichte des Vaterländischen Frauenvereins 1866-1916. 1917, 1926; Varnhagen von Ense in Beruf und Politik (Diss.). 1925; Kaznelson, Siegmund, Juden im deutschen Kulturbereich (Mitarb.). 1934, 1959; Die toten Zeitungen. In: Lyons Tea (Tarnschrift, um 1939); Gesamtverzeichnis der Ausbürgerungslisten 1933-1938. Paris (Verlag der Pariser Tageszeitung). O.J. [1939]; Deutsche Geschichte im Zeitalter der Massen. 1952. *L:* Radkau, Emigration; Walter, Exilliteratur, 1, 7.
Qu: Arch. Hand. Publ. Z. - IfZ.

Mischler, Richard, Dr. jur., Rechtsanwalt; *StA:* CSR. *Weg:* 1935 CSR.
    RA in Berlin, Geschäftsf. *Republikanischer Automobil-Club.* Nach 1933 Strafverteidiger in mehreren Verfahren gegen Kommunisten u. Angehörige von Linksgruppen wegen illeg. Tätigkeit, persönl. Unterstützung ihrer Org., u.a. Verb. zur So- *pade* Prag. März 1935 Verhaftung wegen Mitwirkung an Verbreitung der *Sozialistischen Aktion,* 9 Mon. Columbia-Haus Berlin, schwere Mißhandlungen. Dez. 1935 Ausweisung nach Intervention der CSR-Regierung.
Qu: Arch. Publ. - IfZ.

Missong, Alfred, Dr. rer. pol., Publizist; geb. 9. März 1901 (1902?) Höchst a. Main, gest. 4. Juni 1965 Wien; kath.; *V:* Jakob Heinrich M. (gest. 1921), kath., Ing. Farbwerke Höchst; *M:* Maria Apollonia, geb. Ulzer (gest. 1940), kath.; *G:* Marianne Mannesmann (geb. 1897), Sprachlehrerin; ∞ 1930 Juliane Riepl (geb. 1901), 1938 Emigr. CH, 1939 JU, 1941 Deutschland (Österr.), A: Wien; *K:* Agnes (geb. 1931), Alfred (geb. 1934); 2 weitere K.; *StA:* deutsch, 1919 österr. *Weg:* 1938 CH; 1939 JU; 1941 Deutschland (Österr.).
    Schule in Frankfurt/M. u. Wien, 1921-25 Stud. Staatswiss. Univ. Wien, 1925 Prom. 1924-25 Red. *Das Neue Reich,* 1925-38 Mitarb. u. Red. der kath. Wochenztg. *Schönere Zukunft,* Mitarb. *Die Reichspost, Allgemeine Rundschau* München, *Die Zeit* Berlin u.a. Ztg. u. Zs., Vertr. des Gedankens einer selbständigen österr. Nation in einer übernat. abendländ. Völkergemeinschaft, starke Betonung legitimistischer Auffassungen. 1927 Mitgr. *Die österreichische Aktion* (→ Ernst Karl Winter). Ab 1934 Mitarb. *Der Christliche Ständestaat* (CS) unter → Dietrich von Hildebrand trotz der deutlichen pol. Gegensätze zwischen *Schönere Zukunft* u. CS vor allem in der Einschätzung des NatSoz., Ps. Hugo Diwald u. Otto Brunner. 1930-38 Mitgl. *Österreichische Kulturvereinigung,* 1933 Vorst-Mitgl. *Verband katholischer deutscher Schriftsteller,* 1934-38 pol. Ref. *Vaterländische Front,* vermutl. Mitgl. *Ostmärkische Sturmscharen.* März 1938 unmittelbar nach Einmarsch der dt. Truppen Verhaftung, mehrere Mon. Schutzhaft, Aug. 1938 Emigr. CH, Jan. 1939 nach Jugoslawien (Futog/Bačka). Anfang 1941 nach Einmarsch der dt. Truppen verhaftet u. nach Wien abgeschoben. 1941-45 Angest. in RA-Kanzlei. 1945 Mitgr. ÖVP, entwarf das erste Parteiprogramm, Gr. u. bis 1950 Chefred. *Österreichische Monatshefte.* Ab 1950 diplomat. Dienst, Presseattaché in Bonn, ab 1952 in Bern u. Paris, ab 1955 in Rom. - *Ausz.:* u.a. 1955 Hofrat.
    W: Die österreichische Aktion (Mithg.). 1927; Die Welt des Proletariats. 1931; Murner, Thomas (Ps.), Der Nazispiegel. 1932; Heiliges Wien. 1933; Msgr. August Schauerhofer - Ein Wiener Sozialapostel. 1933; Vertraulicher Nachrichtendienst des Österreichischen Arbeiter- und Angestelltenbundes (Hg.). 1945; Die österreichische Nation. 1946; Die Weltverpflichtung des Christen. 1948; Ernst Karl Winter - Bahnbrecher des Dialogs (Hg.). 1969. *L:* Bußhoff, Heinrich, Das Dollfußregime in Österreich in geistesgeschichtlicher Perspektive unter besonderer Berücksichtigung der „Schöneren Zukunft" und „Reichspost". 1968; Ebneth, Ständestaat. *Qu:* Arch. Hand. Fb. Publ. - IfZ.

Mode, Heinz Adolf, Dr. phil., Archäologe, Parteifunktionär; geb. 15. Aug. 1913 Berlin; *V:* Hugo M.; *M:* Erna, geb. Kassel; ∞ Charlotte Wendt; *StA:* deutsch. *Weg:* 1935 CH; 1945 Deutschland (ABZ); 1948 Deutschland (SBZ).
    Stud. Univ. Berlin, Colombo, Tagore-Univ. Bengalen; 1935 in die Schweiz, Stud. Univ. Basel, 1941 Prom., 1944 Habil.; KPD-Mitgl., Mitarb. AbschnLtg. Süd, 1944 Red. *Über die Grenzen* u. 1944-45 *Freies Deutschland* Zürich. Als Ltr. der Region Basel der BFD Schweiz auf 2. Landeskonf. v. 27. Mai 1945 Wahl in BFD-Landesausschuß; Teiln. der beiden KPD-Landeskonf. v. 14. Jan. u. 24./25. März 1945 in Zürich. Aug. 1945 nach München, Mitorg. der bayer. KPD, 1945-48 Sekr. *Bayerische Künstlervereinigung* München. Ab 1948 Lehrtätigkeit an Martin-Luther-Univ. Halle-Wittenberg, zeitw. SED-Sekr. der Univ.; ab 1962 Prof. mit Lehrstuhl für Orientalische Archäologie, Dir. Sektion Orient- u. Altertumswiss. der Martin-Luther-Univ.; ab 1966 PräsMitgl. *Deutsch-Südostasiatische Gesellschaft der DDR,* Ltr. *Buddhistisches Zentrum der DDR.* Lehrte 1978 an Univ. Halle-Wittenberg. - *Ausz.:* u.a. Verdienstmed. der DDR.

W: u.a. Die Skulptur der Insel Ceylon. 1942; Indische Frühkulturen. 1944; Cylindres et Cachets Orientaux. 1947. *L:* Teubner, Schweiz. *Qu:* Arch. Hand. Publ. - IfZ.

Model, Leo, Börsenmakler; geb. 10. Nov. 1904 Lörrach; jüd.; *V:* Henry M.; *M:* Jane, geb. Weil; ∞ Jane Ermel (geb. 1903 Metz, gest. 1975 USA), kath., 1935 Emigr. NL, 1941 USA; *K:* Peter H. (geb. 1933 Frankfurt/M.), 1935 Emigr. NL, 1941 USA, 1965 Ph.D., Hochschullehrer in New York; Allen J. (geb. New York), M.A. Harvard Univ., Fürsorger; *StA:* deutsch, 1946 USA. *Weg:* 1935 NL, 1941 USA.

1920-22 Büroausbildung in Frankfurt, 1922-29 Börsenmakler bei Firma Wilhelm Homberger, 1929-35 Mitgl. Frankfurter Börse. 1935 Emigr. Niederlande, 1933-41 bei internat. Bankges.; 1941 in die USA, Mitgl. New Yorker Börse, 1941-74 AR-Vors. Model & Roland (später Model, Roland & Stone), seit 1974 AR-Vors. Bache, Model, Roland Internat. Lebte 1977 in New York.

Qu: HGR. Pers. Z. - RFJI.

Möller-Dostali, Otto Carl **Rudolf,** Journalist, Parteifunktionär; geb. 1. Apr. 1892 Wiesbaden-Biebrich, gest. 21. Jan. 1961 Essen; *V:* Johann Georg Möller, ev., Telegraphist; *M:* Amalie, geb. Lehr, ev.; *G:* Louise Wendt (geb. 1893), Johann (1895-1916); ∞ I. 1945 London; II. 1952 Essen, Berta Labudat (geb. 1909), 1927 SPD, 1954-73 Geschäftsf. *Arbeiterwohlfahrt* Bez. Niederrhein, ab 1948 StadtVO. Essen, seit 1968 Bürgerm. Essen; *StA:* deutsch. *Weg:* 1934 CSR; 1938 GB; 1946 Deutschland (BBZ).

Malerlehre, Werftarb., 1911 SPD, Mitarb. der SPD-Presse. 1913 Ausw. nach Brasilien. Journ. in São Paulo. Nach dem 1. WK Rückkehr, ab 1920 KPD, Red. *Arbeiterzeitung* Bielefeld unter Ps. Otto Richthofer. 1925-26 Sekr. KPD-Unterbez. Bielefeld, dann bis 1930 PolLtr. Bez. Niedersachsen in Hannover, u.a. als Verfechter der jeweiligen ZK-Linie umstritten. Ab 1930 Sekr. Westeurop. Büro der *Komintern,* 1931 Einleitung eines Parteiverfahrens, Tätigkeit in sowj. Handelsvertretung Berlin, 1932 Mitgl. ZK-Presseabt. 1933-Juli 1934 Ltr. illeg. *Rote Hilfe* Berlin-Brandenburg, Flucht in die CSR, kurzfristig Ltr. KPD-Gruppe Prag, Dez. 1934 Parteiaustritt. Hinwendung zum Katholizismus. Mitgr. *Christlicher Reichsbund für deutsche Freiheit* (→ Klaus Dohrn); mit *Volkssozialistischer Bewegung* (→ Hans Jaeger), SF (→ Otto Straßer) u.a. christl. u. nationalrevol. Gruppierungen Unterz. des Aufrufs der *Deutschen Front gegen das Hitlerregime* v. 10. Jan. 1937, Teiln. der Konf. des *Vorbereitenden Komitees für die Gründung des deutschen Volksrates* Apr. 1937 in Preßburg. Chefred. der im Febr. 1938 unter Mitarb. von → Friedrich Muckermann einmalig erschienenen christl.-sozialen Zs. *Abendland.* 1938 Emigr. GB, 1942 SPD, VorstMitgl. *Katholische Arbeitsgemeinschaft für Politik und Wirtschaft* in London. Mitgl. *Landesgruppe deutscher Gewerkschafter in Großbritannien,* 1945 als SPD-Vertr. Mitgl. ihrer Beratungskommission, ab 1943 Mitarb. bei den Programmberatungen der *Union.* 1945 VorstMitgl. *Vereinigung deutscher Sozialdemokraten in Großbritannien,* 1946 Rückkehr, Chefred. der DGB-Jugendzs. *aufwärts,* 1952-58 außenpol. Red. *Neue Ruhr-Zeitung;* ab Mai 1948 mit → Willi Eichler u. → Heinz Kühn VorstMitgl. SPD-Bez. Oberrhein, 1952-58 SPD-Unterbez. Essen.

L: Cahen, Fritz Max, Men Against Hitler. 1939; Weber, Wandlung; Röder, Großbritannien. *Qu:* Arch. Publ. - IfZ.

Moenius, Georg, Dr. phil., Publizist; geb. 19. Okt. 1890 Adelsdorf/Oberfranken, gest. 2. Juli 1953 München; kath.; *V:* Peter M., Kaufm.; *M:* Elisabeth, geb. Hamm; *StA:* deutsch, 26. Okt. 1938 Ausbürg. *Weg:* Österr.; F; USA; nach 1945 Deutschland (ABZ?).

Stud. Univ. München, Erlangen u. Würzburg, Prom. Univ. Würzburg; 1915 kath. Priesterweihe, Tätigkeit als Seelsorger. Bayerischer Föderalist, 1924 Amtsbeurlaubung, freier Schriftst. u. Journ., bis zu ihrem Verbot 1933 Hg. u. Chefred. *Allgemeine Rundschau* München mit kath.-föderalistischer Tendenz. Emigr. nach Österreich, zeitweilig in Rom; im Kreis um die Zs. *Der Christliche Ständestaat* (→ Dietrich von Hildebrand, → Klaus Dohrn), Mitgl. des Frühj. 1937 in Wien gegr. *Christlichen Reichsbundes für deutsche Freiheit;* nach dem Anschluß Österreichs (?) über Frankr. in die USA; Pfarrer in Seattle/Wash., pol. Kontakte u.a. zu → Hubertus Prinz zu Löwenstein-Wertheim-Freudenberg u. zu → Otto Straßer. Nach 1945 Rückkehr nach Deutschland, lebte zuletzt in München.

W: u.a. Kardinal Faulhaber. Wien (Reinhold) 1933; Ein römisches Jahr. Innsbruck (Tyrolia) 1936; Karl Kraus, der Zeitkämpfer. Wien (Lanyi) 1937; Der neue Weltmonarch. Westheim b. Augsburg (Rost) 1948; mehrere Bühnenstücke; Bibliogr. in: Kürschners Deutscher Literatur-Kalender. Nekrolog 1936-1970. 1973. *L:* Ebneth, Ständestaat. *Qu:* Arch. Hand. Publ. - IfZ.

Mössinger, Karl, Parteifunktionär; geb. 13. Febr. 1888 Eichstetten bei Freiburg/Br., gest. 4. Sept. 1961 Saarbrücken; *V:* Karl Adam M., Landwirt; *M:* Luise, geb. Schafferer; *G:* Friedrich M., Elise Schiatti; ∞ II. 1952 → Luise Schiffgens, III. 1956 Maria Pick; *K:* 4. *Weg:* 1935 F; 1946 Deutschland/Saargeb.

Schlosser. 1919-24 DMV-Bevollmächtigter Aachen. 1924-28 SPD-Parteisekr. Bez. Aachen; 1928-33 Landessekr. SPD/S. Im franz. Exil Anschluß an *Bewegung Freies Deutschland für den Westen,* 1943 Mitgr. u. bis 1945 Mitgl. KFDW/CALPO. Mitgl. *Deutsche Sprachgruppe* der CGT, vertrat Pläne zur Schaffung einer dt. Einheitsgewerkschaft. Später Rückzug aus KFDW u. Orientierung an *Sopade;* gleichwohl von DDR-Geschichtsschreibung als sozdem. Verfechter der KPD-Einheitsfrontpol. im Jahre 1945 hervorgehoben. 1944 Org. u. Vors. *Union des Réfugiés Sarrois en France* in Südfrankr., bis 31. Dez. 1945 mit dem Flüchtlingskommissar des Völkerbunds Org. der Rückführung der saarländ. Emigr.; 1946-53 RegRat in VerwKommission, später im Wirtschaftsmin. des Saarlandes. 1953-55 Landessekr. SPS. Vors. BVN Saar.

L: Schmidt, Saarpolitik; Zorn, Edith, Über die Stellung deutscher Sozialdemokraten in Frankreich zur Bewegung „Freies Deutschland" (1944-1945). In: BZG 7/1965, S. 808-826; dies., Die deutschen Sozialdemokraten in Frankreich und die Bewegung „Freies Deutschland" (1944-1945). In: Befreiung und Neubeginn. Red. Bernhard Weißel. 1968, S. 135 ff.; Schaul, Résistance; Pech, Résistance; Schneider, Saarpolitik und Exil. *Qu:* Arch. Pers. Publ. - IfZ.

Molitor, Willi, Gewerkschaftsfunktionär; geb. 25. Mai 1902 Essen, gest. 20. Jan. 1953 Heidelberg; kath., Diss.; *V:* Anton M., gef. im 1. WK; *M:* Grete, geb. Darius; ∞ 1931 Käte Andres (geb. 1910); *K:* 1; *StA:* deutsch. *Weg:* 1940 NL, GB; Deutschland (BBZ).

Ab 1916 Schlosserlehre u. Geselle in Mülheim/Ruhr, ab 1921 Schlosser bei der Deutschen Reichsbahn, Juni 1933 Entlassung, erwerbslos. Ab 1917 GewJugend, ab 1920 Mitgl. DMV u. SPD, ab 1921 *Deutscher Eisenbahnerverband* bzw. *Einheitsverband der Eisenbahner Deutschlands,* ehrenamtl. SPD- u. GewFunktionär, 1932-33 Mitgl. BezVorst. Essen des *Einheitsverbandes,* 1926-27 u. 1928-33 Mitgl. Betriebsrat Reichsbahnausbesserungswerk Mülheim. Mitgl. *Reichsbanner* u. *Eiserne Front.* Nach natsoz. Machtübernahme persönl. Versuche zum Aufbau eines Kontaktnetzes ehem. GewMitgl. im Ruhrgeb., ab Mitte 1933 auch Mitgl. einer illeg. SPD-Gruppe in Verb. mit *Sopade* Prag (→ Otto Wels); ab 1934 Vertrauensmann von → Hans Jahn für die illeg. GewArbeit der ITF in Westdeutschland, u.a. Reise zur ITF-Zentrale nach Amsterdam, Einfuhr von ITF- u. *Sopade-*Druckschriften aus den Niederlanden. 7. Juni 1935 Verhaftung als Mitgl. der illeg. SPD-Gruppe, 9. Juli 1936 Urteil 3 J. Zuchth., KL Börgermoor. Juni 1938 Entlassung, durch Gestapo zu V-Mann-Tätigkeit gepreßt, Wiederaufnahme der Kontakte zu Hans Jahn. Jan. 1940 als Agent der Gestapo in die Niederlande, wo er der ITF seinen Auftrag offenbarte, kurzfristig in Rotterdam im Untergrund, 2. Mai 1940 durch Vermittlung der ITF im Flugzeug nach GB. 1946 Rückkehr nach Bielefeld; lebte nach 1950 in Frankfurt/Main.

Moller

L: Esters, Helmut u. Pelger, Hans, Gewerkschafter im Widerstand. 1967. *Qu:* Arch. Publ. - IfZ.

Moller, Erich, Textilfabrikant; geb. 14. Aug. 1895 Mährisch-Ostrau; jüd.; *V:* Max M.; *M:* Jenny, geb. Wertheimer; ∞ 1921 Helen Postelberg; *K:* Jonathan. *Weg:* 1938 Pal.

1913-20 MilDienst; anschl. Stud. Technikum für Textilindustrie in Reutlingen/Württemberg, Textil-Ing., Stud. Prag u. Tübingen. 1934 Reise nach Palästina, dort 1934 mit Vetter → Hans Moller Gr. der Spinnerei, Weberei u. Textilfabrik Ata Textile Co. in Kfar-Ata, 1938 Emigr. Palästina, bis 1949 Gen-Dir. Ata Textile Co. Ab 1950 Gr. u. geschäftsf. Vizepräs. Moller Textile Corp. in Nahariyyah. Mitgl. mehrerer AR, Kuratoriumsmitgl. Technion Haifa.

Qu: Hand. - RFJI.

Moller, Hans, Textilfabrikant; geb. 1896 Wien, gest. 1962 IL; jüd.; ∞ II. Zipporah; *K:* 1 T, 1 S. *Weg:* 1933 Pal.

Dir. einer ererbten Textilfabrik in Böhmen. 1933 Emigr. Palästina, 1934 mit Vetter → Erich Moller Gr. u. bis 1962 Hauptaktionär der Spinnerei, Weberei u. Textilfabrik Ata Textile Co. Ltd. in Kfar Atta.

Qu: Hand. - RFJI.

Molt, Karl Friedrich Adolf, Gewerkschaftsfunktionär; geb. 8. Apr. 1891 Stuttgart; kath., 1913 Diss.; *V:* Karl M., Winzer, Eisenbahnbeamter, Mitgl. *Zentrum; M:* Pauline, geb. Gscheidle; *G:* 3; ∞ II. 1945 Hedwig (geb. 1916); *StA:* deutsch, 28. Febr. 1940 Ausbürg., 28. Dez. 1948 deutsch. *Weg:* 1933 CH; 1945 Deutschland (ABZ).

Abitur, Feinmechanikerlehre, 1914-18 Kriegsteiln.; Mitgl. *Deutscher Freidenkerverband, Naturfreunde,* SPD. Oberwerkmeister im Telegraphenbau. Funktionär, zuletzt BezLtr. *Einheitsverband der Eisenbahner Deutschlands* in Stuttgart. Gauführer *Reichsbanner,* März 1933 Vorbereitung des bewaffneten Eingreifens gegen Natsoz., von den Behörden für „vogelfrei" erklärt, pol. Tätigkeit im Untergrund. Herbst 1933 Flucht ins Saargeb., in Paris kurzfristig Ltr. eines Flüchtlingskomitees, dann über Deutschland illeg. in die Schweiz; Unterstützung durch *Schweizerisches Arbeiter-Hilfswerk.* Aufbau einer selbständigen Widerstandsorg. in Württ., pol. Kontakte zu NB. Verb. zur ITF unter Edo Fimmen, ab Apr. 1936 enge Zusammenarb. mit → Hans Jahn, Übernahme der süddt. Kaderorg. der ehem. Eisenbahnergew., u.a. Transport der ITF-Zs. *Fahrt frei* u. des *Sopade-*Organs *Sozialistische Aktion* nach Süddeutschland, ab Ende 1937 auch von ISK-Druckschriften, u.a. *Sozialistische Warte.* Berichterstattung für ITF-Zentrale Amsterdam. Juli 1937 Instruktionsreise nach Deutschland, Nov. 1937 Grenzkonf. in Arbon mit Fimmen, Jahn u. Beauftragten aus dem Reich. Ab Ende 1937 Verb. zur Widerstandsgruppe um ehem. KPD-MdL u. DMV-Funktionär Franz Gertel. 1938 Aufrollung der Molt-Gruppe durch Gestapo. Febr. 1940 Ausweisungsbefehl der Schweizer Behörden, Internierung im Zuchth. St. Gallen, Flucht u. zeitw. illeg. Aufenthalt bei pol. Freunden. Während der Kriegsjahre u.a. Tätigkeit für BBC. 1945 mit Hilfe von US-Stellen illeg. Ausreise nach Deutschland. Bis Dez. 1953 BezLtr. *Gewerkschaft der Eisenbahner Deutschlands* in Stuttgart. Mitgl. SPD u. VVN. Lebte 1977 in Stuttgart.

L: Esters, Helmut/Pelger, Hans, Gewerkschafter im Widerstand. 1967; Bohn, Willi, Stuttgart: Geheim! 1969. *D:* AsD, IfZ. *Qu:* Arch. Fb. Publ. - IfZ.

Mommer, Karl, Dr. rer. pol., Politiker; geb. 13. März 1910 Wevelinghoven/Niederrhein; *V:* Metalldreher, SPD, USPD, 1920 KPD, Mitgl. Kreistag; *G:* 5, u. a. Elvira, KPD-Funktionärin, 1936 Emigr. B, Tätigkeit für KPD-EmigrLtg. Brüssel, 1940 Festnahme durch Gestapo; ∞ 1975 Marlene Boeters (geb. 1916); *StA:* deutsch. *Weg:* 1935 B; 1940 F; 1946 Deutschland (ABZ).

1929 Abitur, Stud. Sozialwiss. Graz, Wien, Köln u. Berlin, in Berlin Mitgl. *Kostufra,* 1930 KPD, nach natsoz. Machtübernahme in Verb. mit → Max Reimann illeg. Tätigkeit für KPD, Jan. 1934 Verhaftung in Düsseldorf, Urteil 21 Mon. Gef.; Nov. 1935 Flucht vor erneuter Verhaftung nach Brüssel, Forts. des Stud., 1938 Prom. summa cum laude bei Hendrik de Man mit *Der Junge Marx und der Staat,* Privatlehrer u. Buchhalter. Zunächst Kontakt zur KPD-Org. Brüssel, 1938 Eintritt in SPD. Mai 1940 Dep. nach Südfrankr., bis 1941 Internierung St. Cyprien u. Gurs, anschl. bis 1944 landwirtschaftl. Pächter in Ayzieu (Gers) u. Marquestau, Verb. zur franz. Résistance. Ab 1945 in Paris, Mitarb. *Landesgruppe Deutscher Sozialdemokraten in Frankreich* (→ Günter Markscheffel). Juli 1946 Rückkehr, Ref. für Sozialpol. u. Flüchtlingsfragen beim Länderrat in Stuttgart, 1947-49 Ref. im Deutschen Büro für Friedensfragen unter Ltg. von → Fritz Eberhard; 1947-49 Vors. *Jungsozialisten* Baden-Württ., Mitgl. SPD-Landesvorst., 1948-49 Mitgl. Wirtschaftsrat Frankfurt/M., 1949-69 MdB, 1957-66 Parlamentar. Geschäftsf. der SPD-Fraktion, 1966-69 BT-Vizepräs., 1950-58 Mitgl. Beratende Vers. des Europarats u. der Westeurop. Union; Saar-Experte der SPD-Fraktion, nach 1969 Vors. Wehrstrukturkommission der Bundesreg. - Galt als führender Vertr. des rechten SPD-Flügels, setzte sich u.a. gegen Anerkennung der DDR als Verhandlungspartner in der Deutschlandfrage ein. Lebte 1978 in Bonn. - *Ausz.:* 1965 Gr. BVK mit Stern, 1969 Schulterband.

Qu: Arch. Fb. Hand. Publ. - IfZ.

Moneta, Jakob, Journalist; geb. 11. Nov. 1914 Blazowa (Blasow)/Galizien; jüd., Diss.; *V:* Textilfabrikant; ∞ verh.; *K:* Dalia; *StA:* deutsch, Pal., deutsch. *Weg:* 1933 Pal.; 1948 Deutschland (BBZ).

Kindheit in Ostgalizien, nach polnischem Judenpogrom 1919 mit Fam. nach Köln; dort Besuch von Gymn. u. Cheder, 1933 Abitur; während der Schulzeit Anschluß an SJVD, aktiv in Arbeitersportbewegung; Nov. 1933 Emigr. nach Palästina, fünf Jahre in einem Kibbuz an der Grenze des jüd. Siedlungsgebietes, Mitgl. *Histadrut* u. *Haganah;* wegen seiner kritischen Haltung gegenüber der zionist. Palästinapol. erzwungenes Ausscheiden aus dem Kibbuz; kurz vor Kriegsbeginn von den brit. Behörden interniert u. über 2 Jahre in Haft; danach tätig für Regimental Paymaster of the Middle East, Mitgr. u. Vorst-Mitgl. der brit. Gewerkschaft im palästinensischen Mandatsgebiet *Civil Service Association;* später Mitarb. der franz. Nachrichtenagentur AFP u. des Wirtschaftsinstituts des Mittleren Ostens. Anfang 1948 nach Frankr., von dort Nov. 1948 nach Ablauf des brit. Mandatspasses über Belgien Rückkehr nach Köln; 1949-51 Red. *Rheinische Zeitung,* später vorüberg. im Auslandsreferat der SPD in Bonn tätig; 1953 Eintritt in den Auswärtigen Dienst der Bundesrepublik Deutschland, bis 1962 Sozialref. bei der Botschaft in Paris; 1962 bis zur Pensionierung 1978 Chefred. des *IG-Metall-*Organs *Metall* sowie der Funktionärszs. *Der Gewerkschafter.* Tätigkeit als Übersetzer u. pol. Publizist. Lebte 1978 in Frankfurt-Ginnheim. *Ausz.:* 1961 Officier de la Légion d'Honneur.

W: u.a. Aufstieg und Niedergang des Stalinismus - Kommentar zur Geschichte der KPdSU. 1953 (1977²); Die französische Metallindustrie. 1963; Die Kolonialpolitik der Französischen Kommunistischen Partei. 1971 (Übers. ins Franz.); Mehr Gewalt für die Ohnmächtigen. In: Kursbuch, Bd. 51 (1978); versch. Übersetzungen. *L:* Mehr Gewalt für die Ohnmächtigen (Art. autobiogr. Inhalts), op.cit. *Qu:* Arch. Publ. Z. - IfZ.

Moneta, Josef, Beamter; geb. 2. Nov. 1914 Frankfurt/M.; jüd.; *V:* Schmuel M. (geb. 1882), jüd., Fabrikant, 1936 Emigr. Pal.; *M:* Jochewed (geb. 1888), 1936 Emigr. Pal.; *G:* Martin (geb. 1912 Frankfurt), Kaufm., 1936 Emigr. Pal.; *StA:* deutsch, Pal./IL. *Weg:* 1935 B, 1936 Pal.

Bis 1932 Gymn. Frankfurt, Mitgl. *Habonim.* Dez. 1935 Emigr. nach Belgien mit Touristenvisum, Jan. 1936 nach Palästina mit A I-Zertifikat. 1936-42 Stud. Hebr. Univ., 1942 M.A.; 1942 bei Zensuramt u. Zolldirektion Jerusalem, 1942-46 Angest. Abt. Schwerindustrie der Reg., 1946-48 Mitarb. im Geschäft des Bruders. 1949-63 Forschungsdir. Hafenamt Haifa, 1963-68 Ltr. Zentrum für Berichterstattung u. Statistik der isr. Hafenbehörde in Haifa, ab 1968 Ltr. Systemanalysen u. Computerdienst der isr. Hafenbehörde Tel Aviv. Mitgl. Red-Ausschuß *Information and Management. The Internat. Journal of Management Processes and Systems.* Gr. u. Mitgl. *Operations Research Soc. of Israel,* Mitgl. *Info. Processing Assn. of Israel,* Chefred. *Maaseh Hoshew* (Bulletin der isr. *Info. Processing Assn.).* Lebte 1978 in Ramat Gan.

W: u.a. Yearbook of Israel Ports Statistics (Hg.); *Qu:* Fb. Hand. - RFJI.

Monte, Hilda (d.i. Olday, Hilde), geb. Meisel, Schriftstellerin; geb. 31. Juli 1914 Wien, umgek. 17. Apr. 1945 b. Feldkirch/Vorarlberg; jüd., Diss.; *V:* Ernst Meisel (geb. 1886 Kaschau (Košice)/Slowakei, gest. 1953 Kairo), jüd., Kaufm., Emigr.; *M:* Rosa, geb. Meyer (geb. 1889 Konitz/Westpr.), jüd., Emigr., A: CH; *G:* Margot Fürst (geb. 1912), vor 1933 Mitarb. von RA Hans Litten (→ Irmgard Litten), in Haft, 1935 Emigr. Pal., Übers., Autorin, A: Deutschland (BRD); ∞ 1938 London, John Olday (1905-1977), Maler, pol. Publizist, StA: deutsch u. brit., Emigr.; *StA:* deutsch, 1938 brit. *Weg:* 1934 GB; 1944 CH.

1924-29 Lyceum Berlin, pol. Einfluß von Hans Litten, ab 1929 aktiv im ISK, u.a. Beiträge für *Der Funke.* Während natsoz. Machtübernahme StudAufenthalt in GB, ab 1934 als Studentin in London; für ISK im Ausland u. durch Reisen nach Deutschland tätig, zuletzt illeg. Aufenthalte im Reich, Kurierdienste, Fluchthilfe, Deckn. Hilda Monte. 1938 zur Vermeidung der Ausweisung aus GB Scheinheirat mit dem anarchist. Schriftst. u. Künstler John Olday. Publizist. Tätigkeit, u.a. Beiträge in *The Vanguard, Sozialistische Warte, Left News, Tribune,* enge ZusArb. mit → Fritz Eberhard, → Walter Auerbach u. → Hans Lehnert, Herbst 1939 mit Eberhard u. Lehnert Trennung vom ISK nach Meinungsverschiedenheiten über sog. direkte Aktionen in Deutschland. I.A. des Ministry of Econ. Warfare Mitarb. *Central European Joint Committee* (→ Fritz Demuth), daneben Vorbereitung eines Attentats auf Hitler, 1941 vergebl. Versuch zur Einreise nach Deutschland über Lissabon in Verb. mit brit. Stellen, Deckn. Helen Harriman. Mit Eberhard, → Waldemar von Knoeringen, → Richard Löwenthal u.a. linkssoz. Emigr. Mitarb. *Sender der Europäischen Revolution* u. Vorbereitung einer künftigen *Partei der Revolutionären Sozialisten.* Mitgl. *Fabian Society;* ab 1942 Mitwirkung am Aufbau der *German Educational Reconstruction,* Mitarb. an dt. Sendungen der BBC, Vorträge über Probleme der Nachkriegsordnung bei *Workers' Educational Assn.,* Tätigkeit im Rahmen des Bildungsprogramms der brit. Streitkräfte u. am Morley Coll. for Working Men and Women, London. Gegen Kriegsende Wiederannäherung an ISK-Gruppe in GB, vermutl. Teiln. an Einsatzprogramm des OSS (→ Josef Kappius). 1944 in die Schweiz, vom Tessin aus Verb. zu österr. Widerstandskreisen in ZusArb. mit → Karl Gerold. Festnahme bei illeg. Grenzübertritt (Deckn. Eva Schneider) u. bei anschl. Fluchtversuch von dt. Zollbeamten tödlich verletzt.

W: How to Conquer Hitler (mit Hellmut v. Rauschenplat). London (Jarrolds) 1940; Help Germany to Revolt. A Letter to a Comrade in the Labour Party (mit H. v. Rauschenplat). London (Gollancz) 1942; Modern Reading 6 (Beiträge). London (Staples) 1942; The Unity of Europe. London (Gollancz) 1943; Where Freedom Perished. Ebd. 1947; Gedichte (mit Hans Lehnert). 1950. *L:* u.a. Link, ISK; Röder, Großbritannien; Fürst, Max, Talisman Scheherezade. 1976. *Qu:* Arch. Hand. Pers. Publ. Z. - IfZ.

Moos, Alfred Julius, geb. 11. Apr. 1913 Ulm/Donau; jüd., Diss.; *V:* Hugo M. (geb. 1877, gest. 1942 Theresienstadt); *M:* Ida, geb. Herzfelder (1886-1932); ∞ 1936 Tel Aviv, Erna Adler (geb. 1916), 1933 Emigr. GB, später Pal.; *K:* Michael (geb. 1947 Tel Aviv), RA; Peter (geb. 1956); *StA:* deutsch, 1938 Pal., IL, 1951 deutsch u. IL. *Weg:* 1933 GB; 1935 Pal.; 1953 Deutschland (BRD).

1931-33 Stud. Rechtswiss. Heidelberg u. Berlin, Mitgl. *Sozialistische Studentenschaft,* SPD u. *Reichsbanner;* 1932 2. Vors. *Sozialistische Studentenschaft* Heidelberg, 1932-33 Mitgl. *Rote Studentengruppe.* 1933 Emigr. nach GB, in London kaufm. Ausbildung; Mitgl. SAPD-Auslandsgruppe, Deckn. Peter Zink, Hg. *Bulletin of the Ernst Eckstein Fund;* 1935 nach Palästina, dort Handelsvertr. u. kaufm. Angest., 1936-40 Ltr. SAPD-Gruppe Tel Aviv, 1942-45 Mitgl. *Liga V für die Sowjetunion,* Mitgl. des Kreises um Arnold Zweig, der sich u.a. um Betreuung dt. Kriegsgef. bemühte. 1953 nach Ulm, kaufm. Angest.; Mitgl. SPD, Ortsvereinsvorst. u. Kreisdeleg. Lebte 1977 in Ulm.

Qu: Arch. Fb. Publ. - IfZ.

Moos, Rudolf, Unternehmer; geb. 1865 (?), gest. 9. Okt. 1951 Birmingham; ∞ Gertrude Heinrichsdorff. *Weg:* GB.

1905 Mitgr. Salamander-Schuh-GmbH Berlin, schied Ende 1909 gegen Zahlung einer Abfindung von 1 Mio. Goldmark aus der Ges. aus. Anschl. Handelsgerichtsrat bei IHK Berlin. Vermutl. nach natsoz. Machtübernahme Emigr. GB.

Qu: Arch. Z. - IfZ.

Moosberg, Kurt Alexander, Dr. phil., Industrieller; geb. 22. Juni 1903 Paderborn/Westf.; jüd.; *V:* Moritz M. (geb. 1868 Burgdorf bei Hannover, gest. 1937 Essen), Kaufm.; *M:* Ella, geb. Blank (geb. 1880 Witten/Ruhr, gest. 1939 Essen), jüd.; ∞ 1931 Rita Levis (geb. 1907 Berlin), jüd., Abitur, 1933 Emigr. Pal.; *K:* Yael Schochter (geb. 1937), jüd., Ph.D. (Biochemie); Raya Grinberg (geb. 1939), jüd.; Yehudith Bieler (geb. 1942), jüd., Mitgl. Kibb. Netiv Ha-lamed-he; *StA:* deutsch, Pal./IL. *Weg:* 1933 Pal.

Stud. Leipzig, Gießen, Berlin, 1924 Prom. Gießen, gleichz. Stud. Handelshochschule Berlin, Dipl.; Mitgl. *Blau-Weiß,* landwirtschaftl. Hachscharah, 1925 Aufenthalt in Palästina. Ltd. Position bei Leonhard Tietz AG Köln, Red. von Handelsfachzs., Berater beim Reichskuratorium für Wirtschaftlichkeit. Feb. 1933 Emigr. Palästina mit A I-Zertifikat, ab 1933 Angest., später Vors., geschäftsf. Dir. u. Hauptaktionär Nehushtan Ltd., Gr. von Tochterges., 1933-39 mehrere Geschäftsreisen nach Deutschland zum Ankauf von Baumaterialien im Rahmen der *Haavarah.* Gr. Keramikfabrik Lapid Ltd. u. Nehushtan Lift Works Ltd.; 1955-74 Vizepräs. Handelskammer Tel Aviv, ab 1967 Gr. u. Präs. dt.-isr. IHK, ab 1957 Präs. *Freundschaftsliga Israel-Japan,* Vizepräs. *Federation of Bi-Nat. C. of C. with and in Isr., Isr. Nat. Committee of Internat. C. of C.,* zeitw. Mitgl. Zentralkomitee des isr. Industriellenverbands, Vors. Haaretz-Museum Tel Aviv. Lebte 1978 in Tel Aviv. - *Ausz.:* BVK 1. Klasse.

Qu: EGL. Fb. Hand. - RFJI.

Morawetz, Paul Alexander, Kaufmann, UN-Beamter; geb. 10. Nov. 1914 Innsbruck; o. K.; *V:* Dr. jur. Gottlieb M. (1880-1932), jüd., Prom. Wien, Bankier, Präs. deutsche RA-Kammer in der ČSR; *M:* Lilly, geb. Tritsch (geb. 1892 Wien), jüd., höhere Schule, 1938 Emigr. USA über F, E, Port.; *G:* Felix Morand (geb. 1915 Innsbruck), Stud. Wien, 1937 Emigr. USA, A: Ibiza/E; Bruno (geb. 1917 Innsbruck), 1939 Emigr. CDN, Ph.D. Toronto, Doz. in Peterboro/Ontario; Margit Meissner (geb. 1922 Innsbruck), 1938 Emigr. F, USA; ∞ 1938 Dita Berger (geb. 1917 Ungarisch Hradisch/Mähren), jüd., höhere Schule, Ausbildung als Montessori-Kindergärtnerin in London, 1940 nach AUS, B.A. (Psychologie) Univ. Melbourne, Kindergärtnerin, 1970 nach IL, Museumsführerin; *K:* Anita (geb. 1940 Melbourne), M.A. (Sozialarbeit), Sozialhelferin in IL; David (geb. 1945 Melbourne), Ph.D., A: IL; Judy (geb. 1949 Melbourne), B.Sc., Lehrerin in IL; *StA:* österr., 1946 AUS. *Weg:* 1940 AUS.

1933 Stud. Cambridge Univ., 1933-35 Stud. Prag, 1935-36 kaufm. Tätigkeit in Zlin/ČSR, 1936-39 bei den Škoda-Werken, zunächst Exportangest. in Prag, dann Geschäftsf. in Bangkok. 1940 Emigr. Australien, 1940-70 Gr. u. ltd. Dir. Tip Top Paints Australia Ltd., 1948-70 Gr. u. Dir. A.M.C.I.A. Ltd., 1948-70

508 Morawitz

Vors. Bau- u. Investmentfirma C.D.F. Hooker Ltd. - 1945-46 Mitgl. *Labour Party,* später ParlKand. der *Liberal Party,* Mitgl. *Jew. Board of Deputies* Victoria, Mitgl. YMHA u. *B'nai B'rith* Melbourne, VorstMitgl. *Australian Jewry,* Mitgl. *Notkomitee für Juden in Übersee, Assn. of Jew. Refugees,* Executive Committee der *Australian Jew. Welfare Soc.,* Vizepräs. Blind Inst. of Jerusalem Victoria, Rundfunkkommentator für Australien Broadcasting Commission, Vizepräs. *Musica Viva Soc.;* 1960-67 bei der Weltbank, 1961 Berater in Kenya, 1962 UN-Berater in Ostafrika, 1963 Dir. UN-Wirtschaftsmission in Westafrika, 1966-67 Wirtschaftsberater des Präs. von Tschad. 1967-70 Vorträge u. Reisen für UJA, 1970 Berater des MinPräs. von Mauritius. 1970 nach Israel, seitdem freier Doz. u. Wirtschaftsberater. Lebte 1977 in Jerusalem.
W: Economic Development Plan for Kenya. (Mitverf.) 1961.
Qu: Fb. Hand. - RFJI.

Morawitz (Morawetz), **Hans,** Partei- u. Verbandsfunktionär; geb. 1. Febr. 1893 Wien, gest. 3. Aug. 1966 Hannover; kath.; *V:* Johann M. (geb. 1862), Binder, Konsumangest.; ∞ I. 1918, II. 1942 Den Haag; *StA:* österr. (?). *Weg:* NL.
Schlosser, Mitgl. SDAP. Tätigkeit in sozdem. Bildungs- u. Arbeiterorg. in Niederösterr., später Parteisekr. im Weinviertel/ Niederösterr., Red. der sozdem. Wochenztg. *Volksbote.* Obmann der niederösterr. Landesorg. des *Österreichischen Land- und Forstarbeiter-Verbandes,* 1919-25 Obmann des Gesamtverbands. Bis 1922 (Mandatsniederlegung) MdL Niederösterreich. Nach Anschluß des Burgenlands an Österr. Mitgl. Landesparteivorst., 1922-24 Landesparteiobmann der SDAP Burgenland, 1922 u. 1923 Vertr. des Burgenlands im PV der SDAP. 1922-25 MdNR, 1923-25 MdL Burgenland, 1924-25 Präs. des burgenländ. Landtags. Legte Herbst 1925 beide Mandate nieder, Nov. 1926 Parteiaustritt, da vom Parteivorst. nicht als Funktionär freigestellt. Emigrierte 1934 nach den Februarkämpfen, hielt sich 1942 im Haag/Niederlande auf.
L: Kriegler, Johann, Politisches Handbuch des Burgenlands, Teil I. 1972. *Qu:* Arch. Publ. - IfZ.

Morgner, Edwin, Parteifunktionär; geb. 1884, gest. 1943 UdSSR; ∞ Gertrud (geb. 1887), SPD, USPD, Gastdeleg. Grdg.-PT der KPD 1918/19, Parteifunktionärin, 1933 Emigr. UdSSR, 1945 Rückkehr nach Deutschland (SBZ), Ende der 60er Jahre Parteiveteranin; *StA:* deutsch. *Weg:* 1933 (?) UdSSR.
Dreher, 1905 SPD, im 1. WK USPD, Mitgr. *Spartakusbund* in Jena u. Deleg. Grdg.-PT der KPD 1918/19, in den 20er Jahren in sowj. Handelsvertr. in Deutschland tätig. Nach natsoz. Machtübernahme Emigr. in die UdSSR.
Qu: Arch. - IfZ.

Moritz, Max, Rechtsanwalt, Börsenmakler; geb. 24. Mai 1896 Gelnhausen/Hessen-Nassau, gest. 26. Okt. 1973; ∞ Else Bickhardt (geb. 1901 Frankfurt/M.), Emigr. Pal. *Weg:* 1934 Pal.
RA in Hanau, Mitgl. K.J.V.; Febr. 1934 Emigr. Palästina, Gr. der Börsenmakler-Firma Moritz & Tuchler Tel Aviv, Mitgl. *Menora-Loge* des *B'nai B'rith,* Gr. der Begräbnisgemeinschaft für europ. Einwanderer *Chevrah Kadishah,* Mitgl. Disziplinar-Ausschuß des Isr. Industriellen-Verbandes.
Qu: Pers. - RFJI.

Moser (bis Aug. 1919 Moses), **Alfred,** Rechtsanwalt, Verbandsfunktionär; geb. 30. Sept. 1897 Straßburg; jüd.; *V:* Julius Moses (geb. 1866 Lessen/Westpreußen, gest. 1929), jüd.; *M:* Bertha, geb. Weil (geb. 1874 Straßburg, gest. 1937), jüd.; *G:* Max (geb. 1900 Straßburg, gest. 1974 Tilburg/NL), 1938 Emigr. NL; ∞ I. 1922 Else Mary Helene Bloch (geb. 1902 Frankfurt/M., gest. 1963 New York), jüd., 1936 gesch., Emigr. GB, USA; II. 1942 Hannelore Jessner (geb. 1915 Hamburg), Sekr. der *Reichsvertretung,* Emigr. NL, KL Westerbork, Dep. KL Bergen-Belsen, später in D.P.-Lager, 1945 gesch., Tätigkeit für J.D.C. in Deutschland (FBZ), 1950 nach Casablanca/Marokko, Sekr.; III. 1951 Irma Singer (geb. 1901 Tachau/Böhmen), Säuglingsschwester in Prag, Dep. KL Theresienstadt u. KL Liebenau/Württ., anschl. D.P.-Lager, 1948-51 Hausangest. in GB, 1951 in die USA; *K:* aus I. Ruth Borsos (geb. 1923), Emigr. NL, KL Westerbork, Dep. KL Bergen-Belsen, 1948 in die USA; *StA:* deutsch, 1954 USA. *Weg:* 1938 NL, 1949 USA.
1915-16 Stud. Straßburg, 1916-18 Kriegsteiln. (EK II), 1917-19 Stud. Rechtswiss. Frankfurt/M., 1920-22 Referendar u. Assessor, 1923-38 RA u. 1932-35 Notar in Frankfurt/M., 1923-35 Mitgl. Anwaltskammer, Mitgl. Repräsentantenversammlung der Israelitischen Gemeinden Frankfurt/M., Kuratoriumsmitgl. Jüd. Krankenhaus Frankfurt, PräsMitgl. *Makkabi,* Mitgl. Landesvorst. der ZVfD, 1928-38 Ltr. von Sammelaktionen für *Keren Hayessod,* 1936-38 Ltr. der Öffentlichkeitsarb. für die Reichsvertretung u. Ltr. der Filmabt., um 1937 Produzent des Aufklärungsfilms *Schaffender Wille.* 1933-38 zugl. VorstMitgl. *Jüdischer Kulturbund* Frankfurt. Aug. 1938 Emigr. Niederlande, Unterstützung durch Verwandte, 1938-40 Ltr. Abt. für Flüchtlingslager, 1940-43 ltd. Mitarb. im *Jüdischen Flüchtlings-Komitee* Amsterdam. Mai 1939 Teiln. an Org. der illeg. Einwanderungsaktion nach Palästina *Aliyah Beth,* Juni 1939 niederländ. Beauftragter bei Ausschiffung von Passagieren des Flüchtlingsdampfers *St. Louis* in Antwerpen nach Verweigerung der Landung in Kuba. Später Mitarb. in Verw-Angelegenheiten des *Joodse Raad.* Sept. 1943 - Jan. 1945 KL Westerbork u. KL Bergen-Belsen, Febr. 1945 Internierungslager Biberach, 1945 - Mai 1948 Ltr. D.P.-Lager Jordanbad. 1948-49 Rechtsberater eines niederländ. Notariats für Rückerstattung von Grundbesitz. Mai 1949 in die USA, 1949-70 Sekr., geschäftsf. Sekr., geschäftsf. Dir., VorstMitgl., u. ab 1970 ehrenamtl. Dir. *Blue Card* Inc. New York. Zugl. 1957-70 VorstMitgl. *United Help* u. Mitgl. Nehemia Robinson Stipendien-Ausschuß, VorstMitgl. A.F.J.C.E. Lebte 1978 in Elmhurst/N.Y.
L: Cohen, D., Zwervend en Dolend. 1955; Thomas, G./Witts, M.M., Voyage of the Damned. 1974. *D:* RFJI. *Qu:* Fb. Pers. Publ. - RFJI.

Moser, Gustl (August), Gewerkschaftsfunktionär, Politiker; geb. 22. Apr. 1896 Lichtenegg (Wels)/Oberösterr.; Diss.; *V:* August M., Hilfsarb.; *M:* Franziska, geb. Achleitner; *G:* Karl, Hans, Hermine, Maria, Berta, Theresia, Katharina, Anna; ∞ Maria Eder (gest. 1977); *K:* Auguste; *StA:* österr., 1934 Ausbürg., 1945 (?) österr. *Weg:* 1934 CSR, UdSSR, CSR; 1938 F, N, S; 1945 Österr.
1911-14 MaschSchlosserlehre in Wels, 1914-17 Schlosser Waffenfabrik Steyr-Werke. 1916 GewVertrauensmann, 1917 SDAP, wegen Streikbeteiligung Einberufung, Soldat an ital. Front, 1918 Rückkehr nach Steyr auf Anforderung des Betriebs. Nach Kriegsende Autoschlosser Steyr-Werke. 1920-34 GdeRat St. Ulrich b. Steyr. 1923 GrdgMitgl., 1923-34 LtgMitgl. *Republikanischer Schutzbund* Oberösterr.; 1923 Mitgl. Betriebsrat, Betriebsvertrauensmann u. Sektionsobmann der SDAP, 1926-34 Betriebsratsvors.; Mitgl. BezLtg. Steyr u. Landesltg. Oberösterr. des *Österreichischen Metall- und Bergarbeiterverbands,* Mitgl. Zentralvorst. (Kontrolle) *Bund Freier Gewerkschaften Österreichs,* VorstMitgl. Bezirks-, später Landeskrankenkasse. 1933 Mitgl. Parteirat SDAP. 1934 Teiln. an den Februarkämpfen, Flucht in die CSR, Lager Zbraslav b. Prag. Herbst 1934 mit → Richard Bernaschek u. → Richard Strasser Reise in die UdSSR, Begleiter Bernascheks bei dessen Verhandlungen mit Béla Kun u. Manuil'skij. Nov. 1934 Rückkehr in die CSR. KPÖ, Mitgl. des ZK. 1935 österr. Deleg. auf 7. Weltkongreß der *Komintern.* 1936-37 mehrfach illeg. in Österr., Mitarb. illeg. *Freie Gewerkschaften Österreichs.* Sept. 1938 Paris, anschl. 3 Mon. Oslo, dann Stockholm; Schlosser. Ltr. Parteigruppe der KPÖ. 1942 Mitgr., später VorstMitgl. *Gruppe österreichischer Gewerkschafter in Schweden* unter → Josef Pleyl. 1944 i.A. der KPÖ-Parteigruppe Verhandlungen mit *Klub österreichischer Sozialisten in Schweden* unter → Bruno Kreisky, maßgebl. an Bildung der Juni 1944 von Sozialisten u. Kommunisten mit Einschluß bürgerl. Kräfte unter dem Vorsitz Kreiskys gegr. *Österreichischen Vereinigung in*

Schweden (ÖVS) beteiligt; stellv. Obmann ÖVS. Febr. 1945 Spaltung der ÖVS aufgrund der Weigerung der sozialist. Mehrheit, die ÖVS dem 1944 als Dachorg. der Freien Österreichischen Bewegungen in der ganzen Welt gegr. *Free Austrian World Movement* (FAWM) anzuschließen. Apr. 1945 Mitgr. u. Vors. *Freie Österreichische Bewegung* in Schweden als MitglOrg. der FAWM. Herbst 1945 Rückkehr nach Österr.; 1946-69 ZK-Mitgl., 1951-54 Mitgl. PolBüro; 1946 Mitgl. Gründungsversammlung, 1946-50 Vizepräs. Arbeiterkammer Oberösterr., 1946-71 Arbeiterkammerrat; Mitgl. Zentralvorst. *Gewerkschaft der Metall- und Bergarbeiter Österreichs* u. *Sekr.* der Gew. in Steyr, 1950 nach Oktoberstreik als kommunist. Funktionär von ÖGB-Führung dieser Posten enthoben. 1946-71 GdeRat u. Stadtrat in Steyr, BezObmann der KPÖ in Steyr u. Mitgl. Sekretariat u. Landesltg. KPÖ Oberösterr. Lebte 1978 in Steyr.

W: u.a. Die Initiative ging von uns aus. Notwendige Feststellungen zu einem Kreisky-Buch. In: Volksstimme, 8. 5. 1975. *L:* Lendvai, Paul/Ritschel, Karl-Heinz, Bruno Kreisky. 1972; Müssener, Exil; ISÖE; Slapnicka, Harry, Oberösterreich. 1976; Reisberg, KPÖ. *D:* DÖW. *Qu:* Arch. Pers. Publ. Z. - IfZ.

Moser, Sir Claus Adolf, Statistiker, Hochschullehrer; geb. 24. Nov. 1922 Berlin; jüd.; *V:* Ernst M. (geb. 1885 Berlin, gest. 1957 London), jüd., Bankier; *M:* Lotte, geb. Goldberg (geb. 1897 Berlin), jüd.; *G:* Peter (geb. 1921 Berlin), 1936 Emigr. GB, Ing.; ∞ 1949 Mary Oxlin (geb. 1921 Leagrave/GB), o.K., B.Sc. London School of Econ., psychiatr. Sozialhelferin; *K:* Katherine (geb. 1952); Susan (geb. 1954); Peter (geb. 1957); *StA:* deutsch, brit. *Weg:* 1936 GB.

1933-36 Gymn. Berlin. Apr. 1936 Emigr. GB; 1940-43 Stud. London School of Econ., 1943 B.Sc. (Volkswirtschaft). 1943-46 brit. Luftwaffe. 1946-55 Doz. für Statistik, 1955-61 Doz. für Sozialstatistik, 1961-70 Prof. London School of Econ. Ab 1967 Dir. statist. Zentralamt u. Chef statist. Dienst der brit. Reg. Gleichz. 1961-64 statist. Berater Komitee für höhere Bildung, ab 1964 Dir. Forschungsabt. für höhere Bildung der London School of Econ., 1967 Deleg. zum UN-Wirtschafts- u. Sozialrat in Genf, 1972 Gastprof. im Nuffield Coll. der Oxford Univ.; ab 1965 VorstMitgl. Royal Opera House Covent Garden, ab 1967 VorstMitgl. Royal Acad. of Music, ab 1971 Mitgl. Beirat für Musik der BBC, ab 1972 Mitgl. Rat der Brit. Acad., zeitw. Mitgl. Komitee für Wohnungsfragen in Groß-London, Forschungsrat für Sozialwiss., Komitee für ArbKräfte in Wiss. u. Technik. Lebte 1977 in London. - *Ausz.:* 1964 Commander, OBE, 1973 Knight Commander, Order of the Bath.

W: The Measurement of Levels of Living, with Special Reference to Jamaica. 1957; Survey Methods in Social Investigation. 1958, 2. Aufl. 1971, 1972; A Survey of Social Conditions in England and Wales. (Mitverf.) 1958; British Towns. (Mitverf.) 1961; Dental Health and the Dental Services. (Mitverf.) 1962; Education and Manpower. (Mitverf.) 1965; The Impact of Robbins. (Mitverf.) 1969; Beiträge in statist. Zs. *Qu:* Fb. Hand. - RFJI.

Moser, Hugo; *StA:* österr. (?). *Weg:* Chile.

Emigr. nach Chile. Sekr. u. zus. mit Dr. Wilhelm Propper u. Ernest Metzger Ltr. der 1940 in Santiago de Chile gegr. Vereinigung *Austria Libre.* Stand in Verb. mit *Free Austrian Movement USA* (→ Hans Rott) in New York. 1944 Ltr. Secretariado de Prevision des *Comite Central Austriaco de America Latina* unter → Karl Stephan Grünberg.

L: Goldner, Emigration. *Qu:* Arch. Publ. - IfZ.

Moses, Siegfried, Dr. jur., Rechtsanwalt, Ministerialbeamter, Verbandsfunktionär; geb. 3. Mai 1887 Lautenburg/Ostpreußen, gest. 14. Jan. 1974 Tel Aviv; jüd.; *V:* Julius M.; *M:* Hedwig, geb. Grätz; ∞ 1921 Margarete Orthal (geb. 1890 Kempten/Allgäu), Zion.; *K:* Eli (geb. 1923), 1937 Emigr. Pal., Speditions- u. Verschiffungsberater; Dr. med. Rafael M. (geb. 1924), 1935 Emigr. I, 1936 GB, Juni-Sept. 1937 in Deutschland, 1937 Emigr. Pal., Arzt u. Psychiater, Präs. *Israelische Psychoanalytische Gesellschaft,* Gastprof. Hebr. Univ.; *StA:* deutsch, Pal./IL. *Weg:* 1937 Pal.

Stud. Berlin, 1908 Prom. Heidelberg, ab 1904 Mitgl. K.J.V., beeinflußte dessen zion. Orientierung, Hg. *Der Jüdische Student;* 1912-17 RA und Notar, 1917-19 MilDienst, Org. der Lebensmittelrationierung in Danzig. 1919-20 stellv. Geschäftsf. Deutscher Städtebund, 1920 Kontrolleur der Fußbekleidungsversorgung; 1920 VerwMitgl. u. 1921-23 geschäftsf. Vors. *Jüdische Arbeiterhilfe* in Berlin. Nach 1. WK Einfluß auf die sozialpol. Orientierung der dt. Zion., Kampf für Gleichberechtigung osteurop. Juden in Deutschland. 1920-23 RA-Praxis; 1923-29 Dir. der Kaufhäuser I. Schocken Söhne in Zwickau, Dir. u. AR-Mitgl. Schocken-Konzern; 1929-37 RA-Praxis in Berlin, 1932-36 Buchprüfer u. vereidigter Wirtschaftsberater, 1931-36 Mitgl. Repräsentantenversammlung der Jüd. Gde. Berlin, 1933-37 Präs. ZVfD, gleichz. 1933-37 stellv. Vors. *Reichsvertretung,* ltd. Mitarb. beim Transfer jüd. Eigentums durch *Altreu, Paltreu* u. *Haavara.* Sept. 1937 Emigr. Palästina mit A I-Zertifikat mit Familie, 1937-38 Geschäftsf. von *Haavara,* 1939-49 öffentl. Buchprüfer, Revisor u. Einkommenssteuerfachmann, 1947 Mitgl. der *Jew. Agency,* Deleg. zur UN, 1949-61 isr. State Comptroller im Rang eines Min. (später oberste fiskal. Behörde der isr. Verwaltung). Ab 1953 Präs. von H.O.G., später von I.O.M.E., Mitgr. u. 1950-55 Vizepräs. für Isr., 1956-74 Präs. *Council of Jews from Germany,* unbestrittener Wortführer der dt.-jüd. Emigr.; 1955-74 Mitgr. u. Präs. des LBI mit richtungsweisendem Einfluß auf Methoden u. Ziele der LBI-Forschung. Einer der ersten Befürworter einer dt. Wiedergutmachung für jüd. Eigentumsverluste unter den NatSoz., Vors. Beratungskomitee der URO in Israel, Vizepräs. der *Claims Conf.,* ltd. Mitgl. *Aliyah Chadaschah*-Partei, AR-Mitgl. Bank Leumi. - *Ausz.:* 1972 Dr. phil. h.c. Hebr. Univ.

W: Über unwirksamen Beitritt zu einer GmbH. (Diss.) 1908; Die Kohlen-Wirtschaftsgesetzgebung des Deutschen Reichs. 1920; Reform des Obligations-Wesens. 1933; The Income Tax Ordinance of Palestine. 1942, 1944; Die Jüdischen Nachkriegs-Forderungen. 1944 (engl. Übers.: Jewish Post-War Claims); Vorwort in: Adler-Rudel, S., Ostjuden in Deutschland, 1880-1940. 1959; Nach dem Eichmann-Prozeß. Zu einer Kontroverse über die Haltung der Juden (Mitverf.). 1963; The First Ten Years of the Leo Baeck Institute. 1965; Einleitung in: Michaelis, A./Feilchenfeld, W./Pinner, L., Haavarah-Transfer nach Palästina und Einwanderung Deutscher Juden 1933-39. 1972. *L:* Lazar, D., Rashim be-Yisrael. (Führende Persönlichkeiten in Israel) 1955; Tramer, Hans (Hg.), In Zwei Welten. Siegfried Moses zum fünfundsiebzigsten Geburtstag. 1962; Gilon, M. (Hg.), Kelalim baMinhal haZiburi. 1966 (engl. Übers.: Norms for Public Administration, based on the State Comptroller's Reports during the Term of Office of Dr. S. Moses 1949-1961. 1969); Weltsch, Robert, Siegfried Moses, End of an Epoch. In: Yearbook LBI. 1974; Breslauer, Walter, In Memory of Siegfried Moses, Spokesman of Jews from Germany. In: AJR Info. 1974. *D:* LBI New York; Inst. of Contemporary Jewry der Hebr. Univ. Jerusalem. *Qu:* Hand. Pers. Publ. Z. - RFJI.

Mosevius, Ernst (Ernest), Verbandsfunktionär; geb. 22. Dez. 1894 Berlin, gest. 21. Dez. 1974 New York; jüd.; ∞ Hanni; *K:* Marianne Levinsohn; *StA:* deutsch. *Weg:* 1941 USA.

1910-15 kaufm. Lehre in Berlin, 1915-18 Kriegsteiln., 1919-28 Inh. eines Klaviergeschäfts. 1929-35 Vors. der privaten Wohltätigkeitsorg. zur Unterstützung osteurop. Flüchtlinge, *Israelitische Union* Berlin (durch NatSoz. aufgelöst, Übernahme durch Jüd. Gde. Berlin). 1935-41 Ltr. Fürsorge- u. Paß-Stelle u. Referent für Wanderfürsorge der Jüd. Gde. Berlin, Unterstützung illeg. Emigr., zeitw. Präs. *Deutsche Reichsloge* des *B'nai B'rith* Berlin. 1941 Emigr. USA, Psychotherapeut u. Lehrer für jüd. Gesch. u. Phil., Präs. *Leo Baeck Lodge* des *B'nai B'rith* New York.

Qu: EGL. Z. - RFJI.

Mozer, Alfred, Politiker; geb. 15. März 1905 München; ∞ verh.; *StA:* 1918 deutsch, 7. Mai 1938 Ausbürg., NL. *Weg:* 1933 NL.

Textilarbeiter. Mitgl. SPD, auf Wanderschaft erste journ. Erfahrungen in der Parteipresse, durch Vermittlung → Wilhelm Sollmanns später hauptamtl. Red. der Parteiztg. *Ostfriesische Volkszeitung* Emden, StadtVO. Emden; in dieser Zeit erste Kontakte mit der niederländ. sozdem. Schwesterpartei. Nach der natsoz. Machtübernahme Emigr. in die Niederlande, dort Parteiarb. für SDAP, tätig im Flüchtlingskomitee der Partei in Amsterdam u. unter Deckn. Alfred Baier Red. eines von der SDAP hg. Wochenblattes für dt. Emigranten; zum Kreis um das dt. Exilorgan *Freie Presse* Amsterdam gehörig (→ Helmut Kern, → Rudolf Quast, → Emil Gross, → Heinz Wielek); Org. von Kontakten zu ostfries. SozDem., zeitw. Sekr. des ehem. Chefred. von *Het Volk*, Jan Roode; während des Krieges in der Illegalität, Teiln. am holländ. Widerstandskampf, ehrenhalber niederländ. Staatsangehörigkeit. Nach Kriegsende Red. des Parteiorgans *Paraat*, für das M. bereits in der Illegalität gearbeitet hatte; Aug. 1945 im Parteiauftrag Reise durch Westdeutschland u. Kontakte u.a. zu Konrad Adenauer u. Kardinal Frings in Köln; nach 1945 Entwicklung u. Propagierung der pol. Strategie, daß die dt. Frage allein innerhalb einer zu schaffenden europ. Föderation zu lösen sei; trat für eine europ. Einigung bei Unabhängigkeit von USA u. Sowjetunion ein; als Auslandssekr. der *Partij van de Arbeid* intensive Kontakte v.a. zur SPD, die M. in der Ära Schumacher zu einer konstruktiven Haltung in der Frage der europ. Integration zu bewegen versuchte; Teiln. 1. Europa-Kongreß in Den Haag, zu dem M. Adenauer u. Walter Hallstein Zutritt verschaffte; erklärter Gegner der pol. Entwicklung in Ostdeutschland, Befürworter einer eigenständigen europ. Streitmacht innerh. der NATO; bei Grdg. der Europäischen Wirtschaftsgemeinschaft 1958 Berufung zum Kabinettschef des Vizepräs. der EWG-Kommission, Sicco Mansholt, in dieser Position bis zur Pensionierung 1978. Lebte 1978 in Hoog Keppel/Niederlande. - *Ausz.:* Gr. BVK; 1965 Ehrenmitgl. *Europese Beweging in Nederland*.

L: Metzemaekers, L.A.V., Alfred Mozer - Hongaar, Duitser, Nederlander, Europeaan (Hg. Europese Beweging in Nederland). O.O., o.J. *Qu:* Arch. Pers. Publ. - IfZ.

Muckermann, Friedrich, SJ, Ordenspriester, Publizist; geb. 17. Aug. 1883 Bückeburg/Niedersa., gest. 2. Apr. 1946 Montreux/Schweiz; kath.; *V:* Hermann M. (1851-1922), kath., Kaufm.; *M:* Anna, geb. Rüther (1856-1944), kath.; *G:* Dr. phil. Hermann M. (1877-1962), Anthropologe, 1896-1926 Jesuit, dann Weltpriester, 1913-16 Schriftltr. *Stimmen aus Maria Laach* bzw. *Stimmen der Zeit*, 1927-33 Ltr. Abt. Eugenik Kaiser-Wilhelm-Institut für Anthropologie Berlin, nach 1933 Rede- u. Schreibverbot, während der natsoz. Herrschaft priv. wiss. Tätigkeit, 1947-53 Inh. des Lehrstuhls für Anthropologie u. Sozialethik TH Berlin sowie Ltr. Max-Planck-Institut für natur- u. geisteswiss. Anthropologie ebd.; Anna (1880-1938), als Ursuline Schwester Constantia, GymnLehrerin; Maria (1881-1916), als Ursuline Schwester Leona; Elisabeth (1887-1969), Lehrerin; Marie-Therese (1889-1967), Studienrätin u. Schriftst.; Richard (geb. 1891), Journ., 1933 Berufsverbot, 1946-50 Chefred. *Rhein-Ruhr-Zeitung,* 1947 MdL NRW, 1949-61 MdB (CDU); Gertrud (1895-1955), als Ursuline Schwester Leona II, OberstudDir.; → Ludwig Muckermann; 3 G als Kinder gest.; *StA:* deutsch, 27. Apr. 1938 Ausbürg. *Weg:* 1934 NL; 1936 I; 1937 Österr.; 1938 F; 1943 CH.

1899 bereits vor Abschluß des Gymn. in Bückeburg Eintritt in den Jesuitenorden, nach Noviziat u. 2jähr. weiterer Ausbildung ab 1903 Stud. Phil. Ordenshochschule Valkenburg/Niederlande sowie germanist. Studien Univ. Kopenhagen (Magister Artium); nach weiteren theol. Studien 1914 Priesterweihe in Valkenburg; Lehrtätigkeit an der Stella Matutina in Feldkirch/Vorarlberg u. Andreaskolleg Dänemark, zu seinen Schülern in Feldkirch gehörte u.a. Kurt Schuschnigg; während 1. WK Pfarrer im Osten, nach Kriegsende als Gefangener in Minsk u. Smolensk; 1919 Austausch gegen Karl Radek, Rückkehr nach Deutschland, Abschluß der theol. u. asketischen Ausbildung; ab 1921 Hg. LitZs. *Gral*; in der Folgezeit Profilierung als einer der bedeutendsten Köpfe des dt. Katholizismus u. des Jesuitenordens; mit H. van de Mark Hg. *Das geistige Europa. Ein internationales Jahrbuch der Kultur* (1926-27), Mitarb. *Stimmen der Zeit* u. *Der Leuchtturm*, Gr. u. Ltr. mehrerer Pressekorr., v.a. auf dem Gebiet der Kultur u. Kunst ausgedehnte publizist. u. schriftst. Tätigkeit im In- u. Ausland, Mitgl. *Dante-Gesellschaft, Fichte-Gesellschaft* u. *Görres-Gesellschaft* sowie Ehrenmitgl. *Gesellschaft für deutsches Schrifttum* u. *Paneuropa-Union* (→ Richard Coudenhove-Kalergi); ausgedehnte Rednertätigkeit, gehörte bei Erstarken des NatSoz. zu den prominentesten intellektuellen kath. Gegnern der von ihm als neu-heidnisch abgelehnten Bewegung. Von den NatSoz. öffentl. als Staatsfeind bezeichnet, nach dem 30. Juni 1934 mit Unterstützung seines Bruders Hermann Flucht vor drohender Verhaftung in die Niederlande. In Oldenzaal Hg. *Der Deutsche Weg* als Organ für die dt.-sprechenden Katholiken in Holland, auch im Reich illeg. verbreitet, von nat.-konservativer Grundhaltung u. am autoritären ständestaatl. Regime Österreichs orientiert, keine grundsätzl. Ablehnung der faschist. Staatsform, jedoch dort scharfe Kritik am NatSoz., wo dieser als neue Religion auftrat bzw. in die Interessensphäre der Kirche eingriff. Der Standort der Zs. war deshalb weniger pol. als weltanschaulich u. vom Kampf gegen das Heidentum bestimmt. M., der u.a. auch Mitarb. von *Der Deutsche in Polen* war, wurde wegen seiner publizist. Aktivitäten gezwungen, die Niederlande zu verlassen u. ging 1936 nach Italien. In Rom Lehrtätigkeit am vatikan. Orientalischen Institut sowie Hauptmitarb. u. zeitw. Dir. der Jesuitenzs. *Lettres de Rome* mit antibolschewist. Zielsetzung, zugl. Aufbau eines Archivs zur Sammlung natsoz. Dokumente; in *Lettres de Rome* neben Angriffen auf den atheist. Bolschewismus Weiterführung des Kampfes gegen den NatSoz.; bis zur erzwungenen Einstellung des Erscheinens von *Gral* (1937) u. *Deutscher Weg* (1940) red. Betreuung dieser Blätter; Nov. 1937 wegen zunehmender persönl. Gefährdung in Italien nach Österr.; dort von der Reg. Schuschnigg tolerierte Rednertätigkeit gegen den NatSoz.; beim dt. Einmarsch in Österr. zufällig auf einer Konf. in Basel, von dort März 1938 Emigr. nach Paris; Nov. 1939- Juni 1940 Kommentator in den dt. Sendungen des Pariser Rundfunks; vor den dt. Truppen Flucht nach Mittelfrankr., im Dépt. Creuse zeitw. als Dorfpfarrer tätig; nach Besetzung der noch freien Zone Nov. 1942 versteckt, März 1943 Flucht in die Schweiz. Nach illeg. Grenzübertritt wechselnde Aufenthalte, Zivilinternierter, wieder zunehmende publizist. Tätigkeit, nach Kriegsende Kontakt mit alliierten Stellen; Gegner der These einer moralischen Kollektivschuld aller Deutschen.

W: u.a. die Flugschriften: Der Bolschewismus droht; Klöster brennen!; Drohnen?; Tragikomisches von der Ruhr; Wollt ihr das auch? Wie nicht den Bolschewismus in Rußland erlebte; weit. W: Katholische Aktion. 1928; Goethe. 1931; Der Mönch tritt über die Schwelle. 1932; Vom Rätsel der Zeit. Gedanken zur Reichsidee. 1933; Heiliger Frühling. 1935; Es spricht die spanische Seele. Neue Dokumente. Hg. Secretariatus de Atheismo. Colmar (Alsatia) 1937; Revolution der Herzen. Colmar (Alsatia) 1937; Vorträge in der Domkirche zu Klagenfurt, 21.-23. Nov. 1937. Klagenfurt (Kärntner Presseverein) 1938; Der Mensch im Zeitalter der Technik. Luzern (Stocker) 1943 (holl. Übers.); Wladimir Solowjew (1853-1900). Zur Begegnung zwischen Rußland und dem Abendland. Olten (Walter) 1945; Der deutsche Weg. Aus der Widerstandsbewegung der deutschen Katholiken von 1933 bis 1945. Zürich (NZN-Verlag) 1945 (holländ. u. ital. Übers.); Europa en Der Deutsche Weg. Tilburg (Bergmans) 1946; Frohe Botschaft in die Zeit. Ein Jahrbuch als letztes Vermächtnis. Einsiedeln (Benziger) 1948; Im Kampf zwischen zwei Epochen. Lebenserinnerungen (Hg. Nikolaus Junk). 1973. *L:* u.a. biogr. Art. in: Vaterland, Luzern, Nr. 88/1946, 69/1948, 189/1953; Einführung des Hg. Nikolaus Junk. In: Im Kampf zwischen zwei Epochen. *Qu:* Arch. Hand. Pers. Publ. Z. - IfZ.

Muckermann, Ludwig, Kaufmann, Diplomat; geb. 19. Juli 1899 Bückeburg/Niedersa., gest. 28. Apr. 1976 Genua (?); kath.; *G:* → Friedrich Muckermann; ∞ 1935 Luigia Juvarra (geb. 1914), kath.; *K:* Luise Charlotte Baronin Aliotti (geb. 1936), Bibliothekarin Goethe-Inst. Genua; Hermann (geb. 1938), Numismatiker; Astrid (geb. 1939); Ludwig (geb. 1942); Anne-Isabelle Palmesino (geb. 1946); Thomas (geb. 1948); Verena (geb. 1949). *StA:* deutsch. *Weg:* 1941 I.

Gymn. in Bückeburg u. Sittard/Niederlande; 1917-19 Mil-Dienst, im 1. WK schwer verwundet (EK); 1919-23 mit Unterbrechung Stud. Volkswirtsch. Univ. Köln, Münster u. Berlin; 1925-41 kaufm. tätig, Inh. eines Schuh-Großhandels in Bückeburg. Gegner des NatSoz., nach 1933 bis zu dessen Auflösung Mitgl. *Stahlhelm;* infolge seiner Gegnerschaft zur NSDAP u. der engen Beziehungen zu seinem Bruder Friedrich 1940 zur Aufgabe des Geschäfts gezwungen, nach einer Denunziation am 15. Apr. 1941 von einem Sondergericht wegen Vergehens gegen die Verordnung über außerordentl. Rundfunkmaßnahmen v. Sept. 1939 zu 6 Mon. Gef. verurteilt; anläßl. eines Hafturlaubs zum Besuch der kranken Eltern seiner ital. Frau Sept. 1941 Emigr. nach Italien, bis Kriegsende illegal in Rom; 1941/42 vorüberg. Rückkehr nach Deutschland zur Regelung geschäftl. Angelegenheiten. M. war neben C.B.Todd u. Prof. Volbach Mitgl. des von dem emigrierten kath. Arzt u. ehem. westfäl. Studentenfunktionär Dr. Nix 1943 gegr. *Anti-Nazi-Komitee,* das in Rom mit Unterstützung von Vatikankreisen tätig war u. nach dem Fall von Rom Juni 1944 mit den alliierten Nachrichtendiensten sowie ab Dez. 1944 mit UNRRA zusammenarbeitete. Aufgrund seiner Gegnerschaft zum NatSoz. sowie der Mithilfe bei verwaltungstechn. Reorg. dt. Behörden in Italien 1952 Übernahme in den auswärt. Dienst der Bundesrepublik Deutschland: 1952-53 Angest. Deutsche Botschaft in der Schweiz; 1954-68 Kultur- u. Wirtschaftsattaché (Vizekonsul) Deutsches Generalkonsulat Genua. 1968 Rückkehr nach Deutschland.

D: Nachlaß bei Verena Muckermann, Genua. *Qu:* Arch. Pers. Publ. - IfZ.

Muehsam-Edelheim, Margaret T., geb. Meseritz, Dr. jur., Journalistin, Verbandsfunktionärin; geb. 18. Sept. 1891 Berlin, gest. 25. Mai 1975 New York; jüd.; *V:* Hugo Meseritz (geb. Niederschlesien), Fabrikant; *M:* Alisa, in der Frauenbewegung tätig; *G:* Edith Striemer (gest. 1950), Emigr. CH, USA; ∞ I. 1918 Dr. phil. John Edelheim (gest. 1931), Hg. sozialist. u. demokrat. Ztg. u. Bücher; II. 1946 Dr. med. Eduard Muehsam (geb. 1897 Berlin, gest. 1977 New York), Chirurg u. Urologe, 1939 Emigr. GB, 1940 USA, Arzt in New York; *K:* (Stiefsohn) Dr. med. Gerald E. Muehsam, *A:* USA; *StA:* deutsch, 1944 USA. *Weg:* 1938 USA.

Stud. Rechtswiss. Berlin, 1914 Prom. Erlangen, Mitgl. *Freie Studentenschaft,* 7 Jahre Präs. einer Vereinigung für Studentinnen der Rechtswiss.; als Frau keine RA-Zulassung. 1914-22 beim Ullstein Verlag, Assist., später Ltr. Rechtsabt. der *Berliner Morgenpost,* journ. u. red. Tätigkeit; ab 1924 Schriftltr. u. Auslandskorr., 1934-38 stellv. Chefred. *C.V.-Zeitung,* enge Zus-Arb. mit → Alfred Hirschberg. 10 Jahre Mitgl. Ehrengericht *Reichsverband der Deutschen Presse,* Präs. *Demokratische Frauenorganisation für Großberlin,* StadtVO der DDP in Berlin, Schriftführerin ORT-Vorst. Berlin, aktiv in Frauenbewegung, Doz. Lessing-Hochschule. Apr. 1938 Emigr. USA über GB, 1938-39 für *Am. Jew. Committee* Untersuchungen über die Auswirkungen der natsoz. Gesetze auf die Lage der dt. Juden, 1939-42 Schriftltr. *ORT Economic Bulletin,* später Pressechefin der ORT, zugl. 1940-42 im Pressedienst des *Nat. Refugee Service.* 1942-43 Schriftltr. beim OWI. Mit Stipendien der *World Stud. Org.* u. des *Council of Jew. Women* Stud. Harvard u. Columbia Univ.; 1955-75 für LBI New York tätig, Mitgr. Frauenhilfsausschuß, 1960-73 Schriftltr. *LBI News,* Ltr. der Public-Relations-Arbeit, Sammlung von Memoiren u. Nachlässen; 1974-75 Mitgr. u. VorstMitgl. Congr. Habonim.

W: Das Pressedelikt als Begehungsform der gemeinen Delikte. (Diss.) 1914; Art. u.a. in: *Deutsche Juristen-Zeitung, Blätter für Fortbildungsschulrecht, Statistische Monatshefte* u. *C.V.-Zeitung;* The Jewish Press in Germany. In: Yearbook LBI, 1956; Die Haltung der jüdischen Presse gegenüber der nationalsozialistischen Bedrohung. In: Weltsch, R. (Hg.), Deutsches Judentum. Aufstieg und Krise. 1963; Ein Gang durch die Bibliothek des LBI. In: Bulletin LBI, 1959; Das Archiv LBI. Ebd. 1960; Beiträge in dt.-sprach. Presse in den USA. *L:* Margaret T. Muehsam 1891-1975. In: LBI News, Kap. XVI, Nr. 2. *D:* LBI New York; RFJI. *Qu:* Pers. Publ. Z. - RFJI.

Müller, Carl H. (Karl Heinrich), Parteifunktionär; geb. 22. Sept. 1879 Stuttgart, gest. 1935 Wien (?); *V:* Karl August M., Maler; *M:* Anna Barbara, geb. Ziegler; ∞ 1907 Johanna Mathilda Koch, gesch. 1912; *StA:* deutsch. *Weg:* 1933 Österr.

Während des 1. WK in der Schweiz, Mitarb. in sozialist. Jugendbewegung, 1918 Rückkehr nach Württ., USPD-Mitgl., Deleg. PT v. Okt. 1920, mit linkem Parteiflügel Übertritt zur KPD, Red. *Süddeutsche Arbeiter-Zeitung* Stuttgart, 1920 u. 1924 Wahl in LT v. Württ.; Jan. 1927 KPD-Ausschluß als Anhänger der Rechten. 1933 Emigr. nach Wien.

L: Weber, Wandlung. *Qu:* Arch. Publ. - IfZ.

Müller, Emil, Politiker; geb. 31. Juli 1897 St. Georgen/Schwarzwald, gest. 12. Mai 1958 Niederbühl/Baden; o. K.; *V:* Emil M.; *G:* 10, in der Arbeiterbewegung aktiv, u.a. Hermann, nach 1933 KL-Haft; ∞ 1919 Marie Kiefer (geb. 1892), kath., SPD; *K:* Emil (geb. 1920), Emigr. CH; Kurt (geb. 1921); *StA:* deutsch. *Weg:* 1933 F; 1946 Deutschland (FBZ).

Emailschriftenmaler-Lehre; 1914-17 Soldat. Gewerbeschule, 1928 Meister. SPD, StadtVO u. Mitgl. BezTag Germersheim, 1929 Reichstags-Kand. Noch vor 31. Jan. 1933 Emigr. Elsaß, Schriftenmaler. Mitgl. SFIO, Unterstützung pol. Flüchtlinge, Kontakte zu → Friedrich Wilhelm Wagner. 1939-40 Internierung, Flucht nach Südfrankr.; später bei Straßburg ansässig. 1946 Rückkehr, graphischer Gestalter u. Zeichner, ab 1949 Schriftenmalermeister. 1956-58 MdL Baden-Württ.

W: Graphische Gestaltung von: Arno Peters, Synchronoptische Weltgeschichte. Frankfurt/M. 1952. *Qu:* Pers. Arch. Hand. - IfZ.

Müller, Fred, Dr. phil. habil., Dr. rer. pol., Partei- u. Staatsfunktionär, Hochschullehrer; geb. 8. Juli 1913 St. Petersburg/Rußland; *StA:* deutsch. *Weg:* 1936 (?) E; 1939 (?) F; 1945 (?) Deutschland.

Oberschule, Orthopädieschuhmacher, 1932 KPD. Nach 1933 illeg. Tätigkeit. 1935-36 Haft, danach Emigr., pol. Funktionär Internat. Brigaden im Span. Bürgerkrieg, anschl. Internierung in Frankr., vermutl. auch in Deutschland in Haft. 1945-46 Ltr. Landesjugendschule Mecklenburg, 1946-48 FDJ-Landesvors. ebd., 1949 Inspekteur u. stellv. Ltr. Deutsche Volkspolizei (DVP) Schwerin, 1950 Ltr. DVP Brandenburg, 1951-52 Vors. *Deutscher Sport-Ausschuß,* 1952 Parteihochschule Karl Marx, ab 1953 PräsMitgl. *Gesellschaft für kulturelle Verbindung mit dem Ausland.* 1953-57 1. SED-Vors. im VEB Sachsenring Zwickau, 1957-60 Offz. u. stellv. Ltr. Pol. Verw. Deutsche Grenzpolizei. 1960-62 Stud. am Institut für Gesellschaftswissenschaften beim ZK der SED, Dr. phil. habil.; 1961-64 Prof. für marxist.-leninist. Ethik an der Humboldt-Univ. Berlin, 1964-65 Berater des kuban. Erziehungsmin. für die Einführung des gesellschaftswiss. Grundstudiums, ab 1965 Prof. für dialekt. u. histor. Materialismus an der Humboldt-Univ., 1965-69 Präs. *Deutscher Sportverband Moderner Fünfkampf* in *Deutscher Turn- und Sportbund* (DTSB), ab 1966 PräsMitgl. *Deutsch-Lateinamerikanische Gesellschaft,* ab 1967 Mitgl. Bundesvorst. DTSB, 1968 Prorektor für Studienangelegenheiten an der Humboldt-Univ. Wirkte 1976 in Berlin (Ost). - *Ausz.:* 1956 Hans-Beimler-Med., 1959 VVO (Bronze), 1965 VVO (Silber).

W: Weltall, Erde, Mensch. Zahlr. Aufl. *Qu:* Arch. Hand. Z. - IfZ.

Müller, Gertrud, Parteifunktionärin; gest. Schweden. *Weg:* S.

Aktiv in der ostpreuß. ArbBewegung, Frauenarbeit in der SPD, OrgLtr. *Kinderfreunde;* Abg. Volkstag Danzig. Nach natsoz. Machtübernahme Emigr. nach Schweden; als Deleg. der SPD-Ortsgruppe Stockholm auf 1. Landeskonf. der dt.

SozDem. in Schweden am 2./3. Dez. 1944 Wahl in die Landesltg., Wiederwahl im März 1946; VorstMitgl. des Juni 1945 gegr. *Hjälpkomittén för tyska och statslösa offer för koncentrationslägren* (Hilfskomitee für deutsche und staatenlose Opfer der Konzentrationslager).

L: Matull, Arbeiterbewegung; Müssener, Exil. *Qu:* Arch. Publ. - IfZ.

Müller, Heinrich, Politiker; geb. 20. Aug. 1880 Aussig/Böhmen, gest. 18. Aug. 1943 Guilford/GB; *M:* Arbeiterin; *K:* Hein, 1938 Emigr. GB, später NZ; *StA:* österr., 1919 CSR. *Weg:* 1938 GB.

Porzellanmaler, aktiver Arbeitersportler, Teiln. 1. WK, 1919 DSAP, Vors. *Arbeiter-Turn- und Sportverband in der Tschechoslowakischen Republik* bzw. ab 1937 *Arbeiter-Turn- und Sport-Union der ČSR* (→ Alois Ullmann); ab 1919 StadtVO. Aussig, ab 1929 Abg. u. ab 1935 Senator in NatVers. der CSR. Okt. 1938 Emigr. nach GB, Mitgl. TG-Landesvorstand.

L: Cesar/Černý, Politika; Weg, Leistung, Schicksal; Menschen im Exil. *Qu:* Arch. Publ. - IfZ.

Müller, Heinrich, Diplomat; geb. 29. Nov. 1894 Birkesdorf/Rheinl., gest. 23. Sept. 1967 Aachen; kath.; *V:* Wilhelm M. (1852-1926), Schreiner u. Zimmermann; *M:* Maria, geb. Küsters (1861-1944); *G:* 4; ∞ I. 1922 Karolina Josefina Rombout, 1934 gesch.; II. 1938 Erna Israel (geb. 1901), jüd.; *StA:* deutsch. *Weg:* 1933 Saargeb.; 1935 (?) F; 1936 B; Deutschland (BRD).

Lehre im Tuchhandel, Kaufm.; Teiln. 1. WK (Ausz.); aktiv in kath. Jugendbewegung, Mitgl. *Zentrum*. Nach der natsoz. Machtübernahme vorüberg. Haft, Flucht ins Saargeb., aktiv in CVP → Johannes Hoffmanns; vermutl. nach Saarabstimmung Jan. 1935 Emigr. nach Frankr. u. von dort 1936 nach Belgien; Bau-Hilfsarb., 1938-40 u. 1944-47 Sekr. *Comité Catholique d'Aide aux Réfugiés Allemands et Autrichiens* in Brüssel, ZusArb. mit dem kath. St. Raphaels-Verein sowie dem *Katholiek Comité voor Vluchtelingen* (Sekr. → Peter Lütsches) in Holland bei deren Bemühungen, nicht-arische Katholiken nach Brasilien zu retten; ZusArb. u.a. auch mit *Matteotti-Komitee;* während des Krieges Verb. zur Résistance. 1948 Eintritt in den konsular. Dienst der Bundesrepublik Deutschland als Sozialattaché im GenKonsulat Brüssel, 1950-54 Konsul in Lüttich, 1954 bis zur Pensionierung 1962 GenKonsul in Antwerpen. 1962 Rückkehr nach Aachen, VerbMann der CDU zur Christlich-Sozialen Partei Belgiens, ehrenamtl. karitative Tätigkeit u.a. für *Misereor*. - *Ausz.:* BVK; Ordre de Léopold/Leopoldorde (Belgien).

L: Reutter, Lutz-Eugen, Katholische Kirche als Fluchthelfer im Dritten Reich. Die Betreuung von Auswanderern durch den St. Raphaels-Verein. 1971. *Qu:* Arch. Pers. Publ. - IfZ.

Müller, Heinrich Johannes, Gewerkschaftsfunktionär; geb. 21. Dez. 1908 Hildesheim/Niedersa., gest. 10. Dez. 1965 Hannover; Diss.; *V:* Georg M. (1876-1965), kath., Töpfermeister, SPD; *M:* Maria, geb. Wilkending (1875-1923), kath., Arbeiterin; ∞ 1943 Hildegart Löbner (geb. 1910); *K:* 1 (geb. 1943); *StA:* deutsch. *Weg:* 1934 DK; 1940 S; 1945 DK; 1949 Deutschland (BRD).

1924-27 kaufm. Lehre, 1924-33 Jungsozialist, VorstMitgl. Hildesheim. 1927-30 Verkäufer, 1930-33 Sekr. ZdA, Mai 1933 Polizeihaft, 28. Febr. 1934 Flucht nach Dänemark, 10. Mai 1940 nach Schweden. Unterstützung durch *Matteotti-Komitee*. 1942-45 Holzfäller, anschl. Betreuer in dt. Flüchtlingslagern in Dänemark. 1949-65 Sekr. DGB-Landesbez. Niedersa., Hauptkassierer SPD-Ortsverein Hildesheim. 1956-59 StadtVO. Mitgl. Beratender Ausschuß Wiedergutmachungsbehörde.

Qu: Arch. Pers. - IfZ.

Müller, Herbert, Parteifunktionär; geb. 13. Nov. 1900 Ludwigshafen/Rhein; o.K.; *V:* Maurer, SPD. *StA:* deutsch, 9. Dez. 1937 Ausbürg., deutsch. *Weg:* 1936 F; 1937 E; 1938 F; 1945 Deutschland (FBZ).

Schriftsetzer, später Red. u. Verlagsltr. bzw. Verlagsgeschäftsführer. 1917 Vors. der *Sozialistischen Jugend* Ludwigshafen, Mitgr. FSJ Pfalz; 1919 KPD, 1924 Parteivors. Ludwigshafen u. Mitgl. der Bez.Ltg. Pfalz; führende Funktion im Kampf gegen den rhein. Separatismus; während der Auseinandersetzungen innerhalb des mehrheitlich ultralinken KPD-Bez. Pfalz Wortführer der ZK-treuen Minderheit nach der Rechtswendung der Parteiführung unter → Ruth Fischer u. später unter Ernst Thälmann; 1928-33 MdL Bayern; ab 1929 als hauptamtl. Funktionär OrgLtr. KPD-Bez. Pfalz, nach der ZusLegung der beiden Bez. 1931 KPD-Sekr. Baden-Pfalz. Nach natsoz. Machtübernahme mit → Franz Doll Ltr. der illeg. Arbeit im Bez. Baden-Pfalz. Mai 1933 verhaftet, bis Apr. 1935 KL Dachau, nach Entlassung Gestapo-Überwachung, Wiederaufnahme der illeg. Arbeit in Verbindung mit KPD-Grenzstelle Straßburg (→ Robert Klausmann), vor drohender erneuter Verhaftung 1936 Flucht nach Frankr.; 1937 nach Spanien, im Bürgerkrieg Kaderoffz. der XI. Internat. Brigade, abkommandiert zur pol. Ltg. in Valencia (→ Franz Dahlem), später zur Zentralen Kaderltg. unter André Marty in Barcelona; verantwortl. für die dt., brit., skandinav. u. österr. Brigadisten in der span. republ. Armee, zuletzt im Range eines Kapitäns (Hptm.). Ende 1938 zurück nach Frankr., Betreuung internierter Spanienkämpfer; bei Kriegsausbruch bis 1943 selbst interniert, nach Flucht aus dem Lager führende Position in der illeg. KPD (→ Otto Niebergall), Apr. 1944 Beauftragter des KFDW bei Verhandlungen mit dem Comité Français de Libération Nationale um die Anerkennung der *Bewegung Freies Deutschland für den Westen* als Teil der Résistance. Aug. 1945 Rückkehr nach Deutschland, Vors. des KPD-Bez. Pfalz; StadtVO. Ludwigshafen u. Mitgl. des Kreistages Ludwigshafen sowie des BezTages Pfalz; 1946 Mitgl. der Beratenden Landesversammlung u. seit 1947 des LT Rheinl.-Pfalz; Landesvors. KPD Rheinl.-Pfalz; Sept. 1949 Übertritt zur SPD, Parteisekr. in Ludwigshafen. Lebte 1978 in Ludwigshafen. - *Ausz.:* 1962 Freiherr von Stein-Plakette, 1963 Gr. BVK, 1969 Ehrenring der Stadt Ludwigshafen.

L: Weber, Wandlung; Pech, Résistance. *Qu:* Arch. Hand. Pers. Publ. - IfZ.

Müller, Hugo, geb. 30. Okt. 1910 Linz, gef. 1944 Deutschlandsberg/Steiermark; Diss.; *V:* Wilhelm M. (gest.); *M:* Aurelia, geb. Bernaschek, S v. → Richard Bernaschek; *G:* Wilhelm (gest.), Margarete, ∞ Hildegard Brenner (geb. 1914); *K:* Peter (geb. 1940); *StA:* österr. *Weg:* 1934 CSR, UdSSR; 1936 (?) E; 1939 F, UdSSR; JU (?); 1944 Deutschland (Österr.).

Hilfsarb. Tabakregie Linz; Mitgl. SDAP, *Republikanischer Schutzbund;* Wehrsportler. 1933 KPÖ. 1934 Teiln. Februarkämpfe in Linz, anschl. über die CSR in die UdSSR, Lehre u. Arbeit als Dreher. Bergsteiger-Instrukteur (→ Gustl Döberl). Vermutl. 1936 Spanien, Teiln. Span. Bürgerkrieg, Deckn. Adolf Fischer; Soldat im Čapaev-Btl., anschl. Zug- u. Kompanieführer; 1938 Major, Kommandant des Div.- Btl. der 35. Internat. Brigade. Jan. 1939 beim zweiten Einsatz der Internat. Brigaden Kommandeur des österr. Btl.; über Frankr. in die UdSSR. Zentraler Instrukteur für Alpinismus u. Bergsteiger-Lehrer im Kaukasus. Nach dt. Überfall auf UdSSR vermutl. Fallschirmabsprung in Jugoslawien. 1944 bei Deutschlandsberg/Steiermark im Kampf gegen dt. Truppen gefallen.

L: Unsterbliche Opfer; Die Völker an der Seite der Spanischen Republik. 1975. *D:* DÖW. *Qu:* Arch. Pers. Publ. - IfZ.

Müller, Johannes, Parteifunktionär; geb. 14. Juli 1912 Leipzig; *V:* August M. (gef. 1916), Bäcker; *M:* Maria, geb. Knoblauch; *G:* 2; *StA:* deutsch. *Weg:* 1934 CSR; 1938 F; 1939 (?) S; 1940 Deutschland.

Buchdrucker; 1924-29 *Arbeiter-Turn- und Sport-Bund,* 1927-33 *Verband der Deutschen Buchdrucker- und Schriftsetzergehilfen,* 1929 KJVD; ab Apr. 1932 arbeitslos, ab Herbst 1932 Mitgl. UnterbezLtg. Leipzig, später Kassierer BezLtg. Sa.; 1933 illeg. Parteiarb., Aug.-Dez. 1933 KL Colditz, Mai 1934 Emigr. in die CSR, Sept.-Okt. 5 Wochen Haft in Graslitz wegen Tätigkeit für *KSČ-Deutsche Sektion* in Nordböhmen, danach illeg. in Prag. Lebte ab Aug. 1935 in sog. Patronat im Kr. Königgrätz, ab Febr. 1936 in EmigrHeim Strašnice u. Mšec (Deckn. Hans Schütze), Mai 1936 wegen Besitzes falscher Papiere Ausweisung, illeg. in Prag; ab Febr. 1937 Kurier u. nach Schulung in Paris Dez. 1937 ZK-Instrukteur für Berlin bei AbschnLtg. Zentrum Prag, mehrere illeg. Reisen nach Berlin. Juli 1938 in Straßburg Verhaftung, 6 Mon. Gef., nach Strafverbüßung über Dänemark nach Schweden, dort von → Paul Peschke erneut als Instrukteur eingesetzt (Deckn. Jan, Hans). Juli 1940 während dritter Berlinreise Verhaftung in Hamburg, 1941 VGH-Urteil lebenslängl. Zuchth. Bis Kriegsende Haft in Brandenburg-Görden.
L: Schmidt, Deutschland; GdA; Mewis, Auftrag. *Qu:* Arch. Publ. - IfZ.

Müller, Karl, Gewerkschaftsfunktionär; geb. 12. Sept. 1890 Höhscheid b. Solingen, gest. 1. Juni 1968 Solingen; ev., ab 1910 Diss.; *V:* August M. (1935 Freitod), Metallfacharb., SPD; *M:* Emma, geb. Bornefeld (gest. 1931); *G:* Hedwig (gest. 1918); ∞ 1921 Else Monheimius (1897-1968), 1937 Emigr. B, 1941 Deutschland; *K:* Felix (geb. 1923), Graphiker, Hochschullehrer, 1937 Emigr. B, 1941 Deutschland; *StA:* deutsch. *Weg:* 1935 NL; 1936 B; 1940 F; 1945 Deutschland (BBZ).
Facharbeiterlehre, 1908 SPD, DMV. 1914-19 Soldat, USPD, später SPD. Straßenbahnangest., Mitgl. Kreistag Solingen, ab März 1933 StadtVO. Nach Entlassung aus städt. Dienst Reisevertr.; 1933 Ltr. illeg. SPD-Jugendgruppe, ZusArb. mit KJVD. Sommer 1935 Flucht vor Verhaftung nach Holland, ab 1936 in Belgien. Lehrgang für Feinmechaniker in Brüssel, GewMitgl., Unterstützung durch *Matteotti-Komitee,* ab 1937 als Mechaniker tätig. Ab Mai 1940 Internierung in Belgien und Frankr., Rückführung der Familie ins Reich durch Gestapo. Nach 1940 Anschluß an franz. Résistancegruppen. Okt. 1945 über Paris u. Brüssel nach Solingen. Okt. 1946-Apr. 1947 Mitgl. ernannter LT NRW, Okt. 1946-Okt. 1948 StadtVO, 1946-55 Sekr. Gew. ÖTV Solingen.
L: Sborny, Inge/Schabrod, Karl, Widerstand in Solingen. 1975. *Qu:* Arch. Pers. Publ. - IfZ.

Müller, Moshe Yizhak, Journalist, Funktionär; geb. 1882 Preßburg, gest. 1957 Bnei Brak/IL; jüd.; *K:* größtenteils vor dem 1. WK nach Pal. *Weg:* 1939 (1940 ?) Pal.
Stud. Jeschiwah Preßburg, Mitgl. zion. Org. *Ahavat Zion,* 1904 Mitgl. Komitee zur Aufstellung der Tagesordnung für *Misrachi*-Kongresse, zeitw. Vors. *Misrachi*-Org. in Preßburg, 1919 Mitgl. u. Sekr. *ČSR-Misrachi* (Hauptsitz in Preßburg), Mitgl. *Jüdische Partei,* nach 1. WK Gr. u. Hg. der dt.-sprach. zion. Wochenzs. *Jüdische Volkszeitung* mit slowak. Beilage in Preßburg, später Gr. u. Hg. der *Misrachi*-Zs. für die Slowakei, *Jüdisches Familienblatt.* Deleg. auf versch. zion. Kongressen u. anderen zion. Konf.; 1939 (1940 ?) Emigr. Palästina.
L: Jews of Czech. *Qu:* Hand. Publ. - RFJI.

Müller, Otto, Dr. jur., Wirtschaftsexperte, Verbandsfunktionär; geb. 6. März 1887 (1882 ?) Mähren, gest. Dez. 1958 IL (?); ∞ Else Frankel; *K:* 1 S. *Weg:* 1940 Pal.
Prom. Wien, 1914-38 Syndikus der Wiener Kaufmannschaft u. stellv. GenSekr. der Buch-Kaufmannschaft in Wien, tätig beim *Keren Hayessod,* zeitw. Vors., 1938-40 Mitarb. beim *Palästina-Amt* in Wien, Bemühungen zur Sicherstellung des Eigentums jüd. Flüchtlinge in Triest u. Genua. 1940 Emigr. Palästina; 1942-48 Wirtschaftsberater Abt. für Handel und Industrie der *Jew. Agency.* Hg. *Palestine Economic Review,* 1948-49 Chef Abt. Export u. Import der isr. Industrie- u. Handelskammer; 1949 Ruhestand. 1949-58 (?) Wirtschaftsberater bei der Industrie- u. Handelskammer, tätig in Wiedergutmachungsangelegenheiten, u.a. im Zusammenhang mit Kriegsschäden in Italien, Mitgr. u. Mitgl. *Vereinigung der Juden aus Österreich* Tel Aviv, tätig im *Council of Jews from Austria.*
W: A Survey of Palestine's Industry. In: Palestine Information. 1944; Saḥar naḤuz shel Yisrael (Israels Außenhandel). 1952; Veröffentl. über Zoll- und Wirtschaftsfragen; Beiträge im *HaEnziklopedia haIvrit* (Hebr. Lexikon). *Qu:* Hand. Z. - RFJI.

Müller, Paul, Buchhändler, Verleger; geb. 1899 (?), gest. Dez. 1964 Cambridge/Mass.; ∞ Grete Scheuer, Emigr. USA; *K:* Eva Greenberg, Emigr. USA; *StA:* österr. (?), USA (?). *Weg:* 1939 USA.
Buchhändler in Wien. Nach dem Anschluß KL Dachau. 1939 Emigr. USA. Ab 1941 Ltr. Schönhof-Verlag (dt.-sprach. Abt. der Buch- und Kunsthandlung Schönhof's Foreign Books in Boston u. Cambridge), neben → Friedrich Krause u. Mary S. Rosenberger maßgebl. an Verlag u. Vertrieb der *Free German Publications* in den USA beteiligt. Unmittelbar nach Kriegsende techn. Ltr. des als Nachfolgeunternehmen des Malik-Verlags gegr. Aurora-Verlags, der von bekannten antinatsoz. dt.-sprachigen Autoren (u.a. Bertolt Brecht, Heinrich Mann, Berthold Viertel, Lion Feuchtwanger) unterstützt wurde. Langjähr. Präs. *Austro-American Association of Boston,* vermutl. enge ZusArb. mit der österr. kommunist. Emigration um die *Austro-American Tribune.* Blieb nach Kriegsende in den USA. Ab 1961 Präs. u. Geschäftsf. Schönhof's Foreign Books.
L: Cazden, Exile Literature. *Qu:* Arch. Hand. Publ. Z. - IfZ.

Müller, Paul Anton Georg; geb. 16. Mai 1904 Frankfurt/M.; *V:* Anton M.; *M:* Anna, geb. Kaufmann; ∞ Martha Katharina Maria Friederike Schmid (geb. 1902), 1934 Emigr. CH, ab 1940 Verhaftung u. Internierung, 1948 nach Deutschland (ABZ); *K:* Inge (geb. 1943); *StA:* deutsch. *Weg:* 1934 CH, 1948 Deutschland (ABZ).
Kaufm. Angest., 1918-25 SAJ u. SPD, 1919 ZdA, bis 1925 Vors. SAJ-Ortsgruppe Frankfurt/M., 1925-28 ISK, ab 1928 erneut SPD, Vors. *Jungsozialisten* u. 1930-31 2. Vors. SPD Frankfurt/M., 1931 im Zusammenhang mit Abspaltung der SAPD Ausschluß aus SPD-PV Südhessen; ab 1929 Kassierer sowie Ltr. Jugend- u. Bildungsarb. ZdA Gau Hessen; 1932 Gr. *Proletarisches Jugendkartell* Frankfurt/M., einer Vereinigung linker Jugendorg., die nach 1933 bis Zerschlagung 1934 unter Ltg. von M. (Deckn. Karl Dreng) in Frankfurt illeg. tätig war. Mai 1933 kurzfr. in Haft, 1933-34 ZdA-Sekr. in Frankfurt. Apr. 1934 Emigr. in die Schweiz, Anschluß an NB, 1934-37 (?) Hg. handgeschr. *Berichte des Allgemeinen freien Angestelltenbundes (AfA-Berichte)* zur illeg. Verbreitung im Reich, nach Ausbruch des Span. Bürgerkriegs Mitarb. bei Hilfsaktionen für Kriegsfreiw., Verf. von PropMaterial u. Mitwirkung bei Verbreitung; 1940 Verhaftung, nach Ausweisungsbeschluß wegen Haftunfähigkeit Internierungsdispens; Febr. 1940 erneute Festnahme wegen illeg. pol. Tätigkeit, nach Freispruch März 1941 Internierung in Malvaglia, Holzarb., später Freizeitgestalter u. zuletzt Sekr. ArbGemeinschaft der Freizeitgestalter der Internierungslager der Westschweiz. GewMitgl., ab Grdg. 1943 Mitgl. *Union deutscher Sozialisten und Gewerkschafter in der Schweiz* u. 1944 Mitgl. sozdem. Partei der Schweiz. Apr. 1946 Reise nach Frankfurt/M., ab Mai 1946 Volontär, später verantwortl. für Auslandskontakte bei Büchergilde Gutenberg (→ Bruno Dreßler) Zürich, 1946/47 von Hans Oprecht als Ltr. der wiedergegr. Büchergilde in Deutschland vorgesehen. 1948 Rückkehr nach Deutschland, SPD, 1948-64 Geschäftsf. Nassauische Heimstätten, ab 1949 Mitgl. u. 1951-52 Vors. Kontrollausschuß der *Gewerkschaft Handel, Banken, Versicherungen.* Lebte 1977 in Piazzogna/Schweiz.
L: Teubner, Schweiz. *D:* IfZ. *Qu:* Arch. Pers. Publ. - IfZ.

Muller, Sidney (Siegfried), Unternehmensleiter; geb. 27. Apr. 1920 Berlin; jüd.; *V:* Max M. (geb. 1887 Osteuropa, umgek. 1943 [?] im Holokaust), jüd., 1904 Übersiedlung nach Deutschland, Buchhalter u. Ladenbesitzer, 1938 Dep. nach PL; *M:* Franziska, geb. Friedberg (1891-1968), jüd., um 1910 Übersiedlung nach Deutschland, 1938 Emigr. B, 1946 AUS; ∞ 1941 Ruth Ursel Ehrlich (geb. 1914 Erfurt), jüd., 1938 Emigr. AUS, Krankenschwester; *K:* Frank N. (geb. 1942), höhere Schule, Elektriker; Lelis David (geb. 1945), höhere Schule, Rechnungsprüfer; *StA:* bis 1938 PL, 1945 AUS. *Weg:* B; 1939 AUS.

1930-36 höhere Schule, 1936-38 Lehre als Elektriker. Nov. 1938 kurzfristig Haft, Ausweisung, illeg. nach Belgien. Unterstützung durch jüd. Hilfsorg., keine Arbeitserlaubnis. Aug. 1939 Emigr. nach Australien. Unterstützung durch brit. Hilfsorg. u. *Australian Jew. Welfare Soc.* Bis 1945 als Elektriker tätig. Ab 1945 geschäftsf. Dir. von Sidney Muller Electrical Pty. Ltd. Marouba-Sydney/N.S.W. - 1960-61 Präs. *B'nai B'rith*-Loge. 1968-74 Vizepräs. Internat. Bd. of Governors u. 1967-70 Präs. der District Grand Lodge No. 21 von *B'nai B'rith* für Australien u. Neuseeland. 1973-75 Vizepräs., seit 1975 Präs. *New South Wales Jewish Board of Deputies,* Sydney. Ratsmitgl. des *Exec. Council of Australian Jewry.* Lebte 1975 in Marouba b. Sydney.

Qu: Fb. Pers. - RFJI.

Müller-Cohen, Anita, Sozialfürsorgerin; geb. 1890 Wien, gest. 1962 IL; *V:* Kaufm.; ∞ verh.; *K:* mehrere, u.a. 1 T.; *Weg:* 1936 Pal.

1914-18 Sozialarb. für jüd. Kriegsopfer in Galizien u. der Bukowina, Gr. von Entbindungs- u. Kindertagesheimen, Kinderkrankenhäusern u. Altersheimen. Dez. 1918-Mai 1919 Mitgl. Provisor. GdeRat Wien als Kandidatin der freiheitlich-bürgerlichen Wählerliste, 1918-20 Ltr. österr. *Unterstützungsausschuß für Kriegsheimkehrer,* Einrichtung von Milchausgabestellen für unterernährte Kinder in Österr.; Ltr. Vermittlungsstelle für ostjüd. Waisenkinder an jüd. Familien in Westeuropa, 1920 Förderung der Adoption osteurop. Waisenkinder in Nord- u. Südamerika; 1925 Eröffnung des *Jew. Congr.* in Chicago, Besuche in Palästina. Vor 1933 nach Luxemburg, 1936 nach Palästina. Tätig in der Jugendfürsorge u. für andere öffentl. soziale Einrichtungen.

L: Patzer, Gemeinderat. *Qu:* Hand. - RFJI.

Müller-Sturmheim, Emil, Dr.; *StA:* österr., brit. (?). *Weg:* 1938 (?) GB.

Emigrierte vermutl. 1938 von Wien nach London. 1940 Exponent des *Austria Office* unter → Heinrich Allina u. → Georg Lelewer. 1941 mit → Julius Meinl Mitgr. u. stellv. Vors. *Austrian Democratic Union* (ADU), ab Anfang 1942 nach Anschluß der ADU an *Free Austrian Movement* (FAM) Vertr. der ADU im FAM. Juni 1943 Mitgl. des neugebildeten österr. Komitees der *New Commonwealth Society of Justice and Peace.* Verbindungsmann der ADU zum *Londoner Büro der österreichischen Sozialisten in Großbritannien,* nach Verhandlungen mit → Oscar Pollak Juli 1943 Austritt der ADU aus dem FAM wegen kommunist. Übergewichts im FAM. Ab Nov. 1943 neben Friedrich Hertz Vertr. der ADU im *Austrian Representative Committee* unter → Franz Novy. Juli 1944 neben → Friedrich Scheu Sekr. der *Anglo-Austrian Democratic Society.* Blieb nach Kriegsende in London, maßgebl. Funktionen im *Weltbund der Österreicher im Ausland* (→ Paul Pereszlenyi, → Joseph Otto Lämmel).

W: u.a. Der Narr der Liebe (R). 1918; Ohne Amerika geht es nicht. 1930; Die am Krieg verdienen. 1936; Rüstungen als Rettung. 1937; 99,7%. A Plebiscite under Nazi Rule. London 1942; A Political, Cultural and Economic Programme for Austria. In: Democratic Conscience. A Report of the Austrian Democratic Union to Its Members and Friends, London 1942; What to Do about Austria. London 1943. *L:* Maimann, Politik. *Qu:* Arch. Pers. Publ. - IfZ.

Münzenberg, Willi (Wilhelm), Parteifunktionär, Politiker; geb. 14. Aug. 1889 Erfurt, gest. Sommer 1940 Frankr.; Diss.; *G:* 3; ∞ 1925 → Babette Gross; *StA:* deutsch, 25. Aug. 1933 (1. Liste) Ausbürg. *Weg:* 1933 F.

Sohn eines Försters u. späteren Dorfgastwirtes; unregelmäßiger Schulbesuch in Friemar u. Eberstädt b. Gotha/Thür., 1903-04 Schulbesuch in Gotha; nach abgebrochener Barbierlehre ab 1904 Hilfsarb. in Erfurter Schuhfabrik; 1906 Mitgl. des sozdem. Arbeiterbildungsvereins *Propaganda* (ab 1907 *Freie Jugend* Erfurt), 1907 Vors., 1908 Deleg. Berliner Kongreß der *Sozialistischen Jugend;* in Erfurt Ausbildung bei einem sozdem. Werkzeugmacher, ab 1910 Wanderschaft; in der Schweiz u.a. Zapfbursche in Bern u. Apothekenhelfer in Zürich; dort Anschluß an sozialist. *Jungburschenverein* um Fritz Brupbacher u. einer der Organisatoren der sozialist. Jugend in der Schweiz, Ltr. *Sozialistische Jugendorganisation* Zürich, ab 1912 Mitgl. Zentralvorst. der Jugendorg. u. Red. der Zs. *Freie Jugend;* 1912 Deleg. Basler Kongreß der *Zweiten Internationale;* in der Schweiz Kontakt mit russ. Emigranten, beeinflußt von der Zürcher Gruppe der Bolschewiki u. V.I. Lenin. Ab Jan. 1914 hauptamtl. Sekr. der sozialist. Jugendorganisation der Schweiz; nach Kriegsausbruch militanter Pazifist, Apr. 1915 Org. der internat. sozialistischen Jugendkonf. in Bern, Sekr. des auf dieser Konf. gebildeten internat. Jugendsekretariats; unter dem Einfluß Lenins Anschluß an die Zimmerwalder Linke, Apr. 1916 Teiln. Konf. von Kienthal; in seiner Mai 1918 erschienenen Broschüre *Kampf und Sieg der Bolschewiki* Parteinahme für die bolschewist. Revolution; Nov. 1917 als Mitorg. eines Generalstreiks in Zürich verhaftet u. nach vorüberg. Freilassung bis Kriegsende interniert. Nov. 1918 Ausweisung nach Deutschland. In Stuttgart Anschluß an *Spartakus*-Gruppe, Reorganisation der internationalen Jugendsekretariats, 1919 mehrere Mon. Festungshaft, danach Mitgl. KPD u. vorüberg. Parteivors. Württ. Als Deleg. auf dem 2. PT der KPD Okt. 1919 Vertr. eines Mittelkurses zw. der Führung Paul Levis u. den auf dem PT ausgeschlossenen Ultralinken Fritz Wolffheim u. Heinrich Laufenberg; Nov. 1919 Teiln. GrdgKongreß der KJI in Berlin u. 1919-22 deren Sekr., zeitw. Ps. A. Sonnenburg; Juli-Aug. 1920 Teiln. 2. Weltkongreß u. Juni-Juli 1921 3. Weltkongreß der *Komintern* sowie 2. KJI-Kongreß in Moskau; nach Abwahl als Sekr. der KJI von Lenin mit der Org. von Hilfsmaßnahmen gegen die Hungersnot in Rußland beauftragt, Aug. 1921 Mitgr. *Provisorisches Auslandskomitee zur Organisierung der Arbeiterhilfe für die Hungernden in Rußland* als Vorläufer der IAH, bis 1933 IAH-GenSekr., Hg. u. Red. des IAH-Organs *Der Rote Aufbau;* in den folgenden Jahren mit Unterstützung der *Komintern* Aufbau u. Ltg. eines umfassenden kommunist. Medienunternehmens mit dem Neuen Deutschen Verlag, der Filmges. Mežrabpom u. der Universum-Bibliothek sowie u.a. den Zs. u. Ztg. *Arbeiter Illustrierte-Zeitung* (1921-38), *Die Welt am Abend* (ab 1926), *Berlin am Morgen* (ab 1931), *Der Weg der Frau* (ab 1931), *Neue Montags-Zeitung* Berlin (ab 1932) u. *Der Eulenspiegel.* Als pol. motivierter Führer dieses „Münzenberg-Konzerns", dessen Blätter er z.T. persönl. redigierte, von außerordentlicher unternehmerischer Begabung u. propagandist. Einfluß insbes. auch auf die nichtkommunist. Intelligenz; ab 1924 Mitgl. der Zentrale bzw. des ZK der KPD, als ein Vertr. der ultralinken Politik (→ Heinz Neumann, → Hermann Remmele) bis 1932 Einfluß auf die pol. Linie der Partei, im wesentlichen jedoch unabhängig vom Parteiapparat u. in seiner Arbeit dem OMS verantwortlich. Auf dem Kongreß gegen koloniale Unterdrückung und Imperialismus Febr. 1927 in Brüssel Wahl in die Exekutive der *Weltliga gegen den Imperialismus und für nationale Unabhängigkeit,* Nov. 1928 Mitgr. u. Mitgl. des Reichskomitees des *Bundes der Freunde der Sowjetunion.* Teiln. bzw. Deleg. 4., 5. u. 6. *Komintern*-Kongreß; 1924-33 MdR. Org. Kongreß *Das freie Wort* in der Kroll-Oper Berlin vom 19. Febr. 1933. Nach dem Reichstagsbrand Febr. 1933 unter dem Namen Studzinski über das Saargeb. nach Frankr. In Paris durch Vermittlung von Henri Barbusse u. des radikal-sozialist. Abg. Bergery pol. Asyl, i.A. u. mit finanzieller Unterstützung der *Komintern* Org. der Prop. gegen den NatSoz.; durch Vermittlung Paul Nizans Kauf des Namens u. der Räume der Editions du Carrefour am Boulevard St.-Germain in Paris aus dem Besitz des Schweizers Pierre Levi, im Verlag publizierte unter M.s Ltg. ca. 50 z.T. ins Franz. u. Engl. übersetzte Bücher u. Broschüren u. diente sowohl als Forum der bekanntesten Exil-Schriftst. u. -Publizisten wie als Zentrum legaler u. illeg. Arbeit dt. Kommunisten in Frankr.;

Gr. *Unsere Zeit* sowie mit → Alexander Abusch u. → Bruno Frei Gr. *Der Gegen-Angriff;* März 1933 Mitgr. *Deutsches Hilfskomitee beim ZK der IAH* in Amsterdam (später *Welthilfskomitee für die Opfer des deutschen Faschismus* mit Sitz London); Org. *Thälmann-Komitee,* hierfür Frühj.-Sommer 1933 mit → Kurt Rosenfeld Sammel- u. Vortragstätigkeit in den USA; Org. Reichstagsbrand-Gegenprozeß 4.-19. Sept. 1933 in London, veröffentlichte bei Editions du Carrefour die beiden aufsehenerregenden *Braunbücher über Reichstagsbrand und Hitlerterror;* Mai 1934 Mitgr. *Deutsche Freiheitsbibliothek* Paris u. Initiator des angegliederten *Internationalen Antifaschistischen Archivs,* Mitarb. *Mitteilungen der Deutschen Freiheitsbibliothek/ Das Freie Deutschland* (1935-37); Herbst 1935 anläßl. des Abessinienkonfliktes Mitgr. des von den sowj. Gew. initiierten *Rassemblement Universel pour la Paix* (RUP), in dem auch SozDem. wie → Victor Schiff, → Rudolf Breitscheid u. → Friedrich Stampfer mitarbeiteten. M., der über ausgezeichnete Beziehungen zu franz. kommunist. Intellektuellen wie Barbusse, Marcel Cachin u. Paul Vaillant-Couturier, aber auch zu Sozialisten wie Salomon Grumbach verfügte, wurde von der franz. Reg. in das Sept. 1936 geschaffene *Comité Consultatif* zur Regelung der dt. Flüchtlingsfrage berufen (später abgelöst von → Siegfried Rädel); Juli 1935 Teiln. 7. *Komintern*-Kongreß in Moskau; zurück nach Paris mit Auftrag Dimitroffs, die neue Einheitsfront-Politik „von oben" einzuleiten; auf der sog. Brüsseler Konf. der KPD Okt. 1935 in Abwesenheit Wiederwahl ins ZK. In Paris ergriff M. die entscheidende Initiative zur Schaffung einer dt. Volksfront im Exil. Dabei Fortsetzung der „Münzenberg-Linie", die bereits vor 1933 erkennbar war: Der hervorragende Redner u. Propagandist war fähig u. motiviert, vor allem intellektuelle Kreise zu gewinnen; bereits während der ultralinken Phase der KPD-Politik hatte M. sog. Frontorganisationen wie *Weltliga gegen den Imperialismus und für nationale Unabhängigkeit, Bund der Freunde der Sowjetunion, Antifaschistisches Büro* u. *Weltkomitee gegen Krieg und Faschismus* ins Leben gerufen. In Paris bildete sich der sog. Münzenberg-Kreis, der an diese Versuche vor 1933 anknüpfte, bürgerl. Intellektuelle, SozDem. u. Christen mit Kommunisten in einer gemeins. Front gegen den NatSoz. zu sammeln; in diesem Kreis u.a. → Leopold Schwarzschild, Heinrich Mann u. → Max Braun; enge Mitarb. waren → Hans Schulz, Else Lange, → Otto Katz, Gustav Regler u. Arthur Koestler; Solidaritäts- u. Hilfskomitees dienten der Popularisierung des Volksfrontgedankens. Der Münzenberg-Kreis arbeitete eine Zeitlang parallel zu dem Juli 1935 gegr. *Vorläufigen Ausschuß zur Vorbereitung einer deutschen Volksfront;* im Einvernehmen mit dem Ausschuß lud M. im Sept. 1935 ungefähr 60 Personen zu einer Vers. in das Pariser Hotel Lutetia ein u. war Hauptorg. der drei Konf. des Lutetia-Kreises v. 26. Sept. 1935, 21. Nov. 1935 u. 2. Febr. 1936; neben L. Schwarzschild, → Otto Klepper Mitgl. *Lutetia-Komitee* (bzw. *-Ausschuß*); neben → Franz Dahlem u. → Philipp Dengel KPD-Vertr. in dem auf der Konf. v. 2. Febr. 1936 gegr. *Ausschuß zur Vorbereitung einer deutschen Volksfront.* Förderte mit Erfolg eine Einigung zwischen SozDem. u. Kommunisten durch seinen persönl. Einfluß auf die Haltung prominenter SozDem. in der Volksfrontfrage (z. B. Breitscheid) u. die Einbeziehung von SozDem. in die Hilfskomitees zur Unterstützung von Verfolgten im Reich. 20. Dez. 1935 Veröffentl. des von SozDem. u. Kommunisten gemeinsam unterz. Protestes gegen die Hinrichtung des KPD-Funktionärs Rudolf Claus; mit M. Braun auf der Vorkonf. der ArbParteien zum dritten Lutetia-Treffen am 1. Febr. 1936 Plan zur Schaffung eines *Antifaschistischen Informationsbüros* (des Volksfrontausschusses) mit paritätischer Besetzung, aufgrund dieser Initiative Grdg. der von M. Braun u. B. Frei red. *Deutschen Informationen.* Nach M.s deutlichem Abrücken von den Volksfrontdirektiven der *Komintern* zugunsten einer Einheitsfrontpol. mit der SPD Okt. 1936 zu Rechenschaftsbericht vor die Internat. Kontrollkommission nach Moskau beordert; schlug in Hinblick auf mögliche Gefährdung durch Parteisäuberungen das Angebot Manuil'skijs aus, die Agitprop-Abt. der *Komintern* zu übernehmen; mit Unterstützung Togliattis Rückreise nach Paris, offiziell begründet mit der Übergabe des Büros an seinen Nachfolger Bohumil Šmeral. Verbleib in Paris trotz mehrmaliger Aufforderung der *Komin-*

tern, nach Moskau zurückzukehren, um zu den gegen ihn erhobenen Beschuldigungen trotzkistischer Abweichung Stellung zu nehmen. Auf der Volksfrontkonf. v. 10. Apr. 1937 erneutes Auftreten für Einheitsfront von SozDem. u. Kommunisten zur pol. Neugestaltung Deutschlands nach Hitler. In der Folgezeit Krise u. Scheitern des Volksfrontausschusses: neben der Weigerung der *Sopade,* mit der KPD zusammenzuarbeiten, war hierfür u.a. das taktisch-zweideutige Verhalten von KPD u. *Komintern* verantwortlich, das mit zunehmender Ausweitung der Volksfront nach rechts ab 1938 auf eine „Einheits- u. Volksfront von unten" abzielte, in diesem ZusHang Gr. der sog. Freundeskreise der deutschen Volksfront; bereits Apr. 1937 wurde M. auf Weisung der *Komintern* im Volksfrontausschuß trotz der Proteste der nichtkommunist. Mitgl. durch → Walter Ulbricht ersetzt; die Fortdauer der Moskauer Prozesse, die verschärften ideolog. Auseinandersetzungen insbes. mit der als „trotzkistisch" bezeichneten SAPD sowie das Scheitern der Volksfrontbewegungen in Frankr. u. Spanien führten dazu, daß am 13. Nov. 1937 die nichtkommunist. Mitgl. des Ausschusses die ZusArb. mit der durch Ulbricht vertretenen KPD beendeten. M. selbst schrieb März 1938 an Fritz Brupbacher, daß er eine Lösung seiner formalen KPD-Mitgliedschaft anstrebe, die schon lange weder eine pol. noch sonstwie praktische gewesen sei; am 27. Okt. 1937 wurde den KPD-Mitgl. des Volksfrontausschusses M.s Parteiausschluß mitgeteilt, im Mai 1938 veröffentlichte die *Deutsche Volkszeitung* den ZK-Ausschluß u. ersetzt am 13. Apr. 1939 den Ausschluß aus der KPD, wobei ihm seitens der Kontrollkommission Zugehörigkeit zur Fraktion um → Heinz Neumann u. trotzkist. Aktivitäten vorgeworfen wurden. M. selbst war dem Ausschluß durch seinen Austritt um ein halbes Jahr zuvorgekommen. - Die Gründe für die Lösung M.s von der KPD dürften vielfältig gewesen sein: zum einen die Weiterverfolgung der sog. Münzenberg-Linie im Exil mit Einflußnahme insbes. auf Geistesarbeiter u. loyalem Verhalten gegenüber den Volksfrontpartnern im Gegensatz zum taktischen Verhalten der KPD u. der neuerlichen Linkswendung der *Komintern* in der Frage der Einheitsfront; zum anderen scheint ein psycholog. Aspekt in der Konfrontation M.s, der in den Parteiorg. eigentl. nie eine Rolle gespielt hatte, mit dem typischen Apparat-Mann Ulbricht zu liegen. Die wesentlichsten Gründe seiner Dissidenz nennt W. selbst in einem Schreiben an die Partei, veröffentl. in *Die Zukunft,* 10. März 1939: den Mangel an innerparteilicher Demokratie u. das Übergewicht eines sich unfehlbar dünkenden bürokrat. Apparates sowie die Unklarheit in der Zielsetzung einer „demokratischen Volksrepublik" bei gleichzeitigem Festhalten an der Einparteien-Diktatur. Hierin zeigt sich der Wandel zum demokratischen Sozialisten, wie er durch die Erfahrung des Exils in ähnlicher Weise bei → Herbert Wehner beobachtet werden kann; zutreffend erscheint das Urteil Victor Schiffs, der M. u. Wehner in den Volksfrontverhandlungen im Gegensatz zu Dahlem u. Ulbricht als verständigungsbereit „ohne Manöver" bezeichnete. - Nach Trennung von der KPD Anschluß an DFP (→ Carl Spiecker). Mitgl. des Sommer 1938 gegr. *Thomas-Mann-Ausschusses* als Gremium der dt. Opposition mit Ziel eines Burgfriedens der versch. pol. Gruppen im Exil; im gleichen Jahr Grdg. Sebastian-Brant-Verlag in Straßburg; Mai 1939 Gr. *Freunde der sozialistischen Einheit Deutschlands* (Gruppe Münzenberg), später neben *Arbeitsgemeinschaft für sozialistische Inlandsarbeit* (→ Josef Buttinger) u. *Willi Eichler) ISK* (→ Willi Eichler) Teil des *Arbeitsausschusses deutscher Sozialisten und der Revolutionären Sozialisten Österreichs* (auch *Deutsch-Ausschuß* oder *Konzentration*); Gr. *Die Zukunft* (1939-40) als Organ der *Freunde der sozialistischen Einheit Deutschlands:* programmat. Inhalt der Zs. war die Forderung nach freiheitl. Sozialismus u. sozialer Demokratie, getragen durch eine geeinte Arbeiterpartei mit innerparteil. Mitbestimmungsrecht u. Unabhängigkeit von *Komintern* u. *Zweiter Internationale;* M. lehnte die Diktatur des Proletariats ab u. glaubte, daß beim Aufbau einer sozialen Demokratie ein Konsensus zwischen Mittelstand, bürgerl. Kreisen u. der Arbeiterklasse möglich sei, wobei letzterer aufgrund ihrer Erfahrung u. Stärke die Führung in einem sozialistisch-demokrat. Block zukäme. *Die Zukunft* erschien auch in dt.-engl. u. dt.-franz. Ausgabe, letztere führte zur Grdg. der *Union Franco-Allemande* mit prominenten franz. Politikern als Mitgl. (u.a.

Edouard Herriot u. Paul Boncour). Anfang 1939 Gr. *Freunde der Zukunft* mit kulturellem u. pol. Diskussionsprogramm; nach Niederlage der span. Republik u. Internierung der Spanienkämpfer in Gurs Gr. Hilfskomitee *Hommes en Détresse,* Kritik an sowj. GPU-Politik in Spanien u. der inneren Verfassung der UdSSR; nach Bekanntwerden des dt.-sowj. Nichtangriffspaktes v. 23. Aug. 1939 trat M., der trotz seines Bruches mit der KPD eine insgesamt solidarische Haltung zu Sowjetrußland bewahrt hatte, als unversöhnlicher Gegner des Stalin-Regimes auf. Nach Kriegsausbruch Mitarb. des von Jean Giraudoux eingerichteten *Deutschen Freiheitssenders* in Paris; im Stadion von Colombes u. in Chambaran bei Lyon interniert. Prestataire bei einem Infanterie-Reg.; bei Vorrücken der dt. Truppen auf Lyon Abmarsch aus dem Lager mit Ziel Schweiz, unterwegs auf bisher ungeklärte Weise umgekommen. Möglichkeit des Freitodes, aber auch der Ermordung durch Agenten Stalins oder Hitlers.

W: (z. T. als Hg.) u.a. Braunbuch über Reichstagsbrand und Hitlerterror (Hg. [nominell] Welthilfskomitee für die Opfer des deutschen Faschismus, Vorw. Lord Marley), Paris (Editions du Carrefour) 1933; Dimitroff contra Göring. Enthüllungen über die wahren Brandstifter (Braunbuch II, Vorw. D. N. Pritt). Ebd. 1934 (beide Braunbücher übers. ins Engl.); Naziführer sehen dich an. Ebd. 1934; Weißbuch über Erschießungen des 30. Juni 1934. Ebd. 1934; Das Braune Netz. Ebd. 1935; Propaganda als Waffe. Paris (Editions du Carrefour) 1937 (Übers. ins Franz.: Strasbourg [Sebastian-Brant-Verlag] 1937). Neuauflage 1972, 1977; Die dritte Front. Paris (Editions du Carrefour) 1937 (Erstauflage 1930, Nachdrucke 1972, 1978); Kann Hitler einen Krieg führen? Ebd. 1937; Aufgaben einer deutschen Volksfront. In: New Masses (New York, hg. als Sonderdruck von *Das freie Deutschland)* 1937, erweit. Fassung: Paris (Coopérative Etoile) 1937; Lebenslauf (Abschrift des Lebenslaufs von Wilhelm Münzenberg, verf. im Schweizer Gef. 1917/18). 1972; – Bibliogr. in: Gross, Münzenberg. *L:* Geschichte der Kommunistischen Jugendinternationale. Bd. I: Schüller, Richard, Von den Anfängen der proletarischen Jugendbewegung bis zur Gründung der KJI; Bd. II: Kurella, Alfred, Gründung und Aufbau der KJI; Bd. III: Chitarow, R., Der Kampf um die Massen. Vom 2. zum 5. Weltkongreß der KJI. Berlin 1929–31 (Neuaufl. München 1970); Kersten, Kurt, Das Ende Willi Münzenbergs. Ein Opfer Stalins und Ulbrichts. In: Deutsche Rundschau, 5/1957, S. 484–499; Buber-Neumann, Margarete, Schicksale deutscher Kommunisten in der Sowjetunion. In: Aus Politik und Zeitgeschichte, Nr. XXII/Juni 1958; Gross, Münzenberg; Lademacher, Horst, Die Zimmerwalder Bewegung. Protokolle und Korrespondenz, 2 Bde. 1967; Weber, Wandlung; GdA-Biogr.; Bouvier, Beatrix, Die Deutsche Freiheitspartei. Ein Beitrag zur Geschichte der Opposition gegen den Nationalsozialismus. Phil. diss. Frankfurt/M. 1972; Duhnke, KPD; Willmann, Heinz, Geschichte der Arbeiter-Illustrierten-Zeitung 1921-1938. 1974; Surmann, Rolf, Die Münzenberg-Legende. 1978. *Qu:* Arch. Hand. Pers. Publ. Z. – IfZ.

Müsgen, Hermann, geb. 19. Jan. 1905 Mönchengladbach/Rheinl., gest. 21. Dez. 1972; ∞ Maria Bach; *StA:* deutsch, 18. Sept. 1937 Ausbürg. *Weg:* 1933 NL, Saargeb.; 1935 F; 1946 Deutschland (Saargeb.).

Ab 1929 Mitgl. *Christlich-Soziale Reichspartei,* Mitarb. Vitus Hellers, bis 1933 Hg. *Das schaffende Volk* Mönchengladbach. Nach natsoz. Machtübernahme über die Niederlande Flucht ins Saargeb., ab Sept. 1933 Ltr. Jugendztg. *Saarwacht* des Verlags Neue Saarpost (→ Johannes Hoffmann) Saarbrücken. Nach Rückgliederung des Saargeb. Emigr. nach Frankr.; 1946 zurück an die Saar. Mitgl. *Mouvement pour le Rattachement de la Sarre à la France.* Ab 1948 Versuch einer Wiederbelebung der Vitus-Heller-Bewegung an der Saar, Sept. 1955 GrdgsMitgl. u. Geschäftsf. *Saarländische Arbeiter- und Bauernpartei.*

L: Schmidt, Saarpolitik; Schneider, Saarpolitik und Exil. *Qu:* Publ. – IfZ.

Mugrauer, Hans, Gewerkschaftsfunktionär; geb. 3. Febr. 1899 Langenbruck/Böhmen, gest. 17. Juli 1975 Minden/Westf.; kath., 1920 Diss.; *V:* Josef M. (1870-1941), Landarbeiter, Bergmann; *M:* Albine, geb. Tomaschke (1870-1933), Landarbeiterin; *G:* Josef (1891-1964), Bergmann, Josefine (1894-1967); Maria (geb. 1904); ∞ Margarete Karbowski (geb. 1900), ev., 1920 Diss., Emigr.; *A:* BRD; *K:* Hildegard (geb. 1923), Emigr.; *A:* BRD; *StA:* österr., 1919 CSR; 1924 deutsch. *Weg:* 1933 CSR, 1938 S; 1948 Deutschland (ABZ).

Ab 1915 Bergmann, ab 1919 im Ruhrbergbau, Hauer u. Lehrhauer. 1919 SPD u. Bergarbeiterverband. 1921-22 Handelsschule, 1928-29 Staatl. Fachschule für Wirtschaft u. Verwaltung, Düsseldorf. 1928-33 Sekr. Bergarbeiterverband Bochum, Red. der Zs. *Verband und Wirtschaft.* Mitgl. *Reichsbanner.* Verfolgung durch NatSoz., Aug. 1933 Flucht CSR. *Sopade*-Grenzarbeit, dann Stützpunktltr. des RSD-Grenzsekretariats Karlsbad unter → Willy Lange, 1937-38 Hg. der für Deutschland bestimmten *Bergarbeiter-Zeitung, Zeitung der deutschen Bergleute,* Teplitz-Schönau, VerbMann zur *Miners' International Federation,* London, Mitgl. *Union der Bergarbeiter* in der CSR. Nov. 1938 nach Stockholm, Mitgr. u. Vorst-Mitgl. *Landesgruppe Schweden der Auslandsvertretung deutscher Gewerkschaften* bzw. *Landesgruppe deutscher Gewerkschafter in Schweden* (LG), Mitarb. Mitteilungsblatt der LG, Mitarb. ArbKreis für den Neuaufbau der dt. Gew.Bewegung. VorstMitgl. *Sopade*-Ortsgruppe Stockholm. 1944-45 Vors. *Arbeitsausschuß deutscher antinazistischer Organisationen in Schweden (Zentralstelle deutscher antinazistischer Organisationen)* unter Einschluß der KPD. Mitgl. FDKB, ab 1944 Vertr. der LG in der *Bewegung „Der Weg ins Leben"* (ab 1945: *Kameradschaft deutscher Militärflüchtlinge und Seeleute in Schweden)* in ZusArb. mit → Herbert Warnke. Ab Juli 1945 Gesch-Führer *Hilfskomitee für deutsche und staatenlose Opfer der Konzentrationslager* (ab 1946: *Demokratisches Hilfskomitee für Deutschland).* Mitarb. Briefschule des schwed. Genossenschaftsverb. 1945 von TUC für Zeitungslizenz vorgeschlagen, zunächst jedoch pol. Schwierigkeiten bei Rückkehrbemühungen. 1948-50 GeschFührer DGB-Briefschule Frankfurt/M., 1950-52 persönl. Ref. des Vors. der IG Bergbau und Energie, 1952-57 VorstMitgl. u. Arbeitsdir. Ewald-Kohle-AG, Herten, 1957-62 Arbeits- und Bergwerksdir. Salzgitter AG. Mitgr. *Hans-Böckler-Gesellschaft,* Stiftung Mitbestimmung u. *Freunde der Ruhrfestspiele Recklinghausen. – Ausz.:* 1974 Gr. Stadtplakette Recklinghausen, 1975 Gr. BVK.

L: Albrechtová, Tschechoslowakei; Müssener, Exil; Freyberg, Jutta v., Sozialdemokraten und Kommunisten, 1973. *D:* VSLB; AsD; Gesamthochschule Essen. *Qu:* Fb. Hand. Publ. – IfZ.

Muhsam (urspr. Mühsam), **Helmut Victor,** Docteur ès sciences, Demograph, Hochschullehrer; geb. 12. Aug. 1914 Berlin; jüd.; *V:* Dr. jur. Kurt Mühsam (geb. 1882 Graz, gest. 1931 Berlin), jüd., Prom. Wien, Schriftsteller u. Red.; *M:* Dr. phil. Alice M., geb. Freymark (geb. 1889 Berlin, gest. 1969 New York), 1936 Prom. Berlin, Archäologin, 1940 Emigr. USA, Restauratorin, Deutschlehrerin; *G:* Ruth Marton (geb. Berlin), Schauspielschule Berlin, 1933 Emigr. F, 1934 GB, 1935 Österr., 1937 USA, Schauspielerin, Schriftstellerin in New York; Dr. phil. Gerd M. (geb. Berlin), 1934 Emigr. Österr., 1937 Prom. Wien (Musik u. Kunstgesch.), 1940 in die USA, 1942 B.L.S., Assoc. Prof. für Bibliothekswiss. Queens Coll. New York; ∞ Brouria Feldman (geb. 1916 Jerusalem), Ph.D., Prof. für Parasitologie, Hebr. Univ.; *K:* Ofra Nella (geb. 1947), M.Sc., Forschungsassist. Guelph Univ. Ontario/CDN; *StA:* österr., Pal./IL. *Weg:* 1933 CH, 1937 Pal.

1932-33 Stud. Collège Français Berlin u. TH Charlottenburg. 1933 Emigr. Schweiz, 1937 Docteur ès sciences (Physik) Univ. Genf, Mitgl. jüd. StudOrg.; 1937 nach Palästina mit B III-Zertifikat, 1937-38 Arbeit in Steinbruch u. Straßenbau, 1938-39 statist. Mitarb. der *Jew. Agency,* 1939-45 Statistiker beim *Vaad Leummi;* 1939-64 Mitgl. *Haganah* u. IDF-Reserve, 1942-43 Jew. Settlement Police. 1945-48 in der Abt. Statistik der Mandatsreg., 1948-52 ltd. Statistiker Zentralbüro der isr. Reg.; 1950 ao. Prof. Hebr. Univ., ab 1958 Prof., 1964-69 Ltr. Abt. Statistik,

1969-70 Ltr. Abt. Demographie. 1957-58 Chef Büro für Bevölkerungsfragen der UN-Abt. für soziale Angelegenheiten. Zeitw. Mitgl. *Histadrut,* H.O.G., zeitw. Schatzmeister *Israelische Liga für Menschenrechte,* Mitgl. *Gesellschaft für Statistik und Demographie der Juden, Israelische Gesellschaft für Anthropologie, Internat. Statistical Inst.,* 1963-69 Vizepräs. *Internationale Gesellschaft für wissenschaftliche Bevölkerungsstudien,* 1967-75 Vors. *Internationale Forschungskommission für Demographie und Erziehung.* Lebte 1978 in Jerusalem.

W: U.a. Recent Trends in Fertility in Industrialized Countries. (Mitverf., Hg. UNO New York) 1958; Heza Baalei Mikzoot Hofshiyim. (Die Versorgung mit akademisch ausgebildeten Arbeitskräften) 1959; Degimah. (Methoden des Sampling) 1963; Targilim beMaabadah biStatistikah (Statistische Laborübungen). 1963; Bedouin of the Negev. 1966; Education and Population – Mutual Impacts. 1975. *Qu:* Fb. Hand. – RFJI.

Muller, Georg F., Diplomat; geb. 28. Juli 1919 Österr.; ∞ Ursula Knitsch; *StA:* 1944 USA. *Weg:* 1938 USA.

1937-38 Stud. Wien. Aug. 1938 Emigr. USA, 1940 B.A. Coll. Wooster/O., 1942 M.A. Fletcher School of Law and Diplomacy der Tufts Univ. Medford/Mass., 1942-44 Forschungsassist.; 1944-46 US-Armee. 1946-47 Historiker in der Hist. Div. von OMGUS, 1949 Ph.D. School of Advanced Internat. Studies der Johns Hopkins Univ. Baltimore/Md.; 1948-51 Analytiker für Außenpol. im US-Außenmin., 1951-55 Spezialist in der Nachrichtenabt., 1954 Konsulatssekr. in Washington/D.C., 1955-57 Ltr. Sektion westeurop. Forschung in der Abt. Mitteleuropa, 1957 beim Foreign Service Inst., 1958-62 pol. Abt. in Berlin, 1962 bei Nat. War Coll., 1963-66 im Stab des Off. Deputy Assist. Secretary for Pol.-Mil. Affairs, 1966-68 Defense Dept., 1968-71 pol.-mil. Berater in Bangkok, ab 1973 im Büro des pol. Beraters in Bonn u. im US-Hauptquartier in Europa. Lebte 1977 in Bonn. – *Ausz.:* 1963 Merit Honor Award Dept. of State, 1968 Merit Civilian Award Dept. of Defense.

Qu: Hand. Pers. – RFJI.

Muller, Herman (urspr. Müller, Hermann), Dr. jur., Rechtsanwalt, Verbandsfunktionär; geb. 1. Okt. 1893 Müllheim/Baden, gest. 25. Nov. 1968 New York; jüd.; *V:* Samuel Müller (geb. 1867 Krautheim/Baden, gest. 1939 Deutschland), Religi-Lehrer in Müllheim, später in Heidelberg, Verf. von Lehrbüchern über jüd. Gesch. u. Relig.; *M:* Rosa, geb. Mannheimer (gest. 1937 Deutschland), jüd.; *G:* Dr. phil. Leo Müller (geb. Müllheim, umgek. im Holokaust); Erna Landon (geb. 1895), A: USA; ∞ 1921 Rosel Weil (geb. 1899 Gengenbach/Baden, gest. 1972 New York), jüd., 1918-20 Stud. Med. Heidelberg, 1939 Emigr. GB, 1940 USA, zeitw. Fabrikarb.; *K:* Herbert (geb. 1923 Heidelberg, gest. 1967 New York), 1939 Emigr. GB, 1940 USA, Stud. Univ. Illinois, Finanzfachmann; Marianne Falkenstein (geb. 1925 Heidelberg), 1939 Emigr. GB, 1940 USA, med.-techn. Assist. u. Sekr.; *StA:* deutsch, 1946 USA. *Weg:* 1939 GB, 1940 USA.

1912-13 MilDienst, 1914-18 Kriegsteiln. (Oberlt., EK I u. II, Bayer. MilVerdienstorden, Verwundetenabzeichen). Stud. Würzburg, Heidelberg, 1921 Prom., gleichz. Vers. J. J.W.B.; 1922 Assessor, 1923 Amtmann, 1924 RegRat, 1925-28 stellv. Polizeipräs. in Heidelberg, 1927 RA, später Praxis in Heidelberg; 1927-29 Präs. *B'nai B'rith* Heidelberg, 1933-39 Mitgl. Oberrat der Israeliten Badens, 1935-39 stellv. Vors. Isr. Gde. Heidelberg, Redner für die *Jew. Agency* im Heidelberger Gebiet, Auswanderungsberater; Nov. 1938 KL Dachau. 1939 Emigr. GB, März 1940 in die USA, Heimarbeit, aktiv in *Baden-Pfalz-Hilfe* für die im Lager Gurs/Südfrankr. internierten Juden. 1943-63 Dir. u. Vizepräs. A.F.J.C.E., 1948-63 Dir. der URO New York, gleichz. Geschäftsf. US-Sektion des *Council of Jews from Germany,* Verf. des ersten Kommentars über die alliierten Wiedergutmachungsgesetze, Mitgl. ZOA, *B'nai B'rith,* Mitgr. u. Mitgl. Congr. Habonim New York, Kuratoriumsmitgl. LBI New York.

W: Die Bedeutung der rechtlichen Natur der Einziehung für deren Zulässigkeit im objektiven Verfahren. (Diss.) 1921; Rückerstattung in Deutschland, Gesetze und Verordnungen in der amerikanischen, französischen und britischen Zone. Kommentar zum Gesetz Nr. 59 über die Rückerstattung feststellbarer Vermögenswerte in der amerikanischen Zone vom 10. November 1947 nebst Musterbeispielen für die Anmeldung. 1948; Ten Years AFJCE. In: Ten Years American Federation of Jews from Central Europe 1941-51. 1952; The Second Decade. In: Twenty Years American Federation of Jews from Central Europe 1940-60. 1961; zahlr. Art. zum Wiedergutmachungsrecht u.a. in *Aufbau*; Jahresberichte der AFJCE New York. *D:* AFJCE. *Qu:* Hand. Pers. Z. – RFJI.

Mundheim, Robert H., Finanzexperte; geb. 24. Febr. 1933 Hamburg; jüd.; *V:* Alfred M. (geb. 1902 Hamburg), 1938 Emigr. USA; *M:* Cecile, geb. Cohen (geb. 1907 Hamburg), 1939 Emigr. USA; *G:* Peter (geb. 1929 Hamburg), höhere Schule, 1939 Emigr. USA; ∞ Guna Smitchens (geb. 1936 Riga), ev., über Deutschland in die USA, B.A., Chemikerin u. Malerin; *K:* Susan (geb. 1967); Peter (geb. 1970); *StA:* deutsch, 1953 USA. *Weg:* 1939 USA.

Jan. 1939 Emigr. USA mit Mutter u. Bruder. 1954 B.A., 1957 LL.B., 1957-58 Frederick Sheldon Travelling Fellow Harvard Univ.; 1958-61 bei RA-Kanzlei in New York. 1961-62 US-Luftwaffe; 1962-63 Berater Securities and Exchange Commission in Washington/D.C. Ab 1964 Prof. für Rechts- u. Finanzwiss. Univ. of Pa. in Philadelphia/Pa., gleichz. Dir. Center for the Study of Financial Institutions der Univ. of Pa., 1964 Gastprof. Duke Univ. Durham/N.C., 1968-69 Harvard Univ., 1976-77 Univ. of Calif. Los Angeles. 1977 General Counsel US Treasury; Dir. Weeden and Company Inc., Investor Responsibility Research Center, Mitvors. jährl. StudKonf. zu Fragen der Effektenkontrolle des Practicing Law Inst.; Mitgl. Beirat für Unterrichtsveröffentlichungen der Firma Matthew Bender & Co.; Mitgl. Beirat der *Review of Securities Regulation* u. des *Securities Regulation and Law Reporter* (Hg. Bureau of Nat. Affairs). Mitgl. *Am. Bar Assn., Am. Law Inst., Am. Assn. of Univ. Professors.* Lebte 1977 in Philadelphia/Pa. – *Ausz.:* LL.M. h.c. Univ. of Pa.

W: Bücherreihe über Effektenkontrolle (Hg.); Art. in Fachzs. *Qu:* Fb. Z. – RFJI.

Munk, Elie, Dr. phil., Rabbiner; geb. 15. Sept. 1900 Paris; *V:* Samuel M. (geb. 1868 Hamburg-Altona, umgek. KL Theresienstadt), Kaufm.; *M:* Amélie, geb. Strauss (geb. 1876 Rothenburg/Fulda); *G:* Max (geb. 1897 Paris, gef. 1916 Ostfront); Felix Baruch (geb. 1903 Paris), Dipl.-Ing., 1933 Emigr. Pal., ltd. Chemiker in Farbenfabrik, Forschungsltr. Farben-Forschungsverb. Technion; ∞ 1927 Fannie Goldberger; *K:* Amélie Jacobowits (geb. 1927), 1936 Emigr. F, CH, 1949 IRL, Ehefrau des Oberrabbiners von GB; Jacob; Ruth Neuberger; Françoise; Miriam; Maxine; Judith. *Weg:* 1937 F, 1943 CH, 1945 F.

Lycée Paris, Stud. Berlin, gleichz. Rabbinerseminar Berlin, 1925 Prom. Berlin, 1926 Rabbinerexamen Berlin, 1927-37 BezRabbiner Ansbach, ab 1937 Rabb. orthodoxe Gde. Adath Jereim Paris, 1939 Vors. *Keren Hatorah de France,* 1939 Vors. Representative Council for the Yavneh-Schulen, 1939 Vors. *Agudath Israel de France,* Vors. europ. Union orthodoxer Gden., 1940 nach Nizza, Sept. 1943 mit Hilfe von OSE in die Schweiz, 1945 nach Frankr., 1945-74 Rabbiner Gde. Adath Jereim Paris; 1974 in die USA. Deleg. der *Agudath-Israel*-Welt-Organisation bei UNESCO Paris. Lebte 1978 in New York.

W: Nichtjuden im jüd. Religionsrecht. 1932; Judentum und Umwelt. 1933; Das Licht der Ewigkeit. 1935; Die Welt der Gebete. 2 Bde. 1933 (franz. Übers. 1958, engl. Übers. Bd. I 1954, Bd. II 1963); Israel et sa doctrine. 1939; La Justice sociale en Israel. 1948; Rachel, ou Les Devoirs de la Femme Juive. (Mitverf.) 1953; Vers l'harmonie. Le message d'Israel. 1954; Le Pentateuque, suivis des Haphtaroth avec Targoum Onkelos. (Hg. u. Übers.) 1964; La Voix de la Torah. 2 Bde. 1957, 1969. *Qu:* Arch. Hand. Pers. – RFJI.

Munk, Esriel (Esra), Rabbiner; geb. 25. Nov. 1867 Altona, gest. 2. Nov. 1940 Jerusalem; *V:* Eliyahu M. (1818-1899), Rabbiner, jüd. Religionsrichter in Altona; *M:* Jenny, geb. Hildesheimer, Schwester des Gr. des Rabbinerseminars Berlin; *G:* Leo (1851-1917), BezRabbiner in Marburg, tätig im *Hilfsverein;* weitere G (gest.); ∞ 1897 Selma Sandler (geb. 1877 Hohensalza/Posen, gest. 1958 Tel Aviv), 1938 Emigr. Pal.; *K:* Elias (Eli) (geb. 1900, gest. 1978 Jerusalem), Stud. Rabbinerseminar Berlin u. Univ. Berlin, Marburg, 1930 nach GB, Rabbiner Golders Green Syn. London, 1968 (1969 ?) nach IL; Arthur (Avraham) (geb. 1903), 1934 Emigr. GB, 1935 Pal., Bankier; → Michael L. Munk; Judith Hildesheimer (geb. 1909), Stud. Lehrerseminar Köln, 1935 Emigr. Pal., Lehrerin; *StA:* deutsch, Pal./IL. *Weg:* 1938 Pal.

Stud. Rabbinerseminar Berlin, Rabbinerexamen, Stud. semit. Sprachen Berlin u. Königsberg, Mitgr. u. VorstMitgl. B.J.A., 1893-1900 Rabbiner in Königsberg, 1897 unter seiner Ltg. Austritt der orthodoxen Gruppe aus der SynGde.; 1900-38 Rabbiner Gde. Adass Jisroel Berlin als Nachf. seines Onkels Ezriel Hildesheimer. Sachverständiger für jüd. Angelegenheiten beim preuß. Kultusmin., Ltr. *Reichszentrale für Schächtangelegenheiten* Berlin, Mitgr. *Verband orthodoxer Gemeinden (Halberstädter Verband),* Mitgl. Rabbinischer Landesrat der *Agudass Jisroel* in Deutschland u. VorstMitgl. *Vereinigung gesetzestreuer Rabbiner in Deutschland,* Mitgl. CV. 1938 Emigr. Palästina, urspr. als Besucher, Verweigerung der Rückreisegenehmigung durch dt. Behörden.

W: Des Samaritaners Margah „Erzählungen über den Tod Moses". (Diss.) 1890; Die jüdischen Töchter. 1894; Die Tendenz und Methodik unserer Schule. 1894; Welche Stellung soll der jüdische Religionsunterricht zu den Ergebnissen der Wissenschaft nehmen? 1895; Vertrautheit mit dem Pentateuch. 1898; Die Erscheinungszeiten des Palolowurmes und der jüdische Schaltcyclus. 1899; Eine Anregung zur planmäßigen Belegung des Religionsunterrichts durch die Haggadah. 1900; Offener Brief im Auftrage des Vorstandes der Adass-Jisroel in Königsberg in Preußen gerichtet an den Vorstand der Synagogen-Gemeinde daselbst. 1900; Halikhot Olam Lo (Seine Wege sind ewig). In: Festschrift zum vierzigjährigen Amtsjubiläum Rabb. S. Carlebachs. 1910; Gefälschte Talmudzitate. 1924; Die Entwicklung der Verhältnisse der preußischen Synagogengemeinden im Geltungsbereich des Gesetzes. In: Festschrift für Joseph Rosenheim. 1931; Kahana Messayyea Kahana (Responsa). 1938. *L:* Jacob Rosenheim. In: Moriah. 1941; Jung, Leo, Guardians of Our Heritage. 1958; Sinasohn, Max, Adass Israel. 1966; Gegenwart im Rückblick. 1970; Munk, Eli u. Michael L., Edut Neemanah. 1974; Munk, Eli u. Michel L., Shehitah. 1976. *Qu:* Hand. Pers. Publ. Z. - RFJI.

Munk, Michael L., Dr. phil., Rabbiner; geb. 23. Apr. 1905 Berlin; *V:* → Esriel Munk; ∞ 1934 Martha (geb. 1914 Marienbad), 1938 Emigr. GB, 1941 USA, 1952 Examen Alfred Adler Inst. for Individual Psychol. New York, 1953-55 Angest. Alfred Adler Mental Hygiene Clinic New York, 1955-68 Co-Dir. Camp Munk für Jungen, 1968-77 Angest. Dual Therapy Research Bureau New York; *K:* Eli (geb. 1935), 1938 Emigr. GB, 1941 USA, Stud. Telshe Rabbinical Coll. in Cleveland/O., Rabbiner; Yecheskel (geb. 1936), 1938 Emigr. GB, 1941 USA, Stud. Telshe Rabbinical Coll. in Cleveland/O., Rabbiner; Jehuda (geb. 1938), 1938 Emigr. GB, 1941 USA, Kaufm.; Chana Rochel Mandelbaum (geb. 1943), Stud. Beth Jacob-Seminar, Lehrerin; *StA:* deutsch, Ausbürg., 1946 USA. *Weg:* 1938 NL, GB, 1941 USA.

1923-25 Stud. Univ. u. Rabbinerseminar Berlin; 1925 Stud. Jeschiwah in Tirnau/CSR; 1926-29 Stud. Talmud-Akad. in Kowno-Slobodka/Litauen, Rabbinerexamen; 1929-30 Stud. Berlin u. Würzburg, 1930 Prom. Würzburg; 1934-38 Rabbiner Gde. Adass Jisroel Berlin, 1930-38 Ltr. *Reichszentrale für Schächtangelegenheiten* Berlin, ab 1933 Mitarb. bei Sicherstellung der Einfuhr koscheren Fleisches, Mitgl. *Welt-Organisation Agudat Israel,* Jugendführer *Esra.* Nov. 1938 illeg. Emigr. in die Niederlande, Staatenlosen-Paß. Dez. (?) 1938 nach GB mit Unterstützung durch *Chief Rabbi's Relig. Emergency Council.* 1939-41 Gr. u. Rabbiner Hendon Adass Isroel Syn. London, Mitgl. *Jew. Friends Food Fund* u. *Chief Rabbi's Relig. Council* London. 1941 in die USA mit Besucher-Visum mit Unterstützung des *Inter-Allied Committee for the Evacuation of Refugee Children Overseas.* 1941-44 Rabbiner Beth Hamedrash Hagadol Boston, 1944-57 Gr. u. Rektor orthodoxe Mädchenschule Beth Jacob School of Boro Park Brooklyn/N.Y.; 1947-48 i.A. des J.D.C. Rabbiner Jüd. Gde. Berlin, gleichz. Rabbiner in Berliner DP-Lagern. 1948-49 Rektor Yeshiva Samson Raphael Hirsch New York, Berater bei ECOSOC für jüd. Angelegenheiten, Lobbyist zur Verteidigung des Schächtens u.a. relig. Praktiken, Ltr. einer Studie über das Schächten an der Cornell Univ., deren Resultate 1958 im US Federal Humane Slaughter Act berücksichtigt wurden. Bis 1970 Gr. u. Dir. orthodoxes Jungensommerlager Camp Munk, Mitgl. *Union of Orthodox Rabbis of US, Orthodox Jew. Scientists,* Gesetzesausschuß der *Agudath Isr. of Am.,* Berater der *Jew. Nazi Victims' Org. of Am.* Lebte 1977 in Brooklyn/N.Y.

W: Esra ha Sofer, ein Lebensbild nach der Überlieferung dargestellt. (Diss.) 1933; Mussar Ovicho (Die Lehren Deines Vaters). 1938; Religious Freedom. The Right to Practice Shehitah. (Mitverf.) 1946; ‚Zeman Nekot' on the Jewish Calendar. 1954; Austrittsbewegung und Berliner Adass Jisroel-Gde. 1869-1939. In: Strauss/Grossman (Hg.), Gegenwart im Rückblick. 1970; Edut Neemanah (Rabbinische Entscheidungen zu europäischen Schächtproblemen). 1974; Shehitah, Religious, Historical and Scientific Aspects. (Mitverf.) 1976. *D:* RFJI. *Qu:* Arch. Fb. Pers. Publ. - RFJI.

Munschke, Ewald, Offizier; geb. 20. März 1901 Berlin; *V:* Steinsetzer; *StA:* deutsch. *Weg:* 1933 UdSSR; 1936 E; 1938 F, B, NL; 1945 Deutschland (Berlin).

Bauarb.; 1920 Gew., 1930 KPD. Nach NS-Machtübernahme illeg. tätig, Ende 1933 Emigr. UdSSR, 1934-36 Stud. an Kommunist. Univ. der nat. Minderheiten des Westens, Moskau, Okt. 1936 mit Hilfe eines gefälschten dän. Passes über Polen, die CSR, Österr., die Schweiz u. Frankr. nach Spanien. Im Span. Bürgerkrieg zunächst PolKommissar der 1. Kompanie im Btl. Čapaev, später des ges. Btl. (Deckn. Ewald Fischer); nach Auflösung der XIII. Internat. Brigade mit Aufbau der KPD-Parteischule in Benicasim beauftragt, zus. mit → Anton Ackermann ihr Ltr. Danach Aufbau der ersten Schule für PolKommissare in Pozo Rubio, Angehöriger der XI. Internat. Brigade. Sommer 1938 vom ZK der KPD zur illeg. Parteiarb. nach Deutschland deleg., Festnahme an franz. Grenze, 6 Wochen Haft, anschl. Aufenthalt in Paris u. Brüssel, nach Zerfallserscheinungen innerh. der KPD-Landesgruppe in Holland Einsetzung als EmigrLtr. (Deckn. Anton), im 2. WK Angehöriger der holländ. kommunist. Widerstandsbewegung *De Waarheid.* 1945 illeg. Rückkehr nach Berlin, 1945-48 KPD- bzw. SED-Sekr. bei der Berliner Polizei, 1948-51 Mitgl. u. Ltr. Kaderabt. im SED-Landesvorst. Berlin-Brandenburg, 1952 Ltr. ZK-Kaderabt., 1953-56 Ltr. Verw. Kader der Kasernierten Volkspolizei u. stellv. MdI, 1955 GenMajor, 1956-62 Ltr. Verw. Kader im MfNatVert., u. stellv. Min. für Nat. Verteidigung. Ab 1963 Kand. Zentrale Parteikontrollkommission, ab 1966 Vors. Parteikontrollkommission bei der Pol. Hauptverw. im MfNatVert.; ab 1963 Mitgl. *Solidaritätskomitee für das spanische Volk in der DDR;* PräsMitgl. der Zentraltg. des *Komitees der Antifaschistischen Widerstandskämpfer der DDR.* Lebte 1976 in Berlin (Ost). - *Ausz.:* 1955 VVO (Silber), 1956 Hans-Beimler-Med., 1961 Banner der Arbeit, 1966 VVO (Gold).

W: Wir verteidigten die spanische Republik. In: Im Kampf bewährt, 1969. *L:* Interbrigadisten; Forster, NVA; Pasaremos; Kühne, Horst, Revolutionäre Militärpolitik. 1976. *Qu:* Hand. Publ. Z. - IfZ.

Muth (ab 1957 Quast), **Klara** (Claire, Cläre), geb. Riedesel, Parteifunktionärin; geb. 4. Mai 1902 Wuppertal-Barmen; *V:* nach 1933 illeg. GewArb. in Wuppertal, 1934 Verhaftung; *G:* u.a. Hermann u. Paul, beide nach 1933 in der illeg. GewArb. im Ruhrgeb. u. deshalb pol. verfolgt; ∞ Wilhelm (Willy) Muth (1899-1935), KPD-Funktionär, nach 1933 unter Deckn. Karl illeg. GewArb. in Wuppertal, Jan. 1935 Verhaftung, in der Haft umgek., angebl. Selbstmord; *StA:* deutsch, 18. Sept. 1937 Ausbürg., deutsch. *Weg:* 1935 NL; 1936 F; 1941 Mex.; 1947 Deutschland (SBZ).

Näherin, 1919 FSJ, 1922 KPD, Partei- u. GewFunktionärin, Vors. *Roter Frauen- und Mädchenbund* in Elberfeld. Nach natsoz. Machtübernahme illeg. GewArb. (Deckn. Maria). Nach Lahmlegung der besonders aktiven gewerkschaftl. Widerstandstätigkeit im Raum Wuppertal durch Verhaftung von über 600 Arbeitern Anfang 1935 im Parteiauftr. Emigr. Niederlande, beteiligt an Bildung u. ltd. Mitarbeiterin des sog. *Wuppertal-Komitees* bei AbschnLtg. West in Amsterdam zur Reaktivierung der gewerkschaftl. Opposition. 1936 nach Frankr., Mitgl. *Koordinationsausschuß deutscher Gewerkschafter in Frankreich,* bei Kriegsausbruch Frauengef. La Petite Roquette in Paris, dann Internierungslager Rieucros. 1941 nach Mexiko, Mitgl. BFD, *Heinrich-Heine-Klub* u. *Demokratische Deutsche Frauenbewegung.* 1947 Rückkehr nach Deutschland (SBZ). Lebte 1977 als Arbeiterveteranin in Berlin (Ost). - *Ausz.:* u.a. VVO (Gold).

W: Quast, Cläre, Wie die Partei in Wuppertal den antifaschistischen Kampf organisierte (Erinn.). In: Im Kampf bewährt, 1969. *L:* Kießling, Alemania Libre; Bednareck, Gewerkschaftspolitik; Schmidt, Deutschland. *Qu:* Arch. Erinn. Publ. Z. - IfZ.

Mykura, Franz, Verbandsfunktionär; geb. 9. Sept. 1896 Falkenau/Böhmen, gest. *StA:* österr., 1919 CSR. *Weg:* 1938 (?) GB.

DSAP-Mitgl., Funktionär *Arbeiter-Turn- und Sportverband in der Tschechoslowakischen Republik* bzw. ab 1937 *Arbeiter-Turn- und Sport-Union der ČSR (ATUS-Union).* Nach Abtretung der Sudetengeb. an Deutschland Emigr. nach GB, TG-Mitgl. u. ab März 1944 als Nachf. von → Heinrich Müller ATUS-Vertr. in deren Vorst. Verblieb nach Kriegsende in GB.

Qu: Arch. Pers. - IfZ.

N

Naab, Ingbert (Karl), OFM Cap., Ordenspriester; geb. 5. Nov. 1885 Dahn/Rheinpfalz, gest. 28. März 1935 Straßburg/Elsaß. *Weg:* 1933 CH; F.

1905 Abitur in Speyer, Eintritt in den Kapuziner-Orden in Laufen/Oberbayern, phil.-theol. Stud. u. Priesterweihe (1910) in Eichstätt/Mittelfranken; Studentenseelsorger in Süddeutschland u. Publizist; Hg. Zs. für die studentische Jugend *Der Weg* (ab 1914) u. *Frohe Fahrt* (ab 1925), Mitarb. *Illustrierter Sonntag* u. *Der gerade Weg;* einer der frühesten Vorkämpfer der studentischen Widerstandsbewegung gegen den NatSoz., März 1932 Veröffentlichung des in Flugschriften u. Zeitungsdrucken millionenfach verbreiteten offenen Briefes *Herr Hitler, wer hat Sie gewählt?,* Verf. mehrerer antinatsoz. Schriften. Nach der natsoz. Machtübernahme in einem abgelegenen Kloster des Ordens verborgen, mit falschem Paß Flucht in die Schweiz; später unter Ps. Pater Peregrinus Übersiedlung in das Kapuzinerkloster Königshofen bei Straßburg.

W: Prophetien wider das Dritte Reich. Aus den Schriften des Dr. Fritz Gerlich und des Paters Ingbert Naab OFM Cap. (Hg. Johannes Steiner). 1946. *L:* Neumeyr, Maximilian, OFM Cap., Ingbert Naab. In: Deutsche Tagespost 133/1960. *Qu:* Arch. Pers. Hand. Z. - IfZ.

Nacher, Ignatz, Brauereibesitzer; geb. 25. Nov. 1868 österr. Schlesien, gest. 15. Sept. 1939; jüd.; *StA:* österr., deutsch. *Weg:* 1939 CH.

1883-86 kaufm. Lehre in Breslau, 1895-1901 Inh. eines Zigarrengeschäfts in Gleiwitz/Oberschlesien, 1901 Prokurist Brauerei Ernst Engelhardt Nachf. Berlin (Unternehmen eines Verwandten), 1902 Teilh., Umwandlung in Offene Handelsges., Überwindung geschäftl. Schwierigkeiten durch Herstellung von pasteurisiertem Malzbier, Einführung von Flaschenpfand u. Herstellung von Pilsener Lagerbier, 1907 Eintragung als AG, Erwerb von weiteren Brauereien. Spenden an versch. jüd. Wohlfahrtsorg., u.a. Altersheim Gleiwitz, Waisenhaus Berlin-Pankow. Unter natsoz. Herrschaft finanzielle Hilfe für mittellose Auswanderer. Haft, erzwungene Blankovollmacht für natsoz. Notar, Verkauf der Aktienanteile an eine Bank. Freilassung 1939, anschl. Emigr. in die Schweiz.

L: Nacher, Ferdinand, Bericht über Generaldirektor Ignatz Nacher. (Ms. im LBI New York); Schoeler, Hermann, Geschichte der Engelhardt-Brauerei AG. (Ms. im LBI New York). *Qu:* Arch. Biogr. - RFJI.

Nachmann, Otto, Unternehmensleiter, Verbandsfunktionär; geb. 24. Aug. 1893, gest. 13. Jan. 1961; jüd.; *V:* Samuel N.; *M:* Fanny, geb. Meier; ∞ 1921 Herta Homburger; *K:* Werner; *Weg:* F; 1945 Deutschland (FBZ).

Unternehmer in Baden, Mitgl. jüd. Gde. Nach natsoz. Machtübernahme Arisierung des Unternehmens, Verhaftung durch Gestapo. Anschl. Emigr. Frankr. 1945 Rückkehr nach Baden; Mitgr. jüd. Gde. Karlsruhe u. Oberrat der Israeliten Badens. Gr. u. Inh. von Industriebetrieben in Durlach/Baden u. Karlsruhe, Mitgl. Industrie- und Handelskammer Karlsruhe u. Präs. *Fachverband für Alt- und Abfallstoffe* Stuttgart. - *Ausz.:* 1953 BVK.

Qu: Arch. Hand. - IfZ.

Nacht, Moshe, Richter; geb. 23. Febr. 1915 Wien; *V:* Isaac N.; *M:* Rosa, geb. Dym; ∞ Tamar Bloch; *K:* Yair. *Weg:* 1934 Pal.

Ausbildung in Lemberg, 1934 Emigr. Palästina, Stud. Rechtswiss. Hebr. Univ., 1942-46 brit. Armee (Major) u. später IDF. Rechtsberater im isr. Justizmin., Gerichtsvors., stellv. Präs. BezGericht Jerusalem. Lebte 1976 in Tel Aviv.

Qu: Hand. - RFJI.

Nadelmann, Ludwig, Rabbiner; geb. 29. Apr. 1928 Berlin; *V:* Erich N. (geb. 1895 Posen, gest. 1942 F [?]), jüd., 1931 (1932 ?) gesch., 1933 Emigr. F; *M:* Edith Levi, geb. Weinberg (geb. 1905 Kassel), jüd., 1939 Emigr. EC, Geschäftsfr.; ∞ 1953 Judith Wolpert (geb. 1931 Brooklyn/N.Y.), jüd., M.Sc., Statistikerin; *K:* Ethan A. (geb. 1957); Jeremy I. (geb. 1958); Daniel A. (geb. 1963); Deborah (geb. 1965); *StA:* deutsch, 1971 USA. *Weg:* 1939 EC, 1946 USA.

Sept. 1939 Emigr. Ecuador mit Mutter u. Großeltern; 1940-46 Stud. Instituto Nacional Mejia in Quito, 1946 B. Soc. Phil. Sciences. Okt. 1946 mit StudVisum in die USA, 1947-51 Stud. Yeshiva Univ. New York, 1951 B.A. u. Lehrerdipl. für Hebr., 1951-55 Stud. Jew. Theol. Seminary New York, 1955 M.H.L., Rabbinerexamen. 1955-59 Rabbiner *Soc. for Advancement of Judaism* New York, gleichz. 1955-57 Stud. Columbia Univ. New York, 1957-62 Dropsie Univ. Philadelphia; 1959-63 Rabbiner Beth Shalom Syn. White Plains/N.Y. u. Genesis Hebr. Center Tuckahoe/N.Y.; 1967-68 Doz. New York Univ. u. Theodor Herzl Inst. New York, ab 1970 Doz. Reconstructionist Rabbinical Coll. Philadelphia. VorstMitgl., ab 1973 Vizepräs. für New York der *Jew. Reconstructionist Foundation,* 1968-71 VorstMitgl., 1970-73 BezPräs. *Rabbinical Assembly of Am.,* ab 1955 Mitgl. *New York Board of Rabbis,* 1967-70 Präs. *Westchester Board of Rabbis,* Mitgl. *Am. Jew. Committee, Center for the Study of Democratic Inst.,* aktiv in *Isr. Bonds,* USA. Lebte 1977 in Scarsdale/N.Y.

W: A Guide to Jewish Ritual (Mithg.); Art. in *Encyclopaedia Judaica* u. jüd. Fachzs. *Qu:* Fb. Hand. - RFJI.

Nagel, Adelreich, Parteifunktionär; geb. 8. Juli 1879 Höchst/ Vorarlberg; *V:* Johann Georg N.; *M:* Helene, geb. Brunner; *StA:* österr. *Weg:* 1934 CH.

Schreinermeister in Höchst, Mitgl. SDAP, VorstMitgl. in der sog. Bodensee-Internationale. Apr. 1934 in die Schweiz, Mitwirkung bei Schmuggel illeg. Lit. nach Österr.; 1938 Verhängung einer Grenzsperre durch Schweizer Behörden aufgrund seiner Mitarb. bei der Durchschleusung österr. Freiw. nach Spanien. Wurde in der Schweiz nicht als pol. Flüchtling anerkannt.

Qu: Arch. - IfZ.

Nahor (bis 1939 Blind), **Hananya,** Kibbuzfunktionär; geb. 8. Nov. 1921 Wien; jüd.; *V:* Moshe Blind (geb. Chodorov/Galizien, gest. 1963 Reḥovot/IL), jüd., Cheder-Ausbildung, Kaufm., Zion., 1939 Emigr. Pal.; *M:* Perl, geb. Kern (geb. Bohorodczany/Galizien, gest. 1942 Reḥovot/IL), jüd., Inh. eines Kolonialwarenladens, Mitgl. WIZO, 1939 Emigr. Pal.; *G:* Berta Weiss (geb. 1909 Chodorov), Stud. Wien, Lehrerin, 1940 Emigr. Pal.; Zilla Dovrat (geb. 1911 Chodorov), Chajes-Gymn. Wien, 1933 Emigr. Pal., KibbMitgl.; Zwy (geb. 1913 Chodorov), Chajes-Gymn. Wien, 1935 Emigr. Pal., Busfahrer, Mitgl. Kibb. Gat; Pinchas (geb. 1919 Wien), 1947 Emigr. Pal., Busfahrer; ∞ 1950 Tova Krevitsky (geb. 1926 Tel Aviv), jüd., Stud. Kibb.-Lehrerseminar in Oranim, Kindergärtnerin u. Volkshochschuldoz.; *K:* Neomi Kogan (geb. 1950), Stud. Haifa, Mittelschule, Lehrerin im Kibb. Lehavot haBashan; Amiḥay (geb. 1956), A: Kibb. Lehavot haBashan; Ronen (geb. 1961); Sigal (geb. 1964); *StA:* PL, 1939 Pal./IL. *Weg:* 1938 Pal.

1921-38 Chajes-Gymn. Wien, Mitgl. *Haschomer Hazair.* Aug. 1938 Emigr. Palästina mit Transport des *Palästina-Amts* Wien, seit 1942 Mitgl. Kibb. Lehavot haBashan, 1938-48 Dienst in *Haganah,* ab 1948 IDF, gleichz. Teiln. an Kurs für Produktionstech., 1950-51 Mitgl. BezRat von Ober-Galiläa, 1943-46 u. 1953-55 Schatzmeister des Kibb. Lehavot haBashan, 1949-50, 1956-57, 1961-65 u. 1968-71 Ltr. Feuerlöscherfabrik Lehavot Industries, 1965-68 stellv. Ltr. Kibb. Industries Assn., gleichz. Mitgl. Industrie-Abt. der Kibb.-Vereinigung *Kibb. Arzi-HaShomer haZair.* 1971-72 Kursus für Business Admin. Tel Aviv Univ.; 1973-76 GenDir. Rafael Mizpeh Ramon Ltd., verantwortl. für die Entwicklung eines neuen Modells für die Beziehungen zwischen Arbeitern u. Unternehmern, hierfür Kaplan-Preis für Rafael Mizpeh Ramon. Lebte 1978 im Kibb. Lehavot haBashan.

Qu: Fb. Hand. - RFJI.

Naor, Bezalel (urspr. Lichtwitz, Georg), Dr. med., Arzt; geb. 7. Mai 1912 Saaz/Böhmen; jüd.; *V:* Richard Lichtwitz (geb. 1865 [1866?] Hotzenplotz/Schlesien, umgek. 1943 [1942 ?] KL-Theresienstadt), jüd., Stud. TH Wien, Oberstaatsbahnrat; *M:* Klare (Clara), geb. Weissberger (geb. 1879 Kolin/Böhmen, gest. 1938 Prag), jüd., höhere Schule; *G:* Otto Lichtwitz (geb. 1902 Feldkirch/Österr., gest. 1956 London), Ing., 1939 Emigr. GB; Dora Porges (geb. 1904 Feldkirch), Gymn., Büroangest., 1939 Emigr. GB, A: London; → Uri Naor; Leo Arjeh Lichtwitz (geb. 1910 Saaz, umgek. 1942 KL Auschwitz), Stud. Versicherungsmath.; ∞ 1943 Sylvia Granierer (geb. 1921 Wien), jüd., Gymn. u. Höhere Lehranstalt für wirtschaftl. Frauenberufe, 1938 Emigr. Pal., zeitw. Kibb.-Mitgl.; *K:* Michael N. (geb. 1947), Elektro-Ing.; Irit N. (geb. 1949), Stud. Archäologie u. Geographie, wiss. Bibliothekarin, Lehrerin in Tel Aviv; Amos N. (geb. 1951), Stud. landwirtschaftl. Akad. in Reḥovot; Orna N. (geb. 1957), höhere Schule, IDF; *StA:* österr., CSR, 1948 IL. *Weg:* 1939 JU; 1941 Pal.

1931-37 Stud. Med. Deutsche Univ. Prag, 1937 Prom.; 1937 Besuchsreise nach Palästina als Vorbereitung für Ausbildung zum Gruppenltr. der *Alijah.* Ab 1937 Dienst in tschechoslow. Armee, bis 1938 Offiziersschule, 1938-39 Arzt an Militärkrankenhaus. Zugl. bis 1939 Gruppenltr. von *Blau-Weiß*, Mitgl. Landesexekutive u. Weltrat der zionist. Arbeiterjugend *Nezah*, Mitgl. Landesvorst. der *Arbeitsgemeinschaft sozialistischer Zionisten,* 1939 Ltr. u. ärztl. Betreuer der Hachscharah unter Schirmherrschaft von *Hechaluz* u. Isr. Kultusgde. Brünn. Nov. 1939 Emigr. nach Jugoslawien mit illeg. *Hechaluz*-Transport, während des Transports u. in Belgrad als Arzt tätig. Apr. 1941 Emigr. nach Palästina mit C-Zertifikat, Mitgl. Kibb. Gaaton. Ab 1942 ehrenamtl., dann besoldeter Arzt am Afulah-Krankenhaus. 1943-45 Arzt der Kuppat Ḥolim, 1945-54 in Abt. für Innere Med. des Beilison-Krankenhauses in Petaḥ Tikvah. Ab 1954 Ltr. einer Abt. für Innere Med. u. 1954-64 zugl. Dir. des Kaplan-Krankenhauses Reḥovot, Ausbilder von Ärzten u. Krankenschwestern. Mitgl. der *Isr. Ärztevereinigung,* Reserveoffz. der IDF. Lebte 1977 in Reḥovot.

Qu: Fb. - RFJI.

Naor, Uri (urspr. Lichtwitz, Hans), Dr. jur., Journalist, Verbandsfunktionär, Diplomat, geb. 14. Juni 1906 Saaz/Böhmen; *G:* → Bezalel Naor; *StA:* ČSR, Pal./IL. *Weg:* 1939 PL, GB, Pal.

Stud. Prag, 1933 Prom., 1925-Okt. 1938 RedMitgl. der führenden Prager zion. Wochenschrift *Selbstwehr,* Organ der *Jüdischen Partei* (Mitarb. u.a. → Felix Weltsch, → Siegmund Kaznelson), aktiv in *Blau-Weiß,* ab 1926 Red. Vereinsorgan *Bundesblätter,* 1928 als Vertr. der *Arbeitsgemeinschaft sozialistischer Zionisten* ins zion. Zentralkomitee der ČSR gewählt, 1934-35 Mitgl. einer Gruppe zur Gründung einer soz.-zion. Einheitsfront. Beiträge in *Jüdischer Almanach* Prag; nach Besetzung Prags im Untergrund. März 1939 Flucht nach Polen, später GB, hier tätig für *Jugend-Alijah;* Nov. 1939 nach Palästina mit C-Zertifikat, bis 1942 Tätigkeit für *Hitachdut Olej Czech* Tel Aviv; 1942-46 Jüd. Brigade, 1942 aktiv bei Rekrutierung zentraleurop. Einwanderer für jüd. Brigade. 1948-50 im Pressebüro der isr. Gesandtschaft in Prag, 1950-52 im Außenmin. Jerusalem, 1952-56 Presseattaché isr. Mission Köln, 1956-60 stellv. Dir. InfoAbt. des Außenmin. Jerusalem, 1960-63 GenKonsul in Zürich, 1963-68 Botschafter in Chile u. Ecuador, 1969-70 verantwortl. für Presse- u. InfoDienst isr. Botschaft Bonn, 1971 pensioniert, dann freier Journalist. Mitgl. B'nai B'rith. Lebte 1977 in Jerusalem.

W: Geschichte der zionistischen Bewegung (tschech.). 1936/37. *L:* Jews of Czechoslovakia. *Qu:* Fb. Hand. Pers. Publ. - RFJI.

Naphtali, Peretz (urspr. Fritz), Wirtschaftsexperte, Politiker; geb. 29. März 1888 Berlin; jüd.; *V:* Hugo N., Kaufm., aktiv in jüd.-liberaler Bewegung in Berlin; *M:* Ida, geb. Treplovitz; ∞ 1916 Lucia Suess (gest. 1930 [?]); *K:* Miriam (urspr. Marie Luise) Sass, Mitgl. Kibb. Alumot; *StA:* deutsch, Pal./IL. *Weg:* 1933 Pal.

Gymn., Lehre in Pelz-Importgeschäft, 1907-09 Stud. Handelshochschule Berlin, 1910-12 kaufm. Angest. in Berlin u. Brüssel. Mitgl. SPD. 1912-21 WirtschRed. *Berliner Morgenpost* u. *Vossische Zeitung,* pol. ZusArb. mit → Max Cohen-Reuss. 1916-19 Kriegsdienst; Red. wirtschaftspol. Zs. *Plutus* (→ Georg Bernhard), 1921-26 WirtschRed. *Frankfurter Zeitung.* Mitgl. Vorläufiger Reichswirtschaftsrat, 1927-33 Ltr. Forschungsstelle für Wirtschaftspolitik des ADGB in Berlin, maßgebl. Einfluß auf Wirtschaftspol. der dt. Gew.; entwickelte das Konzept der Wirtschaftsdemokratie auf der Grundlage der Mitbestimmung der Arbeitnehmer, vielbeachtetes Grundsatzref. auf ADGB-Kongreß 1928; Doz. Freie Sozialistische Hochschule. - 1925 Palästinareise, Gespräche mit GewFührern, Gr. *League for Labor in Palestine,* Mitwirkung beim ZusSchluß von *Poalei Zion* u. *Hapoel Hazair* in Deutschland, 1930 Deleg. der ZVfD zum Zion.Kongreß. - 1933 zeitw. Haft, Emigr. nach Palästina, Mitgr. Inst. für wirtschaftsw. Forschung in Erez Israel (Sektion der *Jew. Agency*), 1933-36 Doz. für NatÖkonomie am Technion Haifa, 1936-37 Doz. Hochschule für Rechts- u. Wirtschaftswiss. Tel Aviv. 1937-49 StadtVO in Tel Aviv. 1938-49 GenDir. Worker's Bank Ltd. Tel Aviv. 1946 Deleg. zum Zion. Kongreß. 1948-49 Vors. Wirtschafts-Beratungsausschuß im Amt des MinPräs., 1949-59 M.K. der *Mapai,* 1951-52 Min. ohne Portefeuille, 1952-59 Landwirtschaftsmin.,

Min. für Sozialordnung u. Min. ohne Portefeuille, einflußreiche Stellung in der Finanzpol. der isr. Gewerkschaftsbewegung. Mitgr. u. Mitgl. I.O.M.E., 1941-48 Mitgl. *Asefat haNivharim.* Lebte 1977 in Tel Aviv.

W: u.a. Kapitalkontrolle. 1919; Wie liest man den Handelsteil einer Tageszeitung? (mit Ernst Kahn) 1921 (zahlr. Aufl.); Wertschwankungen und Bilanz. 1921; Im Zeichen des Währungselends: Das Wirtschaftsjahr 1922 und seine Lehren. 1923; Währungsgesundung und Wirtschaftssanierung. Rückblick auf das Wirtschaftsjahr 1924. 1925; Abbau und Aufbau. Rückblick auf das Wirtschaftsjahr 1925. 1926; Konjunktur, Arbeiterklasse und sozialistische Wirtschaftspolitik. 1928; Wirtschaftsdemokratie. Ihr Wesen, Weg und Ziel. (Hg.) 1928, 1966; Die Reparationsfrage. 1929; Wirtschaftspolitik und Sozialpolitik. 1929; Wirtschaftskrise und Arbeitslosigkeit. 1930; Perakim beKalkalah Medinit uve Torat haKonyunkturah (Studien über Nationalökonomie u. Konjunktur). 1935; Ḥevrat Ovdim (Die Arbeitergenossenschaft). 1940; HaIggud haMikzoi (Gewerkschaften für die freien Berufe). 1940; Meshek Milḥamti (Die Kriegswirtschaft). 1949/50; Demokratiyah kalkalit, Mivḥar Ketavim (Gesammelte Aufsätze zur Wirtschaftsdemokratie). (Hg. Kurt Mendelssohn) 1965. *D:* Central Zion. Arch. Jerusalem. *Qu:* ABiogr. Hand. HGR. Publ. Z. - RFJI.

Nass, Hans (d.i. Nadas, Janos), Parteifunktionär. *Weg:* CSR, E, GB; 1946 (?) H.

Geb. in Ungarn; in Österr. Mitgl. u. Funktionär der KPÖ. Nach KPÖ-Verbot 1933 mehrere Jahre bei ZK der KPÖ in Prag verantwortl. für Transport illeg. Lit. nach Österr.; Teiln. Span. Bürgerkrieg in Internat. Brigaden. Später Emigr. London, Mitgl. u. Funktionär Parteigruppe der KPÖ u. *Assn. of Austrian Interbrigaders.* Kehrte nach Kriegsende nach Ungarn zurück, Funktionär der ungar. KP, versch. öffentl. Funktionen. Lebte 1978 (?) in Ungarn.

Qu: Arch. Pers. - IfZ.

Nassauer, Hans, Journalist; geb. 17. Jan. 1904 Frankfurt/M.; jüd.; *V:* Siegfried N. (1869-1940), jüd., Geschäftsf. Frankfurter Societäts-Druckerei, Journ., Schriftst.; *M:* Else, geb. Horkheimer (1877-1973), jüd.; *G:* → Kurt Nassauer-Müller; ∞ led.; *StA:* deutsch. *Weg:* 1938 CH; 1948 Deutschland (BRD).

1923-29 Stud. Germanistik u. Gesch. Frankfurt/M. u. München, Burschenschaftler, anschl. Red. *Frankfurter Zeitung,* 1933 Entlassung. Sommer 1938 Emigr. Basel, Unterstützung durch jüd. Flüchtlingshilfe u. durch Freunde aus USA, bis 1948 Stud. Univ. Basel. Mitgl. SDS, nach 1945 zeitw. Schriftführer Ortsgruppe Basel, Mitgl. *Gemeinschaft deutscher Demokraten in der Schweiz* unter → Heinrich Ritzel, Mitarb. an Hilfsaktionen für Deutschland. 1948 durch Vermittlung von → Karl Gerold Rückkehr, bis 1969 Red. *Frankfurter Rundschau,* zeitw. VorstMitgl. *Hessischer Journalistenverband.* Lebte 1977 in Frankfurt/M. - *Ausz.:* BVK.

W: Die schweizerischen moralischen Wochenschriften (Ms. UnivBibl. Basel). *Qu:* Arch. Fb. Hand. - IfZ.

Nassauer-Müller, Kurt, Dr. phil., Parteifunktionär; geb. 13. Mai 1911 Frankfurt/Main; jüd., ev.; *G:* → Hans Nassauer; *StA:* deutsch. *Weg:* 1935 CH.

1930 Abitur; während des Stud. an der Univ. Frankfurt/M. Mitgl. DSP, später an der Univ. Köln Vors. *Friedrich-Naumann-Bund* u. Mitgl. *Demokratischer Klub;* nach Rückkehr an die Univ. Frankfurt Vors. demokratische Studentengruppe u. Mitgl. Vorst. DSP Frankfurt, enge Kontakte zu → Paul Tillich. 1935 Emigration in die Schweiz; Apr.-Mai 1945 als Deleg. der *Evangelischen Arbeitsgemeinschaft* im Hauptausschuß der pol. ArbGemeinschaft *Das Demokratische Deutschland* (→ Otto Braun, → Joseph Wirth), dann als Vertreter der *Liberal-demokratischen Vereinigung der Deutschen in der Schweiz* (→ Wolfgang Glaesser).

Qu: Arch. Hand. Publ. - IfZ.

Nathan, Hans, Dr. jur., Publizist, Staatsfunktionär, Rechtswissenschaftler, Hochschullehrer; geb. 2. Dez. 1900 Görlitz; *V:* RA; *Weg:*1933 CSR; 1939 GB, 1946 Deutschland (Berlin).

1919-22 Stud. Rechtswiss. Univ. Berlin, Marburg, München u. Breslau, 1922 Prom., 1925 Übernahme der väterl. RA-Praxis in Görlitz; Mitgl. *Deutsche Staatspartei.* 1933 Emigr. nach Prag, als Verleger mitbeteiligt an Hg. v. EmigrZs. Ermöglichte Apr. 1934 durch Anteilsübernahme die Entlassung von → William S. Schlamm als Chefred. *Die neue Weltbühne* Prag; kaufm. Org. u. Mehrheitsbesitzer *Der Simpl* Prag (Deckn. Dr. Ludwig Nathan). 1939 nach GB, Arbeiter, später Angest. Stadtverw. Manchester, dort Mitgr. FDB, KPD-Beitritt. 1946 Rückkehr, Vortragender Rat Dt. Zentralverw. für Justiz, 1949-52 Ltr. Abt. Gesetzgebung Justizmin. der DDR, gleichz. Lehrtätigkeit Humboldt-Univ. u. Präs. Justizprüfungsamt; 1952-53 Chefred. *Neue Justiz* Berlin (Ost) u. ab 1952 gleichz. Prof. mit vollem Lehrauftrag für Gerichtsverfassungs- u. Zivilprozeßrecht Humboldt-Univ. Berlin (Ost), ab 1954 bis Emeritierung Ende der 60er Jahre Lehrstuhlinh. u. Dir. Institut für Zivilrecht, langj. Dekan der Jur. Fak. Maßgeblich beteiligt an Umgestaltung des DDR-Rechtssystems. - *Ausz.:* 1959 VVO (Bronze), 1960 VVO (Silber), 1965 Banner der Arbeit.

W: Das Zivilprozeßrecht der DDR. 2 Bde. 1957-58; zahlr. Beiträge zu Sammelwerken u. wiss. Fachaufsätze. *L:* Albrechtová, Tschechoslowakei; Toeplitz, Heinrich, Prof. Dr. Hans Nathan zum 60. Geburtstag. In: Neue Justiz, Berlin (Ost) 1960, S. 789-790. *Qu:* Hand. Publ. Z. - IfZ.

Nathan, Shmuel (urspr. Fritz Günter), Rabbiner, Fremdenverkehrsexperte; geb. 21. Nov. 1914 Breslau, gest. 3. Juni 1977 Malaga/E; *V:* Julius N. (geb. 1889 Schwarzwald/Posen, gest. 1948 Jerusalem), jüd., Kaufm., Emigr. Pal.; *M:* Gertrud, geb. Hernstadt (geb. Lissa/Posen, gest. 1950 Jerusalem), jüd., Emigr. Pal.; *G:* Hildegard (geb. 1917 Breslau, gest. 1940 Schanghai), jüd., Buchbinderin, Emigr. Schanghai; Ernst David (geb. 1921 Breslau), jüd., Emigr. Pal.; ∞ 1943 Eva Kahn (geb. 1921 Lübeck), Emigr. Pal.; *K:* Ada Oz (geb. 1944), Sekr.; Joel (geb. 1945), M.B.A., Bankangest.; Judith (geb. 1948), B.A., RegAngest.; *StA:* deutsch, Pal./IL. *Weg:* 1939 Pal.

1934-38 Stud. Jüd.-Theol. Seminar Breslau, Rabbinerexamen, gleichz. Stud. Univ. Breslau u. Assist. im Archiv der Jüd. Gde. Breslau, Mitgl. J.J.W.B. u. *Bar Kochba.* Prediger in Berlin u. versch. Kleingden.; Beiträge in *Jüdische Rundschau, Jüdische Zeitung für Ostdeutschland, Jüdisches Gemeindeblatt Berlin* (?); Nov. 1938 KL Buchenwald. März 1939 Emigr. Palästina mit B III-Zertifikat u. mit Unterstützung des von der H.O.G. verw. *Jew. Agency Fund.* 1939-40 Stud. neuhebr. Sprache Hebr. Univ., Dipl., 1941-47 RAF-Dienst, 1943-46 Feldrabbiner, 1946-47 im Mittelmeergebiet u. im Nahen Osten im Rang eines Squadron Leader u. Wing Commander; 1947-48 Sekr. des Präs. von *Vaad Leummi,* 1948 Kriegsteiln. (Ausz.), 1948-52 Dir. staatl. Touristen-InfoZentrum, 1952-60 Ltr. Abt. für Visa u. Dienstleistungen im staatl. Touristenzentrum; 1959-60 Stud. Touristikwiss. Cornell Univ. Ithaca/N.Y., 1960-77 Vors. Beratungsausschuß des isr. Min. für Tourismus u. Berater für internat. Beziehungen. Gleichz. Schatzmeister u. ab 1968 Präs. der Yeshurun Zentral-Syn. Jerusalem, ehrenamtl. Sekr. Isr. Inst. für Veröffentl. aus der Talmudwiss., Mitgl. geschäftsf. Ausschuß der *Chevrah-Kadishah-*Begräbnis-Gesellschaft. 1964-69 stellv. Vors. 1971-73 Rechnungsprüfer Techn. Forschungskomitee des *Internationalen Verbands der Staatlichen Reisegesellschaften,* Mitgl. *Internat. Acad. of Tourism* Monaco, Vors. u. Mitgl. *Israel Touring Club.* Gest. 1977 während eines Kongresses der *World Tourism Organization.*

W: u.a. Art. über rabb. u. Responsenlit. sowie über Tourismus in isr. u. ausländ. Z. *Qu:* Fb. Hand. HGR. Publ. Z. - RFJI.

Nathorff, Hertha, geb. Einstein, Dr. med., Ärztin, Psychotherapeutin; geb. 5. Juni 1895 Laupheim/Württ.; jüd., ab 1914 ohne GdeBindung; *V:* Arthur E. (geb. 1865 Laupheim, gest. 1940 Laupheim), jüd., Kaufm.; *M:* Mathilde, geb. Einstein (geb. 1865 Laupheim, gest. 1940 Laupheim), jüd.; *G:* Sophie Marie Pauson (geb. 1902, gest. 1970 New York), Emigr.; Elsbeth Treitel (geb. 1911, gest. 1951 Philadelphia/Pa., USA), Emigr.; ∞ 1923 Dr. med. Erich N. (1889-1954), ltd. Klinikarzt, Ltr. Tuberkulosefürsorge Berlin, Emigr. USA; *K:* Heinz Henry (geb. 1925), Emigr., Elektroing. in New York; *StA:* deutsch, 1945 USA. *Weg:* 1939 GB; 1940 USA.

Ab 1914 Stud. Medizin Heidelberg, München, Freiburg, im 1. WK Feldhilfsärztin, 1919 Staatsexamen. 1922-28 ltd. Ärztin DRK-Frauen- u. Kinderheim Berlin-Lichtenberg, 1928-33 ltd. Ärztin Frauen- u. Eheberatungsstelle, VorstMitgl. Ärztekammer Berlin u. Gesamtausschuß der Ärzte, Mitgl. *Bund deutscher Ärztinnen* u. *Assn. for the Advancement of Psychotherapy.* Nach natsoz. Machtübernahme Entlassung aus Beratungsstelle, 1939 Schließung der ärztl. Praxis des Ehemanns. Apr. 1939 Emigr. London, Febr. 1940 mit Besuchervisum nach New York, Dienstmädchen, Pflegerin, Arzthelferin in Praxis des Ehemanns. Ab 1941 Mitgl., später VorstMitgl. u. Ehrenmitgl. *New World Club,* Kurse für Neueinwanderer in Kranken- u. Säuglingspflege, Präs. Frauengruppe des *New World Club;* Vorträge in dt.-sprachigen Rundfunksendungen u. Vereinen, schriftst. Tätigkeit; Initiator *Our Boys Club* zur Betreuung amerikan. Soldaten im 2. WK, *Golden Age Club* u. des sog. Open House für ältere Menschen zur Pflege dt. Sprache u. Kultur. Ausbildung am Alfred Adler Inst., ab 1954 Psychotherapeutin u. Mitgl. Alfred Adler Mental Hygiene Clinic. Lebte 1978 in New York. - *Ausz.:* 1940 Preis der Harvard Univ. im Ms.-Wettbewerb *Mein Leben in Deutschland,* 1967 BVK am Bande, 1973 Award for Creative Literature der *Gesellschaft für deutschamerikanische Studien* Cleveland/Ohio.

W: u.a. Stimmen der Stille (L); zahlr. Zs.-Beiträge. *Qu:* Fb. Z. - IfZ.

Nawratski, Curt, Dr. rer. pol., Journalist, Wirtschaftsexperte; geb. 28. Mai 1886 Berlin; jüd.; *V:* Siegfried N. (geb. 1851 Bischofswerder/Westpreußen, gest. 1920 Berlin), jüd.; *M:* Flora, geb. Kaphan (geb. 1861 Posen, gest. 1939 Haifa), Emigr. Pal.; ∞ Hedwig Kloas (geb. 1889 Kottbus); *K:* Reuben Nawratski-Navar (geb. 1916), Emigr. Pal., Agrar-Ing.; *StA:* deutsch, 1920 Freie Stadt Danzig; Pal./IL. *Weg:* 1934 Pal.

1907-12 Stud. Berlin, München, Straßburg, 1912 Prom. Straßburg, Mitgl. K.J.V.; 1910 achtmonatige StudReise in Palästina. 1911 Gr. zion. Gruppe für Elsaß-Lothringen, 1912-13 ehrenamtl. Arbeit in der Stadtverw. Straßburg. 1914-16 im DirSekretariat der Deutschen Orient-Bank Berlin, vertrat in Zus-Arb. mit US-Botschafter Henry Morgenthau die Interessen von dt. u. türk. Juden in Palästina bei der türk. Reg.; 1916-18 Fachmann für jüd. Fragen bei der dt. Verw. der besetzten russ.-poln. Gebiete. 1919-26 in Danzig, 1919-20 Wahrnehmung der väterl. Erdöl-Interessen in Galizien, 1920 sechsmonatige StudReise in Palästina, dann freier WirtschJourn.; 1923 Mitarb. an Plänen zur Währungsstabilisierung in Danzig, 1920-26 Vors. zion. Org. Danzig. 1926-33 Wirtschaftsjourn. u. Schriftsteller in Berlin, 1933-34 in Danzig. 1934 Emigr. Palästina, 1934-39 Vertr. der Häfen Danzig u. Gdingen in Haifa, 1945-46 Wirtschaftsberater der Stadtverw. Haifa, 1947 Staatskommissar für Brennstoffe bei der provis. isr. Reg., 1948-58 Wirtschaftsberater in isr. Finanzmin. Lebte 1978 in Haifa. - *Ausz.:* 1978 Ehrenbürger von Haifa.

W: Die jüdische Kolonisation Palästinas. 1914; Bevölkerungsstillstand als Wirtschaftsproblem. 1930; Bevölkerungsaufbau, Wohnungspolitik und Wirtschaft. 1931; HaMandat uMeshek haArez (Das Mandat u. die Wirtschaft Palästinas). 1946. *L:* Lichtheim, Richard, Die Geschichte des deutschen Zionismus. 1954. *Qu:* Pers. Publ. - RFJI.

Nebenzahl, David, Unternehmensleiter, Verbandsfunktionär; geb. 24. Aug. 1882 Przemysl/Galizien, gest. 15. Juli 1962 Morristown/N.J.; *V:* Feiwel N.; *M:* Sprinze, geb. Lindenbaum; *G:* Joseph (geb. Przemysl, gest. London), RA, 1938 Emigr. GB; 1 S, vor 1933 in die USA; ∞ 1911 Elisabeth Kraus (geb. Pohrlitz/Mähren), 1940 Emigr. USA; *StA:* USA. *Weg:* 1940 USA.

Stud. Wien, Dir. einer Versicherungsges. in Wien, 1900 Mitgr. u. Verw. der Jüdischen Toynbee-Halle, 1903 Mitgr. des jüdischen Verbands der jugendlichen Arbeiter in Wien, 1904 Mitgr. u. 1. Präs. *Poale Zion* Österr., Red. des Parteiorgans *Arbeitende Jüdische Jugend* (später *Der Jüdische Arbeiter*), verantwortl. für Propaganda u. Org. des Zion. Landeskomitees Österr., 1919 Mitgr. u. Mitgl. *Jüdischer Nationalrat für Österreich,* 1920 PräsMitgl. JNF u. später Vizepräs. *Keren Hayessod,* 1919-25 VorstMitgl. *Palästina-Amt* in Wien, 1932-38 Vorst-Mitgl. *Jüdische Volksbundliga für Österreich,* 1934 Mitgr. *Die Jüdische Kulturstelle* u. *Jüdisches Kulturtheater,* 1934 Gr. u. 1. Präs. Jüdische Volkshochschule, 1936 ehrenamtl. Sekr. österr. Komitee zum Jüd. Weltkongreß. 1940 Emigr. USA, 1941-59 Sekr. *Am. Jew. Congress,* Mitgl. Finanzkomitee des *Advisory Council on Europ. Jew. Affairs,* Mitgl. *B'nai Zion, B'nai B'rith; Red Mogen David* für Israel, ZOA.

Qu: Hand. Pers. Z. - RFJI.

Nebenzahl, Itzḥak Ernst, Dr. jur., Kaufmann, Ministerialbeamter; geb. 24. Okt. 1907 Frankfurt/M.; jüd.; *V:* Dr. phil. Leopold N. (geb. 1877 Višnevec/Westrußland, gest. 1957), jüd., Prom. Bern, Fabrikant; *M:* Betty, geb. Hirsch (geb. 1887 Frankfurt/M., gest. 1968); *G:* Carla Pineas (geb. Frankfurt), Emigr. Pal., Kunstschule, med. Bibliothekarin in Jerusalem; Trude Wagner (geb. Frankfurt); Martha Grünwald (geb. Frankfurt); ∞ 1933 Hildegard Hollander (geb. Altona), jüd., Stud. Frankfurt, Bern, Freiburg; *K:* Avigdor (geb. Jerusalem), Jeschiwah-Ausbildung, Rabbiner u. Lehrer in Jerusalem; Plea Albeck (geb. Jerusalem), M.Jur. Hebr. Univ., stellv. Staatsanwältin im isr. Justizmin.; Isaia (geb. Jerusalem), Ph.D. Physik u. Math. Hebr. Univ., Tätigkeit im isr. Verteidigungsmin.; Shulamith (geb. Jerusalem), M.A. pol. Wiss. u. Sinologie; *StA:* deutsch, Pal./IL. *Weg:* 1933 Pal.

1926-30 Stud. Frankfurt, Freiburg, Berlin, Prom., Mitgl. *Esra,* 1929-30 PräsMitgl. K.J.V.; 1931 rechtshist. Studien, 1931-32 Assist. für bürgerl. Recht Univ. Frankfurt, Apr. 1933 Berufsverbot. Mai 1933 Emigr. Palästina mit A I-Zertifikat, 1934-46 Rechtsberater der Privatbank Jacob Japhet & Co., 1936-48 Mitgl. *Haganah,* 1937-61 Teilh. u. ab 1947 AR-Vors. Fell- u. Lederhandel Hollander & Co., 1947-61 Dir. u. Mitgl. geschäftsf. Ausschuß der Jerusalem Econ. Corp., 1948-50 Dir. Abt. Entwicklung Jerusalem der *Jew. Agency,* 1954-61 Vors. isr. Post Office Bank, 1956-61 VorstMitgl. Bank Leumi leIsrael, 1957-61 Vors. beratender Ausschuß der Bank of Israel, 1958-61 Vors. isr. Kommission der *Hadassah Medical Org.,* 1961-76 Chef des isr. Rechnungshofes (State Comptroller). Gleichz. 1971-76 Ex-officio-Beauftragter des isr. Staates für Beschwerden aus der Öffentlichkeit (Ombudsman). Zeitw. Mitgl. isr. Erdöl-Ausschuß u. isr. Anti-Trust-Rat. Mitgr. u. 1. Präs. Institut für relig. Musik, Mitgl. *B'nai B'rith,* zeitw. Kuratoriumsmitgl. Bar Ilan Univ., 1952-62 schwed. Ehren-GenKonsul, 1965-68 VorstVors. INTOSAI (Internat. Org. der Obersten Rechnungskontrollbehörden). Mitgl. RegKommission zur Untersuchung des Yom-Kippur-Krieges, Vizepräs. *Internat. Ombudsman Steering Committee* u. designierter Präs. der 2. Internat. Ombudsman-Konf. 1980 in Jerusalem.

W: Das Erfordernis der unmittelbaren Vermögensverschiebung in der Lehre von der ungerechtfertigten Bereicherung. (Diss.) 1930. *Qu:* Fb. Hand. - RFJI.

Nechustan, Abner (urspr. Kupferberg, Alfred), Dr. rer. pol., Journalist; geb. 14. Apr. 1900 Stettin, gest. 30. März 1968 Tel Aviv; *V:* Ludwig Kupferberg (geb. Hohenfriedberg/Schlesien, gest. 1933 Berlin), Kaufm., Mitgl. B'nai B'rith; *M:* Else, geb. Holdheim (geb. 1877 Berlin, gest. 1955 Tel Aviv); *G:* Lilli Kupferberg (geb. 1904 Stettin, umgek. 1943 KL Auschwitz), med.-techn. Assist.; ∞ 1923 Margalith (Grete) Salomon (geb. 1902 Berlin), Kindergärtnerin, 1936 Emigr. Pal.; *K:* Seew (Wolfgang) (geb. 1927), Geschäftsf. einer pharmazeut. Firma in Lagos/Nigeria; Gabriel (geb. 1932), B.A. Univ. Haifa (Sozialarb.), Mitgl. Kibb. Yiẓreel; *StA:* deutsch, Pal./IL. *Weg:* 1936 Pal.

Im l. WK Kriegshilfsdienst bei der Deutschen Reichsbank, anschl. Stud. Freiburg, 1922 Prom. in Volkswirtschaft. 1919-24 Mitgl. *Blau-Weiß,* K.J.V., ZK-Mitgl. der ZVfD. 1922-23 kaufm. Lehre, 1924-25 Angest. u. Unternehmenslt. in Berlin u. Leipzig, 1926-36 Geschäftsf.; 1932-36 Schriftltr. *Israelitisches Familienblatt* Hamburg. 1936 Emigr. Palästina mit C-Zertifikat mit Familie, RedMitgl. *Haaretz,* 1938 Red. *Blumenthals Neueste Nachrichten,* 1938-66 Red. *Jediot Chadaschot* (hebr. Forts. der *Neuesten Nachrichten*), RedMitgl. *Dapim.* Mitgl. *Bialik-Lodge* des *B'nai B'rith* Tel Aviv.

W: Der britische Imperialismus und seine Wirkung auf das Finanzwesen der großen Dominions. (Diss.) 1922; Bein haMeizarim (Zwischen den Grenzen, Roman). 1949. *Qu:* Fb. Hand. Publ. Z. - RFJI.

Neeman (urspr. Nemann), **Gideon Michael,** Politiker, Verleger; geb. 22. Jan. 1924 Halle/Saale; jüd.; *V:* Wilhelm Zeev Nemann (geb. 1888 Lissa/Posen, umgek. KL Belcyze), jüd., RA u. Notar; *M:* Hanna, geb. Jacob (geb. 1898 Gnesen/Posen, umgek. KL Belcyze); *G:* Miriam Gueron (geb. 1921, gest. 1978 Haifa), Oberschullehrerin; Jehojachin (geb. 1928, umgek. KL Belcyze); ∞ 1945 Batya Ziegelman-Hotami (geb. 1926 Tel Aviv); *K:* Nurit Azoulay (geb. 1945); Elan (geb. 1955); *StA:* deutsch, Pal./IL. *Weg:* 1939 Pal.

1936-39 Oberschulen Halle u. Leipzig, Mitgl. *Bar Kochba, Makkabi Hazair.* 1939 Emigr. Palästina mit B III-Zertifikat, 1939-41 Kibb. Mischmarot, 1941-42 Jugendltr. in Haifa, 1942-43 landwirtschaftl. Ausbildung im Kibb. Maaleh-haHamishah, 1943-44 GenSekr. der *Mapai* in Haderah u. Mitgl. Arbeiterrat der *Histadrut.* 1945-61 Mitgr. u. Mitgl. Kibb. Gezor. Gleichz. 1951-54 i.A. von *Hechaluz* u. der *Gordonia-Makkabi-Hazair*-Jugendbewegung in Chile, 1961-64 1. pol. Vertr. der *Histadrut* in Europa mit Sitz in London, 1965-75 ltd. Verlagsdir. u. RedMitgl. von *Davar,* ab 1975 Dir. Achsakot (Tochterges. der isr. Versicherungsges. Hassneh), gleichz. ab 1977 Mitgl, isr.-am. Handelskammer, Mitgl. geschäftsf. Vorst. des isr. Verbands der Zeitungsverleger, Mitgl. isr. Presserat, VorstMitgl. Radio-Nachrichtendienst *Item.* Lebte 1978 in Tel Aviv.

Qu: Fb. Hand. - RFJI.

Neeman, Moshe (bis 1954 Neumann, Moritz), Dr. jur., Beamter, Erdölexperte; geb. 7. Jan. 1906 Czernowitz/Bukowina; jüd.; *V:* Nahum Neuman (geb. 1861 Czernowitz, umgek. im Holokaust), jüd., Kaufm., Mitgl. Aufsichtsbehörde der jüd. Gde.; *M:* Clara, geb. Kriss (geb. 1874 Kolomea/Galizien, gest. 1938 Wien; *G:* Marcus Neumann (geb. 1888 Czernowitz, gest. 1961 Wien), Kaufm., Emigr. F, CH; Karl Neuman (geb. 1891 Czernowitz, umgek. im Holokaust), Kaufm.; Siegfried Neumann (geb. 1911, umgek. im Holokaust); ∞ 1937 Hava (Eva) Schönbach (geb. 1910 Sanok/Galizien), jüd., 1939 Emigr. Pal., RA-Sekr.; *StA:* österr., Pal./IL. *Weg:* 1939 Pal.

1925-31 Stud. Wien. RA, 1938 Berufsverbot, Schusterlehre. Apr. 1939 Emigr. Palästina mit illeg. Transportschiff, 1939-48 Kellner. Seit 1948 bei der Erdöl-Behörde des isr. Finanzmin., 1958-70 Dir.; 1959-70 zugl. ltd. Dir. Petroleum Service Ltd., ab 1974 Dir. Industrial Planning & Engineering Co. Life Ltd., VorstMitgl. isr. Erdöl-Inst., Vors. isr. nat. Kommission der Weltenergiekonf. Lebte 1977 in Haifa.

W: HaSewiwa (Die Umwelt). 1973. *Qu:* Fb. Hand. - RFJI.

Neidhardt, Arthur Alfred, Gewerkschafts- u. Verbandsfunktionär; geb. 19. Nov. 1884 Chemnitz, gest. 16. Febr. 1967 Freilassing/Obb.; ∞ Olga Frida Sachse (geb. 1894, gest. 1954 S, T. von Hermann Sachse, 1898-1920 SPD-MdR, 1902-19 Vors. *Verband deutscher Bergarbeiter*), Sekr. bei SPD u. im öffentl. Dienst, 1933 Flucht zum Ehemann in die CSR wegen drohender Geiselnahme durch Natsoz.; *K:* Annemarie (geb. 1920), Schneiderin, Emigr. mit Mutter; *StA:* deutsch. *Weg:* 1933 CSR; 1938 (?) S.

Eisendreher, Mitgl. Gew. u. Arbeitersportbewegung; Schiffsmaschinist, MilDienst bei der Kriegsmarine, Teiln. der Kolonialfeldzüge in Ostafrika u. Kiautschau. Nach Rückkehr Vertrauensmann des DMV in Chemnitz, ab 1909 SPD; 1914-18 Kriegsteiln. (Uffz., mehrmals verwundet), 1918/19 Waffenkommissar des *Arbeiter- und Soldatenrates* u. Führer der Stadtmiliz Chemnitz, Eintritt als VerwSekr. in das sächs. Finanzmin., Ltr. Preisüberwachungsbehörde für den Bez. Chemnitz, anschl. Vertr. des *Allgemeinen Freien Angestelltenbunds* im GewKartell Chemnitz, ab 1927 GewSekr.; Mitgr. *Reichsbanner,* ab 1924 Gauvors. Chemnitz, später Gausekr. u. Gauführer Berlin-Brandenburg, ab 1932 auch Inspekteur für die norddt. Gaue des *Reichsbanners,* forderte den Einsatz der *Eisernen Front* zur Abwehr des sog. Preußenschlags. Anfang Juni 1933 Flucht in die CSR, Aufenthalt im Böhmerwald; stand mit anderen *Reichsbanner*-Emigr., u.a. → Wilhelm Buisson, in Opposition zum Prager Exilvorst. der SPD u. trat für Ablösung des Vors. → Otto Wels durch → Karl Höltermann ein. 1937 Ausweisungsbefehl der CSR-Behörden, mit Unterstützung der *Sozialdemokratischen Flüchtlingshilfe* Prag Emigr. nach Stockholm, Metallarb., später Werkmeister. Ab 1940 VorstMitgl., später Vors. SPD-Ortsgruppe; Juli 1945 Rücktritt aus Protest gegen den Beschluß zur ZusArb. mit SAPD, Anhänger von → Kurt Heinig. 1944 Mitgr. der rechtsopposs. SPD-Gruppe Stockholmer Vororte; Mitgl. *Deutsche Vereinigung von 1945,* Mitgr. *Vereinigung deutscher Sozialdemokraten in Schweden.* 1961 Rückkehr nach Deutschland (BRD).

L: Rohe, Reichsbanner; Müssener, Exil. *Qu:* Arch. Pers. Publ. - IfZ.

Neier, Aryeh, Verbandsfunktionär, Politiker; geb. 22. Apr. 1937 Berlin; *V:* Wolf N., Lehrer; *M:* Gitla, geb. Bendzinska; ∞ 1958 Yvette Celton, Geschäftsfrau; *K:* David. *StA:* 1955 USA. *Weg:* 1939 GB, 1947 USA.

Aug. 1939 Emigr. GB, 1947 in die USA; 1958 B.Sc. School of Indus. Labor Relations der Cornell Univ. Ithaca/N.Y., 1958-60 Mitarb. des am. Politikers Norman Thomas, dessen Nachf. als Geschäftsf. der *League for Industrial Democracy.* 1960-62 (63 ?) stellv. Red. *Current,* 1963-65 Mitarb. bei ACLU, 1965-70 Geschäftsf. *New York Civil Liberties Union* (Tochterorg. der ACLU), 1970-78 Geschäftsf. der ACLU. Zus. mit dem Vors. der ACLU, Norman Dorsen, Verf. einer auf 20 Bde. geplanten Reihe über Bürgerrechte (1972-75 11 Bände erschienen); bedeutender Einfluß im Kampf der ACLU für die Legalisierung der Abtreibung, Frauenrechte, Bürgerrechte für Häftlinge u. Insassen von Nervenheilanstalten u. für die Abschaffung der Todesstrafe; während seiner Amtszeit starker organisator. Aufschwung der ACLU, Erhöhung der MitglZahl um ein Drittel, unterstützte 1978 die Entscheidung der ACLU, sich für das verfassungsgemäße Demonstrationsrecht der *Nat. Soc. Party of Am.* in Skokie/Ill. einzusetzen. Frühes Eintreten für Impeachment-Verfahren gegen Präs. Richard M. Nixon. 1969-70 Doz. New York City Police Acad., 1968-69 an der School of Continuing Educ. der New York Univ.; Commissioner des *Juvenile Justice Standards Project* der *Am. Bar Assn.* u. des *Inst. of Judicial Admin.* Mitgr. *Knights of Pythias.* - *Ausz.:* 1967 Humanitarian Award der *Knights of Pythias,* 1974 Gavel Award der *Am. Bar Assn.* für Art. im *New York Times Magazine,* 1975 D.LL. hon. Hofstra Univ.

W: u.a. Marked for Life. Dissemination of Arrest Records. In: New York Times Magazine. 1973; Dossier. The Secret Files They Keep on You. 1975; Crime and Punishment. A Radical Solution. 1976; Beiträge in versch. Publ. u. Zs. *Qu:* Hand. Publ. Z. - RFJI.

Nelke, Günter, Parteiangestellter; geb. 31. Dez. 1908 Stettin/Pommern; jüd.; *V:* Max N. (geb. 1869, gest. 1942 KL Piaski/PL), jüd., Textilkaufm., DDP; *M:* Rosa N. (geb. 1878, gest. 1942 KL Piaski/PL), jüd., DDP; *G:* Manfred (1903-24); ∞ 1946 Marianne Bauer (geb. 1915), jüd., StA österr., 1938 Emigr. GB, 1946 Deutschland, Lehrerin; *K:* Peter (geb. 1947), Kaufm.; Eva (geb. 1949), Lehrerin; *StA:* deutsch. *Weg:* 1933 CSR; 1939 F; 1946 Deutschland (BBZ).

524 Nelken

1928 Abitur, kaufm. Lehre, 1931-33 kaufm. Angest. Mitgl. deutsch-jüdischer Wanderbund *Kameraden,* 1930 SPD, ZdA, ab Okt. 1931 SAPD, stellv. BezVors. u. BezKassierer Pommern. Ab Mai 1933 Ltr. illeg. SAPD Stettin, Hg. einer Zeitung. Sept. 1933 nach Aufdeckung der Gruppe Flucht in die CSR. Bis 1934 pol. Tätigkeit für SAPD, anschl. NB; Mitarb. *Sozialistische Jugend* der DSAP. Ab Jan. 1934 Angest., ab Febr. 1938 ltd. Sekr. *Demokratische Flüchtlingsfürsorge* unter → Kurt R. Grossmann in Prag, ab März 1939 in Paris. Ab Febr. 1940 Freiw. franz. Armee, Verwundung, Gefangenschaft unter Deckn.; Juni 1941 befreit, Sept. 1941-Okt. 1944 in der franz. Résistance, Caporal. Jan.-Okt. 1945 Sozialarb. für *International Rescue and Relief Committee* Paris, anschl. Buchhalter. Kontakte zur *Sopade* London u. zum SPD-PV Hannover. Okt. 1946 Rückkehr, 1947 Angest. KL-Beratungsstelle bei RegPräs. Hannover, Nov. 1947-Juni 1971 (Pensionierung) Sachbearb., ab 1961 Ref. beim SPD-PV. U.a. Betriebsobmann Gew. ÖTV, Mitarb. *Arbeiterwohlfahrt, Arbeitsgemeinschaft für Bildung und Kultur, Deutsch-Israelische Gesellschaft.* Mitgl. *Arbeitsgemeinschaft ehemals politisch verfolgter Sozialdemokraten.* Lebte 1975 in Bonn. – *Ausz.:* Croix de Guerre, BVK.
L: Grossmann, Emigration. *D:* IfZ. *Qu:* Arch. Fb. Publ. – IfZ.

Nelken, Peter, Publizist, Funktionär; geb. 28. Jan. 1919 Berlin, gest. 4. Juli 1966; *M:* Dinah (geb. 1900), Schriftst., 1936 Emigr. Österr., später I, ab 1950 in Berlin (West); *StA:* deutsch. *Weg:* 1936 Österr.; 1938 GB; B; F; 1940 Deutschland.
Dreher; 1936 mit Mutter nach Österr., nach dem Anschluß 1938 Emigr. nach GB, später nach Belgien u. Frankr. Nach dt. Einmarsch in Frankr. Rückkehr nach Deutschland, Sept. 1941 Verhaftung wegen Herstellung antinatsoz. PropMaterials. 1945 KPD, Mitarb. ZK der KPD, ab 1946 Mitgl. FDJ-Zentralrat u. Chefred. FDJ-Zs. *Neues Leben,* 1949-53 Ltr. Hauptabt. Friedens- u. Planpropaganda im Amt für Information, 1953-58 Mitgl. des Büros u. Chefred. beim NatRat der *Nationalen Front des Demokratischen Deutschland,* 1958-66 Chefred. der satir. Zs. *Eulenspiegel* Berlin (Ost). – *Ausz.:* u.a. VVO, ZK-Nachruf.
W: Ein ziemlich ernsthaftes Buch über Humor und Satire. 1963. *Qu:* Arch. Hand. Z. – IfZ.

Nelki, Wolfgang, geb. 11. Juni 1911 Berlin; *StA:* deutsch. *Weg:* 1933 B; 1939 GB.
Ab 1927 *Sozialistischer Schülerbund,* Ortsvors. Berlin, Mitgl. Reichsltg., Red. *Schulkampf.* Stud. Rechtswiss., Apr. 1933 Emigr. Belgien, ab 1934 als Zahntechniker tätig, Aug. 1939 GB, Internierung.
Qu: Arch. – IfZ.

Nellhaus, Dagobert (David), Dr. phil., Rabbiner, geb. 2. Jan. 1891 Breslau; *V:* Emil N. (1862-1921), Kaufm.; *M:* Hanna Hulda, geb. Fraenkel (gest. 1894); *G:* Arnold (geb. 1891, gest. 1967 Boston/USA), Prokurist, 1939 Emigr. Schanghai, 1947 USA; Else Loeb, Emigr. GB; ∞ 1920 Minna Scheyer (geb. 1893 Oppeln, gest. 1968 Roslindale/Mass.), jüd., Krankenschwester, 1939 Emigr. USA; *K:* Richard (1922-65), 1939 Emigr. USA, im 2. WK MilDienst, Textilfabrikant; Gerhard (geb. 1923), 1936 Emigr. USA, im 2. WK MilDienst, Kinderarzt, Prof. Univ. Colo. in Denver; Martin (geb. 1925), 1939 Emigr. USA, im 2. WK MilDienst, M.B.A., Ing.; Marianne Goldstein (geb. 1927), 1939 USA, Bibliothekarin Univ. of Buffalo/N.Y.; *StA:* deutsch, 1945 USA. *Weg:* 1939 USA.
1910-13 Stud. Breslau u. Erlangen, 1914 Prom. Erlangen, daneben 1910-22 Stud. Jüd.-Theol. Seminar Breslau, 1922 Rabbinerexamen. 1914-15 Kriegsteiln., 1915 Verwundung, 1917 Bibliothekar in Breslau, 1917-18 Assist. eines Feldrabbiners (EK, Hindenburg-Orden), 1920-21 Rabbiner SynGde. Rybnik/Oberschlesien, 1921-24 Hilfsrabbiner SynGde. Stettin, 1924-31 Rabbiner SynGde. Hirschberg/Schlesien, 1931-39 Isr. Kultusgde. Pirmasens u. BezRabbiner für Pirmasens-Zweibrücken. 1922-38 Mitgl. *Allgemeiner Rabbinerverband, Liberale Rabbiner-Vereinigung,* CV, *Jüdischer Kulturbund* Pirmasens-Zweibrücken, *B'nai B'rith*-Logen *Alemania* Stettin, *Victoria* Görlitz u. *B'nai B'rith-Brüder-Vereinigung* Hirschberg, Mitgl. R.j.F.; Nov. 1938 zeitw. KL Dachau. Aug. 1939 Emigr. USA mit Non-quota-Visum. Kontakt zum Kinderhilfs-Komité u. zum *Hilfsverein* Berlin, finanzielle Unterstützung durch Verband Bayrischer Israelitischer Gemeinden u. jüd. Gde. Terre Haute/Ind.; Okt. 1939-Febr. 1940 konservativer Rabbiner Gde. Terre Haute, 1940-41 Angest. im Buch- u. Abonnementsverkauf der *Jew. Publication Soc. of Am.,* 1941-42 Angest. in Schuhfabrik Haverhill/Mass. u. im Jew. Memorial Hospital in Roxbury/Mass., 1942-48 Bar Mitzvah-Lehrer Gde. Kehillath Israel in Brookline/Mass., gleichz. 1943-48 Bibliothekargehilfe, 1948-63 Hilfsbibliothekar Hebräisches Lehrerseminar Brookline, 1943-73 Rabbiner für Gottesdienste an hohen Feiertagen u. Beerdigungen für IMAS Boston. Ab 1964 im Hebr. Rehabilitation Center for Aged, Schatzmeister des *Residents' Club.* Mitgl. *Jew. Publ. Soc. of Am.,* LBI, *Mizrachi, HaPoel Ha-Mizrachi, Friends of Hebr. Coll. Boston,* IMAS. Lebte 1977 in Roslindale/Mass. – *Ausz.: 1956* Ehrung durch hebr. *Lehrerseminar.*
W: Der Einfluß des deutschen Idealismus auf die Entwicklung der Philosophie Victor Cousins. (Diss.) 1916. *D:* LBI New York. *Qu:* Arch. Fb. Hand. Publ. Z. – RFJI.

Neter, Mia (Minka), geb. Thalmann, Fürsorgerin; geb. 8. Nov. 1893 Wertheim/Main, gest. Dez. 1975 Tel Aviv; jüd.; *V:* Gumpert Thalmann (geb. 1861 Neubrunn/Bayern, gest. 1943 IL), jüd., Lehrer an Lehrerseminar, 1934 Emigr. Pal.; *M:* Emilie, geb. Gump (geb. 1867 Fürth, gest. 1924); *G:* 3 S, 1 B; ∞ 1927 Richard Neter (geb. 1881 Gernsbach/Baden, gest. 1953 IL), Mitinh. einer Metallfabrik, Zion., 1939 Emigr. Pal.; *StA:* deutsch, Pal./IL. *Weg:* 1939 Pal.
1912-15 Ltr. Jüd. Kindergarten u. Kinderhort Mannheim, 1915-26 Jugendfürsorgerin in Mannheim, 1924 Fürsorgerinnendipl. Fröbel-Seminar Mannheim, 1926-39 Geschäftsf. Wohlfahrts- u. Jugendamt der Isr. Gde. in Mannheim, tätig in zion. Bewegung, Gr. landwirtschaftl. Hachscharah-Zentren Birkenau/Hessen u. Leutershausen/Baden, Mitarb. *Israelitisches Gemeindeblatt* Mannheim. Febr. 1939 Emigr. Palästina mit AI-Zertifikat, ab 1939 Org. der Familienfürsorge im Bez. Tel Aviv, 1947-65 ltd. Aufsichtsbeamtin städt. Wohlfahrtsamt Tel Aviv, 1965 Ruhestand. Gleichz. 1958-69 Gr. u. Ltr. *Matav* Familienbetreuungsdienst (home care service).
L: M.B. 1973; Fliedner, H. J. (Hg.), Die Judenverfolgung in Mannheim 1933-1945. 1971. *D:* LBI New York. *Qu:* Arch. Fb. Publ. – RFJI.

Nettelbeck, Walter, Funktionär, Journalist; geb. 29. Nov. 1901 Krefeld, gest. 24. Juni 1975 Krefeld; *M:* Katharina (geb. 1878); ∞ I 1948 Wilhelmine Marianne Hotes (geb. 1913), 1973 gesch.; II 1973 Helene Henriette Reibert (geb. 1926); *K:* Petra (geb. 1951). *StA:* deutsch, 28. Apr. 1937 Ausbürg., deutsch. *Weg:* 1935 F; 1941 Deutschland.
Bäckerlehre, Mitgl. *Internationaler Guttemplerorden* (Antialkoholiker), 1922 KJVD, 1924 KPD, 1925 KPD-Ortsgruppenltr., anschl. AgitProp.-Ltr. in Krefeld. 1926-27 Malergeselle in Stuttgart u. IAH-PropLtr. im Bez. Württ., ab 1928 Pressefotograf bei *Arbeiter Illustrierte-Zeitung* (AIZ), 1928-32 Mitgl. *Vereinigung der Arbeiterphotographen,* vorüberg. ltd. hauptamtl. Funktionär *Volksverband für Filmkunst,* 1930/31 für AIZ in die UdSSR, danach Journ. bei *Der Rote Aufbau* u. 1933 Red. *Neue Montags-Zeitung.* Nach UdSSR-Reise krit. Haltung gegenüber KPD-Politik, Mai 1933 Parteiausschluß, Herbst 1933 Anschluß an Berliner Gruppe der *Linken Opposition der KPD/Bolschewiki-Leninisten* (offiz. Sektion der trotzkist. *Internationalen Linksopposition* mit Zentralorgan *Die Permanente Revolution*) u. ab Frühj. 1934 ltd. Tätigkeit in der etwa 60 Mitgl. umfassenden Gruppe, nach deren Spaltung über die Frage der sog. Entrismus-Taktik Trockijs Mai 1934 als Vertr. der entrist. Richtung Ltr. der Berliner Mehrheitssplittergruppe mit über 40 Mitgl.; Deckn. Georg. In enger Verb. mit dem *Auslandskomitee der Trotzkisten* (AK) in Paris u. a. trotzkist. Gruppen im Reich Bemühungen um Bildung einer Einheitsfront ins-

bes. mit illeg. SAPD-Gruppen, Kontakte zu Zirkeln der nat.-bürgerl. Regimeoppos. in Berlin. Dez. 1934 Teiln. an AK-Tagung zum Entrismus-Problem mit Vertr. dt. trotzkist. Gruppen in Zürich, infolge der mehrheitl. Annahme von Trockijs Entrismus-Taktik Konzentration des illeg. Widerstands auf Zirkelarb. u. Berichterstattung über innerdt. Zustände ins Ausland, unter Ps. Jan Bur Mitarb. AK-Organ *Unser Wort* Prag/Paris. Sommer 1935 AK-Beschluß zur Emigr., nach Kontaktaufnahme mit AK-Verbindungsstelle in Reichenberg/CSR im Sept. 1935 Emigr. nach Paris, verantwortl. für Verb. zu illeg. Gruppen im Reich u. Mithg. *Unser Wort*. Aug. 1937 AK-Ausschluß wegen versuchten Aufbaus einer oppos. Gruppe, Mitarb. *Gruppe Internationale* (→ Ruth Fischer), bei Kriegsausbruch Internierung, Sept. 1940 Verhaftung durch dt. Organe, ab 1941 Untersuchungshaft Berlin-Moabit, 1942 VGH-Urteil 6 J. Zuchth., bis Kriegsende KL-Haft in Sa. Nach Kriegsende landwirtschaftl. Arbeiter, 1945 Gr. u. dann Vors. *Arbeitsgemeinschaft der politisch, rassisch und religiös Verfolgten* in Krefeld, Mitgl. der ersten ernannten StadtVO.-Vers., 1946-66 Ltr. Dezernat für Soziales der Stadt Krefeld.

W: Fürsorge in Krefeld. 1955; Cornelius de Greiff. 1969; ... um solch ein Krankenhaus zu finden. 1971; Monsignore Gregor Schwamborn. 1973. *Qu:* Arch. Fb. Pers. Z. - IfZ.

Netter, Arthur J., Industrieller; geb. 25. Sept. 1871 Ludwigshafen, gest. 2. Sept. 1954; jüd.; *V:* Samuel N. (geb. 1830 Bühl/Baden, gest. 1913), jüd., Inh. Handelsfirma Wolf Netter; *M:* Berta, geb. Deutsch (geb. 1835 Mußbach/Pfalz, gest. 1911), jüd.; *G:* Emil (geb. 1863 Ludwigshafen, gest. 1931); ∞ 1907 Käte Grünfeld (geb. 1886 Beuthen/Oberschlesien, gest. 1972 New York), jüd., 1934 Emigr. Österr., 1935 CH, 1939 CDN, 1941 USA; *K:* Herbert (1911-37), höhere Schule, 1931 in die USA; Ilse Nelson (geb. 1914), 1933 Emigr. Österr., Stud. Wien, später GB, 1939 USA; → Kurt Fred Netter; *StA:* deutsch, 1946 USA. *Weg:* 1934 Österr., 1935 CH, 1939 CDN, 1941 USA.

Mittlere Reife, 3-jähr. Lehre u. Fachausbildung in der Schweiz u. GB, anschl. Reisen in Südeuropa, Afrika u. USA. Ab 1893 im Familienunternehmen Wolf Netter, ab 1895 Teilh.; im 1. WK Mitarb. in versch. RegAusschüssen zur Lösung der Rohstoff-Frage. Anschl. Mitgr., AR-Vors. Rheinische Fluß- u. Schwerspat-GmbH, 1922 Mitgr. u. stellv. Vors. Rheinische Blattleim AG Grevenbroich, zugl. stellv. Vors. Metallfirma Rawack & Grünfeld AG, VorstMitgl. *Reichsbund der deutschen Metallwarenindustrie,* Mitgl. VerwRat Orthopädische Anstalt Heidelberg. 1934 Emigr. Österr., 1935 in die Schweiz, 1939 nach Kanada, 1941 in die USA, bis 1946 Teilh. Interstate Engineering and Machinery Co., 1946-53 zus. mit Kurt Fred Netter Geschäftsf. Supradur Manufacturing Corp. (Herstellung von Baumaterial). - *Ausz.:* Dr. h.c. Univ. Heidelberg.

Qu: Hand. Pers. - RFJI.

Netter, Julius S. (Seligsohn), Dr. jur., Industrieller; geb. 10. Dez. 1885 Berlin, gest. 29. Apr. 1965 London; jüd.; *V:* Karl Seligsohn; ∞ Claire, geb. Netter; *K:* H. S. Nelson, A: GB; Mrs. H. Sherwood, A: GB; *StA:* deutsch, brit. (?). *Weg:* GB,

Im 1. WK Kriegsteiln.; Teilh. Metallhandelsges. Wolf, Netter & Jacobi, ca. 80% des Firmenbes. wurde von Frankr. nach 1918 in Elsaß-Lothringen beschlagnahmt. 1924 Mitgl. Eisen- und Stahlverband nach Erwerb einer Stahlfirma, Dez. 1937 Verkauf von Wolf, Netter & Jacobi. Emigr. GB, tätig für Brit. & Internat. Addressing Ltd., Mitgr. u. Vors. *Self-Aid of Refugees* London.

Qu: EGL. HGR. Pers. - RFJI.

Netter, Kurt Fred, Industrieller; geb. 3. Dez. 1919 Mannheim; jüd.; *V:* → Arthur J. Netter; ∞ 1942 Alice Dreyfus (geb. 1920 Basel), jüd., höhere Schule, 1940 Emigr. USA, Stud. New York Univ., B.Sc. Julliard School of Music New York; *K:* Nadine (geb. 1944), B.A., M.I.A. Columbia Univ.; Ronald (geb. 1947), B.A. Yale Univ., kaufm. Dir.; Alfred (geb. 1950), B.B.A. Univ. of Mich., Industrieller; *StA:* deutsch, 1944 USA. *Weg:* 1933 CH, 1939 CDN, 1941 USA.

Bis 1933 Gymn., März 1933 Emigr. Schweiz, 1938 Abitur, bis 1939 Stud. ETH Zürich. 1939 nach Kanada, 1939-41 Stud. Univ. of Toronto. 1941 in die USA, 1942 B.Sc. Columbia Univ., 1942-44 zus. mit Vater Teilh. Interstate Engineering & Machinery Co. New York. 1944-46 Mil. Intelligence Corps der US-Armee. Ab 1946 Dir., ab 1953 Präs. Supradur Manufacturing Corp. New York mit versch. Tochterges., ab 1967 AR-Vors. der Tochterges. Precast Schokbeton Inc. u. ab 1973 Fabrichtors u. Metroheat-Gruppe in Montreal, zugl. Dir. Seagrave Corp. u. Nelson Fund Inc. Ehrenamtl. Schatzmeister, Mitgl. Vollzugsausschuß *Selfhelp*. Lebte 1977 in Scarsdale/N.Y.

D: RFJI. *Qu:* Fb. Hand. - RFJI.

Neu, Kurt M., Dr. phil., Wirtschaftsexperte, Unternehmensleiter; geb. 19. Okt. 1899 Nürnberg; jüd.; *V:* Ludwig N. (geb. 1864 Fürth, umgek. im Holokaust), Gymn., Kaufm., Emigr. NL; *M:* Theresa, geb. Bauer (geb. 1874 Erlangen, umgek. im Holokaust), jüd., höhere Schule, Emigr. NL; ∞ I. 1930 Ruth Warburg (geb. 1904 Nizza, gest. 1957 New York), jüd. Gymn., Sozialarb., 1935 Emigr. NL, 1940 Port., 1941 USA, M.A., Psychologin in New York; II. 1959 Renée Sabatello (geb. 1916 Rom), jüd., Stud. Univ. u. Kunstakad. Rom, 1938 Emigr. F, 1940 Emigr. USA über Port., Trickfilm-Zeichnerin für Warner Bros. Los Angeles, stellv. Kurator in Museum of Modern Art New York; *K:* Renée Eva Watkins (geb. 1932), 1935 Emigr. NL, 1940 Port., 1941 USA, Ph.D. Harvard Univ., Assoc. Prof. Univ. Mass.; *StA:* deutsch, 1947 USA. *Weg:* 1935 NL, 1940 Port., 1941 USA.

1918 dt. Armee, 1919-20 Stud. München, 1920-22 Berlin, 1921-27 Assist. von Werner Sombart. 1922-23 ehrenamtl. für IHK Berlin tätig, 1923-26 Schriftf. des Vorst. der Vereinigten Industrie-Unternehmungen AG Berlin. 1926-31 wiss. Sekr. des Enquête-Ausschusses, entwickelte einen Plan zur Neuordnung des Bankwesens nach der Krise von 1931-33, der die Zustimmung der Reichsreg. fand. VorstMitgl. Akzept- u. Garantie-Bank, Reorg. der Sparkassen u. Girozentralen. 1933-37 Gen-Dir. Rawack & Grünfeld AG (Eisen- u. Manganerz-Import), 1935-37 bei Tochterges. in Rotterdam. Apr. 1940 Emigr. Portugal, Apr. 1941 in die USA, 1941-53 Vizepräs. internat. Chem-Handel Elbert & Co. New York, ab 1954 Furstenberg & Co. New York (Marmor- u. Keramikfliesen), zuletzt Präs. u. AR-Vors. Lebte 1978 in New York.

Qu: Fb. - RFJI.

Neuberger, Herman Naftoli, Rabbiner; geb. 26. Juni 1918 Haßfurt/Unterfranken; *V:* Max N. (gest. Würzburg), jüd., Kaufm.; *M:* Bertha, geb. Hiller; *G:* Dr. med. Albert N. (geb. 1908 Haßfurt), Emigr. GB, Ph.D. London, Prof. für chem. Pathologie am St. Mary's Hospital, Ltr. biochem. Abt. des Nat. Inst. for Med. Research, 1964 CBE; ∞ 1941 Judith Kramer; *K:* Sheftel M., Doz. am Ner Isr. Rabbinical Coll. Baltimore; Isaac M., RA; Shraga S.; Yaakov S.; Ezra D.; *StA:* deutsch, 1945 USA. *Weg:* 1938 USA.

1930-35 Gymn. Würzburg, später Stud. Jeschiwah in Mir/Polen. 1938 Emigr. USA, 1938-43 Stud. Ner Isr. Rabbinical Coll. in Baltimore, 1943 Rabbinerexamen. Ab 1943 Executive Dir., Vizepräs. u. Geschäftsf. des Kuratoriums des Ner Isr. Rabbinical Coll., Gr. Rat orthodoxer Gdn. in Baltimore, VorstMitgl. *Union of Orthodox Jew. Congr. of Am.,* VorstMitgl. *Rabbinical Council of Am., Jew. Youth Committee, Mikvah of Baltimore,* Mitgl. *Baltimore Jew. Council.* Lebte 1977 in Baltimore.

W: Art. in *Maryland Law Review. Qu:* Hand. Pers. - RFJI.

Neuberger, Josef, Dr. jur., Dr. rer. pol., Rechtsanwalt, Politiker; geb. 11. Okt. 1902 Antwerpen, gest. 12. Nov. 1976 Düsseldorf; jüd.; *V:* Leo N. (gest. 1939 Pal.), Apotheker, Kaufm.; *M:* Felicitas (gest. 1952 IL); *G:* Salomea Fleischhakker (geb. 1896 Antwerpen), A: IL; Dr. Jakob N. (geb. 1900 Antwerpen, umgek. 1942 KL Auschwitz), Arzt; ∞ 1935 Ilse Mendel (geb. 1914 Meckenheim), jüd., Emigr. NL, Pal., 1941-52

Pensions-Inh. in Nahariya/IL; *K:* Dr. rer. nat. Michael N. (geb. 1937 Düsseldorf), Emigr. NL, Pal., Chemiker, Mitinh. eines Versicherungsunternehmens in IL, StA: IL u. deutsch; Ralph-Benjamin, Ph.D. (geb. 1943 Haifa), Hochschullehrer in IL, StA: deutsch; *StA:* deutsch, Ausbürg., IL, 1950 deutsch. *Weg:* 1938 NL; 1939 Pal.; 1950 Deutschland (BRD).

1914 Ausweisung der Familie aus Belgien. 1922-29 Stud. Rechtswiss. u. Volkswirtsch. Köln, 1924 Dipl.-Kaufm., 1926 Dr. jur., 1927 Dr. rer. pol., jur. Vorbereitungsdienst, ab 1932 RA in Düsseldorf. Mitgl. jüd. Jugendbund *Blau-Weiß,* Mitgr. *Poale Zion* in Deutschland. Ab 1920 SPD, Mitgl. *Reichsbanner.* 1933 Berufsverbot, bis 1938 freiberufl. Treuhänder u. Wirtschaftsberater. 1933-35 Verb. zur Emigr. im Saargeb., u.a. Transport von Flugblättern. In der sog. Reichskristallnacht am 9. Nov. 1938 lebensgefährlich mißhandelt, drohende Einweisung in KL, Dez. 1938 Emigr. zu Verwandten nach Holland, Febr. 1939 nach Palästina. Mitarb. in Hotelbetrieb der Ehefrau, jur. Stud., Foreign Advocate's Examination, 1944-51 als RA tätig. Mitgl. *Histadrut* u. *Mapai,* Teiln. am kult. Leben der Juden aus Deutschland in *Hitachduth Oleh Germania.* 1950 Rückkehr, RA in Düsseldorf. Nebenkläger u.a. im Treblinka- u. Sobibor-Prozeß. 1956-59 SPD-StadtVO., 1959-75 MdL NRW, 1965/66 stellv. Fraktionsvors., 1960-72 Vors. SPD Düsseldorf, stellv. Vors. Bez. Niederrhein, Mitgl. Landesvorst.; 1966-72 Justizmin. NRW, Verdienste um Humanisierung des Strafvollzugs u. Verfolgung von NS-Verbrechen. Vors. GdeRat der jüd. Gemeinde Düsseldorf, Mitgl. Direktorium des *Zentralrats der Juden in Deutschland.* Ab 1974 Lehrbeauftragter für Kriminologie u. Kriminalpolitik Gesamthochschule Wuppertal. – *Ausz.:* 1968 Gr. BVK mit Stern, 1972 Schulterband, 1976 Titel UnivProf., 1977 (postum) Leo-Baeck-Preis des *Zentralrats der Juden in Deutschland,* 1978 Josef-Neuberger-Memorial-Fund an der Univ. Tel Aviv.

W: Neben zahlr. jur. Beiträgen u.a.: Die Hauptwanderung der Juden seit 1914. 1928; Justiz im Umbruch der Zeit. In: Jahrbuch der Universität Düsseldorf. 1971; Moderne Justizpolitik in Nordrhein-Westfalen. 1972. *Qu:* Fb. Hand. Z. – IfZ.

Neue, Paul Albert, Parteifunktionär; geb. 7. Okt. 1876 Leipzig, gest. 9. Jan. 1969 Wilhelmshaven; o.K.; *V:* Robert N. (1855-1921), Klavierbauer; *M:* Maria (gest. 1891); *G:* Henny (1878-1956), Luise (1883-1969), Auguste (geb. 1888); ∞ 1901 Georgine Müller (1877-1965), 1933 Emigr. CSR, 1938 DK, 1948 Deutschland (BRD); SPD; *K:* Gertrud (geb. 1901), 1933 Emigr. CSR, 1938 DK, 1949 Deutschland (BRD); Martha Schmidt (geb. 1903), 1933 Emigr. CSR, 1938 Deutschland nach bedingter Entlassung des Ehemanns aus KL; *StA:* deutsch. *Weg:* 1933 CSR; 1938 DK; 1940 S; 1945 DK; 1947 Deutschland (BBZ).

1891-94 Polsterer- u. Tapeziererlehre, Wanderschaft. 1894 *Verband der Tapezierer,* 1896-1914 OrtsVors. in Hamburg, Leipzig u. Berlin. 1897 SPD. Ab 1900 in Leipzig berufstätig, 1908 GewSchule Berlin. 1910-14 Wahlkreisvors. SPD Berlin. 1914-17 Kriegsdienst (EK). 1917 SPD-Vertrauensmann Leipzig, 2. Vors. *Verband der Tapezierer.* 1918-19 Vors. *Arbeiter- und Soldatenrat* Berlin, Deleg. 1. u. 2. Rätekongreß, ab Apr. 1919 Mitgl. *Zentralrat.* Ab Juni 1919 SPD-BezSekr. Emden, ab Herbst 1921 BezSekr. Wilhelmshaven. Mitgl. ProvLT, 1924-33 Senator. Mitgr. u. Gauvors. *Reichsbanner.* Mai 1933 Flucht in die CSR, Ladenpächter in Teplitz-Schönau. Bei Besetzung des Sudetengeb. nach Prag, Ende 1938 über Polen nach Kopenhagen, Unterstützung durch *Matteotti-Komitee.* 1940 Flucht nach Schweden, Internierung in Kinna. Privatlehrer, staatl. Unterstützung. Anhänger der schwed. SPD-Gruppe um → Kurt Heinig. Okt. 1945 nach Kopenhagen, ab Jan. 1946 Mitarb. dän. Flüchtlingsverw., Betreuer in Lagern für dt. Ostflüchtlinge. Febr. 1947 Rückkehr als Transportbegleiter repatriierter NatSoz. 1961 Vors. *Die Volksbühne.* Mitgl. SPD-Landesvorst. Niederrs., Kulturausschuß Stadt Wilhelmshaven. – *Ausz.:* 1958 Ehrenvors. SPD, 1961 Ehrenvors. *Die Volksbühne,* Wilhelmshaven; Goldenes Parteiabzeichen SPD; Goldene Ehrennadel Gew. Handel, Banken und Versicherungen.

L: Müssener, Exil. *Qu:* Hand. Pers. Z. – IfZ.

Neufeld, Hans, Dr. jur., Ministerialbeamter; geb. 22. Juli 1890 Berlin; jüd.; *G:* → Siddy Wronsky; ∞ 1918 Charlotte Gerschel; *K:* 3 S, 1 T, alle in GB; *StA:* deutsch, 1946 brit. *Weg:* 1933 GB.

Stud. Rechts- u. Staatswiss., 1913 Prom. Berlin; im 1. WK Frontsoldat, zweimal verwundet (EK). 1921 Hilfsarb. IHK Berlin, anschl. im Reichsfinanzmin., 1922 RegRat, 1925 ORegRat, zuletzt in Abt. I tätig. Zuständig für Währungsreform, Aufwertung, Subventionen u. Reform des Bankgesetzes, 1925 Anerkennung seiner Verdienste bei Regelung der Aufwertungsfrage durch Reichspräs. Hindenburg. 1929 Versetzung in das Preuß.Min. für Handel u. Gewerbe, MinRat in Abt. II für Handelspolitik, Börsen- u. Kreditwesen, ab 1930 auch Staatskommissar bei der Berliner Börse. 1933 Versetzung in den Ruhestand, Emigr. GB. Rechts- u. Finanzberater in London. – Lebte 1978 in London.

W: Kommentar zum Bankgesetz. 1925; Kommentar zum Gesetz über die Ablösung öffentlicher Anleihen. 1925; Kommentar zum Gesetz über die Reichsbank nach dem Neuen Plan. 1931; Kommentar zur Aktienrechtsnovelle. 1932; The International Protection of Private Creditors from the Treaties of Westphalia to the Congress of Vienna, 1648-1815. 1971; Beitr. in dt. u. engl. Fachzs. *Qu:* Fb. EGL. Hand. – IfZ.

Neufeld, Siegbert Jizchak, Dr. phil., Rabbiner; geb. 15. Juni 1891 Berlin, gest. 23. Nov. 1971 Ramat Hen/IL; *V:* Max Meyer N., tätig in Jüd. Gde. Berlin; *M:* Paula, geb. Cohn; ∞ 1914 Grete Harris; *K:* Meyer, Esther Neurath; *StA:* deutsch, Pal./ IL. *Weg:* 1939 Pal., 1951 Deutschland (BRD).

Stud. Berlin, Freiburg, Straßburg, 1914 Prom., gleichz. 1909-14 Stud. L(H)WJ Berlin, 1914 Rabbinerexamen, 1915-20 Rabbiner in Briesen, Feldrabbiner, 1920-25 Rabbiner in Insterburg/Ostpreußen, 1925-39 SynGde. Elbing/Ostpreußen, Präs. *B'nai B'rith* Elbing. 1939 Emigr. Palästina, 1939-71 hist. Arbeiten. 1951-53 BezRabbiner für Württemberg-Hohenzollern, 1952 Mitgr. Rabbinerkonferenz in Deutschland, 1958-60 Gastdoz. für jüd. Gesch. Univ. Frankfurt/M. u. Tübingen.

W: Die halleschen Juden im Mittelalter. (Diss.) 1915; Die Juden im thüringisch-sächsischen Gebiet während des Mittelalters. Bd. I, 1917, Bd. II, 1927; Die deutschen Juden im Mittelalter. 1924; Jüdische Gelehrte in Sachsen. 1925; Die Einwirkung des „Schwarzen Todes" auf die sächsisch-thüringischen Juden. O.J.; Die Zeit der Judenschuldentilgungen und Schätzungen in Sachsen-Thüringen. O.J. Der Judenmeister Lipmann. 1928; David Gans aus Westfalen (1541-1613). In: Aus Geschichte und Leben der Juden in Westfalen. 1962; Die Anfänge der jüdischen Gemeinde Elbing. 1965; Art. über jüd. Gesch. in Z., Hand., Enzyklopädien u. Fachzs. u. a. in Deutschland, Israel, USA. *Qu:* Hand. Publ. Z. – RFJI.

Neuhaus, Ralph, Rabbiner; geb. 21. Apr. 1909 Ostrowo/Posen; jüd.; *V:* Dr. Leopold N. (geb. 1879 Rotenburg, gest. 1954 Detroit/USA), jüd., Rabbiner jüd. Gde. Frankfurt/M., 1942-45 KL Theresienstadt, 1945 F, 1946 USA, 1946-54 Rabbiner in Detroit; *M:* Cilly, geb. Carlebach (geb. 1884 Lübeck, gest. 1968 New York), jüd., Sozialhelferin, Mitgl. *Reichsvertretung,* Ltr. jüd. Frauenorg., 1942-45 KL Theresienstadt, 1945 F, 1946 USA (vgl. → Hartwig Naphtali Carlebach u. → Ephraim Carlebach); ∞ 1938 Betti Wolff (geb. 1913), jüd., Examen Jüd. Lehrerbildungsanstalt Würzburg, Lehrerin, 1939 Emigr. B, 1941 USA; *K:* Miriam Mandelbaum (geb. 1946), Lehrerin in New York; *StA:* deutsch, 1946 USA. *Weg:* 1939 B, 1940 F, E, Port., 1941 USA.

1927-31 Stud. Freiburg, München, Köln, 1931-33 Stud. Inst. für angewandte Psychologie Köln, 1933 i. A. des Reichskuratoriums für Wirtschaftlichkeit Berlin psycholog. Auswertung von Lehrlingsprüfungen, Entlassung, 1934-37 rabbin. Stud. Berlin, Hamburg, Köln, 1937 Rabbinerexamen, 1934-37 2. Dir. jüd. Kinderheim u. jüd. Lehrlingsheim Köln, 1937-38 Dir. Sonderhort jüdische Kinderhilfe im Auftr. jüd. Gde. Berlin, 1937-39 Rabbiner Gde. Beth Sholom Berlin-Halensee. Emigr. USA durch Quotensystem verzögert, März 1939 Emigr. Belgien mit Besuchervisum, Unterstützung durch Flüchtlingsorg., Mai 1940 mit Ehefrau in franz. Internierungslager gebracht. Entlassung illeg. Grenzübertritt nach Spanien u. Portugal, dort tätig für HIAS. Juni 1941 in die USA mit Einwanderervisum, Unterstützung durch *Nat. Refugee Service,* Ehefrau Transportbegleiterin; zunächst Gelegenheitsarb., 1941-43 Stud. Sozialfürsorge Columbia School of Social Work, 1943 M.Sc., ab 1942 Rabbiner Gde. Ohav Shalom New York, 1943-50 Fürsorger *Jew. Welfare Soc., Jew. Soc. Service Assn.,* Berater HIAS u. *Nat. Refugee Service,* 1968 Dipl. für Sozialarb. State Univ. New York; ab 1955 Vizepräs. *Gemiluth Chessed* New York u. Umgebung, Mitarb. *Jew. Immigrant Congress,* ab 1969 Vizepräs. jüd. Gde-Rat Washington Heights/New York. 1970 Dir. Palisades Home for Seniors in Palisades/N.Y., ab 1972 Mitgl. Community Planning Board of New York City, 1974 VorstMitgl. *Council on Aging* in Washington Heights-Inwood/N.Y., 1974 Vorst-Mitgl. Inwood Senior Center, Mitgl. des Bürgerrats von Inwood, A.F.J.C.E.. Lebte 1978 in New York.

L: Jahrbuch Leo Baeck Inst., IX, 1964. *D:* RFJI. *Qu:* Arch. Fb. Publ. Pers. - RFJI.

Neuhaus, Rudolf, Partei- u. Gewerkschaftsfunktionär; geb. 6. Juni 1881 Wien, gest. 20. Juli 1969 Perchtoldsdorf b. Wien; *V:* Gastwirt; ∞ verh.; *K:* → Walter Neuhaus; *StA:* österr. *Weg:* 1939 S, 1941 Mex.; 1949 Österr.

Kaufm. Lehre, anschl. Postangest. Ab 1898 (?) Mitgl. *Arbeiterbildungsverein Gumpendorf,* später dessen Bibliothekar u. Ltr. einer der bedeutendsten sozialist. Büchereien Österr., daneben Vortragstätigkeit. Mitgl. Sozialdemokratischer Wahlverein *Gleichheit,* zweiter Obmannstellv., Kolporteur von Parteiztgn. Mitgl. SDAP. 1902 MilDienst, ab 1905 wieder im *Arbeiterbildungsverein Gumpendorf.* Im 1. WK Soldat. 1920 Mitgr. u. Sekr. *Gewerkschaftsverband der Postangestellten Österreichs.* Bildungsarb., Vortragender an Betriebsräteschulen. 1923 (?) ltd. Sekr. *Bund der öffentlich Angestellten Österreichs,* anschl. Sekr. von Otto Neurath in *Österreichischer Verband für Siedlungs- u. Kleingartenwesen.* Obmann des Bildungsausschusses der SDAP in Wiener Bez. Ab 1924 (?) Sekr. *Zentralverein der kaufmännischen Angestellten Österreichs,* zeitw. Ltr. Bildungsref. - 1934 nach den Februarkämpfen verhaftet. Ab Herbst 1934 Buchhändler, u.a. Geschäftsf. der Buchhandlung Bukum, die als illeg. Zentrum der RSÖ diente. Mitte März 1938 Verhaftung durch Gestapo. 1939 Emigr. Schweden, Obmann eines Kulturausschusses der dt., österr. u. sudetendt. Emigr. in Stockholm. 1941 Emigr. Mexiko. Dez. 1941 Gr. u. Präs. *Acción Republicana Austriaca de Mexico* (ARAM), in der sozialist. u. kommunist. Emigr. zusammenarbeiteten (Vorst-Mitgl. u.a. → Arthur Bonyhadi, → Bruno Frei, Wolinski, Zagler). Ltr. einer Buchhandlung in Mexico City. Stand in Verb. mit den österr. Sozialisten in New York (→ Friedrich Adler) u. in London (→ Oscar Pollak). Aug. 1944 vermutl. aufgrund des Beitritts der ARAM zum *Free Austrian World Movement* Rücktritt als Präs. (Nachf. wurde der naturalisierte Mexikaner Franz Schallmoser). VorstMitgl. des sich als eigene Gruppe konstituierenden *Klubs österreichischer Sozialisten in Mexiko.* Nach Kriegsende Org. von Hilfssendungen nach Österr. 1949 Rückkehr nach Wien, Mitgl. SPÖ. Filmref. der Landesorg. Wien *Die österreichischen Kinderfreunde,* aktiv in sozialist. Bildungs- u. Kulturarbeit. - *Ausz.:* 1951 Victor-Adler-Plakette der SPÖ; Ehrenpreis der Stadt Wien für Volksbildung, Ehrenring der *Büchergilde Gutenberg.*

W: u.a. Schreib's auf, Neuhaus! Ein Vertrauensmann erzählt aus seinem Leben. 1954. *L:* Frei, Bruno, Der Papiersäbel. 1972; ISÖE. *Qu:* Arch. Erinn. Pers. Publ. Z. - IfZ.

Neuhaus, Walter; geb. 9. Apr. 1919 Wien; *V:* → Rudolf Neuhaus; *StA:* österr. *Weg:* 1939 (?) S; Österr.

Vermutl. Mitgl. KJVÖ. Ab Herbst 1935 LtgMitgl. *Antifaschistischer Mittelschülerbund* in Wien (vom KJVÖ initiierte Volksfrontorg. auf Schulebene). Apr. 1936 auf zentraler Funktionärskonf. verhaftet. Vermutl. 1939 Emigr. Schweden. 1944 Ltr. des Jugendclubs u. als dessen Vertr. VorstMitgl. *Österreichische Vereinigung in Schweden* (ÖVS) unter → Bruno Kreisky. Dez. 1944 eigenmächtiger Beitritt des Vorst. des Jugendclubs zur *Österreichischen Weltjugendbewegung* in London (Jugendorg. des *Free Austrian World Movement*), daraufhin ÖVS-Ausschluß des Jugendclubs, der als *Freie Österreichische Jugend* in Schweden die Jugendorg. der im Apr. 1945 gegr. *Freien Österreichischen Bewegung* in Schweden wurde. Nach Kriegsende Rückkehr nach Österr., Mitgl. KPÖ. Lebte 1974 in Wien.

L: Müssener, Exil; Tidl, Georg, Die sozialistischen Mittelschüler Österreichs 1918-1938. 1977. *Qu:* Arch. Publ. - IfZ.

Neumann, Adolf, Dr. phil., Verleger; geb. 1878 (1887?) Wien, gest. Jan. 1953 Stockholm; jüd.; *V:* Michael N., Textilfabrikant; ∞ I. kath., 1940 gesch.; II. 1940 Oslo, Edith Lessner, wiederverehel. Brukner, 1938 Emigr. CSR, 1939 N, 1942 S, lebte 1975 in Wien; *K:* aus I. 2; *StA:* österr., deutsch (?), 1950 S. *Weg:* 1939 N; 1942 S.

Stud. Univ. Wien, Mitgl. schlagende jüd. Studentenvereinigung, anschl. Verlagstätigkeit u. Red. der Musikzs. *Der Merker.* 1913 Übersiedlung nach Frankfurt/M., ltd. Tätigkeit im Verlag Rütten & Loening, daneben lit.-soziolog. Vorträge. Ab 1932 Mitinh. des Verlags (Gesellschafter), schied 1936 nach Zwangsverkauf aufgrund Nürnberger Rassengesetzgebung aus dem Verlag aus. 1939 durch Vermittlung von Sigrid Undset Emigr. Oslo, Vortragstätigkeit an Univ. Oslo. Lebte nach dt. Einmarsch in Norwegen im Untergrund, Okt. 1942 illeg. nach Schweden, zunächst Internierung in Südschweden, lebte später in Stockholm; Mitgl. *Österreichische Vereinigung in Schweden* unter → Bruno Kreisky, Mitarb. Norstedt's Verlag u. Importbokhandel.

L: Müssener, Exil. *Qu:* Arch. Pers. Publ. - IfZ.

Neumann, Alfred (Ali), Partei- und Staatsfunktionär; geb. 15. Dez. 1909 Berlin; *V:* Arbeiter; *StA:* deutsch. *Weg:* 1934 UdSSR; 1938 E; 1939 F; 1941 Deutschland.

Tischler; 1919 *Arbeitersportverein Fichte,* 1928 *Kampfgemeinschaft für Rote Sporteinheit* (KG), 1929 KPD, 1932-33 Landestechniker der KG. 1933 in enger ZusArb. mit → Karl Maron am Aufbau der illeg. KG beteiligt, Frühj.-Okt. 1934 PolLtr. KG Landeslg. Berlin-Brandenburg, Mithg. illeg. KG-Organ *Rotsport.* Okt. 1934 über Dänemark, Schweden u. Finnland in die UdSSR; Sportlehrer u. Trainer, u.a. am Zentralinstitut für Körperkultur Moskau. Febr. 1938 Ausweisung wegen Verweigerung der Annahme der sowj. Staatsbürgerschaft, über Frankr. im März 1938 nach Spanien zum 42. Btl. der XI. Internat. Brigade; ab Febr. 1939 Frankr., Internierung in St. Cyprien, Gurs, Le Vernet, Apr. 1941 freiw. nach Deutschland, Inhaftierung, Febr. 1942 VGH-Urteil 8 J. Zuchth., bis 1945 Brandenburg-Görden. 1945 KPD/SED, ab 1946 1. Sekr. SED-Kreislg. Berlin-Neukölln, 1950 Ref. f. Kommunalpolitik bei SED-Landeslg. Groß-Berlin, 1951-53 stellv. OBürgerm. Berlin (Ost), 1953-57 1. Sekr. SED-BezLtg. Groß-Berlin, ab 1954 MdVK, ab 1954 Mitgl. ZK der SED, 1954-58 Kand. u. ab 1958 Mitgl. PolBüro des ZK; 1957-61 ZK-Sekr. für Org., 1961-65 Min. u. Vors. Volkswirtschaftsrat der DDR, ab 1962 Mitgl. Präs. des MinRates, 1965-68 Min für Materialwirtschaft u. stellv. Vors. MinRat, ab Juni 1968 1. stellv. Vors. MinRat der DDR. Lebte 1977 in Berlin (Ost). - *Ausz.:* 1956 VVO (Gold), Hans-Beimler-Med., 1959 Banner der Arbeit, 1964 VVO (Gold), Med. für Kämpfer gegen den Faschismus 1933-1945.

L: Stern, Porträt; Hangen, Welles, DDR. Der unbequeme Nachbar. 1967; Weber/Oldenburg, SED. *Qu:* Arch. Hand. Publ. Z. - IfZ.

Neumann, Alfred M., Dr. jur., Sozialarbeiter; geb. 3. Dez. 1910 Wien; jüd.; *V:* Jacob N. (1885-1921), Kaufm.; *M:* Cecilia, geb. Bandler (geb. 1884 Österr., gest. 1941 New York), jüd., 1940 Emigr. USA über Deutschland, PL, UdSSR, J; *G:* Norbert (geb. 1912 Wien), 1938 Emigr. USA, Arzt in New York; ∞ 1941 Dr. phil. Johanna Seligmann (geb. 1908 Bingen), Stud. Bern, 1937 Emigr. USA, M.S., Fürsorgerin *Jew. Family Service* New York, Ltr. Abt. Sozialdienste in Denver/Colo., Fürsorgetherapeutin u. Eheberaterin des *Jew. Family and Children's Service* Denver/Colo.; *K:* Margaret C. (geb. 1942), M.S., Sozialhelferin in Denver; Franklin J. (geb. 1946), B.Sc., Lehrer; *StA:* österr., 1944 USA. *Weg:* 1938 USA.

1929-34 Stud. Wien, 1934-37 Untersuchungsbeamter Jugendgericht Wien, 1937 Rechtsberater im Finanzmin., 1938 Entlassung. Ltr. Emigr.Abt. jüd. Gde. Wien. Aug. 1938 Emigr. USA mit Einwanderervisum über Schweden, Darlehen vom *Nat. Refugee Service,* Angest. in Möbelgeschäft, 1940-42 M. Sc. New York School of Soc. Work der Columbia Univ. Außendienst für *Community Service Soc.* New York u. Stud. New York State Training School, 1942-43 Fürsorger der *Jew. Social Service Assn.* New York, 1944-45 Personalchef *Youth Bureau* u. VorstMitgl. *Tremont Service Bureau* in Cleveland/O., 1943-45 Mitgl. wiss. Außendienst Graduate School of Soc. Work der Western Univ. Cleveland. 1945-48 Inspekteur in der Familien-Fürsorge u. VerwAngest. des *Jew. Family and Children's Service* Minneapolis. 1946 Stud. School of Soc. Work der Univ. of Pennsylvania, 1947 School of Soc. Work der Univ. of Minnesota. Ab 1948 Ltr. *Jew. Family and Children's Service* Denver, 1949 Doz. für Soziologie u. Sozialarb. Univ. Denver u. 1968 Univ. Colorado, 1960 Mitgl. des Gouverneurskomitees für Flüchtlingsumsiedlung, Sonderberater beim Eingliederungsprogramm von *United HIAS Service,* 1960 Vors. Gesundheits- u. Wohlfahrtskomitee Colorado der Kinderfürsorgekonf. des Weißen Hauses, 1960 Einladung nach Deutschland (BRD) zum Stud. von Jugendproblemen, 1964 Vizepräs. Abt. Familien- u. Kinderfürsorge des Wohlfahrtsamts Bez. Denver, 1966 ltd. Berater der Programme *Head Start* u. *Follow Through* des Office of Econ. Opportunity, Sonderberater Community Service-Committee der AFL-CIO, 1970 VorstMitgl. *Nat. Assn. of Jew. Family and Children's Services,* 1970 Vors. Programm-Ausschuß des *Nat. Council of Jew. Communal Services,* 1971 Vors. Werbeabt. des *Mile High United Way* Denver, 1972 VorstMitgl. Südweststaaten-Konf. der *Family Service Assn. of Am.,* 1975 Mitgl. *Seniors* Inc., Deleg. der Sozialämter von Denver auf nat. Kongressen, Mitgr. *Nat. Assn. of Social Workers,* Gr. *Gerontologische Gesellschaft,* Mitgl. Akad. der amtl. zugelassenen Sozialhelfer, Akad. der klin. Soziologen, *Nat. Rehabilitation Assn.,* Nationale Gesellschaft für Sozialarbeit. Freimaurer. Lebte 1977 in Denver/Colorado.

W: The Casework Process in Parent-Child Difficulties. In: Jewish Social Service Quarterly. 1947; Licensing in Social Work. In: Proceedings - Colorado State Conference of Social Welfare 1958; Social Services for the Older Person. In: Proceedings of Colorado State Conference on Social Service. 1960; The Future of the American Family. 1962. *Qu:* Fb. Hand. - RFJI.

Neumann, Elieser (Fritz), Richter; geb. 16. Aug. 1917 Wien; *V:* Dr. jur. Hans N. (geb. 1885 Wien), Bankier, 1939-40 Internierung im Lager Patronka bei Preßburg, 1940 Emigr. Pal., 1940-41 Internierung in Atlit, 1942-48 Lohnbuchhalter in brit. Armeelager bei Netanyah/Pal.; *M:* Etelka, geb. Brach (geb. 1895 Wien), 1940 Emigr. Pal. mit Ehemann; *G:* Elisabeth Wildon (geb. 1921 Wien), 1940 Emigr. Pal. mit Eltern; ∞ 1948 Hedva Klein (geb. 1927 Budapest), Lehrerin; *K:* Immanuel (geb. 1949); Giora (geb. 1951); Gilead (geb. 1956); Eilon (geb. 1956); *StA:* österr., Pal./IL. *Weg:* 1938 Pal.

1936-38 Stud. Wien, 1938 kurzfrist. in Haft. Okt. 1938 Emigr. Palästina mit B III-Zertifikat, 1939-42 Tischler u. Diamantenpolierer, 1942-48 Mitgl. *Haganah* (Ausz.) u. Hilfspolizei. 1945 Buchhalter im Dept. für öffentl. Arbeiten der brit. Mandatsverw., 1946-48 Stud. Rechtswiss. Jerusalem, 1948 Dipl., 1948 Mitgl. *Zahal,* MilDienst, 1948-50 Sekr. u. 1950-53 Sekr. des Präs. am Obersten Gerichtshof Jerusalem, 1953-70 Richter am BezGericht u. ab 1970 Richter am Landesgericht in Haifa. 1956-65 Hptm. d.R. beim MilGericht der IDF. Lebte 1977 in Haifa.

Qu: Fb. - RFJI.

Neumann, Franz, geb. 3. Apr. 1920 Österr.; *StA:* österr.; IL. *Weg:* 1938 B; 1940 F; 1945 Pal.

Sept. 1938 Emigr. Antwerpen aufgrund rass. Verfolgung. Mitarb. *Joodsche Gazette,* Hg. der dt.-sprachigen Exilzs. *Unser Weg.* Mai 1940 nach Frankr. dep., bis Aug. 1944 Internierung in 8 Lagern, u.a. St. Cyprien, Gurs u. Les Milles. Zeitw. in Gestapohaft, Flucht. 1944 vermutl. nach Lyon. Mitarb. *La Voix Sioniste.* 1945 nach Palästina, zunächst Arbeit als Handwerker, anschl. in Fremdenverkehrswesen. 1966 aus berufl. Gründen nach Deutschland (BRD). Lebte 1970 als Vertr. der Reiseges. Peltours in Frankfurt/Main.

Qu: Fb. - IfZ.

Neumann, Fritz-Simon, Dr. jur., Rechtsanwalt, Bankier; geb. 8. Sept. 1891 Berlin, gest. 4. März 1965; jüd.; *V:* Isidor N. (geb. Tuchel/Westpreußen, gest. 1916 Berlin), jüd., *M:* Elise, geb. Marcus (geb. 1865 Bernau, gest. 1901 Berlin), jüd.; *G:* Erna (geb. 1888 Berlin, gest. 1919 Berlin); Meta Mathilde Prager-Bernstein (geb. 1895 Berlin, gest. 1955 Haifa); Halbschwester Ilse Ruth Treu (geb. 1908 Berlin, gest. 1935 Haifa); ∞ Erna Kirchberger (geb. 1899, gest. 1966 Herzliyyah/IL), Kindergärtnerin, 1936 Emigr. Pal.; *K:* Yehoyakim (Joachim) Noy (geb. 1926), 1936 Emigr. Pal., Stud. Technion, Architekt; Thomas Rafael (1929-32); Chava (Eva) Bohak (geb. 1933), 1936 Emigr. Pal., Sekr.; *StA:* deutsch, Pal./IL. *Weg:* 1936 Pal.

Stud. Lausanne u. Berlin, 1913 Prom. Erlangen, Referendar, Kriegsteiln. 1. WK (Lt., EK I u. II, Verwundetenabzeichen). 1920-36 RA in Berlin, Rechtsberater für Industrie u. Banken, VorstMitgl. bei versch. Banken, AR-Mitgl. Michael-Konzern, 1935-36 Geschäftsf. Süddeutsche Bodenkreditbank München (jüd. Kreditanstalt). 1911 Mitgl. zion. Org., Mitgl. u. Mitgr. *Hasmonäa,* Mitgl. K.J.V.; 1936 Emigr. Palästina mit A I-Zertifikat, 1937-39 Geschäftsf. *Haavarah*-Büro in Tel Aviv; 1939-41 arbeitslos, dann Geschäftsf. u. Konkursbearb. für Pardess Citrus Co.; 1940 RA-Zulassung, 1941-44 Vors. Kreditausschuß der Konkursabt. Pardess Ltd., 1944-63 Geschäftsf. Israel Central Trade and Investment Co. Ltd. Tel Aviv, AR-Mitgl. versch. Firmen. Mitgl. *B'nai B'rith,* ab 1965 AR-Vors. Kupat Milveh HaOleh Ltd. (Einwandererkredite), Mitgl. Israel Land Development Co., Mitgl. *Progressive Party* u. Sekr. Ortsgruppe Tel Aviv, Mitgl. I.O.M.E. Verf. populärer Lit. über Zion., befürwortete Lösung des jüd.-arab. Konflikts durch Neuansiedlung der Palästinenser mit isr. Hilfe.

W: u.a. Der privatrechtliche Schutz gegen Veröffentlichung von Privatbriefen. (Diss.) 1913; Die Sunemitin (Roman-Ms.); *Qu:* Hand. Pers. Z. - RFJI.

Neumann, Gerhard, Parteifunktionär; geb. 15. Nov. 1895 Görlitz/Sa., hinger. 20. Aug. 1943; ∞ Ehefrau 1934-35 in Haft, gest. Aug. 1936 an Folgen von Mißhandlungen; *K:* Ursula (geb. 1925), Ausbürg. m. Vater; *StA:* deutsch, 20. Apr. 1938 Ausbürg.; *Weg:* 1936 CSR; 1939 B; 1940 F; Deutschland.

Dreher, später Kaufm. in Zittau; langj. SPD-Funktionär u. StadtVO. Görlitz, 1934-Juli 1936 mit Ehefrau in Gestapohaft, Herbst 1936 Emigr. Prag, lieferte Informationen für *Neuen Vorwärts* über natsoz. Greuel, Unterstützung durch Sozialdemokratische Flüchtlingshilfe u. *Sopade,* dann als *Sopade*-Stützpunktltr. in Ober-Polaun in der Grenzarb. tätig. Anfang 1939 mit Hilfe der *Sopade* nach Brüssel, Ltr. ADG-Landesverb. Belgien (→ Fritz Tarnow). Nach Kriegsbeginn Internierung in St. Cyprien/Südfrankr., Auslieferung an Gestapo, Todesurteil.

L: Der VGH spricht frei... In: Neuer Vorwärts, 11.10.1936; Kraushaar, Deutsche Widerstandskämpfer. *Qu:* Arch. Publ. - IfZ.

Neumann, Gustav, Gewerkschaftsfunktionär; geb. Juli 1887 Friedrichswald b. Gablonz/Böhmen, gest. 2. März 1946 Liverpool; ∞ verh., Ehefrau Emigr. GB; *K:* 1 T, Emigr. GB; *StA:* österr., 1919 CSR. *Weg:* 1938 GB.

Glasarb., vor dem 1. WK Mitgl. *Verband jugendlicher Arbeiter Österreichs* u. Gew., im 1. WK Uffz., danach hauptamtl. GewFunktionär. Zentralred. des GlasarbVerb. in Tannwald, später VerbObmann, nach Vereinigung der Glas- u. KeramikarbVerbände GenSekr. *Verband der Glas- und Keramikarbeiter in der CSR* u. Mitgl. Zentralgewerkschaftskommission des *Deutschen Gewerkschaftsbundes in der CSR;* 1919 DSAP, Sommer 1920 Besuch der ersten Reichsparteischule in Teplitz. Okt. 1938 nach GB, als TG-Mitgl. u. Vertr. des GewFlügels in der Partei krit. Haltung gegenüber der Politik → Wenzel Jakschs, plädierte auf der ersten Sitzung des TG-Vorst. am 23./24. Mai 1939 für Fortsetzung der engen ZusArb. mit Exilvertr. der tschechoslow. Gew.; Mitgl. der sudetendt. GewDeleg. zu Exilpräs. Edvard Beneš am 3. Okt. 1939, war für Kooperation mit tschechoslow. pol. Exil. Beteiligt an Bildung der von → Josef Zinner geleiteten *Landesgruppe England der deutschen Freigewerkschaftlichen Arbeiter- und Angestelltenorganisationen in der Tschechoslowakischen Republik,* Vertr. der Glas- u. Keramikarb. in deren Ausschuß; nach Bildung der gesamttschechoslow. gewerkschaftl. Exilrepräsentanz *Czechoslovak Trade Union Centre in Great Britain* 1941 Abkehr von der Gew-Pol., ab Aug. 1943 Nachf. von → Rudolf Hantusch als TG-Vertr. im Ausschuß des *Centre,* 1944 Ausschluß wegen Mitgliedschaft in *Democratic Sudeten Committee* (W. Jaksch). 1941-43 Aufbau eines kleinen Glasbetriebs in Liverpool. Anfang 1945 Mitgr., dann stellv. Vors. *Vereinigung Sudetendeutscher Freigewerkschafter im Auslande (Committee of Sudeten-German Trade Unionists in Great Britain).* - Genannt Neumanngustl.

L: Jaksch, Wenzel, Europas Weg nach Potsdam. 1958; Weg, Leistung, Schicksal; Bachstein, Jaksch. *Qu:* Arch. Publ. - IfZ.

Neumann, Hans, Dipl.-Ing., Verbandsfunktionär, Unternehmensleiter; geb. 19. Okt. 1910 Graz; jüd.; *V:* Hugo N. (geb. 1887 Graz, umgek. im Holokaust), Stud. Graz, Inh. einer Schamottefabrik in Komotau/Böhmen, Mitgl. *B'nai B'rith* u. *Makkabi,* 1938 nach Prag, 1943 KL Theresienstadt, später Dep. nach PL; *M:* Irene, geb. Raubitschek (geb. 1888 Jägerndorf, gest. 1932 Komotau), Stud. Kunst Dresden, Präs. der WIZO in Komotau; *G:* Hilde Geiringer (geb. 1912 Graz), höhere Schule in Komotau, 1938 nach Prag, 1939 Emigr. GB, Hausangest.; ∞ 1947 Eva Polak (geb. 1912 Elberfeld), 1921 nach Mex., Stud. Kunsthochschule in Edinburgh, Kunstmalerin; *StA:* österr., Mex. *Weg:* 1939 I, CH, 1941 DOM, 1947 Mex.

Mitgl. *Blau-Weiß* u. *Makkabi* Komotau, 1927-31 Stud. Chemie Prag, 1931 Dipl.-Ing., 1932 Dipl. für Keramikherstellung. Mitgl. zion. StudOrg. Prag, 1933-35 (?) Chemotechniker in Komotau u. in der Slowakei, später tech. Dir. Schamottewerke Hugo Neumann. Aug. 1938 Übersiedlung nach Prag, bis März 1939 tätig für HICEM u. in Untergrundorg. für Flüchtlinge aus der ČSR. Apr. 1939 Emigr. Mailand, tätig für das *Comitato Assistenze Per Gli Ebrei* zur Unterstützung jüd. Emigr., Aug. 1939 i. A. des Komitees in die Schweiz, zeitw. Haft, Aufenthaltsgenehmigung durch Vermittlung des *Comité internationale pour les Réfugiés intéllectuels* in Genf, finanzielle Unterstützung durch *Schweiz.-Isr. Flüchtlingshilfe* u. *Verband der Schweizer Jüdischen Armenpflege* Zürich, Internierung in Lager Girenbad u. Davesco. 1941 in die Dominikan. Republik über Südfrankr., Spanien, Portugal u. die USA, Unterstützung durch die *Dominican Republic Settlement Assn.,* 1942 Ausbilder im Ziegeleiwesen, Landarb.; 1943 i. A. des Präs. der Dominikan. Republik Pläne für eine Keramikfabrik in Sto. Domingo, 1944-47 Chemotechniker in staatl. Laboratorium, 1947 in techn. Abt. einer Zementfabrik. 1947 nach Mexiko, 1947-64 Vizepräs. u. Finanzdir. Gen. Supply Co. S.A., zugl. AR-Mitgl. u. 1956-58 Finanzdir. Asociación Mexicano de distribuidores de Maquinaria, ab 1964 Geschäftsf. Gimbel Mexicana S.A. Ab 1969 VorstMitgl. u. ab 1974 Präs. Org. dt.-sprach. Juden *Hatikva Menorah,* ab 1970 VorstMitgl. *Comité Central Israelita de Mexico,* 1971 u. 1976 mexikan. Deleg. auf der Weltkonf. jüd. Gden. über Probleme sowjet. Juden, Mitgl. u. 1952 stellv. Sekr. *B'nai B'rith* Mexiko. Lebte 1978 in San Angel Inn/Mexiko.

Qu: Fb. Pers. - RFJI.

Neumann, Heinz, Parteifunktionär; geb. 6. Juli 1902 Berlin, gest. nach 1937 UdSSR; Diss.; *V:* Leonhard N., Getreidehändler, Publizist; ∞ I. Luise Rothschild (geb. 1906), Ausbürg. mit Ehemann; II. → Margarete Buber-Neumann; *StA:* deutsch, 25. Aug. 1933 Ausbürg. *Weg:* 1933 CH; 1935 UdSSR.

Aus gutbürgerl. jüd. Elternhaus; 1920-22 (Abbruch) Stud. der Phil., Philologie u. NatÖkonomie Berlin. Ab 1919/20 Mitgl. der KPD, gefördert von → Ernst Reuter u. → August Thalheimer; Mitarb. der KPD-Presse, ab 1922 hauptamtl. Funktionär u. Red. *Die Rote Fahne;* Exponent der Anfang der 20er Jahre gemäß ihrer „Offensiv-Theorie" insurrektionistischen Pol. der KPD, u.a. Org. bewaffneter Aufstandsversuche an der Ruhr u. in Hamburg (Okt. 1923), 1922 wegen illeg. Tätigkeit 1/2 J. im Gef.; im gleichen Jahr Mitgl. der von Thalheimer geführten Delegation zur ersten Sitzung des erweiterten EKKI-Plenums in Moskau, aufgrund seiner guten russ. Sprachkenntnisse frühe Kontakte zu dem neuen Generalsekr. der KPdSU, Stalin; i.A. des EKKI vorüberg. in Luxemburg; 1922/23 Anschluß an linke Parteiopposition um → Ruth Fischer u. → Arkadij Maslow, Deleg. zum 8. PT; danach mit Arthur Ewert, → Gerhart Eisler u. Hans Walter Pfeiffer Distanz zur radikalen Parteilinken u. später Mitgl. sog. Mittelgruppe, Anfang 1924 PolLtr. Bez. Mecklenburg u. Auslandsred. *Die Rote Fahne;* wegen illeg. Tätigkeit während des KPD-Verbots polizeilich verfolgt, Flucht nach Wien, dort inhaftiert u. abgeschoben; daraufhin nach Moskau. Nach Bildung der Fischer-Maslow-Führung pol. im Hintergrund; 1924 Mitgl. der KPD-Deleg. zum 5. *Komintern*-Kongreß, im gleichen Jahr Red. *Die Kommunistische Internationale;* 1925-28 als Nachf. von Iwan Katz Vertreter der KPD bei der *Komintern,* Teiln. 6. *Komintern*-Kongreß sowie 10. EKKI-Plenum (1929), einer der Wegbereiter der Stalinschen Politik einer Bolschewisierung der KPD gegen die linke Fischer-Maslow-Führung; auf dem 11. PT 1927 Kand. des ZK; Ende 1927 nach dem Scheitern der sowj. China-Politik von Stalin mit dem KPdSU-Funktionär Besso Lominadse nach China entsandt, um mit der Org. des am 11. Dez. 1927 ausbrechenden Kantoner Aufstands die pol. Entwicklung zu korrigieren; nach Scheitern des Aufstands ab 1928 wieder in Deutschland, in der Wittorf-Affäre Unterstützung Thälmanns u. nach Intervention Stalins zugunsten des Parteiführers mit → Hermann Remmele u. neben Thälmann an der Spitze der Partei, galt als deren führender Kopf. 1929 ZK-Mitgl., auf 12. PT 1929 Kand. des PolBüros u. Mitgl. des ZK-Sekretariats, im gleichen Jahr Chefred. *Die Rote Fahne;* 1930-32 MdR; Apr. 1931 Kand. des EKKI-Präsidiums, Wortführer des von der *Komintern* geforderten ultralinken Parteikurses, im Pol-Büro Sprachrohr u. Vertrauter Stalins; in seiner militanten aktionistischen Taktik mit der von ihm geprägten Parole „Schlagt die Faschisten, wo ihr sie trefft" Prototyp des intellektuellen Berufsrevolutionärs. Fraktionskämpfe gegen Thälmann in der Frage einer Verschärfung der ultralinken Taktik sowie persönl. Machtstreben führten Mai 1932 zum Ausschluß N.s aus dem ZK-Sekretariat u. Aug. 1932 aus dem PolBüro (zus. mit → Leo Flieg). Herbst 1933-Nov. 1933 als EKKI-Instrukteur in Spanien, Deckn. Octavio (Octavio Perez ?); nach Abberufung Emigr. in die Schweiz. Ein inzwischen der KPD-Führung bekanntgewordener Brief v. März 1933 an Hermann Remmele mit der Aufforderung, den Fraktionskampf fortzuführen, beendete seine pol. Karriere trotz der mit Selbstkritik verbundenen Bemühungen um Wiedereingliederung in die Parteiarbeit. Dez. 1934 von der Schweizer Fremdenpolizei verhaftet, im Zuchthaus Regensdorf in Auslieferungshaft, Mai 1935 Ausweisung in die UdSSR u. Juni 1935 Verbringung an Bord eines sowj. Frachters in Le Havre. In Moskau ab Okt. 1935 Übersetzer in der Verlagsgenossenschaft ausländischer Arbeiter in der UdSSR. N. lebte bis zu seiner Verhaftungam 27. Apr. 1937 mit seiner Frau im *Komintern*-Hotel Lux; seither verschollen. Weitere Deckn. Bieler, Costa, Paul Dietrich, Erwin, Giovanni, Otto Jäger, Otto.

W: Was ist Bolschewisierung? 1925; Maslows Offensive gegen den Leninismus. 1925; Der ultralinke Menschewismus.

1926. *L:* Valtin, Jan, Out of the Night. 1941; Malraux, André, La condition humaine. Paris 1946; Weber, Wandlung; GdA-Biogr.; Buber-Neumann, Margarethe, Von Potsdam nach Moskau. 1957; dies., Als Gefangene bei Stalin und Hitler. 1958; Zimmermann, Leninbund. *Qu:* Arch. Hand. Publ. - IfZ.

Neumann, Hilde, geb. Rosenfeld, Dr. jur., Rechtsanwältin; geb. 13. Mai 1905, gest. 1959 Deutschland (DDR); *V:* → Kurt Rosenfeld; ∞ → Rudolf Neumann; *StA:* deutsch. *Weg:* 1933 F; 1941 Mex.; 1947 Deutschland (SBZ).
1933 Emigr. nach Frankr.; 1936 KPD. Nach Kriegsausbruch Internierung im Lager Rieucros. Frühj. 1941 über die USA nach Mexiko; Mitgl. BFD, ab Juni 1944 VorstMitgl. *Heinrich-Heine-Klub,* Mitarb. *Demokratische Post.* Frühj. 1947 Rückkehr nach Deutschland.
L: Kießling, Alemania Libre. *Qu:* Hand. Publ. - IfZ.

Neumann, Hugo, Dr. jur., Rechtsanwalt, Publizist; geb. 8. Mai 1882 Berent/Ostpr. *Weg:* 1938 F.
Stud. Rechtswiss. Berlin, Heidelberg u. Königsberg. Richter, RA u. Notar in Danzig, Parlamentar. Senator der *Deutschliberalen Partei,* Sept. 1926 Mitgl. Danziger Deleg. beim Völkerbund Genf zu Verhandlungen über Finanzreform und Völkerbundanleihe. 1938 Emigr. Frankr., publizist. Tätigkeit.
W: u.a. Die rechtliche Stellung der Ärzte. 1904; Der deutsche Angriff auf Polen. 1948. *Qu:* Hand. Publ. - IfZ.

Neumann, Marie, Parteifunktionärin; *StA:* österr., 1919 CSR, österr. *Weg:* 1938 (?) GB; nach 1945 Österr.
Angest. *Union der Textilarbeiter in der ČSR,* Mitgl. DSAP u. DSAP-Reichsfrauenkomitee. Vermutl. 1938 Emigr. nach GB, Mitgl. TG, Mitunterz. GrdgAufruf der *DSAP-Auslandsgruppe* v. 18. Okt. 1940. Lebte nach Kriegsende in Klagenfurt.
Qu: Arch. Pers. - IfZ.

Neumann, Richard (d.i. Sturm, Fritz), Journalist; Parteifunktionär; geb. 1894 Wien; *V:* Kaufm.; ∞ Margarete (gest.), aktiv in trotzkist. Bewegung, Emigr. CH, 1938 S; *Weg:* CH; 1938 S; 1947 Österr.
Nach Abitur MilDienst, Soldat im 1. WK; Mitgl. SDAP, 1918 Mitgl. *Soldatenrat* in Wien. 1919 in die CSR, Mitgl. KSČ, Kreissekr. in Karlsbad u. BezSekr. Joachimsthal/Nordböhmen, 1921 auf 3. Weltkongreß der *Komintern* KSČ-Jugendeleg., Mitgl. der Statutenkommission der *Komintern.* 1922 (?) nach Berlin, Red. *Inprekorr.* Dez. 1923 nach KPD-Verbot Verlegung der *Inprekorr*-Red. nach Wien, bis Sept. 1924 verantwortl. Chefred. Anschl. wieder Berlin. Mitgl. *Leninbund,* 1928 neben → Anton Grylewicz führender Vertr. der trotzkist. Minderheit innerhalb des *Leninbunds,* die Febr. 1930 ausgeschlossen wurde, anschl. Mitgl. *Vereinigte Linke Opposition in der KPD/Bolschewiki-Leninisten* (→ Kurt Landau), März 1930 auf GrdgKonf. Wahl in die Reichsltg. Schloß sich 1931 bei Spaltung der *Vereinigten Linken Opposition in der KPD/Bolschewiki-Leninisten* vermutl. der Gruppe um K. Landau an. Nach natsoz. Machtergreifung Emigr. Schweiz, 1938 Schweden, arbeitete im Rahmen sozdem. Bildungsorganisationen, u.a. *Arbetarnas bildningsförbund* u. Volkshochschulen in Stockholm. 1947 Rückkehr nach Österr., Mitgl. SPÖ, Chefred. des sozialist. *Linzer Tagblatts.* Gehörte zum linkssozialist. Flügel um → Erwin Scharf, mußte 1949 wegen pol. Differenzen mit Parteiltg. der SPÖ Chefred. des *Linzer Tagblatts* aufgeben, Übersiedlung nach Wien, Anschluß an *Sozialistische Arbeiterpartei Österreichs* (SAPÖ), Mitarb. *Neuer Vorwärts.* Trennte sich noch vor Vereinigung von SAPÖ mit KPÖ von der SAPÖ. Anschl. Theater- u. Wirtschaftskorr. österr. u. ausländ. sozdem. Ztg. u. Zs., u.a. *Arbeiter-Zeitung* u. *Die Zukunft.* Lebte 1978 in Wien.
L: Müssener, Exil; Mayenburg, Ruth v., Hotel Lux. 1978; Alles, Trotzkisten. *Qu:* Arch. Pers. Publ. - IfZ.

Neumann, Robert Gerhard, Hochschullehrer; Journalist, Diplomat; geb. 2. Jan. 1916 Wien; kath; *V:* Hugo N. (geb. 1880 Ivanovice/Mähren, gest. 1966 Los Angeles/Calif.), höhere Schule, Bankangest. Mitgl. SDAP, Bankangest.-Gewerkschaft, 1939 Emigr. GB, 1941 USA; *M:* Stefanie, geb. Taussky (geb. 1880 Wien, gest. 1964 Los Angeles), ev., Mitgl. SDAP, 1939 Emigr. GB, 1941 USA; ∞ 1941 Marlen Eldredge (geb. 1915 Miraj/IND), anglikan., in den 30er Jahren Mitarb. YWCA in IND, 1941 M.A. Yale Univ. in den 40er Jahren Doz. an versch. Univ., dann Nachrichten- u. Verbindungsbeamtin im US-Außenmin. Washington/D.C.; *K:* Ronald Eldredge (geb. 1944), M.A., Tätigkeit im US-Außenmin.; Marcia Woodsmall N. (geb. u. gest. 1949); Gregory Woodsmall N. (geb. 1952), B.A., Photolaborant; *StA:* österr., 1943 USA. *Weg:* 1939 USA.
1934-38 Stud. Rechtswiss. Wien, Sommer 1936 franz. Sprachdiplom Univ. Rennes, Sommer 1937 Stud. School of Internat. Studies Genf, 1938 Dipl. Konsularakad. Wien. Mitgl. illeg. sozialist. Studentengruppen, 1938 nach Anschluß Österr. Verhaftung, bis 1939 KL Dachau u. Buchenwald. März 1939 Emigr. USA, Unterstützung durch *Studentenhilfe* Genf u. Amherst Coll., Laufbursche u. Tellerwäscher, Vortragstätigkeit in Neu-England u. Mittelwesten, 1940 M.A. Amherst Coll., 1940-41 Shevlin-Stipendium Univ. Minnesota, 1941-42 Doz. Wisc. State Teachers Coll.; 1942-46 mit US-Armee in Europa (Oberlt.). 1946 Ph.D., 1946-47 Lehrtätigkeit Univ. Wisc. Ab 1946 Mitgl. Town Hall (1956-62 Vors. Abt. für internat. Beziehungen). Ab 1947 Doz., 1956-66 Prof. Univ. Calif. in Los Angeles, 1959-66 Dir. Inst. of Internat. and Foreign Studies, 1965-66 Ltr. Abt. für atlant. u. westeurop. Studien der Univ. Calif. in Los Angeles. 1950-51 Stipendiat der Haynes-Stiftung u. des *Social Science Research Council,* GastProf. in Wien u. München. 1950-55 RedMitgl. *Year* Los Angeles, 1952-59 RedMitgl. *Los Angeles Times.* 1954-55 Fulbright-Stipendiat, Vorlesungen Univ. Bordeaux, Straßburg u.a., 1957 Dir. Am. Seminar für Pol.-, Wirtschafts- u. Sozialwiss. Nizza/Frankr.; 1954-60 Mitgl. Zentralausschuß der *Republican Party*/Calif.; 1962 Berater bei der NATO-Min.-Konf. in Paris, 1962-66 beim US-Verteidigungsmin., 1963-66 beim pol. Planungsausschuß des US-Außenmin., 1964-66 bei der Ford-Foundation u. Rand Corp.; 1962 Mitgr. *Atlantic Council of USA.* 1966-73 US-Botschafter in Afghanistan (1972 Hilfsaktion bei Hungersnot), 1973-76 Botschafter in Marokko. Ab 1976 Mitarb. Center for Strategic and Internat. Studies der Georgetown Univ. Washington/D.C., ab 1977 Dir. Inst. for Study of Diplomacy Georgetown Univ., DirMitgl. *Revista di Diritto Europeo,* Mitgl. *Internat. Pol. Science Assn., Am. Pol. Science Assn., Am. Soc. of Internat. Law, Internat. Law Assn., Inst. for Strategic Studies London, Am. Foreign Service Assn.* Lebte 1977 in Washington/D.C. - *Ausz.:* 1955 Ehrung durch Univ. Brüssel, 1957 Ritterkreuz der französ. Ehrenlegion, 1964 BVK 1. Kl., 1973 Sternorden 1. Klasse Afghanistan, 1974 Gr. BVK, 1976 Großoffizier, Orden u. Stern von Ouissam Alaoui Marokko.
W: European and Comparative Government. 1951 (4. Aufl.: European Government. 1968); The Government of the German Federal Republic. 1966; Organization of a Diplomatic Mission. 1976; Towards a More Effective Executive-Legislative Relationship in the Conduct of America's Foreign Affairs. 1977; Beiträge in: Constitutions and Constitutional Development since World War II, American Government Annual, Collier's Encyclopedia, Yearbook of World Affairs; Art. in internat. Fachzs. *D:* Univ. California Los Angeles (unveröffentl. Schriften, Teildepositum). *Qu:* Fb. Hand. - RFJI.

Neumann, Rudolf, Dr. med., Arzt; geb. 1899, gest. 1962; ∞ Hilde Rosenfeld (s.→ Hilde Neumann); *StA:* deutsch. *Weg:* 1933 CH; F; 1936 (?) E, F; 1941 Mex.; 1947 Deutschland (SBZ).
Kinderarzt in Berlin, 1927 KPD. 1933 Emigr. Schweiz, später nach Frankr.; 1936 Ltr. Sanitätsdienst der Internat. Brigaden, aus gesundheitl. Gründen Rückkehr nach Frankr., Internierung. Frühj. 1941 über USA nach Mexiko, ab März 1942 Vorträge über NatSoz. an der Universidad Obrera Mexico City;

Mitgl. *Heinrich-Heine-Klub*. Ab 1943 Mitgl. Ausschuß der BFD. Frühj. 1947 Rückkehr. Tätigkeit im DDR-Gesundheitswesen, 1956 Oberarzt in Berlin (Ost), dann Cheflektor Verlag *Volk und Gesundheit*. - *Ausz.:* u.a. 1956 Hans-Beimler-Med.
L: Pasaremos; Diagnosen (Erinn.). 1974; Kießling, Alemania Libre. *Qu:* Publ. - IfZ.

Neumann, Siggi (Siegmund), Parteifunktionär; geb. 14. Febr. 1907 Tarnow/Galizien, gest. 27. Nov. 1960 Frankfurt/M.; *V:* Versicherungsagent; *StA:* deutsch. *Weg:* 1933 F, 1937 E, 1938 S, 1946 Deutschland (BBZ).
Arbeiter-Abiturient an der Karl-Marx-Schule Berlin, Stud. Deutsche Hochschule für Politik u. Univ. Berlin, Lehre als Verlagsbuchhändler, dann kaufm. Angest.; 1926 KPD u. Gew., Anhänger der sog. Versöhnler-Gruppe, ab 1929 Oppos. gegen RGO-Politik. 1933 Emigr. Paris, 1934 Parteiausschluß als „Bucharinist", Mitgl. KPDO. 1937 Freiw. im Span. Bürgerkrieg, verwundet. 1938 nach Stockholm, Mitarb. *Landesgruppe deutscher Gewerkschafter in Schweden,* dort mit → Fritz Rück Vertr. der linken Oppos. gegen das von SPD u. KPD getragene Konzept einer künftigen Einheitsgew. ohne marxist.-revol. Festlegung. Journ. Tätigkeit. Apr. 1946 Rückkehr, unter dem Eindruck der kommunist. Deutschlandpol. Eintritt in SPD, 1947 kurzfristig Ltr. Ostbüro beim PV der SPD, das sich um konspirative Fortführung der Parteiarb. in der SBZ bemühte. 1947-54 Betriebsgruppenref. beim PV, dann beim Hauptvorst. der *IG Metall* in Frankfurt/M. mit der Abfassung einer Geschichte der MetallarbBewegung betraut.
W: Kolossen på stålfötter. Den ryska industrimaktens utveckling och problem (Koloß auf stählernen Füßen. Entwicklung und Problem der sowjetrussischen Industriemacht) (mit Fritz Rück). Stockholm (Kooperativa Förbundet) 1946. *L:* Müssener, Exil. *Qu:* Arch. Publ. Hand. Z. - IfZ.

Neumann, Yaacov Bernard, Dr. med., Arzt, geb. 9. Juli 1902 Berlin; *V:* Max N.; *M:* Charlotte, geb. Fränkel; ∞ 1941 Elisabeth Schnittkind; *K:* David. *Weg:* 1933 Pal.
1920-24 Stud. Med. Berlin, Wien u. Freiburg, 1924-25 Stud. Berlin, Prom., 1927-33 Chirurg Städt. Krankenhaus Berlin. 1933 Emigr. Palästina, 1933-48 Privatpraxis als Chirurg in Tel Aviv, gleichz. 1939-48 Mitgl. Zweigstelle Tel Aviv des *Jüdischen Ärzteverbands;* 1948 Dir. Staatl. Krankenhaus Haifa, 1948-56 Vorsteher der Ärzteschaft im isr. Gesundheitsmin., 1956-68 Dir. med. Abt. des Staatlichen Versicherungsinst. Jerusalem, 1956-67 Doz. Pharmazeutisches Inst. der Hebr. Univ. Jerusalem, gleichz. med. Berater am Yaarot haKarmel Sanatorium, 1959-71 Vors. staatl. med. Ausschuß für Wiedergutmachungsansprüche an Deutschland (BRD). 1971-74 med. Dir. Zweigstelle Jerusalem des *Maccabi*-Krankenfonds. Redaktioneller Berater der med. Zs. *Harefua,* Mitgl. staatl. Rehabilitierungs- u. Gesundheitsamt, ständiger Ausschuß der *Internat. Assn. on Occupational Health,* Mitgl. med. Berufungsausschuß des Verteidigungsmin. u. des staatl. Versicherungsinst. Lebte 1974 (?) in Jerusalem.
W: Medical Education. 1953; Employment Injuries, Insurance and Rehabilitation. 1963; Occupational Health, Workmen's Compensation and Rehabilitation. 1965; Art. über Chirurgie u. öffentl. Hygiene in Fachzs. *Qu:* Hand. - RFJI.

Neumark, Zvi (Theo), Kibbuzfunktionär; geb. 11. Aug. 1913 Posen; jüd.; *V:* Moritz N. (gest. 1933 Deutschland), jüd., Zion.; *M:* Ella, geb. Landshut, jüd., Zion., 1938 Emigr. Pal.; *G:* Rose Moller (geb. 1914 Posen), 1934 Emigr. Pal., Ltr. eines Kindergartens; ∞ 1940 Devora Scheiner (geb. 1920 Mannheim); *K:* Chavi (geb. 1959); *StA:* deutsch, Pal./IL. *Weg:* 1933 Pal.
1933 Stud. Adass-Jisroel-Schule in Berlin, Mitgl. zion. Jugendbünde *Brith Hanoar* u. *Esra;* 1933 illeg. Emigr. nach Palästina, 1933-35 Arbeiter in Tel Aviv; 1935-37 Jugendltr. bei relig. *Jugend-Alijah* in Haifa u. Ir Gannim bei Jerusalem, 1936-39 Mitgl. *Haganah, Ghafir* (Jüd. Polizei); 1937 landwirtschaftl. Hachscharah in Kefar Hasidim, 1938 Gr. Kibb. Emunim, Rishon le Zion, ab 1946 Mitgr. u. Sekr. Kibb. Ein haNa-

ziv; 1949-51 Vertr. Jugendabt. der *Jew. Agency* in USA, ab 1951 Mitgl. BezRat in Bet Shean, 1951-53 Gr. u. Geschäftsf. Kibb. Bet Shean; Mitgl. Zentralorg. der relig. Kibb. *HaKibbuz haDati*. Lebte 1977 im Kibb. Ein haNaziv.
Qu: Fb. Hand. - RFJI.

Neumeyer, Alfred, Dr. jur., Richter, Verbandsfunktionär; geb. 17. Febr. 1867 München, gest. 19. Dez. 1944 Colonia Avigdor/Argent.; jüd.; *V:* Leopold N. (geb. 1828 Oberndorf/Württemberg, gest. 1921 München), jüd., Textilgroßkaufmann; *M:* Fanny, geb. Müller (geb. 1843 Buttenwiesen/Bayern, gest. 1890 München), jüd.; *G:* Karl (geb. 1869 München, Freitod 1941 München), Justizrat, Prof. für Völker- u. VerwRecht Univ. München; ∞ 1893 Elise N. Lebrecht (geb. 1872 Ulm, gest. 1944 Colonia Avigdor), Mütter u. vaterlose Kinder in jüd. Frauenorg., 1941 Emigr. Argent.; *K:* Hermann (1894-1913), Stud.; Hedwig Stern (1899-1929), Lehrerin in Frankfurt/M.; Ernst (1910-21); Alexander (geb. 1910), Stud. Rechtswiss. München, Berlin, Paris u. Hamburg, 1931 Referendar, 1933 Stud. Landwirtschaft in S u. DK, 1936-38 auf Auswandererlehrgut Groß-Breesen, 1938 Emigr. Argent., Unterstützung durch ICA, Farmer, 1950 nach IL, Mitgl. Genossenschaftssiedlung Moshav Shitufi Shavei Zion., Ltr. Loewengart-Stipendienfonds; *StA:* deutsch. *Weg:* 1941 Argent.
1885 Dienst in bayer. Kavallerie-Regiment, 1886-89 Stud. Rechtswiss. München u. Berlin, 1889 Prom. München, 1893-95 Rechtspraktikant Amtsgericht München u. bei der Staatsanwaltschaft Kempten, 1895 3. Staatsanwalt Landshut, 1898 Amtsrichter in München, 1899 2. Staatsanwalt beim LG München, 1902 LG-Rat Landgericht München, 1910-19 Staatsanwalt OLG Augsburg, 1919-29 OLG-Rat München, 1926-27 auf Antrag ohne Bezüge beurlaubt, 1929-33 Richter am Obersten Landesgericht München, Mitarb. an Revision der Judengesetze in Bayern i.A. des Kultusmin., 1933 Entlassung. Zugl. 1920 Gr. u. bis 1940 Präs. Verband Bayerischer Israelitischer Gemeinden u. Autor seiner Verfassung, 1920-40 Präs. Isr. Kultusgde. München, Präs. Arbeitsgemeinschaft Süddeutscher Landesverbände, 1933 bedeutende Rolle bei Gr. der (ersten) *Reichsvertretung,* mehrj. Ratsmitgl., 1932-38 Mitgl. Hauptvorst. des CV. Febr. 1941 Emigr. Argentinien über Frankr. u. Spanien mit Ehefrau, lebte auf der Farm des Sohnes in Avigdor. Vizepräs., dann Präs. Communidad Israelita de Avigdor.
W: Bemerkungen zu einer Abänderung des Edikts vom 10. Juni 1813, die Verhältnisse der jüdischen Glaubensgenossen im Königreiche Bayern betreffend. 1914. *L:* Hamburger, Juden; Lamm, München. *D:* LBI New York u. Jerusalem. *Qu:* ABiogr. Arch. EGL. Pers. Publ. Z. - RFJI.

Neurath, Alois, Dr. jur., Parteifunktionär, geb. 29. Aug. 1888 Wien, gest. 1962 in S; ∞ Anna, 1940 Emigr. S; *K:* Fritz, 1940 Emigr. S; *StA:* österr., 1919 CSR. *Weg:* 1940 S.
Mitgl. *KSČ-Deutsche Sektion,* Parteisekr. in Reichenberg, 1921-26 Mitgl. ZK der KSČ, auf 4. Weltkongreß der *Komintern* 1922 Wahl ins EKKI u. dessen Präsidium, Mitgl. OrgBüro u. Sekretariat des EKKI; 1922 EKKI-Vertr. auf 5. PT der KPÖ, anschl. *Komintern*-Vertr. in Österr., mit Beilegung der scharfen Fraktionskämpfe (→ Franz Koritschoner, → Josef Frey) beauftragt, bildete Ende 1923 vor dem 7. PT provisor. neue Parteiltg. Auf 5. Weltkongreß erneut EKKI-Mitgl. u. ab 1924 Kand. EKKI-Präsidium sowie -Sekretariat. Ab 1924 Parteired. in Prag, ab Nov. 1924 Mitgl. Pol.- u. OrgBüro des ZK der KSČ sowie ab 1925 ZK-Sekr. für Arbeit unter der dt. Bevölkerung, 1925-29 Abg. NatVers. der CSR. Nach Konstituierung der stalinist. KSČ- Linken nach dem 5. *Komintern*-Kongreß ihr Hauptrepräsentant in der Parteiführung, Teiln. 6. erweit. EKKI-Plenum Febr./März 1926, im gleichen Jahr von *Komintern* als Anhänger der pol. Richtung Sinowjews kritisiert, am 13. Okt. 1926 Entfernung aus allen LtgGremien der KSČ, offene Kritik an ultralinker *Komintern*-Pol. nach dem 6. Weltkongreß u. Opposition gegen ihre Verfechter in der KSČ, die sog. Gottwald-Fraktion, die Anfang 1929 die Parteiführung übernahm. Juni 1929 KSČ- Ausschluß, danach mit seinen An-

532 Neurath

hängern, bes. den KSČ-Org. in den dt. Bez. Gablonz, Asch u. Krumau, Bildung einer rechten kommunist. Opposition, die für einige Wochen die Führung der KSČ-Kreisltg. u. ihres Organs *Vorwärts* in Reichenberg übernahm und vergebl. auf eine Vereinigung mit der ebenfalls von breiten Mitgliedermassen getragenen tschech. KSČ-Opposition hoffte; nach ZusSchluß mit tschechischen kommunist. Splittergruppen Formierung als *KSČ-Opposition,* die vor allem in den Gew. viele Anhänger gewann (vgl. die Politik der KPDO, → Heinrich Brandler, → Jacob Walcher). 17.–19. März 1930 Teiln. an der ersten internat. Konf. der kommunist. Rechtsopposition in Berlin u. nach Konstituierung der *Internationalen Vereinigung der Kommunistischen Opposition* (IVKO) im Dez. 1930 ihr LtgsMitgl., nach Zerfallserscheinungen innerh. der tschechoslow. Rechtsopposition 1932 Trennung der von N. geleiteten Gruppe von IVKO, angebl. Anschluß an die trotzkist. Bewegung. – Die Gruppe um N., aufgrund ihrer Mitgliederstärke keineswegs nur eine Splittergruppe in der sudetendt. ArbBewegung, verfügte insbes. in Westböhmen über nennenswerten kommunalpol. Einfluß; ihre EmigrGruppe in GB schloß sich innerh. des *Czech Refugee Trust Fund* der sudetendt. KSČ-Gruppe unter → Gustav Beuer an. – 1940 Emigr. mit Fam. nach Schweden; einigen Quellen zufolge 1945 Rückkehr in die ČSR u. nach kommunist. Machtübernahme Febr. 1948 erneute Emigr. nach Schweden.

L: Reimann, Paul, Die Geschichte der Kommunistischen Partei der Tschechoslowakei. 1931; Dějiny KSČ; PS KSČ; Tjaden, KPDO; Kuhn, Kommunismus; Steiner, KPÖ. *Qu:* Arch. Hand. Pers. Publ. – IfZ.

Neurath, Walter, Verleger; geb. 1903 Wien, gest. Sept. 1968 London; ∞ II. Eva, Teilh. des Verlags des Ehemannes; *K:* Thomas, Constance, Stephan, alle Teilh. des Familien-Verlags. *Weg:* 1939 GB,

Stud. Wien, anschl. im Verlagswesen in Wien. 1938 Emigr. GB, im 2. WK Hg. der Kriegspropaganda-Serie *Britain in Pictures,* die in GB u. USA verbreitet wurde. 1949-68 Gr. u. Teilh. des Kunstverlages Thames & Hudson, ZusArb. mit ausländ. Verlagen, u.a. Hg. der Serien *The World of Art* u. seit 1961 *The Arts of Mankind;* bes. Bemühungen um internat. verlegerische ZusArbeit.

Qu: EGL. Z. – RFJI.

Neuwirth, Zdenko, Journalist; geb. 1903, gest. 1958; *StA:* österr., 1919 ČSR. *Weg:* 1938 (?) GB.

Mitgl. DSAP, Red. des Zentralparteiorgans *Der Sozialdemokrat* Prag, anschl. bis 1938 Sekr. DSAP-Senatsfraktion. Vermutl. 1938 Emigr. nach GB, TG-Mitglied.

Qu: Arch. – IfZ.

Newman (urspr. Neumann), **Leo Jacob,** Kaufmann; geb. 6. Aug. 1877 Borschimmen/Ostpr., gest. 13. Apr. 1959 Pasadena/Calif.; jüd.; *V:* Jacob N. (1850-1924), Kaufm.; *M:* Bertha, geb. Löwenberg (1854-1935); ∞ Sophie Ries (geb. 1892). *Weg:* 1935 CH; 1941 USA.

Kaufm. Lehre, anschl. Kaufm. in Berlin. 1903 nach Bremen, Mitgr., ab 1907 Alleininh. Kaufhauskette Heymann & Neumann, die durch moderne Verkaufsorg. u. umfassendes Warenangebot richtungweisend war. Mitgl. u. Förderer Israelit. Gemeinde in Bremen. Febr. 1934 Geschäftsaufgabe, vermutl. Arisierung des Unternehmens, Jan. 1935 Emigr. Schweiz, 1941 USA. Gr. u. Förderer eines jüd. Kulturbunds.

Qu: Hand. – IfZ.

Newman, Randolph Henry (urspr. Neumann, Rudolf), Dr. jur., Rechtsanwalt; geb. 3. Juli 1904 Berlin, gest. 9. Okt. 1975 New York; jüd.; *V:* Salomon N. (gest. vor 1933), Justizrat; *M:* Else, geb. Rubino (gest. 1970 [?] USA), während des 2. WK im KL; *G:* Vera Opels (geb. Berlin, gest. 1968 [?] USA); ∞ 1933 Eva E. Feilchenfeld (geb. 1908 Berlin), RA, 1932 Emigr. NL, 1939 USA, A: Nizza; *K:* Thomas Ruben, RA in New York; Steven Salomon, Physiker; Robert Gabriel, Arzt in New York. *Weg:* 1932 NL; CH; 1939 USA.

1923-26 Stud. Berlin, 1927 Prom. Leipzig, 1927-33 Assist. Univ. Berlin, 1932-33 RA, Wirtschaftsberater für Aktienges.; 1932 in die Niederlande, später Schweiz, 1937 Prom. Basel, 1939 Emigr. in die USA, 1939-44 Wirtschaftsberater für Aktienges., 1943 LL.B. St. Lawrence Univ. New York, 1943-75 RA, Spezialist für Wiedergutmachungsangelegenheiten; 1946-48 Ankläger für das US-Kriegsmin. beim Nürnberger Kriegsverbrecherprozeß, 1950-53 beim US-Oberkommando in Deutschland als Ltr. des IG Farben-Kontrollbüros. 1946-75 Mitgl. *New York Bar Assn.,* Sammler von Nietzscheana, Übers. klass. Lyrik.

W: Die Wiederaufnahme des Verfahrens nach der Strafprozeßordnung vom 22. März 1924 (Diss.). Leipzig 1927; Devisennotrecht und internationales Privatrecht. (Diss.). Basel 1937, 1938; Wunderlichstes Buch der Bücher. (Hg. u. Übers.) 1960. *Qu:* Hand. Pers. Z. – RFJI.

Nicklaus, August, Eisenbahnbeamter; geb. 8. März 1885 Blickweiler/Saar, gest. 27. Sept. 1937 Luxemburg; ∞ Johanna Lehr, A: Luxemburg, *StA:* deutsch. *Weg:* 1935 Lux.

Stud. Rechtswiss. in München u. Straßburg/Elsaß; 1913 Assessor bei der Eisenbahndirektion Ludwigshafen, 1919 Direktionsrat; 1920 als dt. Beamter (RegRat) zur Dienstleistung bei der Dir. der Saarbahnen beurlaubt, 1930 Präs. der Eisenbahndirektion des Saargebietes; während des Abstimmungskampfes dem *Volksbund für christlich-soziale Gemeinschaft* → Johannes Hoffmanns nahestehend; nach Rückgliederung des Saargeb. aus pol. Gründen März 1935 Versetzung in den Ruhestand u. Emigr. nach Luxemburg.

L: Jacoby, Saar; Herrmann, Hans-Walter, Beiträge zur Geschichte der saarländischen Emigration 1935-1939. In: Jahrbuch für westdeutsche Landesgeschichte, 4/1978, S. 357 ff. *Qu:* Arch. Publ. Z. – IfZ.

Nickolay, Fritz (Friedrich), Parteifunktionär; geb. 28. Okt. 1909 Dudweiler/Saar, gest. 15. Okt. 1953 Berlin (Ost); *V:* Bergmann; ∞ I. Dora, Emigr. F, TA innerh. der Résistance (Deckn. Jacqueline); II. Hedwig Katharina Gerhard (geb. 1926); *K:* Jutta Magdalena (geb. 1951); *StA:* deutsch, 19. Nov. 1937 Ausbürg. *Weg:* 1935 F; 1945 Deutschland/Saargeb.; 1951 DDR.

Bergmann u. Bauarb.; 1924-33 Funktionär KJVD Saar, 1929 KPD. Nach 1933 Jugendsekr. KPD-Bez. Baden-Pfalz, Mai 1933 in Speyer verhaftet, KL Dachau. Nach Entlassung Sommer 1934 zurück an die Saar. Nach Rückgliederung Mitgl. KJVD-AbschnLtg. Saar in Forbach. Mitbegr., dann Vors. FDJ Paris, aktiv in Volksfrontbewegung. Nach Kriegsausbruch in versch. franz. Internierungslagern. Nach Besetzung Südfrankr. Mitgl. KPD-Ltg. Lyon, aktiv in TA innerh. der Résistance. Deckn. Jacques. Ab 1943 Mitgl. KFDW/CALPO (→ Otto Niebergall). 1944 mit → Karl Mössinger Hg. *Union des Réfugiés Sarrois en France,* noch im Exil Gegner des *Mouvement pour la Libération de la Sarre* (→ Edgar Hector). Juni 1945 Rückkehr an die Saar, maßgebend an KPD-Aufbau beteiligt, 1946-50 deren 1. Vors., Exponent der KPD-Pol. gegen wirtschaftl. Anschluß an Frankr. u. Abtrennung von Deutschland. 1947 Mitgl. Verfassungskommission. 1950 in Zusammenhang mit Mai-Demonstrationen in Saarbrücken Anklage wegen offenen Aufruhrs, deshalb von Kuraufenthalt in der ČSR nicht zurückgekehrt. 1951 in die DDR, dort zeitw. Ltr. Steinkohleverw. Zwickau.

L: Schmidt, Saarpolitik; Schaul, Résistance; Pech, Résistance; Schneider, Saarpolitik und Exil. *Qu:* Arch. Publ. Z. – IfZ.

Nicolaysen, Wilhelm, geb. 9. Mai 1880 Flensburg; o. K.; ∞ Ehefrau Emigr.; *K:* 2 T; *StA:* deutsch. *Weg:* 1933 DK.

Schiffbautechniker, 1922 SPD, ab Nov. 1929 StadtVO. Flensburg, stellv. Vors. *Eiserne Front.* Nach natsoz. Machtübernahme Schutzhaft, Mai 1933 Emigr. Kopenhagen.
Qu: Arch. - IfZ.

Niebergall, Otto, Parteifunktionär, Journalist; geb. 5. Jan. 1904 Kusel/Pfalz, gest. 14. Febr. 1977 Mainz; ∞ verh.; *K:* 2; *StA:* deutsch, 18. Sept. 1937 Ausbürg., nach 1945 deutsch. *Weg:* 1935 F; 1937 B; 1940 F; 1945 Deutschland (FBZ).
Schlosser, Elektriker, Bergmann. 1918 Mitbegr. Arbeiterjugend Saarbrücken, Obmann DMV, 1920 KJVD-Funktionär, 1924-35 Mitgl. KPD-BezSekr. Saar, ab 1925 Gauführer RFB, 1926-35 StadtVO Saarbrücken. Nach seiner Emigr. AbschnLtr. der illeg. KPD Saar-Pfalz in Forbach/Lothr., Aug.-Okt. 1936 mit Sonderauftrag in Spanien, 1937-40 AbschnLtr. Rheinl. in Brüssel. Mitgl. des März 1937 gegr. *Arbeitsausschuß zur Vorbereitung einer Volksfront für das Saargebiet.* Nach Kriegsausbruch in Frankr., Internierung in St-Cyprien, Juli 1940 Flucht. Juli/Aug. 1940 Mitgl. neugebildete KPD-Ltg. Frankr. in Toulouse, Mai 1942 an der Spitze der WestLtg. der KPD in Paris. Mitorg. u. neben → Franz Marek u. Arthur London Mitgl. der dreiköpfigen Führungsspitze der TA, eines in ZusArb. mit der PCF geschaffenen speziellen Sektors der Résistance zur Agitation u. Prop. unter den dt. Besatzungstruppen. Nach dessen Grdg. Okt. 1943 Präs. des illeg. KFDW, ab Sept. 1944 bis zu dessen Auflösung Sept. 1945 des legalen CALPO. Deckn. Alwin Flamerd, Alfred Kubin, Martin Lange, Gaston, René, Florian. Nach Rückkehr an die Saar KPD-Vors. franz. Besatzungszone, 1947 von MilReg. aus Saargeb. ausgewiesen. 1948 Landesvors. KPD, nach 1968 DKP Rheinl.-Pfalz; 1946-47 u. 1953-57 StadtVO. Saarbrücken. 1949-53 MdB. Mitgl. Kuratorium Gedenkstätte Ernst Thälmann. Bis zu seinem Tode Vorst. *Interessengemeinschaft ehemaliger deutscher Widerstandskämpfer in den vom Faschismus okkupierten Ländern.* - *Ausz.:* u. a. Karl-Marx-Orden, Stern der Völkerfreundschaft (Gold), Lenin-Med., Dimitroff-Med., Med. Kämpfer gegen Faschismus u. Krieg, Medaille an die Libération, Med. der Veteranen der UdSSR, Ehrenurkunde der *Forces Françaises de l'Intérieur.*
W: u.a. Der antifaschistische deutsche Widerstand in Frankreich - seine Leitung und Entwicklung. In: Schaul, Résistance, S. 25-79. *L:* Spiegel, Résistance; Bonte, Florimond, Les antifascistes allemands dans la Résistance française. 1969; Schaul, Résistance; Pech, Résistance; Schneider, Saarpolitik und Exil. *Qu:* Arch. Fb. Publ. Z. - IfZ.

Niederkirchner, Michael, Partei- und Gewerkschaftsfunktionär; geb. 3. Sept. 1882 Budapest, gest. 19. Aug. 1949 Berlin (Ost); *V:* Steinhauer; ∞ Helene, gest. 1967 als Parteiveteranin in Berlin (Ost); *K:* Käthe (Katja), geb. 1909 Berlin, KJVD, 1929 KPD, 1932 aufgrund ungar. StA Ausweisung aus Deutschland, Emigr. UdSSR, nach dt. Einmarsch Ausbildung als Fallschirmspringerin, Herbst 1943 Einsatz hinter der Front, Verhaftung; 27. Sept. 1944 Hinrichtung KL Ravensbrück; *StA:* H. *Weg:* 1934 UdSSR; 1945 Deutschland (SBZ).
Aus dt. Familie in Ungarn stammend. Gelegenheitsarb., 1896-98 MaschSchlosserlehre, dann Hilfsarb. u. Rohrleger; 1900 Gew., 1903 Mitgl. sozdem. Partei, 1904 Ausw. nach Deutschland, Mitgl. DMV u. SPD, ab 1914 Branchenltr. der Berliner Rohrleger, Kriegsteiln. als österr.-ungar. Soldat, ab März 1915 russ. Kriegsgef., 1917 Teiln. Oktoberrevolution. Apr. 1918 Deleg.-Kongreß der ausländ. Arbeiter-, Bauern- u. Soldatendeputierten; ab Juni 1918 Mitgl. dt. Sektion KPR(B) in Moskau, Jan. 1919 Rückkehr nach Deutschland, hauptamtl. DMV- Funktionär, Anhänger des linken USPD-Flügels; 1920 KPD, 1920-29 erneut Branchenltr. der Berliner Rohrleger u. Mitgl. erweiterte Ortsverw. DMV; führender KPD-GewPolitiker. Anhänger des rechten Parteiflügels um Paul Levi. 1921-30 Geschäftsf. RGI-Kommissionsverlag Berlin, 1926-27 Mitgl. KPD-BezLtg. Berlin-Brandenburg-Lausitz, Deleg. u. Wahl zum ZK-Mitgl. auf 11. KPD-PT 1927 u. auf 12. PT 1929; Juni 1929 als Org. eines wilden Streiks DMV-Ausschluß, Mitgr. u. Ltr. *Vereinigung der Berliner Rohrleger und Helfer,* 1929-33 Mitgl. Reichsltg. RGO, ab Dez. 1929 Mitgl. RGI-Vollzugsbüro; Febr.-Okt. 1930 in Moskau, stellv. GenSekr. u. Ltr. Vollzugsbüro RGI. Teiln. sog. Ziegenhals-Sitzung des ZK der KPD v. 7. Febr. 1933, Febr. 1933 Verhaftung, Haft in Berlin-Spandau, KL Sonnenburg u. Lichtenberg; Juni 1934 Ausweisung, Emigr. UdSSR, bis 1941 Mitarb. RGI u. Zentralvorst. sowj. Gew., danach aus gesundheitl. Gründen nur propagandist. Tätigkeit, Mitunterz. Aufruf des ZK der KPD v. 6. Okt. 1941 u. Aufruf an das dt. Volk v. 25. Jan. 1942. Nov. 1945 Rückkehr nach Deutschland, Mitunterz. ZK-Aufruf v. 11. Juni 1945; Juni 1946 Mitgr., SekrMitgl. u. Schulungsltr. *IG Metall;* ab Grdg. 1946 Mitgl. Bundesvorst. FDGB.
L: Schmidt, Deutschland; GdA-Chronik; GdA-Biogr.; Kraushaar, Deutsche Widerstandskämpfer; Weber, Wandlung; Duhnke, KPD. *Qu:* Publ. - IfZ.

Nieter, Karl, Parteifunktionär; geb. 5. Nov. 1888 Egeln b. Magdeburg, hinger. 2. Okt. 1942 Berlin-Plötzensee; *StA:* deutsch, 2. Nov. 1939 Ausbürg. *Weg:* 1936 DK; 1941 Deutschland.
Heizer; GewMitgl., 1919 USPD, 1929 KPD, Ortsgruppenfunktionär. Apr.-Juni 1933 Schutzhaft, danach illeg. PolLtr. Hamburg-Eimsbüttel (Deckn. Karl), ab März 1934 i.A. der BezLtg. Aufbau *Rote Hilfe* Harburg; Juni 1936 im Parteiauftr. Emigr. nach Kopenhagen, Instrukteur AbschnLtg. Nord für Hamburg-Harburg, mehrere illeg. Reisen dorthin. Anfang 1938 Teiln. an Schulungen in Paris; Juli 1941 Festnahme, 18. Aug. 1942 VGH-Todesurteil.
L: Hochmuth/Meyer, Streiflichter. *Qu:* Arch. Publ. Z. - IfZ.

Nissen, Ferdinand, Dr. phil., Kaufmann; geb. 2. Apr. 1901 Neisse/Schles., gest. 15. Okt. 1952 New Rochelle/N.Y.; *V:* Franz N. (gest. 1928 Neisse), Chirurg; *M:* Margarethe, geb. Borchert (gest. 1936 Breslau); *G:* Edith Fröhlich (geb. 1895), Lehrerin, 1938 Emigr. NL, A: Deutschland (BRD); Dr. med. Rudolf N. (geb. 1896), Chirurg, UnivProf., 1933 Emigr. TR, 1939 USA, 1952 CH; ∞ 1927 Margarete Kathariner (geb. 1902 Fribourg/CH), kath., Sekr. bei der Handelskammer in Frankfurt/M., Emigr. mit Ehemann; *K:* Beatrice Greene (geb. 1930), Emigr. mit Eltern, Stud.; *StA:* deutsch, 1943 USA. *Weg:* 1933 CH; 1936 TR; 1938 USA.
1919-25 Stud. Wirtschaftswiss. Univ. Breslau, Berlin, Würzburg, Prom. Breslau, zugl. Banklehre an der Deutschen Bank in Glatz/Schlesien, in Berlin u. beim Schlesischen Bankverein. 1926 Assist. an der Univ. Frankfurt/M. 1933 Emigr. in die Schweiz, Forschungstätigkeit an der wirtschaftswiss. Fak. der Univ. Bern. 1936 Emigr. in die Türkei, im Holzexport tätig. 1938 Emigr. in die USA, 1938-42 DirAssist. Gilchrist Dept. Store Boston, 1942-43 Einkäufer für Blauner's, Philadelphia. 1943-50 Ltr. der Warenkontrolle bei Jonas Shops Co. New York, Ltr. der Ein- u. Verkaufsabt. von Philip Wise Shops, New York. 1950-51 Ltr. der Abt. für den Textileinzelhandel u. verwandte Produkte im Amt für Preisstabilisierung, an der Ausarbeitung der Preisvorschriften für Kettenläden beteiligt. 1951-52 Ltr. der Ein- u. Verkaufsabt. von R. H. Miller Co.
Qu: Pers. Z. - RFJI.

Nöther, Rolf E. W., Unternehmensleiter; geb. 13. Sept. 1908 Freiburg/Br.; ev., 1938 jüd.; *V:* Dr. phil. et Dr. med. Paul N. (geb. 1889 Mannheim, Freitod 1933 Freiburg), Pharmakologe, Großkaufm.; *M:* Marie, geb. Maas (geb. 1872 Mannheim, umgek. 1943 KL Theresienstadt); *G:* Edith Lee-Uff (geb. 1908 Freiburg), Emigr. GB; ∞ 1939 Hannah Irene Aschkenasy (geb. 1915 Köln), jüd., 1933 Emigr. NL, 1939 nach GB; *K:* Ursula Blumenthal (geb. 1940), 1941 in die USA, Arzthelferin; Dr. med. Carel Joan Hochberg (geb. 1944), Internistin in Boston; *StA:* deutsch, 1945 USA. *Weg:* 1938 GB, 1940 EC, 1941 USA.
1927-29 Stud. Rechtswiss. Freiburg, kaufm. Lehre Freiburg, 1927 Volontär bei Dresdner Bank, 1928 Ausbildung bei Standard Oil of Indiana Hamburg, 1930-33 Angest. Ebano Asphaltwerke (Esso) Hamburg, 1936 Entlassung wegen jüd. Abstammung. 1936-37 Mitgl. Verkaufsabt. der Erich Adler

Asphalt Co. Berlin. Aug./Sept. 1938 nach GB, Geschäftsf. Tampimex Oil Products Ltd. London, nach Heirat Eintritt in Jüd. Gde.; 1940 mit Ehefrau nach Quito/Ecuador, März 1941 in die USA, 1941-45 Angest. Assoc. Metals and Minerals Corp., 1945-48 bei Petrotar Chemicals; 1947 zus. mit → Meno Lissauer u. Melamid Co. Gr. eines Erdöl-Export-Unternehmens, 1948 Mitgr., Junior-Partner u. später Präs. Erdöl-Export-Firma Melanol Corp., VorstMitgl. *Help and Reconstruction,* Mitgl. *Am. Petroleum Inst., Oil Trades Assn. of New York, Am. Bus. Council of Middle East, Selfhelp.* Lebte 1978 in New York.

Qu: Fb. Pers. - RFJI.

Nohr, Karl, Verbandsfunktionär, Diplomat; geb. 11. Apr. 1905, gest. 28. Apr. 1973; *StA:* deutsch. *Weg:* 1933 Emigr., 1945 Deutschland (SBZ).

Dachdecker, 1933-45 Emigr. Nach Rückkehr SED-Mitgl.; Instrukteur für Land- u. Forstwirtschaft beim Bundesvorst. des FDGB, danach bis 1960 Dir. Volkskunstensemble des FDGB. 1960 zeitw. Botschafter in Guinea, Juni 1961-Sept. 1963 Botschafter in Hanoi, 1965-73 Mitarb. Hochschule der Deutschen Gewerkschaften Fritz Heckert in Bernau b. Berlin.

Qu: Hand. - IfZ.

Noll, Alfred, Parteifunktionär; geb. 19. Apr. 1896 Porta/Westf.; ∞ Helene Kiess (geb. 1897); *K:* Gerd (geb. 1923); *StA:* deutsch, 18. Sept. 1937 Ausbürg., deutsch. *Weg:* 1933 CSR; 1936 UdSSR; nach 1945 Deutschland (SBZ).

Glasmachermeister; Teiln. 1. WK. 1918 USPD u. 1920 mit dem linken Flügel zur KPD; 1921/22 Teiln. der ersten Parteischule, danach ehrenamtl. Funktionen in Partei, RFB u. *Naturfreunde*-Bewegung in Thür.; ab 9. PT 1927 Kand. ZK der KPD, nach Ausschaltung der Rechten Anfang 1929-Anfang 1930 OrgLtr. Bez. Thür., anschl. Mitgl. BezLtg. u. Sekr. *Verband proletarischer Freidenker.* Febr. 1933 Emigr. CSR, Schulungsltr. für illeg. Parteiarbeiter im Reich, mehrere Instruktionsreisen nach Thür.; 1936 in die UdSSR. Nach 1945 Funktionär der SED u. des FDGB in Thür. Lebte 1969 als Parteiveteran in Erfurt.

L: GdA-Chronik; Weber, Wandlung. *Qu:* Arch. Publ. - IfZ.

Norden, Albert, Parteifunktionär, Journalist; geb. 4. Dez. 1904 Myslowitz/Oberschlesien; *V:* Rabbiner (umgek. 1942 KL Theresienstadt); *K:* 1; *StA:* deutsch, 14. Juli 1938 Ausbürg., deutsch. *Weg:* 1933 DK, F; Saargeb.; 1935 CSR; 1936 F; 1941 USA; 1946 Deutschland (Berlin).

Bis 1920 Gymn., 1921-23 Schreinerlehre; 1918 FSJ, 1919 KJVD, 1920 KPD, 1921 Hg. *Rundbriefe der radikalsozialistischen jüdischen Jugend,* Mitarb. *Rote Tribüne* Elberfeld-Barmen, 1923 Besuch einer KPD-Parteischule, anschl. Volontär KPD-Ztg. *Freigeist* Düsseldorf, 1923-24 Red. der illeg. *Roten Fahne des Westens,* Haft, anschl. stellv. Chefred. *Klassenkampf* Halle/S., 1925-28 stellv. Chefred. *Hamburger Volkszeitung,* 1927 aus pol. Gründen Haft in Fuhlsbüttel, 1929 Red. *Die Rote Fahne* Berlin u. Deutschland-Korr. *Inprekorr,* 1930 Chefred. *Ruhr-Echo* Essen, UdSSR-Besuch; 1931-33 Red. *Die Rote Fahne,* 1932 als Anhänger der ultralinken Gruppe um → Heinz Neumann gemaßregelt. März 1933 gemäß Parteibeschluß Emigr. nach Kopenhagen, dort u. ab Mai 1933 in Paris Chefred. *Antifaschistische Front,* später Red. *Weltfront gegen imperialistischen Krieg und Faschismus* in Paris u. Saarbrücken. 1935 in die CSR, Mitarb. zahlr. Exilzs., u.a. *Deutsche Volkszeitung, Inprekorr* u. *Rundschau über Politik, Wirtschaft und Arbeiterbewegung* unter Ps. Hans Behrend (H.B., hb.) u. Ernst Weber. 1936 nach Paris, Red. *Deutsche Volkszeitung* u. pol. Mitarb. des Pariser ZK-Sekretariats sowie dessen Verbindungsmann zum Komintern-Blatt *Rundschau über Politik, Wirtschaft und Arbeiterbewegung* Basel, 1938 Mitarb. ZK-Kommission Zwanzig Jahre KPD, Sept. 1938 Doz. ZK-Lehrgang in Draveil, 1938/39 Sekr. des von Heinrich Mann gegr. *Ausschusses der deutschen Opposition.* Bei Kriegsausbruch Internierung, Juni 1940 Flucht aus Lager Bassens b. Bordeaux, Aug. 1940 Mitgl. der Toulouser KPD-Ltg., bei der Überfahrt nach Mexiko Internierung auf Trinidad; ab Anfang 1941 in New York, Fabrikarb., ab 1942 ltd. Funktionär *Deutsch-Amerikanischer Kulturverband;* Mitarb. *The German-American,* der Zs. der German-American Emergency Conference, die ab Grdg. Mai 1942 von Kommunisten majorisiert wurde; Mai 1944 Mitgr. u. Mitgl. CDG; Mitarb. *Freies Deutschland* Mexiko. 1945 Hg. *Newsletter, Germany today* New York. 1946 Rückkehr nach Berlin, 1946-49 Pressechef der Deutschen Wirtschaftskommission, 1947-53 Chefred. *Deutschlands Stimme,* ab 1947 VorstMitgl. *Verband der Deutschen Presse;* 1949-50 Mitgl. Deutscher Volksrat bzw. ProvisVK, 1949-52 Ltr. Hauptabt. Presse im Amt für Information, 1952 Berufung zum Prof. für neue Gesch. an Humboldt-Univ. Berlin (Ost), 1953 Ltr. Büro des *Ständigen Delegation für die friedliche Lösung der deutschen Frage* u. nach Umbenennung in *Ausschuß für Deutsche Einheit* 1954-55 dessen Sekr. im Rang eines Staatssekr.; ab 1954 PräsMitgl. NatRat der *Nationalen Front des demokratischen Deutschland,* ab 1955 Mitgl. ZK der SED u. Sekr. für Prop., ab 1958 Mitgl. PolBüro des ZK der SED sowie Mitgl. Präs. u. Büro *Deutscher Friedensrat,* später Präs.-Mitgl. des *Weltfriedensrats;* ab 1958 MdVK, 1963-68 Ltr. Agit.-Kommission des ZK, ab 1963 Präs.-Mitgl. *Deutsch-Britische Gesellschaft in der DDR;* Mitgl. Nationaler Verteidigungsrat der DDR. - Als Prop.-Chef der SED entscheidend mitbeteiligt an Gestaltung der Deutschlandpol. der DDR; stellte 1967 als Reaktion auf die Aktivierung der Ost- u. Deutschlandpol. der Bundesrepublik als erster die These von der Existenz zweier dt. Nationen auf. Lebte 1978 in Berlin (Ost). - *Ausz.:* u.a. 1951 NatPreis 2. Kl., 1958 VVO (Silber), 1964 VVO (Gold), 1969 Karl-Marx-Orden.

W: u.a. Behrend, Hans (Ps.), Die wahren Herren Deutschlands. Paris 1939; The Thugs of Europe. New York 1942; The Lesson of Germany (mit → Gerhart Eisler u. → Albert Schreiner). New York 1945; Lehren deutscher Geschichte. Zur politischen Rolle des Finanzkapitals und der Junker. 1947; Zwischen Berlin und Moskau. Zur Geschichte der deutsch-sowjetischen Beziehungen. 1954; Fälscher. Zur Geschichte der deutsch-sowjetischen Beziehungen. 1960. *L:* GdA; GdA-Chronik; Radkau, Emigration; Duhnke, KPD; Schaul, Résistance; Kießling, Alemania Libre; Pech, Résistance; Dahlem, Vorabend. *Qu:* Hand. Publ. Z. - IfZ.

Notowicz, Nathan, Musikpädagoge, Verbandsfunktionär; geb. 31. Juli 1911 Düsseldorf; *V:* Samuel N. (geb. 1885 Galizien), *M:* Helene, geb. Tuchmann (geb. 1889 Galizien), *G:* Beno (geb. 1918 München), Nison (geb. 1922 München), sämtl. FamMitgl. 1932 nach NL emigr. *StA:* deutsch. *Weg:* 1933 NL, 1945 Deutschland (Berlin).

Musikalische Ausbildung in Düsseldorf, Köln, Amsterdam u. Brüssel, ab 1932 Lehrer für Musiktheorie Konservatorium Düsseldorf. 1933 Emigr. in die Niederlande, im 2. WK illeg. tätig. 1945 Rückkehr, 1950 Prof. für Musikgesch. u. Prorektor Hochschule für Musik, Berlin-Ost; Mitgl. KPD, SED. Ab 1951 GenSekr. *Verband deutscher Komponisten und Musikwissenschaftler,* ab 1962 Sekr. Musikrat der DDR, PräsMitgl. *Kulturbund zur demokratischen Erneuerung Deutschlands.* - *Ausz.:* 1956 Staatspreis für künstlerisches Volksschaffen, 1959 VVO (Silber).

Qu: Arch. Hand. - IfZ.

Novy, Franz, Gewerkschaftsfunktionär, Politiker; geb. 28. Sept. 1900 Wien, gest. 14. Nov. 1949 Wien; *V:* Horvath (Stiefv.); *G:* 7; ∞ Erna (?); *StA:* österr. *Weg:* 1934 CSR; 1938 S; 1942 GB; 1945 Österr.

Aktiv in sozdem. Jugendbewegung, Stukkateur-Lehre, Mitgl. *Zentralverein der Bauarbeiter Österreichs,* 1921 Gehilfenobmann u. Mitgl. des Hauptvorst.; Mitgl. SDAP. Ab 1924 Funktionär (Sekr.) im Zentralsekr. der *Österreichischen Baugewerkschaft,* 1929-34 Obmann des Wiener Landesverb.; 1931-34 neben → Max Klein Ersatzmitgl. der Kontrolle beim Bundesvorst. *Bund der Freien Gewerkschaften Österreichs.* SDAP-BezRat, 1932-34 Mitgl. GdeRat Wien. 1934 nach den Februarkämpfen zunächst illeg. in Wien, maßgebl. Funktion beim Aufbau der illeg. Org. der aufgelösten *Freien Gewerkschaften Österreichs.* Ende März 1934 Flucht in die CSR, neben → Berthold König anfangs in Znaim/Mähren, anschl. in Brünn Org. des techn. App. der illeg. GewBewegung im Ausland. Apr.1935 neben → Rudolf Holowatyj Vors. der gemeins. Reichskonf. der illeg. *Gewerkschaften der Bauarbeiter* und der *Holzarbeiter,* auf der die Vereinigung beider Org. zur *Gewerkschaft der Bau- und Holzarbeiter* beschlossen wurde, Wahl in VerbLtg. Mehrfach auf GewKonf. illeg. in Österr., 1935 maßgebl. an Verhandlungen zwischen *Siebener-Komitee* (sozialist. illeg. GewZentrale) u. der unter dem Einfluß der KPÖ stehenden *Zentralkommission für den Wiederaufbau der Freien Gewerkschaften* (sog. Wiederaufbau-Kommission) zur Bildung einer gemeins. Provis. Bundesltg. der illeg. *Freien Gewerkschaften* beteiligt, Verbindungsmann zum IGB u. *Internationalen Bund der Bau- und Holzarbeiter.* 1936 neben → Oscar Deubler u.a. offiz. Vertr. der Bundesltg. auf 7. Internat. Gew-Kongreß in London. März 1938 unmittelbar vor dem Einmarsch dt. Truppen erneut illeg. in Wien. 1938 Emigr. Stockholm. 1939 Vors. der im Einvernehmen mit dem IGB in Paris gebildeten *Auslandsvertretung der Freien Gewerkschaften Österreichs* (weitere Mitgl.: R. Holowatyj, → Karl Kolb, → Otto Leichter, → Johann Svitanics, → Karl Weigl; aufgrund der Zerstreuung der Mitgl. auf eine Reihe von Emigrationsländern war die AuslVertr. kaum funktionsfähig). Neben → Bruno Kreisky zentraler Vertr. der sozialist. österr. Emigr. in Schweden, Mitgl. *Gruppe österreichischer Gewerkschafter in Schweden* u. des *Klubs österreichischer Sozialisten* in Stockholm. Sept. 1942 im Einverständnis mit B. Kreisky u. den österr. Sozialisten in GB mit brit. Kurierflugzeug nach London, Gew-Vertr. im *Londoner Büro der österreichischen Sozialisten in Großbritannien,* übernahm von J. Svitanics den Vors. der *Landesgruppe österreichischer Gewerkschafter in Großbritannien.* März 1943 Wahl zum Vors. des *Austrian Labour Club.* Mitarb. an dt.-sprachigen Radiosendungen der BBC; langwierige ergebnislose Verhandlungen mit Vertr. des *Free Austrian Movement* in London über Möglichkeiten einer ZusArb. – Nov. 1943 Vors. des unmittelbar nach der Moskauer Deklaration (Wiederherstellung Österr. als alliiertes Kriegsziel) gegr. *Austrian Representative Committee,* das von den österr. Sozialisten in GB in Abkehr von der bisherigen pol. Linie als österr. Gesamtvertr. im Exil unter Einschluß von Vertr. der bürgerl.-demokrat. u. der kath. Emigr. gebildet, von den brit. Behörden jedoch nicht anerkannt wurde (weitere Mitgl.: → Richard Strasser u. J. Svitanics als GewVertr., → Oscar Pollak [Sekr.] u. → Karl Czernetz als Vertr. der Sozialisten, → Franz Schneider [stellv. Vors.], Dr. H. Karl u. Dr. G. Ludwig als Vertr. der Katholiken, → Emil Müller-Sturmheim u. Friedrich Hertz als Vertr. der *Austrian Democratic Union,* zwei Sitze blieben für KPÖ-Vertr. reserviert). Anfang 1945 illeg. in die Schweiz, Kontakte zu sozialist. Widerstandskreisen in Vorarlberg, Febr.1945 vom *Provisorischen Österreichischen Nationalkomitee* (POEN) zus. mit F. Schneider als AuslVertr. des POEN in GB ernannt. Okt. 1945 von London aus ohne alliierte Einreiserlaubnis Rückkehr nach Wien, Mitgl. SPÖ, Nov. 1945 Wahl in GdeRat Wien. Ab 1946 amtführender Stadtrat für das Bauwesen, organisierte den Wiederaufbau des zerstörten Wien. 1946-49 Erster Vors. *Gewerkschaft der Bau- und Holzarbeiter,* 1947-49 Landesobmann Wien der SPÖ, ab 1948 Mitgl. PV der SPÖ; Mitgl. *Bund Sozialistischer Freiheitskämpfer und Opfer des Faschismus.*

L: Klenner, Gewerkschaften; Buttinger, Beispiel; Patzer, Gemeinderat; Leichter, Gewerkschaften; Leser, Werk; Leichter, Diktaturen; DBMOI; Goldner, Emigration; Widerstand 1; Maimann, Politik; Hindels, Gewerkschaften; ISÖE; Simon, Autobiogr.; Klucsarits, SPÖ. *Qu:* Arch. Publ. Z. – IfZ.

Novy, Wilhelm, Parteifunktionär; geb. 20. Febr. 1892 Zuckmantel b. Teplitz-Schönau/Böhmen, gest. 6. Apr. 1978 Landshut; Diss.; *V:* Wenzel N., Glasbläser, SozDem.; *M:* Sophie, SozDem.; *G:* Elsa, Hermann, Sophie, Eduard, Heinrich; ∞ 1934 Klara Netsch (geb. 1907); *K:* Sophie (geb. 1914), Edith (geb. 1929), Irmgard (geb. 1934); *StA:* österr., 1919 CSR, 1949 brit., 1952 deutsch. *Weg:* 1938 GB.

1912 SDAP, 1915-18 Kriegsdienst, 1919-26 DSAP-Kreissekr. in Dux u. 1927-38 in Eger, 1927(?)-38 StadtVO. Eger, 1934(?)-38 Mitgl. böhm. Landesvertr. Okt. 1938 Emigr. GB, ab 1940 Mitgl. Landesvorst. der TG. Apr. 1964 Übersiedlung nach Deutschland (BRD), Rentner.

Qu: Arch. Pers. – IfZ.

Noy, Mordechai (urspr. Neuberger, Manfred), Ministerialbeamter; geb. 29. Dez. 1905 Frankfurt/M.; jüd.; *V:* Siegfried Neuberger (geb. 1873 Frankfurt/M., gest. 1936 Frankfurt/M.), Bürovorst., aktiv in jüd. Gde.; *M:* Fanny, geb. Meyer (geb. 1880 Blanckenburg, gest. 1962 IL), aktiv in Wohltätigkeitsarb.; *G:* Willie Neuberger (geb. 1914), 1937 Emigr. GB, Kaufm.; Martin Neuberger (geb. 1917), 1935 Emigr. Pal., Fahrlehrer; ∞ 1934 Yehudit (Jetta) Rosenheim (geb. 1909 Frankfurt), *Esra*-Jugendltr., Ltr. eines privaten Kindergartens in Frankfurt, 1933 Emigr. Pal., Gr. u. Ltr. Ohel Jacob-Kindergarten; *K:* Michael Goldberg (geb. 1939), Stud. Hebr. Univ., Dolmetscher; *StA:* deutsch, Pal./IL. *Weg:* 1933 Pal.

Abitur, zeitw. Besuch Jeschiwah, Jugendarb., 1923-26 Banklehre, Stud. Rechtswiss. Frankfurt, 1933 Assessor, Mitgl. *Bund jüdischer Akademiker,* Angest. der Religionsgesellschaft (orthodoxe jüd. Gde.) in Frankfurt. 1933 Berufsverbot; Reise in die Niederlande u. nach Frankr. zur Sammlung von Geldmitteln für jüd. Erziehung. 1933 Emigr. Palästina mit Touristenvisum, 1933-39 Bank- u. Versicherungsangest. 1936-48 Mitgl. *Haganah.* 1939-41 beim brit. Roten Kreuz, 1941-48 im Wirtschaftsmin. der Mandatsreg., 1948 Teiln. am Unabhängigkeitskrieg. 1948-70 im isr. Wohlfahrtsmin., zuletzt Dir. für Sozialplanung u. soziale Einrichtungen. Mitgl. *B'nai B'rith,* AbtLtr. *Israelisches Institut für öffentliche Verwaltung,* Doz. für öffentl. Verw. in Uganda u. Kenia, VorstVors. einer Org. zur Hilfe für Opfer von Verkehrsunfällen. Lebte 1974 in Ramat Gan.

Qu: Fb. Hand. – RFJI.

Noymer (bis 1943 Neumetzger), **Eugene Emanuel,** Kaufmann; geb. 3. Febr. 1896 Oberdorf-Bopfingen/Württ.; jüd.; *V:* Sigmund Neumetzger (geb. 1868 Oberdorf-Bopfingen, gest. 1932), jüd., Realschule, Viehhändler, Vors. jüd. Gde., Mitgl. *Fortschrittliche Volkspartei; M:* Elise, geb. Bacharach (geb. 1875 Fellheim/Bayern, gest. 1917), jüd.; *G:* 1 B (gef. im 1. WK); ∞ 1920 Erna Esther (geb. 1899 Kehl/Rhein, gest. 1968 Brookline/Mass.), jüd., höhere Schule, 1937 Emigr. USA, langjähr. ltd. Mitarb. in Fabrik des Ehemanns; *K:* Fritz Samuel (geb. 1923), jüd., Gymn., 1937 Emigr. USA, Examen Boston Univ., Präs. Noymer Manufacturing Co.; Arthur Aaron (geb. 1926), 1937 Emigr. USA, 1951 B.A., Vizepräs. u. Geschäftsf. versch. Unternehmen; Bernhard (geb. 1927), 1937 Emigr. USA, Examen Univ. of Mass., Inh. von Lederwarengeschäften in Mass./USA; *StA:* deutsch, USA. *Weg:* 1937 USA.

Realschule u. Gymn., 1911-12 Lehre, 1913-14 Handelsreisender für Schuh-Großhandelsfirma. 1914-18 Kriegsteiln. (EK II, Württ. Verdienstkreuz). 1919-37 Teilh. Ladenburger & Wolf (ab 1923 Wolf & Neumetzger), 1907-37 Mitgl. *Verband des deutschen Schuhgroßhandels,* 1911-37 (?) ZVfD, 1932-37 Mitgl. SynVorst. Karlsruhe. 1937 Emigr. USA, Gr. Lederfabrik Noymer Manufacturing Co. Boston; Apr. 1938 Mitgr., Vorst-Mitgl. u. Präs. IMAS, Beteiligung an Org. von Gottesdiensten an hohen Feiertagen u. am Erwerb des IMAS-Friedhofes, ltd. Rolle in Fürsorge für Einwanderern, später Ehrenpräs. IMAS, Mitgr. u. VorstMitgl. A.F.J.C.E. Lebte 1978 in Brookline/Mass.

L: IMAS News, Bull. of Immigrants, Mutual Aid Soc., Boston (ab 1942). *D:* RFJI. *Qu:* Fb. Pers. Z. – RFJI.

Nuding, Hermann Christian, Parteifunktionär; geb. 3. Juli 1902 Oberurbach/Württ., gest. 31. Dez. 1966 Stuttgart; *V:* Arbeiter; ∞ I. Paula Kopp (später Paula Ruess) (geb. 1902), gesch., Ausbürg. mit Ehemann, Emigr. F, Internierung in Rieucros u. Bompard, 1941-43 Mitgl. KPD-Ltg. für die Arbeit in Deutschland (Landltg.) u. Mitarb. Sektor TA innerhalb der franz. Résistance in Paris, 1943 Verhaftung, 1944 Dep. nach Deutschland, bis Kriegsende KL Ravensbrück; II. Helene; *StA:* deutsch, 28. Mai 1938 Ausbürg. *Weg:* 1934 CSR, UdSSR; 1935 CSR; CH; F; 1945 Deutschland (ABZ).

Weißgerber; 1918 Mitgl. *Zentralverband der Lederarbeiter und -arbeiterinnen* Deutschlands, 1919 FSJ, Mitgr. u. Vors. KPD-Ortsgruppe Oberurbach; ab 1920 Mitgl. KJVD-BezLtg. Württ., Sept. 1923-Mai 1925 für IAH in USA tätig, anschl. Pol-Sekr. KJVD-Bez. u. Mitgl. KPD-BezLtg. Württ., ab 11. Kongreß Okt. 1925 Mitgl. ZK des KJVD, 1927-28 Besuch Lenin-Schule der *Komintern* Moskau, 1929 PolSekr. KPD-Unterbez. Hagen, dann ZK-Instrukteur in Oberschlesien, 1930 PolSekr. Unterbez. Chemnitz, 1931-Mai 1932 AgitProp-Sekr. in der Reichsltg. des *Verbandes proletarischer Freidenker,* ab Juni 1932 OrgSekr. BezLtg. Berlin-Brandenburg u. Mitarb. ZK-OrgAbt., enger Mitarb. von → Walter Ulbricht. Febr. 1933-Juli 1934 Schutzhaft, Aug. 1934 Emigr. CSR. Später UdSSR, bis 1935 Mitarb. Mitteleuropäisches Ländersekretariat des EKKI Moskau. Okt. 1935 als Gastdeleg. der sog. Brüsseler Konferenz der KPD Wahl in ZK-Kontrollkommission, danach als nomineller Kaderltr. der KPD unter dem Patronat W. Ulbrichts Aufbau einer App. nach dem Muster des kurz zuvor aufgelösten MilApp. (→ Hans Kippenberger), als dessen Ltr. pol. Mitarb. des Pariser ZK-Sekretariats; zentrale Parteifunktionen in der CSR u. Westeuropa, insbes. in Paris u. der Schweiz. Deckn. Degen, Claus. Sept. 1939-Febr. 1940 Internierung in Gurs, ab Anfang 1942 illeg. als Landarb. in Südfrankr., ZusArb. mit der Résistance, 1944-45 angebl. Red. beim KFDW. 1945 Rückkehr nach Deutschland, 2. Vors. KPD-Landesverb. Baden-Württ., auf sog. Vereinigungs-PT der SED im Apr. 1946 Wahl in PV; 1946 Mitgl. Vorläufige Volksvertretung u. anschl. Verfassunggebende Landesversammlung Württ.-Baden, 1946-50 MdL ebd., 1949-Apr. 1951 MdB (zeitw. Fraktionsvors.); ab Apr. 1948 Mitgl. PV u. bis Juli 1950 Mitgl. PV-Sekr. der KPD. Galt insbes. als Gegner der GewPol. der KPD, nach Kritik durch → Wilhelm Pieck auf 3. PT der SED 1950 aus PV-Sekr. der KPD entfernt. 1951 Mandatsniederlegung, Rentner.

L: GdA-Biogr.; Duhnke, KPD; Schaul, Résistance; Pech, Résistance; Wehner, Untergrundnotizen. *Qu:* Hand. Publ. Z. - IfZ.

Nussbaum, Kurt, Dr. med., Psychiater; geb. 18. Jan. 1909 Bocholt/Westf.; jüd.; *V:* Leo N. (geb. 1868 Burghaun/Hessen, gest. 1940 Basel/CH), jüd. ReligLehrer u. Prediger in Bocholt, Aug. 1939 Emigr. CH; *M:* Rosa, geb. Hulisch (geb. 1875 Neustadt-Goedens b. Wilhelmshaven, gest. 1961 Basel), aktiv in GdeArb., 1939 Emigr. CH; *G:* Dr. med. dent. Alfred N. (geb. 1899), Zahnarzt, 1937 Emigr. USA; Herbert (geb. 1903), Stud. Köln, HebrLehrer, 1941 Emigr. USA; Elli Warschawski (geb. 1904), Sozialarb., 1937 Emigr. CH; ∞ 1938 Marguerite E. Braceland (geb. 1915 Philadelphia/Pa.), kath., später jüd., M.L.A., ehrenamtl. Tätigkeit in psychiatr. Klinik; *K:* Judith Neri (geb. 1939), Ph.D., Hochschullehrerin; Michael Leo (geb. 1941), Betriebswirt; Rosemary Warschawski (geb. 1946); *StA:* deutsch, 1939 USA. *Weg:* 1935 USA.

1927-32 Stud. Med. Bonn, Berlin u. Köln, 1932 Prom. Med. Akad. Düsseldorf, Mitgl. *Kameraden,* 1933 MedAssist. Krankenhaus der Jüd. Gde. Berlin, 1934-35 am Jüdischen Asyl für Kranke in Köln, 1935 Stellv. u. Assist. eines Arztes in Bocholt; Verweigerung der Prom.-Urkunde, deshalb keine Anstellung. Aug. 1935 Emigr. USA, Unterstützung durch Verwandte u. Kollegen, 1935-36 Hospitant an Krankenhäusern in New York u. Resident Physician am Delaware County Hospital Drexel Hill/Pa., 1936-37 MedAssist. am Fitzgerald-Mercy Hospital Darby/Pa., 1937-39 AssistArzt am Am. Stomach Hospital, 1939-41 Psychiater am Philadelphia State Hospital, 1940-41 fachärztl. Weiterbildung in Psychiatrie, Neurologie u. Kinderpsychiatrie in versch. Univ. u. Krankenhäusern, 1942-46 Stabs- u. Oberstabsarzt psychiatr. Abt. des US-Army Medical Corps, 1946-68 Oberstabsarzt u. zuletzt Oberstarzt US-Army Res. Medical Corps, 1946-61 stellv. Ltr. psychohygien. Beratungsdienst Veterans Admin. Regional Office in Baltimore/Md., 1947-50 Stud. Baltimore-Washington Inst. for Psychoanalysis. 1957-62 Instructor, ab 1962 Assist. Prof. an der Johns Hopkins School of Med., 1961-64 ltd. Psychiater am Spring Grove State Hospital Baltimore, Forschungstätigkeit, ab 1961 Psychiater am Bon Secours Hospital, Chefarzt u. Berater für Psychiatrie u. Neurologie Bureau of Disability Insurance, Social Security Admin. Baltimore. Ab 1946 aktiv in jüd. GdeArb., ab 1961 i. A. von HIAS psychiatr. Beratung von Opfern der natsoz. Verfolgung, Vertrauensarzt des dt. Konsulats in Philadelphia, später der dt. Botschaft in Washington/D.C.; Life Fellow *Am. Psychiatric Assn.,* Diplomate *Am. Board Psychiatry and Neurology,* Fellow *Am. Assn. for the Advancement of Science,* Mitgl. *Soc. of Med. Consultants to Armed Forces.* Lebte 1978 in Pikesvile/Maryland. - *Ausz:* 1968, 1976 Ausz. durch Commissioner of US Soc. Security Admin., 1971 Ehrengabe der HIAS Baltimore.

Qu: Fb. Hand. - RFJI.

Nussbaum, Max, Dr. phil., Rabbiner, Verbandsfunktionär; geb. 4. Apr. 1910 Suczava/Bukowina, gest. 19. Juli 1974 Hollywood/Calif.; jüd.; *V:* Joseph N.; *M:* Rachel, geb. Bittkover; ∞ 1938 Ruth Offenstadt; *K:* Hannah Marsh, Jeremy; *StA:* 1946 USA. *Weg:* 1940 USA.

1929-32 Stud. Breslau u. Heidelberg, 1933 Prom. Würzburg, daneben 1929-34 Stud. Jüd.-Theol. Seminar Breslau, 1934 Rabbinerexamen, 1935-40 Rabbiner Jüd. Gde. Berlin, bedeutender Kanzelredner, aktiver Zion.; 1940 Emigr. USA, Visum durch Unterstützung von Rabbiner Stephen S. Wise, 1940-42 Rabbiner Congr. Beth Ahaba in Muskogee/Okla., 1941-42 Dir. *Hillel Council* der State Univ. Oklahoma, 1942-74 Rabbiner Temple Israel in Hollywood/Calif., ab 1948 Mitgl. nat. VerwRat des JDC, ab 1954 Präs. *S. Calif. Assn. of Liberal Rabbis,* Mitgl. VerwRat UJA u. Deleg. im *Los Angeles Jew. Community Council,* 1949-56 Vors. *Am. Zion. Congress* Los Angeles, 1957-74 ehrenamtl. Präs. S. Calif. District u. 1958 nat. Vizepräs. *Am. Jew. Congress,* 1957 Präs. *Western Assn. of Reform Rabbis,* stellv. Vors. *Nat. Rabbinical Council* u. *Reform Jew. Appeal,* Fakultäts- u. Kuratoriumsmitgl. UAHC u. H.U.C.-J.I.R., 1958-62 Vors. Exekutive u. 1962-65 Präs. ZOA, ab 1958 VorstMitgl. *Nat. Council of Christians and Jews* für den Bez. Los Angeles, ab 1959 VorstMitgl. *Bonds of Israel,* ab 1960 Mitgl. *Zion. Actions Committee,* ab 1960 Vors. u. Fakultätsmitgl. Los Angeles Coll. of Jew. Studies, ab 1961 Mitgl. rabbinischer Beratungsausschuß u. Exekutivausschuß der CCAR, ab 1962 Mitgl. Calif. State Commission for Food for Peace Program, 1964-67 Bundesvors. u. 1967-70 ehrenamtl. Bundesvors. *Am. Zion. Council,* 1964-68 Vors. am. Abt., ab 1968 ehrenamtl. Vors. u. stellv. Vors. nordam. Abt. des WJC, 1968 Vertr. der am.-jüd. Gemeinschaft bei der Amtseinsetzung von Präs. Johnson, 1969 Präs. des *Board of Rabbis* in S. Calif., 1970 Vizepräs. *Am. Zion. Fed.;* Darstellung seiner Lebensgesch. in der Fernsehsendung *This is Your Life.* - *Ausz.:* 1959 D.D.h.c. der Calif. School des H.U.C.-J.I.R., 1961 Hon. Litt. D. Dropsie Coll., 1968 Roosevelt Humanities Award, 1969 Brandeis Award der ZOA, 1971 Scopus Award.

W: Jehuda Halevi's Philosophie des Nationalismus (Diss.) 1934; Kantianismus und Marxismus in der Sozialphilosophie Max Adlers. 1934; Nachman Krochmal, the Philosopher of Israel's Eternity. In: American Jewish Yearbook. 1942-43; Eretz Yisrael, Galut and Chutz la-Aretz in Their Historic Settings. In: C.C.A.R. Yearbook 1953; Temple Israel Pulpit. A Selection of Public Sermons, Speeches and Articles. (Mithg.) 1957; Marriage and Family Life. (Beitrag) 1959; Selichot Service, a Night for Forgiveness. (Mithg.) 1959-60; Ministry Under Stress. A Rabbi's Recollections of Nazi Germany, 1935-40 (Ausschnitte aus der unveröffentl. ABiogr.) in: Gegenwart im Rückblick. 1970; Art. in: *Jüdische Rundschau, Judaism, Reconstructionist, American Zionist* u. jüd. Zs. in Europa u. USA. *D:* RFJI. *Qu:* Arch. Hand. Pers. Publ. Z. - RFJI.

Nyland-Distler, Rose (urspr. Rose-Erika), geb. Böchel, Schriftstellerin, Parteipolitikerin; geb. 8. Aug. 1929 Chemnitz; *V:* → Karl Böchel; *M:* Hedwig Erika, geb. Meisgeier (geb.

1907), 1933 Emigr. CSR, 24. Apr. 1937 Ausbürg., 1938 N; *G:* Karl (geb. 1931), Emigr. u. Ausbürg. mit Eltern; ∞ verh.; *K:* 2; *StA:* deutsch, 24. Apr. 1937 Ausbürg., deutsch. *Weg:* 1933 CSR; 1938 (?) N; 1944 S; 1945 N; 1951 Deutschland (DDR).

1933 mit Eltern in die CSR, 1938 nach Norwegen, 1944 Schweden, 1945 Rückkehr nach Norwegen; Gymn., 1948 Mitgl. norweg. kommunist. Jugendverb. u. Mitarb. seiner Zs. *Avent-Garden,* 1950 Mitgl. norweg. KP. 1951 Rückkehr nach Chemnitz, SED, Tätigkeit als Erziehungshelferin u. Gartenarb., später FDJ-Funktionärin, ab 1957 freie Schriftst.; 1953 FDGB, 1954 *Demokratischer Frauenbund Deutschlands* u. *Kulturbund zur demokratischen Erneuerung Deutschlands,* 1962-64 Kand. SED-BezLtg. u. 1962-65 SED-Sekr. im BezVerb. *Deutscher Schriftstellerverband (DSV)* Karl-Marx-Stadt, ab 1963 Vorst-Mitgl. DSV, 1963-71 MdVK. Lebt in Karl-Marx-Stadt. - *Ausz.:* u.a. Clara-Zetkin-Med., 1961 Kunstpreis des Bez. Karl-Marx-Stadt, 1962 Erich-Weinert-Medaille.

W: Genosse Mensch (L). 1959; ... und waren dennoch Sieger (L). 1961; Fünf Kiesel im Bach (L). 1964; Kinderhörspiele. *L:* Albrecht, Deutschspr. Schriftsteller. *Qu:* Hand. - IfZ.

O

Ochs, David, Dr. phil., Rabbiner, geb. 8. Dez. 1904 Köln, gest. 3. Okt. 1974 Tel Aviv; *V:* Dr. med. Anselm (Moshe Asher) O. (geb. 1861 Köln, gest. GB), Vors. orthodoxe Gde. Adass Jeschurun Köln, vor 2. WK Emigr.; *M:* Bertha, geb. Stern (geb. 1871 Schlüchtern/Hessen), vor 2. WK Emigr.; *G:* Regina (geb. 1895 Köln), Lehrerin, 1935 Emigr. Pal.; Dr. med. Aliza O. (geb. 1896 Köln), 1939 Emigr. GB; Dr. med. Julius O. (geb. 1900 Köln, gest. 1965 USA); ∞ 1932 Gerda Rau (geb. 1909 Berlin), Stud. Rechtswiss. Berlin, 1938 Emigr. GB, 1939 Pal., tätig in *Jugend-Alijah; StA:* deutsch, Pal./IL. *Weg:* 1938 GB; 1939 Pal.

Stud. Köln, Berlin, Würzburg, 1925 Prom. Würzburg, Stud. Rabbinerseminar Berlin, 1928 Rabbinerexamen, 1931 Staatsexamen Berlin, 1928-32 Lehrer am Adass-Jisroel-Realgymn. Berlin, 1932-36 Rabbiner orthodoxe Gde. Königsberg, 1936-38 orthodoxe Gde. Leipzig; Nov. 1938 KL Buchenwald, Entlassung nach Erhalt der Einreiseerlaubnis nach GB. Dez. 1938 Emigr. GB, März 1939 nach Palästina, 1939-46 Schulltr. relig. Jugenddorf Kefar haNoar haDati, 1946-56 Dir. höhere Schule Moria Tel Aviv (später städt. ReligSchule von Tel Aviv), 1956-70 Inspektor des Erziehungsmin. für höhere Schulen, später auch für Lehrerseminare, ab 1961 Doz. Bar-Ilan-Univ., gleichz. Rabbiner orthodoxe Jugendgde. Ḥug haNoar haDati Tel Aviv, ab 1970 Berater für relig. Angelegenheiten im Erziehungsmin.; Mitgl. relig. Ausschuß für Tel Aviv - Jaffa.

W: Die Redefigur der Metapher in der Mischna. (Diss.) 1925; Horaat haDinim beBatai Sefer haMamlakhtiyim haDatiyim (Unterricht im ReligGesetz in öffentl. Schulen). 1956. *Qu:* Fb. Hand. Pers. - RFJI.

Ochs, Moses Samuel, Dr. phil., Rabbiner; geb. 16. Febr. 1886 Rovno/Wolhynien, gest. 23. Febr. 1944 London; *G:* 3 S; ∞ 1920 Helene Graetzer (geb. 1892 Rosenberg/Oberschlesien), 1939 Emigr. GB; *K:* Sidney Efraim (geb. 1921), 1939 Emigr. GB, Stud., Büroangest.; Herbert (geb. 1923), 1939 Emigr. GB, in der Forschung tätig; *StA:* österr. *Weg:* 1939 GB.

Ab 1911 Stud. u. 1914-16 Doz. Jüd.-Theol. Seminar Breslau, gleichz. Stud. Breslau, 1916 Prom., 1916-35 Rabbiner SynGde. Gleiwitz, 1935-37 Doz. für Talmudwiss., 1937-39 Rabbiner am Jüd.-Theol. Seminar Breslau, 1938 KL Buchenwald. Apr. 1939 Emigr. GB, Visum durch Unterstützung des Chief Rabbi in London. 1939-44 Rabbiner in chassid. Syn., Veranstalter privater relig. Gruppengespräche mit Freunden u. Kollegen.

W: Ibn Esras Leben und Werke nebst den hergestellten Kommentaren zu Jeremia, Ezechiel, Proverbia, Esra, Nehemia und Chronik. (Diss.) 1916; Die Wiederherstellung der Kommentare Ibn Esras zu den Büchern Jeremias, Ezechiel, Sprüchen Salomos, Esra, Nehemia und Chronik. In: Monatsschrift für die Geschichte und Wissenschaft des Judentums, LX, 1916; Zu Ibn Esras Exoduskommentar. Ebd. LXXXIV, 1930. *Qu:* Arch. Pers. Publ. Z. - RFJI.

Odpadlik, Paul, Offizier; geb. 2. Jan. 1902 Neu-Titschein/Nordmähren, gest. 21. März 1973; ∞ Hildegard Benisch; *StA:* deutsch, UdSSR. *Weg:* UdSSR; 1936 E; Deutschland (Berlin).

KPD-Mitgl.; nach 1933 Emigr. in die UdSSR, Erwerb der sowj. Staatsangehörigkeit, 1936-39 Teiln. Span. Bürgerkrieg. Nach Kriegsende im Polizeiwesen der SBZ tätig, 1948 Kriminaloberrat bei Deutsche Zentralverwaltung des Innern, ab 1950 Mitarb. u. später stellv. Ltr. Hauptabt. Kriminalpolizei in der Hauptverw. der Deutschen Volkspolizei (DVP), ab 1955 Inspekteur der DVP, zuletzt Oberst der Kriminalpolizei u. Mitarb. im MdI. - *Ausz.:* u.a. 1956 Hans-Beimler-Med.; VVO (Bronze, Silber, Gold); Banner der Arbeit.

Qu: Arch. Publ. Z. - IfZ.

Öhler, Franz, Unternehmer; umgek. im Holokaust; jüd. *Weg:* 1938 JU; 1941 Deutschland (Österr.).

Besitzer großer Warenhäuser in Graz u. Zagreb. Emigrierte 1938 nach Anschluß Österr. nach Zagreb. Unterstützte KPÖ-Gruppe in Jugoslawien u. deren illeg. Arbeit mit Zielrichtung Österr., ZusArb. mit → Julius Kornweitz. 1940 kurzfristig in Istanbul, Verb. mit Parteigruppe der KPÖ (→ Herbert Eicholzer). Nach dt. Einmarsch in Jugoslawien Verhaftung, Sept. 1944 Prozeß in Wien, Freispruch. Anschl. KL-Haft, gegen Kriegsende umgekommen.

Qu: Arch. Pers. - IfZ.

Oelbermann, Karl (genannt Oelb), Jugendführer; geb. 24. Apr. 1896 Bochum, gest. 9. Okt. 1974 Burg Waldeck/Hunsrück; *V:* Kaufm., Lackfabrikant, Lotterieeinnehmer; *G:* Robert (geb. 1896, gest. 1941 KL Dachau), Jugendführer, Mitgr. u. Ltr. *Nerother Wandervogel,* 1936 verhaftet; *StA:* deutsch. *Weg:* 1935 Afrika; 1950 Deutschland (BRD).

Gymn., Landwirtschaftslehre. 1910 *Altwandervogel (AWV),* 1914 Kriegsfreiw. (EK I u. II), Gildenführer der Wandervögel der 16. Infanterie-Div., nach 1919 Maurerlehre, *Feldwandervogel, Stromergilde* u. *Bund der Neromen* im AWV, mit Zwillingsbruder Robert 1920 Gr. *Bund zur Errichtung der Rheinischen Jugendburg,* 1921 Gr. *Nerother Wandervogel-Deutscher Ritterbund,* Extremform der bünd. Org., mit Zentrum auf der von ihm ausgebauten Jugendburg Waldeck; Großfahrten in Afrika, Amerika u. Asien. 1933 Selbstauflösung des Bundes u. 1934 der Nachfolgeorg. *Arbeitsgemeinschaft Burg Waldeck e.V.,* Juni 1935 Afrika-Expedition der Kameradschaft Oelb, Verbleib im Ausland, während des Krieges 4 J. Internierung Bavianspoort/S-Afrika. Anfang 1945 Aufruf an die dt. Jugend zur Erhebung gegen den NatSoz. Nach 1950 Reorg. des *Nerother Wandervogels,* 1950-54 Nerother-Trans-Afrika-Filmexpedition zur Beschaffung von Geldmitteln, anschl. Bundesführer, Weiterbau der Jugendburg Waldeck, ab 1950 Hg. *Der Herold. - Ausz.:* 1974 BVK.

W: Heijo der Fahrtwind weht. Liederbuch (Hg.). 1933, 1963; Horridoh. Liederbuch (Hg.). 1958; zahlr. Lichtbildervorträge u. Fahrtenfilme. *L:* u.a. Jantzen, Heinrich, Namen und Werke, Bd. 2. 1974; Kindt, Werner (Hg.), Die deutsche Jugendbewegung 1920 bis 1933. Dokumentation der Jugendbewegung, III. 1974. *Qu:* Arch. Publ. - IfZ.

Oelßner, Fred, Partei- u. Staatsfunktionär, Wissenschaftler; geb. 27. Febr. 1903 Leipzig; *V:* Alfred O. (1879-1962), KPD-Funktionär, ZK-Mitgl., 1950-54 Vors. Zentrale Revisionskommission der SED (s. GdA-Biogr.); *StA:* deutsch. *Weg:* 1933 CSR, F; 1935 UdSSR; 1945 Deutschland (SBZ).

1917 USPD, 1918-20 Ltr. *Sozialistische Proletarier-Jugend Bez.* Halle-Merseburg u. nach Anschluß an KPD 1920-21 KJVD, 1923 Urteil Reichsgericht Leipzig 1 J. Gef. wegen Teiln. an sog. Märzaktion 1921; ab Ende 1921 RedVolontär Hamburg, später Red. an KPD-Ztg. in Breslau, Stuttgart, Chemnitz, Remscheid, Aachen. 1926-32 Stud. pol. Ökonomie Kommunist. Akad. Moskau, 1932-33 Mitarb. ZK der KPD. Illeg. Tätigkeit, Ende 1933 Emigr. CSR, Mitarb. *Komintern* u. KPD-AuslLtg. in Prag u. Paris. 1935 nach Moskau, 1935-37 Lektor Lenin-Schule, Entlassung wegen angebl. ideolog. Abweichungen, 1937-39 Bewährungseinsatz als Arbeiter in Papierfabrik, Rehabilitierung; 1941-45 Ltr. Deutschlandabt. *Radio Moskau* (Deckn. Larew), ab Febr. 1944 Mitgl. u. Wirtschaftsexperte ArbKommission beim PolBüro des ZK der KPD. 1. Mai 1945 Rückkehr nach Dresden als Mitgl. *Gruppe* → *Anton Ackermann.* 1945-46 Ltr. AgitProp-Abt. des ZK der KPD, 1946 Ltr. Abt. Parteischulung beim PV der SED, 1947-58 Mitgl. PV bzw. ab 1950 ZK der SED, 1949-50 Mitgl. Kleines Sekr. des PolBüros, 1950-55 Sekr. für Prop. beim ZK u. bis 1956 Chefred. des theoret. SED-Organs *Einheit* Berlin (Ost), 1950-58 Mitgl. PolBüro des ZK u. MdVK. Trat als führender Parteiideologe nach 20. PT der KPdSU für Liberalisierung der SED-Wirtschaftspol. ein u. wurde deshalb auf weniger einflußreiche Funktionen im Staatsapp. verdrängt; 1955-58 stellv. Vors. MinRat u. Vors. Kommission für Fragen der Konsumgüterproduktion und der Versorgung der Bevölkerung beim MinRatPräs., 1957-58 Mitgl. Wirtschaftsrat beim MinRat sowie Lehrstuhlinh. für pol. Ökonomie beim Institut für Gesellschaftswissenschaften des ZK, Vors. Sektion Wirtschaftswiss. der Deutschen Akademie der Wissenschaften (DAW), Mitgl. Wiss. Rat des Museums für Deutsche Geschichte Berlin (Ost). 6. Febr. 1958 Ausschluß aus PolBüro zus. mit Karl Schirdewan u. → Ernst Wollweber wegen parteioppos. Tätigkeit gegen → Walter Ulbricht, März 1958 Enthebung von allen Funktionen im Staats- u. Parteiapp., Sept. 1959 Selbstkritik wegen „Opportunismus und politischer Blindheit in den Jahren 1956/57". 1958-69 Dir. Institut für Wirtschaftswissenschaften der DAW Berlin (Ost), ab 1961 Sekr. der Klasse Phil., Gesch., Staats-, Rechts- u. Wirtschaftswiss. der DAW; Vors. Nationalkomitee der Wirtschaftswissenschaften. Lebte 1973 in Berlin (Ost). - *Ausz.:* 1949 NatPreis 3. Kl., 1955 u. 1965 VVO (Gold); Mitgl. DAW, ProfTitel.

W: u.a. Die Übergangsperiode vom Kapitalismus zum Sozialismus in der DDR. 1955; 20 Jahre Wirtschaftspolitik der SED. 1966; Die Arbeitswerttheorie als wissenschaftliche Grundlage der Marxschen Politischen Ökonomie. 1967; zahlr. Fachaufs. *L:* Leonhard, Revolution; Stern, Porträt; Stern, Ulbricht; Jänicke, Dritter Weg; Weber, Wandlung; GdA-Biogr.; Wehner, Untergrundnotizen; Beer-Jergitsch, Lilli, 18 Jahre in der UdSSR (unveröffentl. Ms.). *Qu:* Hand. Publ. Z. - IfZ.

Oestreich, Carl, Dr. jur., Rechtsanwalt; geb. 12. Juli 1877 Aschaffenburg/Main, gest. 16. Dez. 1961 London; jüd.; *V:* jüd.; *G:* Lisl Strauss (geb. Aschaffenburg, Freitod); Hansi Mai (geb. Aschaffenburg, gest. vor 1933); ∞ 1911 Aenni Dilsheimer (geb. 1890 Aschaffenburg), jüd., höhere Schule, *A:* GB; *StA:* deutsch. *Weg:* 1939 GB.

Stud. Rechtswiss. München, Berlin, Würzburg u. Lausanne, Prom., 1905-38 RA in München. Im 1. WK Offz. (EK), verwundet, 3 J. franz. Kriegsgef.; anschl. Ltr. Paßabt. dt. GenKonsulat in Zürich, ab 1926 Justizrat in München, VorstMitgl. Anwaltskammer u. Referent des Deutschen Anwaltstags, 1929 bedeutende Rede *(Anwalt, Volk und Staat)* vor Hamburger Anwaltskammer; 1938 Berufsverbot. Ab 1908 Mitgl. der Repräsentantenversammlung, 1910-38 VorstMitgl. u. 2. Vors. der Isr. Kultusgde. München, 1919-39 stellv. Vors. u. 1933-39 Syndikus Amt für Bauwesen u. Friedhofsanlagen, Ratsmitgl. *Verband Bayerischer Israelitischer Gemeinden* u. nach 1933 Syndikus *Reichsvertretung;* Nov. 1938 KL Dachau. März 1939 Emigr. GB, Unterstützung durch Familie, 1940 Internierung Isle of Man, anschl. Lampenvertr., Ehefrau Babysitter.

W: Die letzten Stunden eines Gotteshauses. In: Hans Lamm, Von Juden in München. 1959; Art. in *Zeitschrift für Rechtspflege in Bayern, Juristische Wochenschrift* u. *Aufbau. Qu:* Arch. Pers. Publ. Z. - RFJI.

Öttinghaus, Walter, Partei- u. Gewerkschaftsfunktionär; geb. 26. Febr. 1883 Gevelsberg/Westf., gest. 17. Sept. 1950 Enneptal/Westf.; o.K.; ∞ 1909 Paula Becker (1883-1967), SPD, 1934 Emigr. NL, F, 1945 Deutschland (West); *K:* Paula (geb. 1909), Sekr. des Vaters, 1933 Verf. von Berichten über Lage in Deutschland für dt. Exilgruppen, Aug. Emigr. NL u. Paris, ab Mai 1940 Internierung, nach Freilassung in der Résistance, in Abwesenheit von Vichy-Justiz zu 6 J. Zwangsarb. verurteilt, Sept. 1942 nach GB, Mitarb. *Soldatensender Calais,* 1946 nach F, ab 1958 CDN, Ausz.: Croix de Guerre (F) u. King's Commendation (GB); *StA:* deutsch. *Weg:* 1933 NL, F; 1941 Algerien, Mex.; 1948 Deutschland (BBZ).

Formerlehre, 1901 SPD u. DMV, 1910-32 Geschäftsf. DMV Gevelsberg, 1910-33 Gde Rat Milspe/Westf., Mitgl. Amtsvertretung Ennepe, Kreistag Schwelm u. ProvLT Westfalen; im 1. WK zur USPD, 1922 SPD; Juni 1920-Mai 1924 MdR, ab Sept. 1930 erneut MdR, als Vertr. der linken Parteiopposition um → Kurt Rosenfeld u. → Max Seydewitz gegen die Tolerierungspol. des PV gegenüber der Brüning-Reg.; 1931 auf Leipziger PT Wahl ins PV-Sekretariat, 26. Sept. 1931 trotz Vorbehalten gegenüber kommunist. GewPol. demonstrativer Übertritt zur KPD, um Grdg. der SAPD zu verhindern, angebl. ltd. Funktionen in RGO. Nach natsoz. Machtübernahme illeg. Tätigkeit, Mai 1933 Emigr. nach Holland, später Paris; Mitte der 30er Jahre KPD-Ausschluß, Anschluß an Gruppe um → Willi Münzenberg u. Mitarb. *Comité Hommes en Détresse* Paris, März 1937 Mitgr. u. Vertr. der Metallarb. im ArbAusschuß des *Koordinationsausschusses deutscher Gewerkschafter,* nach dt. Einmarsch in Frankr. Internierung, anschl. nach Südfrankr., später Algerien u. Mexiko. 1948 Rückkehr nach Deutschland, aktiv in VVN u. Gewerkschaft.

L: Drechsler, SAPD; Bednareck, Gewerkschaftspolitik. *Qu:* Arch. Hand. Pers. Publ. - IfZ.

Offner, Eric Delmonte, Rechtsanwalt; geb. 23. Juni 1928 Wien; *V:* Sigmund G.O., Kaufm.; *M:* Käthe, geb. Delmonte; ∞ I. 1955 Julie Cousins (gest. 1959); II. 1961 Barbara Shotton, Kunstmalerin; *K:* Gary Douglas; *StA:* 1949 USA. *Weg:* 1941 USA.

1941 Emigr. USA. 1949 B.B.A. City Coll. New York, 1952 LL.B. Cornell Univ., zugl. 1950-51 Mitgl. Beirat des Präs. der Cornell Law School u. Chefred. *Cornell Law Forum.* 1952-57 RA bei Langner, Parry, Card & Langner New York, ab 1957 Teilh. RA-Büro Haseltine, Lake & Co. New York (spezialisiert auf ausländ. Patente u. Warenzeichen). 1961-66 Mithg. *Bulletin of New York Patent Law Association,* 1961-64 RedMitgl. *Trademark Reporter.* 1966-67 Vizepräs., später Präs. Riverdale Mental Health Clinic, Doz. für Rechtswiss. George Washington Law School. Mitgl., 1961-62 Vizepräs., 1959-64 Dir. u. 1964-67 Präs. *Riverdale-Yonkers Soc. for Ethical Culture,* Mitgl. Hauptvorst. u. Kuratorium *Am. Ethical Union,* Vors. Ausschuß für ausländ. Warenzeichen der *Am. Patent Law Assn.,* Mitgl. versch. Komitees für Warenzeichen u. gegen unlauteren Wettbewerb der *Patent Lawyers Assn.,* der *Am.* u. *New York City Bar Assn.,* der *US Trademark Assn.* u. von *World Peace through Law.* Mitgr. *Trademark Soc.* Washington/D.C., Mitgl. Inst. of Trade Mark Agents London. Lebte 1978 in New York.

W: u.a. International Trademark Protection. 1965; Offner's International Trademark Service, 3 Bde. 1970. *Qu:* Hand. - RFJI.

Ohrenstein, Manfred H., Rechtsanwalt, Politiker; geb. 5. Aug. 1925 Mannheim; jüd.; *V:* Markus O., vor 1938 Emigr. USA, Kaufm.; *M:* Fannie, geb. Hollander, 1938 Emigr. USA; *G:* Theodore, Emigr. Pal., dann USA über Afrika; 1 S, Dep. nach PL, Emigr. USA über Port.; ∞ 1957 Marilyn Bacher; *K:* Nancy Ellen, David Jonathan; *StA:* USA. *Weg:* 1938 USA.

Volksschule in Deutschland. 1938 Emigr. USA mit Mutter u. Großmutter; 1948 B.A. Brooklyn Coll., 1951 Harlan Fiske Stone-Stipendiat an der Columbia Univ. Law School, 1951 LL.B.; 1952-54 Oberlt. beim Judge Advocate Gen. Corps der US-Armee, 1955-66 Hptm. der Reserve. 1954-58 stellv. Bez-

Staatsanwalt New York County, 1958-61 RA-Praxis, ab 1961 Teilh. Karpatkin, Ohrenstein u. Karpatkin New York u. Teilh. RA-Firma Stein, Rosen, Ohrenstein New York. Ab 1961 demokrat. Senator im New York State Senate; 1965 Vors. N.Y. State Senate Committee on Mental Hygiene, 1965-66 Vors. N.Y. State Joint Legis. Committee on Higher Educ., 1969 Mitgl. Commission on Open Admissions der City Univ. of New York, ab 1969 Vors. *Nat. Corp. for Policy Research and Development,* ab 1971 Mitgl. State Joint Legisl. Committee on Housing and Urban Development, ab 1975 Führer der Senats-Minderheit, Mitgl. des linken Flügels der Parteiführung. Mitgl. VerwAusschuß New York Shakespeare Festival, *Brooklyn Coll. Honor Soc., Am. Jew. Congress,* Mitgl. *New York Country Lawyers Assn.,* New York State Board der *Am. for Democratic Action,* ACLU. Lebte 1978 in New York.

Qu: Hand. Pers. Publ. Z. - RFJI.

Olberg-Lerda, Oda, Journalistin; geb. 2. Okt. 1872 Bremerhaven, gest. 11. Apr. 1955 Buenos Aires; *V:* dt. Marineoffz.; ∞ 1896 Giovanni Lerda (gest.), ital. Sozialist; *K:* 2, Emigr. Argent.; *StA:* deutsch, I (?), Argent. (?). *Weg:* 1934 Argent.

Frühzeitig in dt. sozdem. Bewegung aktiv, Bekanntschaft mit August Bebel. 1896 aus gesundheitl. Gründen nach Italien, ab 1898 Rom-Korr. *Vorwärts* Berlin u. *Arbeiter-Zeitung* Wien, Mitarb. u.a. *Die Neue Zeit, Sozialistische Monatshefte* u. *Der Kampf.* Nach Machtantritt des ital. Faschismus Repressalien ausgesetzt. 1926 (?) nach Wien, ständige Mitarb. *Arbeiter-Zeitung.* 1934 während der Februarkämpfe in Buenos Aires, kehrte nicht nach Österr. zurück. Mitarb. *Argentinisches Tageblatt, Das Andere Deutschland* (→ August Siemsen) u. *Deutsche Blätter* Santiago de Chile, vermutl. Mitgl. der *Gruppe Österreichischer Sozialisten* in Buenos Aires (→ Ernst Lakenbacher). Ab 1935 enger briefl. Kontakt mit → Friedrich Stampfer. Nach 1945 gelegentl. Mitarb. *Arbeiter-Zeitung* Wien.

W: u.a. Das Elend in der Hausindustrie. 1896; Der Faschismus in Italien. 1923; Nationalsozialismus. 1932. *Qu:* Arch. Hand. Z. - IfZ.

Olbrysch, Karl, Parteifunktionär; geb. 24. Nov. 1902 Katernberg b. Essen, gest. 30. Juli 1940 auf See; *V:* Wilhelm O., ev., Bergmann; *M:* Wilhelmine, geb. Putzki, ev.; *G:* Heinrich (1898-1900), Otto (geb. 1900), Friedrich (geb. 1901), Erich (geb. 1908); ∞ verh., Ehefrau Emigr. GB; *StA:* deutsch. *Weg:* 1938 CSR; GB.

Bergmann, 1921 KPD, Parteifunktionär, 1925 hauptamtl. Sekr. u. 1926 Reichsltr. *Roter Jungsturm* bzw. (ab Jan. 1926) *Rote Jungfront,* 1927 Gauführer RFB u. Mitgl. KPD-BezLtg. Berlin-Brandenburg, Deleg. 11. PT; 1928 Sekr. Reichsltg. des RFB, Deleg. 6. Weltkongreß der *Komintern,* trat aufgrund der Kongreßbeschlüsse für Aktivierung des RFB ein. 1928 Mitwirkung bei RFB-Aufbau in Österr., nach Ausweisung Ende 1928-Mitte 1929 Besuch einer MilSchule in Moskau, danach Reichsltr. illeg. *Rote Jungfront,* ab 1929 StadtVO. Berlin, ab 1930 Sekr. illeg. RFB in Berlin; 1930 mit RFB-Gauführer von Berlin-Brandenburg, Hans Jendretzky, Forderung nach Untersuchung der Korruptionsvorwürfe gegen → Willy Leow, daraufhin als KPD-Sekr. nach Hamburg versetzt, 1931 3 Mon. Gef. wegen Tätigkeit für RFB, ab Juli 1932 MdR u. OrgLtr. KPD Bez. Berlin-Brandenburg. 1933 Mitarb. ZK-App., Juni Verhaftung, 20. Nov. 1934 Urteil 3 J. Zuchth. Nach Strafverbüßung Entlassung nach scheinbarem Eingehen auf ZusArb. mit Gestapo, 1938 Emigr. nach Prag, 8. Aug. 1938 KPD-Parteiausschluß wegen der Umstände seiner Haftentlassung; Emigr. nach GB. Mitgl. *Schmidt-Gruppe* (→ Heinz Schmidt), Internierung; bei Überfahrt nach Kanada auf Arandora Star umgekommen. - Deckn. Werner.

L: Weber, Wandlung; Schuster, RFB; Koenen, Emmy, Exil in England. In: BZG, 1978, S. 540-563. *Qu:* Arch. Hand. Publ. - IfZ.

Olden, Rudolf, Dr. jur., Rechtsanwalt, Journalist, Schriftsteller; geb. 14. Jan. 1885 Stettin, umgek. 17. Sept. 1940 im Atlantik; ev.; *V:* Hans O. (urspr. Oppenheim), Schriftst., Schausp.; *M:* Rosa, geb. Stein, Schausp.; *G:* Balder (1882-1949), Schriftst., 1933 Emigr. CSR, 1935 F, 1941 Argent., 1943 Urug.; Ilse; Peter; ∞ Ika Halpern (umgek. 17. Sept. 1940), Psychotherapeutin, Emigr.; *K:* Maria Elisabeth, Juni 1940 mit Kindertransport von GB nach CDN, A: IL; *StA:* deutsch, 3. Dez. 1936 Ausbürg. *Weg:* 1933 CSR, F; 1934 (?) GB, Saargeb.; 1935 GB.

Stud. Rechtswiss., Corpsstudent, Assessor in Bonn, Prom. Heidelberg; im 1. WK Dragoner (OLt.), Entwicklung zum Pazifisten, nach Kriegsende journ. Tätigkeit für Zs. *Friede* u. *Neuer Tag* in Wien. 1924-33 pol. Leitartikler u. zuletzt stellv. Chefred. *Berliner Tageblatt* (→ Theodor Wolff), Mitarb. *Die Weltbühne* u. *Das Tage-Buch;* daneben RA beim Kammergericht Berlin, Strafverteidiger in pol. Prozessen, u.a. in den Verfahren gegen Carl von Ossietzky. Führendes Mitgl. DLM, ab 1931 linker Flügel des SDS, Mitveranstalter des Kongresses *Das freie Wort* am 19. Febr. 1933 in Berlin. Nach dem Reichstagsbrand Flucht nach Prag, über Österr. u. die Schweiz nach Paris, Ende 1933 oder Anfang 1934 nach London, ab Nov. 1935 Gast des Philologen u. Völkerrechtlers Gilbert Murray in Oxford, 1936-40 Vorlesungen über dt. Geschichte Univ. Oxford u. London School of Economics, schriftst. Tätigkeit, 1934/35 Chefred. der von → Hubertus Prinz zu Löwenstein hg. Zs. *Das Reich* in Saarbrücken, Mitarb. u.a. *Die neue Weltbühne, Das Neue Tage-Buch, Die Zukunft, Der Gegen-Angriff, Pariser Tageszeitung, Pariser Tageblatt, Die Sammlung, Deutsches Volksecho, Das Andere Deutschland;* ehrenamtl. Sekr. *Deutscher PEN-Club London,* Mitarb. *American Guild for German Cultural Freedom,* Senatsmitgl. *Deutsche Akademie* New York; mit → Otto Lehmann-Rußbueldt u. Ernst Toller Ltr. DLM-Zentrale in GB, 1939 Pläne für ein Rundfunkprogramm *Deutsche sprechen nach Deutschland* in Verb. mit BBC. Juni-Aug. 1940 Internierung Southampton, Bury u. Isle of Man, Berufung an New School for Social Research New York, Überfahrt auf City of Benares, die von dt. U-Boot im Atlantik torpediert wurde.

W: u.a. Der Justizmord an Jakubowsky (Hg.). 1928; Stresemann. 1929; Das Wunderbare oder die verzauberten Propheten in der Krise (Hg.). 1932; Hitler, der Eroberer. Die Entlarvung einer Legende (an.). Prag (Malik) 1933; Warum versagten die Marxisten? Paris (Europäischer Merkur) 1934; Das Schwarzbuch. Tatsachen und Dokumente - Die Lage der Juden in Deutschland 1933 (Hg.). 1934; Hindenburg oder der Geist der preußischen Armee. Paris (Europäischer Merkur) 1935; Hitler. Amsterdam (Querido) 1935 (engl.: Hitler, the Pawn. London 1936); The History of Liberty in Germany. London (Gollancz) 1939; Is Germany a Hopeless Case? London (Allen and Unwin) 1940. *L:* u.a. Hiller, Kurt, In memoriam Rudolf Olden. In: Köpfe und Tröpfe. 1950; Walter, Exilliteratur 2, 7; Berthold, Werner, Der deutsche PEN-Club im Exil 1933-1940. In: Pflug, Günther u.a. (Hg.), Bibliothek, Buch, Geschichte. 1977. *D:* DB, IfZ. *Qu:* Arch. Hand. Publ. - IfZ.

Olejnik, Wilhelm, Kommunalpolitiker; geb. 4. Jan. 1888 Dammratschhammer b. Oppeln/Oberschlesien, gest. 5. Juni 1967 Gladbeck/Westf.; Diss.; ∞ Maria Glenz; *K:* 1 T; *StA:* deutsch. *Weg:* 1933 NL, Deutschland.

1902-08 Maurer, 1907 ins Ruhrgeb., bis 1946 Bergmann; 1907 Gew., 1912 SPD. Ab 1919 Vors. SAJ Gladbeck, ab 1922 Mitgl. SPD-Ortsvorst., ab 1926 VorstMitgl. Unterbez. Recklinghausen, 1930-33 StadtVO. Gladbeck, Fraktionsvors., 1933 Mitgl. ProvLT Westf., Mai 1933 Emigr. Niederlande, Ende Sept. 1933 Rückkehr, 1936 Verhaftung, 5 Mon. Schutzhaft, Juli-Nov. 1944 KL Lahde/Weser. Aug. 1945-Okt. 1946 ernannter StadtVO. Gladbeck, Mitgl. ernannter ProvRat Westf., Juni-Okt. 1946 ernannter OBürgerm., Okt. - Dez. 1946 Mitgl. ernannter LT NRW, SPD-Vors. Gladbeck u. VorstMitgl. Unterbez. Recklinghausen. 1948-60 StadtVO. u. zeitw. Fraktionsvors. Gladbeck, 1947-62 MdL NRW. Ab 1953 Mitgl. Landschaftsvers. Westf.-Lippe. - *Ausz.:* 1958 Stadtplakette in Silber, 1961 in Gold.

Qu: Arch. Hand. - IfZ.

Oliven, Oskar, Industrieller; geb. 1870 Breslau, gest. Jan. 1939 Zürich; jüd.; *V:* Jacob O. (geb. Breslau, gest. Berlin), *M:* Augusta, geb. Schottländer (geb. Breslau, gest. Berlin), jüd.; *G:* Hulda Ehrlich (gest. vor 1933); Max (gest. vor 1933); Albert (gest. vor 1933); Ludwig (gest. vor 1933); Malwine Heller (umgek. bei Schiffstorpedierung auf Überfahrt in die USA); ∞ Sophie Loewe (geb. 1880 Berlin, gest. 1944 Zürich), jüd.; *K:* Gerald (geb. 1905), Stud. TH Hannover u. Berlin, 1931 Dipl.-Ing., 1931–32 bei Berliner-Kraft- u. Licht-AG (BEKULA), 1932–34 bei Société Financière d'Electricité Brüssel (SOFINA), 1934 Emigr. GB, Dir. Vertriebsunternehmen für Elektrogeräte, brit. Armee. 1947 in die USA; *StA:* deutsch. *Weg:* 1934 CH.

Stud. TH Hannover, Tätigkeit für dt. Elektrizitätsgesellschaft Buenos Aires. Anschl. ltd. Positionen im Loewe-Konzern, u.a. GenDir. Ludwig Loewe & Co., Gesellschaft für elektrische Unternehmungen (Gesfürel), AR-Mitgl. Société Financière d'Electricité Brüssel, Companie Hispano-Americano de Electricidad Madrid (CHADE), Licht- u. Kraftanlagen, Barcelona. Nach 1. WK AR-Mitgl. Berliner-Kraft- u. Licht-AG u. Gesfürel-Ludwig Loewe & Co. AG. Zugl. stellv. AR-Vors. Dresdner Bank u. AR-Mitgl. bei AEG. 1933 Entlassung nach Arisierung der Gesfürel-Loewe & Co. AG. 1934 Emigr. Schweiz. – *Ausz.:* Dr.h.c. TH Berlin-Charlottenburg.

L: Seidenzahl, Fritz,100 Jahre Deutsche Bank, 1870–1970. 1970; Dechema-Monographien, Bd. 47/1962. *Qu:* HGR. Pers. – RFJI.

Ollendorff, Friedrich, Dr. jur., Sozialarbeiter; geb. 14. März 1889 Breslau, gest. 13. Jan. 1951 Jerusalem; jüd.; *M:* → Paula Ollendorff; *G:* Heinz (geb. 1890 Breslau, gest. 1905 Breslau); Elisabeth (Lizzie) (geb. 1892 Breslau, gest. 1926), Pianistin; Dr. med. Helen Curth (geb. 1899 Breslau), 1931 USA, Hautärztin; ∞ 1923 Fanny Baer (geb. 1893 Halberstadt), 1934 Emigr. Pal., Fürsorgerin; *StA:* deutsch, 17. Okt. 1938 Ausbürg., Pal./IL. *Weg:* 1934 Pal.

Stud. Rechtswiss. Breslau, 1910 Prom.; im 1. WK Kriegsteiln.; 1920 Dir. Jugendamt Berlin-Neukölln, 1921–24 Obermagistratsrat im Wohlfahrtsamt Berlin, bahnbrechende Arbeiten in moderner Wohlfahrtsgesetzgebung, ab 1924 Dir. der *Zentralwohlfahrtsstelle der deutschen Juden* in Berlin, Org. internat. Konf. über jüd. Wohlfahrt 1932 in Frankfurt, 1936 in London, 1945 in Atlantic City/N.J., 1947 in Bayreuth. 1934 Emigr. Palästina mit Ehefrau, Berater des Dir. der Wohlfahrtsabt. von *Vaad Leummi,* Übertragung dt.-jüd. Methoden auf isr. Verhältnisse. Ehrenamtl. Sekr. des Jerusalemer Wohlfahrtsausschusses, bestehend aus Vertr. der brit. Mandatsverw., jüd., christl. u. islam. Gemeinden.

W: Die Wegnahme von Sparkassenbüchern zum Zwecke der Erhebung von Teilbeträgen. (Diss.) 1914; Das erste Jahrzehnt der Zentralwohlfahrtsstelle. In: Zedakah, 1928 (Wiederabdruck in: Jüdische Wohlfahrtspflege und Sozialpolitik, 1937); Wohlfahrtsrecht. Die wichtigsten Gesetze und Verordnungen des Reichs und Preußens für Praxis und Ausbildung.(Mithg.) 1929. *D:* LBI New York. *Qu:* Arch. EGL. Hand. – RFJI.

Ollendorff, Henry B., Dr. jur., Jurist, Sozialarbeiter; geb. 14. März 1907 Esslingen/Württemberg; anglikan.; *V:* Dr. med. Arthur George O. (geb. Schlesien, gest. 1924), Augenarzt; *M:* Alice, geb. Rechnitz (geb. Beuthen/Oberschlesien, gest. 1919), jüd., höhere Schule; *G:* Franz (geb. 1909 Esslingen), 1938 KL, 1939 Emigr. Pal.; Fritz (geb. 1912 Darmstadt), Stud. Mozarteum Salzburg, 1936 Emigr. I, 1937 CH, Opernsänger, 1951 Deutschland (BRD), Mitgl. Düsseldorfer Oper; ∞ 1934 Martha Buerge (geb. 1909 Magdeburg), ev., Handelsschule, 1938 Emigr. USA; *K:* Frank (geb. 1940), M.A., Kommunalbeamter; Monica (geb. 1944), M.S.W., Sozialarb.; *StA:* deutsch, 1943 USA. *Weg:* 1938 USA.

1925–28 Stud. Rechtswiss. Berlin u. Heidelberg, Mitgl. *Wandervogel, Freideutsche Jugend,* SAJ. 1929–33 Referendar u. Rechtsberater *Allgemeiner Verband der Deutschen Bankangestellten.* Ab 1925 Mitgl. SPD, Parteiredner, 1929–31 Vors. *Republikanischer Studentenbund.* 1933 Ausschluß aus jur. Vorbereitungsdienst. 1937–Sept. 1938 13 Mon. Einzelhaft in Hamburger Gefängnissen. Sept. 1938 Emigr. USA über GB mit Ehefrau, Unterstützung durch *Selfhelp* u. Verwandte, Ehefrau Hausangest.; 1938–39 Stud. Sozialarb. Columbia Univ., 1940 M.S.W., 1940–43 Ltr. Abt. Jugendarb., 1943–48 geschäftsf. Dir. Friendly Inn Settlement in Cleveland/O.; zugl. Stud. School of Applied Science in Cleveland. 1948–63 Gr., geschäftsf. Dir. der ersten Vereinigung großstädt. Sozialzentren *Neighborhood Settlement Assn.* Cleveland, 1956 Gr., bis 1966 GenSekr. Cleveland Internat. Program, 1966 Gr. u. seitdem GenSekr. eines internat. Austauschprogramms dieser Org. zur Ausbildung von Sozialarb.; 1963–67 Mitgl. internat. Komitee der *Nat. Assn. of Social Workers,* 1963–73 Mitgl. US-Komitee der *Internat. Conf. on Soc. Welfare.* Lebte 1978 in Cleveland/O. – *Ausz.:* u.a. Golden Door Award Cleveland, Plaque of Honor des US-Außenmin.

W: Art. u. Kommentare zum ArbRecht in Deutschland. *Qu:* Fb. Pers. – RFJI.

Ollendorff, Paula, geb. Ollendorff, Sozialpädagogin; geb. 18. Mai 1860 Kostenblut/Schlesien, gest. 15. Okt. 1938 Jerusalem; jüd.; *V:* Hirsch O. (geb. 1828 Rawitsch/Posen, gest. 1901); *M:* Helene, geb. Caro (gest. 1899); *G:* Victor (geb. 1856, gest. 1890); Bianca Riess (geb. 1857, gest. 1921 Breslau); Nathan (geb. 1858, gest. 1916), Kaufm.; Jenny Stock (geb. 1862, gest. 1937); George (geb. 1870 [?], gest. 1948 [?] GB), Emigr. GB; ∞ Isidor O. (1855–1911), RA, StadtVO. Breslau; *K:* → Friedrich Ollendorff. *Weg:* 1936 (?) Pal.

Ab 1878 in Ungarn, später Gouvernante in GB, bis 1887 Sprachlehrerin. Nach 1918 StadtVO in Breslau, aktiv in Fürsorgearb. der jüd. Gde., bes. in der Kinderfürsorge u. in der Ausbildung von Mädchen, Gr. jüd. Säuglingsheim. Ab 1920 Präs. *Jüdischer Frauenbund,* 1936 (?) Vizepräs. *Internat. Jew. Women's Fed.,* geschäftsf. Mitgl. *World Union for Progressive Judaism,* Vortragstätigkeit in Deutschland u. im Ausland. 1930 anläßl. ihres 70. Geburtstags Namenspatronin einer Hauswirtschaftsschule u. einer Bibliothek, Stiftung des Paula-Ollendorff-Preises für jüd. Sozialarb., 1935 anläßl. ihres 75. Geburtstags Ehrung durch jüd. Gde. Breslau. Vermutl. 1936 Emigr. Palästina.

Qu: Arch. Hand. Pers. – RFJI.

Ollenhauer, Erich, Parteifunktionär, Politiker; geb. 27. März 1901 Magdeburg, gest. 14. Dez. 1963 Bonn; *V:* Wilhelm O., Maurer, SPD; *M:* Marie, geb. Seger; *G:* Hildegard (geb. 1902); ∞ 1922 Martha Müller (geb. 1900), Emigr., 16. Apr. 1937 Ausbürg. mit Kindern; *K:* Peter (geb. 1923); Hermann (geb. 1928), Emigr.; *StA:* deutsch, 13. Juni 1935 Ausbürg., 1946 deutsch. *Weg:* 1933 CSR; 1938 F; 1940 Port.; 1941 GB; 1946 Deutschland (BBZ).

1915–18 kaufm. Lehre, 1916 ArbJugendbewegung u. Ltr. der Magdeburger Gruppe, 1918 SPD; 1919–20 Volontär u. Berichterstatter *Volksstimme* Magdeburg, ab Aug. 1920 Vorst-Mitgl. *Verband der Arbeiter-Jugend-Vereine Deutschlands,* ab Dez. 1920 Verbandssekr. beim Hauptvorst. Berlin u. bis 1929 Red. *Arbeiter-Jugend,* ab Mai 1921 Geschäftsf. *Arbeiter-Jugend-Internationale,* 1923–46 1. Sekr. der SJI, 1928–33 Vors. *Verband der Sozialistischen Arbeiterjugend Deutschlands* (SAJ). Schon als Jugendfunktionär um soziale Reformpol. u. Verteidigung der parlamentar. Republik gegen radikale Strömungen bemüht, Konflikte mit linker SAJ-Oppos. Auf SPD-Reichskonf. am 26. Apr. 1933 Wahl in PV als Vertr. der jüngeren Generation, durch Vorstandsbeschluß vom 4. Mai 1933 zus. mit → Otto Wels, → Hans Vogel, → Friedrich Stampfer, → Paul Hertz u. → Siegmund Crummenerl mit Aufbau einer AuslVertr. der SPD beauftragt, 6. Mai Emigr. nach Saarbrücken, Ende Mai nach Prag, wo sich die AuslVertr. als Vorst. der SPD *(Sopade)* etablierte, um bis zur Wiederherstellung der Parteifreiheit in Deutschland unter dem Vors. von Wels u. Vogel treuhänderisch das Mandat der letzten gewählten PV auszuüben. Vertrat auch im Exil mit der PV-Mehrheit einen strikten Kurs gegen revolution. Umorientierung der Partei (P. Hertz) sowie gegen Einheits- u. Volksfrontbündnisse mit der KPD. Aug. 1933 als 1. Sekr. der SJI im Amt bestätigt, Einrichtung des SJI-Sekretariats in Prag. 1933–40 Hg. *Interna-*

tionale Sozialistische Jugendkorrespondenz, Red. ihrer dt.-sprachigen Ausgabe, zahlr. SJI-Kongresse u. -Veranstaltungen im europ. Ausland, Juni–Juli 1937 mit SJI-Deleg. in Spanien, Gegner einer pol. ZusArb. mit KJI, als Vertr. der „rechten" SozDem. u. der vom NatSoz. geschlagenen SPD bei Teilen der SJI umstritten. Innerhalb der *Sopade* Beauftragter für Jugendfragen, vor allem auch für internat. Verb. u. für OrgFragen zuständig. Mai/Juni 1938 mit *Sopade* nach Paris, u. a. Mitwirkung an Hg. des *Neuen Vorwärts;* Ende 1939 zu Gesprächen mit der *Labour Party* (LP) u. zur Vorbereitung eines SPD-Stützpunkts in London. Mai 1940 Internierung, Anfang Juni Freilassung nach Intervention von Leon Blum, Sept. 1940 über Spanien nach Lissabon, entschied sich zus. mit Vogel aufgrund mißverständl. Nachrichten der GLD in den USA (→ Rudolf Katz) trotz US-Visums u. Schiffskarte für die Emigr. nach GB; Jan. 1941 mit Hilfe der LP nach London, mit dem Parteivors. Vogel, → Curt Geyer u. → Fritz Heine Fortführung des PV-Mandats. Ab 1942 nach PV-Austritt von Geyer u. Verpflichtung Heines durch das Foreign Office Hauptträger der org. Arbeit von PV u. *Union* bis Kriegsende. Lebensunterhalt zunächst mit Unterstützung durch LP, März 1943 Einstellung der Zahlungen als Folge der Auseinandersetzungen über den „Vansittartismus", Nebentätigkeit für OSS (→ Joseph T. Simon), u.a. mit → Ludwig Rosenberg Vorstudien für die Einschleusung von emigr. dt. Seeleuten ins Reich durch Anheuerung als Rheinschiffer in der Schweiz. – Während O. eine ZusArb. mit den Kommunisten (FDKB, FDB) weiterhin ablehnte, förderte er den ZusSchluß mit der SAPD, der Gruppe NB u. dem ISK in der *Union deutscher Sozialistischer Organisationen in Großbritannien,* mit der sich schon im Exil der Charakter der Nachkriegs-SPD als sozdem. Einheitspartei herausbildete; ab März 1941 SPD-Vertr. im Exekutivkomitee der *Union;* ab Ende 1942 mit → Werner Hansen Vors. der für das Aktionsprogramm der künftigen Partei zuständigen Beratungskommission, deren erste Ergebnisse schon 1943 in der Schrift *Die neue deutsche Republik* von der *Union* veröffentlicht wurden. Mitarb. *Sozialistische Mitteilungen* u. *Left News.* 5.–7. Okt. 1945 mit → Erwin Schoettle u. Heine Teiln. an der ersten SPD-Nachkriegskonf. im Kloster Wennigsen b. Hannover, wo Kurt Schumacher das Mandat des Londoner PV anerkannte; Auftrag zur Errichtung einer SPD-Vertr. in GB, Dez. 1945 Grdg. *Vereinigung deutscher Sozialdemokraten in Großbritannien.* Nach dem Tod von H. Vogel am 6. Okt. 1945 in London war O. das einzige vor der Emigr. gewählte Mitgl. des zuletzt amtierenden Exil-PV. Febr. 1946 Rückkehr, Sekr. im Westzonenbüro der SPD in Hannover, ab Mai 1946 stellv. SPD-Vors.; Mitgl. Parlamentarischer Rat, ab 1949 MdB, stellv. Fraktionsvors., ab 1952 stellv. Vors. der *Sozialistischen Internationale.* Sept. 1952 Wahl zum SPD-Vors. als Nachf. K. Schumachers, SPD-Fraktionsvors. im BT. 1951–53 Mitgl. Beratende Vers. des Europarats, 1952–57 der Gemeinsamen Vers. der Europäischen Gemeinschaft für Kohle und Stahl. 1953 u. 1957 erfolgloser Kanzlerkand. der SPD, in den Wahlkämpfen u. a. Angriffe auf O. als ehem. Emigranten; Verzicht auf weitere Bewerbung um RegÄmter zugunsten von → Willy Brandt. In ZusWirken mit → Herbert Wehner führende Kraft bei der Durchsetzung des Volkspartei-Kurses innerhalb der SPD u. der Revision ihrer Politik in der Sicherheits- u. Deutschlandfrage als Grundlage der späteren Koalitionsregierungen. Ab 1962 PräsMitgl. *Kuratorium Unteilbares Deutschland* (→ Wilhelm Wolfgang Schütz), ab 1963 Vors. *Sozialistische Internationale.* – *Ausz.:* u.a. 1963 Gr. BVK; Staatsbegräbnis.

W: u.a. Von Weimar bis Bielefeld. 1921; 20 Jahre Kampf um Jugendschutz und Jugendrecht. 1929; Reden und Aufsätze. 1964, 1977. *L:* u.a. Brandt, Willy/Oschilewski, Walther G., Erich Ollenhauer. Ein großer Sozialist. 1964; Kaden, Einheit; Edinger, Sozialdemokratie; MGD; Röder, Großbritannien. *D:* AsD; IISG; LP-Archiv. *Qu:* Arch. Hand. Publ. Z. – IfZ.

Opel, Fritz, Dr. phil., Gewerkschafts- u. Parteifunktionär; geb. 26. Aug. 1912 Zabrze (Hindenburg)/Oberschlesien; o.K.; *V:* Emil Fritz O. (geb. 1878), ev., Journ.; *M:* Else, geb. Lichtenstein (geb. 1881), jüd., 1944 Dep. KL Theresienstadt, Juni 1945 befreit; *G:* Marianne Haiselden (geb. 1914), 1939 Ausw. nach Neuseeland; ∞ I. Eva Fromm (geb. 1919); *StA:* deutsch, 1941 USA, 1942 Ausbürg. aus Deutschland; 1953 deutsch. *Weg:* 1938 CH, F; 1941 USA; 1946 Deutschland (ABZ).

Bis 1933 Stud. Rechtswiss. u. Volkswirtschaft in Berlin, 1933–34 Arbeit in einem Berliner Pressebüro; Mitgl. KPDO, nach der natsoz. Machtübernahme Ltr. einer illeg. Studentenorg. in Berlin; Nov. 1934 verhaftet u. zu 3 J. Zuchth. verurteilt; nach Entlassung Dez. 1937 unter Polizeiaufsicht; Aug. 1938 über die Schweiz Emigr. nach Frankr.; in Paris KPDO-Exilgruppe, Mitgl. dt. Sprachgruppe in der CGT; nach Kriegsausbruch interniert in versch. Lagern, zuletzt Bassens bei Bordeaux; Sommer 1941 mit Notvisum in die USA; in New York Mitgl. *Workmen Circle* im *Jewish Labor Committee,* ZusArb. mit → Marie Juchacz u. → Paul Hertz; ab 1943 amerikan. Soldat, mit der 9. Armee in Frankr. u. 1945/46 in Deutschland, ab 1946 Zivilangest. der US-MilReg.; Teiln. an Kriegsverbrecherprozessen in Berlin u. Nürnberg; danach bis 1953 Vertr. einer amerikan. Wohlfahrtsorg.; Wiederaufnahme des Stud., 1956 Prom.; 1953 Mitgl. *IG Metall* u. SPD; ab 1956 Vorstandssekr. *IG Metall,* 1968–72 Mitgl. UnterbezVorst. SPD Frankfurt/M., mehrfach Deleg. auf Bundes-PT. Lebte 1974 in Frankfurt/Main.

W: Der Deutsche Metallarbeiterverband während des ersten Weltkrieges und der Revolution. (Phil. Diss.) 1957; 75 Jahre Industriegewerkschaft (mit Dieter Schneider). 1966; Die Eiserne Internationale. 1968; Beiträge über pol. u. GewFragen in versch. Ztg. u. Zs. *Qu:* Fb. Publ. – IfZ.

Oppenheim, Gustav, Rabbiner; geb. 7. Aug. 1862 Eschwege/Hessen, gest. 23. März 1940 Sydney; ∞ Josephine da Costa-Andrade (geb. 1873). *Weg:* 1939 AUS.

Stud. Berlin, 1889 Hilfsrabbiner in Landau/Pfalz, 1893–94 BezVerw. des Rabbinats Landau, 1894–1933 Stadt- u. Konferenzrabbiner in Mannheim, aktiv im Schul- u. Wohlfahrtswesen der Mannheimer Stadtverw., 1926–31 stellv. Dir. städt. Jugendamt. Mitgl. Oberrat der Israeliten Badens. 1933 Ruhestand. 1939 Emigr. Australien.

Qu: Arch. Publ. Z. – RFJI.

Oppenheimer, Alice, geb. August, Journalistin, Verbandsfunktionärin; geb. 17. Mai 1900 Neunkirchen/Saar; jüd.; *V:* Emanuel Simon August (geb. Lambsheim/Pfalz), jüd., Kaufm.; *M:* Frieda, geb. Simon (geb. 1872 Lambsheim, gest. USA), jüd., langjähr. Vors. Frauenverein Neunkirchen, VorstMitgl. *Rotes Kreuz,* 1935 Emigr. Lux., 1938 USA; *G:* Eugen August (geb. 1902 Neunkirchen); ∞ → Max Oppenheimer; *K:* Werner F. (geb. 1922), 1938 USA, Präs. Elcan Metal Co., New York; Edith Ullmann (geb. 1924), 1938 USA, Sekr.; *StA:* deutsch, USA. *Weg:* 1938 Lux., USA.

Oberschule Mannheim, Stud. Musik Saarbrücken, Ltr. *Blau-Weiß* Neunkirchen, aktiv in jüd. Gde. in Mannheim. Juni 1938 Emigr. Luxemburg mit Besuchervisum, Sept. 1938 in die USA, u.a. Hausverwalterin. 1945–66 Red. *The Jewish Way,* 1953–55 Präs. *Leo Baeck-Loge* des B'nai B'rith, 1950–53 Präs., 1952–55 Ehrenpräs. *Jew. Friends Soc.,* ab 1953 Präs. *Channa*-Zweig der am. Frauenorg. von *Mizrachi,* ab 1955 tätig in *Fed. of Jew. Philanthropies,* 1956–75 Präs. u. Gr. Frauengruppe der Gde. Ahavath Torah, Gr. u. Ltr. *Golden Age Club* innerh. dieser Gruppe, 1955–68 Red. *B'nai B'rith Bulletin* der *Leo-Baeck-Loge,* Red. *The Voice,* Mitgl. *Moriah-Altenclub,* VorstMitgl. Altenheim Gemiluth Chessed in Palisades Garden, N.Y., VorstMitgl. *Frauensozialwerk für Israel.* – *Ausz.:* 1955 Ehrenurkunden der *Leo Baeck-Loge* des B'nai B'rith u. der *Fed. of Jew. Philanthropies,* 1965 isr. Freiheitsmed., 1962 Ehrenurkunden der Gde. Ahavath Torah u. der Gde. Tikvoh Chadoshoh.

W: Cook Book. 1942; Impressions of a Trip to Europe. 1956; Jewish Women in America. 1956; Impressions of a Trip to Israel. 1959. *D:* LBI New York; RFJI. *Qu:* Arch. Fb. Hand. Pers. – RFJI.

Oppenheimer, Ernst, Journalist; geb. 2. Juni 1893 Hamburg; *StA:* deutsch, 3. Nov. 1938 Ausbürg., CH (?). *Weg:* 1935 CH.

Kaufm. u. Journ., Mitarb. u. Korr. dt. u. ausländ. Zeitungen. Nach Entlassung aus KL 1935 Emigr. in die Schweiz, bis 1940 akkreditierter Journ. beim Völkerbund, Okt. 1940 Internierung, nach Entlassung in Zürich wohnhaft. Verbindungen zum Kreuzritter-Bund, Mitgr. *Christlich-Jüdische Arbeitsgemeinschaft in der Schweiz,* Förderer der dt.-franz. Aussöhnung. Nach Kriegsende Gastdoz. an dt. Universitäten, Vorträge in Amerika-Häusern, Initiator u. ehrenamtl. Aktuar der Schweizer Patenschaft für die Jugendsiedlung Friedensdorf in Nürnberg. 1952 Einbürgerungsgesuch in der Schweiz.

Qu: Arch. Publ. - IfZ.

Oppenheimer, Fritz Ernst, Dr. jur., Rechtsanwalt; geb. 10. März 1898 Berlin, gest. 6. Febr. 1968 Nairobi/Kenia; jüd.; *V:* Ernest O. (geb. Hannover, gest. 1929 Berlin), RA; *M:* Amalie, geb. Friedländer (gest. 1962 New York), 1938 Emigr. USA; *G:* Kurt E. (geb. 1896 Berlin, gest. 1956 [?]), Bankier; Heinz E. (geb. 1898 Berlin, gest. 1954), Ing., Emigr. USA; Dr. med. Helmuth O. (geb. 1900 Berlin), Arzt, 1935 (?) Emigr. USA; Helene Eisner (geb. 1900); ∞ 1927 Elsbeth Kaulla (geb. 1902 Stuttgart), jüd., 1937 mit Kindern Emigr. GB über NL, 1940 USA, B.L.S., Bibliothekarin Manhattan School of Music in New York; *K:* Ellen Ingeborg Handler (geb. 1929), Ph.D., Hochschullehrerin; Ernest Albert O. (geb. 1933), Ph.D., Hochschullehrer; *StA:* deutsch, USA. *Weg:* 1936 GB, 1940 USA.

1915-18 Kriegsteiln. (Verwundung, EK); anschl. Stud. Berlin, Freiburg, Breslau, 1922 Prom. Breslau, 1924-25 Stud. Paris, 1925 Stud. Univ. London. 1925-39 Anwalt für internat. Recht in Berlin, 1933 Entzug der Notariatszulassung, als ehem. Kriegsteiln. Erlaubnis zur Weiterführung der RA-Praxis. 1936 Berater bei der Royal Shell Oil Co. Den Haag, in London für Nat. Cash Register Co., 1936-40 Rechtsberater des Kronanwalts u. des Finanzmin., 1938 Mitgl. *Soc. of the Inner Temple* London. 1940 in die USA, 1940-42 Tätigkeit für RA-Kanzlei in New York, 1943-46 wiss. Mitarb. Board of Econ. Warfare in Washington/D.C., 1943-46 US-Armee (Oberstlt.), 1944-45 bei SHAEF bzw. US-MilReg. in London, Versailles, Reims, Frankfurt/M., 1945-46 Special Assist. bei OMGUS, verantwortl. für dt. Gesetz- u. Gerichtsreform, Mitarb. an der Ausarb. der von OMGUS u. dem Allied Control Council erlassenen Gesetze; 1946 US Army-Reserve. 1946-48 Sonderberater für mitteleurop. Rechtsfragen beim US-Außenmin.; Berater des Außenmin. bei Tagungen des Rats der Alliierten Außenmin., 1947 mit Gen. Marshall in Moskau u. London, 1948 mit Außenmin. Dean Acheson in Paris, 1947 Stellv. des US-Außenmin. bei der Ausarb. des österr. Friedensvertrags, 1948 Rechtsberater des US-Botschafters bei der 6-Mächte-Konf. über Deutschland in London. 1947 Barrister *Soc. of the Inner Temple* London, 1948 RA-Praxis für internat. Recht in New York, 1950 Teiln. Londoner Schuldenkonf., 1951-54 Mitarb. bei der Neugestaltung der deutschen Kohle-, Stahl- u. Eisenindustrie u. beim Entwurf eines dt.-am. Vertrags über die Validierung der dt. Dollar-Schuldverschreibungen. Mitgl. *Council on Foreign Relations, Am. Soc. of Internat. Law, Internat. Law Assn., Bar Assn. of New York City, Société de Législation Comparée* Paris.

W: Art. über internat. Korporations- u. Steuerrecht in engl., franz. u. dt. Fachzs. *Qu:* Hand. Pers. Z. - RFJI.

Oppenheimer, John F. (Hans), Verbandsfunktionär, Journalist, Publizist; geb. 13. Nov. 1903 Fürth; jüd.; *V:* Dr. med. Siegfried O. (geb. 1866 Darmstadt, umgek. 1942 KL Theresienstadt), jüd., Hals-, Nasen- u. Ohrenarzt, Arzt am Hof- bzw. Landestheater Darmstadt; *M:* Gretchen, geb. Offenbacher (geb. 1879 Fürth, umgek. 1944 KL Theresienstadt), jüd.; *G:* Elisabeth Bonnem (geb. 1899 Fürth, umgek. im Ghetto Lodz), Stud. Lederchem. TH Darmstadt; ∞ 1931 Hertha Jacobsohn (geb. Berlin), jüd., Stud. Sprachen, Kunst u. Musik, Sekr. bei *CV-Zeitung* u. Berliner Geschäftsstelle des *Musical Courier* New York, 1938 Emigr. USA, Sekr. für *Jew. Telegraphic Agency,* Sachbearb. bei JDC; *StA:* deutsch, 1944 USA. *Weg:* 1938 USA.

1920-23 Apothekerlehre in Darmstadt, 1923 Apotheker-Vorprüfung TH Darmstadt, 1923-26 Bankangest. in Darmstadt u. Frankfurt/M., zugl. 1920-23 ehrenamtl. Mitarb. u. 1923-29 Angest. des CV, Bez.-Syndikus für Pommern u. VorstMitgl. des CV in Darmstadt u. Berlin, Deleg. auf Jahresversammlungen. 1927-30 Stud. Hochschule für Politik Berlin, 1930-35 Ltr. Werbeabt. für Lit. bzw. Ltr. Auslieferungskasse beim Ullstein-Buchverlag u. Propyläen Verlag. Zugl. Theaterkritiker bei versch. dt. u. jüd. Ztg., Redner für *Reichsbanner* auf Versammlungen in Hessen. 1933-38 mit Ehefrau für *Assoc. Press* u. *Jew. Telegraphic Agency* gegen das NS-Regime tätig, 1927-33 Mitgl. SDS. 1935-38 ltd. Mitarb. beim CV. Feuilleton-Red., Ltr. Vertriebsabt. u. Ltr. Werbeabt. der *CV-Zeitung.* Zugl. 1935-37 Gr., Mithg. u. Werbeltr. *Philo-Lexikon* u. *Handbuch des jüdischen Wissens* Berlin (4 Auflagen 1934-38), Mitarb. *Philo-Zitaten-Lexikon* 1936, Red. *Philo-Atlas, Handbuch für jüdische Auswanderung* 1938 (letzte jüd. Buchveröffentl. in Deutschland vor dem 2. WK). Nov. 1938 Schließung des CV-Büros durch NatSoz., zweimal von Gestapo verhaftet, durch Intervention des Ltr. *Assoc. Press,* L.P. Lochner, Ausstellung eines US-Visums innerhalb von 24 Stunden. Nov. 1938 Emigr. Niederlande, ZusArb. mit → Alfred Wiener am *Jüdischen Zentral- u. Informationsbüro* Amsterdam. Dez. 1938 in die USA, Büroangest. bei *Jew. Telegraphic Agency,* ab 1940 Angest., später Teilh. u. Präs. Druckereifirma Wallenberg and Wallenberg New York (→ Hans Wallenberg), zugl. 1940-43 Mitarb. *Universal Jewish Encyclopedia,* Chefred. *Lexikon des Judentums* (1967, 2. Aufl. 1970); 1951-61 VorstMitgl., Sekr. u. Schatzmeister Artur Schnabel Memorial Committee, Präs. u. Schatzmeister *Beechdale Civic Group* in Flushing/New York, ab 1974 VorstMitgl. *New World Club* New York u. Mitgl. *Aufbau*-Komitee. Lebte 1978 in Flushing/New York.

L: Laudatio für John F. Oppenheimer zum 60. Geburtstag. In: Bertelsmann-Pressedienst. 1963. *Qu:* Fb. Hand. HGR. Publ. Z. - RFJI.

Oppenheimer, Josef, Dr. phil., Rabbiner; geb. 18. Jan. 1911 Frankfurt/M.; *V:* Leopold O. (geb. 1882 Nieder-Mockstadt, gest. 1949 New York), 1936 Emigr. Pal., 1948 USA, Kaufm.; *M:* Felice, geb. Weil (geb. 1888 Frankfurt/M., gest. 1963 New York), jüd., 1936 Emigr. Pal., 1948 USA; *G:* Fanny Sylzbach (geb. 1912 Frankfurt/M.), A: New York; Alfred (geb. 1914 Frankfurt/M.), Kaufm. in Jerusalem; ∞ 1943 Margarete Cahn (geb. 1916 Mainz), Abitur; *K:* Julius (geb. 1946), Angest. Bank Leumi New York; Malka Sokolow (geb. 1947), Ehefrau von Oberrabbiner Salomon Benhamu in Argent.; Jehuda (geb. 1950), Stud. Jeschiwah in IL; Channa Dünner (geb. 1951), A: IL; Daniel (geb. 1954), Stud. Jeschiwoth in Philadelphia u. Jerusalem; David (geb. 1957), Stud. Jeschiwah in Jerusalem; *StA:* deutsch. *Weg:* 1938 CH, 1949 NL.

1929-31 Stud. Frankfurt/M., Berlin, Heidelberg, 1932 Stud. Jeschiwoth Frankfurt/M., 1932-38 Telsche/Litauen u. Kamienice/ Polen, 1938 Rabbinerordination. Besuch in Palästina, 1938 illeg. Emigr. Schweiz, verhaftet u. zeitw. interniert in ArbLager, 1938 49 Stud. Zürich, langjähr. Präs. der Gruppe Zürich der *Agudat Israel,* zeitw. Rabbiner Basler Isr. ReligGes., 1949 Prom.; 1949 in die Niederlande, 1949-53 Rabbiner Hoofd-Syn. Amsterdam, 1953 nach Argentinien, ab 1953 Rabbiner ReligGde. Concordia Israelita Buenos Aires. Mitgl. u. langjähr. Präs. *Poalei Agudat Israel,* während seiner Amtszeit Aufbau einer Grund- u. Oberschule, Org. koscherer Mahlzeiten u. Errichtung eines Ritualbads.

W: Die Modalitätenlehre Nicolai Hartmanns im Lichte der Logik. (Diss.); Maaser, the Precepts of Tithing. 1971 (Übers. aus dem Dt.); Wejikarei shemo beJisrael (Über die Namensgebung von Kindern). 1975; in etwa zweijährigen Folgen Veröff. von Kaschrut Guides. *Qu:* Fb. Hand. Pers. - RFJI.

Oppenheimer, Ludwig Yehuda, Dr. rer. pol., Agrarökonom; geb. 1897 Berlin, gest. Febr. 1979 IL; *V:* Franz O. (geb. 1864 Berlin, gest. 1943 Los Angeles), Prof. für NatÖkon., 1938 Emigr. USA; *M:* Martha, geb. Oppenheim (geb. 1866, gest. 1949 Reḥovot/IL); *G:* Eva (1893-1930 [?]); Dr. phil. Hillel

(Heinz) Reinhard O. (geb. 1899 Berlin, gest. 1971 IL), Prom. Wien, 1926 nach Pal., Gartenbaufachmann; Renata (Halbschwester) (geb. 1917); ∞ 1935 Elsa Kapler, christl.; *StA:* deutsch, Pal./IL. *Weg:* 1938 Pal.

Mitgl. *Wandervogel;* Forschungen u. Abhandlungen zur genossenschaftl. Landwirtschaft, 1927-33 Doz. Hochschule für Weltpolitik Berlin, 1938 Emigr. Palästina, Arbeiten über Rentabilität von Kibbuzim u. Moschaw im landwirtschaftl. Forschungszentrum Reḥovot; bis 1960 Forschungsltr. des isr. Landwirtschaftsministeriums.

W: Groß- und Kleinbetrieb in der Siedlung. 1934; Franz Oppenheimer, Erlebtes, Erstrebtes, Erreichtes. Lebenserinnerungen. (Hg.) 1964. *Qu:* HGR. Pers. Publ. - RFJI.

Oppenheimer, Max, Immobilienmakler, Verleger; geb. 10. Mai 1891 Gemmingen/Baden, gest. Nov. 1950 New York; jüd.; *V:* Abraham O. (geb. Gemmingen, gest. 1933 Gemmingen), Präs. Jüd. Gde., Zigarrenfabrikant; *M:* Babette, geb. Odenwald (geb. 1857 Berlichingen, gest. 1936 Gemmingen), jüd.; *G:* Bertha Hanauer, Gida Nachmann, Jenny Strauss, Selma Wertheimer, Martha Levy; ∞ Alice August (→ Alice Oppenheimer); *StA:* deutsch, USA. *Weg:* 1938 Lux., USA.

1913-18 Offz., Kriegsteiln. (EK). Lehre in Tabakhandlung Karlsruhe, später Mitarb. in väterl. Zigarrenfabrik, ab 1919 Inh. Zigarrenfabrik u. Teilh. einer chem. Fabrik in Mannheim, 1938 Arisierung. Juni 1938 Emigr. Luxemburg mit Besuchervisum, Sept. 1938 in die USA. Tätigkeit im Immobiliengeschäft, 1938 Mitgr., 1938-50 Präs. orthod. SynGde. in Washington Heights/New York, 1941 Namensänderung der Gde. in Ahavath Torah, 1967 ZusSchluß mit Gde. Tikvoh Chadoshoh zu Ahavath Torah V'Tikvoh Chadoshoh, 1975 ZusSchluß mit Gde. Shaare Hatikvah zu Shaare Hatikvah, Ahavath Torah V'Tikvoh Chadoshoh, die bes. in der Immigrantenhilfe aktiv war. 1938-39 Hg. dt.-sprach. Wochenztg. *Jüdisches Gemeindeblatt,* 1939-40 Hg. *Neues Jüdisches Gemeindeblatt,* ab 1940 nach ZusSchluß mit *The Way in America* Red. der Zs. *The Jewish Way.* 1940-50 Vizepräs. *Jew. Friends Soc.,* VorstMitgl. A.F.J.C.E., Mitgl. *Mizrachi.*

Qu: Arch. Pers. - RFJI.

Oppenheimer, Max E., Börsenmakler; geb. 1899 Würzburg, gest. 5. Juni 1964 New York; jüd. *Weg:* 1934 USA.

Bis 1934 Inh. Zigarren-Importgeschäft Oppenheimer & Co. Würzburg. 1934 Emigr. USA, tätig für Investitionsfirma seiner Verwandten, Lehman Brothers New York, 1940-50 für Börsenmakler-Firma Hirsch & Co. New York, 1950-64 Gr. u. Inh. der bedeutenden Börsenmakler-Firma Oppenheimer & Co. New York, 1959-64 Gr. u. Präs. Oppenheimer Fund Inc., Dir. versch. Spar- u. Kreditges., VorstMitgl. A.F.J.C.E., ADL, *B'nai B'rith, Fed. of Jew. Philanthropies,* UJA, Yeshiva Univ.

Qu: EGL. Pers. Publ. - RFJI.

Oppenheimer, Max Ludwig, Journalist, Verbandsfunktionär; geb. 20. Okt. 1919 Karlsruhe; bis 1938 jüd., Diss.; *V:* Leopold O. (geb. 1881), jüd., OberregBaurat, 1940 Dep. Lager Gurs/Frankr., Nov. 1943 im KL Majdanek ermordet; *M:* Rositta, geb. Kramer (1892-1972), jüd., Jugend- u. Wohlfahrtspflegerin, 1940 Dep. Lager Gurs/Frankr., 1946 Rückkehr nach Deutschland (ABZ); *G:* Hans Bernd (1921-1945), jüd., landwirtschaftl. Arbeiter, 1940 Dep. Lager Gurs/Frankr., ab 1943 KL Auschwitz, Jan. 1945 KL Buchenwald, dort gest.; ∞ 1952 Gertrud Funk (geb. 1923), ev., Verlagsangest.; *K:* Gabriele Annerose (geb. 1953); *StA:* deutsch. *Weg:* 1939 CH, GB; 1947 Deutschland (ABZ).

1930-36 Gymn., infolge NS-Rassenpolitik relegiert, 1936-38 Schlosserlehre; 1932-33 *Deutsche Jungenschaft vom 1.11.1929,* 1933-35 *Bund Deutsch-Jüdischer Jugend,* 1935-38 *Ring-Bund Jüdischer Jugend,* Nov.-Dez. 1938 KL Dachau. März 1939 Emigr. Schweiz, Aug. über Frankr. nach GB, 1939-47 Maschinenschlosser u. Schweißer, Mai-Dez. 1940 Internierung Huyton/Liverpool u. Isle of Man. Mitgl. *Amalgamated Engineering Union,* 1941-47 Betriebsrat, ab 1942 Ortsfunktionär; 1941-46 Mitgl. FDKB u. Vorst. FDJ in GB, 1942-45 Mitgl. *Landesgruppe deutscher Gewerkschafter,* 1944 VorstMitgl. u. Ltr. Jugendarb.; 1943-45 *Freie Deutsche Bewegung.* März 1947 Rückkehr; KPD, VVN, *Naturfreunde,* 1947-49 Mitgl. u. Deleg. DAG, 1947-50 Sekr. KPD-Landesltg. Baden-Württ., 1949-57 Mitgl. *Gew. Handel, Banken und Versicherungen* (HBV); 1950-53 Sekr. Landesausschuß *Deutsche Sammlung* u. *Bund der Deutschen,* 1953-56 Mitgl. KPD-Kreisltg. u. Lokalred. *Badisches Volksecho* Heidelberg, 1957-58 Mitarb. im VVN-Präs. u. Red. *Die Lagerstraße* Frankfurt/M. Ab 1957 Mitgl. *IG Druck und Papier/Deutsche Journalisten-Union* (dju). 1958-59 Mitarb. Sekretariat der *Internationalen Föderation der Widerstandskämpfer* (FIR) Wien, ab 1959 PräsMitgl. u. 1959-70 Presseref. im VVN-Präs. sowie Red. *Stimme des Widerstandes* Frankfurt/M.; ab 1961 Mitgl. FIR-Büro. 1968 DKP, 1970-73 im dju-Landesvorst. Hessen, ab 1970 Ltr. Referat Geschichtsforschung u. -vermittlung beim VVN-Präs., ab 1971 Mitgl. DKP-Kreisvorst. Heidelberg, Mitarb. *die tat,* Frankfurt/M., *Der Widerstandskämpfer,* Wien, *Marxistische Blätter,* Frankfurt/M. Ab 1973 Deleg. *IG Druck u. Papier* Bez. Frankfurt/M. Lebte 1978 in Wiesloch/Baden.

W: In Sachen Demokratie (Hg.). 1960; Eichmann und die Eichmänner (Hg.). 1961; Die unbewältigte Gegenwart - eine Dokumentation. 1962; Ludwig, Max (Ps.), Das Tagebuch des Hans O. 1965; Der Fall Vorbote. 1969; Vom Häftlingskomitee zum Bund der Antifaschisten. 1972; Das kämpferische Leben der Johanna Kirchner. 1974; Die manipulierte Demokratie. 1974; Der deutsche antifaschistische Widerstand 1933-1945 in Bildern und Dokumenten (Mitverf.). 1975; Demokratisierung der Lehrinhalte (Mitverf.). 1975. *L:* Röder, Großbritannien. *Qu:* Arch. Fb. Hand. Pers. Publ. - IfZ.

Oppenheimer, Oscar Franklin, Bankier; geb. 11. Juli 1868 Frankfurt/M., gest. 22. Jan. 1945 London; *V:* Moritz O., Kursmakler; ∞ Lucy Mathilde Weiller (gest.); *StA:* deutsch, Ausbürg. (?). *Weg:* GB.

Banklehre, 1896 Teilh., 1913 Seniorchef Bankfirma Lincoln Menny Oppenheimer in Frankfurt/M.; 1919 Berater der dt. Deleg. bei Friedensverhandlungen in Versailles. ab 1918 Mitgl. IHK Frankfurt-Hanau, ab 1926 Vors. Börsenvorst. der Frankfurter Börse. Mitgl. Zentralausschuß der Reichsbank u. Ausschuß des *Zentralverbands des Deutschen Bank- und Bankiergewerbes* Berlin; AR-Mitgl. Frankfurter Bank, Frankfurter Hypothekenbank, Rheinisch-Westfälische Bodencreditbank. Emigrierte vermutl. nach natsoz. Machtergreifung nach GB. - *Ausz.:* 1926 Ehrenbürger Frankfurt/Main.

L: RhDG. *Qu:* Arch. Hand. - IfZ.

Oppler, Alfred C., Jurist, Ministerialbeamter; geb. 19. Febr. 1893 Diendenhofen/Elsaß-Lothringen; ev.; *V:* Leo O. (1861-1933), jüd., später ev., Richter; *M:* Ella, geb. Seeligmann (geb. 1866 Unruhstadt, gest. 1924), jüd., später ev.; *G:* Fritz (geb. 1890 Diedenhofen, gest. 1957 USA), Fabrikant, 1939 Emigr. USA; ∞ 1927 Charlotte Preuss (geb. 1900 Liegnitz, gest. 1976 Princeton/N.J.), ev., M.Ed., Lehrerin, 1939 Emigr. USA mit Tochter; *K:* Ellen C. (geb. 1928), 1939 USA, Ph.D. Columbia Univ., Assoc. Prof. Syracuse Univ.; *StA:* deutsch, USA. *Weg:* 1939 USA.

1911-14 Stud. Rechtswiss. München, Freiburg, Berlin, Straßburg, 1915 Referendar, Freiw. 1. WK (Offz., EK). 1922 Assessor Berlin, 1923-27 LG-Rat, Berater im preuß. Finanzmin., 1927-30 RegRat beim preuß. OberverwGericht Berlin, 1930-31 ORegRat beim RegPräs. u. beim BezAusschuß Potsdam, 1931-33 Richter OberverwGericht, gleichz. 1932-33 Vizepräs. preuß. Dienststrafhof Berlin, 1933-35 Versetzung durch NatSoz. zur BezReg. Köln u. zum BezVerwGericht im Rang eines RegRates; 1935 Entlassung. 1936 Sprachstud. Auslandshochschule Berlin, Verweigerung des französ. Visums, weil er als Elsässer 1918 für deutsche Staatsbürgerschaft optiert hatte. März 1939 Emigr. USA auf franz. Quote, Unterstützung durch Familie, Freunde u. Hilfsorg., 1939 Gelegenheitsarb. in Privatbibliothek, 1940 Deutschlehrer bei Berlitz School Boston, 1940-44 Berater Publ. Admin. School, später Doz. School for

Overseas Admin. der Harvard Univ.; 1944-46 bei Foreign Econ. Admin. Washington/D.C.; 1946-52 Bei SCAP (Besatzungsbehörde) in Japan, zunächst Berater der pol. Abt. im US-Hauptquartier, 1947-48 Ltr. Gerichts- u. Rechtsabt. (verantwortl. für Durchführung von Reformen nach der neuen japan. Verfassung), 1948-52 Ltr. Abt. Gesetzgebung u. Rechtsprechung in der Rechtsabt. des Hauptquartiers, 1952-57 Dezernent für internat. Beziehungen beim US Far East Command, 1957-59 bei US Armeekdo. in Japan; Pensionierung. Mitgl. *World Federalists,* IMAS, *Nat. Refugee Committee, Am. for Democratic Action, Assn. for Retired People,* NAACP. – *Ausz.:* 1948 u. 1959 für Verdienste im Civil Service.

W: Mein Leben in Deutschland vor und nach dem 30. Januar 1933 (unveröffentl. Ms., Houghton Library Harvard Univ. u. RFJI); German Civil Service Before Hitler and After. In: Personnel Administration. 1941; Legal Reform in Occupied Japan. 1976; Art. über Fragen des japan. Rechts in Fachzs. *L:* Ward, Robert E., Shulman, Frank Jos., The Occupation of Japan 1945-52. 1974. *Qu:* Arch. Fb. Hand. Pers. Publ. – RFJI.

Oppler, Friedrich, Dr. jur., Richter; geb. 2. Juli 1888 Oppeln/Oberschlesien, gest. 6. Sept. 1966 Berlin; jüd., 1925 (?) ev.; *V:* Stephan O. (1858-1927), jüd., Kaufm.; *M:* Martha, geb. Sachs (1865-1930), jüd.; *G:* Margarete, Diss., Schausp., 1942 dep.; ∞ 1936 Ilse Helene Landau (geb. 1902 Koblenz), ev., Krankengymnastin, Emigr.; *StA:* deutsch. *Weg:* 1940 Bras.; 1952 Deutschland/Berlin(West).

Stud. Rechtswiss., 1916 Assessor, Kriegsteiln. (EK), dann bis Kriegsende Ltr. der Kohle- u. Kartoffelversorgung beim Magistrat von Berlin, nach 1918 Justizdienst. 1934 Entlassung als LG-Rat in Berlin, anschl. Makler. Nov.-Dez. 1938 KL Sachsenhausen, 1939 US-Visum mit 2jähr. Wartefrist. Aug. 1940 über die UdSSR u. Japan nach Rio de Janeiro, 1941-52 Handelsvertr. eines kleinen EmigrBetriebs, daneben schriftst. tätig. Apr. 1952 Rückkehr nach Berlin, LG-Rat, zuletzt LG-Dir. u. Vors. einer Wiedergutmachungskammer, 1959 Ruhestand.

W: Judenfrage und die Welt von heute. Rio de Janeiro (Agir) 1948; Das falsche Tabu. Betrachtungen über das deutsch-jüdische Problem. 1966. *Qu:* Arch. Hand. Pers. – IfZ.

Oppler, Kurt, Dr. jur., Diplomat; geb. 24. Nov. 1902 Breslau; kath.; *V:* Paul O., Kaufm.; *M:* Natalie, geb. Taucher; ∞ Rosa Winkler; *StA:* deutsch. *Weg:* 1938 NL; 1940 B; 1946 (?) Deutschland (ABZ).

Abitur, 1921-27 Textilkaufm., ab 1927 Stud. Rechtswiss. Breslau, 1930 Prom., 1932 Assessor, RA in Gleiwitz/Oberschlesien. Ab 1926 SPD, 1931 zur SAPD, pol. ZusArb. mit dem SAPD-Mitgr. Ernst Eckstein, in dessen Breslauer RA-Büro O. als Referendar tätig war; ab Okt. 1931 Vors. provis. Hauptvorst. des *Sozialistischen Studentenverbands* (SStV) der SAPD. Nach 1933 u.a. Anwalt vor dem Internationalen Schiedsgericht für Oberschlesien in Kattowitz, Verteidiger in pol. Prozessen. 1937 nach Ablaufen des Genfer Abkommens über den Minderheitenschutz in Oberschlesien Berufsverbot aus rass. Gründen, kaufm. Tätigkeit, 1938 aufgrund seiner früheren pol. Aktivitäten Emigr. nach Holland, USA-Visum, Mai 1940 Versenkung des für die Überfahrt vorgesehenen Schiffs. Anschl. in Belgien, Tätigkeit als Übers. u. Privatlehrer. Nach Kriegsende Rückkehr, aktiv in SPD, ab Mai 1946 MinDir. u. Ltr.Abt. für öffentl. ArbRecht im hess. Justizmin., ab Okt. 1947 Chef des Personalamts des Vereinigten Wirtschaftsgebiets in Frankfurt/M., zuletzt Ltr. der Abwicklungsstelle. Ab März 1952 im auswärt. Dienst, ab Dez. 1952 Gesandter, später Botschafter in Island, ab 1956 Botschafter in Oslo, ab 1959 in Brüssel, 1963-67 in Ottawa. Lebte 1978 in Baden-Baden. – *Ausz.:* u.a. 1959 Gr. BVK mit Stern.

L: Drechsler, SAPD. *Qu:* Hand. Publ. – IfZ.

Opravil, Max, Parteifunktionär; gest. 1971 Wien; ∞ verh.; *K:* 1 S; *StA:* österr. *Weg:* 1934 CSR; Österr.

Nach Ende des 1. WK aktiv in der Bewegung für den Anschluß des Burgenlands an Österr.; Mitgl. SDAP u. *Republikanischer Schutzbund.* 1934 Teiln. an den Februarkämpfen, Flucht in die CSR. Aktiv in Flüchtlingshilfe in der CSR, auf Veranlassung von → Otto Bauer Ltr. der sozialist. Flüchtlingsstelle in Prag. Nach Ende des 2. WK mehrere Jahre SPÖ-Bez.-Obmann in Wien.

Qu: Z. – IfZ.

Ormond, Henry Lewis (urspr. Oettinger, Heinrich), Rechtsanwalt; geb. 27. Mai 1901 Kassel, gest. 8. Mai 1973 Frankfurt/M.; jüd.; ∞ Ilse Lauten (geb. 1922); *StA:* deutsch, Ausbürg., brit. *Weg:* 1939 CH; GB; 1950 (?) Deutschland (BRD).

Stud. Rechtswiss., 1923 Referendar, 1926 Assessor, 1930 Staatsanwalt u. 1932 Amtsgerichtsrat in Mannheim, ab 1933 Handlungsbevollmächtigter in Kassel. 1939 Emigr. in die Schweiz, später nach GB. Nach Kriegsende Tätigkeit in brit. Kontrollkommission in Deutschland. 1950 Niederlassung als RA in Frankfurt/M.; Nebenkläger u.a. im IG-Farben-Prozeß (Durchsetzung von Entschädigungsansprüchen ehem. KL-Zwangsarb. des Konzerns) u. Auschwitz-Prozeß. Aktiv im jüd. OrgLeben, bes. für *Keren Hayesod* u. Israel Bonds.

W: Zs.-Beiträge zu NS-Verfahren. *Qu:* Arch. Z. – IfZ.

Ortar, Johanan (urspr. Oestreicher, Hans), Rechtsanwalt; geb. 7. Dez. 1909 Berlin; *V:* Otto Oestreicher (geb. 1868 Aschaffenburg), Grundstücks- u. Häusermakler; *M:* Olga, geb. Wohlgemuth (geb. 1878 Neustadt bei Danzig), jüd.; *G:* Anneliese Cohn-Oestreicher (geb. 1904 Berlin, gest. 1929 Berlin); Kurt Oestreicher (1906-1956), Grundstücks- u. Häusermakler, Emigr. Pal., Landwirt; ∞ 1935 Gina Rivka Zabludowski (geb. 1912 St. Petersburg), Emigr. Pal., Psychologin u. Hochschullehrerin; *K:* Ada Samid (geb. 1937), Buchprüferin; Dafna Meroz (geb. 1941), Lehrerin; Elisheva Moreno (geb. 1948), Krankenschwester; *StA:* deutsch, Pal./IL. *Weg:* 1933 Pal.

1932 1. jurist. Examen, Referendar Berlin, 1933 Entlassung; Mitgl. *Blau-Weiß* u. K.J.V.; 1933 Emigr. Palästina, 1933-34 Tischlerlehre in Tel Aviv, 1934-49 Mitgl. Verkehrsgenossenschaft Egged, ab 1934 *Haganah,* ab 1938 *Histadrut,* 1949-53 Ltr. Verkehrspolizei Jerusalem u. südl. Bez., 1953 Examen als RA für ausländ. Recht, 1953-56 Rechtsberater im isr. Verkehrsmin., ab 1956 Rechtsberater im Finanzmin.; Experte u.a. für Wiedergutmachungs- u. Sozialversicherungsangelegenheiten. Lebte 1974 in Jerusalem.

Qu: Fb. Publ. – RFJI.

Osche, Ulrich, Partei- u. Staatsfunktionär; geb. 5. Jan. 1911 Berlin, gest. 27. Febr. 1975; *V:* Karl O.; *M:* Emma, geb. Wüsteney; ∞ Erna; *StA:* deutsch. *Weg:* 1934 NL, Deutschland; 1935 NL, UdSSR; 1936 (?) Deutschland.

Abitur, Chemigraphenlehre; 1929 KPD u. RGO, Mitgl. KPD-UnterbezLtg. Berlin-Schöneberg, Funktionär Jugend-RGO u. KJVD. 1933-34 illeg. GewArb. in Berlin, März 1934 i.A. des ZK des KJVD Emigr. nach Amsterdam, Spätsommer 1934-Juli 1935 KJVD-BezInstrukteur im Ruhrgeb. (Deckn. Konrad), dann von Amsterdam aus in die UdSSR, Deleg. 7. Weltkongreß der *Komintern,* 6. Weltkongreß der KJI u. sog. Brüsseler Konf. der KPD (Deckn. Lewald). Mit Auftrag illeg. KJVD-Arbeit Rückkehr nach Deutschland. März 1936 Verhaftung in Köln, angebl. Urteil 15 J. Zuchth., bis Kriegsende im Zuchth. Siegburg u. KL Buchenwald. Nach 1945 Tätigkeit im Verlagswesen der SBZ bzw. DDR, u.a. Ltr. des Postzeitungsvertriebs u. Kulturdir. *Neues Deutschland;* 1959-74 GenDir. DEWAG. – *Ausz.:* U.a. 1970 VVO (Gold), 1975 Karl-Marx-Orden.

L: Bludau, Gestapo; Peukert, Ruhrarbeiter. *Qu:* Publ. Z. – IfZ.

Ossowski, Waldemar, Kommunalpolitiker; geb. 9. Jan. 1880 Bobreck/Oberschlesien; kath., 1901 Diss.; ∞ Elisabeth Czekalla (geb. 1885), Emigr., Ausbürg.; *StA:* deutsch, 28. Apr. 1937 Ausbürg. *Weg:* 1933 CSR; 1937 Boliv.; 1950 (?) Deutschland (BRD).

Klempnerlehre; 1898 DMV u. SPD, Wanderschaft, ab 1903 Mitarb. *Volkswacht* Breslau, 1906 Übernahme einer Werkstatt in Hindenburg/Oberschlesien, die er zu einem mittleren Fabrikbetrieb ausbaute. Magistratsmitgl., StadtVO.-Vorst., SPD-Kreisvors. – 1922 Wahl in ProvBeirat für Nieder- u. Oberschlesien, ab 1927 Mitgl. Preuß. Staatsrat, zuletzt Polizeipräs. Oppeln, nach Staatsstreich vom 20. Juli 1932 abgesetzt. 30. Jan. 1933 Flucht in die CSR, zunächst in Freiwaldau zeitw. unter Polizeischutz aufgrund dt. Entführungsversuche, später in Kaplitz u. Prag. Scharfer Gegner der *Sopade* Prag, u.a. Kontakte zu → Otto Straßer. Apr. 1937 nach Bolivien, Handwerksbetrieb in Cochabamba. Anschluß an *Das Andere Deutschland* (DAD) unter → August Siemsen, Mitarb. an gleichnamiger Zs.; Mitgl. *Vereinigung Freier Deutscher* Cochabamba, Aug. 1943 Mitgr. der Dachorg. *Landesverband Alemania Democratica en Bolivia,* dessen Angliederung an das *Lateinamerikanische Komitee der Freien Deutschen* Mexiko (→ Paul Merker) am Einfluß des DAD scheiterte. Um 1950 Rückkehr nach Deutschland.

D: IfZ. *Qu:* Arch. Pers. Publ. – IfZ.

Osterroth, Franz, Journalist, Parteifunktionär, Schriftsteller; geb. 8. März 1900 Eisenberg/Rheinpfalz; ev.; *V:* Nikolaus O. (geb. 1875), kath., Diss., SPD-MdL Preußen, 1919-23 Bergbauref. Reichsarbeitsmin., ArbDir. Preuß. Bergwerks- u. Hütten-AG; *M:* Elisabeth, geb. Humm (geb. 1877), kath., SPD; *G:* Till, Götz, Emil (alle umgek. im 2. WK); ∞ I. 1927 Käthe Cords (1905-66), Kontoristin, Emigr., 1946-48 Kassier des *Demokratischen Hilfskomitees für Deutschland* in Stockholm, ab 1955 Ltr. SPD-Frauengruppe in Kiel; II. Hella Cords; *K:* Bertram (geb. 1928), A: S; Regina (1932-43); *StA:* deutsch. *Weg:* 1934 CSR; 1938 S; 1948 Deutschland (BBZ).

Metallarb., zeitw. im Bergbau, 1918 Soldat; 1914 SAJ u. DMV, Jugendltr., 1917 SPD; 1919-24 zentraler Jugendsekr. u. Red. *Jungborn* für *Verband der Bergarbeiter Deutschlands* in Bochum, 1922/23 Besuch Akademie der Arbeit Frankfurt/M.; 1925-28 Berufsberater Arbeitsamt Hamburg. Vertr. des nichtmarxist. Jungsozialistenflügels, 1923 Mitgr. *Hofgeismarer Kreis,* 1924-26 Red. *Politischer Rundbrief des Hofgeismar-Kreises der Jungsozialisten,* 1926-33 Mithg. *Schriften zur Zeit.* 1928-33 RedMitgl. *Das Reichsbanner* Magdeburg, 1931-32 Bundesjugendltr. des *Reichsbanners,* Red. *Der Jungba-Führer,* Mitgl. SPD-Vorst. Magdeburg, Ltr. eines AgitBez. – 1933 Ltr. einer illeg. Jungsozialistengruppe in Magdeburg, überregionale Verbreitung der Zs. *Junger Sozialismus.* Anfang 1934 Flucht vor Verhaftung in die CSR mit Hilfe einer *Sopade*-Grenzstelle in Nordböhmen, zunächst in Röhrsdorf, dann Prag; Unterstützung durch *Sozialdemokratische Flüchtlingshilfe,* Verb. zu illeg. Gruppen im Reich, drei Reisen nach Deutschland; 1937-38 VorstMitgl. SPD-Gruppe Prag u. Ltr. Beratungsstelle für Fest- u. Freizeitgestaltung der DSAP, Ltr. eines Laienkabaretts, Mitarb. *Kulturwille, ABC* (illustr. Zs.), *Neuer Vorwärts* u. *Deutschland-Berichte* der *Sopade.* Ps. Franz Orr, Jörg Willenbacher, Pelle Treu. Aug. 1938 über Polen u. Lettland nach Schweden, Sprach- u. FacharbKurs, ab 1940 Zahnradfräser in Stockholm. Mitgl. Gew.- u. SPD-Gruppe, 1939-43 Vorst-Mitgl. Ortsgruppe Stockholm als Anhänger der vom Londoner Exil-PV verfolgten pol. Linie. Mitwirkung an Arbeitskreis für Nachkriegsfragen, Mitgl. Kulturausschuß der *Internationalen Gruppe Demokratischer Sozialisten (sog. Kleine Internationale).* Nach Bildung einer linken Mehrheit Mitte 1943 Rückzug aus der Parteiarb., Vortragstätigkeit in schwed. Arbeiter- u. Erwachsenenbildung, Mitarb. schwed. Zs.; ab 1943 Vorarb. für *Weißbuch der deutschen Opposition gegen die Hitlerdiktatur,* das 1946 vom Londoner PV veröffentl. wurde. Nach Kriegsende Bemühungen um Rückkehr, Aug. 1948-1963 SPD-Parteisekr. in Kiel, Red. *Der Weckruf,* später *Schleswig-Holstein-Post,* anschl. schriftst. Tätigkeit; u.a. Mitgl. Kulturpolit. Ausschuß u. Programm-Kommission des PV, Mitgl. Kultursenat der Stadt Kiel, Mitgr. u. VorstMitgl. *Grenzfriedensbund* Husum, Mitgl. Rundfunkrat NDR. Lebte 1977 in Lübeck.

W: u.a. Jörg Willenbacher, Deutsche Flüsterwitze. Das Dritte Reich unterm Brennglas. Karlsbad (Graphia) 1935; Biographisches Lexikon des Sozialismus. 1960; Chronik der deutschen Sozialdemokratie (mit Dieter Schuster). 1963; zahlr. Laienspiele u. Sprechchöre, u.a.: Werde, Europa! Röhrsdorf 1936; Freude ist unser Motor. Prag 1936; Rote Fahne, leuchte! Maifestspiel. Prag 1937; Vom Henlein, das goldene Eier legen wollte. Prag 1937; zahlr. Liedertexte, u.a.: Wann wir schreiten ... 1930; Franz Orr, Singendes Volk. Prag 1938; L u.a.: Deutsche Stimmen, Zyklus von Emigrations-Gedichten. 1939-41. *L:* Rohe, Reichsbanner; Müssener, Exil; Martiny, Martin, Die Entstehung und Bedeutung der „Neuen Blätter für den Sozialismus" und ihres Freundeskreises. In: VHZ 25/1977, H. 3. *D:* ArA, AsD, IfZ. *Qu:* Arch. Fb. Hand. Publ. – IfZ.

Ott, Jakob, Parteifunktionär, Kommunalpolitiker; geb. 26. März 1904 Mannheim, gest. 21. Mai 1966 Mannheim; *V:* Josef O., Arbeiter; *M:* Magdalena, geb. Geiselhart; *StA:* deutsch. *Weg:* 1934 Saargeb.; 1935 F; 1940 Deutschland; 1945 F; 1946 Saargeb., Deutschland (FBZ).

Zimmererlehre, ab 1921 Zimmermann in Mannheim, Mitgl. *Zentralverband der Zimmerer und verwandter Berufsgenossen Deutschlands,* Mitgl. u. Funktionär *Die Kinderfreunde* u. *Sozialistische Jugend Die Falken,* 1922 SPD, Mitgl. Ortsvorst. *Reichsbanner,* Gr. u. Ltr. Jugendorg. *Reichsbanner-Vortrupp* Mannheim, ab 1930 Mitgl. SPD-Ortsvorst., 1933 StadtVO. Mai 1933 Verhaftung bei illeg. Parteikonf. in Mannheim, bis Sept. KL Heuberg, anschl. VerbMann für illeg. SPD-Gruppen in Baden, Pfalz u. Hessen in ZusArb. mit *Sopade*-Grenzsekr. → Georg Reinbold, u.a. Einfuhr der Zs. *Sozialistische Aktion;* als Mitarb. des SPD-Exilvorst. in Prag (→ Otto Wels) zeitw. in Konkurrenz zu der von *Neu Beginnen* (→ Erwin Schoettle) geleiteten Rechberg-Gruppe. Okt. 1934 Flucht vor Verhaftung ins Saargeb., Teiln. am Abstimmungskampf, Jan. 1935 Emigr. nach Frankr., Anerkennung als Saarflüchtling, zeitw. als Zimmermann tätig. Nach Kriegsbeginn im Untergrund, 1940 als Verwundeter in einem Lazarett in den Vogesen von dt. Besatzungstruppen als franz. Kriegsgefangener unter falschem Namen registriert u. nach Deutschland verbracht, bis Kriegsende unerkannt. 1945 nach Frankr., Legalisierung des Personalstatus, Jan. 1946 ins Saargebiet, Aufbau des SPD-Unterbez. Neunkirchen, dann Rückkehr nach Mannheim, ab Ende 1946 SPD-Geschäftsf. für Stadt u. Landkreis, ab 1947 StadtVO., daneben u.a. 1951 Ltr. des Abstimmungskampfes i.A. der *Arbeitsgemeinschaft für die Vereinigung Baden-Württembergs,* 1950-53 Vors. Stadtjugendausschuß, Mitgr. Theatergemeinde u. Jugendbühne, Deleg. Gew. ÖTV, Förderer der Städtepartnerschaft mit Toulon.

L: Oppenheimer, Max, Der Fall Vorbote. 1969; Salm, Fritz, Im Schatten des Henkers. 1974. *Qu:* Arch. Publ. Z. – IfZ.

Otto, Helene, Kommunalpolitikerin; geb. 24. Sept. 1887 Barmen an der Wupper; ∞ verh.; *StA:* deutsch, 24. Sept. 1939 Ausbürg. *Weg:* NL.

Lehrerin. Vor 1933 langjähr. KPD-StadtVO. in Köln. 1936 Versetzung in den Ruhestand; Emigr. in die Niederlande; nach 1945 Rückkehr nach Deutschland, Abkehr von KPD.

Qu: Arch. Pers. – IfZ.

Oulman, Gaston (Ullmann, Walter, Lehrmann, Jo), Journalist; *StA:* deutsch, Kuba. *Weg:* E; Deutschland; F.

In den 20er Jahren in Berlin u.a. Theaterimpresario. Während des Span. Bürgerkriegs Ztg.-Korr., von Franco-Truppen an Deutschland ausgeliefert, KL-Haft, 1945 von US-Armee befreit. Berichterstatter über die Nürnberger Kriegsverbrecherprozesse bei US-Besatzungssender Nürnberg; 1947 von franz. GenDir. Losson zum Chefred. von *Radio Saarbrücken* ernannt. Aufgrund fragwürdigen Rufs bereits März 1948 auf Initiative der SPS wieder entlassen u. nach Frankr. abgeschoben.

L: Tüngel, Richard/Berndorff, Hans Rudolf, Auf dem Bauche sollst du kriechen... 1958; Schwan, Heribert, Der Rundfunk als Instrument der Politik im Saarland 1945-1955. 1974; Schneider, Saarpolitik und Exil. *Qu:* Publ. - IfZ.

Overlach, Helene, Parteifunktionärin; geb. 19. Juli 1894 Greiz/Sa.; Diss.; *V:* Arzt; *StA:* deutsch. *Weg:* 1944 S, 1946 Deutschland (SBZ).

Realgymn., Handelslehrerseminar, als Handelslehrerin u. Stenotypistin tätig. 1920 KPD, ab 1920 Stenotypistin KPD-Zentrale Berlin, ab 1922 bei KPD-Ltg. Düsseldorf, 1924-25 Red. *Ruhr-Echo,* zeitw. Chefred. *Niedersächsische Arbeiter-Zeitung* Hannover. Ab Grdg. 1925 neben → Clara Zetkin Vors. *Roter Frauen- und Mädchen-Bund,* ab 1927 Frauenvertr. im ZK u. Ltr. Frauenabt., 1929 Kand. des PolBüros. 1928-33 MdR. 1930 schwere Verletzung bei Demonstration, Herbst 1931 - Mitte 1932 Schulungskurs in Moskau, dann in IAH aktiv. Nach natsoz. Machtübernahme von dt. Behörden in der CSR vermutet, Fahndungsersuchen an Prager Innenmin.; ab Juli 1933 Versuch zum Wiederaufbau der *Roten Hilfe* im Ruhrgeb., Dez. 1933 Verhaftung, Aug. 1934 Urteil 3 J. Zuchth., nach Strafhaft KL, Juni 1938 aus Gesundheitsgründen entlassen. Sommer 1944 Flucht vor erneuter Verhaftung nach Schweden, 1946 Rückkehr nach Berlin, Mitgl. SED, Ltr. einer Berufsschule, 1950-55 Prof. PH Berlin (Ost), dann Parteiveteranin. - *Ausz.:* u.a. Clara-Zetkin-Med., VVO (Silber), 1969 Ehrenspange zum VVO (Gold).

L: Weber, Wandlung; *Qu:* Arch. Publ. - IfZ.

Owen (bis 1948 Offenstadt), **Arthur,** Kaufmann; geb. 29. Juli 1901 Fürth, gest. Febr. 1976 London; jüd.; *V:* Louis Offenstadt (geb. 1870 Fürth, gest. 1910), jüd.; *M:* Betty, geb. Wassermann (geb. 1877 Nürnberg, gest. 1963 GB), jüd., 1939 Emigr. GB; ∞ 1925 Winifred Rose Friedmann (geb. 1903 London), jüd., zeitw. kaufm. Angest., 1933 Emigr. GB, Stud. Brondesbury Coll.; *K:* Peter Lothar (geb. 1927), 1933 Emigr. GB, Verlagsbuchhändler in London; *StA:* deutsch, 1947 brit. *Weg:* 1933 GB.

1918 Abitur, bis 1933 Teilh. Lederwarenfabrik Heinrich Wassermann Junior, 1925-33 Mitgl. *B'nai B'rith.* Juli 1933 Emigr. GB, 1933-76 Firmenvertr., bis 1965 Dir. Exportfirma Nesbitt, Owen & Co. Ltd., 1946-70 Mitgr. u. Dir. Verlag Vision Press Ltd. - 1937-39 Unterstützung der Kinderauswanderung aus Deutschland; sechs Jahre Grand Vice-Pres. *B'nai B'rith District Grand Lodge of Great Britain and Ireland,* anschl. Ehrenpräs.; ab 1956 Mitgl., 1959-62 u. 1964 Präs. *Leo-Baeck*-Loge.

Qu: Fb. EGL. Hand. Z. - RFJI.

P

Paeschke, Carl Robert Fritz, Journalist, Maler; geb. 17. Okt. 1895 Kriescht b. Neumark/Ostpr.; ev., Diss.; *V:* Friedrich Wilhelm P. (1868-1906), Kaufm.; *M:* Helene Henriette Marie, geb. Engel (1862-1937), Textilkaufm., 1933 Emigr. CH; *G:* Charlotte Helene Marie (geb. 1901), Sekr.; ∞ I. 1945 Zürich Anna Elisabeth Schulz (1902-62), jüd.; II. 1969 Christa Helene Krings (geb. 1940), Krankengymnastin; *StA:* deutsch, 3. März 1936 Ausbürg., 1958 deutsch. *Weg:* 1933 CH.

Mittelschule. Im 1. WK Sanitätssoldat. Mitgl. pazifist. Org., u.a. 1919 *Bund neues Vaterland,* 1922 DLM. 1919-26 Textilkaufm. u. freier Journ., u.a. für *Die Weltbühne, Die Welt am Abend* (Ps. Angelus); Art. u.a. über Fememorde; daneben kommunalpol. tätig. 1926 SPD. 1929-30 Red. sozdem. Ztg. *Neumärkisches Volksblatt* Landsberg, 1930-32 Red. *Der Proletarier aus dem Eulengebirge* Langenbielau/Schlesien; Parteiredner, entging Aug. 1932 Bombenattentat durch SA; Febr. 1933 Haftbefehl, März 1933 Flucht nach Zürich. Antinatsoz. Tätigkeit, u.a. Nachrichtenübermittlung in Verb. mit *Sopade* u. schweiz. Soz-Dem.; Mitarb. schweiz. Ztg., u.a. *Neue Zürcher Zeitung, Volksrecht* Zürich, aufgrund des allg. ArbVerbots unter Ps. Angelus, Florentin, Germanicus. 1941-45 Mitgl. u. zeitw. im Vorst. der *Kulturgemeinschaft der Emigranten* in Zürich. 1945-58 SDS. Neben lit. Betätigung Maler; 1946 Org. der Wanderausstellung *Kunst im Exil.* Lebte 1977 in Ascona/Schweiz.

W: u.a. Die Urzelle des Sozialismus. Eine soziologische Studie über die Weber des Eulengebirges (Artikelfolge). In: Der Textilarbeiter. Zürich 1934; Seitz, Hermann, Staatsgefüge und Recht des dritten Reiches (Tarnschrift, zus. mit Hans Valentin, Theo Hannes, Hans Kalin). (Angebl. Erscheinungsort: Hamburg) 1935; Mein Leben in Deutschland. (1. Preis des German Life-History Prize Competition) Cambridge/Mass. 1940; Der Weg aus dem Stirb und Werde. In: Indische Welt. 1952. *D:* IfZ. *Qu:* Arch. Fb. Hand. Pers. - IfZ.

Paetel, Karl Otto, Journalist, Schriftsteller; geb. 23. Nov. 1906 Berlin, gest. 4. Mai 1975 New York; ev.; *V:* Karl Wilhelm Otto P. (1876-1949 [?]), ev., Kaufm.; *M:* Wilhelmine, geb. Biel (gest. vor 1945), ev., Schneiderin; *G:* 1 B (gest.); ∞ 1943 → Liesl Zerner; *StA:* deutsch, 17. Apr. 1939 Ausbürg., 1952 USA. *Weg:* 1935 CSR, DK, S; 1937 CSR, B, F; 1941 USA.

1927 Abitur, Volontär u. Lokalred. an einer Berliner Tagesztg., 1928-30 Stud. Gesch., Germanistik u. Phil. Univ. Berlin u. Deutsche Hochschule für Politik, Verlust des Stipendiums nach Teiln. an verbotener Anti-Versailles-Demonstration, Abbruch des Stud. aus finanziellen Gründen. Mitgl. eines Bibelkreises, Anschluß an bünd. Jugend, Kreisführer u. Kapitelmitgl. *Bund der Köngener,* dann bis zum Ausschluß März 1930 Mitgl. *Deutsche Freischar.* 1928-30 Hg. *Das Junge Volk* u. 1928-33 *Politische Zeitschriftenschau - Monatsbericht über das Schrifttum aller Richtungen,* 1930 Chefred. der von Ernst Jünger u. Werner Laß hg. Zs. *Die Kommenden,* 1931-33 Hg. *Die Sozialistische Nation* u. 1932 der Pressekorr. *Antifaschistische Briefe.* Protagonist der sog. nat.-bolschewistischen Richtung der dt. Jugendbewegung, die klassenkämpferischen Aktivismus u. rätestaatl. Vorstellungen mit der „Nation als absolutem Wert" zu vereinbaren suchte; in Verb. mit Jünger, Laß, Ernst Niekisch u. → Hans Ebeling u. gestützt auf die von P. 1930 gegr. *Gruppe Sozialrevolutionärer Nationalisten (GSRN)* Versuch zur Kaderbildung unter Einschluß „linker" NSDAP-Kreise u. oppos. Kommunisten; nach Zurückdrängung der Straßer-Richtung in der NSDAP scharfe Frontstellung gegen NatSoz., korporativer Eintritt in *Kampfbund gegen den Faschismus;* Ende Jan. 1933 Hg. *Nationalbolschewistisches Manifest,* das zur Formierung einer Partei mit Niekisch u. Claus Heim an der Spitze ihrer Wahlliste aufrief. Nach natsoz. Machtübernahme mehrmals in Haft, Schreibverbot, illeg. Tätigkeit, Jan. 1935 nach Einleitung eines Verfahrens wegen Verstoß gegen das Heimtückegesetz Flucht in die CSR. In Prag u.a. Mitarb. *Die neue Weltbühne* u. *Das Neue Tage-Buch,* Sommer 1935 illeg. über Deutschland u. Dänemark nach Stockholm, Unterstützung durch *Insamlingen för landsflyktiga intellektuella,* Mitarb. Volkshochschule, pol. Tätigkeit, nach Intervention der dt. Vertretung ausgewiesen; Anfang 1937 über Polen zurück in die CSR, i.A. der Prager Ztg. *Bohemia* kurzfristig in Brüssel, dann nach Paris, Korr. für *Bohemia* u. schwed. Ztg., Mitgl. *Association Générale de la Presse Française et Etrangère.* Verb. zur Gruppe *Neu Beginnen* (→ Richard Löwenthal), zum ISK (→ Willi Eichler) u. zu → Willi Münzenberg, Kontakte zu illeg. Kreisen in Deutschland, insbes. durch Auslandsfahrten bünd. Gruppen, Ltr. *Auslandsbüro der Gruppe Sozialistische Nation,* 1935 mit Ebeling u. → Theodor Hespers Gr. *Arbeitskreis Bündische Jugend,* 1937 an Grdg. der *Deutschen Jugendfront* beteiligt, deren Pariser VerbMann

u. Mitarb. der Zs. *Kameradschaft*. Deckn. Käte, Gerda, Olaf, Olaf Harrasin. 1936-39 Hg. *Blätter der Sozialistischen Nation* (1938/39 auch unter Titel *Deutschlandbericht des Auslandsbüros der Gruppe Sozialistische Nation)* mit Beiträgen u.a. von → Kurt Hiller, 1937-38 Hg. der an die Hitler-Jugend gerichteten *Schriften der Jungen Nation* (erste Hefte jeweils in Stockholm erschienen); Propagierung einer „Front deutscher Sozialisten" als Bündnis der marxist. u. nichtmarxist. Linken, zunächst noch für „Kampfgemeinschaft" mit der KPD, Teiln. an Bemühungen um Grdg. der *Deutschen Volksfront* in Paris. Mitarb. der Exilzs. *Die Zukunft, Sozialistische Warte, Freies Deutschland* (→ Max Sievers). Mitgl. SDS, ab 1937 nach Scheitern des Volksfront-Experiments aktiv in *Bund Freie Presse und Literatur* unter Konrad Heiden u. → Leopold Schwarzschild. Nach Kriegsbeginn interniert, 1940 Flucht nach Südfrankr., Lageraufenthalt bei Bordeaux, Auslieferungsbegehren der dt. Behörden; Ende 1940 mit gefälschten Papieren u. chines. Visum über Spanien nach Lissabon, Jan. 1941 mit Notvisum nach New York. Als Dokumentarist tätig, u.a. für Curt Riess, Vicki Baum u. in Verb. mit RegStellen, Juli 1942-Sept. 1943 Mitarb. Office of Europ. Econ. Research des OSS, anschl. Ausarbeitung eines dt.-sprach. Militärwörterbuchs für US-Heeresmin., 1944-45 schriftst. Tätigkeit mit Stipendien des *Emergency Committee in Aid to Foreign Scholars* u. des *Am. Committee for Refugee Scholars, Writers and Artists,* Korrektor für *Aufbau* New York, 1947-49 Deutschlehrer an einer Sprachenschule, dann als freier Publizist tätig. Mitarb. *Das Andere Deutschland*, Buenos Aires (→ August Siemsen), 1942 Mitwirkung an der von *American Friends of German Freedom* hg. Bibliographie *In Re: Germany* (→ Karl Frank), 1944 Beteiligung an den Arbeiten des CDG unter → Paul Tillich, Mitgl. des Presse-Ausschusses. Ab 1946 New Yorker Vertr. von *Deutsche Blätter* Santiago de Chile (→ Udo Rukser), Beiträge für *Argentinisches Tageblatt, Neue Volks-Zeitung, New Yorker Staats-Zeitung und Herold,* Mitarb. bei US-Presse, u.a. *The Nation* u. *New Republic*. 1947-48 Hg. der Korr. *Deutsche Gegenwart*. 1949 erster Deutschlandbesuch, 1953 endgültige Niederlassung in den USA aufgrund der pol. Entwicklung in der Bundesrepublik. Rege publizist. Tätigkeit, u.a. zur Gesch. der Jugendbewegung, der Weimarer Republik u. des Exils, Veröffentlichungen über Ernst Jünger, Aufbau eines *Archivs Deutsche Gegenwart*, Verb. zu ehem. bünd. Kreisen in Deutschland, ab 1963 Hg. der Privatkorrespondenz *Gesprächsfetzen, Ein Rundbrief für Freunde*. Mitarb. u.a. *Nürnberger Nachrichten, Die Furche* u. bei dt. Rundfunkanstalten. Ps. KO, KOP. Mitgl. *PEN-Club, Deutscher Presse-Klub New York*, ISDS. - *Ausz.:* 1956 Ehrengabe des Süddeutschen Rundfunks, 1967 BVK 1. Kl.

W: u.a. Handbuch der deutschen Jugendbewegung (Hg.). 1930; Die Struktur der nationalen Jugend. 1930; Das geistige Gesicht der nationalen Jugend. 1930; Nazi Deutsch. A Glossary (Mitverf.). New York (Frederick Ungar) 1944; Ernst Jünger, die Wandlung eines deutschen Dichters und Patrioten. New York (Krause) 1946; Deutsche innere Emigration. 1946; Bekenntnis zu Ernst Wiechert (Mitverf.). 1947; Ernst Jünger, Weg und Wirkung. 1947; Ernst Jünger. Eine Bibliographie. 1953; Das Bild vom Menschen in der deutschen Jugendführung. 1954; Deutsche im Exil. In: Außenpolitik 6/1955; Das Nationalkomitee Freies Deutschland. In: Politische Studien 6,1955/56, H. 69; Zum Problem einer deutschen Exilregierung. In: VHZ 4/1956; Bibliographie der Zeitschriften und Zeitungen des deutschen politischen Exils 1933-48. In: Politische Studien 9/1958; Die Presse des deutschen Exils 1933-45. In: Publizistik 4/1959; Jugendbewegung und Politik. 1961; Ernst Jünger in Selbstzeugnissen und Bilddokumenten. 1962; Beat. Eine Anthologie. 1962; Jugend in der Entscheidung. 1913-1933-1945. 1963; Verbannung - Aufzeichnungen deutscher Schriftsteller im Exil (Mitverf.). 1964; Versuchung oder Chance? Zur Geschichte des deutschen Nationalbolschewismus. 1965; Reise ohne Uhrzeit (ABiogr.), auszugsw. in: Gesprächsfetzen. *L:* u.a. Wille, Werner u. Sperl, Heinrich, Aufrecht zwischen den Stühlen: KOP! Grüße zum 50. Geburtstag. 1956; H. Sperl, A. Grosse, H. Sachs, Don Quichotte en miniature. Grüße zum 65. Geburtstag. 1971; Jantzen, Heinrich, Namen und Werke, Bd. 3. 1975. *D:* IfZ; Jugendburg Ludwigstein. *Qu:* Arch. Fb. Hand. Pers. Publ. Z. - IfZ.

Pahl, Walther, Dr., Journalist; gest. 18. Nov. 1969 Wentorf b. Hamburg; *StA:* deutsch. *Weg:* NL; Deutschland (BRD).

Mitarb. der GewPresse, Mitgl. Freundeskreis u. ab Okt. 1931 Beirat der *Neuen Blätter für den Sozialismus* (→ Paul Tillich); nach natsoz. Machtübernahme Emigr. in die Niederlande. 1951-53 verantwortl. Red. *Gewerkschaftliche Monatshefte* Düsseldorf.

W: Frey, Lothar (Ps.), Deutschland wohin? Bilanz der nationalsozialistischen Revolution. Zürich (Europa Verlag) 1934. *Qu:* Arch. Hand. - IfZ.

Palistrant, Shimon (Heinz), Verbandsfunktionär, Offizier; geb. 11. Jan. 1914 Berlin; *V:* Nathan P. (geb. 1880 Berlin), Kaufm., Mitgl. CV; *M:* Selma, geb. Reuben (geb. 1885), jüd.; *G:* Edith Scheschinsky (geb. 1918 Berlin, A: Haifa; ∞ Ruth Lederer (geb. 1914 Zagreb); *K:* Itamar (geb. 1939 Zagreb), KibbMitgl.; Giorah (geb. 1945), KibbMitgl.; Anat (geb. 1952), KibbMitgl.; *StA:* deutsch, Pal./IL. *Weg:* 1933 F, 1935 Pal.

Stud. Berlin, bis 1934 Mitgl. *Habonim* u. *Kadimah*, aktiv im Friedenstempel-Jugendklub unter → Joachim Prinz. 1933 Emigr. Frankr., 1933-35 landwirtschaftl. Hachscharah, 1933-34 Sonderausbildung in Château de Salignac, 1934-35 Mitgl. Hachscharah-Kibb. Maḥar bei Brive/Südfrankr., Mitgl. *Hechaluz*. 1935 nach Palästina mit C-Zertifikat, 1935-52 Mitgl. Kibb. Ayelet haShaḥar; 1938-39 Deleg. des *Hechaluz* in Jugoslawien, Einsatz für die illeg. Einwanderung nach Palästina; 1940 Mitgl. Hilfspolizei in Ober-Galiläa, 1942-53 *Haganah* u. IDF, zunächst 1942-43 Feldwebel, 1944 Kompaniechef, 1945 Kommandant einer Kampfeinheit, 1948 Kommandeur Bez. Ayelet haShahar, 1948-52 im Nachrichtendienst, 1953 Kommandeur Bez. HaGosherim. Ab 1952 Mitgl. Kibb. HaGosherim. 1960-64 Mitgl. Entwässerungsbehörde für Ober-Galiläa, verantwortl. für Wasserregulierungsarb. am Jordan u. im Hulehgebiet. 1965-67 Sekr. Zweigstelle Ḥolon der ArbPartei *Aḥdut haAvodah*, Mitgl. *Histadrut, Mapai* u. *Israelische Fischzuchtvereinigung*. Lebte 1977 im Kibb. HaGosherim.

Qu: Fb. - RFJI.

Pallavicini, Kurt, Ingenieur; geb. 21. Nov. 1886 Berlin, gest. 9. Nov. 1969 Kopenhagen; o.K.; ∞ Helene (geb. 1892); *K:* Herta (geb. 1919), Emigr. DK; *StA:* deutsch, 7. Mai 1938 Ausbürg. mit Fam. *Weg:* 1933 DK.

Maschinenbauer, 1912 SPD, 1919-33 StadtVO.; 1929-33 ehrenamtl. Stadtrat Kiel, Mitgl. ProvLT. März 1933 Flucht nach Kopenhagen.

Qu: Arch. Z. - IfZ.

Palmon (urspr. Pollack), **Jacob Erwin,** Journalist; geb. 9. Apr. 1911 Berlin, gest. 19. März 1977 Tel Aviv; *V:* geb. Rußl.; *M:* geb. Ungarn, 1943 umgek. KL Auschwitz; ∞ Elsbeth Jakobowitz. *Weg:* 1939 Pal.

Stud. Rechtswiss. Berlin, 1933-38 Schriftf. ZVfD, 1938 AbtLtr. im *Palästina-Amt* Berlin. 1939 Emigr. Palästina, Red. erste dt.-sprach. Ztg. in Palästina *Presse Echo* u. Mitarb. *Mapai*-Parteiztg., Chefred. der dt.-sprach. Tagesztg. *Jediot Hajom*, Wirtschaftsred. der dt.-sprach. Tagesztg. *Jediot Chadaschot*, Red. *Israels Außenhandel*, Korr. für Deutschland (BRD), Österr., Australien, Argentinien u. der Schweiz. Ab 1974 Chefred. der dt.-sprach. Tagesztg. *Israel Nachrichten*. Sekretariats-Mitgl. der Abt. für Einwanderer aus Mitteleuropa bei *Mapai*, Mitgl. Israelisches Institut für Internationale Beziehungen.

Qu: Hand. Z. - RFJI.

Palti, Josef (urspr. Peltesohn, Josef Leopold Adolf), Ph.D., Agrarexperte; geb. 18. Nov. 1915 Berlin; jüd.; *V:* Alfred Alfons Peltesohn (geb. 1887 Berlin), Zion., zwischen 1933 u. 1936 Emigr. Pal.; *M:* Margarete, geb. Baschwitz (geb. 1891 Berlin), Emigr. Pal.; *G:* Pauline Josefa Chonowicz (geb. 1914), Geschäftsfrau, Emigr. Pal.; ∞ 1939 Jeanne (Yona) Orfinger (geb. 1918 Den Haag), Emigr. Pal.; *K:* Naomi Bendor; Ronny Lucienne Fogel, Computer-Techn.; Daniel Eliezer. *Weg:* 1933 GB, 1934 Pal.

Gymn.; 1933 Emigr. GB, Okt. 1933 - Jan. 1934 Privatschule in London, 1934 Hachscharah. Okt. 1934 nach Palästina, 1934-35 Landarb. in Kibb., 1935-38 Stud. Gartenbau Univ. Reading/GB, B. Sc., 1939-46 Mitarb. landwirtschaftl. Forschungsstation der *Jew. Agency,* 1946-48 bei Inst. für landwirtschaftl. Entwicklung der Imperial Chem. Industr. Tel Aviv, gleichz. *Haganah.* 1960 M.Sc. Hebr. Univ., 1960-74 Dir. Abt. Pflanzenschutz der Außenstelle des isr. Landwirtschaftsmin., 1968 Ph.D. Hebr. Univ., 1971 FAO-Berater für Pflanzenkrankheiten in Jugoslawien, ab 1973 Ltr. der wiss. Veröffentl. in der Forschungsabt. des isr. Landwirtschaftsmin.; Mitgl. *Gesellschaft der Phytopathologen des Mittelmeers, Internationales Komitee für Aerobiologie,* Vizepräs. *Israelische phytopathologische Gesellschaft.* Lebte 1974 in Tel Aviv.

W: Vegetable Diseases in Israel. 1962; Fusarium Diseases of Cucurbitis. (Diss.) 1968. *Qu:* Fb. Hand. - RFJI.

Panholzer, Josef, Dr. jur. utr., Politiker; geb. 21. März 1895 Weilheim/Oberbayern, gest. 29. März 1973 München; kath.; *V:* Nikolaus P., Forstwirt; *M:* Amalie, geb. Neuhäusler; *StA:* deutsch. *Weg:* 1939 F; 1945 Deutschland (ABZ).

Gymn. Benediktinerabtei Ettal, Stud. Rechtswiss. u. Phil.; Teiln. 1. WK, u.a. Frontsoldat vor Verdun; nach Kriegsende aktiver Pazifist, VorstMitgl. *Friedensbund deutscher Katholiken;* ab 1924 RA in München; Mitgl. *Bayerische Volkspartei.* 1931 zweite jurist. Staatsprüfung u. Prom. Nach natsoz. Machtübernahme als Pazifist u. wegen seines Eintretens für einen autonomen bayer. Staat verfolgt u. 1937 aus der RA-Kammer ausgeschlossen, 3 Mon. KL Dachau; Juli/Aug. 1939 Emigr. nach Frankr., nach Kriegsausbruch Deutschlehrer in Südfrankr.; 1940 Anschluß an Résistance; im franz. Exil Bemühungen zur Sammlung bayer. Emigranten u. Entwicklung programmat. Vorstellungen für eine föderalistische Neugestaltung Deutschlands; ZusArb. u.a. mit → Karl-Oskar Freiherr von Soden u. dem Kreis um die Zs. *Der Christliche Ständestaat* (→ Klaus Dohrn). 1940 (?) Ausarbeitung eines OrgPlans für ein *Bureau (Centre?) d'études et de documentation sur le fédéralisme allemand,* Dez. 1944 Mitgr. (mit Hans Lipp, Ludwig Berger u. Georg Wolff) u. Geschäftsf. *Ausschuß für die bayerische Selbständigkeit,* Kontakte zu führenden franz. Politikern, Anfang 1945 Zusammentreffen mit → Wilhelm Hoegner in der Schweiz. Rückkehr nach Dtl. ab 1946 wieder RA in München; Mitgl. radikal-föderalist. *Bayernpartei* (BP), in der Koalitionsreg. 1954-57 Staatssekr. im Finanzmin.; in dieser Funktion später durch die sog. Hotel-Affäre um den Verkauf ehem. natsoz. Liegenschaften aus dem Besitz des bayer. Staates an den Frankfurter Steigenberger-Konzern belastet; als Nachfolger Josef Baumgartners 1959-63 Landesvors. BP. 1958-66 MdL Bayern, Fraktionsvors. BP, nach deren Spaltung 1967 Austritt aus BP u. Übernahme der Führung der neugegr. *Bayerischen Staatspartei;* Generalbevollmächtigter der Benediktinerabtei Ettal (ab 1931); Mitgl. bzw. Vors. versch. AR in Bayern; Präs. *Internationales Dachau-Komitee.* - *Ausz.:* Bayer. Verdienstorden; 1970 Ludwig-Thoma-Med.; Ehrenmitgl. Akademie der Bildenden Künste, München.

L: Unger, Ilse, Die Bayernpartei. Geschichte und Struktur 1945-1957. Phil. Diss. Erlangen 1977. *D:* HStA München. *Qu:* Arch. Hand. Pers. Publ. Z. - IfZ.

Pankowski, Paul, Parteifunktionär; geb. 9. Febr. 1885 Magdeburg, gest. Anfang der 60er Jahre Stockholm; *StA:* deutsch, Juni 1939 Ausbürg. *Weg:* 1933 CSR; 1938 S.

Bis 1912 Schriftsetzer; 1903 Gew., 1908 SPD, 1918-33 SPD-BezVors. Pommern u. Ortsvorst.-Mitgl. Stettin, ab 1919 Red., später Chefred. *Volksbote* Stettin, Gauvors. *Reichsbanner,* StadtVO. Stettin, Mitgl. ProvLT. Pommern. Nach natsoz. Machtübernahme in Haft, Juni 1933 Emigr. CSR, 1938 nach Solna/Schweden; ab 1939 Vors. SPD-Ortsgruppe Stockholm, Anhänger des rechten Flügels um → Kurt Heinig, Nov. 1944 Mitgr. SPD-Gruppe Stockholmer Vororte nach Konflikten mit linker Gruppenmehrheit; Jan. 1944 Teiln. Landeskonf. der *Landesgruppe deutscher Gewerkschafter,* Kritiker der alliierten Deutschlandpol. Ab 1945 Mitgl. *Deutsche Vereinigung von 1945,* Vors. *Arbeiter-Wohlfahrt-Landesausschuß* für Hilfssendungen nach Deutschland, ab Juni 1946 VorstMitgl. *Vereinigung deutscher Sozialdemokraten in Schweden.*

L: Müssener, Schweden. *D:* ArA. *Qu:* Arch. Hand. Publ. - IfZ.

Panzenböck, Ferdinand, Parteifunktionär. *Weg:* S (?), 1937 (?) E, 1939 (?) S, nach 1945 Österr.

Mitgl. KPÖ. Emigrierte vermutl. nach den Februarkämpfen 1934 nach Schweden. 1937 (?) nach Spanien, Teiln. am Span. Bürgerkrieg in Internat. Brigaden. 1939 (?) Rückkehr nach Schweden, dort mehrere Jahre interniert. Vermutl. Mitgl. der Parteigruppe der KPÖ in Schweden. 1944 Mitgl. *Österreichische Vereinigung in Schweden* (ÖVS) unter → Bruno Kreisky, nach Spaltung der ÖVS Mitgl. *Freie Österreichische Bewegung* in Schweden (→ Gustl Moser). Nach 1945 Rückkehr nach Österr., Mitgl. KPÖ, Parteifunktionär im Burgenland, Mitarb., zuletzt stellv. Obmann der burgenländ. Org. des *Bundesverbands österreichischer Widerstandskämpfer und Opfer des Faschismus - KZ-Verband.* 1957-65 ZK-Mitgl. der KPÖ.

L: Müssener, Exil. *Qu:* Arch. Pers. Publ. - IfZ.

Papanek, Ernst, Dr. phil., Politiker, Hochschullehrer; geb. 20. Aug. 1900 Wien, gest. 5. Aug. 1973 Wien; *V:* Johann Alexander P. (1872-1934), Geschäftsreisender; *M:* Rosa, geb. Spira (1874-1961); *G:* Margarete Wasservogel (geb. 1898), A: Stockholm; Olga Norkin (geb. 1904), Fotografin in New York; ∞ 1925 Dr. Helene Goldstern (geb. 1901), 1938 Emigr. F, 1940 USA, Ärztin u. Psychiaterin in New York; *K:* Dr. Gustav Fritz P. (geb. 1926), Wirtschaftswiss., 1938 Emigr. F, 1940 USA; Dr. Georg O.P. (geb. 1931), Psychiater, 1938 Emigr. F, 1940 USA; *StA:* österr., 1949 USA. *Weg:* 1934 CSR; 1938 F; 1940 USA.

Ab 1916 Mitgl. *Verband jugendlicher Arbeiter Österreichs,* führender Vertr. der sich ab 1916 in losen Zirkeln illeg. formierenden sozdem. Mittelschülerbewegung. 1918 mehrfach Haft. 1919-27 Stud. Medizin, vor allem Pädiatrie u. Psychiatrie, sowie Pädagogik, Psychologie u. Soziologie Univ. Wien, 1925 Lehrerex., 1925-27 Stud. Pädagogisches Institut Wien. Während des Stud. Org. von Kindergärten u. -horten, Berater des Amts für Wohlfahrtswesen u. soziale Verwaltung im Wiener Magistrat, maßgebl. Vertr. der reformpädagog. Richtung um Otto Glöckel. Ab 1919 Funktionär SAJDÖ, Mitarb. u. Lehrer *Reichsverein Kinderfreunde* bzw. *Sozialdemokratischer Erziehungs- und Schulverein Freie Schule - Kinderfreunde,* Mitgl. *Verband Sozialistischer Studenten Österreichs, Akademische Legion* des *Republikanischen Schutzbunds,* Lehrer an Volkshochschulen, Mitarb. Zentralstelle für das Bildungswesen (sozdem. Bildungszentrale) in Wien. Bis 1930 maßgebl. Funktionär SAJDÖ Burgenland, 1930-33 Ltr. Reichsbildungsausschuß, 1931-33 Landesobmann Wien, 1933-34 letzter VerbVors. der SAJDÖ, versuchte angesichts des drohenden Verbots die Überführung der Org. in die Illegalität. 1932-34 SDAP-GdeRat Wien. 1934 nach den Februarkämpfen Flucht in die CSR, Org. u. Ltr. einer an das ALÖS in Brünn (→ Otto Bauer) angeschlossenen Jugendvertr. im Exil zur Unterstützung der illeg. *Revolutionären Sozialistischen Jugend* (RSJ) in Österr. Unter Deckn. Ernst Pek bis 1939 RSJ-Vertr. in SJI-Exekutive. 1936-38 Hg. der in ZusArb. mit der Bibliothek des Völkerbunds Genf in London, Paris u. Prag in drei Sprachen erscheinenden *Internat. Pedagogical Information.* 1938 nach Anschluß nach Paris, Mitgl. der neben der AVÖS (→ Joseph Buttinger) gebildeten *Auslandsvertretung der Revolutionären Sozialisti-*

schen Jugend Österreichs. 1938-40 Org. u. Ltr. von Heimen für Flüchtlingskinder in Montmorency b. Paris, getragen von *Œuvre de Secours aux Enfants* (von russ. Juden in Frankr. gegr.), konnte bei dt. Einmarsch in Frankr. einen großen Teil dieser Kinder in die USA retten. 1940 nach franz. Kapitulation Emigr. New York. Sept. 1941 neben → Friedrich Adler u.a. Mitunterz. Protest österr. SozDem. gegen Versuch der Bildung einer österr. Exilreg. durch → Hans Rott u. → Willibald Plöchl. Ab 1941 Mitgl. *American Socialist Party* u. *League of Industrial Democracy.* Ab Febr. 1942 Exekutivmitgl. *Austrian Labor Committee* u. Mitarb. *Austrian Labor Information.* Stud. School of Social Work, Columbia Univ. New York, 1943 M.S. Ab 1943 Mitgl. eines Ausschusses der österr. Sozialisten in den USA zur Planung des künftigen Ausbildungswesens in Österr.; 1943-45 Sozialarb. u. pädagog. Berater *Children's Aid Society* New York. Ab 1945 Mitgl., später Vors. *Am. Friends of Austrian Labor;* 1945-47 Ltr. eines Kinderhilfswerks des *Unitarian Service Committee* Boston. 1946-48 Ltr. *Am. Youth for World Youth.* 1948-49 Ltr. Training School and Home for Young Girls, Brooklyn, 1949-58 Ltr. Wiltwyck School for Boys, New York, zugl. Stud. Pädagogik Columbia Univ., 1958 Ph.D.; 1959-71 Prof. Pädagogik Queens College der New York Univ., 1967 Gastprof. in Hiroshima/Japan; 1968-71 Prof. New School for Social Research New York. Ab 1956 Vors. außenpol. Ausschuß u. VorstMitgl. *American Socialist Party,* ab 1957 ihr Vertr. bei *Sozialistische Internationale.* Mitgl. zahlr. pädagog. u. med.-psycholog. Gesellschaften, u.a. *Am. Federation of College Teachers, Soc. for Applied Anthropology;* Mitgl., ab 1946 stellv. Ltr. *Individual Psychology Assn. of New York;* Mitgl., 1951-69 Vors. *Internat. Soc. of Adlerian Psychology;* Mitgl. *Comparative Educational Assn., Internat. Assn. for Individual Psychology,* ab 1962 VorstMitgl. *Internat. Assn. for Orthopedagogy;* VorstMitgl. *Internat. Union of Social Democratic Teachers,* VorstMitgl. *Assn. for Psychiatric Treatment of Offenders;* Mitgl. *World Federation for Mental Health;* Mitgl. *Am. Assn. of Workers for Maladjusted Children,* 1959-70 ständiger Vertr. dieser Org. bei UN, ab 1970 stellv. Vors.; Mitgl., 1946-70 stellv. Vors. der amerikan. Sektion der *Fédération Internationale des Communautés d'Enfants;* Mitgl. *Am. Sociological Assn., Internat. Assn. for Social Work, New York State Psychological Assn., John Dewey Soc., World Educational Fellowship.* - *Ausz.:* u.a. 1958 Certificate of Merit der *Individual Psychology Assn. of New York,* 1962 Award *League of Industrial Democracy,* 1970 Gold. Abzeichen *Bund Sozialistischer Freiheitskämpfer und Opfer des Faschismus.*

W: u.a. Die Idee steht mir höher als das Leben. Ein Bericht über Josef Gerl und seine Freunde. Karlsbad 1935; Austria's Problems After Hitler's Fall. In: Education in Austria After the Fall of Hitler, New York (Austrian Labor News) 1943; Social Services for European Jewish Children. 1948; Youth After the Catastrophe. In: Yearbook for the Psychology and Education of the Yiddish Scientific Institute, 1948; Youth in Danger Becomes a Danger (Hg.). 1956; Re-Education and Treatment of Juvenile Delinquents. 1958; The Austrian School Reform: Its Bases, Principles and Development. 1962; The Boy Who Survived Auschwitz (zus. mit Edward Linn). 1964; Management of Acting Out Adolescents. In: Abt, Lawrence Edwin/Weissmann, Stuart L. (Hg.), Acting Out. 1965; The Montmorency Period of the Child-Care Program of the OSE. 1968; Some Psycho-Social Aspects of Crime and Delinquency. 1971; Out of the Fire. (zus. mit Edward Linn). 1975. *L:* Buttinger, Beispiel; Patzer, Gemeinderat; Neugebauer, Bauvolk; Widerstand 1; Maimann, Politik. *Qu:* Arch. Hand. Pers. Publ. Z. - IfZ.

Papke, Paul, Partei- u. Staatsfunktionär; geb. 18. Sept. 1896 Staffelde/Brandenburg; Diss.; ∞ Margarethe Stiehm; *StA:* deutsch. *Weg:* 1933 CSR; 1934 F; 1935 NL, Deutschland.

Stellmacher. 1915-17 Kriegsteiln., Verwundung, anschl. als Tischler tätig. 1920 USPD, KPD, ehrenamtl. Funktionär, später PolLtr. Unterbez. Landsberg/Warthe, ab 1928 Red. *Volks-Echo,* 1928-30 MdR; 1932 Parteiaustritt. März 1933 Emigr. in die CSR. Nov. 1934 über Zürich nach Paris, Anschluß an KPD, Mitarb. *Rote Hilfe* (RH). Febr. 1935 mit RH-Auftrag nach Amsterdam, Deckn. Johannes Heine; März 1935 RH-Beauftragter im Rheinl., Mai Verhaftung, Okt. 1935 VGH-Urteil 5 J. Zuchth.; 1940-45 KL Sachsenhausen. 1945 KPD, 1946 SED, 1945 Landrat Kr. Seelow, 1948-52 Bürgerm. Fürstenwalde, 1954-60 Ltr. BezSchule für Landwirtschaftl. Produktion Fürstenwalde, ab 1960 Parteiveteran. Lebte Anfang der 70er Jahre in Strausberg (DDR). - *Ausz.:* u.a. 1961 VVO (Silber).

L: Weber, Wandlung. *Qu:* Arch. Hand. Publ. - IfZ.

Papo, Manfred, Dr. phil., Rabbiner; geb. 17. Okt. 1898 Wien, gest. 14. Mai 1966 Wien; *V:* Michael P.; *M:* Laura, geb. Gruenbaum; ∞ 1933 Louise Eva Fleischer; *K:* Michael. *Weg:* 1938 JU, GB, 1944 S.-Rhod.

Stud. Wien, 1922 Prom., 1925-28 BezRabbiner jüd. Gde. Salzburg, 1928-34 ReligLehrer an versch. Gymn., 1934-38 Rabbiner jüd. Gde. St. Pölten, gleichz. 1934-38 ltd. Mitarb. jüd. Erwachsenenbildung in Wien, 1938 Rabbinerordination, Oberrabbiner in Jugoslawien, dann nach GB, 1942-44 ehrenamtl. Prediger der Gde. span. u. portugies. Juden in Manchester, aktiv in AJR Manchester. 1944 nach Süd-Rhodesien, 1944-64 Rabbiner u. Vors. Ritualkomitee der Sephardic Hebr. Congr. Salisbury, gleichz. 1944-64 Rektor Sephard. Relig-Schule Salisbury, 1964 Ruhestand. 1964-66 Rabbiner jüd. Gde. Wien.

W: Die sexuelle Ethik im Koran in ihrem Verhältnis zu seinen jüdischen Quellen. 1925; Shaarei Torah. (Einführung in das Pentateuch) 1932; Shaarei Tehilah uNevuah. (Einführung in Psalm u. Prophetie) 1933; Shaarei Limmud. (Einführung in das ReligStudium) 1. u. 2. Teil. 1947-48. *Qu:* Hand. Publ. Z. - RFJI.

Pappenheim, Albert, Rabbiner; geb. 23. Febr. 1921 Frankfurt/M.; *V:* Jonas P. (geb. 1877 Preßburg, umgek. 1944 [?] im Holokaust), jüd., Innenarchitekt; *M:* Irma, geb. Stern (geb. 1881 Deutschland, umgek. 1944 [?] im Holokaust); *G:* Nathan (geb. 1904 Frankfurt/M., umgek. 1943 [?] im Holokaust), ReligLehrer; Ernst (geb. 1911 Frankfurt/M.), Bankangest., Polier, im 2. WK Emigr. Pal.; Karla Goldschmidt-Zard (geb. 1912 Frankfurt/ M.), Emigr. Pal.; Ruth Possen (geb. 1915 Frankfurt/M.), Emigr. CDN; ∞ 1945 Rhoda Kabatznik (geb. 1925 Colebolea/PL), jüd., 1933 Emigr. CDN, Lehrerin; *K:* Irma (geb. 1949); *StA:* deutsch, 1945 CDN. *Weg:* 1938 GB, 1940 CDN.

1932-36 Stud. Samson Raphael Hirsch-Jeschiwa Frankfurt/ M., 1936-38 Jüd. Lehrerbildungsanstalt Würzburg. 1938 Emigr. GB mit StudVisum, Stud. Rabbinerseminare Gateshead u. London; 1940 Internierung in GB u. Kanada. Ab 1943 Stud. Univ. Toronto, 1947 B.A., 1949 M.A., zugl. Stud. Yeshivah Torath Chaim in Toronto, 1949 Rabbinerexamen, 1947-48 Schulltr. Bais Yehuda Congr. School Toronto, 1948-53 Rabbiner B'nai Israel Congr. St. Catherine/Ontario, 1953-56 Ohava Zion. Congr. Lexington/Ky. u. Doz. für Orientalistik Univ. Kentucky; ab 1956 Rabbiner B'nai Israel Beth David Congr. Downsview/Ontario, 1959-74 Vors. Ausschuß für Erziehung der *United Syn. of Am.* im Bez. Ontario, 1966-67 Präs. *Toronto Rabbinical Fellowship,* ab 1957 Schriftf. für den Bez. Central Canada der *Rabbinical Assembly,* 1967-71 Präs. Bez. Ontario; 1972-75 Präs. *Toronto Board of Rabbis;* ab 1957 Mitgl., später Vors. Ausschuß für Erziehung u. Kultur u. ab 1972 Vors. Ausschuß für ReligFragen Bez. Central Canada des *Am. Jew. Congress,* 1969 Vors. Syn.-Ausschuß UJA in Toronto, Mitgl. *B'nai B'rith.* Lebte 1976 in Downsview/Ontario. - *Ausz.:* D.D.h.c. Jew. Theol. Seminary New York.

Qu: Fb. Hand. - RFJI.

Pardo, Herbert Josef Benjamin, Dr. jur., Rechtsanwalt, Politiker; geb. 20. Aug. 1887 Hamburg, gest. Febr. (März ?) 1974 Haifa/IL; jüd.; ∞ Ruth; *StA:* deutsch, 1938 Pal., IL. *Weg:* 1933 Pal.

Ab 1905 Stud. Rechtswiss. München, Berlin u. Kiel, 1909 Prom. Rostock, Referendar, Assessor, dann RA in Hamburg. 1910 SPD, 1918/19 *Arbeiter- und Soldatenrat* Hamburg, Mitgl. Verfassunggebende Vers.; 1919-32 MdHB, 1927-31 Mitgl.

Bürgerausschuß, Mitgl. Staatsgerichtshof, GefBehörde, Univ-Ausschuß; ab 1920 Syndikus Polizeibeamtenverb., Mitgl. Gauvorst. *Reichsbanner.* Letzter Vors. Portug.-Jüd. Gde. Hamburg. Sept. 1933 Emigr. nach Palästina, 1947-71 RA in Hamburg mit ständigem Wohnsitz in Haifa.

Qu: Arch. EGL. - IfZ.

Pargmann, Wilhelm, Parteifunktionär; geb. 20. Febr. 1884 Plau/Mecklenburg; *StA:* deutsch. *Weg:* CH.

Buchdrucker; SPD, ab 1919 Geschäftsf. Volksdruckerei Stettin. 1919 Mitgl. Verfassunggebende Preuß. Landesvers., Mitgl. ProvLT, MdL Preußen. SPD-StadtVO. Stettin, Mitgl. BezVorst., 2. Vors. Ortskrankenkasse, zuletzt GewSekr. in Stettin. Nach 1933 Emigr. Schweiz, Unterstützung durch *Schweizerisches Arbeiter-Hilfswerk.*

L: Matull, Arbeiterbewegung. *Qu:* Arch. Hand. Publ. - IfZ.

Parthe, Karl, Gewerkschaftsfunktionär; geb. 27. Dez. 1897 Schönlinde/Böhmen, gest. 9. März 1975 Huddinge/S; *StA:* österr., 1919 CSR, S. *Weg:* 1938 S.

Gebietssekr. der *Union der Textilarbeiter in der ČSR* in Asch, DSAP-Mitgl.; Dez. 1938 Emigr. nach Schweden, TG-Mitgl., bis 1962 Landeskassierer.

Qu: Arch. - IfZ.

Pasch, Hans, Journalist, Parteifunktionär; geb. 14. Aug. 1895 Hannover; o.K.; ∞ Ehefrau Emigr.; *StA:* deutsch. *Weg:* 1933 DK; 1940 S; 1945 DK,S.

Schriftsetzer, kaufm. Angest.; 1912 SPD u. Gew., 1919-20 SAJ-BezSekr. Hannover, 1920-21 Jugendsekr. DMV Bochum, 1921-26 Red. *Herner Volkszeitung* u. *Bochumer Volksblatt,* Vors. SPD Herne, 1926-33 Red. *Harzer Volkszeitung* Goslar, VorstMitgl. SPD Goslar, Vors. *Reichsbanner.* Nach natsoz. Machtübernahme Schutzhaft, Sept. 1933 Emigr. Kopenhagen, Apr. 1940 Flucht nach Schweden, zunächst Internierung Lager Baggå, vermutl. ab 1942 in Stockholm, Mitgl. SPD-Ortsgruppe. Nach Kriegsende kurzfristig Rückkehr nach Dänemark, dann in Schweden.

L: Müssener, Schweden. *Qu:* Arch. Hand. Publ. - IfZ.

Pass, Rudolf A., Parteiangestellter; geb. 2. Juli 1905 Arnstadt/Thür.; ev., 1928 Diss.; *V:* Eduard P. (1857-1925), kath., Handschuhmacher, SPD; *M:* Ida, geb. Walther (1865-1948), ev.; *G:* 4 B, 3 S; ∞ Alix Fussangel (geb. 1911), Diss.; *StA:* deutsch, 1939 Ausbürg., deutsch. *Weg:* 1934 NL; 1935 F, NL; 1938 S; 1948 Deutschland (BRD).

1920-23 kaufm. Lehre, bis 1930 Angest.; ehrenamtl. Funktionär ZdA, 1925 SPD, Jugendltr. *Reichsbanner* u. *Schufo* Arnstadt. 1931-32 Staatl. Heimvolkshochschule Tinz b. Gera, 1932-33 Akademie der Arbeit Frankfurt/M. Nach natsoz. Machtübernahme erwerbslos, Nachstellungen durch NatSoz., März 1934 Emigr. in die Niederlande, 1935 Aufenthalt in Frankr., in beiden Ländern Arbeitsverbot; unter Ps. R.A. Walther publizist. Mitarb. *Het Plan van de Arbeid.* Mai 1938 nach Schweden, Unterstützung durch *Arbetarrörelsens flyktinghjälp,* Umschulung zum Metallarbeiter, zuletzt als Angest. tätig. Mitgl. SPD-Ortsgruppe Stockholm, Mitarb. ArbKreis für Nachkriegsfragen im Bereich Wirtschaftsaufbau, ab 1943 SPD-Vertr. im Unterausschuß für wirtschaftl. u. finanzpol. Nachkriegsfragen der *Internationalen Gruppe demokratischer Sozialisten* (sog. Kleine Internationale), Beitr. in schwed. Presse, u.a. in Zs. der Arbeitgeberverb. *Industria.* Ende 1948 auf Veranlassung von → Erich Ollenhauer Rückkehr, bis 1970 wirtschaftspol. Ref. beim PV der SPD in Hannover u. ab 1951 in Bonn. Mitarb. SPD- u. GewPresse. Lebte 1978 in Bonn. - *Ausz.:* 1973 BVK.

L: Müssener, Exil. *D:* AsD. *Qu:* Fb. Publ. - IfZ.

Passauer, Oskar, Partei- u. Gewerkschaftsfunktionär; geb. 23. Nov. 1877, gest. 29. Apr. 1968 Wien; ∞ Paula, 1933 verhaftet, vermutl. 1938 Emigr. GB, 1946 Österr., 1971 Gold. Abz. *Bund Sozialistischer Freiheitskämpfer und Opfer des Faschismus; StA:* österr. *Weg:* 1938 GB; 1946 Österr.

Ab 1894 aktiv in GewBewegung, ab 1898 Mitgl. SDAP, Bankbeamter. Offz. im 1. WK. 1918 Mitgl. Bez.-Arbeiterrat Wien-Döbling. 1919-34 SDAP-BezRat.; ZV-Mitgl. des *Reichsverbands der Bank- und Sparkassenbeamten Österreichs,* langjähr. Betriebsratsobmann Bodenkreditanstalt, SDAP-BezObmann u. Bildungsfunktionär. Mitgl. *Republikanischer Schutzbund,* zuletzt Kreiskommandant Nord-West in Wien. Dez. 1933 Verhaftung, KL Wöllersdorf. 1938 nach Anschluß Österr. Emigr. GB. Mitgl. *Austrian Labour Club,* neben → Franz Leinmüller Komiteemitgl. *Landesgruppe österreichischer Gewerkschafter* in GB unter → Johann Svitanics u. später → Franz Novy. 1942 Londoner Deleg. der DelegKonf. der österr. Sozialisten in GB. 1946 Rückkehr nach Wien, Mitgl. SPÖ u. *Gewerkschaft der Privatangestellten,* Obmann Pensionistenvereinigung der Bankbeamten. Mitgl. *Bund Sozialistischer Freiheitskämpfer und Opfer des Faschismus. - Ausz.:* Victor-Adler-Plakette der SPÖ, Gold. Ehrenzeichen für Verdienste um die Republik Österreich.

L: Simon, Autobiogr. *Qu:* Arch. Publ. Z. - IfZ.

Passweg, Sabine, geb. Gottesmann, Verbandsfunktionärin; geb. 8. Juli 1886 Sambor/Galizien, gest. 16. Dez. 1960 New York; jüd.; *V:* Israel Gottesmann (geb. Galizien, gest. 1927 Wien), HebrLehrer; *M:* Deborah, geb. Dukatenzähler (geb. Galizien, gest. 1947 Tel Aviv), jüd., 1938 Emigr. Pal.; *G:* Leon (geb. Czernowitz/Bukowina, gest. 1950 Nizza); Bronia Melzer (geb. Czernowitz, gest. 1947 Tel Aviv); Anna Hochmann (geb. Lemberg, gest. 1951 Tel Aviv); June Gordon (geb. Brody/Galizien, gest. 1962 New York); Berta Waldmann (geb. Brody, gest. 1968 Jerusalem); Helen Armer (geb. Brody, gest. 1964 New York); ∞ 1906 Joseph Schlomo (Salomon) Passweg, 1877 Turka/Galizien, gest. 1936 Wien, Jeschiwah-Ausbildung, Uhrmacher u. Juwelier; *K:* Benzion Theodor (geb. 1906 Rymanow/Galizien, gest. 1965 New York), Schuhfabrikant, Emigr. F, Port., USA; Sonia Spiegel (geb. 1908 Rymanow), Gymn., nach Deutschland, dann F, USA; Friederike Langermann-Frank (geb. 1910 Rymanow), nach Deutschland, dann F, Port., USA; *StA:* österr. *Weg:* 1938 F, 1941 Port., USA.

Handelsschule in Galizien, bis 1938 Vizepräs. der WIZO u. Mitgl. zion. Landeskomitee für Österr. in Wien. 1938 Emigr. Frankr. mit Familie, 1938-40 in Straßburg, Saulieu, Oloron-St.-Marie. Jan. 1941 illeg. nach Lissabon, anschl. New York, Unterstützung durch *Hadassah,* ORT, HIAS; Stud. City Coll. of New York, Sekr. *Aviva,* Mitgl. *Hadassah.*

Qu: Fb. Pers. - RFJI.

Paul, Anton, Gewerkschaftsfunktionär; geb. 16. Nov. 1898 Dux/Nordböhmen; ∞ Elsa Plaschek (→ Elsa Paul); *StA:* österr., 1919 CSR, staatenlos, 1947 S. *Weg:* 1938 S.

Kaufm., 1917-18 Kriegsdienst, 1919 DSAP, 1921-34 Zentralsekr. *Verband der Land- und Forstarbeiter,* Sitz Saaz, 1934-38 Zentralsekr. *Gewerkschaft der Tabakarbeiter und -arbeiterinnen,* Sitz Sternberg/Mähren, sowie Red. ihres Organs *Fachblatt,* 1935-38 BezKassier Sternberg; Mitgl. Zentralgewerkschaftskommission des *Deutschen Gewerkschaftsbunds in der CSR.* 1938 Emigr. nach Schweden, Mitgl. u. 1943-46 Obmann Ortsgruppe Stockholm sowie Mitgl. im Landesvorst. der TG; VorstMitgl. *Auslandsvertretung sudetendeutscher Gewerkschafter* unter → Josef Ladig. Nach Kriegsende Schirmarb., später Konsumangest. Lebte 1978 in Huddinge/Schweden.

Qu: Arch. Pers. Publ. - IfZ.

Paul, Elsa, geb. Plaschek, Parteifunktionärin; geb. 24. Juli 1896 Haida/Böhmen, gest. 2. Aug. 1964 Huddinge/S; ∞ → Anton Paul; *StA:* österr., 1919 CSR, staatenlos, 1947 S. *Weg:* 1938 S.

Kontoristin; 1919 DSAP, ab 1920 Parteiangest., 1930-38 Mitgl. PV u. Frauenreichskomitee der DSAP, 1935-38 Vors. Frauenbezirkskomitee Sternberg/Mähren. 1938 Emigr. nach Schweden, 1939-55 Mitgl. TG-Landesvorst.; Angestellte.

Qu: Pers. - IfZ.

Paul, Ernst, Politiker; geb. 27. Apr. 1897 Steinsdorf/Böhmen, gest. 11. Juni 1978 Esslingen/Württ.; kath., 1921 Diss.; *V:* Anton P. (gest. 1927), Weber; *M:* Anna, geb. Tampe (gest. 1912), Textilarb.; *G:* Emilie Kreisl, gest.; ∞ 1922 Gisela Hübner (geb. 1898), Bankangest., 1938 Emigr. S, 1948 Deutschland (ABZ); *StA:* österr., 1919 CSR, 1943 staatenlos, 1946 S, 1948 deutsch. *Weg:* 1939 S; 1948 Deutschland (ABZ).

Schriftsetzer, ab 1912 Mitgl. u. Funktionär *Verband jugendlicher Arbeiter Österreichs,* 1913 SDAP, 1915-18 Kriegsdienst (Korporal, Tapferkeitsmed.), anschl. sudetendt. Volkswehr. 1919 DSAP, 1919 Mitgr. u. bis 1920 Obmann *Verband der sozialdemokratischen Arbeiterjugend* u. nach dessen Zerfall infolge Mehrheitsanschlusses an KJI Mitgr. u. bis 1926 Obmann des SJ, führend beteiligt an Grdg. der *Arbeitsgemeinschaft sozialistischer Jugendorganisationen* u. der *Sozialistischen Jugend-Internationale* (SJI), 1923-32 Mitgl. SJI-Büro, 1924 Übersiedlung nach Prag, ab 1924 Ltr. Bildungszentrale der DSAP, 1925-38 Red. *Der Sozialdemokrat* Prag, 1926 Mitgr. u. 1928-38 Vors. RW, ab 1930 Mitgl. PV, nach Aktivierung der Bildungs- u. Propagandaarb. als Reaktion auf Machtübernahme der NatSoz. in Deutschland Geschäftsf. Reichserziehungsbeirat u. Reichspropagandaausschuß sowie Sekr. Zentralstelle für das Bildungswesen der DSAP, stellv. Obmann Institut für deutsche Volksbildung Prag; ab 1937 Mitgl. SAI-Exekutive. Nach Eingliederung der Sudetengebiete ins Reich mit → Siegfried Taub Ltr. DSAP-EmigrBüro, während dt. Einmarsches in Prag auf Reisen in Schweden, verblieb im Exil. Rege journ. Tätigkeit, Hg. des ersten TG-Organs, *Sudeten-Freiheit* Oslo, Vors. der Skandinaviengruppe der TG mit über 300 Mitgl., Verbindungsmann zur Londoner TG-Ltg., zahlr. Reisen nach GB, enger Mitarb. → Wenzel Jakschs. 1940 vorüberg. Ltr. Flüchtlingslager in Baggå. 1941 als sudetendt. Vertr. für tschechoslow. Staatsrat im Exil vorgesehen, während Aufenthalts in London 15. Sept. 1941-3. März 1942 mit Jaksch Teiln. an Verhandlungen mit Exilpräs. Edvard Beneš über Lösung der sudetendt. Frage, nach Rückkehr mit → Josef Hofbauer u. → Karl R. Kern kurzfristig in Untersuchungshaft wegen Verdachts unerlaubter pol. Nachrichtenvermittlung; 1942 Mitgr. u. danach Vors. *Internationale Gruppe Demokratischer Sozialisten (sog. Kleine Internationale),* Mitgl. des sog. inneren Kreises u. Ltr. des Kulturausschusses; 1943 Entzug der CSR-Staatsangehörigkeit wegen Ablehnung tschechoslow. Aussiedlungspol., 1944 Mitgl. *Democratic Sudeten Committee.* Nach Kriegsende aktiv bei Hilfsmaßnahmen für Deutsche aus der CSR, Dez. 1945 Mitgr. u. bis 1948 Schatzmeister *Hilfskomitee für sudetendeutsche Flüchtlinge.* 1948 nach Deutschland, SPD, 1949-51 Chefred. *Allgemeine Zeitung* Mannheim/Stuttgart, 1949-69 MdB; ab Grdg. Mitgl. *Arbeitsgemeinschaft zur Wahrung sudetendeutscher Interessen* bzw. ab 1952 *Sudetendeutscher Rat,* ab 1950 Mitgl. Bundesvorst. u. zeitw. Bundesvors. SG, Vors. Seliger-Archiv Stuttgart; 1956-67 Mitgl. Beratende Versammlung des Europarats, 1960-73 Mitgl. Kreistag Esslingen. - *Ausz.:* u.a. 1969 BVK mit Stern.

W: Freunde in Not. Stockholm 1948; Die „Kleine Internationale" in Stockholm (zus. mit E. Werner). 1960; Was nicht in den Geschichtsbüchern steht. Ruhm und Tragik der sudetendeutschen Arbeiterbewegung. 1961; Es gibt nicht nur ein Lidice. 1968; Sudetendeutsche - Stiefkinder der Geschichte 1968; Böhmen ist mein Heimatland (Erinn.). 1974; Hillebrand. 1976; Trost im Leid. 1976; Gegen den Krieg. Für den Frieden (Erinn.). 1977. *L:* Jaksch, Wenzel, Europas Weg nach Potsdam. 1958; Jauernig, Edmund, Sozialdemokratie und Revanchismus. 1968; Bachstein, Jaksch; Menschen im Exil; Müssener, Exil; Misgeld, Klaus, Die „Internationale Gruppe demokratischer Sozialisten" in Stockholm 1942-1945. Diss. Uppsala 1976. *D:* Seliger-Archiv Stuttgart. *Qu:* Arch. Erinn. Fb. Hand. Publ. Z. - IfZ.

Paul, Willy; geb. 1. Juli 1897 Göttingen; Diss.; *M:* Ottilie; ∞ 1926 Erna Schüssler (geb. 1906), KJVD, später FAUD, 1937 Emigr. NL, 1941 Deutschland, 1942 Urteil 1 J. 3 Mon. Gef.; *K:* 2; *StA:* deutsch. *Weg:* 1937 NL, E; 1938 NL; 1939 B; 1940 F; 1942 Deutschland.

Erziehungsanstalt, Tischlerlehre, 1915-16 Hilfs- u. Metallarb., 1916-18 Kriegsdienst (EK II), nach Verwundung Fabrikarb.; bis Sept. 1919 Freiw. der Eisernen Division. 1919 USPD, 1920 anarchosyndikalist. *Freie Arbeiter-Union Deutschlands* (FAUD). Mitgr. u. Vors. Ortsgruppe Kassel, Hg. *Die proletarische Front. Organ der antifaschistischen Wehrorganisation.* Nach natsoz. Machtübernahme illeg. tätig, Hg. *Internationaler Sozialismus* Kassel, Verb. zur Exilorg. *Deutsche Anarcho-Syndikalisten* (DAS) Amsterdam. Nov. 1933 in Schutzhaft. März 1937 Flucht über Amsterdam nach Spanien, Mitgl. DAS-Gruppe Barcelona, Tätigkeit in syndikalist. Buchhandlung. Juni 1938 über Paris nach Amsterdam, Sept. 1939 nach Antwerpen abgeschoben, Mai 1940 Transport nach Frankr., Internierung in St. Cyprien, Gurs u. Le Vernet. Mai 1942 Auslieferung an Gestapo, Nov. 1942 VGH-Prozeß, Urteil 6 J. Zuchth. Später Bewährungseinsatz in der Wehrmacht, Febr. 1946 aus US-Kriegsgef. entlassen, Postangest., syndikalist. Betätigung. Lebte 1976 in Kassel.

Qu: Arch. Fb. - IfZ.

Pavell, Ḥanan (urspr. Pawel, Heinz), Architekt; Stadtplaner; geb. 12. Nov. 1909 Stettin, gest. 11. Febr. 1976; *V:* Siegfried Pawel (geb. 1878 Oppeln, gest. 1968 Stockholm), Architekt, 1939 KL Sachsenhausen, 1939 Emigr. S, aktiv in *Selbsthilfe; M:* Amalie, geb. Caro (geb. 1878 Posen, gest. 1952 Stockholm), 1939 Emigr. S; *G:* Annemarie Adler (geb. 1910), Stud. Zahnmed., 1934 Emigr. S; ∞ 1934 Lilit (Lotte) Magnus (geb. 1912 Stettin), Stud., Emigr. Pal., 1962-66 Sekr. Haile-Selassie-Univ. Addis Abeba; *K:* Dan Benyamin (geb. 1938), Stud. Volkswirtschaft, ltd. Angest. einer Flugges.; *StA:* deutsch, IL u. deutsch. *Weg:* 1934 Pal.

1934 Dipl.-Ing. TH Stuttgart, Mitgl. *Kameraden.* 1934 Emigr. Palästina mit A I-Zertifikat, 1935-48 Architekt, Mitgl. I.O.M.E. u. H.O.G., ab 1935 Mitgl. *Histadrut,* 1938-48 Mitgl. *Haganah.* 1948-55 in der Planungsabt. der isr. Reg., 1952 UN-Stipendium für Stadtplanung in Nordafrika u. Westeuropa, 1955- 62 Ltr. Abt. Stadtplanung für nördl. Bez. im isr. Innenmin., 1962-64 Chef Abt. Stadtplanung der äthiop. Reg., 1964-66 Ltr. Abt. Architektur Haile-Selassie-Univ. Addis Abeba, 1968-73 2. GenDir. im isr. Wohnungsbaumin., ab 1973 Berater im Wohnungsbaumin., zugl. Vors. Planungskommission für neue Städte u. Stadtentwicklung. Mitgl. *Israelischer Verband der Architekten und Ingenieure,* 1972 Mitgl. *B'nai B'rith,* Mitgr. *Israelische Humanistische Gesellschaft.*

Qu: Fb. Hand. - RFJI.

Pechner, Hanns Günter, Rechtsanwalt; geb. 11. Sept. 1905 Berlin; ev., 1971 Diss.; *V:* Ludwig P. (1878-1926), Diss., Kaufm.; *M:* Friederike, geb. Sieder (1884-1919), Diss., Sängerin; *G:* Karla (geb. 1912), ev.; ∞ I. Maria Schulz, 1934 Scheidung aufgrund natsoz. Verfolgung; II. Ruth Arndtheim, Emigr., gesch.; III. 1962 Elisabeth v. Alberti; *K:* aus I: Babette Harndt (geb. 1933), Bibliothekarin; aus II: Christian (geb. 1944), Bankangest., A: Lux.; Anna-Marie Eickelberg (geb. 1946), A: Berlin (West); *StA:* deutsch, Ausbürg., deutsch. *Weg:* 1939 CH, F; 1940 CH; 1946 F; 1954 Deutschland/Berlin (West).

Jüd. Abst., 1924-28 Stud. Rechtswiss. München u. Berlin, jur. Vorbereitungsdienst, Okt. 1931-Aug. 1933 RA in Berlin. Nach 1933 illeg. Tätigkeit in Verb. mit SAJ u. NB, bis 10. März 1939 Haft Zuchth. Luckau, 19. März 1939 Flucht vor KL-Einweisung über die Schweiz nach Paris. Nach Kriegsbeginn Internierung, Prestataire u. Freiw. in brit. Ausländerformation, Flucht in die Schweiz. Internierung, Unterstützung durch *Schweizerisches Arbeiter-Hilfswerk,* ab 1944 durch *Comité international pour le placement des intellectuels réfugiés.* Nach 1943 Mitgl. BFD in der Schweiz, 27. Mai 1945 Ref. 2. Landeskonf. Zürich, Wahl in

552 Peiser

Landesausschuß, Vors. BFD-Gruppe Genf. 1946 nach Paris, bis 1953 Buchdrucker. März 1954 nach Berlin, zunächst Mitarb. URO, dann RA u. Notar, vor allem Wiedergutmachungsfälle. Mitgl. FDP. Lebte 1977 in Berlin (West) u. Frankreich.

L: Teubner, Schweiz. *Qu:* Arch. Fb. Publ. - IfZ.

Peiser, Herbert Steffen, Chemiker, Ministerialbeamter; geb. 19. Aug. 1917 Berlin; ev.; *V:* Herbert P. (geb. 1878 Liegnitz/Schlesien, gest. 1951 CH), ev., höhere Schule, Kaufm., 1938 Emigr. CH; *M:* Nelly Berta, geb. Tarlau (geb. 1893 Berlin), ev., 1935 Emigr. CH; *G:* Gisela Clara Matilde Perutz (geb. 1915 Berlin), Familienberaterin, 1934 Emigr. CH, 1938 GB; ∞ 1948 Primrose Elizabeth Eliot (geb. 1913 Eltham/Kent), anglikan., 1957 USA; *K:* Primrose Clare Goodman (geb. 1950), 1957 USA, B.A.; Georgina Jane Dreibelbis (geb. 1952), 1957 USA, B.Sc., Buchprüferin; Alison Jeannie (geb. 1955), 1957 USA, B.Sc., Ernährungsexpertin; *StA:* deutsch, 1940 brit., 1963 USA. *Weg:* 1933 GB.

1927-33 Gymn., Apr. 1933 Emigr. GB zu Verwandten, 1933-36 St. Paul's School London, 1936-39 Stud. Physik u. Chemie Cambridge Univ., 1939 B.A., 1939-41 Forschungs- u. Lehrauftrag Cambridge Univ., 1941-46 techn. Sachbearb. Imperial Chem. Industries in Winnington/GB, 1943 M.A. Cambridge Univ., 1946-47 Senior Lecturer für Physik Birkbeck Coll. der London Univ., 1947-48 AbtLtr. Nuffield Cement Research Lab., 1949-57 Dir. metallphysikal. Forschung Hadfields Ltd., gleichz. 1951-57 ltd. Wiss. des Aeronaut. Inspection Directorate Lab.; 1957 in die USA mit Familie, ab 1957 beim US Nat. Bureau of Standards des Handelsmin. in Washington/D.C., 1958-63 Dir. Abt. Gewichtsmessungen, 1963-68 AbtLtr. Kristallchemie, ab 1969 Dir. Abt. internat. Beziehungen u. ab 1970 Programmltr. für ausländ. Währungen. Gleichz. 1962-68 Ausschuß-Sekr. Programm für wiss. ZusArb. USA-Japan, 1965-66 Forschungsstipendiat u. Doz. Harvard Univ., ab 1966 AID-Berater für ausländ. Reg. in Standardisierungsfragen (Bolivien, Brasilien, Ecuador, Guyana, Indonesien, Korea, Philippinen, Sudan, Thailand, Türkei). 1948-63 Fellow brit. *Inst. of Physics,* 1947-57 *Royal Inst. of Chem.,* Mitgl. *Am. Crystallographic Assn., Am. Chem. Soc., Am. Physical Soc., Internat. Union of Pure and Applied Chem.,* innerhalb dieses Verb. ab 1967 Mitgl. u. 1969-77 Sekr. des Atomgewicht-Komitees. Lebte 1978 in Washington/D.C.

W: u.a. X-ray Diffraction by Polycrystalline Materials. (Mithg.) 1955; Proceedings of International Conferences. 1966, 1968; *Qu:* Fb. Hand. - RFJI.

Peiser, Werner, Dr. jur., Diplomat; geb. 20. Aug. 1895 Berlin; o.K.; *V:* Gustav P. (geb. 1863 Kosten/Posen, umgek. 1939 [?]), jüd., Kaufm.; *M:* Ida, geb. Löbenstein (geb. 1866 Elberfeld, gest. 1928), jüd.; ∞ I. Esther Liepmann (gest. 1954); II. 1955 Madrid, Annemarie Schaette (geb. 1919), kath.; *StA:* deutsch, 1943 USA, 1951 deutsch. *Weg:* 1933 I; 1938 F; 1939 USA; 1951 Deutschland (BRD).

1914-18 Stud. Rechtswiss. Berlin, Florenz, Rom; 1914-31 SPD, 1919-21 pol. Red. SPD-Zentralorgan *Vorwärts,* ab 1921 stellv. Pressechef der preuß. Staatsreg., ORegRat; 1931 Versetzung zum Preußischen Historischen Institut Rom als MinRat im preuß. Erziehungsmin. unter gleichz. Attachierung an die Dt. Botschaft, Febr. 1933 Entlassung, anschl. Ltr. des jüd. Landschulheims Istituto Fiorenza in Florenz bzw. nach Auflösung Sept. 1938 in Nizza (→ Robert M.W. Kempner). Mai 1939 Emigr. USA, Prof. für roman. Sprachen Lloyola-Univ. New Orleans/La.; 1943-45 Mitarb. OWI Washington/D.C.; Mitgl. Exec. Committee der *Assn. of Free Germans.* 1945-46 jur. Berater der amerikan. Anklagevertr. beim Internationalen Militärtribunal in Nürnberg, 1947-48 Mitarb. J.D.C. in Frankfurt/M. u. Prag. 1951 Eintritt in dt. diplomat. Dienst, Kulturref. Botschaft Rio de Janeiro, 1954-59 Botschaftsrat Madrid, 1959-60 Botschafter Nikaragua. Ab 1961 Ltr. Goethe-Institut in Palermo, 1966-69 in Genua. Lebte 1978 in Genua. - *Ausz.:* BVK.

W: u.a. Eine Stunde Justiz. 1926; Jüdisches Lexikon (Mitarb.). 1926-30; The Last Three Years of the Weimar Republic. 1946; Land ohne Freude. 1949; Der Weiberfeind. 1954; Übersetzungen: Giovanni Gentile, Philosophie der Kunst (unter Ps. Heinrich Langen). 1934; Spitzbuben und Vagabunden. 1949; Spanische Erzähler aus dem 14. bis 20. Jahrhundert (zus. mit Albert Theile). 1958; Romulo Gallegos, Doña Barbara. 1950. Zahlr. Aufs. in ausländ. Zs. *Qu:* EGL. Fb. Publ. - IfZ.

Peres, Alfred P., Dr. jur., Rechtsanwalt, Parteifunktionär; geb. 1890; *StA:* österr., 1919 CSR, brit. (?). *Weg:* 1938 (?) GB.

RA in Reichenberg, StadtVO. ebd., Mitgl. Hauptltg. der *Deutsch-Demokratischen Freiheitspartei in der CSR* (DDFP), einer liberalen, pol. wenig einflußreichen Partei insbes. des jüd. Bürgertums. Vermutl. 1938 Emigr. nach GB, Ltr. der sog. *Peres-Gruppe* im *Czech Refugee Trust Fund* mit ca. 150 überwiegend jüd. Mitgl., die in der Mehrzahl der sog. Wirtschaftsemigr. zugerechnet wurden. Enge Kontakte zu Dr. Edvard Beneš, von dem die Gruppe finanzielle Zuwendungen erhielt; später beteiligt an kommunist. Einheitsbestrebungen innerhalb der sudetendt. Emigr., ab Bildung 1942 zus. mit den Gruppenltr. → Gustav Beuer (KSČ) u. → Josef Zinner *(DSAP-Auslandsgruppe)* PräsMitgl. *Einheitsausschuß der sudetendeutschen Antifaschisten in Großbritannien* u. ab 1943 Mitgl. *Sudetendeutscher Ausschuß - Vertretung der demokratischen Deutschen aus der CSR;* Mitarb. *Einheit* London. Nach Kriegsende RA in London. Lebte 1977 in London.

L: Křen, V emigraci; Bachstein, Jaksch. *Qu:* Arch. Publ. Z. - IfZ.

Pereszlényi (bis 1910 [?] Peisner), **Paul,** Verbandsfunktionär, Journalist; geb. 29. Mai 1893 Budapest, gest. 17. Sept. 1957 Zürich (?); Diss.; *V:* Ignaz Peisner (1852 [?]-1925), jüd., Journ. *Neues Pester Journal; M:* Bertha, geb. Weiss (gest. 1927 [?]); *G:* Karl (1890 [?]-1942), Bibliothekar in Budapest; Ella Demeny (1888 [?]-1943 [?]); Flora Ronai (geb. 1891 [?], gest. 1940 Brüssel); Gyula (1896 [?]-1915 [?]); ∞ I. Charlotte Schiffer (1894-1927), jüd.; II. Gerta Dobrozemsky (geb. 1894), kath.; *K:* Martin Julius Esslin (geb. 1918 Budapest), Regisseur u. Schriftst., 1938 Emigr. B, 1939 GB; *StA:* 1918 ungar., 1928 österr. *Weg:* 1938 CH.

Schule u. Handelsakademie in Budapest, anschl. Sekr. Handelskammer Budapest, Soldat im 1. WK. Nach Kriegsende nach Wien, Korr. von *A Vilag* Budapest, ab 1928 Red. *Wiener Allgemeine Zeitung,* ab 1934 Red. *Neue Freie Presse.* März 1938 Emigr. Zürich. Mitarb. *Tagesanzeiger* sowie ungar. Ztg. Vermutl. Mitgl. *Schweizerisches Hilfskomitee für ehemalige Österreicher,* nach Kriegsende *Schweizerisches Hilfskomitee für Österreicher* u. Mitgl. bzw. VorstMitgl. *Vereinigung der Österreicher in der Schweiz.* Ab 1945 Mitarb. *Austria Presseagentur.* 1947 Mitgr. u. bis 1957 GenSekr. *Weltbund der Österreicher im Ausland,* Red. *Der Auslandsösterreicher.* GenSekr. *Vereinigung der Österreicher in Liechtenstein;* Zürcher Korr. *Stuttgarter Zeitung,* Mitarb. zahlr. schweizer., österr. u. dt. Ztg. u. Zs.

Qu: Arch. Fb. Pers. Z. - IfZ.

Peritz, Franz Joseph, Tierarzt, UN- u. FAO-Beamter; geb. 3. Nov. 1925 Waltershausen/Thür.; jüd.; *V:* Leonhard P. (geb. 1893 Königsberg, gest. 1976 Haifa), jüd., Chirurg, Zion., 1934 Emigr. Pal.; *M:* Sophie, geb. Zann (geb. 1899), jüd., Zahnärztin, 1934 Emigr. Pal.; *G:* Eva Wilinski (geb. 1927 Waltershausen), 1934 Emigr. Pal., 1970-76 Stud. Univ. Haifa; ∞ 1956 Hella Susanne Michaelis (geb. 1932 Breslau), jüd., 1935 Emigr. Pal., höhere Schule, Sekr.; *K:* Sharon M. (geb. 1956 Navrongu/Ghana), Stud. in IL; Judith E. (geb. 1965 La Paz), Stud. in Chile; *StA:* deutsch, brit. *Weg:* 1934 Pal.; 1946 GB.

1934 Emigr. Palästina mit Eltern. 1941-43 Stud. landwirtschaftl. Coll. Kadoorie, Mt. Tabor, Dipl.-Landwirt. 1946 nach GB, 1946-50 Stud. Tiermed. Univ. Glasgow, 1947-50 Geschäftsf. *Brit. Zion. Youth Org.,* 1950-53 Tierarztpraxis, 1954-60 Veterinär an der Goldküste (später Ghana), 1960-63 ltd. Veterinär für Ghana im brit. Kolonialdienst, 1959 Dipl.

trop. Tiermed. Univ. Edingburgh, 1964 Dipl. Bakteriologie med. Fak. Univ. Manchester. 1964-67 Hauptberater für Tiermed. bei der FAO in Bolivien, ab 1968 Cheftechn. für Tierzucht u. -med. bei der FAO für Lateinam., 1974-76 Vors. FAO-AngestVerb., ab 1974 Mitgl. Komitee der *Lateinamerikanischen Gesellschaft für Tierzucht,* Mitgl. *Brit. Veterinary Assn. u. Royal Coll. of Veterinary Surgeons.* Lebte 1977 in Santiago/Chile.
Qu: Fb. Hand. - RFJI.

Perl, William R., Dr. phil., Psychologe, Verbandsfunktionär; geb. 21. Sept. 1906 Prag; jüd.; ∞ 1938; *K:* Salomon (geb. 1955 [?]), Stud. Tiermed. Perugia/I; *StA:* USA. *Weg:* 1940 USA.
1930 Prom. Wien; 1935-39 Ltr. *Neues Zionistisches Umsiedlungszentrum* Wien, Mitgr. illeg. Einwanderungsaktion für Palästina, *Aliyah Bet;* Prämie der brit. Reg. für seine Festnahme. Verhaftung durch dt. Behörden, Flucht, dann Haft in Rumänien, Griechenland u. Italien. 1940 Emigr. USA; 1942-46 im Nachrichtendienst der US-Armee (Oberst [?]). 1945 Sonderberater bei den Kriegsverbrecherprozessen in Deutschland, 1949 Anklage durch Senator Joseph McCarthy wegen Mißhandlung von Angeklagten bei der Vernehmung über das Massaker von Malmedy. 1947-51 Psychologe in New York, gleichz. Stud. Columbia Univ., 1951 M.A., 1951-55 ltd. klin. Psychologe der US Disciplinary Barracks in Ft. Leavenworth/Kansas, 1955-58 Ltr. psycholog. Abt. US Army Hospital München, 1958-71 Ltr. psycholog. Abt. Laurel Child Center des Sozialamtes Washington/D.C.; 1953 1. Vizepräs. u. 1954 Präs. *Am. Assn. of Correctional Psychologists,* 1962 Doz. George Washington Univ., ab 1965 psycholog. Berater Walter Reed Army Hospital, ab 1968 Berater für Verbrechensverhütung beim Gouverneur von Nebraska, 1960 Deleg. White House Conf. on Children and Youth, 1966 US-Deleg. Internat. Psychologenkongreß in Moskau, ab 1971 Berater Univ. Md., private Praxis als Psychologe, 1971 Beobachter beim Eichmann-Prozeß in Jerusalem auf Einladung der isr. Reg., ab 1971 Gr. u. Ltr. Zweigstelle Washington/D.C. u. 1973 Bundesvors. *Jew. Defense League;* nach 1971 häufige Festnahmen bei Demonstrationen für Juden in der UdSSR, 1976 verurteilt wegen Übertretung der Protection of Foreign Officials Act, Verschwörung, Übertretung der Schußwaffengesetze u. Angriffe auf Angest. der UdSSR-Botschaft, 1978 schwebendes Berufungsverfahren. Mitgl. *Internat. Soc. Criminology, Am. Psych. Assn.* Lebte 1976 in College Park/Md.
W: u.a. Utilization in Group Therapy of Disadvantages of the Prevailing Prison System. In: Group Psychotherapy. 1954; Military Delinquency and Service Motivation. In: Military Review. 1954; On the Psychodiagnostic Value of Handwriting Analysis. In: American Journal of Psychiatry. 1955; Intermediate Report of the Legislative Council Committee on the Increase in Crime Rate. 1968. *Qu:* Hand. Z. - RFJI.

Perles, Friedrich Shlomo, Dr. jur., Rechtsanwalt; geb. 3. März 1909 Königsberg; *V:* Dr. phil. Felix (Baruch Asher) P. (geb. 1874 München, gest. 1933 Königsberg), Bibelwiss., Rabbiner, ab 1924 Prof. in Königsberg; *M:* Hedwig, geb. Behr (geb. 1876 Posen, gest. 1954 Jerusalem), 1936 Emigr. Pal.; *G:* Dr. phil. Josef P. (geb. 1901 Königsberg), Beamter, 1933 Emigr. Pal.; Max (geb. 1903 Königsberg), Beamter, 1933 Emigr. NL, 1935 Pal.; Dr. med. Hans P. (geb. 1911 Königsberg), Hachscharah als Gärtner, 1936 Emigr. Pal., Arzt; ∞ 1934 Sophie Zipora Siew (geb. 1909), Lehrerin, 1934 Emigr. Pal.; *K:* Micha Asher (geb. 1936), Ph.D., Prof. Hebr. Univ.; *StA:* deutsch, Pal./IL u. deutsch. *Weg:* 1934 Pal.
1927-31 Stud. Königsberg, München u. Berlin, 1931-33 Referendar in Ostpreußen, Mitgl. V.J.J.D., 1933 Berufsverbot, dennoch 1934 Annahme der Diss. über palästinens. Recht u. Prom., Anerkennung der Diss. durch *Palästina-Amt* Berlin als ausreichende Qualifikation für Hachscharah. 1934 Emigr. Palästina mit C-Zertifikat, Mitgl. *Haganah,* 1935 RA-Examen für Ausländer, 1935-44 RA, ab 1936 ehrenamtl. Rechtsberater Wohlfartsabt. des *Vaad Leummi,* 1937-47 Doz. für Fürsorgerecht Fachschule für Sozialarb. des *Vaad Leummi,* 1938-44 Mitgl. Interkonfessioneller Koordinierungsrat für Kinder- u. Jugendwohlfahrt in Jerusalem. 1942-47 rechtswiss. Schriftltr. *Palestine Post.* Ab 1944 RA-Praxis in Tel Aviv, 1944 in ZusArb. mit → Siegfried Moses Verf. eines Buchs über Wiedergutmachungsansprüche, 1948 Mitarb. an Vorbereitung des isr. Staatsangehörigkeitsgesetzes, Rechtsberater der dt. Botschaft Tel Aviv - Jaffa, ab 1962 Israel-Vertr. des Deutschen Instituts für Vormundschaftswesen in Heidelberg. 1948-51 Major in Rechtsabt. u. Ltr. soziale Rechtshilfe u. Abt. Gesetzgebung der IDF. Mitgl. *Histadrut,* Rechtsanwaltskammer, H.O.G., I.O.M.E. Lebte 1978 in Tel Aviv. - *Ausz.:* BVK.
W: u.a. Die Teilhaberschaft im Palästinensischen Recht. (Diss.) 1934; Die jüdischen Nachkriegsforderungen (mit Siegfried Moses). 1944. *Qu:* Fb. - RFJI.

Perls, Frank Richard, Kunsthändler; geb. 23. Okt. 1910 Berlin, gest. 8. Febr. 1975 Beverly Hills/Calif.; *V:* Hugo P. (geb. 1886 Rybnik/Oberschlesien, gest. 1977 New York), o.K., Stud. Rechtswiss., bis 1918 im dt. Außenmin., Inh. einer Kunstgalerie in Berlin, 1931 Paris, 1942 New York, Schriftsteller; *M:* Käthe, geb. Kolker (geb. 1889 Breslau, gest. 1945 New York), o.K., Stud., Kunsthändlerin, 1931 nach F, 1944 New York; *G:* → Klaus Gunther Perls; Thomas Alfred (geb. 1923 Berlin), 1939 Emigr. USA, 1946 Ph.D. (Physik) Yale, tätig für Lockheed Aircraft Corp. Palo Alto/Calif., Hochschullehrer; *StA:* deutsch, USA. *Weg:* 1932 F, 1937 USA.
Stud. Kunstgesch. Freiburg; 1932 zus. mit Mutter Ltr. der Galerie Kaethe Perls in Paris. 1937 Emigr. USA, 1937 mit Klaus Gunther P. Gr. u. Mitinh. Perls Galleries in New York, 1939-75 Inh. einer Kunstgalerie in Hollywood, später in Beverly Hills. Im 2. WK US-Armee. Fachmann für Kunstfälschungen, zeitw. Dir. *Art Dealers Assn. of Am.,* Life Fellow Los Angeles County Museum, Freund der Familien Picasso u. Matisse.
Qu: Z. - RFJI.

Perls, Klaus Gunther (Günther), Dr. phil., Kunsthändler, Kunsthistoriker; geb. 15. Jan. 1912 Berlin; o.K.; *G:* → Frank Richard Perls; ∞ 1940 Amalia Blumenthal (geb. 1913 Philadelphia), 1934 B.A., 1935 M.A., Kindergärtnerin in New York, ab 1940 Teilh. Perls Galleries New York; *K:* J. Nicholas (geb. 1942); Katherine Margaret Rousmaniere (geb. 1944), M.A.; *StA:* deutsch, 1940 USA. *Weg:* 1933 F, 1935 USA.
Stud. Kunstgesch., Phil., 1933 Prom. Basel. Jan. 1933 Emigr. Frankr., 1933-35 Kunsthistoriker in Paris, den Niederlanden u. der Schweiz. Okt. 1935 in die USA, 1935-37 Börsenmakler bei Hallgarten & Co. New York, 1937 mit Frank Richard P. Gr. u. Mitinh. Perls Galleries New York, spezialisiert auf moderne franz. Maler. Mitgl., 1972 Dir., zeitw. Präs. *Art Dealers Assn. of America.*
W: Jean Fouquet. Œuvre Complet. 1938; Maurice de Vlaminck. 1941. *Qu:* Fb. Hand. - RFJI.

Perlstein, Shlomo, Hotelier, Politiker; geb. 2. Sept. 1902 Przemysl/Galizien; *V:* Shaul P. (geb. Novi Sandez/Galizien), jüd., Jeschiwah-Ausbildung, Kaufm.; *M:* Yocheved (geb. 1880 Novi Sandez); *G:* Baruch; ∞ 1927 Tova Choozner (geb. 1903 Tarnow/Galizien), höhere Schule, 1934 Emigr. Pal.; *StA:* österr., Pal./IL. *Weg:* 1934 Pal.
Relig. Oberschule, Abitur Wien; Import-Exportkaufmann. 1934 Emigr. Palästina über Ägypten mit A I-Zertifikat, ab 1934 Mitinh. Hotel Bristol, Tel Aviv, 1957-62 Teilh. einer Spinnerei, 1950-55 StadtVO Tel Aviv - Jaffa, 1951-69 M.K. der *Liberal Party* (später *Gahal*). Prs. Isr. Caterers Assn., Mitgl. *Gen. Merchants Assn., Israel Hotel Owners,* VorstMitgl. *World Hotel Union.* Lebte 1977 in Tel Aviv. - *Ausz.:* 1977 Ehrenbürger (Jakir) von Tel Aviv - Jaffa.
Qu: Fb. Hand. - RFJI.

Peschel (nach 1945 auch Peschl), **Rudolf,** Parteifunktionär; geb. 1915 (?) Mährisch-Ostrau/Nordmähren, gest. 1967; *StA:* österr., 1919 CSR. *Weg:* 1939 UdSSR; 1943 Deutschland (Reichsprotektorat Böhmen und Mähren).

Mitte der 30er Jahre zentraler Funktionär des *Deutschen Jugendbundes,* dann KSČ-Funktionär in Nordmähren-Schlesien. 1939 Emigr. in die UdSSR, 1942 Ausbildung als Fallschirmspringer. Sept. 1943 zus. mit sowj. Agenten zum Aufbau eines Nachrichtennetzes in Mähren eingesetzt, ab Okt. 1943 in Mährisch-Ostrau, Anschluß an illeg. tschechoslowak. Widerstandsorg. *Lvice* [Löwin], Übernahme der Ltg. u. Ausbau der Org. zu einer Sabotagezelle des sowj. Geheimdienstes unter der Org.-Bezeichnung *Jan Žižka,* PolLtr.; Sept. 1944 Aufdeckung der Gruppe durch Gestapo, Verhaftung. Nach Kriegsende Sekr. Kreisausschuß der KSČ in Ostrau, Febr. 1951 Verhaftung im Zusammenhang mit innerparteil. Säuberungen in der KSČ, Verurteilung zu mehrjähr. Haftstrafe, 1963 gerichtl. u. 1968 postum parteil. rehabilitiert.

L: Die Tschechen unter deutschem Protektorat. 1969. *Qu:* Arch. Pers. Z. - IfZ.

Peschke, Paul, Partei- u. Gewerkschaftsfunktionär; geb. 3. Dez. 1890 Berlin; *StA:* deutsch, F, 31. Aug. 1938 Ausbürg.; deutsch. *Weg:* 1933 UdSSR; 1936 F; 1937 CSR; 1938 F; 1939 S, N; 1940 S; 1945 (?) Deutschland (Berlin).

Schlosser, 1908 Gew., 1912 SPD. 1916-18 Kriegsdienst; 1917 USPD, 1918 *Soldatenrat,* 1920 zur KPD; bis Oktoberaufstand 1923 Funktionär im MilApp., dann Ltr. Unterbez. Prenzlauer Berg, Anhänger der linken Führung um → Ruth Fischer u. → Arkadij Maslow, bis Ende 1925 in Opposition zur ZK-Linie. Nach öffentl. Selbstkritik ab 1926 hauptamtl. Mitarb. des ZK, 1928 pol. Mitarb. ZK-GewAbt., ab 1929 Vors. BezKomitee Berlin u. Mitgl. Reichsltg. der RGO, 1930-33 Ltr. *Einheitsverband der Metallarbeiter Berlins* in der RGO, Aug. 1932 Deleg. Internat. Kongreß gegen den imperialist. Krieg Amsterdam, Mitgl. *Weltkomitee gegen den imperialistischen Krieg.* 1933 Emigr. UdSSR, Mitarb. RGI, i.A. des ZK der KPD Vorbereitung der Konf. dt. Bergarb. Paris v. 23./24. Mai 1936; angebl. Beauftragter des PolBüros des ZK für die Kontrolle der KPD-AbschnLtg., 1937-Juli 1938 Nachf. von → Elli Schmidt als Ltr. AbschnLtg. Zentrum u. GewRed. *Deutsche Volkszeitung* Prag (Deckn. Emil); Juli 1938 nach Frankr., Haft wegen Paßvergehens, 1939 nach Schweden, OrgLtr. AbschnLtg. Zentrum Stockholm (Deckn. Jenssen), nach Abschluß des dt.-sowj. Nichtangriffspakts zum Aufbau eines KPD-Stützpunktes zeitw. in Oslo; ab Sommer 1940 Internierung in Långmora, nach Freilassung Schlosser; Mitunterz. Sammlungsaufruf v. 28. Okt. 1943 u. Gründungsaufruf FDKB v. Jan. 1944. Nach Kriegsende Rückkehr nach Berlin, Vors. *Industriegruppe Metall* im FDGB, ab 1949 Staatssekr. für Arbeits- u. Gesundheitswesen, ab 1950 Mitgl. FDGB-Bundesvorst. Nach der Parteisäuberung 1951-52 Dir. Sozialversicherung, später AbtLtr. in *Ausschuß für Deutsche Einheit.* Mitgl. *Arbeitskreis verdienter Gewerkschaftsveteranen.* Lebte 1975 in Berlin (Ost). - *Ausz.:* u.a. VVO (Silber), 1965 VVO (Gold).

L: Schmidt, Deutschland; GdA; Mewis, Auftrag; Bednareck, Horst, Die Gewerkschaftspolitik der Kommunistischen Partei Deutschlands. 1969; Weber, Wandlung; Müssener, Schweden. *Qu:* Arch. Publ. Z. - IfZ.

Peter, Yehuda, (urspr. Pietrkowski, Julius), Dr.-Ing., Hydrologe; geb. 24. Juli 1904 Jarotschin/Posen; jüd.; *V:* Leopold (Elieser) Pietrkowski (geb. 1856 Jarotschin, gest. 1942 Benyaminah/Pal.), jüd., Kaufm., 1933 Emigr. Pal.; *M:* Selma, geb. Cohn (geb. 1868 Züllichau, gest. 1951 Benyaminah), 1933 Emigr. Pal.; *G:* Dr. jur. Arthur Pietrkowski (geb. 1892 Jarotschin gest. 1940 Tel Aviv), Bankier, 1933 Emigr. Pal.; Wanda Fischer (geb. 1894, gest. 1972 Ḥaderah), 1933 Emigr. Pal.; ∞ I. 1934 Elga Steinhardt (geb. 1905 Berlin, gest. 1968 Tel Aviv), Emigr. Pal.; II. 1971 Vera Schiff (geb. 1913 Breslau), Emigr. Pal.; *K:* Judith Löwenstein (geb. 1935), Heilgymnastin in Ramat Gan; Tamar Bernat (geb. 1944), Lehrerin in Kingston/N.Y.; *StA:* deutsch, 1935 Pal., 1962 deutsch u. IL. *Weg:* 1933 Pal.

Stud. TH Berlin, Dresden, 1927-29 Ausbildung für den höheren Baudienst in Sachsen u. Preußen, 1930 2. Staatsexamen Dresden, 1930-33 Lektor TH Berlin-Charlottenburg, Ltr. Berliner Niederlassung einer Baufirma. 1919-24 Mitgl. *Blau-Weiß,* K.J.V., 1929-33 Revisionistische Partei. Mai 1933 Emigr. Palästina mit A I-Zertifikat, 1933-39 Ing. in Haifa, 1939-40 im zentralen IngBüro der brit. Armee in Jerusalem, 1940-48 Wasserbauing. der Mandatsreg., 1948-62 Dir. Abt. Wasser u. Abwässer der Aufsichtsbehörde für Wasserfragen im isr. Landwirtschaftsmin., gleichz. 1953-62 Doz. für Wasserbautechnik am Technion/Haifa; 1962-69 Dekan techn. Fakultät Haile Selassie-Univ. in Addis Abeba, 1969 Ruhestand, seitdem techn. Berater. Mitgl. *Israelischer Ingenieur-Verband,* ab 1940 *Inst. of Structural Engineers* London. Lebte 1974 in Ramat Gan.

W: Beitrag zur Kenntnis des Wechselsprungs. (Diss.) 1931; zahlr. Art. in Fachzs. *Qu:* Fb. Hand. - RFJI.

Peters, Karl, Lehrer; geb. 5. Jan. 1900 Düvier/Pommern; ev.; *StA:* deutsch. *Weg:* 1933 DK.

Tätigkeit als Lehrer u. Buchhalter, 1923 SPD, führend in *Arbeitsgemeinschaft sozialdemokratischer Lehrer,* VorstMitgl. SPD-Orts- u. UnterbezVorst. Stralsund, Vors. *Sozialer Dienst* u. *Rote Falken,* StadtVO. Nach natsoz. Machtübernahme Schutzhaft, Mai 1933 Emigr. Roskilde/Dänemark.

Qu: Arch. - IfZ.

Peters (bis 1940 Grünpeter), **Walter,** Dr. jur., Rechtsanwalt; geb. 10. Dez. 1903 Kattowitz/Oberschlesien, gest. 5. Dez. 1978 New York; *V:* Salo Grünpeter (geb. 1876 Nikolai/Schlesien, gest. 1933 Kattowitz), jüd., Kaufm., VorstMitgl. jüd. Gde. Kattowitz, Mitgl. CV; *M:* Hedwig Zernik (geb. Tichau/Schlesien, gest. 1917 Kattowitz), jüd.; *G:* Ilse Artman (geb. 1908 Kattowitz, umgek. 1943 [?] im Holokaust); Halbschwester: Ingeborg Grünpeter (geb. 1920 Kattowitz, umgek. 1943 [?] im Holokaust), jüd., Angest.; ∞ I. 1931 Charlotte Bandman (geb. 1905 Breslau), jüd., Oberschule, Sekr., 1933 Emigr. JU, 1938 USA, 1972 gesch.; II. 1972 Alice Stern, geb. Lachmann (geb. 1905 Wiesbaden), 1939 Emigr. USA über GB; *K:* Barbara Rothholz (geb. 1933), 1933 Emigr. JU, 1938 USA, Stud. Queens Coll. New York, KunstgeschLehrerin; *StA:* deutsch, 1945 USA. *Weg:* 1933 JU; 1938 H, PL; 1939 GB; 1940 USA.

1922-26 Stud. Freiburg, Frankfurt, Breslau, Prom., 1929 Referendar, 1930-33 RA-Praxis in Breslau mit Spezialisierung auf öffentl. Recht u. Gewerkschaftsfragen, Mitgl. K.C. u. jüd. Gde. Breslau, aktiv in SPD; 1933 Berufsverbot. 1933 Emigr. Jugoslawien ohne ArbErlaubnis, 1936-38 Büroltr., 1938 Verhaftung u. Dep. nach Ungarn, Emigr. von Frau u. Tochter in die USA, er selbst nach Polen, erhielt dort Aufenthaltsgenehmigung für GB, versuchte vergeblich, am 15. März 1939 von Prag aus GB zu erreichen, Flucht in die Niederlande, später Schweiz, dann GB, Aufenthalt in Quäker-Herberge Croyden/Surrey, Sprachstud. 1940 in die USA, Ehefrau Hausangest., später Sekr.; 1940-53 geschäftsf. Sekr. bei Arts Coop. Service New York, ab 1954 Berater u. RA bei URO in New York. 1959 Mitgl. Anwaltskammer Hamburg, VorstMitgl. A.F.J.C.E., Vizepräs. *Am. Assn. of Former Europ. Jurists,* Geschäftsf. *Jew. Philanthropic Fund of 1933* New York, Mitgl. LBI New York, VorstMitgl. *Max Mainzer Memorial Found.* u. *New York Found. for Nursing Homes.*

W: Art. über Wiedergutmachungsfragen, bes. über Ausgleichsrecht, in *Aufbau. Qu:* Arch. Fb. Pers. Z. - RFJI.

Petersen, Jan (d.i. Schwalm, Hans Otto Alfred), Schriftsteller, Verbandsfunktionär; geb. 2. Juli 1906 Berlin, gest. 11. Nov. 1969 Berlin (Ost); *V:* Maurer; *StA:* deutsch, 5. Dez. 1938 Ausbürg., deutsch. *Weg:* 1935 F; 1936 CH; 1937 GB; 1940 (?) CDN; 1941 GB; 1946 Deutschland (Berlin).

Zunächst Kaufm., Dreher u. Werkzeugmacher, Verf. von Gedichten u. Erz. für die ArbPresse, 1931-33 OrgLtr. *Bund proletarisch-revolutionärer Schriftsteller* (BPRS). 1933-35 Mitorg. u. Ltr. des illeg. BPRS, Hg. illeg. Zs. *Stich und Hieb* Berlin u. anonymer Red. *Neue Deutsche Blätter* Prag; mehrere illeg. Reisen nach Prag. 1935 Emigr. nach Frankr., als „Mann mit der schwarzen Maske" Teiln. 1. Internationaler Schriftstellerkongreß zur Verteidigung der Kultur in Paris. 1936 in die Schweiz, 1937 nach GB, 1938-46 Vors. FDKB-Schriftstellersektion, Mitgl. *PEN-Zentrum London;* 1940-41 Internierung, zeitw. in Kanada, 1941 Red. *The Camp* Isle of Man; Mitarb. Auslandspresse u. *Das Wort* Moskau, Ps. Otto Erdmann. 1946 Rückkehr nach Berlin, freier Schriftst., 1951-53 Vors. Volksbühne, 1953-55 erster Vors. *Deutscher Schriftstellerverband* Berlin (Ost); Mitgl. *PEN-Zentrum Ost-West.* - Zentrales Thema der Werke P.s ist der dt. Widerstand gegen das Hitler-Regime 1933-45.

W: Unsere Straße (R). Moskau (Jourgar) 1936 (engl. London [Gollancz] 1938); Weg durch die Nacht (Hg.). London 1944; Sache Baumann und andere (R). London (Gollancz) 1948 (engl. 1939); Und ringsum Schweigen (Erz.). London (Hutchinson) 1949 (engl. 1940); Die Meere rufen (Filmscript). 1951; Der Fall Dr. Wagner (Erz.). 1954; Yvonne (Erz.). 1957; Die Bewährung. 1971. *L:* LDSL; Albrecht, Deutschspr. Schriftsteller; Albrechtová, Tschechoslowakei. *Qu:* Hand. Publ. - IfZ.

Peterson, Bruno, Verlagsleiter, Parteifunktionär; geb. 16. Apr. 1900 Berlin; *V:* Tischler. *Weg:* 1935 CSR; F, 1940 (?) Deutschland.

Schriftsetzer; 1918 Soldat, KPD, Schriftsetzer u. Korrektor Verlag Jugend-Internationale; Besuch der Parteischule Rosa Luxemburg in Fichtenau, anschl. bis 1930 Mitarb. Abt. Agitprop des ZK der KPD. Vorüberg. in der UdSSR; 1930-32 Ltr. Internationaler Arbeiterverlag, danach erneut Mitarb. ZK der KPD. 1933 illeg. Tätigkeit, Verhaftung, 2 J. Zuchth. Luckau, 1935 Emigr. in die CSR, später mit gefälschten tschechoslow. Papieren nach Frankr. u. deshalb 1939 zur CSR-AuslArmee eingezogen, 1940 (?) als Kriegsgef. nach Deutschland. 1945-46 Druckereiltr. Saarbrücken. 1946 Ausweisung, Übersiedlung in die SBZ; SED, Mitarb. Verlag JHW Dietz Nachf. GmbH Berlin (Ost), später Ltr. Verlag Volk und Welt, ab 1954 Ltr. Verlag Neues Leben. - Ausz.: 1956 VVO (Silber).

L: Schaul, Résistance. *Qu:* Hand. Publ. - IfZ.

Petri, Hermann, geb. 5. Jan. 1883 Neunkirchen/Saar, gest. 1. Okt. 1957 Neunkirchen/Saar; ∞ verh. *StA:* deutsch. *Weg:* 1935 F; 1943 Deutschland.

Bergarbeiter. 1909 Mitgl. freigewerkschaftl. BergarbVerb.; 1917 SPD. 1919-35 GewSekr. *Verband der Bergarbeiter Deutschlands* Bez. Neunkirchen/Saar. StadtVO Neunkirchen, 1922-35 Mitgl. Saarländischer Landesrat, Mitgl. Parteivorst. SPD, Agitationsbez. Neunkirchen. Jan. 1935 nach Frankr., in Forbach/Lothr. Mitarb. Beratungsstelle für Saarflüchtlinge; illeg. GewArb. in Verb. mit BergarbVerb. Lothringen, 1936 Mitarb. *Arbeitsausschuß freigewerkschaftlicher Bergarbeiter Deutschlands* (→ Wilhelm Frisch, → Richard Kirn). Ab 1936 Mitarb. *Office Sarrois* (→ Max Braun). 1937 nach Südfrankr., Mai 1940 4 Wochen interniert. 26. Febr. 1943 Verhaftung durch Gestapo, VGH-Urteil 6 J. Zuchth., 1945 befreit. 1945 Mitgl. GrdgAusschuß SPS. 1946 RegRat in Saarbrücken, Ltr. ArbAmt Neunkirchen. 1947 Mitgl. Verfassungsausschuß der Gesetzgebenden Versammlung, 1947-56 (Auflösung SPS) MdL Saar. Ab 1952 Ehrenvors. SPS. 1952 1. Vors. *IG Bergbau* Saar.

L: Schmidt, Saarpolitik; Kunkel, Ernst, Für Deutschland - gegen Hitler. Die Sozialdemokratische Partei des Saargebietes im Abstimmungskampf 1933/1935. 1967; Schneider, Saarpolitik und Exil. *Qu:* Arch. Hand. Publ. - IfZ.

Petri, Karl, Verwaltungsangestellter; geb. 30. Mai 1913 Neunkirchen/Saar. *Weg:* 1935 F; 1941 Deutschland.

Installateur- u. Klempnerlehre. 1932 SPD. Nach der Saarabstimmung 1935 Emigr. nach Frankr.; dort 1941 verhaftet, bis 1943 KL Sachsenhausen, anschl. Balkaneinsatz im Strafbtl. 999, 1945 amerikan. Kriegsgefangenschaft. Mitgl. SPS, ab 1949 StadtVO. Neunkirchen. VorstMitgl. *Bund der Sozialistischen Jugend des Saarlandes.* Wegen pol. Differenzen 1952 Austritt aus SPS. 1961-70 MdL Saar (SPD). Lebte 1978 in Neunkirchen/Saar.

L: Schmidt, Saarpolitik; Schneider, Saarpolitik und Exil. *Qu:* Hand. Publ. - IfZ.

Pfaff, Richard, Partei- u. Gewerkschaftsfunktionär; geb. 8. Jan. 1889 Wiebelskirchen/Saar, gest. 28. März 1967; ∞ Ida Schütz (geb. 1889); *K:* 1 T; *StA:* deutsch, 1938 F. *Weg:* 1935 F; 1945 Deutschland (FBZ).

Bibliothekar der saarländ. Arbeitskammer; Vors. SPD/S-Bez. Saarbrücken-Stadt; Sekr., später Vors. *Zentralverband der Angestellten.* 1935 Emigr., bis 1936 interniert in Saar-Flüchtlingslager Montauban/Südfrankr., danach bis Kriegsende in Bruyères/Oise. Mai 1945-Juni 1946 Nachrichtenoffz. der franz. MilReg. in Baden-Baden. Nach Rückkehr an die Saar MinDirigent u. Ltr. der Abt. Arbeit im saarländ. Min. für Arbeit u. Wohlfahrt.

L: Schneider, Saarpolitik und Exil. *Qu:* Arch. Pers. Publ. - IfZ.

Pfeffermann, Hans Werner, Beamter; geb. 24. Jan. 1914 Berlin; *V:* Ferdinand P., Chemie-Industrieller; *M:* Hedwig, geb. Colin; ∞ II. 1962 Carmen Kreitmeyer; *K:* Guy (aus I. Ehe), Isabel, Clemens Ralph. *Weg:* F.

Enkel des Präs. des Deutschen Reichstags (1871-1874) u. Reichsgerichts (1879-1891) Eduard von Simson. Gymn. in Berlin, anschl. geisteswiss. Stud. Univ. Berlin u. - nach der Emigr. - Paris; 1935-39 RedSekr. in Paris, während des Krieges Studienaufenthalt in der Schweiz; 1945-50 Dir. *International Rescue and Relief Committee* in Genf; nach ergänzenden soziolog. Studien in Genf seit 1951 Berater u. AbtLtr. beim Europarat in Straßburg. - *Ausz.:* Großkreuz Malteserorden.

Qu: Pers. Hand. - IfZ.

Pfeiffer, Julius, Dr. jur., Wirtschaftsprüfer; geb. 22. März 1907 Essen; jüd.; *V:* Salomon P. (geb. 1872 Schwäbisch Hall/Württemberg, umgek. 1943 KL Auschwitz), jüd., Inh. eines Textilgeschäfts, 1939 Emigr. NL, 1943 Dep. Auschwitz; *M:* Sophie, geb. Kahn (geb. 1878 Rothenburg o.T., umgek. 1943 KL Auschwitz), jüd., Mitinh. Textilgeschäft des Ehemannes, private Fürsorgetätigkeit, 1939 Emigr. NL, 1943 Dep. Auschwitz; *G:* Isaac (geb. 1910 Essen), Stud. Med., 1933 Emigr. Pal. über NL, Sanitätsinspektor in Tel Aviv, Ruhestand in New York; Irma Schön (geb. 1908 Essen), Malerin in Jerusalem; ∞ 1936 Flora Weyl (geb. 1911 Czarnikau/Posen), jüd., 1936 Emigr. NL (?), 1942-43 im Untergrund, KL Westerbork, Dep. KL Bergen-Belsen, später auf Transport von Sowjets befreit, Lehrerin u. Krankenschwester; *K:* Isaac (geb. 1937), Mathematiker in Montreal; Manfred (geb. 1938), 1941-45 KL Westerbork, Dep. Bergen-Belsen, nach Befreiung Rabbinerstudium u. -examen, Wirtschaftsprüfer in Montreal, Mitgl. rabbin. Schiedsgericht der jüd. Gde., Präs. *Agudat Israel*/CDN; Sidney (geb. 1948), Buchprüfer in Montreal; *StA:* deutsch, 1946 CDN. *Weg:* 1933 NL, 1940 GB, CDN.

1925-27 Stud. Rechtswiss. Köln, München, Berlin u. Bonn, 1926-27 Mitgl. AStA Univ. München als Vertr. der jüd. Stud.-Org. auf der Liste des *Republikanischen Studentenbundes.* 1927-32 Referendar in Düsseldorf, 1931 Prom. Köln, 1932 Assessor, März 1933 Emigr. Niederlande, Kaufm. in Amsterdam. Mai 1940 Flucht nach GB, 1940-42 Internierung in Kanada, 1942-45 Stud. Wirtschaftsprüfer McGill Univ., als sog. feindlicher Ausländer Verweigerung des Diploms, 1946 nach Erwerb der kanad. Staatsangeh. Wirtschaftsprüfer, Ehefrau Packerin u. Sekr.; ab 1948 Privatpraxis als vereidigter Buchprüfer in Montreal, daneben ab 1946 tätig für *Agudat Israel*, Finanzberater der Jeschiwah in Montreal, 1949 Gr., ab 1950 Präs., später Ehrenpräs. der Flüchtlingsorg. des *New World Club* Montreal, Mitarb. *Aufbau* New York. Lebte 1978 in Montreal.

Pfeiffer

W: Die Untreue im zukünftigen Reichsstrafgesetzbuch. (Diss.) 1932; Kanada. In: Internationale Steuern. 1956; 2 Broschüren über kanad. Steuer- u. Einkommensteuerrecht. 1956; Art. in *Jewish Life.* 1973; Art. über jurist. Themen in *Montrealer Nachrichten* u. *Montreal Courier. Qu:* Fb. Hand. - RFJI.

Pfeiffer, Karoline (Karla), Partei- u. Gewerkschaftsfunktionärin; geb. 23. März 1886 Hohendorf/Böhmen, gest. Febr. 1969 Prag; *StA:* österr., 1919 CSR. *Weg:* 1939 GB; 1945 CSR.

Weberin; 1910 Gew., aktive Funktionärin in Nordböhmen, 1919 DSAP, Mai 1921 KSČ, Mitgr. KSČ-Ortsgruppen in Schumberg a. d. Desse u. Tannwald, nach der Spaltung der Gew. infolge innerparteil. Fraktionskämpfe 1929 Vors. des TextilarbVerb. in *Ústředí rudých odborových svazů v Československu* [Zentrale der roten Gewerkschaftsverbände in der Tschechoslowakei] u. 1932-38 ltd. Mitarb. ZK-GewAbt.; auf 5.-7. PT (1929-36) Wahl ins ZK der KSČ u. Apr. 1929-1931 Mitgl. des PolBüros, 1935-38 Senator in NatVers. der CSR. 1939 Emigr. nach GB, Mitgl. sog. *Beuer-Gruppe* u. nach Umbildung der KSČ-EmigrGruppe 1942 LtgMitgl. der gesamttschechoslow. KP-Landesgruppe. 1945 Rückkehr in die CSR, bis Absetzung am 30. Nov. 1952 Vors. *Svaz zaměstnanců v textilním průmyslu* [Verband der Werktätigen in der Textilindustrie] u. verantwortl. Red. des VerbOrgans *Československý textil* Prag, Mai 1948-Nov. 1954 MdNatVers. der CSR, ab 9. PT Mai 1949 bis Ausschluß am 21. Febr. 1951 Mitgl. ZK der KSČ, ab Dez. 1949 VorstMitgl. *Ústřední rada odborů* [Zentralrat der Gewerkschaften]. Während der innerparteil. Krise in der KSČ ab Ende der 40er Jahre wurde P. nach u. nach aus ltd. Funktionen verdrängt, 1953-58 GenSekr. des internat. Verb. der Gerber beim WGB.

Qu: Arch. Hand. Publ. Z. - IfZ.

Pfemfert, Franz, Publizist; geb. 20. Nov. 1879 Lötzen/Ostpr., gest. 26. Mai 1954 Mexico City; ev., Diss.; ∞ Sfera Chaja (Alexandra) Ramm (geb. 1883 Staradub/Rußland), Emigr. u. Ausbürg. mit Ehemann, Mitarb. der in Prag erschienenen Exilzs. *Die Kritik; K:* Anja; *StA:* deutsch, 13. Juni 1935 Ausbürg. *Weg:* 1933 CSR; 1936 F; 1940 USA; 1941 Mexiko.

Kindheit u. Jugend in Berlin. Ausbildung zum Fotografen, als Autodidakt ab 1902/03 pol.-lit. tätig; gehörte zu der anarchist. Gruppe um die von Senna Hoy hg. Zs. *Kampf. Zeitschrift für gesunden Menschenverstand;* 1910-11 Red. der linksliberalen Wochenzs. *Der Demokrat;* nach Bruch mit dem Hg. der Zs., Georg Zepler, Febr. 1911 Gr. *Die Aktion* u. bis 1932 Hg. u. Schriftltr. dieser Zs., die antimilitaristische, anarchist. u. antiklerikale Tendenzen vertrat u. aus linksradikaler Position Kritik u.a. an der SozDem. übte; zugleich war *Die Aktion* eines der wichtigsten Foren des dt. Expressionismus vor u. während des 1. WK. Nach 1914 illeg. Antikriegspropaganda, 1915 Gr. *Antinationale Sozialistische Partei* (ASP) aus dem MitarbKreis der *Aktion;* Anschluß an *Spartakusbund* u. Aufgehen des ASP-Kreises um P. in der KPD, Teiln. GrdgKongreß Dez./Jan. 1918/19; unterstützte mit seiner unterdessen stark politisierten Zs. nach Durchsetzung des (Paul) Levi-Kursus Mitte 1919 die linke Opposition, die auf dem 2. PT ausgeschlossen wurde; GrdgMitgl. *Kommunistische Arbeiter-Partei Deutschlands* (KAPD); wegen seiner Opposition gegen den Anschluß der KAPD an die *Komintern* Apr. 1921 Parteiausschluß; zus. mit → Otto Rühle u. → James Broh Vertr. des Gedankens der pol.-wirtschaftl. Einheitsorg. des revol. Proletariats, Aktivitäten in der *Allgemeinen Arbeiter-Union Deutschlands;* Okt. 1921 Mitgr. *Allgemeine Arbeiter-Union, Einheitsorganisation* (AAUE); 1926 Beteiligung an der Bildung des *Spartakusbundes linkskommunistischer Organisationen* („Spartakusbund Nr. 2") aus der Rest-AAUE u. anderen linkskommunist. Splittergruppen; vertrat ab 1927 in der *Aktion* trotzkist. Positionen; 1932 Einstellung der Zs., die seit dem pol. Engagement des Hg. für den *Spartakusbund* zunehmend an lit. Bedeutung verloren hatte. 1. März 1933 Emigr. in die CSR, 1936 nach Paris; 1940 über Südfrankr. u. Portugal Flucht in die USA; ab 1941 in Mexico City; im Exil Lebensunterhalt als Fotograf.

W: u.a. Das AKTIONS-Buch. 1917; Die Sozialdemokratie bis zum August 1914. 1918; Die Parteidiktatur der III. Internationale. 1920; Über die Märzkatastrophe des deutschen Proletariats (mit Otto Rühle, James Broh, Maximilian Harden). O.J. *L:* George, Manfred, Ein Berliner in Mexiko. In memoriam Franz Pfemfert. In: Deutsche Rundschau 80/1954; Raabe, Paul/Greve, H.L., Expressionismus. Literatur und Kunst 1910-1923. Eine Ausstellung des Deutschen Literaturarchivs im Schiller-Nationalmuseum Marbach am Neckar vom 8. Mai bis 31. Okt. 1960. Im Auftrag der Deutschen Schillergesellschaft hg. von Bernhard Zeller. 1960; Raabe, Paul, Ich schneide die Zeit aus. Expressionismus und Politik in Franz Pfemferts Aktion. 1964; Bock, Syndikalismus; Ihlau, Olaf, Die roten Kämpfer. Ein Beitrag zur Geschichte der Arbeiterbewegung in der Weimarer Republik und im Dritten Reich. 1969; Lothar, Peter, Literarische Intelligenz und Klassenkampf, „Die Aktion" 1911-1932. 1972; Mergner, Gottfried, Arbeiterbewegung und Intelligenz. 1973. *Qu:* Arch. Publ. Z. - IfZ.

Pfleging, Ernst, Journalist; geb. 18. Aug. 1913 (1909 ?) Leipzig. *Weg:* 1933 CSR; 1934 CH; 1937 N; 1940 S.

Student, Markthelfer in Leipzig, Mitgl. SAPD. Mai 1933 Flucht in die CSR, dann in Ägypten, Frankr. u. Belgien. Apr. 1934 nach Bern, Unterstützung durch *Schweizerisches Arbeiter-Hilfswerk;* März 1937 nach Oslo. 1940 nach Schweden, zeitw. Internierung in Loka Brun. Tätigkeit als Journ. u. Angest., Mitgl. SPD- u. GewGruppe, ab 1940 Mitarb. Zs. *Trots allt,* Ps. Commentator; ab 1943 Mitarb. der von → Kurt Heinig hg. *Information* der SPD-Landesvertretung, Mitgr. *Deutsche Vereinigung von 1945;* Verf. eines beachteten Buches über natsoz. Staats- u. VerwRecht. Lebte nach 1945 in Stockholm.

W: Det tyska storrumet [Der deutsche Großraum]. Stockholm 1943. *L:* Müssener, Exil. *Qu:* Arch. Publ. - IfZ.

Pflügl, Emmerich (urspr. von), Diplomat; geb. 20. Okt. 1873 Budapest; *V:* Richard v. P., Offz.; *M:* Marianne, geb. v. Hengelmüller; ∞ 1914 Harriette Wright; *StA:* österr. *Weg:* USA.

1893-95 MilDienst, 1895 Reservelt., anschl. Berufsoffz. in k.u.k. Armee. 1903 Rittm., Mai 1907 Zuteilung zum GenStabskorps, Mitarb. des MilBevollmächtigten bei österr.-ungar. Botschaft in Konstantinopel, 1908 Rittm. 1. Kl., Sept. 1909 zweiter MilAttaché in Konstantinopel, Nov. 1909 LegSekr. 1. Kategorie bei österr.-ungar. Gesandtschaft in Athen. Ab Jan. 1910 Reserveoffz.; Nov. 1911 Versetzung zur Gesandtschaft in Kopenhagen, März 1912 zur Gesandtschaft nach Belgrad. Nov. 1912-März 1913 beurlaubt, anschl. Zuteilung zur dipl. Agentie in Kairo, ab März 1914 Kriegsdienst. Jan. 1917 LegSekr. 2. Kategorie, Aug. 1917 Enthebung vom MilDienst, Sept. 1917 provis. Zuteilung zum k.u.k. Min. des Äußeren (Pressedépartment). Apr. 1919 Ernennung zum Geschäftsträger beim Hl. Stuhl mit Amtssitz Bern. Ab Dez. 1920 Sekr. des österr. Vertr. beim Völkerbund, vermutl. ab 1921 selbst österr. Vertr. beim GenSekretariat des Völkerbunds, Aug. 1921 Titel Ministerresident, Apr. 1924 ao. Gesandter u. bevollm. Min. - Dez. 1933 Pensionierung, Weiterverwendung als österr. Vertr. beim Völkerbund. Nach telegraphischem Rücktrittsgesuch 13. März 1938 Entlassung. Emigrierte in die USA, lebte in Hot Springs/Va.; 1944 Komiteemitgl. *Austrian Institute.*

Qu: Arch. Hand. - IfZ.

Pfordt, Fritz (Friedrich), Parteifunktionär; geb. 18. Febr. 1900 Landsweiler/Saar, gest. 12. Okt. 1957 Saarbrücken. *StA:* deutsch, 23. Sept. 1938 Ausbürg. *Weg:* 1935 F; N; S; 1946 Deutschland/Saargeb.

1933-35 Vors. KPD Saar, Hg. u. Red. des Parteiorgans *Arbeiterzeitung.* Mit → Max Braun führend in der saarländ. *Freiheitsfront.* In Skandinavien u.a. nachrichtendienstlich tätig; vorübergehend in Moskau, 1939 Bruch mit KPD; in Schweden interniert. 1946-49 im Vorst. der frankophilen Anschlußbewegung *Mouvement pour le Rattachement de la Sarre à la France,* Mithg. *Die Neue Saar.* 1952 Mitgr. *Saarländisch-Französische Wirtschaftsunion Freie Saar.*

L: Schmidt, Saarpolitik; Schneider, Saarpolitik und Exil. *Qu:* Pers. Publ. - IfZ.

Philipp, Alfred Aharon, Dr. phil., Rabbiner; geb. 24. Febr. 1904 Bochum, gest. 17. Juli 1970 Jerusalem; *V:* Heyman Chaim P. (geb. 1860 Darfeld/Westf., gest. 1924 Bochum), Kaufm.; *M:* Rosalie, geb. Leeser (geb. 1859 Bochum, gest. 1936 Bochum); *G:* David (geb. 1894 Bochum, gest. 1934), Kaufm.; Louis (geb. 1891 Bochum, umgek. KL Riga), Kaufm.; Erna (geb. 1897 Bochum), Fürsorgerin jüd. Gde. Bochum, Emigr. GB, aktiv in Flüchtlingsfürsorge; ∞ I. 1942 Luise Alisa Weinmann (geb. 1902 München, gest. 1964 Jerusalem), Dipl.-Volkswirt in München, Angest. Staats- u. Univ.-Bibliothek, aktiv in GdeAngelegenheiten; II. 1967 Hilde Weinmann (geb. 1907 München), Lehrerin u. Rektorin einer Berufsschule, Emigr. Pal., Dir. für Berufsausbildung an der Berufsschule der *Mizrachi Women of Am.* in Jerusalem; *StA:* deutsch, Pal./IL. *Weg:* 1938 Pal.

1922-28 Stud. L(H)WJ, Rabbinerexamen, gleichz. Stud. Berlin, Straßburg, 1929 Prom. (NatÖkon.) Straßburg, Wohlfahrtsarb. jüd. Gde. Berlin, 1928-38 Rabbiner jüd. Gde. Oppeln u. Wuppertal-Elberfeld, aktiv in K.J.V., J.J.W.B., *B'nai B'rith.* 1938 Emigr. Palästina mit B III-Zertifikat, Stud. Rechtswiss., gleichz. Angest. in Versicherungsges. u. RA-Büros, Übers., Mitgl. *Haganah,* 1948-70 Rabbiner der von → Kurt Wilhelm 1937 gegr. Einwanderergde. Emeth ve-Emmunah Jerusalem (erste konservative jüd. Gde. in Israel); Mitgl. *Jerusalem Burial Soc.,* H.O.G. u. I.O.M.E., Mitarb. in RegAbt. für Tourismus, insbes. Studentenreisen nach Israel, später aktiv in Wohlfahrtsarb. von *Mishmar haAm,* Mitgl. *Rabbinical Assembly,* Mitgl. NatVorst. *B'nai B'rith,* Präs. K.J.V. Jerusalem.

W: Die Juden und das Wirtschaftsleben: Eine antikritischbibliographische Studie zu Werner Sombart. (Diss.) 1929. *Qu:* Arch. Fb. Pers. Z. - RFJI.

Philipp, Hans (Johann), Journalist; geb. 23. Sept. 1894 Wien, gest. 23. Nov. 1957 Wien; Diss.; *V:* Johann P., Krankenkassenangest., SDAP; *M:* Pauline, SDAP; ∞ 1927 Leopoldine Ranftl; *K:* Margarete, Angest.; *StA:* österr. *Weg:* 1934 CSR; 1938 Österr.

1908-12 Schriftsetzerlehre, ab 1909 Mitgl., ab 1912 Funktionär *Verband jugendlicher Arbeiter Österreichs,* Mitgl. SDAP *(Sozialdemokratischer Wahlverein Gleichheit),* Bildungsfunktionär. 1912-13 Besuch der SDAP-Parteischule. 1914 nicht kriegsdiensttauglich. 1916-19 Verbandssekr. *Verband jugendlicher Arbeiter Österreichs,* 1919-25 VorstMitgl. SAJDÖ. 1926-27 Tätigkeit in Zentralstelle für das Bildungswesen (sozdem. Bildungszentrale), 1927-34 Kassierer im Zentralsekr. der SDAP. Mitarb. *Der Vertrauensmann.* 1929-34 Red. *Der Schutzbund* bzw. *Der Kämpfer,* Mitgl. der Zentralltg. des *Republikanischen Schutzbunds.* 1934 während der Februarkämpfe Flucht in die CSR, Mitgl. ALÖS in Brünn unter → Otto Bauer, Administrator der „kleinen" *Arbeiter-Zeitung,* die illeg. nach Österr. gebracht wurde. Lebte 1937 in Prag. Anfang 1938 kurz vor Einmarsch dt. Truppen Rückkehr nach Wien. Juni 1938 mehrwöchige Haft. Okt. 1938-Sept. 1944 Ltr. Otto-Elsner-Verlagsgesellschaft Berlin für das Gebiet des ehemal. Österr. Nach 20. Juli 1944 erneut verhaftet, Sept. 1944 Kriegsdienst, geriet auf tschechoslow. Gebiet in russ. Kriegsgefangenschaft, nach Kriegsende Flucht aus Lazarett über Linz nach Wien. Mitgl. SPÖ, ab Aug. 1945 RedSekr. *Arbeiter-Zeitung.* Geschäftsf. VorstMitgl. *Journalistengewerkschaft* im ÖGB, VorstMitgl. *Vereinigung sozialistischer Journalisten und Schriftsteller Österreichs.*

W: u.a. Sozialdemokratisches Wahlhandbuch (Hg.). 1930; Wiener Wahlhandbuch (Hg.). 1932. *L:* Neugebauer, Bauvolk. *Qu:* Arch. Publ. Z. - IfZ.

Philipp, Howard J. (bis 1939 Hans), Dr. phil., Chemiker; geb. 23. Juli 1912; jüd.; *V:* Max P. (geb. 1884, gest. 1958 New York), jüd., Apotheker, Emigr. GB, USA; *M:* Stefanie, geb. Beral (geb. 1888, gest. 1949 New York), jüd., Emigr. GB, USA; *G:* Rose Lang (geb. 1913), Sekr., Emigr. GB, USA; ∞ 1941 Janice Kahn (geb. 1921 New Orleans), jüd.; *K:* Lynne Alterman (geb. 1944), B.Sc. Goucher Coll., Lehrerin; Gail Schaeffer (geb. 1947), B.Sc. Goucher Coll., Statistikerin; *StA:* österr., 1942 USA. *Weg:* 1938 CH, 1939 USA.

1930-35 Stud. Physik u. Chemie Wien, Prom., 1935-38 Forschungsassist. Univ. Wien. Sept. 1938 Emigr. Schweiz mit zeitl. begrenztem Visum für Forschungsassist.-Stelle an der Univ. Zürich; Jan. 1939 in die USA, Stellenvermittlung mit Hilfe von HIAS, 1939-42 Forschungschemiker Raymond Labs. in St. Paul/Minn. u. J.T. Gibbons in New Orleans, später Produktionsltr.; 1942-45 Angest. Lab. für den Süd-Distrikt des US-Landwirtschaftsmin. in New Orleans; 1945-66 Angest. bei Celanese Corp./Md. u. New York, zuerst Forschungsgruppenltr., dann Vizepräs. für Planung; 1966-77 Vizepräs. u. Dir. Corp. Planning bei W.R. Grace and Co., 1977 Ruhestand. Lebte 1977 in Clearwater/Fla.

Qu: Fb. Hand. - RFJI.

Philippsborn, Adolf, Journalist; geb. 5. Febr. 1888 Potsdam; jüd.; ∞ Gertrud Bernhardt, geb. Seldigs (geb. 1891), Emigr.; *StA:* deutsch, 14. Apr. 1937 Ausbürg. mit Ehefrau. *Weg:* 1933 CSR; F.

Parlamentsreporter für *Vossische Zeitung,* Mitgl. SPD u. R.j.F., Apr. 1933 Emigr. Prag, dann Paris, Mitarb. *Volksstimme* u. *Deutsche Freiheit* Saarbrücken, *Pariser Tageblatt* u. *Der Gegen-Angriff.* Zeuge im Londoner Reichstagsbrand-Gegenprozeß, Mitgr. *Verband deutscher Journalisten im Auslande,* Vors. *Association des Emigrés Israélites d'Allemagne en France,* Mitarb. franz. *Liga für Menschenrechte* (→ Hellmut von Gerlach).

Qu: Arch. - IfZ.

Pick, Anton, Dr. jur., Rechtsanwalt; geb. 11. Dez. 1898 Wien; jüd.; *V:* 1942 dep., umgek. KL Theresienstadt; *M:* 1942 dep., umgek. KL Theresienstadt; ∞ 1954 Regina Spira; *StA:* österr. *Weg:* 1938 CSR; 1939 Pal.; 1947 Österr.

Stud. Rechtswiss. u. Prom. Wien, anschl. RA-Konzipient. 1920 Mitgl. SDAP, bis 1934 ständiger Mitarb. u. Referent der Sozialdemokratischen Zentralstelle für das Bildungswesen (Bildungszentrale); ab 1930 RA in Wien, gleichz. literarisch tätig. 1934-38 Verteidiger von Sozialisten u. illeg. Gewerkschaftlern in pol. Prozessen. Mai 1938 Berufsverbot, Aug. 1938 illeg. in die CSR, 1939 nach dt. Besetzung der Rest-CSR auf griech. Flüchtlingsschiff illeg. nach Palästina. Mehrere Jahre Metallarb. in Rüstungsbetrieb der brit. Mandatsverwaltung, Beiträge in *HaPoel HaZair, Mishmar* u. *Davar.* 1947 Rückkehr nach Wien, RA. 1955-70 Vizepräs., seit 1970 Präs. Isr. Kultusgde. Wien u. *Bundesverband der Israelitischen Kultusgemeinden Österreichs.* Fachmann in Wiedergutmachungsfragen. VorstMitgl. DÖW u. *Österreichische Liga für die Vereinten Nationen.* Lebte 1978 in Wien. - *Ausz.:* u.a. 1978 Hofrat, Goldenes Ehrenzeichen des Landes Wien, Stiftung Präsident-Dr.-Anton-Pick-Fonds durch Gde. Wien; Victor-Adler-Plakette der SPÖ; 1979 BVK 1. Klasse.

D: DÖW. *Qu:* Arch. Pers. Z. - IfZ.

Pick, Fritz, Rechtsanwalt, Verbandsfunktionär; geb. 27. Mai 1887 Lissa/Posen, gest. 1974 München; jüd. *StA:* deutsch. *Weg:* 1939 NL; 1944 Pal.

Ab 1906 Stud., Mitgl. K.J.V.; langjähr. RA-Praxis in Berlin, Mitarb. von → Alfred Klee u. Sammy Gronemann, Spezialist für Film-Urheberrecht u. ArbRecht, Rechtsbeistand der UFA. 1939 Emigr. Niederlande, nach 1940 KL Westerbork, dann Dep. KL Bergen-Belsen. 1944 nach Palästina im Austausch mit dt. Zivilgef.; Tätigkeit bei H.O.G. u. später bei I.O.M.E., Rechtsberater bei den Vorbereitungen für die Bildung der URO, 1954-66 Ltr. URO-Büro in München. 1966 Rückkehr nach Israel, Berater der URO in Tel Aviv.

W: Die Praxis des Arbeitsrechts. 1925, 1928; Mitverf. jurist. Standardwerke. *Qu:* HGR. Pers. Z. - RFJI.

Pick, Joseph Charles, Versicherungsfachmann; geb. 21. Dez. 1891 Jungbunzlau/Böhmen; jüd.; *V:* Karl P. (geb. 1861 Jungbunzlau, umgek. im Holokaust); *M:* Pauline, geb. Kaufmann (geb. 1868 Jungbunzlau, umgek. im Holokaust), jüd.; *G:* Oskar (geb. 1890 Jungbunzlau, gef. 1916), jüd., Stud. Handelsakad. in Gablonz u. Wien, Geschäftsf. von Pariser Zweigniederlassung einer böhmischen Glasfabrik, Teiln. 1. WK (Reserve-Offz.); ∞ 1922 Ida Stern (geb. 1900 Prag), jüd., dt. Privatschule Prag, 1939 Emigr. CDN, 1941 USA; *K:* Elizabeth Schnur (geb. 1923), Handelsschule, 1939 Emigr. CDN, 1941 USA, Versicherungsmaklerin; George (geb. 1931), 1939 Emigr. CDN, 1941 USA, Polytechnikum, Elektriker; *StA:* österr., ČSR, 1946 USA. *Weg:* 1939 CDN, 1941 USA.

Stud. Wiener Handelsakad.; 1914-18 Kriegsteiln. österr.-ungar. Armee (Lt., Ausz.). 1918-19 Stud. Hochschule für Welthandel Wien, 1919-22 bei versch. Unternehmen in Wien, 1922-26 AbtLtr. Intercontinental GmbH Prag, 1927-39 AbtLtr. Moldavia-Generali Versicherungsges. Prag, Teiln. an internat. See- u. Luftfahrttagungen. Mitgl. *Makkabi,* 1932-39 Mitgl. *Insurance Inst.* London. 7. Apr. 1939 Emigr. Kanada, 1939-41 Berater für Auslands-Seeversicherung bei Halifax Insurance Co. Toronto, 1939 Ltr. kanad. Handelsvertr. in GB, Abschluß eines Finanzausgleichs mit der ČSR. 1941 in die USA, Stud. Harvard u. Columbia Univ., Mitgr. *Nat. Defense Transport Assn.* Washington/D.C., 1942 Gutachter an der Harvard Univ., 1943 Berater US-Kriegsmin. u. Stud. Harvard Univ., Dipl. in VerwWiss., 1944 Mitgl. tschechoslowak. Deleg. u. techn. Berater auf der Internat. Konf. für zivile Luftfahrt in Chicago; zugl. 1942-45 Mitgl. tschechoslowak. Wirtschaftsrat in den USA, 1944-45 Mitgl. *Insurance Inst.* London, 1945-67 Versicherungsmakler, Sachverständiger für See- u. Lufttransportversicherung, Lebensversicherungsvertr. bei Hagedorn & Co. New York; 1967 Ruhestand. Mitgl. *Insurance Brokers Assn.* of New York State, 1954-64 Mitgl. *New York Acad. of Science,* VorstMitgl. *Joseph Popper Lodge* des *B'nai B'rith,* Mitgl. *Am. Mogen David for Israel,* Vizepräs. *Soc. for the History of Czechoslovakian Jews* New York. Lebte 1978 in Stamford/Conn.

W: u.a. The Jews of Czechoslovakia. (Red. u. Mitverf.) Bd. I, 1968, Bd. II, 1971. *Qu:* Hand. Pers. - RFJI.

Pick, Otto, Gewerkschaftsfunktionär; geb. 15. Apr. 1882 Birkenfeld/Nahe, gest. 17. Apr. 1945 Schweiz; ev.; *Weg:* 1935 F; 1939 USA; GB (?); CH.

Schmied, während seiner Tätigkeit auf der staatl. Kohlengrube Camphausen bei Saarbrücken Anschluß an christl. GewBewegung, ab 1914 hauptamtl. Funktionär im Metallarbeiterverband. 1919-20 MdR (DDP), später Mitgl. *Deutsch-Saarländische Volkspartei.* Nach 1933 Gegner des Anschlusses des Saarlandes an das natsoz. Deutschland. Nov. 1934 Mitgl. *Volksbund für christlich-soziale Gemeinschaft* (→ Johannes Hoffmann). 1933/34 Mitarb. der in Prag erscheinenden Exilzs. *Die Kritik,* nach der Emigr. Jan. 1935 Mitarb. u.a. *Europa* Paris, 1940 Hg. *The European Press* London. Aktiv in der Volksfrontbewegung, Mitgl. des auf der Konf. v. 1. März 1937 in Paris gebildeten *Arbeitsausschusses zur Vorbereitung einer Volksfront für das Saargebiet.* Vermutl. Mitgl. des März 1937 in Paris gegr. *Koordinationsausschusses deutscher Gewerkschafter in Frankreich.* Emigrierte später in die USA, dann in die Schweiz.

L: Zenner, Saargebiet; Schneider, Saarpolitik und Exil. *Qu:* Arch. Hand. Publ. - IfZ.

Pieck, Walter **Arthur** Heinrich, Partei- u. Staatsfunktionär; geb. 28. Dez. 1899 Bremen, gest. 1970; *V:* → Wilhelm Pieck; ∞ Margarete Lode, Arbeiterschausp., Emigr. mit Ehemann; *StA:* deutsch, 24. März 1937 Ausbürg., UdSSR u. deutsch. *Weg:* 1933 CSR, F, B, NL, Skandinavien; 1934 UdSSR; 1945 Deutschland (Berlin).

Schriftsetzerlehre, SAJ, Anfang 1918 mit Vater Emigr. nach Holland, nach Rückkehr Mitgl. *Spartakusbund* u. 1919 KPD, hauptamtl. Parteifunktionär. *Deutscher Arbeiter-Theater-Bund* (DATB), 1923 Gr. u. danach Ltr. Proletarische Sprech- und Spielgemeinschaft Steglitz, die 1926 in die Proletarische Bühne u. 1927 gemäß den Beschlüssen des 11. KPD-PT zur Aktivierung der kommunist. Agitation in AgitProp-Gruppe Rote Blusen umgewandelt wurde; nach Besetzung der Bundesltg. des DATB durch die KPD 1928 bis 1933 Vors. der in *Arbeiter-Theater-Bund Deutschlands* (ATBD) umbenannten Vereinigung der Arbeiterbühnen u. AgitProp-Gruppen; 1929 maßgebl. beteiligt an Grdg. des *Internationalen Revolutionären Theater-Bundes* (IRTB) Moskau u. ab 1932 dessen PräsMitgl. - 1933 über die CSR, Westeuropa u. Skandinavien Emigr. in die UdSSR, Ltr. Westeuropäisches Büro des IRTB u. mit Gustav von Wangenheim Ltr. AgitProp-Gruppe Kolonne links bzw. ab 1934 nach ZusSchluß dieser ArbTheatertruppe mit der Truppe 1931 Ltr. des Deutschen Theaters Kolonne links in Moskau, gleichfalls ab 1934 Red. IRTB-Organ *Zeitschrift für Theater, Musik, Film, Tanz,* Mitarb. Presseabt. der *Komintern.* Nach dt. Einmarsch in die UdSSR Eintritt in Rote Armee, PolLtr., dann Hptm. (nach anderen Quellen Major) der GlavPURKKA, ab Jan. 1943 Chefred. der Ztg. für dt. Kriegsgef. *Das freie Wort* Moskau, Mitarb. NKFD. Als Angehöriger der sowj. Kampftruppen Ende Apr. 1945 i.A. der GlavPURKKA nach Berlin entsandt, ab Mai 1945 Ltr. Abt. Personal u. Verw. des ersten Berliner Nachkriegsmagistrats, 1948-49 Personalltr. Deutsche Wirtschaftskommission, 1949-54 Ltr. Verwaltungsamt der DDR-Reg., 1954-61 GenDir. Lufthansa der DDR, 1961-65 stellv. Min. u. Ltr. Hauptverw. Zivile Luftfahrt im Min. für Verkehrswesen, danach im Ruhestand. - Ausz.: 1955 VVO (Silber) u. Ehrenbürger von Berlin (Ost), 1958 Med. für Kämpfer gegen den Faschismus 1933-1945, 1959 u. 1960 Banner der Arbeit.

L: Leonhard, Revolution; Schmidt, Deutschland; Klatt, Gudrun, Arbeiterklasse und Theater. 1975; Fischer, Deutschlandpolitik; Damerius, Helmut, Über zehn Meere zum Mittelpunkt der Welt. 1977. *Qu:* Hand. Publ. Z. - IfZ.

Pieck, Friedrich **Wilhelm** Reinhold, Parteifunktionär, geb. 3. Jan. 1876 Guben/Niederlausitz, gest. 7. Sept. 1960 Berlin (Ost); ev., Diss.; *V:* Friedrich P. (1850-1931), ev., Kutscher; *M:* Auguste, geb. Mixdorf (gest. 1878), ev., Wäscherin; Stiefmutter: Wilhelmine, geb. Bahro (gest. 1929); *G:* Stiefbruder; ∞ Christine Häfker (1876-1936), Schneiderin, SPD, ab Grdg. KPD, Sept. 1933 Emigr. über F in die UdSSR, dort 1. Dez. 1936 gest.; *K:* → Irma Elly Gertrud Winter, → Walter Arthur Heinrich Pieck; → Eleonore Staimer; *StA:* deutsch, 28. Aug. 1933 Ausbürg., deutsch. *Weg:* 1933 CSR, F, UdSSR; 1934 F; 1935 UdSSR; 1936 F; UdSSR; 1938 F; 1939 Deutschland (Berlin).

Aus streng relig. Elternhaus, 1882-90 Volksschule, 1890-94 Tischlerlehre, 1894-96 Wanderschaft; 1894 Mitgl. *Deutscher Holzarbeiter-Verband* (DHV), 1895 SPD, 1895/96 kurzfristig DHV-Ortsvors. Osnabrück. 1896 nach Bremen, dort bis 1906 als Tischler tätig; 1899 Vors. Parteistadtbez., ab 1900 Vors. DHV-Zahlstelle Bremen, ab 1904 VorstMitgl. u. Hauptkassierer des OrtsgewKartells, ab 1905 Vors. Pressekommission der *Bremer Bürger-Zeitung,* 1905-10 Mitgl. Bremische Bürgerschaft. 1906-10 hauptamtl. SPD-Sekr. in Bremen; Okt. 1906-März 1907 Besuch der zentralen SPD-Schule Berlin, ab 1910 2. Sekr. Zentraler Bildungsausschuß der SPD u. Sekr. Zentralparteischule in Berlin; Deleg. PT v. 1908 in Nürnberg u. 1912 in Chemnitz. Nach Ausbruch des 1. WK Anschluß an *Gruppe Internationale,* deren Beauftragter für Druck u. Vertrieb der Zs. *Die Internationale;* Mai-Okt. 1915 Haft, danach Einberufung zum MilDienst, ab Apr. 1916 an der Westfront; Teiln. Reichskonf. der *Gruppe Internationale* v. 1. Jan. 1916 in Berlin, deren Beschluß über Hg. der mit „Spartacus" gezeichneten *Politischen Briefe* die Entstehung der *Spartakus-Gruppe* einleitete; Dez. 1916 wegen Opposition gegen Parteilinie Entlassung aus SPD-Funktionen. Ab Ende 1916 im Lazarett; Teiln. Reichskonf. der *Spartakus-Gruppe* v. 5. Apr. 1917 in Gotha zur Vorbereitung der USPD-Grdg., Teiln. USPD-GrdPT; Juni 1917 wegen Kriegsdienstverweigerung ins MilGefängnis Kattowitz, 24. Aug. 1917 Urteil 1 1/2 J. Gef., in der Berufungsverhandlung Freispruch; Okt. 1917 Desertion, illeg. in Berlin, Febr. 1918 mit Sohn Arthur i.A. der *Spartakus-Gruppe* Emigr. nach Holland, Tischler in Amsterdam, Red. *Der Kampf. Revolutionär-Sozialistisches Wochenblatt. Organ der deutschen Kampfgruppen in Holland.* 26. Okt. 1918 Rückkehr nach Berlin, am gleichen Tag neben anderen als Vertr. der *Spartakus-Gruppe* in die Ltg. des Vollzugsausschusses der revolutionären Obleute Berlins gewählt, nach Bildung des *Spartakusbundes* innerhalb der USPD im Nov. 1918 Mitgl. der Zentrale, mit → Jacob Walcher Mitvors. KPD-GrdgPT v. 30. Dez. 1918-1. Jan. 1919, Wahl in die Zentrale der KPD (ab 1925 ZK), der P. bis 1946 angehörte (mit Ausnahme der auf dem 2. PT gewählten Zentrale, da zu diesem Zeitpunkt inhaftiert). Führend beteiligt am Spartakusaufstand, 15. Jan. 1919 zus. mit Karl Liebknecht u. Rosa Luxemburg verhaftet, 17. Jan. 1919 Freilassung; Juli-Nov. 1919 erneut in Haft, Flucht. Nach Niederwerfung des Kapp-Putsches März/Apr. 1920 i.A. der KPD-Zentrale pol. Berater der Roten Ruhrarmee, dann 1920-24 Ltr. OrgBüro der Zentrale, mit → Hugo Eberlein mit der Geschäftsführung der Zentrale beauftragt u. Mitverw. der *Komintern*-Hilfsgelder für die KPD; Sept./Nov. 1921 Mitgl. KPD-Deleg. zu Beratungen mit KPR(B) u. EKKI in Moskau; 1921-28 u. 1932-33 MdL Preußen. Nov. 1922 Vertr. KPD-Zentrale auf dem Reichskongreß der Revolutionären Betriebsräte Deutschlands in Berlin. Ab Grdg. der *Internationalen Roten Hilfe* (IRH) Dez. 1922 Mitgl. des IRH-Exekutivkomitees u. nach Bildung der *Roten Hilfe Deutschlands* (RH) mit → Clara Zetkin Vors. der RH. Nach dem mißlungenen Oktoberaufstand im Jan. 1924 Teiln. an Beratungen der KPD-Führung mit EKKI-Präsidium u. anschl. neben Thälmann u. Zetkin offiz. KPD-Vertr. bei den Trauerfeierlichkeiten zu Ehren Lenins am 27. Jan. 1924; trotz Tendenz zur sog. Rechten agierte P. in der sog. Mittelgruppe, war jedoch vorwiegend in der RH tätig; nach Niederlage der Linken 1926-29 PolLtr. KPD-Bez. Berlin-Brandenburg, ab Nov. 1926 Mitgl. PolBüro, ab Mai 1928 MdR, ab 6. *Komintern*-Kongreß 1928 Mitgl. EKKI-Präsidium, Mitarb. Westeuropäisches Büro der *Komintern* zur Intensivierung der Verb. zw. EKKI u. den kommunist. Parteien in Deutschland, Frankr., GB u. Polen. Während der Wittorf-Affäre mitbeteiligt an der vorüberg. Absetzung Thälmanns, danach durch → Walter Ulbricht als PolLtr. in Berlin abgelöst u. mit Ltg. der kommunalpol. Abt. des ZK betraut, ab 1929 auch StadtVO. Berlin, 1930-33 Mitgl. preuß. Staatsrat; Sept. 1930-Mai 1932 KPD-Vertr. bei EKKI, ab 11. EKKI-Tagung 1931 Mitgl. EKKI-Präsidium u. -Sekretariat; Jan.- Mai 1932 Rektor Internationale Leninschule der *Komintern*. Nach Rückkehr im Mai 1932 beauftragt mit Ltg. der parlamentar. Tätigkeit der KPD u. Fraktionsvors. im preuß. LT, Kand. ZK-Sekretariat. Nach natsoz. Machtübernahme in die Illegalität, Teiln. sog. Ziegenhals-Sitzung des ZK v. 7. Febr. 1933, am 23. Febr. 1933 Redner auf der letzten legalen KPD-(Wahl-)Kundgebung im Berliner Sportpalast, am 6. März Wiederwahl in den Reichstag. - März/Apr. Emigr. in die CSR, im Mai kurzfristig in Deutschland, 24. Mai 1933 Emigr. nach Paris, mit → Franz Dahlem u. → Wilhelm Florin Bildung der KPD-Auslandsltg., darin unter Deckn. Richard verantwortl. für Kontakte zur *Komintern* u. zu kommunist. Parteien; Nov./Dez. 1933 Teiln. u. Ref. 13. EKKI-Tagung, zunächst Festhalten an ultralinker Pol., deren Hauptbefürworter in der Inlandsltg. → Hermann Schubert u. → Fritz Schulte Herbst 1933 ebenfalls nach Paris emigrierten; mit ihnen Teiln. an Juli-Tagung des EKKI-Präsidiums 1934. Auf darauffolgender ZK-Tagung setzte sich P. mit Hilfe von Ulbricht erfolgreich für Revision des gegen die SPD als Hauptfeind gerichteten KPD-Kurses ein; Unterstützung der PolBüro-Minderheit Pieck-Ulbricht durch EKKI, später auch durch Dahlem u. Florin; auf erweiterter PolBüro-Tagung mit illeg. Funktionären aus Deutschland am 30. Jan. 1935 in Moskau befürwortete P. nach Beratungen im EKKI-Sekretariat u. KPD-Führung - gemäß der These von der Unmöglichkeit des Sturzes des NS-Regimes durch spontane Massenerhebung - die Schaffung einer „proletarischen Einheitsfront" u. „antifaschistischen Volksfront" sowie die Intensivierung der Unterwanderungsarb. in natsoz. Massenorg. (vor allem der

DAF u. HJ) u. die ZusArb. mit religiös motivierten Oppositionsgruppen im Reich. Im Rahmen der hierfür notwendigen Reorganisation der Inlandsarb. wurde die im März 1935 von der Gestapo zerschlagene zentrale KPD-Landesltg. nicht mehr neu besetzt u. die LtgTätigkeit auf die sog. Grenzstellen u. später auf die AbschnLtg. ins Ausland verlagert. - Auf dem 7. *Komintern*-Kongreß verantwortl. für EKKI-Tätigkeitsbericht. Wiederwahl in EKKI-Präs. u. -Sekretariat; danach Vorbereitung der sog. Brüsseler Konferenz der KPD (3.-5. Okt. 1935 in Kuncevo b. Moskau); im Hauptref. *Der neue Weg zum gemeinsamen Kampf für den Sturz der Hitlerdiktatur* Proklamation der sich schon 1934 abzeichnenden neuen Linie, deren endgültige Annahme durch personelle Verschiebungen im PolBüro ermöglicht wurde; Wahl zum Parteivors. als Nachf. des inhaftierten Ernst Thälmann; Ende 1935/Anfang 1936 wegen angegriffener Gesundheit Kuraufenthalt. - Apr. 1936 Teiln. an Moskauer Beratungen zwischen EKKI-Präsidium u. Vertr. der PCE u. PCF über Volksfrontpol., Mai 1936 nach Paris, Inspektion der AbschnLtg. West in Amsterdam zur Information über die illeg. KPD-Org. bes. im Ruhrgebiet u. über das als mangelhaft eingeschätzte System der Weitergabe von Parteidirektiven an die Inlandsorg.; 10.-24. Juni 1936 Ltr. der erweit. PolBüro-Tagung in Paris, die über Intensivierung u. Taktik der Inlandsarb. sowie über die Volksfrontlinie der KPD beriet; Mitgl. *Ausschuß zur Vorbereitung einer deutschen Volksfront* u. Teiln. an dessen Sitzungen, Mitunterz. seines Aufrufes v. Dez. 1936/Jan. 1937. Im Juni/Juli 1936 über Prag nach Moskau, Ltr. Balkansekretariat der *Komintern,* ab Jan. 1937 vom EKKI zum Ltr. der Kommission für die Reorg. der IRH bestellt, Nov. 1937- 1941 Vors. IRH-Exekutive. Nach dem Anschluß Österreichs Mitte Mai 1938 Vors. PolBüro-Tagung in Moskau (→ Dahlem). Obwohl die KPD nach dem Sturz der Reg. Léon Blum in Frankr. im Juni 1937 ihre Volksfrontpol. im wesentlichen auf propagandist. Aktivitäten beschränkt hatte, wandte sich P. am 16. Mai 1938 in einem Brief an Heinrich Mann, um den insbes. durch die intransigente Haltung des Ltrs. des Pariser ZK-Sekretariats, Ulbricht, paralysierten Volksfrontausschuß neu zu beleben. Anfang Sept. nach Paris zur Unterstützung der Volksfrontpol. u. des neuen Sekretariatsltrs. Dahlem, Verhandlungen mit führenden Vertr. des Exils, u.a. mit → Rudolf Breitscheid, Heinrich u. Thomas Mann, → Carl Spiecker, → Hermann Rauschning, → Friedrich Stampfer, → Jacob Walcher. Nach dem Münchner Abkommen trat jedoch die Einheitsfrontpol. der KPD zugunsten eigenständ. Parteitätigkeit in den Hintergrund. P.s Hauptref. *Die gegenwärtige Lage und die Aufgabe der Partei* auf sog. Berner Konferenz der KPD in Draveil b. Paris vom 30. Jan.-1. Febr. 1939 trug bereits der Weiterentwicklung der KPD-Taktik in Richtung auf die Einheitspartei u. sog. Bündnispolitik Rechnung. Ende Febr. 1939 nach Moskau; infolge des dt.-sowj. Pakts u. des Kriegsbeginns weitgehende Desorganisation im KPD-Lager, Abreißen der Kontakte zwischen Moskau u. dem Westen, mit Ausnahme Dänemarks (→ Heinrich Wiatrek) u. Schwedens (→ Karl Mewis), zeitw. Einstellung der Parteitätigkeit aufgrund der These vom „imperialistischen Krieg" u. Gleichsetzung der Opposition gegen Hitler mit Unterstützung der Westmächte. In Verhandlungen zwischen KPD, KSČ u. KPÖ v. 2. Sept. 1939 u. in ihrem gemeins. Aufruf v. 2. Nov. 1939 lehnten die kommunist. Parteien nunmehr die ZusArb. mit SozDem. ab u. forderten die Einheitspartei vom „Stalinschen Typus"; Ziel der Parteiarb. sollte die Propagierung der dt.-sowj. Freundschaft auf Massenbasis sein; nach der Konf. mit *Komintern*-Vertretern v. Jan. 1940 in Moskau beschloß die Parteiführung die Schaffung einer KPD-Inlandsltg. (→ Mewis, → Wilhelm Knöchel, Wiatrek, → Herbert Wehner). - P. selbst, der als integrative Figur innerh. der KPD-Führung für die Exilpolitik der KPD in erster Linie verantwortl. war, teilte seine Führungsaufgaben infolge Krankheit zunehmend mit anderen Funktionären im Moskauer Exil, bes. mit → Anton Ackermann, → Philipp Dengel, W. Florin u. W. Ulbricht. Mai 1940-1941 Krankenhaus- u. Kuraufenthalte. - Nach dt. Einmarsch in die UdSSR am 24. Juni 1941 Beratung mit EKKI-Sekretariat, Solidaritätserklärung für die Rote Armee; mit *Komintern*-Hilfe Einrichtung des *Deutschen Volkssenders* Moskau/Ufa u. mit Florin dessen verantwortl. Ltr. - Mitunterz. Aufruf *An das deutsche Volk und das deutsche Heer* v. 6. Okt. 1941; Okt. 1941 Evakuierung nach Ufa, Krankenhausaufenthalt, März 1942 zurück nach Moskau; Mitunterz. *Aufruf an das deutsche Volk* v. 25. Jan. 1942. Am 28. März 1942 PolBüro-Tagung mit Ackermann, Florin u. Ulbricht zur Vorbereitung der Verhandlungen mit EKKI am 3. Apr. 1942. Im gleichen Monat besuchte P. das KriegsgefLager Krasnogorsk b. Moskau u. veröffentlichte im Nov. 1942 die Schrift *Der Hitlerfaschismus und das deutsche Volk* (Moskau), die gemäß *Komintern*-These über die Volksbefreiungsbewegungen die Bildung von illeg. Volkskomitees für eine nationale Erhebung in Deutschland forderte; in diesem Sinne Intensivierung der Tätigkeit des *Deutschen Volkssenders* sowie Entsendung von ZK-Beauftragten nach Deutschland. Nach Verhandlungen mit Vertr. von KPdSU(B), EKKI-Sekretariat u. GlavPURKKA am 27. Mai 1943 Beschluß zur Grdg. eines dt. NatKomitees, das vor allem der Bildung von Kadern dienen sollte. P. nahm an Verhandlungen mit gefangenen dt. Offz. in der UdSSR teil u. trat Juni 1943 in den *Vorbereitenden Ausschuß für die Bildung eines deutschen Nationalkomitees* ein. Teiln. NKFD-GrdgKonf. v. 12./13. Juli 1943 u. Mitunterz. NKFD-Manifest; 11./12. Sept. 1943 Teiln. GrdgKonf. *Bund Deutscher Offiziere*. Am 6. Febr. 1944 Bildung einer 20-köpfigen ArbKommission des PolBüros für die Grundlinien der Nachkriegspol. der KPD, deren Ergebnisse im *Aktionsprogramm des Blocks der kämpferischen Demokratie* zusammengefaßt wurden: Nach einem spontanen Massenaufstand gegen Hitler sollte der bestehende Machtapparat zerschlagen u. eine Demokratie auf breiter Basis unter Führung einer zu schaffenden Einheitspartei der Werktätigen errichtet werden. – Sept. 1944–März 1945 war P. als Doz. an der neuerrichteten KPD-Schule in Ochodna tätig. Nach Beschluß der Jalta-Konf. über die milit. Niederwerfung Deutschlands paßte sich die KPD auf der PolBüro-Tagung v. 5. Apr. 1945 der außenpol. Linie der Großmächte an; das KPD-Programm von 1944 wurde auf Hilfstätigkeit bei den Demokratisierungsmaßnahmen der Alliierten unter Beschränkung auf die von der Roten Armee besetzte Zone reduziert. Mitte Apr. Besprechungen mit Dimitroff über Einsatz der *Gruppe Ackermann, Gruppe Sobottka* (→ Gustav Sobottka) u. *Gruppe Ulbricht* in Deutschland. 30. Mai 1945 Beratungen mit Dimitroff, der damals für die Koordination der Beziehungen zwischen kommunist. Parteien zuständig war, über KPD-Wiedergrdg., Anfang Juni 1945 Beratungen mit Ackermann, Sobottka u. Ulbricht in Moskau über einen KPD-Aufruf im Sinne des bevorstehenden SMAD-Befehls Nr. 1 über Zulassung von Parteien u. Gew.; Mitunterz. KPD-Aufruf v. 11. Juni 1945, der im wesentl. auf dem KPD-Programm v. 1944 basierte. – 1. Juli 1945 mit Dahlem, → Fritz Große u. Tochter Elly Winter Rückkehr nach Berlin, Vors. des am 2. Juli gebildeten ZK-Sekretariats der KPD, maßgebl. beteiligt an Schaffung des Blocks der antifaschist.-demokrat. Parteien am 14. Juli 1945 u. ltd. Rolle bei Verschmelzung von SPD u. KPD in der SBZ, danach 1946–54 gemeins. mit Otto Grotewohl SED-Vors. sowie ab 1946 Mitgl. Zentralsekretariat u. ab 1949 PolBüro des PV bzw. ZK; 1946/47 mit Grotewohl im Sinne der SED-Einheitspol. in den Westzonen propagandistisch aktiv; Hauptakteur der 1947 eingeleiteten Volkskongreßbewegung für Einheit und gerechten Frieden, ab 1947 Mitvors. Ständiger Ausschuß des Deutschen Volkskongresses bzw. ab 1948 Präsidium des Deutschen Volksrates, das sich 1949 zur ProvisVK erklärte u. zus. mit der Provis. Länderkammer P. am 11. Okt. 1949 einstimmig zum Staatspräs. der DDR wählte. Wiederwahl 1953 u. 1957; gleichzeitig MdVK. – Dank seines Ansehens in der internat. ArbBewegung maßgebl. Anteil an Überwindung der Isolation der SED u. DDR in Osteuropa, zahlr. Auslandsreisen; infolge schwer angegriffener Gesundheit schon ab Ende der 40er Jahre von Ulbricht in der Parteiführung abgelöst, ab Mitte der 50er Jahre Beschränkung auf die notwendigsten Repräsentationsaufgaben. Beigesetzt in der Gedenkstätte der Sozialisten in Berlin-Friedrichsfelde. – *Ausz.:* u.a. 1951 Held der Arbeit, 1953 Karl-Marx-Orden, 1954 VVO (Gold), 1960 Banner der Arbeit; zahlr. ausländ. Orden.

W: Wir kämpfen für ein Rätedeutschland. Moskau u. Leningrad (Verlagsgenossenschaft ausländischer Arbeiter in der UdSSR) 1934 (Übers. engl., franz.); Rechenschaftsbericht über die Tätigkeit des Exekutivkomitees der Kommunistischen Internationale. 7. Weltkongreß der K.I. Ebd. 1935 (Übers. engl.); Der Vormarsch zum Sozialismus. Bericht und Schlußwort zum 1. Punkt der Tagesordnung des 7. Weltkongresses der K.I. Straßburg (Prometheus-Verlag) 1935 u. Moskau (Verlagsgen. ausländ. Arbeiter in der UdSSR) 1935 (Übers. russ., engl., franz.); Weltkrieg droht. Kämpft für den Frieden. Zürich (MOPR-Verlag) 1935 (Übers. franz.); Der neue Weg zum gemeinsamen Kampf für den Sturz der Hitlerdiktatur. Referat und Schlußwort auf der Brüsseler Konferenz der KPD. Straßburg (Prometheus-Verlag) 1935 u. Moskau (Verlagsgen. ausländ. Arbeiter in der UdSSR) 1936; Freedom, Peace and Bread. New York (Workers' Library Publ.) 1935; Aufgaben und Zielsetzung der Einheitsfront. Paris (Prometheus-Verlag) 1935; Ein Kämpferleben im Dienst der Arbeiterklasse. Paris (Bureau d'éditions) 1936; Deutschland im Banne von Blut und Eisen. Straßburg (Prometheus-Verlag) 1937; August Bebel zu seinem 25. Todestag. Ebd. 1938; Deutschland unter dem Hitlerfaschismus. Wie lange noch? Paris (Ed. Universelles) 1939; Žizn' i bor'ba Klary Cetkin. Saratov 1939; International Solidarity Against Imperialist War. New York (Workers' Library Publ.) 1941; Der Hitlerfaschismus und das deutsche Volk. Moskau (Verlag für fremdsprachige Literatur) 1942 (Übers. russ.). – Verf. zahlr. programmat. Aufs. u. Art., u.a. für Organe der *Komintern,* der KPD, des NKFD; Aufrufe in *Radio Moskau, Deutscher Volkssender, Sender Freies Deutschland.* – Reden und Aufsätze aus den Jahren 1908 bis 1950. 2 Bde. 1950; Reden und Aufsätze Bd. I–IV. 1954 u. 1956; Im Kampf um die Arbeitereinheit und die deutsche Volksfront 1936–1938. 1955; Gesammelte Reden und Schriften, Bd. I–III. 1959 u. 1961; Die Offensive des Faschismus und die Aufgaben der Kommunisten im Kampf für die Volksfront gegen Krieg und Faschismus. Referate auf dem VII. Kongreß der Kommunistischen Internationale (1935) [mit Georgi Dimitroff u. Palmiro Togliatti]. 1960. *L:* u.a. Stern, Ulbricht; Laschitza, Horst/Vietzke, Siegfried, Deutschland und die deutsche Arbeiterbewegung 1933–1945. 1964; GdA; GdA-Chronik; Weber, Wandlung; GdA-Biogr.; Sywottek, Volksdemokratie; Duhnke, KPD; Durzak, Exilliteratur; Fischer, Deutschlandpolitik; Dahlem, Vorabend; Wehner, Untergrundnotizen. *Biogr.:* u.a. Wilhelm Pieck, Bilder und Dokumente aus dem Leben des ersten deutschen Arbeiterpräsidenten. 1955; Erpenbeck, Fritz, Wilhelm Pieck. Ein Lebensbild. 1956; Wilhelm Pieck. Ein Gedenkbuch. 1961; Voßke, Heinz/Nitzsche, Gerhard, Wilhelm Pieck, Biographischer Abriß. 1975. *D:* IML. *Qu:* Arch. Biogr. Hand. Publ. Z. – IfZ.

Piehl, Otto, Gewerkschafter; geb. 12. Sept. 1906 Bergedorf b. Hamburg; *V:* GewSekr., Funktionär Konsumgenossenschaft; *StA:* deutsch, 8. Nov. 1938 Ausbürg., 1951 deutsch. *Weg:* 1934 DK; 1940 S; 1953 Deutschland (BRD).

MaschBauerlehre; 1920 SAJ, 1922 DMV. SAJ-Jugendltr., 1925 DelegReise durch die UdSSR, 1926 Gast bei 7. Russ. GewKongreß Moskau. 1930/32 Volkshochschul-Lehrgang. Apr. 1933–Ende 1933 KL Fuhlsbüttel wegen illeg. Tätigkeit, nach Entlassung im Untergrund, zur Fahndung ausgeschrieben, Flucht nach Dänemark. 1936–38 Ltr. Emigrantenheim Kopenhagen, Mitte 1938 Boykott des Heimes durch KPD-Emigr. nach Annäherung von P. an den Kreis um → Willi Münzenberg. 1940 Flucht nach Schweden, Mitgl. schwed. Gew., 1941 schwed. sozdem. Partei, als Maschinist an Techn. Lehranstalt Örebro tätig, Kassierer der dortigen GewGruppe. Ab 1944 VorstMitgl. *Landesgruppe deutscher Gewerkschafter,* 1945 Mitgr. der *Naturfreunde* – Org. von dt., österr. u. sudetendt. Emigr. in Schweden *(Naturvännernas Internationella Turistförening i Sverige).* Nach Kriegsende Org. gewerkschaftl. Besucheraustauschs zwischen Deutschland u. Schweden, Ende 1953 Rückkehr, ab 1954 als Filmvorführer u. Versammlungsltr. in Abt. Werbung beim Vorst. der *IG Metall* Frankfurt/M. tätig. Lebte 1976 in Bergedorf.

L: Müssener, Exil. *D:* IfZ. *Qu:* Arch. Pers. Publ. – IfZ.

Pietzuch, Emil, Parteifunktionär; geb. 9. März 1899 Neurode b. Breslau; *G:* u.a. Otto (geb. 1901), 1939 VGH-Urteil 2 J. Gef. wegen Beteiligung an illeg. Tätigkeit seines Bruders; *StA:* deutsch. *Weg:* UdSSR; 1934 Deutschland; 1936 CSR; 1937 Deutschland, CSR; GB (?).

Zimmermann, gegen Kriegsende Soldat, danach Wohnsitz Berlin; 1922 KPD, 1924 Ltr. MilApp. Bez. Berlin-Brandenburg, Ende 1925 Verhaftung, Juni 1926 2 1/2 J. Zuchth., nach bedingter Entlassung Mitte 1927 OrgLtr. Bez. Baden, ab 1928 Mitarb. ZK-GewAbt. Berlin, 1928 Teiln. 6. Weltkongreß der *Komintern,* ab 1929 Mitgl. Reichsltg. der RGO, ab Apr. 1932 OrgLtr. KPD Baden; zwischen 1928 u. 1934 Teiln. an Schulungen in der UdSSR, März 1934 zum Aufbau eines illeg. KPD-App. nach Berlin, Frühj. 1936 nach Prag, Festnahme wegen Spionageverdachts. Nach Freilassung in die UdSSR, Febr.-Apr. 1937 in Berlin, anschl. Prag; später vermutl. GB. Deckn. Franz, Arthur, Emil Hoffmann, Max. 1938/39 Aufdeckung der Gruppe nach Besetzung der CSR u. Aburteilung der Mitgl., die z.T. als Emigr. in der CSR festgenommen wurden.

L: Weber, Wandlung. *Qu:* Arch. Publ. - IfZ.

Pincus, Werner, Journalist; geb. 10. Okt. 1920 Breslau; *StA:* deutsch. *Weg:* 1939 GB; 1947 Deutschland (Berlin).

Textilkaufm.; 1939 Emigr. GB, 1947 Rückkehr nach Berlin. Mitgl. SED, Lektor u. Übers., 1955-59 Nachrichtensprecher, dann außenpol. Red. u. 1961-63 Bonner Korr. des *Deutschlandsenders.* 1963 Ausschluß aus Bundespressekonferenz u. Verhaftung. 1964-66 stellv. Chefred. *Berliner Rundfunk,* ab 1972 Chefred. *Radio Berlin International.* Lebte 1977 in Berlin (Ost). - *Ausz.:* 1964 Franz-Mehring-Ehrennadel, 1972 VVO (Bronze).

Qu: Hand. Z. - IfZ.

Pine, Kurt (urspr. Pinczower), Ph.D., Sozialarbeiter; geb. 25. März 1906 Pleschen/Posen, gest. 20. Mai 1962 Brooklyn/N.Y.; jüd.; *V:* Alfred Pinczower, jüd.-orthodox, Inh. eines Papierwaren- u. Tabakgeschäfts; *M:* Rosa, geb. Hirsch (geb. Deutschland); *G:* Käthe Andorn, A: IL; Frank, A: GB; ∞ Bessie (geb. CDN), Sozialarb.; *K:* Alfred Marc (geb. 1953), RA; Annie Laurie (geb. 1955), A: IL; *StA:* 1949 (1950 ?) USA. *Weg:* 1933 ČSR, 1938 GB, 1940 USA.

Journ. in Beuthen/Oberschlesien, ab 1928 u.a. für *Vossische Zeitung,* zugl. Stud. Berlin, aktiver Gegner des NatSoz.; nach 1933 Haussuchung. Apr. 1933 Flucht in die ČSR, Unterstützung durch Flüchtlingsorg., zeitw. Journ., 1938 nach GB mit beschränkter Aufenthaltsgenehmigung, Mitgl. *Thomas-Mann-Gruppe* des *Czech Refugee Trust Fund* (CRTF). Mai 1940 in die USA, Visum durch CRTF. Jugendltr. Kingsley House Pittsburgh, Stud. Fachschule für Sozialarb. der Univ. Pittsburgh, 1943 M.S.W., Deutschlehrer an Offz.-Ausbildungsschule der Univ. Pittsburgh, 1944-47 Programmltr. Farnam Neighborhood House New Haven/Conn., zugl. Stud. Yale Univ., 1947-48 Arbeit an Diss. mit Stipendium des Yale Fund for Merchant Seaman Studies, 1948-49 Programmltr. Neighborhood Center Philadelphia, 1949-53 Dir. Rhoda Schaap Council House Brooklyn/N.Y.; 1951 Ph.D. Yale Univ., 1953-63 geschäftsf. Dir. Shorefront Jew. Community Center Brooklyn/N.Y. (später Abt. der YM-YWHA/N.Y.), stellv. Ltr. YM-YWHA of Greater New York. Tätig für UJA u. *Fed. Jew. Philanthropies,* Berater New Yorker Wohnungsamt, Mitgl. *Nat. Assn. of Soc. Workers, Nat. Conf. Jew. Communal Service, Acad. Certified Soc. Workers.*

W: Viewpoints on Social and Social Work Issues. 1965; Beiträge in *Jewish Center Program Aids.* *Qu:* Pers. Publ. - RFJI.

Pinkus, Hans Hubert, Textilindustrieller; geb. 7. Febr. 1891 Neustadt/Oberschlesien, gest. 8. Febr. 1977 GB; jüd.; *V:* Max P. (geb. 1857 Neustadt, gest. 1934 Neustadt), jüd., Teilh. u. bis 1925 Hauptgeschäftsf. Leinenweberei S. Fränkel OHG Neustadt, 1911 Kommerzienrat, 1927 Ehrenbürger der Stadt Neustadt, Bibliophile; *M:* Hedwig, geb. Oberländer (gest. 1920); *G:* Klaus; ∞ I. Elfriede Hess (gest. 1933 Manila/ Philip-

pinen), gesch.; II. 1926 Elisabeth (Lili) von Fischel (geb. 1891, gest. 1970 Belfast/IRL); III. 1970 Charlotte Margarethe Margules (geb. 1894); *K:* Hans Joseph (geb. 1922); Hedwig Johanna (geb. 1927); 1 T; *StA:* deutsch, brit., 1950 deutsch u. brit. *Weg:* 1939 GB.

Stud. Handelshochschule Köln, Univ. Bonn u. Göttingen. Im 1. WK Kriegsteiln., 3 Jahre franz. Kriegsgef., dann Tätigkeit bei dt. Gesandtschaft Bern, Austauschstation Konstanz u. im Reichswehrmin. Berlin. Anschl. Teilh. S. Fränkel OHG Neustadt, 1925 Übernahme der Geschäftsltg.; VorstMitgl. u. Ausschußmitgl. *Verband Deutscher Leinenwebereien* Berlin, Ausschußmitgl. *Verband Schlesischer Textilindustrieller* Breslau, Mitgl. IHK Oppeln. Jan. 1939 Emigr. GB; in den 50er u. 60er Jahren zeitw. in Deutschland (BRD), 1968 endgültig GB.

L: Josef Pinkus. In: Andreas, Friedrich (Hg.), Schlesische Lebensbilder, Bd. I, 1922. *D:* LBI New York. *Qu:* EGL. Hand. HGR. Pers. Publ. Z. - RFJI.

Pinkuss, Frederico (urspr. Fritz), Dr. phil., Rabbiner, Hochschullehrer, Verbandsfunktionär; geb. 13. Mai 1905 Egeln/Sa.; jüd.; *V:* Simon P.; *M:* Frida, geb. Wolff; *G:* 1 B, Emigr. Bras.; ∞ 1934 Lotte Selma Sternfels (geb. 1912 Darmstadt), 1936 Emigr. Bras., Kinderschwester; *K:* Michael L. (geb. 1935), 1936 Emigr. Bras., Ing.; *StA:* deutsch, Bras. *Weg:* 1936 Bras.

1925-30 Stud. Breslau, Würzburg u. Berlin, 1928 Prom. Würzburg, gleichz. 1925-28 Stud. Jüd.-Theol. Seminar Breslau, 1928-30 Stud. L(H)WJ Berlin, 1930 Rabbinerexamen, 1930-36 BezRabbiner in Ladenburg u. Sinsheim u. Rabbiner Isr. Gde. Heidelberg, Mitgl. *B'nai B'rith, Allgemeiner Rabbinerverband in Deutschland.* Juli 1936 Emigr. Brasilien mit Ehefrau u. Sohn als erster dt. Rabbiner mit bras. Einwanderungsvisum, Okt. 1936 Mitgr., bis 1955 Rabbiner u. ab 1955 Oberrabbiner C.I.P. in São Paulo, gleichz. 1945-63 Prof. Univ. São Paulo, Einführung eines Kurses für Hebr. u. Judaistik, seit 1963 Prof. u. Dir. für Hebr. Studien der C.I.P. in São Paulo, 1957-58 Mitgr. u. 1. Vizepräs. *B'nai B'rith* São Paulo, Mitgr. CENTRA u. *Conselho dos Rabinos Sul-Americas,* 1962 Mitgr. u. Präs. *Conselho de Fraternidade Christao-Judaicos,* stellv. Rabbiner von *Federação Israelita do São Paulo,* Inspektor der öffentl. Fonds der Fundação Fritz Pinkuss (Stiftung in seinem Namen für die Verbreitung jüd. Kultur im portugies. Sprachbereich), korrespond. Mitgl. CCAR u. *New York Board of Rabbis,* Mitgl. *World Union of Jew. Studies* Jerusalem, Mitgl. Komitee für Hebr. Studien an ausländ. Univ., Jerusalem, Mitgl. *Brit Ivrit Olamit* Tel Aviv, Mitgr. u. Mitgl. *World Council of Syn.,* Mitgl. Escola de Pais São Paulo, zeitw. VorstMitgl. *World Union for Progressive Judaism* in London. Lebte 1978 in São Paulo. - *Ausz.:* 1960 D.D. h.c. H.U.C.-J.I.R. J.I.R. Cincinnati/O., Orden Marechal Rondon e Anchieta, 1972 BVK.

W: u.a. Moses Mendelssohns Verhältnis zur englischen Philosophie. (Diss.) 1929; Saul Ascher, ein Theoretiker der Judenemanzipation aus der Generation nach Moses Mendelssohn. 1935; O Que Nos Contra a Nossa Biblia. 1938, 1943, 1952; A Religião Israelita na Sinagoga e No Lar. 1944, 1952; O Caminho de Israel abravés dos Tempos. 1945; Machsor (Mithg., Gebetbuch für die jüd. Feiertage, mit Übers. ins Portugies.). 4. Aufl. 1950; A Haggada de Pessach. (Hg. u. Übers.) 1950; A Contribuição do Hebraismo para o Mundo Ocidental. In: Revista de Historia. 1953; Sidur Tefilot Yisrael (Hg., Gebetbuch mit portugies. Übers.) 1953; O caminho de una geração, 1933-1966. 1966; Quatro milénios de existência judáica. 1966; Tipos de pensamento judaico. 1975. *Qu:* Arch. Fb. Hand. Publ. Z. - RFJI.

Pinnecke, Wilhelm, Parteifunktionär; geb. 28. Mai 1897 Bad Honnef, gef. März 1938 (?) Alcaila/E; o.K.; ∞ Katharina Füllenbach (1902-70); *K:* Wilhelm (geb. 1924); *StA:* deutsch, 26. Sept. 1938 Ausbürg. *Weg:* 1934 CSR, UdSSR; E.

Ankerwickler; 1924 Urteil Reichsgericht Leipzig 3 J. Gef. wegen Hochverrats. 1926 (?) KPD, Red. *Sozialistische Republik* Köln, OrgLtr. KPD-Bez. Mittelrhein, ab Juli 1932 MdR. Apr.-Nov. 1933 PolLtr. KPD-Bez. Niederrhein, anschl. Oberberater in Sa. - Mai 1934 Emigr. in die CSR, Grenzarb. unter Deckn.

Pinner

Friedrich Wartner (Wantner), Aug. 1934 Verhaftung durch tschechoslow. Polizei, 2 Mon. Haft wegen Paßvergehens, anschl. in die UdSSR, später nach Spanien, PolKommissar Btl. Edgar André in XI. Internat. Brigade. Deckn. Maxim. Angebl. März 1938 gefallen; laut amtl. Todeserklärung Todestag 31. Dez. 1937.

L: Pasaremos. *Qu:* Arch. Hand. Pers. Publ. - IfZ.

Pinner, Heinz Albert, Dr. jur., Rechtsanwalt, Wirtschaftsprüfer; geb. 20. Febr. 1893; ev., jüd.; *V:* Dr. h.c. Albert P. (1857-1933), RA, spezialisicrt auf Aktienrecht, Justizrat, langj. Präs. Berliner Anwaltsverein; *G:* 2 B; ∞ Ilse, ev.; *K:* 2 S (geb. 1924 u. 1927), 1939 Emigr. CH, dann USA; *StA:* deutsch, USA. *Weg:* 1939 CH, USA.

1914-18 Kriegsteiln., 1919 Prom. Greifswald, bis 1933 AR-Mitgl. Ullstein AG, 1936-38 RA u. Notar in Berlin, Dez. 1938 Berufsverbot; 1936 Besuch in Palästina. 1939 Emigr. Schweiz mit zeitl. begrenztem Visum, Dez. 1939 in die USA mit Ehefrau u. Kindern, Stud. Buchprüfung in San Francisco, Buchhalter, 1942 Angest., später Teilh. einer amtl. zugelassenen Wirtschaftsprüfungsfirma in Los Angeles, Steuerfachmann; Präs. Beverly Hills Chapter, BezDir., dann VorstMitgl. *Soc. of Calif. Accountants,* Mitgl. Nat. Guard Reserves, ab 1945 AR-Mitgl. Ullstein AG, 1947 Zulassung zur Düsseldorfer Anwaltschaft, RA, Fachmann für Wiedergutmachung, bes. für christl.-jüd. Fälle. - Ab 1942 Ausschußmitgl., dann langjähr. Präs. u. später Ehrenpräs. Exekutive des *Jew. Club of 1933* Los Angeles, setzte sich 1941-42 gegen die Einstufung dt. Emigr. als feindl. Ausländer ein. Lebte 1978 in Los Angeles.

W: Der Interimsschein im Aktienrecht (Diss.). 1919. *Qu:* Pers. Publ. Z. - RFJI.

Pinner, Walter Georg, Dr. phil., Unternehmensleiter; geb. 18. März 1891 Kosten/Posen; jüd.; *V:* Dr. jur. Sigismund P. (geb. 1857 Neustadt bei Pinne/Posen, gest. 1940 Birmingham), jüd., RA, Präs. jüd. Gde. Kosten, 1939 Emigr. GB; *M:* Elisabeth, geb. Bernstein (geb. 1859 Breslau, gest. 1936 Berlin), jüd., Lehrerin; *G:* Dr. jur. Ernst P. (geb. 1889 Kosten, gest. 1970 IL), RA, 1939 Emigr. Pal.; → Margarethe Turnowsky; ∞ 1919 Elizabeth Haas (geb. 1893 Mainz, jüd., 1936 Emigr. GB; *K:* Richard (geb. 1922), 1936 Emigr. GB, Lehrer; Robert (geb. 1925), 1936 Emigr. GB, Volkswirtschaftler; *StA:* deutsch, 1949 brit. *Weg:* 1936 GB.

1909-10 Getreideimporteur, 1910-13 Stud. Berlin, Heidelberg, Halle-Wittenberg, 1913 Prom. (Volkswirtschaft) Halle-Wittenberg, 1913-14 kaufm. Tätigkeit. 1914-15 MilDienst (verwundet, EK). 1915-17 Tätigkeit im staatl. Kontrollamt für Getreideeinfuhr, 1917-19 GenSekr. dt. Getreidehandelsverband, 1919-24 Teilh. Getreideimportfirma des Onkels, Gr. der Hamburger Zweigstelle; 1924-35 Teilh. Fabrik für Aluminiumfolien in Hamburg u. 1930-35 in der Schweiz; 1933-35 Ltr. der zion. Gruppe im Vorstand der Isr. Gde. Hamburg, 1934-35 Vors. *Hamburger Zionistische Gesellschaft.* 1936 Emigr. GB durch Vermittlung des schweiz. Unternehmenszweigs, 1936-37 ltd. Stellungen in brit. Aluminiumindustrie, Berater brit. Inst. of Management; Gr. u. Präs. *Birmingham Zion. Soc.,* 1941-48 Vors. *Birmingham Zion. Council,* 1942-48 Vizepräs. u. 1951-53 Regionalvors. *Zion. Fed. of GB and Ireland.* Lebte 1977 in Birmingham.

W: Der Getreideterminhandel in Deutschland (Diss.). 1913; Dauer und Abbau der Kriegswirtschaft. 1916; Demokratie oder Sozialdemokratie? 1919; Das Schlichtungskartell. 1931; The Business Doctor. 1952; How Many Arab Refugees? 1959; The Legend of the Arab Refugees. 1967. *Qu:* Fb. Hand. Pers. - RFJI.

Pins, Arnulf Max, Ed. D., Sozialpädagoge, Verbandsfunktionär; geb. 14. Dez. 1926 Duisburg, gest. Febr. 1978 Jerusalem; *V:* Max F.; *M:* Frieda, geb. Simon; ∞ 1951 Margot Cassel; *K:* Daniel, Judith, Michelle; *StA:* deutsch, 1944 USA, IL (?). *Weg:* 1936 Pal., 1938 USA.

1936 Emigr. Palästina, 1938 in die USA. 1950 B.A., 1952 M.Sc. Columbia Univ.; 1950 Vors. Jugend-Beratungsausschuß der Midcentury White House Conf. on Children and Youth, 1952-56 Programmltr. Jüd. Gde.-Zentrum Chicago, 1956-64 Ltr. Personal- u. Ausbildungsabt. der *Nat. Jew. Welfare Board* New York, zugl. Stud., 1963 Ed. D. Columbia Univ.; 1964-66 stellv. geschäftsf. Dir., 1966-71 geschäftsf. Dir. *Council of Soc. Work Educ.* New York, zugl. 1957-71 Doz. für Pädagogik H.U.C. - J.I.R. New York; 1964-71 Berater *Nat. Jew. Welfare Board,* 1966-68 Vors. eines Beratungsausschusses des Nat. Inst. for Mental Health, 1968-71 VorstMitgl. *Internat. Assn. of Schools of Soc. Work,* 1969-71 Berater Fürsorge- u. Rehabilitierungsabt. des HEW. 1971-72 Prof. Hebr. Univ. Jerusalem, zugl. Berater isr. Wohlfahrtsmin. u. staatl. Versicherungs-Inst., 1972-74 Schriftf. der *Claims Conf.* u. geschäftsf. Dir. *Memorial Foundation for Jew. Culture* New York, Vors. Kuratorium *Am. Zion. Youth Foundation.* 1974 nach Israel, ab 1975 stellv. Dir. JDC Israel, Dir. BezStelle für den Nahen Osten u. stellv. Dir. *Malben* (JDC-Vereinigung für ältere, kranke u. behinderte Einwanderer in Israel), Vors. Vereinigung *Eshel* für Planung u. Entwicklung von GdeProjekten u. für Altersheime in Israel.

W: u.a. Israel and the United Nations. 1956; My Haggadah. A Picture Haggadah for the Young. 1957; My Rosh Hashanah Prayerbook. A Picture Prayerbook for Young Children. 1961; My Yom Kippur Prayerbook. A Picture Prayerbook for Young Children. 1961; Who Chooses Social Work, When and Why. 1963; An Overview of Undergraduate Education in Social Welfare. 1963; Financial Aid to Social Work Students. 1966; Students in Schools of Social Work. A Study of Characteristics and Factors affecting Career Choice and Practice Concentrations. (Mitverf.) 1970; A Conspiracy of Silence. The Quantitative and Qualitative Shortage of Jewish Communal Workers in the U.S. 1970; Entering the Seventies. Changing Priorities for Social Work Education. 1970. *Qu:* Hand. Pers. Z. - RFJI.

Pirker, August, Parteifunktionär; *StA:* österr. (?) *Weg:* UdSSR; 1938 Deutschland (Österr.).

Mitgl. KPÖ, nach Febr. 1934 in die UdSSR, Besuch der Lenin-Schule. Frühj. 1938 im Parteiauftrag nach Graz, Aufbau kommunist. Widerstandsgruppen, u.a. in den Steyr-Daimler-Puch-Werken, Verb. zur illeg. Grenzstelle der KPÖ in Maribor, Kontakt u.a. zu → Hans Hladnik; Deckn. Hans. Febr. 1939 Verhaftung durch Gestapo, Todesurteil. Möglicherw. Begnadigung u. Fronteinsatz in Strafbtl. 999 in Griechenland, Desertion zur griech. Partisanenarmee ELAS u. gegen Kriegsende Teiln. am Partisanenkampf gegen dt. Besatzungstruppen. (?)

L: Koch, Widerstand; Reisberg, KPÖ. *Qu:* Arch. Publ. - IfZ.

Piron (urspr. Pisk), **Mordechai,** Rabbiner; geb. 28. Dez. 1921 Wien; *V:* Jacob Pisk; *M:* Irene, geb. Weiss; ∞ 1946 Ahuva Gardi; *K:* Jacov, Tova, Orna. *Weg:* 1938 Pal.

1938 Emigr. Palästina, Stud. Mikveh Israel Agricultural School, 1944-48 Stud. Hebr. Univ. Jerusalem, gleichz. Stud. Rabbi-Kook-Seminar Jerusalem, 1948 Rabbinerexamen, 1950 B.A. London Univ., danach engl. Sprachkurse Cambridge Univ.; 1948 MilRabbiner, später Ltr. Abt. für relig. Angelegenheiten u. 1971-77 Oberrabbiner bei IDF, später beim Nat. Defense Coll. der IDF. Gleichz. Rabbiner u. Präs. Jugend-Syn. Bat Yam, Vizepräs. *Hasheloshah Lodge* des *B'nai B'rith,* VorstMitgl. Gaon-Aderet Yeshivah in Bat Yam, Vortragstätigkeit im isr. Rundfunk. Lebte 1976 in Bat Yam/Israel.

W: u.a. beNetivei Aggadot Haẓal (Auf den Spuren der Erzählungen der Weisen). 1970; beShaarei haAggadah (Tore zu den Erzählungen der Weisen). 1973/74. *Qu:* Hand. - RFJI.

Pitz, Johann, Journalist; geb. 5. Okt. 1883 Dudweiler/Saar, gest. 21. Aug. 1965 ebd.; *V:* Johann P. (1861-1928), Bergmann; *M:* Sophie, geb. Bettinger (1864-1948); *G:* Sofie Hell, Charlotte Blatter, Berta Hasmann, Philipp; ∞ Ernestine Thomas (geb. 1909); *K:* Heinz (geb. 1930), Gerd (geb. 1931), Manfred (geb. 1935), Charlotte Bau (geb. 1936). *Weg:* 1935 F; 1945 Deutschland/Saargeb.

Drucker u. Buchbinder. Mitbegr. SPD Dudweiler, 1923-33 Mitgl. GdeRat, Mitgl. Kreistag Saarbrücken-Land. 1925-35 Red. *Volksstimme* Saarbrücken. Nach Rückgliederung des Saargeb. Flucht nach Frankr. Bei Kriegsausbruch interniert, nach Entlassung Febr. 1940 nach Bordeaux u. Sète/Hérault. Nach Besetzung Südfrankr. in den Cevennen. Nov. 1945 Rückkehr nach Dudweiler; SPS. 1946 Red., 1948-56 Chefred. der wiedergegr. *Volksstimme* in Saarbrücken. 1946-55 Mitgl. GdeRat, 1949-56 Bürgerm. von Dudweiler.

L: Schmidt, Saarpolitik; Kunkel, Ernst, Für Deutschland – gegen Hitler: Die Sozialdemokratische Partei des Saargebietes im Abstimmungskampf 1933-1935. 1967; Schneider, Saarpolitik und Exil. *Qu:* Arch. Pers. Publ. – IfZ.

Pizzarello (von Helmsburg [?], auch: Pizarelli), **Silvio**. *Weg:* Mex.

Österreicher, emigrierte nach Mexiko, Mitarb. der ital. Botschaft in Mexiko; Legitimist, ab Ende 1940 Landesvertr. des *Free Austrian Movement* (FAM) Toronto unter → Hans Rott sowie Vertr. für ganz Zentralamerika. Geriet in Gegensatz zur Mehrheit der konservativ-bürgerl. u. legitimistischen österr. Emigration in den USA u. Lateinamerika wegen angebl. Versuche zur Grdg. einer österr. Exilreg. in Mexiko, daraufhin Entlassung als Repräsentant des FAM.

L: Goldner, Emigration; ISÖE. *Qu:* Arch. Publ. – IfZ.

Plager, Egon, Dr. jur., L.L.D., Ministerialbeamter, Hochschullehrer; geb. 15. März 1908 Wien; *V:* Hugo P.; *M:* Franziska, geb. Kudelka; ∞ 1936 Hildegard Weyrauch; *K:* Magdalen A. Odorisi, Emigr. USA; Mary Franzes Smith, Emigr. USA; *StA:* österr., 1944 USA. *Weg:* 1938 USA.

Stud. Rechtswiss., 1932 Prom.; 1929-30 Vertragsbediensteter Industrielle Bezirkskommission Wien, 1931-38 Landesarbeitsamt Wien u. Landesarbeitsamt Wiener Neustadt, zuletzt stellv. Ltr. Nach dem Anschluß Österr. vermutl. Entlassung, Emigr. in die USA. Ab 1940 Prof. Soziologie Siena Coll. Loundonville/N.Y.; Nov. 1944 Mitgr. u. VorstMitgl. *Christian-Socialist Party of Austria* unter → Hans Rott. 1945-52 ao. Prof. Soziologie Russell Sage Coll. in Troy/N.Y., daneben Stud. Rechtswiss., 1949 L.L.D.; 1959-65 u. ab 1969 Prof. Coll. St. Rose, Albany/N.Y., 1965-69 AbtDir. im New York State Department (pol. Planung u. fiskal. Kontrolle). Mitgl. *New York State Conf. of Social Work, Am. Arbitration Assn.,* Albany Council, *New York State Commn. against Discrimination,* Vice-Chairman N.Y. Probation Commn., Mitgl. u. VorstMitgl. weiterer Verbände. Lebte 1975 in Albany/N.Y.

Qu: Arch. Hand. – IfZ.

Plaschkes, Lea Lotte, geb. Trautmann, Verbandsfunktionärin; geb. 17. Okt. 1890 Wien, gest. Jan. 1959; jüd.; ∞ → Leopold Plaschkes; *K:* Michael, Reuben. *Weg:* 1938 Pal.

Stud. Sprachenschule Wien, im 1. WK Vors. u. später VorstMitgl. *Verband radikaler Zionisten Österreichs,* Vors. *Allg. Zion. Org.* Österreich und österr. Frauen-Repräsentantin der WIZO, stellv. Vors. des JNF Österr.; 1938 Emigr. Palästina, Mitgl. u. später Präs. *B'rith Rishonim* (Union der Alten Zion.), Mitgl. Exekutivkomitee von I.O.M.E., Vors. HOGOA u. *Allg. Zion. Org.* Tel Aviv, gründete eine Vereinigung für dt.-sprechende Frauen innerhalb der WIZO in Haifa, Teiln. mehrerer Zion.-Kongresse.

Qu: Hand. Pers. – RFJI.

Plaschkes, Leopold, Dr. jur., Verbandsfunktionär, Politiker; geb. 13. März 1884 St. Pölten/Österr., gest. 4. Mai 1942 Tel Aviv; jüd.; *V:* Hermann P. (geb. 1858 Nikolsburg/Mähren, gest. 1935 Wien), jüd., 1886 nach Wien, Kaufm., Zion., Freund von Theodor Herzl, Mitgr. *Jüdisch-Politischer Volksverein*; *M:* Rosa, geb. Toch; *G:* Dr. med. Siegfried P. (geb. 1886 Österr.), jüd., Arzt in Wien, Vizepräs. JNF Wien, Emigr. Pal., Arzt in Tel Aviv; ∞ Lea Lotte Trautmann (→ Lea Lotte Plaschkes). *Weg:* 1938 Pal.

Stud. Rechts- u. internat. Finanzwiss. Wien, Vors. *Rede- und Lesehalle jüdischer Hochschüler Wiens* (zion. Diskussions- u. Bildungsklub); im 1. WK Unterstützung notleidender jüd. Flüchtlinge aus Galizien in Wien, nach Kriegsende erfolgreiches Eintreten gegen ihre Ausweisung aus Österr., 1918 VorstMitgl. des Dachverb. aller zion.-jüd. Parteien, *Jüdischer Nationalrat für Deutschösterreich.* 1919 Besuch in Palästina im Rahmen zion. Landkaufprojekte. 1919 Mitgr. der ersten zion. Tagesztg., *Wiener Morgenzeitung,* 1919-27 Mitgl. Gemeinderat Wien, Abg. *Jüdisch-Nationale Partei* bzw. Jüd. Wahlgemeinschaft. 1919 VorstMitgl. Isr. Kultusgde. Wien, Vors. Ortsgruppe Leopoldstadt (2. Bez.) des *Jüdischen Volksvereins* (Nachfolgeorg. des von seinem Vater mitgegr. *Jüdisch-Politischen Volksvereins*), VorstMitgl. des *Verbands radikaler Zionisten Österreichs* u. Mitgl. seines Kongreßgerichts, Präs. *Zionistischer Landesverband.* Org. einer Selbstverteidigungs-Gruppe. 1933 Besuch in Palästina als Repräsentant der österr. Reg. zu internat. jüd. Sportveranstaltung Makkabiah. 1938 Emigr. Palästina, Präs. Union der Alten Zionisten *B'rith Rishonim,* Gr. u. Hg. dt.-jüd. Ztg. *Jüdischer Weg,* Mitgl. *Allg. Zion. Org.,* aktiv in I.O.M.E.

W: Art. u. Bücher über Gewerberecht, Beiträge in jüd. Zs. *L:* Sahawi-Goldhammer, A., Dr. Leopold Plaschkes. Zwei Generationen des österreichischen Judentums. Ein Zeitbild. 1943; Freund, A., Um Gemeinde und Organisation. Zur Haltung der Juden in Österr. In: Bulletin LBI, 1960; Patzer, Gemeinderat; Tidhar. *Qu:* Hand. Pers. Publ. Z. – RFJI.

Platiel, Nora, geb. Block, Dr. jur., Rechtsanwältin, Richterin; geb. 14. Jan. 1896 Bochum/Westf.; ∞ Hermann Platiel, Ltr. ISK-Gruppe Leipzig, nach Emigr. in Paris 1938/39 Sekr. franz. Esperanto-Sektion u. Red. *La Kritika Observanto. StA:* deutsch. *Weg:* 1933 F; 1943 CH; 1949 Deutschland.

Stud. Rechtswiss. u. Volkswirtschaft Frankfurt/M. u. Göttingen, RA in Bochum. 1922 Mitgl. SPD, Anschluß an ISK, Ltr. ISK-Gruppe Bochum; als RA Verteidigung von Gegnern des NatSoz., Mitarb. *Rote Hilfe;* da zudem wegen jüd. Herkunft bedroht, 1933 Emigr. nach Frankr.; aktiv in ISK-Gruppe Paris; Ps. Nora Kolb, RedSekr. *Das Neue Tagebuch* (→ Leopold Schwarzschild), Mitarb. *Cahiers Juifs* sowie als Übers. tätig; ab 1939 Mitarb. *Comité d'assistance aux réfugiés,* bis 1940 Ltr. Abt. Enquêtes sociales; Internierung in Gurs/Südfrankr.; nach dem Zusammenbruch Frankreichs Flucht aus dem Lager u. mit Unterstützung von Léon Blum in Montauban/Tarn-et-Garonne Org. eines Büros zur Unterstützung der sich in dem Dépt. sammelnden dt. u. österr. pol. Flüchtlinge; nach Besetzung Südfrankreichs Flucht in die Schweiz; dort in Militär- u. Arbeitslagern interniert, nach Haftunfähigkeit ab 1943 ehrenamtl. Tätigkeit für *Schweizerisches Arbeiter-Hilfswerk* (SAH), 1945 Teiln. Flüchtlingskonf. von Montreux, ab 1946 Ltr. Abt. Nachkriegshilfe im SAH; Okt. 1949 Rückkehr nach Deutschland nach Aufforderung durch Georg August Zinn; Ernennung zur LG-Rätin in Kassel, ab 1951 bis zur Pensionierung LG-Dir. am OLG Frankfurt/M. Seit Rückkehr aktiv in SPD, 1954-66 MdL Hessen; Mitgl. Hessischen Staatsgerichtshof u. des Richter-Auswahlausschusses. Lebte 1970 in Kassel.

L: Link, ISK. *Qu:* Arch. Fb. Publ. – IfZ.

Plaut, Juan E., Unternehmensleiter; geb. 14. Apr. 1915 Gelsenkirchen; jüd.; *V:* Leopold P. (geb. 1887 Frielendorf/Hessen, gest. 1970 Caracas/Venezuela), Kaufm., VorstMitgl. Jüd. Gde. Gelsenkirchen, Mitgl. Handelskammer, 1939 Emigr. La Paz/Bolivien, 1944 Caracas; *M:* Selma, geb. Stern (geb. 1887 Geisa/Thür., gest. 1973 Caracas), jüd., Modistin, 1939 Emigr. La Paz, 1944 Caracas; *G:* Grete Olschki (geb. 1921 Gelsenkirchen); ∞ 1940 Erika Freund (geb. 1916 Hamburg), jüd., Abitur, Laborantin, 1936 Emigr. Venezuela, Sekr.; *K:* Ruth Hirschfeld (geb. 1949 New York), Lehrerin; *StA:* deutsch, 1947 Venezuela. *Weg:* 1939 Venezuela.

1933–35 Stud. Wirtschafts- u. Sozialwiss. Bonn, aktiv in antinatsoz. Widerstandsgruppe, Jugendltr. VJJD, Dez. 1935 Verhaftung, Juni 1936 Verurteilung zu drei Jahren Gef., 1936–39 Haft in Siegburg. Jan. 1939 Ausweisung, Emigr. Venezuela ohne Visum, mit Sondergenehmigung der Reg., zunächst Unterstützung durch jüd. Gde. Caracas, 1939–40 Bankangest., 1940–42 Vertr. Importgeschäft. Ab 1942 Gr. u. GenDir. Import-Exportfirma Agencia Panamericana C.A., zugl. ab 1954 Präs. Union Grafica C.A. (Tochterges. der Container Corp. of Am.), ab 1960 Präs. Fibras Industriales de Venezuela, ab 1954 AR-Mitgl. Carton de Venezuela, ab 1956 Dir. Corrugadora de Carton, ab 1960 AR-Mitgl. Cartones Nacionales S.A. u.a. Herstellungsfirmen von Verpackungsmaterial. 1970 Mitgr. u. AR-Mitgl. National de Venezuela (Hersteller für National-Panasonic Products in ZusArb. mit Matsushita Electrical Industries Osaka/Japan), ab 1973 Mitgr. u. Präs. Vertriebsfirma National Corporazion Venezolana. 1954–58 Präs. des Karibischen Districts (Nr. 20) des *B'nai B'rith,* anschl. Ehrenpräs. für Lateinamerika, 1956–61 Dir., ab 1961 Präs. der Großloge des 20. Distrikts, ab 1959 Mitgl. u. Vizepräs. Internat. Board of Governors des *B'nai B'rith*. 1961–64 Ltr. Komitee für Kultur u. Erziehung u. Mitgl. Hauptvorst. Jüd. Gde. Caracas, ab 1960 Präs. *Oficina de Derecho Humanos,* gegr. von der *Vereinigung Israelitischer Organisationen* in Venezuela, Sekr. JDC, HIAS Caracas, Unterstützung für Opfer des NatSoz. Lebte 1977 in Caracas/Venezuela.

W: Beiträge in Publ. des *B'nai B'rith* u. der jüd. Gde. Caracas. *Qu:* Fb. Hand. Publ. – RFJI.

Plaut, Max, Dr. jur., Dr. rer. pol., Rechtsanwalt, Verbandsfunktionär; geb. 17. Okt. 1901 Sohrau/Oberschlesien, gest. 8. März 1974 Hamburg; *V:* Raphael P., Waisenhausdir. in Hamburg; *M:* Else, geb. Fraenckel; ∞ 1945 Ruth Jacobson; *K:* Renate Schoschanah. *Weg:* 1944 Pal., 1950 Deutschland (BRD).

Teiln. 1. WK (EK I, II), anschl. Stud. Marburg, Hamburg, Freiburg u. Paris, 1926 Dr. jur. Rostock, 1928 Dr. rer. pol.; aktiv in der dt.-jüd. Jugendbewegung, 1925 Präs. BDJJ Hamburg u. Nordwestdeutschland. Banklehre bei M.M. Warburg & Co., 1930 Mitgl. Repräsentantenkollegium u. Schulvorst., später Syndikus der jüd. Gde. Hamburg, ab 1930 Rechtsbeistand u. VorstMitgl. jüd. Gde. Bremen, 1938–43 Vors. *Jüdischer Religionsverband von Groß-Hamburg,* anerkannter Ltr. der jüd. Gemeinschaft in Hamburg. 1939–43 Ltr. nordwestdt. Bez.-Stelle der *Reichsvertretung*. 1930 Mitgr. *Franz-Rosenzweig-Stiftung*, 1933 Mitgr. *Jüdische Gesellschaft der Künste und Wissenschaften* Hamburg, Mitgl. versch. gemeinnütz. Org. u. PräsMitgl. *B'nai-B'rith*-Loge Bremen. Nach 1933 mehrfach Haft, Internierung in Frankr.; 1944 Emigr. Palästina im Austausch von 200 Juden gegen in Palästina (Sarona) ansässige Mitglieder der dt. Templerkolonie. 1950 Deutschland (BRD), 1950–65 in Bremen, dann 1965–74 in Hamburg tätig für christl.-jüd. Verständigung u. in der Erwachsenenbildung; stellv. Vors. jüd. Gde. Bremen, VorstMitgl. *Zentralwohlfahrtsstelle der Juden in Deutschland*. 1971–74 Präs. Lessing-Akademie Wolfenbüttel. – *Ausz.:* 1920 Schlesischer Adlerorden, 1924 Morenu-Titel Landesrabbinat Mecklenburg, 1938 Chawer-Titel Oberrabbinat Hamburg.

W: Die Bedeutung des Getreidelagerscheins. 1925; Die Rechtswirksamkeit allgemeiner Geschäftsbedingungen. 1927; Der Gebrauch der Urkunde. (Diss.) 1928; Fünf Jahre deutschjüdische Jugend. 1930; Der Zusammenbruch der Österreichischen Kreditanstalt. 1931; Die Situation der Juden in Deutschland von 1933–44. 1944; Die Juden in Hamburg bis 1944. 1948; Gutachten über den Eid im jüdischen Recht. 1953; Gutachten über die jüdischen Friedhöfe in Deutschland. 1954; Beiträge zur Geschichte der Israelitischen Gemeinde in Bremen. In: Festschrift zum 60. Geburtstag von Carl Katz. 1959; Der Chassidismus. In: Bremer Beiträge zur Freien Volksbildung. 1965. *L:* Schulz, Günter (Hg.), Kritische Solidarität. Betrachtungen zum deutsch-jüdischen Selbstverständnis. Festschrift für Max Plaut. O.J.; Schulz, Günter, Max Plaut zum Gedächtnis. In: Wolfenbütteler Studien zur Aufklärung. Im Auftrag der Lessing-Akademie. 1975. *Qu:* Arch. Hand. Publ. Z. – RFJI.

Plaut, Walter H., Rabbiner; geb. 28. Aug. 1919 Berlin, gest. 3. Jan. 1964 Great Neck/N.Y.; *G:* → W. Gunther Plaut; ∞ 1944 Hadassah Yanich (geb. 1921 Detroit/Mich.), jüd., Musiklehrerin, 1967 nach IL; *K:* Yehudah Hillel (geb. 1949), M.A. (Landwirtschaft); Carmi Yona (geb. 1953), B.A.; Joshua Eli (geb. 1957), Stud.; *StA:* deutsch, USA. *Weg:* 1937 USA.

1933–37 Adass Jisroel-Gym. Berlin, Abitur. 1937 Emigr. USA (StudVisum mit Hilfe des Bruders), 1937–41 Stud. Franklin and Marshall Coll. Lancaster/Pa., 1941 B.A., 1941–47 Stud. H.U.C.-J.I.R., 1947 M.H.L., Rabbinerexamen, 1950–52 Stud. Hebr. Univ. Jerusalem. 1945–46 Rabbiner Duluth/Minn., 1946–47 St. Paul/Minn., 1947–50 Fargo/N.Dak., 1952–55 Cedar Rapids/Iowa, 1955–64 Temple Emanuel Great Neck/N.Y.; zugl. 1957–63 Stud. William Alanson White Inst./N.Y., 1963 Dipl. (Psychologie der Seelsorge). 1961 aktiv in Bürgerrechtsbewegung. Ab 1946 Gr. u. zus. mit Ehefrau Dir. Herzl Camp in Webster/Wisc., Mitgl. Nassau County Commission of Human Rights, Vors. Jüd. GdeRat Great Neck, Präs. *Great Neck Assn. of Ministers and Rabbis,* Mitgl. Ausschuß für jüd. Erziehung der *Union of Am. Hebr. Congr.,* Präs. Ortsverband des *Am. Jew. Congress,* Mitgl. *Congress for Racial Equality*.

Qu: Pers. Publ. – RFJI.

Plaut, W. Gunther, Dr. jur., Rabbiner; geb. 1. Nov. 1912 Münster; *V:* Jonas P. (geb. 1880 Willinghausen, gest. 1948 Fargo/N.Dak.), jüd., Lehrer, Fürsorger, Ltr. Waisenhaus Berlin, 1939 Emigr. GB, 1945 USA; *M:* Selma, geb. Gumprich (geb. 1890 Münster), jüd., Fürsorgerin, 1939 Emigr. GB, 1945 USA, 1961 CDN; *G:* → Walter H. Plaut; ∞ 1938 Elizabeth Strauss (geb. 1910 New York), jüd., M.A., 1961 nach CDN; *K:* Jonathan Victor (geb. 1942), D.H.L., Rabbiner in Windsor/Ont.; Judith Gail Spiegel (geb. 1947), M.A., Lehrerin in Toronto/Ont.; *StA:* deutsch, 1943 USA. *Weg:* 1935 USA.

1925–30 Mitgl. *Kadimah,* 1930–33 Stud. Rechtswiss. Berlin, Heidelberg, 1933 Referendar, dann Entlassung, 1934 Prom. Berlin; 1930–33 Mitgl. *Sozialistischer Studentenbund* Heidelberg u. Berlin, 1933–35 Stud. L(H)WJ Berlin, gleichz. 1933–35 Ltr. Kulturabt. ZVfD, 1933 Meistertitel in jüd. Tenniswettkämpfen, 1935 Teiln. 2. Maccabiah in Tel Aviv, Mitgl. *Hakoah*. 1935 Stipendium von H.U.C. Cincinnati, 1935 Emigr. USA mit StudVisum. 1937 kurzfrist. nach Deutschland, um seinem Bruder bei Emigr. zu helfen. 1938 Umwandlung des StudVisums in Einwanderervisum, Gelegenheitsarb., u. a. Fußballschiedsrichter, Lehrer, Übers., Ehefrau Lehrerin; 1939 M.H.L. u. Rabbinerexamen H.U.C., Stud. Ardmore/Okla. u. Northwood/O., 1939–43 u. 1946–48 Rabbiner Washington Boulevard (später Oak Park) Temple Chicago, 1941–43 Präs. *Zion. Youth Commission* Chicago. 1943–46 MilRabbiner US-Armee (Bronce Star), an der Befreiung des KL Nordhausen beteiligt. 1948–61 Rabbiner Mt. Zion Hebr. Congr. St. Paul/Minn., 1952–54 Doz. für Phil. Macalester Coll. St. Paul. 1961 nach Kanada, 1961–78 ltd. Rabbiner Holy Blossom Temple Toronto; 1948–61 Mitgl. Governor's Committee on Human Relations, 1949–61 Governor's Interracial Commission, 1951–56 Governor's Advisory Council on Youth, 1958–61 Vors. Governor's Committee on Ethics in Government. Präs. St. Paul Gallery and School of Art (später Minnesota Museum), 1955–56 Präs. *Minn. Rabbinical Assn.,* 1953–61 Vors. *Zion. Emergency Council* St. Paul; 1966–68 Präs. *World Federalists of Canada,* Präs. *Canadian Celebration of Israel's 25th Anniversary;* 1970 Vors. UJA, VorstMitgl. *World Union for Progressive Judaism,* ab 1977 Präs. *Canadian Jew. Congress,* ab 1977 Präs. *Reform Rabbis of Canada,* VorstMitgl. *Union of Am. Hebr. Congr.,* WJC, Vizepräs. *Canada-Israel Committee,* ab 1977 Präs. *Relig. Affairs Committee*. Lebte 1976 in Toronto. – *Ausz.:* 1964 Dr. h.c. H.U.C.-J.I.R. Cincinnati/O.

W: u.a. Die materielle Eheungültigkeit im deutschen und schweizerischen internationalen Privatrecht. (Diss.) 1935; Universal Jewish Encyclopedia. (Mithg.) Bde. VI–X, 1942–43; Dramalogues. A Series. 1946–52; High Holiday Services for Children. 1950, 3. Aufl. 1975; Mount Zion 1856–1956. The First Hundred Years. 1956; The Jews in Minnesota. 1959; The Book of Proverbs. A Commentary. 1961; Judaism and the Scientific Spirit. 1962; The Rise of Reform Judaism. 1963; The Growth of Reform Judaism. 1965; The Case for the Chosen People. 1965; Your Neighbor is a Jew. 1967, 1968; Israel since the 6-Day War. 1968; Genesis - A Commentary (1. Bd. der Torah-Kommentare). 1974; Time to Think. 1977. *D:* Am. Jew. Arch., Cincinnati; Publ. Arch. of Canada. *Qu:* Arch. Fb. Hand. Z. - RFJI.

Plenikowski, Anton, Partei- u. Staatsfunktionär; geb. 19. Nov. 1899 Zoppot, gest. 1971; *V:* Arbeiter; ∞ Anita (geb. 1897), lebte 1977 als Arbeiterveteranin in Prieros/Bez. Potsdam; *K:* 1; *StA:* deutsch. *Weg:* 1937 S; 1946 Deutschland (Berlin).

Lehrerseminar Danzig; Mitgl. SAJ, 1917-18 Soldat, 1918 *Soldatenrat* Breslau, nach Fortsetzung des Stud. ab 1920 Volksschullehrer, 1920 Mitgl. Jugendorg. der *Kommunistischen Arbeits-Gemeinschaft.* 1925-28 GdeVorsteher Liessau, 1926 *Sozialdemokratische Partei Danzigs,* 1926-30 Mitgl. Kreistag Groß-Werder, 1927 KPD, 1928-37 Mitgl. Volkstag Danzig, 1929 OrgLtr. KPD-Unterbez. Danzig, danach hauptamtl. Parteifunktionär. 1937 Emigr. über Dänemark nach Schweden. 1946 Berlin, 1946-54 Ltr. ZK-Abt. Staatliche Verwaltung, 1950-67 MdVK, 1954-67 Kand. ZK der SED; ab 1954 stellv. Ltr., ab 1956 Staatssekr. u. Ltr. Büro des Präsidenten des Ministerrates. 1963 Rücktritt aus gesundheitl. Gründen, bis 1967 Vors. Interparlamentar. Gruppe der DDR, danach Parteiveteran. - *Ausz.:* u.a. 1955 VVO (Silber), 1958 Med. für Kämpfer gegen den Faschismus 1933-1945, 1959 Orden Banner der Arbeit.

L: Weber, Wandlung. *Qu:* Hand. Publ. Z. - IfZ.

Pless, Philipp, Partei- u. Gewerkschaftsfunktionär, Sozialpolitiker; geb. 16. März 1906 Fechenheim, Kr. Hanau, gest. 7. Dez. 1973 Frankfurt/M.; o.K.; ∞ 1930 Antonie, geb. Elsinger (geb. 1910), Stepperin, o.K., 1934 Emigr. Saargeb., 1935-45 Frankr.; *K:* Fedor (geb. 1933), 1934 Saargeb., 1935-45 Frankr.; *StA:* deutsch. *Weg:* 1934 Saargeb.; 1935 F; 1945 Deutschland (ABZ).

Dreherlehre, 1919 FSJ, später KJVD, ab 1922 Mitgl. BezLtg. Hessen; 1922 DMV, 1927-28 Stud. Akademie der Arbeit Frankfurt/M., Ende 1927 KPD, Nov. 1928 Parteiausschluß als sog. Versöhnler, danach Mitgl. KPDO-BezLtg. Hessen. 1933-34 Mithg. der illeg. Monatszs. *Die Einheit* Frankfurt/M. Nach zweimaliger Verhaftung Febr. 1934 Emigr. ins Saargeb.; 1935 nach Frankr.; Arbeiter; Sept. 1939-1945 Internierung Lager Catus/Südfrankr.; Aug. 1945 Rückkehr nach Frankfurt/M., bis 1952 Parlamentsberichterstatter u. Korr. *Coburger Neue Presse* sowie *Fränkische Tagespost,* daneben Sekr. der 1946 von Heinrich Galm gegr. *Arbeiter-Partei (Sozialistische Einheitspartei);* ab 1952 Red. *Welt der Arbeit* u. Ltr. Presseref. bei DGB-Landesbez. Hessen; 1952 SPD, ab 1958 MdL Hessen (ab 1966 Vors. Sozialpol. Ausschuß), ab 1964 Ltr. Abt. Sozialpolitik u. VorstMitgl. sowie 1967-72 Vors. Landesbez. Hessen u. Mitgl. Bundesvorst. des DGB. *Ausz.:* 1971 Wilhelm-Leuschner-Med., 1973 Ehrenplakette der Stadt Frankfurt/M.

W: Der Wille zur Tat. 1973. *L:* Tjaden, KPDO; Wittemann, Klaus P., Kommunistische Politik in Westdeutschland nach 1945. 1977. *Qu:* Arch. Hand. Pers. Publ. - IfZ.

Plettl, Martin, Gewerkschaftsfunktionär; geb. 29. Sept. 1881 Garham b. Vilshofen/Niederb., gest. 10. Sept. 1963 USA; *M:* Anna; *G:* Xaver (geb. 1876), Therese (geb. 1902); ∞ Selma Weber (geb. 1883); *K:* Erika (geb. 1913), Meta (geb. 1916); *StA:* deutsch, 3. Nov. 1934 Ausbürg. *Weg:* 1933 USA.

Schneider; 1905-12 Geschäftsf. *Deutscher Bekleidungsarbeiter-Verband* (DBV) Ortsorg. Frankfurt/M., 1908-12 Kartellvorst., 1912-20 Gaultr. für Südwestdeutschland. 1916-19 SPD-StadtVO. Frankfurt/M. Später Vors. DBV Berlin u. Präs. *International Federation of Clothing Workers.* Mai 1933 Schutzhaft. Okt. 1933 nach New York, antinatsoz. Vortragstätigkeit in den USA. Ps. M. Hendrick. Präs. *Deutscher Freiheitsbund im Ausland.* Mitgl. GLD, Unterz. GLD-Erklärung *What is to be done with Germany,* Ostern 1945.

D: AsD, DGB. *Qu:* Arch. Hand. - IfZ.

Plettner, Max; gest. in Schweden; *StA:* Freie Stadt Danzig. *Weg:* S.

Sozdem. Abg. Volkstag Danzig, Emigr. nach Schweden, Dez. 1944 auf 1. Landeskonf. der SPD Deleg. für Eskilstuna, ab März 1946 Mitgl. SPD-Landesvorst. Schweden.

L: Müssener, Exil; *Qu:* Publ. - IfZ.

Pleyl, Josef, Partei- u. Gewerkschaftsfunktionär; geb. 15. Sept. 1900 Wien; Diss.; *V:* Eisenbahner, SDAP, vor 1934 Bürgerm. von Hadersdorf/Niederösterr.; ∞ 1929 Rudolfine Peutl; *K:* Hannes Alfred (geb. 1930); *StA:* österr., Sept. 1934 Ausbürg., nach 1946 österr. *Weg:* 1934 CSR; 1938 (?) S; 1946 (?) Österr.

1914-17 Metallarbeiterlehre, anschl. Monteur u. Werkmeister. Aktiv in GewJugend, Funktionär SAJDÖ, 1923-27 Reichsbildungssekr., 1927-32 Verbandssekr.; 1926-27 Arbeiterhochschule Wien. 1930 Kreisltr. Wien der SAJDÖ, bis 1934 stellv. Verbandsobmann. Mitgl. Reichsjugendausschuß u. Jugendbeirat der Arbeiterkammer Wien. Bis 1934 SDAP-Sekr., Kooptierung in PV, 1930-34 MdBR; Exponent der *Sozialistischen Jugendfront.* Febr. 1934 Mitgl. der sozdem. Kampfleitg., Mitorg. der Flucht von → Otto Bauer nach Brünn, Emigr. Brünn, Mitgl. u. Angest. des ALÖS, Vertriebsltr. des ges. illeg. LitTransports nach Österr. - 1937 u. 1938 (?) Verhaftung in der CSR, nach dem Anschluß Österr. Flucht nach Schweden nach Auslieferungsbegehren der dt. Behörden. Mitgl. *Klub österreichischer Sozialisten* in Stockholm. Obmann *Gruppe österreichischer Gewerkschafter in Schweden.* Mitgl. *Internationale Gruppe demokratischer Sozialisten (Kleine Internationale)* in Stockholm (→ Willy Brandt), ab Sommer 1943 Mitgl. des Wirtschaftsausschusses zur Ausarbeitung wirtschaftl. Konzeptionen für die Nachkriegszeit, Mitgl. des sog. Inneren Kreises der *Kleinen Internationale.* Ab Aug. 1944 stellv. Obmann *Österreichische Vereinigung in Schweden* unter → Bruno Kreisky. Vermutl. 1946 Rückkehr nach Österr.; zunächst Verlagsangest., 1949-53 Landessekr., später Obmann der *Gewerkschaft der Privatangestellten* Niederösterr. u. Burgenland. 1953-65 Kammeramtsdir. der Arbeiterkammer Niederösterr. Stellv. Obmann Landesexekutive Niederösterr. des ÖGB. Mitgl. SPÖ, Mitgl. *Bund Sozialistischer Freiheitskämpfer und Opfer des Faschismus.* Lebte 1975 in Wien. - *Ausz.:* u.a. Gr. Ehrenz. für Verdienste um die Rep. Österr., 1972 Goldenes Abzeichen *Bund Sozialistischer Freiheitskämpfer und Opfer des Faschismus,* 1973 Verdienstmed. der niederösterr. Arbeiterkammer.

W: u.a. Wahlen in Österreich. Stockholm 1945. *L:* Buttinger, Beispiel; Müssener, Exil; Neugebauer, Bauvolk; Widerstand 1; Hindels, Gewerkschaften; Misgeld, Klaus, Die „Internationale Gruppe demokratischer Sozialisten" in Stockholm. 1976. *Qu:* Arch. Pers. Publ. - IfZ.

Plieseis, Sepp (Josef), Parteifunktionär; geb. 29. Sept. 1913 Laufen b. Bad Ischl/Oberösterr., gest. 25. Okt. 1966 Bad Ischl; Diss.; *V:* Johann P. (1877-1936), Schuhmacher u. Maurer; *M:* Josefine, geb. Danzer (1882-1972); *G:* 3 B, 1 S; ∞ Maria Ganghör, geb. Wagner; *StA:* österr. *Weg:* 1936 E; 1939 F; 1941 Deutschland (Österr.).

Hilfsarb. in Bad Ischl. Mitgl. *Sozialdemokratischer Erziehungs- und Schulverein Freie Schule - Kinderfreunde,* SAJDÖ, SDAP, Mitgl. *Republikanischer Schutzbund.* 1934 Teiln. an den Februarkämpfen, anschl. Mitgl. KPÖ, illeg. Arbeit. Juni 1936 illeg. in die Schweiz, über Frankr. nach Spanien. Grundausbildung in Basis der Internat. Brigaden in Albacete, Herbst 1937 Partisanenschule in Valencia, Partisaneneinsätze in Nordspanien/Baskenland. Frühj. 1938 Verwundung. Anfang 1939 Teiln. an zweitem Einsatz der Internat. Brigaden, Frühj. Frankr., Internierung in St-Cyprien, Gurs u. Argelès. März 1941 Flucht, Meldung bei dt. Rückführungskommission in Toulouse, Transport nach Linz, Gestapohaft, Jan. 1942 KL Dachau. 1943 Arbeiter in Außenstelle in Hallein, Sept. 1943 Flucht. Anschl. Aufbau einer Partisanengruppe *(Gruppe Willy,* später *Gruppe Fred)* im Gebiet von Bad Ischl, die in der westl. Steiermark u. im Salzkammergut operierte u. Frühj. 1945 kurz vor Einmarsch der US-Truppen die Sprengung der von den NatSoz. im Altausseer Salzbergwerk aus ganz Europa eingelagerten Kunstschätze verhinderte. Deckn. Willy. Nach Kriegsende i.A. der US-Truppen Sicherheitskommissär von Bad Ischl. 1945-66 Mitgl. BezLtg. Gmunden u. GebLtg. Bad Ischl, 1946-51 Mitgl. Landesltg. Oberösterr. der KPÖ. Mitgl. *Bundesverband österreichischer Widerstandskämpfer und Opfer des Faschismus - KZ-Verband. - Ausz.:* 1948 Ehrenzeichen der tschechoslow. Partisanenbrigade Hauptmann Trojan, 1949 Partisanenorden (CSSR), 1959 Med. für Kämpfer gegen den Faschismus 1933-1945 (DDR).

W: Vom Ebro zum Dachstein. Lebenskampf eines österreichischen Arbeiters. 1946 (veränderte Neuaufl.: Partisan der Berge, Militärverlag der DDR, 1971). *L:* Rot-Weiß-Rot-Buch. 1946; DBMOI; Göhring, KJVÖ; Die Völker an der Seite der Spanischen Republik. 1975; K.W., Der antifaschistische Partisanenkampf in Oberösterreich und die Fälschung der Revisionisten am Buch des Genossen Sepp Plieseis. In: Kommunist, Theoretisches Organ des Kommunistischen Bundes Österreichs, Jg. 1/1976, Nr. 3. *D:* DÖW. *Qu:* ABiogr. Arch. Pers. Publ. Z. - IfZ.

Plitt, Walter, Journalist; geb. 1. Nov. 1905 Gnadenfrei/Schlesien; ∞ verh.; *StA:* deutsch. *Weg:* E; Deutschland.

Stud. Wirtschaftshochschule Berlin, vermutl. Mitgl. KPD, freier Schriftsteller. 1933 Emigr., Teiln. Span. Bürgerkrieg, vermutl. nach 1940 von Frankr. nach Deutschland verbracht, KL-Haft. Nach 1945 WirtschRed. *Deutsche Volkszeitung* u. *Neues Deutschland,* ab 1947 Chefred. Wochenztg. *Der Freie Bauer,* Berlin/Ost. - *Ausz.:* 1956 Hans-Beimler-Medaille.

Qu: Hand. Publ. - IfZ.

Plöchl, Willibald Maria, Dr. jur., Hochschullehrer; geb. 7. Juli 1907 St. Pölten/Niederösterr.; kath.; *V:* Josef P. (1861-1925), GymLehrer; *M:* Anna, geb. Zuleger (1877-1954); *G:* Josef, Ing., 1944 als Widerstandskämpfer in Hamburg hinger.; Hildegard Petjan (geb. 1917); ∞ 1932 Wien, Margarete Maria Pittioni (geb. 1906); *StA:* österr. *Weg:* 1938 NL; 1939 F; 1940 USA; 1947 Österr.

1926-28 Stud. Konsularakad. Wien, 1928 Diplom; 1927-31 Stud. Rechtswiss. Wien, 1931 Prom.; 1926 Mitgl. *Reichsbund der Österreicher,* bis 1938 wiederholt VorstMitgl.; 1931-38 VerwDienst niederösterr. Landesreg., 1934 VerwDienstprüfung. 1932 *Christlich-Soziale Partei,* 1933-38 Bundessenior *Österreichische Landsmannschaften.* Lehrtätigkeit Univ. Wien, 1935 Habil. Kirchenrecht, 1935-38 PrivDoz. Wien; Mitarb. u. Red. *Die Reichspost.* Nach Anschluß Verlust aller Ämter, illeg. in Wien, kurzfristig verhaftet. Sept. 1938 Emigr. in die Niederlande, 1939 Lehrauftrag. Univ. Nijmegen. Sept. 1939 Paris, Mitarb. *Ligue Autrichienne.* Juni-Sept. 1940 Flucht über Portugal in die USA. 1941-47 Gastprof. Catholic University of America, Washington/D.C.; Sept. 1941 mit → Hans Rott Gr. *Free Austrian National Council* (FANC) mit Sitz in Toronto/Kanada als Rechtsnachf. der Reg. Schuschnigg: Bestellung zum geschäftsf. Vertr. des Bundeskanzlers durch ehemaligen Bundesmin. Rott; Proteste der österr. Sozialisten in den USA unter → Friedrich Adler, der *Austrian Action* unter → Ferdinand Czernin, von → Martin Fuchs, → Ernst Karl Winter, → Guido Zernatto u.a., keine Anerkennung des FANC durch US-Reg. Nach Auseinandersetzungen mit Rott. → Otto Habsburg innerhalb legitimist. Emigr. in den USA isoliert. 1943-45 Rechtssachverständiger im State Dept. für Österr. - Nov. 1947 Rückkehr nach Wien, Wiedereintritt in niederösterr. VerwDienst, Lehrtätigkeit Univ. Wien, ab 1948 Ordinarius für Kirchenrecht u. Vorst. Institut für Kirchenrecht an Rechts- u. Staatswiss. Fakultät. Ab 1948 Mitgl. *Kameradschaft der politisch Verfolgten* Niederösterr.; 1950-68 Dir. Sommerhochschule, 1953-54 u. 1962-63 Dekan Univ. Wien. Bis 1969 Präs. rechtshistor. Staatsprüfungskommission, bis 1973 Vizepräs. Katholische Akademie, ab 1969 Präs. *Gesellschaft für das Recht der Ostkirchen,* ab 1974 Vors. Kultursenat Bundesland Niederösterr.; GrdgMitgl. *Österreichische Gesellschaft für Kirchenrecht,* korr. Mitgl. Österreichische Akademie der Wissenschaften, Mitgl. zahlr. wiss. Gesellschaften, u.a. Kuratoriumsmitgl. DÖW. Lebte 1978 in Wien. - *Ausz.:* u.a. 1963 Gr. Silbernes Ehrenzeichen für Verdienste um die Republik Österr., 1965 Komturkreuz mit Stern des päpstl. Sylvesterordens, 1968 Gold. Komturkreuz des Landes Niederösterr., 1970 Österr. Ehrenkreuz für Wissenschaft u. Kunst 1. Kl., 1969 bzw. 1970 Dr. h.c. Univ. Thessaloniki u. Innsbruck, 1972 Gr. Kardinal-Innitzer-Preis; Leopold-Kunschak-Preis, 1978 Ehrenzeichen für Verdienste um die Befreiung Österreichs.

W: u.a. Das Eherecht des Magisters Gratian. 1935; Das kirchliche Zehentwesen in Niederösterreich. 1935; Geschichte des Kirchenrechts, 5 Bde. 1953-69; St. Barbara zu Wien. Die Geschichte der griechisch-katholischen Kirche und Zentralpfarre St. Barbara, 2 Bde. 1975; Hg. bzw. Mithg.: *Österreichisches Archiv für Kirchenrecht, Wiener rechtsgeschichtliche Arbeiten* u.a. Schriftenreihen u. Veröffentl.; zahlr. Aufs. in Zs. u. Festschriften. *L:* Goldner, Emigration. *Qu:* Arch. Fb. Hand. Pers. Publ. - IfZ.

Plotke, Frederick, Dr. med., Gesundheitsbeamter; geb. 19. Nov. 1909 Kattowitz/Oberschlesien; ∞ 1939. *Weg:* 1938 (?) USA.

1935 Prom. Frankfurt/M.; 1938 (?) Emigr. USA, 1939-42 Arzt im Gesundheitsdienst der staatl. Fürsorge von Ill., 1942 M.P.H. Vanderbilt Univ.; 1943-47 Stabs- u. Oberstabsarzt im Sanitätskorps, 1950-51 med. Inspektor u. Aufsichtsbeamter für Geschlechtskrankheiten in der US-Armee, ab 1958 Oberfeldarzt d. Res.; 1947-50 Aufsichtsbeamter für Geschlechtskrankheiten Gesundheitsamt der Stadt Chicago, 1951-65 Ltr. Gesundheitsdienst im Amt für öffentl. Wohlfahrt des Staates Ill., 1955-58 Doz., ab 1958 Assoc. Prof. für prophylakt. Medizin Stritch School of Med. der Loyola Univ., ab 1965 Mitarb. US Community Disease Center Bez. Nr. 5. Ab 1955 Berater State Civil Defence Agency/Ill., ab 1958 Doz. School of Hospital Admin. der Northwestern Univ.; 1949 Diplomate *Am. Board of Preventive Med.,* Fellow *Am. Publ. Health Assn., Royal Soc. of Health, Am. Coll. for Preventive Med.* Lebte 1976 in Chicago/Ill.

Qu: Hand. - RFJI.

Plurenden of Plurenden Manor, Baron (bis 1975: Sternberg, Rudy), Industrieller; geb. 17. Apr. 1917 Breslau; gest. 5. Jan. 1978 Teneriffa; ev. (?); *V:* Georg Sternberg; *M:* Paula, geb. Michel; ∞ 1951 Dorothee Monica Prust; *K:* 2 T. *Weg:* 1935 GB.

Lehre in der Mantelfabrik Leopold Berman in Breslau. 1935 Emigr. nach GB. Im 2. WK MilDienst in der brit. Armee; danach bei Sterling Group of Companies (Kunststoff-, Papier- u. Düngemittel), Aufstieg zum Vors.; 1968 Vors. u. 1975 Präs. British Agricultural Export Council, einer der Promotoren des brit. Ostblockhandels, enger Vertrauter Harold Wilsons u. Förderer der *Labour Party. - Ausz.:* 1960 Ehrenbürger London u. Zunftmitgl. *Worshipful Company of Horners,* 1963 Zunftmitgl. *Worshipful Company of Farmers,* 1970 zum Ritter geschlagen (Sir), 1975 geadelt (Lord).

Qu: EGL. Hand. Z. - RFJI.

Podlipnig, Josef (nach 1940 Moll, Josef), Politiker; geb. 21. Juni 1902 Klagenfurt. *Weg:* 1938 B, F; 1940 USA; Österr.

Friseurlehre, Funktionär der SAJDÖ, Besuch Arbeiterhochschule Wien. Anschl. bis 1934 Red. der sozdem. Wochenztg. *Kärntner Volksblatt* in Klagenfurt, Mitgl. SDAP, Vertr. der *Neu-Beginnen*-Theorien (→ Walter Löwenheim), innerh. der SDAP vor allem durch *Gruppe Funke* unter → Leopold Kulcsar propagiert, die seit 1933 die Partei auf die Illegalität vorzubereiten versuchte. 1934 nach den Februarkämpfen Verhaftung, März 1934 Freispruch. Anschl. neben → Joseph Buttinger maßgebl. am Aufbau der illeg. Org. der RSÖ in Kärnten beteiligt, Juli 1934 Verhaftung, Ende 1934 KL Wöllersdorf. Anschl. in Wien, Mitgl. *Gruppe Funke,* Anfang 1935 Kooptierung ins ZK der RSÖ als zweiter Länderref. neben Buttinger, nach Buttingers Wahl zum ZK-Obmann Febr. 1935 dessen Nachf. als Ltr. Provinzorg. der RSÖ, Deckn. u.a. Krainer, Schmied (Schmidt), Hugo Redlich. Maßgebl. Vertr. der neuen, vor allem auf Schulung u. langfristigen Aufbau einer konspirativen Kaderorg. ausgerichteten Linie, Verfechter org. u. pol. Selbständigkeit der RSÖ gegenüber der KPÖ, 1935 nach 7. Weltkongreß der *Komintern* Autor des *Bündnisantrages der Revolutionären Sozialisten an die Kommunistische Partei Österreichs*, der den KPÖ-Versuch zur Bildung einer Einheitsfront unter kommunist. Führung mit dem Vorschlag der Schaffung einer gemeinsamen Partei außerhalb der *Komintern* konterte; 1935 zus. mit → Karl Holoubek Autor einer illeg. Broschüre über Regeln u. Erfahrungen konspirativer Arbeit. Mitarb., zeitw. Ltr. *Informationsdienst* u. maßgebl. Mitarb. *Die Revolution*, 1936 Red. des internen Diskussionsorg. *Die Debatte*. Juni 1936 Verhaftung, bis Juli 1937 KL Wöllersdorf. Okt. 1937 auf Landeskonf. der RSÖ erneut ins ZK gewählt. Nov. 1937 wieder verhaftet, Febr. 1938 Amnestie, noch vor dem Anschluß Österr. nach Brüssel. Anf. Apr. 1938 Teiln. Brüsseler Tagung der österr. Sozialisten, auf der sich die führenden SDAPu. RSÖ-Vertr. im Exil auf eine gesamtdt. Revolution festlegten u. die Forderung nach Wiederherstellung der Selbständigkeit Österr. verwarfen. Anschl. nach Paris, Sekr. u. Ltr. Inlandsarbeit der AVÖS, in den Auseinandersetzungen um Bildung, Zusammensetzung u. Rolle der AVÖS sowie bei den Bemühungen um die sog. Konzentration engster Mitarb. Buttingers, Deckn. Korn. Herbst 1938 Mitgl. *Arbeitsgemeinschaft für sozialistische Inlandsarbeit* u. *Arbeitsausschuß deutscher Sozialisten und der Revolutionären Sozialisten Österreichs* (→ Julius Deutsch). Sommer 1939 mit Paul Sering (→ Richard Löwenthal), → Karl Frank u. J. Buttinger Autor *Der kommende Weltkrieg. Aufgaben und Ziele des deutschen Sozialismus*, als Versuch linkssozialist. Standortbestimmung gegenüber dem erwarteten Krieg zwischen faschist., kapitalist. u. sowj. System in Europa. Sept. 1939 Internierung im Stadion v. Colombes u. Lager Meslay. Ab Okt. 1939 im Anschluß an Buttingers Abreise in die USA heftige Auseinandersetzungen mit den übrigen AVÖS-Mitgl., wandte sich gegen eine nicht durch tatsächliche Bewegung im Land legitimierte Emigrationspolitik, Gegensatz vor allem zu → Otto Leichter u. → Oscar Pollak; Apr. 1940 Austritt aus AVÖS. Frühj. 1940 angesichts des Vormarschs der dt. Truppen Flucht nach Südfrankr., Ende Mai erneute Internierung. Sept. 1940 nach Freilassung Überfahrt in die USA; Namensänderung in Josef Moll. Lebte 1971 unter diesem Namen in Klagenfurt.

W: u.a. Bündnisantrag der Revolutionären Sozialisten an die Kommunistische Partei Österreichs. 1935 (Tarntitel: Berichte zur Kultur- und Zeitgeschichte); Der kommende Weltkrieg. Aufgaben und Ziele des deutschen Sozialismus. Paris 1939 (Mitverf.). *L:* Buttinger, Beispiel; Wisshaupt, RSÖ; Leichter, Diktaturen; Leichter, Otto, Otto Bauer - Tragödie oder Triumph? 1970; DBMOI; Neugebauer, Bauvolk; Widerstand 1. *Qu:* Arch. Pers. Publ. - IfZ.

Pöffel, Adolf, Parteifunktionär. *Weg:* E; NL; 1939 (?) F.

KJVD-Funktionär; Emigr. nach Spanien, Teiln. Span. Bürgerkrieg als Angehöriger der Internat. Brigaden; später zeitw. Ltr. Jugendarb. KPD-AbschnLtg. West in Amsterdam, bei Kriegsausbruch Internierung in Frankr., nach Flucht Mitarb. TA innerhalb der franz. Résistance in Paris, ab Bildung Frühj. 1941 Mitgl. KPD-Ltg. für das besetzte Frankr., ab 1942 Mitgl. Westltg.; Okt. 1943 Mitgl. KFDW u. nach dessen Legalisierung Mitgl. CALPO, März 1945 Mitunterz. eines gemeins. Aufrufs der SPD- u. KPD-Landesgruppen an das dt. Volk zur bedingungslosen Kapitulation. - *Ausz.:* 1956 Hans-Beimler-Medaille.

L: Pasaremos; Schaul, Résistance; Pech, Résistance. *Qu:* Publ. Z. - IfZ.

Pölzer, Johann (Schani), Gewerkschaftsfunktionär; geb. 5. Aug. 1903 Wien, gest. 28. Sept. 1964 Wien; *V:* Johann P. (Pölzer Schani) (1872-1934), SDAP, 1918-19 Mitgl. GdeRat Wien, anschl. MdL Niederösterr. u. MdNR, bekannter sozdem. Vertrauensmann in Wien, Apr. 1934 in Haft gest.; *M:* Amalia (1871-1924), SDAP, ab 1919 Mitgl. GdeRat Wien; *G:* 2, u.a. Alois (1897-1957), zeitw. Ltr. Versicherungsanstalt der österr. Eisenbahner; ∞ verh.; *K:* 1 S; *StA:* österr., Ausbürg. (?). *Weg:* 1934 CSR; 1938 Deutschland (Österr.).

MaschSchlosserlehre, 1917 Mitgl. *Verband jugendlicher Arbeiter Österreichs*, ab 1919 SAJDÖ, zeitw. stellv. BezGruppen-Obmann in Wien. Mitgl. SDAP u. Gew. Arbeitete zunächst in Lokomotivfabrik in Favoriten, ab 1924 im Elektrizitätswerk Wien, 1927-34 Betriebsratsobmann. Veranlaßte am 12. Febr. 1934 Abschaltung des Stroms als Zeichen zum Generalstreik. Nach den Februarkämpfen Flucht in die CSR, in Abwesenheit Todesurteil. Lebte 1937 in Znaim. 1938 nach Anschluß Österr. Rückkehr nach Wien, arbeitete erneut im Elektrizitätswerk. Nach Ablehnung natsoz. Angebote zur ZusArb. bis 1945 wegen illeg. GewTätigkeit 6mal verhaftet, 2mal zu Schanzarb. an den sog. Ostwall abkommandiert. Ab 1945 Mitgl. SPÖ, Mitgr. u. VorstMitgl., 1946-51 Zentralsekr., 1951-63 Vors. *Gewerkschaft der Gemeindebediensteten*. Ab 1947 Mitgl. Bundesvorst. des ÖGB. Mitgl. GdeRat Wien, 1953-63 MdNR. Ab 1963 Ehrenobmann auf Lebenszeit der *Gewerkschaft der Gemeindebediensteten*. - *Ausz.:* 1964 Johann-Böhm-Plakette des ÖGB, Gr. Silbernes Ehrenzeichen für Verdienste um die Republik Österr., Ehrenmed. der Stadt Wien (Gold).

L: Klenner, Gewerkschaften; DBMOI. *Qu:* Arch. Publ. Z. - IfZ.

Pöppel, Walter, Fotograf u. Journalist; geb. 17. Nov. 1904 Stettin; ev., Diss., 1938 ev.; *V:* Emil P. (1874-1949), Schneidermeister; *M:* Auguste, geb. Assmann (1872-1919); *G:* Reinhold (geb. 1909), Grete Käpe (geb. 1905); ∞ 1937 Prag, Jenny Klemm (geb. 1908), 1933 Haft, danach Flucht in die CSR; *K:* Peter (geb. 1934), Lennart (geb. 1943 S); *StA:* deutsch, 27. Mai 1940 Ausbürg. mit Fam. *Weg:* 1933 CSR; 1938 S.

Gärtner, Weiterbildung durch Schulungskurse der SPD u. *Jungsozialisten* in Dresden. Ab 1924 Mitgl. u. Funktionär der SAJ u. ab 1926 der *Jungsozialisten* in Dresden; 1928-30 Mitgl. SPD-Vorst. Groß-Dresden; Mitgr. SAPD in Sa. u. Mitgl. Parteivorst. Dresden. Nach natsoz. Machtübernahme Mitgl. illeg. SAPD-Ltg. u. Red. der illeg. Parteiztg. in Dresden, nach Verhaftung der Braut Juni 1933 Flucht in die CSR; tätig als freier Journ. bei Gew.- u. Exilpresse, u.a. Mitarb. *Freies Deutschland* Antwerpen; Mitgl. SAPD-Auslandsgruppe, illeg. Grenzarbeit, Jan.-Okt. 1935 nochmals illeg. in Berlin zur Aufrechterhaltung der Nachrichtenverbindungen, danach wieder in Prag; 1938 Emigr. nach Schweden, hier Metallarb. u. Fotograf; Mitgl. SAPD-Gruppe Schweden; Mitgr. *Landesgruppe Schweden der Auslandsvertretung deutscher Gewerkschafter* (LG), 1943-46 Red. des *Mitteilungsblattes* der LG; Mitgl. FDKB; später Mitgl. SPD, 1944 Vors. der Stockholmer Gruppe u. März 1946 Wahl in die Landesltg. Schweden; 1945 Mitgl. *Die Naturfreunde (Naturvännernas Internationella Turistförening i Sverige);* ab 1948 Mitgl. sozdem. Partei Schwedens, Mitarb. zahlr. Ztg. der schwed. Arbeiterbewegung, als Fotograf Aufbau eines der größten Fotoarchive im Lande. Lebte 1975 in Bandhagen/Schweden.

L: Drechsler, SAPD; Müssener, Exil. *Qu:* Publ. - IfZ.

Pötzel (Pötzl), **Josef,** Partei- u. Gewerkschaftsfunktionär; geb. 23. März 1906 Watzkenreuth b. Eger/Böhmen; *V:* Geigenbauer; ∞ Marie (geb. 1904), Arbeiterin; *StA:* österr., 1919 CSR. *Weg:* 1939 UdSSR; 1947 CSR.

Geigenbauer; 1931 KSČ, 1935-38 Sekr. BezLtg. Graslitz. Okt. 1938 ins Landesinnere, 1939 Emigr. über Polen in die UdSSR, Schleifer im Traktorenwerk Čeljabinsk, 1943-47 Mitarb. GlavPURKKA unter dt. Kriegsgef. in der UdSSR (Offz. der Roten Armee). 1947 Rückkehr in die CSR, Geigenbauer, 1950-69 Mitarb. *Krajská rada odborů* (KRO) [Kreisgewerkschaftsrat] Karlsbad auf dem Gebiet der sog. gewerkschaftl. Erziehung der dt. Werktätigen in der CSR, 1954-64 Mitgl. Krajský národni výbor [Kreisnationalausschuß] ebd. u. MdNatVers. der CSR, 1955-59 Mitgl. *Ústřední rada odborů* [Zentralrat der Gewerkschaften], 1958-60 Mitgl. KSČ-Kreisltg. Karlsbad, Juni 1958-Dez. 1962 Mitgl. Zentrale Revisionskommission der KSČ, Sept. 1958-Mai 1962 Mitgl. *Československý výbor obránců míru* [Tschechoslowakischer Ausschuß der Friedenskämpfer], 1960-70 Mitarb. KRO für Westböhmen, ab Nov. 1970 Mitgl. des ZA, Zentralsekr. u. ZA-Präsidiums des *Kulturverbands der Bürger deutscher Nationalität der CSSR;* ab Sept. 1971 Mitgl. Wahlkommission der tschech. *Nationalen Front.* Lebte 1976 in Prag. - *Ausz.:* zahlr. tschechoslow. u. sowj. Ausz., u.a. 1956 Friedenspreis der CSR, 1964 Orden der Arbeit, 1976 Orden des Siegreichen Februar.

Qu: Hand. Z. - IfZ.

Pohl, Adolf, Gewerkschaftsfunktionär; gest. 1942; *StA:* österr., 1919 CSR. *Weg:* 1938 S.

Seit früher Jugend aktiver Funktionär des *Verbands jugendlicher Arbeiter Österreichs* in Nordböhmen, SDAP, später DSAP; 1919 Mitgr. u. anschl. langjähr. Zentralsekr. sowie Red. *Fabrikarbeiterverband in der CSR* Sitz Aussig, langjähr. Stadtrat ebd.; danach Parteifunktionär. Nach Abtretung der Sudetengebiete an Deutschland Emigr. nach Schweden. Mitgl. TG.

Qu: Arch. - IfZ.

Pohl, Otto, Diplomat, Publizist; geb. 28. März 1872 Prag, gest. Mai 1941 Vaison-la-Romaine/Südfrankr.; jüd. (?), Diss. (?); *V:* Wilhelm P., jüd., Bankier; ∞ I. 1900 Charlotte Glas (gest. 1943 Ascona/Tessin), Schriftst., Sekr. SAI; II. Margarete Schwarz, geb. Kallberg (geb. 1878, gest. 1941 Vaison-la-Romaine), jüd., Malerin, parteilose Sozialistin, Emigr. UdSSR, 1937 F; *K:* aus I: Annie, Malerin, Emigr. F, gest. 1941 während Flucht aus Paris; → Lotte Schwarz (Stieftochter); *StA:* österr. *Weg:* UdSSR; 1934-37 Westeuropa; 1937 (?) F.

Stud. Rechts- u. Staatswiss. Prag, frühzeitig Mitgl. SDAP. Nach Studienabschluß Hg. der renommierten dt.-tschech. Monatszs. *Die Akademie.* 1897 nach Wien, 1898-1918 Mitarb. u. Red. *Arbeiter-Zeitung,* vorwiegend im außenpol. Teil tätig, häufige AuslReisen, enger Mitarb. von Victor Adler. Gehörte im 1. WK zum linken Parteiflügel. Nov. 1918-Aug. 1920 Ltr. Pressedienst im Staatsamt für Äußeres, 1919 Mitgl. der österr. Deleg. bei Unterzeichnung des Friedensvertrags in St-Germain, Aug. 1920-Apr. 1922 Ltr. Kriegsgef.-Repatriierungsmission u. Vertr. der Interessen Österr. bei der Heimführung von Kriegsgef. u. Zivilinternierten, anschl. auf unmittelbares Ansuchen Lenins bevollm. Vertr. der Republik Österr. in Moskau. Ab Juni 1924 nach Aufnahme diplomat. Beziehungen zwischen Österr. u. der UdSSR ao. Gesandter u. bevollm. Min. in Moskau, befreundet mit hohen sowj. RegVertr., versuchte, in Österr. Sympathie für die UdSSR zu fördern. Juli 1927 nach innenpol. Auseinandersetzungen in Österr. Rückberufung, Nov. 1927 Versetzung in den dauernden Ruhestand. Tätigkeit für SDAP, Rückkehr nach Moskau, ab 1929 Hg. *Moskauer Rundschau* (dt.-sprachige, später auch engl.-sprachige Wochenztg. zur Förderung des Verständnisses für die UdSSR). 1934 nach den Februarkämpfen u.a. an Betreuung u. Unterbringung der in die UdSSR emigr. Schutzbündler beteiligt. Verließ die UdSSR noch 1934, bis 1937 Reisen u. Aufenthalte in der Schweiz, Italien, Frankr., Finnland, Österr. u. der CSR. Vermutl. 1937 endgültig nach Paris. Mitarb. *Pariser Tageblatt.* 1940 Flucht nach Südfrankr., Landarb.; Mai 1941 zus. mit Ehefrau Freitod.

W: u.a. Die Arbeiter im kapitalistischen Staat und in der sozialistischen Gesellschaft. 1902. *L:* Mayenburg, Blaues Blut; Stadler, Opfer; Schwarz, Lotte, Je veux vivre jusqu'a ma mort. 1979. *Qu:* Arch. Hand. Publ. Z. - IfZ.

Pohly, Robert, Industrieller; jüd.; ∞ Marie Rosenthal, jüd., Emigr. USA; *K:* Henry (geb. 1911), jüd. Verbandsfunktionär, Emigr. CSR, 1938 USA, A: 1977 Jackson Hights/N.Y.; Alice Stokvis, Emigr. Pal., USA, Mitarb. Fernsehwerbung; *StA:* deutsch, USA (?). *Weg:* USA.

Metallunternehmer. Ltd. Mitarbeiter Elbtalschmelzwerke, VorstMitgl. eines dt. Metallhändler-Fachverbands; vereidigter Sachverständiger an Dresdner Gerichten. Nach natsoz. Machtergreifung GefHaft, nach Erhalt eines Visums der Dominikanischen Republik über die UdSSR, China, Japan u. Südamerika in die USA. Tätigkeit in Metallbranche in New York.

L: Diamant, Adolf, Chronik der Juden in Dresden. 1973. *Qu:* Arch. Publ. - IfZ.

Pointner, Johann (Hans), Parteifunktionär; geb. 28. März 1898 Wimpassing a.d. Leitha/Burgenland; Diss.; *G:* 3; *StA:* österr. *Weg:* 1938 CSR; 1939 Deutschland (Österr.).

Schmiedgehilfe in Wimpassing; 1922 KPÖ. 1923-26 arbeitslos. 1927 in Wien Umschulung als Textilweber, anschl. Arbeit in Textilbetrieb im Burgenland, 1928-30 Betriebsratsvors. u. Wiener Obmann *Gewerkschaft der Textilweber.* Anschl. Moskau, 1931-33 Lenin-Schule. 1933 Rückkehr nach Österr., illeg. Arbeit. 1933-34 Instrukteur KPÖ-Kreis III in Wien, anschl. Mitgl. Inlandssekr. der KPÖ, zeitw. PolLtr.; Deckn. u.a. Stahl u. Linde. Aug. 1937 Verhaftung, bis Febr. 1938 Haft, anschl. CSR, Reise in die UdSSR, Rückkehr nach Prag. Ende März 1939 zus. mit → Franz Haider nach Besetzung durch dt. Truppen, Haft in Wien, 1940-45 KL Sachsenhausen, Mitgl. *Internationales Lagerkomitee.* 1946-64 Landesparteisekr. Burgenland, 1954-65 ZK-Mitgl. der KPÖ. Seit 1957 Präs-Mitgl. u. Sekr. Landesverband Burgenland des *Bundesverbands österreichischer Widerstandskämpfer und Opfer des Faschismus - KZ-Verband,* zuletzt Landesobmann. Lebte 1978 in Wien.

L: Widerstand 1; Reisberg, KPÖ. *D:* DÖW. *Qu:* Arch. Pers. Publ. - IfZ.

Pokorny, Richard Raphael, Dr. jur., Dr. phil., Rechtsanwalt, Graphologe; geb. 16. Juli 1894 Wien; *V:* Carl Franz P. (geb. 1852, gest. 1920 Wien), Unternehmensltr.; *M:* Bertha, geb. Winternitz (geb. 1862, umgek. 1941 in Bosnien), Emigr. JU; *G:* Paul (geb. 1882, gest. 1946 Schanghai), Kaufm.; Else Therese Krausz (geb. 1884, gest. 1943 Bras.); Egon (geb. 1886, umgek. 1941 Bosnien), Emigr. JU; Dr. Ing. Ernst P. (geb. 1888, gest. 1967 London), Emigr. GB; Friedrich (geb. 1896, Freitod 1967 AUS), Emigr. AUS; ∞ I. Dr. phil. Gisela Ehrenstein, gesch.; II. Elisabeth Gerö (gest. 1972); *K:* Peter Karl Prescott (geb. 1923), 1938 Emigr. GB; Hans Meir (geb. 1925, gef. 1948 Nizamin/Pal.), Geigenbauer; *StA:* österr., Pal./IL. *Weg:* 1939 Pal.

1913-21 Stud. Wien, 1918 Dr. jur., 1919-22 im Verlagswesen in Wien, 1922-26 Unternehmensltr. in Wien, Budapest u. Berlin, 1926-31 RA in Wien. Ab 1920 aktiver Zion., u. a. Vizepräs. *Zionistischer Landesverband,* 1938 Vors. d. Kommission des *Palästina-Amts;* Nov. 1938 Verhaftung. 1939 Emigr. Palästina, 1939-60 Ltr. einer wiss. Leihbibliothek. Zugl. ab 1945 Privatpraxis als Graphologe, Gastdoz. psycholog. Inst. in Zürich, 1963 Dr. phil. Heidelberg. Mitgl. *Israelischer Psychologenverband, Nederlandsche Vereniging voor Bevordering Wetenschapplijke Graphologie* Amsterdam, *Inst. of Labor Studies* Tel Aviv, *World Acad. of Arts and Sciences, Vereinigung wissenschaftlicher Graphologen.* Lebte 1977 in Tel Aviv.

W: Das Arbeitsrecht. 6 Bde. 1926-38; Die moderne Handschriftendeutung. (Mit Bibliogr. bis 1963.) 1963; Neged haGrafologia haPopularit. (Wider die Populär-Graphologie) 1964; Grafologia Shitatit. (Systemat. Graphologie) 1968; Psychologie der Handschrift. 1968; Grundzüge der Tiefenpsychologie. 1973; Über das Wesen des Ausdrucks. 1974. *Qu:* Fb. Hand. Z. - RFJI.

Pol (urspr. Pollack), **Heinz,** Journalist, Schriftsteller; geb. 6. Jan. 1901 Berlin, gest. 13. Okt. 1972 New Millford/Conn., USA; *G:* → Fred William Pollack; ∞ 1924 Charlotte Aron, wiederverh. Beradt (geb. 1907 Forst Lausitz), Journ., Emigr., 1933 gesch.; *StA:* deutsch, 3. März 1936 Ausbürg., USA. *Weg:* 1933 CSR; 1936 F; 1940 USA.

Ausschluß von Univ. Berlin nach satirischen Veröffentlichungen über Professoren, 1923-31 Volontär u. Red. *Vossische Zeitung,* mit → Carl Misch u.a. Vertr. des linken RedFlügels, Sept. 1931 Ausscheiden nach Zensurversuchen seitens des Ullstein-Verlags, anschl. Red. der von → Willi Münzenberg hg. *Neuen Montagszeitung* u. *Die Welt am Abend.* Ab 1924 ständiger Mitarb. *Literarische Welt* u. *Die Weltbühne,* dort u.a. Kritiker der KPD unter trotzkistischen Aspekten, Ps. Jakob Links; Verf. pol. Zeitromane. Febr./März 1933 in Haft, Entlassung nach Vorspiegelung falscher Identität, Juni 1933 Flucht nach Prag. Jan. 1934-Juli 1935 Chefred. der satir. Zs. *Der Simplicus* (ab Sept. 1934: *Der Simpl*) als Nachf. des gleichgeschalteten Münchner *Simplicissimus,* Mitarb. *Die Neue Weltbühne,* 1936 Ausscheiden aufgrund parteilicher Informationspolitik von → Hermann Budzislawski zugunsten von KPD u. UdSSR. Ab 1936 in Paris, Red. des antifaschist. Pressediensts *Mitropress,* Mitarb. franz. Presse. Ps. Hermann Britt. 1939 Internierung, Mai 1940 mit letztem franz. Passagierschiff nach New York. Mitarb. u.a. *Nation, Protestant, The New York Times, New York Herald Tribune, Aufbau,* Bücher über den NatSoz. u. den Fall Frankreichs; 1946-48 Korr. *L'Action,* ab 1949 Korr. *Frankfurter Rundschau, Baseler National-Zeitung, Neue Ruhrzeitung, Hannoversche Presse* u.a.; lit. Arbeiten.

W: u.a. Entweder-Oder. 1929; Die Patrioten. 1931; Suicide of a Democracy. New York (Reynal/Hitchcock) 1940; The Hidden Enemy. New York (Messner) 1942; De Gaulle (an.). New York (Arco) 1943; AO. Auslandsorganisation. Linz 1945. *L:* u.a. Goldstücker, Eduard (Hg.), Weltfreunde. 1967; Deak, Intellectuals; Walter, Exilliteratur 7. *Qu:* Arch. Hand. Publ. - IfZ.

Polak, Alex, Architekt; geb. 1910 (?) Tiflis; ∞ Aleksandrovsk, Grete Birkenfeld, geb. Spelitz, Emigr. UdSSR; *StA:* österr. (?), UdSSR (?). *Weg:* 1934 (?) UdSSR.

Noch vor 1. WK nach Wien. Stud. Architektur, Mitgl. *Akademische Legion* des *Republikanischen Schutzbunds.* 1934 Teiln. an den Februarkämpfen, anschl. Flucht in die CSR, Emigr. Moskau, arbeitete als Architekt. 1937 im Zug der Säuberungen verhaftet, Todesurteil. 1939 mit Absetzung Ežovs als NKVD-Chef Aufhebung des Todesurteils, Amnestie mit der Auflage der Niederlassung außerhalb der Region Moskau. Aufenthalt in Aleksandrovsk, 1941 Flucht vor dt. Vormarsch, Zivilarchitekt in Ufa, später Generalarchitekt, blieb nach Kriegsende in Ufa, ab 1958 Mitgl. eines Forschungsinst. für Baustoffe. Mitgl. KPdSU, Dir. einer Bauhochschule in Ufa, war 1960 Mitgl. Stadtsowjet Ufa.

Qu: Pers. - IfZ.

Polak, Karl, Jurist, Staatsfunktionär; geb. 12. Dez. 1905 Westerstede b. Oldenburg, gest. 27. Okt. 1963 Berlin (Ost); *V:* Landwirt; *StA:* deutsch. *Weg:* 1933 UdSSR; 1946 Deutschland (SBZ).

1925-33 Stud. Rechts- u. Staatswiss. Univ. Frankfurt/M. u. Freiburg, 1932 Prom.; 1933 Emigr. in die UdSSR, Fortsetzung des Stud., Kand. der Wissenschaften, Mitarb. Akademie der Wissenschaften der UdSSR, Mitgl. einer Unterkommission zur Ausarb. der UdSSR-Verfassung u. zeitw. Sekr. des sowj. GenStaatsanwalts A. Wyšinskij, im 2. WK Mitarb. Mittelasiat. Juristisches Institut in Taškent, Verf. zahlr. rechtstheoret. Schriften in russ. Sprache. 1946 in die SBZ, Mitgl. SED, maßgebl. beteiligt an Ausarbeitung der ersten DDR-Verfassung von 1948/49, ab 1949 Prof. mit Lehrstuhl für allgemeine Staatslehre, Staatsrecht u. Völkerrecht Univ. Leipzig, 1949 Mitgl. Deutscher Volksrat, 1949-50 MdProvis. VK u. 1950-63 MdVK; ab 1957 stellv. Vors. Volkskammer-Rechtsausschuß; wiss. Mitarb. ZK der SED, 1960-63 Mitgl. des Staatsrats der DDR; Begr. des DDR-Staatsrechts. - *Ausz.:* 1958 Med. für Kämpfer gegen den Faschismus 1933-1945, 1959 VVO (Silber).

W: u.a. Marxismus und Staatsrecht. 1947; Die Weimarer Verfassung, ihre Errungenschaften und Mängel. 1949; Die Demokratie der Arbeiter- und Bauern-Macht. 1957. *Qu:* Hand. - IfZ.

Polenske, Carl, Gewerkschaftsfunktionär; geb. 11. Nov. 1876 Burau b. Sagan/Niederlausitz, gest. 22. März 1956 Stuttgart; ∞ Gertrud Riedel (geb. 1902), Emigr., A: Deutschland (BRD); *StA:* deutsch. *Weg:* 1934 CSR; 1938 S; 1950 Deutschland (ABZ).

Gasarbeiter. Ab 1905 Bevollmächtigter im *Verband der Gemeinde- und Staatsarbeiter,* 1910-21 SPD-StadtVO. Berlin-Neukölln. Zuletzt Vorstandssekr. *Gesamtverband der Arbeitnehmer der öffentlichen Betriebe.* 1934 Emigr. CSR, Niederlassung in Turn b. Teplitz, Mitarb. ADG unter → Heinrich Schliestedt. 1938 nach Stockholm; 1940-43 Vors. *Sopade*-Ortsgruppe, Dez. 1944 Deleg. u. Ref. bei 1. Landeskonf. der dt. SozDem. in Schweden. Ab Nov. 1943 VorstMitgl. *Landesgruppe deutscher Gewerkschafter,* Teiln. ArbKreis für den Neuaufbau der dt. GewBewegung, Eintreten für die künftige Einheitsgew. - Anfang 1944 Mitgr. u. neben → Max Hodann zeitw. Vors. FDKB Schweden.

L: Müssener, Exil. *D:* DGB; AsD. *Qu:* Hand. Pers. Publ. - IfZ.

Pollack, Fred William (Fritz Willy), Kaufmann, Publizist; geb. 24. Juni 1903 Berlin-Schöneberg, gest. 15. Apr. 1963 Herzliyah/IL; jüd.; *V:* Eugen P. (geb. 1870 Straßburg, umgek. KL Theresienstadt), jüd., Fabrikant; *M:* Mathilde, geb. Michaelis (geb. Magdeburg, gest. 1931 Berlin), jüd.; *G:* → Heinz Pol; ∞ 1933 Eva Stein (geb. 1911 Eberfeld), jüd., Stud. Kunstgewerbeschule Berlin, 1933 Emigr. Pal., Dekorateurin u. Verkäuferin, 1941 nach IND, 1953 nach IL; *K:* Miriam Pagatsch (geb. 1935), 1941-53 in IND, 1953 nach IL, Stud. in Folkestone/GB; *StA:* deutsch, Pal./IL. *Weg:* 1933 Pal., 1940 IND, 1953 IL.

Abitur Berlin, Mitgl. *Blau-Weiß,* landwirtschaftl. Ausbildung, 1923 Hachscharah-Aufseher in Löwenberg bei Berlin. 1925 Gärtner in Palästina, zeitw. Angest. eines Blumenladens in New York, 1926-33 u.a. Dir. Deutsche Buchgemeinschaft, Frühjahr 1933 Entlassung. Auswanderungsberater im *Palästina-Amt* Berlin des ZVfD. Sept. 1933 Emigr. Palästina mit A I-Zertifikat, 1933-37 Dir. von ASSIS u. 1937-39 Vertr. der Palestine Fruitarom in Südafrika, im Mittleren Osten u. in Südostasien. 1940 nach Indien, Teilh. einer Export-Firma, 1941-53 Inh. u. Dir. Import-Export-Firma F.W. Pollack in Bombay mit Filialen in Delhi u. Bangalore, Export von Diamanten aus Palästina; gleichz. aktiv beim *Jew. Relief Assn.* Bombay, Unterstützung für dt.-jüd. Emigr. Bombay, Mitgl. *Zion. Org.* Bombay, 1945 Gr. ind.-jüd. Gemeinschaftsorg. *Central Jew. Board* Bombay, ab 1942 Hg. Zs. *Jewish Advocate,* 1948-53 Handelsbeauftragter i. A. der isr. Reg. in Indien u. isr. Konsul in Bombay, 1948-53 Gr. u. Hg. Monatsschrift *India and Israel* mit Beiträgen zur jüd. Geschichte, insbes. in Südostasien. 1953 nach Israel, 1953-59 Gr. u. Hg. *The Holy Land Philatelist, The Turkish Post in the Holy Land, Mandate Catalogue,* gleichz. Dir. Holy Land Souvenir Co. Ltd.; Fellow *Royal Philatelic Soc.* London.

W: 50 Jahre Blau-Weiß. 1962; Beiträge über Philatelie u. über Israel in versch. Zs. *Qu:* Hand. HGR. Pers. - RFJI.

Pollack, Gerald, Wirtschaftsfachmann, Ministerialbeamter; geb. 14. Jan. 1929 Wien; *V:* Stephan J. P.; *M:* Tini, geb. Herschel; ∞ 1969 Patricia Sisterson. *Weg:* USA.

Emigr. USA; Stud. Swarthmore Coll., 1951 B.A., 1951-53 Stud. Princeton Univ., 1953 M.A. u. M.P.A.; 1953-55 US-Armee. 1955-58 Stud. Wirtschaftswiss. Princeton Univ., 1958 Ph.D., 1958-62 bei Leeds & Northrup Co.; 1962-63 Ltr. Abt. internat. Zahlungsverkehr im US-Außenmin., 1963-65 Mitgl. Ausschuß für internat. ZusArb. des Joint Econ. Committee im US-Kongreß, 1964 Special Representative for Trade Negotiations u. 1965-68 Deputy Assist. Secr. im Handelsmin.; 1968-69 Vizepräs. Investmentges. Loeb, Rhoades & Co. New York, 1969-70 Vizepräs. Bendix Corp., 1970-71 Vizepräs. First National City Bank, ab 1971 Senior Econ. Advisor der Exxon Corp.; Mitgl. Mayor's Advisory Council in Southfield/Mich., *Am. Econ. Assn., Assn. of Business Econ.* Lebte 1974 in New York.

W: Perspectives on the United States International Financial Position. Joint Economic Committee, US Congress. 1963; Art. über wirtschaftl. Themen in Fachzs. u. in *Encyclopaedia Britannica Yearbook. Qu:* Hand. - RFJI.

Pollak, Marianne, geb. Springer, Politikerin, Journalistin; geb. 29. Juli 1891 Wien, gest. 30. Aug. 1963 Wien; *V:* Hermann S.; *M:* Sophie, geb. Foges; ∞ 1915 → Oscar Pollak; *StA:* österr. *Weg:* 1935 CSR; 1936 B; 1938 F; 1940 GB; 1945 Österr.

Stud. engl. u. franz. Sprache in Wien, nach Staatsprüfung private Sprachlehrerin. 1914 Mitgl. SDAP, Mitarb. in *Kinderfreunde*-Bewegung. 1923-25 Sekr. von → Friedrich Adler bei SAI in London. 1926 Rückkehr nach Wien, 1927-34 Red. *Das Kleine Blatt,* ZusArb. mit → Käthe Leichter in Frauen- u. GewFragen. 1934 nach den Februarkämpfen Mitgl. des sog. Schattenkomitees aus ehemaligen Parteired. u. Mitarb. vor allem der *Arbeiter-Zeitung,* auf dessen Initiative die erste zentrale Fünfergruppe (später ZK) der illeg. RSÖ unter → Manfred Ackermann gebildet wurde, illeg. Arbeit in Wien, 1935 nach Brünn, Mitarb. ALÖS unter → Otto Bauer, 1936-38 im Sekr. der SAI in Brüssel. Apr. 1938 Teiln. Brüsseler Tagung der österr. Sozialisten, auf sich die führenden SDAP- u. RSÖ-Vertr. im Exil auf die pol. Perspektive einer gesamtdt. Revolution festlegten u. die Forderung nach Wiederherstellung der Selbständigkeit Österr. verwarfen. 1938-40 in Paris, Sommer 1940 zus. mit O. Pollak Flucht vor dt. Vormarsch über Montauban/Südfrankr. u. Spanien nach Lissabon, trotz US-Visums nach London. Mitgl. *Austrian Labour Club,* 1942 Londoner Deleg. bei DelegKonf. der österr. Sozialisten in GB, Mitarb. *Londoner Büro der österreichischen Sozialisten in Großbritannien.* 1944-45 Mitgl. des Exekutivkomitees der *Anglo-Austrian Democratic Society* (→ Friedrich Scheu). Nov. 1945 Rückkehr nach Wien, Mitgl. SPÖ, 1945-59 MdNR. Mitgl. Frauen-Zentralkomitee der SPÖ, Chefred. der Wochenztg. *Die Frau.* VorstMitgl. *Journalistengewerkschaft* im ÖGB u. *Vereinigung sozialistischer Journalisten und Schriftsteller.* 1957-59 Mitgl. Beratende Versammlung des Europarats in Straßburg. 1963 zwei Tage nach dem Tod von O. Pollak Freitod.

W: u.a. Die Tagesforderungen. Gedanken über soziales Empfinden, Arbeit, Währung, Preisabbau, Verwaltungs- und Steuerreform. 1922; Frauenleben gestern und heute (Hg.). 1928; Irrfahrten. Aus dem Tagebuch eines suchenden Mädels. 1929; Aber schaun's, Fräul'n Marie! Liebesgeschichte einer Hausgehilfin. 1932; Eine Frau studiert den Sozialismus. 1933; Wir wollen den glücklichen Menschen. 1949; Frauenmehrheit verpflichtet. 1950; Schluß mit dem Kleinmut! Vom passiven Pazifismus zu aktiver Friedensarbeit. 1951; Die Vermenschlichung der Gesellschaft. 1952; Frauenschicksal und Frauenaufgaben in unserer Zeit. 1957. *L:* Buttinger, Beispiel; Leichter, Diktaturen; Leichter, Otto, Otto Bauer. Tragödie oder Triumph? 1970; Hirsch, Bettina, Marianne. Ein Frauenleben an der Zeiten Wende. 1970; DBMOI; Scheu, Friedrich, Der Weg ins Ungewisse. 1972; Steiner, Herbert, Käthe Leichter. Leben und Werk. 1973; Maimann, Politik; Klucsarits, SPÖ. *Qu:* Arch. Biogr. Hand. Publ. Z. - IfZ.

Pollak, Oscar, Dr. jur., Politiker, Journalist; geb. 7. Okt. 1893 Wien, gest. 28. Aug. 1963 Hinterstoder/Oberösterr.; *V:* Markus P., Kaufm.; *M:* Rosa, geb. Fried; ∞ 1915 Marianne Springer (→ Marianne Pollak); *StA:* österr. *Weg:* 1935 CSR, B; 1936 Österr., B; 1938 F; 1940 GB; 1945 Österr.

Stud. Rechtswiss. Wien, 1914-18 Frontoffz., 1919 Prom.; Mitgl. SDAP. 1920-23 Sportred. *Arbeiter-Zeitung* Wien u. RedSekr. *Der Kampf,* bis 1934 regelmäßiger Mitarb.; 1923-25 Tätigkeit im Sekr. der SAI in London unter → Friedrich Adler, Korr. der *Arbeiter-Zeitung* in GB. 1926 Rückkehr nach Wien, bis 1929 Wiener Korr. *Daily Herald* London; 1926-31 außenpol. Red., ab 1931 nach dem Tod von Friedrich Austerlitz Chefred. *Arbeiter-Zeitung* u. Mitgl. des SDAP-PV. 1934 nach den Februarkämpfen illeg. in Wien, neben → Otto Leichter Initiator u. führender Kopf des sog. Schattenkomitees aus ehem. Parteired. u. Mitarb. vor allem der *Arbeiter-Zeitung,* auf dessen Initiative die erste zentrale Fünfergruppe (später ZK) der RSÖ unter → Manfred Ackermann gebildet wurde. Mitte März 1934 illeg. Ausreise nach Brünn (Sitz des ALÖS unter → Otto Bauer), anschl. zum Sekretariat der SAI nach Brüssel. Juni 1934 Rückkehr nach Wien, Aug. 1934 Aufenthalt in Brünn, anschl. wieder Wien, einer der führenden Vertr. der RSÖ in der ersten Zeit der Illegalität (Deckn. Gross u. Mister Smith); auf der sog. Wiener Konferenz Sept. 1934 in Blansko/Mähren ins ZK der RSÖ (bzw. VSPÖ - offiz. Name der RSÖ von Sept. 1934 bis Anfang 1935) kooptiert, dem er bis Anfang 1935 angehörte (Deckn. Schmidt, Gross, Walter); Sept. 1934- März 1935 red. Ltr. *Die Revolution,* Ende 1934 Wahl zum Vertr. der RSÖ bei der SAI, Deleg. des ALÖS auf 1. Reichskonf. der RSÖ um die Jahreswende 1934/35 in Brünn. Anfang 1935 während der großen Verhaftungswelle wieder in Wien, März 1935 Brünn, Mitarb. ALÖS, bis 1938 Mitarb. *Der Kampf* (Brünn), Ps. Austriacus, Paul O., Alfred Zay; Mitarb., 1935 in Vertr. von Bauer zeitw. red. Ltr. *Arbeiter-Zeitung* Brünn. Noch 1935 Übersiedlung nach Brüssel, erneut im SAI-Sekr.; Anfang 1936 wieder illeg. Rückkehr nach Wien, bis Sommer 1936 red. Ltr. *Nachrichten-Dienst* der RSÖ, anschl. nach Brüssel, bis 1938 Tätigkeit im SAI-Sekr., Hg. *Internationale Information.* Anfang Apr. 1938 Teiln. an Brüsseler Tagung der österr. Sozialisten, auf der sich die führenden SDAP- u. RSÖ-Vertr. im Exil auf die pol. Perspektive einer gesamtdt. Revolution festlegten u. die Forderung nach Wiederherstellung der Selbständigkeit Österr. verwarfen; Verf. der von dieser Tagung beschlossenen Resolution. Anschl. Übersiedlung nach Paris, Mitgl. *Erweiterte AVÖS* (→ Joseph Buttinger) bzw. Mitgl. AVÖS, als sich der Unterschied zwischen der engeren u. der erweiterten AuslVertr. im Lauf des Jahres 1938 zunehmend verwischte. 1938-40 zus. mit Bauer u. Buttinger Hg. *Der Sozialistische Kampf* Paris (NachfOrgan von *Der Kampf*), nach dem Tod Bauers Juli 1938 neben Leichter u. Buttinger red. Ltr. Nach Kriegsausbruch nicht interniert, Sommer 1940 Flucht vor dem Vormarsch der dt. Truppen über Montauban/Südfrankr., Spanien nach Lissabon, trotz US-Visum nach London. Arbeit im Radio-Nachrichtendienst der *United Press.* 1940-45 Mithg. *London Information of the Austrian Socialists in Great Britain.* Apr. 1941 mit → Karl Czernetz, dem zweiten AVÖS-Mitgl. in GB, Gr. u. Ltr. *Londoner Büro der österreichischen Sozialisten in Großbritannien* (LB), gebildet als Londoner Geschäftsstelle der bereits März 1941 vorerst stillgelegten, Dez. 1941 schließlich aufgelösten AVÖS in den USA: Gegenüber den beiden AVÖS-Mitgl. hatten die übrigen Mitgl. des LB nur beratende Funktion, der Aufbau des LB entsprach der urspr. Unterteilung der AVÖS in engere u. erweiterte AuslVertr. - 1941 Mitarb. *Radio Rotes Wien* (→ Walter Wodak); Mitgl. des Beirats von *International Socialist Forum* (→ Julius Braunthal) sowie Vertr. der österr. Sozialisten in dem internat. Diskussionskreis des *Fabian International Bureau,* wo erste Ansätze für eine Rekonstruktion der sozialist. Internationale nach dem Krieg entwickelt wurden. 1941-42 in Memoranden innerhalb des LB u. in seinem Buch *Underground Europe Calling* Theoretiker einer gesamteurop. Föderation unter freiheitl.-sozialist. Vorzeichen zur Überwindung sowohl der kapitalist. Gesellschaftsordnung wie der stalinist. Deformation des Sozialismus; in ihr sollte Österr. ohne Wiedererrichtung der „tödlichen Unabhängigkeit" seinen Platz finden; ein „nationaler" Befreiungskampf sei nicht möglich. Infolgedessen strikter Gegner einer ZusArb. mit dem von Kommunisten, Monarchisten u. Bürgerlichen getragenen *Free Austrian Movement* (FAM). Pol. Differenzen mit Czernetz, der sich - entsprechend den 1938 von der AVÖS getroffenen Richtlinien - gegen eine aktive, über Kaderschulung u. theoret. Arbeit hinausgehende Emigrationspol. stellte u. starrer u. länger an der urspr. gesamtdt. Perspektive für Österr. festhielt; diese Konflikte lähmten zeitw. die Tätigkeit des LB. 1943-44 Auseinandersetzungen mit den österr. Sozialisten in Schweden unter → Bruno Kreisky, die ab Sommer 1943 für die Wiederherstellung der Unabhängigkeit Österr. eintraten u. ab 1944 in der *Österreichischen Vereinigung in Schweden* mit den österr. Kommunisten zusammenarbeiteten. Bis 1945 Mitgl. u. Sekr. des Anfang Nov. 1943 unmittelbar nach der Moskauer Resolution gegr. *Austrian Representative Committee* (ARC) unter → Franz Novy, Mitarb. an den Nachkriegskonzeptionen des ARC, sprach sich hier bereits für eine künftige Neutralität Österr. aus. Jan 1945 Reise nach Paris, Zusammentreffen mit → Ernst Lemberger, um diesen auf eine geplante illeg. Kontaktaufnahme mit sozialist. Widerstandskreisen in Österr. vorzubereiten. Bereits Sept. 1945 mit brit. Sondererlaubnis Rückkehr nach Wien. 1945-61 Chefred. *Arbeiter-Zeitung* u. PV-Mitgl. der SPÖ. Wandte sich in diesen Jahren scharf gegen den Kommunismus sowj. Prägung und führte bis zum Abschluß des Staatsvertrags 1955 einen beständigen Kampf gegen Übergriffe der sowj. Besatzungsmacht. Vorst-Mitgl. *Vereinigung sozialistischer Journalisten und Schriftsteller*, VorstVors. *Austria-Presse-Agentur*. 1951 Mitgr., 1956-58 Präs. Internationales Presseinstitut in Zürich. 1961-63 red. Ltr. *Die Zukunft*.

W: u.a. Das ABC der Internationale. 1928; Im Schützengraben des Klassenkampfes. 1929; Farewell France! An Eye-Witness Account of Her Tragedy. London (Victor Gollancz) 1941 (Ps. Oscar Paul); Vom Weltkrieg zur gesamteuropäischen Revolution. Rückblick und Ausblick nach zwei Jahren Krieg. Unverbindliche Diskussionsgrundlage, vorgelegt der AVÖS, Okt. 1941 (Ms.); Underground Europe Calling. London 1942 (Ps. Oscar Paul); It all started in Vienna (Hg. London Bureau of the Austrian Socialists). London 1944; Die Außenpolitik des neuen Österreichs. In: Die Zweite Republik. Schriftenreihe des Londoner Büros der österreichischen Sozialisten, London 1944; Der Weg aus dem Dunkel (Hg.). 1958; Der neue Humanismus. 1963; Oscar Pollak - Ein Kämpfer für Freiheit und Recht. Zeitungsaufsätze, ausgewählt von Karl Ausch. 1964. L: Buttinger, Beispiel; Molden, Gewissen; Leser, Werk; Leichter, Diktaturen; Röder, Großbritannien; Leichter, Otto, Otto Bauer - Tragödie oder Triumph? 1970; DBMOI; Scheu, Friedrich, Der Weg ins Ungewisse. 1972; Goldner, Emigration; Widerstand 1; Maimann, Politik. *Qu:* Arch. Hand. Publ. Z. - IfZ.

Pomeranz, Felix, Wirtschaftsprüfer; geb. 28. März 1926 Wien; jüd.; *V:* Dr. jur. Josef P. (geb. 1894 Tarnopol/Galizien, gest. 1962 New York), Bankbeamter, Juli 1939 Emigr. Schanghai, Sept. 1940 USA, Buchhalter, Bürovorsteher; *M:* Irene, geb. Meninger (geb. 1897 Wien, gest. 1974 New York), jüd., Dez. 1939 Emigr. USA; ∞ 1953 Rita Lewin (geb. 1930 Berlin), jüd., 1940 Emigr. USA, Büroangest., Stenotypistin, VerwAngest., ab 1975 Stud.; *K:* Jeffrey A. (geb. 1958); Andrew J. (geb. 1962); *StA:* Österr., 1944 USA. *Weg:* 1939 GB, 1940 USA.

Mai 1939 Emigr. GB mit Kindertransport, Aufenthalt in Heimen jüd. Arbeiterverbände. Mai 1940 in die USA; 1943-44 u. 1946-48 Stud. City Coll. of New York. 1948 B.B.A., 1949 M.Sc. Columbia Univ.; 1944-46 u. 1951-52 (Koreakrieg) MilDienst (Oberlt.), 1949-56 in Revisionsabt. der Wirtschaftsprüfungsfirma Coopers & Lybrand New York, 1956-58 Geschäftsf. Wirtschaftsprüfungsfirma Marks, Grey & Shron New York, 1958-62 stellv. Haupt-Wirtschaftsprüfer bei Am. Standard New York, 1962-66 Systemmanager Westvaco Corp. New York. 1966-68 Ltr. der betriebsinternen Revisionen bei Coopers & Lybrand New York, ab 1968 Teilh., 1968-73 Dir. für bes. Projekte, ab 1974 Dir. Abt. Buchprüfung. Mitgl. *Am. Institution of C.P.A.s*, Vizepräs. u. Dir. *Nat. Center for Automated Info. Retrieval*, Vizepräs. *Acad. Accounting Historians*, Mitgl. *Assn. for Systems Management*, u. *Production and Inventory Control Soc.*, Treuhänder u. Schatzmeister Temple Israel of Jamaica.

W: u.a. Tensions, an Accounting and Management Guide. (Mitverf.) 1976; Auditing in the Public Sector. (Mitverf.) 1976; *Qu:* Fb. Hand. Pers. - RFJI.

Ponger, Curt (Kurt) L., Journalist; geb. 21. Okt. 1913; ∞ Vera (gest.), Emigr. USA, 1942 als Mitgl. des *Austrian National Committee* unter → Hans Rott u. → Guido Zernatto vorgeschlagen; *K:* Liesl (geb. 1948 ?); *StA:* österr., USA, österr. (?). *Weg:* 1939 USA; 1945 Deutschland (ABZ); 1947 (?) Österr.

Mitgl. KJVÖ u. KPÖ, Mitgl. *Republikanischer Schutzbund;* zwischen 1933 u. 1938 illeg. Arbeit, zweimal verhaftet. 1938 KL Dachau u. Buchenwald. 1939 über GB Emigr. USA. 1942 Sekr. *Free Austrian Youth Committee*, Grdgsmitgl. *Free Austrian Movement* in den USA unter Hans Rott. Ab 1943 MilDienst in US-Armee, nach Kriegsende Vernehmungsoffz. (Captain) bei der Vorbereitung der Nürnberger Prozesse. Anschl. nach Wien, Mitarb. US Military Intelligence Service, u.a. Vernehmung u. Auswertung der Aussagen von österr. Kriegsgef. aus der UdSSR u. von Flüchtlingen aus den Ländern hinter dem sog. Eisernen Vorhang. Korr. *Central European Press Agency* New York u.a. Nachrichtenagenturen, wurde im Zusammenhang mit Schwarzhandelsgeschäften genannt. Jan. 1953 Verhaftung durch US-Dienststellen, nach Washington/D.C. verbracht, Anklage wegen Spionagetätigkeit u. ZusArb. mit sowj. Nachrichtendienst ab 1949, Verurteilung zu 5 u. 15 J. Gef., nach 10 J. vorzeitig entlassen, Rückkehr nach Wien, vorüberg. Inh. einer Hausartikel-Handlung. Mitgl. KPÖ. Seit 1970 Red. *Volksstimme*, Ps. CUPO. Lebte 1978 in Wien.

Qu: Arch. Pers. Z. - IfZ.

Pontesegger, Karl, Dr. jur., Beamter; geb. 2. Apr. 1915 Oberrosenthal/Böhmen, gest. 8. Juni 1954; *V:* Karl P., Staatsbahnrevident; *M:* Marie, geb. Eiselt; *G:* Dr. jur. Helmut P., Hofrat, A: Feldkirch/Vorarlberg; Dr. med. Gottfried P., MedRat, A: Feldkirch; ∞ Liv, A: N; *K:* Birgit, A: N; *StA:* österr., 1938 deutsch, österr. *Weg:* 1943 S, 1946 Österr.

1920 Niederlassung der Fam. in Feldkirch, 1933 Abitur, Stud. Rechtswiss. Innsbruck, 1937 3. Staatsprüfung u. Prom., anschl. Praxisjahr an Innsbrucker Gerichten. 1933 *Vaterländische Front;* März-Apr. 1938 Gestapohaft, Dez. 1938 Einberufung zur Wehrmacht, Kriegsteiln. in Polen u. Norwegen, 1940/41 Untersuchungsverfahren wegen Wehrkraftzersetzung, ab 1941 beim Reichskommissariat Norwegen, dort AbtLtr. für Volkswirtsch., Arbeit u. Sozialwesen; ZusArb. mit norw. Widerstandsbewegung, Mai 1943 Flucht vor Verhaftung nach Schweden, Fabrikarb. in Eskilstuna. 1944-46 neben → Ludwig Berg u.a. Mitarb. u. Red. *Österreichische Zeitung*, 1944 Mitgl. *Österreichische Vereinigung in Schweden* (ÖVS) unter → Bruno Kreisky, in den Auseinandersetzungen zwischen Sozialisten u. Kommunisten innerhalb der ÖVS um den Beitritt der ÖVS zum *Free Austrian World Movement* London Befürworter des Beitritts, nach Spaltung der ÖVS Mitgl. *Freie Österreichische Bewegung* in Schweden (→ Gustl Moser). Juni 1946 Rückkehr nach Feldkirch, ab Dez. Kammeramtssekr. (Dir.) der Arbeiterkammer Vorarlberg.

L: Fiebig, Gerdhartmut, Bibliographische Arbeit über die Österreichische Zeitung (Ms.). 1970; Müssener, Exil. *Qu:* Arch. Publ. - IfZ.

Poppe, Alfred, Gewerkschaftsfunktionär; geb. 1. Febr. 1892 Breslau; *StA:* deutsch. *Weg:* 1939 GB.

1918 Mitgl. *Deutscher Musikerverband*, 1920 SPD; ab 1920 Ortsltr. Breslau des Musikerverb., ab 1931 BezLtr. für Sa. u. Schlesien in Dresden. Nach natsoz. Machtübernahme illeg. Tätigkeit, Mai 1939 Emigr. GB, Juli-Dez. 1940 Internierung. Mitgl. SPD London u. *Landesgruppe deutscher Gewerkschafter*.

Qu: Arch. - IfZ.

Popper, Helene, geb. Deutsch, Dr. rer. pol., Verbandsfunktionärin; geb. 25. Sept. 1885 Lackenbach/Westungarn (Burgenland), gest. 13. Mai 1963 Wien (?); *G:* → Julius Deutsch; ∞ → Siegmund Popper; *K:* Susanne; *StA:* österr., Ausbürg. (?). *Weg:* 1938 (?) F (?); S; 1946 Österr.

Stud. Staatswiss., Prom.; Mitgl. SDAP. Am 12. Febr. 1934 fand in der Wohnung des Ehepaars P. die letzte Sitzung des SDAP-PV statt. Anschl. Verhaftung, Hochverratsanklage. 1935 (?) Amnestie. Nach dem Anschluß Flucht nach Schweden, vermutl. Zwischenaufenthalt in Frankr. - Mitgl. *Klub österreichischer Sozialisten* (KöS) in Stockholm unter → Bruno Kreisky. 1943 Ltr. eines von KöS u. *Gruppe österreichischer Gewerkschafter in Schweden* unter → Josef Pleyl gemeinsam programierten Ausschusses zur Entwicklung programmat. Vorstellungen zur Wirtschafts- u. Sozialisierungspol. für Nachkriegsösterr. Ab Aug. 1944 VorstMitgl. *Österreichische Vereinigung in Schwe-*

den. 1946 Rückkehr nach Wien. Mitgl. SPÖ; führende Funktionen in *Österreichischer Fürsorge- und Wohlfahrtsverband Volkshilfe,* 1947-55 (?) Mitgl. Frauen-Zentralkomitee der SPÖ. – *Ausz.:* 1955 Victor-Adler-Plakette der SPÖ.

L: Müssener, Exil; Klucsarits, SPÖ. *Qu:* Arch. Publ. – IfZ.

Popper, Rudolf, Dr., Parteifunktionär; *StA:* CSR. *Weg:* 1939 (?) GB; 1945 (?) CSR.

Vors. Jungdemokraten der *Deutsch-Demokratischen Freiheitspartei in der ČSR.* Vermutl. 1939 Emigr. nach GB, ltd. Funktionär der sog. *Peres-Gruppe* (→ Alfred Peres), 1942 Mitgl. *Einheitsausschuß der sudetendeutschen Antifaschisten in Großbritannien* u. 1943 *Sudetendeutscher Ausschuß – Vertretung der demokratischen Deutschen aus der CSR;* mit → Rudolf Beckmann Vors. *Arbeitsgemeinschaft Schule und Kultur des Sudetendeutschen Ausschusses;* Mitarb. *Einheit* London. Nach Kriegsende Rückkehr nach Prag. Anfang der 50er Jahre Pressechef des CSR-Prop.-Ministeriums.

Qu: Arch. Publ. Z. – IfZ.

Popper, Siegmund, Dr. jur., Rechtsanwalt; geb. 21. Mai 1883 Wien, gest. 9. Dez. 1959 Wien; ∞ Helene Deutsch (→ Helene Popper); *StA:* österr., Ausbürg. (?). *Weg:* 1938 (?) F; Österr.

RA in Wien, Mitgl. SDAP. Während des 1. WK LtgMitgl. *Verein Karl Marx,* 1917 einer der Verteidiger von → Friedrich Adler; bis 1934 Ltr. der jur. Sprechstunden der *Arbeiter-Zeitung.* Am 12. Febr. 1934 fand in der Wohnung des Ehepaars Popper die letzte Sitzung des PV der SDAP vor den Februarkämpfen statt. Nach dem Anschluß Österr. Emigr. Frankr. Nach Kriegsende Rückkehr nach Wien, erneut RA.

L: DBMOI. *Qu:* Arch. Publ. – IfZ.

Porath, Ephraim (urspr. Foerder, Fritz), Dr. jur., Ministerialbeamter; geb. 18. Mai 1902 Breslau, gest. 11. Febr. 1971 Jerusalem; jüd.; *V:* Heymann Foerder (gest. um 1937 Breslau), jüd.; *M:* Amalie (gest. um 1937 Breslau); *G:* Dr. jur. Ludwig Foerder (gest. Jerusalem); Lucie Schüftan, Emigr. Chile; Betty Foerder (umgek. im Holokaust); ∞ II. 1966 Alisa Solomon (geb. 1907 Berlin), med. Assist., 1933 Emigr. Pal.; *K:* Chaim Porath (geb. 1931), Emigr. Pal., RA in Tel Aviv; Aviva Hadas (geb. 1936), Dipl.-Landwirtin; *StA:* deutsch, Pal./IL. *Weg:* 1933 Pal.

1926 Prom. Breslau, Mitgl. *Kameraden,* Beamter im MdI, 1933 Entlassung. 1933 Emigr. Palästina mit A I-Zertifikat, Siedler in Pardes Ḥannah, aus gesundheitl. Gründen Berufswechsel, Arbeit für Stadtrat Haifa, 1945 Wahl in den *Vaad Leummi,* Ltr. Abt. Stadtverw., 1948 Vertr. der MilReg. in Jerusalem, schwere Verwundung. 1950-52 Ltr. Gebietsversorgung Jerusalem, Dir. Abt. Chemie im isr. Min. für Handel u. Industrie, 1960-70 (?) Richter am Gewerbesteuergericht, tätig in Wiedergutmachungsangelegenheiten. – Ps. Ephraim Ben Chaim.

W: Vereinbarkeit landesrechtlicher Gesetzesbestimmungen mit dem Reichsrecht. (Diss.) 1926. *Qu:* Pers. – RFJI.

Porombka, Vinzent, Parteifunktionär; geb. 2. Jan. 1910 Oberschlesien, gest. 28. Nov. 1975; *G:* u.a. Karl, Heinrich; *StA:* deutsch. *Weg:* 1936 (?) E; 1939 (?) UdSSR; 1943 Deutschland.

Nach 1933 illeg. Tätigkeit in Oberschlesien als Instrukteur des ZK des KJVD, dann Emigr., Teiln. Span. Bürgerkrieg in den Internat. Brigaden. Vermutl. 1939 in die UdSSR, Ausbildung als Fallschirmspringer, 24. Apr. 1943 als Funker einer 3köpfigen Einsatzgruppe über Ostpr. abgesetzt, Aufbau konspirat. Gruppen im oberschles. Industriegeb. Nach Vormarsch der Roten Armee ab Febr. 1945 Einsatz in Sa. Später Tätigkeit im KPD- bzw. SED-App., ab 1959 Mitarb. der Allgemeinen Abt. des ZK der SED. – *Ausz.:* 1955 VVO (Silber), 1956 Hans-Beimler-Med., 1965 VVO (Gold), 1970 Banner der Arbeit u. Orden des Vaterländ. Krieges 2. Grades (UdSSR); ZK-Nachruf.

W: Als Fallschirmspringer im illegalen Einsatz. In: Im Kampf bewährt (Hg. Heinz Voßke), 1969. *L:* Schmidt, Deutschland; Friederici, Hans-Jürgen, Zur Entwicklung der neuen Strategie und Taktik der KPD und ihrer führenden Rolle im antifaschistischen Widerstandskampf. Habil. phil. (Ms.) 1965; Pasaremos; Duhnke, KPD. *Qu:* Publ. Z. – IfZ.

Port (urspr. Rapaport), **Leo Weiser,** Ingenieur, Kommunalpolitiker; geb. 7. Sept. 1922 Mszana Dolna/PL, gest. 1978 Sydney; jüd.; *V:* Alan Aron P. (geb. 1895 Osteuropa, gest. 1970), jüd., 1926 von Krakau nach Berlin, Betriebschem., 1939 Emigr. AUS, Vors. West Suburbs Syn. Sydney, State Zion. Council u. a. zion. Org.; *M:* Leah, geb. Amsterdamer (geb. 1897 Osteuropa, gest. 1962), jüd., höhere Schule, 1928 von Krakau nach Berlin, 1939 Emigr. AUS; *G:* Hermann (geb. 1920 PL), höhere Schule, 1939 Emigr. AUS, Geschäftsf.; ∞ 1950 Edith Lucas (geb. 1930 Berlin), jüd., 1939 Emigr. AUS, Geschäftsf.; *K:* David R. (geb. 1952), Stud.; Richard D. (geb. 1954), Stud.; Adam L. (geb. 1960), Stud.; Esther L. (geb. 1965); *StA:* PL, 1954 AUS. *Weg:* 1939 AUS.

1933-38 Adass-Jisroel-Realgymn. Berlin, Tätigkeit bei *Habonim* Berlin. März 1939 Emigr. Australien, 1942-46 Stud., B.Sc. (IngWiss.) Univ. Sydney, Privatpraxis als beratender Ing.; 1947-51 Tätigkeit bei *Young B'nai B'rith* Sydney, 1950-65 Abg. *Jew. Board of Deputies N.S.W.,* 1967 Teiln. des StudProgramms über Großstadtprobleme der York Univ./Toronto. Ab 1969 StadtVO, 1974-75 stellv. Oberbürgermeister, ab 1975 Lord Mayor von Sydney. Mitgl. *Assn. of Consulting Engineers,* Fellow *The Institution of Engineers* (Australien), Senior Member *Inst. of Electr. and Electronic Engineers.* – *Ausz.:* 1974 OBE.

Qu: Fb. Z. – RFJI.

Porten, Max von der, Industrieller; geb. 12. Apr. 1879 Hamburg, gest. 1943 (?) USA; jüd., ev.; *V:* Teilh. der Fa. Von der Porten & Frank. ∞ verh.; *K:* 2; *StA:* deutsch. *Weg:* USA.

Realschule Hamburg, kaufm. Lehre Norddeutsche Raffinerie Hamburg, 1909-12 Prokurist, ab 1912 VorstMitgl. Otavi-Minen- u. Eisenbahngesellschaft Berlin GeschäftstätigkeitIn Deutsch-Südwestafrika. Im 1. WK Referent für Metallwirtschaft im Preuß. Kriegsmin., Staatskommissar bei Kriegsmetall AG Berlin (EK II u. a. Ausz.). 1920 GenDir. Vereinigte Aluminium-Werke AG (1930 etwa 800 kaufm. Angest. u. 4000 Arbeiter); Vors. u. Mitgl. zahlr. AR, u.a. Metallgesellschaft, Hirsch-Kupfer, Gesfürel-Ludwig Loewe AG; Vors. *Gesamtausschuß zur Wahrung der Interessen der deutschen Metallwirtschaft,* Mitgl. *Deutsche Gesellschaft für Metallkunde,* Kartellgericht, Reichswirtschaftsgericht, Zulassungsstelle der Berliner Börse, Kaiser-Wilhelm-Institut, *Walter-Rathenau-Gesellschaft,* Mitgl. DVP. – *Ausz.:* 1921 Dr.-Ing. h.c. TH Braunschweig.

L: Sommer, Julius, Die Metallgesellschaft. 1931. *Qu:* Hand. Publ. – RFJI.

Posen, Jacob, Ph. D., Rabbiner; geb. 15. Juli 1909 Frankfurt/M.; *V:* Philip P.; *M:* Helen, geb. Kaiser; ∞ 1941 Anneliese Goldmeier; *K:* Robert, Michael, Jenny, Barbara. *Weg:* 1939 GB.

Stud. Frankfurt u. Berlin. 1939 Emigr. GB, Rabbinerexamen Jews Coll. London, B.A. u. Ph. D. London, 1941-45 Prediger Hemel Hampstead Syn. in Herts., 1945-50 Rabbiner Upton Park District Syn. London, 1950-67 (?) Nottingham Hebr. Congr. in Nottingham, gleichz. Doz. für Hebr. Nottingham Univ.; 1968 (?) in die Schweiz, Rabbiner Isr. Kultusgde. Zürich. Lebte 1976 in Zürich.

W: Beiträge in: Leaney, A.R.C. (Hg.), A Guide to the Scrolls. 1958. *Qu:* Hand. Publ. – RFJI.

Posener, Charlotte Yael, geb. Neumann, Dr. phil., Ministerialbeamtin; geb. 16. Apr. 1910 Berlin; *V:* Heinrich Neumann (geb. 1876 Meiningen/Thür., 1941 Freitod Prag vor drohender Dep.), RA; *M:* Lilly, geb. Spiro (geb. 1884 Prag, 1941 Freitod Prag vor drohender Dep.); *G:* Elisabeth Sander (geb. 1912 Berlin), 1933 Emigr., A: Wien; ∞ 1930 Dr. phil. Ludwig Nachman Posener (geb. 1902 Berlin), Prom. Math. u. Physik Berlin, 1934 Emigr. S, 1937 nach Pal., Dir. höhere Schule Reḥovot, später Assoc. Prof. Tel Aviv Univ.; *K:* Yochanan Peres (geb. 1931), 1934 Emigr. S, 1938 Pal., Sr. Lecturer Tel Aviv Univ.; Ruth Oltolenghi (geb. 1935), 1938 nach Pal., Lehrerin; *StA:* deutsch, Pal./IL. *Weg:* 1934 S, 1938 Pal.

Stud. Berlin, 1933 Prom.; 1934 Emigr. Schweden, 1934-38 zus. mit Ehemann Gr. u. Ltr. Landschulheim u. Hachscharah-Zentrum für jüd. Kinder aus Deutschland, Unterstützung durch Stockholmer jüd. Gde.; 1938 nach Palästina, 1938-39 Oberschullehrerin in Jerusalem, 1940-52 Inspektorin für *Jugend-Aliyah,* 1952-64 von isr. Außenmin. in das Büro des Min-Präs. deleg., 1964-73 verantwortl. für Bauwesen, 1973-76 stellv. Dir., 1976-77 Dir. Abt. Schulverw. im Min. für Erziehung und Kultur. 1977 Ruhestand. Ab 1977 Vors. VerwRat der Org. für die Entwicklung israelischer Gemeindezentren. Lebte 1977 in Jerusalem.

D: Inst. of Contemporary Jewry Hebr. Univ. *Qu:* Fb. - RFJI.

Posner, Akiva Baruch (urspr. Arthur Bernhard), Dr. phil., Rabbiner; geb. 16. Nov. 1890 Samter/Posen, gest. 6. Mai 1962 Jerusalem; *V:* Louis Yehudah P., jüd., Kaufm.; *M:* Doris, geb. Sulke, jüd.; *G:* Alex (geb. 1880 [?] Samter, gest. 1952 Berlin), Kaufm.; Siegfried (geb. 1885 [?] Samter, gest. Tel Aviv), Kaufm., 1934 (?) Emigr. Pal.; Trude Sperling (geb. Samter, umgek. im Holokaust); Nanny Krieger (geb. Samter, gest. Tel Aviv), 1933 Emigr. Pal.; Ignaz (geb. Samter, gest. Tel Aviv), Kaufm., 1933 Emigr. Pal.; ∞ 1925 Rachel Würzburg (geb. 1900 Hamburg), jüd. Lyzeum, Fremdsprachenkorr., 1933 Emigr. B, 1934 Pal.; *K:* Tova (1926-43), Stud. Lehrerinnenseminar, 1933 Emigr. B, 1934 Pal.; Shulamith Mansbach (geb. 1927), Stud. Lehrerinnenseminar, 1933 Emigr. B, 1934 Pal., Lehrerin; Ḥaim (geb. 1929), 1933 Emigr. B, 1934 Pal., Bankier; *StA:* deutsch, Pal./IL. *Weg:* 1933 B, 1934 Pal.

1908 (?)-1914 (?) Stud. Rabbinerseminar Berlin, nach 1919 Ordination als Rabbiner. 1914-19 Kriegsteiln., anschl. Stud. Berlin, Halle, Freiburg u. Tübingen, 1923 Prom. Tübingen. Zugl. ReligLehrer in Mainz, Halle u. Wien, 1924-33 Rabbiner isr. Gde. Kiel, Reform der Relig. Schule, Unterricht an Simultan-Schulen, Mitarb. am *Jüdischen Lexikon* Berlin, Mitgl. *Misrachi*. 1933 Emigr. Belgien mit Familie, 1933-34 Inh. einer Buchhandlung. 1934 nach Palästina mit Rabbiner-Zertifikat, 1935-55 Bibliothekar *Mizraḥi*-Lehrerseminar Jerusalem, 1955-62 Bibliothekar an der rabbinischen Zentralbibliothek Heikhal Shelomoh Jerusalem. Geistl. Ltr. Sabbat- u. Feiertags-Gebetgruppe *Minyan Shekhenim,* Vortragstätigkeit bei *Mizraḥi*-Gruppen Jerusalem, Mitarb. an *Hebrew Encyclopedia* u. *Encyclopedia of Religious Zionism* Jerusalem.

W: Das Buch des Propheten Michah. 1924; Die Psalmen. Das Religionsbuch der Menschheit. 1925; Prophetisches und rabbinisches Judentum. 1925; Die Freitagabendgebete. 1929; Über Abrahams Wanderung. In: Heinemann, I. (Hg.), Die Werke Philos von Alexandria. Bd. V, 1929; Zur Geschichte der jüdischen Gemeinde und der jüdischen Familien in Samter während der letzten 100 Jahre. 1938; E. L. Prinz. Ḥayyav veAvodato haSifrutit (Biogr. von E. L. Prinz). 1939; E. M. Lipschitz. Reshimah Bibliographit (Bibliogr. von E. M. Lipschitz). 1940/41; Sefer leVeit Yisrael (Hausgebetbuch). 1957; LeKorot Kehillat Czarnikau. 1956/57; LeKorot Kehillat Gnizan. 1957/58 u. LeKorot Kehillat Ravitsch. 1961/62 (Gesch. der jüd. Gde. in Czarnikau, Gnesen u. Rawitsch, alle mit engl. Zusammenfass.); 1958-62 Mitarb. an Ḥokmat Yisrael beMaarav Eiropa (Die Wissenschaft des Judentums in Westeuropa), hg. von S. Federbusch; versch. Arb. zur Liturgie in Hebr., 35 Arb. zur Gesch. jüd. Gden. (Ms.); Art. in zahlr. dt. u. jüd. Zs. u. Enzyklopädien. *L:* Zikharon veSefer (Aufsatzsammlung zum Gedächtnis von Rabbiner Posner). In: Shanah beShanah (Jahrb. der Zentralen rabb. Bibliothek Heikhal Shelomoh, Jerusalem), 1964 (enthält u. a. Nachruf von A. HaLevi, biogr. Aufsatz von Zvi Givon u. Bibliogr., zusammengestellt von Rachel Posner). *D:* Cent. Arch. for the Hist. of the Jew. People, Hebr. Univ. Jerusalem. *Qu:* Arch. Hand. Pers. Publ. Z. - RFJI.

Posner, Salomon, Dr. phil., Rabbiner; geb. 1866 (1867 ?) Konin/Gouv. Kalisch, gest. 14. Okt. 1942 Netanyah/Pal.; *V:* Wolf P. (geb. 1840 Rußl., gest. 1916 Kippenheim/Baden), Kaufm.; *M:* Ester, geb. Taube (gest. Kippenheim); *G:* Sara (gest. 1942 New York); Josef (geb. 1868, gest. USA); Max, Kaufm.; Anna (geb. Kippenheim, gest. Düppingheim/F); Auguste Rauner (geb. Kippenheim, gest. Hargersheim); Siegmund (geb. Kippenheim, umgek. im Holokaust); ∞ 1900 Adele Goldschmidt (geb. 1877 Hannover), Stud. jüd. Lehrerseminar, Lehrerin, 1939 Emigr. Pal.; *K:* Dr. med. Ludwig Jehuda P. (geb. 1902), 1935 Emigr. Pal.; Thea Osterweil (geb. 1903), Stud., 1934 Emigr. Pal.; Elizabeth Florenz Osterweil (1909-61), im 2. WK im Untergrund, 1945 nach Pal.; *StA:* deutsch, Pal. *Weg:* 1939 Pal.

Stud. Jüd.-Theol. Seminar Breslau, 1896 Prom. Zürich, 1895-97 Hilfsrabbiner Danzig, 1897-1903 Rabbiner u. ReligLehrer Karlsruhe, 1903-35 Rabbiner Cottbus, Ruhestand. 1914-18 MilDienst (Betreuung jüd. Kriegsgef., Med. des *Roten Kreuzes).* Präs. *B'nai-B'rith*-Loge Cottbus, Mitgl. *Choveve Zion.* 1938-39 Wiederaufnahme des Rabbineramtes in Cottbus. 1939 Emigr. Palästina, 1939-42 ehrenamtl. Rabbiner in kleiner dt. Einwandererg de. in Netanyah.

W: Bibliographie bis 1904 in: Brann, Geschichte des Jüd.-Theol. Seminars in Breslau, 1904; Über das Kramerprivileg in Cottbus. 1906; Geschichte der Juden in Cottbus. 1908. *L:* Kisch, Das Breslauer Seminar. *Qu:* Pers. Publ. - RFJI.

Praeger, Frederick Amos, Verleger; geb. 16. Sept. 1915 Wien; jüd.; *V:* Dr. phil. Max Meyer P. (geb. 1889 Stryi/Galizien, umgek. im Holokaust), Verleger, Zion.; *M:* Mariem, geb. Foerster (geb. 1890 Borislaw/Galizien, umgek. 1945 KL Auschwitz), jüd.; ∞ I. 1945 Cornelia Blaut (geb. 1925 Berlin), Emigr. GB, Sekr., 1950 gesch.; II. 1959 Heloise Arons (geb. 1925 Berlin), jüd., Emigr. USA, B.A., Lehrerin u. Psychotherapeutin; *K:* aus I. Claudia Elizabeth Sargent (geb. 1948), Lehrerin; Andrea Maxime (geb. 1951); aus II. Manya Margaret (geb. 1961); Alexandra Yael (geb. 1963); *StA:* Österr., 1943 USA. *Weg:* 1938 USA.

1933-38 Stud. Rechtswiss. u. pol. Wiss. Wien, 1934 Sorbonne; 1935-38 RedMitgl. des Judaica-Verlags R. Loewit Wien; Mitgl. *Hakoah* Wien, Mitgl. österr. Leichtathletik-Mannschaft u. Mitgl. einer Weltrekordstaffel von *Makkabi.* 1938 in Wien von Staatsex. ausgeschlossen, Emigr. USA mit Unterstützung durch Flüchtlingsorg. u. Verwandte, 1938-41 Gelegenheitsarb., u. a. Verkäufer u. stellv. Verkaufsltr. in Juweliergeschäft. 1943-46 US-Armee (Oberlt.), Auswertung von Info. üb. dt. Armeeorg. u. -taktik im Abwehrheer, später Ltr. der dt.-österr. Dienststelle des US-Geheimdienstes in Frankfurt/M., 1946-48 ziviler Ltr. des Publikationsbüros der Information Control der US-MilReg. in Hessen. 1950-68 Gr. u. Präs. Verlag für Pol., Kunst, Architektur u. Archäologie Frederick A. Praeger Inc. New York, 1967 Verkauf an Encyclopaedia Britannica Inc.; 1962-68 VorstMitgl. Verlag Weidenfeld & Nicolson Ltd. London, 1967-68 VorstVors. Phaidon Press Ltd. London, Präs. Phaidon Publishers New York u. Dir. Pall Mall Press London, 1971-74 GenDir. Schuler Verlag München u. geschäftsf. Dir. Kunstverlag Edition Praeger München, ab 1975 Gr., Präs. u. Schriftltr. Westview Press Boulder/Colo.; daneben Adjunct Prof. Univ. Denver, 1975 Gr. Publishing Inst. der Univ. Denver. Mitgl. *Am. Book Publ. Council, Council on Foreign Relations, Am. Council on Germany, Am. Acad. of Pol. and Soc. Sc., Am. Assn. for Advancement of Slavic Studies, Am. Assn. for Stud. of Soviet Type Economies.* Lebte 1977 in Boulder/Colo. - *Ausz.:* 1951 Carey-Thomas Award for Creative Publishing der R. R. Bowker Co. New York.

W: The Publisher as an Individualist. In: Smith, Roger (Hg.), The American Reading Public. 1964. *Qu:* Fb. Hand. HGR. Z. - RFJI.

Pragai (urspr. Prager), **Michael,** Diplomat; geb. 23. Nov. 1919 Berlin; *V:* Eugen Prager (geb. 1876 Bosatz/Schlesien, umgek. im Holokaust), jüd., SPD-Funktionär; *M:* Gertrud, geb. Friedländer (geb. 1892 Schulitz, umgek. im Holokaust), Sekr.; *G:*

Ruth Shatiel (geb. 1916 Breslau), 1935 Emigr. Pal., Mitgl. Kibb. Haẓorea; Irene Lemberger (geb. 1918), 1934 Emigr. Pal.; ∞ 1943 Dina Lozinski (geb. 1921 Jerusalem), Lehrerin; *K:* Oded (geb. 1945), M.Sc., Computer-Wiss. in Herzliyyah; Timora (geb. 1950), Programmiererin; *StA:* deutsch, Pal./IL. *Weg:* 1936 Pal.

Gymn., kurzzeit. Hachscharah. 1936 Emigr. Palästina mit B III-Zertifikat, 1936-37 landwirtschaftl. Ausbildung in *Jugend-Alijah*-Gruppe, 1937-39 Mitgl. Kevuzat Schiller, 1936-41 *Haganah*, 1941-45 MilDienst in brit. Luftwaffe, 1941 Examen hebr. Lehrerseminar Jerusalem, 1946 Lehrer in Givat Brenner, 1947-48 Stud. Coll. für öffentl. Verw. der *Jew. Agency,* 1948 Stud. Diplomatenschule der pol. Abt. der *Jew. Agency.* 1948 Lt. d. Res. der IDF. 1949-51 Ministerialsekr. im isr. Außenmin., 1951-52 Pressechef für Auslandsdeleg., 1952-55 Sektionschef, 1955-59 pol. Berater der isr. UNO-Deleg., 1959-63 an den Konsulaten in New York u. Philadelphia, 1963-66 Berater Botschaft Rangun, 1966-67 AbtLtr. für die Waffenstillstandsverhandlungen, 1968-74 Dir. Abt. Beziehungen zu den christl. Kirchen, ab 1976 Berater für Beziehungen zu den christl. Kirchen am GenKonsulat in New York. Lebte 1977 in Jerusalem.

Qu: Fb. Hand. - RFJI.

Prager, Alfred, Dr. jur., Rechtsanwalt, Verbandsfunktionär; geb. 11. Febr. 1902 Neustadt/Thür.; jüd.; *V:* Karl P. (geb. 1870 Zabrze/Schlesien, gest. 1943 USA), Großhandelskaufm., aktiv in jüd. Gde. Berlin, Emigr. USA; *M:* Clara, geb. Lewin (geb. 1866 Zabrze, gest. 1961 USA), jüd., Geschäftsfrau, Emigr. USA; *G:* Anna Ringer (geb. 1896 Plauen/Sa.), Gymn., Emigr. NL, KL Bergen-Belsen; Dr. med. Helmut P. (geb. 1910 Meissen/Sa.), 1939 Emigr. USA, Psychiater; ∞ 1937 Cecile Auerbach (geb. New York), jüd., B.A., Sekr.; *K:* Susan (geb. 1943), M.A., Forschungsassist. u. Doz. in New York; James Scott (geb. 1948), M.S.W., Psychotherapeut; *StA:* deutsch, USA. *Weg:* 1933 USA.

Stud. bei Arthur Nußbaum Berlin, 1926 Prom. Leipzig, Mitgl. u. Jugendltr. *Blau-Weiß.* 1927-30 im preuß. Justizmin., 1930-33 RA in Berlin, Mitgl. Anwaltsverein. 1914-33 Mitgl. ZVfD Berlin, bis 1933 Mitgl. SPD u. Anwalt der Partei, 1933 untergetaucht. Mai 1933 Emigr. USA, 1933-35 Arbeit in Juwelenschleiferei, Stud. Rechtswiss., Ehefrau berufstätig; 1937 LL.D. St. John Univ. Jamaica/N.Y., ab 1938 RA in New York. Im 2. WK aktiv für *Immigrants Victory Council,* 1950-52 nach Ernennung durch Bürgermeister Robert F. Wagner jr. ehrenamtl. stellv. Assist. des Bau-Referenten (Commissioner of Borough Works) im Bez. Manhattan/N.Y.; 1955-62, nach Ernennung durch den New Yorker GenStaatsanwalt Jacob K. Javits, Sonderbeistand der Staatsanwaltschaft, 1963 Berufung durch GenStaatsanwalt Louis J. Lefkowitz zum Sonderbeauftragten für ausländ. Recht bei der Staatsanwaltschaft. Ab 1939 Berater, ab 1941 Vizepräs. u. VorstVors. von *Aufbau,* enger Mitarb. von → Manfred George, Einfluß auf die Tendenz der Zs.; ab 1939 Sekr. A.F.J.C.E., ab 1965 VorstMitgl. *Blue Card Inc.,* Mitgl. VerwRat *New York Foundation for Nursing Homes,* 1969 Einrichtung eines ständigen Stipendienfonds am Weizmann-Inst. Reḥovot, 1972 Initiator eines Ehrenmals für Holokaust-Opfer in Yad Weizmann/Israel, Mitgl. *Internat. Jew. Lawyer's Assn., Overseas Press Club,* Weizmann-Inst. Lebte 1978 in New York. - *Ausz.:* Ehrung durch Frederik IX. von Dänemark, 1963 Goldener Schlüssel der Stadt New York, 1965 Ausz. durch PremMin. Levy Eshkol für außerordentl. Verdienste um Israel, 1977 Distinguished Service Award des *Am. Committee for the Weizmann Institute.*

W: Art. u. a. in *Aufbau, Neue Deutsche Wirtschafts-Rundschau* u. *Acht-Uhr Abendblatt. L:* Schaber, Will, Aufbau. Dokumente einer Kultur im Exil. 1972. *D:* RFJI. *Qu:* Fb. Pers. Z. - RFJI.

Prager, Theodor (Teddy), Dr. phil., Publizist; geb. 17. Mai 1917 Wien; *V:* Josef P. (gest. 1951), Bankbeamter, 1939 Emigr. S-Afrika; *M:* 1938 Emigr. S-Afrika; *G:* Fred, Fotograf, Emigr. S-Afrika, 1936 Dienst in südafrikan. Armee, 1964 Prozeß wegen angebl. Verschwörung gegen die Republik S-Afrika, Freispruch, Ausweisung, 1965 Österr.; ∞ I. 1942 London, Marjorie, StA: brit.; II. 1948 Mary, StA: brit. *K:* Michael, Martin, Tessa; *StA:* österr. *Weg:* 1935 GB; 1940 CDN; 1941 GB; 1945 Österr.

Mitgl. *Vereinigung Sozialistischer Mittelschüler* Wien, 1934 Beitritt zum illeg. KJVÖ, Nov. 1934 u. Juli 1935 Verhaftung wegen Flugblattverteilens, kurz vor Abitur von der Schule relegiert. Okt. 1935 Emigr. London, Stud. Wirtschaftswiss. London School of Economics, 1939 B.C.; Frühj. 1940-Apr. 1941 Internierung in Bury St. Edmunds/Suffolk, Huyton b. Liverpool, Isle of Man, Okt. 1940 in Kanada, anschl. erneut Isle of Man. 1942 Ph. D. (Economics), anschl. Arbeit am Institute for Political and Economic Planning London. Mitarb. *Young Austria in Great Britain* u. *Free Austrian Movement,* vermutl. Mitgl. Parteigruppe der KPÖ in GB, Vors. *National Union of Austrian Students in Great Britain.* Nov. 1945 Rückkehr nach Wien, 1946-63 Angest. der wirtschaftspol. Abt. des ZK der KPÖ, 1946 Mitgr. *Vereinigung Demokratischer Studenten* (VDS), 1947-59 Arbeiterkammerrat; Mitarb. *Volksstimme* u. *Weg und Ziel.* 1957 Kand., ab 1961 Mitgl. des ZK der KPÖ, Wirtschaftsred. *Volksstimme.* 1958-63 KPÖ-Studentenbetreuer für VDS. Mitgl. VerwRat der Zentralsparkasse der Gde. Wien. Seit 1963 Sekr. u. Mitarb. der wirtschaftswiss. Abt. Arbeiterkammer Wien. Dez. 1969 im Gefolge der Auseinandersetzungen um die Intervention der Warschauer-Pakt-Staaten in der CSSR Parteiaustritt, ständiger Mitarb. *Wiener Tagebuch* (→ Franz Marek) sowie *Arbeit und Wirtschaft* u. seit 1977 *Extrablatt.* Lebte 1978 in Wien. - *Ausz.:* u.a. Ehrenkreuz für Kunst u. Wissenschaft 1. Kl., Karl-Ausch-Preis für Wirtschaftspublizistik.

W: u.a. There's Work For All (Mitverf.). London 1945; Der Weg zum Wohlstand. 1948; Märchen und Wahrheit von der Wirtschaft. 1-5. 1951-53; Die bürgerliche politische Ökonomie. 1957; Wirtschaftswunder oder keines? Zur politischen Ökonomie Westeuropas. 1963; Forschung und Entwicklung in Österreich. 1963; Konkurrenz und Konvergenz. 1972; Tendenzen und Schwerpunkte der britischen Wirtschaftsforschung. 1974; Zwischen London und Moskau. Bekenntnisse eines Revisionisten (Erinn.). 1975. *L:* Tidl, Studenten; DBMOI. *Qu:* Arch. Erinn. Pers. Publ. - IfZ.

Preiß, Reinhold, Gewerkschaftsfunktionär; geb. 8. Sept. 1884 Weitisberga/Thür.; ev., 1929 Diss.; ∞ 1918 Josefa Hiedl (geb. 1891), 1933 in Schutzhaft, 1934 Emigr. Österr.; *K:* Martin (geb. 1909); *StA:* deutsch. *Weg:* 1933 Österr.

1898-1914 Dachdecker; 1907 SPD, ab Okt. 1922 Sekr. *Gesamtverband der Arbeitnehmer der öffentlichen Betriebe und des Personen- und Warenverkehrs* in Passau, Vors. *Reichsbanner,* Dez. 1929-März 1933 StadtVO. März 1933 Flucht nach Wien.

Qu: Arch. Hand. - IfZ.

Preminger, Eliezer Erich, Unternehmensleiter, Politiker; geb. 13. Apr. 1920 Wien; *V:* Heinrich P. (geb. 1880 Galizien, umgek. 1941 Šabac/JU); *M:* Amalia, geb. Goldberg (geb. 1885 Galizien, umgek. 1941 Sabac/JU); *G:* Josef (geb. 1914 Wien), höhere Schule, Beamter, 1939 Emigr. Pal.; ∞ 1946 Miriam Kornstein (geb. 1926 Klosterneuburg), jüd., Lehrerin, Emigr. Pal. mit Eltern, B.A. u. M.A. Tel Aviv Univ., Doz. am Lehrerseminar; *K:* Lilach Lachmann (geb. 1953), B.A.; Aner (geb. 1955), IDF-Offz., B.A.; *StA:* österr., Pal./IL. *Weg:* 1939 Pal.

Gymn., Mitgl. illeg. KJVÖ. 1939 Emigr. Palästina mit B III-Zertifikat, 1939-41 Stud. Technion, Gelegenheitsarb., 1941-42 bei der Eisenbahnpolizei in Haifa, 1941-42 Ing. u. Landvermesser für Mandatsreg. u. brit. Armee in Abt. für öffentl. Bauten in Tel Aviv, Haifa u. Gaza. 1945-49 Schriftführer kommunist. Jugendgruppe, ab 1949 VorstMitgl. *Mapam,* 1949-51 M.K. *Mapam.* 1951-55 Wirtschaftsfachmann, gleichz. 1953-56 Stud. Hebr. Univ., 1956 M.J.; 1956-63 GenDir. isr. Entwicklungsmin., gleichz. Stud. Harvard Univ., M.P.A., 1963-70 Finanz- u. Handelsdir. des größten Chemiekonzerns in Israel, Chemicals and Phosphates Ltd., 1970-75 Geschäftsf. des Johananoff-Konzerns in Amsterdam u. ab 1975 verantwortl. für dessen Kapitalanlagen. VorstMitgl. *Histadrut,* stellv. Vorst. Ferson Ltd. u. Präs. Kishon Chemicals New York.

Qu: Fb. Hand. - RFJI.

Preminger, Isidor, Gewerkschaftsfunktionär; geb. 11. März 1884 Czortków/Galizien; ∞ Anna Tuller, 1938 Emigr. GB, 1945 Österr., A: Graz; *StA:* österr. *Weg:* 1938 GB; 1945 Österr.

Buchhandlungsgehilfe in Wien, Mitgl. *Zentralverein der kaufmännischen Angestellten Österreichs,* SDAP. 1913 nach Graz, Buchhändler in Volksbuchhandlung Arbeiterwille. Soldat im 1. WK. 1920 VorstMitgl., 1925 Ltr. Krankenkasse der *Kaufmännischen Versorgungsvereine,* ab 1926 stellv. Obmann der neugeschaffenen Kranken- und Pensionsversicherungsanstalt der kaufm. Angest., aktive gewerkschaftl. Tätigkeit. 1934 nach den Februarkämpfen Verhaftung, 6 Wochen Arrest. Dez. 1938 Emigr. GB; Mitgl. *Austrian Labour Club,* 1942 Londoner Deleg. auf DelegKonf. der österr. Sozialisten in GB. Ende 1945 Rückkehr nach Graz, Mitgl. SPÖ u. *Gewerkschaft der Privatgestellten,* zeitw. Obmann der Sektion Handel dieser Gew. in der Steiermark, Mitgl. Sektionsvorst. u. ZV der Gesamtgew. Bis 1964 Dir. Merkur-Versicherungsanstalt. Lebte 1978 in Graz. - *Ausz.:* u.a. Victor-Adler-Plakette der SPÖ, 1963 Karl-Pick-Preis der *Gewerkschaft der Privatangestellten,* 1974 Ernennung zum Bürger der Landeshauptstadt Graz, 1977 Ehrenzeichen für Verdienste um die Befreiung Österreichs.

L: Maimann, Politik. *Qu:* Arch. Pers. Publ. Z. - IfZ.

Prentice (urspr. Pick), **John Gerald,** Dr. jur., Fabrikant; geb. 27. Febr. 1907 Wien; *V:* Otto Pick; *M:* Katherine, geb. Pollack-Parnau; ∞ 1932 Eve Schlesinger-Acs; *K:* Elizabeth Jarvis, Marietta Longstaffe. *Weg:* 1938 CDN.

1926 Dipl. Technikum für Textilindustrie in Reutlingen/Württ., 1926-38 Prokurist bei E. G. Pick in Oberleutendorf/ČSR, gleichz. Stud. Rechtswiss. Wien, 1930 Prom., 1936-38 Teilh. Fa. Pick, Wiener Neustadt. 1938 Emigr. Kanada, 1938-44 Präs. Pacific Veneer & Plywood Co. New Westminster/B.C., 1944-50 Vizepräs., 1950-70 Präs., ab 1970 AR-Vors. Canadian Forest Products Ltd. Vancouver, zugl. AR-Vors. versch. Unternehmen. Mitgl. Vancouver Board of Trade, Handelskammer New Westminster, Kanadische Handelskammer, Kuratoriumsmitgl. Nat. Theatre School Canada, Mitgl. Beratungsausschuß der Royal Trust Co. in Vancouver, Mitgl. *Newcomer Soc. of N. Am.,* Dir. *Can. Council of Christians and Jews,* Präs. *Chess Fed. of Can.,* Vizepräs. *Féd. Internationale des Echecs,* Ehrenpräs. Playhouse Theatre Co. Lebte 1974 in Vancouver/Kanada.

Qu: Hand. - RFJI.

Prenzel, Kurt, Partei- u. Staatsfunktionär, Diplomat; geb. 21. Apr. 1900 Thiemendorf/Schlesien, gest. 17. Nov. 1976; *StA:* deutsch. *Weg:* 1937 UdSSR; Deutschland.

Metallschleifer; 1916 Gew., 1923 KPD, ab 1929 StadtVO. Görlitz, 1931-32 Lenin-Schule der *Komintern,* ab 1932 Mitgl. KPD-BezLtg. in Breslau. Mai-Dez. 1933 KL Esterwegen, illeg. Tätigkeit, Mai 1934 erneute Verhaftung, Urteil 2 J. Gef., nach Strafverbüßung Gießereiarb. in Görlitz, Apr. 1937 Verhaftung, 10 Wochen Untersuchungshaft, danach Emigr. in die UdSSR. Später Rückkehr nach Deutschland, nach dem 20. Juli 1944 erneute Verhaftung. 1945-46 Bürgerm. u. 1946-50 OBürgerm. Görlitz, ab 1948 MdL Sa., Juli 1950-Nov. 1955 Ltr. Hauptabt. Konsularwesen im MfAA, Nov. 1955-Aug. 1960 Botschafter in Albanien, anschl. Verwaltungsdir. u. Mitgl. des Kollegiums im MfAA. - *Ausz.:* 1955 VVO (Bronze), 1958 Med. für Kämpfer gegen den Faschismus 1933-1945, 1960 Banner der Arbeit; VVO (Gold), Ehrennadel der Gesellschaft für Deutsch-Sowjetische Freundschaft (Gold).

L: Radde, Diplomat. Dienst. *Qu:* Publ. Z. - IfZ.

Pressler, Schmuel (Samuel), Verbandsfunktionär; geb. 3. Juli 1912 Magdeburg; *V:* Elkana P. (geb. 1884 Delytin/Galizien), Zion., Kaufm., aktiv in jüd. GdeArb. in Magdeburg, 1939 (1940?) Emigr. Pal.; *M:* Minna, geb. Hendler (geb. 1884 Zmigrod/Galizien), 1905 nach Deutschland, 1939 (1940 ?) Emigr. Pal.; *G:* Ella (geb. 1907 Magdeburg), 1939 (1940 ?) Emigr. Pal.; Joseph (geb. 1908 Magdeburg), Buchrevisor, Emigr. USA, 1972 IL; Abraham (geb. 1924 Magdeburg), 1939 (1940 ?) Emigr. Pal., VerwDir. eines Krankenhauses; ∞ Julia (geb. 1915 Wien); *K:* Yehuda (geb. 1942), Ltr. eines GdeZentrums in Haifa; Noemi (geb. 1945), Physiotherapeutin; Yigal (geb. 1948), Elektroniker, IDF-Offz.; *StA:* deutsch, Pal./IL. *Weg:* 1935 Pal.

1934-35 Stud. Rabbinerseminar u. Univ. Berlin, zugl. 1933-35 Referent für Hachscharah bei *Brith Chalutzim Datiim,* Gr. u. Ltr. erste relig. Jugend-Hachscharah-Stelle in Dragenbruch bei Brandenburg, 1934 Teiln. an Vorbereitungen der ersten *Jugend-Aliyah*-Gruppe zur Auswanderung in das Kibb. Rodges in Petah Tikvah/Palästina. Mitgl. *Abeitsgemeinschaft Zionistischer Bünde.* 1935 Emigr. Niederlande, landwirtschaftl. Hachscharah, 1935 nach Palästina mit C-Zertifikat, 1935 Mitgl. Kibb. Kefar Javetz, 1935-47 *Haganah,* Mitgr., bis 1939 Sekr.-Mitgl. Kibb. Tirat Zevi im Beith-Shean-Tal. 1936 Stud. Hebr. Univ. Jerusalem, Vertr. der *HaPoel haMizrahi* bei illeg. Einwanderungsaktion *Aliyah Bet,* 1939 Gr. orthod. *Jugend-Alijah*-Dorf Kefar haNoar haDati, dort bis 1947 Lehrer. I.A. von Henrietta Szold beteiligt an Vorbereitungen zur Aufnahme jüd. Kinder aus der UdSSR, die im 2. WK über den Iran nach Palästina einwanderten (sog. Teheran-Kinder); Mitgl. Prüfungs- u. Klassifizierungsausschuß der *Jew. Agency,* 1947-48 i. A. von → Hans Beyth in europ. DP-Lagern, insbes. Aufbau kultureller Einrichtungen für jüd. Jugendliche in Lagern u. Hachscharah-Zentren, 1948 Ltr. *Jugend-Aliyah* u. Abt. für Einwanderer der *Jew. Agency* in Belgien, 1949-53 Ltr. Europa-Geschäftsstelle der *Jugend-Aliyah* Paris, verantwortl. für Auswanderung von Nordafrika nach Israel, Ltr. von Kinder-Wohnheimen u. Hachscharah-Zentren, ab 1953 Dir. Bez.Stelle der *Jugend-Aliyah* Haifa, Gr. von Kinderdörfern u. wiederholt i.A. der *Jugend-Aliyah* nach Frankr. u. Deutschland (BRD). Lebte 1978 in Haifa. - *Ausz.:* Med. der brit. Mandatsverw. für zehnjähr. Dienst in freiw. Polizeitruppe.

Qu: Fb. - RFJI.

Preuß, Albert, Gewerkschaftsfunktionär; geb. 10. Jan. 1904; *StA:* deutsch. *Weg:* 1934 F.

Schriftsetzer, ab 1919 Gew., Mitgl. SPD, bis 1933 *Reichsbanner*-Führer in Hannover. 1934 Emigr. Frankr., Bau-, Land- u. Eisenbahnarb., später Deutschlehrer, ab 1940 in der Résistance. Nach Kriegsende Bemühungen um Eingliederung ehem. dt. Kriegsgef. in Frankr. in Verb. mit *Force Ouvrière.* Nach 1945 Sekr. für dt.-sprachige Länder beim WGB Paris, dann Ltr. der Ständigen Vertr. des DGB in Paris, 1952 Gr. u. Chefred. *Pariser Kurier;* 1951 Mitgr. *Deutscher Hilfsverein* in Frankr. für soziale Betreuung u. Jugendbegegnungen. Mitgl. vorbereitende Kommissionen für den Schumann-Plan u. die EWG. Später endgültige Rückkehr nach Deutschland. - Lebte 1978 in Hannover. - *Ausz.:* 1964 BVK.

Qu: Z. - IfZ.

Preuss, Theodor Tanchum, Journalist, Hochschullehrer; geb. 6. Okt. 1931 Breslau; jüd.; *V:* Dr. med. Max P. (geb. 1891 Glogau/Niederschlesien, gest. 1969 IL), jüd., Arzt, 1938 Emigr. Pal.; *M:* Steffani, geb. Gutman (geb. 1900 Wien, gest. 1967 IL), jüd., 1938 Emigr. Pal.; *G:* Steffan Freund (geb. 1921 Breslau, gest.), 1939 (?) Emigr. Pal.; ∞ 1966 Adina Levin (geb. 1933 Tel Aviv), jüd.; *K:* Ori (geb. 1967); Uzi (geb. 1970); *StA:* deutsch, Pal./IL. *Weg:* 1938 Pal.

1938 Emigr. Palästina mit Eltern. 1951-56 Stud. Hebr. Univ., 1954 B.A., 1971 Stud. in den USA mit Stipendium des US-Außenmin.; Prof. für Zeitungswiss. in Israel, 1977 Mitarb. *Histadrut*-Tageszug. *Davar,* Mitgl. *Israelischer Journalistenverband.* Lebte 1977 in Tel Aviv.

Qu: Fb. - RFJI.

Price, Hugo H. (bis 1947 Preisz, Hugo); geb. 14. Apr. 1906 Wien; *V:* Max Preisz (geb. 1880, umgek. 1941 Wien), Werkmeister, Mitgl. SDAP; *M:* Klara (geb. 1880, umgek. 1942 KL Auschwitz), Mitgl. SDAP; *G:* Walter (geb. 1904, gest.); Hilda (geb. 1910), Schirmmacherin, Emigr. GB, 1950 USA, A: New York; ∞ 1941 Montauban/Südfrankr., Gertrud H. Heber (geb. 1911), bis 1934 Kindergärtnerin in Wien u. Dir. Montessori-Kindergarten Eisenstadt/Burgenland, Emigr. Frankr., bis 1939 Deutschlehrerin, 1941 Emigr. USA, Stud. Adelphi Coll. N.Y. (M. of Soc. Science), bis 1976 Sozialarb. u. Beraterin Dept. of Health sowie der Stadt New York, A: New York; *StA:* österr., 1947 USA. *Weg:* 1938 F; 1941 USA.

Mitgl. Wandervogel, anschl. in sozdem. Jugendbewegung, Mitgl. u. Bildungsfunktionär *Vereinigung sozialistischer Mittelschüler* in Wien, Mitgl., 1928-34 Landesführer *Rote Falken*, Mitarb. *Kinderfreunde*. 1923-28 Stud. Maschinenbau Wien, Mitgl. *Verband Sozialistischer Studenten Österreichs;* Mitarb. *Die Sozialistische Erziehung* (→ Otto Felix Kanitz), 1925-34 Funktionär SDAP. Ende 1933 kurzfristig verhaftet, 1934 während der Februarkämpfe erneute Verhaftung, bis Juli 1934 Haft. Anschl. illeg. Mitarb. bei RSÖ, bis 1938 mehrfach festgenommen. Juli 1938 erneut verhaftet, konnte vor Transport ins KL Dachau fliehen, illeg. Grenzübertritt in die Schweiz, nach wenigen Tagen nach Frankr. ausgewiesen. Mitgl. der sozialist. österr. Emigration in Paris um die AVÖS (→ Joseph Buttinger), an techn. Herstellung der *Deutschland-Berichte der Sopade* (→ Erich Rinner) beteiligt. 1939 nach Kriegsbeginn Internierung, u.a. im Stadion von Colombes u. in Meslay du Maine, als Prestataire einem brit. Pionierregiment in Nordfrankr. zugeteilt, nach brit. Niederlage bei Dünkirchen Flucht nach Südfrankr., Aufenthalt in Montauban, anschl. erneut Internierung im Lager Septfonds. 1941 nach New York; bis 1978 (Pensionierung) Arbeit in Fotoindustrie, zuletzt Traffic Manager. Mitgl. *Austrian Labor Committee,* nach Kriegsende *American Friends of Austrian Labor,* ab 1974 stellv. Vors., Tätigkeit als Bildungsref. u. Archivar. Nach Ende des 2. WK Ltr. einer Hilfsaktion für Kinder in Europa. Lebte 1978 in New York. *Ausz.:* u.a. 1976 Victor-Adler-Plakette der SPÖ, 1977 Kinderfreunde-Plakette *Die österreichischen Kinderfreunde,* 1978 Silbernes Ehrenzeichen für Verdienste um die Rep. Österreich.

Qu: Arch. Fb. Pers. Z. - IfZ.

Pries, Friedrich Karl **Heinz,** Parteifunktionär, Journalist; geb. 3. Apr. 1915 Hamburg; *V:* Friedrich Wilhelm P. (geb. 1877), Steinsetzer; *M:* Emma, geb. Tiege (geb. 1877); *G:* Bernhard Friedrich Karl (geb. 1905), Johanna Alwine Marie (geb. 1906), Elsa Emma Elisabeth (geb. 1908); ∞ 1949 Ursula Gundelach, geb. Brumme (geb. 1922); *StA:* deutsch. *Weg:* 1934 (?) Emigr.; 1936 E; 1939 (?) F; 1944 (?) CH (?), Deutschland.

1933/34 illeg. Tätigkeit im Rahmen des KJVD Hamburg. Vermutl. Frühj. 1934 Emigr.; 1936-39 Teiln. Span. Bürgerkrieg, zunächst Angehöriger der XIV. Internat. Brigade, später Pol-Kommissar Hans-Beimler-Btl. der XI. Internat. Brigade. Anschl. nach Frankr., Internierung in Le Vernet, ab Nov. 1942 Gef. Castres, nach einem Massenausbruch im Sept. 1943 unter Deckn. Georges als Ltr. der KPD-Gruppe Lyon für Parteiarb. in Südfrankr. verantwortl., Mitarb. u. ab Anfang 1944 Ltr. der KFDW-Arb. in Südfrankr., Mitgl. u. zuletzt als Nachf. von → Max Brings Vors. der KFDW-MilKommission. In dieser Funktion beteiligt am Abschluß eines Übereinkommens über die Bewaffnung u. Ausbildung von KFDW-Einheiten durch die amerikan. Armee. Nov. 1944 i.A. der KPD-Westltg. Kontakte zur BFD Schweiz u. der schweiz. *Partei der Arbeit,* um illeg. kommunist. Kader nach Deutschland einzuschleusen. Ende 1944 (Anfang 1945 ?) angebl. über die Schweiz Rückkehr nach Deutschland. Nach Kriegsende bis 1951 KPD-Funktionär in Hamburg, Red. Parteiorgan *Die Volksstimme.* Ab 1952 Ltr. Nachrichtenred. des Staatlichen Rundfunkkomitees beim MinRat der DDR, anschl. bis 1956 Chefred. *Deutschlandsender,* 1956-62 Ltr. *Sender 904.*

L: Hochmuth/Meyer, Streiflichter; Pasaremos; Schaul, Résistance; Pech, Résistance; Teubner, Schweiz. *Qu:* Hand. Publ. - IfZ.

Priester, Eva, geb. Feinstein, Publizistin; geb. 15. Juni 1910 St. Petersburg; *V:* Salomon F., Emigr. F; *M:* Luba (geb. 1887, gest.); ∞ I. Hans Erich P., Red. *Berliner Tageblatt.* Emigr. USA; II. → Leopold Hornik; *StA:* deutsch, Ausbürg., 1948 österr. *Weg:* 1935 CSR, Österr.; 1938 CSR; 1939 GB; 1946 Österr.

Ab 1920 in Berlin. Mitgl. SAJ, Mitarb. *Berliner Tageblatt.* 1930 SAJ-Ausschluß, Mitgl. SAPD, März 1933 KPD. 1935 nach Prag, anschl. nach Wien. 1938 nach Prag, Mai 1939 Emigr. GB. Vermutl. Mitgl. Parteigruppe der KPÖ in GB. Herbst 1939-Frühj. 1940 Mitarb. im Abhördienst der BBC. Ab Ende 1941 Mitarb. *Free Austrian Movement* (FAM), Red. *Zeitspiegel,* Texterin für Theater Laterndl in London. Mitgl. österr. *PEN-Club* in London, ab 1944 Mitarb. *Kulturelle Schriftenreihe des FAM.* Frühj. 1946 Rückkehr nach Österr., Mitgl. KPÖ, Chefred. KPÖ-Wochenztg. *Die Woche,* seit 1949 Red. *Volksstimme.* Lebte 1978 in Wien.

W: u.a. Herman, J.P., Viel Glück! (Übers.) London (Free Austrian Books) 1943; Austria - Gateway to Germany. Ebd. o.J. [1943]; Aus Krieg und Nachkrieg. Gedichte und Übertragungen. London (Austrian Centre) 1945, Wien 1946; Kurze Geschichte Österreichs, 2 Bde. 1946-49; Vom Baume der Freiheit. 6 historische Erzählungen. 1955; Was war in Ungarn wirklich los? 1957; In Algerien sprechen die Gewehre. 1959. *L:* Mareiner, Hilde, Zeitspiegel - Eine österreichische Stimme gegen Hitler. 1967; Maimann, Politik; Tidl, Studenten; ISÖE. *Qu:* Pers. Publ. - IfZ.

Prijs, Joseph (Prys, Akiba), Dr. phil., Rabbiner, Bibliothekar; geb. 30. Mai 1889 Würzburg, gest. 9. Okt. 1956 Basel; *V:* Barend P. (geb. 1844 Amsterdam, gest. 1915), jüd. Gelehrter; *M:* Rahel, geb. Lehmann (geb. 1854, gest. 1944 Preßburg); *G:* Sara Schreiber (geb. 1890, umgek. im Holokaust), Dep. aus Antwerpen mit Ehemann; Zerline (geb. 1887, umgek. 1944 KL Auschwitz); ∞ 1915 Bella Horowitz (geb. 1886 Stryj/Galizien, gest. 1975 Basel); *K:* Bernhard (geb. 1916), 1934 Emigr. CH, Chemiker, ab 1959 Doz. Univ. Basel; Leo (geb. 1920), 1934 Emigr. CH, 1953 USA, 1955 IL, 1960 Deutschland (BRD), Prof. für Judaistik Univ. München; Moses Tobias (geb. 1922), 1934 Emigr. CH, 1962 F, Angest. jüd. Gde. Straßburg; Henni Weisz (geb. 1927 München), 1934 CH, 1950 verheiratet mit Rabbiner D. Weisz, Sozialhelferin; *StA:* deutsch. *Weg:* 1933 CH, F, 1934 CH.

Stud. Breuer-Jeschiwah Frankfurt/M., 1912 Prom. Würzburg, Rabbinerexamen Jeschiwah Galanta, 1918-21 Rabbiner Jüd. Gde. Breslau, Gr. u. Ltr. jüd. Schule, 1921-33 Rabbiner u. ReligLehrer Isr. Kultusgde. München, 1927-33 Doz. für Judaistik Univ. München, Mitgl. *Agudas Jisroel,* 1923 Abg. des ersten Kenesija (Kongreß) in Wien. 1933 Emigr. Österr., dann Baden/Schweiz, Unterstützung durch Verwandte, danach zeitw. St. Louis/Frankr., 1934 nach Basel mit Aufenthaltsgenehmigung, die im 2. WK entzogen wurde, Status als Emigrant unter häufiger Androhung der Ausweisung. Bibliothekar Univ-Bibliothek Basel, Mitarb. Schweizerische UnivBibliothek, Katalogisierung aller Veröffentlichungen u. Ms. zu jüd. Themen in den öffentl. Bibliotheken der Schweiz.

W: Der Staatsroman des 16. und 17. Jahrhunderts und sein Erziehungsideal. (Diss.) 1913; Hebräische Büchereien in Bayern. 1927; Die Familie von Hirsch auf Gereuth. 1931; Stammbuch der Familie Goldsmit-Cassel in Amsterdam (1650-1750). 1936 (engl. Übers. 1937, niederländ. Übers. 1936); Nachträge zu Loewensteins Bibliographie der Fürther hebräischen Drukke. 1938; Der Basler Talmuddruck, 1578-1580. 1960 (Vorabdruck von: Die Basler Hebräischen Drucke, 1492-1866. 1964, vervollst. u. hg. von Bernhard Prijs); Katalog der Hebräischen Handschriften in den öffentlichen Bibliotheken der Schweiz; Art. u. Monographien über jüd. Recht, Genealogie, Chronologie u. hebr. Grammatik in Fachzs. *Qu:* Arch. Hand. Pers. Publ. Z. - RFJI.

Priller, Otto, Gewerkschaftsfunktionär, Agrarpolitiker; geb. 25. Okt. 1887 Hammerberg b. Passau/Niederb., gest. 12. Jan. 1963 München; ∞ verh.; *K:* Otto; *StA:* deutsch, Ausbürg., deutsch. *Weg:* Kolumbien, 1948 Deutschland (ABZ).

Fortbildungs- u. Fachschule, zeitw. landwirtschaftl. Arbeiter, dann Bäckerlehre, Meisterprüfung. Mitgl. *Katholischer Lehrlingsschutz, Katholischer Gesellenverein,* christl. Gew.; 1921 SPD, freie Gew., agrarpol. Fortbildungskurse, bis 1933 Arbeitnehmervertr. bei Bayer. Landesbauernkammer, Mitgl. *Reichsbanner.* 1933 mehrmon. Haft, Emigr. nach Kolumbien, selbständiger Bäcker in Bogotá. Mai 1948 Rückkehr, bis Jan. 1950 DGB-Kreisausschußvors. Fürstenfeldbruck, dann GewAngest. in München. 1950-58 SPD-MdL Bayern, u. a. stellv. Vors. Unterausschuß für Landarbeiterfragen, Beiratsmitgl. *Milchwirtschaftlicher Verband Bayern.*

Qu: Hand. - IfZ.

Pringsheim, Karl, Ministerialbeamter; geb. 15. Dez. 1907 Breslau, gest. 30. Nov. 1956 Wiesbaden; *M:* → Lily Pringsheim; ∞ Lilly Reiß (geb. 1906 Wien), ab 1922 SPD; *K:* Peter (geb. 1940 GB); *StA:* deutsch. *Weg:* 1933 CSR; 1938 GB; 1953 Deutschland (BRD).

Stud. Rechtswiss., Referendar. 1925 SPD u. *Reichsbanner,* 1926-30 *Sozialistischer Studentenbund;* 1932 SPD-Ortsvors. Darmstadt, VorstMitgl. *Reichsbanner,* Sekr. der SPD-Fraktion im hess. LT, enger Mitarb. von Carlo Mierendorff, nach natsoz. Machtübernahme in Verb. mit ihm illeg. tätig, Aug. 1933 Flucht in die CSR, Dez. 1938 Emigr. GB, u.a. Holzarbeiter. März 1953 Rückkehr u. Eintritt in Hess. Kultusmin., zuletzt RegDir.; Mitgl. SPD.

Qu: Arch. - IfZ.

Pringsheim, Lily (Louise), geb. Chun, Journalistin; geb. 7. Febr. 1887 Königsberg/Ostpr., gest. 28. Sept. 1953 Darmstadt/ Hessen; ev.; *V:* Karl C., Prof., Geh. Hofrat, Hochschullehrer; *M:* Lily, geb. Vogt; ∞ 1906-21 Ernst P. (geb. 1882), ev., Prof., 1939 Emigr. GB; *K:* → Karl Pringsheim; Marianne (geb. 1909); Johannes (geb. 1912), 1933 Emigr., 1943 auf Transport nach KL Buchenwald umgek.; Ludwig (geb. 1916), Spediteur, SAJ u. *Reichsbanner,* 1938 Emigr. CSR, 1939 GB; Theresa (geb. 1921); Heidi, 1933 Emigr.; *StA:* deutsch. *Weg:* 1933 CSR, Österr.; CSR; 1938 GB; Peru; 1941 USA; 1947 Peru; 1950 Deutschland (BRD).

In der Schweiz aufgewachsen, ab 1921 in Darmstadt. Mitarb. dt. u. franz. Zs.; SPD, 1931-33 MdL Hessen, kultur- u. sozialpol. tätig, Kontakte zu Carlo Mierendorff u. Wilhelm Leuschner. Verfolgung, Juli 1933 Flucht vor Verhaftung über Prag nach Wien. Weiteremigr. nach Prag, Febr. 1938 nach London, später nach Lima. 1941 bei USA-Besuch vom Kriegseintritt überrascht, als Lehrerin u. in Quäker-Sozialarb. tätig, Rundfunkvorträge. 1947 Peru, Febr. 1950 Rückkehr. Mitarb. Volkshochschule Darmstadt.

Qu: Arch. Pers. Z. - IfZ.

Prinz, Joachim, Dr. phil., Rabbiner, Verbandsfunktionär; geb. 10. Mai 1902 Burkhardsdorf/Oberschlesien; *V:* Joseph P. (geb. 1870 Deutschland, gest. 1954 IL), jüd., 1937 Emigr. Pal.; *M:* Nani, geb. Berg (geb. 1877 Deutschland, gest. 1915 Oppeln/ Oberschlesien); *G:* Kurt (geb. 1903 Deutschland), Kaufm., 1938 Emigr. USA; Hanan (geb. 1905 Deutschland), RA, 1937 Emigr. Pal.; Thea Goldmann (geb. 1915 Deutschland), 1937 Emigr. CH, Photographin; ∞ I. 1925 Lucie Horowitz (gest. 1931); II. 1932 Hilde Goldschmidt (geb. 1913 Berlin), jüd., 1937 Emigr. USA, Externenstud. Hofstra Univ. Hempstead/N.Y.; *K:* Lucie Wasserman (geb. 1931), 1937 Emigr. USA, Stud. Chicago Univ., tätig in Werbeabt. des Verlags Doubleday & Co. New York; Michael (geb. 1933), 1937 Emigr. USA, Stud. Upsala Coll., Buchprüfer; Jonathan (geb. 1937), Stud. Brandeis Univ., Rabbiner, Börsenmakler; Debora (geb. 1952); *StA:* deutsch, 7. Juni 1938 Ausbürg., USA. *Weg:* 1937 USA.

Stud. Breslau, 1922-23 Stud. Berlin, 1924 Prom. Gießen, 1921-26 Stud. Jüd.-Theol. Seminar Breslau, 1926 Rabbinerexamen; 1926-37 Rabbiner Friedenstempel Jüd. Gde. Berlin, prominenter Prediger u. zion. Jugendführer, nach 1933 wegen Angriffen auf natsoz. System in öffentl. Predigten mehrfach von Gestapo verhaftet, Ausweisung, Juli 1937 Emigr. USA mit Familie mit Non-quota-Visum. Ab 1939 bis zur Emeritierung Rabbiner Temple B'nai Abraham Newark u. Livingston/N.J., enge ZusArb. mit Rabbiner Stephen S. Wise, dem Präs. des *Am. Jew. Congress* u. Berater von Präs. F. D. Roosevelt. 1944 Präs. *Jew. Educ. Assn.,* 1945 Mitgl. Exekutivausschuß UJA, 1946 Dir. *Jew. Community Council,* ab 1948 VorstMitgl., ab 1960 stellv. Vors., später Vors. Governing Council des WJC, 1976 Vizepräs., 1958-66 Präs. *Am. Jew. Congress,* ab 1958 Dir. *Claims Conf.,* aktiv in Bürgerrechtsbewegung der USA, 1963 einer der Führer des Marsches der Bürgerrechtsaktivisten nach Washington/D.C., 1965-67 Vors. *Conf. of Presidents of Major Am. Jew. Org.,* Vors. *World Conf. of Jew. Org.* (COJO), 1976 Mitgr. jüd. Kulturorg. *Breira,* die sich für Friedensverhandlungen im Mittleren Osten auf der Grundlage von Israels Grenzen von 1967 einsetzte. Lebte 1978 in Orange/N.J. - *Ausz.:* 1959 D.D.h.c. H.U.C.-J.I.R. New York, 1975 D.H.L.h.c. Hofstra Univ., D.H.L.h.c. Upsala Coll. New York.

W: Zum Begriff der religiösen Erfahrung. Ein Beitrag zur Theorie der Religion (Diss.). 1921; Jüdische Geschichte. 1931; Die Geschichte der Bibel. 2 Bde., 1933, 1934; Wir Juden. 1933; Illustrierte jüdische Geschichte. 1935; Der Freitagabend. 1936; Das Leben im Ghetto. 1937; Judenstaat. In: Caplan, S./ Ribalow, H.U. (Hg.), The Great Jewish Books, 1952; The Dilemma of the Modern Jew. 1962; Popes from the Ghetto. 1966; A Rabbi under the Hitler Regime. In: Gegenwart im Rückblick. 1970; The Secret Jews. 1973; A View of Medieval Civilization. 1976. *L:* Wolff, Margo H., Vom Untergang und Aufstieg deutscher Juden. Eine Begegnung mit Joachim Prinz. In: Aufbau, 13. Juni 1958; Kisch, Breslauer Seminar; Isaac, Rael u. Eric, The Rabbis of Breira. In: Midstream, 1977. *D:* RFJI. *Qu:* Arch. Fb. Hand. Publ. Z. - RFJI.

Proskauer, Eric Simon (urspr. Erich), Dr. phil., Chemiker, Verleger; geb. 19. März 1903 Frankfurt/M.; *V:* Jacob P.; *M:* Martha, geb. Meyer; ∞ 1931 Dr. med. dent. Jenny R. Diment, Zahnärztin; *StA:* deutsch, 1944 USA. *Weg:* 1937 USA.

1923-31 Stud. Leipzig, 1931 Prom., 1931-33 Forschungsarb. Univ. Leipzig in physikal. u. Elektrochemie, gleichz. 1925-36 RedBerater, Werbeltr. u. Berater Akademische Verlagsges. GmbH Leipzig, Mitarb. von → Kurt Jacoby. 1937 Emigr. USA, 1937-40 Sekr. u. Schatzmeister Nordeman Publ. Co. New York, 1940-61 zus. mit dem niederländ. Flüchtling M. Dekker Gr. u. Vizepräs., später Chefred. u. Vors. Interscience Publishers Inc. New York, Veröffentl. wiss. Bücher, Lexika u. Periodika (1961 nach ZusSchluß der Firma mit John Wiley & Sons in New York als Interscience Div. weitergeführt), 1961-70 Senior-Vizepräs. u. Geschäftsf. John Wiley & Sons, ab 1970 Senior-Vizepräs. u. Dir., ab 1973 Ruhestand. Berater bei John Wiley & Sons. Vors. *Internat. Group of Scientific, Techn. and Med. Publishers* Amsterdam, Fellow *New York Acad. of Science,* Mitgl. *Am. Chem. Soc., Am. Phys. Soc., Am. Assn. for the Advancement of Science.* Lebte 1978 in New York.

W: Physikalisch-Chemisches Taschenbuch. (Mitverf.) 2. Aufl. 1932/33; Organic Solvents. (Mitverf.) 1934, 1953. *L:* Erich S. Proskauer - A Tribute. 1974; Fermi, Immigrants. *Qu:* Arch. Hand. Publ. Z. - RFJI.

Pryer, Hilary Hans (urspr. Prerauer, Hans), Kaufmann; geb. 8. Mai 1906 Landeshut/Schlesien; *V:* Felix Prerauer (1872-1948), Schuhfabrikant, StadtVO, 1939 Emigr. AUS; *M:* Gertrud, geb. Hammerschlag (geb. 1879 Prag, gest. 1956 Sydney), jüd., 1939 Emigr. AUS; *G:* Curt Prerauer (geb. 1901 Landeshut, gest. 1969 Sydney), Musiker, Emigr. GB, AUS; ∞ 1937 Betty Beate Wolff (geb. 1913 Cosel/Oberschlesien), Stud. Breslau, zahnärztl. Sprechstundenhilfe, 1937 Emigr. AUS; *K:* Ian Roger (geb. 1942), Geschäftsf.; Barry John (geb. 1946), Geschäftsf.; *StA:* deutsch, AUS. *Weg:* 1936 AUS.

1925 Abitur, 1925-26 Stud. Frankfurt/M., Berlin, 1925-29 Lehre in Schuhindustrie, 1929-36 Mitarb. im Unternehmen des Vaters. 1936 Emigr. Australien mit Einwanderervisum, Unterstützung durch Bruder, 1936-38 stellv. Geschäftsf. einer Schuhfabrik, 1937-45 Mitgl., später Präs. einer Flüchtlingsorg.; ab 1939 Mitgr. u. Dir. Kosmetikfirma Nat. Chem. Products.

Ab 1941 VorstMitgl. *Austral. Jew. Welfare Soc.,* 1948-50, 1956-58 Präs. *B'nai B'rith-*Loge Sydney, 1960-62 Vors. *Australian Council,* 1962-65 Präs. *B'nai B'rith Dist. of Australia and New Zealand,* ab 1968 VorstMitgl. *Executive Council Austral. Jewry.* Lebte 1977 in Sydney.
Qu: Fb. Hand. - RFJI.

Pulvermann, Max, Verwaltungsbeamter; geb. 11. Nov. 1891 Posen, gest. 16. Mai 1960 Padua/I; jüd.; *V:* Alex P., Justizrat; ∞ Dr. Marianne Keiler (geb. 1904 Berlin), Magistratsrätin, Emigr. Pal., A: Deutschland (BRD); *StA:* deutsch. *Weg:* Pal.; Deutschland (BRD).

RA u. 1923-30 Stadtrat in Halberstadt, Mitgl. BezAusschuß Magdeburg, 1930-31 MinRat u. Ref. für Fragen der Reichsreform im RMdI, Nov. 1931-1933 Stadtkämmerer Magdeburg unter → Ernst Reuter, Verdienste um langfristige Finanzpol. der Stadt. Emigr. Palästina, in der Mandats-, später in der staatl. Verw. in Jerusalem tätig. Um 1954 Rückkehr, Wohnsitz Frankfurt/Main.

W: u.a. Israel. In: Herders Staatslexikon, 1959. *L:* Reuter, Ernst, Schriften, Reden, Bd. 2. 1973. *Qu:* EGL. Hand. Publ. Z. - IfZ.

Puschmann, Erwin, Parteifunktionär; geb. 8. Febr. 1905 Wien, hinger. 7. Jan. 1943 Wien; ∞ Helene (Hella), 1942 wegen Hochverrats zu 10 J. Zuchth. verurteilt, bis 1945 Zuchth. Aichach; *StA:* österr. *Weg:* 1937 UdSSR; CSR (?); 1938 (?) F; JU; CSR; 1940 Deutschland (Österr.).

Bauschlosserlehre, 1923 Mitgl. SAJDÖ, vermutl. Mitgl. der linksoppos. *Unabhängigen Sozialistischen Arbeiterjugend* (→ Genia Quittner), 1925 im Rahmen der ersten sog. Jungarbeiterdeleg. aus Österr. in die UdSSR, anschl. Mitgl. KJVÖ. 1929 arbeitslos. Aktiver Arbeitersportler, ab 1933 illeg. Funktionär der KPÖ, 1934 Verhaftung, 6 Mon. KL Wöllersdorf, anschl. möglicherweise Besuch der Leninschule in Moskau. 1936 erneut Verhaftung in Österr., bis Anfang 1937 KL Wöllersdorf. Mai 1937 in die UdSSR, anschl. vermutl. nach Prag (Sitz des ZK der KPÖ), wahrscheinl. 1938 mit dem ZK der KPÖ nach Paris. Hoher Funktionär im Auslandsapp. der KPÖ, ZK-Mitgl., bis 1940 Aufenthalte in Jugoslawien u. Preßburg. Frühj. 1940 illeg. nach Wien, Aufbau der 3. illeg. Ltg. der KPÖ in Wien, ZusArb. u.a. mit → Hedy Urach, Deckn. Gerber u. Keil. Jan. 1941 Verhaftung, Sept. 1942 VGH-Prozeß in Berlin, Todesurteil.

L: Mitteräcker, Kampf; Koch, Widerstand; Spiegel, Résistance; Konrad, KPÖ; Vogelmann, Propaganda; Widerstand 2; Unsterbliche Opfer. *D:* DÖW. *Qu:* Arch. Pers. Publ. - IfZ.

Putzrath, Heinz, Parteifunktionär; geb. 12. Dez. 1916 Breslau; jüd., 1934 Diss.; *V:* Eduard P. (1889-1973), jüd., Kaufm., KL-Haft, 1938 Emigr. EC; *M:* Johanna, geb. Gerstel (1889-1975), jüd., bis 1942 Zwangsarbeit, anschl. illeg. in Berlin, 1946 in die USA; *G:* Alfred Parker (geb. 1921), Fotograf, 1938 Emigr. EC, 1939 USA; ∞ 1962 Helma Hoffmann (geb. 1938), ev., kaufm. Angest.; *K:* Renate (geb. 1962); *StA:* deutsch. *Weg:* 1934 NL; 1936 CSR; 1937 GB; 1946 Deutschland (BBZ).

1928-32 deutsch-jüdischer Wanderbund *Kameraden,* 1932-33 *Sozialistischer Schülerbund* in Breslau. Mai-Sept. 1933 kaufm. Lehre in Berlin, Mitgl. KPDO, Verhaftung. Juli 1934 nach Haftentlassung Emigr. Holland, Umschulung als Bauschlosser mit Unterstützung von *Stichting Joodse Arbeid,* Mitgl. KPD, 1936 aufgrund pol. Betätigung ausgewiesen; anschl. CSR, erneut Mitgl. KPDO. 1937 nach GB, bis 1940 Hilfsarb., anschl. Rohrleger u. Klempner. 1940-41 11 Mon. Internierung, u.a. Isle of Man. 1940-45 Mitgl. NB. 1942-46 Arbeit in Flugzeugindustrie. 1942-46 Mitgl. *Landesgruppe deutscher Gewerkschafter in Großbritannien* u. VorstMitgl. *Arbeiterwohlfahrt.* 1943-46 Mitgl. Jugendkomitee u. Vors. SJ innerhalb der *Union.* Sept. 1946 Rückkehr nach Deutschland, 1946-60 Ltr. Auslandsabt. beim PV der SPD in Hannover u. Bonn, 1947-60 verantwortl. Red. *News from Germany* u. *Nouvelles d'Allemagne* (hg. vom SPD-PV). 1947-51 Vors. *Jungsozialisten.* 1947-49 Mitgl. DAG, seit 1949 Mitgl. *Gewerkschaft Handel, Banken, Versicherungen.* Seit 1952 Mitgl. *Deutsch-Englische Gesellschaft.* 1961-68 Geschäftsf. *Weltweite Partnerschaft* in Bonn. 1956-65 Mitgl. *Deutsche Gesellschaft für Auswärtige Politik,* 1966-69 VorstMitgl. *Deutsch-Israelische Gesellschaft.* Seit 1969 AbtLtr. Friedrich-Ebert-Stiftung Bonn-Bad Godesberg. Lebte 1978 in Bonn. - *Ausz.:* BVK am Band.

L: Röder, Großbritannien. *Qu:* Fb. Hand. Publ. - IfZ.

Q

Quast, Richard, Parteifunktionär; geb. 17. März 1896 Berlin, gest. 1966; *Weg:* 1934 Saargeb.; 1935 F; 1941 Mex.; 1947 Deutschland (SBZ).

Lithograph; 1919 KPD, Partei- u. GewFunktionär, Ltr. einer KPD-Werkstatt für Paß- u. Dokumentenfälschungen in Berlin (Deckn. Abel), Mitarb. sowj Geheimdienst. 1933 illeg. Tätigkeit, 1934 Emigr. Saargeb., 1935 Frankr., Internierung in Le Vernet u. Les Milles. Dez. 1941 Mexiko, Mitgl. BFD und *Heinrich-Heine-Klub,* Teiln. KPD-Funktionärsberatung v. 9./10. Jan. 1943 (1941 [?]-47 Deckn. Paul Hartmann). 1947 Rückkehr nach Deutschland, Instrukteur der sog. Abt. Verkehr des ZK der SED (zuständig für Infiltration in die BRD), später Mitarb. Institut für wirtschaftswissenschaftl. Forschung u. Min. für Staatssicherheit. - *Ausz.:* 1955 VVO (Bronze).

L: Dallin, Sowjetspionage; Kießling, Alemania Libre. *Qu:* Hand. Publ. - IfZ.

Quast, Heinrich Friedrich Wilhelm **Rudolf** (Rudi), Dr. phil., Bibliothekar, Gewerkschaftsfunktionär; geb. 5. Juli 1907 Unna/Westf.; ev., Diss.; *V:* Rudolf Q. (1877-1949), ev., kaufm. Angest.; *M:* Franziska, geb. Winter (1881-1908), ev.; ∞ 1934 Amsterdam, Friedel Breitländer (geb. 1908), ev., Lehrerin, 1933 Emigr., nach 1940 Hilfstätigkeit für jüd. Illegale in Amsterdam, 1945 Rückkehr nach Deutschland; *K:* Dr. rer. nat. Ulrich Q. (geb. 1938 Amsterdam), Hochschullehrer in Essen; *StA:* deutsch, 17. Okt. 1938 Ausbürg. mit Fam., 1950 deutsch. *Weg:* 1933 NL; 1942 Deutschland.

1921-24 Wandervogel, 1924-26 *Freideutsche Jugend.* Ab 1926 Stud. Kunstgesch., Archäologie, Phil., Theaterwiss., Publizistik, Wirtschafts- u. Sozialwiss. München, Berlin, Münster, 1932 Prom., Dipl. für Fürsorgewesen u. Sozialpol.; 1929-31 SPD, VorstMitgl. der Parteiorg. Unna, 1929-31 Vors. *Sozialistische Studentengruppe* Münster, 1929-33 aktiv im *Reichsbanner;* 1931-32 SAPD, Mitgr. u. VorstMitgl. der Parteiorg. Unna, Dez. 1932 Wiedereintritt in SPD. 1931-33 Mitarb. *Neue Blätter für den Sozialismus.* Drohende Verhaftung nach Versuchen zur Waffenbeschaffung für *Reichsbanner,* Juli 1933 Flucht nach Amsterdam, Unterstützung durch *Matteotti-Komitee.* 1933-34 Mitarb. der von → Alfred Mozer u.a. hg. Wochenzs. *Freie Presse,* 1934/35-40 Mitgl., zeitw. Sprecher der *Gruppe Revolutionärer Sozialisten Amsterdam* um → Erich Kuttner u. Franz Vogt. 1934-40 Bibliothekar an UnivBibl. u. am IISG Amsterdam, Juli 1940 nach vergebl. Versuchen zur Evakuierung des IISG nach GB Schließung durch Gestapo. Anschl. Arbeit im Rahmen eines *Werkobjects voor werkloze intellectueelen* an der UnivBibl. Amsterdam. Sommer 1942 Einberufung zur Wehrmacht als „Staatenloser deutscher Abstammung", Apr. 1945 sowj. Kriegsgefangenschaft, Mitarb. Antifa-Komitee des Lagers Rjazan, Jan. 1950 Entlassung. Mai 1950-Apr. 1957 Sekr. beim Hauptvorst. der *IG Bergbau und Energie* Bochum, u.a. persönl. Ref. im Vorst., Ref. für Fragen der Neuordnung des Montanwesens u. der Mitbestimmung, 1954 Mitgr. *Hans-Böckler-Gesellschaft,* ab 1957 Ltr. Abt. Mitbestimmung beim DGB-Bundesvorst., 1961-67 Geschäftsf. der Stiftung Mitbestimmung des DGB. Ab 1950 Mitgl. Bildungspol. Ausschuß SPD-Bez. Westl. Westfalen u. Vors. der Schiedskommission SPD-

Unterbez. Bochum, 1954-58 StadtVO. Bochum, anschl. Fachkundiger Bürger im Kulturausschuß, Mitgr. *Kunstverein Bochum,* 1955-75 AR-Mitgl. Ruhrfestspiele, Mitgr. u. VorstMitgl. *Gesellschaft der Freunde der Ruhr-Universität Bochum.* Mitarb. der GewPresse. Lebte 1978 in Bochum. - *Ausz.:* 1974 Ehrenring der Stadt Bochum.

W: u.a. Studien zur Geschichte der deutschen Kunstkritik in der zweiten Hälfte des 19. Jahrhunderts (Diss.). 1936; Zwischen Amsterdam und Bochum. In: Jahrbuch der Ruhr-Universität, 1974. *L:* Rudi Quast zum 65. Geburtstag (Festschrift, mit Aufs. u. Reden 1931-71). 1972. *Qu:* Arch. Pers. Publ. - IfZ.

Quidde, Ludwig, Dr. phil., Historiker, Politiker; geb. 23. März 1858 Bremen, gest. 18. März 1941 Genf; ev., 1890 Diss.; *V:* Ludwig August Q. (1821-85), Kaufm.; *M:* Anna Adelheid, geb. Cassebohm (1837-68); *G:* Rudolf (1861-1942), Richter, Präs. Bremische Bürgerschaft, Präs. Kirchenausschuß der Bremischen Ev. Kirche; ∞ 1882 Margarethe Jacobson (1858-1940), Musikerin, Schriftst., Emigr.; *StA:* deutsch, 1940 Ausbürg. *Weg:* 1933 CH.

Ab 1877 Stud. Gesch., Phil., u. Wirtschaftswiss. Straßburg u. Göttingen, 1881 Prom., ab 1882 Mitarb. bei der Hg. der *Deutschen Reichstagsakten,* daneben 1889-95 Hg. *Deutsche Zeitschrift für Geschichtswissenschaft;* 1887 ao. Mitgl. Histor. Kommission bei der Bayer. Akad. der Wiss. u. 1892 ao. Mitgl. der Akad., 1889 ltd. Hg. *Deutsche Reichstagsakten (Ältere Reihe),* 1890-92 ltd. Sekr. Preuß. Histor. Institut Rom, Prof.-Titel. Veröffentl. der Schrift *Caligula, eine Studie über römischen Cäsarenwahnsinn,* die trotz streng wiss. Form deutlich auf Kaiser Wilhelm II. anspielt u. in zahlr. Auflagen pol. Aufsehen erregte, daraufhin Ächtung innerhalb der dt. GeschWiss., Rücktritt als Hg. der Zs.; 1896 zu 3 Mon. Gef. wegen Majestätsbeleidigung durch krit. Äußerungen auf einer Versammlung der DVP verurteilt. Trotz Widerständen aus Fachkreisen weiterhin in der Edition der Reichstagsakten tätig, daneben nunmehr vor allem pol. aktiv: Ab 1893 DVP, später *Fortschrittliche Volkspartei,* 1894 Gr. u. bis 1918 Vors. *Münchner Friedensgesellschaft,* 1896 Vors. DVP-Landesverb. Bayern, Geldgeber *Münchner Freie Presse,* 1902-11 Mitgl. GdeKollegium München, ab 1907 Mitgl. bayer. AbgKammer, 1918 2. Vizepräs. provis. NatRat des Volksstaates Bayern, Mitgl. DDP, MdNV, Mitgl. *Interparlamentarische Union.* Ab 1901 Mitgl., später Vizepräs. *Internationales Friedensbüro* Genf, 1907 Präs. Weltfriedenskongreß München, ab 1902 VorstMitgl., 1914-29 Vors. *Deutsche Friedensgesellschaft.* Nach 1914 Gegner sowohl der dt. Annexionspol. als auch der Abtrennung dt. Gebiete. Weitgespannte org. u. publizist. Tätigkeit im Rahmen der pazifist. Bewegung, 1924 kurzfristig Haft wegen Enthüllungen über sog. *Schwarze Reichswehr.* Vors. *Deutsches Friedenskartell,* 1927 Friedensnobelpreis. 18. März 1933 Emigr. nach Genf, Forts. der Editionstätigkeit, Mitarb. u.a. *Neue Zürcher Zeitung, Basler Nachrichten, Prager Tagblatt.* 1934 Einspruch des AA Berlin gegen beabsichtigte Ausbürg. aufgrund seines damals willkommenen Eintretens für Rüstungsbeschränkungen in den Nachbarländern des Reichs. Weiterhin aktiv in internat. Friedensbewegung, Teiln. an den europ. Friedenskonferenzen, Initiator von Hilfsmaßnahmen für dt. Emigr., u.a. in ZusArb. mit *Demokratischer Flüchtlingsfürsorge* unter → Kurt R. Grossmann, Einsatz für internat. Liberalisierung des Flüchtlingsrechts u. der Aufnahmepolitik.

W: siehe Taube, Utz-Friedebert, Ludwig Quidde. 1963. *L:* u.a. RhDG; Bremische Biographie. 1969. *D:* BA; Swarthmore Coll., Swarthmore/Pa., USA. *Qu:* Arch. Hand. Publ. Z. - IfZ.

Quittner, Genia, geb. Lande, Dr. rer. pol.; geb. 4. Nov. 1906 Wien; *G:* → Adolf Lande; ∞ Franz Quittner (geb. 1904, gest.), Physiker, Mitgl. KPÖ. 1930 Emigr. UdSSR, 1938 im Zug der Säuberungen verhaftet, Tod in Lagerhaft; *K:* Vera (geb. 1931), Georg (geb. 1934); *StA:* österr., 1931 (?) UdSSR, 1947 (?) österr. *Weg:* 1930 UdSSR, 1946 Österr.

Mitgl. SAJDÖ, ab 1923 führende Vertr. der linksoppos. *Unabhängigen Sozialistischen Arbeiterjugend* (USAJ), 1925 im Rahmen der ersten sog. Jungarbeiterdelegation aus Österr. Reise in die UdSSR, ab 1925 nach Vereinigung der USAJ mit KJVÖ Funktionärin des KJVÖ, 1928 neben → Robert Bohl u. → Friedl Fürnberg Wahl ins Exekutivkomitee der KJI. Stud. Staatswiss. Wien, 1928 Prom. 1930 nach Moskau, ab 1931 Mitgl. KPdSU. Mitarb. Institut für technisch-ökonomische Industrieforschung des Volkskommissariats für Schwerindustrie, daneben ab 1932 Abendstud. Pol. Ökonomie am Institut der Roten Professur, 1935-37 Lektorin an Leninschule in Moskau. Nach Verhaftung des Ehemannes 1938-39 techn. Übers. in Moskauer Elektrobetrieb, 1939-41 Englisch-Lektorin Lomonossov-Univ. Moskau. Ende 1941 nach Evakuierung der Univ. aus eigener Initiative Flucht angesichts des Vormarsches der dt. Truppen, bis Ende 1942 Aufenthalt in Čistopol/Tatarische ASSR, Lebensunterhalt durch Sprachunterricht u. Nachhilfestunden. Ende 1942-Mai 1943 auf Anforderung des *Komintern*-App. Lehrerin im österr. Sektor der *Komintern*-Schule in Kušnarenkovo, anschl. bis Frühj. 1944 Arb. im Archiv der ehem. *Komintern*-Presseabt. *(Institut Nr. 205),* Materialzusammenstellung für Radiosendungen für Deutschland u. die deutsch besetzten Gebiete. 1944-46 neben → Otto Fischer zweite ständige Lehrerin im österr. Sektor der Antifa-Schule Krasnogorsk, Okt. 1945-Ende 1946 Sektorltr.; Ende 1946 Rückkehr nach Wien, Bildungsfunktionärin der KPÖ. Nach Ungarnaufstand von 1956 Parteiaustritt. Lebte 1978 in Wien.

W: u.a. Weiter Weg nach Krasnogorsk. Schicksalsbericht einer Frau. 1971 (Erinn.). *L:* Frick, Karl, Umdenken hinter Stacheldraht. 1967; Vogelmann Propaganda; Neugebauer, Bauvolk; Reisberg, KPÖ. *Qu:* Arch. Erinn. Pers. Publ. - IfZ.

R

Raab, Karl, Parteifunktionär; geb. 3. März 1906 Berlin; *StA:* deutsch. *Weg:* 1934 (?) UdSSR; 1945 Deutschland (SBZ).

Bankangest.; 1927 KPD, nebenamtl. Parteifunktionär, zeitw. Red. RGO-Betriebsztg. *Kampfstimme* u. *Angestellten-Kampf,* 1932 Mitarb. *Die Rote Fahne* u. Internationaler Arbeiterverlag. 1933-34 unter Deckn. Arthur Fiedler Mitarb. der RGO in Berlin, anschl. Emigr. in die UdSSR. Besuch Lenin-Schule der *Komintern,* dann Mitarb. einer dt.-sprachigen Red. - 6. Mai 1945 Rückkehr nach Pommern als Mitgl. *Gruppe Gustav Sobottka,* (→ Gustav Sobottka) bis 1949 nacheinander Chefred. *Volkszeitung, Schweriner Volkszeitung* u. *Deutsche Finanzwirtschaft,* ab 1950 Mitarb. ZK-App. der SED, 1951 Hauptkassier des ZK, 1952-76 Ltr. ZK-Abt. Finanzverw. u. Parteibetriebe, 1976 Botschaftsrat in Luxemburg.

L: Schmidt, Deutschland. *Qu:* Hand. Publ. Z. - IfZ.

Raban, David (urspr. Rubinstein, Siegfried), Verbandsfunktionär; geb. 5. Jan. 1911 Memel; *V:* Eliyahu Rubinstein (geb. Ostpreußen), jüd., Kaufm.; *M:* Olga (geb. Ostpreußen); *G:* Bernhard Rubinstein, Ltr. eines Supermarkts in den USA; Hannah (umgek. im Holokaust); Rachel (umgek. im Holokaust); ∞ Ruth; *K:* Shulamit Rosenblum, Lehrerin; Rachel, Lehrerin; *StA:* deutsch, Pal./IL. *Weg:* 1935 Pal.

Stud. Philologie Königsberg, landwirtschaftl. Hachscharah, Mitgl. Hauptvorst. *Makkabi Hazair* u. *Hechaluz* Berlin. 1935 Emigr. Palästina mit C-Zertifikat, 1935 Hakhsharah Kibb. Deganyah Alef, 1936-37 ArbKommando in Reḥovot, ab 1938 Mitgl. Kibb. Maayan Zevi. 1938-39 Vertr. der *Jew. Agency* u. *Histadrut* in der ČSR u. in Österr., 1940 Vertr. von *Hechaluz* in der Schweiz, 1945-47 i. A. der *Jew. Agency* im Internierungslager Atlit/Palästina, 1946-47 in Internierungslager auf Zypern tätig, 1949-52 in Abt. für Integration der *Jew. Agency* verantwortl. für Überprüfung von Einwanderern nach Israel. 1956

SekrMitgl., seit 1962 Koordinator kulturelle Abt. der Genossenschaft *Ihud haKevuzot veha Kibbuzim,* Ltr. Kulturabt. der Kibb-Org., Mitgl. *Histadrut* u. *Jew. Agency.* Lebte 1977 in Maayan Zevi/Israel.

Qu: Fb. - RFJI.

Rabinowicz, Oskar Kwasnik, Dr. phil., Politiker, Bankier, Publizist; geb. 13. Okt. 1902 Aspern bei Wien, gest. 26. Juni 1969 New York; jüd.; *V:* Julius (Jehuda Leib) Kwasnik R. (geb. 1877 Rohozna/Rum., umgek. 1944 KL Theresienstadt), jüd., Hebr-Lehrer u. Kantor, u.a. in Wien, nach 1. WK Edelmetallmakler, Hebraist, Schriftst.; *M:* Eugenia (Genandel), geb. Rosenkrantz (geb. 1875 Osteuropa, umgek. 1944 KL Theresienstadt), jüd.; *G:* Rosa Feder (geb. 1900 Wien, 1944 umgek. im Holokaust), Stud. Musikakad. Wien, Konzertpianistin in der ČSR, Dep. nach PL; Martha Goldah (geb. 1905 Marienbad), Lehrerexamen, KL, 1945 nach F, 1958 in die USA; Dr. jur. Kurt (Aharon Moshe) R. (geb. 1914 Boskowitz/Mähren), Stud. Univ. Leyden, 1940(?) Emigr. Pal., Forschungsstipendium an der Rechtswiss. Fak. Hebr. Univ.; ∞ 1934 Rosa Oliner (geb. 1917 Teplitz-Schönau/Böhmen), jüd., Stud. Lit. Prag, 1939 Emigr. GB, 1956 in die USA; *K:* Theodore K. Rabb (geb. 1937 Teplitz-Schönau), 1939 Emigr. GB, Stud. Oxford Univ.; 1956 in die USA, Ph. D. u. Prof. für Gesch. Princeton Univ.; Judith K. Tapiero (geb. 1943 London), 1956 in die USA, M.L.S. Rutgers Univ., Bibliothekarin; *StA:* ČSR, 1948-56 staatenlos, 1956 brit. *Weg:* 1939 GB, 1956 USA.

1921-24 Stud. Brünn u. Karlsuniv. Prag, 1924 Prom.; gleichz. Lehrer an jüd. Volksschule Prag, Mitgl. zion. Bewegung, aktiv im *Betar,* 1924-29 für väterl. Maklergeschäft in Brünn u. 1929-31 in London tätig. 1924-32 Korr. *Jüdische Volksstimme* Brünn, 1925-31 Mitgr. u. GeschLehrer Jüd. Gymn. Brünn, 1925-29 Präs. tschechoslow. Sektion der *Union der Zionist. - Revisionisten,* enger Mitarb. von Wladimir Jabotinsky; 1918-39 Mitgl. *Jüdische Historische Gesellschaft der Tschechoslowakei,* 1926-39 Mitgl. *Jüdische Museumsgesellschaft der Tschechoslowakei,* 1918-35 Mitgl. *Zionistische Organisation der Tschechoslowakei,* in den 30er Jahren Beitr. in versch. Ztg. unter dem Ps. Dror. 1931-33 Stud. L(H)WJ Berlin, 1933 Rabbinerexamen; 1931-33 Deleg. auf zion. Kongressen, 1931-35 Mitgl. Aktionskomitee der WZO, 1933-34 Ltr. Weltsekretariat der Revisionistischen Bewegung, 1935-39 Vors. tschechoslow. Boykott-Komitee gegen natsoz. Deutschland, 1934-39 Gr. u. Schriftltr. Wochenschrift *Medina Ivrit* Prag, 1935-38 Mitgl. Welt-Exekutive revisionist. *Neue Zionistische Organisation.* 1935-38 in der ČSR für illeg. Palästina-Einwanderung jüd. Flüchtlinge aus Deutschland u. Österr. tätig, Teiln. an Rettungsaktion für 3.000 Juden in der ČSR durch Vermittlung legaler Einreiseerlaubnis nach Palästina; Sept. 1938-Febr. 1939 MilDienst. 1939 wegen Ltg. des Boykott-Komitees u. anti-natsoz. Art. in *Medina Ivrit* von der Gestapo gesucht. März 1939 Emigr. GB über Deutschland u. Frankr., 1940-46 Inh. u. Geschäftsf. Finanzierungsges. Clements Trading Co., im 2. WK Beteiligung an Munitionsfabrik, 1946-56 Vors. u. geschäftsf. Dir. Anglo-Federal Banking Corp. London, Berater des isr. Finanzmin. Pinḥas Sapir bei Verhandlungen über Staatsanleihen. 1941 Mitgr. *Committee for Zion. Research* London, 1941-69 ehrenamtl. Sekr. *Committee on Restoration of Continental Archives, Museums and Libraries,* 1946-56 Kuratoriumsmitgl. u. Vors. Bibliothekskomitee des Jews' Coll. London, 1947-56 VorstMitgl. *Soc. for Jew. Study* London, 1948-53 Gr. u. Kuratoriumsmitgl. Carmel Coll. (erste jüd. höhere Privatschule in GB), 1948-56 Kuratoriumsmitgl. *Friends of the Hebr. Univ.* London, 1954 Mitgl. u. ehrenamtl. Schatzmeister Tercentenary Council zur Org. von Feiern anläßl. der 300-Jahrfeier der Wiederansiedlung der Juden in GB, 1954-65 Vors. Jew. Record Office London u. Brit. *Friends of the Midrashia,* ab 1940 Mitgl. *Council of Christians and Jews,* Mitgl. *Relief Committee of Jews from Czech.* u. AJR. Mai 1956 in die USA, 1956-69 Kuratoriumsmitgl. *Am. Friends of the Hebr. Univ.,* 1956-69 Kuratoriumsmitgl. u. Vizepräs. *Conf. on Jew Social Studies* in USA, 1956-69 Mitgl. geschäftsf. Vorst. WJC, 1959-65 Mitgl. Beratungsausschuß des Judaistik-Dept. der Brandeis Univ. Waltham/Mass., 1960-69 RedMitgl. *Jew Publ. Soc.* Philadelphia/Pa., u. *Am. Zion. Soc.,* 1960-69 Kuratoriumsmitgl. u. Mitgl. Bibliothekskomitee des Jew. Theol. Seminary of Am. New York, 1965-69 Gr. u. Präs. des RedKomitees *Soc. for the Hist. of Czech Jews,* Hg. u. Mitarb. an ihrer zentralen Veröffentl. *The Jews of Czechoslovakia,* Kuratoriumsmitgl. u. Red. für tschechoslow.-jüd. Gesch. für *Encyclopaedia Judaica,* VorstMitgl. *Am. Isr. Cultural Found.,* 1940-69 VorstMitgl. *Jew. Hist. Soc. of England,* 1952-69 VorstMitgl. *Anglo-Jew. Assn.,* ab 1957 VorstMitgl. von Rassco u. der *Jüdischen Historischen Gesellschaft von Israel,* Mitgl. auf Lebenszeit des Weizmann Inst. of Science Reḥovot u. Mitgl. *Freunde des Technion Haifa,* aktiv in Joseph-Popper-Loge u. B'nai B'rith. Lebte im Ruhestand in Scarsdale/N.Y. u. Jerusalem. - *Ausz.:* u.a. 1965 Landau-Preis Israel, 1968 1. Lecturer Churchill-Memorial Lectures der *Jew. Hist. Soc. of England.*

W: Gedichte 1918-1921. 1924; Spinoza's Concept of God. (Diss.) 1924; Geschichte der Juden in Aussee. 1927; Einleitung in die Probleme des rituellen Schlachtens. 1937; Rabinowicz, Yehuda Kwasnik (Hg.), Makor Niftah (Bibelindex). 1938; Vladimir Jabotinsky's Conception of a Nation. 1946; Fifty Years of Zionism. A Historical Analysis of Dr. Weizmann's "Trial and Error". 1950; Winston Churchill on Jewish Problems. A Half Century Survey. 1956, 1960; Herzl, Architect of the Balfour Declaration. 1958; Temple Israel Center Golden Jubilee Book. 1958; A Jewish Cyprus Project. Davis Trietscho's Colonization Scheme. 1962; The Jews of Czechoslovakia, Bd. 1, 1968, Bd. 2, 1971 (Hg. u. Mitarb.); Sir Soloman de Medina. 1974; Arnold Toynbee on Judaism and Zionism: A Critique. 1974; zahlr. Art. zur Gesch. des Zionismus u.a. jüd. Themen in: *Jewish Quarterly Review, Jewish Social Studies, Transactions Jewish Historical Society of England* u.a. Publ., Festschriften, der *Encyclopedia of Zionism and Israel* u.a. Nachschlagewerken.

L: Herberg, A., In Memoriam Oskar K. Rabinowicz 1902-1969. In: Jewish Social Studies, 1970; Rabb, T. K., The Œuvre of Dr. Oskar K. Rabinowicz. In: The Jews of Czechoslovakia. 1971; Roth, C., My Friendship with Oskar K. Rabinowicz. Ebd.; Tapiero, J. K. u. Rabb, T. K., Oskar Rabinowicz. A Biographical Sketch. In: Sir Solomon de Medina. 1974. *D:* Central Zionist Archives, Jerusalem; umfangreiche Privatbibliothek einschl. einer unveröffentl. mehrbändigen Gesch. des Zionismus in der Bibliothek Hebr. Univ. Jerusalem; Inst of Contemporary Jewry, Hebr. Univ. Jerusalem. *Qu:* EGL. Hand. Pers. Publ. - RFJI.

Rabinowitz, Kurt, Ph.D., M.D., Arzt, Ministerialbeamter; geb. 26. Mai 1916 Wien, gest. 6. Febr. 1974 IL; jüd.; *V:* Lazar (Leo) R. (geb. 1888 Bielsko/Galizien, gest. 1969 Jerusalem), RA, Emigr. Pal.; *M:* Hanika, geb. Thaler (geb. 1898 Wien, gest. 1956 Jerusalem), Musiklehrerin; *G:* Alfred (geb. 1918 Wien, gest. 1948 IL); ∞ 1942 Sonya-Sarah Bergner (geb. 1918 Rzeszow/Galizien), Mikrobiologin, Emigr. Pal., LabLtr. im öffentl. Gesundheitsdienst; *K:* Moshe Daniel (geb. 1946), Ing.; Ron (Alfred) (geb. 1950), Arzt. *Weg:* 1938 Pal.

1935-38 Stud. Med. Wien, Mitgl. *B'rith Hakoah.* 1938 Emigr. Palästina, Mitgl. *Haganah,* 1941-48 Ltr. Seruminst. des Gesundheitsmin. der Mandatsreg.; 1942 M.Sc., 1947 Ph.D (Bakteriologie) Hebr. Univ., 1948-55 Dir. Lab. für öffentl. Gesundheit des isr. Gesundheitsmin., 1956 M.D. Hebr. Univ., 1957-59 Dir. Hadassah Med. Center Jerusalem, 1959-60 Arzt für Familienmed. am med. Zentrum Jerusalem, 1960-66 AbtLtr. regionaler Gesundheitsdienst des isr. Gesundheitsmin., 1961 M.P.H. Hebr. Univ.; 1950-67 IDF-Stabsarzt, 1965, 1968, 1970 u. 1972 StudReisen nach Europa u. in die USA, 1966 Gr. u. Dir. Nat. Unit for Nosocomial Infections, Mitgl. *Isr. Med. Assn., Israelische Gesellschaft für öffentliche Gesundheit, Israelische Gesellschaft für Mikrobiologie.*

Qu: Hand. Pers. Publ. - RFJI.

Rabitsch, Hans, Gewerkschaftsfunktionär. *Weg:* CH.

Gewerkschaftsfunktionär aus Kärnten, emigrierte in die Schweiz, Mitarb. im Sekretariat *Internationale Holzarbeiter-Gewerkschaft;* LtgMitgl. *Landsmannschaft österreichischer Sozialisten in der Schweiz.*

Qu: Arch. - IfZ.

Rachmilewitz, Nachman, Dr. phil., Politiker, Verbandsfunktionär, Kaufmann; geb. 25. Mai 1876 Volkovysk/Weißrußland, gest. 23. Jan. 1942 Tel Aviv; jüd.; *G:* Dr. med. Ester Funk (geb. 1885 Volkovysk, gest. 1965 Heidelberg), Kinderärztin in Danzig, 1939 Emigr. Pal.; Schimon (geb. Volkovysk, gest. 1940 Kaunas/Litauen), Fabrikant in Kaunas; Philipp (geb. Volkovysk, umgek. im Holokaust), Textilfabrikant in Lodz; ∞ 1905 Aniela Lindenschatt (geb. 1886 Warschau), jüd., Gymn. Warschau, tätig in philanthrop. Org., u.a. OSE Berlin, 1934 Emigr. Litauen über ČSR, 1935 nach Pal., A: Tel Aviv; *K*: Halla Strenger (geb. 1920 Wilna/Litauen), Abitur Berlin, Stud. Kunstakad. London u. Paris, 1938 Emigr. Pal., Photographin in Tel Aviv; → Siga Rachmilewitz; *StA:* russ., litauisch. *Weg:* 1934 Litauen, 1935 Pal.

Stud. Chemie u. Phil. Heidelberg u. Königsberg, 1901 Prom.; 1905-20 Großhändler für Papierholz in Wilna, gleichz. StadtVO Wilna, 1920-25 stellv. Min. für Finanzwesen, Gewerbe u. Handel als einer von 3 Juden in der 1. litauischen Reg., Gr. der Zentralbank von Litauen, Mai 1920-Nov. 1922 Mitgl. der Litauischen Verfassunggebenden Versammlung für die *Aḥdut* u. *Agudat Israel.* Präs. Jüdischer Nationalrat in Litauen, der für die Verw. autonomer jüd. Einrichtungen zuständig war. 1925 nach Deutschland, 1925-34 Kaufm. in Berlin, gleichz. Vizepräs. *Weltverband für Sabbathschutz Schomrei Schabbos* Berlin, VorstMitgl. Isr. SynGde. Adass Jisroel Berlin, Vors. *Litauischer Verband* Berlin, Tätigkeit bei jüd.-orthod. Org.; finanzierte die Veröffentl. einer Talmud-Konkordanz. 1934 Emigr. Litauen über die ČSR, nachdem er von seinem dt. Partner der Steuerhinterziehung beschuldigt worden war. 1935 nach Palästina mit Diplomatenpaß, 1935-40 litauischer Gen-Konsul in Tel Aviv, Gr. eines litauisch -palästinens. Import-Export-Geschäfts.

Qu: Pers. Publ. - RFJI.

Rachmilewitz, Siga, Kibbuzfunktionär; geb. 21. Mai 1915 Wilna/Litauen; *V:* → Nachman Rachmilewitz; ∞ 1936 Chava (Eva) Chone (geb. 1914 Konstanz), T. von Rabbiner Hermann Chone; *K:* Avner (geb. 1938 Kibb. Ayelet haShaḥar), 1973 Ing.-Examen für Elektrowesen Technion, Ing. im isr. Verteidigungsmin.; Noemi Goldfarb, 1974 Dipl. des Kibb.-Lehrerseminars; *StA:* litauisch, Pal./IL. *Weg:* 1934 F, 1935 Pal.

1933 Abitur Berlin, 1933-34 Stud. TH Berlin-Charlottenburg, gleichz. 1928-30 Mitgl. zion. Pfadfinderbund *Hazofim,* 1930-34 Mitgl. *Kadimah, Habonim.* März 1934 Emigr. Frankr., 1934-1935 landwirtschaftl. Hachscharah im Kibb. Mahar/Dépt. Corrèze, 1935 im *Hechaluz*-Zentrum in Paris tätig. Aug. 1935 nach Palästina mit Touristenvisum, später B III-Zertifikat, 1935-52 Mitgl. Kibb. Ayelet haShaḥar, zuerst Landarbeiter, dann Sekr. u. Schatzmeister, ab 1952 Mitgl., Schatzmeister, Baudir. u. Buchprüfer Kibb. HaGoshrim, gleichz. Schatzmeister u. Vizepräs. BezRat, ab 1973 SekrMitgl. HaKibbuz ha-Meuḥad, verantwortlich für Wohnungsbau im Kibb. Lebte 1977 im Kibb. HaGoshrim.

Qu: Fb. - RFJI.

Radó, Augusta Elise Helene (Lene), geb. Jansen, Journalistin; geb. 18. Juni 1901 Frankfurt/M., gest. 1. Sept. 1958 Budapest; *V:* Carl Jansen (geb. 1873); *M:* Maria, geb. Katscher; ∞ Dr. Alexander (Sándor) Radó (geb. 1899), im 1. WK Offz., Teiln. an Grdg. der ungar. Räterepublik, 1919 Emigr. nach Wien, Stud. Geographie in Wien, Jena u. Leipzig, Tätigkeit als *Komintern*-Agent, KPD-Mitgl., 1924-25 Kartograph in Moskau, ab 1925 Berlin, Gr. u. Ltr. geogr. u. kartogr. Presseagentur *Pressgeo.* 1933 über Belgien nach Frankr., zeitw. in Wien, Gr. u. Ltr. *Inpress* sowie Weiterführung der *Geopress* in Paris u. ab 1936 in Genf, Residenturltr. des sowj. milit. Geheimdienstes in der Schweiz (Deckn. Albert, Alex, Dora, Ignati Kulišer). Sept. 1944 Flucht nach Frankr. u. später Ägypten, 1945-55 Inhaftierung in der UdSSR, 1955 Rückkehr nach Budapest, Kartograph, 1958-70 Prof. mit Lehrstuhl für Geographie Univ. Budapest. International renommierter Geograph mit zahlr. Ehrun-

gen u. Ausz.; *StA:* deutsch, durch Heirat H. *Weg:* 1933 B, F, Österr.; 1936 CH, 1944 F, 1955 H.

Sekr. u. Fremdsprachenkorr., Mitgl. KPD ab Grdg. Parteifunktionärin u. Übers., 1921-22 im Parteiauftrag in Wien, 1924-26 Moskauer Korr. *Die Welt am Abend* Berlin, danach Mitarb. AgitPropAbt. des ZK der KPD, mehrmals verhaftet. 1933 über Belgien nach Frankr., zeitw. in Wien; rege publizist. Mitarb. bei Exilpresse, u.a. *Deutsche Volkszeitung* u. *Pariser Tageszeitung;* 1936 in die Schweiz, Mitarb. *Geopress* Genf u. nachrichtendienstl. Tätigkeit für die UdSSR im Rahmen der Spionageorg. ihres Mannes (Ps. Mary, Maria Arnold), nach deren Aufdeckung Sept. 1944 Flucht nach Frankr., Mitarb. *Unitarian Service Committee* u. später bis 1950 *Weltgewerkschaftsbund,* danach Übers. für DDR-Verlage; 1947 in der Schweiz in Abwesenheit zu 1 J. Gef. wegen MilSpionage verurteilt. 1955 Übersiedlung nach Ungarn.

L: Dallin, Sowjetspionage; Radó, Alexander, Deckname Dora. 1972. *Qu:* Arch. Pers. Publ. - IfZ.

Raeburn, Ashley Reinhard George (urspr. Alsberg, Reinhard Georg), Unternehmensleiter; geb. 23. Dez. 1918; ev.; *V:* Adolf Alsberg (geb. 1869 Arolsen b. Kassel, gest. 1933 Kassel), jüd., Diss., orthopäd. Chirurg; *M:* Elisabeth, geb. Hofmann (geb. 1881 Meiningen/Werra, gest. 1949 London), jüd., Diss., 1938 Emigr. GB; *G:* Conrad Alsberg (geb. 1916 Kassel, gest. 1971 Stockholm), Journ., 1938 Emigr. S; Dietrich Alsberg (geb. 1917 Kassel), Physiker, 1939 Emigr. USA; Ursula Alsberg (geb. 1924 Kassel, gest. 1943 GB), 1936 Emigr. GB; ∞ 1943 Esther Johns (geb. 1918 Goodwick/Wales), anglikan., Goodwick Grammar School, Sekr., 1941-44 Dienst in brit. Armee; *K:* Ursula Gregory (geb. 1944 Goodwick), Ph.D. Oxford Univ.; Richard (geb. 1946 London), M.A. Oxford Univ., M.B.A. Columbia Univ. New York, Geschäftsf. in B; Joanna French (geb. 1949 London), B.M. Oxford Univ., M.R.C.P. Middlesex Hospital Med. School; Charlotte (geb. 1954 London), B.A. Oxford Univ., Bankbeamtin Bank of England; *StA:* deutsch, 1946 brit. *Weg:* 1933 GB.

1928-33 Gymn. Kassel. Apr. 1933 Emigr. GB, 1933-37 Stud. Univ. Coll. School London, 1937-40 Stud. Phil., Pol., Wirtschaftswiss. Balliol Coll. Oxford, M.A.; 1940-45 brit. Armee (Pionierkorps, Artillerie), 1945 Hauptm., 1945-46 Dienst in Indien, 1946-54 im brit. Ernährungsmin., dann im Schatzamt. 1955-77 bei Royal Dutch Shell, 1962 Group Treasurer, 1968 Dir. Abt. Afrika, Indien, Pakistan, 1972 GenBevollmächtigter in Japan, Vors. Shell Sekiyu; ab 1978 AR-Mitgl. Rolls-Royce Ltd. Ab 1965 Mitgl. Kuratorium Balliol Coll. Oxford, ab 1964 Mitgr. u. Beirat Oxford Center of Management Studies. Lebte 1978 in London. - *Ausz.:* 1976 CBE.

Qu: Fb. - RFJI.

Rädel, Siegfried Engelbert Martin, Partei- u. Gewerkschaftsfunktionär; geb. 7. März 1893 Copitz b. Pirna, hinger. 10. Mai 1943 Berlin-Plötzensee; o.K.; *V:* Buchdrucker, später Beamter; ∞ I. erste Ehefrau nach 1933 in Haft; II. → Maria Weiterer; *K:* aus I. 2 S; *StA:* deutsch, März 1941 UdSSR. *Weg:* 1933 ČSR; 1934 F; ČSR, F; 1935 UdSSR; 1936 CH, F; 1942 Deutschland.

Bautischlerlehre, 1907 *Naturfreunde,* 1909 sozialist. Jugendbewegung, 1910 *Deutscher Holzarbeiter-Verband,* 1912 SPD; 1913-18 MilDienst (Uffz., EK II); Mitgl. *Spartakusbund,* 1918 Vors.*Soldatenrat* eines Btl., ab Dez. 1918 Mitgl. *Arbeiter- u. Soldatenrat* Pirna, Deleg. GrdgsPT der KPD, Mitgr. KPD-Ortsgruppe u. PolLtr. Unterbez. Pirna, GewFunktionär, Okt. 1920 Deleg. 1. Reichskongreß der Betriebsräte Deutschlands Berlin; 1921-32 StadtVO. Pirna, auf 7. u. 8. PT Wahl ins ZK der KPD, Okt. 1922-23 Sekr. Landesausschuß der Betriebsräte in Sachsen, Nov. 1922 Deleg. Reichskongreß der revolutionären Betriebsräte Berlin u. Wahl in deren Reichsausschuß. Nach KPD-Verbot Ende 1923 vorüberg. illeg. Aufenthalt in Hamburg. März 1924-Ende 1924 Mitgl. KPD-BezLtg. Ostsa., Mai 1924-33 MdR; ab Grdg. 1924 Mitgl. RFB, ab 1925 Hg. Zentralorgan der dt. Betriebsräte *Arbeiterrat.* Beteiligt am Kampf gegen Ultralinke, Sommer 1925 im ZK-Auftrag in Italien, anschl. vorüberg. PolLtr. Danzig, Dez. 1925-Dez. 1929 PolLtr. Bez. Ostsa.; Dez. 1926 Teiln. u. neben → Wilhelm Pieck Hauptref. Reichskonf. der Erwerbslosen, Mitgl. *Reichserwerbslosenausschuß;* nach Zusammenlegung der KPD-Bez. Ost-, Westsa. u. Erzgebirge-Vogtland Dez. 1929 Mitgl. der neugebildeten BezLtg. Sa. u. PolLtr. Unterbez. Leipzig. Ende 1927 Mitgr. u. bis 1933 Vors. der von KPD u. IAH initiierten sozialpol. Dachorg. der kommunist. Verbände *Arbeitsgemeinschaft sozialpolitischer Organisationen (Arso, Sopitz),* Mai 1928-Ende 1930 u. 1932-33 Hg. ihres Organs *Proletarische Sozialpolitik;* 1928 Teiln. 4. RGI-Kongreß Moskau, ab 12. PT 1929 Kand. des ZK der KPD, Juni 1930 Haupttref. 1. *Arso*-Reichskongreß Berlin, 1930-33 Ltr. ZK-Abt. Sozialpolitik, sozialpol. KPD-Sprecher im Reichstag; Aug. 1932 Teiln. Internat. Kongreß gegen den imperialist. Krieg Amsterdam. 7. Febr. 1933 Teiln. sog. Ziegenhals-Sitzung des ZK, Ltr. illeg. *Arso* u. pol. Mitarb. (Mitgl.?) der ersten KPD-Inlandsltg. in Berlin u. Sa.; Dez. 1933 im ZK-Auftrag Emigr. in die ČSR, Jan. 1934 nach Paris, dann i.A. des PolBüros Zentralltr. KPD-Emigr. mit Sitz in Prag, Sommer 1934 Funktionsenthebung als Anhänger der zentristischen PolBüro-Fraktion um → Wilhelm Pieck u. → Walter Ulbricht, Ablösung durch → Hans Beimler. Sept. 1934 nach Paris, Einleitung eines Parteiverfahrens, Sommer 1935 nach Moskau, KPD-Vertr. u. sozialpol. Mitarb. dt. Sektion der RGI, Gastdeleg. 7. Weltkongreß der *Komintern,* Okt. Deleg. auf sog. Brüsseler Konferenz der KPD u. Wahl zum Mitgl. der ZK-Kontrollkommission. Ende 1935 Beendigung des Parteiverfahrens durch einfache Rüge, Ernennung zum Ltr. der AbschnLtg. Süd, ab Jan. 1936 als Nachf. von → Paul Bertz in Zürich (Deckn. Fried), Ende 1936 Verhaftung, Ausweisung nach Frankr. zus. mit Lebensgefährtin Maria Weiterer; illeg. Aufenthalt in der Schweiz, dann nach Paris, LtgMitgl. u. Dez. 1936-Sept. 1939 Ltr. KPD-Landesgruppe. 1936-39 ltd. Mitgl. *Koordinationsausschuß für Spanienfreiwillige,* ab Ende 1936 angebl. KPD-Vertreter im *Comité Consultatif* beim franz. MdI, 2. Vors. bzw. Sekr. *Zentralvereinigung der deutschen Emigration* u. in dieser Eigenschaft Mitgl. Internationaler Beirat für deutsche Flüchtlinge beim Hohen Kommissar des Völkerbundes, Teiln. Flüchtlingskonf. 1938 Evian u. 1939 London; Gr. u. 2. Vors. *Sozialvereinigung deutscher politischer Emigranten,* einer Org. zur sozialen u. med. Betreuung von KPD-Emigr. in Frankr. mit Gemeinschaftsküche in Paris (sog. Foyer). Nach Reorg. der KPD-Auslandsführung 1937 Mitgl. Pariser Sekretariat, Mitgl. *Ausschuß zur Vorbereitung einer deutschen Volksfront,* Mitgl. *Ausschuß der deutschen Opposition* u. Mitunterz. beider Aufrufe v. Sept. 1938, Teiln. u. Wahl zum ZK-Mitgl. auf sog. Berner Konferenz (Deckn. Friedrich, der Alte). 1. Sept. 1939 Verhaftung u. bis 1941 Internierung in Le Vernet, 1941-42 Gef. Castres; erhielt, um bevorstehende Auslieferung an Deutschland zu verhindern, am 25. März 1941 die UdSSR-Staatsbürgerschaft sowie mexikan. Einreisevisum auf Einladung des Parlamentspräs.; trotzdem Aug. 1942 Auslieferung. 25. Febr. 1943 VGH-Todesurteil.

L: GDA; GDA-Chronik; Weber, Wandlung; GDA-Biogr.; Kraushaar, Deutsche Widerstandskämpfer; Duhnke, KPD; Fölster, Elfriede, Wer als Kommunist gelebt hat... Siegfried Rädel. In: BZG 1973, S. 1007-1016; Teubner, Schweiz; Wehner, Untergrundnotizen; Dahlem, Vorabend. *Qu:* Arch. Biogr. Hand. Publ. Z. - IfZ.

Rafael, Gideon (urspr. Ruffer, Gerhard), Diplomat; geb. 5. März 1913 Berlin; *V:* Max Ruffer; *M:* Frederike, geb. Jacobowitz; ∞ 1940 Nurit Weissberg; *K:* Ammon, Ruth. *Weg:* 1934 Pal.

1934 Emigr. Palästina, 1934-36 Landarb., 1934-43 Kibb-Mitgl.; 1943-47 versch. Positionen in pol. Abt. der *Jew. Agency,* 1945 alliierter VerbOffz., Mitarb. bei der Vorbereitung der Anklageschrift für die Nürnberger Prozesse, 1945-46 Ltr. pol. Abt., 1946 Mitgl. Deleg. beim anglo-am. Palästina-Untersuchungsausschuß, 1947 UN-VerbOffz. Sonderkommission für Palästina, 1948-53 Mitgl. ständige isr. UN-Deleg., 1952 isr. Vertr. bei Kommission zur Befriedung Palästinas. 1953-57 Sachverständiger für UN- u. Nahostfragen im isr. Außenmin., 1957-60 isr. Botschafter in Belgien, Luxemburg u. bei der EWG, 1960 Ltr. isr. Deleg. 2. Genfer Seerechtskonf., 1960-65 stellv. GenDir. im isr. Außenmin., 1965-66 Botschafter bei der europ. UN-Vertr. in Genf; 1966 im Rang eines Botschafters in Jerusalem, 1968-73 GenDir. isr. Außenmin., 1973-77 Botschafter in Großbritannien.

W: U.N. Resolution 242: A Common Denominator. In: New Middle East, Juni 1973. *Qu:* Hand. Z. - RFJI.

Rafaeli, Alex (urspr. Rafaelowitz oder Rafailowitsch, Alexander), Dr. rer. pol., Politiker, Industrieller; geb. 1. Juli 1910 Riga/Livland; *V:* Boris Rafailowitsch (geb. 1886 Drissa/russ. Gouv. Vitebsk), jüd., Kaufm. u. Fabrikant; *M:* Rosa, geb. Kahn (geb. 1888 Tukum/Kurland, umgek. im Holokaust), Stud. Sorbonne, aktive Sozialistin, 1906 nach Org. von Streiks Haft u. Verbannung nach Sibirien; *G:* Asya Yehezkel Rafailowitsch (geb. 1912 Riga, gef. im 2. WK), Flucht aus Ghetto Riga, Partisan gegen dt. Besatzung; ∞ 1950 Esther Shapiro (geb. 1926); *K:* Asya Dov, Asylon Joshua, Varda Lea, Karni Ayla. *Weg:* 1933 Pal., 1941 USA, 1950 IL.

Stud. Hebr. Gymn. Riga, 1925 Mitgr. zion.-revisionist. Jugendorg. in Riga *Welt-Betar-Bewegung.* 1930 Dipl.-Volkswirt Heidelberg, 1931 Dipl. Leipzig, 1931-32 Stud. Frankfurt, 1933 Prom. Heidelberg, Mitgl. K.J.V. u. *Makkabi.* 1933 Emigr. Palästina, 1933-35 Forschungsarb. Hebr. Univ., gleichz. Mitgl. StudAusschuß, 1934-36 Red. *Economic Post* Tel Aviv, 1935 als Vertr. für Jerusalem beim Gründungskongr. der revisionist. *Neuen Zion. Org.* in Wien, 1936-41 ltd. Mitgl., 1938 Ltr. europ. Büro der zion.-revisionist. Org. *Irgun Zevai Leummi* in Paris, ZusArb. mit europ. anti-natsoz. Gruppen, Förderung der illeg. Einwanderung nach Palästina, Mitgl. *Irgun Bet* (Vorläufer des *Irgun Zevai Leummi*), Eintreten für illeg. bewaffneten Widerstand gegen arab. Angriffe, 1940 VorstMitgl. *Committee for a Jew. Army* New York, 1941 Vizepräs. *Am. League for a Free Palestine* New York, 1942 Vizepräs. *Emergency Committee to Save the Jew. People of Europe* Washington/D.C.; 1942-46 US-Armee, Frontdienst in Europa u. Sonderagent der Spionageabwehr. 1946-47 für *Irgun Zevai Leummi* in USA tätig, 1946-48 Präs. Commonwealth Internat. Corp. in New York, 1948-49 Fabrikant. 1950 nach Israel, Gr. u. Teilh. Dura Indust. Plastics in Bene-Berak, geschäftsf. Dir. Jerusalem Pencils Ltd., Vered Tool and Dies Ltd., Graphite Indust. Ltd. u. Cargal Ltd.; PräsMitgl. *Israelischer Fabrikantenverband,* Schatzmeister *Israelische Gesellschaft für Messen und Ausstellungen,* VorstMitgl. *Foreign Investment Assn. of Israel,* 1959-68 VorstMitgl. Kunstmuseum Bezalel, Mitgl. Ausschuß für GewFragen im isr. Arbeitsmin., aktiv in I.O.M.E. Lebte 1978 in Jerusalem. - *Ausz.:* Cert. of Merit; Battle Stars (USA).

W: Die Staatswirtschaft Lettlands. (Diss.) 1933; Staatswirtschaft in der Krise. 1934; Beiträge in jüd., am. u. europ. Zs. *Qu:* Fb. Hand. - RFJI.

Rager, Fritz, Dr., Partei- u. Verbandsfunktionär; geb. 26. März 1890 Wien, gest. 27. März 1966 USA; Diss.: ∞ verh. *Weg:* USA.

Mitgl. SDAP, zeitw. ltd. Funktionär in Wiener BezOrg. u. Mitarb. *Der Kampf.* Apr. 1921-Febr. 1934 Funktionssekr. Kammer für Arbeiter und Angestellte Wien, Febr. 1934 kurzfristig verhaftet. Später mit Sondervertrag erneut bei Arbeiterkammer Wien tätig, bis 30. Juni 1938 (Auflösung der Kammern für Arbeiter und Angestellte Österreichs) 2. Sekr.; Emigr. USA. 1941 in New York neben → Alois Englander Mitgr. u. Präs. *Assembly for a Democratic Austrian Republic,* die als sozdem. EmigrOrg. im Gegensatz zur AVÖS und den österr. Sozialisten in New York (→ Friedrich Adler) einen Anschluß Österreichs an Deutschland ablehnte, deshalb Auseinandersetzungen mit F. Adler; ZusArb. mit *Austrian Action* unter → Ferdinand Czernin. Blieb nach Kriegsende in den USA, lebte zuletzt in Forest Hills, Long Island/N.Y.

W: u.a. Die Wiener Commerzial-Leih- und Wechselbank (1787-1830). Beitrag zur Geschichte des österreichischen Aktienbankwesens. 1918; Der Staatshaushalt der Republik. 1919; Warum hat Österreich-Ungarn den Krieg verloren? 1920; Der

Arbeiterschutz in Österreich einschließlich der sozialpolitischen Bestimmungen für Jugendliche. 1924; Berufsberatung und Arbeiterschaft. 1925; Der soziale und wirtschaftliche Widersinn des Arbeitsdienstes. 1931; Achtstundentag-Vierzigstundenwoche. Wien 1938. *L:* Goldner, Emigration. *Qu:* Arch. Pers. Publ. – IfZ.

Raizen, Senta, geb. Amon, Chemikerin; geb. 23. Okt. 1924 Wien; jüd.; *V:* John Amon, jüd., Stud. Rechtswiss., Buchhändler in Wien, 1938 Emigr. GB, 1939 USA, Geschäftsf. einer Spedition; *M:* Helene, geb. Kris (geb. 1904 Kolomea/Galizien), jüd., Stud. Rechtswiss., 1939 Emigr. GB, USA, Sekr.; *G:* Simeon Amon (geb. 1947 New York), LL. B. Yale Univ., RA; ∞ 1948 Abraham A. Raizen (geb. 1917 New York), jüd., B.A., Finanzberater der US-Reg. u. der Weltbank; *K:* Helen (geb. 1949), B.Sc.; Michael (geb. 1951), B.A., Angest. in Anwaltsbüro; Daniel (geb. 1954); *StA:* österr., 1945 USA. *Weg:* 1938 GB, 1939 USA.

Gymn. Wien. Okt. 1938 Emigr. GB über Niederlande mit StudVisum, Dez. 1939 USA, Stipendium des *Friend Serv. Committee* (Quäker), 1939-41 höhere Schule, 1941-44 Stud. Guilford Coll., 1944 B.Sc., 1944-45 Stud. Bryn Mawr Coll., 1945 M.A. (Chemie). 1945-48 Chemikerin bei Sun Oil Co. Norwood/Pa., 1948-60 freie Beratertätigkeit in Arlington/Va., 1960-62 Chemikerin Nat. Acad. of Science Washington/D.C.; ab 1962 wiss. Mitarb. in Programmabt., 1965-68 Assist. Program Dir., 1968-69 Assoc. Program Dir. u. 1969-71 Special techn. Assist. der US Nat. Science Foundation. 1971-72 ltd. Programmplanerin des US Nat. Inst. Educ., 1972-74 ltd. wiss. Mitarb. Rand Corp., ab 1975 Assoc. Dir. US Nat. Inst. Educ.; Schriftf. Erziehungsausschuß der Kommission für Automatisierungsmöglichkeiten auf dem Gebiet der Dienstleistungen beim Fed. Council for Science and Technol., Vors. Auswertungsausschuß für das Berufsausbildungs-Programm des Nat. Inst. of Educ., Mitgl. *Am. Assn. for the Advancement of Science, Am. Chem. Soc., Am. Educ. Research Assn.* Lebte 1977 in Arlington/Va. – *Ausz.:* Outstanding Service Award der US-Regierung.

W: Design for a National Evaluation of Social Competence in Head Start Children. (Mitverf.) 1974; Art. über Forschungsergebnisse auf dem Gebiet des Ausbildungswesens in Fachzs. u. RegBerichten. *Qu:* Fb. Hand. – RFJI.

Raloff, Karl, Journalist; geb. 4. Juni 1899 Altona, gest. Sept. 1976; Diss.; *G:* Heinrich (geb. 1900), Buchdrucker, Syndikus; Georg (1902-68), Kaufm., nach 1946 MdHB; Friedrich (geb. 1903, gef. 1945), Richter; Max (geb. 1904), Versicherungsdir.; Gottlieb (1909-70), Senatsdir.; ∞ 1925 Margarete Müller (geb. 1904), Sekr., Dez. 1933 Emigr. DK, 1946 Betreuung dt. Flüchtlinge, A: DK; *K:* Grete Nyström (geb. 1926), Dez. 1933 Emigr. DK, Angest. in S; Brigitte Åkjar (geb. 1928), Dez. 1933 Emigr. DK, Kindergärtnerin in DK; *StA:* deutsch, 17. Okt. 1938 Ausbürg. mit Fam., 1951 deutsch. *Weg:* 1933 DK; 1940 S; 1945 DK.

Aus sozdem. Arbeiterfam., Handelsschule, ArbBildungskurse; 1914-16 Lehre als Anwaltsgehilfe, 1917-19 Soldat. 1916 SAJ, 1917 SPD, Mitgl. AngestGew.; ab 1919 Red. versch. SPD-Ztg. in Neubrandenburg u. Rheinl., 1921 Internat. Hochschule Helsingör/Dänemark. Red. in Saarbrücken, 1923 aus Saargeb. ausgewiesen, anschl. Red., ab 1928 verantwortl. pol. Red. *Volkswille* Hannover, 1925-33 SPD-VorstMitgl. Hannover. 1924 Gr. *Reichsbanner* Hannover, Ortsvors. u. stellv. Gauvors., ab Juli 1932 MdR, im Kreis um Kurt Schumacher u. Carlo Mierendorff. Aug. 1933 Flucht nach Kopenhagen, Unterstützung durch *Matteotti-Komitee,* schriftst. Tätigkeit, Sprachlehrer, ab 1938 im Archiv der dän. ArbBewegung. Kontakte zu illeg. Org. im Reich, ZusArb. mit *Sopade* Prag, anfängl. Mitarbeiter des Grenzsekr. → Richard Hansen, Korr. *Deutschland-Berichte,* insbes. über natsoz. Prop. in Skandinavien. Deckn. Karl Ehrlich. Apr. 1940 Flucht vor Gestapo nach Schweden mit Hilfe dän. Polizeibehörden, bis Juni 1940 Internierung in Loka Brun, Vors. *Sopade*-Lagerkomitee; Tätigkeit als Sprachlehrer u. Kontorist in Kinna, Mitarb. versch. schwed. Ztg. –

Kontakte zu → Fritz Tarnow, Referat *Das kommende Deutschland und die Friedensgestaltung* auf *Sopade*-Landeskonf. Dez. 1944. Okt. 1945 Kopenhagen, 1946 Ltr. der Kulturabt. in einem Lager für dt. Flüchtlinge u. Repatrianten, Jan. 1947 Nachf. von → Hans Reinowski in Red. *Deutsche Nachrichten.* Febr. 1947– Dez. 1951 Korr. *Deutscher Presse-Dienst* bzw. dpa, Jan. 1952– Juni 1965 Presseattaché dt. Botschaft Kopenhagen. Umfangreiche Vortragstätigkeit, ab 1965 VorstMitgl. *Verein der Auslandspresse* u. *Dänisch-Deutsche Gesellschaft.*

W: Ehrlich, Karl (Ps.), Fra Ebert til Hitler (Von Ebert bis Hitler). Kopenhagen (Fremad) 1933; ders., To års Nazistyre (Zwei Jahre Naziregime). Ebd. 1935; ders., Kamp uden våben (Kampf ohne Waffen) (mit N. Lindberg u. G. Jacobsen). Kopenhagen (Munksgård) 1937; Lager- og Pakhusarbejdernes Forbund gennem 50 år (Geschichte der dän. Lagerarbeitergew.). Kopenhagen (Lager- og Pakhusarbejdernes Forbund) 1940; Et bevæget liv (Ein bewegtes Leben) (ABiogr.). 1969, *L:* Müssener, Schweden. *D:* AsD, VSLB. *Qu:* Arch. Fb. Hand. Publ. – IfZ.

Rambauske, Ernst Otto, Parteifunktionär; geb. 22. Febr. 1895 Koken/Böhmen; ∞ 1922 Marie (gest. 1950), Emigr. GB; *StA:* österr., 1919 ČSR. *Weg:* 1938 (?) GB.

DSAP-Bezirkssekr. in Brauna ab 1938 PV-Mitgl. Vermutl. 1938 Emigr. nach GB, Mitgl. TG-Landesvorst., zunächst Lager Cleobury-Mortimer b. Birmingham, ab 1940 London, ab 1942 Mitarb. *London Representative of the Sudeten German Refugees,* neben → Franz Katz u. → Eugen de Witte auf 2. u. 3. TG-Landeskonf. Hauptexponent des radikalautonomist. TG-Flügels mit großdt. Tendenzen. Nach Kriegsende bis 1955 Sekr. TG-Landesgruppe in GB.

L: Bachstein, Jaksch; Menschen im Exil. *Qu:* Arch. Hand. Publ. Z. – IfZ.

Ramus, Pierre (d.i. Großmann, Rudolf), Politiker, Publizist; geb. 15. Apr. 1882 Wien, gest. 27. Mai 1942; *V:* Kaufm., jüd.; ∞ Sonja Osipovna-Friedmann (gest. 1974), anarchist. Politikerin, 1938 Emigr. F, USA; *K:* Dr. Lily Elisabeth Schorr, 1938 Emigr. F, USA, A: USA; Erna, 1938 Emigr. F, USA, A: USA; *StA:* österr. *Weg:* 1938 F; 1940 Marokko.

1895 (?) in die USA; ab 1898 Mitarb. der sozdem. dt.-sprachigen *New Yorker Volkszeitung.* Ab 1899 nach theoret. Differenzen u. Auseinandersetzungen mit den Vertr. der offiz. dt. SozDem. in New York Mitarb. der linkssozialist. *New Yorker Arbeiter-Zeitung,* stand vermutl. den *International Workers of the World* nahe. 1900-1904 regelm. Mitarb. *Freiheit* New York (Johann Most), 1901 Red. *Der Zeitgeist* New York, 1902-03 Mitarb. *Chicagoer Arbeiter-Zeitung* u. Red. der WochenZs. *Die Fackel* Chicago. Wegen führender Beteiligung an einem Weberstreik Verurteilung zu 5 J. Gef., Flucht aus den USA, lebte anschl. in London, bis 1906 Mitarb. dt. anarchist. Ztg. u. Zs. in GB, u.a. *Der freie Zigarettenarbeiter, Der Arbeiterfreund, Germinal* u. *Die freie Arbeiterwelt,* 1904-07 Mitarb. der WochenZs. *Der freie Arbeiter* Berlin. 1907 nach Auseinandersetzungen mit den dt. Anarchisten in London, u.a. mit → Rudolf Rocker, in die Schweiz, anschl. nach Wien, bis 1914 pol. Publizist, Gr. in GB, u.a. Red. der anarchist. Ztg. *Die freie Generation, Wohlstand für Alle* u. *Jahrbücher der freien Generation,* Gr. der anarchist. *Allgemeinen Gewerkschaftsföderation für Niederösterreich;* 1911 nach Austritt Gr. *Freie Gewerkschaftsvereinigung.* Pol. aktiv vor allem auf dem Gebiet des Antimilitarismus, stark vom Gedankengut P. Kropotkins u. Leo Tolstojs beeinflußt, stand in enger Verbindung mit dt. anarchistischen Gruppen u. Org. Bei Ausbruch des 1. WK Verweigerung des Kriegsdienstes u. der Eidesleistung, Aug. 1914 mehrwöch. Haft, März 1915 erneute Verhaftung, Hochverratsanklage, nach Niederschlagung des Verfahrens bis Kriegsende Arrest in seinem Haus in Klosterneuburg bei Wien, konnte dennoch pol. Kontakte aufrechterhalten, Verb. u.a. zu linksradikalen Jugendgruppen in Wien sowie zur *Freien Vereinigung Sozialistischer Studenten* (Anna Schlesinger u. Elfriede Eisler [→ Ruth Fischer]). 1918 Gr. *Bund herrschaftsloser Sozialisten,* als dessen Vertr. bis 1920 (Ausschluß) Mitgl. *Arbeiterrat* Wien-Innere Stadt, 1918 Gr. u.

bis 1927 Red. *Erkenntnis und Befreiung* (Wochenschrift des herrschaftslosen Sozialismus, Titel zeitw. auch *Der Anarchist).* Umfangreiche Vortrags- u. Publikationstätigkeit; 1932 verhaftet. 1933 vorläuf. Freispruch. 1934 Verurteilung, 10 Mon. schweren Kerkers Karlau b. Graz. Nach dem Anschluß Österr. Flucht nach Frankr., 1939 nach Kriegsausbruch verhaftet, nach Marokko transportiert, Internierung. 1940 Flucht nach Marokko, Flüchtlingslager bei Marrakesch. Starb 1942 nach Erhalt eines mexikan. Visums auf der Überfahrt nach Mexiko.

W: u.a. Karl Kautsky und die soziale Revolution. New York 1902; Nach vierzig Jahren. Ein historisches Gedenkblatt zur 40. Wiederkehr des Gründungstages der Internationalen Arbeiter-Assoziation. London 1904; Michael Bakunin. Zürich 1905; Statuten und Prinzipienerklärung des Kommunistischen Arbeiter-Bildungsvereins. London 1905; Our May-Day Manifesto. London 1906; Kritische Beiträge zur Charakteristik von Karl Marx. 1906; Die Urheberschaft des Kommunistischen Manifests. 1906 (Mitverf.); Das anarchistische Manifest. 1907; William Godwin, der Theoretiker des kommunistischen Anarchismus. 1907; Die historische Entwicklung der Friedensidee und des Antimilitarismus. 1907; Mutterschutz und Liebesfreiheit. 1907; Der Antimilitarismus als Taktik des Anarchismus (Referat auf dem Internationalen Antimilitaristen-Kongreß Amsterdam 1907). 1908; Zur Kritik und Würdigung des Syndikalismus. 1908; Generalstreik und direkte Aktion im proletarischen Klassenkampf. 1910; Francisco Ferrer, sein Leben und sein Werk. 1910, 1922; Francisco Ferrer und seine Mission vor österreichischen Gerichtsschranken. 1911; Die Lüge des Parlamentarismus und seine Zwecklosigkeit für das Proletariat. 1911; Edward Carpenter, ein Sänger der Freiheit und des Volkes. 1911; Der Justizmord von Chicago. 1912; Wohlstand für Alle. Das anarchistische Manifest. 1913; Gegen Militarismus und Monopoleigentum. Verteidigungsrede vor dem Wiener Landesgericht. 1914; Der Zar und der Pesthauch seines Regierungssystems. Von einem russischen Staatsmann im Exil. 1916 (an.); Die Irrlehre und Wissenschaftslosigkeit des Marxismus im Bereich des Sozialismus. 1919, erweit. Neuaufl. 1927; Die Neuschöpfung der Gesellschaft durch den kommunistischen Anarchismus. 1920; Bauer, Pfarrer, Christus. 1921; Militarismus, Kommunismus und Antimilitarismus. 1921; Sokrates und Kriton oder die Rechte und Pflichten des Menschen gegen die Staatsgesetze. Dialog. 1922; Was ist und was will der Bund herrschaftsloser Sozialisten? 1922; Friedenskrieger des Hinterlandes. Der Schicksalsroman eines Anarchisten im Weltkrieg. 1924; Gegen Justizbarbarei und Staat. 1926; Der kommunistische Anarchismus als Gegenwartsziel der sozialen Befreiung. o.J. (1929 ?). *L:* Bock, Syndikalismus; DBMOI; Widerstand 1; Brandstetter, Gerfried, Anarchismus und Arbeiterbewegung in Österreich 1889-1914. Diss. phil. masch. Salzburg 1977; ders., Rudolf Großmann. Ein österreichischer Anarchist. In: Botz, Gerhard u.a. (Hg.), Bewegung und Klasse. 1978; Reisberg, KPÖ. *Qu:* Arch. Hand. Publ. - IfZ.

Ranshofen-Wertheimer, Egon Ferdinand, Dr. phil., Journalist, Diplomat; geb. 4. Sept. 1894 Schloß Ranshofen b. Braunau/Inn, gest. 27. Dez. 1957 New York; *V:* Julius N. R.-W.; *M:* Caroline, geb. Bartosch; ∞ II. 1930 Gertrude Boguth (geb. Hohenstadt/Österr., gest. 1954 New York); *K:* aus I: Luciana Meyer, (geb. 1920), A: Reading/Pa., USA; *StA:* österr. *Weg:* 1941 USA.

1914-18 MilDienst (Oberlt., mil. Ausz.); Stud. Soziologie, Staats- u. Wirtschaftswiss. Wien, Berlin, Zürich, München, Heidelberg, 1921 Prom. Heidelberg; 1920-21 RedSekr. *Archiv für Sozialwissenschaften und Sozialpolitik* in Heidelberg. 1922-24 außenpol. Red. *Hamburger Echo,* 1923-24 Doz. Volkshochschule Hamburg, ab 1924 Londoner Auslandskorr. für *Vorwärts* Berlin u. *Arbeiterzeitung* Wien, 1925-29 Mitarb. *Die Gesellschaft* Berlin, unter Ps. Beiträge für *Das Tage-Buch* Berlin u. *American Journal of Internat. Law.* Ab 1930 für den Völkerbund in Genf tätig. 1941 Emigr. USA, bis 1946 Gastprof. für Völkerrecht, Gesch. der Diplomatie u. Internat. VerwWesen American Univ., Washington, 1942-46 Berater u. wiss. Mitarb. *Carnegie Endowment for Internat. Peace;* 1942 als Mitgl. *Austrian National Committee* unter → Hans Rott u. → Guido Zernatto vorgeschlagen, 1943 Mitgl. Advisory Board *Austrian Institute* unter → Friedrich Krejci. Enge Verb. zum US State Department, Okt. 1943 mehrf. vergebl. Initiativen, Erklärungen des State Department u.a. US-RegStellen über völkerrechtliche Nichtigkeit des Anschlusses von Österr. zu erreichen. 1945 Berater für internat. VerwFragen im US-Außenmin.; 1946-48 Ltr. der Überseeabt. der UN, 1949 Sekr. Korea-Kommission, 1950 im Beratungsausschuß der UN-Treuhandverw. Somaliland, ab 1951 in Eritrea tätig, zuletzt Dezernatltr. in der Abt. für Menschenrechte; gleichz. Berater im österr. Außenmin.; Mitgl. *Österreichischer Pen-Club, Am. Soc. for Internat. Law, Am. Soc. for Publ. Admin., Am. Pol. Science Association.*

W: Das Antlitz der britischen Arbeiterpartei. 1929 (engl. Portrait of the Labour Party. 1929, 1930, holländ., span. u. chines. Übers.); Victory is not enough. 1942 (span. Übers.); The International Secretariat. A Great Experiment in International Administration. 1945; The International Civil Service of the Future. In: Sweetser, Arthur (Hg.), The United States, the United Nations and the League of Nations. 1945; 1936-40 versch. Völkerbundstudien über soziale Probleme. *L:* Goldner, Emigration. *Qu:* Arch. Hand. Pers. Publ. Z. - IfZ.

Rappoport, Solomon S., Dr. phil., Rabbiner, Hochschullehrer; geb. 25. Juni 1905 Lemberg; *V:* Dr. phil. Samuel R. (geb. Lemberg), jüd., Stud. Berlin, Zion., Landwirt, 1938 Emigr. Pal.; *M:* Blume, geb. Kadinsky (geb. Petersburg), jüd., höhere Schule, 1938 Emigr. Pal.; *G:* Dr. phil. Henriette Liton (geb. 1904 Lemberg), Stud. Wien, Fürsorgerin, 1938 Emigr. Pal.; Dr. rer. pol. Heinrich Leo R. (geb. 1906 Lemberg), Landwirt, 1938 Emigr. Pal.; ∞ 1938 Elisabeth Spritzer (geb. 1917 Reichenberg/Böhmen), höhere Schule, 1938 Emigr. S-Afrika; *K:* Carol Cayman (geb. 1951 Johannesburg), B.A.; *StA:* österr., 1945 S-Afrika, *Weg:* 1938 GB, 1943 S-Afrika.

1929 Prom. Wien, 1930 Rabbinerexamen Isr.-Theol. Lehranstalt Wien, 1930-38 Doz. u. Lehrer an Gymn., an der Maimonides-Schule u. der Jüd. Volkshochschule Wien. 1938 Emigr. GB, Unterstützung durch *Woburn House* u. *Chief Rabbi Hertz' Fund for Rabbis,* 1940-43 Rabbiner Sheepcote Street Syn. Birmingham; 1943 nach Südafrika, 1948-73 Rabbiner Northeastern Hebr. Congr. Johannesburg u. Prof. für Hebr. sowie Ltr. Hebr. Seminar Univ. Witwatersrand Johannesburg; Ehrenpräs. B'nai B'rith-Loge Johannesburg. Lebte 1976 in Johannesburg.

W: Agada und Exegese bei Flavius Josephus. 1930; Antikes zur Bibel und Agada. 1937; Rabbinic Thoughts on Race. 1951; Jewish Horizons. 1959; Fathers and Children. 1963; Zafenat Paneach (Bibelkommentar aus dem 14. Jh., Hg.). 1965; Festschrift für Armand Kaminka (Dt. u. Hebr.; Hg.). 1937; Beiträge in Fachzs. *Qu:* Fb. Hand. - RFJI.

Rathenau, Fritz, Dr. jur., Minsterialbeamter; geb. 9. Juli 1875 Berlin, gest. 15. Dez. 1949 Amsterdam; *V:* Oscar R. (1840-1926), jüd., Handelsrichter; *M:* Hermine, geb. Goldberger (1849-1906), jüd.; *G:* Josephine Levy-Rathenau (1877 [?]-1921), Sozialpol., 1. weibl. StadtVO Berlin; Dr. Kurt R. (geb. 1880 [?], umgek. im Holokaust), Kaufm.; ∞ 1904 Sophie Dannenbaum (geb. 1882 Berlin, gest. 1973 Bilthoven/NL), jüd., Emigr.; *K:* Hans Werner (geb. 1905), Dipl.-Ing., 1931 Emigr. Lux., 1935 B, nach 1945 USA; → Henri G. Rathenau; Prof. Dr. Gerhart Wolfgang R. (geb. 1911), Physiker, 1934 Emigr. NL; *StA:* deutsch. *Weg:* 1939 NL; 1943 Deutschland; 1945 NL.

1892 Abitur, Stud. Rechtswiss. Berlin u. München, 1896 Prom. Berlin, 1900 Assessor, bis 1906 Kaiserl. Patentamt, bis 1909 Amts- u. Landrichter, 1909-17 RegRat im Patentamt u. im Statist. Reichsamt, ab 1915 Kriegsteiln., 1920-33 im preuß. MdI, ab 1927 MinRat, Ltr. Referat für Minderheiten u. Ausländer. 1915-30 Red. Zs. *Recht und Wirtschaft,* 1926 (?)-31 Mitgl. DVP. Nach natsoz. Machtübernahme Versetzung in preuß. Bau- u. Finanzdirektion, 1935 Entlassung. 1939 Emigr. Niederlande, 1943 Dep. KL Theresienstadt. Lebte nach Kriegsende in Bilthoven.

W: u.a. Zur Lehre der fortgesetzten Verbrechen (Diss.). 1896; Das Sachverständigenwesen in Patentprocessen. 1908; Deutschlands Ostnot. 1931; Polonia irredenta? 1932; zahlr. Aufs. in Fachzs. *Qu:* EGL. Hand. Pers. - IfZ.

Rathenau, Henri G. (Hermann Günther), Industrieller; geb. 28. Febr. 1907 Berlin-Charlottenburg, gest. 27. Aug. 1963 Evian/Schweiz; *V:* → Fritz Rathenau; ∞ 1936 Xenia Kans; *K:* Georgette Rappaport, François, Nicole; *StA:* deutsch, F. *Weg:* 1933 F; nach 1945 Saargeb., F.
Stud. Berlin, München, Köln, Paris. 1925-33 ltd. Angest. Firma Osram. 1933 Emigr. Frankr., dort in versch. Unternehmen der Elektrizitäts- u. Hüttenindustrie tätig. 1940 in franz. Armee, später bis Kriegsende Résistance. 1945 Wirtschaftsberater franz. Stäbe in Berlin. 1945-46 Attaché 1. Kl. beim Präsidenten der provis. franz. Reg. u. Mitgl. franz. Delegation beim Alliierten Kontrollrat. 1946-59 Dir. der unter franz. Sequesterverw. gestellten AEG Saar (später SICEL – Société d'Installation et de Constructions Electriques SA). 1952 Mitgr. u. Präs. der franz. Mittelstandsorg. *Petites et Moyennes Entreprises Industrielles* an der Saar. 1952 Conseiller du Commerce Extérieur. 1954 -58 Mitgl. *Comité Directeur de la Productivité de la Sarre.* Versch. Führungsfunktionen in franz. Industrie, u.a. ab 1960 Mitgl. Conseil de Direction du Centre National du Commerce Extérieur. - *Ausz.:* u.a. Légion d'Honneur, Croix de Guerre, Medaille de la Résistance.
L: Schmidt, Saarpolitik; Schneider, Saarpolitik und Exil. *Qu:* Arch. Hand. Publ. - IfZ.

Rau, Arthur Aharon, Dr. jur. (?), Richter, Rechtsanwalt; geb. 27. Febr. 1895 Berlin, gest. 19. Jan. 1962 Tel Aviv; jüd.; *V:* Dr. med. Raphael R. (geb. 1866 Fürth, gest. 1947 Jerusalem), Arzt in Berlin, 1938 Emigr. Pal.; *M:* Fanny Frumet, geb. Hirsch (geb. 1871 Halberstadt, gest. 1934 Berlin); *G:* Heinz (Heinrich) Pinchas Zevi (geb. 1896 Berlin, gest. 1965), Architekt, 1933 Emigr. Pal., für Planungsabt. der isr. Reg. tätig, entwarf Plan der Syn. der Hebr. Univ. Jerusalem, 1962 nach GB, Assist. Prof. für Städte- u. Raumplanung Univ. Manchester; Fritz Schalom (geb. 1898 Berlin, gef. 1917 F); Max Meir (geb. 1900 Berlin), 1926 nach USA, Kaufm.; Josef (geb. 1902 Berlin), 1935 Emigr. Pal., Makler; Dr. med. Leo Jacob Arjeh R. (geb. 1904 Berlin), Arzt, Prom. Berlin, 1933 Emigr. GB, 1941-45 Hauptm. im Royal Army Med. Corps; Käte Kele Wolff (geb. 1906 Berlin), 1933 Emigr. Pal., Sozialfürsorgerin im isr. Wohlfahrtsmin.; Gerda Ziporah Ochs (geb. 1909 Berlin), Emigr. Pal., für *Jugend-Aliyah* tätig; ∞ 1941 Irma Sarah Horovitz (geb. 1905 Breslau); *K:* Varda Penina (geb. 1944); *StA:* deutsch, Pal./IL. *Weg:* 1939 Pal.
Kriegsteiln. 1. WK, Stud. Rechtswiss. Berlin u. Heidelberg, gleichz. Stud. Rabbinerseminar Berlin, 1925-33 LG-Rat in Berlin, 1933 Entlassung. 1935-38 Dir. *Palästina-Amt der Jew. Agency* Berlin. 1939 Emigr. Palästina, RA-Examen, RA in Tel Aviv, 1941-61 Rechtsberater u. Ltr. Rechtsabt. der Anglo-Palestine Bank (später Bank Leumi le-Israel Tel Aviv).
L: The Feuchtwanger Family. *Qu:* EGL. Hand. Publ. - RFJI.

Rau, Friedrich Otto Theodor, Dr. jur., Rechtsanwalt, Bildungspolitiker; geb. 1. März 1916 Stuttgart; ev., 1973 Diss.; *V:* Dr. med. Felix R. (geb. 1873), Facharzt; *M:* Helene, geb. Proelss (geb. 1883), Frauenrechtlerin, Künstlerin, Schriftst.; *G:* Dr. med. Hans R. (geb. 1910), Facharzt; Anna (geb. 1912), Ltr. Blindenhörbücherei Stuttgart; Ulrich (1914-45), Kaufm.; ∞ I. 1940 Gertrud Tilling (geb. 1912), Sekr., Emigr. CH, 1948 BRD; II. 1959 Dr. Julia Gräfin v.d. Schulenburg (geb. 1932), Lehrerin; *K:* Joachim Tilling (geb. 1938), Emigr. CH, 1948 BRD, Dipl. Ing.; Johanna (geb. 1946 CH), 1948 BRD, Lehrerin; *StA:* deutsch. *Weg:* 1944 CH; 1946 Deutschland (FBZ).
1934-37 Stud. Rechtswiss. Lausanne, Tübingen, Freiburg/Br., 1938 Referendar, 1941 Assessor. 1940-41 wegen milder Strafanträge insbes. gegen Juden mehrfach gerügt, 1941 Entlassung aus Gründen der Abstammung, Banklehre, Kriegsdienst als Transportflieger an der Ostfront. Am 24. Okt. 1944 Flucht mit Familie in die Schweiz wegen drohender Überstellung zur Waffen-SS, Militärinternierter im ArbLager Muri-Moos. Mitgr. Lager-Univ., ZusArbeit mit *Evangelischem Flüchtlingshilfswerk* Zürich, Mitgl. *Chevaliers de la Paix.* Ab Febr. 1945 zum Stud. beurlaubt, März 1946 Prom. Freiburg/Br., Juni 1946 Rückkehr durch Vermittlung der franz. Botschaft Bern, bis 1952 Hochschulreferent im Kultusmin. Württ.-Hohenzollern in Tübingen, 1952-59 Kurator Univ. Frankfurt/M., 1960-64 Senatsdir. für Volksbildung Berlin (West). 1946-48 Mitgl. DVP/FDP, 1959-69 SPD, Vors. des Hochschulausschusses der Bildungskommission beim PV, 1965-69 MdB, Mitgl. *Interparlamentarische Arbeitsgemeinschaft.* Ab 1971 wieder FDP. 1965-67 VorstVors. Geschwister-Scholl-Stiftung, ab 1967 Vorst. Institut für Filmgestaltung Ulm. Lebte 1977 als RA in Hemmenhofen. - *Ausz.:* 1959 Fakultätsmed. der Naturwiss. Fak. Univ. Frankfurt/M., 1969 BVK 1. Kl.
W: u.a. Die Zukunft unserer Universitäten. In: Deutsche Gemeinschaftsaufgaben, Bd. 2. 1962; Gedanken zur Hochschulreform. 1965; Was heißt und zu welchem Ende studieren wir Universitätsreform? 1969. *Qu:* Fb. Hand. - IfZ.

Rau, Heinrich, Partei- u. Staatsfunktionär; geb. 2. Apr. 1899 Feuerbach b. Stuttgart, gest. 23. März 1961 Berlin (Ost); Diss.; *V:* Landwirt, später Fabrikarb., 1908 SPD; ∞ Elisabeth; *StA:* deutsch, angebl. Ausbürg., März 1941 UdSSR. *Weg:* 1935 ČSR; 1936 UdSSR; 1937 E; 1938 F; 1942 Deutschland.
Stanzer. 1913 SAJ u. Gew., 1916 *Spartakus-Gruppe,* 1917 USPD, 1917-18 Kriegsdienst, 1919 KPD, 1919-22 Jugendfunktionär in Stuttgart, 1920-32 hauptamtl. Sekr. Landabt. des ZK der KPD, 1923-33 stellv. Vors. *Deutscher Siedler- und Pächterbund,* 1923-33 Mitgl. des Sekretariats *Internationales Komitee der Land- und Forstarbeiter,* 1924-33 VorstMitgl. *Arbeitsgemeinschaft der schaffenden Landwirte, Pächter und Siedler* bzw. *Reichsbund für Kleinbauern;* 1928-33 MdL Preußen (zeitw. Vors. LandwirtschAusschuß), 1930-33 Mitgl. *Internationaler Bauernrat* Moskau, 1931-33 Büro-Mitgl. *Europäisches Bauernkomitee* Berlin. Neben → Edwin Hoernle u. → Willi Kerff führender agrarpol. Sprecher der KPD, Verf. zahlr. Art. u. Brosch., zeitw. Mithg. u. Red. *Land- und Forstarbeiter, Pflug* u. *Einiges Volk.* Nach natsoz. Machtübernahme ZK-Instrukteur für Südwestdeutschland, 23. Mai 1933 Verhaftung in Frankfurt/M., 11. Dez.1934 zu 2 J. Zuchth. verurteilt, bis Juni 1935 Haft in Luckau, Aug. 1935 Emigr. in die CSR, 1936 in die UdSSR. Stellv. Ltr. Internationales Agrarinstitut Moskau, Anfang 1937 i.A. des ZK nach Spanien, OffzSchule, PolKommissar, Stabschef u. Kommandeur XI. Internat. Brigade (Deckn. Heiner). Mai 1938 nach Frankr., Ltr. *Hilfskomitee für deutsche und österreichische Spanienkämpfer;* Mitarb. ArbKommission *Zwanzig Jahre KPD.* Herbst 1938-Sept. 1939 Mitgl. KPD-Landesltg. Aktiv in der Volksfrontbewegung, Sept. 1938 Mitunterz. beider Aufrufe *Ausschuß der deutschen Opposition,* 1. Sept. 1939 Verhaftung, Internierung in Le Vernet, dort Sekr. Internat. Büro der Kommunist. Sektionen; Juni 1942 Auslieferung an Gestapo, bis März 1943 Gestapogef. Berlin, dann bis Mai 1945 KL Mauthausen, Ltr. des KPD-Lagerkomitees, nach Befreiung verantwortlich für Lebensmittelversorgung der KL-Häftlinge. Aug. 1945-Febr. 1948 2. Vizepräs. u. 1946-48 Min. f. Wirtschaft Provinzialverwaltung Brandenburg, (ab 1946 Landesverw.), 1946-48 MdL Brandenburg. Apr. 1946 Deleg. 15.PT der KPD u. „Vereinigungsparteitag", Deleg. 1., 2. u. 3. Deutscher Volkskongreß für Einheit und gerechten Frieden 1947-49, 1948-49 Mitgl. Deutscher Volksrat. März 1948-Okt. 1949 Vors. Deutsche Wirtschaftskommission (DWK), ab Juli 1949 PV-Mitgl. bzw. ab 1950 ZK, Kand. des PolBüros, 1949-50 MdProvis. VK; 1949-52 Min. f. Wirtschaftsplanung u. ab 1950 stellv. MinPräs. der DDR, ab Juli 1950 Mitgl. PolBüro, ab 1950 MdVK, 1950-52 Vors. Staatliche Plankommission, Mai 1952-Nov. 1953 Ltr. Koordinierungs- und Kontrollstelle für Industrie und Verkehr; maßgebl. an Erstellung u. Durchführung des Zweijahrplans 1948-49 u. des ersten Fünfjahrplans 1951-55 beteiligt; ab Febr. 1953 Mitgl. *Komitee der antifaschistischen Widerstandskämpfer,* 1953-55 Min. für MaschBau, ab 1955 Min. für Außenhandel u. Innerdeutschen Handel, Mitgl. SED-Deleg. zu den Moskauer Beratungen der

kommunist. u. Arbeiterparteien von 1957 u. 1960. – *Ausz.:* u.a. 1954 VVO (Gold), 1956 Hans-Beimler-Med., 1958 Banner der Arbeit, 1958 Med. für Kämpfer gegen den Faschismus 1933–1945, 1959 Held der Arbeit.
L: Pasaremos; Schmidt, Deutschland; Grotewohl, Otto, Hervorragender Staatsmann der Arbeiterklasse. In: Neues Deutschland (B), 2. Apr. 1959; GdA, GdA-Biogr.; Weber, Wandlung; Woitinas, Erich, Du standest stets, wo das Leben ist. Heinrich Rau. In: BZG 1969, S. 1027–1036; Duhnke, KPD; Dahlem, Vorabend. *Qu:* Hand. Publ. Z. – IfZ.

Rauch, Heinz, Parteifunktionär; geb. 23. Nov. 1914 Leipzig, gest. 1961 b. Warschau; *StA:* deutsch. *Weg:* E; 1939 (?) S; 1940 N; S; 1945 (?) Deutschland (SBZ).
Teiln. Span. Bürgerkrieg, im 2. WK Arbeiter in Stockholm, 1940 einige Mon. Org. der Zersetzungsarb. unter dt. Besatzungstruppen in Oslo, 1944 Deleg. KPD-Landeskonf. in Schweden u. Wahl in engere Gruppenltg. Nach Kriegsende in der SBZ, Mitgl. SED, 1953–57 stellv. Ltr. u. anschl. Ltr. Staatliche Zentralverwaltung für Statistik, ab 1954 Mitgl. Zentrale Revisionskommission der SED, ab 1958 Mitgl. Staatliche Plankommission. Kam bei einem Flugzeugabsturz in der Nähe von Warschau ums Leben. – *Ausz.:* 1955 VVO (Bronze), 1956 Hans-Beimler-Med., 1958 Med. für Kämpfer gegen den Faschismus 1933–1945, 1959 VVO (Silber).
L: Mewis, Auftrag. *Qu:* Hand. Publ. – IfZ.

Rauch, John Harold, Bankier; geb. 23. Okt. 1930 Wien; jüd.; *V:* Carl Leon R. (geb. 1898 Lemberg, gest. 1965 USA), jüd., Maler, HandelsVertr., 1938 Emigr. CSR, 1940 USA; *M:* Julie, geb. Buchwald (geb. 1907 Wien), jüd., höhere Schule, 1938 Emigr. CSR, 1940 USA, Mitgl. *Hadassah, United Jew. Welfare Fund; G:* Peter (geb. 1935), 1938 Emigr. CSR, 1940 USA. B.A., Bankier; ∞ 1954 Ruth Shuster (geb. 1934 Tel Aviv), jüd., Gymn. Tel Aviv, 1950 in die USA, 1950–54 Stud., Einzelhandelsvertr.; *K:* Daniel Solomon (geb. 1957); Mark David (geb. 1959); *StA:* österr., 1945 USA. *Weg:* 1938 CSR, 1940 USA.
1938 mit Eltern Emigr. CSR, 1940 in die USA. 1948–53 Angest. Bank of Am., daneben ab 1950 Stud. Univ. of Calif., 1954 B.A. (Wirtschaftswiss.), 1954–56 US-Armee in Korea, Oberlt., Stud. Wirtschaftswiss. an US-Armee-Schule. 1957–68 Vizepräs. Union Bank Los Angeles, daneben Stud. Univ. of Southern Calif., 1961 J.D., 1965–66 Stud. Graduate School of Banking der Univ. Washington. 1968–75 Präs. Beverly Hills Bank & Bancorp., ab 1975 Wirtschaftsberater, stellv. Vors. Western Diversified Equities u.a. Investmentfonds; ab 1961 Mitgl. State Bar of Calif., 1969–72 Ltr. Ausschuß des Staates Kaliforniens für Entwicklung von Berufsmöglichkeiten, 1965–73 Ltr. *Interracial Council for Business Opportunities,* 1969–72 Mitgl. *Community Relations Council, Intercollegiate Zion. Fed. of Am.,* Mitgl. *United Jew. Welfare Fund* (Youth Div.), *Los Angeles Jew. Youth Council,* 1959–72 Dir. u. Präs. kalif.-isr. Handelskammer, 1967–70 Dir. *Am. Jew. Committee,* ab 1954 Mitgl. ZOA. Lebte 1977 in Los Angeles/Calif.
Qu: Fb. Hand. – RFJI.

Rauch, Richard, Partei- u. Gewerkschaftsfunktionär; geb. 6. Dez. 1897 Wolmünster/Saargeb., gest. 20. Apr. 1977 Saarbrücken; *StA:* deutsch. *Weg:* 1935 (?) Emigr. (F?).
Schlosser. Urspr. Mitgl. KPD, später SPD/S-Funktionär in Dudweiler/Saar. Nach der Saarabstimmung Jan. 1935 Emigration. 1945 Rückkehr ins Saargeb. u. Mitgl. GrdgAusschuß SPS, 1946–47 Mitgl. des 1. Bezirks- bzw. Landesvorst., vorübergehend Bürgerm. von Friedrichsthal-Dudweiler; 1947–55 MdL Saar; 1950–55 1. Vors. IV Metall Saar. Nach parteiinternen Auseinandersetzungen Juni 1955 Austritt aus SPS u. Übertritt zur oppos. *Deutschen Sozialdemokratischen Partei Saar* (→ Karl Petri, → Werner Wilhelm); 1959–65 als Sozialreferent im Range eines Betriebschefs bei der Burbacher Hütte in Völklingen.
L: Schmidt, Saarpolitik; Schneider, Saarpolitik und Exil. *Qu:* Arch. Pers. Publ. – IfZ.

Rauschning, Hermann Adolf Reinhold, Dr. phil., Politiker, Schriftsteller; geb. 7. Aug. 1887 Thorn/Westpr.; ev.; *V:* Leopold R., Offz.; *M:* Clara, geb. Dauben; ∞ 1915 Anna Schwartz (geb. 1895), 1938 Emigr. F, Apr.–Juni 1940 Internierung, anschl. GB, 1941 USA; *K:* Heilwig, Luise, Friedrich Wilhelm, Anneregine, Elisabeth; 3 weitere K früh gest.; *StA:* deutsch, Freie Stadt Danzig, Anfang Jan. 1939 Ausbürg., 1942 (?) USA. *Weg:* 1937 CH; 1938 F: 1939 GB; 1941 USA.
Preuß. Kadettenkorps, ab 1906 Stud. Germanistik, Phil., Gesch.- u. Musikwiss. in München u. Berlin, 1911 Prom. Im 1. WK Offz., anschl. Gutsbesitzer u. Landwirt, ltd. Tätigkeit in volksdt. Org. in der nach Kriegsende an Polen gefallenen Region Posen-Westpreußen. Ab 1926 Gutsbesitzer u. Landwirt im Gebiet der unter Völkerbund-Kontrolle stehenden Freien Stadt Danzig. Vertr. einer konservativ-dt.-nationalen Ideologie u. monarchistischer Ordnungsvorstellungen, trat für korporatives Selbstverwaltungssystem als Ergänzung zur parlamentar. RegForm ein; Sommer 1931 Beitritt zur NSDAP Danzig, 1932 Vors. Danziger *Landbund* (agrarwirtschaftl. Interessenvertr.). SS-Standartenführer, innerh. der NSDAP Anhänger von Gregor Straßer; ab Anfang 1932 persönl. Verbindung zu Adolf Hitler. Sommer 1933 nach NSDAP-Wahlsieg Senatspräs. Freie Stadt Danzig, Vors. eines Koalitionskabinetts aus NSDAP u. *Zentrum.* 1934 nach Abschluß des dt.-polnischen Pakts Verhandlungen mit poln. Reg., Beilegung von Streitpunkten zwischen Polen u. der Freien Stadt Danzig, versuchte, einen allg. Ausgleich zu erzielen. Pol. Gegensätze zu NSDAP-Gaultr. Albert Forster, Nov. 1934 nach internem Mißtrauensvotum der NSDAP-Fraktion Rücktritt aus Krankheitsgründen, nahm Frühj. 1935 anläßl. Neuwahlen öffentl. gegen NatSoz. Stellung. Vermutl. 1935 Parteiausschluß, zeitw. Aufenthalt in Polen. 1935–38 Mitarb. *Der Deutsche in Polen* (Organ der *Deutschen Christlichen Volkspartei* Kattowitz). Herbst 1936 Flucht aus Danzig, hielt sich zunächst bei Schwiegereltern in Polen auf, 1937 Emigr. Schweiz. Febr. 1937 Ausschluß aus Danziger *Bauernkammer.* Stand ab 1937 in Verb. mit → Wilhelm Hoegner, lebte in Zürich. 1938 nach Paris, bis 1940 zahlr. Vortragsreisen, u.a. nach London; Mitarb. u.a. *Maß und Wert* u. *Pariser Tageszeitung.* Sommer 1938 Mitgl. *Thomas-Mann-Ausschuß,* Mitarb. *Die Zukunft* (→ Willy Münzenberg). Stand in ständiger enger Verbindung mit Vertr. der bürgerl.-konservativen Emigration, u.a. mit → Heinrich Brüning, → Gottfried R. Treviranus, Ende 1938–Ende 1939 ZusArb. mit *Deutscher Freiheitspartei* (→ Carl Spieker, → Hans Albert Kluthe), mehrfach als Mitgl. eines projektierten dt. NatRats als Gegenreg. im Exil genannt. Frühj. 1939 Mitgl. der von Münzenberg gegr. *Union Franco-Allemande.* Vermutl. 1939 nach Kriegsausbruch Emigr. London. Veröffentlichte 1940 seine internat. Aufsehen erregenden *Gespräche mit Hitler.* 1941 in die USA, einer der wenigen emigr. dt.-sprach. Politiker, die bei amerikan. RegStellen Gehör fanden; Tätigkeit als pol. Publizist, in den USA nicht mehr exilpolitisch aktiv. Hoffte bis kurz vor Kriegsende auf Beseitigung Hitlers durch Reichswehrgeneralität. Ab 1948 Farmer in Portland/Oregon, in den 50er Jahren mehrfach Vortragsreisen in Deutschland, Gegner der westeurop. Integrationspolitik, die er als Preisgabe nationaler Interessen Deutschlands empfand, Befürworter einer Pol. mit dem Ziel einer Wiedervereinigung u. Neutralisierung Gesamtdeutschlands. Lebte 1977 in Portland.
W: u.a. Die Entdeutschung Westpreußens und Posens. 1929; Geschichte der Musik und Musikpflege in Danzig. 1931; Die Revolution des Nihilismus. Kulisse und Wirklichkeit im Dritten Reich. Zürich (Europa-Verlag) 1938 (Übers. franz., holländ., schwed., ital., engl.); Herr Hitler, Ihre Zeit ist um! Offenes Wort und letzter Appell. Zürich 1938; Die Periode der Entscheidung. O.O. 1939; Hitler Could Not Stop. New York (Council for Foreign Relations) 1939; Gespräche mit Hitler. Zürich u. New York (Europa-Verlag) 1940 (Übers. engl., franz., span., isländ., schwed., hebr., ital.); Die konservative Revolution. Versuch und Bruch mit Hitler. New York (Freedom Publishing Co. [Freiheit-Verlag]) 1941 (Übers. engl., franz., schwed.); The Redemption of Democracy. New York (Longmans, Green) 1941 (Übers. schwed.); The Beast from the Abyss. London-Toronto (Heinemann) 1941; Hitler Wants the World. London (Argus Press) 1941; Makers of Destruction.

London (Eyre and Spottiswoode) 1942 (Übers. schwed.); Men of Chaos. New York (Putnam) 1942; Time of Delirium. New York-London (Appleton Century Co.) 1946 (dt.: Die Zeit des Deliriums. Zürich [Amstutz, Herdeg & Co.] 1947 (Übers. franz.); Deutschland zwischen West und Ost. 1951; Ist Friede noch möglich? 1953; Die deutsche Einheit und der Weltfriede. 1954; Ruf über die Schwelle. 1955; Mut zu einer neuen Politik. 1959; Das Schicksal völkerrechtlicher Verträge bei Änderung des Status ihrer Partner. 1964. *L:* Herzog, Wilhelm, Menschen, denen ich begegnete. 1959; MGD; Radkau, Emigration; Bouvier, DFP; Durzak, Exilliteratur; Treviranus, Gottfried R., Für Deutschland im Exil. 1973; Brüning, Heinrich, Briefe und Gespräche 1934-1945. 1974; Teubner, Schweiz. *Qu:* Arch. EGL. Hand. Publ. Z. - IfZ.

Raveh, Jizchak (urspr. Reuss, Franz), Dr. jur., Richter; geb. 10. Nov. 1906; *V:* Heinrich Reuss (geb. 1863 Oberlauringen/Bayern, gest. 1924 Berlin), jüd., Lehrer, Schriftst.; *M:* Selma, geb. Wolff (geb. 1866 Neviges/Ruhrgeb., gest. 1929 Berlin); *G:* Dr. med. Erich Reuss (geb. 1887 Neustadt-Gödens/Hannover, gest. 1970), Arzt, 1938 Emigr. USA; Irma (geb. 1892 Neustadt-Gödens, gest. 1955 Tel Aviv), 1939 Emigr. Pal.; Hilde Knoller (geb. 1894 Aurich/Ostfriesland), 1933 Emigr. Pal.; Dr. phil. Günther Reuss (geb. 1898 Aurich, gest. 1973 Johannesburg), Industrieller, 1939 Emigr. S.-Afrika; ∞ 1932 Batya Sadovski (geb. 1906 Kovno/Litauen), med.-techn. Assist.; *K:* Immanuela Moss (geb. 1937), M.D., Ph.D., Assist. Prof. New York Univ.; Michal Achinoam Persitz (geb. 1946); *StA:* deutsch, Pal./IL. *Weg:* 1933 Pal.
1924-27 Stud. Berlin, 1929 Prom. Halle, 1930-31 Assessor, 1931-33 Richter am Amtsgericht Berlin, Mitgl. *Misrachi* u. K.J.V.; März 1933 Amtsniederlegung u. Emigr. Palästina mit Touristenvisum, später A I-Zertifikat; 1933-34 landwirtschaftl. Arb., gleichz. Vorbereitung auf RA-Prüfung für Ausländer, ab 1936 Mitgl. *Haganah, Histadrut,* 1934-39 Sekr. H.O.G., 1939-48 RA, 1948-49 Ltr. Grundbuchamt Tel Aviv, 1940-50 aktiv in Kulturarb. des *HaShomer haZair,* 1949-52 Richter in Grundbesitz-Streitfragen, 1952-76 Richter am BezGericht TelAviv, einer der Richter im Eichmann-Prozeß. Mitgl. Reg.- u. Beratungskommission zu Gesetzgebungsfragen, VorstMitgl. I.O.M.E., *Isr. Am. Soc.* Lebte 1977 in Tel Aviv.
Qu: Fb. Hand. Z. - RFJI.

Ravid (urspr. Rabinowitsch), **Michael,** Verbandsfunktionär, Diplomat; geb. 5. Apr. 1914 Moskau; jüd.; *V:* Salomon Rabinowitsch (geb. Rußl., umgek. 1943 in Kaunas/Litauen), jüd.; *M:* Rebekka (geb. Rußl., gest. 1932 Danzig); *G:* Anna Michels (geb. Rußl.), 1921 in die USA, Büroangest.; ∞ 1940 Hanna Kliger (geb. 1916), jüd., 1938 Emigr. Pal., Lehrerin; *K:* Dan (geb. 1941), Bankangest.; Dov (geb. 1947); Shlomo (geb. 1953), KibbMitgl.; *StA:* Litauen, Pal./IL. *Weg:* 1935 Pal.
1928-32 Mitarb. bei *Habonim* u. *Hechaluz* Danzig, 1932-34 Stud. Landwirtschaft Univ. Algier zur Vorbereitung der Einwanderung, 1934 Dipl.-Landwirt, zugl. Gr. von zion. Org. in Algier. 1934-35 Jugendltr. *Habonim* u. *Hechaluz* Hannover u. Frankfurt/M.; 1935 Emigr. Palästina mit B III-Zertifikat, ab 1935 Mitgl. Kevuzot haBaḥarut haSozialistit Tel Aviv des späteren Kibb. Gelil Yam, Herzliyyah, Dienst in *Haganah* u. später IDF, Org. von illeg. Einwanderung aus Deutschland. 1949 i.A. der *Jew. Agency* in Frankr. u. Nordafrika, Org. von Jugend-Alijah-Gruppen in Nordafrika, geschäftsf. Mitgl. *Hakibbuz haMeuḥad.* 1951-57 Doz. für Sozialwiss. am Seminar der Kibb. HaMeuḥad-Bewegung Raayoni in Efal, 1957-61 Doz. für Sozialwiss. am Lehrerseminar in Ramat Aviv, 1960 M.A. in Sozialwiss. u. Pädagogik (verliehen von der wiss. Kommission des isr. Erziehungsmin.). 1962-64 isr. Botschafter in Guinea, 1966 Deleg. des *Keren Hayessod* in Skandinavien, ab 1970 Dir. Abt. Erziehung u. Kultur in der Diaspora der WZO Jerusalem. Zugl. VorstMitgl. *Israelisch-Afrikanisch-Asiatisches Institut.* Lebte 1977 im Kibb. Gelil Yam/Israel.
W: Die Geschichte der Revolution von 1848 (Ms., hebr.) 1956; Die Geschichte der Pariser Kommune (Ms., hebr.). 1958. *Qu:* Fb. Hand. - RFJI.

Rawitzki, Carl, Dr. jur., Rechtsanwalt, Kommunalpolitker; geb. 21. Okt. 1879 Thorn, gest. 18. Apr. 1963 Bochum; *V:* Salo R. (1844-1921); *M:* Regina, geb. Poznanski (1854-1940); ∞ 1919 Emilie Schultz (1884-1962), Emigr.; *StA:* deutsch. *Weg:* 1939 GB; Deutschland (BRD).

Jüd. Herkunft; RA in Berlin, auswärtiger Dienst, zuletzt Legationsrat in Warschau. Anfang 1919 auf Ersuchen der Bergarb.-Gew. Niederlassung als erster sozdem. RA in Bochum, Notar, nebenamtl. Syndikus *Alter Bergarbeiterverband,* Rechtsvertr. von SPD u. *Reichsbanner.* Ab März 1919 StadtVO., 1925-33 stellv. StadtVO.-Vorsteher, besondere Verdienste um Kulturpol. Bis 1926 stellv. Mitgl. Preuß. Staatsrat. 1933 kurzfristig Haft, anschl. nach Berlin, Berufsverbot. 1939 Emigr. London. 1941 Teiln. an der vom SPD-PV eingesetzten ArbGemeinschaft *Deutschland und Europa nach dem Kriege,* die zum Konflikt mit der späteren *Fight-for-Freedom*-Gruppe (FFF) um → Walter Loeb u. → Curt Geyer in der nat. Frage führte. Ab 1943 mit → Victor Schiff u. → Adele Schreiber-Krieger Beteiligung an FDB, um der von Teilen der Emigr. um FFF mitvertretenen Repressionspol. gegenüber Nachkriegsdeutschland mit Hilfe der UdSSR entgegenzuwirken. Hauptredner FDB-GrdgsKonf. 25. Sept. 1943, Mitgl. Vorläufiger Ausschuß der FDB. Hoffte auch nach der Konf. von Teheran auf eine nat. Rückwendung in der FDB, weiterhin Kontakte zum SPD-PV. Juni 1944 Wahl in FDB-Präs. Ende 1944 SPD-Ausschluß, nach 1945 Wiederaufnahme. Rückkehr nach Bochum, Nov. 1952-Apr. 1962 StadtVO., Vors. Kulturausschuß. - *Ausz.:* 1959 BVK 1. Kl., 1962 Ehrenbürger Bochum.

L: MGD; Röder, Großbritannien; Wagner, Johannes Volker, . . .nur Mut, sei Kämpfer! 1976. *D:* AsD, IISG. *Qu:* Arch. Pers. Publ. Z. - IfZ.

Rayner, John Desmond (bis 1944 Rahmer, Hans Sigismund), Rabbiner; geb. 30. Mai 1924 Berlin; *V:* Ferdinand Rahmer (geb. 1887 Prag, umgek. 1942 [?] KL Auschwitz), Nov. 1938 zeitw. KL Oranienburg; *M:* Charlotte, geb. Landshut (geb. 1897 Neumark/Westpreußen, umgek. 1942 [?] KL Auschwitz), Bankbeamtin; *G:* Erica Nancy Seidman (geb. 1921 Berlin), Krankenschwester, 1939 Emigr. GB; ∞ 1955 Jane Priscilla Heilbronn (geb. 1931 London), jüd., Sekr. eines M.P.; *K:* Jeremy (geb. 1957); Benjamin (geb. 1959); Susan (geb. 1962); *StA:* deutsch, 1947 brit. *Weg:* 1939 GB.

1934 Ausschluß aus öffentl. Schule, 1934-38 Theodor-Herzl-Schule Berlin, 1938-39 höhere Schule der jüd. Gde. Berlin. Aug. 1939 Emigr. GB mit Kindertransport, Unterstützung durch jüd. Flüchtlingskomitee, Pflegekind eines anglikan. Geistlichen, 1939-43 Schüler der Durham-Schule (Freiplatz). 1943-47 Freiw. brit. Armee (Hptm.). 1947-53 Stud., 1949 B.A., 1953 M.A. Emmanuel Coll. der Cambridge Univ., 1952 Präs. *Jewish Society* der Cambridge Univ., 1952-53 Vors. Jugendgruppe der *World Union for Progressive Judaism.* 1953-57 Rabbiner Liberale jüd. Syn. von South London, 1957-58 Hilfsrabbiner, 1958-61 2. Rabbiner, ab 1961 1. Rabbiner Liberale jüd. Syn. in St. Johns Wood, London. 1963-65 Stud. H.U.G. Cincinnati/O., 1965 Rabbinerexamen, ab 1965 Doz. für Midrasch, Liturgie u. Ritualgesetz Leo-Baeck-Coll. London, 1966-69 ehrenamtl. StudLtr., ab 1969 Vizepräs. u. 1971-73 Vors. *Council of Reform and Liberal Jews,* 1973-76 Vors. europ. Ausschuß der *World Union for Progressive Judaism* u. 1975 Teiln. an ihrem Kongress in Karlsruhe. Lebte 1977 in London.

W: The Jewish Youth Group. (Mithg.) 1956; The Practices of Liberal Judaism. 1958; The Liberal Jewish Attitude to the Bible and Rabbinical Literature. 1959; Towards Mutual Understanding between Jews and Christians. 1960; Liberales Judentum in heutiger Zeit (Vortrag). 1961; Hagadah shelPesaḥ. Passover eve service for the home (Hg.). 1962, 1968; Service of the Heart (Gebetbuch, Hg.) 1967; Liberal Judaism. An Introduction. 1968; Gate of Repentance. (Mithg.) 1973; Guide to Jewish Marriage. 1975; Beiträge in jüd. Zs. *L:* Flechter Jones, Pamela, Profile Rabbi John D. Rayner. In: ULPS News, Okt. 1973. *Qu:* Fb. Hand. Z. - RFJI.

Rebe, Alfred, Parteifunktionär; geb. 25. Dez. 1893 Berlin; *StA:* deutsch. *Weg:* 1933 UdSSR.

Metallarb., SPD. 1912 zur Kriegsmarine eingezogen, Kriegsteiln., Übertritt zur USPD, Nov. 1918 führend an Matrosenaufstand beteiligt. 1920 KPD, 1921 KPD-Vors. u. Parteired. Rostock, später Mitarb. versch. KPD-Zs., 1924 Reichstags-Kand. Ab 1927 Red. Zentralorgan *Die Rote Fahne* Berlin, 1928 ihr verantwortl. Red., ab 1929 im pol. Ressort. 1933 Emigr. UdSSR, Mitarb. an dt.-sprachigen Ztg. - 1938 im Kaukasus verhaftet u. verschollen.

L: Weber, Wandlung. *Qu:* Publ. - IfZ.

Rebling, Eberhard, Dr. phil., Musikwissenschaftler, Partei- u. Verbandsfunktionär; geb. 4. Dez. 1911 Berlin; *V:* Berufsoffz.; ∞ Lin Jaldati (geb. 1912), Balettänzerin, Mitgl. niederländ. kommunist. Partei, 1944 Verhaftung, KL Bergen-Belsen u. Auschwitz. Nach Kriegsende in NL u. DDR, bekannte Interpretin jüd. Volkslieder, Ausz.: u.a. 1960 Kunstpreis der DDR, 1962 VVO (Bronze); *K:* 2; *StA:* deutsch. *Weg:* 1936 NL; 1952 Deutschland/Berlin (Ost).

1930-34 Stud. Musikwiss. Univ. Berlin (u.a. bei Schering, Sachs u. Hornbostel), 1934 Prom., Pianist u. Musikwiss. - 1936 Emigr. Niederlande, in Widerstandsbewegung tätig, 1944 Verhaftung durch Gestapo, angebl. Todesurteil, Flucht. 1946-59 Mitgl. niederländ. kommunist. Partei, 1949-52 GenSekr. *Vereinigung Niederlande-UdSSR,* Mitarb. *De Waarheid* Amsterdam. 1952 Rückkehr nach Berlin (Ost), FDGB u. *Kulturbund zur demokratischen Erneuerung Deutschlands* (KB), 1952-55 ltd. Funktionen in *Gesellschaft für Deutsch-Sowjetische Freundschaft,* 1952-59 Chefred. *Musik und Gesellschaft,* ab 1959 Prof. u. Rektor Deutsche Hochschule für Musik Hanns Eisler Berlin (Ost); 1960 SED, ab 1962 *Deutscher Friedensrat* u. Mitgl. Parteiltg. an Parteihochschule Karl Marx beim ZK der SED, ab 1963 Berliner VK-Vertr. (KB-Fraktion). Vors. Forschungsrat für musikalische Berufsausbildung beim Min. für Kultur; zahlr. Konzertreisen ins Ausland. - *Ausz.:* u.a. NatPreis 3. Kl., VVO (Silber), Med. für Kämpfer gegen den Faschismus 1933-1945, 1972 VVO (Gold).

L: Antifaschisten. *Qu:* Hand. Publ. Z. - IfZ.

Rechnitz, Ernst, Dr. jur., Richter, Gemeindebeamter; geb. 15. Nov. 1882 Ratibor/Oberschlesien; gest. 6. Sept. 1952 Santiago/Chile; jüd.; *V:* Siegmund R., Kaufm.; *M:* Henriette, geb. Wohl, jüd.; *G:* Kurt (geb. Ratibor, umgek. 1942 im Holokaust), Kaufm.; Walter (geb. Ratibor, gest. 1953 San Francisco/Calif.), RA, Emigr. Schanghai, später USA; ∞ 1919 Lisbeth Kaliski (geb. 1895 Lissa/Posen, gest. 1970 Santiago/Chile), jüd., 1939 Emigr. Chile; *K:* Leonie Doernberg (geb. 1920 Beuthen/Oberschlesien), 1939 Emigr. Chile, später USA; Stephanie Engel (geb. 1925 Breslau), 1939 Emigr. Chile, A: Panama; *StA:* deutsch, 1941 Ausbürg., 1950 deutsch. *Weg:* 1939 Chile.

Stud. Rechtswiss. Erlangen, München u. Freiburg, 1905 Prom. Breslau. Kriegsteiln. 1. WK. (Lt., EK). 1919-22 Amtsgerichtsrat in Beuthen/Oberschlesien, 1922-39 VerwDir. u. Syndikus SynGde. Breslau u. Schriftltr. *Jüdisches Gemeindeblatt,* Vors. R.j.F. Breslau u. Mitgl. B'nai B'rith-Loge. Juni 1933 KL Hümmerling, 1-jähr. Gefängnisstrafe in Breslau wegen seines im *Jüdischen Gemeindeblatt* veröffentl. Art. *Ich suche meine Brüder,* Sommer 1934 amnestiert, Nov.-23. Dez. 1938 KL Sachsenhausen. Okt. 1939 Emigr. Chile mit Familie, Unterstützung durch HIAS; Inkassobeauftragter, später Anzeigenvertr. für lokale Zeitung.

W: Ausweisung und Inhaberpapiere in ihren Wirkungen. (Diss.) 1905 *Qu:* Arch. EGL. Pers. Publ. Z. - RFJI.

Reckziegel, Richard, Gewerkschaftsfunktionär; geb. 14. März 1886 Josefsthal/Böhmen, gest. 9. Juni 1954 Kaufbeuren/Bayern; *StA:* österr., 1919 CSR, deutsch. *Weg:* 1938 S; 1949 Deutschland (BRD).

Glasschleifer u. Kugler; Mitgl. DSAP, ab 1921 Sekr. *Verband der Glas- und Keramikarbeiter in der CSR* u. ab 1930 Red. des VerbOrgans. 1938 Emigr. nach Schweden, TG-Mitgl., Fabrikarb. - 1949 Niederlassung in Deutschland, GewAngestellter.

L: Weg, Leistung, Schicksal; Menschen im Exil. *Qu:* Arch. Publ. - IfZ.

Redler, Richard, Dr. jur., Rechtsanwalt, Journalist; geb. 27. März 1906 Bregenz; *StA:* österr., 1942 Ausbürg. *Weg:* 1938 (?) F; 1941 USA, CDN.

Stud. Rechtswiss., anschl. Mitarb. von Walter Adam im *Heimatdienst* der *Vaterländischen Front* bzw. *Bundespressedienst.* 1938 nach Anschluß Österr. Verhaftung, möglicherweise KL-Haft, vermutl. 1938 Emigr. Frankr.; Mitarb., zeitw. GenSekr. *Ligue Autrichienne* (→ Hans Rott). Nach franz. Kapitulation von Vichy-Behörden 8 Mon. interniert, Frühj. 1941 Entlassung, Emigr. USA, Sommer 1941 nach Ottawa, Lehrer in Ashbury College. 1942 Mitgl. *Austrian National Committee* unter Rott u. → Guido Zernatto, heftige Auseinandersetzungen in der Presse mit Franz Klein (d.i. → Robert Ingrim). Dienst in Canadian Civil Service.

Qu: Arch. - IfZ.

Redlich, Gertrud; ∞ Josef Redlich (1869-1936), Finanzmin., 1918 in letzter österr. Reg. innerh. der Donaumonarchie u. 1931 im 1. Kabinett Karl Buresch, 1926-29 Prof. Rechtswiss. Harvard Univ. Cambridge/Mass.; *K:* 2, 1938 Emigr. USA; *StA:* österr. *Weg:* 1939 USA; Österreich.

Ab 1926 mit Ehemann in den USA, anschl. wieder in Österr. Stand nach dem Anschluß Österr. in enger Verb. zu dem Kreis um Roman Scholz. Frühj. 1939 Emigr. USA. Zus.Arb. mit → Irene Harand, Vizepräs. *Austrian Women's Committee* in den USA, GrdgMitgl. *Free Austrian Movement* in den USA (→ Hans Rott). Ab Jan. 1942 Mitarb. amerikan. *Rotes Kreuz.* Nach Kriegsende Rückkehr nach Österreich.

Qu: Arch. - IfZ.

Redlich, Oswald, Journalist; geb. 14. Dez. 1899 Gaya/Mähren, gest. 23. Nov. 1955; ∞ verh., Ehefrau Emigr. USA; *StA:* österr. (?), USA (?). *Weg:* 1934 CSR; 1939 (?) GB; USA.

Tätigk. in gewerkschaftl. Org. der Versicherungsangest. in Wien, Mitgl. SDAP; in den 20er Jahren journ. Tätigkeit in GewPresse u. für die *Gewerkschaftskommission,* anschl. auf Veranlassung von Friedrich Austerlitz RedMitgl. *Arbeiter-Zeitung.* Autor von Enthüllungen über Waffenschiebungen der *Heimwehr,* über illeg. Geschäfte → Ernst Rüdiger Starhembergs mit einem Bankier aus Brünn u. über die Beziehungen des NSDAP-Gauleiters von Wien, Alfred Frauenfeld, zu jüdischen Kreisen. 1934 nach den Februarkämpfen kurzfristig verhaftet, anschl. Emigr. CSR, Mitarb. ALÖS (→ Otto Bauer), 1937 in Prag, Hg. *Intropress.* Vermutl. 1939 nach GB, nach Kriegsende in die USA, lebte in Chicago/Ill. Starb während eines Erholungsurlaubs.

Qu: Arch. Z. - IfZ.

Redlich, Robert B., Ministerialbeamter, Journalist; geb. 20. Mai 1921 Wien; kath.; *V:* Anton H. R. (geb. 1890 Austerlitz/Mähren, gest. 1968 Wien), kath., höhere Schule, Kaufm., 1938 Emigr. USA über CH; *M:* Maria, geb. Fürth (geb. 1895 Wien, gest. 1965 Wien), ev., höhere Schule, 1938 Emigr. USA über CH; *G:* Elizabeth Andrews (geb. 1925 Wien, gest. 1971 Palo Alto/Calif.), höhere Schule, 1938 Emigr. USA über CH; ∞ 1954 Herta Maria Wintgen (geb. 1917 Essen-Werden), kath.; *StA:* CSR, 1943 USA. *Weg:* 1938 CH, 1939 USA.

März 1938 Emigr. Schweiz, Fortsetzung der unterbrochenen Ausbildung. Apr. 1939 in die USA mit Einwanderervisum, 1942 B.A. Columbia Univ., Stud. Tulane Univ. New Orleans/La., 1942-45 US-Armee, 1945-47 Offz. für Nachrichtenkontrolle, 1947-48 Tätigkeit im InfoBüro u. 1948-49 stellv. AbtLtr. von OMGUS, 1949-52 Mitarb. Auslandsdienst Presse- u. Info-Amt von HICOG in Berlin, Nürnberg, München u. Bremen.

1952-54 Geschäftsf. *Die Neue Zeitung*, 1954-57 geschäftsf. Teilh. einer internat. Werbe-Firma in München. 1957-75 Ltr. Presse- u. Werbe-Abt. von *Radio Liberty* München, ab 1975 Dir. für öffentl. Angelegenheiten bei *Radio Free Europe* München. Mitgl. internat. u. dt. PR-Verbände, *Deutsche Gesellschaft für auswärtige Politik, Bayerischer Journalistenverband, Internationaler Presse-Club, Internationales Presse-Institut, Gesellschaft für die UN*. Lebte 1977 in München.
Qu.: Fb. Hand. - RFJI.

Regner, Kurt, Dr. jur., Rechtsanwalt; geb. 4. Aug. 1912 Baden b. Wien; o.K.; ∞ Dr. Berta R. (geb. 1919); *K:* Dr. Eva Schwarz-Regner (geb. 1945 Oxford), Sekr. Arbeiterkammer Wien; Dr. Susanne Regner, Mathematikerin, A: Wien; *StA:* österr. *Weg:* 1938 CSR, GB; 1940 AUS; 1941 GB; 1946 Österr.
Funktionär SAJDÖ, Mitgl. *Republikanischer Schutzbund*. Stud. Rechtswiss. Wien, 1934 nach den Februarkämpfen in Haft. Bis 1938 Gerichts- u. Anwaltspraxis in Wien, verteidigte pol. Häftlinge, Mitarb. des illeg. KJVÖ u. der KPÖ. März 1938 Emigr. CSR, Dez. 1938 GB, zunächst in London, anschl. in Liverpool, Sekr. *Austrian Centre* in Liverpool. Okt. 1939 Internierung, sollte Frühj. 1940 auf der Arandora Star nach Kanada deportiert werden, überlebte Versenkung des Schiffs durch dt. U-Boot, anschl. Internierung in Australien. Nov. 1941 Rückkehr nach GB, neben Ernö Fürst 2. Sekr. *Austrian Centre* London unter → Willy Scholz, Sekr. u. jurist. Berater *Council of Austrians in Great Britain*. 1942 nach Oxford, LtgMitgl. *Austrian Centre* in Oxford, Mitarb. *Free Austrian Movement*. Febr. 1946 Rückkehr nach Wien, Tätigkeit als RA, bekannter Verteidiger in Strafsachen. Lebte 1978 in Wien.
W: Die Moskauer Deklaration und die völkerrechtliche Anerkennung Österreichs. O.J. *Qu:* Arch. Pers. - IfZ.

Rehfeld, Eric, Ministerialbeamter: geb. 27. Juli 1921 Darmstadt, jüd.; *V:* Isidor R. (geb. 1880, gest. 1942 New York), jüd., Kaufm., 1939 Emigr. GB, 1941 USA; *M:* Hedwig, geb. Marx (geb. 1894 Mainz, gest. 1941 London), jüd., 1939 Emigr. GB. ∞ 1952 Eva Bäcker (geb. 1925 Berlin), jüd., 1948 Emigr. USA; *K:* Sonia H. (geb. 1953), M.B.A., Unternehmensberaterin; *StA:* deutsch, 1943 USA. *Weg:* 1935 CH, 1939 GB, 1940 USA.
1935 Emigr. Schweiz mit StudVisum, Stud. mit finanz. Unterstützung der Eltern. 1939 nach GB mit Besuchervisum zu den Eltern. Mai 1940 in die USA, Fabrikarb., 1943-44 Stud. Clark Univ. Worcester/Mass.; 1943-45 US-MilDienst, 1945 Mitarb. Info. Control Branch Berlin von OMGUS, 1946-49 OMGUS-Finanzabt. Berlin u. Wiesbaden, Wirtschaftssachverständiger; 1949-52 bei HICOG in Frankfurt u. Bonn. 1952-64 Abt. Internat. Sicherheit des US-Verteidigungsmin. in Washington/D.C., ab 1964 im Rahmen eines Austauschprogramms ins Außenmin. delegiert, Sachverständiger für internat. Beziehungen u. mil. Angelegenheiten in den Abt. NATO u. für atlant. milpol. Angelegenheiten des Europa-Amts. Lebte 1976 in Bethesda/Md.
Qu: Fb. Hand. - RFJI.

Rehse, Hermann; geb. 12. Juli 1905 Wuppertal-Barmen, gest. 3. Nov. 1966 Hattingen/Ruhr; *V:* Maurer; ∞ Edith; *StA:* deutsch, 10. Juni 1936 Ausbürg. *Weg:* 1933 B; 1940 F, Deutschland.
1918-20 Textilarb., 1921-24 Bergmann, zuletzt Lehrhauer, nach Zechenschließung Gelegenheitsarb., 1925-28 Kistenschreiner, dann erwerbslos. Ab 1920 gewerkschaftl. organisiert, 1923 KJVD, Stadtteilltr., 1923/24 Lagerhaft, wegen anschl. pol. Untätigkeit Ende 1924 KJVD-Ausschluß. Ab 1925 *Naturfreunde*, ab 1930 Mitgl. des abgespaltenen *Vereins Proletarischer Wanderer*, 1932 KPD. Ab Sommer 1932 in „Abteilung Braun" des MilApp. Wuppertal zur Ausspähung der SA, angebl. auch Ltr. Abt. Abwehr u. ab März 1933 Gesamtltg. des MilApp. im KPD-Unterbez. Wuppertal. Nov. 1933 nach Belgien, bis 1937 illeg. Aufenthalt, Apr. 1936 kurzfristig nach Frankr. abgeschoben. Unterstützung durch *Rote Hilfe*, Einsatz bei Geldsammlung für Flüchtlinge, Druckschriftenverkauf u. Werbung für Unterkunft sowie Verpflegungsstellen an versch. Orten Belgiens. 1937-39 in EmigrÜberprüfung der KPD in Brüssel tätig, Anfang bis Mitte 1939 als sog. Kadermann Mitgl. der KPD-EmigrLtg. Belgien, ab Ende 1939 Ltr. eines Emigr.-Zirkels. 10. Mai 1940 Festnahme durch belg. Polizei, Internierung in St. Cyprien/Südfrankr., Sept. 1940 Auslieferung an Gestapo. 19. Okt. 1941 VGH-Urteil 5 J. Zuchthaus.
Qu: Arch. - IfZ.

Rehwald, Franz (Frank), Parteifunktionär, Journalist; geb. 16. Aug. 1903 Haan/Böhmen; kath.; *V:* Franz R. (1872-1955), kath., Pumpenwärter, DSAP, ab 1948 in CDN; *M:* Marie, geb. Valek (1878-1965), kath., ab 1948 in CDN; *G:* Marie Fleischer (1895-1976), kath.; ∞ I. 1927 Adele Frtschek (1903-60), kath., Stenotypistin, ab 1939 in CDN; II. 1963 Elisabeth Wiese (geb. 1920), ev., Krankenschwester, ab 1958 in CDN; *K:* Isolde Hamilton (geb. 1931), Buchprüferin; Gerhard (geb. 1936), Ing., ab 1939 in CDN; *StA:* österr., 1919 CSR, 1939 deutsch, 1947 CDN. *Weg:* 1939 GB, CDN.
1918-21 Handelsakad. Aussig, 1922-23 Hochschule für Welthandel Wien. Mitgl. SAJDÖ u. *Verband sozialdemokratischer Studenten und Akademiker* Wien, 1925 DSAP, 1925-38 *Allgemeiner Angestelltenverband* Reichenberg (*All-a-ver*). 1925-27 Bibliothekar *Deutscher Gewerkschaftsbund in der CSR* Reichenberg, 1927-33 Red. *Freiheit* Teplitz-Schönau, 1933-38 Red. *Der Textilarbeiter* Reichenberg (Organ der Union der Textilarbeiter in der CSR). Wirtschaftsexperte der DSAP, zuletzt auch PV-Mitgl., Verf. eines wirtschaftl. Aufbauprogramms für die von Deutschen besiedelten Gebiete der CSR (*Verfall oder Aufbau. Geschichte und Wesen der Wirtschaftskrise*. Bodenbach 1935); trat mit seiner hier geäußerten Meinung über die ökonom. Ursachen der sog. Sudetenkrise als Vertr. des Neoaktivismus hervor. 1936 vom CSR-MinPräs. Milan Hodža als Ltr. eines geplanten Min. für Wiederaufbau der Sudetengeb. vorgesehen. Galt als Anhänger der Politik → Wenzel Jakschs. Aug. 1938 Mitverf. des DSAP-Memorandums zur wirtschaftspol. Lage an die brit. Vermittlungsmission unter Ltg. von Lord Walter Runciman. Nach Eingliederung des Sudetengeb. ins Reich Okt. 1938 Flucht nach Brünn, Okt. 1938-Jan. 1939 zus. mit → Pater Emanuel Reichenberger u. → Willi Wanka Verhandlungen mit kanad. Reg. über Aufnahme sudetendt. sozdem. Emigr., anschl. Org. der Emigr. nach Kanada. Beim Einmarsch der dt. Truppen in Prag Asyl in brit. Botschaft, Apr. 1939 freies Geleit über Polen u. Schweden nach GB, Juli Kanada. Mitgl. TG. Bis 1941 Farmer in Sask., 1941-48 Chefred. *Der Nordwesten* Winnipeg/Man., ab 1942 Mitgl. u. zeitw. Vizepräs. *Canada Press Club*, Aug. 1944 Mitgl. *Democratic Sudeten Committee* (*Nationalausschuß der demokratischen Sudetendeutschen*). 1946-47 als Mitarb. des *Canadian Christian Council for the Resettlement of Refugees* Verhandlungen mit kanad. Reg. über Aufnahme dt. Heimatvertriebener aus der CSR, 1948-70 Chefred. *Der Courier* Regina/Sask., ab 1969 Mitgl. sozdem. Partei Kanadas (*New Democratic Party*). Vorübergehend in Kulturkommission der ProvReg. von Man., 1971-75 Mitgl. Exekutivkomitee *Human Rights Commission* der Prov. Manitoba. Lebte 1977 in Winnipeg/Kanada. - *Ausz.:* 1967 Centennial Medal in Recognition of Valuable Service to the Nation.
W: Gewerkschaften im Staatskapitalismus. 1937. *L:* Jaksch, Wenzel, Europas Weg nach Potsdam. 1967; Bachstein, Jaksch; Menschen im Exil. *Qu:* Fb. Pers. Publ. - IfZ.

Reich, Hans Georg, Dr. jur., Staatsanwalt, Verbandsfunktionär; geb. 26. März 1903 Breslau, gest. 18. Sept. 1972 Gießen/Hessen; jüd.; *V:* Gustav R. (geb. 1875 Oberschlesien, gest. 1949 Santiago/Chile), jüd., Kaufm., Dez. 1938 Emigr. Chile; *M:* Rosa, geb. Basch (geb. 1876 Prov. Posen, gest. 1954 Santiago/Chile), jüd., 1938 Emigr. Chile; *G:* Walter (geb. 1906, gest. 1955 New York), 1935 Emigr. EC, 1937 Chile, 1946 USA; ∞ 1937 Cecilie (Cilly) Ball, jüd., 1939 Emigr. Chile; *K:* Thomas (geb. 1944 Santiago), Stud., Wirtschaftsfachmann beim UN Development Program über Santiago; *StA:* deutsch. *Weg:* 1939 Chile.

590 Reich

Stud. Rechtswiss. Heidelberg, 1925 Prom. Breslau, 1925 Referendar, 1929 Assessor, 1929-33 Staatsanwalt am OLG Breslau, 1933 Entlassung; Nov. 1938 KL Buchenwald. Febr. 1939 Emigr. Chile mit Ehefrau, 1940-72 Inh. einer Buchhandlung u. Druckerei. 1953-62 Sekr., 1962-72 Präs. der dt.-jüd. Flüchtlingsorg. in Santiago de Chile *Sociedad Cultural Israelita Bne Jisroel,* Mitgl. *Centra.* Starb während einer Besuchsreise in Deutschland. – *Ausz.:* 1970 BVK.

W: Die Anfechtung eines bei der Zwangsversteigerung eines Grundstücks abgegebenen Gebotes wegen Irrtum oder arglistiger Täuschung. (Diss.) 1925. *Qu:* EGL. Pers. Publ. - RFJI.

Reich, Karl, Bankier; geb. 28. Nov. 1919 Wien; jüd.; *V:* Alois R. (1894-1929), jüd., Stud. Handelsakad. Wien, Kaufm.; *M:* Beatrice (geb. 1892 (?) Böhmen, umgek. im Holokaust), jüd.; *G:* Erwin (geb. 1909 Wien), Stud. Handelsakad. Wien, Wirtschaftsprüfer in AUS; ∞ Haya Margalit (geb. 1921 Jerusalem), Stud. *Mizrahi*-Lehrerseminar Jerusalem; *K:* 2; *StA:* österr., Pal./IL. *Weg:* 1939 Pal.

Höhere Schule Wien, dann Privatschule in GB, Stud. Med. Wien, Mitgl. *Makkabi.* Sept. 1939 Emigr. Palästina, 2 Jahre Stud. Hebr. Univ. Jerusalem, kurzfristig Stud. London School of Econ., bis 1943 Assist. Quantity Surveyor der Abt. öffentl. Bauten der Mandatsreg., 1943 beim Abhördienst des Gen. Staff Intelligence der brit. Armee. 1944-47 stellv. Superintendent für Versicherungsagenten der Prudential Assurance Co. (Mulford & Co. Ltd.) in der Zentrale Jerusalem, 1946 Mitgl. Chartered Insurance Inst. London. Mitgl. *Haganah,* 1948 Teiln. an Kämpfen in Jerusalem, 9 Mon. in jordan. GefLager. März 1949-Mai 1950 Angest. Mulford & Co.; ab 1950 für lateinamerikan. Investitionsgruppen tätig, Geschäftsf. Isar (Israel-Argentina) Ltd., Arg-el (Argentina-Israel) Building and Investment Corp. Ltd. Accadia. 1959 Gr., VorstMitgl., Sekr., 2. Geschäftsf., später Hauptgeschäftsf., ab 1977 GenDir. Isr. Development and Mortgage Bank Ltd. (ab 1972 Zweigges. der Isr. Discount Bank Ltd.). IDF-Dienst, 1956-57 Teiln. am Sinai-Feldzug, 1967 am Sechstagekrieg. Lebte 1977 in Ramat-Gan/Israel.

Qu: Fb. Hand. - RFJI.

Reich, Viktor, Unternehmensleiter; geb. 14. Juli 1909 Wien; *V:* Simon R., Redakteur; *M:* Louise, geb. Menker; ∞ 1944 Göteborg Ingegerd Allard; *K:* Marie Louise, Agneta, Elisabeth, Viveka. *Weg:* 1937 (?) S.

Stud. TH Wien, Dipl. Architekt. Ab 1937 in Schweden, ltd. Architekt mehrerer Ges., Mitgl. *Österreichische Vereinigung in Schweden* (→ Bruno Kreisky); 1948 Gr. u. seitdem GenDirektor Ballograf Verken, Göteborg. 1947 österr. Vizekonsul, 1952 österr. Konsul, 1957 GenKonsul. Mitgl. *Pro Austria.* Lebte 1969 in Göteborg. – *Ausz.:* Gr. Ehrenzeichen u. Goldenes Ehrenzeichen für Verdienst um die Rep. Österreich.

Qu: Hand. - IfZ.

Reichard, Siegmund, Dr. jur., Rechtsanwalt; geb. 18. Jan. 1891 Graz; *StA:* österr. (?). *Weg:* 1939 S; 1948 Österr.

Stud. Rechtswiss. Wien, 1914 Prom., anschl. RA-Konzipient. 1914-18 Kriegsdienst. Ab 1920 RA in Wien, Strafverteidiger. Mitgl. SDAP. 1934 nach den Februarkämpfen Haft. 1938 nach Anschluß Österr. Verhaftung, KL Dachau. 1939 Emigr. Schweden. 1940 neben → Fritz Tarnow Mitgr. *Philosophischer Diskussionskreis.* Mitgl. *Klub österreichischer Sozialisten* (KÖS) in Stockholm (→ Bruno Kreisky), Ltr. eines 1943 von KöS u. *Gruppe österrreichischer Gewerkschafter in Schweden* unter → Josef Pleyl gemeinsam getragenen Ausschusses zu außenpol. u. völkerrechtl. Nachkriegsfragen, ab 1943 Mitgl. *Samarbetskommittén för demokratiskt uppbyggnadsarbete* (von schwed. Institutionen getragenes Koordinationskomitee zur Planung wirtschaftl. u. kultureller Hilfe für die vom Krieg zerstörten mitteleurop. Länder). Vermutl. 1943 Austritt aus KöS, Apr. 1945 mit → Friedrich Schleifer Gr. *Vereinigung österreichischer Sozialdemokraten in Schweden* sowie Mitgl. *Freie Österreichische Bewegung* (FÖB) in Schweden, Nov. 1945 FÖB-Vertr. in *Österreichischer Repräsentationsausschuß in Schweden.* März 1946 nach Wiedervereinigung von FÖB u. *Österreichische Vereinigung in Schweden* (ÖVS) VorstMitgl. der gemeins. Org. ÖVS. 1948 Rückkehr nach Österr., lebte in Wien.

L: Müssener, Exil. *Qu:* Hand. Publ. - IfZ.

Reichardt, Albert, Gewerkschaftsfunktionär; geb. 22. Sept. 1887 Mühlhausen/Elsaß, gest. 9. Aug. 1942 Bern; o.K.; ∞ Margarethe, Emigr.; *StA:* deutsch. *Weg:* 1933 CH.

Eisendreher; 1911 SPD, 1918 Vors. *Kreisarbeiterrat,* 1920 Gr. u. Geschäftsf. Konsumgenossenschaft Belzig/Mark Brandenburg. Ab Okt. 1921 Angest. *Deutscher Landarbeiterverband,* später Geschäftsf. Landeskrankenkasse Kr. Zauch-Belzig; Vors. ADGB-Ortsausschuß, StadtVO, SPD-Ortsvors., Mitgl. UnterbezVorst., Mitgl. Kreistag. Nach Schutzhaft 17. Mai 1933 Emigr., Niederlassung in Bern, Unterstützung durch *Schweizerisches Arbeiter-Hilfswerk.* Vertrauensmann der *Sopade* für die Schweiz, Kontakte zu → Arthur Crispien u. → Wilhelm Dittmann. Unter Ps. Albert Schüler (?) ab 1937 Mithg. der Zs. *Das Wort,* welche die Linie des Exil-PV vertrat u. Kooperation mit KPD ablehnte; (nach 1945 von → Walter Sassnick weitergeführt).

L: Müssener, Schweden. *D:* AsD. *Qu:* Arch, Hand. Publ. - IfZ.

Reiche, Erwin, Dr. phil., Schriftsteller; geb. 20. Jan. 1894 Berlin; *V:* Hugo R.; *M:* Mathilde, geb. Bamberg; ∞ Friedel Nowack (geb. 1901), Schausp., 1933 Emigr. Österr., 1937 CH, 1947 Deutschland (SBZ); *StA:* deutsch. *Weg:* 1935 Österr. 1937 CH; 1946 Deutschland (SBZ).

Mitgl. KPD, 1935 Emigr. nach Wien, Mitarb. zahlr. Ztg. u. Zs., Aug. 1937 nach Bern, schriftst. Tätigkeit. 1943 Mitgr. Ortsgruppe Bern der BFD in der Schweiz, Deleg. 1. u. 2. Landeskonf. der KPD am 14. Jan. u. 24./25. März 1945 in Zürich, ab Mai 1945 Mitgl. BFD-Regionalltg. Bern u. Landesausschuß der BFD. 1946 Rückkehr; lebte 1974 in Berlin (Ost).

W: 17 Kapitel von Schauspielern und vom Theater. Bern (Francke) 1938; Luginsschweizerland. Bern (Huber) 1939; Turgenev, Ein Monat auf dem Lande (Bearb.). Bern (Francke) 1943. *L:* Bergmann, Schweiz; Teubner, Schweiz. *Qu:* Arch. Hand. Publ. - IfZ.

Reichel, Heinrich Christoph, Parteifunktionär; geb. 1. Okt. 1901 Amberg/Oberpfalz, hinger. 22. Juli 1943 Berlin-Plötzensee; *V:* Arbeiter; ∞ verh.; *K:* Günter, Erika; *StA:* deutsch, 11. Aug. 1938 Ausbürg. *Weg:* 1934 CSR; 1935 CH, NL; 1941 Deutschland.

Tischlerlehre, bis 1923 in Amberg, dann mit häufig wechselndem Aufenthalt bis 1932 im Beruf tätig. 1915 SAJ, 1917 SPD, 1918 *Spartakusbund,* KPD. 1923 in Abwesenheit wegen Teiln. am Aufstandsversuch zu 2 J. Zuchth. verurteilt, lebte bis 1928 mit falschen Papieren der *Roten Hilfe* (RH) unter dem Namen Max Dobrin. Zahlr. Funktionen in KPD, RH, RFB, *Kampfbund gegen den Faschismus,* RGO-Fraktionsltr. im *Deutschen Holzarbeiter-Verband* Magdeburg, Mitarb. KPD-BezLtg. Magdeburg-Anhalt. Ab Sommer 1932 am Aufbau des illeg. KPD-App. beteiligt, Dez. 1932-Mai 1933 Schulung in Moskau, ab Aug. 1933 in Berlin, ab Nov. ZK-Instrukteur für Bez. Frankfurt/M. u. Stuttgart, Deckn. Ernst Görlich. März 1934 Festnahme, Flucht aus der Haft nach Prag. Ab Apr. 1935 von Zürich aus ZK-Instrukteur für Stuttgart, mehrere Instruktionsreisen, u.a. Ausspähung von Industrie- u. Rüstungsbetrieben. Juni 1935 Verurteilung durch Schweizer Gericht u. Abschiebung nach Frankr., illeg. Rückkehr nach Zürich, ab Okt. 1935 Ltr. Überprüfungskommission für Emigr. bei der AbschnLtg. West in Amsterdam. Deckn. Egon, Jan. 1940 Internierung, Mai 1940 Auslieferung an Gestapo, ab März 1941 Haft in Berlin. 30. Apr. 1943 VGH-Todesurteil.

L: u.a. Kraushaar, Deutsche Wiederstandskämpfer. *D:* IfZ. *Qu:* Arch. Publ. - IfZ.

Reichenbach, Bernhard, Journalist, Parteifunktionär; geb. 12. Dez. 1888 Berlin, gest. 19.Febr. 1975; ev., 1935 jüd.; *V:* Bruno R. (gest. 1918), jüd., Kaufm.; *M:* Selma, geb. Menzel (1863-1925), ev., Lehrerin; *G:* Dr. phil. Hans R. (1891-1953), Philosoph, Hochschullehrer, 1933 Emigr. TR, 1938 USA; Herman R. (1898-1958), Musikologe, Hochschullehrer, 1933 Emigr. CH, dann UdSSR, 1938 USA; ∞ 1917 Ilse Rosendorn (geb. 1892), jüd.; *K:* Hans (geb. 1919), Tania (geb. 1922); *StA:* deutsch, brit. *Weg:* 1935 GB.

Kindheit u. Gymn. in Hamburg; danach Schausp. in Bochum u. Hamburg, 1912-14 Stud. Lit., Kunstgesch. u. Soziologie (Volkswirtsch.?) Berlin; aktiv in Jugendbewegung, Vorst-Mitgl. *Freie Studentenschaft* Berlin, Mithg. Zs. *Aufbruch;* 1915-17 Teiln. 1. WK (Sanitäter, EK II); dann bis 1919 in der Pressestelle des AA; 1917 GrdgMitgl. USPD, 1920 im Kreis um Karl Schröder Mitgr. KAPD; vorüberg. Schriftltr. *Kommunistische Arbeiter-Zeitung,* ab März 1921 als KAPD-Vertr. beim EKKI in Moskau, unter Deckn. Seemann Teiln. 3. Weltkongreß der *Komintern;* Rückkehr nach Berlin, März 1922 mit Schröder-Gruppe (Essener Richtung) Ausschluß aus KAPD, Anfang 1925 Mitgl. SPD; Prokurist in einer Krefelder Weberei, daneben rege Vortragstätigkeit bei *Jungsozialisten* u. SAJ, stellte 1930/31 Kontakte zwischen Gruppen im Rhein-Ruhr-Gebiet um die Zs. *Der Rote Kämpfer* u. der *Sozialwissenschaftlichen Vereinigung* Berlin (→ Arthur Goldstein) her; Ende 1931 Mitgr. SAPD, innerh. der Partei Ltr. *Rote Kämpfer-*Fraktion (RK) mit syndikalist.-antiparlamentarischer Ideologie (→ Kurt Stechert, → Helmut Wagner); Aug. 1932 Ausschluß (Austritt ?) aus SAPD u. Vorbereitung auf illeg. Arbeit im RK-Kreis; nach natsoz. Machtübernahme im Widerstand, Mitgl. illeg. RK-Reichsführung; 1934 Berufsverbot als Journ. u. Bedrohung durch Gestapo; Apr. 1935 Emigr. nach GB. Beitritt zur *Labour Party;* 1940-41 Internierung Isle of Man; während des Krieges Mitarb. bei Kriegsgefangenenschulung, 1941-42 u. 1944-48 Red. der KriegsgefZs. *Die Wochenpost;* Mitarb. *Club 1943;* nach 1945 Korr. dt. Ztg. u. Rundfunkanstalten in London, u.a. *Süddeutscher Rundfunk* u. *Westfälische Rundschau;* in GB Mitarb. *Contemporary Review* u. *Socialist Commentary.* – *Ausz.:* 1958 BVK 1. Klasse.

W: Zur Geschichte der Kommunistischen Arbeiter-Partei Deutschlands. In: Archiv für die Geschichte des Sozialismus und der Arbeiterbewegung 13/1928; Planung und Freiheit. Die Lehren des englischen Experiments. 1954; Moskau 1921. Meetings in the Kremlin. In: Survey 53/1964. *L:* Die Roten Kämpfer. Zur Geschichte einer linken Widerstandsgruppe. Dokumentation. In: VHZ 7/1959, S. 438-460; Drechsler, SAPD; Bock, Syndikalismus; Ihlau, Olaf, Die roten Kämpfer. Ein Beitrag zur Geschichte der Arbeiterbewegung in der Weimarer Republik und im Dritten Reich. 1969; Röder, Großbritannien; Müller, Hans-Harald, Intellektueller Linksradikalismus in der Weimarer Republik. Seine Entstehung, Geschichte und Literatur – dargestellt am Beispiel der Berliner Gründergruppe der Kommunistischen Arbeiter-Partei Deutschlands. 1977. *Qu:* Arch. Fb. Hand. Publ. – IfZ.

Reichenberger, Emanuel Johann, Pfarrer, Verbandsfunktionär u. Publizist; geb. 11. Apr. 1888 Vilseck b. Amberg/Oberpfalz, gest. 2. Juli 1966 Wien; kath.; *V:* Johann Baptist R. (geb. 1860), Stadtschreiber; *M:* Marie, geb. Thurmwald; *G:* 7; *StA:* deutsch, 1912 österr., 1919 CSR, 1946 USA, österr. (?), deutsch (?). *Weg:* 1938 F, GB; 1940 USA; 1962 Deutschland (BRD).

Gymn., ab 1908 Phil.-Theol. Lehranstalt u. ab 1910 Priesterseminar Regensburg, ab 1912 Priesterseminar Leitmeritz/Böhmen, 1912 Priesterweihe, danach Kaplan im Isergebirge, aktiv im kath. Vereinswesen Böhmens u. Mitgl. Hauptvorst. *Katholischer Volksbund für Österreich;* ab 1917 Pfarrer in Wetzwalde u. Chefred. *Verbandsblatt der deutschen katholischen Geistlichkeit Böhmens.* Nach Errichtung der CSR Mitgr. sowie 1926-38 (Abwahl aus pol. Gründen.) GenDir. *Volksbund deutscher Katholiken der CSR* u. ab 1923 Hg. Monatsschrift *Der Führer* Reichenberg.* Vergebl. Bemühungen um zentrale Zusammenfassung der dt. Katholiken in der CSR mit dem Ziel des ideolog. u. pol. Kampfes gegen Kommunismus u. NatSoz., 1937 mit anderen führenden dt. Minderheitenpolitikern in Mittel- u. Osteuropa Gr. *Deutscher Verband zur nationalen Befreiung Europas* zur Abwehr des nationalpol. Alleinvertretungsanspruchs der NSDAP, enge ZusArb. mit *Reichsverband katholischer Auslandsdeutscher;* als Anhänger der Sudetenautonomie im Staatsverb. der CSR 1938 enger Mitarb. → Wenzel Jakschs u. aktiver Förderer seiner Pläne zur Bildung des *Nationalrats der demokratischen Sudetendeutschen.* Okt. 1938 über Frankr. Emigr. nach GB, Apr. 1939-Juni 1940 Seelsorger für EmigrKinder in Crawley Down/Sussex, neben → Franz Rehwald u. → Willi Wanka Mitorg. der sog. Kanadaaktion der TG. Ende 1940 mit Hilfe des *Catholic Committee for Refugees from Germany* in New York in die USA. Landpfarrer, im 2. WK unter Ps. Observer Mitarb. *Nord-Dakota Herold, Der Wanderer* St. Paul u.a. dt.-sprachiger Ztg. u. Zs. in den USA u. Kanada, ab Bildung Aug. 1944 stellv. Vors. *Democratic Sudeten Committee,* Mitunterz. seines Aufrufs. Spätsommer 1944 zus. mit → Karl Lustig-Prean Gr. *Auslandsvertretung der Deutschen Christlichsozialen Volkspartei in der CSR,* in deren GrdgErklärung beide für die Gewährung des Selbstbestimmungsrechts u. Autonomie für die dt. Gebiete der Tschechoslowakei mit der Option zum Verbleib im Staatsverband der Vorkriegs-CSR eintraten. R. organisierte nach Ende des 2. WK die ersten Hilfsaktionen (Gesamtwert 160 000 Dollar) für die aus der CSR zwangsausgesiedelten Deutschen, die ihm den Beinamen des „Vaters der Heimatvertriebenen" einbrachten. 1949-52 Präses *Katholischer Gesellenverein von Chicago* (Kolping-Familie); polemisierte bereits im 2. WK gegen Deutschland- u. Europapolitik der USA u. später gegen die Abmachungen von Potsdam; Juni 1949 erste, 1950 zweite Deutschlandreise. 1952 Niederlassung in Österr., 1954 aufgrund von Reisebeschränkungen Verzicht auf amerikan. Staatsbürgerschaft, 1962 Übersiedlung nach Deutschland. Als unermüdlicher Eiferer gegen die Nachkriegspol. in Deutschland zuletzt aktiv in Kreisen der äußersten Rechten um die *Deutsche National-Zeitung und Soldatenzeitung* München. – *Ausz.:* 1952 Dr. theol. h.c. Univ. Graz; akad. Ehrenbürger der TH Karlsruhe, Gold. Verdienstzeichen der Rep. Österr., Päpstlicher Geheimkämmerer, Ehrenbürger von Amberg.

W: Ostdeutsche Passion. 1948; Appell an das Weltgewissen. 1949; Fahrt durch besiegtes Land. 1950; Europa in Trümmern. 1950; Besuch bei armen Brüdern. 1951; Wider Willkür und Machtrausch (Erinn.). 1955; zahlr. ZtgArt. *Qu:* Arch. Erinn. Hand. Publ. – IfZ.

Reichenstein, Friedrich, Dr. jur., Rechtsanwalt, Verleger; geb. 1. Febr. 1906 Herne/Westf.; jüd.; *V:* Max R. (geb. 1881 Dolina/Galizien, umgek. im Holokaust), jüd., Kaufm.; *M:* Laura (geb. 1886 Perehinsko/Galizien, umgek. im Holokaust); *G:* Helene (geb. 1907 Herne), Ltr. *Hechaluz-*Heim Berlin, 1933 Emigr. Pal., Mitgl. Kibb. Ein Charod; Miriam (geb. 1909 Herne), 1933 Emigr. Pal., Mitgl. Kibb. Ein Charod, später Geschäftsinh. in Tel Aviv; Anne (geb. 1911 Herne, umgek. im Holokaust), Stud. Med., 1933 Emigr. F, Physiotherapeutin in Paris; Frieda (geb. 1916 Bottrop/Westf., gest. 1951 Lyon), in 30er Jahren CH, Anfang der 40er Jahre nach Pal., Journ., 1949 CH; ∞ I. 1936 Sara Lewi (geb. 1914 Zdunska Vola/russ. Gouv. Pjotrkov, gest. 1963), Geschäftsf. ZtgVerlag des Ehemannes; II. 1968 Sigrid Sälzer (geb. 1929 Darmstadt), Stud. Musik, Angest. in Musikhandlung; *K:* Jael Rosenblum (geb. 1938), Stud. Photographie in London, Amir (geb. 1950), M.A. (Wirtschaftswiss.); Schlomith (geb. 1953); *StA:* deutsch, Pal./IL u. deutsch. *Weg:* 1935 NL, Pal.

Stud. Rechtswiss. Freiburg, München, Wien, Berlin u. Köln, 1930 Prom., Referendar, Assessor, 1933 Berufsverbot. 1933-35 Rechtsberater im väterl. Betrieb u. bei anderen Unternehmen. März 1935 illeg. Emigr. Niederlande, Apr. 1935 nach Palästina über Triest, 1935-36 im Kibb. Ein Charod, 1936-64 Hg. dt.-sprach. Ztg. *Yedioth Hayom* u. dt.-sprach. Wochenztg. *Atid Scharon,* 1948-64 Inh. Hayom Press, zeitw. Druck der hebr. Tagesztg. *Maariv.* Ab 1956 RA in Wiedergutmachungsverfahren. Mitgl. isr. Verlegerverb., *Israelischer Presseausschuß, Druckerei-Vereinigung, Vereinigung von Herausgebern israelischer Tageszeitungen.* Lebte 1977 in Tel Aviv.

Qu: Fb. Hand. – RFJI.

Reichmann, Eva Gabriele, geb. Jungmann, Dr. phil., Ph.D., Verbandsfunktionärin, Publizistin; geb. 16. Jan. 1897 Lublinitz/Oberschlesien; jüd.; *V:* Adolf Jungmann (geb. 1859 Landsberg/Oberschlesien, gest. Schlesien), jüd., RA; *M:* Agnes, geb. Roth (geb. 1866 Lublinitz, umgek. KL Theresienstadt), jüd., 1942 Dep. KL Theresienstadt; *G:* Otto (geb. 1891, gest. 1950 São Paulo), Emigr. Bras.; Elizabeth Lady Beerbohm (gest. 1959 Rapallo/I), bis 1934 Sekr. bei Gerhart Hauptmann, 1938 Emigr. GB, Mitarb. von Sir William Rothenstein, dann Mitarb. Wiener Libr., später im brit. Außenmin., dann Gesellschafterin u. später Ehefrau von Sir Max Beerbohm; ∞ 1930 → Hans Reichmann; *StA:* deutsch, brit. *Weg:* 1939 GB.

1917–21 Stud. Breslau, München, Berlin u. Heidelberg, 1921 Prom. Heidelberg, 1922–23 Angest. beim *Internationalen Schuh- und Lederarbeiter-Verband* Nürnberg, 1923–24 im Sekretariat der Metallhandlung Rawack & Grünfeld Berlin, 1924–38 Dezernentin beim CV Berlin, Mitarb. in der erweiterten *Jew. Agency*, Werbung für Palästina-Arbeit, 1933–38 Schriftltr. der Monatszs. *Der Morgen* im Philo-Verlag des CV. Apr. 1939 Emigr. GB mit befristetem Visum, Unterstützung durch Purview Fund New York (gegr. für ehem. Angest. jüd. Org. in Deutschland). 1942–43 im Abhördienst der BBC in Evesham, 1943–45 Stud. London School of Econ. mit finanz. Unterstützung durch *Am. Jew. Committee*, 1945 Ph.D.; 1945–59 Mitarb. u. später Forschungsltr. bei Wiener Library London, 1959 Ruhestand. Doz. u. Schriftstellerin in London, Mitarb. versch. *Gesellschaften für Christlich-Jüdische Zusammenarbeit* in Deutschland (BRD), Vorträge auf den Evangelischen Kirchentagen 1963 Berlin u. 1967 Hannover, Mitgl. Arbeitsgemeinschaft „Juden und Christen" beim Evangelischen Kirchentag. Ab 1941 VorstMitgl. AJR London, ab 1947 Mitgl. *Soc. for Jew. Study* London, ab 1954 VorstMitgl. LBI London, ab 1968 Mitgl. *Inst. of Jew. Affairs,* ab 1973 Mitgl. *Club 1943* London. Lebte 1978 in London. – *Ausz.:* 1970 Buber-Rosenzweig-Med. des Koordinationsrats der *Gesellschaften für Christlich-Jüdische Zusammenarbeit* in Deutschland (BRD), 1971 BVK 1. Klasse.

W: Spontaneität und Ideologie als Faktoren der modernen sozialen Bewegung. Diss. 1921; The Social Sources of National-Socialist Antisemitism. (Ph.D.-Arbeit). 1945, veröffentl. als: Hostages of Civilisation. The Social Sources of National-Socialist Antisemitism. 1950, mehrfach Neuaufl. (dt. Übers.: Flucht in den Haß. Die Ursachen der deutschen Judenkatastrophe. 1954 u. weitere Auflagen); Festschrift zum 80. Geburtstag von Rabbiner Dr. Leo Baeck am 23. Mai 1953. (Hg.) 1953; Worte des Gedenkens für Leo Baeck (Hg.) 1959; On the Track of Tyranny. Festschrift for Leonard G. Montefiore (Mithg.). 1960; Größe und Verhängnis deutsch-jüdischer Existenz. Zeugnisse einer tragischen Begegnung (Art. u. Vorträge 1930–36, 1956–73). 1974; Beiträge u. Rezensionen in: *Wiener Library Bulletin, AJR Information,* Yearbook LBI u.a. *Qu:* Fb. Hand. Pers. Publ. Z. – RFJI.

Reichmann, Hans, Dr. jur. Rechtsanwalt, Verbandsfunktionär; geb. 6. März 1900 Hohensalza/Posen, gest. 24. Mai 1964 Wiesbaden; jüd.; *V:* Martin R. (geb. 1867 Beuthen/Schlesien, gest. 1914 Hohensalza), Apotheker; *M:* Martha, geb. Sachs. (geb. 1874 Orzesche/Oberschlesien, gest. 1922 Beuthen), jüd.; ∞ Eva Gabriele Jungmann; (→ Eva Reichmann); *StA:* deutsch, 1948 brit. *Weg:* 1939 NL, GB.

1918 Kriegsteiln., 1919–22 Stud. Rechtswiss. Berlin, Freiburg u. Greifswald, 1924 Prom., gleichz. Mitgl. KC, 1922–26 Referendar u. Assessor, Syndikus Landesverband Oberschlesien des CV, 1926–27 RA in Hindenburg/Oberschlesien, 1927–38 Syndikus, später Dir. CV Berlin, verantwortl. für Entwicklung u. Koordination der pol. Aktivität des CV gegen den NatSoz., Mitwirkung bei Gründung der *Reichsvertretung;* Nov.-Dez. 1938 KL Sachsenhausen. Apr. 1939 Emigr. Niederlande, dann GB, Juni-Dez. 1940 Internierung Isle of Man, Gr. der Lageruniv., bis Ende des 2. WK Hauslehrer für Deutsch, dann brit. ArbErlaubnis, 1946–47 Geschäftsf. HIAS London, 1947–64 GenSekr. URO-Büro London, daneben 1949–53 stellv. Vors., 1953–63 Mitgl. AJR. 1949–55 ehrenamtl. Sekr., 1955–64 PräsMitgl. *Council of Jews from Germany,* führender Vertr. der Interessen der dt. Juden in Wiedergutmachungsangelegenheiten, Mitgr. *Cent. Brit. Fund, Leo Baeck Charitable Trust,* Mitgr. u. Kuratoriumsmitgl. LBI London, Mitgl. KC u. Belsize Park Syn. London. Starb auf einer Dienstreise in Deutschland.

W: Zur Lehre von der falschen Anschuldigung. (Diss.) 1924; Beiträge in *CV-Zeitung* Berlin, *AJR Information,* Yearbook des Leo Baeck Inst.; Britain's New Citizens (Mitverf.). 1957; Der drohende Sturm. Episoden aus dem Kampf der deutschen Juden gegen die nationalsozialistische Gefahr 1929 bis 1933. In: In Zwei Welten. 1962. *L:* Gedenkart. in: AJR Information, Juli 1964, sowie in zahlr. anderen jüd. Zs.; Breslauer, Walter (Hg.), Zum Gedenken an Hans Reichmann. 1965; Paucker, Arnold, Der jüdische Abwehrkampf gegen Antisemitismus und Nationalsozialismus in den letzten Jahren der Weimarer Republik. 1968; Bibliogr. in: LBI Yearbook. 1965. *D:* LBI New York; LBI London; IfZ. *Qu:* Arch. Pers. Publ. Z. – RFJI.

Reichmann, Hans, Dr. jur., Diplomat; geb. 27. Dez. 1910 Wien; *V:* RA; ∞ Valerie Wittmann-Jean; *K:* Franz, Rudolf, Elisabeth; *StA:* österr. *Weg:* 1938 F; 1940 (?) N-Afrika; 1944 F; 1945 Österr.

Stud. Rechtswiss. Wien, 1933 Prom.; 1934 Dipl.-Kaufm. Bis 1935 Gerichtsausbildung, ab 1936 Anwaltstätigkeit im väterl. Unternehmen. Nach dem Anschluß Österreichs Emigr. Frankr., bei Kriegsausbruch Meldung als Kriegsfreiw. in franz. Armee. Vermutl. 1940 nach Nordafrika, zeitw. Instrukteur UffzSchule der Fremdenlegion in Sidi-bel-Abbès/Algerien, Ende 1940 Versetzung zu getarnter Einheit in Algier. Dez. 1942 nach alliierter Invasion in Nordafrika stellv. Kompaniechef im Stab des franz. Afrikakorps, 1943 als Sous-Lieutenant Zugführer an der tunes. Front, Apr. 1943 bei Biserta-Offensive schwer verwundet. Ab Herbst 1943 Depotkommandant der 3. alger. Infanteriediv., Berater für mitteleurop. Fragen der neugebildeten provisor. franz. Reg. in Algier, nach Kapitulation der dt. Truppen in Nordafrika an der Trennung der österr. von den dt. Kriegsgef. beteiligt, organisierte Frühj. 1944 die Aufstellung eines österr. Btl. aus Kriegsgef. u. Deserteuren, vor allem aus dem Strafbtl. 999, das nicht zu milit. Einsatz kam (nach Kriegsende zum Grenzschutzdienst in Tirol eingesetzt). Herbst 1944 nach alliierter Invasion nach Frankr., Dez. 1944 Lt. im Armeeoberkommando, Nov. 1945-Apr. 1946 Mitgl. des engeren Stabs des franz. Hochkommissars in Österr., Gen. Béthouart. Apr. 1946 Demobilisierung als Oberlt., 1947–54 Tätigkeit im österr. Innenmin., Jan. 1955 als Legationsrat Eintritt in den österr. diplomat. Dienst, Mitarb., 1956–58 Ltr. Rechtssektion im Bundesmin. für Auswärtige Angelegenheiten (BMfAA), Dez. 1956 Ernennung zum ao. Gesandten u. bevollmächtigten Min.; 1958–63 ständiger Vertr. Österr. beim Europarat in Straßburg, 1963–69 Tätigkeit im BMfAA, erneut Ltr. Rechtssektion, zugleich Lehrer an der Diplomat. Akademie Wien. 1967 Ernennung zum ao. u. bevollmächtigten Botschafter, 1969–74 Botschafter beim Heiligen Stuhl in Rom. Anschl. wieder im BMfAA, Nov. 1974 Bestellung zum stellv. GenSekr., 31. Dez. 1975 Pensionierung. Lebte 1977 in Wien. – *Ausz.:* u.a. Ritterkreuz der Légion d'honneur, Croix de guerre mit Palmen, BVK, Großes Silbernes Ehrenzeichen für Verdienste um die Rep. Österreich.

L: Spiegel, Résistance; ISÖE. *Qu:* Arch. Hand. Publ. – IfZ.

Reilich, Frank (Franz) Josef, Gewerkschaftsfunktionär; geb. 13. Juni 1897 Warnsdorf/Böhmen; kath., 1919 Diss.; *V:* Augustin R. (1864–1936), kath., Maurer, SozDem.; *M:* Maria, geb. Svoboda (1858–1939), kath., SozDem.; *G:* Gustav (geb. 1895), 1923 Ausw. USA, 1945–53 Mitgl. *American Friends of Democratic Sudetens;* ∞ 1924 Elsa Theresia Jung (geb. 1900), Diss., Näherin, 1938 Emigr. GB, 1939 CDN, 1942 USA; *K:* Helmut (geb. 1925), Bruno (geb. 1929); beide Emigr. mit Eltern; *StA:* österr., 1919 CSR, 1948 USA. *Weg:* 1938 GB; 1939 CDN; 1942 USA.

1911–14 Maurerlehre; 1911 *Verband jugendlicher Arbeiter Österreichs* u. Gew., 1915–18 dienstverpflichtet in Rüstungsindustrie, 1918 Soldat, 1919–31 Weber u. Strumpfwirker; 1919 DSAP; Mitgl. Arbeitersport-Bewegung, *Naturfreunde* u. *Bund proletarischer Freidenker;* 1929-38 Obmann Bezirkskrankenkasse Warnsdorf u. 1935-38 StadtVO., 1931-38 Gausekr. *Union der Textilarbeiter* Warnsdorf, Ersatzmitgl. Ausschuß der Zentralsozialversicherungsanstalt Prag; ab Grdg. Anfang der 30er Jahre Obmannstellvertr. *Vereinigung Deutscher Krankenversicherungsanstalten in der ČSR.* 1937-38 geschäftsf. Obmann. Sept. 1938 während Sudetenkrise nach Brünn, Okt. nach GB, Mitgl. TG. 1939 nach Kanada, 1939-42 Farmer u. Strumpfwirker; 1941 Mitgr. u. bis 1942 Mitgl. *Sudetenclub Hamilton,* 1941-42 Mitgl. *Canadian Hosiery Workers Union.* Juli 1942 in die USA, 1942-62 Elektroschweißer, ab 1942 Mitgl. *Iron Workers Union* u. *Workmen's Benefit Fund,* 1943-65 Mitgl. u. zeitw. VorstMitgl. German Branch der *Social Democratic Federation of America,* 1945 Mitgr. u. bis Auflösung 1953 Sekr. *American Friends of Democratic Sudetens* (AFDS - Komitee zur Aufklärung der amerikan. Öffentlichkeit über das sudetendt. Problem u. dessen Lösung nach Kriegsende); ab 1966 Mitgl. *Deutschsprachiges Forum für Kultur und Politik;* Ehrenmitgl. *Sudetenclub Vorwärts* Toronto u. korrespond. Vorst-Mitgl. *Zentralverband sudetendeutscher Organisationen in Canada.* Lebte 1978 in New York.

W: Tragedy of a People. Racialism in Czecho-Slovakia (Mithg. i.A. von AFDS). New York 1947; 30 Jahre "Tragedy of a People" (Erinn.). In: Sudeten-Jahrbuch 1977. *D:* Seliger-Archiv Stuttgart. *Qu:* Erinn. Fb. Pers. Z. - IfZ.

Reimann, Guenter Hans, Wirtschaftspublizist; geb. 13. Nov. 1904 Angermünde/Brandenburg; jüd., 1923 Diss.; *V:* Georg Steinicke (geb. 1873 Angermünde, gest. 1935 Deutschland), jüd., Gymn., Kaufm.; *M:* Hedwig, geb. Isaac (geb. 1877 Gartz/Pommern, gest. 1934 Deutschland), jüd., Gymn.; ∞ I. 1944 Miriam Weber; II. 1954 Jutta Ruesch (geb. 1924 Berlin), ev., Sekr., 1951 als Angehörige einer Wiedergutmachungskommission des AA nach den USA; *K:* aus I: Peggy (geb. 1946), Lehrerin, Künstlerin; John (geb. 1947), Zimmermann; aus II: Karen (geb. 1962), Robert (geb. 1965); *StA:* deutsch, 1944 USA. *Weg:* 1933 CSR; 1935 GB; 1938 USA.

Realgymn., 1923-27 Stud. Univ. u. Handelshochschule Berlin, 1926 Dipl. Volkswirt, 1927 Dipl. Kaufm.; Mitgl. AStA, 1925-26 Vors. *Revolutionärer Studentenbund* Berlin, Mitgl. KPD, 1926-32(?) WirtschRed. KPD-Zentralorgan *Die rote Fahne.* Mitgl. einer konspirativen Vereinigung oppos. Kommunisten u. SozDem., nach dem Reichstagsbrand im Untergrund, Hg. der illeg. Zs. *Gegen den Terror,* Ende 1933 i.A. der Gruppe nach Prag, zeitw. illeg. Aufenthalt im Reich; 1935 offiz. Trennung von KPD, Emigr. über Wien u. Paris nach London, Stud. London School of Econ., journ. Tätigkeit. 1938 nach USA, 1940–47 Tätigkeit bei Internat. Statistical Bureau, Inc., New York, seit 1947 Hg. der Finanzkorrespondenz *International Reports on Finance and Currencies.* Gegen Kriegsende zus. mit amerik. Politikern publizist. Aktivität gegen den Morgenthau-Plan, wirkte nach 1945 an der Aufhebung des Trading with the Enemy-Act gegenüber Deutschland mit. Mitgl. *Am. Econ Assn., Overseas Press Club of America.* –Lebte 1978 in Manhasset/N.Y.

W: U.a. Giftgas in Deutschland. 1927; Germany – Make or Brake. London 1935; Germany – World Empire or World Revolution. London (Secker and Warburg) 1938; The Vampire Economy. Doing Business Under Fascim. New York (Vanguard Press) 1939; The Myth of the Total State. New York (Morrow) 1941; Patents for Hitler. The Stranglehold of International Cartels. New York (Vanguard) 1942 u. London (Gollancz) 1945; The Black Market in the State Economy. 1947; The Challenge of International Finance. 1966; Der Rote Profit. 1969; The Future of the U.S. Dollar. 1963, 3. Aufl. 1977. *Qu:* Fb. Hand.- IfZ.

Reimann, Heinz, Funktionär, Diplomat; geb. 24. Dez. 1914; *StA:* deutsch. *Weg:* nach 1933 Emigr.; 1945 Deutschland (SBZ).

Elektromechaniker, KJVD-Mitgl. Nach 1933 illeg. Tätigkeit, Haft, später Emigr. - 1945 Rückkehr, Mitgl. SED, Mitarb. *Deutscher Sportausschuß* sowie Zentralltg. der Handelsorganisation (HO), in den 50er Jahren persönl. Ref. des Min. für Handel u. Versorgung sowie Ltr. Hauptabt. Handelspol., daneben Mitarb. ZK der SED; Okt. 1963–März 1965 Staatssekr. im Min. für Handel u. Versorgung, Jan. 1967–Juli 1970 Ltr. DDR-Handelsvertr. in Zypern (Legationsrat). - *Ausz.:* Verdienstmed. der DDR, 1969 VVO (Bronze).

L: Radde, Diplomat. Dienst. *Qu:* Publ. - IfZ.

Reimann, Max, Parteifunktionär, Politiker; geb. 31. Okt. 1898 Elbing/Ostpr.,gest. 18. Jan. 1977 Düsseldorf; Diss.; *V:* Hugo R., Arbeiter; *M:* Elise, geb. Grimm; ∞ Maria Bieleck; *StA:* deutsch. *Weg:* 1933 (1934 ?) Saargeb.; 1935 UdSSR; CSR (?); 1939 Deutschland.

Werftarbeiter, Mitgl. Arbeiterjugend; nach Teiln. am 1. WK ab 1919 Mitgl. KPD. Ab 1920 als Bergarb. im Ruhrgebiet, Mitgl. *Deutscher Bergarbeiter-Verband,* ab 1926 Mitgl. RGO-Ltg. des *Bergarbeiter-Verbandes,* 1931 RGO-UnterbezLtr. in Hamm u. 1932 zweiter Sekr. RGO-BezLtg. Ruhr in Essen; nach der natsoz. Machtübernahme ab Jan. 1933 Ltr. des illeg. RGO-Bez. Ruhrgebiet u. Niederrhein, Deckn. Erwin. Ende 1933 oder Anfang 1934 Emigr. ins Saargeb., Funktionär in der KPD-BezLtg. Saar; Teiln. 7. *Komintern*-Kongreß Juli/Aug. 1935 in Moskau, danach bis 1939 tätig in Auslandssekr. des ZK der KPD, Aufenthalt in der CSR (?), 4. Apr. 1939 bei Grenzübertritt in Mährisch-Ostrau verhaftet; 10. Mai 1940 durch OLG Hamm zu 3 J. Gef. verurteilt, nach Haft in Dortmund 1942 Überstellung ins KL Sachsenhausen, Apr. 1945 Befreiung. Nach Kriegsende beteiligt am Wiederaufbau der KPD in der Provinz Brandenburg u. im Ruhrgeb., 1946 1. Vors. KPD-Bez. Ruhrgebiet-West u. ab Mai 1947 1. Vors. KPD-Landesverband Nordrhein-Westfalen sowie Vors. für die brit. Zone, ab 1948 Vors. der KPD für die drei westl. Besatzungszonen; Mitgl. Zonenbeirat der brit. besetzten Zone, 1947-49 KPD-Vertr. im Bizonen-Wirtschaftsrat sowie Mitgl. des Parlamentarischen Rates, 1947 MdL NRW u. 1949-53 MdB; auf dem Hamburger KPD-PT 1954 Wahl zum 1. Sekr. des PV, im gleichen Jahr aufgrund drohender Haft Übersiedlung in die DDR; seit dem illeg. KPD-PT 1957 nach Verbot der Partei 1956 1. Sekr. des ZK der KPD, als deren Vertr. mehrere offizielle Reisen in die UdSSR; 1969 Rückkehr in die Bundesrepublik Deutschland, Mitgl. Präs. der DKP.

L: Hüttenberger, Peter, Nordrhein-Westfalen und die Entstehung seiner parlamentarischen Demokratie. 1973; Schädel, Gudrun, Die Kommunistische Partei Deutschlands in Nordrhein-Westfalen von 1945-1956. Diss. phil. Bochum. 1973. *Qu:* Arch. Publ. Z. - IfZ.

Reimann, Paul (Reiman, Pavel), Dr. Sc., Parteifunktionär, Historiker, Germanist; geb. 12. Okt. 1902 Brünn, gest. 1. Nov. 1976 Prag; ∞ Alexandra, sowj. StA, 1939-45 Emigr. UdSSR; *K:* Doc. Dr. Dr. Sc. Michael R. (geb. 1930), Historiker, 1939-45 Emigr. UdSSR, 1946-70 (Ausschluß) KSČ, Doz. Vysoká škola politická Prag u. wiss. Mitarb. Ustav dějin socialismu, im Zusammenhang mit Intervention der Warschauer-Pakt-Staaten in der CSSR 1968 Parteiausschluß u. Berufsverbot, ab 1976 in Deutschland (BRD); *StA:* österr., 1919 CSR. *Weg:* 1939 GB; 1945 CSR.

Dt. Gymn. Brünn, 1921-23 Stud. Univ. Leipzig, Ltr. des pol. Kabaretts Retorte ebd.; Mitgr. *Kostufra* u. 1922-23 Mitgl. der Reichsltg.; 1921 KPD, 1923 in die CSR, Mitgl. KSČ, Stud. Deutsche Univ. Prag, 1924-25 Mitgl. Zentralltg. der *Kostufra,* 1924-26 Red. *Československá komunistická korespondence* (ČKK), anschl. Chefred. des Parteiorgans *Vorwärts* Reichenberg u. Mitgl. KSČ-Kreisltg. ebd.; als führender dt. Vertr. der linken (Gottwald-) Fraktion auf 7. Weltkongreß der *Komintern* 1928 u. 5. PT der KSČ. 1929-36 ZK-Mitgl., 1929-31 Mitgl. u. 1931-36 Kand. des PolBüros der ZK; 1928-35 EKKI-Mitgl., 1929-31 Kand. EKKI-Präsidium, 1931-32 Ltr. ZK-AgitProp-Abt. sowie Chefred. des theoret. KSČ-Organs *Komunistická revue.* Infolge „rechter" Abweichung in der Einheitsfrontpol. 1933-35 nach Moskau delegiert, Mitarb. EKKI, anschl. Mitarb. KSČ-Zentralsekretariat, Mitte der 3oer Jahre in die ParteiltgGremien nicht wiedergewählt. R. war einer der Hauptvertr. der linken dt. Intelligenz in der CSR u. nahm nach 1933 aktiv am pol. u. kulturellen Leben der reichsdt. Emigr. teil, deren führenden Repräsentanten er freundschaftl. verbunden war; Mitarb. *Rundschau über Politik, Wirtschaft und Arbeiterbewegung* Basel, *Der Gegen-Angriff* Prag u.a. Emigr.Organe. 1938-39 Mitarb. des Nachrichtenapp. der illeg. KSČ in Prag, Apr. 1939 über Polen Emigr. nach GB, Mitarb. *New Czechoslovakia* u. Red. des Organs der sog. *Beuer-Gruppe, Einheit.* Dez. 1945 Rückkehr in die CSR, 1945-51 ZK-Mitarb. vorwiegend auf dem Gebiet der Kulturprop., 1949-51 Chefred. des theoret. KSČ-Organs *Nová mysl;* 1952 Hauptzeuge der Anklage im Slánský-Prozeß zum Punkt Zionismus; ab 1952 Mitarb., ab 1955 stellv. Dir. u. 1962-68 Dir. Ústav dějin KSČ sowie ab 1957 Mitgl. u. 1962-68 Vors. RedRat der Zs. *Příspěvky k dějinám KSČ;* ab 1962 korr. Mitgl. Československá akademie věd (ČSAV) u. Vors. tschechoslow. Germanistenkommission, in dieser Funktion Mitorg. der Kafka-Konf. von Liblice 1963 u. der Konf. über die Prager dt. Lit. 1966, die durch Neubewertung der humanist. Traditionen der bürgerl. Lit. u. ihre Integration in das marxist. Weltbild eine wichtige kulturpol. Voraussetzung des sog. Prager Frühlings von 1968 bildeten. 1963-68 Mitgl. der ideolog. Kommission des ZK der KSČ. Aktiver Teiln. der tschechoslow. Erneuerungsbewegung 1968-69 u. Kritiker der sowj. Intervention in der CSSR, ab Mai 1969 Prof. mit Lehrstuhl für dt. Lit. an Karls-Univ. Prag, 1970 KSČ-Ausschluß, Berufsverbot, Verbot u. Entfernung seiner Publikationen aus öffentl. Bibliotheken. - *Ausz.:* u.a. Orden der Republik, Orden des 25. Februar, Klement-Gottwald-Orden, Dr. h.c. der Univ. Leipzig (1968 aus Protest gegen Teiln. der DDR-Truppen an Intervention in der CSSR zurückgegeben).

W: zahlr. Publ. zur Gesch. u. Theorie der ArbBewegung sowie zu Kunst- u. Kulturgesch., u.a.: Geschichte der Kommunistischen Partei der Tschechoslowakei. 1931; Über realistische Kunstauffassung. London (Einheit) 1943; Das Großdeutschtum und die böhmische Kulturtradition. Ebd. 1944; Briefe über deutsche und slavische Literatur. Ebd. 1944; Juden am Scheideweg, Hausmeister Karel Prokupek. In: Stimmen aus Böhmen (hg. mit → Rudolf Popper), London (Einheit) 1944; Hans Kudlich. Verläßt das alldeutsche Narrenschiff (Hg.). Ebd. 1944; Století vědeckého socialismu. 1947; Hauptströmungen der deutschen Literatur. 1956; Dělnické hnutí v Rakousku-Uhersku a v českých zemích v letech 1889-1914. 1955; Von Herder bis Kisch. 1961; Ve dvacátých letech (Erinn.). 1966; Tečka za Mnichovem (Erinn.). 1966. *L:* Dějiny, KSČ; PS KSČ Kuhn, Kommunismus; LSDL. *Qu:* Erinn. Hand. Pers. Publ. Z. - IfZ.

Reimers, Wilhelm Georg Detlev, Parteifunktionär, Verlagsleiter; geb. 7. Nov. 1897 Altona; *V:* Wilhelm R., Zimmermann; *M:* Sophia, geb. Grube; ∞ I. 1919 Bertha Kampf, gesch.; II. 1959 Betty Rotermundt, geb. Neustadt; *StA:* deutsch. *Weg:* 1934 CSR, F, Saargeb.; 1935 F, UdSSR; 1936 DK; 1937 UdSSR; 1938 DK; 1941 Deutschland.

MaschBauer, 1916-18 Kriegsteiln., anschl. MaschBauer u. Elektromonteur in Hamburg-Altona. 1912-17 *Arbeiterjugendbund,* 1915 DMV, 1919 USPD, 1922 KPD, 1920-27 Betriebsratsvors., ab 1924 StadtVO. Altona, 1927-33 unbesoldeter Senator, 1929-30 Gew.Red. *Hamburger Volkszeitung,* anschl. Geschäftsf. des parteieigenen Norddeutschen Verlags, ab Jan. 1932 Dir. Verlagszentrale AG Berlin (Treuhand- u. Revisionsges. der KPD-Verlage). Nach natsoz. Machtübernahme beim Aufbau illeg. Parteidruckereien aktiv, ab März 1933 als sog. Reichstechniker der KPD-Landesltg. für Herstellung u. Vertrieb von Druckschriften der illeg. Partei, u.a. *Die Rote Fahne,* verantwortlich. Deckn. Tempel, Vogel, Peter Dahlen. Frühj. 1934 i.A. des ZK nach Prag, Auseinandersetzungen mit → Walter Ulbricht wegen angebl. Verantwortlichkeit für Festnahmen im Reich, Entlastung durch → Herbert Wehner bei nochmaligem Aufenthalt in Berlin, endgültige Rehabilitierung durch → Wilhelm Pieck, → Hermann Schubert u. → Wilhelm Florin in Paris. Spätsommer 1934 als Geschäftsf. der parteieigenen Saar-Nahe-Druck AG (u.a. *Die Rote Fahne, Die Internationale, Inprekorr*) nach Saarbrücken. Nach der Saarabstimmung nach Forbach, ab Apr. 1935 in Paris, Konflikte mit Ulbricht u. → Franz Dahlem wegen angebl. Befürwortung der Rückgliederung des Saargeb., lehnte die angebotenen Parteifunktionen, u.a. Geschäftsf. bei *Deutscher Volkszeitung* Prag, ab. Ende 1935 auf Vermittlung von Florin nach Moskau zur Vorbereitung des Einsatzes in Dänemark i.A. der *Komintern,* ab Anfang 1936 Reorg. des dän. Parteiverlags in Kopenhagen, Juni 1937 Ablösung nach Konflikten mit der KP Dänemarks; Kontakte zu oppos. KPD-Emigr. in Kopenhagen. Juli 1937 nach Moskau zur Rechtfertigung vor Internationaler Kontrollkommission der *Komintern,* nach Verzögerung des Verfahrens Beschwerde bei *Komintern*-Führung, Apr. 1938 Ausreisegenehmigung, Rückkehr nach Kopenhagen, 1939 Anerkennung als Flüchtling, Aug. 1940 Internierung Lager Horseröd, Mai 1941 Festnahme durch Gestapo, Dez. 1941 VGH-Urteil 12 J. Zuchth. - Nach Kriegsende zur SPD, Journ., Presseref. Zentraljustizamt der brit. Zone, GewSekr.; 1949-57 MdHB, Mitgl. Polizeideputation, 1949-53 MdB. 1955-64 Geschäftsf. Auerdruck u. Allgemeine Druck- und Presseverlags GmbH Hamburg, gleichz. Verlagsltr. SPD-Zs. *Hamburger Echo* u. *Hamburger Morgenpost,* AR-Mitgl. Konzentration. Lebte 1978 in Wentorf b. Hamburg.

Qu: Arch. Hand. Z. - IfZ.

Reinbold, Georg, Parteifunktionär, Politiker; geb. 22. Okt. 1885 Triberg/Schwarzwald, gest. 24. Mai 1946 New York; kath., 1904 (?) Diss.; *V:* Holzfäller; ∞ Elise Schröder (geb. 1885), Emigr. *StA:* deutsch, 3. Dez. 1936 Ausbürg. mit Ehefrau. *Weg:* 1933 Saargeb.; 1935 F, Lux.; 1940 F; 1941 USA.

1901-04 Schlosserlehre, bis 1912 im Beruf tätig; Mitgl. DMV, 1908 SPD, 1912-20 SPD-Sekr. Singen, im 1. WK Soldat (Uffz.); Gr. u. 1920-23 Red. *Volkswille* Singen, 1919-23 StadtVO.; Okt. 1923-1933 Vors. SPD Baden, Mitgl. SPD-Parteiausschuß, 1925-33 MdL Baden, ab 1928 Mitgl. Fraktionsvorst., ab 1931 1. Vizepräs. des LT; führend im *Reichsbanner.* Juni 1933 Flucht über Straßburg ins Saargeb., *Sopade*-Grenzsekr. in Hanweiler, Verb. zu sozdem. Gruppen in Mannheim u. im südwestdt. Raum, u.a. Einfuhr der Zs. *Sozialistische Aktion,* zeitw. in Konkurrenz mit der illeg. Arbeit von → Erwin Schoettle. Mitarb. *Volksstimme, Deutsche Freiheit* u. *Westland,* 1935 nach Rückgliederung der Saar zunächst als Buchhändler in Straßburg, dann Fortsetzung der *Sopade*-Arbeit in Aspelt/ Luxemburg; Deckn. Salomon Schwarz.Mai 1940 Flucht nach Südfrankr., 1941 mit Notvisum durch *Jewish Labor Committee* über Spanien u. Portugal nach New York.

L: Oppenheimer, Max, Der Fall Vorbote. 1969; Schadt, Jörg (Hg.), Im Dienst an der Republik. 1977. *D:* AsD. *Qu:* Arch. Hand. Publ. - IfZ.

Reinemann, John Otto, Dr. jur., Beamter, Sozialarbeiter; geb. 10. Okt. 1902 Frankfurt/M., gest. 6. Jan. 1976 Philadelphia/Pa.; Quäker; *V:* Ernst R. (geb. 1873 Fürth, gest. Aug. 1939 auf Flug nach London), jüd., Kaufm.; *M:* Martha, geb. Rothschild (geb. 1880 Offenbach/M., gest. 1966 Philadelphia), 1940 Emigr. GB, später in die USA; *G:* Fred (Fritz) Martin (geb. 1906 Frankfurt), Kaufm., 1938 Emigr. GB, 1940 USA; Annie Suse Carsten (geb. 1908 Frankfurt, gest. Nov. 1940 London bei Luftangriff), Sozialarb., 1936 Emigr. GB; ∞ 1930 Herta Grausmann (geb. 1906 Hamburg), Quäkerin, Stud., Sprachlehrerin u. VerwAngest., 1934 Emigr. USA, Sprachlehrerin an Quäkerschule; *StA:* deutsch, 1939 USA. *Weg:* 1934 USA.

1921-24 Stud. Rechtswiss. München u. Frankfurt/M., 1926 Prom. Frankfurt, 1928 Assessor, 1926-27 Vors. *Frankfurter Jugendring e.V.,* 1927-28 Mitgl. Vorbereitungsausschuß für *Weltbund der Jugend für den Frieden,* 1923-28 Ltr. *Republikanische Freischar* Frankfurt/M.; 1929-Juni 1933 Magistratsrat, Ltr. Rechtsabt. des Wohlfahrts- u. Jugendamts Prenzlauer Berg der Stadt Berlin. 1929-33 SPD-Mitgl., Mitgl. *Vereinigung sozialdemokratischer Juristen* u. *Reichsbanner,* Ltr. Berliner Ortsgruppe *Weltjugendliga,* 1924-30 Teiln. an versch. Friedenskonf. in Deutschland, GB, Frankr. u. den Niederlanden, Mitarb. u.a. *Junge Menschen, Junge Gemeinde, Die Friedenswarte, Frankfurter Zeitung,* Vortragstätigkeit über Kinderfürsorge u. zum Jugendstrafrecht; Juni 1933 Entlassung, Haussuchung, mehrere Monate Paßentzug. Jan. 1934 Emigr. USA, Unterstützung durch Quäker in Philadelphia, 1934-48 versch. ltd. Stellungen, 1948-69 Dir. Sozialabt. des Family Court in Philadelphia, verantwortl. für Einrichtung von Forestry Camps u. Halfway-Houses für jugendl. Straffällige, 1969 Pensionierung. 1969-72 Berater Citizens Crime Commission, zugl. 1940-44 Forschungsarb. an der Univ. of Pa., 1940-55 Doz. am Public Service Inst., State Dept. of Public Instruction des Commonwealth of Pa., 1961-70 Doz. am Law Enforcement Studies Center der Temple Univ. Philadelphia, 1948 u. 1949 Mitgl. UN-Sonderausschuß für Probleme der strafrechtl. Bewährung, 1962 Berater für Probleme der Großstadtjugend beim President's Committee on Juvenile Delinquency, 1962-74 Hg. von *Quarterly,* 1974-76 Ehrenpräs. *Pennsylvania Assn. for Probation, Parole and Correction,* 1966-69 Vors. Philadelphia Anti-Poverty Action Commission, 1950 u. 1960 Deleg. bei der Konf. des Weißen Hauses über Kinder- u. Jugendprobleme, 1956, 1964 u. 1966 Teiln. an internat. Konf. über Sozialhilfe, 1973-76 stellv. Vors. des Ethnic Heritage Affairs Inst. Inc., Mitgl. Sachverständigenausschuß Nat. Council on Crime and Delinquency, VorstMitgl. u. Sekr. der Commission on Community Tensions der Philadelphia Fellowship Commission, VorstMitgl. Internat. Inst., Nationalities' Serv. Cent. of Philadelphia. Mitgl. *Am. Acad., of Pol. and Soc. Science;* 1940-76 Mitgl. *Nat. Assn. of Soc. Workers,* Mitgr. *Acad. of Certified Soc. Workers.* – *Ausz.:* 1972 BVK 1. Kl.

W: Die interalliierte Rheinlandkommission und die deutsche Gesetzgebung. (Diss.) 1926; Zehn Jahre Kampf der Jugend für Frieden. 1929; The Challenge of Delinquency. (Mitverf.) 1950; Carried Away. Recollections and Reflections. (Erinn.) 1975; Art. über Jugendkriminalität in *Quarterly* u.a. Fachzs. *L:* Jantzen, H., Namen und Werke I. 1972; N.d.W. *Qu:* EGL. Fb. Hand. Publ.Z. – RFJI.

Reiner, Lenka (auch: Reinerová, Helene, d.i. Fodorová-Reinerová, Lenka), Publizistin; geb. 1916; *V:* im 2. WK Dep.; *M:* im 2. WK KL Theresienstadt, Dep.; *G:* Alice, im 2. WK illeg. Tätigkeit, von Gestapo ermordet; ∞ I. Dr. sc. Karl Rotter, 1925 KSČ, 1926 Mitgr. u. anschl. Ltr. Zentralschule der KSČ in Prag (Deckn. Martin Renner), führender Ideologe der linken (Gottwald-)Fraktion, im 2. WK Gestapo-Haft, danach Doz. Univ. Prag, 1952-54 Haft (1961 Rehabilitierung), Doz. für Ökon. u. Ende der 60er Jahre Prof. Univ. Prag; II. Mex., Dr. med. Dragutin Fodor (Ps. Theodor Balk), Schriftst.; *K:* aus II. Anuschka (geb. 1946); *StA:* CSR. *Weg:* 1939 H, F; 1941 N-Afrika, Mex.; 1945 JU; 1948 CSR.

Journ., in den 30er Jahren zeitw. GenSekr. *Svaz přátel SSSR* (Bund der Freunde der UdSSR), KSČ-Mitgl.; März 1939 Emigr. nach Ungarn, Sept. nach Paris, Internierung im Frauengef. La Petite Roquette, anschl. in Rieucros u. 1941 in einem Lager in Marseille, mit mexikan. Visum ab Mai 1941 über die nordafrikan. Lager Qued Zem u. Sidi-el-Ayachi b. Casablanca Ende 1941 nach Mexiko. Ab Frühj. 1942 Mitarb. CSR-Gesandtschaft, Mitgr. *Asociación Checoslovaco-Méxicana,* Mitgl. *Heinrich-Heine-Klub,* Mitarb. *New Masses* u. der tschech. Exilztg. *Naše doba* Chicago. Okt. 1945 mit Ehemann nach Jugoslawien, Mitarb. tschechoslow. Abt. von *Radio Beograd.* 1948 mit Fam. vorüberg. in Prag, infolge der Verschärfung der sowj.-jugoslaw. Differenzen im Zusammenhang mit dem *Kominform*-Pol. Niederlassung in Prag, Ref. für Angelegenheiten der jugoslaw. Emigr. in der CSR. War in den 50er Jahren wie die meisten sog. gemischtsprachigen tschechoslow. Staatsangehörigen Repressalien ausgesetzt; ab Anfang der 60er Jahre Mitarb. der dt.-sprachigen GewZtg. *Aufbau und Frieden* Prag sowie bis Sept. 1972 stellv. Chefred. der dt.-sprachigen tschechoslow. Monatsschrift *Im Herzen Europas* Prag, dann Schreibverbot. Lebte 1978 in Prag.

W: Grenze geschlossen (Erinn.). 1958; Ze dvou deníků (Erinn., mit Theodor Balk). 1958. *Qu:* Erinn. Publ. Z. – IfZ.

Reinheimer, Max, Journalist; geb. 27. Mai 1903 Frankfurt/M.; jüd.; *V:* Karl R.; *M:* Sophie, geb. Stern; ∞ 1928 Martha Wolf, 1933 Emigr. Lux., 1941 Südfrankr.; *K:* 1 (geb. 1929), 1933 Emigr. Lux., 1941 Südfrankr.; *StA:* deutsch, 22. März 1938 Ausbürg. *Weg:* 1933 Lux.; 1940 Deutschland.

Realschule bis Obersekunda, Banklehre, bis 1923 Börsenhändler bei Dresdner Bank Frankfurt/M., anschl. erwerbslos, ehrenamtl. Sekr. Jugendgruppe DDP *Verein Jung-Frankfurt* u. bis 1928 freiberufl. Berichterstatter für die DDP-Presse, dann Parlamentsreporter für *Dortmunder General-Anzeiger* in Berlin u. Mitarb. von Provinzblättern. Mitgl. DDP u. *Reichsbanner,* ab 1930 Mitgl. u. Pressechef *Vereinigung unabhängiger Demokraten,* 1932 Mitgl. DSP, ab 1931 bis Febr. 1933 Red. *Alarm, Wochenschrift für wahre Demokratie und sozialen Fortschritt,* dann bis Sept. 1933 Mitarb. *Israelitisches Familienblatt* u. *CV-Zeitung* in Frankfurt. Juli 1933 kurzfristig Schutzhaft, Sept. 1933 Emigr. Luxemburg, Mitarb. u.a. *Escher Tagblatt, Luxemburger Zeitung* u. dt.-sprach. Blätter im Elsaß u. in der Schweiz, 1933-35 Korr. für *Der Mittag* Düsseldorf, 1939-40 Mitarb. *Die Zukunft* (→ Willi Münzenberg). Ps. Marei, Reima; Verf. eines Aufrufs zum Zusammenschluß ehem. Mitgl. liberaler Parteien im Exil. Juni 1940 Festnahme durch Gestapo, während Untersuchungshaft Einreisevisum für Kuba durch jüd. Hilfsorg. *Esra,* vergebl. Bemühungen um Beschleunigung des VGH-Verfahrens bzw. Haftentlassung, u.a. durch Bittschrift an Adolf Hitler. Vermutl. VGH-Urteil.

Qu: Arch. – IfZ.

Reinowski, Hans, Parteifunktionär, Journalist, Verleger; geb. 28. Jan. 1900 Bernburg/Saale, gest. 3. Jan. 1977 Darmstadt; ev.; *V:* Mathäus R. (geb. 1875), kath., Diss., Fabrikarb., GewSekr., SPD; *M:* Selma, geb. Bremer (geb. 1874), ev., Näherin, Hausiererin; *G:* Kurt, Techniker, Jugendpfleger; Max, Lehrer; Werner, Schriftst. in der DDR; Willi, Autoschlosser; Heinz, Hausmeister in USA; Lucie; ∞ 1922 Gertrud Genzen (geb. 1899), Emigr.; *K:* Ursula (geb. 1930), Emigr.; *StA:* deutsch, 6. Dez. 1938 Ausbürg. mit Fam., 1947 deutsch. *Weg:* 1933 DK, 1940 S, 1945 DK, 1947 Deutschland (ABZ).

Ab 1910 Laufbursche u. Gärtnereiarb., ab 1914 Industriearb., 1918 Soldat, bis 1923 Arb. in versch. Industriebranchen; 1914 *Bildungsverein jugendlicher Arbeiter und Arbeiterinnen,* 1915 Gew., FSJ, 1917 USPD, BezVors. *Sozialistische Proletarier-Jugend,* ab 1919 journ. Betätigung (Ps. Hannes Rastlos), 1922 SPD, 1923-33 SPD-Bez.Sekr. Braunschweig, Mitgl. SPD-Pressekommission, Mitgl. *Reichsbanner.* Nach natsoz. Machtübernahme im Untergrund, Apr. 1933 illeg. nach Dänemark, Unterstützung durch *Matteotti-Komitee,* 1936-38 Metallarb.; journ. tätig (Ps. Der rote Hans, Hans Bauernsohn, Gottlieb Schulze, Hans Reinow), vor allem satir. Gedichte in Exilblättern; u.a. Mitarb. *Kameradschaft-Schriften junger Deutscher* (→ Hans Ebeling) u. *Freies Deutschland* (→ Max Sievers), i.A. der SAI Verf. einer Dokumentation über den NS-Terror in Braunschweig; zahlr. unveröffentl. Romane u. Theaterstücke pol. Inhalts. Verb. zu → Walter Hammer. Apr. 1940 Flucht nach Schweden, bis Juli Internierung in Loka Brun, lebte dann zurückgezogen in Kinnahult, Unterstützung durch Flüchtlingshilfe, schriftst. Arb., innerhalb der schwed. SPD-Org. Anhänger von → Kurt Heinig, Beitr. in dessen Zs. *Information.* Nach Kriegsende vergebl. Rückkehrbemühungen bei brit. Stellen. Nov. 1945 nach Kopenhagen, i.A. der dän. Flüchtlingsverw. ltd. Red. *Deutsche Nachrichten,* der Lagerztg. für internierte Flüchtlinge aus Deutschland, durch Art. u. Vorträge (Ps. Jochen Spatz) um demokrat. Bewußtseinsbildung bemüht. Febr. 1947 durch Vermittlung der US-Botschaft Kopenhagen Rückkehr als Lizenzträger des *Darmstädter Echo,* bis 1970 Hg. u. Chefred., ab 1956 auch des neugegr. *Rüsselsheimer Echo.* Bis 1954 Mitgl. SPD, Mitgl. *Europa-Union,* ab 1954 Vors., zuletzt Ehrenvors. *Verband Hessischer Zeitungsverleger,* Mitgl. Deutscher Presserat, Vors. des Stiftungsrats der Stiftung Freiheit der Presse, Mitgl. Hauptausschuß des *Bundesverbands Deutscher Zeitungsverleger,* stellv. AR-Vors. *Wirtschaftliche Genossenschaft der Presse. Ausz.:* u.a. 1959 Gr. BVK, 1959 Heinrich-Emanuel-Merck-Ehrung der Stadt Darmstadt, 1965 Stern zum Gr. BVK, 1969 Wilhelm-Leuschner-Med. des Landes Hessen.

W: u.a. Aus dem ersten Quartal der Hitlerherrschaft: Terror in Braunschweig. Zürich (SAI) 1933; Wer stürzt den Diktator? (R). In: Neue Volks-Zeitung, New York 1939; Lied am Grenzpfahl (L). Zürich (Oprecht) 1940 (auf dt. Druck durch schweiz. Behörden verboten, Neuaufl. 1960); Die traurige Geschichte des hochedlen Grafen von Itzenplitz, in muntern Verslein erzählt. 1948; Ein Mann aus Deutschland besucht Onkel Sam. 1958; Heimat, Pflugschar, Schwert und Brücke. 1960; Ja, wir lieben dieses Land. 1965; Unsere Zeitung in unserer Zeit. 1970. *D:* VLSB; IfZ. *L:* Müssener, Exil. *Qu:* Arch. Hand. Fb. Publ. Z. – IfZ.

Reisberg, Arnold, Dr. jur., Dr. habil., Parteifunktionär, Historiker; geb. 1904 Galizien; ∞ Betty, Emigr. UdSSR; *K:* 1 S, in UdSSR verschollen; *StA:* österr., deutsch. *Weg:* 1934 CSR; UdSSR, 1956 (?) Deutschland/Berlin (Ost).

Gymn. in Wien, anschl. Stud. Rechtswiss. ebd.; frühzeitig zum KJVÖ, später KPÖ, Ltr. Marxistische Arbeiterschule Wien. 1934 Emigr. in die CSR, pol. Schulungsltr. für die in die CSR emigrierten Angehörigen des *Republikanischen Schutzbundes*, anschl. in die UdSSR, Doz. Lenin-Schule der *Komintern* in Moskau, 1936–45 u. 1946–56(?) Haft. Danach nach Berlin (Ost), 1964 Habil. am Institut für Gesellschaftswissenschaften beim ZK der SED, zuletzt wiss. Mitarb. Institut für Marxismus-Leninismus beim ZK der SED. Lebte 1977 in Berlin (Ost). – *Ausz.:* ProfTitel.

W: u.a. zahlr. wiss. Aufs. in versch. Zs.; An den Quellen der Einheitsfrontpolitik (Habil.-Schrift.) 1971; Chronik zur Geschichte der KPÖ (unveröffentl. Ms.), 1976. *L:* Stadler, Opfer; Beer-Jergitsch, Lilli, 18 Jahre in der UdSSR. Unveröffentl. Ms. im Besitz der Verf., Wien. *Qu:* Pers. Publ. – IfZ.

Reisenauer (urspr. Hrejsemnou), **Alfred,** Parteifunktionär; *G:* (?) Franz Hrejsemnou, Mitgl. KPÖ, Emigr. E, im span. Bürgerkrieg gef.; *Weg:* E; 1939 GB, österr.

Illeg. KPÖ-Funktionär, während des Span. Bürgerkriegs Mitgl. Internat. Brigaden. 1939 nach GB, Mitgl. Parteigruppe der KPÖ, Mitgl. u. angebl. auch Vors. des von den österr. Kommunisten in GB initiierten Diskussionsforums *Austria (of) Tomorrow*. Vermutl. Mitgl. *Assn. of Austrian Interbrigaders,* Mitarb. *Austrian Centre.* Nach Kriegsende Rückkehr nach Österr., BezSekr. KPÖ in Niederösterr. Lebte 1978 in Österreich.

Qu: Arch. Pers. – IfZ.

Reisinger, Anton, Parteifunktionär, geb. 31. Mai 1903 Wien, hinger. 4. Aug. 1943 Wien; kath.; *StA:* österr. *Weg:* 1934 UdSSR, 1935 Österr., 1938 UdSSR; 1939 Deutschland (Österr.), F; 1940 Deutschland (Österr.).

Mechanikerlehre, Mitgl. KJVÖ; Spitz- u. Deckn. Tondo. 1924 an Org. eines großen Wiener MetallarbStreiks beteiligt. 1926 Sekr. KJVÖ, Dez. 1926 österr. Deleg. auf erweit. EKKI-Sitzung in Moskau als Jugendvertr. Okt. 1929 zus. mit → William Schlamm vermutlich zeitw. Parteiausschluß. 1931 wahrscheinl. bei KJVÖ-Verbot vorüberg. Flucht ins Ausland. Ab 1933 illeg. KPÖ-Funktionär, vermutl. 1934 Emigr. UdSSR, wahrscheinl. Besuch Lenin-Schule in Moskau. 1935 Rückkehr nach Österr., zeitw. Ltr. Provinzkommission der KPÖ (illeg. Zentralltg. für die Länder). Mai 1937 Verhaftung, Febr. 1938 durch Schuschnigg-Amnestie befreit. Anschl. in die UdSSR. 1939 nach Verhaftung der 1. illeg. Ltg. der KPÖ Rückkehr nach Wien, vermutl. neben → Willy Frank Aufbau einer neuen zentralen Ltg., Deckn. u.a. Emil Bureck. Juli 1939 nach Frankr., Teiln. an Tagung des ZK der KPÖ in Paris, vermutl. auf dieser Tagung Kooptierung ins ZK. 1940 bei Versuch der illeg. Rückkehr nach Wien von Gestapo in der Slowakei verhaftet, VGH-Prozeß, Todesurteil.

L: Mitteräcker, Kampf; Koch, Widerstand; Konrad, KPÖ; Reisberg, KPÖ; Unsterbliche Opfer. *Qu:* Arch. Pers. Publ. Z. – IfZ.

Reismann, Edmund, Parteifunktionär; geb. 14. Aug. (11. Juni ?) 1881 Wien, umgek. 11. Nov. 1942 KL Auschwitz; *V:* Kaufm.; ∞ Betti (1880[?]–1954), Mitgl. SDAP, SPÖ; *K:* Edmund, nach 2. WK SPÖ-MdNR; *StA:* österr. *Weg:* 1934 CSR, Österr.

Mitgl. u. Funktionär *Verein jugendlicher Arbeiter* Wien, später Bildungsfunktionär *Verband jugendlicher Arbeiter Österreichs,* Mitgl. Volksbildungsverein u. *Verein Freie Schule* in Wien-Meidling, später SDAP, BezObmann u. Bildungsobmann. 1918–34 Mitgl. GdeRat Wien. 1934 nach den Februarkämpfen kurzfristig illeg. in Wien, März 1934 nach Brünn, Ltr. des Flüchtlingslagers Brünn, von Mitgl. des Lagers wurde Abberufung wegen kommunistenfeindlicher Haltung verlangt. Juli 1934 i.A. des ZK der RSÖ illeg. Rückkehr nach Wien zur Org. ehem. SDAP-Funktionäre für die illeg. Partei. Anfang Sept. 1934 auf sog. Wiener Konferenz in Blansko/Mähren Kooptierung ins ZK der RSÖ bzw. der *Vereinigten Sozialistischen Partei Österreichs* (Name der RSÖ von Herbst 1934 bis Anfang 1935). Nov. 1934 Verhaftung in Wien, bis Sommer 1935 KL Wöllersdorf. Anschl. Mitarb. des ZK der RSÖ, ab Sommer 1936 Red. *Die Opposition* (illeg. genossenschaftl. Informationsblatt der RSÖ), Deckn. u.a. Adam u. Brand. Nach dem Anschluß Österr. Verhaftung, KL-Haft, Nov. 1942 Dep. KL Auschwitz.

W: u.a. Die österreichischen Genossenschaften unter der Diktatur. Vorgelegt dem Internationalen Genossenschaftskongreß, Paris, Sept. 1937 (Übers. engl., franz.). *L:* Buttinger, Beispiel; Patzer, Gemeinderat; Wisshaupt, RSÖ; Leichter, Diktaturen; Stadler, Opfer; Widerstand 1 u. 2. *Qu:* Arch. Publ. Z. – IfZ.

Reisner, Konrad, Sozialarbeiter; geb. 2. Jan. 1908 Breslau; ∞ Else Schwitzgebel (geb. 1910), Sekretärin, Journ.; Mitgl. *Jungsozialisten,* Apr.–Nov. 1933 in Schutzhaft, 1934 Flucht ins Saargeb., Jan. 1935 nach Frankr.; Mitgl. RSD u. *Jeunesse Socialiste Française,* Mitarb. *Deutschland-Berichte der Sopade* u. *Neuer Vorwärts;* Sept. 1940 Flucht nach Südfrankr., mit Unterstützung franz. Freunde u. der Org. Varian Frys über Spanien und Portugal Okt. 1940 in die USA, Mitunterz. Programmatische Richtlinien der *Association of Free Germans* vom Okt. 1942; nach 1945 Org. einer großangelegten Paket-Hilfsaktion für Deutschland; *StA:* deutsch, USA. *Weg:* 1933 CSR, CH, F; 1940 E, Port., USA.

Stud. Rechtswiss.; Mitgl. SPD, dann SAPD-Ortsgr. Breslau; Sekr. *Deutsche Friedensgesellschaft* Breslau sowie Regionalsekr. DLM. März 1933 Flucht nach Prag, von dort Apr. gleichen Jahres über die Schweiz nach Frankr., in Paris Mitgl. SAPD-Exilgruppe, Deleg. DLM bei der *Internationalen Liga für Menschenrechte,* hauptamtl. Funktionär franz. u. dt. Flüchtlingsorg., u.a. *Commission consultative pour les réfugiés d'Allemagne* beim franz. Innenmin.; mit → Hilde Walter einer der Initiatoren der Friedens-Nobelpreisverleihung an Carl von Ossietzky; mit → Paul Fröhlich, → Jacob Walcher u. → Walter Fabian SAPD-Vertr. bei den Volksfrontverhandlungen 1935/36; Mai 1940 nach Südfrankr., dort Zusammentreffen mit Ehefrau u. Sept. 1940 Flucht über die Pyrenäen nach Spanien u. Portugal, Okt. 1940 in die USA. Dort tätig als Sozialarbeiter. Mitunterz. Programmatische Richtlinien der *Association of Free Germans* (→ Albert Grzesinski) *Für das Freie Deutschland von Morgen* v. Okt. 1942. Lebte 1972 in Dayton/Ohio.

L: Neilson, William Allan (Hg.), We Escaped. New York (The MacMillan Company). 1941. *Qu:* Fb. Publ. – IfZ.

Reißner, Anton (Toni), Gewerkschaftsfunktionär; geb. 30. Dez. 1890 München, gest. 10. (?)Mai 1940 Amsterdam; Diss.; *V:* Anton R. (1855–93), Kupferschmied; *M:* Anna Maria Stegbauer, geb. Schwarz (1850–1918); *G:* Luise Ratzinger, geb. Stegbauer (geb. 1875), Anna Stegbauer (geb. 1882); ∞ Ehefrau Emigr. NL, Freitod; *K:* 1 S, Emigr., Freitod; 1 T, Emigr., A: NL; *StA:* deutsch. *Weg:* 1933 NL.

Handelsarb., Buchhandlungsgehilfe, ab 1912 Angest. *Deutscher Verkehrsbund.* Kriegsteiln., Sept. 1918–Febr. 1920 franz. Kriegsgef., 1921 Akademie der Arbeit Frankfurt/M. Nach 1929 Vors. *Gesamtverband der Arbeitnehmer der öffentlichen Betriebe und des Personen- und Warenverkehrs,* Red. *Gewerkschaft.* Sept. 1930-Juni 1933 SPD-MdR, Mitgl. Vorläufiger Reichswirtschaftsrat. Nach Apr. 1933 mehrmon. Haft, Flucht nach Amsterdam. Mitarb. *Freie Presse* Amsterdam (→ Alfred Mozer), Ltr. Landesverb. Holland der ADG unter → Heinrich Schliestedt, 1937-38 Red. ADG-Organ *Gewerkschafts-Zeitung,* 1939-40 Red. *Neue Gewerkschaftszeitung.* Mai 1936 Teiln. IGB-Kongreß u. Aug. 1938 3. ADG-Konf. Mühlhausen. Befürworter der GewPol. von → Fritz Tarnow. Enge ZusArb. mit *Sopade*, ab Mai 1939 Nachf. von → Ernst Schumacher als Korr. der *Deutschland-Berichte* für Nordwestdeutschland. 1939 vergebl. Bemühungen beim IGB um Errichtung einer ADG-Zentrale in London für verstärkte Aktivitäten im Kriegsfall. Wählte bei der dt. Besetzung mit seiner Fam. den Freitod.

L: Röder, Großbritannien. *D:* AsD. *Qu:* Arch. Hand. Pers. Publ. - IfZ.

Reitbauer, Alois, Dr. jur., Diplomat; geb. 12. Febr. 1915 Wien; *V:* Alois R., Bankbeamter; *M:* geb. Hasenberger; ∞ 1942 Marianne; *StA:* österr. *Weg:* 1939 S; 1946 Österr.

Mitgl. *Vereinigung Sozialistischer Mittelschüler* in Wien, ab Juni 1933 nach Verbot pol. Mittelschülerorg. Mitgl. der illeg. Gruppe der *Achtzehner* um → Joseph Simon. 1934 nach den Februarkämpfen Mitgl. des aus den *Achtzehnern* hervorgegangen *Georg-Weissel-Bunds*, der 1935 zu den RSÖ bzw. der *Revolutionären Sozialistischen Jugend* (RSJ) stieß. 1934 nach den Februarkämpfen angebl. Mitgl. *Kampfbund zur Befreiung der Arbeiterklasse* unter → Josef Frey. Ab 1934 Stud. Rechtswiss. Wien, illeg. Arbeit in sozialist. Studentengruppen, 1935 Ltr. Kreis Nord u. ZK-Mitgl. der RSJ Wien, Deckn. Konrad. Später OrgLtr. Wien der RSJ. Nach dem Anschluß Österr. Mithilfe bei Org. der Flucht von Regimegegnern in die Schweiz. Juli 1939 unmittelbar nach Prom. Emigr. Schweden. 1944-46 VorstMitgl. *Österreichische Vereinigung in Schweden* unter → Bruno Kreisky, Nov. 1945 Mitgl. *Österreichischer Repräsentationsausschuß in Schweden,* 1946 Mitgl. RedKomitee *Österreichische Monatsblätter*. 1946 Rückkehr nach Österr., Tätigkeit in Erwachsenenbildung. Aug. 1950 Eintritt in den diplomat. Dienst, Vertragsbediensteter in Stockholm, Nov. 1953 Versetzung nach Oslo als Ltr. der zu errichtenden Expositur der österr. Gesandtschaft in Stockholm, Dez. 1953 Attaché, Jan. 1955 Legationssekr., Aug. 1957-Juli 1960 Dienst im Bundesmin. für Auswärtige Angelegenheiten (BMfAA) in Wien, unmittelbarer Mitarb. des Außenmin. B. Kreisky. Jan. 1959 Legationsrat. Ab Juli 1960 GenKonsul in Zürich, Juli 1964-Aug. 1968 ao. u. bevollm. Botschafter in Canberra/Australien, anschl. wieder im BMfAA in Wien, Sept. 1972-Mai 1975 ao. u. bevollm. Botschafter in Kopenhagen. Mai 1975 Ltr. Personalsektion im BMfAA in Wien, Juni 1976 stellv. GenSekr., Juli 1976 GenSekr. Lebte 1977 in Wien.

L: Buttinger, Beispiel; Müssener, Exil; Neugebauer, Bauvolk; Tidl, Studenten; Simon, Autobiographie. *Qu:* Arch. Publ. - IfZ.

Reitberger, Hans, Parteifunktionär; geb. 14. Juli 1903 München; *V:* Johann R.; *M:* Katharina, geb. Greitner; ∞ Katharina Bogner, gesch.; *StA:* deutsch. *Weg:* 1944 CH; 1945 Deutschland.

Maschinenformer. Mitgl. KPD, ltd. Funktion im *Kampfbund gegen den Faschismus* in München. Apr. 1933 verhaftet, 19 Mon. in KL Kisslau bei Bruchsal/Baden; Sept. 1944 Emigr. in die Schweiz, interniert in den Lagern Bassecourt u. Möhlin, Apr. 1945 Flucht; im Rahmen des „Landeinsatz"-Plans der KPD illeg. Rückkehr zuerst nach Lindau/Bodensee, dann München; mit → Ludwig Ficker u. → Josef Wimmer Beteiligung am Aufstandsversuch der *Freiheitsaktion Bayern*; führende Funktion bei Wiederaufbau der KPD in Bayern.

L: Teubner, Schweiz. *Qu:* Arch. Publ. - IfZ.

Reitzner, Alkmar, Journalist, Parteifunktionär; geb. 30. Juni 1923 Bodenbach/Böhmen; kath.; *V:* → Richard Reitzner; ∞ 1951 Gertrud; *StA:* CSR, deutsch. *Weg:* 1938 GB; 1946 Deutschland (ABZ).

Oberrealgymn. Tetschen, 1938 mit Eltern nach GB, gegen Kriegsende Soldat der Royal Air Force. 1946 Übersiedlung nach Deutschland, SPD, 1957 Chefred. Wochentzg. *Die Brücke* München, 1958-61 Pressechef SPD Bayern u. ab 1962 Mitgl. SPD-Landesausschuß, ab 1964 Mitgl. Rundfunkrat des *Bayerischen Rundfunks*, ab 1966 Vors. *Sudetendeutscher Rat*. Lebte 1978 in München.

W: u.a. Ich flog nach Prag. 1949; Osteuropa und die deutsche Friedenspolitik. 1968; Alexander Dubček - Männer und Mächte in der CSSR. 1968. *Qu:* Arch. Hand. - IfZ.

Reitzner, Richard, Politiker; geb. 19. Aug. 1893 Einsiedel b. Marienbad/Böhmen, gest. 11. Mai 1962 Haar b. München; kath.; *V:* Adolf R., Porzellanmaler, ab 1907 sozdem. Abg. im Wiener Reichsrat; ∞ I. Martha Solinger (gest. 1951), II. Friederike Langmair; *K:* 4 (3 aus I), u.a. → Alkmar Reitzner; *StA:* österr., 1919 CSR, deutsch. *Weg:* 1938 GB; 1946 Deutschland (ABZ).

Lehrer, SDAP-Mitgl., im 1. WK Offz. der österr.-ungar. Armee, russ. Kriegsgef. u. Teiln. an russ. Revolutionskämpfen als Kommandeur einer Einheit der Roten Armee, Gefangennahme durch tschechoslow. Legionäre u. Verurteilung zu 6 J. Gef., Internierung in China, nach Rückkehr nach Böhmen zur DSAP, Vertr. der Linken auf Karlsbader PT Okt. 1920, angebl. kurze Zeit KSČ-Mitgl., dann Rückkehr zur DSAP u. prominenter Vertr. des linken Flügels; PV-Mitgl. u. Parteifunktionär in Bodenbach, StadtVO ebd. Angesichts des natpol. u. sozialpol. bedingten staatl. Zerfalls der CSR u. der Bedrohung durch den dt. NatSoz. in der zweiten Hälfte der 30er Jahre führend beteiligt an Bemühungen um ZusArb. mit KSČ, die jedoch nur zu lokalen gemeins. Aktionen führten. Nach Abtretung der von Deutschen besiedelten Grenzgeb. der CSR Emigr. nach GB, Mitgl. TG-Landesvorst. u. Ltr. TG-Gruppe im *Czech Refugee Trust Fund*, Mitunterz. des Briefes der TG-Ltg. v. 1. Sept. 1939 u. Mitgl. TG-Deleg. zum Exilpräs. der CSR Dr. Edvard Beneš v. 2. Sept. 1939. Boykottierte Herbst 1939 als Ltr. eines Emigr-Hostels die Empfehlung des Ltr. der *London Representative of the Sudeten German Refugees* → Fritz Kessler zum Beitritt der dt. sozdem. Emigr. aus der CSR in die tschechoslow. AuslArmee u. verursachte dadurch die erste Krise innerhalb der DSAP-Emigr., die zum Ausschluß der Gruppe um → Max Koutnik aus der TG führte. Nach nachträglicher Sanktionierung seiner Haltung durch → Wenzel Jaksch u. der pol. Resignation Kesslers bis Kriegsende dessen Nachf. in der Ltg. der *London Representative of the Sudeten German Refugees*; 15. Juli 1942 mit den Leitern der dt. Emigr.-Gruppen aus der CSR → Gustav Beuer, → Alfred Peres u. → Josef Zinner Teiln. einer gemeins. Kundgebung der dt. EmigrGruppen aus der CSR in London, nach Ablehnung der einheitsfrontpol. Vorschläge der Kommunisten auf 2. TG-Landeskonf. v. Okt. 1942 mit der Vorbereitung u. Ltg. der *Aktion für Freiheit und Heimat* (auch *Aktion Sudetenland* genannt) beauftragt (s. Jaksch), ab Grdg. 1944 Sekr. u. PräsMitgl. *Democratic Sudeten Committee* sowie neben Jaksch Mitunterz. der Erklärung v. 6. Sept. 1944 zum Beschluß der CSR-Exilreg. über die Zwangsaussiedlung der Deutschen aus der CSR. 1946 Übersiedlung nach Deutschland, Mitgl. SPD, 1947-48 stellv. Staatssekr. für das Flüchtlingswesen in Bayern, 1948-49 stellv. SPD-Landesvors. ebd., 1949-62 MdB; Mitgr. u. zeitw. Vors. der SG, 1950 Mitgr. u. anschl. Präs. *Arbeitsgemeinschaft zur Wahrung sudetendeutscher Interessen* bzw. ab 1952 *Sudetendeutscher Rat,* Mitgl. Bundesvorst. *Sudetendeutsche Landsmannschaft.* - Zahlr. Auszeichnungen.

L: Jauernig, Edmund, Sozialdemokratie und Revanchismus. 1968; Weg, Leistung, Schicksal; Bachstein, Jaksch; Menschen im Exil. *Qu:* Arch. Hand. Publ. Z. - IfZ.

Remmele, Hermann, Parteifunktionär; geb. 15. Nov. 1880 Ziegelhausen/Neckar, gest. 1939 (?) UdSSR; o.K.; *V:* Müller; *G:*

598 Renner

Dr. h.c. Adam R. (1877-1951), Müller, SPD, 1919 bad. Innenmin., 1919-29 MdL Baden, 1922-23 u. 1927-28 bad. Staatspräs., 1928-33 MdR, 1933 mehrere Mon. KL; ∞ Anna Lauer (geb. 1888), Emigr. UdSSR, 1937 mit Ehemann verhaftet; *K:* Hedwig (geb. 1907); Hellmut (geb. 1910), KJVD-Funktionär, Emigr. UdSSR, 1937 verhaftet; *StA:* deutsch, 29. März 1934 Ausbürg. mit Fam. *Weg:* 1933 UdSSR.

Lehre als Eisendreher; 1897 Mitgl. DMV u. SPD; Mitbegr. der südd. Arbeiterjugendbewegung (ab 1906 *Verband junger Arbeiter Deutschlands* mit Sitz in Mannheim), 1907 Deleg. auf GrdgKongreß der *Internationalen Verbindung sozialistischer Jugendorganisationen;* 1907-08 Besuch der SPD-Parteischule Berlin, anschl. Parteifunktionär in Mannheim, 1901-14 zugleich Bevollmächtigter des DMV ebd.; Mitarb. *Leipziger Volkszeitung,* ab 1910 Red. des Mannheimer SPD-Organs *Volksstimme;* gehörte innerhalb der revisionist. bad. SPD zum oppos. linken Flügel. 1914-18 Frontsoldat. 1917 Deleg. Grdg.-PT der USPD; nach der Revolution 1918 Führer der USPD in Mannheim u. Vors. *Arbeiter- und Soldatenrat;* 1919 einer der Initiatoren der kurzlebigen Räterepublik in Mannheim. Frühj. 1919 Übersiedlung nach Stuttgart, hauptamtl. Sekr. des USPD-Bez. Württ.; 1920-33 MdR (zunächst USPD, später KPD); Mitgl. USPD-Reichsausschuß, Kontrollkommission u. später ZK; 1920 mit linkem Flügel der USPD zur KPD, auf dem Vereinigungs-PT Wahl in die Zentrale, der er bis 1933 ununterbrochen angehörte; 1921-23 Mitgl. des OrgBüros in Berlin; danach mit Arthur Ewert Instrukteur des KPD-Oberbez. Südwest u. mit → Karl Becker verantwortl. für Betriebsrätebewegung; als Mitgl. der Brandler-Zentrale (→ Heinrich Brandler) an Vorbereitung u. Durchführung des Oktober-Aufstands 1923 in Hamburg beteiligt; nach Spaltung der KPD-Führung Anfang 1924 einer der Wortführer der sog. Mittelgruppe (Versöhnler), 1924 als deren Vertr. Mitgl. ZK u. PolBüro, Febr.-Apr. 1924 KPD-Vors.; 1923-26 Chefred. *Die Rote Fahne;* Teiln. 5. *Komintern*-Kongreß, unter Deckn. Freimuth Referat über den Faschismus, Herbst 1925 (Frühj. 1926 ?) Mitgl. EKKI-Präs.; nach Intervention der *Komintern* gegen die ultraradikale Politik der Fischer/Maslow-Führung (→ Ruth Fischer, → Arkadij Maslow) Sept. 1925 (Offener Brief) einer der einflußreichsten Parteiführer; Nov. 1925-Juni 1926 PolLtr. Bez. Berlin-Brandenburg; auf 6. *Komintern*-Kongreß 1928 erneut Berufung ins EKKI-Präs., als KPD-Vertr. längere Zeit in Moskau, nach der Wittorf-Affäre von Stalin mit der Intervention zugunsten Ernst Thälmanns betraut; spielte ab 1928 neben u. → Heinz Neumann die entscheidende pol. Rolle in der KPD, bis Okt. 1932 Mitgl. des ZK-Sekr.; 1927-32 Red. des theoret. KPD-Organs *Die Internationale;* 1930 Ltr. *Kampfbund gegen den Faschismus;* neben Thälmann u. Neumann Hauptvertr. des von der *Komintern* bestimmten ultralinken Parteikurses, 1932 mit Neumann Fraktionsbildung gegen Thälmann in der Frage einer militanten Verschärfung der ultralinken Taktik, deshalb gemaßregelt u. Verlust der Mitgliedschaft im ZK-Sekr. Nach natsoz. Machtübernahme u. der Verhaftung von Thälmann mit John Schehr im Parteiauftrag zur Berichterstattung über die Lage der Partei nach Moskau, wo sich R. wegen seiner „Abweichung" verantworten mußte; zunächst unter Deckn. Herzen Tätigkeit für EKKI; nach Aufkommen seines Fraktionsbriefwechsels mit H. Neumann Nov. 1933 seiner Positionen in ZK u. PolBüro enthoben, Jan. 1934 Selbstkritik u. Widerrufung seiner Faschismustheorie. Lebte bis zu seiner Verhaftung im Zuge der Stalinschen Säuberungen pol. isoliert in Moskau; nach versch. Quellen exekutiert oder Tod in einer Irrenanstalt.

W: u.a. Sowjetstern oder Hakenkreuz? 1930; Die Sowjetunion, 2 Bde. 1932. *L:* Tjaden, KPDO; Weber, Wandlung; GdA-Biogr.; Duhnke, KPD; Zimmermann, Leninbund. *Qu:* Arch. Hand. Publ. - IfZ.

Renner, Heinz, Parteifunktionär, Politiker; geb. 6. Jan. 1892 Lückenburg/Mosel, gest. 11. Jan. 1964 Berlin; Diss.: *V:* Philipp R., Volksschullehrer; *M:* Christine, geb. Hillebrand; ∞ 1917 Klara Koch, 1928 gesch.; *K:* Lieselotte (geb. 1916), Rosemarie (geb. 1921); *StA:* deutsch, 30. Juli 1937 Ausbürg., deutsch. *Weg:* 1933 Saargeb.; 1935 F; 1936 GB; 1937 F; 1943 Deutschland.

Gymn., Ausbildung zum Dentisten; 1910 Anschluß an sozdem. Studentenbewegung, 1913 Mitgl. SPD; 1914-18 Teiln. 1. WK, schwer verwundet; ab 1918 selbstländ. Dentist in Essen, Mitgl. *Reichsbund der Kriegsbeschädigten, Kriegsteilnehmer und Kriegshinterbliebenen;* 1919 Mitgl. USPD, Herbst 1919 KPD; 1920-33 Mitgl. u. 1920-23 Vors. KPD-Ortsgruppe Essen; 1923-33 Ltr. Gau Rheinland u. Westfalen des *Internationalen Bundes der Opfer des Krieges und der Arbeit;* 1922-33 KPD-StadtVO. Essen (Fraktionsvors.), ab 1924 Mitgl. des rheinischen ProvLT. Mai 1933 Emigr. ins Saargeb., Teiln. am Abstimmungskampf gegen die Rückgliederung an das natsoz. Deutschland; nach dem Saar-Referendum vom Jan. 1935 Emigr. nach Frankr., tätig in der IAH; Sept. 1936-März 1937 zur Org. von Unterstützungsmaßnahmen für die span. Republik in GB; 1937-39 Sekr. der KPD-EmigrLtg. Frankr. in Paris u. verantwortl. für die Parteiarbeit in der Stadt selbst; aktiv in den Freundeskreisen der deutschen Volksfront, Febr.-Sept. 1939 Sekr. *Fédération des Emigrés d'Allemagne en France.* Sept. 1939 verhaftet u. Nov. 1939-März 1943 in Le Vernet interniert (vorüberg. Gef. Castres), Auslieferung an Gestapo, bis Apr. 1945 in Gef. in Paris, Saarbrücken, Landau u. Ludwigsburg. Nach Befreiung Wiederaufbau der KPD in Essen, Nov. 1945-Aug. 1956 StadtVO. (Fraktionsvors.), Febr.-Okt. 1946 OBürgerm. Essen; Mitgl. des Nov./Dez. 1945 gebildeten Rheinischen Provinzialrates, in der ersten nordrhein-westfäl. Landesreg. Aug.-Dez. 1946 Sozialmin.; ab 1946 MdL (Fraktionsvors.); Juni 1947 bis zum Ausschluß der KPD-Minister Febr. 1948 Verkehrsmin. NRW; 1948-49 Mitgl. des Parlamentarischen Rates der Westzonen, 1949-53 MdB; 1949-56 Mitgl. Parteivorst. der KPD; 1953-56 Ltr. des Parlamentarischen Büros der KPD in Bonn; nach Verbot der KPD ab 1957 Hg. *Informationsdienst über Soziales, Wirtschaft und Politik* in Bonn, 1958 vergebl. erneute Kandidatur als unabhängiger Kand. für den LT von NRW. - *Ausz.:* 1961 Karl-Marx-Orden.

L: GdA-Biogr.; Hüttenberger, Peter, Nordrhein-Westfalen und die Entstehung seiner parlamentarischen Demokratie. 1973; Schädel, Gudrun, Die Kommunistische Partei in Nordrhein-Westfalen von 1945-1956. Diss. phil. Bochum 1973. *Qu:* Arch. Hand. Publ. Z. - IfZ.

Rentzsch, Oswald, geb. 15. Mai 1904 Dresden; *StA:* deutsch. *Weg:* 1933 CSR; 1934 Deutschland.

Metallarb.; 1920 SPD, 1925 KPD, bis Juni 1932 Betriebsrat, nach Entlassung verantwortl. Ref. der KPD Dresden für Fragen der *Antifaschistischen Aktion*, Ltr. ihrer örtl. Org. - Apr./Mai 1933 in der CSR, anschl. KPD-Instrukteur Zwickau, erneuter Aufenthalt in der CSR, Aug. 1933 Rückkehr, Sept. 1933 Flucht in die CSR. Ende Febr. 1934 mit Aufenthalt bei der KPD-Inlandsltg. Berlin als PolLtr. Bez. Ruhrgeb. nach Essen. 14. März 1934 Festnahme, 26. Nov. 1934 Urteil 3 J. Zuchthaus.

L: Peukert, Ruhrarbeiter. *Qu:* Arch. Publ. - IfZ.

Rescher, Wilhelm, Kommunalpolitiker; geb. 1. März 1911 Forst/Lausitz, *V:* Weber; *M:* Martha, geb. Arnold (gest. 1913); *G:* 8; *StA:* deutsch. *Weg:* 1936 CSR; 1940 Deutschland.

Arbeiter; 1922-26 *Junge Pioniere*, 1930 KJVD, 1931 *Arbeitersportverein Fichte*, 1932-33 KJVD-Ltr. in Forst; KPD, 1933 illeg. Tätigkeit, Aug. 1933 KL Sonnenburg, ab Frühj. 1935 Kurier KPD-Grenzstelle Grottau (CSR). Jan. 1936 Emigr. in die CSR. Vorüberg. in Prag (Deckn. Kuhnert), dann Ltr. KPD-EmigrGruppe in Kratzau, Ende Sept. 1938 nach Prag, dort 31. März 1939 Festnahme durch Gestapo. Ab Febr. 1940 Untersuchungsgef. Berlin-Moabit, 17. Febr. 1941 VGH-Urteil 7 J. Zuchth., bis Kriegsende Haft in Brandenburg-Görden. SED, Parteisekr. in Forst u. Senftenberg, 1951 1. Vors. Rat des Kreises Osthavelland, 1952-57 Bürgerm. Luckenwalde, 1958 OBürgerm. Potsdam. - *Ausz.:* 1959 VVO (Bronze).

Qu: Arch. Hand. - IfZ.

Retschek, Anton Gustav, Diplomat; geb. 8. Apr. 1885 Unin/ Mähren; *V:* Anton R., k. u. k. Forstmeister, *M:* Etelka geb. Kolényi; ∞ 1929 Maria Rugg; *StA:* österr. *Weg:* Bras.

Stud. Konsularakad. Wien, 1909 Abschluß. 1909 Konsularattaché u. 1911 Vizekonsul beim österr.-ungar. GenKonsulat in Rio de Janeiro, 1914 interimistischer Gerent in Pôrto Alegre, 1917 Konsul. 1920 Tätigkeit im Bundesmin. für Auswärtige Angelegenheiten, Mitarb. Wanderungsamt; Rückkehr nach Brasilien, Dez. 1921 Ernennung zum GenKonsul 2. Kl., März 1924 GenKonsul 1. Kl.; März 1925 Bestellung zum österr. Ministerresidenten für Brasilien, Argentinien u. Uruguay, März 1927 Ministerresident in Chile u. Uruguay, Juni 1927 in Peru. Febr. 1928 ao. Gesandter u. bevollm. Min. in Brasilien, Argentinien, Chile, Paraguay, Uruguay, Peru und Bolivien. 1938 nach Anschluß Österr. Ausscheiden aus dem diplomat. Dienst, Jan. 1939 Entlassung. Ende 1943 nach Kriegseintritt Brasiliens Gr. u. Vors. *Comite de Protecão dos Intereses Austriacos no Brasil (Österreichische Interessenvertretung in Brasilien)*, das für nach Brasilien emigrierte Österr. die Ausgabe eines von den bras. Behörden anerkannten österr. Identitätsausweises sowie die Anerkennung ehemaliger österr. Konsuln in Brasilien (u.a. → Karl Lustig-Prean u. Theodor Putz) als lokale Vertr. durch bras. Außenmin. erreichen konnte (Mitgl. weit. Helfer dieses Komitees u.a. → Rudolf Métall, → Hans Yitzhak Klinghoffer, → Alois Wiesinger, Adrian Höck, Josef Holzmann, Egon Konrad-Hötzendorf, Rudolf Egger-Möllwald sowie → Karl Schlesinger-Chinatti). Maßgebl. Vertr. *Austria Livre* Brasilien, das sich als einzige der freien österr. Bewegungen in Lateinamerika 1944 nicht dem *Free Austrian World Movement* London anschloß, sondern weiterhin mit *Free Austrian Movement* Toronto bzw. USA (→ Hans Rott) verbunden blieb. Wurde noch vor Kriegsende von den bras. Behörden als zukünftiger österr. Interessenvertr. anerkannt.

Qu: Arch. - IfZ.

Rettmann, Fritz, Partei- u. Gewerkschaftsfunktionär; geb. 5. Febr. 1902 Berlin; *StA:* deutsch. *Weg:* 1934 UdSSR, NL; 1936 E; 1939 (?) F; 1943 Deutschland.

Werkzeugmacher; GewMitgl., 1920 KPD, ab 1931 Funktionär *Einheitsverband der Metallarbeiter Berlins* der RGO, nach natsoz. Machtübernahme bis Okt. 1933 dessen PolLtr.; anschl. KPD-Instrukteur in Berlin. 1934 Emigr. UdSSR. Lenin-Schule Moskau, Teiln. 7. Weltkongreß der *Komintern*, anschl. in Holland Tätigkeit für KPD. Ab Ende 1936 PolKommissar 2. Kompanie des Edgar-André-Btl. in XI. Internat. Brigade; Lehrer KPD-Schule Benicasim, 1939-43 Internierung in Frankr., nach Auslieferung bis 1945 KL Sachsenhausen. 1946 SED u. FDGB, 1946-51 Vors. *IG Metall* Berlin (Ost), anschl. Arbeitsdir. in einem VEB u. 1. Sekr. BezLtg. Groß-Berlin der *Gesellschaft für Sport und Technik;* 1957-62 Ltr. Abt. Gewerkschafts- u. Sozialpolitik beim ZK der SED, 1963 GrdgMitgl. *Solidaritätskomitee für das spanische Volk in der DDR,* anschl. stellv. Vors.; Mitgl. Bundesvorst. FDGB. Lebte 1977 als Arbeiterveteran in Berlin (Ost). - *Ausz.:* 1956 Hans-Beimler-Med., 1957 VVO (Silber), 1958 Med. für Kämpfer gegen den Faschismus 1933-1945, Banner der Arbeit, 1962 VVO (Gold).

L: Schmidt, Deutschland; Pasaremos; Im Zeichen des roten Sterns. 1974. *Qu:* Hand. Publ. Z. - IfZ.

Retzlaw, Karl (bis 1953 Karl Gröhl), Parteifunktionär, Verlagskaufmann; geb. 10. Febr. 1896 Schneidemühl/Posen; o.K.; *V:* Wilhelm G. (gest. 1900), ev., Tischlermeister; *M:* Pauline (gest. 1960), ev.; *G:* 5; ∞ Veronika Gehe (geb. 1904), Emigr. S; *K:* 1 T; *StA:* deutsch, 3. Dez. 1936 Ausbürg. mit Ehefrau, deutsch., *Weg:* 1933 Saargeb.; 1935 F; 1940 GB; 1946 Deutschland (Saargeb.).

Volksschule in Berlin, Industriearb., Mitgl. Arbeiterjugend-Bildungsverein, 1916 SPD, Mitarb. in *Spartakus*-Gruppe, 1917 Mitgl. USPD, aktiv in Antikriegsprop. u. Streikbewegung, 1918 Kriegsdienstverweigerung u. Illegalität, Festnahme u. Freiheitsstrafe. 1919 KPD, Teiln. an Januarkämpfen. März 1919 mit → Willi Budich nach München entsandt, Kommissar für das Polizeiwesen der Räterepublik u. Polizeipräs. von München, anschl. als Illegaler 2. KPD-BezSekr. für Brandenburg; 1920 i.A. von Paul Levi Gr. u. bis 1924 Ltr. des illeg. Apparats der KPD, u.a. 1921 Org. eines Versuchs zur Befreiung von Max Hölz aus der Haft. Deckn. u.a. Karl Friedberg. 1921-26 Geschäftsf. des dt. *Komintern*-Verlags (Verlagsbuchhandlung Carl Hoym), Reisen nach Moskau, 1926 Verhaftung, vom Reichsgericht zu 2 1/2 J. Gef. verurteilt, Juli 1928 durch Amnestie befreit. 1928-33 Geschäftsf. Neuer Deutscher Verlag (→ Willi Münzenberg), Febr. 1933 nach Moskau, Teiln. an Tagung des EKKI-Büros, März-Aug. 1933 mit Verlagsaufträgen in der Schweiz, Frankr. u. Österr., dann Niederlassung als Emigrant in Saarbrücken, Ltr. eines EmigrHeims der saarländ. *Liga für Menschenrechte;* Anschluß an Trotzkisten (*Internationale Kommunisten Deutschlands*), Ps. Karl Erde, ZusTreffen mit Leo Trockij, Nov. 1933 Bruch mit KPD u. *Komintern* (Offener Brief an *Komintern*-OrgLtr. O. Pjatnickij in *Unser Wort*, Paris). Journ. Tätigkeit, ZusArb. mit → Berthold Jacob, Hg. *Die Memoiren des Stabschefs Röhm.* Jan. 1935 Flucht nach Straßburg, später in Paris, ZusArb. mit trotzkist. Gruppe in der Schweiz, Mitarb. beim Vertrieb der Zs. *Freies Deutschland* (→ Max Sievers), hierfür Grdg. Edition Asra. Zeitw. Mitwirkung in einer Gruppe zur Erkundung u. Verhinderung von dt. Waffentransporten nach Spanien, Paßfälschungen für dt. Emigranten, 1937/38 i.A. von → Carl Spiecker Bemühungen um Aufbau illeg. Verb. ins Reich, Tätigkeit für brit. Geheimdienst. 1939 u. 1940 kurzfristig interniert, Flucht nach Südfrankr., illeg. über Spanien nach Lissabon, Okt. 1940 auf Veranlassung des brit. Geheimdienstes nach GB ausgeflogen. Gr. *Bund deutscher revolutionärer Sozialisten,* der sich vor allem die Ausrottung des dt. Nationalismus u. Militarismus zum Ziel setzte, Kontakte zu Lord Vansittart, Mitarb. in *Fight-For-Freedom*-Gruppe (→ Walter Loeb). Mitgl. *Klub Konstruktivisten* (→ Hans Jaeger) u. *Club 1943*. Ps. Siegfried Retzlaw. Auf franz. Einladung 1946 ins Saargebiet, zunächst Mitarbeiter von → Walter Gebelein, anschl. Kultursekr. der saarländ. SPD, Apr. 1949 Ausweisung. Ab 1950 Verlagsangest. bei *Frankfurter Rundschau* (→ Karl Gerold). Mitgl. SPD, Mitgr. *Verband für Freiheit und Menschenwürde,* Frankfurt/M. u. *Bund der Verfolgten des Naziregimes.* Lebte 1978 in Frankfurt/M.

W: Die Memoiren des Stabschefs Röhm (an., Hg.). Saarbrücken (Uranus) 1934; German Communists. London (Hutchinson) 1944; Spartakus. Aufstieg und Niedergang. Erinnerungen eines Parteiarbeiters (ABiogr.) 1971, 1972. *L:* Alles, Trotzkisten. *Qu:* ABiogr. Arch. Fb. - IfZ.

Reuchlen, Albert, Parteifunktionär; geb. 2. Sept. 1909 Tuttlingen/Württ.; 1931 Diss.; *V:* Albert R. (1886-1951), ev., Instrumentenmacher, KPD; *M:* Alwine, geb. Wilhelm (1880-1948), ev., Fabrikarb.; *G:* Otto (geb. 1912), Metallarb., Angest.; Maria Seyfried (geb. 1915), Fabrikarb.; Alwine Kloss (geb. 1918), Fabrikarb.; ∞ I. 1935-44 (gesch.); II. 1946 Marta Storz (geb. 1923), kath.; *K:* Gerhard (geb. 1947), Ing. (grad.); *StA:* deutsch. *Weg:* 1938 CH; 1945 Deutschland (FBZ).

1923-25 Lehre als Lederzuschneider, 1930-33 erwerbslos, 1923 Gew., 1924 KJVD, 1929-31 Jugendltr., 1931 KPD; ab 1925 *Naturfreunde,* ab 1926 ArbSportbewegung. März-Aug. 1933 KL Heuberg, später mehrfach kurzfristig Haft, Meldepflicht. Ab 1934 illeg. Tätigkeit für KPD, vor allem Schriftentransport u. -verteilung. Sept. 1938 Flucht vor Verhaftung in die Schweiz, bis März 1941 in Basel, anschl. bis Febr. 1942 im Zuchth. St. Gallen interniert, dann in Tessiner ArbLagern. Ab Jan. 1939 Mitarb. in illeg. KPD-Org. Schweiz, Teiln. 2. Landeskonf. 24./25. März 1945 in Zürich, Mai 1945 im Parteiauftrag nach Tuttlingen, Tätigkeit im Sinne einer ZusArb. mit SPD gegen „sektiererische Hemmnisse" (Teubner) innerhalb der eigenen Partei, 1945-56 Kreisvors. KPD, Mitarb. versch. Parteizs.; 1946-76 Mitgl. OrtsverwVorst. *Gewerkschaft Leder,* ab 1946 VorstMitgl. *Naturfreunde* u. *Turnverein Jahn* in Tuttlingen; 1945/46 als Angest. des Landratsamts mit dem Wiederaufbau der Sportvereine befaßt, 1946-48 u. 1951 Parteiangest., 1949/50 Bademeister u. Totoangest., 1951-76 Leder- u. Instrumentenarb. Ab 1968 Kreisvors. DKP, ab 1971 RedLtr. der DKP-Zs. *Tuttlinger Echo,* Korr. *Unsere Zeit.* Ab 1947 Mitgl. VVN. Lebte 1977 in Tuttlingen.

L: Teubner, Schweiz. *Qu:* Fb. Publ. - IfZ.

Reuss, Peter Joseph, Ministerialbeamter; geb. 20. März 1938 Berlin; kath.; *V:* Dr. phil. Frederick G. R. (geb. 1904 München), kath., Prom. Würzburg, Hochschullehrer, 1938 Emigr. USA; *M:* Katherine, geb. Bubel (geb. 1911 Blieskastel/Saarland, gest. 1941 USA), kath., Gymn., 1938 Emigr. USA; *G:* Ursula Ianni, Ph.D., Anthropologin; ∞ 1959 Joan Donahoe (geb. 1930 Dobbs Ferry/N.Y.), kath., B.A., Lehrerin; *K:* Frederick (geb. 1960); Beatrice (geb. 1962); Peter M. (geb. 1964); David G. (geb. 1965); *StA:* deutsch, 1941 USA. *Weg:* 1938 USA.

1938 Emigr. USA. 1958 B.A. Oberlin Coll. Oberlin/O., 1960 M.A. School of Advanced Internat. Studies der Johns Hopkins Univ. Baltimore/Md. 1960 Ausbildung bei USIA, dann 1960-61 für USIA in Addis Abeba/Äthiopien, 1961-62 Abt. für öffentl. Angelegenheiten in Kaduna/Nigeria, 1962 in Kanos/Lagos, 1962-64 Assist. in der Übersetzungsabt. in New Delhi, 1964-66 Assist. im Kulturreferat, 1966-68 Assist. im Pressereferat in Madras, 1968 vietnames. Sprachkurs, 1969 Field Representative in Saigon, 1969-72 in Auslands-InfoAbt., ab 1972 in der pol. Abt. von USIA in Washington/D.C. Lebte 1977 in Washington/D.C.

Qu: Fb. Hand. - RFJI.

Reuter, Edzard Hans Wilhelm, Kaufmann; geb. 16. Febr. 1928 Berlin; o.K.; *V:* → Ernst Reuter; ∞ I. Christel, 1972 gesch. II. 1972 Helga Veronika Brunhild Roeder (geb. 1937), o.K., kaufm. Lehre, Tätigkeit u.a. für *Süddeutscher Rundfunk* Stuttgart; *K:* Ernst Christian (geb. 1956), Claus Tim (geb. 1960); *StA:* deutsch. *Weg:* 1935 TR; 1946 Deutschland (BBZ).

Sommer 1935 zus. mit Mutter nach Ankara (Aufenthalt des Vaters ab Juni 1935). Privatunterricht; Nov. 1946 mit Eltern Rückkehr nach Deutschland, zunächst Hannover, anschl. Berlin, Mitgl. SPD; 1947 Abitur. 1947-49 Stud. Mathematik u. Physik Humboldt-Univ. Berlin u. Univ. Göttingen, 1949-52 Stud. Rechtswiss. Freie Univ. Berlin, 1952 erstes, 1955 zweites Staatsexamen. 1954-56 Lehrstuhlassist. Berlin, 1957-62 Ltr. Rechtsabt. Universum Film AG Berlin, zuletzt Produktionschef, 1962-64 Mitgl. der Geschäftsltg. Bertelsmann-Fernsehproduktion München, ab 1964 bei Daimler-Benz AG Stuttgart, Dir. u. VorstMitgl. Lebte 1975 in Stuttgart.

Qu: Arch. Fb. Hand. - IfZ.

Reuter, Ernst Rudolf, Johannes, Politiker; geb. 29. Juli 1889 Apenrade/Nordschleswig, gest. 29. Sept. 1953 Berlin (West); ev., 1912 Diss.; *V:* Wilhelm R. (1838-1926), ev., Kapitän, Navigationslehrer; *M:* Caroline, geb. Hagemann (1851-1941), ev.; *G:* Wilhelm (1875-1947), Kapitän, Navigationslehrer; Otto (1876-1945), Telegrapheninspektor, Schriftsteller; Hermann (1885-1915), Oberlehrer; Karl (1886-1971), Pfarrer; Edzard (1893-1919), Seemann; ∞ I. 1920 Lotte (geb. 1901), gesch., II. 1927 Johanna Kleinert (1899-1974), o.K., Journ., 1925 (?)-27 RedSekr. *Vorwärts,* 1935 Emigr. TR, 1946 Deutschland (BBZ); *K:* aus I; Hella (geb. 1920), 1939 Emigr. TR, kaufm. Angest. in Berlin; Harry Gerd Edzard (geb. 1921), Mathematiker, Emigr. GB, Hochschullehrer in GB; aus II: → Edzard Reuter; *StA:* deutsch. *Weg:* 1935 GB, TR; 1946 Deutschland (BBZ).

Jugendbewegung, 1907 Abitur Leer, Stud. Germanistik, Gesch., Geographie u. Volkswirtsch. Marburg, München u. Münster, u.a. bei Paul Natorp, Hermann Cohen u. Lujo Brentano, bis 1911 Erstchargierter StudVerb. *Frankonia,* 1911-12 Hauslehrer, 1912 Staatsex. Marburg. 1912 SPD, bis 1914 Wanderredner, 1914-15 Geschäftsf. des pazifist. *Bund neues Vaterland* Berlin (→ Hellmut von Gerlach), ab 1915 Kriegsteiln., Verwundung, Aug. 1916 russ. Gefangenschaft, Lageragit. für Bolschewiki, ab Mai 1918 Volkskommissar für Wolgadeutsche Angelegenheiten in Saratov, Dez. 1918 mit Karl Radek u.a. nach Berlin, Teiln. Grdg.-PT der KPD, Febr. 1919 zum Aufbau einer KPD-Org. nach Oberschlesien, Apr.-Sept. Haft, ab Okt. 1919 als Sekr. der Berliner KPD mit Reorg. der Partei beauftragt, Okt. 1919-Dez. 1920 Ersatzmitgl. der Zentrale, anschl. Mitgl. Zentralausschuß, Aug.-Dez. 1921 Mitgl. KPD-Zentrale. Deckn. Friesland. Ab 1921 StadtVO. Berlin. Als Vertr. der linken „Offensivtheorie" nach Märzaktion 1921 einer der Wortführer gegen den Parteivors. Paul Levi, Juni 1921 Redner auf 3. *Komintern*-Kongreß in Moskau, Aug. 1921 Wahl zum GenSekr. der KPD. Aufgrund seiner Forderungen nach pol. u. materieller Unabhängigkeit der Partei von der *Komintern* u. Opposition gegen GewPol. in Verb. mit der *Kommunistischen Arbeits-Gemeinschaft* (KAG) Dez. 1921 Funktionsenthebung, Jan. 1922 Parteiausschluß; mit anderen KAG-Mitgl. zur USPD, Red. *Die Freiheit,* nach Vereinigung mit SPD ab 1922 Red. *Vorwärts.* 1925 Wiederwahl als StadtVO. Berlin, ab Okt. 1926 besoldeter Stadtrat für das Verkehrswesen, Verdienste um Ausbau des Berliner Verkehrswesens u.a. durch Grdg. der Berliner Verkehrsgesellschaft BVG, anerkannter Fachmann für GdePol. Ab Apr. 1931 OBürgerm. Magdeburg, 1932-33 MdR. Nach natsoz. Machtübernahme entlassen, 1933 u. 1934 KL Lichtenburg, Jan. 1935 aufgrund bevorstehender Verhaftung mit Hilfe der Quäker über Holland nach GB. März 1935 durch Vermittlung von → Fritz Baade Berufung als Berater in türk. WirtschMin., im Juni nach Ankara, wohin Ehefrau u. Sohn Edzard im Aug. nachfolgten. Ab Nov. 1938 gleichz. Prof. für Städtebau bzw. Stadtplanung an der Hochschule für Pol. Wissenschaften, 1939 bis zur kriegsbedingten Entlassung 1940 u. 1944-46 Berater im Verkehrsmin., wesentl. Beitrag zur Entwicklung der türk. Verw.- u. Kommunalwiss., Verf. von Lehrbüchern in türk. Sprache. Kontakte zu emigr. dt. Wissenschaftlern in der Türkei u. zu Emigr. im Ausland, Kritiker des Prager SPD-PV, über → Paul Hertz Verb. zur Gruppe NB. 1943 vergebl. Versuch, Thomas Mann für einen Widerstands-Appell emigr. Persönlichkeiten an das dt. Volk zu gewinnen, Aug. 1943 GrdgMitgl. *Deutscher Freiheitsbund* als Sammelbewegung des Exils, der jedoch in den Emigr.-Zentren ohne Widerhall blieb u. den angestrebten Anschluß an die alliierte Rundfunkarb. für Deutschland nicht fand. Apr. 1944 GrdgMitgl. des türk. Büros des *International Rescue and Relief Committee* (IRRC) vor allem zur Hilfe für die nach Kriegseintritt der Türkei in Zentralanatolien internierten Flüchtlinge. 1945 Bemühungen um schnelle Rückkehr, Nov. 1946 durch Vermittlung der *Labour Party* nach Hannover. Auf Wunsch des SPD-Vorst. nach Berlin, ab Dez. 1946 Stadtrat für Verkehr, 1947 Wahl zum OBürgerm., Amtsantritt zunächst durch sowj. Veto verhindert, ab Dez. 1948 nach endgültiger Teilung der Stadt OBürgerm. bzw. Reg. Bürgerm. von Berlin-West. Ab 1948 StadtVO. bzw. Mitgl. AbgHaus, Vertr. Berlins im Parlamentarischen Rat u. ab Sept. 1949 in BR, dessen stellv. Präs. u. Vors. des Ausschusses für gesamtdt. Fragen, ab 1949 Präs. Deutscher Städtetag, VorstMitgl. SPD Berlin, Mitgl. PV. - R. wurde nach der Berliner Blockade in West u. Ost zur Symbolfigur der Auseinandersetzung mit dem Kommunismus. - *Ausz.:* 1949 Dr. h.c. Freie Univ. Berlin.

W: u.a. Zur Krise unserer Partei. 1922; Komün Bilgisi (Kommunalwissenschaft. Einführung in das Städtewesen). Ankara 1940; Belediye Maliyesi (Gemeindefinanzen) (Mitverf.). Ankara 1945. *L:* u.a. Brandt, Willy/Löwenthal, Richard, Ernst Reuter. Ein Leben für die Freiheit. 1957; Yavuz, Fehmi, Ernst Reuter in der Türkei 1935-1946. 1970; Hirschfeld, Hans E./Reichardt, Hans J., Ernst Reuter. Schriften, Reden, 4 Bde. 1972-1975; Widmann, Horst, Exil und Bildungshilfe. 1973. *D:* Landesarchiv Berlin. *Qu:* Arch. Hand. Pers. Publ. - IfZ.

Reuter, Fritz, Parteifunktionär; geb. 3. Dez. 1900 Grieben b. Stendal/Altmark; *V:* Friedrich R.; *M:* Auguste, geb. Gubba; ∞ Emma Bulgrin; *StA:* deutsch. *Weg:* 1934 UdSSR; 1935 NL; 1936 Deutschland.

Bauarb., ab 1930 erwerbslos. 1919-33 *Deutscher Baugewerksbund,* 1931 KPD u. RGO, 1931-33 OrgLtr. RGO-*Einheitsverband für das Baugewerbe* im Bez. Berlin-Brandenburg. Ab Mai 1933 Ltr. der Industriegruppen Chemie, Textil u. Leder in der illeg. RGO-BezLtg., daneben Ltr. versch. RGO-Unterbez. von Groß-Berlin, u.a. Hg. *Informationsdienst für die Klassengewerkschaften.* Mai 1934 aus Sicherheitsgründen nach Moskau, Deckn. Alois Schermuly. Bis Nov. 1935 Lenin-Schule,

dann über Finnland, Schweden u. Dänemark nach Amsterdam, Deckn. Martin Friedberg. März u. Apr. 1936 als Instrukteur nach Düsseldorf, 1. Mai 1936 Verhaftung, 23. Okt. 1936 VGH-Urteil 12 J. Zuchthaus.
Qu: Arch. - IfZ.

Reventlow, Rolf, Journalist, Schriftsteller; geb. 1. Sept. 1897 München; o.K.; *M:* Franziska Gräfin zu R. (1871-1918), o.K., Schriftst.; ∞ I. 1921 Else Reimann (geb. 1897), 1939 gesch., Journ., 1933 Emigr. CH, 1937 S; II. 1952 Alg., Suzanne Posty (geb. 1905), 1973 gesch.; *K:* aus I. Beatrice del Bondio-R. (geb. 1926), Dipl.Chemikerin in München; *StA:* deutsch, 17. Apr. 1940 Ausbürg., 1952 deutsch. *Weg:* 1933 Österr., 1934 CSR, 1936 E, 1939 Algerien, 1953 Deutschland (BRD).
1912-14 Fotografenlehre, anschl. in Locarno u. München berufstätig, 1916-18 Kriegsteiln.; 1921 Wechsel in kaufm. Beruf. Ab 1919 SPD, ab 1923 Sekr. ZdA in Köln, ab 1925 in Heidelberg, 1926-33 Red. *Volkswacht für Schlesien* Breslau. Angehöriger des linken SPD-Flügels u. des Kreises um die Zs. *Der Klassenkampf* (→ Karl Böchel). 5. März 1933 Flucht über die CSR nach Österr., Aufenthalt bei Freunden, Mitgl. SDAP, Febr. 1934 nach Brünn (Sitz der ALÖS), Mitgl. DSAP, 1934-36 mit → Will Schaber u. → Richard Teclaw Hg. *Press-Service*, 1936 mit → Leopold Kulcsar u. → Ilse Kulcsar Hg. *Sozialistische Tribüne* Brünn, Mitarb. internat. sozialist. Presse sowie dt. u. österr. Exilzs. Ps. Robert Werner. Verb. zum Kreis um *Neu Beginnen* (→ Karl Frank). Ab Sept. 1936 Freiw. im Span. Bürgerkrieg, Adjutant von Gen. → Julius Deutsch, Btl.-Kommandeur 218. Gemischte Brigade, Mitgl. *Partido Socialista Obrero*, zeitw. Ltr. der internat. Sektion ihres MilSekretariats. 1939 Flucht nach Algerien, bis 1943 interniert, dann bis 1944 Freiw. brit. Pionierkorps in Nordafrika (War Substantive Corporal), ab 1943 Mitgl. SFIO, zeitw. Red. *Alger Républicain* sowie bis 1947 Red. des Organs der span. Exilsozialisten *El Socialista norteafricano*. 1945-47 außenpol. Red. *Alger-Soir* in Algier. 1953 durch Vermittlung von → Waldemar von Knoeringen Rückkehr, bis 1962 SPD-UnterbezSekr. für Stadtbereich München, 1961-64 stellv. Vors. SPD München. Mitarb. u.a. *Sozialdemokratischer Pressedienst*, *Rote Revue* Zürich, *Die Zukunft* Wien. Lebte 1978 in München.
W: u.a. Spanien in diesem Jahrhundert. 1968; Zwischen Alliierten und Bolschewiken, Arbeiterräte in Österreich 1918-23. 1969. *Qu:* Arch. Fb. Publ. - IfZ.

Reymann, Georg, Offizier; geb. 31. Dez. 1914; *Weg:* UdSSR, nach 1945 Deutschland (SBZ).
Ingenieur; Emigr. in die UdSSR. Nach 1945 SED, maßgebl. am Aufbau der Kasernierten Volkspolizei (KVP) beteiligt, 1949-52 Ltr. Schule für KVP-OffzAnwärter Piriva, anschl. Ltr. Nachrichtenabt. im Stab der KVP, ab 1957 Chef Verw. Fernmeldewesen im Stab der NVA, ab 1960 Chef der Nachrichtentruppen der NVA, 1962 GenMajor. Lebte Anfang der 70er Jahre in Straußberg b. Berlin; gilt als hervorragender Logistiker. - *Ausz.:* u.a. 1969 VVO (Silber).
Qu: Arch. Hand. - IfZ.

Rheinstrom, Heinrich (Henry), Dr. jur., Dr. rer. pol., Rechtsanwalt, Hochschullehrer; geb. 15. Apr. 1884 Kaiserslautern, gest. 30. Dez. 1960 New York; jüd.; *V:* Simon R., Buchdruckereibesitzer; *M:* Lina, geb. Straus; ∞ 1912 Clairisse (Klara) Niedermeier (geb. 1891 München), Emigr.; *K:* Ruth Lola Randall (geb. 1914 München), Emigr.; *StA:* deutsch, 14. Apr. 1937 Ausbürg. mit Fam., USA. *Weg:* 1933 F; 1939 USA.
Stud. Rechtswiss. u. Volkswirtschaft Univ. Würzburg, München, Berlin, 1906 Prom. Würzburg, 1909 Assessor, dann bis 1933 RA u. Notar in München, Spezialist für Aktien- u. Steuerrecht, ab 1911 Anwalt am Obersten Bayer. Landesgericht. Im 1. WK Offz. (bayer., preuß. u. österr. Kriegsorden), Dienst im Admiralstab, im Reichsmarineamt u. beim Auswärtigen Amt. 1916-33 Honorarprof. für Steuerrecht TH München, 1920-33 AR-Vors. u. Mitgl. von 27 Industrie- u. Eisenbahngesellschaften in Deutschland, Österr., Holland, Ungarn u. Rumänien. Publizist. tätig; 1923-26 VorstMitgl. Jüd. Gde. München, Mitgl. u.a. *Deutscher Herrenklub*, März 1933 während Auslandsaufenthalts Plünderung des Hauses durch SA, Emigr. nach Paris; ab Apr. 1933 Partner der Anwaltsfirma Rheinstrom, Werner u. Mann, Paris/London; daneben 1936-39 Doz. für Internat. Recht an der *Freien Deutschen Hochschule* Paris. 1939 Emigr. nach New York, Berater für europ. Recht, internat. Finanzwesen u. Wiedergutmachungsangelegenheiten. Ab 1941 AR-Mitgl. u. Vors. amerikan. Industrieunternehmen; VorstMitgl. *Am. Assn. of former European Jurists* u. *Ecuadorean-Am. C. of C.*, Mitgl. u.a. *Assn. of Bar of City of N.Y.*, *Acad. of Pol. Science, Intl. Law Assn. London, Overseas Rotary Fellowship*.
W: u.a. Kommentar zum Steuerrecht. 12 Bde. 1910-31; Bayerische Steuerreform. 1913; Direkte Reichssteuern. 1921; Die Goldmarkbilanz. 1924; Von Versailles zur Freiheit. 1927; Das neue Aktienrecht. 1932; Die Holdinggesellschaft im internationalen Recht. 1937, 1939; L'influence du Régime National-Socialiste sur le droit privé allemand. 1939. *Qu:* EGL. Hand. Publ. - IfZ.

Richheimer, Walter, Richter; geb. 7. Aug. 1889 Stuttgart; jüd.; *V:* Julius R. (geb. 1854), jüd., Fabrikant; *M:* Julie, geb. Adler (1864-1927), jüd.; ∞ Bianca Veit, Emigr. USA; *K:* Horst-Otto (geb. 1924), Emigr. USA; *StA:* deutsch, Ausbürg., 1944 USA. *Weg:* 1939 USA.
Ab 1908 Stud. Rechtswiss. München, Leipzig u. Tübingen, 1912 Referendar, 1916 Assessor, anschl. Tätigkeit bei Staatsanwaltschaften u. Gerichten in Stuttgart. Bis 1918 Mitgl. *Nationalliberale Partei*, Ausschußmitgl. ihrer Jugendorg., dann Mitgr. Landesverb. Württ. der DVP. 1925-30 Staatsanwalt, anschl. LG-Rat, Aug. 1933 Ruhestand, Jan. 1934 Entlassung, mit Sondergenehmigung RA in Stuttgart. Vermutl. 1938 KL Dachau, 1939 Emigr. in die USA. Lebte Anfang der 50er Jahre in Kew Gardens/N.Y.
Qu: Arch. Publ. - IfZ.

Richter, Erich, Journalist; geb. 13. Mai 1908 Leipzig; *Weg:* UdSSR; GB; Deutschland (SBZ).
KJVD-Funktionär in Ostsa., nach 1933 illeg. Tätigkeit, Deckn. Hans, später Emigr. in die UdSSR, Besuch Lenin-Schule der *Komintern*, Teiln. 7. Weltkongreß 1935. Später nach GB. Nach Rückkehr ab 1951 stellv. Chefred. *Sächsische Zeitung* Dresden, dann Chefred. *Freie Presse* Zwickau u. *Das Volk* Erfurt, 1959-64 Dir. Sender Leipzig, ab 1964 als Mitarb. des Staatlichen Komitees für Rundfunk Aufbau einer rundfunkhistor. Dokumentations- u. Forschungsabt., ab 1967 Ltr. Lektorat Rundfunkgeschichte u. verantwortl. Red. *Beiträge zur Geschichte des Rundfunks*. Lebte 1973 in Berlin (Ost).
Qu: Z. - IfZ.

Richter, Georg, Gewerkschafts- u. Parteifunktionär, Verleger; geb. 13. Okt. 1891 Leipzig, gest. 13. Apr. 1967 Düsseldorf; Diss.; ∞ Erna Reifenrath (geb. 1894), 1935 Emigr. CH, 1935 Emigr. CH; *K:* Manfred (geb. 1926), 1935 Emigr. CH, Journ. in Düsseldorf; *StA:* deutsch, 16. Juni 1939 Ausbürg. mit Fam., 1945 deutsch. *Weg:* 1933 CH; 1945 Deutschland (ABZ).
Schlosser; 1907 SPD, 1908 Gew., ab 1910 in Düsseldorf. 1914-20 Kriegsdienst u. Gefangenschaft, anschl. Betriebsobmann Westdeutsche Waggonfabrik, 1922-23 Staatl. Fachschule für Wirtschaft u. Verw., Apr. 1923- März 1926 Geschäftsf. *Verband der Gemeinde- und Staatsarbeiter*, 1926-33 SPD-Parteisekr. im Unterbez. Düsseldorf; 1928-33 StadtVO., AR-Mitgl. Rhein. Bahnges., VorstMitgl. AOK, März 1933 Reichstagskand., Mai 1933 Flucht nach Zürich. Unterstützung durch *Schweizerisches Arbeiter-Hilfswerk*, Kontakte zu → Wilhelm Hoegner, Mitarb. *Neuer Vorwärts*, ab 1942 *Sopade*-Vertrauensmann für die Schweiz (?). Okt. 1945 auf Veranlassung des OSS nach Wiesbaden ausgeflogen, ab 1946 SPD-Vors. Düsseldorf u. Vors. Unterbez. Düsseldorf-Mettmann, Okt. 1946-Nov. 1952 StadtVO., 1946 Mitgl. ernannter LT von NRW, bis 1954 MdL. Zuletzt Hg. *Deutsche Filmillustrierte*.
Qu: Arch. Hand. Publ. - IfZ.

Richter, Karl, Rabbiner; geb. 31. Okt. 1910 Stuttgart; *V:* Samuel R. (geb. 1879 Bielitz/Galizien, gest. 1970 Buffalo/N.Y.), Kaufm., Zion., 1934–38 Präs. *Hakoah* Stuttgart, März 1939 Emigr. Pal., 1947 USA; *M:* Josefine, geb. Pick (geb. 1882 Turocz/Ungarn, gest. 1961 Buffalo), Zion., aktiv in jüd. GdeArb. Stuttgart, 1939 Emigr. Pal., 1947 USA; *G:* Ruth Fox (geb. 1915 Stuttgart), Dez. 1938 Emigr. USA, tätig an rechtswiss. Bibliothek der Univ. Buffalo; ∞ 1935 Lina Ruth May (geb. 1917 Breslau), 1939 Emigr. USA, Lehrerin; *K:* Esther Edith Blumenfeld (geb. 1936), 1939 Emigr. USA, B.A., ReligLehrerin; David Henry (geb. 1945), Ph.D., Schulberater u. Psychotherapeut; *StA:* österr., 1929 deutsch, 1945 USA. *Weg:* 1939 USA.

1928–33 Stud. Univ. Breslau u. 1928–35 Stud. Jüd.-Theol. Seminar Breslau, 1933 am Abschluß des UnivStud. gehindert, 1935 Rabbinerexamen, 1932–33 Präs. der StudVertr. des Seminars, 1934–35 Rabbinatsverweser in Hirschberg/Schlesien, 1935–36 BezRabbiner SynGde. Schivelbein/Pommern, 1936 Gestapohaft, 1936–Febr. 1938 Rabbiner SynGde. Stettin/Pommern, 1936–37 Mitgl. *B'nai B'rith,* Febr. 1938–Apr. 1939 Stadtrabbiner Isr. Gde. Mannheim, zugl. 1936–39 Teiln. an Vorbereitung jüd. Jugendl. auf Emigr. nach Palästina u. VorstMitgl. des *Kulturbundes* in Stettin u. Mannheim, 1938–39 VorstMitgl. *Vereinigung der liberalen Rabbiner Deutschlands,* Nov. 1938 kurze Zeit im Versteck. Apr. 1939 Emigr. in die USA mit Ehefrau u. Tochter mit Non-Quota-Visum, Unterstützung durch JDC u. HIAS, 1939–42 Rabbiner Temple Israel Springfield/Mo., zugl. Stud. State Teachers' Coll. Springfield, 1940–42 Deutschlehrer Drury Coll. u. 1941–42 Rabbiner Armee-Krankenhaus O'Reilly Gen. Hospital Springfield. 1942–50 Rabbiner Mt. Zion Temple Sioux Falls/S. Dak., daneben 1942–45 MilRabbiner, u.a. US Air Force Base Sioux Falls, 1946–48 Französischlehrer Augustana Coll. Sioux Falls, 1947–50 Rabbiner Sioux Falls Veteran's Hospital. Ab 1950 Rabbiner Sinai Temple Michigan City/Ind. u. Schriftltr. GdeZtg., 1976 Ruhestand. 1963–76 AR-Mitgl. *Ind. Jew. Community Relations Council,* 1963–69 Gr. u. Mitgl. Human Relations Commission des Bürgermeisters von Michigan City/Ind., 1963–68 Commissioner u. stellv. Vors. Publ. Housing Authority, 1963–65 Sekr., 1966–67 Präs. *Michigan City Ministerial Assn.,* 1965–69 Vizepräs., 1969–71 Präs. *Chicago Assn. of Reform Rabbis,* 1967–72 Mitgl. Hauptvorst. *Chicago Board of Rabbis* u. 1966–71 Schriftltr. seines Nachrichtenblattes *Shma,* 1965–71 Doz. für Phil. an der Purdue Univ., Lafayette/Ind., bis 1976 Rabbiner Ind. State Prison Michigan City u. Beatty Memorial Hospital for the Mentally Ill, Westville/Ind.; 1957, 1972 u. 1974 Deleg. auf Tagungen der *World Union for Progressive Judaism,* 1957 Reise nach Deutschland (BRD) zum Studium jüd. Gden.; Mitgl. *B'nai B'rith,* 1957 58 Präs. einer Ortsloge u. Mitgl. BezVorst., ab 1952 Mitgl. Zentralvorst. des JDC, Mitgl. u. 1952–54 Mitgl. Geschäftsltg. CCAR, aktiv in versch. Gemeindeverb. auf lokaler u. nat. Ebene, Doz. Inst. on Judaism u. Lehrer Relig. School des Temple Emanu-El. Lebte 1978 in Sarasota/Fla. – *Ausz.:* 1960 D.D.h.c., H.U.C. – J.I.R., 1969 Liberty Bell Award der *Michigan City Bar Assn.,* 1970 Mayor's Human Relations Award von Michigan City, 1971 Americanism Award der *Daughters of the Am. Revolution,* 1971 Heritage Award der *State of Israel Bonds,* 1972 Gates of Jerusalem Award der *State of Israel Bonds,* 1976 Gedenktafeln des Sinai Temple u. der Christian Community of Michigan.

W: Paul Natorps Religionsphilosophie. (Diss.) 1933; Art. in *American Judaism, The American Rabbi, Indiana Jewish Chronicle* u.a. Zs. *D:* Am. Jew. Arch. H.U.C. – J.I.R. Cincinnati/O. *Qu:* Arch. Fb. Hand. – RFJI.

Richter, Theodor, Diplomat; geb. 1913 (?); *StA:* deutsch. *Weg:* F; Deutschland (SBZ).

Zwischen 1933 u. 1945 Emigr. in Frankr. Nach Kriegsende SED-Mitgl., Mitarb. MfAA, 1958–60 Ltr. DDR-Handelsvertretung in Burma (Handelsrat).

Qu: Hand. – IfZ.

Riedl, Emma (Emmy) Karoline, geb. Hofmann, Funktionärin; geb. 18. Dez. 1895 Görkau/Böhmen, gest. 29. Jan. 1975 Hamburg; *StA:* österr., 1919 CSR, deutsch. *Weg:* 1938 (?) GB; 1946 Deutschland (BBZ).

DSAP-Mitgl., aktive Mitarb. in dt. sozdem. Genossenschaftsbewegung in der CSR. Nach Abtretung der dt. Grenzgeb. der CSR an Deutschland Emigr. nach GB, Mitgl. TG, ab Bildung Jan. 1944 neben Elsbeth Feigl, Anna Hahn (→ Otto Hahn), Marie Hocke (→ Willibald Hocke) u. Marie Wahlich Mitgl. Ausschuß TG-*Frauengruppe.* Wahl in TG-Landesvorst. auf VorstSitzung v. 18./19. März 1944; ab Grdg. Anfang 1945 Schriftführer im Vorst. der *Vereinigung Sudetendeutscher Freigewerkschaftler im Auslande (Committee of Sudeten-German Trade Unionists in Great Britain)* u. Chefred. des Organs *Gewerkschaftliche Rundschau* London. Nov. 1946 Übersiedlung nach Hamburg.

W: Unser lustiges Kinderbuch. 1935. *Qu:* Arch. – IfZ.

Rieger, Philipp, Dr. rer. pol., Wirtschaftswissenschaftler, Publizist; geb. 3. Jan. 1916 Wien; *V:* Jakob R., jüd., Dipl.-Ing. in Wien; *M:* Stephanie, geb. Loth, kath.; ∞ 1942 in GB Marga Lehrbaum, Emigr. GB, A: Wien; *K:* Hanna (geb. 1957); *StA:* österr., 1949 GB. *Weg:* 1939 GB; 1940 CDN; 1942 GB.

Mitgl., zeitw. BezGruppenobmann *Vereinigung Sozialistischer Mittelschüler* in Wien. Ab 1934 Stud. Rechtswiss. Wien, neben → Anni Hatschek u. → Alois Reitbauer maßgebl. Vertr. illeg. sozialist. Studentengruppen, 1935 PolLtr. der Juristen-Sektion des *Geeinten Roten Studentenverbands,* Verbindung zu KJVÖ. Nov. 1938–Febr. 1939 KL Dachau, Emigr. GB, zunächst Gärtner in Cornwall u. Sussex, Frühj. 1940 Internierung, Lager in GB u. Kanada, 1942 Rückkehr nach GB, bis 1947 Metallarb. in der Rüstungsindustrie. Mitgl. *Landesgruppe österreichischer Gewerkschafter in Großbritannien, Amalgamated Engineering Union* u. später *Labour Party* u. *Fabian Society.* Ab 1943 neben berufl. Tätigkeit Stud. Wirtschaftswiss. Univ. London, 1947 B.Sc. (Economics), zeitw. London School of Economics, Mitgl. *National Union of Austrian Students in Great Britain* unter → Theodor Prager, Verb. zu *Free Austrian Movement.* Gegen Kriegsende Funktionär *Austrian Labour Club;* 1948–51 Tätigkeit bei Austria Travel Agency, 1951–57 im Education Dept. der Pakistan High Commission. 1957 Rückkehr nach Wien, Mitgl. SPÖ, bis 1959 Mitarb. Wirtschaftswiss. Abt. Arbeiterkammer Wien, daneben Stud. Staatswiss., 1960 Prom.; 1959–65 Ltr. Abt. Statistik u. ltd. Sekr. Arbeiterkammer Wien, 1963–65 Geschäftsf. Wirtschaftsbeirat der Paritätischen Kommission. Ab 1965 Mitgl. des Direktoriums der Österreichischen Nationalbank, 1978 stellv. Gouverneur Österreichs im Internat. Währungsfonds; ab 1965 Vors. des RedKomitees von *Arbeit und Wirtschaft,* ab 1966 Vors. *Arbeitskreis Benedikt Kautsky.* Vors. der vom Wiener Institut für Internat. Wirtschaftsvergleiche org. Workshops on East-West European Economic Interaction. Lebte 1978 in Wien. – *Ausz.:* u.a. 1960 Theodor-Körner-Preis der Theodor-Körner-Stiftung.

W: u.a. Der Lebensstandard von Wiener Arbeiterfamilien. 1959; Änderungen in den Lebensverhältnissen und den Verbrauchergewohnheiten von Wiener Arbeitnehmerhaushalten 1952–1957 (Diss.). 1960; Die Teuerung. 1962. *L:* Tidl, Studenten; Tidl, Georg, Die sozialistischen Mittelschüler Österreichs. 1977; Simon, Autobiographie. *Qu:* Arch. Pers. Publ. – IfZ.

Riegner, Gerhardt M., Verbandsfunktionär; geb. 12. Sept. 1911 Berlin; jüd.; *V:* Heinrich R.; *M:* Agnes, geb. Arnheim; *G:* Helen Kauder (geb. 1909 Berlin), Stud. Berlin, 1937 Emigr. NL, 1938 USA, Ph.D., Lehrerin; *K:* 2 S, A: New York; *StA:* CH. *Weg:* 1933 F, 1934 CH.

1929–33 Stud. Rechtswiss. Berlin, Freiburg u. Heidelberg. 1933 Emigr. Frankr., 1933–34 Stud. Sorbonne Paris. 1934 in die Schweiz, 1934–36 Stud. Institute des Hautes Études Internationales Genf u. Akad. für Völkerrecht Den Haag; 1936–39 Rechtsbeistand Genfer Geschäftsstelle *World Jew. Congress* (WJC) in Fragen des jüd. Rechtsschutzes gemäß der Minderheiten-Abkommen des Völkerbunds, 1939–48 Dir. Genfer Geschäftsstelle *World Jew. Congress,* aktiv in der Flüchtlingshilfe, 1942 Übermittlung erster Info. über Massenvernichtung von Juden in Osteuropa an US- u. brit. Außenmin. u. jüd. Org. in den USA u. GB, 1948-65 Mitgl. Welt-Exekutivausschuß u. Vertr. des WJC in versch. UN-Org., u. a. ILO, UNESCO u. ECOSOC, auf UN-Vollversammlungen, Pariser Friedenskonf., beim Roten Kreuz u. der IRO, 1959-65 Dir. für Koordinierung der WJC-Zweigstellen in den 5 Kontinenten, ab 1965 GenSekr., gleichz. 1949-55 Vors. *World Univ. Serv.;* 1953-55 Vors., später Schatzmeister Conf. of Non-Governmental Orgs. bei der UN, 1956-58 Vors. Non-Governmental Orgs. in Consultative Status with UNESCO, Mitgr. *Internat. Jew. Committee for Interrelig. Consultations,* Förderung der ZusArb. zwischen jüd. Gemeinschaft, dem Weltkirchenrat u. der Röm.-Kath. Kirche. Lebte 1978 in Genf.

W: Report on the Development of the Organizational Activities of the World Jewish Congress 1961-64. 1964; Art. über Rechtsfragen, zum Judentum u. über christl.-jüd. ZusArb. in jurist. Fachzs. u. jüd. Zs. *L:* Morse, Arthur, While Six Millions Died. 1967. *Qu:* Hand. Pers. - RFJI.

Rieke, Kuno, Lehrer, Politiker; geb. 15. Juli 1897 Braunschweig, umgek. 2. März 1945 KL Dachau; o.K.; ∞ Ehefrau Emigr.; *K:* 2 S; *StA:* deutsch. *Weg:* 1933 DK; Deutschland.

1911-16 Lehrerseminar, Kriegsteiln., 1919 Abgangsprüfung, Hilfslehrer, 1922 Schulamtsprüfung, Bürgerschullehrer in Braunschweig, ab 1924 Mitgl. Landesschulamt für das Volksschulwesen. 1920 SPD, 1924 *Reichsbanner,* Mitgl. SPD-Bez-Vorst., MdL Braunschweig, Fraktionsvors., Präs., bzw. 1. Vizepräs. des LT. Ab 1928 RegRat im Braunschweig. Staatsmin., Mai 1930 bis Amtsenthebung durch NatSoz. Febr. 1931 Kreisdir. Blankenburg. Sept. 1933 Flucht nach Kopenhagen, später Rückkehr, ab Aug. 1935 KL Dachau wegen pol. Betätigung im Ausland.

Qu: Arch. - IfZ.

Riemer, Shlomo (Sami, Samy), Ph.D., Wirtschaftsfachmann; geb. 2. Apr. 1925 Berlin; *V:* David R. (geb. 1889 Galizien, umgek. 1940 im Holokaust), jüd., Textilkaufm.; *M:* Rosa (geb. 1893 Bukowina, gest. 1963 Conn.), jüd., 1941 Emigr. USA; *G:* Leni (Lina) Friedman (geb. 1920 Berlin), höhere Schule, 1953 (?) in die USA, Vizepräs. einer Bank in Hartford/Conn.; Gerda Bernhardt (geb. 1922 Berlin), höhere Schule, 1941 Emigr. USA; ∞ 1952 Odette Uzan (geb. 1924 Sfax/Tunesien), 1949 nach IL, Mitgl. Kibb. Yavneh, 1958 gesch.; *K:* Ruth (geb. 1953), Stud. Rechtswiss. Tel Aviv Univ.; *StA:* PL; später brit. u. IL. *Weg:* 1939 GB, 1949 IL.

Höhere Schule Berlin, Mitgl. *Makkabi.* 1939 Emigr. GB, Landarb., Filmvorführer, Feuerwehrmann, 1945-46 MilDienst jüd. Brigade. 1947-49 Stud. London School of Econ., 1949 B.Sc., Gr. zion. Studentenvereinigung. 1949 nach Israel, 1949-53 Mitarb. wirtschaftl. Forschungsabt. des Finanzmin., 1953-55 Mitgl. Beraterstab des PremMin.; 1955-58 Wirtschaftsred. *Encyclopaedia Hebraica,* freier Wirtschaftswiss., Journ. u. Doz., 1958-61 S. B. Cohen-Stipendiat Kings Coll. Cambridge Univ., 1961 Prom.; 1962-64 Wirtschaftsberater der *Liberalen Partei* in der Knesset, 1966-74 Doz. für Wirtschaftswiss., Abt. Entwicklungsländer, der Univ. Tel Aviv, 1966-69 Lehrtätigkeit für Studenten aus Entwicklungsländern am Technion Haifa, Mitgl. eines Forschungsteams für isr.-afrikan. Zus-Arb. der Univ. Tel Aviv. Lebte 1977 in Jerusalem. - *Ausz.:* 1958 Stephenson Prize.

W: Electoral Reform in Israel. (Hg.) 1953; Introducing Beth Hillel. 1953; Kalkalat Yisrael (Die Wirtschaft Israels). 1953; Wages and Immigrant Absorption in Israel 1948-55. (Diss.) 1961; The Quest for Security. A Voyage for Exploration into the Vast Reaches of Inner Space. 1970; The Psychology of Love and Guilt. (Übers. japan.) 1973; Beiträge in Wirtschaftsfach- u. a. Zs. in Israel u. GB. *Qu:* Fb. Hand. - RFJI.

Riepekohl, Wilhelm, Journalist; geb. 22. Aug. 1893 Burg b. Magdeburg, gest. 25. Mai 1975 Nürnberg; ∞ Klara (gest. 1976), Emigr.; *StA:* deutsch. *Weg:* 1933 CSR; DK; 1940 S; 1945 DK; 1949 Deutschland (BRD).

Handschuhmacher. 1913-19 Mil.- u. Kriegsdienst, Dez. 1920-Juli 1922 Berichterstatter *Volksstimme* Magdeburg, anschl. Ltr. SPD-Buchhandlung Magdeburg; ab 1925 Red. *Fränkische Tagespost* Nürnberg, *Reichsbanner*-Führer. Nach natsoz. Machtübernahme 1933 in Schutzhaft, dann Flucht nach Prag, Tätigkeit für *Sopade.* 1938 (?) nach Kopenhagen, 8. Apr. 1940 Teiln. einer von → Fritz Tarnow einberufenen Konf. in Kopenhagen, Verf. der dort diskutierten Denkschrift *Aufgaben zum Neuaufbau eines demokratischen Deutschland nach dem Sturze Hitlers:* Erwartung einer autoritären Übergangsphase nach einem Umsturz durch oppos. Bürgertum u. Militär unter Beteiligung der SozDem. u. eines Verständigungsfriedens mit den Westmächten. 1940 Flucht nach Schweden. 1945 Übersiedlung nach Dänemark. 1949 Rückkehr auf Wunsch der Partei, bis Pensionierung 1958 Chefred. *Fränkische Tagespost.* - *Ausz.:* 1970 Bürgermed. Nürnberg.

L: Lange, Dieter, Fritz Tarnows Pläne zur Umwandlung der Deutschen Arbeitsfront in Gewerkschaften. In: ZfG 24/1976. *Qu:* Hand. Publ. - IfZ.

Riepl, Hans, Verleger; geb. 1906, gest. 1967; *G:* Werner, A: Peru; ∞ Helga Kuchenbecker; *K:* Marlies; *StA:* deutsch. *Weg:* 1933 CSR; GB; Deutschland (BRD).

KJVD-Funktionär, Ltr. KJVD-Verlag. 1933 Emigr. Prag, ZusArb. mit *Neu Beginnen;* später nach London. Nach Rückkehr Mitgl. SPD, 1952-67 Dir. Europäische Verlagsanstalt Frankfurt/Main.

Qu: Arch. Pers. Publ. Z. - IfZ.

Ries, Alfred R., Wirtschaftsfachmann, Sportfunktionär, Diplomat; geb. 5. Dez. 1897 Bremen, gest. 25. Aug. 1967 Bremen; jüd.; *V:* Eduard R.; ∞ Mathilde Baur; *K:* Anke; *StA:* deutsch. *Weg:* 1934 JU; 1935 Emigr.; 1947 (?) Deutschland (ABZ).

Oberrealschule, aktiver Sportler, kaufm. Lehre. 1916-18 Frontsoldat im dt. Asienkorps, 1925-33 Werbeltr. Kaffee-HAG-Konzern Bremen. 1934 Versetzung nach Belgrad als Dir. der dortigen Kaffee-HAG-Niederlassung, 1935 Weiteremigr., nach Rückkehr 1947-53 Ltr. Staatl. Außenhandelskontor der Freien u. Hansestadt Bremen, ORegRat, Mitgl. Länderfachausschuß für Außenhandel, 1950-53 Mitgl. Unterausschuß für Außen- u. Interzonenhandel des Bundesrats, 1948-53 AR-Vors. Bremer Sport-Toto-Ges., Mitgl. Rundfunkrat Bremen, 1949-53 Vors. *Deutsche Olympische Gesellschaft* Bremen, 1950-53 Vizepräs. *Deutscher Sportbund* u. VorstMitgl. *Deutscher Fußballbund,* ab 1950 Mitvors. *Gesellschaft für Brüderlichkeit.* 1953-62 im auswärt. Dienst, zunächst Ltr. WirtschAbt. dt. Botschaft Belgrad, später in Kalkutta, 1959-62 Botschafter in Monrovia/Liberien. VorstMitgl. isr. Gde. Bremen. - *Ausz.:* Ehrenmitgl. *Rotary Club;* Ehrenmitgl. *Bremer Fußballverband;* Ehrenvors. *Sportverein Werder Bremen;* 1958 BVK, 1962 Gr.BVK.

W: Bremer Export-Import-Handbuch (Hg.). 1947-1953. *Qu:* EGL. Hand. - IfZ.

Riess, Arthur, Journalist; geb. 2. März 1902 Nürnberg; jüd., 1923 Diss.; *V:* Oskar R. (1872-1910), jüd., SPD-Sekr. in Nürnberg; *M:* Margarethe, geb. Löwindorff (1875-1937), jüd., SPD; *G:* Gertrud (geb. 1900), Modistin, umgek. im Holokaust; Max (geb. 1904), HAPAG-Angest., nach Entlassung 1935 (1936 ?) Freitod; Siegfried (geb. 1905), umgek. im Holokaust; ∞ 1932 Martha Graichen (geb. 1905), ev., Emigr.; *StA:* deutsch, Ausbürg., 1958 deutsch. *Weg:* 1933 NL, F.

Realschule u. kaufm. Lehre in Berlin, 1920-27 kaufm. Angest. in Nürnberg, Substitut u. Einkäufer bei Warenhäusern, 1928 in Pforzheim, bis März 1933 in Berlin, daneben bis 1923 Stud. Hochschule für Wirtsch. u. Sozialwiss. u. Institut für Zeitungskunde Nürnberg. Ab 1918 SPD u. ZdA, zeitw. 2. Vors. *Jungsozialisten* Nürnberg, ehrenamtl. Partei- u. GewFunktionär, Mitgl. *Bund für Geistesfreiheit* u. *Deutscher Monistenbund.*

Apr. 1933 Flucht vor Haftbefehl der Nürnberger Behörden über Amsterdam nach Paris, Heimarb. u. Handelsvertr. ohne ArbErlaubnis; pol. Verb. zur Exil-SPD, zu SAPD u. NB, Mithilfe beim Versand von PropMaterial nach Deutschland. Sept. 1939-Febr. 1940 Internierung, vergebl. Bemühungen um Ausreise aus Südfrankr., Unterstützung durch *Matteotti-Komitee* u. Varian Fry, Mai 1940-Jan. 1945 Prestataire u. Travailleur étranger, Unterstützung durch *Schweizerisches Arbeiter-Hilfswerk.* Ab 1945 in Verb. mit SFIO im Kriegsgef.-Hilfsdienst tätig, Mitgl. *SPD-Landesgruppe Frankreich* unter → Max Cohen-Reuß u. Red. ihres Informationsdienstes, Mitarb. bei Zs. *Le Socialisme International* der *Fédération des Groupes Socialistes Étrangers en France.* Ab 1948 Red. der dt. Sendungen des franz. Rundfunks, ab 1952 Red. Deutschlanddienst von *Agence France Presse,* 1948/49 auch Red. *Allgemeiner Europäischer Pressedienst* u. ab 1949 Frankr.-Korr. u.a. *Westfälische Rundschau* Dortmund, *Süddeutscher Rundfunk, Berliner Stimme, Fränkische Tagespost,* Mitarb. SPD- u. GewPresse. Mitgl. *Société des Amis de Léon Blum* u. CGT. 1965 Rückkehr, 1968-72 Vors. *Außenpolitischer Arbeitskreis* Nürnberg, ab 1972 Red. Stadtteilztg. *Rundbrief.* - Lebte 1976 in Nürnberg.

W: Das Problem der politischen Einheit. 1945. *D:* IfZ. *Qu:* Arch. Fb. - IfZ.

Riess, Ludwig, Parteifunktionär; geb. 1. Okt. 1893 München; *V:* Fabrikarb.; ∞ 1914-41 Rosa Margraf, 1933 illeg. Tätigkeit für IAH; *StA:* deutsch. *Weg:* 1934 NL; 1940 (?) Deutschland.

1907-10 Schlosserlehre, ab 1913 Werftarb. in Hamburg. 1910 DMV, 1918 USPD, 1919-21 Ltr. Bez. Hamburg-Eimsbüttel der USPD/KPD, dann Mitgl. einer Parteiuntersuchungskommission, 1924 Schriftführer KPD-MetallarbFraktion. Ab 1925 Angest. UdSSR-Handelsvertr. Hamburg, zuletzt Ltr. Lagerabt.; enger persönl. Mitarb. Ernst Thälmanns, 1928 als Mitwisser in der sog. Wittorf-Affäre zunächst von der Partei gemaßregelt; 1925-29 RFB, ab 1931 ltd. Funktion in der Freidenkerbewegung. Jan. 1934 nach Fahndungsmaßnahmen der Gestapo Flucht nach Holland, Unterstützung durch *Rote Hilfe,* Zirkelarbeit. Ab Nov. 1935 mit Kassieren von Spendengeldern beauftragt, ab Apr. 1936 zentraler „Geldvermittlungsmann" der KPD-EmigrLtg. Holland, ab Jan. 1937 gewählter EmigrLtr., Deckn. Jan bzw. Jan 20. Herbst 1938 Absetzung durch oppos. Mehrheit in der niederländ. KPD-Emigr., nach Bestätigung der Funktionsenthebung durch ZK im Dez. 1938 Rückzug aus pol. Betätigung. Nach dt. Besetzung verhaftet, 23. Mai 1941 VGH-Urteil 6 J. Zuchthaus.

Qu: Arch. - IfZ.

Riesser, Hans Eduard, Dr. jur., Diplomat; geb. 17. Sept. 1887 Frankfurt/M., gest. 22. März 1969 Genf; ev.; *V:* Dr. Jakob R. (1853-1932), ev., Bankier, Politiker (MdR/DVP); *M:* geb. Edinger, 1944 dep., umgek. im Holokaust; ∞ Gilda Scherf, Emigr.; *K:* Einar, Gregor; *StA:* deutsch. *Weg:* 1933 F; 1943 CH; 1949 Deutschland (BRD).

Stud. Rechtswiss. Oxford, München, Berlin, 1910 Prom. Jena, 1914 Assessor, Kriegsteiln. (EK II u. I), Nov. 1918 Eintritt in auswärt. Dienst; Attaché bei der dt. Deleg. nach Versailles, 1919-21 Legationssekr. Gesandtschaft Oslo u. 1921-23 Botschaft Washington, 1923-26 Gesandtschaftsrat Riga, anschl. Gesandtschaftsrat 1. Kl. in Paris, Aug. 1933 Entlassung aus pol. Gründen. Anschl. Tätigkeit in internat. Maklerfirma u. als Dir. einer dt. Industrieniederlassung in Paris, 1940 kurze Gestapohaft in Berlin, Juli 1943 nach Warnungen vor pol. Verfolgung Emigr. nach Davos, ab 1947 in Genf, kurzfristig Haft unter Beschuldigung nachrichtendienstl. Tätigkeit. *Das Demokratische Deutschland* (→ Joseph Wirth). Nov. 1949 Rückkehr als Vertr. einer schweiz. Textilfirma, Juni 1950 Wiedereintritt in dt. auswärt. Dienst, stellv. GenKonsul, Okt. 1952 GenKonsul New York, Nov. 1952-Frühj. 1955 Ständiger Beobachter bei UNO New York im Botschafterrang. - *Ausz.:* Ritter des belg. Leopold-Ordens, 1954 Gr. BVK.

W: Lichten, H.E. (Ps.), Collaboration. 1948; Haben die deutschen Diplomaten versagt? 1959; Von Versailles zur UNO (Erinn.). 1962. *Qu:* Hand. Publ. - IfZ.

Riggert, Christoph Ernst, Lehrer, Journalist; geb. 1. Nov. 1902 Kutenholz b. Stade/Schlesw.-Holst.; ev., 1923 Diss.; *V:* Ernst R., (geb. 1872, gef. 1917), ev., Berufssoldat, RegKanzlist; *M:* Anna (1882-1956), ev.; *G:* Marta (geb. 1903), Krankenschwester; Elfriede (geb. 1906), Kindergärtnerin; Paul (geb. 1909), Maurermeister u. Architekt; Hans (geb. 1913), Beamter; ∞ II. 1956 Edith Hirsch (geb. 1912), ev., kaufm. Angest.; *StA:* deutsch. *Weg:* 1933 F; CH; DK; 1941 Deutschland.

1914-20 Mitgl. *Wandervogel;* bis 1923 Lehrerseminar, dann arbeitslos, Hauslehrer, zeitw. Pfleger in Bethel, 1926-28 Wanderlehrer, dann Lehrer in überkonfessioneller Schule in Harburg b. Hamburg. Ab 1922 Mitgl. *Allgemeine Freie Lehrergewerkschaft Deutschlands,* ab 1924 Mitarb. gew. u. sozdem. Presse, 1927 SPD, Mitgl. Bundesausschuß *Arbeitsgemeinschaft sozialdemokratischer Lehrer und Lehrerinnen Deutschlands,* ab 1930 bis Verbot März 1933 Chefred. *Der Volkslehrer,* Mitgl. geschäftsf. Vorst. der Lehrergew.; Okt. 1933 nach mehreren Verhaftungen Flucht über das Saargeb. nach Straßburg, Unterstützung durch franz. Lehrergew., Beitr.in österr., schweiz. u. holländ. GewPresse. Zeitw. in der Schweiz; Mitarb. im Berufssekretariat der Lehrer beim IGB, 1934 Gr. einer Gruppe emigr. Lehrer. Später nach Kopenhagen, Sprachlehrer, ab 1938 Mitarb. dän. Rundfunk, enge Verb. zu → Walter Hammer. Juni 1940 Verhaftung, Lager Horserød, Juni 1941 nach Deutschland verbracht, ab Aug. 1942 unter Polizeiaufsicht Arb. in chem. Fabrik, 1944-März 1945 KL Neuengamme. Ab Juli 1945 pol. Red. *Lüneburger Post,* ab Jan. 1946 Lizenzträger u. Chefred. *Lüneburger Landeszeitung,* Hg. *Öffentliche Fragen.* Publizist. Tätigkeit vor allem auf dem Gebiet der Wehrpol., zeitw. Sachverständiger für NATO. Lebte 1977 in Hamburg. - *Ausz.:* 1971 Dän. Verdienst-Med., 1973 OffzKreuz des schwed. Wasaordens.

W: u.a. Wanderjahre. 1928; Ein Lebenslauf aus der Manufaktur. 1930; Arbeiter-Konkordat. 1931; Volk und Verteidigung. 1958, 1960; Hamburg, eine nicht militärfromme Stadt. 1959, 1961; Mobilmachung ohne Befehl - skandinavische Heimwehren. 1965. *D:* BA-MilArchiv; *Qu:* Arch. Fb. Hand. Publ. - IfZ.

Rimalt, Elimelech S., Dr. phil., Rabbiner, Politiker; geb. 1. Nov. 1907 Bochnia/Galizien; *V:* Samuel R. (geb. 1871, umgek. im Holokaust), jüd., Stud. Jeshivah, Kaufm., Mitgl. jüd. GdeRat Bochnia; *M:* Cilli, geb. Suesskind (geb. 1872, umgek. im Holokaust), jüd.; *G:* Rena Ring (geb. 1901 Bochnia), höhere Schule, im 2. WK KL, dann nach Pal.; ∞ Dr. phil. Wilma Gelman (geb. 1908 Rzeszow/Galizien), 1939 Emigr. Pal., Lehrerin in Ramat Gan; *K:* David (geb. 1935 Innsbruck), 1939 Emigr. Pal., RA; Benyamin (geb. 1937), 1939 Emigr. Pal., höhere Schule, Dir. einer Versicherungsges.; *StA:* österr., Pal./IL. *Weg:* 1939 Pal.

1931 Prom. Wien, 1932 Examen Rabbinerseminar Wien, 1933-38 Rabbiner in Tirol u. Vorarlberg, 1938-39 Dir. Auswandererabt. des jüd. GdeRats Wien, Mitgl. *Haschomer Hazair* u. zion. StudOrg. *Akiba,* Mitgl. österr. Deleg. auf zion. Kongressen. 1939 Emigr. Palästina, 1939 RelogLehrer u. Lehrer für Bibelwiss. u. hebr. Gesch. in Grund- u. Oberschulen in Ramat Gan, 1939-51 Dir. Grund- u. Oberschulen in Ramat Gan; 1947-53 Dir. Abt. für Bildungswesen der Stadtverw. Ramat Gan, 1948 Mitgl. Sicherheitskommission der provisor. Reg.; ab 1951 M.K., Mitgl. u. 1965-73 Vors. Erziehungskommission der Knesset, 1952 u. 1959 PräsMitgl. *Allgemeine Zionisten;* 1952-61 Vors. *Arbeiterbund der Allgemeinen Zionisten,* 1953 Mitgl. Komitee für Außenpol., 1955-59 stellv. Bürgermeister Ramat Gan, ab 1961 Vors. pol. Komitee der *Liberalen Partei,* ZK-Vors. *Liberale Arbeiterbewegung,* 1972-75 Vors. *Liberale Partei,* VorstMitgl. *Likud-Block,* 1969-70 Postminister u. Mitgl. MinAusschuß für Sicherheit. Mitgl. *B'nai B'rith.* Lebte 1978 in Ramat Gan/Israel.

W: Wechselbeziehungen zwischen dem Aramäischen und Neubabylonischen. In: Wiener Zeitschrift für die Kenntnis des Morgenlandes, Bd. 39. 1933; Zur Lautlehre des Neubabylonischen. In: Archiv für Orientforschung, 9. 1933/34; The Jews of Tyrol. In: Fraenkel, J. (Hg.), The Jews of Austria. 1967; Beiträge in isr. Presse u. in dt.-jüd. Veröffentl. in Österreich. *Qu:* Fb. Hand. - RFJI.

Rinka, Erich, Verbandsfunktionär; *StA:* deutsch. *Weg:* 1933 CSR; Deutschland.

Mitgl. KPD, Reichssekr. *Arbeiter-Photographenbund* u. Sekr. *Internationales Büro der Arbeiterphotographenbewegung.* 1933 im Parteiauftrag Emigr. in die CSR, Mitarb. beim illeg. Schriftentransport nach Deutschland, Verhaftung durch Gestapo an dt.-tschechoslow. Grenze, Zuchth. u. später Strafbtl. Lebte Anfang der 70er Jahre als Arbeiterveteran in der DDR.

L: Willmann, Heinz, Geschichte der Arbeiter Illustrierten-Zeitung 1921-1938. 1974. *Qu:* Publ. - IfZ.

Rinner, Erich, Dr. rer. pol., Parteifunktionär, Wirtschaftsexperte; geb. 27. Juli 1902 Berlin; *V:* Gustav R. (geb. 1873), Bahnbeamter; *M:* Margarethe, geb. Pannwitz (geb. 1880); ∞ Anna, Emigr.; *StA:* deutsch, 3. März 1938 Ausbürg., USA. *Weg:* 1933 CSR; 1938 F; 1940 USA.

Stud. Volkswirtsch., Prom Berlin, Wirtschaftsexperte bei ADGB, Sekr. SPD-Reichstagsfraktion; auf der SPD-Reichskonf. v. 26. Apr. 1933 Wahl in PV. Illeg. tätig, Deckn. Hugin, Dr. Ehrlich. Auf Reichskonf. v. 19. Juni 1933 Wahl in das Direktorium des in Deutschland verbliebenen PV, Verfechter des vom Prager Exil-PV geforderten Widerstands gegen das natsoz. Regime; Besprechungen mit Exil-PV in Saarbrücken u. Prag. Nov. 1933 Flucht in die CSR, Aufnahme in den Exil-PV. Ab Dez. 1933 mit → Curt Geyer u. → Friedrich Stampfer Mitgl. der *Sopade*-Programmkommission, die das sog. Prager Manifest *Kampf und Ziel des revolutionären Sozialismus* vom Jan. 1934 formulierte. 1934 auf Anregung von → Otto Wels Gr. u. bis 1940 Red. der monatl. *Deutschland-Berichte der Sopade* (DB) (nach der Farbe ihres Dünndruckpapiers auch *Grüne Berichte* genannt) mit den Hauptmitarb. Geyer (Außenpol.), → Wilhelm Hoegner (Justiz) u. → Helmut Wickel (Wirtsch.); R. selbst, der innerh. der *Sopade* für strikte Ablehnung einer ZusArb. mit der KPD eintrat, betreute die Bereiche Einheitsfront u. Wirtschaftspolitik. Grundlage der DB waren vor allem die von den *Sopade*-Grenzsekr. gesammelten Nachrichten u. direkte Berichte von Kurieren, Besuchern u. Vertrauensleuten aus Deutschland, ab 1938 auch aus Österr.; Teil A der DB brachte, nach Themenkreisen geordnet u. knapp kommentiert, Auszüge aus der Berichterstattung, Teil B, den auch sozdem. Spitzenfunktionäre im Reich als Schulungsmaterial in Miniaturausg. erhielten, war der Analyse der dt. Gesamtentwicklung gewidmet. Die DB wurden an RegStellen, Politiker, an die Presse u. an befreundete Parteien u. Org. des Auslands verschickt u. haben bes. in den ersten Exiljahren durch ihren Informationsgehalt pol. Einfluß ausgeübt; gleichzeitig versuchten sie, durch Nachrichten u. Analysen die pol. Linie der *Sopade* zu stützen. Die DB erschienen zeitw. in engl., franz., dän. u. schwed. Sonderausgaben, daneben wurden auch ZusFassungen (Summaries) in dt., engl. u. franz. Sprache veröffentlicht. Neben der Red. besorgte R. die Finanzierung u. den Vertrieb der DB in den EmigrLändern, außerdem Mitarb. *Neuer Vorwärts* u. *Zeitschrift für Sozialismus;* Ps. Ernst Anders. 1938 mit der Verlegung des PV nach Paris. Apr. 1940 letzte Ausg. der DB, Internierung, Flucht nach Lissabon, Sept./Okt. 1940 mit Hilfe des *Jewish Labor Committee* nach New York; Mitgl. GLD, 1941 VorstMitgl. *German-Am. Council for the Liberation of Germany from Nazism.* Während des Krieges bei OWI in Washington/D.C. tätig, zuletzt führender Regional Specialist im German Committee des OWI. Nach 1945 Wirtschaftsexperte bei New Yorker Privatbank. Lebte 1977 in Manhasset/ N.Y.

L: Edinger, Sozialdemokratie; MGD. *Qu:* Arch. Fb. Hand. Publ. - IfZ.

Rinott, Chanoch (urspr. Reinhold, Heinrich), Ph. D., Pädagoge; geb. 1. März 1911 Tarnow/Galizien; jüd.; *V:* Jakob Reinhold (geb. 1884 Tarnow, gest. 1950 Tel Aviv), jüd., Grundstücksmakler, 1935 Emigr. Pal.; *M:* Anna, geb. Weinfeld (geb. 1886 Gorlice/Galizien), 1935 Emigr. Pal.; *G:* Hella Schleuderer (geb. 1909 Tarnow), 1935 Emigr. Pal.; Moritz (Moshe) (geb. 1917 Wien), Ph. D., Pädagoge; ∞ Frieda-Shulamith Gruen (geb. 1911 Essen), 1932 nach Pal., Lehrerin; *K:* Miryam (geb. 1941), M.Sc., A: Ramat Hasharon; Joseph (geb. 1945), Ph.D., Doz. Hebr. Univ.; *StA:* österr.; Pal./IL. *Weg:* 1934 Pal.

1914 nach Wien, 1927 nach Berlin, Stud. Berlin u. Wien, 2 Monate landwirtschaftl. Hachscharah, Jugendltr. *Kadimah* u. *Habonim,* 1933-34 Angest. *Jugend Alijah,* zeitw. Haft. Febr. 1934 Emigr. Palästina mit B III-Zertifikat als Ltr. einer Jugendgruppe, 1934-36 Lehrer u. Jugendltr. Ein Harod, 1936-39 Stud. Hebr. Univ., M.A., 1939-51 pädagog. Aufsicht über *Jugend-Alijah,* 1947 Gr. u. Dir. von Kinderdörfern in zyprischen Internierungslagern. 1951 Ph. D. Hebr. Univ., 1952 Stud. Teacher's Coll. der Columbia Univ. New York. 1951-60 pädagog. Ltr. der *Jugend-Alijah,* 1960-67 GenDir. isr. Erziehungs- u. Kultusmin., ab 1968 Dir. Zentrum für jüd. Erziehung in der Diaspora an der Hebr. Univ. Lebte 1977 in Jerusalem.

W: Kavim la Aliyat haNoar (Jugend-Aliyah als pädagog. Bewegung). (Diss.) 1951, veröffentl. als: Noar Boneh Beito (Jugend baut sich ein Heim). 1953; Maasim uMegamot beMifalei Aliyat haNoar (Taten und Ziele in Projekten der Jugend-Alijah). 1955; versch. Art. über jüd. Gesch., Erziehung u. Jugend-Alijah. *Qu:* Fb. Hand. Publ. - RFJI.

Riotte, Josef; geb. 12. Dez. 1895 St. Wendel/Saar; *V:* Johann August R.; *M:* Elisabeth, geb. Fehr; ∞ II. Maria Mathilde Igel; *Weg:* 1935 F; 1942 Deutschland; 1945 Saargeb.

Schlosser. Teiln. 1. WK, nach Kriegsende Maschinenschlosser bei der saarländ. Eisenbahnen. Ab 1919 Mitgl. SPD/S u. *Deutsche Eisenbahnergewerkschaft,* zuletzt Mitgl. Landesvorst. der SPD/S für den AgitBez. St. Wendel. Nach Saarabstimmung Jan. 1935 Emigr. nach Frankr., dort u.a. Arbeit als Grubenschlosser. Dez. 1942 von Gestapo verhaftet u. nach Deutschland verbracht, durch OLG Stuttgart zu 14 Mon. Gef. verurteilt. Juli 1945 Rückkehr nach St. Wendel, als Ltr. des Wohnungsamtes bis 1957 im Dienst der Stadtverwaltung. Lebte 1977 in St. Wendel.

Qu: Arch. Pers. Publ. - IfZ.

Ritzel, Gerhard Albert Johannes, Dr. rer. pol., Diplomat; geb. 12. Apr. 1923 Michelstadt/Hessen; ev.; *V:* → Heinrich Georg Ritzel; *StA:* deutsch, 3. Dez. 1936 Ausbürg., 1944 CH, 1951 deutsch. *Weg:* 1933 Saargeb.; 1935 CH; 1951 Deutschland (BRD).

Als Gymnasiast 1933 Emigr. mit Eltern über Frankr. ins Saargeb., 1935 in die Schweiz, 1942 Abitur Basel, Stud. Staatswiss., Musik u. Phil. in Basel, Genf u. Heidelberg, 1947 Prom. Basel. 1943 Einbürgerungsgesuch, ab 1944 Schweizer Bürger. Als Student journ. Tätigkeit (Ps. E.T.), Büroarb. für *Das Demokratische Deutschland.* 1947-51 Tätigkeit bei schweizer. *Europa-Union* u. in der Wirtschaft, Nov. 1951 nach Aufforderung durch das AA Eintritt in dt. diplomat. Dienst, 1966 Konsul, 1963 Legationsrat, 1964-65 bei Botschaft Luxemburg, 1966-69 im AA Bonn, 1967 Vortragender Legationsrat 1. Kl. u. Ltr. Ministerbüro, MinDirigent im Bundeskanzleramt, ab 1970 Botschafter in Oslo, ab 1974 in Prag, seit 1977 Botschafter in Teheran. Seit 1955 Mitgl. SPD.

Qu: Arch. Fb. Hand. - IfZ.

Ritzel, Heinrich Georg, Beamter, Politiker; geb. 10. Apr. 1893 Offenbach/Main, gest. 17. Juni 1971 Basel; ev.; ∞ I. 1917 Elisabeth (Else) Eva Lack (1894-1938), Emigr. mit Ehemann u. Kindern; II. 1949 Jeanne Durussel; *K:* Wolfgang (1919-1939); → Gerhard Ritzel; Dr. med. Günther R. (geb. 1924), Hochschullehrer in Basel; *StA:* deutsch, 3. Dez. 1936 Ausbürg. mit Fam., deutsch. *Weg:* 1933 Saargeb.; 1935 F, CH; 1946 Deutschland (ABZ).

Ausbildung als kommunaler VerwBeamter; erwarb durch lit.-publizist. Tätigkeit das sog. Künstler-Einjährige, dann Gaststudium u.a. Rechtswiss. u. Volkswirtschaft Akad. (Univ.) Frankfurt/M. u. in Gießen; Kommunallaufbahn, Mitgl. SPD; 1919-29 hauptamtl. Bürgerm. Michelstadt/Odenwald; ab Jan. 1930 ORegRat bei ProvDirektion Oberhessen in Gießen, Vors. Kreistag u. Kreisausschuß Gießen; 1924-30 MdL Hessen; 1923-29 Mitgl. Kreistag u. Kreisausschuß Kreis Erbach/Odenwald sowie Mitgl. ProvAusschuß u. ProvLT der Provinz Starkenburg in Darmstadt; Mitgr. u. VorstMitgl. Kommunale Landesbank Darmstadt, nach deren Fusion des Arbeitsausschusses der Landeskommunalbank-Girozentrale Hessen; als Bürgerm. von Michelstadt stellv. Vors. des Hessischen Landgemeindetages; daneben ab 1925 Schriftltr. der SPD-Zs. *Hessischer Kommunaldienst*, zahlr. Veröffentl. zu Fragen der Finanz-, Steuer- u. Kommunalpolitik. Sept. 1930–Juni 1933 MdR. Nach natsoz. Machtübernahme Entlassung aus dem Staatsdienst u. Verhaftung. Juni 1933 Flucht aus der Haft u. Emigr. ins Saargebiet. Dort Übernahme in den beamteten Dienst der RegKommission (Polizeidirektion Saarbrücken), innerh. der SPD/S (→ Max Braun) aktiv im Kampf gegen eine Rückgliederung des Saarlandes an das natsoz. Deutschland, Verf. der 1934 erschienenen Kampfschrift *Was mußt Du von der Volksabstimmung wissen?*, aufgrund seiner ltd. Stellung in der saarländ. Polizei neben → Hartwig Machts bevorzugtes Angriffsobjekt dt. Behörden u. der natsoz. Propaganda im Zusammenhang mit der Tätigkeit der RegKommission. Nach der Saarabstimmung v. 13. Jan. 1935 Flucht nach Forbach/Lothr. – Juni 1935 in die Schweiz. Lebte fortan als Beamter der RegKommission des Saargeb. in Basel im Wartestand. Als begabter Organisator einer der Promotoren pol. ZusArbeit dt. Exilpolitiker, aus der später die Grdg. des *Demokratischen Deutschland* resultierte; ab 1939 GenSekr. der Schweizer *Europa-Union;* während des Krieges in dem Kreis um → Joseph Wirth, → Friedrich Dessauer, → Wilhelm Hoegner u. → Wilhelm Dittmann mit Zielsetzung der Nachkriegsplanung u. Einflußnahme auf die Deutschlandpolitik der Alliierten; Anfang 1942 Kontakt zu → Otto Braun, den R. zur Aufgabe der bisherigen pol. Isolation im Exil bewegte u. mit dem er fortan eng zusammenarbeitete; Apr. 1945 Mitgr. der ArbGemeinschaft *Das Demokratische Deutschland* (DD); mit Braun, Hoegner, → Jakob Kindt-Kiefer u. Wirth Mitgl. des Hauptvorst.; obwohl in Gegensatz zur kommunist. geführten BFD Schweiz (→ Karl Hans Bergmann), 1945 Beteiligung an Bemühungen um Einigung mit BFD zur möglichen Übernahme konsularischer Funktionen für die dt. Staatsangehörigen in der Schweiz nach dem bevorstehenden Zusammenbruch der natsoz. Diktatur, Anfang Mai 1945 Mitgr. der nur kurz bestehenden *Deutschen Widerstandsbewegung;* nach Auseinanderbrechen des DD vor allem aufgrund der pol. Kontroversen zwischen Braun u. Wirth u. nach Austritt der *Union deutscher Sozialisten und Gewerkschafter in der Schweiz* Mitgr. *Gemeinschaft deutscher Demokraten in der Schweiz,* in der R. bis zu seiner Rückkehr nach Deutschland 1947 eine führende Stellung innehatte; mit Unterstützung der *Europa-Union* organisierte die *Gemeinschaft deutscher Demokraten* Nahrungsmittel-Hilfsaktionen für Deutschland. Im Schweizer Exil freie publizist. Tätigkeit, Mitarb. u.a. Europa-Verlag Zürich, *National-Zeitung* Basel u. *Baseler Nachrichten*. Bis 1937 Sekr. *Europa-Union,* 1948 Deleg. für das dt. Sprachgebiet, 1950–57 Deleg. im Europarat Straßburg; nach Rückkehr nach Michelstadt erneut Mitgl. u. Vors. des Kreistages, 1949–65 MdB (SPD); Mitgl. SPD-Landesausschuß Hessen u. 2. Vors. Hessen-Süd, Mitgl. SPD-Parteiausschuß. – *Ausz.:* Ehrenbürger Stadt Michelstadt; 1962 Ehrensenator Weizmann-Institut Rehovot/Israel, Gr. BVK mit Stern; 1963 Freiherr-vom-Stein-Plakette; 1965 Ehrenplakette Stadt Offenbach/Main.

W: u.a. Neue Beiträge zur Geschichte der Stadt Offenbach am Main. 1919; Von der eidgenössischen zur europäischen Föderation (zus. mit Hans Bauer). Zürich (Europa-Verlag) 1939; Kampf um Europa (zus. mit Hans Bauer). Ebd. 1945; mehrere Kriminal-Nov. in: National-Zeitung Basel u.a. schweiz. Ztg. 1936-44; Stimmen aus der Schweiz zu Europas Zukunft (Mitarb.). Zürich (Bollmann) 1945; Kommentar zur Geschäftsordnung des Deutschen Bundestages. 1953. *L:* Jacoby, Saar; Bergmann, Schweiz; Teubner, Schweiz; Schneider, Saarpolitik und Exil; Schulze, Hagen, Otto Braun oder Preußens demokratische Sendung. Eine Biographie. 1977. *D:* AsD. *Qu:* Arch. Fb. Hand. Publ. – IfZ.

Robichek (bis 1944 Robitschek), **Edward Walter,** Ministerialbeamter; geb. 10. Mai 1919 Prag; jüd.; *V:* Paul Robitschek (1894-1936), jüd., höhere Schule, Bankier; *M:* Herta, geb. Oppenheimer (geb. 1894 Prag, umgek. 1944 KL Auschwitz), jüd., höhere Schule; *G:* Elizabeth Hellmann (geb. 1921 Prag), höhere Schule, zeitw. KL, 1947 USA; ∞ 1939 Frederica Schifferes (geb. 1919 Prag), jüd., Gymn., 1941 Emigr. USA über Kuba, Immobilienmaklerin; *K:* Judith A. Aldock (geb. 1944), B.A.; Claudia Esposito (geb. 1948), B.A., med.-techn. Assist.; *StA:* CSR, USA. *Weg:* 1939 USA.

1937 Abitur Prag, 1937-38 Stud. Handelsakad. Prag. 1939 Emigr. USA, 1939-44 Stud. Harvard Univ., 1942 B.A., 1944 M.P.A.; 1944-45 US-Armee u. bei MilReg. in Deutschland. 1946-47 Volkswirt im Finanzmin. Washington/D.C., 1947-53 Volkswirt Internat. Währungsfonds in Washington/D.C., 1953-57 stellv. AbtLtr., 1957-61 AbtLtr. u. ab 1961 stellv. Dir. Abt. Westl. Hemisphäre. Lebte 1977 in Bethesda/Md.

Qu: Fb. Hand. – RFJI.

Robinow, Wolfgang Franz, Wirtschaftsexperte; geb. 22. Aug. 1918 Hamburg; ev.; *V:* Dr. jur. Franz E. R. (geb. 1880 Hamburg, gest. 1960 Barrington/R.I.), Ministerialrat, 1939 Emigr. GB, USA, Bibliothekar; *M:* Marianne, geb. Cohnheim (geb. 1885 Essen, gest. 1965 Warren/R.I.), ev., Gymn., 1939 Emigr. GB, USA; *G:* Annemarie Chapin (geb. 1908 Hamburg), höhere Schule, medizinisch-techn. Assist., 1933 Emigr. Chile, 1940 USA; Richard (geb. 1909 Hamburg), Journ., Schriftst., Sept. 1933 Emigr. GB, 1935 S-Afrika, PR-Berater, freiberufl. Schriftst.; Dr. med. Carl Franz R. (geb. 1909 Hamburg), 1935 Emigr. DK, GB, 1949 CDN, Prof. für Bakteriologie Univ. of Western Ontario, London/Ont.; Ursula Roosen-Runge (geb. 1913 Hamburg), Lehrerin, 1934 Emigr. GB, 1938 USA; Franz-Gerd (geb. 1917 Hamburg, gef. 1944 Normandie), höhere Schule, 1938 Emigr. GB, 1939 USA, Soldat in US-Armee; ∞ 1945 Suzanne Lebkicher (geb. 1920 Reading), kath.; *K:* Suzanne Prinzessin v. Altenburg (geb. 1946), höhere Schule; John (geb. 1948), Stud., Werbefachmann; Stephanie Thonet (geb. 1950), höhere Schule; Patricia (geb. 1952), höhere Schule, Produktionsassist. in der Filmwirtschaft; Elizabeth (geb. 1953, gest. 1977), Gymn., Schausp.; Mark (geb. 1960). *Weg:* 1936 DK; 1938 USA.

Gymn. in Berlin, mittlere Reife. Apr. 1936 Emigr. nach Dänemark mit Lehrlingsvisum, Unterstützung durch Verwandte. 1936-37 Lehre in der Landwirtschaft, Visumverlängerung verweigert. Jan. 1938 Emigr. in die USA, Unterstützung durch Quäker. 1938-39 Stud. National Farm School, Pa., 1939-41 Vertr., Tanzlehrer, Gelegenheitsarb. 1941-45 US-Armee (Hptm., Purple Heart, Silver Star, Bronze Star). 1945-46 Grundstücksmakler, Stud. Univ. of Cincinnati. 1947-53 Verwaltungsbeamter der US-Besatzungsstreitkräfte, 1950-55 für die CIA in Übersee tätig. 1954 Wirtschaftskorr. für *Business International* in der Türkei. 1956-61 PR-Dir. u. Werbeltr. für Daimler-Benz of North America, New York. 1961-65 Manager für AMF Deutschland GmbH, Frankfurt/M., einer Vertriebsges. von Am. Machine and Foundry, Inc., New York. 1965-69 Konsul, Ltr. der Handelsabt. u. Dir. des US-Handelszentrums beim US-GenKonsulat Frankfurt/M.; 1969-70 für Investors Overseas Services (IOS) tätig, an der Entwicklung neuer Anlageformen in der Bundesrepublik Deutschland beteiligt. 1970-75 geschäftsf. Teilh. der Wirtschaftsberater Robinow Associates München u. Wien. Ab 1975 Generaldir. von Franklin Mint B.V. Amsterdam u. geschäftsf. Dir. von Franklin Mint GmbH München. Daneben seit 1969 Dir. der US-Handelskammer in Deutschland. Mitgl. *Royal Philatelic Soc. of London* u. *Rotary Club.* Lebte 1978 in Berlin (West).

Qu: Fb.Hand. Pers. – RFJI.

Robinsohn, Hans Joachim, Dr. rer. pol., Kaufmann; geb. 2. März 1897 Hamburg; jüd.; *V:* Max R. (geb. 1862 Borek/Posen, gest. 1957), jüd., Kaufm., 1939 Emigr. S; *M:* Terese, geb. Langenbach (geb. 1873 Darmstadt, gest. 1945), jüd., 1939 Emigr. S; *G:* Hilde Roters (1900-64), 1940 Emigr. USA; ∞ 1922 Else Koppel (geb. 1898 Hamburg), jüd., Emigr.; *K:* Franz Peter (geb. 1925), 1938 Emigr. DK, höhere Schule, 1943 S, 1945 DK, freier Journ.; Susanne (geb. 1927), 1938 Emigr. DK, Psychologin; *StA:* deutsch, Ausbürg., 1953 DK. *Weg:* 1938 DK; 1943 S; 1946 DK; 1958 Deutschland (BRD).

1915-22 Stud. Rechtswiss. u. Volkswirtsch. Berlin, Göttingen, München u. Hamburg, anschl. Bankvolontär, ab 1923 Angest., 1925 Prokurist, 1933 Mitinh. FamUnternehmen Gebr. Robinsohn, Hamburg; 1934 bis Firmenauflösung Nov. 1938 Betriebsführer. 1918-30 DDP, ab 1921 VorstMitgl. Hamburg, Mitgl. Jungdemokraten, 1920-22 im Reichsvorst., ab 1924 Mitgl. *Klub vom 3. Oktober* Hamburg. Nach 1934 Mitarb.eines Kreises liberaler u. sozdem. Regimegegner (u.a. Thomas Dehler, Fritz Elsass, Ernst Strassmann), Verb. zu Theodor Haubach. Dez. 1938 Emigr. nach Dänemark mit Hilfe fam. Kontakte, Okt. 1943 Flucht nach Schweden, Buchhalter der Ztg. *Arbetet* Malmö. Jan. 1946 Rückkehr nach Kopenhagen, bis 1953 Versicherungsangest. - Aug. 1958 Niederlassung in Hamburg, 1960-63 in Ltg. der Forschungsstelle für die Geschichte des NatSoz. in Hamburg. Ab 1962 Mitgl. *Humanistische Union,* ab 1967 Mitgl. Bundesvorst., 1973-75 Bundesvors., Hg. *Vorgänge.* Lebte 1977 in Hamburg.

W: u.a. Justiz als politische Verfolgung. Die Rechtssprechung in „Rassenschandefällen" beim Landgericht Hamburg 1936-1943. 1977. *Qu:* Fb. - IfZ.

Robinson, Moritz, Parteifunktionär, Journalist; geb. 1. Aug. 1884 Csakathurn (Čakovec)/Kroatien; jüd., Diss. (?); *V:* Samuel R.; *M:* Karoline; *StA:* 1919 österr. *Weg:* 1934 CSR; USA.

Ab 1887 (1890 ?) in Graz, Mitgl. SDAP. 1920 Aufnahme in den GdeVerband der Stadt Graz. Ab 1921 als Nachf. von Michael Schacherl Chefred. *Arbeiterwille* Graz. Mitgl. PV der SDAP. 1934 nach den Februarkämpfen Emigr. Preßburg, lebte 1937 in Brünn, vermutl. Mitarb. ALÖS (→ Otto Bauer). Später Emigr. USA, Sept. 1941 neben → Friedrich Adler u.a. Mitunterz. Protest österr. Sozialdemokraten gegen Versuch der Bildung einer österr. Exilregierung durch → Hans Rott u. → Willibald Plöchl.

D: ArA. *Qu:* Arch. - IfZ.

Rocker, Rudolf, Schriftsteller; geb. 25. März 1873 Mainz, gest. 11. Sept. 1958 Crompond/N.Y. *Weg:* 1933 USA.

Aus kleinbürgerl. Fam., mit 13 J. Vollwaise; Volksschule, nach versch. Erwerbstätigkeiten Abschluß einer Buchbinderlehre; um 1890 erste pol. Kontakte im Fachverein für Buchbinder, beeinflußt von den Schriften Johann Mosts u. Bakunins; Mitgl. SPD, als Ltr. eines sozdem. Jugend-Leseklubs in Mainz u. Anhänger der sog. *Jungen* erste Konflikte mit der Partei, auf Brüsseler Sozialisten-Kongreß 1891 Bekenntnis zum Anarchismus; 1892 wegen illeg. anarchist. PropTätigkeit in Mainz Flucht nach Paris, dort Mitgl. Exilgruppe *Unabhängige Sozialisten;* 1895 nach London, als Nicht-Jude aktiv in Gemeinde ostjüd. Anarchisten, Red. *Der Arbeiterfreund* in jiddischer Sprache, pers. Bekanntschaft u. Schüler Peter Kropotkins; Dez. 1914 Verhaftung als „gefährlicher Ausländer" u. Internierung bis 1918, März 1918 als Austauschgefangener nach Holland, von dort im Nov. gleichen Jahres nach Deutschland; Anschluß an anarcho-syndikalist. *Freie Vereinigung deutscher Gewerkschaften* (mit libertärer, antietatistischer Ideologie einer durch den Generalstreik anzustrebenden Gesellschaft kooperierender Selbstverwaltungseinrichtungen mit Produktions-, Konsum- u. Siedlungsgenossenschaften), ab 1919 intellektueller Führer der Anarchosyndikalisten, Dez. 1919 Mitgr. *Freie Arbeiter-Union Deutschlands (Syndikalisten);* Org. u. Theoretiker der 1922 gegr. syndikalist. *Internationalen Arbeiter-Assoziation;* Vortragsreisen in Europa u. Amerika. Nach natsoz. Machtübernahme März 1933 Emigr. in die USA, dort schriftst. Tätigkeit, neben pol. Publizistik bedeutende kulturphilos. Untersuchungen.

W: Die Waffen nieder! Die Hämmer nieder! 1919; Sozialdemokratie und Anarchismus. 1919; Zur Geschichte der parlamentarischen Tätigkeit in der modernen Arbeiterbewegung. 1919; Anarchismus und Organisation. o.J. (1919?); Prinzipienerklärung des Syndikalismus. 1920; Der Kampf ums tägliche Brot. o.J. (1920?); Der Bankrott des russischen Staatskommunismus. 1921; Johann Most. Das Leben eines Rebellen. 1924; Hinter Stacheldraht und Gitter. Erinnerungen aus der englischen Kriegsgefangenschaft. 1925; Die Sechs. Dichter und Rebellen. 1928; Über das Wesen des Föderalismus im Gegensatz zum Zentralismus. 1932; Socialismo constructivo. Buenos Aires (Ed. Imán) 1934; Achter prikkeldraad en tralies. Amsterdam (Anarchist. Uitgeverij) 1936; El nacionalismo. Barcelona (Ed. Tierra y libertad) 1936; The Tragedy of Spain. New York (Freie Arbeiterstimme) 1937 (dt. Übers. 1976); Nationalism and Culture. New York (Covici-Friede), Los Angeles (Rocker Publications Committee) u. London (Free Press) 1937 (Übers. holländ. Amsterdam [V.A.U.] 1939 u. span. Buenos Aires [Ed. Imán] 1942); Anarcho-Syndicalism. London (Secker and Warburg) 1938 (span. Barcelona [Ed. Terra y Libertad] 1938); Nationalisme - een politieke godsdienst. Amsterdam (V.A.U.) 1938; The Six. Los Angeles (Rocker Publications Committee) 1938; La segunda guerra mundial. Buenos Aires (Ed. Americalee) 1943; Las corrientes liberales en los Estades Unidos. Ebd. 1944; Zur Betrachtung der Lage in Deutschland. Die Möglichkeit einer freiheitlichen Bewegung. New York/London 1947; La juventud de un rebelde. Buenos Aires (Ed. Americalee) 1947; Anarchism and Anarcho-Syndicalism. In: Feliks Gross (Hg.), European Ideologies. New York 1948; Pioneers of American Freedom. Origin of liberal and radical thougt in America. Los Angeles (Rocker Publications Committee) 1949; En la borrasca. Buenos Aires (Ed. Tupac) 1949; Die Entscheidung des Abendlandes. 2 Bde. Hamburg 1949; Der Leidensweg der Zenzi Mühsam. Darmstadt 1949; Absolutistische Gedankengänge im Sozialismus. Darmstadt 1950; An Autobiography. London 1955; The London Years. London (Anscombe) 1956; Arvet fran enväldet. Stockholm (Federativs Förlag) o.J.; The Truth about Spain. New York (Freie Arbeiterstimme) o.J.; Milly Wittkop - Rocker. Berkeley Hights 1956. *L:* Bock, Syndikalismus; Souchy, Augustin, Kleiner Dank für ein großes Leben. Zum Tode von Rudolf Rocker. In: Geist und Tat. Monatsschrift für Recht, Freiheit und Kultur, 13. Jg. (1958), S. 339 ff. *D:* IISG (Nachl. Rudolf Rocker, darin: Memoiren, 3 Bde., masch. Ms. - 1. Bd. Die Jugend eines Rebellen, 2. Bd. In Sturm und Drang, 3. Bd. Revolution und Rückfall in die Barbarei, zus. 2159 S.). *Qu:* Arch. ABiogr. Hand. Publ. - IfZ.

Rodan (urspr. Reinemann), **Pinhas,** Diplomat, Ministerialbeamter; geb. 27. Okt. 1928 München; jüd.; *V:* Franz Reinemann (geb. München), jüd., 1937 Emigr. Pal.; *M:* Ella (geb. München), jüd., 1937 Emigr. Pal.; *G:* 1 B, 1937 Emigr. Pal.; ∞ 1958 Nehama Auerbach (geb. 1936 Manchester/GB), 1938 nach Pal., Fürsorgerin; *K:* Anat (geb. 1960 Köln); Yael (geb. 1961 Köln); Yoav (geb. 1971 Tel Aviv). *Weg:* 1937 Pal.

1937 Emigr. Palästina, 1945-47 Angest. I.L. Feuchtwanger Bank Tel Aviv, 1948-50 IDF, ab 1950 im isr. Außenmin., 1953-56 Stud. Sir George Williams Coll. Montreal, 1956 B. Commerce; 1969-73 Botschafter in Liberia, ab 1973 Dir. Finanzabt.; Mitgl. nat. Wahlkomitee, DirMitgl. Coop. für Internationale Entwicklung. Lebte 1976 in Moza Ilit.

Qu: Fb. Hand. - RFJI.

Rodenberg (bis 1949 Rosenberg), **Hans Rudolph,** Staatsfunktionär, Regisseur; geb. 2. Okt. 1895 Lübbecke/Westf.; *V:* Nathan Rosenberg, jüd., Zigarrenfabrikant; *M:* Johanna, geb. Heymann, jüd.; ∞ I. Hanni Schmitz (1910-1944), Schausp., Tänzerin, Diseuse; 1933 Emigr. UdSSR, Sprecherin Moskauer Rundfunk; II. Ilse Weintraut-Rinka, geb. Haupt (geb. 1906), Stenotypistin, Schausp.; 1931 KPD u. RGO, 1933-34 Haft

Rodenstein

wegen illeg. Arbeit, nach Kriegsende Mitgr. u. 1946-48 Ltr. KPD-Kabarett Die Laternenanzünder Hamburg; 1948 SBZ, Mitgl. NDPD u. *Kulturbund zur demokratischen Erneuerung Deutschlands* (KB), 1948 Intendant Theater Ludwigslust u. 1949-50 Volksbühne Neustrelitz, 1950-57 Hans-Otto-Theater Potsdam; ab 1950 MdVK (ab 1963 Berliner Vertr.), ab 1959 Intendant Theater der Freundschaft Berlin (Ost), ab 1963 Mitgl. Parteivorst. NDPD u. KB-Präsidialrat, ab 1965 Mitgl. Exekutivkomitee *Internationale Vereinigung der Kinder- und Jugendtheater* (ASSITEJ) u. Präs. des DDR-Zentrums, ab 1964 Mitgl. *Komitee der Antifaschistischen Widerstandskämpfer in der DDR,* ab Sept. 1967 Vors. NDPD-Parteikontrollkommission, ab 1970 Vizepräs. ASSITEJ; Ausz. u.a. 1956 VVO (Silber), 1971 VVO (Gold) u. Med. für Kämpfer gegen den Faschismus 1933-1945; *K:* Susanna (geb. 1937 Moskau); *StA:* deutsch. *Weg:* 1932 UdSSR; CSR; UdSSR; 1948 Deutschland (Berlin).

Gymn., KaufmLehre, Schauspielschule Deutsches Theater Berlin. 1914-18 Kriegsteiln., 1918 Mitgl. *Arbeiter- und Soldatenrat* Köln, danach Schausp. u. Regisseur in Hamburg, Wien, Zürich, Köln, Berlin; 1919 GDBA, 1926 KPÖ, später KPD; um 1931/32 Ltr. Junge Volksbühne, einer Abspaltung der Berliner Volksbühne (1930); ab 1931 Sekr. RGO Film-Bühne-Musik, 1932 Sekr. Zs. *Die Junge Volksbühne* Berlin. 1932 in die UdSSR, ab Nov. 1932 PräsMitgl. *Internationaler Revolutionärer Theater-Bund,* Produktionsltr. Mežrabpom-Film, danach freier Schriftst., Mitgl. *Bert-Brecht-Klub* u. *Hans-Otto-Klub* Prag, zeitw. in der CSR; Mitarb. *Radio Moskau, Das Wort* Moskau (Ps. Curt Baumann, H. Berg, Rudolf Müller) u. *Internationale Literatur* Moskau (Ps. Hans Berliner). Mitunterz. Aufruf an das deutsche Volk v. 25. Jan. 1942, ab Sept. 1944 Mitgl. sog. Kulturkommission (Ltr. Johannes R. Becher) zur Ausarb. der KPD-Nachkriegspolitik. 1948 Rückkehr nach Berlin, 1948-49 Oberref. für Theaterwesen bei Haus der Kultur der Sowjetunion Berlin (Ost), ab 1949 Mitgl. Zentralvorst. *Gesellschaft für Deutsch-Sowjetische Freundschaft,* 1949 Gr. u. bis 1952 Intendant Theater der Freundschaft Berlin (Ost). 1950-51 Mitgl. SED-BezLtg., ab 1954 Mitgl. ZK der SED. Ab 1952 Mitgl. Deutsche Akademie der Künste (DAK), in den 50er Jahren Dir. DEFA-Studio für Spielfilme. 1957-60 Prof. u. Dekan Dramaturg. Fak. Deutsche Hochschule für Filmkunst Potsdam-Babelsberg, 1957-63 Mitgl. Kommission für kulturelle Fragen beim PolBüro, ab Dez. 1959 Vizepräs. *Gesellschaft für kulturelle Verbindungen mit dem Ausland,* Aug. 1960-Jan. 1964 stellv. Min. für Kultur, Sept. 1960-Nov. 1976 Mitgl. Staatsrat, ab Okt. 1963 MdVK u. ab 1965 stellv. Vors. VK-Kulturausschuß, ab 1967 VorstMitgl. *Verband der Film- und Fernsehschaffenden der DDR,* ab 1969 Vizepräs. DAK. Lebte 1976 in Berlin (Ost). - *Ausz.:* u.a. 1950 NatPreis für Kunst u. Literatur III. Kl., 1955 VVO (Silber), 1958 Med. für Kämpfer gegen den Faschismus 1933-1945, 1960 Held der Arbeit, 1965 Karl-Marx-Orden, 1969 Dr. phil. h.c. (Humboldt-Univ.) Berlin (Ost), 1970 VVO (Gold); Med. für Teilnahme an den bewaffneten Kämpfen der dt. Arbeiterklasse; Med. für ausgezeichnete Leistungen im Gr. Vaterländ. Krieg (UdSSR).

W: Das Gewissen. Moskau (Meždunarodnaja kniga) 1939; Das große Vorbild und der sozialistische Realismus in der darstellenden Kunst, Film und Theater (Vorträge, mit Heino Brandes). 1952. *L:* Kersten, H., Das Filmwesen in der Sowjetischen Besatzungszone Deutschlands. 1963; GdA-Chronik; Fischer, Deutschlandpolitik. *Qu:* Hand. Publ. Z. - IfZ.

Rodenstein, Heinrich Friedrich Henry, Hochschullehrer, Bildungspolitiker; geb. 12. Jan. 1902 Braunschweig; ev., 1922 Diss.; *V:* Ernst R. (1869-1935), Arbeiter, Bankbote, USPD; *M:* Emma, geb. Palm (1871-1948), Dienstmädchen; *G:* Hedwig (1899-1943), Kaufhaus-Angest.; Ernst (1900-1966), Schlosser; Hermann (1903-73), Lehrer; Wilhelm (geb. 1908), Klavierbauer, Angest., 1934 KL Dachau; ∞ 1927 Marta Warnecke (geb. 1902), ev., 1921 Diss., Druckereiarb., Nov. 1933 Emigr., 1937-39 Mitarb. im vegetar. Restaurant des ISK, Paris; *K:* Rosemarie Grevecke (geb. 1939), Lehrerin, *A:* BRD; *StA:* deutsch. *Weg:* 1933 NL, Saargeb.; 1935 F; 1945 Deutschland (BBZ).

Bis 1917 Mittelschule als Stipendiat, bis 1922 Lehrerseminar, anschl. Lehrer, Gasthörer TH Braunschweig, 1926 2. Lehramtprüfung; ab 1920 FSJ, später KJVD, 1921 *Allgemeine Freie Lehrergewerkschaft Deutschlands,* 1922 KPD, Mitgl. Unterbez-Vorst., 1927/28 KPD-GdeRat Schöningen/Elm, Nov. 1929 als Anhänger der von → Heinrich Brandler geführten Rechten aus der KPD ausgeschlossen. 1931 SAPD. Nach natsoz. Machtübernahme Verbreitung illeg. Flugblätter, Juli 1933 Flucht vor SA nach Amsterdam, Nov. 1933 durch Vermittlung des *Matteotti-Komitees* nach Saarbrücken, Jan. 1934- Jan. 1935 Lehrer an Volksschulen der franz. Grubenverw. Nach der Saarabstimmung Dolmetscher bei der Betreuung von Saarflüchtlingen in Südfrankr., ab Herbst 1935 durch Vermittlung von → Heinrich Groenewald privater Sprachlehrer bei Paris. Mitgr. *Verband deutscher Lehreremigranten* als dt. Sektion des *Internationalen Berufssekretariats der Lehrer* in Brüssel, dt. Vertr. auf dessen Kongressen 1937 in Pontigny u. 1938 in Nizza; u.a. Information über NS-Schulwesen u. Erarbeitung von Schulprogrammen für ein künftiges demokrat. Deutschland. Sept.-Nov. 1939 Internierung Stadion von Colombes u. Meslay-du-Maine, anschl. Arbeiter in Südfrankr., ab 1941 unter dem Schutz der Résistance. Deckn. Henri Rostin. 1945 Mitgl. sozdem. *Fédération des Groupes Socialistes Étrangers en France* um → Karl Mössinger u. → Günter Markscheffel, Sommer 1945 mit Hilfe der CGT über das Saarland nach Braunschweig, Hilfslehrer, 1946 Volksschulrektor, 1947 StudRat u. Doz., 1948-68 Prof. u. bis 1955 Dir. Pädagogische Hochschule Braunschweig. 1960-68 Vors. *Gewerkschaft Erziehung und Wissenschaft* (GEW). Lebte 1977 in Braunschweig. - *Ausz.:* 1967 Gr. VK des Niedersächs. Verdienstordens, 1968 Ehrenvors. GEW, Ehrenhain Jerusalem, Gr. BVK, 1970 Kulturpreis DGB.

W: Die Utopisten. 1950; Grundsätze der Neuformung des deutschen Bildungswesens. 1952; An der Schwelle einer neuen Zeit. Reden und Aufsätze zur Schulpolitik. 1968; Emigration 1933-1945 (Erinn., Ms.). 1975; zahlr. Beiträge in *Allgemeine Deutsche Lehrerzeitung* u. *Erziehung und Wissenschaft. L:* Zietz, Karl, Kleine Chronik der Pädagogischen Hochschule Braunschweig. 1967; Braunschweigisches Jahrbuch 53. 1972.

Qu: ABiogr. Hand. - IfZ.

Roebelen (Röbelen), **Gustav,** Parteifunktionär; geb. 3. Apr. 1905 Bregenz, gest. 28. Apr. 1967; *M:* Lina (1875-1929); *G:* Fanny, Karoline Spieler. *Weg:* 1933 NL, B, F, GB; 1936 E; 1939 UdSSR; 1945 Deutschland (Berlin).

Altkommunist. 1933 Emigr. Holland, Belgien, Frankr. u. GB (genannt Rotfrontgustav), 1936-39 Teiln. Span. Bürgerkrieg als Major u. Adjutant im Btl. Hans Beimler der Internat. Brigaden. 1939 Weiteremigr. in die UdSSR, Angehöriger der Roten Armee, Rgt.-Kommandeur, Einsätze hinter der dt. Linie. Herbst 1945 Rückkehr nach Berlin, Mitgl. KPD, 1946 SED, 1946 Personalltr. Zentrale Kommission für Sequestierung, dann Mitarb. Deutsche Wirtschaftskommission, 1948-58 Ltr. der Abt. zum Schutz des Volkseigentums beim ZK (ab 1956 ZK-Abt. für Sicherheit), 1959-60 Ltr. ZK-Abt. Patriotische Erziehung. Angebl. 1960/61 wegen pol. Differenzen mit der SED-Führung in den Ruhestand versetzt; Oberst der NVA. - *Ausz.:* 1955 VVO (Silber), 1956 Hans-Beimler-Med.; Leninorden (UdSSR), Held der Sowjetunion.

Qu: Arch. Hand. Publ. - IfZ.

Röhrer, Emmerich (Emerich), geb. 1894 Hermannshütte/Westböhmen, gest. 1974 Hermannshütte; *StA:* österr., 1919 CSR. *Weg:* 1939 UdSSR; 1946 CSR.

Glasarb.; 1913 Gew., 1919 DSAP, 1921 Mitgr. KSČ-Ortsgruppe Hermannshütte, vor 1938 Abg. der böhm. Landesvertr.- 1939-46 UdSSR. Nach Kriegsende Mitgl. einer Bez.- u. später Kreisltg. der KSČ. - *Ausz.:* 1969 Orden der Republik (CSSR).

Qu: Z. - IfZ.

Roemer, Egon, Journalist, Diplomat; geb. 2. Mai 1904 Berlin, gest. 23. Aug. 1977 Bern; ∞ Olga Lerberghe (Tochter des Brüsseler Prof. Georges van L., 1940 gef. als Kommandeur der belg. Nachrichtentruppen); *StA:* deutsch, 1942 Ausbürg., 1949 deutsch. *Weg:* 1936 B.

Stud. Gesch., Kunstgesch., Germanistik u. Linguistik Halle/S. u. Jena, Ausbildung in graf. Techniken bei Staatl. Kunstwerkstätten Burg Giebichenstein. Ab 1928 Ullstein-Verlag Berlin, 1930-36 Red. *Vossische Zeitung* u. *Berliner Morgenpost.* Illeg. Tätigkeit für NB, 1936 Flucht nach Belgien; bei Kriegsbeginn Internierung, 1940 Flucht aus dem Lager, bis Sept. 1944 im Untergrund. Ab 1948 Brüsseler Korr. u.a. für *Kölnische Rundschau, Rheinischer Merkur* u. NWDR, Mitarb. dt.-sprachiger Sendungen des belg. Rundfunks. 1953 Rückkehr nach Deutschland (BRD), ab Jan. 1953 Ltr. außenpol. Ressort des *Rheinischen Merkur,* Jan. 1955 Eintritt in dt. auswärt. Dienst, ab Febr. 1955 Presseattaché dt. Gesandtschaft Bern, Ende 1963 aus gesundheitl. Gründen in den Ruhestand. – *Ausz.:* 1954 Chevalier de l'Ordre de la Couronne.

Qu: EGL. Pers. Z. – IfZ.

Roesch (Rösch), **Julius** Ludwig, Kaufmann, Politiker; geb. 19. Jan. 1886 Bad Cannstatt b. Stuttgart (Konstanz ?), gest. 21. Febr. 1960; *V:* Paul R.; *M:* Eva, geb. Einbold; *StA:* deutsch, 26. Okt. 1938 Ausbürg. *Weg:* 1935 CH.

Mitgl. *Kampfgemeinschaft Revolutionärer Nationalsozialisten* bzw. *Die Schwarze Front* (SF) unter → Otto Straßer, Kampfgruppenltr. der SF im Ruhrgebiet. 1935 Emigr. Schweiz, lebte in Davos/Kanton Graubünden, ltd. Tätigkeit in der Auslandsorg. der SF, wurde Mai 1938 von O. Straßer nach dessen Trennung von → Heinrich Grunov neben → Richard Schapke zum dienstältesten Kampfgenossen im Ausland mit Stellv.-Funktionen bestimmt. 1940 Internierung, bis Kriegsende in mehreren Lagern. Lebte später in Davos u. Wallisellen/Kanton Zürich.

Qu: Arch. – IfZ.

Rössler, Karl Rudolf(ph), Verleger; geb. 22. Nov. 1897 Kaufbeuren, gest. 11. Dez. 1958 Krins b. Luzern/Schweiz; ev.; *V:* Georg R., Forstbeamter; *M:* Sophie, geb. Kleemann; *G:* 2; ∞ Olga Hofmann (geb. 1905), Emigr. u. Ausbürg. mit Ehemann; *StA:* deutsch, 28. Apr. 1937 Ausbürg. *Weg:* 1934 CH.

Gymn. in Augsburg; 1916-18 Teiln. 1. WK; nach Kriegsende Ausbildung als Journalist, Mitarb. versch. dt. Ztg. u. Zs., 1924-25 Red. *Augsburger Allgemeine Zeitung,* Hg. *Deutsche Bühnenblätter* sowie Zs. *Form und Sinn,* Mithg. *Das Nationaltheater;* vor 1933 Ltr. des *Bühnenvolksbundes.* 1934 Emigr. in die Schweiz, in Luzern unter Ps. Hermes Ltr. des neugegr. Vita Nova-Verlags mit anti-natsoz. Programm auf christl.-humanist. Grundlage; der Verlag publizierte vor allem dt. Exillit., Autoren waren u.a. Friedrich Wilhelm Foerster u. → Waldemar Gurian. In der Schweiz Anschluß an die Gruppe um die linkskath. Zs. *Die Entscheidung,* die eine antikapitalist. Ideologie vertrat; Militärkommentator versch. schweizer. Blätter; ab 1939 Mitarb. des Schweizer Nachrichtendienstes; nach dem dt. Angriff auf die UdSSR zugleich Mitarb. des sowj. Nachrichtendienstes in der Schweiz unter Ltg. des *Komintern*-Agenten Alexander Radó; unter dem Deckn. Lucy bis 1944 Lieferung von wichtigen milit. Informationen aus Deutschland. Wegen nachrichtendienstl. Tätigkeit 1944 vorüberg. verhaftet, von einem schweizer. MilGericht Okt. 1945 der Spionage für schuldig befunden, wegen Verdienste um die Schweiz jedoch freigesprochen. Nach Kriegsende Fortführung des Vita Nova-Verlags unter erschwerten wirtschaftl. Bedingungen, 1946-48 (letzte Publikation) mit Sitz in Stuttgart. Ab 1947 nachrichtendienstl. Tätigkeit für die CSR; deshalb Anfang 1953 Festnahme u. Verurteilung zu 1 J. u. 9 Mon. Gef. durch das schweizer. Bundesstrafgericht unter Verzicht auf Landesverweisung.

W: angebl. Verf. des unter Ps. R.A. Hermes erschienenen Werkes: Die Kriegsschauplätze und die Bedingungen der Kriegführung. Luzern (Vita Nova) 1941. *L:* Foote, Alexander, Handbuch für Spione. 1954; Dallin, Sowjetspionage; Accoce, Pierre/Quet, Pierre, La guerre a été gagnée en Suisse. L'affaire Roessler. 1966 (dt. Übers. 1966); Halfmann, Horst, Bibliographien und Verlage der deutschsprachigen Exilliteratur, 1933 bis 1945. 1969; Durzak, Exilliteratur. *Qu:* Arch. Hand. Publ. Z. – IfZ.

Roetter (urspr. Roedelheimer), **Friedrich,** Dr. jur., Ph. D., Rechtsanwalt; geb. 21. März 1888 Berlin, gest. 24. Okt. 1953 East Orange/N.J.; jüd.; ∞→ Amanda Zimmer (geb. 1889), Emigr.; *K:* Karl-Friedrich (geb. 1919), Dietrich (geb. 1920), Jürgen (geb. 1925), Emigr.; *StA:* deutsch, 14. Apr. 1937 Ausbürg. mit Fam. *Weg:* 1935 F; 1939 USA.

Im 1. WK Hptm. (EK I). Mitgl. DNVP, RA beim Kammergericht Berlin, Notar. Als Offizialverteidiger von Ernst Thälmann ZusArbeit mit illeg. KPD, u.a. Abschrift der geheimen Anklageschrift gegen Hilfszusage für Emigration u. Devisenzahlung durch die Partei. März-Juni 1935 Gestapohaft, Apr. Berufsverbot, Ende 1935 Emigr. nach Paris. Vorträge u. Veröffentlichungen vor allem über Thälmann-Prozeß u. NS-Justiz, u.a. Dez. 1935 Auftreten bei Internat. Juristenkonf. Paris, Teiln. am sog. Gegenprozeß Edgar André in Prag Mai 1936 u. an Europ. Amnestie-Konferenz in Brüssel Juli 1936, Mitarb. (nach dt. Quellen auch Hg.) der KPD-Zs. *Einheit für Hilfe und Verteidigung* Paris, im Rahmen der Thälmann-Kampagne Aufenthalte in Zürich, London, Prag u. Schweden. 1939 nach New York, 1940-45 Kommentator Radio WIBA Madison/Wisc.; journ. Tätigkeit (u.a. *Capital Times* Madison), 1942-45 Mitarb. OSS, u.a. Auswertung ausländ. Ztg., daneben Stud. Univ. Wisconsin/Madison, 1945 (1947?) Prom.; 1947-51 assoc. Prof., 1951-53 Prof., 1948-53 Chairman Dept. Pol. Science Upsala Coll./East Orange; Mitgl. *Pol. Science Assn., Assn. of International Law, Am. Assn. Univ. Prof.*

W: Might is Right. The Thaelmann Case. London (Quality Press) 1939. *L:* u.a. Bredel, Willi, Ernst Thälmann. 1950; Dahlem, Vorabend. *Qu:* Arch. Hand. Publ. Z. – IfZ.

Rogister, Maximilian (Max) **von,** Dr. jur. et rer. pol., Rechtsanwalt, Industrieller; geb. 3. Sept. 1899 Berlin; *V:* General; *M:* geb. von Scharfenberg. *Weg:* 1937 (?) GB.

Stud. Rechts- u. Staatswiss., bis 1937 RA in Berlin, Tätigkeit für Wirtschaftsunternehmen. Anschl. Emigr. London, AR-Vors., 1969 Ehrenvors. Augsburger Kammgarnspinnerei, AR-Vors. Böhringer & Reuß GmbH Waldkirch b. Freiburg/Br., AR-Mitgl. Apollinaris-Brunnen-AG Bad Neuenahr/Rheinl. – Lebte 1976 in Italien.

Qu: Hand. – IfZ.

Roháč, Edmund, Parteifunktionär; geb. 21. Okt. 1894 Krochwitz b. Bodenbach/Nordböhmen, gest. 2. Sept. 1956; ∞ Olga Simm; *K:* 5; *StA:* österr., 1919 CSR. *Weg:* 1938 (?) DK; CDN.

Gießer, Teiln. 1. WK, 1920 DSAP, 1926/27 i.A. des PV neben → Ernst Paul u. → Alois Ullmann Aufbau der Selbstschutzorg. *Rote Wehr* bzw. *Republikanische Wehr* u. danach bis zur Auflösung Ende Sept. 1938 ihr techn. Ltr. Nach Abtretung der dt. Grenzgeb. der CSR an Deutschland Emigr. nach Dänemark, später nach Kanada, im 2. WK Angehöriger der kanad. Armee.

L: Paul, Ernst, Gegen den Krieg. Für die Demokratie. 1977. *Qu:* Publ. Z. – IfZ.

Rohatyn, Felix G., Bankier, Finanzberater; geb. 29. Mai 1928 Wien; *V:* Alexander R., Ltr. von Brauereien im Familienbesitz in Wien, Rum. u. JU, 1933 Emigr. F, Ltr. einer Brauerei in Orleans. 1941 nach E, Casablanca, Argent., 1942 USA, gesch.; *M:* Edith Plessener, geb. Knoll, 1933 Emigr. F, 1941 E, Casablanca, Argent., 1942 USA; ∞ I. 1956 Jeanette Streit; II. 1979 Elizabeth Vagliano; *K:* Pierre, Nicolas, Michael; *StA:* 1950 USA. *Weg:* 1933 F, 1941 E, N-Afrika, Argent., 1942 USA.

1933 mit Familie Emigr. Frankr., 1941 nach Spanien, Casablanca, Argentinien, 1942 in die USA; 1948 (1949 ?) B.Sc. (Physik) Middlebury Coll./Vt., Sommer 1948 bei Bankhaus Lazard Frères, New York, 1949-51 bei Lazard Frères in Europa.

610 Rom

1951–53 US-Armee (Korea), 1953 erneut bei Lazard Frères, spezialisiert auf Devisen u. multilateralen Warenaustausch, 1961 Teilh., später Hauptteilhaber der Bank, Abwicklung von Fusionen u. a. für Internat. Telephone and Telegraph Corp. (I.T.T.) u. Hartford Fire Insurance Co.; 1970 Vors. Überwachungsausschuß New York Stock Exchange, 1974 zuständig für Sanierung der Lockheed Aircraft Corp., ab 1975 Vors. Municipal Assist. Corp. (Ges. zur Sanierung der Stadt New York), ab 1976 Mitgl. N.Y. State Emergency Financial Control Board, maßgebl. an Verhütung des Bankrotts der Stadt New York beteiligt. AR-Mitgl. ITT, Engelhard Minerals and Chem. Corp., Pfizer Co., Owens-Illinois (Glasindustrie), Howmet Corp., VorstMitgl. u. a. *New York Heart Assn.,* ab 1969 Kuratoriumsmitgl. Middlebury Coll., Mitgl. Finanzausschuß Rockefeller Brothers New York. Lebte 1977 in New York. – *Ausz.:* 1976 Thomas Jefferson Award des Am. Inst. for Publ. Service.

Qu: Hand. Publ. Z. – RFJI.

Rom (urspr. Rozenberg), **Michael,** Ph.D., Wirtschaftsexperte; geb. 25. März 1926 Berlin; ∞ Shulamit Rosenstein; *K:* Ruth, Ofra. *Weg:* 1933 Pal.

1933 Emigr. Palästina; 1953 Prom. New School for Soc. Research New York, 1953–56 Beteiligung an Forschungsprojekt der Hebr. Univ. Jerusalem über die wirtschaftl. Integration von Einwanderern; 1956–58 Volkswirt Abt. Außenhandel des isr. Industrie- u. Handelsmin. u. Mitgl. Intergovernmental Committee der EWG, 1959 Gr. Zentrale für Dokumentation u. Marktforschung Tel Aviv u. Ltr. Abt. für Marktforschung in Jerusalem u. Tel Aviv, gleichz. Berater UN-Sekr. für die Vorbereitung der UNCTAD Konf., 1964–65 isr. Vertr. auf der UNCTAD Konf., isr. Vertr. beim Handels-InfoZentrum von GATT, Mitgl. Export-Beratungsgruppe der isr. Handelszentrale. Ab 1967 Doz. an der Leon Recanati Grad. School of Business Admin. u. Ltr. Abt. für Marktforschung des Büros für Außenhandel des isr. Industrie- u. Handelsmin., 1969 Berater beim GATT HandelsinfoZentrum. Lebte 1974 in Tel Aviv.

W: On Exchange Controls and Export Promotion. (Diss.) 1953; Indexes of Absorption. 1957; Rozenberg, Michael, The Measurement of Economic Absorption of Israel's New Immigrant Sector. 1961; Abhandlungen in Fachzs. *Qu:* Hand. Publ. – RFJI.

Roman, Jochanan (urspr. Romann, Hans), Dr. jur., Dr. rer. pol., Unternehmensleiter; geb. 21. Febr. 1907 Königshütte/Oberschlesien; jüd.; *V:* Oscar Romann (geb. 1871 Trautenau/Böhmen, gest. 1919), jüd., RA; *M:* Ella, geb. Glück (geb. 1881 Königshütte, gest. 1972 Ramat Gan/IL), jüd., 1936 Emigr. Pal.; ∞ I. Lotte Ascher, 1934 Emigr. Pal.; II. Lotte Rosenfelder (geb. 1920 Fürth/Bayern), Emigr. Pal.; *K:* aus I. Michael (geb. 1935), Doz. Univ. Tel Aviv; aus II. Jadin (geb. 1948); Jonathan (geb. 1954 Nairobi); *StA:* deutsch, Pal./IL. *Weg:* 1933 ČSR, 1934 Pal.

Stud. Breslau u. Heidelberg, Prom., 1919–28 Mitgl. *Kameraden,* Banklehre, 1930–32 Mitarb. Rechtsabt. des Bankhauses E. Heimann Breslau, Apr. 1933 Assessor, anschl. Berufsverbot. Emigr. CSR, 1933–34 Mitgl. zion. Jugendbewegung *Blau-Weiß* Trautenau, Stud. Landwirtschaftsschule u. Gr. eines landwirtschaftl. Hachscharah-Zentrums. März 1934 nach Palästina, 1934–38 Mitgl. Kibb. Givat Hayyim, Mitgl. *Haganah,* zugl. Sekr. von → Salman Schocken. 1938–39 in die CSR zur Mitarb. an Überweisung jüd. Vermögen nach Palästina u. zur Unterstützung illeg. Emigr. nach Palästina. 1940–44 Versorgungsoffz. beim Kriegsversorgungsamt der Mandatsreg., stellv. Ltr. Aufsichtsbehörde für Leichtindustrie der brit. Mandatsverw.; 1944–52 kaufm. Ltr. Adereth Worsted Spinning Mill, 1952–55 Geschäftsf. East African Marketing Co. Nairobi, 1955–58 i.A. des isr. Handels- u. Industriemin. in Afrika u. Südostasien zur Entwicklung des isr. Warenabsatzes. Ab 1958 Gr. u. Dir. einer Exportfirma. Lebte 1977 in Givatayim/Israel.

W: Kommentar zum israelisch-ägyptischen Sinai-Vertrag 1975. In: Schriften zum Völkerrecht, Berlin. *Qu:* Fb. – RFJI.

Romney (urspr. Rosenfeld), **Alfred Albert,** Dr. jur., Dr. rer. pol., Bankier; geb. 2. Juni 1895 Bamberg, gest. 26. März 1977 New York; *V:* Eugene Rosenfeld; *M:* Rosa Franciska, geb. Sack; *G:* Emmy Rosenfeld, Hochschullehrerin in Mailand; ∞ I. 1921 Emilie Christiane Gaertner (gest. 1944); II. 1948 Katrina (Catherine) Bachert; *K:* aus I: J. Henry, Andrew Ferdinand; *StA:* deutsch, 1946 USA. *Weg:* 1933 NL, 1939 USA.

Stud. Würzburg, 1919 Prom., Angest., zuletzt GenDir. Privatbank J. Dreyfus & Co. in Frankfurt/M. u. Berlin. 1933 Emigr. Niederlande, bis 1940 Teilh. u. GenBevollmächtigter Amsterdamsch Effecten- & Bankiers-Kantoor Amsterdam, u. a. Unterstützung dt. Emigranten bei Vermögenstransfer. 1939 in die USA; 1950–77 Gr. u. Teilh. Investmentges. Romney & Co. New York, AR-Mitgl. Abacus Fund New York.

L: Heilbruner, Rudolf M., Das Bankhaus J. Dreyfus & Co. 1962. *Qu:* Hand. Publ. Z. – RFJI.

Ronall (urspr. Rosenthal), **Joachim Otto,** Dr. jur., Wirtschaftsexperte, Diplomat; geb. 16. Febr. 1912 Kassel; jüd.; *V:* Paul Rosenthal (geb. 1874 Guttstadt/Ostpr., gest. 1963 New York), jüd., Kaufm., 1939 Emigr. USA; *M:* Ida, geb. Stern (geb. 1889 Bad Hersfeld/Hessen, gest. 1971 New York), jüd., Vorarbeiterin, 1939 Emigr. USA; *G:* Carla Kates (geb. 1921 Kassel), 1937 Emigr. USA; ∞ I. 1938 Nina Tartakovsky (geb. 1916 Petrograd, gest. 1949 Tel Aviv), ab 1921 in Deutschland, 1933 Emigr. Pal., Modeschöpferin, 1938–42 Sekr. in Tel Aviv u. Haifa, 1942 Zensor Anglo-Soviet-Iranian Censorship in Teheran; II. 1952 Ruth Erika Deutsch (geb. 1917 Wien), 1935–38 Stud. Wien, 1938 Emigr. Ägypten, 1940 Pal., 1945 USA, Stud. London, Columbia Univ., Fürsorgerin, Dir. of Social Services, ab 1948 Psychotherapeutin in New York; *K:* Daniella (geb. 1945 Tel Aviv), B.Sc., zahnärztl. Assist., 1957 in die USA; Michael Leonard (geb. 1954 Tokio); *StA:* deutsch, Pal./IL., USA. *Weg:* 1934 Pal., 1957 USA.

1929–34 Stud. Göttingen, Berlin, Paris, Marburg, 1934 Prom., Mitgl. *Werkleute,* 1934 Umschulung zum Photographen. 1934 Emigr. Palästina, 1935–39 Ausbilder der Hilfspolzei, 1938–42 kaufm. Angest. in Haifa, im 2. WK bei der Palestine Volunteer Force. 1942–45 bei United Kingdom Commercial Corp. Teheran, 1945–48 Commercial Services der *Jew. Agency* in Bombay, Teheran, Tel Aviv, 1948–49 bei der Anglo-Palestine Bank Tel Aviv. 1948–57 im isr. Außenmin., Vizekonsul, Wirtschaftsattaché, Chargé d'Affaires in New York, Los Angeles, Tokio, Mitgr. *Isr. Oriental Soc.;* 1957 tätig für Finanzierungsges. J. L. Feuchtwanger in New York (Ltr. → Franz Winkler), 1958–60 in der New Yorker Geschäftsstelle der Rassco Israel Corp., 1960–77 Finanzwiss. Nahost/Südostasien-Abt. der Fed. Reserve Bank New York. Ab 1967 Adjunct. Assoc. Prof., später Prof. für Wirtschaftswiss. Fordham Univ. New York. Ab 1958 Mitgl. *Am. Econ. Assn.* u. Berater Inst. for Mediterranean Affairs, ab 1964 Fellow *Royal Asiatic Soc.,* ab 1965 Mitgl. LBI New York, ab 1968 Fellow *Middle East Studies Assn. of North America.* Red. für Wirtschaftsfragen bei Encyclopaedia Judaica 1971.

W: u.a. Industrialization in the Middle East (Mitverf.). 1960; Lexikon des Judentums. (Mitarb.) 1966, 1971; *Qu:* Fb. Hand. – RFJI.

Rosak (Rossak), **Robert,** Partei- u. Gewerkschaftsfunktionär; geb. 19. Okt. 1905 Wien, gest. 4. März 1967 Wien; kath., 1922 Diss.; *V:* Josef R., Tischlergehilfe u. GewSekr. in Wien; ∞ verh.; *StA:* österr. *Weg:* 1934 CSR; UdSSR; 1945 Österr.

Lehre, Lithograph, später Maurer; Mitgl. SAJDÖ, ab 1926 Bundesjugendsekr. *Österreichische Baugewerkschaft,* Mitorg. der gew. Jugendorg., Red. *Der junge Bauarbeiter.* 1932–34 Mitgl. u. Sekr. der Landesexekutive der *Burgenländischen Landesgewerkschaftskommission,* 1933–34 Vizepräs. Burgenländische Arbeiterkammer, Mitgl. *Republikanischer Schutzbund.* 1934 nach den Februarkämpfen Emigr. CSR, Aufenthalt in Znaim/Mähren u. Brünn, angebl. ltd. Mitarb. beim Aufbau der illeg. *Freien Gewerkschaften Österreichs.* Juni 1934 als Ltr. des zweiten Schutzbündler-Transports in die UdSSR nach Mos-

kau. Mitgl. KPÖ. 1941 Evakuierung nach Ufa; Mitarb. u. Mitorg. des „illeg." *Senders Österreich* (→ Erwin Zucker-Schilling). 1945 Rückkehr nach Wien, Mitgl. *Gewerkschaft der Bau- und Holzarbeiter*, Mitarb. *bau-holz*, Ps. R.O. Bert.
  W: 100 Jahre Geschichte der Bau- und Holzarbeiter Österreichs. Manuskript und Dokumentation: Erwin Billmaier, Robert Rosak, Luis Seebacher. 1967. *L:* Kriegler, Johann, Politisches Handbuch des Burgenlands, Teil I. 1972; Vogelmann, Propaganda; Stadler, Opfer; Neugebauer, Bauvolk; Widerstand 1. *Qu:* Arch. Pers. Publ. Z. – IfZ.

Roscher, Heinz; geb. 3. Sept. 1898 Fiume (Rijeka)/Istrien, gest.; o.K.; ∞ Maria, 1934 Emigr. UdSSR, Ende 1938 Ausweisung nach Deutschland (Österr.); *K:* 1 S (geb. 1926?), 1934 Emigr. UdSSR, 1938 Deutschland (Österr.), 1944–45 Soldat in dt. Wehrmacht; *StA:* österr., Ausbürg. (?), UdSSR (?). *Weg:* 1934 CSR, UdSSR.
  Facharb., angebl. Werkmeister im Gaswerk Leopoldau Wien, bis 1934 Betriebsratsobmann. Mitgl. SDAP, bis 1934 stellv. Kommandant *Republikanischer Schutzbund* in Wien-Floridsdorf. 12.–14. Febr. 1934 milit. Ltr. des *Schutzbunds* im Hauptgebiet der Februarkämpfe, schlug sich nach der milit. Niederlage mit einer Gruppe bewaffneter Schutzbündler bis zur tschechoslow. Grenze durch. Ltr. EmigrLager bei Brünn, Beitritt zur KPÖ. Apr. 1934 Ltr. des ersten Schutzbündler-Transports in die UdSSR, Sprecher der Schutzbündler in Moskau. Arbeitete in einem Elektrobetrieb u. in Stalin-Autowerken in Moskau, Dez. 1934 Wahl in den Stadtsowjet Moskau, möglicherweise Mitgl. KPdSU. Mitgl. eines fünfköpfigen Ausschusses, der die *Schutzbund*-Emigr. gegenüber sowj. Behörden vertrat. Febr. 1938 Verhaftung, seitdem verschollen. Lt. amtl. sowj. Todeserklärung vom Okt. 1957 am 28. Mai 1938 an Herz-Sklerose gestorben.
  W: Die Februarkämpfe in Floridsdorf. O.J. (1935), auch unter Tarntitel *Kalender 1935* erschienen. *L:* Fischer, Erinnerungen; Scheu, Friedrich, Der Weg ins Ungewisse. 1972; Stadler, Opfer. *Qu:* Arch. Pers. Publ. – IfZ.

Roscher, Max, Parteifunktionär; geb. 22. Juli 1888 Pockau/Erzgeb., gest. 21. Aug. 1940 Peredelkino b. Moskau; Diss.; *V:* Kistenmacher; *G:* Paul, 1909 Mitgr. SPD-Ortsgruppe Pockau; ∞ Elisabeth; *K:* 1 S, 1 T; *StA:* deutsch. *Weg:* 1933 CSR; 1934 (?) UdSSR; 1936 E; 1937 (?) F; 1939 UdSSR.
  Holzarbeiter; 1911 SPD, Ortsvors. Pockau. 1914–18 Kriegsdienst, Anhänger der *Spartakus*-Gruppe, Teiln. an den Kämpfen um die Münchner Räterepublik, Dez. 1918 Mitgl. *Arbeiter- u. Soldatenrat* Bez. Marienberg, März 1919 mit Teilen der SPD-Ortsgruppe Pockau zur KPD. 1919–21 Straßenbauarb., Betriebsratsvors.; 1919–22 u. 1924 GdeRat Pockau, 1920 PolLtr. KPD-Unterbez. Pockau u. Mitgl. BezLtg. Erzgeb./Vogtland, 1921 Deleg. 7. PT Jena, 1923 8. PT Leipzig, anschl. Org-Sekr. der BezLtg. Thüringen in Jena, Aufbau der *Proletarischen Hundertschaften*. Mai–Nov. 1924 MdR, anschl. im Untergrund, Febr. 1925 Verhaftung, Freiheitsstrafe wegen Teiln. an Aufstandsaktion der KPD, Nov. 1925 vorzeit. Entlassung; Unterbez. Pockau-Lengefeld. 1926–29 MdL Sachsen, ab 1927 (1928?) PolLtr. Unterbez. Flöha u. Mitgl. BezLtg. Erzgeb./Vogtland, 1929 Deleg. 12. PT Berlin; in der Auseinandersetzung mit der Partei-Rechten um → Heinrich Brandler Vertr. der ZK-Linie, ab 1930 Ltr. des neugebildeten Unterbez. Freiberg. Anfang 1931 Verhaftung, Sept. 1931 Reichsgerichts-Urteil 20 Mon. Gef. wegen Vorbereitung zum Hochverrat aufgrund von Äußerungen bei einer Schulungsveranstaltung; Entlassung wegen Haftunfähigkeit. Ab Sept. 1932 wieder Unterbez.Ltr. Freiberg. Febr. 1933 Flucht in die CSR, Aug. 1933 Rückkehr in die illeg. Arbeit nach Dresden, Ende 1933 aus Gesundheitsgründen nach Prag, Krankenhausaufenthalt. 1934 (?) nach Char'kov. Okt. 1936 zum Aufbau der Internat. Brigaden nach Albacete, Mitorg. Btl. Edgar André. Nov. 1936 Verwundung, 1937 (?) nach Paris, Mitarb. in KPD-WohnbezGruppe u. *Freundeskreis der Deutschen Volksfront*. Apr. 1939 auf dem Seeweg in die UdSSR, bis zu seinem Tod in einem Heim für versehrte Spanienkämpfer.

L: u.a. Weber, Wandlung; Max Roscher, ein revolutionärer Führer des Proletariats. 1969; Kraushaar, Deutsche Widerstandskämpfer; Heider, Paul (Hg.), Lebendige Tradition, Bd. 1. 1974. *Qu:* Hand. Publ. – IfZ.

Rosdolsky (Rozdol'skij), **Roman**, Dr. rer. pol., Historiker; geb. 1898 Lemberg/Galizien, gest. 20. Okt. 1967 Detroit/Michigan; *V:* Ossip R., GymnLehrer in Lemberg; *M:* Olga, geb. Tanczakavska; ∞ 1939 Lemberg, Dr. Emily R., Mitgl. des illeg. KJVÖ u. der linksoppos. *Ziel und Weg*-Gruppe in Wien, 1938 Emigr. PL, 1942 Verhaftung mit Ehemann, nach Entlassung Rückkehr nach Wien, 1947 USA, A: Wien; *K:* Dr. Hans R., A: USA. *Weg:* 1934 PL; 1947 USA.
  Seit der Schulzeit in der sozialist. Bewegung, während des 1. WK Kriegsgegner, Mitgr. der illeg. *Internationalen Revolutionären Sozialistischen Jugend Galiziens*, Anhänger von → Friedrich Adler. Zeitw. Soldat in österr.-ungar. Armee. Nach Kriegsende in Prag Stud. Rechtswiss., später in Wien, Stud. Staatswiss., 1927–31 Wiener Mitarb. des Marx-Engels-Instituts Moskau. 1933(?) Prom. Schloß sich zu Beginn der 30er Jahre der trotzkist. Bewegung an, ohne in österr. trotzkist. Gruppen mitzuarbeiten. 1934 nach den Februarkämpfen Emigr. Polen, zunächst in Lemberg, Assist. des Instituts für Wirtschaftsgeschichte der Univ. Lemberg, 1934–38 Hg. einer trotzkist. Zs.; später in Krakau. 1942 Verhaftung durch Gestapo, KL Auschwitz, Ravensbrück u. Oranienburg. Nach Kriegsende wieder nach Wien, kurzfristig Lehrer an österr. GewSchule, 1947 Emigr. USA, konnte aufgrund seiner pol. Vergangenheit keine akad. Tätigkeit ausüben. Machte 1948 durch Vermittlung des „kleinen" → Otto Bauer u. der Library of Political Studies New York (→ Joseph Buttinger) eines der sehr seltenen Exemplare der 1939 in Moskau erschienenen *Grundrisse der Kritik der Politischen Ökonomie. Rohentwurf* von Karl Marx ausfindig (erst 1953 in Ostberlin nachgedruckt) u. verfaßte einen umfangreichen Kommentar, der, postum veröffentlicht, Marx-Forschung u. die theoret. Diskussion um das Marxsche *Kapital* maßgebl. beeinflußte.
  W: u.a. Das Problem der geschichtslosen Völker bei Marx und Engels. Diss.; Wspolnota gminna w byl. Galicji i jei zanik (Die ostgalizische Dorfgemeinde und ihre Auflösung) Lwow (Lemberg) 1936; Die große Steuer- und Agrarreform Josefs II. Ein Kapitel zur österreichischen Wirtschaftsgeschichte. 1961; Stosunke poddańcze w dawnej Galicji (Die Lebensverhältnisse der Untertanen im Galizien des 18. Jahrhunderts). 1962; Friedrich Engels und das Problem der geschichtslosen Völker. In: Archiv für Sozialgeschichte, Bd. IV/1964; Zur Entstehungsgeschichte des Marxschen „Kapital", 2 Bde. 1968; Studien über revolutionäre Taktik (Zwei unveröffentlichte Arbeiten über die II. Internationale und die österreichische Sozialdemokratie). 1973; Die Bauernabgeordneten im österreichischen Reichstag 1848–1849. 1977. *Qu:* Arch. Pers. Publ. – IfZ.

Rosen, Georg, Dr. jur., Diplomat; geb. 14. Sept. 1895 Schirwan/Persien, gest. 22. Juli 1961 Detmold; ev.; *V:* Dr. phil. Friedrich R. (1865–1935), ev., Orientalist, Diplomat, Außenmin. im Kabinett → Joseph Wirth; *M:* Nina, geb. Roche (1863–1956), kath., Pianistin; *G:* Leila; Oscar (1895–1907); Miriam; ∞ I. 1924 Agnes Klipfel (geb. 1905, umgek. 1943 bei Bombenangriff in Deutschland), ev.; II. 1951 Jeanne-Louise Crommelin (geb. 1917 NL), ev., A: GB; *K:* aus I: Dr. Valentina Stache (geb. 1925), Indologin; Friedrich (geb. 1926), als Soldat der dt. Wehrmacht vermißt; Paul (geb. 1932), Jurist; aus II: Nina Booth (geb. 1955), Eurhythmistin in GB; *StA:* deutsch. *Weg:* 1938 GB; 1940 USA; 1949 Deutschland (BRD).
  1912–21 Stud. Rechts- u. Staatswiss. München, Oxford, Lissabon, Leiden u. Münster, 1921 Prom.; 1917–18 Kriegsfreiw. (EK II). 1921 Eintritt in auswärt. Dienst, 1924 Legationssekr. Kopenhagen, 1925 Vizekonsul New York, 1927 Legationssekr. AA Berlin, 1931 in Reval, dann Legationssekr. in Peking, Tientsin, Mukden u. Nanking. 1938 Entlassung, Einreise nach GB als Tourist, Juni–Sept. 1940 interniert, im gleichen Jahr in die USA aufgrund quotenfreier Einwanderung für Gebürtige aus dem Iran. 1942–49 Doz. für moderne Sprachen, u.a. Assist.

Prof. Colgate Univ. Hamilton/N.Y. u. Assoc. Prof. Wartburg Coll., Iowa. 1949 Rückkehr, Übersetzer in Duisburg, 1950 Wiedereintritt in auswärt. Dienst, bis 1953 Botschaftsrat London, anschl. Legationsrat im AA Bonn, 1956-60 Botschafter in Montevideo. *Qu:* EGL. Pers. - IfZ.

Rosenberg, Arthur, Dr. phil., Historiker, Politiker; geb. 19. Dez. 1889 Berlin, gest. 7. Febr. 1943 New York; jüd., ev., Diss., jüd.; *V:* Georg Henry R., Kaufm.; *M:* Helen; *G:* 1 S, A: GB; ∞ Ella Wöhlmann (geb. 1895), Emigr.; *K:* Lieselott (geb. 1921); Wolfgang (geb. 1922), Emigr.; Peter Michael (geb. 1937); *StA:* staatenlos, 1917 deutsch, 1. Februar 1937 Ausbürg. mit Fam. *Weg:* 1933 CH; 1934 GB; 1938 USA.

1907 Abitur, Stud. Alte Gesch. u. klass. Philologie in Berlin, u.a. bei Eduard Meyer u. Otto Hirschfeld, 1911 Prom., Red-Mitgl. *Ullsteins Weltgeschichte,* zeitw. Mitarb. *Frankfurter Zeitung,* ab 1914 PrivDoz. in Berlin; ab 1915 Kriegsdienst, u.a. im Kriegspresseamt tätig. Urspr. Monarchist, 1918 zur USPD, 1920 KPD, 1921-24 StadtVO. Berlin, 1922-23 im Pressedienst der Partei tätig, Mitgl. KPD-BezLtg. Berlin-Brandenburg; Anhänger der linken Opposition um → Ruth Fischer, nach Sieg der Linken 1924-25 Mitgl. Zentrale u. PolBüro, auf 5. Weltkongreß Wahl in EKKI u. EKKI-Präsidium, 1924-28 MdR. Ab Frühj. 1925 führend in ultralinker Opposition, 1926 zunehmende Annäherung an Sozialrechte, kurzfristig Unterstützung der Thälmann-Linie, Apr. 1927 Parteiaustritt, begründet mit Steuerung von KPD u. *Komintern* durch sowj. Staatsinteressen; 1927 angebl. zur SPD, nach eigenen Angaben parteilos; Mitgl. DLM. Forschungs- u. Lehrtätigkeit, ab Aug. 1930 a.o. Prof. für Alte Gesch. u. Soziologie an der Univ. Berlin, Mitarb. sozdem. Zs. - Vor dem 1. WK anerkannte wiss. Veröffentlichungen zur röm. Gesch. mit marxist. Methodenansatz, ab 1921 Forschungen zu Demokratie u. Klassenkampf im Altertum; angeregt u.a. durch Mitarb. im Reichstagsuntersuchungsausschuß für die Ursachen des Zusammenbruchs von 1918 Hinwendung zur Zeitgeschichtsschreibung. Sept. 1933 Entlassung aus Lehramt, Emigr. nach Zürich, Beginn der Niederschrift der *Geschichte der Deutschen Republik von 1918-1930,* die - im sozdem. Exilverlag Graphia erschienen - Anlaß zur Ausbürg. war; Mitarb. *Zeitschrift für Sozialismus* der *Sopade* u. *Pariser Tageblatt.* 1934-37 Gastprof. Univ. Liverpool, ab 1938 Prof. für Gesch. Brooklyn Coll. New York. In der Emigr. Rückkehr zum Judentum, stellv. Vors. *Jewish Students' Fed. of Great Britain* u. Fakultätsberater *Avukah Zionist Students' Fed. of America.* In seiner sozialgesch. orientierten Historiographie versucht R., die vielschichtigen Wechselwirkungen von sozio-ökonom. u. pol.-ideolog. Faktoren in der Entwicklung des Proletariats, d.h. der unterprivilegierten Gesellschaftsschichten, unter Anwendung marxist.-dialekt. Kritik darzustellen, ohne dem „nomologischen" Ansatz des orthodoxen histor. Materialismus zu folgen. In der Emigr. vor allem Beschäftigung mit dem Verhältnis von Sozialismus und Demokratie u. dem Scheitern der dt. Arbeiterparteien, die es als „aktionsunfähige Berufsbewegung der sozialistischen Arbeiter" innerhalb einer kapitalist. Formaldemokratie nicht vermocht hätten, durch eine machtbewußte Selbstreg. des werktätigen Volks das Proletariat als Nation zu konstituieren. R.s Hauptwerk über Entstehung u. Gesch. der dt. Republik trug nach 1945 wesentl. zur Revision des Geschichtsbilds von der dt. Revolution u. vom Weimarer Staat bei.

W: u.a. Untersuchungen zur römischen Zenturienverfassung. 1911; Der Staat der alten Italiker. Verfassung der Latiner, Osker und Etrusker. 1913; Geschichte der römischen Republik. 1921 (span. 1926); Einleitung und Quellenkunde zur römischen Geschichte. 1921; Demokratie und Klassenkampf im Altertum. 1921; Die Entstehung der Deutschen Republik. 1871-1918. 1928 (engl. 1931); Geschichte des Bolschewismus von Marx bis zur Gegenwart. 1932 (ital. 1933, engl. 1934, norweg. 1935, franz. 1936, hebr. 1936; Neuaufl.: Geschichte des Bolschewismus, 1966); Historikus (Ps.), Der Faschismus als Massenbewegung. Karlsbad (Graphia) 1934 (Neuaufl. in: Bauer, Otto/Marcuse, Herbert/Rosenberg, Arthur u.a., Faschismus und Kapitalismus. 1967); Geschichte der deutschen Republik von 1918-1930. Ebd. 1935 (engl. 1936; Neuaufl. gemeins. mit Die Entstehung der Deutschen Republik unter dem Titel: Entstehung und Geschichte der Weimarer Republik, 1955; 1969 (11. Aufl.); Demokratie und Sozialismus. Zur politischen Geschichte der letzten 150 Jahre. Amsterdam (Allert de Lange) 1938 (engl. 1939; Neuaufl. 1962, Nachdruck 1971); Was bleibt von Karl Marx? und andere Aufsätze. 1972. *L:* u.a. Freie Wissenschaft. Paris 1938; Schachenmayer, Helmut, Arthur Rosenberg als Vertreter des historischen Materialismus. 1964; Weber, Wandlung; Stollberg, Gunnar, Theorie und Erfahrung. Die Faschismusschriften Rosenbergs, Serings und Sternbergs im Lichte der Marxschen Theorie. In: IWK 1974, H. 1. *Qu:* Arch. Hand. Publ. Z. - IfZ.

Rosenberg, Ludwig, Gewerkschaftsfunktionär; geb. 29. Juni 1903 Berlin, gest. 23. Okt. 1977 Düsseldorf; jüd., 1930 Diss.; *V:* Moritz R. (gest. 1923), jüd., Kaufm.; *M:* Hedwig, geb. Leyser (umgek. 1943 [?] KL Auschwitz), jüd.; ∞ 1933 London Margot Mützelburg (geb. 1905), ev., Diss., Sekr.; *StA:* deutsch. *Weg:* 1933 GB; 1946 Deutschland (BBZ).

Realgymn., 1921-25 Lehre im väterl. Konfektionsgeschäft, bis 1928 kaufm. Angest.; 1921-23 *Republikanischer Jugendbund,* 1923 SPD u. *Reichsbanner,* 1925 Mitgl. *Gewerkschaftsbund der Angestellten* (GdA), ab 1928 hauptamtl. GdA-Funktionär, GewSekr. in Berlin, 1930-31 Staatl. Fachschule für Wirtsch. u. Verw. Düsseldorf, dann GdA-BezGeschäftsf. in Krefeld, Düsseldorf u. Brandenburg/Havel. 2. Mai 1933 Entlassung, 18. Juni 1933 Flucht vor drohender Verhaftung nach GB, Unterstützung durch brit. GewKollegen. Gewerbefl. Tätigkeit als Journalist, Lektor bei *Workers' Educational Assn.* u. kaufm. Angest.; 1940 Internierung Isle of Man, Ende 1940-44 Ltr. German and Austrian Labour Exchange des brit. ArbMin. für die Vermittlung von Emigr. in die brit. Kriegsindustrie; mit → Erich Ollenhauer beratende Tätigkeit für OSS. Mitgl. SPD London u. *Landesgruppe deutscher Gewerkschafter in Großbritannien,* Mithg. *Die neue deutsche Gewerkschaftsbewegung. Programmvorschläge für einen einheitlichen Gewerkschaftsbund* vom Frühj. 1945. Herbst 1946 Rückkehr, Mitgl. Sekretariat des *Gewerkschaftsbunds der britischen Zone* in Bielefeld u. Düsseldorf, 1948-49 Sekr. *Gewerkschaftsrat der Vereinigten Zonen* in Frankfurt/M., ab 1949 Mitgl. Bundesvorst. des DGB in Düsseldorf, Ltr. der Abt. Ausland u. ab 1954 der Abt. Wirtschaft, ab Sept. 1959 stellv. Bundesvors., Okt. 1962 bis zur Pensionierung 1969 DGB-Vors.; Vertr. der sozialen Ausgleichsfunktion der Gewerkschaften u. erfolgreicher Interessenvermittler zwischen den Einzelgew. des DGB. Förderer der Beziehungen zwischen DGB u. isr. Gew. *Histadrut.* 1963-69 Vizepräs. IBFG, zeitw. Präs. Wirtschafts- u. Sozialausschuß der Europ. Gemeinschaften, Mitgl. Exekutivkomitee des *Deutschen Rats der Europäischen Bewegung,* Vors. *Hans-Böckler-Gesellschaft,* Präsidialmitgl. *Kuratorium Unteilbares Deutschland,* Kuratoriumsmitgl. Akademie der Wissenschaften von NRW, Senator Max-Planck-Gesellschaft u.a. Ehrenämter u. Mitgliedschaften, Mitgl. zahlr. AR u. wirtschaftspol. Gremien. - *Ausz.:* 1962 Großoffz. des ital. VO, 1963 Gr. BVK mit Stern u. Schulterband, 1976 Freiherr-vom-Stein-Preis.

W: u.a. Vom Wirtschaftsuntertan zum Wirtschaftsbürger. 1948; Die wirtschaftliche und gesellschaftliche Funktion der Gewerkschaften. 1952; The German Experience with Inflation. 1958; Wirtschaftspolitik als Aufgabe. 1959; Entscheidungen für morgen - Gewerkschaftspolitik heute. 1969; Genieße die Zeitgenossen (Aphorismen). 1972; Sinn und Aufgabe der Gewerkschaften. 1973, 1974; Kommentare zur Zeit. 1976. *D:* DGB, AsD. *Qu:* Fb. Hand. Publ. Z. - IfZ.

Rosenberg, Mischael, M.A., Pädagoge, Ministerialbeamter; geb. 2. Jan. 1919 Wiesbaden-Bierstadt; jüd.; *V:* Süssie Jakob R. (geb. 1876 Wisnicz/Bukowina, umgek. im Holokaust), Kantor, Zion.; *M:* Sophie (State), geb. Kleinmann (geb. 1897 Lemberg/Galizien, umgek. im Holokaust); *G:* Lea (geb. 1922, umgek. im

Holokaust), Mitgl. *Brith Hanoar*; ∞ 1952 Anni Möller (geb. 1921 Hamburg), Kinderschwester; *K:* Yaakov (geb. 1953), IDF; Miriam (geb. 1957); *StA:* deutsch, Pal./IL, IL u. deutsch. *Weg:* 1939 Pal.

1936-37 landwirtschaftl. Hachscharah Wiesbaden, 1937-38 Stud. isr. Lehrerbildungsanstalt Würzburg, 1939 Examen als ReligLehrer, Mitgl. *Esra, Brith Hanoar, Brith Chaluzim Datiim*, Sammlung von Geldspenden für KKL u. *Keren Torah vaAvodah*, 10. Nov. 1938 verhaftet. März 1939 Emigr. Palästina mit B III-Zertifikat, 1939-42 Stud. Misrachi PH, Grundschullehrerexamen, Stud. Hebr. Univ., 1943-49 Grundschullehrer, u.a. 1947-48 Lehrer in D. P.-Lagern in Deutschland. 1951 M. A. Hebr. Univ., ab 1952 Beamter im isr. Wohlfahrtsmin., 1952-54 Assist. des Schulinspektors, 1956-59 in der Forschungsabt.; gleichz. 1956-58 Stud. Hebr. Univ., 1959-62 Schulinspektor für Heime für jugendl. Kriminelle, 1962-72 Dir. Abt. für geistig Behinderte, 1972-73 Dir. Abt. für örtl. Sozialämter, ab 1973 Dir. für Rehabilitierung. Ab 1941 Mitgr. u. Mitgl. *Mischmeret haZeirah shel haPoel haMizrahi*, ab 1963 Mitgl. u. 1965-67 Vizepräs. der Loge *B'nai B'rith*, Mitgr. isr. Sektion der *Internat. Soc. for the Sciences*. Lebte 1976 in Jerusalem.

W: Batei Yeladim beYisrael. (Kinderpflegestätten in Israel, Hg.) 1961; The Care of the Mentally Retarded in Israel. 1968. *Qu:* Fb. Hand. - RFJI.

Rosenberg, Werner, Dr. jur., Rechtsanwalt; geb. 6. Juni 1903 Berlin, gest. 3. Mai 1957 New York; jüd.; *V:* Dr. med. Arthur R.; *G:* Henry (Hendrik) Lindt, A: USA; *StA:* deutsch; USA. *Weg:* 1938 USA.

Stud. Rechtswiss. Würzburg u. Berlin, ab 1922 Mitgl. KC, 1923 Mitgl. AStA Berlin, Mitgl. Hauptvorst. CV u. Mitarb. *CV-Zeitung* Berlin. 1926 Referendar, 1930 Assessor, 1930 Prom. Breslau, bis 1933 RA in Berlin, 1933 Berufsverbot; bis 1938 einer der Dir. des *Hilfsvereins*, charterte Nov. 1936 für *Hilfsverein* Flüchtlingsschiff *Stuttgart* für Fahrt nach Südafrika, um jüd. Emigr. vor Inkrafttreten neuer südafrikan. Einwanderungsbestimmungen die Einreise zu ermöglichen, 1938 Vertr. des *Hilfsvereins* auf der Konf. von Evian. 1938 Emigr. USA, Stud. Fordham Univ., RA-Zulassung in New York, RA u. Vertrauensanwalt des dt. GenKonsulats New York. Vorst.- Mitgl. A.F.J.C.E.

W: Das Recht der akademischen Grade in Preußen (Diss.). 1930; Art. über Minderheitenrecht in Fachzs. *Qu:* EGL. Z. - RFJI.

Rosenberger, Ernst Hey, J. D., Richter; geb. 31. Aug. 1931 Hamburg-Wandsbek; jüd.; *V:* Dr. med. Ferdinand R. (geb. 1892 Ermetzhofen/Bayern, gest. 1942 USA), jüd., Arzt, 1935 Emigr. USA; *M:* Edith, geb. Heymann (geb. 1903 Friedrichstadt/Schlesw.-Holst.), jüd., 1935 Emigr. USA; *G:* Lotte Künstler (geb. 1925 Hamburg), 1935 Emigr. USA, VerwTätigkeit am Queen's Coll. New York; ∞ I. 1968-70 Anna Jane Warshaw (geb. 1942 Detroit/Mich.), jüd., B.A., gesch.; II. 1978 Judith A. Brailey (geb. 1943), Ph. D., Psychotherapeutin, Doz. Lehman Coll., City Univ. New York; *StA:* deutsch, 1943 USA. *Weg:* 1935 USA.

1935 Emigr. USA mit Familie, 1949 Stud. City Coll. New York, 1949-51 US-Armee. 1955 B.A. City Coll. New York, anschl. Stud. Rechtswiss. New York Law School, 1958 J.D.; Chefred. *The Law Review*. 1958-59 Mitarb. im RA-Büro Kunstler & Kunstler New York, 1960 Approbation der Northwestern Univ. Law School Chicago, 1959-70 RA in New York, 1970-72 Teilh. Ordover, Rosenberger and Rosen New York. 1972-76 Richter am Criminal Court New York, 1973-76 stellv. Richter am N.Y. State Supreme Court, 1976 Approbation Nat. Coll. State Judiciary der Univ. Nevada, ab 1977 Richter am N.Y. State Supreme Court. Adjunct. Assoc. Prof. New York Law School, Beteiligung an zahlr. Bürgerrechts-Prozessen, u.a. 1961 Fall der Mississippi Freedom Riders; Stud. des Jugendstrafvollzugs in Deutschland (BRD) auf Einladung der dt. Reg.; 1978 Richter im Korruptionsverfahren gegen Angehörige der Strafjustiz in New York City; Berater des Ltr. der Rechtsabt. im US Off. of Econ. Opportunities Washington/ D.C., 1977 VorstMitgl. *Blue Card*, Dir. Kinderpflegeheim Abbott House Irvington/N.Y., Mitgl. *Assn. of the Bar of the City of New York, Am. Bar Assn, Nat. Conf. of State Trial Judges, Am. Judges Assn., Am. Judicature Soc.* Lebte 1977 in New York. - *Ausz.:* Moot Court Award der New York Law School.

L: u.a. Nader, Ralph, Cruel and Unjust Justice. 1974; Nader, Ralph, Verdicts on Lawyers. 1976. *Qu:* Fb. - RFJI.

Rosenblatt, Edgar Fritz, Dr. phil., Industrieller; geb. 30. Juli 1901 Großenhain/Sa.; ev., Quäker; *V:* Arthur R. (geb. 1865 Lengefeld/Hessen, gest. 1944), anglikan., Kaufm.; *M:* Maria, geb. Schuster (geb. Wien, gest. USA), kath., 1940 Emigr. USA; *G:* Paul (geb. 1896 Großenhain, gef. im 1. WK); Margrit (geb. 1898 Großenhain), Stud. Lehrerseminar, Emigr. GB, USA, Lehrerin am Midland Lutheran Coll., Tremont/Nebr.; ∞ 1928 Herta Fischer (geb. 1903 Meiningen/Thür.), Quäker, Stud. Leipzig, Apothekerin, 1935 Emigr. USA mit Kindern, Schriftst.; *K:* Christine Downing (geb. 1930), Ph.D., Prof. für Theol. San Diego State Univ.; Gerd Matthew (geb. 1932), Ph.D. Princeton Univ., Prof. Chemie Pa. State Univ.; Johanna Maria Alger (geb. 1934 Leipzig); *StA:* deutsch, 1941 USA. *Weg:* 1934 GB, 1935 USA.

1922-28 Stud. Chemie Tübingen u. Leipzig, 1930 Prom. Leipzig, 1929-33 Assist. chem. Labor der Univ. Leipzig. 1934 Emigr. GB, 1934-35 Forschungsarb. Cambridge Univ.; 1935 in die USA, 1935-41 Forschungschemiker Baker Co./N.J., 1941-69 Angest., 1952-58 Vizepräs. u. 1958-65-69 Dir. bei Engelhard Industries Inc. Newark/N.J., zugl. 1965-69 Präs. u. stellv. Vors. bei Engelhard Minerals & Chem. Corp., 1969 Ruhestand; in den 60er Jahren Präs., Dir. u. stellv. Vors. versch. Tochterges. der Engelhard Minerals u. Chemicals Corp. in Italien, Japan, Südafrika u. GB, 1958-60 Dir. Nuclear Corp. Am., 1963-69 Minerals & Chem. Philipp Corp., 1966-69 Amersil Inc. & Oriental Diamond Indus. Ltd.; Mitgl. *Am. Chem. Soc., Am. Assn. Advancement of Science, Am. Inst. Management, Am. Inst. of Mining, Metallurgy and Petroleum Engineers.* Lebte 1977 in Peapack/N.J.

W: Zur Konstitution der Platin-diamin- und der Platin-tetramin-Verbindungen (Diss.). 1930. *Qu:* Fb. Hand. Pers. Publ. - RFJI.

Rosenblüth, Martin Michael, Dr. phil., Verbandsfunktionär, Ministerialbeamter; geb. 1. Febr. 1886 Messingwerk bei Eberswalde/Brandenburg; gest. 7. Juli 1963 Tel Aviv; *V:* Samuel (geb. 1854 Ungarn, gest. 1925 Berlin), Stud. Jeschiwah Preßburg, 1871-1910 bei Metallgroßhandel Aron Hirsch & Sohn, 1911-25 Fabrikant in Berlin; *M:* Fanny, geb. Pulvermacher (geb. 1861 Berlin, gest. 1949 Tel Aviv), jüd., Kindergärtnerinnen-Seminar, Gouvernante, 1931 nach Pal.; *G:* Dr. jur. Pinhas Rosen (Felix Rosenblüth) (geb. 1887 Messingwerk, gest. 1978 Kefar Saba/IL), RA, 1931 nach Pal., Mitgr. von I.O.M.E., 1949-68 M.K., 1948-61 Justizmin., ab 1961 Vors. *Liberale Partei*; Malli Danziger (geb. 1889 Messingwerk), 1923 nach Pal.; Joseph (geb. 1892 Messingwerk, gest. 1954 Tel Aviv), Kaufm. in Berlin, 1933 Emigr. Pal.; Dr. med. Leo R. (geb. 1893 Messingwerk, gest. 1966 Tel Aviv), Kinderarzt, 1922 nach Pal., Arzt; Max (geb. 1897 Messingwerk, gef. 1916); Elsa Sternberg (geb. 1899 Messingwerk), 1933 Emigr. Pal., Schriftstellerin; ∞ 1918 Marie Zellermeyer (geb. 1894 Wien), jüd., Stud. Med. Berlin, 1933 Emigr. GB, 1941 USA, 1963 CDN; *K:* Eli (Michael A. Howell) (geb. 1919 Kopenhagen, gef. März 1945 I), 1933 Emigr. GB, B.Sc., Univ. London, ab 1942 Freiw. bei den Royal Engineers; Gideon (geb. 1921 Berlin), 1933 Emigr. GB, 1940 CDN, Ph.D. Columbia Univ., Prof. für Wirtschaftswiss. Univ. of Brit. Columbia Vancouver; Raja (geb. 1925 Berlin), 1933 Emigr. GB, 1941 USA, M.A. New York Univ., Biologin, 1967 nach CDN; *StA:* deutsch, Pal./IL. *Weg:* 1933 GB, 1941 USA.

Stud. Hamburg, München, Berlin u. Marburg, 1909 Prom. Kiel, 1910 Staatsexamen. 1910-15 Sekr. des Präs. u. des Inneren Aktionskomitees (David Wolffsohn, Otto Warburg, Jacobus Kann) der WZO-Zentrale in Köln, später in Berlin, 1915-20 mit Dr. Simon Bernfeld Ltr. der Geschäftsstelle in Kopenhagen, 1920 mit → Kurt Blumenfeld Deleg. der ZVfD zur Londoner Jahreskonferenz der WZO, 1921-23 Ltr. der Palästinazentrale in Wien, daneben 1913-19 Schriftltr. *Blau-Weiß-Blätter*, Mitgl. KJV. 1923-25 Vertr. des *Keren Hayessod* in Wien. 1925-29 geschäftsf. Vizepräs., Mitgl. geschäftsf. Ausschuß der ZVfD Berlin, 1929-33 Geschäftsf. von *Keren Hayessod* Berlin. Apr. 1933 Emigr. GB, 1933 Vertr. der ZVfD bei der *Jew. Agency* in London. 1933-40 Ltr. der Londoner Geschäftsstelle des *Zentralbüros für die Ansiedlung deutscher Juden in Palästina*. 1941 in die USA, Ltr. der InfoAbt. des *United Pal. Appeal* New York. 1949-63 Vertr. des isr. Finanzmin. für Nord- u. Südamerika in New York; Mitgl. *Theodor Herzl Soc.* New York, VorstMitgl. A.F.J.C.E.

W: Beiträge zur Quellenkunde von Petrons Satiren. (Diss.) 1909; The Palestine Phase of the $ 250.000.000 United Jewish Appeal. 1948; Go Forth and Serve. Early Years and Public Life (ABiogr.). 1961; Eli, the Story of His Life, Nov. 1919 - March 1945 (Biogr. des im 2. WK gefallenen Sohns). 1962; Art. über Pal., Israel u. den Zionismus in isr. u. am. Zs. u.a. Publ. *L:* Moses, Siegfried, Martin Rosenblüth. In: Meilensteine; Tramer, Hans, Jüdischer Wanderbund Blau-Weiß. In: Bulletin LBI, 1962; Moses, Siegfried, Martin Rosenblüth. Zum Gedenken. In: MB, 19. Juli 1963. *D:* LBI New York. *Qu:* Arch. ABiogr. Hand. HGR. Pers. Z. – RFJI.

Rosenfeld, Egon, Dr. jur., Rechtsanwalt, Verbandsfunktionär, Journalist; geb. 9. Mai 1907 Wien; *V:* → Moritz Rosenfeld; ∞ 1935 Margit Krakauer (geb. 1912 Galanta/ungar. Komitat Preßburg), jüd., Handelsschule, tätig in der Modeindustrie, 1939 Emigr. Chile; *K:* Corina Renee (geb. 1941), Hochschullehrerin; Daniela Raquel (geb. 1944), M.D., Ärztin, 1972 nach IL; *StA:* österr., 1954 Chile. *Weg:* 1938 I; 1939 Chile.

1925-30 Stud. Rechtswiss. Wien, 1930 Prom., Mitgl. *Jung-Herzl-Klub* Wien, 1932-38 RA-Konzipient in Wien, 1936 Zulassung zur Anwaltskammer, 1938 Berufsverbot, anschl. Hersteller künstl. Blumen u. Ledergürtel; Nov. 1938 KL Dachau. Dez. 1938 Emigr. Italien mit Hilfe von Verwandten, März 1939 nach Chile, 1939-56 Hersteller künstl. Blumen u. Hutfedern in Santiago, 1954 RA bei URO, 1956-67 Geschäftsf. u. RedMitgl. Wochenzs. *Mundo Judio*. Mitgl. *Inst. Chileno-Israeli de Cultura*, *Committee of Jew. Collective Fight against Anti-Semitism*, 1956-67 Büroltr. *Zion. Fed.*, zeitw. Präs. *B'nai B'rith Negba* Santiago, 1970-76 Red. *Boletin Informativo* (span.-dt. Monatsschrift, veröffentl. von *Sociedad Cultural Israelita B'ne Jisroel*). Lebte 1977 in Santiago de Chile.

Qu: Fb. Pers. Publ. – RFJI.

Rosenfeld, Kurt, Dr. jur., Politiker; geb. 1. Febr. 1877 Marienwerder/Westpr., gest. 25. Sept. 1943 New York; jüd., Diss.; *V:* Arnold R., Fabrikant; *M:* Ida; ∞ 1902 Alice Kristeller (geb. 1878), 16. April 1937 Ausbürg.; *K:* Hilde (geb. 1905), Alfred (geb. 1908); *StA:* deutsch, 29. März 1934 Ausbürg., 1939 USA. *Weg:* 1933 F; 1934 USA.

Gymn. in Marienwerder u. Berlin, 1896-99 Stud. Rechtswiss. u. Volkswirtsch. Univ. Freiburg/Br. u. Berlin, ab 1905 RA in Berlin; 1901 Einjährig-Freiwilliger Garde-Füsilierregiment Berlin, 1914-18 Teiln. 1. WK; während des Stud. Eintritt in die SPD, 1910-20 StadtVO. Berlin; 1917 Mitgr. USPD, Mitgl. PV; Nov. 1918-Jan. 1919 preuß. Justizmin., Mitgl. Verfassunggebende preußische Landesversammlung, 1920-32 MdR; widersetzte sich auf dem USPD-PT 1922 in Gera mit Anhängern → Georg Ledebours der Wiedervereinigung mit der SPD, fügte sich aber dem Mehrheitsbeschluß. Bekannter pol. Strafverteidiger (u.a. von Rosa Luxemburg, Kurt Eisner, Georg Ledebour u. Carl von Ossietzky), prominentes Mitgl. DLM. In der SPD führender Vertr. der Linksopposition, die eine Re-Ideologisierung der sozdem. Politik anstrebte; neben Max Adler, Paul Levi, → Max Seydewitz u. → Heinrich Ströbel Mithg. *Der Klassenkampf - Marxistische Blätter*; mit der sog. *Klassenkampf*-Gruppe um diese Zs. Opposition gegen SPD-Koalitionspolitik unter Hermann Müller u. später gegen die Tolerierung der Brüning-Reg., März 1931 Bruch der Fraktionsdisziplin bei Reichstagsabstimmung über den Panzerkreuzerbau. Juli 1931 mit den übrigen Hg. des *Klassenkampf* Verf. eines Mahnrufs an die Partei gegen die Tolerierungspol.; Juli 1931 als Antwort auf den PV-Vorwurf „sonderorganisatorischer Bestrebungen" mit Seydewitz Grdg. Freie Verlagsgesellschaft GmbH als Nachf. der Marxistischen Verlagsgesellschaft, die u.a. *Die Roten Bücher* der Marxistischen Büchergemeinde u. *Die Fackel, Sozialistische Wochenzeitung - Gegen Nationalismus und Kulturreaktion* verlegte. 29. Sept. mit Seydewitz Parteiausschluß, 1. bzw. 2. Okt. gemeins. *Aufruf an alle Sozialdemokraten* u. Einberufung einer Reichskonf. der sozdem. Opposition, die am 4. Okt. 1931 zur Grdg. der SAPD führte; mit Seydewitz Parteivors., nach 1. PT März 1932 Beisitzer des geschäftsf. Vorstands. Die SPD angesiedelte Splittergruppen wie *Arbeitsgemeinschaft für linkssozialistische Politik*, *Sozialistischer Bund* (Georg Ledebour) sowie Reste der USPD um → Theodor Liebknecht anschlossen, hatte anfangs über 20.000 Mitgl. vor allem in Berlin, Frankfurt/M., Sa., Schlesien u. Thür.; ihre relative Homogenität ging jedoch bald nach Anschluß der KPDO-Minderheitsgruppe um → Jacob Walcher u. → Paul Frölich verloren, die sich zus. mit der SAPD-Linken um → Fritz Sternberg u. Klaus Zweiling in den nach dem 1. PT ausbrechenden Flügelkämpfen gegen die „zentristische" Politik des größtenteils aus der *Klassenkampf*-Gruppe hervorgegangenen PV wandte. Aufgrund dieser Flügelkämpfe trat R. Ende 1932 mit der PV-Mehrheit für die Auflösung der SAPD ein; 3. März 1933 (Jan. 1933?) Auflösungsbeschluß u. Aufforderung an Parteimitglieder zum Anschluß an KPD (Rosenfeld) bzw. SPD (Seydewitz); 1933 Emigr. nach Paris, Mitorg. Londoner Reichstagsbrand-Gegenprozeß vom Sept. 1933. 1934 in die USA, in Verbindung mit → Willi Münzenberg Propagierung des Volksfrontgedankens, ab 1941 Mithg. der Zs. *The German-American* sowie Mitarb. *Germany Today*, Hg. *inpress*; 1942 Präs. *German-American Emergency Conference*, nach Konstituierung des *Lateinamerikanischen Komitees der Freien Deutschen* 1943 Mitgl. Ehrenpräsidium. Bis zu seinem Tode als Rechtsanwalt in den USA tätig.

L: Drechsler, SAPD; MGD; GdA-Biogr.; Radkau, Emigration; Kießling, Alemania Libre; Langkau-Alex, Volksfront. *Qu:* Arch. Hand. Publ. – IfZ.

Rosenfeld, Moritz, Dr. phil., Rabbiner; geb. 9. März 1876 Gairing(Gajary)/Ungarn, gest. 2. Sept. 1951 Santiago/Chile; *V:* Gustav R. (geb. 1847 Neutra/Ungarn, gest. 1921 Wien), Rabbiner; *M:* Regina, geb. Hahn (geb. 1850 Gairing, gest. 1919 Wien); *G:* Berta Rosenfeld (geb. Wien, gest. Verona), 1940 Sekr. Jüd. Gde. Meran; ∞ Margarete, geb. Casparius (geb. 1873 Berlin, gest. 1939 Wien), jüd.; *K:* Friedrich (geb. 1902 Wien), Stud., Schriftst., 1934 Emigr. CSR, 1939 GB; → Egon Rosenfeld; Walter (geb. 1908 Wien), Stud. Wien, Radiotechniker, 1947 nach Chile; *StA:* österr., Chile. *Weg:* 1939 Chile.

Prom. Bern, Ordination zum Rabbiner in Bern, 1902-32 ReligLehrer an Wiener Gymn.; im 1. WK Feldrabbiner (Rot-Kreuz-Med.). 1902-39 Mitgl. Zion. Org. u. Jüd. Gde. Wien, daneben 1920-32 Rabbiner u. Ltr. Jüd. ReligLehrerseminar Wien. 1939 Emigr. Chile über Italien, Unterstützung durch HIAS, 1939 Mitgr. u. ehrenamtl. Aufsichtsbeamter im relig. Erziehungsausschuß *Vaad Hahinuh*, 1940-50 Rabbiner jüd. Gde. Santiago, aktives Mitgl. KKL Santiago.

W: u.a. Der jüdische Religionsunterricht. 1921; Leben und Werk des Rabbiners H. P. Chajes. 1933; Der Seder. 1944; Art. in: Jüdisches Lexikon, 1927. *Qu:* Pers. – RFJI.

Rosenfeld, Siegfried, Dr. jur., Ministerialbeamter, Politiker; geb. 22. März 1874 Marienwerder/Westpr., gest. Nov. 1947 London; jüd., 1891 Diss.; ∞ II. 1920 Dr. Elsbeth Rahel Behrend (1891-1970), ev., Diss., Fürsorgerin, SPD, ab 1942 im Untergrund, 1944 Flucht CH, 1946 Emigr. GB, 1953 Rückkehr nach Deutschland (BRD); *K:* aus I: Eva Gustave (Gustl) Behrend (geb. 1916), 1935 Abitur Berlin, 1937 Emigr. Argent., Sprachlehrerin am Goethe-Institut Cordoba; Peter (geb. 1921), landwirtschaftl. Hachscharah Großbreesen, 1938 Emigr. GB, nach 1945 Stud. Ruskin Coll., Cambridge, lt. GewAngest.; Hanna Cooper (geb. 1922), landwirtschaftl. Hachscharah Großbreesen, 1938 Emigr. GB, Sozialarb.; *StA:* deutsch *Weg:* 1939 GB.

Stud. Rechtswiss. Berlin u. Freiburg, 1897 Referendar, 1898-99 MilDienst, 1899 Prom. Rostock, 1903 Assessor, 1903-23 RA u. Notar in Berlin, 1914-18 Kriegsteiln.; 1905 SPD, 1912-23 Rechtsbeistand des *Deutschen Landarbeiterverbands.* 1919-20 StadtVO. Berlin-Charlottenburg, 1921-33 MdL Preußen, u.a. 1926 Vors. Untersuchungsausschuß zur Lage der Bergarb.; 1923 Kammergerichtsrat u. Ref. im Preuß. Justizmin., 1925 MinRat, 1928 (1932?) MinDirigent. Lebte nach 1933 in Oberbayern, 1934 kurzfr. Haft, Aug. 1939 Emigr. nach London, Juni-Sept. 1940 Internierung Isle of Man; aktives Mitgl. AJR, Mitgl. SPD London.

L: Behrend-Rosenfeld, Else R., Ich stand nicht allein - Erlebnisse einer Jüdin in Deutschland 1933-1944. 1949, 1963. *Qu:* Arch. EGL. Hand. Pers. Publ. Z. - IfZ.

Rosenheim, Jacob, Verleger, Verbandsfunktionär; geb. 9. Nov. 1870 Frankfurt/M., gest. 3. Nov. 1965 Jerusalem; jüd.; *V:* Eduard R.; ∞ 1898 Gertrude Strauss (geb. 1879 Karlsruhe, gest. 1940 London); *K:* Isabella Schlesinger (geb. 1899 Frankfurt/M.), A: IL; Isak (geb. 1900 Frankfurt, gest. 1947 Jerusalem), RA; August (geb. 1901 Frankfurt, gest. 1918 Frankfurt); Carry Ben-Shama (geb. 1902 Frankfurt), A: IL; Samuel (geb. 1904 Frankfurt), Kaufm. in New York; Hermann (geb. 1906 Frankfurt, gest. 1911 Frankfurt); Henriette Neuberger (geb. 1909 Frankfurt), 1932 Emigr. Pal., Kindergärtnerin; Felix (geb. 1912 Frankfurt), Buchhändler in Tel Aviv; Adele Engel (geb. 1914 Frankfurt), A: USA. *Weg:* 1935 GB, 1941 USA, 1949 IL.

Realschule der Isr. ReligGde. Frankfurt, 1886-93 Banklehre u. Bankangest. in Frankfurt, 1894-95 im Verlags- u. Buchhandel in Berlin tätig, 1895-1935 Gr. u. Geschäftsf. des Hermon-Verlags Frankfurt/M., daneben 1905-35 Verleger u. Red. der orthodoxen Wochenzeitung *Der Israelit.* 1906-35 VorstMitgl. Israelitische Religionsgesellschaft Frankfurt/M. u. Ltr. der Verw. ihrer Volksschule, 1906 Mitgr. *Deutsch-Holländische Palästinaverwaltung,* Gr. u. Ltr. orthod. Schulen in Palästina vor dem 1. WK, 1909-11 Mitgr. *Weltorganisation orthodoxer Juden,* 1912 Mitgr. *Agudas Yisroel* Kattowitz/Schlesien, 1922 (1923?)-65 Präs., später Ehrenpräs. *Agudat Israel World Org.,* Mitgl. *Freie Vereinigung für die Interessen des orthodoxen Judentums* u. *Weltverband für Sabbathschutz Schomrei Schabbos.* 1935 Emigr. GB, 1941 in die USA, 1949 nach Israel, Fortsetzung der Arbeit für *Agudah Israel World Org.,* Eintreten für Aufnahme orthod. Juden in isr. RegDienst.

W: Beiträge zur Orientierung im jüdischen Geistesleben der Gegenwart. 1920; Ohole Jacob. Ausgewählte Aufsätze und Ansprachen. 2 Bde. 1930; Das Bildungsideal Samson Raphael Hirschs und die Gegenwart. 1935 (engl. 1951); Agudas Israel Faces One World Scene. Foreign Policy of Agudas Israel World Organization (Vorlesung), 1947; Zikhronot (Erinn.). 1955; The Tent of Jacob. Selected Essays. 1957; Eisenmann, H./Kruskal, H.N. (Hg.), Erinnerungen 1870-1920. 1970. *L:* Schwab, H., Jacob Rosenheim. 1925; Festschrift für Jacob Rosenheim. 1931; Schwab, H., History of Orthodox Jewry in Germany. 1950; Yaakov Rosenheim. His Life and Works. In: Yaakov Rosenheim Memorial Anthology. 1968; Feuchtwanger Family; E.J.; U.J.E. *D:* LBI New York. *Qu:* Arch. Hand. Publ. Z. - RFJI.

Rosenow, Kurt, Offizier; geb. 25. Juni 1905 Berlin; jüd., 1942 ev.; *V:* Felix R. (1875-1936), jüd., Kaufm.; *M:* Emmy, geb. Sachs (geb. 1880, gest. 1941 Berlin), jüd.; ∞ 1937 Lotte Burchard (geb. 1907), Sekr., 1939 Emigr. GB, 1940 USA; *K:* Thomas (geb. 1956), *StA:* deutsch, nach 1940 Ausbürg., 1943 USA. *Weg:* 1939 GB, 1940 USA.

Ab 1923 Stud. Rechtswiss. Berlin u. Königsberg, 1929 Referendar, 1932 Assessor. Ab 1921 bünd. Jugend, 1925-32 Funktionen im *Bund der Reichspfadfinder,* 1923-25 Mitgl. *Verband nationaldeutscher Juden,* 1931-33 *Konservative Volkspartei.* Mai 1933 Entlassung aus Staatsdienst, Angest. in RA-Kanzleien; 1937 Antrag auf US-Visum, Juli 1939 mit befristeter Aufenthaltsgenehmigung nach GB, Juni-Okt. 1940 Internierung in Kempton Park u. Prees Heath. Nov. 1940 USA, Gelegenheitsarb. in New York, 1942-43 Teiln. Seminar über Wiederaufbau des Erziehungswesens nach dem Kriege bei → Reinhold Schairer, New York Univ.; Febr. 1943 zur US-Armee, ab März 1944 in Europa, ab Aug. 1944 in der Document Section von SHAEF in Paris, Frankfurt/M. u. Berlin, 1947-53 Dir. des daraus hervorgegangenen American Document Center Berlin, anschl. weiterhin im Dienst der US-Armee in Deutschland, 1959-75 Land Liaison Officer für Niedersa. Lebte 1976 in Hämelerwald/Niedersa.

W: Weg und Ziel. 1931; Beitr. in bünd. Zs. u. in *Der nationale Jude* (1933-35); Who Was a Nazi? 1947. *Qu:* Fb. - IfZ.

Rosenstiel, Frederick H. (urspr. Fritz), Dr. rer. pol., Wirtschaftsjournalist, Bankier; geb. 25. Apr. 1903 Neustadt a.d. Haardt/Rheinpfalz, gest. 5. Sept. 1971 Bad Reichenhall; *V:* Weinhändler; ∞ verh. *Weg:* 1936 GB; 1941 USA.

1921 Abitur, 1921-24 Banklehre u. Angest. bei Deutscher Effecten- u. Wechselbank Frankfurt/M., Stud. Volkswirtsch. Frankfurt, 1926 Prom., 1926-36 in der Berliner WirtschRedaktion der *Frankfurter Zeitung,* Mitarb. der Vierteljahresschrift Wirtschaftskurve, veröffentlichte u.a. vielbeachtete Arbeiten über die Keynessche Theorie, die Bankkrise von 1931 u. die Bankreformpläne 1933. Emigrierte 1936 nach London, Tätigkeit in der volkswirtschaftl. Abt. einer Bankfirma, 1941 nach USA, Mitarb., zuletzt Vizepräs. des Investment-Bankhauses Arnhold & S. Bleichroeder, Inc., New York. 1951-71 New Yorker WirtschKorr. der *Frankfurter Allgemeinen.* Mitgl. *New York Soc. of Security Analysts.* Starb während eines Kuraufenthalts in Deutschland. - *Ausz.:* 1963 BVK 1. Kl.

Qu: EGL. Hand. Z. - IfZ.

Rosenstock, Werner, Dr. jur., Verbandsfunktionär; geb. 10. Apr. 1908 Berlin; jüd.; *V:* Joseph R. (geb. 1881 Putzig/Westpreußen, umgek. KL Auschwitz), jüd., Garngroßhändler in Berlin; *M:* Erna Lewin (geb. 1883 Berlin, umgek. KL Auschwitz), jüd., höhere Schule; *G:* Günther (geb. 1911 Berlin), Stud. IngSchule Berlin, Emigr. USA, Ing.; ∞ 1934 Susanne Philipp (geb. 1908 Berlin), jüd., Stud. Rechtswiss. Heidelberg, Berlin u. Bonn, 1931-33 Referendarin, 1939 Emigr. GB mit Sohn, 1947-54 Sekretärin u. Rechtsberaterin bei URO London, 1959-75 Abonnementssekretärin für *Socialist Committee* London; *K:* Michael (geb. 1935 Berlin), M.A. Cambridge Univ., UnivBibliothekar in Toronto; *StA:* deutsch, 1947 brit. *Weg:* 1939 GB.

1926-30 Stud. Rechtswiss. Berlin u. Freiburg, 1931-33 Referendar, Apr. 1933 Berufsverbot, 1934 Prom., 1926-33 Jugendsekr. des CV, Mitgl. *Deutsch-Jüdische Jugend-Gemeinschaft;* Juli-Okt. 1933 Haft; 1933-38 Rechtsberater u. Angest. CV, Nov. 1938-Febr. 1939 Sekr. der Abt. Kinderverschickung, Febr.-Aug. 1939 verantwortl. für Aufnahme von entlassenen KL-Häftlingen im Übergangslager Richborough/GB i.A. der *Reichsvertretung* Berlin. Aug. 1939 Emigr. GB mit Sondervisum für jüd. Funktionäre, Sommer 1940 1 Monat Internierung. Forschung zu Fragen des Wirtschaftskriegs, 1941 Mitgr., 1941-76 GenSekr. u. ab 1976 Dir. AJR, ab 1946 Red. der Monatsschrift *AJR-Information* London; Interessenvertr. der deutsch-jüd. Flüchtlinge in GB, ab 1967 ehrenamtl. Sekr. *Council of Jews from Germany* London, VorstMitgl. LBI London, VorstMitgl. Zweigstelle Hampstead des *Council of Christians and Jews* u. Arbeitskreis für Junge Deutsche in GB, Mitgl. Northwestern London Reform Syn. Lebte 1978 in London. - *Ausz.:* BVK 1. Kl.

W: Die Verletzung der Dingpflicht gemäß § 56 GVG. (Diss.) 1934; Britain's New Citizens. (Hg.) 1951; Ein Stück Weltgeschichte. Zum 60. Gründungstag des jüdischen CV. In: *Deutsche Universitäts-Zeitung,* 1953; Between the Continents. In: *Dispersion and Resettlement.* (Hg.) 1955; Exodus 1933-39. In: *Yearbook LBI,* 1956; Beitr. in: *Bewährung im Untergang.*

1966; Hansaviertel. In: *Gegenwart im Rückblick*, 1970; The Jewish Youth Movement. In: *Yearbook LBI*, 1974; zahlr. Art. u. Rezensionen in *AJR-Info* u.a. jüd. Zs. in Deutschland u. GB. *Qu:* Fb. Hand. Publ. Z. - RFJI.

Rosenthal, Alfred, Journalist; geb. 16. Juli 1918 Köln; jüd.; *V:* Richard R. (geb. 1886 Köln, Freitod 1938 Köln), jüd., höhere Schule, Kaufm., Mitgl. R.j.F.; *M:* Wilhelmine, geb. Levy (geb. 1890 Geistingen, gest. 1973 Fort Worth/Tex.), jüd., höhere Schule, 1939 Emigr. Trinidad/Westind., zeitw. Internierung, 1941 USA; *G:* Margot Cecilie Schwartz (geb. 1922 Köln), höhere Schule, 1939 Emigr. Trinidad, zeitw. Internierung, 1941 USA; ∞ 1950 Bess Klein (geb. 1913 Pittsfield/Mass.), B.A., Fürsorgerin; *K:* Emily Anne Lurie (geb. 1952), B.A.; Harriet Adelle Saxe (geb. 1953), B.A.; Leslie David (geb. 1956), B.A.; *StA:* deutsch, 1943 USA. *Weg:* 1938 Trinidad, 1940 USA.

1935-37 Stud. Prag, Zeitungsvolontär, 1937-38 während des Stud. Mitgl. InfoAbt. u. Berichterstatter bei der 1. tschechoslow. Forschungsexpedition nach Island; erzwungener Abbruch des Studiums, Einzug des Familienvermögens, zeitw. KL Dachau, anschl. Ausweisung. Dez. 1938 Emigr. Trinidad/Westindien, Kaution durch niederländ. jüd. Org., beschränkte Unterstützung durch jüd. Wohlfahrtsorg. in Trinidad. 1939-40 freiberufl. Photograph bei *Trinidad Guardian*, ehrenamtl. Postzensor in Trinidad. Dez. 1940 in die USA, Unterstützung u.a. durch *Jew. Welfare Board* u. städt. Wohlfahrtsamt New York; 1941-43 Journ. bei *Austin Daily Tribune* u. *Austin American Statesman/* Tex.; 1943-45 US-Armee u. Air Corps auf dem europ. Kriegsschauplatz, verantwortl. Red. der Zeitung der 88. Division. 1945-46 Photored. *Texas Week Magazine* Austin u. Dallas/Tex., 1946-48 Geschäftsf. Southwestern Associates Dallas Denison/Tex., Ltr. Verbindungsabt. für technolog. Fragen des US-Pionierkorps, 1960-70 stellv. Ltr. InfoBüro am Goddard Space Flight Center der NASA (Apollo-Programm, Wetter-, Nachrichten- u. Forschungssatelliten), 1970-76 Dir. InfoBüro der *Nat. Science Found.*, ab 1976 Dir. Abt. Visual and Electronic Communications des US Dept. of Energy in Washington/D.C. Mitgl. *Am. Assn. for the Advancement of Science, Nat. Assn. of Science Writers, Sigma Delta Chi*. Lebte 1976 in Washington/D.C. - *Ausz.:* u.a. Ausz. für wiss. Berichterstattung über die tschechoslow. Island-Expedition, Preise bei zahlr. internat. Film- u. Fernsehfestivals (1970, 1972, 1973, 1974, 1975 New York, Univ. Buenos Aires, 1970 Venedig, 1972, 1973, 1974, 1975 Council for Internat. Non-Theatrical Events, 1974 Italien, Ausz. für den besten meereskundl. Lehrfilm).

W: Filme: Search - Encounter with Science. Filmserie 1970-75; The Vital Links. 1965; World Beyond Zero. 1968; Exploring Space. 1968; Antarctica. 1974; Keyhole of Eternity. 1975; Veröffentlichungen: The Early Years. 1963; What's Up There? 1964; From Here - Where? 1965; Beginning of Space Science. 1967; Shapes of Tomorrow. 1967; Venture into Space. 1968; Space-Tracking. 1968; How Far a Star? 1969; Space Encyclopedia. 1969; 1960-70 Goddard Space Flight Center Chronology. 1970; Science/Technology in the Public Arena. 1975. *D:* NASA Historical Library, US Library of Congress. *Qu:* Fb. Hand. - RFJI.

Rosenthal, Bernard (bis 1943 Bernhard) **Michael**, Buchhändler; geb. 5. Mai 1920 München; jüd.; *V:* Dr. phil. Erwin Joseph R. (geb. 1889 München), jüd., Prom. Halle, Kunsthistoriker u. -kritiker, Inh. eines Antiquariats in München, ab 1920 Filiale L'Art Ancien S.A. Zürich, 1933 Emigr. CH, 1941 USA (Calif.), 1958 CH, A: Lugano; *M:* Margherita Olschki, T des Kunst- u. Antiquariatsbuchhändlers Leo O. (geb. 1893 Venedig), jüd., höhere Schule, Emigr. mit Ehemann; *G:* Gabriella Ben-Chorin (geb. 1933 München, gest. 1975 IL), Gymn., 1935 Emigr. Pal., Autorin u. Illustratorin; Albrecht (Albi) R. (geb. 1914 München), 1933 Emigr. GB, 1936 Inh. wiss. Antiquariat in London (im 2. WK Oxford), ab 1955 Inh. Musikalien-Antiquariat Otto Haas; Nicoletta Misch (geb. 1915 München), 1935 Emigr. GB, 1946 USA; Felix R. (geb. 1917 München), 1939 Emigr. Chile, 1940 USA, M.A. Architektur Univ. of Calif. Berkeley, A: CH; ∞ I. Lilli Bohnke (geb. Berlin), Emigr. CH, 1951 USA, 1965 gesch.; II. 1969 Ruth Schwab (geb. 1941 Luzern), ev., Handelsschule, vor Heirat Angest. L'Art Ancien S.A. Zürich, 1966 USA; *K:* David Franz (geb. 1952), B.A. California Institute of the Arts; *StA:* deutsch, USA. *Weg:* 1933 I, 1938 F, 1939 USA.

Gymn. München. Mai 1933 Emigr. Italien, 1933-38 Gymn. Florenz, 1938 nach Frankr., 1938-39 Liceo Italiano Paris (Licenza liceale). Juli 1939 in die USA. 1939-Dez. 1941 Stud. Univ. of California Berkeley, B.A. Chemie; 1943-Jan. 1946 US-Armee in Europa; 1946-47 Univ. of Calif. Berkeley; 1947-Apr. 1949 i.A. des US-Wirtschaftsmin. in Deutschland, Auswertung von Unterlagen der dt. Chemieindustrie für US-Kriegsmin. sowie Dolmetscher für Französisch im Alliierten Kontrollrat Berlin u. bei am. MilReg. Sept. 1949-Febr. 1953 Buchhändlerlehre L'Art Ancien Ancien New York, daneben 1949-51 Stud. Univ. Zürich; ab März 1953 Inh. u. Geschäftsf. der Buchhandlung Bernard M. Rosenthal Inc. New York, Aug. 1970 Verlegung nach San Francisco/Calif.; Mitgl. Bibliophilenvereinigung *The Grolier Club* New York u. *Antiquarian Booksellers Assoc. of Am.*, Inc. (Vors. Middle Atlantic Chapter, Vorst-Mitgl., 1966-68 Vizepräs., 1968-70 Präs.); Gastdoz. Fordham Univ. New York, Univ. of Kansas, Univ. of Illinois Urbana, Univ. of California Library School. Lebte 1976 in Berkeley/Calif.

W: Buchsprechungen u. Kommentare für *Antiquarian Bookman* (Zs. der *Bibliographical Society of America*), *Speculum*, *Börsenblatt für den deutschen Buchhandel*; Art. in *Harvard Literary Bulletin* über die Familie Rosenthal, 1977. *L:* Homeyer, Juden als Bibliophilen. *Qu:* Fb. Publ. - RFJI.

Rosenthal, Ernst Georg Wilhelm, Dr.-Ing., Unternehmensleiter; geb. 19. Jan. 1890 Asch/Böhmen, gest. Aug. 1969 London; ev.; *V:* Max R., Mitgl. u. Dir. Porzellanfabrik Philipp Rosenthal AG Selb; *M:* geb. Spanier; *G:* Luise Bauch (geb. 1891 Asch, gest. 1972 [?] São Paulo), 1933 Emigr. Bras., Ltr. der Porzellanabt. eines Großkaufhauses; ∞ ledig; *StA:* österr., CSR, 1924 deutsch, 1946 (?) brit. *Weg:* 1935 F; GB.

Gymn. Dresden, Stud. Chemie u. Physik München u. TH Berlin, 1913 Dipl. Ing., 1915 Prom.; Mitgl. *Corps Vitruvia*, im 1. WK kurzfristig MilDienst, dann Freistellung für Industrietätigkeit. Ab 1916 Dir. Rosenthal-Isolatoren-Ges. Henningsdorf b. Berlin, ab 1922 VorstMitgl. Rosenthal AG, VorstMitgl. *Verband Keramisches Gewerbe*. 1935 Entlassung, Emigr. nach Frankr., dann nach GB, jüd. Hilfsorg. lehnten Unterstützung aus Konfessionsgründen ab. 1940 Internierung Isle of Man. Nach 1945 Berater für Rosenthal Porzellan AG u. Rosenthal Isolatoren GmbH in Deutschland, lehnte jedoch die ihm angebotene Firmenltg. ab. 1954-69 Dir. Rosenthal China Ltd., London sowie techn. Berater u. Dir. mehrerer Industrieunternehmen, u.a. Zenith Electric Corp.; Mitgl. *Conservative Party, Inst. of Electr. Engineers*, Fellow *Royal Inst. of Chemistry*, Fellow *Inst. of Ceramics*.

W: u.a. Die technischen Eigenschaften des Porzellans (Diss.). 1915; Porcelain and Other Ceramic Insulating Materials. 1944; Pottery and Ceramics: From Common Brick to Fine China. 1949, 1954 (als Lehrbuch an Fachschulen eingeführt). *L:* RhDG. *Qu:* EGL. Hand. Pers. Z. - IfZ.

Rosenthal, Felix Moritz, Werbefachmann, Journalist; geb. 13. Febr. 1893 Storkow/Brandenburg, gest. Nov. 1958 Johannesburg; jüd.; *V:* Ephraim R.; *G:* 4 B, 4 S (gest.); ∞ 1919 Kate Fuhrig (geb. 1893 Berlin, gest. 1974 Johannesburg), Buchhalterin, 1936 Emigr. S-Afrika, zus. mit Ehemann Hg. einer jüd. Zs.; *K:* Hans (geb. 1920 Berlin, gest. 1954 S-Afrika), höhere Schule, 1936 Emigr. S-Afrika; Gerda Jospe (geb. 1923 Berlin), 1936 Emigr. S-Afrika, A: Johannesburg; *StA:* deutsch, S-Afrika. *Weg:* 1936 S-Afrika.

Jüd. höhere Schule Berlin, bis 1933 Werbeltr. für Lichtspielhäuser. Apr. 1936 Emigr. Südafrika, kurzfristig Tätigkeit in der Werbung, Ehefrau Schneiderin; Gr. u. Hg. Emigr.-Zs. *Jewish Family Magazine*, gleichz. Korr. für jüd. Ztg. im Ausland. 1937 Mitgr., Ehrenmitgl. auf Lebenszeit Hebr. Congr. Etz Chayim Johannesburg, Mitgl. *South African Jew. Hist. and Sociol. Society*.

W: Memorial Album of the Hebrew Congregation Etz Chayim. 1954. *L:* Sichel, From Refugee to Citizen. *Qu:* Hand. Pers. Z. – RFJI.

Rosenthal, Frank (urspr. Franz), Dr. phil., Rabbiner; geb. 3. Juli 1911 Beuthen/Oberschlesien; *V:* Heinrich R. (geb. 1875 Wreschen/Posen, umgek. KL Auschwitz), jüd., 1900 Lehrerexamen in Hannover, Lehrer; *M:* Selma Cecilia, geb. Bibre (geb. 1883 Hohensalza/Posen, gest. 1924), jüd.; ∞ 1947 Harriet Finkelstein (geb. 1918 Great Neck/N.Y.), jüd., Stud. Hunter Coll. New York, Ltr. Frauenabt. UJA New York, Ltr. Business Careers; *K:* Hannah; Selma Phelps (geb. 1951), B.A. Univ. of Wisconsin, Stud. HUC Cincinnati, ReligLehrerin; Deborah Miriam Zemel (geb. 1955), B.A. Univ. of Wisconsin, Sozialfürsorgerin; *StA:* deutsch, 1945 USA. *Weg:* 1939 USA.

1934-38 Stud. Jüd.-Theol. Seminar Breslau, 1939 Rabbinerexamen, daneben Stud. Karlsuniv. Prag u. Univ. Breslau, 1938 Prom. Breslau, zugl. 1934-38 Hilfsrabbiner in Reichenbach, 1938-39 Rabbiner der Isr. Kultusgde. Mannheim; Landesvizepräs. der dt.-jüd. Jugendgruppe *Der Ring*, Kontakte mit christl. Jugendorg. *Quickborn* u. *Neu-Deutschland*; Forschungstätigkeit an der Sorbonne unter Prof. Henri Bergson, an der Karlsuniv. Prag u. der Päpstl. Bibliothek Rom. 10. Nov. 1938 KL Buchenwald. 1939 Emigr. USA über die Niederlande mit Non-Quota-Visum, Unterstützung durch *Nat. Ref. Service* New York; 1940-48 Rabbiner Temple Emanu-El Winston-Salem/North Carolina, 1942-45 staatl. besoldeter Rabbiner für North Carolina u. Mitgl. Third Army Adv. Council. Doz. am Wake Forest Coll. of Med. u. Vortragstätigkeit für *Nat. Conf. of Christians and Jews*; Ltg. des jüd. Radio-Gottesdienstes für *Southern Interstate Network*, RedMitgl. der *Nat. Jew. Times*; 1948-52 Rabbiner Temple Beth Israel Jackson/Mich., Präs. Gemeindeausschuß für Öffentlichkeitsarb. in Jackson, Gr. Coll. for Relig. Studies, 1949-56 State Commissioner on Migratory Labor, Mitgl. Michigan Commission on Aeronautics, Doz. an der relig.-phil. Fak. Albion Coll. Albion/Mich., 1952-56 Mitgl. u. Rabbiner Temple Emanu-El of Greater Detroit/Mich., 1950-56 Vors. Moral and Spiritual Educ. Commission of State Parents-Teachers Assn., Mitgl. Landesvorst. der ADL, Fakultätsmitgl. Michigan Methodist Pastors' School, Ratsmitgl. der Dachorg. Social Agencies of Mich. des *Jew. Community Council of Detroit*, ab 1956 Rabbiner auf Lebenszeit Temple Anshe Sholom Olympia Fields/Ill., 1959-64 Präs. S. Suburban Family Serv. and Mental Health Clinic Chicago, 1961-63 Mitgl. Hauptvorst. *Board of Rabbis* Chicago, 1962, 1966 Ltr. von dt.-jüd. Podiumsgesprächen in Chicago u. Tutzing/Bayern. Mitgl., 1961-63 HauptvorstMitgl. sowie Vors. Komitee für ausländ. Beziehungen der CCAR, 1970-72 Präs. *Assoc. of Reform Rabbis* Chicago, Mitgl. *B'nai B'rith* u. *Rotary Club*. Lebte 1977 in Flossmoor/Ill. – *Ausz.:* 1930 Schles. Adlerorden 2. Kl., 1964 D.D.h.c. Hebrew Union Coll., 1976 BVK 1. Kl.

W: u.a. Beiträge in UJE. *Qu:* Arch. Fb. Hand. HGR. Publ. – RFJI.

Rosenthal, James Yaakov, Journalist; geb. 29. Sept. 1905 Berlin; jüd.; *V:* Max R. (geb. 1871 Berlin, gest. 1925 Berlin), jüd., Textilfabrikant, Tätigkeit in jüd. Org.; *M:* Hanna, geb. Salomon (geb. 1874 Fordon/Posen, gest. 1952 Tel Aviv), 1933 Emigr. Pal.; ∞ 1941 Margard Levinsky (geb. 1915 Berlin), 1930 Emigr. Pal., Dipl.-Lehrerin für Englisch, Stud. Kunstgesch., M.A. Hebr. Univ.; *StA:* deutsch, Pal./Il. *Weg:* 1933 Pal.

Stud. Rechtswiss. Berlin u. Freiburg, Referendar, Assessor, Richter in Berlin, jurist. Mitarb. des Jugenddezernats der Jüd. Gde. Berlin, 1932-33 RA, jurist. Mitarb. der *Jew. Telegraphic Agency*. Mitgl. *Kameraden*, B.J.A., Berater in jüd. Wohlfahrtsfragen, Lehrer für Arbeiterjugend u. Sozialarbeit bei der jüd. Gde. Berlin. 1933 Emigr. Palästina mit A I-Zertifikat, 1933-35 jur. Umschulung, 1936-40 Hg. dt.-sprach. Ztg. *Tamzit Itoneinu* Jerusalem, gleichz. Mitgl. *Haganah*, 1940-43 Mithg. dt.-sprach. Ztg. *Presse-Echo* u. 1943-49 *Jediot Chadaschot*, 1948-49 *Haganah*-Reserve, gleichz. Parlamentskorr. für *Hakidma* (Wochenblatt der *Alijah Chadaschah*), ab 1949 RedMitgl. *Haaretz*, 1949-70 jur. u. Parlamentskorr., dann Schriftltr. *Haaretz*, ab 1970 Mitarb. u.a. bei *Haaretz*. Mitgl. H.O.G., I.O.M.E., B'nai B'rith, Mitgl. der Öffentl. Kommission für bessere Beziehungen zwischen Israel und der UdSSR in Verb. mit dem Sowjetischen Friedenskomitee, Vors. des Obersten Ehrengerichts des Presse-Komitees, Gr. *Israelische Gesellschaft für Probleme des Parlamentarismus*, ehrenamtl. Mitgl. im Beirat des isr. Parlamentspräsidenten. *Ausz.:* Haganah-Orden u.a. für den Kampf um Jerusalem. Lebte 1977 in Jerusalem.

W: Beiträge u. Art. über Parlaments- u. Verfassungsfragen Israels in isr. u. dt. Zs. u. Jahrbüchern. *Qu:* Fb. Hand. – RFJI.

Rosenthal, Ludwig, Dr. jur., Dr. rer. pol., Rechtsanwalt, Kaufmann, Publizist; geb. 7. Nov. 1896 Bergen/Hessen; jüd.; *V:* Samuel R. (geb. 1861 Bergen, umgek. 1943 KL Sobibor), jüd., Gymn., Kaufm.; *M:* Franziska, geb. Hess (geb. 1860 Bergen, gest. 1938 Frankfurt/M.), jüd.; *G:* Sophie Heymann (geb. 1889 Bergen, umgek. 1943 KL Sobibor), Musiklehrerin; Gretchen Heymann (geb. 1890 Bergen, gest. 1956 New York), Handelsschule, Sekr., 1938 Emigr. USA; Julius (geb. 1893 Bergen, gef. 1915), Kaufm.; Erna Schuller (geb. 1903 Bergen), Sekr., 1924 nach Paris; ∞ 1928 Florence Königsberger (geb. 1903 Guatemala), um 1925 nach Deutschland, 1933 Emigr. NL, 1939 Guatemala; *K:* Kenneth W. (geb. 1929 Frankfurt/M.), 1933 Emigr. NL, 1939 Guatemala, 1952 USA, RA in San Francisco; Gert (geb. 1935 Amsterdam), 1939 Emigr. Guatemala, 1974 Mex., Wirtschaftswiss. in Mexiko; *StA:* deutsch, 1946 Guatemala. *Weg:* 1933 NL, 1939 Guatemala.

1915-18 Stud. Frankfurt/M. u. München, Mitgl. K.C., 1918 Referendar Frankfurt, Prom. Würzburg, 1920 Assessor, 1921-33 RA in Frankfurt, 1931-33 Notar, 1933 Berufsverbot. 1933 Emigr. Niederlande, Vermögensverw.; 1939 nach Guatemala, bis 1968 Kaufm. u. Plantagenbesitzer. Ab 1963 korrespond. Mitgl. *Hanauer Geschichtsverein*, Mitgl. *Kommission für die Geschichte der Juden in Hessen*, ab 1969 *Historische Kommission für Hessen*. Lebte 1977 in Guatemala.

W: Zur Geschichte der Juden im Gebiet der ehemaligen Grafschaft Hanau. In: Hanauer Geschichtsblätter, Bd. 19, 1963; How Was It Possible? The History of the Persecution of the Jews in Germany from the Earliest Times to 1933, as Forerunner of Hitler's „Final Solution". A Contribution to the Clarification of the Problem of Collective Guilt. (Übers. aus dem Dt.) 1971; Heinrich Heine als Jude. 1973. *Qu:* Fb. – RFJI.

Rosenthal, Manfred Menachem, Dr. jur., Rechtsanwalt, Verbandsfunktionär; geb. 2. Juni 1904 Ratibor/Oberschlesien, gest. 17. Nov. 1966 Frankfurt/M.; jüd.; ∞ Lilly (Livia); *K:* Chajim, Chawa. *Weg:* 1938 (1939?) Pal., 1952 Deutschland (BRD).

Prom. Breslau, Mitgl. *Blau-Weiß*, ltd. Position im K.J.V., 1930-38 RA in Breslau. 1935-38 Präs. Repräsentantenversammlung der Jüd. Gde. Breslau, tätig in ZVfD. 1938 Berufsverbot, 1938 (1939?) Emigr. Palästina, ltd. Position bei I.O.M.E., tätig für *Council of Jews from Germany*; Zweigstellenltr. einer Versicherungsges.; StadtVO von Giwatayim, Mitgl. Parteikomitee *Aliyah Chadaschah*. 1952 nach Deutschland, bis 1955 Ltr. Rechtsabt. München u. ab 1955 Ltr. Geschäftsstelle Frankfurt/M. der *Jew. Agency*, Mitarb. am Aufbau von Wiedergutmachungsorg., VorstMitgl. Jüdische Gemeinde-Treuhandfonds Hamburg, Frankfurt/M. u. München, Vorst-Mitgl. *Jew. Restitution Successor Org.* (JRSO, *Jew. Trust Corp. for Germany* u. *Jew. Trust Corp. Branche Française*), Mitgl. Beratungsausschuß für Pensionsansprüche ehem. jüd. GdeBeamter, Mitgl. VerwRat URO.

L: Karger-Karin, Mendel (Hg.), Israel und wir. 1970. *Qu:* EGL. Hand. Z. – RFJI.

Rosenthal, Philip, Großindustrieller, Politiker; geb. 23. Okt. 1916 Berlin; kath.; *V:* Philipp R. (1855-1937), 1880 Gr. Porzellanmanufaktur Selb, seit 1897 Philipp Rosenthal AG, im Rahmen der natsoz. Arisierungs-Maßnahmen entmündigt, starb in

618 Rosenthal

einem Bonner Sanatorium; *M:* Maria Frank, wiederverh. Gräfin de Beurges, Emigr. F; *G:* 2 S; ∞ I. Jocelyn Douglas Taylor; II. Lavinia; III. Bettina Moissi; IV. Jane Scatcherd; V. Lavinia McLeod; *K:* Francesca (geb. 1943), Shealagh (geb. 1960), Turpin (geb. 1962), Toby (geb. 1965), Julia (geb. 1967); *StA:* deutsch, brit., deutsch u. brit. *Weg:* 1934 GB; 1939 F; 1940 N-Afrika; 1942 GB; 1947 Deutschland (ABZ).

Wittelsbacher Gymn. München, 1932 Eintritt in HJ, 1933 Kameradschaftsführer. Nach Einsetzen natsoz. Verfolgungsmaßnahmen aufgrund der jüd. Herkunft der Familie ab 1934 Schulausbildung u. Stud. Volkswirtsch. u. Phil. in GB, 1938 M.A. Oxford. Während eines Besuchs bei der Mutter in Südfrankr. vom Kriegsbeginn überrascht, Eintritt in franz. Fremdenlegion (Elève Caporal), Stationierung in Algerien, 1940 nach Fluchtversuch Haft, dann Hilfs- u. Bergarb., 1942 Flucht über Gibraltar nach GB. Bäckerlehre, Journ., dann in der PropAbt. des Foreign Office tätig, u.a. Mitarb. *Soldatensender Calais* u. in der KriegsgefSchulung (Ps. Rositter); begleitete Ende 1945 emigr. SozDem., u.a. → Waldemar von Knoeringen, nach Deutschland. 1947 auf Wunsch der Familie zur Wahrnehmung der Wiedergutmachungsansprüche nach Selb, 1950 Eintritt in die Rosenthal AG als Werbe- u. Verkaufsltr., ab 1952 Ltr. Design-Abt., 1958-70 u. seit 1972 VorstVors.; trug durch neue Investitions- u. Produktionsprogramme u. Vertriebsmethoden maßgebl. zur Entwicklung des Unternehmens zum weltgrößten Porzellanhersteller bei. Ab 1963 Beteiligung der Belegschaft am Aktienkapital, 1968 Gr. der Grenzland-Stiftung für Heranbildung von Arbeitern u. Arbeiterkindern zu Führungskräften, schrittweise Einbringung des sechsprozentigen persönl. Aktienbesitzes in die Stiftung. Vors. VerwRat Rosenthal-Isolatoren GmbH, AR-Mitgl. Deutsche Messe- u. Ausstellungs-AG Hannover, AR-Mitgl. Krister Porzellan-Manufaktur AG Landstuhl, VIAG Vereinigte Industrieunternehmungen AG Berlin-Bonn u. Draloric Electronic GmbH Nürnberg. PräsMitgl. *Bundesverband der Deutschen Industrie* u. stellv. Vors. seines Gestaltkreises, Mitgl. ArbKreis Mitbestimmung der *Bundesvereinigung der Deutschen Arbeitgeberverbände*, VorstMitgl. *Deutsche Keramische Gesellschaft*, Vors. Bauhaus-Archiv, Beiratsmitgl. *Industrieform e.V.*; zeitw. Präs. *Fédération Européenne des Industries de Porcelaine et de Faience de Table et d'Ornementation.* – 1965 erstmals öffentl. Auftreten für SPD, 1968 Mitgl., seit 1969 MdB, 1974-76 Mitgl. SPD-Fraktionsvorst. u. Vors. Arbeitsgruppe Vermögensbildung. Ab Herbst 1970 parlamentar. Staatssekr. im BundeswirtschMin., Nov. 1971 Rücktritt nach Konflikten mit Min. Karl Schiller in Fragen der Vermögenspolitik; trat u.a. durch das Konzept einer allg. Vermögensbeteiligung der Arbeitnehmer in Form von Branchenfonds hervor. Lebte 1978 auf Schloß Erkersreuth bei Selb/Oberfranken. – *Ausz.:* 1968 Bayer. VO.

Qu: Hand. Z. – IfZ.

Rosenthal, Richard, Rabbiner; geb. 14. Apr. 1929 Usingen/Hessen; *V:* Carl (geb. 1898 Usingen, gest. 1961 New Orleans/La.), jüd., Vertr., 1939 Emigr. USA; *M:* Alice, geb. Baum (geb. 1902 Usingen, gest. 1963 New Orleans), jüd., 1939 Emigr. USA; *G:* Cecile Leopold (geb. 1933 Usingen), höhere Schule, 1939 Emigr. USA; ∞ 1955 Barbara Miller (geb. 1935 Rockford/Ill.), A.A.; *K:* David (geb. 1957); Deborah (geb. 1959); Robert (geb. 1962); *StA:* deutsch, USA. *Weg:* 1938 GB, 1939 USA.

Nov. 1938 Emigr. GB mit Besuchervisum, 1939 in die USA mit Familie. 1946-49 Stud. Centenary Coll./La., 1949 B.A., 1949-54 Stud. H.U.C. Cincinnati/O., 1954 B.H.L., M.H.L., Rabbiner. 1954-56 MilRabbiner US-Armee. Ab 1956 Rabbiner Temple Beth El Tacoma/Wash., zugl. Doz. Fak. für ReligWiss. der Univ. of Puget Sound; Mitgl. CCAR, *Rotary Club*, 1962 Präs. *Tacoma-Pierce County Mental Health Assn.*, 1965-67 Vors. *Community Planning Council*, ab 1962 stellv. Vors. überkonfessioneller Beratungsausschuß des Dept. of Insts./Wash. State. Lebte 1976 in Tacoma/Wash.

Qu: Fb. Hand. Publ. – RFJI.

Rosenzweig, Alfred Max Moritz, Dr. jur., Dr. rer. pol., Industrieller; geb. 20. Juli 1904 Berlin; jüd.; *V:* Dr. phil. Curt R. (geb. 1873 Leipzig, gest. 1941 Meshek Yagur/Pal.), jüd., Chemiker; *M:* Dora, geb. Beermann (geb. 1880 Stettin, umgek. im Holokaust), jüd., 1941 Dep. von Berlin nach Lodz; *G:* Dipl.-Ing. Hanan (Heinz) R. (geb. 1907 Berlin), A: IL; Schmuel (Ernst) (geb. 1910 Berlin), Kaufm., A: IL; ∞ 1932 Dr. jur. Anne Kaiser-Blüth (geb. 1898 Naumburg/Hessen), jüd., S von → Kurt Kaiser-Blüth, 1932-33 RA in Berlin, 1935 Emigr. B, Mitgl. *Hilfskomitee für deutsche Flüchtlinge* u. B'nai B'rith, Vizepräs. der WIZO Brüssel; *K:* Eva Ursula de Wit, geb. Rosenhain-Rosenzweig (adoptierte Nichte der Ehefrau, M umgek. KL Auschwitz) (geb. 1931 Königsberg/Ostpreußen), 1939 Emigr. B, Stud. Psychologie; *StA:* deutsch. *Weg:* 1935 B.

1922-24 für Berliner Banken tätig; 1924-27 Stud. Rechtswiss. Berlin, 1927 Staatsexamen u. Prom., 1928 Dr. rer. pol., 1927-30 Referendar, 1931-33 Assessor, 1933 Berufsverbot; 1919-24 Mitgl. *Blau-Weiß*, ab 1924 Mitgl. K.J.V., 1920-33 ZVfD. Juli 1933 nach Belgien zur Vorbereitung der Auswanderung, Juni 1935 Emigr. Belgien mit Touristenvisum; 1935-40 Geschäftsf. Albatros-Erdölraffinerie, gleichz. geschäftsf. Mitgl. *Hilfskomitee für deutsche Flüchtlinge* Antwerpen, Mai 1940 Internierung u. Dep. nach St. Cyprien/Südfrankr., Aug. 1940 Flucht, Rückkehr nach Belgien, 1942-45 als Mitgl. des *Comité de Défense des Juifs* ZusArb. mit der Untergrundbewegung *Front de l'Indépendance Belge*, Mitgl. Ausschuß für Umschulung jüd. Flüchtlinge; 1948-71 Geschäftsf. der Albatros-Erdölraffinerie, ab 1971 Vizepräs. einer Erdölgesellschaft in Kallo/Antwerpen. Ab 1935 Mitgl. *Allgemeine Zionistische Organisation*, ab 1954 Mitgl., ab 1965 Vizepräs. der *Centrale d'Œuvres Sociales Juives,* Dir. der Studentendarlehenskasse Fonds de Prêts d'Etudes Brüssel, ab 1960 Mitgl. Hauptvorst. *Amis Belges de l'Alija des Jeunes,* ab 1948 Gr., Mitgl. des Hauptvorst. *Amis Belges de l'Université Hébraique de Jerusalem,* HauptvorstMitgl. von UJA u. Jüd. Waisenhaus. Lebte 1978 in Brüssel. – *Ausz.:* Medaille de la Résistance; Ritterkreuz des belgischen Kronenordens.

Qu: Fb. Hand. Pers. – RFJI.

Rosenzweig, Max, Dr. jur., Rechtsanwalt, Ministerialbeamter; geb. 9. Juli 1888 Zielenzig/Brandenburg, gest. 9. Apr. 1967 Berlin; jüd.; ∞ Hertha Tietz; *K:* 1 S. *Weg:* 1935 Pal.

Prom. Berlin, 1914-35 RA in Berlin, 1921-35 auch Notar. PräsMitgl. Berlin Zion. Org. (BZV), Gr. *Bar Kochba Tennis Klub* Berlin. 1935 Emigr. Palästina; 1942-45 Beamter bei der Mandatsverw., ab 1948 Dir. Dept. of Chem. & Light Indust. im isr. Industrie- u. Handelsministerium.

Qu: Hand. Z. – RFJI.

Rosenzweig, Wilhelm, Dr. jur., Rechtsanwalt; geb. 27. Nov. 1908 Monasterzyska/Galizien; jüd., 1960 Diss.; *V:* Saul R. (1872-1938), jüd., Kaufm.; *M:* Nechamka (1875-1935), jüd.; *G:* Rosa Blumenfeld (geb. 1898, gest. 1966 IL); Celia Herman (geb. 1902), Geschäftsfrau, A: London; Dora Blumenthal (geb. 1905, gest. 1970 Zürich); ∞ I. 1939 Ampthill/GB, Klara Ruth (Claire) Kollmann (geb. 1914), o.K., 1978 gesch., während des 2. WK in GB zeitw. Arbeit in feinmechan. u. in pharmazeut. Betrieb, 1942 Londoner Deleg. zur DelegKonf. der österr. Sozialisten in GB; II. 1978 Luise Kulovits (geb. 1922), kath.; *StA:* österr., nach 1. WK PL, 1924 österr. *Weg:* 1938 GB; 1945 Österr.

1924-27 Mitgl., zeitw. LtgMitgl. *Vereinigung Sozialistischer Mittelschüler* in Wien, ab 1927 Stud. Rechts- u. Staatswiss., 1932 Prom.; Mitgl., 1929-32 Obmann der Sektion Juristen im *Verband Sozialistischer Studenten Österreichs.* 1932-34 SDAP-Bildungsfunktionär u. VorstMitgl. *Vereinigung Sozialdemokratischer Juristen.* 1932-38 RA-Anwärter, 1936 RA-Prüfung, ab Jan. 1937 Verteidiger in Strafsachen. 1934-38 in Verb. mit RSÖ. Juni 1938 Berufsverbot, kurzfristig Haft, Entlassung mit Auflage zur Ausreise. Dez. 1938 über Holland nach London. 1939-45 ltd. Sekr. Agricultural Committee of the *Central Council of Jewish Refugees;* Mitgl. *Austrian Labour Club*, 1941-45 Mitgl. *Londoner Büro der österreichischen Sozia-*

listen in Großbritannien (LB) unter → Oscar Pollak u. → Karl Czernetz. 1942 nach dem Austritt von → Richard Strasser aus dem LB neben → Walter Wodak Kritiker der bisherigen Struktur des LB: R. forderte eine breitere demokrat. Legitimierung des LB sowie eine Abkehr von der vor allem von Czernatz vertr. passivistischen Linie hinsichtlich eigenständiger Emigrationspol. der österr. Sozialisten und eine elastischere Haltung des LB gegenüber UdSSR u. KPÖ-Emigr.; er unterstützte entschieden O. Pollaks vorsichtige Wendung von der bisherigen Festlegung auf die gesamtdt. Revolution als Perspektive für Österr. zur Forderung nach einem unabhängigen sozialist. Österreich innerhalb eines sozialist. Europa. Juli 1944 Mitgr. u. VorstMitgl. (Schatzmeister) *Anglo-Austrian Democratic Society* (→ Friedrich Scheu), beteiligte sich maßgebl. an der Diskussion der österr. Sozialisten in GB um Nachkriegskonzepte für das neue Österr.; Nov. 1945 als Mitgl. der ersten größeren Gruppe von Sozialisten aus GB Rückkehr nach Wien, Mitgl. SPÖ, Tätigkeit als RA, u.a. Rechtsvertr. der *Arbeiter-Zeitung* sowie von Partei u. Gew., 1947–52 (?) Schiedsgerichtsbeisitzer beim PV der SPÖ. GrdgMitgl. u. bis 1950 (?) ehrenamtl. Sekr. *Österreichisch-Britische Gesellschaft.* 1954–58 Ersatzmitgl., seit 1958 Mitgl. Verfassungsgerichtshof. Seit 1959 Mitgl., 1963–67 Präs. u. seit 1971 Vizepräs. des AR der Österreichischen Länderbank, 1967–73 AR-Mitgl. Vereinigte Österreichische Eisen- und Stahlwerke AG, 1968–73 Präs. des AR Österreichische Alpine Montangesellschaft, seit 1973 Vizepräs. des AR Vereinigte Österreichische Eisen- und Stahlwerke – Alpine Montangesellschaft AG. Mitgl. Grundrechtskommission beim Bundeskanzleramt sowie *Österreichische Juristenkommission,* Kuratoriumsmitgl. Institut für Höhere Studien und Wissenschaftliche Forschung Wien. Lebte 1978 in Wien. – *Ausz.:* u.a. 1977 Gr. Goldenes Ehrenzeichen für Verdienste um die Rep. Österreich.
W: u.a. ROWI (Ps.), Memorandum zur Frage der Unabhängigkeit (Ms.). 1942; Der Aufbau der Zweiten Republik. In: Die Zweite Republik. London (Schriftenreihe des Londoner Büros der österreichischen Sozialisten) 1944; Enteignung und öffentliches Interesse. In: Juristische Blätter, 1950/3; Die Entwicklung der Grundrechte in Österreich. Ref. auf dem 2. österr. Juristentag. 1964; Zur Frage des „Ombudsman". In: Die Zukunft, Nov./Dez. 1971; Die Europäische Menschenrechtskonvention und das österreichische Verwaltungssystem. In: Österreichisches Anwaltsblatt, März 1974. *L:* Maimann, Politik; ISÖE; Klucsarits, SPÖ. *Qu:* Arch. Fb. Hand. Pers. Publ. – IfZ.

Rosin, Axel, G., Verleger; geb. 11. Dez. 1907 Berlin; jüd.; *V:* Dr. jur. Arthur R. (geb. 1879 Berlin, gest. 1974 New York), jüd., Stud. Rechtswiss. Berlin, bis 1932 Teilh. der Danatbank Berlin, 1937 Emigr. USA; *M:* Dagmar, geb. Cohn (geb. 1879 Kopenhagen, gest. 1976 New York), jüd., um 1925 gesch.; *G:* Karen Gutmann (geb. 1905 Berlin), jüd., 1937 Emigr. USA; ∞ 1943 Katharine Sherman (geb. 1915 New York), jüd., Schriftstellerin, Tochter von Harry Sh., Gr. des Book-of-the-Month-Club; *K:* Karen Sollins (geb. 1947), Programmiererin; Susanna Bergtold (geb. 1948), Kunstmalerin; *StA:* deutsch, USA. *Weg:* 1934 USA.
1929 Referendar in Berlin, 1933 Berufsverbot. Jan. 1934 Emigr. USA, Angest. in den Kaufhäusern Kline's Department Stores u. Allied Stores, Haupt-Verkaufsltr. u. Sekr. bei Virginia Oak Tannery in Luray/Va., 1945–60 Ltr. Rechnungswesen, später Vizepräs. u. Finanzdir., ab 1960 Präs. u. 1973 AR-Vors. *Book-of-the-Month-Club* Inc. New York. Jan. 1979 Ruhestand; Dir. Sherman-Foundation.
Qu: Fb. Hand. Pers. – RFJI.

Rosinus, Günther Karl, Informationsspezialist, Diplomat; geb. 2. Jan. 1928 St. Ingbert/Saar; 1947 unitar.; *V:* Franz R. (geb. 1884 Deutschland, gest. 1930 Landstuhl/Pfalz), kath., Steinmetz u. Bildhauer; *M:* Emilie, geb. Reinheimer (geb. 1908 Landstuhl), jüd., Gymn., 1941 Emigr. USA; ∞ Bella Eskenazi (geb. 1932 Indianapolis/Ind.), jüd., Stud.; *K:* David Alar (geb. 1952), Stud. Rechtswiss.; Steven Franklin (geb. 1956); Michael Fayne (geb. 1958); *StA:* deutsch, 1950 USA. *Weg:* 1938 USA.

Jüd. Schule Mannheim, 1938 Emigr. USA zu amerikan. Pflegeeltern. Sommer 1948 Teiln. Quäker-Seminar für Außenpol. in Chicago, 1949 B.A. u. 1951 M.A. Harvard Univ.; 1951–53 pol.Beobachter beim US-Außenmin., ab 1954 bei USIA, 1954–56 Dir. US-Kulturzentrum Niigata/Japan, 1956–59 Dir. Abt. für öffentl. Angelegenheiten des US-InfoDienstes (USIS) Fukuoka/Japan, 1959–62 Dir. Kulturzentrum USIS Koblenz, 1963–65 Kulturattaché in Bonn, 1965–67 Referent für Deutschland, Österr., Schweiz u. GB im Büro des Assist. Dir. für Europa der USIA in Washington/D.C., 1966 Inspektionsdienst in Brasilien, 1967–68 am Nat. War Coll., 1968–72 1. Sekr. Kulturabt. der US-Botschaft in Manila/Philippinen, 1972–73 stellv. Ltr. Abt. für öffentl. Angelegenheiten in Manila, 1973–77 stellv. Ltr. Abt. für öffentl. Angelegenheiten in Deutschland (BRD) u. Dir. USIS Berlin, ab 1977 Senior Inspector der USIA. Mitgl. u.a. *Am. Foreign Service Assn., Berliner Journalisten-Club.* Lebte 1977 in Berlin. – *Ausz.:* Leonard Marks Foundation Award der *Am. Foreign Service Assn.* für hervorragende diplomat. Leistungen (Erstverleihung).
Qu: Fb. Hand. Z. – RFJI.

Rosner, Jakob (Bobby), Journalist, Parteifunktionär; geb. 25. März 1890 Śniatyn/Galizien, gest. 18. Juni 1970 Wien; ∞ verh.; *K:* mehrere. *Weg:* 1934 (?) UdSSR; 1939 S; 1943 UdSSR; 1945 Österr.
Ab 1905 in Wien, Angest.; SozDem. Gehörte 1914 zum kriegsgegnerischen Flügel, 1916–18 Soldat, angebl. wegen pazifist. Propaganda gemaßregelt, an ital. Front schwer erkrankt. Angebl. ab 1919 Mitgl. KPÖ, versch. Parteifunktionen. Ab 1926 Mitarb. von Georgi Dimitroff (damals Sekr. *Kommunistische Balkanföderation*), ab 1928 (1929 ?) in Berlin, später wieder Wien. 1933 Zeugenaussage im Reichstagsbrand-Prozeß. Ab 1933 illeg. Arbeit in Wien, vermutl. 1934 nach Moskau, erneut Mitarb. u. Sekr. v. G. Dimitroff, bis 1938 Ltr. Moskauer Red. des *Komintern*-Organs *Rundschau über Politik, Wirtschaft und Arbeiterbewegung,* Deckn. Franz Lang. 1938 nach dem Anschluß Österr. kurzfristig neben → Ernst Fischer, → Herbert Wehner u.a. Mitgl. hauptverantwortl. RedKommission von *Die Kommunistische Internationale.* 1939 nach Schweden, im *Komintern*-Auftrag Gr. u. Chefred. *Die Welt* (Nachfolgeorgan der *Rundschau über Politik, Wirtschaft und Arbeiterbewegung*), lebte illeg. in Stockholm (?), Deckn. u. Ps. u.a. Georg Hauser, Leopold F., F.L.; 1943 nach Auflösung der *Komintern* u. Einstellung der Zs. *Die Welt* Rückkehr nach Moskau, ab Sommer 1943 Red. des „illeg." *Senders Österreich* (→ Erwin Zucker-Schilling). Sept. 1945 Rückkehr nach Wien, Mitgl. KPÖ, außenpol. Red. *Volksstimme,* zeitw. maßgebl. Red. *Österreichisches Tagebuch* bzw. *Tagebuch.* 1951–65 ZK-Mitgl. der KPÖ; Mitarb. u. Sekr. des Parteivors. → Johann Koplenig. 1966–69 führender Funktionär des maoist. *Verbands Revolutionärer Arbeiter,* 1970 wieder KPÖ.
W: u.a. Lang, Franz, Die Wahrheit über Sowjetrußland. Was jedermann über Sowjetrußland wissen muß. Wien 1945; Der Faschismus. Seine Wurzeln, sein Wesen, seine Ziele. 1966. *L:* Vogelmann, Propaganda; Müssener, Exil. *Qu:* Arch. Hand. Pers. Publ. Z. – IfZ.

Rosskamm, Stephen, Unternehmensleiter; geb. 22. Febr. 1917 Nürnberg; jüd.; *V:* Jakob R. (geb. 1876 Weyers/Rhön, gest. 1923 Deutschland), jüd.; *M:* Paula, geb. Bechhöfer (geb. 1890 Nürnberg, gest. 1958 New York), jüd., Lyzeum, Febr. 1940 Emigr. USA; *G:* Fridl Schlesinger (geb. 1915 Nürnberg), Lyzeum, 1936 Emigr. USA; ∞ 1947 Margaret Jung (geb. 1922 Nürnberg), jüd., Lyzeum, Israelitische Aufbauschule, 1939 Emigr. GB mit Eltern, Mai 1940 USA, Reimann School London, Photograph. Assist., Phototechn. Magazin *Look,* ab 1967 School Aide New York Board of Education; *K:* Evelyn Shalom (geb. 1949), B.A., Lehrerin; Vivian (geb. 1951), M.A., Lehrerin; *StA:* deutsch, USA. *Weg:* 1937 USA.
1928–34 Realschule, Mitgl. *Kameraden, Bund Deutsch-Jüdische Jugend,* jüd. Sportorg. ITUS Fürth; 1934–37 kaufm. Lehre. Okt. 1937 Emigr. USA, Jan.–März 1938 bei Mack Drug Co. Hackensack/N.J., 1938–Febr. 1943 bei Tobin, Sporn &

Glaser New York; 1943 US-Armee; ab Sept. 1943 bei B. Ullman Co. Long Island City/N.Y. (heute BUCILLA, Firmenabt. von Armour-Dial Co.), Vizepräs. Creative Needlecraft & Decorative Linens, Aufstieg vom Lagerverwalter zum GenDir. u. Vizepräs.; 1937-39 Mitgl. *Council of Immigrant Youth*, ab 1959 VorstMitgl. *Blue Card*, 1962-72 VorstMitgl. *Congregation Habonim*, 1972-75 Dir. Linnen Trade Assn. Lebte 1975 in Flushing/N.Y.

D: RFJI. *Qu:* Fb. - RFJI.

Roth, Ernst, Politiker; geb. 28. Apr. 1901 Zweibrücken-Ernstweiler/Pfalz, gest. 11. Mai 1951 Straßburg; Diss.; *V:* Philipp Heinrich R. (1876-1955), Schlosser, SPD; *M:* Susanna, geb. Straub (1879-1963); *G:* Rudolf (geb. 1902), Johanna (1903-1925), Margarete Susanna (1906-1973), Susanna Luise (1910-1911); ∞ 1925 Gretel Schneider (geb. 1906), Lehrerseminar, journ. Ausbildung, 1924-33 Red. sozdem. *Volksstimme* Mannheim, 1933 Emigr. F, nach 1945 mit Ernst R. zurück ins Saargeb., seit 1962 StadtVO. Neckargemünd (SPD), 1965 2. u. 1968 1. stellv. Bürgerm. *K:* Ernst Wolfgang (geb. 1926), Armand Günter (geb. 1927); *StA:* deutsch, 26. Apr. 1939 Ausbürg., 1948 deutsch. *Weg:* 1934 F; 1945 Deutschland/Saargeb.

Besuch des Lehrerseminars, dann Ausbildung als Journalist. Red. *Saarbrücker Zeitung*, 1924-33 *Volksstimme* Mannheim. Ab 1920 Mitgl. SPD, 1926-33 Vors *Reichsbanner* Mannheim. 1932-33 MdR. Juni 1933 Emigr. ins Saargeb., Febr. 1934 nach Straßburg/Elsaß. Mit Ernst Th. Klein Hg. eines *Service d'Informations* über die Ereignisse im Dritten Reich. 1935-39 Mitgl. NB. Nach Kriegsausbruch vorüberg. interniert, Aufenthalt in Afrika, ab 1942 im Dépt. Vaucluse/Südfrankr. Anschluß an *Armée Secrète*, ab Mai 1944 an *Francs-Tireurs et Partisans Français*. Gegen Kriegsende für Einheitsfront mit KPD, Vors. des Dez. 1944 gegr. *Aktionsausschusses*, ab Febr. 1945 *Landesgruppe deutscher Sozialdemokraten in Frankreich*. Nach Rückkehr an die Saar 1945-46 Chefred. *Neue Saarbrücker Zeitung* bzw. *Saarbrücker Zeitung* (ab Sept. 1946). Mitgl. GrdgsAusschuß SPS, 1946-48 GenSekr. u. Chefred. Parteiorgan *Volksstimme*. 1946-48 StadtVO Saarbrücken. Herbst 1948 wegen Opposition gegen SPS-Kurs (für Wirtschaftsanschluß an Frankr. u. pol. Separierung von Deutschland) Verlust seiner Parteiämter, Ausweisung aus dem Saargeb. 1948-49 Landrat in Frankenthal/Pfalz. 1949-51 MdB (SPD), Deleg. Europarat Straßburg.

L: Schmidt, Saarpolitik; Schneider, Saarpolitik und Exil. *Qu:* Arch. Hand. Pers. Publ. - IfZ.

Roth, Herbert Otto; *StA:* österr., später Neuseeland. *Weg:* 1938 F; 1940 Neuseeland.

1935 Abitur, Stud. Chemie Univ. Wien. 1935 Mitgl. des illeg. KJVÖ, kurzfristig Mitgl. u. Mitarb. *Geeinter Roter Studentenverband*. Als KJVÖ-Vertr. Mitarb. in der legalen *Kulturellen Arbeitsgemeinschaft der Studenten in der Hilfszentrale* (→ Karl R. Stadler). Sept. 1936 Mitgl. u. Funktionär illeg. *Rote Falken* (ehemals sozdem. Jugendorg., deren Vertr. sich 1934 nach den Februarkämpfen in der Illegalität zumeist dem KJVÖ angeschlossen hatten), Ende 1936 AgitPropLtr. Kreis I in Wien, Frühj. 1937 Apparatltr. der Gesamtorg., Sommer 1937 OrgLtr. u. Mitgl. Kinderbüro (zentrales LtgGremium der *Roten Falken*), Sept. 1937 Ltr. der Gesamtorg. Nach Auseinandersetzungen mit der zentralen Ltg. des KJVÖ Ende 1937 Mitgl. Gruppe *Ziel und Weg*. 1938 Emigr. F, Stud. Univ. Grenoble. Nach Kriegsausbruch Internierung, Lager Chambarand u. Arandon. Febr. 1940 mit Visum Emigr. Neuseeland. 1941 Mitgr. u. Mitgl. *Society for Closer Relations with Russia*. Verb. zu *Free Austrian Movement* in GB, vor allem zu *Young Austria in Great Britain* u. *National Union of Austrian Students in Great Britain* (→ Theodor Prager). Mitgr. u. erster Sekr. *Young People's Club* in Wellington, 1944 (?) nach Bildung einer nationalen Org. (*Federation of Young People's Clubs)* deren Sekr., Mithg. der Zs. *Youth* ab Sommer 1945. Versuchte vergeblich die Bildung einer frei-österr. Org. unter den wenigen österr. Emigranten in Neuseeland. Jan. 1944-Okt. 1946 MilDienst in Royal New Zealand Air Forces, zeitw. auf pazifischen Inseln stationiert. Nach Kriegsende Anschluß der *Federation of Young People's Clubs* an *World Federation of Democratic Youth* (WFDY), Vertr. Neuseelands der WFDY. Später Bibliothekar der Univ. Auckland, 1978 Wahl zum Präs. der Vereinigung der Bibliothekare Neuseelands.

W: u.a. Roth, Herbert, Work in the Underground u. The illegal Roten Falken (unveröffentl. Ms. DÖW). *Qu:* Arch. Pers. Publ. - IfZ.

Roth, Leo(n), Parteifunktionär; geb. 29. Jan. 1911 Rzeszow/Galizien; ∞ Tochter v. Gen. Kurt v. Hammerstein-Ecquord; *Weg:* NL; 1936 CSR, UdSSR.

Tischler u. Schlosser; KJVD-Funktionär in Berlin, ltd. Mitgl. MilApp. der KPD. Nach natsoz. Machtübernahme zentrale illeg. Tätigkeit als Stellv. von → Hans Kippenberger, später Emigr., i.A. Kippenbergers Kontaktmann des KPD-MilApp. zum brit. u. franz. GenStab, Ltr. MilApp. im Bereich der Grenzstelle bzw. AbschnLtg. West in Amsterdam. Deckn. Viktor. 1936 nach Auflösung des MilApp. auf sog. Brüsseler Konferenz zur Berichterstattung vor KPD-Auslandsltg. nach Prag u. anschl. nach Moskau. Vermutl. in der UdSSR umgekommen. Weitere Deckn. Albert, Alfred, Manfred, Rudi.

L: Nollau, Günther, Die Internationale. 1959; Wehner, Untergrundnotizen. *Qu:* Arch. Publ. - IfZ.

Rothbarth, Hanns, Parteifunktionär; geb. 27. Juni 1904 München, ermordet 11. Okt. 1944 KL Sachsenhausen; *V:* Verlagsbuchhändler Dresden; *StA:* deutsch. *Weg:* 1930 UdSSR; 1936 Deutschland.

Zunächst im väterl. Betrieb tätig, 1925 KPD, Textilarb., Mitgl. Betriebszellenltg., 1929 Entlassung, PolSekr. KPD-Unterbez. Zittau. 1930 Lenin-Schule Moskau. Anfang 1936 als ZK-Instrukteur zur BezLtg. Berlin-Brandenburg, 14. Mai 1936 Festnahme, 1937 Urteil 6 J. Zuchth., anschl. KL Sachsenhausen, Mitarb. in Lagerorg. der KPD.

L: Kraushaar, Deutsche Widerstandskämpfer. *Qu:* Publ. - IfZ.

Rothblum, Egon G., Wirtschaftsexperte; geb. 16. Aug. 1915 Wien; *V:* David R.; *M:* Josefine, geb. Greif; ∞ 1954 Martha Moebius; *K:* Esther, David; *StA:* 1943 USA. *Weg:* 1939 USA.

1933 Abschluß Wiener Textilfachschule, 1933-34 Stud. Univ. Wien, gleichz. 1933-35 Stud. Industriefachschule Wien, 1935 Dipl., 1934-38 Angest., 1938 Geschäftsf. eines techn. Entwurfsbüros. 1939 Emigr. USA; 1942-45 US-Armee (Hptm.), 1946-48 Wirtschaftsfachmann bei US-Armee in Wien, 1948-50 Assist. Econ. Commissioner in Belgrad u. Washington/D.C., 1950-54 Industrieexperte bei der Econ. Cooperation Admin. Wien, 1954-57 Industrieexperte in Belgrad, 1957-58 Chef Industr. and Defense Prod. Div., 1958-59 Industrieexperte in Belgrad, 1959-60 Fachmann für Wirtschaftsplanung in Washington/D.C., 1960-62 Industrieexperte in Madrid, 1962-63 im techn. Versorgungsbüro der AID in Recife u. 1963-67 im Industrieentwicklungsbüro in Lagos, 1967 i.A. der AID Assist. des Dir. für techn. ZusArb. der UN Industrial Development Org. in Wien. Mitgl. von Papierfachverbänden. Lebte 1975 in Wien. - *Ausz.:* 1957 u. 1960 Preise der AID.

Qu: Hand. - RFJI.

Rothenberg, Erich, Exportkaufmann; geb. 20. März 1883 Berlin, gest. 21. Febr. 1946 New York; jüd.; *V:* Joseph R., Emigr. S-Amerika; *M:* Eugenie, geb. Goldberg (geb. 1861 Guben/Niederlausitz, gest. 1937 Berlin), jüd.; *G:* Walter (geb. 1882 [?] Guben, gest. 1944 [?] London), jüd., Kaufm., vor 1914 nach GB; ∞ 1916 Lotte Cohn (geb. 1894 Berlin), jüd., 1937 Emigr. NL, Juli 1941 in die USA über Port., ärztl. u. zahnärztl. Helferin, Kindergärtnerin, Telephonistin; *K:* Heinz Rudi (geb. 1917 Berlin), Opern- u. Konzertimpresario, 1935 Emigr. NL, später Lager Gurs/Südfrankr., 1941 nach Argent., nach 1945 Deutschland (BRD), später I, E; Günther Erich (geb. 1923 Berlin), 1937 Emigr. NL, 1939 Pal., 1955 USA, Hochschullehrer für Gesch. *Weg:* 1938 NL, 1941 USA.

Realgymn., Einjähriges, ab 1898 Lehre bei Lokomotivfabrik Orenstein & Koppel AG Berlin, 1900-1902 in Exportabt., 1902-10 Vertr. in Ostasien, 1910-18 in der Export-Geschäftsltg. Berlin. 1920-25 Gr. u. Inh. E. Rothenberg, Auslandsvertr. dt. Industrieunternehmen, Förderung des dt. Nachkriegsaußenhandels. 1923 Stiftung der umfangr. Rothenberg-Bibliothek (völkerrechtl. Sammlung) an die rechtswiss. Fakultät der Univ. Jena. 1925 bei Eisenexportfirma Coutinho, Caro & Co. KG a.A. Berlin-Hamburg, 1928 Exportfachmann in der dt. Schwerindustrie, AR-Mitgl. zahlr. Berliner Firmen. 1938 Emigr. Niederlande zu Frau u. Kindern, Juli 1941 in die USA über Portugal, tätig für Arnhold & S. Bleichroeder Inc. New York, nach kurzer Zeit Rücktritt aus gesundheitl. Gründen. – *Ausz.:* Ehrenbürger u. Dr. jur. h.c. Univ. Jena.
Qu: Hand. HGR. – RFJI.

Rother, Bruno, Partei- u. Verbandsfunktionär; geb. 1. Apr. 1904 Brünn/Mähren; o.K.; *V:* Markus R. (1866-1937), Uhrmacher, Eisenbahnbeamter; *M:* Karoline, geb. Altenstein (geb. 1867, umgek. 1942 KL), *G:* Emma (geb. 1894, umgek. 1942 KL), Grete (geb. 1899, umgek. 1942 KL), Hans (1899-1974); ∞ Paula Kahay (1898-1970), 1939 Emigr. S, 1941 USA; 1959 Österr.; *StA:* österr., 1919 CSR, 1947 USA. *Weg:* 1939 S; 1941 USA.
Handelsschule, Angest. Arbeiterunfallversicherungsanstalt für Mähren und Schlesien; 1919 SJ, 1923 DSAP, 1932-38 Kreisobmann DSAP u. 1933-38 RW Brünn, 1936-39 Mitgl. Finanzausschuß der Stadt Brünn, 1938 Mitgl. PV. 1939 Emigr. nach Schweden, Mitgl. TG-Landesvorst., Mai 1941 mit → Siegfried Taub als designierter Ltr. eines zu gründenden TG-Büros über die UdSSR u. Japan nach New York, nach Scheitern der Bemühungen um eine DSAP-Vertr. infolge Kriegseintritts der USA als Werkzeugschlosser tätig, 1945 Mitgr. u. bis 1953 Migl. *Am. Friends of Democratic Sudetens*; Funktionär u. ab 1946 Ltr. German Branch der *Social Democratic Federation of America*, Mitinitiator ihrer Vereinigung mit *American Socialist Party*, anschl. bis 1959 Mitgl. PV u. Parteiexekutive des Gesamtverb.; 1959 nach Österr., ab 1960 Funktionär, ab 1961 stellv. u. 1967-73 Obmann *Verband österreichischer Rentner und Pensionisten*, Ausbau des Verb. zu einer Massenorg. mit über 300 000 Mitgl. Lebte 1978 in Wien.
Qu: Arch. Pers. – IfZ.

Rother-Romberg, Walter, Parteifunktionär, Verleger; geb. 24. Okt. 1906 Breslau; *StA:* deutsch. *Weg:* 1936 F; E; 1945 Deutschland (ABZ).
Kadettenanstalt, Gymn., kaufm. Lehrer, bis 1932 als Kaufm. tätig. 1927 SPD, März-Dez. 1933 illeg. Arbeit, dann bis 1935 Haft; 1936 Emigr. nach Frankr., Sekr. SPD-Landesverb., Teiln. Span. Bürgerkrieg. Nach 1940 im franz. Maquis. Juni 1945 Rückkehr, Wiederaufbau der SPD in Bremen u. Nordwestdeutschland, bis 1947 BezSekr., Mitgl. Parteiausschuß, Lizenzträger *Radio-Illustrierte* Bremen. Mitarb. u.a. *Weser-Kurier* Bremen, *Le Reveille des Jeunes* Paris, *The Call* u. *Neue Volks-Zeitung* New York. – *Ausz.:* Combattant Volontaire, Engagé Volontaire, Croix de Combattant.
L: Brandt, Peter, Antifaschismus und Arbeiterbewegung. 1976. *Qu:* Arch. Hand. Publ. – IfZ.

Rothschild, Alphonse Mayer de, Bankier; geb. 15. Febr. 1878 Wien, gest. 1. Sept. 1942 Bar Harbor/Maine; jüd.; *V:* Albert Anselm Salomon von R. (geb. 1844 Wien, gest. 1911 Wien), jüd., ab 1874 Inh. u. Geschäftsf. S. M. Rothschild u. Söhne; *M:* Bettina Caroline, geb. de Rothschild (1858-1892); *G:* Georg Anselm (geb. 1877, gest. 1934 in Heilanstalt); → Louis Nathaniel de Rothschild; → Eugene Daniel de Rothschild; Charlotte Esther (gest. 1885 als Säugling); Valentine Noémi, Baronin Springer (geb. 1886), Freitod 1909); Oscar Ruben (geb. 1888, Freitod 1909); ∞ 1912 Clarice Sebag-Montefiore (geb. 1894); *K:* Albert Anselm Salomon Nimrod (1922-1938); Bettina Jemima Looram (geb. 1924); Gwendoline Charlotte Frances Joan Hoguet (geb. 1927); *StA:* österr. *Weg:* F, 1940 USA.

Inh. S. M. Rothschild u. Söhne Wien, vor Anschluß Österr. nach Paris, 1938 zus. mit Bruder Eugene Verhandlungen mit natsoz. Stellen in Wien zur Freilassung des inhaftierten Bruders Louis. 1940 Emigr. USA.
L: Hilberg, Destruction of European Jews; Morton, Frederick, The Rothschilds. 1962. *Qu:* Hand. Publ. – RFJI.

Rothschild, Eli, Verbandsfunktionär, Historiker; geb. 9. Dez. 1909 Lübeck; jüd.; *V:* Dr. med.dent. Hugo R. (geb. 1882 Waltersbrück/Hessen, gest. 1959 Haifa), jüd., Prom. Gießen, Zahnarzt in Lübeck, 1935 Emigr. Pal., Mitgl. *Misrachi*; *M:* Hanna, geb. Adler (geb. 1889 Lübeck, gest. 1956 Haifa), 1935 Emigr. Pal.; *G:* Judith (geb. 1910 Lübeck), 1929 Emigr. Pal.; Eva (geb. 1911 Lübeck), Gärtnerausbildung, 1935 Emigr. Pal.; Noemi (geb. 1915 Lübeck), 1935 Emigr. Pal.; Miriam R. (geb. 1916 Lübeck), Stud. Musik, Dipl., 1935 Emigr. Pal., AbtLtr. beim isr. Fernsehen; ∞ 1940 Marianne Silbermann (geb. 1914 Berlin), jüd., Stud. Berlin, Ballettausbildung, Ensemblemitgl. Theater des *Jüdischen Kulturbunds* Berlin, 1939 Emigr. Pal., in den 40er Jahren Mitgl. Gertrud Kraus-Ballett u. Cameri-Theater, anschl. Ballettlehrerin; *K:* Gabriela Naftali (geb. 1941); *StA:* deutsch, Pal./IL. *Weg:* 1933 Pal.
1929-33 Stud. Gesch., LitGesch. u. Phil. Frankfurt, Leipzig, Münster u. Hamburg, Mitgl. *Kadimah*, K.J.V., 1931-32 Lehrer u. Prediger SynGde. Lippstadt/Westf., zugl. Stud. Münster. März 1933 Emigr. Palästina mit B III-Zertifikat, 1933 Ausbildung als Schuster im Kibb. des *HaPoel haMizrahi*, 1933-34 Tischler in Jerusalem. 1935 mit Stipendium der *Jew. Agency* Stud. Hebr. Univ. Jerusalem, Mitgl. *Haganah*, 1936-39 bei brit. Polizei, 1939-43 Buchhandlungsangest. in Jerusalem, daneben 1936-43 Vorträge zur Gesch. Palästinas u. Fremdenführer für H.O.G., 1943-48 Sekr. der *Aliyah Chadascha* u. I.O.M.E. Tel Aviv für Zweigstellen auf dem Lande, ab 1944 Mitgl. *Histadrut*. 1948-52 IDF (Oberlt.), 1952-57 VerwAngest. El-Al Airlines, 1957-62 in der I.O.M.E.-Zentrale tätig, 1962-63 i. A. des isr. Staatsarchivars → Alex Bein Forschungstätigkeit in dt. Archiven, ab 1963 im wiss. Dienst des LBI Jerusalem. 1966-70 mit Unterstützung der dt. Bundesreg. u. des isr. Außenmin. Vortragsreisen in Deutschland (BRD), 1968 Mitarb. *Germania Judaica*, PräsMitgl. K.J.V., Mitgl. B'nai B'rith Tel Aviv, Mitgl. *Israelisch-Deutsche Gesellschaft*. Lebte 1978 in Tel Aviv.
W: Die Juden und das Heilige Land. Zur Geschichte des Heimkehrwillens eines Volkes. 1968, 3. Aufl. 1971; Meilensteine. Vom Wege des Kartells Jüdischer Verbindungen (K.J.V.) in der Zionistischen Bewegung. (Hg., mit autobiograph. Aufsatz) 1972; Beitr. in: MB Tel Aviv. *L:* Stern, Werke. *Qu:* Fb. Publ. – RFJI.

Rothschild, Eugene Daniel de, Bankier; geb. 7. März 1884; jüd.; *G:* → Alphonse Mayer de Rothschild, → Louis Nathaniel de Rothschild; ∞ I. 1925 Kitty Gräfin Schönborn-Buchheim, geb. Wolff (geb. 1885 Philadelphia, gest. 1946), christl.; II. 1952 Jeanne Stuart; *StA:* österr., F. *Weg:* F, 1940 USA.
Teiln. 1. WK, verwundet. Vor Anschluß Österr. Emigr. Paris, 1938 zus. mit Bruder Alphonse Verhandlungen mit natsoz. Stellen in Wien zur Freilassung des inhaftierten Bruders Louis. 1940 Emigr. USA. Lebte 1970 auf Long Island/N.Y.
L: Morton, Frederick, The Rothschilds. 1962; Morton, Frederick u. Brunner, H., Juden als Bankiers. Ihre völkerverbindende Tätigkeit. In: Zwei Welten. 1962. *Qu:* Hand. Publ. Z. – RFJI.

Rothschild, Hans, Dr. jur., Jurist; *StA:* österr., 1919 CSR, 1945 deutsch. *Weg:* 1938 GB; 1945 Deutschland (SBZ).
Stud. Rechtswiss. Im 1. WK Kriegsdienst in österr.-ungar. Armee (Husarenoberlt.), danach Mitinh. einer RA-Praxis in Reichenberg, Mitgl. KSČ. 1938 Emigr. nach GB, Mitgl. der Parteigruppe um → Gustav Beuer. 1945 in die SBZ. 1946 Eintritt in sächs. Justizdienst, zeitw. Staatsanwalt am OLG Dresden, später Oberrichter am Obersten Gericht der DDR.
Qu: Arch. Hand. Z. – IfZ.

Rothschild, Lothar Simon, Dr. phil., Rabbiner; geb. 7. Dez. 1909 Karlsruhe, gest. 27. März 1974 St. Gallen/CH; *V:* Ferdinand R.; *M:* Paula, geb. Bloch; ∞ I. 1943 Thea Katz; II. Rosi Kugelmann; *K:* Pierre. *Weg:* 1938 CH.

1928-37 Stud. Jüd.-Theol. Seminar Breslau, 1933 Rabbinerexamen, Stud. L(H)WJ Berlin, Mitgl. Großer Rat des Preußischen Landesverbands jüdischer Gemeinden, gleichz. Stud. in Basel, 1932 Prom.; 1934-38 Oberrabbiner für Saarbrücken u. das Saarland. 1938 Emigr. Schweiz; 1938-43 Ltr. der Flüchtlingshilfe Basel, gleichz. 1940-43 Doz. für jüd. Gesch. Univ. Zürich u. Handelshochschule St. Gallen, 1943-68 Rabbiner in St. Gallen, Mitgl. Zentralkomitee des Schweizer Israelit. Gemeindebunds, Vizepräs. *Vereinigung für religiös-liberales Judentum in der Schweiz*; 1957-74 Gr. u. Hg. *Tradition und Erneuerung, Zeitschrift für religiös-liberales Judentum in der Schweiz.* - *Ausz.:* 1969 Dr. h.c., H.U.C. - J.I.R.

W: u.a. Johann Caspar Ulrich und seine Sammlung jüdischer Geschichten in der Schweiz. In: Schweizer Studien zur Geschichtswiss. Bd. 17, Heft 2. 1933; Der Stein als Zeuge. Ansprache bei der Einweihung des Gedenksteins für die zerstörte Synagoge der Israelitischen Gemeinde Konstanz. 1946; Schawuoth. Ein Festbüchlein. 1948; Gesinnung und Tat. In: Festschrift zum 80-jährigen Jubiläum des israelitischen Wohltätigkeitsvereins (Chewra Kadischa) und des israelitischen Frauenvereins. 1948; Elias Botschaft. 1950; Im Strom der Zeit. Hundert Jahre Israelitische Gemeinde St. Gallen, 1863-1963. 1963; Beiträge in: Kisch, G., Das Breslauer Seminar. 1963; Gesinnung und Tat. Berichte aus jüdischer Sicht. 1969. *L:* Forschung am Judentum, Festschrift für Lothar Rothschild zum 60. Geburtstag. 1970; Stern, Werke; Kisch, G., Lothar Rothschild. In: Zeitschrift für die Geschichte der Juden, 1974; Yearbook LBI, 1976. *Qu:* Hand. Publ. Z. - RFJI.

Rothschild, Louis Nathaniel de, Bankier; geb. 5. März 1882, gest. 15. Jan. 1955 Montego Bay/Jamaica; *G:* → Alphonse Mayer de Rothschild; → Eugene Daniel de Rothschild. *Weg:* 1939 CH, USA.

Kaufm. Ausbildung, u.a. in den USA. 1911 Übernahme der Interessen der Familie Rothschild in Österr., u.a. der vom Vater gegr. Österreichischen Creditanstalt für Handel und Gewerbe, sowie Aktienmehrheiten von Textil-, Eisen- u. chem. Ges. u. Bergwerken, Beteiligung an Finanzprojekten in Südosteuropa, landwirtschaftl. u. städt. Grundbesitz. Nach 1. WK Forts. der Geschäftstätigkeit in Österr. u. den Nachfolgestaaten, insbes. der CSR. 1931 nach Zusammenbruch der Österreichischen Creditanstalt Fusion mit Wiener Bankverein mit Hilfe des Kapitals der Pariser Zweigstelle. 1936-37 Übertragung der Industrieinteressen einschl. der Wittkowitzer Bergbau- u. Eisenhütten-Gewerkschaft in der CSR durch Schweizer u. holländ. Mittelsmänner auf Alliance Insurance Co. (Tochterges. der brit. Rothschild-Familie). März 1938 Einziehung des Reisepasses auf dem Wiener Flugplatz durch NatSoz., 14 Monate Haft, während dieser Zeit Verhandlungen über seine Entlassung mit Hermann Göring u. Heinrich Himmler, die auf Übernahme der Wittkowitzer Gewerkschaft abzielten, Vereitelung der Konfiskationsabsichten durch brit. Rothschildinteressen u. durch Einsatz von Eugene Rothschild. Haftentlassung gegen Preisgabe des österr. Besitzes u. 6 v.H. des Wittkowitzer Aktienkapitals, darüber hinaus rechtswidrige Angliederung der Wittkowitzer Gewerkschaft an Reichswerke Hermann Göring. 1938-42 allmähliche Aneignung der Aktien der Creditanstalt-Wiener Bankverein durch Deutsche Bank Berlin. - Mai 1939 Emigr. Schweiz, dann USA, Erwerb von landwirtschaftl. Grundbesitz in Vermont. Nach 2. WK Übertragung des ehem. österr. Besitzes an die Österr. Reg. als Renten- u. Pensionsfond für ehem. Rothschild-Angestellte. Tod während einer Reise auf Jamaica.

L: Morton, Frederick, The Rothschilds. 1962; Hilberg, Destruction of European Jews; Seidenzahl, Fritz, 100 Jahre Deutsche Bank 1870-1970. 1970. *Qu:* Publ. Z. - RFJI.

Rothschild, Walter, Dr. jur., Unternehmensleiter; geb. 24. Mai 1909 Marburg/Lahn; jüd.; *V:* Jacob R. (geb. 1879 Marburg, gest. 1949 Baltimore/Md.), jüd., Realgymn., Bankdir., tätig in Wohlfahrtsorg. u. jüd. GdeArb., 1939 Emigr. USA; *M:* Hulda, geb. Hamburger (geb. 1879 Bad Kissingen, gest. 1964 Baltimore/Md.), jüd., höhere Schule, Emigr. mit Ehemann; *G:* Erika Sundheim (geb. 1914 Marburg), Lyzeum, 1939 Emigr. USA; ∞ 1944 Ruth H. Mayer (geb. 1922), jüd., höhere Schule, 1939 Emigr. GB, im 2. WK *Women's Voluntary Reserves*; *K:* Steven M. (geb. 1945), M.B.A., Vertriebsdir.; James A. (geb. 1947), D.J., RA; Bruce I. (geb. 1950), D.J., RA; Karen Mondell (geb. 1952), wiss. Angest.; Frank D. (geb. 1954); *StA:* deutsch, 1941 USA. *Weg:* 1933 F, 1935 USA.

1931 Prom. Marburg, 1931-33 preuß. Gerichtsreferendar, zugl. Stud. Völkerrecht Genf. Juni 1933 Emigr. Frankr., 1933-34 Praktikant in Anwaltsbüro in Metz, 1934 Licencié-en-droit Univ. Nancy, Verweigerung der ArbErlaubnis. Sept. 1935 in die USA, 1938 LL.B. Univ. Maryland, 1935-36 kaufm. Angest. Lord Baltimore Press Baltimore, 1936 Ltr. der statist. Abt. von Westheimer & Co. Baltimore, 1936-43 Statistiker u. Finanzberater McKubin, Legg & Co. Baltimore. 1943-45 MilDienst (OSS, Hauptm., Bronze Star) in USA u. Europa, Ltr. Documentary Research Unit beim Internat. MilGerichtshof in Nürnberg. Ab 1946 stellv. Finanzdir., später geschäftsf. Vizepräs. u. AR-Vors. der Sun Life Insurance Co. of Am.; 1972-76 Dir. Kaufman & Broad Inc. Los Angeles u. VorstMitgl. Maryland Blue Cross; 1976 Ruhestand. 1959-75 VorstMitgl. Baltimore Hebr. Congr., ab 1973 Präs. *Associated Jew. Charities of Baltimore*, Mitgl. Bar of State of Maryland. Lebte 1977 in Baltimore/Md. -

Qu: Fb. Hand. - RFJI.

Rothschild, Walther, Dr. phil., Verleger; geb. 23. Jan. 1879 Barmen/Westf., gest. 2. Dez. 1967 Carmel/Calif.; *V:* Joseph R., Fabrikant; ∞ 1918 Erna Beatrix Mayer; *K:* Claudia (geb. 1920), als Ordensfrau Schwester Maria Dominica; Maria Nordsen; Cornelia (geb. 1924). *Weg:* 1938 CH, GB, 1940 USA.

Stud. Bonn, Leipzig, Freiburg u. Frankfurt; 1905 Gr. u. Ltr. des rechtswiss. Verlags Dr. Walther Rothschild Berlin. Im 1. WK Marine (EK II). 1933 Umwandlung des Verlags in GmbH, 1935-38 Ruhestand in Freiburg. Mitgl. Hauptvorst. *Internationale Vereinigung für Rechtsphilosophie*, Mitgl. *Deutsch-Französische Gesellschaft, Deutscher Verlegerverein, Gesellschaft von 1914*. 1938 Emigr. GB über die Schweiz, Gr. *Grotius Soc.* in GB. 1940 in die USA, Mitgr. *Juristen-Kreis* Berkeley/Calif.

Qu: Arch. Hand. Pers. - RFJI.

Rott, Hans, Gewerkschaftsfunktionär, Politiker; gest. 30. Dez. 1962 Wien; *K:* Frieda, Emigr. USA; *StA:* österr. *Weg:* 1938 F; 1940 P, CDN; 1941 (?) USA.

Obmann (?) der 1926 gegr. *Gewerkschaft der christlichen Post-, Telephon- und Telegraphenangestellten*, führender Vertr. der christl. GewBewegung, Mitarb. von Leopold Kunschak. In der 2. Hälfte der 20er Jahre MdBR. Herbst 1934 Mitgl. Bundeswirtschaftsrat; Mitgl. Bundesbeamtenkammer, Obmann der *Kameradschaft der Post- und Telegraphenbediensteten* im Österreichischen Beamtenbund. Reichsführer *Post- und Telegraphenschutzwehr*, Okt. 1935 zweiter stellv. Bundesführer *Freiheitsbund* (Wehrformation der christl. ArbBewegung, die in scharfem Gegensatz zum *Heimatschutz* stand u. Ende 1936 im Zuge der Schaffung der einheitl. Wehrformation *Frontmiliz* der *Vaterländischen Front* aufgelöst wurde). Okt. 1936 Staatssekr. im Min. für soziale Verwaltung, im letzten Kabinett Kurt Schuschnigg als Vertrauensmann der christl. ArbBewegung Min. ohne Portefeuille, Febr. 1938 unmittelbar nach dem Berchtesgadener Abkommen Bundesltr. *Soziale Arbeitsgemeinschaft* der *Vaterländischen Front*, Anfang März 1938 Mitgl. des von Schuschnigg ernannten offiz. Komitees, das mit Vertr. der Arbeiterschaft u. der illeg. *Freien Gewerkschaften Österreich* Verhandlungen zur Unterstützung der ständestaatl. Reg. bei der (unmittelbar vor dem Einmarsch dt. Truppen in Österreich) geplanten Volksabstimmung führte (→ Karl Hans Sailer). Nach Anschluß Österr. Verhaftung, nach mehrmonatiger Haft Emigr. Frankr., Einreise mit falschem Paß, erhielt sofort Aufenthaltsbewilligung, ließ sich vermutl. als *ex-autrichien* registrieren; Vors. der Mai 1938 gegr. *Ligue Autrichienne*, in der österr. Legitimisten u. Vertr. des autoritären Ständestaats im Exil zusammenarbeiteten u. die ab Ende 1938 die Zs. *Die Österreichische Post* herausgab, enge Verb. zu → Otto Habsburg; ab 1939 neben → Martin Fuchs führend an dem Versuch beteiligt, eine Einigung aller EmigrGruppen unter Ausschluß der Kommunisten herbeizuführen u. so die Bildung eines von den franz. Behörden anerkannten österr. Nationalrats bzw. einer Exilvertretung zu ermöglichen. Wurde nach Kriegsausbruch nicht interniert. Herbst 1939 konkrete Verhandlungen u.a. mit → Julius Deutsch u. K.H. Sailer zur Bildung einer österr. Exilvertr.; Scheitern der Verhandlungen am Einspruch der inzwischen aus der Internierung entlassenen AVÖS-Mitgl. u. am Ausbleiben der erhofften Anerkennung durch die franz. Reg.; daraufhin Bildung des *Office Autrichien* ohne Mitwirkung von profilierten Vertr. der pol. Emigration unter Ltg. von Richard Wasicky u. mit R. u. Julius Deutsch als Beisitzern. Frühj. 1940 neben → Hanno Friebeisz *(Vereinigung zur Befreiung Österreichs)* u. → Karl Hartl *(Organisationskomitee der österreichischen Sozialdemokraten)* Mitgl. *Service National Autrichien* als Aktionskomitee zur Befreiung Österreichs. Nach dt. Einmarsch in Frankr. Flucht über Spanien nach Portugal, in Figuera da Foz Verhandlungen mit Otto Habsburg über Grdg. einer österr. Exilorg. in den USA u. Kanada nach dem Vorbild der France Libre-Bewegung Charles de Gaulles in GB, anschl. Emigr. Kanada, Niederlassung in Toronto. Okt. 1940 Gr. u. Präs. *Free Austrian Movement* (Frei-Österreicher-Bewegung – FAM); die Bewegung strebte die Wiederherstellung eines unabhäng. Österreichs nach dem Krieg mit anschl. Entscheidung über die Staatsform an u. versuchte, nicht als pol. Partei, sondern als umfassende Sammelbewegung zu wirken. Mit einer Zentralstelle in Toronto sollten weltweit Vertretungen errichtet werden; so umfaßte (lt. eig. Angaben a.d. Jahr 1945) das FAM binnen kurzem 53 Orts- u. Landesgruppen in aller Welt. 1941 ließ sich R. in New York nieder u. leitete die Landesgruppe USA des FAM (Executive-Dir. Peter Paul), die aufgrund der bes. US-Bestimmungen über ausländ. u. internat. Org. formal unabhängig von der Zentralstelle in Toronto organisiert wurde; daneben blieb R. jedoch vermutl. weiterhin Präs. des FAM Toronto; Grdg. des *Austria Office* New York als Sitz des FAM USA. Anfang 1941 neben → Heinrich Allina, → Georg Franckenstein u. → Richard Schüller als Mitgl. eines repräsentativen Austrian Advisory Committee vorgesehen, dessen Bildung u. Anerkennung durch brit. Reg. → Robert Habsburg u. → Kurt Strachwitz in London vergeblich zu erreichen versuchten. Sept. 1941 zus. mit → Willibald Plöchl Gr. *Free Austrian National Council* (FANC), das sich als Rechtsnachfolger der letzten österr. Reg. bis März 1938 u. legitime österr. Vertretung in den USA betrachtete; R. beanspruchte als ältestes überlebendes u. in Freiheit befindliches Mitgl. der letzten österr. Reg. angesichts der illeg. Absetzung des österr. Bundespräs. laut Verfassung die Funktionen des Bundespräs. u. die Einsetzung von W. Plöchl als provis. Bundeskanzler u. österr. Vertr. in den USA. Ziel des FANC war u.a. die offiz. Nichtanerkennung des Anschlusses Österreichs durch die US-Reg.; Hg. *News of Austria* als Organ des FANC u. Grdg. *American Friends of Austria* als amerikan. Org. zur Unterstützung des FANC; nach massiven Protesten der österr. Sozialisten (→ Friedrich Adler), der *Austrian Action* (→ Ferdinand Czernin), → Guido Zernattos u.a. Gruppen u. Persönlichkeiten der österr. Exils in den USA scheiterte das Projekt des FANC vor allem am Desinteresse der US-Behörden. Frühj. 1942 nach Kriegseintritt der USA formelle Auflösung des FANC u. Entlassung von W. Plöchl; R. wurde neben G. Zernatto Mitgr. u. Mitvors. des von einer breiteren Koalition konservat.-bürgerlicher, ständestaatlicher u. legitimistischer Vertr. u. Gruppen im amerikan. Exil getragenen *Austrian National Committee* (ANC – auch als *Austrian National Council* bezeichnet, VorstMitgl. F. Czernin, Martin Fuchs u. → Walter Schuschnigg); auch das ANC bemühte sich vergeblich um Anerkennung als österr. Exilvertretung durch die USA. Nov. 1942 Mitgl. *Military Committee for the Liberation of Austria* unter Otto Habsburg zur Rekrutierung eines österr. Btl. innerh. der US-Armee nach dem Vorbild des norweg. Btl., welches infolge massiver Proteste österr. Emigrationsgruppen sowie der Vertr. der Nachfolgestaaten der österr.-ungar. Monarchie im Exil gegen ein „Habsburg-Btl." nicht über org. Anfänge hinausgelangte; nach dem Scheitern des österr. Btl. in der US-Armee ging der Einfluß von FAM Toronto bzw. FAM USA vor allem in Lateinamerika stark zurück, die freien österreichischen Bewegungen in fast allen südamerikanischen Staaten (mit Ausnahme Brasiliens) orientierten sich immer stärker am *Free Austrian Movement* in GB u. traten nach Bildung des *Comite Central Austriaco de America Latina* unter → Karl Stephan Grünberg dem *Free Austrian World Movement* (FAWM, → Franz West) bei, das im März 1944 als internat. Dachorg. der freien österreichischen Bewegungen mit Sitz in London gegr. worden war u. mit dem FAM Toronto bzw. USA wegen des im FAWM vorherrschenden kommunist. Einflusses nicht zusammenarbeitete. Ab Herbst 1943 versuchte R. nach der Moskauer Deklaration nochmals vergeblich, bei den US-Behörden Anerkennung als provis. Oberhaupt einer rechtmäßigen österr. Exilreg. nach tschechoslowak. Vorbild zu erreichen, er forderte die Trennung der österr. von den dt. Kriegsgef. u. bemühte sich bis Kriegsende um Bündnisverhandlungen mit dem *Austrian Labor Committee* (Briefwechsel mit Julius Deutsch) als Grundlage für die Bildung einer möglicherweise doch noch anerkannten österr. Exilvertretung, um den in der Moskauer Deklaration geforderten Beitrag des österr. Volks zu seiner eigenen Befreiung zu unterstützen. Vermutl. Herbst 1944 Rücktritt als Präs. FAM Toronto (Dez. 1944 Nachf. der bisherige GenSekr. → Wilhelm Wunsch). Nov. 1944 Gr. u. Vors. *Christian-Socialist Party of Austria* in den USA zur Wiederbegründung der *Christlich-Sozialen Partei* in Österreich nach Kriegsende (VorstMitgl. Peter Berger, → Willibald Berger, Paul Goldschmidt, Thomas A. Michels, → Egon Plager, Wilhelm Suida, → Elemer Wahl, Alfred Wolfgruber) mit Sitz beim *Austria Office* New York. Stellv. Vors. *Associated Austrian Relief*. Nach Kriegsende Mitarb. österr. GenKonsulat in New York, zeitw. Ltr. Dept. of Organizations.

L: Gulick, Österreich; Buttinger, Beispiel; Deutsch, Julius, Ein weiter Weg. 1960; Goldner, Emigration; Pelinka, Anton, Stand oder Klasse? Die Christliche Arbeiterbewegung Österreichs 1933-1938. 1972; ISÖE. *D:* Nachlaß Hans Rott bei → Franz Goldner bzw. im Besitz der Erben. *Qu:* Arch. Hand. Publ. Z. - IfZ.

Rowold, Karl, Diplomat; geb. 12. Aug. 1911 Oker b. Wolfenbüttel/Braunschweig; ev.; *V:* Karl R. (1881-1957), ev., Hüttenarb., SPD; *M:* Henriette (1885-1911), ev.; *G:* Elisabeth (1909-1914); ∞ 1937 Odense/DK, Ragnhild (geb. 1906), ev.; *K:* Finn (geb. 1940), Stud. Rechtswiss. Kopenhagen, Rechtsberater dän. Rundfunk; *StA:* deutsch, 1949 DK, Dez. 1950 deutsch. *Weg:* 1933 DK; 1944 S; 1945 DK; 1950 Deutschland (BRD).

1925-28 Lehre als VerwGehilfe, 1928-33 Lagerist bei Konsumgenossenschaft Goslar. Ab 1925 ZdA, 1930-33 Ortsvors. Goslar, ab 1928 SPD, Ortsvors. SAJ Oker, Mitgl. SAJ-Landesvorst. Braunschweig, 1929-33 Vors. *Jungbanner des Reichsbanners* im Krs. Wolfenbüttel. Febr. 1933 Entlassung durch Konsumgenossenschaft, Mithg. der illeg. Zs. *Roter Harzbote*, als Kurier zu Widerstandsgruppe in Hamburg tätig, Mai-Juni 1933 Zuchth. Wolfenbüttel, 17. Nov. 1933 Flucht vor erneuter Verhaftung nach Kopenhagen, Unterstützung durch *Matteotti-Komitee*, dann Sprachlehrer u. Reiseführer. Vorträge für dän. Arbeiterbildungsverb., freier Mitarb. der sozdem. Presse. 1944-45 in Schweden, Betreuer für baltische Flüchtlinge, Kontakte zur dän. Widerstandsbewegung. 1945-50 1. Sekr. für Bildungs- u. Kulturarb. bei der dän. Flüchtlingsverw., Schriftführer Landesgruppe Dänemark der SPD, ab 1947 Vors. SPD-Sektion Dänemark, daneben Korr. für dt. Ztg., Mitarb. dän. Parteiztg. *Socialdemokraten*. 1946 Mitgr. *Internationaler Sonnenberg-Kreis* in Braunschweig. 1950 Eintritt in dt. diplomat. Dienst, Auslandsposten als Sozial-, Presse- u. Kulturref., 1955-58 im AA Bonn, Botschaftsrat, zuletzt Botschafter in Reykjavik. Ab 1974 im Ruhestand in Dänemark. Lebte 1978 in Kopenhagen. - *Ausz.:* 1956 Dän. Ritterkreuz, 1957 Ital. Verdienstorden, 1963 Isländ. Ritterkreuz, 1970 Schwed. Kommandeurskreuz mit Stern, BVK 1. Kl., 1974 Großkreuz am Schulterband des isländ. Falkenordens.

Qu: Arch. Fb. - IfZ.

Rubal, Anton, Parteifunktionär; *StA:* österr., 1919 CSR. *Weg:* 1939 GB.

KSČ, Funktionär der BezLtg. Teplitz-Schönau, später KSČ-Sekr. in Aussig u. Parteiinstrukteur auf Kreisebene. 1939 Emigr. nach GB, LtgMitgl. der sog. *Beuer-Gruppe* der KSČ (→ Gustav Beuer), 1940-41 Internierung, ab Bildung 1943 Mitgl. *Sudetendeutscher Ausschuß - Vertretung der demokratischen Deutschen aus der CSR.* - Zahlr. Verwandte R.s wurden im Dritten Reich als Widerstandskämpfer hingerichtet; sein Schicksal nach 1945 ist unbekannt.

Qu: Arch. Pers. - IfZ.

Rubin, Hanan (Hans), Politiker, Gewerkschaftsfunktionär; geb. 10. Aug. 1908 Berlin, gest. 24. Okt. 1962; *V:* Yosef R.; *M:* Miriam, geb. Holtzer; ∞ Pua Ginzburg; *K:* Yaela, Ashrit, Matityahu. *Weg:* 1933 Pal.

1926-30 Stud. Berlin, Genf u. Freiburg, Mitgl. *Blau-Weiß* u. *Kadimah.* 1933 Emigr. Palästina, 1933-41 Mitgl. Arbeitergenossenschaft *Ḥavurat Poalim* in Nahalat Yehudah, 1936 Mitgr. u. ZK-Mitgl. *Sozialistischer Bund (Socialist League),* ZK-Mitgl. *Hashomer Hazair* nach ZusSchluß mit der *Socialist League,* Mitgl. *Mapam, Histadrut,* 1934-48 *Histadrut*-Funktionär, u.a. 1941-48 Sekr. Abt. West-Europa, 1944-45 ZK-Mitgl. *Asefat haNivḥarim.* 1949-62 M.K. für *Mapam,* Mitgl. von Verfassungs- u. Gesetzgebungsausschüssen, 1949-62 ZK-Mitgl. u. Handlungsbevollmächtigter des Vorst. der *Histadrut,* 1955-62 Sprecher der Knesset-Deleg. zum 21., 22. u. 23. Zion. Kongr., Mitgl. Kongreßgericht, ZK-Mitgl. Arbeitnehmerverband.

Qu: Hand. - RFJI.

Rubiner, Frida, geb. Ichak, Dr. phil., Publizistin, Parteifunktionärin; geb. 28. Apr. 1879 Mariampol/russ.-poln. Gouv. Suvalki, gest. 21. Jan. 1952 Kleinmachnow b. Berlin; *G:* Griša Ichak, Arzt in Paris, 1940 nach dt. Einmarsch Freitod; ∞ Ludwig Rubiner (1881-1920), expressionist. Schriftst., Pazifist; *StA:* UdSSR. *Weg:* 1930 UdSSR, 1946 Deutschland (SBZ).

Aus jüd. Kleinbürgerfam., Schneiderin, Autodidaktin; 1900-03 Stud. Phil. Zürich, Prom., dann Mathematiklehrerin in Deutschland. 1906 SPD, 1914-18 in der Schweiz, Anschluß an Zimmerwalder Linke, Freundschaft mit V.I. Lenin u. N.K. Krupskaja, 1918 Erstübers. von Lenins *Staat und Revolution* ins Dt.; Ende 1918 Ausweisung, KPD, Anfang 1919 i.A. von Leo Jogiches nach Sowjetrußland, Teiln. GrdgsKongreß der *Komintern,* danach Mitgl. PropAusschuß u. Verkehrskommission der Münchener Räterepublik. Deckn. Friedjung. Nov. 1919 Urteil 1 J. u. 9 Mon. Festungshaft; nach vorzeit. Entlassung Red. *Die Rote Fahne* Wien, 1922-24 Korr. *Internationale Presse-Korrespondenz (Inprekorr)* in Moskau, 1924-27 Red. *Die Rote Fahne* Berlin, Anhängerin der ultralinken Führung um → Ruth Fischer u. → Arkadij Maslow, nach 1927 Lehrerin an Parteischulen u. propagandist. Tätigkeit, Übers. zahlr. marxist.-leninist. Grundwerke aus dem Russ.; 1930 in die UdSSR, 1930-31 Mitarb. Marx-Engels-Institut Moskau, 1931-32 Ltr. pol. Arb. unter dt. Arbeitern in der UdSSR, 1932 Sekr. IAH-Exekutive, 1932-35 Mitarb. EKKI-Presseabt., 1936-39 Ltr. Presseabt. der sowj. LitAgentur, 1939-41 Red. Verlag für fremdsprachige Literatur Moskau. Ab Juni 1941 mit ltd. Funktionen in der 7. Abt. GlavPURKKA betraut, Ltr. Umschulungsprogramm für dt. Kriegsgef. in der UdSSR, Verf. von PropMaterial, Kontrolltätigkeit der PropArb. des NKFD, Mitarb. NKFD-Kommission für Umgestaltung des Schul- u. Unterrichtswesens. Juni 1946 nach Deutschland (SBZ), Dekan der Fak. für Grundlagen des Marxismus an SED-Parteihochschule Karl-Marx; rege publizist. Tätigkeit. - Deckn. u.a. Frieda Band, geb. Schack. - *Ausz.:* 1949 Dr. h.c. Univ. Leipzig.

W: u.a. Der beste Fabrikdirektor. 1923; Sowjetrußland von heute. 1925; Der große Strom. 1930; Lang, Fr. (Ps.), Die Wahrheit über Sowjetrußland. Moskau (Verlag für fremdsprachige Literatur) 1944; Eine Wende in der Menschheitsgeschichte. 1947. *L:* Leonhard, Revolution; Weber, Wandlung; GdA-Biogr.; Duhnke, KPD; Durzak, Exilliteratur; Lexikon sozialistischer deutscher Literatur. 1973; Fischer, Deutschlandpolitik; Götze, Dieter, „Meine Mission ist, die Vermittlerin der UdSSR in Deutschland zu sein...". Frida Rubiner. In: BzG 1977, S. 877-883. *Qu:* Publ. - IfZ.

Rubinger, David (Dietrich), Bildjournalist; geb. 29. Juni 1924 Wien; *V:* Kalman R. (geb. 1894 Kosow/Galizien, gest. 1950 London), Kaufm., 1938 KL Dachau, 1939 Emigr. GB; *M:* Channa (geb. 1902 Pomorzani/Galizien, umgek. 1942 in Minsk); ∞ 1946 Anni Reislaer (geb. 1927 Kosow), KL Stutthoff, 1946 nach Pal., Kinderphotographin, ehrenamtl. Dir. eines Kindergartens für geistig Behinderte; *K:* Tamar Wahaba (geb. 1947); Amnon (geb. 1953), Maler; *StA:* österr., Pal./IL. *Weg:* 1939 Pal.

Gymn. Wien, 1938 Mitgl. *Hashomer Hazair* Wien, Hachscharah in Österr.; 1939 Emigr. Palästina mit B III-Zertifikat, 1939-42 Mitgl. *Jugend-Alijah*-Gruppe Kibb. Bet Zera, 1942-45 Dienst in brit. Armee. 1947-48 im Dept. für Landwirtschaft der brit. Mandatsverw., 1948 Zugführer IDF. 1949-51 freier Photograph, 1952-53 Photograph bei *HaOlam haZeh,* 1954-55 freiberufl. Tätigkeit, ab 1957 Photograph bei *Time, Life* u.a. ausländ. Zs., ab 1972 Bildred. bei *Jerusalem Post.* 1967 u. 1973 Bildberichterstatter für die IDF. Mitgl., 1974 stellv. Vors. *Vereinigung israelischer Auslandskorrespondenten.* Lebte 1977 in Jerusalem.

Qu: Fb. - RFJI.

Rudel, Ludwig, Wirtschaftsexperte; geb. 5. Juli 1930 Wien; jüd.; *V:* Jacob R. (geb. 1888 Czernowitz/Bukowina, gest. 1937 Wien), jüd., Jurist; *M:* Josephine, geb. Sonnenblum (geb. 1897 Czernowitz, gest. 1962 USA), jüd., 1938 Emigr. USA; *G:* Julius (geb. 1921 Wien), USA, Dirigent in New York; ∞ 1962 Joan M. Fogltanz (geb. 1934 Wisc.), kath., Stud., Sekr.; *K:* Ruthann (geb. 1963); David Jeremy (geb. 1964); Joanna Wynn (geb. 1966); *StA:* österr., 1944 USA. *Weg:* 1938 USA.

1938 Emigr. USA über Italien, Kontakt zu HIAS, Mutter zeitw. Fabrikarb.; 1947-49 Korr. Internat. Division der RCA Corp., 1949-53 Hilfsbibliothekar New York Public Library, 1952 B.A. City Coll. of New York. 1953-55 US-Armee (Oberlt.). 1955 Börsenmakler, 1955-56 AbtLtr. Interoceanic Commodities Corp. New York, 1956-60 im Büro für internat. ZusArb. in Washington/D.C., 1959 M.A. New York Univ. Ab 1960 beim US-Außenmin., zunächst 1960-61 Assist. Program Officer in Ankara, 1961-63 Sachbearbeiter für Staatsanleihen der USAID Washington/D.C., 1963-64 AbtLtr. Amt für Kapitalentwicklung u. Finanzen, 1964-65 Stud. Wirtschaftswiss. Univ. of Mich. Ann Arsbor, 1967 M.A., 1965-67 Program Officer in Neu Delhi, 1967-69 Berater für Exportfragen, 1969-70 Wirtschaftsberater bei versch. Privatunternehmen, ab 1971 Industrieberater in Washington/D.C. Lebte 1977 in Washington/D.C. - *Ausz.:* 1968 Merit Honor Award.

Qu: Fb. Hand. - RFJI.

Rück, Fritz (Friedrich), Partei- u. Gewerkschaftsfunktionär, Journalist; geb. 15. Apr. 1895 Stuttgart, gest. 18. Nov. 1959 Stuttgart; ev.; *V:* Johann R., Schreiner; *M:* Friederike, geb. Hettich; ∞ I. Dora Hofmann (geb. 1895), Mitgl. SAPD, 1933 Emigr. CH, 1941 gesch.; II. Britta Elvira Sjögren; *K:* 5; *StA:* deutsch. *Weg:* 1933 CH; 1937 S; 1950 Deutschland (BRD).

Lehre als Schriftsetzer; Funktionär der sozialist. Jugendbewegung, 1913 Mitgl. SPD; 1915-16 Teiln. 1. WK, Anschluß an *Spartakus-Gruppe,* deren Vertreter auf Grdg.-PT der USPD 1917, Red. USPD-Ztg. *Der Sozialdemokrat* in Stuttgart, während der Novemberrevolution 1918 an der Spitze des Stuttgarter *Arbeiter- u. Soldatenrates,* 1919 KPD, für die Partei journ. u. propagandistisch tätig. Red. versch. kommunist. Ztg. in Deutschland, u.a. 1921 pol. Red. *Die Rote Fahne* Berlin, Wanderredner, Deleg. fast aller frühen KPD-Parteitage, Juni/ Juli 1921 Deleg. auf 3. Kongreß der *Komintern* in Moskau; ab 1927 in der Agitprop.-Abt. des ZK tätig, dann Mitarb. *Inprekorr,* mit Johannes R. Becher u. Kurt Kläber Gr. *Proletarische*

Feuilleton-Korrespondenz, belletrist. Beiträge in der Parteipresse; gehörte in der KPD zum ab 1924 oppos. rechten Parteiflügel (→ Heinrich Brandler), 1929 Parteiaustritt u. Mitgl. SPD; 1931 SAPD, Führer der Fraktion der sog. Kommunistischen Linken, 1932 Parteiausschluß wegen Aufrufs zum Boykott der Reichstagswahl. Apr. 1933 Emigr. in die Schweiz, Mitarb. sozdem. u. GewPresse; Ps. Peter Wedding u. Leo Kipfer; Mai 1937 als Korr. schweizer. Ztg. nach Schweden, dort umfassende journ. u. schriftst. Tätigkeit, Mitarb. schwed. ArbPresse; Mitgl. *Landesgruppe Schweden der Auslandsvertretung deutscher Gewerkschaften*, Apr. 1943 als Vertr. der sog. Opposition (aus KPDO, Trotzkisten u. unabhängigen Sozialisten) Wahl in den Vorstand. 1950 Rückkehr nach Stuttgart, Chefred. *Druck und Papier* (Zentralorgan der IG Druck und Papier); zugleich geschäftsf. VorstMitgl. seiner Gew. sowie Bundesvors. *Die Naturfreunde*. Mitgl. Bundesausschuß DGB, Mitgl. SPD.

W: 2 Gedichtbände. 1919 u. 1920; Von Bismarck bis Hermann Müller. Der Weg der deutschen Sozialdemokratie vom Sozialistengesetz zum Panzerkreuzer A, 1878-1928. Berlin o.J. (1928); Kipfer, Leo (Ps.), Nebengeräusche (R). Bern 1936; Schweiz på vakt (Die Schweiz auf Wache). Stockholm (Kooperativa förlag) 1942; Kampen om Europa och fredsdiskussionen (Der Kampf um Europa und die Friedensdiskussionen). Stockholm 1943; Sovjetunionen och Komintern. Stockholm (Kooperativa förlag) 1943; 1919-1939. Fred utan säkerhet (1919-1939. Friede ohne Sicherheit). Ebd. 1944 (dt. Stockholm [Bermann-Fischer] 1945); Trillingarnas republik. Tre år i vått och torrt (Die Republik der Drillinge. Drei Jahre durch Naß und Trocken [mit Britta Sjögren-Rück]). Stockholm 1944; Kolossen på stålfötter. Den ryska industriaktens utveckling och problem (Der Koloß auf Stahlfüßen. Die Entwicklung und die Probleme der russischen Industriemacht, mit Siegmund Neumann). Stockholm (Kooperativa förlag) 1945; Utopister och realister. Från Rousseau till Marx (Utopisten und Realisten. Von Rousseau bis Marx). Ebd. 1948; Der Mensch ist frei (L). 1955; Tausendjähriges Schweden. Von der Wikingerzeit zur sozialen Reform. 1956; *L:* Drechsler, SAPD; Weber, Wandlung; Müssener, Exil. *Qu:* Arch. Hand. Publ. - IfZ.

Rüddenklau, Friedrich-Wilhelm, Parteifunktionär; geb. 13. Dez. 1904 Wuppertal-Barmen; *V:* Heizer; *G:* 4; ∞ 1925, nach Emigr. gesch.; *K:* 2 T; *StA:* deutsch, 26. März 1938 Ausbürg. *Weg:* 1935 NL; 1936 B; 1940 F, Deutschland.

Färbereiarb., 1929-34 Invalidenrente. 1920 Guttemplerorden, 1922 KJVD, Stadtteilltr., 1923-24 illeg. Tätigkeit im Ruhrgeb., Schutzhaft; 1923-30 Funktionen im *Arbeiter-Abstinenten-Bund*, ab 1926 KPD, zuletzt Schulungsltr. Bez. Niederrhein u. OrgLtr. Unterbez. Wuppertal. März-Mai 1933 u. Aug. 1933-Juli 1934 Haft, illeg. Tätigkeit für RGO, ab Ende 1934 Ltr. RGO-Unterbez. Elberfeld, Deckn. Alex u. Jan; Febr. 1935 Flucht nach Amsterdam, Zirkelarb., dann Mitwirkung im sog. Wuppertal-Komitee, u.a. Reise nach Deutschland zur Sammlung von Prozeßinformationen. Sommer 1936 aus privaten Gründen ohne Genehmigung durch KPD nach Brüssel, Maßregelung, dann Schulungsltr., ab Sept. 1937 Stadtteilltr., Febr. 1938 Parteiausschluß, Rückzug aus pol. Betätigung. Mai 1940 Verhaftung durch belg. Polizei, Internierung in Südfrankreich, freiw. Rückmeldung nach Deutschland. 29. Sept. 1941 VGH-Urteil 15 J. Zuchthaus.

Qu: Arch. - IfZ.

Rüdiger, Hugo **Helmut**, Journalist; geb. 22. Jan. 1903 Frankenberg/Sa., gest. 9. Juni 1966 Schweden; ∞ Johanna Dorothea Gollin (geb. 1899); *StA:* deutsch, 22. Dez. 1938 Ausbürg. mit Ehefrau. *Weg:* 1933 E; 1939 S.

Anarchosyndikalist, 1930 von → Augustin Souchy Übernahme der Red. *Der Syndikalist* (Organ der *Freien Arbeiter-Union Deutschlands [Syndikalisten]*, s. auch → Rudolf Rocker); 1933 Emigr. nach Spanien, aktiv in syndikalistischer Bewegung u. Mitarb. *Internationale Arbeiter-Assoziation*; nach Niederlage der Span. Republik 1939 mit Resten des dezimierten skandinavischen Branting-Btls. der Internationalen Brigaden Flucht nach Schweden; hier wurde R. zu einem der führenden Ideologen der syndikalist. Bewegung, Mitarb. der Ztg. *Arbetaren*; Tätigkeit als freier Publizist, Ps. Ivar Bergeren. Niederlassung in Schweden, anläßlich von Versuchen der Wiederbelebung des Anarchosyndikalismus in Deutschland ab 1949 Mitarb. *Die Freie Gesellschaft. Monatsschrift für Gesellschaftskritik und freiheitlichen Sozialismus*.

W.: Majstriden i Barcelona. En klargörande redogörelse däröm, utarbetet av den syndikalista Internationalens sekretariat i Barcelona (Der Maiaufruhr in Barcelona. Eine Klarstellung, ausgearbeitet vom Sekretariat der syndikalistischen Internationale in Barcelona). Stockholm 1937; Rodriguez (Ps.), Für Freiheit und Sozialismus. Ebd. 1939; Ensayo critico sobre la revolución española. Buenos Aires (Ed. Iman) 1940; „Neuropa" aller ett nytt Europa? Vår egen syn på saken („Neuropa" oder ein neues Europa? Unsere Ansicht dazu). Stockholm 1940; Internationell syndikalism. Vägen ur kaos (Internationaler Syndikalismus. Der Weg aus dem Chaos). Ebd. 1941; Syndikalism och parlamentarism. Ett diskussionsinlägg om folkrepresentationens problem (Syndikalismus und Parlamentarismus. Ein Diskussionsbeitrag zum Problem der Volksvertretung). Ebd. 1945; Federalism. Bidrag till en frihetens historia (Der Föderalismus. Beiträge zur Geschichte der Freiheit). Ebd. 1947; Syndikalism. Ebd. 1950; Ein freiheitlicher Sozialist. In: Gustav Landauer. Worte der Würdigung. O.J. (1950); Socialisme i frihet (Sozialismus und Freiheit). Stockholm 1969. *L:* Bock, Syndikalismus; Müssener, Exil. *Qu:* Arch. Hand. Publ. - IfZ.

Rühle, Otto, Sozialpädagoge, Publizist; geb. 23. Okt. 1874 Groß-Voigtsberg/Sa., gest. 24. Juni 1943 Mexico City; Diss.; *V:* Eisenbahnbeamter; ∞ I. 1902 (Ehefrau gest. 1920); II. 1921 Alice Gerstel (gest. 24. Juni 1943 Mexico City, Freitod nach dem Tod von Otto R.), Psychologin u. Publizistin, Emigr. mit Ehemann; *K:* 1 T; *StA:* deutsch. *Weg:* 1933 CSR; 1936 Mexiko.

1889-95 Stipendiat Lehrerseminar Oschatz/Sa., danach zeitw. Hauslehrer u. Lehrer in Oederan b. Chemnitz; bereits während des Stud. Mitgl. Freidenkerbewegung, 1896 Mitgl. SPD; Red. sozdem. Parteiblätter u.a. in Breslau, Chemnitz u. Zwickau; um 1900 Red. in Hamburg, i.A. des SPD-PV bis 1913 Wanderlehrer; ab 1903 Ausarbeitung eines sozialist. Schulprogramms u. einer Monographie über die Situation des proletarischen Kindes (1911); 1911 MdL Sa., 1912-Nov. 1918 MdR; tendierte zum linken SPD-Flügel, 1914 Gegner der sozdem. Burgfriedenspol., verweigerte am 20. März 1915 neben Karl Liebknecht die Zustimmung zur Billigung der Kriegskredite; Beteiligung an Grdg. des *Spartakus-Bundes*, führende Tätigkeit in kriegsoppos. *Freier Jugendorganisation* Sa.; vorüberg. zum Landsturm eingezogen, als RT-Mitgl. beurlaubt; 1918 Sprecher der *Internationalen Kommunisten Deutschlands* (IKD) in Dresden, Gr. IKD-Sektion Sachsen, Nov. 1918 Vors. *Arbeiter- u. Soldatenrat*, dann Mitvors. *Vereinigter Arbeiter- u. Soldatenrat* Groß-Dresden, nach kurzer Zeit Austritt, Verweigerung der ZusArb. mit SPD u. USPD in *Arbeiter- u. Soldaten-räten;* auf Grdg.-PT der KPD Sprecher der ultralinken antiparlamentar. Mehrheit, in Opposition zu Rosa Luxemburg, Ende 1919 Parteiausschluß mit den Linkskommunisten auf PT in Heidelberg, danach Agitation für die Idee der proletarischen „Einheitsorganisation" (Unionismus), Apr. 1920 Mitbegr. KAPD, machte jedoch den Vorbehalt der Beibehaltung der Zweiteilung der Org. in Partei u. Gewerkschaften. Im gleichen Jahr beteiligt an Grdg. der *Allgemeinen Arbeiter-Union*; Juni 1922 als KAPD-Deleg. zum 2. *Komintern*-Kongreß nach Moskau, nach Differenzen mit dem EKKI wegen Führungsanspruchs Moskaus vorzeitige Abreise; Nov. 1920 Ausschluß aus KAPD vor allem wegen Kritik an 21 Punkten des 2. *Komintern*-Kongresses; setzte sich ab 1920 in der *Allgemeinen Arbeiter-Union Deutschlands* als deren führender Theoretiker für „Einheitsorganisation" ein u. war Initiator der Okt. 1921 gegr. *Allgemeinen Arbeiter-Union, Einheitsorganisation;* Gr. Verlag Am anderen Ufer, enge ZusArb. mit Kreis um die Zs. *Die Aktion* (→ Franz Pfemfert, → James Broh); nach 1923 Abkehr von linksradikalen Org. u. Rückkehr in die SPD; bedeutende pädagog., psycholog., biogr. u. kulturhistor. Studien, über Ehefrau Alice beeinflußt von Individualpsychologie Alfred Adlers. Gr. u. Hg. der pädagog. Zs. *Am anderen Ufer* u. *Das prole-*

tarische Kind, Ps. Carl Steuermann. 1933 Emigr. nach Prag; 1936 durch Vermittlung seines Schwiegersohnes, eines Mitarb. → Willi Münzenbergs, als Erziehungsberater der mexikan. sozialist. Reg. nach Mexico City; dort trotz pol. Differenzen enge Beziehung zu Leo Trockij, 1936 u.a. mit John Dewey Geschäftsf. des Ausschusses zur Prüfung der Moskauer Anschuldigungen gegen Trockij, für Ehrenrettung Trockijs, jedoch weiterhin persönl. Ablehnung des bolschewist. Parteiprinzips u. Verfechter des antiautoritären u. demokrat. Charakters der gesellschaftl. Transformation. Vermutl. auf Betreiben mexikan. Stalinisten aus RegDienst entlassen, zuletzt unter dem Namen Carlos Timonero erfolgreiche Tätigkeit als Kunstmaler. In den späten 60er Jahren Einfluß der Schriften Rühles auf die antiautoritäre Bewegung an westdt. Universitäten.

W: Die Volksschule, wie sie ist. 1903, 2. umgearb. Aufl. 1909; Die Volksschule, wie sie sein sollte. 1903, 2. umgearb. Aufl. 1911; Arbeit und Erziehung. Eine pädagogische Studie. 1904; Das sächsische Volksschulwesen. Darstellung der sächsischen Schulverhältnisse. 1904; Die Aufklärung der Kinder über geschlechtliche Dinge. 1907; Atemgymnastik. 1909; Entwicklungsstufen des Wirtschaftslebens. Leitsätze zum Kursus. O.J.; Schulen ohne Gott. O.J.; Das proletarische Kind, Eine Monographie. 1911 (10 Aufl. bis 1930); Grundfragen der Erziehung. 1912; Du und Dein Kind, Schriftenreihe. 1914; Zur Parteispaltung, Beilage zum „Vorwärts", Berlin 12.1.1916; Kinder-Elend. Proletarische Gegenwartsbilder. O.J.; Erziehung zum Sozialismus. Ein Manifest. 1919; Der USPD-Frieden. 1920; Die Revolution ist keine Parteisache. 1920; Kind und Umwelt. Eine sozialpädagogische Studie. 1920; Neues Kinderland. Ein kommunistisches Schul- und Erziehungsprogramm. 1920; Das kommunistische Schulprogramm. 1920; Über die Märzkatastrophe des deutschen Proletariats (zus. mit Pfemfert, Broh u. Maximilian Harden). O.J. (1921); Die Sozialisierung der Frau. 1922; Liebe, Ehe, Familie. 1922; Die Seele des proletarischen Kindes. 1925 (Neudruck in: Zur Psychologie des proletarischen Kindes, Hg. Lutz von Werder u. Reinhard Wolff. 1969); Von dem Bürgerlichen zur Proletarischen Revolution. 1924; Umgang mit Kindern. 1924 (40 Aufl. bis 1930); Grundfragen der Organisation. O.J.; Selbstbewußtsein und Klassenbewußtsein (zus. mit Alice Rühle-Gerstel). O.J.; Das verwahrloste Kind. 1926; Karl Marx, Leben und Werk. 1927 (Karl Marx, His Life and Work. New York 1943); Karl Marx. Paris o.J.; Die Revolutionen Europas, 2 Bde. 1927; Sexualanalyse. Psychologie des Liebes- und Ehelebens (zus. mit Alice Rühle-Gerstel). 1929; Illustrierte Kultur- und Sittengeschichte des Proletariats. Bd. I 1930 (mehrere Aufl.), Bd. II (unveröffentl.); Carl Steuermann (Ps.), Weltkrise – Weltwende. Kurs auf den Staatskapitalismus. 1931; Der Mensch auf der Flucht. 1932; La crise mondiale, ou vers le capitalisme d'état. Paris 1932; Mut zur Utopie! Baupläne zu einer neuen Gesellschaft. Prag (Kacha) 1935 (Neuaufl. 1971, Hg. → Henry Jacoby); La Escuela del Trabajo. Mexico 1938; The Living Thoughts of Karl Marx, presented by Leon Trotzki. Based on Capital: A Critique of Political Economy. Philadelphia 1939; Kurzausgabe: Das Kapital. Kritik der politischen Ökonomie von Karl Marx. Mit einer Einführung von Sebastian Franck. Offenbach 1949; Schriften (Hg. Gottfried Mergner). Reinbek 1971; Révolution et socialisme. Avant-Propos Henry Jacoby. In: le communisme – réalité et utopie, Cahiers de l'I.S.E.A., Bd. IV, No. 11, Genf Nov. 1970. *L:* u.a. Bock, Syndikalismus; Ihlau, Olaf, Die roten Kämpfer. Ein Beitrag zur Geschichte der Arbeiterbewegung in der Weimarer Republik und im Dritten Reich. 1969; Herrmann, Friedrich Georg, Otto Rühle als politischer Theoretiker. In: IWK 17/1972, S. 16–60; Mergner, Gottfried, Arbeiterbewegung und Intelligenz. 1973 (in dieser Arbeit zur pol. Pädagogik Rühles ein umfassendes Werks- u. LitVerz.). *D:* IISG, IfZ. *Qu:* Arch. Hand. Publ. – IfZ.

Rülf, Shlomo (Friedrich), Dr. phil., Rabbiner, Pädagoge; geb. 13. Mai 1896 Braunschweig, gest. Aug. 1976 CH; *V:* Dr. phil. Yom-tov (Gutman) R. (geb. Holzhausen/Hessen, gest. 1915 Braunschweig), Rabbiner in Braunschweig; *M:* Hedwig, geb. Rahmer; *G:* Georg (geb. 1887 Braunschweig), Kaufm., Emigr. GB; Dr. med. dent. Raphael R. (geb. 1890 Braunschweig, gest. 1969 Nahariyah/IL), Zahnarzt, 1935 Emigr. Pal.; ∞ I. Anneliese (gest. Saarbrücken); II. 1933 Ruth Unna (geb. 1905 Mannheim), Lehrerin, 1935 Emigr. Pal., T von → Isak Unna; *K:* Yizhak Rülf-Kishon (geb. Saarbrücken), 1935 Emigr. Pal., RegBeamter; Dr. phil. Benyamin R. (geb. Saarbrücken), 1935 Emigr. Pal., Doz. Tel Aviv Univ.; Yedidah Kavuly (geb. Saarbrücken), 1935 Emigr. Pal., M.A., Lehrer; *StA:* deutsch, Pal./IL. *Weg:* 1935 Pal.

1914–23 Stud. Jüd.-Theol. Seminar Breslau, im 1. WK Feldrabbiner, Stud. Breslau, Erlangen, 1920 Prom., 1925 Rabbinerexamen. 1922–26 Rektor einer ReligSchule in Hamburg, 1926–29 Rabbiner in Bamberg, gleichz. Vors. jüd. Jugendorg. in Bayern, 1929–34 Rabbiner SynGde. Saarbrücken, Vors. jüd. Wohlfahrtsorg. u. jüd. Schule in Saarbrücken, Red. *Nachrichtenblatt der Synagogen-Gemeinde des Kreises Saarbrücken*, aktiv in örtl. zion. Org., 1934 jüd. Vertr. beim Völkerbund anläßl. der Volksabstimmung im Saargebiet. Jan. 1935 Emigr. Palästina mit Familie mit A I-Zertifikat, 1935 Stud. modernes Hebr. im Ausbildungsprogramm des I.O.M.E. in Jerusalem, 1935–37 Lehrer Landwirtschaftsschule Mikveh Israel, 1937–58 Rektor Chaim-Weizmann-Schule Nahariyyah, 1958 Ruhestand. 1959–60 Präs. *Leo Baeck Lodge* des *B'nai B'rith* Nahariyyah. Starb während eines Ferienaufenthalts in der Schweiz. – *Ausz.:* Ehrenbürger Nahariyyah.

W: Paul Lazarus-Gedenkbuch. (Mitverf. u. Hg.) 1961; Weg der Geretteten. Erzählungen aus Israel. 1963; Ströme im dürren Land. Erinnerungen. 1964 (hebr. 1969); Was braucht die Reformbewegung in Israel? In: Tradition und Erneuerung, 1965; Kindheit in Braunschweig. In: Brunsvicensia Judaica, 1966. *L:* Kisch, Guido (Hg.), Das Breslauer Seminar. 1963; Stern, Werke. *D:* LBI New York. *Qu:* Arch. Fb. Hand. Pers. Publ. – RFJI.

Ruh, Anton, Partei- u. Staatsfunktionär, Diplomat; geb. 20. Febr. 1912, gest. 3. Nov. 1964 Bukarest; *V:* Arbeiter. *Weg:* 1933 CSR; GB; AUS; 1944 (?) Deutschland.

Elektroschweißer; Mitgl. KJVD u. KPD. 1933 Emigr. CSR, später nach GB, zeitw. in Australien interniert. Gegen Kriegsende mit brit. Hilfe Fallschirmabsprung über Deutschland, Tätigkeit in Berlin. Nach Kriegsende Mitarb. KPD- bzw. SED-Parteiapp. der Landesltg. Berlin, 1951–62 Ltr. Amt für Zoll u. Warenkontrolle der DDR, Jan. 1963–1964 Botschafter in Rumänien. – *Ausz.:* 1957 VVO (Silber), 1958 Med. für Kämpfer gegen den Faschismus 1933–1945, 1959 Verdienstmed. der DDR.

L: Mewis, Auftrag; Radde, Diplomat. Dienst. *Qu:* Hand. Publ. – IfZ.

Rukser, Udo, Dr. jur., Rechtsanwalt, Publizist; geb. 19. Aug. 1892 Posen, gest. 6. Juni 1971 Quillota/Chile; *V:* RA; ∞ Dora, jüd., Mitarb. in Red. der *Deutschen Blätter*; *StA:* deutsch, Ausbürg. *Weg:* 1939 Chile.

1910 Abitur, Stud. Rechtswiss., ab 1926 RA in Berlin, insbes. für internat. Recht, Hg. *Zeitschrift für Ostrecht*, Mitarb. von Kulturzs., Sammler moderner Kunst. 1933 nach Verbot jüd. Mitarbeit aus Protest Rücktritt als Hg. der Zs., Niederlassung als Landwirt am Bodensee. Ging Ende 1938 nach Chile in der Hoffnung auf Neutralität des Landes, Ankauf einer Farm. Mitgl. *Alemania Libre*. 1943–46 mit → Albert Theile Hg. *Deutsche Blätter – Für ein europäisches Deutschland, gegen ein deutsches Europa* in Santiago de Chile, deren Linie als bürgerl.-konservative Kulturzs. maßgebl. von R. bestimmt wurde (Ps. Friedrich Ballhausen, Gustav Mana) u. die er zus. mit dem Deutsch-Chilenen Nikolaus Freiherr von Nagel finanziell trug, u.a. durch teilw. Verkauf seiner Kunstsammlung in die USA. Mitarb. u. Korr. in zahlr. Exilländern, u.a. USA-Vertretung durch Joseph Kaskel u. → Karl Otto Paetel, Bildung von „Freundeskreisen der *Deutschen Blätter*", Einflußnahme auf dt.-sprach. Rundfunkprogramme u. auf das Schulwesen in Chile. Pol. Kontakte des Kreises die *Deutschen Blätter* u.a. zu → Erich Koch-Weser, → Otto Klepper, Alexander Rüstow u. zum SPD-PV in London (→ Hans Vogel); 1944 in Verbindung mit Thomas Mann Überlegungen zur Bildung einer dt. Exilreg., an denen jedoch im Gegensatz zu Theiles späteren

Bekundungen zumindest der SPD-PV nicht ernsthaft beteiligt war. Nach Kriegsende Org. von Hilfsaktionen für Deutschland, u.a. in ZusArb. mit dem Stockholmer Komitee *Rädda barnen!* (Rettet die Kinder). Nach 1946 schriftst. u. als Farmer tätig, ab 1966 Mitgl. der Phil. Fak. der Univ. Santiago. Zuletzt Arb. an einer Studie über Ortega y Gasset mit Stipendium der Guggenheim-Stiftung. - *Ausz.:* Ehrenmitgl. Academia Goetheana, São Paulo; 1967 Orden Bernardo O'Higgins.

W: Goethe in der hispanischen Welt. 1957; Nietzsche in der Hispania. 1962. *L:* Deutsche Blätter (Reprint-Ausg., Vorw. von Albert Theile). 1970; Vander Heide, Ralph P., Deutsche Blätter. Für ein Europäisches Deutschland/Gegen ein deutsches Europa. A cultural-political study. Diss.phil.masch. State University of New York at Albany. 1975. *Qu:* Arch. Publ. - IfZ.

Runge, Friedrich (Fritz, Bedřich), Funktionär; geb. 1893, gest. 6. Aug. 1961; *StA:* österr., 1919 CSR. *Weg:* 1933 CH, Saargeb.; 1935 F; 1939 B, F; GB (?); 1945 (?) CSR.

DSAP-Mitgl., Red. des DSAP-Organs *Freigeist* Reichenberg, Anhänger des linken Parteiflügels u. 1921 Mitgl. *KSČ-Deutsche Sektion* sowie bis 1922 Red. des Parteiorgans *Vorwärts* Reichenberg; 1922 Korr. *Inprekorr*, ab 1922 als enger Mitarb. des *Inprekorr*-Dir. Julius Alpári (Deckn. Dr. Marmorstein) Org. von kommunist. Presse- u. Nachrichtendiensten in vielen europ. Ländern. 1933 mit Verlagerung des Berliner *Inprekorr*-App. in die Schweiz beauftragt; in der Emigr. mit techn. Org. der dt.-sprachigen *Komintern*-Organe betraut (*Rundschau über Politik, Wirtschaft und Arbeiterbewegung* Basel, ab 1939 *Die Welt* Stockholm). Kurz vor Ausbruch des 2. WK. in Belgien aktiv, Kurier bei Übermittlung des *Komintern*-Befehls an alle führenden kommunist. Kader im franz. Exil zur unverzügl. Räumung Frankr. wegen bevorstehender Internierung; Verhaftung u. Internierung in Le Vernet, später vermutl. nach GB. Nach Kriegsende Rückkehr in die CSR, Mitarb. *Československá tisková kancelář* (ČTK, [Tschechoslowakisches Pressebüro]). - *Ausz.:* 1958 Orden der Arbeit.

W: Vzpomínky na Komminternu (Erinn.).In: Příspěvky k dějinám KSČ 1959, H. 7, S. 52 ff. *Qu*: Erinn. Z. - IfZ.

Ruppin, Gad (Gerhard), Wirtschaftsprüfer, Ministerialbeamter; geb. 8. Dez. 1912 Magdeburg; *V:* Siegfried R. (geb. 1880 Rawitsch/Posen, gest. 1947 Haifa), B von → Kurt Ruppin, jüd., Getreide- u. Nahrungsmittelgroßhändler in Magdeburg, Zion., 1934 Emigr. Pal.; *M:* Gertrud, geb. Dörnberg (geb. 1885 Eschwege/Hessen), 1934 Emigr. Pal.; *G:* Stephanie Ben Tovim (geb. 1911 Magdeburg), 1933 Emigr. Pal.; ∞ 1934 Adela Fuchs (geb. 1912 Suceava/Bukowina); *K:* Dr. phil. Rafael G. R. (geb. 1940), Atomphysiker; Doron (geb. 1947), Hauptm. u. Zahlmeister der IDF, Wirtschaftsprüfer; *StA:* deutsch, Pal./IL. *Weg:* 1933 Pal.

1930 Abitur Magdeburg, 1931-33 Lehre im Getreidehandel u. Bankgewerbe Hannover, 1933 Angest. im Geschäft des Vaters, Mitgl. *Bar Kochba*. 1933 Emigr. Palästina mit A I-Zertifikat, 1934-36 landwirtschaftl. Ausbildung in Nahalal, ab 1934 Mitgl. *Histadrut*, 1936-44 Finanzprüfer, später Ltr. Zweigstelle Tel Aviv der Firma Jacob Haft (amtl. zugel. Wirtschaftsprüfer), 1945-47 Filial-Ltr. u. Wirtschaftsprüfer Firma Kesselmann & Kesselmann, Fernstudium an der School of Accountancy Glasgow, Examina der *Assn. of Certified and Corporate Accountants* London, 1948 amtl. Zulassung als Rechnungsprüfer durch die Mandatsverw.; 1948 Major u. Ltr. Prüfungsabt. der IDF, 1949 Ltr. Abt. für Rechtsansprüche des Finanzmin., verantwortl. für Rechtsansprüche der isr. Reg. an die Mandatsverw., die brit. Reg. u. Armee; das unter seiner Leitung gesammelte Material diente als Unterlage für das Finanzabkommen zwischen Israel u. GB von 1950. 1950 Ltr. Abt. Buchprüfung des Verteidigungsmin., 1950-51 Berater des Rechnungshof unter Leitung von → Siegfried Moses, gleichz. Ltr. u. Liquidator Govt. Central Supply Co. Shvilim Ltd. Tel Aviv, ab 1951 Teilh. Firma Gad Ruppin & Co., amtl. zugel. Wirtschaftsprüfer. Mitgl. Komitee für die Verbesserung des staatl. Landwirtschaftsschulsystems, Mitgl. *Internat. Fiscal Assn.*, Israelisches Institut für amtlich zugelassene Buchprüfer, Vors. *Internat. Automobile Club*, Rechnungsausschuß der Deutsch-Israelischen Handelskammer, Mitgl. *Assn. of Certified and Corporate Accountants* London. Lebte 1977 in Ramat Gan.

W: Art. über Kostenanalyse u. Besteuerung in Fachzs. *Qu:* Fb. Hand. - RFJI.

Ruppin, Kurt, Ministerialbeamter; geb. 25. März 1894 Magdeburg, gest. 1978; *V:* Albert R.; *M:* Cecile, geb. Bork (geb. Posen); *G:* Dr. phil. Arthur R. (geb. 1876 Rawitsch/Posen, gest. 1943), 1908 nach Pal., führender Zion., Demograph u. Verbandsfunktionär; Siegfried (V von → Gad Ruppin); ∞ 1921 Dorothea Jacobsohn; *K:* Shulamit Grill, Miriam Tamir. *Weg:* 1933 Pal.

Ab 1924 Beamter der *Jew. Agency*, Gr. *Herzl-Club*; Stud. Berlin, 1933 Dipl.-Volkswirt. 1933 Emigr. Palästina, ab 1933 VorstMitgl. der Palestine (später Israel) Land Development Co., gleichz. stellv. Vors. der Darlehenskasse für Einwanderer Kuppat Milveh HaOleh u. Vors. des Einwandererwohnheims Maon laOlim, 1933-46 Dir. Haifa Bay Development Co., 1947-50 Dir. Baufirma Shikun Ovdim, 1951-54 Dir. des Hafens von Kishon i.A. des isr. Verkehrsmin., 1955-63 Dir. nördl. Bez. der Entwicklungsbehörde des Finanzmin., Mitgl. H.O.G., 1933-40 Vors. u. VorstMitgl. I.O.M.E.

Qu: Hand. Publ. - RFJI.

Ruskin, Hans Simon (bis 1946 [1948?] Ruschin, Hans Siegbert), Dr. med., Arzt, Verbandsfunktionär; geb. 7. März 1911 Posen; jüd.; *V:* Gustav Ruschin (geb. 1883 Posen, umgek. 1940 im Holokaust), jüd., höhere Schule, Fabrikant, aktiv in *B'nai B'rith*; *M:* Dr. med. Erna König (geb. 1886 Berlin, umgek. 1940 im Holokaust), jüd., Kindergärtnerin u. Doz.; *G:* Alfred Ruskin (geb. 1914 [1913 ?] Posen), Stud. Rechtswiss. Berlin, 1935 (1934 ?) Emigr. AUS, Druckereidir.; ∞ 1942 Rosi Weil (geb. 1912 [1914 ?] Frankfurt/M.), jüd., Stud. Zeitungswiss. Berlin, Journ., 1938 (1937 ?) Emigr. GB, Sekr., Reiseberaterin; *K:* Hester Faye Greenfield (geb. 1949), B.A. Univ. Melbourne; *StA:* deutsch, 1946 brit. *Weg:* 1939 GB; 1948 AUS.

1924-31 Jugendltr. dt.-jüd. Jugendbund *Ring* Berlin. 1928-34 Medizinstud. Berlin, 1934 Prom., 1934-35 Stud. Bern. 1935-38 orthopäd. Chirurg. 1935-39 Mitgl. Repräsentantenvers. der Jüd. Gde. Berlin u. GdeDezernent für Wohlfahrts- u. Jugendarb. im Bez. Berlin-Charlottenburg. Verf. von zwei Theaterstücken (1936 u. 1938 in Berlin aufgef.). Nov. 1938-Febr. 1939 KL Sachsenhausen, März-Mai 1939 Haft im Polizeipräs. Berlin. Mai 1939 Emigr. mit zeitl. beschränktem Visum nach GB, Aufenthalt im Kitchener Camp für jüd. Flüchtlinge, 1939 Schiffsarzt, dann ab 1939 brit. Armee; 1942 Oberstlt. in Fallschirmrgt., schwer verwundet, 1944 Oberstlt. im Sanitätskorps. Dienst in Westeuropa, Island u. im Nahen Osten. 1946-48 als ehrenamtl. Sekr. von *Bachad* für Hachscharah u. *Alijah* zuständig. 1948 mit Ehefrau nach Australien, Versicherungs- u. Grundstücksmakler. 1959 aufgrund des Mil-Dienstes Anerkennung des dt. MedExamens, ab 1959 Privatpraxis als orthopäd. Chirurg in Melbourne. 1952-57 Gr. u. Dir. der einzigen jüd. Radiostation in Australien, *Radio Cheder*. 1956-75 Vors. des Erziehungs- u. Kulturkomitees des *Victoria Jewish Board of Deputies*. 1960-62, 1964-66, 1968-70, 1972-74 Vors. des Erziehungskomitees im *Executive Council of Australian Jewry*. Ab 1956 Vors. des Erziehungskomitees der *Zionist Fed. of Australia and N. Zealand*. 1954-72 Vors. Erziehungskomitee des *State Zionist Council of Victoria*. Ab 1956 Mitgl., 1970-72 Vors. des Lehrplankomitees des Victoria State Council for Education. Governor auf Lebenszeit der Mt. Scopus Co.; ab 1959 ehrenamtl. Vizepräs. u. VorstMitgl. auf Lebenszeit von *Mizrachi-Hapoel Hamizrachi*. 1949 Gr., 1949-54 ehrenamtl. Sekr. der Org. für jüd. Speisegesetze, *Kashrut Comm. of Victoria*. Mitgl. *Medical-Surgical Fellowship;* Mitgl. *Surgical Assn. of England*, Mitgl. der austral. *Labour Party*.

W: Mehrere Schauspiele, u.a. über Sabbatai Zvi; Beiträge in der jüd. Presse. *Qu:* Fb. Hand. - RFJI.

Russ, Edgar (von), Diplomat; *StA:* österr. (?). *Weg:* Kuba.

Bis 1938 österr. Honorarkonsul in Havanna/Kuba, pol. Anhänger des autoritären Ständestaats. Verweigerte 1938 nach dem Anschluß Österr. die Übergabe des österr. Konsulats an die Vertr. des Deutschen Reichs in Havanna. Vermutl. 1940 Gr. *Liga Austriaca* (→ Arnold Eisler). Mai 1942 nach Kriegseintritt der USA Gr. u. Präs. *Asociación Austria Libre* als österr. Interessenvertr. in Kuba, Versuch einer überparteilichen Zusammenfassung der Österreicher in Kuba, enge ZusArb. mit *Free Austrian Movement* Toronto bzw. New York (→ Hans Rott). Erreichte Ende 1943 oder Anfang 1944 nach Moskauer Deklaration Genehmigung eines österr. Senders bei *Station COK Welle 25* in Havanna, der einmal wöchentl. Sendungen ausstrahlte. 1944 Anschluß der *Asociación Austria Libre* Havanna an *Free Austrian World Movement* London.

L: Goldner, Emigration. *Qu:* Arch. Publ. - IfZ.

Russo, Wilhelm, Dr. phil., Journalist, Lehrer; geb. 14. März 1900 Wernigerode/Harz; *StA:* deutsch, Ausbürg. *Weg:* 1936 CSR; 1939 F, GB.

Stud. Philologie u. Wirtschaftspolitik in Berlin u. Kiel, 1924 Prom.; 1924-31 Red. *Dresdner Neueste Nachrichten, Chemnitzer Neueste Nachrichten* u. *Leipziger Sonntagspost;* 1931-36 Privatlehrer für Sprachen in Berlin. 1928-30 Mitgl. KPD, dann ISK; Mitgl. *Liga gegen den Imperialismus.* Apr. 1933 verhaftet, zu 21 Mon. Gef. verurteilt, KL Papenburg. Apr. 1936 Flucht in die CSR, Privatlehrer in Prag; Jan. 1939 nach Frankr., in Paris Mitgl. *Union des Instituteurs Allemands Emigrés;* Mai 1939 nach England, nach Kriegsausbruch bis 1941 interniert auf der Isle of Man u. in Australien. Nach Rückkehr Sprachlehrer in London, Mitgl. *German Educational Reconstruction,* 1945 Mitgl. SPD.

L: Röder, Großbritannien. *Qu:* Arch. Publ. - IfZ.

Rutra (bis 1919 Samuely, Ps. Rutra), **Arthur** Ernst, Dr. phil., Journalist, Schriftsteller; geb. 18. Sept. 1892 Lemberg/Galizien, gest. vermutl. in KL-Haft; jüd., 1920 Diss., 1937 kath.; *V:* Sigmund Samuely, Kaufm., gest. 1912 London; *M:* Rosa, geb. Halpern, ab 1919 Rutra, jüd.; *G:* Lia Seracin; *StA:* österr., 1938 deutsch. *Weg:* 1933 Österr.

1903 mit Mutter (1896 Scheidung der Eltern) nach Wien. Stud. Rechtswiss., später Germanistik u. Slawistik, ab 1915 MilDienst in Landwehreinheit in Wien, zuletzt Fähnrich; 1917 Prom. 1920-33 in München, Verlagsangest. (u.a. Kurt-Wolf-Verlag), Übersetzer (übers. u.a. die Werke von Emile Zola u. Adam Mickiewicz ins Dt.) u. freier Schriftst. (Dramatiker), Mitgl. *Schutzverband deutscher Schriftsteller.* Bis 1933 Mitarb. u. Schriftltr. der in Berlin u. Budapest erscheinenden lit. Zs. *Moment;* Dez. 1933 nach Wien, bis 1935 Schriftltr. der illustrierten Nachfolge-Zs. *Moment-Magazin* Wien. 1934 Mitgl. *Vaterländische Front* (VF), ab 1936 Mitarb. *Heimatdienst* (zentrale PropStelle der VF), vor allem mit der Aufgabe betraut, gegen Angriffe der dt. Presse auf das ständestaatl. Regime publizist. Stellung zu beziehen, Mitarb. *Österreich in Wort und Bild.* Ab Okt. 1936 Mitarb. *Der Christliche Ständestaat* (CS) unter → Dietrich von Hildebrand, Ps. eb.; insgeheim i.A. der österr. Reg. Überwachung der Red. des CS u. der Tätigkeit dt. Emigranten in Wien. Mitarb. *Der Deutsche in Polen* Kattowitz (→ Johannes Maier-Hultschin), Ps. Adolf von Watzmann, Autor einer Artikelserie über führende Vertr. des Dritten Reichs. Enge pol. ZusArb. mit → Klaus Dohrn u. → Otto Straßer, 1937 mitbeteiligt an Grdg. *Deutsche Front gegen das Hitlerregime* (O. Straßer, → Hans Jaeger, → Fritz Max Cahen u.a.), stand in enger Verb. zu legitimist. Kreisen, Febr. 1938 Besuch bei → Otto Habsburg in Steenockerzeel. ZusArb. mit Europa-Verlag Zürich. März 1938 nach Anschluß Österr. Verhaftung, KL Dachau, ab Sommer 1938 U-Haft, 2. Apr. 1941 VGH-Urteil 15 J. Zuchthaus. Soll in einem KL umgek. sein. - *Ausz.:* österr.-ungar. MilOrden, 1937 Goldenes Verdienstkreuz (PL).

W: u.a. Golgatha. 1920 (S); Herr Titan trägt Zinsen. 1925 (S); Der Kronprinz. 1926 (S); Werkspionage. 1930 (S); Die Brüder. 1931 (S). *L:* Ebneth, Ständestaat. *D:* IfZ. *Qu:* Arch. Publ. - IfZ.

Ruzicka, Alfred, Parteifunktionär; geb. Jan. 1913; *StA:* CSR (?), österr. *Weg:* 1936 E; 1939 F, GB; 1946 Österr.

Vermutl. illeg. KPÖ-Funktionär in Wien, Deckn. Hammer (?). 1936 nach Spanien, Teiln. Span. Bürgerkrieg in den Internat. Brigaden, Offz. im 5. Schnelltank-Rgt. - 1939 nach Frankr., Internierung, kurz vor Kriegsausbruch nach GB. Mitgl. Parteigruppe der KPÖ, Vors. *Association of Austrian Interbrigaders* (LtgMitgl.: u.a. Walter Fleischer, Leopold Knopp, → Hans Nass, Franz Pixner, Viktor Roll, → Josef Toch). Offz. der in GB aufgestellten tschechoslow. Auslandsarmee, 1944 bei alliierter Invasion in Frankr. schwer verwundet. 1946 Rückkehr nach Österr., Mitgl. KPÖ, zeitw. Agit-PropLtr. Wien u. Mitgl. des Sekretariats der Wiener Stadtltg. sowie BezSekr. in Wien, 1957-69 ZK-Mitgl. Lebte 1978 in Wien. - *Ausz.:* Ausz. der CSR für Verdienste im Befreiungskampf.

L: Die Völker an der Seite der spanischen Republik. 1975. *Qu:* Arch. Pers. Publ. - IfZ.

S

Saalheimer, Manfred, Dr. jur., Verbandsfunktionär; geb. 30. Aug. 1906 Würzburg, gest. 21. Juni 1967 Montreal; jüd.; *V:* Salomon S. (geb. Goßmannsdorf/Bayern, gest. 1942), Textilkaufmann; *M:* Selma, geb. Hirschmann (umgek. [?] KL Theresienstadt); ∞ 1950 Harriet Steinhart (geb. 1915 Dresden), jüd., während 2. WK im Radioabhördienst der BBC, Sekr., später Emigr. CDN, Produzentin bei *Can. Broadcasting Serv.,* Journ.; *StA:* deutsch, CDN. *Weg:* 1939 GB, 1940 CDN.

Stud. Rechtswiss. München, Würzburg, 1930 Prom. Würzburg; 1932-39 Syndikus der Isr. ReligGde. Dresden u. des Sächsischen Isr. Gemeindeverbands, 1934-39 Mitgl. *Reichsvertretung;* Nov. 1938 KL Buchenwald. März 1939 Emigr. GB mit Transitvisum, nach Kriegsbeginn Verlängerung des Visums; 1939-40 Sozialarbeiter für *Central Committee for Refs.;* 1940-42 Internierung in Kanada, 1942-67 Dir. of Community Relations des *Canadian Jew. Congress,* u.a. verantw. für das „Waisenprojekt", das 1100 jüd. Kriegswaisenkinder als Einwanderer nach Kanada brachte. 1954-67 Gr. u Dir. der URO in Kanada, 1962-67 stellv. Dir. *Nat. Joint Community Relations Committee, Can. Jew. Congress* u. *B'nai B'rith,* 1946-58 Mitgl. Landesausschuß der *Can. Assn. for Adult Educ.,* Landesausschuß des *Can. Citizenship Council,* ab 1962 ehrenamtl. Sekr. Zweigstelle Montreal der *Internat. Law. Assn.,* Mitgl. *Can. Pac. Science Assn., Can. Foundation, Can. Welfare Council* u. *B'nai B'rith.*

W: u.a. Der jüdische Reichsverband. 1930. *Qu:* Hand. Pers. Z. - RFJI.

Saalheimer, Siegfried, Dr. jur., Bankier; geb. 9. Sept. 1893 Bamberg, gest. 3. Apr. 1963 Tel Aviv; jüd.; *V:* Max (Michael) S.; *M:* Sidonie Gesterlein; ∞ 1956 Elizabeth Jaffe. *Weg:* 1934 Pal.

Stud. Genf, München, Erlangen u. Berlin; 1915-18 Kriegsteiln.; 1919 Prom., 1919-20 Assessor in Berlin, 1920-34 Geschäftsf. bei Darmstädter- u. Nationalbank, Dir. Mercur-Bank Berlin, Wien, Krefeld u. Köln. 1934 Emigr. Pal., 1934-63 Angest. bei Anglo-Palestine Bank, später Bank Leumi leIsrael: 1934-57 stellv. GenDir., 1957-60 DirMitgl. der Anglo-Palestine Bank Ltd. Tel Aviv, gleichz. Präs. Effektenbörse Tel Aviv, Dir. versch. Tochtergesellschaften der Bank Leumi u. zahlr. anderer Unternehmen in Israel.

Qu: EGL. Hand. - RFJI.

Saar, Fritz, Gewerkschaftsfunktionär; geb. 21. Okt. 1887 Minden/Westf.; ∞ Martha Klodt, SPD, Emigr., Kurierdienste für Ehemann, 1941 Festnahme, verurteilt; *StA:* deutsch. *Weg:* 1933 NL; 1941 Deutschland (?).

Kellner; 1918 Deleg. Kongreß der *Arbeiter- und Soldatenräte,* ab Jan. 1919 Bevollmächtigter des *Zentralverbands der*

Hotel-, Restaurant- und Caféhausangestellten (ZVH) Berlin, Mitgl. SPD-AbtVorst., 1923-25 VorstMitgl. ADGB-Ortsausschuß Berlin, zuletzt Vors. ZVH. Juni 1933 Emigr. nach Holland, Vors. EmigrLtg. des ZVH Amsterdam, Hg. *Gastwirtsgehilfen-Zeitung,* Verb. nach Deutschland, ZusArb. mit ITF. 1941 vermutl. nach Deutschland verbracht.

Qu: Arch. Hand. - IfZ.

Sabatzky, Kurt, Verbandsfunktionär, Journalist; geb. 23. Apr. 1892 Köslin/Pommern, gest. 17. Juni 1955 London; jüd.; *V:* Paul S. (geb. 1857 Köslin, gest. 1938 Köslin), jüd., Getreidehändler, tätig in jüd. Gde.; *M:* Elise, geb. Gronau (geb. Belgarde, gest. 1942 Berlin), jüd., in jüd. Frauenbewegung tätig; *G:* Fritz (geb. 1896 Köslin, gest. 1963 GB), Kaufm., Emigr. GB, Internierung AUS, dann nach GB; Edith (geb. 1898 Köslin, umgek. KL Auschwitz); ∞ 1926 Herta Neumann (geb. 1899 Greifenberg/Pommern), jüd., Musik- u. Sprachlehrerin, 1939 Emigr. GB, Fürsorgerin; *K:* Ruth Marion (geb. 1930), Lehrerin für schwererziehbare Kinder; *StA:* deutsch, brit. *Weg:* 1939 GB.

Kriegsteiln. (EK); Stud. Frankfurt, Mitgl. *Kameraden* u. K.C., 1922 Syndikus des Landesverbands des CV in Leipzig, 1923-32 in Königsberg; aktiver Gegner des NatSoz., sein Kampf gegen den Gauleiter Erich Koch in Ostpreußen führte 1932 zu einem aufsehenerregenden Mordanschlag; Red. *Stolper Neueste Nachrichten, Kolberger Zeitung für Pommern* u. *Kösliner Zeitung,* Mitarb. am *Philo-Lexikon.* 1934 Entlassung als Red., 1933-38 Syndikus des CV Sachsen u. Anhalt in Leipzig, Dir. Jüd. Sozialamt u. Lehrer am Jüd. Lehrhaus; lebte im Versteck, um SA-Überfällen zu entgehen; zeitw. KL Buchenwald. Frühjahr 1939 Geschäftsf. SynGde. Essen. Mitgl. Bundesvorst. RjF, Mitgl. *B'nai B'rith* in Königsberg u. Leipzig, VorstMitgl. *Deutscher Volksbühnenverein* u.a. Theatervereine in Ostpreußen. 1939 Emigr. GB mit Sondervisum durch Vermittlung der *Reichsvertretung* u. von Otto Schiff, New York; Unterstützung durch *Bloomsbury House,* 1940 Internierung Isle of Man; nach Entlassung für Flüchtlingshilfe tätig, Ehefrau arbeitete als Reinigungskraft. 1942 Ps. Ernst Colborn; Mitgr. *Golders Green Club* London, 1943-47 Gr. u. Geschäftsf. *Jew. Search Center* London; ab 1947 OrgSekr. des *Jew. Central Information Office* (später: Wiener Library), London. Mitgl. *Leo Baeck Lodge* u. *B'nai B'rith* London.

W: Der Jude in der dramatischen Gestaltung. 1930; Beiträge in: Oskar Rabinowicz, „50 Years of Zionism". 1952; Meine Erinnerungen an den Nationalsozialismus (unveröffentl. Ms.); Beiträge in jüd. Zs. in Deutschland, CH u. USA, u.a. in *Aufbau. D:* LBI New York. *Qu:* Hand. Pers. Publ. - RFJI.

Sacher, Heinrich, Parteifunktionär, Kommunalpolitiker; geb. 1885 Böhmen, gest. 1965 London; *StA:* österr., 1919 CSR, brit. (?). *Weg:* 1939 GB.

Lokomotivführer, DSAP-Funktionär, bis Sept. 1938 Vizebürgerm. u. anschl. kurzfristig Bürgerm. Komotau. 1939 Emigr. nach GB, TG-Mitgl., Mitunterz. GrdgAufruf der *DSAP-Auslandsgruppe* v. 18. Okt. 1940 u. ab Bildung Herbst 1943 Mitgl. *Sudetendeutscher Ausschuß - Vertretung der demokratischen Deutschen aus der CSR.* Verblieb nach Kriegsende in GB.

Qu: Arch. Pers. - IfZ.

Sachs, Ludwig, Dr. phil., Unternehmer; geb. 15. Febr. 1882 Wien, gest. 27. Aug. 1954 Schweiz; ∞ II. Maria, 1941 Emigr. Schanghai, 1947 Österr., A: Wien; *K:* aus I. 3 T, A: GB; *StA:* österr. *Weg:* 1941 Schanghai; 1947 Österr.

Stud. Chemie Wien u. Berlin, 1904 Prom., anschl. Assist. TH Charlottenburg. 1905-06 Tätigkeit bei AEG u. Siemens-Schukkert-Werke in Berlin, 1906-08 Betriebsltr. der Berlin-Rixdorfer Gummiwarenfabrik, 1908-15 Dir. Gummiwerke Matador AG Preßburg. 1915-18 Kriegsdienst, zuletzt Hptm. Ab 1919 Alleininh. des väterl. Betriebs Metallwarenfabrik Heinrich Sachs Wien. 1921 Grdg. eines Filialbetriebs in Zábřeh (Hohenstadt)/Mähren, 1922 Mitgr. u. Mitinh. Fama-Gummiwerke AG in Wien. 1937 Ernennung zum Beirat für die Statistik des Außenhandels. 1940 vermutl. nach Arisierung des Unternehmens Ausscheiden aus dem väterl. Betrieb, 1941 Emigr. nach Schanghai, zeitw. Betriebsltr. einer Kabel- u. Gummifabrik. 1947 Rückkehr nach Wien, erneut Alleininh. Metallwarenfabrik Heinrich Sachs. Ab 1949 Laienrichter. 1950 Gr. Gummi-Manufaktur (Gummifabrikation u. Massenartikel für den Bürobedarf). Mitgl. *Wiener Rennverein, Österreichischer Gewerbeverein, Verband österreichischer Industrieller. - Ausz.:* 1937 u. 1949 Kommerzialrat.

Qu: Arch Hand. Pers. - IfZ.

Sack, Walter, Kommunalpolitiker; geb. 26. Dez. 1915 Berlin; *StA:* deutsch. *Weg:* 1938 S; 1945 (?) Deutschland (Berlin).

Kunstschmied, 1931 SAJ, 1933 KJVD. 1938 Emigr. nach Schweden. 1939 KPD. 1945 (?) Rückkehr nach Berlin, zunächst Ltr. Ressort Handwerk beim Magistrat, 1951-61 Sekr. Handwerkskammer im Bez. Groß-Berlin, ab 1954 StadtVO Berlin (Ost), 1961-63 u. ab 1967 BezBürgerm. Berlin-Treptow, 1963-67 Stadtrat für kommunale Versorgung Berlin (Ost). - *Ausz.:* u.a. 1965 VVO (Bronze).

Qu: Hand. Z. - IfZ.

Saenger, Samuel, Dr. phil., Publizist, Diplomat; geb. 17. Febr. 1864 Saagar/Litauen, gest. 6. Mai 1944 Los Angeles/Calif.; jüd.; *V:* Elias S.; ∞ Irma Sethe; *K:* Elisabeth Chapiro, Lala Sorell; *StA:* deutsch. *Weg:* 1939 F; 1941 USA.

1884 Abitur Berlin. Stud. Phil., Sprachen, Gesch. Heidelberg u. Freiburg/Br., 1888 Prom. Halle. GymnLehrer in Berlin, 1900-07 Mitarb. *Die Zukunft,* 1908-33 Red. *Die neue Rundschau* u. Ltr. pol.-soziolog. Abt. des S. Fischer-Verlags. Bedeutende Veröffentl. über John Ruskin u. John Stuart Mill; unter Ps. Junius Verf. der „Politischen Chronik" in *Die neue Rundschau.* Ab 1919 auch im Auswärtigen Dienst, Apr. 1919-Okt. 1920 Botschafter in Prag, 1923 zur Disposition gestellt, 1929 a.D.; 1939 Emigr. nach Paris, Mitarb. *Das Neue Tage-Buch.* 1941 in die USA. - *Ausz.:* 1901 Titular-Professor.

W: John Ruskin, sein Leben und Lebenswerk. 1900; John Stuart Mill, sein Leben und Lebenswerk. 1901; Die wirtschaftlichen Aussichten des britischen Imperialismus. 1906; Englische Humanisten. 1908. *Qu:* EGL. Hand. Publ. - IfZ.

Safier, Armand Simon, Bauingenieur; geb. 16. Aug. 1924 Ludwigshafen; jüd.; *V:* Chune S. (geb. 1898 Turka/Galizien, gest. 1938 Haifa), jüd., Fabrikbesitzer, 1901 nach Deutschland, 1933 Emigr. B, 1934 Verhaftung bei Besuch in Deutschland, 1935 Emigr. Pal., Polizeibeamter, im Dienst umgek.; *M:* Rosa Rachel, geb. Teichmann (geb. 1898 Sianky b. Turka, gest. 1968 Haifa), jüd., 1907 nach Deutschland, 1933 Emigr. B, 1935 Pal.; *G:* Berta (Batja) Rachmilewitz (geb. 1923 Ludwigshafen), 1935 Emigr. Pal.; Schlomo (geb. 1930 Frankfurt), 1935 Emigr. Pal., VerwBeamter; ∞ 1950 Dorothea Fanny Meyer (geb. 1928 Frankfurt), jüd., 1934 Emigr. Pal., Krankenschwester am Beilinson-Krankenhaus Petaḥ Tikvah; *K:* Michal Zipora Mendelson (geb. 1951), 1957 nach GB, Lehrerin; Elchanan Dov (geb. 1953), 1957 nach GB, B.Sc., Bauing.; Ronit Raphaela (geb. 1965); *StA:* deutsch, 1963 brit. *Weg:* 1933 B, 1935 Pal., 1957 GB).

Jan. 1933 Emigr. mit Eltern nach Belgien zu Geschäftsfreunden, 1935 kurzfristig nach Deutschland zur Beschaffung von Einwanderungsdokumenten für Palästina, 1935 Emigr. Pal. mit Familie; 1938-47 Büroangest., später ltd. Buchhalter u. Geschäftsf. der Electric Wire Co. Ltd. in Haifa; 1947-51 Stud. Technion Haifa, gleichz. Nachtwächter bei Electric Wire Co. Ltd. in Haifa, 1950 B.Sc., 1951 Dipl.-Ing., gleichz. 1948-51 Dienst bei isr. Polizei; 1951-57 Bauing. für Siedlungsbauten, später für eine Chemiefabrik als Konstrukteur tätig, Baultr. bei führenden chem. Werken in Haifa u. am Toten Meer. 1957 nach GB mit Arbeitserlaubnis, 1957-75 Konstrukteur, 1961 Gesellschafter, 1964 Teilh. von Charles Weiss & Partners London, ab 1975 Seniorteilh. von Armand Safier & Partners, beratender

Ing. in Stanmore/Middlesex, entwarf Univ., Krankenhäuser u.a.; Teiln. internat. Kongresse, Fellow *Inst. of Civil Engineers, Inst. for Structural Engineers* (Ltr. einer StudGruppe), *Inst. of Arbitrators,* Mitgl. *Société des Ingenieurs Civils de France;* Mitgl. *B'nai B'rith.* Lebte 1976 in Edgware/Middlesex.
Qu: Fb. Hand. - RFJI.

Sager, Werner Johannes Christian, Verbandsfunktionär; geb. 1. April 1915 Seeretz b. Lübeck, gest. 16. Aug. 1976; ∞ I. 1941, II. 1949; *StA:* deutsch, 5. Aug. 1937 Ausbürg., deutsch. *Weg:* 1934 S; 1935 (?) DK; 1936 E; 1939 S; 1945 (?) Deutschland (SBZ).

Seemann; KJVD-Funktionär in Lübeck, 1930 KPD, 1932 aus pol. Gründen 6 Mon. Haft, 1933-34 KL Fuhlsbüttel. 1934 Emigr. nach Schweden, vermutl. 1935 in Kopenhagen Org. illeg. Flugschriftentransporte nach Deutschland. 1936-39 als Angehöriger der Internat. Brigaden Teiln. am Span. Bürgerkrieg, anschl. erneut nach Schweden, i.A. der KPD-AbschnLtg. Zentrum illeg. Reisen nach Deutschland. Nov. 1941 Verhaftung durch schwed. Polizei, Haft im Gef. von Kalmar. - Nach 1934 Deckn. Schwipp. - Nach Rückkehr verantwortl. Funktionen bei Deutscher Volkspolizei, ab 1957 Vors. Bez. Halle/S. der paramilit. *Gesellschaft für Sport und Technik* (GST), Mitgl. ZV der GST. - *Ausz.:* u.a. Hans-Beimler-Med., VVO (Silber).
L: Pasaremos; Müssener, Exil. *Qu:* Arch. Publ. Z. - IfZ.

Sailer, Karl Hans, Journalist, Politiker; geb. 19. Okt. 1900 Wien, gest. 23. Okt. 1957 Wien; *V:* Gastwirt; ∞ Erna (Nuna - d.i. Dr. Erna Sailer), 1938 Emigr. F, 1940 USA, 1946 Österr., nach Rückkehr Ltr. Fürsorgeschule der Stadt Wien, später jahrelange Tätigkeit als UN-Beamtin in Burma, Spezialistin für Fragen der unterentwickelten Länder im Bundesmin. für auswärtige Angelegenheiten, 1971 österr. Botschafterin in Indien; *K:* 1 (geb. 1938); *StA:* österr., Ausbürg. (?). *Weg:* 1938 F; 1940 USA; 1942 (?) Naher Osten; 1944 (?) USA; 1946 Österr.

Mitgl. SDAP, 1926 Schüler des ersten Jahrgangs der Arbeiterhochschule Wien, anschl. Red. *Das Kleine Blatt,* 1929 (?) bis 1934 Red. *Arbeiter-Zeitung,* zunächst Prozeßberichterstatter, anschl. pol. Red.; 1934 nach den Februarkämpfen Mitgl. des sog. Schattenkomitees aus ehem. Parteired. u. Mitarb. vor allem der *Arbeiter-Zeitung,* auf dessen Initiative die erste zentrale Fünfergruppe (später ZK) der illeg. RSÖ unter → Manfred Ackermann gebildet wurde. Ende Febr. 1934 nach Reise in illeg. Auftrag nach Oberösterr. kurzfristig verhaftet. März 1934 nach Verhaftung Ackermanns pol. Referent u. Obmann des ZK der RSÖ, Deckn. Hofer, Bruckner. Frühj. 1934 Gr. u. bis Sept. 1934 red. Ltr. *Die Revolution* (pol.-theoret. Organ der RSÖ). Sommer 1934 Verhandlungsführer bei Einheitsfrontverhandlungen mit KPÖ u. *Autonomer Schutzbund,* Bildung einer kurzfristigen Aktionsgemeinschaft. Sept. 1934 Teiln. an der sog. Wiener Konferenz der RSÖ in Blansko/Mähren, setzte sich zus. mit → Otto Bauer für die (kurzfristige) Änderung des Parteinamens in *Vereinigte Sozialistische Partei Österreichs* ein (ab Anfang 1935 wieder RSÖ). Wandte sich Herbst 1934 gegen die vor allem von → Joseph Buttinger vertretene, an den *Neu-Beginnen*-Theorien (NB, → Walter Löwenheim) orientierte pol. Linie der Begrenzung der Massenarbeit u. der langfristigen Perspektive des Aufbaus einer revolutionären Kaderorg.; Ende 1934/Anfang 1935 Teiln. an erster Reichskonferenz (sog. Sylvesterkonferenz) der RSÖ in Brünn. Jan. 1935 Verhaftung bei Einheitsfrontverhandlungen mit Vertr. der KPÖ, legte angebl. ein in der Literatur umstrittenes Teilgeständnis ab. März 1936 neben → Maria Emhart als Hauptangeklagter im großen Sozialistenprozeß mit Todesstrafe bedroht, nach offensiver Verteidigung Verurteilung zu 20 Mon. Kerker, Juli 1936 Amnestie, versuchte in der Folgezeit vergeblich, die Wiederaufnahme ins ZK der RSÖ zu erreichen. Ab Frühj. 1937 LtgMitgl. der illeg. *Sozialistischen Arbeiterhilfe;* Mitarb. *Der Kampf/Brünn,* Ps. Franz Kerner. Anfang März 1938, als das Schuschnigg-Regime angesichts des drohenden dt. Einmarschs eine Verständigung mit der illeg. ArbBewegung suchte, führender Vertr. der RSÖ auf der halblegalen gewerkschaftl. Vertrauensleute-Konferenz in Floridsdorf, die sich für Unterstützung Schuschniggs gegen Hitler bei Legalisierung von ArbParteien u. Gewerkschaften aussprach, sollte als sozialist. Vertr. in die reorg. *Soziale Arbeitsgemeinschaft* der *Vaterländischen Front* eintreten u. in offiz. Rundfunkrede vor der von Schuschnigg geplanten, jedoch nicht mehr zustandegekommenen Volksabstimmung zur Stimmabgabe für Schuschnigg u. ein selbständ. Österreich aufrufen. Unmittelbar nach Einmarsch der dt. Truppen Flucht in die Schweiz, Anfang Apr. 1938 Teiln. an Brüsseler Tagung der österr. Sozialisten, auf der sich die führenden SDAP- u. RSÖ-Vertr. im Exil auf eine gesamtdt. Revolution festlegten und die Forderung nach Wiederherstellung der Selbständigkeit Österr. verwarfen. Anschl. nach Paris, Mitgl. *Erweiterte AVÖS,* Mitarb. *Matteotti-Komitee* u. dessen Vertr. in der *Fédération des Émigrés provenant d' Autriche.* Sommer-Herbst 1939 an den Verhandlungen von → Julius Deutsch mit Vertr. der legitimist. u. konservativ-bürgerl. Emigration zur Bildung einer überparteil. österr. Vertretungskörperschaft beteiligt, wurde nach Kriegsausbruch nicht interniert, distanzierte sich nach Rückkehr der internierten AVÖS-Mitgl. von ZusArb. mit Legitimisten u. Vertr. des autoritären Ständestaats. 1940 Flucht vor dt. Vormarsch nach Montauban/Südfrankr., anschl. über Spanien nach Portugal, Sept. 1940 New York. Sept. 1941 neben → Friedrich Adler u.a. Mitunterz. Protest österr. SozDem. gegen Versuch der Bildung einer österr. Exilreg. durch → Hans Rott u. → Willibald Plöchl. Febr. 1942 (nach Stillegung bzw. Auflösung der AVÖS Ende 1941) Mitgr. u. Exekutivmitgl. *Austrian Labor Committee,* mit → Otto Leichter Hg. *Austrian Labor Information,* in Nr. 1 Verf. des programmat. Art. *Aufgaben in der Emigration,* wandte sich gegen ZusArb. mit anderen pol. Richtungen in der Emigration u. eine nicht durch tatsächliche Bewegung im Lande legitimierte Exilpolitik. Vermutl. Mitarb. OWI, 1942(?)-44(?) angebl. i.A. brit. Geheimdienststellen im Nahen Osten (Türkei ?). Anschl. wieder New York, Frühj. 1945 neben → Ernst Karl Winter als USA-Vertr. des *Provisorischen Österreichischen Nationalkomitees* vorgesehen. 1946 Rückkehr nach Wien, Mitgl. SPÖ, bis 1957 Red. u. stellv. Chefred. *Arbeiter-Zeitung.* Stellv. Obmann *Vereinigung sozialistischer Journalisten und Schriftsteller Österreichs* im *Bund Sozialistischer Akademiker,* Mitgl. *Bund Sozialistischer Freiheitskämpfer und Opfer des Faschismus.*
W: u.a. Mussolini-Dollfuß. Geheimer Briefwechsel (Hg.). 1949; *L:* Gulick, Österreich; Leichter, Otto, Karl Hans Sailer und die revolutionären Sozialisten. In: Die Zukunft, 1958/2; Buttinger, Beispiel; Leser, Werk; Wisshaupt, RSÖ; Leichter, Diktaturen; ders., Otto Bauer. Tragödie oder Triumph? 1970; DBMOI; Goldner, Emigration; Widerstand 1; Hindels, Gewerkschaften; ISÖE. *Qu:* Arch. Hand. Pers. Publ. Z. - IfZ.

Salden, Willi, Polizeioffizier; geb. 1910 (?); *StA:* deutsch. *Weg:* E; Deutschland.

Im Span. Bürgerkrieg Angehöriger der Internat. Brigaden. Nach DDR-Grdg. Mitarb. des MdI, ab Mitte der 50er Jahre ltd. Polizeioffz. in Erfurt; Oberst. - *Ausz.;* u.a. 1956 Hans-Beimler-Medaille.
Qu: Arch. Publ. - IfZ.

Salemka, Paul, Parteifunktionär; geb. 21. Nov. 1902 Warglitten/Ostpr., gest. 11. Okt. 1975 Duisburg; ∞ I. Meta Bär (1904-42); II. KPD, 1933/34 KL Brauweiler, bei Bombenangriff umgek.; II. Augustine Schmidt, geb. Janssen (geb. 1908). *K:* aus I: Helmuth (1928-42); Gertrud (1927-42); beide bei Bombenangriff umgek.; aus II: Rolf; *StA:* deutsch, 21. Aug. 1939 Ausbürg., deutsch. *Weg:* 1935 NL; 1936 B; 1940 F; 1946 Deutschland (BBZ).

Schlosser, Juli 1930-Sept. 1932 KPD-StadtVO. Duisburg, Anfang 1931 Mitgr. u. führender Funktionär *Kampfbund gegen den Faschismus* in Hamborn, ab Dez. 1931 hauptamtl. Funktionär KPD-Unterbez. Hamm. Ab Febr. 1933 im Untergrund, Juni 1933 Festnahme, 1. März 1934 Urteil 2 J. Zuchth., bis 1. Juni 1935 Zuchth. Lüttringhausen, Emigr. nach Holland, 1936 pol. Asyl in Belgien, ab Mai 1940 in belg. u. franz. Internierung, Flucht aus dem Lager, Febr. 1944 Anschluß an Résistance. März 1946 Rückkehr nach Duisburg.
L: Bludau, Gestapo. *Qu:* Arch. Publ. - IfZ.

Salfeld, Henry, Dr. jur., Versicherungsmakler; geb. 2. Apr. 1902 Wiesbaden; jüd.; *V:* Berthold S. (geb. 1873 Dessau, gest. 1914 Wiesbaden), jüd., Arzt; *M:* Alice, geb. Heimerdinger (geb. 1878 Wiesbaden, gest. 1968 New York), jüd., Höhere Töchterschule, Emigr. GB, USA; *G:* Adele Marxsohn (geb. 1906 Wiesbaden, umgek. 1942 KL Auschwitz), Höhere Töchterschule, Emigr. F, Dep.; ∞ 1932 Betty Ahrens (geb. 1907 Breslau), jüd., Besuch Philanthropin Frankfurt/M., Handelsschule, tätig in Modegeschäft in Frankfurt/M., 1933 Emigr. USA, VorstMitgl. *New York League of Women Voters* East Manhattan; *K:* Ann Lewyn (geb. 1935), Lehrerin in New York; Charles B. (geb. 1940), RA in New York; *StA:* deutsch, USA. *Weg:* 1933 USA.

1920-23 Stud. München, Leipzig u. Frankfurt, 1923-26 Gerichtsreferendar u. Anwaltspraxis, 1925 Prom. Frankfurt; 1927-33 Teilh. Anwaltsbüro Neukirch u. Salfeld in Frankfurt, Juni 1933 Berufsverbot. Sept. 1933 Emigr. USA, 1933-35 Kurse in Versicherungswesen, Versicherungsmakler, Rechtsgutachter für europ. Recht, Geschäftsf. einer Importfirma für Spirituosen, 1935-74 bei Frenkel & Co., Inc., New York (internat. Versicherungsmakler), Aufstieg vom Assekuranten zum Senior Vicepres.; ab Febr. 1974 Berater u. Fakultätsmitgl. Coll. of Insurance, Dir. u. Vizepräs. *Greater New York Ins. Brokers Assn.,* VorstMitgl. General Insurance Div., UJA, Mitgl. Central Synagogue New York, VorstMitgl. *Intergroup Relations Committee, Anti-Defamation League of B'nai B'rith,* Vorst. *Yorkville Catholic-Jewish Council* New York, Präs. *Jew. Hist. Soc. of New York,* aktiv in *Fed. of Jew. Philanthropies.* Lebte 1977 in New York.

W: Die Schiedsklausel im Deutschen Arbeitsrecht. (Diss.); zahlr. Aufsätze in dt. u. am. Fachlit. *Qu:* Fb. Publ. - RFJI.

Salloch, William, Dr. phil., Buchhändler, geb. 11. Apr. 1906 Layss/Ostpr.; ev.; *V:* Emil S. (geb. 1879 Nittken/Ostpr., gest. 1923), ev., Lehrer; *M:* Kaete, geb. Dlugokiewski (geb. 1886 Kosslau), ev., 1949 in die USA; *G:* Henry S. (geb. 1908 Berlin), Lehrerausbildung, Künstler, 1937 Emigr. USA; ∞ 1933 Dr. phil. Marianne Blum (geb. 1909 Mannheim), ev., Stud. Heidelberg u. Berlin, 1933 Prom., 1936 Emigr. USA, Teilh. William Salloch Rare Books; *StA:* deutsch, 1943 USA. *Weg:* 1936 USA.

1925-30 Stud. Berlin, 1931 Prom., 1932 Assessor, Arbeitsantritt als wiss. Bibliothekar der Preußischen Staatsbibliothek verweigert wegen Eheschließung mit „Nichtarierin"; 1933-35 Produktionsltr. einer Verlagsbuchhandlung u. Gr. einer eigenen Firma, Berufsverbot wegen nichtarischer Ehefrau. Dez. 1936 Emigr. USA; 1937-39 Angest. im Verlagsbuchhandel, ab 1939 zus. mit Ehefrau Antiquariatsbuchhandlung W.S. Rare Books; 1943-45 Medical Corps US Army. Mitgl. u. 1967-70 VorstMitgl. *Renaissance Soc. of Am.,* Mitgl. u. 1970-72 Präs. *Antiquarian Booksellers Assn. of Am.,* Mitgl., ab 1975 VorstMitgl. *Internat. League of Antiquarian Booksellers,* Mitgl. *Grolier Club* New York, *Bibliographical Soc. of Am., Bibliographical Soc. of England, Manuscript Soc.-Am. Acad.* Rome, *Gutenberg-Gesellschaft* Deutschland (BRD), *Maximilian-Gesellschaft* Hamburg. Lebte 1976 in Ossining/N.Y.

W: Herman von Metz. (Schriften des Wiss. Instituts der Elsaß-Lothringer.) 1931; Dahlmann-Waitz, Quellenkunde der Deutschen Geschichte, Registerband (Mitverf.). 1932. *Qu:* Fb. - RFJI.

Salmony, George F. (Francis), Journalist; geb. 5. Aug. 1902 London, gest. Febr. 1980; freireligiös; *V:* Frederik S. (geb. Hadamar, gest. 1932 London), jüd., Kaufm., StA: brit.; *M:* Ida, geb. Heymann (geb. 1882 Wiesbaden, gest. London), jüd.; ∞ 1955 Ingeborg Seldis (geb. 1920 Berlin), ev.; *K:* Michael (geb. 1956), Stud. IngWiss. Cambridge; *StA:* brit. *Weg:* 1933 GB; 1938 Jamaika; 1939 USA; 1941 GB; 1945 Deutschland (ABZ).

Abitur Wiesbaden, Stud. Rechts- u. Wirtschaftswiss. Innsbruck u. Berlin, 1922-33 Red. *BZ am Mittag,* nach natsoz. Machtübernahme als brit. Staatsbürger nach London, journ. u. schriftst. Tätigkeit. 1938-39 Chefred. *Daily Gleaner* Kingston/ Jamaika, 1939-41 Journ. in Hollywood. 1941-45 in der Nachrichtenabt. des Foreign Office in London, 1945-52 (?) als Angehöriger der MilReg. Ltr. der alliierten Wochenschau *Welt im Film* in München; ab 1955 Red. *Süddeutsche Zeitung* München u. Theaterkritiker *Abendzeitung* München, widmete sich vor allem dem Feuilleton, der Kunstkritik, Kommentaren, Reiseberichten u. Glossen. Europ. u. amerikan. Bridgemeister. - *Ausz.:* 1967 Theodor-Wolff-Preis.

Qu: Fb. Hand. Z. - IfZ.

Salomon, Alice, Dr. phil., Sozialpädagogin; geb. 19. Apr. 1872 Berlin, gest. 30. Aug. 1948 New York; jüd., 1916 ev.; *V:* Albert S. (1834[?]-86), Lederhändler; *M:* Anna, geb. Potocky-Nelken (1838-1914); *G:* 2 B, 1S; ∞ led.; *StA:* deutsch. *Weg:* 1937 GB, USA.

Ab 1893 Mitgl., ab 1899 Vors. *Mädchen- und Frauengruppe für soziale Arbeit* Berlin, Gr. des 1. Jahreskurses für die Berufsausbildung in der Wohlfahrtspflege. 1900-20 Schriftf. u. stellv. Vors. *Bund deutscher Frauenvereine,* ab 1909 Schriftf. *Internationaler Frauenbund.* 1902-06 Stud. NatÖkonomie Berlin, u.a. bei Gustav Schmoller u. Max Weber, 1906 Prom.; 1908 Gr., bis 1925 Ltr. Soziale Frauenschule Berlin (ab 1932: Alice-Salomon-Schule). 1917-33 Vors. *Konferenz sozialer Frauenschulen Deutschlands,* 1925 Gr. u. Vors. *Deutsche Akademie für soziale und pädagogische Frauenarbeit* Berlin, 1929 Gr. u. Vors. *Internationales Komitee Sozialer Schulen.* 1933 Selbstauflösung der Akad., 1937 aus Deutschland ausgewiesen. - *Ausz.:* 1932 Staatsmed. des Preuß. Staatsmin. (Silber), Dr. med. h.c. Univ. Berlin, 1939 Bronze-Med. YMCA New York.

W: u.a. Heroische Frauen. Zürich (Verlag für Recht und Gesellschaft) 1936; Education for Social Work. Ebd. 1937; Bibliogr. in: Peyser, Dora u.a. (Bearb.), Alice Salomon, Die Begründerin des sozialen Frauenberufs in Deutschland - ihr Leben und Werk. 1958. *L:* u.a. RhDG; Wachenheim, Hedwig, Vom Großbürgertum zur Sozialdemokratie. 1973. *Qu:* Hand. Publ. - IfZ.

Salomon, Bruno von, Journalist; gest.; *V:* Felix von S., Offz., später Kriminalrat; *M:* Annette, geb. Gerlach; *G:* Ernst v. S. (1902-1972), Schriftst., in den 20er Jahren Mitgl. nationalrevol. Bewegung in Deutschland, Freikorpskämpfer, wegen Beteiligung an der Ermordung Walter Rathenaus verurteilt; *StA:* deutsch, 23. März 1938 (?) Ausbürg. *Weg:* 1933 Saargeb.; 1935 (?) F; nach 1945 Deutschland.

In der Weimarer Republik aktiv in der nationalrevolutionären Bewegung (→ Karl Otto Paetel, → Hans Jaeger, → Otto Straßer); führend in der revol. Bauernbewegung Norddeutschlands (Landvolkbewegung), unter Ps. Harrens (?) u.a. mit Hartmut Plaas u. seinem Bruder Ernst Politisierung der bäuerlichen Protestbewegung, Chefred. *Das Landvolk;* 1931 mit Bodo Uhse Anschluß an KPD u. deren Bauernhilfsprogramm, Teiln. 1. Deutscher Reichs-Bauernkongreß 23.-24. Jan. 1932 in Berlin, VorstMitgl. *Europäisches Bauernkomitee.* Nach der natsoz. Machtübernahme Emigr. ins Saargeb., Funktionärstätigkeit innerh. der KPD-BezLtg. Saar; nach Saarabstimmung Jan. 1935 Flucht nach Frankr., aktiv in Volksfrontbewegung, Mitgr. u. ltd. Funktion in den Freundeskreisen der deutschen Volksfront. Nach Kriegsende Rückkehr nach Deutschland.

W: u. a. Der bäuerliche Vorstoß. In: Nationalsozialistische Briefe, VI/4 v. 15. Aug. 1930. *L:* s. Bibliogr. Karl Otto Paetel; Uhse, Bodo, Söldner und Soldat. Paris (Editions du Carrefour) 1935; Schüddekopf, Otto-Ernst, Linke Leute von Rechts. Die nationalrevolutionären Minderheiten und der Kommunismus in der Weimarer Republik. 1960; Dupeux, Louis, Stratégie communiste et dynamique conservatrice. Essai sur les différents sens de l'expression National-Bolchevisme en Allemagne sous la République de Weimar, 1919-1933. 1976. *Qu:* Arch. Hand. Pers. Publ. - IfZ.

Salomon, George, Grafiker, Publizist; geb. 23. Apr. 1920 Hamburg; jüd.; *V:* Richard Georg S. (1884-1966), o. Prof. für Gesch. Univ. Hamburg, 1937 Emigr. USA; *M:* Gertrud J. Horwitz (geb. 1889 Berlin, gest. 1942 New York), jüd., 1937 Emigr. USA; *G:* Edith Lenneberg (geb. 1923 Hamburg), 1937 Emigr. USA, Postoperative Therapeutin; ∞ 1944 Mathilde Norah Loewen (geb. 1922 Frankfurt/M.), jüd., 1937 Emigr. USA, Stud. Pratt Inst. New York, Dipl.-Modeschöpferin u. Kunstgewerbelehrerin; *K:* Frank (geb. 1946), Ph.D. Anthropologie Cornell Univ.; Richard (geb. 1948), Ph.D. Sanskrit Univ. Pa.; *StA:* deutsch, USA. *Weg:* 1937 USA.

1937 Abitur am Johanneum Hamburg. Nach Denunziation Entlassung des Vaters als UnivProf.; 1937 Typographenlehre, mit Eltern Emigr. USA, wo den Vater Gastprofessuren an Univ. Pa. u. Bryn Mawr Coll. angeboten worden waren; Unterstützung der Familie durch *Inst. Internat. Educ.;* 1937-40 Stud. Swarthmore Coll., B.A., Mitgl. *Am. Stud. Union.* 1938 Mitgr. eines Fonds für Flüchtlingsstudenten; 1940-47 graphische Arbeit im Druckgewerbe in New York, 1947-60 Graphiker, später zuständig für die Veröffentl. einer Werbefirma in New York, 1957-59 im InfoDienst der städt. Verkehrsgesellschaft N.Y.C. Transit Authority (entwarf erste Diagramm-Karte des New Yorker Untergrundbahnsystems), ab 1960 Red. bei *Am. Jew. Committee,* 1942-60 Mitgl. *Am. Inst. Graphic Arts* (zeitw. im Ausstellungskomitee), 1960-62 publizist. Tätigkeit für Zweigstelle Long Island der *Nat. Assn. Advancement of Colored People,* ab 1966 Mitgl. *Assn. Jew. Community Rel. Workers* u. LBI. Lebte 1977 in Great Neck/N.Y.

W: Happy Ending, Nice and Tidy (Essay über Berthold Brecht und die Dreigroschenoper). In: Kenyon Review, 1962; John Maynard of Lake Erie: The Genesis of a Legend. In: Niagara Frontier, 1964; Wer ist John Maynard? Fontanes tapferer Steuermann und sein amerikanisches Vorbild. In: Fontane-Blätter, 1965; Jews in the Mind of America (Hg.). 1966; The Many Faces of Anti-Semitism (Mitverf.). 1967; Journey to the Interior. A Diary. (ABiogr. Essay über eine Reise nach Deutschland) In: Present Tense. The Magazine of World Jew. Affairs, 1974; Verf. mehrerer Schriften für *Am. Jew. Committee. Qu:* Fb. Hand. Publ. - RFJI.

Salomon, Leo-Lewin, Dr. phil., Rabbiner, Sozialhelfer; geb. 1861 Prov. Posen, gest. 1945 Ramat Gan/IL; jüd.; ∞ I. 1887 Ernestine, geb. Baeck (gest. 1931), S von Leo Baeck; II. Frieda, verw. Hoffmann, 1935 Emigr. Pal. mit Ehemann; *K:* Erich (geb. 1880 Iserlohn, umgek. um 1943 im Holokaust), Neurologe, Oberstabsarzt im 1. WK (EK II); Else Miriam Manuel (geb. 1890 Iserlohn), A: Zürich; Charlotte Gichermann (geb. 1892 Iserlohn/Westf., gest. Tel Aviv), Ehefrau von → Naḥum Gichermann; Irma Friedländer (geb. 1894 Iserlohn), A: Tel Aviv; Dr. phil. Felix S. (geb. 1896 Iserlohn, gest. in den 60er Jahren), OStudRat, Teiln. 1. WK; Edith Kloohs (geb. 1897 Iserlohn), A: München; Rudolph (geb. 1900 Iserlohn), Dipl.-Ing., 1922 nach Bras. *Weg:* 1935 Pal.

Höhere Schule u. Jeschiwoth in Kosten/Posen u. Kassel, Jüd. Lehrerseminar Münster, 1896-99 Stud. Phil. u. semit. Sprachen Bonn, 1900 Prom.; 1882-1913 konservativer Rabbiner in Iserlohn, Rektor der städt. jüd. Grundschule, Gr. des Synagogenchors, der *Historischen Vereinigung für jüdische Geschichte,* der Ortsgruppe des *Hilfsvereins der deutschen Juden,* westfälischer Vertr. der *Alliance Israélite Universelle,* aktiv für KKL u. im allg. Wohlfahrtswerk der Stadt Iserlohn; 1913-35 Rabbiner der privaten Synagoge Schulstraße in Berlin, 1922-27 Stud. L(H)WJ Berlin, tätig im Sozialwerk, ab 1935 im Ruhestand. Erfinder einer Rechenmaschine. 1935 Emigr. Pal. mit A I-Zertifikat, 1935-45 Vortragstätigkeit u. Predigten in Ramat Gan, aktives Eintreten für deutsche Emigranten in den Gden. u. für die Förderung der sozialen u. kulturellen Einrichtungen. - *Ausz.:* Roter Adlerorden 3. Kl., Preußische Verdienstmedaille, Rot-Kreuz-Medaille.

W: Zu den Begriffen der Perzeption und Apperzeption von Leibniz bis Kant (Diss.). 1902. *Qu:* Pers. - RFJI.

Salomon, Walter Hans, Bankier; geb. 16. Apr. 1906 Hamburg; *V:* Heinrich S., Bankier; *M:* Rena, geb. Oppenheimer; ∞ 1935; *K:* 1 S, 1 T. *Weg:* 1937 GB.

1922-27 Lehre als Bankkaufm. bei versch. Banken, gleichz. Stud. Univ. Hamburg; Bankdir., 1937 Emigr. GB mit Ehefrau, 1938 Gr. einer Bankgesellschaft, ab 1950 Vors. der privaten Handelsbank Rea Brothers Ltd., Vors. der Canal Rudolph Corp.; Fellow *Inst. of Bankers,* Mitgl. von Lloyd's, Baltic Exchange, *Council of Brit. Banker's Assn.,* Luso-Brazilian Council u. *Hudson Inst.;* Vortragstätigkeit über wirtschaftl. u. finanzielle Themen. 1963 Gr. u. Schatzmeister von *Young Enterprise* (Initiative zur Propagierung des freien Unternehmertums unter Jugendlichen), Vizepräs. von *Cambridge Settlement.* - *Ausz.:* Freeman City of London; 1971 Comdr. Southern Cross of Brazil.

W: u.a. One Man's View. 1973. *Qu:* Hand. Publ. - RFJI.

Salton, Harry David, Elektroingenieur; geb. 18. Mai 1900 Hornburg bei Braunschweig; jüd., 1940 presbyt.; *V:* Meyer Salazin (geb. 1865 Deutschland, gest. 1938 Deutschland), jüd., Verkäufer u. Geschäftsltr.; *M:* Minna, geb. Bendix (geb. 1868 Deutschland, gest. 1939 Deutschland), jüd.; *G:* Frida Salazin (geb. Hornburg, umgek. im Holokaust), Modeschöpferin u. Schauspielerin; ∞ 1925 Elsa Karg (geb. 1897 Worms), ev., 1936 Emigr. USA, Kindergärtnerin, aktiv in *Girl Scouts, Rotes Kreuz* u. in kirchl. GdeArbeit; *K:* Leonore Olinger (geb. 1933 Berlin), 1936 Emigr. USA, B.A. Univ. Pittsburgh, Lehrerin; James Harry (geb. 1938), M.S. Carnegie Inst. of Techn., Elektroing.; *StA:* deutsch, 1943 USA. *Weg:* 1936 USA.

1918-19 MilDienst; 1923 Dipl.-Ing. TH Darmstadt, 1924-31 Konstruktionsing. für Transformatoren; 1932-33 AbtLtr. Transformatorenwerk Berlin der Allgemeinen Elektrizitäts-Gesellschaft (AEG), Mai 1933 Entlassung, 1933-36 beratender Ing. in Berlin. 1925-33 Mitgl. *Elektrotechnischer Verein* Berlin. Febr. 1936 Emigr. USA mit Frau u. Tochter, Unterstützung durch Verwandte in New York, 1936 Ing. für Konstruktion von Hochspannungstransformatoren bei United Transformer Corp. New York, 1936-65 bei Pennsylvania Transformer Co. Pittsburgh, 1936-42 als ltd. Ing. für Forschung u. Entwicklung zuständig, 1942-51 als Chefing. verantw. für die elektromechan. Konstruktion von Hochspannungstransformatoren; 1961-66 Dir. für Forschung u. Entwicklung bei McGraw Edison Co. (früher: Pennsylvania Transformer Co.). Ab 1966 beratender Ing., Fellow im *Inst. of Elec. and Electronic Engineers, Am. Inst. Elec. Engineers;* Kirchenältester in Canonsburg Presbyterian Church, zeitw. Präs. *Toastmasters Internat.,* zeitw. Dir. Canonsburg Civic Orchestra, Sekr. von *Christian Men's Brotherhood.*

W: Art. in Fachzs. in Deutschland u. der Schweiz. *Qu:* Fb. Hand. Z. - RFJI.

Salzberger, Georg, Dr. phil., Rabbiner; geb. 23. Dez. 1882 Kulm/Westpr., gest. 19. Dez. 1975 London; *V:* Dr. phil. Moritz S. (geb. 1844 Ungarn, gest. 1929 Erfurt/Sachsen), Stud. Jüd.-Theol. Seminar u. Univ. Breslau, Rabbiner in Kulm u. Erfurt; *M:* Anna, geb. Freyhan (geb. Breslau, gest. Breslau), jüd., Lehrerinnenseminar Breslau; *G:* Gertrud Kohn (geb. 1877 Kulm, umgek. 1941 KL), jüd., Stud. Musik; Dr. med. Max S. (geb. 1884 Kulm), jüd., 1909-39 Herzspezialist in Breslau, 1940 Emigr. Urug.; ∞ 1917 Natalie Charlotte Caro (geb. 1892 Posen), med.-techn. Assist., 1939 Emigr. GB; *K:* Lore Shulamith Wittenberg (geb. 1918 Posen, gest. 1962 Glasgow), 1939 Emigr. GB, Stud. Zürich u. Oxford, Ph.D., Doz. Hebr. Univ., Glasgow Univ., Fellow Girton Coll. Cambridge; Ruth (geb. 1920 Frankfurt/M.), 1939 Emigr. GB, Stud. Edinburgh, Oxford u. Cambridge, Ph.D. Cambridge, Doz. Manchester; Francisca Rahel Wittenberg (geb. 1923), 1939 Emigr. GB, Psychotherapeutin; *StA:* deutsch, 1946 GB. *Weg:* 1939 GB.

1901-09 Stud. Berlin u Heidelberg, 1907 Prom. Berlin, zugl. Stud. L(H)WJ Berlin, Rabbiner, 1910-39 Rabbiner der Isr. Gde. Frankfurt/M.; 1914-18 Feldrabbiner (EK I); 1920 Gr., 1920-39 VorstVors. *Gesellschaft für jüdische Volksbildung* Frankfurt/M., Einrichtung des Zentrums für Erwachsenenbildung Freies Jüd. Lehrhaus (Vortragstätigkeit, u.a. zus. mit Franz Rosenzweig u. Eduard Strauss), bedeutende Rolle in der Bestimmung der wiss. Richtlinien des Lehrhauses u. später des *Jüdischen Kulturbundes,* nach 1933 dessen Vors., 1924-36 Hg. des *Jüdischen Kalenders der Gesellschaft für jüdische Volksbildung,* Präs. B'nai B'rith-Loge Frankfurt, Mitgl. des Kriegsgrä-

berausschusses des R.j.F., jüd. Vertr. in christl.-jüd. Studiengruppe, aktiv in der *World Union for Progressive Judaism* London, bedeutender Vertr. des dt.-liberalen Judentums; Nov. 1938 KL Dachau, Apr. 1939 Emigr. GB mit Familie, Unterstützung durch *Bloomsbury House*, 1939-56 Mitgr. u. Rabbiner der New Liberal Jew. Congr., der späteren Belsize Square Syn. London; ab 1956 Ruhestand. 1941-75 VorstMitgl. AJR, im 2. WK Rundfunksprecher bei der BBC, 1950 Teiln. an Einweihung der wiederaufgebauten Westend-Syn. Frankfurt/M., 1957 Gastrabbiner der Jüd. Gde. Berlin u. Hamburg, Mitgr. u. Präs. der *Leo Baeck Lodge* des *B'nai B'rith*, auf Vorschlag von → Alfred Wiener Mitgl. des *Arbeitskreises 1961* (Ausschuß zur Herstellung von Kontakten mit dt. Jugendlichen in GB), zahlr. Vorträge zur christl.-jüd. Verständigung in Deutschland (BRD), Gr. *Georg and Charlotte Salzberger Fund* unter Ltg. des *AJR Charitable Trust.* Mitgr. u. Vors. des *Committee for History of Frankfurt Jewry*, Mitgl. *World Congress of Faiths, World Union for Progressive Judaism* u. *Council of Christians and Jews.* – *Ausz.*: 1957 BVK, 1972 BVK mit Stern, 1972 Buber-Rosenzweig-Medaille des deutschen Koordinierungsrats der *Gesellschaft für christlich-jüdische Zusammenarbeit*.
W: Die Salomo-Saga in der semitischen Literatur. (Diss.) 1907; Salomos Tempelbau und Thron in der semitischen Sagenliteratur. 1922; Dt. Übers. des Hohen Liedes in: Harry Torczyner (Hg.), Bibelübersetzung. 1934-36; Die Bruderschaft als Forderung der Religionen. 1954; Erinnerungen an meine Jahre als Feldrabbiner. In: Paul Lazarus-Gedenkbuch. 1961; Die Gesellschaft für jüdische Volksbildung in Frankfurt am Main. In: Bulletin LBI, 1967; Erinnerungen an Berlin. In: Gegenwart im Rückblick, 1970. *L:* Silver Jubilee of New Liberal Congregation. In: AJR-Info., 1964; In Memoria of Rabbi Salzberger. In: AJR-Info., 1976. *Qu:* Arch. Fb. Pers. Publ. Z. - RFJI.

Salzmann, Hugo, Partei- u. Gewerkschaftsfunktionär; geb. 4. Febr. 1903 Bad Kreuznach; o.K.; *V:* Peter S. (geb. 1872), Glasmacher; *M:* Auguste, geb. Roose (geb. 1880), Näherin; ∞ I. Julianna Steinrath (1909-44), 1933 Emigr. Saargeb., F, 1940 freiw. Meldung bei Gestapo im Austausch gegen franz. Geisel, ab 1941 KL Ravensbrück, dort Dez. 1944 umgek.; II.; *K:* aus I: 1 S (geb. 1932), Emigr.; aus II: 1 T (geb. 1948); *StA:* deutsch, 23. Sept. 1938 Ausbürg. mit Fam., Mai 1945 deutsch. *Weg:* 1933 Saargeb., F; 1941 Deutschland.
1917-20 Lehre als Metalldreher, bis Febr. 1933 im Beruf tätig; 1918 DMV, 1920-28 KJVD-OrgLtr. Bad Kreuznach, 1925-33 KPD-OrgLtr., 1923-31 Ltr. DMV-Jugend, 1923-33 Vors. *Rote Hilfe* Bad Kreuznach, 1924-33 Betriebsratsvors., 1929-33 PolLtr. *Kampfbund gegen den Faschismus*, 1930-33 Vors. ADGB-Ortsausschuß. 1929-33 KPD-StadtVO., 5. März 1933 Wiederwahl. Ab März 1933 im Untergrund, Apr. Flucht über das Saargeb. nach Frankr.; unter → Siegfried Rädel „Techniker" der KPD-EmigrLtg. Paris, u.a. LitVerteilung an EmigrStützpunkte in Frankr., Vertrieb der Zs. *Trait d'Union*. Mitgl. SDS u. ArbKreis um Hans Marchwitza, Mitgl. *Deutsche Sprachgruppe* der CGT. Ab Sept. 1939 interniert, Sept. 1940 aus Le Vernet an Gestapo ausgeliefert, 4. März 1943 VGH-Urteil 8 J. Zuchth., Mai 1945 aus Zuchth. Butzbach befreit. 1945-47 Mitgl. Bürgerrat Bad Kreuznach, 1947-56 KPD-StadtVO. u. Kreistagsabg., 1945-68 Rechtsschutz- u. Sozialrechtssekr. beim DGB Bad Kreuznach, 1956-66 Mitgl. Verwaltungsausschuß des ArbAmts, ab 1970 Mitgl. IGM-Ortsverw. u. Vors. Rentnerausschuß. 1947-74 Mitgl. VVN. Erste Schnitzarb. im Lager Le Vernet, ab 1956 Beschäftigung mit Bildhauerei, Holz-, Bronze- u. Tonarb., ab 1959 zahlr. Ausstellungen, u.a. Erich-Weinert-Galerie Berlin (Ost). Lebte 1975 in Bad Kreuznach. – *Ausz.*: Lehnte 1969 Entgegennahme des BVK ab.
L: Dahlem, Vorabend. *Qu:* Fb. Publ. Z. - IfZ.

Sametz, Roman, Parteifunktionär; geb. Reichenberg/Böhmen, gest. 1966 Deutschland (DDR); ∞ Hermine, 1939 Emigr. GB, 1945 (?) Deutschland (SBZ); *StA:* österr., 1919 CSR, deutsch. *Weg:* 1939 GB; 1945 (?) Deutschland (SBZ).
KSČ-Mitgl., in den 30er Jahren Ltr. des gesamtstaatl. Bestattungsvereins *Die Flamme* Reichenberg. 1939 Emigr. nach GB, Mitgl. sog. *Beuer-Gruppe* (→ Gustav Beuer). Nach Kriegsende Übersiedlung in die SBZ, SED-Funktionär in Magdeburg.
Qu: Arch. Pers. - IfZ.

Samosch, Azriel (Eduard), Verwaltungsbeamter; geb. 13. Dez. 1911; jüd.; *V:* Sali (geb. 1881 Berlin, umgek. im Holokaust), jüd., Textilkaufm., Dep. Lodz; *M:* Ella Caro (geb. 1880 Brandenburg, umgek. im Holokaust), jüd., Buchhalterin, 1941 Dep. Lodz; ∞ 1941 Yehudit Elvira Ekkert (geb. 1913 Görz/Slowenien), Kibbuzvors.; *K:* Yoram Yizhak S. (geb. 1942), landwirtsch. Ausbildung, Unternehmer; Milkah Moeler (geb. 1944), Lehrerin; Elischewa Kandel (geb. 1944), Lehrerin; Yehoshua (geb. 1949), Stud. Ing.; *StA:* deutsch, Pal./IL. *Weg:* 1936 Pal.
Stud. Rechtswiss. Berlin, 1933 vom Anwaltsberuf ausgeschlossen, 1933-34 Mitgl. Jugendbewegung ZVfD, *Hechaluz*, 1934 Sekr. K.J.V., 1934-35 landwirtschaftl. Hachscharah in Hessen, Helfer in der Zentrale des *Brith Chaluzim Datiim*, 1935-36 6 Mon. Stud. Jeschiwah Mannheim. Apr. 1936 illeg. Emigr. Palästina mit C-Zertifikat als Begleitperson für Einwanderer, ab 1937 Mitgl. Kibb. Rodges, beteiligt an dessen Übersiedlung nach Kvutzah Yavneh, 1942 im Sekretariat des *Hakibbuz Hadati* beschäftigt; 1949-76 im isr. Innenmin. in Reḥovot, 1950-51 stellv. Bürgerm. Migdal-Ashkelon, 1951-61 Distriktbeamter in Reḥovot, 1961-70 stellv. Verwalter Beersheba, 1970-76 stellv. Verwalter Tel Aviv, 1961-76 Mobilmachungskomitee Tel Aviv u. südl. Distrikt; 1951 Ausländer-Examen in Rechtswiss.; 1957-59 Mitgl. Ortsrat Ashdod. Lebte 1976 im Kibb. Yavneh.
Qu: Fb. Hand. - RFJI.

Samuel, Elieser Ludwig, Dr. rer. pol., Agrarwirtschaftler, Diplomat; geb. 28. Aug. 1900 Essen, gest. 16. Nov. 1966 Ramat Gan/IL; jüd.; *V:* Salomon S. (geb. 1874 Kulm/Westpr., gest. 1942 KL Theresienstadt), Stud. Rabbinerseminar Berlin, Rabbiner jüd. Gde. Essen; *M:* Anna, geb. Friedländer (geb. 1874 Posen, umgek. 1942 KL Theresienstadt), Stud. Kunstakad.; *G:* Hans (Jochanan) (geb. 1901 Essen), Stud. Musikakad., Organist Jüd. Gde. Essen; Eva (geb. 1904 Essen), Stud. Kunstakad., Malerin; Edith (geb. 1907 Essen, gest. 1964 IL), Stud. Kunstakad., Bildhauerin; ∞ Irma Salm (geb. 1908 Neheim), Kindergärtnerin, Mitgl. J.J.W.B., *Hechaluz*, Hachscharah, 1932 Emigr. Pal., Mitgl. Kibb. Givat Brenner; *K:* Chagit Kochba (geb. 1935), B.A. Hebr. Univ., Fürsorgerin; Joram (geb. 1942), RA; *StA:* deutsch, Pal./IL. *Weg:* 1933 GB, Pal.
Stud. Heidelberg, Berlin u. Frankfurt; Bankangest. in Essen, 1927-29 Beamter in der Wirtschaftsabt. der Stadtverwaltung Essen, 1929-33 Beamter in der Wirtschaftsabt. des preuß. Ernährungsmin., Apr. 1933 Emigr. GB, Herbst 1933 nach Palästina mit A II-Zertifikat, 1934-48 Wirtschaftsberater in Landwirtschaftsabt. der *Jew. Agency* in Reḥovot, ab 1948 beim Landwirtschaftsmin., 1948-50 Landwirtschaftsattaché bei isr. Botschaft in Washington, 1950-66 isr. Vertr. FAO in Rom, daneben 1962-66 Landwirtschaftsattaché isr. Botschaft in Rom u. isr. Vertr. beim Internat. Wheat Council in London, Mitgl. *Histadrut*, H.O.G. u. *World Union Agric. Econs*.
W: Die Effektenspekulation im 17. Jahrhundert. (Diss.) 1926; Eine umfangreiche Übersicht über Essens Handel und Industrie. 1927; Jewish Agriculture in Palestine. A Progressive Factor in Middle East Economy. 1946. *Qu:* Fb. Hand. - RFJI.

Samuel, Jochanan, Verbandsfunktionär, Offizier; geb. 28. Febr. 1914 Berlin; *V:* Siegmund Usiel (geb. 1876 Schubin/Posen, umgek. 1942 im Holokaust), Lehrer, Zion.; *M:* Hedwig Ayalah, geb. Cohn (geb. 1881 Strelno/Posen, umgek. 1942 im Holokaust), Kaufm.; *G:* Ruth Deborah Kissin (geb. 1911 Berlin), Stud. Berlin u. Freiburg, 1935 Emigr. GB; Ilse Esther Kaufmann (geb. 1920 Berlin), 1939 Emigr. GB, Stud. Univ. Nottingham u. London, B.A. Physik, 1950 nach IL; ∞ 1938 Shulamith (Irmgard) Seligmann (geb. 1915 Krefeld), Kunsthändlerin,

634 Samulon

Stud. Kunstakad., 1938 Emigr. Pal.; *K:* Yair Achi-Ilan (geb. 1947), höhere Schule, Offz. IDF-Luftwaffe; Ilan (geb. 1949), höhere Schule, Pilot IDF, Stud. Kunstakad.; *StA:* deutsch, Pal./IL. *Weg:* 1938 Pal.

Stud. Berlin, 1934 Ausbildung als Spengler, 1935 Sportstud. Berlin, 1935-38 Sportlehrer in Berlin, 1935 Goldmed. bei 2. Maccabiah (internat. jüd. Sportveranstaltung), Jugendleiter *Makkabi-Hazair,* Trainer *Bar Kochba* u. *Hakoah* in Berlin, Mitgl. *Hasmonea* u. K.J.V. – März 1938 Emigr. Palästina mit AI-Zertifikat, 1938-48 Sportlehrer in Tel Aviv, daneben 1939-49 Kommandeur Jugend-Bataillon der *Haganah,* 1942 Ltr. Pfadfinderbewegung *Shivtei Habonim,* 1945 Mitgr. *Tenuat Haam,* 1948-62 Ausbilder (Offz.) IDF; 1952 Mitgr. Künstlerdorf Ein-Hod, 1963-71 Ltr. *Am.-Isr. Cultural Foundation,* 1971-75 stellv. Dir. Bezalel-Akad. für Kunst u. Design in Jerusalem, ab 1976 Kulturdezernent bei *Dagon* in Haifa. Lebte 1978 in Tel Aviv.

Qu: Fb. Hand. – RFJI.

Samulon, Henry A., Ingenieur; geb. 26. Dez. 1915 Graudenz/Westpr.; jüd.; *V:* Sally S. (geb. 1867 Osterode/Ostpr., gest. 1931 Potsdam), RA, VorstMitgl. Jüd. Gde.; *M:* Johanna, geb. Leiser (geb. 1875 Kulm/Westpr., gest. 1939 Berlin), jüd.; *G:* Dr. jur. Else R. Guttmann (geb. 1898 Graudenz, umgek. 1944 KL Auschwitz), Richterin; Gertrude Josephson (geb. 1901 Graudenz), Lehrerin, Emigr. CH, I, GB; Grete Cohn (geb. 1904 Graudenz), Putzmacherin, Emigr. USA über Kuba; Lisbeth Sachs-Stern (geb. 1907 Graudenz), Ärztin, Emigr. USA; Lotte Gottfeld (geb. 1911 Graudenz, gest. 1944), Lehrerin, Emigr. GB; ∞ 1943 Fanny Sogolow (geb. 1916 Bern), jüd., Stud. Zürich, 1941-46 Zahnärztin in CH, 1947 in die USA; *K:* Alfred (geb. 1946), 1947 USA, Ph.D., Ing.; Eliot R. (geb. 1950), LL.B.; *StA:* deutsch, 1952 USA. *Weg:* 1934 CH, 1947 USA.

1934 Abitur Potsdam. Immatrikulation an Univ. durch NatSoz. verhindert; 1934 Lehre als Feinmechaniker, 1934 Emigr. Schweiz mit StudVisum, ab 1934 Stud. ETH Zürich, 1939 Dipl.-Ing., 1940-43 Forschungsarb., 1943 ArbErlaubnis, 1943-44 Forschungsarb. u. Ltr. des akust. Labors, 1944-47 Assist. am Inst. für Fernmeldewesen der ETH. 1947 mit Familie in die USA. 1947-51 ltd. Mitarb. im Elektroniklabor u. 1951-55 ltd. Ing. in der analyt. Abt. von General Electric Co. Syracuse/N.Y., 1950-53 Vertr. von General Electric im Normenausschuß für Farbfernsehen des Nat. Television Systems Committee; 1955-64 Ltr. u. 1964-71 Vizepräs. der Abt. für elektron. Systeme bei TRW (spezialisiert auf Fernlenkung und Telemetrie in der Raumfahrt- u. Raketentechnik), 1958-70 Mitarb. im US-Raumfahrtprogramm, ab 1974 Vizepräs. der Abt. für Elektronik der Xerox Corp. Los Angeles/Calif., Fellow *Inst. Electrical and Electronic Engineers,* Mitinh. von 2 Patenten. Aktiv in jüd. Org. in Syracuse/N.Y., später in Pacific Palisades/Calif. Lebte 1978 in Pacific Palisades/Calif.

W: Beiträge in schweizer. u. am. techn. Zs. *L:* Zentralblatt für Mathematik, 1942; Proceedings Journ. Elec. Engineers, 1951; SIAM Notes, Sept. 1957; Hartt, Julian, The Mighty Thor. 1961.

Qu: Fb. Hand. – RFJI.

Sander, Wilhelm, Parteifunktionär; geb. 6. Mai 1895 Dresden, gest. Aug. 1978 Bonn; ev., Diss.; *V:* Wilhelm S., Steinmetz, Filialltr. Konsumverein, SPD; *M:* Emma (geb. 1870), SPD; *G:* Emmy Schreiter (geb. 1897), Verkäuferin; Martha (geb. 1900), Buchhändlerin; Fritz (geb. 1905), Werkmeister; Liesbeth, Verkäuferin; ∞ 1920 Walli Dora (Dorle) Zinkel (geb. 1899), ev., Diss., Stenotypistin, 1920 SPD, 1929-31 Ltr. Frauengruppe, Emigr.; *K:* Peter (1924-72), Mitgl. Jugendkomitee der *Union* London; Boisie (Alfred) (geb. 1924), Emigr., Verbleib in GB; *StA:* deutsch, 19. Nov. 1937 Ausbürg. mit Fam., 1949 deutsch. *Weg:* 1933 CSR; 1938 S; 1939 GB; 1949 Deutschland (BRD).

1910-13 Schlosserlehre, 1911 SAJ, DMV u. SPD, Mitgl. *Jugendbildungsverein der Dresdner Arbeiterschaft,* Stadtteilvors.; 1915 Soldat, wegen Gehorsamsverweigerung bis Kriegsende in Festungshaft, 1919 Geschäftsf. DMV in Neuruppin, 1920 zur USPD, Parteisekr. in Dresden, 1922-33 SPD-BezSekr. für Ostsa. u. Mitgl. DMV-BezLtg. Sa.; 1925 (1928[?]-33 StadtVO. Dresden, Apr.-Mai 1933 MdL Sa.; Mitgl. Parteiausschuß. Nach natsoz. Machtübernahme i.A. des Berliner PV Verbindungsmann für Sa. u. Thür., Anfang Mai 1933 kurzfristig Haft in Plötzensee, 1933 Flucht in die CSR, bis 1938 Ltr. *Sozialdemokratische Flüchtlingshilfe* in Prag, die i.A. der *Sopade* geflüchtete Parteimitgl. überprüfte, registrierte u. materiell unterstützte. 1938 mehrmon. Aufenthalt in Stockholm, dann i.A. des PV nach London, um angesichts der sich zuspitzenden Lage auf dem Kontinent die dortige schwache Basis der Exilpartei auszubauen. Ab Dez. 1938 Landesvertr. der SPD für GB, gleichz. mit → Gerhard Gleissberg Ltr. der sozdem. Flüchtlingsbetreuung im Rahmen des *Czech Refugee Trust Fund* u. des *International Solidarity Fund,* zunächst starke Widerstände der in GB ansässigen SPD-Emigr. gegen Vertretungsanspruch im Namen des PV, der nur mit Hilfe der *Labour Party* durchgesetzt werden konnte. Konkurrenz mit pol. Aktivitäten der Gruppe NB unter → Karl Frank. Nach dt.-sowj. Pakt 1939 aktiv bei Zurückdrängung des kommunist. Einflusses. 1939-48 Hg. *Sozialistische Mitteilungen. News for German Socialists in England,* des einzigen offiz. Organs der Exil-SPD während des Krieges nach Einstellung des *Neuen Vorwärts* Mai 1940. 1940/41 Mitgl. der dt. Kommission des Advisory Committee für die Freilassung von internierten Emigr. Nach Verlegung des PV nach London enger Mitarb. der VorstMitgl. → Hans Vogel, → Erich Ollenhauer u. → Fritz Heine. 1941-45 Mitgr. Arbeitsausschuß der *Landesgruppe deutscher Gewerkschafter in Großbritannien,* Mithg. ihrer Programmschrift *Die neue deutsche Gewerkschaftsbewegung* Frühj. 1945; ab 1942 Mitgl. der Kommission für Richtlinien zum Neuaufbau der Partei bei den Programmberatungen der *Union.* Ab Dez. 1945 Vors. *Vereinigung deutscher Sozialdemokraten in Großbritannien.* Sept. 1949 Rückkehr, bis 1962 Sekr. der SPD-Fraktion des BT. Gr. Volksbühne Bonn, StadtVO., 1965-75 Ortsvors. *Arbeitsgemeinschaft verfolgter Sozialdemokraten.* – *Ausz.:* BVK, Jacques-Offenbach-Med. der Volksbühne Bonn, Friedrich-Ebert-Plakette.

D: AsD. *L:* Röder, Großbritannien. *Qu:* Arch. Fb. Publ. – IfZ.

Sanderson, Fred Hugo, Ph.D., Ministerialbeamter; geb. 15. Apr. 1914 Kassel; *V:* Siegfried S.; *M:* Maria, geb. Schulze; ∞ 1938 Elisabeth Doepfer; *StA:* deutsch, 1944 USA. *Weg:* CH, 1937 USA.

1932-33 Stud. Frankfurt, 1935 Dipl. Genf. 1937 Emigr. USA, 1938-42 wiss. Assist. US-Landwirtschaftsmin., 1938-43 wiss. Mitarb. Forschungsausschuß für Sozialwissenschaften, Harvard Univ., 1942 M.A., 1942-43 Teaching Fellow, 1943 Ph.D. Harvard Univ.; 1943-45 volkswirtsch. Mitarb. bei OSS u. 1945-46 im US-Außenmin., 1946 AbtLtr. für Europa-, Nahost u. Afrika-Info., 1946-47 Ltr. InfoDienst der Europa-Abt., 1947-49 Ltr. Wirtschaftsamt der Abt. Mitteleuropa im Außenmin., 1948 als Wirtschaftsberater bei OMGUS Berlin, 1949-51 Ltr. Wirtschaftsamt der Abt. Westeuropa, 1951-53 stellv. Dir. Gruppe Energieversorgung des Presidential Materials Policy Committee, 1953-55 Regional Economics Staff, 1955 Konsul u. Sekr. im dipl. Dienst, 1955-56 stellv. Ltr. Forschungsabt. für Westeuropa, 1956-57 Stipendiat Rockefeller Public Service, 1957-58 Ltr. Forschungsabt. für Westeuropa, 1958 1. Sekr. U.S. Regional Org. in Paris, 1958-59 Vertr. der USA bei der Europ. Zahlungsunion; 1959 Mitarb. am Europ. Zahlungsabkommen, 1958-59 Vertr. der USA bei der Türkischen Schuldenkonferenz, 1959-62 Ltr. Finanzabt. der US-Vertretung bei der OEEC, 1963-65 Ltr. Nahrungsmittelabt., 1965-67 Ltr. Sektion Erzeugnisse der gemäßigten Klimazonen u. 1967-69 Dir. Nahrungsmittelverwaltung beim Amt für internat. Vorräte, 1970 Sachverständiger für internat. Währungsfragen, 1970-71 Mitgl. President's Commission on Internat. Trade and Investment Policy, ab 1971 Mitgl. Planungs- u. Koordinierungsstab des US-Außenmin. Ab 1973 Prof. School of Advanced Studies Johns Hopkins Univ. Baltimore/Md., 1974-75 Fellow Brookings Institution Washington/D.C.; Mitgl. *Am. Economics Assn.* Lebte 1973 in Washington/D.C. – *Ausz.:* David A. Wells Prize (für Veröffentl.), 1955 Rockefeller Public Service Award.

W: Germany's Economic Situation and Prospects. In: Almond, G. (Hg.), The Struggle for Democracy in Germany. 1949; The Outlook for Energy Resources. In: Resources for Freedom, Bd. III. 1952; Methods of Crop Forecasting. 1954; Strains in International Finance and Trade. 1974; The Great Food Fumble. 1975. *Qu:* Hand. - RFJI.

Sandler, Aron, Dr. med., Arzt, Verbandsfunktionär; geb. 17. Jan. 1879 Hohensalza/Posen, gest. 24. Nov. 1954 Tel Aviv; *V:* Louis S., Kaufm.; *M:* Auguste Verschesinska; ∞ Adele Straus (geb. 1883 Karlsruhe, gest. 1946 Jerusalem), jüd., höhere Schule, Künstlerin, 1935 Emigr. Pal.; *K:* Raphael (geb. 1908 Breslau, gest. 1973 IL), Arzt, 1935 Emigr. Pal.; Judith Bach (geb. 1910 Breslau), Künstlerin, 1934 Emigr. Pal.; Yehuda (Ludwig) (geb. 1913 Kudowa/Schlesien), 1934 Emigr. Pal., 1940 Prom. Hebr. Univ., 1952 in die USA, Ph.D., Angest. bei Westinghouse Labs. Pittsburgh; *StA:* deutsch, Pal./IL. *Weg:* 1934 Pal.

1897-1902 Stud. Med. Berlin, Königsberg u. Würzburg, 1903 Prom. Berlin, 1902-06 Assistenzarzt in jüd. Krankenhäusern Berlins, 1906-34 Privatpraxis, gleichz. aktiv in zion. Politik, Teiln. am Protest gegen Uganda-Kolonisationsprojekt des Zionistenkongresses, 1903 Deleg. auf Zionistenkongreß, 1903-05 Präs. der Zion. Org. Breslau, 1904-22 tätig im Dt.-Jüd. Gemeindebund, 1912 aktiv bei Gründung des Bezalel Art Inst. Jerusalem, 1913 Mitgl. der Kommission zur Grdg. der Hebr. Univ., 1914 Gr. des Internat. Inst. für Hygiene in Jerusalem, 1913-16 Gr. u. Vors. *Internationale Hebräische Gesellschaft für Palästina*, nach 1. WK Mitgr. der *Jüdischen Volkspartei*, 1920-34 im Vorstand der Berliner jüd. Gde., 1922-34 im Rat des preuß. Landesverbandes jüd. Gden. - 1930 Red. *Jüdisches Lexikon* Berlin, 1934 Emigr. Palästina, 1934-48 Arzt bei Studentenbetreuung Hebr.Univ., 1949-54 Privatpraxis in Ramat Gan.

W: Anthropologie und Zionismus. Ein populärwissenschaftlicher Vortrag. 1904; Medizinische Bibliographie für Palästina, Syrien und Zypern. 1905, 2. Aufl. 1909; Lungenheilstätten, Genesungsheime und Kurorte Palästinas: Aufgaben und Organisation des Sanitätsdienstes in Palästina. 1920; The Struggle for Unification. In: Yearbook, LBI New York, II, 1957; Beiträge in Enzyklopädien u. Fachzs. *D:* LBI New York. *Qu:* ABiogr. Hand. HGR. Pers. Publ. - RFJI.

Sandtner, Johanna (Hanna), geb. Ritter, Parteifunktionärin; geb. 26. Aug. 1900 München; Diss.; *StA:* deutsch, 1. Okt. 1938 Ausbürg. *Weg:* 1933 UdSSR; 1935 (?) Österr.

Arbeiterin, später Stenotypistin. 1918 Mitgl. *Spartakusbund*, 1919 KPD. Wegen Vorbereitung zum Hochverrat Verurteilung zu 1 1/4 J. Festungshaft; später StadtVO. Berlin. Ab Juli 1931 KPD-MdR. 1933 in die UdSSR. Ab Febr. 1935 unter dem Namen Anna Gelb in Wien gemeldet, angebl. nach Verhaftung von → Franz David Mitgl. Zentralltg. (PolLtr.) der KPÖ in Wien, Deckn. Herma. Frühj. 1935 KPÖ-Vertr. bei Einheitsfrontverhandlungen mit → Josef Podlipnig vom ZK der RSÖ. Verhaftung, März 1936 Urteil 18 Mon. schweren Kerkers, Okt. 1936 im Polizeigefängenenhaus in Wien inhaftiert.

L: Buttinger, Beispiel; Widerstand 1. *Qu:* Arch. Hand. Publ. - IfZ.

Sanger (urspr. Sänger), **Herman Max,** Dr. phil., Rabbiner; geb. 3. Juli 1909 Berlin, gest. 1971 Toorak/Victoria, AUS; *V:* Dr. phil. J. S., Rabbiner der Breslauer SynGde.; *M:* Hulda, geb. Heimann; ∞ 1962 Winifred E. Nathan; *StA:* deutsch, AUS. *Weg:* 1936 AUS.

1928-31 Stud. Genf, Breslau u. Würzburg, 1932 Prom. Würzburg, 1928-36 Stud. Jüd.-Theol. Seminar Breslau. 1936 Rabbinerexamen, daneben 1933-36 Rabbiner der Jüd. Gde. Berlin. 1936 Emigr. Australien, 1936 1. Rabbiner des Tempels Beth Israel in Melbourne; bis 1945 Hg. der *Australian Jewish Review* u. 1945-49 Hg. des *Australian Jewish Digest*, gleichz. Vizepräs. der *World Union for Progressive Judaism*, Präs. auf Lebenszeit der *Australian Union for Progressive Judaism*, Mitgl. Auslandskorrespondentenkomitee der CCAR, *Rotary Club, Austr.-Am. Assoc. - Ausz.:* OBE, D.D.hon.

W: u.a. Juden und Altes Testament bei Diderot (Diss.). 1933; If I were a Christian. 1943. *Qu:* Hand. Publ. - RFJI.

Sapich, Josef (Joseph), Parteifunktionär; geb. 11. März 1906; *StA:* deutsch. *Weg:* 1936 CSR; PL; GB; 1945 PL; 1947 Deutschland (SBZ).

Zimmermann; 1923 Gew., langjähr. UnterbezLtr. u. Mitgl. KPD-BezLtg. in Oberschlesien. 1933 Haft im KL Sonnenburg, 1934-36 illeg. Tätigkeit in Oberschlesien, 1936 Emigr. in die CSR, später nach Polen u. GB. Frühj. 1945 Rückkehr nach Oberschlesien, bis 1947 Funktionär der *Polska Partia Robotnicza*. 1947 Übersiedlung in die SBZ, Mitgl. SED, Parteifunktionär in Schwerin, 1948 1. Sekr. der SED-Kreisltg. Parchim, anschl. bis 1954 der Kreisltg. Schwerin-Land; 1954-61 Sekr. für Landwirtschaft bei SED-BezLtg. Schwerin, danach Sekr. der SED-Kreisltg. Schwerin-Land. Anschl. Parteiveteran, Mitgl. BezRevisionskommission Schwerin. Lebte 1976 in Schwerin. - *Ausz.:* u.a. 1958 VVO (Silber), 1959 Verdienstmed. der DDR.

Qu: Hand. Z. - IfZ.

Saran, Mary Martha (gesch. Hodann, Maria Martha), Publizistin; geb. 13. Juli 1897 Cranz/Samland; o.K.; *V:* Richard S. (geb. 1850), ev., Architekt; *M:* Wilhelmine Kriege (geb. 1868), ev.; ∞ → Max Julius Hodann, gesch.; *K:* Renate (geb. 1921). *StA:* deutsch, 1936 durch Heirat GB. *Weg:* 1933 GB.

Stud. Med. Univ. Berlin u. Göttingen bis zum Physikum, anschl. in Erwachsenenbildung u. Sozialarb. in Berlin tätig. 1918 USPD, später SPD, Anhängerin der Philosophie Leonard Nelsons (→ Willi Eichler), Mitgl. IJB, maßgebl. beteiligt an Verb. des IJB mit der sozialist. Arbeiterjugend; auf Jenaer Reichskonf. der *Jungsozialisten* Apr. 1925 Wahl in die Reichsltg. u. im gleichen Jahr in den Reichsausschuß, als Vertr. der *Jungsozialisten* Mitgl. Exekutivkomitee der *Sozialistischen Jugendinternationale;* gehörte zu den ideolog. führenden Publizisten des IJB u. ISK, Mitarb. *Jungsozialistische Blätter, isk-Mitteilungsblatt des Internationalen Sozialistischen Kampfbundes, Der Funke* sowie des Organs des *Vereins für Freidenkertum und Feuerbestattung, Der Freidenker.* 1933 natsoz. Machtübernahme Entlassung als Sozialarb. aus öffentl. Dienst, Febr. 1933 Flucht vor drohender Verhaftung über das Saarland nach Frankr., im Apr. 1933 Emigr. über London nach Dänemark; dort Mitwirkung an der Verlegung des ISK-Landerziehungsheimes Walkemühle (→ Minna Specht) nach Möllevangen u. später Östrupgaard, Okt. zurück nach GB. In London Mitgl. ISK-Schwesterorg. *Socialist Vanguard Group* innerh. der *Labour Party,* aktiv in ISK-Gruppe London; ab 1941 Mitarb. u. Red. der von der *Socialist Vanguard Group* hg. Zs. *Socialist Commentary,* die u.a. programmat. Vorschläge des ISK zur Nachkriegsordnung Deutschlands u. Europas publizierte; Mitarb. u. ab Dez. 1945 als Nachfolgerin von Eichler u. → Wilhelm Heidorn Hg. des ISK-Informationsdienstes *Europe speaks;* Mitarb. der Kriegsgefangenenschulung. Nach 1945 freie publizist. Tätigkeit v.a. für sozialist. Frauen-Zs., Mitarb. *Bulletin of the International Council of Social Democratic Women,* zahlr. Vortragsreisen, Mitarb. UNESCO in Frauenfragen; Beratung u. Vortragstätigkeit für das 1961 gegr. International Training Centre for Community Services in Haifa; ab 1974 an einer Londoner Schule tätig.

W: u.a. European Revolution. How to Win the Peace. London (International Publ. Co.) 1941; The Future Europe. Peace or Power Politics? (Hg. Socialist Vanguard Group). Ebd. 1942; Re-making Germany (mit Willi Eichler, Wilhelm Heidorn u. Minna Specht). Ebd. 1945; Labour Women of the World. 1955; For the Community Service - The Mont Carmel Experiment. 1975; mehrere Übers. aus dem Deutschen. *L:* Link, ISK; Röder, Großbritannien. *Qu:* Arch. Fb. Publ. Z. - IfZ.

Sasse, Ernst, Parteifunktionär; geb. 17. Febr. 1897 Potsdam; *StA:* deutsch, 21. Mai 1940 Ausbürg. *Weg:* 1935 CSR; 1937 DK; 1940 (?) Deutschland.

Lehre als MaschSchlosser, 1916-17 Kriegsteiln., Verwundung, 1920-28 im Beruf tätig, dann erwerbslos, 1931-34 Angest. Sowj. Handelsvertr. Berlin. 1913 DMV, Betriebsratsmitgl., 1928 KPD, BetriebsgewObmann, 1929-32 PolLtr. einer Straßenzelle, anschl. in der Kassenabt. KPD-Unterbez. Pankow; ab 1929 *Rote Hilfe*. 1934 Mitarb. im Kassenapp. KPD-BezLtg. Berlin; lebte ab Frühj. 1934 illeg. bei einer Angest. der sowjet. Handelsvertr. - März 1935 nach Prag, vergebl. Bemühungen um Einreise in die UdSSR. Aufenthalt in EmigrHeimen Stodulky u. Strasniče, dort Ende 1935 KPD-PolLtr.; Aug. 1937 mit falschem Paß über Gdingen nach Kopenhagen, i.A. des ZK u. in Verb. mit KPD-AbschnLtg. Nord Erkundung von Unterbringungsmöglichkeiten für Emigr. in Skandinavien. Febr./März 1938-Nov. 1939 „zweiter Mann" der KPD-EmigrLtg. Kopenhagen, ab Ende 1938 zeitw. in Vertr. von → Hermann Schuldt mit Ltg. beauftragt. U.a. Hilfsmaßnahmen für Emigr., Verbreitung von *Deutsche Volkszeitung, Die Rote Fahne* u. *Briefe aus Deutschland* (dän.), Einschleusung von Druckschriften ins Reich. Sommer 1938 Vertr. für Dänemark bei Konf. der skandinav. EmigrLeitungen in Helsingborg, Juli/Aug. 1938 Volksfront-Lehrgang des ZK in Paris. Frühj. 1940 KPD-Ausschluß, angebl. wegen Sammlung von Unterlagen über die Tätigkeit der AbschnLtg. Nach dt. Besetzung Festnahme, 23. Juni 1942 VGH-Urteil 12 J. Zuchthaus.

Qu: Arch. - IfZ.

Sassnick, Walter, Journalist, Parteifunktionär; geb. 10. März 1895 Bonn, gest. 6. Nov. 1955 Nürnberg; o.K.; ∞ Luise Schröder, geb. Kullmann (geb. 1901), Mitgl. SAJ-BezVorst., Emigr., Ausbürg. mit Ehemann; *K:* 1; *StA:* deutsch, 1. Okt. 1938 Ausbürg., deutsch. *Weg:* 1933 Saargeb.; 1935 F; CH; S; 1946 Deutschland (ABZ).

Gymn., 1912 SPD, Gew., ab 1912 Journ., zunächst *Volksmund* Bonn, dann Lokalred. *Rheinische Zeitung* Köln; kulturpol. tätig. 1914-18 Kriegsteiln., Nov. 1918 Mitgl. *Zentralsoldatenrat* der Ostfront, Mai-Nov. 1919 Mitgl. Ostpreuß. ProvRat, StadtVO. Memel, Beteiligung an Auflösung der balt. Freikorps; anschl. Parteired., 1923 ADGB-Arbeitersekr. Lübbekke/Westf., dann Red. *Weser-Warte* Minden/Westf., Vors. SPD-Unterbez. Minden-Lübbecke, später Chefred. u. Parteiredner in West- u. Süddeutschland, Chefred. *Volkswacht* Regensburg, Mitgl. Gauvorst. *Reichsbanner,* Vors. Freie Volksbühne Regensburg. Mai 1933 Flucht ins Saargeb., 1935 Emigr. nach Frankr., später über die Schweiz nach Schweden. 1938 in Verb. mit → Albert Reichhardt Mithg. (Ps. Walter Bonn) der Zs. *Das Wort,* Schweiz, die vor allem die ablehnende Haltung der *Sopade* gegen ZusArb. mit KPD vertrat. In Schweden journ. Tätigkeit, 1944/45 vorüberg. Mitgl. der vom Kreis um → Kurt Heinig gegr. rechtsoppos. *SPD-Gruppe Stockholmer Vororte,* Juni 1945-Aug. 1946 Hg. der neuen Folge von *Das Wort.* Juni 1946 ZtgAppell *Vi vill hem* (Wir wollen nach Hause) gegen brit. Einreisesperre für Emigr., Aug. 1946 Rückkehr mit Hilfe der US-MilReg., Lizenzträger u. Chefred. *Mittelbayerische Zeitung* Regensburg, später Chefred. *Nürnberger Nachrichten, Südpost* München u. *Fränkische Tagespost* Nürnberg. 1949-55 MdB.

L: Müssener, Schweden. *Qu:* Hand. Publ. - IfZ.

Sassower, James Jacob, Speditionskaufmann; geb. 25. Mai 1910 Leipzig; *V:* Benjamin Leib S. (geb. 1878 Osteuropa), 1935 Emigr. Pal.; *M:* Betty, geb. Silberstein (geb. 1880 Osteuropa), 1935 Emigr. Pal.; *G:* Susan (geb. 1908 Leipzig, gest. 1973 New York), 1938 Emigr. GB, USA; Paula Katz (geb. 1913 Leipzig), 1934 Emigr. Pal.; ∞ 1939 Helena Weigler (geb. 1912 Leipzig); *K:* Joram (geb. 1940) Gad (geb. 1943); Carmella (geb. 1947); Raphael (geb. 1955); *StA:* PL, Pal./IL. *Weg:* 1933 Pal.

Angest. in einer Lederwarenfirma in Leipzig, aktiv in *Bar Kochba, Blau-Weiß* u. *JJWB* Leipzig. 1933 Emigr. Pal. mit Touristenvisum über die CSR u. Jugoslawien, 1933-41 kaufm. Angest. in Haifa u. Tel Aviv, ab 1934 Mitgl. *Haganah*. Ab 1941 Gr. u. GenDir. der Speditionsgesellschaft J. Sassower Ltd. Haifa; 1943 Mitgl. der Kommission der Zollagenturen in Haifa, 1947 Mitgl. der vorbereitenden Kommission der *Jew. Agency* zur Übernahme des Hafen- u. Zollamtes, ab 1953 Gr. u. Teilh. Kishon Port Services Haifa, ab 1959 Gr., Teilh. u. GenDir. Haifa Silos Ltd., ab 1948 Mitgl. der Handelskammer Haifa, ab 1958 Gr. u. Ausschußmitgl. der IHK, ab 1964 Gr. u. Vorst.-Mitgl. der Vereinigung der Spediteure, ab 1964 am. Konsularagent in Haifa. Lebte 1977 in Haifa.

Qu: Fb. Hand. - RFJI.

Saternus, Artur, Journalist; geb. 10. Mai 1892 Schwientlochowitz/Oberschlesien, gest. 24. Juni 1970 Angicourt/F; ∞ verh.; *Weg:* 1933 F, H; 1948 Deutschland (BRD).

Stud. Volkswirtsch., ab Febr. 1919 Red. SPD-Zentralorgan *Vorwärts* Berlin; Red. *Volksstimme* Frankfurt/M. u. *Schwäbische Tagwacht* Stuttgart. Ende März 1933 Emigr. Frankr., später nach Budapest, korr. Mitgl. ungar. *PEN-Club*. 1948 Flucht nach Deutschland vor drohender Deportation, 1950-57 Chefred. der DGB-Wochenzs. *Welt der Arbeit* Köln. Mitgl. dju. Lebte ab 1965 in Angicourt-par-Cinqueux.

W: Zölle und Produktionskraft. 1924. *Qu:* Hand. Z. - IfZ.

Sattler, Ernst, Parteifunktionär; geb. 16. Febr. 1892 Karlsbad, gest. 17. Apr. 1950 London; ∞ Mella Löw, 1938 Emigr. GB; *StA:* österr., 1919 CSR. *Weg:* 1938 GB.

Kaufm. Angest.; SDAP, Teiln. 1. WK, 1919 DSAP, kaufm. Ltr. der Parteiztg. *Volkswille* Karlsbad u. Mitgl. DSAP-Kreisvertr. ebd., Mitgr. u. Ltr. der parteieigenen Druckerei u. des Verlags Graphia Karlsbad, die nach 1933 auch Verlagszentrum der reichsdt. sozdem. Emigration wurden; PV-Mitgl., verantwortl. für Verw. der Parteibetriebe. 1938 Emigr. nach GB, Ltr. eines Hostels in London, Mitgl. TG-Landesvorst., ab Juli 1941 Verw. u. Kassier *London Representative of the Sudeten German Refugees.*

L: Menschen im Exil. *Qu:* Arch. Publ. Z. - IfZ.

Sauer, Karl, Verbandsfunktionär; geb. Wien, gest. 2. März 1977; ∞ Hedwig S. *Weg:* 1936 E; 1938 (1939?) F; während des 2. WK Deutschland.

Aufgewachsen im Sudetenland, Mitgl. KSČ; ab 1936 Teiln. am Span. Bürgerkrieg in den Internat. Brigaden; nach Niederlage der Spanischen Republik Flucht nach Frankr., dort interniert u. an Gestapo ausgeliefert, bis 1945 KL Sachsenhausen. Nach Kriegende in Esslingen/Neckar, Mitgl. Westdeutsches Flüchtlingskomitee, das im Gegensatz vor allem zur Pol. der Sudetendeutschen Landsmannschaft stand, später (Anfang der 60er Jahre) Mitgl. geschäftsf. Präsidium der VVN, Ltr. Referat NS-Verbrechen. - *Ausz.:* 1956 Hans-Beimler-Med.

W: Die Verbrechen der Waffen-SS. Eine Dokumentation. 1977. *Qu:* Publ. Z. - IfZ.

Sauerland, Kurt, Journalist, Parteifunktionär; geb. 12. Jan. 1905 Köln, umgek. 1937 (?) UdSSR; ∞ verh.; *StA:* deutsch. *Weg:* 1933 F; 1935 UdSSR.

Als Student zur KPD, 1928-33 Chefred. des IAH-Organs *Der Rote Aufbau* Berlin, ab Okt. 1931 Mitgl. Reichsvorst. IAH; linientreuer stalinist. Theoretiker, u.a. aktiv gegen sog. Luxemburgismus; Ende 1932 Verwarnung als Angehöriger des Kreises um → Heinz Neumann. 1933 Emigr. nach Frankr., Red. der von → Willi Münzenberg hg. IAH-Zs. *Unsere Zeit* Paris, Mitarb. *Der Gegen-Angriff.* 1935 nach Moskau, Mitarb. *Komintern.* 1937 vom NKVD verhaftet.

W: Der dialektische Materialismus. 1932. *Qu:* Arch. Publ. Z. - IfZ.

Schaal, Avraham Walter (urspr. Schaal, Walter), Richter; geb. 1908 Berlin; *V:* Ferdinand S. (geb. 1872 Wilhelminenhütte/Oberschlesien, umgek. im Holokaust), jüd., Kaufm.; *M:* Irma, geb. Berlowitz (geb. 1884 Preußisch-Holland/Ostpr., umgek. im Holokaust), jüd.; *G:* Israel (Gerhard) S. (geb. 1910 Berlin), Landwirt, 1938 Emigr. Pal.; Hilde Lachmann (geb. 1917 Berlin), Verkäuferin, 1936 Emigr. Pal.; *StA:* deutsch, IL. *Weg:* 1935 Pal.

Stud. Berlin u. Freiburg, 1929-33 Referendar in Berlin, 1931-34 Rechtsberater des Wohlfahrts- u. Jugendfürsorgeamts der Jüd. Gde. Berlin, 1933 Assessor, 1934 im *Hechaluz* Berlin tätig. 1935 Emigr. Palästina mit A I-Zertifikat, zunächst Angest. im Baumaterialhandel, Vorbereitung auf RA-Examen für Ausländer, 1937 Examen, anschl. bis 1939 Praktikum in einer RA-Praxis, 1939 als RA zugelassen, 1939-48 RA-Praxis in Jerusalem u. Haifa, 1948-50 Friedensrichter, 1950-70 Richter am Bez.-Gericht in Tel Aviv u. Haifa. 1952-61 Doz. für Straf- u. Vertragsrecht an der Abendhochschule Haifa, 1970-76 Präs. des Bez.-Gerichts Haifa u. des Rechts- u. Wirtschaftswiss. Inst. Tel Aviv. 1962-63 Mitgl. Planungskomitee für neue Gesetze in Israel; Mitgl. *Haganah, Palestine Vol. Force,* Reservedienst IDF. Lebte 1977 in Haifa.

Qu: Fb. Hand. - RFJI.

Schaale, Emil, Dr. *Weg:* Costa Rica.

Vertr. *Free Austrian Movement* Toronto (→ Hans Rott) sowie führender Vertr. *Austria Libre* in Costa Rica, stand in Verb. mit → Silvio Pizzarello (von Helmsburg?). Nach Anschluß von *Austria Libre* Costa Rica an *Comite Central Austriaco de America Latina* (CCAAL) u. damit an das *Free Austrian World Movement* London vermutl. Deleg. von *Austria Libre* Costa Rica beim CCAAL.

L: Goldner, Emigration. *Qu:* Publ. - IfZ.

Schaalman, Herman E., Rabbiner; geb. 28. Apr. 1916 München; *V:* Adolf S. (geb. 1890 Eichstätt/Bayern, gest. 1955 Bras.), jüd., Prof. für Math. u. Physik, aktiv in CV u. R.j.F., Vors. der Kommission für Erwachsenenbildung München, 1938 KL Dachau, 1939 Emigr. Bras., Lehrer in São Paulo; *M:* Regina Wanschel (geb. 1893 Ukraine), jüd., Stud. München, Präs. der Frauenloge des *B'nai B'rith* München, 1939 Emigr. Bras.; *G:* Ernest (geb. 1921 München), höhere Schule in Deutschland u. GB, 1939 Emigr. Bras., Kaufm.; Manfred (geb. 1924 München), höhere Schule, 1939 Emigr. Bras., Kaufm., 1973 nach IL; ∞ 1941 Lotte Stern (geb. 1915 Karlsruhe), jüd., höhere Schule in Deutschland u. Neuchâtel/CH, 1936 Emigr. USA, anfangs Beschäftigung in einem Modegeschäft; *K:* Susan Helene Laber (geb. 1943), M.A., Therapeutin für Sprachgestörte; Michael Herman (geb. 1948), Ph.D., D.L., RA; *StA:* deutsch, 1946 USA. *Weg:* 1935 USA.

1935 Abitur München, 1934-35 Bundesltr. von JPD München, 1935 Verweigerung der Immatrikulation durch Univ. Berlin, 1935 Stud. L(H)WJ Berlin. Aug. 1935 Emigr. USA mit StudVisum, 1935-41 Stipendiat H.U.C. Cincinnati, 1941 B.H.L. u. Rabbinerexamen, 1935-37 Stud. Univ. Cincinnati, 1937 B.A., Aug. 1937 Reise nach Deutschland, Rückkehr in die USA mit StudVisum, 1938 in Kuba, durch Unterstützung von HIAS Einwanderungsvisum für die USA, 1938 M.A.; 1937-38 Berater für Gde. *Habonim* Cincinnati, 1941-49 Rabbiner Temple Judah Cedar Rapids/Ia., daneben 1942-45 Studentenrabbiner Univ. Iowa, 1946-49 Mitgl. des Lehrkörpers (Extension Div.) des Coe Coll. Cedar Rapids, Doz. Phil. u. Relig. Cornell Coll. Mt. Vernon/Ia., 1949-55 Dir. Chicago Fed. UAHC, 1950-51 Gr. u. Dir. des ersten UAHC-Jugend- u. Erwachsenenlagers in Oconomowoc/Wisc., ab 1955 Rabbiner Congr. Emanuel Chicago/Ill., ab 1951 Doz. für jüd. Relig. am Garrett Theol. Seminar Northwestern Univ. Evanston/Ill., 1964-67 Mitgl. des Lehrkörpers Divine Word Seminary Techny/Ill., 1974-76 Barat Coll. Lake Forest/Ill., 1969-72 VorstMitgl. UAHC, ab 1969 VorstMitgl. u. Mitgl. der Verwaltungskommission des *Am. Jew. Committee,* ab 1970 Mitgl. *Jew. Affairs Committee,* 1971 VorstMitgl. u. Dir. *Jew. Fed. Metrop. Chicago,* Mitgl. Board of Overseers des H.U.C. - J.I.R., Präs. *Chicago Assn. Reform Rabbis,* VorstMitgl. u. Vors. des Komitees für Mischehen der CCAR; Fernsehprogramme i.A. von *Chicago Board of Rabbis.* Lebte 1978 in Chicago/Ill. - *Ausz.:* 1946 Civic Serv. Award der C of C Cedar Rapids, 1968 Outstanding Citizen of Foreign Birth, Chicago.

W: Art. in theol. Fachzs. *L:* Book of Honor (hg. von Cong. Emanuel, Chicago, zu Ehren des 60. Geburtstags u. der Silberhochzeit von Herman E. Schaalman). 1976. *D:* RFJI. *Qu:* Arch. Fb. Hand. Pers. Publ. Z. - RFJI.

Schab, William Henry, Buchhändler; geb. 19. Sept. 1887 Wien, gest. 1975 New York; *V:* Ignaz S.; *M:* Regine, geb. Braun; ∞ 1918 Ada Loewy; *K:* Frances Remeny; Frederick G., Präs. William H. Schab Gallery Inc. New York; *StA:* 1945 USA. *Weg:* 1938 CH, GB, 1939 USA.

Gymn. Wien, 1905-14 Angest. Antiquariat Gilhofer & Rauschberg Wien, Gasthörer Univ. Wien; 1914-18 Kriegsteiln. österr.-ungar. Armee (Tapferkeitsausz.); 1920-38 Geschäftsf. u. Inh. Gilhofer & Rauschberg, 1923 Gr. Filiale Luzern, Verkauf von Sammlungen der österr. u. russ. Aristokratie u. der ehem. Zarenfamilie an westeurop. u. amerikan. Sammler u. Museen; 1938 nach Angliederung Österr. Vermögenseinzug u. Arisierung der Firma; 1938 Emigr. Schweiz u. GB mit Familie, 1939 in die USA, 1939-75 Inh. William H. Schab Gallery Inc. New York, Verkauf von Inkunabeln, Holzschnitten, Manuskripten, Erstausgaben u. Originalgraphik an private Sammler, Museen u. UnivBibl. in den USA, einflußreiches Zentrum für Qualitätsdruck u. Kunst in den USA.

L: Schab, Frederick G., William Henry Schab. In: The Print Collector's News Letter, Nov.-Dez. 1975. *Qu:* Hand. Pers. Z. - RFJI.

Schaber, Will, Journalist, Schriftsteller; geb. 1. Mai 1905 Heilbronn/Neckar; ev., 1927 Diss.; *V:* Wilhelm S. (1876-1944), ev., Ziseleurmeister, Gew.- u. SPD-Mitgl.; *M:* Luise, geb. Böhringer (1882-1944), ev.; *G:* Martha (1909-44), Kontoristin (Eltern u. S bei Luftangriff auf Heilbronn umgek.; ∞ I. Else Rüthel (1899-1938), Schausp., Schriftst., Emigr., zeitw. Rezitatorin dt. Abt. von *Radiojournal* Brünn/CSR; II. 1942 Gerda Maubach (geb. 1905 Frankfurt/M.), ev., 1934 Emigr. DK, 1937 USA, Sekr.; *StA:* deutsch, 1949 USA. *Weg:* 1933 Estl., CSR; 1938 USA.

1923 Abitur, RedVolontär, 1924-28 Red. *Neckar-Echo* Heilbronn. 1922 Schriftf. *Werkgemeinschaft Heilbronner Jugend,* 1924 SPD, 1929 Red. *Sozialdemokratischer Pressedienst* Berlin, 1930-31 *Volksblatt* Saalfeld. 1931 Anschluß an SAPD, bis 1932 Red. ihres Zentralorgans *Sozialistische Arbeiterzeitung* in Berlin; innerh. der SAPD mit → Fritz Rück u. → Gertrude Düby Hauptvertr. der ultralinken Opposition, die u.a. den Anschluß der SAPD an die *Komintern* forderte. März-Apr. 1933 Schutzhaft in München, Mai-Sept. 1933 bei Fam. der Ehefrau in Estland, nach Zurückweisung an der österr. Grenze Niederlassung in Brünn. Red. Mitarb. *Tagesbote* u. *Montag Morgen* Brünn, Beitr. für *Měsíc* (Der Monat), daneben 1934-37 mit → Rolf Reventlow u. → Richard Teclaw Hg. *Press-Service,* der vor allem die Provinzpresse mit Nachrichtenanalysen über Deutschland belieferte u. kurzfristig auch in dt. Ausgabe erschien. Okt. 1938 mit Besuchervisum als Journalist nach New York, Korr. für europ. Blätter, Unterstützung durch ev. Flüchtlingshilfe. 1941-62 AbtLtr. British Information Services New York, 1962-65 New Yorker Vertr. der Peter von Zahn-Fernsehproduktion, 1965-72 Red. *Aufbau,* dann freier Publizist. 1939-40 Mitgl. *German-Am. Writers Assn.,* ab 1960 Mitgl. u. 1967-72 Vors. *PEN-Zentrum deutschsprachiger Autoren im Ausland,* ab 1962 Mitgl. *Overseas Press Club of America* New York. - Lebte 1978 in New York.

W: u.a. Thomas Mann zu seinem 60. Geburtstag. Zürich (Oprecht) 1935; Kolonialware macht Weltgeschichte. Zürich (Humanitas) 1936; Weltbürger - Bürgen der Welt. Wien (Saturn) 1938; Thinker vs. Junker (Hg.). New York (Ungar) 1941; Weinberg der Freiheit (Hg.). Ebd. 1945; Die vier Freiheiten. Ebd. 1946; USA-Koloß im Wandel. 1958; Perspektiven und Profile. Aus Schriften Veit Valentins (Hg.). 1965; Leitartikel bewegen die Welt (Hg., mit Walter Fabian). 1965; Aufbau. Reconstruction. Dokumente einer Kultur im Exil (Hg.). 1972; B.F. Dolbin - Der Zeichner als Reporter. 1976; Tale of Two Continents. 1978. *L:* Drechsler, SAPD; Walter, Exilliteratur 2; *Qu:* Fb. Hand. Publ. Z. - IfZ.

Schabes, Hans (Johann); geb. 5. Dez. 1883 Wien, gest. 12. Mai 1960 Wien; *StA:* österr. *Weg:* 1934 CSR; GB; Österr.

Mitgl. SDAP, Revierinspektor; 1927-34 MdBR. 1934 vermutl. nach den Februarkämpfen in die CSR, Mitarb. ALÖS (→ Otto Bauer), 1934-36 Ltr. der vom ALÖS in Prag gegr. u. unterhaltenen *Österreichischen Flüchtlingsstelle für Sozialdemokraten,* die u.a. die mit Org. von Transporten geflüchteter Schutzbündler in die UdSSR befaßt war. Während des 2. WK in GB, Mitgl. *Austrian Labour Club* London. Später Rückkehr nach Wien.

L: Stadler, Opfer; Maimann, Politik. *Qu:* Arch. Publ. - IfZ.

Schaechter, Regina, Fürsorgerin, Verbandsfunktionärin; geb. 28. März 1896 Berlin. *Weg:* 1935 Pal.

1914-17 Sekr. beim CV, 1917-21 Jugendführerin Jüd. Volksheim Berlin, 1921-25 fürsorgerische Tätigkeit beim jüd. Arbeiterfürsorgeamt in Berlin, vor allem für ostjüd. Einwanderer. 1925-27 GenSekr. *Bund Zionistischer Frauen,* 1929 Dipl. Sozialpädagog. Seminar Jugendheim Charlottenburg, gleichz. Stud. Inst. für Unterricht u. Erziehung, 1929-35 Dir. *Jüdische Altershilfe,* 1925 u. 1927 Deleg. Zion.-Kongreß. 1935 Emigr. Pal., 1935-42 Gr. u. Dir. Sozialfürsorgestelle in Ramat Gan, 1942-44 Ltr. der Berufsberatung beim Zentralausschuß der Familienhilfe für MilPersonal, 1944-45 Mitgl. u. 1945-48 Ltr. Abt. für allgem. Sozialfürsorge beim *Vaad Leummi,* 1948-52 Dir. der Schulungsabt. u. ab 1952 Dir. der Abt. für Familienfürsorge beim Min. für Sozialfürsorge, 1936-49 Mitgr. u. im Vorst. der Gewerkschaft der Fürsorger, 1950 isr. Vertr. bei internat. Konferenz über Probleme des Fürsorgewesens in Paris, Vorlesungen am Paul Baerwald-Seminar des JDC für Sozialfürsorge in Versailles, Vors. Rehabilitierungsausschuß des Bundes für Rehabilitierung ehem. Strafgefangener. Lebte 1973 in Jerusalem. - *Ausz.:* Preis der Stadt Jerusalem.

Qu: Hand. - RFJI.

Schäfer, Max, Parteifunktionär; geb. 22. März 1913 Duisburg; Diss.; *V:* Karl S. (geb. 1871), Former, 1895 SPD, 1920 KPD; *M:* Henriette, geb. Storkmann (geb. 1872), KPD; *G:* Reinhard, Former, Helene, Verkäuferin; Josephine, Verkäuferin; Mathilde; Karl, Former, Emigr., gef. als Angehöriger der Internat. Brigaden im Span. Bürgerkrieg; Henriette; ∞ Rosa Hermann (geb. 1913), kaufm. Angest., SPD, KPD, DKP; *K:* Karl-Peter (geb. 1953), Ursula (geb. 1955); *StA:* deutsch. *Weg:* 1935 NL; 1937 E; 1938 F, DK; 1941 Deutschland.

MaschZeichner; 1930 PolLtr. KJVD-Unterbez. Oberhausen u. Mitgl. KJVD-BezLtg. Ruhrgeb., Kontakte zum kath. Jugendführer Kaplan Joseph Rossaint. 1933 Instrukteur Unterbez. Recklinghausen, nach natsoz. Machtübernahme illeg. Tätigkeit in Essen, Mai 1933-Febr. 1935 Haft. 1935 Wiederaufnahme der illeg. Arbeit, dann Emigr. Amsterdam, Mitarb. KPD-AbschnLtg. West; 1937-38 Teiln. Span. Bürgerkrieg, 1938 nach Frankr., anschl. nach Kopenhagen. Aug. 1941 Auslieferung an Gestapo, 14. Okt. 1941 Urteil 5 J. Zuchth. - Nach 1945 zeitw. Sekr. KPD-PV, 1954-56 Chefred. *Freies Volk,* ab 1958 in Frankfurt/M. als wohnhaft gemeldet, Aufenthalt in Berlin (Ost) u. im Ausland, Mitgl. PolBüro der KPD u. Kommission zur Verhandlung mit der Bundesregierung über Wiederzulassung der KPD. Ab 1969 Mitgl. Bundesvorst., dann des Präs. der DKP, ab 1969 Chefred. *Marxistische Blätter.* Lebte 1978 in Frankfurt/M. - *Ausz.:* 1955 Hans-Beimler-Med.; Karl-Marx-Orden.

W: u.a. Wer herrscht in der BRD? 1974; Spanien 1936-1939 (Hg.). 1976. *Qu:* Arch. Pers. Publ. - IfZ.

Schäffer, Hans, Ministerialbeamter, Finanzexperte; geb. 11. April 1886 Breslau, gest. 20. März 1967 Jönköping/S; jüd.; *V:* Julius S. (1852-1904), Industrieller; *M:* Charlotte, geb. Schäfer (1865-1946), Emigr.; *G:* Ernest N. Shaffer (1892-1978), Journ., Emigr. IND, nach 1945 Deutschland (BRD); Dr. Rudolf S. (1894-1970), Moritz-Friedrich (gef. 1917); ∞ 1913 Eva Heilberg (geb. 1891 Breslau, gest. 1977 Jönköping), Emigr., Mitarb. schwed. Sektion des *Internationalen Frauenbundes für Frieden und Freiheit; K:* Marianne Breslauer, 1936 Emigr. USA, Dipl. School of Social Work New York, seit 1965 Sozialarb. Queens/N.Y.; Ruth Froeland, A: S; Leonore Forsgren, A: S; Renate, A: S; *StA:* deutsch, 1938 S. *Weg:* 1936 S.

1904 Abitur, Stud. Rechts- u. Staatswiss., Gesch. in Genf u. Breslau, 1908 Prom., ab 1912 RA in Breslau, im 1. WK Soldat an der Westfront. 1919 ins ReichswirtschAmt, ab Mai Geheimer RegRat u. Vortragender Rat im ReichswirtschMin., ab 1923 MinDir. u. Teiln. der Kabinettssitzungen, Ltr. wirtschaftspol. Abt.; Ausarb. des Gesetzes über den vorläuf. ReichswirtschRat, in der Inflationszeit zuständig für Geld-, Bank- u. Börsenwesen, Experte für Kredit- u. Reparationsfragen, Teiln. internat. Konferenzen. Ende 1929 Berufung als Staatssekr. ins Reichsfinanzmin., wesentl. Anteil an Annahme des Young-Plans, den Verhandlungen über die Bank für Internat. Zahlungsausgleich, der Überwindung der Bankenkrise 1931 u. am dt. Auslandsmoratorium, Mitwirkung an der Politik des Haushaltsausgleichs u. der Reparationsaufhebung unter → Heinrich Brüning. Mai 1932 Ausscheiden, bis Entlassung März 1933 GenDir. Ullstein Verlag. Nach 1933 aktives Interesse an jüd. Fragen, u.a. Berater bei Grdg. der *Reichsvertretung der deutschen Juden* u. des *Zentralausschusses für Hilfe und Aufbau,* persönl. Hilfe für Emigr. in Schweden, 1938 ZusArb. mit jüd. Deleg. zur Konf. von Evian (→ Salomon Adler-Rudel). Mitte 1933 Berufung in Norman-Davies-Komitee zur Sanierung des schwed. Zündholzkonzerns nach dem Tode Ivar Kreugers, 1936 Übersiedlung nach Jönköping, bis 1962 Berater der Konzernltg. in internat. Rechts- u. Finanzfragen. Nach 1945 enge persönl. Beziehungen zu dt. RegKreisen, u.a. zu Konrad Adenauer, der ihm 1949 das Amt eines Staatssekr. im BundeswirtschMin. anbot. 1947 Vermittlerdienste bei Palästina-Kommission der UN zugunsten der Staatsgrdg. Israels, 1957 nach dem Tod Leo Baecks als Präs. des *Council of Jews from Germany* vorgeschlagen. 1951-53 Berater der schwed. Deleg. zur Londoner Schuldenkonferenz. - *Ausz.:* 1955 Kommandeur schwed. Wasa-Orden, 1960 Gr. BVK mit Stern.

W: Rechts- u. wirtschaftswiss. Aufs. in Fachzs. *L:* u.a. Neue Perspektiven aus Wirtschaft und Recht (Festschrift). 1966; Brüning, Heinrich, Memoiren 1918-1934. 1970; Wandel, Eckhard, Hans Schäffer, Steuermann in wirtschaftlichen und politischen Krisen. 1974. *D:* IfZ, LBI New York. *Qu:* Arch. Publ. Z. - IfZ.

Schälicke, Fritz, Verlagsleiter; geb. 19. Okt. 1899 Berlin; ∞ Luise Doerwaldt (geb. 1903); *K:* Waldtraut (geb. 1927); *StA:* deutsch, 1. Febr. 1937 Ausbürg. mit Familie, UdSSR. *Weg:* 1933 UdSSR; 1945 Deutschland (Berlin).

Buchhändlerlehre, ab 1920 im Verlagswesen; 1920 KJVD, später KPD, Parteifunktionär, bis 1932 ltd. Red. Verlag Jugend-Internationale Berlin u. 1932-33 in Wien, anschl. in die UdSSR. Verlagsred. bei Marx-Engels-Lenin-Institut Moskau, später Tätigkeit für Verlage, u.a. Verlag für fremdsprachige Literatur Moskau; Mitgl. KPdSU. Im 2. WK Chefred. Jugendsender *Sturmadler* bei *Deutscher Volkssender* Moskau/Ufa, ab März 1943 Mitarb. ArbGruppe für Jugendfragen beim PolBüro des ZK der KPD. Mai 1945 Rückkehr nach Berlin, Ltr. KPD-Verlag Neuer Weg, dann Ltr. Verlag JHW Dietz Nachf. GmbH, 1954-58 Kand. Zentrale Revisionskommission der SED. - *Ausz.:* 1945 Med. Für vorbildl. Arbeit während des Gr. Vaterländ. Krieges (UdSSR), 1952 Held der Arbeit, 1955 VVO (Silber), 1960 Orden Banner der Arbeit.

L: Stern, Porträt; Gyptner, Richard, Über die antifaschistischen Sender während des zweiten Weltkrieges. In: BZG, 1964, S. 881 ff.; Jahnke, Anteil; Göhring, KJVÖ; Fischer, Deutschlandpolitik. *Qu:* Arch. Hand. Publ. - IfZ.

Schaffer, Charlotte, geb. Weiszfeld; geb. 11. Mai 1916 Wien; jüd.; *V:* David W. (1870-1936), jüd., Polizeidir. der Polizeidirektion Wien, Mitgl. SDAP; *M:* Rosa, geb. Stein (geb. 1873, gest. 1959 Enghien-les-Bains b. Paris), jüd., Mitgl. SDAP; ∞ 1938 Paris, Dr. Heinrich (Henri) Schaffer (geb. 1900 Peczeniżyn/Galizien), jüd., Mitgl. SDAP, Stud. Staatswiss. Wien, jurist. Berater staatl. Unternehmen in Budapest u. Wien, 1938 Emigr. Frankr., Buchhalter Pariser Filiale der HIAS, nach Kriegsausbruch 8 Mon. interniert, Dep. nach Deutschland, KL Auschwitz, Buchenwald u. Flossenbürg, 1945 nach Frankr., Inh. Manufacture de Confection Élite in Enghien-les-Bains; *K:* Anne (geb. 1951); *StA:* österr., Ausbürg.(?), F. *Weg:* 1938 F.

1938 unmittelbar nach Anschluß Österr. nach Paris. Während 2. WK illeg. Arbeit innerh. der Résistance, ab 1943 Verbindungsagentin Réseau Brutus (sozialist. Widerstandsgruppe, 1940 in Marseille gegr.). Ab 1944 VerbAgentin u. Offz. Forces Françaises de l' Intérieur. Nach Kriegsende ltd. Mitarb. u. Modellistin Manufacture de Confection Élite in Enghien-les-Bains. Lebte 1975 in Enghien-les-Bains. - *Ausz.:* u.a. Médaille militaire, Médaille de la Résistance française, Croix de guerre, Croix du combattant volontaire de la Résistance, Médaille des combattants d'Europe.

Qu: Fb. - IfZ.

Schaffer, Gusti, geb. Burock; Parteifunktionärin; gest. CDN; *StA:* österr., 1919 CSR. *Weg:* 1938 (?) GB; CDN.

Kam aus der nordmähr. Arbeiterbewegung, ab Prager PT der DSAP März 1938 als Nachf. von → Fanny Blatny Vors. Frauenreichskomitee. Vermutl. 1938 Emigr. nach GB u. dann nach Kanada, Mitgl. TG, 1941 Anschluß an *DSAP-Auslandsgruppe* (→ Josef Zinner) u. Vors. des Frauenreichskomitees.

Qu: Arch. - IfZ.

Schairer, Reinhold, Dr. jur., Verbandsfunktionär, Bildungsexperte; geb. 26. Okt. 1887 Pfeffingen/Württ., gest. 10. Mai 1971 Kopenhagen; ev.; *V:* Gotthilf S., Pfarrer; *M:* Lina, geb. Hailer; ∞ 1920 Gerda von Mendelssohn, geb. Schack-Schou, Emigr.; *StA:* deutsch, 1937 brit. *Weg:* 1934 GB; 1940 USA; 1954 Deutschland (BRD).

Stud. Rechts- u. Staatswiss. Tübingen, Genf u. Berlin, Gerichtsassessor, 1914 Prom., 1915-20 als Vertr. des DRK Ltr. des Deutschen Sonderausschusses für KriegsgefHilfe in Kopenhagen unter Vors. des Grafen Ulrich von Brockdorff-Rantzau, in dessen Begleitung 1919 Mitgl. der dt. Deleg. in Versailles. Ab 1921 Geschäftsf. *Wirtschaftshilfe der Deutschen Studentenschaft* bzw. des aus ihr hervorgegangenen *Deutschen Studentenwerks* in Dresden, VorstMitgl. Darlehnskasse der Deutschen Studentenschaft. Mit Unterstützung durch Carl Duisberg Förderer der Werkstudentenbewegung, des Amerika-Stipendienprogramms, der Studienstiftung des deutschen Volkes, des Studentischen Werkjahres u. des Freiwilligen Arbeitsdienstes, Mitgl. Geschäftsführung der von der Ford-Foundation getragenen Abraham-Lincoln-Stiftung in Deutschland, Vizepräs. *International Student Service* Genf. Unterstützte den Kreis um die Zs. *Neue Blätter für den Sozialismus* (→ Paul Tillich). Nach der natsoz. Machtübernahme entlassen, 1933-35 Studien in Skandinavien, West- u. Südeuropa zur Situation der Jugend, Mitarb. *Frankfurter Zeitung.* 1934 Niederlassung in London, zunächst im Educational Dept. von King's Coll. tätig, ab Apr. 1937 am Inst. of Education der Univ. London, zuletzt Ltr. Dept. of Internat. Studies; 1936 u. 1938 Teiln. an Kongressen des *Internationalen Büros für Erziehung* in Genf. Unter Nutzung seiner weitreichenden internat. Beziehungen 1937-40 VerbMann Carl Goerdelers zu pol., wirtschaftl., kult. u. kirchl. Kreisen in GB, den USA, Frankr. u. Belgien, 1938/39 Mitarb. an der Bildungs- u. Europakonzeption Goerdelers. Enge Kontakte zu → Dietrich Mende, → August Weber u. → Fritz Demuth, 1939 Mitarb. an PropTätigkeit des *Central European Joint Committee,* Verb. zu → Hermann Rauschning. Herbst 1940 in die USA, in Verb. u.a. mit Ford-Foundation, Central and Eastern European Planning Board, Committee on Educational Reconstruction, poln. Exilkreisen u. einer europ.-am. Expertengruppe am Antioch Coll. Planungen für eine europ. Nachkriegsordnung. 1940-42 mit Rockefeller-Stipendium, 1943-47 als Gastprof. an der New York Univ.; nach 1945 Zus.-Arb. mit State Dept., 1949 Erziehungssachverständiger bei US-Hochkommission in Deutschland. 1950-54 Mitgl. dt. Mission bei Marshallplan-Verwaltung in Washington/D.C., später Ltr. Deutsches Institut für Talentstudien in Köln; Mitwirkung an Grdg. der *Carl-Duisberg-Gesellschaft* u. der Stiftung Volkswagenwerk. Lebte zuletzt in Virum b. Kopenhagen.

W: u.a. Erlanger Wirtschaftsprogramm. 1921; Die Studenten im internationalen Kulturleben. 1927; Die akademische Berufsnot. 1931; Not, Kampf und Ziel der Jugend in sieben Ländern. Frankfurt/M. 1935; Yearbook of Education. London Univ. 1935-1940 (Hg. des internat. Teils); Technische Talente. 1956; Aktivierung der Talente. 1957. *L:* Ritter, Gerhard, Carl Goerdeler und die deutsche Widerstandsbewegung. 1954. Bouvier, DFP. *Qu:* Arch. Fb. Hand. Publ. - IfZ.

Schalek, Fritz, Funktionär, Journalist; *StA:* CSR. *Weg:* 1939 GB, 1945 CSR.

KSČ-Mitgl., nach Bildung *Deutscher Jugendbund* der KSČ 1936 dessen Kreisvors. in Teplitz-Schönau. Nach Abschluß des Münchner Abkommens nach Prag, Mitarb. im *Komitee für Flüchtlinge und Auswanderer,* Jan. 1939 Emigr. nach GB, Mitgl. *Young Czechoslovakia,* später Angehöriger der tschechoslow. AuslArmee (Gefreiter). Juni 1945 Rückkehr nach Prag, ab 1951 Red. der dt.-sprach. GewZtg. *Aufbau und Frieden,* Okt. 1968-Anfang 1970 Chefred.; ab Bildung Juni 1969 Wahl zum Mitgl. des ZA u. des Präsidiums des *Kulturverbands der Bürger deutscher Nationalität der ČSSR.*

Qu: Z. - IfZ.

Schalit, Isidor (Yitzhak), Dr. med. dent., Politiker; geb. 5. Juni 1871 Nowosolky/Ukraine, gest. 16. Jan. 1954 IL; jüd.; *V:* Joseph S. (geb. 1845 Zloczow/Galizien, gest. 1907 Wien), jüd.; 1871 nach Wien, Bankangest., journ. Tätigkeit u.a. für *Neue Freie Presse,* 1890-1900 Red. *Die Wiener Israeliten,* Gr. von Firmen in Wien u. Warschau zum Verkauf palästinens. Weine; *M:* Josefine, geb. Fischer (geb. 1851, gest. 1881 Wien); *G:* Bertha (geb. 1873 Wien, gest. 1932 Trenčín-Teplá/CSR); Leon (geb. 1884 Wien, gest. 1950 London), Schriftsteller u. Übers., 1938 Emigr. GB; Heinrich (geb. 1886 Wien, gest. 1976), Pianist, Organist u. Komponist in München, 1933 Emigr. I, später in die USA; Frida Stern (geb. 1891 Wien, gest. 1969 Wien), 1938 Emigr. USA, Lehrerin; ∞ Miriam Antonia Schlesinger (geb. 1881 Wien, gest. 1941 Tel Aviv); *K:* Dr. Albert (Abraham) S., Zahnarzt in Jerusalem; Gideon (Gustav) S., Chauffeur, A: Chicago; Josefine Kreisler (gest. 1969 Chicago). *Weg:* 1938 Pal.

Stud. Zahnheilkunde Wien; ab 1889 Mitgl., später Vors. *Kadimah* Wien, Gr. zahlr. zion. Org. in Österr., Mitgl. der akad. Gruppe, die Theodor Herzl 1896 bei der Veröffentl. von *Der Judenstaat* unterstützte; 1897 Ltr. der zion. Ärztedeleg. im Krieg zwischen Griechenland u. der Türkei, 1897 von Herzl in Red-Ausschuß der zion. Zs. *Die Welt* berufen, 1897 Sekr. des 1. Zion. Kongresses in Basel, verantw. für die techn. Org. des Kongresses; ab 1897 GenSekr. des Aktionskomitees der W.Z.O., 1. Sekr. der zion. Exekutive in Wien, Ltr. der Österr. Zion. Org. nach dem Tod von Herzl, 1901 Gr. von JNF, kandidierte 1907 erfolglos für österr.-ungar. Reichsrat. Einsatz für nationale Selbstverwaltung der Juden in Galizien u. der Bukowina, Gr. u. Vors. eines Komitees der Minderheiten Österreichs mit Thomas Masaryk als Vizepräs. Im 1. WK MilArzt. 1920 Gr. *Keren Hayessod* in Österreich, organisierte jüd. Bürgerwehr zum Schutz der Wiener Juden, 1938 Emigr. Palästina; nach 1945 in Wiedergutmachungsangelegenheiten aktiv, ehrenamtl. Präs. *Council of Jews from Austria;* Vorbereitung einer Edition seines Briefwechsels mit Th. Herzl.

W: Beiträge über den frühen pol. Zionismus in isr. Presse; Ein Volk erwacht, 6 Bde. (ABiogr., Ms.). In: Central Archives for the History of the Jewish People, Jerusalem. *L:* Herzl, Theodor, Complete Diaries. 1960; Tidhar. *Qu:* Hand. Pers. Publ. Z. - RFJI.

Schapire, Hans Martin, Dr. med., Psychiater, Gesundheitsbeamter; geb. 26. Aug. 1914 Wien; jüd.; *V:* Dr. jur. Bernhard S. (geb. 1880 Tarnopol, gest. 1959 USA), jüd., RA, 1941 Emigr. Kuba, 1943 USA; *M:* Olga, geb. Stransky (geb. 1884 Pisek/ Böhmen, gest. Aug. 1971 USA), jüd., höhere Schule, 1941 Emigr. Kuba, 1943 USA; *G:* Franzi Weiss (geb. 1909 Wien), 1940 Emigr. GB, USA, M.A., Doz. für Fürsorgewesen New York Univ.; ∞ 1947 Lilian Levin (geb. 1923 Denver/Col.), jüd., B.A. Northwestern Univ. Evanston/Ill.; *K:* Esther (geb. 1951), B.A., Sekr.; Irene (geb. 1952), B.A., Lehrerin; Julie (geb. 1956); Robert (geb. 1963); *StA:* österr., 1947 USA. *Weg:* 1938 I; CH; 1941 USA.

1932–38 Stud. Med. Wien; Juni 1938 Emigr. Italien mit Besuchervisum, Laborant, Unterstützung durch Vater, 1939 Prom. Univ. Zürich. Aug. 1941 in die USA, 1941–43 Krankenhauspraktikum in Toledo/O., 1943–44 Ass.-Arzt im Gefängniskrankenhaus Norfolk/Mass., 1944–45 Praktikum in Chicago, 1945–54 Privatpraxis in Chicago u. Matton/Ill., 1954–57 Psychiater Colorado Psychopathic Hospital in Denver; 1957–61 Doz. u. Assist. Prof. Univ. Colorado, 1961–71 Ltr. Abt. zur Verhütung von Geisteskrankheiten Colorado Dept. of Institutions, mitverantw. für die Neugestaltung der staatl. Programme zur Verhütung von Geisteskrankheiten in Colorado, 1971–73 Psychiater beim Nat. Inst. of Mental Health in Rockville/Md., ab 1973 Clinical Assoc. Prof. Albany Medical Coll. u. Union Univ., ab 1973 Assist. Commissioner bei der Abt. zur Verhütung von Geisteskrankheiten des Staates New York in Albany/ N.Y., Mitgl. *Am. Psychiatric Assoc., Am. Acad. of Arts and Sciences, Am. Civil Liberties Union* (1970–71 VorstMitgl. für Colo.), *Committee for a Sane Nuclear Policy.* Lebte 1976 in Albany/N.Y.

Qu: Fb. Hand. – RFJI.

Schapke, Richard, Verbandsfunktionär; geb. 16. Juni 1897 Berlin, umgek. Herbst 1940; *StA:* deutsch, 16. Aug. 1938 Ausbürg. *Weg:* 1934 DK.

Nach 1. WK *Wandervogel, Bund für deutsches Jungwandern* bzw. *Wandervogel, Deutscher Jugendbund. E.V,* 1920 einer der nordwestdt. Führer des *Wandervogel E.V.* u. Mitverf. der sog. *Bremer Leitsätze,* trat in den Auseinandersetzungen um Neuorg. u. Ausrichtung des *Wandervogel E.V.* nach dem 1. WK für Zulassung von Mädchen ein, vertrat 1922 jedoch wieder den reinen Jungenbund. Später Bundesführer des *Wandervogel E.V.,* 1928–29 Hg. *Jungpolitische Rundbriefe.;* 1930 Red. Der Nationale Sozialist, HJ-Führer u. Mitgl. NSDAP. Juni 1930 noch vor Abspaltung der Gruppe → Otto Straßer Parteiausschluß, 1930 GrdgMitgl. u. Vollzugsausschußmitgl. *Kampfgemeinschaft revolutionärer Nationalsozialisten* (KGRNS) bzw. *Die Schwarze Front* (SF) unter Otto Straßer, Jugendführer KGRNS; ab 1932 Hg. *Landvolkbriefe.* Nach natsoz. Machtübernahme Verhaftung, KL Oranienburg, Sommer 1933 Entlassung, illeg. Arbeit in Berlin. Sommer 1934 Flucht nach Kopenhagen, Ltr. der Auslandsorg. der SF für Skandinavien. 1936 mit → Otto Buchwitz Hg. *Volkssozialistische Blätter.* Mai 1938 nach Straßers Trennung von → Heinrich Grunov Ernennung zum Stellv. Straßers in der Führung der Auslandsorg. der SF, in Skandinavien Verbindung u.a. zu → Wenzel Jaksch. Sollte nach Kriegsausbruch Vertr. O. Straßers in GB werden. Versuchte 1940 nach dt. Einmarsch in Dänemark nach Schweden zu flüchten, wobei das Boot von schwed. Küstenartillerie versenkt wurde.

W: u.a. Die Schwarze Front. Von den Zielen und Aufgaben und vom Kampfe der Deutschen Revolution (Vorw. von Otto Straßer). 1932; Aufstand der Bauern. 1933. *L:* Schoeps, Hans-Joachim, Rückblicke. 1963; Kühnl, Reinhard, Die nationalsozialistische Linke 1925–1930. 1966; Mohler, Armin, Die konservative Revolution in Deutschland 1918–1932. 1972; Moreau, Patrick, La Communauté de Combat National-Socialiste Révolutionnaire et le Front Noir (Diss. phil. masch.). Paris 1978. *Qu:* Arch. Publ. – IfZ.

Scharf, Erwin, Parteifunktionär; geb. 29. Aug. 1914 Třebon (Wittingau)/Böhmen; *V:* Albert S., Volksschuldir. u. SDAP-Bürgerm. in Velden/Kärnten; *StA:* österr. *Weg:* 1944 JU; 1945 Österr.

Aktiv in *Kinderfreunde*-Bewegung, Mitgl. *Rote Falken,* SAJDÖ u. Arbeitersportbewegung. Stud. Univ. Wien, u.a. Romanistik; 1934 nach den Februarkämpfen illeg. Arbeit, Deckn. Wallner, Mitgl., 1935 (?) als Nachf. von → Alfred Landau Vors. *Revolutionäre Sozialistische Studenten,* LtgMitgl. *Geeinter Roter Studentenverband* (unter kommunist. Vorherrschaft stehende studentische Volksfrontorg. in Wien). Zwischen 1934 u. 1938 als Studentenvertr. Mitgl. der Ltg. (ZK, Jugendausschuß oder Exekutive) der *Revolutionären Sozialistischen Jugend.* Aug. 1938 Verhaftung durch Gestapo in Velden, 1939 Prozeß zus. mit → Karl Holoubek u.a., Verurteilung zu 2 J. Zuchth., Haft in Karlau bei Graz. Nach Haftentlassung Arbeit in einem Betonwerk. 1944 nach Slowenien, Anschluß an jugoslaw. Volksbefreiungsarmee, nach Kontaktaufnahme mit → Franz Honner u. → Friedl Fürnberg zus. mit → Franz Gebhard Ltr. der österr. Basis in Ljubno, in der ein Teil des 1. österr. Btl. im Verband der jugoslaw. Volksbefreiungsarmee rekrutiert u. ausgebildet wurde, später in der österr. Basis bei Črnomelj/Slowenien, Apr. 1945 Rückkehr nach Wien. 1945–46 Mitgl. PV, 1945–47 Zentralsekr. SPÖ, 1945–53 MdNR. Setzte sich für ZusArb. mit KPÖ ein, trat 1948 nach internen Auseinandersetzungen mit SPÖ-PV mit einer heftigen Kritik von Politik u. Haltung des PV an die Öffentlichkeit, daraufhin Parteiausschluß, Gr. *Sozialistische Arbeiterpartei Österreichs* (SAPÖ), die 1949 Koalition mit KPÖ bildete. Nach Vereinigung von SAPÖ mit KPÖ seit 1956 Mitgl. ZK u. PolBüro der KPÖ, bis 1965 Chefred. *Volksstimme,* ab 1965 ZK-Sekr. der KPÖ. In den Auseinandersetzungen um die Intervention der Warschauer-Pakt-Staaten in der CSSR Exponent des orthodoxen, moskautreuen Flügels. – Kuratoriumsmitgl. DÖW. Lebte 1978 in Wien.

W: u.a. Das Aufbauprogramm der Sozialistischen Partei Österreichs. 1947; Ich darf nicht schweigen. Drei Jahre Politik des Parteivorstands der SPÖ von innen gesehen. 1948; Warum Wahlbündnis der Linkssozialisten und der Kommunisten? 1949; Sozialisten, seht her! 1951; Die Linkssozialisten rufen. 1953. *L:* Holzer, Bataillone; Göhring, Walter, Der Geeinte Rote Studentenbund. In: Österreich in Geschichte und Literatur, Jg. 17/1973; DBMOI; Neugebauer, Bauvolk; Widerstand 1; Tidl, Studenten; Weber, Friedrich, Die linken Sozialisten 1945–1948. Parteiopposition im beginnenden Kalten Krieg. Diss. phil. masch. Salzburg 1977; Klucsarits, SPÖ. *Qu:* Arch. Hand. Pers. Publ. – IfZ.

Schattner, Peter, Parteifunktionär; geb. 22. März 1894, gest. 20. Apr. 1962 Friedrichsthal/Saar. *Weg:* Bras.; nach 1945 Deutschland (Saargeb.).

Emigr. nach Brasilien, nach Rückkehr als Nachfolger von → Ernst Roth 1948–51 General- bzw. (ab 1949) Landessekretär der SPS.

L: Schneider, Saarpolitik und Exil. *Qu:* Arch. Pers. Publ. – IfZ.

Schatzki, Erich, Dr. ing., Ingenieur; geb. 23. Jan. 1898 Klafeld/ Westf.; *V:* Ferdinand S. (geb. Bialystok, gest. 1910 Deutschland), jüd., Stud. TH Berlin-Charlottenburg, ltd. Ing.; *M:* Beate, geb. Stern (geb. 1869 Schmallenberg/Sauerland, gest. 1958 USA), jüd., 1938 Emigr. USA; *G:* Herbert (geb. 1894 Klafeld, gest. 1974 USA), Textilfabrikant, 1939 Emigr. USA; → Walter Schatzki; Dr. med. Richard S. (geb. 1901 Klafeld), Röntgenologe, 1933 Emigr. USA; Dr. med. Paul S. (geb. 1902 Klafeld, gest. 1973 Melbourne), Emigr. I, GB, AUS; ∞ I. Ruth Bertha Koller (geb. Brody/Galizien); II. Alisa Beiles, geb. Lichtenstein (geb. 1902 Worms), Fürsorgerin; *K:* Thomas Ferdinand (geb. 1927 Berlin), Ph.D. Mass. Inst. of Techn., Chemiker im US-Landwirtschaftsmin.; Karin (geb. 1931 Berlin); *StA:* deutsch, IL u. USA. *Weg:* 1933 USA, CH; 1934 NL; 1940 USA; 1949 IL; 1950 USA.

Stud. TH Hannover u. Darmstadt, 1923 Dipl.-Ing. Darmstadt, 1924-26 Flugzeugbauing. bei Junkers-Flugzeugbau in Dessau, 1927-29 Pilotenausbildung, dann Pilot bei der Deutschen Lufthansa, gleichz. Stud. TH Berlin-Charlottenburg, 1929 Prom., 1930-33 Chefing. u. Testpilot bei der Deutschen Lufthansa. 1933 Emigr. USA, 1933-34 Ing. bei Swissair, 1934 in die Niederlande, 1934-38 Chefing. bei Fokker Aircraft Corp. in Amsterdam, 1938-39 Chefing. bei Koolhoven Aircraft Corp. in Rotterdam. 1940 in die USA, 1943-49 Ing. bei Republic Aviation Corp./USA, daneben 1948-49 Doz. für Flugzeugbau Brooklyn Polytechn. Inst., 1949 nach IL, 1949 Chefing. für isr. Fluggesellschaft ElAl, 1949-50 Chefing. der isr. Luftwaffe. 1950 in die USA, 1950-53 Ing. bei Republic Aviation Corp., 1953-57 Präs. Schatzki Engineering Co./USA (Unternehmen des Flugzeugbaus), 1956-57 Vizepräs. der techn. Abt. bei Penn Texas Corp. in New York, 1958 nach Israel, 1958-62 Dir. der techn. Abt. bei Isr. Aircraft Indus.; 1962 in die USA, 1963-64 Chefing. bei Halm Instrument Co./N.Y., 1965-69 Konstruktionsing. bei Bilnor Long Island/N.Y., 1970 nach Israel, ab 1970 Berater für Isr. Aircraft Indus., zeitw. Mitgl. Isr. Nat. Council for Civil Aviation. Mitgl. *Inst. of Aeronautical Sciences*/USA. Lebte 1977 in Tel Aviv.
Qu: EGL. Fb. Hand. Pers. Publ. - RFJI.

Schatzki, Walter, Buchhändler; geb. 26. Aug. 1899 Klafeld/Westf.; jüd., 1959 Quäker; *G:* → Erich Schatzki; ∞ I. Hilde Rother, verw. Schümann (geb. 1902 Deutschland, gest. 1936 Deutschland), kath., mit Ehemann Ltr. der Frankfurter Bücherstube; II. 1943 Barbara Gilmore (geb. 1915 Worcester/Mass.), unit., Quäker, B.A. Smith Coll., Buchhändlerin u. Vertr. einer Druckerei; *K:* Michael (geb. 1945 New York), Haverford Coll., Woodrow Wilson School of Internat. Affairs N.J., Politologe; Nicholas (geb. 1950 New York), Stud. Theaterwiss. Julliard School New York; *StA:* staatenlos, 1914 deutsch, 1944 USA. *Weg:* 1937 USA.
Mittlere Reife, 1915-17 kaufm. Lehre, 1917-Jan. 1919 Kriegsteiln.; kurze Lehre in Jenaer Buchhandlung, dann 1919 Stud. Handelshochschule München u. Frankfurt; Mitgl. *Wandervogel*, Buchverkauf für Deutsche Wanderbuchhandlung, 1920-36 Gr. u. Inh. Bücherstube Walter Schatzki in Frankfurt/M. (bes. Kinderbücher), 1923 Eröffnung des Antiquariats u. später der allg. Buchhandlung. Mitgl. von Buchhändlervereinigungen, 1929-34 *Rotary-Club*, 1932 Verkauf der ersten Kinderbüchersammlung an New York Public Library (Schatzki-Sammlung). 1936 unter natsoz. Druck Übergabe der Buchhandlung an Mitarb., Dez. 1937 Emigr. USA, 1938-76 Inh. Walter Schatzki, Old and Rare Books, Prints and Autographs, New York, Spezialisierung auf OrigManuskripte bedeutender Komponisten, Graphiken u. Kinderbücher; 1949 Gr., 1962-64 Präs. *Antiquarian Booksellers Assoc. of Am.* Lebte 1976 in Brooklyn/N.Y.
W: Von Menschen, Büchern und einer Geige. In: Junge Menschen. 1920; Unbekannte alte Kinderbücher. 1932; The Children's Book Collection at the Morgan Library. In: Book Collector, Frühj. 1955; Reminiscences. In: Phaedrus. Okt. 1978; zahlr. Art. in Fachzs. *L:* u.a. Lübbecke, Fried, Fünfhundert Jahre Buch und Druck in Frankfurt/M. 1948; A Deck of Cards Changed His Life. In: New York Times, 12. 6. 1970; Shepard, Leslie, New Foreword. In: Children's Book, Old and Rare, Schatzki's Catalogue. 1973; Börsenblatt für den Deutschen Buchhandel, 28. Sept. 1973. *Qu:* ABiogr. Hand. Publ. Z. - RFJI.

Schauff, Johannes, Dr. phil., Verbandsfunktionär; geb. 19. Dez. 1902 Stommeln/Rheinl.; kath.; ∞ Karin, Publizistin; *K:* 9; *StA:* deutsch. *Weg:* 1937 Brasilien.
Stud. Staatswiss., Statistik u. Gesch. Univ. Berlin u. Leipzig; 1925-27 Mitarb. Deutsches Institut für Konjunkturforschung; Mitgl. *Zentrum*; ab 1927 VorstMitgl. *Gesellschaft zur Förderung der inneren Kolonisation* u. Ltr. *Reichsstelle für Siedlerberatung;* Hg. der Zs. *Ostsiedler,* Mithg. *Archiv für innere Kolonisation;* Juli 1932-Nov. 1933 MdR. Entmachtung u. Verfolgung der Träger der dt. Agrarreform- u. Siedlungsbewegung durch NatSoz.; vor diesem pol. Hintergrund Ende 1933/Anfang 1934 mit Friedrich Wilhelm Luebke u. Hans Schlange-Schoeningen Brasilienreise zur Erkundung von Siedlungsmöglichkeiten; dabei Anknüpfung an Initiative u. bereits geleistete Vorarbeiten von → Erich Koch-Weser u. dessen *Gesellschaft für wirtschaftliche Forschung in Übersee;* mit Koch-Weser wesentl. Anteil an Entwicklung der dt. Siedlung Rolandia im Norden des brasilian. Staates Paraná, die zu einem Zufluchtsort verfolgter Katholiken u. Protestanten aus dem *Zentrum,* den christl. Arbeitervereinen u. Jugendorg. wurde; in ZusArb. mit engl. Siedlungsges. unter Ltg. von Gen. Asquith u. Arthur Thomas Org. von sog. Austauschgeschäften mit dt. Behörden u. Industriellen, wobei exportiertes dt. Eisenbahnmaterial aus dem Inlandvermögen von Emigranten abgegolten wurde u. diese im Austausch Besitztitel für Ländereien in Rolandia erhielten; mit diesem Transfer Rettung vor allem jüd. Flüchtlinge, die in Deutschland keine Devisengenehmigungen erhielten; im Laufe der Zeit 16 dieser Austauschgeschäfte mit mehr als 150 Teilnehmern. Bis 1937 Aufenthalte in Brasilien u. Deutschland, 1937 Emigr. mit Fam. u. Niederlassung als Farmer in Rolandia. Nach 1945 Mitgr. u. 7 J. Ltr. *International Catholic Migration Committee.* Als freier Publizist u. Berater tätig in Südamerika, der Bundesrepublik Deutschland, Italien u. Südtirol. In Rom Laienmitgl. der päpstl. Kurienkommission *Justitia et Pax.* Mitgr. Kommission für Zeitgeschichte, Bonn.
W: Die deutschen Katholiken und die Zentrumspartei. 1928, Neuaufl. unter dem Titel: Das Wahlverhalten der deutschen Katholiken im Kaiserreich und in der Weimarer Republik (Hg. Rudolf Morsey). 1975; Neues Wahlrecht. Beiträge zur Wahlrechtsreform. 1929; Volk und Volksbildung in Dänemark. 1931; mehrere Veröffentl. zu Fragen der Siedlung, u.a.: Aufgaben und Formen der bäuerlichen Ostsiedlung; Industriearbeit und landwirtschaftliche Siedlung; Wer kann siedeln (alle 1932); Osthilfe und Siedlung. In: Das Zentrum, 4/1933, S. 49-75 (an.). *L:* Roland. Das Monatliche Mitteilungsblatt von Pro-Arte-Rolandia. 1957-1962 (IfZ, Slg. Dr. Max H. Maier). *Qu:* Arch. Hand. Pers. Publ. - IfZ.

Schaul, Hans, Dr. jur., Parteijournalist; geb. 13. Dez. 1905 Hohensalza/Posen; *V:* Kaufm.; ∞ 1929 Ruth Gustava Rewald (geb. 1906), 1933 Emigr. F; *StA:* deutsch, 24. Juli 1940 Ausbürg. *Weg:* F; 1936 E; 1939 F; N-Afrika; 1944 UdSSR; 1948 (?) Deutschland (Berlin).
Stud. Rechtswiss., RA in Berlin. Nach 1933 Berufsverbot aus rass. Gründen. Emigr. nach Frankr., ab 1936 Teiln. Span. Bürgerkrieg, Offz. der Internat. Brigaden, Red. der BtlZtg. *Tschapajew* u. später *Der kämpfende Antifaschist,* 1937 KPD; 1939 nach Frankr., Internierung u.a. in Djelfa/Nordafrika. 1944 in die UdSSR, Lehrer an Antifaschulen für dt. Kriegsgef. Nach Rückkehr 1948 Mitarb. Deutsche Wirtschaftskommission, 1951-56 Prof. Hochschule für Ökonomie Berlin-Karlshorst, Okt. 1956-Mai 1972 Chefred. des theoret. SED-Organs *Einheit* Berlin (Ost), danach Mitgl. des RedKollegiums u. Inh. ehrenamtl. Funktionen in Verbänden. Lebte 1976 in Berlin (Ost). - *Ausz.:* 1955 VVO (Bronze), 1956 Hans-Beimler-Med., 1958 Med. für Kämpfer gegen den Faschismus 1933-1945, 1965 Karl-Marx-Orden, 1971 VVO (Gold).
L: Pasaremos. *Qu:* Arch. Hand. Publ. Z. - IfZ.

Schechner, Kurt (Curt), Dr. phil., Verbandsfunktionär, Publizist; geb. 13. Nov. 1884 Czernowitz/Bukowina, gest. 13. Nov. 1977 Newcastle Court b. Presteigne/Wales; ev.; *M:* geb. Orenstein; ∞ I. Adele Köck (1890-1932); II. 1933 Margarete Fries (geb. 1911), Dr. phil., Schausp., 1938 Emigr. CH, 1947 Österr., 1952 gesch., A: Wien; III. Gwenneth, A: Newcastle Court; *K:* aus I: Herta Henckel v. Donnersmarck (geb. 1911 ?); Kurt (geb. 1918), Emigr AUS; *StA:* österr., 1944 brit. *Weg:* 1938 Burma; 1939 AUS; 1946 Tasmanien; 1948 AUS; 1954 GB.
Ab 1905 Stud. Rechtswiss. u. Botanik Univ. Wien, 1906-08 MilDienst als Einjährig-Freiw., Jan. 1908 Lt.; 1909 Prom.; 1909-12 Assist. am k.u.k. oenologisch-pomologischen Inst. in Klosterneuburg, 1911 korr. Mitgl., 1912-14 GenSekr. k.u.k. *Gartenbaugesellschaft.* Ab Juli 1914 Kriegsdienst, zuletzt

Hptm., Febr. 1917 Freistellung als Ltr. der Geschäftsabt. der Gemüse- u. Obstversorgungsstelle (Geobst), die i.A. des Ernährungsmin. zur Sicherung der Nahrungsmittelversorgung als gemeinnützige Ges. geschaffen worden war. 1920-27 Präs. Landwirtschaftliche Warenverkehrsstelle, die im Verbund mit Konsum- u. landwirtschaftl. Genossenschaften Verbesserungen der Nahrungsmittelversorgung zu erreichen suchte. 1921 Wahl zum Präs. der Kommission für den ökonom. Wiederaufbau Deutsch-Österreichs. 1927 GenBerichterstatter der Untersuchungskommission, die die österr. Reg. nach dem 15. Juli 1927 einsetzte. 1927-32 GenDir. u. ltd. VerwRat bei Julius Meinl AG in Wien (→ Julius Meinl), führte umfangreiche Rationalisierungs- u. Umstrukturierungsmaßnahmen durch. Zugleich als Kunstmäzen wirksam, 1932 Vizepräs. des Vereins zur Erhaltung der Staatstheater (Oper u. Burgtheater), Mitgr. der sog. Winterhilfe (Sammlungen für wohltätige Zwecke). 1933-36 gerichtl. Auseinandersetzungen im Gefolge eines von Bundeskanzler Engelbert Dollfuß gegen S. angestrengten Prozesses, während dieser Zeit lit. Arbeiten. März 1938 Flucht über Italien in die Schweiz, anschl. Frankr. u. GB, Juni 1938 nach Burma. Juni 1939 nach Australien. Stud. Univ. Sydney, 1940-41 Honorarmitarb. *Australian Student Christian Movement;* ab 1942 MilDienst, nahm vor allem VerwAufgaben im Bereich der mil. Arbeitsbeschaffung wahr, daneben Mitarb. u. Lecturer, ab 1944 Mitgl. Board of Dir. des Royal Inst. of Internat. Affairs, Sydney. 1945 nach Kriegsende kurzfristiger Studienaufenthalt in Indien. 1946 nach Tasmanien, bis 1948 Farmer. 1948 Rückkehr nach Sydney. 1951-53 Aufenthalte in Europa, 1954 endgültige Übersiedlung nach GB, erwarb Newcastle Court in Wales. Schriftst. Tätigkeit, befaßte sich vor allem mit philosoph. Themen. - *Ausz.:* u.a. österr.-ungar. mil. Ausz.

W: u.a. Die Wühlmaus, ihre Lebensweise und Bekämpfung (Mitverf.). 1911; Der Maikäfer, seine Lebensweise und Bekämpfung (Mitverf.). 1912; Meine Studienreise. 1912; Gesetzgebung und Gartenbau. 1913; Der Schönbrunner Garten (Mitverf.). 1919; Mitteilungen der landwirtschaftlichen Warenverkehrsstelle des deutsch-österreichischen Staatsamts für Volksernährung (Hg.). 1919 ff.; Ein Beitrag zu den „sachlichen Erwägungen", die den Finanzminister veranlassen, neuerlich eine Erhöhung des Kaffeezolls zu beantragen. 1932; Die Berufsmöglichkeiten für Abiturienten in kaufmännischen und industriellen Betrieben (Vortrag). 1932; Sind die geplanten Steuer- und Zollerhöhungen notwendig? 1932; Theater und Publikum (Vortrag). 1933; The Theory of Communism (Australian Institute of International Affairs, unveröffentl. Ms., 1944); A Criticism of the Theory of Communism. A Lecture (unveröffentl. Ms.). Ebd. 1944; Deutsch-englische Gegensätze (unveröffentl. Ms.); Goethe's Faust: Erklärung (unveröffentl. Ms.); ABiogr. (nicht abgeschlossen, unveröffentl. Ms.). *Qu:* Arch. Pers. Z. - IfZ.

Schechter, Edmund, Dr. jur., Ministerialbeamter; geb. 22. Apr. 1908 Wien; jüd.; *V:* David (geb. 1877, gest. 1945 Pal.), jüd., Kaufm., März 1938 Emigr. Pal.; *M:* Hana, geb. Hermann (geb. 1888, gest. 1957 USA), jüd., 1938 Emigr. F, 1941 USA; ∞ 1958 Gerda Marjorie Frankley (geb. 1925 Hamburg), jüd., 1939 Emigr. USA, M.A. City Coll. New York, Psychotherapeutin; *K:* Peter David (geb. 1959); *StA:* österr., 1946 USA. *Weg:* 1938 F; 1940 Marokko; 1941 USA.

1932 Prom. Wien, aktiv in zion.-revisionist. StudGruppen u. jüd. Selbstverteidigungsgruppe; 1932-38 Gerichts- u. Privatpraxis, Angest. bei Phönix- u. Generali-Versicherungsanstalten Wien. Daneben journ. u. pol. Tätigkeit, März 1938 mit Besuchervisum nach Frankr., Journ., Mitgl. zion. Org., 1940 Verhaftung durch dt. Besatzungsmacht in der Normandie, Flucht nach Marokko, Mai 1941 Emigr. USA, 1941-43 freier Journ., 1943-44 Red. bei OWI in New York, 1944-46 Chefred. *American Broadcasting Station in Europe,* London, von *Radio Luxembourg* u. bei SHAEF, 1946 Gr. *RIAS Berlin.* 1947-51 bei US-MilReg. in Bayern, Ltr. *Radio München,* 1952-53 Ltr. Rundfunk-Abt. der HICOG in Bonn, 1955-56 Intelligence Research Officer Washington/D.C., 1956-58 Ltr. Pol. Abt. für öffentl. Angelegenheiten Washington/D.C., 1958-64 Attaché US-Botschaft in Rom, 1964-66 in La Paz, 1967-71 Botschaftsrat in Caracas, 1971-74 bei USIA in Washington/D.C., 1972 Mitgl. President's Commission on Internat. Broadcasting, 1974 Ltr. Symposium über die Beziehungen zwischen Venezuela u. den USA, 1974 Ruhestand. Vortrags- u. Beratertätigkeit. Lebte 1977 in Washington/D.C. - *Ausz.:* 1966 Merit Honor Award.

W: Kampf um Zion. 1937; Beiträge in: *Foreign Service Journal. Qu:* Fb. Hand. Publ. - RFJI.

Scheidemann, Philipp, Heinrich, Politiker; geb. 26. Juli 1865 Kassel, gest. 29. Nov. 1939 Kopenhagen; Diss.; *V:* Friedrich S. (1842-79), Tapezierermeister; *M:* Wilhelmine, geb. Pape (1842-1907); *G:* Caroline (geb. 1874), Frieda (1877-78); ∞ 1889 Johanna Dibbern (1864-1926); *K:* Lina (geb. 1889, Freitod 7. Mai 1933); Liese (geb. 1891, gest. 1955 Kopenhagen), Emigr., 22. Apr. 1938 Ausbürg.; Hedwig (1893-1935); *StA:* deutsch, 25. Aug. 1933 Ausbürg. *Weg:* 1933 Österr., CSR; 1934 DK.

Höhere Bürgerschule, Buchdruckerlehre, Selbststud., bis 1895 im Beruf tätig. 1883 SPD u. Gew., ab 1895 Red. sozdem. Blätter, 1905-11 *Casseler Volksblatt,* 1906-11 StadtVO. Kassel; Juni 1903-Nov. 1918 MdR, 1911 Wahl in PV, Niederlassung in Berlin. Okt. 1918 Staatssekr. im Kabinett Prinz Max von Baden, proklamierte am 9. Nov. 1918 die dt. Republik, seitdem für die radikale Rechte Symbolfigur der „Novemberverbrecher", für die KPD des sozdem. „Klassenverrats" zugunsten eines parlamentarisch-bürgerl. Staates. Ab Nov. 1918 Mitgl. der Reg. der Volksbeauftragten, MdNV, ab Febr. 1919 MinPräs. der ersten repubL Reichsreg., Juni 1919 Rücktritt aus Protest gegen die Bedingungen des Versailler Vertrags. 1920-25 OBürgerm. von Kassel, entging 1921 dem Blausäureattentat eines Nationalisten; 1920-33 MdR, dort u.a. Enthüllungen über antirepubl. Umtriebe in der Reichswehr u. deren ZusArb. mit der UdSSR, Mitgl. Reichsausschuß des *Reichsbanners.* Anfang März 1933 Flucht, zunächst Aufenthalt bei sozdem. Nationalrat Josef Witternigg in Salzburg, dann bei Parteifreunden in Karlsbad, Pystian u. Prag, mittellos, Zuwendung von 20 000 Kronen durch Präs. Masaryk aufgrund einer Petition Witternigg. Vorträge u. ZtgVeröffentlichungen über Weimarer Republik u. NatSoz., daraufhin Repressalien gegen FamAngehörige im Reich, Freitod von Tochter u. Schwiegersohn. Aug. 1934 über Polen nach Kopenhagen, schriftst. tätig, u.a. Ms. *Kritik der deutschen Sozialdemokratie und ihrer Führung* (Ergänzung der *Memoiren eines Sozialdemokraten*) u. *Den Bestien entschlüpft* (Erinn. aus der Emigr.). Kontakte zu einzelnen Emigr., u.a. zu → Otto Buchwitz u. → Wilhelm Dittmann, Vortragsreisen 1936 nach Budapest u. 1939 nach Stockholm. Ps. Henrik Philipp. 1954 feierl. Beisetzung der Urne in Kassel.

W: u.a. Die Sozialdemokratie und das stehende Heer. 1911; Es lebe der Frieden! 1916; Die deutsche Sozialdemokratie über Krieg und Frieden. 1917; Der Feind steht rechts! 1919; Der Zusammenbruch. 1921; Der Über-Ludendorff. 1921; Die rechtsradikalen Verschwörer. 1923; Für Volk und Vaterland. 1925; Fürstenhabgier. 1926; Memoiren eines Sozialdemokraten. 2 Bde. 1928 (engl. 1929, einbändige Sonderausg. 1930); Deutsche Politik. 1929. *L:* u.a. Werthauer, Johann, Das Blausäure-Attentat auf Scheidemann. 1923; Matthias, Erich/Morsey, Rudolf, Die Regierung des Prinzen Max von Baden. 1962; Miller, Susanne, Die Regierung der Volksbeauftragten 1918/19. 1970; dies., Burgfrieden und Klassenkampf. 1974. *D:* AsD. *Qu:* Arch. Hand. Publ. - IfZ.

Schein, Harry, geb. 13. Okt. 1924 Wien; *StA:* österr., S; *Weg:* 1938 S.

Emigr. als rass. Verfolgter; 1950-54 Ing., 1955-60 Unternehmer, 1963-70 Ltr. Schwed. Filminst. Stockholm, dann Sachverständiger im schwed. Kultusmin. u. Mitarb. des Filminst. Lebte 1978 in Stockholm.

W: Har vi råd med kultur? 1962; Kulturattityder (mit Björn Haggqvist). 1967. *Qu:* Hand. Publ. - IfZ.

Scheitler, Josef, Parteifunktionär; geb. 27. Okt. 1899 Chodau/Böhmen; *StA:* österr., 1919 CSR, deutsch. *Weg:* 1939 GB; 1945 (?) Deutschland (SBZ).
Mitgl. KSČ-Kreisltg. Karlsbad, dann ZK-Instrukteur für West- u. später Nordböhmen. 1939 Emigr. nach GB. Nach Kriegsende Niederlassung in Deutschland (SBZ), mittlere Funktionen im SED-Apparat.
Qu: Arch. Pers. - IfZ.

Schell, Joseph, Dr. jur., Rechtsanwalt, Finanzkaufmann; geb. 20. März 1890 Mährisch-Ostrau; jüd.; *V:* Siegmund S. (geb. Rosenberg/Slowakei, gest. 1942 Mährisch-Ostrau), jüd., Stud. Prag, Mittelschullehrer; *M:* Emma, geb. Treu (geb. 1867 Jauernig/österr. Schlesien, gest. 1923 Mährisch-Ostrau), jüd., höhere Schule; *G:* Wilhelm (geb. 1894 Mährisch-Ostrau, umgek. im Holokaust), Stud. Handelsakad. Leipzig, Geschäftsf. in einer Eisengießerei, Sept. 1942 Dep.; ∞ I. 1915 Eugenie Wulkan (geb. 1892 Mährisch-Ostrau, gest. 1956), höhere Schule, Stud. Handelsakad. Wien, 1938 Emigr. GB, 1940 USA; II. 1965 Marianne Sorter (geb. 1900 Wien), Stud. Musikakad. Wien, Staatsexamen als Pianistin, Okt. 1938 Emigr. USA mit Ehemann, 3 Jahre in der Textilindustrie in New York tätig, 1959-65 Laborantin; *K:* Felix S. (geb. 1916), Gymn. Wien, 1938 Emigr. GB, später USA, Stud. Med. Boston, M.D., Arzt in New York; Kurt Leo Shell (geb. 1920), 1938 Emigr. GB, später USA, Politologe; *StA:* österr., USA. *Weg:* 1938 GB, 1940 USA.
Ab 1908 Stud. Rechtswiss. Wien, 1913 Prom., 1920-38 RA in Wien, Verf. von wiss. Abhandlungen, 1927-38 Mitgl. *B'nai B'rith*, 1937-38 Präs. der Wiener Loge. März-Juli 1938 in Haft, Sept. 1938 Emigr. GB mit Familie, Nov. 1940 in die USA als Einwanderer, 1941-53 Ltr. einer Gesellschaft zur Finanzierung von Import- u. Exportgeschäften (Kunden vor allem Emigranten aus Mitteleuropa). Ab 1953 Sachverständiger für europ. Recht, 1947-49 Präs., zuletzt Ehrenpräs. *Liberty Lodge* von *B'nai B'rith* New York. Lebte 1977 in New York.
Qu: Fb. Hand. - RFJI.

Schenk, Florian, Partei- u. Gewerkschaftsfunktionär; geb. 15. Dez. 1894, gest. 1957; ∞ Filomena; *StA:* österr., 1919 CSR, deutsch. *Weg:* 1939 GB; 1945 (?) Deutschland (Berlin).
Arbeiter; nach 1. WK DSAP- u. ab Mitte der 20er Jahre KSČ-Funktionär in Nordwestböhmen, StadtVO. u. Mitgl. KSČ-Kreisltg. Komotau, 1935-38 Abg. NatVers. der CSR; vorüberg. nomineller Hg. der kurzfristig in Reichenberg gedruckten Ztg. *Die Kommunistische Internationale*. 1939 Emigr. nach GB, Mitgl. der sog. *Beuer-Gruppe*, Mitarb. *Einheit* London. Nach Kriegsende Übersiedlung nach Berlin, Mitgl. SED, ltd. Funktionär u. zuletzt Vors. Industriegew. Land- u. Forstwirtschaft im FDGB sowie Mitgl. des Bundesvorstands. - *Ausz.:* VVO (Silber), Fritz-Heckert-Medaille.
Qu: Arch. Publ. Z. - IfZ.

Schenk, Richard, gef. 11. März 1938 E. *Weg:* E.
Arbeiter aus Berlin. Brigade-Kommissar XI. Internat. Brigade im Span. Bürgerkrieg.
Qu: Publ. Z. - IfZ.

Schereshevsky, Ben Zion (Benno), Dr. jur., Richter; geb. 1907 Königsberg. *Weg:* 1934 Pal.
Stud. Rechtswiss. Berlin u. Königsberg, 1930 Prom. Königsberg. 1934 Emigr. Palästina. 1949 Richter, dann stellv. Präs. des BezGerichts Jerusalem, ab 1965 Fakultätsmitgl. der Fortbildungskurse der Hebr. Univ., ab 1970 Teaching Fellow für Familienrecht. Lebte 1977 in Jerusalem.
Qu: Hand. Z. - RFJI.

Schettkat, Albert, Partei- u. Gewerkschaftsfunktionär; geb. 2. Aug. 1902 Bartscheiten/Ostpr., umgek. 1945 (?) KL Bergen-Belsen; *StA:* deutsch. *Weg:* 1933 CSR; 1935 Deutschland.
Landarbeiter. 1923 Mitgl. KPD, Parteiarbeit v.a. unter ostpreuß. Landarbeitern; ab 1928 Mitgl. KPD-BezLtg. Ostpreußen, 1929 Wahl zum Kand. des ZK; hauptamtl. RGO-Funktionär, 1932 OrgLtr. KPD-Bez. Ostpreußen, 1932 MdL Preußen. Mai 1933 Emigr. in die CSR; Anfang 1935 im Parteiauftrag zur illeg. Arbeit zurück nach Deutschland, im gleichen Jahr Festnahme u. zu 5 J. Haft verurteilt, nach Haftverbüßung KL Bergen-Belsen, dort angebl. kurz vor Kriegsende ermordet.
L: Weber, Wandlung; Deutsche Widerstandskämpfer 1933-1945. 1970. *Qu:* Arch. Publ. - IfZ.

Scheu, Friedrich, Dr. jur., Publizist; geb. 26. Febr. 1905; Diss.; *V:* Dr. Gustav S. (1875-1935), RA, SDAP, Mitgl. GdeRat Wien; *M:* Helene Scheu-Rieß, geb. Rieß (1880-1970), Schriftst., 1934 Emigr. USA; 1955 Österr.; *G:* Elizabeth Close (geb. 1912), Architektin, 1932 Emigr. USA, Mitarb. A: Minneapolis/Minn.; ∞ 1934 Wien, Herta Püregger (geb. 1912), 1938 Emigr. GB; 1954 Österr.; *K:* Helga (geb. 1936), Veronica (geb. 1941), Caroline (geb. 1943); *StA:* österr., 1946 brit. *Weg:* 1938 GB; 1954 Österr.
Stud. Rechtswiss. Wien, 1927 Prom.; Mitgl. *Verband Sozialistischer Studenten Österreichs,* SDAP. 1927-38 RA in Wien, 1929-38 Wiener Korr. *Daily Herald* London, Mitgl. *AngloAm. Press Assn.* in Wien; zwischen 1929 u. 1938 mehrfach Aufenthalte in London. 1934 nach den Februarkämpfen Mitgl. illeg. RSÖ, jur. u. materielle Hilfe für die Opfer der Kämpfe in Verb. mit der Hilfsaktion der Quäker. März-Apr. 1938 über die CSR Emigr. nach London. Mitarb. *Daily Herald*, Mitgl. *Labour Party*. 1938-50 außenpol. Red. des Nachrichtenmagazins *News Review*. Juni-Nov. 1940 Internierung Isle of Man. Ab 1940 Mitgl. *Austrian Labour Club*, ab 1942 Mitgl. RedKomitee *London Information of the Austrian Socialists in Great Britain*. Mai 1942 Mitgl. DelegKonf. der österr. Sozialisten in GB. 1944 Initiator u. Sekr. *Anglo-Austrian Democratic Society* als Gegengewicht zu dem unter kommunist. Führung stehenden *Free Austrian Movement*. 1945 Mitgl. SPÖ. 1947-54 Londoner Korr. *Arbeiter-Zeitung* Wien, Mitarb. zahlr. engl.-sprachiger Ztg. u. Zs. - 1954 Rückkehr nach Wien; 1954-71 außenpol. Red., 1962-71 stellv. Chefred. *Arbeiter-Zeitung*. 1954-74 ständiger Kommentator *Bayerischer Rundfunk*. Mitarb. *Die Zukunft*, nebenberufl. Mitarb. *Numismatic Chronicle* London. 1971 Pensionierung. Lebte 1978 in Wien. - *Ausz.:* Goldenes Verdienstzeichen der Republik Österr., Gr. BVK.
W: British Labor and the Beveridge Plan. New York 1943; Die britische Arbeiterregierung. 1948; Die Emigrationspresse der Sozialisten 1938-1945. 1968; The Early Days of the Anglo-Austrian Democratic Society. 1969; Der Weg ins Ungewisse. Österreichs Schicksalskurve 1929-1938 (Erinn.). 1972; Humor als Waffe. Das politische Kabarett in Österreich vor 1923. 1977. *L:* Maimann, Politik. *D:* VfGdA. *Qu:* Erinn. Fb. Hand. Pers. Publ. - IfZ.

Scheuer, Georg, Publizist; geb. 8. Dez. 1915 Wien; *V:* Heinrich S., o.K., RegRat, 1912-38 Red. *Amtliche Nachrichtenstelle* Wien; *M:* Alice, geb. Leimdörfer, o.K.; ∞ 1964 Christa Weyl; *StA:* österr. *Weg:* 1936 CSR, Österr.; 1938 F.
Mitgl. *Rote Falken* u. *Vereinigung sozialistischer Mittelschüler* in Wien, später SAJDÖ; 1931 Mitgl., später LtgMitgl. KJVÖ, zeitw. Schulungsltr., 1932 u. 1933 kurzfristig verhaftet. 1935 GrdgMitgl. u. führender Kader der linksoppositionellen *Revolutionären Kommunisten Österreichs* (RKÖ), Mithg. *Bolschewik,* Deckn. u.a. Langer u. Dr. Matzner; Frühj. 1936 aufgrund einer Verhaftungswelle in Wien Flucht nach Prag, stand in Verbindung mit sudetendt. u. tschechischen Trotzkisten *(Gruppe Jiskra)*, nach Juliamnestie 1936 Rückkehr nach Wien. (Ab Jan. 1937 bezeichneten sich die RKÖ - mit einigen theoret. Vorbehalten - offiziell als Trotzkisten u. wurden vom Internationalen Sekretariat der *Ligue Communiste Internationaliste* [Nachfolgeorg. der *Internationalen Linksopposition*] inoffiziell als österr. Sektion anerkannt). Nach Verhaftung 1937 neben → Johann Schöffmann u.a. Angeklagter im Wiener Trotzkistenprozeß, Verurteilung zu 18 Mon., nach staatsanwaltschaftl. Revision zu 5 J. schweren Kerkers, mit → Karl Fischer Zuchth.

Stein a.d. Donau. Febr. 1938 durch Schuschnigg-Amnestie befreit, März 1938 über Prag Emigr. Frankr., Aufenthalt in Paris u. Lille; 1938 Mithg. *Juniusbriefe* (offiz. Erscheinungsort London, tatsächl. Prag-Lille-Paris [→ Josef Hindels]). Sept. 1938 zus. mit K. Fischer österr. Vertr. auf Gründungskonf. der *IV. Internationale* bei Paris, auf der beide als einzige Deleg. gegen die ihrer Auffassung nach unzeitgemäße Grdg. einer neuen rev. Weltpartei stimmten. Ab Frühj. 1939 Mithg. des zweisprachigen *Bulletin Oppositionnel* (von Auslandsorg. der RKÖ in ZusArb. mit belg., franz. u. schweizer. Linkstrotzkisten getragen), über Antwerpener Gruppe der Auslandsorg. ZusArb. der RKÖ mit amerikan. Linkstrotzkisten. Nach Kriegsausbruch Internierung in Les Milles, Anfang 1940 zus. mit → Gustav Gronich Prestataire, nach franz. Kapitulation in Montauban/Südfrankr., Mithg. *Der Marxist* (→ Franz Lederer), Distanzierung von Trotzkismus u. *IV. Internationale* in Partei- u. Kriegsfrage. Nach Vereinigung mit Resten der *Internationalen Kommunisten Deutschlands* Umbenennung der RKÖ in *Revolutionäre Kommunisten Deutschlands;* illeg. Arbeit innerh. der franz. Résistance in Südfrankr. (weitere Mitgl. der Auslandsorg. der RKÖ in Frankr. u.a.: Melanie Berger [1942 in Toulouse durch Vichy-Behörden verhaftet, Verurteilung zu 15 J. Gef., von Widerstandsgruppe gewaltsam befreit], Ignaz Duhl [1943 von Gestapo verhaftet, umgek.], Edith Kramer [1943 in Valence durch Gestapo verhaftet, in Lyon vor Hinrichtung von Widerstandsgruppe befreit], Artur Streicher [1942 von Gestapo verhaftet, dep., umgek.]); ab 1941 Mithg. illeg. *RK-Bulletin,* das hektographiert bis Kriegsende regelmäßig erschien, Mai 1943-Juni 1944 Mithg. der illeg. Zs. *Spartakus* u. von Flugschriften (u.a *Arbeiter und Soldat),* die zur Agitation innerh. der dt. Besatzungstruppen bestimmt waren u. zum revolutionären Defätismus aufriefen, ZusArb. mit der linkstrotzkist. Gruppierung *Communistes Révolutionnaires* u. Mitarb. des Organs *Fraternisation prolétarienne.* Nach Kriegsende journalist. Arbeit in Paris, Mitarb. u. Korr. zahlr. österr., dt. u. franz. Ztg., u.a. Frankreich-Korr. *Arbeiter-Zeitung* Wien u. *Vorwärts* Bonn, Mitarb. *Die Zukunft* u. *Arbeit und Wirtschaft* Wien sowie *Neue Gesellschaft* Bonn, Mitarb. IISG Amsterdam. Mitgl. SPÖ. Lebte 1978 in Orry-La-Ville/Frankreich.

W: u.a. Von Lenin bis ...? Die Geschichte einer Konterrevolution. 1957; Marianne auf dem Schafott. Frankreich zwischen gestern und morgen. 1966. L: Widerstand 1; Keller, Fritz, Gegen den Strom. 1978; ders., Biographie Karl Fischer (unveröffentl. Ms.). D: IISG. Qu: Arch. Hand. Pers. Publ. - IfZ.

Scheur, Werner Wolfgang, Diplomat; geb. 15. Apr. 1921 Bonn; V: Hugo S. (gest. 1945), Red.; M: Katherina, geb. Keller (gest. 1924); ∞ I. 1951 Liselotte Neycken, 1972 gesch.; II. 1973 Ilse Kruckemeyer (gest. 1973); III. 1977 Brigitte Steinberg; K: Richard-York, Arabist, Übersetzer; A: Österr.; StA: deutsch, 24. Okt. 1940 Ausbürg., deutsch. Weg: 1937 CH; F; JU; Pal.; Afrika; Ägypten; 1947 Deutschland (BBZ).

Ev. Pädagogium Bad Godesberg, 1937 Emigr. aus pol. Gründen in die Schweiz, später nach Frankr., Jugoslawien, Palästina, Kenia, Uganda u. Ägypten. 1947-49 Verlagslektor in Bonn, 1949-50 Angest. brit. Besatzungsverw., 1951-52 Lektor Bundespresseamt, 1951-52 Assist. des Pressesprechers im AA Bonn, 1953-54 erneut im Bundespresseamt, 1954-57 Presseattaché dt. Botschaft Belgrad, 1957-58 in der Rechtsabt. des AA Bonn, 1958-62 Pressesekr. Botschaft Kairo, 1962-67 Konsul in Montreal, 1967-73 Presseref. Botschaft Den Haag, 1973-76 Ref. Pol. Abt. des AA Bonn, anschl. Kulturref. Botschaft Ottawa. - Lebte 1978 in Ottawa.

Qu: Fb. Hand. - IfZ.

Schey (urspr. Schey Frh. v. Koromla), **Herbert,** Dr. jur., Bankier; geb. 30. März 1891 Graz; V: Dr. jur. et h.c. Josef S. (1853-1938), Prof. Rechtswiss. Univ. Wien, Hofrat, Mitgl. des Herrenhauses des österr. Reichsrats, Mitgl. Österr. Akad. der Wiss.; M: Henriette, geb. Lang (geb. 1856); G: Gerda Goldschmidt (geb. 1886); Friedrich (geb. 1887); → Witold Schey; Irma Simon (geb. 1894); ∞ Johanna (urspr. Freiin von) Buschmann (geb. 1894). Weg: 1938 USA.

Bankier in Wien, u.a. bis 1926 persönl. haftender Gesellschafter Bankkommanditges. Schey & Co., anschl. vermutl. ltd. Tätigkeit in Österreichisches Credit-Institut für öffentliche Unternehmungen und Arbeiten. Emigrierte 1938 nach New York.

Qu: Arch. Hand. - IfZ.

Schey (urspr. Schey Frh. v. Koromla), **Witold,** Dr. med.; geb. 30. März 1891 Graz; G: → Herbert Schey; ∞ 1923 Margarete Mayer (urspr. Edle v. Gunthoff) (geb. 1897); K: Carola (geb. 1924); Alexandra (geb. 1926). Weg: GB.

Arzt in Wien (?), emigrierte nach London. 1940 neben → Otto Hecht Mitgr., zeitw. Vors. der legitimist. *Austrian League.* Dez. 1941 Mitunterz. *Deklaration österreichischer Vereinigungen in Großbritannien.* Arbeitete als Chirurg in Londoner Krankenhaus.

L: Maimann, Politik. Qu: Arch. Hand. Publ. - IfZ.

Schicht, Georg, Industrieller; geb. 26. Apr. 1884 Aussig/Böhmen; V: Johann S. (gest. 1907); G: 3 B; ∞ Lene Eckelmann; K: Georg Johann (geb. 1910), Ernst (geb. 1914), Roland (geb. 1918). Weg: GB.

Gymn. Aussig, Handelsschule Berlin, ab 1903 Angest. bei Georg Schicht, Aussig, ab 1904 Prokurist u. ab 1906 VerwRat sowie ab 1907 Vizepräs. des VerwRats u. kaufm. Ltr. Georg Schicht AG Aussig (Öl- u. Fettindustrie). Nach Zerfall der österr.-ungar. Monarchie Überführung des Unternehmens in die Schweiz, Mitgl. VerwRat der schweizer. Holdingges. Limmat; 1928 zur holländ. Firmengruppe Margarine-Unie u. mit ihr 1929 zu Unilever; AR u. Dir. Unilever-Konzern u.a. Ges. Im brit. Exil Kontakte zu Dr. Edvard Beneš, präventive, jedoch erfolglose Bemühungen um Rettung der an der Rüstungsproduktion beteiligten Schicht-Gruppe vor CSR-Konfiskation nach Kriegsende.

Qu: Hand. Publ. - IfZ.

Schickele, Rainer Wolfgang, Dr. phil., Agrarwissenschaftler, UN-Beamter; geb. 22. Juli 1905 Berlin; ev.; V: René S. (geb. 1883 Oberehnheim/Elsaß, gest. 1940 Vence/F), kath., Schriftsteller, einer der Wortführer des Expressionismus, Hg. der pazifist. Zs. *Die weißen Blätter,* Sept. 1932 Emigr. F; M: Anna, geb. Brandenburg (geb. Dez. 1882 Barmen, gest. Nov. 1972 Badenweiler), ev., Sept. 1932 Emigr. F; G: Hans (geb. Juli 1914), 1935 Emigr. USA, M.A., Architekt; ∞ 1934 Elisabeth Wilcox (geb. Aug. 1908), ev., M.S. Physik; K: Johann Peter (geb. Juli 1935), M.A., Komponist; David George (geb. März 1937), B.A., Filmregisseur; StA: deutsch, USA. Weg: 1931 USA.

1931 Prom. Landwirtschaftliche Hochschule Berlin, anschl. in die USA als Stipendiat der Iowa State Univ., später Stud. Internat. Inst. of Educ. New York u. Brookings Inst. Washington/D.C., 1934-54 Doz. 1947-57 Vors. Dpt. Agrarwiss. North Dakota State Univ., daneben 1934-54 Doz. für Agrarwiss. Iowa State Univ. u. 1944-45 George Washington Univ., Washington/D.C., 1943-47 Ltr. Forschungsabt. im Landwirtschaftsmin. der USA, 1954-55 Dir. Abt. Land- u. Wasserentwicklung der FAO in Rom, 1965-70 Mitarb. Agricultural Development Council Inc., 1965-67 in New York u. 1967-70 in Ceylon; 1967-70 Gastprof. Univ. Ceylon, 1971 Michigan State Univ., 1972 Univ. Minnesota, 1973-76 Univ. California, Davis u. Berkeley. Ab 1971 Ehrenmitgl. *Am. Agricultural Econ. Assn.,* Mitgl. *Am. Econ. Assn., Soc. for Internat. Development, Am. Assn. of Univ. Prof.* Lebte 1977 in Berkeley/Calif. - *Ausz.:* Farm Price Policy Award der *Am. Agricultural Econ. Association.*

W: u.a. Die Weidewirtschaft in den Trockengebieten der Erde. 1931; Society and the Masses. In: Am. Journal of Economics and Sociology, Nov. 1942; Agricultural Policy, Farm Programs and National Welfare. 1954 (span. Übers.: Tratado de

Política Agricola. 1962); Land Reform and Agricultural Production. In: Land Tenure. Univ. of Wisconsin, 1956; Land Economics Research for World Agricultural Development. In: Land Economics Research. 1962; Overcoming Institutional Obstacles to Agricultural Progress in Developing Countries. In: Alternatives for Balancing World Food Production and Needs. Iowa State Univ., 1967; Agrarian Revolution and Economic Progress. 1968. *Qu:* Fb. Hand. - RFJI.

Schieber, Eric, Dr. jur., Verbandsfunktionär; geb. 9. Juni 1915; jüd., *V:* Léon S.; *M:* Yetta, geb. Rosenstock-Udelsmann; ∞ 1951 Gita Sochaczewski; *K:* Judith; Emanuel. *Weg:* 1938 F.
    Stud. Handelsakad. u. Univ. Wien, 1938 Prom. Wien. 1938 Emigr. Frankr.; 1945 ehrenamtl. GenSekr. der Zion. Org. in Nizza, ab 1946 Ltr. InfoAbt. von ORT, ab 1957 VerwLtr. von ORT in Frankr., ab 1964 Red. von *Nouvelles de l'ORT* u. *ORT à ses amis,* daneben ab 1948 GenSekr. Jüd. Kunstmuseum Paris, ab 1952 geschäftsf. Sekr. des Repräsentantenausschusses des traditionellen Judentums in Frankr. Lebte 1976 in Paris.
    Qu: Hand. Publ. - RFJI.

Schiefer, Jakob (Jack), Dr. rer. pol., Gewerkschaftsfunktionär, Beamter, Publizist; geb. 16. April 1898 Sinnersdorf b. Köln; o. K.; *V:* Heinrich S., Landwirt; *M:* Elisabeth, geb. Erpenbach; ∞ 1933 Amsterdam, Martha Peters (geb. 1908), Emigr.; *K:* Martha (geb. 1934 Amsterdam), Leda (geb. 1941); Lothar (geb. 1946); *StA:* deutsch. *Weg:* 1933 NL, 1935 Deutschland.
    Ab 1912 Landarb., 1916-18 Kriegsfreiw., anschl. Schmied, GewMitgl., SPD. 1926-28 Fachschule für Wirtsch. u. Verw. in Düsseldorf, Begabtenabitur. 1928-33 ADGB-Sekr. in Mönchengladbach, daneben Stud. Volkswirtsch. Köln, 1931 Dipl.-Volkswirt, 1933 Prom. - Nach natsoz. Machtübernahme Emigr. nach Amsterdam, journ. tätig, Angehöriger des Kreises um → Erich Kuttner u. → Franz Vogt, Kurierfahrten ins Reich, dabei 1935 in Erkelenz verhaftet. Mißhandlungen während 1 1/2 jähr. Untersuchungshaft, VGH-Urteil 2 1/2 J. Zuchth.; 1938 Entlassung, bis 1945 als Geschäftsf. in der Industrie tätig, ab Jan. 1945 nach Einberufungsbefehl für Strafbtl. 999 bis Kriegsende im Untergrund. März 1945-Jan. 1946 Landrat des Kreises Erkelenz, anschl. Oberkreisdir., ab 1947 Ref. im Arbeitsmin. von NRW. Red. *Arbeit und Sozialpolitik;* 1952-63 AbtLtr. für Arbeitsfragen bei der Europ. Gemeinschaft für Kohle u. Stahl in Luxemburg, daneben publizist. tätig. - Lebte 1978 in Erkelenz.
    W: u.a. Geschichte der deutschen Gewerkschaften. 1946; Die Zuchthausballade. 1946; Tagebuch eines Wehrunwürdigen. 1947; Das System der sozialen Sicherheit in den Vereinigten Staaten. 1952; Europäischer Arbeitsmarkt. 1961; Hg. der Loseblattsammlungen: Deutsches Tarif-Archiv. 1946-53; Europäische Sozialberichte. 1963 ff.; Europäische und internationale Sozial-Informationen. 1965 ff. *Qu:* Arch. Fb. Publ. Z. - IfZ.

Schiff, Frank William, Ministerialbeamter; geb. 15. Juli 1921 Greifswald; *V:* Fritz S. (gest. um 1940 USA), Mediziner; *M:* Hildegarde, geb. Caro; *G:* 2 B; ∞ ledig; *StA:* deutsch, 1944 USA. *Weg:* 1936 USA.
    1936 Emigr. USA, 1942 B.A. Columbia Univ.; 1942-43 Angest. in einem Unternehmen der Erdölveredlungs- u. Chemikalienbranche. 1943-45 MilDienst US-Armee in Europa (Bronze Star), 1945 Lehrstabsoffz. für Volkswirtschaft an der US-Armee-Univ. in Biarritz, 1946-51 Doz. Columbia Univ. New York; 1951-61 bei der Federal Reserve Bank in New York, u.a. 1951-53 als WirtschExperte; 1955 Berater bei der neugegr. National Bank of Vietnam u. Finanzberater des US-Hilfsprogramms: 1955-58 als Ltr. der innenpol. Forschungsabt., 1957 als Berater der National Bank of Vietnam, 1958 u. 1960 als WirtschExperte, 1959 u. 1961-63 als Ltr. der Forschungsabt., 1963 Teiln. an der Central Bank Technicians Conference in Rio de Janeiro, 1963-64 Assist. Vicepres. der Forschungsabt.; gleichz. Red. *Federal Reserve Monthly Review* u. *Federal Reserve Annual Report;* 1964-68 Mitgl. President's Council of Economic Advisors, 1968-69 Deputy Under-Secretary for Monetary Affairs im US-Finanzmin., ab 1969 Vizepräs. u. WirtschExperte im Ausschuß für wirtschaftliche Entwicklung Washington/D. C., Mitgl. Council on Foreign Relation, Federal Statistics Users Conference u. *Am. Econ. Assn.* 1961-63 Vors. *Downtown Economists Luncheon Group* New York. Lebte 1974 in Washington/D.C.
    W: Monetary Reorganization and Central Banking. In: Vietnam: The First Five Years. 1959; Control of Inflation and Recession. In: Annals of the American Academy of Political Science, 1971; The Case for Incomes Policies. In: Proceedings of the American Statistical Association. 1971. *Qu:* Hand. Z. - RFJI.

Schiff, Hugo B., Dr. phil., Rabbiner; geb. 28. Nov. 1892 Hoffenheim/Baden; *V:* Max S. (geb. 1864 Angenrod/Hessen, gest. 1952 New York), jüd., Kantor, ReligLehrer, Dep. nach F, Internierung in Gurs, Emigr. USA; *M:* Pauline, geb. Brader (geb. Bayern, gest. um 1941 Lager Gurs/F), jüd.; *G:* Fritz Moritz (geb. 1888, gest. 1977 New York); Gisela Liebermensch (geb. 1892), A: USA; ∞ 1919 Hannah Bodenheimer (geb. 1891 Mannheim), 1939 Emigr. USA; *StA:* deutsch, 1944 USA. *Weg:* 1939 USA.
    1911 Stud. Heidelberg, 1913-23 Stud. Jüd.-Theol. Seminar Breslau, 1917-18 Feldhilfsrabbiner, 1923 Rabbinerexamen, daneben Stud. Heidelberg, Breslau u. Erlangen, 1922 Prom. Erlangen. 1922-25 Rabbiner Jüd. Gde. Braunschweig, 1925-39 Rabbiner Isr. Gde. Karlsruhe. Ab Nov. 1938 mehrere Wochen KL Dachau, 1939 Emigr. USA mit Ehefrau. 1939-48 Rabbiner Temple Beth El Alexander/Va., daneben 1940-42 Zivilrabbiner für Fort Belvoir/Va.; 1940-44 Doz. Episcopal Theol. Seminar in Alexandria. 1948-55 stellv. Rabbiner der Washington Hebr. Congr. Washington/D.C., daneben 1944-59 Gastprof. für jüd. Lit. u. Kulturgesch. an der Howard Univ. Washington/D.C., 1943-50 Doz. bei Jew. Chautauqua Soc. Lebte 1978 in Red Bank/N.J.
    W: Ralph Waldo Emersons Gestaltung der Persönlichkeit. (Diss.) 1922; Nathan-Stein-Schrift (Hg., Mitarb.). 1938. *L:* Carlebach, Alexander, The German-Jewish Immigration (1933-42) and Its Influence on Synagogue Life in the USA. In: Yearbook LBI, 1964; Kisch, Breslauer Seminar. *D:* Am. Jew. Arch. Cincinnati/O. *Qu:* Arch. Hand. Pers. Publ. - RFJI.

Schiff, Victor, Journalist; geb. 21. Febr. 1895 Paris, gest. 14. Juni 1953 Rom; *V:* Journ.; ∞ Else Kassulke (geb. 1892), Putzmacherin, Fürsorgerin, 1922 SPD, Emigr., 5. Apr. 1937 Ausbürg. mit Kindern; *K:* Gerda (geb. 1923), Fritz (geb. 1930), Emigr.; *StA:* österr., 1921 deutsch, 13. Juni 1935 Ausbürg., brit. *Weg:* 1933 GB, F; 1940 GB.
    Im 1. WK Soldat in österr.-ungar. Armee, 1917 in Berlin zur SPD, 1919 Mitgl. dt. Deleg. nach Versailles. Febr. 1920-Apr. 1933 außenpol. Red. *Vorwärts,* Reichstagskand. Nach natsoz. Machtübernahme zweimal in Haft, Apr. 1933 nach GB, Okt. 1933 nach Frankr., mit → Rudolf Breitscheid Vertrauensmann der *Sopade* in Paris, ab 1935 Korr. des *Daily Herald,* Mitgl. SFIO, Vortragstätigkeit, u.a. Mitarb. *Neuer Vorwärts, Freie Presse* Amsterdam, *Deutsche Freiheit* Saarbrücken, *Pariser Tageszeitung.* 1935 Mitgr. des von → Willi Münzenberg initiierten *Rassemblement Universel pour la Paix,* trotz Zugehörigkeit zum ehem. rechten SPD-Flügel Befürworter eines Volksfrontbündnisses, 1935-36 vergebl. Bemühungen um Gewinnung des Prager SPD-PV, zus. mit Münzenberg Entwurf eines „Burgfriedensvertrags" zwischen SPD u. KPD; Mitgl. *Komitee* bzw. *Ausschuß zur Vorbereitung einer deutschen Volksfront* u. Mitunterz. *Gemeinsamer Protest deutscher Sozialdemokraten und Kommunisten gegen den Justizmord an Rudolf Claus.* 1936/37 Aufenthalt in Spanien, Juli 1940 nach London. Ab 1942 Ausschußmitgl. SPD-Ortsgruppe London, Mitgl. der Arbeitsgemeinschaft *Deutschland und Europa nach dem Kriege,* dort Wortführer des „sozialpatriotischen" Flügels gegen einen Diktatfrieden u. für Revision des Versailler Vertrags als Kriegsziel des dt. Exils. Betonung der Mitverantwortlichkeit des Auslands am Aufkommen des NatSoz. in Deutschland, scharfer

Gegner der Kollektivschuldthese; dieser Konflikt führte zum Bruch der Gruppe um → Curt Geyer mit der SPD u. diente u.a. als Ansatzpunkt „vansittartistischer" Kritik an der dt. Arbeiterbewegung auch seitens der *Labour Party*. Ab Ende 1942 Befürworter eines Bündnisses des befreiten Deutschlands mit der UdSSR zur Abwehr eines Zwangsfriedens mit Gebietsabtrennungen durch die Westmächte, Sept. 1943 mit → Karl Rawitzki u. → Adele Schreiber-Krieger Anschluß an kommunist. gesteuerte FDB, Anfang 1944 vergebl. Bemühungen um Zurückweisung polnischer Gebietsansprüche durch FDB, Febr. 1944 Austritt unter Protest gegen den neuen „Super-Vansittartismus" der KPD; Rückkehr zur SPD, die aufgrund fortgesetzter Informationskontakte zu S. auf seinen Ausschluß verzichtet hatte. Ab 1946 Korr. des *Daily Herald* in Rom, weiterhin enge Verb. zur SPD.

W: u.a. Die Stimme aus dem Grabe. Aus den Reden von Jean Jaurès. 1919; Die notwendige Einigung der Sozialdemokratie. 1921; Die Höfle-Tragödie, Geschichte eines Justizmordes. 1925; So war es in Versailles. 1929; Wer hat den Rhein befreit? 1930; Der Weg zu einem neuen Deutschland (Mitverf.). London (Drummond) 1943; *L:* Röder, Großbritannien; MGD; Langkau-Alex, Volksfront. *Qu:* Arch. Hand. Publ. - IfZ.

Schiff, Walt(h)er, Dr., Hochschullehrer; geb. 3. Juni 1866 Wien, gest. 2. Juni 1950 Wien; *StA:* österr. *Weg:* 1938 (?) GB; 1950 Österr.

Prof. NatÖkonomie, Lehrstuhlinh. Pol. Ökonomie Univ. Wien. 1919 von österr. Reg. als Präs. des Bundesamtes für Statistik berufen. Mitgl. SDAP, Vors. *Antikriegskomitee,* Mitgl. *Bund der Freunde der Sowjetunion,* 1933 Mitgl. *Dimitroff-Komitee,* das sich für die Befreiung Dimitroffs aus dt. Haft nach dem Reichstagsbrand einsetzte. 1934 nach den Februarkämpfen vermutl. Mitgl. KPÖ. Nach Anschluß Österr. Emigr. GB. Mitgl., später Vors. *Council of Austrians in Great Britain.* Ab Mai 1940 nach Ausscheiden von → Georg Franckenstein Ehrenpräs. *Austrian Centre.* Dez. 1941 Mitunterz. *Deklaration österreichischer Vereinigungen in Großbritannien,* vermutl. Mitarb. *Free Austrian Movement.* Starb wenige Wochen nach seiner Rückkehr nach Wien.

W: u.a. Les charges de la propriété foncière en Autriche. 1892; Zur Frage der Organisation des landwirtschaftlichen Kredits in Deutschland und Österreich. 1892; Die Reform der österreichischen Arbeiter-Unfallversicherung. 1893; Österreichs Agrarpolitik seit der Grundentlastung. 1898; Die Gesetzgebung über agrarische Gemeinschaften. 1899; Grundriß des Agrarrechts mit Einschluß des Jagd- und Fischereirechts. 1903; Die „Methode der Individualstatistik von sozialen Veränderungen auf Grund von Bestandsaufnahmen" - Die Anwendung dieser Methode in der österreichischen Grundbesitzstatistik. 1907 (?); Die österreichische Sozialpolitik in den Jahren 1912 bis 1914. 1915; Die österreichische Erhebung über Wirtschaftsrechnungen und Lebensverhältnisse von Wiener Arbeiterfamilien. Methode und Ergebnisse. 1916; Internationale Studien über den Stand des Arbeiterschutzes bei Beginn des Weltkrieges. 1916-18; Die amtliche Statistik und die neuen Erfordernisse der Zeit. 1919; Die großen Agrarreformen seit dem Kriege. 1926; Die landwirtschaftliche Produktionspolitik in Österreich. 1926; Die Planwirtschaft und ihre ökonomischen Hauptprobleme. 1932; März, Eduard, Ständestaat Österreich. Die Verfassung und der Aufbau des autoritären Staates (Mitarb.). 1935. *L:* DBMOI; Maimann, Politik. *Qu:* Arch. Hand. Publ. - IfZ.

Schiffgens, Luise, verehel. Mössinger, geb. Simons, Parteifunktionärin u. Politikerin; geb. 26. Juli 1892 Aachen, gest. 1. Dez. 1954 Homburg/Saar; Diss.; *V:* Hermann Simons; *M:* Therese, geb. Wehren; ∞ I. 1912 Joseph Schiffgens (1874-1940), Weber; II. 1952 → Karl Mössinger. *Weg:* 1935 F; 1945/46 Deutschland/Saargeb.

Textilarbeiterin. 1920-29 SPD-StadtVO Aachen; 1921-24 MdL Preußen. Red. *Freie Presse* Aachen, 1923-24 Aufenthaltsverbot durch belg. Besatzungsbehörden, später Schriftltr. *Volksblatt* Aachen. 1924-30 MdR. 1930-33 Lehrerin beim SPD-Reichsausschuß für sozialist. Bildungsarb. Ab 1928 im Saargeb., 1930 im Landesvorst. SPD/S. Während des Saar-Abstimmungskampfes exponierte Einheitsfrontpolitikerin, neben → Philipp Daub Hauptref. auf von der IAH für 15./16. Dez. 1934 nach Saarbrücken einberuf. Saarländischen sozialpolitischen Kampfkongreß. Im franz. Exil Anschluß an Volksfrontbewegung, ab 1943 Mitarb. *Bewegung Freies Deutschland für den Westen* (BFD), Sept. 1944 bis Auflösung Sept. 1945 Vizepräs. KFDW/CALPO (→ Otto Niebergall), 5. Aug. 1945 Teiln. u. Ref. der letzten DelegKonf. der BFD in Paris. 1944 Vorst.-Mitgl. *Union des Réfugiés Sarrois en France.* Von DDR-Geschichtsschreibung zur Gruppe sozdem. Verfechter der Einheitsfrontpolitik gerechnet, die im Gegensatz zur Exil-SPD für Zusammengehen mit KPD eintraten; nach Rückkehr ins Saargeb. jedoch wieder in der sozdem. Politik aktiv. Anfang 1946 Mitgl. GrdgsVorst. SPS, 1948-54 des SPS-Landesvorst. als Vertr. der Frauen. 1947-52 u. 1952-54 (Fraktionsvors.) MdL Saar. In Opposition zum Kurs der Parteispitze (→ Richard Kirn), gegen Loslösung des Saargeb. von Deutschland.

L: Schmidt, Saarpolitik; Zorn, Edith, Über die Stellung deutscher Sozialdemokraten in Frankreich zur Bewegung „Freies Deutschland" (1944-1945). In: BZG, 7, 1965, S. 808-826; Schaul, Résistance; Pech, Résistance; Schneider, Saarpolitik und Exil. *Qu:* Hand. Pers. Publ. - IfZ.

Schiffman, Irving I., Diplomat; geb. 27. Nov. 1918 Neuhäusel (Nové Zámky)/Slowakei; jüd.; *V:* Joseph S.: *M:* Deborah, geb. Brand; ∞ 1953 Gloria Weinstein; *K:* Susan Cohen; Deborah Minors; *StA:* 1943 USA. *Weg:* 1938 USA.

Schulbesuch in Polen. 1938 Emigr. USA, 1940-43 Stud. City Coll. of New York u. Columbia Univ., daneben 1941-43 stellv. Betriebsltr. einer Textilfirma. 1943-46 MilDienst US-Armee, 1946-47 Finanzprüfer bei OMGUS, 1950 B.S. u. B.A. Columbia Univ.; 1951-52 in der Personalabt. der US-Luftwaffe, 1952-53 Stud. Am. Univ. Washington/D.C.; 1952-55 US-Nachrichtendienst; 1955 Vizekonsul u. Sekr. im US-Außenmin., 1956-57 Vizekonsul, 1957-58 Konsul in München, 1958-62 in der Pol. Abt. des US-Konsulats Hamburg, 1962-63 Konsul u. stellv. Dir. des US-Handelszentrums in Frankfurt/M., 1963-67 Sachbearb. der Abt. für Internat. ZusArb. in Washington/D.C., 1967-69 Sachbearb. für wirtschaftspol. Fragen der US-Botschaft in Bukarest, 1969-72 in der Abt. für Handel u. Wirtschaft der Botschaft in Warschau u. 1972-75 in der wirtschaftspol. Abt. der US-Vertretung in Bonn, ab 1975 GenKonsul in Bremen. Mitgl. *Columbia School of Business Assn., Columbia Graduate Faculties Alumni Assn., National Planning Assn., Foreign Service Assn.* Lebte 1974 in Washington/D.C. - *Ausz.:* 1971 Merit Honor Award des US-Außenministeriums.

Qu: Hand. Z. - RFJI.

Schif(f)rin, Alexander, Publizist; geb. 11. Aug. 1901 Char'kov/Rußland, gest. 1950 (1951 ?) USA. *Weg:* 1933 F; 1940 USA.

Urspr. dem menschewist. Flügel der russ. Sozialdemokratie zugehörig, stieß Anfang der 20er Jahre zur SPD, Mitarb. der Zs. → Rudolf Hilferdings, *Die Gesellschaft.* Einer der führenden Theoretiker der sozdem. Linken in der Weimarer Republik. 1933 Emigr. nach Frankr., mit → Kurt Glaser im Vorst. der Pariser Gruppe der von → Karl Böchel geleiteten RSD; als einer der krit. Wortführer der sog. alten Linken gegenüber Mandatsanspruch u. Politik der Sopade frühzeitiges Eintreten für eine Einheitsfront der Arbeiterparteien im Exil; Unterstützung der Kartellbemühungen der SPD-Gruppe Paris unter Ltg. von → Siegfried Marck; Mitgl. *Landesverband Deutscher Sozialdemokraten in Frankreich* (→ Max Braun). Nach Wende in der KPD-Pol. ab 7. *Komintern*-Kongreß einer der sozdem. Promotoren beim Aufbau einer dt. Volksfront, mit K. Glaser erstmals als Gruppenvertr. der RSD Teiln. an der vorbereitenden Sitzung des Lutetia-Kreises am 26. Sept. 1935 in Paris, Teiln. der beiden Konf. des *Vorläufigen Ausschusses zur Vorbereitung einer dtschen Volksfront* am 21. Nov. 1935 u. 2. Febr. 1936, Mitunterz. des Volksfrontaufrufs v. Dez. 1936. Nach Scheitern der Volksfrontbemühungen mit der KPD aktiv in Konzentrationsbestrebungen der sozialist. Emigr., Mitgl. *Ar-*

beitsgemeinschaft für sozialistische Inlandsarbeit. (→ Joseph Buttinger) u. *Arbeitsausschuß deutscher Sozialisten und der Revolutionären Sozialisten Österreichs* (→ Julius Deutsch); Mitgl. der Frühj. 1939 von → Willi Münzenberg gegr. *Union Franco-Allemande.* Verf. von u.a. in der Volksfrontfrage bedeutsamen Beiträgen in der Exilpresse, Mitarb. *Deutsche Freiheit, Die Neue Weltbühne* (NWB) u. der militärpol. Revue J. Deutschs, *Krieg und Frieden,* Paris; Ps. Max Werner, Herbert Rhön. Nach Kriegsausbruch Emigr. in die USA, Profilierung als militärpol. Publizist, Mitarb. u.a. *New Republic* New York, sah bereits Sommer 1941 Niederlage der dt. Armee in Rußland voraus; zahlr. pol. Vortragsreisen.

W: u.a. Hitler, Deutschland und Europa. In: Zeitschrift für Sozialismus (ZfS), Nr. 1, Okt. 1933; Revolutionäre Sozialdemokratie. In: NWB, Nr. 41 (10. Okt.), 1933, ebenso in: ZfS, Nr. 3, Dez. 1933; Trotzkismus und Sozialdemokratie. In: ZfS, Nr. 4, Jan. 1934; Die Konsequenzen des revolutionären Programms. Ebd., Nr. 9, Juni 1934; Der Riß in der Diktatur. Ebd., Nr. 11, Aug. 1934; Mitverf. der programmat. RSD-Schrift: Der Weg zum sozialistischen Deutschland. Eine Plattform für die Einheitsfront. Zur Diskussion gestellt von einem Arbeitskreis revolutionärer Sozialisten. In: ZfS, Nr. 12/13 (Sept./Okt.), 1934; Chancen der Einheit. In: NWB, Nr. 34 (22. Aug.), 1935; Deutsche Volksfront. Ebd., Nr. 41 (10. Okt.), 1935; Sozialismus, Krieg und Europa. Straßburg (Sebastian Brant) 1938 (franz.: Paris [Ed. Nouveau Prométhée] 1938); Der Aufmarsch zum zweiten Weltkrieg. Straßburg (Sebastian Brant) 1938; The Military Strength of the Fighting Powers. New York (Modern Age Books) 1939, London (Gollancz) 1939; Battle for the World. The Strategy and Diplomacy of the Second World War. New York (Modern Age Books) 1941, London (Gollancz) 1941 (span.: Buenos Aires [Ed. Claridad] 1941); The Great Offensive. The Strategy of Coalition Warfare. New York (The Viking Press) 1942, London (Gollancz) 1943 (span.: Mexico [Ed. Nuovo Mondo] 1943; schwed.: Stockholm [Bonnier] 1943). *L:* Drechsler, SAPD; Plum, Günther, Volksfront, Konzentration und Mandatsfrage. In: VHZ, Nr. 4, 1970; Freyberg, Jutta, Sozialdemokraten und Kommunisten. Die RSD vor dem Problem der Aktionseinheit 1934-1937. 1973; Langkau-Alex, Volksfront. *Qu:* Arch. Hand. Publ. Z. - IfZ.

Schifter, Richard, Rechtsanwalt, Politiker; geb. 31. Juli 1923 Wien; jüd.; *V:* Paul S. (geb. 1886 Stanislau/Galizien, umgek. 1942 [1943 ?] KL Majdanek), jüd., Inh. einer Drogerie in Wien, 1939 Emigr. PL, vergebl. Bemühungen um US-Visum; *M:* Balbina, geb. Blass (geb. 1893 Garwolin/Russ.-Polen, umgek. 1942 [1943 ?] KL Majdanek), jüd., 1939 Emigr. PL; ∞ 1948 Dr. Lilo Krüger (geb. 1924 Berlin), 1948 in die USA, J.D., ab 1978 Commissioner Maryland Publ. Serv. Commission; *K:* Judith Alter (geb. 1950), Ph.D., Psychologin; Deborah E. (geb. 1951), M.A. Math.; Richard P. (geb. 1953), RA; Barbara F. (geb. 1954), M.A., Lehrerin; Karen E. (geb. 1961); *StA:* PL, ab Okt. 1938 staatenlos, 1943 USA. *Weg:* 1938 USA.

Dez. 1938 Emigr. USA, Botenjunge u. Bürohilfskraft; 1943 B.S. City Coll. New York, Mitgl. *Phi Beta Kappa;* 1943-46 beim Nachrichtendienst der US-Armee, ab 1944 in Deutschland (Stabsfeldwebel), 1946-48 Ermittlungsbeamter, später stellv. AbtLtr. u. AbtLtr. der Investigation Sect. der External Assets Branch von OMGUS in Frankfurt/M., Berlin u. Wiesbaden. 1951 LL.B. Yale Law School, ab 1951 bei der RA-Firma Fried, Frank, Harris, Shriver & Kampelman, ab 1957 Partner der Firma in Washington/D.C., Fachmann für die Rechte der Indianer, 1951 Mitgl. der President's Materials Policy Commission, 1961 RA für das Büro des Dir. von *Food for Peace,* 1966-67 Mitgr. President's Task Force on Indian Affairs. 1966-70 Vors. des Montgomery County/Md. Cent. Committee u. 1967-70 stellv. Vors. des Md. Cent Committee der *Democratic Party,* 1968 Deleg. beim Bundeskongreß der *Democratic Party,* Mitgr. u. 1972-75 Vors. des Vollzugsausschusses der *Coalition for a Democratic Majority.* Ab 1975 Präs. des Md. State Board Educ., 1975-77 Vors. des Governor's Committee on Funding the Education of Handicapped Children, 1960-76 Mitgl. des Board of Visitors, 1970-76 VorstMitgl. der Md. School for the Deaf, Mitgl. *Am. and Distr. of Columbia Bar Assn.,* ab 1976 VerwRatsmitgl. *Am. Jew. Committee* Washington, ab 1977 Präs. Jew. Inst. for Nat. Security Affairs. Lebte 1978 in Bethesda/Md.

W: Trends in Federal Indian Administration. In: South Dakota Law Review, 1970; Indian Reservation Development - Reality or Myth? In: California and Western Law Review, 1972; Healing vs. Jones: Mandate for another Trail of Tears. In: North Dakota Law Review, 1974. *Qu:* Fb. Hand. - RFJI.

Schilde, Hans, Parteifunktionär; geb. 2. Okt. 1910 Limmritz/Sa.; *StA:* deutsch, 7. Juni 1938 Ausbürg. *Weg:* 1934 UdSSR; 1935 (?) NL; 1935 (?) CSR; 1938 (?) GB; Deutschland (SBZ).

Werkzeugmacher; 1925 KJVD, 1930 KPD, 1931 Mitgl. Reichsltg. *Rote Jungfront,* 1932 ZK-Instrukteur des KJVD in Nordbayern, später Lippe u. Hamburg. März-Dez. 1933 Haft in Hamburg, anschl. illeg. tätig. Anfang 1934 zur Schulung in die UdSSR deleg., dann angebl. Kurier. Febr. 1935 unter Ps. Walter Schuster in Amsterdam verhaftet. Nach Ausweisung für KPD in der CSR tätig. Vermutl. 1938 nach GB, ab 1944 Mitgl. ArbAusschuß der *Landesgruppe deutscher Gewerkschafter* (LG), Mitgl. ArbGemeinschaft Wirtschaft, Mitunterz. LG-Erklärung v. 17. Nov. 1945. Nach 1945 Rückkehr nach Deutschland, Landrat des Kreises Freiberg/Sa., dann Bevollmächtigter im Amt zum Schutze des Volkseigentums in Sa. u. nach Absolvierung der SED-Parteihochschule bis 1955 Ltr. VEB Heinrich Rau in Wildau (SchwermaschBau), anschl. Stud. am Industrieinst. der TH Dresden u. bis 1958 SED-Sekr. der TH, 1958-63 Vors. Wirtschaftsrat u. stellv. Vors. Rat des Bezirks Dresden, 1963-66 Ltr. Sektor für Leicht- u. Lebensmittelindustrie im Büro für Industrie u. Bauwesen der SED-BezLtg. ebd.; Abg. BezTag; 1970 1. Sekr. SED-StadtbezLtg. Dresden-Ost. - *Ausz.:* 1959 Verdienstmedaille.

L: Röder, Großbritannien. *Qu:* Arch. Hand. Publ. Z. - IfZ.

Schilder, Adolf, Partei- u. Gewerkschaftsfunktionär; geb. 13. Juni 1895 Hombok b. Olmütz/Mähren; ∞ Marie, 1939 UdSSR, 1945 CSR; *StA:* österr., 1919 CSR. *Weg:* 1939 UdSSR; 1945 CSR.

Arbeiter, 1909 Gew., 1926 KSČ, ltd. GewFunktionär u. LtgMitgl. *Ústředí rudých odborových svazů v Československu* [Zentrale der roten Gewerkschaftsverbände in der Tschechoslowakei]. 1939 mit Fam. Emigr. in die UdSSR. 1945 Rückkehr in die CSR, danach Tätigkeit unter dt. Bevölkerung der CSR, ab 1957 Mitgl. KSČ-Kreisausschuß Olmütz - *Ausz.:* 1958 Orden der Republik.

Qu: Arch. Z. - IfZ.

Schillack, Johann, Parteifunktionär; ∞ verh.; *StA:* deutsch. *Weg:* 1933 NL, Deutschland.

PolLtr. KPD-Unterbez. Bochum, 1929-33 StadtVO. u. Mitgl. ProvLT. Westf. Nach natsoz. Machtübernahme von SA schwer mißhandelt, Aufenthalt im niederländ. Konsulat, Mitte Mai 1933 Flucht nach Holland, Sept. Rückkehr als KPD-GebInstrukteur u. PolLtr. nach Essen, Deckn. Snieders, Mitte Nov. 1933 Verhaftung.

L: Steinberg, Widerstand; Peukert, Ruhrarbeiter. *Qu:* Arch. Publ. - IfZ.

Schiller, Charlotte (Lotte), geb. Bernheim, Parteifunktionärin; geb. 25. Mai 1920 Düsseldorf; jüd.; *V:* Alfred Bernheim (geb. 1885 Thingen, gest. 1975 Jerusalem), jüd., Fotograf, Schriftst., 1934 Emigr. Pal.; *M:* Ilse, geb. Michalowski (geb. 1898 Düsseldorf, gest. 1953 Jerusalem), jüd., Stud. Architektur, Künstlerin, Lehrerin, 1934 Emigr. Pal.; *G:* Ernst Baruch Bernheim (geb. 1923 Düsseldorf, gest. 1948 Schottland), B.A. Math., Stud. Astronomie, 1934 Emigr. Pal., 1947 nach GB; ∞ 1940 Hans J. Schiller (geb. 1917 Breslau), jüd., 1935 Emigr. Pal., Stud. Hebr. Univ. Jerusalem u. Am. Univ. Beirut, Architekt, 1947 in die

USA; *K:* Dr. med. Ian Michael S. (geb. 1942), 1947 in die USA, Arzt; Peter Dan S. (geb. 1951), B.A., Beamter; Anita Gabriela (geb. 1953); *StA:* deutsch, 1937 Pal./IL, 1955 USA. *Weg:* 1934 Pal., 1947 USA.

1931-34 Mitgl. *Jüdischer Pfadfinderbund,* 1933-34 *Habonim,* 1934 *Makkabi.* Nov. 1934 Emigr. Palästina; 1940 Stud. Lehrerseminar für Frauen in Tel Aviv, 1940-47 Teilzeitbeschäftigung als Lehrerin, 1943-47 Ltr. eines Kindergartens, 1947 mit Ehemann in die USA, 1950-56 techn. Zeichnerin, ab 1968 pol. Tätigkeit in der *Democratic Party* in Calif., teilw. in ltd. Positionen, Mitgl. versch. geschäftsf. Ausschüsse, 1973 u. 1977 Wahl in den Erziehungsrat Tamalpais Union High School District, 1975-76 dessen Vors., Mitgl. *Parent-Teachers-Assoc.* Lebte 1977 in Mill Valley/Calif.

Qu: Fb. Hand. - RFJI.

Schiller, Johann, Gewerkschaftsfunktionär; geb. 1890 (?), gest. 19. Juni 1941 S; *StA:* österr., 1919 CSR. *Weg:* 1938 S.

Vors. *Verband der Arbeiter und Arbeiterinnen in der Bekleidungsindustrie* Sitz Reichenberg u. Mitgl. Zentralgewerkschaftskommission des *Deutschen Gewerkschaftsbundes in der ČSR.* 1938 Emigr. nach Schweden, Mitgl. TG u. *Auslandsvertretung Sudetendeutscher Gewerkschafter.*

Qu: Arch. - IfZ.

Schimanski, Fritz, Parteifunktionär; geb. 1. Juli 1889 Tilsit, gest. 1937 (?) UdSSR. *Weg:* 1935 UdSSR.

Ziseleur, Übersiedlung nach Berlin, dort 1911 Mitgl. SPD; 1918 USPD, mit deren linkem Flügel 1920 zur KPD; Mitgl. BezLtg. Berlin, aktiver Anhänger der Linken unter → Ruth Fischer u. → Arkadij Maslow; auf dem 10. PT Juli 1925 Wahl ins ZK; nach dem Offenen Brief der *Komintern* v. 1. Sept. 1925 u. Verurteilung der Pol. der linken Führungsgruppe weiterhin Unterstützung von Fischer u. Maslow, wandte sich gegen den Parteiausschuß → Hugo Urbahns; 1926 Mitgl. der neugebildeten Reichsltg. *Linke Opposition der KPD,* Anfang 1927 Ausschluß aus KPD; Mitgr. *Lenin-Bund,* verantwortl. für Verlags- u. Zeitungsfragen; verließ Frühj. 1928 mit Fischer u. Maslow den *Lenin-Bund,* nach Reueerklärung 1929 Wiederaufnahme in die KPD, ab 1932 wieder hauptamtl. Funktionär in der RGO. Nach 1933 illegal tätig; 1935 Emigr. in die UdSSR; während der Säuberungen verschollen.

L: Weber, Wandlung; Zimmermann, Leninbund. *Qu:* Arch. Publ. - IfZ.

Schindler, Alexander Monroe (Moshe), Rabbiner, Verbandsfunktionär; geb. 4. Okt. 1925 München; *V:* Eliezer S. (geb. 1892 Osteuropa, gest. 1957), jidd. Dichter, Mitgl. versch. jüd. Org., 1933 Emigr. F u. I, 1938 USA; *M:* Sali, geb. Hoyda (geb. 1899 München), jüd., Kaufm., 1938 Emigr. USA; *G:* Eva Oles (geb. München), Stud. München, 1938 Emigr. USA, M.A. Smith Coll., Sozialarbeiterin; ∞ 1956 Rhea Rosenblum (geb. 1933 Manchester/N.Hamp.), jüd., B.A. Smith Coll., Lehrerin; *K:* Elisa Ruth (geb. 1957), Stud. Brandeis Univ.; Debra Lee (geb. 1959); Joshua Michael (geb. 1964); Jonathan David (geb. 1966); Judith Rachel (geb. 1966); *StA:* PL, USA. *Weg:* 1938 USA.

1937-38 Gymn. München; Aug. 1938 illeg. mit Mutter u. Schwester zum Vater in die Schweiz, anschl. Emigr. USA. 1941 Stud. City Coll. New York; 1944-46 Unteroffz. bei einer Ski-Einheit der US-Armee, Einsatz in Europa (Purple Heart, Bronze Star). 1946-49 Stud. City Coll. New York, 1950 Bakkalaureat in Gesch., 1949-53 Stud. H.U.C.-J.I.R. Cincinnati/O., 1951 B.H.L., 1953 M.H.L., 1953 Rabbinerexamen, 1953-56 Assist. Rabbi, 1956-59 Assoc. Rabbi Temple Emanuel Worcester/Mass.; 1955 u. 1956 Dean CCAR Nat. Insts. in Wisconsin, ab 1959 für CCAR tätig, 1959-64 Bez.-Dir. für New England u. Red. des lit. Teils des *C.C.A.R. Journal,* 1964-67 Dir. Landeserziehungs-Ausschuß u. Hg. einer Schulbuchreihe über das Reformjudentum, 1967-73 Vizepräs. von CCAR, 1967 Gr. u. Hg. der relig. Vierteljahresschrift des Reform-Judentums *Dimensions,* ab 1973 Präs. u. ab 1976 Vors. der Dachorg. *Conf. of Presidents of Major Am. Jew. Orgs.* in New York. 1978 wegen Verteidigung der Politik der isr. Reg. Begin öffentl. Auseinandersetzung mit dem Sicherheitsberater der US-Reg., Zbigniew Brzezinski, daraufhin demonstrative Verlängerung der gewöhnl. ein- bis zweij. Amtszeit als Vors. der *Conference of Presidents* auf unbestimmte Zeit. Ab 1963 Mitgl. Hauptvorst. *Am. Assn. of Jew. Educ.* u. *Nat. Councils for Jew. Educ.,* ab 1967 VorstMitgl. H.U.C.-J.I.R., *Syn. Council of Am.,* WJC, B'nai B'rith, ab 1967 Mitgl. Governing Board der *World Union for Progressive Judaism,* ab 1967 PräsMitgl. *World Council for Jew. Educ.,* Mitgl. der *Worcester Jew. Fed., Kiwanis, Campfire Guild of Am., Fed. of Reform Temples,* zeitw. Dir. *Jt. Committee on Progressive Judaism,* CCAR-UAHC; Vortragstätigkeit, zahlr. Radio- u. Fernsehsendungen, u.a. Fernsehprogramm *Ask the Rabbi.* Lebte 1978 in Westport/Conn.

W: u.a. From Discrimination to Extermination. A Study of the Nazi Government's Anti-Jewish Policies. 1949. *L:* A President of Presidents. In: The City Coll. Alumnus, 1977. *Qu:* Arch. Fb. Hand. Publ. Z. - RFJI.

Schindler, Pesach (Peter), Ph. D., Pädagoge, Verbandsfunktionär; geb. 11. Apr. 1931 München; jüd.; *V:* Alexander S. (geb. 1904 München), Angest., 1938 Emigr. USA, 1972 nach IL; *M:* Esther, geb. Stiel (geb. 1904 Galizien), 1939 Emigr. USA, 1972 nach IL; *G:* Ruben (geb. 1932 München), 1940 Emigr. USA, Rabbiner, B.A., M.S.W., Ph.D., 1966 IL, Assist. Prof. für Fürsorgewesen; ∞ 1954 Shulamith Feldman (geb. 1934 Toronto), jüd., Lehrerin, 1972 nach IL; *K:* Chaya (geb. 1955), Krankenschwester; Gitah (geb. 1957); Meyer (geb. 1959); Nehama (geb. 1963); Avraham (geb. 1969); *StA:* deutsch, 1945 USA, 1974 IL. *Weg:* 1940 USA.

Jan. 1940 Emigr. Niederlande mit Transitvisum, Unterstützung durch Jüd. Gde., Febr. 1940 mit Bruder in die USA zu den Eltern; 1949-53 Stud. Brooklyn Coll. New York, 1954 B.A. Musik, 1951-52 Stud. *Jew. Agency* Inst. for Youth Leaders/IL, MilDienst bei IDF; 1952-55 Stud. Rabbi Jacob Joseph Yeshiva New York u. Mirrer Yeshiva Brooklyn, 1955-56 Vors. der *B'nai Akiva Zion. Youth of North America.* 1956-60 Geschäftsf. bei Feldman Wholesale Hardware Toronto, daneben 1956-57 Stud. Yeshivat Hadarom Rehovot, Rabbinerexamen, 1959-65 pädagog. Ltr. der Gde. Adath Isr. in Toronto, 1959-65 VerwDir. u. Red. der Gde.-Zs. von Shaarei Tefilla Toronto, 1958-65 Lehrer Associated Hebr. Day and High School Toronto. 1962-63 Gr. u. Präs. Isr. Investment Assn. Toronto, 1960-65 Red. *The Shofar,* 1963 Dipl. Toronto Hebr. Teacher's Seminary, 1961-63 Stud. Grad. School of Educ. der Yeshiva Univ. New York, 1964 M.S.; 1965-72 stellv. Ltr. Abt. für Bildungswesen u. 1965-72 Mitgl. VerwAusschuß der *United Syn. of Am.,* Vors. des Jugendkomitees der Congr. Shaarei Tefillah Far Rockaway/N.Y., 1968-69 Vors. *Assn. of Americans and Canadians for Aliyah,* 1968-72 Stud. New York Univ., 1972 Ph.D., 1967-70 VorstMitgl. *Educators' Assembly,* Mitgl. *Nat. Council for Jew. Educ.,* 1972 nach Israel, ab 1972 Vors. von *United Syn. of Am.* in Israel, gleichz. Dir. *Center for Conservative Judaism* Jerusalem, ab 1972 Doz. David Yellin Teachers' Sem. Jerusalem, ab 1975 Doz. Hebr. Univ., 1975 isr. Deleg. bei Holokaust-Konf. in Hamburg, 1973 Mitgl. u. Dir. von nordam. jüd. Org. in Israel, ab 1977 Actions Committee WZO, ab 1975 VorstMitgl. Internat. Youth Center Jerusalem; Mitgl. *Coord. Committee of Branches of Conservative Movements in Israel.* Lebte 1977 in Jerusalem. - *Ausz.:* 1973 Founders' Day Award, New York Univ.

W: A Hebrew High School in Your Community. 1967; Handbook for Hebrew High School. United Syn. Comm. on Jew. Educ. (Hg.) 1967; A Manual for the Solomon Schechter Day School. 1969; Responses of Hassidic Leaders and Hassidim During the Holocaust in Europe 1939-45 and a Correlation Between Such Responses and Selected Concepts in Hassidic Thought. (Diss.) 1972; Handbook for the Congregational School Board Member. US Commission on Jew. Educ. (Hg.). 1972; The Holocaust and Kiddush Hashem in Hassidic Thought. In: Reynolds u. Waugh (Hg.), Religious Encounters with Death; Essays in the History and Anthropology of Religion. 1977; Faith After Auschwitz in the Light of the Paradox of Tikkun in Hassidic Documents. In: Conservative Judaism, 1977; Art. in Fachzs. *Qu:* Fb. Hand. - RFJI.

Schindler-Rainman, Eva Mirjam, geb. Schiff, D.S.W., Pädagogin; geb. 26. März 1925 Köln; o.K.; *V:* Dr. med. Hans Schiff (geb. Metz/Elsaß, gest. 1962 USA), Arzt, 1936 Emigr. USA; *M:* Dr. med. Alice Schiff, geb. Goldstein (geb. 1898 Deutschland), Ärztin, 1936 Emigr. USA; *G:* Günther Hans (geb. 1927 Köln), 1936 Emigr. USA, RA; ∞ I. 1945 Richard Schindler (geb. München), Ing., 1933 (1934 ?) Emigr. USA, 1951 gesch.; II. 1958 Joseph Rainman (geb. Rußl.), Ing., 1968 gesch.; *K:* aus I: Peter Hans Schindler (geb. 1950), Filmproduzent; *StA:* deutsch, 1941 USA. *Weg:* 1936 USA.

Juni 1936 Emigr. USA mit Familie; 1944-45 Beraterin in Ferienlager des *Am. Friends Serv. Committee,* 1945-47 Jugendltr. für die Westküste der *Nat. Conf. of Christians and Jews,* 1946-47 Forschungsassist. beim *Council of Soc. Agencies,* 1947-48 Ltr. für Erholungsprogr. der Stadt Oakland, 1948-49 Ltr. für Gruppenarbeit des Catholic Women's Cent.; daneben Stud. Univ. Calif., 1947 A.A. Univ. Calif. Los Angeles, 1949 B.A. Univ. Calif. Berkeley; 1950-52 Ausbildungsltr., 1952-54 Personalltr. der *Girl Scouts of Am.* in Los Angeles, 1956 M.S.W. Univ. South Calif., 1956-58 stellv. Ltr. der Erwachsenenbildung der Univ. School Calif., 1957 Stipendium der Ford Foundation, 1958-59 Doz. für Fürsorgewesen, 1962 D.S.W. u. 1962-63 Doz. Univ. Southern Calif., Stipendium für Lehrerausbildung vom Nat. Inst. Mental Health, ab 1963 Beraterin für GdeOrg. u. GdeTätigkeiten u. für Erziehungs- u. Jugendarbeit für staatl. u. private Org., u.a. *Campfire Girls, Pasadena Boys Club* u. *Pasadena Girl Scouts.* 1964-66 Sears Roebuck Foundation-Stipendium des Los Angeles Community Council, 1967-70 HEW-Stipendium für eine Studie über großstädtische Notgebiete i.A. der *Nat. Campfire Girls,* 1967 Fellow im Nat. Training Lab.; 1967, 1968 u. 1970 Doz. Univ. Hawaii, 1968-70 Univ. Calif. Irvine, ab 1968 Univ. Calif. Riverside u. Univ. Southern Calif. Los Angeles. Mitgl. Beratungskomitee der Frostig Educ. School, Mitgl. u.a. *Nat. Assn. of Social Workers, Adult Educ. Assn., Soc. for the Study of Psych. Issues, Am. Management Assn., Internat. Assn. Applied Behavioral Science,* 1966-67 Präs. US Schools of Social Work Alumni. Lebte 1978 in Los Angeles/Calif.

W: Community Organization: Selected Aspects of Practice Social Work (Diss.). 1962; Trainers in Action. 1966; Working with People Whom We Forgot. In: Rauch, D. (Hg.), Adult Education Handbook. 1971; The Volunteer Community: Creative Use of Human Resources (Mitverf.). 1971; zahlr. Art. (ausgew. Bibl. bis 1971 in: The Volunteer Community). *Qu:* Fb. Hand. - RFJI.

Schirn, Otto, Dr. rer. comm., Journalist, Verbandsfunktionär; geb. 23. Aug. 1908 Wien; jüd.; *V:* Josef S. (geb. 1879 Kosow/Galizien, umgek. 1944 KL Auschwitz), jüd., höhere Schule, Kaufm., 1932-36 in B, 1936-38 in Österr., 1938 Emigr. B, 1942 Dep.; *M:* Taube Jente Kriss (geb. 1879, umgek. 1944 Auschwitz), jüd., 1938 Emigr. B, 1942 Dep.; *G:* Stephanie (geb. 1911 Wien, gest. 1945 B), höhere Schule, 1930 nach B; ∞ 1939 Yvonne Kurz (geb. 1918 Brüssel), jüd., höhere Schule, 1940 Emigr. F, 1941 USA, Musiklehrerin; *K:* Robert (geb.1941), RA; Vivian Benor (geb. 1942), Lehrerin in IL; Daniel (geb. 1948), Lehrer; *StA:* österr., 1947 USA. *Weg:* 1940 F, 1941 USA.

1927-32 Stud. Univ. u. Hochschule für Welthandel Wien, 1932 Prom.; aktiv in zion. StudOrg.; 1935-36 Stud. am Inst. für Journalismus in Brüssel, 1936-38 Auslandskorr. in Österr. für *L'Indépendance Belge* Brüssel, anti-natsoz. Veröffentlichungen. 1938 im Versteck, Juni 1938 illeg. Emigr. Belgien mit Hilfe des Vaters; 1938-40 GenSekr. *Conseil des Associations Juives* in Brüssel, 1939-41 VorstMitgl. *World Union of Jew. Youth,* 1939-40 Mitgl. Zion. Org. Brüssel; Mai 1940 nach Frankr., Internierung im Lager St. Cyprien. Aug. 1941 in die USA, Unterstützung durch Verwandte, HIAS, HICEM u. *Nat. Refugee Service;* 1942-45 stellv. Dir. OrgAbt. WJC, 1943-44 Gr. u. 1. Vors. *Young Zion. Actions Committee,* 1945-57 Dir. *United Israel Appeal* an der Westküste der USA, 1945-56 Vizepräs. *Am. Zion. Council of Los Angeles,* 1951-58 für Westküste Dir. *Jew Agency,* 1957-61 Dir. *Am. Jew. Congress,* 1961-62 Dir. *Labor Zion. Org. of Am.* 1962-76 Berater in Public Relations. Ab 1966 Vors. *United Los Angeles Memorial Committee,* Vizepräs. *Los Angeles Assn. of Jew. Community Execs.,* ab 1966 Präs. *Congr. Am. Jews from Poland,* Präs. *Jew. Survivors of Concentration Camps,* ab 1976 Dir. Bez. Westküste *Am. Red Magen David for Israel.*

Qu: Fb. Hand. - RFJI.

Schlachter, Frédéric (urspr. Friedrich Wilhelm), Bankier; geb. 19. Nov. 1892 Kirn/Nahe; *V:* Josef Sch., jüd., Händler; *M:* Friderike, geb. August, jüd.; *G:* Elise Eugenie (geb. 1883), Helene (geb. 1887), Elisabeth (geb. 1889), Erna (geb. 1899); *K:* 1 S, RA in Paris; *StA:* deutsch, F. *Weg:* 1935 F; nach 1945 Deutschland/Saargeb.

Vor 1935 Dir. Saarhandelsbank Saarbrücken. Während des Saar-Abstimmungskampfes Eintreten für Status quo in Verb. mit Kreisen um *Neue Saarpost* u. → Johannes Hoffmann. Im franz. Exil naturalisiert. Nach 1945 zurück an der Saar, Ltr. Entnazifizierungsbehörde. Enger Vertrauter Johannes Hoffmanns, spielte während dessen RegZeit bedeutende Rolle in saarländ. Wirtschaftspol., u.a. staatl. Vermögensverwalter als Generaldir. Landesamt für Saar-Vermögenskontrolle bzw. Sequesterverw.; 1948-50 erster Präs., 1950-52 Vizepräs. IHK Saarland; Teiln. an den Verhandlungen über Pariser Saarkonventionen von 1950; von maßgebl. Einfluß im Pressewesen u. Rundfunk, AR-Präs. *Radio Saarbrücken.* Später nach Frankreich.

W: Saarwirtschaft am Wendepunkt. 1947; *L:* Eberhard, Walter, Wer kaufte Joho? Dreimal an der Saar. 1951; Schmidt, Saarpolitik; Schneider, Saarpolitik und Exil. *Qu:* ABiogr. Arch. Publ. Z. - IfZ.

Schlamm, William Siegmund (urspr. Willi), Parteifunktionär, Publizist; geb. 10. Juni 1904 Przemysl/Galizien, gest. 1. Sept. 1978 Salzburg; *V:* Elias David S., Kaufm.; *M:* Sarah Mirjam, geb. Glass; *G:* 8 (?); ∞ 1927 Stefanie Kohaut, Emigr. USA; *StA:* österr., 1944 USA. *Weg:* 1933 CSR; 1938 USA.

Angehöriger der Jung-Wandervogel-Bewegung in Wien, Mitgl. der sich in den letzten beiden Jahren des 1. WK in losen Zirkeln illeg. formierenden sozdem. u. linksradikalen Mittelschülerbewegung, angebl. Nov. 1918 Mitgr. KJVÖ (eigentl. *Verband der [kommunistischen] Proletarierjugend),* nach anderer Quelle ab 1919 Mitgl. u. Funktionär KJVÖ, 1920 kurzfristig nach Moskau. Angebl. ab 1922 Red. *Die Rote Fahne* Wien. 1922-27 Stud. Staatswiss. Univ. Wien. März 1923 auf 5. PT Wahl ins ZK der KPÖ als Jugendvertr. - In den Fraktionskämpfen innerh. der KPÖ zunächst Mitgl. der „linken" Fraktion um → Josef Frey, ab 1925 Anschluß an die Mittelgruppe um → Johann Koplenig. Zeitw. Chefred. *Die Rote Fahne.* 1927 Wahl ins ZK, maßgebl. Vertr. der rechten Minderheit in der KPÖ, die sich nach der Linkswendung der *Komintern* (6. Weltkongreß 1928) formierte. 1928 kurzfristig verhaftet. Vertrat zeitw. die Losung einer Donauföderation als pol. Zukunftsperspektive für Österr.; Sept. 1929 Parteiausschluß als Rechtsabweichler, Dez. 1929 Mitgr. *Kommunistische Opposition Österreichs,* die sich eng an die dt. KPDO (→ Heinrich Brandler) anschloß, Mitarb. *Gegen den Strom.* Vermutl. 1931 wegen interner Differenzen Austritt aus der *Kommunistischen Opposition Österreichs.* Wiener Mitarb. *Simplicissimus* u. *Jugend* München sowie *Die Weltbühne* Berlin, 1932-33 Chefred. ihres kurzfristig bestehenden Schwesterorgans *Die Wiener Weltbühne,* zeitw. Aufenthalt in Berlin. 1933 nach Verhaftung von Carl von Ossietzky nach Prag, Mitgr. u. bis 1934 Chefred. *Die Neue Weltbühne,* zeitw. Anhänger der pol. Positionen L.D. Trockijs, u.a. deshalb Anfang 1934 nach Auseinandersetzungen Ausscheiden aus *Die Neue Weltbühne* (Nachf. → Hermann Budzislawski), Gr. u. Chefred. der bis 1935 bestehenden *Europäischen Hefte* Prag, vertrat die Position eines ethischen Sozialismus u.

engagierten Pazifismus, forderte die Errichtung einer sozialist. dt. Republik nach Hitlers Sturz unter Abschaffung des Berufsbeamtentums, der Berufsrichter zugunsten gewählter Richter, des stehenden Heers u. der Polizei zugunsten einer Volksmiliz u. Verzicht für alle Zeiten auf den Krieg als Mittel der Außenpol.; Mitarb. *Das Neue Tagebuch* u. *Přitomnost* Prag. 1937 Veröffentlichung *Diktatur der Lüge* als Auseinandersetzung mit den Moskauer Prozessen u. Abrechnung mit stalinist. Kommunismus. Nov. 1938 nach New York. Ab 1939 Mitarb. *Neue Volks-Zeitung* u. *The New Leader,* 1940-42 *The New York Times* u. *Radio WEVD, Mutual Network,* 1940-41 *Columbia Broadcasting System.* Juni 1941 Mitgr. *Austrian Committee* (→ Richard Schüller), ZusArb. mit → Richard Coudenhove-Kalergie. Herbst 1941 assistant editor, 1942 senior editor im Wirtschaftsmagazin *Fortune* (Organ des konservativ-republikan. Pressekonzerns Henry R. Luce, u.a. *Time* u. *Life).* Wahrscheinl. Mitarb. OWI. Ab Anfang 1943 persönl. Assist. von H.R. Luce, bereiste bis 1945 alle Staaten der USA, Mitarb. *The Nation, Saturday Review of Literature, The New Republic* u. *Esquire.* Nach Kriegsende vergebl. Versuch zur Grdg. einer dt.-sprach. Ausg. von *Life* sowie zur Grdg. einer renommierten lit.-pol. Zs. innerh. des Luce-Konzerns, 1949-51 Pariser Korr. *Fortune,* anschl. Ausscheiden aus dem Luce-Konzern. 1951-57 Hg. der Senator Joseph McCarthy nahestehenden Zs. *National Review* u. Mitarb. *Freeman,* maßgebl. Ideologe des kalten Kriegs. Ab 1957 in Lugano/CH, 1959-63 regelmäßiger Kolumnist der Zs. *stern.* 1960 aufsehenerregende, von CDU/CSU-nahen Org. veranstaltete Vortragsreise durch dt. Universitäten, sprach sich für offensive Politik gegenüber der UdSSR unter Einschluß eines eventuellen Angriffskriegs aus. Kolumnist *Il Borghese* Rom, 1965-71 *Welt am Sonntag.* Kritisierte ab 1967 die CDU als zu weich gegenüber innerem u. äußerem Feind. Wandte sich vehement gegen die Ostpolitik der Reg. → Willy Brandt, griff Brandt wegen seiner pol. Tätigkeit im Exil, insbes. während des 2. WK, an. Ab 1972 nach Auseinandersetzungen mit Springer-Konzern Hg. *Zeitbühne.* - *Ausz.:* 1971 Konrad-Adenauer-Preis der Deutschland-Stiftung.

W: Endstation Hamburg oder 2 + 2 1/2 = 2. Ein Wort an die Mitglieder des Verbands der sozialistischen Arbeiterjugend Österreichs. 1923; Diktatur der Lüge. Eine Abrechnung. Zürich (Verlag Der Aufbruch) 1937; This Second War of Independence. New York (Dutton) 1940; Hitler's Conquest of America. New York (Farrar and Rinehart) 1941; Germany and the East-West-Crisis. 1959; Die Grenzen des Wunders. 1959; Die jungen Herren der alten Erde. 1962; Wer ist Jude? Ein Selbstgespräch. 1964; Vom Elend der Literatur. Pornographie und Gesinnung. 1966; Am Rande des Bürgerkriegs. 1970; Glanz und Elend eines Jahrhunderts. Europa von 1881-1971. 1971; Zorn und Gelächter. Zeitgeschichte aus spitzer Feder. 1977; *L:* Deak, Intellectuals; Steiner, KPÖ; Hautmann, KPÖ; Radkau, Emigration; Walter, Exilliteratur 2, 7; Vogelmann, Propaganda; Neugebauer, Bauvolk; Reisberg, KPÖ; ISÖE; Keller, Fritz, Gegen den Strom. 1978; Albrechtová, Tschechoslowakei. *Qu:* Arch. Hand. Pers. Publ. Z. - IfZ.

Schleifer, Friedrich, Partei- u. Verbandsfunktionär; geb. 5. Febr. 1879 Wien (?), gest. 1. Mai 1958 Stockholm; *StA:* österr., S (?). *Weg:* 1939 S.

Mitgl. SDAP, 1903 Sektionsltr., später BezObmann in Wien. Aktiv in *Kinderfreunde*-Bewegung, Mitgl. *Touristenverein Die Naturfreunde* u. *Verein Freie Schule.* Soldat im 1. WK, Kriegsinvalide. 1919-34 Mitgl. GdeRat Wien, in der ersten Hälfte der 20er Jahre Mitgr. u. stellv. Obmann, 1925-34 Obmann *Mietervereinigung Österreichs,* 1926 in Zürich Berufung zum Präs. (Vizepräs.?) *Internationaler Mieterbund.* Nov. 1933 im Zuge der Kampagne der Dollfuß-Reg. gegen die österr. SozDem. der Korruption u. des illeg. Waffenbesitzes beschuldigt, vergebl. Bemühung um Aufhebung der Immunität. Febr. 1934 Verhaftung, anschl. KL Wöllersdorf, zog sich dort bleibende gesundheitl. Schäden zu. 1939 mit Familie Flucht nach Schweden, lebte in Stockholm. Mitgl. *Klub österreichischer Sozialisten* (KöS) unter → Bruno Kreisky, vermutl. 1944 Mitgl. *Österreichische Vereinigung in Schweden* (ÖVS). 1944-46 Red. *Österreichische Zeitung.* Stellte sich Ende 1944 in den Auseinandersetzungen innerh. der ÖVS um einen Beitritt zum *Free Austrian World Movement* London auf die Seite der kommunist. Vertr., nach Ausscheiden aus ÖVS u. KöS Gr. der kurzlebigen *Vereinigung österreichischer Sozialdemokraten in Schweden.* Apr. 1945 Mitgr. u. VorstMitgl. *Freie Österreichische Bewegung* in Schweden (FÖB), Nov. 1945 FÖB-Vertr. im *Österreichischen Repräsentationsausschuß in Schweden;* 1945 Mitgr. *Internationale Touristenvereinigung Die Naturfreunde in Schweden (Naturvännernas internationella Turistförening i Sverige).* Blieb nach Kriegsende in Schweden, bis zu seinem Tod in schwed. Sozialdemokratie aktiv.

L: Gulick, Österreich; Patzer, Gemeinderat; Fiebig, Gerdhartmut, Bibliographische Arbeit über die Österreichische Zeitung. Unveröffentl. Ms. 1970; Müssener, Exil; ISÖE. *Qu:* Arch. Publ. Z. - IfZ.

Schleifstein, Josef (Jupp), Dr. phil., Parteifunktionär, Hochschullehrer; geb. 15. März 1915 Lodz/Russ.-Polen; jüd., 1930 Diss.; *V:* Hermann S. (1884-1931), jüd., Kaufm.; *M:* Marie, geb. Strumpfelt (geb. 1886, gest. KL), jüd., kaufm. Angest., ab 1928 KPD; *G:* Max (geb. 1913, gest. KL), kaufm. Angest.; ∞ 1943 Trude Löwenstein (geb. 1919), jüd., 1946 Diss., Emigr. GB, 1946 Deutschland (BBZ); *K:* Mary (geb. 1943 GB), Dr. rer. nat., Physikerin, 1946 Deutschland (BBZ), später DDR; *StA:* 1915 russ., 1917 staatenlos, 1951 deutsch. *Weg:* 1935 PL, CSR; 1939 GB; 1946 Deutschland (BBZ).

1925-31 Realgymn. Leipzig, 1931-32 Musikkonservatorium ebd., Stud.-Abbruch aus pol. Gründen. 1931-33 KJVD, Ltr. einer Agitprop-Gruppe; 1932 KPD, 1932-33 *Rote Studentengruppe.* Ab Sommer 1933 Mitarb. illeg. KPD-BezLtg. Westsa.; Nov. 1933 Verhaftung, Juni 1934 Urteil 1. J. u. 9 Mon. Zuchth., bis Ende Sept. 1935 Zuchth. Waldheim, dann als Staatenloser nach Polen abgeschoben. Dez. 1935 CSR, Anschluß an dt. pol. Emigr., Unterstützung durch *Šalda-Komitee.* 1936-Anfang 1938 Kurier des ZK der KPD, Mitgl. FDJ. Vor Besetzung der Rest-CSR März 1939 Weiteremigr. nach GB. 1941-46 Motorenprüfer in Flugzeugfabrik, daneben Kriegshilfsdienst. 1939-40 in FDJ aktiv, dann Funktionär EmigrLtg. der KPD, 1943-46 Mitgl. u. Mitarb. FDB. Okt. 1946 nach Deutschland, KPD, ab 1946 PV-Mitgl.; 1946-48 Red. *Volksstimme* Köln; 1948-49 Ltr. Presseabt., 1949-50 Ltr. PropAbt. u. ab 1950 Sekr. beim PV. 1951 in die DDR, Erwerb der dt. Staatsangehörigkeit. Ab 1951 Doz. Univ. Leipzig für Grundlagenstud. des Marxismus-Leninismus, ab 1953 Doz. für Gesch. der ArbBewegung am Franz-Mehring-Inst. ebd., 1956 Prom., 1957 Prorektor für Gesellschaftswiss. Grundstudium, 1958-68 Prof. u. Dir. Inst. für Philosophie Leipzig. 1958-63 MdVK (Fraktion *Kulturbund zur demokratischen Erneuerung Deutschlands*). Ab 1963 ZK-Mitgl. der illeg. KPD, ab 1964 Kand. PolBüro. Mai 1968 Übersiedlung in die BRD. Seit Grdg. 1968 PV-Mitgl. der DKP. 1969 Mitgr. u. Ltr. Inst. für Marxistische Studien u. Forschungen Frankfurt/M.; Mitgl. Kuratorium Gedenkstätte Ernst Thälmann e.V., Hamburg. - Ps. 1944-50 J. Schopp, 1959-64 P. Pfeil, 1963-68 Egon Schreiner. Lebte 1977 in Bad Homburg. - *Ausz.:* 1955 Med. Für ausgezeichnete Leistungen (DDR), 1958 Med. für Kämpfer gegen den Faschismus 1933-1945, 1959 VVO (Silber), 1976 Dr. h.c. Univ. Leipzig.

W: Franz Mehring - Sein marxistisches Schaffen 1891-1919. 1959; Naturwissenschaft und Philosophie (zus. mit G. Harig). 1960; Ein marxistisches Programm für die Bundesrepublik. In: Einheit 23/1968; Die Septemberstreiks 1969 (Autorenkoll.). 1969; Mitbestimmung als Kampfaufgabe (Autorenkoll.). 1971; Einführung in das Studium von Marx, Engels, Lenin. 1972; Zur Theorie des staatsmonopolistischen Kapitalismus (zus. mit Delilez u. R. Katzenstein). 1973; Zur Geschichte und Strategie der Arbeiterbewegung. 1975; u.a. Mithg. der gesammelten Schriften von Franz Mehring u. Hg. von Schriften Rosa Luxemburgs; zahlr. Aufs. in wiss. u. pol. Zs.: Zur Theorie des Marxismus, phil. Themen, Geschichte der dt. Arbeiterbewegung, Politik der Arbeiterbewegung. *L:* Prauß, H., Die Kaderschmiede der DKP-Genossen. In: Publik, 28. Nov. 1969, S. 5. *Qu:* Fb. Hand. Pers. Publ. Z. - IfZ.

Schlesinger, Bella, geb. Olkienicka, Dr., Sozialarbeiterin; geb. 18. Mai 1898 Wilna; *V:* Avraham-Menashe Olkienicki (geb. 1871 Wilna, gest. 1938), jüd., Kaufm., Zion., Stud. Jeschiwah; *M:* Miriam-Jenta, geb. Lifschitz (geb. 1876 Grodno, umgek. 1943 im Holokaust), höhere Schule, Gr. *Benot Zion.*; *G:* Uma (Fanny), Lehrer (geb. 1899, umgek. 1943 im Holokaust), Stud. Kunstakad., Gr. Museum für das Jüd. Theater bei YIVO in Wilna; Zwi-Hirsch (geb. 1906, umgek. 1944 im Holokaust), Stud. Volkswirtsch. in B, Tätigkeit im Geschäft des Vaters; Anna Arcichowska (geb. 1908), Stud. Rechtswiss., 1957 mit Familie nach IL; ∞ 1926 Dr. rer. pol. Jacques Schlesinger (geb. 1898 Riga), Stud. Jena, 1936 Emigr. Pal., Beamter im isr. Finanzmin.; *StA:* russ., IL. *Weg:* 1936 Pal.
1918-19 Stud. Univ. Char'kov, 1919-21 Stud. Seminar für Wohlfahrtspflege in Berlin u. München, 1920-23 Stud. Berlin, 1923-25 Jena; 1925-26 beim Wohlfahrtsamt der jüd. Gde. Berlin, 1926-35 ltd. Tätigkeit bei der *Zentralwohlfahrtsstelle der Deutschen Juden* (1934 *Zentralausschuß für Hilfe und Aufbau* der *Reichsvertretung),* 1934 Mitgr. jüd. Kindergärtnerinnen-Seminar in Berlin. 1936 Emigr. Palästina mit C-Zertifikat; 1937-38 GenSekr. WIZO Jerusalem, 1939-51 beim Wohlfahrtsamt der Stadtverw. Tel Aviv, Aufstieg zum stellv. Dir., 1951-58 Gr. u. Dir. Gemeindeschule für Wohlfahrtspflege in Tel Aviv, 1958-63 Dir. Zweigstelle Tel Aviv der Paul-Baerwald-Schule für Wohlfahrtspflege, leistete Sozialhilfe für Einwanderer aus der Sowjetunion. Mitgl. *Union of Soc. Workers in Israel.* Lebte 1976 in Tel Aviv. *Ausz.:* 1949 UN-Stipendium für Sozialhelfer.
W: u.a. Philo-Lexikon (Mitarb.). 1927-1930; Führer durch die Jüdische Gemeindeverwaltung und Wohlfahrtspflege in Deutschland (Mithg.). 1932-1933; Le Service Social en France. 1950; Directory of Rehabilitation Services in Israel (Hg.). 1966. *Qu:* Fb. - RFJI.

Schlesinger, Edmund, Dr. jur., Rechtsanwalt, Hochschullehrer; geb. 18. Mai 1892 Paris, gest. Apr. (?) 1968 Louisville/Ky., USA; *StA:* österr. (?), USA (?). *Weg:* 1934 F; 1940 (?) USA.
Jugend in Wien, aktiv in sozdem. Jugendbewegung, vermutl. Funktionär *Verband jugendlicher Arbeiter Österreichs.* Stud. Rechtswiss., anschl. RA in Wien, vor allem Rechtsvertr. von Gewerkschaften, insbes. nach den Ereignissen des 15. Juli 1927 als Strafverteidiger für angeklagte SozDem. u. Schutzbündler aktiv. Mitgl. SDAP, zeitw. VorstMitgl. einer BezOrg. in Wien. Schüler von Alfred Adler, wiss. Tätigkeit als Kriminalpsychologe, Freundschaft mit Karl Renner, Theodor Körner u. → Otto Bauer. 1934 nach den Februarkämpfen Emigr. Paris. Ab 1938 Mitgl. der sozialist. Emigr. um die AVÖS (→ Joseph Buttinger), Mitarb. sozialist. Ztg. sowie des franz. Rundfunks. Mitarb. *Matteotti-Komitee,* neben → Karl Hans Sailer u. → Heinrich Soffner Vertr. des *Matteotti-Komitees* im DirKomitee der *Fédération des Émigrés provenant d'Autriche.* Vermutl. 1940 nach franz. Kapitulation Flucht in die USA. War 1967 Prof. für Lit. an Univ. Louisville.
L: Leichter, Otto, Otto Bauer. Tragödie oder Triumph? 1970. *Qu:* Arch. Publ. Z. - IfZ.

Schlesinger, Guillermo (Wilhelm), Dr. oec. publ., Rabbiner; geb. 7. Febr. 1901 St. Gallen/CH, gest. 30. Nov. 1971 Buenos Aires; *V:* Emil S.; *M:* Ida, geb. Lesser; ∞ 1937 Dr. phil. Erna Cohn (geb. 1903 Deutschland, gest. 1958 Buenos Aires), Emigr. Argent., Lehrerin u. Autorin (Bücher zur Judentumskunde); *K:* Susanna Raquel. *Weg:* 1934 CH, 1936 Argent.
1929-34 Stud. Jüd.-Theol. Seminar Breslau, 1934 Rabbinerexamen, zugl. Stud. Hamburg u. Breslau. 1934 Emigr. Schweiz, 1936 Prom. Zürich. 1936 nach Argentinien, 1937-71 Oberrabbiner der ältesten konservativen Gde. in Buenos Aires, Congr. Israelita de la República Argentina, 1945 Mitgr. des Inst. für Jüd. Studien in Buenos Aires, 1946 Mitgl. *Conference of Jew. Org.* (COJO) in London, 1950 Mitgr. Seminar für Hebr.- u. Relig.-Lehrer in Buenos Aires, 1950 Mitgl. SynAusschuß von Argentinien, 1952 Präs. des Rats für Religionsunterricht in Argentinien, 1958 Mitgr. u. stellv. Präs. *Jüdisch-Christliche Bruderschaft,* VorstMitgl. B'nai B'rith, Mitgl. Gesellschaft der Zionistischen Vereinigung zum Schutz jüdischer Einwanderer, Mitgl. Jüd.-Argent. Inst. für Kultur u. Information., Mitgl. *Rabbinical Assembly of America.*
W: Das Geldproblem in der öffentlichen Meinung der Schweiz 1803-1850 (Diss.). 1936. *L:* Kisch, Breslauer Seminar. *Qu:* Hand. Publ. Z. - RFJI.

Schlesinger, Josef, Parteifunktionär; geb. 24. März 1902 Gänserndorf/Niederösterr., gest. 20. März 1971 Berlin (Ost); ∞ verh.; *K:* Paul; *Weg:* 1933 F; 1935 Österr.; 1938 F; 1946 Deutschland (Berlin).
Buchhalter; 1921 SDAP, 1922 KPÖ, RedSekr. *Die Rote Fahne* Wien, aktiv in kommunist. GewBewegung; aus pol. Gründen wiederholt strafverfolgt, 1927 Hochverratsanklage; ab 1929 Instrukteur des ZK der KPD für Pressewesen u. Lit-Vertrieb. 1933 nach Frankr., Ltr. LitVertrieb der PCF; 1935-Anfang 1938 mit Ehefrau selbständ. Kaufm. in Marchegg/Niederösterr., dann Verlagsltr. *Deutsche Volkszeitung* Paris, nach Kriegsausbruch Internierung, Flucht, illeg. Aufenthalt in Südfrankr., Mitarb. KFDW. 1946 Rückkehr nach Berlin, VVN-Funktionär, stellv. Chefred. VVN-Organ *Die Tat* u. Ltr. Abt. Presse u. Information im ZV. Ab Anfang der 50er Jahre ltd. Funktionär in Verlagswesen u. Außenhandel, ZK-Mitarb.; ab 5. PT 1958 Kand. u. ab 6. PT 1963 Mitgl. Zentrale Revisionskommission der SED, 1967 Niederlegung aller Funktionen aus gesundheitl. Gründen. - *Ausz.:* 1958 Med. für Kämpfer gegen den Faschismus 1933-1945, 1962 VVO (Silber), 1968 Banner der Arbeit; ZK-Nachruf.
L: Dahlem, Vorabend. *Qu:* Arch. Hand. Publ. Z. - IfZ.

Schlesinger, Moritz, Ministerialbeamter; geb. 19. Sept. 1886 Magdeburg, gest. 10. Febr. 1974 Washington/D.C.; jüd.; ∞ verh.; *K:* 1 T, Emigr.; *StA:* deutsch. *Weg:* 1933 USA.
Importkaufmann, Kriegsteiln., ab Ende 1918 stellv. Ltr. Reichszentrale für Kriegs- u. Zivilgefangene, 1918-33 Sachverständiger für dt.-sowj. Wirtschaftsbeziehungen im AA, ab 1923 Amtsbezeichnung GenKonsul. Zeitw. Vertr. des Völkerbundkommissars für Flüchtlingsfragen. Mitte 1933 Emigr. USA.
Qu: EGL. Publ. Z. - IfZ.

Schlesinger, Otto, Fabrikant; geb. 27. Okt. 1884 Rosenberg/Oberschlesien, gest. 26. Sept. 1940 Niteroi/Bras.; jüd.; *V:* Siegfried S. (geb. 1835 Oberschlesien, gest. 1896 Rosenberg), jüd., Spirituosenhändler, Stadtrat; *M:* Flora, geb. Rechnitz (geb. Beuthen/Oberschlesien, gest. 1904 Breslau), jüd.; *G:* Emil (geb. 1861, gest. 1923 Rosenberg), Kaufm.; Rosa Noranski (geb. 1863, gest. 1918 Breslau); Hugo (1867-1912), Kaufm.; Georg (gest. 1943 Urug.), Kaufm.; Martin Lubliner (geb. 1874, gest. 1928 Breslau); Hulda Schäffer (geb. 1876, gest. 1939 Breslau); Ernst (geb. 1878, gest. 1948 Niteroi), Kaufm.; Richard (geb. 1879, gest. 1881 Rosenberg); Helene Haase (geb. 1881, gest. 1933 Breslau); Margarethe (geb. 1882, gest. 1905 Breslau); Gertrud (1883-1887); Erich (geb. 1885, gest. 1976 Frankfurt/M.), RA; Dr. med. Ludwig S. (geb. 1887, gest. 1927 Rosenberg); Marie (Mimi) Pasch (geb. 1891, gest. 1952 IL); ∞ 1910 Elly Frank (geb. 1886 Chemnitz/Sa., gest. 1976 Niteroi), jüd., 1939 Emigr. Bras.; *K:* Hilde (geb. 1912 Breslau), Stud. Med. Freiburg/Br., 1933 Emigr. Bras., M.D. Rio de Janeiro, Tätigkeit beim staatl. TB-Schutzimpfungsprogramm; Ken F. Sheridan (Kurt Schlesinger) (geb. 1914 Breslau), Stud. Rechtswiss. Heidelberg, 1933 Emigr. CH, Lehre, 1934 Emigr. GB, Teiln. 2. WK, Textilfabrikant; *StA:* deutsch, Ausbürg. *Weg:* 1939 Bras.
Stud. Pharmazie Breslau, Mitgl. K.C.-Stud.-Verbindung *Thuringia;* Ausbildung als Apotheker in Chemnitz. 1910-20 Inh. Humboldt-Apotheke Breslau; Einjähr.-Freiw., im 1. WK SanOffz. an der Ostfront; 1920-38 VorstMitgl. u. mit

Schwiegervater Inh. des Textilbetriebs Marschel Frank Sachs AG (MAFRASA) in Chemnitz. Febr. 1934 Entführung u. Mißhandlung durch SA (Verurt. der beteiligten SA-Leute wegen Erpressung, Freilassung nach 3 Mon.). 1938 Zwangsverkauf der Firma, Frühjahr 1939 mit Ehefrau Emigr. über GB nach Brasilien zur Tochter. Erfinder u. Hersteller eines Kleidungsschutzmittels für tropisches Klima.

D: RFJI. *Qu:* HGR. Pers. Z. - RFJI.

Schlesinger, Rudolf, Dr., Parteifunktionär, Hochschullehrer; geb. 4. Febr. 1901 Wien, gest. 11. Nov. 1969; *V:* Arzt; *G:* 1 S; ∞ Mila (Deckn.), ltd. Funktionärin im RGO-BezKomitee Berlin, nach natsoz. Machtübernahme illeg. Arbeit, Emigr. mit Ehemann, lebte Anfang der 70er J. in Schottland. *Weg:* 1933 CSR; 1935 UdSSR; 1937 CSR; 1939 GB.

Im 1. WK aktiv in linksradikaler Mittelschülerbewegung, zeitw. Ltr. Bildungswesen in *Vereinigung Sozialistischer Mittelschüler* in Wien. Frühzeitig Mitgl. KPÖ. Ab 1919 Stud. Medizin u. Sozialwiss. Univ. Wien, 1922 Prom. Anschl. kurzfristig Volontär *Die Rote Fahne* Wien, ab Febr. 1923 Mitarb. von Eugen Varga in dessen westeurop. Forschungsinst. in Berlin; Mitgl. KPD, sympathisierte ab 1923 mit der sog. Mittelgruppe. Ab 1924 Angest. IAH u. Hg. von Betriebsztg. in Berlin, Deckn. Rudolf Gelber; 1925 kurzfr. Chefred. *Der Klassenkampf* Halle, Entlassung nach dem Offenen Brief des EKKI, danach Mitarb. des zentralen Pressedienstes des ZK. Febr. 1926 nach Moskau, Mitgl. KPdSU, Mitarb. Internationales Agrarinstitut. 1927 Rückkehr nach Deutschland, Mitarb. AgitProp.-Abt. des ZK. Nach natsoz. Machtübernahme Hg. *Informationsdienst für Betriebs- und Häuserblockzeitungen,* der in ZusArb. mit → Wilhelm Florin an die Berliner Unterbez. der KPD verteilt wurde (ab März 1933 wurde der hierzu aufgebaute App. zu Herstellung u. Vertrieb der illeg. KPD-Stadtztg. *Die Rote Fahne* benutzt). 1933 kurzfristig verhaftet, anschl. Emigr. CSR, Schulungsltr. KPD-Landesgruppe; 1935 in die UdSSR, als Nachf. von → Paul Reimann Red. der dt. Ausgabe *Die Kommunistische Internationale,* nach Verhaftung von → Fritz David Parteiverfahren vor Internationaler Kontrollkommission, Dez. 1936 Parteiausschluß. 1937 wieder in die CSR, Mitgl. *Bert-Brecht-Klub;* Mai 1939 Emigr. GB, Mitarb. *Austrian Centre,* Mitarb. zahlr. Exilztg. Nach Kriegsende Tätigkeit als wiss. Publizist, zuletzt Hochschullehrer in Glasgow.

W: Memoiren (unveröffentl. Ms.). *D:* BA. *Qu:* Arch. Publ. - IfZ.

Schlesinger, Therese, geb. Eckstein, Partei- u. Verbandsfunktionärin; geb. 6. Juni 1863 Wien, gest. 5. Juni 1940 Blois/Loire; Diss.; *V:* Fabrikant; *M:* jüd.; *G:* Gustav Eckstein (1875-1916), sozdem. Theoretiker u. Publizist, u.a. Red. *Die Neue Zeit;* Friedrich E. (gest. 1939 [?]); 5 S; ∞ 1888 Schlesinger (gest. 1891 [?]); *K:* Anna Frey (1889-1918), s. → Josef Frey; *StA:* österr. *Weg:* 1939 F.

Stammte aus großbürgerlich-liberalem Elternhaus. Mitte der 90er Jahre Mitgl. *Allgemeiner Österreichischer Frauenverein,* Mitarb. *Die Volksstimme,* setzte sich insbes. für Frauenwahlrecht u. Zugang von Frauen zu Hochschulen ein. 1896 Mitgl. einer Erhebungskommission, die i.A. der *Ethnischen Gesellschaft* eine Enquête über die Lage der Wiener Arbeiterinnen durchführte, Bekanntschaft mit Victor Adler, Ref. über diese Enquête auf dem ersten Internat. Frauenkongreß in Berlin. 1897 Beitritt zur SDAP, 1901 Mitgr. *Verein sozialdemokratischer Frauen und Mädchen,* ab 1903 Mitgl. des neugegr. Frauen-Reichskomitees der SDAP. Mitarb. sozdem. Ztg. u. Zs., u.a. *Die Unzufriedene, Der Kampf, Arbeiter-Zeitung* Wien sowie *Die Neue Zeit* Berlin, umfangreiche Referenten- u. Schulungstätigkeit in Partei- u. GewOrg., Deleg. zu fast allen internat. sozialist. Frauenkongressen. 1914 bei Kriegsausbruch Mitgl. der linken, kriegsgegnerischen Minderheit in der SDAP, 1916 LtgMitgl. des *Vereins Karl Marx* (→ Friedrich Adler). 1917 österr. Deleg. auf der dritten Zimmerwalder Konferenz in Stockholm. 1919-20 Mitgl. Konstituierende Nationalversammlung (insgesamt 7 weibl. Mitgl.), 1920-23 MdNR, 1923-30 MdBR. Enge ZusArb. mit F. Adler innerh. der SAI u. mit → Otto Bauer, formulierte 1926 den der Frauenfrage gewidmeten Teil des Linzer Programms der SDAP, enge Verb. zu → Käthe Leichter. Lebte nach den Februarkämpfen u. der SDAP-Auflösung 1934 zurückgezogen in Wien. 1939 Emigr. Frankr., bis zu ihrem Tod Aufenthalt in einem Sanatorium in Blois.

W: u.a. Die Frau im 19. Jahrhundert (Mitverf.). 1902; Was wollen die Frauen in der Politik? 1909; Die geistige Arbeiterin und der Sozialismus. 1919; Der Aufstieg der Arbeiterbewegung im Revolutionsjahr. 1919; Wie will und soll das Proletariat seine Kinder erziehen? 1921; Die Frau im sozialdemokratischen Parteiprogramm. 1928; 25 Briefe an Karl Kautsky (1897-1937), unveröffentl., IISG. *L:* Balabanova, Angelica, Erinnerungen und Erlebnisse. 1927; Popp, Adelheid, Der Weg zur Höhe. 1929; Schroth, Hans, Bibliographie Therese Schlesinger. In: Archiv. Mitteilungsblatt VfGdA, 1963/2; Leser, Werk; Hautmann, KPÖ; DBMOI; *Qu:* Arch. Hand. Publ. Z. - IfZ.

Schlesinger, Wilhelm (Willi), Dr. med., Arzt, Verbandsfunktionär; geb. 15. Febr. 1910; *StA:* österr. *Weg:* 1938 F; 1942 Deutschland; 1945 (?) Österr.

Stud. Medizin, 1938 nach Anschluß Österr. unmittelbar vor Examen u. Prom. Flucht nach Frankr.; 1942 Verhaftung durch franz. Polizei, Auslieferung an Gestapo, KL-Haft, ab 1944 KL Buchenwald. Nach Kriegsende Rückkehr nach Wien. Sekr. *Verband der rassisch Verfolgten,* Vertriebsltr. *Der Mahnruf des KZ-Verbands.* 1946 Mitgl. Opferfürsorgekommission, setzte sich besonders für rasche Wiedergutmachung ein; wiss. Tätigkeit, Spezialisierung auf haftbedingte Krankheiten u. gesundheitl. Spätfolgen. Lebte 1975 in Wien.

Qu: Z. - IfZ.

Schlesinger-Chinatti, Karl, Diplomat; *StA:* österr. *Weg:* Bras.

Emigr. Rio de Janeiro. Mitgl. *Austria Livre* Brasilien (→ Rudolf A. Métall), nach Berufung von R.A. Métall nach Montreal dessen Nachf. als Sekr. des *Comite de Proteção dos Interesses Austriacos no Brasil* unter → Anton Retschek. Dez. 1946 Übernahme in den österr. diplomat. Dienst, Ltr. der Konsularabt. der österr. Gesandtschaft in Rio de Janeiro. Lebte 1966 in Brasilien.

Qu: Arch. - IfZ.

Schliestedt, Heinrich, Gewerkschaftsfunktionär; geb. 18. Jan. 1883 Hohnstedt/Leine, gest. 13. Aug. 1938; *V:* Heinrich S.; *M:* Friederike, geb. Hische; ∞ Martha Weinberger (geb. 1909), Emigr., 1945 Deutschland (ABZ); *K:* Hansjörg (geb. 1935 Kassel); Markus (geb. 1937 Kassel); *StA:* deutsch, 31. Aug. 1938 Ausbürg. *Weg:* 1934 CSR.

Schlosser, ab 1910 VorstMitgl. DMV, 1910-19 Geschäftsf. DMV Remscheid, StadtVO, später DMV-Funktionär in Stuttgart, Mitgl. *Eisen-Wirtschafts-Bund,* Vors. SPD-Bildungsausschuß Württemberg, zuletzt DMV-VorstMitgl. in Berlin. 3. Mai 1933 Gr. *Vorläufige Reichsleitung für den Wiederaufbau der Gewerkschaften,* u.a. mit → Hans Jahn, Errichtung einer weitverzweigten illeg. Org., Verb. zu sozdem. Widerstandskreisen u. zur Sopade Prag. 1934 bei Aufdeckung der Gruppe Flucht nach Komotau/CSR, dem Sitz des Internat. Berufssekretariats der Metallarbeiter. Bemühungen um Aufbau einer gewerkschaftl. Exilorg. u. Überwindung der seit der Kapitulation der dt. GewFührung 1933 verbreiteten Vorbehalte gegen die dt. Gew. innerh. der ausländ. ArbBewegung; bis 1936 Hg. *Gewerkschafts-Zeitung* (Fortführung ab 1937 unter Red. von → Anton Reißner), Deckn. Fritz Heinrich. 26./27. Juli 1935 Einberufung der Reichenberger Konferenz mit Deleg. der *Vorläufigen Reichsleitung* aus Deutschland u. unter Teiln. des IGB-GenSekr. Walter Schevenels, Gr. der *Auslandsvertretung der deutschen Gewerkschaften* mit S. als geschäftsf. Vors. (ADG, nach urspr. Org.-Bezeichnung *Gewerkschaftliche Auslandsvertretung Deutschlands* auch *Geade* genannt), Anerkennung als Vertretung der dt. Gew. auf GenVers. des IGB 1936 in Amsterdam,

1936-37 Hg. *Nachrichten der Auslandsvertretung der deutschen Gewerkschaften* (ab 1937: *Nachrichtendienst der Auslandsvertretung der deutschen Gewerkschaften* unter Red. von → Bruno Süß), Bemühungen um Ausbau der illeg. Org. im Reich u. um ihre Unterstützung durch internat. GewBewegung, konkurrierte hierbei mit Gruppe NB (→ Karl Frank), u.a. im Hinblick auf eine Förderung durch die ITF (→ Walter Auerbach), Errichtung von Landesgruppen in den Exilländern; 1936 in Amsterdam 2. Auslandskonferenz der ADG mit Deleg. aus Deutschland. Enge Verb. zur *Sopade,* Mitarb. an deren *Deutschland-Berichten.* Trat für Grdg. einer Einheitsgew. in Deutschland nach Sturz des NS-Regimes u. Auflösung der DAF ein, hierfür Aufbau von Kadern im Reich u. von Nachrichtenverb., die durch spektakuläre Einzelaktionen gegen das Regime nicht gefährdet werden sollten; Ablehnung der von der KPD angestrebten ZusArb. im Rahmen einer gewerkschaftl. Einheitsorg. im Exil unter Verweis auf RGO-Politik u. Spitzelanfälligkeit der illeg. KPD-Tätigkeit im Reich, Aug. 1937 Entwurf für einen *Bund der Deutschen Gewerkschaften* im Exil unter Führung der ADG, um den kommunist. Einheitsfrontversuchen (→ Paul Merker) die Grundlagen zu entziehen, Bekräftigung des gewerkschaftl. Alleinvertretungsanspruchs der ADG auf 3. Auslandskonf. am 15./16. Aug. 1938 in Mühlhausen. S. kam auf dem Flug zu dieser Konf. ums Leben, sein Nachf. wurde → Fritz Tarnow.

L: Röder, Großbritannien; Klein, Jürgen, Vereint sind sie alles? 1972. *D:* AsD; IISG. *Qu:* Arch. Hand. Publ. - IfZ.

Schliwinski, Otto, Offizier; geb. 1903; *StA:* deutsch. *Weg:* 1936 E, 1939 (?) UdSSR, 1945 (?) Deutschland (SBZ).

KPD-Mitgl.; 1936-39 Teiln. am Span. Bürgerkrieg, im 2. WK Partisan im Verband der Roten Armee. Nach 1945 Angehöriger der Kasernierten Volkspolizei, Anfang der 50er Jahre stellv. Kommandeur in Schwerin, 1955 Oberstlt. u. Kommandeur 1. Panzerrgt. Burg; Mitte der 60er Jahre Oberst der NVA. Genannt Partisanen-Otto. - *Ausz.:* u.a. 1956 Hans-Beimler-Medaille.

Qu: Arch. Publ. - IfZ.

Schlösser, Heinrich (später Castles, Henry), Parteifunktionär; geb. 31. Aug. 1896, gest. 3. Dez. 1963 Crockham Hill/GB; *V:* Johann S. (ermordet 2. Mai 1933), DMV-Sekr. in Duisburg; ∞ Fay Jackson; *K:* Francis, Julian; *StA:* deutsch, 1946 brit. *Weg:* 1933 B; 1934 GB; 1940 AUS; 1947 GB.

Metallarb., 1912 SAJ, 1918 SPD u. DMV. Mitgl. SPD-Ortsvorst. Duisburg u. UnterbezVorst. Niederrhein, AbtLtr. *Reichsbanner,* Ltr. *Eiserne Front.* 1932/33 zeitw. in PropAbt. des SPD-Unterbez.; nach natsoz. Machtübernahme im Untergrund, Mai 1933 Flucht nach Brüssel, Apr. 1934 Emigr. GB. Juli 1940 als Internierter nach Australien, Mai 1942 Entlassung, bis 1947 Dreher in Melbourne. In GB Verw. einer Jugendherberge.

L: Bludau, Gestapo. *Qu:* Arch. Publ. - IfZ.

Schlotterbeck, Albert Friedrich, Parteifunktionär, Schriftsteller; geb. 6. Jan. 1909 Reutlingen; *V:* Gotthilf S. (geb. 1880, hinger. 1944), Mechaniker, 1933 KL Heuberg, Juni 1944 Verhaftung; *M:* Maria, geb. Kugel (geb.1885, hinger. 1944), Juni 1944 Verhaftung; *G:* Gertrud Lutz (geb. 1910, hinger. 1944), KJVD, 1931 KPD, 1933-43 Zuchth. u. KL-Haft, Juni 1944 Verhaftung; Hermann (1919-45 [?]), Mechaniker, nach S.s Erklärung Juni 1944 verhaftet u. Mai 1945 in Haft ermordet (andere Quellen: Juni 1944 Flucht aus dt. KL, vermutl. Emigr. CH, nach Kriegsende Wohnsitz in der SBZ); ∞ 1951 Anna Wiedmann, gesch. v. Fischer, gesch. Leibbrand (1902-72), 1933 Emigr. CH, Erwerb der schweizer. StA, Mitarb. *Central Sanitaire Suisse,* nach Kriegsende nach Deutschland (SBZ) (andere Quellen: Ehefrau von Hermann S.); *StA:* deutsch. *Weg:* 1944 CH; 1945 Deutschland (ABZ).

Tischler; Vors. KJVD in Stuttgart u. Gaultr. *Rote Jungfront* Württ., ab 1929 Mitgl. ZK des KJVD, 1929-30 Lenin-Schule der *Komintern,* anschl. Red. *Die junge Garde* Berlin. 1933 Instrukteur des ZK des KJVD in Ostsa.; Deckn. Herbert. Dez.

1933 Verhaftung, KL Colditz, Urteil 3 J. Zuchth., Haft in Waldheim/Sa., Mai 1937-Juli 1943 KL Welzheim, ab Jan. 1944 in Kontakt mit alliierten Fallschirmagenten, nach Warnung Juni 1944 Emigr. in die Schweiz. S.s Eltern u. Schwester wurden verhaftet u. mit 6 Freunden am 30. Nov. 1944 wegen Vorbereitung zum Hochverrat hingerichtet. 1945 Sekr. *Süddeutsche Ärzte- und Sanitätshilfe,* Juni 1945 Rückkehr nach Stuttgart, Vors. VVN u. Präs. DRK in Württ., 1948 Übersiedlung nach Dresden, Stadtrat für Volksbildung ebd., 1954-56 Bergarb., ab 1956 freiberufl. Schriftst., Abg. des Kreistags. Lebte 1976 als Rentner bei Potsdam. - *Ausz.:* 1958 Fontane-Preis des Bez. Potsdam (zus. mit Ehefrau).

W: Je dunkler die Nacht, desto heller die Sterne (Erinn.). 1945; Wegen Vorbereitung zum Hochverrat hingerichtet. 1945; Erz. u. zahlr. Hörspiele. *L:* Bohn, Willi, Stuttgart geheim. 1969; Albrecht, Deutschspr. Schriftsteller. *Qu:* Arch. Hand. Publ. - IfZ.

Schmeer, Heinrich, Parteifunktionär; geb. 1906, gest. 1957 (1960?) Deutschland (DDR); *StA:* deutsch. *Weg:* CSR; 1938 S; 1940 Deutschland.

KJVD-Funktionär, nach natsoz. Machtübernahme in die CSR, Instrukteur der Abschnittsltg. Zentrum für Berlin, zahlr. Instruktionsreisen, Deckn. Harry. 1938 über Berlin nach Malmö, Sommer 1940 über Bremen nach Berlin, um mit → Willi Gall u.a. Instrukteuren die „Politische Plattform" der KPD nach dem dt.-sowj. Pakt zu propagieren u. eine illeg. Parteiorg. unter Ltg. des ZK aufzubauen. Bis zur Verhaftung Sept. 1940 an der Spitze der KPD-Gruppe Berlin-Reinickendorf u. der Tarnorg. *Turngemeinde in Berlin.* 1945 befreit, Invalide nach Mißhandlungen während der Haft.

L: u.a. GdA 5; Duhnke, KPD; Mewis, Auftrag. *Qu:* Publ. - IfZ.

Schmeidler, Josef, Unternehmer; geb. 9. März 1894 Beuthen/Oberschlesien, gest. 22. März 1952 bei Frankfurt/M.; jüd.; *V:* Dagobert S., Kaufm. in Berlin; *M:* Amalie, geb. Gonfé; *G:* Carl (geb. 1893); ∞ Elli Guttmann; *K:* 1 S, 1 T. *Weg:* 1939 GB.

Apothekerpraktikant in Stettin, 1914-20 Stud. Pharmazie u. Chemie Pharmazeutisches Inst. Berlin-Dahlem. 1914-18 Frontoffz. (EK II). 1920-21 Apotheker in Berlin, ab 1921 Dir. AG für med. Produkte, ab 1927 alleiniger Vorst. Dr. Laboschin AG Berlin; AR-Vors. Noviston AG Berlin, AR-Mitgl. Labonan AG Den Haag. VorstMitgl. *Arbeitgeberverband der chemischen Industrie Deutschlands,* Mitgl. *Pharmazeutische Gesellschaft.* Ab 1937 VorstMitgl. Jüd. Gde. Berlin. 1939 Emigr. GB. Geschäftsf. Dir. Camden Chemicals Co. London. März 1952 Opfer eines Flugzeugunglücks b. Frankfurt/M.

L: RhDG. *Qu:* EGL. Publ. Z. - IfZ.

Schmidt, Adolf (Adolph), Verbandsfunktionär; geb. 6. Mai 1895 Woiteschin b. Plan/Böhmen, gest. 3. Febr. 1975 Mühldorf a. Inn/Obb.; *V:* Anton S. (1853-1927), Landwirt; *M:* Anna, geb. Schiepek (1862-1927); ∞ 1938 Marie Etelka Pollak; *StA:* österr., 1919 CSR, deutsch. *Weg:* 1938 CDN.

Landwirtschafts-Gehilfe, später Musiklehrer u. Musiker; im 1. WK Soldat, 1919 SJ u. DSAP, 1921-28 Buchhalter u. Org. sowie 1928-38 Sekr. bei *Zentralverband der Kleinbauern und Häusler* u. Red. des VerbBlattes *Der kleine Landwirt* Prag; 1922-23 SJ-Funktionär in Teplitz-Schönau u. 1924-25 Mitgl. Kreisltg. ebd., 1931-34 Vertr. des *Zentralverbands der Kleinbauern und Häusler* im Ausschuß zur Versorgung der Angestellten und Arbeiter beim Bodenamt Prag. 1935 Gr. u. anschl. bis 1938 Ltr. einer Auskunftsstelle für Ausw. u. landwirtschaftl. Beratung, 1935 als Inspektor des tschechoslow. Fürsorgemin. Reise nach Kanada zum Stud. der Lebensbedingungen von Neueinwanderern u. Farmern im Rahmen einer geplanten Ansiedlung von Arbeitslosen. 1938 Emigr. nach Kanada, 1938-41 Farmer in Clarence/Nova Scotia, 1942-45 Schablonenmacher, 1945-48 Bes. einer Holzfabrik, anschl. Tätigkeit in Holzindustrie, 1951-58 erneut Schablonenmacher, vermutl. 1959 Übersiedlung nach Deutschland (BRD).

Qu: Arch. Pers. - IfZ.

Schmidt, Elli, Parteifunktionärin; geb. 9. Aug. 1908 Berlin; ∞ → Anton Ackermann, gesch.; *K:* 1 T (geb. 1941); *StA:* deutsch. *Weg:* 1935 UdSSR, Deutschland; 1936 CSR; 1937 F; 1940 UdSSR; 1945 Deutschland (Berlin).

Damenschneiderin; 1927 KPD, Lehrgänge Marxistische Arbeiterschule u. Rosa-Luxemburg-Schule, 1931-32 Ltr. Frauensekr. der KPD-BezLtg. Berlin-Brandenburg. Ende 1932 bis Herbst 1934 Lenin-Schule der *Komintern* Moskau (Deckn. Irma), danach Ltr. der illeg. GewArbeit der KPD im Ruhrgeb. u. am Niederrhein, Mai 1935 Teiln. Amsterdamer Funktionärsberatung unter → Walter Ulbricht, danach bis Sommer 1935 illeg. Tätigkeit Raum Düsseldorf. Emigr., Aug. 1935 Bericht über Aufbau illeg. freigewerkschaftl. Gruppen in der DAF auf 7. Weltkongreß der *Komintern*, Okt. 1935 Wahl zum Mitgl. des ZK u. der operativen Auslandsltg. der KPD auf sog. Brüsseler Konferenz (Deckn. Irene Gärtner), danach Ltr. der Parteiorg. in Berlin (Deckn. Lotte), enge ZusArb. mit sozdem. Widerstandsgruppen, maßgebl. an Entstehung des Zehnpunkteprogramms der Berliner NB-, SPD- u. KPD-Org. beteiligt. Ende 1936 nach Prag u. bis Dez. 1937 AbschnLtr. Zentrum, mehrere illeg. Reisen nach Berlin; dann nach Paris, Mitarb. für Frauenfragen im ZK-Sekretariat. Anfang 1939 Deleg. sog Berner Konferenz. Nach Zusammenbruch Frankreichs mit → Richard Stahlmann über Italien, Jugoslawien, Bulgarien u. Rumänien nach Moskau, Mitarb. dt.-sprach. Abt. *Radio Moskau,* Miunterz. ZK-Aufruf v. 6. Okt. 1941, ab Herbst 1942 Ltr. Frauenred. *Deutscher Volkssender* Moskau/Ufa, ab Febr. 1944 Mitgl. Arb.-Kommission des PolBüros des ZK der KPD. Mai 1945 Rückkehr nach Berlin, Mitunterz. KPD-Aufruf v. 11. Juni 1945, bis 1949 Ltr. Frauensekretariat beim ZK der KPD bzw. ab 1945 im PV der SED; ab Aug. 1945 1. Vors. Zentraler Frauenausschuß beim Magistrat von Berlin, 1946-53 Mitgl. Zentralsekretariat der SED bzw. ab 1950 Kand. des PolBüros u. Mitgl. des PV bzw. ab 1950 des ZK der SED, 1949-50 MdProvis. VK, 1949-53 Vors. *Demokratischer Frauenbund Deutschlands,* ab Dez. 1952 Vors. Staatliche Kommission für Handel u. Versorgung. Nach dem Aufstand v. 17. Juni 1953 wegen Zugehörigkeit zum Parteiflügel um → Rudolf Herrnstadt u. → Wilhelm Zaisser sämtl. Funktionen enthoben, Jan. 1954 Rüge durch das ZK. 1953-67 Dir. Institut für Bekleidungskultur bzw. Deutsches Modeinstitut, danach Arbeiterveteranin. Durch ZK-Beschluß v. 29. Juli 1956 rehabilitiert. Lebte Anfang der 70er Jahre in Berlin (Ost). - *Ausz.:* u.a. 1960 Banner der Arbeit, 1965 VVO (Gold), 1968 Ehrenspange zum VVO (Gold).

W: Die Vorbereitung und Auswertung der Brüsseler Parteikonferenz in der illegalen Arbeit. In: Im Kampf bewährt. 1969; Den Tag des Sieges erlebte ich in Moskau. In: Im Zeichen des roten Sterns. 1974. *L:* Stern, Ulbricht; GdA; Duhnke, KPD; Mewis, Auftrag; Mammach, Klaus, Die KPD und die deutsche antifaschistische Widerstandsbewegung. 1974; Peukert, Ruhrarbeiter; Dahlem, Vorabend. *Qu:* Arch. Erinn. Hand. Publ. - IfZ.

Schmidt, Erich, Parteifunktionär, Journalist; geb. 4. Aug. 1910 Berlin; o.K.; *V:* Paul S. (1883-1945), Handschuhmacher, SPD- u. GewSekr.; *M:* Anna, geb. Ehrhardt (1889-1955), SPD, ehrenamtl. Sozialarb. der *Arbeiterwohlfahrt; G:* Hilde Beldner (geb. 1911), Modistin, nach 1933 wegen illeg. Tätigkeit für SJVD 2 1/2 J. Zuchth.; ∞ 1937 Paris, Hildegard Paul (geb. 1913), Sekr., 1935-36 wegen illeg. Tätigkeit 15 Mon. Haft, Emigr.; *K:* Henry (geb. 1943), Ph.D., Prof. der Germanistik in den USA; *StA:* deutsch, 13. Mai 1939 Ausbürg., 1949 USA. *Weg:* 1933 CH, 1937 F, 1940 USA.

1924-28 Lehre als Offsetdrucker, Arb. im Ullstein Verlag, 1931-32 Stud. Deutsche Hochschule für Politik. Ab 1924 Gew., ab 1928 SPD, Frühj. 1931 Wahl zum SAJ-BezVors. Berlin als Vertr. der Linksopposition um → Max Seydewitz, dann Anschluß an *Leninistische Organisation* unter → Walter Löwenheim, in deren Sinne Verhinderung des Übergangs der Berliner SAJ zur neugegr. SAPD im Interesse einer linken Kaderbildung innerh. der SPD. Ab Mitte 1932 u.a. durch Aufbau von Fünfergruppen systematische Vorbereitung der Berliner SAJ auf illeg. Tätigkeit, Konflikt mit dem SPD-PV (→ Erich Ollenhauer), der die Einrichtung einer Sonderorg. befürchtete u. die Rücküberweisung verlagerter SAJ-Gelder unter Klageandrohung erzwang; 11. Apr. 1933 Ausschluß aus SPD. Illeg. Tätigkeit, Juni 1933 kurzfristig in Haft, Mitte Aug. Flucht nach Bern, Unterstützung durch *Schweizerisches Arbeiter-Hilfswerk,* journ. Tätigkeit mit Hilfe der schweiz. SozDem.; Anfang 1934 Verbreitung der Denkschrift *Der Berliner Jugendkonflikt,* die zur Anerkennung der Gruppe NB durch die SAI beitragen sollte. Deckn. Richter. Jan. 1937 nach Paris, SAJ-Vertr. in der SPD-Ortsgruppe, Apr. 1937 mit SJVD (→ Willy Brandt), KJVD (→ Artur Becker) u. den ital. kommunist. u. soz. Jugendverbänden Unterz. des Aufrufs *An die deutsche und italienische Jugend,* Jan. 1938 gemeinsamer Aufruf mit FDJ, KJVD u. SJVD an die deutsche Jugend. Deckn. Erwin Sander. Nach Kriegsausbruch Internierung, dann Prestataire. Okt. 1940 mit Notvisum durch Vermittlung des *Jewish Labor Committee* in die USA, Verb. zu → Karl Frank, u.a. Aussage vor dem Untersuchungsausschuß in der Auseinandersetzung mit der GLD, nach 1943 Mitarb. im CDG unter → Paul Tillich, Jan. 1945 Verf. der Denkschrift *Der Wiederaufbau der deutschen Gewerkschaften.* 1944-45 mit Ehefrau in der Rundfunkarbeit des OWI tätig. Shop Delegate der *Radio Writers Guild.* Ab 1957 Vors. *Friends of German Labor,* später Vors. dt.-sprach. *Forum für Kultur und Politik.* Mitarb. dt.-sprach. Zs. Lebte 1978 in Sloatsburg/N.Y.

L: Kliem, Neu Beginnen; Matthias, Erich u. Morsey, Rudolf, Das Ende der Parteien 1933. 1960; *Qu:* Arch. Fb. Publ. Z. - IfZ.

Schmidt, Heinz (Heinrich), Journalist, Verbandsfunktionär; geb. 26. Nov. 1906 Halle/S.; *V:* Arbeiter; ∞ → Eva Kolmer; *StA:* deutsch. *Weg:* 1937 CSR; 1938 GB; 1946 Deutschland (Berlin).

Bergmann, 1926 SPD, ab 1926 Red. SPD-Ztg., u.a. *Volksbote* u. *Vorwärts,* später *Der Klassenkampf* Halle; nach Begabtenprüfung 1930-33 Stud. Rechts- u. Staatswiss. Halle; 1931 KPD. 1933 illeg. Tätigkeit, ab Aug. KL Lichtenburg, 1934 Urteil 3 J. Zuchth., bis 1937 Haft in Brandenburg-Görden. Emigr. Prag, ab Nov. 1938 in Verb. mit ZK-Sekretariat Paris Beauftragter in London für Durchführung der Evakuierung der KPD-Emigr. aus der CSR nach GB, anschl. Ltr. der ca. 350 Mitgl. umfassenden Gruppe (*Schmidt-Gruppe*) im *Czech Refugee Trust Fund* u. stellv. Vors. des Arbeitskreises der Gruppenleiter. AgitpropLtr. in der 1939 gewählten Landesltg. ab Juli 1941 als Nachf. von → Jürgen Kuczynski kurzfristig PolLtr. der KPD-Landesgruppe. Aug. 1943-1945 Chefred. *Freie Tribüne* London. 1946 Rückkehr, Ltr. Hauptabt. Tagesfragen (Ps. Jack Morell), dann Chefred. u. 1947-49 Intendant *Berliner Rundfunk,* 1950-55 Bewährungsauftrag in Landesltg. Mecklenburg der Maschinen-Traktoren-Station (MTS) u. Volkseigene Güter (VEG), anschl. Chefred. *Das Magazin,* 1956-58 *Der Eulenspiegel,* nach Absetzung ab 1958 Ltr. Presseabt. u. SekrMitgl. NatRat der *Nationalen Front des Demokratischen Deutschland,* ab 1964 hauptamtl. u. ab 1971 nebenamtl. Vors. *Afro-Asiatisches Solidaritätskomitee.* Lebte 1976 in Berlin (Ost). - *Ausz.:* u.a. 1962 VVO (Silber), 1971 VVO (Gold), 1976 Karl-Marx-Orden.

W: Goebbels and the 2nd Front. London 1942. *L:* Walther, Gerhard, Der Rundfunk in der Sowjetischen Besatzungszone Deutschlands. 1961; Kuczynski, Jürgen, Memoiren. 1975; Dahlem, Vorabend; Koenen, Emmy, Exil in England. In: BZG, 1978, S. 540 ff. *Qu:* Hand. Publ. Z. - IfZ.

Schmidt, Johann-Lorenz (urspr. Radvanyi, László), Dr. phil., Funktionär, Wirtschaftswissenschaftler; geb. 13. Dez. 1900; ∞ Anna Seghers (d.i. Netty Radvanyi), geb. Reiling (geb. 1900), Schriftst., gesch., KPD 1933 Emigr. F, später E u. Mex., 1947 Rückkehr in die DDR ab 1952 Präs. *Deutscher Schriftstellerverband. Weg:* 1933 F; 1941 Mex.; 1947 Deutschland (Berlin).

Wirtschaftswissenschaftler, 1925 KPD, Mitarb. AgitProp-Abt. des ZK; um 1925 Gr. u. dann Ltr. Marxist. Arbeiterschule

(MASCH) Berlin, einer Einrichtung der Berliner BezLtg. der KPD mit überparteil. Anspruch zur Vermittlung der marxist.-leninist. Lehre als Gegengewicht zu sozdem.-bürgerl. Bildungsinstitutionen. Hg. der theoret. Zs. *Der Marxist.* 1933 Emigr. nach Frankr., 1934 Mitgr. u. bis 1939 LtgMitgl. u. Doz. *Freie Deutsche Hochschule* in Paris, eines Schulungs- u. Diskussionsforums der dt. Emigration, das in der SED-Geschichtsschreibung als Fortführung der MASCH dargestellt wird; angebl. für die Hg. der *Zeitschrift für freie deutsche Forschung* Paris 1938-39 zuständig. Sept. 1938 Mitunterz. beider Aufrufe des *Ausschusses der deutschen Opposition.* Sommer 1941 Weiteremigr. nach Mexiko, VorstMitgl. *Hungria Libre,* Vorlesungstätigkeit an Universidad Obrera (Arbeiteruniversität), Mitgl. *Heinrich-Heine-Klub* u. Mitarb. in KPD-Landesgruppe. 1947 Rückkehr nach Berlin, Prof. mit Lehrstuhl für Probleme des gegenwärtigen Imperialismus u. 1. stellv. Dir. Institut für Politische Ökonomie der Humboldt-Univ. Berlin (Ost), ab Juni 1961 Präs. *Deutsch-Lateinamerikanische Gesellschaft in der DDR.* Lebte Mitte der 70er Jahre im Ruhestand in Berlin (Ost). - *Ausz.:* u.a. 1960 VVO (Silber), 1971 VVO (Gold).

L: Kießling, Alemania Libre; Gerhard-Sonnenberg, Gabriele, Marxistische Arbeiterbildung in der Weimarer Zeit. 1976. *Qu:* Hand. Publ. - IfZ.

Schmidt, Kurt, Parteifunktionär; geb. 14. Jan. 1905 Dortmund, gef. 14. März 1938 b. Alcanis/Ebro; o.K.; ∞ 1931 Therese Fischer; *StA:* deutsch. *Weg:* 1933 Saargeb.; 1935 F; 1937 E.

Schlosser, 1927-31 SPD, 1931 KPD, 1932-33 Mitgl. KPD-UnterbezLtg. Dortmund; Betriebsrat. Nach natsoz. Machtübernahme Wahl zum MdL in Preußen u. StadtVO. in Dortmund, Arbeitsplatzverlust, nach kurzer Festnahme illeg. Tätigkeit in Dortmund, dann i.A. der KPD Emigr. ins Saargebiet, ab Dez. 1933 Deckn. August Hartmann, 1934-35 KPD-EmigrLtr. im Saargeb., nach Saarabstimmung 1935-36 (andere Quellen: bis 1937) in Frankr., Mitgl. *Koordinationsausschuß für Spanienfreiwillige;* 1936-37 Mithg. u. Mitarb. *Information von Emigranten für Emigranten* Paris, Ende 1937 nach Spanien, nach Ausbildung ab Anfang 1938 Führer einer Maschinengewehr-Kompanie im Btl. Edgar André. - Genannt Langer August.

L: Pasaremos; Wehner, Untergrundnotizen. *Qu:* Arch. Pers. Publ. - IfZ.

Schmidt (Schmid), **Ludwig,** Parteifunktionär; geb. 27. Nov. 1913 Wien, hinger. 14. (15.?) Jan. 1943 Berlin (?); *StA:* österr. *Weg:* 1938 (?) F; 1939 Deutschland (Österr.)

Kaufm. Angest., Mitgl. SAJDÖ, 1933 BezObmann in Wien; Wehrsportler. 1934 KJVÖ, illeg. Funktionär, Juli 1937 Verhaftung, 1938 (?) Emigr. Frankr., wahrscheinl. in Paris, 1939 vor Kriegsausbruch i.A. des ZK der KPÖ mit Paß auf den Namen Harald Don Rückkehr nach Wien, Aufbau der 2. illeg. Ltg. der KPÖ, Deckn. u.a. Willy bzw. Willy II. Dez. 1939 Verhaftung, Febr. 1942 VGH-Prozeß in Berlin, Verurteilung zu lebenslängl. Zuchthaus, vermutl. aufgrund staatsanwaltschaftl. Revision erneutes Verfahren, Todesurteil.

L: Mitteräcker, Kampf; Stadler, Spiegel; Spiegel, Résistance; Göhring, KJVÖ; Widerstand 2; Reisberg, KPÖ. *Qu:* Arch. Publ. - IfZ.

Schmidt, Waldemar Paul, Partei- u. Verbandsfunktionär; geb. 7. Febr. 1909 Berlin, gest. 21. Febr. 1975 Berlin (Ost); *V:* Arbeiter; ∞ Dorothea; *K:* 3; *StA:* deutsch. *Weg:* 1932 UdSSR; 1934 Deutschland.

Maschinenschlosser, ab 1929 arbeitslos. 1925 KJVD u. DMV, 1928 KPD, RGO-Mitgl.; Parteifunktionär, zuletzt OrgLtr. Unterbez. Berlin-Friedrichshain. Okt. 1932 UdSSR, Nov. 1933-Jan. 1934 Lenin-Schule Moskau (Deckn. Paul Falsche, Paul), Mai 1934 über Prag nach Deutschland (Deckn. Heinrich Wilming, Ltr. illeg. RGO Leipzig (Deckn. Walter, Hermann, Alfred), Okt.-Nov. 1934 RGO-BezLtr. Wasserkante (Deckn. Alfred) u. anschl. Ruhrgebiet (Deckn. Albert); beteiligt am Zustandekommen des Dortmunder Einheitsfrontappells vom Febr. 1935. März 1935 nach Holland, Mai 1935 Teiln. an Beratung über ZK-Resolution vom 30. Jan. 1935 in Amsterdam, nach Rückkehr Juni 1935 PolLtr. KPD-Bez. Niederrhein. Juli 1935 Verhaftung, Aug. 1936 VGH-Urteil 12 J. Zuchth., Haft in Brandenburg-Görden, Mitgl. KPD-Gruppe, Apr. 1945 Mitgl. Gefangenenausschuß. Nach 1945 hauptamtl. Parteifunktionär, 1946-48 Stadtrat für Arbeit u. 1948 für Personal u. Verwaltung Berlin, 1950-53 Präs. Deutsche Volkspolizei Berlin (Ost), 1953-63 1. stellv. OBürgerm. Berlin (Ost), Mitgl. SED-BezLtg., 1963-65 AbtLtr. im Büro des MinRats, 1963-71 MdVK (Berliner Vertr.), ab 1965 Sekr. für internat. Verb. beim *Komitee der Antifaschistischen Widerstandskämpfer der DDR,* Mitgl. Generalrat FIR. - *Ausz.:* u.a. 1955 VVO (Silber), 1960 Banner der Arbeit, 1965 VVO (Gold), 1969 Ehrenspange zum VVO (Gold); Med. für Kämpfer gegen den Faschismus 1933-1945, ZK-Nachruf.

L: Klotzbach, Nationalsozialismus; Steinberg, Widerstand; Bludau, Gestapo; Frenzel, Max/Thiele, Wilhelm/Mannbar, Artur, Gesprengte Fesseln. 1976; Peukert, Ruhrarbeiter. *Qu:* Arch. Hand. Publ. Z. - IfZ.

Schmidt, Walter A., Parteifunktionär; geb. 1901; ∞ Elise, 1933-34 illeg. RGO-Arbeit in Berlin, anschl. Emigr. CH; *StA:* deutsch. *Weg:* 1934 CH; 1945 (?) Deutschland (Berlin).

KJVD-Funktionär in Berlin, KPD-Mitgl., Funktionär der RGO-Angestelltenbewegung u. ab Herbst 1933 PolLtr. der illeg. Berliner Gruppe sowie LtgMitgl. der RGO. Ende 1934 i.A. der KPD Emigr. in die Schweiz, Mai 1935 u.a. mit Unterstützung des *Internationalen Bundes der Privatangestellten* u. in Verb. mit → Siegfried Aufhäuser Gr. *Komitee für den Wiederaufbau der Freien Angestellten-Verbände,* Verf. der Broschüre *Angestellte und Faschismus* (Tarntitel: *Sommerblumen und einjährige Zierpflanzen)* als Leitfaden für die illeg. Arbeit im Reich, Herstellung von Vervielfältigungsmatrizen u. fotograf. Vorlagen für illeg. PropMaterial, 1936-37 Mitarb. der KPD-Blätter *Süddeutsche Informationen* u. 1938-39 *Süddeutsche Volksstimme,* Anfang 1942 Verhaftung. Nach Abänderung des Landesverweises in Internierungshaft ab Ende 1942 in versch. ArbLagern; 1942 Verf. der Broschüre *Tausend zu zehn. Hinein ins zehnte Jahr des „Tausendjährigen Reiches".* Nach Kriegsende Rückkehr nach Berlin, publizist. Tätigkeit, Hg. des ersten Quellenwerks zur Gesch. des dt. Widerstandes 1933-45. Lebte 1976 als Arbeiterveteran in Berlin (Ost).

W: Damit Deutschland lebe. 1958. *L:* Schmidt, Deutschland; Teubner, Schweiz. *Qu:* Publ. Z. - IfZ.

Schmiedl, Martha, Partei- u. Verbandsfunktionärin; geb. 1893, gest. 25. Dez. 1975 New York; *StA:* österr. (?), USA (?). *Weg:* USA.

Mitgl. *Zentralverein der kaufmännischen Angestellten Österreichs,* maßgebl. Funktionen innerhalb der Jugendsektion (→ Manfred Ackermann). Nach Februar 1934 illeg. Arbeit innerh. der RSÖ. Emigr. USA. Mitgl. *American Friends of Austrian Labor* u. *Workmen Circle,* Gr. Kew Gardens Section des *National Council of Jewish Women* in New York.

Qu: Pers. Z. - IfZ.

Schmitt, Anton, SJ, Ordenspriester; geb. 9. Dez. 1873 Koblenz/Rheinland, gest. 1. Nov. 1947 Basel; kath.; *V:* Ignaz Sch.; *M:* Margarete, geb. Schmitter. *Weg:* Lux.; CH.

1894 Eintritt in den Jesuitenorden. Phil. u. theol. Studium in Valkenburg/Niederlande; ab 1909 in der Schweiz, tätig als Arbeiter- u. Jugendseelsorger; danach vorüberg. in Österreich, von dort Berufung nach Berlin als Mitarb. des späteren Kardinals Clemens August Graf von Galen; ab 1923 Ltr. der örtl. Männerkongregation in Bonn, 1924 Gr. der Zentralstelle der kath. Männerkongregationen in Deutschland. Nach dem natsoz. Machtantritt vorüberg. in Haft, vor anhaltender Verfolgung Flucht nach Luxemburg; während eines Ferienaufenthaltes in der Schweiz vom Kriegsausbruch überrascht.

Qu: Arch. Z. - IfZ.

Schmitt, Heinrich, Gewerkschaftsfunktionär, Politiker; geb. 6. Okt. 1895 Waldbüttelbronn/Mainfr., gest. 13. Aug. 1951 München; Diss.; ∞ verh.; *K:* 1; *StA:* deutsch. *Weg:* 1933 UdSSR; 1934 Deutschland.

Schlosserlehre, Dreher; 1913 SPD, Mitgl. DMV; 1915–16 Frontsoldat, Kopfverwundung; ab 1916 in BASF-Werken Ludwigshafen u. ab 1917 in Leuna-Werk Dresden beschäftigt; 1917 USPD, 1920 mit deren linkem Flügel zur KPD; 1925 Betriebsrat u. später bis 1930 Betriebsratsvors. Leuna-Werk; 1928–30 MdR; in der KPD zur sog. Versöhnler-Gruppe gehörend, wegen Ablehnung des RGO-Kurses der Partei 1930 Verlust seiner Funktionen u. des Reichstags-Mandats, Entlassung aus Leuna-Werk u. 1931 vorübergehend als Dreher in der UdSSR. Ostern 1933 über Prag Emigr. in die UdSSR, in Moskau Tätigkeit für *Internationales Komitee der Fabrikarbeiter*, daneben Schulung für illeg. Einsatz im Reich, ab Aug. 1934 Oberberater für die illeg. GewArbeit im Ruhrgebiet, Deckn. Fred; versuchte in ZusArbeit mit → Fritz Apelt u. der KPD-Abschnittsltg. West in Amsterdam (→ August Creutzburg), am Niederrhein u. im Wuppertaler Raum eine illeg. Einheitsgewerkschaft aus Metall- u. Textilarb. zu organisieren; Mai 1935 in Köln verhaftet, VGH-Urteil v. 8. Febr. 1937 15 J. Zuchth., bis 1945 in versch. Gef., Apr. 1945 Befreiung durch die amerikan. Armee aus dem Zuchth. Landsberg/Lech. Als KPD-Mitgl. Okt. 1945–März 1946 Staatsmin. für die Entnazifizierng in Bayern im 1. Kabinett → Wilhelm Hoegners; verließ 1947 die KPD, bis zu seinem Tode Geschäftsinh. in München.

L: Weber, Wandlung; Bludau, Gestapo; Niethammer, Lutz, Entnazifizierung in Bayern. 1972. *Qu:* Arch. Hand. Publ. – IfZ.

Schmitthoff, Clive Macmillan (bis 1943 Maximilian), Dr. jur., Rechtswissenschaftler; geb. 24. März 1903 Berlin; jüd.; *V:* Hermann Schmulewitz (geb. 1870 Jutroschin/Posen, gest. 1943 GB), RA u. Notar in Berlin, Sept. 1939 Emigr. GB; *M:* Anna, geb. Reyerbach (geb. 1876 Oldenburg, gest. 1952 GB), 1939 Emigr. GB; *G:* Bertha Butt (geb. 1904 Berlin), 1934 Emigr. GB; Margot Alice Kleeman (geb. 1906 Berlin), 1939 Emigr. GB; ∞ 1940 Ilse Auerbach (geb. 1900 Frankfurt/M.), jüd., Stud. München u. Frankfurt/M., RA in Frankfurt/M., Emigr. GB, Mitarb. des Ehemanns; *StA:* deutsch, 1946 brit. *Weg:* 1933 GB.

Stud. Berlin u. Freiburg, 1927 Prom. Berlin, Assist. von Martin Wolff, 1922–33 RA-Praxis in Berlin, Berichterstatter über Rechte der Aktienges. für den Enquête-Ausschuß des Reichswirtschaftsrats, 1933 Berufsverbot. Sept. 1933 Emigr. GB mit StudVisum, Unterstützung durch *Woburn House*, 1936 L.L.M. London School of Econ., 1936 Zulassung als Barrister beim Gray's Inn in London, ab 1936 Mitgl. der RA-Firma Sir Valentine Homes (jur. Berater der Krone); 1940–45 Dienst bei der brit. Armee (Stabsfeldwebel, Victory Med., Defence Med.). 1948–58 Lecturer City of London Coll., des späteren City of London Polytechnic, 1949 Gr. der Sommerschule für Englisches Recht, 1958–63 Sr. Lecturer, 1963–71 Principal Lecturer, 1971 Pensionierung; ab 1957 Gr. u. Hg. *Journal of Business Law*, 1964 u. 1965 Gastprof. La. State Univ. School of Law/ USA, 1965 Gastprof. Univ. Manitoba School of Law/Canada, ab 1968 Honorarprof. für Rechtswiss. der Ruhr-Univ. Bochum, ab 1971 Gastprof. für internat. Handelsrecht an der Univ. London u. Univ. Kent in Canterbury, ab 1975 Prof. der Rechte in Gresham, ab 1971 an der Sommerschule für Englisches und Vergleichendes Recht unter der Schirmherrschaft des Brit. Inst. of Internat. and Comparative Law u. des Londoner Büros des Deutschen Akademischen Austauschdienstes, 1966 i.A. des GenSekr. der UN Berichterstatter über die Entwicklung des internat. Handelsrechts, regte die Grdg. der UN-Commission on Internat. Trade Law (UNCITRAL) als Sektion der Rechtsabt. der UN an. Doz. in Deutschland (BRD), Italien, in den Niederlanden, in Frankr. u. Skandinavien, Berichterstatter bei den Konferenzen für internat. Handelsrecht der *Internat. Assn. Legal Science* 1958 in Rom, 1960 in Helsinki, 1962 in London u. 1964 in New York; 1968 Berichterstatter der Konf. für die Internat. Vereinheitlichung des Rechts in Rom (veranstaltet vom *Internat. Inst. for the Unification of Private Law*). 1949 Gr. u. 1949–70 Vors. *Mansfield Law Club,* Fellow Brit. Inst. of Export, ab 1966 Vizepräs. der *Assn. Law Teachers,* korrespond. Mitgl. der *Deutschen Gesellschaft für Vergleichendes Recht.* Lebte 1978 in London. – *Ausz.:* u.a. BVK, Dr. h.c. Marburg, Bern u. Heriot-Watt Univ. in Edinburgh. 1953 L.L.D. hon. Univ. London.

W: English Conflicts of Laws. 1945, 3. Aufl. 1954; The Export Trade – The Law and Practice of International Law. 1948, 6. Aufl. 1975; Sale of Goods. 1952, 2. Aufl. 1966; Legal Aspects of Export Sales. 1953; The Sources of the Law of International Trade (Hg.). 1964; The Unification of the Law of International Trade. 1964; Charlesworth's Mercantile Law (Mithg.). 13. Aufl. 1977; International Commercial Arbitration. 1974; International Economic and Trade Law. (Mithg.). 1976; Palmer's Company Law (Mitverf.). 22. Aufl. 1976; *L:* Fabricius, Fritz (Hg.), Law and International Trade (Festschrift für Clive M. Schmitthoff zum 70. Geburtstag). 1973; Tribute by Lord Denning. In: Journal of Business Law. 1973. *Qu:* Fb. Hand. Publ. Z. – RFJI.

Schmitz, Hugo Salomon, geb. 10. März 1902 Kaisersesch/Eifel; *M:* Rosa, jüd.; ∞ 1927 Friederike Oestreich, 1947 nach GB; *K:* Rolf, 1947 nach GB; *StA:* deutsch. *Weg:* 1933 NL; 1934 Deutschland.

Bis 1920 Schneiderlehre, dann erwerbslos. Ab 1924 Gießerei-Hilfsarb. in Herne. 1929 KPD, 1931 *Rote Hilfe* (RH), ab 1932 Ltr. RH Herne, 1933 illeg. tätig, Unterstützung von pol. Gefangenen u. deren Fam.; Apr. 1933 im Untergrund, Flucht nach Holland. Juli 1934 Rückkehr, Festnahme, 4. Jan. 1935 Urteil 15 Mon. Gefängnis.

Qu: Arch. – IfZ.

Schmolka, Marie, geb. Eisner, Dr. phil., Verbandsfunktionärin; geb. 1890 Prag, gest. 1940 London (Freitod); ∞ (Ehemann gest. in den 20er Jahren [?]), RA in Prag. *Weg:* 1939 GB.

Aktiv in demokr. Bewegung der ČSR, nach Reise in den Nahen Osten Beitritt zur WIZO u. *Jüdischen Partei* in Prag, Anfang der 30er Jahre in ZusArb. mit JDC Gr. eines Hilfsausschusses für Juden in der Karpatho-Ukraine, 1933 (?) einige Wochen Mitgl. der *Demokratischen Flüchtlingsfürsorge* (→ Kurt R. Grossmann), dann Rücktritt, um Ltg. der *Flüchtlingshilfe der Jüdischen Gemeinde* in Prag zu übernehmen, daneben Ltg. der HICEM Prag, 1933–38 Mitgr. u. Vors. *Comité National Tchéco-Slovaque pour les Réfugiés provenant d'Allemagne,* 1938 Vors. *Comité Central* als Koordinierungskomitee versch. Hilfsausschüsse. Mitgl. der tschechoslow. WIZO u. ihre Vertr. beim Nationalrat der tschechoslow. Frauen, Herbst 1938 Teiln. an Konf. in Genf, Paris u. London u. an der Konf. von Evian über Möglichkeiten der Auswanderungshilfe für dt. Flüchtlinge in der ČSR, Mitgl. Beratungsausschuß des Hochkommissars für Flüchtlinge aus Deutschland. März 1939 Verhaftung, 2 Mon. Gefängnishaft, Aug. 1939 nach London u. Paris zu Verhandlungen über Auswanderungshilfe. Emigr. GB, Gr. der tschechoslow. WIZO-Gruppe in GB (nach ihrem Tode Umbenennung in *Marie Schmolka Group).*

L: Grossmann, Emigration; Jews of Czechoslovakia; Maria Schmolka Society of Women Zionists from Czechoslovakia. In Memoriam... 1944; Yachil, C., Devarim al haZyyonut ha-Czekhoslovakit (Zur Geschichte des Zionismus in der CSR). 1967; WIZO, Saga of a Movement. In: WIZO 1920–1970. 1970; Engel, Nelly, In Memoriam Marie Schmolka. 1970. *D:* LBI New York. *Qu:* Arch. Publ. Z. – RFJI.

Schnabl, Ludwig, Dr. phil., Verbandsfunktionär, Publizist; geb. 28. Juli 1909 Wien; jüd., 1955 Diss.; *V:* Karl S. (1859–1920), jüd., Buchdrucker; *M:* Minna, geb. Münz (1871–1941), jüd., Buchhalterin, umgek. im Getto Litzmannstadt (Lodz); ∞ 1938 Wien, Malwine Mandl (geb. 1912), Handelsangest., 1938 Emigr. S; *K:* Herbert Stockberger, urspr. Schnabl (geb. 1939), A: S; *StA:* österr., 1941 (?) Ausbürg., 1948 S. *Weg:* 1938 S.

Schneeweiß 657

1927-29 Stud. Bauwesen, 1929-33 Stud. Psychologie, Musikgesch. u. Phil. Wien, 1933 Prom. 1931-32 Lehrerseminar Wien, 1932 Lehramtsprüfung für Volksschulen. 1927-34 SDAP; Mitgl., 1929-34 BezGruppenltr. u. Bildungsref. *Verband Sozialistischer Studenten Österreichs.* 1927-33 Gruppenführer *Republikanischer Schutzbund.* 1934-38 illeg. Tätigkeit im Rahmen der RSÖ, Nov.-Dez. 1934 Haft. Tätigkeit als Privatlehrer u. Jugendfürsorger. Juni 1938 nach dem Anschluß Österreichs erneut verhaftet, Juli 1938 Entlassung mit Auflage zur Ausreise. Sept. 1938 legale Einreise nach Schweden. 1938-44 Lebensunterhalt als Transport- u. Metallarb. in versch. Unternehmen, 1944-46 Archivarbeiter Univ. Uppsala. Mitgl. *Klub österreichischer Sozialisten* (KöS) in Stockholm unter → Bruno Kreisky, 1942-46 VorstMitgl. *Gruppe österreichischer Gewerkschafter in Schweden* unter → Josef Pleyl. 1943 Ltr. eines von KöS u. *Landesgruppe österreichischer Gewerkschafter in Schweden* org. Ausschusses für Sozialfürsorge, Kultur- und Unterrichtsfragen in Österr. nach dem Krieg. Ab 1943 Mitarb. *Internationale Gruppe demokratischer Sozialisten (Kleine Internationale),* Mitgl. eines Unterkomitees für kulturelle Fragen der Nachkriegszeit. 1943-45 Mitgl. des von schwed. Institutionen getragenen *Samarbetskommittén för demokratiskt uppbyggnadsarbete* zur Planung wirtschaftl. u. kultureller Entwicklungshilfe für die vom Krieg zerstörten mitteleurop. Länder. 1944-46 Mitgl. *Österreichische Vereinigung in Schweden.* 1946-74 Tätigkeit als Jugendreferent, Verbandsarchivar u.a. bei *Kooperativa förbundet* (schwed. Konsumgenossenschaftsverband). Ab 1946 Mitgl. sozdem. Partei Schwedens. 1974 Pensionierung. Seit 1972 Hauptref. für den Internationalen Nachweiskatalog über genossenschaftshistorische Archive in den europäischen Ländern. Enge Verb. zu SPÖ u. *Zentralverband der österreichischen Konsumgenossenschaften,* häufige Aufenthalte in Österr. Lebte 1975 in Stockholm.

W: u.a. Drömmar och mål. Attityds- och mentalitetsundersökninga bland föreningslösa och passiva ungdomar i Stockholm. Stockholm 1946; Schejkens överman. Stockholm 1946; Ungdom och framtid. En ungdomsfråga. Sparpropaganda i psykologisk belysning (Mitverf.). Stockholm 1948; Musik utan gränser. En brevkurs för unga musiklyssnare och spisargrupper sammanställd av Ludwig Schnabl efter samråd med jazzvänner, musiker och ungdomsledare. 1959; ständige Mitarb. an schwed. u. internat. Gew.- u. Konsumgenossenschafts-Organen. *L:* Müssener, Exil. *Qu:* Fb. Publ. - IfZ.

Schneck, Johann, Dr. jur., Rechtsanwalt; geb. 1907 (?), gest. 1947 (?). *Weg:* 1938 F; 1939 (?) N-Afrika; 1944 GB; 1945 (?) Österr.

Mitgl. SDAP, vermutl. Sekr. *Union des Bühnen- und Kinopersonals* (?). Zwischen 1934 u. 1938 illeg. Arbeit. 1938 Flucht nach Frankr., sozialist. LtgMitgl. *Fédération des Émigrés provenant d'Autriche.* - Vermutl. 1939 Internierung in Nordafrika, 1942 Überstellung in berüchtigtes Straflager der Vichy-Behörden, trug nach alliierter Landung in Nordafrika mit seinen Aussagen maßgebl. zur Veruriteilung von Mitgl. des Bewachungspersonals in einem der ersten Kriegsverbrecherprozesse 1943 bei; Dienst in brit. Pioniereinheit, 1944 nach GB, nach Kriegsende im Rang eines Majors Rechtssachverständiger bei Legal Division der brit. Besatzungsbehörden in Österr. - *Ausz.:* British Empire Medal.

L: Bentwich, Norman, I Understand the Risks. 1950; Fraenkel, Josef (Hg.), The Jews of Austria. *Qu:* Arch. Publ. - IfZ.

Schneck, Karl Ernst, Parteifunktionär; geb. 21. Apr. 1886 Hageloch/Württ., umgek. 1943 UdSSR; *StA:* deutsch, 26. März 1938 Ausbürg. *Weg:* 1935 E; 1938 UdSSR.

Schlosser, 1908 SPD, 1915-18 Kriegsteiln. (Uffz.), 1919 USPD, hauptamtl. GewSekr. in Stuttgart, 1920 nach anfängl. Opposition gegen *Komintern*-Anschluß Übertritt zur KPD. 1920-32 MdL Württ., Parteired., ab 1921 Ltr. Kommunalabt. in der KPD-BezLtg. Württ., ab 1923 Ltr. IAH Württ.; Anfang 1924 unter Verletzung der Immunität verhaftet, Sept. 1924 Urteil 3 J. Gef., 1925 Entlassung, PolLtr. Bez. Württ., nach erneuter Inhaftierung ab 1927 OrgLtr.; 1928-32 KPD-Fraktionsvors. im LT. Jan. 1932 Funktionsenthebung als OrgLtr. wegen mangelnder Aktivität gegen „sozial-faschistische" SPD, kurzfristig Parteisekr. in Westf., Ende 1932 OrgLtr. Bez. Baden. Ab 1933 KL-Haft, nach Entlassung 1935 illeg. tätig, dann Teiln. Span. Bürgerkrieg in Internat. Brigade. 1938 in die UdSSR, 1941 Verbannung nach Sibirien, dort umgekommen.

L: Weber, Wandlung. *Qu:* Arch. Hand. Publ. Z. - IfZ.

Schneeweis, Joachim, Dr. med., Arzt; geb. 3. Juni 1927 Hannover; jüd.; *V:* Jakob Josef S. (geb. 1894 Dolina/Galizien, gest. 1942 AUS), jüd., Kleiderfabrikant, 1939 Emigr. AUS, Vorst-Mitgl. der Beerdigungsgenossenschaft *Chevra Kadisha* in Sydney; *M:* Brucha, geb. Brand (geb. 1894 Tarnobrzeg/Galizien), jüd., 1939 Emigr. AUS; *G:* Rita Woods (geb. 1924 Hannover), 1939 Emigr. AUS; Ismar (geb. 1930 Hannover), 1939 Emigr. AUS, Dir. einer Textilfabrik; ∞ 1960 Sybil Valerie Jackson (geb. 1936 Manchester/GB), jüd., Reiseberaterin; *K:* Gerald Jakob (geb. 1962); David Jonathan (geb. 1964); Daniel Peter (geb. 1967); *StA:* deutsch, 1944 AUS. *Weg:* 1938 NL, 1939 AUS.

Nov. 1938 illeg. in die Niederlande, Unterkunft in einem jüd. Kinderheim bis zur Erteilung der austral. Einwanderungsgenehmigung für die Familie, Mai 1939 Emigr. Australien. 1944-50 Stud. Sydney, B.Med. u. B.Chir., 1948 Hg. *Sydney Jewish News,* ehrenamtl. Sekr. *Aust. Habonim,* Präs. *Zion. Youth League* u. Zion. Stud.-Gruppe, Gr. u. Präs. der *Sydney Univ. Jew. Stud. Union,* Vors. *Aust. Zion. Youth Council.* 1952 stellv. Amtsarzt auf Norfolk Island, 1958-61 Chefarzt der Royal Postgraduate Medical School des Hammersmith Hospitals in London, ab 1961 Arztpraxis in Sydney. Vortragstätigkeit über klin. Medizin an der Univ. Neu-Süd-Wales (N.S.W.) u. ehrenamtl. Arzt an den Universitätsspitälern der Univ. N.S.W., Prince Henry Hospital u. Prince of Wales Hospital, ehrenamtl. klin. Assist. des Sydney Hospitals, ehrenamtl. Arzt für Brustkrankheiten am Parramatta Dist. Hospital. 1960 Mitgl. u. 1974 Fellow Royal Coll. of Physicians in Edinburg, 1974 Mitgl. Royal Aus. Coll. of Physicians, 1975 Fellow Aus. Coll. of Chest Physicians, Mitgl. Ausschuß der Abt. für ärztl. Beratung der N.S.W.-Zweigstelle der *Aust. Med. Assn.* Ab 1962 ehrenamtl. Sekr. der *Zion. Fed. Aust. and New Zealand,* Mitgl. Ausschuß des *State Zion. Council*/N.S.W., Vors. der Isr. Gde. N.S.W., Berater des Exekutivausschusses von *Aust. Jewry,* ab 1964 Mitgl. u. später Vizepräs. des N.S.W. Jew. Board of Deputies, Vors. der *Aust. Jew. Quarterly Foundation,* Mitgl. des Exekutivausschusses der *Aust. Jew. Hist. Soc.,* ehrenamtl. Sekr. der *Fed. Jew. Doctors of N.S.W.* Lebte 1978 in Sydney.

Qu: Fb. Hand. Pers. - RFJI.

Schneeweiß, Josef (Pepi), Dr. med., Arzt; geb. 24. Apr. 1913 Wien; kath., Diss. (?); *V:* Josef S. (geb. 1884), Sparkassenbeamter; *M:* Antonie, geb. Stefan (geb. 1892); *G:* Anton; ∞ Herma; *StA:* österr. *Weg:* 1936 E; 1939 F; 1940 Deutschland; 1945 Österr.

Ab 1929 Mitgl. *Vereinigung Sozialistischer Mittelschüler* (VSM) in der späteren Gruppe der *Achtzehner* (→ Joseph Simon), zeitw. verantwortl. Ref. *Der Schulkampf* (Zs. des *Bunds Sozialistischer Mittelschüler Österreichs*). Ab 1932 Stud. Medizin Univ. Wien, Mitgl. *Verband Sozialistischer Studenten Österreichs,* 1933 nach Verbot von pol. Mittelschülerorg. u. Auflösung der VSM zeitw. Red. der illeg. sozialist. Mittelschülerztg. *Die Rote Tafel;* Mitgl. *Akademische Legion des Republikanischen Schutzbunds.* 1934 nach den Februarkämpfen pol. Arbeit in illeg. Studentengruppen, 1935 Mitgl. *Geeinter Roter Studentenverband.* Ab 1936 Teiln. Span. Bürgerkrieg in Internat. Brigaden, zunächst in Centuria Thälmann, Okt. 1936 Verwundung. 1937 unter → Walter Fischer Arzt in einem Lazarett an der Jamarafront, Sommer 1937 nach Erkrankung ins Hospitalzentrum Benicasim. Febr. 1938 Sekr. einer ärztl. Kommission in Barcelona, die über Rückführung frontdienstuntauglicher Interbrigadisten entschied. Anfang 1939 Teiln. am zweiten Einsatz der Internat. Brigaden, anschl. nach Frankr., Internierung in Argelès u. Barcalais, Aug. 1939 Entlassung, arbei-

658 Schneider

tete als naturalisierter Spanier in Rüstungsbetrieb bei Toulouse. Apr. 1940 Verhaftung, Lager Catus/Haute Loire u. Gurs. Okt. 1940 Meldung zur Rückkehr nach Deutschland, Auslieferung an dt. Behörden, bis Juni 1941 Haft im Gef. La Santé in Paris, anschl. nach Wien. Nov. 1941 VGH-Prozeß, Urteil 2 J. u. 4 Mon. Zuchth., 1942-45 KL Dachau. 1945 Rückkehr nach Wien. Facharzt für innere Medizin, Mitgl. SPÖ, profilierter Linker in der Partei. Mitgl. *Bund sozialistischer Freiheitskämpfer und Opfer des Faschismus*, stellv. Obmann *Vereinigung österreichischer Freiwilliger in der spanischen Republik 1936-1939 und der Freunde des demokratischen Spanien*. Lebte 1978 in Wien. - *Ausz.:* u.a. MedRat, Berufstitel Prof.; 1966 Hans-Beimler-Med. der DDR, 1971 Goldenes Abzeichen *des Bundes sozialistischer Freiheitskämpfer und Opfer des Faschismus*.

L: Pasaremos; Neugebauer, Bauvolk; Die Völker an der Seite der spanischen Republik. 1975; Widerstand 1; Prager, Theodor, Zwischen London und Moskau. 1975; Tidl, Studenten; Simon, Autobiographie. *Qu:* Arch. Publ. Z. - IfZ.

Schneider, Franz, Dr. jur., Rechtsanwalt; geb. 13. Dez. 1909 Sallapulka b. Horn/Niederösterr.; kath.; *V:* Franz S. (1881-1955), Schuldir., Bürgerm. von Eggenburg/Niederösterr.; *M:* Theresia, geb. Riel (1882-1942), Handarbeitslehrerin; *G:* Erna Willvonseder (geb. 1907); ∞ 1937 Dr. Erna Uiberall (geb. 1909), Juristin, Emigr. GB, A: Wien; *K:* Dr. jur. Ronald Peter S. (geb. 1941 Manchester), Dirigent; Dr. jur. Graham Paul S. (geb. 1944 London), RA; *StA:* österr. *Weg:* 1939 GB; 1946 Österr.

Ab 1927 Stud. Rechtswiss. Wien, 1932 Prom., 1932-39 RA-Anwärter in Eggenburg, Wiener Neustadt u. Wien; Mitgl. u. bekannter Versammlungsredner *Christlich-Soziale Partei* bzw. ab 1933 *Vaterländische Front* (VF). 1934 nach den Februarkämpfen Rückzug von pol. Aktivität. Jan. 1938 als Befürworter einer Aussöhnung mit der Arbeiterschaft von → Guido Zernatto zum Vertr. der RA-Anwärter in Bundesltg. der VF ernannt. Nach Anschluß Österr. keine Aufnahme in die Liste der zugelassenen RA. Anfang 1939 Emigr. GB; nach Kurzausbildung im Government Training Centre in Manchester bis 1943 Maschinenbauing. in Manchester u. Macclesfield/Chester; Juli-Nov. 1940 Internierung in Huyton b. Liverpool u. Isle of Man. 1941-46 Mitgl. *Amalgamated Engineering Union*. 1943-46 Fabrikdir. in London. Ab 1943 Mitgl. *Association of Austrian Christian Socialists in Great Britain*, Ende 1943 als Vertr. des demokratischen Katholizismus zus. mit Dr. H. Karl u. Dr. G. Ludwig Aufnahme in das vom *Londoner Büro der österreichischen Sozialisten in Großbritannien* unmittelbar nach der Moskauer Deklaration initiierte *Austrian Representative Committee* unter → Franz Novy, 1944-45 Vizepräs.; Frühj. 1945 Auslandsvertr. *Provisorisches österreichisches Nationalkomitee* (→ Ernst Lemberger). 1945 nach Kriegsende Präs. *Austrian Christian People's Party in Great Britain* (Neukonstituierung der *Association of Austrian Christian Socialists in Great Britain* als brit. Auslandsvertr. der ÖVP). 1946 auf Anforderung von Bundeskanzler Leopold Figl Rückkehr nach Wien, seitdem RA. Ab 1946 VorstMitgl., ab 1964 Präs. *Österreichisch-Britische Gesellschaft*; ab 1951 Mitgl. judizielle Staatsprüfungskommission der Wiener Univ., ab 1959 Vizepräs. *Österreichische Gesellschaft für Rechtsvergleichung*, ab 1964 Mitgl. Oberste Berufungs- und Disziplinarkommission für Rechtsanwälte. Ständiger Mitarb. *Österreichische Juristen-Zeitung*; AR-Mitgl. u. geschäftsf. Funktionen in einer Reihe von Unternehmungen in Österr. Lebte 1977 in Wien. - *Ausz.:* 1974 OBE, 1975 Gold. Ehrenzeichen für Verdienste um die Rep. Österreich.

W: u.a. Gedanken zur Aktienrechtsreform. 1963; Methoden der Zusammenfassung von Unternehmungen unter Erhaltung ihrer rechtlichen Selbständigkeit. In: Österreichische Landesreferate zum VII. Internationalen Kongreß für Rechtsvergleichung in Uppsala. 1966; Preiswettbewerbe und Glücksspiele zu Wettbewerbszwecken. In: Werbung zwischen Utopie und Realität. 1970. *L:* Maimann, Politik. *Qu:* Arch. Hand. Pers. Publ. - IfZ.

Schneider, Georg, Dr. rer. nat., Zoologe, Diplomat; geb. 25. März 1909 Malstatt-Burbach (heute Saarbrücken); *StA:* deutsch, UdSSR, deutsch. *Weg:* UdSSR; 1945 Deutschland (SBZ).

1928-31 Stud. Univ. Jena. 1929 KJVD, 1930 KPD. 1931 in die Sowjetunion delegiert. Erwarb die sowj. Staatsbürgerschaft. 1945 Rückkehr nach Deutschland (SBZ). Zunächst Sekr. der KPD-BezLtg. Thüringen, ab 1947 Prof. mit Lehrauftrag für Theoretische Biologie an der Friedrich-Schiller-Univ. Jena, Dir. des Ernst-Haeckel-Hauses u. des Inst. für Geschichte der Zoologie. 1950-54 MdVK, Mitgl. SED-BezLtg. u. Abg. des BezTages sowie bis 1960 Vors. der *Gesellschaft für Deutsch-Sowjetische Freundschaft* im Bez. Gera. Ab 1965 Botschaftsrat an DDR-Botschaft in Moskau. - *Ausz.:* u.a. 1960 Banner der Arbeit.

Qu: Arch. Hand - IfZ.

Schneider, Hannes, geb. 24. Juni 1890 Stuben am Arlberg/Vorarlberg, gest. 26. Apr. 1956 (?) North Conway/N. Hamp.; ∞ verh.; *StA:* österr. *Weg:* 1938 (?) USA.

Ab 1907 Skilehrer in St. Anton/Tirol; im 1. WK Kriegsdienst, ab 1916 in Hochgebirgseinheit an der ital. Front. Anschl. wieder Skilehrer u. -rennfahrer, Gewinner zahlr. alpiner Wettbewerbe, maßgebl. an Entwicklung u. Ausformung des alpinen Skirennsports u. der modernen Abfahrtstechniken beteiligt, bekannter Schausp. in Bergfilmen (u.a. *Wunder des Schneeschuhs, Fuchsjagd im Engadin, Berg des Schicksals, Der Heilige Berg, Der Kampf ums Matterhorn, Der weiße Rausch*), Lehrer von Leni Riefenstahl; erlitt mehrfach schwere Sportunfälle. Ab 1931 als Skilehrer längere Zeit in Japan. Vermutl. 1938 wegen angebl. jüd Abstammung Emigr. USA, bis zu seinem Tod Ltr. einer Skischule in North Conway. 1942 als Mitgl. des *Austrian National Committee* unter → Hans Rott u. → Guido Zernatto vorgeschlagen. Nach Kriegsende wiederholt Aufenthalte in Österreich.

Qu: Arch. Hand. Z. - IfZ.

Schneider, Josef, Parteifunktionär; geb. 23. März 1896 Pirmasens/Pfalz, gest. 13. Juni 1969 Pirmasens; kath., 1918 Diss., 1950 kath.; ∞ Ida Ehl (1899-1978), Emigr.; *K:* Anna Gruber, A: Deutschland (BRD); *StA:* deutsch, 1. Febr. 1937 Ausbürg. mit Ehefrau, 1945 deutsch. *Weg:* 1933 Saargeb.; 1935 F; 1945 Deutschland (FBZ).

Arbeiter, später Anzeigenakquisiteur. Ab 1929 KPD-Ortsvors. Pirmasens, ab Dez. 1929 StadtVO. u. Fraktionsvors., ab 1930 Mitgl. KPD-BezLtg. u. Ortsvors. *Rote Hilfe*. Dez. 1930-Jan. 1931 nach Entdeckung eines Sprengstofflagers in Haft, Aug. 1931 Urteil 5 Mon. Gef., Nov. 1931 wegen Verstoßes gegen Versammlungsverbot weitere 14 Wochen Gef. - März 1933 Flucht ins Saargeb., von dort aus Org. illeg. KPD-Zellen in Pirmasens, dafür 1942 in Abwesenheit zu 6 J. Zuchth. verurteilt (Urteilsaufhebung Sept. 1949). 1935 Flucht nach Frankr., 1945 Rückkehr, Juli 1945-Sept. 1946 Mitgl. Bürgerrat Pirmasens, Sept. 1946-Nov. 1948 KPD-StadtVO. Ab 1945 Ltr. Städt. Wirtschaftsamt, ab 1949 VerwLtr. eines Friedhofs, 1951-61 Hallenmeister im Städt. Schlachthof. Anfang der 50er Jahre Konflikt mit der KPD, Übertritt zur CDU.

Qu: Arch. Z. - IfZ.

Schneider, Josef, Gewerkschaftsfunktionär; geb. 1900 Böhmen; *StA:* österr., 1919 CSR, brit. (?). *Weg:* 1938 (?) GB.

Bis 1938 Sekr. *Internationaler Metallarbeiterverband der CSR* in Komotau, Mitgl. DSAP. Vermutl. 1938 Emigr. nach GB, TG-Mitgl., Mitunterz. GrdgAufruf der *DSAP-Auslandsgruppe* v. 18. Okt. 1940 u. als deren Mitgl. ab Bildung Herbst 1943 Mitgl. *Sudetendeutscher Ausschuß - Vertretung der demokratischen Deutschen aus der CSR*. Nach Kriegsende Verbleib in GB, lebte 1977 in Woodford Green/Essex.

Qu: Arch. Pers. - IfZ.

Schneider, Julius, Parteifunktionär; geb. 11. Aug. 1908 Schnappach/Saar; Diss.; ∞ verh.; *StA:* deutsch, 4. März 1939 Ausbürg., deutsch. *Weg:* 1936 F, E; 1938 F; 1945 Deutschland/Saargeb.

1924-30 SAJ, Vors. Ortsgruppe Sulzbach/Saar, ab 1928 Vertr. des SAJ-Landesverb. beim Vorst. SPD/S; 1932-35 in Sulzbach kommunalpol. tätig; nach Rückgliederung des Saargeb. in der Illegalität. Nov. 1936 Flucht nach Metz/Lothr., anschl. nach Spanien; bis Sept. 1938 in XIII. u. XI. Internat. Brigade, u.a. Btl. Čapaev, zuletzt OffzSchüler. Danach Mitgl. *Hilfskomitee für deutsche und österreichische Spanienkämpfer* in Paris. Nach Kriegsausbruch Internierung in Troyes/Aube u. Montigny, später Prestataire. 1942 Résistance, zuletzt Commandant (Major) u. milit. AbschnLtr. der *Armée Secrète* im Dépt. Basses-Alpes, Deckn. Georges Pierron. 1944 CALPO, Übertritt von SPD zu KPD. Juli 1945 Rückkehr an die Saar. Ab 1946 im Landesvorst. der KPD Saar, 1946-48 StadtVO. Dudweiler, 1948-56 Mitgl. Kreisrat. Versch. Ehrenämter, u.a. 1955-70 Geschäftsf. *Gesellschaft für Deutsch-Sowjetische Freundschaft,* zeitw. Vors. u. Mitgl. Landesvorst. VVN Saar. - *Ausz.:* Hans-Beimler-Medaille.

W: Tschapajew, das Bataillon der 21 Nationen - dargestellt in Aufzeichnungen seiner Mitkämpfer (Mitverf.). Madrid 1938. *L:* Schneider, Saarpolitik und Exil. *Qu:* Fb. Publ. - IfZ.

Schneider, Martin Friedrich, Parteifunktionär; geb. 10. Nov. 1885 Zschachowitz b. Dresden, gest. (?); *StA:* deutsch. *Weg:* 1933 CSR.

Klempner; Kriegsteiln., 1918 USPD, 1920 KPD, Funktionär in Dresden, 1923 Deleg. 8. PT u. 1924 5. Weltkongreß der *Komintern* in Moskau. Ab Mai 1924 PolLtr. Bez. Ostsa., Dez. 1924 Reichstags-Kand.; Anhänger der linken Führung um → Ruth Fischer, Dez. 1925 als PolLtr. durch → Siegfried Rädel abgelöst, 1927 Parteiausschluß. Sympathisant des *Lenin-Bunds,* vor natsoz. Machtübernahme wieder Annäherung an KPD. 1933 Flucht in die CSR, angebl. bis 1935 pol. tätig. Vermutl. nach dt. Besetzung umgekommen.

L: Weber, Wandlung. *Qu:* Publ. - IfZ.

Schneider, Max, Parteifunktionär; geb. 1910 (?), gest. 1958 Berlin (Ost); *StA:* österr., 1919 CSR, deutsch. *Weg:* 1939 GB; 1945 CSR; Deutschland (SBZ).

Führender KSM-Funktionär in Nordböhmen u. Mitgl. KSČ-Kreisltg. Reichenberg, 1936 Mitgr. u. anschl. Sekr. *Deutscher Jugendbund.* 1939 Emigr. nach GB, Mitgl. sog. *Beuer-Gruppe* der KSČ, Angehöriger der tschechoslow. AuslArmee. 1945 Rückkehr in die CSR, kurz darauf Übersiedlung nach Deutschland, Mitgl. SED, Mitwirkung beim Aufbau des Pressewesens in der SBZ, dann Mitarb. ZK der SED u. zuletzt stellv. Dir. DEFA-Dokumentarfilmstudio.

Qu: Pers. Z. - IfZ.

Schneider, Peter Richard / August, Verbandsfunktionär; geb. 10. Mai 1909 Hannover, ev., 1925 Diss.; *V:* Ferdinand S. (1882-1925), Diss., Arbeiter, SPD; *M:* Wilhelmine, geb. Günther (1888-1944), ev.; *G:* Heinz (geb. 1912); Ludwig-Ferdinand (geb. 1914), im 2. WK verschollen; ∞ 1938 Amsterdam, Anna Schröter (geb. 1913), o.K., Hausgehilfin, ab 1931 in den NL; *K:* Karl Heinz (geb. 1946), Buchdrucker; *StA:* deutsch. *Weg:* 1936 NL; 1937 E, NL; 1940 Deutschland.

1923-27 Lehre als MaschBauer, anschl. Schlosser in Hannover. 1923-27 Kassier SAJ u. Lehrlingsobmann DMV, 1927 SPD, Mitgl. *Reichsbanner,* ab 1927 *Schufo*-Jungführer. Febr. 1933 Entlassung aus ArbStelle bei der Reichspost, bis 1934 erwerbslos, dann bei kleineren Firmen. Mitgl. des Nachrichtendienstes der illeg. *Sozialistischen Front* unter → Werner Blumenberg. März 1936 Flucht vor Verhaftung nach Holland, Unterstützung durch *Matteotti-Komitee,* Jan.-Sept. 1937 Teiln. Span. Bürgerkrieg. Okt. 1940 von Gestapo in Holland verhaftet, zu Zuchth. verurteilt. 1945-50 Angest. Arbeitsamt Hannover, daneben 1948-50 Öffentl. Kläger bei der Spruchkammer,

1950-73 Angest. *Verband für das Verkehrsgewerbe,* Red. *Das Verkehrsgewerbe.* 1947-63 SPD-AbtVors., 1956-73 als Vertr. der ÖTV Beisitzer beim Arbeitsgericht Hannover u. Landesarbeitsgericht Niedersa. Lebte 1978 in Hannover.

Qu: Arch. Fb. - IfZ.

Schneider, Richard, Unternehmensleiter; geb. 13. Juni 1889 Schneidemühl/Posen, gest. 27. Okt. 1974 London; jüd.; *V:* Louis S. (geb. 1850 Flatow/Westpreußen, gest. 1930 Schneidemühl), jüd., Kaufm., StadtVO (DDP), Präs. Jüd. Gde. Schneidemühl; *M:* Laura, geb. Glogauer (geb. 1862 Fordon bei Bromberg, gest. 1939 Lux.), jüd., aktiv in jüd. Frauenorg. u. im *Roten Kreuz,* Emigr. Lux.; ∞ 1926 Ruth Soldin (geb. 1904 Schneidemühl), jüd., Lyzeum, 1933 Emigr. B, 1939 GB; *K:* Irene Strauss (geb. 1927 Frankfurt/M.), Stud. Somerville Coll. Oxford; Louis L. (geb. 1930 Frankfurt/M., gest. 1967 London), RA; *StA:* deutsch, 28. März 1938 Ausbürg. mit Fam., brit. *Weg:* 1933 B, 1939 GB.

Stud. Rechts- u. Wirtschaftswiss. Heidelberg, München u. Kiel, Mitgl. K.C.; Freiw. 1. WK (Lt. d. R., EK II). Nach 1918 Syndikus u. 1923-33 AR-Mitgl. M. Fuld-Konzern (Telefonbau und Normalzeit Lehner u. Co.), Frankfurt/M.; Vertr. der Jüd. Gde. Frankfurt im Preußischen Landesverband Jüd. Gden., Mitgl. CV. 1933 Zwangsausschluß der jüd. Direktoriumsmitgl. des Konzerns, Emigr. Belgien, dort Vertr. der Firma Lehner u. Co., 1939 nach GB. Bis 1974 Dir. General Telephone Systems, Ltd. London; 1941 GrdgMitgl., später VorstMitgl. AJR London, 1945 VorstMitgl. u. ehrenamtl. Schatzmeister *Council of Jews from Germany* London (British Section) u. Altherren-Verband ehem. K.C.-Mitgl. (British Section). Tätigkeit in Wohlfahrtsorg. ehem. Emigr., VorstMitgl. *Commission for Research in the History of Frankfurt Jews,* Mitgl. der Einwanderergemeinde New Liberal Jew. Cong. (später: Belsize Square Synagogue). - *Ausz.:* 1958 BVK 1. Kl.

Qu: EGL. Pers. Z. - RFJI.

Schneidewind, Kurt, Parteifunktionär, Diplomat; geb. 6. März 1912 Erfurt; *V:* Metallarb.; *Weg:* 1933 UdSSR; 1945 Deutschland (SBZ).

Lehre in einer Schuhfabrik; 1927 KJVD, Funktionär in Thür., später KPD-Mitgl. - 1933 i.A. des ZK des KJVD in die UdSSR, im 2. WK Partisan der Roten Armee. 1945 Rückkehr nach Deutschland (SBZ), hauptamtl. Parteifunktionär, 1946-50 Mitgl. PV der SED, 1951-54 stellv. Ltr. bzw. Ltr. ZK-Abt. Propaganda, 1954-56 1. Sekr. SED-BezLtg. Suhl, 1956-58 Ltr. ZK-Abt. Organisation, 1958-63 Kand. ZK der SED; 1958-59 GenKonsul DDR-Botschaft in Warschau, 1959 GenKonsul in Bratislava, Dez. 1959-Jan. 1963 Botschafter in Nordkorea, 1963-73 Ltr. 1. außereurop. Abt. im MfAA (Ferner Osten), ab 1972 Mitgl. Vietnam-Ausschuß des *Afro-Asiatischen Solidaritätskomitees.* Lebte 1974 in Berlin (Ost). - *Ausz.:* 1955 VVO (Silber), 1958 Med. für Kämpfer gegen den Faschismus 1933-1945, 1970 Orden des Vaterländ. Krieges 2. Grades (UdSSR), 1972 Banner der Arbeit.

L: Radde, Diplomat. Dienst. *Qu:* Arch. Hand. Publ. Z. - IfZ.

Schnur, David, Industrieller; geb. 9. Apr. 1882 Baranow/Galizien, gest. 16. März 1948 New York; jüd.; ∞ Else Neumann geb. 1886 Wien, gest. 1965 New York), jüd., Emigr.; *K:* Dr. jur. Harry C. S. (geb. 1907), jüd., Mitgl. *Blau-Weiß, Bund jüdischer Pfadfinder* u. KJV, Emigr. NL, GB, USA, 1935-40 Landesltr. *New Zion.* Org. in den Niederlanden, Stud. Altphilologie N.Y. Univ., 1956 Ph.D., ab 1963 Gastprof. Univ. Tübingen, A: CH; 1 weiterer S u. 1 T; *StA:* österr., 1925 (?) deutsch. *Weg:* USA.

Ab 1903 Ltr. der von der Fam. gegr. Zigarettenfabrik Karmitri, Ausbau u. Umwandlung in AG. Im 1. WK PräsMitgl. Beschaffungsstelle für Rohtabak. 1920 Mitgr. Reemtsma AG in Erfurt, ab 1922 in Hamburg, VorstMitgl. u. fachmänn. Ltr. des Unternehmens. 1924-29 durch zahlr. Fusionierungen Aufbau eines marktbeherrschenden Konzerns mit etwa 65 Prozent

660 Schnurbusch

Anteil an der dt. Tabakindustrie. Mitgl. mehrerer AR, Türkischer Wahlkonsul in Berlin, Mitgl. Kaiser-Wilhelm-Institut. Nach natsoz. Machtübernahme Emigr. in die USA - *Ausz.:* 1929 Dr. ing. h.c. TH Braunschweig.
L: RhDG. *Qu:* Hand. Pers. - IfZ.

Schnurbusch, Johann Heinrich Friedrich **Diedrich**, Unternehmensltr.; geb. 15. Sept. 1879 Bremen, gest. 21. Jan. 1941 London; ev.; *V:* Friedrich S., Schuhmacher in Bremen; *M:* Anna Meta, geb. Vajen; ∞ I. 1904 Helene Maier, 1918 gesch.; II. 1918 Lena Schuster; *K:* aus II: 1 S, 1 T, 1 Stiefsohn; *StA:* deutsch, 15. Juli 1940 Ausbürg. *Weg:* CSR; 1939 GB.
Banklehre, ab 1899 kaufm. Angest., 1908 Prokurist, ab 1914 Teilh. u. kaufm. Ltr. Maschinenfabrik Carl Francke (einer der größten bremischen Betriebe). 1924-26 Handelsrichter Landgericht Bremen. Ab 1925 maßgebl. an techn. Umorg. u. Sanierung der Fa. Carl Francke bzw. Francke-Werke AG beteiligt. Stand politisch der DNVP nahe, vermutl. Mitgl. Während der Weltwirtschaftskrise Vermittlung von ausländ. Krediten für bremischen Staat. AR-Mitgl. u.a. Gothaer Feuerversicherung. 1930 nach Ausscheiden aus Francke-Werke AG Gr. Bankkommissionsgeschäft Diedrich Schnurbusch & Co. in Berlin mit umfangreichen Auslandsverb., 1937 mit Eintritt des Stiefsohns als persönl. haftender Gesellschafter Umwandlung in oHG. Geschäftsf. British and Continental Mining Syndicate (Ausbeutung tschechoslow. Wolfram- u. Zinnminen u. Verhüttung des Erzes in Deutschland, Geschäftssitz Karlsbad/Böhmen), lebte in Karlsbad; als Gegner des NatSoz. bekannt. Jan. 1939 nach Anschluß des Sudetengeb. kurzfristig wegen angebl. Devisenvergehen verhaftet. Mai 1939 Emigr. GB.
Qu: Hand. - IfZ.

Schober, Artur, Funktionär; geb. 28. Nov. 1913 Jägerndorf/Schlesien; *V:* Franz Sch. (geb. 1887); ∞ Felicitas Fürstenau (geb. 1916); *StA:* CSR, S. *Weg:* 1938 S; 1944 DK; Deutschland; S.
1928-32 Schriftsetzerlehre, anschl. Schriftsetzer; 1920 *Rote Falken,* 1929 SJ, 1932-38 Kreisführer der RW für Troppau/Schlesien, 1934 DSAP, Mitwirkung in anderen DSAP-Org. - 1938 Emigr. nach Schweden, TG-Mitgl., Jan. 1944 mit Auftrag der TG-Ltg. Einsatz im Reich zur Koordination des sudetendt. Widerstands, bes. zur Vereitelung der Pläne zur Zwangsaussiedlung der Deutschen aus der Tschechoslowakei nach Kriegsende (→ Albert Exler), Verhaftung in Öresund/Dänemark, Inhaftierung, zuletzt KL Flossenbürg. Mai 1945 Befreiung durch amerikan. Truppen; Rückkehr nach Schweden, ab 1947 Sekr. TG in Skandinavien.
L: Exler, Albert, Das große Wagnis. O.J. [1967]. *Qu:* Arch. Publ. - IfZ.

Schober, Franz, Funktionär; geb. 1911 (?) Böhmen, gest. 3. Jan. 1945 Wrexham; ∞ 1944 brit. Staatsangehörige; *StA:* 1919 CSR. *Weg:* 1938 (?) B; 1940 GB.
Angest. bei DSAP-Ztg. *Volksecho* Trautenau, als Vertrauensmann der SJ für Ostböhmen 1938 Wahl zum stellv. Vors. der SJ. Nach Abschluß des Münchner Abkommens Emigr. nach Belgien, 1940 Flucht nach GB, Forstarb., TG-Mitglied.
Qu: Arch. - IfZ.

Schober, Rudolf, Parteifunktionär; geb. 6. Jan. 1910 Payerbach/Niederösterr.; *StA:* österr. (?). *Weg:* 1934 UdSSR; 1936 (?) E; 1939 UdSSR; Österr.
Mitgl. *Republikanischer Schutzbund,* 1934 nach den Februarkämpfen Emigr. Moskau, Dreher im Stalin-Autowerk u. Bergsteiger-Lehrer (Instruktor) im Rahmen der sowj. Gewerkschaften (→ Gustl Döberl). Vermutl. Mitgl. KPÖ. 1936 (?) nach Spanien, Teiln. Span. Bürgerkrieg in Internat. Brigaden. 1939 Rückkehr nach Moskau, erneut Dreher im Stalin-Autowerk u. Bergsteiger-Lehrer. 1941 nach dt. Angriff auf die UdSSR Freiwilliger in der Roten Armee, möglicherweise Partisaneneinsatz. 1944 krankheitshalber Rückkehr nach Moskau, wieder Dreher im Stalin-Autowerk. Nach Kriegsende Rückkehr nach Österr.; Mitgl. KPÖ u. Mitarb. des ZK. Sekr. *Vereinigung österreichischer Freiwilliger in der spanischen Republik 1936 bis 1939 und der Freunde des demokratischen Spanien,* Red. *Spanien heute.* Lebte 1978 in Wien. - *Ausz.:* u.a. 1956 Hans-Beimler-Medaille.
L: Pasaremos. *Qu:* Arch. Hand. Pers. Publ. - IfZ.

Schocher, H. (A.?) M. (von), Dr.; gest. Nov. 1943. *Weg:* Paraguay (?).
Vermutl. Emigr. Paraguay. Während des 2. WK Präs. *Alianza Austriaca pro Aliados* in Asunción, die sich selbst als Kern einer zu schaffenden österr. Auslandsvertr. betrachtete, vergeblich den Anschluß des *Free Austrian Movement* Toronto bzw. in den USA (→ Hans Rott) an ihre Zentrale in Paraguay forderte u. für Wiederherstellung Österr. auf republikanischer Grundlage eintrat. Wurde Nov. 1943 angebl. auf Anstiftung pol. Gegner der Unabhängigkeit Österreichs ermordet.
L: Goldner, Emigration. *Qu:* Publ. - IfZ.

Schocken, Gershom (Gustav), Verleger, Politiker; geb. 29. Sept. 1912 Zwickau/Sa.; jüd.; *V:* → Salman Schocken; ∞ 1936 Shulamith Persitz; *K:* Racheli; Amos; Hillel; *StA:* deutsch, Pal./IL. *Weg:* 1933 Pal.
1932-33 Stud. Soziologie Heidelberg. 1933 Emigr. Palästina; 1935-36 Stud. London School of Econ., ab 1939 Dir. des vom Vater gegr. Schocken Publishing House, Ltd., Tel Aviv sowie Verleger u. Chef vom Dienst der Tageszgt. *Haaretz,* 1950-55 u. 1960-62 Vors. Nachrichtenagentur *Itim.* 1955-59 M. K. *Progressive Party;* zeitw. Präs. *Rotary Club* Tel Aviv.
W: Erinnerungen an meinen Vater Salman Schocken. In: Monat, Nov. 1968, u. Haaretz, 18. Okt. 1967. *Qu:* Hand. Z. - RFJI.

Schocken, Gideon, Offizier, Ministerialbeamter; geb. 28. Dez. 1919 Zwickau/Sa.; jüd.; *V:* → Salman Schocken; ∞ 1942 Dvora Cohen; *K:* Yael Miron; Tamar; Shimon; *StA:* deutsch, Pal./IL. *Weg:* 1934 Pal.
1934 Emigr. Palästina, Abschluß der höheren Schule in Palästina u. GB, 1936-41 Mitgl. *Haganah;* 1939-41 Stud. Hebr. Univ., 1941-46 MilDienst brit. Armee, 1944-46 Jüd. Brigade (Major). 1947-48 Dir. u. Vizepräs. Verlag Schocken Books in New York. 1949-59 MilDienst IDF, 1956-59 im GenStab, 1959 Pensionierung (BrigGeneral). Ab 1961 Mitgl. *Isr. Nat. Manpower Board,* Kuratoriumsvorst. *Schocken Inst. Jew. Res.* in Jerusalem u. Jew. Theol. Seminar in New York, 1960-65 stellv. Geschäftsf. Bank Leumi, 1966-67 Inspekteur für den Verteidigungs- u. Sicherheitsdienst beim isr. Rechnungshof, ab 1960 Ombudsman am isr. Arb.-Gericht. 1970-74 Kuratoriumsmitgl. u. Vors. der Finanzkommission der Ben Gurion Univ. of the Negev in Beersheba. Lebte 1977 in Kefar Shemaryahu.
Qu: Hand - RFJI.

Schocken, Herman, Kaufmann; geb. 31. Juli 1869 Margonin/Posen, gest. 17. Apr. 1957 Seattle/Wash.; jüd.; *V:* Isaac S. (geb. 1838 Rogasen/Prov. Posen, jüd.; *M:* Eva, geb. Hermann (geb. 1838), jüd.; *G:* 9, u.a. Simon, → Salman Schocken; ∞ 1913 Zelma Garretson (geb. 1868 USA, gest. 1946 Seattle/Wash.), Schneiderin, mit Ehemann nach Deutschland, 1933 Tätigkeit für zion. Frauenorg. in Dresden, 1938 Rückkehr in die USA, in Seattle für Flüchtlingshilfe tätig; *StA:* deutsch, USA. *Weg:* 1938 USA.
Um 1884 in die USA, Erwerb der am. StA., um 1909 Rückkehr nach Deutschland, 1913-38 Teilh. Kaufhaus Schocken. Für zion. Org. tätig, ab 1933 Unterstützung jüd. Auswanderer; 1938 Emigr. USA, Vermögenseinzug. Vizepräs. *Washington Émigré Bureau* Inc. in Seattle zur Unterstützung dt.-jüd. Flüchtlinge. Lebte ab 1938 in Seattle/Wash.
Qu: HGR. Pers. Z. - RFJI.

Schocken, Salman (Sally, Shlomo), Warenhausunternehmer, Verleger; geb. 30. Okt. 1877 Margonin/Posen, gest. 6. Aug. 1959 Pontresina/CH; jüd.; *G:* → Herman Schocken; ∞ Lilli, geb. Ehrmann; *K:* → Gershom Schocken; → Gideon Schocken; → Theodore Schocken; Eva Glaser, Präs. Verlag Schocken Books, New York; Mika, Kaufm. Tel Aviv; *StA:* deutsch. *Weg:* 1933 Pal., 1940 USA.

Volksschule u. Hebr.-Unterricht, Autodidakt auf dem Gebiet der Philos., Volkswirtsch., Soziologie, Gesch. u. Lit.; Lehre u. Ausbildung in Einzelhandels- u. Großhandelsfirmen der Textilbranche (1892-95 in Samotschin/Posen, 1895-99 in Gnesen, 1899-1901 in Leipzig), 1901 Eintritt in das von Bruder Simon S. gegr. Kaufhaus in Zwickau/Sa., 1904 Gr. u. Ltr. der Filiale in Oelsnitz/Sa.; 1907 mit Bruder Gr. der Einkaufszentrale I. Schocken Söhne GmbH in Zwickau, ab 1908 Mitgl., ab 1918 PräsMitgl. u. VorstMitgl. *Verband Deutscher Waren- und Kaufhäuser e.V.*, 1914 Inh. von 10 Kaufhäusern in Sachsen, jeweils als selbständige OHG organisiert, 1921 ZusSchluß zur Schocken K.G. a.A., nach dem Tod des Bruders ab 1929 Alleininh. u. Ltr. des Warenhauskonzerns, bis 1931 Anwachsen auf 18 Warenhäuser mit etwa 6000 Angest. u. einem Jahresumsatz von 100 Mill. RM (1930); Kaufhäuser z.T. von Architekt Erich Mendelsohn erbaut. Aktiv in der zion. Bewegung u. im kulturellen Leben, u.a. beeinflußt durch Martin Buber; 1912 Org. einer Geschäftsstelle der ZVfD in Zwickau, seitdem regelmäßig Deleg. auf zion. Kongr. u. Konf., 1915 führende Rolle bei der Grdg. der Zs. *Der Jude* (1916-24 hg. von Martin Buber), schlug 1916 auf einer Sondertagung der ZVfD ein Kulturprogramm zur Förderung hebr. Sprachstud. u. einer stärkeren Pflege der Wissenschaft des Judentums vor; 1916-27 Vors. des neugegr. Ausschusses für jüd. Kulturarbeit der ZVfD, 1918-34 Mitgl. u. Förderer der Akad. für die Wissenschaft des Judentums in Berlin. 1921 Teiln. am 12. Zion. Weltkongreß in Karlsbad, Mitgl. des neugegr. Finanz- u. Wirtschaftsrats, VorstMitgl. des JNF. 1922 erstmalig nach Palästina, vertrat anschl. die Notwendigkeit wirtschaftl. Maßnahmen bei der Errichtung einer jüd. Heimstätte in Palästina, auf sein Drängen 1925-28 Ankauf von ausgedehntem Grundbesitz in der Bucht von Haifa durch JNF, 1926 Errichtung der Hachscharah-Zentrale auf seinem Landgut Winkel, nach Erweiterung Ausbildungsmöglichkeiten für 120 Personen. 1927 Deleg. auf dem 15. Zion. Weltkongreß in Basel, setzte sich für Erweiterung u. Stärkung der jüd. Wirtschaftszone in Palästina ein. 1929 Gr. des Forschungsinst. für hebr. Dichtung in Berlin (Erforschung u. Hg. mittelalterl. hebr. Dichtung). 1931 Gr. des Schocken-Verlags Berlin als Teil des Schockenkonzerns mit Lambert Schneider als Ltr. der Vertriebs- u. Verkaufsabt. u. → Moshe Spitzer als Schriftltr.; Verleger u.a. von S. J. Agnon u. Franz Kafka sowie Hg. der Buber-Rosenzweig-Bibelübers. - 1933 Emigr. Palästina, zuvor Umwandlung des Konzerns in eine AG mit Sohn Theodore Schocken als Geschäftsf. u. Erweiterung des AR durch zwei engl. Unternehmer, einer von ihnen gleichz. Teilh. der Einkaufszentrale; Sommer 1938 durch Vermittlung niederländ. Banken Verkauf des Schockenkonzerns an eine deutsche Bankgesellschaft unter dem realen Verkehrswert, Firmenbezeichnung ab 9. Dez. 1938: Merkur AG Zwickau. 1933-38 Weiterbestehen u. Erweiterung des Schocken-Verlags, bis 1937 unter Aufsicht der Reichsschrifttumskammer, 1937-38 unter Aufsicht der Reichskulturkammer; 1937 erzwungene Namensänderung in Schocken-Verlag, Jüdischer Buchverlag, Hg. von Werken zahlr. jüd. Autoren, u.a. S. J. Agnon, Leo Baeck, Martin Buber, Hermann Cohen, Franz Kafka, Franz Rosenzweig sowie von Gregorovius, Herder, Mommsen, Stifter u. Schudt; das Verlagsverz. enthielt 194 Titel, u.a. 30 Lesehefte für jüd. Schulen, 92 Bde. der allgemeinwiss. Serie *Bücherei des Schocken Verlags* zu Altertum, Mittelalter u. modernen Sachbereichen, 1933-38 6 Jahresalmanache, Fachbücher zur jüd. Gesch. u. Lit. u. über zeitgesch. Themen, u.a. 1937 deutsche Übersetzung des *Palestine Royal Commission Reports (Peel-Report)* u. Sammlung von Reden u. Aufsätzen von Arthur Ruppin über Arbeit der Zionisten in Palästina. Nov. 1938 Einstellung des Schocken-Verlags, Verlagerung der Buchbestände nach Palästina, Verlegung des Forschungsinst. für hebr. Dichtung sowie Transfer von Gemäldesammlung u. Privatbibliothek in das neuerrichtete Bibliotheksgebäude in Jerusalem. 1934-45 Verw-Mitgl., 1934 geschäftsf. Mitgl. u. Vors. des Verwaltungskomitees, 1934-38 Ehrenschatzmeister u. 1935-45 Vors. geschäftsf. Ausschuß der Hebr. Univ. Jerusalem. 1935 Erwerb der liberalen Ztg. *Haaretz,* ab 1939 von Gershom Schocken hg. u. redigiert. 1937 Gr. Schocken Publishing House, Ltd. Tel Aviv mit Gershom Schocken als Dir.; 1940 in die USA zur Org. finanzieller Unterstützung für die Hebr. Univ., Verbleib in den USA. 1945 Mitgr. von Schocken Books, Inc. New York unter Ltg. von Theodore Schocken, Hg. hebr. Dichtung, kulturgesch. Werke u. von Büchern über jüd. Fragen, u.a. dt. Neuauflage von Kafkas gesammelten Werken. Nach 1949 Rückerstattung von 51 Prozent des Aktienkapitals der Merkur AG, deren Zentrale 1949 von Zwickau nach Nürnberg verlegt wurde, 1953 Verkauf des Anteils an Helmut Horten AG, 1959 Transfer des Inst. für hebr. Dichtung sowie der Gemäldesammlung u. Privatbibliothek an das neugegr. Schocken Inst. for Jew. Research am Jew. Theol. Sem. of Am., New York, 1974-75 Verkauf von Restbeständen der Bibliothek auf Auktionen in Hamburg. S. starb 1959 auf einer Europareise. - *Ausz.:* 1940 D.H.L. h.c. Jew. Inst. for Relig. New York, 1950 Dr. h.c. Jew. Theol. Sem. New York.

W: Die Entwicklung der Warenhäuser in Deutschland und die kaufmännischen Voraussetzungen der Warenhausbauten. 1911; Eine Makkabäerrede. 1913; Palästinensische Wirtschaftspolitik. 1922; Vier Vorträge über den gegenwärtigen Stand und die Aufgaben des Großeinzelhandels. 1932; Einleitung zu: Mitteilungen des Forschungsinstituts für hebräische Dichtung. 1933; Das Kaufhaus Schocken im Jahre 1926. Vorträge, Ansprachen und Aufsätze aus früheren Schocken-Hauszeitungen. 1952; Beiträge in *Jüdische Rundschau* u.a. jüd. Zs. *L:* RhDG; Mivḥar haShivim Piyutim veShirim (70 Gedichte u. Lieder - zum 70. Geburtstag von S. Schocken). 1947; Alei Ayin: Minḥat Devarim le S.Z. Schocken (Festschrift). 1951; Pritzkoleit, Kurt, Die neuen Herren: Die Mächtigen in Staat und Wirtschaft. 1955; Tramer, Hans u. Blumenfeld, Kurt in: M.B., 1959; Siegfried Moses, Salman Schocken. His Economic and Zionist Activities. In: Yearbook LBI, 1960 (dt. Übers. in: Weltsch, Rudolf [Hg.], Deutsches Judentum. Aufstieg und Krise. 1963); Schocken, Gershom, Erinnerungen an meinen Vater. In: Haaretz, 1967 u. Der Monat, 1968; Diamant, Adolf, Zur Chronik der Juden in Zwickau. 1971; Poppel, Stephen M., Salman Schocken and the Schocken Verlag. In: Yearbook, LBI, 1972. *D:* LBI New York. *Qu:* Hand. HGR. Pers. Publ. Z. - RFJI.

Schocken, Theodore, Verleger; geb. 8. Okt. 1914 Zwickau, gest. 20. März 1975 White Plains/N.Y.; jüd.; *V:* → Salman Schocken; ∞ 1941 Dora Landauer; *K:* Miriam Michael; Naomi Landau; Eva; *StA:* deutsch, USA. *Weg:* 1938 USA.

1933-38 Ltr. des Familienunternehmens Kaufhaus Schocken AG in Zwickau, 1935-38 Teilh. des Schocken-Verlags. 1938 Emigr. USA, 1938-40 Stud. Business School of Harvard Univ., 1940 M.B.A.; 1941-45 MilDienst US-Armee, zuletzt beim Nachrichtendienst in Deutschland (Lt.). 1945 Mitgr., 1946-49 u. 1965-75 Präs. von Schocken Books, Inc. New York, Kuratoriumsmitgl. des Schocken Inst. for Jew. Res. Jerusalem, des Jew. Theol. Sem. New York u. des LBI New York.

W: Schocken Books: Twenty-Five Years of Judaica Publishing in America. In: Judaica Book News, 1971. *Qu:* Hand. Z. - RFJI.

Schöffmann, Johann; geb. 26. Juni 1895 Wöllan/Steiermark; kath. *Weg:* 1933 (?) Österr.

Ing. bei Siemens in Berlin, vermutl. Mitgl. KPD, schloß sich der Linksopposition an, Zusammenarb. mit → Anton Grylewicz; 1932 Teiln. an sog. Kopenhagener Konferenz, pers. Bekanntschaft mit Leo Trockij; 1933 KL-Haft, anschl. nach Österr.; 1935 in Wien führender Vertr. der *Revolutionären Kommunisten Österreichs* (urspr. linksoppos. Gruppe innerh. des illeg. KJVÖ, größte u. aktivste trotzkist. Gruppierung in

Österr.), Deckn. Rall. Nov. 1936 Verhaftung, Aug. 1937 neben → Georg Scheuer Hauptangeklagter im Wiener Trotzkistenprozeß, Urteil 1 J. schweren Kerkers, noch vor Febr. 1938 Entlassung. Lebte 1978 in Wölfnitz b. Klagenfurt/Kärnten.

L: Widerstand 1; Keller, Fritz, Gegen den Strom. 1978. *Qu:* Arch. Pers. Publ. - IfZ.

Schoemann, Hans, Verbandsfunktionär, Unternehmensleiter; geb. 7. Juni 1906 Köln; jüd.; *V:* August S. (geb. 1871 Trier, gef. 1917), Inh. einer Weinbrennerei, aktiv in *B'nai B'rith; M:* Helene, geb. Rosenthal (geb. 1881 Frankfurt/M., gest. 1961 B), aktiv in *B'nai B'rith*, 1933 (?) Emigr. B; ∞ 1938 Alice Ascher (geb. 1909 Smyrna/TR), jüd., Modeschöpferin; *StA:* deutsch, 1948 B. *Weg:* 1933 B.

1915-22 Realgymn. Köln, 1922-26 Angest. in der Metallindustrie, 1926-33 Handlungsbevollmächtigter, dann Prokurist bei einer Schuhfabrik in Köln. 1923-29 Mitgl. u. Funktionär KJVD u. KPD, 1929 Ausschluß, später Eintritt in SAPD. Okt. 1933 nach Warnung vor bevorstehender Verhaftung illeg. nach Belgien, später Aufenthaltsgenehmigung als Geschäftsmann. Ab 1934 Gr. u. AR-Vors. der Textilfirma Becopa. Unterstützung von Flüchtlingen aus Deutschland über den belg. *Matteotti-Fonds*, ab 1944 VorstMitgl., später Vors. des *Comité Israélite des Réfugiés Victimes des Lois Raciales* in Brüssel. Vertr. des *Internat. Rescue Committee* New York, Mitgl. *Council of Jews from Germany;* VerwRatsmitgl. der *Centrale d'Œuvres Sociales Juives* Brüssel. Während der deutschen Besatzungszeit bis 1942 im Untergrund, ZusArb. mit belg. Widerstandsbewegung, 1942-44 mit falschen Papieren in Paris. Lebte 1977 in Brüssel. - *Ausz.:* BVK 1. Kl., Chevalier de l'Ordre de la Couronne, Belgien.

W: Remnants of the Catastrophe. In: Dispension and Resettlement. 1955. *Qu:* EGL. Fb. Publ. - RFJI.

Schönauer, Fritz (Friedrich), Parteifunktionär; geb. 11. Sept. 1904 Altenplos b. Bayreuth, gest. 2. Apr. 1950 Kulmbach; *V:* Maurer, SPD-Bürgerm. in Altenplos, 1933 Haft; ∞ 1926 Margarete (gest. 1974); *K:* Elsbeth Theobaldi, Marianne Jahnke; *StA:* deutsch, 24. Juni 1938 Ausbürg., deutsch. *Weg:* 1935 CSR; 1937 Österr., CH, F; E; F; 1941 E; 1945 Deutschland (ABZ).

Lehre als Elektroinstallateur, Mitorg. SAJ u. DMV-Jugend in Bayern, 1921 Gesellenprüfung, Ruhrbergbau, Eintritt in die Reichswehr, 1923 aus pol. Gründen entlassen. Ehrenamtl. SPD-Funktionen, Angehöriger des linken Parteiflügels. März 1933-Anfang 1934 KL Dachau, anschl. illeg. tätig, u.a. Verbreitung von *Sozialistische Aktion der Sopade* Prag. 1935 Flucht in die CSR, Grenzarb. für *Sopade.* 1937 über Österr. in die Schweiz, Ausweisung, von Frankr. nach Spanien, nach Ende des Span. Bürgerkrieges in Frankr., 1940 Internierung, März 1941 Flucht nach Spanien vor drohender Auslieferung an Gestapo, Dez. 1943 aufgrund falscher Papiere in Madrid aus Haft entlassen, Anschluß an US-Invasionstruppen im Mittelmeerraum. Sept. 1945 Rückkehr nach Kulmbach, Ausscheiden aus US-Armee, Mitarb. am Wiederaufbau von SPD u. Gew., ab 1946 2. Bürgerm. u. StadtVO., Vors. Spruchkammer. Vors. DGB-Ortsverein, SPD-Kreisvors., Mitgl. SPD-BezVorst. Ab 1949 MdB.

Qu: Hand. Z. - IfZ.

Schönbeck, Fritz (Friedrich), Ministerialbeamter, Rechtsanwalt; geb. 17. Dez. 1888 Nordhausen/Harz, gest. 1. Sept. 1971 London; jüd.; *V:* Eduard S., Kaufm.; *M:* Sophi, geb. Stern; ∞ Dr. phil. Gertrud Lazarus (geb. 1889, gest.), StudRätin, SPD, Emigr. GB; *StA:* deutsch. *Weg:* 1939 GB.

Stud. Rechtswiss. Berlin u. München, Mitgl. SPD; 1912 Referendar, 1915-18 Kriegsteiln., 1918 Assessor, 1919 Hilfsarb. Reichswirtschaftsmin., ab 1920 im preuß. Finanzmin., 1922 Finanzrat, 1926 Oberfinanzrat, 1927 MinRat. Ab 1926 Ref. in der preuß. Krongutverw., führende Rolle bei der Regelung der Eigentumsverhältnisse zwischen Staat u. Haus Hohenzollern. 1930 Ausscheiden aus dem Dienst, 1931 Justitiar Preuß. Staats-

theater, dann RA u. Syndikus Deutsche Arbeiterbank. 1933 in Haft, bis 1939 RA-Praxis, Aug. 1939 Emigr. GB, Angest. in Maklerfirma, nach 1945 Ltr. Deutsches Amt für Wertpapierbereinigung in London. VorstMitgl. AJR. - *Ausz.:* BVK 1. Klasse.

Qu: Arch. EGL. Hand. Z. - IfZ.

Schönberger, Davin, Dr. phil., Rabbiner; geb. 26. März 1897 Nordhausen/Harz; *V:* Dr. phil. Philipp S. (geb. 2. Okt. 1856 H, gest. 1908 Nordhausen), Rabbiner; *M:* Helene, geb. Hirsch (geb. 1857 Berlin, gest. 1935 Berlin), jüd., höhere Schule; *G:* Irma Aschner (geb. 1886 Nordhausen, umgek. KL), höhere Schule; Grete Levinsohn (geb. 1890 Nordhausen, umgek. KL), höhere Schule; Bruno (geb. 1892 Nordhausen, gest. 1955 Chicago), höhere Schule, Kaufm., Emigr. USA über B. u. Lux.; ∞ 1930 Ilse Fuchs (geb. 1905 Luxemburg), jüd., Stud. Berlin u. Sorbonne Paris, Sprachlehrerin, T. eines Oberrabbiners in Luxemburg; *K:* Elaine Katz (geb. 1936 Luxemburg), 1940 Emigr. USA, Prof. für Volkskunde Univ. Alabama; *StA:* deutsch, 1946 USA. *Weg:* 1938 Lux.; 1939 F, GB; 1940 USA.

Teiln. 1. WK als Einjährig-Freiwilliger; 1918-26 Stud. Berlin, 1923 Prom. Königsberg, 1926 Rabbinatsdiplom L(H)WJ Berlin, Stud. bei Leo Baeck u. → Ismar Elbogen, 1926-38 Hauptrabbiner der Aachener Gde., 1930-38 VorstMitgl. *Vereinigung für das Liberale Judentum*, Präs. *Rheinisch-Westfälischer Rabinerverband.* Dez. 1938 Emigr. Luxemburg, Aufenthaltsgenehmigung als Ehemann einer luxemburg. Staatsbürgerin, Aug. 1939 nach Frankr. mit Besuchervisum, Sept. 1939 nach London mit Einwanderervisum, Internierung; Aug. 1940 mit Einwanderervisum in die USA, finanzielle Unterstützung durch Verwandte; 1940-42 Rabbiner in Phoenixville/Pa., 1942-44 Rabbiner Temple Beth Sholom in Fredricksburg/Va., 1944-46 Rabbiner Temple Beth Jacob in Pontiac/Mich., 1946-55 Rabbiner Temple Ezra in Chicago, 1955-58 Temple Mishkan Israel Selma/Ala., 1958-60 Rabbiner Temple Israel Blytheville/Ark., Mitgl. *B'nai B'rith, Kiwanis* u. *Rotary Club.* Lebte 1976 in Mountain Brook/Ala.

W: Zahlr. Bücher u. Art. über soziale Themen u. Fragen des Judentums; Verf. von Gedichten. *Qu:* Arch. Fb. - RFJI.

Schönberger, Eugen, Fabrikant; geb. 5. Nov. 1871 Schierstein/Rhein, gest. 5. März 1970 San Francisco; jüd.; *V:* Abraham S. (gest. 1902), jüd., Teilh. der 1876 gegr. Wein-Großhandlung Gebr. Schönberger in Mainz; *M:* Caroline, geb. Adler, jüd.; *G:* Bertha (1942 Freitod wegen bevorst. Dep.), Finanzdir. der Schönberger Cabinet-Sektfabrik AG; Jenny (1942 Freitod wegen bevorst. Dep.); Arthur (geb. 1881 Mainz, gest. 1931 Deutschland), ab 1902 Teilh. der elterl. Wein-Großhandlung, später Teilh. Schönberger Cabinet-Sektfabrik AG, Teiln. 1. WK; ∞ 1933 Edith Falk (geb. 1904 Berlin), jüd., Handelsakad., 1939 Emigr. F, 1941 USA, Präs. von *Hadassah* in St. Louis/Mo. u. San Francisco, VorstMitgl. von *Isr. Bonds,* JNF u. *Jew. Welfare Fund; StA:* deutsch, USA. *Weg:* 1939 F, 1941 USA.

Realgymn. in Mainz, kaufm. Lehre u. Fachausbildung, nach 1892 in elterl. Wein-Großhandlung Gebr. Schönberger in Mainz, ab 1902 mit Bruder Teilh.; 1922 Umstellung auf Sektherstellung u. Umbenennung der Firma in Schönberger Cabinet-Sektfabrik AG, gleichz. AR-Mitgl. der franz. Sektfabrik Heidsieck & Co. u. Monopole AG; Handelsrichter u. Vorst-Mitgl. IHK Mainz, Beirat der Außenhandelsstelle für das Rhein-Main-Gebiet. Am 9./10. Nov. 1938 Beschlagnahme der deutschen Firma, Mai 1939 Emigr. Frankr., nach deutscher Besetzung im Versteck, Aug. 1941 in die USA, Ehefrau als Sekr. tätig; Beschäftigung in versch. Sektherstellungsbetrieben, ab 1943 Vizepräs. der American Wine Co. in St. Louis/Mo. Ab 1953 Ruhestand.

L: RhDG; Arnsberg, Hessen. *Qu:* Hand. Pers. Z. - RFJI.

Schöndorff, Hermann, Unternehmensleiter; geb. 7. Okt. 1868 Westheim/Westf., gest. 23. Okt. 1936 Zürich; jüd.; *M:* Bernhardine, geb. Cohn; *G:* Albert (geb. 1870 Westheim), 1890-1919 mit Hermann S. Gr. u. Teilh., anschl. GenDir. Holzbearbeitungsfabrik u. Waggonbauanstalt Gebr. Schöndorff AG in Düsseldorf; ∞ Lina Sostheim (geb. Lippstadt); *K:* Robert (geb. 1896 Düsseldorf), im 1. WK Frontsoldat, bis 1920 russ. Kriegsgef., ab 1924 bei Rudolf Karstadt AG, 1929 Vorst-Mitgl.; Anna Schwarz; *StA:* deutsch. *Weg:* CH.

Schulbesuch in Dortmund, Lehrling u. Verkäufer in Einzelhandelsgeschäften, 1890-1919 mit Bruder Albert Gr. u. Inh. Gebr. Schöndorff in Düsseldorf, ab Jan. 1920 bei Rudolf Karstadt AG, zuletzt VorstMitgl., während der Arisierung von Karstadt zum Rücktritt gezwungen. Emigr. Schweiz. - *Ausz.:* Preuss. Kommerzienrat.

Qu: EGL. Hand. - RFJI.

Schoenemann, Erich (Erico) Adolf Julius, Dr.-Ing., Regisseur, Heilpraktiker; geb. 12. Juli 1889 Berlin, gest. 14. Juli 1967 Montevideo; ev.; *V:* August S. (1857-1921), ev., Fabrikant; *M:* Elisabeth, geb. Jung (geb. 1861), ev.; *G:* 4; ∞ 1934 Hildegard Bräsel (geb. 1907), apostol., Kindergärtnerin, Schausp., Emigr.; *StA:* deutsch, Ausbürg. *Weg:* 1934 Uruguay.

Stud. Ingenieurwiss. Berlin, 1914-18 Ing. im Kriegsmin., Regisseur in Berlin. Nach Konflikt mit PropMin. über Entlassung jüd. Schauspieler Okt. 1934 Emigr. nach Montevideo, ab 1937 als Heilpraktiker tätig. 1935-41 Hg. *Die Zeit - El Tiempo. Die demokratische und nationale Zeitung der deutschen Opposition* in christl.-konservat. Geist gegen NatSoz. u. Kommunismus (1938 ca. 2500 Abonnenten); ab etwa 1938 in zunehmendem Gegensatz zu den anderen Gruppen, Org. u. Ztg. der dt.-sprach. Emigration in Uruguay, zunehmend antisemit. Tendenzen, 1940 Anschluß an SF bzw *Frei-Deutschland-Bewegung* (→ Otto Straßer); *Die Zeit* wurde 1941 zum Organ der *Frei-Deutschland-Bewegung,* enge ZusArb. mit der Frühj. 1940 als Gruppe Uruguay des *Service National Autrichien* in Paris (→ Martin Fuchs) gegr. *Asociación Austriaca* bzw. *Asociación Cultural Austro-Uruguayén* unter Anton Babouczek, 1940 Mitgr. *Liga pro Aclimatación de Immigrantes.* Ab 1941 Landesvertr. der *Frei-Deutschland-Bewegung.*

Qu: Arch. Pers. Z. - IfZ.

Schoenewald, Ottilie, geb. Mendel, Politikerin, Verbandsfunktionärin; geb. 21. Dez. 1883 Bochum/Westf., gest. 16. Mai 1961 Chicago/Ill.; jüd.; *V:* (gest. 1903) VorstMitgl. der SynGde. Bochum; *G:* 1 B, 2 S; ∞ 1905 Siegmund S. (geb. 1872, gest. im 2. WK Cambridge/GB), RA, Vors. der SynGde. Bochum; *K:* Doris. *Weg:* 1939 NL, GB; 1946 USA.

1919-26 StadtVO in Bochum, Mitgl. Reichsparteiausschuß der DDP/DSP; ab 1906 aktiv im *Jüdischen Frauenbund,* u.a. 1935 VorstMitgl. des Provinzial- u. Landesverbands für Rheinland-Westfalen, 1926 Gr. der Ortsgruppe Bochum, 1929 HauptvorstMitgl., 1934-38 VorstMitgl. u. Präs., enge ZusArb. mit Cora Berliner u. Hannah Karminski, Febr. 1939 Auflösung der Org. durch NatSoz.; 1930 Teiln. am Gründungskongreß des *Internat. Cong. of Jew. Women.* 1933-38 (?) Beiratsmitgl. u. Dezernentin der *Reichsvertretung,* VorstMitgl. des Preußischen Landesverbands jüd. Gemeinden, HauptvorstMitgl. des CV u. VorstMitgl. der *Vereinigung für das liberale Judentum.* März 1939 Emigr. Niederlande, aktiv in Flüchtlingshilfe u niederländ. Frauengruppen, Sept. 1939 nach GB, Kurse in Buchhaltung u. Stud. Sprachen an der Oxford Univ., aktiv in der AJR Cambridge. Gr. von Frauengruppen u. Sozialarb. in Flüchtlingsorg. in Cambridge; Juli 1946 in die USA, aktiv im *Council of Jew. Women,* 1948-50 Präs. *Leo Baeck Chapter* von *B'nai B'rith* New York, Mitarb. der ADL.

W: Lebenserinnerungen (Ms. masch.). 1961. *L:* Yearbook LBI 1962/2654; Adler-Rudel, S., Jüdische Selbsthilfe unter dem Naziregime. 1974. *D:* LBI New York. *Qu:* ABiogr. Arch. EGL. Publ. Z. - RFJI.

Schönfelder, Gustel (Gustav), Parteifunktionär; *StA:* österr. (?). *Weg:* 1938 (?) S.

Gegen Ende des 1. WK Mitgl. der Gruppe der Linksradikalen um → Franz Koritschoner, vermutl. Dez. 1918 Beitritt zur KPÖ. 1923 auf 6. PT der KPÖ Wahl in den PV (später ZK), zeitw. Vors. Wiener Stadtorg. der KPÖ. 1924 Mitgl. der österr. Deleg. auf 5. Weltkongreß der *Komintern.* In den Fraktionskämpfen innerhalb der KPÖ zunächst Exponent der Fraktion → Josef Frey, ab 1925 Anschluß an die Mittelgruppe um → Johann Koplenig. 1927 auf 9. PT erneut Wahl ins ZK, nach Linkswendung der *Komintern* neben Willi Schlamm (→ William S. Schlamm) maßgebl. Vertr. der rechten Minderheit in der KPÖ, 1928 als Vertr. der Rechtsopposition auf 6. Weltkongreß der *Komintern.* Juli 1929 Parteiausschluß, Dez. 1929 Mitgr. *Kommunistische Opposition Österreichs,* ZusArb. mit KPDO, Vertr. einer auf innere Reform der KPÖ im Sinne der Rechtsopposition ausgerichteten Taktik. 1934 nach den Februarkämpfen Hg. des illeg. Mitteilungsblatts *Der Rote Reporter* in Wien. 1935 nach 7. Weltkongreß der *Komintern* Wiedereingliederung der Gruppe in die KPÖ, illeg. gewerkschaftl. Vertrauensmann in Wien; nach Auseinandersetzungen über Art u. Ausmaß der Volksfrontpol. erneuter Parteiausschluß wegen „Trotzkismus". Emigrierte nach Anschluß Österr. nach Schweden; Mitgl. KPDO-Gruppe in Stockholm (→ Richard Janus). Blieb nach Kriegsende in Schweden.

L: Steiner, KPÖ; Müssener, Exil; Keller, Fritz, Gegen den Strom. 1978; Reisberg, KPÖ. *Qu:* Arch. Pers. Publ. - IfZ.

Schönfelder, Richard, Parteifunktionär; geb. 27. Dez. 1893 Warnsdorf/Böhmen, gest. 18. März 1977 Waldkraiburg/Obb.; kath.; *V:* Josef S. (1871-1955), Webmeister, SDAP, DSAP, SPD; *M:* Marie, geb. Wagner (1871-1927), SDAP, DSAP; ∞ 1922 Maria Dittrich (geb. 1898); 1939-55 Boliv.; *K:* Richard (1918-69), 1939-55 Boliv.; Eleonor (geb. 1927), 1939-55 Boliv.; *StA:* österr., 1919 CSR, 1948 deutsch. *Weg:* 1939 Boliv.; 1955 Deutschland (BRD).

1908-11 Handelsschule, 1909-11 *Verband jugendlicher Arbeiter Österreichs,* 1911 SDAP, später DSAP; 1911-14 Angest. Konsumgenossenschaft in Wien, 1914-18 Kriegsdienst (Uffz.), 1919-38 Disponent bei *Großeinkaufsgesellschaft deutscher Konsumgenossenschaften in der Tschechoslowakischen Republik* (GEC) Prag; nebenamtl. Partei- u. VerbFunktionär, Mitgl. ZV des *Allgemeinen Angestellten-Verbandes Reichenberg (All-a-ver),* Sitz Reichenberg; techn. Ltr. u. stellv. Vors. RW. Jan. 1939 über London nach Bolivien zur Erkundung von Siedlungsmöglichkeiten für sudetendt. pol. Verfolgte, Gelegenheitsarb., ab 1941 Besitzer einer Kaffeerösterei in Cochabamba; Anschluß an SPD-Landesgruppe u. Mitwirkung in dt. antifaschist. Org., Kontakte zur tschechoslow. pol. Emigr. - 1955 Übersiedlung in die BRD, 1955 SPD, Ortsvors. Waldkraiburg/Obb. u. zeitw. Kreisvors. Mühldorf/Inn; 1956 *Arbeiterwohlfahrt,* Ortsvors. u. zeitw. stellv. Kreisvors. Mühldorf/Inn; 1956-60 Angest. in Glasindustrie.

L: Menschen im Exil. *Qu:* Fb. Pers. Publ. - IfZ.

Schoenfeldt, Herbert S., Dr. jur., Rechtsanwalt, Verbandsfunktionär; geb. 26. Mai 1895 Landeck/Pommern, gest. 29. Juni 1956 Bonn; jüd.; *V:* Adolf S. (geb. 1865 Deutschland, gest. 1924 Berlin), Mühlenbesitzer; *M:* Regina, geb. Baruch (geb. 1865 Deutschland, gest. 1944 New York), jüd., 1938 Emigr. über Amsterdam nach F, 1940 über Port. in die USA; *G:* Käthe Langstadt (geb. 1894 Deutschland, gest. 1955 New York); William (geb. 1899 Deutschland), Stud. Univ., Emigr. USA über Amsterdam; *StA:* deutsch, 1947 USA. *Weg:* 1939 F, 1940 USA.

Freiw. 1. WK (Lt.), in Frankr. verwundet; Prom. Berlin, Referendar, als RA für versch. Firmen in Berlin tätig, u.a. Rechtsberater für das Bankhaus Mendelssohn u. Co.; 1938 Paßentzug, Rückgabe durch Vermittlung der Bank, 1939 Emigr. Frankr., 1940 illeg. über die Pyrenäen nach Spanien u. über Portugal in die USA. 1946-48 Mitarb. bei Voruntersuchungen für die Kriegsverbrecherprozesse, Mitwirkung an Nürnberger Prozessen. 1948-56 RA für IRSO, Sekr. u. Vertr.

der *Conference on Jew. Material Claims against Germany,* führte Verhandlungen mit der dt. Bundesreg. über die Wiedergutmachungsgesetzgebung, Mitinitiator des Entschädigungsgesetzes von 1956.

Qu: Fb. Pers. Z. - RFJI.

Schoettle, Erwin, Politiker, Verleger; geb. 18. Okt. 1899 Leonberg b. Stuttgart, gest. 25. Jan. 1976 Bühlerhöhe/Baden-Baden; Diss.; *V:* Gottlob Sch. (geb. 1870), Schuhmacher; *M:* Emma, geb. Keppler; ∞ Helene Oswald (geb. 1903), 1934 Emigr. CH; *K:* Doris (geb. 1928), 1934 Emigr. CH; *StA:* deutsch. *Weg:* 1933 CH; 1939 GB; 1946 Deutschland (ABZ).

Latein- und Realschule, Buchdruckerlehre. Ab 1917 Kriegsteiln.; 1919-20 Kunstgewerbeschule. 1919 SPD. 1921-28 ltd. Druckereiangest. der sozdem. *Schwäbischen Tagwacht,* danach bis 1931 Red. in Eßlingen. Nach 1920 führender SAJ-Funktionär, 1931 SPD-Parteisekr. Stuttgart, enger Mitarb. von Kurt Schumacher. Ab März 1933 MdL Württ. Ab 6. März 1933 steckbriefl. verfolgt, 18. Mai 1933 Flucht in die Schweiz. Zunächst in St. Gallen *Sopade*-Grenzsekr. für Bez. Südwestdeutschland (Deckn. Hacker, Hanns George). Juni 1934 aus Opposition zum sog. Prager Manifest und zu den ArbMethoden der *Sopade* im Reich Anschluß an *Leninistische Organisation* (LO)/ *Neu Beginnen* (NB, → Walter Loewenheim, → Karl Frank). Stand kommunist. Einheitsfrontbemühungen positiv gegenüber, ab 1937 Kooperation bei illeg. Arbeit mit KPD-AbschnLtg. → Konrad Blenkles. Zwischen 1933 u. 1938 zeitw. in Prag u. Paris. Aug. 1939 nach London infolge Verlegung der NB-Auslandsltg. nach GB, LtgMitgl. des Auslandsbüros, nach Franks Abreise in die USA ab Dez. 1939 Sekr. des Auslandsbüros u. Ltr. Londoner NB-Gruppe. 1939-41 Hg. NB-Organ *Reports from Inside Germany.* Mai bis Okt. 1940 Internierung Isle of Man. Im Prozeß der ideolog. Annäherung von NB an die Sozialdemokratie (→ Richard Löwenthal) einer der Wegbereiter der *Union deutscher sozialistischer Organisationen in Großbritannien,* 1941-45 Mitgl. Exekutivkomitee der *Union.* Nachdem NB bisher den Mandatsanspruch des PV bestritten hatte, verstand sich NB nunmehr als sozdem. Richtung innerh. der Partei, wurde jedoch vom PV nicht entsprechend der urspr. Forderung als gleichberechtigte Fraktion legitimiert; das Ziel der LO (vor 1933) bzw. von NB (nach 1933), die SPD von innen zu „erobern", wurde damit aufgegeben. Ab 1941 war Sch. Mitgl. des Arbeitsausschusses der *Landesgruppe deutscher Gewerkschafter in Großbritannien* (LG). 1942 Eintreten für begrenzte Kooperation mit der KPD, die sich wieder verstärkt für gemeinsame Aktionen der dt. Exilgruppen einsetzte, jedoch schwanden infolge fortschreitender Annäherung der Gruppen in der *Union* die pol. Voraussetzungen für eine ZusArb. Ab 1942 wesentl. Beteiligung an Planung u. Aufbau einer sozdem. Einheitspartei, Mitgl. der Dez. 1942 eingesetzten Programmkommission zur Ausarbeitung eines entspr. Aktionsprogramms auf der Basis der *Union* (mit Robert Neumann Vors. Kommission II-Organisation); innerh. der LG Teiln. an den Beratungen über den Neuaufbau der Gew. in Deutschland, Frühj. 1945 Mithg. gewerkschaftl. Deutschlandprogramm. Ständiger Mitarb. Deutschlandabt. der BBC, 1941-46 Programmassist.; Mitarb. der „schwarzen Sender" Sefton Delmers, ZusArb. mit dem Kreis um Patrick Gordon Walker. 6.-7. Okt. 1946 Teiln. erste sozdem. Parteikonf. im Kloster Wennigsen/Niedersa. Nach Rückkehr nach Stuttgart 4. Juli 1946-Okt. 1946 Hg. *Sozialistische Monatshefte,* ab Okt. 1946 Geschäftsf. u. Gesellschafter *Stuttgarter Nachrichten.* 1946 Kreisvors. SPD Stuttgart, 1947-49 MdL Württ.-Baden. Fraktionsvors. u. Vors. des Hauptausschusses im Bizonen-Wirtschaftsrat. 1947-62 SPD-Landesvors. Baden-Württ. bzw. Württ.-Baden; 1948-68 PV-Mitgl., 1958 Präsidiumsmitgl. der SPD, später Vors. der Partei-Schiedskommission. 1949-72 MdB; 1949-69 Vors. Haushaltungsausschuß, 1953-57 stellv. SPD-Fraktionsvors.; 1961-69 Bundestags-Vizepräs. Ab 1972 nicht mehr pol. aktiv. - *Ausz.:* Gr. BVK mit Stern (1955) u. Schulterband (1963), Verfassungsmed. des Landes Baden-Württemberg, Ehrenbürger der Stadt Stuttgart.

W: Mitverf. von: Neu Beginnen - Was es will, was es ist und wie es wurde (Hg. Auslandsbüro Neu Beginnen). London o.J. (1939); Wandlungen der Sowjetunion. Zur Neubeurteilung der russischen Frage nach dem 18. Parteitag (Hg. Auslandsbüro NB). London o.J. (1939); Decency in Socialist Controversies (Hg. Auslandsbüro NB). London 1942; Die neue deutsche Gewerkschaftsbewegung. Programmvorschläge für einen einheitlichen Gewerkschaftsbund (Mithg.), London Frühj. 1945. *L:* Kliem, Neu Beginnen; Festschrift zum 65. Geburtstag. 1964; Röder, Großbritannien. *Qu:* Arch. Fb. Hand. Publ. Z. - IfZ.

Schofs, Fred, Parteifunktionär; geb. 28. Aug. 1910 Mönchengladbach, gest. 10. Okt. 1975 Frankfurt/M.; *V:* Jakob S. (geb. 1883), Polizeirat; ∞ I. Grete; II. Vicencia Rosa Santos (geb. 1927); *StA:* deutsch, 1943 Ausbürg., 1953 deutsch. *Weg:* 1937 E; 1939 F; 1944 E; 1946 Deutschland (ABZ).

Handelsschule, 1926-28 kaufm. Lehre, ab 1926 SAJ, 1927 SAJ-Vors. Mönchengladbach. 1928 Ausw. USA, dort pol. tätig, Apr. 1937 als Freiw. der XV. Internat. Brigade nach Spanien, ab 1939 in Frankr. interniert, 1940-43 Internierungslager Perpignan, dort Wehrmachtsprop. in Verb. mit KPD. Dez. 1943 Festnahme durch Gestapo, Flucht nach Spanien, Jan. 1944-Jan. 1946 im Lager Miranda del Ebro. Nach der Rückkehr hauptamtl. KPD-Funktionär in Frankfurt/M., ab Mitte der 60er Jahre Mitarb. der VVN. Präsidium der VVN. - *Ausz.:* 1956 Hans-Beimler-Medaille.

Qu: Fb. Pers. Publ. - IfZ.

Scholz, Ernst, Dr. rer. pol., Staatsfunktionär, Diplomat; geb. 19. Juli 1913 Berlin; *V:* Angest. *Weg:* 1937 E; 1939 F; 1945 Deutschland (SBZ).

Ab 1932 Stud. Städtebau Bauhaus u. TH Berlin, bis 1937 Architekt ebd., 1934 KPD. 1937-39 im Thälmann-Btl. der Internat. Brigaden, 1939-40 Internierung in Frankr., im 2. WK Anschluß an Résistance, 1945 angebl. Sekr. CALPO u. Mitgl. KPD-Ltg. Lyon. 1945 Rückkehr nach Deutschland (SBZ), bei Durchführung der Bodenreform zuständ. AbtLtr. ProvVerw. Brandenburg. 1949 Mitarb. Deutsche Wirtschaftskommission, 1950-51 Ltr. Hauptabt. Land- u. Forstwirtsch. im Min. für Wirtschaftsplanung des Landes Braunschweig; 1951-54 AbtLtr. für Wirtschaftspol. beim ZK der SED; 1952-54 Sonderbeauftragter der DDR-Reg. für die Sicherung der Versorgung der Deutschen Volkspolizei, ab 1954 Dir. Bau-Union VEB Rostock u. Mitgl. ZV Industriegew. Bau-Holz im FDGB, gleichzeitig Stud. Wirtschaftswiss. Univ. Rostock, 1956 Diplom-Wirtschaftler, später Prom. - 1955-56 Mitgl SED-Stadtltg. Rostock. 1956-58 Bevollmächtigter der DDR-Reg. für die arab. Staaten, Anf. 1958-Febr. 1963 Min. für Bauwesen, 1958-63 MdVK, 1958-64 Präs. *Deutsch-Arabische Gesellschaft,* 1963-68 erneut DDR-Bevollmächtigter für die arab. Staaten, 1968-74 Staatssekr. u. stellv. Min. für Auswärt. Angel., März 1974-Juli 1976 erster DDR-Botschafter in Frankreich. - *Ausz.:* 1955 VVO (Bronze), 1958 Silber, 1973 Gold; 1957 Hans-Beimler-Med., 1958 Med. für Kämpfer gegen den Faschismus 1933-1945, 1965 Banner der Arbeit.

L: Antifaschisten; Pasaremos; Radde, Diplomat. Dienst. *Qu:* Hand. Publ. Z. - IfZ.

Scholz, Frieda, geb. 29. Juli 1902 Breslau; *StA:* deutsch. *Weg:* 1934 NL; 1935 S; 1936 GB.

Postbeamtin; 1918 SAJ u. SPD, 1919 ZdA. Ab 1920 Mitarb. Arbeiterbildungsausschuß auf dem Gebiet der Kinderbetreuung, 1924 Gr. u. anschl. Ltr. des Bez. Schlesien der *Kinderfreunde*-Bewegung. Nach natsoz. Machtübernahme zweimal in Haft, März 1934 Emigr. Niederlande, 1935 Schweden, 1936 nach GB.

Qu: Arch. - IfZ.

Scholz, Willy, Parteifunktionär, Publizist; geb. 19. Okt. 1906 Graz, gest. 28. Febr. 1979 Graz; ev., 1934 Diss.; *V:* Hermann S. (1877-1962), Schriftsetzer, SozDem.; *M:* Maria, geb. Fischerauer (1882-1947); *G:* Dr. jur. Hermann S. (1904-72), Magistratsbeamter, NSDAP; Adolf (geb. 1905), MaschSchlosser; ∞ I. Hilde Valina, Emigr. GB; II. 1946 Gertrude Neumann (geb. 1919), jüd., März 1938 Relegierung von Univ., 1938 Emigr. GB, 1946 Österr., Magistratsbeamtin; *K:* Walter (geb. 1940), Dipl.-Ing., A: Stuttgart; Dr. Anthony S. (geb. 1945), Dipl.-Ing., A: Graz; *StA:* österr., 1936 Ausbürg., 1946 österr. *Weg:* 1935 CSR; 1936 UdSSR; 1938 JU, CSR, GB; 1945 Österr.

Mitgl. *Arbeiterverein Kinderfreunde* Graz; MaschSchlosserlehre, 1922 Gesellenprüfung, bis 1927 landwirtschaftl. Arbeiter u. Hilfsarb.; 1920 SAJDÖ, Ortsgruppenobmann in Graz. 1926 *Zentralverein der kaufmännischen Angestellten Österreichs,* 1927-34 Sekr. Jugendabt. in Graz. Mitgl. SDAP, 1930 Arbeiterhochschule Wien; 1930-34 führender Vertr. *Sozialistische Jungfront* u. Mitgl. SDAP-Stadtltg. Graz. 1934 Teiln. an den Februarkämpfen, Flucht über Maribor nach Wien; Mitgl. KPÖ, AgitpropLtr. der illeg. Stadtltg. Wien der KPÖ. Dez. 1934-Herbst 1935 in Haft, Emigr. CSR. Jan 1936-Febr. 1938 Lenin-Schule Moskau. Anschl. Ltr. Grenzsekretariat Maribor, kurzfristig von jugoslaw. Polizei verhaftet, dann Mitarb. Agitprop-Ltg. des ZK der KPÖ in Prag. Dez. 1938 mit Hilfe des *Czech Refugee Trust Fund* nach London. 1939-45 Mitgl. der Ltg. der von → Leopold Hornik aufgebauten Parteigruppe der KPÖ in GB. 1941-45 GenSekr. *Austrian Centre* unter → Franz West. Mitarb. *Zeitspiegel, Central European Observer* sowie BBC bei Radiosendungen nach Österr. - Okt. 1945 Rückkehr nach Graz. 1945-57 Mitgl. ZK der KPÖ, 1945-53 Chefred. *Die Wahrheit* Graz; 1949-53 Kammerrat steiermärk. Arbeiterkammer. 1953-57 AbtLtr. für Agit. beim ZK der KPÖ in Wien, 1953-56 Mitarb. Rundfunk. 1957 vor 17. PT der KPÖ Parteiaustritt wegen pol. Differenzen mit ZK-Mehrheit, der S. Moskau-Hörigkeit u. Verhinderung innerparteil. Demokratie vorwarf. 1957-72 Prokurist Merkur Versicherung Graz. - *Ausz.:* 1977 Ehrenzeichen für Verdienste um die Befreiung Österreichs.

W: Moscow on Austria. For a National Committee. London 1943; Ein Weg ins Leben. Das neue Österreich und die Judenfrage. London (Free Austrian Books) 1943; Spaltung oder... Einheit aller Werktätigen (Mitverf.). 1946; Von der Galerie gesehen. 1953. *L:* Buttinger, Beispiel; Prager, Theodor, Zwischen London und Moskau. 1975; Maimann, Politik. *Qu:* Fb. Pers. Publ. Z. - IfZ.

Schon, Frank (Lord Schon of Whitehaven Cumbria), Industrieller; geb. 18. Mai 1912 Wien; *V:* Frederick S.; *M:* Henriette Nettel; ∞ 1936 Gertrude Secher; *K:* 2 S. *Weg:* GB.

Stud. Rechtswiss. Wien u. Prag; Emigr. GB. 1939-67 geschäftsf. Dir. u. VorstMitgl. Marchon Products Ltd., 1943-67 Mitgr., geschäftsf. Dir. u. Vors. Solway Chemicals Ltd., 1963-66 Mitgl. Northern Gas Board, 1964-68 Vors. Cumberland Dev. Council, 1965-68 Mitgl. Northern Economic Planning Council, 1966-71 Mitgl. Industrial Reorganization Corp.; ab 1967 VorstMitgl., ab 1969 Vorst. der *Nat. Res. Dev. Corp.,* gleichz. ab 1967 Dir. Assoc. Portland Cement Manufacturers, Ltd., 1968-70 Mitgl. Adv. Council on Technology, 1953-56 Kuratoriumsmitgl. King's Coll. Durham, 1963-66 Kuratoriumsmitgl. Univ. Newcastle, ab 1963 Member of Court Univ. Newcastle. Lebte 1973 in London. - *Ausz.:* 1961 Hon. Freeman of Whitehaven, 1961 Hon. D. Civil Laws Univ. Durham, 1966 Erhebung in den Adelsstand, 1976 Pairswürde.

Qu: Hand. Z. - RFJI.

Schopf, Uriel (Walter Aurel), Dr. jur., Rechtsanwalt, Ministerialbeamter; geb. 13. Jan. 1900 Danzig, gest. 1. Mai 1954; *V:* Dr. phil. Sigmund S. (geb. 1863), Kaufm., Mitgl. CV; *M:* Margarete, geb. Lemberg (geb. 1868 Breslau); ∞ 1951 Gerda Rachel (Gerda Rosalie) Maas (geb. 1909 Berlin), höhere Schule, Schneiderin; *StA:* deutsch, Freie Stadt Danzig, Pal./IL. *Weg:* 1938 Pal.

1918-22 Stud. Rechtswiss. Jena u. Königsberg, 1922 Prom. Königsberg, 1921 Referendar, 1925 Assessor, 1927-38 Anwaltspraxis in Danzig, Mitgl. CV. 1938 Emigr. Palästina mit AI-Zertifikat, 1939 Examen für ausländ. RA, 1940-42 Anwaltspraxis in Tel Aviv, 1943-48 Rechtsberater beim Kontrolleur für die Schwerindustrie u. dem Verwalter von Feindvermögen; 1947-48 Mitgl. *Mishmar Ha'am* Jerusalem, 1948-54 Generalstaatsanwaltsrat im isr. Justizministerium.

W: Der Rezensionsvertrag (Diss.). 1922 (?). *Qu:* Pers. - RFJI.

Schopler, Ernest H. (bis 1944 Schopflocher), Dr. jur., Rechtsanwalt, Beamter; geb. 5. Sept. 1895 Fürth/Bayern; jüd.; *V:* Nathan Heinrich Schopflocher (geb. 1861, gest. 1915 Fürth), Kaufm.; *M:* Frieda, geb. Bing (geb. 1874 Fürth, gest. 1950 Rochester/N.Y.), jüd., höhere Töchterschule Brüssel, 1939 Emigr. GB, 1942 USA; *G:* Albert Schopler (geb. 1896 Fürth, gest. 1947 Racine/Wisc.), Kaufm., 1936 Emigr. USA; ∞ 1923 Erna Oppenheimer (geb. 1899 Nürnberg), jüd., 1938 Emigr. USA; *K:* Irene Solomon (geb. 1925), 1938 Emigr. USA, Ltr. PR-Abt. Univ. Calif.; Eric Schopler (geb. 1927), 1938, Emigr. USA, Ph.D., Prof. für Psychologie an der School of Med. Univ. of North Carolina in Chapel Hill; John Schopler (geb. 1930), 1938 Emigr. USA, Ph.D., Prof für Psychologie an der Univ. of North Carolina in Chapel Hill; *StA:* deutsch, 1944 USA. *Weg:* 1938 USA.

1914-17 Teiln. 1. WK (Bayer. Verdienstkreuz 2. Kl. mit Schwertern); 1913-14 u. 1917-21 Stud. Rechtswiss. München, Freiburg u. Erlangen, 1920 Prom., 1922-38 RA u. Partner der RA-Firma Prager und Schopflocher in Fürth, 1928-33 Red. des Rechtsteils der *Radiologischen Rundschau* München, Beiträge in der *Juristischen Wochenschrift;* 1937 kurzer Besuch in den USA, Juni 1938 Emigr. USA mit Familie, Unterstützung durch Bruder, 1938-40 Stud. Univ. Wisc. Law School mit Stipendium der Whitman Publ. Co., 1940 LL.B., 1940-41 Stipendiat an der Harvard Univ. Law School, S.J.D., Experte für Zivilprozeßrecht. 1941-45 u. 1948-70 Schriftltr. u. geschäftsf. Schriftltr. beim Verlag Lawyers Coop. in Rochester/N.Y.; 1970 Ruhestand. 1945-48 Beurlaubung durch den Verlag, Rechtsberater des Chefs der Sektion für Deutsches Recht u. 1947-48 Chef der Legislaturabt. von OMGUS in Berlin, zuständig für die Überprüfung der dt. Gesetzgebung auf zonaler, bizonaler u. Länder-Ebene u. für Entwürfe von OMGUS-Gesetzen u. Verordnungen; Verf. der Proklamation zur Einführung der bizonalen Wirtschaftseinheit, Mitarb. bei der Entwicklung der alliierten Restitutionsgesetzgebung, Mitgl. Viermächtekommission des Legal Directorate des Allied Control Council; 1949 u. 1950 Vortragstätigkeit über am. Verfassungsrecht an dt. Gerichtshöfen u. Univ.; 1950-68 verantw. für *Lawyers' Edition of US Supreme Court Reports,* 1970-73 Berater für die RA-Firma Nixon, Hargrave, Devans and Doyle. Lebte 1978 in Rochester/N.Y. - *Ausz.:* Salmon W. Dahlberg Price der Univ. Wisconsin Madison/Wisc.

W: Der Wert als Eigenschaft im BGB. (Diss.) 1920; The Doctrine of Res Judicata in Administrative Law. In: Wisconsin Law Review, 1942; What is a Single Cause of Action for the Purpose of the Doctrine of Res Judicata? In: Oregon Law Review, 1942; u.a. Verf. von Art., Berichten u. Anmerkungen über Bürgerrechte, Strafrecht, staatl. Gerichtsbarkeit, Verleumdung u. Beleidigung, long-arm statutes, Verstoß gegen gute Sitten, deutsches Zivilprozeßrecht. *Qu:* Fb. Pers. - RFJI.

Schorr, Malke (Magda), Parteifunktionärin; geb. 1885, gest. 1961; *StA:* österr. (?). *Weg:* CSR; UdSSR (?); 1938 (?) F; 1939 (?) TR; UdSSR (?); Österr.

Modistin, aktiv in Arbeiterjugendbewegung, Mitgl. linker Flügel von *Poale Zion.* Nach 1918 KPÖ-Funktionärin, in den 20er Jahren langjähr. Sekr. *Rote Hilfe* in Österr. Emigrierte in die CSR, später in die UdSSR, zentrale Funktionärin MOPR; 1938 (?) nach Frankr.; 1938 in Paris KPÖ-Vertr. in *Fédération des Émigrés provenant d'Autriche,* Mitarb. *Einheit für Hilfe und Verteidigung.* Vermutl. 1939 nach Istanbul, Mitarb. in KPÖ-

Parteigruppe (→ Herbert Eichholzer). Anschl. vermutlich erneut in die UdSSR. Nach Kriegsende Rückkehr nach Österr. Mitarb. im App. der KPÖ-Presse. - Ps. u. Deckn. Hertha Müller.

W: u.a. Müller, Hertha, Galgen über Österreich. Der heldenhafte Aufstand des österreichischen Proletariats. Zürich-Paris 1934. *L:* Steiner, KPÖ; DBMOI; Stadler, Opfer. *Qu:* Arch. Pers. Publ. - IfZ.

Schorsch, Emil, Dr. phil., Rabbiner; geb. 12. Jan. 1899 Hüngheim/Baden; *V:* Isak S. (geb. Hüngheim, gest. 1919); *M:* Karoline, geb. Hirschheimer (geb. Lehrensteinsfeld/Württ., gest. 1938); *G:* Joseph (geb. Hüngheim), ltd. Angest. bei Plywood Co. St. Louis/Mo.; Hugo (geb. Hüngheim, gest.), ltd. Ing. bei Plywood Co. St. Louis/Mo.; Flora Stern (geb. Oberstein a.d. Nahe), Krankenschwester in den USA; ∞ 1926 Fanny Rothschild (geb. Esslingen/Württ.), jüd., Stud. Fröbelseminar in Stuttgart, Lehrerin, 1938 Emigr. GB, 1940 USA; *K:* Hanna Hahn (geb. 1929), 1938 Emigr. GB, 1940 USA, B. Sc. Univ. of Pa., Krankenschwester; Ismar (geb. 1935), 1938 Emigr. GB, 1940 USA, Prof. für Gesch. u. Dean of Graduate Studies, Jew. Theol. Sem. of Am., New York; *StA:* deutsch, 1946 USA. *Weg:* 1938 GB; 1940 USA.

1913-20 Stud. am Württ. Staatl. Lehrerseminar Esslingen; 1917-19 Kriegsteiln. (EK). 1921-22 (?) Lehrer, 1922-24 Stud. Breslau, 1924-25 Tübingen, 1925 Prom., 1925-27 Stud. Univ. Breslau, daneben 1922-28 Stud. Jüd.-Theol. Seminar Breslau, 1928 Rabbinerexamen, Jan. 1927-Dez. 1938 Ortsrabbiner der SynGde. Hannover, 1927 Gr. von Jüd. Lehrhaus, Lehrtagungen u. rabb. BezKonf. in Hannover, Gr. eines Jugendheims, Doz. für jüd. Phil. u. Religion sowie Psych.; 1931 (1935 ?) Präs. *Zion-Loge* Hannover der *B'nai B'rith,* Mitgl. *Allgemeiner Deutscher Rabbiner-Verband.* Vorbereitungen für Auswanderung, 1933 Reise nach Palästina, 1937 Reise in die USA. Nov. 1938 KL Buchenwald, Dez. 1938 Emigr. GB mit Familie mit Besuchervisum durch Vermittlung des brit. Oberrabbiners, Stud. Dolmetscherschule, März 1940 in die USA mit Hilfe des Stellenvermittlungskomitees für emigr. Rabbiner, ab Aug. 1940 Rabbiner, ab 1964 Rabbiner Emeritus Cong. Mercy and Truth in Pottstown/Pa., Schriftltr. der Gemeindezeitung, gleichz. 1943-64 Geistlicher am Valley Forge Army Hospital in Phoenixville/Pa., am Pennhurst State Hospital u. beim *Optimist Club Internat.;* 1940 Mitgl. *Board of Rabbis of Greater Philadelphia,* ab 1940 Mitgl. ZOA, 1944 Mitgl. *Rabb. Assembly of Am.,* Mitgl. *Military Chaplains Assn. of Am.,* Mitgl. *B'nai B'rith, Jew. Welfare Board Associates, Jew. Hist. Soc., Self-Help* u. *Blue Card.* 10. Nov. 1963 Ltg. des Eröffnungsgottesdienstes der neuen Syn. in Hannover/Deutschland. Lebte 1978 in Vineland/N.J. - *Ausz.:* 1964 Ausz. für bes. Leistungen des Valley Forge Army Hospital u. des US-Verteidigungsmin.; Man of the Year Award *B'nai B'rith* Vineland/N.J.

W: Die Lehrbarkeit der Religion (Diss.). In: Untersuchungen zur Psychologie und Theorie der Bildung. 5. Reihe. 1929; Art. über Phil. u. Psych. des Judentums. *Qu:* Fb. Hand. Pers. Publ. Z. - RFJI.

Schorsch, Johann, Gewerkschaftsfunktionär; geb. 29. Okt. 1874 Wien, gest. 25. Apr. 1952 Wien; *V:* Drechsler; ∞ 1910 Maria Hirtensteiner; *StA:* österr. *Weg:* 1934 CH, CSR; 1938 Deutschland (Österr.).

Metalldreherlehre (nach anderer Quelle Drechslerlehre) in Wien, ab 1890 Mitgl. u. Mitarb. in Arbeiterbildungsverein Wien-Gaudenzdorf. 1892-95 Arbeiter in Wien, Budapest u. Preßburg, 1895-98 MilDienst, anschl. in Wien. Mitgl. SDAP u. *Gewerkschaft der Eisen- und Metallarbeiter* in Wien, 1900 SDAP-Sektionsltr., ab 1905 Mitgl. des BezVorst., ab Obmann der BezSektion der *Gewerkschaft der Eisen- u. Metallarbeiter* in Wien-Favoriten, ab 1908 GewSekr., ab 1909 Zentralsekr. des neugegr. *Österreichischen Metall- und Bergarbeiterverbands.* 1914-16 Soldat im 1. WK. Ab 1919 führender Gew-Vertr., geschäftsf. Sekr. *Gewerkschaftskommission.* 1919-27 Mitgl. GdeRat Wien, 1927-30 MdBR, 1931-34 MdNR; 1927-34 Mitgl. PV der SDAP. 1928 auf 10. österr. GewKongreß maßgebl. an Umwandlung der *Gewerkschaftskommission* in den *Bund der Freien Gewerkschaften Österreichs* als zentralisierter gewerkschaftl. Gesamtvertr. beteiligt. 1928-34 Erster Sekr. u. Mitgl. Bundesvorst.; 1931-34 Mitgl. des Präsidiums. 1933 österr. Deleg. auf dem 6. Internat. GewKongreß, wurde anstelle des nicht erschienenen dt. Vertr. zum stellv. Vors. des IGB gewählt. 12. Febr. 1934 auf der letzten Sitzung des PV der SDAP entschiedener Befürworter der Ausrufung des Generalstreiks, wurde nach Niederschlagung der Februarkämpfe von Dollfuß-Reg. für den Generalstreik unmittelbar verantwortlich gemacht, Flucht in die Schweiz, anschl. nach Prag. 1934 mit → Johann Svitanics Gr. *Auslandsbüro der Freien Gewerkschaften Österreichs,* maßgebl. an der Sommer 1935 erfolgten Vereinigung von *Siebener-Komitee* (sozialist. illeg. GewZentrale) u. der unter dem Einfluß der KPÖ stehen *Zentralkommission für den Wiederaufbau der Freien Gewerkschaften* (sog. Wiederaufbau-Kommission) zur gemeins. Provis. Bundesltg. der illeg. *Freien Gewerkschaften Österreichs* beteiligt. 1938 nach Anschluß Österreichs Rückkehr nach Wien, Verhaftung, Entlassung aufgrund von Krankheit. Nach Kriegsende Mitgl. SPÖ; 1945-48 Präs. Wiener Gebietskrankenkasse, anschl. Pensionierung.

W: u.a. Wirtschaftskrise, Arbeitslosigkeit und Gewerkschaften. 1931. *L:* Deutsch, Julius, Geschichte der österreichischen Gewerkschaftsbewegung, Bd. 2. 1932; Klenner, Gewerkschaften; Buttinger, Beispiel; Patzer, Gemeinderat; Leichter, Gewerkschaften; DBMOI; Widerstand 1; Hindels, Gewerkschaften. *Qu:* Arch. Hand. Publ. - IfZ.

Schott, Friedrich, Beamter; geb. 5. Okt. 1905 Ludwigshafen, gest. 6. Okt. 1969 Ludwigshafen; ev.; *V:* Heinrich S. (1873-1939), ev., SPD, Vors. Küferverb. Ludwigshafen; *M:* Anna Maria, geb. Zinn (1872-1936), ev., Köchin; *G:* 5; ∞ 1930 Christine Hertsch (geb. 1909), ev., Emigr. Saargeb., F, 1942 Deutschland; *K:* Friedrich (geb. 1935), Emigr. Saargeb., F, 1942 Deutschland, Laborant; Marguerite Lommatzsch (geb. 1940), 1942 Deutschland, Sekr.; Erika Höfler (geb. 1946), Heimltr.; *StA:* deutsch. *Weg:* 1934 Saargeb.; 1935 F; 1942 Deutschland.

1920-24 Dreherlehre, 1920-25 SAJ, ab 1920 SPD, 1924-33 Vertrauensmann DMV; ab 1927 Expedient u. Hausmeister bei Parteiztg. *Pfälzische Post,* StadtVO. Ludwigshafen. März-Juli 1933 Schutzhaft, anschl. illeg. tätig, Deckn. Glaser; Sept. 1934 Flucht ins Saargeb., Teiln. am Abstimmungskampf, Jan. 1935 nach Frankr., Hausierer, Hilfsarb., Metalldreher. Sept. 1939 u. Sept. 1940-Juli 1942 Internierung, Auslieferung an Gestapo, Jan. 1943 Urteil 2 J. Gef. - 1945-48 stellv. Ltr. Wohnungsamt Ludwigshafen, 1948-67 im Sozialref. der BezReg.; 1945 Mitarb. bei zunächst illeg. Wiederaufbau der SPD Pfalz, 1946-51 stellv. BezVors. *Arbeiterwohlfahrt,* 1947-69 Vors. Kreisausschuß, 1961-68 Vors., dann Ehrenvors. *Arbeiterwohlfahrt* Pfalz.

Qu: Arch. Pers. Z. - IfZ.

Schoyer, Adolf, Unternehmer, Verbandsfunktionär; geb. 28. Aug. 1872 Berlin, gest. 15. Juni 1961 Bad Kissingen; jüd.; *V:* Hermann S., Gr. einer führenden Metallhandelsfirma in Berlin; *M:* geb. Ettlinger (?) (geb. Karlsruhe); ∞ Gertrud Schröder; *StA:* deutsch, brit. *Weg:* 1938 GB, 1946 Deutschland (Berlin).

Mitbes. der väterl. Metallhandelsfirma, Vors. des Börsenvorstandes der Metallbörse, 1. Vors. *Verein Deutscher Metallhändler,* Mitgl. IHK, Handelsgerichtsrat beim Landgericht I von Groß-Berlin; 1931-38 orthodoxer Vertr. im Vorst. der Jüd. Gde. Berlin u. später stellv. Vors., Dezernent für Steuern, Schächtfragen (Kaschruth) u. rituelle Tauchbäder (Mikwoth), 1933-38 Ltr. des Kulturdezernats, Ratsmitgl. Preußischer Landesverband Jüd. Gden., 1933-38 Mitgl. *Reichsvertretung,* Mitgl. *Verband gesetzestreuer Juden Deutschlands* Frankfurt/M., *B'nai B'rith-*Loge Jehuda Halevi. 1938 Emigr. GB, Kaufm. gleichz. 1941-46 Mitgr. u. Vors. u. ab 1946 ehrenamtl. Präs. der AJR; 1943 Mitgr. von *Section 1943* für Logenbrüder aus Kontinentaleuropa, der ersten Loge des *B'nai B'rith* in GB, 1945 Umbenennung in *Leo Baeck-*Loge London. 1943 Mitgr. u. bis 1946 Mitgl. *Council of Jews from Germany;* 1945 Rückkehr

nach Deutschland als Vertr. des *Council,* Vors. *Verband politisch, rassisch und religiös Verfolgter* in Berlin, Vertr. der URO in Berlin u. Vors. der mit URO assoziierten Rechtsanwälte. Lebte ab 1946 in Berlin (West). - *Ausz.:* 1957 BVK.
L: RhDG; AJR-Information, Jahrg. 12, Nr. 8/1957. *Qu:* EGL. Publ. Z. - RFJI.

Schramm (nach 1945 auch Šram), **Augustin** (August, Gustav, genannt Gust), Parteifunktionär; geb. 2. März 1907 Ober Rosenthal b. Reichenberg/Nordböhmen, gest. 27. Mai 1948 Prag; *V:* August S., aktiver KSČ-Funktionär, 1938-45 Kurier zwischen illeg. KSČ-Widerstandsgruppen in der Rest-CSR bzw. im Protektorat Böhmen u. Mähren u. dem zum Deutschen Reich gehörenden Sudetengau, A: Mitte der 60er Jahre CSSR; *M:* Ernestine; ∞ im 2. WK Anna Bebrits (geb. 1921 als Tochter eines ungar. Altkommunisten (später Verkehrsmin.), im 2. WK Emigr. UdSSR, nach Tod des Ehemannes unter Mädchennamen Journ. in H, bis Ende der 60er Jahre Londoner Korr. des ungar. Parteiorgans *Népszabadság* Budapest; *StA:* österr., 1919 CSR. *Weg:* 1939 UdSSR; 1945 CSR.
1927 KSČ, ltd. Funktionär KSM, auf 6. (1931) u. 7. PT (1937) Wahl ins ZK der KSČ als Jugendvertr. Aufgrund der Föderalisierungstendenzen innerhalb der KSČ nach dem 7. Weltkongreß der *Komintern* u. sektiererischer Auflösungserscheinungen im gesamttschechoslow. *Komsomol* im Sommer 1936 Mitgr. u. danach Vors. *Deutscher Jugendbund,* der sich als überparteil. Org. der dt. Jugend in der CSR begriff, sowie ltd. Funktionär der tschech. Jugendorg. der KSČ, *Svaz mladých* [Jugendbund]. Deckn. Ernst. Schulungen in der UdSSR. Nach Abschluß des Münchner Abkommens in Prag aktiv, ltd. Mitarb. des *Komitees für Flüchtlinge und Auswanderer* der KSČ, vorgesehen für führende Funktionen im Untergrund. 1939 Emigr. in die UdSSR, Bewährungseinsatz als Schlosser im Traktorenwerk von Stalingrad, dann Angehöriger der Roten Armee, Besuch einer OffzSchule, ab Juni 1944 PolKommissar der tschoslow. Gruppe im internat. Ausbildungslager der Partisanen in Kiew, anschl. Vertr. der tschechoslow. Partisanen im Stab der Partisanenbewegung bei der 4. Ukrain. Front u. in dieser Funktion Ltr. der Hilfsaktionen für die auf CSR-Gebiet operierenden Partisanengruppen im Range eines Majors der Roten Armee. Anfang Juni 1945 Rückkehr nach Prag, 1946-48 Ltr. Partisanen- u. Untergrundabt. des ZK der KSČ, Sekr. *Svaz národní revoluce* [Bund für die nationale Revolution], Mitgr. u. VorstMitgl. *Svaz českých partyzánů* [Verband der tschechischen Partisanen] sowie Mitgl. des RedRats der Wochenschrift *Partyzán.* S.s Name wurde wiederholt im Zusammenhang mit den ungeklärten Umständen des Todes von CSR-Außenmin. Jan Masaryk nach der kommunist. Machtübernahme im Febr. 1948 gebracht. Angebl. Opfer eines Attentats aus Kreisen der tschechoslow. 1948er Emigration.
L: PS KSČ. *Qu:* Hand. Publ. Z. - IfZ.

Schramm (d. i. Wind), **Heinrich,** Parteifunktionär; geb. 11. Febr. 1901, gest. 22. Aug. 1963; ∞ Frieda; *StA:* deutsch. *Weg:* 1934 NL; E; NL; 1940 Deutschland,
Hafenarb. in Bremen; Mitgl. KPD-BezLtg., 1932 Sekr. *Rote Hafenarbeitergewerkschaft.* 1933/34 Haft, Flucht nach Amsterdam. Im Span. Bürgerkrieg Kommandeur Hans-Beimler-Btl. der Internat. Brigaden. 1940 in Amsterdam verhaftet. Unmittelbar nach Kriegsende am Wiederaufbau der KPD als OrgSekr. der unter Besatzungsrecht noch illeg. BezLtg. Weser-Ems beteiligt. - *Ausz.:* 1956 Hans-Beimler-Medaille.
L: Brandt, Peter, Antifaschismus und Arbeiterbewegung. 1976. *Qu:* Publ. - IfZ.

Schrecker, Hans, Parteifunktionär, Journalist; geb. 11. März 1899. *Weg:* 1933 F; 1939 (?) GB; 1946 (?) Deutschland (Berlin).
Nach Schulbesuch Bürobote; über zionist. Bewegung zur Arbeiterjugendbewegung, 1924 IAH, 1926 KPD, 1928-29 Red. *Die Rote Fahne* Berlin, anschl. bis 1932 als ZK-Mitarb. bei der Presse kommunist. Massenorg. tätig, 1933 Red. *Die Rote Fahne.* Nach natsoz. Machtübernahme illeg. Tätigkeit, Emigr. nach Frankr., Sekr. *Internationales Befreiungskomitee für G. Dimitroff,* später Mitarb. ZK-Sekretariat in Paris u. nach Abschluß des Münchner Abkommens in dessen Auftrag mitbeteiligt an Evakuierung der KPD-Gruppe in der CSR nach Skandinavien u. GB. Emigr. GB, Red. *Freie Tribüne* London. Vermutl. 1946 Rückkehr nach Berlin, 1946 Chefred. *Zeit im Bild,* dann Sekr. für Agit. der SED-Landesltg. Sa. u. Chefred. *Leipziger Volkszeitung,* anschl. Red. *Lausitzer Rundschau* Cottbus, ab Ende der 60er Jahre Kommentator der außenpol. Wochenzs. *horizont* Berlin (Ost). Lebte 1974 in Berlin (Ost). - *Ausz.:* 1964 VVO (Silber).
L: Weber, Wandlung; Dahlem, Vorabend. *Qu:* Publ. Z. - IfZ.

Schreiber, Fritz, Parteifunktionär; geb. 12. Okt. 1894 Dresden; ∞ Liesbeth Krätzschmar (geb. 1909), SPD, März-Mai 1936 KL Moringen, Juli 1936 Emigr.; *K:* Charlotte (geb. 1928); Erika (geb. 1931), 1936 Emigr. S, 1947 Deutschland (ABZ); *StA:* deutsch, 27. Jan. 1938 Ausbürg. mit Fam. *Weg:* 1933 CSR; 1935 S; 1947 Deutschland (ABZ); 1948 S.
Jugendpfleger; SPD-Parteisekr. für Ostsa. in Löbau, Red. *Löbauer Volkszeitung.* März 1933 Emigr. CSR, Grenzarb. für Bez. Oberlausitz. Ende 1935 nach Schweden, Fabrikarb., Wald- u. Torfarb., Lagerist. Mitgl. des Fünferkreises der für die Einheitsfront wirkenden *Emigrantengemeinschaft der Arbetarrörelsens flyktingshjälp,* 1936-38 Mitgl. des sog. Askania-Kreises zur Vorbereitung einer dt. Volksfront in Schweden. Vors. *Sopade*-Ortsgruppe Stockholm, erzwungener Rücktritt nach Teiln. an Pariser Volksfrontkonf. Apr. 1937 auf Einladung von → Rudolf Breitscheid. Durch Vermittlung der US-Gesandtschaft Stockholm Anfang 1947 als Red. *Gießener Freie Presse* nach Gießen, Sept. 1948 Ausscheiden aus Unzufriedenheit mit pol. Entwicklung. Lebte 1974 in Örebro/Schweden.
L: Müssener, Schweden. *D:* ArA, AsD, IfZ. *Qu:* Arch. Publ. - IfZ.

Schreiber, Hermann, Dr. phil., Rabbiner; geb. 21. Aug. 1882 Schrimm/Posen, gest. 1954 Berlin; *V:* Pedazur S., ReligLehrer; *M:* Balbina, geb. Schreier, jüd.; *G:* 12; ∞ 1910 Charlotte Neumann (geb. 1890 Potsdam, gest. 1976 London), jüd., 1939 Emigr. GB; *K:* Dr. jur. Paul S. (geb. 1911 Potsdam, gest. 1976 New York), 1939 Emigr. S, 1941 USA, Prof. of Social Work; *StA:* deutsch, brit. *Weg:* 1939 GB.
1905 Prom. Breslau, Mitgl. rabb. StudVerbindung *Amicitia,* 1901-08 Stud. Jüd.-Theol. Seminar Breslau, 1908 Rabbinerexamen, 1908-38 Rabbiner Jüd. Gde. Potsdam, aktiv in CV, *Jew. Agency,* Zentralwohlfahrtsstelle u. *World Union for Progressive Judaism.* 1938 KL Sachsenhausen, 1939 Emigr. GB mit Ehefrau. Stellv. Rabbiner u. Lehrer West London Synagogue; 1941 Mitgr. AJR.
W: Die Heilige Schrift, Bd. 1 (Übers.). 1934; Art. in jüd. Zs. in Deutschland u. GB. *Qu:* Pers. Publ. Z. - RFJI.

Schreiber-Krieger, Adele, Publizistin, Sozialpolitikerin; geb. 29. Apr. 1872 Wien, gest. 18. Febr 1957 Zürich-Herrliberg; kath.; *V:* Dr. med. Josef Sch., Kaiserl. Rat, UnivDoz.; *M:* Clara, geb. Hermann (geb. 1848), Schriftst.; ∞ Dr. med. Richard Krieger, MedRat, Schularzt in Berlin; *StA:* österr., deutsch. *Weg:* 1933 CH; 1939 GB; 1947 CH.
Kindheit in der Steiermark u. in Tirol, Privatunterricht, Pensionate in Paris u. Stuttgart, AuslStud., ab 1898 5 Semester Volkswirtschaft Berlin, daneben soziale Arbeit, journ. Tätigkeit. Durch August Bebels Buch *Die Frau und der Sozialismus* zur SPD, 1904 Mitgr. u. Vizepräs. *Weltbund für Frauenstimmrecht und staatsbürgerliche Mitarbeit,* Red. *Die Staatsbürgerin,* 1910 Gr. *Deutsche Gesellschaft für Mütter- und Kinderschutz,* 1920-24 Ltr. Abt. Mutter und Kind beim DRK, 1920 Gr. dt. Zweig der *Internationalen Vereinigung für Kinderhilfe,* zahlr. Vortragsreisen ins Ausland. Vors. der überparteil. *Politischen Arbeitsgemeinschaft für Frauen,* 1920-24 u. 1928-32 MdR, Vors. Bevölkerungspol. Ausschuß. 5. März 1933 Emigr. in die Schweiz, ab 1939 in GB; publizist. Tätigkeit, Vorträge i.A. des

Informationsmin., KriegsgefSchulung. Mitgl. SPD London, Sommer 1943 Eintritt in den von der KPD org. *Initiativausschuß für die Einheit der deutschen Emigration,* Sept. 1943 mit → Victor Schiff u. → Karl Rawitzki zur FDB, Mitgl. ihres Arb-Ausschusses; verblieb auch nach Austritt von Schiff u.a. Soz-Dem. trotz Kritik an der neuen sowj. Deutschlandpol. in der FDB; Ausschluß aus SPD, ab Juni 1944 PräsMitgl. der FDB, Mitarb. *Freie Tribüne.* Lebte ab 1947 in der Schweiz, zuletzt Vizepräs. *International Women Alliance.* Mitgl. *PEN-Club.*

W: u.a. Mutterschutz und geistige Arbeit (Mitverf.). 1901; Das Buch vom Kinde. 1906; Unsere Dichterinnen und die neuen Frauenideale. 1910; Mutterschutz. 1912; Hedwig Dohm als Vordenkerin neuer Frauenideale. 1914; Das Reich des Kindes. 1931; Kalender Mutter und Kind (Hg.). 1926–33; In Tyrannos (Mitverf.). London (Lindsay Drummond) 1944; Der Siegeslauf einer Idee. *L:* Röder, Großbritannien. *Qu:* Arch. Hand. Publ. – IfZ.

Schreier, Raimund, Gewerkschaftsfunktionär; geb. 1. Aug. 1889 Hühnerwasser/Böhmen, gest. 1. Nov. 1955 Bonn; *K:* Frieda, Emigr. GB; *StA:* österr., 1919 CSR, deutsch. *Weg:* 1938 (?) GB; 1947 (?) Deutschland.

DSAP-Mitgl., AR-Vors. *Großeinkaufsgesellschaft deutscher Konsumgenossenschaften in der Tschechoslowakischen Republik* u. Dir. der sozdem. Genossenschaft in Mährisch-Schönberg. Vermutl. Ende 1938 Emigr. nach GB, TG-Mitgl., Mitwirkung in internat. Genossenschaftsbewegung, ab Grdg. 1944 Mitgl. *Democratic Sudeten Committee.* Vermutl. 1947 Übersiedlung nach Deutschland, 1947–54 Mitarb. Bundeswirtschaftsmin. bzw. Vorgängerbehörden.

Qu: Arch. Pers. – IfZ.

Schreiner, Albert Hermann, Dr. phil., Parteifunktionär, Historiker; geb. 7. Aug. 1892 Aglasterhausen/Baden; *V:* Arbeiter, SPD-Funktionär, ab 1920 KPD; *StA:* deutsch, Juli 1939 Ausbürg. mit Fam., deutsch. *Weg:* 1933 F; 1936 E; 1938 F; 1941 USA; 1946 Deutschland (Berlin).

Maschinenschlosser; 1908 sozialist. Jugendbewegung, Aug. 1910 SPD, aktiver Anhänger der Linken in Stuttgart, im 1. WK Mitgl. *Spartakus*-Gruppe, Okt. 1917 USPD, ab Grdg. KPD-Mitgl. – Nov. 1918 Vors. *Arbeiter- und Soldatenrat* Stuttgart u. bis Ende Nov. 1918 Kriegsmin. der ersten Württ. Revolutionsreg., Dez. 1918 Deleg. 1. Reichsrätekongreß, 1918–19 Mitgl. Zentralltg. von *Roter Soldatenbund,* 1919 MilLtr. der Januarkämpfe in Stuttgart, Mitte Jan. 1919 u. Nov. 1919 Haft. 1920 Volontär *Die Rote Fahne* Berlin, 1921–22 Chefred. *Der Sozialdemokrat* bzw. *Süddeutsche Arbeiter-Zeitung* Stuttgart, 1922 Vors. KPD Württ., Dez. 1922 Deleg. 4. Kongreß der *Komintern,* 1923 illeg. Tätigkeit im besetzten Ruhrgebiet, u.a. Chefred. *Ruhr-Echo* Essen, Sept. 1923 MilLtr. seines Zentralorgans *Die Rote Front* Berlin, ab Mitte 1925 Ltr. der Gegnerarb. in der Bundesltg., Aug. 1927 wegen Differenzen im ZusHang mit Korruptionsvorwürfen gegen → Willy Leow aus Bundesltg. u. Red. *Die Rote Front* ausgeschieden, danach Mitarb. ZK der KPD; Dez. 1928 KPD-Ausschluß wegen Zugehörigkeit zur KPDO, ab Okt. 1929 Mitgl. KPDO-Reichsltg., 1931 mit der Mehrheitsfraktion gegen KPDO-Anschluß an SAPD, 1932 Wiederannäherung an KPD durch Kontakte zu → Wilhelm Pieck, danach zunehmende pol. Differenzen mit der Mehrheit der KPDO-Reichsltg. wegen deren anti-sowj. Haltung; 1929–33 Red. der Schriften Franz Mehrings. Apr. 1933 Emigr. nach Frankr., mit KPD-Unterstützung Publikationen gegen die Rüstungstätigkeit des natsoz. Deutschland, Nov. 1935 Wiederaufnahme in KPD, 1936 Sekr. *Thälmann-Komitee* u. Teiln. mehrerer Konf. des Pariser Lutetia-Kreises zur Vorbereitung einer deutschen Volksfront; nach dem Franco-Militärputsch in Spanien im Juli 1936 vom ZK der KPD mit der ZusFassung milit. Kader unter dt. Emigranten zur Unterstützung der republikan. span. Reg. beauftragt, ab Aug. 1936 Org. u. erster Kommandeur Centuria Ernst Thälmann, ab Dez. 1936 Stabschef XIII. Internat. Brigade, Sommer 1937 Operationschef der 45. Division, Herbst 1937 Lehrer an OffzSchule beim Stab der Internat. Brigaden in Pozo Rubio b. Albacete u. KPD-Schule in Benicasim. Deckn. Schindler, Albert Schindler. Mai 1938 Rückkehr nach Frankr., Mitarb. *Deutsche Volkszeitung, Deutsches Volksecho* u. *Die Rote Fahne* unter Ps. Albert Schindler sowie anderer Exilorgane unter Ps. Albert Müller, Michael Anders, Alfred Wallner; mitbeteiligt an Freundeskreisen der dt. Volksfront u. Mitgr. *Ausschuß der deutschen Opposition,* Mitunterz. seiner Aufrufe v. Sept. 1938. Ab Sept. 1939 Internierung, zuletzt im Camp des Milles b. Marseille, Mai 1941 Ausreise nach Mexiko, in den USA als „unerwünschter Ausländer" 6 Mon. in Ellis Island interniert, Verweigerung der Weiterreise nach Mexiko; März 1942 Mitgr. *German American Emergency Conference* u. Red. *The German-American;* ab Ende Jan. 1944 KPD-Vertr. im Initiativausschuß zur Vorbereitung des *Council for a Democratic Germany,* Mitunterz. seiner GrdgsDeklaration v. 1. Mai 1944 u. anschl. Mitgl. sowie Schriftführer seines Ausschusses; daneben publ. Mitwirkung bei *Freies Deutschland* Mexiko, *New Masses, Daily Worker, Amerasia, Scope.* – Dez. 1946 Rückkehr nach Deutschland (Berlin), SED, Jan.–Sept. 1947 Mitarb. Deutsche Zentralverwaltung für Volksbildung, ab Sept. 1947 Prof. u. Dir. Institut für Staatenkunde und internationale Beziehungen Univ. Leipzig, ab Apr. 1950 AbtLtr. Marx-Engels-Lenin-Institut des ZK der SED, Okt. 1952 Prom. Univ. Halle-Wittenberg, 1952–56 Ltr. der hist. Arbeiten für den Zeitraum 1918–45 am Museum für Deutsche Geschichte, 1956–60 AbtLtr. im Institut für Geschichte der Deutschen Akademie der Wissenschaften, 1956–61 Kollegiumsmitgl. *Zeitschrift für Geschichtswissenschaft* Berlin (Ost), 1957 Mitgr. *Historikerkommission DDR–UdSSR;* bis 1973 Mitgl. Sektion Spanienkämpfer beim *Komitee der antifaschistischen Widerstandskämpfer in der DDR;* Mitgl. *Nationalkomitee der Historiker der DDR;* 1961 Emeritierung. Lebte 1978 in Berlin.

W: Hitler treibt zum Krieg. Paris (Editions du Carrefour) 1934; Hitlers Luftflotte startbereit. Paris (Editions du Carrefour) 1935; Hitlers motorisierte Stoßarmee. Paris (Editions du Carrefour) 1936; Vom totalen Krieg zur totalen Niederlage Hitlers. Paris (Editions du Carrefour) 1939; The Lessons of Germany (mit → Gerhart Eisler u. → Albert Norden). New York (International Publishers) 1945; Zur Geschichte der deutschen Außenpolitik 1871 bis 1945. 1952. *L:* Paetel, Karl O., Zum Problem einer deutschen Exilregierung. In: Vierteljahreshefte für Zeitgeschichte. 1956, S. 185–301; Tjaden, KPDO; GdA; Antifaschisten; Weber, Wandlung; Pasaremos; Radkau, Emigration; Duhnke, KPD; Durzak, Exilliteratur; Schuster, RFB. *Qu:* Hand. Pers. Publ. Z. – IfZ.

Schreiner, Gerth (d.i. Schreiner, Otto Wilhelm Ferdinand), Journalist; geb. 16. Sept. 1892 Laubach/Hessen, gest. 16. Mai 1940 Blaricum/NL; ev., Diss.; *V:* Wilhelm S. (1860–1913), ev., Stadtrechner; *M:* Marie, geb. Michel (1862–1935 [?]); *G:* Wilhelm, Sophie, Bernhard; ∞ I. Elisabeth Holsträter; II. Paula Griese (geb. 1894), Emigr.; III. 1938 (1939?) Mies Blomsma, Zeichnerin; *K:* aus I: Gerrit (geb. 1920), Tänzer; aus II: Klaus Maria (geb. 1921), Emigr. NL, Jurist, Journ. in den NL; Sibil Brigitt (geb. 1925), Emigr.; *StA:* deutsch, 9. Sept. 1938 Ausbürg. mit Ehefrau Paula u. Kindern Klaus u. Sibil. *Weg:* 1933 NL.

Stud. Gießen u. Greifswald, Schausp. Düsseldorfer Schauspielhaus, ab 1921 Red. *Volkszeitung* Düsseldorf, Mitgl. SPD, März–Mai 1933 Schutzhaft, Freilassung nach Intervention des Bruders (NSDAP-Mitgl.), Flucht nach Amsterdam; Unterstützung durch niederländ. SozDem.; Red. *Freie Presse* (→ Alfred Mozer), später Mitarb. Illustrierte *Wy, De Gulden Winkel, De Gemeenschap* u. *Kerk en Vrede,* schriftst. Tätigkeit. Bei dt. Besetzung Freitod.

W: Wij leven in Holland... Amsterdam (Meulenhoff) 1937; Die Republik der vierzehn Jahre. Bilthoven (De Gemeenschap) 1939; Bezield bouwen. Amsterdam (Arbeiderspers) 1939. *Qu:* Arch. Hand. Pers. – IfZ.

Schreiter, Friedrich Bruno, Gewerkschaftsfunktionär u. Kommunalpolitiker; geb. 27. Apr. 1892 Dresden; ∞ Anna Emma Sander (geb. 1896); *K:* Axel Hjalmar (geb. 1920); *StA:* deutsch, 28. Apr. 1937 Ausbürg. mit Fam. *Weg:* 1933 CSR; 1938 (?) CH; DK; 1941 (?) Deutschland.

Maschinenschlosser. GewSekr., Mitgl. KPD; Bürgerm. der Gde. Zschachwitz/Sa.; in der KPD zur Rechtsopposition gehörend (→ Heinrich Brandler, → August Thalheimer), 1928 Parteiausschluß, Mitgl. KPDO. 1933 Emigr. in die CSR, führend in der illeg. KPDO-Grenzarbeit; später (1938?) in die Schweiz u. weiter nach Dänemark; dort vermutl. nach dt. Einmarsch verhaftet, 21. März 1942 VGH-Urteil 15 J. Zuchth., 1944 erneute Anklage wegen pol. Agitation in der Haft.

L: Tjaden, KPDO. *Qu:* Arch. Publ. – IfZ.

Schreuer, Walter Edward, Dr. jur., Rechtsanwalt; geb. 11. Apr. 1910 Glogau/Schlesien; jüd.; *V:* Dr. jur. Alfred S. (geb. 1879 Guhrau/Schlesien, gest. 1959 Haifa), jüd., RA, Zion., Präs. *B'nai B'rith*-Loge, 1934 Emigr. Pal., Angest. Post-Zensurstelle; *M:* Fanny, geb. Littmann (geb. 1885, gest. 1975 Haifa), jüd., 1934 Emigr. Pal.; *G:* Gerdon Gideon (geb. 1913 Glogau, gest. 1934 Haifa), Stud. Med. Heidelberg, Kiel u. Zürich, 1933 Emigr. Pal.; Ernst Emmanuel (geb. 1920 Glogau), 1934 Emigr. Pal., Wirtschaftsprüfer; ∞ I. 1936 Sonia Fishelewitz (geb. 1905 Kaunus/Litauen, gest. 1952 Haifa), jüd., Stud. Frankfurt/M., 1933 Emigr. Pal., Sekr.; II. 1953 Olga Mapu (geb. 1915 Saratov/Rußl.), jüd., Stud. Rechtswiss. Riga, 1937 Emigr. Pal., im 2. WK Angest. der brit. Post-Zensur in Kairo, 1947 Rückkehr nach Pal., RA in Haifa; *K:* Gideon Michael (geb. 1954); *StA:* IL u. deutsch. *Weg:* 1933 Pal.

1928-31 Stud. München, Heidelberg, Berlin u. Breslau, 1933 Prom. Breslau, Referendar, Mitgl. K.J.V., 1933 Emigr. Palästina mit A I-Zertifikat; 1933 Landarb. Kibb. Geva, 1934-38 Sekr. bei der Siedlungsgesellschaft in Nahariyyah; 1938-41 Vorbereitung auf RA-Examen für Ausländer u. RA-Praktikum, 1941-48 RA-Praxis, 1948-51 Staatsanwalt u. Amtsrichter in Haifa, ab 1951 RA-Praxis, 1954-57 geschäftsf. VorstMitgl. der RA-Vereinigung Haifa, 1962-70 Mitgl. Disziplinar-Berufsgericht der Anwaltskammer, 1970-76 Präs. der Bezirks-Disziplinarkammer für Rechtsanwälte. Lebte 1977 in Haifa.

Qu: Fb. Hand. – RFJI.

Schröder, Fritz, Gewerkschaftsfunktionär; geb. 3. Jan. 1891 Tangermünde/Sa., gest. 1937 Berlin (?); Diss.; *StA:* deutsch. *Weg:* NL; 1937 (?) Deutschland.

Kaufm. Angest., ab Aug. 1914 Geschäftsf. beim ZdA, zuletzt in Berlin; arbeits- u. sozialrechtl. Beiträge u.a. für *Die Arbeit* u. *Vorwärts*, Vortragstätigkeit für SPD, Apr.-Juni 1933 MdR. Emigr. nach Holland, mit → Alfred Mozer u. → Helmut Kern Ltr. SPD-Gruppe Amsterdam, illeg. Reisen ins Reich. Rückkehr nach Berlin, Verhaftung.

Qu: Arch. Hand. Pers. Publ. – IfZ.

Schröder, Fritz (Fred), geb. 23. Apr. 1904 Kassel; *StA:* deutsch, 1. Okt. 1938 Ausbürg. *Weg:* 1933 NL, S; 1936 E; 1937 S.

Elektrohandwerker; ab 1924 Mitgl. anarchosyndikalistische *Freie Arbeiter-Union Deutschlands (Syndikalisten [FAUD])*, mit → Willy Paul Ltr. Ortsgruppe Kassel; nach natsoz. Machtübernahme illeg. tätig, Juni 1933 nach Hausdurchsuchung der Gestapo Flucht in die Niederlande, in Amsterdam mit → Gustav Doster u. in Verb. mit holländ. Syndikalisten Errichtung einer FAUD-Auslandsltg. *(Deutsche Anarcho-Syndikalisten/DAS)*, Unterstützung durch *Internationale Arbeiterassoziation* u. syndikalist. *Fonds Internationale Solidarität*, Versuch der Reorg. der FAUD im Reich; nach 3 Mon. Aufenthalt aus Holland abgeschoben u. mit Hilfe von ITF nach Schweden, dort ZusArbeit mit syndikalist. *Sveriges Arbetarens Centralorganisation*. Sept. 1936-Sept. 1937 vorüberg. in Spanien, Mitarb. Informationsbüro *Confederación National del Trabajo* in Barcelona; zu-

rück nach Schweden. März-Nov. 1940 interniert, nach Entlassung Arbeit als Autoelektriker.

L: Bock, Syndikalismus; Bludau, Gestapo. *Qu:* Arch. Publ. – IfZ.

Schröder, Max Robert Paul, Publizist; geb. 16. Apr. 1900 Lübeck, gest. Jan. 1958 Berlin (Ost); *V:* Dr. jur. Max Paul Hermann Sch. (1871-1919), RA u. Notar; *M:* Anna Maria Adele, geb. Elten (1873-1956); *G:* Helena Frieda Theodora (1896-1974); ∞ Edith; *StA:* deutsch. *Weg:* 1933 F; 1941 N-Afrika, USA; 1946 Deutschland (Berlin).

Im 1. WK Soldat, dann Stud. Kunstgesch. Univ. Rostock, Freiburg/Br., München, Berlin u. Göttingen, Journ.; 1932 KPD. 1933 Emigr. nach Frankr., Mitarb. *Braunbuch über Reichstagsbrand und Hitlerterror*. Ltd. Funktionär SDS, 1936-38 (?) RedSekr. *Deutsche Informationen* Paris; Mitarb. Deutsche Freiheits-Bibliothek Paris sowie publizist. Tätigkeit. Bei Kriegsausbruch Internierung in Les Milles, später in Marokko. 1941 nach New York, stellv. Chefred. u. Hauptmitarb. *The German-American* u. ab Grdg. Mai 1944 Mitgl. CDG. 1946 Rückkehr, 1947-57 Cheflektor Aufbau-Verlag Berlin (Ost); Theaterkritiker u. Essayist. – *Ausz.:* 1957 Lessing-Preis.

W: Braunbuch über Reichstagsbrand und Hitlerterror (Mitarb.). Basel 1933; Die Entstehung der deutschen Baukunst im 9. u. 10. Jahrhundert, Die Entwicklung des Bildes vom Reimser Portal über den Genter Altar zu Dürer (beide Ms. 1940 in Paris verlorengegangen); Von Hier und Heute aus. 1957. *L:* u.a. GdA-Chronik; Kantorowicz, Alfred, Exil in Frankreich. 1971. *Qu:* Arch. Hand. Publ. – IfZ.

Schröter, Anton, Parteifunktionär; geb. 10. Okt. 1903 Neidenburg/Ostpr., gest. Dez. 1933 Moskau (?); *V:* Franz S., Arbeiter, 1933/34 illeg. für KPD tätig; *G:* Albert, 1933/34 illeg. für KPD tätig; *StA:* deutsch. *Weg:* 1933 UdSSR.

Arbeiter in Duisburg, „zweiter Mann" im MilApp. der KPD-BezLtg. Ruhrgeb., nach natsoz. Machtübernahme illeg. tätig, Okt. 1933 zur Schulung nach Moskau, dort angebl. verstorben.

Qu: Arch. Publ. – IfZ.

Schröter, Johannes, Parteifunktionär; geb. 23. Sept. 1896 Erfurt, gest. 1963 Mexiko; ∞ Henriette Begun; *StA:* deutsch. *Weg:* 1933 F; 1938 USA; 1942 Mex.

Schlosser, Elektromonteur; Kriegsteiln., 1918 USPD, 1920 KPD. 1923 Sekr. *Union der Hand- und Kopfarbeiter* in Mitteldeutschland u. im Ruhrgeb., dann Mitarb. GewAbt. der Parteizentrale. 1924-26 wegen Waffenbeschaffung für die KPD in Haft, anschl. Org.- u. PolLtr. in Halle-Merseburg, 1927 Wahl ins ZK, 1928-32 MdR. Als führender „Versöhnler" 1928 aus Funktionen entfernt, nach Unterwerfung unter die Parteilinie ab 1930 Ltr. *Arbeitsgemeinschaft sozialpolitischer Organisationen* (Arso), 1932-33 Ltr. *Reichsausschuß der Erwerbslosen*. 1933 Emigr. Frankr., 1938 im Parteiauftrag in die USA, Mitarb. bei Prop. der KP der USA unter Deutschamerikanern, 1942 nach Mexiko, auch hier angebl. i.A. der Moskauer Zentrale tätig. Mitgl. BFD u. *Heinrich-Heine-Klub*, 1946 Mitgr. u. Sekr. *Komitee für Mexikanisch-Deutschen Kulturaustausch*, ab 1947 Red. BFD-Zs. *Demokratische Post*.

L: Weber, Wandlung; Kießling, Alemania Libre. *Qu:* Publ. – IfZ.

Schubauer, Theodor, Parteifunktionär; geb. 6. Nov. 1890 Wien, gest.; Diss.; ∞ verh.; *StA:* österr. *Weg:* F; 1940 (?) GB.

Berufssoldat, zuletzt Oberlt.; Mitgl. SDAP. Febr. 1927 wegen Krankheit aus der Armee entlassen, Parteifunktionär u. Verantwortl. für *Republikanischen Schutzbund* in Wiener Bez. Ab Sept. 1927 Offz. Gemeindeschutzwache Wien, ab 1929 Zentralinspektor u. stellv. Kommandant. 1934 einige Tage vor Ausbruch der Februarkämpfe kurzfristig verhaftet, nahm daraufhin seine Kommandofunktionen im *Republikanischen Schutzbund* während der Kämpfe nicht wahr. Nach Nieder-

670 Schubert

schlagung der Kämpfe erneut verhaftet, angebl. später ZusArb. mit *Vaterländischer Front* bzw. Vertr. des autoritären Ständestaats. Vermutl. nach Anschluß Österreichs Emigr. Frankr., sollte wegen seines Verhaltens während u. nach den Februarkämpfen aus der Partei ausgeschlossen werden. Vermutl. 1940 nach GB, ZusArb. mit → Heinrich Allina, Mitgr. u. Vice-Chairman *Association of Austrian Social Democrats in Great Britain.* Laut Spitzelbericht an brit. Geheimdienststellen Apr. 1943 (?) nach dem Balkan, um illeg. Verbindungen nach Österr. aufzubauen, vermutl. im Dienst der brit. Marine an der griechischen Küste ertrunken, möglicherweise gefallen.

L: Stadler, Opfer. *Qu:* Arch. Publ. - IfZ.

Schubert, Hermann Richard, Parteifunktionär; geb. 21. Jan. 1896 Lengefeld/Erzgeb., gest. 1938 UdSSR; ev.; Diss.; *StA:* deutsch, 28. Mai 1938 Ausbürg. *Weg:* 1933 CSR, Saargeb., F; 1934 UdSSR.

Bergmann, Metallarb.; 1907 (1914?) Mitgl. SPD, 1912 DMV; 1917 Übertritt zur USPD, mit deren linkem Flügel 1920 zur KPD; 1921-22 KPD-Funktionär Ortsgruppe Großpösna b. Leipzig u. bis Ende 1923 Vertr. der BezLtg. Westsa. beim KPD-Landesvorst. Sa., ab 1922 (1924 ?) GewSekr. in Suhl, Deleg. des Leipziger KPD-PT Jan./Febr. 1923; als einer der ersten Deutschen Besuch der Lenin-Schule in Moskau, Herbst 1923 beteiligt an Vorbereitung des Aufstands in Thür., Anfang 1924 verhaftet, 27. Apr. 1924 von Parteigenossen bei einem Sturm auf das Gef. in Suhl befreit. Mai-Juli 1924 MdR, Mandatsniederlegung aufgrund Verweigerung der Immunität, danach illeg. im Ruhrgeb., Parteisekr. in Bochum; Okt. 1924 erneut verhaftet, nach Wahl in den ProvLT. Dez. 1924 im Jan. 1925 aus der Haft entlassen, Mitgl. des ProvLT. bis 1932; 1925-28/29 Mitgl. KPD-BezLtg. Ruhr in Essen, Ltr. der Abt. Gewerkschaft; gehörte zum linken Parteiflügel, Juli 1925 Deleg. 10. PT; Gegner der radikalen Links-Pol. der Fischer-Maslow-Führung (→ Ruth Fischer, → Arkadij Maslow); aufgrund von Differenzen u.a. in der Gewerkschaftsfrage mit → Wilhelm Florin Ende 1928 nach Berlin beordert u. vorüberg. Arbeit in der Genossenschaftsabt. des ZK; März 1929 (1930 ?) PolLtr. KPD-Bez. Ostpr.; auf 12. PT Juni 1929 Wahl zum Kand. des ZK; Mai 1930 PolLtr. des starken Bez. Wasserkante in Hamburg, im engeren Führungskreis um Ernst Thälmann, Mai 1932 Kand. Pol-Büro. Nach natsoz. Machtübernahme u. dem organisat. Zusammenbruch der Partei mit John Scheer u. → Walter Ulbricht Kampf um Nachf. in der Parteiführung nach Festnahme Thälmanns; Mitgl. der provis. KPD-Landesltg. mit Schehr, → Fritz Schulte u. Ulbricht; Sommer 1933 nach Prag, von dort aus Versuch, den entscheidenden Einfluß auf die Inlandsltg. in Berlin u. damit auf den KPD-App. zu gewinnen; auf Schuberts Veranlassung Installierung einer illeg. Ltg. unter → Karl Ferlemann, der → Herbert Wehner ablösen sollte; nach Auffliegen dieser Landesltg. durch Verhaftung fast aller Mitgl. neuerlicher Versuch der Kontrolle durch Einsatz von → Otto Wahls. Vorüberg. im Saargeb., als Mitgl. des PolBüros später in Paris, 1934 als Nachf. → Fritz Heckerts KPD-Vertr. beim EKKI in Moskau; Wortführer der „sektiererischen" linken Politik der Thälmann-Periode mit vorläufiger Mehrheit im PolBüro (Florin, Schulte, → Franz Dahlem); nach Entwicklung der neuen Taktik der *Komintern* in der Einheitsfrontfrage ab Sommer 1934 deren erklärter Gegner in einem andauernden Machtkampf gegen die *Komintern*-konforme Gruppe Ulbricht/ → Wilhelm Pieck; ab Herbst 1934 Intervention des EKKI zugunsten der PolBüro-Minderheit um Ulbricht u. Pieck, der sich dann auch Dahlem u. Florin anschlossen; nach Übertragung der operativen Parteiführung an Ulbricht u. Dahlem zunehmend pol. isoliert u. Entfernung aus dem KPD-App., auf sog. Brüsseler Konferenz Okt. 1935 Abwahl aus ZK, später im App. der IRH tätig. 1937 verhaftet, im Zuge der Stalinschen Säuberungen umgekommen. - Deckn. Brand.

L: Bahne, Siegfried, Die kommunistische Partei Deutschlands. In: Das Ende der Parteien 1933 (Hg. Erich Matthias u. Rudolf Morsey). 1960; Vietzke, Siegfried, Die KPD auf dem Wege zur Brüsseler Konferenz. 1966; Weber, Wandlung; Duhnke, KPD; Wehner, Untergrundnotizen. *Qu:* Arch. Hand. Publ. - IfZ.

Schuckmann, Walter, Dr. *Weg:* NL.

Bünd. Jugend, Emigr. NL, Unterstützung u. Hilfe bei späterer Weiteremigr. durch *Niederländisches Komitee für junge deutsche Flüchtlinge.* Mitarb. u. ab Nov. 1938 nach Aufenthaltsverbot für den Hg. → Hans Ebeling red. Ltr. der in Amsterdam erscheinenden Zs. *Kameradschaft.* Ab Ostern 1939 mit Ebeling u. → Theodor Hespers für pol. Inhalt der Zs. verantwortlich. Deckn. Bob.

Qu: Arch. - IfZ.

Schücking, Walther Max Adrian, Dr. jur., Hochschullehrer, Politiker; geb. 6. Jan. 1875 Münster/Westf., gest. 26. Aug. 1935 Den Haag/NL; ev.; *V:* Lothar Sch., LG-Rat; *M:* Luise, geb. Beitzke; ∞ 1902 Adelheid von Laer; *K:* 6; *StA:* deutsch. *Weg:* NL.

Stud. Rechtswiss. München, Bonn, Berlin, Göttingen, 1897 Prom., Referendar, 1899 Habil. Göttingen. 1900 ao. Prof. Breslau, 1902 Marburg, 1903 o. Prof. für öffentl. Recht. 1918 Vors. Reichskommission zur Prüfung der völkerrechtl. Beschwerden über die Behandlung der Kriegsgef. in Deutschland, 1919 Hauptbevollmächtigter zu den Friedensverhandlungen von Versailles. Mitgl. DDP, MdNV, 1920–Mai 1928 MdR. Ab 1921 Prof. Handelshochschule Berlin, ab 1926 o. Prof. u. Dir. Institut für internationales Recht Kiel. Mitgl. Ständiger Internationaler Gerichtshof Den Haag. 1928 Verteidiger im Reichsgerichtsprozeß gegen → Berthold Jacob u. Fritz Küster wegen angebl. versuchten Landesverrats. 1930 dt. Deleg. Haager Konf. für die Kodifikation des Völkerrechts. U.a. Mitgl. Internationale diplomatische Akademie, Ehrenmitgl. des Rats der *Interparlamentarischen Union,* Mitgl. Ehrenpräsidium *Deutsche Liga für Völkerbund,* Ehrenvors. *Deutsches Komitee für europäische Kooperation,* Mitgl. zahlr. wiss. Akademien u. Institute. 1933 Entlassung aus dem UnivDienst, Emigr. nach Den Haag. - *Ausz.:* Grotius-Medaille.

W: s. RhDG. *Qu:* Arch. Hand. - IfZ.

Schuelein (bis 1936 Schülein), **Hermann,** Dr. jur., Industrieller; geb. 24. Jan. 1884 München, gest. 15. Dez. 1970 New York; jüd.; *V:* Josef S. (geb. 1854 Thalmässing/Mittelfranken, gest. 1938 Deutschland), jüd., Brauereibesitzer, Geheimrat; *M:* Ida, geb. Baer (geb. 1854 Nördlingen/Bayern, gest. 1929), jüd., Wohlfahrtsarbeit; *G:* Dr. phil. Julius S. (geb. 1881 München, gest. 1959 New York), Chemiker; Franziska Heinemann (geb. 1882 München, gest. 1940 New York); Elsa Haas (geb. 1886 München), Emigr. GB, USA; Dr. jur. Fritz S. (geb. 1886 München, gest. 1963 New York), Emigr. USA; Kurt (geb. 1892 München, gest. 1964 New York), Emigr. USA; ∞ 1913 Luise (Liesl) Fanny Levi (geb. 1894 Hechingen/Hohenzollern, gest. 1950 New York), höhere Schule, 1935 Emigr. CH, 1936 USA; *K:* Annemarie Utsch (geb. 1915), Handelsschule, Aug. 1935 Emigr. GB, 1936 USA, 1941-47 Rundfunksprecherin für OWI; *StA:* deutsch, USA. *Weg:* 1935 CH, 1936 USA.

Stud. Rechtswiss. Berlin, München u. Erlangen, 1909 Prom. Erlangen, Referendar in Garmisch; 1911 Übernahme der väterl. Union- u. Kindl-Brauerei. Im 1. WK Ltg. der Lebensmittelversorgung für Bayern, Aufkauf von Lebensmitteln in der Schweiz. 1919 durch Fusion mit Löwenbräu AG München Schaffung des größten dt. Brauereiunternehmens, ab 1919 Dir., 1921-35 GenDir.; AR-Mitgl. der Schultheiß-Patzenhofer-Brauerei AG Berlin, der Braubank Dresden u. Berlin, Deutschen Bank Berlin, der Disconto-Gesellschaft Berlin u. der Bast AG Nürnberg, Mitgl. *Deutscher* u. *Bayerischer Brauerbund.* März 1933 Emigr.-Versuch, an der Grenze festgehalten, mehrere Tage in Haft, Dez. 1935 Emigr. in die Schweiz mit Ehefrau, Aufenthaltsgenehmigung, Sept. 1936 in die USA nach Stellenangebot durch Liebmann Breweries, 1936-61 geschäftsf. Dir., später Hauptgeschäftsf., 1954 AR-Vors. der Liebmann Rheingold Breweries, Inc. Brooklyn/N.Y. u. Orange/ N.J.; ab 1961 Ruhestand. Nach 1945 kurzfristig Dir. Löwenbräu AG München. 1940 Mitgr., 1940-46 Präs., 1946-70 Ehrenvors. der Cong. Beth Hillel New York, setzte sich für Einwanderung des späteren GdeRabbiners → Leo Baerwald ein; Vorst-

Mitgl. *Deutsche Gesellschaft der Stadt New York, Liederkranz Club and Foundation New York.* Nach 1945 Förderer der Verständigung zwischen Emigranten und Nachkriegsdeutschland, Beteiligung an Sammelaktion für den Wiederaufbau der Münchner Staatsoper, VorstMitgl. von AFJCE. - *Ausz.:* 1954 Gr. BVK, 1958 Brotherhood Award der *Nat. Conf. of Christians and Jews,* 1961 Bayerischer Verdienstorden; Goldene Kette der Stadt München zur 800-Jahrfeier, mehrere Ausz. für hervorragende Werbung, u.a. durch *Advertising Age.*
W: Die Rechtsform der Kartelle. (Diss.) 1910; Art. in Brauereizs. *L:* Bloch, E., Marx, M. u. Stransky, H. (Hg.), Festschrift, in: Honor of the 36th Anniversary of Congregation Beth Hillel of Washington Heights New York, 1940-1976. 1976; Lamm, München. *D:* LBI New York. *Qu:* Arch. EGL. Pers. Publ. Z. - RFJI.

Schüler (Schüller), **Hans,** Kaufmann; geb. 5. Jan. 1915 Hildesheim; jüd.; *V:* Adalbert; *M:* Ellen, geb. Cassler; ∞ 1948 Josephine Braulitsch; *K:* Eva, Ruth, Michael. *Weg:* 1938 Emigr.; 1945 Deutschland (ABZ).

1938 Emigr., hielt sich bis 1945 in versch. europ. Ländern auf. 1945 Rückkehr nach Deutschland als VerbOffz. zur 8. brit. Armee. 1945 Gr. Ledergroßhandelsgeschäft Schüler & Co. in Frankfurt/M., 1948 Gr. einer Filiale in Hamburg. Okt. 1945-Mai 1972 Mitgl. jüd. Gde. in Frankfurt/M., 1961-67 Mitgl. Finanzkommission. Vors. *Bundesverband jüdischer Gewerbetreibender, Industrieller und Angehöriger Freier Berufe.*
Qu: Arch. EGL. Hand. - IfZ.

Schüller, Richard, Dr. jur., Diplomat, Hochschullehrer; geb. 28. Mai 1870 Brünn/Mähren, gest. 1972 Washington/D.C.; jüd.; *V:* Sigmund S., Textilfabrikant; *M:* Erna, geb. Kohn; ∞ 1902 Erna Rosenthal (geb. 1880 Wien, gest. 1968 New York), jüd., Lyzeum, 1938 Emigr. F, GB, 1941 USA; *K:* Dr. rer. pol. Ilse Mintz (geb. 1904 Wien), jüd., 1938 Emigr. CH, USA, 1951 Ph. D., Prof. Econ. Columbia Univ., Mitarb. Nat. Bureau of Econ. Res., New York; Dr. Susanne Piroli (geb. 1907 Wien), 1936 Emigr. I, A: Rom; Dr. Hilde Kurz (geb. 1910 Wien), 1937 Emigr. GB, Kunsthistorikerin; *StA:* österr. *Weg:* 1938 I; GB; 1940 USA.

Stud. Rechtswiss. Wien, 1892 Prom.; Mitarb. u.a. *Wiener Allgemeine Zeitung.* Nach Prom. Auslandsstudien in Paris u. London, 1899 Habil.; 1898 MinBeamter im Handelsmin. in Wien, daneben ab 1906 ao. Prof. für NatÖkonomie Univ. Wien. 1913 MinRat im Handelsmin. Während des 1. WK Mitgl. der österr.-ungar. Deleg. bei Friedensverhandlungen in Brest-Litovsk u. Bukarest sowie bei Verhandlungen mit Deutschland über wirtschaftl. Fragen. 1919 (nach anderer Quelle 1917) Ernennung zum Sektionschef, Ltr. wirtschaftspol. Sektion im Staatsamt bzw. im Bundesmin. für Äußeres, Mitgl. der österr. Verhandlungsdeleg. bei Friedensverhandlungen in St-Germain, in den folgenden Jahren häufig österr. Verhandlungsführer bei internat. wirtschaftl. Abkommen. Ab 1926 Mitgl., zeitw. Präs. ökonom. Komitee des Völkerbunds. 1930 Ernennung zum o. Prof. Univ. Wien; 1930-38 Mithg. *Zeitschrift für Nationalökonomie.* Nov. 1932 Ernennung zum Sondervertr. der österr. Bundesreg. beim Völkerbund, 1933 Dienstaufnahme. März 1938 Beurlaubung u. Rückkehr nach Österr., Juli 1938 Emigr. nach Italien, später nach London. 1940 Berufung an New School for Social Research New York. Juni 1941 Mitgr. u. Vors. *Austrian Committee,* das Kriegseintritt der USA zur Unterstützung des alliierten Kampfs gegen Hitler u. Wiederherstellung der Selbständigkeit Österr. vertrat (Mitgl.: Raoul Auernheimer, → Willibald Emil Berger, Friedrich Engel-Janosi [?], → Dietrich von Hildebrand, Erich Hula, Otto Kallir, Franz Klein [d.i. → Robert Ingrim], Aurel Kolnai [?], Otto Löwi, Hermann Mark, Thomas A. Michels, Ludwig Mises, John M. Österreicher, → William S. Schlamm, → Walter Schuschnigg). Neben → Heinrich Allina, → Georg Franckenstein u. → Hans Rott als Mitgl. eines repräsentativen Austrian Advisory Committee vorgesehen, um dessen Bildung u. Anerkennung durch brit. Behörden sich → Robert Habsburg in London vergeblich bemühte. Enge ZusArb. mit → Otto Habsburg, Nov. 1942 Mitgl. *Military Committee for the Liberation of Austria* zur Bildung u. Rekrutierung eines geplanten österr. Btl. innerh. der US-Armee. Mitgl. *Austrian Institute,* enge ZusArb. mit *Free Austrian Movement* (FAM) in den USA. Wurde Herbst 1945 von provis. Reg. Karl Renner in Wien der US-Reg. als erster österr. Nachkriegsgesandter vorgeschlagen, Ablehnung durch US-Reg. aufgrund der Aktivität von S. innerhalb des FAM. 1952 Emeritierung. Lebte 1970 in Washington/D.C. - *Ausz.:* u.a. Franz-Josephs-Orden (Österr.-Ungarn), Leopold-Orden (Belgien).

W: u.a. Die klassische Nationalökonomie und ihre Gegner. 1895; Die Wirtschaftspolitik der Historischen Schule. 1899; Schutzzoll und Freihandel. 1905; Die äußere Wirtschaftspolitik Österreich-Ungarns (Mitverf.). 1925; The Economic Policy of Austria-Hungary During the War in its External Relations (Mitverf.). 1928; Der wirtschaftliche Zusammenbruch Österreich-Ungarns (Mitverf.). 1930. *L:* Goldner, Emigration. *Qu:* Arch. Hand. Pers. Publ. - IfZ.

Schüller, Richard, Parteifunktionär, Journalist; geb. 30. Apr. 1901 Wien, gest. 5. Juni 1957 Linz; *V:* RA; *G:* 3; *StA:* österr. *Weg:* 1934 CSR; 1935 UdSSR; 1945 Österr.

Führender Vertr. der sich im Winter 1916/17 in losen Zirkeln illeg. formierenden linksradikalen Mittelschülerbewegung, 1917 Mitgl. *Revolutionärer Mittelschülerzirkel,* der 1918 bei Unterstützung der Januarstreiks aktiv wurde. Nov. 1918 neben → Friedrich Hexmann u.a. Mitgr. *Verband der Proletarierjugend* (auch *Verband der kommunistischen Proletarierjugend,* allgemein als KJVÖ bezeichnet), führender Funktionär, zeitw. Obmann. 1919 Deleg. auf GrdgKongreß der *Kommunistischen Jugend-Internationale* (KJI) in Berlin, anschl. Mitarb. des Exekutivkomitees der KJI u. Ltr. des neu errichteten Wiener Untersekretariats mit Koordinierungsaufgaben für die zumeist illeg. kommunist. Jugendverbände in den Balkanländern, später in Süd-Ost-Büro der KJI umbenannt. Trat zunächst neben → Willi Münzenberg sowohl für Autonomie der KJI gegenüber *Komintern* als auch der kommunist. Jugendorg. gegenüber den nationalen kommunist. Parteien ein, 1921 auf 2. Kongreß der KJI in Moskau jedoch Vertr. der straffen Unterordnung der KJI unter die *Komintern;* Wahl ins Exekutivkomitee der KJI, Mitgl. des Sekretariats. 1921-28 KJI-Vertr. im EKKI, nahm ab 1922 alternierend mit dem Vors. des sowj. kommunist. Jugendverbands an den Sitzungen des EKKI-Präsidiums teil, Dez. 1926 (7. EKKI-Plenum) Ersatzmitgl., Febr. 1928 (9. EKKI-Plenum) Vollmitgl. des Präsidiums, ab 1924 Mitgl. OrgBüro des EKKI. Häufige Aufenthalte in Spezialmission der KJI in mehreren europ. Ländern, Apr. 1928 Verhaftung in Paris u. Ausweisung aus Frankr. Nach 5. Kongreß der KJI (Aug.-Sept. 1928) Ausscheiden aus der Jugendarb., Rückkehr nach Österr., Red., vermutl. zeitw. Chefred. *Die Rote Fahne.* Ab 1933 illeg. KPÖ-Funktionär, 1934 nach den Februarkämpfen Emigr. Prag, Nov. 1934 Verhaftung, Frühj. 1935 Ausweisung aus CSR, ging nach Moskau. In der UdSSR Verlagstätigkeit u. Mitarb. in sowj. Presse. 1941 nach dt. Angriff auf die UdSSR freiw. Meldung zur Roten Armee. 1942-45 zweiter Red. von *Radio Moskau für Österreich* unter → Walter Fischer. Nov. 1945 Rückkehr nach Wien, Red. *Volksstimme.* Ab 1947 Chefred. *Neue Zeit* Linz (oberösterr. Landesorgan der KPÖ) sowie *Salzburger Tageblatt,* Mitgl. Landessekretariat Oberösterr. der KPÖ. Ab 1951 ZK-Mitglied.

W: u.a. Wirtschaftliche Lage und wirtschaftlicher Kampf der Arbeiterjugend. 1923; Kommunistische Jugend und Krieg. 1927; Von den Anfängen der proletarischen Jugendbewegung bis zur Gründung der KJI (Geschichte der Kommunistischen Jugendinternationale, Bd. I). 1929; Österreich. Brandherd Europas. Zürich 1934. *L:* Schüller, Richard/Kurella, Alfred/Chitarow, Richard, Geschichte der Kommunistischen Jugendinternationale, Bd. I-III. 1929-31; Steiner, KPÖ; Hautmann, KPÖ; DBMOI; Göhring, KJVÖ; Vogelmann, Propaganda; Neugebauer, Bauvolk; Tidl, Georg, Die sozialistischen Mittelschüler Österreichs 1918-1938. 1977; Reisberg, KPÖ. *Qu:* Arch. Hand. Pers. Publ. Z. - IfZ.

672 Schürmann

Schürmann, Heinrich, Parteifunktionär; geb. 6. Mai 1896 Altendorf/Ruhr; *V:* Wilhelm S. (geb. 1865); *M:* Mathilde, geb. Lüttenberg (geb. 1866); *StA:* deutsch. *Weg:* E; NL; B; 1940 F; Deutschland.

Schlosser, KPD-Funktionär in Essen. 1931 vermutl. MilSchule in der UdSSR. Unter Deckn. Willi Benz im Span. Bürgerkrieg Major der Interbrigaden u. Kommandeur Edgar-André-Btl., Teiln. an den Kämpfen um Teruel Jan. 1938, dann Kommandeur des Btl. 12. Februar, Teiln. an der Ebro-Offensive. Später in Holland u. Belgien, Mai 1940 interniert u. in südfranz. Lager Argues au Chaleau gebracht, vermutl. Auslieferung an Gestapo. Nach 1945 in der SBZ, Mitgl. des 1963 gegr. *Solidaritätskomitees für das spanische Volk in der DDR.* – *Ausz.:* 1956 Hans-Beimler-Medaille.

L: u.a. Pasaremos. *Qu:* Arch. Publ. – IfZ.

Schütte-Lihotzky, Margarete, geb. Lihotzky, Architektin; geb. 23. Jan. 1897 Wien; ev., Diss.; *V:* Erwin Lihotzky (1866–1923), ev., Beamter; *M:* Julie (1876–1924), ev.; *G:* Adele (1893–1968), Lehrerin; ∞ 1927 Wilhelm Schütte (1900–1968), ev., Architekt Hochbauamt Frankfurt/Abt. Martin Elsässer, 1930–37 Architekt in der UdSSR, 1937 Emigr. F, 1938 TR, zeitw. Prof. Kunstakademie Istanbul, 1944–46 Internierung, 1946 Bulg., 1947 Österr.; *StA:* österr., 1927 deutsch, 1947 österr. *Weg:* 1937 F; 1938 TR; 1940 Deutschland (Österr.).

Bürgerschule, danach als erste Österreicherin Architekturstud. Akademie für Angewandte Kunst Wien (Lehrer Oskar Strnad u. Heinrich Tessenow), 1923 Dipl.; Preise in Wettbewerben für Arbeiterwohnungen u. Kulturzentren. 1920–21 Mitarb. Architekturbüro Holland (Wohn- und Kindergartenbau), 1921–25 ZusArb. mit Adolf Loos im *Österreichischen Verband für Siedlungs- und Kleingartenwesen,* Preisträgerin der Stadt Wien; 1923 Mitgl. SDAP, mit Otto Neurath Mitarb. am Aufbau des späteren Gesellschafts- u. Wirtschaftsmuseums der Stadt Wien. 1926 nach Verbandsauflösung Berufung an das Hochbauamt Frankfurt/M. durch Ernst May, 1926–30 Mitarb. Wohnungsbaureferat, Spezialisierung auf Kindergärten u. -krippen sowie Küchenrationalisierung (Entwicklung der sog. Frankfurter Küche), Mitarb. u.a. *Das Neue Frankfurt,* Vorträge u. Kurse über Wohnungsbau in versch. dt. Städten, Teiln. u.a. Ausstellung von *Der Werkbund* in Stuttgart u. Wien, Auftragsarb. in Luxemburg, Polen u. Frankr.; 1927 aus Anlaß der Ereignisse des 15. Juli in Wien Austritt aus SDAP. Okt. 1930 als Mitgl. der Gruppe Ernst May mit Fünfjahresvertrag nach Moskau, bis 1937 Mitarb. beim Bau neuer Städte (u.a. Magnitogorsk u. Stalinsk), u.a. Ltr. der Abt. für Kinderbauten u. Kinderkrippen im Gesundheitsmin., Mitarb. Akademie für Architektur u. der Zs. *Architektura za rubežom* Moskau. 1933 Teiln. Architekturausstellung Chicago, 1934 auf Einladung Tschiang Kai-scheks Studienreise nach China, Ausarb. v. Richtlinien für chines. Kinderanstalten. Ab 1936 vorwiegend beratende Tätigkeit (u.a. 1937 Mitgl. RegKommission bei Auswahl von Möbelmodellen für Massenproduktion); 1937 nach Ablaufen des dt. Passes Emigr. Paris. Auf Anraten v. → Ernst Fischer Kontaktaufnahme mit Vertr. der KPÖ in Paris; Mitarb. des franz. Gesundheitsmin., 1938 Entwicklung von Richtlinien für Untersuchungsstationen gegen Kindertuberkulose. 1938 Berufung durch türk. Unterrichtsmin. an Akademie der Schönen Künste Istanbul, bis 1940 Planung von Frauenberufsschulen u. Dorfschulen. Mit → Herbert Eichholzer Aufbau der Parteigruppe der KPÖ in Istanbul. Dez. 1940 i.A. des KPÖ-Auslandsapparats über Zagreb (→ Julius Kornweitz) nach Wien, ZusArb. mit → Erwin Puschmann, 22. Jan. 1941 kurz vor geplanter Rückkehr nach Istanbul Verhaftung durch Gestapo, 22. Sept. 1941 VGH-Urteil 15 J. Zuchth., bis Kriegsende Frauengef. Aichach/Bayern. 1945 Rückkehr nach Wien, Mitgl. KPÖ; 1946–47 Gr. u. Ltr. Abt. für Kinderbauten bei Stadtbaudir. Sofia. Ab 1947 selbständige Architektin in Wien, Bauaufträge der Stadt Wien für Kindergärten u. Wohnungen, Ausstellungen in Wien u. Paris. 1947–48 VorstMitgl. *Bundesverband der politisch Verfolgten* (KZ-Verband); 1948 Mitgr. u. bis 1969 Präs., nach Rücktritt Ehrenpräs. *Bund demokratischer Frauen Österreichs.* Bis 1977 VorstMitgl. Österreichischer Friedensrat, seitdem Ehrenmitgl.; VorstMitgl. *Österreichisches Komitee für Sicherheit und Zusammenarbeit in Europa.* 1956 zweite Studienreise China, Doz. TU Peking, 1963 Berufung durch kuban. Erziehungsmin. nach Havanna, Richtlinienentwurf u. Bauprogramme für Kinderstätten. 1966 vorüberg. als Spezialistin für Kindergärten Mitarb. Deutsche Bauakademie Berlin, seit 1967 vorwiegend theoret. Arbeiten, Vorträge u. Mitarb. an Ztg. u. Zs. – Lebte 1978 in Wien u. Radstatt/Tauern. – *Ausz.:* Lobmayr-Preis, Max Mauthner-Preis, 1922 Bronzene Med. der Stadt Wien, 1923 Silberne Med. der Stadt Wien.

W: u.a. Rationalisierung im Haushalt. In: Das neue Frankfurt, 1926/27, H. 5; Detskie sady za rubežom (Kindergärten im Ausland). In: Architektura za rubežom, 1935/H. 5; Sanitarnotechničeskoe oborudovanie kvartir na Zapade (Die sanitärtechnische Ausstattung der Wohnungen im Westen). In: Architektura za rubežom, 1936/H. 3. u. 4. *L:* Klusacek, Christine, Österreichs Wissenschaftler und Künstler unter dem NS-Regime. 1966; Widerstand 2; Wem gehört die Welt? Kunst und Gesellschaft in der Weimarer Republik (Katalog). 1977. *D:* DÖW. *Qu:* Arch. Fb. Pers.Publ. Z.–IfZ.

Schütz, Josef, Offizier, Diplomat; geb. 23. Juli 1910 Bärringen/Böhmen; *V:* Handschuhmacher, KSČ-Funktionär; *K:* 1 T, 1 S; *StA:* österr., 1919 CSR, deutsch. *Weg:* 1939 UdSSR; 1944 Slowakei; 1946 Deutschland (SBZ).

Handschuhmacher; 1924 KSM, 1931–32 Lenin-Schule der *Komintern,* 1932 KSČ, 1932 MilStrafverfahren wegen Fahnenflucht aus tschechoslow. Armee, bis 1933 Haft, danach Parteifunktionär. Nach dt. Einmarsch in die Rest-CSR illeg. Tätigkeit, anschl. Emigr. in die UdSSR, bis 1943 Metallarb., dann Vorbereitung auf Partisaneneinsatz in einer Spezialschule der Roten Armee b. Moskau. Sept. 1944 mit → Wilhelm Gaida u. anderen sudetendt. Kommunisten Einsatz in slowak. Aufstandsgeb., nach Niederwerfung der Aufständischen PolKommissar der Partisaneneinheit Vpřed. 1946 Übersiedlung in die SBZ, Mitgl. SED, Angehöriger Deutsche Volkspolizei, Polizeikommissar in Merseburg, 1947–49 Chefinspektor der Grenzpolizei, 1949–56 Ltr. Konsularabt. der Diplomat. Mission bzw. Botschaft der DDR in Moskau, danach Oberst der NVA u. Ltr. der Abt. für Internat. Verbindungen im MfNatVert. – *Ausz.:* u.a. 1955 VVO (Bronze), 1960 VVO (Silber), 1961 Dukla-Med. (CSSR), 1970 Banner der Arbeit, Orden des Gr. Vaterländ. Krieges 2. Grades (UdSSR).

W: Im Partisaneneinsatz in der Slowakei (mit Wilhelm Gaida u. Franz Gold). In: Beiderseits der Grenze, 1965. *Qu:* Hand. Publ. Z. – IfZ.

Schütz, Wilhelm Wolfgang, Dr. phil., Publizist; geb. 14. Okt. 1911 Bamberg; ev.; *V:* Joseph S., Fabrikant; *M:* Grete, geb. Spear; ∞ 1936 Dr. phil. Barbara Sevin (geb. 1912 Berlin), Journ., nach illeg. Tätigkeit Frühj. 1935 Flucht GB, aktiv in KriegsgefBetreuung der YMCA, Mitgl. *Fabian Society,* nach 1951 Hg. *Außenpolitische Kommentare* Bonn; *K:* Wolf-Peter, Harald, A: GB; *StA:* deutsch. *Weg:* 1935 GB; 1951 Deutschland (BRD).

Stud. Staatswiss. Heidelberg, München u. Prag, 1934 Prom. Heidelberg. Verb. zur Bekenntniskirche, 1935 als Korr. Schweizer Ztg., u.a. *Neue Zürcher Zeitung,* nach London. Nach 1938 durch Vermittlung von Arthur Koestler Korr. für die von → Willi Münzenberg hg. Zs. *Die Zukunft;* Verb. zur *Deutschen Freiheitspartei* (DFP) unter → Carl Spiecker u. → Hans Albert Kluthe, Mitarb. der Zs. *Das wahre Deutschland;* Beiträge über dt. Probleme u.a. in *Contemporary Review, New Statesman and Nation, Spectator,* Korr. *Neue Zürcher Zeitung,* Mitgl. *Fabian Society.* Ende 1939 Gr. der *Gruppe Deutsche Erneuerung* in der Tradition der DFP als bürgerlich-demokrat. Sammelbewegung, Versuche zur Einflußnahme auf brit. Deutschland-Politik durch Kontakte zu Parlamentariern, enge ZusArb. mit Bischof Bell v. Chichester, dadurch Verb. zu Widerstandskreisen im Reich, Kontakte zum SPD-PV London. Publikationen, Vorträge u. Studienkreise im Sinne einer nat.-liberalen Nachkriegsordnung. Mitgl. *Landesgruppe deutscher Gewerkschafter, Deutscher PEN-Club London,* Mitarb. *Aufbau* New York. 1951 Rückkehr, bis 1957 pol. Berater im Bundesmin. für gesamtdt.

Fragen unter Jakob Kaiser. 1954 Mitgr., ab 1957 geschäftsf. Vors. überparteil. *Kuratorium Unteilbares Deutschland*, rege publizist. Aktivitäten in der Deutschlandfrage, die teilw. - wie das sog. Schütz-Memorandum v. Dez. 1967 - auf Widerspruch der pol. Parteien stießen. Kommentator *Süddeutscher Rundfunk*, bis 1959 verantwortl. Red., bis 1960 Mithg. der Zs. *Außenpolitik*, Mithg. der Zs. *Politik*. Apr. 1972 Rücktritt als Vors. des *Kuratoriums* aus Protest gegen die Ablehnung der Ostverträge durch die Unionsparteien, Eintritt in die SPD; weiterhin Präs-Mitgl. u. Vors. des wissenschaftl. Arbeitskreises des *Kuratoriums*. 1973 Gr., Mithg. u. Red. der Zweimonats-Zs. *Politik und Kultur* Berlin. Dez. 1974-Juli 1975 Chefred. *St. Galler Tageblatt.* - Mitgl. *PEN-Zentrum* BRD, Mitgl. Beirat der *Europa-Union*, Mitgl. *Gesellschaft für Auswärtige Politik*, Vors. *Deutsch-Englische Gesellschaft* Bonn. Lebte 1977 in Berlin (West).

W: u.a. Lieder des Wetterleuchtens (L). 1934; Der florentinische Kampf. 1936; Die Techniker (S). 1936; German Home Front (zus. mit Barbara Sevin). London (Gollancz) 1943; Pens under the Swastika. London (S.C.M. Press) 1946; Aus dem Reisebuch. 1947; An der Schwelle deutscher Staatlichkeit. 1949; Organische Außenpolitik. 1951; Deutschland am Rande zweier Welten. 1952; Neutralität oder Unabhängigkeit. 1953; Die Stunde Deutschlands. 1954; Bewährung im Widerstand (Hg.). 1956; Wir wollen überleben - Außenpolitik im Atomzeitalter. 1956; Das Gesetz des Handelns. 1959; Schritte zur Wiedervereinigung. 1959; Reform der Deutschland-Politik. 1965; Modelle der Deutschlandpolitik. 1966; Deutschland-Memorandum: Eine Denkschrift und ihre Folgen. 1968; Antipolitik - Eine Auseinandersetzung über rivalisierende Gesellschaftsformen. 1969; Der Fall Sokrates (S). 1970; Die Fahndung (S). 1971; Gebrauchsanweisung für einen Reichsverweser (S). 1972; Leak (S). 1972; Galopp rechts (S). 1973; Tamerlan der Große (S). 1974; Vom freien Leben träumt Jan Hus (S). 1977; mehrere Hörspielfeatures. *L:* Röder, Großbritannien. *D:* NdW. *Qu:* Arch. Hand. Pers. Publ. Z. - IfZ.

Schuldt, Johann Wilhelm **Hermann,** Parteifunktionär, Offizier; geb. 23. Juni 1896 Alt-Karstädt/Mecklenburg; Diss.; *V:* Forstarb.; ∞ Wilhelmine Düwel; *K:* 2 S; *StA:* deutsch, 24. Juni 1938 Ausbürg. *Weg:* 1934 CSR; 1935 UdSSR; 1937 E; 1938 F, DK; 1940 Deutschland.

Landarb.; 1915-18 Kriegsfreiw. (EK II, Mecklenburg. Mil-Verdienstkreuz), 1920 USPD, nach deren Spaltung KPD, 1922 Gr. u. PolLtr. KPD-Ortsgruppe Teschentin, 1924-33 Mitgl. Amtstag Ludwigslust. 1929 UdSSR. 1930-33 MdR u. hauptamtl. Mitarb. KPD-BezLtg. Mecklenburg. 1933-34 illeg. Tätigkeit in Mecklenburg, Bayern, Baden u. Hessen (Deckn. Karl, Max, Ernst Klotsche); Juli 1934 Emigr. CSR. Juli 1935 UdSSR, Lenin-Schule der *Komintern* (Deckn. Willi Schwarz), 1936 Landarb. in einer Kolchose. März 1937 Spanien, ab Juni 1937 XI. Internat. Brigade; nach Verwundung vorüber. Ausbildungsoffz. in Albacete, danach Kommandeur (Major) Hans-Beimler-Btl. (Deckn. Willi Schwarz). Juli 1938 nach Frankr., später mit falschen Papieren nach Dänemark. Ende 1938-Mai 1939 Ltr. KPD-Landesgruppe, insbes. verantwortl. für Finanzwesen der AbschnLtg. Nord; nach Funktionsenthebung bis Aug. 1939 Mitgl. EmigrLandesLtg., danach Gärtner. 1. Juni 1940 Verhaftung u. Verbringung nach Deutschland, 1941 VGH-Urteil 7 J. Zuchth., bis Kriegsende Haft, u.a. in Waldheim. Nach 1945 Deutsche Volkspolizei, zuletzt Chefinspekteur Deutsche Grenzpolizei; 1952-60 Sekr. für Landwirtsch. SED-BezLtg. Rostock, ab Juni 1960 1. Vors. Bezirksparteikontrollkommission, 1963 beratendes Mitgl. Büro der SED-BezLtg. Lebte 1976 in Rostock. - *Ausz.:* 1955 VVO (Bronze), 1956 Hans-Beimler-Med., Orden Banner der Arbeit; Karl-Marx-Orden.

L: Pasaremos; Der antifaschistische Widerstandskampf unter Führung der KPD in Mecklenburg 1933 bis 1945. 1970. *Qu:* Arch. Hand. Publ. Z. - IfZ.

Schulenburg, Gustav, Gewerkschaftsfunktionär; geb. 7. März 1874 Freiburg/Breisgau. *Weg:* F.

Schlosser. Ab 1905 Angest. des DMV in Straßburg, SPD-StadtVO; ab 1906 Vors. Landes-Gewerkschaftsausschuß u. ab 1908 zugleich der Landes-Versicherungskammer Elsaß-Lothringen, SPD-Kand. für LT u. Reichstag; 1918 nach Karlsruhe, Mitgl. SPD-Ortsvorst. u. Vors. Ortsausschuß ADGB, später Sekr. BezAusschuß ADGB u. Vors. Landes-Versicherungsanstalt Südwest-Deutschland. Nach der natsoz. Machtübernahme Emigr. nach Frankr.; März 1937 in Paris Mitgr. u. Vors. des von der KPD initiierten *Koordinationsausschusses deutscher Gewerkschafter in Frankreich*, dessen Ziel der Zusammenschluß von ADG (→ Heinrich Schliestedt), RGO u. anderen gewerkschaftlichen Exilorg. war; Sommer 1937 Scheitern des Koordinationsausschusses am Widerstand Schliestedts, der *Sopade*-Anhänger in der ADG u. des IGB.

L: Bednareck, Gewerkschaftspolitik. *Qu:* Arch. Hand. Publ. - IfZ.

Schulman, Gerda, geb. Lang, Dr. jur., Sozialarbeiterin, Psychotherapeutin; geb. 16. Sept. 1915; jüd.; *V:* Eugene Lang (geb. 1883), jüd., UnivStud., Kaufm., aktiv in jüd. GdeArb., März 1938 Emigr. Argent., später in die USA, aktiv in jüd. Unterstützungsorg. u. in der Flüchtlingshilfe; *M:* Helen, geb. Steiner (geb. 1883 Wien, gest. 1970 Los Angeles), jüd., höhere Schule, 1938 Emigr. Argent.; *G:* Lilly de Britto (geb. 1911 Wien), Gymn., 1938 Emigr. Argent., später in die USA; ∞ 1938 Hans Schulman (geb. 1913 Amsterdam), jüd., Numismatiker, 1939 Emigr. USA, 1944 gesch.; *K:* Monica Gollup (geb. 1943), B.A., VerwAngest.; *StA:* österr., 1942 USA. *Weg:* 1938 NL, 1939 USA.

1933-38 Stud. Rechtswiss. Wien, Jan. 1938 Prom.; 1938 Emigr. Niederlande mit Einwanderervisum aufgrund der niederländ. StA des Verlobten), Mai 1939 mit Ehemann in die USA, Unterstützung durch *New York Assn. for New Americans, Ethical Culture Soc.* u. *StudOrg.*, 1939-40 ehrenamtl. für Wohlfahrtsorg. tätig; 1940-42 Stud. New York School of Soc. Work Columbia Univ., M.S.W.; 1942-43 bei *Jew. Fam. Service* New York, 1946-50 bei *Jew. Settlement House*, 1950-51 Stud. Univ. of Pa., Ausbildung in Gruppen- u. Einzeltherapie, Post-Graduate-Dipl., 1952-73 Sozialarb. *Jew. Fam. Service* New York, 1952-57 Fürsorgerin, anschl. ltd. Stellungen, Außenberatungsdienst, ab 1973 Fakultätsmitgl. Hunter Coll. an der Adelphi Univ. School of Social Work, dann eigene Praxis als Familientherapeutin, Ltg. versch. Kurse u. Seminare; ab 1951 Mitgl. *Nat. Assn. Soc. Workers*, ab 1957 *Am. Group Psychotherapy Assn.*, ab 1959 *Friends of Hebr. Univ.*, ab 1960 *Americans for Democratic Action*, ab 1973 *Am. Fam. and Marriage Counselors*. Lebte 1977 in Riverdale/N.Y.

Qu: Fb. Hand. - RFJI.

Schulte, Fritz, Parteifunktionär; geb. 28. Juli 1890 Hüsten/Westf., gest. 1943 (?) UdSSR; o.K.; *V:* Fabrikarb.; ∞ Gertrud Schorn (geb. 1895); *K:* Fritz (1914-43), als Wehrmachtssoldat an der Ostfront gef.; *StA:* deutsch, 3. März 1938 Ausbürg. *Weg:* 1933 CSR; 1934 F; 1935 UdSSR.

Fabrikarb., ab 1913 Chemiearb. in Leverkusen; bis 1917 Kriegsteiln., 1917 USPD, 1918 Mitgl. Arbeiterausschuß u. GewObmann in Metallbetrieb in Düsseldorf, später Betriebsratsvors. Bayer-Leverkusen, 1920 nach Maßregelung durch Betriebsltg. zur KPD. Ab 1922 hauptamtl. GewSekr.; zunächst Anhänger der Rechten, 1924 Anschluß an Parteilinke, daraufhin 1924-32 Mitgl. KPD-BezLtg. Niederrhein, 1925 Sekr. für Kommunalpol.; 1927 PolLtr. u. Wahl zum ZK-Mitgl., 1928-30 MdL Preußen, Sommer 1928 Schulungskurs in Moskau, Mitgl. Statutenkommission auf 6. Weltkongreß der *Komintern*; als Führer der Parteilinken erneut PolLtr. Niederrhein nach Ablösung des „Versöhnlers" → Adolf (Lex) Ende. 1929 Wiederwahl ins ZK, Mitgl. PolBüro. 1930-33 MdR. Ab Juni 1932 Ltr. Sekretariat des Reichskomitees der RGO, ab Sept. RGO-Reichsltr. in Berlin. Ab Mitte Mai 1933 Mitgl. illeg. KPD-Landesltg., Herbst 1933 Emigr. als letztes PolBüro-Mitgl., über Prag nach Paris. Deckn. Brandt, Fiedler, Schweitzer, Fritz Stark, Winter. Als Verfechter der linken „Einheitsfront von unten" u. der Fortführung der RGO-Politik zus. mit → Hermann Schubert 1935 aus

Pariser PolBüro entfernt u. als Deleg. auf der sog. Brüsseler Parteikonf. nach dem endgültigen innerparteil. Sieg der Führungsgruppe um → Walter Ulbricht nicht mehr ins ZK gewählt. Anschl. untergeordnete Arbeit in einem Moskauer Betrieb. 1937/38 verhaftet, nach SED-Angaben 1943 aufgrund „falscher Anschuldigungen" umgekommen.

L: u.a. Weber, Wandlung; Duhnke, KPD; GdA-Biogr. *Qu:* Arch. Hand. Publ. - IfZ.

Schulte, Georg, Journalist; geb. 29. Sept. 1903 Herzfelde b. Berlin, gest. 1. Febr. 1976 Saarbrücken; *V:* Eduard Sch., Werkmeister; *M:* Maria, geb. Langmark; ∞ Else David, jüd., Emigr.; *K:* Robert (geb. 1940), RA in Saarbrücken; *StA:* deutsch. *Weg:* 1935 F; 1942 Deutschland.

Jesuitenkolleg in Luxemburg, nach 1. WK mit Fam. nach Trier. Sehr früh Anschluß an SPD, Red. sozdem. *Volkswacht* Trier, später durch Vermittlung von → Max Braun Red. *Volksstimme* Saarbrücken. Während Saar-Abstimmungskampf aktiv im *Sozialistischen Schutzbund* Saar. Nach Rückgliederung des Saargeb. an Deutschland Flucht nach Frankr., nach dt. Besetzung in Mittelfrankr., 1942 Festnahme durch Gestapo, KL Goldene Bremm b. Saarbrücken, nach Einstellung des Verfahrens wegen Landesverrats mangels Beweisen bis 1945 unter Polizeikontrolle. Nach Kriegsende einer der Initiatoren beim Wiederaufbau der sozdem. Partei an der Saar, 1946-47 2. Vors. SPS, 1947-52 MdL. 1945-46 ORegRat u. Ltr. des Personalamtes im RegPräs. Neureuther, 1946-47 Dir. Abt. für Inneres der Verwaltungskommission des Saarlandes. Später Journ., nach 1955 pol. nicht mehr aktiv.

L: Schmidt, Saarpolitik; Schneider, Saarpolitik und Exil. *Qu:* Pers. Publ. - IfZ.

Schultz, Walter D. (Detlef), Journalist; geb. 5. Okt. 1910 Hamburg, gest. 13. Aug. 1964 Hannover; *K:* 1 S; *StA:* deutsch. *Weg:* 1934 CSR; 1938 GB; 1940 AUS; 1941 GB; 1948 Deutschland (BBZ).

Kaufm. Lehre Hamburg. 1925 SPD u. DGB; Angest. einer Baufirma in Hannover, zugl. Stud. Volkswirtsch., Betriebslehre, Staatswiss., LitGesch. Leibniz-Akad.; freier Mitarb. versch. Lokalztg. (Film- u. Buchrezensionen). 1930 SPD-Austritt, später KPD. 1933 Verhaftung, KL Mohringen, Oranienburg, Lichtenberg; nach Entlassung pol. Untergrundarb. in Hamburg. Nov. 1934 Flucht nach Prag; Schriftst., Journ. für versch. dt. Ztg.; 1936 Red. *Neue Weltbühne*. 1938 KPD-Ausschluß. Dez. 1938 mit Hilfe von *PEN-Club* u. *News Chronicle* nach London; 1939 Mitarb. *Sozialistische Warte*. Juli 1940 Internierung in Australien. Juni 1941 GB, Übers. u. Ansager bei BBC. Mai 1948 Rückkehr nach Deutschland, Außenref. u. AbtLtr. NWDR u. NDR Hamburg. Nov. 1961-Aug. 1964 Dir. des Funkhauses Hannover. - Ps. T. Elfterwalde.

W: After Nazism - Democracy? A Symposium by Four Germans (Mitarb.). Hg. von Kurt Hiller, London (Lindsay Drummond) 1945; Anderson, Evelyn, Hammer oder Amboß. Zur Geschichte der deutschen Arbeiterbewegung (Übers.). 1948. *L:* Hiller, Kurt, Leben gegen die Zeit, Bd. 1. 1969. *Qu:* Hand. Pers. Publ. - IfZ.

Schulz, Hans (Johannes), Verbands- u. Parteifunktionär; geb. 6. Mai 1904 Alt Zauche b. Lübben/Spreewald; *V:* Volksschullehrer; ∞ I. Sonja Zörgiebel (Tochter des sozdem. Polizeipräs. von Berlin, gest.), Emigr.; II. 1950; *K:* Peter (geb. 1937), Lehrer; *StA:* deutsch. *Weg:* 1933 F; 1947 Deutschland (FBZ).

Volksschule, Präparandenanstalt, Banklehre, Bankangest., 1923 arbeitslos, Eintritt in Gew. u. KPD, als Landarb. Org. eines Streiks; später AOK-Angest. in Halle/S., Mitarb. in KJVD u. IAH, dann Tätigkeit im IAH-Zentralbüro Berlin, schließl. Sekr. des ZK der IAH u. Privatsekr. von → Willi Münzenberg, u.a. zehnmon. Tätigkeit bei IAH-Vertretung Moskau. Ende Februar 1933 Flucht vor Verhaftung nach Paris, weiterhin persönl. Mitarb. Münzenbergs, Tätigkeiten in den Verlagen Editions du Carrefour u. Editions Sebastian Brant, u.a. bei Publikation der Braunbücher; mehrere Kurierreisen nach Moskau; Sekr. u. Kassier der IAH-NachfOrg. *Welthilfskomitee für die Opfer des deutschen Faschismus* unter Ehrenvors. Albert Einsteins, 1938 mit Münzenberg Lösung von der KPD, Mitarb. *Freunde der sozialistischen Einheit Deutschlands.* Mitarb. an Herstellung von PropSchriften der DFP, mit → Karl Emonts Ballontransport von Flugblättern über die dt. Grenze, Verb. zu → Otto Klepper. Aug. 1939 Internierung im Gef. La Santé Paris, ab Okt. in Le Vernet, Chefpfleger im Lagerhospital, Sept. 1941 mit Hilfe der Quäker Flucht in die Pyrenäen vor Auslieferung an Gestapo, nach vergebl. Ausreisebemühungen in Marseille unter dem Namen Jean Douvrain, u.a. als Wirtschaftsverw. in einem Kinderheim des amerikan. *Roten Kreuzes* in St-Péray (Ardèche), Hg. illeg. Zs. für die Wehrmacht; Ende 1944 nach Paris, Beteiligung an Grdg. der *Force Ouvrière,* Vermittlung von Kontakten zu dt. Gew., Mitgl. SFIO, *Landesgruppe deutscher Sozialdemokraten in Frankreich* (→ Günter Markscheffel) u. *Fédération des Groupes Socialistes Étrangers en France.* Sommer 1946 i.A. von → Erich Ollenhauer Gr. *Internationales Komitee für die Wiederherstellung des Geburtshauses von Karl Marx und des Karl-Marx-Museums* in Trier mit Unterstützung durch Léon Blum u. Salomon Grumbach, Mai 1947 erste internat. Nachkriegskundgebung in Deutschland bei dessen Wiedereröffnung in Trier. Reisen i.A. von SFIO u. SPD, Apr. 1949 Niederlassung in Mainz, journ. Tätigkeit für *Freiheit,* ab Juli 1949 durch Vermittlung von → Franz Bögler SPD-OrgSekr. Pfalz in Neustadt a.d.W., 1951 Wahl zum SPD-Bez-Sekr., Juli 1952 nach Konflikt mit Bögler Rücktritt, pol. Tätigkeit auf Betriebs- u. Ortsebene, Angest. einer Siedlungsorg., dann Lebensmittelkaufm. Lebte 1978 in Neustadt.

L: Gross, Münzenberg; Langkau-Alex, Volksfront. *Qu:* Arch. Fb. Publ. - IfZ.

Schulze, Friedrich Oskar, Parteifunktionär, Kommunalbeamter; geb. 22. Mai 1882 Dresden, gest. 1974 USA; ∞ Dr. Susanne Hirschberg (geb. 1898), Sozialpädagogin, SPD, Emigr. mit Ehemann, Prof. für Soc. Service Admin., Univ. of Chicago; *StA:* deutsch. *Weg:* 1934 TR; 1937 USA.

1888-1902 Seminarschule u. Lehrerseminar Dresden, 1902 Hilfslehrer, ab 1905 Lehrer in Dresden, 1915-19 Kriegsteiln. - Autodidakt. Stud. der Volkswirtschaft, Wohlfahrtspflege, Lit. u. Kunstwiss., journ. Tätigkeit, Mitgl. SPD. Ab Jan. 1920 StadtVO. Dresden, ab Ende 1921 SPD-Sekr. Naumburg/S., anschl. RegRat u. zuletzt Ltr. Amtshauptmannschaft Annaberg/Erzgeb., ab Jan. 1926 ORegRat u. Ltr. Kreishauptmannschaft Leipzig. Ab Apr. 1929 3. Bürgerm. Leipzig, Dezernent für Wohlfahrtspflege u. Wasserwirtschaft. 1934 Emigr. in die Türkei, 1937 in die USA. Lebte in Cleveland/O. u. Chicago; Mitgr. der *Golden Age Clubs* in den USA.

Qu: Hand. Pers. Publ. - IfZ.

Schulze, Max Karl Gustav, Verbandsfunktionär; geb. 10. Juli 1891 Jena, gest. UdSSR; ∞ I. Melanie Neugebauer (geb. 1893); II. in sowj. Verbannung verschollen; *K:* aus I: Johanna (geb. 1911); aus II: 1 K, in UdSSR verschollen; *StA:* deutsch, 25. Juli 1936 Ausbürg. *Weg:* 1933 CSR, Lettland, S; UdSSR.

Mechaniker bei Fa. Zeiß, Jena; KPD, 1925-33 Bundeshandball-Ltr. *Arbeiter-Turn- und Sportverband,* 1928 KPD-Austritt aufgrund kommunist. Versuche zur VerbSpaltung. 1933 über die CSR u. Lettland nach Schweden, dann als Spezialist in den Putilow-Werken, Leningrad. Mitarb. dt.-sprachige *Rote Zeitung* Leningrad, antinatsoz. Propagandist. Im Verlauf der Säuberungen verhaftet.

L: ATUS-Informationen, H. 2/Mai 1970. *Qu:* Arch. Z. - IfZ.

Schumacher, Ernst, Parteifunktionär; geb. 7. Okt. 1896 Burg b. Magdeburg, gest. 24. Febr. 1957 Bonn; Diss.; *V:* Arbeiter; *G:* 10; ∞ Martha Albrecht (geb. 1897), Emigr., 24. März 1937 Ausbürg.; *K:* Herbert (geb. 1921), Emigr., 24. März 1937 Ausbürg.; *StA:* deutsch, 3. März 1936 Ausbürg., 1947 deutsch. *Weg:* 1933 NL, B; 1939 Boliv.; 1947 Deutschland (ABZ).

Schriftsetzer, Mitgl. Arbeiterjugend, 1913 SPD u. Gew., ab 1922 Sekr. SPD-Unterbez. Magdeburg, stellv. Gauführer des *Reichsbanners,* Mitgl. DLM, *Deutsche Friedensgesellschaft, Deutscher Freidenker-Verband,* Mitgl. Reichsvorst. der *Freien Schulgesellschaften;* ab Herbst 1932 Sekr. SPD-Bez. Niederrhein in Düsseldorf, Vorbereitung der Parteiorg. auf Illegalität. Juli 1933 Emigr. in die Niederlande, illeg. Arbeit von Arnheim u. Amsterdam aus, nach wenigen Monaten Ausweisung nach Belgien, *Sopade*-Grenzsekr. in Antwerpen, ZusArb. mit ITF, Deckn. Hans Sachs, Auslieferungsbegehren der dt. Reg.; bis Mai 1939 Berichterstatter der *Deutschland-Berichte der Sopade* für Nordwestdeutschland. Vor Kriegsbeginn Emigr. nach Bolivien, Juli 1939-Sept. 1946 Hg. *Rundschau vom Illimani* in La Paz, die im wesentlichen Organ des von S. gegr. *Landesverband der SPD in Bolivien* war, zeitw. aber auch eine Beilage für die jüd. EmigrGde. führte; *Sopade*-Landesvertr. für Bolivien. 1941-42 Vertr. von *Das Andere Deutschland* (→ August Siemsen) in La Paz. 1941 von der boliv. Reg. mit Überwachung u. Bekämpfung natsoz. Aktivitäten beauftragt, Versuch zur Rekrutierung von dt. Militärfreiwilligen; der Einsatz seiner geheimen Machtbefugnisse in Form von Kontrollmaßnahmen auch gegen Emigranten führte zu scharfen pol. u. persönl. Konflikten vor allem mit linkssoz. dt. Exilkreisen in Bolivien. Juni 1942 Gr. u. mit → Paul Baender Vors. *Vereinigung Freier Deutscher in Bolivien,* Austritt nach Zunahme des kommunist. Einflusses; zeitw. Mitgl. *Klub Freundschaft* (→ Friedrich Behrendt), nach internen Konflikten Gr. *Arbeitsgemeinschaft Freier Europäer* (später: *Freier Deutscher*) in La Paz, 1944 Gr. u. geschäftsf. Vors. *Landesausschuß deutscher demokratischer Organisationen in Bolivien,* eines kurzlebigen Kartells dieser drei Org. - Ende 1947 Rückkehr auf Wunsch der SPD, Sekr. Bez. Unterfranken, Ende 1948-1953 Verlagsgeschäftsf. des Zentralorgans *Neuer Vorwärts* in Bonn.

L: Bludau, Gestapo; Osterroth, Biogr. Lexikon. *D:* IfZ, AsD. *Qu:* Arch. Hand. Publ. Z. - IfZ.

Schumacher, Ernst Friedrich, Wirtschaftsexperte; geb. 16. Aug. 1911 Bonn, gest. 4. Sept. 1977 CH; christl.; *V:* Hermann A. S. (geb. 1868 Bremen, gest. 1952 Göttingen), christl., Prof. für Wirtschaftswiss.; *M:* Edith, geb. Zitelmann (geb. 1884 Bonn, gest. 1975 München), christl.; ∞ I. 1936 Anna Maria Petersen (geb. 1911 Hamburg, gest. 1960 Hamburg), christl.; II. 1962 Verene Rosenberger; *K:* 2 S, 2 T; *StA:* deutsch, 1946 brit. *Weg:* 1937 GB.

1930-32 Rhodes Scholar New Coll. Oxford Univ., später Stud. Columbia Univ. New York. Anfang 1937 Emigr. GB mit ArbErlaubnis, 1940 Internierung, während 2. WK mit William Beveridge Verf. eines Berichts über Wohlfahrtsstaatsplanung *(Beveridge Report),* 1946-50 Wirtschaftsberater in brit. Sektion der Kontrollkommission für Deutschland, 1950-70 Wirtschaftsberater von Nat. Coal Board, 1963-70 Dir. für Statistik, 1966 Gr. u. bis 1977 Vors. von Intermediate Technol. Dev. Group, gleichz. 1970-77 Dir. Scott Bader Co. Ltd. u. Präs. von *The Soil Assn.;* sein populäres und in viele Sprachen übersetztes Buch über Kleinraumtechnologie beeinflußte zahlr. Politiker, u.a. den Gouverneur von Kalifornien, Jerry Brown. - *Ausz.:* 1963 Dr. rer. nat. h.c. Univ. Clausthal, 1974 C.B.E., Hon. Fellow Univ. Manchester Inst. of Science and Technol., Goldmed. des ital. Staatspräsidenten.

W: Export Policy and Full Employment. 1945; Roots of Economic Growth. 1962; Small is Beautiful. A Study of Economics as if People Mattered. 1973 (dt. Übers.: Die Rückkehr zum menschlichen Maß. 1977, in 14 weitere Sprachen übersetzt); Es geht auch anders. 1974; Art. in The Times, The Observer, The Economist. *Qu:* Fb. Z. - RFJI.

Schuricht, Hans, Parteifunktionär. *Weg:* GB.

SAPD-Funktionär. Emigr. nach GB; in London bis 1938/39 Ltr. SAPD-Landesgruppe, abgelöst durch → Paul Walter; als Nachf. von → Ernst Fröhlich SAPD-Vertreter in dem März 1941 konstituierten Exekutivkomitee der *Union deutscher sozialistischer Organisationen in Großbritannien.*

L: Drechsler, SAPD; Röder, Großbritannien. *Qu:* Arch. Publ. - IfZ.

Schuschnigg, Walter (urspr. von), Diplomat; *StA:* österr. *Weg:* F; USA.

Konsul bzw. GenKonsul bei österr. dipl. Vertr. in Rio de Janeiro. Vermutl. 1938 Ausscheiden aus dem diplomat. Dienst, hielt sich in Frankr. auf, Sept. 1940 in Lissabon neben → Hano Friebeisz, Albert Hartmann u. Peter Paul Mitunterz. eines Memorandums an die brit. Reg. mit dem Vorschlag der Aufstellung einer österr. Legion u. der Einrichtung von Radiosendungen für Österr.; Emigr. New York, Juni 1941 Mitgl. *Austrian Committee* unter → Richard Schüller. Sommer 1942 Vorst-Mitgl. u. Schriftführer *Austrian National Committee* unter → Hans Rott und → Guido Zernatto. Herbst 1942 Mitgl. *Military Committee for the Liberation of Austria* unter → Otto Habsburg.

L: Goldner, Emigration. *Qu:* Arch. Publ. - IfZ.

Schwab, Gerald, Diplomat; geb. 19. Febr. 1925 Freiburg/Br.; jüd.; *V:* David S. (geb. 1888 Breisach, gest. 1960 USA), jüd., Kaufm., Landwirt, 1938/39 3 Mon. KL Dachau, Mai 1940 Emigr. USA; *M:* Paula, geb. Kleefeld (geb. 1896 Breisach), jüd., 1940 Emigr. USA; *G:* Margo Ross (geb. 1920 Freiburg), 1936 Emigr. USA; ∞ 1949 Joan Inga Newton (urspr. Nussbaum, geb. 1926 Berlin), jüd., 1939 Emigr. GB, 1947 USA; *K:* Susan C. (geb. 1955), M.A. Stanford Univ.; Teresa A. (geb. 1957); *StA:* deutsch, 1944 USA. *Weg:* 1940 USA.

Mai 1940 Emigr. USA mit Unterstützung von J.D.C. 1944-46 US-Armee (Bronze Star); 1946 Übers. u. Dolmetscher, 1946-47 wiss. Mitarb. der Anklagevertretung beim Nürnberger MilGerichtshof. 1949 B.A. Univ. of Chicago, 1951 B.A. Stanford Univ.; 1951-55 im US-Außenmin., ab 1955 Beauftragter für kulturelle Angelegenheiten, 1956-57 Vizekonsul u. 2. Sekr. in Wien, 1957-59 Supervisory Exchange Program Officer in Washington/D.C.; 1959-62 Vizekonsul, Konsul u. 2. Sekr. in Lomé/Togo; 1962-64 in Washington, ab 1963 als Betriebsverwaltungs-Spezialist für A.I.D. tätig, 1964-66 im Außendienst in Enugu/Nigerien, 1966-67 Attaché in Freetown/Sierra Leone, 1967-68 stellv. Geschäftsf., 1968-70 Ltr. Abt. Projektbewertung für A.I.D. in Tunis, 1970-72 in Bangkok; 1972-73 an der Cornell Univ. New York; 1973-76 Program Analyst u. Ltr. des Evaluation Staff beim lateinam. Amt von A.I.D., ab 1976 Senior Evaluation Officer beim Internat. ArbAmt Genf, Mitgl. *Am. Foreign Service Assn.* Lebte 1977 in Genf. - *Ausz.:* Superior Honor Award A.I.D.

W: u.a. Evaluation Handbook for A.I.D. *Qu:* Fb. Hand. - RFJI.

Schwab, Hermann, Publizist; geb. 7. Apr. 1879 Frankfurt/M., gest. 1. Juli 1962; jüd.; *V:* Moses Loeb, Kaufm. u. Schriftst.; *M:* Johanna, geb. Jastrow; ∞ 1906 Dina Berlin (1881-1955); *K:* Johanna (Hanna), Michael; Ernst Salomon, Bankier (?); Adelaide Weinberg; Moses. *Weg:* 1934 GB.

Realschule u. Isr. Religionsges. in Frankfurt/M.; 1902-27 Angest. der Metallhandelsfirma Aron Hirsch und Sohn, Berlin u. Halberstadt, daneben Journ. u. Schriftst., vor allem als Lit.- u. Theaterkritiker tätig, Halberstädter Korr. u.a. für *Frankfurter Zeitung, Vossische Zeitung, Berliner Tageblatt.* 1907 mit → Jacob Rosenheim Wiederbelebung u. Erweiterung der *Freien Vereinigung für die Interessen des orthodoxen Judentums.* 1907 (1909?) Mitgr. u. bis 1914 Schriftltr. des Jüdischen Volksschriftenverlags, Frankfurt/M., der der *Freien Vereinigung für die Interessen des orthodoxen Judentums* angeschlossen war. 1912 Mitgr. von *Agudas Jisroel,* 1912-14 Schriftltr. der *Agudas Jisroel*-Zs. *Haderech* in Frankfurt/M. Im 1. WK Gr. u. Syndikus des Kriegswaisenfonds der *Agudas Jisroel,* Errichtung mehrerer Waisenhäuser für jüd. Kinder in Polen, 1916-33 Syndikus des Fonds in Halberstadt. 1927 Gr. eines Pressedienstes in Berlin, den er nach der Emigr. in GB weiterführte. 1927-34 Vors. des Repräsentanten-Kollegiums der Synagogengde. Halberstadt u. Vors. der örtl. Ges. für Sabbath-Heiligung *Chevroh*

Schaumre Schabbos e.V. 1934 Ausschluß aus *Reichsverband der Deutschen Presse,* Emigr. nach GB. 1934 (1944?) Mitgr. u. Präs. Beth Hamidrash in Golders Green, London. 1944 Ehrenpräs. *Lincoln Inst.,* Mitgl. der orthodoxen Gde. Adath Israel.

W: Peter Hille. Gedenkblätter. 1908; Kinderträume. 1911 (zahlr. Ausgaben in hebr., ungar., jidd., engl. u. holländ. Übers.); Orthodoxie und Zionismus. 1919 (auch ungar.); Aus der Schützenstraße. Kindheitserinnerungen (engl.: Memories of Frankfort, London 1955); Jacob Rosenheim. 1925; A World in Ruins. History, Life and Work of German Jewry. London 1946; The History of Orthodox Jewry in Germany. London 1950; 1933. Ein Tagebuch. 1953; Jewish Rural Communities in Germany. 1956; Chachme Ashkenaz. The Wise Men of Germany. 1964; Die Familie Hirsch (Privatdruck). *L:* Auerbach, Hirsch Benjamin, Die Halberstädter Gemeinde 1844 bis zu ihrem Ende. Bulletin LBI, 1967; Carlebach, Alexander, Hermann Schwab. LBI Yearbook, 1962; Schwab, E. S. (Hg.), Hermann Schwab. In Memoriam. 1963. *Qu:* EGL. Hand. Publ. Z. - RFJI.

Schwab, Otto, Offizier; geb. 15. Dez. 1903 Pechöfen/Böhmen, gest. 28. Dez. 1972 Berlin (Ost); *StA:* österr., 1919 ČSR, UdSSR u. deutsch. *Weg:* 1939 UdSSR; 1949 Deutschland (SBZ).

1928 KSČ; 1939 Emigr. in die UdSSR, Mitgl. KPdSU, Doz. 1. Pädagog. Fremdsprachen-Institut Moskau, nach dt. Überfall auf die UdSSR Freiw. in Roter Armee, nach Sonderausbildung Ende 1944-Anfang 1949 Lehrer u. zuletzt Ltr. der Antifa-Kurse für dt. Kriegsgef. in Talici b. Gor'kij, gleichz. Fernstud. Phil., Deckn. Prof. Jansen. Nach Übersiedlung nach Deutschland Ltr. PolAbt. der Hochschule der Hauptverw. Aufklärung der Deutschen Volkspolizei (DVP) in Torgau, DVP-Inspekteur im Rang eines Oberst, 1954-57 pol. Berater von GenFeldmarschall Friedrich Paulus beim Aufbau einer militärhistor. Abt. an der Hochschule der Kasernierten Volkspolizei in Dresden, danach Ltr. PropAbt. der Pol. Hauptverw. der NVA.

W: Erlebnisse aus meiner politischen Tätigkeit unter den Kriegsgefangenen (Erinn.). In: Das Nationalkomitee „Freies Deutschland" und seine militärpolitische Bedeutung, 1963. *Qu:* Arch. Erinn. Z. - IfZ.

Schwab, Sepp (urspr. Max Joseph), Partei- u. Staatsfunktionär; geb. 16. Jan. 1897 München, gest. 30. Juli 1977 Berlin (Ost); *V:* Arbeiter; ∞ Elfriede (1896 [?]-1975); *StA:* deutsch, 31. Aug. 1938 Ausbürg., deutsch. *Weg:* UdSSR; 1935 (?) DK; 1937 UdSSR; 1945 Deutschland (Berlin).

Kaufm., 1913 SAJ, ab 1917 Soldat; 1917 USPD, während eines Lazarettaufenthalts Anschluß an *Bremer Linksradikale,* 1918 Mitgl. *Arbeiter- und Soldatenrat* München, ab Grdg. KPD-Mitgl.; Beteiligung an Errichtung der Münchner Räterepublik, Ltr. des Verkehrswesens; Nov. 1919 Verhaftung, Urteil 4 J. Festungshaft, nach Entlassung Dez. 1923-Okt. 1924 erneut Haft in Niederschönfeld, danach Mitgl. BezLtg. u. Chefred. südbayer. KPD-Organ *Neue Zeitung* München, Febr. 1925 Verhaftung wegen Pressevergehens, 1 J. u. 9 Mon. Gef., nach Entlassung Juli 1927 stellv. u. ab 1929 Chefred. *Neue Zeitung* sowie *Nordbayerische Volkszeitung* Nürnberg. 1929 Einleitung eines Hochverratsverfahrens durch Oberreichsanwalt, 1930 auf ZK-Beschluß in die UdSSR. Bis 1935 Mitarb. Deutschlandreferat des EKKI, Febr. 1933 Instruktionsreise nach Deutschland, Okt. 1935 Teiln. sog. Brüsseler Konferenz der KPD u. Wahl in ZK-Kontrollkommission, dann bis Apr. 1937 Ltr. AbschnLtg. Nord in Kopenhagen (Deckn. Louis); nach Rückkehr in die UdSSR bis Kriegsende Chefred. Deutschlandabt. von *Radio Moskau,* ab Febr. 1944 Mitgl. ArbKommission des PolBüros des ZK der KPD. 1945 Rückkehr, Mitarb. KPD-Pressedienst, Apr.-Aug. 1946 Chefred. u. anschl. stellv. Hauptred. *Neues Deutschland,* später Hauptdir. DEFA u. Ltr. Staatliches Komitee für Filmwesen. 1954-56 Botschafter in Ungarn, 1956-65 stellv. Min. für Auswärtige Angel., ab 1960 Vorst-Mitgl. *Komitee für die Solidarität mit den Völkern Afrikas,* ab 1961 PräsMitgl. *Deutsch-Afrikanische Gesellschaft;* zuletzt Arbeiterveteran. - *Ausz.:* u.a. 1955 VVO (Silber), 1957 Karl-Marx-Orden, 1958 Med. für Kämpfer gegen den Faschismus 1933-1945, 1960 u. 1965 Banner der Arbeit, 1967 VVO (Gold); Ehrenspange zum VVO (Gold), 1976 Stern der Völkerfreundschaft (Gold); ZK-Nachruf.

W: Die KPD und ihre Presse lebt und kämpft. 1933. *L:* GDA; Weber, Wandlung; Duhnke, KPD; Radde, Diplomat. Dienst; Wehner, Untergrundnotizen. *Qu:* Arch. Hand. Publ. Z. - IfZ.

Schwab, Simon, Rabbiner, Schriftsteller, geb. 30. Dez. 1908 Frankfurt/M.; *V:* Leopold Yehuda S. (geb. F), Kaufm.; *M:* Hannah, geb. Erlanger (geb. CH); ∞ 1933 Recha Froehlich; *K:* Moses; Judith; Joseph; Meyer J., 1937 Emigr. USA, Rabbiner, Schulltr.; Jacob; *StA:* deutsch, USA. *Weg:* 1936 USA.

1924-28 Stud. Jeschiwah Frankfurt/M., 1926-29 Jeschiwah Telsche/Litauen, 1931 Rabbinerexamen Mirrer Jeschiwah Mir Polen, 1931-33 Hilfsrabbiner in Darmstadt, 1933-36 BezRabbiner in Ichenhausen/Bayern, 1934 Gr. einer Jeschiwah; 1936 Emigr. USA, 1937 aufgrund seiner engl. Sprachkenntnisse Wahl zum Rabbiner von orthodoxen dt.-jüd. Einwanderergde. in Baltimore/Md. (bis 1958), daneben Prof. für Homiletik u. rabbin. Praxis Ner Israel Yeshiva sowie Vors. der *Agudat Israel* in Baltimore, Vors. des Schulausschusses der Beth-Jacob-Mädchenschule, 1950-52 Vors. des *Council of Orthodox Rabbis* in Baltimore, 1942-58 ehrenamtl. Rabbiner der *Chevrah Ahavas Chesed;* ab 1958 Rabbiner der Kehal Adath Jeshurun-Gde. in New York, Dean des Rabb.-Seminars Beth Midrash Jeshurun u. der Samson-Raphael-Hirsch-Mesivta-Schule New York, Mitgl. *Assn. orthodox Jew. Scientists,* Mitgl. des Büros für Koshere Fleisch- u. Lebensmittelkontrolle in Baltimore. Lebte 1977 in New York.

W: Heimkehr ins Judentum. 1934; Beth Hashoevah (Die Quelle). 1942; Schemesch Marpe (Die heilende Sonne). 1951; Elu veElu (These and Those). 1965. *Qu:* Hand. Pers. - RFJI.

Schwärzler, Fritjoff, Dr. jur.; Unternehmensleiter; geb. 13. Dez. 1912 Pappenheim/Mittelfranken; ev.; *V:* Ignaz S. (1876-1943), kath., Bildhauer, SozDem., StA: österr.; *M:* Karoline, geb. Krug (1876-1964), ev.; *G:* 6; ∞ I. 1942 Helga Weidl; II. 1957 Dolores Hubert (geb. 1921), kath., Schausp.; *StA:* österr. *Weg:* 1944 CH; 1950 Österr.

1927-29 Maurerlehre in Amberg/Oberpfalz, anschl. höhere Schule, 1933 Abitur. 1934-37 Stud. Rechtswiss. Breslau, München u. Kiel. 1938-40 Kaufm. bei Shell Hamburg u. Hannover, Fachmann für Öle für standfeste Motoren. 1940-43 Kriegsdienst, 1943 Verhaftung wegen Wehrkraftzersetzung, Nov. 1943 Ausbruch aus MilGef. Dresden, lebte im Untergrund in Dresden, München u. Baden-Baden, Mai 1944 Flucht in die Schweiz. Bis 1946 Internierung. 1947 Gr. u. Ltr. kunststoffverarbeitender Betriebe in Zürich. 1950 nach Wien, Gr. u. Ltr. eines Kunststoffbetriebs; VorstMitgl. Sektion Kunststoffhandel der Bundeskammer der gewerblichen Wirtschaft, Bundesobmann *Fachgruppe Kunststoffe - Allgemeine Bundesinnung.* Lebte 1975 in Wien.

W: u.a. Fortbildung des Rechts der Seeschiffahrt. 1938. *Qu:* Fb. Hand. - IfZ.

Schwager, Irma, geb. Wieselberg, Parteifunktionärin; geb. 31. Mai 1920 Wien; *V:* Nathan Wieselberg (geb. 1885, umgek. im Holokaust); *M:* Lea (geb. 1886, umgek. im Holokaust); *G:* 1 B, Emigr. F, Verhaftung, Dep., umgek. im Holokaust; 1 B während des 2. WK in Jugoslawien von dt. Truppen erschossen; ∞ → Zalel Schwager; *StA:* österr. *Weg:* 1938 B; 1940 F; 1944 B; 1945 Österr.

Verkäuferin in Wien, 1938 nach Anschluß Österr. Emigr. Belgien, Mitgl. KPÖ. 1940 vor dt. Vormarsch Flucht nach Frankr., Internierung u.a. im Lager Gurs, anschl. résidence forcée in Südfrankr. 1942 in Parteiauftrag illeg. nach Paris, als angebl. Elsässerin unter Deckn. Suzanne Berger Arbeit in Formular-Verlag der dt. Wehrmacht, Mitarb. TA innerh. der franz. Résistance. Sollte Ende 1943 als franz. Fremdarbeiterin zu illeg. Arbeit nach Wien, blieb nach Aufdeckung u. Verhaftung der von KPÖ-Mitgl. aus Paris in Wien gebildeten illeg. Grup-

pen (→ Ludwig Beer, → Josef Meisel u.a.) zunächst in Paris, anschl. nach Tourcoing bei Lille/Nordfrankr., illeg. Arbeit. 1944 nach Befreiung nach Belgien, LtgMitgl. *Front National Autrichien.* Unmittelbar nach Kriegsende Rückkehr nach Wien, KPÖ-Funktionärin, seit 1957 ZK-Mitgl. Seit 1969 Vors. *Bund demokratischer Frauen;* Mitarb. *Stimme der Frau.*
L: Spiegel, Résistance. *Qu:* Arch. Pers. Publ. - IfZ.

Schwager, Zalel, Polizeibeamter; geb. 21. Juli 1908 Husiatyn/ Galizien; *V:* Abraham S. (umgek. im Holokaust); *M:* Gittel; ∞ Irma Wieselberg (→ Irma Schwager); *K:* Monika (geb. 1944); Ernst (geb. 1946); *StA:* österr. *Weg:* 1937 E; 1939 F, B; 1940 F; 1945 JU, Österr.
Jugend in Wien; pol. aktiv, anläßl. der Auseinandersetzungen vom 15. Juli 1927 Verhaftung. Ab 1933 illeg. KPÖ-Funktionär. Febr. 1937 nach Spanien, Teiln. Span. Bürgerkrieg im Btl. 12. Februar der XI. Internat. Brigade. 1939 nach Frankr. u. Belgien, 1940 nach Frankr., Internierung u.a. in Argelès, St-Cyprien u. Gurs, lebte anschl. bis 1941 halb legal als Holzfäller innerh. einer Gruppe von 13 Österreichern in den Pyrenäen (→ Josef Gradl). 1942 nach Paris, Mitarb. TA innerh. der franz. Résistance, ging als interregionaler Instrukteur in die Bretagne, später nach Nordfrankr.; Dez. 1944 als Mitgl. der Gruppe um → Othmar Strobel von Marseille nach Bari, Jan. 1945 nach Belgrad, ltd. Mitarb. am Aufbau von drei österr. Btl. im Verband der jugoslaw. Volksbefreiungsarmee, die infolge Kriegsende nicht mehr zum milit. Einsatz kamen. Apr. 1945 Rückkehr nach Wien, Personalref. der Hilfspolizei Wien. Mitgl. KPÖ. Juli 1945 provis. Stellv. des Vorst. des Präsidialbüros u. des Personalref. der Bundespolizeidirektion Wien, Nov. 1945 Personalref. des GenInspektorats der Sicherheitswache, Nov. 1946 Ernennung zum Polizeimajor. Ab Jan. 1951 stellv. Kommandant der Sicherheitswacheabt. Innere Stadt Wien, 1954 Ernennung zum Polizeioberstleutnant. Sept. 1969 Pensionierung. VorstMitgl. *Vereinigung österreichischer Freiwilliger in der spanischen Republik 1936-1939 und der Freunde des demokratischen Spanien.* Lebte 1978 in Wien. - *Ausz.:* 1967 Silbernes Ehrenzeichen für Verdienste um die Rep. Österreich, 1967 Orden der Jugoslawischen Fahne mit Goldstern.
L: Spiegel, Résistance; Die Völker an der Seite der Spanischen Republik. 1975. *Qu:* Arch. Pers. Publ. - IfZ.

Schwalbach, Johann, Journalist; geb. 2. Nov. 1905 Berlin; ∞ Andrea, nach Emigr. bei Kurierdienst nach Deutschland von Gestapo festgenommen; *StA:* deutsch, 29. März 1934 Ausbürg. mit Ehefrau. *Weg:* 1933 F.
Red. des Zentralorgans der *Vereinigten Linken Opposition in der KPD (Bolschewiki-Leninisten), Der Kommunist* (→ Kurt Landau, → Henry Jacoby); 1933 führend in illeg. *Gruppe Funke.* Später Emigr. nach Frankr., illeg. Tätigkeit, Deckn. M. Keil.
Qu: Arch. - IfZ.

Schwartz, Oscar, Dr. jur., Industrieanwalt; geb. 27. Okt. 1880 Bukarest; jüd.; *StA:* österr., 1919 deutsch, Aug. 1935 (?) Ausbürg. *Weg:* 1939 GB.
Bis 1914 Syndikus Otavi-Minen- und -Eisenbahnges. Im 1. WK Ltr. Requisitionsabt. für Metalle in Kriegsrohstoffabt. des preuß. Kriegsmin. Nach Kriegsende Syndikus u. Prokurist Berlin-Borsigwalder Metallwerke, zuletzt Syndikus der Großbaufirma Hermann Schäler Berlin. 1919 ehrenamtl. Vors. eines Schieds- und Schlichtungsausschusses für die Metallind. Groß-Berlin. Mai 1939 mit dem Flüchtlingsschiff St. Louis nach Kuba, nach Einreiseverweigerung Juni 1939 GB. Mitgl. AJR, 1944 Beitritt zur SPD London.
Qu: Arch. - IfZ.

Schwarz, Carl Walter, Dr. jur., Rechtsanwalt, Verbandsfunktionär; geb. 11. Febr. 1906 Berlin; jüd.; *V:* Benno (Benjamin) S. (geb. 1869 Regowo/Posen, umgek. 1942 KL Theresienstadt), jüd., Kaufm.,; *M:* Hedwig Mannsbach (geb. 1877 Köln, gest. 1941 Berlin), jüd.; *G:* Dora Hirschmann (geb. 1911 Berlin), höhere Schule, Kinderkrankenschwester, Emigr. Pal.; ∞ 1939 Hadassah Kassel (geb. 1908 Ratiborhammer/Oberschlesien), 1938 Emigr. Pal., 1950 Deutschland (BRD), 1968 CH; *K:* Stiefsohn Michael Hadas (geb. 1932 Hirschberg/Schlesien), jüd., 1938 Emigr. Pal., höhere Schule, ltd. Stellung bei der isr. Schiffahrtsgesellschaft ZIM; *StA:* deutsch, Pal./IL. u. deutsch. *Weg:* 1933 F, 1938 Pal., 1950 Deutschland (BRD).
1924-27 Stud. Freiburg u. Berlin, 1928 Referendar, 1932 Assessor in Berlin, 1933 Berufsverbot; Mitgl. K.J.V.; 1933 Emigr. Frankr., 1933-35 Ausbildung in Landwirtschaft u. Gartenbau in Südfrankr.; Okt. 1938 nach Palästina, 1939 Examen für ausländ. RA; 1940-44 beim Nachrichtendienst der RAF (Sergeant), 1944-51 Anwaltspraxis in Haifa, 1948-50 Vors. I.O.M.E. Haifa. 1950 nach Deutschland (BRD) i.A. der *Jew. Agency,* 1951-52 Rechtsberater in Wiedergutmachungsfragen bei *Jew. Agency* in München, 1952-68 Anwaltspraxis für Wiedergutmachungsangelegenheiten in Berlin, international führender Rechtsexperte auf diesem Gebiet; Red. der Fachzs. *Rechtsprechung zum Wiedergutmachungsrecht;* i.A. des Bundesmin. der Finanzen Mitarb. einer Geschichte der Wiedergutmachung. Ab 1968 im Ruhestand, 1969 Niederlassung in der Schweiz. Lebte 1978 in Zürich.
W: Zur Frage der rückerstattungsrechtlichen Geldverbindlichkeiten des Deutschen Reiches. 1951; Gesetz und Wirklichkeit. 1958; A Jewish Banker of the 19th Century (M. Plaut). In: LBYB, III, 1958; Ein Baustein zur Geschichte der Wiedergutmachung. In: Zwei Welten, 1962; Frederick the Great, his Jews and his Porcelain. In: Yearbook LBI, XI, 1966; Bribery of Judges in the 18th Century - Goethe as Advocate in a Jewish Case. In: Yearbook LBI, XVIII, 1973; Rückerstattung nach den Gesetzen der Alliierten Mächte. 1974 (Bd. 1 des vom Finanzmin. der BRD hg. Sammelwerks: Die Wiedergutmachung nationalsozialistischen Unrechts durch die Bundesrepublik Deutschland); über 200 Beiträge in: *Rechtsprechung zum Wiedergutmachungsrecht. Qu:* Fb. Publ. - RFJI.

Schwarz, Ernst, Dr. jur., Dr. phil., Unternehmensleiter; geb. 1884 (?) Arnsberg/Westf., gest. 1. Nov. 1957. *Weg:* 1934 USA.
Stud. Rechtswiss. u. Chemie, Geschäftsf. IG Farben AG. 1934 Emigr. USA, 1934-39 Präs. Agfa-Ansco Corp., 1939-Dez. 1941 Präs. General Aniline and Film Corp., gleichz. Geschäftsf. von Agfa-Ansco nach Fusion mit General Aniline and Film Corp. (Tochterges. von IG Farben); Dez. 1941 nach am. Kriegserklärung in den Ruhestand. Ehrenamtl. Tätigkeit für *Rotes Kreuz,* Kunstsammler. Stiftung seiner Porzellansammlung an Art Institute of Chicago.
Qu: Z. - RFJI.

Schwarz, Ernst, Dr. phil., Lehrer, Parteifunktionär; geb. 18. Jan. 1886 Landsberg/Warthe, gest. 29. Mai 1958 Twickenham/GB; o.K.; *StA:* deutsch. *Weg:* 1933 F; 1937 USA; 1956 Deutschland (BRD).
Stud. Univ. Grenoble, Bonn, Berlin, im 1. WK kurzfristig Soldat, als StudAssessor im Schuldienst. 1918 SPD, während Kapp-Putsch von der Partei mit Kontrolle der Polizeibehörde Chemnitz beauftragt, 1920 zur USPD, BezSekr. Kiel, Dez. 1920 KPD, BezSekr. Hessen-Kassel unter Deckn. Tiede; 1921 nach sog. März-Aktion flüchtig, ab Dez. 1921 mehrere Mon. Haft, ab Okt. 1922 StudRat in Berlin, Mitgl. KPD-BezLtg. Berlin-Brandenburg. Als Vertr. der Parteilinken nach 9. PT Apr. 1924 bis Mai 1925 PolLtr. Thür., ab Mai 1924 MdR. Anschluß an ultralinke Oppos. um → Arthur Rosenberg, nach dem *Offenen Brief* zus. mit → Karl Korsch in scharfem Gegensatz zur *Komintern,* 30. Apr. 1926 Parteiausschluß. Mit Korsch Hg. der Zs. *Kommunistische Politik* u. Ltr. der gleichnamigen Gruppe, die sich vor allem linker Theorie widmete; griff u.a. in Reichstagsreden die „konterrevolutionäre" UdSSR an. Herbst 1926 Bruch mit Korsch, Hg. der Zs. *Entschiedene Linke,* Annäherung an KAPD, Dez. 1927 Austritt aus der Gruppe *Entschiedene Linke* bei deren Verschmelzung mit der antiparlamentar. KAPD, bis Mai 1928 weiterhin Reichstagsabg.; Rückkehr in

den Schuldienst, zunehmende Entfernung von der ArbBewegung, Sympathisant der *Paneuropa-Bewegung,* Eintreten für dt.-franz. Verständigung. 1933 Emigr. nach Frankr., Juli 1937 nach Chicago, zuletzt in Washington/D.C. Lebte ab Okt. 1956 ohne pol. Betätigung in Bad Godesberg, starb während einer Reise in GB.

L: Weber, Wandlung. *Qu:* Hand. Publ. - IfZ.

Schwarz, Harry (Heinz), Rechtsanwalt, Politiker; geb. 13. Mai 1924 Köln, jüd.; *V:* Fritz Siegfried S. (geb. 1896 Horb/Württ., gest. 1967 S-Afrika), jüd., Kaufm. 1933 Emigr. S-Afrika; *M:* Alma (geb. 1901 Köln, gest. 1934 S-Afrika), 1934 Emigr. S-Afrika; *G:* Prof. Kurt S. (geb. 1928 Köln), Emigr. NZ, Chirurg; ∞ 1952 Anette Louise Rudolph (geb. 1927 Orangeville/S-Afrika), jüd., Reklamespezialistin; *K:* Jonathan Simon (geb. 1953), B.A., L.L.B.; Allen David (geb. 1955); Michael David (geb. 1960); *StA:* deutsch, 1939 S-Afrika. *Weg:* 1933 S-Afrika.

1933 Emigr. Südafrika, im 2. WK MilDienst südafrikan. Luftwaffe u. R.A.F.; 1946-49 Stud. Witwatersrand Univ., 1949 B.A., L.L.B., Anwaltspraxis; 1951-57 Mitgl. Stadtrat von Johannesburg, Vors. Gen. Purposes Committee; 1958-74 Mitgl. Transvaal Provincial Council, 1960-63 stellv. Vors. u. 1963-74 Vors. der Oppositionsfraktion, 1960-74 Mitgl. Provincial Sessional Committee for Publ. Accounts; 1972-74 Vors. *United Party* Transvaal, ab 1974 M.P. für Yeoville/Johannesburg, Vors. Federal Executive Committee *South African Progressive Reform Party.* Mitgl. Middle Temple, Council Univ. Witwatersrand u. Kuratorium Univ. Südafrika. Lebte 1978 in Johannesburg.

Qu: Fb. Hand. - RFJI.

Schwarz, Joseph (Josef), Rabbiner; geb. 17. Febr. 1906 Korschenbroich/Rheinld.; jüd.; *V:* Hermann S. (geb. 1867, umgek. im Holokaust), jüd., Metzger; *M:* Rosalie, geb. Klein (geb. 1867, umgek. im Holokaust), jüd.; *G:* Leo (1903-1966), 1937 Emigr. Urug., Kaufm.; Albert (1908-1956), 1937 Emigr. Urug., Kaufm.; ∞ 1936 Anneliese Levy (geb. 1914 Bad Driburg), jüd., 1938 Emigr. Philippinen, 1949 USA; *K:* Michael L. (geb. 1943), 1949 USA, M.A Psychol., Kaufm.; David H. (geb. 1946), 1949 USA, J.D., RA; *StA:* deutsch, 1955 USA. *Weg:* 1938 Philippinen, 1949 USA.

1925-39 Stud. Breslau u. Köln, gleichz. 1925-32 Stud. Jüd.-Theol. Seminar Breslau, 1932 Rabbinerexamen, aktiv in jüd. Jugendgruppen; 1932-36 Rabbiner in Liegnitz/Schlesien, 1936-38 Bez.-Rabbiner in Hildesheim. 1938 Emigr. Philippinen aufgrund eines Stellenangebotes, 1938-49 Rabbiner der jüd. Gde. der Philippinen mit Sitz in Manila. Juni 1949 in die USA, 1949-71 Rabbiner Tempel Beth-El in Benton Harbor/Mich., ab 1971 Rabbiner Tempel *B'nai Shalom* in Benton Harbor u. Präs. des jüd. Gemeinderats von Berrien County; Ltr. der Werbeaktion für isr. Staatsanleihen, Mitgl. CCAR, *B'nai B'rith,* ZOA. Lebte 1977 in Benton Harbor/Mich. - *Ausz.:* 1962 Dr. h.c. Hebr. Union Coll.-Jew. Institute of Religion Cincinnati.

W: Beiträge über die jüd. Gde. auf den Philippinen. *Qu:* Arch. Fb. Hand. Publ. - RFJI.

Schwarz, Lotte, Dr. oec. publ., Journalistin, Pädagogin; geb. 21. Jan. 1902 Prag; *V:* Dr. Leo S. (1873 [?]-1903), jüd., Arzt in Prag, Freidenker; *M:* Margarete, geb. Kallberg (geb. 1878, gest. 1941 Vaison-la-Romaine/Südfrankr.), jüd., Malerin, parteilose Sozialistin, ab 1919 Lebensgef. v. → Otto Pohl; *K:* Anna Judith Languepin (geb. 1930), Chirurgin, 1938 Emigr. F, A: Paris; *StA:* CSR, 1948 (?) Ausbürg., seither staatenlos. *Weg:* 1938 F; 1943 CH; 1945 F.

Jugend u. Schulzeit in München u. Wien, 1919 Abitur; 1920-22 Sekr. u. Bankbeamtin in Berlin, anschl. Stud. Wirtschaftswiss. (1925 Prom.), Psychologie u. Heilgymnastik in Wien, stark beeinflußt von Alfred Adler, aktiv in sozialist. Jugendbewegung; in Berlin u. Wien enger Kontakt zu Linksintellektuellen u. sozialist. Künstlern. 1926 nach Moskau, Tätigkeit als Journalistin u. Übersetzerin, 1929-33 Kulturred. *Moskauer Rundschau* (Hg. Otto Pohl); 1936 Rückkehr nach Prag, 1938 noch vor Münchner Abkommen Emigr. Frankr. Ab 1939 Mitarb. des jüd. Kinderhilfswerks *Œuvre de Secours aux Enfants* (OSE), 1940-43 Heimltr. in Mainsat/Dépt. Creuse in der unbesetzten Zone Frankr. 1943 Flucht in die Schweiz, nach illeg. Grenzübertritt bis 1945 Internierung in Genf u. im Tessin. Anschl. Rückkehr nach Frankr., erneut Heimltr. OSE in Le Mans/Dépt. Sarthe u. 1947-51 in Paris, befaßte sich insbesondere mit Kindern deportierter Eltern u. mit Jugendlichen, die KL-Haft überlebt hatten. 1951-54 pädagog. Forschungsarb. als Mitarb. Centre International de l'Enfance, 1954-65 Pädagogin in einem Kinderzentrum in Paris. Ab 1947 Mitgl. KPF, 1959 unter Protest Parteiaustritt, als KPF im Parlament gegen einen Antrag zur Liberalisierung des Abtreibungsverbots stimmte. Lebte 1978 als Übersetzerin u. Schriftstellerin in Paris u. Südfrankr.

W: u.a. Une expérience avec des jeunes déportés. In: Enfance. 1949; Une expérience psycho-pédagogique dans des villages isolés. 1954; Je veux vivre jusqu'à ma mort (ABiogr.). Paris 1979. *L:* Mayenburg, Blaues Blut; Lotte Schwarz - Ein Leben gegen jegliche Orthodoxie (Interview). In: Frauenoffensive Nr. 10/1978. *Qu:* Fb. Pers. Publ. - IfZ.

Schwarz, Lotte (Charlotte), geb. Benett, Bibliothekarin; geb. 1910 Hamburg, gest. 6. Okt. 1971 Brüttiselen b. Zürich; *V:* Buchdrucker; *M:* Hutmacherin; ∞ Felix Schwarz, Architekt; *Weg:* 1934 CH.

Ab 1925 Dienstmädchen, Mitgl. *Guttempler-Jugend,* 1931 KPD, dann Übertritt zur linkskommunist. Gruppe *Die Roten Kämpfer* (RK), 1932 Deleg. der Hamburger Gruppe zur RK-Reichskonf. Berlin. 1934 Emigr. nach Zürich, Dienstmädchen, Verkäuferin, Selbststudium; 1948-58 Bibliothekarin des Schweizer. Sozialarchivs Zürich.

W: u.a. Wir bauen ein Haus. 1966. *L:* Ihlau, Olaf, Die Roten Kämpfer. 1969. *Qu:* Publ. Z. - IfZ.

Schwarz, Paul, Dr. jur., Schriftsteller, Diplomat; geb. 12. Juni 1882 Mährisch-Ostrau, gest. 25. Aug. 1951 Bonn; *V:* Prof.; *M:* Hedwig, geb. Neumann; *StA:* deutsch. *Weg:* 1933 USA; Deutschland (BRD).

Stud. TH Brünn u. Univ. Leipzig, Berlin, Breslau. Techn. Fachpublizist, Eintritt in auswärt. Dienst, Legationsrat AA Berlin, 1929-33 Konsul, zuletzt GenKonsul in New York. Nach Ausscheiden u.a. Mitarb. *New Yorker Staats-Zeitung und Herold,* Berater des US-Justizmin. in dt. EmigrAngelegenheiten, Kontakte zu → Heinrich Brüning; Mitunterz. GrdgAufruf des CDG unter → Paul Tillich vom Apr. 1944.

W: Die chemische Industrie auf der Düsseldorfer Ausstellung. 1902; Die soziale Lage der galizischen Erdölarbeiter. 1905; Festschrift für den III. Internationalen Petroleumkongreß Berlin. 1907; Die Beteiligung deutschen Kapitals an der galizischen Erdölindustrie. 1907; Ein Reichspetroleummonopol. 1909; Der internationale Petroleumhandel. 1912; This Man Ribbentrop. His Life and Times. New York (Messner) 1943. *L:* Brüning, Heinrich, Briefe und Gespräche 1934-1945. 1974. *Qu:* Arch. Hand. Publ. - IfZ.

Schwarz, Robert, Verleger, Wirtschaftsexperte; geb. 6. Sept. 1884 Mährisch-Ostrau, gest. 25. Juni 1961 Hollywood/Calif.; jüd. (?). *Weg:* 1938 USA.

Stud. Wien, Dipl.-Ing.; Gr. Verlag für Fachliteratur Berlin-Wien-London, internat. Experte für Montanwesen u. Ölindustrie. Im 1. WK Kriegswirtschaftskommissar für Petroleumversorgung der Mittelmächte, Kaiserlicher u. Technischer Rat. Öltechnologe in Berlin, Prag u. Wien, bis 1938 Vizepräs. österr. Verlegerverband in Wien. 1938 Emigr. USA.

W: u.a. Die Mineralölindustrie Österreich-Ungarns. 1919; Berg- und Hüttenmännisches Jahrbuch der montanistischen Hochschule Leoben (Mithg.). 1921-25; Petroleum-Vademecum. 1926; Hilfstabellen für die Bohrtechnik. 1936; Die Erdölraffinerien der Welt. 1937. *Qu:* Arch. Hand. - IfZ.

Schwarz, Rosa Rachel, Fürsorgerin; geb. 1. Dez. 1888 Karlsruhe, gest. Jan. 1978 IL; jüd.; *V:* Dr. phil. Aryeh S. (geb. 1846, gest. 1931 Wien), Stud. Breslau, Rabbiner, Rektor Isr. Theol. Lehranstalt Wien; *M:* Risa Sara, geb. Schwarz (geb. 1859 [?], gest. 1939 Pal.), jüd., 1939 Emigr. Pal.; *G:* Dr. phil. Arthur Zacharias S. (geb. 1880 Karlsruhe, gest. 1939 Jerusalem), Rabbiner in Wien, 1939 Emigr. Pal.; ∞ 1940 S. I. Feigelstock (Scheinehe zum Zweck der Emigr. nach Pal., später gesch.); *StA:* deutsch, Pal./IL. *Weg:* 1940 Pal.
1914-15 Stud. Kunstschule für Frauen u. Mädchen; 1926-40 Ltr. der Jugendwohlfahrtsabt. u. Ltg. der Jugendarbeit der isr. Kultusgde. Wien, u.a. Mitwirkung bei Evakuierung von ca. 3000 jüd. Kindern nach Westeuropa, nach 1938 verantwortl. für allgemeine Wohlfahrt. März 1940 Emigr. Palästina mit Ehemann, Fürsorgerin bei Hilfsorg. für körperbehinderte Einwanderer (*Malben,* J.D.C.). Lebte 1977 in Jerusalem.
Qu: Pers. - RFJI.

Schwarz-Gardos, Alice, Journalistin, Schriftstellerin; geb. 31. Aug. 1916 Wien; *V:* Emanuel S. (geb. 1883 Preßburg, gest. 1971 Wien), Gymn., Bankier, ltd. kaufm. Angest., 1940 Emigr. Pal.; *M:* Margarete, geb. Freistadt (geb. 1893), 1940 Emigr. Pal.; ∞ Eli Gardos (geb. 1918 Szeged/H), Stud. Preßburg, Emigr. Pal., Stud. Hebr. Univ., Mitgl. Kibbuzim Gat u. Ha-Ogen, Gr. u. Dir. Ḥaderah-Konservatorium, Musiker u. Maler; *StA:* österr., Pal./IL. *Weg:* 1940 Pal.
Stud. Med. Preßburg, 1938 (?) Unterbrechung des Studiums, med. Laborantin. 1940 Emigr. Palästina, 1942-47 Zivilangest. bei der brit. Marine; 1949-62 Red. der dt.-sprach. Tageszig. *Jediot Hajom,* 1962-73 Red. der dt.-sprach. Tageszig. *Jediot Chadaschot,* ab 1974 Red. u. stellv. Chefred. der dt.-sprach. Tageszig. *Israel Nachrichten Chadaschot Jisrael,* Korr. für deutsche u. österr. Ztg. u. Zs. (Ps. Alisa Shachor, Elisheva Jaron). Mitgl. Zentralkomitee des Journalistenverbands Haifa, Mitgl. isr. *PEN-Club.* Lebte 1977 in Ḥaderah/IL. - *Ausz.:* 1934 u. 1935 lit. Jugendpreise Wien, 1963 BVK.
W: Labyrinth der Leidenschaften. Fünf Novellen. 1947; Schiff ohne Anker. 1960 u. 1962; Die Abrechnung. 1962; Versuchung in Nazareth. 1963; Joel und Jael. 1963; Entscheidung im Jordantal. 1965; Gedichte in lit. Zs. *L:* Durzak, Exilliteratur. *Qu:* Fb. Hand. - RFJI.

Schwarze, Werner, Partei- u. Verbandsfunktionär; geb. 24. Febr. 1907 Dresden; *Weg:* 1933 CSR; 1936 E; 1938 B; 1940 F; 1944 (?) CH; Deutschland.
Als Lehrling Eintritt in Gew., ArbSportbewegung u. RFB; 1929 KPD. 1933 i.A. der Partei Emigr. CSR, Grenzarb. an der sächs. Grenze. 1936 in Spanien PolKommissar Thälmann-Btl.; anschl. ab 1938 von Belgien aus Grenzarb. im Rheinland. Nach dt. Einmarsch in Frankr. interniert. Flucht, in Südfrankr. Anschluß an Widerstand (Deckn. Eugen), ab Sommer 1943 in Lyon maßgebl. an Herstellung u. Verteilung von *Tornisterschriften der Deutschen Nationalen Friedensfront* u. *Soldat am Mittelmeer* beteiligt. Apr. 1944 verhaftet, nach erneuter Flucht KFDW-Bevollmächtigter Groß-Lyon, Okt. 1944 Frontbevollmächtigter Abschnitt Lorient. Ende 1944 (Anfang 1945?) im Parteiauftrag über die Schweiz nach Süddeutschland, dann SBZ. Nach 1945 versch. Parteifunktionen in KPD/SED, 1956-64 HauptabtLtr. im ZV der *Gesellschaft für Sport und Technik,* 1960-68 stellv. Vors. - *Ausz.:* 1956 Hans-Beimler-Medaille.
L: Köpstein, Herbert (Hg.), Schon damals kämpften wir gemeinsam. 1961; Pasaremos; Schaul, Résistance; Maaßen, Hanns (Hg.), Brigada Internacional ist unser Ehrenname... 1974; Pech, Résistance; Teubner, Schweiz. *Qu:* Arch. Erinn. Publ. - IfZ.

Schwarzenberg, Johannes Erkinger (urspr. Johann von Nepomuk Erkinger Alfred Joseph Peter Prinz zu Schwarzenberg), Dr. jur. utr., Diplomat; geb. 31. Jan. 1903 Prag; kath.; *V:* Karl Fürst zu S. (1865-1910), kath., Geheimer Rat, Mitgl. Herrenhaus des österr.-ungar. Reichstags, Präs. der Deleg. des österr. bzw. ungar. Parlaments, Obmann der konservativen Rechten; *M:* Ida, geb. Gräfin Hoyos (1870-1946), kath.; ∞ 1930 Kathleen de Spoelberch (geb. 1905), kath., StA: B; *K:* Karl Erkinger, Colienne Gräfin Meran; *StA:* österr. u. CH. *Weg:* 1938 B; 1940 CH; Österr.
1921-26 Stud. Rechtswiss. Univ. Wien, 1926 Prom.; anschl. bis 1928 völkerrechtl. u. kriminalist. Spezialstudien. 1927 provis. Polizeikommissar bei Polizeidir. Wien, 1929 Polizeikommissar. 1928 praktisch-pol. Prüfung bei der niederösterr. Landesreg., 1930 Diplomatenprüfung. März 1930 Eintritt in den diplomat. Dienst, bis 1933 Attaché für Auswärtige Angelegenheiten im Bundeskanzleramt, Okt. 1933-Okt. 1936 in der österr. Botschaft in Rom, Nov. 1933 Ernennung zum Legationssekr. Ab Okt. 1936 bei der österr. Gesandtschaft in Berlin. März 1938 nach Anschluß Österreichs aufgrund drohender Verhaftung Flucht über die Schweiz nach Belgien, lebte bis 1940 in Wespelaar bzw. Brüssel. 1940 Emigr. Genf, bis 1946 Dir. u. Deleg. *Internationales Komitee vom Roten Kreuz* (IKRK), Ltr. der Abt. Assistances Spéciales, leitete Hilfsaktionen des IKRK für in KL-Haft befindliche Zivilgefangene. 1941 Mitgr. u. bis 1946 Mitgl. *Schweizerisches Hilfskomitee für (ehemalige) Österreicher.* 1941 formelle Versetzung in den Wartestand seitens der dt. Behörden, 1944 Entlassung aus dem Beamtenverhältnis. 1942 neben → Kurt Grimm u.a. Mitgl. eines Komitees, das nach Österr. Verb. vor allem zu kath.-konservat. Widerstandskreisen herstellte. Nach Kriegsende Beobachter der prov. österr. Reg. bei der letzten formellen Versammlung des Völkerbunds, März 1946 Wiedereintritt in den österr. diplomat. Dienst, Mai 1946 Legationssekr., ab Juli 1946 Legationsrat bei der österr. Vertr. in Paris, Okt. 1947 ao. Gesandter u. bevollm. Min. in Rom, März 1952 Ernennung zum ao. u. bevollm. Botschafter. März 1955-Nov. 1965 österr. Botschafter in London, anschl. im Bundesmin. für Auswärtige Angelegenheiten. Ab März 1966 Botschafter beim Heiligen Stuhl in Rom. Mai 1969 Pensionierung, anschl. Gesandter des Souveränen Malteser Ritterordens in Rom. 1968-70 Präs. Appeals Committee der FAO Rom. Lebte 1975 in Rom. - *Ausz.:* u.a. Großes Silbernes Ehrenzeichen für Verdienste um die Rep. Österreich.
L: Molden, Gewissen. *Qu:* Arch. Fb. Hand. Publ. - IfZ.

Schwarzer, William W., Rechtsanwalt, Richter; geb. 30. Apr. 1925 Berlin; *V:* John F. S. (geb. 1900 Berlin), RA, 1938 Emigr. USA; *M:* Edith, geb. Daniel (geb. 1902 Berlin), höhere Schule, 1938 Emigr. USA; *G:* Ruth Schuller (geb. 1928 Berlin), höhere Schule, 1938 Emigr. USA; ∞ 1951 Anne Halbersleben (geb. 1929 Ill./USA), Stud. Radcliffe Coll. Cambridge/Mass.; *K:* Jane E. (geb. 1955); Andrew W. (geb. 1958); *StA:* deutsch, 1944 USA. *Weg:* 1938 USA.
Nov. 1938 Emigr. USA; 1943 Stud. Univ. of Southern Calif. Los Angeles; 1943-46 US-Armee, Geheimdienst (Lt.); 1948 B.A. Los Angeles, 1951 L.L.B., 1951-52 Assist. jur. Fak. der Harvard Univ.; 1952-60 Mitarb., ab 1960 Teilh. Anwaltskanzlei McCutchen, Doyle, Brown and Enersen in San Francisco/Calif., 1975 Rechtsberater der Rockefeller Kommission zur Untersuchung der Tätigkeit der CIA, Aug. 1976 US District Judge in San Francisco. Vors. Kuratorium der Marin County Day School, Mitgl. Kuratorium William Babcock Memorial Endowment, *World Affairs Council of Northern California,* Vorst-Vors. Marin County Aviation Commission, Mitgl. *American Coll. of Trial Lawers, Am. Bar Assoc.* u.a. Fachverb. Lebte 1977 in San Francisco/Calif.
W: Zahlr. Art. über Rechtsfragen u. Flugwesen in Fachzs. *Qu:* Fb. Z. - RFJI.

Schwarzkopf, Paul, Dr.-Ing., Industrieller, Hochschullehrer; geb. 13. Apr. 1886 Prag, gest. 27. Dez. 1970; *V:* Heinrich S. (gest. 1903), Geschäftsf.; *M:* Adele, geb. Turnovsky (geb. 1936); *G:* Vally Reichmann (geb. 1893 Prag), höhere Schule,

680 Schwarzmüller

1940 Emigr. USA; ∞ I. 1911 Emma Gebauer; II. 1930 Mary Mondini (geb. 1901 Innsbruck), kath., höhere Schule, 1938 Emigr. USA; *K:* aus I. Henry H. (geb. 1912 Berlin), höhere Schule, Emigr. USA; aus II. M. Walter (geb. 1931 Füssen), Stud. Massachusetts Institute of Technology u. ETH Zürich, Präs. Metallwerke Plansee AG Reutte/Tirol. *Weg:* 1936 USA.

Stud. TH Prag u. Univ. Berlin; Gr. u. bis 1915 Dir. Wolframslaboratorium Dr.-Ing. Paul Schwarzkopf GmbH Berlin. 1915-18 Kriegsdienst K.u.K. Armee. 1919 mit R. Kurtz Teilh. Deutsche Glühfadenfabrik u. Dr.-Ing. Paul Schwarzkopf GmbH Berlin, Teilh. von N.V. Vereenigde Draadfabriken Nijmegen/Niederlande u.a. Firmen in der Schweiz, den Niederlanden, GB u. den USA, 1921-38 Gr. u. Dir. Metallwerk Plansee Reutte/Tirol, Pionierarbeit auf dem Gebiet der gesinterten Stoffe, 1929 Gr. u. Präs. American Electro-Metal Corp. Yonkers/N.Y.; 1936 Emigr. USA, 1939-55 Präs. American Electro-Metal Corp. Yonkers/N.Y. (später Reutte-Ges.) u. Metro-Cutanit, Ltd. London (Tochterges. der Am. Electro-Metal Corp.), ab 1955 Präs. Schwarzkopf Development Corp.; Verleger *Powder Metallurgy Bulletin* Yonkers/N.Y., daneben ab 1955 Prof. Univ. Innsbruck, Mitgl. *Am. Institute of Mining and Metal Engineers, Am. Iron and Steel Industry, Am. Soc. for Metals, Am. Chemical Soc., Soc. of Rheology, British Institute of Metals.* - *Ausz.:* Medal Stevens Institute of Technology in Hoboken.
W: Powder Metallurgy. 1947; Refractory Hard Metals. (Mitverf.) 1947; Das Leben der Metalle. 1961. *Qu:* Fb. Hand. Z. - RFJI.

Schwarzmüller, Franz Xaver, Parteifunktionär; geb. 3. Apr. 1910 München; *V:* Franz S., nach 1933 illeg. für KPD tätig; *StA:* deutsch, 17. Okt. 1938 Ausbürg.; *Weg:* 1933 UdSSR.

Maurer, ltd. Funktionär bei KJVD u. RGO-Industriegruppe Bau in München. Illeg. Tätigkeit, 1933 u.a. Mithg. KPD-Zs. *Neue Zeitung.* Ab Sommer 1933 wahrscheinl. KPD-OrgLtr. München, Deckn. Franz Huber. Nach Verhaftungswelle Spätsommer 1933 Flucht in die UdSSR, dort verschollen.
L: Bretschneider, Heike, Der Widerstand gegen den Nationalsozialismus in München 1933 bis 1945. 1968. *Qu:* Arch. Publ. - IfZ.

Schwarzschild, Fritz, Unternehmensleiter, Verbandsfunktionär; geb. 23. Sept. 1896 Frankfurt/M., gest. 8. Juni 1967 New York; jüd.; *V:* Samuel S. (geb. 1855 Frankfurt/M., gest. 1917 Frankfurt/M.), Einzelhandelskaufm.; *M:* Rosa, geb. Oppenheim (geb. 1873 Frankfurt/M., gest. 1940 New York); *G:* Paul (geb. 1897 Frankfurt/M., gest. 1977 Tel Aviv); Hans Richard (geb. 1907 Frankfurt/M., gest. 1963 White Plains/N.Y.); ∞ 1923 Rahel Sisslé (geb. 1896 Zoppot bei Danzig, gest. 1949 New York), jüd., Mittelschule, tätig im VJJD, 1939 Emigr. F u. USA; *K:* → Henry Schwarzschild, → Steven Samuel Schwarzschild; *StA:* deutsch, USA. *Weg:* 1939 F, USA.

Besuch des Philanthropin Frankfurt/M., Teiln. 1. WK (verwundet); aktiv in Jüd. Lehrhaus-Bewegung Frankfurt/M., Mitarb. von Franz Rosenzweig u. Martin Buber; 1926-28 geschäftsf. Vors. u. 1928-30 stellv. Vors. des VJJD in Düsseldorf, später in Berlin, 1929 nichtzion. Deleg. zur *Jew. Agency,* 1930-36 Gr. u. Ltr. der Jüd. Landarbeit GmbH in Berlin (jüd. FamVersicherungsges. in ZusArb. mit jüd. GdeOrg.), 1936 Schließung der Firma durch NatSoz.; 1936-38 Referent für Gruppenauswanderung bei der *Reichsvertretung* u. Schatzmeister des nichtzion. Auswandererlehrguts der *Reichsvertretung* in Groß-Breesen, VorstMitgl. *Reichsvertretung,* Verfechter der Idee, zur Förderung der Auswanderung jüd. Ansiedlungen auch außerhalb Palästinas zu errichten; Jan. 1939 Emigr. Frankr. mit Touristenvisum. Aug. 1939 in die USA, Angest. bei einem Reisebüro, Mitgr. u. VorstMitgl. der Cong. Habonim New York, Mitgr. eines Lehrhauses innerhalb der Gde. Habonim zur Erneuerung der jüd.-existientiellen Tradition in den USA, die durch die pol. Entwicklung in Deutschland gelitten hatte; dieses Vorhaben scheiterte nach mehreren Jahren unter den Akkulturationsbedingungen der dt.-jüd. Einwanderung in New York. VorstMitgl. A.F.J.C.E., erheblicher Einfluß im kulturellen u. sozialpol. Bereich der dt.-jüd. Einwanderung in New York. - *Ausz.:* 1966 Stiftung des Rahel-und-Fritz-Schwarzschild-Stipendiums der Hebr. Universität.
W: u.a. Festschrift für Gustav Loeffler zum 80. Geburtstag: 2. Mai 1959. Zur Erinnerung an die Gründung des Verbandes der Jüdischen Jugendvereine Deutschlands Mai 1909 (Mitverf.). 1959; Eduard Strauss 1876-1952. In: Bulletin LBI 1962. *L:* Strauss, Herbert A., The Jugendverband, A Social and Intellectual History. In: Yearbook LBI, 1961; Angress, W. T., Auswandererlehrgut Groß-Breesen. In: Yearbook LBI, 1965. *D:* LBI New York. *Qu:* Arch. Pers. Publ. Z. - RFJI.

Schwarzschild, Henry, Verbandsfunktionär, Politiker; geb. 2. Nov. 1925 Wiesbaden; *V:* → Fritz Schwarzschild; ∞ Kathleen Jett (geb. Richmond/Ky.); *K:* Hannah (geb. 1957); Miriam (geb.1960); *StA:* USA. *Weg:* 1939 F, USA.

Bis 1938 Theodor-Herzl-Schule Berlin; Jan. 1939 Emigr. mit der Familie nach Frankr., Aug. 1939 in die USA. 1944-46 Mil-Dienst US-Armee, Counterintelligence Corps Frankr. u. Deutschland; 1946-50 Stud. pol. Wiss. City Coll. u. Columbia Univ. New York. In den 50er Jahren ltd. Position beim *Am. Committee for Cultural Freedom,* UAHC, *Internat. Rescue Committee,* Tamiment Inst. u. Rand School of Social Sciences New York, Cong. Solel Highland Park/Ill. u. ADL, später i.A. des US-Außenmin. Ltr. eines Forschungsprojekts; in den 50er u. 60er Jahren aktiv in der Bürgerrechtsbewegung in den USA, u.a. Org. von Freedom Rides in den Südstaaten, enge ZusArb. mit Dr. Martin Luther King jr., 1964-69 Ltr. *Lawyers Constitutional Defense Committee,* einer mit der ACLU zusammenarbeitenden Gruppe von RA zur Verteidigung von Bürgerrechtlern. 1970 Fellow des *Metropolitan Applied Research Center,* 1971 für Field Foundation tätig, ab 1972 bei ACLU, ab 1972 Ltr. des Amnestie-Projekts für Kriegsdienstverweigerer u. ab 1976 Ltr. des Projektes zur Abschaffung der Todesstrafe u. der *National Coalition Against the Death Penalty,* VorstMitgl. der *Am. Friends of Ichud, Jew. Peace Fellowship, B'reira, Nat. Council for Universal and Unconditional Amnesty* New York u. Ill., *Committee Against Capital Punishment, New York Civil Liberties Union, Cent. Committee for Conscientious Objectors;* RedMitgl. *Shma, Jewish Journal of Opinion,* Verlag Stein and Day; ausgedehnte Vortragstätigkeit in Rundfunk u. Fernsehen; Teiln. an Zeugenbefragungen zu sozialen u. pol. Problemen vor verschiedenen Komitees des US-Kongresses. Lebte 1978 in White Plains/N.Y.
Qu: Pers. - RFJI.

Schwarzschild, Leopold, Publizist; geb. 8. Dez. 1891 Frankfurt/M., gest. 2. Okt. 1950 Santa Margherita/I; jüd., Diss.; *V:* Aaron Moses S. (gest. 1912), jüd., Kaufm.; *M:* Sara, geb. Levis (gest. 1916), jüd.; *G:* 10; ∞ 1927 Valerie Gerstl (geb. 1900 Wien), jüd., Emigr., 5. Apr. 1937 Ausbürg.; *StA:* deutsch, 25. Aug. 1933 Ausbürg. *Weg:* 1933 F, 1940 USA.

Aus alter jüd.-orthodoxer Frankfurter Kaufmanns- u. Gelehrtenfam., zunächst kaufm. Ausbildung, dann Stud. Gesch. u. Volkswirtsch. Frankfurt, ausgedehnte StudReisen in Europa, u.a. Beitr. in *Frankfurter Zeitung.* Ab 1914 Kriegsteiln., dann Fortsetzung des Stud., u.a. bei Franz Oppenheimer, 1919 Sondermission für Reichsfinanzmin., anschl. Red. *Frankfurter Generalanzeiger.* 1920 nach Berlin, Mithg. der von Stefan Großmann gegr. Zs. *Das Tage-Buch,* 1923 mit Großmann Gr. der Ztg. *Der Montag Morgen* u. Tagebuch-Verlag, 1925-29 Hg. *Magazin der Wirtschaft* (später mit der von → Georg Bernhard gegr. Zs. *Plutus* vereinigt); ab 1928 nach Ausscheiden Großmanns Alleininh. des Presseunternehmens. Führende Rolle in der DLM, einer der Hauptvertreter der linksliberalen Publizistik der Weimarer Republik, vor allem auch ökonom. Kritik an der Politik der konservativen Parteien, Angriffe u.a. auf geheime Aktivitäten der Reichswehr u. repressive Justizpraxis, Ps. Argus. Sommer 1932 nach dem sog. Preußenschlag Verlegung von Red. u. Verlag nach München, März 1933 Flucht nach Wien. Angebot von tschechoslow. Stellen für publizist. Tätigkeit in Prag, im Sommer 1933 nach Paris, Juli 1933-Mai 1940

Hg. *Das Neue Tage-Buch* (NTB) in dem von einem holländ. Anwalt finanzierten Verlag Société Néerlandaise d'Éditions. 1934/35 Vermögenseinzug u. Verbot sämtlicher Schriften durch NatSoz. Aufgrund sorgfältiger Nachrichtenanalysen bes. im wirtschaftspol. Bereich fand NTB im Gegensatz zu anderen Exilorganen auch in Leserkreisen des Auslands, u.a. bei Presse u. RegStellen, pol. Einflußmöglichkeiten; renommierte ausländ. Autoren gehörten neben emigr. Journ., Schriftstellern u. Politikern zu den Mitarb. von NTB. Zentrales Anliegen war der Nachweis, daß die natsoz. Politik auf einen Krieg abziele, der nur durch die entschlossene Haltung der europ. Mächte in einem kollektiven Bündnissystem unter Einschluß der UdSSR u. bei Verzicht auf die aktuelle Austragung sozialer Interessenkonflikte im Inneren zu verhindern sei. Dementsprechend entschloß sich S. zur Mitarb. im *Vorläufigen Ausschuß zur Vorbereitung einer Deutschen Volksfront* u. im Kreis um → Willi Münzenberg; neben Georg Bernhard u. → Otto Klepper Vertr. der „Bürgerlichen" in dem am 16. Sept. 1935 gewählten *Lutetia-Comité* u. mit der Ausarbeitung einer künftigen dt. Verfassung beauftragt, die er im Febr. 1936 vorlegte. In der Affäre um das *Pariser Tageblatt* im gleichen Jahr Parteinahme gegen Georg Bernhard, der u.a. von der KPD unterstützt wurde; aufgrund der kommunist. Volksfronttaktik (→ Walter Ulbricht) Abrücken von der Bündnispolitik, ab Anfang 1937 angesichts der Moskauer Prozesse zunehmend antikommunist. Haltung, schließlich Gleichsetzung von NatSoz. u. Bolschewismus; Mitgr. *Bund Freie Presse und Literatur* als Gegenorg. zum SDS. 1940 mit US-Notvisum durch Vermittlung des *Jewish Labor Committee* nach New York, Tätigkeit als freier Journ. u. Schriftst., Unterstützung durch einen in die USA ausgewanderten Bruder; ein gemäß Verlagsvertrag bereits abgeschlossenes Buchmanuskript über NatSoz. u. Kommunismus *(Gog and Magog)* konnte aufgrund der am.-sowj. Kriegsallianz nicht mehr erscheinen. Ab 1942 Kommentator bei *Voices from America* des OWI. Nach 1940 vertrat S. in der Deutschlandfrage weitgehend „vansittartistische" Positionen (→ Walter Loeb) u. forderte deshalb strikte Kontrollmaßnahmen gegen einen künftigen dt. Staat. Darüber hinaus wurden seine Veröffentlichungen von einem nunmehr radikal liberalist. Wirtschaftskonzept u. dem Übergewicht des antikommunist. Engagements bestimmt. S. starb - nach angebl. Selbstmordversuch - im Herbst 1949 während einer Urlaubsreise in Italien.

W: u.a. Das Ende der Illusionen. Amsterdam (Querido) 1934 (engl.: London [Lane] 1934); World in Trance. From Versailles to Pearl Harbor. New York (Fischer) 1942 u. London (Hamilton) 1943 (span.: El mundo en crisis. Buenos Aires [Poseidon] 1943, franz.: Le monde envoûté. Paris [Calmann-Lévy] 1946, dt.: Von Krieg zu Krieg. Amsterdam [Querido] 1947); Primer of the Coming World. New York (Knopf) 1944 u. London (Hamilton) 1944 (franz.: Introduction au monde nouveau. Paris [Calmann-Lévy] 1946); The Red Prussian. The Life and Legend of Karl Marx. 1947 (dt.: Der Rote Preuße. 1954); Die Lunte am Pulverfaß. Aus dem „Neuen Tage-Buch" 1933-1940 (Hg. Valerie Schwarzschild). 1965; Die letzten Jahre vor Hitler. Aus dem „Tagebuch" 1929-1933 (Hg. von Valerie Schwarzschild). 1966. D: LBI New York. L: u.a. Radkau, Emigration; Walter, Exilliteratur 7; Langkau-Alex, Volksfront. Qu: Arch. Hand. Publ. Z. - IfZ.

Schwarzschild, Steven Samuel, Rabbiner, Hochschullehrer; geb. 5. Febr. 1924 Frankfurt/M.; *V:* → Fritz Schwarzschild; ∞ 1949 Lily Rose (geb. 1923 London), jüd.; Fürsorgerin, 1946-50 Tätigkeit in dt. D.P.-Lagern; *K:* Maimon (geb. 1951), B.L. Columbia Univ., Beamter; *StA:* deutsch, 1946 USA. *Weg:* 1939 F, USA; 1948 Deutschland (Berlin); 1950 USA.

Jan. 1939 Emigr. Frankr., Aug. 1939 in die USA mit Einwanderervisum. High School u. Stud. City Coll. New York, 1943-48 Stud. Hebr. Union Coll. Cincinnati, 1946 B.H.L. u. 1948 M.H.L., gleichz. 1946 B.A. Univ. Cincinnati; ab 1948 Rabbiner in Berlin, Deleg. *World Union for Progressive Judaism* London, dann Hauptrabbiner für Berlin und Mitteldeutschland (SBZ/DDR). 1950-57 Rabbiner Temple *Beth El* in Fargo/N.Dak., 1955 D.H.L. Hebr. Union Coll., 1954-56 Präs. Verband der Geistlichen in Fargo-Moorhead/N.Dak., Präs. Minnotka Religion and Labor Foundation, 1957-65 Rabbiner Temple *Beth El* in Lynn/Mass., 1959-69 Hg. *Judaism,* New York, 1960-65 Vors. Rabbinerbund von Mass., 1964-65 Gastprof. für ReligPhilosophie Brown Univ., 1965-67 Assoc. Prof., ab 1967 Prof. für Philosophie Washington Univ. St. Louis. Ab 1950 Dir. *Jew. Peace Fellowship,* ab 1954 *Friends of Ichud;* ab 1965 Mitgl. *Committee Jew. Culture,* ab 1966 Yeshiva Univ. Inst., *Rabbinical Assembly,* CCAR, *Am. Philos. Association. - Ausz.:* 1973 D.H.L. h.c. Hebr. Union Coll.

W: Two Modern Jewish Philosophies of History: Nachman Krochmal and Hermann Cohen. (Diss.) 1955; Franz Rosenzweig: Guide to Reversioners. 1960; The Lure of Immanence. In: Tradition, 1960; On the Theology of Jewish Survival. In: CCAR Journ. Fall, 1968; Beiträge in E.J. u. am., engl., dt. u. isr. Zs. Qu: Arch. Fb. Hand. Publ. - RFJI.

Schwebinghaus, Eugen, Parteifunktionär; geb. 4. Jan. 1906 Wuppertal, hinger. 24. Aug. 1944 Bruchsal; ∞ verh. *Weg:* 1935 CSR, UdSSR; 1937 E; 1938 F, B, NL; 1943 Deutschland.

Schreinerlehre, Bau- u. Möbeltischler. Mitgl. SAJ, 1922 KJVD, 1924 KPD; Funktionär der Arbeitersportbewegung, ab 1931 hauptamtl. Sekr. *Interessengemeinschaft für Arbeiterkultur* KPD-Bez. Niederrhein; nach natsoz. Machtübernahme illeg. Arbeit in Düsseldorf u. Berlin; Mai 1935 Emigr. nach Prag, von dort zum Besuch der Lenin-Schule nach Moskau delegiert, Deckn. Kurt Frank; Anfang 1937 nach Spanien, im Bürgerkrieg Lt. der Internat. Brigaden, dann PolKommissar eines Btl. u. später einer Division, Aug. 1938 wegen Krankheit entlassen; Ende 1938 mit ZK-Auftrag über Paris und Brüssel nach Amsterdam, unter Deckn. Kurt Mitgl. u. ab Frühj. 1940 an der Spitze der KPD-EmigrLtg. Holland, in dieser Eigenschaft Mitgl. der KPD-AbschnLtg. West unter → Erich Gentsch; unter deutscher Besatzung Apr. 1943 Festnahme durch Gestapo u. Verbringung nach Deutschland, 29. Juni 1944 VGH-Todesurteil, Hinrichtung im Gef. Bruchsal.

Qu: Arch. Publ. - IfZ.

Schweitzer, Carl Gunther, Dr. phil., D., Pfarrer; geb. 22. Dez. 1883 Berlin, gest. 1965; ev.; *V:* Eugen S., Kunsthistoriker; ∞ 1914 Paula Vogelsang; *K:* Wolfgang, Carl-Christoph; *StA:* deutsch. *Weg:* 1939 GB; 1947 Deutschland (BBZ).

Gymn. Berlin, Stud. Theol. u. Phil. Univ. Tübingen, Bonn, Halle, Berlin u. Erlangen; 1916 Ordinierung u. 1917-21 Pfarrer in Butterfelde/Neumark, 1919 an der Garnisonskirche in Potsdam; ab 1921 Dir. Zentralausschuß für Innere Mission, Gr. Evangelische Laienschulung sowie Gr. u. Ltr. der Apologetischen Zentrale in Spandau; 1932-37 Superintendent in Wustermark, nach der natsoz. Machtübernahme Mitgl. des Brandenburgischen Provinzialbruderrates der *Bekennenden Kirche.* 1939 Emigr. nach GB, dort Gr. u. bis 1947 Ltr. Wistow Training Centre for Post-War Christian Service. 1947 Rückkehr nach Deutschland, u. bis 1949 Lehrbeauftragter für ökumenische Fragen an der Univ. Münster, 1949 Theol. Ltr. der Ev. Sozialakademie Friedewald; ab 1954 Lehrauftrag für Sozialethik u. Innere Mission an der Univ. Bonn. - *Ausz.:* 1930 Dr. theol. h.c. Univ. Rostock, 1959 Gr. BVK.

W: u.a. Bismarcks Stellung zum christlichen Staate. 1923; Die soziale Krisis auf dem Lande. 1929; Kirche und Freidenkertum (mit W. Künneth). 1932; Das religiöse Deutschland der Gegenwart (Mithg.). 2 Bde. 1928/29; Von Luther zur modernen Industriewelt. 1957; Mithg. Friedewalder Beiträge zur sozialen Frage. 1953. L: An der Schwelle zum gespaltenen Europa. Der Briefwechsel zwischen George Bell und Gerhard Leibholz. Hg. Eberhard Bethge und Ronald C. D. Jasper. 1974. Qu: Arch. Hand. Publ. - IfZ.

Schwelb, Egon, Dr. jur., Rechtsexperte, UN-Beamter; geb. 18. Dez. 1899 Prag, gest. 20. März 1979 New York; jüd., 1927 Diss.; *V:* Ernst S. (1869-1927), Kaufm.; *M:* Hedwig, geb. Porges (1873-1928), Lehrerin; *G:* Helene Pollard (geb. 1909), Lehrerin, 1939 Emigr. GB, nach Kriegsende Rückkehr in die CSR,

1948 GB; ∞ 1927 Dr. phil. Caroline Redisch (geb. 1901), emer. Prof. für Sprachen u. Lit., 1939 Emigr. GB, 1947 USA; *K:* → Frank Ernest Schwelb; *StA:* österr., 1919 CSR, staatenlos, 1970 USA. *Weg:* 1939 GB; 1947 USA.

Abitur, 1917-18 Kriegsfreiw. der österr.-ungar. Armee (Titularkorporal, Eisernes Verdienstkreuz), 1918-19 Stud. Rechtswiss. Univ. Wien u. 1919-22 Dt. Univ. Prag, 1922 Prom., 1923-27 RA-Konzipient, danach RA in Prag. 1919 DSAP, Mitgr. u. Funktionär *Freie Vereinigung deutscher sozialdemokratischer Akademiker* Prag, 1931-38 StadtVO. Prag. Als anerkannter Fachmann für tschechoslow. Verfassungs-, Presse- u. Arbeitsrecht führender RA der DSAP; wirkte in den 30er Jahren als Rechtsberater der reichsdt. u. österr. sozialist. Emigr. in der CSR. Nach dt. Besetzung der Rest-Tschechei März u. Apr. bis Mai 1939 von Gestapo inhaftiert, Aug. 1939 mit Fam. Emigr. nach GB, Lager Surrey Hills. Leistete mit seiner Schrift *Vorschläge für den Neuaufbau der Republik* v. Sept. 1939, in der S. auf der Grundlage der Autonomie der dt. u. tschech. Gebiete der ehemaligen CSR eine Föderation mit gemeins. Finanz-, Verteidigungs- u. Außenpolitik befürwortete, einen wichtigen Beitrag zur Programmdiskussion in der TG u. wurde im Dez. 1939 von → Wenzel Jaksch zum jurist. Berater der TG-Führung berufen. In dieser Eigenschaft maßgebl. an Freigabe der nach Kriegsausbruch konfiszierten DSAP-Guthaben bei der Prager Anglo-Tschechoslowakischen Bank durch die brit. Reg. beteiligt, die dann den finanziellen Hauptfonds der TG bildeten. I.A. der TG Verf. eines staatsrechtl. Gutachtens über die am 24. Juli 1940 von Dr. Edvard Beneš verkündete CSR-Rechtskontinuitätsthese (*Zur Anerkennung der Tschechoslowakischen Republik in England. Eine staatsrechtliche Studie von Dr. S.*, hektogr., London 1940). Trotz jurist. Zurückweisung der tschechoslow. Rechtsauffassung Annäherung an die pol. Vorstellungen des CSR-Exils u. 1942 von Beneš als einziger dt. Vertr. zum Mitgl. der neugeschaffenen 5köpfigen Právní rada [Rechtsrat] ernannt, einer zentralen Beschwerde- u. Beratungsinstanz der tschechoslow. Exiladministrative. Eintreten für eine enge u. vorbehaltlose ZusArb. mit CSR-Exilführung unter Hinweis auf die veränderte völkerrechtl. u. pol. Lage nach der Außerkraftsetzung des Münchner Abkommens durch die brit. Reg. am 5. Aug. 1942 u. die daraus resultierende Unanwendbarkeit der Atlantic Charta auf das Sudetenproblem, krit. Haltung gegenüber der seines Erachtens unflexiblen Politik Jakschs; geriet deshalb auf der 2. TG-Landeskonf. v. 4. Okt. 1942 in offenen Gegensatz zu der autonomistisch orientierten Majorität der TG (→ Franz Katz, → Otto Rambauske, → Eugen de Witte) u. zog sich danach aus der pol. Tätigkeit zurück. 1942-45 neben Tätigkeit im CSR-Rechtsstud. Univ. London. 1945 LL.B. 1945-47 Mitarb. UN-Kommission für Kriegsverbrechen in London, Teiln. an den vorbereitenden Untersuchungen für Nürnberger Kriegsverbrecherprozesse; Juli 1947 Berufung ins UN-GenSekretariat New York (UN-Visum, 1962 Aufenthaltserlaubnis), 1947-62 stellv. Dir. Abt. für Menschenrechtsfragen u. Sekr. Dritter Ausschuß der GenVers. für soziale, humanitäre u. kulturelle Fragen; 1959 u. 1962 Gastprof. für Internat. Recht, Internat. Arbeitsrecht u. vergleichendes Verfassungsrecht an New School for Social Research New York, 1962-68 Doz. für Rechtswiss. Yale Univ. New Haven, 1963-73 Berater im UN-GenSekretariat, 1970-71 Berater des GenSekr. der UN für Rechtsfragen bezügl. Südwestafrika (Namibia) vor dem Internat. Gerichtshof, 1971-76 Berater für Rechtsangelegenheiten der UN-GenVers. im Europarat in Straßburg. – *Ausz.:* 1975 Dr. h.c. Univ. Fribourg/Schweiz.

W: Bibliographie bis 1970 in: Revue des Droits de l'Homme, Bd. IV, S. 198-205, 1971; The International Court of Justice and the Human Rights Clauses of the Charter. In: Am. Journ. of Internat. Law. 1972; The Actio Popularis and International Law. In: Israel Yearbook on Human Rights. 1972; Complaints by Individuals to the Commission on Human Rights: 25 Years of an Uphill Struggle (1947-1971). In: The Changing International Community. 1973; The Laws of Treaties and Human Rights. In: Toward World Order and Human Dignity. 1976; zahlr. Art. in Fachzs. u. Handb. *L:* Jauernig, Edmund, Sozialdemokratie und Revanchismus. 1968; Křen, V emigraci; Bachstein, Martin K., Die Politik der Treuegemeinschaft sudetendeutscher Sozialdemokraten als Hauptrepräsentanz des deutschen Exils aus der Tschechoslowakischen Republik. In: Das Jahr 1945 in der Tschechoslowakei. 1971; En l'Honneur de Egon Schwelb. In: Revue des Droits de l'Homme, Bd. IV, 2, 3. 1971; Bachstein, Jaksch; Brügel, Johann Wolfgang, Tschechen und Deutsche 1939-1946. 1974; Menschen im Exil. *Qu:* Arch. Fb. Hand. Publ. Z. - IfZ.

Schwelb, Frank Ernest, Rechtsanwalt, Ministerialbeamter; geb. 24. Juni 1932 Prag; o. K.; *V:* → Egon Schwelb; *StA:* ČSR, 1955 USA. *Weg:* 1939 GB, 1947 USA.

Aug. 1939 mit Fam. Emigr. GB, Nov. 1947 in die USA, 1953 B.A. Yale Univ.; 1955-57 MilDienst US-Armee; 1958 LL.B. Harvard Univ., 1958-62 RA in der Anwaltskanzlei Mudge, Stern, Baldwin and Todd in New York. Ab 1962 bei der Abt. für Menschenrechte im US-Justizmin. Washington/D.C., ab 1969 als Ltr. des Wohnungsamts Einsatz für die Gleichberechtigung der Minderheiten in Wohnungsangelegenheiten. Mitgl. ACLU. Lebte 1977 in Washington/D.C. – *Ausz.:* 1967 Younger Federal Lawyer of the Year der *Federal Bar Assoc.*

W: The Sit-In Demonstration: Criminal Trespass or Constitutional Right? In: New York Univ. Law Review, 1961; Relief under the American Civil Rights Laws. 1971; From Illusion to Reality: Relief in Civil Rights Cases. In: Notre Dame Lawyer, 1972. *Qu:* Fb. Hand. - RFJI.

Schwenk, Edmund Heinz, Dr. jur., Rechtsanwalt, Beamter; geb. 18. Febr. 1906 Oels/Schlesien, gest. Mai 1977 Heidelberg; *StA:* deutsch, 1944 USA. *Weg:* USA.

Stud. Rechtswiss. München, Berlin u. Breslau, 1929 Prom. Breslau. 1929-30 Referendar in Breslau, 1931-33 RA. In den 30er Jahren Emigr. USA, 1941 LL.M. Tulane Univ., 1942 LL.M. Harvard Univ., 1942-44 RA in New York. 1944-45 Berater Foreign Econ. Admin., 1945-46 Jurist im US-Innenmin., 1946-48 Anwalt beim Chief Counsel for War Crimes in Nürnberg, 1948 Anwalt bei OMGUS. 1949-54 Rechtsbeauftragter der Rechtsberatungsabt. des Off. of Gen. Counsel der US-Armee in Frankfurt/M., 1954-76 Ltr. Prozeßabt. in der Rechtsabt. des US-Armee-Hauptquartiers in Heidelberg. Zugl. Honorarprof. Univ. Heidelberg. – *Ausz.:* 1975 höchste Zivilausz. der US-Armee.

Qu: Hand. Z. - RFJI.

Schwenk, Josef, Parteifunktionär; geb. 16. Okt. 1890 Essen; ∞ Helene Luft (geb. 1888), Emigr.; *StA:* deutsch, 22. Apr. 1938 Ausbürg. mit Fam.; *K:* Margarethe (geb. 1916), Emigr. *Weg:* 1933 UdSSR.

Anstreicher, städt. Arbeiter in Düsseldorf. Ab 1924 KPD-Funktionär, 1928 Ltr. Unterbez. Oberhausen, ab 1929 angebl. StadtVO. Düsseldorf u. 1931 Vors. KPD-Fraktion (?), 1931 Ltr. Unterbez. Essen. 1933 Emigr. in die UdSSR, u.a. Rundfunktätigkeit.

Qu: Arch. - IfZ.

Schwenk, Paul Gotthold, Parteifunktionär; geb. 8. Aug. 1880 Meißen, gest. 22. Aug. 1960 Berlin (Ost); Diss.; *V:* Arbeiter; ∞ → Martha Arendsee; *StA:* deutsch. *Weg:* 1933 F; 1934 UdSSR; 1945 Deutschland (Berlin).

Werkzeug- u. Maschinenschlosser; 1899 DMV, 1905 SPD, 1908-14 Vors. *Sozialdemokratischer Wahlverein* Friedrichsfelde b. Berlin, 1912-15 hauptamtl. SPD-Funktionär u. Lokalberichterstatter *Vorwärts,* 1915-18 Armierungssoldat, 1917 USPD, Teiln. an Novemberrevolution 1918, 1919-20 Berichterstatter USPD-Zentralorgan *Freiheit* u. Fraktionssekr. preuß. Landesvers., ab 1920 StadtVO. Berlin, Dez. 1920 KPD, Sekr. KPD-LT-Fraktion, Mai 1924-1933 MdL Preußen. Sachverständiger für Kommunalfragen in der KPD-BezLtg. Berlin-Brandenburg u. ab 1928 Mitarb. ZK-Kommunalabt.; Apr. 1933 im Parteiauftrag Emigr. Frankr., Mitarb. *Rote Hilfe* u. IAH in Paris. Mai 1934 in die UdSSR, bis 1936 wiss. Mitarb. Marx-Engels-Lenin-Institut, dann bis März 1937 im *Komintern*-App., LtgMitgl. *Klub ausländischer Arbeiter in der UdSSR* Moskau,

März 1937-Jan. 1941 aufgrund angebl. „trotzkistischer Schädlingstätigkeit i.A. der Gestapo" in Haft, sog. Geständnis. Dann Red. Verlag für fremdsprachige Literatur Moskau u. Mitarb. *Komintern*-App.; ab 1943 Mitarb. *Radio Moskau.* Mai 1945 Rückkehr nach Berlin, bis Ende 1946 3. stellv. OBürgerm. Berlin u. Ltr. Abt. Planung des Magistrats, 1947-48 Presseref. Deutsche Zentralverwaltung für Brennstoffindustrie, anschl. bis Juni 1950 Chefred. *Bergbau und Energiewirtschaft;* Mitarb. Hauptverw. Kohle des Min. für Industrie, ab 1952 Parteiveteran, Mitgl. Kommission zur Erforschung der Geschichte der Berliner Arbeiterbewegung bei SED-BezLtg. Groß-Berlin. - *Ausz.:* 1955 Karl-Marx-Orden u. VVO (Silber), 1960 VVO (Gold) u. Banner der Arbeit.

L: GdA; Hammer, Walter, Hohes Haus in Henkers Hand. 1956; Weber, Wandlung; GdA-Biogr.; Wehner, Untergrundnotizen. *Qu:* Hand. Publ. - IfZ.

Schwerin, Ernst, Dr. phil., Unternehmer; geb. 29. Dez. 1869 Breslau, gest. 1946 New York; jüd.; *V:* Adolf S., Fabrikant, Handelsrichter; *M:* Fanny, geb. Rinkel; ∞ Stefanie Ehrlich (1884-1966), Ehrenmitgl. Stiftungsrat der Paul-Ehrlich-Stiftung Frankfurt/M., Emigr.; *K:* Dr. Hans Wolfgang S. (geb. 1906), Emigr., A: New York; Günther (geb. 1910), Emigr., A: München; *StA:* deutsch, 13. Aug. 1938 Ausbürg. mit Fam. *Weg:* USA.

Stud. Chemie Breslau u. München; Vorst. der Firma J. Schwerin u. Söhne AG - Mechanische Hanf- und Werkgarn-Spinnerei und Zwirnfabrik Breslau, Handelsrichter, Mitgl. Industrie- und Handelskammer Breslau. Während 1. WK maßgebl. Funktionen in Textil-Kriegswirtschaft. Präs. *Bund schlesischer Industrieller.* Emigrierte nach natsoz. Machtübernahme in die USA.

Qu: EGL. Hand. - RFJI.

Schwind, Siegfried, Dr. jur., Rechtsanwalt, Journalist, Verbandsfunktionär; geb. 15. Sept. 1889 St. Ilie/Bukowina; jüd.; *V:* David S. (geb. 1862, gest. 1930 Bukarest), Ltr. einer Speditionsfirma; *M:* Jeanette, geb. Sonnenfeld (geb. 1876 [?] Suczawa/Bukowina, gest. 1946 Bukarest); *G:* Marcel (geb. 1895 Bukarest, gest. 1966 [?] Bukarest), RA; Theodor (geb. 1904 Bukarest), RA, A: Rum.; ∞ 1917 Sali Salner (geb. 1889 Suczawa, gest. 1963 New York), jüd., Stud. Wien, 1939 Emigr. EC, 1959 USA; *K:* Michael A. (geb. 1924), 1939 Emigr. EC, 1951 USA, Prof. New York Univ. Law School. *Weg:* 1939 EC, 1959 USA.

Ab 1907 in Wien, Stud. Rechtswiss., 1914 Prom. Wien, 1920-38 RA. Juli 1939 Emigr. Ecuador mit Familie, Inh. einer Pelzfärberei; 1940-59 Red. der dt.-jüd. Zs. *Informaciones;* 1942-46 Präs. der jüd. Gde. in Quito, 1947-50 Präs. *Zionistische Vereinigung von Ecuador,* 1950-59 inoffiz. Verbindungsmann zwischen der isr. Vertr. u. der *Jew. Agency* in Ecuador, aktiv in *B'nai B'rith.* Mitarb. Lokalpresse. 1959 in die USA. Lebte 1978 in New York.

Qu: Hand. Pers. - RFJI.

Schwotzer, Kurt, Parteifunktionär; geb. 31. März 1896 Hartmannsdorf. *Weg:* UdSSR; 1936 E; 1939 Deutschland.

Schmied; nach 1933 illeg. Tätigkeit unter Deckn. Heß, dann Emigr. in die UdSSR, ab 1936 Span. Bürgerkrieg, Gefangenschaft, 1939 Auslieferung an Deutschland, bis Kriegsende KL Fuhlsbüttel u. Sachsenhausen. Nach Kriegsende sog. Aktivist der ersten Stunde, 1946 SED, Mitarb. des ZK. 1958-63 Mitgl. Zentrale Revisionskommission, ab 1963 Mitgl. *Solidaritätskomitee für das spanische Volk in der DDR.* Lebte 1977 als Arbeiterveteran in Berlin (Ost). - *Ausz.:* 1955 VVO (Silber), 1956 Hans-Beimler-Med., 1958 Med. für Kämpfer gegen den Faschismus 1933-1945, 1962 VVO (Gold).

L: Pasaremos. *Qu:* Arch. Publ. Z. - IfZ.

Sebald, Josef, Kommunalpolitiker; geb. 17. Okt. 1905 Aubing b. München, gest. 27. Aug. 1960 Rosenheim/Obb.; kath.; *V:* Arbeiter; ∞ Barbara; *StA:* deutsch. *Weg:* 1933 Österr.; 1935 Deutschland.

Gerber, durch Betriebsunfall berufsunfähig. Frühzeitig zur sozialist. Arbeiterbewegung, Selbststud., Mitarb. u. Red. SPD-Presse, 1933 Flucht nach Österr., 1935 Rückkehr, bis Nov. 1935 KL Dachau, 1939 als Lokalred. u. Verlagsgeschäftsf. *Kolbermoorer Zeitung* dienstverpflichtet. Nach 20. Juli 1944 KL Dachau. 1945 Mitgl. Presseausschuß u. Ausschuß zum Neuaufbau der Stadtverw. Rosenheim, ab Aug. 1945 Mitgl. des von der US-Besatzung ernannten vorläufigen Stadtrats, ab 1946 StadtVO., SPD-Fraktionsvors., ab Mai 1952 2. Bürgerm.; ab 1948 SPD-Ortsvors., UnterbezLtr., 2. Vors. SPD-BezKonf. Obb.; 1950-58 MdL Bayern. Ab März 1958 OBürgerm. von Rosenheim.

Qu: Arch. Hand. - IfZ.

Sebba, Gregor, Dr. rer. pol., Dr. jur. utr., Publizist, Hochschullehrer; geb. 22. Aug. 1905 Libau/Kurland; *V:* Harry S. (geb. 1882 Libau, gest. 1957 New York), jüd., Apotheker u. Kosmetika-Unternehmer, 1938 Emigr. USA; *M:* Grete, geb. Koplevič (geb. 1884, gest. 1956 New York), jüd., Lehrerin, später Kosmetikerin, 1938 Emigr. USA; *G:* Michael Alexander (1908-57), Verkäufer, 1938 Emigr. USA; ∞ 1940 Helen Townnend (geb. 1915 Manchester/GB), Stud. Univ. Manchester u. Paris, Krankenschwester, Kriegsdienst in Brit. Information Service, ab 1952 Übers.; *K:* John Gregory (geb. 1947); Carl Robert (geb. 1950); *StA:* russ., 1918 Lettland, 1926 (?) Ausbürg., österr. (?), 1943 USA. *Weg:* 1938 USA.

Kindheit in Meran/Südtirol, 1915 nach ital. Kriegserklärung an Österr.-Ungarn Evakuierung der Fam. nach Oberösterr. (Linz); vermutl. 1926 Ausbürg. aus Lettland wegen Weigerung, den MilDienst abzuleisten. 1924-29 Stud. Univ. Wien u. Innsbruck, 1927 u. 1929 Prom., anschl. Forschungsassist. am Institut für Statistik der europäischen Minderheitsvölker Univ. Wien, ab 1933 nach Schließung des Inst. aus finanziellen Gründen Arbeit bei Julius-Meinl-AG. Mitgr. eines sozialpol. u. phil. Diskussions- u. Arbeitskreises, dem u. a. → Ernst-Karl Winter, Otto Neurath, Paul Lazarsfeld, → Marie Jahoda, Eugen Kogon u. Eric Voegelin angehörten. Nach Anschluß Österr. März-Juli 1938 Gestapohaft, Aug. 1938 Emigr. USA. 1938-43 Mitarb. brit. Militärdienststellen in den USA. Apr. 1941 Mitgr. u. bis 1943 maßgebl. Vertr. *Austrian Action* unter → Ferdinand Czernin; vermutl. Mitarb. OWI. 1943-46 Kriegsdienst in der US-Marine, zeitw. bei OSS, stand in Verb. mit → Otto Habsburg u. der konservat. österr. Emigr. in den USA. Jan. 1947 Assoc. Prof., später Prof. für Wirtschaftswiss. Univ. of Georgia/Atlanta, ab 1959 Prof. Graduate Institute of Liberal Arts bei Emory Univ./Atlanta, 1964-65 als Fulbright-Stipendiat Prof. Univ. München. Mitgl. u. a. *Am. Comp. Lit. Assn., Am. Philos. Assn.* sowie mehrerer Herausgebergremien zeit- u. kulturhist. Reihen in Deutschland u. den USA. Lebte 1978 in Atlanta/Ga.

W: u. a. The Poem Itself (Mitverf.). 1960; Truth, Myth and Symbol. 1962; Varieties of Literary Experience. 1962; Bibliographia Cartesiana. 1964; Eric Voegelin's Philosophy of History. 1967; Baroque and Mannerism: A Retrospect. In: Festschrift F. S. Escribano, 1969. *Qu:* Arch. Fb. Hand. - IfZ.

Sebba, Yehuda (Julius), Dr. jur., Rechtsanwalt, Beamter; geb. 18. März 1882 Tilsit/Ostpr., gest. Aug. 1959 Haifa; jüd.; *V:* Jacob S. (geb. 1850 [?], gest. 1911 Tilsit), jüd., Kaufm., Bankier aktiv in Gde.- u. Wohlfahrtsarb.; *M:* Marie Meisel (geb. 1856 [1854?] Rußland, gest. 1936 [1934?] Deutschland), jüd., nach der Eheschließung nach Deutschland; *G:* Sophie Abraham (geb. 1877 [?] Riga [?], gest.); Dr. med. Max S. (geb. 1880 Tilsit, gest. 1959 Detroit/Mich.), Arzt, Zahnchirurg, Emigr. GB, USA; Fanny Israel (geb. 1885 Tilsit, gest. 1970 Ramat Ḥen/IL), Emigr. Montevideo/Urug., um 1935 nach Pal.; Helena Schiffer (geb. 1894 Tilsit, gest. USA), Emigr. USA; Siegfried (Shalom, geb. 1897 Tilsit), Stud. Kunstakad. Königsberg, 1933 Emigr. CH, dann S, 1936 Pal., Maler u. Bühnenbildner; ∞ 1921 Elise

(Alisa) Julia Schaps (geb. 1894 Hamburg, gest. 1960 Haifa), jüd., Lyzeum, Sozialarb.; *K:* Elfriede (Shulamit) Wilson (geb. 1922 Königsberg), Realschule in Haifa, dann nach GB; *StA:* deutsch, 1948 IL. *Weg:* 1933 Pal.

Stud. Rechtswiss. München, Breslau, Berlin u. Königsberg, 1900-1904 in Rostock, 1904 Prom.; im 1. WK kurzfr. Soldat. 1904-33 RA in Königsberg, Spezialist für Seerecht. Doz. Handelshochschule Königsberg. Präs. *Kant-Loge* des UOBB. Juli 1933 Emigr. nach Pal. mit Ehefrau u. Tochter. 1934-40 (1941?) Inh. einer Handelsgesellschaft für Schiffsbedarf in Haifa u. Tel Aviv. 1941-42 (?) Oberbibliothekar in Haifa. Gr. u. Dir. des Schiffahrtsmuseums der isr. Schiffahrtsvereinigung Haifa. 1948-57 Registraturbeamter in der Schiffahrtsabt. des isr. Verkehrsmin.; Vorträge über pol. Probleme u. Fragen der Schiffahrt vor versch. Org., u. a. der IOME.

W: u. a. Jahrbuch für Verkehrswissenschaft (Mitarb.). Bd. 2. 1914; Das deutsche Seerecht (Hg., mit G. Schaps), 2 Bde. Berlin 1921, 1929; Polizeiverordnung zur Regelung des Verkehrs auf den deutschen Seewasserstraßen vom 31. 3. 1927. 1928; Das öffentliche Seerecht. 1932; Beiträge in *Jerusalem Post* u. *Palestine Post. L:* Göppinger, Juristen. *Qu:* Hand. Pers. Publ. - RFJI.

Seckleman, Peter Hans (bis 1951 Secklmann), Journalist, Schriftsteller; geb. 27. März 1902 Berlin; ev.; *V:* Dr. med. Max Secklmann (geb. 1869 Amberg, Freitod 1933 Berlin), Diss., Sanitätsrat; *M:* Hedwig, geb. Lewinsohn (geb. 1865, umgek. 1943 KL Theresienstadt), Diss.; *G:* Dr. ing. Fritz Secklmann (1901-23); ∞ I. 1929 Margaret Schneidemann (geb. 1901 Riga), ev., Emigr. GB, 1963 gesch.; II. 1963 Gisela Bohle (geb. 1932), ev., Tänzerin; *K:* aus I: Ralph (geb. 1928), A: GB; Frank (geb. 1931), A: GB; aus II: Katharina (geb. 1964), Oliver (geb. 1965), Naomi (geb. 1974); *StA:* deutsch, Ausbürg., 1946 brit. *Weg:* 1937 GB.

1918 Abitur, 1919 Freiw. Landesjägerkorps, 1921 Stud. Rechtswiss. Berlin, 1922-26 Banklehrling, dann Handelsreisender, 1926-36 Lektor, zuletzt Cheflektor Romanvertrieb Carl Duncker Verlag Berlin. Nach Berufsverbot Jan. 1937 Emigr. GB mit Fam., 1937-39 selbständ. Presse- u. Literaturagent in London. Ab März 1940 Freiw. Pioneer Corps (Corporal), 1941-45 Mitarb. *Soldatensender Calais,* 1945-53 bei Information Services Div. der Kontrollkommission in Hamburg u. ab 1947 in Berlin, Mitarb. beim Aufbau des *German News Service* u. Tätigkeit in der Political Div. der MilReg. Ab 1953 freier Journ., 1955-60 u. 1963-66 Mitarb., später Red. *Die Weltwoche* Zürich. Seit 1974 Mitgl. ISDS. - Lebte 1977 in Uzwil/Schweiz.

W: Eva und die zwei Teufel (R). 1932; Motram, Peter (Ps.), Der Tag, der nicht im Kalender stand (R). 1967; ders., Myron (R). 1973; ders., Dione (R). 1977; mehrere Roman-Übers. aus dem Engl. u. Amerikanischen. *Qu:* Fb. Hand. Z. - IfZ.

Seelig, Jehuda (Hans Ludwig), Industrieller; geb. 13. Juli 1917 Mannheim; *V:* Max S. (geb. 1880 Mannheim, gest. 1934), Geschäftsf. Zigarrenfabrik Heinrich Jacobi; *M:* Sophie (geb. 1886 Öhringen/Württ., gest. 1920); *G:* Ruth (1910-40); Liza (geb. 1912), KL Auschwitz, A: F; ∞ 1939 Ilse Sundheimer (geb. 1918 München); *K:* Ilana (geb. 1944), Yaron (geb. 1957); *StA:* deutsch, Pal./IL. *Weg:* 1937 Pal.

Gymn., kaufm. Lehre bei Zigarrenfabrik Heinrich Jacobi in Mannheim; Mitgl. *Werkleute, Hechaluz;* 1 J. Hachscharah in Dänemark u. 16 Mon. in Italien; 1937 Emigr. Palästina mit C-Zertifikat, 1937-39 Mitgl. Kibb. Mishmar haDarom u. Kibb. Shamir, 1937-42 Mitgl. *Haganah,* 1942-46 Dienst brit. Armee, 1948-50 IDF-Dienst (zuletzt Major); ab 1951 GenDir. Israel Safety Glass Co. u. ab 1966 GenDir. Israel Glass Works Phoenicia in Haifa. Lebte 1977 in Haifa.

Qu: Fb. Hand. - RFJI.

Seelig, Siegfried, Kaufmann, Unternehmensleiter; geb. 23. Juni 1895 Bütelsborn b. Darmstadt, gest. 30. Dez. 1964 Düsseldorf-Benrath; jüd.; ∞ verh.; *K:* mehrere. *Weg:* 1935 B; 1940 F; 1942 (?) B; 1945 Deutschland (BBZ).

1910-12 Metallhändlerlehre bei Fa. J. Adler jun. in Frankfurt/M. (damals größte europ. Schrotthandelsges.), anschl. Weiterbildung in Dortmund, Duisburg u. Düsseldorf. 1915-18 Frontsoldat, zweimal verwundet. Ab 1919 als Prokurist u. ab 1922 als Gesellsch. u. gemeinschaftl. Inhaber, ab 1928 Alleininh. Schrotthandelsges. Albert Sonnenberg Düsseldorf, Anfang der 20er Jahre nach Übernahme der Firma durch Phönix AG für Bergbau und Hüttenbetrieb Einkaufsdir. für Schrott im Phönix-Konzern; ab 1925 (Übernahme der Fa. Albert Sonnenberg durch die neugegr. Vereinigten Stahlwerke AG) Schrotteinkaufsdir. Vereinigte Stahlwerke. 1935 Emigr. Belgien, bis Kriegsbeginn Vertr. Vereinigte Stahlwerke in Belgien u. Frankr.; 1940 nach dt. Einmarsch in Belgien angebl. Verhaftung durch Gestapo, vermutl. Flucht bzw. Deportation nach Südfrankr., Haft u.a. in St-Cyprien u. Gurs. 1942 Flucht aus dem Lager Gurs, kehrte illeg. nach Belgien zurück, lebte bis zum Rückzug der dt. Truppen im Untergrund. 1945 Rückkehr nach Düsseldorf, wurde von Vereinigten Stahlwerken mit erweiterten Vollmachten wieder eingesetzt, ab 1947 Mitgl. Hauptvorst., Ltr. der Rohstoffhandelsgesellschaften der Vereinigten Stahlwerke. 2. Vors. Synagogengemeinde Düsseldorf u. Landesverband der jüdischen Gemeinden der Nordrheinprovinz. 1951 Bestellung zum GenBevollmächtigten für Schrottfragen durch Bundeswirtschaftsmin., 1952 als Experte für Schrottfragen Mitgl. der dt. Werksdeleg. bei der Montanbehörde in Luxemburg. Ab 1954 VorstMitgl. der neugegr. Handelsunion AG (Dachges. der 9 Handelsges. der 1950 aufgeteilten Vereinigten Stahlwerke), AR-Mitgl. einer Reihe von Unternehmungen in der Metallbranche. Lebte zuletzt zurückgezogen auf seinem Gut in Oberbayern. - *Ausz.:* 1955 Gr. BVK.

Qu: Arch. EGL. Z. - IfZ.

Seeliger, Herbert, Rechtsberater, Verbandsfunktionär; geb. 15. März 1903 Neumark/Westpr., gest. 4. Juli 1964 New York; jüd.; *V:* Willi S. (geb. 1856 [?] Westpr., gest. 1908 Neumark), jüd., Kaufm.; *M:* Bertha, geb. Henschke (geb. 1861 Westpr., umgek. 1942 KL Theresienstadt, jüd.; *G:* Joseph (geb. 1885, gest. 1955 São Paulo, Inh. des väterl. Geschäfts, Funktionär der Jüd. Gde. Berlin, 1940 Emigr. Bras., Funktionär jüd. Gde. São Paulo; Rosa Bluhm (geb. 1887, gest. 1974 [1975 ?] Buenos Aires), 1938 Emigr. Argent.; Klara Susskind (geb. 1889, umgek. im Holokaust); Erna Glassmann (geb. 1897, gest. Buenos Aires), bis 1945 im Untergrund in Berlin, 1946 nach S, 1948 Argent.; Dr. med. Leo S. (geb. 1900, gest. 1967 New York), Arzt; 2 B als Kinder gest.; ∞ 1934 Lucy Simonsohn (geb. 1904 Berlin), jüd., Realschule, A: New York; *K:* Michael (geb. 1935 Berlin), Emigr. mit Eltern. M.S.W., Fürsorger in New York; *StA:* deutsch, USA. *Weg:* 1940 China; 1941 USA.

Stud. Rechtswiss. Berlin, 1926 Referendar, 1933 Assessor, 1934 Steuerdezernent, 1936-40 PersDezernent u. GenSekr. Jüd. Gde. Berlin, 1938 Mitgl. *Reichsvertretung.* März 1940 Emigr. Schanghai, 1941 USA; 1941-43 Portier in einem Altersheim, 1943-55 bei Sears Robuck (zuerst Portier, zuletzt Textilien-Sortimenter), gleichz. Stud. New York Univ., 1946 M.A. Verwaltungswiss., daneben ab Anfang 1950 privater Rechtsbeistand in Wiedergutmachungsfällen, 1956-64 Rechtsbeistand bei der URO in New York, 1942-64 VerwRatsmitgl., 1964 Geschäftsf. der A.F.J.C.E. als Nachf. von → Herman Muller; Gr. *Assn. of Former Officials of Jew. Congs. and other Jew. Agencies* zur Durchsetzung der Wiedergutmachungsansprüche früherer dt.-jüd. GdeBeamter u. Funktionäre.

L: LBI Yearbook, 1958. *D:* A.F.J.C.E.; RFJI. *Qu:* Arch. Pers. Z. - RFJI.

Segal, Gregor, Verbandsfunktionär, Fabrikant; geb. 20. Okt. 1903 Kovno/Litauen, gest. 1975 IL; jüd.; ∞ Kay. *Weg:* 1939 Pal.

Mitgl. *Blau-Weiß;* Stud. Rechtswiss. Tilsit/Ostpr., Assessor in Insterburg/Ostpr., 1933 Berufsverbot; 1935-39 Rechtsberater *Paltreu* Berlin. 1939 Emigr. Palästina, 1939-49 in der Geschäftsführung von *Paltreu,* 1941-44 ltd. Beamter in der Leicht-

industrie-Versorgungsabt. der brit. Mandatsreg., 1945-48 stellv. Geschäftsf. von Nir (Finanzabt. von *Histadrut),* ab 1949 Gr., Geschäftsf. u. GenDir. der Stahlrohr-Fabrik Zinoroth; Wirtschafts- u. Finanzberater.
Qu: Z. - RFJI.

Segall, Fritz, Journalist, Parteifunktionär; geb. 27. Aug. 1901 Berlinchen/Neumark, gest. 2. Aug. 1973 London; jüd., Diss.; *V:* Adolf S. (geb. 1871 [?], gest. 1940 [1941 ?] Berlin), jüd., Kaufm.; *M:* Margarete, geb. Heilborn (geb. 1875 [?], umgek. im Holokaust), jüd., SPD; *G:* Hans (später: John, geb. 1904), Kaufm., Emigr. GB, A: Deutschland/BRD; ∞ 1930 Dora Saloschin (geb. 1904), jüd., Konservatorium, Rezitatorin, nach 1933 Sozialarb., Emigr. GB, Stud., Soc. Science-Diplom, 1939-48 Sozialarb., anschl. im wiss. ZsVertrieb, 1956-64 Mitarb. LBI London, ab 1945 Komiteemitgl. *Arbeiterwohlfahrt* in GB *(British Aid for German Workers).* Lebte 1978 in London; *StA:* 1919 deutsch, 1938 (?) Ausbürg., 1962 (?) deutsch. *Weg:* 1939 GB.
Realgymn., Werkstudent in Berlin, 1919 SPD, journ. Ausbildung, ab 1925 Mitarb. Partei- u. GewPresse, u.a. *Vorwärts* u. *Sozialdemokratischer Pressedienst.* Geschäftsf. VorstMitgl. *Arbeiter-Radio-Bund Deutschlands e.V.,* Red. der offiz. SPD-Rundfunkzs. *Volksfunk.* VerbMann der sozdem. LT-Fraktion zum preuß. Kultusmin. in Rundfunkfragen, Vertr. des PV in der *Freien Rundfunkzentrale* beim *Berliner Rundfunk,* Programmberater u. Sprecher *Funkstunde Berlin* u. *Deutsche Welle,* Org. des Kurzwellen-Nachrichtennetzes des *Reichsbanners.* Vors. SPD-Kreisbildungsausschuß Berlin-Tempelhof, Mitgl. Hauptvorst. des SDS. Nach natsoz. Machtübernahme Entlassung als Rundfunkmitarb., Juni 1933 in Haft. Ab 1935 Mitarb., später Ltr. Künstlerhilfe der Jüd. Gde. Berlin u. Referent in der *Reichsvertretung der Juden in Deutschland,* Verb. zur illeg. SPD. Juli 1939 Emigr. mit Sondervisum für Mitarb. der *Reichsvertretung* nach GB, Juni-Dez. 1940 Internierung Isle of Man, 1941 ungelernter Arb., 1942-50 Fabrikarb., 1950-60 Ltr. Research Dept. eines Verlagshauses. Ab 1941 Mitarb. in der SPD-Ortsgruppe London, Wortführer des betont antivansittartistischen Flügels, ab 1942 Mitgl. Ortsgruppen-Ausschuß, ab 1943 Mitwirkung an den ProgrBeratungen der *Union,* Mitverf. der Denkschrift zum künftigen Verhältnis zwischen Partei u. Kulturorg.; ab 1950 als Nachfolger von → Wilhelm Sander Vors. *Vereinigung deutscher Sozialdemokraten in Großbritannien,* VerbMann zwischen SPD u. *Labour Party* (LP). Journ. tätig, u.a. Londoner Vertreter *SPD-Pressedienst.* Ab 1941 Mitgl. LP, Mitgl. AJR, VorstMitgl. *Arbeitskreis 1963.* - *Ausz.:* 1965 BVK 1. Kl.
L: Röder, Großbritannien. *D:* AsD. *Qu:* Pers. Publ. Z. - IfZ.

Segall, Jacob, Dr. rer. pol., Dr. med., Demograph, Verbandsfunktionär; geb. 30. Aug. 1883 Czempin/Posen, gest. Mai (?) 1959 Tel Aviv; jüd.; ∞ Dr. med. Julie S.; *K:* u.a. Arje. *Weg:* 1933 Pal.
Stud. Rechts- u. Staatswiss. München u. Würzburg, 1908 Prom., 1908 Referendar in München, 1909-33 Nachf. von Arthur Ruppin (→ Kurt Ruppin) als Dir. des *Büros für Statistik der Juden* in Berlin, 1911 Forschungsarbeit beim CV; 1915-20 Stud. Med., 1921 Prom., daneben 1917-21 Dir. beim Ausschuß für Kriegsstatistik in Berlin, 1917 Teiln. an Vorbereitungen für Gr. der *Zentralwohlfahrtsstelle der deutschen Juden,* bis 1927 Geschäftsf., abgelöst von → Friedrich Ollendorff; 1922-23 Krankenkassenarzt in einem Arbeiterviertel in Berlin; 1923-25 Mithg. *Bleter far Yiddishe Demografye, Shtatistik un Ekonomik* in Berlin, später Red. u. Autor *Zeitschrift für Demographie und Statistik der Juden* in Berlin. 1933 Emigr. Palästina, 1933-35 Arzt in Petaḥ Tikvah u. Tel Aviv, 1935-55 Statistiker für Kuppat Ḥolim.
W: Die Entwicklung der jüdischen Bevölkerung in München 1875-1905. 1910; Die beruflichen und sozialen Verhältnisse der Juden in Deutschland. 1912; Die deutschen Juden als Soldaten im Kriege 1914-18. 1922; Handbuch der jüdischen Gemeindeverwaltung und Wohlfahrtspflege (Hg.). 1924/25; Die geschlossenen und halboffenen Einrichtungen der jüdischen Wohlfahrtspflege in Deutschland (Mithg.). 1925. *L:* Lotan, Giora, The Zentralwohlfahrtsstelle. In: Yearbook LBI, 1959. *Qu:* EGL. Publ. Z. - RFJI.

Seger, Gerhart Henry (Heinrich), Journalist; geb. 16. Nov. 1896 Leipzig, gest. 21. Jan. 1967 New York; Diss.; *V:* Friedrich S. (1867-1928), Diss., Schneider, Red., Mitgl. SPD, USPD, SPD, 1915-18 MdL Sa., 1919-20 MdNV, 1920-28 MdR; *M:* Hedwig, geb. Winkler; ∞ 1928 Elisabeth Hart (geb. 1903), Emigr., 5. Apr. 1937 Ausbürg.; *K:* Renate (geb. 1932), Emigr., 5. Apr. 1937 Ausbürg.; *StA:* deutsch, 3. Nov. 1934 Ausbürg., 1942 USA. *Weg:* 1933 CSR; 1934 USA.
Fortbildungsschule, Steindruckerlehre, im 1. WK Frontsoldat, anschl. Gasthörer in Zeitungskunde u. Kulturgesch. Univ. Leipzig. Mitgl. SPD, 1920 Red. in Kiel, 1922 Red. USPD-Organ *Freiheit* in Berlin, 1923 Chefred. *Volkszeitung für Südwestsachsen* Plauen, Mai 1923-Sept. 1928 GenSekr. *Deutsche Friedensgesellschaft,* Mitgl. Schopenhauer-Gesellschaft. 1928-33 Chefred. *Volksblatt für Anhalt* Dessau, daneben publizist. u. in der Arbeiterjugendbildung tätig, Mitarb. der linksoppos. Zs. *Der Klassenkampf - Marxistische Blätter.* 1930-33 MdR. Forderte 1932 in der *Leipziger Volkszeitung* die Ausweisung Hitlers als unerwünschten Ausländer u. Hochverräter. 12. März 1933 Verhaftung, Gef. Dessau, am 14. Juni KL Oranienburg, 3. Dez. 1933 Flucht via KL nach Prag. Veröffentlichte im *Sopade*-Verlag seinen aufsehenerregenden Erlebnisbericht über Oranienburg, der 1934/35 auch in 6 Fremdsprachen erschien. Einlieferung von Ehefrau u. Tochter als Geiseln in KL, Freilassung u. Emigr. nach GB aufgrund internat. Proteste. In Verb. mit *Sopade* Vortragsreisen durch die CSR, Schweden, Norwegen u. GB, vergebl. dt. Interventionen gegen sein Auftreten; 1934 zu Vortragsreise nach Kanada u. USA, Niederlassung in New York, ab 1935 Red., Mai 1936-1949 Chefred. *Neue Volks-Zeitung* (NVZ), die während des 2. WK die pol. Linie der GLD (→ Rudolf Katz, → Friedrich Stampfer) vertrat. Unter S. entwickelte sich die NVZ, ursprünglich von einer dt.-am. Leserschaft getragen, zu einem pol. EmigrOrgan, das sich bis 1941 scharf gegen natsoz. Einflüsse u. Aktivitäten in USA sowie gegen den am. Isolationismus wandte; zunehmende Fronstellung gegen kommunist. Politik u. Linksgruppen, u.a. Auseinandersetzung mit *Neu Beginnen* (→ Karl Frank). 1942/43 in Verb. mit US-RegStellen Mitarb. bei National Weeklies, Winona/Minn., dem größten dt.-am. Zeitungskonzern, um die antinatsoz. Ausrichtung der dt.-sprach. Presse in den USA zu gewährleisten; 1943 zeitw. Beurlaubung als Chefred. der NVZ für Tätigkeit beim OSS. 1936 kurzfristig Präs. *Deutsch-amerikanischer Kulturverband,* VorstMitgl. dt. Sprachgruppe der *Social Democratic Federation,* ab 1939 Mitgl. GLD, 1941 VorstMitgl. *German-Am. Council for the Liberation of Germany from Nazism* u. Mitgl. *Assn. of Free Germans,* VorstMitgl. *German-American Congress for Democracy.* Jan. 1943 Mitunterz. GLD-Aufruf an die deutsche Arbeiterschaft, Ostern 1945 der GLD-Erklärung *What is to Be Done With Germany?* u. Jan. 1947 der Erklärung ehem. MdR, die sich gegen Vertreibung, Wirtschaftsdemontage u. dauernde Besetzung wandte u. Friedensverhandlungen mit einer neuen dt. Zentralreg. forderte. Mitarb. *This Month, Antioch Review, Aufbau.* Zeuge vor dem alliierten Militribunal in Nürnberg, 1948 Mitarb. OMGUS, 1953 Gastprof. Univ. New Mexico in Albuquerque, Beratertätigkeit für dt. Botschaft Washington, weiterhin Vortragsredner (insges. etwa 11 000 Vorträge), USA-Korr. für *Telegraf* Berlin. Aktiv in *Democratic Party,* Mitgl. *Overseas Press Club of America,* Journ-Verb. *Sigma Delta Chi, Civil Liberties Union,* Vizepräs. Speakers Research Committee of the United Nations. - *Ausz.:* 1960 Gr. BVK.
W: Kunst und historischer Materialismus. 1919; Die Werkstatt des Geistes. 1922; Was ist historischer Materialismus? 1922; Arbeiterjugend und Theater. 1922; Die geistige Befreiung der Arbeiterklasse. 1922; Arbeiterschaft und Pazifismus. 1924; Der Fall Quidde. 1924; Arbeiterschaft, Krieg, Völkerbund. 1925; Wehrhafte Republik? 1926; Deutschland - eine zweite Schweiz? 1929; Oranienburg. Erster authentischer Bericht eines aus dem Konzentrationslager Geflüchteten. Mit einem

Geleitwort von Heinrich Mann. Karlsbad (Graphia) 1934 (norweg. Oslo [Tiden Norsk Förl.] 1934, schwed. Stockholm [Tindens Förl.] 1934, dän. Kopenhagen [Fremad] 1934, holländ. Amsterdam [Arbeiderpers] 1934, franz. Lausanne [Spes] 1934, engl. Chicago [Reilly] 1935); Wer hat das Reichstagsgebäude in Brand gesteckt? New York (Antifaschistische Aktion) 1934 (?); Hitler seier og nederlag. Oslo (Norske Arbeiderpartis Förl.) 1935; Reisetagebuch eines deutschen Emigranten. Zürich (Europa) 1936; Germany – to Be or Not to Be (mit → Siegfried Marck). New York (Rand School) 1943; Life in Germany. 1955; Dictatorship-War-Disaster. 1956. *L:* MGD; Radkau, Emigration. *D:* AsD; Columbia Univ., New York. *Qu:* Arch. EGL. Hand. Pers. Publ. – IfZ.

Seguy (urspr. Steinschneider), **Pierre,** geb. 5. Nov. 1921 Wien; *StA:* österr., in der Emigr. F. *Weg:* F; nach 1945 Österr., 1948 Deutschland (Saargeb.).

Emigration, Stud. Sprach- u. Literaturwiss. in Frankr.; im 2. WK Anschluß an Résistance, als Offz. im Hauptquartier der 1. franz. Armee; nach dem Kriege in der franz. Besatzungszone Österreichs Kontrolloffz. der *Sendergruppe West* (Studios Dornbirn, Vorarlberg u. Innsbruck); 1948-51 Sendeltr. von *Radio Saarbrücken;* später freier Journ., Mitarb. u. a. *Saarländischer Rundfunk.* Lebte 1978 in Saarwellingen.

L: Schwan, Heribert, Rundfunk als Instrument der Politik im Saarland 1945-1955. 1974; Schneider, Saarpolitik und Exil. *Qu:* Arch. Pers. Publ. – IfZ.

Seiden, Rudolf, Dr. phil., Fachpublizist, Verbandsfunktionär, Unternehmensleiter; geb. 13. Aug. 1900 Langenwang/Steiermark, gest. 12. Juni 1965 Kansas City/Mo.; jüd.; *V:* Bernard S. (geb. 1880 CSR, gest. 1955), jüd., Eisenbahnangest. in Wien, 1936 Emigr. USA; *M:* Jeanette, geb. Jacoby (geb. 1878 Wien, gest. 1945), jüd., 1936 Emigr. USA; *G:* Egon (geb. 1902 Neukirchen), Kürschner, 1921 in die USA; Ernst (geb. 1903 Neukirchen, gest. 1958), Kaufm., 1936 Emigr. USA; Dita Golden (geb. 1905 Kärnten), 1935 Emigr. USA; Vera Reicher (geb. 1905 Kärnten), 1935 Emigr. USA; ∞ 1924 Juliette (Julie) Niswitzky (geb. 1906 Wien), jüd., 1935 Emigr. USA; *K:* Uriel S. (geb. 1925), 1935 Emigr. USA, Bauing. u. Architekt in Kansas City/Mo.; Dr. med. Othniel Joseph S. (geb. 1933), 1935 Emigr. USA, Arzt u. Journ. in Denver/Colo.; *StA:* österr., 1941 USA. *Weg:* 1935 USA.

Stud. Rechtswiss., 1919-23 Stud. TH Wien, 1923 Dipl.-Ing.; 1925-26 in Palästina; 1928-31 ständiger Mitarb. für Wirtsch. u. Technik bei *Neue Freie Presse,* 1931-35 freiberufl. Schriftst. u. Korr. für führende Chemiezs. in Europa, gleichz. Rundfunkvorträge bei Ravag (Radio Wien AG); 1917 Gr. *Blau-Weiß*-Ortsgruppe u. Zion. Ortsgruppe Mödling, VorstMitgl. *Blau-Weiß* für Österr. u. Landeskommissär von JNF, Mitgl. Zion. Landeskomitee, 1924 Hg. einer Pamphletserie *Judentum, Judenvolk – Judenland.* 1930 Gr. *Palästina-Aufbau-Gesellschaft* in Wien, Abg. bei Zion. Partei-Tagen in Wien, Mitgl. u. Alter Herr *Theodor-Herzl-Klub* an der TH; 1933-35 Unterstützung poln. Juden bei der Einwanderung nach Palästina, Beiträge für die zion. Presse in Deutschland u. Österr.; Nov. 1935 Emigr. USA mit Familie, Unterstützung durch Verwandte in den USA, Beitr. für techn. Zs., 1937-65 Angest. bei Haver-Lockhart Labs. (später Cutter Lab.) in Kansas City, ab 50er Jahren Vizepräs. für Produktion u. Forschung; Inh. mehrerer Patente. Gleichz. Dir. von Corn King Co. in Cedar Rapids/Ia. (Tochtergesellschaft von Cutter). 1956 Prom. TH Wien, Fellow u. 1958 Vors. der Sektion Mittlerer Westen von *Am. Inst. Chemists,* Fellow der *Am. Assn. for the Advancement of Science,* Senior Member *Am. Chem. Soc.,* Mitgl. *B'nai B'rith, Am. Jew. Congr.* u. ZOA; Beiträge für *Chemical Abstracts, The Chemist, Chemical Books Abroad, Pharmaceutical Industries* u. Beiträge für andere techn. Zs., mehrere Veröffentl. über das Thema *Nichtjuden über den Kulturwert des Judentums.*

W: König Kautschuk. 13. Aufl. 1931; Wissenschaftliche Chemie in Österreich. 1951; The Poultry Handbook. 2. Aufl. 1952 (span. Übers. 1958); Livestock Health Encyclopedia. 1952 (span. Übers. 1958); The Handbook of Feedstuffs, a rational Formula (Mitverf.). 1957; Veterinary Drugs. 1960; Insect Pests. 1964; zahlr. zion. Broschüren u. Art., Buchbesprechungen über wiss., wirtschaftl. u. jüd. Themen in europ. u. amerikan. Zs. *L:* Edelheim-Mühsam, M. T., Das Archiv des Leo-Baeck-Instituts. In: Bulletin LBI, 1960. *D:* LBI New York. *Qu:* Hand. Pers. Publ. – RFJI.

Seidenwerg, Si(e)gmund, Gewerkschaftsfunktionär; geb. 12. Febr. 1889 Tarnopol/Galizien, gest. 14. Sept. 1957 Wien; jüd.; ∞ verh.; *StA:* österr. *Weg:* 1939 GB; 1946 (?) Österr.

Photographenlehre, gewerkschaftl. aktiv, 1906 deshalb von Arbeitgebern auf schwarze Liste gesetzt, arbeitete einige Jahre in Hamburg. 1912-14 MilDienst, 1914-18 Soldat im 1. WK. Vermutl. Mitgl. SDAP, nach dem Krieg Fensterputzer. 1934 nach den Februarkämpfen Mitgl. RSÖ, maßgebl. Funktionen im illeg. LitVerteilungsapp. in Wien. Herbst 1936 Verhaftung, Verurteilung zu 18 Mon. Kerker u. 14 Mon. Polizeiarrest, Zuchth. Stein a.d. Donau u. KL Wöllersdorf. 1938 vermutl. aufgrund Schuschnigg-Amnestie befreit, nach Anschluß Österr. Verhaftung durch Gestapo, KL Dachau u. Buchenwald. Konnte kurz vor Kriegsausbruch mit brit. Einreiseerlaubnis nach London emigrieren; Mitgl. *Austrian Labour Club,* 1942 Londoner Deleg. bei DelegKonf. der österr. Sozialisten in GB. Nach Kriegsende Rückkehr nach Österr., Mitgl. SPÖ, Sekr. *Gewerkschaft der Arbeiter für persönliche Dienstleistungen,* Vorst-Mitgl. Gebietskrankenkasse.

L: Widerstand 1. *Qu:* Arch. Publ. Z. – IfZ.

Seifert, Eduard, Dr. phil., Hochschullehrer; geb. 23. Juli 1907 Graz; kath.; *V:* Eduard S. (1890-1965), kath.; *M:* Maria, geb. Schnuderl (1889-1958); *G:* Maria Behm (geb. 1903), Schneiderin; ∞ 1940 Limoges, Dr. Edith Schuchter (geb. 1909), kath., Stud. Altphilologie Univ. Wien u. München, Emigr. F, A: Salzburg; *K:* Dr. phil. habil. Josef S. (geb. 1945), A: USA; Benedikt, B. A. (Mathematik), A: USA; *StA:* österr. *Weg:* 1938 F; 1940 Deutschland (Österr.).

Stud. Philosophie u. Germanistik Univ. Graz, 1937 Prom., Mitgl. *Pfadfinderkorps Lützow,* 1930-37 Mitgl. *Akademische Vereinigung Austria.* Nov. 1938 Emigr. Paris, Lebensunterhalt durch Sprachunterricht, ab Aug. 1939 in Limoges/Südfrankr.; Sept.-Dez. 1939 u. Mai-Juni 1940 Internierung in La Braconne (Charente)/Südfrankr.; Nov. 1940 Rückkehr, bis 1944 freiberufl. Sprachlehrer, anschl. Lagerhalter bei Verbandstoffirma in Salzburg. Nach Kriegsende Tätigkeit für Volkshochschule Salzburg, ab 1947 Vizepräs., 1950-55 VorstVors. Salzburger Bildungswerk; 1947-67 Volksbildungsref. im Bundesmin. für Unterricht und Kunst; 1960-75 Vorst. Institut für Erwachsenenbildung Salzburg. 1969 Habilitation (Theorie der Erwachsenenbildung) Univ. Salzburg, 1974 ao. Prof. Univ. Salzburg. Ab 1947 VorstMitgl. Salzburger Kulturvereinigung u. a. kultureller Verbände u. Bildungsorganisationen. Lebte 1978 in Salzburg. – *Ausz.:* 1967 Gold. Ehrenzeichen für Verdienste um die Rep. Österr., 1974 Gold. Verdienstzeichen des Landes Salzburg.

W: u. a. Vom Bildungswert des Musischen. 1966; Mitarb. zahlr. Sammelwerke sowie österr. u. internat. Fachzs.; Bibliogr. ab 1965 in: Bibliographische Mitteilungen zur österreichischen Erwachsenenbildung (hg. vom Institut für Erwachsenenbildung Salzburg). *D:* Institut für Erwachsenenbildung Salzburg. *Qu:* Fb. Hand. – IfZ.

Seifert, Willi, Parteifunktionär; geb. 19. Juli 1893 Bunzlau/Schlesien, gest. 1. Aug. 1970 Stockholm; ∞ Martha (gest. 10. Mai 1963 Stockholm), SPD-MdL Sa., Emigr. S, 1943 als Vertr. der Parteilinken im Vorst. *Sopade*-Ortsgruppe Stockholm, nach 1945 VorstMitgl. *Hilfskomitee für deutsche und staatenlose Opfer der Konzentrationslager,* 1946 *Demokratisches Hilfskomitee für Deutschland,* nach 1945 Angest. der kommunalen Bauges. Riksbyggen; *StA:* deutsch. *Weg:* S.

Schriftsetzer; ab Okt. 1920 Sekr. SPD-Bez. Ostsa. - Emigr. vermutl. über CSR nach Schweden. Angehöriger der linken Parteiemigr., 1943/44 GrdgMitgl. FDKB Schweden. Gegner des vom Londoner PV eingesetzten Landesvertr. → Kurt Heinig. Dez. 1944 Wahl zum Vors. der SPD-Landesltg. durch die von der Opposition einberufene 1. Landeskonf. der dt. Soz-Dem. in Schweden, RedMitgl. der von der Landesltg. bis Mitte 1946 hg. Monatszs. *Die Sozialistische Tribüne*. Nach 1945 Typograf in Stockholm, Mitgl. schwed. sozdem. Partei.

L: Friberg, Margareta, Bibliographie einer Zeitschrift - „Die Sozialistische Tribüne" (Ms. Univ. Stockholm). 1969; Müssener, Exil. *Qu:* Hand. Pers. Publ. - IfZ.

Seifried, Paula, geb. Schwarz, Partei- u. Gewerkschaftsfunktionärin; geb. 25. Dez. 1905 Salzburg, gest. 19. Aug. 1977 Salzburg; *V:* Johann Schwarz (1880-1972), Mitgl. SDAP u. SPÖ; *M:* Elisabeth, geb. Rainheimer (gest. 1944); ∞ 1945 Otto Seifried (geb. 1898), Eisenbahnarb., GewMitgl. u. Mitgl. SDAP in Salzburg, 1934 nach den Februarkämpfen Mitarb. der illeg. *Freien Gewerkschaften Österreichs,* 1942 kurzfr. verhaftet, 1945 nach Kriegsende Mitorg. *Gewerkschaft der Eisenbahner,* wurde von US-Besatzungsmacht als Beauftragter für das Verkehrswesen im Land Salzburg eingesetzt, Mitgl. SPÖ, zeitw. Landesvertrauensmann Salzburg, ab 1949 Schiedsgerichtsbeisitzer beim PV der SPÖ, geschäftsf. Obmann *Bund sozialistischer Freiheitskämpfer und Opfer des Faschismus* in Salzburg, Ausz. u. a. Gold. Ehrenz. für Verdienste um die Rep. Österr.; *StA:* österr. *Weg:* 1934 CSR; 1936 (?) UdSSR; 1941 Deutschland (Österr.).

Seit früher Jugend Mitgl. u. Funktionärin der sozdem. Jugendbewegung u. der SDAP in Salzburg. 1934 nach den Februarkämpfen Emigr. CSR, wurde vermutl. 1936 in die UdSSR abgeschoben, arbeitete in der sowj. Außenhandelsges. u. in einer Trikotagenfabrik. 1941 aus familiären Gründen Rückkehr nach Salzburg, Krankenkassenangest.; stand bis Kriegsende unter Polizeiaufsicht. 1945 Mitarb. Franz Rauschers bei Neuorg. der SPÖ im Land Salzburg. 1945-70 Mitgl. Bezirks- u. Landesfrauenkomitee der SPÖ des Landes Salzburg, Frauenref. der Salzburger SPÖ. Ab 1970 AR-Vors. KG-Union Salzburg. - *Ausz.:* u. a. 1971 Victor-Adler-Plakette der SPÖ; Goldenes Verdienstzeichen der Rep. Österreich.

Qu: Arch. Pers. Z. - IfZ.

Seiler, Ewald, Parteifunktionär; *StA:* deutsch, Ausbürg. (?). *Weg:* 1935 NL.

Nach natsoz. Machtübernahme Ltr. illeg. KPD-Unterbez. Wuppertal, Deckn. Franz. 1935 Emigr. nach Amsterdam, Tätigkeit im *Wuppertal-Komitee,* ab 1937 Instrukteur für Wuppertal bei KPD-AbschnLtg. West.

Qu: Arch. - IfZ.

Seipel, Richard, Parteifunktionär; geb. 20. Jan. 1901 Wasserlos/Unterfranken, gef. 19. Dez. 1936 bei Madrid; kath., Diss.; ∞ 1930 Anni, nach 1933 wegen illeg. Tätigkeit für die KPD in Haft; *StA:* deutsch, 23. Aug. 1938 Ausbürg. *Weg:* 1936 CSR, E.

Landarb., ab 1916 Metallarb., 1920 *Union der Hand- und Kopfarbeiter,* KJVD, KPD; Betriebsrat. 1923 Teiln. an den sog. Ruhrkämpfen im Aachener Revier, bis Febr. 1925 wegen schweren Aufruhrs in Strafhaft, anschl. Ltr. RFB-Bez. Mittelrhein, dann Mitgl. RFB-Bundesführung u. Sekretariat der KPD-BezLtg. Mittelrhein. Ab 1926 Mitarb. *Sozialistische Republik,* Deckn. Lenzner; 1930 bei Pfingsttreffen des KJVD verhaftet, Reichsgerichtsurteil 15 Mon. Festungshaft wegen publizist. Landesverrats, nach Entlassung aus Festung Landsberg Ende 1931 PolLtr. des illeg. RFB in Sa. - Apr. 1933 Festnahme, KL Colditz, Urteil 18 Mon. Zuchth., Juli 1935 Entlassung aus Zuchth. Waldheim, Jan. 1936 Flucht in die CSR, mit den ersten dt. Freiw. nach Spanien. PolKommissar Thälmann-Btl., als Führer eines Stoßtrupps bei der Verteidigung von Madrid gefallen.

L: Kraushaar, Deutsche Widerstandskämpfer; Die Tat, 31. Dez. 1970. *Qu:* Publ. Z. - IfZ.

Seipold, Oskar, Parteifunktionär; geb. 28. Nov. 1889 Lodz, gest. 29. Dez. 1966 Haan/Rheinl.; *StA:* russ., 1919 deutsch. *Weg:* 1934 CSR; 1935 PL; 1945 Deutschland (SBZ).

Sohn eines Arbeiters, der von Thüringen nach Rußland auswanderte, Jugend u. Lehre als Töpfer in Rußland; 1907 Rückkehr nach Deutschland, Weberlehre, 1909 Mitgl. SPD; ab 1911 wieder in Rußland, während des 1. WK russ. Soldat, nach Kriegsende endgültiger Verbleib in Deutschland; 1919 Mitgl. USPD u. im darauffolgenden Jahr mit der USPD-Mehrheit zur KPD; Töpfer in Ostpreußen, wegen pol. Agitation arbeitslos u. mehrmals strafrechtlich verfolgt, vorübergehend Beschäftigung in Litauen; ab 1923 hauptamtl. Funktionär der KPD in Ostpr., zunächst UnterBezLtr. in Darkehmen, später Red. u. als Anhänger der Parteilinken ab 1924 Chefred. *Echo des Ostens;* 1924 wegen Aufstandsvorbereitung der KPD in Ostpreußen im vorhergehenden Jahr zu 5 J. Zuchth. verurteilt, bis 1927 Haftverbüßung, anschl. bis 1929 Gauführer Ostpreußen des RFB; 1930-32 MdL Preußen; 1930 Ausschluß aus KPD u. Anschluß an Trotzkisten, aktiver Funktionär der *Vereinigten Linken Opposition in der KPD (Bolschewiki-Leninisten)* u. deren Vertreter im LT. Nach der natsoz. Machtübernahme verhaftet u. März bis Dez. 1933 in versch. Gef. u. Zuchth.; lebte nach Entlassung in Königsberg, aufgrund pol. Denunziation Juli 1934 Flucht nach Prag; nach Verleumdungskampagne der KPD Jan. 1935 nach Polen, lebte bis Okt. 1945 in Lodz. Von dort wegen der kommunist. Machtübernahme in Polen Flucht zunächst nach Sachsen u. März 1949 nach Westdeutschland.

L: Weber, Wandlung. *Qu:* Arch. Publ. - IfZ.

Sela, Matityahu (urspr. Silberstein, Edmund), Dr. jur., Rechtsanwalt, Polizeibeamter, Unternehmensleiter; geb. 1. März 1911 Innsbruck/Tirol; *V:* Siegfried Silberstein (geb. 1883 Hindenburg/Oberschl., umgek. 1940 KL Buchenwald), Kaufm.; *M:* Jeanette, geb. Weitzmann (geb. Sassnitz, gest. 1961 Reḥovot/IL), 1938 Emigr. Pal.; *G:* Hermine Fried (geb. 1909 Innsbruck), höhere Schule, 1938 Emigr. Pal.; Gad (Hugo) Silberstein (geb. 1912 Innsbruck), 1938 Emigr. Pal., Beamter im isr. Verteidigungsmin.; Gertrude Schwarz (geb. 1917 Innsbruck), 1938 Emigr. Pal., Sekr.; ∞ 1939 Judith Back (geb. 1920 Reḥovot), Handelsschule; *K:* Arnon (geb. 1942), Handelsvertr.; Ehud (geb. 1946), höhere Schule, Handelsvertr.; *StA:* österr., Pal./IL. *Weg:* 1936 Pal.

1934 Prom. Innsbruck; Ltr. *Betar* u. *Zionistisch-Revisionistische Union* Innsbruck, Ltr. jüd. Selbstverteidigungsgruppe Innsbruck, Mitgl. *Blau-Weiß.* 1935 Umzug nach Wien zur Vorbereitung der Emigr., 1935-36 GenSekr. *Zionistisch-Revisionistische Union Österreichs;* April 1936 Emigr. Palästina mit A II-Zertifikat, 1936 Landarbeiter in Benyaminah, 1937-45 Polizeibeamter in Reḥovot; 1945 Zulassung als RA, 1945-48 RA-Praxis, 1948-63 im isr. Polizeidienst: 1948-49 Ltr. Tiberias Division, 1949 AbtLtr. Nord-Bez., 1949-51 AbtLtr. Bez. Tel Aviv, 1951-53 AbtLtr. im Polizei-Hauptquartier, 1953-58 Ltr. Bez. Haifa, 1958-63 Ltr. zentrale Abt. für Kriminaluntersuchungen. 1963-66 Rechtsberater bei Textilfirma Adereth Ltd. in Tel Aviv, 1966-72 Ltr. PersAbt., später VerwAbt. bei Zim Isr. Navigation Co., ab 1972 Comptroller bei Erdölgesellschaft Netivei Nepht Co., ab 1976 Ruhestand. Mitgl. öffentl. Kommission zur Untersuchung u. Bekämpfung des Verbrechens in Israel. Vors. des Polizei-Pensionsverbandes, isr. Vertr. bei internat. Polizeikonf., Mitgl. internat. Polizeiorg., *Isr. Bar Assoc., Isr. Petroleum Inst.,* Zentralausschuß *Isr. Maccabi Org.* - Lebte 1978 in Tel Aviv.

Qu: Fb. Hand. - RFJI.

Seliger, Kurt, Journalist; geb. 3. Nov. 1921 Wien; jüd.; *V:* Fabian S. (geb. 1892), jüd., Kaufm.; *M:* Berta (1894-1960), jüd.; *G:* Rita Gingrich (geb. 1925), Sekr., A: Wien; ∞ 1969 Wien Maren Hesse (geb. 1937); *K:* Ruth Köpl (geb. 1949); *StA:* österr. *Weg:* 1938 CH, 1945 Österr.

Höhere Schule in Wien, 1935-38 illeg. Arbeit im KJVÖ; Nov. 1938 kurz vor Schulabschluß illeg. Grenzübertritt in die Schweiz; Mitgl. KPÖ, 1938-41 in Basel, wegen pol. Betätigung 1941-45 Haft u. Internierung in mehreren Gef. u. Lagern. 1945 wieder nach Basel, Mitarb. *Freie Österreichische Bewegung* in der Schweiz; Juni 1945 Rückkehr nach Wien, 1945-69 KPÖ-Mitgl. 1945-57 Red. *Volksstimme;* ab 1945 Mitgl. *Journalistengewerkschaft* im ÖGB. 1957-66 freiberufl. Journ., 1966-69 Korr. u.a. für *Volksstimme* Wien in der DDR. 1969 im Zuge der Auseinandersetzungen um den Einmarsch der Warschauer-Pakt-Staaten in der CSSR Austritt aus der KPÖ. Seit 1970 freiberufl. Journ., Mitarb. *Die Zukunft* Wien, *Deutschland-Archiv* Köln, *Osteuropa* Aachen. 1968-70 Ps. Hans Conrad. Lebte 1978 in Wien.

W: u.a. Albanien - Land der Adlersöhne. 1958; Mitarb. zahlr. dt.-sprach., ital. u. franz. Zs. *L:* Tidl, Studenten. *Qu:* Fb. Pers. Publ. - IfZ.

Seligmann, Caesar, Dr. phil., Rabbiner; geb. 14. Dez. 1860 Landau/Pfalz, gest. 3. Juni 1950 London; *V:* Moses S. (geb. 1807 [1809?] Landau, gest. 1887 Landau), jüd., Stud. an der Jeschiwah von Reb Salme Trier in Frankfurt, Stud. Phil. München, Rabbiner, Seminardir. in Kaiserslautern; *M:* Leonore, geb. Neugass (geb. 1831 Mannheim, gest. 1867), jüd.; *G:* Pauline Wassermann (geb. 1859 Landau, gest. 1929), jüd.; ∞ 1892 Ella Kauffmann (geb. 1867 Hannover, gest. 1953 London), jüd., T. des Präs. der Isr. Kultusgde. in Hannover, in der Ltg. des *Jüdischen Frauenbunds* tätig, Mitgr. *B'nai B'rith-*Frauenloge, 1939 Emigr. GB; *K:* Erwin (geb. 1893), RA, Apr. 1939 Emigr. GB; Dr. med. Leo James Selwyn (geb. 1896), Arzt, 1924 nach USA; Ilse Seglow (geb. 1900), 1937 Emigr. GB, Psychotherapeutin in London; → Evelyn Anderson; *StA:* deutsch. *Weg:* 1939 GB.

1879-83 Stud. München, Breslau u. Halle, 1881-88 Stud. Jüd.-Theol. Seminar Breslau, Rabbinerexamen, Mitgl. der Vereinigung von Rabbinatsstudenten *Amicitia* Breslau, 1883 ReligLehrer, 1887-88 MilDienst (Uffz.); 1889-1902 Prediger bei der religiösen Reformgde. Isr. Tempelverband in Hamburg, 1902-37 Rabbiner der Isr. Gde. Frankfurt/M., 1908 Mitgr. *Vereinigung für das Liberale Judentum* u. 1908-22 Hg. ihrer MonZs. *Liberales Judentum,* 1910 Mitred. der *Richtlinien zu einem Programm für das liberale Judentum,* die 1912 in einer Vers. von 47 liberalen Rabbinern in Frankfurt/M. angenommen wurden. Verf. eines bei liberalen Gemeinden weitverbreiteten Gebetbuches, 1912-37 Präs. *Vereinigung der liberalen Rabbiner Deutschlands;* Tätigkeit für *B'nai B'rith* in Frankfurt, Mitgr. u. PräsMitgl. *World Union for Progressive Judaism,* Vortragstätigkeit für *Gesellschaft für jüdische Volksbildung* Frankfurt/M.; Jan. 1939 Emigr. GB mit Ehefrau, Unterstützung durch Kinder, tätig für die *Soc. for Jew. Studies* u. Vortragstätigkeit. - *Ausz.:* D.H.L. h.c. H.U.C. Cincinnati/O.

W: Judentum und moderne Weltanschauung. 1905; Israelitisches Gebetbuch. Bd. 1, 1910, Bd. 2, 1928; Hagada für den Sederabend. 1913; Vaterländische Reden in Großer Zeit. 1914; Geschichte der jüdischen Reformbewegung von Mendelssohn bis zur Gegenwart. 1922; Einheitsgebetbuch für Preußen (Mitverf.). 1929; Seligmann, Erwin (Hg.), Caesar Seligmann 1860-1950. Erinnerungen. 1975 (Teilveröffentl. im LBI Yearbook 1960); zahlr. Beiträge für jüd. Ztg. u. Zs. *L:* Jüdisch-Liberale Zeitung. Festnummer. 1930; Synagogue Review. 1950; Seligmann, Erwin, Renaissance des religiös-liberalen Judentums in Frankfurt am Main. 1960; Breslau Seminary 1881. In: LBI Yearbook, 1960; Erinnerungen aus den Jahren 1908-14. In: Bulletin LBI, 1966; Brann, Geschichte des Jüd.-Theol. Seminars in Breslau. 1966; Breslauer, Walter, Die Vereinigung für das Liberale Judentum in Deutschland und die Richtlinien zu einem Programm für das Liberale Judentum. In: Bulletin LBI, 1966; Meyer, Michael A., Caesar Seligmann and the Development of Liberal Judaism in Germany at the Beginning of the Twentieth Century. In: Hebrew Union College Annual, Bd. 40-41, 1969-70; Rosenstein, Neil, The Unbroken Chain (biogr. Skizzen und Ahnentafeln von berühmten jüd. Familien vom 15. bis zum 20. Jahrh.). 1976; UJE; E.J.; Kisch, Breslauer Seminar. *Qu:* ABiogr. Hand. Pers. Publ. Z. - RFJI.

Seligmann, Edgar, Dr. jur., Industrieller; geb. 24. Aug. 1884 Hannover, gest. 15. Mai 1939 Luzern; jüd., 1914 (?) ev.; *V:* Siegmund S. (1853-1925), jüd., Geh. Kommerzienrat, ab 1879 VorstMitgl. Continental-Gummiwerke AG; *M:* Johanna, geb. Coppel (geb. 1861, gest. 1949 Luzern), jüd.; ∞ I. 1914 Frieda Kaehne (geb. 1893), ev., 1922 gesch.; II. 1931 Thea Deller (geb. 1900), ev., A: Luzern; *K:* Claudio Seleguan (geb. 1915), 1938 Emigr. Argent., kaufm. Dir., A: Argent.; Ingeborg v. Godin (geb. 1918), Auslandskorr., A: München; Ellen-Carola Suter (geb. 1931), Übersetzerin, A: CH; *StA:* deutsch. *Weg:* 1938 CH.

Stud. Rechtswiss. Göttingen u. München; im 1. WK Soldat. 1921-29 VorstMitgl., 1929-33 AR-Mitgl. Continental-Gummiwerke AG. Nach natsoz. Machtübernahme Ausscheiden aus dem AR, zeitw. Haft KL Dachau. Dez. 1938 nach Reichskristallnacht Emigr. Schweiz.

L: Leben und Schicksal. Zur Einweihung der Synagoge Hannover. 1963; Continental. Ein Jahrhundert Fortschritt und Leistung. 1971. *Qu:* Arch. EGL. Pers. Publ. - IfZ.

Seligmann, Heinz, Unternehmensleiter; geb. 7. März 1914 Hannover-Renneberg; jüd.; ∞ 1939 Ira Katzevitch (geb. 1915 Moskau), 1918 Übersiedlung nach Danzig, später Berlin, Putzmacherin u. Büroangest., 1936 Emigr. Bras.; *K:* George (geb. 1942), Elektrotechniker; *StA:* deutsch, Bras. *Weg:* 1937 Bras.

Stud. Maschinenbau TH Hannover, Mitgl. *Blau-Weiß;* 1933 Studienverbot, anschl. im FamBetrieb tätig. 1937 Emigr. Bras. mit Touristenvisum; 1937-38 Hausmeister u. Gelegenheitsarb., 1938 Mitgr. Walzeisenwerke Cantoneira Isco Ltda., 1944-50 Gr. mehrerer Bauunternehmen, 1950 Gr. der bedeutenden Maklerfirma Imobiliaria Itacal Ltda. in Rio de Janeiro, AR-Mitgl. *Vereinigung leitender Immobilienmakler,* Mitgl. Finanzkomitee der Jüd. Poliklinik, Mitgl. *Gewerkschaft der Bauunternehmer.* Lebte 1977 in Rio de Janeiro.

Qu: Fb. - RFJI.

Seligsohn, Richard, Industrieller; geb. 17. Sept. 1874 Frankfurt/Oder; jüd.; ∞ 1890 Anna (gest. 1960 Argent.). *Weg:* Argent.

VorstMitgl. u. GenDir. Schallplattenfirma Carl Lindström AG (Marke Odeon), mit Grdg. u. Org. auslänl. Tochterges. betraut. Präs. Europäische Autorenrechtskommission der Schallplattenindustrie. Als Sammler ostasiat. Kunst bekannt. Emigrierte vermutl. nach natsoz. Machtübernahme nach Argent.; lebte 1964 in Florida/Prov. Buenos Aires.

L: Juden im deutschen Kulturbereich. 1962. *Qu:* EGL. Publ. - IfZ.

Selinger, Abraham (Rami), Polizeibeamter, Unternehmensleiter; geb. 6. Jan. 1914 Tarnow/Galizien, gest. Okt. 1972 IL; jüd.; *G:* Hania Heymann (geb. 1907 Tarnow, gest. 1975 London), jüd., 1933 Emigr. GB; ∞ 1945 Eva Luft (geb. 1923 Wien), jüd., 1935 Emigr. Pal., Bibliothekarin; *K:* Gideon (geb. 1949) jüd., Stud. Hebr. Univ., Journalist; Tamar Permont (geb. 1951); Rebur (geb. 1954). *Weg:* 1933 Pal.

Bis 1932 Gymn. Leipzig, Mitgl. *Hechaluz* u. jüd. Pfadfinderorg., Aufbau eines landwirtschaftl. Hachscharahbetriebs in der Slowakei, 1933 Emigr. Palästina mit C-Zertifikat. 1933-35 Mitgl. Kibb. Ein Harod, Mitgl. *Haganah,* 1935-44 Mitgl. Polizeitruppe in Haifa, 1944-47 VerwBeamter eines Distrikts. 1947-48 Stud. Univ. London (Kurse für Kolonialbeamte). 1948-63 bei der isr. Polizei: 1948-50 Ltr. Bez. Haifa, 1950-51 in der zentralen Kriminalabt., 1951-53 Ltr. Bez. Galiläa, 1953-58 Ltr. Nördl. Bez., 1960-61 Ltr. Sonderabt. für Ermittlungen gegen Adolf Eichmann, 1962-63 Ltr. Nördl. Bez. - 1964-68 Geschäftsf. Isr. Plywood Ltd., 1968-72 stellv. Geschäftsf. Electrochem. Indus. (Frutarom) Ltd.

Qu: Fb. Hand. - RFJI.

Selver, Henry (urspr. Henrik), Dr. phil., Sozialarbeiter, geb. 27. Dez. 1901 Blaszki/russ.-poln. Gouv. Kalisz, gest. 21. Sept. 1957 Paris; jüd.; *V:* Abraham S. (gest. 1920 Deutschland), Textilfabrikant; *M:* Bertha, geb. Kaplan (gest. Apr. 1933

Deutschland), jüd.; *G:* Alexander (umgek. im Holokaust); Helen London (geb. Blaszki, gest. 1975 Lugano/CH), Emigr. USA, Kaufm.; Lotte Segal (geb. Blaszki), Emigr. USA, Heilgymnastin in New York; Miriam Kugelmann (geb. 1906 Chemnitz/Sa.), in Deutschland Inh. eines Reformhauses, Emigr. USA; Paul (gest. New York), Textilfabrikant; Sewald (gest. CDN); Arthur (gest. Deutschland); Max (gest. IL); Julius; ∞ I. Charlotte O. Brooks, geb. Wittgenstein (geb. Deutschland), bahnbrechende Arbeiten auf dem Gebiet der Bewußtseinspsychologie, 1930 gesch., 1938 Emigr. USA, Ltr. eines Inst. für Bewußtseinspsychologie an der New York Univ., ZusArb. mit dem Lehrer für Zen-Buddhismus Allen Watts; II. 1942 Irmgard Frank (geb. 1906 Chemnitz/Sa.), jüd., Stud. Kunstgesch. Lausanne, Sportlehrerin, 1937 Emigr. N, 1939 GB, 1941 F, später USA; *K:* aus II: Irene Beatrice (geb. 1943), B.A. Univ. Wisconsin, Puppenspielerin in der städt. Parkverw. New York; Veronica Eve Selver-Hanoun (geb. 1944), B.A. Sarah Lawrence Coll., Cutterin; *StA:* deutsch, Ausbürg. *Weg:* 1938 USA.

1930 Prom., 1931 Staatsexamen Leipzig, 1931-32 Lehrer an Th.-Herzl-Schule in Berlin, 1932-38 Mitinh. u. Ltr. der Waldschule Kaliski in Berlin (private Volks- und Mittelschule), 1933 Umwandlung der Schule in eine jüd. Schule; 1938 Emigr. USA, Unterstützung durch Fam. u. *Ethical Culture Soc.* in New York, 1939-46 Fürsorger, Aufseher u. 1942-46 stellv. Dir. der Pleassantville Cottage-Schule der *Jew. Childcare Assn.* in New York (Schule für schwererziehbare Kinder), gleichz. Stud. New York School of Soc. Work Columbia Univ., 1941 M.S.W.; ehrenamtl. Berater beim *Jew. Refugee Service,* 1940-44 Vors. des *Loyalty Committee of Victims of Nazi Persecution,* Vors. Flüchtlings-Konferenz des *Immigrants Youth Council* in New York, 1946-48 Dir. Children's Inst. Marks Nathan Hall (Heim für schwererziehbare Kinder unter der Schirmherrschaft des *Jew. Children's Bureau* Chicago), 1948-49 Ltr. des Jew. Children's Home der *Jew. Children Assn. of Essex County* in Newark/N.J., Gr. u. Dir. der Paul-Bärwald-Schule des J.D.C. (später Hebr. Univ.) für Sozialarbeit in Versailles, Gr. der Schule zur verkürzten Ausbildung von Fürsorgern zur Rehabilitation der Opfer des NatSoz. in Westeuropa u. den jüd. Gden. in Nordafrika und Israel, Personalchef u. Ausbildungsltr. des J.D.C. in Paris. Mitgl. der *Nat. Conf. of Jew. Soc. Welfare,* der *Am. Assn. of Soc. Workers,* der *Internat. Conf. of Soc. Work* u. der *Child Welfare League of Am.* 1959 Bildung eines Komitees für den Bau einer Bibliothek zu seinem Andenken.

W: Die Auffassung des Bürgers im deutschen bürgerlichen Drama des achtzehnten Jahrhunderts (Diss.). 1931; Beiträge für *Jewish Social Service Quarterly, Social Work Today* u.a. Zs.; Verf. von Broschüren der Bärwald-Schule. *Qu:* EGL. Hand. Pers. Publ. Z. - RFJI.

Senator, Werner David, Dr. rer. pol., Fürsorger, Verbandsfunktionär; geb. 6. Sept. 1896 Berlin, gest. 6. Nov. 1953 Atlanta/Ga.; jüd.; *G:* 1 B; *StA:* deutsch, Pal./IL. *Weg:* Pal.

Teiln. 1. WK (Lt.); Stud. Berlin u. München, ehrenamtl. Mitarb. beim Jüd. Volksheim Berlin, 1919 Prom. Freiburg, 1920-21 stellv. Dir. *Arbeiterfürsorgeamt der Jüdischen Organisationen Deutschlands* in Berlin (Wohlfahrtseinrichtung für Ostjuden, die während des 1. WK als ArbKräfte verpflichtet wurden oder als Flüchtlinge nach dem 1. WK eingewandert waren), 1921-24 Mitgl. des Berliner Büros des J.D.C., 1924 VorstMitgl. der zentralen Einkaufsagentur Hamashbir Hamerkazi in Palästina; 1925-30 GenSekr. des europ. Büros des J.D.C. in Paris, 1930-35 nicht-zion. Mitgl. der Jerusalemer Ltg. der *Jew. Agency,* Unterstützung des Kinderdorfes Ben Shemen, 1932-33 für *Jew. Agency* in Europa tätig, 1933 Geschäftsf. des *Zentralausschusses für Hilfe und Aufbau* in Berlin, 1935 Austritt aus der Jerusalemer Ltg. der *Jew. Agency* aus Protest gegen ihre pol. Linie, Verfechter eines binationalen Staates in Palästina, Mitgl. des *Brith Shalom,* 1936-37 Ltr. der Einwanderungsabt. der *Jew. Agency* in Jerusalem u. in der Zentralstelle für die Ansiedlung deutscher Juden der *Jew. Agency* tätig. 1937-49 Verw. u. 1949-53 geschäftsf. Vizepräs. des geschäftsf. Ausschusses der Hebr. Univ. Starb auf Besuchsreise in den USA. - *Ausz.:* O.B.E.

W: Die Einwanderung der Ostjuden (Mithg.). 1920; There is a Greek Statue. In: Wilfrid Israel: July 11, 1899-June 1, 1943. 1944; Dr. Fritz Rathenau. In: MB, Jg. 14, Nr. 4, 1950. *L:* Adler-Rudel, S., Jüdische Selbsthilfe unter dem Nazi-Regime 1933-1939. 1974; Meilensteine. *Qu:* Hand. Publ. Z. - RFJI.

Sender, Toni (Tony), Journalistin, Politikerin; geb. 29. Nov. 1888 Biebrich/Rhein, gest. 26. Juni 1964 New York; Diss.; *V:* Moritz S., Kaufm., Vorsteher jüd. Gde.; *M:* Marie, geb. Dreyfuß; *StA:* deutsch, 29. März 1934 Ausbürg., USA. *Weg:* 1933 B; 1935 USA.

Höhere Töchterschule, Handelslehranstalt, ab 1903 kaufm. Angest. bei Frankfurter Metallfirma. 1910-14 bei Firmenfiliale in Paris, dann bis 1918 Büroltr. in Frankfurt/M. Ab 1908 SPD u. Gew., in Paris zeitw. stellv. Sektionsvors. der Sozialist. Partei. Gegnerin der sozdem. Mehrheitspol. im 1. WK, 1915 Teiln. der von → Clara Zetkin einberufenen Internat. Sozialistischen Frauenkonf. in Bern, ab 1917 USPD. 1919-24 StadtVO. Frankfurt/M., 1919 Red. des USPD-Organs *Volksrecht,* 1920-33 MdR. Verblieb 1920 bei der USPD, Mitgl. Parteirat. Febr. 1921 Teiln. GrdgKongreß der *Internationalen Arbeitsgemeinschaft Sozialistischer Parteien;* auf Vereinigungs-PT von SPD u. USPD Sept. 1922 Mitgl. Programmkommission. Ab 1927 Red. *Frauenwelt,* Red. der Betriebsrätezs. für die Metallindustrie. Angehörige der linken Parteiopposition um → Siegfried Aufhäuser u. → Karl Böchel u. → Max Seydewitz, Mitarb. *Der Klassenkampf - Marxistische Blätter.* März 1933 Emigr. über die CSR nach Belgien, Red. *Volksgazet* Antwerpen, Mitarb. u.a. *Freie Presse* Amsterdam, *Die neue Weltbühne;* Mitgl. RSD, Verb. zu → Paul Hertz, ZusArb. mit Gruppe *Neu Beginnen,* Unterstützung der Volksfrontpolitik. Anfang 1935 auf Vortragsreise in den USA, Ende 1935 Emigr. nach New York. Bis 1939 Korr. für franz. u. belg. Blätter, Mitarb. u.a. *New York Post* u. *Christian Century,* Kolumnistin *The New Leader;* Stud. New School for Social Research u. American Univ., Washington/D.C. 1941-44 Mitarb. OSS in Washington, u.a. Arbeit für ein *Who's Who in European Labor,* Verb. u.a. zu → Hans Gottfurcht. Zunächst Kritikerin der GLD (→ Rudolf Katz), Mitunterz. des Pariser Volksfrontaufrufs vom Dez. 1936; Annäherung an die Politik des sozdem. Exils in USA, 1941 VorstMitgl. des sozdem. *German-Am. Council for the Liberation of Germany from Nazism* u. Mitgl. *Assn. of Free Germans* (→ Albert Grzesinski). 1944-46 Wirtschaftssachverständige bei UNRRA, 1946-57 Vertr. der AFL u. des IBFG beim Econ. and Soc. Council der UNO in Genf, Ltr. IBFG-Büro New York.

W: u.a. Toni Sender - the Autobiography of a German Rebel. New York (Vanguard) u. London (Routledge) 1940. *L:* MGD; Freyberg, Jutta von, Sozialdemokraten und Kommunisten. 1973. *D:* AsD, IISG. *Qu:* Arch. Hand. Publ. - IfZ.

Sender, Walter, Dr. jur., Rechtsanwalt; geb. 10. Mai 1885 Tholey/Saargeb., gest. Aug. 1961 Saarbrücken; *V:* German S., Lehrer, jüd.; *M:* Pauline, geb. Wolf, jüd.; *Weg:* 1935 F; 1945 Deutschland/Saargeb.

Vor 1935 bekannter Anwalt der pol. Linken in Saarbrücken, Mitgl. SPS, 1922-32 Mitgl. Saarländischer Landesrat, zeitw. SPS-Fraktionsvors.; engagiert im Kampf gegen Anschluß des Saarlandes an das natsoz. Deutschland; zus. mit dem SPS-VorstMitgl. → Eduard Lehmann mit Rechtsvertretung von Dimitroff u. Torgler im Reichstagsbrandprozeß beauftragt, jedoch mit der Begründung der Unzulässigkeit jurist. Vertretungen durch Saarländer am Reichsgericht abgelehnt; Sept. 1933 in London Teiln. am Reichstagsbrand-Gegenprozeß. Nach der Saarabstimmung Jan. 1935 Flucht über Forbach/Lothr. nach Frankr., bis Kriegsausbruch Fabrikant in Paris, während des Krieges versteckt in Südfrankr.; nach der alliierten Invasion in Frankr. Mitgr. des frankophilen *Mouvement pour la Libération de la Sarre* (MLS), nach Rückkehr in die Saar im Nov. Vert., Präs., ab Febr. 1946 VorstMitgl. der Nachfolgeorg. *Mouvement pour le Rattachement de la Sarre à la France* (MRS); einer der Hauptvertr. des wirtschaftl. u. pol. Anschlusses des Saargeb. an Frankreich. Sept. 1945 Wiederzulassung als RA in Saarbrücken; nach Scheitern der Politik von MLS/MRS als Anwalt tätig, Jan. 1957 mit Eduard Lehmann Prozeßbevollmächtigter des KPD-Landesverbands Saar vor dem Bundesverfassungsgericht Karlsruhe, Beschwerde gegen Gültigkeit des KPD-Verbots vom 17. Aug. 1956 im Saarland.

L: Schmidt, Saarpolitik; Schneider, Saarpolitik und Exil. *Qu:* Arch. Publ. - IfZ.

Seng, Willi, Parteifunktionär; geb. 11. Febr. 1909 Berlin, hinger. 27. Juli 1944 Köln; *StA:* deutsch. *Weg:* 1935 NL, UdSSR; 1937 NL; 1941 Deutschland.

Schneider; 1920 Sportverein *Fichte,* 1929 Teiln. Spartakiade Moskau. 1930 *Rote Hilfe,* 1932 KPD. Frühj. 1933 KL Oranienburg; Sommer 1933 Verbindungsmann der Reichsltg. der *Kampfgemeinschaft für rote Sporteinheit* (K.G.) zu den Stadtteilltg. Berlin, Herbst 1933 Aufbau einer illeg. K.G.-Org. in Halle/S., Apr. 1934 Schulung in Kopenhagen, anschl. Ltr. K.G.-Bez. Niederrhein in Düsseldorf, Hg. *Westdeutscher Arbeiter-Sport* u. *Sportfreund.* Mai 1935 Flucht nach Amsterdam, Aug. 1935-Frühj. 1937 Lenin-Schule Moskau. Juli 1937 über Paris nach Amsterdam, bis Okt. 1938 Instrukteur für das Ruhrgeb.; Jan. 1939 Teiln. Berner Konferenz der KPD bei Paris. Jan. 1941 i.A. von → Wilhelm Knöchel als Instrukteur ins Ruhrgeb., Schaffung von VerbStellen, Tätigkeit in der von Knöchel ab 1942 von Berlin aus geleiteten Org., u.a. Hg. *Ruhr-Echo.* Deckn. August, Kurt. 20. Jan. 1943 Festnahme aufgrund der Aussagen von → Alfons Kaps, von Gestapo zur Mitwirkung bei Verhaftung von Knöchel gezwungen. 24. Mai 1944 VGH-Todesurteil.

L: u.a. Klotzbach, Nationalsozialismus; Duhnke, KPD; Bludau, Gestapo. *D:* IfZ. *Qu:* Arch. Publ. - IfZ.

Sessler (bis 1946 [Adoption] Zeiz), Gabriel Hanno Peter **Thomas,** Journalist, Verleger; geb. 14. Dez. 1915 Berlin; ev., 1937 kath.; *V:* August Hermann Zeiz (1893-1964), Ps. Georg Fraser, Journ., Schriftst., ev., 1935 kath., Mitgl. SPD, 1934 nach Ausschluß aus Reichsschrifttumskammer Emigr. Österr., Chefdramaturg Theater an der Scala Wien, 1939 6 Mon. Haft, 1942-44 KL Dachau, stellv. Obmann *Bundesverband österreichischer Widerstandskämpfer und Opfer des Faschismus - KZ-Verband; M:* Gertrud, geb. Segall (geb. 1893, gest. 1944 KL Auschwitz), jüd., 1935 kath.; *G:* Sabine Schulenburg (geb. 1945), A: Wien; ∞ I. 1941 Charlotte Leuenberger, gest., StA: CH; II. 1949 Hildegard Steiner, gest.; III. 1967 München Ruth Judith Berger (geb. 1930), ev., Kunstmalerin, StA: CH; *K:* Peter Thomas Zeiz (geb. 1939), Fachberater; Gabriele Renate S. (geb. 1943), Verlagsangest.; John Georg S. (geb. 1948); *StA:* deutsch, 1943 Ausbürg., 1946 österr., 1961 deutsch u. österr. *Weg:* 1933 F, Deutschland; 1935 CSR, Österr.; 1938 CH; 1945 F, Österr.; 1950 Deutschland.

Karl-Marx-Schule in Berlin, Mitgl. *Sozialistischer Schülerbund* u. KJVD, unter Ps. Hans von Reicho Hg. illeg. Broschüren, die unter Schülern verbreitet wurden, zeitw. Hg. *Der Schulkampf.* Nach Schulausschluß (Unterprima) Buchhandelslehre, Mitarb. IAH u. *Proletarischer Schriftstellerverband.* März 1933 Flucht vor drohender Verhaftung nach Frankr., Apr.-Sept. 1933 Volontär bei Pariser Korr. des *Berliner Tageblatts.* Herbst 1933 Rückkehr nach Berlin, red. Mitarb. *8 Uhr Abendblatt* u. *Berliner Tageblatt,* illeg. journ. u. pol. Tätigkeit, u.a. Hg. *Ronadi* (= Roter Nachrichtendienst, illeg. KPD-Pressekorrespondenz, die an Diplomaten u. Korr. ausländ. Ztg. verschickt wurde), Mitarb. der illegalen Ztg. *Die Rote Fahne* in Berlin. 1934 Mitorg. eines Autovermietungsbetriebs (Selbstfahrerdienst) als Tarnorg. für KPD-Funktionäre u. zur Org. von Fluchthilfe. Okt. 1935 Durchsuchung der Betriebsräume durch Gestapo, Flucht nach Prag; bis 1939 Mitarb. Nachrichtendienst der Span. Republik (→ Leopold Kulcsar), häufige Aufenthalte in Deutschland, konnte sich u.a. als Auslandsdeutscher aus Griechenland legalisieren. Dez. 1935 nach Wien, Mitgl. Harand-Bewegung (→ Irene Harand), Mitarb. *Gerechtigkeit,* Verlagsangest. u. Journ., Mitarb. u.a. *ÖZ am Abend, Der Tag, Die Stunde* Wien sowie *Bohemia* Prag, Mitarb. Theater in der Scala. 1938 nach Anschluß Österr. Emigr. Schweiz, bekam als angebl. Auslandsdeutscher ArbBewilligung, aus Tar-

nungsgründen zeitw. Mitgl. pro-natsoz. Org.; 1939 nach dt.-sowj. Pakt Bruch mit KPD; Gr. Neuer Bühnenverlag Miville und Zeiz Zürich, der u.a. als Deckadresse für illeg. Verbindungen diente. 1941-43 freier Mitarb. *Mondialpress* Zürich; in Einverständnis mit KPÖ-Vertr. in der Schweiz Mitarb. u. Mithg. der illeg. Zs. *Der freie Österreicher,* die nach Österr. geschmuggelt wurde (→ Johann Hollitscher), Verb. zu österr. Widerstandsgruppen; techn. Mitarb. *Freies Deutschland* Schweiz. Jan. 1944 Verhaftung durch Schweizer Polizei, 3 Mon. Haft, Prozeß wegen illeg. Tätigkeit, Freispruch, anschl. Internierung in Magliaso u. Engelberg/Kanton Nidwalden; über Robert Jungk Verb. zu US-Geheimdienststellen in der Schweiz, konnte sich außerhalb der Lager beschränkt frei bewegen, VerbMann einer Gruppe, die i.A. der Amerikaner den Stand des Rheinpegels zu überwachen hatte. Ende 1944 Verhaftung im Lager Engelberg, Flucht über Bern nach Genf, Febr. 1945 mit Hilfe von US-Stellen illeg. über Schweizer Grenze nach Frankr. März 1945 durch Schweizer Gericht in Abwesenheit zu 18 Mon. Gef. u. 3000 SFr. Geldstrafe verurteilt (Begründung: nachrichtendienstl. Tätigkeit, Paßfälschung u. Bestechung). Mitarb. OSS, VerbOffz. (Lt.) in US-Armee, nach Kriegsende an Aufstellung von Special Branch bei MilReg. in Süddeutschland (ABZ) beteiligt. Anschl. Rückkehr nach Wien, Journ., ab 1946 Mitgl. *Österreichischer PEN-Club,* 1948-50 Kulturred. *Welt am Abend* Wien. 1950 in München Gr. Thomas-Sessler-Verlag München-Wien; 1952-57 Red. u. Hg. *APR-Pressedienst,* 1954 Sonderkorr. *Donaukurier* Ingolstadt in Genf. Ab 1951 Mitgl. *Börsenverein des deutschen Buchhandels,* ab 1952 *Bayerischer Journalistenverband.* Ps. Gabriel Thomas u. Peter Thomas. Lebte 1978 in Dietersburg/Niederbayern.

W: u.a. Bienen-Legende und andere Parabelchen. 1947; Fünf gegen eine ganze Stadt. Eine Geschichte für die Jugend. 1947; Die Unendlichkeit wird bleiben (L). 1969; Im Zeichen der Ratte (S). 1970. *Qu:* Arch. Fb. Hand. Pers. - IfZ.

Seydewitz, Max, Journalist, Parteifunktionär; geb. 19. Dez. 1892 Forst/Lausitz; *V:* Gerber (gest. 1894); *M:* gest. 1908; *G:* 3; ∞ I. gesch., II. 1928 Ruth Levy (→ Ruth Seydewitz); *K:* aus I: Horst, Fridolin, Christoph; aus II: Nina (geb. 1930), 16. Apr. 1937 Ausbürg.; *StA:* deutsch, 29. März 1934 Ausbürg., deutsch. *Weg:* 1933 CSR; 1938 N; 1940 S; 1945 Deutschland (Berlin).

1907-11 Schriftsetzerlehre bei *Forster Tageblatt,* ab 1907 SAJ-Funktionär in Forst, 1910 SPD, 1911 *Verband Deutscher Buchdrucker,* 1911-13 Wanderschaft, ab 1913 journ. Tätigkeit für SPD- u. GewBlätter; 1914-15 Landsturm; nach der Novemberrevolution ab Dez. 1918 Red. u. 1919-20 Chefred. *Volksstimme* Halle, 1920-31 Chefred. *Sächsisches Volksblatt* Zwickau u. gleichz. SAJ- u. SPD-BezVors. Zwickau-Erzgebirge-Vogtland; auf Görlitzer PT 1921 als Vertr. der linken Opposition Wahl in ProgrKommission, als BezVors. Mitgl. SPD-Landesltg. Sa. u. Zentraler Parteiausschuß bis Sept. 1931, bis 1931 Deleg. aller PT u. SPD-Deleg. auf allen Konf. der *2. Internationale,* 1924-32 MdR. Führender Repräsentant der Parteilinken, die den Reformismus des SPD-PV bekämpfte u. eine Reideologisierung der sozdem. Pol. anstrebte, Okt. 1927-1931 Chefred. des neugegr. Organs der Parteiopposition *Der Klassenkampf - Marxistische Blätter* Berlin u. neben Max Adler, Paul Levi, → Kurt Rosenfeld und Heinrich Ströbel dessen Mithg.; 1930-31 Hg. der *Roter Bücher der Marxistischen Büchergemeinde.* Mit der sog. *Klassenkampf-*Gruppe Opposition gegen Beteiligung der SPD an der Großen Koalition unter Hermann Müller u. später gegen die Tolerierung der Brüning-Reg., März 1931 mit 8 weiteren SPD-Linken Bruch der Fraktionsdisziplin bei Reichstagsabstimmung über den Panzerkreuzerbau, deshalb auf Leipziger PT grundsätzl. Auseinandersetzungen über das Verhältnis von aktueller Politik u. ideolog. Anspruch. Juli 1931 mit den anderen *Klassenkampf*-Hg. Verf. eines *Mahnrufs an die Partei* gegen die Tolerierungspol.; der Vorwurf des PV, die *Klassenkampf*-Gruppe zeige „sonderorganisatorische Bestrebungen" innerh. der SPD, gab Juli 1931 Anlaß zur Grdg. der Freien Verlagsgesellschaft H. u. der Zs. *Die Fackel* Berlin. Daraufhin 29. Sept. Parteiausschluß von S. u. Rosenfeld; am 2. Okt. gemeins. *Aufruf an alle Sozialdemokraten* sowie Einberufung einer Reichskonf. der sozdem. Opposition, die zur

Grdg. der SAPD führte, um den Kristallisationskern für eine erneuerte Arbeiterbewegung zu bilden u. vorrangig eine Einheitsfront gegen den erstarkenden NatSoz. zu schaffen. Die neue Partei, der sich einige zwischen der KPD u. SPD angesiedelte Splittergruppen wie *Arbeitsgemeinschaft für linkssozialistische Politik, Sozialistischer Bund* um → Georg Ledebour sowie Reste der USPD um → Theodor Liebknecht anschlossen, verfügte in ihrer Anfangsphase über mehr als 20 000 Mitgl. mit Zentren in Berlin, Frankfurt/M., Sa., Schlesien u. Thür., sie verlor jedoch ihre anfängl. relative Homogenität nach Anschluß der KPDO-Minderheitsgruppe um → Jacob Walcher u. → Paul Frölich Anfang 1932, welche die oppos. Kräfte gegen die Rosenfeld-Seydewitz-Führung zusammenfaßte und im PV als geschlossene Minderheitsgruppe gegen die PV-Mehrheit der *Klassenkampf*-Gruppe agierte. S. war ab GrdgKonf. der SAPD am 4. Okt. 1931 Mitvors. der Partei, Chefred. des SAPD-Organs *Die Fackel, Sozialistische Wochenzeitung gegen Nationalsozialismus und Kulturreaktion* bzw. ab Nov. *Sozialistische Wochenzeitung* u. ab Jan. 1932 *Das Kampfsignal. Wochenzeitung der SAPD* Berlin sowie Hg. der SAPD-Wochenschrift *Was ist los in Berlin?*. Infolge der offenen Flügelkämpfe Ende 1932 mit PV-Mehrheit für SAPD-Auflösung, 3. März 1933 (nach S. bereits Jan. 1933) Auflösungsbeschluß u. Aufforderung an Parteimitglieder zum Anschluß an SPD (Seydewitz) bzw. KPD (Rosenfeld), der jedoch die Mehrheit der damals etwa 17 000 Parteimitgl. u. der PV-Minderheit nicht folgten. - Nach natsoz. Machtübernahme illeg. in Berlin, Apr. 1933 mit Fam. Emigr. nach Prag, Anschluß an sog. alte Linke in der SPD, mit → Siegfried Aufhäuser u. → Karl Böchel 1934 Mitgr. *Arbeitskreis revolutionärer Sozialisten Deutschlands* (RSD), Mithg. *RS-Briefe*, 1933-34 Hg. u. unter Ps. Emes u. M. Dewitz Mitarb. *Der Gegenstoß* Prag. Nach sog. Brüsseler Konferenz der KPD v. 1935 Überzeugung vom Wandel der KPD-Pol. gegenüber der SPD, enge ZusArb. mit KPD-Funktionären → Anton Ackermann u. → Siegfried Rädel, Förderung der Einheitsfrontverhandlungen zwischen KPD u. SPD, neben → Hermann Budzislawski u. → Wilhelm Koenen LtgsMitgl. *Deutscher Volksfrontausschuß* Prag sowie Mitunterz. Pariser Volksfrontaufruf v. Dez. 1936/Jan. 1937. Wegen verdeckter Unterstützung der KPD u. des Versuchs, in ihrem Auftrag oppos. Gruppen im Reich zu bilden, 1937 RSD-Ausschluß; in dem 1936/37 entstandenen Buch *Stalin oder Trotzki? - Die UdSSR und der Trotzkismus. Eine zeitgenössische Untersuchung* endgültiger Übergang zu Positionen des Kommunismus stalinistischer Prägung, wobei die Tatsache, daß zwei seiner Söhne in der sowj. Emigr. lebten u. Ende der 30er Jahre als angebl. Gestapo-Agenten verhaftet u. 5 J. in NKVD-Gefängnissen festgehalten wurden, diese Wende beschleunigt haben soll. 1938 über Holland nach Norwegen, nach dt. Einmarsch im Apr. 1940 nach Schweden, Lager Loka Brun, Internierung in Långmora, Juli 1940 Entlassung nach Intervention Georg Brantings; danach ständ. Mitarb. *Komintern*-Ztg. *Die Welt* Stockholm unter Ps. M. Schönerer, Michael Kraft, M. Knolle u. M. Kolbe (?) sowie ltd. Mitwirkung in KPD-Landesgruppe. 18. Aug. 1942 Verhaftung, nach Ausweisungsbeschluß Jan. 1943-Sept. 1944 Zwangsaufenthalt in Lund, unter Ps. Peter Michel aktiv in der freidt. Bewegung, Mitunterz. *Aufruf zur Sammlung der Deutschen in Schweden*. Vorst.-Mitgl. FDKB, Mitarb. *Politische Information* Stockholm. Dez. 1945 illeg. Rückkehr nach Berlin, 1946 Chefred. *Einheit*, 1946-47 Intendant *Berliner Rundfunk*, 1947-52 MinPräs. u. Mitgl. SED-Landessekretariat in Sa., 1947-49 Mitgl. SED-PV, 1947-52 Landesvors. *Gesellschaft zum Studium der Kultur der Sowjetunion* bzw. ab 1949 *Gesellschaft für Deutsch-Sowjetische Freundschaft* (GDSF) in Sa., 1948-49 Mitgl. des Plenums der Deutschen Wirtschaftskommission (DWK) u. Mitgl. Deutscher Volksrat, 1949-50 MdProvis. VK u. ab 1950 MdVK (1953-63 Vors. Haushalts- u. Finanzausschuß); 1951 Selbstkritik während der SED-Kampagne gegen die ehem. SAPD, Positionsverlust, 1952-55 freischaffender Schriftst. Ab 1954 Mitgl. des Komitees der Interparlamentarischen Gruppe der DDR, ab 1954 Mitgl. *Deutscher Friedensrat* u. ab 1957 in dessen Präsidium; 1955-68 GenDir. Staatliche Kunstsammlungen Dresden; ab Grdg. 1961 Vizepräs. *Deutsch-Nordische Gesellschaft in der DDR*, ab 1966 Vors. Parlamentarische Freundschaftsgruppe DDR-Italien, ab 1968 Ehrenpräs. Rat für Museumswesen beim Min. für Kultur; schriftst. Betätigung. Lebte 1978 in Dresden. - In seinen Lebenserinnerungen distanzierte sich S. von der Gründung der SAPD, die nach seiner Darstellung im Sinne der histor. Rezeption der SED als eine inhomogene Sekte politischer Individualisten durch ihre Spaltungspolitik das Nichtzustandekommen der Einheitsfront zw. SPD u. KPD am Ende der Weimarer Republik mitverschuldete. – *Ausz.:* 1955 Deutsche Friedensmed., 1957 VVO (Silber), Fritz-Heckert-Med., Ernst-Moritz-Arndt-Med., GDSF-Ehrennadel (Gold), 1958 Med. für Kämpfer gegen den Faschismus 1933-1945, 1959 Banner der Arbeit, 1960 Prof.-Titel, NatPreis 3. Kl. für Kunst u. Literatur, 1962 VVO (Gold), 1965 Banner der Arbeit, Johannes-R.-Becher-Med. (Gold), 1967 Carl-von-Ossietzky-Med. des Friedensrates der DDR, Verdienstmed. der Liga für Völkerfreundschaft (Gold), 1968 Ehrenspange zum VVO (Gold), Ehrenbürger von Forst; andere in- u. ausländ. Orden, Ehrenzeichen u. Medaillen.

W: u.a. Sozialdemokratie und Wehrproblem. Broschüre. 1928; Der Standpunkt der Opposition. Brosch. 1931; Todesstrahlen und andere neue Kriegswaffen (zus. mit K. Doberer). London (Malik-Verlag) 1936; Stalin oder Trotzki? ebd. 1938 (Übers. span., tschech. u. serbokroat., z.T. unter dem Titel: Die große Alternative); Hakenkreuz über Europa? Paris (Vannier) 1939; Den tyska hemmafronten (Die deutsche Heimatfront). Stockholm (Norstedt) 1944 (amerikan.: Civil Life in Wartime Germany, New York 1945); Wirtschaftsaufbau aus eigener Kraft. Brosch. 1948; Der Schriftsteller in unserer Zeit. Brosch. 1948; Es geht um Deutschland. 1948; Wo blieben unsere Männer. 1954; Die unbesiegbare Stadt (auch unter dem Titel: Zerstörung und Wiederaufbau von Dresden). 1955; Der Antisemitismus in Westdeutschland (zus. mit Ruth Seydewitz). 1956; Ein Leutnant und drei Mann. Brosch. 1957; Das Dresdner Galeriebuch (zus. mit Ruth S.). 1957 (Übers. russ.); Die große Kraft. 1961; Goethe und der General Winter. 1962; Dresden (Bildband). 1962; Die Dame mit dem Hermelin - Der internationale Kunstraub der Faschisten (zus. mit Ruth S.). 1963 (Übers. russ., estn., poln., ungar., tschech.); Gemäldegalerie Alte und Neue Meister (Bildband). 1967; Der verschenkte Herkules - Geschichten um Bilder (zus. mit Ruth S.). 1969; Dresden - Musen und Menschen. 1971; Das Mädchen mit der Perle (zus. mit Ruth S.). 1972; Es hat sich gelohnt zu leben (Erinn.). 1976; sowie zahlr. Beiträge in Sammelbänden, Zs. u. Ztg.; *L:* u.a. Drechsler, SAPD; Duhnke, KPD; Mewis, Auftrag; Durzak, Exilliteratur; Müssener, Exil; Wehner, Untergrundnotizen. *Qu:* Arch. Erinn. Hand. Publ. Z. - IfZ.

Seydewitz, Ruth, geb. Levy, Parteifunktionärin, Schriftstellerin; geb. 26. Juni 1905 Oppeln/Oberschlesien; *V:* Kaufm.; *G:* → Fritz Levy; ∞ 1928 → Max Seydewitz; *K:* Nina (geb. 1930), Emigr., 16. Apr. 1937 Ausbürg. *StA:* deutsch, 16. Apr. 1937 Ausbürg., deutsch. *Weg:* 1933 CSR; 1938 N; 1940 S; 1945 Deutschland (Berlin).

Real-, Handels- u. Kunstgewerbeschule, Lehre als Schneiderin (Meisterprüfung), 1923 SPD u. ZdA, Vors. der *Jungsozialisten* in Oppeln u. Schlesien, 1928 Red. *Sächsisches Volksblatt* Zwickau, 1929-33 Verlagsltr. Marxistische Verlagsgesellschaft m.b.H. Berlin, ab März 1931 Chefred. *Der Klassenkampf - Marxistische Blätter* Berlin, 1931 SAPD, Mithg. der SAPD-Wochenzs. *Was ist los in Berlin?* Apr. 1933 Emigr. in die CSR, Sekr. von → Friedrich Bill, 1938 über Holland nach Norwegen u. 1940 nach Schweden, gelegentl. Mitarb. *Die Welt* Stockholm (Ps. Georg Krüger u. Rosa Winzer), 1942 KPD. Dez. 1945 illeg. Rückkehr nach Berlin, Red. bei Verlag JHW Dietz Nachf. GmbH, danach Ltr. Volksbildungsamt Teltow, 1946 Mitgr. *Demokratischer Frauenbund Deutschland* (DFD) in Berlin u. Ltr. der Kulturkommission, 1946-47 Mitgl. KPD- bzw. SED-Kreisltg. Teltow, dann Ltr. der Pressestelle der Landesreg. v. Sa. u. später Landessekr. sowie Vors. *Kulturbund zur demokratischen Erneuerung Deutschlands* in Sa.; ab 1947 Mitgl. DFD-Landesvorst. in Sa. u. Ltr. der Kulturkommission, 1948-52 MdL Sa., danach freischaffende Schriftst., 1958-62 StadtVO. Dresden, ab 1960 Mitgl. *Friedensrat der DDR*, 1963-67 Mitgl. SED-Ltg. im *Deutschen Schriftstellerverband;* Mitgl. BezVorst.

Dresden u. Mitgl. Kulturkommission des Zentralvorst. der *Gesellschaft für Deutsch-Sowjetische Freundschaft* (GDSF). Lebte Mitte der 70er Jahre in Dresden. – *Ausz.:* u.a. 1950 Aktivist des Zweijahresplanes, 1958 Med. für Kämpfer gegen den Faschismus 1933–1945, 1959 Deutsche Friedensmed., 1961 VVO (Bronze), 1962 Martin-Andersen-Nexö-Kunstpreis der Stadt Dresden, 1963 GDSF-Ehrennadel (Gold), 1964 Arthur-Becker-Med. (Gold), 1965 VVO (Bronze), DFD-Ehrennadel (Gold) u. Johannes-R.-Becher-Med. (Gold), 1970 Verdienstmed. der DDR.

W.: u.a. Was der Tunnel erzählt. 1955; Wo das Leben ist. 1956; Von Grafen, Baronen und der neuen Zeit. 1957; Das Glückskind – Gedanken über das Leben von Frauen von vier Generationen. 1958; Der Menschheit bewahrt. 1958; Das neue Dresden. 1959; Dresden – geliebte Stadt. 1960; Der Klasse treuer Kämpfer (Biogr. über Otto Buchwitz). 1961; Wenn die Madonna reden könnte. 1962; Liebe durch die Jahrhunderte – Von Minnesang, Frauenrecht und Menschenglück. 1970; Alle Menschen haben Träume. Meine Zeit – mein Leben. 1976 (Erinn.); gemeinsame *W* s. bei Max Seydewitz. *L:* Drechsler, SAPD; Albrecht, Deutschspr. Schriftsteller; Seydewitz, Max, Es hat sich gelohnt zu leben. 1976. *Qu:* Arch. Hand. Publ. Z. - IfZ.

Shaliv, Avraham (urspr. Wallfisch, Günter Georg), Ministerialbeamter; geb. 11. Sept. 1919 Breslau; *V:* Herbert Wallfisch (geb. 1884 Breslau, umgek. im Holokaust), jüd., Arzt; *M:* Frieda, geb. Broida (geb. 1891 Tilsit, gest. 1973 Jerusalem), jüd., höhere Schule, Krankenschwester, 1938 Emigr. Pal.; *G:* Hans Peter Wallfisch (geb. 1924 Breslau), 1938 Emigr. Pal., Pianist; ∞ 1939 Lili Friedetzki (geb. 1920), Landwirtschaftsschule, Emigr. Pal., Jugendl.; *StA:* deutsch, Pal./IL. *Weg:* 1937 Pal.

1937 Abitur Breslau, Mitgl. *Habonim,* 1937 Hachscharah in Ellguth/Oberschlesien; Okt. 1937 Emigr. Palästina mit B III-Zertifikat, 1937-39 Stud. Hebr. Univ., 1939-58 Mitgl. Kibb. Gilad; 1956 Stud. Ruppin Inst. Central Sharon, 1959-66 Stud. Hebr. Univ., 1962 B.A., 1966 M.A., ab 1963 Wirtschaftswissenschaftler u. Dir. der Zentrale für industrielle Planung beim isr. Min. für Handel u. Industrie, Mitgl. *Histadrut,* ab 1939 in der Arbeiterjugend *HaNoar haOved* tätig, ab 1939 Mitgl. *Haganah,* ab 1949 Reservist IDF. Lebte 1977 in Jerusalem.

W: Aufsätze über wirtschaftswiss. Themen in isr. Fachzs. *Qu:* Fb. - RFJI.

Shaltiel (urspr. Sealtiel), **David,** Offizier, Diplomat; geb. 16. Jan. 1903 Berlin, gest. 23. Febr. 1969 Jerusalem; *V:* Benjamin Sealtiel (geb. 1874 Hamburg, gest. 1934 Hamburg), jüd., Exportkaufm. (Lederwaren), Vors. Sephardische Gde. in Hamburg; *M:* Helena, geb. Wormser (geb. 1871 Karlsruhe, gest. 1938 Hamburg), jüd.; *G:* Pauline Sealtiel (geb. 1900 Berlin, umgek. 1941 KL Minsk); Rafael Sealtiel (geb. 1901 Berlin, gest. 1910 Berlin); Josef Sealtiel (geb. 1905 Berlin, umgek. KL Dachau), letzter Präs. der Sephardischen Gde. Hamburg, Dep. KL Theresienstadt; Jehudith Sealtiel (geb. 1907 Berlin, 1942 Freitod nach Verhaftung auf der Flucht nach CH); ∞ I. 1934 Inge Goldberg, 1942 gesch., Emigr. Pal.; II. 1942 Jehudith (Irmgard) Schönstadt (geb. 1913 Berlin), 1935 Emigr. Pal., Ph. D., führende Psychologin in Jerusalem; *StA:* deutsch, Pal./IL. *Weg:* 1934 Pal.; Deutschland; 1939 Pal.

Talmud-Thora-Schule u. Oberrealschule Hamburg, Mitgl. *Blau-Weiß,* 1919-20 Hachscharah Eberswalde. 1923 nach Palästina, landwirtschaftl. Arb. in Petaḥ Tikvah u. Rishon Le-Zion; 1925 nach Italien, 1926-31 Fremdenlegionär in Marokko. 1931-33 Vertr. für Shell in Paris u. Metz. 1933-34 in deutscher *Hechaluz-*Ausbildungsorg. in Paris, landwirtschaftl. ArbVermittlung für junge Flüchtlinge, 1934 Ltr. Ausbildungs-Kibb. Mahar Brive la Gaillarde. 1934 nach Palästina, Bauarb. in Jerusalem, Dienst in Palestine Settlement Defense Org.; 1936 Ortskommandant der *Haganah* in Menaḥemia/Bethanien, 1935-36 i.A. der *Jew. Agency* Waffeneinkäufe in Antwerpen, Nov. 1936 wegen illeg. Waffeneinkäufe u. Geldüberweisungen aus Deutschland bei Aachen verhaftet, KL Fuhlsbüttel, Dachau, Buchenwald u. Gefängnis Berlin, 1939 Entlassung u. Emigr. nach Palästina, 1939 Kommandeur der *Haganah* in Ga-

liläa, anschl. i.A. der *Jew. Agency* Rekrutierungsoffz. für brit. Armee, 1940-42 Aufbau der Spionage-Abwehr der *Haganah,* 1942-43 Kommandeur der *Haganah* in Haifa, 1944-45 Auswanderungshilfe für D.P.s in Europa, 1945-48 Ltr. Nachrichtendienst u. Org. der antibrit. Untergrundbewegung, 1948 Kommandeur im Unabhängigkeitskrieg in Jerusalem, 1949 Oberst, Brigadegen., Generalinspekteur IDF, erster Versuch zum Aufbau eines Grenzkorps. 1950-52 Militärattaché in Frankr., Italien u. den Benelux-Ländern; 1952-56 Botschafter in Brasilien u. Venezuela, 1956-59 in Mexiko u. mittelamerikan. u. karib. Staaten akkreditiert; 1959-63 Ltr. der antiarabischen Boykott-Abt. im isr. Außenmin.; 1963-66 Botschafter in den Niederlanden.

L: Lüth, Erich, David Shaltiel. 1969; Scholem, Gershom, Erinnerungen an David Shaltiel. In: Aufbau, 2. Mai 1969; Prinz, Willy, Die Himmelsleiter (biogr. Roman). 1977. *Qu:* Hand. Pers. Publ. Z. - RFJI.

Shamgar (urspr. Sternberg), **Meir,** Staatsanwalt, Richter; geb. 13. Aug. 1925 Danzig; *V:* Eliezer Sternberg; *M:* Dina, geb. Bonfeld; ∞ Gevla Nave; *K:* Anat; Ram; Dan. *Weg:* 1939 Pal.

1939 Emigr. Pal.; 1939-48 Mitgl. *Irgun Zevai Leummi;* 1944-48 Internierung GB, Ausweisung nach Afrika; 1948-68 IDF (Oberst); Stud. Rechtswiss. Hebr. Univ. u. Univ. London; 1961-68 Oberster Ankläger der IDF, 1968-75 isr. GenStaatsanwalt, daneben 1968 Rechtsberater im Verteidigungsmin., ab 1975 Richter am Obersten Gerichtshof. Lebte 1976 in Jerusalem.

Qu: Hand. - RFJI.

Sharon (urspr. Schleimer), **Siegmar,** Ingenieur; geb. 30. Nov. 1901 Czarnikau/Posen; *V:* Solomon Schleimer (geb. 1865 bei Danzig), jüd., Kaufmann; *M:* Paula, geb. Gumpert (geb. 1866 Nakel/Posen, umgek. im Holokaust), jüd.; *G:* 1 B u. 1 S, A: USA; 1 S, A: IL; 1 S, A: Chile; 1 S (umgek. im Holokaust); ∞ Judith Deichsler (geb. 1915 Zwickau); *K:* Ithamar (geb. 1945), B.S., M.S., Stud. Ing. TU Berlin; *StA:* Pal./IL. *Weg:* 1933 Pal.

Dipl.-Ing.; Ing.-Praktikum in einer Maschinenfabrik in Berlin, 5 Jahre Konstruktionsing. (Automatenbau) bei OSRAM in Berlin; 1933 Emigr. Pal. mit Touristenvisum, später Aufenthaltsgenehmigung; 1934-66 Angest. bei Palestine (später Israel) Electric Co., 1965-66 Ltr. der Konstruktionsabt. für Netzbau; Ausarbeitung u. Anwendung neuer Methoden in der Energieverteilung; Mitgl. *Isr. Engineers Assn.,* Mitgl. *Histadrut Engineers.* Lebte 1977 in Herzliyyah/Israel.

Qu: Fb. - RFJI.

Shatil, Joseph Ernst (urspr. Stillmann, Ernst Joseph), Verbandsfunktionär, Agronom; geb. 19. Dez. 1909 Berlin, gest. 22. Dez. 1977 IL; jüd.; *V:* Armin Stillmann (geb. 1870 Ungarn), Installateur; *M:* Antonia, geb. Pollack (geb. 1870 Ungarn), 1937 Emigr. Pal.; *G:* 1 B u. 2 S, Emigr. Bras., 1 S, 1937 Emigr. Pal.; ∞ Ruth Prager (geb. 1916 Leipzig), Krankenschwester u. Sozialfürsorgerin; *K:* Jonatan (geb. 1944); *StA:* ungar., Pal./IL. *Weg:* 1935 Pal.

Höhere Schule Berlin, 1925-33 kaufm. Lehre u. Angest. in Frankfurt/M. u. Mönchengladbach; 1933-34 Geschäftsf. *Reichsausschuß jüdischer Jugendverbände Deutschlands,* 1934-35 Ltr. *Jüdische Jugendhilfe,* Mitgl. *Blau-Weiß, Deutschjüdische Jugendgemeinschaft, Werkleute, Kameraden.* Aufgabe der Berufstätigkeit wegen drohender Verhaftung, 1935 landwirtschaftl. Hachscharah, Dez. 1935 Emigr. Pal. mit C-Zertifikat, ab 1935 im Kibb. Ḥazorea. 1937-39 bei der Siedlungspolizei, 1941-43 Dienst im *Palmach,* 1945-47 Deleg. für *Jugend-Alijah* in Europa, 1949-50 Ref. für Wirtschaftsfragen bei *Mapam,* 1950-51 Wirtschaftsred. der *Mapam-*Tageszeitung *Al haMishmar,* 1954-64 bei Kibb.-Vereinigung *HaKibbuz haArzi;* 1954-58 bei Abt. für Wirtschaftsfragen des *HaKibbuz haArzi,* 1958-59 Ausbildung zum Agrarökonomen durch FAO, 1961-63 Ltr. *Brith haTenuah haKibbutzit* (Vereinigte Kibbuzbewegung), 1963-64 Doz. am Seminar des *HaKibbuz haArzi* in Givat Ḥavivah, 1966-74 WirtschRed. der Ztg. *Al haMishmar;* 1976 Forschungen an der Univ. Haifa. Lebte 1977 in Kibb. Haẓorea.

W: Messorat haOlam heḤadasch (Die Botschaft einer mutigen neuen Welt). 1944; Meshek Yisrael le'an? (Tendenzen in Israels Wirtschaft; Mitverf.). 1949; Meshek haKibbuz beYisrael (Die Kibbuzwirtschaft in Israel). 1955; L'économie collective du Kibboutz Israélien. 1960; Bibliography of Studies of Rural Cooperatives in Israel. 1965; Haẓorea, die ersten zehn Jahre (hebr.). 1977; Beiträge über Kibb. u. isr. WirtschFragen in *Al haMischmar* u.a. isr. Zs. *Qu:* Fb. Hand. Pers. - RFJI.

Shechter, Eliezer, Dr. phil., Kommunalpolitiker; geb. 12. März 1902 Czernowitz/Bukowina, gest. 1969 Tel Aviv; *V:* Eliyahu Soldinger, Ltr. des rabbin. Gerichts in Czernowitz, Rabbiner in Bukarest, Emigr. Pal., Rabbiner in Bene Berak; *M:* Sisel, geb. Shechter; ∞ 1934 Devorah Cahana, Frauenärztin; *K:* Dan; Naomi. *Weg:* 1934 Pal.

Stud. Berlin u. Leipzig, 1923 (?) Prom. Leipzig; Verleger von *Das Yiddishe Folksblatt* Leipzig, später Schriftf. *Poale Zion* in der CSR, Zeitungsverleger in Prag. 1934 Emigr. Pal., 1934 Mitgl. Betriebsrat Ḥadera, ab 1952 Mitgl. Stadtrat Tel Aviv, stellv. Bürgermeister Tel Aviv-Jaffa, Sekr. Arbeiterrat Tel Aviv-Jaffa, Mitgl. Zentralausschuß *Mapai.*

Qu: Hand. Publ. - RFJI.

Sherwin (urspr. Schwerin), **Walter Joseph,** Ministerialbeamter; geb. 12. März 1931 Paderborn; jüd.; *V:* Monroe Schwerin (geb. 1896 New York), jüd., 1898 nach Deutschland, Gymn., Handelsvertr., 1938 KL, 1939 Emigr. USA; *M:* Marianne, geb. Grünebaum (geb. Jan. 1905 Paderborn), jüd., höhere Schule, 1939 Emigr. USA Staatsangeh.; *G:* Susanne J. Byrd (geb. 1928 Paderborn), 1939 Emigr. USA, B.A., Lehrerin; ∞ 1957 Kitty P. David (geb. 1933 Paris), jüd., 1937 Emigr. GB, 1940 USA, Univ. Stud., MitArb. an USAID-Programmen für Afrika; *K:* Mark S. (geb. 1959); Jennifer (geb. 1962); *StA:* deutsch, 1945 USA. *Weg:* 1939 USA.

Okt. 1939 Emigr. USA, Hilfe durch Flüchtlingsorg. u. Verwandte, 1949-57 Stud., daneben Teilzeitarb. als Verkäufer, Radiosprecher u. Autor bei bundesstaatl. Rundfunkanstalt Madison/Wisc., 1953 B.A. Univ. Wisconsin, 1953-54 Fulbright-Stipendiat Univ. Bonn u. Berlin, 1958 M.A. Univ. Wisc., 1958-59 Hilfsred., ab 1959 ltd. Stellungen bei Internat. Cooperation Administration (ab 1961 USAID), 1965-67 in Ouagadougou/Ober-Volta, 1967-69 in Tananarive/Madagaskar, 1969-70 in Dakar/Senegal, 1970-77 in Washington/D.C., ab 1977 in Niamey/Niger; Mitgl. *Am. Foreign Service Assoc.,* VorstMitgl. u. Kassierer *Bethesda Jewish Congr.* Lebte 1976 in Washington/D.C.

Qu: Fb. Hand. - RFJI.

Shiftan, Zeev Ludwig (urspr. Schüftan, Ludwig), Geologe u. Hydrologe; geb. 22. Juni 1920 Görlitz/Schlesien, jüd.; *V:* Dr. phil. Max Schüftan (geb. 1884 Namslau/Schlesien, gest. 1936), Stud. Jüd.-Theol. Seminar Breslau, Prom. Erlangen, Rabbiner in Görlitz u. Erfurt; *M:* Dina, geb. Meyer (geb. 1886 Düsseldorf, umgek. im Holokaust), in der jüd. Sozialfürsorge tätig, dep. KL Theresienstadt; ∞ 1944 Judith (Edith) Eschwege (geb. 1922 Mainz), Emigr. Pal., Lehrerin in Jerusalem; *K:* Dina; Anath; Yoram; *StA:* deutsch, Pal./IL. *Weg:* 1939 Pal.

Abitur Erfurt, 1938 Stud. Jüd.-Theol. Seminar Breslau; Nov. 1938-Febr. 1939 KL Buchenwald; Febr. 1939 Emigr. Palästina mit B III-Zertifikat; 1940-44 Stud. Agrarwiss. u. Geologie Hebr. Univ., M.Sc.; 1941-48 Mitgl. *Haganah* Jerusalem, 1944-48 Assist. in der geolog. Abt. der Hebr. Univ., 1948-49 IDF. 1949-56 Chef des Amts für Hydrogeologie, 1953-56 stellv. Dir. des Amts für Landesvermessung, Teiln. an Grundwasserschürfungen im Negev, in Ost-Galiläa u. Mittel-Israel, gleichz. 1951-63 Doz. für Geologie Hebr. Univ. 1956 IDF (Sinai-Krieg). 1957-63 Berater bei der staatl. span. Gesellschaft für Grundwasserförderung Montalben S.A. in Madrid, 1960-61 Teiln. an Forschungsprojekten der isr. Wasserbehörde Tahal Consult Engineers, Ltd., u. der FAO im Iran, Zypern u. in Nigerien; 1956-63 Vors. des Beratungsausschusses der Wasserkommission des isr. Landwirtschaftsmin., 1963-65 techn. Berater der Resources and Transport Div. des Dept. of Econ. and Soc. Affairs bei der UNO, zuständig für die finanzielle u. techn. Unterstützung der Grundwasserprojekte in Afrika, Mittel- u. Südamerika, im Nahen Osten u. in Indien; 1966-72 Chefhydrologe der isr. Abt. Tahal Consult. Engineers, Ltd., Berater für Grundwasserfragen u. für Entwicklungsprogramme in Lateinamerika u. Zypern, ab 1972 Chef der Hydrolog. Abt. von Tahal Consult. Engineers für Israel u. das Ausland. Mitgl. *Am. Geophysical Union (Nat. Water Well Assn.)* USA, Org. Internat. d'Hydrologie, Geologische Gesellschaft von Israel. Lebte 1977 in Jerusalem.

W: u.a. Geological Map of Satad Region. 1947, 1952; The Application of Hydrogeology in the Development of Israel's Water Resources. 1962; Berichte u. Karten über geolog. u. hydrolog. Forschungen in Israel u. Spanien. *Qu:* Fb. Hand. - RFJI.

Shimoni, Yaacov (urspr. Simon, Jakob), Diplomat, Historiker; geb. 9. Apr. 1915 Berlin; *V:* Fritz Simon (geb. 1884 Frankfurt/O., gest. 1935 Berlin), RA, Zion.; *M:* Lotte, geb. Salin (geb. 1889 Berlin, gest. 1919 Berlin), Zion.; *G:* Joachim (Yakhin) (geb. 1919 Berlin, 1943 Freitod nach Inhaftierung durch Nat.-Soz. in Breda/NL, Ltr. *Hechaluz,* aktiv bei Rettung jüd. Kinder; ∞ 1938 Miriam (Marianne) Schoenbrunn (geb. 1914 Saaz/Böhmen), Handelsschule; *K:* Yair, (geb. 1939), Ph.D., Physiker; Yakhin (geb. 1946), M.Sc., Biologe; Mikhal (geb. 1949), B.Sc., Biologe; *StA:* deutsch, Pal./IL. *Weg:* 1935 CH; 1936 Pal.

1933 Abitur, 1930-33 Mitgl. *Kadimah,* Gruppenführer im Bildungswesen, 1933 Teiln. an Gründung von *Habonim* durch ZusSchluß mit *Brith Haolim,* 1933-34 Hachscharah in Frankr., 1934 Rückkehr nach Deutschland, in der Jugendarbeit bei *Hechaluz* u. *Habonim* tätig, 1934 Ltr. von *Hechaluz* u. *Habonim* im Rheinland, 1934-35 Mitgl. Bundesltg., Red. *Habonim-Zeitung;* 1935 Stud. Basel. 1936 Emigr. Palästina mit C-Zertifikat, 1936-41 Mitgl. Kibb. Givat Ḥayyim, 1936 Deleg. *Mapai-*Konf.; Mitgl. *Histadrut;* Arbeit in der Landwirtschaft u. im Straßenbau, 1938 Deleg. zur Kibb.-haMeuḥad-Konf.; 1938-40 Stud. Lehrerseminar Bet Hakerem in Jerusalem, 1940-41 Lehrer u. Rektor der Givat Ḥayyim-Elementarschule; 1941-46 Sekr. der arab. Sektion des Nachrichtendienstes der *Haganah,* 1946-48 Sekr. der arab. Sektion, 1946 gleichz. Dir. der Forschungssektion der pol. Abt. der *Jew. Agency,* 1947 Mitgl. der pal.-jüd. Deleg. zur Asian Relations Conf. in Delhi, 1948 Dir. arab. Rundfunksendungen der *Haganah* in Tel Aviv; ab 1948 im isr. Außenmin.; 1948-49 stellv. Dir. u. geschäftsf. Dir. der Abt. Mittlerer Osten, Mitgl. der Deleg. für Waffenstillstandsverhandlungen mit Jordanien; 1949-52 Dir. der Abt. Asien, 1949 mit isr. Mission auf den Philippinen, 1952-55 Botschaftsrat in Washington/D.C., 1952-53 Deleg. UN-GenVers., 1955-57 isr. Gesandter in Burma u. mit isr. Mission in Laos u. Kambodscha, 1957 nichtresidierender Gesandter in Laos, Ceylon und auf den Philippinen, 1958-60 Dir. Osteuropa-Abt., 1960-64 Dir. Asien-Abt., 1964-68 Botschafter in Schweden, 1969-76 Assist. GenDir., ab 1976 Botschafter in der Schweiz, gleichz. 1957-64 Gastdoz. Hebr. Univ. (süd- u. südostasiat. Geschichte, nat. u. internat. Politik), 1973-75 Gastprof. Hebr. Univ.; 1947 Mitgr., Mitgl. *Isr.-Asian Relations Assn.,* 1949 Mitgr. *Isr. Oriental Soc.* u. *Isr.-Asian Relations Congress.* Lebte 1977 in Jerusalem.

W: u.a. Die Vier von Kinneret; Lastträger bin ich (Kindergeschichten aus dem Hebräischen, übersetzt und teilw. neu geschrieben). 1934, 1935; Arvei Erez Yisrael (Die Araber Palästinas). 1947; HaMiut haAravi biMedinat Yisrael (Die arab. Minorität in Israel). 1950; Medinot Arav (die arab. Staaten). 1959; Asyah beYamenu (Das heutige Asien - Politische Geschichte). 1961; Arzot Derom Asyah (Die Staaten Süd- und Südost-Asiens), 3 Bände. 1960, 1963, 1964; Leksikon Politi shel haMizraḥ ha Tikhon (Pol. Wörterbuch des Mittleren Ostens im 20. Jahrhundert, Red. u. Mitautor). 1971 (hebr.), 1972 (engl.);

Medinot Arav beYamenu (Die arab. Staaten: Zeitgeschichte u. Politik). 1965, erw. Aufl. 1977; Art. über arab. u. asiat. Politik u. den Mittleren Osten in hebr. u. ausl. Fachzs., u.a. in *Middle East Journal, Middle Eastern Affairs, Midstream, United Asia;* Mitgr. u. Red. *HaMizrah heHadash* (Der neue Osten, Vierteljahresschrift der Isr. Oriental. Gesellschaft); Red. für neuzeitl. Asien u. Mittlerer Osten der *Hebr. Encycl.;* Mitarb. E.J.; Art. in dt.-jüd. Zs. *Qu:* Fb. Hand. – RFJI.

Shimron (urspr. Schujowitz), **Erwin Shaul,** Jurist; geb. 14. Jan. 1919 Wien, gest. 31. Mai 1978 Tel Aviv; *V:* Eugene Schujowitz; *M:* Irene, geb. Beral; ∞ 1945 Rachel Teitel; *K:* Shlomith; David. *Weg:* 1938 Pal.
Stud. Triest u. 1936-38 Wien. 1938 Emigr. Palästina, 1938-43 bei der palästin. Polizei; daneben 1938-40 Stud. Hebr. Univ., 1943 Examen Rechtswiss., 1943-45 Controller für die Leichtindustrie, 1945-48 stellv. Staatsanwalt bei der Rechtsabt. der brit. Mandatsverw.; 1947 LL.B. London; Zulassung als RA in Middle Temple. 1948-50 stellv. GenStaatsanwalt, 1950-53 Solicitor General im isr. Justizmin., ab 1953 RA-Praxis, Vors. des Untersuchungsausschusses für Benzinversorgung; AR-Mitgl. Pan-Israel Oil Co. u. Israel Mediterranean Petroleum, Inc.; *Ausz.:* Österr. Konsul in Jerusalem.
W: u.a. The Reception and Development of Common Law and Equity in Israel. In: International Lawyers Convention in Israel, Nr. 66/1958. *Qu:* Hand. – RFJI.

Shinnar (urspr. Schneebalg), **Felix Elieser,** Dr. jur., Ministerialbeamter; geb. 17. Apr. 1905; jüd.; *V:* Chaim Schneebalg (geb. 1868, gest. 1932 Berlin), jüd., Kaufm.; *M:* Jenny, geb. Schiffman (geb. 1870, gest. 1940 Tel Aviv), 1933 Emigr. Pal.; *G:* Berta Shiloni (geb. 1903 Stuttgart), 1933 Emigr. Pal.; Peppi Gruenberg (geb. 1900 Stuttgart), Emigr. Pal.; ∞ 1941 Alisa Oppenheim (geb. Erfurt), 1933 Emigr. Pal., ehrenamtl. Wohlfahrtstätigkeit; *K:* Michael (geb. 1935), M.B.A. Harvard Univ., Unternehmensltr. *Weg:* 1934 Pal.
1923-26 Stud. Heidelberg, Tübingen u. Frankfurt, 1926 Prom. Heidelberg. Geschäftsf. einer Treuhandges., Berater bei der Berliner Handelskammer; 1934 Emigr. Palästina, 1937-48 Geschäftsf. Tagesztg. *Haaretz* u. *Jerusalem Press,* Ltd., 1939-48 Vors. Isr. Discount Bank, 1946-48 beim Finanzmin., Abt. Kraftstoffkontrolle, 1948-49 Wirtschaftsberater isr. Gesandtschaft London, 1949-51 Ltr. ausländ. Währungsabt. beim Außenmin., 1951-52 stellv. Ltr. der isr. Deleg. bei den Wiedergutmachungsverhandlungen mit Deutschland (BRD) in Wassenaar, 1953-66 Ltr. isr. Vertr. in Köln mit Rang eines Botschafters mit bes. Vollm., zuständig für den Ankauf von deutschen Waren mit Wiedergutmachungsgeldern im Wert von über 800 Mill. Dollar; 1953-71 Vors. Deleg. isr. Kraftstoffgesellschaft, AR-Mitgl. Isr. Chemicals Ltd., Chemicals and Phosphates Ltd., stellv. Vors. Industrial Development Bank, Mitgl. Kuratorium Hebr. Univ.
W: Bericht eines Beauftragten: Die deutsch-israelischen Beziehungen, 1955-66. 1967 (hebr. Übers. BeOl Korah uRegashot biShlihut haMedinah: Yahasei Yisrael-Germanyah 1951-1966. 1967); Entwicklung und Stand der Wirtschaft Israels. 1958. *Qu:* Fb. Hand. – RFJI.

Shoham, Avigdor (urspr. Silberstein, Victor), Verbandsfunktionär, Diplomat; geb. 8. Aug. 1915 Königsberg; *V:* Hermann Silberstein (geb. 1888 Ostpreußen, umgek. KL Auschwitz), jüd., Kaufm.; *M:* Rosa, geb. Glasner (geb. 1886, umgek. KL Auschwitz); *G:* Ruth Deutscher (geb. 1913 Königsberg), 1938 Emigr. USA; ∞ 1939 Edith Neugeboren (geb. 1917 Berlin), 1939 Emigr. Pal., Krankenschwester; *K:* Raayah (geb. 1946), Therapeutin; David (geb. 1948), B.A. Hebr. Univ., Stud. Hotelfachschule der Cornell Univ., Hotelier in New York; *StA:* deutsch, Pal./IL. *Weg:* 1939 Pal.
Abitur Königsberg, Privatstud. Hebr. u. jüd. ReligLehre, 1933 landwirtschaftl. Umschulung in Litauen, 1933-34 Dir. der Hachscharah des deutschen *Hechaluz* in Litauen; 1934-35 Dir. *Habonim* u. *Hechaluz* für Rheinland-Westfalen, 1935-36 Dir. für Danzig, 1936-37 Dir. für Frankfurt/M., 1937-38 im Berliner Ortsvorst.; 1937 Besuch in Palästina als Begleiter einer *Jugend-Aliyah*-Gruppe der Tietz-Schule; 1937-39 Mitgl. des Zentralrats des *Hechaluz* in Deutschland; 1938-39 für *Hechaluz* in Schweden. Mitgl. *Blau-Weiß, Kadimah.* 1939 Emigr. Palästina mit A I-Zertifikat, 1939-40 landwirtschaftl. Umschulung Kibb. Ashdod-Yaakov, 1940-42 Mitgl. Kibb. Galed, Mitgl. *Haganah* (Fighters Medal); 1942-44 brit. MilDienst (African Star), 1945-48 bei der *Jew. Agency,* 1945-46 Sekr. Abt. Ansiedlung für MilPersonal, 1947-48 pol. Abt. der *Jew. Agency;* 1948 Eintritt in den diplomat. Dienst, 1948-52 Dir. der Finanzabt. des Außenmin., 1952-55 isr. GenKonsul in Zürich, gleichz. isr. Vertr. bei der internat. Kommission für europ. Wanderungsfragen, 1955-58 erster Botschaftssekr. u. Chargé-d'affaires der isr. Gesandtschaft in Helsinki, 1958-63 Ltr. der Abt. für internat. ZusArb. in Jerusalem, 1963-65 Gesandter bei der isr. Botschaft in Rio de Janeiro, 1965-68 isr. Botschafter in Kolumbien u. Guyana; 1968-70 Dir. der Abt. für Staatsbesuche, 1970-74 Protokollchef in Jerusalem, ab 1975 isr. Botschafter in Guatemala. Lebte 1977 in Jerusalem.
Qu: Fb. Hand. – RFJI.

Sichel, Frieda Henrietta Esther, geb. Gotthelft, Dr. phil., Fürsorgerin; geb. 15. Mai 1889 Kassel/Hessen, gest. Juli (?) 1976 Johannesburg; jüd.; *V:* Theodor Gotthelft (geb. 1850 Kassel, gest. 1915 [?] Kassel), Verleger *Kasseler Tageblatt,* VorstMitgl. Jüd. Gde. Kassel; *M:* Fanny, geb. Loewi (geb. 1862 Paris, gest. 1923 Kassel), jüd., Rotkreuz-Schwester, Stiefschwester des Physiologen, Pharmakologen u. Nobelpreisträgers Otto Loewi; *G:* Helene Klarbach (geb. 1885 Kassel, umgek. im Holokaust); Margarete Hess (geb. 1888 Kassel, gest. 1972 USA), Emigr. USA; Emilie Lieberg (geb. 1900 Kassel), Krankenschwester, Emigr. USA über NL, A; GB; ∞ 1918 Dipl.-Ing. Karl Hermann Sichel (geb. 1886 Kassel, gest. 1972 Johannesburg), Architekt, 1919-25 AbtLtr. im städt. Bauamt Kassel, 1925-35 selbst. Architekt, 1935 Emigr. S-Afrika, Teilh. Architektenbüro, Ehrenmitgl. B'nai B'rith; *K:* Anna Esther Ledermann (geb. 1919 Kassel), 1936 Emigr. S-Afrika, Geschäftsfrau, Ehefrau von → Heinz Günther Ledermann; → Gerhard Sichel; *StA:* deutsch, 1941 S-Afrika. *Weg:* 1935 S-Afrika.
1911-15 Stud. Freiburg, München, Berlin u. Heidelberg bei Max Weber, Franz Rosenzweig, Hermann Cohen u. Franz Oppenheimer, 1915 Prom. Heidelberg, 1915 Mitgr., 1915-33 geschäftsf. Mitgl. einer Vereinigung für weibl. Volkswirte in Deutschland, 1915-16 Assist. am Statistischen Amt der Stadtverw. Stuttgart, 1917 Forschungsarbeit über Frauenbeschäftigung im Kriege, 1918 stellv. Chefred. *Kasseler Tageblatt,* 1920-33 Doz. Volkshochschule Kassel; Gr. u. geschäftsf. Mitgl. der *Fürsorgerinnen-Vereinigung von Deutschland,* Gr. des *Frauenvereins Kassel* u. geschäftsf. Mitgl. der Ortsgruppe des *Frauenbunds;* 1925-35 stellv. Vors. *Schwesternbund B'nai B'rith,* 1933-35 Gr. u. Vors. des Beratungsausschusses der *Jüdischen Selbsthilfe* Kassel u. Ltr. der jüd. Landeswohlfahrtsarbeit in Hessen, Teiln. an illeg. Hilfsaktionen u. an der Errichtung von Hachscharah-Zentren, Gr. u. Ltr. des Beratungsausschusses für den Zentralausschuß für Hilfe und Aufbau in Kassel. Okt. 1935 Emigr. Südafrika mit Ehemann (getarnt als Informationsreise); Eintritt des Ehemanns in die Johannesburger Firma seines ehem., bereits 1933 emigr. Teilh.; 1936-40 Fürsorgetätigkeit u.a. für Flüchtlinge, 1936 Gr. *German-Jewish Selfhelp,* Initiatorin von Arbeitsprogrammen für Frauen u. Hilfsprogrammen für Kinder, Mitgl. B'nai B'rith-Loge in Südafrika, 1948 Mitgr., Ehren-Präs. auf Lebenszeit *B'nai B'rith*-Frauenvereinigung Südafrika, 1940 Gr., 1950 Ehrenmitgl. auf Lebenszeit Flüchtlingsaltersheim *Our Parents Home,* 1940-43 Sozialarb. u. ltd. Fürsorgerin *Child Welfare Soc.,* 1943-56 erste berufsbezogen ausgebildete Fürsorgerin bei *Jew. Women's Benevolent Soc.,* 1950 Mitgr. eines Ausbildungszentrums der Soc., später umbenannt in Frieda-Sichel-Zentrum. 1946 Mitgr., 1947-61 erste Fürsorgerin beim Witwatersrand (später Transvaal) *Jew. Welfare Council,* der Dachorg. aller jüd. Wohlfahrtsorg. in Transvaal. 1949-61 als Vertr. der jüd. Wohlfahrtsorg. geschäftsf. Mitgl. der staatl. Wohlfahrtsbehörde für Transvaal. 1948 Ehrenmitgl. auf Lebenszeit der *United Sisterhood of Pro-*

gressive Judaism Johannesburg, 1953 Mitgr. u. geschäftsf. Mitgl. *Johannesburg Council for Care of the Aged,* Mitgr. der *Johannesburg Marriage Guidance Soc.* u. der *Johannesburg Soc. Workers Assn.,* 1954 Beraterin in Wohlfahrtsfragen für die *Union of Jew. Women of South Africa.* Ab 1961 Ruhestand. - *Ausz.:* Fellowship des Nat. Council for Soc. Research für eine soziolog. Studie über Einwanderer aus Deutschland.
W: From Refugee to Citizen. 1966; The Rise and Fall of the Kasseler Tageblatt. In: Yearbook LBI, 1974; Challenge of the Past (ABiogr.). 1975; Art. über öffentl. Wohlfahrtsarb. in dt. u. südafrikan. Zs. *Qu:* ABiogr. Fb. Hand. Pers. Publ. Z. - RFJI.

Sichel, Gerhard, Unternehmensleiter; geb. 5. Juli 1923 Kassel, gest. 28. März 1978 S-Afrika; jüd.; *M:* → Frieda Sichel; ∞ 1947 Lydia June Press (geb. 1927 Johannesburg), jüd., Stud. Witwatersrand Univ., Volontär Med. Inst. der Univ.; *K:* Adrian (geb. 1950), B.A. Witwatersrand Univ., Ballettänzer, 1971 nach NL; Janet Hébert (geb. 1954), Stud. Witwatersrand Univ., Innenarchitektin; *StA:* deutsch, 1940 S-Afrika. *Weg:* 1936 S-Afrika.
Nov. 1936 Emigr. Südafrika zu den Eltern; 1938-41 Wit's Technical Highschool Johannesburg, 1941-46 MilDienst südafrikan. Luftwaffe (Oberfeldwebel); 1946-54 Handelsvertr. in Johannesburg, 1954 nach Südrhodesien, 1954-59 Handelsvertr., 1959-78 Dir. der African Sales Co. (Pty.) Ltd., 1959-69 in Salisbury/Rhodesien, 1965-66 Präs. der Salisbury C. of C., 1966-68 Vors. des Ausschusses für Arbeiterfragen der *Assoc. Cs. of C. of Rhodesia,* Vors., *Commercial Employers Assn.* Salisbury; ehrenamtl. Vizepräs. *Royal Agric. Soc. of Rhodesia,* geschäftsf. Mitgl. *Salisbury Publicity Assn.,* 1963-67 Präs. *B'nai B'rith Lodge* Salisbury. 1969 Rückkehr nach Südafrika als Dir. der African Sales Co. Johannesburg.
Qu: Fb. Pers. - RFJI.

Sickert, Irmgard, Diplomatin; geb. 2. November 1922; *V:* Alfred S., 1933 Emigr. CSR, 1934 UdSSR, 1936-39 Angehöriger der Internat. Brigaden im Span. Bürgerkrieg, 1939 Internierung CH; *StA:* deutsch. *Weg:* 1933 CSR; 1934 UdSSR; 1947 Deutschland (SBZ).
Nach natsoz. Machtübernahme mit Eltern Emigr. in die CSR u. 1934 in die UdSSR, Lehrerausbildung. 1947 Rückkehr nach Deutschland, Red. am *Mitteldeutschen Rundfunk* Leipzig, Mitgl. SED, Stud. Gesellschaftswiss. Karl-Marx-Univ. Leipzig, ab 1951 Mitarb. MfAA, versch. ltd. Funktionen im In- u. Ausland, u.a. Ltr. Presseabt., Ltr. Abt. AuslProp., Presseattaché an der Botschaft in Prag, 2. Botschaftssekr. an der Botschaft in Peking; 1960-62 Ltr. 5. außereurop. Abt. des MfAA (Amerika), 1964 Ltr. 1. außereurop. Abt. (Ferner Osten) u. anschl. deren stellv. Ltr., Okt. 1966-Aug. 1973 DDR-GenKonsul in Kiew/UdSSR. - *Ausz.:* 1969 VVO (Bronze).
L: Leonhard, Revolution; Radde, Diplomat. Dienst. *Qu:* Hand. Publ. - IfZ.

Siebert, Hans (Johannes Georg), Dr., Partei- u. Staatsfunktionär, Hochschullehrer; geb. 20. Juli 1910 Niedervellmar b. Kassel; *StA:* deutsch. *Weg:* 1937 GB; 1947 Deutschland (SBZ).
Lehrer, Mitgl. *Vereinigung sozialistischer Geistesarbeiter* u. KPD. Nach 1933 Entlassung aus dem Schuldienst, wegen illeg. Tätigkeit Urteil 2 J. Zuchth., Haft in Kassel-Wehlheide u. KL Lichtenberg. 1937 Emigr. GB, Mitgl. FDJ u. Mitarb. *Free German Institute.* 1947 Rückkehr nach Berlin, Hauptref. für Schule u. Erziehung in Kulturabt. des Zentralsekretariats der SED, dann Ltr. Schulabt. in Deutsche Verwaltung für Volksbildung u. nach 1949 Ltr. Hauptabteilung für Unterricht und Erziehung im Min. für Volksbildung. Danach Dir. Deutsches Pädagogisches Zentralinstitut, später Dir. Pädagogisches Institut Karl Friedrich Wilhelm Wandel, Dresden. Ab 1955 Vors. *Gesellschaft für Deutsch-Sowjetische Freundschaft* Bez. Dresden, ab 1960 Prof. für Gesch. u. Theorie der sozialist. Pädagogik TU Dresden, ab Grdg. 1970 ordentl. Mitgl. Akademie der Pädagogischen Wissenschaften der DDR. - *Ausz.:* u.a. 1957 VVO (Gold), 1969 VVO (Silber).
L: Duhnke, KPD. *Qu:* Arch. Hand. Publ. Z. - IfZ.

Sieder, Josef (Peppi, Joschi, Spuli); geb. 12. Apr. 1918 Wien, gest.; *G:* Jehuda S., Emigr. Pal. *Weg:* 1937 (?) E; 1939 B; F.
1936 in Wien ZK-Mitgl. *Antifaschistischer Mittelschülerbund* (vom KJVÖ initiierte illeg. Volksfrontorg. im Schulbereich), Apr. 1936 Verhaftung. Vermutl. 1937 nach Spanien, Teiln. Span. Bürgerkrieg in Internat. Brigaden, 1938 im Thälmann-Btl. der XI. Internat. Brigade. 1939 nach Belgien, später nach Südfrankr. Mitarb. TA innerhalb der franz. Résistance, Mai 1943 als Nachf. von → Tilly Spiegel interregionaler Instrukteur für Dépt. Nord u. Pas-de-Calais in Lille. Wahrscheinl. Sept. 1944 Verhaftung durch Gestapo, Folterung, seitdem verschollen.
L: Spiegel, Résistance; Tidl, Studenten; Tidl, Georg, Die sozialistischen Mittelschüler Österreichs 1918-1938. 1977. *Qu:* Arch. Publ. - IfZ.

Siegman, Henry, Rabbiner, Verbandsfunktionär; geb. 12. Dez. 1930 Deutschland; *V:* Mendel S.; *M:* Sara Scharf; ∞ 1953 Selma Goldberger (geb. 1933); *K:* Bonnie Eckstein (geb. 1954); Debra Hirsch (geb. 1956); Alan (geb. 1959); *StA:* deutsch, 1948 USA. *Weg:* 1942 USA.
1951 Rabbiner Torah Vodaath Seminary New York; 1952-54 MilRabbiner in der US-Armee (Lt., Bronze Star); 1953-59 Dir. für öffentl. Angelegenheiten bei *Union Orthodox Jew. Congr.,* 1959-64 Dir. *Am. Assn. Middle East Studies,* Red. *Middle East Studies;* 1961-64 Stud., 1961 B.A. New School Soc. Res.; 1964-65 Dir. Internat. Affairs beim *Nat. Community Relations Adv. Council* New York; ab 1962 (1963?) geschäftsf. Vizepräs. Syn. Council Am. New York, VorstMitgl. *Nat. Commission Against Discrimination in Housing,* Vors. *Religion in Am. Life,* Vors. *Interreligious Common Peace,* 1967 Org. der Bürgerrechtskonferenz im Weißen Haus, 1969-70 Vors. *Interreligious Commission* (mit *Nat. Council of Churches, US Catholic Conference, Syn. Council Am.*). Gastdoz. Univ. Illinois, Columbia Univ., Williams Coll.; Mitgl. *Am. Assn. Univ. Profs., Rabb. Council Am., Nat. Conference Jew. Communal Service, Assn. Jew. Community Relations.* Lebte 1977 in Hempstead/N.Y. - *Ausz.:* 1970 vom Präs. der USA als „Distinguished American" ausgezeichnet.
Qu: Hand. Z. - RFJI.

Siegmund, Kurt, Partei- u. Staatsfunktionär; geb. 31. Dez. 1910; *StA:* deutsch. *Weg:* 1934 UdSSR; 1935 CSR; 1937 F; 1939 S; 1945 (?) Deutschland (SBZ).
KJVD-Funktionär, 1933-34 illeg. Tätigkeit in Sa. u. Berlin, Dez. 1934 Teiln. sog. Berliner Reichskonferenz des KJVD in Moskau, Wahl zum ZK-Mitgl.; 1935 Teiln. 7. Weltkongreß der *Komintern* (Deckn. Stein). Danach in enger ZusArb. mit → Walter Ulbricht Mitarb. AbschnLtg. Zentrum Prag, 1937-39 Mitgl. Sekr. des ZK des KJVD Paris, Teiln. u. Ref. Berner Funktionärsberatung des KJVD v. 2.-4. Juli 1937; 1939 nach Schweden, ltd. Mitarb. AbschnLtg. Zentrum Stockholm u. deren Verbindungsmann nach Deutschland. Deckn. Friedel. 1939-40 Instruktionsreisen ins Reich, ab 1940 illeg. in Schweden. Nach Rückkehr SED-Funktionär in Sa.-Anhalt, 1950-58 Staatssekr. bzw. stellv. Min. für Land- u. Forstwirtschaft der DDR. 1958-62 Vors. Wirtschaftsrat des Bez. Neubrandenburg, Mitgl. Büro der SED-BezLtg. u. Abg. des BezTages. Seit 1962 Ltr. der Bibliothek für Dokumentationen bzw. Dir. des Inst. für Information u. Dokumentation der Deutschen Akademie der Landwirtschaftswissenschaft (ab 1972 Akademie der Landwirtschaftswissenschaft der DDR). Auf 6., 7. u. 8. PT Wahl zum Mitgl. der Zentralen Revisionskommission der SED. - *Ausz.:* u.a. 1957 VVO (Silber).
L: GdA; Mewis, Auftrag; Jahnke, Arbeiterjugendbewegung; Dahlem, Vorabend. *Qu:* Hand. Publ. Z. - IfZ.

Siegmund-Schultze, Friedrich, Dr. theol., Hochschullehrer, Sozialpädagoge; geb. 14. Juni 1885 Görlitz/Schlesien, gest. 11. Juli 1969 Soest/Westf.; ev.; *V:* Friedrich S.-Sch., Geh. Konsistorialrat; *M:* Maria, geb. Moebius; ∞ 1910 Maria Freiin von

Maltzahn; *K:* 6; *StA:* deutsch, Ausbürg., deutsch. *Weg:* 1933 CH; 1946 Deutschland (BBZ).

Gymn. Breslau, 1903-08 Stud. Theol. Univ. Tübingen, Breslau, Marburg, Halle u. Berlin; Lic. theol.; während des Stud. Mitgl. *Deutsche Christliche Studentenvereinigung* sowie *Christlicher Studentenweltbund,* für beide Org. 1912-14 Sekr. für Sozialfragen u. Betreuung der in Europa studierenden Asiaten u. Afrikaner; Frühj. 1908 Teiln. der sog. *Friedensfahrt der deutschen Geistlichen* nach GB zum ersten Treffen der Bewegung für Freundschaftsarbeit der Kirchen; 1909-11 Pfarrer an der Friedenskirche in Potsdam; ab 1911 in Berlin-Ost nach Vorbild der englischen *Educational Settlement*-Bewegung Aufbau *Soziale Arbeitsgemeinschaft* (SAG): dem Kreis religiöser Sozialisten zugehörig, strebte S.-Sch. auf dem Weg der allmählichen sozialen Erneuerung beim Abbau des Klassengegensatzes zwischen Bürgertum u. Arbeiterschaft an, in diesem Sinne der Versuch einer beispielhaften Solidarisierung mit dem Proletariat durch die unmittelbare Teilnahme an seinem Leben in der Nachbarschaftssiedlung in Berlin-Ost. Die Wiederbelebung des christl. Dienst- u. Gemeinschaftsgedankens in den versch. Ländern war auch wesentl. Grund seines Engagements in der ökumenischen Bewegung, für die S.-Sch. in Deutschland ab 1908 der eigentl. Wegbereiter wurde; seit dieser Zeit ausgedehnte konfessionswiss. publizist. Tätigkeit, ab 1913 Hg. des bedeutendsten Organs der dt. ökumenischen Bewegung *Die Eiche.* Hg. einer Kirchenkunde der Gegenwart, *Ekklesia* (13 Bde.); Pazifist, nach Kriegsausbruch Initiator des Dez. 1914 in Cambridge gegr. *Internationalen Versöhnungsbundes (Fellowship of Reconciliation),* 1919-32 Präs. dt. Zweig des *Versöhnungsbundes;* 1914 Mitgr. u. Internat. Sekr. *Weltbund für internationale Freundschaftsarbeit der Kirchen,* zugl. Ltr. Geschäftsstelle für Osteuropa; 1914 Begr. u. bis 1918 Ltr. *Deutsche Kriegsgefangenenhilfe;* 1913-25 Vors. Deutsche Zentrale für Jugendfürsorge in Groß-Berlin, 1917-18 erster Dir. des neugeschaffenen Berliner Jugendamtes, in der SAG Ausbildung von Sozialarbeitern; nach Kriegsende Errichtung einer Jugendvolkshochschule, aus der dann 1924 die Abendvolkshochschule Berlin-Ost hervorging; 1926 Berufung auf eine Professur für Jugendkunde, Jugendwohlfahrt, Sozialpädagogik u. Sozialethik an die Univ. Berlin, einer der Nestoren der Sozialpädagogik; 1918-33 Vors. *Deutscher Verein zur Fürsorge für jugendliche Psychopathen,* Präs. Internationaler Kongreß für Heilpädagogik. Okt. 1918 auf Einladung des schwed. Erzbischofs Nathan Söderblom vielbeachtete Gastvorlesungsreihe im Rahmen der Olaus-Petri-Stiftung an der Univ. Uppsala über *Die soziale Erneuerung des Christentums und die Einheit der Kirche;* aktiv in der von England ausgehenden Bewegung für Glauben und Kirchenverfassung *(Faith and Order),* als Sekr. des *Kirchlichen Komitees zur Pflege freundschaftlicher Beziehungen zwischen Großbritannien und Deutschland* (1908-14) sowie in seiner Funktion beim *Weltbund für internationale Freundschaftsarbeit der Kirchen* wesentl. Anteil an Zustandekommen u. Org. der Konf. der Bewegung für Glauben und Kirchenverfassung 1920 in Genf (Vorkonf.) sowie an den ersten beiden Weltkonf. 1927 in Lausanne u. 1937 in Edinburgh; 1915-39 Korr. Sekr. der Bewegung u. des späteren Ökumenischen Rates für Praktisches Christentum *(Life and Work);* innerh. der ökumen. Bewegung von Einfluß u.a. auf die Entwicklung Dietrich Bonhoeffers. Nach der natsoz. Machtübernahme von SA im Ulmenhof der SAG in Berlin verhaftet; vor seiner Ausweisung aus dem Reichsgebiet Juni 1933 („wegen Hilfe an Juden in 93 Fällen") gelang es S.-Sch. jedoch noch, sein gesamtes ökumenisches Archiv der schwed. Botschaft zu übergeben (nach Kriegsausbruch nach Schweden gebracht, nach 1945 zunächst in Soest, später in Berlin-West); Emigr. in die Schweiz; 1934-37 Studentenseelsorger in Zürich; Gr. Schweizer Sektion des *Internationalen Versöhnungsbundes,* Org. der sog. Studienwochen des *Versöhnungsbundes* in Saanen/Berner Oberland; einer der Initiatoren des Anfang 1936 gegr. *Internationalen kirchlichen Hilfskomitees für deutsche Flüchtlinge,* bis 1939 dessen Geschäftsf.; in der Schweiz Publikation eines Ökumenischen Jahrbuchs als Fortführung der in der (1933 verbotenen) *Eiche* geleisteten publizist. Arbeit; als Stipendiat der Olaus-Petri-Stiftung von Eugen Gerstenmeier anläßlich seiner Reise durch die skandinav. Länder 1939 in einem Bericht an das AA als für eine „sinnvolle deutsche Arbeit" in dieser Region hinderliches Element bezeichnet, dessen Einreise nach Schweden man unauffällig verhindern möge (eine entsprechende Anordnung des AA ging am 30. Okt. 1939 an die dt. Konsulate in Bern, Kopenhagen, Oslo u. Stockholm); unmittelbar vor seiner Rückkehr nach Deutschland 1946 im Rahmen der Olaus-Petri-Stiftung in Uppsala Vorlesungsreihe *Die Überwindung des Hasses,* 1942-46 Geschäftsf. Präs., dann Ratspräs. des *Internationalen Versöhnungsbundes;* 1948-58 Prof. für Sozialethik u. Sozialpädagogik Univ. Münster, Dir. Sozialpädagogisches UnivInst.; zugl. Ltr. Jugendwohlfahrtsschule u. Sozialpädagogische Abt. der Sozialforschungsstelle Dortmund; ab 1949 Vorarbeiten zum Kriegsdienstverweigerungs-Paragraphen des Grundgesetzes der Bundesrepublik Deutschland; 1958-68 Gr. u. Ltr. Ökumenisches Archiv in Soest, Hg. der Zs. *Ökumenische Einheit* u. *Soziale Welt.* – *Ausz.:* 1920 Dr. h.c. Univ. Tübingen; Rettungsmed. am Bande.

W: u.a. Soziales Christentum. 1924: Die Weltkirchenkonferenz in Stockholm. Gesamtbericht über die Allgemeine Konferenz der Kirche für praktisches Christentum. 1925; Die Weltkirchenkonferenz in Lausanne. Ein Schritt zur Einigung der Kirche Christi in Glaube und Verfassung. Erster Gesamtbericht. 1927; Die Kirche von England. 1934; Ökumenisches Jahrbuch. 2 Bde. 1934-1935. 2 Bde. Zürich/Leipzig 1936; Die Einleitung der christlichen Kirchen. Basel (Haus der Bücher) 1942; Die Überwindung des Hasses. Zürich (Europa-Verlag) 1946; Die deutsche Widerstandsbewegung im Spiegel der ausländischen Literatur. 1947; Die Aufgaben des Christentums in der gegenwärtigen Kulturkrisis. 1948. *L:* Maas, Hermann, Friedrich Siegmund-Schultze. In: Ökumenische Profile I/1961; Festschrift zum 80. Geburtstag. 1965; Aktiver Friede. Gedenkschrift für Friedrich Siegmund-Schultze. Hg. Hermann Delfs. 1972; Boyens, Armin, Kirchenkampf und Ökumene 1933-1939. 1969; ders., Kirchenkampf und Ökumene 1939-1945. 1973. *D:* Archiv der Evangelischen Kirche in Deutschland, Berlin; SPSL. *Qu:* Arch. Hand. Publ. – IfZ.

Siemsen, Anna, Dr. phil., Hochschullehrerin, Publizistin; geb. 18. Jan. 1882 Mark/Westf., gest. 22. Jan. 1952 Hamburg; *G:* 4, darunter → August Siemsen u. Hans Siemsen (geb. 1891), Schriftst., 1934 Emigr. F, später USA, 1948 Deutschland (SBZ); ∞ im Exil Scheinehe zur Erlangung des Schweizer Bürgerrechts mit Walter Vollenweider, Sekr. Schweizer Arbeiterjugend; *StA:* deutsch, 1934 CH. *Weg:* 1933 CH; 1945 Deutschland (BBZ).

Aus ev. Pfarrersfam., höhere Mädchenschule in Hamm/Westf., 1901 nach privater Vorbereitung Lehrerinnenexamen in Münster, Privatlehrerin, nach Abitur 1905-11 Stud. Philologie in München, Münster, Bonn u. Göttingen; 1909 Prom., 1910 Staatsexamen; danach Oberlehrerin an Lehranstalten in Detmold, Bonn u. Münster. Während des 1. WK Anschluß an pazifist. *Bund Neues Deutschland,* 1918 (1919?) USPD, Berufung in das preußische Volksbildungsmin., Teiln. GrdgKonf. *Verein Sozialistischer Lehrer und Lehrerinnen* in Berlin; 1919-20 StadtVO. u. ab 1920 Beigeordnete für das Fach- u. Berufsschulwesen in Düsseldorf, 1921-23 Oberschulrätin in Berlin; 1922 mit rechtem USPD-Flügel zur SPD; 1923 Ltr. Reform des Mittelschulwesens u. der Lehrerbildung in Thür., im gleichen Jahr Honorarprof. für Pädagogik Univ. Jena; nach Sturz der sozialist. Reg. Thüringen (Zeigner) Ende der schulischen Reformtätigkeit, jedoch Beibehaltung der Professur; innerh. der SPD führende Vertr. der Linksopposition, Mitarb. *Der Klassenkampf - Marxistische Blätter,* Mithg. *Jungsozialistische Schriftenreihe,* aktive Bildungsarb. unter SAJ u. *Jungsozialisten,* 1926 Mitgr. des vom PV abgelehnten *Bundes Sozialdemokratischer Intellektueller* (mit Hendrik de Man u. Hermann Brill); 1928-30 MdR; Mitgl. Vorst. *Liga für Menschenrechte* sowie Mitgl. *Frauenliga für Friede und Freiheit;* 1932 Verlust der Professur in Jena wegen Unterzeichnung eines Protestes gegen die Absetzung Emil Gumbels; 1931 zur SAPD, Führerin des rechten Parteiflügels, mit diesem 1933 Parteiaustritt. März 1933 Emigr. in die Schweiz, Mitarb. Bildungszentrale der *Schweizeri-*

schen Sozialdemokratischen Partei, Red. der sozdem. Frauenzs. *Die Frau in Leben und Arbeit;* Befürworterin einer dt. Volksfront im Exil, Mitunterz. des Volksfrontaufrufs v. Dez. 1936 (Jan. 1937), Mitarb. *Die Zukunft* → Willi Münzenbergs sowie Mitgl. der von Münzenberg 1939 gegr. *Union Franco-Allemande.* Mitgl. *Union deutscher Lehrer-Emigranten.* Ende 1946 als Ltr. des Instituts für Lehrerbildung vom Senat nach Hamburg berufen, zugl. Dozentin für Lit. u. Pädagogik Univ. Hamburg; Bildungsarb. in der sozialist. Jugendbewegung, aktiv für *Sozialistische Bewegung für die Vereinigten Staaten von Europa* (dt. Sektion später in *Anna-Siemsen-Kreis* umbenannt), Mitgl. *Deutscher Rat der Europäischen Bewegung.*

W: u.a. Die Kunst des Erzählens. 1920 u. 1923; Stilproben. 1920; Erziehung im Gemeinschaftsgeist. 1920; Literarische Streifzüge durch die Entwicklung der europäischen Gesellschaft. 1925; Beruf und Erziehung. 1926; Buch der Mädel. 1927; Politische Kunst und Kunstpolitik. 1927; Daheim in Europa. 1928; Der Weg zur Gemeinschaft. 1928; Menschen und Menschenkinder. 1929; Kämpfende Menschheit. 1929; Selbsterziehung der Jugend. 1929; Religion, Kirche und Sozialdemokratie. 1930; Parteidisziplin und sozialistische Überzeugung. 1932; Deutschland zwischen Gestern und Heute. 1932; Auf dem Wege zum Sozialismus. Kritik der sozialdemokratischen Parteiprogramme von Heidelberg bis Erfurt. 1932; Europa wohin? St. Gallen (Volksstimme) 1937; Diktaturen oder europäische Demokratie? Ebd. 1937; Preußen, die Gefahr Europas (Hg.). Paris (Ed. Nouvelles Internationales) 1937; Spanisches Bilderbuch. Ebd. 1937; Die Schweiz und das tschechoslowakische Schicksal. Zürich (Réunion Universitaire Pacif.) 1938; Der Weg ins Freie. Zürich (Büchergilde Gutenberg) 1943; Zehn Jahre Weltkrieg. Eine Chronik in monatlichen Berichten von Januar 1935 bis Mai 1945. Olten (Hauenstein) 1946, Düsseldorf 1947; Einführung in den Sozialismus. 1947; Briefe aus der Schweiz. 1947; Goethe, Mensch und Kämpfer. 1949; Das Buch der Freiheit (mit Julius Zerfaß). 1956. *L:* Drechsler, SAPD; MGD; Siemsen, August, Anna Siemsen. Leben und Werk. 1951. *D:* SPSL. *Qu:* Arch. Hand. Publ. - IfZ.

Siemsen, August, Dr. phil., Pädagoge, Politiker; geb. 5. Juli 1884 Mark/Westf., gest. 25. März 1958 Berlin (Ost); Diss.: *G:* 4, → Anna Siemsen; ∞ verh.; *K:* Pieter, Emigr. Argent., Mitarb. *Das Andere Deutschland,* A: Deutschland (DDR); *StA:* deutsch. *Weg:* 1933 CH; 1936 Argent.; 1952 Deutschland (BRD).

Gymn. in Hamm u. Osnabrück, Stud. Germanistik u. Gesch. Univ. Tübingen, Münster u. Göttingen, 1909 Prom.; Oberlehrer in Essen, dort Mitgl. u. Vors. *Fortschrittliche Volkspartei,* 1915 zur SPD; während des WK zur USPD, Deleg. zum PT 1922 in Leipzig, mit rechtem Parteiflügel zurück zur SPD; 1919 StadtVO. Essen, Ltr. Bildungsausschuß der Arbeiterparteien sowie Vors. Freie Volksschule ebd.; vorüberg. GymnLehrer in Berlin-Neukölln, 1923 von der sozialist. Reg. nach Thüringen berufen, in der Erwachsenenbildung tätig; nach dem Sturz der Reg. Zeigner vom Schuldienst suspendiert, in der Folgezeit Schriftltr. der sozdem. Zs. *Sozialistische Erziehung* u. *Sozialistische Kultur,* Mitgl. Reichsvorst. der *Arbeitsgemeinschaft Sozialdemokratischer Lehrer und Lehrerinnen Deutschlands,* der *Kinderfreunde* u. des *Bundes freier Schulgesellschaften;* gehörte in der SPD zum linken Flügel, Mitarb. *Der Klassenkampf - Marxistische Blätter.* 1930-32 MdR; 1931 Mitgr. SAPD, Vors. BezLtg. Thür., Mitgl. Programmkommission vor dem 1. PT (März 1932) u. Beisitzer des auf diesem PT gewählten geschäftsf. Vorst., gehörte innerhalb der SAPD zur Rechtsopposition, 1933 mit PV-Mehrheit Parteiaustritt. Apr. 1933 Emigr. in die Schweiz, Mitarb. sozialist. Presse, Mitgl. *Union deutscher Lehrer-Emigranten.* Jan. 1936 nach Argentinien, Lehrer an der Pestalozzi-Schule Buenos Aires (mit → Alfred Dang u. → Heinrich Groenewald), 1937 Mitgr. u. Landesvors. der argentinischen Bewegung *Das Andere Deutschland* (DAD) sowie Hg. der gleichnam. Zs.; Zentren bei der Grdg. des DAD waren die Pestalozzi-Schule u. der sozdem. *Verein Vorwärts* in Buenos Aires, zum engeren MitarbKreis gehörten Heinrich u. Ilse Groenewald, → Hans Lehmann, Hans Karl u. → Ernst Lakenbacher; Druck u. Vertrieb der Zs. erfolgten durch das *Argentinische Tageblatt,* ihre Verbreitung in vielen lateinamerikan. Ländern führte zur Grdg. von Freundeskreisen u. Zweiggruppen in Bolivien, Chile, Brasilien, Kolumbien, Paraguay, Uruguay u. Mexiko; neben der Pressearb. des DAD wurden Flugblattaktionen durchgeführt, gegen Kriegsende Radiosendungen über argent. Rundfunkstationen. Die Arbeit des DAD umfaßte Flüchtlingsfürsorge u. ab 1939 Org. von Hilfsaktionen für die in Frankr. internierten Emigr. u. Spanienkämpfer (Aug. 1945 Grdg. *Deutschland-Hilfswerk* in ZusArbeit mit Argent. Roten Kreuz u. UNRRA), pol. Aufklärungsarbeit über das Dritte Reich, den Kampf gegen den natsoz. Einfluß in Südamerika u. die dt. Nachkriegsplanung. Dabei ließen pol. Analyse u. Planung den ideolog. Hintergrund der führenden DAD-Mitgl. erkennen, die aus linker SPD, SAPD u. ISK kamen: Der Analyse des Niedergangs der Weimarer Republik aufgrund der monopolkapitalistischen Struktur, ihrer reaktionären Bürokratie u. Junker stand die Idee vom künftigen Aufbau von Selbstvertretungskörperschaften auf allen gesellschaftl. Gebieten gegenüber, denen jedoch eine stark kontrollierte Zentralgewalt zur Unterdrückung aller Sabotageversuche am Aufbau eines sozialist. Gemeinwesens übergeordnet werden sollte; aufgrund der rigiden Ablehnung der Weimarer bürgerl. Parteien Weigerung des DAD zur ZusArbeit mit national motivierten Emigranten u. Ablehnung des NKFD. Eigene Einheitsfrontbemühungen des DAD waren nach Abschluß des dt.-sowj. Nichtangriffspaktes vorerst zum Erliegen gekommen; einen neuen Anlauf in dieser Richtung stellte dann die Nov./Dez. 1942 unter Präsidentschaft Balder Oldens ins Leben gerufene *Comisión Coordinada de los Alemanes Democraticos en la Argentina* dar; Fortsetzung dieser Bemühungen von seiten des DAD Jan. 1943 auf dem Kongreß antifaschist. Org. in Montevideo (unter der Präsidentschaft von S., Balder Olden *[Arbeitsausschuß Deutscher Demokraten in Argentinien],* → Rudolf Ladendorff *[Verein Vorwärts],* → Otto Hermann *[Freier Deutscher Klub Montevideo],* → Walter Damus [DAD]), auf dem ein *Comite Central Sudamericano* unter Ltg. von S., Groenewald u. Erich Sieloff zur Koordination aller antinastzi. Gruppen einschl. der freidt. Bewegung in Südamerika gebildet wurde; der Versuch zur dauerhaften Einrichtung eines Zentralausschusses der dt. Opposition in Lateinamerika unter Einschluß von DAD u. FD in Mexiko endete jedoch Mitte 1943 mit dem Auszug der Kommunisten aus der *Comisión Coordinada* u. dem Zentralausschuß. 1952 Rückkehr; 1955 aus Protest gegen die pol. Entwicklung Übersiedlung in die DDR, Mitgl. SED.

W: Preußen, die Gefahr Europas (Hg.). Paris (Ed. Nouvelles Internationales) 1937; Die Tragödie Deutschlands und die Zukunft der Welt. Reden und Aufsätze. Buenos Aires (Ed. Cosmopolita) 1945, Hamburg 1947; Anna Siemsen. Leben und Werk. Frankfurt 1951. *L:* Drechsler, SAPD; Kießling, Alemania Libre; Seelisch, Winfried, Das Andere Deutschland. Eine politische Vereinigung deutscher Emigranten in Südamerika. DiplArb. Otto-Suhr-Inst. Berlin o.J.; Nungesser, Michael, Im argentinischen Exil: Kampf gegen den Faschismus. In: Clément Moreau. Carl Meffert - Grafik für den Mitmenschen (Ausstellungskatalog). 1978. *Qu:* Arch. Publ. - IfZ.

Sievers, Hans Daniel Charles, Politiker, Ministerialbeamter; geb. 25. Febr. 1893 Hamburg, gest. 16. Febr. 1965 Kiel; o.K.; *V:* Peter S., Kaufm.; *M:* Alma, geb. Müller; ∞ 1945 Bertha Bjerg-Nielsen, Lehrerin, dän. StA; *StA:* deutsch, 26. Okt. 1938 Ausbürg., deutsch. *Weg:* 1933 DK; 1940 S; 1945 DK; 1948 Deutschland (BRD).

1903-08 Gymn., 1908-14 Lehrerseminar, 1914-16 Kriegsteiln., ab 1916 Lehrer, Mitgl. SPD, USPD. Juni-Okt. 1920 Min. für Volksbildung Braunschweig, 1920-27 MdL, Übertritt von USPD zu KPD, dann Rückkehr zur SPD; Dez. 1927-Sep. 1930 Justiz- u. Kultusmin., 1930-33 MdL, Experte für Beamtenrecht u. Staatshaushalt, Mitarb. SPD-Presse. Ab März 1933 in Hannover, Bremen u. Hamburg untergetaucht, Okt. 1933 Flucht nach Kopenhagen, Übers. u. Reiseführer, zuletzt i.A. der dän. Reg. Lagerltr. in Odense für Flüchtlinge aus der CSR. Mai 1940 Flucht nach Schweden, Journ. u. Sprachlehrer in Stockholm.

Mitwirkung an Nachkriegsprogrammatik der SPD-Gruppe Stockholm, Teiln. des *Philosophischen Diskussionskreises* dt. Emigr., Verb. zu → Max Hodann u. durch ihn zu brit. Stellen, Mitarb. in *Samarbetskommittén för demokratiskt uppbyggnadsarbete* (Koordinationskomitee für demokratische Aufbauarbeit), 1946 Mitverf. *Tyska skolförhållenden före 1933* (Deutsche Schulverhältnisse vor 1933). Nach Kriegsende in Kopenhagen, 1945-48 Berater der dän. Flüchtlingsverw., Org. des Schulunterrichts für dt. Kinder; Aug. 1948 nach Kiel, RegDir., Ltr. der Allg. Abt. des schleswig-holst. MdI, 1949 des Min. für Volksbildung. Ab 1950 Ltr. des ArbGeb. Wiedergutmachung im MdI, ab 1954 Ltr. Landesentschädigungsamt. Ab Juni 1957 im Ruhestand.

L: Müssener, Schweden. *Qu:* Arch. Hand. Publ. - IfZ.

Sievers, Max Wilhelm Georg, Verbandsfunktionär, Journalist; geb. 11. Juli 1887 Berlin, hinger. 17. Jan. 1944 Brandenburg; Diss.; *G:* 17; ∞ I. 1913 (Ehefrau gest. 1916); II. 1921 Denise Wauquier (gest. 1951); StA: B, Emigr.; *K:* aus I: 2; *StA:* deutsch, 25. Aug. 1933 Ausbürg. *Weg:* 1933 B; 1940 F; 1943 Deutschland.

Bis 1907 ungelernter Arbeiter, dann kaufm. Angest.; Mitgl. SPD. Ab 1915 Kriegsdienst, nach Verwundung Sanitäter. Nach Kriegsende USPD-StadtVO. Berlin-Neukölln, 1919 Hg. der Zs. *Der Arbeiterrat,* ab Dez. 1920 KPD, Red. *Die Rote Fahne* u. Sekr. Reichszentrale, März 1921 Parteiaustritt, wieder SPDMitgl. Ab Okt. 1922 Sekr. *Verein für Freidenkertum und Feuerbestattung* (später: *Deutscher Freidenker-Verband,* DFV), der unter seiner Ltg. als sozdem. Nebenorg. starken Aufschwung nahm u. 1930 etwa 600 000 Mitgl. zählte; Hg. *Der Freidenker.* Ab 1930 hauptamtl. Vors. des DFV. 1932 in Erwartung von pol. Zwangsmaßnahmen Hinterlegung von 700 000 RM aus dem VerbVermögen in Belgien u. der Schweiz. 17. März 1933 Stürmung der DFV-Zentrale durch SA (Gleichschaltung des DFV Ende 1933 als *Neue Deutsche Bestattungskasse*), kurzfristig im Untergrund, dann 3 Wochen Schutzhaft, Apr. 1933 Flucht über Holland, Belgien u. die Schweiz, ab Aug. 1933 in Brüssel. 1933-34 Ltr. *Freidenker-Internationale,* Juli 1933-Juli 1935 mit Hilfe der geretteten VerbGelder Hg. *Der Freidenker* sowie Tarnschriften des DFV. 1934-38 Hg. *Informationsbrief (Sievers-Korrespondenz, Siko),* Jan. 1937-Aug. 1939 Hg. Wochenzs. *Freies Deutschland - Organ der deutschen Opposition* (Fortsetzung: *Schriftenreihe „Freies Deutschland"*). Ps. Thaller, Mass. Als Kritiker der sozdem. Politik vor 1933 forderte S. zunächst die proletar. Einheitsfront im Kampf gegen den NatSoz. u. die Bildung revolutionärer Räte zur Durchsetzung einer sozialist. Ordnung; ZusArb. der sog. *Siko-Gruppen* mit SAPD, RSD u. *Neu Beginnen,* die auch ihre Verbindungswege nach Deutschland für die Verbreitung der Sievers-Schriften zur Verfügung stellten. Ab 1935/36 Propagierung „volkssozialistischen" Gedankenguts, das über eine nationale Bewegung der Arbeiter, Bauern u. des Mittelstands eine berufsständische, antikapitalist. Volksgemeinschaft anstrebte; Verb. u.a. zu → Wilhelm Sollmann u. → Otto Straßer. Vortragsreisen durch Europa u. die USA, Verbreitung der Zs. *Freies Deutschland* in zahlr. Ländern, u.a. mit Hilfe parteiopps. oder unabhängiger Emigranten (z.B. → Otto Buchwitz u. → Karl Retzlaw). Febr.-Apr. 1940 in USA, dort Anlage von 200 000 RM aus dem DFV-Vermögen (nach 1945 langwierige Bemühungen des wiedergegr. DFV um Freigabe). Mai 1940 Internierung durch belg. Behörden u. Abtransport nach Frankr., Flucht, vergebl. Versuch zum Grenzübertritt in die Schweiz, 3 Mon. Internierung in Straßburg, Niederlassung in Chéreng b. Lille unter dem Namen Loth, Juni 1943 nach Denunziation von Gestapo verhaftet. 17. Nov. 1943 VGH-Todesurteil.

W: u.a. Unser Kampf gegen das Dritte Reich. Von der nazistischen Diktatur zur sozialistischen Demokratie. Stockholm (Holmström) 1939; Das antifaschistische Kriegsziel. Antwerpen (Schriftenreihe „Freies Deutschland") 1939; Der sonderbare Krieg. Stockholm (Schriftenreihe „Freies Deutschland") 1939; Wohin? Betrachtungen zum Kriegsverlauf (darin auch: Manfred [d.i. Leo Friedmann], Der innere Kriegsschauplatz). New York (Public Voice Publ. Co.) 1940. *L:* Der Freidenker, 23 (1964), H. 1. *Qu:* Arch. Hand. Publ. Z. - IfZ.

Sieverts, Frank Arne, Diplomat; geb. 19. Juni 1933 Frankfurt/M.; *V:* Helmut S.; *M:* Cecilie, geb. Behrendt; ∞ 1957 Jane Baldwin Woodbridge; *K:* Elisabeth Catherine; Michael Charles Woodbridge; *StA:* deutsch, 1945 USA. *Weg:* 1938 USA.

1938 Emigr. USA; 1955 B.A. Swarthmore Coll. Swarthmore/Pa., 1957 B.Phil. (Rhodes Scholar) Balliol Coll., Oxford Univ., 1957-59 Stud. Nuffield Coll., Oxford; 1958 Lektor für Anglistik Univ. of Maryland in GB (US Army Coll.), 1959-60 Korr. *Time Magazine.* 1960 Wahlkampfhelfer für John F. Kennedy. 1960-62 Berater bei Senator William Proxmire. 1962-66 in Abt. für öffentl. Angelegenheiten des US-Außenmin., 1967 Assist. des stellv. Außenmin., stellv. Dir. Oberste Interministerielle Konferenz, 1967-68 Assist. des Botschafters W. Averell Harriman in Washington/D.C., gleichz. Berater für Kriegsgefangenenfragen der US-Delegation bei den Vietnam-Friedensverhandlungen, 1969-75 Mitarb. des stellv. Außenmin. in Kriegsgefangenenfragen, 1973 Mitgl. der Beratergruppe für die Freilassung amerikan. Kriegsgefangener in Hanoi, ab 1975 stellv. Koordinator für Menschenrechtsangelegenheiten, Mitgl. der US-Deleg. bei internat. Konferenzen des Roten Kreuzes (1965 in Wien, 1969 in Istanbul, 1973 in Teheran), 1974-76 Mitgl. der US-Deleg. bei der Genfer Konferenz über Menschenrechte im Krieg, VorstMitgl. u. 1974 Vors. *Assn. of Am. Rhodes Scholars,* RedMitgl. *The American Oxonian,* Mitgl. *American Soc. of Internat. Law* u. ihrer ArbGruppe für Menschenrechte. Lebte 1974 in Washington/D.C.

Qu: Hand. - RFJI.

Silberman, Curt C., Dr. jur., Verbandsfunktionär, Rechtsanwalt; geb. 23. Mai 1908 Würzburg; jüd.; *V:* Adolf S. (geb. 1866 Walsdorf b. Bamberg, umgek. 1941 KL Theresienstadt), Weinhändler, stellv. Mitgl. des Jüd. GdeVorst. Würzburg; *M:* Ida, geb. Rosenbusch (geb. 1884 Würzburg, umgek. KL Auschwitz), jüd., höhere Schule, Dep. KL Theresienstadt u. Auschwitz; ∞ 1935 Else Kleemann (geb. 1910 Würzburg), Stud. Med. München u. Würzburg, Sekr., 1938 Emigr. USA, Schatzmeister der Frauengruppe des *Jew. Unity Club of Essex County/N.J.,* aktiv in UJA u. Temple B'nai Abraham, Essex County, Mitarb. *Vereinigung zur Bekämpfung von Krebs und Herzkrankheiten;* Blindenschrift-Übertragungen; *StA:* deutsch, 1944 USA. *Weg:* 1938 USA.

1927-31 Stud. Rechtswiss. Würzburg, München u. Berlin, 1931 Prom. Würzburg; Mitgl. *Blau-Weiß* u. J.J.W.B.; 1931 Referendar, 1933 Berufsverbot, 1933-38 Devisenberater für jüd. Auswanderer u. für Landesverband Bayerischer Israelitischer Gemeinden, VorstMitgl. der Ortsgruppe Würzburg des ZVfD. 1935-38 auf liberaler u. zion. Liste als VorstMitgl. der Israelitischen Kultusgde. Würzburg gewählt, VorstMitgl. des Jüd. Altersheims u. des Jüd. Krankenhauses; Nov. 1938 kurzfristig in Haft, als Organisator der Auswanderung jüdischer KL-Häftlinge freigelassen. Ende Nov. 1938 Emigr. USA, 1939-42 Berater für Einwanderer, später geschäftsf. Dir. der Essex County/N.J. Coord. Commission des *Nat. Ref. Service,* dann stellv. Dir. des *Emigré Service of N.J.;* daneben Stud. Kommunalverw. New York School of Social Work der Columbia Univ.; 1942 Teilh. einer Immobilien- u. Versicherungsgesellschaft in Newark/N.J.; 1943-47 Stud. Rechtswiss. Rutgers Univ., 1947 J.D., 1948 Zulassung als Attorney-at-Law in New Jersey, 1954 Counsellor at Law, ab 1948 Privatpraxis, spezialisiert auf internat. Privatrecht, 1957 Zulassung als RA beim Obersten Bundesgerichtshof Washington/D.C., Vors. des Ausschusses für Rechtsvergleichung u. des Ausschusses für Außenhandel u. Auslandsinvestitionen der *N.J. Bar Assn.,* 1942-62 Präs. *Jew. Unity Club* Newark, 1947-48 Präs. *Jew. Fam. Service Assn.* Essex County/N.J., ab 1962 Präs. der A.F.J.C.E., Kuratoriumsmitgl. LBI New York u. VorstMitgl. der JRSO, ab 1963 PräsMitgl. u. ab 1975 Co-Chairman *Council of Jews from Germany,* Präs. u. Kuratoriumsmitgl. *Jew. Philanthropic Fund of 1933, Inc.,* zeitw. Vizepräs. *Am. Jew. Congress New Jersey,* Vors. der Bruderschafts- u. Synagogenabt. des UJA Essex County, Vors. des Koordinierungsausschusses von Organisationen für Opfer natsoz. Verfolgung, Mitgl. des geschäftsf. Ausschusses der *Claims Conf.,* Kuratoriumsmitgl. des Temple B'nai Abraham, Essex County, u. der Kew Gardens Nursing Home

Foundation; Kuratoriumsmitgl. u. Rechtsberater des *New Jersey Fellowship Fund for the Aged*, ehrenemtl. Kuratoriumsmitgl. der *Jew. Counselling and Service Agency of Essex County*, Beiratsmitgl. *Biogr. Archives and Dictionary of Central European Emigrés 1933-45;* Vorträge über jüd. Zeitgesch., insbes. über jüd. Immigration u. Flüchtlingsprobleme, u.a. 1964 Vortragsreise in Deutschland (BRD). Lebte 1978 in West Orange/N.J.

W: Der Eintritt der Vollverbindlichkeit unverbindlicher Börsen-Termingeschäfte. (Diss.) 1931; Beitr. über internat. Privatrecht, jüd. Gesch. der Neuzeit u. jüd. Immigration in Fachzs. u. GdeZs. in den USA u. Europa. *L:* Strauss, Herbert A. u. Reissner, Hanns G. (Hg.), Jubilee Volume dedicated to Curt C. Silberman. 1969. *Qu:* Fb. Hand. Publ. Z. - RFJI.

Silbermann, John Manfred, Transportunternehmer; geb. 7. März 1926 Berlin; jüd.; *V:* Wilhelm (Willy) S. (geb. 1888, umgek. im Holokaust), jüd., Textilfabrikant; *M:* Ella, geb. Israel (geb. 1896, umgek. im Holokaust), jüd.; *G:* Chaim S. (geb. 1923 Berlin), 1939 Emigr. GB, 1945 Pal., Ing.; ∞ 1952 Susie Ella Lippmann (geb. 1929 Hamburg), jüd., 1933 Emigr. GB, Sekr.; *K:* David Robert (geb. 1955); Richard (geb. 1957); *StA:* deutsch, 1947 brit. *Weg:* 1939 GB.

Juli 1939 mit Kindertransport nach London. Lebte im Heim des jüd. Flüchtlingskomitees, bis 1941 Schulbesuch, 1941-46 Laufbursche bei Transportfirmen, ab 1946 eigenes Unternehmen, Vors. u. GenDir. Brent Group of Cos., ab 1963 Mitgl. Institute of Traffic Administration, ab 1965 *Worshipful Company of Carmen of London,* 1969 Ernennung zum AR-Mitgl. Road Transport Indust. Training Board durch Min. for Employment, ab 1971 Fellow u. Member of the Council, Chartered Institute of Transport, 1975 Kuratoriumsmitgl. Ealing Technical Coll., ab 1974 stellv. Vors., ab 1978 geschäftsf. Vors. u.a. Ehrenämter bei der Road Haulage Assoc. Lebte 1978 in Harrow/GB.

Qu: Fb. - RFJI.

Silberstein, Werner, Dr. med., Bakteriologe; geb. 24. Nov. 1899 Berlin; jüd.; *V:* Walther S. (geb. 1871 Ostpreußen, gest. 1930 Berlin), jüd., Gr. u. Inh. des Herrenmodegeschäfts „The Gentleman" in Berlin, Gr. der Begräbnisges. *Chewrah Kadischa* für Groß-Berlin, Gr. der Wohlfahrtsorg. *Israelitische Union,* Vorst-Mitgl. *Verein zur Erhaltung des Gesetzestreuen Judentums* Berlin; *M:* Lea, geb. Levy (geb. 1872 Guben/Brandenburg, gest. 1917 Berlin), jüd.; *G:* Elsa (geb. 1901 Berlin, gest. 1922 Berlin), jüd.; Margot (geb. 1904 Berlin), jüd., Jan. 1938 Emigr. GB über CH; ∞ 1924 Sonja Kolodny (geb. 1899 Telechany bei Pinsk/Weißrußland), jüd., 1933 Emigr. Pal., Wirtschaftsltr. im Bikkur Holim Hospital Jerusalem; *StA:* deutsch, Pal./IL. *Weg:* 1933 Pal.

Stud. Berlin u. Freiburg, 1924 Prom. Berlin, 1926-33 Assist. am Robert-Koch-Institut für Infektionskrankheiten Berlin; 1933 Ausschluß aus dem Ärzteverband u. von der Kassenbehandlung. Vors. der *Misrachi*-Gruppe Berlin, Vertr. der *Jüdischen Volkspartei* beim Preuß. Landesverband Jüdischer Gemeinden, Mitgl. B.J.A. 1933 Emigr. Pal. mit A I-Zertifikat; 1933-38 Bakteriologe im Hadassah-Hospital Jerusalem; 1934-36 Gr. u. Ltr. des *Hebräischen Zirkels für Einwanderer aus Deutschland* in Jerusalem, Mitgl. *Haganah;* 1938-42 Doz. am Mikrobiol. Institut der Univ. Istanbul, Mitarb. *Aliyah Bet;* 1942-48 Bakteriologe u. 1948-64 Dir. Zentrallabor des staatl. Gesundheitsamtes, daneben 1958-64 Dir. der Abt. für Laboratorien des öffentl. Gesundheitswesens im Gesundheitsmin. Jerusalem. Ab 1965 Ruhestand; Fachberater beim Gesundheitsmin., Mitgl. u. Mitgr. isr. *Mikrobiologische Gesellschaft,* Mitgl. isr. Ärzteverband, Mitgl. *Verband für Klinische Pathologie;* stellv. Vors. der Med. Akademie Jerusalem, 1954 stellv. Präs. der *B'nai B'rith*-Loge Jerusalem. Vors. des Kuratoriums des Isr. Instituts für relig. Musik. Lebte 1977 in Jerusalem. - *Ausz.:* 1963 Calmetta-Medaille des Pasteur-Instituts Paris.

W: Salmonella in Israel. World Problems of Salmonellosis (Mitverf.). 1964; mehr als 80 Abhandlungen über klinische Mikrobiologie u. über öffentl. Gesundheitswesen in isr. u. ausländ. Zs. *Qu:* Fb. Hand. - RFJI.

Silverberg, Paul, Dr. jur., Industrieller; geb. 6. Mai 1876 Bedburg b. Köln, gest. 5. Okt. 1959 Lugano/Tessin; ev.; *V:* Adolf S. (1846-1903), jüd., Textil- u. Braunkohleindustrieller, Kommerzienrat; *M:* Theodora (Dorothea ?), geb. Schönbrunn, jüd., ev.; *G:* Anna Landsberg (1878-1938), ev., nach Ausreiseverweigerung Freitod; 1 S; ∞ Johanna Stiegler (gest. 1969); *K:* Louise Theodora (geb. 1905). *Weg:* 1934 CH.

Stud. Rechtswiss. München u. Bonn, Gerichtsref. u. -assessor, 1902 Prom., 1903 RA in Köln. Ab Herbst 1903 als Nachf. des Vaters GenDir. u. VorstVors. Fortuna AG für Braunkohlenbergbau und Brikettfabrikation (ab 1908 nach Erweiterung Rheinische AG für Braunkohlenbergbau und Brikettfabrikation, damals größte Braunkohleges. der Welt). 1914 Vors. Vereinigungsgesellschaft Rheinischer Braunkohlenwerke u. AR-Vors. des nach dem Vorbild des Ruhrkohlesyndikats neugegr. Rheinischen Braunkohlenbrikett-Syndikats. 1914-16 Frontoffz., anschl. ltd. Tätigkeit in Kriegs-Kohlewirtschaft. 1917 VorstVors. *Verein für die Interessen der Rheinischen Braunkohlen-Industrie* u. Vors. *Arbeitgeberverband im Rheinischen Braunkohlerevier.* 1919 als Sachverst. bei dt. Deleg. während der Versailler Friedensverhandlungen. Wandte sich in den ersten Jahren nach Kriegsende entschieden gegen Sozialisierungspläne der dt. Reichsreg. im Montanbereich (Walther Rathenau). Ab 1925 AR-Mitgl., ab 1927 Vors. Harpener Bergbau-AG, damit in führender Position innerh. des Ruhrkohlebergbaus, ab 1926 Mitgl. der 12 Vertr. umfassenden Großindustriellen-Vereinigung *Ruhrlade;* ab 1926 AR-Vors. Rheinische AG für Braunkohlebergbau und Brikettfabrikation. AR-Vors. bzw. -Mitgl. von rund 50 Unternehmen der Montan- u. Elektroindustrie, des Bank- und Transportwesens, u.a. Vereinigte Stahlwerke AG, Siemens-Schuckert-Werke, Rheinisch-Westfälische Elektrizitätswerke, Norddeutscher Lloyd u. Deutsche Bank, stellv. Vors. *Reichsverband der Deutschen Industrie,* führender Vertr. Reichskohlenrat u. Reichskohlenverband, Mitgl. Verw-Rat der Deutschen Reichseisenbahngesellschaft, Mitgl. Ständiger Ausschuß des Reichseisenbahnrats, des Reichswasserstraßenbeirats u. des Verkehrsausschusses des Deutschen Industrie- und Handelstags, stellv. Vors. der Sektion für Eisenbahntransporte der Internat. Handelskammer Paris. Mitgl. DVP, 1929 Wahl in den Rheinischen ProvLT. Umfangreiche Vortragstätigkeit, verteidigte das freie Unternehmertum u. wandte sich gegen Eingriffe des Staats in die Wirtschaft u. gegen Staatsunternehmen. Ab 1931 AR-Vors. Bank für Deutsche Industrie-Obligationen, 1932-33 Präs. IHK Köln; versuchte vergeblich, die führenden dt. Unternehmer von einer Unterstützung Hitlers abzuhalten. Legte Frühjahr 1933 seine Funktionen nieder u. emigrierte 1934 nach Lugano. - *Ausz.:* u.a. 1920 Dr. ing. E. h. TH Aachen, 1925 Dr. rer. pol. h.c. Univ. Bonn, 1947 Ehrenmitgl., ab 1951 Ehrenpräs. IHK Köln; Ehrenbürger der Stadt Bedburg.

W: u.a. Berufung, Berufungsgrund, Erhöhung und Anwachsung im Erbrecht des Bürgerlichen Gesetzbuchs (Diss.). 1902; Paul Silverberg. Reden und Schriften. Hg. u. eingeleitet von Franz Mariaux. 1951. *L:* Ehrenpräsident Dr. Paul Silverberg 80 Jahre. In: Mitteilungen der Industrie- und Handelskammer zu Köln. 1956/Nr. 9; Kellenbenz, Hermann, Paul Silverberg. In: Rheinisch-Westfälische Wirtschaftsbiographien Bd. 9. 1967. *D:* Nachlaß Paul Silverberg BA Koblenz; Deutsches Industrieinstitut Köln. *Qu:* Arch. Biogr. EGL. Hand. Publ. Z. - IfZ.

Simon, Ellen (Helene), Dr. jur., Sozialarbeiterin; geb. 16. Juli 1895 Nordhausen b. Erfurt; ev.; *V:* Georg S. (1855-1903), bis 1897 jüd., LG-Rat; *M:* Anna Marie, geb. Seckel (1864-1931), bis 1897 jüd., Schriftst. (Ps. Mania Korff); *G:* Leonore (geb. 1891, dep. 1941), Bildhauerin; Heinrich (1897-99); ∞ led.; *StA:* deutsch. *Weg:* 1933 CH; 1937 NL; 1938 GB; 1948 Deutschland (ABZ).

1915 Abitur, Stud. Volkswirtsch., Rechtswiss., Phil. u. Psychologie Halle/S., Jena, Marburg und Hamburg, 1921 Prom. Marburg. 1921-22 Praktikum Waisenamt Stettin u. Hilfsref. beim *Deutschen Verein für öffentliche und private Fürsorge* Berlin, mit Vorarb. für Reichsjugendwohlfahrtsgesetz befaßt. 1922-25 Ltr. nordwestdt. Bez. des Deutschen Zentralausschusses für die Quäkerspeisung in Hamburg, 1925-31 AbtLtr. Jugendamt u. Landesjugendamt Hamburg, 1931-33 Ltr. Jugendamt Königsberg, bes. Aktivität auf dem Gebiet der Adoption. 1918-23 ev. soziale Jugendbewegung, 1920 Mitarb. *Soziale Arbeitsgemeinschaft* unter → Friedrich Siegmund-Schultze, ab 1930 SPD; führte 1932 den ersten ArbDienst für erwerbslose Mädchen ein. Apr. 1933 Entlassung, Sept. 1933 Emigr. Schweiz, Tätigkeit im Klinisch-Therapeut. Institut Arlesheim, 1936-37 Doz. an Schwesternschule, 1937-38 Privatpflegerin, Anschluß an Anthroposophische Bewegung, Mitarb. Frauenbeilage *Berner Bund*. Juni 1938 Quäker-Schule Ommen/NL, dann nach London, Sozialarb. im East End, 1940-43 Ltg. eines Heimes für ausgebombte alte Menschen in Birmingham, anschl. bis 1947 wieder East-End-Settlement-Arbeit in London. - Verb. zur *Bekennenden Kirche* in Deutschland, Mitarb. *German Educational Reconstruction*. 1947 Errichtung von Nachbarschaftsheimen in amerikan. u. brit. Zone in Verb. mit Quäkern, Mai 1948 endgültige Rückkehr als Ref. u. Mitarb. des Nachrichtendienstes des *Deutschen Vereins für öffentliche und private Fürsorge*, Frankfurt/M. - 1950 Ausbildungskurs in USA für Einzelfallhilfe, 1951-52 Mitarb. Erziehungsberatung u. Lehrbeauftragte für Vormundschaftsrecht Univ. Frankfurt/M., ab 1953 Ltr. Pestalozzi-Froebel-Haus in Berlin, Ausbildung von Sozialarb. in Einzelfallhilfe. ORegRätin i.R. - 1953-57 Mitgl. Landesvorst. Berlin u. Beiratsmitgl. Hauptvorst. *Deutscher Paritätischer Wohlfahrtsverband*. Seit 1927 Mitgl. *Versöhnungsbund*, seit 1930 *Berufsverband der Sozialarbeiter*, GrdgMitgl. u. zeitw. im Beirat der *Gesellschaft für Christlich-Jüdische Zusammenarbeit*. Lebte 1978 in Berlin (West).

Qu: Arch. EGL. Fb. - IfZ.

Simon, Erwin S., Dr. rer.pol., Wirtschaftsberater; geb. 14. Jan. 1903 Bad Dürkheim/Pfalz; jüd.; *V:* Weinkommissionär; *M:* Flora, geb. Weil (gest.); *G:* 1 S; ∞ 1933 C. Linn. *Weg:* 1938 NL.

1922-24 Stud. Wirtschaftswiss. Frankfurt/M., Innsbruck, London u. Erlangen, mehrjähr. kaufm. Tätigkeit in Hamburg u. GB (Im- u. Exportgeschäft, Bankwesen, Versicherungsgewerbe), anschl. DiplVolkswirt, 1932 Prom. Bis 1937 amtl. zugelassener Devisenberater u. Wirtschaftsberater in Berlin. 1938 Emigr. Holland, Wirtschaftsberater. Nach Kriegsende dt. Ehrenkonsul für die Prof. Overijssel u. Teile der Prov. Gelderland, VorstMitgl. *Deutsch-Niederländische Gesellschaft* in Münster/Westf., Mitgl. *De Grote Society* Enschede/Overijssel. Lebte bis 1964 in Enschede, anschl. in Oldenzaal.

Qu: Arch. EGL. - IfZ.

Simon, Frederick (Fritz) **David**, Devisenhändler; geb. 25. Dez. 1888 Münster b. Darmstadt, gest. 5. Juli 1965 San Francisco/Calif.; *V:* David S. (gest. 1935); *M:* Klara, geb. Haas (1857-1935); ∞ 1921 Hedwig, geb. Michel (geb. 1892 Meuxheim), jüd., in den USA für *Hadassah* u. USO tätig, VorstMitgl. *Jew. Community Council; K:* Harold Joachim (geb. 1928 Karlsruhe), Prof. School of Medicine, Univ. of California, San Diego; Ernest Robert (geb. 1929), Prof. School of Medicine, Univ. of New Mexico. *Weg:* 1938 USA.

Volks- u. Gewerbeschule, dann Fachmann für Devisengeschäfte bei Privatbank Strauss & Co. Karlsruhe; 1938 Emigr. USA über Schweiz u. Niederlande, 1938-65 San Francisco bei Börsenmaklerfirma Strassburger, nach Übernahme durch J. Barth & Co. Teilh., spezialisiert auf Devisenhandel. Unterstützte jüd. Flüchtlinge in den USA, Gr. der nach ihm benannten Familienstiftung; u.a. Stiftung der Fritz Simon Memorial Lectures.

D: RFJI. *Qu:* EGL. HGR. Pers. - RFJI.

Simon, Hans Oskar, Dr. jur. et rer. pol., Journalist, Verbandsfunktionär; geb. 21. März 1887 Bonn, gest. 18. Juli 1961 Johannesburg; ev.; *StA:* deutsch, 1938 Niederlegung der deutschen StA., 1939 S-Afrika. *Weg:* 1933 S-Afrika.

Stud. Rechtswiss. Genf, Leipzig, Berlin, Bonn, 1909-12 Gerichtsreferendar, volkswirtsch. Stud., Prom. Würzburg. 1912-14 Redakteur bei Sportzs., schriftstell. Tätigkeit. 1914-20 Kriegsteiln., Gefangenschaft, 1920-22 jur. u. volkswirtsch. Mitarb. bei Industrieverbänden in Berlin, 1922-33 erster Syndikus *Arbeitgeberverband für Pforzheim und Umgebung e. V.*, Gr. u. Red. des Verbandsblatts, Landesarbeitsrichter. Mitgl. DDP, 1926-33 StadtVO Pforzheim, schriftstell. u. journ. tätig, Mitgr. *Deutscher Hockey-Bund*, VorstMitgl. *Deutscher Tennis-Bund*. Mai 1933 Ausscheiden als Syndikus, kurzfristig Haft, Dez. 1933 Emigr. Johannesburg. Freier Journ., 1935-39 stellv. Chefred. u. Nachrichtenred. *Inter-Continental Press & News Agency* Johannesburg, dann freier Journalist, Mitinh. Verlag Selected Books. 1936 Mitgr. u. bis 1959 Vors. *Unabhängige Kultur-Vereinigung* Johannesburg, dann Ehrenpräs.; Red. des Verbandsorgans *U.K.V.* (ab 1939 zus. mit *Jewish Immigrants' Help* unter den Titel *Union* hg.), das ab 1961 bis zur Auflösung der *Kultur-Vereinigung* von → Franz Egon Auerbach weitergeführt wurde. Mitgr. *Central Committee of German Refugees*, Interessenvertr. der dt. Emigr. gegenüber der südafrikan. Reg., nach Kriegsbeginn erfolgreiche Bemühungen um Ausnahmeregelungen bei der Internierung sog. feindlicher Ausländer. Zeitw. VorstMitgl. *Soc. of Jews and Christians*, Sekr. *PEN-Club* Südafrika, Mitgl. *Council for Adult Education*.

Qu: Arch. Hand. Pers. Z. - IfZ.

Simon, Heinrich, Dr. phil., Journalist, Verleger; geb. 31. Juli 1880 Berlin, ermordet 6. Mai 1941 Washington/D.C.; jüd.; *G:* → Kurt Simon; Annemarie von Klenau; ∞ Irma von Schey; *StA:* deutsch. *Weg:* 1934 Pal.; 1939 USA.

Ernestinum in Gotha, Stud. Phil., Volkswirtsch. u. Kunstgesch. Berlin u. Freiburg/Br., 1905 Prom. Ab 1906 bei Frankfurter Societätsdruckerei, ab 1910 Prokurist, ab 1929 Mitinh., widmete sich bes. dem Ausbau des Buchverlags; daneben auch Red. *Frankfurter Zeitung*, 1914-34 Vors. der RedKonf., 1934 erzwungener Rücktritt, Emigr. nach Palästina. Mitgr. u. ab 1936 Geschäftsf. Palestine Philharmonic Orchestra, 1939 über GB in die USA, gab in Washington Musikkurse an einem College. Opfer eines unaufgeklärten Mordes.

W: u. a. Fragmente von Novalis. 1906; Der magische Idealismus. 1906. *L:* RhDG. *Qu:* EGL. Hand. - IfZ.

Simon, Helene (Henriette), Sozialpolitikerin; geb. 16. Sept. 1862 Düsseldorf, gest. 8. Dez. 1947 London; jüd.; *V:* Jacob S. (1823-1911 [1912 ?]), Kaufm. u. Bankier; *M:* Amelie, geb. Gompertz (geb. 1830); *G:* 9; ∞ led.; *StA:* deutsch. *Weg:* 1939 GB.

1895-97 StudAufenthalt in London, Bekanntschaft mit Beatrice Webb, Eintritt in *Fabian Society*, anschl. Stud. Volkswirtschaft Univ. Berlin bei Gustav Schmoller; publizist. Tätigkeit, sozialpol. aktiv, u. a. 1904 Referat über Arbeiterinnenschutzgesetze auf Internat. Frauenkongreß Berlin, 1907 Mitgl. *Ständiger Ausschuß zur Förderung der Arbeiterinnen-Interessen*, 1911 Ausschußmitgl. *Gesellschaft für Soziale Reform*, 1913 Mitgl. ZA des *Deutschen Vereins für Armenpflege und Wohltätigkeit*; 1914-18 Mitarb. im *Nationalen Frauendienst*, 1915-18 Geschäftsf. Arbeitsausschuß der Kriegerwitwen- und Waisenfürsorge. Ab 1919 SPD, maßgebl. Mitarb. am Aufbau der *Arbeiterwohlfahrt;* zahlr. Beiträge über Fabrikgesetzgebung, Kinder-, Jugend- u. Frauenarbeitsschutz u. Schulspeisung, u. a. in *Soziale Praxis, Die Gleichheit, Die Frau, Die Zukunft, Die neue Zeit*. Lebte ab 1932 in Berlin; 1939 Emigr. nach London. - *Ausz.:* 1922 Dr. h. c. Univ. Heidelberg.

W: u. a. Mutterschaft und geistige Arbeit (Mitverf.). 1901; Robert Owen. Sein Leben und seine Bedeutung für die Gegenwart. 1905; Schule und Brot. 1907, 1908; Der Anteil der Frau an der deutschen Industrie. 1910; Lloyd George, David, Bessere Zeiten (Übers.). 1911; Webb, Sidney u. Beatrice, Das Problem der Armut (Übers.). 1912; Elisabeth Gnauck-Kühne, 2 Bde. 1928, 1929. *Qu:* Hand. Pers. - IfZ.

Simon, Hermann Ernst, Dr. jur., Rechtsanwalt; geb. 11. Okt. 1900 Frankfurt/M.; *V:* Emil S. (geb. 1856 Friedeberg/Hessen, gest. 1934 Frankfurt/M.), jüd., stellv. Dir. Zweigstelle Frankfurt/M. der Deutschen Bank, aktiv in *B'nai B'rith*-Loge; *M:* Gertrude, geb. Epstein (geb. 1873 London, gest. 1943 London), Oberschule, Fürsorgerin in Frankfurt/M., 1934 Emigr. GB; *G:* Frederick H. (geb. 1899 Frankfurt/M.), Stud. München, Chemiker u. Geschäftsf. in der Lederindustrie, 1933 Emigr. GB, techn. Dir. u. Hersteller von Lederwaren; *StA:* deutsch, USA. *Weg:* 1937 USA.

1917-18 Nothilfe u. Kriegsgefangenendienst beim Roten Kreuz in Frankfurt/M.; 1918-22 Stud. Freiburg, Bonn u. Berlin, 1922 Referendar, 1924 Prom. Frankfurt/M., 1926 Assessor, RA-Zulassung. 1926-27 nach Frankr., GB u. in die USA, Volontär bei einer Anwaltsfirma, 1926-33 Partner der Anwaltsfirma Loewenthal, Rheinstein & Simon in Frankfurt/M., Mitgl. Frankfurter Anwaltskammer. 1933 Berufsverbot, 1933-37 Devisen- u. Auswanderungsberater für jüd. Klienten, 1933-37 VorstMitgl. Almosenkasten der israelit. Gemeinde Frankfurt; 1937 Emigr. USA über die Niederlande u. GB, 1938-42 Berater für Fragen ausländ. Rechts; 1941 LL.B. New York Univ., 1942 Zulassung zur New Yorker Anwaltskammer, 1942-45 MilDienst US-Armee, im Kriegsgefangenen-Verhördienst der 8. Infantriediv. in Europa (Bronze Star). Ab 1947 Partner bei Anwaltsfirma Fried, Frank, Harris, Shriver & Jacobson New York; Mitgl. *Jew. Philanthropic Fund of 1933,* ab 1938 VorstMitgl. *Help and Reconstruction,* ab 1939 Congr. Habonim New York, ab 1948 VorstMitgl. *Selfhelp, United Help, Inc.,* A.F.J.C.E. u. RFJI, aktiv in Wiedergutmachungsfragen, Interessenvertr. von Einwanderern in internat. Org. wie JRSO, ab 1941 Mitgl. *Internat. Bar Assn.,* ab 1948 *Assn. Bar City New York,* ab 1950 *Am. Bar Assn.,* ab 1965 *State Bar Assn.*

W: Der ungerechtfertigte Vollstreckungsbetrieb (Diss.). 1924. *Qu:* Fb. Pers. - RFJI.

Simon, Hugo, Bankier, Politiker; geb. 1. Sept. 1880 Usch, Kreis Kolmar/Posen, gest. 4. Juli 1950 São Paulo/Bras.; *V:* H. Simon, Lehrer; *M:* Mathilde, geb. Jablowski; ∞ Gertrud Oswald (geb. 1885), Emigr. u. Ausbürg. mit Ehemann; *StA:* deutsch, 27. Okt. 1937 Ausbürg. *Weg:* 1933 F; 1940 (?) Bras.

Höhere Schule, anschl. Banklehre in Marburg/Hessen. Mitgr. Privatbank Carsch, Simon & Co., ab 1911 Bett, Simon & Co., Mitinh. u. Seniorchef. Mitgl. SPD, während des 1. WK Kriegsgegner, neben → Hellmut von Gerlach u.a. Gr. u. maßgebl. Vertr. *Bund neues Vaterland,* der sich gegen dt. Kriegspol. richtete. Mitgl. USPD. MdL Preußen, Nov. 1918-Jan. 1919 Unterstaatssekr. im preuß. Finanzmin., anschl. kurzfristig Finanzminister. AR-Mitgl. S. Fischer Verlag, Kunstsammler u. Förderer vor allem junger avantgardist. Künstler, befreundet u.a. mit Heinrich u. Thomas Mann, Stefan Zweig, → Rudolf Hilferding u. → Otto Braun. AR-Mitgl. bzw. -Vors. einer Reihe von Bank- u. Industrieunternehmungen, u.a. Thüringische Landes-Hypothekenbank, Deutsche Grundcreditbank u. Allgemeine Häuserbau-AG von 1872 - Adolf Sommerfeld, Mitgl. Ankaufskommission der National-Galerie Berlin, VorstMitgl. mehrerer Kunstvereine. 1933 nach natsoz. Machtübernahme über die Schweiz nach Paris, Mitarb. sozdem. Flüchtlingshilfsstellen, gehörte zum Kreis der sozialist. dt. Emigr. in Paris. ZusArb. mit → Willi Münzenberg, war ab 1935 an den Gesprächen u. Verhandlungen um Bildung einer dt. Volksfront beteiligt, bemühte sich Herbst 1937 in ZusArb. mit Heinrich Mann u.a. um eine Neubegründung des *Bundes neues Vaterland* unter dem Namen *Bund neues Deutschland.* 1940 Flucht vor dt. Vormarsch nach Montauban/Südfrankr., nach franz. Kapitulation mit Paß auf den Namen Hubert Studenic über Spanien nach Brasilien. Lebte zunächst in Barbacena/Minas Geraes, Stud. Seidenraupenzucht; später auf einem Gut bei Rezende/Rio de Janeiro, Gartenbau u. lit. Tätigkeit. Befreundet mit Georges Bernanos.

L: RhDG; Langkau-Alex, Volksfront. *Qu:* Arch. EGL. Hand. Publ. Z. - IfZ.

Simon, Josef, Verbandsfunktionär; geb. 27. Aug. 1895 Altrohlau b. Karlsbad; *StA:* österr., 1919 CSR, nach 1945 S (?). *Weg:* 1939 S.

GewFunktionär, 1919 DSAP, Mitgl. u. Funktionär RW, Gauobmann der *Naturfreunde*-Bewegung für Westböhmen, Mitarb. *Volkswille* Karlsbad. 1939 Emigr. nach Schweden, TG-Mitgl., dann zur oppos. Gruppe um → Franz Krejči u. → Josef Ladig; Mitarb. *Weg und Ziel* Stockholm.

Qu: Arch. - IfZ.

Simon, Joseph Thorvald (urspr. **Joseph** Theodor), Dr. jur., Rechtsanwalt; geb. 24. Mai 1912 Wien, gest. 23. Jan. 1976 Wien; o.K.; *V:* Otto S. (geb. 1876 Wien, gest. 1941 Seattle/Wash.), jüd., GymnLehrer, Mitgl. SDAP, langjähr. Präs. *Arbeiter-Esperanto-Bund Österreichs,* 1938 Emigr. S, 1940 USA; *M:* Anna, geb. Gersuny (1885-1967), jüd., Mitgl. SDAP, 1938 Emigr. S, 1940 USA, 1956 Österr.; *G:* Dr. Hanna Povlsen (geb. 1909), 1938 Emigr. DK, 1943 USA, Blindenlehrerin; Lollo (1910-15); Dr. Walter S. (geb. 1918, 1938 Emigr. DK, Irland, 1940 USA, UnivProf., A: Wien; ∞ 1944 Plymouth, Maria Dorothea (Dorli) Polacek (geb. 1918), jüd., StA: CSR, 1938 (?) Emigr. GB, 1943-44 Dienst bei brit. Armee, 1944 B.Sc. London School of Economics, 1945 DK, 1947 Österr., 1952 Dr. phil. Univ. Wien, A: Wien; *K:* Allan (geb. 1945 Kopenhagen), Computerfachmann, A: Kanada; Elisabeth Neuwelt (geb. 1948), Sozialarb., A: USA; Andrew (geb. 1952), B.A., A: Wien; Anthony (geb. 1954), Student; *StA:* österr., 1942 USA, 1955 österr. *Weg:* 1937 DK; 1940 USA; 1943 GB; 1945 DK; 1946 Österr.

1919 als Pflegekind in Dänemark in der Fam. des Pastors u. späteren dän. Kirchenmin. Thorvald Povlsen. Mitgl. SAJDÖ, 1928 Mitgl. *Vereinigung Sozialistischer Mittelschüler* (VSM) in Wien, zeitw. Bildungsref., Exponent des linken Flügels, zugleich stark beeinflußt vom Gedankengut der dt. Jugendbewegung. Ab 1930 Stud. Rechtswiss. Univ. Wien, Mitgl., zeitw. VorstMitgl. *Verband Sozialistischer Studenten Österreichs;* 1930-33 Obmann Ortsgruppe Währing der VSM (vorwiegend 18. Wiener Bez., deshalb die *Achtzehner* genannt), Mitgl. des Zugs der Mittelschüler-Wehrsportler innerh. der *Akademischen Legion* des *Republikanischen Schutzbunds.* Mitgl. SDAP. Juni 1933 nach Auflösung der VSM bzw. des *Bunds Sozialistischer Mittelschüler Österreichs* durch kultusmin. Verbot der Mitgliedschaft von Mittelschülern bei pol. Org. illeg. Weiterführung der *Achtzehner,* die somit die erste illeg. sozialist. Gruppe in Österr. darstellten; Deck- u. Spitzn. Hasi. Zeitw. Geschäftsf. *Wirtschaftshilfe für Mittelschüler* unter → Josef Friedjung. Febr. 1934 unmittelbar nach dem Februarkämpfen Reise nach Prag, mit Hilfe sudetendt. SozDem. Org. eines gut funktionierenden Grenzschmuggels für illeg. Lit. nach Österr. sowie einer umfangreichen Fluchthilfeorg. in der CSR, finanzielle Unterstützung u.a. von Hugh Gaitskell u. Wilhelm Börner, organisierte u.a. die Flucht von → Josef Luitpold Stern in die CSR; Mitgr. u. maßgebl. Vertr. *Georg-WeisselBund,* der sich 1934 aus den *Achtzehnern* bildete, zunächst im illeg. Bereich zwischen RSÖ u. KPÖ stand u. innerh. des *Autonomen Schutzbunds* als Nachfolgeorg. der *Akademischen Legion* den Rang eines Wiener Bez. einnahm (Deckn. Gustav u. Hammer); ZK-Mitgl. *Rote Front* (ebenfalls illeg. Splittergruppe zwischen RSÖ u. KPÖ); Sommer 1934 nach Vereinigung der *Roten Front* mit KPÖ Mitgl. der Minderheit, die die *Rote Front* selbständig weiterzuführen versuchte. Legale Stützpunkte des *Georg-Weissel-Bunds* bzw. der *Roten Front* bildeten der *Österreichische Jugendbund,* *Klub Jadran* (bürgerl. Jugendklub, 1935 von Polizei ausgehoben) sowie die *Harand-Bewegung (Bewegung gegen Rassenhaß und Menschennot,* → Irene Harand), dem der *Georg-Weissel-Bund* als Volksliederchor unter Fritz Kurzweil beitrat. Ab Herbst 1934 Mitgl. u. Mitarb. RSÖ. Neben illeg. Tätigkeit Fortführung des Studiums, 1935 Prom.; Febr. 1935 Verhaftung, mehrwöchige Haft. Sommer 1935 Deleg. der *Revolutionären Sozialistischen Jugend* (RSJ) auf dem Kongreß der SJI in Kopenhagen, anschl. beauftragt mit Verbindung zur SJI, Ltr. Kreis Wien-Nord und ZK-Mitglied der RSJ. Herbst 1935-Herbst 1936 zus. mit → Adolf Kozlik Gerichtsreferendar. Sommer 1936 Reise nach Brünn, Zusammentreffen mit → Otto Bauer u. → Joseph Buttinger, anschl. i.A. der RSJ nach

Spanien, auf dem Rückweg in der Schweiz verhaftet u. nach Österr. ausgewiesen, daraufhin Dez. 1936 Verhaftung, Sommer 1937 nach Intervention des dän. Pflegevaters bei Bundeskanzler Kurt Schuschnigg Entlassung mit Auflage zur Ausreise, Emigr. DK. Tätigkeit bei dän. Volkshochschulen, Mitarb. *Matteotti-Komitee*. 1940 nach Besetzung Dänemarks u. Norwegens durch dt. Truppen über Schweden, Finnland, UdSSR u. Japan in die USA; zunächst Küchenhilfe in Univ. Seattle/Wash., anschl. Vortragsreisender bei den dän. Gemeinden an der amerikan. Westküste. Apr. 1941 Einberufung zur US-Armee, bis Okt. 1941 Ausbildung, anschl. Gelegenheitsarb. in Los Angeles (zus. mit → Egon Breiner). Nach Kriegseintritt der USA erneute Einberufung. 1943 Camp Ritchie (Ausbildungslager des US-Geheimdienstes), Master Sergeant; Ende 1943 nach GB, zunächst Dienst innerh. der für D-Day (Invasion in Frankr.) bestimmten Truppen, anschl. zus. mit Steve Rundt Dienst im Dokumentationszentrum der Vereinigten Alliierten Hauptquartiere, 1944 in diesem Rahmen Verf. einer Studie über die SA. Mitgl. *Austrian Labour Club*. Spätsommer 1944 Versetzung zum OSS. Mai 1945 als US-Offz. (Lt.) nach Dänemark, u.a. mit Erfassung der österr. Kriegsgef. befaßt. 1946 als Rechtsberater des US-Hochkommissars nach Wien, bis 1955 Mitgl. Legal Division beim US-Hochkommissariat u. US-Allied Commission for Austria. 1955 Personalref. bei Österreichischer Mineralölverwaltung (nach Abschluß des Staatsvertrags in österr. Hände übergegangene ehem. sowj. Betriebe), mußte diese Stelle wegen interner, von der von KPÖ-Vertr. beherrschten Personalvertretung hochgespielter Konflikte aufgeben. Ab 1955 Mitgl. SPÖ. 1955-62 Mitgl. *Bund Sozialistischer Akademiker*, ab 1954 Österr.-Korr. für *Aufbau* New York. Bis 1962 RA-Anwärter, ab 1962 RA, 1962-75 Dir. Der Anker - Allgemeine Versicherungs AG Wien (urspr. Eigentum der österr. Gewerkschaften, nach dem Anschluß Österr. Teil der Hermann-Göring-Werke, nach 1945 von sowj. Besatzungsmacht beschlagnahmt, wurde nach Abschluß des österr. Staatsvertrags von S. entflochten u. in das Eigentum des ÖGB überführt). Bis 1965 (?) Mitgl. *Bund sozialistischer Freiheitskämpfer und Opfer des Faschismus*. Mitgl. *Österreichisch-Dänische Gesellschaft*. - *Ausz.*: u.a. 1945 Pro Dania (dän. Freiheitsmedaille).
W: Leopold Müller (Ps.), Ostrig 1918-1938. Kopenhagen (Fremat Forlog) o.J. (1938); Wir sind der Staat. Eine österreichische Staatsbürgerkunde für Jedermann (zus. mit → Ernst Winkler). 1960; Hausbesorgerordnung (Hg.). 1962; Das Staatsbürgerbuch (zus. mit E. Winkler). 1966; Simon, Autobiographie. L: Buttinger, Beispiel; Stadler, Opfer; Neugebauer, Bauvolk. Qu: Arch. Fb. Hand. Pers. Publ. Z. - IfZ.

Simon, Kurt, Verleger; geb. 1881 Börnicke bei Nauen, gest. Okt. 1957 New York; *V*: Felix S., Inh. *Königsberger Allgemeine Zeitung* (nat.-lib. Tageszt.), Übersiedlung nach Berlin, Berater führender Politiker; *M*: Therese, geb. Sonnemann (T. von Leopold Sonnemann, 1856 Gr. u. Inh. *Frankfurter Zeitung*), nach dem Tod ihres Mannes Ltg. *Königsberger Allgemeine Zeitung* u. *Frankfurter Zeitung*; *G*: → Heinrich Simon. *Weg*: 1933 USA.
Stud. Rechtswiss. Heidelberg, 1907 Examen, anschl. bei der *Frankfurter Zeitung*; 1914 Bürovorsteher, 1929 Verlagsltr. für techn. u. kaufm. Angelegenheiten, gleichz. 1907-33 Dir. Frankfurter Societätsdruckerei, VorstMitgl. *Königsberger Allgemeine Zeitung*, Präs. *Verband Deutscher Zeitungsverleger*, AR-Mitgl. *Reichsarbeitsgemeinschaft*; 1933 Amtsenthebung u. Enteignung, Emigr. USA. Nach 2. WK Rückerstattung der Frankfurter Societätsdruckerei.
L: Zum Tod von Kurt Simon. In: Die Gegenwart, Jahrg. 12, Nr. 21, 1957. Qu: Hand. Z. - RFJI.

Simon, Leo, Industrieller; geb. 31. März 1870 Mainz, gest. 1940 Paris; jüd.; *V*: Emanuel S. (geb. 1834 Bingen/Hessen, gest. 1906 (?) Mainz), jüd., Textilfabrikant; *M*: Jeanette, geb. Hamburger (geb. 1845 (?) Hanau/Hessen, gest. 1917 (?) Mainz); *G*: Kathinka Moritz (geb. 1864 Mainz, umgek. 1943 KL Theresienstadt); Max (geb. 1868 Mainz, gest. 1926 Breslau), Kaufm.; Siegfried (geb. 1872 Mainz, gest. 1970 Buenos Aires), Metall-Großhändler, Teiln. 1. WK, Emigr. Argent.; ∞ 1894 (?) Helene Falck (geb. 1871 Lübeck, gest. 1940 Pau/F), jüd.; *K*: → Manfred Simon; Sofie van Neyenhoff (geb. 1900 Nürnberg), Emigr. CH, 1939 USA über Kuba, 1970 CH; Ernst (geb. 1905 Frankfurt, gest. 1960 New York), im väterl. Betrieb tätig, 1933 Emigr. GB über CH, 1940 USA über Kuba, für versch. Industrieunternehmen tätig; *StA*: deutsch, 1936 F. *Weg*: 1933 F.
Mittlere Reife, MilDienst, Lehre im Metall-Großhandel in Frankfurt/M., später Sozius einer Metall-Großhandelsfirma in Nürnberg, um 1900 Patentinh. für Holz- u. Schwellenkonservierung, 1901 Gr. der Dübelwerke GmbH Berlin-Charlottenburg, Hauptlieferant der Deutschen Reichsbahn, Exporte nach Skandinavien u. Westeuropa, Gr. einer franz. Tochterges.; im 1. WK Herstellung von Munitions-Verpackungsmaterial, kurzfristig Reservedienst während deutscher Besetzung von Belgien, später Presse-Verbindungsoffz. für Auswärtiges Amt, 1918 (?) in geheimer Mission in die Schweiz zu Friedenskontakten mit der franz. Reg.; finanzielle Unterstützung der *Deutsch-Französischen Gesellschaft*, Mitgr. u. finanz. Förderer des Landeserziehungsheims Salem (→ Kurt Hahn), enge Beziehungen zu Politikern der Weimarer Republik, Sympathisant des *Zentrums*, 1929 Mitgl. der erweiterten *Jew. Agency*. Juni 1933 Zwangsverkauf des Unternehmens an die Rütgerswerke, Emigr. nach Paris, Kontakte zu anti-natsoz. Politikern, ZusArb. mit *Am. Jew. Committee* u.a. jüd. Org. im Ausland, bis 1937 stellv. Mitgl. der US-Deleg. im Exekutivausschuß der *Jew. Agency*, Aug. 1937 Rücktritt wegen Konflikt über Bericht der Pal. Royal Commission (Peel-Bericht).
L: RhDG. D: Inst. of Human Relations, Am. Jew. Comm. New York. Qu: Hand. HGR. Pers. - RFJI.

Simon, Manfred, Dr. jur., Rechtsanwalt, Richter, Politiker; geb. 4. März 1898 Nürnberg; jüd.; *V*: → Leo Simon; ∞ 1934 Marie Louise Godard (1896-1975), kath., jüd.; *StA*: deutsch, 1939 F. *Weg*: 1933 F; 1939 CH; 1940 GB; 1943 N-Afrika; 1944 Lux.; 1946 F.
1917-18 Teiln. 1. WK, im Militärstab des AA; 1919 Stud. u.a. pol. Ökonomie Univ. Zürich, 1920-23 Stud. Rechtswiss. Univ. Bologna, Prom.; nach Tätigkeit in RA-Büro in Mailand ab 1924 in Frankr., Stud. Rechtswiss. an der Sorbonne in Paris, 1927 Doctorat en droit; 1927-28 Praktikum in internat. Recht in Deutschland, ab 1928 im väterlichen Unternehmen tätig. 1933 Niederlassung in Frankr.; Kontakte zu antinatsoz. dt. Politikern im Reich u. im Exil, in ZusArb. u.a. mit → Joseph Wirth in der Schweiz Vermittlung von Informationen aus Deutschland an franz. u. brit. RegStellen, 1938 anläßl. der Sudetenkrise Org. von ZusTreffen dt. Oppositioneller unter Ltg. Carl Goerdelers mit führenden RegVertretern in Frankr. u. GB; ab 1937 GenSekr. *Comité de la Rue du Cirque* (Vereinigung prominenter franz. Juden unter Vors. v. Baron Robert de Rothschild); 1939 mobilisiert u. als pol. Berater der franz. Botschaft in Bern zugeteilt, pol. Kontakte zu Wirth u. → Fritz Thyssen; 1940 Anschluß an Charles de Gaulle, mit Unterstützung der brit. Botschaft mit Ehefrau nach England, Eintritt in Forces Françaises Libres, tätig in der Justizabt. des *Comité National Français*, später Rechtsberater im Range eines Conseiller d'Etat u. Sekr. des Gesetzgebenden Komitees für die Nachkriegsplanung; ab 1943 mit dem neugebildeten *Comité Français de la Libération Nationale* in Algier, Mitgl. franz. Kommission für Kriegsverbrechen; 1944 vorüberg. Beurlaubung zur UNRRA als Vors. ihrer Mission in Luxemburg, verantwortl. für das Displaced-Persons-Programm; 1946 Rückkehr nach Frankr., Ltr. Nationale Presseabt. bei der staatl. Verw. von Unternehmen, die mit den Deutschen kollaboriert hatten; 1947 Conseiller d'Etat en Services Extraordinaires; 1948-49 stellv. Dir. United Nations Appeal for Children, mit René Cassin Entwurf der 1948 von der UN-Vollversammlung in Paris angenommenen Declaration of Human Rights; 1949-51 Tätigkeit beim Conseil d'Etat; ab 1951 als Stabsmitgl. der UN-Human Rights Division in New York, Mitgl. UN-Rechtsabt., Arbeit vor allem auf dem Gebiet der Zwangsarb. u. Sklaverei; 1954 Rückkehr nach Frankr. u. Amtsantritt als Generalanwalt am Appellationsgericht Riom mit Rückwirkung zum Okt. 1946; 1955-56 wieder für die UN in New York tätig; 1958 zurück nach

Frankr. u. Ernennung zum Richter am Appellationsgericht in Paris, 1965 Pensionierung u. Ernennung zum Ehrenpräs. 1968 Übersiedlung in die Schweiz, tätig als freier Rechtsberater auf dem Geb. der Menschenrechte u. im Bereich des Gemeinsamen Europäischen Marktes. Mitgl. *International Law Association.* Lebte 1976 in Lausanne.

W: Deutsche Finanzpolitik nach 1918 (Diss.). 1923; Finanz- und ökonomische Gesetzgebung in Deutschland im Zusammenhang mit der Stabilisierung der Mark (Diss.). 1927. *Qu:* Fb. Hand. HGR. Pers. - IfZ.

Simon, Rolf Fred, Juwelier; geb. 10. Apr. 1923 Mainz; jüd.; ∞ Estera Nudeja (geb. 1929 Rio de Janeiro); *K:* Roberto George (geb. 1954 [?]); Eduardo (geb. 1954); Lory Ivone (geb. 1955); *StA:* deutsch, Bras. *Weg:* 1938 Bras.

Höhere Schule in Mainz; 1938 Emigr. Bras., Lehre, dann Gr. einer Edelsteinschleiferei, 1945 mit Bruder Gr. eines Juweliergeschäfts in São Paulo (über 200 Angest.); Freimaurer, Mitgl. A.R.I., *B'nai B'rith, Rotary Club* u. *Brasilianische Vereinigung für Edelsteinkunde.* Lebte 1977 in São Paulo.

Qu: Fb. - RFJI.

Simons, Hans, Dr. jur. et rer. pol., Ministerialbeamter, Hochschullehrer; geb. 1. Juli 1893 Velbert/Rheinl., gest. 28. März 1972 Yonkers/N.Y., USA; ev.; *V:* Walter S. (1861-1937), dt. Außenmin., Präs. des Reichsgerichts; *M:* Erna, geb. Rühle; *G:* 5; ∞ 1924 Eva Haym; *K:* Regula, Ursula, *StA:* deutsch. *Weg:* 1933 USA.

Stud. Rechtswiss., im 1. WK Offz., 1919-25 geschäftsf. Vors. *Deutsche Liga für Völkerbund,* 1922 RegRat im RMdI, 1923 ORegRat im preuß. Innenmin., ab 1924 im einstweil. Ruhestand, 1925-29 Prof. u. Dir. Deutsche Hochschule für Politik in Berlin. Ab 1927 wieder im preuß. RegDienst, MinRat, kommissarischer Oberpräs. Stettin u. 1930 bis zur Versetzung in den einstweil. Ruhestand nach sog. Preußenschlag 1932 Oberpräs. für Niederschlesien in Liegnitz. Mitgl. SPD, im Kreis um die *Neuen Blätter für den Sozialismus* (→ Paul Tillich). Nach natsoz. Machtübernahme Emigr. USA, zunächst Versicherungsvertr., ab 1935 Prof., 1943-50 Dekan u. 1950-60 Präs. New School for Social Research New York; Mitwirkung bei Hilfsaktionen für emigr. dt. Wissenschaftler, Tätigkeit für Ford Foundation auf dem Gebiet des Erziehungswesens. 1947-49 AbtLtr. bei OMGUS, VerbMann zum Parlamentar. Rat, an der Vorbereitung des Grundgesetzes für die Bundesrepublik Deutschland beteiligt. Berater der US-Reg., nach 1960 u.a. Aufenthalt in Indien.

D: S.P.S.L. *Qu:* EGL. Hand. Publ. Z. - IfZ.

Simson, Arthur, Industrieller; geb. 6. Sept. 1882 Suhl/Thür., gest. 9. Sept. 1969 Los Angeles/Calif.; jüd.; *V:* Gerson S. (1845-1904); *M:* Jeanette, geb. Heller (1847-1926); *G:* Max (1871-1924); Ernst (geb. 1874); Rosalie Mayer (geb. 1876, gest. USA); Leonhard (1878-1929); Minna Heine (geb. 1879), 1936 Emigr. CH, später USA; Dr. jur. Julius S. (geb. 1884), RA, Emigr. USA; *StA:* deutsch, 2. Okt. 1940 Ausbürg. *Weg:* 1936 CH; USA.

Teilh. u. techn. Dir. Waffenfabrik Simson & Co. in Suhl/Thür. Dez. 1934 nach Arisierung des Unternehmens Ausscheiden aus dem Vorst., 1935 Verhaftung; die Firma wurde 1936 in Wilhelm-Gustloff-Stiftung umgewandelt. Emigrierte 1936 in die Schweiz, später in die USA.

L: Buchmann, Erich, Von der jüdischen Firma Simson zur nationalsozialistischen Industriestiftung Gustloff-Werke. Erfurt 1944. *Qu:* EGL. Publ. - IfZ.

Simson, Ernst von, Dr. jur., Ministerialbeamter, Industrieller; geb. 7. Apr. 1876 Berlin, gest. 7. Dez. 1941 Oxford; ev.; *V:* August v. S. (1837-1927), Geh. Justizrat; *M:* Beate, geb. Jonas (1841-1913); ∞ 1901 Martha Oppenheim (1882-1971); *K:* Anna Reifenberg (gest.); Else von Arnim; Dorothee Enole von Schwerin; Dr. phil. Otto v. S. (geb. 1912), 1936 Prom., Kunsthistoriker, Emigr. USA, A: Deutschland (BRD); Luise Viktoria Petersen. *Weg:* 1938 GB.

Stud. Rechtswiss. Lausanne, Leipzig u. Berlin; 1904 nach 2. jurist. Staatsexamen als Gerichtsassessor kommissarischer Hilfsarb. im Reichsjustizamt. Ab 1908 Landrichter in Düsseldorf, 1910 ständiger Hilfsarbeiter, 1911 Vortragender Rat im Reichsjustizamt. 1918 Dirigent im Reichswirtschaftsmin., anschl. im AA, 1919 MinDir. u. Ltr. Rechtsabt., 1920 Ltr. Westeuropa-Abt. im AA, 1921 Staatssekr., Ltr. Wirtschaftsabt. 1922 Versetzung in den einstw. Ruhestand, bis 1926 AR- u. VorstMitgl. AG für Anilinfabrikation AGFA Berlin, 1926-38 Mitgl. VerwRat der neugegr. IG Farbenindustrie AG, Vors. der handelspol. Kommission u. des Rechtsausschusses des *Reichsverbands der Deutschen Industrie.* 1938 Emigr. GB.

L: RhDG. *Qu:* EGL. Hand. HGR. Publ. - RFJI.

Simson, Gerhard, Dr. jur., Ministerialbeamter, Publizist; geb. 16. März 1902 Berlin; ev.; *V:* Max S. (1871-1924), o.K., Fabrikant, DVP; *M:* Carola, geb. Werthauer (1876-1957), ev., DVP, 1940 Emigr. S; *G:* Ellen Rautmann (geb. 1903, 1944 Freitod Berlin), Kindergärtnerin; Anita (1905-59), Kindergymnastin, 1940 Emigr. USA; ∞ 1940 Sylvia Wolff (geb. 1905), ev., Jugendltr., Lehrerin, 1940 Emigr. S; *StA:* deutsch, 1950 S. *Weg:* 1939 S.

1920-22 Stud. Rechtswiss. Freiburg/Br. u. München, 1923 Referendar, 1925 Prom., 1927 Assessor, Amtsrichter u. Arb-Richter in Berlin. Ab 1920 Mitgl. u. ehrenamtl. Funktionär DVP, Mitgr. *Reichsverband nichtarischer Christen.* Ab 1932 RegRat im Statist. Reichsamt, 1934 Entlassung, Tätigkeit in Bankwesen u. Industrie. Sept. 1939 Emigr. Stockholm, journ. Tätigkeit, Übers., Archivarb. im schwed. Justizmin., Forschungsstipendium. Mitgl. *Philosophischer Diskussionskreis* (1951-73 *Sonntagskreis*). Ab 1950 Beamter im Justizmin., 1962 MinRat. Schriftst. u. fachwiss. Tätigkeit, vor allem auf dem Geb. der Rechtsvergleichung, Einfluß seiner Arbeiten auf Strafrechtsreform in Deutschland (BRD). Ehrenmitgl. *Gesellschaft für Rechtsvergleichung.* Lebte 1977 in Stockholm. - *Ausz.:* 1965 Dr. jur. h.c. Uppsala, 1966 Ritter des schwed. Nordstern-Ordens, 1967 Gr. BVK. 1972 Dr. jur. h.c. Frankfurt/Main.

W: u.a. Fünf Kämpfer für Gerechtigkeit. 1951 (schwed. Übers.; 3. Aufl.: Einer gegen Alle, 1970); Das schwedische Zivil- u. Strafprozeßgesetz. 1953; Grundzüge der schwedischen Kriminalrechtsreform. 1966 (japan. Übers.); Straftaten gegen die Person u. Sittlichkeitsdelikte in rechtsvergleichender Sicht (mit Friedrich Geerds). 1969; Schicksal im Schatten. 1970; zahlr. wiss. Aufs., Beiträge in Sammelwerken u. Festschriften, Übers. *L:* Müssener, Schweden. *Qu:* Fb. Hand. Publ. - IfZ.

Sindl, Otto H., Chemiker; geb. 1889 (?) Zwittau/Mähren, gest. 29. Juli 1951 New York; *V:* Kommunalpolitiker; *StA:* CSR. *Weg:* F; E; Port.; USA.

Chemieingenieur, Tätigkeit in Deutschland als Textilchemiker. Nach 1933 Emigr. über Frankr., Spanien u. Portugal in die USA, Besitzer eines Labors für Textilchemie in New York; 1945 Mitgr. u. anschl. Mitgl. *American Friends of Democratic Sudetens* (→ Franz Reilich).

Qu: Arch. Pers. - IfZ.

Singer, Alfred Ernst, Industrieller; geb. 15. Nov. 1924; *V:* Robert S.; *M:* Charlotte; ∞ 1951 Gwendoline Doris Barbett; *K:* 1 S, 1 T. *Weg:* GB.

Emigr. GB, Stud. Halesown Grammar School; 1943-47 MilDienst brit. Armee; danach Ausbildung als Buchprüfer, ltd. Positionen bei Callingham Brown & Co., Bunzl Pulp & Paper u. David Brown Tractors, Ltd., 1963-67 ltd. Mitarb. u. 1967-70 Dir. bei Rank Xerox Ltd., 1970-73 Finanzdir. u. Geschäftsf. der Holdingges. Fesco Stores Ltd., 1973-76 geschäftf. Dir. der Post Office Giro Corp., ab 1976 Vors. des Post Office Staff

Superannuation Fund. 1970-73 Vors. der *Long Range Planning Soc.,* ab 1972 VorstMitgl. *Assn. of Certified Accountants,* 1972-76 Mitgl. der Kommission für industr. Technologie des brit. Min. für Handel u. Industrie. Lebte 1973 in London.

Qu: Hand. Z. - RFJI.

Singer, Ernst, Ministerialbeamter; geb. 12. Mai 1908 Köln, gest. 22. Aug. 1959 Düsseldorf; jüd.; ∞ Lotte (gest.); *K:* 1 T; *StA:* deutsch, Ausbürg., deutsch. *Weg:* 1938 Pal.; 1948 (?) Deutschland (BBZ).

Bis 1925 Gymn., bis 1927 kaufm. Lehre Köln, anschl. kaufm. Angest., 1929-36 AbtLtr. in Kölner Papierfabrik. Mitgl. SPD, nach 1933 illeg. Tätigkeit, 1936-38 Zuchth.; 1938 Emigr. Palästina. Ab Apr. 1948 Ref. Abt. Wiedergutmachung des Innenmin. NRW in Düsseldorf, 1949 RegRat, 1953 ORegRat, 1957 RegDir.; Vors. Gemeindevertretung der jüd. Gde. Düsseldorf.

Qu: Arch. EGL. - IfZ.

Singer, Hans Joachim, Chemie-Ingenieur; geb. 17. Dez. 1921; *V:* Kurt S.; *M:* Gertrud, geb. Horwitz; *StA:* deutsch. *Weg:* CH.

Mitgl. KPD, Emigr. nach Zürich, ab 1943 Jugendarb. innerhalb der BFD in der Schweiz, ab Jan. 1945 Mitgl. Landeslrg. als Beauftragter für die Arbeit unter den nicht internierten Emigr., Deleg. 2. Landeskonf. der KPD in Zürich 24./25. März 1945, ab Mai 1945 Mitgl. Landesvorst. BFD u. Vizepräs. *Verband freiheitlicher deutscher Akademiker in der Schweiz.*

L: Bergmann, Schweiz; Teubner, Schweiz. *Qu:* Arch. Publ. - IfZ.

Singer, Hans Wolfgang, Dr. rer. pol., Ministerialbeamter, Hochschullehrer; geb. 29. Nov. 1910 Elberfeld; jüd.; *V:* Dr. med. Heinrich S. (geb. 1873 Breslau, gest. 1933 in Haft), jüd.; *M:* Antonia, geb. Spier (geb. 1889 Holten/Rheinl., gest. 1949 New York), jüd., 1938 Emigr. GB, Bras., 1948 USA; *G:* Walter (geb. 1912 Elberfeld), Stud. Heidelberg, Chemiker, Emigr. Bras.; ∞ 1934 Ilse Lina Plant (geb. 1911 Hildesheim), jüd., Stud. Bonn, 1934 Emigr. GB; *K:* Ernest (geb. 1937), Verkehrsplaner in Cardiff/GB; Stephen (geb. 1942), Antiquitätenhändler in London; *StA:* deutsch, 1946 brit. *Weg:* 1933 TR; 1934 GB.

1929-33 Stud. Bonn, Mitgl. *Sozialistische Studentenvereinigung,* 1932-33 Assist., 1933 Prom.; Sommer 1933 Emigr. Türkei; März 1934 mit Stipendium der Cambridge Univ. nach GB, 1936 Ph.D. Cambridge Univ., 1936-38 Untersuchungen über Arbeitslosigkeit für Pilgrim Trust. 1938-47 Doz. für Wirtschaftswiss. in Manchester u. Glasgow. 1945-46 Beamter im Min. for Town and Country Planning London; 1946 als Wirtschaftswiss. im Europa-Büro der UNRRA, 1947-69 Ltr. versch. Kommissionen in UN-Abt. für wirtschaftl. u. soziale Fragen, ab 1969 Prof. Sussex Univ./GB, Gastprof. New School for Social Research New York u. Williams Coll./Mass., Fellow *Royal Econ. Soc., Royal Statistical Soc.* Lebte 1977 in Brighton/GB.

W: Men without Work (Mithg.). 1937; Unemployment and the Unemployed. 1940; Standardized Accountancy in Germany. 1943; Can we Afford ‚Beveridge'? 1943 (Neuaufl. 1972); The German War Economy. 1943; Industrial Productivity in England and Scotland (Mithg.). 1950; The Role of the Economist as Official Adviser (Mithg.). 1955; Economic Development of North-Eastern Brazil. 1956; International Aid for Underdeveloped Countries. 1961; Recent Trends in Economic Thought on Underdeveloped Countries. 1962; Estudo Sôbre o desenvolvimento econômico do Nordeste. 1962; International Development: Growth and Change. 1964, 1967; Dualism Revisited: A New Approach to the Problems of the Dual Society in Developing Countries. 1969; Perspectives of Economic Development. 1970; Children in the Strategy of Development. 1972; Employment and Youth. 1975; The Strategy of International Development (mit Vorw. von Sir Alec Caimcross über H. W. Singers Werk). 1975; Rich and Poor Countries. 1976; Technology and Basic Needs. 1977. *D:* S.P.S.L. *Qu:* Arch. Fb. Hand. - RFJI.

Singer, Josef, Luftfahrtingenieur, Hochschullehrer; geb. 24. Aug. 1923 Wien; *V:* Zwi S.; *M:* Etel, geb. Isler; ∞ 1954 Shoshana Praeger; *K:* Gideon; Tamar; Uri. *Weg:* 1933 Pal., 1946 GB, 1949 IL.

1933 Emigr. Pal., 1943-46 Facharbeiter bei der RAF, anschl. Stud. Imperial Coll. Univ. London, 1948 B.Sc. (Maschinenbau), 1949 Dipl. in Luftfahrttechnik. 1949-55 IDF (Major), Ltr. Versuchs- u. Entwicklungsabt., ab 1955 Abt. für Luftfahrttechnik Technion Haifa; 1957 Prom. Aeronautical Engineering, Polytechn. Inst. Brooklyn/N.Y.; 1961-65 Assoc. Prof., ab 1965 Prof., 1958-60 u. 1965-67 Head of Department; 1963-64 Gastdoz. (Assoc. Prof.) Stanford Univ./Calif., 1968-69 Gastprof. Calif. Inst. of Technol.; 1971-73 1. Vizepräs. isr. Luftfahrtindustrie, Fellow *Royal Aeronautical Soc., Inst. Mechanical Engeneering/*GB, Mitgl. *Internat. Coll. of Aeronautical Science,* zeitw. Vors. *Israelische Gesellschaft für Luft- und Raumfahrt,* Fellow *Inst. of Aerospace Science/*USA. Lebte 1976 in Haifa.

Qu: Hand. - RFJI.

Singer (urspr. Deutsch), **Kurt,** Ph. D., Publizist; geb. 10. Aug. 1911 Wien; o.K.; *V:* Ignatz Deutsch (gest. 1925), Geschäftsmann; *M:* Irene, geb. Singer (gest. 1941?); ∞ I. 1932 Hilde Tradelius (geb. 1911), jüd., Röntgenologin, 1934 Verhaftung, 1935 Emigr. S, 1940 USA, 1955 gesch.; II. 1955 Jane Sherrod (geb. 1917), o.K., Schriftst.; *K:* Marian Birgit Singer (geb. 1940 Stockholm), 1940 USA, Lehrerin in Boston/Mass.; Kenneth Walt Singer (geb. 1945), Dir. einer Schule für behinderte Kinder in Connecticut; *StA:* österr., 1940 Ausbürg., 1951 USA. *Weg:* 1934 CSR, S; 1940 USA.

Höhere Schule vermutl. in Wien, 1932-33 Stud. Eidgenössische Technische Hochschule Zürich, anschl. Buchhändler in Berlin. Mitgl. *Lenin-Bund,* bis Febr. 1934 illeg. Arbeit. Febr. 1934 aufgrund drohender Verhaftung illeg. in die CSR, anschl. über Österr. nach Schweden. Bis 1940 Journ. u. Publizist in Stockholm, Mitarb., vermutl. RedMitgl. der Wochenztg. *Trots allt* (→ Willy Brandt), hatte gute Verb. zur sozdem. Presse, veröffentlichte eine Reihe antinatsoz. Bücher u. Broschüren in schwed. Sprache. 1935 Mitgr. *Ossietzky-Komitee,* Mitarb. *Folket i bild;* Gr. *Niemöller-Komitee.* Mitarb. *Freies Deutschland* (→ Max Sievers). 1939 Verhaftung. Verurteilung zu 8 Mon. Haft wegen illeg. Beschaffung u. Weiterltg. von Material über natsoz. Aktivitäten in Schweden an brit. Gewerkschaften. 1940 zus. mit → Helene Bauer in die USA, freier Publizist u. Schriftst. Anfang 1941 Landesvertr. von → Otto Straßer für die USA, Mitgr. *Frei-Deutschland-Bewegung* in den USA, auf Provisionsbasis lit. Agent von O. Straßer; Mitarb. *Free Europe Radio Station.* Anfang 1942 nach Auseinandersetzungen über pol. u. finanzielle Fragen Trennung von O. Straßer. Mitarb. zahlr. Ztg. u. Zs.; 1945-49 Lektor an mehreren Univ., 1950 Korr. *North Am. Newspaper Alliance* New York. 1951 Ph.D. Divinity Coll. Indianapolis/Ing.; Dir. B.P. Singer Features Newspaper Syndicate Anaheim/Calif.; Mitgl. u.a *UN Speakers' Research Bureau, UN Children's Emergency Fund,* Vizepräs. *Int. Platform Assn.* Mitarb. zahlr. Ztg. u. Zs., u.a. *The New York Times, Washington Post, Reader's Digest.* Lebte 1977 auf Hawaii u. in Anaheim/Calif.

W: u.a. Det kommande kriget. Stockholm (Federativs Förlag) 1934; Morgondagens generaler. Stockholm (Folket i Bild) 1935; Compulsory Sterilization in Nazi Germany. Stockholm (Federativs Förlag) 1935; Hitler's Olympic Games. Ebd. 1936; Carl von Ossietzky. Fredskämpen i koncentrationslägret. Stockholm (Holmström) 1936; Europas rustning. Stockholm (Fredens Förlag) 1936; Europas diktatorer. Stockholm (Holmström) 1937; Ossietzky talar. Ebd. 1937; Europas tukthus. Stockholm (Federativs Förlag) 1937; Carl von Ossietzky (zus. mit → Kurt R. Grossmann unter Ps. Felix Burger). Zürich (Europa-Verlag) 1937; Martin Niemöller. Prästen i koncentrationslägret. Stockholm (Fredens Förlag) 1939; Göring - Tysklands farligaste man. Stockholm (Folkets Förlag) 1939 (auf Intervention Görings 1939 von schwed. Behörden verboten; engl. London 1939); Europas Fängelse. Stockholm (Federativs Förlag) 1939; White Book of the Church of Norway. New York (Radio Free Europe) 1941; Duel for the Northland. New York (McBride) 1943; Germany's Secret Service in Central

America. 1943; Spies and Saboteurs in Argentina. 1943; Spies and Traitors of World War II. New York (Prentice Hall) 1945; 3000 Years of Espionage. 1947; Who Are the Communists in America? 1948; World's Greatest Women Spies. 1950; Gentleman Spies. 1953; The Man in the Trojan Horse. 1954 (dt. Spione von heute. 1956); World's Best Spy Stories. 1954; Charles Laughton Story. 1954; Spy Stories from Asia. 1955; More Spy Stories. 1955; My Greatest Crime Story. 1956; My Most Famous Case. 1957; The Danny Kaye Saga. 1958; Spy Omnibus. 1959; Spies for Democracy. 1960; Crime Omnibus. Spies Who Changed History. 1961; Hemingway – Life and Death of a Giant. 1961; Dr. Albert Schweitzer. Medical Missionary. 1962; Lyndon Baines Johnson – Man of Reason. 1964; Kurt Singer's Ghost Omnibus. 1965; Kurt Singer's Horror Omnibus. The World's Greatest Stories of the Occult. 1965; Mata Hari – Goddess of Sin. 1965; I Can't Sleep at Night. 1966; Folktales of the South Pacific. 1966; Weird Tales of the Supernatural. 1967; Tales of Terror. 1968; Tales of the Uncanny. 1968; Folktales From Mexiko (Mitverf.). 1969; Ray Bradbury and Robert Block Anthology. 1969; Tales of the Macabre. The Oblong Box. 1970; The Plague of the Living Dead. 1970; The House in the Valley. 1970; Tales of the Unknown. 1970; Ghosts and Ghouls. 1971. *L:* Müssener, Exil. *D:* IfZ. *Qu:* Arch. Fb. Hand. Publ. – IfZ.

Singer, Rudolf (Rudi), Parteifunktionär, Journalist; geb. 10. Juli 1915 Hamburg; *V:* Arnold Rudolf S.; *M:* Grete, geb. Behrens; ∞ Anni Rechnitz (geb. 1917); *K:* 4; *StA:* deutsch. *Weg:* 1938 CH, 1945 Deutschland (ABZ).

Exportkaufm.; 1932 KJVD, 1933 KPD. Nach 1933 illeg. Tätigkeit, 1933-34 KL Fuhlsbüttel, Mai 1935 erneute Verhaftung, Urteil 2 1/2 J. Zuchth., nach Strafverbüßung angebl. von Gestapo zur Emigr. aufgefordert. Ab 23. Aug. 1938 in der Schweiz, bis 1944 Internierung, ab 1942 in Gordola; 1944 Mitgl. Provis. Ltg. BFD Schweiz u. nach deren Legalisierung auf 2. Landeskonf. v. 27. Mai 1945 Wahl zum Sekr. des Präsidiums; Mitgl. RedKommission *Freies Deutschland* (Deckn. Rudi Welsch); Deleg. 1. KPD-Landeskonf. v. 14. Jan. 1945. Im Sept. 1945 Rückkehr nach Deutschland, 1945-49 2. Sekr. KPD-Landesltg. Nordbayern, Chefred. *Nordbayerisches Volksecho,* 1950 Chefred. KPD-Zentralorgan *Freies Volk* Düsseldorf. 1951 Übersiedlung in die DDR, 1952-55 stellv. Chefred. u. 1955-63 Chefred. *Freiheit* Halle/Saale, 1956-63 Mitgl. SED-BezLtg. ebd., ab Febr. 1963 Ltr. ZK-Abt. für Agit. u. stellv. Vors. der AgitKommission des PolBüros, 1966-71 Chefred. *Neues Deutschland* Berlin (Ost), ab 7. PT 1967 ZK-Mitgl., ab 1967 ZV-Mitgl. *Verband Deutscher Journalisten,* ab 1971 Vors. Staatliches Komitee für Rundfunk beim MinRat der DDR u. stellv. Vors. OIRT, ab Okt. 1971 MdVK (Vors. Parlamentar. Freundschaftsgruppe DDR-Indien). – Dipl.-Gesellschaftswissenschaftler. – Lebte 1977 in Berlin (Ost). – *Ausz.:* 1959 VVO (Bronze), 1964 VVO (Silber), 1969 VVO (Gold).

L: Acker, Paula, Rudolf Singer. In: Neue Deutsche Presse 7/1965; Bergmann, Schweiz; Teubner, Schweiz. *Qu:* Arch. Hand. Publ. Z. – IfZ.

Sinzheimer, Hugo Daniel, Dr. jur., Rechtsanwalt, Politiker, Hochschullehrer; geb. 12. Apr. 1875 Worms, gest. 16. Sept. 1945 Bloemendaal-Overveen/NL; *V:* Leopold S. (1838-1917), jüd., Kleiderfabrikant; *M:* Franziska, geb. Mayer; *G:* Salomon (später Siegfried) (1865-1917), jüd., kath.; Louise Salin (1866-1928); Ludwig (1868-1922); Paul David (1872-1920); ∞ Paula Selig (1890-1960) Emigr.; *K:* Gertrud Mainzer (geb. 1914) Emigr.; Hans (geb. 1915), Emigr.; Eva (geb. 1918), Emigr.; Ursula Doris (geb. 1922), Emigr.; *StA:* deutsch, 14. Apr. 1937 Ausbürg. mit Fam. *Weg:* 1933 NL; 1940 Deutschland; 1945 NL.

1894 Abitur, Stud. Rechtswiss. u. Volkswirtsch. München, Berlin, Freiburg, Marburg u. Halle, Prom. Heidelberg, ab 1903 RA u. Notar in Frankfurt/M. Mitgl. *Nationalsoziale Partei,* dann *Demokratische Vereinigung,* nach 1914 zur SPD, 1917-33 StadtVO. Frankfurt, Rechtsberater DMV. Aktiv auf dem Gebiet der Volksbildung, Spezialist für Arbeitsrecht; 1919-20 MdNV, Mitgl. des Verfassungsausschusses, mit → Max Cohen-Reuß für konstitutionelle Verankerung der Arbeiterräte; 1920 Mitgr. u. bis 1933 Doz. Akademie der Arbeit Frankfurt/M., Mitgl. Hofgeismarer Kreis der *Jungsozialisten,* Beiratsmitgl. *Neue Blätter für den Sozialismus* (→ Paul Tillich). 1920-33 HonProf. für Arbeitsrecht u. Rechtssoziologie Univ. Frankfurt/M., justizkrit. Beitr. in *Die Justiz* (Organ des *Republikanischen Richterbundes*). Theoretiker einer sozialen Demokratie auf der Basis verantwortl. ZusArb. der autonom organisierten gesellschaftlichen Gruppen. März 1933 in Schutzhaft, anschl. Emigr. in die Niederlande, ab 1934 Lehrauftrag Univ. Leyden u. Amsterdam; 1937 Entzug des Doktortitels durch Univ. Heidelberg. 1940 von Gestapo verhaftet, bis Kriegsende KL Theresienstadt, nach Rückkehr in die Niederlande an Haftfolgen gestorben.

W: u.a. Lohn und Aufrechnung. 1902; Der korporative Arbeitsnormenvertrag. 2 Bde. 1907, 1908; Die soziologische Methode in der Privatrechtswissenschaft. 1909; Brauchen wir ein Arbeitstarifgesetz? 1913; Ein Arbeitstarifgesetz – die Idee der sozialen Selbstbestimmung im Recht. 1916; Völkerrechtsgeist. 1917; Die Aufgabe der Volksbildung nach dem Kriege. 1917; Grundzüge des Arbeitsrechts. 1921, 1927; Das Problem des Menschen im Recht. Groningen (Noordhoff) 1933; Jüdische Klassiker der deutschen Rechtswissenschaft. Amsterdam (Hertzberger) 1938, 1953; Theorie der Gesetzgebung. Haarlem (Willink) 1948; Die Justiz in der Weimarer Republik. Eine Chronik (mit Ernst Fraenkel). 1968; Arbeitsrecht und Rechtssoziologie. Gesammelte Reden und Aufsätze. 2 Bde. 1976. *L:* u.a. Ernst Fraenkel in: Juristenzeitung 13 (1958). *Qu:* Arch. Hand. Publ. – IfZ.

Skaller, Oskar, Apotheker, Fabrikant; geb. 31. Juli 1874 Ostrowo/Posen, gest. 21. Okt. 1944 Johannesburg; jüd.; *V:* Isidor S. (geb. 1846 Raschkow/Posen, gest. 1913 Breslau, jüd., Kaufm.; *M:* Henriette, geb. Brandt (geb. 1845 Provinz Posen, gest. 1914 Breslau, jüd.; *G:* Dr. jur. Jakob S. (geb. 1870 Ostrowo, gest. 1950 London), jüd., Justizrat, 1939 Emigr. GB; Dr. med. Max S. (geb. Ostrowo, gest. 1945 New York), jüd., Internist, 1939 Emigr. GB, später USA; George (geb. Ostrowo, gest. 1951 San Francisco), jüd., Gymn., vor 1900 nach USA, Kaufm.; ∞ 1900 Lea Herbst (geb. 1872 Rackwitz/Posen, gest. 1944 Johannesburg), jüd., 1939 Emigr. S-Afrika; *K:* Hanna Wagner (1901-1977), Gymn., 1939 Emigr. GB; Marianne Baumann (geb. 1910), Stud. Berlin, 1935 Emigr. S-Afrika, B.Sc. Johannesburg, Lehrerin in Johannesburg; *StA:* deutsch. *Weg:* 1939 S-Afrika.

Abitur in Ostrowo, Lehre in Breslau u. Berlin. 1900 (?) Gr. einer Apotheke u. Verbandstoffabrik; Stud. Berlin, Staatsexamen als Apotheker. Mitgl. der SPD, StadtVO in Berlin-Charlottenburg, Vertrauensapotheker der Ortskrankenkasse. 1911-13 ausgedehnte Geschäftsbeziehungen mit den an den Balkankriegen beteiligten Staaten; 1917 Erwerb der Herstellungs- u. Großhandelsfirma für Krankenhausausrüstungen M. Pech GmbH, 1922 Fusion mit eigener Firma zu Oskar Skaller AG; Mitgl. der Berliner Börse; 1925 Verkauf der Firma an *Verband der deutschen Ortskrankenkassen,* weiterhin AR-Mitgl. von M. Pech AG, Erwerb der Mariendorfer Gummiwaren-Fabrik GmbH. Vors. u. Mitgl. mehrerer AR. Sammler ostasiat. Keramik u. impressionist. Gemälde. Mitgl. *Ressource von 1794* u. *Club von 1880,* Mitgl. CV. 1933 kurzfristig inhaftiert; 1938 (?) Zwangsverkauf der Anlagebeteiligungen, 1939 Emigr. Südafrika. Lebte im Ruhestand in Johannesburg.

L: RhDG. *Qu:* Hand. HGR. Pers. Publ. – RFJI.

Skjellerup, Johann, Politiker; geb. 20. Sept. 1877 Hadersleben/DK; *StA:* deutsch. *Weg:* 1932 UdSSR.

Gärtnerlehre, Gärtnereibesitzer in Bramfeld b. Hamburg. 1896 SPD, im 1. WK linker USPD-Flügel, 1920 Deleg. Vereinigungs-PT, Mitgl. ZA der KPD, 1921-32 MdL Preußen. 1924 Mitgl. KPD-BezLtg. Wasserkante, aktiver Anhänger der linken Parteiopposition, Ende der 20er Jahre unter Einfluß von Ernst Thälmann Angleichung an Parteilinie, jedoch zunehmender Rückzug von pol. Aktivität. Ende 1932 in die UdSSR, 1937 verhaftet u. verschollen.

L: Weber, Wandlung. *Qu:* Publ. - IfZ.

Skorzisko, Theodor, Parteifunktionär; geb. 9. Nov. 1899 Raschlowitz/Oberschlesien; ∞ verh.; *K:* Jörg (geb. 1932), A: Deutschland (BRD); *StA:* deutsch. *Weg:* 1936 (?) CSR; 1938 F.

Landwirtschaftl. Fachschule, später Elektromonteur. KPD, Sept. 1931-Apr. 1932 MdHB, 1932 stellv. VorstMitgl. Hamburgische Beleihungskasse für Hypotheken. 1933 Ltr. illeg. KPD-Stadtteilorg. Hamburg-Eppendorf, Herbst 1933 Festnahme, 1935 Urteil 18 Mon. Gef.; nach Haftentlassung Emigr. CSR, vor dt. Besetzung Flucht nach Paris, Anfang 1940 in Pariser Krankenhaus, Apr. 1940 angebl. evakuiert, seitdem verschollen.

Qu: Arch. Pers. Publ. - IfZ.

Skrein, Walter, Dr. *Weg:* GB.

Emigrierte vermutl. nach Anschluß Österr. nach London, gehörte keiner pol. Partei oder Gruppierung an. Ab 1940 als einziges nicht-kommunist. VorstMitgl. Vizepräs. *Austria Centre* unter → Franz West. Später geschäftsf. Ltr. *Council of Austrians in Great Britain* (1938 gegr., später innerhalb des *Austria Centre* bestehende österr. Flüchtlingshilfsorg.).

L: Maimann, Politik. *Qu:* Arch. Pers. Publ. - IfZ.

Sladky, Josef (Emil?), Parteifunktionär; geb. 1905 (?); *StA:* österr. *Weg:* 1938 F; 1940 (?) USA.

Metallarb., gehörte 1933-34 zur *Gruppe Funke* (→ Leopold Kulcsar). Funktionär der RSÖ in Wien, Mitarb. des ZK der RSÖ (→ Joseph Buttinger), 1936 techn. Ltr. des Schulungsausschusses der RSÖ u. Verantwortlicher gegenüber dem ZK; Apr. 1936 neben → Josef Podlipnig u. → Karl Czernetz Red. *Die Debatte.* Frühj. 1937 Provinzref. des zentralen Betriebskomitees der RSÖ (→ Manfred Ackermann); Deckn. Wessely. Vermutl. Ende 1937 Verhaftung u. Febr. 1938 Befreiung durch Schuschnigg-Amnestie. 1938 nach Anschluß Österr. Emigr. Frankr., später in die USA. Lebte 1978 (?) in den USA.

L: Buttinger, Beispiel; Leichter, Diktaturen; Widerstand 1. *Qu:* Arch. Pers. Publ. - IfZ.

Smilg-Benario, Michael, Journalist; geb. 16. März 1895 St. Petersburg; jüd.; *V:* Josef Smilg (1848-1900), jüd., GymnProf.; *M:* Jeannette, geb. Benario (1861-1943), jüd., Dep.; *G:* Emmanuel S. (1887-1943), Jurist, umgek. im Holokaust; ∞ 1922 Johanna Levy (geb. 1897), Modistin; *K:* Josef S. (geb. 1925), Ing.; *StA:* russ., 1957 Argent. *Weg:* 1933 F; 1934 Saargeb.; 1935 F; 1937 Argent.

1914-18 Stud. Volkswirtschaft Petrograd; 1919-20 Mitarb. *Münchener Post,* AuslRed. *Münchner Neueste Nachrichten;* Mitgl. SPD. 1920-33 Berlin, Mitarb. zahlr. in- u. ausländ. Zs. u. Ztg., u.a. *Nieuwe Rotterdamse Courant,* Baseler *National-Zeitung, Berliner Börsen-Courier;* Red. versch. Fachzs.; bis Entlassung Anfang 1933 Chefred. *Der Konfektionär;* Mitgl. SDS, DLM. Juli 1933 Emigr. nach Paris; Mai 1934-Jan. 1935 in Saarbrücken, Deckn. Michael Schwarz; Teiln. am Abstimmungskampf im Saargeb. gegen den Anschluß an das natsoz. Deutschland; stellv. Chefred. *Deutsche Freiheit,* Mitarb. *Westland.* Febr. 1935-Mai 1937 Paris, Mitarb. *Le Temps* u. *Der Monat,* Red. *Pariser Tageblatt,* Mitgl. *Fédération Internationale des Journalistes.* Ab Juni 1937 Buenos Aires, in der Werbung tätig, Schriftst., Journ.; Mitgl. *Verein Vorwärts,* Ltr. der Kulturabt.; Mitgl. *Das Andere Deutschland.* - Ps. José Filioni, Miguel S. Benario. Apr. 1969-Juni 1972 Chefred. *Semanario Israelita.* - Lebte 1977 in Buenos Aires.

W: u.a. Die Quintessenz des Bolschewismus. 1919; Ein Jahr im Dienste der Sowjetrepublik. 1920; Zusammenbruch der Zarenmonarchie. 1927; Von Kerenski zu Lenin. 1929; Filioni, José, La Conspiración Mundial del Nazismo. Buenos Aires (Ed. Stephan Lux) 1939; Benario, Miguel S., Muerte y Resurrección de la Democracia en Europa. Buenos Aires (Ed. Claridad) 1943; La legenda del crimen ritual en la Rusia de los Zares. 1968. *D:* Archiv Boris Nikolajewski, Los Angeles. *Qu:* Fb. Hand. Pers. - IfZ.

Smolcic, Franz, geb. 25. Mai 1908 Königsberg a.d. Eger/Böhmen; ∞ Julie Mannert (geb. 1911); *StA:* österr., 1919 CSR, CDN. *Weg:* 1939 GB, CDN.

Bergarbeiter, 1930-31 MilDienst; Mitgl. *Arbeiterverein Kinderfreunde für die ČSR, Rote Falken,* SJ, DSAP u. RW, Kinderwart *Arbeiter-Turn- und Sportverband in der Tschechoslowakischen Republik* in Eger u. Funktionär *Union der Bergarbeiter in der CSR.* Während der Sudetenkrise Soldat der tschechoslow. Armee, dann ins Landesinnere u. Febr. 1939 nach GB, später nach Kanada, Farmer, 1960-62 stellv. Obmann u. ab 1962 Obmann *Sudetenclub Edmonton,* ab 1962 VorstMitgl. *Zentralverband sudetendeutscher Organisationen in Canada.* Lebte 1977 in Edmonton/Kanada. - *Ausz.:* Richard-Reitzner-Med. der SG.

Qu: Pers. - IfZ.

Sober, Hans, Beamter, Hochschullehrer; geb. 22. März 1890 Hildesheim, gest. 8. Sept. 1969 Dortmund; jüd.; *V:* Edgar S., Sanitätsrat; *M:* Margarete, geb. Hirsch; ∞ Margarete (gest.); *StA:* deutsch, Ausbürg., deutsch. *Weg:* EC; 1951 Deutschland (BRD).

Stud. TH Hannover u. Berlin, Dipl.-Ing., im 1. WK Frontsoldat. RegBaumeister Reichsbahndir. Münster; ab 1921 Ltr. bautechn. Abt. der Dortmunder Straßenbahn GmbH, ab 1929 Dir., verantwortl. Betriebsltr. für Bahnunterhaltung, Juni 1933 Entlassung. 1933-35 Ortsvors. *Reichsbund jüdischer Frontsoldaten.* Berufung als Prof. an Artillerie- u. Ing.-Schule der MilAkademie Quito, später Ltr. techn. Institut bzw. Technikum, dessen erster Dekan. 1951 Rückkehr, formelle Wiedereinstellung bei Stadtwerke Dortmund, Tätigkeit für *Rheinisch-Westfälische Auslandsgesellschaft,* Sonderaufträge der Stadtverw.; 1956 in den Ruhestand.

W: Art. in dt. u. span. Fachzs. *Qu:* Arch. Publ. - IfZ.

Sobernheim, Curt Joseph, Bankier; geb. 10. Jan. 1871 Berlin, umgek. 1940 Paris; *G:* → Walter Sobernheim; ∞ Luise Rosenfeld-Geutsch; *K:* Adolf (geb. 1898), Dipl.-Ing., Bankbeamter, 1930 Prokurist Commerz- und Privatbank AG Berlin, 1936 Emigr. GB; Grete (1899-1974); *StA:* deutsch. *Weg:* 1933 F.

Banklehre bei Deutscher Genossenschaftsbank, 1890-91 MilDienst, anschl. Tätigkeit bei versch. Privatbanken in Paris u. London, nach Rückkehr bei mehreren dt. Banken, u.a. Georg Fromberg & Co. u. Jacob Landau. Ab 1896 Dir. Breslauer Disconto-Bank, ab 1902 stellv. Dir. Nationalbank für Deutschland in Berlin, ab 1911 ordentl. VorstMitgl. Commerz- und Privatbank AG Berlin. AR-Vors. bzw. -Mitgl. zahlr. Unternehmen der Elektro-, Metall- u. Bauindustrie, der chem. Industrie sowie des Bankgewerbes, Mitgl. Centralausschuß der Reichsbank; Mitgl. u.a. *Deutsche Gesellschaft von 1914* u. *Kaiser-Wilhelm-Gesellschaft zur Förderung der Wissenschaften;* trat 1932 in den Ruhestand. Nach natsoz. Machtübernahme Flucht nach Frankr., 1940 nach dt. Besetzung angebl. in Gestapohaft umgekommen. - *Ausz.:* Dr. ing. h.c.

L: RhDG. *Qu:* Hand. Publ. - IfZ.

Sobernheim, Walter, Dr. jur., Industrieller; geb. 24. Apr. 1869 Berlin, gest. 15. Juni 1945 New York; *V:* Adolf S., jüd., Bankier; *M:* Anna, geb. Magnus, verehel. Landau (Stiefvater: Eugen Landau, GenKonsul in Berlin), jüd.; *G:* → Curt Sobernheim; Dr. phil. Moritz-Sebastian S. (1872-1933), Legationsrat u. Ref. für jüd. Angelegenheiten im AA, Prof. Orientalistik, Sprachwiss.; ∞ Gertrud Schottländer; *K:* Lotte Simon; Martin (geb. 1906), Kaufm.; *StA:* deutsch. *Weg:* 1933 F, S-Amerika, USA.

Stud. Rechtswiss. Bonn, München, Berlin u. Göttingen, 1895 Prom.; Volontär Nationalbank für Deutschland, Berlin u. Bankhaus W. Ladenburg & Cie. London, anschl. Juniorpartner im Bankhaus Jakob Landau Nachf. Breslau. 1901-03 Stud. Wirtschaftswiss. in den USA. 1903 Dir., 1907 GenDir. Aktien-Brauerei-Gesellschaft Friedrichshöhe vorm. Patzenhofer Berlin. Ab 1920 GenDir. Vereinigte Schultheiß-Patzenhofer Brauerei AG Berlin (damals größte Lagerbier-Brauerei der Welt), ab 1921 neben → Ludwig Katzenellenbogen Ltr. Interessengemeinschaft Ostwerke-Schultheiß-Patzenhofer (führendes Unternehmen der dt. Brau-, Zement-, Hefe-, Mühlen-, Glas- u. Spritindustrie). VorstMitgl. *Reichsverband der Deutschen Industrie* u. *Deutscher Brauer-Bund,* Vors. *Schutzverband der Brauereien der ehemaligen Brausteuergemeinschaft, Gesellschaft für die Geschichte und Bibliographie des Brauwesens* sowie Bez-Vors. Berlin *Deutscher Boykott-Schutzverband,* Mitgl. Hauptausschuß der Deutschen Gruppe der Internat. Handelskammer. AR-Mitgl. zahlr. Bank-, Brau-, Hotel- u. Bauunternehmen. Major der Landwehr a.D., span. Konsul in Berlin. Nach natsoz. Machtübernahme Emigr. über Frankr. u. Südamerika in die USA. - *Ausz.:* u.a. Preuß. Kommerzienrat, EK, Bayer. MilVerdienstorden, Preuß. Kronenorden.

L: RhDG. *Qu:* Hand. Publ. - IfZ.

Sobotker, Martin, Verbandsfunktionär; geb. 14. Juli 1899 Berlin, gest. 9. Apr. 1977 New York; *V:* Hermann S. (geb. 1871 Ostrowo/Posen, gest. 1918 Berlin), Putz- u. Hutmacher; *M:* Fanny Nathan (geb. 1871 Adelnau/Posen, gest. 1956 Brooklyn/New York), jüd., höhere Schule, 1940 Emigr. Schanghai, 1945 USA; *G:* Richard Sobel (geb. 1895 Berlin, gest. 1962 [?]), jüd., höhere Schule, Verkäufer, Emigr. China, USA; Georg (geb. 1896 Berlin, gest. 1963), Emigr. Kuba, später USA, in der Bekleidungsindustrie tätig; Leonard Sobel (geb. 1904 Berlin, gest. 1975 [?]), jüd., höhere Schule, Emigr. CDN, später USA, Modeschöpfer; ∞ II. 1947 Irma Rubinstein, geb. Ullenberg (geb. 1915 Schippenbeil/Ostpreußen, gest. 1975 Buffalo/N.Y.), jüd., höhere Schule, Sekr., 1937 Emigr. USA, zeitw. Arbeiterin; *K:* (Stiefkinder): Harold John Rubinstein, M.D. (geb. 1942), Prom. Buffalo, Chirurg; Irene Reep (geb. 1944 Zanesville/O.), Stud. Buffalo, Fürsorgerin; *StA:* deutsch, USA. *Weg:* 1939 S, USA.

1918 MilDienst als Einjähriger, 1919-21 Stud. Rechtswiss. Berlin, 1919-34 Assist. in Anwaltspraxis in Berlin; 1919 Mitgr. u. VorstMitgl. *Kameraden,* 1924 Koordinator im *Reichsausschuß der jüdischen Jugendverbände,* 1933 VorstMitgl. u. Präs. Landesausschuß Berlin-Brandenburg; 1930-33 Mitgl. der liberalen Fraktion in der Repräsentantenversammlung der Jüd. Gemeinde Berlin, 1933-39 Dir. des Jugendpflege- u. Jugendwohlfahrtsdezernats der Jüd. Gemeinde Berlin, 1934-37 Ltr. von Jugendlagern in Dänemark u. Schweden, VorstMitgl. der ORT-Schule in Berlin, 1935-39 VorstMitgl. Auswandererlehrgut Groß-Breesen. Jan. 1939 Emigr. Schweden, 1939 Dir. Ausbildungszentrum für die Auswanderung österr. Jugendlicher nach Palästina in Tjörnan/Schweden, daneben Gartenbaulehre, Okt. 1939 in die USA; Kontakt zu *Nat. Refugee Service* u. ORT, 1940 (?) vorübergehend Fürsorger für *Nat. Refugee Service,* Abbruch dieser Tätigkeit, weil das Visum für Landwirtschaftsarbeit ausgestellt worden war, 1940-41 landwirtschaftl. Arb. auf Lehrgut Hyde Farmlands/Va., Farmer in Fla. u. N.J.; später Stud. Rutgers Univ., gleichz. Fabrikarbeiter, 1946-67 VerwDir. Congregation Habonim/N.Y., 1967-72 Berater u. VorstMitgl. Bequest Commission Fraternal Org. des UJA, Mitgl. Nat. Org. of Temple Admin., Mitgl. LBI New York, *Leo Baeck Lodge, B'nai B'rith.*

W: Art. über die jüd. Jugendbewegung in Deutschland. *D:* RFJI. *Qu:* Fb. Z. - RFJI.

Sobottka, Gustav, Partei- u. Gewerkschaftsfunktionär; geb. 12. Juli 1886 Turowen/Ostpr., gest. 6. März 1953 Berlin (Ost);

V: Land-, später Bergarb.; ∞ Henriette Schwendowski (geb. 1888), Emigr., 1968 Parteiveteranin in Berlin (Ost); *K:* Bernhard (geb. 1911), Emigr.; Gustav (geb. 1915), Emigr.; *StA:* deutsch, 14. Apr. 1937 Ausbürg. mit Familie, deutsch. *Weg:* 1933 Saargeb.; 1935 F; UdSSR; 1945 Deutschland (SBZ).

Ab 1901 Bergarb. im Ruhrgeb., 1905-08 MilDienst. 1910 SPD, 1914-18 Kriegsteiln., 1918 USPD, 1920 KPD, Deleg. auf USPD- u. KPD-PT Okt. bzw. Nov. 1920; Ausschluß aus *Verband der Bergarbeiter Deutschlands,* 1921 Mitgr. u. bis 1925 Vors. Gruppe Bergbau in *Union der Hand- und Kopfarbeiter,* 1921-28 Ltr. Industriegruppe Bergbau in ZK-GewAbt., 1921-32 MdL Preußen. Teiln. 3.(1921) u. 4.(1922) Weltkongreß der *Komintern* u. aller RGI-Kongresse. 1924/25 vorüberg. führender Vertr. der Ultralinken in BezLtg. Ruhr, Opposition gegen ZK-Beschluß über Auflösung der *Union* u. Schaffung eines Einheitsverb.; Juli 1925 Deleg. 10. PT, 1926 Wiederaufnahme in *Verband der Bergarbeiter Deutschlands,* Apr. 1928 erneuter Ausschluß; Deleg. 11. PT März 1927; 1928-35 SekrLtr. *Internationales Komitee der Bergarbeiter,* bis 1933 in Berlin, dann Saarbrücken bzw. Paris; 1929 Mitgr. u. Mitgl. Reichsltg. RGO, 1931 Agitator bei BergarbStreik in Süd-Wales, Ausweisung aus GB; ab 1932 Mitgl. KPD-BezLtg. Berlin-Brandenburg u. Mitarb. *Westeuropäisches Büro der Komintern.* 1933 Emigr. ins Saargebiet, führend beteiligt an Vereinigung der sozdem. Gew. u. des *Roten Bergarbeiterverbandes* im Dez. 1934; Apr. 1934 Org. u. Vors. Internationale Konf. der Bergarb. Saarbrücken u. Mitwirkung am Zustandekommen der 2. Internat. Konf. der Bergarb. Lille v. Sept. 1934; Ltr. internat. Solidaritätskampagnen für streikende Bergarbeiter 1935 nach Frankr., am Jahresende in die UdSSR. 1935-38 Ltr. Sekretariat für internat. Verb. der Abt. BergarbGew. bei RGI, später beim Zentralrat der sowj. Gew.; 1938-39 Wirtschaftsred. *Deutsche Zentral-Zeitung* Moskau, ab 1939 freier Journ., 1941 Kooptation ins ZK der KPD, Mitunterz. ZK-Aufruf v. 6. Okt. 1941 u. Aufruf führender Repräsentanten der dt.-sprach. Emigr. in der UdSSR v. 25. Jan. 1942; ab 1941 PropArb. in Lagern für dt. Kriegsgef., 1943 Mitgr. u. bis 1945 Mitgl. NKFD, ab 6. Febr. 1944 Mitgl. ArbKommission bei PolBüro des ZK. 6. Mai 1945 Rückkehr nach Pommern als Ltr. der sog. 3. Initiativ-Gruppe, Mitunterz. ZK-Aufruf v. 11. Juni 1945, nach Räumung Schwerins durch brit. Besatzungstruppen Anfang Juli Ltr. Aufbauarb. in Mecklenburg, bis Nov. 1945 Landesltr. KPD, Dez. 1945-47 Vizepräs. u. 1947-48 Präs. Zentralverw. für Energie- u. Brennstoffversorgung; Teiln. PT der KPD u. VereinigungsPT der ostzonalen KPD und SPD 1946 sowie allen folgenden SED-PT u. -Konf.; 1948-51 Ltr. Hauptverw. Kohle bei Deutsche Wirtschaftskommission bzw. Min. für Schwerindustrie, ab 1951 Ausbilder im Bergbau. - *Ausz.:* 1951 Verdienter Bergmann der DDR.

W: Leben und Wohlstand der Bergarbeiter in der Sowjetunion. Strasbourg (Edition Prométhée). 1937. *L:* Schmidt, Deutschland; GdA-Chronik; GdABiogr.; Weber, Wandlung; Duhnke, KPD. *Qu:* Arch. Hand. Publ. Z. - IfZ.

Sochaczewski, Hermann Helmuth, Unternehmensleiter; geb. 1. Febr. 1883 Liegnitz/Schles., gest. 16. Nov. 1970 Rio de Janeiro; jüd.; *V:* Anton S.; *M:* Margarete, geb. Baruch; ∞ 1911 Alice Langendorff (geb. 1888 Berlin); *K:* Peter (geb. 1914), Textilfabrikant in Bras.; Gerd (geb. 1918), Prof. in Chile; *StA:* deutsch, Bras. *Weg:* 1939 Bras.

Lehre als Bankkaufm. bei der Deutschen Bank in London, Verkaufsltr. bei Allgemeine Electricitäts-Gesellschaft München, Ltr. der Zweigstelle Budapest der Firma Gebr. Körting Hannover. 1914-18 Teiln. 1. WK (EK). Dir. A.M.B.I.-Werke Berlin, Dir. Minimax AG London u. Berlin; Mitgr. der nach dem Kapp-Putsch gegr. jüd. Selbstschutz-Org. *Jüdischer Boxklub Makkabi* Berlin. 1939 Emigr. Bras. zu Sohn Peter. 1940-70 Gr. u. mit Sohn Peter Dir. Mat-Incendie S.A. (führende bras. Fabrik für schwerentzündl. Textilien, über 650 Angest.), Gr. Cilindrace São Paulo u. Mat-Incendie Sul in Porto Alegre.

Qu: Fb. - RFJI.

Soden, Carl Oskar Freiherr von, Politiker, Priester; geb. 6. Juni 1898 München, gest. 6. Aug. 1943 New York; kath.; *V:* Königl. Bayerischer Kämmerer u. Major; *StA:* deutsch. *Weg:* 1939 CH; 1940 Bras.; USA.

1917-21 jurist. u. staatswiss. Stud. an der Univ. München, 1. u. 2. jurist. Staatsprüfung, RA. 1918 Sekr. Georg Heims u. Mitgr. *Bayerische Volkspartei* (BVP), später Syndikus der BVP, engagierter Föderalist, Mitbegr. *Reichs- und Heimatbund deutscher Katholiken.* 1925-26 als Osteuropa-Korr. des *Zentrum*-Blattes *Germania* u. der *Kölnischen Volkszeitung* in Warschau, Bemühungen um eine dt.-poln. Verständigung; Herbst 1926 Rückkehr u. Entschluß zum Stud. der kath. Theologie, Stud. am Jesuitenkolleg Canisium in Innsbruck, 1931 Priesterweihe; Jugendpfarrer in München, ab 1935 Diözesanpräses der Vereine der katholischen kaufmännischen Angestellten und Beamtinnen. Sehr früh engagierter Gegner des Natsoz., nach dessen Machtübernahme wegen seiner kompromißlosen Ablehnung der als neuheidnisch empfundenen Bewegung in Konflikt mit dem Münchner Ordinariat, 1936 Ersuchen um Amtsenthebung als Diözesanpräses u. Versetzung als Pfarrer nach Marzling/Oberbayern; aufgrund der pol. Entwicklung in Deutschland Entschluß zur Emigration, Juli 1939 mit Unterstützung → Josef Panholzers in die Schweiz. Im Exil Erarbeitung programmatischer Vorstellungen zu einer föderalistischen Neugliederung Deutschlands; vergebliche Bemühungen Panholzers, S. die Einreise nach Frankr. zur Übernahme der Ltg. eines geplanten *Bureau d'études et de documentation sur le fédéralisme allemand* zu ermöglichen; Sommer 1940 mit einem bras. Visum über Lissabon nach Brasilien, von dort später wegen einer schweren Krankheit mit Unterstützung jüd. Freunde in die USA; in New York bis zu seinem Tode Ltr. der Exilorg. *Bavarian Council,* mit dem emigr. Arzt Dr. Frederick Proewig Verf. einer Febr. 1943 an das US-State Dept. gerichteten Denkschrift „Principles for the Establishment of Bavarian Autonomy" (Mitunterz. Annette Kolb, Eugen Gürster u. Werner Richter), arbeitete zuletzt an einem größeren Werk über den Föderalismus.

W: Die Vielen schaffen die Einheit. Recht und föderative Ordnung (masch. Ms., 201 S., „das engl. Original ging verloren). 1943. *L:* Kock, Peter Jakob, „Fliehen ist besser als Schweigen". Der Lebensweg des Carl Oskar von Soden. In: Unser Bayern/ Heimatbeilage der Bayerischen Staatszeitung. Okt. 1978. *Qu:* Arch. Pers. Z. - IfZ.

Sofer, Jonathan, Rechtsanwalt, Kommunalpolitiker; geb. 28. Nov. 1919 Wien; jüd.; *V:* Dr. med. Leopold S. (geb. 1883 Böhmen, gest. 1933 Wien), Zahnarzt, Zion.; *M:* Dr. phil. Rachele S., geb. Banet (geb. 1887 Krakau/Galizien, gest. 1973 IL), Prom. Krakau, Zahnärztin, Zion., 1934 Emigr. Pal.; *G:* Raoul (geb. 1921 Wien), 1934 Emigr. Pal., später USA, Hotelmanager in Calif.; ∞ 1958 Anne Crowther (geb. 1937 London), anglikan., Lehrerin, Mitgl. Inner London Educ. Authority; *K:* Jessica Rachel (geb. 1961); Daniel Edward Juda (geb. 1963); Tom Leo (geb. 1968); *StA:* österr., Pal., 1948 GB. *Weg:* 1934 Pal., 1936 GB.

Realgymn. Wien. 1934 Emigr. Palästina mit Mutter; 1934-36 höhere Schule in Jerusalem. 1936 nach GB mit StudVisum, 1938-41 Cambridge Univ., 1940 B.A., 1941 LL.B; 1942 Zulassung als RA (Barrister) in Inner Temple London, ab 1974 zeitw. stellv. Richter am Bez.-Gericht u. ab 1975 aushilfsw. Vors. bei Verfahren in Industriesachen, ab 1972 Treuhänder des Circle 33 Housing Trust; ab 1974 Stadtratsmitgl. des Londoner Stadtteils Camden u. stellv. Vors. der *Haverstock Parent-Teacher Housing Assn.;* 1973-75 Vors. der Ortsgruppe Chalk Farm der *Labour Party,* Einsatz für Wohnungsbaupol. auf nat. u. lokaler Ebene; 1962-72 Mitgl. des Exekutivrats *Soc. of Labour Lawyers,* Mitgl., 1972-74 ehrenamtl. Sekr. von ORT. Lebte 1978 in London.

Qu: Fb. - RFJI.

Soffer, Kurt, Kaufmann; geb. 3. Sept. 1902 Wien, gest. 1971 Wien; jüd.; *V:* Arthur S., jüd., 1944 in Budapest, Dep., umgek.; *M:* jüd., Dep., umgek.; *G:* Erich, A: New York; *StA:* österr. (?). *Weg:* 1939 F; 1940 (?) N-Afrika; 1945 Österr.

Stud. Hochschule für Welthandel Wien, 1922-24 bei Fa. Friedmann & Weber in Berlin; 1924 Eintritt in väterl. Firma Möbel- und Antiquitätenhaus Brüder Soffer, ab 1930 Prokurist. Emigr. Frankr.; 1939-42 Kriegsfreiw. in franz. Armee, vermutl. ab 1940 in Nordafrika, zeitw. Fremdenlegion, durch Vichy-Behörden für den Bau der Trans-Sahara-Eisenbahn zwangsverpflichtet. 1943-45 Geschäftsmann in Casablanca. 1945 Rückkehr nach Wien, zunächst öffentl. Verwalter, ab 1950 Gesellschafter u. gewerberechtl. Geschäftsf. Fa. Brüder Soffer, die bis 1971 bestand. Vertrauensmann der Fachgruppe Möbel der Kammer für gewerbliche Wirtschaft Wien.

Qu: Arch. Hand. Pers. - IfZ.

Soffner, Heinz (Heinrich), Parteifunktionär; geb. 26. Sept. 1907 Wien, gest. 1977 (?) USA; *StA:* österr., USA. *Weg:* 1938 F; 1940 USA.

Funktionär SAJDÖ in Wien, Mitte der 20er Jahre in der Auseinandersetzung zwischen der Richtung → Manfred Akkermann u. → Otto Felix Kanitz Parteigänger von Ackermann; nach Ausschaltung der Richtung Ackermann aus dem Verbandsvorst. Funktionär Jugendsektion des *Zentralvereins der kaufmännischen Angestellten Österreichs.* Ab 1931 Sekr. *Bund der Industrieangestellten Österreichs* in Klagenfurt/Kärnten. Mitgl. SDAP. 1934 unmittelbar nach den Februarkämpfen nach Wien, Mitarb. von Ackermann im ZK der RSÖ, anschl. wieder nach Klagenfurt, Sommer 1934 nach Verhaftung von → Josef Podlipnig Landesltr. der RSÖ in Kärnten. 1934/35 Teiln. an Sylvester-Konf. der RSÖ in Brünn; Parteigänger von → Joseph Buttinger in den Auseinandersetzungen um Struktur u. pol. Ausrichtung der illeg. RSÖ. Deckn. Braumüller, Justus u. Heinz. Anfang 1935 Verhaftung, wurde 1936 nach Freilassung wegen angebl. Aussagen vor der Polizei vom ZK der RSÖ mit einjähr. Funktionsverbot belegt. Ab Frühj. 1937 Mitarb. von Ackermann in Betriebszellenorg. der RSÖ. 1938 Emigr. Paris, Mitarb. *Matteotti-Komitee* u. als dessen Vertr. Vorst-Mitgl. u. GenSekr. *Fédération des Emigrés provenant d'Autriche* als überparteilicher Flüchtlingshilfsorg. (weitere ltd. Funktionäre: Friedrich Bock [→ Friedrich Bock-Bordy], → Martin Fuchs, Arthur Fuchs u. → Johann Schneck *[Entr'aide Autrichienne],* → Karl Hans Sailer u. → Edmund Schlesinger *[Matteotti-Komitee],* → Josef Foscht *[Flüchtlingshilfsorg.* der KPÖ], Robert Ehrenreich u. → Wilhelm Gründorfer *[Vereinigung der geflüchteten österreichischen Juden in Frankreich?]* sowie → Jacques Freundlich, Arthur Rosenberg u. → Malke Schorr), versuchte 1939 nach Verbot der PCF vergeblich den Ausschluß der KPÖ u. ihres Vertr. J. Foscht durchzusetzen. 1940 nach franz. Kapitulation Emigr. USA, Eintritt in US-Armee, hielt sich von der österr. sozialist. Emigration in den USA fern, änderte seinen Namen. Nach dem 2. WK Laufbahn innerh. der CIA, zuletzt Ltr. einer Abt., die sich mit Nachrichtenbeschaffung durch Auswertung von Ztg. u. Zs. beschäftigte.

L: Buttinger, Beispiel; Wisshaupt, RSÖ; Leichter, Diktaturen; Neugebauer, Bauvolk; Widerstand 1; Simon, Autobiographie. *Qu:* Arch. Pers. Publ. - IfZ.

Sokal, Saul A., Dr. jur., Rechtsanwalt, Politiker, Verbandsfunktionär; geb. 3. Dez. 1888 Czernowitz/Bukowina, gest. 6. Sept. 1964 New York; *V:* Gabriel S.; *M:* Sheindel F., geb. Weitzner; ∞ 1920 Dr. med. Ernestine Kraft, Stud. Wien, Emigr. USA, Ärztin in New York; *K:* Hanna Shamosh, A: IL; Ernest, A: USA. *Weg:* 1939 USA.

Prom., 1922-38 RA in Wien, Mitgr. u. Mitgl. der *Poale Zion* in Galizien u. Wien, 1913 Schriftltr. ihrer Zs. *Der Yidisher Arbayter,* 1936 Deleg. auf dem 1. Kongreß des WJC, 1933-36 VorstMitgl. der Isr. Kultusgde. Wien, für zion. Arbeiterbewegung im WJC tätig; 1939 Emigr. USA; 1939-46 Sekr. u. Doz. für *Labor Zion Org. of Am.* u. *Poale Zion,* 1939-50, 1959-60 u. 1962-64 Mitgl. des Zentralausschusses, 1946-64 Forschungsarb. u. Doz. für WJC, 1952 als Nachf. von → Gerhard Jacoby Sonderbevollmächtigter des WJC in Frankfurt/M., Untersuchung der pol. Situation von Juden in Deutschland (BRD), 1954-64 Mitarb. am *Inst. of Jew. Affairs* in New York; 1935-56 stellv. Rechtsbeistand des WJC. 1935-46 stellv. Mitgl. der Gen-Vers. u. 1956-64 Mitgl. des Ehrengerichts der W.Z.O. *Qu:* Hand. Publ. Z. - RFJI.

Sole, Moshe Zeev (Wilhelm), Dr. phil., Rabbiner, Schriftsteller; geb. 12. Sept. 1908 Munkacs/ungar. Komitat Bereg; *V:* Shlomo S. (geb. Munkacs, umgek. KL Auschwitz), Kaufm., Zion.; *M:* Rivka, geb Fränkel (geb. Ungvar/ungar. Komitat Ung, umgek. KL Auschwitz); *G:* Tova Reinitz (geb. Munkacs), Emigr. Pal.; Aryeh (geb. Munkacs), Emigr. Pal., Lehrer in Netanyah; Hayyim (geb. Munkacs), Emigr. Pal., kaufm. Angest. in Holon; ∞ 1936 Betty Wislicki; *K:* Shoshanah Lichtman (geb. 1940), Kindergärtnerin; Rivka Varga (geb. 1941), Bibliothekarin; *StA:* CSR, Pal./IL. *Weg:* 1939 Pal.
1928-31 Stud. Jüd.-Theol. Seminar Breslau u. Univ. Prag, 1929 Prom., Stud. L(H)WJ Berlin, 1933 Rabbinerexamen, 1933-36 Rabbiner in Staznice/CSR, 1936-39 in Frydok-Mistek u. Neu-Titschein/CSR; Präs. der *Misrachi*-Org. in Mährisch-Ostrau/CSR. 1939 verhaftet, Dez. 1939 Emigr. Palästina mit A I-Zertifikat; 1940-45 Angest. einer jüd. Kultusgde. in Jerusalem, 1945-74 1. Sekr. des Rabbin. Gerichtshofes in Jerusalem; Mitgl. *Hebräischer Schriftstellerverband* u. *Hebräischer Weltverband, Philosophische Gesellschaft Jerusalem* u. *B'nai B'rith*-Loge Jerusalem. Lebte 1977 in Jerusalem.
W: Kulturprobleme des Judentums. 1938; Religionspsychologie. 1944; BiNetivot haTarbut (Wege der Kultur). 1949; Kizzur Toledot haPhilosofiyah (Kurze Geschichte der Philosophie). 1954; Moreh Derekh baPhilosofiyah haYisraelit (Einführung in die jüdische Philosophie). 1954; Philosofiyat haḤayyim (Die Lebensphilosophie). 1956; Bishevilei haTodaah haYehudit (Auf den Spuren des jüdischen Bewußtseins). 1958; Iyunim beSifrut haMaḥashavah (Reflektionen über Gedankenliteratur). 1961; Enziklopediyah leHogeh Deot (Enzyklopädie für die Denker). 1963; Dat vaDaat (Religion und Wissen). 1963; Toledot haFilosofiyah miYemei Kedem vead Yamenu (Geschichte der Philosophie vom Altertum bis zur Gegenwart). 1965; Yozrim vettogim (Tatmenschen und Denker). 1966; Filosofiyah veDat (Philosophie und Religion). 1967; LeMahutah shel haYahadu (Über das Wesen des Judentums). 1969; Derakhim baYahadut (Wege im Judentum). 1971; Mewo LaFilosofiyah (Einleitung in die Philosophie). 1974; Iyunim beToledot haTarbut haMikrait (Reflektionen in der biblischen Kulturgeschichte). 1977; Art. in der jüd. Presse in Deutschland und der CSR sowie in isr. u. ausländ. Zs. *Qu:* Arch. Fb. Hand. HGR. - RFJI.

Sollmann, Wilhelm (später: William F.), Journalist, Politiker, Hochschullehrer; geb. 1. Apr. 1881 Oberlind/Thür., gest. 6. Jan. 1951 Mount Carmel/Conn., USA; Diss.; Quäker; *V:* Johann Jakob S., Bierbrauer u. Landwirt; *M:* Christiane, Gastwirtin; ∞ 1906 Anna Katharina Grümmer (geb. 1883), Emigr.; *K:* Elfriede (geb. 1912), Emigr., Stud. Quaker Study Center Woodbrooke/GB; *StA:* deutsch, 3. Dez. 1936 Ausbürg. mit Fam., 1937 First Papers, 1943 USA. *Weg:* 1933 Saargeb., 1935 Lux., 1936 GB, 1937 USA.
Gymn., ab 1897 kaufm. Lehre u. Angest. in Köln-Kalk, daneben Abendkurse Handelshochschule Köln. Zunächst religiös bestimmt, Mitgl. Internationaler Guttempler-Orden u. CVJM; 1903 SPD, 1907 Mitgr. Arbeiterjugend Köln. Ab 1908 journ. Betätigung, 1911 Lokalred. *Rheinische Zeitung,* 1912-13 Red. *Fränkischer Volksfreund* Würzburg, dann pol. Red. u. 1920-33 Chefred. der *Rheinischen Zeitung* Köln. Aus gesundheitl. Gründen vom Kriegsdienst befreit. 1918 Mitgl. *Arbeiter- und Soldatenrat* Köln, Verb. zu Konrad Adenauer, die er nach 1945 erneuerte. Mitgl. der dt. Deleg. bei den Friedensverhandlungen in Versailles, 1918-24 StadtVO. u. Fraktionsvors., 1919-33 MdNV u. MdR, vor allem auf sozialpol. Gebiet aktiv, Aug. bis Nov. 1923 MdI im Kabinett Stresemann. 1923 einer der Org. des passiven Widerstands gegen franz. Rheinlandbesetzung, Gr. u. Gesellschafter *Sozialdemokratischer Pressedienst* Berlin, führender Vertr. des rechten sozdem. Parteiflügels, Förderer des Kreises um die Zs. *Neue Blätter für den Sozialismus* (→ Paul Tillich). 1919 Mitgr. Univ. Köln, Mitgl. Parlamentar. Beirat der Reichszentrale für Heimatdienst, PräsMitgl. *Bund für europäische Verständigung,* Mitgl. Reichshauptstelle gegen den Alkoholismus, VorstMitgl. *Reichsarbeitsgemeinschaft sozialistischer Alkoholgegner,* Mitgr. *Carl-Schurz-Gesellschaft.* 9. März 1933 von SA schwer mißhandelt, vorüberg. in Schutzhaft. Auf der SPD-Reichskonf. v. 26. Apr. 1933 in Abwesenheit Wahl in den PV. Nach Entlassung aus dem Krankenhaus Mai 1933 Flucht nach Saarbrücken, mit → Georg Beyer Gr. u. Chefred. *Deutsche Freiheit* (nomineller Chefred. → Max Braun), Deckn. Schumann. Nach dem Saarplebiszit Febr. 1935 Niederlassung in Luxemburg, Vortragsreisen im europ. Ausland, u.a. 1936 Ansprache im brit. Unterhaus, publizist. Tätigkeit, Mitgl. *Verband deutscher Journalisten im Ausland.* - S. war im Exil einer der Wortführer der ,,volkssozialistischen" Richtung in der SozDem. (→ Max Sievers, → Wenzel Jaksch), die den Sieg des NatSoz. auf die Vernachlässigung des nationalen Ideen- u. Gefühlsguts durch die Arbeiterbewegung zurückführte, die marxistische Ideologie ablehnte u. eine sozialistische Volksgemeinschaft der Arbeiter, Bauern u. Mittelschichten mit berufsständischer Ordnung anstrebte. Verb. zur *Volkssozialistischen Bewegung* (→ Fritz Max Cahen) u. zu → Otto Straßer, Sept. 1935 auf Initiative → Willi Münzenbergs in das Lutetia-Comité der Deutschen Volksfront gewählt, von der sich S. unter Ablehnung der Einheitsfront mit der KPD einen Zusammenschluß im Sinne des Volkssozialismus erhoffte. 1936 Aufenthalt im Quaker Study Center Woodbrooke/GB, Jan. 1937 nach USA, bis 1950 Doz. für pol. Wiss. u. internat. Politik am Quaker-Coll. Pendle Hill, Wallingford/Pa., zahlr. Vorträge u. Gastdozenturen in den USA. Mitarb. *Neue Volks-Zeitung* New York, aus dem Kreis um → Paul Hagen antisemit. Haltung bezichtigt. Mai 1939 Eintritt in GLD (→ Max Brauer), von der er sich Sommer 1941 nach Differenzen hinsichtlich der deutschlandpol. Vorstellungen der Mehrheit zurückzog. 1940/41 Mitwirkung bei der Rettung dt. Emigr. aus Frankr., u.a. vergebl. Bemühungen um US-Visum für Otto Straßer. Enge Kontakte zu → Heinrich Brüning, mit dem er wiederholt von linken Exilkreisen u. jüd. Seite konservativ-nationalistischer Bestrebungen verdächtigt, während des Krieges auch von ,,vansittartistischer" Seite angegriffen; Jan. 1947 Mitunterz. der Erklärung ehem. MdR zur alliierten Deutschlandpolitik (→ Gerhart Seger). Nach Einbürgerung bewußter Rückzug aus Exilpolitik, VorstMitgl. *Loyal Americans of German Descent* u. Mitgl. Nationalkomitee der *Legion for American Unity.* Lehrtätigkeit u. Veröffentl. im Sinne einer religiösen Sozialethik, Mitarb. u.a. *Christian Century, Saturday Evening Post, The Friend, Friends Intelligencer* u. *Am. Pol. Science Review.* Im 2. WK Berater bei OSS, Doz. Army Specialized Training Program, 1949 Gastprof. Univ. Köln u. Berater bei OMGUS, 1950 Consultant on Civil Liberties bei US-Hochkommission in Deutschland, Mitgr. *Bund für Bürgerrechte.*
W: u.a. Der Kölner Polizeiprozeß. 1904; Die Revolution in Köln. 1918; Der politische Antisemitismus. In: Gegen die Phrase vom jüdischen Schädling. Prag (Amboß-Verlag) 1933; Sozialistische Machtpolitik. In: Zeitschrift für Sozialismus 2/1935, Nr 24/25; Religion and Politics. Wallingford (Pendle Hill) 1941; German Labour, Hitler's Nemesis. London (National Peace Council) Peace Aim Leaflets Nr. 1/1943; Educational Reconstruction in Germany. In: Schoolmen's Week Proceedings. 1944; Zwischen Krieg und Frieden. Wallingford (Pendle Hill) 1948. *L:* u.a. Sering, Paul (d.i. → Richard Löwenthal), Was ist Volkssozialismus? 1936; Vom Deutschland, das werden soll. Ein Briefwechsel zwischen Wilhelm Sollmann und Friedrich Stampfer. In: Neuer Vorwärts, 27. Nov. 1938; Hirsch, Felix E., William Sollmann, Wanderer Between Two Worlds. 1953; Kist, Eugene H., Wilhelm Sollmann: The Emergence of a Social Democratic Leader. Diss. Univ. of Pa. 1969; Röder, Großbritannien; MGD; Radkau, Emigration; Kist, Eugene, William Sollmann: A Teacher. In: Quaker History 60/1971; Brüning, Heinrich, Briefe und Gespräche 1934-1945. 1974; Langkau-Alex, Volksfront; Knapp, Thomas A., Heinrich Brüning im Exil, Briefe an Wilhelm Sollmann 1940-1946. In: VHZ 22/1974, H. 1; Hirsch, Felix, E., Wilhelm Sollmann. In: Rheinische Lebensbilder. Bd. VI, 1975; Martiny, Martin,

Die Entstehung und Bedeutung der „Neuen Blätter für den Sozialismus" und ihres Freundeskreises. In: VHZ 25/1977, H. 3. *D:* Swarthmore Coll., Swarthmore/Pa. *Qu:* Arch. Hand. Publ. - IfZ.

Solmssen (urspr. Salomonsohn), **Georg Adolf,** Dr. jur., Bankier; geb. 7. Aug. 1869 Berlin, gest. 10.(11.?) Jan. 1957 Lugano/ CH; jüd., christl.; *V:* Dr. jur. Adolf Salomonsohn (geb. 1831 Hohensalza/Posen, gest. 1919 Berlin), jüd., 1863-88 Dir. u. Teilh. der Disconto-Gesellschaft Berlin; *M:* Sara, geb. Rinkel (1851-1929), jüd.; *G:* 3 S; ∞ 1907 Giulieta Aselmeyer; *K:* Harald K., A: Bermuda-Inseln; → Ulrich Volkmar Solmssen; *StA:* deutsch, 1945 CH. *Weg:* 1934 CH.

Stud. Rechtswiss. Straßburg, Freiburg/Br., Leipzig u. Berlin, Referendar u. Assessor; 1898 i.A. des preuß. Justizmin. in die USA zum Stud. des Pfandrechts; veranlaßte deutsche Gesetzgebung im Zusammenhang mit Bauunternehmer-Konkursen. In 90er Jahren Übertritt zum Christentum u. Namensänderung. 1900-03 Angest., ab 1904 Dir. u. 1911-29 Teilh. der Disconto-Gesellschaft Berlin, vertrat Interessen der Bank gegenüber rumän. Ölgesellschaften u. betreute die Einführung eines neuen Verfahrens in der Erdöl-Raffinerie; führend bei Reorg. des A. Schaafhausenschen Bankvereins AG, dort 1914-23 VorstMitgl., später stellv. AR-Vors.; 1929 entscheidende Beteiligung an der Fusion der Disconto-Gesellschaft mit der Deutschen Bank, 1929-34 VorstMitgl. der Deutschen Bank und Disconto-Gesellschaft, trat 1934 im Zuge der Arisierung an Oscar Wassermanns Stelle als Sprecher des Vorst., wurde jedoch im gleichen Jahr durch Dr. Eduard Mosler abgelöst. Daneben 1913-34 AR-Mitgl. der Deutschen Erdöl AG Hamburg, ab 1930 Mitgr. u. Präs. *Centralverband des Deutschen Bank- u. Bankiergewerbes* Berlin. Mitgl. des VerwRats der Deutschen Reichsbahn-Gesellschaft u. stellv. Mitgl. des VerwRats der Deutschen Reichspost, ab 1929 rumän. GenKonsul in Berlin, Präs. der Deutsch-Atlantischen Telegraphen-Gesellschaft. Gegner der Unterzeichnung des Versailler Friedensvertrages u. der in ihm festgelegten Reparationsforderungen, 1930 Mitgr. der *Konservativen Volkspartei.* AR-Vors u. -Mitgl. zahlr. Elektro-, Erdöl-, Bergbau-, Bau-, Bank- u. Luftfahrtunternehmen, u.a. Mitgl. des AR-Präsidiums der Deutschen Lufthansa AG; Mitgl. *Heinrich-Hertz-Gesellschaft* Berlin. 1934 Emigr. Schweiz, blieb bis 1937 AR-Mitgl. der Deutschen Bank u. Disconto-Gesellschaft. 1934-57 Landwirt u. Schriftsteller, gelegentl. Vorträge. Mitte der 30er Jahre wiederholt nach GB, um seinen pol. Einfluß gegen NatSoz. geltend zu machen, Mitgl. u.a. *Internat. Conf. of Agric. Economists, Zürcher volkswirtschaftliche Gesellschaft, Schweizer Juristenvereinigung, Schweizerisch-Amerikanische Gesellschaft, Schweizerisch-Britische Gesellschaft.* - *Ausz.:* Großoffz. Etoile Roumaine; BVK 1. Kl.

W: u.a. Beiträge zur deutschen Politik und Wirtschaft 1900-33 (Gesammelte Werke 1900-1933), 2 Bände 1934, 2. Aufl. 1935. *L:* RhDG; Seidenzahl, Fritz, Hundert Jahre Deutsche Bank 1870-1970. 1970. *D:* BA. *Qu:* EGL. Hand. HGR. Pers. Publ. - RFJI.

Solmssen, Peter, Diplomat; geb. 1. Nov. 1931 Berlin; ∞ Sonia Storch; *StA:* 1942 USA. *Weg:* USA.

1952 B.A. Harvard Univ., 1952-55 MilDienst US Navy (Lt., junior grade); 1959 LL.B. Univ. of Pa. Philadelphia/Pa.; Mitgl. Anwaltskammer von Philadelphia. 1961 Stud. Foreign Service Institute des US-Außenmin., 1961-62 Sachbearb. für Auslandsfragen, 1962-63 Vizekonsul in Singapur, 1963-64 Sachbearbeiter für Auslandsfragen, 1964-65 Assist. des stellv. Außenmin. in Washington/D.C., 1965 Konsul, 1965-67 im Pol. Referat in Rio de Janeiro; 1967-70 Kulturref. der USIA in São Paulo; 1970-71 Stud.; 1971-73 Sachbearbeiter für Kultur u. Erziehung in Washington/D.C., ab 1974 Kulturberater (förderte Ausstellungen chines. Altertümer, skythischer Goldarbeiten aus der UdSSR u. des Tutanchamun-Schatzes in den USA); aktiv für Gesetzgebungsreform im Kunsthandel, Mitarb. bei der Grdg. des internat. Ausstellungsausschusses der USA. Fotograf für *Life Magazine,* Ausstellungen in São Paulo. Lebte 1976 in Washington/D.C.

W: São Paulo. 1970. *Qu:* Hand. Z. - RFJI.

Solmssen, Ulrich Volkmar, Dr. phil., Chemiker, Unternehmensleiter; geb. 26. Okt. 1909 Berlin; *V:* → Georg Adolf Solmssen; ∞ 1936 Kate D. Strauss; *K:* Julie; Lily; Wendy; Teresa; *StA:* deutsch, 1941 USA. *Weg:* CH, 1938 USA.

1928-32 Stud. Berlin u. Göttingen, 1932 Austauschstud. am Massachusetts Inst. of Technology, dann Emigr. Schweiz, 1935 Prom. Zürich, 1936-38 Assist. Univ. Zürich. 1938 in die USA, 1938-46 Senior Research Chemist Hoffmann-La Roche Inc., 1946-49 stellv. Dir. der Forschungsabt. u. 1949-55 VerwDir. beim Warner Inst. of Therapeutic Research, ab 1956 für das Stammhaus Warner-Lambert Pharmaceutical Co. tätig: 1956-62 wiss. Dir., 1962-63 Vizepräs. des Warner Inst., 1963-65 geschäftsf. Vizepräs., ab 1966 Präs. der chem. Abt., daneben ab 1967 Präs. der Warner-Lambert-Tochterges. Nepera Chemical Co. Ab 1950 Mitgl. u. 1955-56 Präs. Essex Fells Board of Educ., 1960-62 Mitgl. West Essex Regional Board of Educ., Treuhänder New Jersey Citizens Committee for Public Schools, Fellow New York Acad. of Science, Mitgl. *Am. Chem. Soc.,* Mitgl. *Assn. of Res. Divs.,* Mitgl. *Pharmaceutical Manufacturers Assn.* Lebte 1974 in Essex Fells/N.J.

Qu: Arch. Hand. Pers. - RFJI.

Solzbacher, William Aloysius, Dr. phil., Journalist; geb. 1. Febr. 1907 Honnef/Rheinl.; *V:* Carl S.; *M:* Josepha, geb. Schmitz; ∞ 1931 Regina Reiff; *K:* Josephine Kennon; Irene (Ordensschwester Irene Marie); Regina Rouse; Eve Cuthbert; *StA:* 1947 USA. *Weg:* 1933 Lux., B, 1940 F, 1941 USA.

1926-28 Stud. Bonn, 1931 Prom. Köln; 1925-38 internat. Konferenz-Dolmetscher; ab 1932 Lehrer für internat. Pol. an amerikan. Schule in Ötz/Tirol, Vortragstätigkeit in Europa u. 1933 in den USA; enge Verbindung zur org. Arbeiterbewegung. 1926 Gr. u. bis 1934 Red. der Esperanto-Jugendzeitschrift *La Juna Batalanto.* 1933 Emigr. Luxemburg, bis 1940 freier Schriftsteller, Journ. u. Doz. in Luxemburg u. Belgien, 1940 Flucht aus Belgien nach Frankr., 1941 in die USA. 1942 Mitarb. beim *World Student Service Fund;* 1942-50 Mithg., 1947-48 Schatzmeister u. 1948-49 Vizepräs. der Catholic Intercontinental Press New York; 1950-51 Assist. Prof. Coll. Mount St. Vincent Latrobe/Pa.; 1951-53 Auslandsred. u. Ltr. der Programmabt. *Voice of America;* 1953-54 Dir. der Abt. Studienreisen der Affiliated Schools and Seminars for Internat. Study and Training; 1954-67 Chef des Abhördienstes bei *Voice of America,* ab 1960 Programmdir. für Esperanto, daneben 1967 Ltr. der Abt. Policy Application für Lateinamerika. 1952 Mitgl. der US Nat. Commission bei der UNESCO, 1953-72 Teiln. an Welt-Esperanto-Kongressen, 1953-60 Deleg. bei internat. soziolog. Kongressen. Mitgl. u.a. *Am. Sociological Assn.,* zeitw. Präs. der *Esperanto Assn.* in Nordamerika, Esperanto Acad. Paris, *Assoc. Advancement of Slavic Studies, Speakers Res. Committee for UN, Polynesian Soc., Modern Language Assn., Am. Acad. Political and Social Science.* Lebte 1974 in Washington/ D.C.

W: Walther Rathenau als Sozialphilosoph. Die Überwindung der Entseelung. 1932; Devant Hitler et Mussolini. 1933; Prestiges et Cruantes de la Croix-Gammée. 1937; Pie XI contre les Idoles. 1939; Pius XI. 1939; Rome en de Afgoden van Onze Tijd. 1940; Esperanto: The World Interlanguage. 1948, 1959, 1966; Say it in Esperanto. 1948; Beiträge in *Esperanto-Encyclopädie* 1933-34. *Qu:* Hand. - RFJI.

Sommer, Albert, Dr.-Ing., Unternehmensleiter; geb. 15. Juli 1879 Weinheim/Baden, gest. 30. Nov. 1968 Montagnola/Tessin; *V:* Jacob S.; *M:* Sarah, ∞ Sieglinde Bachrach, A: Montagnola; *StA:* deutsch, 21. Okt. 1938 Ausbürg. *Weg:* CH.

Stud. Chemie TH Dresden, 1902 Dipl.-Ing., 1903 Prom., anschl. Assist. TH Dresden. 1905 in die USA, ltd. Tätigkeit in Betrieben der Textilbranche, 1906 Chefchemiker Texas Company (Petroleum), daneben 1906-11 Lektor Columbia Univ. u. US-Marine-Akademie Annapolis/Md. Ab 1911 Ltr. der europ. Interessenvertr. der Barber Asphalt Paving Co. Philadelphia, maßgebl. an Einführung der bituminösen Straßenbauweise in Europa beteiligt. 1911 Gr. Trinidad Deutsche Asphalt GmbH, ab 1924 Ltr. der Nachfolgefirma Trinidad Deutsche Öl- und Asphalt AG, führte die Kaltasphalt-(Asphaltemulsions-)Technik auf dem europ. Kontinent ein. Mitgl. *Am Society of Civil Engineers*. Lebte in Dresden, AR-Vors. bzw. -Mitgl. zahlr. Bau- u. Asphaltfirmen. Nach natsoz. Machtergreifung Emigr. CH, lebte zuletzt in Montagnola. - *Ausz.:* Ehrensenator TH Stuttgart, Dr. ing. h.c. TH Dresden.

L: RhDG. *Qu:* Arch. Hand. Publ. – IfZ.

Sommer, Heinrich, Partei- u. Gewerkschaftsfunktionär; geb. 18. Aug. 1895 Heiligenwald/Saar, gest. 1. Mai 1967 Berlin (Ost); ∞ Margarethe Schuckert (geb. 1894); *Weg:* F; S; UdSSR; nach 1945 Deutschland (SBZ).

Eisenbahnschlosser. Ab 1912 gewerkschaftl. organisiert, 1920 KPD. Mitgl. BezLtg. KPD Saar u. BezVorst. saarländ. Eisenbahnerverb., 1932-35 Mitgl. Saarländischer Landesrat. Nach Rückgliederung des Saargeb. Emigr. nach Frankr.; später in Schweden, dort zeitw. interniert; anschl. UdSSR. Nach Rückkehr Mitarb. in der Hauptverw. der Deutschen Volkspolizei, später im MfAA der DDR. - *Ausz.:* VVO (Silber).

L: Schneider, Saarpolitik und Exil. *Qu:* Arch. Publ. Z. – IfZ.

Sommer, Julius, Industrieller; geb. 1. Juli 1876 Frankfurt/M., gest. 3. Febr. 1962 Montclair/N.J.; jüd.; *V:* Loeser S. (geb. 1836 Hochheim/Franken, gest. 1884 Frankfurt), jüd., 1903 Vorst-Mitgl. Metallurgische Gesellschaft, 1910 VorstMitgl. der fusionierten Metallbank & Metallurgischen Gesellschaft; *M:* Bertha, geb. Wohl (geb. 1851 Frankfurt, gest. 1916 Frankfurt), jüd.; *G:* Ludwig S. (geb. 1879 Frankfurt, gest. 1957 London), 1938 Emigr. GB; ∞ 1905 Paula Wormser (geb. 1885 Frankfurt), jüd., 1939 Emigr. USA; *K:* Richard L. (geb. 1906 Frankfurt), Stud., 1934 Emigr. USA, Unternehmer; Dr. phil. Alfred S. (geb. 1909 Frankfurt), 1935 Emigr. GB, 1953 USA, Forschungschemiker; *StA:* deutsch, 1945 USA. *Weg:* 1939 USA.

Handelsschule Frankfurt; ab 1891 Angest. in Metallgesellschaft AG in Frankfurt, 1903-10 VorstMitgl. Metallurgische Gesellschaft AG, 1910-28 VorstMitgl. Metallbank & Metallurgische Gesellschaft AG (1928 Fusion mit Metallgesellschaft AG), 1928-35 VorstMitgl., 1935-38 nach Zwangspensionierung weitere Mitarb. als Berater. Nov. 1938 Verhaftung. 1938 Emigr. USA über GB. Lebte 1939-43 in Englewood/N.J. u. 1943-62 in Montclair/N.J. im Ruhestand.

L: Die Metallgesellschaft. 1931. *Qu:* Hand. HGR. Pers. – RFJI.

Sommer, Michael, Parteifunktionär; geb. 12. Juli 1896 Sülsdorf/Mecklenburg (?), gest. UdSSR; *StA:* deutsch. *Weg:* 1933 UdSSR.

Ab 1910 im Bergbau, 1918 USPD, 1920 KPD. 1924 Ltr. Unterbez. Aachen, 1925 Mitgl. ProvLT, 1926-29 OrgLtr. Bez. Mittelrhein in Köln, anschl. RGO-Funktionär Berlin, 1933 zur RGI nach Moskau. Seit 1938 verschollen.

L: Weber, Wandlung. *Qu:* Arch. Publ. – IfZ.

Sondheimer, Albert (Abraham), Dr. phil., Chemiker, Industrieller; geb. 27. (7.[?]) Aug. 1876 Frankfurt/M. gest. 13. Juli 1942 New York; jüd.-orth.; *V:* Moses Tobias S. (geb. 1837 Hanau, gest. 1891 Frankfurt/M.), jüd., stellv. Dir. bei Philipp Abraham Cohen Frankfurt/M. (Metallhandel), 1872 Mitgr. Beer, Sondheimer & Co. in Frankfurt/M. (Eisenerz- u. Metallhandel); *M:* Auguste, geb. Ettlinger (1844-1890), jüd.; *G:* Nathan (geb. 1874 Frankfurt/M., gest. 1933 Washington/D.C. auf Geschäftsreise), Teilh. der elterl. Firma, HauptvorstMitgl. CV; Fritz (geb. Frankfurt, gest. 1930 Frankfurt), im Familienbetrieb tätig; ∞ Margarete Cohn; *K:* → Erna Michael. *Weg:* 1932 (?) NL; 1940 USA.

Ab 1872 Teilh. des Familienbetriebs, vor dem 1. WK Erweiterung zu internat. Montanunternehmen, 1930 freiw. Liquidation als Folge der Weltwirtschaftskrise; 1929 Mitgl. Initiativ-Kommittee für die Erweiterung der *Jew. Agency,* Förderer von Wohlfahrtsorg. 1932 (?) Emigr. Niederlande, Mitgr. u. Teilh. N.V. Tonerde Den Haag. 1940 in die USA.

L: Auerbach, S.M., Jews in the German Metal Trade. In: LBI Yearbook Bd. X, 1965. *D:* RFJI. *Qu:* EGL. Publ. – RFJI.

Sonnenfeldt, Helmut, Ministerialbeamter; geb. 13. Sept. 1926 Berlin; *V:* Dr. med. Walter H. S., jüd., Arzt, 1938 Emigr. GB u. USA; *M:* Dr. med. Gertrude S., geb. Liebenthal, jüd., Ärztin, 1938 Emigr. GB u. USA; *G:* → Richard Wolfgang Sonnenfeldt; ∞ 1953 Marjorie Hecht; *K:* Babette; Walter; Stewart; *StA:* deutsch, 1945 USA. *Weg:* 1938 GB, 1944 USA.

1938 Emigr. GB mit Familie (Eltern weiter in die USA), Mittelschule in GB, 1942-44 Stud. Manchester. 1944 in die USA, 1944-45 Photograph; 1945-46 MilDienst US-Armee im Pazifik, 1946-47 Angest. im am. Außenmin.; 1950 B. A., 1951 M.A. (PolWiss.) John Hopkins Univ. Baltimore/Md.; 1952 Übersetzer beim Sprachendienst, 1952-56 Intelligence Res. Analyst, 1956-60 Intelligence Res. Specialist im US-Außenmin.; 1960 fälschliche Beschuldigung, geheime Dokumente der Presse u. einer ausländ. Reg. überlassen zu haben; 1960-61 Ref. für auswärtige Angelegenheiten bei US-Disarmament Admin., der späteren A.C.D.A., 1961-65 Ltr. der Bloc Internat. Pol. Activities Div., 1965 stellv. Dir. u. 1965-69 Dir. des Office Res. Analysis for Soviet Bloc, führender UdSSR- u. Osteuropa-Experte, 1969-74 beim Nat. Security Council, 1972-73 Senior Staff Member, begleitete 1969 u. 1970 Präs. Nixon auf seinen Europareisen, 1972 Teiln. des Gipfeltreffens in Moskau; Mitgl. des Expertenstabs von → Henry Kissinger; einer der Hauptbefürworter der Detente-Politik Kissingers u. Nixons gegenüber UdSSR u. China; Apr. 1973 Ernennung zum Unterstaatssekr. des Schatzamts, Bestätigung durch US-Senat bis Nov. 1973 durch Konflikt zwischen Finanzmin. George Schultz u. Außenmin. Henry Kissinger verzögert, Dez. 1973 Rücktritt. 1973-Jan. 1977 Berater beim Außenmin.; seine Vorschläge für eine Politik der Interessensphären in Osteuropa erregten 1976 Aufsehen in der amerikan. Presse. Ab 1958 Doz., ab 1977 Gastdoz. an der School of Advanced Internat. Studies der Johns Hopkins Univ., Mitgl. *Am. Assn. Slavic Studies, Am. Pol. Science Assn., Inst. Strategic Studies* London, *Council of Foreign Relations, Phi Delta Epsilon.* Lebte 1978 in Washington/D.C. - *Ausz.:* 1968 Superior Honor Award des US-Außenministeriums, 1979 Gr. BVK.

Qu: Hand. Publ. Z. – RFJI.

Sonnenfeldt, Richard Wolfgang, Unternehmensleiter; geb. 3. Juli 1923 Berlin; *G:* → Helmut Sonnenfeldt; ∞ Shirley C. Aronoff; *K:* Ann Elizabeth; Lawrence Alan; Michael William; *StA:* deutsch, USA. *Weg:* 1938 GB, USA.

1938 Emigr. GB mit Familie, später in die USA; 1942-45 US-Armee; 1949 B.S. Elektroing. Johns Hopkins Univ. Baltimore/Md., 1953-56 Postgrad. Stipendium Univ. Pa. Philadelphia/Pa.; 1949-62 Ltr. der Ing.- u. Prod.-Abt. bei Radio Corp. of Am. (RCA), 1962-65 Ltr. der Digital Systems Div. bei Foxboro Co., 1965-70 Präs. u. Dir. der Digitronics Corp., ab 1970 Personal-Vizepräs. bei RCA, ab 1972 AR-Vors. bei Electronic Industrial Engineer Corp., Fellow des *Inst. Electric and Electronic Engineers;* Senior Member der *Instrument Soc. Am.* Lebte 1975 in Port Washington/N.J.

Qu: Hand. Pers. – RFJI.

Sonnewald, Georg, Partei- u. Verbandsfunktionär; gest. März 1968 Wien; jüd.; *StA:* österr. *Weg:* 1938(?) CH; 1946 Österr.

712 Sontag

Mitgl. SDAP u. *Republikanischer Schutzbund* in Wien. 1934 Verhaftung. Nach Anschluß Österr. mit Familie Emigr. Schweiz. Gegen Kriegsende Präs. oder Vizepräs. Gruppe Zürich der *Freien Österreichischen Bewegung* in der Schweiz. Unmittelbar nach Kriegsende an Org. von Schweizer Hilfsaktionen für österr. Kinder beteiligt. 1946 Rückkehr nach Wien, Mitgl. SPÖ, Sektionsltr. u. Mitgl. BezVertr. in Wien. Gr. *Bund Demokratischer Juden,* VorstMitgl., zuletzt Vizepräs. Isr. Kultusgde. Wien.

L: Tidl, Studenten. *Qu:* Publ. Z. - IfZ.

Sontag, Ernst, Dr. jur., Richter, Publizist; geb. 6. März 1873 Breslau, gest. 31. Aug. 1955 Lugano/CH; *V:* Leon S.; *M:* Alwina, geb. Wiener; ∞ Franziska Julia Levinstein (1887-1955), Emigr.; *StA:* deutsch. *Weg:* CH.

Stud. Rechtswiss., jur. Vorbereitungsdienst, ab 1905 Amtsrichter Kattowitz/Oberschlesien, ab 1912 Landrichter Berlin, nach 1914 Kriegsgerichtsrat, 1919 OLG-Rat Breslau, ab 1920 Kammergerichtsrat Berlin, zuletzt Reichsgerichtsrat, vor 1931 i.R.; zahlr. jur. u. histor. Schriften, u.a. zur Schlesienfrage, Ps. Dompnik. Nach 1933 histor. Studien, Ende der 30er Jahre nach Lugano. Nach 1945 u.a. Mitarb. *Deutsche Rundschau.*

W: u.a. Der besondere Schutz der Mitglieder des Deutschen Reichstages und der deutschen Landtage gegen Strafverfolgung und Verhaftung. 1895 (preisgekrönt durch Univ. Breslau); Kommentar zum preußischen Stempelsteuergesetz. 1910; Kommentar zum Schutzhaftgesetz. 1917; Die Aktien-Gesellschaften im Kampf zwischen Macht und Recht. 1918; Die Franzosenherrschaft in Oberschlesien. 1920; Von unserer Zeiten Schande. 1921; Aktuelle Mietrechtsfragen. 1924-27; Hypothekengläubiger und Anleihebesitzer im Kampfe um ihr Recht. 1925; Fürstenabfindung in den letzten 500 Jahren. 1926; Entwurf eines Gesetzes über den Ausgleich von Inflationsverlusten aus der Veräußerung von Grundstücken nebst Begründung (Mitverf.). 1928; Kommentar zum Gesetz über die Stundung der Aufwertungshypotheken (Mitverf.). 1930; Korfanty. 1954.

Qu: Hand. Publ. - IfZ.

Sopher, Wolfgang Klaus, Großkaufmann; geb. 15. März 1918 Düsseldorf; *V:* Bernhard David S. (geb. 1899 Sfad/Syrien, gest. 1949 Hollywood/Calif.), jüd., Bildhauer, VorstMitgl. Rheinische Sezession, 1937 Emigr. Mexiko, USA, Bildhauer u. Privatlehrer, *M:* Antonie Katharina, geb. Diederichs (geb. 1881 Wuppertal, gest. 1969 Porto Alegre/Bras.), ev., 1946 Emigr. Bras.; *G:* Joachim (geb. 1911 Düsseldorf), Dipl.-Ing., 1934 Emigr. Argent., später Bras.; Jürgen (geb. 1912 Düsseldorf, gest. 1938 Chile), Stud. Freiburg, 1933 Emigr. Chile, Stud. Univ. Santiago/Chile. ∞ 1946 Eva Plaut (geb. 1923 Frankfurt), Künstlerin; *K:* Renate Rubim (geb. 1948), Kunstgewerblerin; Ruth Pereyron (geb. 1949), Biochemikerin; *StA:* deutsch, bras. *Weg:* 1941 Bras.

Bis 1935 Gymn.; 1935-37 Lehrling bei Die Deutschen Drucke Berlin; 1937 Kunsthändler in London, Rückkehr nach Deutschland wegen Todesfall in der Familie; 1938 Paßentzug, 1938-39 ArbDienst; 1939-40 MilDienst, dann Entlassung wegen jüd. Herkunft. März 1941 Emigr. Bras., nach Ablauf des Visums zeitw. interniert; 1945-52 Angest., 1952-59 Partner u. Dir. bei Import- u. Exportges. Adaga S.A. in Rio de Janeiro, ab 1960 bei Zivi S.A. u. Hercules S.A. Porto Alegre (größter südam. Hersteller von Besteck- u. Schneidwaren); 1960-62 Assist. von → Paul Zivi, 1962-73 Dir., 1973-75 Vizepräs., ab 1975 Präs. u. ab 1977 VorstVors., gleichz. Präs. der Cia. Florestal Zivi-Hercules der Fundação Empregados Zivi-Hercules u. der Nicro S.A. Lebte 1977 in Porto Alegre.

Qu: Fb. Hand. - RFJI.

Sorg, Heinrich, Verbandsfunktionär; geb. 7. Nov. 1898 Bischofsheim/Main, gest. 21. Sept. 1963 Frankfurt/M.; ∞ Rosa Patecka, Arbeitersportlerin aus der CSR, Emigr., in GB Ltr. eines priv. Kindergartens, Mitte der 50er Jahre nach Deutschland (BRD); *StA:* deutsch. *Weg:* 1933 CSR; 1939 GB; 1946 Deutschland (ABZ).

Angestellter; 1913 SAJ, 1917 SPD, Sekr. *Arbeiter-Turn- und Sportbund (ATSB)* Kreis Hessen-Mittelrhein, Red. *Freier Sport,* Vors. *Arbeitersportverein Frankfurt-Westend,* VorstMitgl. *Arbeitersportkartell Frankfurt;* Mitgl. Oberste Kampfltg. der *Eisernen Front* Frankfurt, Org. einer Informationszentrale für die Abwehr des NatSoz. durch *Reichsbanner* u. *Eiserne Front* entlang der Rhein-Main-Linie, Anlage von Waffendepots, nach Verrat durch Spitzel Mitte März 1933 Flucht nach Leipzig, mit Hilfe der dortigen ATSB-Bundeszentrale nach Aussig zu der von *Deutschen Arbeiter-Turn- und Sportverband* der CSR eingerichteten Anlaufstelle für emigr. Arbeitersportler. Tätigkeit im Graphia-Verlag der *Sopade* in Karlsbad u. für *Sozialistische Arbeitersport-Internationale (SASI).* Febr. 1939 Emigr. nach GB, dt. Vertr. in der kommissarischen Ltg. der SASI; ab 1942 Ausschuß-Mitgl. der SPD-Ortsgruppe London als Vertr. des „antivansittartistischen" Flügels, 1943 vorüberg. Annäherung an FDB in der Hoffnung auf gesamtstaatl. Erhaltung Deutschlands durch sowj. Nachkriegspolitik, mit → Fritz Segall Mitwirkung an Programmberatungen der *Union.* Ab 1941 als Gärtner tätig. Sommer 1946 Rückkehr, Sportreferent des SPD-PV mit Sitz Frankfurt/M., Mitinitiator u. PräsMitgl. *Deutscher Sportbund,* PräsMitgl. *Deutsche Olympische Gesellschaft,* Mitgl. Sportbeirat der Hess. Landesregierung.

Qu: Arch. Pers. Publ. - IfZ.

Souchy, Augustin, Publizist; geb. 28. Aug. 1892 Ratibor/Oberschlesien; *StA:* deutsch, Ausbürg., Mex., deutsch u. Mex. *Weg:* 1933 F; 1936 E; 1942 Mexiko.

1911/12 Anschluß an anarchist. Bewegung, Tätigkeit im Rahmen von Gustav Landauers *Sozialistischem Bund* in Berlin; während des 1. WK als Kriegsdienstgegner in Schweden, publizist. aktiv in syndikalist. Bewegung, wegen antimilitarist. Propaganda 1917 Ausweisung, über Norwegen nach Dänemark, dort Mitarb. der syndikalist. Zs. *Solidaritet,* wegen illeg. Rückkehr nach Schweden wegen Paßvergehens 4 Mon. in Haft; 1919 Rückkehr nach Deutschland u. neben → Rudolf Rocker führender Ideologe der *Freien Arbeiter-Union Deutschlands (Syndikalisten)/FAUD (S),* 1919-33 ständiger Mitarb. u. mehrere Jahre Red. des FAUD (S)-Verbandsorgans *Der Syndikalist;* Apr.-Nov. 1920 in Rußland, inoffiz. Vertreter der dt. Syndikalisten auf 2. Weltkongreß der *Komintern;* 1921 in der anarchist. Bewegung Frankreichs tätig, Landesverweis; 1922 (neben R. Rocker u. Alexander Shapiro) einer der drei Sekr. der neugegr. *Internationalen Arbeiter-Assoziation (IAA),* im Auftrage der IAA Reisen in Südamerika u. Spanien. Nach Reichstagsbrand 1933 Flucht nach Frankr., Vortragsreisen in Schweden, noch vor Ausbruch des Span. Bürgerkrieges Juli 1936 nach Katalonien, aktiv in *Federación Anarquista Iberica,* Ltr. Abt. für syndikalist. Propaganda im Ausland der *Confederación Nacional del Trabajo (CNT),* in CNT-Auftrag Reisen in ganz Europa; 1939 vor Einmarsch der Franco-Truppen in Barcelona zurück nach Frankr., nach Ausbruch des 2. WK interniert im Lager Audierne/Bretagne, 1941 Flucht u. 1942 über Casablanca Emigr. nach Mexiko; bis 1949 Bildungsarbeit in mex. Gewerkschaften, journalist. Tätigkeit; 1949 Vortragsreise in Kuba; 1950-51 Vortragsreisen in der Bundesrepublik, Schweden u. Israel; 1952-60 wieder in Mexiko, Vortragsreisen durch versch. lateinamerikan. Länder u. die USA; 1961 Rückkehr nach Deutschland (BRD), 1962 als Beauftragter des *Internationalen Bundes Freier Gewerkschaften* Schulung von Gewerkschaftsfunktionären in Madagaskar, 1963-66 als Bildungsexperte des Internationalen Arbeitsamtes Genf in Lateinamerika u. Äthiopien; danach Studien- u. Vortragsreisen in Nordamerika, Portugal u. Schweden. Lebte 1978 als freier Publizist in München.

W: u.a. Wie lebt der Arbeiter und Bauer in Rußland und in der Ukraine? Resultat einer Studienreise von April bis Oktober 1920. 1921; Den bruna Pesten. Stockholm (Federativs Förlag) 1934; Erich Mühsam - Caballero de la libertad. Barcelona 1934; La semena tragica de Barcelona. Barcelona 1937; Collectivisations. L'Œuvre constructive de la Révolution Espagnole.

Ebd. 1937 (1938 span., 1974 dt.); Entre Campesinos aragoneses. Ebd. 1938; Suecia el Pais des Sol de Medianoche. Mexiko 1946; Nacht über Spanien. Bürgerkrieg und Revolution in Spanien. O.J. (1948); El Socialismo Libertario. Havanna 1949; Bibliogr. in: Souchy, Augustin, „Vorsicht: Anarchist!" - Ein Leben für die Freiheit. Politische Erinnerungen. 1977. *L:* Bock, Syndikalismus. *Qu:* Arch. Erinn. Fb. Hand. Publ. - IfZ.

Spangenberg, Max, Parteifunktionär; ∞ Lotte Kann, im Span. Bürgerkrieg unter Deckn. Erika Sekr. *Deutscher Freiheitssender 29,8,* später im ZK-Sekr. der KPD in Paris; *Weg:* 1934 UdSSR; 1935 CSR; 1936(?) E; 1939 DK; 1946 Deutschland.

KJVD-Funktionär in Berlin, 1933-35 Mitgl. illeg. Landesleitg. KJVD; Teiln. u. Ref. sog. Berliner KJVD-Reichskonf. in Moskau v. 13.-18. Dez. 1934 (Deckn. Beule). Wahl ins ZK des KJVD, Teiln. 6. KJI-Weltkongreß Moskau v. 26. Sep.-11. Okt. 1935. Ab Ende 1935 Ltr. Jugendarb. bei AbschnLtg. Zentrum Prag, im Span. Bürgerkrieg zunächst mit → Ludwig Kaiser Ltr. fremdsprachiger Sendungen u. Red. dt. Abt. *Radio Barcelona,* später Mitgl. Parteikomitee XI. Internat. Brigade. 1939 auf Parteibeschluß zur AbschnLtg. Nord nach Kopenhagen, dort im 2. WK illeg. Tätigkeit, ab 1943 Red. u. nach Kriegsende Chefred. Landesorgan der freidt. Bewegung *Deutsche Nachrichten* Kopenhagen, nach Bildung des Landeskomitees der BFD im Frühj. 1945 dessen Mitgl.; Febr. 1946 Rückkehr nach Deutschland. - *Ausz.:* 1956 Hans-Beimler-Medaille.

W: Antifaschistischer Kampf deutscher Kommunisten in Dänemark (Erinn.). In: BZG, 1977, S. 617 ff. *L:* Jahnke, Anteil; Hochmuth/Meyer, Streiflichter; Mewis, Auftrag; Dahlem, Vorabend. *Qu:* Arch. Erinn. Publ. Z. - IfZ.

Spanier, Franz, geb. 16. Aug. 1906 Bielefeld. *StA:* deutsch, 5. Sept. 1938 Ausbürg. *Weg:* 1933 NL.

Apr. 1933 KJVD-PolLtr. Bez. Ruhrgeb. in Essen, anschl. Funktionen im Obergeb. West; Verb. zur kath. Jugendgruppe um Kaplan Joseph Rossaint. Aug. 1933 Emigr. nach Amsterdam.

L: u.a. Steinberg, Widerstand. *Qu:* Arch. Publ. - IfZ.

Spanier, Zeev (urspr. Seinfeld, Wolfgang), Ph. D., Psychologe; geb. 28. Aug. 1920 Kopenhagen; *V:* Yosef Seinfeld (gest. 1921); *M:* Carla (geb. 1883, umgek. im Holokaust); ∞ Charlotte Kisch (geb. 1929 Köln), B.A. (Chemie); Yosef (geb. 1955); Benjamin (geb. 1959); Chaya (geb. 1962); *StA:* staatenlos, Pal/IL. *Weg:* 1939 Pal.

Bis 1938 Banklehre bei M.M. Warburg Hamburg. Mitgl. *Makkabi* u. relig.-zion. Jugendbewegung, Nov. 1938 KL Sachsenhausen. 1939 landwirtschaftl. Arbeit. Apr. 1939 Emigr. Palästina mit B III-Zertifikat; 1939-42 Stud. Mikveh Israel-Landwirtschaftsschule, 1942-45 Landwirtschaftslehrer in den Jugendsiedlungen Kefar haNoar haDati u. Kefar haNoar Ben Shemen. 1945 im *Jugend-Aliyah*-Ausbildungszentrum Jerusalem, 1946-49 Lehrer u. Gruppenltr. der *Mikveh Israel*-Gruppe. 1948 Mitgl. *Haganah,* 1949-52 Vertr. der Jugendabt. der *Jew. Agency* bei *Benei Akiva* in den USA u. Kanada. 1952-53 Dir. des Kinderdorfes Givat Washington in Israel, 1954-57 Dir. des staatl. Zentrums für jugendl. Kriminelle in Messilah; 1957-60 Stud. Psychologie in den USA, Ph.D., 1960-61 Psychologe in der heilpädagogischen Kinderklinik des Gesundheitsmin., 1961-65 AbtLtr. für klinische Psychologie im isr. Wohlfahrtsmin., ab 1965 stellv. Dir. der Klinik für pädag. Psychologie der Stadt Jerusalem, 1966 Doz. Bar Ilan Univ. in Ramat Gan, 1969 Doz. für Kriminologie Hebr. Univ.; ab 1960 Mitgl., ab 1972 Vors. der Abt. Pädagogische Psychologie der *Isr. Assoc. of Psychologists.* Lebte 1977 in Jerusalem.

W: u.a. Seker Mosedot Misrad haSaad (Survey of the Agencies of the Ministry of Welfare). 1965. *Qu:* Fb. - RFJI.

Spanner, Josef; geb. 1893, gest. 1963 Wien. *StA:* österr. *Weg:* 1937 E; 1939 UdSSR; 1944 JU, Deutschland (Österr.).

Schlosser, Mitgl.SDAP u. *Republikanischer Schutzbund.* 1934 während der Februarkämpfe *Schutzbund*-Kommandant des Quellenhofs in Wien-Favoriten. Nach Niederschlagung der Kämpfe Verurteilung zu 5 J. schweren Kerkers, Sommer 1935 Amnestie. Mitgl. KPÖ. 1937 nach Spanien, Teiln. Span. Bürgerkrieg, Offz. (Hptm.) in XI. Internat. Brigade. 1939 in die UdSSR. 1941 nach dt. Angriff auf die UdSSR freiw. Meldung zur Roten Armee, Partisaneneinsatz. Sommer 1944 Fallschirmabsprung bei Črnomelj/Slowenien, Herbst 1944 als Mitgl. der Kampfgruppe Avantgarde (→ Walter Wachs) Marsch in die Steiermark, Nov. 1944 bei Kämpfen mit Waffen-SS schwer verwundet. Lebte nach Kriegsende in Wien.

L: Wachs, Walter, Kampfgruppe Steiermark. 1968; Die Völker an der Seite der spanischen Republik. 1975. *Qu:* Arch. Publ. - IfZ.

Specht, Minna, Pädagogin; geb. 22.Dez. 1879 Reinbek bei Hamburg, gest. 3. Febr. 1961 Bremen; *StA:* deutsch, 18. Sept. 1937 Ausbürg. *Weg:* 1933 DK; 1938 GB; 1945 (?) Deutschland (ABZ).

Gymn. Hamburg; Stud. Gesch., Geographie, Phil. u. Math. Univ. Göttingen u. München; vorüberg. GymnLehrerin; 1914 Bekanntschaft u. ab 1915 Mitarb. von Leonard Nelson (zur Phil. Nelsons s. → Willi Eichler), Mitgr. IJB. Ab 1918 Mathematiklehrerin in Landerziehungsheim Haubinda bei Heldburg/Sa., aktiv in dem 1924 gegr. *Lehrer-Kampf-Bund* mit sozialist.-freidenkerischer Zielrichtung; im inneren Führungskreis des 1925 gegr. ISK, Ltr. des ISK-Landerziehungsheims Walkemühle bei Kassel, das sich der intensiven Funktionärsschulung widmete. Gehörte zu den führenden ISK-Ideologen, Mitarb. der Parteiorgane *isk* u. *Der Funke.* Ab 1930 verstärkter Einsatz der Walkemühle-Schüler in der Tagespolitik, März 1933 Auflösung des Landerziehungsheimes durch die Reg. in Kassel u. im Mai 1933 Besetzung der Schule durch SA; im Lauf des Sommers 1933 Übersiedlung eines Teils der Schüler nach Dänemark, wo durch Vermittlung → Mary Sarans die Walkemühle-Erziehungsarbeit weitergeführt werden konnte. Okt. 1933 Emigr., mit → Gustav Heckmann u. Lieselotte Wetting Ltr. der zunächst in Möllevangen, dann Östrupgaard u. Hannesslund wiedererrichteten Schule, die ein wichtiges Kontaktzentrum zwischen der ISK-Emigr. u. den Widerstandsgruppen im Reich bildete. Nov. 1938 Übersiedlung der Schule nach Wales, bis zur Internierung des dt. Lehrpersonals von Mai bis Juni 1940 in Somerset. Während der Internierung auf Isle of Man Errichtung einer Lagerschule. Nach Entlassung maßgebl. Anteil an vorbereitenden Arbeiten für die im Juni 1943 gegr. *German Educational Reconstruction;* auf schulischem Gebiet ZusArb. mit *Fabian Society,* Mitgl. *Union Deutscher Lehrer-Emigranten.* Mitarb. in den Apr.-Aug. 1943 tagenden Programmkommissionen der *Union* (→ Hans Vogel) für die Bereiche Kulturpolitik, Schule u. Erziehung; Mithg. des Deutschlandprogramms der *Landesgruppe deutscher Gewerkschafter* vom Febr. 1945. Nach Kriegsende Rückkehr nach Deutschland u. 1946-51 Ltg. der Odenwaldschule Oberhambach/Bergstraße, später Mitarb. Pädagogisches Institut der UNESCO in Hamburg, bis 1959 Mitgl. deutsche UNESCO-Kommission u. Schulbuchausschuß UNESCO; aktiv in Bildungspol. u. Frauenarb. der SPD; zahlr. pädagog. Vortragsreisen in europ. Ländern.

W: Abhandlungen der Friesschen Schule. Neue Folge, Bd. 1-6. 1907-37 (Mithg.); Hermann Lietz. Gedächtnisrede, gehalten am 10. Oktober 1919 auf dem ersten Bundestag des Internationalen Jugend-Bundes. 1920; Jakob Fries, der Begründer unserer Weltansicht. 1927; Vom Sinn der Jugendweihe. Rede, gehalten am 10. April 1927 zur Jugendweihe des Verbandes für Freidenkertum und Feuerbestattung, Ortsgruppe Göttingen. 1927; Leonard Nelson als Erzieher. In: Der Aufbau, Zürich, 4/1928; System der philosophischen Ethik und Pädagogik (eine systematische Darlegung der in dem Landerziehungsheim Walkemühle praktizierten Pädagogik Leonhard Nelsons, Hg. mit → Grete Henry). 1932; International Socialism (mit J. Hynd, P. Tofahrn, S. Zygielboim, F. Horrabin, A. Philip). London o.J.; Gesinnungswandel. Die Erziehung der deutschen Jugend nach dem Weltkrieg (Hg. ISK). London (Welwyn Gar-

714 Speiser

den City: Renaissance Publ. Co.) o.J. (1943); Education in Post War Germany. London (International Publ. Co.) 1943; Re-making Germany (mit Willi Eichler, → Wilhelm Heidorn, Mary Saran). Ebd. 1945; Experimental Schools in Germany (mit Alfons Rosenberg). Ebd. 1945; Leonard Nelson zum Gedächtnis (Hg. mit Willi Eichler). 1953. *L:* Goosmann, Paul, Minna Specht. In: Internationales Jahrbuch für Geschichtsunterricht, Bd. VIII., 1961/62, S. 3 ff.; Link, ISK; Röder, Großbritannien. *Qu:* Arch. Publ. Z. - IfZ.

Speiser, Wolfgang Paul, Dr. jur., Verbandsfunktionär; geb. 20. Sept. 1909 Wien; ev.; *V:* Paul S. (1877-1947), SDAP, Vizebürgerm. v. Wien; *M:* geb. Gatscha; ∞ 1936 Dr. Lilly S.; *K:* Eva Maria (geb. 1942); *StA:* österr. *Weg:* 1938 F; 1940 (?) AUS; 1946 Österr.

Stud. Rechtswiss.; VorstMitgl., zeitw. Obmann *Verband sozialistischer Studenten Österreichs*. Febr. 1934 Haft, anschl. illeg. Arbeit bei RSÖ, tätig in Rechtshilfe, Deckn. Beck. 1938 nach Anschluß Österr. Emigr. Paris, 1940 (?) nach Australien. 1946 Rückkehr nach Wien, Mitgl. SPÖ, Zentralsekr. Wiener Volksbildung, geschäftsf. Dir. u. Dir. Urania Wien. Kuratoriumsmitgl. DÖW. Lebte 1978 in Wien. - *Ausz.:* u.a. 1978 Ehrenzeichen für Verdienste um die Befreiung Österreichs; Berufstitel Professor.

W: u.a. Australien – heute. 1950; Zehn Jahre freie Volksbildung in Wien. 1957; 75 Jahre Wiener Urania (Mitverf.), 1972; Grau, Herbert. Ein Leben für die Erwachsenenbildung (Hg.). 1976; Paul Speiser und das Rote Wien. 1979. *Qu:* Arch. Hand. Z. - IfZ.

Sperling, Fritz, Parteifunktionär; geb. 11. Okt. 1911 Algringen/Lothr. *Weg:* 1933 NL (?); CH; 1945 Deutschland (ABZ).

Buchhalter, Mitgl. ZdA, KJVD-Funktionär. Nach natsoz. Machtübernahme vorüberg. Schutzhaft; einer der führenden Funktionäre des illeg. KJVD im westl. Ruhrgeb. Mitgr. der ersten illeg. UnterbezLtg. Duisburg. Sommer 1933 vor drohendem Zugriff der Gestapo Flucht vermutl. in die Niederlande, von dort aus Apr. 1934 Einsatz als Instrukteur in Oberhausen. Emigr. in die Schweiz, ab 1936 (1937?) Ltr. KJVD-Widerstandsorg. innerh. der KPD-AbschnLtg. Süd, mehrere illeg. Aufenthalte in Süddeutschland; einer der führenden KPD-Funktionäre in der Schweiz, Mitarb. der Untergrundblätter *Süddeutsche Informationen* u. *Süddeutsche Volksstimme*. Mit → Ludwig Ficker u. Wilhelm Fels Mitgl. der 1939 neugebildeten KPD-AbschnLtg.; während des Krieges interniert in den Lagern Gordola/Tessin u. Bassecourt/Berner Jura; PolLtr. der in Gordola gebildeten KPD-Landesltg. Schweiz, Kontakte zu Noel Field; Mitgl. BFD. Teiln. 1. u. 2. Konf. der KPD-Org. in der Schweiz 14. Jan. u. 24.-25. März 1945 in Zürich zur Vorbereitung des Einsatzes in Deutschland. Juli 1945 Rückkehr nach Deutschland, ab 1946 Landesvors. der KPD Bayern, VorstMitgl. Westzonen-PV; 1948-49 als Vertr. Bayerns Mitgl. Bizonen-Wirtschaftsrat Frankfurt. 1950 in die DDR beordert u. als Westemigrant u. a. mit → Bruno Goldhammer aufgrund der Beziehungen zu Noel Field Opfer der Parteisäuberung.

L: Niethammer, Lutz, Entnazifizierung in Bayern. 1972; Bergmann, Schweiz; Teubner, Schweiz. *Qu:* Arch. Pers. Publ. Z. - IfZ.

Speyer, Emil John (bis 1936 Speier), Finanzexperte; geb. 3. Mai 1900 Heinebach/Hessen-Nassau, gest. 1976 London; jüd.; *V:* Abraham S. (geb. 1851 Raboldshausen, gest. 1918 Heinebach), Dipl. jüd. Lehrerseminar, Lehrer; *M:* Bertha, geb. Nathan (geb. Vallendar/Rhein, gest. 1949 Haifa), jüd., 1934 Emigr. Pal.; *G:* Ella Shilgi (geb. Heinebach), jüd., 1923 Emigr. Pal.; Charlotte de Leeuw (geb. Heinebach), jüd., 1928 Emigr. Pal.; ∞ 1937, geb. Handwein (geb. Berlin), Emigr. GB; *StA:* deutsch, 1947 brit. *Weg:* 1936 GB.

1909-15 Realschule; 1918 MilDienst. Mitgl. *Blau-Weiß*. Bankangest. in Fulda, Karlsruhe, Mainz, Berlin, Amsterdam, London u. New York, zuletzt Börsenmakler bei Gebr. Arnhold in Berlin; Sept. 1936 Emigr. GB; ab 1936 an der Londoner Börse u.a. für Anglo-Continental Banking Corp. (Tochterges. der Gebr. Arnhold) u. Forsite Securities Ltd. tätig, Dir. Shelbourne Investments u. Vors. E. S. Schwab u. Co.; ab 1941 Gr. u. VorstMitgl. AJR; Vors. u. später Ehrenpräs. *Theodor Herzl Soc.* London, Mitarb. Zweigstelle London der *Friends of the Hebrew Univ.*, Mitgl. *Institute of Banking, Institute of Directors* u. *Overseas Bankers Club.*

Qu: Fb. HGR. Z. - RFJI.

Spiecker, Carl, Dr. phil., Politiker; geb. 7. Jan. 1888 Mönchengladbach/Rheinl., gest. 16. Nov. 1953 Königstein/Taunus; kath.; ∞ verh.; *K:* Dr. Rochus Sp., O. Pr., Ordenspriester; *StA:* deutsch, 1939 Ausbürg., deutsch. *Weg:* 1933 F; 1940 GB; 1941 CDN; 1945 Deutschland (BBZ).

Nach UnivStudium 1912-16 Red. Parlaments-Korr. des *Zentrums;* 1916-17 Teiln. 1. WK; 1917-19 in der Nachrichtenabt. des AA tätig; 1919-22 preuß. Staatskommissar für Oberschlesien; 1922-23 Verlagsdir. des *Zentrum*-Organs Germania; 1923-25 als MinDir. Ltr. Presseabt. der Reichsreg.; danach wieder im AA; 1930-31 unter → Joseph Wirth Sonderbeauftrager des Reichsinnenmin. für die Bekämpfung des NatSoz.; VorstMitgl. *Reichsbanner, Republikanischer Reichsbund* u. *Verein Republikanische Presse.* 1933 Emigr. nach Frankr.; Hg. einer kath. Pressekorrespondenz (?); 1936 vorüberg. in der Schweiz; Anschluß an dt. Volksfrontbewegung, ZusArb. mit → Rudolf Breitscheid u. → Willi Münzenberg, mit → Johannes Hoffmann als Vertreter der kath. Emigr. Teiln. Lutetia-Konf. vom 21. Nov. 1935 u. 2. Febr. 1936 in Paris, Mitgl. *Ausschuß zur Vorbereitung einer deutschen Volksfront;* nach dessen Scheitern geschäftsf. Mitgl. des Sommer 1938 gegr. *Thomas-Mann-Ausschusses;* in Zusammenhang mit diesen pol. Aktivitäten um die Jahreswende 1937/38 Initiator *Deutsche Freiheitspartei* – DFP (angebl. zus. mit → Otto Klepper). Die DFP war eine formlose Exilorg. liberal-konservativen Zuschnitts mit betont nationalem Programm, die sich als Auslandsvertretung einer konspirativ arbeitenden innerdt. Opposition verstand u. offenbar Rückhalt in Kreisen von Wehrmacht, Kirchen, Studentenschaft u. Wirtschaft hatte; die von Sp. redigierten u. meist wohl auch verf. *Deutschen Freiheitsbriefe,* die als in mon. Abständen erscheinende Flugblätter ab Frühj. 1937 ins Reich gelangten u. in der ausländ. Presse abgedruckt wurden, forderten u.a. eine christl. Einheitsfront in Deutschland u. betonten die Rolle der Wehrmacht als einziger realer Machtfaktor zum Sturz des NatSoz.; bis 1939 Verbreitung der *Freiheitsbriefe* mit Unterstützung franz. diplomat. Kreise; Sommer 1938 Aufdeckung des Vertriebsnetzes durch die Gestapo u. Aug. 1939 Hochverratsprozeß gegen 33 angebl. Sympathisanten der Gruppe. Bereits ab Jan. 1938 in GB paralleles Erscheinen der Monatsschrift *Das wahre Deutschland – Auslandsblätter der Deutschen Freiheitspartei,* deren Redaktion Sp. in Paris besorgte; ab Sommer 1938 Red. zus. mit → Hans Albert Kluthe; zu den wichtigsten Mitarb. der bis Ende 1940 erschienenen Zs. gehörte → August Weber; in Paris gute Kontakte zu Münzenberg u. *Freunde der sozialistischen Einheit Deutschlands*. Sommer 1940 nach Besetzung Frankreichs Flucht nach GB, fortan Führung der DFP mit Kluthe u. Weber; Gegner von Bestrebungen in der DFP zur Grdg. eines *Stellvertretenden Deutschen Nationalrates* als Gegenreg. im Exil, dem neben Weber → Hermann Rauschning, → Gottfried Reinhold Treviranus u. → Fritz Tarnow angehören sollten; im Rahmen der brit. Propaganda mit dem ehem. Berliner Korr. des *Manchester Guardian,* F.A. Voigt, Aufbau u. Ltg. *Freiheitssender* der DFP (einer der unter Ltg. Sefton Delmers stehenden sog. schwarzen Sender), Einstellung der Sendungen März 1941; danach Emigr. nach Kanada. 1945 Rückkehr nach Deutschland, Lizenzträger *Rhein-Ruhr-Zeitung* Essen; 1946 Mitgr. *Zentrum,* stellv. Vors., 1948 Vors.; 1947 MdL Nordrhein-Westfalen, im gleichen Jahr Mitgl. Wirtschaftsrat in Frankfurt/M.; Vertr. Nordrhein-Westfalens im Exekutivausschuß u. später Länderrat der Bizone; 1949 Übertritt zur CDU, ab 1949 Min. ohne Geschäftsbereich, zuletzt Vertr. des Landes NRW im Bundesrat.

W: u.a. Germany – from Defeat to Defeat. London (Macdonald) 1945. *L:* Letters and News sent secretly from Germany to the German Freedom Party (Briefe zw. März u. Okt. 1939). London 1940; Fraenkel, Heinrich, The German People versus Hitler. London 1940; Draper Theodore, The Six Weeks War. New

York 1944; Paetel, Karl O., Antinazistische Zeugnisse aus Deutschland. New York 1946; Gross, Münzenberg; Bouvier, DFP; Röder, Großbritannien; Först, Walter, Geschichte Nordrhein-Westfalens. Bd. 1: 1945-1949. 1970; Hüttenberger, Peter, Nordrhein-Westfalen und die Entstehung seiner parlamentarischen Demokratie. 1973; Nix, Claire (Hg.), Heinrich Brüning, Briefe 1946-1960. 1974; Langkau-Alex, Volksfront. *D:* Zentralarchiv Potsdam. *Qu:* Arch. Hand. Pers. Publ. - IfZ.

Spiegel, Anton, Partei- u. Gewerkschaftsfunktionär; geb. 12. Aug. 1885 Liboch/Nordböhmen; *V:* Ignaz S. (1827-1904), Häusler; *M:* Elisabeth (1850-1918); *Stiefgeschw.:* Marie (geb. 1858), Josef (geb. 1862), Anna (geb. 1865), Wenzel (geb. 1881); ∞ Elisabeth Thiele (geb. 1905); *StA:* österr., 1919 CSR, 1943 staatenlos, 1953 S, 1956 deutsch. *Weg:* 1939 Finnl.; 1940 S.

Ab früher Jugend Laufbursche, dann Dachdeckerlehre, später Arbeiter in chem. Industrie; 1905 Mitgl. *Zentralverband der Dachdecker Deutschlands,* 1908 *Verband der Arbeiterschaft der chemischen Industrie Österreichs,* 1910 SDAP, im 1. WK dienstverpflichtet, 1916-18 Kriegsdienst, 1919 DSAP, 1919 Mitgr. u. anschl. bis 1937 stellv. Vors. *Fabrikarbeiterverband in der CSR,* Sitz Aussig, 1919-26 Vors. Arbeiter-Betriebsausschuß Georg-Schicht-AG Aussig, 1919-38 Mitgl. GdeVertr. u. 1926-38 stellv. Bürgerm. in Schreckenstein, 1927-38 Lokalvertrauensmann, BezSekr. u. stellv. Chefred. des DSAP-Organs *Volksrecht* Aussig. Okt. 1938 ins Landesinnere der CSR, Febr. 1939 Emigr. nach Finnland, nach Ausbruch des finn.-sowj. Krieges im Febr. 1940 nach Schweden. Rentner, Mitgl. u. Funktionär der TG. 1957 Übersiedlung nach Wiesbaden, Mitgl. u. Funktionär der SG. Lebte 1977 in Wiesbaden. - *Ausz.:* Seliger-Plakette der SG.

L: Anton Spiegels Lebenserinnerungen. In: Die Brücke, 29-31/1975. *Qu:* Arch. Z. - IfZ.

Spiegel, Tilly (Ottilie), verehel. Marek, Parteifunktionärin, Publizistin; geb. Dez. 1906 Novoselica/Bukowina; Diss.; *V:* Karl S. (1880-1941), Kaufm., umgek. KL Izbica; *M:* Hilde (1883-1941), umgek. KL Izbica; *G:* Betty (geb. 1909), Emigr. GB; Antonie (geb. 1910), Angest., Emigr. GB; Dina (geb. 1912, gest.), Emigr.; Hermann (geb. 1914), Zahntechniker, Emigr. USA; Leo (geb. 1920), Kaufm., Emigr.; ∞ → Franz Marek, 1974 gesch.; *StA:* österr. *Weg:* 1937 CH; 1938 F; 1945 Österr.

Abitur u. Studium in Wien. 1925-33 Angest., u.a. Turnlehrerin in Wien. 1927-30 Funktionen in KJVÖ. 1927-30 GewMitgl. Ab 1930 KPÖ, bis 1933 versch. Bez.- u. Stadtltg.-Funktionen. 1933-Febr. 1935 in Wien Obmann Kreis IV der illeg. KPÖ. Febr. 1935 Verhaftung, Nov. 1935 Verurteilung zu 18 Mon. schweren Kerkers, März 1936 nach Revision zu 14 Mon.; Herbst 1937 nach Entlassung in die Schweiz, Tätigkeit im Spanienkämpfer-App., organisierte den Grenzübertritt von Interbrigadisten auf dem Weg nach Spanien von Österr. in die Schweiz. Dez. 1937 Verhaftung in Rorschach, Haftstrafe in St. Gallen. Ende Mai 1938 Ausweisung, illeg. Grenzübertritt nach Frankr. Bis Kriegsausbruch Arbeit als Turnlehrerin in Paris, Mitgl. Parteigruppe d. KPÖ in Paris u. neben → Marie Frischauf Ltr. *Cercle Culturel Autrichien.* Bis Ende 1940 Tätigkeit in Flüchtlingshilfe u. bei Betreuung der Frauen von Internierten in Paris. Ab Ende 1940/Anfang 1941 illeg. Arbeit in TA innerhalb der franz. Résistance, 1941-43 interregionale Instrukteurin (Gebietsverantwortliche) in Nancy für Dépt. Meurthe-et-Moselle, anschl. in Lille für die Dépts. Nord u. Pas-de-Calais, hielt nach der Konstituierung der TA-Ltg. in Paris (F. Marek) Verbindung zur TA-Ltg. in Brüssel. Ab 1943 illeg. in Paris, Aug. (?) 1944 Verhaftung durch die Gestapo, Gef. Fresnes, nach Einmarsch der alliierten Truppen in Paris befreit. Maßgebl. Vertr. *Front National Autrichien.* Aug. 1945 Rückkehr nach Wien. 1945-68 KPÖ-BezLtr. in Wien u. Mitgl. Wiener Stadtltg. der KPÖ, Mitarb. *Weg und Ziel* u. *Volksstimme.* 1958-60 Franz.-Studium in Wien, anschl. freiberufl. Tätigkeit als Dolmetscherin u. Übers.; ehrenamtl. Mitarb. des DÖW. Lebte 1978 in Wien. - *Ausz.:* Goldenes Ehrenzeichen für Verdienste um die Rep. Österreich.

W: Österreicher in der französischen Widerstandsbewegung. In: Internationale Hefte der Widerstandsbewegung. Wien, Jg. II/4, Nov. 1960; Frauen und Mädchen im österreichischen Widerstand. 1967; Österreicher in der belgischen und französischen Résistance. 1969; Die soziale Bedeutung Theodor Kramers, ungedr. Ms. *L:* Spiegel, Résistance; DBMOI; Reisberg, KPÖ; ISÖE. *D:* DÖW. *Qu:* Arch. Fb. Pers. Publ. - IfZ.

Spiegelberg, Ernest (Ernst), Dr. jur., Bankier; geb. 31. Dez. 1882 Salzkotten/Westf., gest. 1962 New York; jüd.; *V:* Jakob S. (geb. 1841 Salzkotten, gest. 1911 Hannover), jüd., Bankier; *M:* Sophie, geb. Oppenheimer (geb. 1853 Niedermarsberg/Westf., gest. 1917 Berlin), jüd.; *G:* Augusta (geb. 1877 Salzkotten, gest. 1942 Tel Aviv); Richard S. (geb. 1880 Salzkotten, gest. 1902 Hannover), Stud. Rechtswiss.; ∞ 1921 Marie-Louise Mankiewicz (geb. 1896 Hamburg), ev., höhere Töchterschule, Gewerbeschule für Mädchen in Hamburg; *K:* Irene Hutton (geb. 1922 Hamburg), 1941 Emigr. USA, B.A. Bryn Mawr Coll.; Maja Bing (geb. 1924 Hamburg, gest. 1976), 1941 Emigr. USA, Russell Sage Coll.; Yvonne Luter (geb. 1928 Hamburg), 1941 Emigr. USA, M.A. Columbia Univ., Journ.; *StA:* deutsch, 1946 USA. *Weg:* 1938 NL, 1941 USA.

1902 Abitur Hannover, 1902-03 kaufm. Lehre in London u. Hamburg; 1903-06 Stud. Rechtswiss. Berlin u. München, 1906 Referendar; 1907 MilDienst, danach Prom. Göttingen, 1911 Gerichtsassessor in Berlin. Ab 1912 bei Bankhaus M. M. Warburg & Co. in Hamburg, 1913-18 Syndikus, 1918-29 GenBevollmächtigter, 1929-38 Teilh., 1932-38 Ltr. der Berliner Filiale; nach 1933 Ltr. von Verkaufsverhandlungen für jüd. Firmen (u.a. Hochofenwerk Lübeck AG). Juli 1938 Emigr. in die Niederlande, 1938-41 bei Warburg & Co. in Amsterdam; 1941 Emigr. USA, 1941-62 Finanzberater bei American-European Associated; Förderer der *Federation of Jewish Philanthropies.*

Qu: Hand. HGR. Pers. Z. - RFJI.

Spieker, Anton Joseph, SJ, Ordenspriester; geb. 18. Juni 1893 Mettingen/Westf., gest. 29. Juni 1968 Düsseldorf, kath.; *V:* Joseph Sp.; *M:* Wilhelmine, geb. Evers. *Weg:* 1937 Chile; 1950 Deutschland (BRD).

1913 Eintritt in den Jesuitenorden. Während des 1. WK Malteserhilfsdienst in versch. Lazaretten. 1918-21 Stud. Phil. u. Theol. in Valkenburg/Niederlande; 1926 Minister des Ordens in Bonn, 1927-28 Präses der Marianischen u. Männerkongregationen in Köln, ab 1929 Männerseelsorger in Köln u. ab 1931 in Berlin u. Köln. 1934 vorübergehend in Schutzhaft, ab 1935 wieder in Gef. u. KL. Mai 1937 Emigr. nach Chile, dort tätig als Religionslehrer u. Landseelsorger, ab 1944 Dir. einer Landwirtschaftsschule. 1950 Rückkehr nach Düsseldorf, tätig für das kath. Männerwerk, 1952 Begr. des kath. Betriebsmännerwerks in der Eisen- u. Stahlindustrie des Düsseldorfer Raums, seelsorgerische Tätigkeit vor allem für span. Gastarbeiter.

Qu: Arch. - IfZ.

Spindler, Alfred, Parteifunktionär; geb. 24. Juni 1906 Auerbach bei Zwickau/Sa., gest. 25. Okt. 1975 Duisburg; *G:* Kurt Sp. (1904-1943), Bergmann, 1929-33 KPD-StadtVO. Duisburg-Hamborn, 1933 in Schutzhaft, danach führend im illeg. Widerstand, 1935 durch OLG Hamm zu 10 J. Zuchth. verurteilt, Tod in Haft; ∞ Else Bachmann (geb. 1911). *Weg:* 1933 Saargeb.; 1933/34 Deutschland.

Bergmann. 1926 Mitgl. KPD, Funktionär in Duisburg, OrgLtr. Duisburg-Neumühl; nach der natsoz. Machtübernahme Flucht ins Saargeb.; Ende 1933/Anfang 1934 mit Parteiauftrag zurück nach Deutschland, in Köln OrgLtr. des illeg. KPD-Bez. Mittelrhein; 23. Apr. 1934 Festnahme in Köln, 1. Juli 1935 durch OLG Hamm zu 6 J. Zuchth. verurteilt; nach Strafverbüßung Jan. 1943 Einberufung zur Wehrmacht u. Einsatz in Strafbataillon 999, Apr. 1944 Entlassung. Rückkehr nach Duisburg, Bergmann, nach 1945 zeitweilig Betriebsratvors. Zeche Neumühl.

L: Bludau, Gestapo. *Qu:* Arch. Publ. - IfZ.

Spira, Leopold, Parteifunktionär; geb. 2. Mai 1913 Wien; jüd.; 1948 Diss.; *V:* Emil S. (1875-1938), jüd., Postbeamter, Mitgl. SDAP; *M:* Doris (geb. 1877, gest. 1954 Cleveland/O., USA), jüd., Schneiderin, Mitgl. SDAP; *G:* Emma Karoline Plank (geb. 1905), 1938 Emigr. USA, UnivProf. für Kinderpsychologie, A: USA; ∞ 1940 London Eva Zerner (geb. 1921), o.K., 1938 Emigr. GB, 1947 (?) Österr., A: Wien; *K:* Toni Elizabeth (geb. 1942), Dr. phil., Red. ORF Wien; Liesl Margaret Nitsch (geb. 1944), Buchhalterin, A: Österr.; *StA:* österr. *Weg:* 1938 E; 1939 F, GB; 1946 Österr.

Mitgl. *Rote Falken* u. SAJDÖ, ab 1932 SDAP u. *Republikanischer Schutzbund;* ab 1932 Stud. Geographie u. Englisch Univ. Wien, Mitgl. *Verband Sozialistischer Studenten Österreichs.* 1934 nach den Februarkämpfen Mitgl. *Rote Front.* Mitgl. illeg. Studentengruppen an der Univ. Wien, ab Anfang 1935 Mitgl. KPÖ bzw. KJVÖ, Mitgl. u. maßgebl. techn. Ltr. *Geeinter Roter Studentenverband* (GRSV), Deckn. Toni Kren. Zugleich PolLtr. Kinderbüro der illeg. *Roten Falken* (vom KJVÖ initiierte u. beherrschte Volksfrontorg. für Kinder u. Jugendliche, die ihre legalen Stützpunkte in Pfadfindergruppen u.a. legalen Jugendorg. aufbauen konnte). 1936 zus. mit → Alfred Landau (sozialist. GRSV-Deleg.) als kommunist. Deleg. des GRSV zu internat. sozialist. Studentenkongreß nach London. März 1937 Verhaftung u. Verurteilung, Relegierung von Univ., Febr. 1938 durch Schuschnigg-Amnestie befreit. März 1938 nach Anschluß Österr. über die Schweiz u. Frankr. nach Spanien, Teiln. Span. Bürgerkrieg im Thälmann-Btl. der Internat. Brigaden. Febr. 1939 nach Frankr., bis Aug. 1939 Internierung in St. Cyprien u. Gurs. Aug. 1939 nach GB, zunächst in London, Mitarb. *Austrian Centre,* Mitgl. Parteigruppe der KPÖ. Juli 1940-Dez. 1941 Internierung Isle of Man. Ab Jan. 1942 Dreher bei Flugzeugwerken in Glasgow, Ltr. einer österr. Emigr.-Gruppe in Glasgow, GewMitgl. Ab Sommer 1945 London, Red. *Zeitspiegel.* Sept. 1946 Rückkehr nach Wien, Angest. u. Funktionär der KPÖ, Agitprop-Tätigkeit, zeitw. Ltr. Parteischule, 1961-70 ZK-Mitgl.; Mitarb. *Weg und Ziel.* 1971 im Gefolge der Auseinandersetzungen um die Intervention der Warschauer Pakt-Staaten in der CSSR Parteiausschluß. 1970-76 (Pensionierung) Projektltr. im Institut für empirische Sozialforschung Wien. Seit 1969 regelm. Mitarb. *Wiener Tagebuch* (→ Franz Marek). Lebte 1978 in Wien.

W: u.a. We Are Not Alone. Austria's Five Years Under Hitler's Yoke and the Struggle for the Austrian Working Class. O.O. (London) (Austrian Centre u. Young Austria) 1943; Die Österreicher in den alliierten Armeen und ihre Probleme. In: Bericht von der Konferenz über österreichische Flüchtlingsfragen des Free Austrian Movement vom 17. Sept. 1944. London 1944; Aus der Geographie Österreichs. London 1944 u. 1945; Lehrhefte zur Geschichte der österreichischen Arbeiterbewegung, Nr. 2, Vom ersten Weltkrieg bis 1927. 1952; 20 Jahre. Wohin geht Österreich? 1965; Gehmacher, Ernst, Buch und Leser in Österreich (Mithg.). 1974. *L:* Mareiner, Hilde, Zeitspiegel. Eine österreichische Stimme gegen Hitler. 1967; Tidl, Studenten; Roth, Herbert, The illegal Rote Falken (ungedr. Ms. im DÖW). *Qu:* Arch. Fb. Hand. Publ. - IfZ.

Spiro, Erwin, Dr. jur., Rechtsanwalt; geb. 1. Aug. 1901 Düsseldorf; jüd.; *V:* Max S. (geb. 1866 Düsseldorf, gest. 1936 Berlin), jüd., Gymn., Kaufm.; *M:* Mathilde, geb. Frank (geb. 1874 Bedburg/Westf., 1941 [?] umgek. im Holokaust), jüd., höhere Schule; *G:* Irma (geb. 1897 Düsseldorf), Lyzeum, Sekr.; Hilde (geb. 1900 Düsseldorf), Lyzeum, Sekr.; ∞ 1954 Lena Abelsohn (geb. 1903 Litauen), jüd., Lehrerin, frühzeitig Ausw. nach S-Afrika, GymnLehrerin; *StA:* deutsch, S-Afrika. *Weg:* 1936 S-Afrika.

1920-24 Stud. Rechtswiss. Berlin, 1924 Referendar, 1925 Prom. Breslau; 1927 Assessor, 1927-33 RA am Kammergericht Berlin. Sept. 1936 Emigr. Südafrika, 1936-40 Gelegenheitsarbeiten als Sprachlehrer u. kaufm. Angest. in Kapstadt; 1940-46 MilDienst als Sanitäter, 1946-47 Stud. Rechtswiss. Kapstadt, 1947 LL.B., ab 1948 RA am Obersten Gerichtshof von Südafrika, daneben ab 1962 Doz. Rechtswiss. Univ. Kapstadt. Mitgl. *Jew. Board of Deputies* Südafrika, ehrenamtl. Berater in Wiedergutmachungsangelegenheiten, Berichterstatter *Journal of Business Law* London u. *Bulletin for International Fiscal Communication* Amsterdam; 1975 Teiln. 1. Weltkonf. der *Internationalen Gesellschaft für Familienrecht* in Berlin; Mitgl. *Friends of the Hebr. Univ.,* zeitw. Vors. Jüd. Museum Kapstadt, Mitgl. *Jewish Exservice League* u. Hebr. Congregation Capetown.

W: Beiträge in deutschen jur. Fachzs. (1932-33); Law of Parent and Child. 3. Aufl. 1971; The Children's Act. 1960 u. 1965; The Taxpayer's Permanent Volume on Income Tax in South Africa and South West Africa (Mitverf.). 1962. *Qu:* Fb. - RFJI.

Spiro, Herbert John, Hochschullehrer, Diplomat; geb. 7. Sept. 1924 Hamburg; *V:* Albert John S. (geb. März 1898 Hamburg, gest. Aug. 1957 San Antonio/Texas), jüd., Mittlere Reife, Wirtschaftsprüfer, Dez. 1938 Emigr. USA; *M:* Marianne, geb. Stiefel (geb. Nov. 1902 Hamburg, gest. Sept. 1949 San Antonio), jüd., Abitur, Verkäuferin, Dez. 1938 Emigr. USA; ∞ 1958 Elizabeth Anna Petersen (geb. 1937 New York), anglikan., B.A. Radcliffe Coll. Mass., 1958-74 Sängerin, ab 1976 staatswiss. Sachverständige; *K:* Peter John (geb. 1961); *StA:* deutsch, 1944 USA. *Weg:* 1938 USA.

Dez. 1938 Emigr. USA, Unterstützung durch Verwandte in Texas; 1942-43 Stud. San Antonio Junior Coll.; 1943-45 MilDienst US-Armee in Europa (Bronze Star, Medaille mit Eichenlaub, Purple Heart), 1945-46 VerwAssist. in Wien für US-Kriegsmin., 1947-53 Stud. Harvard Univ., 1947-52 Stipendiat, 1949 B.A., 1950 M.A., 1950-53 Teaching Fellow, 1953 Ph.D., 1947-49 Mitgl. u. 1948-49 Schatzmeister StudAusschuß Harvard Univ.; 1953-54 Fulbright-Stipendiat Univ. Münster, 1959-60 Stipendiat von Guggenheimstiftung, Soc. Science Research Council u. Fulbright-Stiftung am Univ. Coll. of Rhodesia and Nyasaland, 1967-68 Stipendiat des Soc. Sciences Research Council am Nuffield Coll. Oxford Univ.; ab 1954 Lehrtätigkeit in PolWiss., 1957-61 Assist. Prof. Harvard Univ., 1962-64 Assoc. Prof. Amherst Coll. Mass., 1964-65 Vors. des Ausschusses für Asien- u. Afrikakunde an mehreren Univ., Prof. Univ. Pennsylvania, Gastprof. an mehreren amerikanischen Univ., u.a. Princeton, Chicago u. Stanford, Vortragstätigkeit im In- u. Ausland, 1966-70 Berater des Pol.Sc. Dept. Haverford Coll./Pa.; 1960 Berater brit. Kommission für die Revision der Bundesverfassung von Rhodesien u. Njassaland, 1962 Berater japan. Kommission für Verfassungsrevision, 1970-75 Mitgl. Pol. Planungsstab des US-Außenmin., 1975-76 US-Botschafter in Äquatorialguinea, März 1976 zur persona non grata erklärt; 1975-77 US-Botschafter in Kamerun. Ab 1977 Gastdoz. Woodrow Wilson Internat. Center for Scholars Washington/D.C., Mitgl. *Am. Political Science Assn.* (1968-70 Vorst.-Mitgl.), 1970 Vors. Wahlausschuß), *Am. Soc. for Political and Legal Philosophy, Am. Foreign Service Assn.,* Fellow *African Studies Assn., Am. Acad. of Arts and Sciences, Council on Foreign Relations, Conference Group on German Politics* u. internat. Fachverbänden. Lebte 1977 in Jaunde/Kamerun. - *Ausz.:* 1947 Detur. Prize 1952 Bowdoin Prize in Social Studies, Harvard Univ. 1971 M.A. h.c. Univ. Pennsylvania, 1977 Distinguished Honor Award als Mitgl. des pol. Planungsausschusses des US-Außenmin.; Legion Valor, Kamerun.

W: Governing Post-War Germany (Mitverf.), 1953; The Politics of German Co-Determination. 1958; Patterns of Government. The Major Political Systems of Europe (Mitverf.). 1958; Nomos I. Authority (Mitverf.). 1958; Government by Constitution. The Political Systems of Democracy. 1959; Nomos III. Responsibility (Mitverf.). 1960; Politics in Africa. Prospects South of the Sahara. 1962, 1974; Comparative Politics. A Comprehensive Approach. 1962; Five African States. Responses to Diversity (Mitverf.). 1963; Africa. The Primacy of Politics (Hg. u. Beiträge). 1966, 1974; World Politics. The Global System. 1966; Die moderne Demokratie und ihr Recht (Mitverf.). 1966; Patterns of African Development (Hg. u. Mitverf.). 1967; Africa in a World of Change. 1964; Contemporary Political Analysis (Mitverf.). 1967; Why Federations Fail. An Inquiry into the Requisites for Successful Federation (Mitverf.). 1968; Responsibility in Government. 1969; The Dialectic of Representation, 1619-1969. 1969; Politics as the Master Science. From Plato to Mao. 1970; Nomos XIII. Privacy (Mitverf.).

1971; Theory and Politics (Mitverf.). 1971; 1963-66 regelmäßige Beiträge in *Amherst Record;* Beiträge u.a. in *Internat. Encyclopedia of Social Sciences, Encyclopaedia Britannica, World Book Encyclopedia. Qu:* Fb. Hand. Z. - RFJI.

Spitz, Hans, Dr., Unternehmensleiter; geb. 19. Nov. 1911 Wien; *V:* Leopold Sp.; *M:* Ida, geb. Porges; ∞ 1934 Toni Schönberg; *K:* Eva Lustig. *Weg:* 1938 AUS.
1933 Diplomkaufm. Univ. Wien, 1935 Prom. in Wirtschaftswiss. Univ. Florenz, 1937 Dipl. in Buchprüfung Univ. Wien. 1938 Emigr. Australien. 1942-46 austral. Armee. Ab 1948 Dir. versch. kaufm. Unternehmen. Zeitw. Präs. u. geschäftsf. Mitgl. der Bez.-Großloge 21 des *B'nai B'rith* für Australien u. Neuseeland, 1965-68 internat. Vizepräs. in Washington/D.C., zeitw. Präs. der Menorah-Loge u. der Loge Melbourne von *B'nai B'rith.* 1962-68 Mitgl. Bd. of Governors von *B'nai B'rith.* Zeitw. Dir. der *Australian Jewish Welfare Soc.,* bis 1971 Präs. *Multiple Sclerosis Soc. of Victoria,* austral. Deleg. der Internat. Sclerosis Conferences in Brüssel, Barcelona u. London, geschäftsf. Mitgl. der *Nat. Multiple Sclerosis Soc. of Australia.* Mitgl. *Australian Inst. of Cost Accountants, Australian Soc. of Accountants.* Lebte 1975 in Melbourne.
W: This is B'nai B'rith (Mitverf.); Background Information on the Middle East. 1970. *Qu:* Hand. Pers. - RFJI.

Spitz, Otto, geb. 1916 Wien; *StA:* österr. (?). *Weg:* 1938 B; 1944 F; 1945 JU, Österr.
Juwelenfasserlehre, bis 1934 Mitgl. SAJDÖ. 1938 nach Anschluß Österreichs Emigr. Brüssel, Beitritt zur KPÖ, zus. mit → Gerhard Paul Herrnstadt Mitarb. in Parteigruppe der KPÖ in Brüssel sowie bei Flüchtlingshilfe. Nach dt. Einmarsch in Belgien illeg. Arbeit, ab Ende 1941/Anfang 1942 Mitgl. der TA in der belg. Résistance, VerbMann zur belg. Ltg.; Mai 1943 Verhaftung, 6 Mon. Sammellager Malin, anschl. Flucht, wieder Parteiarb. u. Partisanentätigkeit. Sommer 1944 erneut verhaftet, für Transport nach Auschwitz vorgesehen, durch alliierten Vormarsch befreit. Herbst 1944 Kommandant einer österr. Einheit, die eine reguläre Kompanie innerh. der Armée Belge des Partisans bildete, Einsatz während Ardennenoffensive bei Arndonk. Anschl. nach Frankr., von Marseille aus mit der Gruppe um → Othmar Strobel über Bari nach Belgrad, Frühj. 1945 Kommandant des im Raum Belgrad aufgebauten 5. österr. Btl. im Verband der jugoslaw. Volksbefreiungsarmee, das infolge Kriegsende nicht mehr zum milit. Einsatz kam. Nach Kriegsende Rückkehr nach Wien. Lebte 1971 in Wien.
L: Holzer, Bataillone; ISÖE. *Qu:* Arch. Publ. - IfZ.

Spitzer, Alfred, Parteifunktionär; geb. 1903. *Weg:* 1933 (?) CSR; F; 1943 Deutschland.
Vermutl. 1933 Emigr. in die CSR, i.A. der KPD Grenzarb. für Ostsa., später Weiteremigr. nach Paris; bis 1939 Kaderltr. der KPD-EmigrLtg. Frankr., nach 1940 illeg. Tätigkeit im Süden, ab Nov. 1941 mit → Paul Grasse u.a. Mitgl. der für die Arbeit in Westdeutschland gebildeten KPD-Landltg. Ab 1943 i.A. von → Otto Niebergall Sekr. u. Instrukteur KFDW, ab Sommer 1943 in Paris, u.a. Herstellung der Zs. *Die Stimme des Volkes* für die Verbreitung im Mittelrheingeb. u. in der Saarpfalz. Nov. 1943 mit der gesamten Landltg. von franz. Polizei verhaftet u. der Gestapo übergeben. Nach 1945 Funktionen in der SBZ/DDR. Lebte 1978 als Arbeiterveteran in Berlin (Ost).
W: Komplizierte Situationen (Erinn.). In: Schaul, Résistance. *L:* u.a. Schaul, Résistance; Pech, Résistance. *Qu:* Publ. Z. - IfZ.

Spitzer, Moshe Maurice (Moritz), Dr. phil., Verleger; geb. 8. Juli 1900 Boskowitz/Mähren; *V:* Maximilian S.; *M:* Eveline, geb. Karpelis; ∞ 1940 Pepa Hammermann, *K:* Daniel; Immanuel; Ester. *Weg:* 1939 Pal.

Aktives Mitgl. *Blau-Weiß.* Im 1. WK Dienst in k.u.k. Armee, Org. eines jüd. Soldatenrats unter Ltg. des jüd.-zion. Nationalrats in Prag, der sich für nat. Unabhängigkeit der Juden einsetzte. Stud. Wien, aktiv im jüd. Studentenausschuß, Mitarb. in Siegfried Bernfelds Kinderheim Baumgarten bei Wien; 1926 Prom. Kiel. 1927-28 Assist. an der Preußischen Akad. der Wissenschaften Berlin, um 1930 Red. der Jugendspalte der *Jüdischen Rundschau.* 1929-32 Dir. der Schule der jüd. Jugend Berlin, 1932-34 Verlagsberater des Schocken-Verlags Berlin u. Mitarb. Martin Bubers bei dessen deutscher Bibelübersetzung, 1934-38 Hg. einer Buchserie dt.-jüd. Autoren, Nov. 1938 Auflösung des Schocken-Verlags, 1939 Emigr. Pal., ab 1941 Inh. u. Geschäftsf. des Verlags Tarshish Books Jerusalem, daneben 1945-60 Dir. der Publikationsabt. der *Jew. Agency* Jerusalem; 1951-63 Mitgr. u. Dir. einer Schriftgießerei in Jerusalem, Entwicklung neuer hebr. Lettern, entscheidender Beitrag zur Förderung der hebr. Buchdruckerkunst in Israel. Vors. des Ausschusses für visuelle Kunst beim isr. Ausschuß der Künste, Mitgl. des Beratungsausschusses für Münzen u. Banknoten der Bank of Israel; ab 1965 beratende Tätigkeit für Isr. Akad. der Natur- u. Geisteswissenschaften. Lebte 1977 in Jerusalem.
W: Beiträge in: Alei Ayin. Minḥat Devarim le S.Z. Schocken (Festschrift für → Salman Schocken). 1952; Aufsätze über ind. Phil., Lit. u. Gesch. u. über hebr. Typographie, hebr. Übers. aus dem Sanskrit; u.a. Beiträge in MB. *L:* Rosenkranz, Herbert, Dr. Spitzer im Israel-Museum. In: Das Neue Israel, Nov. 1970; Poppel, Stephen M., Salman Schocken and the Schocken Verlag. In: Yearbook LBI, 1972. *Qu:* Hand. Publ. Z. - RFJI.

Spitzer, Robert, Unternehmer; geb. 23. März 1927 Wien; *V:* (geb. 1883), 1938 Emigr. F, Argent., 1941 USA; ∞ Joyce Cole, Künstlerin. *Weg:* 1938 F, Argent.; 1941 USA.
1938 Emigr. Frankr. mit Familie, dann nach Argent., 1941 in die USA; bis 1943 Bronx High School of Science, 1946 B. Chem. Engineering New York Univ., 1946-51 Teilh. der Electrochemical Construction Co. in New York, ab 1951 in der Geschäftsltg., ab 1968 Präs. u. VorstVors. des Bauunternehmens Treadwell Corp. New York, gleichz. Präs. der Elometa Corp., Anfang der 70er Jahre Beschäftigung zahlr. emigrierter Techniker durch Vermittlung des *Am. Council for Emigrés in the Professions Inc.* New York; ab 1977 Präs. des VerwRats *Am. Council for Emigrés in the Professions.* Lebte 1978 in New York.
Qu: Hand. Z. - RFJI.

Spreewitz, Gustav (nach 1945 Gustave Spree), Parteifunktionär; geb. 9. März 1906 Klein Lubolz/Spreewald; ∞ Heidi (geb. 1917), Kinderpflegerin; *StA:* deutsch, 1936 (?) Ausbürg. *Weg:* 1933 CSR, 1939 GB.
Metallarb., Schwimm-Meister u. Jugendhelfer; 1923-28 Mitgl. KJVD u. KPD; 1926-33 *Freie Sozialistische Jugend* (FSJ), Mitarb. → Ernst Friedrichs, Mitgl. FSJ-BezLtg. Berlin, später SAPD. 1933 Emigr. in die CSR, 1934 vorübergehend in Genf, 1939 nach GB; ab 1939 mit → Paul Walter, Peter Schäffer u. → Ernst Fröhlich VorstMitgl. SAPD-Landesgruppe GB, SAPD-Vertreter im Arbeitsausschuß der *Landesgruppe deutscher Gewerkschafter in Großbritannien* (→ Hans Gottfurcht), Mitgl. Exekutivkomitee des im Jan. 1943 gebildeten Jugendkomitees der *Union deutscher sozialistischer Organisationen in Großbritannien* (→ Hans Vogel), mit → Walter Fischer Unterz. der Anschlußerklärung des Pol. Büros der SAPD an *Sopade* vom 2. Dez. 1945. Rückkehr nach Deutschland, lebte 1978 in Berlin.
L: Röder, Großbritannien. *Qu:* Arch. Pers. Publ. - IfZ.

Springer, Bernard, Dr. jur., Verleger; geb. 15. Febr. 1907 Berlin, gest. Dez. 1970 New York; ev.; *V:* Julius S. (geb. 1880, gest. 1969 Berlin), jüd., ev., Mitinh. Verlagsbuchhandlung Julius Springer Berlin, Hg. med., rechtswiss. u. sozialwiss. Lit., Dr.-Ing. h.c., 1938 KL Oranienburg; *M:* Else, geb. Haver (geb. 1880, gest. 1968 Berlin), ev.; *G:* Dr. phil. Eva Seitz (geb. 1908 Berlin), Biologin, A: Deutschland (BRD); Rudolf (geb. 1909), Kunsthändler, A: Deutschland (BRD); Marie von Waldheim (geb. 1911 Berlin, gest. 1975 Hamburg); ∞ I. Ehefrau 1938 Emigr. USA, 1946 gesch.; II. 1964 Ursula Pietzschmann, (geb. 1928 Berlin), Stud. Berlin, Bologna u. München, 1950 USA, 1964 Ph.D. Columbia Univ., Habil., Ltr. des Verlags nach Tod des Ehemannes; *StA:* deutsch, USA. *Weg:* 1938 USA.

1931 Prom. Göttingen. 1931-32 Stud. Stanford Univ., 1932-38 im Verlagshaus der Familie in Berlin tätig, 1938 Zwangsverkauf des Verlages, 1938 Emigr. USA; 1938-42 für med. Fachverlag Williams & Wilkins in Baltimore tätig. 1942-45 US-Armee. 1945-50 für med. Fachverlag Grune & Stratton tätig, 1950-70 Gr. u. Ltr. des med. u. psychol. Fachverlags Springer Publishing Co. New York.

W: Shadow and Light. 1975. *Qu:* EGL. Hand. Z. - RFJI.

Stadler (urspr. Stavaritsch, fälschlich auch Stawaritsch, Stavaritch), **Karl** Rudolph, Phil. D., Hochschullehrer; geb. 8. Okt. 1913 Wien; kath.; ∞ 1941 Gina Friedmann, Mitgl. Gruppe *Ziel und Weg,* Emigr. GB, A: Österr.; *StA:* österr. *Weg:* 1938 GB.

Mitgl. *Vereinigung Sozialistischer Mittelschüler* in Wien, Exponent des linken Flügels. Juni 1931 mit anderen Mitgl. von sozdem. Jugendorg. demonstrativer Beitritt zum kurz darauf verbotenen KJVÖ. Ab 1931 Stud. Rechtswiss., Anglistik, Germanistik u. Geschichtswiss. Univ. Wien. 1934 nach den Februarkämpfen illeg. Arbeit in linken Studentengruppen, 1935 Mitgl. *Geeinter Roter Studentenverband* (Febr. 1935 als illeg. student. Einheitsfrontorg. gebildet, stand wesentl. unter KPÖ-Einfluß), maßgebl. Vertr. des illeg. KJVÖ, von der pol. Polizei als angebl. Mitgl. des ZK verfolgt, Deckn. u.a. Reiter. Nach Volksfrontwendung von *Komintern* u. KJI (7. Weltkongreß der *Komintern* bzw. 6. Kongreß der KJI 1935) Beitritt zu *Hilfszentrale* (karitative Org. unter Schirmherrschaft maßgebl. Persönlichkeiten des öffentl. Lebens), übernahm ltd. Funktionen in *Hilfszentrale* u. *Kultureller Arbeitsgemeinschaft der Studenten in der Hilfszentrale* (student. Org. der *Hilfszentrale*), maßgebl. an Umfunktionierung der *Hilfszentrale* im Sinne der kommunist. Volksfrontpol. u. ihrer Verwendung als legale Frontorg. beteiligt, Hg. der von der *Hilfszentrale* getragenen Zs. *Jugend voran.* Ende 1935-Frühj. 1936 offiz. Organisator einer umfassenden, von → Irene Harand u.a. maßgebl. Persönlichkeiten des öffentl. Lebens unterstützten Fragebogenenquête *Was soll die Jugend für den Frieden tun?* unter Einbeziehung aller legalen Jugendorg. u. -gruppen; ihr Erfolg ermöglichte Febr. 1936 die Abhaltung einer Jugend- u. Friedenskonf. in Wien mit mehreren hundert Deleg. von Jugendorg. aus ganz Österr., auf der die Abhaltung eines antinatsoz. Friedenstags der österr. Jugend im März 1936 beschlossen wurde. 1936 zus. mit Christian Broda u.a. führenden KJVÖ-Mitgl. Hauptvertr. der moskaukritischen, linksoppos. Gruppe *Ziel und Weg* u. maßgebl. Mitarb. der Zs. *Ziel und Weg*; da die Gruppe einen Großteil der damaligen illeg. Führungsspitze des KJVÖ umfaßte, konnte die Zs. ohne Wissen der KPÖ-Führung Prag über Druck- u. Vertriebsmöglichkeiten des KJVÖ verfügen; erst Anfang 1937 brachte das ZK der KPÖ die tatsächlichen Träger der oppos. Gruppe *Ziel und Weg* in Erfahrung, daraufhin Parteiausschluß von S. u.a. als „Trotzkisten" unter Nennung ihrer Decknamen in der illeg. Presse. Sommer 1937 von den Polizeibehörden als Beteiliger an der Grdg. *Internationaler Bund der Studenten für den Sozialismus* Juli 1937 in Paris genannt. März 1938 Emigr. GB, 1938-40 Stud. Anglistik. Germanistik Univ. Bristol, Juni 1940 B.A mit Ausz.; 1940-46 Bildungsarbeit innerh. der brit. Armee, Tätigkeit in Erwachsenenbildung, daneben Stud. Geschichtswiss. London, 1945 B.A. mit Ausz., enge ZusArb. mit *Londoner Büro der österreichischen Sozialisten in Großbritannien.* Ab 1946 Lecturer für Neuere Geschichte u. Internat. Beziehungen am Dept. of Adult Education Univ. Nottingham; bis 1973 zahlr. Vortrags-, Forschungs- u. Studienreisen in der ganzen Welt. 1952 M.A. mit Ausz. Univ. London. 1962-68 Senior Lecturer am Dept. of Adult Education, später Dept. of History Univ. Nottingham. 1964-66 (beurlaubt) Dir. Institut für Entwicklungsfragen u. Gastprof. Institut für Höhere Studien und Wissenschaftliche Forschung sowie Diplomatische Akademie Wien. Apr. 1968 a.o. Prof., Juni 1970 o. Prof. für Neuere Gesch. u. Zeitgesch. Univ. Linz, seither Ltr. Ludwig-Boltzmann-Institut für Geschichte der Arbeiterbewegung Linz. 1970 Ph.D. Neuere Gesch. Univ. Nottingham, Wahl zum Präs. *Verband österreichischer Volkshochschulen.* 1973-77 Rektor Dr. Karl-Renner-Institut Wien. Mitgl. SPÖ u. *Bund Sozialistischer Freiheitskämpfer und Opfer des Faschismus.* Kuratoriumsmitgl. DÖW. Lebte 1978 in Linz u. Wien. - *Ausz.:* u.a. 1978 Ehrenzeichen für Verdienste um die Befreiung Österreichs.

W: u.a. Adult Education and European Co-operation. 1960; Die NS-Justiz in Österreich und ihre Opfer (mit Maria Szecsi). 1962; The Birth of the Austrian Republic 1918-1921. 1965; Österreich 1938-1945 im Spiegel der NS-Akten. 1966; Hypothek auf die Zukunft. Die Entstehung der österreichischen Republik 1918-1921. 1968; Dr. Karl Renner. 1970; Austria. London 1971; Opfer verlorener Zeiten. Geschichte der Schutzbund-Emigration 1934. 1974; Richard Bernaschek. Odyssee eines Rebellen (mit Inez Kykal). 1976; *L:* Göhring, KJVÖ; Göhring, Walter, Der Geeinte Rote Studentenverband 1934-38. In: Österreich in Geschichte und Literatur, Jg. 17/1973; Geschichte und Gesellschaft. Festschrift für Karl R. Stadler zum 60. Geburtstag. 1974 (mit Bibliogr.); Widerstand 1; Keller, Fritz, Gegen den Strom. 1978; West, Franz, Die Linke im Ständestaat Österreich. 1978; Reisberg, KPÖ; Simon, Autobiographie; Roth, Herbert Otto, Work in the Underground (unveröffentl. Ms. DÖW). *Qu:* Arch. Hand. Pers. Publ. Z. - IfZ.

Stagen, William Ernest (bis 1943 Stadthagen, Wilhelm Ernst), Kaufmann; geb. 22. Jan. 1892 Berlin; jüd.; *V:* Rudolf Arnold Stadthagen (geb. 1862 Berlin, gest. 1939 Kapstadt/S-Afrika), jüd., Freimaurer, Fabrikant, 1938 Emigr. S-Afrika; *M:* Henriette, geb. Nussbaum (geb. 1855 Rotenburg an der Fulda, gest. 1943 Kapstadt), jüd., 1938 Emigr. S-Afrika; *G:* Leo Salomonson (geb. um 1880 Bielefeld, gest. 1920 Berlin), Landschaftsgärtner; Else Gerber (geb. 1878 Bielefeld, gest. 1967 Kapstadt), 1903 Emigr. S-Afrika; ∞ I. 1920 Irmgard Czempin (geb. 1893 (?) Berlin, gest. 1941 Berlin), 1932 gesch.; II. 1933 Alice Lilli Bielschowsky (geb. 1906 Berlin), jüd., Werbe- u. Pressefotografin, 1934 Emigr. GB, 1936 USA, Fotografin; *K:* Frank P. (geb. 1934 London), 1936 Emigr. USA, LL.B. Univ. Calif. Law School, Finanzfachmann in New York; Thomas N. (geb. 1936), B.Sc. Univ. Calif. L.A., 1968 Nachf. des Vaters als Präs. Stagen Realty & Management, Inc. Los Angeles; *StA:* deutsch, 1943 USA. *Weg:* 1934 GB, 1936 USA.

1898-1907 Gymn. Berlin, Einjährig-Freiw., kaufm. Lehre in Fabriken für Eisenbahnmaterial in Berlin u. Brüssel; 1909-12 Verkaufsltr. einer belg. Feldbahnmaterialfabrik, 1912-14 in Paris als GenVertr. der Eisenbahnbauabt. von Friedr. Krupp, der Lokomotivfabrik Maffei München u. der Internationalen Baumaschinenfabrik AG in Neustadt a.d. Hardt für Frankr. u. das franz. Kolonialreich; 1914-19 Kriegsteiln. (EK II, zuletzt Bataillons-Zahlmeister). 1919-22 Mitgl. der Geschäftsltg. Baufirma Adolf Sommerfeld in Berlin, 1920-21 in Paris als Mitgl. einer dt. RegDeleg. zu Verhandlungen mit der franz. Reg. über den Wiederaufbau der während des 1. WK zerstörten Gebiete; 1922-24 Einzelprokurist bei Bankgeschäft Aron & Walter; 1924-34 Inh. Wilhelm Stadthagen, Immobilien u. Hypotheken Berlin, gleichz. Dir. bzw. Teilh. versch. Grundstücks- u. Baufirmen. Während der 20er Jahre Mitgl. *Demokratischer Klub* Berlin, 1924-33 Mitgl. *Reichsverband Deutscher Grundstücks- u. Hypothekenmakler,* ab 1932-33 Erster Vizepräs. Gruppe Berlin, 1933 durch natsoz. Verbandsmitgl. zum Rücktritt gezwungen. Nach 1933 Interessenvertr. jüd. Makler, Kontakte zum Reichswirtschaftsmin., ermöglichte Geschäftstätigkeit jüd. Makler bis Nov. 1938. Mai 1934 Verkauf des Geschäfts, Juli 1934 Emigr. GB über Brüssel mit Familie, erhielt keine Arbeitserlaubnis, Mai 1936 Besuch in den USA u. Okt. Emigr. mit Touristenvisum, Ehefrau u. Kinder folgten kurz danach; 1936-38 Teilh. Sim Freund Co., Gr. u. Präs. Model Homes, Inc., Los Angeles (ab 1938: Stagen Property Management Inc.), später Vereinigung verschied. Geschäftszweige in Stagen Realty and Management Inc., bis 1968 ihr Präs., ab 1968 Berater. 1942 Dir., dann langjähriger Präs. u. später ehrenamtl. Präs. des *Jewish Club of 1933* Los Angeles; 1942 Vors. des War Savings Committee des US-Finanzmin.; VorstMitgl. u. Mitgl.

Exekutivausschuß A.F.J.C.E., Mitgl. VerwRat *United Help*; Mitgl. geschäftsf. Vorst. des Jewish Home for the Aged in Los Angeles, Mitgl. *Jew. Immigrant Committee* u. 1972-77 Mitgl. VerwRat der Menora Housing Corp. der *Jew. Fed. of Los Angeles*, ab 1936 Mitgl. *Los Angeles Board Realtors of Calif.* u. *Nat. Assn. of Real Estate Boards*, 1957-77 Mitgl. *Inst. of Real Estate Management* Chicago, ab 1968 der *Am. Arbitration Assn.* Lebte 1978 in Indian Wells/Calif.

L: Mierendorff, Marta, German-Jewish Club of 1933. O.J. *D:* RFJI. *Qu:* Fb. Pers. Z. - RFJI.

Stahl, Emil Theodor, Partei- und Gewerkschaftsfunktionär; geb. 17. Nov. 1879 Michelstadt/Odenwald, gest. 25. Apr. 1956 Frankfurt/M.; Diss.; ∞ I. Emma Keil (geb. 1879), nicht emigr.; II. Else Martha Seiler (1885-1965); *K:* aus I: Fritz (geb. 1903), Elisabeth (geb. 1904), Albert (geb. 1906), (K nicht emigr.); *StA:* deutsch, 27. Okt. 1937 Ausbürg., deutsch. *Weg:* 1933 CSR; 1938 S; 1952 Deutschland (BRD).

Handelshilfsarb. in Frankfurt/M., Mitgl. SPD, 1907-19 Sekr. im Hauptbüro des Transportarbeiterverbands in Berlin. 1915-16 Soldat, 1917-18 MdR, 1918 Vors. *Arbeiter- und Soldatenrat* Spandau, ab 1918 StadtVO. Spandau; 1919-20 MdNV. 1919 bis Eingemeindung 1924 2. Bürgerm. von Spandau, anschl. im Warte-, ab 1931 im Ruhestand. Ltr. WirtschAbt. des *Deutschen Verkehrsbunds* bzw. *Gesamtverbands der Arbeitnehmer der öffentlichen Betriebe und des Personen- und Warenverkehrs*, ab 1928 MdL Preußen, SPD-BezVors. Brandenburg-Grenzmark, ab 1924 Mitgl. PV. Frühj. 1933 Emigr. CSR, *Sopade*-Grenzsekr. in Reichenberg für Brandenburg u. Teile Schlesiens, Deckn. Emil Hoffmann, Ernst Worel, 1936 vorüberg. Festnahme u. Betätigungsverbot wegen öffentl. Kritik an CSR-Behörden. Juni 1938 nach Schweden, Landesvertr. des Exil-PV. 1940 vergebl. Bemühungen um US-Visum, Febr. 1943 Rücktritt als Landesvertr. nach pol. u. persönl. Auseinandersetzungen mit SPD-Ortsgruppe Stockholm, die einen vom Londoner PV unabhängigen Kurs anstrebte; Nachf. wurde → Kurt Heinig. Rückzug aus der Exilpolitik, 1952 Rückkehr nach Frankfurt/M.

L: MGD; Müssener, Exil. *D:* AsD. *Qu:* Arch. Hand. Publ. - IfZ.

Stahl, Enrique (Heinz Rolf), Kaufmann; geb. 1. März 1918 Köln, gest. 12. Okt. 1967; jüd.; *V:* Arnold S. (geb. 1871 Bromberg/Posen), jüd.; *M:* Else, geb. Leeser (geb. Rheine/Westf., gest. 1952 Mexico City), jüd., 1938 Emigr. Mex.; *G:* Armando (geb. 1916 Köln), 1937 Emigr. Mex., Industrieller; ∞ 1946 Lili Sommer (geb. 1921 Köln), Handelsschule Köln, 1939 Emigr. B, 1940 USA, später Mex.; *K:* Mario Stahl-Sommer (geb. 1949); *StA:* deutsch, 1950 Mex. *Weg:* 1938 Mex.

Mittlere Reife, Lehre in Farbenfabrik. März 1938 Emigr. Mexiko mit Touristenvisum, Hilfe von Verwandten, Lehre in Möbelfabrik des Onkels, später Großhandelsvertr., MilDienst in mex. Armee. 1942-48 Verkaufsltr. der Comercial Stava Cia, S.A., 1948-56 Mitinh. Casa Arné, 1956-67 Teilh. u. GenDir. von Enicar de Mexico, S.A.; 1949-61 Schatzmeister u. 1961-67 Präs. der dt.-jüd. Gde. Hatikva Menorah in Mexico City; Mitgl. *Anti-Defamation Committee* u. *United Jewish Campaigns*, Mitgl. der jüd. Dachorg. *Comité Cent. Isr. do Mexico*.

Qu: Pers. Publ. - RFJI.

Stahl, Rudolph F., Dr. jur., Rechtsanwalt, Wirtschaftsprüfer; geb. 10. Mai 1899 Friedberg/Hessen; jüd.; *V:* Arthur S. (1869-1929), jüd., RA, Bankier, stellv. Bürgermeister in Bad Nauheim; *M:* Paula, geb. Trier (geb. 1871 Darmstadt, gest. 1964 IL), jüd.; *G:* Hans (geb. 1902), jüd., Gymn., Emigr. Pal., Landwirt in IL; ∞ 1925 Hedwig Rubensohn (geb. 1897 Kassel), jüd., Oberschule, Gärtnerin, 1937 Emigr. USA; *K:* Michael (geb. 1927), 1937 Emigr. USA, Antioch Coll./O., Ing.; Hannah (geb. 1931), 1937 Emigr. USA, Coll., Lehrerin; *StA:* deutsch, USA. *Weg:* 1937 USA.

1917-19 Kriegsteiln., 1919-22 Stud. Rechtswiss. Frankfurt, München u. Gießen, 1922 Prom.; Mitgl. *Kameraden* u. *Wandervogel*; 1922-25 Referendar, 1925 Assessor, 1925-33 RA in Bad Nauheim; 1922-23 Geschäftsf. u. 1925-33 Mitgl. des Freien Jüd. Lehrhauses in Frankfurt/M., eng verbunden mit Franz Rosenzweig, Eduard Strauss u. Martin Buber. Mitgl. *Reichsbanner,* 1933 Haft u. Beschränkung der Praxis. 1933-37 Geschäftsf. der Beratungsstelle für Wirtschaftshilfe u. Berufsumschichtung der *Reichsvertretung* u.a. jüd. Hilfswerke in Frankfurt/M.; Dez. 1937 Emigr. USA mit Familie, 1937-45 Angest. des *Nat. Refugee Service* New York, gleichz. Stud. New York Univ., 1945-47 Lehre als Wirtschaftsprüfer, 1947-68 selbständ. Wirtschaftsprüfer, ab 1968 Teilh. einer Wirtschaftsprüferfirma; Mitgl. der Gden. Shearith Israel u. Habonim New York. VorstMitgl. der A.F.J.C.E. Tätig in versch. Flüchtlingshilfswerken, u.a. *Selfhelp* u. *United Help.* Lebte 1978 in Forest Hills/N.Y.

W: Die unterlassene Lebensrettung (Diss.). 1922; Geschichte der Nauheimer Juden. 1929; Veröffentl. über Berufsumschichtung. *Qu:* Arch. Fb. Z. - RFJI.

Staimer, Eleonore (Lore), geb. Pieck, Staatsfunktionärin, Diplomatin; geb. 14. Apr. 1906 Bremen; *V:* → Wilhelm Pieck; ∞ 1948 → Richard Staimer, 1954 gesch.; *StA:* deutsch, 24. März 1937 Ausbürg., deutsch. *Weg:* 1932 UdSSR; 1945 Deutschland (SBZ).

Stenotypistin; 1918 SAJ, 1920 KJVD, später KPD 1923-29 Sekr. in ZK der KPD u. KPD-Fraktion im LT Preußen, 1930-32 Büroltr. u. Korr. bei sowj. Handelsvertr. in Berlin. Okt. 1932-1933 Mitarb. Volkskommissariat für Außenhandel Moskau, danach Mitarb. IAH, ab 1943 Red. Sender *Freies Deutschland*. u. Mitgl. *Institut Nr. 99.* Ende Mai 1945 zur Verstärkung der *Gruppe Gustav Sobottka* (→ Gustav Sobottka) nach Mecklenburg, dann Geschäftsf. im ZK der KPD bzw. im Zentralsekr. der SED; 1949-53 HauptabtLtr., 1953-57 Staatssekr. u. stellv. Min. für Außen- u. Innerdeutschen Handel, 1958-66 Gesandtin u. 1966-68 Botschafterin in Jugoslawien, nach gegenseitiger Abberufung der diplomat. Vertr. infolge der Herbst 1968 erfolgten sowj. Intervention in der CSSR 1969-71 stellv. GenDir. Reisebüro der DDR, ab 1971 Arbeitsveteranin. Lebte 1976 in Berlin (Ost). - *Ausz.:* 1955 VVO (Bronze), 1964 Banner der Arbeit, 1966 VVO (Gold), 1971 Ehrenspange zum VVO (Gold).

L: Leonhard, Revolution; Duhnke, KPD; Fischer, Deutschlandpolitik; Radde, Diplomat. Dienst. *Qu:* Hand. Publ. Z. - IfZ.

Staimer, Richard, Staatsfunktionär, Offizier; geb. 25. Jan. 1907 München; *V:* Josef S., GewSekr., SPD-, später KPD-Funktionär, nach 1933 KL Dachau; *M:* Margarethe, geb. Weber; ∞ 1948 Eleonore Pieck (→ Eleonore Staimer), 1954 gesch.; *StA:* deutsch, UdSSR, deutsch. *Weg:* UdSSR; 1936 E; 1939 F, CH; 1940 UdSSR; 1945 Deutschland (Berlin).

Fliesenleger; 1919 Mitgl. kommunist. Kindergruppe, 1924 KPD, Partei- u. GewFunktionär, 1930 Vors. *Deutscher Bauarbeiterverband,* 1931 im ZK-Auftrag Lenin-Schule der *Komintern*, anschl. milit. Schulung, nach Rückkehr Gaultr. illeg. RFB Nordbayern. Ende 1932 (?) Emigr. UdSSR, Stud. Kommunist. Univ. der nat. Minderheiten des Westens, Okt. 1936 nach Spanien, Kommandeur Thälmann-Btl. u. später XI. Internat. Brigade (Major). Deckn. General Hoffmann, Richard. 1939 nach Frankr., später in die Schweiz, Haft im Zuchth. Regensdorf, 1940 mit sowj. Paß nach Moskau, angebl. Privatsekr. → Wilhelm Piecks, Mitarb. NKFD. 1945 Rückkehr nach Deutschland (Berlin), Ltr. Polizeiinspektion Prenzlauer Berg, 1946 Chef Deutsche Volkspolizei (DVP) Brandenburg, 1949-50 Besuch sowj. MilAkad. Privolsk b. Saratov, dann DVP-Kommandeur in Leipzig, 1952 stellv. GenDir. der Reichsbahn, 1953 GenMajor d.R., Mai 1953-Dez. 1954 stellv. Min. für Verkehrswesen, 1955-63 Vors. *Gesellschaft für Sport und Technik,* ab Grdg. 1963 Mitgl. *Solidaritätskomitee für das spanische Volk in der*

720 Stampfer

DDR, 1966-68 Ltr. der milit. Abt. im Min. für Hoch- u. Fachschulfragen, danach Mitarb. des MfNatVert. Lebte 1977 in der DDR. - *Ausz.:* u.a. 1955 VVO (Silber), 1956 Hans-Beimler-Med., 1967 VVO (Gold).

L: Forster, NVA; Pasaremos; Teubner, Schweiz. *Qu:* Arch. Hand. Publ. Z. - IfZ.

Stampfer, Friedrich, Journalist, Politiker; geb. 8. Sept. 1874 Brünn/Mähren, gest. 1. Dez. 1957 Kronberg/Taunus; jüd., Diss.; *V:* Eduard S., RA; *M:* Bertha, geb. Hirsch; ∞ Charlotte Trénel (1890-1969), Emigr., 16. Apr. 1937 Ausbürg.; *K:* Marianne Loring (geb. 1924), Emigr., 16. Apr. 1937 Ausbürg., Stud. Hunter Coll. New York, A: USA; *StA:* deutsch, 25. Aug. 1933 Ausbürg., 1948 deutsch. *Weg:* 1933 CSR; 1938 F; 1940 USA; 1948 Deutschland (ABZ).

Stud. Volkswirtsch. u. Staatswiss. Wien u. Leipzig, Anschluß an sozdem. StudOrg. *Freie Wissenschaftliche Vereinigung.* 1900-02 Red. *Leipziger Volkszeitung,* dann in Berlin Mitarb. SPD-Zentralorgan *Vorwärts,* 1903-16 Hg. einer innerh. der Parteipresse einflußreichen, täglich erscheinenden Privatkorrespondenz (sog. *Stampfer-Korrespondenz*); Vertr. des pragmatisch-revisionist. Parteiflügels, u.a. enge Verb. zu Ludwig Frank, trat 1914 für eine vaterländ. Verteidigungspol. der SozDem. ein, 1915-16 MilDienst in k.u.k. Armee. Nov. 1916 vom PV als Chefred. des *Vorwärts* eingesetzt, mit dem er konsequent die patriotische u. 1918/19 die antirevol. Linie der sozdem. Rechten vertrat. Mit der dt. Deleg. bei den Friedensverhandlungen in Versailles, Juni 1919 Rücktritt als Chefred. aus Protest gegen die Annahme des Versailler Vertrags, ab Febr. 1920 wieder Chefred. des *Vorwärts.* 1920-33 MdR, Mitgl. Fraktionsvorst., ab 1925 Mitgl. des PV, als dessen „graue Eminenz" er galt. Ab Ende 1931 mit → Rudolf Breitscheid in Absprache mit dem PV (→ Otto Wels) vergebl. Vorstöße in Richtung eines Defensivbündnisses mit der KPD gegen den NatSoz., im Herbst 1932 Kontakte zur Sowjetbotschaft, Febr. 1933 Appell an KPD zum Abschluß eines Nichtangriffsabkommens mit der Sozialdemokratie. Ab 1932 Verhandlungen mit DSAP über Grdg. einer sozdem. Zs. im CSR-Grenzgebiet für den Fall eines Parteiverbots im Reich. Nach dem Reichstagsbrand polizeilich gesucht, vorüberg. bei Freunden verborgen. Ende März 1933 in Abstimmung mit Hermann Göring Reise nach Österr. u. in die CSR, um auf Deutschlandberichte der dortigen sozdem. Presse im Interesse eines Wiedererscheinens der SPD-Blätter mäßigend Einfluß zu nehmen. Auf der SPD-Reichskonf. am 26. Apr. als PV-Mitgl. bestätigt, trotz hoher Gefährdung durch Position u. Abstimmung wie der übrigen PV-Mitgl. grundsätzl. Gegner einer Emigration, durch PV-Beschluß vom 4. Mai mit Wels u. → Siegmund Crummenerl vorüberg. ins Ausland entsandt. 14. Mai 1933 Teiln. Saarbrücker Konf. der im Ausland befindlichen PV-Mitgl., 16./17. Mai in deren Auftrag mit → Hans Vogel in Berlin, um die Zustimmung der Reichstags-Fraktion zu Hitlers „Friedensresolution" zu verhindern. Ab Juni 1933 Mitgl. des gegen den Willen des Berliner Restvorst. in Prag konstituierten Exil-PV, besoldetes Mitgl. des geschäftsf. Vorst. (*Sopade*-Büro), bis 1940 führender Kopf des PV im Sinne traditioneller sozdem. Reformpolitik. Mit → Curt Geyer u. → Erich Rinner Mitgl. der *Sopade*-ProgrKommission, die das sog. Prager Manifest *Kampf und Ziel des revolutionären Sozialismus* vom Jan. 1934 vorbereitete. Mit Geyer Ltr. u. 1933-35 Chefred. *Neuer Vorwärts* (NV), der bis Ende 1937 im Karlsbader Verlagshaus Graphia (→ Ernst Sattler) unter presserechtl. Verantwortung des sudetendt. Journ. → Wenzel Horn u. anschl. bis 1940 im Selbstverlag der *Sopade* in Paris erschien. Neben der Berichterstattung über das Dritte Reich diente der NV (Wochenblatt, zeitw. bis zu 10 000 Aufl.) als Zentralorgan des Exilvorst. vornehmlich der Propagierung u. Verteidigung der *Sopade*-Politik innerh. der Parteiemigr., sowie dem Auslands u. (z.T. in Form verkleinerter Sonderausgaben) bei den illeg. Parteikadern in Deutschland. 1935 mit Otto Wels Ausscheiden als besoldetes Mitgl. des *Sopade*-Büros u. als Chefred. des NV (Nachf. Curt Geyer), Sept. 1935-Juni 1936 Hg. der wöchentl. hektogr. Korr. *Deutscher Kurierdienst* in Prag; Verf. des 1936 erschienenen Buchs *Die vierzehn Jahre der ersten deutschen Republik,* das 1947 als erste Gesamtdarstellung der Weimarer Zeit in Deutschland neu aufgelegt wurde. Nachdem Interventionen seitens des Deutschen Reichs 1937 zu einem Verbot des öffentl. Verkaufs des NV in der CSR geführt hatten u. ein völliges Verbot pol. Betätigung bevorstand, verlegte der PV im Mai 1938 nach Verständigung mit Léon Blum seinen Sitz nach Paris; damit gewannen auch die Streitfragen des Mandatsanspruchs u. der Einheit des sozdem. Exils für die *Sopade* verschärfte Aktualität: die von S. u. Hans Vogel am 23. Nov. 1935 in Prag mit → Franz Dahlem u. → Walter Ulbricht geführten Gespräche hatten erwartungsgemäß keine Annäherung an die von der KPD gewünschte Einheitsfront erbracht; die u.a. von Breitscheid, → Victor Schiff, → Erich Kuttner u. → Max Braun in Paris bis Ende 1937 verfolgten Volksfrontkontakte waren vom Prager PV abgelehnt worden; um nach dem Scheitern der Pariser Volksfront u. der Selbstauflösung der RSD (→ Karl Böchel) den Tendenzen zu einer „Konzentration" der nichtkommunistischen Gruppen entgegenzukommen, hatte die *Sopade* im März 1938 S. u. Vogel in einen in Prag gewählten „Konzentrations-Ausschuß" zus. mit Vertr. von *Neu Beginnen* (NB; → Karl Frank) entsandt. Nachdem jedoch deutlich wurde, daß NB u. der Jan. 1938 gegr. *Landesverband Deutscher Sozialdemokraten in Frankreich* unter Max Braun eine „Konzentration" gleichberechtigter Gruppen unter Einschluß der RSÖ (→ Joseph Buttinger) anstelle der von S. vorausgesetzten Angliederung der dt. Org. an die durch den Mandatstheorie legitimierte *Sopade* anstrebten, zog sich der PV aus der Konzentrationsdebatte zurück u. verhinderte im Wege der Verkleinerung des *Sopade*-Büros die weitere Mitarb. des NB nahestehenden → Paul Hertz in der *Sopade.* NB, SAPD (→ Jacob Walcher) u. RSÖ schlossen sich daraufhin unter Mitwirkung von Teilen der SPD-Org. in Frankr. (→ Emil Kirschmann) zur *Arbeitsgemeinschaft für sozialistische Inlandsarbeit* zusammen, die durch Beitritt von ISK (→ Willi Eichler) u. *Freunde der sozialistischen Einheit Deutschlands* (→ Willi Münzenberg) zum *Arbeitsausschuß deutscher Sozialisten und der Revolutionären Sozialisten Österreichs* unter → Julius Deutsch erweitert wurde. Nachdem S. ab 1936 im überparteil., von Münzenberg initiierten *Rassemblement Universel pour la Paix* mitgearbeitet hatte, gehörte er 1938/39 mit Franz Dahlem, → Otto Katz, Münzenberg, → Carl Spiecker, → Hermann Rauschning u.a. dem Pariser *Thomas-Mann-Ausschuß* an, forderte jedoch auch hier einen „Nichtangriffspakt" zwischen KPD u. SPD als Voraussetzung für weitergehende Einheits- u. Volksfrontversuche. Febr.-März 1939 Aufenthalt in New York, um bei der amerikan. Gew-Bewegung die Finanzierung der weiteren *Sopade*-Arbeit zu erreichen, nachdem die 1933 geretteten Parteigelder verbraucht worden waren; Vorbereitungen für die Grdg. der GLD als USA-Vertretung der *Sopade* unter → Albert Grzesinski als Präs. u. → Rudolf Katz als GenSekr. - Diese Bemühungen führten zu Unterstützungszahlungen des *Jewish Labor Committee* an den SPD-PV in Paris in einer Gesamthöhe von vermutl. 20 000 Dollar, die 1940/41 jedoch zu einem großen Teil zur Hilfe für sozdem. Flüchtlinge verwendet werden mußten. In dem von S. verfaßten Aufruf zum Kriegsbeginn (NV vom 10. Sept. 1939) erklärte sich der PV als „die letzte Körperschaft, die noch von der sozialdemokratischen Massenorganisation in Deutschland selbst gewählt worden ist", als verbündete Kraft an der Seite aller Hitlergegner. Die Niederlage des NatSoz. sei Voraussetzung für den künftigen Frieden u. die Neuorg. Europas. Sept./Okt. 1939 Teiln. an Besprechungen mit franz. u. brit. Politikern u. dem IGB, in denen der PV seine Mitwirkung am Kampf gegen das Dritte Reich anbot (Informationsbeschaffung aus Deutschland, Abwurf des NV u. von Flugblättern im Reich), dabei jedoch auf org. u. pol. Unabhängigkeit bestand u. die Erhaltung des Deutschen Reichs in den Grenzen von 1933 als gemeinsames außenpol. Kriegsziel voraussetzte. Jan. 1940 erneut nach USA zur Aufbringung von Geldmitteln für die *Sopade,* 1. Mai Rückflug nach Lissabon, über Nordafrika am 9. Mai nach Paris. Mit Beginn des dt. Angriffs kam die pol. Arbeit der *Sopade* endgültig zum Erliegen (letzte Ausgabe der *Deutschland-Berichte* im Apr., des NV am 12. Mai 1940); Zwangsaufenthalt mit anderen PV-Mitgl. in Agen/Dépt. Lot et Garonne. Juni 1940 in Castres. Erhielt durch Intervention des AFL-Vors. William Green bei Präs. Roosevelt

u. mit Hilfe des *Jewish Labor Committee* US-Visum. Entlassung nach Marseille, am 8. Sept. illeg. über die Pyrenäen nach Spanien u. Lissabon, Okt. 1940 nach New York; Mitwirkung bei Rettung sozdem. Flüchtlinge aus Südfrankr. durch Beschaffung von Geldmitteln u. Notvisa für USA. 1939 Eintritt in GLD, enge Kontakte zur amerikan. GewBewegung u. Verb. zum SPD-PV, Mitgl. dt. Sprachgruppe der *Social Democratic Federation of America*, profilierter Mitarb. *Neue Volks-Zeitung* (NVZ), während der Beurlaubung von → Gerhart Seger Sommer 1943 mit Rudolf Katz zeitw. Chefred.; ab 1941 Mitgl. *German-American Council for the Liberation of Germany from Nazism* bzw. *Assn. of Free Germans* unter Grzesinski. Okt. 1941-Febr. 1942 in London, um bei *Labour Party*, IGB u. brit. Behörden die Mitwirkung der GLD an Rundfunksendungen für Deutschland zu erreichen; dabei von Teilen der brit. Presse u. der *Labour Party* im Rahmen des sich anbahnenden Konflikts mit *Fight For Freedom* (→ Walter Loeb) als angebl. „Nationalist" u. Vertr. der für das Aufkommen der NSDAP histor. verantwortlichen Sozialdemokratie angegriffen. Während es in London nach 1941 zur ZusArb. zwischen dem PV unter Hans Vogel u. Erich Ollenhauer mit den linkssoz. Oppositionsgruppen u. schließlich zu deren Wiedereingliederung in die SPD kam, setzten sich in USA die Konflikte mit den Resten der linken EmigrGruppen sowie die Entfremdung gegenüber den ehem. oppos. PV-Mitgl. im amerikan. Exil (→ Georg Dietrich, Paul Hertz, → Marie Juchacz) fort. Dabei spielten - vor allem bei den Angriffen der NVZ gegen *Neu Beginnen* u. Paul Hagen (d.i. Karl Frank) - neben den pol.-ideolog. Gegensätzen auch die konkurrierenden Bemühungen mit, bei den amerikan. Gew. Org. die Anerkennung als Vertr. der demokr. dt. ArbBewegung, entsprechende Finanzhilfe u. ggfs. Mitwirkungsmöglichkeiten bei der Deutschlandpol. der USA zu erlangen. U.a. mit Rücksicht auf die antikommunist. Grundhaltung der US-Gewerkschaften 1944 Distanzierung der GLD vom CGD unter → Paul Tillich, da dem *Council* neben Vertr. von *Neu Beginnen* u. den bisherigen GLD-Mitgl. → Siegfried Aufhäuser u. Albert Grzesinski auch Kommunisten (→ Felix Boenheim, → Albert Schreiner) angehörten. S. selbst neigte in der Frage der ZusArb. mit den Linksgruppen u. der KPD in USA wie schon in den Vorkriegsjahren zu einer flexibleren Haltung, folgte jedoch aus taktischen Gründen der vor allem durch Rudolf Katz vertretenen demonstrativen Ablehnung. Dagegen führten die Deutschlandpläne der Alliierten bei S. zu schärfster Frontstellung gegenüber der UdSSR sowie brit. u. amerikan. Exponenten dieser Politik: Schon ab 1942 hatte S. in der NVZ die Thesen von Kollektivschuld u. dt. Volkscharakter attackiert; in Entgegnung auf die Äußerung Lord Vansittarts, daß nur eine kniefällige Abbitte des gesamten dt. Volkes als Zeichen seiner künftigen moralischen Umorientierung denkbar sei, schrieb S. schließlich am 14. Okt. 1944 in der NVZ: „Alle? Alle? - Auch die Deutschen in Dachau und Buchenwald? - Auch die Erschossenen, Geköpften, Gehängten? - Die Verjagten, Ausgebürgerten? - Alle, die Göring wie ein Hetzwild gejagt hat? - Keiner, der mit ihm auf die Jagd gegangen ist? - Keiner der Herren vom Foreign Office? Auf die Knie, wir? Nach Ihnen, Lord Vansittart, nach Ihnen!" Unter Berufung auf das Souveränitäts- u. Selbstbestimmungsrecht der Atlantik-Charta wandte sich S. vor allem gegen die Abtrennung dt. Gebiete vom Reich, gegen Bevölkerungstransfer u. den Morgenthau-Plan; nach der Wiederherstellung der freiheitlich-demokrat. Ordnung im Innern sollte Deutschland Teil eines kooperativen, unabhängigen Europas sein, das durch eine künftige weltpol. Verantwortung der USA gegen das sowj. Hegemonialstreben abgesichert werden müsse. Jan. 1947 Mitunterz. der *Erklärung sozialdemokratischer Emigranten in den Vereinigten Staaten von Amerika* für Beteiligung einer dt. Zentralreg. an Friedensverhandlungen, Entlassung der Kriegsgefangenen, Beendigung der Demontage u. Abzug der Besatzungstruppen, gegen Gebietsabtrennung u. Massenvertreibung u. für eine Politik der Verständigung u. Versöhnung. Juli-Aug. 1947 Besuch in der amerikan. u. brit. Besatzungszone, Sommer 1948 Berufung an die Akademie der Arbeit, Frankfurt/M., dort von Dez. 1948 bis zur Pensionierung 1955 Dozent, daneben Hg. einer neuen *Stampfer-Korrespondenz* für die Parteipresse und schriftst. Tätigkeit. -

Ausz.: 1958 Friedrich-Stampfer-Straße Frankfurt/Main.

W: u.a. Grundbegriffe der Politik. 1910. 3. Aufl. 1953; Verfassung, Arbeiterklasse und Sozialismus. 1919; Das Görlitzer Programm. 1922; Die 14 Jahre der ersten deutschen Republik. Karlsbad (Graphia) 1936; 1947, 1953; Sie haben nicht kapituliert. 1947; Erfahrungen und Erkenntnisse (Erinn.). 1957; Die dritte Emigration. In: MGD. *L:* MGD; Röder, Großbritannien; Radkau, Emigration; weitere Lit. siehe Biogr. Otto Wels. *D:* AsD. *Qu:* Arch. Hand. Publ. - IfZ.

Stanger, Shlomo, Verbandsfunktionär, Politiker; geb. 28. Jan. 1913 Nadvorna/Galzien; jüd.; *V:* Philip Ephraim S. (geb. 1878 Bohorodczany/Galizien, gest. 1958 Tel Aviv), jüd., Kaufm., im 1. WK MilDienst k.u.k. Armee (Unteroffz.), Kriegsgef. in Rußl., 1919 nach Deutschland, 1936 Ausweisung nach PL trotz Zusage des US-Einwanderungsvisums; *M:* Rosa Shoshana, geb. Mittelmann (geb. 1880 Nadvorna, gest. 1948 Tel Aviv), jüd., 1920 nach Deutschland, 1934 Emigr. USA; *G:* Else Stettin (geb. 1904 Nadvorna), jüd., Verkäuferin, vor 1934 in die USA; Yaakov (geb. 1906 Nadvorna, umgek. 1943 im Holokaust); Dora Buller (geb. 1908 Nadvorna), Verkäuferin, 1935 Emigr. Pal.; Klara (geb. 1911 Nadvorna, gest. 1933 Landsberg/Warthe); Shimon (geb. 1916 Linz, gest. 1967 Tel Aviv), Verkäufer, 1935 Emigr. Pal.; ∞ 1941 Tamar Hollander (geb. 1913 Berlin, gest. 1971 Maayan Zevi/IL), Stud. Med. Berlin, Krankenschwester in Maayan Zevi; *K:* Eitan (geb. 1949), Landwirt; Avital (geb. 1952), Krankenschwester am Yehilov Hosp. in Tel Aviv; Yishai (geb. 1954); *StA:* PL, Pal./IL. *Weg:* 1936 Pal.

1929-32 Stud. Jüd. Lehrerseminar Berlin, Mitgl. *Blau-Weiß, Kadimah, Brith Hazofim, Makkabi Hazair*; 1932-33 kaufm. Volontär; 1933 Sekr. der Landsberger Zweigstelle des *Hechaluz*, kurzfristig SA-Haft, Umzug nach Berlin; 1934 Mitarb. Hachscharah-Zentrum in Alt-Karbe/Brandenburg, 1935 Mitgl. der Bundesltg. des *Brith Hazofim* im Hechaluz-Zentrum Berlin; 1936 von Gestapo ausgewiesen, Emigr. Palästina mit C-Zertifikat; landwirtsch. Ausb. im Kibb. Deganyah; 1936-38 Ltr. einer Jugendgruppe dt.-jüd. Einwanderer im Kibb. Schiller u. Sekr. des *Maccabi haZair haOleh*; 1938 Deleg. des *Maccabi*-Jugendausschusses beim *Maccabi*-Weltkongreß in Paris, Verb. zu Zweigstellen der Jugendbewegung in den Niederlanden, Belgien u. Frankr., 1939 Deleg. des *Hechaluz* beim *Jew. Refugee Committee* in London, Betreuer junger Emigranten aus der CSR u. aus Österr.; Teiln. der Zion. Weltkongresse 1939 in Genf u. 1946 in Basel. Ab 1936 Mitgl. des Kibb. Maayan Zevi, 1940-44 als Wirtschaftsltr., 1952-53 als Schatzmeister tätig; organisierte 1944-46 als GenSekr. des *Gordonia Maccabi Ha-Zair* dessen Untergrundarb.; 1947-50 Dir. der landwirtschaftl. Genossenschaft u. Marktversorgungsges. Tenuvah in Haifa, verantw. für die Lieferung von landwirtschaftl. Produkten an die isr. Armee während des Unabhängigkeitskrieges; 1953-56 Schatzmeister beim Kibbuzverb. *Ihud haKevuzot vehaKibbuzim;* 1958-62 Sekr. der Wirtschaftsorg. der *Histadrut, Hevrat haOvdim,* 1963-66 GenDir. des Industrieverbandes *HaMashbir haMerkazi leTaasiyyah,* 1969-71 Ltr. *Ihud haTaassiyyah haKevuzit;* ab 1971 *Histadrut*-Comptroller u. VorstMitgl. der *Histadrut;* Vors. der Ofir Shipping Co. u. der Yonah Fishing and Ind. Co.; Mitgl. des ZK der *Mapai.* Lebte 1978 in Maayan Zevi/Israel.

Qu: Fb. Z. - RFJI.

Stanzel (Stancl), **Leopold,** Verbandsfunktionär; geb. 2. Sept. 1904 Wien, gest. 9. Nov. 1973 Wien; *StA:* österr. *Weg:* 1934 CSR, UdSSR; 1936 (?) E; 1939 UdSSR; 1944 JU; 1945 Österr.

Mitgl. SDAP u. *Republikanischer Schutzbund,* 1934 Teiln. an den Februarkämpfen in Wien-Floridsdorf, nach deren Niederschlagung über die CSR in die UdSSR. Mitgl. KPÖ. 1936 (?) nach Spanien, Offz. in den Internat. Brigaden, zuletzt Hptm. im Btl. 12. Februar, Deckn. Karl Rimbach. 1939 nach Frankr., Internierung, vermutl. noch vor Kriegsausbruch in die UdSSR. 1941 nach dt. Angriff auf die UdSSR Freiw. in der Roten Armee, zunächst Dienst in Bereitschaftsdiv. Moskau, vermutl. Partisaneneinsatz. Ende 1944 mit der Gruppe um → Willy Frank nach Belgrad, anschl. nach Črnomelj/Slowenien, nach dem Attentat auf → Max Bair als Major Kommandant des 1. österr. Btl. im Verband der jugoslaw. Volksbefreiungsarmee, das als einziges der 5 österr. Btl. Anfang 1945 in den Kämpfen im Raum von Novo Mesto, Kočevje u. Podgrad zu milit. Einsatz kam. Anfang Juni 1945 an der Spitze des Btl. Einmarsch in Wien, übernahm bis Frühj. 1946 das Kommando über die österr. Grenzschutzeinheiten im Raum Retz/Niederösterr.; Mitgl. KPÖ, BezObmann *Bundesverband österreichischer Widerstandskämpfer und Opfer des Faschismus – KZ Verband*, VorstMitgl. *Vereinigung österreichischer Freiwilliger in der spanischen Republik 1936-1939 und der Freunde des demokratischen Spanien*.

L: Stern, Max, Spaniens Himmel. Die Österreicher in den Internationalen Brigaden. 1966; Holzer, Bataillone; Brigada Internacional ist unser Ehrenname... 1975; Die Völker an der Seite der spanischen Republik. 1975. *Qu:* Arch. Publ. Z. – IfZ.

Starhemberg, Ernst Rüdiger Camillo Maria (urspr. Fürst von), Politiker; geb. 10. Mai 1899 Eferding/Oberösterr., gest. 15. März 1956 Schruns/Vorarlberg; kath.; *V:* Ernst Rüdiger Fürst von S. (1861-1927), Offz.; *M:* Franziska (Fanny), geb. Gräfin Larisch v. Moennich (1875-1943); *G:* Ferdinand Franz Konrad Maria (1900-61), Sophie Marie Gabriele Henriette Thurn-Valsassina (1902-70), Georg Adam Wilhelm Gottfried Maria (geb. 1904); ∞ I. 1928-37 (Ehe-Nichtigkeitserklärung) Marie Elisabeth Salm-Reifferscheidt (geb. 1908); II. 1937 Wien, Nora Gregor, geb. Brunold (1901-49), Schausp., 1937 CH, 1938/39 F, Argent., 1944 Chile; *K:* aus II. Heinrich Rüdiger Karl Georg Franciscus (geb. 1934); *StA:* österr., 1939 Ausbürg., 1948 österr. *Weg:* 1937 CH; 1938/39 F; 1940 GB; 1941 Franz. Äquatorialafrika; 1942 Argent.; 1949 Chile; 1956 Österr.

März 1917 Kriegsabitur, ReserveoffzSchule, Apr.–Nov. 1918 Kriegsdienst. Herbst 1920 Stud. Staatswiss. u. Volkswirtsch. Innsbruck, Mitgl. dt.-nationales *Corps Rhaethia*. Führend in Tiroler *Heimwehr*, vor allem Waffenbeschaffung. Frühj. bis Sommer 1921 als Mitgl. *Sturmzug Tirol* im *Freikorps Oberland* an den Kämpfen in Oberschlesien beteiligt, anschl. Mitgl. einer nationalist. Femeorg. in Oberschlesien. Okt. 1921 Innsbruck, Org. einer österr. Gruppe des *Freikorps Oberland,* Anfang 1923 nach München, Mitgl. Münchner Org. des *Freikorps Oberland,* ab Herbst 1923 Stud. Staatswiss. München; Mitgl., kurzfristig VorstMitgl. *Hochschulring deutscher Art* u.a. nat. Jugendverb. Enge Verb. zur NSDAP, Nov. 1923 Teiln. Hitler-Putsch. 1924 6 Mon. Ausbildung *Schwarze Reichswehr*. Anschl. Rückkehr auf Familienbesitz. Ab Mitte 1927 Mitgl. u. Geldgeber der österr. *Heimwehr-*Bewegung *(Österreichischer Heimatschutz)*, Mai 1928 Führer Ortsgruppe Rohrbach/Oberösterr., Herbst 1928 BezFührer u. Mitgl. Stabsltg. Gau Mühlviertel, Mai 1929 Führer Mühlviertler Kreis, Juli 1929 Landesführer Oberösterr.; Org. der sog. Jägerbataillone, Versuch einer stärkeren Militarisierung des *Heimatschutz*. Setzte sich in den Flügelkämpfen innerhalb des konservat. Lagers mit Unterstützung des christl.-sozialen Bundeskanzlers Johannes Schober gegen *Heimwehr-*Führer Richard Steidle u. Walter Pfrimer durch, Sept. 1930 Wahl zum Bundesführer *Heimatschutz*. 1930 Verhandlungen mit Mussolini u. dem ungar. Kriegsmin. Gömbös, die den *Heimatschutz* ab 1928 insgeheim unterstützten u. zu einem faschist. Staatsstreich ermutigten. Okt.-Dez. 1930 Innenmin. im Kabinett Carl Vaugoin, Staatsstreichpläne. Verhandlungen über eine Wahlgemeinschaft zwischen *Heimatschutz* u. Nat-Soz. scheiterten an hochgeschraubten Bedingungen der NSDAP; Org. einer eigenen pol. Vertr. des *Heimatschutz* unter der Bezeichnung *Heimatblock*, die sich bei den Wahlen Nov. 1930 nicht durchsetzen konnte. Seitdem Verschärfung des Gegensatzes zum NatSoz.; Dez. 1930 MdNR, Febr. 1931 Niederlegung des Mandats aus Rücksicht auf den nach dem Wahl-Mißerfolg gestärkten antiparlament. *Heimwehr-*Flügel unter Emil Fey. Mai 1931 Rücktritt als Führer des *Heimatschutz*. Sept. 1931 in ZusHang mit dem Putschversuch seines Nachf. Pfrimer einige Tage Haft, anschl. wieder Übernahme der Bundesführung. Febr. 1932 erneut Verhandlungen mit natsoz. Politikern über gemeins. Kampffront, u.a. mit Hitler in Berlin, forderte jedoch trotz großdt. Bekenntnisses die künftige Selbständigkeit Österr.; Juni 1932 Verhandlungen mit Mussolini über Putschpläne. Unterstützte Mitte 1932 in den Auseinandersetzungen um Lausanner Anleihe für Österr. unter Voraussetzung eines Anschlußverbots die Politik des Bundeskanzlers Dollfuß, erneute Frontstellung gegen den NatSoz.; Mitverantwortlicher des Waffenschmuggels von Italien nach Ungarn durch Österr., der Anfang 1933 zu schweren innenpol. Auseinandersetzungen führte (sog. Hirtenberger Waffenaffäre). Ab 1933 entschiedenes Auftreten gegen NatSoz. in Österr., erneut Verhandlungen mit Mussolini. Herbst 1933 assoziativer Beitritt des *Heimatschutz* zu der von Dollfuß gebildeten *Vaterländischen Front* (VF), Führer-Stellv. der VF, Druck auf Dollfuß zu härterem Vorgehen gegen Sozialdemokratie u. zur Umgestaltung Österr. in faschist.-korporativem Sinn. 1934 Kommandant von *Heimatschutz*-Verbänden bei den Februarkämpfen in Steyr. Mai 1934 Vizekanzler in der Reg. Dollfuß. Ab Juli 1934 zusätzlich für das ges. Sicherheitswesen in der neuen Reg. Schuschnigg verantwortl., Bundesführer der VF, vorüberg. Ltr. der Min. für Landwirtschaft u. für Landesverteidigung. Nach Differenzen mit Schuschnigg, der den Einfluß des *Heimatschutz* zurückzudrängen versuchte u. für Verhandlungen mit den NatSoz. eintrat, Mai 1936 Ausscheiden aus der Reg.; weiterhin Führer *Turn- und Sportfront* in der VF sowie der *Aktion Mutter und Kind*; Okt. 1936 Auflösung des *Heimatschutz*, Rückzug aus dem pol. Leben. Ab Winter 1937/38 in der Schweiz, Winter 1938/39 Übersiedlung nach Frankr., Frühj. 1939 Paris. Nach Kriegsausbruch vergebl. Versuche zur Bildung einer österr. Legion u. einer österr. Exilvertr. in Paris, Verhandlungen u.a. mit → Julius Deutsch. Anfang 1940 franz. Luftwaffe (lieutenant à titre étranger auf Kriegszeit). Juni 1940 Flucht nach GB, Jagdflieger bei den Forces Françaises Libres unter de Gaulle. Febr. 1941 nach Brazzaville als Nachschubpilot. Dez. 1941 Ausscheiden aufgrund von Krankheit u. Ablehnung des alliierten Bündnisses mit der UdSSR. Ab Mitte 1942 in La Cumbre/Argentinien Jagdltr. u. Viehzüchter. Dez. 1949 Übersiedlung nach Chile, Verzögerung der Rückkehr nach Österr. durch Auseinandersetzungen um Rückgabe des 1939 beschlagnahmten Familienvermögens u. Hochverratsanklage der SPÖ. 1952 sog. Lex Starhemberg, die die öffentl. Verw. von Rückstellungsvermögen bei Verdacht von Hochverrat vorsah. Juli 1954 Aufhebung der Lex Starhemberg durch Verfassungsgerichtshof. Ab Jan. 1955 in Spanien, der Schweiz u. Frankr. Anfang 1956 Rückkehr nach Österreich.

W: u.a. Das neue Österreich. 1934; Österreichs Weg. 1934; Über Leistungen, Aufgaben und Zukunft des Heimatschutzes. 1934; Die Reden des Vizekanzlers. 1935; Between Hitler and Mussolini. London, New York 1942; Memoiren. 1971. *L:* Gulick, Österreich; Buttinger, Beispiel; Deutsch, Julius, Ein weiter Weg. Lebenserinnerungen. 1960; Kerekes, Lajos, Abenddämmerung einer Demokratie. 1966; Berger, Barbara, Ernst Rüdiger Fürst Starhemberg. Versuch einer Biographie (Diss.). 1967; Bärnthaler, Irmgard, Die Vaterländische Front. 1971; Slapnicka, Harry, Oberösterreich. Die politische Führungsschicht 1918-1938. 1976. *Qu:* Arch. Biogr. Erinn. Hand. Publ. Z. – IfZ.

Staudinger, Else, geb. Maier, Dr. rer. pol.; Verbandsfunktionärin; geb. 1890 Landenburg/Baden, gest. 11. März 1966 New York; *V:* Carl Maier; *M:* Frieda, geb. Mosbacher; ∞ 1912 → Hans Staudinger; *StA:* deutsch, 1940 USA. *Weg:* 1933 B, F, GB; 1934 USA.

Stud. Volkswirtschaft, 1918 Prom. Heidelberg, Forschungstätigkeit an der Univ. Berlin. 1934 Emigr. USA, 1936 Mitgr., 1936-66 Vizepräs. u. Dir. von *Selfhelp* New York. 1940-45 Ltg. des Projekts für vom NatSoz. aus Deutschland, Österreich u. der CSR vertriebene Wissenschaftler an der New School for Social Research New York (University in Exile). 1946 mit Ehemann u. Alvin Johnson Mitgr. u. 1946-66 geschäftsf. Dir. des *Am. Committee for Emigré Scholars, Writers and Artists* New York (später *Am. Council for Emigrés in the Professions Inc.*), Stellenvermittlung für über 3000 Flüchtlinge; 1964 Aufnahme eines Berichts über ihre Arbeit in den *Congressional Records* durch Senator Jacob Javits. 1950-66 (?) Vizepräs. u.

Dir., 1966 VorstMitgl. u. Berater des Altersheims Newark House der *New Jersey Fellowship for the Aged*. 1958 Direktionsmitgl. der *Am. Immigr. and Citizenship Conf.*; Mitgl. *Am. Assn. of Univ. Women*. - *Ausz.:* Gr. BVK.

L: Fermi, Immigrants. *D:* LBI New York. *Qu:* Hand. Pers. Publ. Z. - RFJI.

Staudinger, Hans, Dr. phil., Ministerialbeamter, Hochschullehrer; geb. 16. Aug. 1889 Worms, gest. Febr. 1980 New York; ev.; *V:* Dr. Franz S., Gymn-Prof., Prof. TH Darmstadt; *M:* Auguste, geb. Wenck; *G:* Dr. phil. Hermann S. (geb. 1881), Chemiker, 1953 Nobelpreis; ∞ I. 1912 Else Maier, (→ Else Staudinger); II. 1966 Marguerite Frank; *K:* Ruth Schaffner (geb. 1914), A: USA; Franz-Karl Frank (geb. 1922), A: USA; *StA:* deutsch, Sept. 1940 USA. *Weg:* 1933 B, F, GB; 1934 USA.

1907 Abitur, Stud. Volkswirtsch. Heidelberg, 1913 Prom., Sekr. Revisionsverband südwestdeutscher Konsumvereine, 1915-18 Frontsoldat, 1918 Ref. Kriegsernährungsamt, 1919 RegRat ReichswirtschMin., 1920 Vortragender Rat, ab 1927 MinDir. der Abt. für Hafen-, Verkehrs- u. Elektrizitätswirtsch. im preuß. Handelsmin., 1929-32 Staatssekr., AR-Vors. der preuß. Staatsunternehmen, AR-Mitgl. von öffentl. Verkehrs- u. Elektrizitätsbetrieben, Doz. Deutsche Hochschule für Politik. Ab 1912 SPD, Nov. 1932-Juni 1933 MdR. Juni/Juli 1933 in Haft, danach über Belgien, Frankr. u. GB in die USA. 1934-60 Prof. für Wirtschaftswiss. New School for Social Research New York, 1941-43, 1950-51 u. 1953-60 Dekan der Graduate Faculty, 1946 mit Ehefrau Mitgr. *Am. Committee for Emigré Scholars, Writers and Artists*. Ab 1960 Red. *Social Research*. Ab 1939 Mitgl. GLD unter → Max Brauer, bis Ende 1942 aktive Mitarb., u.a. Versuch zur Schaffung einer überparteil. Emigrantenvertretung in USA; Mitunterz. Erklärung ehem. sozdem. Reichstagsabg. in *Neue Volks-Zeitung* u. *Time* v. Jan. 1947, die sich gegen Massenaustreibung, Demontagen u. Besetzung wandte u. einen Friedensvertrag mit Deutschland im Sinne der Atlantik-Charta forderte. - *Ausz.:* Dr. h.c.

W: u.a. Individuum und Gemeinschaft. 1913; Der Staat als Unternehmer. 1932; The United States and World Reconstruction. New York (New School for Social Research) 1941. *L:* MGD. *D:* AsD. *Qu:* Arch. Hand. Publ. - IfZ.

Stauer, Hans (urspr. Konon, Berman-Jurin), Parteifunktionär; geb. 1901, hinger. 1936 UdSSR. *Weg:* 1933 UdSSR.

Komintern-Funktionär mit ähnlichem Werdegang wie → Fritz David u. → Alexander Emel. Ab Mitte (?) der 20er Jahre als *Komintern*-Beauftragter in Deutschland, 1928 Mitgl. KPD-BezLtg. Berlin-Brandenburg, 1929-32 Agitpropsekretär. März 1933 zurück in die UdSSR, im Apparat der *Komintern* tätig; Mai 1936 verhaftet, von NKVD mit F. David der Vorbereitung eines Attentats auf Stalin im Auftrag Trockijs beschuldigt. Mitangeklagter Sinowjews im ersten Moskauer Schauprozeß, am 24. Aug. 1936 zum Tode verurteilt, erschossen.

L: Weber, Wandlung. *Qu:* Arch. Publ. - IfZ.

Stautz, Ludwig; geb. 5. Apr. 1904 Mailand; *StA:* deutsch, 29. März 1934 Ausbürg. *Weg:* 1930 E.

In Mailand ansässig, von den faschist. Behörden wegen kommunist. Betätigung verfolgt, 1930 Flucht nach Barcelona, Kontakte zu katalan. Politikern, Hg. der Zs. *Der Antifaschist*, deren Beitr. auch von span. Zs. übernommen wurden. Ps. Vigo.

Qu: Arch. - IfZ.

Stechert, Kurt, Publizist; geb. 19. Sept. 1906 Berlin, gest. 16. Juni 1958 Stockholm. *Weg:* 1933 CSR; 1936 S.

Aus Arbeiterfam. stammend, früh erwerbstätig. Mitgl. sozialist. Arbeiterjugend, dann SPD; nach 1. WK Besuch der Heimvolkshochschule Tinz bei Gera, Journ.; später *Rote Kämpfer*-Kreis (→ Arthur Goldstein), Mitgl. SAPD; mit → Bernhard Reichenbach, → Helmut Wagner, Franz Blazeizak u. Willi Kappel Angehöriger der *Rote Kämpfer*-Fraktion innerh. der SAPD mit syndikalist.-antiparlamentarischer Ideologie; wegen Aufruf zum Wahlboykott Juni 1932 Parteiausschluß, Rückkehr zur SPD. Nach natsoz. Machtübernahme vorüberg. in Haft, anschl. Emigr. in die CSR; Mitarb. *Neuer Vorwärts* u. *Zeitschrift für Sozialismus*; 1936 nach Schweden, Journ. u. Schriftst.; Ps. Fred War, Werner Worker, Wilhelm Werner; 1938 Mitgr. *Landesgruppe Schweden der Auslandsvertretung deutscher Gewerkschaften*; Mitgl. des 1944 gegr. *Arbeitskreises demokratischer Deutscher*, Mitgl. FDKB; Unterstützung des Palästina-Auswanderungsprogr. der zionistisch-sozialist. Jugendorg. *Hechaluz*; Mitarb. schwed. ArbPresse; 1947 Initiator u. Lehrer Heimvolkshochschule Nissafors des *Samarbetskommittén för demokratiskt uppbyggnadsarbete* (Koordinationskomitee für demokratische Wiederaufbauarbeit). - St., der zw. 1940 u. 1945 mit 19.500 Gesamtauflage seiner Bücher zu den erfolgreichen Exilschriftstellern gehörte, bemühte sich nach Kriegsende vergeblich um Rückkehr nach Deutschland; bis zu seinem Tode Metallarbeiter in einem Kabelwerk.

W: Palästinabericht eines Nichtjuden. Wien (Prager) 1933; I tsarismens fotspar. Imperialismen, bolsjevismens sista etapp (In den Fußspuren des Zarismus. Der Imperialismus als jüngste Etappe des Bolschewismus). Stockholm (Tiden) 1940; Tyskland och Sovjetunionen (Deutschland und die Sowjetunion). Stockholm (Kooperativa förbundets bokförlag) 1940; Tysklands marsch mot öster (Deutschlands Marsch gen Osten). Ebd. 1941; Hur kunde det hända? Tredje rikets uppkomst i historisk och sociologisk belysning (Wie konnte das geschehen? Die Entstehung des Dritten Reiches in historischer und soziologischer Beleuchtung). Stockholm (Kooperativa förbundets bokförlag) 1943 (dt. Übers. Stockholm [Bermann-Fischer] 1945); Tre ganger mot England: Napoleon - Wilhelm II. - Hitler (Dreimal gegen England: Napoleon - Wilhelm II. - Hitler). Ebd. 1942 (dt. Übers. Stockholm [Bermann-Fischer] 1945; engl. London [Cape] 1945). *L:* Drechsler, SAPD; Ihlau, Olaf, Die roten Kämpfer. Ein Beitrag zur Geschichte der Arbeiterbewegung in der Weimarer Republik und im Dritten Reich. 1969; Müssener, Exil. *Qu:* Arch. Hand. Publ. - IfZ.

Steckerl, Alfredo, Industrieller; geb. 24. Apr. 1903 Wien; jüd.; *V:* Josef Steckerl Jellinek (geb. 1870 Wien, gest. 1939 Wien), jüd., Kaufm.; *M:* Berta Bauer (geb. 1879 Wien, gest. 1953 Barranquilla/Kolumbien), jüd.; *G:* Rudolf (Rudolfo) (geb. 1905 Wien, gest. 1967 Barranquilla), Stud. Handelsakad. Wien, 1938 Emigr. Kolumbien, Importkaufm.; Franzisca (geb. 1912 Wien), 1938 Emigr. Kolumbien; ∞ 1924 Rosa Fuchs (geb. 1905 Wien), jüd., Stud. Handelsakad. Wien; *K:* Griselda (Gisl, Gerda) Sasson (geb. 1930), 1938 Emigr. Kolumbien; Susanna Elfriede Schmulson (geb. 1934), 1938 Emigr. Kolumbien, Stud. USA; *StA:* österr., 1946 Kolumbien. *Weg:* 1938 Kolumbien.

1916-19 Stud. Handelsakad. Wien; 1919-22 Angest. der Merkur-Bank in Wien. 1922-38 Geschäftsf. des väterl. Metallhandelsunternehmens J. Steckerl & Co., Wien; 1938 Enteignung, März 1938 von der Gestapo verhaftet, Juni 1938 Emigr. Kolumbien über Paris mit Familie, Unterstützung durch HICEM. 1938-39 Ltr. eines Flüchtlingsheims, 1939-40 Restaurateur, 1940-42 Einkäufer für eine Stahlges., ab 1942 Unternehmer in der Stahl- u. Metallindustrie, Mitgr. der Corp. Financiera del Norte; Mitgr. u. Vizepräs. der Banco de la Costa. Mitgr. *B'nai B'rith*-Loge Barranquilla; ab 1958 Beauftragter von HIAS, 1958-66 Vizepräs., 1967 Präs. u. ab 1966 Ehrenpräs. *Centro Israelito Filantropico*, 1958-66 Präs., ab 1966 Ehrenpräs. Colegio Hebreo Union, Mitarb. beim Aufbau eines ausgedehnten jüd. Schulsystems. Tätig für Synagoge Beth El u. das Gemeindezentrum des *Centro Israelito Filantropico*; u.a. ab 1941 Mitgl. der Handelskammer, Mitgl. *Rotary Club*, Mitgl. des Hauptvorst. der Fed. *Nacional de Commerciantes*, Ehrenmitgl. *Soc. Mejoras Publicas*, Mitgr. Club Ejecutivo. Lebte 1978 in Barranquilla/Kolumbien. - *Ausz.:* 1965 Ehrenoffz. der IDF, 1974 Aufnahme in den isr. Prime Minister's Club aufgrund seiner Verdienste für Israel, 1976 Buen Ciudadano-Med. des *Junior-Club* Barranquilla.

Qu: Fb. Hand. - RFJI.

Steel, Johannes (bis 1934 Stahl, Herbert), Journalist; geb. 3. Aug. 1908 Elberfeld/Rheinland; *V:* Hermann Stahl (geb. 1871), Kaufm. (angebl. Oberstlt. Hermann von Stahl); *M:* Karoline, geb. Noldwald (angebl. geb. Norwood, Engländerin); *G:* 1 B; ∞ 1935 Rhys Caparn, Bildhauerin; *StA:* deutsch, 3. März 1935 Ausbürg., 1938 USA. *Weg:* 1933 F (?), NL, GB; 1934 USA.

Nach eigenen Angaben: Stud. Heidelberg, Oxford, Genf u. Berlin, Mitgl. SPD, 1928–32 in vertraulicher Mission Weltreisen i. A. des ReichswirtschMin., anschl. antinatsoz. Leitartikler *Essener Nationalzeitung,* Febr. 1933 Flucht aus SA-Haft nach Paris. Nach dt. amtlichen Quellen: Kaufm. Angest., Korr. für ausländ. Blätter in Berlin, 1933 Emigr. über Amsterdam nach London, USA-Aufenthalt, 1934 endgültig nach New York. – Ab 1934 Auslandsberichterstatter u. Kolumnist für *New York Post* u. a. Ztg., ab 1937 Rundfunkkommentator. Gab sich als adeliger SPD-Abg. des preuß. Landtags Johannes Herbert von Stahl aus. Im Sinne des „Vansittartismus" publizist. Angriffe auf dt. pol. Exil, insbes. auf klerikal-nationalist. Kreise unter angebl. Ltg. von → Heinrich Brüning. VorstMitgl. *Overseas Press Club of America.*

W: Hitler as Frankenstein. London (Wishart) 1933; The Second World War. New York (Covici) 1934; Escape to the Present. New York (Farrar & Rinehart) 1937; The Truth About Munich: A Collection of Broadcasts Given Recently on Station WMCA. New York (Universal Distributors) 1938; Treason Inc.: Exposing the Enemy within. New York 1940; Men Behind the War. New York (Sheridan) 1942, 1943; The Bloody Record of Nazi Atrocities. New York (Arco) 1944; The Future of Europe. New York (H. Holt) 1945. *L:* Current Biography. 1941; MGD; Brüning, Heinrich, Briefe und Gespräche, 1934–1945. 1974; Radkau, Emigration. *Qu:* Arch. Hand. Publ. – IfZ.

Steen, Paul Christian Heinrich, Parteifunktionär; geb. 23. Dez. 1905 Lübeck, gef. in Spanien (?); *StA:* deutsch, 7. Juni 1938 Ausbürg. Weg: CSR; CH; F; E.

Heizer, später Händler. Mitgl. KPD, 1932–33 Mitgl. Lübekker Bürgerschaft. Nach der natsoz. Machtübernahme UnterbezLtr. der illeg. KPD in Lübeck; Flucht in die CSR, in Asch/Sudetenland unter Deckn. Hellmuth Ltr. der KPD-EmigrZentrale; später in der Schweiz, Festnahme u. Abschiebung nach Frankreich; nach 1936 Teiln. Spanischer Bürgerkrieg, angebl. gefallen.

Qu: Arch. – IfZ.

Steffen, Erich, Parteifunktionär; geb. 11. Mai 1895 Berlin; ∞ Ehefrau Emigr. UdSSR, verschollen; *StA:* deutsch. *Weg:* 1933 (?) UdSSR.

Schlosser, 1914–18 Kriegsteiln.; 1918 USPD, 1920 KPD, ehrenamtl. Funktionär. 1924 als Anhänger der Linken OrgLtr. Bez. Pommern, 1925 Wahl in Kleinbauernkommission der KPD, nach Angleichung an die Parteilinie ab 1926 Reichsltr. Erwerbslosenbewegung, in dieser Funktion 1929 Mitgl. RGO-Reichskomitee; ab 1930 Ltr. *Fabrikarbeiterverband* der RGO, Red. *Der rote Fabrikarbeiter.* 1931 Verwicklung in Industriespionageprozeß der BASF Ludwigshafen, verhaftet u. verurteilt, anschl. Emigr. UdSSR, nach 1933 Ltr. *Ernst-Thälmann-Club* Moskau. 1936 verhaftet, verschollen.

L: Weber, Wandlung. *Qu:* Publ. Z. – IfZ.

Steffens, Walter Karl Heinrich, Offizier; geb. 4. März 1903 Hamburg; ∞ Lisbeth Paula Bertha Plehn (geb. 1908), Emigr.; *K:* Erich (geb. 1927), Emigr.; Harri Julius (geb. 1933), Emigr.; *StA:* deutsch, 7. Juli 1938 Ausbürg. mit Fam., deutsch. *Weg:* 1936 E; 1939 F; N-Afrika; 1943 (?) UdSSR; nach 1945 Deutschland (SBZ).

Bäckerlehre, Seemann; 1936–39 Angehöriger der Internat. Brigaden im Span. Bürgerkrieg, anschl. Internierung in Frankr. u. Djelfa/Nordafrika. Vermutlich 1943 in die UdSSR, 1944 Lehrgang an Schule des sowj. milit. Nachrichtendienstes in Bykovo b. Moskau, gegen Kriegsende Agenteneinsatz an der Front. Nach Kriegsende Kommissar der Deutschen Volkspolizei u. Ltr. der Seepolizei, 1951–56 Ltr. Seepolizeischule in Parow b. Stralsund, 1956 Kapitän zur See, ab 1957 Ltr. NVA-Marineschule in Rostock.

L: Pasaremos. *Qu:* Arch. Publ. Z. – IfZ.

Stehr, Gotthard Wilhelm Karl, Parteifunktionär; geb. 25. Febr. 1915 Berlin; *V:* Oskar S.; *M:* Ida; *StA:* deutsch. *Weg:* 1934 CH; 1946 Deutschland (Berlin).

Mitgl. KPD, 1934 als Student der Zoologie nach Zürich, pol. Arbeit unter dt. Studenten, ab Okt. 1940 wegen Nichtbefolgung eines dt. Einberufungsbefehls von schweizer. Behörden als Refraktär geführt. Ab 1939 Mitarb. illeg. KPD-AbschnLtg. Schweiz, Deckn. Anton, Antoine. Mitgl. Provis. Ltg. der BFD in der Schweiz, ab Mai 1945 Mitgl. Landesausschuß; Deleg. 2. Konf. der KPD 24./25. März 1945 in Zürich. Mai 1946 Rückkehr nach Berlin.

L: Teubner, Schweiz. *Qu:* Arch. Publ. – IfZ.

Stein (urspr. Rubinstein), **Alexander,** Journalist; geb. 27. Jan. 1881 Wolmar/Livland, gest 19. Dez. 1948 New York; *V:* Kürschner. *Weg:* 1933 CSR; 1938 F; 1940 USA.

Stud. Polytechnikum Riga, 1901 russ. sozdem. Partei, Mitgl. Parteikomitee Riga, Teiln. am Aufstand 1905, Febr. 1906 Flucht, Stud. Volkswirtschaft u. Gesch. Zürich u. Leipzig, dann Mitarb. der SPD-Presse. Nach 1914 mit → Rudolf Breitscheid Hg. *Sozialistische Außenpolitik* (ab 1918: *Der Sozialist*), ab 1919 Red. des von → Rudolf Hilferding geleiteten USPD-Organs *Freiheit,* 1922–25 Red. *Vorwärts* ; ab 1926 Sekr. Reichsausschuß für sozialistische Bildungsarbeit, Hg. *Sozialistische Bildung* u. *Bücherwarte,* daneben ab 1926 Ltr. Freie sozialistische Hochschule Berlin u. Doz. Berliner Arbeiterbildungsschule. Herbst 1933 Emigr. Prag, Mitarb. *Neuer Vorwärts*, Doz. in Bildungsarb. der DSAP; Sommer 1938 nach Paris, Tätikeit für sozialist. Presse der Schweiz u. Skandinaviens, 1939 Mitgl. provis. Vorst. der *Vereinigung deutscher Sozialdemokraten* Paris, enge Kontakte zu → Paul Hertz. Juni 1940 Flucht nach Südfrankr., 1940 mit Hilfe des *Jewish Labor Committee* über Lissabon nach New York, Mitarb. *Neue Volks-Zeitung, Jewish Daily Forward* u. jidd. Presse, Verb. zur Gruppe NB um → Karl Frank. Starb vor geplanter Rückkehr nach Deutschland.

W: u.a. Adolf Hitler, Schüler der Weisen von Zion. Karlsbad (Graphia) 1936; Rudolf Hilferding und die deutsche Arbeiterbewegung. Hannover 1946. *L:* Osterroth, Biogr. Lexikon; MGD. *Qu:* Arch. Hand. Publ. – IfZ.

Stein, Hannah R., Sozialarbeiterin, Verbandsfunktionärin; geb. 1920 Berlin, gest. 11. Sept. 1973 New York; jüd.; *V:* Arthur S.; *M:* Salome, geb. Blumstein; ∞ ledig; *StA:* deutsch, 1953 USA. *Weg:* CH, 1942 (?) GB, 1949 USA.

Nach 1933 École Benedict, Neuchâtel/Schweiz. Um 1942 Emigr. GB, Stud. Ravensfield Coll. u. Pittman's Coll. London; 1943–46 Präs., 1946–48 Mitgl. des Hauptvorst. *Fed. of Zion. Youth of Great Britain and Ireland*, 1946 Sekretariatsmitgl. *World Conf. of Gen. Zion.,* 1948 Vortragsreisen in die USA u. nach Kanada, 1949 Niederlassung in USA. 1949–59 für ZOA in der Öffentlichkeitsarbeit tätig, u.a. Ltg. von Geldsammlungen, 1953–59 stellv. Geschäftsf. bzw. Geschäftsf. u. 1960–62 Mitgl. Zentralausschuß der ZOA, 1959–73 Geschäftsf. *Nat. Council of Jew. Women*, Vertr. des *Nat. Council of Jew. Women* beim *Council of Presidents of Major Am. Jew. Orgs.*, 1959 Deleg. bei White House-Conf. über Jugendfragen u. 1961 über Probleme des Alters; 1963 Mitgl. Planungsausschuß Nat. Conf. of Soc. Welfare. 1972 als erste Frau Vors. des Amts für Sozialfürsorge des UJA. Gr. der Siedlung Cherev Le'et in Israel u. des Zentrums für körperbehinderte Kinder an der Hebr. Univ.; VorstMitgl. *Am. Immigr. and Cit. Conf.*, VorstMitgl. *Nat. Foundation for Jew. Culture*; Mitgl. der Kommission des US-Präs. für Berufsvermittlung für Körperbehinderte, Mitgl. des Delegiertenrats des *Council on Soc. Work Educ.*, Mitgl. des Hauptvorst. der Frauenabtl. des *Jew. Welfare Board* u. des *Board of*

Women in Community Service, beratendes RedMitgl. *The Jewish Digest*, Mitgl. zahlr. jüd. u. zion. Org., Gastvorträge in Europa u. Nordamerika. - *Ausz.:* Dr. of Humanities h.c., Philathea Coll. London, Ontario/Kanada.
    W: Aufsätze über Flüchtlingslager der Nachkriegszeit, insbes. über D.P.-Kinderlager; Windows on Day Care (Bericht des *Council of Jew. Women Volunteers;* Hg.). 1971. *Qu:* Hand. Z. - RFJI.

Stein, Hugo, Rechtsanwalt; geb. 7. Mai 1887 Karlsruhe, gest. 5. Febr. 1951 New York; *G:* Alice Ambach; ∞ Annie Wolff; *K:* Peter, Lore; *StA:* deutsch. *Weg:* 1940 (?) Kuba.
    Im 1. WK Soldat, RA in Karlsruhe. 1931-38 Vors. *Vereinigung badischer Israeliten (Landesverband Baden des CV)*, Mitgl. des *Oberrats der Israeliten Badens*, VorstMitgl. u. zeitw. Vors. Isr. Gde. Karlsruhe, Präs. *B'nai B'rith-Loge Karlsruhe*, Mitgl. *Reichsvertretung*. 1940 Dep. in Lager Gurs/Frankr., 1940 (1941?) Emigr. nach Kuba. Präs. *Asociación Democratica de los Refugiados Hebraicos*. Später in die USA. Übers. für NYANA, New York.
    Qu: EGL. Z. - RFJI.

Stein, Max, Dr. jur., Ministerialbeamter; geb. 25. Dez. 1901 Nordheim/Bayern, gest. 19. Apr. 1964; *V:* Adolf S. (geb. 1864 Nordheim, gest. 1932 Schweinfurt/Bayern), jüd., Kaufm., Zion.; *M:* Henriette (geb. 1871 Pfungstadt/Hessen, gest. 1941 Pal.), 1938 Emigr. Pal.; *G:* Jacob (geb. 1896 Nordheim, gest. 1963 St. Louis/Mo.), Kaufm., 1938 Emigr. USA; Rose Joseph (geb. 1899 Nordheim), 1939 Emigr. USA, Lehrerin; Fritz (geb. 1899 Nordheim, gest. 1956 Amsterdam), Wirtschaftswissenschaftler, 1938 Emigr. NL, 1941-45 KL Bergen-Belsen; Klara Galewski (geb. 1908 Schweinfurt), Laborantin, 1933 Emigr. Pal.; ∞ 1943 Dora Salomon (geb. 1907 Grünberg/Schles.), 1933 Emigr. Pal.; *K:* Jehojakim Jomtov (geb. 1937), M.D., Psychiater; Hannah Henriette (geb. 1943), B.A., Sozialarbeiterin; *StA:* deutsch, Pal./Il. *Weg:* 1933 Pal.; GB; Pal.
    Stud. Rechtswiss. Berlin, Frankfurt/M., München u. Würzburg, 1924 Prom. Würzburg. Syndikus im väterl. Geschäft; Mitgl. zion. Org.; 1933 Berufsverbot u. Zwangsentlassung. 1933 Emigr. Palästina mit A I-Zertifikat; Ausb. zum Wirtschaftsprüfer in London; 1938-40 selbst. Wirtschaftsprüfer in Jerusalem, 1940-48 Mitarb. in der Einkommensteuer-Abt. der brit. Mandatsverw., 1948-54 ltd. Taxator in der Einkommensteuer-Abt. des isr. Finanzmin., 1954-64 stellv. Staatsanwalt im Justizmin., daneben Doz. für Einkommensteuerfragen bei der Ausbildung von Steuerinspektoren. 1958-62 Rechtsberater bei der *Claims Conference* Frankfurt/M., später führend an der Durchsetzung von Entschädigungsansprüchen (für Zwangsarbeit) gegen dt. Industrieunternehmen beteiligt. Mitgl. H.O.G., I.O.M.E., *Pal. Volunteer Force* (später *Haganah*) u. *Progressive Party*.
    Qu: Hand. - RFJI.

Stein, Nadia (Nadja, Nadežda), geb. Brodskij, Dr. phil., Verbandsfunktionärin, Publizistin; geb. 2. Febr. 1891 Odessa, gest. 14. Dez. 1961 Haifa; jüd.; *V:* Michael Brodskij (geb. Kiew, gest. 1896 Baku), Ing.; *M:* Louise, geb. Goldstern (geb. 1869 Rußl., gest. 1945 New York), um 1896 nach Wien, Hebamme, Pensionsinh., 1938 Emigr. USA; *G:* Dr. med. dent. Sylvia Zappler (geb. 1892 Simferopol/Krim, gest. 1970 Geneva/N.Y.), Zahnärztin; Lydia Gerbel-Grant (geb. 1894 Baku), 1938 Emigr. USA; ∞ Herbert Andor Stein (bis 1925 Ornstein) (geb. 1893 Budapest, gest. 1972 Rockville/Md.), Stud. Handelsakad. Wien, Kaufm., 1932 nach Pal., Buchhändler, 1940 gesch., später in die USA, Übersetzer für US-Außenmin.; *K:* Michaela Louise Aloni (geb. 1922), 1932 nach Pal., M.Sc. (Chemie) Hebr. Univ.; *StA:* russ., österr., Pal./IL. *Weg:* 1932 Pal.
    1912-16 Stud. Wien, 1914 Mitgr. *Internationale Frauenliga für Frieden und Freiheit* (→ Anita Augspurg). 1916-19 Stud. Wirtschaftswiss. u. Soziologie Zürich; 1920-21 in Wien mit → Anita Müller-Cohen Hilfstätigkeit für Flüchtlinge aus Osteuropa; 1921-24 Ltg. von Hilfsprogrammen für Flüchtlinge aus der Ukraine in Rumänien; Doz. u. Publizistin. 1921 Teiln. an Gründervers. der WIZO in Karlsbad, Mitgr. der WIZO in Rumänien; 1924 Reise nach Palästina, 1924 nach Toronto/Kanada zur Org. von Hilfsprogrammen für jüd. Flüchtlinge aus der Ukraine. 1925-26 Dir. der J.N.F.-Abt. der *Hadassah* New York, Korr. der *Jüdischen Rundschau* Berlin. 1927-32 Mitgr. u. Dir. der WIZO Berlin, Mitgr. der WIZO Ungarn, i.A. der WIZO Reisen nach Polen, Rumänien, Ungarn u. in die Niederlande, März 1932 nach Palästina zur Produktion von Dokumentar- u. Unterrichtsfilmen. 1932-49 Ltr. der Propaganda- u. Presseabt. der WIZO-Zentrale Tel Aviv u. Palästina-Korr. des WIZO-Hauptorgans *Pioneers and Helpers;* 1949 in die Niederlande zur Reorg. der niederländ. WIZO, 1950-52 Deleg. der WIZO in Europa; StudReisen, 1952 Forschungsstipendium der engl. WIZO zum Stud. der sozialen Wohnungsplanung in Israel. 1953 Kommunalstudie für die Stadtverwaltung Haifa. 1952-61 Gr. u. Ltr. von Kulturzentren für ältere Einwanderer. Mitgl. JournVerb. u. *Assn. of Univ. Women. - Ausz.:* 1955 Ausz. des *Rotary Club* Haifa.
    L: Aloni, Michaela (Hg.), Nadia Stein zum Gedenken (mit umfassender Bibliogr.). 1962. *D:* Central Zionist Arch. Jerusalem. *Qu:* Hand. Pers. Publ. - RFJI.

Stein, Nathan, Dr. jur., Rechtsanwalt, Bankier, Hochschullehrer; geb. 1. Okt. 1881 Worms, gest. 23. Juni 1966 New York; jüd.; *V:* Dr. phil. Alexander S. (geb. 1843 Grombach/Baden, gest. 1914 Karlsruhe), Rabbiner in Worms; *M:* Karoline, geb. Mainzer (gest. 1930 Karlsruhe), höhere Schule; *G:* Cäcilie (Lilli) Grünfeld (1871-1934); Bertha Levy (geb. 1872); Thekla (Thea) Schlesinger (1880-1914); ∞ 1906 Recha Strauss; *K:* Charlotte Rosenberg (geb. 1908 Karlsruhe), 1939 Emigr. USA; Hannah Landau (geb. 1912 Karlsruhe, gest. 1936 Pal.), Stud. L(H)WJ Berlin, 1933 Emigr. Pal.; Alexander F. Styne (geb. 1913 Karlsruhe), Tischler, 1933 Emigr. Pal., 1936 B, 1939 GB; Karl H. (geb. 1918), 1935 Emigr. GB, Stud. Oxford Univ.; *StA:* deutsch, USA. *Weg:* 1937 CH; 1939 USA.
    1899-1902 Stud. Rechtswiss. Heidelberg, Berlin u. Gießen, 1902 Referendar in Mainz, 1903 Prom. Heidelberg, 1905 Gerichtsassessor in Mainz. 1906-33 RA in Karlsruhe u. 1928-37 Teilh. des Bankhauses Strauss & Co. in Karlsruhe, AR-Mitgl. versch. Firmen. 1914-18 Kriegsteiln. - 1911-14 u. 1920-25 Doz., 1925-33 Prof. für Nationalökonomie an der TH Karlsruhe; bis 1933 Mitgl. IHK Karlsruhe u. Vors. des Rechts- u. Steuerausschusses, Dir. des Prüfungsausschusses für Wirtschaftsprüfer in Baden u. der Pfalz, bis 1933 stellv. Handelsrichter, 1925-33 Mitgl. des Finanzgerichts. 1917 Mitgr. der *Zentral-Wohlfahrtsstelle der Deutschen Juden* Berlin, ab 1920 Mitgl. der Isr. Landessyn., Mitwirkung an der Verfassung des Oberrats der Israeliten Badens, 1922-37 Präs. des Oberrats, 1933-37 Mitgr. u. Mitgl. des Beirats der *Reichsvertretung*. 1937 Emigr. Schweiz, 1939 in die USA. 1946-52 Präs. der A.F.J.C.E. New York u. zur Zeit der Verabschiedung der ersten dt. Wiedergutmachungsgesetze Vizepräs. des *Council of Jews from Germany*, 1952-66 Ehrenpräs. der A.F.J.C.E., Mitgl. des Beratungsausschusses u. VorstMitgl. des LBI New York, in Verb. mit LBI u. A.F.J.C.E. Gr. des später aufgelösten Nathan Stein Fund zur Förderung wiss. Forschung; Mitgl. VerwRat u. Exekutive von *Selfhelp*.
    W: Ein Ruf an unsere Generation. In: Ten Years American Federation of Jews from Central Europe 1941-1951. 1951; Memoirs of the Oberrat der Israeliten Badens 1922-37. In: Yearbook LBI, 1956; Über den Sinn jüdischen Seins in unserer Zeit. Vortrag, gehalten im *Rotary Club* Karlsruhe am 7. März 1933. 1961. *L:* RhDG; Glick, David, Some were Rescued. In: Harvard Law School Bulletin, 1960; Schiff, H. (Hg.), Nathan Stein-Schrift 1938; N.d.W. *D:* LBI New York. *Qu:* ABiogr. Hand. Publ. Z. - RFJI.

Steinberg (urspr. Shteinberg), **Aaron** Zacharovich, Dr. jur., Dr. phil., Kulturwissenschaftler, Verbandsfunktionär; geb. 12. Juni 1891 Dünaburg/russ. Gouv. Vitebsk, gest. 17. Aug. 1975 London; jüd.; *V:* Zochar S. (gest. in den 20er Jahren in Moskau), jüd., Kaufm.; *M:* Helene (Ilena), geb. Elyashev (geb. Kowno (?) / Litauen, gest. 1943 im Ghetto Kowno), jüd.; *G:* → Isaac Nachman Steinberg; ∞ 1935 Sophie Rosenblatt (geb. Rußl., gest. London), Einwanderung nach Deutschland, 1935 (?) Emigr GB; *StA:* russ., nach 1940 brit. *Weg:* 1934 GB.

1907-14 Stud. Phil. u. Rechtswiss. Heidelberg, 1913 Dr. jur. Heidelberg, 1916 (?) Dr. phil.; mit Bruder → Isaac Steinberg, → Nahum Goldmann u. seinem früheren Lehrer Rabbiner Rabinkow Mitgr. u. Mitarb. einer talmudischen StudGruppe. Im 1. WK als russ. Staatsbürger in Deutschland interniert, Vorträge vor einer im Internierungslager gebildeten jüd. StudGruppe. 1918-23 Doz. für Phil. u. Sekr. der *Philosophischen Vereinigung* an der Univ. Petrograd, Mitgl. des literar. Zirkels um A. Blok u. A. Belyj, 1918-23 Mitgr. u. Sekr. des Inst. für Fortgeschrittene jüd. Studien in Petrograd. Berufl. Schwierigkeiten aufgrund der pol. Tätigkeit des Bruders; 1922 (1923 ?) mit S. Dubnov nach Deutschland, dessen Werke er aus dem Russ. ins Deutsche übersetzte. Mitgr. der *Gesellschaft für jüdische Wissenschaft*, 1924 Mitgr. der Berliner Zweigstelle von YIVO. 1934 Emigr. GB zum Bruder. 1935-38 Mitgr. u. VorstMitgl. des Jewish People's Coll. in London. 1940-45 VorstMitgl. des Inst. of Jewish Learning in London. 1942-68 (71 ?) für den WJC tätig: 1942-47 als Vors. des Forschungskomitees, 1945-67 als Vertr. bei UNESCO, ab 1952 stellv. Ehrenpräs. der brit. Sektion, 1948-68 Ltr. der Kulturabt. des WJC. Initiator von Kulturprogrammen, Teiln. an Vorbereitung der seit 1954 geplanten Popular Jewish Library, 1948-68 Mitgl. ihres Exekutivausschusses, ab 1968 Ehrenmitgl. des Vorst.; ab 1952 Ehrenpräs. der brit. Sektion von YIVO, ab 1962 Ehrenpräs. der *Assn. of Jew. Journalists and Authors in Great Britain*, ab 1967 Mitgl. geschäftsf. Vors. des Inst. of Jew. Affairs, ab 1964 Mitgl. des Beratungsausschusses des *Jewish Journal of Sociology*, Mitarb. der vom Bruder hg. Zs. *Dos Fraye Vort* London. Ps. M. Aurelin.

W: u.a. Das Zweikammersystem und seine Gestaltung im Russischen Reiche (Diss. jur.). 1913; Sistemy svobody F.M. Dostoevskogo (Dostoevskijs Philosophie der Freiheit). 1923; Die weltanschaulichen Voraussetzungen der jüdischen Geschichtsschreibung. In: Festschrift zu S. Dubnovs siebzigstem Geburtstag, 1930; Übers. a.d. Russ.: S. Dubnov, Weltgeschichte des jüdischen Volkes von seinen Uranfängen bis zur Gegenwart. 10 Bde. 1931; S. Dubnov, Geschichte des Chassidismus. 2 Bde. The Jewish People. Past and Present, Bd. I-III (Mithg.). 1946-52; Algemayne Entsikopedy: Yidu IV (Mithg.). 1950; Simon Dubnov. The Man. In: Transactions, Jewish Historical Soc. of England, 1952; Simon Dubnov. The Man and his Work. A Memorial Volume on the Occasion of the Centenary of his Birth (1860-1960) (Hg.). 1963; Dostoievsky. 1966; zus. mit Isaac N. Steinberg zahlr. russ. u. jidd. Publ., ferner Beiträge in dt., engl., franz. u. hebr. Veröffentl. *L:* Jewish Journal of Sociology, 1975. *Qu:* Hand. Pers. Publ. Z. - RFJI.

Steinberg, Isaac Nachman, Dr. jur., Politiker, Publizist, geb. 12. Juli 1888 Dünaburg/russ. Gouv. Vitebsk, gest. 3. Jan. 1957 New York; jüd.; *G:* → Aaron Steinberg; ∞ 1914 Nehama Esselson (geb. 1890 Moskau, gest. 1954 New York), jüd., Dipl. Univ. Moskau, 1923 nach Deutschland, Kinderheimltr., 1933 Emigr. GB, Ltr. einer Pension, 1945 in die USA; *K:* Ada Hadassah Siegel (geb. 1917 Moskau, gest. 1956 New York), 1923 nach Deutschland, 1933 Emigr. GB, B.Sc. London School of Econ., 1939 CDN, 1943 USA; Leo (geb. 1920 Moskau), 1923 nach Deutschland, 1933 Emigr. GB, Stud. Univ. London, 1945 USA, Ph.D. Inst. of Fine Arts der New York Univ., Prof. für Kunstgesch. am Hunter Coll.; Shulamit R. Charney (geb. 1923 Berlin), 1933 Emigr. GB, B.A. London School of Econ., 1945 USA, M.A. Seton Hall Univ./N.J., Stud. Musik New York, Musikerin u. Lehrerin; *StA:* russ.; um 1950 USA. *Weg:* 1933 GB; 1939 AUS; 1943 CDN, USA.

Jüd.-orthod. Erziehung; ab 1906 Mitgl. der Partei der *Sozialisten-Revolutionäre* (SR) in Rußland. 1906-07 (?) Stud. Moskau, wegen revolution. Tätigkeit Ausschluß und Haft, statt Verschickung nach Sibirien Verbannung ins Ausland. 1907-10 Stud. Rechtswiss. Heidelberg, 1910-14 RA in Moskau, Mitarb. an Fachzs. u. Hg. von *Znamja Borbyj* u. *Znamja Truda*; Nov. 1917 als Abg. Bez. Ufa/Nordrußland in der Verfassunggebenden Vers., Anhänger des linken Flügels der SR; Dez. 1917-März 1918 stellv. Volkskommissar der Justiz in der Koalitionsreg. in Petrograd. RedMitgl. der Tageszg. *Zemlja i Volja*. 1919 u. 1921 Inhaftierung durch Rat der Volkskommissare; 1923 als Deleg. der UdSSR zum Kongreß der *Internationalen Arbeitsgemeinschaft sozialistischer Parteien* in die Schweiz gesandt mit der Anweisung, nicht mehr in die UdSSR zurückzukehren; von der Schweiz 1923 nach Zerschlagung der SR durch die Sowjets nach Deutschland. 1923-33 Exilvertr. der SR, Schriftltr. der jidd. Reihe *Fraye Schriftn farn Yiddishen Sotsialistshn Gedank*, Anhänger des ethischen Sozialismus. In den späten 20er Jahren Aufforderung zum Eintritt in die Exekutive der *Jew. Agency*, den er jedoch aufgrund der Araberpolitik der *Agency* ablehnte, da er für einen jüd.-arab. Staatenbund in Palästina eintrat. Jan. 1933 Vortragsreise für den *Jew. PEN-Club* nach London, blieb wegen natsoz. Machtübernahme in GB. Red. jidd. Wochenztg. *Dos Fraye Vort* London, 1935 Einstellung der Ztg.; VorstMitgl. YIVO, in ihrem Auftrag Vortragsreisen in Südafrika. 1935-57 Gr. u. Geschäftsf. der *Freeland League for Jewish Territorial Colonization*, Eintreten für die Idee kulturell autonomer jüd. Siedlungen mit genossenschaftl. landwirtschaftl.-industriellem Programm im Nordwesten der austral. Provinz Kimberley u. in Surinam/Niederländ.-Guyana. Um 1936/38 Mitgr. Jew. People's Coll. in London; 1939 nach Australien, um das Freeland-Projekt zu realisieren. Hg. des *Jewish Bulletin*. 1943 nach Kanada u. in die USA; ab 1943 bis in die 50er Jahre VorstMitgl. der YIVO, Vortragsreisen u.a. in südamerikan. Länder. 1944-56 Red. *Oifn Shvel* (jidd. Ztg. der *Freeland League*), ab 1945 Red. von *Freeland*, daneben als freier Journ. tätig. Mitgl. *Workmen's Circle*, *PEN-Club*, *Jew. Peace Fellowship*, Verf. sozialkrit. Dramen, hist. u. biogr. Werke sowie pol. Essays. - *Ausz.:* Preis der Goethe-Gesellschaft Bremen für das Drama *Der Dornenweg* (1928).

W: In the Workshop of the Revolution. 1955. *L:* Enav, M., BeSaarat haHayyim Dr. Yizhak Nachman Steinberg. liDemuto uleDerekh Ḥayyav (In den Stürmen des Lebens, Dr. I.N. Steinberg, sein Charakter und sein Lebensweg). 1967; Reisen, Z., Leksikon fun der Yiddisher Literatur, Presse un Filologie, Bd. 4, 1930; Yizhak Nahman Steinberg Gedenk-Bukh (vollst. Bibliogr.). 1961. *D:* YIVO New York; Atran House New York. *Qu:* Hand. Pers. Publ. Z. - RFJI.

Steinbrecher, Gustav, Partei- u. Gewerkschaftsfunktionär, Politiker; geb. 3. Febr. 1876 Gr. Beckern b. Liegnitz/Schlesien, umgek. Jan. 1940 KL Mauthausen; Diss.; ∞ Margarete; *StA:* deutsch. *Weg:* 1933 DK; 1935 Deutschland.

Schriftsetzer. Mitgl. BezVorst. SPD Braunschweig, Vors. ADGB-Ortsausschuß, MdL Braunschweig. Febr.-Apr. 1919 Volksbeauftragter für Arbeit, anschl. bis Dez. 1924 Min. für Arbeit u. Dez. 1927-Okt. 1930 MdI in Braunschweig. Nach natsoz. Machtübernahme verfolgt u. mißhandelt, Sept. 1933 Flucht nach Kopenhagen, Anfang 1935 Rückkehr u. Niederlassung in Hamburg, dort Juni 1936 verhaftet, KL Dachau, später KL Mauthausen.

L: Osterroth, Biogr. Lexikon; Roloff, Ernst-August, Braunschweig und der Staat von Weimar. 1964. *Qu:* Arch. Hand. Z. - IfZ.

Steiner, Herbert, Dr. phil., Historiker, Publizist; geb. 3. Febr. 1923 Wien; o.K.; *V:* Heinrich S. (1880-1942), Lederarb., Vertr. u. Kaufm., Mitgl. SDAP, 1942 nach Riga dep.; *M:* Vallerie, geb. Lederer (1888-1942), Mitgl. SDAP, 1942 nach Riga dep.; ∞ 1947 Rella Adlersberg (geb. 1923), o.K., 1938 Emigr. GB, Stud. Chemie London Univ., 1946 Österr., Stud. Chemie Univ. Wien, Laborltr. in Forschungslabor der Österreichischen Mineralölverwaltung AG in Wien; *K:* Hans (geb. 1950), M.A. Univ. Wien, B.A. Univ. Warwick/GB, A: Österr.; Vally (geb. 1952), Lehrerin, A: Österr.; *StA:* österr. *Weg:* 1938 NL; 1939 GB; 1945 Österr.

Mitgl. *Sozialdemokratischer Erziehungs- und Schulverein Freie Schule - Kinderfreunde* in Wien, ab 1937 Mitgl. des illeg. KJVÖ. Ende 1938 vor Schulabschluß nach Holland, kurzfristig in Flüchtlingslager bei Rotterdam, Anfang 1939 nach London, bis 1941 Lehre als Schrift- u. Maschinensetzer; Mitgl. *London Society of Compositors* u. *Youth Hostels Assn.*; ab 1939 maßgebl. am Aufbau von *Young Austria in Great Britain* (Massenorg. auf Volksfrontbasis) beteiligt (→ Otto Brichacek), Mitgl. der streng konspirativ organisierten KJVÖ-Gruppe in GB; Anfang 1940 Eintritt in eine von den österr. Legitimisten in GB neugegr. Jugendorg., die nach kurzem Bestehen in *Young Austria in Great Britain* aufging. Mitarb. *Junges Österreich* sowie der 1940 kurzfristig erschienenen Zs. *Jugend voran*. Frühj. 1940-41 Internierung Isle of Man, aktiv an der vor allem von Kommunisten getragenen Lagerorg. beteiligt, Wahl zum Jugendsprecher. Nach Freilassung 1941-45 Sekr. *Young Austria in Great Britain*, arbeitete in einer Druckerei in London, besorgte jahrelang Satz u. Druck des *Zeitspiegel*, Ltr. Verlag Jugend voran. Ab 1942 Mitgl. Parteigruppe der KPÖ in GB (→ Franz West). 1943-45 Mitgl. *British Publishers' Assn.*, Mitarb. BBC. 1943-45 Sekr. der PropKommission des *Weltjugendrats*, Okt. 1945 Mitorg. der wesentlich von *Young Austria in Great Britain* vorbereiteten Weltjugendkonf. in London. Ende 1945 Rückkehr nach Wien, Mitgl. KPÖ. 1946-52 Bundessekr. *Freie Österreichische Jugend;* Mitgl. österr. Jugendbeirat im Unterrichtsmin. u. Vizepräs. *Österreichischer Jugendherbergsverband.* 1952-59 Lektor Globus-Verlag. Ab 1959 wissenschaftl. Sekr. u. Ltr. Dokumentationsarchiv des österreichischen Widerstands, daneben Stud. Gesch. Univ. Prag u. Wien, 1971 Prom.; Mitarb. Dokumentationswerk der österr. Bundesreg. (Inst. für Zeitgeschichte Wien), Mitgl. u.a. VfGdA u. *Verein für Geschichte der Stadt Wien,* Österreichische UNESCO-Kommission, Kommission für neuere österr. Geschichte 1918-1945, Projektteam Geschichte der Arbeiterbewegung, *Verband österreichischer Archivare, Österreichischer PEN-Club* sowie *Bundesverband österreichischer Widerstandskämpfer und Opfer des Faschismus - KZ-Verband,* GewMitgl., Sekr. *Internationale Tagung der Historiker der Arbeiterbewegung;* Mitarb. einer Reihe österr. u. ausländ. Fachzs. Lebte 1978 in Wien. - *Ausz.:* u.a. Berufstitel Prof., 1979 BVK 1. Kl.

W: u.a. Zur Geschichte der arbeitenden Jugend Österreichs 1848-1918. 1958; Bibliographische Bemerkungen zur Geschichte der österreichischen Sozialdemokratie. 1961; Bibliographie zur Geschichte der österreichischen Arbeiterbewegung. Bd. I-III. 1962-70; Vor 70 Jahren. 1963; Zur Geschichte der österreichischen Arbeiterbewegung 1867-1889. 1964; Zum Tode verurteilt. Österreicher gegen Hitler. 1964; Die Internationale Arbeiter-Association und die österreichische Arbeiterbewegung. 1964; Die Gebrüder Scheu. 1968; Die Kommunistische Partei Österreichs von 1918-1933. Bibliographische Bemerkungen. 1968; Gestorben für Österreich. 1968; Dokumentation zur österreichischen Zeitgeschichte 1938-1945 (Mithg.). 1971; Käthe Leichter. Leben und Werk. 1973; Karl Marx in Wien. 1978. *L:* Mareiner, Hilde, Zeitspiegel. Eine österreichische Stimme gegen Hitler. 1967; Maimann, Politik; Grebner, H., Geschichte der FÖJ. 1978. *D:* DÖW. *Qu:* Arch. Fb. Hand. Pers. Publ. - IfZ.

Steiner, Paul, Verbandsfunktionär; geb. 8. Okt. 1889 Zirlau/ Schlesien; Diss.; ∞ Ehefrau Apr. 1933 verhaftet; *K:* 3 S; *StA:* deutsch, Ausbürg. *Weg:* 1933 DK.

Fleischer; 1913 SPD, Kriegsteiln., 1920-23 GewSekr., 1923-25 AOK-Angest., anschl. Gausekr. Mittelschlesien des *Reichsbanners* in Breslau, Mitgl. Gauvorst. *Eiserne Front,* Mitgl. SPD-Distriktvorst.; nach natsoz. Machtübernahme im Untergrund, 1. Juli 1933 Flucht nach Kopenhagen.

L: Rohe, Reichsbanner. *Qu:* Arch. Publ. - IfZ.

Steiner, Paul, Verleger; geb. 1. Jan. 1913 Wien; jüd.; *V:* Geza S. (geb. 1872 Budapest, gest. 1923 Wien), jüd., Gymn., Industrieller; *M:* Ilona, geb. Singer (geb. 1885 Budapest, Freitod in Brüssel 1943 am Vorabend der Dep.), jüd., 1938 Emigr. B; *G:* Frank (geb. 1910 Wien), Gymn., Emigr. F, Internierung, 1941 über Kuba in die USA, im US-Außenmin. tätig, nach 1945 Rückkehr nach Deutschland (BRD); ∞ 1942 Marianne Esberg (geb. 1919 Braunschweig), jüd., 1933 Emigr. B, Klosterschule, 1936 GB, Stud. Kunstschule in London, 1938 USA; *K:* Thomas (geb. 1943), Stud. Boston Univ., Verkaufsltr.; *StA:* österr., 1945 USA. *Weg:* 1938 NL, USA.

1935 Privatsekr. des Chefred. der Tageztg. *Neue Freie Presse* Wien, 1936 Abitur, 1936-38 Stud. Rechtswiss. Wien, Jan. 1938 Staatsprüfung. Chefred. Moderner Weltverlag Wien. März 1938 Zwangsarbeit als Straßenfeger u. Haft; Sept. 1938 Emigr. Niederlande, durch niederländ. Behörden interniert u. nach Österr. ausgewiesen; Dez. 1938 in die USA, zunächst Unterstützung durch HIAS, 1939-41 Aufenthalt bei Verwandten in Akron/O., Gelegenheitsarb.; 1941-51 Gr. u. Ltr. Zweigstelle New York des brit. Verlages Adprint Ltd., 1952 Geschäftsübernahme u. Umbenennung in Chanticleer Press, insbes. Hg. naturwiss. u. kunstgeschichtl. Bücher, ab 1952 Alleininh. u. Präs.; ab 1976 VorstMitgl. *Am. Inst. of Graphic Arts.*. Lebte 1977 in New York.

Qu: Fb. - RFJI.

Steiner, Wilhelm Viktor, Dr. jur., Verbandsfunktionär; geb. 1. März 1896, gest. 28. Jan. 1964 Wien; *V:* Gewerbehygieniker, Kaiserl. Rat; ∞ Dely; *K:* Bettina; *StA:* österr. *Weg:* 1939 NL; 1946 Österr.

Stud. Rechswiss. Wien, 1914-18 Frontoffz., zuletzt Oberlt., zweimal verwundet. Ab 1919 Versicherungsangest., daneben Fortführung des Stud., 1920 Prom. Vermutl. Mitgl. *Christlich-Soziale Partei* bzw. ab 1933 *Vaterländische Front.* 1935-38 Chefred. *Wiener Stadtstimmen.* Apr. 1938 Verhaftung, KL Dachau u. Buchenwald, Mai 1939 Entlassung, Juni 1939 Emigr. Holland. Nach Kriegsbeginn Internierung, Mai 1940 Entlassung, Juni 1940 von dt. Behörden in Holland erneut verhaftet, zunächst Zuchth. Hoorn, anschl. Lager Westerbork. Juli 1942 Entlassung, Kaffeehausmusiker, später Eintritt in dt. Wehrmacht, Verwaltungsangest. in der Luftwaffe, enge Zus-Arb. mit holländ. Widerstandsbewegung, lieferte Informationen über V-1 u. V-2-Abschußrampen u. Ausbau des Atlantikwalls; nach Kriegsende österr. Vertrauensmann in den Niederlanden, Mitarb. Zs. *Austria* Amsterdam. 1946 Rückkehr nach Wien, bis 1953 (Pensionierung) Versicherungsangest. Mitgl. ÖVP sowie des zunächst einheitlichen *Bundesverbands der politisch Verfolgten,* 1948 nach Spaltung einer der drei Präs. des *Bundesverbands der österreichischen KZler, Häftlinge und politisch Verfolgten,* ab Okt. 1952 Präs. *Bundesverband österreichischer Widerstandskämpfer und Opfer des Faschismus - KZ-Verband.* Mitgl. GenRat u. Exekutivkomitee *Fédération Internationale des résistants, des victimes et des prisonniers du fascisme* (Wien), maßgebl. Mitarb. *Der neue Mahnruf,* Ps. Thomas u. Austriacus. - *Ausz.:* Silbernes Ehrenzeichen für Verdienste um die Republik Österr., 1977 postum Ehrenzeichen für Verdienste um die Befreiung Österreichs.

W: Thomas, Schatten (L) 1949; mehrere Bühnen-Ms. (u.a. Claudius [entstanden 1944, ausgez. m. österr. Dramatiker-Preis u. Preis der Bregenzer Festspiele]; Charlotte Corday [1944/45]; Sir Toni [1938]; Aschermittwoch [1950]). *Qu:* Arch. Z. - IfZ.

Steinfatt, Willi Gustav, Parteifunktionär; geb. 26. Juli 1893 Altona, gest. 19. Jan. 1977 Hamburg; ∞ Anna Wulff (geb. 1894), 1932 KPD-Reichstagskand., 1933 Schutzhaft, Emigr.; *K:* Gerhard (geb. 1920), Emigr., A: Hamburg; Rolf (geb. 1925), Emigr , A: Hamburg: *StA:* deutsch, 18. Sept. 1937 Ausbürg. mit Fam., deutsch. *Weg:* 1933 DK; Deutschland (BRD).

Kontorist, KPD-OrgLtr. Altona, Mitgl. Stadtteil-Ltg., RFB-Führer Hamburg-Blankenese. Sept. 1933 Emigr. nach Kopenhagen. Rückkehr nach Deutschland.

Qu: Arch. - IfZ.

Steinfeld, Justin, Journalist, Schriftsteller; geb. 27. Febr. 1886 Kiel, gest. 15. Mai 1970 Baldock/GB; *StA:* deutsch, 11. Juni 1935 Ausbürg. *Weg:* 1933 CSR; 1938 GB.

Hg. *Tribüne* Hamburg, vermutl. Mitgl. KPD, u. a. Vors. Untersuchungsausschuß über den sog. Altonaer Blutsonntag vom Juli 1932. März-Aug. 1933 Schutzhaft, Flucht nach Prag. Mitarb. *Die neue Weltbühne, Die Wahrheit, Die Blauen Hefte, Der Gegen-Angriff, Das Wort, Neue Deutsche Blätter* u. *Europäische Hefte.* 1938 nach London, Mitarb. *Freie Tribüne,* Mitgl. *Deutscher Pen-Club London.*
Qu: Arch. Hand. Publ. - IfZ.

Steinhage, Joseph Wilhelm, Journalist; geb. 1886, gest. 1957; kath.; ∞ verh.; *K:* 1 S, 1 T, Emigr. mit Vater, beide an dessen Stelle 1940 verhaftet u. bis Kriegsende im KL. *Weg:* 1934 NL.

Hg. *Deutsche Post* in Rheine (Organ für auslandsdt. Katholiken). 1934 Emigr. in die Niederlande, in Oldenzaal Zusammentreffen mit → Friedrich Muckermann, aufgrund finanzieller Schwierigkeiten Liquidierung der *Deutschen Post* u. mit Abonnentenlisten der Ztg. Grdg. *Der Deutsche Weg,* den St. zus. mit Muckermann herausgab. Während der dt. Besetzung der Niederlande im Untergrund. Niederlassung in Oldenzaal.
L: Muckermann, Friedrich, Im Kampf zwischen zwei Epochen. Lebenserinnerungen. 1973. *Qu:* Arch. Hand. Publ. - IfZ.

Steiniger, Peter Alfons, Dr. jur. habil., Hochschullehrer, Funktionär; geb. 4. Dez. 1904 Berlin; *V:* Kaufm.; *StA:* deutsch, CSR, deutsch. *Weg:* CSR; 1945 (?) Deutschland (SBZ).

Stud. Rechtswiss., Phil. u. Volkswirtschaft Berlin, Marburg, Halle u. Bonn, Prom. (*Über die preußische Selbstverwaltung*), danach Assist. Univ. Bonn, anschl. Justizdienst am Kammergericht Berlin. 1933 Entlassung aus rassischen Gründen, Privatlehrer, Schriftst., Bankangest., dann Emigr. in die CSR, Erwerb der tschechoslow. Staatsbürgerschaft. Nach Kriegsende Bürgerm. in Krummhübel; 1946 SED, Prof. mit vollem Lehrauftrag Humboldt-Univ. Berlin, 1947-52 Präs. Verwaltungsakad. Forst-Zinna, 1949-50 MdProvis.VK, dann Prof. mit Lehrstuhl u. Dir. Institut für Völkerrecht Humboldt-Univ., ab 1955 Präs. *Liga für die Vereinten Nationen,* ab Grdg. Juli 1963 Mitgl. *Solidaritätskomitee für das spanische Volk in der DDR,* ab Jan. 1965 Vizepräs. *Gesellschaft für Völkerrecht der DDR* ; Mitgl. *Friedensrat der DDR* u. *Weltfriedensrat.* Lebte 1974 in Berlin (Ost). - *Ausz.:* u.a. 1960 u. 1964 VVO (Silber), 1969 VVO (Gold).
W: u.a. Heinrich der Löwe (R). Berlin 1936; Im Schatten Gottes (R). Berlin 1937; Das Judenkloster (Nov.). 1946; Der arme Hiob (S). 1947. *Qu:* Hand. Z. - IfZ.

Steinitz, Esra (urspr. Erich Martin Sebastian), Dr. phil., Chemiker, Ministerialbeamter; geb. 15. Febr. 1902 Gleiwitz/Oberschl.; *V:* Hans Perez S. (geb. 1872 Kattowitz/Oberschl., gest. 1954 Tel Aviv), RA u. Notar, aktiv in zion. Bewegung, 1934 Emigr. Pal.; *M:* Gertrud, geb. Appel (geb. 1876 Posen, gest. 1961 Tel Aviv), 1934 Emigr. Pal.; *G:* Dr. med. Hermann S. (geb. 1900 Gleiwitz, Arzt in Berliner Krankenhäusern, 1933 Emigr. Pal., Privatpraxis in Tel Aviv; Mirjam Ida Lotte Kimchi (geb. 1913 Berlin, gest. 1965 Tel Aviv), 1934 Emigr. Pal., Säuglingsschwester; ∞ 1938 Elisheva (Auguste) May (geb. 1914 Worms), Emigr. Pal., Stud. Landwirtschaftsschule Nahalal/Pal., Beschäftigungstherapeutin; *K:* Joram Allan (geb. 1940), techn. Hochschule, Stud. Architecture TH Darmstadt, Industrieelektriker in IL u. S; Michael (geb. 1943), Ph.D. (Immunologie u. Biochemie) Hebr. Univ.; Juval Leopold (geb. 1947), Ph.D. (Meeresbiologie) Hebr. Univ., post-doctoral-Stud. Univ. Dundee/Schottland; *StA:* deutsch, Pal./IL. *Weg:* 1933 CH; 1935 Pal.

Stud. analytische Chemie Berlin u. Tübingen, 1926 Prom. Berlin; Isolierschutzchemiker in Koswig/Anhalt, Lehrer an der Odenwaldschule in Heppenheim a.d. Bergstraße; aktiv in zion. u. internat. Jugend- u. Friedensbewegungen. 1933 drei Tage inhaftiert, März 1933 Emigr. Schweiz, Lehrer an Schulen bei Lausanne u. Genf; aktiv in *Service Civil Internat.*; 1935 nach Schweden, Stud. an Volkshochschulen in Stockholm u. Värmland; Sept. 1935 nach GB, Nov. 1935 nach Palästina mit Familienzertifikat; 1936 landwirtschaftl. Hachscharah in Nahalal, 1939-41 Hauslehrer im Kinderdorf Ben Shemen, 1941-42 Sekr. u. Lehrer, 1942-46 Berater für analyt. Chemie beim Kontrolleur für Leichtindustrie der Mandatsverw.; 1947-49 Angest. bei der Einkommenssteuerabt. der Mandatsverw., später der isr. Reg., 1949-53 im Jerusalemer Bezirksbüro zuständig für die Zuteilung von Chemikalien u. Papier an die Industrie; 1953-67 im Hauptbüro des Min. für Handel u. Industrie für Import u. Verteilungen zuständig, 1967 Ruhestand, 1967-69 Berater des Min.; 1969 u. 1973 RedMitgl. des Gesamtverzeichnisses der chem. Industrie in Israel, ab 1967 ehrenamtl. Hebr.-Lehrer für Neueinwanderer an der Mitchell-Schule Jerusalem. Lebte 1978 in Jerusalem-Talbieh.
W: Über Bestandteile des Holzgeistöles (Diss.). 1926. *Qu:* Fb. Pers. - RFJI.

Steinitz, Hans Joachim, Dr. jur., Journalist; geb. 9. März 1912 Berlin; jüd.; *V:* Ludwig S. (gest. New York), jüd., 1941 Emigr. USA; *M:* Erna Laura (geb. Rothenberg/Odenwald, gest. New York), jüd., 1941 Emigr. USA; *G:* Ruth, 1936 Emigr. USA; ∞ 1948 Lore Oppenheimer, Krankenschwester, Emigr. USA; *K:* Lucy Yvonne (geb. 1952), M.A Brandeis Univ., Schriftst.; *StA:* deutsch, 5. Dez. 1938 Ausbürg., 1950 USA. *Weg:* 1933 CH, 1934 F, 1942 CH, 1947 USA.

Stud. Rechts- u. Staatswiss. Berlin u. Heidelberg; 1933 kurze Haft, Flucht in die CSR, Rückkehr nach Deutschland, dann Emigr. Schweiz. 1933 Prom. Basel, 1934 nach Frankr.; 1934-36 mehrere Besuche in Deutschland, entging dabei 1936 durch Flucht einer Verhaftung. 1934-39 freier Journ. in Paris, 1939-40 Dienst in franz. Armee, 1940-42 Internierung Gurs u. Les Milles, 1942 Flucht in die Schweiz; 1942-44 Internierung, 1944-47 freier Journ. in der Schweiz; 1947 in die USA, 1947-64 USA-Korr. für schweiz. u. dt. Ztg., gleichz. freier Schriftst. u. Vortragstätigkeit, 1957 mit ZusHang mit dem Internat. Geophysikal. Jahr Teiln. an einer Forschungsreise zum Südpol. Ab 1965 Chefred. des *Aufbau* als Nachf. von → Manfred George, unter seiner Ltg. Forts. der traditionellen Konzentration der Zs. auf am. u. isr. Fragen unter stärkerer Betonung weltpol. Themen, Einführung einer Beilage für Pensionisten u. von dt. Sprachübungen für jugendl. Leser. VorstMitgl. LBI New York, *Selfhelp, Blue Card,* Mitgl. Exekutivkommittee der A.F.J.C.E., Mitgl. *Jew. Philanthropic Fund of 1933* u. *United Democratic German Language Assn,* 1959-61 Präs. u. ab 1961 Ehrenmitgl. der *Foreign Press Assn.,* Mitgl. *PEN-Club; Internat. Assn. German Writers Abroad;* Mitgl. Congr. Habonim. Lebte 1978 in New York. - *Ausz.:* 1977 Gr.BVK.
W: Regierungs- und Verfassungsformen des Auslands. 1948; Der siebte Kontinent: Ringen um die antarktische Eiswelt. 1958; Mississippi, Geschichte eines Stroms. 1967; Aufbau: Dokumente einer Kultur im Exil (Hg.). 1972; ab 1964 wöchentl. Beiträge u. Leitart. in *Aufbau;* Beiträge für dt. u. am. Zs., Ztg. u. Rundfunk. *L:* Shepard, Richard F., Immigrant Journal Survives Second Generation. In: New York Times. 1978; Stern, Werke. *D:* RFJI. *Qu:* Arch. Hand. Pers. Publ. Z. - RFJI.

Steinthal, Fritz Leopold, Dr. phil., Rabbiner; geb. 4. Aug. 1889 Berlin, gest. 12. Okt. 1969 Buenos Aires; *V:* Heinrich S.; *M:* Clara, geb. Wiesenthal. *Weg:* 1938 Argent.

1911 Prom. Berlin, Stud. L(H)WJ, Rabbinerexamen, 1915-17 Feldrabbiner, 1917-19 Rabbiner in Posen, 1919-38 Rabbiner u. BezRabbiner an der Jüd. Gde. Münster/Westfalen; Gr. u. Dir. Jüd. Lehrerseminar in Münster, Mitgr. u. Chefred. *Jüdisches Lexikon,* Mitgl. Preußischer Landesverband jüd. Gemeinden. 1938 Emigr. Argentinien, 1939 Gr. u. Rabbiner Culto Israelita de Belgrano der Leo Baeck-Synagoge in Buenos Aires.
W: Geschichte der Augsburger Juden im Mittelalter (Diss.). 1911; Beitrag über Buddhismus u. Judentum. In: Religionen (Schriftenreihe der Vereinigung für das liberale Judentum) Nr. 2, 1925; Die Juden im Münsterland. In: Meyer, H.Ch. (Hg.), Aus Geschichte und Leben der Juden in Westfalen. 1962; Beiträge u.a. für *Jüdisches Lexikon, Encyclopaedia Judaica. Qu:* Arch. Publ. Z. - RFJI.

Stennes, Walter, Offizier; geb. 12. Apr. 1895 Fürstenberg/ Westf.; kath.; *V:* Felix S., preuß. Offz. u. Beamter; *M:* geb. Bering; *G:* Hildegard, Hedwig; ∞ 1930 Hilde Borkenhausen, 1933 Emigr. China, 1949 Deutschland/Berlin (West); *K:* Ingrid (geb. 1934), 1949 Deutschland/Berlin (West); *StA:* deutsch. *Weg:* 1934 China; 1949 Deutschland (BBZ).

Mit 9 Jahren (Sondergenehmigung) Eintritt ins preuß. Kadettenkorps, Kadettenanstalt Bensberg u. Lichterfelde, 1914 Abitur; im 1. WK Frontoffz., zuletzt Oberlt., mehrf. verwundet u. ausgez., 1920 Abschied; Juli 1919 Eintritt in Sicherheitspolizei Berlin, Ltr. Hundertschaft zur besonderen Verwendung (Sondereinheit zur Aufruhrbekämpfung), März 1920 in Kapp-Putsch verwickelt, Juni 1920 Beförderung zum Polizeihptm.; Febr. 1922 Ausscheiden aus dem Polizeidienst, bis März 1923 DirSekr. Lohmann Metall-GmbH Berlin; 1923 Sonderberater der Reichswehrführung bei illeg. Aktionen gegen die franz. Besetzung des Ruhrgebiets, zugl. Kommandeur des Jägerbtl. IV der Schwarzen Reichswehr im Fort Hahneberg bei Berlin. Unterstützte Herbst 1923 den Putschversuch von Ernst Buchrukker (Küstrin-Putsch), anschl. zeitw. polizeilich gesucht, lebte in Mecklenburg im Untergrund. 1925-30 Berater u. nachrichtendienstl. Tätigkeit für AA u. Reichswehrmin. Juli 1927 zur SA, Stellv. des Obersten SA-Führers für das Gebiet östlich der Elbe (Osaf-Stellv. Ost). Dez. 1927 auf Drängen von Goebbels NSDAP-Beitritt, baute in den folgenden Jahren die SA seines Bereichs zur zahlenmäßig stärksten u. schlagkräftigsten SA-Org. innerh. des Deutschen Reichs aus. Ab 1930 wachsender Gegensatz zu Hitler u. der pol. Führung der NSDAP, warf NSDAP-Führung legalistische Taktik u. kapitalist. Interessenpolitik vor u. vertrat Selbständigkeit der SA gegenüber der Partei; mehrf. vergebl. Versuche Hitlers, S. andere Funktionen zu übertragen bzw. seine Kompetenzen zu beschneiden. Ende März 1931 ordnete Hitler die Versetzung von S. zum SA-Stab in München unter Ernst Röhm an, daraufhin 1. Apr. 1931 sog. Stennes-Aktion: Besetzung der Geschäftsräume der natsoz. Ztg. *Der Angriff* u. der Gaugeschäftsstelle durch Berliner SA, auf NSDAP-Anzeige Räumung durch Polizei; S. wurde von Hitler öffentl. der ZusArb. mit KPD u. Polizeibehörden beschuldigt (1932 wurde Hitler in 3. Instanz zu Ehrenerklärung für S. verurteilt); nach Ausschluß aus NSDAP Versuch, eine parteiunabhängige SA weiterzuführen, Gr. *Nationalsozialistische Kampfbewegung Deutschlands* (NSKD) als legale Tarnorg. für den Aufbau paramilit. Verbände, die in Kleinkaliber-Schützenvereinen, dem *Volksbund für freiwilligen Arbeitsdienst*, dem *Wehrsportverband Deutschlands* u.a. Vereinen u. Verbänden organisatorisch erfaßt wurden. Hg. des NSKD-Organs *Arbeiter, Bauern, Soldaten* bzw. *Die Front der Arbeiter, Bauern, Soldaten* bzw. *Das National-Sozialistische Montagsblatt*, ZusArb. mit Hermann Ehrhardt. Juni 1931 Vereinigung von NSKD u. *Kampfgemeinschaft revolutionärer Nationalsozialisten* unter → Otto Straßer auf der Grundlage der 1931 gemeinsam beschlossenen *14 Thesen der deutschen Revolution zur Nationalsozialistischen Kampfgemeinschaft Deutschlands* mit Straßer als oberstem pol. u. S. als oberstem milit. Ltr.; Herbst 1931 Trennung von Straßer, Gr. *Unabhängige Nationalsozialistische Kampfbewegung Deutschlands*, nach deren Zerfall Frühj. 1932 Wiederannäherung an Straßer, Mitgl. *Schwarze Front*. 1933 nach natsoz. Machtübernahme Verhaftung, zeitw. im Columbia-Haus (SS-Gef.) in Berlin, Frühj. 1933 auf direkte Intervention Hermann Görings Freilassung, mußte zuvor i. A. Görings zu dessen persönl. Verwendung Bericht über die zwielichtige Rolle von Goebbels bei der sog. Stennes-Aktion abfassen. Emigr. nach China, über alte Verbindungen zu Reichswehrkreisen bei dt. MilMission in China Kommandant der Leibwache u. Ausbilder u. Befehlshaber des Wachregiments im Hauptquartier Tschiang Kai-Scheks, ab Sommer 1935 Ltr. des Lufttransportwesens der nationalchines. Armee. 1938-39 i. A. Tschiang Kai-Scheks von Hongkong aus Versuch des Aufbaus von Freischärler-Truppen gegen die Japaner. Nach Ausbruch des 2. WK in Schanghai, zeitw. von Japanern interniert. Anschl. erneut im Dienst der nationalchines. Armee, 1949 nach Formosa, von dort Rückkehr nach Deutschland, wurde zeitw. in Verb. mit nat.-konservativen Parteigründungen genannt. Lebte 1978 in Berlin u. Lüdenscheid/Westf.

L: Drage, Charles, The Amiable Prussian (Biogr.). 1958; Schüddekopf, Otto-Ernst, Linke Leute von rechts. 1960; ders., Nationalbolschewismus in Deutschland 1918-1933. 1972; Mohler, Armin, Die konservative Revolution in Deutschland 1918-1932. 1972; Moreau, Patrick, La Communauté de Combat National-Socialiste Révolutionnaire et le Front Noir. Diss. phil. masch. Paris 1978. *D:* IfZ. *Qu:* Arch. Biogr. Publ. Z. - IfZ.

Stern, August Peter Ludwig, Dr., Journalist; geb. 1. März 1907 Saarbrücken, gest. 3. Apr. 1947 München; *V:* August Georg St., ev.; *M:* Emilie, geb. Morbe, ev. *Weg:* 1935 F; 1940 USA; 1946 Deutschland (Saargeb., ABZ).

Vor 1933 Red. *Saarbrücker Abendblatt*. Chefred. der von → Siegfried Thalheimer hg. Exilztg. *Westland*, nach deren Ausschaltung durch das dt. Propagandamin. Chefred. des NachfOrgans *Grenzland*. Nach Saarabstimmung Flucht nach Frankr., in Paris 1936 Mithg. *Der Monat*; aktiv in Volksfrontbewegung, auf bürgerlicher Seite einer der Initiatoren der Lutetia-Konf. zur Bildung des *Ausschusses zur Vorbereitung einer deutschen Volksfront*, Verf. des Aufrufs *Vorwärts gegen imperialistischen Krieg und Faschismus* Sept. 1935. Nach Zusammenbruch Frankreichs über Nordafrika in die USA, ab 1940 in New York. Nach Kriegseintritt der USA Mitarb. der Radioabt. des OWI. 1946 Rückkehr ins Saargeb., Mitarb. beim Neuaufbau von *Radio Saarbrücken*; im gleichen Jahr Übersiedlung nach München. Kurzfristig Lizenzträger *Münchner Merkur*.

L: Langkau-Alex, Volksfront; Schneider, Saarpolitik und Exil. *Qu:* Arch. Publ. - IfZ.

Stern, Ernst H., Dr. rer. pol., Bankier, Publizist; geb. 1892, gest. 19. Febr. 1963 London; jüd.; ∞ Margaret; *K:* 1 S, 1 T; *StA:* deutsch. *Weg:* 1933 GB.

1919 Ref. im Reichsernährungsmin., später im Reichswirtschaftsmin. u. im Statistischen Reichsamt Berlin; 1923 RegRat. Ab 1924 Ltr. wirtschaftspol. Abt. Reichskreditgesellschaft AG Berlin. 1933 Emigr. London, 1936-37 Mitarb. von Winston Churchill in Fragen der Rüstungsfinanzierung. Wirtschaftsberater, bis 1956 bei Union Corporation Ltd. (südafrikan. Goldminen-Holding-Ges.), 1956-60 bei Rio Tinto Co. London.

W: u.a. Der Höchstpreis. 1923. *Qu:* EGL. - IfZ.

Stern, Franz, Verbandsfunktionär; geb. 30. Mai 1902 Trautmannsdorf/Steiermark; *StA:* österr., 1936 Ausbürg., 1941 (?) deutsch, 1945 (?) österr. *Weg:* 1934 UdSSR; 1935 Österr.; 1936 F; 1937 E; 1938 F; 1941 Deutschland; 1945 Österreich.

Maurerlehre, 1921-29 Berufssoldat im österr. Bundesheer, sozdem. Vertrauensmann. Anschl. Bauarbeiter in Graz, Mitgl. SDAP u. *Österreichische Baugewerkschaft*, Ausbilder u. Kompanieführer *Republikanischer Schutzbund*. Febr. 1934 kurzfristig verhaftet, anschl. illeg. Arbeit, Mitgl. RSÖ, Sept. 1934-Jan. 1935 in Sonderauftrag der Partei in der UdSSR. Ende Jan. 1935 Rückkehr nach Graz. Verhaftung, bis Mai 1935 KL Messendorf, Entlassung, Juli-Sept. 1935 erneut KL Messendorf. Anschl. Gelegenheitsarb.; Okt. 1936 nach Paris, ab Jan. 1937 Teiln. Span. Bürgerkrieg in Internat. Brigaden, zeitw. Offz.-Schule, anschl. Dienst in span. Republikan. Armee. Aug. 1938 Rückkehr nach Paris. Sept. 1939 nach Kriegsausbruch Internierung, anschl. in Südfrankr., Tätigkeit bei Flüchtlingsfürsorge u. Fluchthilfe über die Pyrenäen. Okt. 1940 Verhaftung, Auslieferung an Gestapo, bis Juni 1941 Haft im Gef. Santé in Paris, anschl. Überstellung nach Graz, dann KL Dachau. 1945 nach Kriegsende Rückkehr nach Graz. Mitgl. SPÖ, Mitgr. *Bundesverband der politisch Verfolgten* in Graz u. 1. Vizepräs., 1948 nach Auflösung des einheitl. Verbands Landesobmann Steiermark des *SPÖ-Fürsorgereferats*, später Landesobmann *Bund sozialistischer Freiheitskämpfer und Opfer des Faschismus*. Lebte 1971 in Graz.

Qu: Z. - IfZ.

Stern, Gabriel (Gerhard), Journalist; geb. 1913 Attendorn/ Westf.; *V:* Hermann S. (geb. 1874 Siegen/Westf., umgek. im

Holokaust), jüd., Teiln. 1. WK, Ladeninh., Mitgl. CV; *M:* Henrietta, geb. Lenneberg (geb. 1879, gest. 1928 Attendorn); *G:* Gertrude Cohn (geb. 1904 Attendorn, gest. 1976 GB), 1939 Emigr. GB; Kurt (geb. 1905 Attendorn), RA, 1939 Emigr. USA (?), Kaufm. in USA; Walter (geb. 1909 Attendorn), Stud. TH Berlin, 1933 Ausschluß vom Stud., 1938 Emigr. CH, I, 1939 GB, 1940 Internierung in AUS, Chemotechniker in Melbourne; ∞ ledig; *StA:* deutsch, Pal./IL. *Weg:* 1933 NL, 1936 Pal.

1933 Abitur Attendorn, StudAntritt durch natsoz. Verfolgung verhindert, Emigr. Niederlande. 1933-35 Verkäufer in Amsterdam, dann als Mitgl. von *Hechaluz* landwirtschaftl. Hachscharah, kurze Rückkehr nach Deutschland zur Vorbereitung der Auswanderung; 1936 nach Palästina mit AI-Zertifikat, 1936-40 Stud. Gesch., Orientalistik u. hebr. Sprache Hebr. Univ. 1940-49 stellv. Chefred. der *Ihud*-Zs. *Beayot haYom, Beayot* u. *Beayot haZeman.* 1948/49 Dienst in IDF. Ab 1949 Ltr. des Jerusalemer Büros u. Korr. der *Mapam*-Tageszg. *Al Hamishar,* 1950-66 Korr. für *Jediot Chadaschot,* Beiträge an *New Outlook, Christian News from Israel* u. MB, ab 1957 isr. Korr. für die amerikan. Nachrichtenagentur *Religious News Service,* 1972-74 Mitarb. an der Herausgabe von Martin Bubers Briefen. Mitgl. *Mapai, Mapam,* 1942-49 *Ihud, Histadrut, Haganah, Liga für jüd.-arab. ZusArb.* u. *Israel Interfaith Committee.* Lebte 1977 in Jerusalem. - *Ausz.:* Agron-Preis für Journalismus, 1953 Ehrenbürger des Araberdorfes Abu Gosh/Israel, 1975 Silbermed. „Terra Reconciliationis - Terra Sancta" des Franziskanerordens, 1977 Mula Agin-Preis des *Hashomer Hazair.*

Qu: Fb. - RFJI.

Stern, Gustav, Wirtschaftsjournalist, Verleger; gest. 1. Dez. 1964; *StA:* CSR. *Weg:* 1938 (?) GB.

Hg. *Osteuropäischer Volkswirt* u. Wirtschaftspressedienst *Eastrop* in Prag sowie der Wochenzs. *Der Neue Weg,* die sich für die Verständigung zwischen der dt. u. tschech. Volksgruppe in der CSR einsetzte. Einflußreicher wirtschaftspol. Leitartikler der Prager Tageszg. *Tribuna.* Vermutl. 1938 Emigr. nach GB, während des 2. WK bei BBC tätig, nach 1945 Mitarb. in der Wirtschaftsabt. der UN u. später bei *Radio Free Europe.*

Qu: Arch. Publ. - IfZ.

Stern, Hans, Juwelier; geb. 1. Okt. 1922 Essen; jüd.; *V:* Max Kurt S., 1939 Emigr. Bras., Elektroing.; *M:* Ilse, 1939 Emigr. Bras.; ∞ 1958 Ruth Beildeck (geb. 1936 Essen), Übersetzerin; *K:* Roberto (geb. 1959); Ronaldo (geb. 1961); Ricardo (geb. 1964); Rafael (geb. 1973); *StA:* deutsch, 1950 bras. *Weg:* 1939 Bras.

1939 Emigr. Brasilien mit Familie. 1940-45 in einem Exportgeschäft für Halbedelsteine tätig, zuletzt als Geschäftsf., 1946 Gr. Hans Stern Joalheiros (Entwicklung zu internat. Edelstein-Konzern mit 70 Filialen in 14 Ländern). Ehrenkonsul von Guatemala in Rio de Janeiro. Lebte 1977 in Rio de Janeiro.

Qu: Fb. Hand. Z. - RFJI.

Stern, Hans Chanan, Ministerialbeamter, Unternehmensleiter; geb. 22. Okt. 1924 Zwickau/Sa.; *V:* Karl S. (geb. 1887 Montabaur/Hessen-Nassau, gest. 1944 Ramat Gan), RA, Dir. des Warenhauses S. Schocken AG, Vorst. der Jüd. Gde. Zwickau, Mitgl. des Landesvorst. der ZVfD, Emigr. Pal.; *M:* Bertha, geb. Gerson (geb. 1891 Fulda), aktiv in WIZO; *G:* Ruth (geb. 1928 Zwickau); ∞ Gertrud Gila Baar (geb. 1929 Wien); *K:* Dan (geb. 1956); Dorit (geb. 1962). *Weg:* 1939 Pal.

Gymn. Berlin, Mitgl. *Makkabi* Zwickau u. *Bar Kochba* Berlin; 1939 Emigr. Palästina mit A I-Zertifikat mit Eltern, 1939 Mitgl. Kibb. Givath Brenner, 1940-41 Berufsschule des Technion Haifa, 1942-45 Dienst in brit. Armee u. Stud. London Univ. im Rahmen eines Ausbildungsprogramms der Armee; gleichz. 1939-48 Mitgl. *Haganah* (zuletzt Major). 1946-47 Inh. eines Elektrogeschäfts, 1949-59 Ltr. der Abt. für Metallverarbeitung im isr. Min. für Industrie u. Handel, 1955 Stipendium des techn. Unterstützungsprogramms der UN für Stud. in Westeuropa, 1959-60 Betriebsberater. Ab 1961 Gr., Teilh. u. Geschäftsf. der Ges. für Wasseraufbereitung ISAFOS Engineering Co. Ltd., 1968-(?) Geschäftsf. von Pernix Enthone (Herstellung von Chemikalien für die galvanotechn. Industrie), gleichz. Teilh. u. Geschäftsf. von Imasa Ltd.; Mitgl. *Aliyah Chadaschah,* Mitgr. u. Mitgl. der *Progressive Party;* Fellow *Inst. of Metal Finishing* London, Mitgl. *Histadrut Hamehandessim,* Mitgl. u. 1967 Präs. *Lions Club* Ramat Gan. Lebte 1977 in Ramat Gan/Israel.

Qu: Fb. Hand. RFJI.

Stern, Heinemann, Dr. phil., Lehrer; geb. 21. Dez. 1878 Nordeck/Hessen, gest. 22. Dez. 1957 Rio de Janeiro (?); jüd.; *V:* Meier S. (gest. 1928), Kaufm.; *M:* Julie, geb. Lion (gest. 1941 Berlin); *G:* Louis, Emigr. Pal.; 1 B u. 1 S; ∞ 1910 Johanna Schaffer (geb. 1886 Rybnik/Oberschl.), 1940 Emigr. Bras. mit Familie, 1963 nach IL; *K:* Mirjam (Margarete) Schamir (geb. 1911 Kattowitz/Oberschl.), 1934 Emigr. Pal.; Ludwig (geb. 1912 Kattowitz, gest. 1959 Rio de Janeiro). *Weg:* 1940 Bras.

1894-99 Stud. Jüd. Lehrerseminar Hannover, 1899 Lehramtsprüfung, 1902 zweite Lehrerprüfung, 1899-1906 Lehrer an jüd. Schulen in Guntersblum/Rheinhessen, Sarstedt, Bez. Hildesheim u. Repzin/Pommern. 1906 Prüfung für Mittelschullehrer in dt. Gesch., 1906-09 Lehrer an der Mädchensimultanschule Tarnowitz/Oberschl., 1909-22 an der Knabenmittelschule Kattowitz/Oberschl., 1912 Rektorprüfung. 1915-18 Kriegsteiln. 1922-31 Lehrer, 1931-38 Rektor der Mittelschule der Jüd. Gde. für Knaben u. Mädchen in Berlin; 1922-38(?) Vors. *Reichsverband der jüdischen Lehrervereine,* Mitgl. Hauptvorst. des CV, Beiträge in *CV-Zeitung,* wiss. Berater des CV u. Mitgl. der Abwehr-Abt., 1924 Hg. Handbuch für CV-Redner zur Verteidigung gegen antisemit. Angriffe. 1922-27 Stud. Berlin u. Hamburg, 1929 Prom. Hamburg; Präs. der *Timendorferloge* u. HauptvorstMitgl. der Großloge des *B'nai B'rith* Berlin. 1940 Emigr. Brasilien.

W: u.a. Geist und Wille. 1920; Psychologie des Religionsunterrichtes. 1923; Angriff und Abwehr. 1924; Untersuchung über das Interesse der Schüler am Unterricht (Diss.). 1932; Jüdische Jugend im Umbruch. (Hg.). 1947; Warum hassen sie uns eigentlich? Jüdisches Leben zwischen den Kriegen. Erinnerungen. 1970 *L:* Meyer, H.C., Heinemann Stern. Eine Einführung. In: Warum hassen sie uns eigentlich? 1970. *D:* LBI New York.
Qu: ABiogr. Bibliogr. Publ. Z. - RFJI.

Stern, Heinrich, Rechtsanwalt, Verbandsfunktionär; geb. 1883 Berlin, gest. 8. Febr. 1915 London; jüd.; *StA:* deutsch. *Weg:* GB.

RA in Berlin; ab 1917 bis in die 30er Jahre Präs. *Vereinigung für das liberale Judentum,* ab 1930 Vors. Repräsentantenvers. der Jüd. Gde. Berlin, VorstMitgl. CV, Vertr. der *Vereinigung für das liberale Judentum* bei *World Union for Progressive Judaism* London, Präs. *Spinoza-Loge* des *B'nai B'rith.* Emigr. GB, aktiv in jüd.-liberaler Bewegung in GB, Mitgr. der Einwanderergde. New Liberal Congr. London, Deleg. liberaler jüd. Gden. in *Board of Deputies of Brit. Jews,* Mitgr. *Leo Baeck Lodge* des *B'nai B'rith* London, VorstMitgl. AJR.

W: Art. in *Jüdisches Lexikon, Encyclopaedia Judaica* u. *Liberales Judentum* Berlin. *Qu:* Hand. Z. - RFJI.

Stern, Heinrich Otto, Dr. med., Arzt; geb. 23. Jan. 1893 Mannheim, gest. 5. Aug. 1948 Gélos/F; jüd., 1920 Diss.; *V:* Max S.; *M:* Hedwig, geb. Heymann; ∞ Käthe Anna Ruben (geb. 1893), jüd., 1920 Diss., Emigr.; *K:* Anneliese (geb. 1921), Emigr.; *StA:* deutsch, 23. Febr. 1938 Ausbürg. mit Fam. *Weg:* 1933 F.

Nervenarzt; Mitgl. SPD, 1927-29 StadtVO. Mannheim u. stellv. Vors. Stadtjugendamt, Mitgl. Wohlfahrtsausschuß. 1933 Haft, Sept. 1933 Emigr. nach Frankreich.

Qu: Arch. - IfZ.

Stern, Immanuel (Emanuel), Dr. jur., Parteifunktionär, Rechtsanwalt; geb. 1882 Mährisch-Kromau; *G:* → Viktor Stern; *StA:* österr., 1919 CSR. *Weg:* 1939 GB; 1945 CSR.

Stud. Rechtswiss. Wien, Studienfinanzierung durch Tätigkeit als Privatlehrer; 1900 SDAP, Mitgl. *Sozialwissenschaftlicher Bildungsverein* Wien u. *Freie Vereinigung Sozialistischer Studenten;* ab 1906 RA in Brünn, Mitgl. *Mährischer Arbeiterbildungsverein* u. Arbeitertouristenbund *Die Naturfreunde,* Parteifunktionär u. -redner sowie Lehrer an Parteischule Brünn, Vors. *Freie Vereinigung Sozialistischer Studenten* u. Mitarb. *Der Volksfreund* Brünn. Nach Grdg. der CSR führender DSAP-Linker in Mähren, Okt. 1920 Deleg. Karlsbader PT, dort neben → Karl Kreibich für DSAP-Anschluß an die *Komintern,* 16. Juni 1921 Gr. *Kommunistischer Verein Mährens/Deutsche Sektion der Dritten Internationale,* Vors. auf Vereinigungs-PT Okt./Nov. 1921 u. Wahl zum ZK-Kand. der gesamtstaatl. KSČ; langjähr. Mitgl. KSC-Kreisltg. u. StadtVO. KSČ, als Anwalt für KSČ tätig. In innerparteil. Auseinandersetzungen nach dem 2. PT 1924 einer der Wortführer der sog. Rechten. März 1939 Emigr. nach GB, Mitgl. *Beuer-Gruppe* u. Mitarb. *Einheit* London, ab Bildung 1943 Mitgl. *Sudetendeutscher Ausschuß - Vertretung der demokratischen Deutschen aus der CSR.* 1945 Rückkehr in die CSR, Mitarb. des tschechoslow. Außenministeriums.

L: Reimann, Paul, Geschichte der Kommunistischen Partei der Tschechoslowakei. 1931; Kuhn, Kommunismus. *Qu:* Arch. Publ. Z. - IfZ.

Stern, Josef Luitpold, Dr. phil., Schriftsteller, Pädagoge, geb. 16. Apr. 1886 Wien, gest. 13. Sept. 1966 Wien; *V:* Moritz S. (gest. 1901), jüd., Steinmetz, Eisenbahnarb., Drechsler, Administrator *Arbeiter-Zeitung; M:* Ernestine, geb. Fischer; ∞ 1919 Maria Kaspar (1892-1958), zwischen 1938 u. 1945 Haft; *K:* Hans Martin (geb. 1919), Ing., 1938 Emigr. USA; *StA:* österr. *Weg:* 1934 CSR; 1938 F; 1940 USA; 1948 Österr.

Schon als Schüler schriftst. tätig; Mitgl. *Verein jugendlicher Arbeiter* in Wien bzw. ab 1903 *Verband jugendlicher Arbeiter Österreichs,* umfangreiche Lehr- u. Vortragstätigkeit in Arbeiterbildungsvereinen in Wien. Ab 1904 Stud. Rechtswiss. Wien, 1909 (?) Prom. Heidelberg mit Arbeit über Wiener Volksbildungswesen; Mitgl. u. Schriftf. *Freie Vereinigung Sozialistischer Studenten* u. *Sozialwissenschaftlicher Bildungsverein;* 1908-09 Sekr. von Friedrich Avenarius bei Hg. der Zs. *Kunstwarte* in Dresden. Anschl. wieder Wien, Mitgl. SDAP, erneut Bildungsarb. u. Vortragstätigkeit, Mitarb., ab 1911 Red. u. Theaterkritiker *Arbeiter-Zeitung,* Mitarb. *Der Kampf.* Ab 1912 Ltr. Zentralstelle für das Bildungswesen der deutschen Sozialdemokratie in Österreich (sog. Bildungszentrale), reorganisierte u.a. das Arbeiterbüchereiwesen, Hg. eines Handbuchs für Arbeiterbibliothekare, Red. der Zs. *Bildungsarbeit;* LtgMitgl. *Verein Volksbühne* Wien (Träger des gleichnam. Theaters), ab 1913 Red. des Vereinsorgans *Der Strom* (Mitarb. u.a. Anton Wildgans, Alfred Kubin, Alfons Petzold). 1914-15 red. Ltr. der satir. Zs. *Glühlichter,* die kriegsgegnerische Position einnahm u. deshalb 1915 verboten wurde. 1915-18 Frontsoldat. 1919 Gr. u. bis 1921 Ltr. Reichsbildungsamt der österr. Volkswehr. 1919 mit → David Josef Bach Gr. *Sozialdemokratische Kunststelle* in Wien, die mit Unterstützung der Wiener Stadtverw. künstlerische Veranstaltungen für Arbeiter organisierte, erneut Red. *Bildungsarbeit* sowie der Zs. *Kunstnachrichten.* 1922 in die CSR, ZusArb. mit der DSAP-Linken, 1924 Mitgr. der sudetendt. Arbeiterbildungszentralen in Teplitz/Nordböhmen u. Prag. Anschl. wieder Wien, 1926-34 Dir. Arbeiterhochschule; Mitarb. *Der Kampf,* 1926-30 Red. *Arbeiter-Kalender,* bis 1934 Vors. *Vereinigung Sozialistischer Schriftsteller.* 1934 nach den Februarkämpfen Emigr. CSR, lebte in Brünn, Vortragsreisen in der CSR u. in die Schweiz. Nov. 1938 nach Paris, gehörte zum Kreis um die AVÖS (→ Joseph Buttinger). 1939 nach Kriegsausbruch Internierung in mehreren Lagern, u.a. Stadion von Colombes u. Montargis; Aufenthalt in Montauban/Südfrankr., über Spanien u. Portugal Sept. 1940 nach New York, zunächst Hilfsarb., ab Ende 1941 in Philadelphia, bis 1948 Sozialarb. u. Lehrer in Slumvierteln. Sept. 1941 neben → Friedrich Adler u.a. Mitunterz. Protest österr. Sozialdemokraten gegen Versuch der Bildung einer österr. Exilreg. durch → Hans Rott u. → Willibald Plöchl. Ab 1943 in New York Mitgl. eines Ausschusses österr. Sozialisten in den USA zur Planung des künftigen Ausbildungswesens in Österr. 1948 Rückkehr nach Wien; Mitgl. SPÖ. Bis 1954 Ltr. Bildungsheim Schloß Weinberg/Oberösterr., 1954-59 Ltr. Bildungsreferat des ÖGB. VorstMitgl. *Österreichischer PEN-Club,* Ps. Josef Luitpold. - *Ausz.:* u.a. 1930 Ehrenring Thomas-Masaryk-Volkshochschule Brünn, 1948 Preis der Stadt Wien für Volksbildung, 1953 Berufstitel Professor, 1954 Ehrenplakette des ORF, 1956 Ehrenring der Stadt Wien, 1958 Würdigungspreis für Volksbildung.

W: u.a. Das Wiener Volksbildungswesen. 1910; Soziale Balladen. 1911; Herz im Eisen. Aus dem Tagebuch eines Landsturmmannes. 1917; Klassenkampf und Massenschulung. 1924; Der entwurzelte Baum. 1926; Die Rückkehr des Prometheus. 1927; Die neue Stadt. 1928; Die öffentliche Bücherei. Einrichtung, Finanzierung, Entlehnung, Beratung, Statistik. Bern (Bildungszentrale) 1936; Die hundert Hefte. Das Gedicht eines Lebens (70 Nummern, ersch. im Selbstverlag). Brünn, New York, Wien 1934-1953; Das Sternbild. Gesammelte Werke in 4 Bänden. Brünn 1937; Das Josef-Luitpold-Buch. 1948; Michael Servetus (S.). Urauff. Wien 1953; Georg Forster (S). Urauff. Wien 1959; Das Sternbild. Gesammelte Werke. 10 Bücher in 5 Bänden. 1963-65. *L:* DBMOI; Neugebauer, Bauvolk; Maimann, Politik; Herlitzka, Ernst K., Josef Luitpold Stern. In: Botz, Gerhard, u.a. (Hg.), Bewegung und Klasse. 1978. *D:* VfGdA. *Qu:* Arch. Pers. Publ. Z. - IfZ.

Stern, Julius, Dr. rer. pol., Textilfabrikant; geb. 29. Nov. 1902 Herzebrock/Westf.; jüd.; *V:* Bernard S. (geb. 1868 Herzebrock, gest. 1937 Deutschland), jüd., Kaufm.; *M:* Henriette, geb. Loewenberg (geb. 1877 Dortmund, Freitod 15. Mai 1940 Zaandvoort/NL), jüd.; *G:* Elfriede F. Nagel (geb. 1908 Herzebrock), Turnlehrerin, Emigr. CH, NL, 1939 USA; ∞ 1931 Herta Marum (geb. 1908 Sobernheim/Nahe), S von → Alfred Marum, jüd., Internat. London, März 1938 Emigr USA; *K:* Peter Albert (geb. 1932 Bad Kreuznach), März 1938 Emigr. USA mit Mutter, B.A. Harvard Univ., US Navy, ltd. Stellung in Marum-Firmen in den USA und in Deutschland; Eva Breckenridge (geb. 1935 Bad Kreuznach), März 1938 Emigr. USA mit Mutter, B.S. Simmons Coll.; George Bernard (geb. 1941), Stud. Boston Univ.; *StA:* deutsch, Apr. 1944 USA. *Weg:* 1938 USA.

1921-25 Stud. Staatswiss. Köln, 1925 Prom.; 1925-28 Banklehre, 1929-31 Betriebsltr. der Kettenläden Emil Köster AG Defaka Berlin, später Inh. A. Marum Wwe. AG (Herstellung von Socken, gegr. 1865) in Sobernheim. 16. Jan. 1938 Emigr. USA, 1942 als „feindl. Ausländer" 2 Wochen interniert. Mit Ehefrau u. ihren Geschwistern Gr. Marum Knitting Mills, Inc. Lawrence/Mass., Geschäftsführer u. Verkaufsltr. (→ Alfred Marum, 1948 Rückerstattung der Firma Marum in Sobernheim, Wiederaufbau mit Schwägern Arnold Marum u. Gerd Lebach, 1960 Verkauf des Anteils an Marum Knitting Mills, 1969 Verkauf des deutschen Unternehmens an Franz Falke Rohen, 1958 mit Gerd Lebach Gr. Stern-Lebach Corp. in New York u. Andover/Mass. Ab 1971 im Ruhestand. Ab 1938 Mitgl. Temple Emanuel, Lawrence/Mass., ab 1941 *Rotary Club,* 1938-60 *Hosiery Manufacturers Assn.* New York u. *Chamber of Commerce* Lawrence/Mass. Lebte 1975 in Andover/Mass. - *Ausz.:* 1966 BVK 1. Kl.

Qu: EGL. Fb. HGR. - RFJI.

Stern, Kurt, Schriftsteller, Verbandsfunktionär; geb. 18. Sept. 1907 Berlin; ∞ Jeanne (geb. 20. Aug. 1908 Bedous/F), Schriftst., 1926-31 Stud. Germanistik Berlin, 1933 Emigr. F, 1934 PCF, Übers., im Span. Bürgerkrieg Red. bei *Agence d'Espagne* Paris u. später Korr. in Valencia u. Barcelona, 1940-42 Lehrerin, 1942 nach Mex., Mitarb. BFD, Mitgl. *Heinrich-Heine-Klub,* 1946 Rückkehr nach F, 1947 Übersiedlung nach Deutschland (SBZ), Übers. u. Lehrbauftragte für franz. Lit. an der Humboldt-Univ. Berlin, mit ihrem Mann Drehbuchautorin; *StA:* deutsch. *Weg:* 1933 F; 1936 E; 1938 F; 1942 Mex.; 1946 F; 1947 (?) Deutschland (Berlin).

Bürgerl. Herkunft; 1927-33 Stud. Gesch., Phil. u. Lit. in Berlin u. Paris; 1927 KPD, Funktionär u. 1930-31 Reichsltr. *Kostufra.* Apr. 1933 mit Ehefrau Emigr. nach Frankr., 1934-35 Chefred. pol.-lit. Monatszs. *Unsere Zeit.* PolKommissar XI. Internat. Brigade im Span. Bürgerkrieg u. Hg. ihrer Ztg. *Pasaremos,* Red. *El Voluntario de la Libertad*; Juli 1937 Teiln. 2. Internat. Schriftstellerkongreß zur Verteidigung der Kultur in Valencia. 1938 nach Frankr., Mitarb. *Der Gegen-Angriff* u. *Deutsche Volkszeitung,* Lit.-Übers., 1939-40 Internierung. 1942 nach Mexiko, Mitgl. BFD u. Red. *Freies Deutschland,* ab 1944 Sekr. *Heinrich-Heine-Klub,* Mitarb. *Demokratische Post.* Sommer 1946 über Frankr. Rückkehr nach Berlin, ltd. Tätigkeit in Zentrallg. des *Kulturbunds zur demokratischen Erneuerung Deutschlands,* nach längerer Krankheit ab 1951 zus. mit Jeanne Stern schriftst. Tätigkeit, ab 1956 Mitgl. *PEN-Zentrum der DDR* u. VorstMitgl. *Deutscher Schriftstellerverband,* ab Grdg. 1963 Mitgl. *Solidaritätskomitee für das spanische Volk in der DDR*; PräsMitgl. *Deutsch-Französische Gesellschaft.* Lebte 1977 in der DDR. – *Ausz.:* u.a. 1952 Weltfriedenspreis (mit J. Stern), 1952 u. 1955 NatPreis, 1956 Hans-Beimler-Med., 1958 Med. für Kämpfer gegen den Faschismus 1933-1945.

W: In ZusArb. mit Jeanne Stern: Das verurteilte Dorf (Drehb.). 1952; Stärker als die Nacht (Drehb.). 1954; Das Leben beginnt (Filmerz.). 1959; Unbändiges Spanien (Dokumentarfilm). 1962. – Reportagen: u.a. Reisfelder – Schlachtfelder. 1967; Bevor der Morgen graut. 1969; Schauplatz Paris. 1972; *L:* Drews, Richard/Kantorowicz, Alfred (Hg.), Verboten und verbrannt. 1947; Pasaremos; LSDL; Albrecht, Deutschspr. Schriftsteller; Kießling, Alemania Libre. *Qu:* Hand. Publ. Z. – IfZ.

Stern, Leo (urspr. Jonas Leib), Dr. rer. pol., Hochschullehrer, Parteifunktionär; geb. 27. März 1901 Woloka/Galizien (?); jüd. (?), Diss.; *V:* Dr. Philipp Stern, RA; *G:* Manfred Stern (geb. 20. Jan. 1896 Woloka), Stud. Med. Wien, Mitgl. *Freie Vereinigung sozialistischer Studenten,* Teiln. 1. WK, 1915 russ. Kriegsgef. in Lager bei Čita/Sibirien, nach Oktoberrevolution maßgebl. an der von der bolschewist. Reg. geförderten Organisierung revol. Kriegsgefangener beteiligt, im russ. Bürgerkrieg Offz. der Roten Armee im Fernen Osten, zeitw. Stabschef der fernöstl. Truppen der Roten Armee, kämpfte u.a. gegen die japan. Interventionstruppen u. die tschech. Legion, anschl. MilExperte der *Komintern,* 1921 milit. Berater während des mitteldt. Aufstands u. 1923 während des Hamburger Aufstands, 1927 Mitorg. der chines. Roten Armee in den Sowjetgebieten in Südchina, in der ersten Hälfte der 30er Jahre während der sowj.-japan. Auseinandersetzungen um die Mandschurei Gen. der sowj. Truppen im Fernen Osten, ab 1936 als General Emilio Kléber Kommandant der XI. Internat. Brigade im Span. Bürgerkrieg, Verteidiger von Madrid, anschl. Rückkehr in die UdSSR, im Zug der Säuberungen Verhaftung, angebl. Hinrichtung in sibir. Straflager, nach 20. PT der KPdSU rehabilitiert; → Wolf Stern; ∞ 1945 Alice Melber; *K:* Manfred; Sylvia; *Weg:* 1934 CSR; 1935 (?) UdSSR; 1936 E; 1939 UdSSR; 1945 Österr.; 1950 Deutschland (DDR).

Ab 1921 Stud. Staats- u. Rechtswiss. Univ. Wien, Schüler u.a. von Hans Kelsen, Max Adler u. Othmar Spann, 1925 Prom.; Tätigkeit als Referent innerh. der sozialist. Arbeiterbildung, u.a. 1930 Redner bei Bildungsveranstaltungen der *Vereinigung Sozialistischer Mittelschüler* in Wien. Angebl. ab 1921 Mitgl. KPÖ, lt. anderer Quelle Mitgl. SDAP u. maßgebl. Vertr. der Linksopposition, Nov. 1933 Mitgl. des neugebildeten ZK der Linksopposition, um die Jahreswende 1933/34 Beitritt zur KPÖ. 1924 Gr. einer Marxistischen Studiengemeinschaft (?) in Wien. 1934 nach den Februarkämpfen zeitw. KL Wöllersdorf. 1934 in die CSR, dann in die UdSSR, 1936-38 Teiln. Span. Bürgerkrieg in den Internat. Brigaden. Nach Rückkehr in die UdSSR 1939 Lektor für dt. Gesch. an der Fakultät für deutsche Sprache der Staatl. Pädagog. Hochschule für Fremdsprachen Moskau, 1940 Habil. Univ. Moskau. Ab 1942 Mitarb. am Aufbau der Antifa-Schulungskurse für dt. Kriegsgef. im Lager Talici b. Gork'ij, ab Juni 1943 Lehrer u. im Sommer 1944 Ltr. des österr. Sektors. Jan. 1945 Oberst in der Roten Armee. Als Ltr. einer 25köpfigen Gruppe ehem. österr. Kriegsgefangener aus dem Lager Krasnogorsk mit der propagandist. Vorbereitung der Offz. u. Soldaten der Roten Armee auf den Einmarsch in Österreich betraut, gleichz. Dolmetscher von Marschall Tolbuchin. Nach dem sowj. Einmarsch in Wien u.a. Dolmetscher bei Tolbuchins Gesprächen mit Karl Renner, im sowj. Auftrag Ltr. einer Kommission zur Sichtung der Osteuropa-Bestände des Haus-, Hof- u. Staatsarchivs, Mitwirkung an sowj. Prop. für die österr. Bevölkerung. 1946 Dir. Institut für Wissenschaft und Kunst sowie Gastprof. Univ. Wien. 1950 Übersiedlung in die DDR nach Berufung an die Martin-Luther-Univ. Halle-Wittenberg als Ordinarius für Neuere Geschichte unter besonderer Berücksichtigung der Arbeiterbewegung, 1951-53 Prorektor für das gesellschaftswissenschaftl. Grundstudium u. 1953-59 Rektor. Mitgl. SED, 1954-60 Mitgl. BezLtg. Halle. Mitgl. Deutsche Akademie der Wissenschaften Berlin, zeitw. Dir. der Forschungsstelle für Geschichte, Vors. der DDR-Sektion der Gemeinsamen Historikerkommission DDR-UdSSR. – *Ausz.:* u.a. Dr. phil. h.c., 1954 u. 1964 VVO (Silber), 1955 NatPreis 2. Kl., 1956 Hans-Beimler-Med., 1971 Karl-Marx-Orden.

W: u.a. Die Auswirkungen der Großen Sozialistischen Oktoberrevolution auf Deutschland (Hg.). 1950; Gegenwartsaufgaben der deutschen Geschichtsforschung. 1952; Die Auswirkungen der ersten russischen Revolution von 1905-1907 auf Deutschland (Hg.). 1955-61; Der Antikommunismus in Theorie und Praxis des deutschen Imperialismus (Hg.). 1963; Der Antikommunismus als politische Hauptdoktrin des deutschen Imperialismus. 1964; Deutschland in der Feudalepoche von der Mitte des 11. Jahrhunderts bis zur Mitte des 13. Jahrhunderts (Mithg.). 1964; Deutschland in der Feudalepoche von der Mitte des 13. Jahrhunderts bis zum ausgehenden 15. Jahrhundert (Mithg.). 1964; Die Berliner Akademie der Wissenschaften in der Zeit des Imperialismus (Hg., 2 Bde). 1975. *L:* Frick, Karl, Umdenken hinter Stacheldraht. 1967; Mayenburg, Blaues Blut; Vogelmann, Propaganda; Stadler, Opfer. *Qu:* Arch. Hand. Pers. Publ. Z. – IfZ.

Stern, Max (Maximilian), Parteifunktionär; geb. 3. (?) Okt. 1903 Wien (?); *V:* Volksschullehrer; *StA:* österr. *Weg:* 1936 (?) CSR; 1937 (?) E; 1939 F; 1941 CH; 1945 JU, Österr.

Schlosserlehre, ab 1919 Mitgl. u. bald führender Funktionär des KJVÖ; 1924 auf 5. Weltkongreß der *Komintern* als Jugendvertr. Mitgl. der österr. Deleg.; 1925 bei verbotenem KJVÖ-Treffen in Linz verhaftet u. auf 10 Jahre ortsverwiesen. 1925 Sekr. Wien des KJVÖ, später Sekr. des Gesamtverbands. Gehörte in den fraktionellen Auseinandersetzungen innerh. der KPÖ zu der Mittelgruppe um → Johann Koplenig. Zeitw. Taxichauffeur. Ab 1933 illeg. KPÖ-Funktionär, Okt. 1936 an Org. der Flucht von → Friedl Fürnberg u. → Franz Honner aus dem KL Wöllersdorf beteiligt. Vermutl. 1936 in die CSR, ab 1937 (?) Teiln. Span. Bürgerkrieg in Internat. Brigaden, zeitw. Ltr. Transportwesen der XI. Internat. Brigade, Deckn. Otto Glaser. 1939 nach Frankr., Internierung u.a. in St. Cyprien. 1941 Flucht, illeg. Grenzübertritt in die Schweiz. Internierung Lager Bassecourt. Ende 1944 zus. mit → Peter Hofer u. → Turl Maller Flucht nach Frankr., als Mitgl. der Gruppe um → Othmar Strobel Jan. 1945 über Bari nach Belgrad, Major u. Politkommissar in einer Kompanie des 2. österr. Btl. im Verband der jugoslaw. Volksbefreiungsarmee, das infolge Kriegsende nicht mehr zum milit. Einsatz kam. Rückkehr nach Wien, Mitgl. KPÖ, 1945 Hg. des KPÖ-Organs *Salzburger Tageblatt,* später Ltr. Pressedienst des ZK der KPÖ. In den 50er Jahren Mitgl. Wiener Stadtltg., 1957-65 ZK-Mitgl. der KPÖ. Mitgl. *Vereinigung österreichischer Freiwilliger in der spanischen Republik 1936 bis 1939 und der Freunde des demokratischen Spanien,* RedMitgl. der Zs. *Spanien heute.* Mitarb. Historische Abt. beim ZK der KPÖ. Lebte 1978 in Wien. – *Ausz.:* u.a. 1975 Gedenkmed. für Teiln. am jugoslaw. Volksbefreiungskampf.

W: u.a. Spaniens Himmel. Die Österreicher in den Internationalen Brigaden. 1966. *L:* Göhring, KJVÖ; Holzer, Bataillone; Teubner, Schweiz; Brigada Internacional ist unser Ehrenname... 1975; Die Völker an der Seite der spanischen Republik. 1975; ISÖE; Reisberg, KPÖ. *Qu:* Arch. Hand. Publ. Z. – IfZ.

Stern, Nathan, Ingenieur; geb. 28. Mai 1879, gest. 18. Dez. 1975 New York; jüd.; *G:* Betty Prag (geb. 1881 Frankfurt); ∞ 1907 (?) Wilhelmine Jessel (geb. 1878 Wiesbaden), jüd., 1937 Emigr. GB, 1940 USA; *K:* Grete Vertun (geb. 1909 Frankfurt/M.), Krankengymn., Emigr. Pal., USA; Lotte Slater (geb. 1912 Varel/Oldenburg), Emigr. GB, USA, Stud. City Coll. New York, Dozentin, Künstlerin; *StA:* deutsch, USA. *Weg:* 1937 GB, 1940 USA.

Um 1900 Dipl.-Ing. TH Darmstadt; 1901–08 Ing., 1904 Ltr. Konstruktionsabt. bei den Adlerwerken Frankfurt/M.; unter seiner Ltg. Bau des ersten Adler-Automobils, 1908 (1910 [?] bis 1914(?) Chefing. Konstruktionsabt. der Hansawerke in Varel/Oldenburg, ab 1914(?) techn. Dir. der Alfred Teves GmbH in Frankfurt. Herst. von Autoteilen u. der ersten europ. Kühlschränke, zahlr. Patente; Beiträge in *Frankfurter Zeitung*. 1937 Emigr. GB mit Ehefrau, Berater bei engl. Firmen; 1940 6 Mon. Internierung Isle of Man. Dez. 1940 in die USA, Gr. der Firma für Präzisionsinstrumente Am. Measuring Instruments Corp. u. Industrieberater.

Qu: Pers. Z. – RFJI.

Stern, Paul (d.i. Csillag, Lászlo [Lazi]), Parteifunktionär; geb. 1900 (?) Ungarn; *G:* 1 S, Emigr. UdSSR. *Weg:* 1933 (?) UdSSR.

Als Student 1919 Teiln. an ungar. Räterevolution, nach Niederschlagung der Räterep. Flucht nach Wien. Mitgl. u. Funktionär KPÖ. Inoffiz. Ltr. Arbeiter-Buchhandlung in Wien, die 1933 von den österr. Behörden geschlossen wurde. Anschl. Emigr. UdSSR, bis 1938 Red. für Agrarfragen der *Deutschen Zentral-Zeitung* Moskau. Febr. 1938 Verhaftung, seitdem verschollen.

L: Beer-Jergitsch, Lilli, 18 Jahre in der UdSSR. Unveröffentl. Ms. im Besitz der Verf., Wien. *Qu:* Pers. Publ. – IfZ.

Stern, Thomas, Ministerialbeamter; geb. 17. Aug. 1927 Karlsruhe/Baden; *V:* Kurt S.; *M:* Gemma, geb. Brer; ∞ 1959 Vivian Margolis; *K:* Michael Lawrence; Kenneth Paul; *StA:* 1944 USA; *Weg:* 1939 USA.

1939 Emigr. USA, 1946–47 MilDienst US-Armee, Stud. Haverford Coll., 1950 B.A., 1950–51 Stud. Syracuse Univ.; 1950 Angest. Fed. Security Agency, 1951–53 Referent für VerwWesen im US-Außenmin. Washington/D.C., 1953–55 Referent für Budgetfragen US-Botschaft Rom, 1955–56 Referent für VerwAngelegenheiten bei der Internat. Cooperation Admin., 1956–57 stellv. Ltr. der Abt. VerwAngelegenheiten, 1957–60 im Personalbüro u. 1960 Program Operations Officer; 1960–61 wieder im Außenmin. in Washington/D.C., 1961–62 Dir. der Finanzabt., 1962 Sonderassist. bei Assist. Secy. of State for Admin., 1962–63 Dir. für Nahost- u. Südasiat. Angelegenheiten bei der A.I.D., 1963–64 Assist. beim stellv. Under Secy. of State for Admin.; 1964–65 Konsulatssekr., 1965–66 Erster Sekr., 1966–69 Berater für VerwAngelegenheiten an der US-Botschaft in Bonn; 1969–71 stellv. Dir. der Abt. VerwWesen im US-Außenmin., 1971 im Planungsbüro, 1971–72 im Büro für Auslandsbeziehungen; 1972–73 Mitgl. eines Seminars für Außenpol. des Foreign Service Inst. Ab 1973 stellv. Dir. des Büros für milpol. Angelegenheiten; Mitgl. *Am. Soc. Publ. Admin., Am. Acad. Pol. Science.* Lebte 1975 in Washington/D.C.

Qu: Hand. – RFJI.

Stern, Viktor, Dr., Parteifunktionär; geb. 29. Okt. 1885, gest. 1958 Berlin (Ost); *G:* → Immanuel Stern; *StA:* österr., CSR, UdSSR (?), deutsch. *Weg:* 1938 (?) UdSSR; 1945 CSR; 1946 Deutschland (Berlin).

Stud. Rechtswiss. Wien, Prom.; 1904 SDAP, 1918 KPÖ, dann nach Deutschland, Anschluß an USPD u. Ende 1919 Deleg. des außerordentl. USPD-PT in Leipzig, 1920 mit linkem Parteiflügel zur KPD, Chefred. *Ruhrecho* Essen, anschl. nach Hamburg u. nach sog. Märzaktion 1921 nach Österr. Vermutl. KPÖ-Deleg. auf 4. Weltkongroß der *Komintern* 1922, möglicherw. Chefred. *Die Rote Fahne* Wien; Deleg. u. Ref. 6. PT der KPÖ 1923, danach in die CSR. Mitgl. KSČ, Chefred. *Vorwärts* Reichenberg u. zwischen 1924 u. 1929 (2.-5. PT) Mitgl. PolBüro u. ZK der KSČ sowie 1927–29 des Zentralsekretariats der Partei; 1925–32 (Mandatsaberkennung durch das Wahlgericht) Abg. NatVers. der CSR; KSČ-Deleg. auf 7. erweiterten EKKI-Plenum Nov./Dez. 1926 u. 7. Weltkongreß der *Komintern* 1928, Mitgl. der dort gebildeten Kommission zur Ausarb. der Thesen über die Gefahr eines imperialist. Krieges. Gehörte in der KSČ zu den Exponenten der Versöhnler um Bohumil Jilek u. unterwarf sich der Stalinschen Bolschewisierungspol. erst nach dem Offenen Brief des EKKI an die KSČ v. Sept. 1928. Nach Übernahme der Parteiltg. durch die linke (Gottwald-)Gruppe Anfang 1929 aus den Führungsgremien der KSČ entfernt; in den 30er Jahren Doz. an *Komintern-* u. KPdSU-Schulen in der UdSSR. Ende 1938 bzw. Anfang 1939 Emigr. UdSSR, Mitgl. äußerer Kreis der Moskauer KSČ-Ltg., Chefred. des *Christlichen Senders der Komintern* Moskau/Ufa, der in mehreren europ. Sprachen christl. motivierte Opposition gegen Hitler propagierte, sowie Mitarb. *Sudetendeutscher Freiheitssender* (→ Leopold Grünwald). 1945 Rückkehr in die CSR, 1946 Übersiedlung nach Berlin, Mitgl. SED, ab 1946 Ltr. Lehrstuhl für dialekt. u. histor. Materialismus an der Parteihochschule Karl Marx.

W: Stalin als Philosoph. O.J. *L:* Reimann, Paul, Geschichte der Kommunistischen Partei der Tschechoslowakei. 1931; Leonhard, Revolution; Dějiny KSČ; Gyptner, Richard, Über die antifaschistischen Sender während des zweiten Weltkriegs. In: BZG, 1964, S. 881 ff.; Kuhn, Kommunismus; GdA-Chronik. *Qu:* Arch. Hand. Pers. Publ. – IfZ.

Stern, Wolf, Offizier; geb. 1898 Woloka/Galizien (?), gest. 18. Sept. 1961; *G:* → Leo Stern; *StA:* österr., UdSSR u. deutsch. *Weg:* 1936 E; UdSSR, 1945 (?) Deutschland (SBZ).

Im 1. WK Fähnrich in österr.-ungar. Armee, frühzeitig Mitgl. KPÖ, Parteitätigkeit in Wien. 1936 nach Spanien, Teiln. am Bürgerkrieg, danach in die UdSSR, Offz. der Roten Armee (angebl. NKVD), Mitarb. des NKFD in Lagern für hohe dt. Offz. Nach Kriegsende Übersiedlung in die SBZ, Mitarb. MfNatVert. u. Ltr. Institut für Deutsche Militärgeschichte, MilPublizist; Oberst der NVA. – *Ausz.:* sowj. Ausz., VVO (Silber).

Qu: Publ. Z. – IfZ.

Stern-Rubarth, Edgar, Dr. phil., Publizist; geb. 15. Aug. 1883 Frankfurt/M., gest. 26. Jan. 1972 London; kath.; *V:* Industrieller; ∞ 1917, Ehefrau Lehrerin; *K:* 1 Pflegetochter; *StA:* deutsch; brit. *Weg:* 1936 GB.

Stud. Romanistik u. Volkswirtsch., ab 1905 journ. tätig; im 1. WK Offz. in dt. u. türk. Armee (u.a. EK II u. I, Eiserner Halbmond). 1919–25 Chefred. im Ullstein-Verlag Berlin *(Welt-Echo, Abendpost* u. *BZ am Mittag),* anschl. Chefred. u. später auch stellv. Dir. bei der halbamtl. dt. Nachrichtenagentur *Wolffs Telegraphisches Büro AG* (WTB) u. i.A. der Reichsreg. Hg. *Deutsche diplomatisch-politische Korrespondenz*, Teiln. zahlr. internat. Konferenzen als Mitgl. der dt. Deleg.; 1927–33 Mithg. *Deutsch-französische Rundschau.* Ab 1920 Doz. Deutsche Hochschule für Politik u.a. Lehraufträge, 1924 Mitarb. u. Präs. *Europäischer Zoll-Verein,* GenSekr. *Deutsch-Französische Gesellschaft,* VorstMitgl. *Fédération Internationale des Journalistes.* – Förderer der europ. Einigung u. der dt.-franz. Verständigung, u.a. durch seine außenpol. Kolumne in der *Vossischen Zeitung,* schon ab 1905 journ. Mitarb. von Gustav Stresemann, Freundschaft mit Aristide Briand. Sommer 1932 vergebl. Versuch, die bürgerl. Parteien in einem *Deutschen Nationalverein* zur Abwehr des NatSoz. zusammenzufassen. März 1933 Beurlaubung durch WTB auf natsoz. Druck, während Vortragsreise in USA Kündigung, anschl. kurzfristig beim *Berliner Tageblatt* tätig, dann freier Journ., Auslandsreisen. Anfang 1936 nach GB, Vermögenstransfer mit Hilfe von Hjalmar Schacht, Korr. für Zs. im Reich, ab 1938 Tätigkeit für Amalgamated Press London. 1939 u. 1940 Internierung, zuletzt bis Nov. 1940 Isle of Man. Anschl. bis Kriegsende PropBerater für brit. Stellen, Mitarb. der engl. u. amerikan. Presse (Ps. Peter Laukhard), Mitgl. *Deutscher PEN-Club London,* Verb. zu dt.

Exilgruppen, u.a. zu → Wilhelm Wolfgang Schütz, Hoffnung auf Sturz des NS-Regimes durch dt. Generalität. S.-R. forderte in seinen Veröffentlichungen den Verhandlungsfrieden mit einer demokrat. Reg. nach Hitler, die Bestrafung natsoz. Aktivisten u. internat. Kontrolle des dt. Erziehungssystems; der preuß. Staat sollte zerschlagen werden, da seine östl. Gebiete als im Ursprung slawisch die eigentl. Quelle des dt. Nationalismus u. Militarismus gewesen seien. 1947/48 in brit. Auftrag vorüberg. in Deutschland, Kontakte u.a. zu Konrad Adenauer, Gastdoz. an dt. Univ. u. bei Amerika-Häusern. Anschl. Korr. u.a. für *Stuttgarter Zeitung, Rheinischer Merkur, Aachener Volkszeitung,* später auch pressepol. Mitarb. bei dt. Botschaft London. – *Ausz.:* 1957 Gr. BVK, 1963 Stern zum Gr. BVK.

W: u.a. Die Propaganda als politisches Instrument. 1921, 1922; Der Friedensvertrag in Stichworten. 1922; Graf Brockdorff-Rantzau – Wanderer zwischen zwei Welten. 1929, 1966; Stresemann, der Europäer. 1929 (auch franz.); Three Men Tried. London (Duckworth) 1938 (dt. Drei Männer suchen Europa. Briand-Chamberlain-Stresemann. 1948); Exit Prussia, a Plan for Europe. London (Duckworth) 1940; A Short History of Germany. Ebd. 1941 (3. Aufl. 1946); Europa, Großmacht oder Kleinstaaterei. 1951; The German Press's Fight for Freedom. 1954; Encyclopedia of British Birds (Mitverf.). 1955; Aus zuverlässiger Quelle verlautet... (ABiogr.) 1964; *L:* Festschrift für Edgar Stern-Rubarth: Publizistik 8, 1963. *Qu:* Arch. Hand. Publ. – IfZ.

Sternberg, Fritz, Dr. rer. oec., Publizist; geb. 11. Juni 1895 Breslau, gest. 18. Okt. 1963 München; ∞ Dr. Erna von Pustau (geb. 1903), Journ., Mitgl. SAPD, 1933 Emigr. CH; *StA:* deutsch, 1950 USA. *Weg:* 1933 CSR, Österr., CH; 1936 F; 1939 USA.

Aus jüd. Elternhaus; Stud. Wirtschaftswiss. Univ. Breslau u. Berlin, 1917 Prom. bei Adolf Weber über *Die Juden als Träger einer neuen Wirtschaftsordnung in Palästina,* 1919-23 Assistent Franz Oppenheimers in Frankfurt/M., ab 1924 freier Publizist; einer der führenden marxist. Wirtschaftstheoretiker in der Tradition von Rosa Luxemburg. Autor mehrerer polit.-ökon. Werke über den notwendigen Zusammenbruch des Kapitalismus, unter Ps. K.L. Gerstorff u. Thomas Tarn wirtschaftspol. Kolumnist *Die Weltbühne* sowie Mitarb. versch. Zs.; Bildungsarb. in der sozialist. Arbeiterbewegung; 1929-30 maßgebl. Einfluß auf den Kreis sozialist. Studenten in Köln, der die Zs. *Der Rote Kämpfer* (→ Arthur Goldstein) herausgab. Mit einem Teil dieser Gruppe 1931 in die neugegr. SAPD; entscheidender Einfluß auf die wirtschaftspol. Programmatik der SAPD, Vertr. des linken Flügels; nach natsoz. Machtübernahme Mitgl. illeg. SAPD-Reichslt., Sommer 1933 vor drohender Verhaftung im Untergrund, Flucht nach Prag, von dort über Wien in die Schweiz, bis 1936 in Basel; danach Übersiedlung nach Paris, 1936-39 Mitgl. der SAPD-Auslandsltg., Deckn. u. publizist. Ps. F. Thomas, Ungewitter; 1939 Emigr. in die USA, pol. Publizist, Mitunterz. der programmat. Erklärung des CDG (→ Paul Tillich) v. Mai 1944. Hielt sich nach Kriegsende in den bei Naturalisation vorgeschriebenen Zeitabständen in den USA auf, lebte jedoch vor allem in Deutschland (BRD) u. Österr. Propagiert in seinen Schriften einen dritten Weg für Europa zwischen USA u. UdSSR.

W: Der Imperialismus. 1926; „Der Imperialismus" und seine Kritiker. 1929; Eine Umwälzung der Wissenschaft? Kritik des Buches von Henryk Grossmann: Das Akkumulations- und Zusammenbruchsgesetz des kapitalistischen Systems. Zugleich eine positive Analyse des Imperialismus. 1930; Der Niedergang des deutschen Kapitalismus. 1932; Der Faschismus an der Macht. Amsterdam (Contact) 1935; Deutschland wohin? Die Wirtschaft des 3. Reiches und ihre Perspektiven. Straßburg (Imprimerie Française) 1937; Germany and a Lightning War. London (Faber) 1938; Hur länge kan Hitler föra krig? Lund (Nordeuropa) 1938; Die deutsche Kriegsstärke. Straßburg (Sebastian Brant) 1939; From Nazi Sources: Why Hitler Can't Win. New York (Longmans) 1939; Fivefold Aid to Britain. New York (Day) 1941; German Man Power the Crucial Factor. Washington (The Brookings Inst.) 1942; Der Imperialismus. Palästina (Sifriat Poalim, Worker's Book-Guild/Haschomer haza'ir) 1942; The Coming Crisis. New York (Day) u. London (Gollancz) 1947; Den kommende verdenskrise. Skive (Frit Forl.) 1948; Krise na obzoru. Prag (Děl Nické Nakladatelství) 1948; How to Stop the Russians Without War. New York (Day) u. London (Boardman) 1948; Kan russerne stanses – uten krig? Oslo (Aschehoug) 1948; Hou houden wij de Russen tegen zonder Oorlog? Leiden (Brill) 1948; Living with Crisis. The Battle Against Depression and War. New York (Day) 1949; Genom Krisen utan Krig? Stockholm (Tiden) 1949; Wie stoppt man die Russen ohne Krieg? 1950; Kapitalismus und Sozialismus vor dem Weltgericht. 1951; Marx und die Gegenwart. Entwicklungstendenzen in der zweiten Hälfte des 20. Jahrhunderts. 1955; Die militärische und die industrielle Revolution. 1957; Wer beherrscht die zweite Hälfte des 20. Jahrhunderts? 1961. *L:* Drechsler, SAPD; MGD; Ihlau, Olaf, Die Roten Kämpfer. Ein Beitrag zur Geschichte der Arbeiterbewegung in der Weimarer Republik und im Dritten Reich. 1969; Stollberg, Gunnar, Theorie und Erfahrung. Die Faschismusschriften Rosenbergs, Serings und Sternbergs im Lichte der Marxschen Theorie In: IWK 1974/H. 1. *Qu:* Arch. Hand. Publ. Z. – IfZ.

Sternberg, Robert, Kommunalpolitiker; geb. 11. Jan. 1904 Erwitte/Westf.; jüd.; *V:* Julius (geb. Okt. 1864 Erwitte, gest. Dez. 1916), jüd., Kaufm.; *M:* Helene, geb. Lebach (geb. Mai 1870 Adorf/Waldeck, umgek. 1943 KL Theresienstadt), jüd., höhere Schule; *G:* Otto (geb. Juni 1897 Erwitte), 1939 Emigr. CDN über GB; Grete Weinberg (geb. Febr. 1899 Erwitte, umgek. im Holokaust); Herta Kasserra (geb. Apr. 1901 Erwitte), höhere Schule, A: Deutschland (BRD); Mathilde Goldschmidt (geb. Juni 1910 Erwitte, umgek. im Holokaust); ∞ 1932 Irmgard Löwenstein (geb. 1912 Wittmund), jüd., höhere Schule, Kindergärtnerin, 1939 Emigr. S-Afrika; *K:* Peter (geb. 1935), 1939 Emigr. S-Afrika, Extraneer-Dipl. Cambridge Univ., Buchprüfer; Judy Ann Kaplan (geb. 1942), B.A. Univ. Capetown, Sekr.; *StA:* deutsch, 1948 Rhodesien, 1968 Rhodesien u. deutsch. *Weg:* 1939 S-Afrika.

1922 Abitur Lippstadt, 1923-24 Banklehre, 1925-38 Großhandelsvertr. für Tabakwaren. 10. Nov.-20. Dez. 1938 KL Sachsenhausen, Febr. 1939 Emigr. Südafrika; 1939 bei einer Tabakfabrik in Bulawayo/Rhodesien, 1939-40 Angest. im Einzelhandel in der Nähe von Gatooma/Rhodesien, 1940-41 Hilfsbuchhalter in Gatooma, 1941-74 Buchprüfer bei Versicherungsvertr. u. Grundstücksmaklern. 1974 Pensionierung. – Heeresdienst rhodes. Armee (BuchprüfungsOffz.). 1952-63 StadtVO, 1956-57, 1961-62 Bürgermeister in Gatooma; ab 1951 Mitgl., zeitw. Vors. Stadtbibliotheksausschuß, Gr. u. zeitw. Vors. Gatooma Hebrew Congr., Vertr. bei *Jew. Board of Deputies Rhodesia,* Mitgl. u. zeitw. Vors. *Rotary-Club* Gatooma, 1959 Gr. u. ab 1969 Vors. im Ausschuß eines Altersheims. Lebte 1977 in Gatooma/Rhodesien.

Qu: Fb. Hand. – RFJI.

Stettner, Walter Fritz, Dr. jur., Ministerialbeamter; geb. 28. Juni 1914 Triest; jüd.; *V:* Maximilian S. (geb. 1874 Prag, gest. 1944 Schanghai), jüd., Angest. Dampfschiffahrtsges., 1939 Emigr. Schanghai; *M:* Katharina, geb Zuckermann (geb. Nov. 1888 Komotau/Böhmen, umgek. 1944 KL Auschwitz), jüd., 1939 Emigr. NL nach vergebl. Versuch, nach GB zu emigrieren, Dep.; *G:* Ilse Nicholson (geb. 1917 Wien), 1939 Emigr. USA über NL; ∞ I. 1945 Leonora Herreck (geb. 1914 Madison/Wisc.), ev., M.A. Univ. Kansas, 1959 gesch.; II. 1962 Jean Hermann (geb. 1917 Quincy/Ill.), Christ. Sc., Handelsschule; *K:* Karin Emily (geb. 1951), B.A., Angest.; Nina Katherine Roger (geb. 1953), Versicherungsangest.; *StA:* CSR, 1944 USA. *Weg:* 1938 USA.

1934 Angest. bei einer Versicherungsges.; 1937 Prom. Wien, 1937-38 jur. Repetitor mangels anderer Berufsmöglichkeiten, nach Anschluß Österr. mit Haft u. Vermögenseinzug bedroht; Lehrgang als Konditor, Nov. 1938 Emigr. USA über Italien. Durch Vermittlung amerikan. Verwandter Agent bei einer Lebensversicherungsges.; 1939-44 Stud., 1941 M.A., 1944 Ph. D., Assist. Harvard Univ., 1943-48 volkswirtschaftl. Tätigkeit bei

Board of Governors des Federal Reserve System, 1947-48 Doz. Johns Hopkins Univ.; 1948-50 stellv. Ltr., dann Ltr. der Abt. für innereurop. Zahlungsverkehr bei Economic Cooperation Administration, 1950-52 wirtschaftl. Sonderberater, 1952-53 stellv. Dir. europ. Programmabt. der Mutual Security Administration. 1954-55 Berater des US Regional Development Office Paris, 1956-58 wirtschaftl. Sachverständiger für fernöstl. Angelegenheiten bei der Internat. Cooperation Administration, 1958-62 wirtschaftl. Sachverständiger bei President's Council of Economic Advisors, 1963-65 GenSekr. Org. for Econ. and Cooperative Development Consortium for Turkey, 1965-69 wirtschaftl. Berater bei A.I.D., 1968-69 in Buenos Aires, 1969-71 Ltr. für Wirtschaftspol. in der Vietnamabtl. der A.I.D. in Washington/D.C., 1971-72 volkswirtschaftl. Tätigkeit, 1972-75 wirtschaftl. Berater in der Laos-Abt. von A.I.D., ab 1975 Ltr. für afrikan. Angelegenheiten beim Bureau of Program and Policy Coordination der A.I.D. Mitgl. *Am. Econ. Assoc., History of Econ. Soc., Am. Contract Bridge League.* Lebte 1978 in Washington/D.C.

W: Housing, Social Security and Public Works. (Mitverf.). 1946. *Qu:* Fb. Hand. - RFJI.

Stiaßny, Paul, Dr. phil., Industrieller; geb. 5. Febr. 1884 Wien; jüd.; *V:* Dr. Moritz S., RA in Wien; *StA:* österr. *Weg:* 1939 GB.

Stud. Univ. Bern, Prom.; Dir. Burgenländische Kreide- und chemische Werke AG in Müllendorf-Wien. 1927-36 Kammerrat, 1929-36 Vizepräs. Burgenländische Handels- und Gewerbekammer. Emigrierte Apr. 1939 nach London, stand möglicherweise der legitimist. Emigr. in GB (→ Robert Habsburg-Lothringen) nahe. - *Ausz.:* 1929 Kommerzialrat.

L: Kriegler, Johann, Politisches Handbuch des Burgenlands, Teil I. 1972. *Qu:* Arch. Publ. - IfZ.

Stibi, Georg, Partei- u. Staatsfunktionär; geb. 25. Juli 1901 Markt Rettenbach b. Memmingen; *V:* Anton S. (geb. 1853), Schuhmachermeister; *M:* Maria, geb. Gaißer (geb. 1872); *G:* Maria Antonia (geb. 1896), Michael (geb. 1898), Thekla (geb. 1899), Josef (1900-01), Anna Maria (geb. 1902), Magdalena (geb. 1905); ∞ Henny (geb. 1902), 1924 KPD, Angest. ZK, 1933 Emigr. UdSSR, Mitarb. *Komintern*, 1939 F, Sekr. im ZK-Sekr. in Paris, Internierung Gurs u. Bompard, 1941 Mex., Mitgl. BFD u. *Heinrich-Heine-Klub,* 1946 Deutschland (Berlin), A: 1977 Berlin (Ost); *StA:* deutsch, 23. Aug. 1938 Ausbürg. deutsch. *Weg:* UdSSR; 1936 E; 1939 F; 1941 Mex.; 1946 Deutschland (Berlin).

Lehre in einer Molkerei, 1919-26 Arbeiter in Bau- u. Holzindustrie. 1919 USPD, 1922 KPD; ab 1926 Journ. für KPD-Presse, dann bis 1932 Chefred. *Freiheit* Düsseldorf. 1930 Urteil Reichsgericht Leipzig 2 J. Gef. wegen Hoch- u. Landesverrats. 1932 Korr. *Die Rote Fahne* in Moskau, ab 1933 Mitarb. u. 1935-36 Red. für dt.-sprachige Sendungen bei *Radio Moskau,* Korr. dt.-sprachiger Ztg., 1936 als Freiw. nach Spanien, 1937 durch ZK-Sekretariat Paris zum republikan. Rundfunk nach Madrid deleg.; 1937-39 Red. *Deutscher Feiheitssender 29,8* in Valencia u. Barcelona, anschl. Frankr., Internierung Le Vernet. Dez. 1941 Mexiko, Jan. 1942 Mitgl. der engeren Ltg. der KPD-Gruppe, Teiln. Konf. der KPD-Ltg. 9.-10. Jan. 1943 (→ Paul Merker); Mitgl. BFD, Apr. 1942-Jan. 1943 Sekr. BFD; Mitgl. *Heinrich-Heine-Klub*; 1942 Vorträge Universidad Obrera. Ltr. Kunstwerkstätte Taller Grafico Popular. Juli 1946 Berlin, SED. Ab 1946 Red. u. 1949 Chefred. *Berliner Zeitung,* Okt. 1949-1950 stellv. Ltr. Amt für Information, 1950-52 Chefred. *Sächsische Zeitung,* 1952-54 Chefred. *Leipziger Volkszeitung,* 1954 Red. u. 1955-56 Chefred. *Neues Deutschland* Berlin (Ost). Übernahme in diplomat. Dienst; 1957-58 Botschafter in Rumänien, 1958-61 in der CSR. Ab März 1961 stellv. Min. für Auswärtige Angel., ab Juli 1961 Mitgl. des Präs. *Deutsch-Lateinamerikanische Gesellschaft in der DDR,* Vizepräs. *Liga für Völkerfreundschaft.* Lebte 1976 in Berlin (Ost). - *Ausz.:* 1955 VVO (Silber), 1956 Hans-Beimler-Med., 1961 VVO (Gold), 1966 Karl-Marx-Orden.

L: GdA-Chronik; Antifaschisten; Kießling, Alemania Libre; Lerg, Winfried B./Steininger, Rolf, Rundfunk und Politik 1923 bis 1973. 1975; Dasbach-Mallinckrodt, Anita, Wer macht die Außenpolitik der DDR? 1972; Dahlem, Vorabend. *Qu:* Arch. Hand. Publ. Z. - IfZ.

Stier, Josef, SJ, Ordenspriester; geb. 8. März 1863 Aulendorf/Württemberg, gest. 18. Jan. 1938 Schönbrunn/Schweiz; kath.; *V:* Domänenrat; *G:* Alois, Maria. *Weg:* 1935 CH.

1883 Eintritt in den Jesuitenorden. Nach Absolvierung der üblichen Studien vor allem in der Wirtschaftsführung des Ordens tätig; ab 1907 Prokurator in Feldkirch/Vorarlberg u. später Valkenburg/Niederlande, 1924-35 Provinzprokurator der Oberdeutschen Provinz. Sept. 1935 aus gesundheitl. Gründen in die Schweiz; blieb in ZusHang mit den Ordensdevisenprozessen im Exil.

L: Hoffmann, E. u. Janssen, H., Die Wahrheit über die Ordensdevisenprozesse 1935/36. 1967. *Qu:* Pers. Z. - IfZ.

Stillschweig, Kurt, Dr. jur., Rechtsanwalt, Verbandsfunktionär; geb. 28. Juli 1905 Berlin; gest. 15. Aug. 1955 Stockholm; jüd.; *V:* Sigismund S.; *M:* Regina, geb. Josky; ∞ 1946 Kate Stangenberg; *K:* Helen Katrin. *Weg:* 1939 S.

1929 Prom. Heidelberg, 1932-33 RA in Berlin, 1933-38 Sachverständiger für Probleme nat. Minderheiten. VorstMitgl. L(H)WJ u. Rabbiner-Seminar Berlin, 1938-39 Berater für Emigrationsfragen beim *Hilfsverein* u. Berater in Emigrationsabt. der *Reichsvertretung* Berlin. 1939 Emigr. Schweden, 1939-50 VorstMitgl. Jüd. Gde. Stockholm, 1948-50 VerwDir. Wiedergutmachungs-Beratungsstelle. 1950-55 RA-Praxis in Stockholm, daneben Stud. Rechtswiss. Stockholm, 1954 LL.D.; 1950-55 Schriftführer Jüd. Gde. Bauksvaire.

W: u.a. Der Schutz des redlichen Erwerbes bei der Übereignung beweglicher Sachen nach deutschem, französischem, österreichischem und schweizerischem Recht (Diss.). 1929; Die Juden Osteuropas in den Minderheitsverträgen. 1936; Die Judenemanzipation im Licht der französichen Nationsbegriffe. In: Monatsschrift für Geschichte und Wissenschaft des Judentums, 81/1937; Die nationalitätenrechtliche Stellung der Juden im alten Oesterreich. Ebd. 81/1937; Die nationalitätenrechtliche Stellung der Juden in der Tschechoslowakei. In: Historia Judaica I, 1938-39; Jewish Nationhood as a Factor in Law. Ebd. IV, 1941; Judarnas Emancipation. 1943; Historia Judaica VI, 1944; Nationalism and Autonomy among Eastern European Jewry. In: Det Judiska minoritetsproblemet. 1944; The Jews of Germany as a National Minority. In: Historia Judaica, 1949 (deutsch: Judaica, . Bd. III, Nr. 1/1947); Art. über internat. Menschenrechte in am. u. schweiz. Zs. *Qu:* EGL. Hand. Publ. Z. - RFJI.

Stock (urspr. Feigelstock), **Sigmund,** Fabrikant; geb. 1897 Deutschkreutz/Westungarn; jüd.; *V:* Alexander Feigelstock (geb. Deutschkreutz, gest. 1937 Deutschkreutz), jüd., Kaufm.; *M:* Karoline, geb. Lederer (gest. 1944 Budapest), jüd., Volksschule; ∞ I. 1923 Margit Wollstein (geb. Beled/Westungarn, gest. 1935 Wien); II. 1937 Helene Koppel (geb. 1914), jüd., Lehrerin; *K:* Ilse Lamm (geb. 1924 Wien), höhere Schule, 1939 Emigr. AUS; Dr. med. Eric Stock (geb. 1925 Wien), 1939 Emigr. AUS, Herzspezialist; Garry (geb. 1943), UnivStud., Geschäftsführer; *StA:* österr., 1944 AUS. *Weg:* 1936 AUS.

1909-14 höhere Schule, 1915-18 Kriegsdienst. Kleiderfabrikant, lebte 1924-36 in Wien u. Zagreb, tätig in zion.-revisionist. Verbänden in Zagreb u. bei *Alijah Bet.* 1936 Emigr. Australien; lebte zunächst von Ersparnissen u. vom Einkommen der Ehefrau als Schneiderin, dann Wiederaufnahme der Kleiderfabrikation, gleichz. Immobilienmakler u. im Häuserbau tätig. Ab 1942 VorstMitgl. u. Präs. auf Lebenszeit der revisionist.-zion. Partei, Schatzmeister *Zion. Fed. of Australia* u. *Keren Hayessod* für Australien u. Neuseeland, VorstMitgl. der amerikan. Unterstützungsorg. für die zion.-revisionist. Bewegung *Herut-*

HaZohar, ab 1954 VorstMitgl. u. zeitw. Schatzmeister *Jew. Board of Deputies* Victoria, zeitw. Kuratoriumsmitgl. Mt. Scopus Coll. u. Mitgl. Actions Committee der W.Z.O.; Mitgl. Handelskammer von Victoria.

Qu: Fb. Hand. - RFJI.

Stock, Werner, Chemiker, Unternehmensleiter; geb. 16. Mai 1916 Berlin; jüd.; *V:* Gustav S. (geb. 1866 Züllichau/Brandenburg, gest. 1935 Berlin), jüd., Justizrat; *M:* Rose, geb. Berwin (geb. 1889 Naumburg/Hessen, gest. 1936 Berlin), jüd., VorstMitgl. Isr. Taubstummenanstalt in Berlin; *G:* Ursel Schaefer (geb. 1914 Berlin), 1938 Emigr. USA, Stud. Sorbonne, Northwestern Univ. Chicago u. Univ. Denver, Sozialfürsorgerin; ∞ 1951 Ada Oschinsky (geb. 1920 Breslau), jüd., 1939 Emigr. GB, 1948 USA, Sekr.; *K:* Wendy (geb. 1954), B.Sc. Univ. of Ill., Stud. Univ. of Calif.; Peter G. (geb. 1956), Stud. Univ. of Ill.; *StA:* deutsch, USA. *Weg:* 1938 USA.

1935 Abitur Berlin, 1935-38 Lehre in Papier- u. Druckereibetrieben in Berlin u. Breslau. Apr. 1938 Emigr. USA mit Schwester, 1938-41 Angest., später Laborant bei Visking Corp. Chicago, daneben 1939-40 Stud. Ill. Inst. of Technology Chicago. 1941-45 US-Armee (Sanitätskorps), 1946 für MilReg. tätig (Purple Heart, Bronze Star). 1946-48 Stud. Univ. Chicago, B.Sc. (Chemie); 1947-51 Chemotechniker, 1951-63 Chemiker bei Visking Corp. Chicago. 1963-67 Ltr. Abt. New Applications der Food Products Div., ab 1967 Vizepräs. in der Abt. für Filmverpackung bei der Union Carbide Corp. Chicago. Ab 1962 Mitgl. *Inst. for Food Technology*, 1960-67 Mitgl. u. 1964-65 Vizepräs. *Board of Jew. Educ.*, ab 1968 Mitgl. u. 1971-72 VorstMitgl. Temple Anshe Sholom. Lebte 1978 in Park Forest/Ill.

Qu: Fb. Hand. - RFJI.

Stockinger, Friedrich (Fritz, Frederick), Kaufmann, Politiker; geb. 22. Sept. 1894 Wien, gest. 20. Aug. 1968; *V:* Michael S., Kaufm., ∞ I. Maria Gabler; II. Olga N.; *K:* Fritz; *StA:* österr., CDN (?). *Weg:* 1938 F; 1940 (?) USA; CDN.

Stud. Hochbau TH Wien, 1914-18 Frontoffz., zuletzt Oberlt. (zahlr. mil. Ausz., später Hptm. d. R. im österr. Bundesheer). Nach Kriegsende Besuch des Abiturientenkurses der Handelsakademie Wien sowie Stud. Export-Akademie, anschl. Eintritt in Lebensmittelgroßhandlung des Schwiegervaters Johann Gabler, ab Jan. 1923 Alleininh., hatte darüber hinaus die Berechtigung für Briefmarkenhandel, Kleinverschleiß von gebrannten geistigen Getränken u. Gemischtwarenhandel. Mitgl. u. Gremialrat *Gremium der Wiener Kaufmannschaft*, handelsgerichtl. beeidigter Sachverständiger u. Schätzmeister für Mehl- u. Hülsenfrüchte, Sachverständiger in der Spiritus- u. Preßhefestelle, Mitgl. Preisprüfungskommission für Margarine, Öle u. Fette. Präs. *Verband der Lebensmittelgroßhändler* u. *Verband der Zuckergroßhändler*. Ab 1927 Mitgl. Beirat für Handelsstatistik. AR-Mitgl. MIAG-Konzern u. Merkur-Bank. Vermutl. Mitgl. *Vaterländische Front*, befreundet mit Engelbert Dollfuß; 1933-36 Handelsmin. unter Dollfuß u. in den ersten 3 Kabinetten Kurt Schuschnigg, maßgebl. an der Entwicklung der großhandelsfreundlichen Gesetzgebung dieser Jahre beteiligt. Wurde 1933 von sozdem. Presse der Korruption beschuldigt. Nov. 1936 nach Ausscheiden aus der Reg. Führer des österr. Handelsstands u. Präs. VerwKommission der Österr. Bundesbahnen. Stand in enger pol. Beziehung zu → Richard Coudenhove-Kalergi. 1938 nach Anschluß Österr. Flucht über Budapest u. Prag nach Paris. Herbst 1939 mit → Hans Rott, → Ernst-Rüdiger Starhemberg u. → Guido Zernatto Bemühungen um Bildung einer von der franz. Reg. anerkannten österr. Exilvertr. u. um Aufstellung einer österr. Legion. Vermutl. 1940 in die USA, später nach Kanada; Industrieberater. 1955-66 österr. Handelsdeleg. u. Vertr. der Bundeskammer der gewerblichen Wirtschaft in Toronto. - *Ausz.:* u.a. Kommerzialrat.

W: u.a. Volk am Werk. Österreichischer Arbeitsbericht in Wort und Bild. 1935. *L:* Buttinger, Beispiel; Starhemberg, Ernst Rüdiger, Memoiren. 1971; Gulick, Österreich. *Qu:* Arch. Hand. Publ. Z. - IfZ.

Stöcker, Helene, Dr. phil., Schriftstellerin, Politikerin; geb. 13. Nov. 1869 Elberfeld, gest. 24. Febr. 1943 New York; ev., 1915 Diss.; *V:* Ludwig S., Kaufm.; *M:* Hulda, geb. Bergmann; *G:* 7; ∞ Dr. Bruno Springer, RA, Schriftst. (gest. 1931); *StA:* deutsch, 9. März 1938 Ausbürg. *Weg:* 1933 CH; 1940 S; 1941 USA.

1896-1901 Stud. Phil., Lit. u. Volkswirtsch. Berlin, Glasgow u. Bern, ab 1903 Hg. *Frauen-Rundschau*, 1905 Gr. *Deutscher Bund für Mutterschutz und Sexualreform* u. Gr. Zs. *Die neue Generation*, 1914 Mitgl. *Bund Neues Vaterland*, nach dessen Verbot Gr. *Frauenausschuß für einen dauernden Frieden*, 1921 Mitgr. *Internationale der Kriegsdienstgegner*, 1926 Mitgl. *Gruppe Revolutionärer Pazifisten* (→ Kurt Hiller). Setzte sich in zahlr. Schriften u. Vorträgen für Frauenrecht, Schutz der außerehelichen Mutterschaft, Sexualreform u. radikalen Pazifismus ein. U.a. 2. Vors. *Internat. Vereinigung für Mutterschutz und Sexualreform*, Ratsmitgl. *Internat. Verband der Friedensgesellschaften*, PräsMitgl. *Deutsches Friedenskartell*, Mitgl. Politischer Beirat der DLM, Mitgl. *Internationale Liga gegen den Imperialismus*. Nach natsoz. Machtübernahme Emigr. nach Zürich, 1940 nach Schweden, 1941 in die USA.

W: u.a. Die Liebe und die Frauen. 1905, 1908, 1924; Erotik und Altruismus. 1924; Verkünder und Verwirklicher. 1928; Quidde als Mitkämpfer. In: Friedenswarte 2 (1938). *L:* RhDG; Hiller, Kurt, Köpfe und Tröpfe. 1950. *Qu:* Arch. Hand. - IfZ.

Stoerk, Carl Asher, Ingenieur; geb. 21. Mai 1903, gest. 21. Okt. 1962 Haifa; *M:* Else Eisenberg-Stoerk (geb. 1870, gest. 1944 Tel Aviv); *G:* Lolly Loeslein, A: Deutschland (BRD); Gerty Wolmuth, A: USA; ∞ I. Henrietta Wreszinsky (gest. 1945); II. 1947 Ilse Jacobi Selka; *K:* Wolfgang Seew Zur (geb. 1925), Lehrer in Ginnegar/IL; Leonore Leora Pessen (geb. 1928), Emigr. Pal., Krankenschwester in Haifa; Elisabeth Aliza Rotem (geb. 1933), Emigr. Pal., Fürsorgerin in Hofit/IL; Rafael Stoerk-Carel, M.D. (geb. 1938), Arzt in IL; *StA:* österr., Pal./IL. *Weg:* 1933 Pal.

1925 Dipl.-Ing. Elektrotechnik TH Darmstadt, 1925-33 Ing. in Berliner Chemiewerken, Assist. TH Berlin. 1933 Emigr. Palästina, 1933-49 Chefing. Elektrizitätsges. in Naharayim, daneben Doz. am Technion Haifa; 1948 als Chefing. des Elektrizitätswerkes Naharayim 9 Mon. Kriegsgef. im Jordantal. 1949-62 Prof. für Elektrotechnik am Technion.

Qu: Fb. - RFJI.

Stössinger, Felix, Journalist, Schriftsteller; geb. 25. Aug. 1889 Prag, gest. 31. Aug. 1954 Zürich; ∞ Charlotte Pollak (geb. 1898), A: CH; *StA:* Österr., CSR. *Weg:* 1933 CSR; 1936 F; 1942 CH.

Mitgl. SPD, Red. *Sozialistische Monatshefte* in Berlin, Befürworter einer dt.-franz. Kontinentalpolitik. Nach 1917 USPD, Red. des Parteiorgans *Die Freiheit*, das im Verlag Felix Stössinger erschien, März 1922 mit → Rudolf Hilferding, → Paul Hertz u. a. Austritt aus der Redaktion nach Konflikt mit → Georg Ledebour. Tätigkeit als Antiquar u. Musikkritiker, u. a. für den Rundfunk. 1933 nach Prag, 1936 nach Nizza, Mitarb. *Pariser Tageblatt*, Okt. 1942 mit Ehefrau illeg. in die Schweiz, Internierung, später in Zürich wohnhaft, Mitarb. *Neue Schweizer Rundschau*, Übersetzer u. Essayist.

W: u. a. Das System Noske. 1920; Revolution der Weltpolitik. Paris (Helène Block) 1938; Essays. Zürich (Manesse) 1949/50; Heinrich Heine. Mein wertvollstes Vermächtnis (Anthol.). Ebd. 1950; Zwischen Tell und Geßler. 1950. *Qu:* Arch. Hand. - IfZ.

Stoessinger, John George, Hochschullehrer, UN-Beamter; geb. 14. Okt. 1927 Wien; *V:* Oscar S., jüd.; *M:* Irene, jüd.; ∞ 1966 Caroline Jans (geb. 1937 Missouri) M.A. Musik Univ. Rochester, Pianistin; *K:* Arma Elizabeth (geb. 1975); *StA:* USA. *Weg:* 1938 CSR, 1941 China, 1947 USA.

1938 Emigr. CSR, 1941 nach Schanghai, aktiv in *Internat. Refugee Org.* 1947 in die USA, 1950 B.A. Grinnell Coll. Ia.,

1952 M.A., 1954 Ph.D. Harvard Univ., 1955-57 Doz. Wellesley Coll. Mass. u. Massachusetts Inst. of Technology, 1957-64 Doz. für PolWiss. am Hunter Coll. New York, 1964 Prof. Hunter Coll. New York, 1960 Gastprof. für Internat. Beziehungen Columbia Univ.; 1963-64 Dir. des Ausbildungsprogramms des Peace Corps u. 1967-74 stellv. Dir. Unterabt. für pol. Angelegenheiten. Ab 1974 Sonderberater des Dept. of Political and Security Council Affairs der UN; 1969 Ltr. des Seminars für internat. Beziehungen an der Harvard Univ., Vortragstätigkeit, Ltg. von Rundfunk- u. Fernsehkursen über internat. Beziehungen. Mitgl. *Committee to Study the Organization of Peace*. Lebte 1978 in New York. - *Ausz.:* 1963 Bancroft-Preis Columbia Univ. für das beste Buch des Jahres 1962 über internat. Beziehungen (The Might of Nations: World Politics in our Time); 1974 Hon. D.LL. Grinnelli Coll./Ia.

W: The Refugee and the World Community. 1956; The Might of Nations: World Politics in our Time. 1961, 5. Aufl. 1975; Financing the United Nations. 1961; Financing the United Nations System. (Mitverf.). 1964; Power and Order: Six Cases in World Politics. 1964; The United Nations and the Superpowers. 1965, 3. Aufl. 1973; Nations in Darkness: China, Russia and America. 1971, 2. Aufl. 1975; Why Nations go to War. 1974; Henry Kissinger: The Anguish of Power. 1976. *Qu:* Fb. Hand. Z. - RFJI.

Stoffers, Hans (Johann) Heinrich, Lehrer; geb. 14. Juli 1901 Feldhausen/Württ., gest. 16. Mai 1940 Ath/B; kath.; ∞ gesch.; *K:* Karl Eugen (geb. 1935); *StA:* deutsch, 18. Sept. 1937 Ausbürg. *Weg:* 1936 NL, B.

Privatlehrer, SAJ-Funktionär, nach 1933 Gr. einer illeg. Org. in Offenbach, Mai 1936 Flucht über Amsterdam, Haft wegen unerlaubten Grenzübertritts, dann nach Brüssel. Juli 1937 mit → Theodor Hespers u. → Hans Ebeling Gr. *Deutsche Jugendfront*, Mitarb. *Kameradschaft - Schriften junger Deutscher* u. *Sonderinformation deutscher Jugend*, Verb. zu → Karl Otto Paetel. Deckn. Prof. Schmetterling. Nach Kriegsbeginn Festnahme, bei Interniertentransport nach Frankr. durch dt. Bombenangriff umgekommen.

Qu: Arch. - IfZ.

Stoll, Jakob, Pädagoge; geb. 21. Jan. 1876 Massbach/Unterfranken, gest. 29. Nov. 1962; jüd.; *StA:* deutsch, USA. *Weg:* 1938 USA.

1895 Dipl. Isr. Lehrerbildungsanstalt Würzburg, 1895-1905 Lehrer in Nürnberg u. Fürth, 1905-11 Seminaroberlehrer in Würzburg, 1911-19 Lehrer in München, 1919-38 Schulleiter, u.a. 1930 StudDir. an der Isr. Lehrerbildungsanstalt Würzburg (staatl. anerkanntes Seminar für Lehrer u. Kantoren nach der orthodoxen Tradition von Rabbi Samson Raphael Hirsch). Nov. 1938 KL Buchenwald. Dez. 1938 Emigr. USA, religiöser Ltr. der dt.-jüd. Flüchtlingsgde. Congr. Ohav Sholaum New York. 1956 Ruhestand. - *Ausz.:* Jakob Stoll-Realschule in Würzburg.

Qu: Hand. Publ. - RFJI.

Stolper, Gustav, Dr. jur., Wirtschaftspublizist, Politiker, Wirtschaftsberater; geb. 25. Juli 1888 Wien, gest. 27. Dez. 1947 New York; jüd., Diss.; *V:* David S. (geb. 1860 Galizien, gest. Anfang 30er Jahre Wien), jüd., Bankangest.; *M:* Josephine, geb. Goldstein (geb. 1863 Tarnow/Galizien, gest. Mitte 20er Jahre Wien), jüd.; *G:* Martha Hernried (geb. 1885, umgek. im Holokaust); Ida Susser (geb. 1897), Emigr. USA, A: CH; ∞ 1921 Antonie Kassowitz (→ Toni Stolper); *K:* Wolfgang (geb. 1912), Stud. Volkswirtsch. Berlin, Bonn, Zürich, 1934 Emigr. USA, Ph. D. Harvard Univ., Prof. Univ. of Michigan, Ann Arbor u. Univ. Zürich; Ernst Gustav (geb. 1916), 1934 Emigr. USA, B.A., Berufsoffz. (Oberst), dann Unternehmensltr. in GB; Max Anton (geb. 1924), 1933 Emigr., B.A. Harvard Univ., Industrieanwalt; Johanna (Joan) Stolper Campbell (geb. 1929), 1933 Emigr., Ph.D., Doz. für Gesch.; *StA:* österr., 1927 deutsch, Ausbürg., 1939 USA. *Weg:* 1933 USA.

1908 Abitur, Stud. Univ. Wien, 1911 Prom., journ. tätig, ab 1913 Hg. *Der Österreichische Volkswirt*, Mitarb. u.a. *Vossische Zeitung, Economist* London; im 1. WK Ltr. Wiss. Abt. des Generalkommissariats für Kriegs- und Übergangswirtschaft, führende Rolle in der österr. Mitteleuropa-Bewegung; nach Kriegsende Eintreten für den Anschluß Österreichs an das Deutsche Reich, Deleg. bei den finanz. Anschlußverhandlungen v. Frühj. 1919, Mitgr. *Österreichisch-Deutsche Arbeitsgemeinschaft* u. *Österreichisch-Deutscher Volksbund*. Okt. 1925 nach Berlin, Chefred. *Berliner Börsen-Courier*, ab Okt. 1926 Hg. u. Chefred. *Der Deutsche Volkswirt*. VorstMitgl. DDP/DSP, deren Wirtschaftspol. er maßgebl. beeinflußte, Sept. 1930-Nov. 1932 MdR. Nach vorüberg. Verbot seiner Zs. Ende Juni 1933 Emigr. über die CSR, die Schweiz, Belgien u. GB in die USA; ab Okt. 1933 in New York, bis 1939 Wirtschafts- u. Finanzberater für europ. Bankhäuser u. für private USA-Investoren. Daneben rege publizist. u. Vortragstätigkeit, u.a. Mitarb. *Foreign Affairs*; Kontakte zur sozdem. Emigr., 1939 von der GLD als Mitgl. einer überparteil. dt. Vertretungskörperschaft in USA vorgesehen. Ab 1943 wirtschaftspol. Berater der Stadt New York; Theoretiker einer liberalist. Wirtschaftsordnung, Verb. zu einflußreichen am. Politikern u. Publizisten, Febr. 1947 Mitgl. der Hoover-Mission nach Deutschland; seine Thesen über die künftige Rolle eines wirtschaftlich entwickelten Deutschlands als antikommunist. Bollwerk trugen zur Revision der am. Politik bei.

W: u.a. Das mitteleuropäische Wirtschaftsproblem. 1917; Deutsch-Österreich als soziales und wirtschaftliches Problem. 1921; Die wirtschaftliche und soziale Weltanschauung der Demokratie. 1930; German Economy, 1870-1940. New York (Reynal and Hitchcock) 1940, London (Allen and Unwin) 1940 (dt. 1950, 1964, auch span.); This Age of Fable. New York (Reynal and Hitchcock) 1941, London (Harap) 1943 (dt. 1949); German Realities. New York (Reynal and Hitchcock) 1948, London (Allen and Unwin) 1949 (dt. 1949). *L:* Stolper, Toni, Ein Leben in Brennpunkten unserer Zeit. Wien, Berlin, New York. Gustav Stolper, 1888-1947. 1960; Schwarz, Hans Peter, Vom Reich zur Bundesrepublik. 1966; MGD; Radkau, Emigration. *Qu:* Hand. Pers. Publ. - IfZ.

Stolper, Toni (Antonie), geb. Kassowitz, Dr. phil., Wirtschaftsjournalistin, Verbandsfunktionärin; geb. 22. Nov. 1890 Wien; *V:* Dr. med. Max Kassowitz (geb. 1842 Preßburg, gest. 1913 Wien), jüd., Diss., Biologe u. Kinderarzt in Wien, Dir. des öffentl. Kinderkranken-Inst., u.a. Prof. Univ. Wien, Verf. eines biolog. Lehrbuches; *M:* Emilie, geb. Rosenthal (geb. 1854 Wien, gest. 1938 Wien), jüd., Diss., Ltr. einer Frauengruppe gegen den Alkoholismus; *G:* Dr. Juli Schall (gest. 1924 Wien); Dr. med. Karl E. Kassowitz (geb. 1886 Wien, gest. 1978 CDN), Kinder- u. Frauenarzt, 1925 in die USA, Arzt in Milwaukee/Wisc.; Ernst (geb. 1888 Wien), Ing., Fotograf, 1935 Emigr. USA; Anna Jerusalem (geb. 1889 Wien), Hauswirtschaftslehrerin, 1939 Emigr. Pal.; ∞ 1921 → Gustav Stolper; *StA:* österr., 1926 deutsch, 1939 USA. *Weg:* 1933 USA.

Stud. Rechtswiss. Wien, 1914-15 Hilfsschwester in k.u.k. Armee, 1915-17 Stud. Volkswirtschaft Berlin, 1917 Prom.; aktiv in sozdem. StudGruppe. 1917-21 im Ernährungsamt des Handelsmin. in Wien, 1921-25 Mitarb. der Wochenzs. *Der österreichische Volkswirt* Wien. 1926-33 mit Ehemann Gr. u. Schriftltr. der Wochenzs. *Der Deutsche Volkswirt* Berlin, regelmäßige Beiträge über engl. u. russ. Fragen u. Chronik aktueller Ereignisse. März 1933 Veröffentlichungsverbot für 1 Mon., Juli 1933 Verkauf der Zs.; Ende Juni 1933 Emigr. der Familie über die CSR, die Schweiz, GB u. Belgien mit Touristenvisum in die USA, Dez. 1933 Ausstellung eines Einwanderervisums für die USA in Kanada. 1933-36 publizist. Mitarbeiterin des Ehemannes, 1936-38 GrMitgl. u. geschäftsf. Sekr. *Selfhelp* New York, 1948-55 ltd. Mitarb. bei *Am. Council for Emigrés in the Professions* New York (→ Else Staudinger); ab 1955 im Ruhestand, Bearbeitung der Nachlässe von G. Stolper u. Theodor Heuss, Buchbesprechungen u.a. für *Survey Graphic, Book of the Month, Saturday Review*. 1975 Übersiedlung nach Kanada. Lebte 1978 in Dundas/Ontario. - *Ausz.:* 1970 BVK.

W: u.a. Ein Leben in Brennpunkten unserer Zeit: Wien, Berlin, New York. Gustav Stolper 1888-1947. (Biogr.). 1960; Stolper, Gustav, German Economy 1870-1940 (Mitarb. der revid. Neuausg.). 1967; Theodor Heuss. Tagebuchbriefe 1955-63. (Mitarb.). 1970. *L:* Stern, Werke. *D:* RFJI. *Qu:* Fb. Pers. Publ. Z. - RFJI.

Storch, Rudolf Josef, Parteifunktionär; geb. 9. Aug. 1900 Algersdorf/Nordböhmen; kath.; *V:* Josef S. (1878-1930), Beamter bei tschechoslow. Staatsbahn, SozDem.; *M:* Sofie, geb. Heller (1880-1941), SozDem.; *G:* Franz (1902-62), Studienrat; ∞ 1923 Anna Viktoria Doležal (geb. 1901), 1938 Emigr. GB; *K:* Rudolf Franz (geb. 1923), 1938 Emigr. GB, Hptm. der brit. Armee, M.A., Prof. in Boston/USA; Henry Clifford (geb. 1927), 1938 Emigr. GB, Elektro-Ing.; *StA:* österr., 1919 CSR, 1947 brit., 1955 deutsch. *Weg:* 1938 GB.

1920 Matura, 1920-21 Handelsakad. Aussig, ab 1921 Angest. *Arbeiter-Turn- und Sportverband in der Tschechoslowakischen Republik* (ATUS) sowie Mitgl. u. Funktionär DSAP, ab 1926 städt. Beamter in Bodenbach, DSAP-Vors., Mitgl. Bez.- u. Kreisltg. ebd.; ZV-Mitgl. ATUS, Sekr. *Sozialistische Arbeitersport-Internationale* (SASI), Mitgl. DSAP-Erziehungsbeirat, Mitgl. der Ausschüsse für Jugend u. Körperkultur des CSR-Gesundheitsministeriums. Vor Abschluß des Münchner Abkommens Verlust des Arbeitsplatzes, wegen vorüberg. Machtübernahme durch Truppen des *Sudetendeutschen Freikorps* in Bodenbach am 22. Sept. 1938 Flucht nach Prag. Nov. 1938 über Polen nach GB, TG-Mitgl. u. bis 1943 TG-Vertr. im Vorst. *British-Czechoslovak Friendship Club,* bis 1945 Mitgl. SASI-Vorst., 1941-49 Buchhalter bei *Co-op-Society* London, 1945 (?)-48 Mitgl. TG-Landesvorst., ab Grdg. 1948 Vors. *The Anglo-Sudeten Club* für die kulturelle Integration der in GB naturalisierten Deutschen aus der CSR, ab Grdg. Mitgl. *Arbeitsgemeinschaft zur Wahrung sudetendeutscher Interessen* bzw. *Sudetendeutscher Rat,* ab 1950 freier Journ., ab 1953 Rentner. Lebte 1977 in Barnet/GB.

W: Ein Leben - Drei Epochen. 1971. *Qu:* Arch. Fb. Pers. - IfZ.

Storkan, Franz, Parteifunktionär; geb. 4. Sept. 1904 Bad Vöslau/Niederösterr., umgek. Apr. 1945 KL Dachau; *V:* Wenzel S.; *M:* Maria, geb. Parlas; ∞ → Toni Lehr; *StA:* österr. *Weg:* 1938 F; 1944 Deutschland (Österr.).

Metallarb., Autogen-Schweißer; Mitgl. KPÖ, 1933-38 ltd. illeg. Funktionär. 1938 Emigr. Frankr., lebte in Rouen. Nach Kriegsbeginn nach Caen/Normandie, Internierung, Prestataire in ArbKompanie in Nevers. 1940 nach franz. Kapitulation über Gurs nach Arles. Ende 1941 von Vichy-Behörden verhaftet, Lager Le Vernet, anschl. Gef. Castres. Herbst 1943 zus. mit → Emanuel Edel u. → Moritz Fels-Margulies Ausbruch u. Flucht nach Toulouse, anschl. nach Lyon. Jan. 1944 als franz. Fremdarbeiter nach Wien, Arbeit in Rüstungsbetrieb. Aug. 1944 Verhaftung, KL Dachau, von illeg. Lagerorg. zus. mit → Gustl Teply in Außenlager gebracht. Kurz vor geplanter Flucht erschossen.

L: Spiegel, Résistance. *Qu:* Arch. Pers. Publ. - IfZ.

Stoye, Max Franz, Parteifunktionär; geb. 28. Febr. 1913 Berlin, hinger. 20. Mai 1943 Berlin-Plötzensee; *V:* Arbeiter (gef. im 1. WK); *G:* Frieda, Erika; ∞ led.; *StA:* deutsch, 30. Apr. 1940 Ausbürg. *Weg:* 1934 NL; 1935 B; 1940 F, B; 1941 Deutschland.

Ungelernter Arbeiter, ab 1930 erwerbslos; 1929 KJVD, schneller Aufstieg bis zum Agitprop-Ltr. der KJVD-BezLtg. Berlin. Ab Nov. 1932 Lenin-Schule Moskau, Ende 1933 über Skandinavien u. Holland nach Deutschland entsandt, OrgLtr. KJVD-Bez. Ruhrgeb. u. Ltr. der Unterbez. Duisburg-Hamborn u. Linksrhein, Deckn. Erich; u.a. Versuche zur Unterwanderung der HJ, Verbreitung der Zs. *Junge Ruhrgarde.* Nov. 1934 Flucht nach Amsterdam, Unterstützung durch *Rote Hilfe,* Deckn. Jonny; Febr. 1935 Festnahme, nach Belgien abgeschoben. Zirkel-Arbeit in Gent, nach Ausweisungsbefehl Sept. 1935 illeg. Aufenthalt, ab Mitte 1936 Schulungsobmann Antwerpen, Deckn. Leopold; ab Sommer 1937 EmigrLtr. für Brüssel, ab Herbst 1937 Mitgl. EmigrLtg. Belgien u. Ltr. FDJ, u.a. Vertrieb der Zs. *Freie Jugend* u. *Die junge Garde.* Nach Kriegsbeginn mit Flüchtlingsbetreuung beauftragt, Mai 1940 Festnahme u. Internierung im Lager St. Cyprien/Frankr., Juli 1940 Flucht nach Toulouse, Aug. 1940 i.A. der KPD mit → Hermann Geisen zur Wehrmachtsprop. nach Belgien, Deckn. Henri van Ussel. Aug. 1941 Festnahme, 9. März 1943 VGH-Todesurteil.

L: u.a. Jahnke, Karl-Heinz, Entscheidungen. 1970; Pech, Résistance. *Qu:* Arch. Publ. - IfZ.

Strachwitz, Maximilian Friedrich **Kurt** Joseph (urspr. Graf Strachwitz v. Groß-Zauche und Camminetz), Journalist, Politiker; geb. 28. Febr. 1890 Meran, gest. 28. Nov. 1961 Wien; kath.; *V:* Zdenko Karl Graf Strachwitz v. Groß-Zauche u. Camminetz (1839-1921), k.u.k. Offz.; *M:* Hildegard, Freiin v. Blittersdorff (1846-1926); *G:* Tassilo Karl Zdenko (1866-1955), MinBeamter; Hanna (geb. 1884); Gerda (geb. 1886); ∞ 1919 Maria Trapp (urspr. Trapp Gräfin v. Matsch), (geb. 1898), 1938-45 in Wien, mehrfach von Gestapo verhört, während 2. WK bei Rotem Kreuz in Wien dienstverpflichtet, A: Wien; *K:* Georg Hyacinth (geb. 1920, gef. 1941); Elisabeth Gräfin Fries v. Friesenburg (geb. 1921), 1939 Emigr. GB, während 2. WK Tätigkeit als Krankenschwester, 1947 Rückkehr nach Wien, anschl. Krankenschw. in Genf, A: Deutschland (BRD); Maria Antonia Prinzessin v. Hanau, Gräfin v. Schaumburg (geb. 1922), 1939 Emigr. GB, während 2. WK in Women's Land Army dienstverpflichtet, 1947 Rückkehr nach Wien, Mitarb. *Sender Rot-Weiß-Rot,* A: Deutschland (BRD); Oswald (geb. 1925), GenDir., 1939 Emigr. GB, während 2. WK bei brit. Armee dienstverpflichtet, brit. Staatsbürger, nahm den Namen Christopher Hamilton an, A: London; *StA:* österr. *Weg:* 1938 GB; 1948 Österr.

Stud. Rechtswiss., MilDienst im 1. WK, 1919 (?) Rückkehr aus Rußland nach Wien, Tätigkeit als Finanzmakler. In der zweiten Hälfte der 20er Jahre in die USA. 1932 Rückkehr, in München Red. der kath.-antinatsoz. Zs. *Der Gerade Weg* unter Fritz Gerlich, ZusArb. mit Erwin Frh. v. Aretin. März 1933 unmittelbar nach Reichstagswahl Verhaftung, Ende Dez. 1933 Entlassung nach Österr. im Austausch gegen den dt. NatSoz. Werner Frh. v. Alversleben, der im Juni 1933 in Innsbruck ein Revolverattentat auf den Heimwehr-Führer Richard Steidle verübt hatte. 1934-36 Pressechef *Vaterländische Front* in Tirol. 1936-38 Red. der Tageszeitg. *Der Telegraf* Wien. Mitarb. *Der Christliche Ständestaat* unter → Dietrich v. Hildebrand. März 1938 unmittelbar nach dt. Einmarsch in Österr. Flucht nach Ungarn, anschl. in die CSR u. die Schweiz, Apr. 1938 nach GB. Mitarb. des brit. Geheimdienstes MI 6. 1938 Mitgl. des als überparteilich konzipierten Interessenvertr. der österr. Flüchtlinge gegr. *Council of Austrians in Great Britain* unter Friedrich Hertz bzw. → Walter Schiff. ZusArb. mit legitimist. Emigration in GB. Mußte Okt. 1939 nach vergebl. Versuch der Assoziierung von *Council of Austrians in Great Britain* mit *Ligue Autrichienne* in Paris (→ Hans Rott) Funktionen u. Mitgliedschaft im *Council* aufgeben. Anschl. Gr. der kurzlebigen u. nur aus legitimist. Emigranten bestehenden *Austrian Information,* die in ZusArb. mit *Office Autrichien* bzw. *Service National Autrichien* in Paris (→ Martin Fuchs) die Konstituierung einer von den Alliierten anerkannten österr. Exilvertr. zum Ziel hatte. Jan. 1940 auf Initiative von → Otto Habsburg Auflösung der *Austrian Information.* 1941 zus. mit → Robert Habsburg vergebl. Versuch der Bildung eines repräsentativen Austrian Advisory Committee mit → Heinrich Allina, → Georg Franckenstein, H. Rott u. → Richard Schüller. Führend an den vergebl. Bemühungen der legitimist. Emigr. in GB zur Bildung einer österr. Legion beteiligt. Später Major im brit. Geheimdienst, Mitarb. der jugoslaw. Sektion. Aufenthalte in den USA, in Nordafrika u. Italien. Mitarb. des BBC für Radiosendungen nach Österr. 1948 Rückkehr nach Wien. 1949-55 Red. des Wiener *Kurier* (Ztg. der US-Besatzungsbehörden in Österr. bis zum Abschluß des Staatsvertrags). Anschl. offiz. Vertr. einer kath. Nachrichtenagentur in Washington/D.C. Mitarb. *Die Furche,* Rezensent für kath. Verlage. - *Ausz.:* u.a. Ordem Militar de Christo (Portugal).

W: u.a. Tirol in der Geschichte des Donauraums. 1937; *L:* Muggeridge, Malcolm, Chronicles of Wasted Time. 1973; Maimann, Politik; Ebneth, Ständestaat; Strachwitz-Trapp, Maria, Schicksalsjahre 1933 und 1938, unveröffentl. Ms. *Qu:* Arch. Hand. Pers. Publ. – IfZ.

Straka, Anton, Dr. jur., Ministerialbeamter; geb. 13. Juni 1913 Wien (?), gest. 5. Apr. 1966 Wien; *K:* Peter; *StA:* österr. *Weg:* 1938 (?) GB; 1945 (?) Österr.

Mitgl. *Vereinigung Sozialistischer Mittelschüler* in Wien. Stud. Rechtswiss. Vermutl. 1938 Emigr. GB. Während des 2. WK in brit. Armee, Mitarb. des brit. Nachrichtendienstes, Mitautor einer Studie über die Polizei im Dritten Reich für den internen Gebrauch brit. Dienststellen. Mitverf. *Austrian Handbook of the Foreign Office* als Grundlage für brit. Besatzungspol. in Österr. Nach Kriegsende Rückkehr nach Österr., Mitgl. SPÖ; Jan. 1947 Eintritt in österr. Polizeidienst, Nov. 1947–Febr. 1948 Konzeptsbeamter in einem BezPolizeikommissariat in Wien, anschl. Ref. im Staatspolizeilichen Büro, ab März 1948 provisor. Polizeikommissär, Aug. 1948 Sekr. des Polizeipräs., Nov. 1949 Polizeikommissär, Jan. 1950 Polizeioberkommissär. Juli 1950–Sept. 1953 Vorst. des Büros zur Bekämpfung der Geschlechtskrankheiten und des Mädchenhandels, anschl. Stadthptm. des BezPolizeikommissariats Währing, Aug. 1955–Dez. 1959 des BezPolizeikommissariats Brigittenau; ab Juni 1954 Polizeirat. 1955–63 Schiedsgerichtsbeisitzer beim PV der SPÖ; Jan. 1960 vorläufiger Ltr. Bundespolizeidir. Klagenfurt, Juli 1960 Oberpolizeirat, Jan. 1961–Dez. 1964 Polizeidir. Klagenfurt. Jan. 1965 Bestellung zum Ltr. der Sicherheitsdirektion für das Bundesland Kärnten; Sept. 1965 stellv. Ltr. der Gruppe Staatspolizeilicher Dienst im Bundesmin. für Inneres, Okt. 1965 Ernennung zum MinRat, Jan. 1966 Ltr. der Gruppe Staatspolizeilicher Dienst im Bundesmin. des Inneren.

L: Simon, Autobiographie; Klucsarits, SPÖ. *Qu:* Arch. Publ. – IfZ.

Strand, Curt Robert, Unternehmensleiter; geb. 13. Nov. 1920 Wien; *V:* Victor S.; *M:* Enit, geb. Zerner; ∞ 1946 Fleur Lillian Emanuel; *K:* Karen; *StA:* österr., 1943 USA. *Weg:* 1937 USA.

1937 Emigr. USA, 1943 B.Sc. Cornell Univ., 1943–46 US-Armee. 1947–49 Hoteldir. The Plaza New York, 1949–53 stellv. Vizepräs. Hilton Hotels Corp., ab 1953 Hilton International Co. New York, bis 1964 Vizepräs., 1964–67 geschäftsf. Vizepräs. u. ab 1967 Präs., daneben ab 1964 Vizepräs. TWA; stellv. Vors. Hilton Service Corp., Vorlesungen School of Hotel Admin. Cornell Univ., Mitgl. *Cornell Soc. of Hotelmen.* Lebte 1976 in New York.

Qu: Hand. Z. – RFJI.

Stransky, Hugo, Dr. phil., Rabbiner; geb. 4. Mai 1905 Prag; *V:* Rudolf S. (geb. 1871 Habry b. Goldsch-Jenikau/Böhmen, gest. 1939), jüd., Kaufm.; *M:* Camilla, geb. Steiner (geb. 1879 Dobris/Böhmen, umgek. im Holokaust); *G:* umgek. im Holokaust; ∞ 1932 Rachel Klein (geb. 1912 Straßburg), jüd., Emigr. CSR, März 1939 F, dann GB mit Ehemann, 1947 AUS, 1952 NZ, 1955 in die USA, 1976 nach IL; *K:* Michael (geb. 1933), Kaufm., 1939 Emigr. F, GB, 1947 AUS; Judith (geb. 1937), 1939 Emigr. F, GB, 1947 AUS, 1952 NZ, 1955 in die USA, Psychotherapeutin; *StA:* österr., CSR, AUS, 1965 USA. *Weg:* 1939 GB.

1924–25 Stud. Köln u. Talmud-Thora Köln (→ Benedikt Wolf); 1925–27 Stud. Jeschiwah Tyrnau/Slowakei, Rabbiner- u. ReligLehrer-Dipl., 1927–29 Stud. Univ. u. Rabbinerseminar Berlin, 1929–32 Fernstud. am Rabbinerseminar, 1932 Rabbinerexamen; Mitgl. *Verein jüdischer Akademiker* Berlin. 1929–36 Lehrer u. Rabbiner in Nachod/Böhmen, 1936–39 Rabbiner in Zilina/Slowakei, 1930–36 Mitgl. Rabbinerverb. der CSR. 1932 Wehrdienst als Feldrabbiner in CSR-Armee. 1932–38 Promot. Univ. Prag, 1938 Prom.; 1930–38 Mitgl. *Jüdische Partei* der CSR, 1936–39 Mitgl. Hauptvorst. *Misrachi* u. Mitgl. der slowak. Rabbinerorg. *Jeschurun.* Vertr. der tschechoslow. Juden beim WJC. März 1939 Emigr. GB; 1939–41 Sozialarb. für pol. Flüchtlinge beim *Czech Refugee Trust Fund* in London, 1941–43 Gr. u. Rabbiner der Gde. für Evakuierte aus London, Oxford-Ilford Hebr. Congr., 1943–45 ReligLehrer u. tschech. Sprachlehrer an der von der CSR-Exilreg. unterhaltenen höheren Schule in Llanwrtyd Wells/Wales. 1942–45 Oberster Feldrabbiner der tschechoslow. Exilarmee, im 2. WK Gr. u. Rabbiner Congr. of Czech Jews London, Mitgl. Hauptvorst. des *Mizrachi* in GB, VorstMitgl. *Nat. Council of Jews from CSR* London. 1945–47 in ReligAbt. *Jew. Nat. Fund of GB and Ireland,* 1947 Deleg. des brit. *Mizrachi* auf der Konf. europäischer Zionisten in Karlsbad. 1947 nach Australien. 1947–51 ltd. Rabbiner der Melbourne Hebr. Congr., 1952–55 Rabbiner Wellington Hebr. Congr. Neuseeland; 1955 in die USA, 1955–76 Rabbiner der dt. Einwanderergde. Beth Hillel, Washington Heights/New York. Mitgr. u. Präs. *Soc. for Hist. of Czech. Jews,* Mitgl. *Czech. Soc. of Arts and Science* in den USA, VorstMitgl. *Blue Card,* Mitgl. d. Hauptvorst. A.F.J.C.E., Mitgl Hauptvorst. *Syn. Rels. Committee u. Fed. of Jew. Philanthropies,* Mitgl. *New York Board of Rabbis,* Mitgl. *Leo Baeck Lodge* u. *Joseph Popper Lodge* des B'nai B'rith. 1976 nach Israel. Lebte 1977 in Kefar Saba/Israel.

W: The Religious Life in the Historic Lands. In: The Jews of Czechoslovakia, Bd. I/1968, Religious Life of Slovakia and Subkarpathian Ruthenia. A.a.O., Bd. II; Immortality in the Bible. In: Strauss, Herbert A. u. Reissner, Hanns G. (Hg.), Jubilee Volume Dedicated to Curt S. Silberman. 1969; Rabbi Judah Loew of Prague and J.A. Comenius – Two Reformers in Education. In: Comenius. Czech Soc. of Arts & Science in Am., 1972; Beiträge in *Aufbau* u. *Congr. Bulletins* der Congr. Beth Hillel in Washinton Heights/New York. *L: Congregational Bulletins* der Congr. Beth Hillel; Allgemeine Jüdische Wochenzeitung, Mai 1975; Zum 70. Geburtstag. In: Aufbau, 2. Mai 1975; New York Post, 20. Okt. 1975. *D:* LBI New York. *Qu:* Fb. Hand. Z. – RFJI.

Stranz, Walter Josef, Lehrer, Kommunalpolitiker; geb. 1. März 1924 Berlin; ev.; *V:* Dr. jur. Martin S. (geb. 1890 Berlin, gest. 1976 GB), ev., RA u. Notar, SPD, 1939 Emigr. GB, nach Umschulung bis 1952 Monteur, dann Rechtsberater der URO; *M:* Käte, geb. Guttmann (geb. 1889 Breslau, gest. 1964 GB), ev., 1939 Emigr. GB; *G:* Gertrud (geb. 1922), Emigr. mit Eltern, Lehrerin; ∞ 1962 Elizabeth Hawley (geb. 1939 Redditch/GB), ev., B. A. Leeds Univ., Lehrerin; *K:* Jane (geb. 1963), Stud.; Richard (geb. 1965), Stud.; *StA:* deutsch, 1947 brit. *Weg:* 1939 GB.

Ab 1933 Gymn. Berlin, Nov. 1938 Ausschluß. Apr. 1939 Emigr. nach GB mit Eltern, 1939–41 Watford Grammar School, 1941–43 Durham Univ., 1946 B. A. in Gesch., 1950 M. Litt., 1948 Lehrerprüfung an der Cambridge Univ.; 1968–70 nebenberufl. Stud., 1970 M. Soc. Sc. in Stadt- u. Landesplanung, Birmingham Univ. – 1943–47 zeitw. als Lehrer tätig, 1948–65 Ltr. des Geschichtsunterrichts an der Redditch County High School in Worcester, 1965–78 Dozent für Umweltschutz am Bordesley Coll. of Education, seit 1978 Doz. für Stadtplanung an der Techn. Hochschule Birmingham. – Seit 1948 Mitgl. *Labour Party* (LP), ab 1952 Mitgl. u. 1962–74 Vors. BezRat von Redditch, mehrj. LP-Fraktionsvors., seit 1973 LP-Fraktionsvors. im BezRat von Hereford u. Worcester. Seit 1962 Vorst-Mitgl. Worcester Buildings Preservation Trust, seit 1968 ehrenamtl. Sekr. *Midlands New Towns Soc.,* seit 1970 Ratsmitgl. der *Town and Country Planning Association.* Lebte 1979 in Redditch/Worcester.

W: Discovering Worcester and Herefordshire. 1970; Overspill. Anticipation and Reality. 1972; George Cadbury. 1973; zahlr. Art. über Planung, Gemeindeverw., Erziehung u. Politik. *Qu:* Fb. – RFJI.

Straßer (Strasser), Ferdinand, Parteifunktionär; geb. 3. Apr. 1901 Krems a.d. Donau/Niederösterr., hinger. 30. Sept. 1942 Wien; *G:* 12; ∞ verh.; *K:* Manfred; *StA:* österr. *Weg:* 1934 (?) CSR; UdSSR; 1937 (?) Österr.

740 Straßer

Mitgl. in sozdem. Jugendbewegung, frühzeitig Mitgl. SDAP u. Mitarb. des SDAP-Sekretariats in St. Pölten/Niederösterr., Funktionär *Republikanischer Schutzbund* u. Arbeitersportbewegung, zuletzt SDAP-Vizebürgerm. St. Pölten. 1934 Teiln. an den Februarkämpfen, Flucht in die CSR. Beitritt zur KPÖ, vermutl. Aug. 1934 auf 12. PT der KPÖ in Prag Wahl ins ZK. Später nach Moskau, 1936 Besuch Lenin-Schule, ZK-Mitgl. der KPÖ. Anschl. illeg. Rückkehr nach Österr., unter Deckn. pol. Arbeit. Aug. 1937 Verhaftung zus. mit → Johann Pointner, Febr. 1938 durch Schuschnigg-Amnestie befreit. Übersiedlung nach Krems/Niederösterr., arbeitete in einem Kleinbetrieb, ab Sommer 1940 Mitarb. von → Erwin Puschmann bei Aufbau der 3. illeg. Ltg. der KPÖ, vermutl. Provinzltr. - 15. Apr. 1941 Verhaftung, 12. Aug. 1942 VGH-Prozeß, Todesurteil. - *Ausz.* 1978 postum Ehrenzeichen für Verdienste um die Befreiung Österreichs.

L: Mitteräcker, Kampf; Koch, Widerstand; Steiner, Herbert, Zum Tode verurteilt. 1964; Reisberg, KPÖ; Unsterbliche Opfer. *Qu:* Arch. Publ. Z. - IfZ.

Straßer, Otto, Dr. jur. et rer. pol., Politiker, Publizist; geb. 10. Sept. 1897 Windsheim/Mittelfr., gest. 27. Aug. 1974 München; kath.; *V:* Peter S. (1865-1928), kath., Kanzleirat; *M:* Pauline, geb. Strob(e)l (1873-1943), kath.; *G:* Gregor Straßer (1892-1934), führender NSDAP-Politiker μ. ReichsorgLtr., MdL Preußen u. MdR, 30. Juni 1934 bei sog. Röhm-Putsch auf Befehl Hitlers ermordet; Bernard Paul Strasser, OSB (geb. 1895), Ordenspriester, Benediktiner-Abtei Metten/Niederbl., 1935 Flucht vor Verhaftung nach Österr., bis 1936 im Gallus-Stift in Bregenz, 1936-39 Abtei Clerf/Luxemburg, 1939 über Paris nach Port., Abtei Singeverga, 1940 Emigr. USA, Prof. St. John's Univ. Collegeville/Minn., in den USA enger Mitarb. von Otto Straßer, bemühte sich jahrelang vergebl. um Einreiserlaubnis für O. Straßer in die USA, 1947 US-Staatsbürgerschaft, 1950-63 Priester in Primrose/Nebr., 1963-68 in St. Henry, Howells/Nebr., ab 1978 Kaplan in St. Joseph's Home, Norfolk/Nebr., neben mehreren kirchlichen Veröffentl. Verf. *Gregor and Otto Strasser. A Footnote to the History of Nazi-Germany.* 2. Aufl. 1974; lebte 1977 in Norfolk/Nebr.; Olga Höfler (geb. 1899), Anton (geb. 1906), RA u. Notar, 1943 in Rußland vermißt; ∞ I. Maria, vermutl. gesch.; II. 1924 Ella Young, geb. Fassbender; III. 1929 Gertrud Schütz (1905-78), 1934 (?) Emigr. CH, 3. Apr. 1937 Ausbürg.; IV. (Lebensgef. in Frankr., auf den Bermudas u. in Kanada) Margarete Senger de Planelles (geb. 1905 Nürnberg), Ehefrau des span. Gesundheitsmin. in der Reg. Juan Negrin, 1939 nach Sieg Francos Emigr. Frankr., tätig in Flüchtlingshilfe, enge ZusArb. u.a. mit Quäkern, 1940 Port., Bermudas, 1941 CDN, 1946 CH; V. 1973 Hilde-Renate Möller (geb. 1939), Sekr., 1971-78 Angest. IfZ; *K:* aus I: Paul (geb. 1924, gest.); aus III: Hannelore Neukom (geb. 1931), 3. Apr. 1937 Ausbürg.; A: CH; Gregor (geb. 1935), A: CH; *StA:* deutsch, 3. Nov. 1934 Ausbürg., 1954 deutsch. *Weg:* 1933 Österr., CSR; 1938 CH; 1939 F; 1940 Port., Bermudas; 1941 CDN; 1955 Deutschland/BRD.

1914-18 Frontsoldat, zuletzt Lt., 1919 in München Offz. des Freikorps Epp während der Niederschlagung der bayer. Räterepublik, anschl. nach Berlin, Stud. Wirtschaftswiss., zeitw. Arbeit als Reichstags-Stenograph, Mitgl. SPD, Mitarb. *Vorwärts.* März 1920 bei Kapp-Putsch Kommandant regierungstreuer Milizeinheiten. 1920 aus Protest gegen den Bruch des sog. Bielefelder Abkommens zwischen Reichsreg. u. den während des Kapp-Putschs mobilisierten Aufständischen im Rheinland Austritt aus SPD (die sozdem. Reichsreg. hatte für den Fall der freiw. Entwaffnung den Verzicht auf Eingreifen der Reichswehr sowie die Sozialisierung von Großbetrieben zugesagt). Mitarb. *Das Gewissen,* stark beeinflußt von Arthur Möller van den Bruck. Ende 1921 in Würzburg Prom., anschl. Angest. im Ernährungsmin. in Berlin, später jurist. Unternehmensberater in Sa. u. Berlin. 1925 Eintritt in die NSDAP, führender Vertr. der natsoz. Linken, mit Gregor Straßer Führer des norddt. Nationalsozialismus, der sich mit weitgehenden antikapitalist. Forderungen auf Industriearbeiterschaft u. -angestellte zu stützen versuchte u. zur Münchner Parteileitung in Opposition stand; Herbst 1925 vermutl. Mitverf. des natsoz. Programmentwurfs von G. Straßer, der umfassende Enteignungsforderungen mit scharfer antisemitischer Tendenz verband, nach Eingreifen Hitlers Anfang 1926 auf NSDAP-Führertagung in Bamberg jedoch zurückgezogen wurde. 1926-30 zus. mit G. Straßer Ltr. des natsoz. Kampf-Verlags in Berlin, in dem insgesamt 8 Ztg. u. Zs. (u.a. *Der Nationale Sozialist* u. *Nationalsozialistische Führerbriefe*) erschienen u. der als Gegengewicht zum Franz-Eher-Verlag in München einen Stützpunkt der natsoz. Linken bildete. In den folgenden Jahren org. u. programmat. Konsolidierung des antikapitalistischen Straßer-Flügels in der NSDAP, der Bündnisse mit der bürgerl. Rechten ablehnte, außenpol. einen vor allem gegen die Westmächte gerichteten Antiimperialismus vertrat u. eine stärkere Anlehnung an die UdSSR forderte sowie den „legalistischen" Koalitionskurs der Münchner Parteiltg. ablehnte. Bis 1930 Verf. von Reichstagsreden u. zahlr. Artikeln G. Straßers; Ps. u.a. D.G., Michael Geismayr, Ulrich v. Hutten. 1929 nach Beteiligung der NSDAP an der Reg. in Sa. u. Thür. Verschärfung des Konflikts mit Hitler; nach Versuch der Parteiltg., die führenden Vertr. der Linken einzeln aus der Partei auszuschließen, verfaßte S. im Juli 1930 den Aufruf *Die Sozialisten verlassen die NSDAP,* der in den Blättern des Kampf-Verlags erschien. Ein größerer Einbruch in die Reihen der NSDAP blieb jedoch aus, da sich weder Gregor Straßer noch die zur natsoz. Linken gehörigen Reichstagsabgeordneten u. höheren Parteifunktionäre der Austrittsbewegung anschlossen. Gr. u. Führer *Kampfgemeinschaft Revolutionärer Nationalsozialisten* (KGRNS), die im norddt. Raum eine Reihe von starken Ortsgruppen aufbauen konnte, Hg. *Der Nationale Sozialist. Das Blatt der Deutschen Revolution* (Jan. 1931 umbenannt in *Die Deutsche Revolution. Kampforgan der revolutionären National-Sozialisten,* ab Sept. 1931 *Die Schwarze Front. Kampforgan für die Deutsche Revolution*). Aug. 1930 Aufruf zum Boykott der RT-Wahlen; Okt. 1930 neben Herbert Blank u. Bruno Ernst Buchrucker Mitgl. des dreiköpfigen Führungsgremiums der KGRNS. Mai 1931 nach der sog. Stennes-Aktion (→ Walter Stennes) u. erneuten linken Abspaltungen bei NSDAP u. vor allem SA in Berlin u. Norddeutschland Vereinigung von KGRNS u. der von Stennes gegr. *Nationalsozialistischen Kampfbewegung Deutschlands* zur *Nationalsozialistischen Kampfgemeinschaft Deutschlands* (NSKD - mit Stennes als oberstem milit. u. S. als oberstem pol. Ltr.) auf der Grundlage der *14 Thesen der deutschen Revolution,* ZusArb. mit Hermann Ehrhardt. Herbst 1931 Trennung von Stennes u. Spaltung der gemeinsamen Org. u.a. wegen unterschiedl. Haltung zur KPD, Sept. 1931 Gr. *Die Schwarze Front* (SF) als Dachorg. einer Reihe von Org. u. Gruppen aus dem nationalrev. Spektrum, neben KGRNS u.a. *Bund Oberland, Werwolf, Landvolkbund.* S. definierte 1932 die Reg. Schleicher als die „Kerenskij-Phase" innerh. der dt. Revolution u. rief 1933 zur Ersetzung der „Gironde" der NSDAP durch den Jakobinismus der *Schwarzen Front* auf. Ab Herbst 1932 Aufbau einer eigenen österr. Org. der KGRNS (maßgebl. Vertr. Franz Hager, Leopold Mayer, Karl Rainer, Walter Turek), die mit ihrem geringen MitglBestand jedoch bedeutungslos blieb. S. rief aus takt. Überlegungen zur Unterstützung von Engelbert Dollfuß gegen österr. NatSoz. auf, ZusArb. mit *Deutscher Nationalsozialistischer Arbeiterpartei* (DNSAP) in Österr. unter Karl Schulz, die sich ab 1926 gegenüber der NSDAP in Österr. in immer schwächerer Position befand. Nach Verbot der KGRNS u. der Ztg. *Die Schwarze Front* durch natsoz. Behörden in Deutschland im Frühj. 1933 wurde *Die Deutsche Arbeiterpresse* der DNSAP zum Organ der Straßer-Bewegung u. als Beiblatt erschien die Wochenztg. *Der schwarze Sender.* März 1933 nach theoret. Auseinandersetzungen Trennung von DNSAP, *Der schwarze Sender* erschien daraufhin selbständig. S. flüchtete Mai 1933 vor drohender Verhaftung nach Wien, zeitw. in Kontakt mit dem gescheiterten *Heimwehr*-Führer Walter Pfrimer, wurde von österr. Polizei überwacht, nannte sich u.a. Otto Loerbroks. Juli 1933 nach Verhaftung mehrerer Mitgl. der österr. KGRNS Flucht nach Prag, dort Aufbau einer neuen Zentrale für den Widerstand der SF in Deutschland, wurde trotz häufiger Démarchen der dt. Botschaft bei der CSR-Reg. durch tschechoslow. Polizei persönlich geschützt, war bei den Behörden unter falschem Namen registriert (u.a. Dr. Hoffmann) u. besaß mit offiz. Erlaubnis mehrere Pässe. Febr. 1934 Neugr. der Ztg.

Die Deutsche Revolution in Prag, die in Kleinausgaben nach Deutschland geschmuggelt wurde; Hg. *Huttenbriefe.* Die Schriften u. Ztg. der SF wurden in großem Umfang nach Deutschland geschmuggelt u. innerh. Deutschlands zumeist per Post versandt. Nov. 1934 mit stillschweigender Duldung der Polizei Einrichtung des *Deutschen Freiheitssenders* bzw. *Schwarzen Senders* in Zahori b. Prag, der Febr. 1935 durch Agenten des dt. Geheimdienstes zerstört wurde (Ermordung des Sendeltr. Rudolf Formis); als Folge des Überfalls wurde S. zu mehrmon. GefStrafe verurteilt, unmittelbar darauf durch tschechoslow. Behörden amnestiert. S. galt bei NSDAP-Führung u. Gestapo als einer der gefährlichsten Gegner des Regimes mit weitreichenden Verbindungen zu oppos. nationalen Kreisen im Reich u. verdeckter Förderung durch staatl. Stellen des Auslands; auf seinen Kopf war angebl. eine Prämie von 1 Mio. Mark ausgesetzt. Zahlreiche Prozesse gegen SF-Anhänger in Deutschland. Mehrfach Anschläge durch Gestapo-Agenten u. Versuche, S. nach Deutschland zu verschleppen; begünstigt durch Persönlichkeit u. Lebensart von S. u. aufgrund der Attraktivität der SF-Organisation für sozial Deklassierte gelang es der Gestapo wiederholt, Agenten in die SF einzuschleusen. – S. propagierte im CSR-Exil trotz Festhaltens an autoritär-korporativem Staatsgedanken völkischer Prägung unter Anlehnung an die Vorstellungen von Thomas G. Masaryk die Idee einer europ. Föderation als dritte „weiße" Großmacht neben den USA u. dem brit. Weltreich. Persönl. Verb. zu → Wenzel Jaksch, ab 1936 enge ZusArb. mit der dt. kath. Emigration in Österr. um die Zs. *Der Christliche Ständestaat* (→ Klaus Dohrn) u. *Volkssozialistische Bewegung* (→ Fritz Max Cahen) in der CSR, Jan. 1937 Mitgr. *Deutsche Front gegen das Hitlerregime* in Prag als sog. Dritte Front gegen NatSoz. u. Kommunismus (beteiligte Org. u. Mitunterz. des GrdgAufrufs: *Bund für föderalistische Reichsgestaltung, Ring deutscher Jungkatholiken, Volkssozialistische Bewegung, Revolutionäre Landvolk-Bewegung,* Reichsleitung der *Schwarzen Front,* Führung des *Schwarzen Stahlhelms* u. *Ring bündischer Jugend*), Umwandlung der Ztg. *Die Deutsche Revolution* in *Die Dritte Front* (Ps. Michael Kohlhaas). Bis 1937 enge org. u. verlegerische ZusArb. mit → Heinrich Grunov, März 1938 nach Trennung von Grunov Ernennung von → Richard Schapke (Kopenhagen) u. → Julius Ludwig Roesch zu Stellv. innerh. der Auslandsorg. der SF. Während dieser Zeit enge Verb. zu konservativen dt. Emigranten, u.a. → Gottfried Reinhold Treviranus u. → Carl Spiecker. Begrüßte März 1938 den Anschluß Österr. ausdrücklich als nationalen Erfolg. S. flüchtete Okt. 1938 nach dt. Einmarsch in Böhmen u. Mähren zus. mit W. Jaksch im Flugzeug nach Straßburg, ging anschl. nach Paris, von dort in die Schweiz, hielt sich in Wetzwil b. Zürich u. Herrliberg auf. Wurde Nov. 1939 von dt. Behörden als angebl. Drahtzieher des Bombenattentats auf Hitler im Münchner Bürgerbräukeller gesucht, noch vor offiz. Auslieferungsbegehren Ausweisung aus der Schweiz, ging nach Paris. Rege publizist. Tätigkeit, veröffentlichte in franz. Verlag sein aufsehenerregendes Buch *Hitler et moi*; Versuch der Reorganisation der Auslandsorg. der SF mit Zentrale in Paris. Mai 1940 kurzfristig interniert, unmittelbar vor dt. Einmarsch in Paris abenteuerl. Flucht durch Frankr., mit falschem Paß auf den Namen Oswald Bostock über Spanien nach Portugal, Herbst 1940 mit Transitvisum auf die Bermudas. Bemühte sich trotz prominenter Fürsprecher (u.a. → Heinrich Brüning u. William C. Bullit) vergeblich um Einreiseerlaubnis in die USA, konnte erst Apr. 1941 nach Kanada weiterreisen, Niederlassung in Montreal. 30. Jan. 1941 von den Bermudas aus Initiator u. Präs. der von → Kurt Singer als GenSekr. für die USA in New York gegr. *Frei-Deutschland-Bewegung* (FDB – *Free German Movement*) als Versuch einer ZusFassung der dt. Opposition gegen Hitler nach dem Vorbild der France-libre-Bewegung General de Gaulles, ab Apr. 1941 Zentrale der FDB in Montreal. Versuchte erfolglos Anerkennung durch brit. u. später alliierte Reg. zu erreichen, propagierte vergeblich Bildung eines dt. NatRats, dem neben S. selbst H. Brüning, → Hermann Rauschning, → Wilhelm Sollmann, → Karl Höltermann u. später auch Thomas Mann u. W. Jaksch angehören sollten. Unmittelbare pol. Ziele der FDB waren daneben eine möglichst umfassende Propagandatätigkeit unter dt. Emigranten u. Auslandsdeutschen in Nord- u. Südamerika, Klassifizierung der Auslandsdeutschen in Hitler-Anhänger bzw. Frei-Deutsche, Genehmigung von Radiopropaganda nach Deutschland sowie von Betreuungs- u. Schulungstätigkeit unter dt. Kriegsgef. u. Aufstellung einer Frei-Deutschland-Legion innerh. der alliierten Armeen aus Emigr., Kriegsgef. u. Auslandsdeutschen nach Vorbild der norweg. Btl.; Versuch einer ZusArb. mit norweg. Exilreg. in GB. In Verb. mit → Bruno Fricke (Kampfltr. der SF in Südamerika) hatte S. ab 1934 SF-Landesorg. in einer Reihe südamerikan. Staaten aufgebaut (einzelne Gruppen bestanden teilw. bereits ab 1932), die 1936 nach Rücktritt Frickes selbständigen Landesleitern unterstellt worden waren (Argentinien: Helmut Gastel, Brasilien: Erwin Anuschek, Chile: Dr. Theo Fuchs, Paraguay: Ernst Weber, Uruguay: Franz Laumann); 1941 Gr. *La Alemania Libre* als FDB-Geschäftsstelle für Lateinamerika in Buenos Aires unter B. Fricke mit untergeordneten Landesorg. in den meisten lateinamerikan. Staaten (1941 Landesltr. Argentinien: Walter Trenkelbach, Bolivien: → Hugo Efferoth, Brasilien: → Helmut Hütter, Chile: Dr. Theo Fuchs [1942 von S. aus FDB ausgeschlossen], Uruguay: → Erich Schoenemann, Paraguay: Otto Plässmann, Venezuela: Dr. Kurt Kruse [nach Ausschluß 1942 A. Stephan], Kolumbien: Conrad Togger [später Robert Alexander]; Ende 1941 hatten sich noch Landesorg. in San Salvador, Panama, Honduras u. Peru gebildet, was 1942 zur Errichtung einer eigenen mittelamerikan. Geschäftsstelle der FDB unter Hans-Peter Pfeifer in San Salvador führte; 1942 bestanden 14 Landesorg. der FDB in Lateinamerika). Daneben existierten Landesorg. in Südafrika (Landesltr. August Pokorski, mit eigenem Mitteilungsblatt *Die Fanfare*) sowie Kanada-West u. China. Dez. 1941 Bildung eines Präsidiums der FDB mit S. als Präs., B. Fricke (1. Vizepräs.) u. A. Pokorski (2. Vizepräs.), Zentralorgan der FDB war ab 1941 die von E. Schoenemann in Montevideo hg. dt.-sprach. Ztg. *Die Zeit.* Umfangr. publizist. Tätigkeit in amerikan., kanad. u. südamerikan. Ztg. u. Zs., insbes. in kath. Presseorganen, Mitarb. u.a. *Einheit*/London, *Dalhausie Review, University of Toronto Quarterly, American Mercury.* Sommer 1941 anläßlich des Flugs von Rudolf Heß nach GB umfangreiche Vortragstätigkeit, u.a. im kanad. Rundfunk. Ab Jan. 1942 aufsehenerregende Kampagne gegen S. in kanad., brit. u. amerikan. Presse: Angriffe u.a. durch H.G. Wells, → Robert Ingrim, → Heinz Pol u. → Hubertus Prinz zu Löwenstein-Wertheim-Freudenberg, die S. vor allem seine natsoz. Vergangenheit vorwarfen; Kritik in der kanad. Öffentlichkeit an seiner Gegnerschaft zum sowjet. Verbündeten u. seinen als Antisemitismus gedeuteten Äußerungen zur sog. Judenfrage (Juden, die eine nationale Assimilation für sich ablehnten, sollten im künftigen Deutschland zwar gleichberechtigte Staatsbürger sein, jedoch als nationale Minorität gelten; Ehen zwischen ihnen u. dt. Volkszugehörigen sollten staatlicher Genehmigung bedürfen). Die Auseinandersetzung um S. führte zu mehreren Anfragen im kanad. Parlament, Dez. 1942 verhängte die kanad. Regierung daraufhin Rede-, Auftritts- u. Schreibverbot. Ab Mai 1943 Zwangsaufenthalt in Clarence/Nova Scotia, lebte in beengten materiellen Verhältnissen, ernährte sich zeitw. durch Farmarbeit. Aug. 1943 untersagten die Behörden auch pol. Äußerungen in Privatbriefen, die Verbindungen zwischen S. u. seinem Bruder B. Straßer sowie *La Alemania Libre* in Südamerika wurden daraufhin durch kanad. Postzensur unterbrochen bzw. auf Briefe rein persönl. Inhalts eingeengt, Manuskriptsendungen an Verleger beschlagnahmt; mehrfache Vernehmung des Bruders Bernhard S. in den USA durch FBI. Nov. 1945 Aufhebung der Beschränkungen; S. löste 1945 FDB u. SF offiziell auf, Gr. *Bund für Deutschlands Erneuerung* (BDE), der ab 1946 auch als Org. in Deutschland bestand, Verf. u. Hg. *Rundbriefe für Deutschlands Erneuerung,* formulierte in *Deutschlands Erneuerung* für den BDE ein Programm des „Solidarismus" (föderativer Aufbau Deutschlands, berufsständisches Parlament, europ. Föderation, Aufteilung des Produktionsmittelbesitzes zu je einem Drittel auf Privatkapital, Arbeitnehmer und Staat, Rückkehr zur christl. Grundordnung). 1946 Übersiedlung nach Paradise b. Bridgetown/Nova Scotia, umfangr. publizist. Tätigkeit, Mitarb. zahlr. kanad., amerikan. u. westeurop., insbes. kath. Ztg. u. Zs., konnte die dt.-sprachige kanad. Ztg. *Courier* in ein Organ seiner Bewegung umwandeln; S. forderte die Westmächte zu härterer Haltung gegenüber

UdSSR auf, propagierte die Erhaltung der dt. Reichseinheit u. wandte sich gegen jede Gebietsabtrennung. Bemühungen um Rückkehr nach Deutschland scheiterten jahrelang an Verweigerung des Ausreisevisums, nach Grdg. der Bundesrepublik lehnten die dt. Behörden auf Anweisung des Bundeskanzlers die Aufhebung der Ausbürgerung u. die Ausstellung eines dt. Reisepasses ab. Erst Nov. 1954 nach Urteil des BundesverwGerichts Zuerkennung der dt. Staatsbürgerschaft, März 1955 Rückkehr nach Deutschland. Bemühte sich um Sammlung der in Berlin, Hessen, Baden-Württ. u. Bayern bestehenden BDE-Gruppen u. anderer Splitterverbände, 17. Juni 1956 Gr. *Deutsch-Soziale Union* (DSU), wandte sich gegen Nato-Beitritt u. Westorientierung der BRD u. trat für die Neutralität eines wiedervereinigten Deutschlands ein. Hg. der Ztg. *Deutsche Freiheit* in München u. *Ziel und Weg* Frankfurt/M.; nach Scheitern der DSU bei den Bundestagswahlen 1957 u. 1961 Auflösung der Partei u. Einstellung ihrer Ztg., anschl. bis zu seinem Tod Hg. des hektogr. Mitteilungsblatts *Vorschau auf Weltpolitik und Zeitgeschehen*. In den 60er u. Anfang der 70er Jahre nach anfängl. Visaverweigerung Aufenthalte u. Vortragsreisen in Kanada u. den USA. Lebte in München.

W: u.a. Die Entwicklung der deutschen Zuckerrübensamenzucht (Diss.). 1922; Wissen Sie das auch schon? 1928; Der Sowjetstern geht unter. 1929; Internationaler Marxismus oder nationaler Sozialismus (eine Debatte zwischen → Bruno Frei und Otto Strasser). 1930; Ministersessel oder Revolution? 1930; Die Revolution der Männerkleidung. 1930; Der Sinn des 9. November 1923. In: Jünger, Ernst (Hg.), Der Kampf um das Reich, 1931²; Sozialistische Einheitsfront. 1932; Mit oder gegen Marx zur deutschen Nation? 1932; Aufbau des deutschen Sozialismus. 1932 (2. erw. Aufl. Prag [Grunov-Verlag] 1936); Schleicher, Hitler, Cromwell. 1932; Geismayr, Heinrich (Ps.), Gregor Strasser. 1933; Das Ende der Reichswehr. Prag (Selbstverlag), Zürich (Reso-Verlag) 1933; Der Marxismus ist tot – der Sozialismus lebt. Prag (Grunov-Verlag) 1934; Hitlers Krieg gegen Europa. Ebd. 1934, Zürich (Reso-Verlag) 1937; Der 30. Juni 1934. Ebd. 1934 (auch als Tarnschrift: Astrologische Voraussagen für die nächsten Jahre); Europäische Föderation. Zürich (Reso-Verlag) 1935; Die deutsche Bartholomäusnacht. Ebd. 1935 (2. Aufl. Zürich [Oprecht u. Helbing] 1942); Sozialistische Revolution oder faschistischer Krieg? Prag (Grunov-Verlag) 1935; Wie lange? Wien (Ecker) 1935; Die zweite Revolution marschiert. Prag (Grunov-Verlag) 1936 (auch als Tarnschrift: Die letzten Ergebnisse der Krebsforschung); D.G. (Ps.), Erlebte Weltgeschichte. Zürich (Weltwoche-Verlag) 1936 (engl. History in My Time. London [J. Cape] 1941, franz. Histoire de mon temps. Montreal [Valiquette] 1941); Wohin treibt Hitler. Prag (Grunov-Verlag) 1937; Kommt es zum Krieg? Ebd. 1937; Hitler tritt auf der Stelle. Ebd. 1937; Hitlers Reichstagsrede. Ebd. 1938; Deutschland und das Kolonialproblem. Ebd. 1938; Masaryk. Ein Führer zum neuen Europa (mit Vorw. von Wenzel Jaksch). Zürich (Weltwoche-Verlag) 1938 (2. Aufl.: Europa von morgen. Das Ziel Masaryks, ebd. 1939); Hitler und ich. Buenos Aires (Ed. Trenkelbach) 1940 (franz. Hitler et Moi. Paris [Grasset] 1940, engl. Hitler and I, London [J. Cape] 1940, span. Hitler y Yo. Santiago de Chile [Ed. Ercilla] 1940, ital. Hitler segreto. Rom [D. de Luigi] 1944); Germany Tomorrow. London (J. Cape) 1940 (span. La alemania de mañana. Santiago de Chile [Ed. Ercilla] 1942); Hitlers Sturz durch die „Frei-Deutschland"-Bewegung. Buenos Aires (Alemania Libre) 1941, New York (Free Europe Radio Station) o.J. (1941); L'aigle prussien sur l'Allemagne. Montreal (Valiquette) 1941, New York (Brentano) 1941; The Gangsters Around Hitler. London (W.H. Allen) 1942; Hitler's Shadow Over South America (zus. mit Douglas Fairbanks jr.). Brooklyn (Free German Movement) 1942; Free Germany Against Hitler. Brooklyn (Free German Publications) 1942; Flight From Terror. New York (McBride), Toronto (McLeod) 1943; Deutschlands Erneuerung. Buenos Aires (Ed. Trenkelbach) 1946; Germany in a Disunited World. Eastbourne (Lifestream Publications) 1947; Wiedervereinigung sofort möglich... 1956; Deutsch-Soziale Union. Weg und Ziel. 1957; Exil (Erinn.). 1958; Deutsch-Soziale Union. Gefahr und Hoffnung. 1959; Deutschland und der 3. Weltkrieg. 1961; Es gibt nur ein Ziel: Wiedervereinigung. 1962; Ziel und Weg der nationalen Opposition (Hg.).

1962; Der Faschismus. Geschichte und Gefahr. 1965; Mit de Gaulle für die Neutralität. 1966; Hitler II. ante portas. 1967; Le Front Noir (zus. mit Victor Alexandrov). 1968; Mein Kampf. 1969. *L*: Reed, Douglas, Nemesis (Biogr.). London (J. Cape), Boston (Houghton & Mifflin) 1940; ders., The Prisoner of Ottawa: Otto Strasser. 1953; Raeschke, Alfred, Der „Fall" Otto Strasser. 1953; Strasser, Bernhard, Gregor und Otto Straßer. Kurze Darstellung ihrer Persönlichkeit und ihres Wollens. 1954; Paetel, Karl Otto, Otto Strasser und die „Schwarze Front" des „wahren Nationalsozialismus". In: Politische Studien, Dez. 1953; Schüddekopf, Otto-Ernst, Linke Leute von rechts. 1960; Abendroth, Wolfgang, Das Problem der Widerstandstätigkeit der „Schwarzen Front". In: VHZ 8/1960; Kühnl, Reinhard, Die nationalsozialistische Linke 1925-1930. 1966; Radkau, Emigration; Thoma, Peter, der Fall Otto Strasser. 1971; Mohler, Armin, Die konservative Revolution in Deutschland 1918-1932. 1972; Schüddekopf, Otto-Ernst, Nationalbolschewismus in Deutschland 1918-1933. 1972; Durzak, Exilliteratur; Wörtz, Ulrich, Programmatik und Führerprinzip. Das Problem des Strasser-Kreises in der NSDAP. Diss. phil. masch. 1974; Ebneth, Ständestaat; Owen, C.R., Disquiet and Discontent. The Story of Dr. Otto Strasser, a Prisoner in Paradise (unveröffentl. Ms., Biogr. mit umfassender Bibliogr.). 1976; Moreau, Patrick, La Communauté de combat national-socialiste révolutionnaire et le Front noir – Actions et idéologie en Allemagne, Autriche et Tchécoslovaquie de 1930 à 1953. Diss. phil. masch. Paris 1978 (mit Bibliogr.); Kissenkoetter, Udo, Gregor Strasser und die NSDAP. 1978; Albrechtová, CSR. *D*: IfZ. *Qu*: Arch. Biogr. Erinn. Hand. Pers. Publ. Z. - IfZ.

Strasser, Peter, Politiker; geb. 3. Juli 1917 Jena, gest. 6. Juni 1962 Wien; *V*: Josef S. (1870-1935), Mitgl. SDAP, Mitarb. *Arbeiter-Zeitung* in Wien, 1900 nach Reichenberg/Böhmen, Chefred. *Freigeist,* später *Vorwärts* Reichenberg, neben → Karl Kreibich Führer der *Reichenberger Linken* in der SDAP, 1912 Verf. *Der Arbeiter und die Nation* (polemische Schrift gegen die Nationalitätentheorie des Austromarxismus [→ Otto Bauer]), beeinflußte Stalin in *Marxismus und nationale Frage* (1913), während 1. WK Kriegsgegner, bis 1917 Kulturred. *Arbeiter-Zeitung,* führendes Mitgl. *Verein Karl Marx* (→ Friedrich Adler), 1918 Mitgl. KPÖ, Herbst 1919 Chefred. *Die Rote Fahne* u. Mitgl. PV der KPÖ, 1923-27 in Moskau Red. *Die Internationale,* nach Rückkehr nach Wien erneut Parteifunktionen, später Austritt bzw. Ausschluß (?); *M*: Isa, geb. v. Schwartzkoppen (1891-1970), Mitgl. SDAP, später Wien, Mitarb. sozdem Presse, im 1. WK Kriegsgegnerin, 1919 Mitgl. KPÖ, Mitarb. *Die Soziale Revolution* u. *Die Rote Fahne,* März 1923 auf 6. PT Wahl in Frauenzentrale der KPÖ, 1923-27 in Moskau, Mitarb. *Profintern;* 1927 Rückkehr nach Wien, Red. *Die Rote Fahne,* 1929 wegen Rechtsabweichung Ausschluß aus der Red., Juni 1929 zus. mit → Gustel Schönfelder u.a. Parteiausschluß als Trotzkistin, 1930-38 Journ., ab 1941 med. Mitarb. Wiener Gebietskrankenkasse, nach Kriegsende Mitgl. SPÖ, Verf. des autobiogr. Romans *Land ohne Schlaf* (1970); *G*: Dr. Lotte Strasser, Ärztin; ∞ I. in der Emigr. Jenny Berger, Mitgl. SAJDÖ, ab 1934 ltd. Funktionärin *Revolutionäre Sozialistische Jugend,* 1938 (?) Emigr. F, 1942 Deutschland (Österr.), nach Kriegsende Ltr. des internat. Ref. der *Sozialistischen Jugend Österreichs;* II. 1956 Maria Potocki, StA: H, bis 1956 Haft in Ungarn, nach Einmarsch der sowj. Truppen in Ungarn Flucht nach Österr.; *K*: aus I: Andrea (geb. in Frankr.); *StA*: österr. *Weg*: 1938 CH, F; 1942 Deutschland (Österr.).

Kindheit bei Großmutter in Jena, 1929 nach Wien; Mitgl. *Rote Falken,* Funktionär *Vereinigung Sozialistischer Mittelschüler* u. SAJDÖ, gehörte zu der Gruppe der *Achtzehner* um → Joseph Simon, 1934 nach den Februarkämpfen Mitarb. von J. Simon bei Fluchthilfe in die CSR sowie Schmuggel von illeg. Lit. aus der CSR, maßgebl. Vertr. des illeg. *Georg-Weissel-Bunds,* vermutl. Mitgl. *Rote Front,* 1935 nach Vereinigung von *Georg-Weissel-Bund* u. *Roter Front* mit RSÖ bzw. *Revolutionärer Sozialistischer Jugend* (RSJ) führender Funktionär der RSJ, Exponent einer insbes. gegenüber dem illeg. KJVÖ selbständigen Pol. der RSJ; 1936 zus. mit J. Simon als RSJ-Vertr. nach Spanien, auf der Rückreise in der Schweiz festgenommen u. nach Österr. ausgewiesen, dort verhaftet; ZK-Mitgl. RSJ, 1938 letzter Ltr. RSJ. Nach Anschluß Österr. Flucht in die Schweiz, Ausweisung nach Frankr., Mitarb. in Jugendorg. der österr. Sozialisten in Paris. 1939 nach Kriegsausbruch Internierung, anschl. im Untergrund; stellte sich 1941 den dt. Behörden, vermutl. 1942 Transport nach Wien, Arb. in Rüstungsbetrieben, täuschte Zuckerkrankheit vor, um dem Kriegsdienst zu entgehen. Apr. 1945 unmittelbar nach Befreiung Wiens vom PV der neugegr. SPÖ mit dem Aufbau einer sozialist. Jugendorg. beauftragt, 1946-52 erster Verbandsvors. *Sozialistische Jugend Österreichs* (SJÖ), 1948-54 Vors. *International Union of Socialist Youth* (neugegr. Sozialistische Jugendinternationale), ab 1948 Org. von internat. Jugendtagen u. Zeltlagern in Österr.; SPD-BezObmann in Wien, 1945 Mitgl. PV, ab 1946 Mitgl. Parteikontrolle der SPÖ. Ab 1949 Mitgl. MdNR. Mitgl. zahlr. Parlamentsausschüsse; Mitgl. Österreichische UNESCO-Kommission sowie Beratende Versammlung des Europarats. 1956 während des ungar. Aufstands in Budapest, nach dem Einmarsch sowj. Truppen Mitorg. von Fluchthilfe; setzte sich insbes. für die Probleme der Dritten Welt ein.

W: u.a. Sie töteten den Geist nicht. Der Kampf der Revolutionären Sozialistischen Jugend (an. ersch.). In: Sozialismus das Ziel. 1950; Ein Atemzug Freiheit. Volksaufstand und Konterrevolution in Ungarn. 1957; Gefährliche Kraft. Fakten und Folgen der Motorisierung. 1960; Sozialistische Initiative. Reden und Aufsätze. 1963. *L:* Leser, Werk; DBMOI; Stadler, Opfer; Neugebauer, Bauvolk; Simon, Autobiographie; Klucsarits, SPÖ, *Qu:* Arch. Hand. Publ. Z. - IfZ.

Strasser, Richard, Politiker, Gewerkschaftsfunktionär; geb. 28. März 1889 Eferding/Oberösterr.; Diss.; *V:* Andreas S. (1853-1923), Donauschiffer, Hilfsarb.; *M:* Maria, geb. Gallhammer (1862-1934); *G:* August (gest. 1943); ∞ 1939 Anna Kerawsky, Emigr. GB; *K:* Richard, A: CH; *StA:* österr., 1935 Ausbürg., österr. *Weg:* 1934 CSR, UdSSR; 1935 CSR; 1937 GB; 1945 Österr.

1904-07 Schlosserlehre, anschl. Metallarb. in Österr. u. im Ausland, ab 1911 Schiffswerft Linz. SDAP, *Österreichischer Metall- und Bergarbeiterverband*. Im 1. WK unabkömmlich gestellt. 1917 Org. illeg. *Arbeiterrat* in Linz, 1919-24 Vors. *Oberösterreichischer Arbeiterrat* u. stellv. Vors. *Reichsarbeiterrat* Wien. 1919-23 u. 1926-34 GdeRat Linz, 1919-31 u. 1933-34 MdL Oberösterr.; 1923-34 PV-Mitgl. der SDAP, Vertr. der Linken innerhalb der Partei. 1925-34 Sekr. Wirtschaftsabt. Arbeiterkammer Oberösterreich. 1934 nach den Februarkämpfen Flucht in die CSR, Flüchtlingslager Zbraslav b. Prag. Herbst 1934 mit → Gustl Moser Begleiter von → Richard Bernaschek bei dessen Reise in die UdSSR. 1935 Rückkehr nach Prag. 1937 Emigr. GB, Hilfsarb., ab 1939 Facharb. in Coventry. 1940 7 Mon. Internierung. Apr. 1941 Mitgl. *Londoner Büro der österreichischen Sozialisten* (LB) unter → Oscar Pollak u. → Karl Czernetz. März 1942 Austritt aus LB aus Protest gegen feindselige Haltung von Pollak u. Czernetz gegenüber der UdSSR. Nov. 1943 als Deleg. der *Auslandsvertretung der Freien Gewerkschaften Österreichs* Mitgl. *Austrian Representative Committee* unter → Franz Novy. 1945 Rückkehr nach Österr.; SPÖ. 1945-54 Ltr. Wirtschaftsabt. Arbeiterkammer Oberösterreich, 1954 Pensionierung. Lebte 1977 in Linz.

W: Oberösterreich und die Novemberrevolution (an. ersch.). 1928. *L:* Reventlow, Rolf, Zwischen Alliierten und Bolschewiken. 1969; Maimann, Politik; Kykal, Inez/Stadler, Karl R., Richard Bernaschek. 1976; Slapnicka, Harry, Oberösterreich. 1976. *D:* DÖW. *Qu:* Arch. Pers. Publ. - IfZ.

Stratmann, Franziskus Maria (urspr. Johannes), O.P., Ordenspriester, Publizist; geb. 8. Sept. 1883 Solingen, gest. 13. Mai 1971 Hochdahl/Rheinl.; kath.; *StA:* deutsch, 1938 (?) Ausbürg. *Weg:* 1933 I; 1938 NL; 1940 B; 1947 Deutschland (BBZ).

Gymn. in Solingen, 1905-13 Stud. Theol. u. Phil. Univ. Lausanne u. Theol. Hochschule Düsseldorf; 1905 Eintritt in den Dominikanerorden in Venlo/Niederlande, 1912 Priesterweihe in Köln; 1913-14 Lehrer an Missionsschule Vechta b. Bremen; 1914-24 Studentenseelsorger Univ. Berlin, im engeren Kreis um Carl Sonnenschein; durch den 1. WK u. vor allem unter dem Einfluß von Friedrich Wilhelm Förster Wandlung zum engagierten Pazifisten, 1921 Mitgr. u. Vors. *Friedensbund deutscher Katholiken* u. Mitarb. der Zs. *Der Friedenskämpfer;* 1924 aufgrund der Opposition auch kath. Studentenkreise gegen seine Tätigkeit für den Friedensbund nach Köln, Arbeiten zur theolog. Fundierung der Friedensbewegung. 1930 zurück nach Berlin, Kuratus an der Kirche St. Maria Victoria, mit Carl Sonnenschein u. Romano Guardini führender Kopf des linken Katholizismus. Nach natsoz. Machtübernahme als erster kath. Geistlicher am 5. Juli 1933 durch Gestapo verhaftet u. bis Sept. 1933 in Gef. in Berlin u. Frankfurt/M., nach Entlassung unter Polizeiaufsicht im Dominikanerkloster Köln; wegen erneuter drohender Verfolgung vom Ordensprovinzial nach Rom versetzt, bis 1938 Pönentiar an der Kirche Maria Maggiore, Ausarb. von Plänen zur Grdg. einer Ordensschwestern-Gemeinschaft zur Verbreitung des Friedensgedankens; nach Aberkennung der Staatsbürgerschaft u. auf pol. Druck Versetzung von Rom nach Venlo, dort aktiv in Flüchtlingshilfe, u.a. Seelsorger im Lager Sluis bei Vlissingen; nach Besetzung der Niederlande Mai 1940 Flucht nach Belgien, ab Juni 1940 Asyl im Dominikanerinnen-Kloster Lint bei Antwerpen, dort seelsorg. u. schriftst. Tätigkeit; 1947 Rückkehr in das Dominikanerkloster St. Albert in Walberberg b. Bonn, weiterhin aktiv in der Friedensbewegung u. neben Mitarb. an versch. Zs. Fortsetzung der schriftst. Arbeit.

W: Veritas. Den Akademikern im Felde entboten von den deutschen Dominikanern. 1917; Weltkirche und Weltfriede. Katholische Gedanken zum Kriegs- und Friedensproblem. 1924; Richtlinien des Friedensbundes deutscher Katholiken. 1925; Katholizismus und Weltfriede. 1926; Regina Pacis. Eine Lehre vom Frieden, dargestellt am friedenreichen Wesen und Leben U.L. Frau. 1927; Erziehung zum Frieden durch die Kirche. 1932; Katholizismus und Militarismus. 1932 (3 Aufl.); Betrachtungen über die Psalmen des Officium Marianum. 1937; Bethanien predigt. Vom Geiste des Paters Lataste. 1946; Die Heiligen und der Staat. 4 Bde. 1949-1952; Krieg und Christentum heute. 1950 (engl. 1956); We and the Future Generations. 1956 (dt. 1963); Thesen zum gerechten und ungerechten Krieg. 1960; In der Verbannung. Tagebuchblätter 1940-1947. 1962; Gaben und Aufgaben. Über die religiöse Bedeutung der Sieben Gaben des Heiligen Geistes. 1962; ferner zahlr. Aufs. u. Beiträge zu Zs. u. Ztg. *Qu:* Arch. Hand. Pers. Publ. - IfZ.

Straubinger, Johannes, Dr. phil., Priester, Verbandsfunktionär; geb. 26. Dez. 1883 Esenhausen/Württ.; kath.; *StA:* deutsch. *Weg:* 1937 CH; 1938 (?) Argentinien.

Stud. Theol. u. Phil. Univ. Tübingen, 1912 Prom.; 1909-12 Repetent am Wilhelmsstift Tübingen, 1912-14 Vizerektor Animakolleg Rom, 1914-15 Stipendiat der *Görres-Gesellschaft* in Jerusalem; 1915-17 Feldgeistlicher in der Türkei; 1918-37 Dir. *Caritas-Verband* Württemberg, 1933 Gr. *Katholisches Bibelwerk* in Stuttgart. Als offener Gegner des Natsoz. 1937 Emigr. in die Schweiz, später (1938 ?) nach Argentinien; 1940-51 (Pensionierung) Prof. für Bibelwiss. Univ. La Plata. - *Ausz.:* 1948 Dr. theol. h.c., 1953 Päpstl. Hausprälat.

W: u.a. Übers. der Bibel aus dem Urtext ins Spanische. 4 Bde., 1948-51. *Qu:* Arch. Hand. - IfZ.

Straus, Emil (Emile), Dr. phil., Politiker; geb. 7. Sept. 1899 Göllheim/Pfalz; kath., 1934 jüd.; *V:* August St. (gest. 1918), Händler; *M:* Johanna, geb. Löb (gest. 1922); *G:* Josef, Gustav; *StA:* deutsch, 1938 Ausbürg., 1947 F. *Weg:* 1933 Saargeb.; 1935 F; 1945 Deutschland/Saargeb.

Lehrerbildungsanstalt Würzburg, 1922 Staatsexamen in Speyer, daneben 1912-22 musikal. Ausbildung in Würzburg u. Mannheim. Nach Ergänzungsreifeprüfung in St. Ingbert/Saar 1921-24 Handelshochschule Mannheim; Dipl.-Handelslehrer.

Anschl. Stud. Frankfurt/M.; 1930 Staatsexamen für das höhere Lehramt in Saarbrücken u. Dipl.-Kaufm.; Prom. bei Karl Mannheim über *Die gesellschaftliche Gliederung des Saargebietes* (1934). Nach der natsoz. Machtübernahme an der Saar 1935 Emigr. Frankr.; nach Ausbürg. Antrag auf franz. Staatsbürgerschaft. 1937 in Nizza Diplomprüfung für das Fach Civilisation française u. Lehrauftrag für dt. Sprache u. Lit. am Centre Universitaire; nach Besetzung Südfrankreichs Anschluß an Résistance, als Offz. ausgezeichnet. Sept. 1945 Rückkehr nach Saarbrücken. Jan. 1946 RegDir. im RegPräsidium Saar. Seit 1946 Mitgl. CVP (→ Johannes Hoffmann), Okt. 1946-Dez. 1947 Dir. für Unterrichtswesen in der Verwaltungskommission des Saarlandes. Stellv. Mitgl. der Verfassungskommission, 1947-52 MdL; Dez. 1947-Apr. 1951 Min. für Kultus, Unterricht u. Volksbildung im 1. Kabinett Hoffmann, Verfechter einer "pénétration culturelle" des Saargeb. durch Frankr., auf saarländ. Seite verantwortl. für das franz.-saarländische Kulturabkommen vom 15. Dez. 1948. Spielte wichtige Rolle bei Grdg. u. Lehrkörperbesetzung der Univ. des Saarlandes. Mit seiner Kultuspol. in der eigenen Partei umstritten; nach Ablösung aus MinAmt Febr. 1952-Nov. 1955 Gesandter des Saarlandes in Paris. Danach im Ruhestand. Lebte 1977 in Nizza.

L: Schmidt, Saarpolitik; Schneider Saarpolitik und Exil. *Qu:* Arch. Pers. Publ. Z. - IfZ.

Straus, Rahel, geb. Goitein, Dr. med., Ärztin, Sozialarbeiterin; geb. 21. März 1880 Karlsruhe, gest. 15. Mai 1963 Jerusalem; jüd.; *V:* Gabor Goitein (geb. Högyesz/ungar. Komitat Tolna, gest. 1883 Posen), jüd., Stud. Rabbinerseminar Berlin, Rabbiner in Aurich u. Karlsruhe; *M:* Ida, geb. Löwenfeld (geb. 1848 Posen, gest. 1931 Mannheim), Volksschullehrerin, 1901 für kurze Zeit Ltr. eines jüd. Waisenhauses in Bad Ems; *G:* Trude Unna (geb. 1876 Aurich); Emma Dessau (geb. 1877 Karlsruhe), Malerin; Hermann (geb. 1879 Karlsruhe, gest. als Kind); Beni (geb. 1881 Karlsruhe, gest. als Kind); Ernst (geb. 1882 Karlsruhe, gef. im 1. WK); ∞ 1905 Dr. Elias Straus (geb. 1878 Karlsruhe, gest. 1933 München), jüd., Stud. München, Berlin u. Heidelberg, Prom. München, RA in München, Justizrat, Vors. der Zion. Org. in München u. Bayern, nach 1. WK stellv. Vors. der Isr. Kultusgde. München, aktiv im Verband Bayr. Isr. Gemeinden; *K:* Isabella Emrich (geb. 1909), Dipl. Volkswirtsch. München, Mitgl. *Blau-Weiß,* 1933 Emigr. Pal.; Hannah (geb. 1912), 1933 Emigr. F, dann USA, Lehrerin u. Psychologin in New York; Samuel Friedrich (Peter) (geb. 1914, gest. 1958), vor 1933 nach Pal., Farmer in Kiryat Anavim u. Yavniel, Stud. Genetik, mehrere Jahre Angest. beim US Außenmin. in Washington, ab 1948 Hg. der Monatsschrift der FAO in Washington u. Rom; Gabriele Rosenthal (geb. 1915), 1933 Emigr. Pal. mit Mutter, Stud. Lehrerseminar in Jerusalem, Kinderpsychologin; Dr. phil. Ernst Straus (geb. 1922), 1933 Emigr. Pal. mit Mutter, Stud. Mathematik, Prom. Columbia Univ., Dekan des mathem. Dept. Univ. Calif. Los Angeles; *StA:* deutsch, Pal./IL. *Weg:* 1933 Pal.

1899-1905 Stud. Med. Heidelberg, Staatsexamen, 1908 Prom.; 1905-33 Arztpraxis in München. Aktiv in der Frauenbewegung, 1925 PräsMitgl. u. 1932 stellv. Vors. *Jüdischer Frauenbund,* Mitgl. des dt. Zweigs der *Internationalen Frauenliga für Frieden und Freiheit* (→ Anita Augsburg), Mitgl. WIZO. 1933 Emigr. Pal., 1933-40 Arztpraxis in Jerusalem, Gr. des Arbeitsamtes für Haushaltshilfen unter Schirmherrschaft von WIZO; 1936-40 Veranstaltung von 3mon. Kochkursen u. Gr. einer Mensa in Verb. mit *Hadassah,* Gr. von *Beged Sol* (Kleider- u. Möbelsammlung) u. eines Verteilungszentrums in Zus.-Arb. mit *Vaad haKehillah,* Mitgr. von AKIM (isr. Ges. zur Wiedereingliederung von geistig Behinderten), Errichtung einer Weberwerkstatt. Vors. *Verein Goldenes Alter* für ältere Bürger Jerusalem, 1952 Gr. u. ehrenamtl. Präs. des isr. Zweigs der *Internationalen Frauenliga für Frieden und Freiheit,* Mitgl. *Vereinigung weiblicher Akademiker,* I.O.M.E. u. isr. *Bund der Akademikerinnen. - Ausz.:* Rahel-Straus-Haus (AKIM-Klub u. Lehrzentrum).

W: Wege zur sexuellen Aufklärung. 1931; Jüdische Wohlfahrtsarbeit in München. In: Lamm, Hans (Hg.), Von Juden in München. 1958; Wir lebten in Deutschland. Erinnerungen einer deutschen Jüdin 1880-1933. 2. Aufl. 1962; ein Märchenbuch in hebr. Sprache. *L:* Homeyer, Fritz, Wir lebten in Deutschland. In: Bulletin LBI, 1962; Eli Straus, Eine Stammtafel unserer Familie. In: Bulletin LBI, 1963; Stern, Werke. *D:* LBI New York. *Qu:* ABiogr. Arch. Pers. Publ. Z. - RFJI.

Straus, Richard, Ministerialbeamter, geb. 28. Dez. 1925 Karlsruhe; jüd.; *V:* Julius S. (geb. 1891 Grombach/Baden, gest. 1968 USA), jüd., Realgymn., Bankbeamter, 1938 KL Dachau, 1940 Emigr. USA, Anstreicher; *M:* Gertrude, geb. Heimberger (geb. 1898 Karlsruhe), jüd., 1940 Emigr. USA, Diätikerin Baltimore Talmudic Acad. Maryland; ∞ 1951 Elaine Scharoff (geb. 1923 Syracuse/N.Y.), jüd., höhere Schule; *K:* Alan S. (geb. 1952), Stud. Rechtswiss.; *StA:* deutsch, 1944 USA. *Weg:* 1940 GB, USA.

1938 (?) Verweis vom Gymn., Juli 1940 Emigr. USA über GB (Kindertransport) zu den Eltern mit Hilfe von HIAS; 1942-44 Teilzeitarbeiter bei einer Textilfabrik in Baltimore/Md., 1944-45 US-Armee (Infantry Combat Badge), 1945-46 im VerwDienst u. als Dolmetscher bei OMGUS, 1947-48 wissenschaftl. Mitarb. bei US-Heeresmin. u.a. RegStellen. 1950 B.Sc. Georgetown Univ. Washington/D.C. Ab 1948 beim US-Außenmin., 1950-51 u. 1953 Sachbearbeiter für auswärt. Angelegenheiten, 1951-53 im Fachbereich Information u. Erziehung, 1953-56 hauptberufl. Berater der Abt. für öffentl. Angelegenheiten im Deutschland-Büro, 1958-63 beim US-Konsulat in Wien, 1965-66 im US-Verteidigungsmin. als Fachmann für auswärt. Angelegenheiten; 1966-68 Sachbearbeiter für internat. Fragen, 1968-72 ltd. Konsulatsbeamter in Kanada, 1972 Mitgl. einer Untersuchungskommission in Mexiko, ab 1972 Dir. Büro für Programme in Westeuropa u. Kanada der Abt. Erziehung u. Kultur. 1972 M.A. Memorial Univ. Neufundland. 1961-63 Vors. Kuratorium der Am. Internat. School in Wien, 1964-66 Mitgl. Kuratorium New Hampshire Estates Elementary School in Silver Spring/Md., Mitgl. *Am. Foreign Service Assoc.* Lebte 1976 in Washington/D.C. -

W: u.a. Coal, Steel, Atoms and Trade. 1962. *Qu:* Fb. Hand. - RFJI.

Straus, Ulrich Alexander, Diplomat; geb. 18. Dez. 1926 Würzburg; o.K., 1969 anglikan.; *V:* Hans Alexander S. (geb. 1901 Würzburg, gest. 1977 CH), jüd., Stud. München u. Berlin, Exportdir. einer Schallplattenfirma, 1932 nach einer Asienreise Niederlassung in J, Dir. einer japan. Schallplattenfirma, 1940 Emigr. USA, Staff VicePres. R.C.A. Corp., 1971 Ruhestand CH; *M:* Claire, geb. Itzig (geb. 1905), jüd., 1933 Emigr. J mit 2 S, 1940 USA, gesch.; *G:* Thomas Michael (geb. 1931 Berlin), Ph.D. Harvard Univ., Senior Scientist bei Hughes Aircraft Corp.; ∞ 1959 Sarah Wolcott (geb. 1931 Denver/Colo.), anglikan., B.A. Carleton Coll. Northfield/Minn., 1955-59 Mitarb. bei CIA; *K:* Michael (geb. 1960); John (geb. 1965); Rebecca (geb. 1967); *StA:* deutsch, 1944 USA. *Weg:* 1933 J, 1940 USA.

Apr. 1933 Emigr. mit Mutter u. Bruder nach Japan, Okt. 1940 in die USA; 1945-48 u. 1951-53 US-Armee (Oberlt.), Mitarb. bei Kriegsverbrecherprozessen in Tokio. 1950 B.A., 1950-51 Graduate Assist., 1951 M.A. Univ. of Mich.; 1954-55 Kursleiter bei der US-Armee in Japan. 1955-56 Fulbright-Stipendiat Keio Univ. Tokio. Ab 1957 Vizekonsul, Botschaftssekr. u. im Info-Dienst in Japan, 1959-61 3. Botschaftssekr., 1961-63 2. Botschaftssekr., 1963-65 Konsul u. Assist. Attaché für arbeitsrechtl. Fragen an der US-Botschaft in Tokio, 1965-66 Sachbearbeiter für gewerkschaftspol. Fragen bei der US-Mission in Berlin, 1966-67 Konsul, 1967-70 AbtLtr. für Japan im Büro für internat. Beziehungen u. 1969-70 stellv. Dir. Japan-Abt. in Washington/D.C., 1970-73 im Büro für internat. Beziehungen des Amts für Waffenkontrolle u. Abrüstung, 1973 am NATO Defense Coll. Rom, ab 1973 Ltr. pol. Abt. u. Abt. für Öffentlichkeitsarbeit der US-Botschaft in Bern. Mitgl. *Am. Foreign Service Assoc.* Lebte 1977 in Montgomery/Md.

Qu: Fb. Hand. Pers. - RFJI.

Strauss, Alfredo, Fabrikant; geb. 1. Juli 1909 Geisenheim/ Hessen-Nassau; jüd.; ∞ 1943 Annelise Herzberg (geb. 1920 Braunschweig), Medizinerin; *K:* Luiz Milton (geb. 1948), Ing.; Carlos Eduardo (geb. 1950), Ing.; Marcelo Roberto (geb. 1952), Unternehmensltr.; *StA:* deutsch, Bras. *Weg:* 1937 Bras.

Abitur; Prokurist im Betrieb des Vaters. 1937 Emigr. Brasilien; 1937 mit → Bernardo Heymann Gr. von Roupas Profissionais Ltda. (Hersteller von Berufskleidung mit über 600 Arbeitern in mehreren Fabriken). VorstMitgl. Jüd. Gde. São Paulo, Mitgl. *Rotary Club.* Lebte 1977 in São Paulo.

Qu: Fb. – RFJI.

Strauss, Berthold (Baruch), Unternehmer, Verbandsfunktionär; geb. 20. Juni 1901 Quedlinburg/Sa., gest. Juni (?) 1962 London; jüd.; *V:* Yakov Meir; *M:* Merla. *Weg:* 1933 GB.

Stud. Leipzig, Berlin u. Frankfurt/M.; Bibliophiler. 1933 Emigr. nach London, stellv. Dir. Schloss Co. in Haifa; 1943-49 Vizepräs. *Agudat Israel of England* u. *Poalei Agudat Israel of England,* 1947-50 Präs. der Adath Yisroel Syns., 1948-50 Vizepräs. der *Union of Orthodox Hebr. Congs.,* ab 1949 Vors. des Nationalen Beratungsausschusses u. HauptvorstMitgl. der *Poalei Agudat Israel World Organisation.* Londoner Korr. für *HaYoman* Jerusalem, Kuratoriumsmitgl. einer jüd. höheren Schule, Vizepräs. *Orthodox Jew. Educ. Assn.,* Mitgl. *Eretz Isr. Commission, Board Deputies Brit. Jews.* Nach seinem Tode Erwerb der Privatbibliothek durch Yeshiva Univ. New York.

W: The Rosenbaums of Zell. A Study of a Family. 1962; Beiträge in Fachzs. u. Ztg. *L:* Ohel Baruch, Catalogue of the Books in the B. Strauss Library, Bd. I: Books in Hebrew Characters. 1959. *Qu:* Hand. Publ. Z. – RFJI.

Strauss, Georg, Dr. phil., Verbandsfunktionär, Verleger; geb. 22. Aug. 1896 Berlin, gest. 1975 Givatayim/IL; jüd.; *V:* Moritz S. (geb. 1860, gest. 1946 Pal.), Kaufm., 1939 Emigr. Pal.; *M:* Elisabeth, geb. Ferber (geb. 1873, gest. 1940 Pal.), 1939 Emigr. Pal.; *G:* Dr. med. Walter S. (geb. 1895 Berlin), bis 1933 Prof. für Hygiene Univ. Berlin, später Prof. Hebr. Univ.; ∞ Miriam Scheuer (geb. 1899 Teplitz-Schönau/Böhmen), Zahnärztin; *StA:* deutsch, Pal./IL. *Weg:* 1937 I, 1939 Pal.

Stud. Breslau, 1922 Prom. Berlin, Mitgl. der Bundesltg. *Blau-Weiß;* 1922-25 Unternehmensltr. in Berlin, 1926-33 Verlagsltr. *Zeitschrift für Textilwirtschaft* Berlin, 1933 Mitgr. Umschulungszentrum *Agriculture et Artisanat* für jüd. Emigr. in Paris, Mitgr. der *Gesellschaft zur Förderung wirtschaftlicher Interessen von in Deutschland ansässigen oder ansässig gewesenen Juden* (FWI), Mitgl. von *Reichsvertretung* u. *Palästinaamt,* Mitwirkung beim Transfer jüd. Vermögens. 1934 Reise nach Palästina, Teiln. an Reorg. des *Palästinaamtes;* Verlagsdir. *Jüdische Rundschau,* 1935 Ltr. vor FWI; Verhaftung nach Rückkehr von einer Reise nach Amsterdam, Anklage wegen Devisenvergehen. 1937 Emigr. Italien, Forschungsarbeiten auf kunstgeschichtl. u. geisteswiss. Gebiet in Florenz. Jan. 1939 nach Palästina mit A I-Zertifikat; 1939-40 für Anglo-Palestine Bank tätig. 1941-65 mit → Fritz Lewinson Gr. der engl. u. hebr. erscheinenden Monatsschrift des Industrieverbandes *Hataassiyah,* der Vorläuferin des Verlags für Handelszs. Israel Periodicals. 1965 Verkauf der Verlagsanteile, anschl. als Schriftsteller tätig.

W: Im Zeichen der Sistina. 1959; Irrlichter und Leitgestirne. 1966; Davidia und Griechische Elegie. 1966; Vita Nuova in Kanaan. 1968; Die Magische Kette. 1971; Schon sagenhaft. 1973. *L:* Irrlichter und Leitgestirne – Zur Erinnerung an Georg Strauss. In: MB, 14.3.1975. *Qu:* Fb. Hand. – RFJI.

Strauss, Julius, Unternehmensleiter; geb. 21. Juli 1899 Stuttgart-Bad Cannstatt, gest. 3. Sept. 1976 Manhasset/N.Y.; jüd.; *V:* Salomon S. (geb. 1863 Heinsheim/Neckar, gest. 1928 Deutschland), jüd., Zigarrenfabrikant, Mitgl. CV; *M:* Frieda, geb. Neter (geb. 1871 Gernsbach/Murgtal, gest. 1949 USA), jüd., 1939 Emigr. USA; *G:* Luzie Mayer (geb. 1893 Stuttgart-Bad Cannstatt, gest. 1971 USA), jüd., 1936 Emigr. USA; ∞ 1927 Eva Kops (geb. 1905 Stuttgart), jüd., Fröbelseminar Frankfurt/M., 1936 Emigr. USA; *K:* Rosemary (geb. 1928), 1936 Emigr. USA, M.A., Zeichenlehrerin; Peter (geb. 1932), jüd., 1936 Emigr. USA, M.B.A. Harvard, Executive VicePres. General Cigar and Tobacco Co.; *StA:* deutsch, 1942 USA. *Weg:* 1936 USA.

1915 Mittlere Reife, 1916-19 Frontsoldat (Uffz., u.a. EK II); Lehre in Zigarren- u. Tabakherstellungsbetrieben in Deutschland u. Amsterdam, zwei Jahre Handelshochschule München; 1924 Prokurist, 1927 Teilh. Gebr. Strauss. VorstMitgl. *Reichsverband Deutscher Zigarren-Hersteller,* VorstMitgl. R.j.F. Geschäftsschädigung durch natsoz. Boykott; 1936 Lehrstellenangebot von General Cigar Co. New York, Apr. 1936 Emigr. USA, 1936-38 Lehre bei General Cigar Co., bes. in der maschinellen Zigarrenherstellung, 1938-45 Manager der Produktionsabt., 1949 Vizepräs., AR-Mitgl., 1949-63 Präs., 1963-72 AR-Vors.; anschl. Chairman emeritus der Nachfolgeges. Colbro Org. VorstMitgl. *United Jewish Appeal, Fed. of Jew. Philanthropies, National Conference of Christians and Jews, Boy Scouts of America,* Treuhänder *Golden Age Club* Great Neck/N.Y. – *Ausz.:* 1967 Hall of Fame der US Tabakindustrie, Certificate of Appreciation New York City; 1970 Tobacco Man of the Year von *Tobacco International.*

Qu: Fb. Hand. Z. – RFJI.

Strauss, Karl Martin, Unternehmensleiter; geb. 5. Okt. 1912 Minden/Westf.; jüd.; *V:* Albrecht S. (geb. 1877, gest. 1940), jüd., Brauereidir.; *M:* Mathilde, geb. Lilienfeld (geb. 1894 Nienstaedt/Niedersachsen, umgek. im Holokaust), jüd.; *G:* Werner S. (geb. 1923 Minden, umgek. im Holokaust), 1939 Emigr. NL, Dep.; Margarete Fehr (geb. 1916 Minden), Büroangest., 1939 Emigr. GB, 1947 USA; ∞ 1939 Irene J. Vollweiler (geb. 1913 Bühl/Baden), Sekr., Okt. 1939 Emigr. USA; *StA:* deutsch, 1944 USA. *Weg:* 1939 USA.

Abitur, 1931-33 Stud. Brauereischule Weihenstephan der TH München, Braumeister, 1933-35 Lehre als Brauer u. Mälzer, 1935-38 Umschulung auf Restaurant- u. Hotelgewerbe; 1936-38 Betriebsltr. einer Glas- u. Porzellangroßhandlung in Karlsruhe. Febr. 1939 Emigr. USA. Saisonarbeiter, ab 1939 bei Pabst Brewing Co. in Milwaukee/Wisc., 1959 Vizepräs. u. techn. Ltr.; 1955 Executive Program Certificate Univ. of Calif.; Mitgl., 1965 Präs. u. Ehrenpräs. auf Lebenszeit *Master Brewers Assn. of America,* Mitgl. *Am.Soc. of Brewing Chemists,* Mitgl. des techn. Ausschusses der *US Brewers Assn.,* Mitgl. der Getreidebörssen von Minneapolis, VorstMitgl. *Malting Barley Improvement Assn.,* VorstMitgl. der Wohlfahrtsorg. *Katahdin Foundation,* Mitgl. *B'nai B'rith.* Nach 1945 Mitgl. *Verband ehemaliger Weihenstephaner.* Lebte 1978 in Milwaukee/Wisc.

Qu: Fb. Hand. – RFJI.

Strauss, Ottmar, Großkaufmann, Industrieller; geb. 19. Mai 1878 Mülhausen/Elsaß, gest. 1940 (?) USA (?); *V:* Inh. einer Eisenhandelsfirma (gegr. 1804); ∞ Emmy, geb. Strauss (geb. 1884 Gütersloh, gest. 1933 Köln), jüd.; *K:* Otto (geb. 1910); Marianne (geb. 1911); Charlotte (geb. 1912); Otto Ulrich S. (geb. 1920), 1933 Emigr. CH. *Weg:* 1933 CH, USA (?).

1893 Mittlere Reife, anschl. Lehre, Angest. im Eisenhandel u. in der Eisenindustrie, u.a. für Fa. Peltzer in Köln tätig; 1904 mit Otto Wolff Gr. u. Teilh. Eisengroßhandlung Otto Wolff, bis 1914 Handel mit Alteisen u. Weißblech, Mitgl. der Londoner Metallbörse. Kriegsteiln. 1. WK (EK I u. II), für Kriegsmin. u. Reichsmarineamt in der Munitionsversorgung tätig, Teiln. an Waffenstillstandsverhandlungen in Versailles. Geheimer Reg-Rat beim Preuß. Staatskommissariat für öffentliche Ordnung; ab 1918 Hauptaktionär der Otto Wolff Eisen- u. Hüttenwerke AG Köln, zeitw. an internat. Nachrichtenagentur beteiligt. Mitgl. *Gesamtvereinigung der Wirtschaftlichen Vereinigungen der Eisenhändler Deutschlands.* 1931 Geschäftsauflösung, 1933 Emigr. Schweiz, dann in die USA (?).

L: Zielenziger, Kurt, Juden in der deutschen Wirtschaft. 1930. *Qu:* EGL. Hand. HGR. Publ. – RFJI.

Strauss, Richard Jakob, Dr. rer.pol., Unternehmensleiter; geb. 14. Sept. 1909 Ulm; *V:* Julius S. (gest. 1937 Ulm), Industrieller, VorstMitgl. jüd. Gde.; *M:* Marta, geb. Levi (gest. 1940 Nahariyyah), Emigr. Pal.; *G:* Alice Hass (geb. 1905 Ulm); Ruven (geb. 1912 Ulm), Bankangest., Emigr. Pal., Farmer, dann im isr. Gesundheitsmin. tätig; Lotte Sophie (1920-1939); ∞ 1933 Hilde Bach (geb. 1911 Laupheim b. Ulm); *K:* Michael (geb. 1934), Ltr. der Dairy Strauss Ltd. in Nahariyyah; Raya (geb. 1940); *StA:* deutsch, Pal./IL. *Weg:* 1936 Pal.

Stud. Volkswirtschaft, Referendar im Reichswirtschaftsmin.; VorstMitgl. der Nathan Strauss Hüttenwerke in Ulm. Mitgl. *Blau-Weiß*, bis 1936 Ortsvors. *Zionistische Organisation*, KKL u. *Keren Hayessod* Ulm, zion. Vertr. im Jüd. GdeRat Ulm. 1936 Emigr. Palästina mit A I-Zertifikat. 1936 landwirtschaftl. Umschulung in Beer Tuviyya, 1936 Errichtung eines Molkereibetriebs in Nahariyyah, Mitgr. versch. landwirtschaftl. Kooperative. Mitarb. *Haavarah*. 1948 Dienst in *Haganah;* ab 1948 Aufbau von Dairy Strauss Ltd. in Nahariyyah zum bedeutendsten privaten milchwirtschaftl. Betrieb in Israel. Aktiv in Wiedergutmachungsarbeit, Mitgl. I.O.M.E., H.O.G., Mitgr. Industrieverband Haifa u. *Rotary Club* Nahariyyah, Mitgl. *Bund deutscher Volkswirte* Deutschland (BRD), Gastvorträge über Israel vor dt. Vereinen u. Logen, Verdienste um dt.-isr. Beziehungen. Lebte 1977 in Nahariyyah/IL. - *Ausz.:* BVK 1. Kl.

W: Das arbeitende Kind in der Unfallversicherung der Reichsversicherungsordnung (Diss.). 1932. *Qu:* Fb. Hand. Publ. - RFJI.

Strauss, Walter, Dr. phil., Kaufmann; geb. 25. Juli 1905 Stuttgart; jüd.; *V:* Heinrich S. (geb. 1872 Heilbronn, gest. 1944 USA), jüd., höhere Schule, Kaufm., 1939 Emigr. USA; *M:* Frieda, geb. Neumond (geb. 1882 Frankfurt/M., gest. 1921 Stuttgart), jüd., höhere Schule; ∞ 1940 Inge Wassermann (geb. 1917 Nürnberg), Gymn., 1938 Emigr. USA, Juwelierin; *K:* Brigitte Saunders (geb. 1933), 1936 Emigr. USA, M.A., Lehrerin; Frank (geb. 1935), 1936 Emigr. USA, B.A., Werbefachmann bei *Council of Jewish Feds.;* Marion (geb. 1950), B.A. Fürsorgerin in Boston/Mass.; *StA:* deutsch, USA. *Weg:* 1936 USA.

1923-26 Stud. Berlin u. Heidelberg, 1926 Prom. Heidelberg, Mitgl. *Kameraden;* 1928-31 Referendar, 1931-34 Assessor, 1934-36 RA in Stuttgart; Mitgl. Vorsteheramt Jüd. Gde. Stuttgart. Dez. 1936 Emigr. USA, ab 1937 Versicherungsmakler, Geschäftsführer, 1950 Dipl. als Chartered Life Underwriter. 1939 Gr. u. Vors. *Gemeinschaft der Württembergischen Juden* (gegr. zur Unterstützung von Einwanderern u. Überlebenden der KL), ab 1951 Vors. *Friends of Fritz Busch Soc.* New York, Org. von Gedenkkonzerten u. Stipendien in memoriam Fritz Busch, Mitwirkung an Hg. von Schallplatten; Korr. u. Musikkritiker *Stuttgarter Zeitung* u. *Frankfurter Allgemeine Zeitung*. Fachmann auf dem Gebiet der Sozialversicherung, veranstaltete i.A. des New Yorker Bürgermeisters Robert F. Wagner Konferenzen mit ausländ. Pressevertr. über Probleme der Sozialversicherung, Autor u. Doz. zu Fragen der Sozialversicherung u. Medicare. Ab 1968 Präs. *Blue Card* Inc. New York (dt.-jüd. Einwandererorg. zur gegenseitigen Hilfe, gegr. 1940), Vizepräs. A.F.J.C.E., Mitgl. VerwRat *United Help* New York; Mitgl. *Life Underwriters* u. *Am. Soc. of C.L.U.'s* New York. Lebte 1977 in New York.

L: Schaber, Will, Hüter des Busch-Erbes: Walter Strauss. In: Aufbau, 21.8.1970. *D:* RFJI. *Qu:* Fb. Hand. Pers. Z. - RFJI.

Strauss, Walter, Bankier; geb. 4. Juni 1906 Marburg/Lahn; jüd.; *V:* Albert S. (geb. 1874 Marburg, gest. 1940 London), Jüd. Realschule Marburg, Teilh. Bankhaus Baruch Strauss (gegr. 1866), Mitgl. DDP, 1937 Emigr. I, 1938 NL, Jan. 1939 GB; *M:* Emy, geb. Kahn (geb. 1884 Frankfurt/M., gest. 1955 London), jüd., Realschule Frankfurt/M., 1904-21 Fürsorgerin beim Roten Kreuz in Marburg u. der Jüd. Gde., Emigr. mit Ehemann; *G:* Dr. jur. Hans S. (geb. 1904 Marburg), Stud. Freiburg u. Breslau, RA, 1936 Emigr. CSR, 1937 USA; ∞ 1935 Ilse Ann Leon (geb. 1911 Berlin), jüd., Augusta-Victoria-Mädchenoberschule, Sekr., 1935 Emigr. GB; *K:* Marian Joan Bunzl (geb. 1936), Stud. Queens Coll. New York, Coll. Lausanne/CH, Illustratorin in London; Nicholas Albert (geb. 1942), B.A. Cambridge Univ., LL.B., Barrister Middle Temple London; *StA:* deutsch, 1948 brit. *Weg:* 1933 F, GB.

1924 Abitur Frankfurt/M., 1924-26 Banklehre bei Baruch Strauss in Frankfurt/M., Dresdner Bank in Eisenach u. Leopold Joseph & Strauss in London, 1927-33 bei Dresdner Bank u. Danatbank in Berlin, 1929-33 Assist. des GenDir. der Dresdner. Bank, Apr. 1933 Kündigung; 9. Mai 1933 Emigr. Frankreich, bis Aug. 1933 in Paris, anschl. nach GB; Vertr. einer Importfirma, 1934 Mitgr. u. Teilh. der Firma Bankers Agent, 1935 Vertr. von Banque des Pays de l'Europe Centrale Paris, ZusSchluß zur Remboursbank English Transcontinental, Ltd. Nach 2. WK Wiederaufnahme der Verbindung zu ltd. dt. Banken. 1971 Rücktritt als GenDir. u. AR-Mitgl. von English Transcontinental, Wiederaufbau der Investmentges. u. Bank Baruch Strauss Continuation, ab 1948 Dir. u. AR-Mitgl. R. & J. Pullman Ltd. Fellow *Inst. of Directors*, stellv. Vors. u. geschäftsf. VorstMitgl. *Self Aid of Refugees*, 1942 Mitgl. New West End Synagogue London u. Mitgr. New London Synagogue. Die im Familienbesitz befindlichen Heine-Manuskripte wurden 1956 von der Stadt- u. Landesbibliothek Düsseldorf erworben, heute im Heinrich-Heine-Museum in Düsseldorf.

Qu: Fb. HGR. - RFJI.

Streifler-Shavit, Edward Itzhak (urspr. Streifler, Edward Isaak), Ingenieur, Unternehmensleiter; geb. 1. Juli 1921 Wien; *V:* Jonas Heller; *M:* Lotte, geb. Heller; ∞ 1945 Cipora Eisenfeld; *K:* Yoseph; Raphael. *Weg:* 1939 Pal.

1939 Emigr. Palästina. 1943 Dipl.-Ing. Technion Haifa, 1943-48 als Bauing. tätig. 1947-57 Dienst im Pionierkorps der IDF u. bei der isr. Luftwaffe (zuletzt Oberstlt.). 1957-60 Ltr. der Abt. für Maschinenbau u. Installation des isr. Verteidigungsmin.; 1960-63 Präs. Solcoor Inc. New York, Vertr. für Koor u. Solel Boneh in den USA, 1963-67 Ltr. Abt. für Forschung u. Entwicklung der Koor Industries Ltd., 1966-70 Koordinator des am.-isr. Projekts zur Entsalzung von Meerwasser. Ab 1970 geschäftsf. Dir. u. Präs. Eljim Ltd.; ab 1968 Kuratoriumsmitgl. Technion Haifa, VorstMitgl. *Zentrale für technische Kommunikation,* Mitgl. *Vereinigung der Architekten und Ingenieure* in Israel, *US Mil. Engineers, Am. Assn. of Civil Engineers*. Lebte 1976 in Tel Aviv.

W: Beiträge in *Euratom* über Entsalzung von Meerwasser durch Atomenergie. *Qu:* Hand. - RFJI.

Streit, Hermann, Staatsfunktionär; geb. 9.(19.?) Juni 1909 Greisitz/Schlesien; *V:* Melker; *StA:* deutsch, 18. Sept. 1937 Ausbürg. *Weg:* 1937 E; 1939 F; 1940 Deutschland.

Melker, dann GewFunktionär, KPD-Mitgl. Im Dritten Reich vorüberg. in Haft, 1937 Entlassung wegen Krankheit, Emigr.; 1937-39 Teiln. Span. Bürgerkrieg, dann nach Frankreich., Internierung, 1940 Auslieferung an Deutschland, bis Kriegsende KL Mauthausen. 1945 HauptabtLtr. u. ab 1946 stellv. Min. für Wirtschaftsplanung in der brandenburg. Provinzialverw., 1949 kurzfr. Geschäftsf. Handelsorganisation (HO), 1949-58 Ltr. Hauptverw. bzw. Staatssekr. für Erfassung u. Aufkauf landwirtschaftl. Erzeugnisse im Min. für Handel u. Versorgung, ab Febr. 1958 Ltr. Abt. Land- u. Forstwirtschaft in Staatlicher Plankommission der DDR, ab Ende der 60er Jahre Berater bzw. wiss. Mitarb. Staatliches Komitee für Aufkauf und Verarbeitung landwirtschaftlicher Erzeugnisse. Lebte 1974 als Arbeiterveteran in Berlin (Ost). - *Ausz.:* 1955 u. 1959 VVO (Silber), 1956 Hans-Beimler-Med., 1958 Banner der Arbeit; Med. für Kämpfer gegen den Faschismus 1933-1945, 1969 VVO (Gold), 1974 Karl-Marx-Orden.

Qu: Arch. Hand. Z. - IfZ.

Stricker, William, Dr. jur., Journalist, Ministerialbeamter; geb. 9. Juli 1912 Österr.; jüd.; *V:* Robert S. (geb. 1878 Brünn/Mähren, umgek. 1944 KL Auschwitz), jüd., Dipl. des Techn. Inst. in Brünn, Red. der *Wiener Morgenzeitung* u. der zionist. Wochenztg. *Die neue Welt*, Vizepräs. der Israelit. Kultusgemeinde

Wien, geschäftsf. Mitgl. des WJC u. Vors. der österr. Sektion, 1933 Mitgr. *Jüdische Staatspartei; M:* Paula, geb. Kraus (geb. 1885 Pohrlitz/Mähren, umgek. 1944 KL Auschwitz), jüd.; *G:* Judith Eshet (geb. 1921), Gymn., 1939 Emigr. Pal., Bibliothekarin in IL; ∞ 1938 Dr. med. Jenny Becher (geb. Wien), jüd., 1938 Emigr. CSR, 1939 in die USA, Ärztin; *K:* Robert (geb. 1945), B.A. Columbia Univ., Buchhändler; Raphael (geb. 1950), Stud. Columbia Univ., Arzt; *StA:* österr., 1944 USA. *Weg:* 1938 CSR; 1939 USA.

1935 Prom. Karlsuniv. Prag. 1935-38 Korr. u. Red. in Wien. 1938 Emigr. in die CSR, 1938-39 in Prag Korr. für eine Presseagentur. Mitgl. *A.V. Kadimah* Wien u. *J.A.V. Barissia* Prag. Febr. 1939 Emigr. in die USA. 1939-42 als Red. tätig, 1942-43 beim OWI. 1943 Red. u. 1944 Außendienst-Mitarb. bei US Army Information Control Div. von OMGUS. 1945-47 für mehrere Presseagenturen in Europa tätig, 1947-48 freier Publizist. 1948 Red. in der Westeuropa-Abt. des US-Außenmin., 1949-53 Ltr. des europ. KorrDienstes des *Intl. Broadcasting Service.* 1953 Versetzung zur US Information Agency, 1954-56 Ltr. der Nachrichtenabt. für West- u. Osteuropa, 1956-62 Information Specialist, ab 1962 Ltr. des Nachrichtenamts der US-Vertretung bei der UN. 1979 Dir. der Auslandspresse-Zentrale der Intl. Communication Agency. Lebte 1979 in New York.

Qu: Fb. Hand. - RFJI.

Strob(e)l, Max, Parteifunktionär; geb. 1. Dez. 1896 Ludwigsfeld bei München, gest. 28. Apr. 1971 Norwegen; ∞ Anna Sattler (geb. 1902); *StA:* deutsch, 5. Sept. 1938 Ausbürg. mit Ehefrau. *Weg:* 1933 N; 1940 S; 1945 N.

Mitgl. KPD, 1919 Mitgl. Bayrische Revolutionsreg., Vors. Kommission zur Bekämpfung der Gegenrevolution, nach Niederschlagung der Räterepublik bis 1925 in Haft; danach BezLtr. *Rote Hilfe* Niederrhein, als Anhänger der oppos. Rechten (→ Heinrich Brandler, → August Thalheimer) 1929 Ausschluß aus KPD u. Mitgl. KPDO. 1933 Emigr. nach Norwegen, von dort 1940 nach Schweden; in Stockholm Mitgl. KPDO-Exilgruppe (→ Richard Janus, → Gustel Schönfelder), Mitarb. von deren Monatszs. *Revolutionäre Briefe,* Ps. Max Berlin; Mitgl. *Landesgruppe Schweden der Auslandsvertretung deutscher Gewerkschaften.* 1945 Rückkehr nach Norwegen.

L: Tjaden, KPDO; Müssener, Exil. *Qu:* Arch. Publ. - IfZ.

Strobel (Strobl), Othmar, Parteifunktionär; geb. 19. Okt. 1908 Wien (?), gest. 23. Nov. 1963 Moskau; ∞ Anni Peczenig (Petschenik), im Span. Bürgerkrieg als Krankenschwester bei Internat. Brigaden, anschl. Frankr., Mitarb. TA in der franz. Résistance, 1943 illeg. nach Wien, anschl. wieder Frankr., 1944 Verhaftung durch Gestapo, im KL Ravensbrück ermordet; *StA:* österr. *Weg:* E (?); F; 1945 JU, Österr.

Schlosserlehre, Mitgl. KPÖ; ab 1933 illeg. KPÖ-Funktionär, vermutl. 1934 nach den Februarkämpfen Verhaftung, KL Wöllersdorf, Juli 1934 Flucht, Mai 1935 erneute Verhaftung in Wien. War möglicherweise während des Bürgerkriegs in Spanien. 1940 in St-Cyprien interniert, angebl. Mitgl. des ZK der KPÖ. Juli 1940 zus. mit → Otto Niebergall u.a. Flucht aus St. Cyprien, anschl. illeg. in Paris. Maßgebl. Mitarb. TA innerhalb der Résistance (→ Franz Marek), verantwortl. für die ab 1943 organisierte Transferierung österr. Widerstandskämpfer aus Frankr. u. Belgien nach Österr. zum Aufbau von Widerstandsgruppen u. zur Rekonstruktion einer illeg. KPÖ-Ltg. in Wien. Ende 1944 nach Befreiung Frankr. nach Marseille, Anfang 1945 als Ltr. einer Gruppe österr. Kommunisten, zumeist ehem. Spanienkämpfer (u.a. → Emanuel Edel, → Max Goldberger, → Gerhard Paul Herrnstadt, → Peter Hofer, → Turl Maller, → Zalel Schwager, → Otto Spitz, → Max Stern, → Alfred Wiesinger), über Bari nach Belgrad, bemühte sich ohne offiz. Parteiauftrag in ZusArb. mit jugoslaw. Stellen um Aufstellung österr. Bataillone nach dem Vorbild der 1. österr. Btl. im Verband der jugoslaw. Volksbefreiungsarmee in Slowenien, nach Kontaktaufnahme mit → Friedl Fürnberg u. → Franz Honner in Črnomelj Bildung des 2., 4. u. 5. österr. Btl. im Verband der jugoslaw. Volksbefreiungsarmee, die infolge Kriegsende jedoch nicht mehr zu milit. Einsatz kamen. Apr. 1945 zus. mit Fürnberg u. Honner Rückkehr nach Wien, Ende Apr. Eintritt in die neu aufgestellte österr. Polizei, ltd. Mitarb., ab Juli 1945 provis. Vizepräs. Polizeidirektion Wien, bis Juni 1953 Polizei-Vertragsbediensteter. 1948-61 ZK-Mitgl. der KPÖ.

W: u.a. Mit der „Roten Fahne" über die Grenze. In: Volksstimme, 15. Aug. 1948. *L:* Spiegel, Résistance; Wetz, Ulrike, Geschichte der Wiener Polizeidirektion vom Jahre 1945 bis zum Jahre 1955. Diss. phil. masch. Wien 1970; Holzer, Bataillone; Schaul, Résistance; Widerstand 1; ISÖE; Reisberg, KPÖ. *Qu:* Arch. Hand. Publ. - IfZ.

Ströbel, Heinrich, Publizist, Parteifunktionär; geb. 7. Juni 1869 Bad Nauheim/Hessen, gest. 11. Jan. 1944 Zürich; o.K.; ∞ Henriette (gest. 1943); *StA:* deutsch. *Weg:* 1933 CH.

Mittlere Reife, Einjährig-Freiw., danach priv. Studien Lit., Gesch. u. Wirtschaftswiss.; Mitgl. SPD, ab 1889 Red. sozdem. Ztg. in Kassel u. Kiel, 1910-16 pol. Red. *Vorwärts;* ab 1908 MdL Preußen; Mitunterz. der Erklärung der *Vorwärts*-Redaktion vom 4. Aug. 1914 gegen die Zustimmung der sozdem. RT-Fraktion zu den Kriegskrediten, 1915 Mitarb. an dem späteren *Spartakus*-Organ *Die Internationale* sowie der von → Rudolf Breitscheid hg. Korr. *Sozialistische Auslandspolitik,* 1916 mit anderen Oppositionellen aus Protest gegen die Burgfriedenspol. des PV Ausscheiden aus der Red. des *Vorwärts,* Jan. 1917 nach Ausschluß aus der sozdem. LT-Fraktion Bildung einer neuen „Sozialdemokratischen Fraktion (Alte Richtung)" im preuß. LT, Apr. 1917 Mitgl. USPD; Nov. 1918-Jan. 1919 Kabinettsvors. der preuß. Revolutionsreg.; 1919 (1920 ?) Rückkehr zur SPD, auf Vereinigungs-PT von SPD u. USPD Sept. 1922 Wahl in die ProgrKommission unter Vors. von → Karl Kautsky; in der Folgezeit einer der Führer der SPD-Linken, 1924-32 MdR, Mithg. *Der Klassenkampf - Marxistische Blätter;* aktiv in Friedensbewegung, ab 1921 Mitgl. Geschäftsltg. *Deutsche Friedensgesellschaft,* Mitarb. an deren Organ *Das Andere Deutschland;* Juni 1931 auf PT in Leipzig als Vertr. der Parteiopposition Wahl in den PV; Okt. 1931 Mitgl. SAPD, auf Druck des pazifistischen Flügels neben → Max Seydewitz u. → Kurt Rosenfeld zum Vors. gewählt, nach drei Mon. Parteiaustritt u. Rückkehr zur SPD. 1933 Emigr. in die Schweiz.

W: u.a. Die Bilanz der Revolution. 1919; Die erste Milliarde der zweiten Billion. Die Gesellschaft der Zukunft. 1919; Durch zur Wahrheit. 1919; Die deutsche Revolution. Ihr Unglück und ihre Rettung. 1920; Die Schuld im Kriege. 1920; Nicht Gewalt sondern Organisation. Der Grundirrtum des Bolschewismus. 1921; Die Sozialisierung, ihre Wege und Voraussetzungen. 1921, 1922; Die Aufgaben der Arbeiter-Internationale. 1922; Die Verhinderung von Kriegen und das Verhalten nach Ausbruch des Krieges. In: Sozialdemokratie und Wehrproblem. Vorschlag für Programmformulierungen zu dem Wehrproblem (Sonderheft Der Klassenkampf). 1929. *L:* Osterroth/Schuster, Chronik; Drechsler, SAPD. *Qu:* Arch. Hand. Publ. Z. - IfZ.

Strötzel, Max, Parteifunktionär; geb. 25. Juli 1885 Markranstädt/Sa., gest. Jan. 1945 UdSSR; Diss.; *StA:* deutsch. *Weg:* 1933 UdSSR.

Dreher, vor dem 1. WK Inh. eines Fahrradgeschäfts in Leipzig. 1906 SPD, ab 1914 in Rüstungsindustrie kriegsverpflichtet, 1917 USPD, 1920 KPD, Wahl in ZA, 1922 PolLtr. Westsa. in Leipzig, 1923 Ltr. der Aufstandsvorbereitungen in Sa., ab Okt. 1923 zur Fahndung ausgeschrieben; 1924-32 MdR. 1924-27 PolLtr. Westsa., Führer der Leipziger Parteilinken, 1925 Kand. des ZK u. Angleichung an Parteilinie, anschl. PolLtr. Bez. Pommern in Stettin, 1932 unter starken Anfeindungen seitens der innerparteil. Gegner abgesetzt, Parteiarb. in untergeordneten Positionen, zuletzt Ltr. *Rote Hilfe* Bez. Magdeburg. 1933 kurzfristig illeg. tätig, dann Emigr. UdSSR. 1937 in Moskau verhaftet.

L: Weber, Wandlung. *Qu:* Hand. Publ. - IfZ.

Strouth, Howard Steven, Baron (bis 1943 Strauss, Hans-Stefan Erich von), Dr. ing., Industrieller; geb. 28. Sept. 1919 Frankfurt/M.; jüd.; *V:* Baron Carl Siegfried von Strauss (geb. 1881 Frankfurt/M., gest. 1959 New York), jüd., Univ., Offz. a.D., Weingutbesitzer, 1938 Emigr. CH, 1939 F, 1940 E, 1941 USA; *M:* Ida, geb. Merck (geb. 1889 Frankfurt/M., gest. 1959 New York), jüd., Emigr. mit Ehemann; *G:* Grete Lipper (geb. 1918 Frankfurt/M.), 1941 Emigr. USA mit Eltern; ∞ 1951 Penelope Ann Creamer-Osten (geb. 1927 Moultrie/Ga.), ev., B.A. Columbia Univ., Archäologin; *StA:* deutsch, 1943 USA. *Weg:* 1934 GB; 1937 I; 1938 CH, F; 1941 USA.

1934 Ausschluß vom Gymn., Emigr. GB mit StudVisum; 1934-35 Schulbesuch in Dovercourt, 1935-36 London Polytechnic Inst., 1936-37 Trinity Coll. Cambridge, 1937 Univ. Mailand, 1938 Univ. Bern, 1938-39 Sorbonne Paris, B.Sc. 1939 kurze Internierung in Frankr., anschl. Freiw. in franz. Armee (Croix du Combattant). März 1941 Emigr. USA über Spanien. 1941-43 stellv. Dir. Wertpapierfirma Drexel Bros., Ltd. New York. 1943-45 MilDienst US-Armee (Conspicuous Service Cross, 1963 Major d.R.), 1945-46 Verbindungsoffz. der US-MilReg. bei den Nürnberger Prozessen. 1946-51 Dir. Drexel Bros., 1951-58 Ltr. der Bergbauabt. bei Standard Ore and Alloys Corp. New York, gleichz. ab 1951 GenDir. einer Bergbauges. in Mexiko u. ab 1953 in Südafrika; 1954 Entdeckung von Uran in Kanada, 1954-58 Gr. u. Präs. Stanleigh Uranium Mining Corp., Ltd. Toronto, daneben ab 1956 Bergbauunternehmungen in Peru u. Australien u. ab 1958 in Chile. Ab 1958 Berater für Bergbauwesen bei Norodom Sihanouk von Kambodscha. 1961 Entdeckung von Erdöl in Ecuador, 1961-71 GenDir. Norsul Oil and Mining Ltd. Calgary/Alta., Kanada u. Minas y Petroleos S.A. in Quito/Ecuador. 1975 in San José/Costa Rica tätig. B.Sc. Eng. Pa. State Univ., 1960 Ph.D.Eng. Bretton Woods Univ. Indiana. Vors. US Presidential PTP SubCommittee. Mitgl. AIME u. CIME; Assoc. Member New York C. of C., *Engineers' Club* Toronto, Mitgl. *Veterans of Foreign Wars, Amvets* u.a. Lebte 1978 in Estepona/Spanien. – *Ausz.:* Commandeur Samahatrei, Kambodscha; 1960 Hon.Dr. Rochdale Coll. Toronto; Ehrenmitgl. des Bergbauministeriums von Ecuador.

W: Rainer Maria Rilke, The Coronet (Übertragung). 1949; Mining in Mexico. 1953; Outlook for Jamaica. 1954; Canada's New Uranium Camp at Blind River. 1955; New Penn. Mine at Calaveras. 1955; Developing a Canadian Prospect. 1956; Canadian Uranium Outlook. 1958; Andacolo. 1959; South African Mining – A Time to Invest. 1959; A Window to the Marrow. 1970. *Qu:* Fb. Hand. – RFJI.

Strzelewicz, Willy, Dr. phil., Fil. lic., Publizist, Hochschullehrer; geb. 23. Okt. 1905 Berlin; ev.; *V:* Boleslav S., Schriftst.; *M:* Anna, geb. Rost; ∞ I. 1948 Eva Goldstein; II. Dr. phil. Lisl Reissmann; *K:* aus I: 3; *StA:* deutsch. *Weg:* 1933 CSR; 1938 N; 1940 S; 1954 Deutschland (BRD).

1931 Prom. Frankfurt/M., 1932 wiss. Mitarb. Institut für Sozialforschung. Mitgl. KPD, dann SPD. Mai 1933 Emigr. Prag, Anhänger der volkssozialistischen Richtung um → Wilhelm Sollmann, mit → Hans Jaeger u. → Fritz Max Cahen Gr. *Volkssozialistische Bewegung.* 1938 über Polen, Estland u. Island nach Norwegen, 1940 Schweden, zeitw. Internierung in Loka Brun, dort Mitgl. des SPD-Lagerkomitees. ZusArb. mit *Hechaluz,* Hinwendung zum demokrat. Sozialismus, um 1944 Mitgr. *Arbeitskreis demokratischer Deutscher,* Mitunterz. GrdgAufruf des FDKB. Ab 1945 RedMitgl. *Sozialistische Tribüne* Stockholm (→ Willy Brandt). Tätigkeit als Archivarb. u. Journ., Forschungsstipendium, Lizentiat Univ. Stockholm, 1946-48 Mitarb. Sozialinst. Stockholm. 1955-60 Ltr. Seminarkurse Univ. Göttingen, 1957-60 Ltr. Pädagog. ArbStelle Deutscher Volkshochschulverband Frankfurt/M., 1958 Lehrbeauftr. Univ. Göttingen, 1960-74 o. Prof. für Soziologie PH Hannover, seit 1968 HonProf. TH Hannover. Lebte 1978 in Hannover.

W: u.a. Urrecht gegen Unrecht. Volkssozialismus als Wiedergeburt des Humanismus. Prag (Selbstverl. Martin Christian Sander) o.J.; Kampen om de mänsklig rättigheterna. Stockholm (Koop. Förbundet) 1943 (dt. Der Kampf um die Menschenrechte. 1947); Die Menschenrechte in einem neuen Deutschland. Stockholm (Arbeitskreis demokratischer Deutscher) 1944; Bibliogr. s. Kürschner, Gelehrten-Kalender 1976. *L:* Müssener, Exil; Reform in der Demokratie. Festschrift zum 70. Geburtstag. 1976. *Qu:* Arch. Hand. Publ. – IfZ.

Stuberg, Paul. *Weg:* E; F; B; 1940 F; 1941 (?) B.

KPD-Mitgl. Im Span. Bürgerkrieg Offz. der Internat. Brigaden, danach in Frankreich. u. Belgien, 1940 Verhaftung in Belgien, nach Frankr. abgeschoben, Internierung, Mitarb. TA innerh. der Résistance, nach Verhaftung von → Hermann Geisen u. → Max Stoye im Aug. 1941 Ltr. der Zersetzungsarb. unter dt. Besatzungstruppen u. Vertr. KPD-Westltg. in Belgien, nach Konstituierung der KFDW-Landesdelegation in Belgien deren Ltr. u. Mitgl. KFDW Paris.

L: Schaul, Résistance; Pech, Résistance. *Qu:* Publ. – IfZ.

Stuchly, Alois, geb. in Böhmen; *StA:* CSR, S (?). *Weg:* 1938 (?) S.

Mitgl. SJ. Vermutl. 1938 Emigr. nach Schweden, TG-Mitgl., ab Konstituierung der zentralen Ltg. der SJ in Schweden auf 1. Landeskonf. v. 13./14. Nov. 1943 ihr Vors., auf 2. Landeskonf. v. 23./24. Sept. 1944 von seinem Stellv. Willy Preibisch abgelöst, dann stellv. Vors. u. gemeins. mit Preibisch Org. u. Studienltr. der Briefschule der SJ-Landesgruppe in Schweden zur Vorbereitung auf Einsatz der Gruppenmitgl. unter der dt. Bevölkerung der CSR nach Kriegsende.

Qu: Arch. – IfZ.

Stuchly, Wenzel, Gewerkschaftsfunktionär; geb. 9. Dez. 1898 Nordböhmen; *G:* 8; *StA:* österr., 1919 CSR. *Weg:* 1939 N; 1940 S.

Bergarb.; 1914 *Verband jugendlicher Arbeiter Österreichs,* im 1. WK Kriegsdienst, 1919 Mitgl. DSAP u. *Union der Bergarbeiter in der CSR,* 1920-21 MilDienst in tschechoslow. Armee, danach Bergarb. u. GewFunktionär, 1930 Entlassung aus pol. Gründen, anschl. Stadtangest. Teplitz-Schönau; ab 1933 Vorst-Mitgl. u. ab 1937 Obmann *Verband der Transport- und Lebensmittel-Arbeiter in der CSR* Sitz Aussig; ab 1934 stellv. u. ab 1935 Ortsvertrauensmann der DSAP in Teplitz-Schönau, StadtVO. ebd. – Febr. 1939 Emigr. nach Norwegen u. nach dt. Besetzung nach Schweden, Mitgl. TG. Lebte 1977 in Schweden.

Qu: Arch. – IfZ.

Stürgkh, Karl Georg (urspr. Carl Georg Graf v. Stürgkh); geb. 19. März 1899 Graz, gest. 12. Jan. 1979; *V:* Dr. jur Ferdinand Maria Graf v. S. (1864-1943); *M:* Marie Anne, geb. v. Polzer (1873-1935); *G:* Eleonore (geb. 1897); Melanie (geb. 1898); Alfred (geb. 1904); ∞ 1946 Lilly Fischel (geb. 1906); *StA:* österr. *Weg:* 1938 F; 1940 (?) Deutschland (Österr.).

1917-18 Kriegsdienst, Fähnrich, anschl. bis 1921 Bankangest. in Graz, anschl. nach Hamburg, bis 1927 Tätigkeit als Börsen- u. Versicherungsvertr. Anschl. nach Wien, 1929-33 Sekr. eines Hotelierverbands, ab 1933 Tätigkeit im österr. Verkehrsbüro in Wien; Kompaniekommandant im *Heimatschutz,* Mitgl. u. Funktionär *Vaterländische Front.* Febr. 1938 Dir. Mondial-Film AG. Sept. 1938 nach Paris, gab Okt. 1938 seinen dt. Reisepaß zurück u. ließ sich als *ex-autrichien* registrieren, März 1939 wahrscheinl. auf Fürsprache → Otto Habsburgs endgültige Aufenthaltsbewilligung. Vermutl. Mitarb. *Entr'aide Autrichienne* (→ Martin Fuchs). Trotz pol. Gegensätze zu Martin Fuchs enge ZusArb. mit legitimist. u. konservat.-bürgerlicher österr. Emigr. in Paris, Mitgl. VorstAusschuß bzw. Präsidialbeirat *Ligue Autrichienne* (→ Hans Rott), Verbindungen zu O. Habsburg, → Ernst Rüdiger Starhemberg u. → Friedrich Stockinger, war angebl. als Mitgl. der 1939 geplanten österr. Vertretungskörperschaft in Frankr. vorgesehen, deren Bildung vor allem von Fuchs betrieben wurde. Nach Kriegsausbruch nicht interniert, vermutl. Sprecher u. Mitarb. bei den Österreich-Sendungen des franz. Rundfunks. Blieb nach dt. Ein-

marsch in Paris, Okt. 1940 vorläufige Festnahme, Juli 1941 endgültiger Haftbefehl, Haft in Wien, 9. Juni 1942 VGH-Prozeß in Berlin, Todesurteil (welches Hitler vorgelegt wurde). - Lebte 1978 in Wien.
L: Wagner, Walter, Der Volksgerichtshof im nationalsozialistischen Staat. 1974. *D:* IfZ. *Qu:* Arch. Hand. Pers. Publ. - IfZ.

Sturmthal, Adolf F(ox), Dr. rer. pol., Publizist, Hochschullehrer; geb. 10. Sept. 1903 Wien; o.K.; *V:* Leo S. (gest. 1909); *M:* Anna, geb. Fuchs (gest. 1916); *G:* Maximilian Storm (gest. 1963 St. Petersburg/Fla.), Emigr. USA; Mimi Chandèze (geb. 1900), Emigr. USA; ∞ 1940 Hattie Ross, StA: USA; *K:* Joan (geb. 1944), M.A., Kriminologin, A: USA; Ann Bergman (geb. 1946), M.A., Tätigkeit im Gesundheitswesen, A: USA; Suzanne Russin (geb. 1946), M.A., Sozialarb., A: USA; *StA:* österr., 1934 Ausbürg. (erste österr. AusbürgListe), staatenlos mit belg. Ausländerpaß, 1943 USA. *Weg:* CH; 1936 B; GB; 1938 USA.
Stud. Staatswiss. Wien, 1925 Prom.; Mitgl., zeitw. Obmann *Vereinigung sozialdemokratischer Studenten und Akademiker,* 1924-25 Sekr. *Sozialistische Studenten-Internationale,* ab 1925 Mitarb. *Der Kampf.* 1926 nach Zürich, Mitarb. von → Friedrich Adler innerh. der SAI, Hg. *Internationale Information* der SAI, Mitarb. sozialist. Presse, Ps. Helveticus. Ab 1933 maßgebl. an Betreuung prominenter sozialist. Emigranten aus Deutschland u. ab 1934 aus Österr. durch die SAI beteiligt, ZusArb. mit *Sopade* u. ALÖS. Ab 1934 regelm. Mitarb. u. Kolumnist *Der Kampf* Brünn, Ps. Konrad Treu. 1936 nach Brüssel, später GB, wurde 1937 von schweizer. Polizei im Zusammenhang mit illeg. Verwendung schweizer. Pässe gesucht. Mai 1938 Emigr. USA mit Einwanderungsvisum, Verb. zu Rockefeller Foundation. 1939-40 Lektor internat. Politik an American University Washington/D.C., 1940 Assist. Prof. City Coll. New York, 1940-42 Assist Prof., 1942-55 Prof. Bard College Annandale-on-Hudson/N.Y.; ab 1944 AbtLtr. Foreign Broadcasting Intelligence Service Washington/D.C., Mitgl. *Austrian Labor Committee,* Mitarb. *Austrian Labor Information,* 1946-50 stellv. Vors. *Am. Friends of Austrian Labor;* 1946-48 Hg. *The Austrian Republic.* 1955-60 Prof. Roosevelt-Univ. Chicago/Ill., ab 1960 Prof. Labor and Industrial Relations Univ. of Illinois Champaign/Ill. - Zeitw. Gastprof. u.a. Columbia Univ., Yale Univ., Univ. Aix-en-Provence; Fulbright-Stipendiat. Mitgl. *Am. Econ. Assn., Am. Pol. Science Assn., Industrial Relations Assn.;* Mitarb. u.a. *Labor and Nation, Industrial and Labor Relations Review, Political Science Quarterly, Journal of Political Economy, The New Leader* sowie *Gewerkschaftliche Monatshefte* Köln u. *Arbeit und Wirtschaft* Wien. Lebte 1975 in Champaign/Ill. - *Ausz.:* u.a. Silbernes Ehrenzeichen für Verdienste um die Rep. Österreich.
W: u.a. Die Schweiz in der Zeitenwende. Aarau (Druckereigenossenschaft Aarau) 1935; Die große Krise. Zürich (Verlag Oprecht) 1938; The Tragedy of European Labor 1918-1939. New York (Columbia Univ. Press) 1943; A Survey of Literature on Postwar Reconstruction. New York 1944; Porträt der amerikanischen Gewerkschaften. 1950; Labour and World Affairs. 1951; Unity and Diversity in European Labor. 1953; Contemporary Collective Bargaining in Seven Countries. 1957; The Labor Movement Abroad. In: A Decade of Industrial Relations Research. 1958; Amerikanische Forschungsarbeiten über Automation und Arbeitsbeziehungen. 1963; Lohnpolitik, Produktivität und Preisniveau. 1963; Workers Councils. A Comparative Study of Workplace Organization on Both Sides of the Iron Courtain. 1964; Current Manpower Problems. 1964; White Collar Trade Unions. 1966; Comparative Labor Movements: Ideological Roots and Institutional Development. 1972; The International Labor Movement in Transition. 1973. *L:* Scheu, Friedrich, Die Emigrationspresse der Sozialisten 1938-1945. 1967. *D:* IISG. *Qu:* Arch. Fb. Hand. Pers. Publ. - IfZ.

Sud, Ira (Isi, Isidor), Rabbiner; geb. 26. Juni 1910 Samgorodok b. Žitomir/Ukraine; *V:* Šaja S. (geb. 1884 Trojanov/Ukraine, gest. 1969 Haifa), jüd., Oberkantor in Prag, 1939 Emigr. USA, überlebte Torpedierung des Passagierdampfers Athenia, Kultusbeamter, 1959 nach IL; *M:* Paula (Pessie), geb. Piliper (geb. 1889 Samgorodok), jüd., 1939 Emigr. USA mit Ehemann, 1959 nach IL; *G:* Lea Salzberger Ami (geb. 1914 Misslitz/Mähren), Emigr. Pal.; Dov Berthold (geb. 1916 Misslitz), illeg. Emigr. Pal., Mitgl. *Jüd. Brigade,* Kriegsgef. in GR, nach 2. WK in die USA; Hana Eisler (geb. 1918 Misslitz), illeg. Emigr. Pal., A: Kibb. HaOgen/IL; ∞ 1937 Vera Herrmann (geb. 1913 Prag), jüd., 1939 Emigr. F, 1939 USA; *K:* Joan Eve Soreff (geb. 1942), Master Social Service Admin. Univ. Chicago; Riah Ann Brooks (geb. 1945), B.A. Roosevelt Univ., Lehrerin; *StA:* russ., 1913 österr., 1918 CSR, 1945 USA. *Weg:* 1939 USA.
1929-36 Stud. semitische Philologie Karlsuniversität Prag, 1932-37 Stud. Jüd.-Theol. Seminar Breslau; für *Jugend-Alijah* tätig, 1935-38 Hilfsrabbiner in Eger/CSR, 1937 Rabbinatsexamen, Okt. 1938 aus dem Sudetenland ausgewiesen, Rückkehr nach Prag, dort Rabbiner Maisel-Syn., Jan. 1939 Assist. des Oberrabbiners in Prag. 1926-29 Mitgl. *Blau-Weiß,* Gr. des *Betar* in Prag, 1929-32 Sekr. der zion. Org. in Böhmen u. des *Palästina-Amts* in Prag, 1932 Präs. der Lese- u. Redehalle jüd. Hochschüler in Prag. Aug. 1939 Emigr. USA über Frankr.; Unterstützung durch Verwandte, 1940 Hebr.-Lehrer, engl. Sprachkurs bei *United Service for New Americans* in New York, Ehefrau Fabrikarbeiterin. 1940-45 Rabbiner Gde. Tifereth Isr. Albany/N.Y., 1945 B.A. Siena Coll., 1945-50 Rabbiner Jew. Center Arlington/Va., gleichz. Rabbiner *Jew. Welfare Board,* 1944 Deleg. Kongreß gegen Antisemitismus des *Am. Jew. Congr.,* 1947 Deleg. Nat. Zion. Conf. Washington/D.C., 1950-61 Rabbiner bei Delaware County Civilian Defense/Pa., daneben 1957-60 Stud. Dropsie Coll. Philadelphia, 1960 Abschlußexamen in Pädagogik; 1961-75 Rabbiner Temple Ezra Chikago, ab 1970 Rabbiner u. Ltr. der Erwachsenenbildung bei *B'nai B'rith,* Mitgl. *Czechoslovak Jew. Representative Committee,* ab 1961 Vorstmitgl. *Chicago Board Rabbis,* Assoc. Dir. der *Jew. Archives* Chicago, 1966-69 Vizepräs. *Chicago Edgewater Assn. of Clergy and Rabbis,* 1967-69 BezVors. der ZOA Chicago, Mitgl. *Rabb. Assembly, Am. Jew. Hist. Soc., Conf. on Jew. Soc. Studies,* LBI, Amerikan. Rotes Kreuz, *Histadrut Ivrit,* VorstMitgl. der *Isr. Bonds Campaign, Dir. Board Jew. Educ.,* Vors. *Rabb. Action Committee* Chicago, Gr. u. Mitgl. *T.G. Masaryk Club* New York. Lebte 1976 in Skokie/Ill. *Ausz.:* 1975 D.D.h.c. Jew. Theol. Seminary New York.
D: RFJI. *Qu:* Arch. Fb. Pers. Publ. - RFJI.

Süß, Bruno, Gewerkschaftsfunktionär; geb. 26. Aug. 1876 Hennersbach b. Dresden, gest. 1940 (?) F; o.K.; *StA:* deutsch, 1939 Ausbürg. *Weg:* 1933 Saargeb.; 1935 NL; F.
Holzarbeiter, kaufm. Angest.; 1898 SPD, ab 1905 ArbSekr. in Pirna u. Korr. *Volksfreund,* StadtVO.; 1907 Besuch SPD-Parteischule Berlin, ab 1908 Geschäftsf. *Leipziger Volkszeitung,* ab 1913 Revisor im Anzeigenverlag für sozialist. Ztg., Leipzig, ab Apr. 1915 AbtLtr. Militärtechnisches Institut Dresden, ab Apr. 1918 BezLtr. *Verband der Bureauangestellten* für Sa., Mitgl. *Arbeiter- und Soldatenrat,* sächs. Landesrat u. *Zentralrat der Arbeiter- und Soldatenräte,* Nov. 1918- Juli 1920 RegBeauftragter in Sa. Ab Sept. 1920 Vors. AfA Berlin, ab Apr. 1924 Gaultr. ZdA in Düsseldorf u. BezLtr. AfA-Bund für Rheinland-Westf., Vors. BezAusschuß für sozialist. Bildungsarbeit Niederrhein. U.a. Mitgl. VerwRat Akademie der Arbeit Frankfurt/M. u. Kuratorium für WirtschSchulen im preuß. Handelsmin. - 6. Mai 1933 Flucht nach Saarbrücken, 1935 Emigr. in die Niederlande, später nach Frankr., Niederlassung in Troyes (Albes). Ab 1936 i.A. der ADG unter → Heinrich Schliestedt Red. *Nachrichten der Auslandsvertretung der deutschen Gewerkschaften* bzw. 1937-39 *Nachrichtendienst der Auslandsvertretung der deutschen Gewerkschaften* (Beilage des *Bulletin des Internationalen Gewerkschaftsbundes).* Unterz. Volksfront-Aufruf v. Dez. 1936, nach Grdg. des von der KPD initiierten *Koordinationsausschusses deutscher Gewerkschafter in Frankreich* (→ Paul Merker) März 1937 zunächst Beteiligung an dessen Versuch zu einem Zusammenschluß der ADG mit der RGO u. anderen gewerkschaftl. Exilorg., der jedoch schon Sommer 1937 am Widerstand Schliestedts u. der *Sopade*-Anhänger in der ADG (→ Gerhard Kreyssig, → Anton Reißner)

750 Süßkind

sowie des IGB scheiterte. Aug. 1938 auf 3. Auslandskonf. in Mühlhausen Wahl zum Sekr. des ADG-Länderkomitees, Ltr. ADG-Landesverb. Frankr., befürwortete im Gegensatz zum neuen ADG-Vors. → Fritz Tarnow weiterhin einen „linken" aktivistischen Kurs der ADG. Deckn. Carlos. S. starb nach Kriegsbeginn in einem franz. Internierungslager.

L: Röder, Großbritannien. *D:* AsD; BA; IISG. *Qu:* Arch. Hand. Publ. - IfZ.

Süßkind, Heinrich, Parteifunktionär; geb. 30. Okt. 1895 Kolomea/Galizien; *V:* Rabbiner; ∞ Ehefrau Tschechin, Mitarb. *Inprekorr,* 1933 Emigr. CSR, UdSSR, nach 1936 pol. Arbeit in der CSR, während dt. Besetzung umgek.; *StA:* UdSSR. *Weg:* 1933 (?) CSR; UdSSR.

Gymn. Wien, 1917 nach Deutschland, Stud. ev. Theologie u. Gesch. in Tübingen, 1919 nach Berlin als Chefred. *Politische Rundbriefe* der *Freideutschen Jugend,* im gleichen Jahr KPD, Ausweisung aus Preußen, unter Deckn. Heinrich illeg. in Berlin als Red. des KPD-Zentralorgans *Die Rote Fahne* tätig, ab Dez. 1921 deren Chefred.; Nov. 1922 verhaftet u. aus Deutschland ausgewiesen, Tätigkeit für *Komintern* in Riga, Red. in Moskau. Frühj. 1923 Rückkehr, bis Juni 1923 erneut Chefred. *Die Rote Fahne,* dann Red. in Leipzig, Anschluß an Parteilinke, ab 1924 Chefred. in Chemnitz, Wortführer der Chemnitzer Linken; 1927 Übergang zur Thälmann-Gruppe, Kand. des ZK u. PolBüros, Chefred. *Die Rote Fahne.** Herbst 1927 Anschluß an Versöhnler-Gruppe, unter Deckn. Kurt eine ihrer führenden Kräfte. 1928 Verlust aller Parteifunktionen, Parteizellenarb. im Sinne der Versöhnler-Linie. Nach natsoz. Machtübernahme Emigr. nach Prag, später nach Moskau, Tätigkeit bei *Komintern,* 1936 zus. mit Bela Kun verhaftet, verschollen.

L: Weber, Wandlung. *Qu:* Publ. Z. - IfZ.

Sulzbach, Herbert, Diplomat; geb. 8. Febr. 1894 Frankfurt/M.; jüd., 1920 ev.; *V:* Emil S. (1855-1932), jüd., Inh. Bankhaus Gebr. Sulzbach, Kunstmäzen; *M:* Julie, geb. Marckwald (gest. 1934), jüd.; *G:* Ernst (1887-1954), Verleger, 1937 Emigr. S; Lili v. Boxberger (1889-1973), bis 1944 illeg. in Berlin, dann Flucht nach Salzburg; ∞ I. Margot Rocholl; II. 1923 Beate Scherk (geb. 1896), jüd., Schausp., 1938 Emigr.; *K:* aus I: Dorothee Hirst (geb. 1920), Emigr. GB, A: Deutschland (BRD); *StA:* deutsch, Ausbürg., deutsch, 1947 brit., 1952 brit. u. deutsch. *Weg:* 1937 GB.

Gymn., Banklehre, 1914-18 Kriegsfreiw. (Lt., EK I, 1934 Frontkämpfer-Ehrenkreuz). 1920-36 Fabrikant in Berlin, nach Zwangsverkauf Mai 1937 nach GB. Mai-Okt. 1940 Internierung Isle of Man, Okt. 1940-Dez. 1948 brit Armee (Capt., 1948 Defence Med., Victory Med.); ab 1945 bei der Betreuung dt. Kriegsgef. als Übers. u. später mit vielbeachtetem Erfolg für pol. u. kulturelle Umerziehung tätig (1960 Grdg. der Ehemaligen-Vereinigung *Arbeitskreis Featherstone Park* Düsseldorf). Ab Apr. 1951 Mitgl. der dt. Botschaft London, u.a. zahlr. Vorträge u. ZsVeröffentl. im Sinne der dt.-brit. Verständigung. Lebte 1977 in London. - *Ausz.:* 1964 BVK 1. Kl., 1971 Gr. BVK.

W: Zwei lebende Mauern. 50 Monate Westfront. Berlin (Bernard u. Graefe) 1935 (engl. Übers.: With the German Guns, 1914-18. 1973). *L:* Bentwich, Norman, I Understand the Risk. 1950. *Qu:* Fb. Publ. Z. - IfZ.

Sulzberger, Paltiel (Paul), Dr. jur., Rechtsanwalt, Verbandsfunktionär; geb. 1892 Wiesbaden, gest. 1945 Jerusalem; *V:* Meir S., jüd.; *M:* jüd.; ∞ Nussbaum. *Weg:* 1939 Pal.

Stud. Rechtswiss. Marburg, München u. Berlin, aktiver Zionist. 1914-19 Kriegsteiln.; 1919-24 RA in Wiesbaden, 1924-39 jur. Berater in Berlin. VorstMitgl. *Misrachi* Berlin, Mitgl. *Misrachi*-Fraktion der Repräsentantenvers. der jüd. Gde. Berlin, Gr. von Hachscharah-Zentren in Deutschland; 1930 Vizepräs. der *Weltorg. zur Heilighaltung des Sabbaths,* aktiv in der hebr. Sprachbewegung, zahlr. Besuchsreisen nach Palästina. 1938 KL, 1939 Teiln. am 21. Zion. Kongreß in Genf; 1939 Emigr. Palästina; krankheitshalber im Ruhestand.

Qu: Hand. - RFJI.

Sumpf, Hermann, Parteifunktionär; geb. 1. Mai 1882 Neckarau b. Mannheim; *V:* Gustav S., Sandformer; *M:* Anna, geb. Täffler; *StA:* deutsch, UdSSR. *Weg:* 1932 UdSSR; 1958 Deutschland (DDR).

Tapeziererlehre, später als Polsterer tätig. 1914-16 Kriegsdienst. Im 1. WK Beitritt zur USPD, 1920 KPD. Ab 1926 hauptamtl. Sekr. Unterbez. Mainz, 1927-31 MdL Hessen. 1932 Emigr. UdSSR, sowj. Staatsbürger. Während der Säuberungen verhaftet, angebl. über 10 J. in Straflagern interniert u. erst nach dem 20. PT der KPdSU rehabilitiert. 1958 Rückkehr. Lebte 1968 als Arbeiterveteran in der DDR. - *Ausz.:* 1962 VVO (Silber).

L: Weber, Wandlung. *Qu:* Arch. Publ. - IfZ.

Sussmann, Yoel, Dr. jur., Richter; geb. 24. Okt. 1910 Krakau; *V:* Meyer S.; *M:* Nicha, geb. Bauminger; ∞ I. Eva Salomon; II. 1954 Rina Klebanov; *K:* Daphne Barlev; Amnon; Amir. *Weg:* 1934 Pal.

Stud. Rechtswiss. Frankfurt/M., Heidelberg u. Berlin, 1933 Prom. Heidelberg. 1934 Emigr. Palästina. 1937 Stud. Univ. Cambridge, 1946 LL.B. Univ. London; 1938-48 RA-Praxis. 1948-49 stellv. Vors. Oberstes Kriegsgericht der IDF, 1949-51 u. 1953-54 Richter Bez.-Gericht Tel Aviv, ab 1953 Richter am Obersten isr. Gericht, gleichz. Doz. für Rechtswiss. an der Hebr. Univ. 1959 Mitgl. Zentrales Wahlkomitee der 4. Knesset. Lebte 1976 in Jerusalem. - *Ausz.:* 1975 isr. Ausz. für Rechtswiss., 1977 LL.D.h.c. Yeshiva Univ. New York.

W: Das Wechsel- und Scheckrecht Palästinas (hebr.). 1937; Bills of Exchange. 1945; Dinei Shtaroth (Kontraktrecht). 1951, 1958, 1967; Dinei Borerut (Schiedsverfahren). 1953, 1962; Sidrei haDin haEzrahi (Zivilrechtliches Verfahren). 1959, 1967; Art. in Fachzs. *Qu:* Hand. Z. - RFJI.

Susz, Hanan (urspr. Süsz, Hanns), Verbandsfunktionär, Kaufmann; geb. 20. März 1920 Wien; jüd.; *V:* Franz S. (geb. 1887 Wien, gest. 1954 Boliv.), Stud. Rechtswiss. Wien, Kaufm.; *M:* Amalia, geb. Breisach (geb. 1892 Wien), höhere Schule, Büroangest., Emigr. Boliv.; *G:* Liselotte Weisz (geb. 1919 Wien), Stud. Hochschule für Welthandel Wien, Emigr. Boliv., Kaufm. Angest. in La Paz; Paul (geb. 1924 Wien), höhere Schule, Emigr. Boliv., kaufm. Angest. in La Paz; ∞ 1950 Elisheva Schmidt (geb. 1919 Wien), Psychologin; *K:* Ruth (geb. 1952), Stud. Pädagogik u. Phil. Hebr. Univ.; Michael (geb. 1954), im Geschäft des Vaters tätig; *StA:* österr., IL. *Weg:* 1938 Boliv.; 1949 IL.

Abitur in Wien, Mitgl. *Hakoah;* Verweigerung der Zulassung zum MedStud., 1938 Emigr. Bolivien; 1938-49 stellv. Geschäftsf. Casa Kavlin La Paz; gleichz. Präs. der *Zionistischen Organisation* in La Paz u. GenSekr. der *Zionistischen Vereinigung von Bolivien;* 1945-49 Ltr. pol. Abt. der *Jew. Agency* u. Verbindungsmann zwischen der provis. isr. Reg. u. der bolivian. Reg.; 1949 Emigr. Israel. 1949-52 Ltr. der Lebensversicherungsabt. bei der Migdal Insurance Co. Tel Aviv; 1949-50 Mitgl. *Mahal*-Zentralausschuß für Freiwillige der IDF aus dem Ausland, 1949 Mitgl. Beratungsausschuß für Einwanderer aus Südamerika bei der *Jew. Agency;* 1950 nach Südamerika, um die Investierung von Privatkapital in Israel zu fördern. 1954-61 Vizepräs. der Israel Corp. of America (ICOA) Tel Aviv (Tochterges. der Palestine Economic Corp.); ab 1961 Inh. u. geschäftsf. Dir. der Kidron Trading Co. Ltd., bes. Handel mit Rohstoffen für Industrie u. Lebensmittelherstellung, Handelsvertr. für Goodyear, Alcoa u.a. bedeutende Industrieunternehmen, gleichz. AR-Mitgl. versch. Banken u. Industrieunternehmen; GrMitgl. u. 1957 Präs. *Rotary Club* Sharon, Mitgl. *Israelisch-Isländische Gesellschaft,* Kuratoriumsmitgl. u. Vizepräs.

des Fördererverb. für das Israel-Museum Jerusalem. Lebte 1978 in Herzliyyah/Israel.
Qu: Fb. Hand. - RFJI.

Sutton, George Paul, Raumfahrtexperte; geb. 5. Sept. 1920 Österr.; *V:* Fred C.S.; *M:* Augusta, geb. Landegger; ∞ 1955 Yvonne Barnes; *K:* Christine L.; Marilyn J.; *StA:* 1944 USA. *Weg:* 1938 USA.
1938 Emigr. USA, 1940 A.A. Los Angeles City Coll., 1942 B.Sc., 1943 M.S.; 1942-44 Doz. für MaschBau am Calif. Inst. Technol., 1944-46 Doz. Univ. Calif. Los Angeles u. 1943-46 Forschungsing. bei der Aerojet Eng. Corp. Calif., 1946-58 Forschungsltr. bei Rocketdyne Div. der North Am. Aviation Inc., 1958-59 Hunsaker Prof. für Luftfahrttechnik beim Mass. Inst. Technol., 1959-60 Ltr. der Abt. für Advanced Research Projects des Inst. Defense Analysis beim US-Verteidigungsmin., 1960-66 Ltr. der langfristigen Planung bei der Rocketdyne Div. der North Am. Aviation Inc., 1966-69 Assist. des Präs. von Rocketdyne, 1969-71 Vizepräs. der Abt. für fortgeschrittene Technologie bei der Envirotechn. Corp. in Utah; 1962-70 Mitgl. wiss. Beratungsausschuß der US-Luftwaffe; ab 1971 geschäftsf. Vizepräs. bei Sumitomo Jukikai Envirotechn., Inc., Tokio. Fellow u. 1958 Vizepräs. der *Am. Rocket Soc.,* Fellow *Am. Inst. Aeronautics and Astronautics,* ehrenamtl. Mitgl. *Internat. Acad. Astronautics,* Mitgl. *Water Pollution Fed.* u. *Internat. Astronautics Fed.* Lebte 1973 in Tokio. - *Ausz.:* 1951 Pendrary-Preis des *Am. Inst. Aeronautics and Astronautics* für das beste Buch über Raumschiffahrt.
W: Rocket Propulsion Elements. 1949, 4. Aufl. 1976; A Preliminary Comparison of Potential Propulsion Systems for Space Flight. 1957 ; Proceedings. First Symposium in Advanced Propulsion Concepts (Mitverf.). 1957; Rocket Propulsion Systems for Inter-Planetary Flight. 1959. *Qu:* Hand. - RFJI.

Svitanics, Johann, Gewerkschaftsfunktionär; geb. 11. Dez. 1890 Wien, gest. 1. Apr. 1958 Wien; *V:* Tagelöhner; *G:* Anna; *StA:* österr. *Weg:* 1934 CSR; 1939 GB; 1945 Österr.
Hilfsarbeiter, 1905-09 Metallschleiferlehre. Ab 1907 Mitgl., 1909-14 erster hauptamtl. Sekr. u. Schriftf. *Verband jugendlicher Arbeiter Österreichs,* mitverantwortlich u.a. für Bildungsarb., initiierte die Hinzuziehung sozialist. Studenten als Bildungsbeiräte zu den Orts- u. BezGruppen des Verbands. 1911 Besuch der SDAP-Parteischule in Klagenfurt. Mitgl. SDAP, ab Juli 1914 Funktionär Gewerkschaftskommission; 1915 9 Mon. Kriegsdienst, danach freigestellt, da in der GewArb. unabkömmlich, erneut Funktionär Gewerkschaftskommission. Ab 1919 als Mitgl. der Kontrollkommission im Verbandsvorst. der SAJDÖ. Maßgebl. am Aufbau der Arbeiterkammern beteiligt. Bis 1934 Zentralkassier Gewerkschaftskommission bzw. ab 1928 *Bund Freier Gewerkschaften Österreichs,* 1931-33 Deleg. des *Bunds Freier Gewerkschaften Österreichs* auf der 15., 16. u. 17. Internat. Arbeitskonf. in Genf. 1934 nach den Februarkämpfen Flucht nach Prag, mit → Johann Schorsch Gr. *Auslandsbüro der* (illeg.) *Freien Gewerkschaften Österreichs,* Red. *Die Gewerkschaft.* Febr. 1939 vor dt. Einmarsch in die Rest-CSR mit Unterstützung des *Czech Refugee Trust Fund* Flucht nach London, Ltr. *Svitanics Group of the Czech Refugee Trust Fund* (Gruppe von rund 150 österr. Sozialisten u. sozialist. Gewerkschafter.). 1939-45 Mitgl. *Auslandsvertretung der Freien Gewerkschaften Österreichs* unter → Franz Novy. Ab 1940 VorstMitgl. *Austrian Labour Club.* 1940 Internierung Isle of Man. 1941 Gr. u. bis 1942 (Eintreffen von F. Novy in London) Vors. *Landesgruppe österreichischer Gewerkschafter in Großbritannien (Group of Austrian Trade Unionists in Great Britain).* Ab 1942 Mitarb. BBC für Arbeiter-Sendungen nach Österr.; Nov. 1943 Mitgl. *Austrian Representative Committee* unter F. Novy. Herbst 1945 auf persönl. Aufforderung von Karl Renner Rückkehr nach Wien. Mitgl. SPÖ, Sekr. ÖGB, wurde mit Verwaltung u. Rückgabe des in Österr. verbliebenen Vermögens der *Deutschen Arbeitsfront* betraut.
W: u.a. Der Dienstvertrag nach dem neuen Hausgehilfengesetz vom 26. Feber 1920 und 26. März 1926. Die Rechte der Hausgehilfinnen, Hausgärtner, Ammen, Privatkutscher, Pflegepersonen, Erzieherinnen, Hauslehrer, Gesellschafterinnen, Privatsekretäre und Bedienerinnen. 1927. *L:* Klenner, Gewerkschaften; Leichter, Gewerkschaften; Neugebauer, Bauvolk; Maimann, Politik; Widerstand 1; Hindels, Gewerkschaften.
Qu: Arch. Hand. Publ. Z. - IfZ.

Svoboda, Emil, Parteifunktionär. *Weg:* CSR.
Ltd. Mitarb. KPD-AbschnLtg. Zentrum in Prag, auf sog. Berner Konferenz der KPD 1939 zum Mitgl. des ZK gewählt.
Qu: Publ. - IfZ.

Swarsensky, Hardi (Bernhard), Dr. jur., Verbandsfunktionär, Verleger; geb. 7. Nov. 1908 Berlin, gest. 5. Dez. 1968 Buenos Aires; jüd.; *V:* Dr. med. Samuel S. (geb. 1869 Pyritz/Pommern, gest. 1943 Buenos Aires), jüd., Arzt, 1938 Emigr. Argent.; *M:* Cäcilie, geb. Elkan (geb. 1882 Frankfurt/O., gest. 1961 Buenos Aires), jüd., 1938 Emigr. Argent.; *G:* Lotte Kaflinski (geb. 1906 Berlin, gest. 1963 Buenos Aires); Rudolf (geb. 1909), 1938 Emigr. Argent., 1973 nach IL; Fritz (geb. 1917 Berlin), 1938 Emigr. Argent.; ∞ 1935 Eva Laboschin (geb. 1910 Berlin), jüd., Stud. Kunstakad., 1939 Emigr. Argent., 1971 nach IL; *K:* Miryam Eshel (geb. 1938 Berlin), Emigr. Pal., USA; Judith Kabiri (geb. 1939 Buenos Aires). *Weg:* 1939 Argent.
Stud. Rechtswiss., 1932 Prom. Leipzig, 1933 Berufsverbot; Mitgl. *Blau-Weiß, Kadimah,* Präs. Makkabi-Hazair, VorstMitgl. *Deutscher Makkabi-Kreis,* Ltr. *Makkabi-Weltverband.* März 1939 Emigr. Argent.; 1940 Gr., 1940-68 Verleger, Red. u. Mitarb. der zionist. Zs. *Jüdische Wochenschau* u. 1942-45 der Zs. *porvenir* in Buenos Aires, 1942 Gr. Estrellas (Verlagshaus für dt.-jüd. u. argent.-jüd. Schriftsteller), Hg. der Usque-Bibel in span. Übers.; 1952-68 RA-Praxis, Spezialgebiet Wiedergutmachungsansprüche. Mitgr. *Centra,* 1942-68 Präs. *Argentinische Theodor-Herzl-Gesellschaft,* 1942-53 Präs. dt.-jüd. Gde. Nueva Comunidad Israel, 1967 Präs. *Keren Hayessod,* zeitw. VorstMitgl. des südam. Zweigs der *World Jew. Congregation.* Ps. Werner, Arnold.
W: Unser Weg zum Volk - Makkabi Hazair. Berlin 1920; Das Buch des Lebens. Buenos Aires 1945; Von Basel nach Jerusalem. Buenos Aires 1945; Eroberung durch Aufbau. Buenos Aires 1949 (dt., span. u. ungar. Übers.); Walther Rathenau. Buenos Aires 1967; La Noche de Cristal. Buenos Aires 1968; Pogrom über Deutschland. Buenos Aires 1969. *Qu:* Hand. Publ. - RFJI.

Swarsensky, Manfred Erich, Dr. phil., Rabbiner; geb. 22. Okt. 1906 Marienfließ/Pommern; *V:* Jacob S. (geb. 1860 Marienfließ, gest. 1941 Berlin), jüd., Getreidehändler; *M:* Louise, geb. Lewinsky (geb. 1878 Bad Polzin/Pommern, gest. 1966), jüd. 1939 Emigr. USA über E; *G:* Dr. med. Herbert Swarsen (geb. Marienfließ), Stud. Berlin, München u. Freiburg, 1938 Emigr. USA; ∞ 1952 Ida Weiner (geb. 1918 Chicago), jüd., M.A., Lehrerin; *K:* Sharon (geb. 1953), B.A. Univ. Wisc.; Gerald David (geb. 1956); *StA:* deutsch, 1945 USA. *Weg:* 1939 USA.
1925-30 Stud. Berlin u. Würzburg, 1930 Prom.; daneben 1925-32 Stud. L(H)WJ Berlin, 1932 Rabbinerexamen, 1932-39 Rabbiner Jüd. Gde. Berlin; 1932-38 Mitgl. *Vereinigung der Liberalen Rabbiner Deutschlands,* 1936-38 VorstMitgl. des CV, 1937 Deleg. bei der Konf. der *World Union for Progressive Judaism* in Amsterdam. Nov. 1938 KL Sachsenhausen, März 1939 Emigr. USA mit Non-Quota-Visum durch Vermittlung des Bruders; 1939-40 Hilfsrabbiner Temple Sholom Chicago, 1940-76 Rabbiner Temple Beth El Madison/Wisc., ab 1976 Ruhestand. 1950-76 MilRabbiner am Veterans' Admin. Hospital in Tomah/Wisc., 1955-76 MilRabbiner der Truax Air Force Base in Madison/Wisc.; 1971 Deleg. bei Konferenz über Probleme des Alterns im Weißen Haus Washington/D.C., ab 1976 Prof. auf dem Rabbi Manfred Swarsensky Chair of Jewish Life and Thought am Edgewood Coll. Madison/Wisc.; ab 1942 Mitgl. *Madison Jew. Community Council,* 1948-54 VorstMitgl. HIAS, *Jew. Welfare Board,* J.D.C., ab 1953 Gov.'s Committee on Human Rights, ab 1957 *United Givers Fund,* ab

1962 Mitgl. u. 1970-72 Vizepräs. *Wisc. Soc. for Jew. Learning,* 1969 Mitgl. u. 1970-71 Präs. *Interfaith Dialogue Committee of Madison Area Clergymen,* 1974 *Wisconsin Task Force on Aging,* Mitgl. LBI, CCAR, *B'nai B'rith.* Lebte 1977 in Madison/Wisc. – *Ausz.:* 1971 D.D.h.c. H.U.C.-J.I.R. Cincinnati, 1973 Ph.D.h.c. Edgewood College.

W: Die Begräbnis- und Trauerliturgie der Samaritaner nach zwei Handschriften der preußischen Staatsbibliothek (Diss.). Berlin 1930; Das jüdische Jahr; Jüdische Religion gestern und heute. 1935; From Generation to Generation. 1955; zahlr. Art. in Zs., u.a. Publ. *Qu:* Arch. Fb. Hand. Publ. Z. – RFJI.

Swet, Gershon, Journalist; geb. 1. Jan. 1893 Špola/Ukraine; gest. 19. Juli 1968 New York; jüd.; *V:* Mendel S.; *M:* Sara, geb. Ostrovsky; ∞ 1932 Judith Wahl (geb. Berlin); *StA:* russ. *Weg:* 1933 F, 1935 Pal., 1948 USA.

Im 1. WK MilDienst in russ. Armee; 1917-20 Stud. Kiew; 1921 während des Bürgerkriegs Flucht nach Bessarabien. 1921-33 Berliner Korr. u.a. für jiddische Ztg. *Moment* Warschau, *Haaretz* Tel Aviv u. für lett. Presse; spezialisiert auf internat. Pol. des Judentums u. Musik; aktiv in der zion. Bewegung. 1933 Emigr. Frankr., als AuslKorr. tätig. 1935 nach Palästina; 1935-48 RedMitgl. von *Haaretz* Tel Aviv, gleichz. 1938 Schriftltr. der *Musica Hebraica,* 1947 Palästinakorr. für *Forward* New York u. für die russ.-sprach. Ztg. *Novoe Russkoe Slovo,* 1940-47 Vors. des Journalistenverbands von Jerusalem. 1948 in die USA; 1948-50 UNO-Korr. für *Haaretz* in New York, 1950-68 (?) Korr. für die isr. Abendztg. *Maariv,* AuslKorr. für *La Pensée Russe* Paris, Mitarb. des Pressebüros der *Jew. Agency* in New York, gleichz. Mitarb. von *Aufbau* u. *Novoe Russkoe Slovo,* Beiträge in *Forward,* der Arbeiterztg. *Yiddischer Kempfer,* im Organ der *Am.-Isr. Cultural Foundation, Israel Life and Letters, Yediot Aḥaronot* Tel Aviv u. in *Hadoar* New York sowie anderen jüd. Zs., wöchentl. Rundfunk-Nachrichtenprogramme in russ. u. jidd. Sprache; Mitgl. *Overseas Press Club,* 1952 a.o. Mitgl. *United Nations Correspondents Assn.*

Qu: Hand. Publ. Z. – RFJI.

Switalla, Stachus (Stanislaw) **Anton,** Parteifunktionär, Offizier; geb. 6. Okt. 1896 Koschmin/Prov. Posen, gest. 8. Apr. 1970; ∞ Anni Wojciechowski (geb. 1899), Emigr.; *K:* Eduard (geb. 1919), Emigr.; *StA:* deutsch, 25. März 1938 Ausbürg. mit Fam.; UdSSR, deutsch. *Weg:* 1934 (?) Saargeb.; 1935 UdSSR; 1936 E; 1939 N-Afrika; 1943 (?) UdSSR; 1945 Deutschland (SBZ).

1920 KPD, Parteifunktionär in Hamburg, Teiln. am Hamburger Aufstand v. Okt. 1923, März 1927 Deleg. u. Schriftführer des 11. PT der KPD. Nach natsoz. Machtübernahme Emigr., 1934-35 mit → Fritz Pfordt in Ltg. der KPD Saar, Vertr. der Einheitsfrontpol. u. mit → Herbert Wehner maßgebl. am Zustandekommen des Einheitsfrontabkommens mit dem Bez-Vorst. der SPD Saar v. 2. Juli 1934 beteiligt (Deckn. Der lange Anton). Nach Wiedereingliederung des Saargeb. Emigr. in die UdSSR, 1936-39 Teiln. am Span. Bürgerkrieg als Kompaniechef in XI. Internat. Brigade, danach Internierung in Djelfa/Nordafrika. Erhielt trotz sowj. Staatsbürgerschaft infolge parteiinterner Auseinandersetzungen zunächst kein Rückreisevisum in die UdSSR, vermutl. erst nach Befreiung durch amerikan. Truppen 1943 in die UdSSR, Lehrer an Antifa-Schule für dt. Kriegsgef. in Talici. – Weiterer Deckn. in der Emigr.: Emil Werner. – Mai 1945 Rückkehr nach Deutschland als Mitgl. *Gruppe Gustav Sobottka* (→ Gustav Sobottka), zunächst Tätigkeit in Greifswald, dann Beitritt zur Deutschen Volkspolizei (DVP), Offz. in Sa. u. Berlin, ab Anfang der 50er Jahre DVP-Chefinspekteur u. GenMajor; ab 1954 im Staatssekr. für Staatssicherheit, ab 1957 Ltr. Hauptabt. Personal der DVP-Hauptverw., ab Juli 1963 Mitgl. *Solidaritätskomitee für das spanische Volk in der DDR,* ab 1964 Mitarb. MdI. – *Ausz.:* 1955 VVO (Bronze), 1956 Hans-Beimler-Med., 1961 VVO (Silber), 1964 VVO (Gold), 1966 Karl-Marx-Orden.

L: Pasaremos; Duhnke, KPD; Fischer, Deutschlandpolitik; Wehner, Untergrundnotizen. *Qu:* Arch. Hand. Publ. Z. – IfZ.

Syngalowski, Aron, Dr. jur., Dr. phil., Rechtsanwalt, Verbandsfunktionär; geb. 25. Jan. 1889 Lida bei Baranowicze (Baranoviči)/Weißrußland, gest. 7. Okt. 1956 Paris; jüd.; *V:* Selig S. (geb. Rußl.), jüd., Forst- u. Flurinspektor; *M:* Frada, geb. Kagan (geb. Rußl.), jüd.; *G:* Sarah, Emigr. IL; Nahum; Jacob; Shakhne; Joshua Avizohar, Prof. für Botanik in IL; ∞ 1918 Dr. phil. Michela Frankenberg (geb. 1894 [1897?] Plock/Rußl., gest. 1956 Genf), jüd., Bakteriologin, 1933 Emigr. F, 1943 CH, Journ. u. Schriftst.; *K:* Hanna Pirenne (geb. 1921 Berlin), 1933 Emigr. F, 1943 CH, Stud. Univ., Lehrerin in CH; Lya Syngalowska (geb. 1925 Berlin), 1933 Emigr. F, 1943 Emigr. CH, Stud. Univ., Lehrerin in CH; *StA:* russ., Pal./IL. *Weg:* 1933 F, 1943 CH.

1906 Ltr. der sozialist.-zion.-territorialist. Bewegung *Es-Es,* Parteiredner unter dem Ps. Czenstochower, Hg. der Zs. *Ha-Zioni* (Der Zionist) in Kovno; Stud. Univ. Kazan, ab 1909 Stud. Halle, Berlin u. Zürich, 1912 Prom. (jur. u. phil.) Halle. Im 1. WK MilDienst in russ. Armee, aus dt. Kriegsgef. mit beschränkter Aufenthaltsgenehmigung entlassen, dann RA in Berlin; 1919 Hg. der ersten jiddischen Wochenschr. in Berlin *Der Frajtog,* 1921 Mitgr. u. 1926 stellv. Vors. des Exekutivkomitees der *World ORT Union* in Berlin, 1922 an der Grdg. der *Am. ORT Fed.* beteiligt. 1933 Emigr. Frankr.; 1934-40 bei ORT in Paris; 1936 für ORT in Südafrika tätig, 1940-43 Aufenthalt im unbesetzten Frankr. (Vichy, Marseille u. Voiron), 1943 Flucht in die Schweiz unter Verlegung der Zentrale der *World ORT Union,* 1943-45 Gr. u. Ltr. von Umschulungskursen für jüd. Flüchtlinge unter der Schirmherrschaft von ORT in Genf, 1945 Initiator von Umschulungskursen für jüd. Flüchtlinge in D.P.-Lagern in Europa u. Palästina u. eines Seminars für die Ausbildung von Lehrern u. Technikern in Anières bei Genf; 1946-56 Vors. Exekutivkomitee der *World ORT Union* in Genf, 1947-56 Red. *Die ORT-Chronik,* Mitgr. der ORT-Org. in Belgien, den Niederlanden u. Italien, 1948 Besuch der ORT-Org. in Osteuropa, Mitwirkung bei Errichtung von ORT-Schulen in Marokko, Tunesien u. Algerien; 1948-56 verantwortl. für Errichtung u. Entwicklung der ORT-Ausbildungszentren in Israel. Ausgedehnte Vortragstätigkeit in jiddischer Sprache. – *Ausz.:* 1945 Ritter französ. Ehrenlegion; Aron-Syngalowski-ORT-Schule in Tel Aviv; Ehrungen durch UN-Behörden u. Schweizer Regierung.

W: Di Farshpraytung fun Melakha un Erd-arbayt zwischen Idn (dt.: Die Verbreitung von Handwerk und Landwirtschaft unter Juden). 1921; Zur Frage der jüdischen Kolonisation in Rußland. 1926; Aufbau und Umbau: Zum Problem des jüdischen Wirtschaftslebens in Osteuropa. 1927, 1928 (engl.: Reconstruction of Eastern European Jewry. 1928); Erziehung zur Arbeit. 1954 (?); Beiträge über wirtschaftl. u. soziale Probleme u.a. in *Forverts. L:* In Memoriam Dr. A. Syngalowski. In: ORT Chronique. 1956. *D:* LBI New York. *Qu:* Arch. EGL. Hand. Pers. Publ. Z. – RFJI.

Szasz, Paul Charles, Dr. jur., UN-Beamter; geb. 12. Juni 1922 Wien; *StA:* USA. *Weg:* 1938 USA.

1952 B.S. Cornell Univ., 1956 Prom. Univ. des Saarlandes, 1957-58 Fulbright Fellow. – 1952-54 US-Armee, 1956-57 Law Clerk beim Fifth Circuit Court of Appeals. Ab 1958 bei UN tätig: 1958-65 Rechtsbeauftragter, 1965-66 Sicherheitsbeamter bei der Internationalen Atombehörde in Wien, 1966-71 Jurist bei Internationaler Bank für Wiederaufbau u. Entwicklung, seit 1971 ltd.Beauftragter für internat. Recht in der Rechtsabt. der UN. Mitgl. *Am. Soc. Intl. Law, Am. Judicatur Soc., Am. Bar Assn.,* ab 1962 Vors. *Committee for Intl. Control of Atomic Energy* der *Am. Bar Assn.* – Lebte 1979 in New York.

W: u.a. The Law and Practices of the International Atomic Energy Agency. 1970; How to Develop World Peace through Law. In: American Bar Association Journal, Sept. 1966; The Convention of the Liability of Operators of Nuclear Ships. In: Journal for Maritime Law and Commerce, Apr. 1971; History of the Convention on the Settlement of Investment Disputes between States and Nationals of Other States (Hg.). 1970.*Qu:* Hand. Pers. – RFJI.

Szende, Stefan, Dr. rer. pol. et phil., Publizist; geb. 10. Apr. 1901 Szombathely/Ungarn; jüd.; *V:* Max Sz. (1862-1921), jüd., Versicherungsangest.; *M:* Elisabet (geb. 1874, umgek. Mai 1944 KL Auschwitz, jüd.; *G:* Laszlo (1895-1974); ∞ 1929 Elisabet Csillag (geb. 1903), jüd., Opernsängerin; *K:* Dr. med. Barbara Cecilia Baron (geb. 1930); *StA:* H, 1928 staatenlos, 1950 S. *Weg:* 1935 CSR; 1937 S.

1919-24 Stud. Staatswiss. u. Philos. Univ. Budapest u. Wien, 1924 Dr. rer. pol.; ab 1919 Funktionärstätigkeit für die illeg. KP Ungarns, zu 8 J. Zuchth. verurteilt u. ausgebürgert, 1928 Emigr. nach Wien; dort Weiterführung des UnivStud. u. 1930 Prom. zum Dr. phil.; danach Übersiedlung nach Berlin, Mitgl. KPDO, 1932 zur SAPD, Mitgl. Parteiltg. Berlin, nach natsoz. Machtübernahme Mitgl. illeg. SAPD-Inlandltg., Deckn. Stefan; Nov. 1933 verhaftet, Dez. 1934 einer der Hauptangeklagten im VGH-Prozeß gegen SAPD-Funktionäre, Urteil 2 J. Zuchth.; Dez. 1935 entlassen u. in die CSR ausgewiesen; in Prag Ltr. SAPD-Auslandsbüro, publizist. Tätigkeit; Okt. 1937 nach Erhalt der Einreisebewilligung mit Fam. über Polen u. Riga Emigr. nach Schweden, im Führungskreis der dortigen SAPD-Gruppe, mit → August Enderle u. → Willy Brandt treibende Kraft bei Annäherung der SAPD an *Sopade;* mit Brandt, → Irmgard Enderle u. → Ernst Behm Verf. der programmat. Schrift *Zur Nachkriegspolitik der deutschen Sozialisten* mit Forderung nach Schaffung einer sozialist. Einheitspartei; mit Willy Brandt im inneren Führungskreis *Internationale Gruppe demokratischer Sozialisten (Kleine Internationale);* Mitgl. FDKB; Mitarb. Auswandererorg. der zionistisch-sozialist. Jugendorg. *Hechaluz;* Mitarb. *Samarbetskommittén för demokratiskt uppbyggnadsarbete* (Koordinationsausschuß für demokratische Aufbauarbeit); umfassende publizist. Tätigkeit; Mitarb. schwed. Presse, u.a. langjähr. Kommentator *Dagens Nyheter* (Außenpol. u. Wirtschaft); ab 1940 aktiv in Volksbildungsarb. der schwed. ArbBewegung, Mitarb. Gewerkschaftspresse; 1947 Gr. u. Chefred., 1949-68 Inh. *Agence Européenne de Presse;* zeitw. als Korr. skandinav. Blätter sowie der schwed. Nachrichtenagentur TT in Berlin; 1968 im Ruhestand. Lebte 1975 in Stockholm. - *Ausz.:* 1972 BVK 1. Kl.

W: Solidarität mit den Kämpfern gegen den Faschismus (Mitarb.). London (Publ. Co.) 1936/37; Maktspelet kring Donau (Das Mächtespiel an der Donau). Stockholm (KF's Bokförlag) 1938; Turkiet - nyckellandet i Orienten (Die Türkei - Schlüsselland des Orients). Stockholm (Bonnier) 1940; Livsmedlen i Krigseuropa (Die Lebensmittelversorgung Europas im Krieg). Stockholm (KF's Bokförlag) 1941; Drömmen om Ukraina (Der Traum von der Ukraine). Stockholm (Bonnier) 1941; I guldets trollkrets (Im Zauberkreis des Goldes). Ebd. 1941; Europeisk Revolution. Ebd. 1943 (dt. Europäische Revolution. Zürich [Europa-Verl.] 1945); Freden och framtiden (Frieden und Zukunft; Mitarb.). 1943; Sovjetryssiands utrikespolitik (Die Außenpolitik der Sowjetunion). Stockholm (Bonnier) 1943; Den siste juden från Polen. Stockholm (Bonnier) 1944 (dt. Der letzte Jude aus Polen. Zürich [Europa-Verl.] 1945, auch engl., dän. u. finn.); Ideerna och framtiden (Die Ideen und die Zukunft; Mitarb.). 1944; Välstånd, fred och säkerhet (Wohlstand, Friede und Sicherheit). Stockholm (Arbetarnas Bildingsförbund) 1945; Zwischen Gewalt und Toleranz (Erinn.; Vorw. Willy Brandt). 1975 (schwed. 1975). *L:* Tjaden, KPDO; Drechsler, SAPD; Müssener, Exil. *D:* Arbetarrörelsens Arkiv Stockholm. *Qu:* Arch. Fb. Publ. - IfZ.

Szinda, Gustav, Parteifunktionär, Offizier; geb. 13. Febr. 1897 Blindgallen/Ostpr.; *StA:* deutsch, 24. Okt. 1940 Ausbürg., deutsch. *Weg:* 1936 F, E; 1938 UdSSR; Deutschland (SBZ).

Maschinenschlosser, 1924 KPD, Mitgl. RFB u. später *Kampfbund gegen den Faschismus.* Nach 1933 illeg. Tätigkeit als Betriebsrat bei Krupp Essen, Frühj. 1935 Teiln. Amsterdamer Funktionärsberatung der KPD, 1936 Emigr. Fränkr., mit 2. FreiwTransport nach Spanien, Zugführer Thälmann-Btl., ab 1937 Stabschef XI. Internat. Brigade (Major). 1938 in die UdSSR, im 2. WK Partisan. Nach Rückkehr Ende der 40er J. angebl. persönl. Ref. von → Walter Ulbricht, Angehöriger Deutsche Volkspolizei (DVP) u. bis 1954 stellv. Ltr. ZK-Abt. zum Schutz des Volkseigentums, ab 1955 Ltr. MfS-Hauptabt. VII (Schutz der DVP), 1958-65 Ltr. MfS-BezVerw. Neubrandenburg, Oberst; Mitgl. SED-BezLtg. ebd. Lebte 1977 in Berlin (Ost). - *Ausz.:* 1955 VVO (Silber), 1956 Hans-Beimler-Med., 1957 Karl-Marx-Orden, 1958 Med. für Kämpfer gegen den Faschismus 1933-1945, 1962 Banner der Arbeit, 1970 Orden des Großen Vaterländ. Kriegs 1. Grades (UdSSR).

W: Die XI. Brigade. 1956. *L:* Schmidt, Deutschland; Interbrigadisten; Voßke, Heinz (Hg.), Im Kampf bewährt (Erinn.). 1969; Pasaremos; Mewis, Auftrag; Maaßen, Hanns (Hg.), Brigada Internacional ist unser Ehrenname... 1974. *Qu:* Hand. Publ. Z. - IfZ.

Szurmai, Kurt, Dr. jur., Rechtsanwalt; geb. 19. Sept. 1907 Wien; o.K.; *V:* Arnold S. (1868-1938), jüd., 1920 Diss., Fabrikdir., 1938 Emigr. F; *M:* Josefine, geb. Brüll (1885-1961), jüd., Diss., Emigr. Argent.; ∞ IV. 1964 Helga v. Kindinger (geb. 1910), o.K., Unternehmerin; *StA:* österr., argent., 1967 österr. *Weg:* 1938 NL, Argent.

Mitgl. *Vereinigung Sozialistischer Mittelschüler* in Wien; 1926-32 Stud. Rechtswiss. Wien, 1932-38 RA-Anwärter, Mitgl. *Brit Trumpeldor* (Revisionistische Jugend) u. *Revisionistisch-Zionistische Organisation.* 1938 nach Anschluß Österr. Verhaftung. Juni 1938 illeg. nach Holland, Aufenthalt in Rotterdam; Aug. 1938 nach Argentinien, arbeitete zunächst als Müllarb., 1939-42 selbständ. Exporteur, anschl. Fabrikdir. in Buenos Aires. Mitgl., zeitw. GenSekr. *Comite Austriaco* (→ Ferdinand Erb-Rudtorffer), vermutl. Mitarb. *Austria Libre.* 1962 Rückkehr nach Wien, RA-Anwärter, ab 1964 RA. Lebte 1976 in Wien.

Qu: Fb. - IfZ.

T

Täubl, Hans, Parteifunktionär; geb. 21. Sept. 1908 Wien, gest. 25. Mai 1976 Wien; Diss.; ∞ verh. *StA:* österr. *Weg:* UdSSR; Österr.; 1938 (?) S; Österr.

1922 Mitgl., später Funktionär KJVÖ u. Mitgl. KPÖ, noch vor 1933 ZK-Mitgl., OrgSekr. u. angebl. Mitgl. PolBüro; i.A. der Partei mehrere Jahre in der UdSSR, vermutl. Besuch Lenin-Schule in Moskau, anschl. Rückkehr nach Österr., bekleidete zentrale Funktionen in der illeg. Partei sowie im *Autonomen Schutzbund,* Deckn. Robert. Apr. 1935 Verhaftung, Aug. 1935 Flucht aus dem Polizeihospital. Anschl. möglicherweise in der CSR. 1938 (?) Emigr. Schweden; Mitgl. Parteigruppe der KPÖ in Schweden, 1944 maßgebl. an den Verhandlungen zwischen der sozialist. u. kommunist. Emigr. zur Bildung der *Österreichischen Vereinigung in Schweden* (ÖVS) beteiligt, vermutl. Mitgl. ÖVS (→ Bruno Kreisky), 1945 nach Spaltung der ÖVS wahrscheinlich Mitgl. *Freie Österreichische Bewegung* in Schweden (→ Gustl Moser). Nach Kriegsende Rückkehr nach Wien; zentraler KPÖ-Funktionär in Niederösterr., 1957-70 ZK-Mitgl.; Vizepräs. der niederösterr. Org. des ÖGB, Kammerrat der niederösterr. Arbeiterkammer, ab 1961 zentraler ÖGB-Sekr., LtgMitgl. der *Fraktion Gewerkschaftliche Einheit* im ÖGB bzw. nach Intervention der Warschauer-Pakt-Staaten in der CSSR des *Gewerkschaftlichen Linksblocks.* - *Ausz.:* Großes Goldenes Ehrenz. für Verdienste um die Rep. Österreich, Goldene Ehrenmed. der Kammer für Arbeiter und Angestellte.

L: Müssener, Exil; Widerstand 1. *Qu:* Arch. Pers. Publ. Z. - IfZ.

Tafler, Georg, Dr. jur., Kaufmann; geb. 30. Apr. 1888 Wien; *V:* Dr. jur. Paul T., RA; *M:* Helene, geb. Ehrenzweig; ∞ 1920 Marianne Eisner. *Weg:* 1938 Emigr.; 1945 Österr.

Stud. Rechtswiss., im 1. WK Kavallerieoffz.; Gesellschafter des Bankhauses Messrs. Herz & Strauss, Wien. 1938 Emigr.; 1945 Rückkehr nach Wien, ab 1947 AR-Vors. Allgemeine Warentreuhand AG Wien.
Qu: Hand. - IfZ.

Taglicht, David Israel, Dr. phil., Rabbiner, Schriftsteller; geb. 9. März 1862 Brezová/Böhmen, gest. 20. Dez. 1943 (1945?) Cambridge/GB. *Weg:* 1938 (1939?) GB.
Stud. Jeschivoth u. Univ. Berlin, 1888 Prom. Berlin, 1889 Examen Rabbinerseminar Berlin; 1889-93 in Mährisch-Ostrau, 1893-1938 Rabbiner Isr. Kultusgde. Wien, 1932-36 der Hauptsyn. Tempel Leopoldstadt, 1936-38 Nachf. von Rabbiner David Feuchtwang als Oberster Rabbiner von Wien, aktives Mitgl. B'nai B'rith Wien, 1936 Vors. Histor. Kommission der Isr. Kultusgde.; Nov. 1938 Mißhandlung durch NatSoz., vermutl. 1938 Emigr. GB; Ruhestand in Cambridge.
W: Die Kuthäer als Beobachter des Gesetzes (Diss.). 1888; Die Pflichten des jüdischen Seelsorgers der Jetztzeit. 1893; Ruth, ein Zeitbild. 1897; Die vier Kelche. 1901; Die Pflichten des Besitzes. 1901; Die ältesten jüdischen Volksschulen. 1901; Eltern und Kinder. 1901; Grab- und Gedenkreden. 1907; Die angeblichen Wurzeln des Judenhasses. 1908; Juden und Judentum in der Darstellung Werner Sombarts. 1911; Die Dattelpalme in Palästina. In: Krauss, S. (Hg.), Festschrift für Adolf Schwarz. 1917; Nachlässe der Wiener Juden im 17. und 18. Jahrhundert (Hg.). 1917, Nachträge bis 1936; Die geographischen Namen aus der Tschechoslowakei und dem Burgenlande in den jüdischen Quellen. 1925; Die hebräische Publizistik in Wien (Mitverf.). 1930. *L:* Federbusch, Hokhmat; Fraenkel, Jews of Austria. *Qu:* Hand. Publ. Z. - RFJI.

Tal (urspr. Tischler), **Max,** Verbandsfunktionär, Beamter, Unternehmensleiter; geb. 5. Okt. 1902 Wien; jüd.; *V:* Bernhard Tischler (geb. 1860 Przemysl/Galizien, gest. 1916 Wien [?]), Kaufm.; *M:* Rudolfine, geb. Schneider (geb. 1873 Mährisch-Weißkirchen, gest. 1961 IL), jüd., Emigr. Pal.; *G:* Toni Anspach (geb. 1893 Wien); Carolyn Thren (geb. 1895 Wien); Julius (geb. 1899 Wien, gest. 1969); Ellys Freund (geb. 1905 Wien); Paul (geb. 1906 Wien, gest. 1972); Robert (geb. 1908 Wien), Bauunternehmer; 1 B u. 1 S, Emigr. Pal., übrige G Emigr. USA; ∞ 1927 Alice Cohn (geb. 1906 Berlin), Mitgl. *Blau-Weiß,* Hachscharah in Deutschland, in den 20er Jahren nach Pal., später Rückkehr, 1933 Emigr. Pal.; *K:* Uriel (geb. 1927, gest. 1970 IL), B.A.; Ofna Goldan (geb. 1927), jüd., 1933 Emigr. Pal., Lehrerin; *StA:* österr., Pal./IL. *Weg:* 1933 Pal.
Gymn. u. Handelsakad. Wien; Mitglied *Blau-Weiß;* bis 1925 Bankangest., dann Hachscharah, 1925-27 Landarbeiter in Palästina; 1928-29 zion. OrgTätigkeit in Deutschland; 1929-33 bei Kaufhaus Defaka Berlin (→ Jakob Michael). Mai 1933 Emigr. Palästina mit A I-Zertifikat; 1933-34 für *Am. Econ. Committee for Palestine* tätig, Durchführung wirtschaftl. Untersuchungen u. Beratung von Einwanderern; 1934-39 Geschäftsf. Zweigstelle Haifa der Reiseagentur u. Speditionsfirma Peltours, 1939-40 Sekr. des *Jew. Econ. Emergency Committee* Haifa, 1940-41 Sekr. von *Vaad Leummi* u. *Econ. Emergency Committee* der *Jew. Agency* Tel Aviv, gleichz. 1939-41 Verbindungsmann der *Jew. Agency* Tel Aviv zur Handelskammer u. zur Mandatsverw. in Versorgungs- u. Transportfragen; 1942-46 stellv. Ltr. des Rechnungswesens der staatl. Leichtindustrie in Jerusalem u. Tel Aviv, Ltg. der Abt. für Gewerbekonzessionen, später verantwortl. für Importe, Herstellung u. Verteilung von Textilien, Papier, Gummi u.a. Produkten im südl. Bez., in Verbindung damit ausgedehnte Reisen in den Nahen Osten u. nach Südostasien. 1946-47 in der Zentrale von Peltours, 1947-48 für die Importfirma Central Trade & Investment Corp. tätig. 1948-49 Ltr. der staatl. Lebensmittelkontrolle in Tel Aviv u. im südl. Bez., 1949-52 GenDir. der staatl. Importges. für Getreide, Zucker u.a. Lebensmittel u. der Israel Commercial Corp. für Rohstoffe, 1952-54 erneut für Central Trade & Investment Corp. tätig, 1954-67 GenDir. von Samson Tire & Rubber Co., Kiryat Aryeh Petaḥ Tikvah (gegr. mit Beteiligung der amerikan. Reifenfabrik General Tire and Rubber Co., Akron/O.), vor allem Exportgeschäfte; 1967-73 AR-Mitgl. u. Berater versch. Industrieunternehmen. Mitgl. H.O.G., I.O.M.E., VorstMitgl. Isr. Fabrikanten-Vereinigung, Mitgl. Hauptvorst. der *Independent Liberal Party.* Lebte 1977 in Herzliyyah/Israel.
Qu: Fb. Hand. HGR. - RFJI.

Talbar, Michael Adin (urspr. Theilhaber, Max Michael Adin), Ministerialbeamter; geb. 10. Okt. 1921 Berlin; *V:* → Felix Theilhaber; *G:* Thola Joachim Theilhaber (geb. 1918 Berlin), 1935 Emigr. Pal., 1936-39 Stud. IngWiss. GB, 1940 Internierung in CDN, Ing. in Boston/Mass.; ∞ 1950 Ziva Chiszik (geb. 1925 Tel Aviv), Fürsorgerin; *K:* Asa (geb. 1954), Stud. Wirtschaftswiss. Univ. Mass.; Elia (geb. 1957), Stud. Music Acad. Jerusalem, MilDienst IDF; *StA:* deutsch, Pal./IL. *Weg:* 1935 Pal.
1932-33 Realschule, 1933-35 Herzl-Schule Berlin; Mitgl. *Kadimah, Bar Kochba, Makkabi Hazair;* 1935 Emigr. Palästina mit A I-Zertifikat; 1942-47 MilDienst brit. Armee, 1944-47 Hauptm. in jüd. Brigade in Italien, Ägypten u. Belgien. 1947-48 Stud. London School of Econ.; 1948-50 Kompaniechef u. Major IDF. 1950-53 Stud. Hebr. Univ., B.A. Wirtschaftswiss. u. Soziologie; 1953 Sachverständiger in Abt. Wirtschaftshilfe, 1954-55 stellv. Dir., 1956 Dir. Import- u. Finanzabt. des isr. Finanzmin. Gleichz. Chef einer IDF-Reserve-Kompanie, 1956 Teiln. am Sinai-Feldzug. 1957-60 isr. Konsul u. Handelsdezernent in Montreal, 1960 Dir. Devisenabt. des isr. Schatzmin., 1961-64 Wirtschaftsberater bei isr. Botschaft in Washington/D.C., 1965 Sekr. im isr. Schatzamt, Mitwirkung bei Wirtschaftsverhandlungen mit Deutschland (BRD), 1966 stellv. GenDir. im Handelsmin. für den Bereich internationale Beziehungen, verantwortl. Deleg. Israels bei Kennedyrunde der Zollverhandlungen in Genf; ab 1967 stellv. GenDir. für Außenhandel u. Produktion im Handelsmin., u.a. 1966-74 DelegMitgl. bei Verhandlungen mit der EWG u. mit ausländ. Reg., ab 1970 Wirtschaftsexperte u. Exportberater im Internat. Trade Center der UNCTAD; VorstMitgl. Isr. Navigation Co. Zim u. der isr. Hafenbehörde, VorstMitgl. Sportklub *Asa* u. Akademikersportklub *Ziva Zisik.* Lebte 1977 in Jerusalem.
Qu: Fb. Pers. - RFJI.

Tamari, Moshe (urspr. Tramer, Manfred), Kibbuzfunktionär; geb. 13. Apr. 1911 Breslau; *V:* Wilhelm Tramer (geb. 1880 Breslau, gest. 1933 in Haft), Angest.; *M:* Irma, geb. Altmann (geb. 1882 Ratibor/Oberschlesien, gest. 1963 IL), 1934 Emigr. Pal., KibbMitgl.; *G:* → Hans Tramer; ∞ 1927 Marie Berdugo (geb. 1927 Meknes/Marokko), Lehrerin, Buchhalterin; *StA:* deutsch, IL. *Weg:* 1933 Pal.
Stud. Pharmakologie; Mitgl. *Blau-Weiß, Kadimah,* 1931-32 Jugendführer, 1932 Hachscharah in Ludwighorst/Posen; 1933 Emigr. Palästina mit C-Zertifikat, 1933-36 Mitgl. Kibb. Givat HaShelohshah, 1936-41 Kibb. HaBoneh bei Ḥaderah; VorstMitgl. im ArbRat *Ḥaderah,* ab 1941 Mitgl. Kibb. Dorot, zuletzt Wirtschaftsltr. u. Sekr., 1950-52 Kibb.-Deleg. im Auswandererlager St. Jérôme/Marseille. Lebte 1977 im Kibb. Dorot.
Qu: Fb. - RFJI.

Tandler, Julius, Dr. med., Hochschullehrer, Politiker; geb. 16. Febr. 1869 Iglau/Mähren, gest. 25. Aug. 1936 Moskau; *V:* Moritz T., Kaufm., später Redaktionsbote; *G:* 8; *StA:* österr. *Weg:* 1934 USA; 1935 (?) China; 1936 (?) UdSSR.
Ab 1889 Stud. Medizin Wien, 1895 Prom.; 1895-99 Assist. von Emil Zuckerkandl, 1899 Habil., ab 1899 Dozent, 1902 ao. Prof., 1910 als Nachf. Zuckerkandls o. Prof. mit Lehrstuhl für Anatomie. Ab 1913 Hg. *Zeitschrift für angewandte Anatomie und Konstitutionslehre* Berlin; 1914-17 Dekan der Univ. Wien. 1919 Mitgl. SDAP, Mai-Okt. 1919 Unterstaatssekr. für Gesundheitswesen in der 2. Koalitionsreg., Karl Renner. Ab Nov. 1919 Mitgl. GdeRat Wien, 1920-33 amtsführender Stadtrat für Wohlfahrtseinrichtungen, Jugendfürsorge und Gesundheitswesen, Schöpfer des umfassenden sozialen Fürsor-

ge- u. Gesundheitswesen im „Roten Wien" (Einrichtung von Kinderheimen, Fürsorgekliniken, Ehe- u. Mütterberatungsstellen, schulärztlichen Diensten, Tuberkulosekliniken usw.); ab 1926 stellv. Vors. *Arbeiterbund für Sport und Körperkultur Österreichs.* 1933 Studienreise nach China, 1934 nach den Februarkämpfen Rückkehr, Verhaftung, Verlust des Lehrstuhls. Nach internat. Protesten Haftentlassung, Emigr. USA, Lehrtätigkeit an New York University Medical School; 1935 (?) erneut nach China, Mitarb. beim Aufbau med. Ausbildungsstätten in Nanking, anschl. auf Einladung des sowj. Gesundheitsmin. med. Berater für das sowj. Gesundheitswesen in Moskau.

W: u.a. Über Mesenterialvariationen. 1897; Vergleichende Anatomie des Kopfes bei den Mammalia. 1898; Topographie des weiblichen Uterus mit besonderer Berücksichtigung der pathologischen Zustände und der gynäkologischen Operationen (Mitverf.). 1901; Anatomie und Ätiologie der Genitalprolapse (Mitverf.). 1907; Zur Frage der Hepatoptose. 1908; Das Kind im Wachsen und Werden. 1912; Anatomie des Herzens. 1913; Krieg und Bevölkerung. 1917; Die Rätewirtschaft in den Spitälern. In: Wiener Medizinische Wochenschrift. 1921; Handbuch der Krankenpflege (Mitverf.). 1922; Ehe und Bevölkerungspolitik. 1924; Wohltätigkeit oder Fürsorge? 1925; Lehrbuch der systematischen Anatomie. 1926; Zur Psychologie der Fürsorge. 1927; Gefahren der Minderwertigkeit. 1929; Über systematische Krebsbekämpfung. 1933; Volk in China. Erlebnisse und Erfahrungen. Wien 1935; Die Sozialbilanz in Alkoholikerfamilien (Mitverf.). Wien 1936. *L:* Gloetzl, Arthur/Reynolds, Ralph A., Julius Tandler. A Biography. San Francisco 1944; Czeike, Wien 1 u. 2; Patzer, Gemeinderat; Leser, Werk; DBMOI. *Qu:* Arch. Hand. Publ. Z. - IfZ.

Tanne, David, Ministerialbeamter; geb. 3. Juni 1909 Berlin (?), gest. 20. Juni 1973 Ramat Gan/IL; jüd.; *V:* Israel T.; *M:* Pearl, geb. Acker; ∞ Helga Jacob (gest.); *K:* Hagit, Hovav, Michael Kushnir, Ariel. *Weg:* 1933 (?) Pal.

Stud. Berlin, aktiv in *Brith Haolim,* 1930 Ltr. des *Brith Haolim*-Treffens in Vockerode u. Wahl zum Bundestagsmitgl. - 1933 (?) Emigr. Palästina, 1933-48 Schriftf. u. Mitgl. Zentralausschuß I.O.M.E. u. Vertr. der dt. Abt. der *Jew. Agency* in Haifa, 1949-53 Ltr. Abt. für Flüchtlingsintegration der *Jew. Agency* in Tel Aviv, 1953-61 Ltr. Wohnungsbauabt. des isr. Arbeitsmin., 1961-70 GenDir. des Wohnungsbaumin.; AR-Mitgl. versch. Ges., Dir. von Wohnungsbaugesellschaften; AR-Vors. Allg. Hypothekenbank Tefahot. VorstMitgl. World Council der *Soc. for Internat. Development,* Kuratoriumsmitgl. Univ. Tel Aviv, Mitgl. Exekutivausschuß des Technion.

Qu: EGL. Hand. Publ. - RFJI.

Tarnow, Fritz (Friedrich Wilhelm), Gewerkschaftsfunktionär, Politiker; geb. 13. Apr. 1880 Rehme b. Minden, gest. 23. Okt. 1951 Bad Orb/Hessen; Diss.; *V:* Friedrich T., Schreiner; *M:* Johanna, geb. Schuck; ∞ Anna Pauline Doebbeling; *StA:* deutsch. *Weg:* 1933 NL, DK; 1940 S; 1946 Deutschland (ABZ).

Tischlerlehre, Wanderschaft; 1900 Mitgl. *Deutscher Holzarbeiter-Verband,* ab 1903 in Berlin aktiv in SPD u. Teiln. an Arbeiterbildungskursen, ab 1906 GewSekr. in Stuttgart u. Berlin, 1908-09 Besuch SPD-Parteischule Berlin, GdeVertr. u. Kreistagsabg., Mitarb. des GewVors. Theodor Leipart auf dem Gebiet der WirtschPol. u. GewGeschichte. Kriegsteiln., verwundet, Mitgl. Soldatenrat Brandenburg/Havel. Ab Sept. 1919 VorstSekr. *Deutscher Holzarbeiterverband,* ab Febr. 1920 VerbVors. als Nachf. Leiparts, Exekutivmitgl. *Internationale Union der Holzarbeiter,* ab 1929 deren Sekr., ab Sept. 1928 VorstMitgl. ADGB; Mitgl. Vorläufiger Reichswirtschaftsrat, ab Mai 1928 MdR; Ausschußmitgl. *Gesellschaft für Soziale Reform,* Mitgl. *Verein für Sozialpolitik,* VorstMitgl. *Deutscher Werkbund.* Theoretiker der Wirtschaftsdemokratie, bezeichnete 1931 die Rolle der sozdem. Arbeiterbewegung als die des „Arzts am Krankenbett des Kapitalismus", mit → Fritz Baade Verf. des sog. WTB-Plans zur Bekämpfung der Arbeitslosigkeit. Nach Auflösung der Gew. am 2. Mai 1933 mehrmon. Haft in Berlin-Plötzensee, Dez. 1933 Emigr. über die Niederlande nach Kopenhagen, Hilfstätigkeiten bei dän. Gew., u.a. statist. Arbeiten; enge Kontakte zu *Sopade* Prag, zunächst jedoch kein öffentl. pol. Auftreten, da als Mitgl. der alten ADGB-Führung durch die Kapitulation der GewLtg. vor dem NatSoz. belastet. Ab 1935 enge ZusArb. mit → Heinrich Schliestedt, → Anton Reißner, → Gerhard Kreyssig, → Max Bock u. → Martin Krebs beim Aufbau einer gewerkschaftl. Auslandsorg., die sich auf inzwischen org. Widerstandstätigkeit freigewerkschaftl. Kräfte im Reich stützen konnte. Nach Anerkennung der ADG durch den IGB 1936 ADG-Vertr. für Dänemark u. Skandinavien, auf der 3. Auslandskonf. der ADG am 15./16. Aug. 1938 in Mühlhausen zum Vors. ihres Länderkomitees gewählt, das in Nachfolge des verunglückten Schliestedt die kollektive Ltg. der ADG übernahm. Strikter Gegner einer ZusArb. mit der KPD bzw. der von ihr gesteuerten GewGruppen im Exil (→ Paul Merker), skeptische Beurteilung der Möglichkeiten eines Umsturzes in Deutschland durch Linkskräfte, Verb. zum Kreis um Wilhelm Leuschner u. später zu den Verschwörern des 20. Juli 1944; befürwortete schon ab 1935 in Erwartung einer längeren autoritären Übergangsphase nach einem Sturz des NatSoz. in Verbindung mit Militär u. oppos. Bürgertum das äußere Weiterbestehen des DAF-Apparats u. eine stärkere Bindung der künftigen GewOrg. an den Staat. T.s Arbeitsprogramm für die ADG (Ende 1939) sah demgemäß vor allem die Erfassung der Gewerkschafter im Exil u. Planungstätigkeit vor, was zu Konflikten mit linksstehenden Mitgl. u. Landesverbänden führte (→ Bruno Süß) u. dazu beitrug, daß Pläne zur Errichtung eines ADG-Zentralbüros in London für die Kriegszeit nicht realisiert werden konnten. Nach Kriegsbeginn galt außerhalb Skandinaviens nur noch die *Londoner Vertretung der Freien Arbeiter-, Angestellten- und Beamtengewerkschaften* als ADG-Landesgruppe, auch sie wurde nach Ende der Internierungen 1941 von → Hans Gottfurcht als selbständige *Landesgruppe deutscher Gewerkschafter in Großbritannien* weitergeführt. - 16. Apr. 1940 Flucht nach Stockholm, vergebl. Bemühungen um US-Visum, ab Sommer 1941 Ltr. *Stockholmer Arbeitskreis deutscher Sozialdemokraten,* u.a. mit → Karl Raloff; zahlr. Denkschriften zur Nachkriegspolitik, die aufgrund ihres Festhaltens an der Übernahme der DAF beim sozdem. u. gewerkschaftl. Exil, insbes. in GB, auf Ablehnung stießen; erst nach Beschluß der Landeskonf. dt. Gewerkschafter in Schweden Febr. 1944 über Auflösung der DAF als Teil des NS-Zwangsapparates trennte sich T. von dieser Konzeption. In Stockholm Mitgl. SPD-Gruppe, ab 1942 Mitarb. in der *Landesgruppe deutscher Gewerkschafter,* ab 1943 unter Einschluß von Kommunisten (→ Karl Mewis, → Herbert Warnke), die sich nunmehr mit T. gegen die Opposition der sozialist. Linken in der Forderung nach einer künftigen Einheitsgewerkschaft mit nichtsozialist. u. christl. Gew. solidarisierten, während T. seinerseits die Einheitsgew. als Instrument der Majorisierung und Neutralisierung der KPD anstrebte; Mitunterz. des FDKB-Aufrufs 1944. - Ab 1942 Mitarb. in *Internationale Gruppe demokratischer Sozialisten (Kleine Internationale),* Mitarb. schwed. Arbeiterbildungsverein, Mitgl. *Philosophischer Diskussionskreis.* Beiträge für *Sozialistische Tribüne.* Über Theodor Steltzer u. → Hans Schäffer Verb. zum 20.-Juli-Kreis in Deutschland. 1946 Rückkehr, Sekr. der Gewerkschaften der US-Zone u. GenSekr. des bizonalen GewRats, 1947/48 Teiln. 3.-9. Interzonenkonf. der dt. Gew., Juni 1947 Teiln. Generalratstagung des WGB, Mitgl. Parlamentarischer Rat, Doz. Akademie der Arbeit, Frankfurt/M., Gastdeleg. zum Gründungskongreß des DGB Okt. 1949, anschl. in den Ruhestand. - *Ausz.:* Fritz-Tarnow-Schule des DGB, Oberursel.

W: u.a. Warum arm sein? 1928. *L:* u.a. MGD; Röder, Großbritannien; Klein, Jürgen, Vereint sind sie alles? 1972; Müssener, Exil; Lange, Dieter, Fritz Tarnows Pläne zur Umwandlung der faschistischen Deutschen Arbeitsfront in Gewerkschaften. In: ZfG, 24, 1976, H. 2. *D:* AsD; DGB. *Qu:* Arch. Hand. Publ. - IfZ.

Tarnowski, Bernard, Unternehmer, Verbandsfunktionär; geb. 31. Juli 1910 Hannover; jüd.; *V:* Josef T. (geb. 1879 Osteuropa, umgek. 1943 Warschauer Getto), jüd.; *M:* Genia, geb. Weissmann (geb. 1877 Olkusz/Galizien, gest. 1956 London), jüd., Emigr. GB; *G:* Alfred (geb. 1900 Olkusz), Emigr. Pal.; Paula (geb. 1905 Olkusz), Emigr. Pal.; Israel (geb. 1908 Olkusz, gest. 1934 Krakau); David (geb. 1913 Altona, umgek. 1943 KL Auschwitz); Regina (geb. 1914 Altona), Emigr. GB; Benno (geb. 1920 Altona, umgek. KL Majdanek); ∞ I. 1933 Emma Glück (geb. 1906 Altona, umgek. 1943 KL Auschwitz), 1938 Emigr. B, Dep.; II. 1949 Augusta Defoy (geb. 1906 Resteigne/B), kath.; *K:* Ralph (geb. 1935), 1938 Emigr. B, Friseur; Ruth Eisenmann (geb. 1937), 1938 Emigr. B, UnivStud., 1963 nach IL; *StA:* PL, 1954 B. *Weg:* 1938 B; 1940 F; B.

1926 mittlere Reife Talmud-Thoraschule Hamburg, 1926-28 Staatl. Handelsschule, 1926-29 kaufm. Lehre, 1929-32 kaufm. Angest. u. Prokurist, 1932-38 selbständiger Kaufm. in Hamburg. März 1938 Emigr. Belgien mit Ehefrau u. Kindern (Visum u. ArbErlaubnis). 1940-42 Internierung in St. Cyprien u. Gurs. Nach 1945 Inh. des Unternehmens S.A. Tarnowski & Co. Brüssel. Landespräs. ORT Belgien, BezPräs. *Mémorial aux Martyrs Juifs,* Vors. u. Schatzmeister *Centrale d'Œuvres Sociales Juives,* Vors. *Commission de Construction de l'Ecole Israélite,* Vors. *Comité d'Aide aux Réfugiés d'Afrique du Nord,* Vors. u. Schatzmeister *B'nai B'rith,* Mitgl. Hauptvorst. *Keren Hayessod.* Gr. *Fonds de Solidarité pour Israel,* Mitgl. *Organisation Mondiale de la Presse Périodique* u. *Association des Journalistes Périodiques Belges et Etrangers.* Lebte 1977 in Brüssel.

Qu: Fb. Hand. - RFJI.

Taub, Siegfried, Politiker; geb. 11. Jan. 1876 Teltsch/Mähren, gest. 30. Apr. 1946 New York; *K:* Walter (nach 1945 Valtr), Schausp. am Neuen Deutschen Theater Prag, KSČ-Mitgl., 1939 Emigr. S, 1945 Rückkehr in die CSR, Schausp.; Kurt, 1939 Emigr. S, 1941 USA, im 2. WK unter Deckn. K. Taylor Sergeant der amerikan. Armee; *StA:* österr., 1919 CSR. *Weg:* 1939 S; 1941 USA.

Handelsangest.; hatte durch seine Aktivität in SDAP u. AngestGew. schon vor dem 1. WK bedeutenden Einfluß auf südmähr. SozDem., enger Mitarb. u. persönl. Freund des späteren DSAP-Vors. u. Min. Dr. Ludwig Czech; bes. Verdienste beim Aufbau der sozdem. Krankenversicherung in Mähren, Dir. der Brünner BezKrankenkasse u. 1910-25 StadtVO. Brünn. Nach dem Tod des DSAP-GenSekr. Karl Čermak 1924 als dessen Nachf. berufen, DSAP-Vertr. bei SAI. In internationalist. Tradition der mähr. Arbeiterbewegung verwurzelt, aktiver Anhänger der sozialpol. Richtung der Czech-Führung; Jan. 1928 maßgebl. am Zustandekommen des Smíchover Kongresses der sudetendt. u. tschech. Sozialdemokratie beteiligt, der zur Umkehr der DSAP vom programmat. Primat der Nationalpol. zugunsten einer sozialpol. Orientierung führte u. somit die Hinwendung der Partei zur sog. aktivist. (staatsbejahenden) Politik im Rahmen der CSR ermöglichte; aufgrund dessen 1929 Eintritt der DSAP in die Reg. - 1920-38 Abg. NatVers. der CSR u. 1929-38 Vizepräs. des AbgHauses, 1926-38 Vizepräs. Zentralsozialversicherungsanstalt. Nach natsoz. Machtübernahme in Deutschland für Einheitsfront der sozialist. Parteien, als Ltr. der *Sozialdemokratischen Flüchtlingsfürsorge* aktive Unterstützung der reichsdt. Emigr. in der CSR. Nach Wahlniederlage der DSAP von 1935 Verfechter der sog. neoaktivist. Politik, während der programmat. innerparteil. Auseinandersetzungen in der zweiten Hälfte der 30er Jahre Bemühungen um Ausgleich zwischen nationalpol. Flügel um → Wenzel Jaksch u. den internationalist.-sozialpol. orientierten Anhängern des DSAP-Vors. Czech. Nach Abschluß des Münchner Abkommens neben → Ernst Paul Ltr. der Prager DSAP-EmigrZentrale, Okt. 1938 mit Jaksch Unterz. eines Memorandums an franz. u. brit. Reg. über deren bes. Verantwortung als Signatarmächte für die sudetendt. Emigranten. Bei dt. Einmarsch in die Rest-CSR am 15. März 1939 Asyl in brit. Botschaft, Ende März freies Geleit nach Polen, Weiteremigr. nach Schweden. Mit Jaksch TG-Vors., beauftragt mit Vertretung der TG bei internat. Org., Mitgl. TG-Landesvorst. Schweden. 14. Apr. 1939 Loyalitätsschreiben an Dr. Edvard Beneš, der am 27. März 1939 in Chicago die Wiedererrichtung der CSR als Ziel der tschechoslow. EmigrPol. proklamiert hatte; befürwortete auf der ersten VorstSitzung der TG in London am 23./24. Mai 1939 enge ZusArb. mit Exilrepräsentanten der dt. sozdem. Gew. aus der CSR, deren Forderung nach Kooperation mit dem tschechoslow. Exil auf Widerspruch der TG-VorstMehrheit stieß. Von Beneš im Zusammenhang mit dem Angebot vom Okt. 1940 über Entsendung von TG-Vertr. in den tschechoslow. Staatsrat als dessen Vizepräs. vorgeschlagen. Mai 1941 mit → Bruno Rother u. → Fritz Tejessy i.A. der TG über die UdSSR u. Japan in die USA. Versuchte mit Unterstützung der jüd. Arbeiterbewegung auf Vortragsreisen in den USA u. Kanada insbes. bei Auslandstschechen zum Abbau chauvinist. Haltungen beizutragen. Später Niederlassung in New York, finanzielle Unterstützung durch CSR-Reg. Bis zu seinem Tod briefl. Kontakt mit W. Jaksch.

L: Cesar/Černý, Politika; Bachstein, Martin K., Die Politik der Treuegemeinschaft sudetendeutscher Sozialdemokraten als Hauptrepräsentanz des deutschen Exils aus der Tschechoslowakischen Republik. In: Das Jahr 1945 in der Tschechoslowakei, 1971; Weg, Leistung, Schicksal; Bachstein, Jaksch; Brügel, Johann Wolfgang, Tschechen und Deutsche 1939-1946. 1974; Menschen im Exil; Müssener, Exil. *Qu:* Arch. Pers. Publ. Z. - IfZ.

Taurer, Bernhard, geb. 21. Juli 1905 Leipzig; ∞ Berta Hartmann (geb. 1910 Berlin); *StA:* österr., 1940 N. *Weg:* 1935 GB; 1936 N; 1940 S; 1941 USA.

1919-22 Lehre als Büromaschinenmechaniker, bis 1930 in diesem Beruf tätig. Ab 1922 Mitgl. SDAP u. Gew., 1931-35 Stud. Hochschule für Politik in Berlin, ab 1931 Mitgl. SPD, 1932-33 Ltr. Hochschulgruppe der *Sozialistischen Studentenschaft.* Nach natsoz. Machtübernahme in Verb. mit *Neu Beginnen* (→ Walter Löwenheim) illeg. aktiv, Sept. 1935 Flucht in die CSR, über Österr. u. Frankr. nach GB, Stud. London School of Econ., Unterstützung durch TUC. Juli 1936 nach Oslo, Unterstützung durch *Arbeidernes Justizfond,* Mitgl. *Norwegische Arbeiderpartei* u. *Vereinigung sozialistischer Sozialökonomen,* u.a. Mitarb. *Der sozialistische Kampf* (→ Otto Bauer). Apr. 1940 Flucht nach Stockholm, Unterstützung durch *Arbetarrörelsens flyktingshjälp.* Mai 1941 in die USA, Mitarb. OWI, Kommentator für Production and Labor in der dt. Abt. der *Voices from America.*

W: Jansen, Jon B. (Ps.), The Silent War. The Underground Movement in Germany (mit Stefan Weyl/d.i. George Eliasberg). Philadelphia (Lippincott) u. London (Long) 1943. *Qu:* Arch. Hand. - IfZ.

Tausch-Treml (bis 1945 Treml), **Franz,** Parteifunktionär, Journalist; geb. 10. Juli 1901 Rehberg-Schätzenreith/Böhmen; *V:* Christian Treml, Landwirt; *M:* Berta; *G:* 11; ∞ verh.; *K:* 2; *StA:* österr., 1919 CSR, deutsch. *Weg:* 1938 GB; 1945 Deutschland (Berlin).

Handelsschule Pilsen, 1924-27 Kreissekr. der DSAP in Staab b. Pilsen, 1927-38 Red. DSAP-Ztg. *Adlergebirgsbote* Landskron, 1938 Wahl zum Ersatzmitgl. des PV. Nach Abschluß des Münchner Abkommens nach Prag. Okt. 1938 Emigr. nach GB, Mitgl. TG-Landesvorst., Mitarb. *London Representative of the Sudeten German Refugees* u. Red. *Freundschaft* London, nach Erteilung der Arbeitserlaubnis Büroangest., 1944-45 Soldat der brit. Armee. Sommer 1945 Übersiedlung nach Deutschland, ab Dez. 1945 Berlin, Dolmetscher u. Übers., Ps. Franz Tausch (1945-48), 1946 außenpol. Red. u. 1947-50 Chefred. *Der Sozialdemokrat* Berlin, ab 1950 Angest. des Berliner Senats. Lebte 1977 in Berlin (West).

Qu: Arch. - IfZ.

Tausk, Martha, geb. Frisch, Partei- u. Verbandsfunktionärin; geb. 15. Jan. 1881 Wien, gest. 20. Okt. 1957 Nijmegen/NL; o.K.; *V:* Moritz Frisch (gest. 1913), Drucker u. Verleger, Mitgl. SDAP, Mitgr. Druckerei der *Arbeiter-Zeitung* Wien; *M:* (gest. 1903), o.K., VorstMitgl. *Allgemeiner Österreichischer Frauenverein;* ∞ verh.; *K:* 2 S, geb. in Sarajevo/Bosnien; *StA:* österr., NL (?). *Weg:* 1939 NL; Bras.; NL.

Durch das Elternhaus frühzeitig Verbindung zu Sozialdemokratie u. Frauenbewegung. 1900 nach Heirat Niederlassung in Sarajevo, 1904 in Mostar/Hercegovina, 1905 Rückkehr nach Wien, Angest. im väterl. Betrieb. 1911 Mitgl. SDAP, 1913-14 Vortragstätigkeit. 1915-18 ltd. Buchhalterin in einem Betrieb in Zagreb/Kroatien, März 1918 nach Graz, SDAP-Sekr. Steiermark. Dez. 1919 als einzige Frau Delegierte in Provisorischer Landesversammlung Steiermark, Febr. 1919 Wahl in den Konstituierenden Landtag, 1920-27 MdL Steiermark, anschl. MdBR. 1919-28 Mitgl. GdeRat Graz u. Mitgl. Landesschulrat Steiermark. 1928-34 Frauensekr. SAI u. Mitarb. von → Friedrich Adler in Zürich, Mitarb. in schweizer. Sozialdemokratie, Red. der Zs. *Frauenrecht.* 1935-39 wieder in Österr., März 1938 in Graz, war Verfolgungsmaßnahmen durch österr. Polizei u. Gestapo ausgesetzt. 1939 Übersiedlung zu ihrem Sohn nach Holland, später 8 Mon. in Brasilien, anschl. wieder Holland. Lebte zuletzt in Nijmegen.
Qu: Arch. Z. - IfZ.

Tavor, Moshe (urspr. Tauber, Fritz), Dr. jur., Journalist; geb. 29. Juni 1903 Olmütz/Mähren, gest. 1978; *V:* Otto Tauber (geb. 1875 Leipnik/Mähren, umgek. 1942 [43?] KL Theresienstadt), Malzfabrikant, VorstMitgl. Olmützer Getreidebörse, Mitgl. tschechoslowak.-jüd. Bruderschaft *Hort; M:* Gisela, geb. Kaufmann (geb. 1878 Olmütz, umgek. 1942 [43 ?] KL Theresienstadt); *G:* Johanna Tauber (geb. 1904 Olmütz), 1939 illeg. Emigr. Pal., Internierung auf Mauritius, 1945 Emigr. Pal.; Franz Tauber (geb. 1906 Olmütz, umgek. im Holokaust); Marianne Gottlieb (geb. 1907 Olmütz, gest. 1951 Haifa), 1939 illeg. Emigr. Pal., Hutmacherin; ∞ 1952 Nora Heller (geb. 1906 Yokohama/J); *StA:* österr., Pal./IL. *Weg:* 1939 Pal.

Stud. Prag, Mitgl. der zion. StudOrg. *Barissia,* bis 1923 RedMitgl. der zion. Wochenzs. *Selbstwehr;* 1933-39 RA in Olmütz, Teplitz-Schönau u. Prag; Mitgl. Zentralvorstand der *Zionistischen Organisation der Tschechoslowakei,* Vors. Disziplinargericht der *Jüdischen Partei,* Mitgl. *Blau-Weiß,* bis 1939 Funktionär *Keren Hayessod,* 1939 in dieser Funktion Chefred. *Jüdische Nachrichten* Prag. 1939 Emigr. Palästina, Gelegenheitsarbeiter, gleichz. Sekr. von *Hitachdut Olej Czechoslovakia;* dann bis 1948 beim Pressedienst des CSR-GenKonsulats u. bei der Presseagentur CTK in Jerusalem tätig, gleichz. Red. *Mitteilungsblatt* u. Red. hebr. Wochenzs. *Amudim* der *Alijah Chadaschah,* daneben Beiträge u.a. in der hebr. Tagesztg. für Einwanderer, *Hegeh,* u.a. Ztg., 1948-50 Red. *HaDor* Haifa, 1950-57 u. 1960-63 Ltr. des Jerusalemer Büros u. parl.-diplom. Korr. der Tagesztg. *Davar,* 1957-60 u. 1963-66 Presseattaché der isr. Mission bzw. Botschaft in Köln, ab 1966 ständiger isr. Korr. der *Frankfurter Allgemeinen Zeitung;* Mitgl. *Isr. Journalistenverband, Weltunion jüdischer Journalisten. - Ausz.:* BVK 1. Kl.
W: Jerusalem (Fotografien von Hanns Reich, Text von Moshe Tavor). Dt. 1968, engl. 1969; Ben Gurion, David, Wir und die Nachbarn (Übers.). 1968; Israel - Die Geschichte eines Staates (Übers.). 1973. *Qu:* Fb. Hand. - RFJI.

Teclaw, Richard, Journalist; geb. 1. Febr. 1896 Lautenburg/Westpr., gest. 21. Juli 1956 London; Diss.; ∞ Elisabeth Busch, Emigr.; *StA:* Freie Stadt Danzig. *Weg:* 1933 Österr.; 1934 CSR; 1939 GB.

Drogist, 1926 sozdem. Partei, Red. *Danziger Volksstimme,* populärer Gerichtsberichterstatter, Ps. Ricardo. Ende Mai 1933 Emigr. über Polen nach Wien, 1934 nach Brünn. Mit → Rolf Reventlow u. → Will Schaber Hg. *Press Service,* Mitarb. sozdem. Presse, Beitr. in *Das Wort* Moskau. 1939 Flucht nach London.
Qu: Arch. Hand. Publ. - IfZ.

Teil (bis 1941 Teitelbaum), **Kurt Henry,** Ministerialbeamter; geb. 31. Aug. 1923 Hamburg; jüd., 1951 unit.; *V:* Herman Teil (urspr. Teitelbaum) (geb. 1890 Hamburg, 1939 USA), jüd., höhere Schule, Bankier, Mitgl. DSP, 1939 Emigr. Schottland, 1940 USA; *M:* Ilse, geb. Beer (geb. 1893 Hamburg, gest. 1975 USA), jüd., höhere Schule, 1940 Emigr. USA; *G:* Lotte Treidel (geb. März 1921 Hamburg), Gymn., 1939 Emigr. Schottland, 1940 USA; ∞ 1953 Jolanda Müller (geb. Karlsruhe), ev., höhere Schule, Ballettänzerin Stadttheater Zürich, 1953 in die USA; *K:* Gita Teil-Roux (geb. 1955), Abitur, A: USA u. Syrien; Peter (geb. 1962); *StA:* deutsch, 1944 USA. *Weg:* 1939 GB, 1940 USA.

1935-39 Bemühungen um brit. Einwanderungserlaubnis, Anfang 1939 Emigr. des Vaters, Apr. 1939 der Kinder mit kurzfrist. Aufenthaltserlaubnis nach Schottland, Bürgschaft dort ansässiger Verwandter, Hilfe durch schott.-jüd. Fürsorgeorg.; Besuch einer höheren Schule, freiw. Luftschutzwart. Apr. 1940 in die USA zur Mutter, Bürgschaft u. Unterstützung durch Verwandte. 1940-43 Arbeiter, 1943-45 im Sanitätsdienst der US-Luftwaffe (europ. Kriegsschauplatz, Ausz.). 1945-47 Dolmetscher u. Untersuchungsbeamter für Kriegsverbrechen. 1950 Stud. Zürich, 1951 B.A. Washington and Jefferson Coll. Washington/Pa., 1952 M.A. Fletscher School of Law and Diplomacy, Harvard Univ.; 1952-56 in der Personalabt. des US-Verteidigungsmin., ab 1956 Personalabt. u. anschl. Abt. für Entwicklungsprogramme der Internat. Coop. Admin. (Behörde für internat. ZusArb., ab 1961 USAID) des US-Außenmin., 1956-59 in Bangkok, 1963-64 in Taipeh, 1964-65 in Vientiane, 1965-67 in Manila, 1967-68 in Saigon, 1970-75 in Ankara; ab 1975 Ltr. Entwicklungsprogramme für den Nahen Osten. Mitgl. *Phi Beta Kappa.* Lebte 1976 in Washington/D.C.
Qu: Fb. Hand. - RFJI.

Tejessy, Fritz, Ministerialbeamter; geb. 6. Dez. 1895 Brünn/Mähren, gest. 6. Mai 1964 Bonn; ∞ Ehefrau in der Emigr. gest.; *K:* Wolfgang (geb. 1937 Preßburg/CSR); mehrere T; *StA:* deutsch. *Weg:* 1933 CSR; 1938 (?) S; 1941 USA; 1949 Deutschland (BRD).

SPD-Red. in Kassel, von → Albert Grzesinski in das preuß. MdI berufen, MinDir., Chef der Personal- u. Disziplinarabt., Chefred. *Die Polizei;* verhinderte Aufnahme von NatSoz. in den preuß. öffentl. Dienst, nach sog. Preußenschlag Juli 1932 entlassen. 1933 Emigr. CSR, zunächst in Aussig, vergebl. Bemühungen um Ausw. nach Palästina; seit 1934 DSAP-Sekr. für die Slowakei in Preßburg, 1938 (?) Flucht nach Schweden, Mitgl. TG-Landesvorst., 1941 mit → Bruno Rother u. → Siegfried Taub über die UdSSR in die USA zum Aufbau eines TG-Stützpunkts. VorstMitgl. *German-American Council for the Liberation of Germany from Nazism* u. *Association of Free Germans* unter Grzesinski; später Textilarb. in New Hampshire. Sept. 1949 Rückkehr, Okt. 1949-Dez. 1960 Ltr. des Verfassungsschutzes im MdI von NRW, MinDirigent.
L: MGD. *Qu:* Arch. Publ. - IfZ.

Tel-Nir (urspr. Landesberg), **Nathan,** Offizier, Verbandsfunktionär; geb. 9. Juli 1917 Brünn/Mähren; *V:* Usiel Landesberg; *M:* Stephanie, geb. Lubinger; ∞ 1944 Haya Vishnitzky; *K:* Dan, Usiel, Kam; *StA:* IL. *Weg:* 1934 Pal.

Emigr. nach Palästina, 1936-59 MilDienst *Haganah* u. IDF in Tel Aviv, Stud. Stabskommandantenschule der IDF, zuletzt Oberstlt. Ab 1959 Dir. u. GenSekr. isr. Ausschuß für Unfallverhütung. Präs. *Lions Club* Tel Aviv, ehrenamtl. Schatzmeister der isr. Org. für Public Relations, Ehrensekr. der Org. ehem. Offiziere, *Zeveth,* Ltr. *Isr. Fundraiser Org.* Lebte 1976 in Tel Aviv.
Qu: Hand. - RFJI.

Teleky, Ludwig, Dr. med., Arzt; geb. 12. Juli 1872 Wien, gest. 20. Aug. 1957 New York; ev.; *V:* Dr. Hermann T., Arzt; *M:* Marie, geb. Koritschoner; ∞ 1898 Gisella Hoffmann; *K:* Anna; Agnes. *Weg:* 1933 (?) Österr.; 1938 USA.

Stud. Medizin Wien u. Straßburg, anschl. Arzt in Wien, zeitw. Hausarzt von Victor Adler, spezialisierte sich auf Berufs- u. Gewerbekrankheiten. 1905-21 Arzt für Gewerbekrankheiten bei genossenschaftl. Krankenkasse, 1909-21 Doz. für Sozialhygiene Univ. Wien. 1921-33 Landesgewerbearzt u. Ltr. Westdeutsche Sozialhygienische Akademie in Düsseldorf, Mitgl. Reichsgesundheitsrat u. preuß. Landesgesundheitsrat. 1933 (?)

758 Tempel

nach Österr., 1938 Emigr. USA. 1939-46 Mitgl. Division of Industrial Hygiene of the Labor Department der Staaten Illinois u. New York. Gr. International Congress on Occupational Health, Ehrenmitgl. *Internationales Komitee für Arbeitsmedizin* u. *Am. Academy of Occupational Medicine.* Ab 1954 Hg. *Archiv für Gewerbepathologie.* - *Ausz.:* u.a. 1952 Gr. BVK.

W: u.a. Die Phosphornekrose. 1907; Die gewerbliche Quecksilbervergiftung. 1912; Vorlesungen über soziale Medizin. T. 1. 1914; Aufgaben und Probleme der sozialen Fürsorge und Volksgesundheitspflege bei Kriegsende. 1917; History of Factory and Mine Hygiene. 1948; Die Entwicklung der Gesundheitsfürsorge. 1950; Die gewerblichen Vergiftungen. In: Handbuch der Inneren Medizin. 1954. *Qu:* EGL. Hand. Z. - IfZ.

Tempel, Hermann, Lehrer; geb. 29. Nov. 1889 Ditzum/Ostfriesland, gest. 27. Nov. 1944 Oldenburg; *V:* Lehrer; *StA:* deutsch, 27. Okt. 1937 Ausbürg. *Weg:* 1933 NL; 1940 Deutschland.

Bis 1910 Lehrerseminar, 1915-16 Kriegsteiln., 1920-24 Stud. Psychologie u. Phil. Hamburg u. Berlin. Volksschullehrer in Leer. Ab 1919 SPD, bekannter Parteiredner, ab 1924 StadtVO. Leer, Gr. u. Chefred. *Volksbote* Emden, 1925-33 MdR, gehörte zum rechten Parteiflügel. Nach Warnung durch Ortspolizei Juni 1933 Flucht nach Amsterdam, Nachhilfelehrer. Pol. Tätigkeit im Kreis um → Alfred Mozer, Mitarb. *Freie Presse,* Beiträge über NS-Siedlungspol. in *Deutschland-Berichte der Sopade,* Gegner eines Volksfrontbündnisses mit KPD, Verb. zu → Anton Reißner u. → Ernst Schumacher, Aug. 1936 Teiln. an einer SPD-Grenzkonf. mit Abgesandten aus Osnabrück. Nach dt. Besetzung in Heim der holländ. Arbeiterjugend verborgen, stellte sich 1940 der Gestapo im Austausch gegen den als Geisel festgenommenen Hausmeister. 4. Juli 1941 Urteil 2 J. Gef., bis Dez. 1942 Haft in Osnabrück u. Wolfenbüttel, anschl. staatenloser Hilfsarbeiter in Berlin u. Oldenburg, Polizeiaufsicht. Starb an Haftfolgen.

Qu: Arch. Hand. Z. - IfZ.

Tenner, Albin, Lehrer; geb. 27. Febr. 1885 Rauenstein/Thür., gest. 20. Jan. 1967 Amsterdam; ∞ Elly Janisch (geb. 1899), 1934 Emigr. NL, Übers., Lehrerin; *K:* Armin (geb. 1927), 1934 Emigr. NL, Hochschullehrer in Amsterdam; *StA:* deutsch, 22. Juni 1938 Ausbürg. mit Fam. *Weg:* 1933 NL.

Schon als Kind Beitrag zum FamUnterhalt durch Porzellanmalerei, dann PorzellanarbLehre, ab 1899 Freistelle Lehrerseminar Hildburghausen, 1905 Volksschullehrer, Abitur, Stud. Naturwiss., ab 1915 Kriegsdienst als Dolmetscher u. Ltr. Materialprüfstelle der Flugzeugwerft Gotha. 1918 USPD, während der Revolution RegMitgl. in Sa.-Meiningen, dann Volksbeauftragter in Gotha, bis 1920 Mitgl. Gothaer Reg. u. MdL Gotha, ab 1920 MdL Thür., 1920 mit linkem Flügel der USPD zur KPD; Lehrer, Kreisschulrat in Weimar, später Schulrat in Gotha. Ab 1923 Mitgl. KPD-ZA, Okt.-Nov. 1923 Wirtschaftsmin. in der thür. Koalitionsreg., anschl. Vors. KPD-LT-Fraktion, Jan. 1925 als Anhänger des rechten Parteiflügels Rücktritt als Fraktionsvors., Parteiausschluß, Okt. 1925 Wiederaufnahme, 1926 erneut zum MdL gewählt. März 1929 KPD-Ausschluß u. Mitgl. KPDO, 1932 mit KPDO-Minderheit zur SAPD. Mit Ablauf des LT-Mandats 1929 nach Berlin, vor allem wiss. Studien. Nach natsoz. Machtübernahme KL, dann in der Illegalität, Ende 1933 Flucht nach Amsterdam, Angehöriger der dortigen SAPD-Gruppe um → August Enderle, Gr. u. bis 1952 Ltr. einer kosmet. Fabrikation, während der dt. Besetzung im Untergrund.

L: Weber, Wandlung. *Qu:* Arch. Hand. Publ. - IfZ.

Tenner, Günther, Parteifunktionär; geb. 25. Febr. 1907 Berlin; *V:* Arbeiter; *Weg:* 1934 (?) Emigr.; E; F; N-Afrika; Deutschland (Berlin).

Angest.; 1927 KJVD, Mitarb. KJVD-BezLtg. Berlin-Brandenburg; 1928 KPD. Vermutl. 1934 Emigr., im Span. Bürgerkrieg Offz. der Internat. Brigaden, danach 4 J. in franz. Internierungslagern, zuletzt in Djelfa/Nordafrika. Nach Kriegsende Rückkehr nach Berlin, Tätigkeit in der Stadtverw., dann Mitarb. zentraler Parteiapp., 1950-71 Mitgl. der Zentralen Parteikontrollkommission der SED. Lebte 1977 in Berlin (Ost). - *Ausz.:* 1955 VVO (Silber), 1956 Hans-Beimler-Med., 1958 Med. für Kämpfer gegen den Faschismus 1933-1945, 1967 Banner der Arbeit, 1969 VVO (Gold).

Qu: Hand. Z. - IfZ.

Teply, Gustl (Gustav); geb. 1. Jan. 1909 Wien, umgek. Apr. 1945 KL Dachau; ∞ Gerti Mendel, Emigr. F, als Krankenschwester eines MilLazaretts Mitarb. TA in der franz. Résistance in Lille, Verhaftung; *K:* 1 S; *StA:* österr. *Weg:* 1938 (?) F; 1943 (?) Deutschland (Österr.).

Buchdruckerlehre, Mitgl. u. Funktionär *Reichsverein der österreichischen Buchdruckerei- und Zeitungsarbeiter* (?), vermutl. Mitgl. KPÖ. 1938 (?) Emigr. Frankr., als KPÖ-Vertr. LtgMitgl. der *Fédération des Emigrés provenant d'Autriche.* Nach franz. Kapitulation Mitarb. TA innerh. der franz. Résistance, zeitw. interregionaler Instruktor (Gebietsverantwortlicher) in Lille/Nordfrankreich; 1943 als franz. Fremdarbeiter nach Wien, Arbeit in Rüstungsindustrie, maßgebl. am Versuch des Aufbaus einer neuen illeg. Ltg. der KPÖ in Wien beteiligt. Vermutl. Sommer 1944 Verhaftung, KL Dachau, von illeg. Lagerltg. zus. mit → Franz Storkan in Außenlager vermittelt, kurz vor geplanter Flucht erschossen.

L: Mitteräcker, Kampf; Spiegel, Résistance; ISÖE. *Qu:* Arch. Publ. - IfZ.

Tesch, Carl, Gewerkschafts- u. Kulturfunktionär; geb. 30. Juni 1902 Frankfurt/M., gest. 17. Okt. 1970 Frankfurt/M.; *V:* Richard T., Arbeiter; *M:* Johanna, geb. Carillon (geb. 1875, umgek. 1945 KL Ravensbrück), Diss., 1919-20 u. 1920-24 SPD-MdR; ∞ Margot Weyel (geb. 1912), gesch.; *K:* Sonja (geb. 1942), A: Deutschland(BRD); Yvonne Köhler (geb. 1947); *StA:* deutsch. *Weg:* 1935 CH; 1945 Deutschland (ABZ).

Mittelschule, 1917-21 MetallarbLehre, 1921-26 SAJ-Sekr. für Hessen, 1926-27 Besuch Akademie der Arbeit Frankfurt/M., 1928-33 GewSekr. in Berlin, 1930-31 Besuch Deutsche Hochschule für Politik. Nach natsoz. Machtübernahme illeg. Tätigkeit in Frankfurt, Emigr.; in der Schweiz Kontakte zur *Sopade,* illeg. pol. Betätigung in Verb. mit → Valentin Baur u. kommunist. Emigranten, Juni 1940 Verhaftung in St. Gallen, zunächst drohende Abschiebung nach Deutschland, dann Internierung in ArbLagern Gordola u. Bassecourt, Anfang 1945 Entlassung. In Verb. mit der KPD-Lagerorg. Mitarb. am Aufbau der FDB in der Schweiz, Gastteiln. der illeg. 2. Parteikonf. der KPD am 24./25. März 1945 in Zürich, Wahl in Landesausschuß der FDB auf deren 2. Landeskonf. am 27. Mai 1945. Sept. Rückkehr, ab 1945 Dir. *Frankfurter Bund für Volksbildung;* 1952-70 stellv.Vors. *Verband der Deutschen Volksbühnen-Vereine,* zeitw. stellv. Vors. *Hessischer Landesverband für Erwachsenenbildung,* VerwDir. Theater am Turm, Frankfurt, Vors. BundesarbKreis *Arbeit und Leben,* Vizepräs. Deutsche Sektion des Internat. Theater-Instituts, Dir. Volkshochschule Frankfurt/M.; Mitgl. SPD, Verdienste um dt.-tschechoslow. Beziehungen. - *Ausz.:* 1968 Goethe-Plakette der Stadt Frankfurt, Gold. Ehrenzeichen der GDBA u. Lidice-Med. (CSR).

L: Teubner, Schweiz. *Qu:* Arch. Hand. Publ. - IfZ.

Teubner, Hans, Dr., Publizist, Parteifunktionär; geb. 25. Apr. 1902 Aue/Erzgeb.; *V:* Richard Emil T., Textilarb.; *M:* Ida Maria, geb. Schürer; ∞ I. Tatjana Peltzer, gesch.; II. Elsa Mayer, KPD, Emigr. E, RedSekr. *Deutscher Freiheitssender 29,8,* 1939 Emigr. F, CH, Internierung, Deleg. 2. KPD-Landeskonf. März 1945, 1945 Rückkehr nach Berlin; *StA:* deutsch. *Weg:* 1935 CSR, NL, F; 1936 E; 1939 F, CH; 1945 Deutschland (Berlin).

Zeichner; 1919 KJVD, Mitgr. u. ab 1920 Vors. KJVD-Unterbez. Aue-Schwarzenberg, ab 1923 StadtVO. Aue. Als enger Mitarb. von Ernst Schneller an Aufstellung der bewaffneten Proletarischen Hundertschaften in Sa. beteiligt, 1924 KPD, Red. *Der Kämpfer* Chemnitz, später *Freiheit* Düsseldorf, 1927-30 Lenin-Schule der *Komintern,* anschl. Red. *Die Welt am Abend* Berlin. 1933-34 illeg. Tätigkeit, Verhaftung, Nov. 1934 1 1/2 J. Freiheitsstrafe, 1934-35 Zuchth. Luckau, nach Freilassung wegen drohender KL-Haft Flucht über die CSR, Holland u. Frankr.; Dez. 1936 nach Spanien. Kriegskorr. *Deutsche Volkszeitung* sowie nach Abberufung → Gerhart Eislers mit → Erich Glückauf in ZusArb. mit → Franz Dahlem Chefred. KPD-Sender *Kurzwelle 29,8* bzw. ab Apr. 1937 *Deutscher Freiheitssender 29,8* (Organ des Ausschusses zur Vorbereitung *einer deutschen Volksfront* Paris). Jan. 1939 nach Paris. März (Aug.?) 1939 vom ZK-Sekretariat in die Schweiz deleg., Chefred. *Süddeutsche Volksstimme,* dann mit → Paul Elias AbschnLtr. Süd. Sept. 1939 Verhaftung, Internierung in Regendorf, ab Juli 1940 Witzwil u. 1941 Malvaglia; nach Verlegung des Lagers nach Gordola b. Locarno Dez. 1941 Mitgl. u. Sekr. der dort gebildeten KPD-Landesltg., Deleg. Landeskonf. der KPD v. 14. Jan. u. 24./25. März 1945 in Zürich. 1944 Entlassung aus Bassecourt, ab Dez. offiz. KPD-Vertr. in Provis. Ltg. der BFD in der Schweiz, Deleg. bei Verhandlungen mit *Das Demokratische Deutschland,* ab Mai 1945 Mitgl. BFD-Landesvorst. - Juni 1945 illeg. Rückkehr nach Berlin, Chefred. KPD-Zentralorgan *Deutsche Volkszeitung* Berlin, 1946 Chefred. *Sächsische Zeitung* Dresden, 1947-50 Ltr. Lehrabt. der Parteihochschule Karl Marx, 24. Aug. 1950 Funktionsenthebung durch ZK-Beschluß zur sog. Field-Affäre. 1955 Rehabilitierung, ab 1956 Prof. u. Lehrstuhlinh. für Theorie u. Praxis der Pressearb. sowie Dir. Institut für Theorie und Praxis der Pressearbeit Univ. Leipzig, 1959-63 Chefred. *Leipziger Volkszeitung* u. Mitgl. Büro der SED-BezLtg. Leipzig, ab 1960 BezVors. u. ab 1962 ZV-Mitgl. *Verband der Deutschen Presse;* ab Okt. 1963 wiss. Mitarb. Institut für Marxismus-Leninismus beim ZK der SED. Lebte 1977 in Berlin (Ost). - *Ausz.:* 1956 Hans-Beimler-Med., 1959 VVO (Silber), 1962 Banner der Arbeit, 1967 VVO (Gold), 1972 Ehrenspange am VVO (Gold).

W: Der deutsche Freiheitssender 29,8 als Führungsorgan der KPD im antifaschistischen Kampf. In: BZG, 1964, S. 1022 ff.; Exilland Schweiz. 1975. *L:* Schmidt, Deutschland; Pasaremos; Fricke, Gerechtigkeit; Duhnke, KPD; Bergmann, Schweiz; Lerg, Winfried B./Steininger, Rolf (Hg.), Rundfunk und Politik 1923 bis 1973. 1975; Dahlem, Vorabend. *Qu:* Arch. Hand. Publ. Z. - IfZ.

Thalheimer, August, Dr. phil., Parteifunktionär, Publizist; geb. 18. März 1884 Affaltrach/Württ., gest. 19. Sept. 1948 Havanna; jüd., Diss. (?); *V:* Moritz Th., Kaufm., jüd.; *G:* Bertha Schöttle-Th. (1883-1959), mit Ernst Meyer Vertreter der *Gruppe Internationale* auf Konf. von Zimmerwald u. Kienthal im 1. WK, Mitgl. KPD u. später KPDO; ∞ verh.; *StA:* deutsch. *Weg:* 1934 F; 1941 Kuba.

Gymn. in Stuttgart, 1902-07 Stud. Med., dann Sprachwiss. u. Völkerkunde München, Oxford, London, Berlin u. Straßburg, 1907 Prom., 1907-09 weiterführende Stud. in Phil. u. Volkswirtschaft Univ. Berlin; 1904 Mitgl. SPD, ZusArb. mit der württ. radikalen Linken um Fritz Westmeyer u. → Clara Zetkin, 1909 Chefred. des Parteiblattes *Freie Volkszeitung* Göppingen, Verb. zu Karl Radek, nach Zusammenlegung der *Freien Volkszeitung* mit revisionistischen Parteiblättern 1912 Austritt aus der Red., 1915-16 Chefred. des Braunschweiger SPD-Organs *Volksfreund* (→ Gottlieb Cartal); ab 1914 im engeren Kreis der kriegsoppos. Gruppe um Karl Liebknecht u. Rosa Luxemburg, Anschluß an *Gruppe Internationale* u. Mitarb. am 1. Heft der Zs. *Die Internationale* (Frühj. 1915), Teiln. erste Reichskonf. der SPD-Linken Jan. 1916 in Berlin; ab Mai 1916 Kriegsdienst, verwundet; 1918 Rückkehr nach Stuttgart, einer der bekanntesten Führer der revol. Bewegung in Württ., in Stuttgart Nov. 1918 erstmalige Hg. *Die Rote Fahne,* vorüber. mit → Fritz Rück inhaftiert, lehnte nach Nominierung als Finanzminister die Mitgliedschaft in der Provisorischen Reg. Württ. wegen Beteiligung der Mehrheitssozialisten ab, im Stuttgarter *Arbeiter- und Soldatenrat* aktiv; Mitgl. Zentrale des *Spartakusbundes,* nach Grdg. der KPD 1919-24 Mitgl. der Parteizentrale, verantwortl. für theoret. Arbeit, zeitw. Chefred. *Die Rote Fahne* u. Hg. *Die Internationale.* Nach dem Tode Rosa Luxemburgs Haupttheoretiker der KPD, 1921 Hauptvertr. der von Lenin auf dem 3. Weltkongreß der *Komintern* getadelten sog. Offensivtheorie; vertrat mit → Heinrich Brandler Einheitsfrontpol. gegenüber nichtkommunist. Arbeiterbewegung, die im Verlauf der Stalinisierung der KPD als „Trotzkismus" u. „Luxemburgismus" verworfen wurde. Deleg. zum 3. u. 4. *Komintern*-Kongreß in Moskau, zeitw. Mitgl. des EKKI, 1924 Mitgl. der KPdSU; nach der sog. Oktoberniederlage 1923 zus. mit Brandler Führer der nach Übernahme der Parteizentrale durch → Ruth Fischer in Opposition stehenden sog. Rechten in der KPD; Ende 1923 (1924 ?) nach Moskau beordert, dort wiss. Lehr- u. Forschungstätigkeit am Marx-Engels-Institut u. an der Sun-Yat-sen-Univ. (theoret. Arbeiten auf dem Gebiet des dialekt. Materialismus, u.a. philosophiegeschichtlicher u. didakt. Art). Auf der EKKI-Sitzung März/Apr. 1925 wegen fraktioneller Tätigkeit gerügt, Funktionsverbot in KPD u. *Komintern;* 1926 teilw. rehabilitiert, bis 1928 Mitgl. Programm-Kommission der *Komintern;* Mai 1928 aus fam. Gründen Rückkehr nach Deutschland mit Zustimmung des ZK, nach erneuter Beschuldigung der Rechtsabweichung u. der neuerlichen ultralinken Wende der KPD zus. mit Brandler Org. der rechten Parteiopposition, Dez. 1928 Parteiausschluß, Mitgr. u. ab 31. Dez. 1928 Mitgl. der Reichsltg. der KPDO sowie ihr Haupttheoretiker, Mithg. *Gegen den Strom;* Jan. 1929 Ausschluß aus *Komintern* u. KPdSU; Mithg. *Internationale Nachrichten der Kommunistischen Opposition;* ab Dez. 1930 Mitgl. Ltg. u. Büro der *Internationalen Vereinigung der Kommunistischen Opposition* (IVKO); 1931 mit Brandler Hauptvertr. der KPDO-Mehrheit gegen den von → Jakob Walcher u. → Paul Frölich angestrebten ZusSchluß der KPDO mit der SAPD. Nach natsoz. Machtübernahme auf Beschluß der Reichsltg. Bildung eines KPDO-Auslandskomitees (AK) unter Th., Brandler u. → Leo, März 1934 mit Hilfe der württ. Parteiorg. nach Straßburg zum Aufbau des AK, nach Aufenthaltsverbot Sommer 1935 Verlegung des AK nach Paris: Bemühungen um illeg. KPDO-Arbeit im Reich, Einfuhr von Schriften, u.a. *Arbeiterpolitik* u. *Gegen den Strom* (ab 1936: *Der Internationale Klassenkampf,* Hg. IVKO); während des Span. Bürgerkriegs Solidarisierung mit POUM, Nov./Dez. 1936 Reise nach Katalonien; nach Spaltung der Pariser KPDO-Gruppe, u. a. in der Frage des „revolutionären Defaitismus" im kommenden Krieg, Anfang 1939 Auflösung des AK; nach Kriegsbeginn zunächst in Paris, dann in Südfrankr. interniert; 1941 mit Brandler Flucht nach Havanna/Kuba, dort vor allem pol.-theoret. u. ideologienkritische Arbeiten. Nach Kriegsende wurde Th. u. Brandler von den Alliierten die Rückkehr nach Deutschland verweigert; Th. bemühte sich nach 1945 mit den *Briefen aus der Ferne,* die KPDO-Mitgl. um die dt. *Gruppe Arbeiterpolitik* neu zu sammeln.

W: u.a. Um was geht es? Zur Krise in der Kommunistischen Partei Deutschlands (Eine offene Rede zum Offenen Brief). 1929; 1923: eine verpaßte Revolution? Die deutsche Oktoberlegende und die wirkliche Geschichte von 1923. 1931; vollständige Bibliogr. in: Tjaden, KPDO. *L:* Tjaden, KPDO; Drechsler, SAPD; Weber, Wandlung; Wittemann, K.P., Kommunistische Politik in Westdeutschland nach 1945. Der Ansatz der Gruppe Arbeiterpolitik. Darstellung ihrer grundlegenden Auffassungen und ihrer Entwicklung zwischen 1945 und 1952. 1977; Beseler, Hartmut, August Thalheimers Beiträge zur theoretischen Begründung und praktischen Anwendung der KPD-Einheitsfronttaktik zwischen 1919 und 1923. DiplArb. FU Berlin. 1977; Zimmermann, Leninbund. *Qu:* Arch. Hand. Publ. Z. - IfZ.

Thalheimer, Siegfried, Dr. phil., Publizist; geb. 10. Jan. 1899 Düsseldorf; *V:* Isaak Th. (1869-1931), jüd., Verleger u. Publizist, Eigentümer *Düsseldorfer Lokalzeitung;* *M:* Johanna, geb. Strauß (geb. 1868 Frankfurt/M., gest. 1948 New York), 1933 Emigr. Saargeb., 1935 Frankr., 1941 USA, 3. Sept. 1938 Ausbürg.; *G:* Alice (1897-1943), Emigr., 3. Sept. 1938 Ausbürg., aus Frankr. dep., umgek. KL Auschwitz; Klara Sprey (geb. 1901), Emigr., A: USA; ∞ I. Gertrud Stern (geb. 1902), Emigr., A: USA; II. Ehrentraut Schwaighofer (geb. 1935), kath.; *K:* Ruth Eva (geb. 1929), Verlagslektorin, Emigr., A: USA; *StA:* deutsch, 3. Dez. 1936 Ausbürg. mit Fam., 1946 USA, 1960 deutsch. *Weg:* 1933 Saargeb.; 1935 F; 1941 USA; 1949 Deutschland (BRD).

1917-19 Teiln. 1. WK (Einjährig-Freiw.); anschl. bis 1926 Stud. Gesch., Phil. u. franz. Lit. in Würzburg, Bonn u. Heidelberg; 1926 Prom. Univ. Bonn. 1926-28 Red. *Düsseldorfer Lokalzeitung,* 1928-33 Chefred. u. Ltr. der pol. Redaktion, exponierter Gegner des Natsoz. – März 1933 Flucht mit Fam. ins Saargeb., 1933-34 in Saarbrücken Hg. u. pol. Red. der Exilztg. *Westland.* Nach Rückgliederung des Saargeb. Emigr. nach Frankr., in Paris Hg. u. Autor *Ordo,* des Organs des *Comité juif d'études politiques;* Forts. der Studien über franz. Lit. Nach Kriegsausbruch in versch. Internierungslagern, ab Mai 1940 Prestataire. Dez. 1940 demobilisiert, März 1941 mit Notvisum Ankunft in den USA. 1943-49 Kunsthändler in New York. 1949 Rückkehr nach Deutschland, freier Schriftst. u. Publizist. Lebte 1977 in Seeon/Oberbayern.

W: u. a. Macht und Gerechtigkeit. 1958; Gespräch über Deutschlands Zukunft. 1959; Die Affäre Dreyfus. 1963; Der Genter Altar. 1967; Wer ist schuld an Hitler? In: Scheidewege 2,3/1971; Die zionistische Herausforderung. Ebd., 3,4/1974. *L:* Schneider, Saarpolitik und Exil. *Qu:* Arch. Fb. Hand. Pers. Publ. – IfZ.

Thannhauser, Justin, Kunsthändler; geb. 7. Mai 1892 München, gest. 26. Dez. 1976 Gstaad/CH; *V:* Heinrich T., ab 1904 Inh. einer Kunstgalerie in München, erste Expressionisten-Ausstellung *(Der Blaue Reiter);* ∞ I. gest. 1963; II. Hilde; *K:* aus I: 1 S (umgek. 1944 beim Absturz eines US-Bombenflugzeugs in S-Frankr.); 1 S (gest. USA); *StA:* deutsch, USA. *Weg:* 1937 F; 1941 USA.

1909-28 Inh. der vom Vater gegr. Modernen Galerie in München, Förderung der Expressionisten Paul Klee, Franz Marc, Wassily Kandinsky, 1909 erste bedeutende Picasso-Ausstellung. Im 1. WK MilDienst. 1919 Gr. einer Filiale in Luzern/Schweiz, 1927 der Galerie Thannhauser Berlin. 1937 während einer Geschäftsreise in die Schweiz Konfiszierung der Berliner Slg., anschl. Emigr. Frankr.; 1937-41 Galerie in Paris, Gemälde nach dt. Invasion beschlagnahmt; 1941 in die USA, 1941-71 Galerie in New York. 1963 Stiftung von 75 impressionist. u. nachimpressionist. Bildern (u.a. Manet, Degas, Renoir, Cézanne, Matisse, van Gogh, Modigliani, Toulouse-Lautrec, Picasso) an Guggenheim Museum New York (Benennung des Ausstellungsraums nach ihm). Lebte ab 1971 im Ruhestand in der Schweiz.

Qu: EGL. Hand. Z. – RFJI.

Theile, Albert, Publizist, Hochschullehrer; geb. 3. Juli 1904 Dortmund-Hörde; *V:* Albert T., Ing.; *M:* Wilhelmine, geb. Stein; ∞ 1949 Gerda Bruhns; *StA:* deutsch, Ausbürg. *Weg:* 1933 N, F; 1934 IND, China; J, USA; 1936 N; 1940 Chile; 1952 CH.

Stud. Phil., Gesch., Kunstgesch. u. Zeitungswiss. in Münster, München, Berlin, 1928-32 Mitgr. u. Hg. der Zs. *Die Böttcherstraße.* Aufgrund seiner antinatsoz. publizist. Aktivität 1933 Emigr. über Norwegen nach Frankr., ab 1934 auf Weltreise, journ. u. als Lehrer tätig, Mithg. Zs. *Nippon* (Tokio 1934-35) u. *Generation* (Tokio 1940). Ab 1936 in Oslo, Doz. u. Rundfunkmitarb., 1940 Flucht über UdSSR u. Ostasien nach Chile, 1943-46 mit → Udo Rukser Hg. der Kulturzs. *Deutsche Blätter – Für ein europäisches Deutschland, gegen ein deutsches Europa.* Mitgl. *Alemania Libre.* 1950-52 Prof. Staatsuniv. Santiago de Chile, anschl. Niederlassung in der Schweiz, schriftst. tätig, u.a. 1960-61 Hg. Zs. *Humboldt,* ab 1963 Gr. u. Mithg. der arab. Zs. *Fikrun wa fann* (Geist und Kunst), Mithg. der dt.-ital. Zs. *Duemila,* Mitarb. *Neue Zürcher Zeitung.* Mitgl. *PEN-Club.* – Lebte 1972 in Bern. *Ausz.:* 1965 Gr. BVK, 1971 Friedrich-Rückert-Preis der Stadt Schweinfurt.

W: u.a. Schwan im Schatten. Lateinamerikanische Lyrik von heute. 1955; Unter dem Kreuz des Südens. 1956; Außereuropäische Kunst. 1957 (für diese drei Werke Ms. bzw. Studien im Exil); Kunst in Afrika. 1961; Es tagt die Erde. 1962. *L:* Deutsche Blätter (Reprint-Ausg., Vorwort von Albert Theile). 1970; Vander Heide, Ralph P., Deutsche Blätter. Für ein Europäisches Deutschland/Gegen ein deutsches Europa. A Cultural-Political Study. Diss. phil. masch. State Univ. of New York at Albany, 1975. *Qu:* Arch. Fb. Hand. Publ. – IfZ.

Theilhaber, Felix (urspr. Aaron), Dr. med., Arzt, Schriftsteller; geb. 5. Sept. 1884 Bamberg/Bayern, gest. 26. Jan. 1956 Tel Aviv; jüd ; *V:* Dr. med. Adolf T. (geb. 1854 Niederwerrn/Bayern, gest. 1936 München), jüd., Gynäkologe u. Krebsforscher in Bamberg u. München, Hofrat; *M:* (1860-1897); *G:* Robert (geb. 1881 Bamberg, umgek. 1943/44 im Holokaust), RA, Emigr. B, 1940 Internierung S-Frankr., dann Dep. in Vernichtungslager nach PL; ∞ I. 1914 Stephania Czaplinska (geb. 1895 Wlozlawek (Leslau)/Weichsel, gest. 1949 Tel Aviv), 1935 Emigr. Pal.; II. Edith Mendelsohn; *K:* → Michael Adin Talbar; *StA:* deutsch, 1935 Pal./IL. *Weg:* 1935 Pal.

Stud. Med. Berlin u. München, 1910 Prom. München; 1906 Mitgr. der jüd. StudVerbindung *Jordania,* 1909-10 Red. u. Hg. der zion. Monatsss. *Palästina* in München, 1910 Mitgr. *Makkabi* in Bayern; 1911-14 private Arztpraxis in Berlin, Facharzt für Dermatologie. Statist. Forschungen über das Leben der Juden in Deutschland, warnte 1911 vor dem demographischen Untergang des dt. Judentums durch Geburtenrückgang; gleichz. 1911 u. 1913 freiw. Arzt beim türk. *Roten Halbmond* in Libyen u. während der Balkankriege, 1913 Ltr. des Seuchenhospitals der türk. Armee, 1914-18 Kriegsteiln. in der dt. Armee (EK I). 1918-35 Privatpraxis als Dermatologe in Berlin; Vizepräs. der *Berliner Gesellschaft für praktizierende Ärzte.* 1927-30 Mithg. *Jüdisches Lexikon,* Mitarb. *Jüdische Rundschau.* Propagierte Reform der Gesetze gegen Geburtenkontrolle und Homosexualität, 1913 Mitgr. *Gesellschaft für Sexualforschung,* Hg. *Beiträge zum Sexualproblem.* 1933 Einschränkung seiner Praxis, mehrere Mon. im KL u. Zuchthaus Plötzensee wegen seiner Tätigkeit auf dem Gebiete der Sexualreform. Nov. 1935 Emigr. Palästina mit A I-Zertifikat mit Familie, 1935-36 private Arztpraxis in Tel Aviv. 1937 Mitgr. der Sportorg. *Atid* innerhalb des *Maccabi,* 1940 Mitgr. *Kuppat Holim Maccabi,* Halbtagstätigkeit als Amtsarzt bei dieser Organisation.

W: Der Untergang der deutschen Juden. 1911, 1921; Beim Roten Halbmond vor Tripolis. 1911; Das sterile Berlin. Eine volkswirtschaftliche Studie. 1913; Die Schädigung der Rasse durch soziales und kulturelles Aufsteigen, bewiesen an den Berliner Juden. 1914; Die Juden und der Weltkrieg. 1916; Schlechte Kriegserlebnisse. 1918; Dein Reich komme! (R.) 1924; Jüdische Flieger im Kriege. 1919, erw. Aufl. 1924; Goethe, Sexus und Eros. 1929; Schicksal und Leistung. Juden in der deutschen Forschung und Technik. 1931; Geschichte des jüdischen Volkes. 1936; Judenschicksal. Acht Biographien. 1946; zahlr. Bücher u. Art. über jüd. Demographie u. Gesch. sowie Biographien. *L:* Lamm, München. *Qu:* Hand. Pers. Publ. Z. – RFJI.

Thiele, Georg, Offizier, Parteifunktionär; geb. 17. Nov. 1899 Breslau; *StA:* deutsch, 7. Juni 1938 Ausbürg., deutsch. *Weg:* 1934 CSR; 1936 E; 1939 F; UdSSR; 1944 Deutschland.

Schneider; im 1. WK wegen pazifist. Agit. verhaftet u. zum Kriegsdienst eingezogen, als Mitgl. der bewaffneten *Jungen Garden* aktive Teiln. am Spartakusaufstand; Mitgl. KPD, 1934 Emigr. in die CSR. Im Span. Bürgerkrieg Angehöriger der Internat. Brigaden, danach Internierung in Südfrankr. Mit sowj. Hilfe über Ägypten nach Moskau, Prop.-Tätigkeit unter dt.

Kriegsgef., Sommer 1944 i.A. des ZK der KPD als Ltr. einer dreiköpfigen Einsatzgruppe über Jugoslawien abgesetzt u. ab Nov. 1944 illeg. in Berlin tätig; angebl. Oberst der Roten Armee. Nach Kriegsende im Parteiapp. der KPD bzw. SED tätig, 1951-54 Mitgl. Westkommission der SED, ab Mitte der 50er Jahre stellv. OBürgerm. Berlin (Ost), 1957 Oberst der NVA. Lebte 1974 in Potsdam. - *Ausz.:* 1956 Hans-Beimler-Medaille.

W: Alle Wege führen nach Deutschland. In: Brigada Internacional ist unser Ehrenname, Bd. 2, 1974, S. 466 ff. *L:* GdA; GdA-Chronik; Globig, Fritz, ... aber verbunden sind wir mächtig. 1958; Pasaremos. *Qu:* Erinn. Publ. Z. - IfZ.

Thiele, Otto, Rechtsberater, Parteifunktionär; geb. 28. Apr. 1896 Dresden; *StA:* deutsch, 3. Dez. 1936 Ausbürg., deutsch. *Weg:* 1933 CSR; 1938 S; Deutschland (BRD).

Rechtsberater, ab 1920 SPD, insbes. für Partei u. Gew. in Dresden jur. tätig, milit. Ltr. *Reichsbanner* u. *Eiserne Front* für Groß-Dresden u. Ostsachsen. 1933 Flucht in die CSR, *Sopade*-Grenzsekr. für Ostsa. in Bodenbach, mehrfach Entführungsversuch durch Gestapo. Sept. 1938 nach Schweden, Anhänger des rechten SPD-Flügels um → Kurt Heinig, 1944 Mitgr. der oppos. SPD-Gruppe Stockholmer Vororte, Mitgl. *Deutsche Vereinigung von 1945;* ab 1946 VorstMitgl. *Vereinigung deutscher Sozialdemokraten in Schweden* u. Sekr. *Arbeiter-Wohlfahrt-Landesausschuß* für die Deutschland-Hilfe, dann Vertr. der *Arbeiterwohlfahrt* für Schweden. Später Rückkehr, lebte 1978 in Hamburg.

L: Müssener, Exil. *D:* AsD. *Qu:* Arch. Publ. - IfZ.

Thomas, Bernhard, Parteifunktionär. *Weg:* F.

Gebürtiger Russe, zunächst vermutl. im App. der KPdSU (B) tätig, später nach Deutschland; Mitgl. KPDO, Jan. 1932 mit deren oppos. Minderheit um → Paul Frölich u. → Jacob Walcher Ausschluß. März 1932 zur SAPD, Mitgl. Programmkommission vor u. nach 1. SAPD-PT März 1932; auf 2. Reichs-PT 11./12. März 1933 Wahl in die illeg. SAPD-Reichsltg.; Emigr. nach Frankr., Mitgl. SAPD-Auslandsltg. in Paris. Deckn. J. Thomas.

L: Drechsler, SAPD. *Qu:* Arch. Publ. - IfZ.

Thomas, Wendelin, Parteifunktionär; geb. 21. Juni 1884 Diedenhofen/Lothringen; Diss.; *StA:* deutsch. *Weg:* 1933 Emigr.; USA.

Schiffsjunge, Matrose, ab 1910 Schiffsbauer in Hamburg, SPD. 1914-18 Kriegsmarine, Beteiligung am Matrosenaufstand, Eintritt in USPD, ab 1919 Red. *Volkswille* Augsburg, Juni 1920-Dez. 1924 MdR. 1920 mit linkem Flügel der USPD zur KPD, Apr.-Okt. 1921 aufgrund eines bayer. Urteils wegen Anreizung zum Klassenkampf in Haft, Befreiung durch Intervention des Reichstags. 1923 bei den Aufstandsvorbereitungen der KPD aktiv, nach Ende der parlamentar. Immunität illeg. Parteifunktionär; 1925-28 i.A. der *Komintern* im Ausland, nach Rückkehr verhaftet, später amnestiert. 1933 Trennung von der KPD u. Rückzug aus der Politik, nach natsoz. Machtübernahme Emigr., lebte zuletzt in den USA. Verb. zu → Theodor Liebknecht.

L: Weber, Wandlung. *Qu:* Arch. Hand. Publ. - IfZ.

Thonet, Hans Maria, Journalist, Schriftsteller; geb. 1902 Triest, gest. 3.(?) Okt. 1966 Wien; ∞ verh. *Weg:* CSR (?); E; Österr.

Stud. Marineakademie, anschl. ltd. Mitarb. sozdem. Zentralstelle für das Bildungswesen (Bildungszentrale) in Wien, Mitgl. SDAP. 1934 nach den Februarkämpfen illeg. Arbeit, möglicherweise Emigr. CSR. Während des Span. Bürgerkriegs in Spanien, kämpfte auf der Seite der republikan. Armee; befreundet mit Angelica Balabanoff. Nach Ende des Span. Bürgerkriegs weiter in der Emigr., zeitw. arbeitslos, nach 1945 als Übers. u. Autor in der Filmwirtschaft tätig; Rückkehr nach Wien, wahrscheinl. Mitgl. SPÖ, ab 1950 Mitarb. *Arbeiter-Zeitung,* 1952-61 Red. der sozialist. *Wiener Bilderwoche,* ab 1961 Red. *Arbeiter-Zeitung,* zuletzt in innenpol. Red.; Autor von Kinderbüchern.

Qu: Z. - IfZ.

Thormann, Werner Ernst Heinrich Karl, Dr., Journalist; geb. 8. Jan. 1894 Frankfurt/M.; kath.; ∞ Charlotte Forschner (geb. 1891), Juli 1933 mit K. Emigr. Paris, später (1941 ?) USA; *K:* Gerhard (geb. 1922), UnivProf. Neuere Geschichte Manhattanville Coll. of the Sacred Heart New York; Wolfgang (geb. 1924), UnivProf. franz. Sprache u. Lit. Goucher Coll. Baltimore/Md.; *StA:* deutsch, 28. Apr. 1937 Ausbürg. mit Fam., österr. *Weg:* 1933 F; 1940 (1941?) USA.

Aus linkskath. Kreisen kommend, Mitgl. *Zentrum* u. *Friedensbund deutscher Katholiken* (→ Franziskus Stratmann), ab 1922 Red. *Rhein-Mainische Volkszeitung* (→ Friedrich Dessauer), später Sekr. → Josef Wirths u. Chefred. der Zs. *Deutsche Republik.* März 1933 Emigr. nach Frankr., in Paris Korr. *Wiener Echo* u. *Telegraf* Wien, ab 1936 Korr. *Wiener Amtliche Nachrichtenstelle* u. Mitarb. Presseabt. der österr. Botschaft in Paris. Nach dem Anschluß Österreichs Mitarb. der EmigrHilfsorg. *Entr'aide Autrichienne* (→ Martin Fuchs); als Nachf. Arthur Koestlers 1938 Chefred. der Zs. → Willi Münzenbergs, *Die Zukunft;* Sept. 1939 Ernennung zum „conseiller technique" des *Service Germanique* u. *Service Catholique* des franz. Informationsmin., Sprecher *Deutscher Freiheitssender;* nach der Kapitulation Frankreichs mit Hilfe franz. Behörden nach Lissabon, von dort mit Notvisum durch Vermittlung der AFL Ende 1940 (?) in die USA; 1941 Mitgl. Vorst. *German-American Council for the Liberation of Germany from Nazism* (→ Albert Grzesinski).

Qu: Arch. Hand. Publ. - IfZ.

Thurn (-Valsassina), **Max** (urspr. Maximilian Alexander Ghislain von Thurn und Valsassina), Dr. nat. oec., Ministerialbeamter; geb. 5. Dez. 1910 Wien; kath.; *V:* Franz Johann Duclas T. (1876-1939); *M:* Elsa, geb. Gräfin v. Lützow (1886-1974); *G:* Philipp (geb 1912); Eleonore Herberstein (geb. 1914); Ambros (geb. 1920, gef. 1941); ∞ 1946 Buenos Aires, Margarita Zorraquin-Ybarguren (geb. 1920 Buenos Aires), A: Wien; *K:* Mathias (geb. 1948), A: Wien; Alexandra (geb. 1949), A: Sydney/AUS; Ines (geb. 1956); *StA:* österr. *Weg:* 1939 Argent.; 1950 (?) Österr.

Stud. Wirtschaftswiss. Oxford u. Köln, 1934 Prom. Anschl. Sekr. *Vereinigung Österreichischer Industrieller* in Wien. 1939 Emigr. Argentinien, Unternehmer; während des 2. WK neben → Ferdinand Erb-Rudtorffer u. → Gustav Glück führender Vertr. *Comite Austriaco* in Buenos Aires als ZusSchluß der konservativ-bürgerlichen u. der kommunist. österr. Emigr. in Argentinien; Frühj. 1942 als Mitgl. *Austrian National Committee* unter → Hans Rott u. → Guido Zernatto vorgeschlagen. 1950 (1951?) Rückkehr nach Wien, 1951-55 Presseref. im Präsidium des österr. Finanzmin., ab 1956 Mitgl. des Direktoriums der Weltbank. 1960-62 erneut Tätigkeit für österr. Finanzmin., danach Konsulent beim Wirtschaftsmin. in Léopoldville/Zaire, 1967 Rechtsberater im laotischen Finanzmin. Ab 1968 MinRat im Finanzmin. in Wien. AR-Präs. Vienna Intercontinental-Hotelges. u. VorstMitgl. Mt.-Pelerin-Ges. Lebte 1975 in Wien. - *Ausz.:* u.a. 1969 Ehrenzeichen für Verdienste um die Rep. Österreich.

W: u.a. Amerika, hast du es wirklich besser? 1960; Die Weltbank. 1961; Probleme des wirtschaftlichen Wachstums. 1962; Afrika, wann wirst du es besser haben? 1964; Laos, du hast es noch nie so gut gehabt. 1968. *Qu:* Arch. Hand. - IfZ.

Thurnauer, Martin, Unternehmensleiter; geb. 30. März 1894 Nürnberg, gest. 10. Juni 1974 Riverdale/N.J.; *V:* Bernhard T., Kaufm.; *M:* Josie, geb. Rudolph; ∞ Leni Franc, Emigr. USA; *K:* Lilo Hoffman, Emigr. USA; Steffie Weiss, Emigr. USA. *Weg:* USA.

Nach Schulabschluß kaufm. u. techn. Studien in den USA, 1919 Eintritt in Steatit AG, 1920 nach Fusion mit Magnesia Co. Dir. u. VorstMitgl. Steatit-Magnesia AG, Ltr. der Werke in Lauf/Pegnitz (Gewinnung von Speckstein u. Herstellung von Installationskeramik). Vors. *Verband Deutscher Steatitfabriken,* Ausschußmitgl. *Verband Deutscher Elektrotechnischer Porzellanfabriken.* Vermutl. nach natsoz. Machtergreifung Emigr. USA. Vizepräs. Lightolier Inc., Vors. Associates Advisory Board der New School for Social Research New York.

L: RhDG. *Qu:* Hand. Publ. Z. – IfZ.

Thyssen, Fritz, Industrieller; geb. 9. Nov. 1873 Mülheim/Ruhr, gest. 8. Febr. 1951 Buenos Aires; kath.; *V:* August T. (1842–1926), Gr. des Thyssen-Konzerns, Mitgl. *Zentrum; G:* Heinrich Baron Thyssen-Bornemisza de Kaszon (1875–1947), von ungar. Adeligem adoptiert; ∞ Amélie Zurhalle (1877–1965), 1931 NSDAP-Mitgl., 1939 Emigr. CH, 1940 Frankr., mit Ehemann Verhaftung durch Vichy-Behörden u. Auslieferung nach Deutschland; *K:* Anita Gräfin de Zichy-Thyssen (geb. 1909), Emigr. Argent.; *StA:* deutsch, 12. Febr. 1940 Ausbürg. mit Ehefrau. *Weg:* 1939 CH; 1940 F, Deutschland.

Bergbauakademie in Lüttich, TH Berlin-Charlottenburg. 1892 Eintritt in väterl. Firma, ab 1898 VorstMitgl. August-Thyssen-Hütte. Ausgedehnte Studienreisen ins Ausland. Offz. im 1. WK, zuletzt Rittmeister (EK). Nach 1. WK Förderer u. Finanzier nat. Parteien u. Verbände, unterstützte u.a. 1923 über Ludendorff als Mittelsmann kurz vor dem Putschversuch in München Hitler mit einer großen Summe. 1926 Mitgr. u. bis 1935 AR-Vors. Vereinigte Stahlwerke, bis 1927 AR-Mitgl. Rheinisch-Westfälisches Kohlen-Syndikat; ab 1928 Vors. Internationale Rohstahlgemeinschaft. AR-Mitgl. bzw. -Vors. zahlr. Unternehmen der Montanindustrie, u.a. Gelsenkirchner Bergwerks-AG, Rheinische AG für Braunkohlebergbau und Brikettfabrikation, Mitteldeutsche Stahlwerke AG Berlin, Bremer Vulcan Schiffbau und Maschinenfabrik. Geschäftsf. Gas-GmbH Hamborn, AR-Mitgl. Siemens-Schuckertwerke AG, Rheinisch-Westfälisches Elektrizitätswerk AG, Preußische Central-Bodenkredit-AG, Universum Film-AG. Mitgl. des Zentralausschusses der Reichsbank, Präsidiums- u. VorstMitgl. *Reichsverband der deutschen Industrie*, Mitgl. des Rhein-Wasserstraßenbeirats der Reichs-Wasserstraßenverwaltung u. Mitgl. Niederrheinische IHK. Vermutl. Mitgl. DNVP. Maßgebl. an Förderung u. Unterstützung der NSDAP durch dt. Industrie beteiligt. Ab Mai 1933 Mitgl. NSDAP, Nov. 1933 MdR u. Preuß. Staatsrat. Sept. 1939 unmittelbar nach dt. Angriff auf Polen Emigr. in die Schweiz, lebte in Luzern u. Lugano. Öffentl. Bruch mit Hitler u. der natsoz. Kriegspolitik; Frühj. 1940 nach Frankr., versuchte franz. RegStellen zu milit. Eingreifen in Skandinavien zu bewegen, um Deutschland von den schwed. Erzlieferungen abzuschneiden. Lebte in Cannes u. Monte Carlo. 1940 Vermögensbeschlagnahme durch dt. Behörden. Versuchte nach franz. Kapitulation vergebl. von Vichy-Behörden Ausreisevisum nach Spanien zu erhalten; Ende 1940 auf dt. Veranlassung verhaftet u. ausgeliefert, bis 1945 zunächst in Heilanstalt, später KL Oranienburg u. Buchenwald. Nach Kriegsende von US-Besatzungsbehörden interniert, Okt. 1948 Spruchkammerverfahren, wurde als minderbelastet eingestuft u. zu Geldstrafe verurteilt. Anschl. nach Argentinien. – *Ausz.:* u.a. Dr. jur. h.c., Ehrenbürger der Stadt Hamborn; 1959 durch Ehefrau u. Tochter Errichtung der Fritz-Thyssen-Stiftung zur Förderung der Wissenschaften in Köln.

W: I Paid Hitler (Erinn. auf der Grundlage von Interviews aus dem Jahr 1940, zusammengest. u. hg. v. Emery Reves, Authentizität wurde nach 1945 von T. bestritten). London (Hodder and Stoughton) u. New York (Farrar & Rinehart) 1941. *L:* RhDG; Arnal, Pierre, A propos de la Campagne de Norvège. Fritz Thyssen et la route de fer. In: Revue d'Histoire Diplomatique, 1962, H. 2; Hallgarten, George W. F., Hitler, Reichswehr und Industrie. 1964; Fritz Thyssen – ein Leben in Verantwortung. In: Unsere ATH Werkszeitschrift der August-Thyssen-Hütte-AG Duisburg-Hamborn, Dez. 1966; Turner, Henry Ashby, Fritz Thyssen und „I Paid Hitler". In: VHZ, 1971, H. 3. *Qu:* Arch. EGL. Erinn. Hand. Publ. – IfZ.

Tichy, Fritz, Dr., Offizier; geb. 1906 (?) Böhmen, gest. 1966 Berlin (Ost); ∞ Hansi Beckmann (→ Hansi Tichy-Beckmann); *StA:* österr., 1919 CSR, deutsch. *Weg:* 1936 (?) E; 1939 (?) F; N-Afrika; 1943 (?) GB; 1945 CSR, Deutschland (SBZ).

KSM-Funktionär in Nordböhmen, Mitgl. Bez.- u. Kreisltg. Reichenberg. Teiln. Span. Bürgerkrieg als Angehöriger der Internat. Brigaden, dann nach Frankr., in franz. u. nordafrikan. Lagern interniert, nach Befreiung vermutl. 1943 nach GB, Angehöriger der tschechoslow. AuslArmee. 1945 Rückkehr in die CSR, dann Aussiedlung nach Deutschland, Angehöriger Deutsche Volkspolizei bzw. NVA, Oberst; zuletzt Mitarb. Institut für Marxismus-Leninismus beim ZK der SED. – *Ausz.:* u.a. 1956 Hans-Beimler-Med.; VVO (Gold).

Qu: Arch. Publ. Z. – IfZ.

Tichy-Beckmann, Hansi, Parteifunktionärin; gest. Anfang der 70er Jahre Berlin(Ost); *V:* → Rudolf Beckmann; ∞ → Fritz Tichy; *StA:* CSR, deutsch. *Weg:* 1939 GB; 1945 (?) Deutschland (SBZ).

Funktionärin der kommunist. Jugendbewegung in der CSR. 1939 Emigr. nach GB, Ltr. der Jugendorg. der sog. *Beuer-Gruppe* der KSČ u. ltd. Funktionärin *Young Czechoslovakia,* des überpartei. Dachverbands von Jugendorg. des tschechoslow. Exils. Nach Kriegsende Niederlassung in Deutschland, Mitgl. SED.

Qu: Arch. Pers. – IfZ.

Tietz, Albert Ulrich, Kaufmann; geb. 13. Febr. 1920 Köln; jüd.; *V:* → Alfred Leonhard Tietz; *M:* → Margaret Tietz; ∞ 1949 Esther Faerber (geb. 1921 CSR), jüd., 3 J. Stud. Med., Emigr. Pal. mit *Jugend-Aliyah,* KibbMitgl., Erzieherin, 1949 in die USA, Assist. in einer Kunstgalerie; *K:* Michael (geb. 1952), B.A. Yale Univ., J.D. Univ. Pa., RA; Monica Lewis (geb. 1953), Angest.; *StA:* deutsch, 1940 Pal., 1953 USA. *Weg:* 1933 CH; 1934 NL; 1940 Pal.; 1948 USA.

Gymn., 1933 in die Schweiz mit Familie, Forts. der Schulausbildung, 1934 in die Niederlande mit Aufenthaltserlaubnis, 1938 Dipl. einer Textilschule; Nov. 1938 – Febr. 1939 ehrenamtl. Tätigkeit bei *Jew. Refugee Committee;* 1939–40 Lehrling in einem Kaufhaus. März 1940 nach Palästina, 1940–43 Ausbildung in einer Textildruckfirma, später Teilh.; 1943–46 Freiw. RAF; 1946–47 Angest. in einem Import-Export-Geschäft. Jan. 1948 Emigr. USA mit Mutter, ab 1948 Aufstieg vom Lehrling zum stellv. Schatzmeister u. Ltr. der Finanzabt. Associated Metals and Minerals Corp. New York; Präs. *New Jersey Fellowship Fund for the Aged;* Vizepräs. A.F.J.C.E., VorstMitgl. *Jewish Philanthropic Fund* u. Leo Baeck Inst., Vizepräs. *Selfhelp* u. *United Help,* Sekr. *New York Found. for Nursing Homes* u. *Margaret Tietz Center for Nursing Care New York.* Lebte 1977 in New York.

Qu: Fb. RFJI. – RFJI.

Tietz, Alfred Leonhard, Warenhausunternehmer; geb. 8. Juni 1883 Stralsund/Pommern, gest. 4. Juli 1941 Jerusalem; jüd.; *V:* Leonhard T. (geb. 1849 Birnbaum/Posen, gest. 1914 Köln), jüd., ab 1879 Inh. eines Textilgeschäfts in Stralsund, 1889 Filiale in Elberfeld, 1890 Kaufhausunternehmen mit Zentrale in Köln (ab 1905 Leonhard Tietz AG), 1909 Mitgl. Berliner Börse; *M:* Flora, geb. Baumann (geb. 1855 Birnbaum, gest. 1943 London), jüd., 1936 Emigr. NL, 1940 GB; *G:* Louise Eliel (geb. 1887 Stralsund, gest. 1948 Kew Gardens/N.Y.), jüd., 1938 Emigr. Pal., 1940 GB, 1945 Pal., 1947 GB, 1948 USA;

Änni Amalie Eliel (geb. 1892 Elberfeld, gest. 1966 Schinznach/CH), jüd., 1938 NL, 1939 GB; Gerhard L. (geb. 1894 Elberfeld, gest. 1978 London), jüd., 1933 Emigr. GB, bis 1940 Teilh. Park Royal Perfumeries, Ltd., 1940-45 brit. Armee, 1945-63 Import-Export-Geschäft; ∞ 1909 Margaret Dzialoszynski (→ Margaret Tietz); *K:* Leonard Deeds (urspr. Wolfgang Leonhard Tietz) (geb. 1913 Köln), Univ., 1932 Emigr. GB, Kaufm. in GB; Herta Gabriele Frenkel (geb. 1915 Köln), jüd., M.D., 1934 Emigr. NL, 1940 Pal., A: NL; → Albert Ulrich Tietz; *StA:* deutsch. *Weg:* 1934 NL; 1940 Pal.

Handelshochschule Köln, anschl. Lehre im FamUnternehmen Leonhard Tietz AG, 1907 Prokurist, 1910-19 VorstMitgl., 1919-33 alleinzeichnungsber. VorstMitgl., GenDir.; 1925 Gr. Einheitspreis-Handelsgesellschaft GmbH (Ehape), ab 1927 AG, 1929 43 Filialen mit 15 000 Angest.; Mitgl. Außen- u. Einzelhandelsausschuß des *Deutschen Industrie- und Handelstags;* VorstMitgl. Jüd. Waisenhaus u. Jüd. Krankenhaus Köln, BezVors. *Keren Hayessod* Rheinl., 1929 im Initiativkomitee der *Jew. Agency.* Aufbau des Kaufhauskonzerns mit hohen Bankkrediten finanziert, 1933 nach Gleichschaltung der Banken Kündigung der Kredite, anschl. Arisierung u. Namensänderung des Unternehmens in West-Deutscher Kaufhof. 1933-34 Berater jüd. Kaufhäuser. 1934 Emigr. Niederlande. Für Kaufhausunternehmen De Bijenkorf in Amsterdam tätig (1912-40 AR-Mitgl.), bis 1937 Berater HEMA N.V. Amsterdam, 1937-40 Dir. Contex N.V. Amsterdam. 1940 nach Palästina. Ruhestand. - *Ausz.:* Dr. rer. pol. h.c. Univ. Köln.

L: 50 Jahre Leonhard Tietz. 1929. *Qu:* Hand. HGR. Pers. Publ. - RFJI.

Tietz, Georg, Warenhausunternehmer; geb. 10. Jan. 1889 Gera, gest. 1. Aug. 1953 München; jüd.; *V:* Oscar T. (geb. 1858 Birnbaum/Posen, gest. 1923 Klosters/CH), jüd., Realgymn., Geschäftsltr. Kaufhauskonzern Hermann Tietz; *M:* Betty (Rebekka), geb. Graupe (geb. 1864 Washington/D.C., gest. 1947 Forest Hills/N.Y.), jüd.; *G:* → Martin Tietz; Elise Zwillenberg (geb. 1896), Ehefrau von → Hugo Zwillenberg; ∞ 1919 Edith Grünfeld (geb. 1894 Berlin), jüd., 1936 Emigr. H, JU, FL, 1940 Kuba, 1941 USA; *K:* Hans Hermann (geb. 1920 Berlin), jüd., 1936 Emigr. H, JU, FL, 1940 Kuba, 1941 USA, 1944 MilDienst US-Armee; Rösli Margret Jasen (geb. 1924 Berlin), jüd., 1936 Emigr. H, JU, FL, 1940 Kuba, 1941 USA; *StA:* deutsch, 1939 FL, 1946 USA. *Weg:* 1936 H; JU; FL; 1940 Kuba; 1941 USA.

Handelshochschule Berlin, DiplKaufm. u. Handelslehrer; Lehre in Berliner Kaufhaus, 2 1/2 J. Ltg. eines Import-Export-Kommissionsgeschäfts in Paris, 1 1/2 J. selbst. Kaufm. in New York u. New Orleans; Prokurist u. ab 1917 Teilh. Kaufhauskonzern Hermann Tietz, 1931 17 Warenhäuser mit 14 000 Angest.; Mitgl. *Reichsausschuß des Deutschen Groß- und Überseehandels e.V.* Berlin. Expansion mit starker Verschuldung, Anfang 1933 finanzielle Schwierigkeiten als Folge von Wirtschaftskrise u. natsoz. Boykott. Sommer 1933 von NatSoz. im Interesse der Arbeitsplatzsicherung tolerierte Konsolidierung, mit Unterstützung der öffentl. Akzept- u. Garantiebank u. unter Beteiligung von Handels- u. Kreditbanken Grdg. Hertie-Kaufhaus-Beteiligungs-GmbH; 13. Aug. 1934 Ausscheiden von Georg T. aus der Geschäftsführung. 1936 Emigr. Ungarn, anschl. Jugoslawien u. Fürstentum Liechtenstein, 1940 Kuba, 1941 USA.

L: Hirsch, E./Tietz, Georg, Hermann Tietz. Geschichte einer Familie und ihrer Warenhäuser. 1965; Uhlig, H., Die Warenhäuser im 3. Reich. 1956. *Qu:* ABiogr. Hand. Pers. Publ. - RFJI.

Tietz, Margaret (Margarete), geb. Dzialoszynski, Sozialfürsorgerin; geb. 31. Aug. 1887 Berlin, gest. 26. Febr. 1972 London; jüd.; *V:* Dzialoszynski (geb. Kempen/Posen), jüd., Kaufm.; ∞ → Alfred Leonhard Tietz; *K:* → Albert Ulrich Tietz; *StA:* deutsch, 1942 Pal., 1953 USA. *Weg:* 1934 NL; 1940 Pal.; 1948 USA.

Stud. Lehrerseminar Berlin, nach 1909 Stud. Schule für Sozial- u. Gemeindeverw. Köln. Im 1. WK als *Rot-Kreuz*-Helferin u. Sprachlehrerin für Kinder tätig, bis 1933 Fürsorgetätigkeit in Köln; Vors. *Schwesternverband des Jüdischen Asyls, Verband für Mütter- und Kinderrecht, Jüdische Volksküche, Vaterländischer Frauenverein, Jüdischer Frauenbund,* Gr. Sommerlager für berufstätige Frauen, Mitgr. *Kölner Familiendienst,* gleichz. ehrenamtl. Tätigkeit in Altersheim u. Kindergarten. 1933-34 AuslReisen. 1934 Emigr. Niederlande; 1934-40 Fürsorgetätigkeit, insbes. für vom NatSoz. verfolgte Flüchtlinge, VorstMitgl. *Joodsche Vrouwenraad* u. *Joodsche Vluchtelingen Kommission* Amsterdam, Englischunterricht für Flüchtlinge. 1935 Besuch in Palästina, 1940 nach Palästina; 1941 nach dem Tod des Ehemanns bis 1947 Inh. einer Pension in Jerusalem; Mitgl. VerwRat Altersheim der *Aliyah Chadashah,* Kuratoriumsmitgl. Musikkonservatorium; in der Flüchtlingshilfe tätig. Jan. 1948 mit Sohn Albert in die USA, 1948-61 Verwalterin, 1961-71 Präs. u. 1971-72 Vors. VerwRat des Altersheims Cooperative Residence Club (später Newark House der *New Jersey Fellowship for the Aged*) in Newark/N.J.; gleichz. Stud. Gerontologie New York Univ.; Mitgl. VerwRat *Selfhelp,* A.F.J.C.E., *New York Foundation for Nursing Homes* u. Kew Gardens Nursing Home, Mitgl. *Women's Auxiliary,* LBI, Soroptimist Club New Jersey u. *Gerontological Soc.* USA. - *Ausz.:* 1975 Margaret Tietz Center for Nursing Care in Queens/N.Y.

D: RFJI. *Qu:* Arch. Pers. - RFJI.

Tietz, Martin, Warenhausunternehmer; geb. 11. Febr. 1895 München, gest. Nov. 1965 München; jüd.; *G:* → Georg Tietz; ∞ Anni Boening (geb. 1906 Berlin, gest. 1957 München); *StA:* deutsch, 1939 FL. *Weg:* 1939 FL; Kuba; Deutschland (BRD).

Handelshochschule Berlin, Ecole Supérieure du Commerce Neuchâtel/Schweiz, kaufm. Lehre in London. Im 1. WK Dir. Reichs-Kleiderlager-Gesellschaft; 1917-19 Prokurist, 1919-34 Teilh. Kaufhauskonzern Hermann Tietz; Ausschußmitgl. *Verband Deutscher Waren- und Kaufhäuser.* 1939 Emigr. Fürstentum Liechtenstein, später nach Kuba, nach 1945 Rückkehr nach Deutschland (BRD).

Qu: EGL. Hand. Pers. - RFJI.

Tille, Walter, Partei- u. Wirtschaftsfunktionär; geb. 6. Okt. 1906 Crimmitschau/Sa.; *V:* Weber. *Weg:* 1933 Emigr.; 1934 Deutschland.

Maurerlehre, Maurerpolier; 1921 SAJ u. BauarbGew., 1923 SPD. 1929-32 angebl. aus pol. Gründen Haft, 1933-34 in der Emigr. Nach Rückkehr bis 1938 Haft bzw. unter Polizeiaufsicht, anschl. Kriegsdienst, bis 1945 Gefangenschaft. 1945 KPD u. FDGB, Mitgl. SED-Stadtltg. Crimmitschau, 1946-49 StadtVO. Crimmitschau, 1947-49 Schöffe Amtsgericht u. 1949-51 Ltr. der Kreisbaubetriebe Crimmitschau, 1951-52 Dir. Bau-Union Eisenach, 1952 Mitgl. SED-Kreisltg., 1952-53 Werkltr. Bau-Union Brandenburg, 1953-58 1. Vors. ZV der *IG Bau-Holz,* 1954-63 MdVK, 1958-63 Sekr. Bundesvorst. des FDGB, 1958-63 Mitgl. ZK der SED, danach stellv. Dir. Institut für Neuerungen, Technologie und Mechanisierung beim Baumin. der DDR. - *Ausz.:* u.a. 1952 NatPreis 3. Kl.; vierfacher Aktivist, zweifacher Verdienter Aktivist, 1966 Orden Banner der Arbeit.

W: Über die Wohnverhältnisse in einigen kapitalistischen und sozialistischen Ländern. 1961. *Qu:* Hand. Z. - IfZ.

Tillich, Paul Johannes Oskar, Dr. phil., Dr. theol., Hochschullehrer; geb. 20. Aug. 1886 Starzeddel/Mark Brandenburg, gest. 22. Okt. 1965 Chicago; ev.; *V:* Johannes T. (1857-1937), ev. Pfarrer, Geh. Konsistorialrat; *M:* Mathilde, geb. Dürselen (1860-1903); *G:* Johanna Maria (1888-1920), Elisabeth Johanna (geb. 1893); ∞ I. 1914 Margarethe Wever, 1921 gesch.; II. 1924 Hannah Werner-Gottschow (geb. 1896), Kunsterzieherin; *K:* Erdmuthe Christiane (geb. 1926), René (geb. 1935); *StA:* deutsch, 1940 USA. *Weg:* 1933 USA.

Nach Gymn. in Königsberg/Neumark u. Friedrich-Wilhelm-Gymn. Berlin 1904-09 Stud. Theol. Univ. Berlin, Tübingen u. Halle; 1909 1. theol. Examen u. 1910 Prom. zum Dr. phil. in Breslau, Vikariat in Nauen bei Berlin, Jan. 1912 Lic. theol. u. Juli 1912 2. theol. Examen, Ordination zum Pastor der Evangelischen Kirche der Altpreußischen Union, 1912-14 Hilfsprediger (Pfarrverweser) Berlin-Moabit; 1914-18 Feldgeistlicher an der Westfront (EK I); 1919 Habil. u. Privatdoz. der Theol. Univ. Berlin, 1924 Berufung als ao. Prof. nach Marburg, ab 1925 o. Prof. für Religionswissenschaften u. Sozialphil. an TH Dresden, 1927-29 außerdem HonProf. für Systematische Theol. Univ. Leipzig, ab 1929 als Nachf. Max Schelers Prof. für Phil. Univ. Frankfurt/M. – Nach Rückkehr aus dem 1. WK in Berlin Gr. des sog. Tillich-Kreises innerh. der religiös-sozialist. Bewegung in Deutschland, dem u.a. Carl Mennicke, Eduard Heimann, Arnold Wolfers u. Adolf Löwe angehörten; in diesem Kreis mit dem publizist. Forum *Blätter für religiösen Sozialismus* (1920-27) Bemühungen um theoret. Aufarbeitung des Problems „religiöser Sozialismus", u.a. mit dem Ziel einer neuen ev. Soziallehre u. ihrer theol. Begründung „in einer sich wandelnden Welt"; die für sein Engagement in der religiös-sozialist. Bewegung entscheidenden u. von ihm entsprechend entwickelten u. interpretierten theolog. Begriffe *kairos* u. *agape* haben ihren Hintergrund in der histor. Erfahrung des Weltkriegs, der den Niedergang des bislang kulturell dominanten Bürgertums einleitete u. das traditionelle Christentum mit den diesseitigen Erlösungshoffnungen der neuen revolutionären Bewegungen konfrontierte. In diesem Zusammenhang galt T.s Absage sowohl dem philos. Idealismus wie auch dem theologischen Transzendentalismus; *kairos* als seine theol. Deutung des Zeitgeschehens bedeutet „die ‚erfüllte Zeit' nach dem neutestamentlichen Gebrauch des Wortes u. beschreibt den Augenblick, in welchem das Ewige in das Zeitliche einbricht und das Zeitliche bereit ist, es zu empfangen. Was in dem einzigartigen *kairos* geschah, die Erscheinung Jesu als des Christus, das heißt als der Mitte der Geschichte, kann in einer abgeleiteten Form immer wieder im Zeitprozeß geschehen... Das protestantische Prinzip fordert eine Methode der Geschichtsdeutung, in welcher die kritische Transzendenz des Göttlichen gegenüber Konservativismus und Utopismus starken Ausdruck findet, und in dem zugleich die schöpferische Allgegenwart des Göttlichen im Laufe der Geschichte konkret aufgezeigt wird" (Tillich). T. erstrebte eine Kirche, die mit dem sich wandelnden Zeitalter Schritt hält u. auch die Ergebnisse der modernen Psychologie u. Soziologie berücksichtigt. – Eine konkrete pol. Öffnung erfolgte seit Frühj. 1926 mit Versuchen vor allem August Rathmanns, nach dem Scheitern der *Jungsozialisten* Hofgeismarer Richtung den Tillich-Kreis in die jungsozialistische Bewegung miteinzubeziehen. Auf der Pfingsten 1928 von ehem. Hofgeismarern nach Heppenheim einberufenen Tagung spielten dann T., Heimann u. Mennicke bereits eine maßgebl. Rolle; die Initiative zu einer neuen gemeinsamen Zs. ging vom Tillich-Kreis, den ehem. Hofgeismarern u. Hendrik de Man aus, in Zusammenhang mit diesen Bemühungen, die von → Wilhelm Sollmann unterstützt wurden, stand auch die parallele Initiative von Hermann Heller. T. wurde Mithg. der ab Jahreswende 1929/30 erscheinenden Zs. *Neue Blätter für den Sozialismus*, die Red. übernahm Rathmann; die sozdem. orientierte Zs., zuerst ein Diskussionsforum für allgemeinere Fragen der geistigen Orientierung, sozialer Probleme u. des Zusammenhangs von Bildung u. Politik, begann sich mit Einsetzen der Brüningschen Notverordnungspol. (→ Heinrich Brüning) zunehmend zu politisieren; Okt. 1931 folgte ein Wechsel in der red. Ltg., August Rathmann wurde Mithg., Mitgl. des Beirats der Zs. wurden Theodor Haubach, Carlo Mierendorff, → Walter Pahl u. Erich Winkler; zunehmende organisatorische Verfestigung des Kreises um die *Neuen Blätter* zu einer innerparteilichen Opposition gegen pol. Immobilismus u. „Verbürgerlichung" der SPD, zugleich jedoch Frontstellung gegen linksoppos. Kräfte wie *Klassenkampf*-Gruppe (→ Fritz Bieligk): im Gegensatz zur Parteilinken u. ihrer Forderung nach mehr innerparteilicher Demokratie Bestrebungen, Kader zu bilden u. auf den Widerstand gegen eine natsoz. Machtübernahme vorzubereiten; Offenhalten von Kontaktmöglichkeiten zur natsoz. Linken (→ Otto Straßer). T. selbst, der 1929 Mitgl. der SPD geworden war u. wesentl. Anteil an den Bemühungen der *Neuen Blätter* um ein Progr. des „neuen Sozialismus" hatte, wandte sich im Verlauf der letzten Jahre vor seiner Emigr. zunehmend anthropologischen Fragestellungen zu, was in der Lit. als Resignation T.s vor der gesellschaftl. Entwicklung u. dem letztendlichen Scheitern der religiös-sozialist. Bewegung interpretiert wird; die Entwicklung ist erkennbar in der 1932 erschienenen Schrift *Die sozialistische Entscheidung*, in der die Anthropologie zur Grundlage des Sozialismus wie des pol. Denkens überhaupt gemacht wird. Nach der natsoz. Machtübernahme als einer der ersten politisch nicht genehmen Hochschullehrer Apr. 1933 vom Dienst suspendiert, Dez. 1933 endgültige Entlassung. Zwischenzeitlich Berufung durch Reinhold Niebuhr an das Union Theological Seminary in New York, Nov. 1933 mit Fam. Emigr. in die USA. Bis 1945 Prof. für Theol. u. Philos. am Union Theological Seminary: bis 1934 Gastdoz., bis 1937 Gastprof. für Religionsphil. u. systematische Theol., daneben bis 1934 Gastdoz. für Philos. an der Columbia Univ.; 1937-40 ao. Prof. u. 1940-55 o. Prof. für philos. Theol. am Union Theological Seminary; 1955-62 Prof. Harvard Univ.; nach Emeritierung in Harvard 1962-65 John Nuveen-Professorship Divinity School der Univ. Chicago; nach 1935 zahlr. Gastdozenturen in den USA, in GB, Deutschland u. Japan. Im amerikan. Exil definitive Abkehr vom Programm des religiösen Sozialismus u. von der politisch-revol. Bedeutung des *kairos*-Konzeptes; die bereits vor 1933 erkennbare Entwicklung hin zu anthropologischen u. ontologischen Aussagen sowie die Verwandtschaft zur Existenzphilosophie werden deutlicher; T. sieht in der neueren Geschichte nunmehr einen säkularen Verfallsprozeß, eine „Disintegration der bewußtseinszentrierten Persönlichkeit". Andererseits stand T.s „philosophischer Verzweiflung" an der pol. Entwicklung in Europa u. im natsoz. Deutschland ein erstaunlicher Optimismus in bezug auf die Exilpolitik entgegen: Seine Sinngebung der Emigration ist die einer Wanderschaft, es gebe nicht bloß eine zufällige, sondern eine wesentliche Verwandtschaft zwischen Geist und Wanderschaft (mind and migration), die geistige Schöpferkraft des Menschen und seine Kraft zur Wanderung gehörten zusammen (*Social Research*, 4/1937); von dieser Grundanschauung her die Formulierung der „Grenzsituation" als einer Möglichkeit der Emigration, „den Gesamtzustand der Gesellschaft deutlicher zu sehen und von dieser Grenze her auf die Gesamtsituation einzuwirken, ohne sich der besonderen Aufgabe des Aufnahmelandes ausschließlich verpflichtet zu fühlen." Diese auf eine Sammlung des dt. Exils abzielenden Reflexionen wurden in einem Emigrantenkreis verbreitet, der zur *University in Exile* (New School for Social Research) wie auch zum Kreis um Max Horkheimer gehörte; damit profilierte sich T. innerhalb der gruppenmäßig noch schwach zusammenhängenden USA-Emigration als führende Persönlichkeit. 1936 Mitgr. u. 1. Vors. der Hilfsorg. *Selfhelp*, März 1942 erster Präs. der 1939 in New York durch den *German-Jewish Club* gegr. *Immigrants' Conference;* ab 1942 Rundfunkansprachen nach Deutschland über *Voice of America*. Frühj. 1944 lud T. eine Reihe von Persönlichkeiten u. Vertr. von Exilorg. ein, um die Möglichkeiten für ein repräsentatives Gremium der dt. Emigr. in den USA zu erörtern. März 1944 in ZusArb. mit Reinhold Niebuhr Konstituierung des *Council for a Democratic Germany* (CDG) als Ansatz zu einer dt. Gesamtvertretung, wozu vermutl. die Bildung des NKFD in der UdSSR (→ Walter Ulbricht) beigetragen hatte. T. wurde Präs. des Organizing Committee mit → Siegfried Aufhäuser, → Horst W. Baerensprung, Friedrich Baerwald, → Felix Boenheim, Bertolt Brecht, Hermann Budzislawski, → Friedrich Forell, → Kurt Glaser, → Albert Grzesinski, Paul Hagen (→ Karl Frank), → Paul Hertz, → Hans Hirschfeld, Joseph Kaskel, Julius Lips, Alfons Nehring, Otto Pfeiffenberger, → Albert Schreiner u. → Jacob Walcher; zu den Unterzeichnern der Grdg.-Erklärung gehörten neben zahlr. Vertr. des dt. Kultur- u. Geisteslebens wie Heinrich Mann u.a. → Georg Dietrich, → Hermann Duncker, → Kate Frankenthal, → Ludwig Hacke, → Marie Juchacz, → Robert Keller, → Emil Kirschmann, → Siegfried Marck, → Albert Norden, → Karl Otto Paetel, → Fritz Sternberg u. → Herbert Weichmann; gefördert wurde das CDG durch die 1939 gegr. Org. *American Friends of German Freedom* (ab Sept.

1944: *Am. Assn. for a Democratic Germany*), die bislang vornehmlich die Gruppe *Neu Beginnen* (→ Karl Frank) in den USA unterstützt hatte u. der unter Vors. von Reinhold Niebuhr eine Anzahl liberaler Intellektueller wie Jay Schieffelin u. Dorothy Thompson angehörten. Das CDG arbeitete in mehreren Ausschüssen an Entwürfen für alle gesellschaftl. Hauptbereiche eines künftigen Deutschlands: Ein Wirtschafts-Ausschuß bestand unter Federführung von Siegfried Aufhäuser, der auch ein Studienkomitee für GewFragen leitete; in dem Bereich Erziehung u. Wissenschaft arbeiteten u.a. Julius Lips, Friedrich Baerwald, Kurt Glaser u. Friedrich Forell; das Programm des Fürsorge-Ausschusses (Reorg. des dt. Gesundheitswesens) wurde ausgearbeitet von F. Boenheim, K. Frankenthal u. K. Glaser; ein Kunst-Ausschuß bestand unter Ltg. von Berthold Viertel, der mit Erwin Piscator u. Elisabeth Hauptmann Pläne für die Reorg. des deutschen Theaters entwarf; es arbeiteten weiterhin ein Rechts- u. Verwaltungsausschuß sowie ein Ausschuß für den demokrat. Wiederaufbau der dt. Presse; einige Ausschußprogramme, wie *The Reconstruction of the Trade Union Movement in Germany* (namentl. gemeinsam vorgelegt von Friedrich Baerwald/*Zentrum*, Paul Hagen/*Neu Beginnen*, Albert Schreiner/KPD u. Jacob Walcher/SPD), wurden veröffentlicht, ebenso ein *Bulletin of the Council for the Democratic Germany*; das Grundprogramm des CDG wandte sich gegen eine pol. u. wirtschaftl. Zerstückelung Deutschlands nach dem Kriege u. forderte eine Erziehung des dt. Volkes zu Demokratie in ZusHang mit seinem „geschichtlichen Erleben", u. zwar durch Deutsche selbst, wobei sich das CDG explizit gegen eine „Erziehung durch Ausländer" wandte; aufgrund dieses Deutschlandprogramms u. der Beteiligung von linksoppos. Gruppen u. KPD-Vertretern Angriffe auf das CDG in der amerikan. Öffentlichkeit, seitens des *Aufbau* u. der *American Federation of Jews*, der GLD u. der *Neuen Volks-Zeitung* (→ Friedrich Stampfer, → Rudolf Katz) sowie der scharf antikommunist. Gruppe um → Ruth Fischer u. ihre Zs. *The Network*. Neben diesen äußeren Widerständen trugen vor allem das Kooptationsprinzip u. der Zwang zur einstimmigen Beschlußfassung zum Scheitern des CDG bei; nachdem die zustimmende Haltung der KPD-Mitgl. zu den Beschlüssen von Jalta u. Potsdam durch die *Council*-Mehrheit nicht überstimmbar war, schieden Paul Hagen, Paul Hertz u. mit ihnen die meisten nicht-kommunist. CDG-Mitgl. am 18. Okt. 1945 aus dem *Council* aus, das durch Kriegsende u. die pol. Entwicklung in seiner Hauptfunktion an sich schon überholt war; damit endete dieser letzte Versuch zur Verwirklichung der Einheit des dt. pol. Exils; obwohl nie offiz. aufgelöst, trat das CDG nicht mehr zusammen. - T. gehörte mit Karl Barth, Rudolf Bultmann u. Dietrich Bonhoeffer zu den bedeutendsten ev. Theologen der Emigration u. übte seit 1933 wachsenden Einfluß auf die Religionsphilosophie in den USA aus. 1937 Teiln. Weltkonferenz der Ökumenischen Bewegung; nach 1948 längere Vortragsreisen u. Gastvorlesungen in Europa, mit seiner über die neuorthodoxe sog. dialektische Theologie hinausgehenden „Methode der Korrelation" von nachhaltigem Einfluß u.a. auf Reinhold Niebuhr u. die jüngere Theologen-Generation. Kurz vor seinem Tod Berufung an die New School for Social Research. - Mitgl. *Am. Philosophical Assn., Am. Theological Assn., Am. Acad. of Arts and Sciences, Philosophy Club, Acad. of Religion and Mental Health.* - *Ausz.:* Dr. h.c.: 1926 Univ. Halle, 1940 Yale, 1951 Glasgow, 1953 Princeton, 1954 Harvard, 1955 Chicago, Clark Univ., Colby College, New School for Social Research u. Brandeis Univ., 1956 FU Berlin u. Franklin and Marshall College, 1957 Weslyan Univ., 1960 Huron College u. Bucknell College; 1956 Gr. BVK, Goethe-Plakette Frankfurt/M., 1958 Hanseatischer Goethe-Preis Hamburg, 1961 Gr. BVK mit Stern, 1962 Friedenspreis des Deutschen Buchhandels.

W: u.a. Der Sozialismus als Kirchenfrage (mit R. Wegener). 1919; Die religiöse Lage der Gegenwart. 1926 (engl. Übers. durch R. Niebuhr 1932); Kairos (Hg.), 2 Bde. 1926-29; Religiöse Verwirklichung. 1929; Protestantisches Prinzip und proletarische Situation. 1931; Die sozialistische Entscheidung. 1932 (Neuaufl. 1948); The Interpretation of History. New York (Scribner) 1936; War Aims. The Real Meaning of this War. New York (The Protestant Digest) o.J.; The Protestant Era. Chicago (Univ. Press) 1948; The Shaking of Foundations (Predig-ten). New York (Scribner) 1948; Systematische Theologie I. 1956 (1964 3. Aufl.), II. 1958 (1964 3. Aufl.); An meine deutschen Freunde. Die politischen Reden während des Zweiten Weltkrieges über die Stimme Amerikas (Hg. Karin Schäfer-Kretzler). 1973; vollständ. Bibliogr. in: Gesammelte Werke (Hg. Renate Albrecht), Bd. 1-14. 1959-1975; 3 Ergänzungs- u. Nachlaßbände (Hg. Ingeborg Henel). 1971-1973. *L:* Grossmann, Kurt R./Jacob, Hans, The German Exiles and the „German Problem". In: Journal of Central European Affairs, 4/1944-1945, S. 165 ff.; Paetel, Karl Otto, Zum Problem einer deutschen Exilregierung. In: VHZ, 4/1956; In memoriam Paul Tillich, 1886-1965. 1965; Werk und Wirken Paul Tillichs. 1967; Bürkle, Horst, Über Paul Tillich. In: Reinisch, Leonhard (Hg.), Theologen unserer Zeit. 1968; MGD; Radkau, Emigration); Breipohl, Renate, Religiöser Sozialismus und bürgerliches Geschichtsbewußtsein zur Zeit der Weimarer Republik. 1971; Ulrich, Thomas, Ontologie, Theologie, gesellschaftliche Praxis. Studien zum religiösen Sozialismus Paul Tillichs und Carl Mennickes. 1971; Rathmann, August, Tillich als religiöser Sozialist. In: Tillich, Paul, Gesammelte Werke, op.cit., Bd. 13, S. 564 ff.; Tillich, Hannah, From Time to Time (Erinn.). New York 1973; Martiny, Martin, Die Entstehung und politische Bedeutung der „Neuen Blätter für den Sozialismus" und ihres Freundeskreises. In: VHZ, 25/1977; Pauck, Wilhelm u. Marion, Paul Tillich. Sein Leben und Denken. Bd. 1: Leben. 1978. *Qu:* Arch. Biogr. Hand. Publ. Z. - IfZ.

Tinnes, Anton, Dr., Geologe, Kommunalpolitiker; geb. 2. Aug. 1899 Reisweiler/Saargeb. *Weg:* 1933 Saargeb.; 1935 F; GB; B; 1940 (?) Deutschland.

Markscheider u. Geologe in den Bergbaugebieten Westfalens, Hannovers u. Thüringens. Nach der natsoz. Machtübernahme zurück an die Saar, Geschäftsf. des *Volksbunds für christlich-soziale Gemeinschaft* → Johannes Hoffmanns; nach der Saarabstimmung Jan. 1935 Emigr. nach Frankr., später nach Großbritannien u. von dort nach Belgien; 1940 nach dt. Besetzung festgenommen u. vorüberg. in Haft; zurück nach Deutschland, 1942-46 Markscheider bei den Röchling'schen Eisen- u. Stahlwerken in Völklingen/Saar, dann Vermessungsdir. der Stadt Saarbrücken; Mitgl. CVP, Herbst 1946-1949 Bürgerm. von Völklingen. Lebte 1978 in Saarbrücken.

L: Buchleitner, Hanspeter, Völklingen. Vom Königshof zur Hüttenstadt. 1950; Herrmann, Hans-Walter, Beiträge zur Geschichte der saarländischen Emigration 1935-1939. In: Jahrbuch für westdeutsche Landesgeschichte, 4/1978. *Qu:* Publ. Z. - IfZ.

Tittel, Hans, Parteifunktionär, Journalist; geb. 1. Sept. 1894 Dresden; *V:* Zimmermann; *M:* Fabrikarb.; *G:* 7; *StA:* deutsch, 23. Aug. 1938 Ausbürg., deutsch. *Weg:* 1933 CSR; 1938 F; 1941 USA.

Steindrucker. Ab 1909 *Verband der Lithographen und Steindrucker Deutschlands* u. Mitgl. Sozialistische Jugend Dresden, 1912 Mitgl. SPD; 1914 wegen Antikriegspropaganda u. Unterstützung der internat. sozialistischen Jugendbewegung in der Schweiz (→ Willi Münzenberg) mit → Clara Zetkin, → Georg Dietrich u. Fritz Westmeyer inhaftiert, 8 Mon. Gef. in Ulm u. Karlsruhe, nach Haftentlassung Kriegsdienst; nach dem milit. Zusammenbruch Mitgl. *Soldatenrat* in Flandern, später *Arbeiter- und Soldatenrat* Ulm; Verb. zu *Bremer Linksradikalen*, über *Spartakus* zur KPD (Deleg. *Spartakusbund* Württ. zum Grdg.-PT Dez. 1918/Jan. 1919 Berlin); 1919-22 PolLtr. KPD-Bez. Württ., ab 1922 Bez. Thür.; 1920-21 Mitgl. ZA, auf 8. PT 1923 Wahl in die Revisionskommission; während der Reichswehrbesetzung Thüringens Herbst 1923 bis Frühj. 1924 in milit. Schutzhaft, dann als LT-Kand. freigelassen; als Anhänger der rechten Parteiopposition Ende 1924 durch linke Fischer-Maslow-Führung (→ Ruth Fischer, → Arkadij Maslow) seiner pol. Funktionen enthoben, danach Ltr. der Presseabt. der *Roten Hilfe* in Berlin, 1926 des Pressebüros der KPD; Ende 1926 auf Beschluß des thür. BezPT Wiedereinsetzung als PolLtr., einer der Wortführer der KPD-Rechtsopposition in Thür., 1928 Deleg. zum 6. Weltkongreß der *Komintern*;

1927-30 MdL; Dez. 1928 Parteiausschluß zus. mit → Heinrich Brandler, → August Thalheimer u. anderen führenden Rechten; Mitgr. KPDO, Mitgl. Reichsltg. u. BezLtg. Thüringen, mit → Paul Böttcher Red. thür. Ausgabe der *Arbeiterpolitik (Arbeiterpresse)*, Mitarb. Zs. *Gegen den Strom*. Nach natsoz. Machtübernahme zunächst PolLtr. illeg. KPDO-Inlandsltg. bzw. Berliner Komitee (mit → Fritz Wiest u. Robert Siewert, Nachf. T.s wurde → Erich Hausen). Anfang Aug. 1933 Emigr. in die CSR; in Asch/Nordböhmen VerbMann des KPDO-Auslandskomitees (Brandler, Thalheimer, → Leo) zu KPDO-Gruppen in der CSR sowie zu illeg. Gruppen in Deutschland, Hg. u. Red. *Arbeiterpolitik;* Mai 1938 bei Beginn der Sudetenkrise nach Prag, von dort Emigr. nach Frankr.; in Paris zeitw. als Deleg. der Inlandsltg. Mitgl. KPDO-Auslandskomitee, Frühj. 1939 nach pol. Differenzen Trennung von KPDO; bei Kriegsausbruch Festnahme u. Internierung, zunächst in Paris, später Lager Le Vernet; nach Erhalt eines Notvisums durch Vermittlung des *International Rescue and Relief Committee* illeg. Ausreise, auf dem Mittelmeer Aufbringen des Fluchtschiffes durch Vichy-Marine u. neuerliche Einlieferung nach Le Vernet; vor legaler Ausreise in die USA im Lager Les Milles, während der Überfahrt vorüberg. Internierung auf Martinique, ab 1941 in den USA; Arbeit als Offsetdrucker; nach Pensionierung Ende 1961 Rückkehr nach Deutschland, Mitgl. SPD. Lebte 1970 in Nürnberg.

L: Tjaden, KPDO; Weber, Wandlung. *Qu:* Arch. Fb. Pers. Publ. - IfZ.

Toch, Josef, Schriftsteller; geb. 10. März 1908 Wien; jüd.; *V:* Albert T., jüd., Kaufm., im Dritten Reich umgek.; *M:* Pauline, jüd.; *G:* Oskar (1898-1950 ?), Bankbeamter, Emigr. USA; Erna (geb. 1899), Angest., 1938 Emigr. GB, 1947 Österr.; ∞ I. Margarete Baumgarten, 1942 nach Attentat auf Reinhart Heydrich als Geisel erschossen; II. Ruth Wengraf, gesch., A: GB; III. Justine Myttein, A: Wien; *K:* Michael (geb. 1945), Lehrer, 1964 nach IL; Martin (geb. 1948), Staatsbeamter, 1960 nach GB; *StA:* österr. *Weg:* 1936 F, E; 1938 F; 1940 GB; 1946 Österr.

Höhere Schule in Wien, Mitgl. *Blau-Weiß;* Lehranstalt für Textilindustrie Wien, kaufm. Angest., 1928-29 landwirtschaftl. Lehrfarm in Komárov/Mähren, 1929-32 in einem Kibbuz in Palästina. Anschl. Rückkehr nach Wien, Mitgl. KPÖ, Journ.; ab 1933 illeg. KPÖ-Funktionär. 1936 nach Paris, Mitarb. *Deutsche Freiheits-Bibliothek* (Bibliothek der verbrannten Bücher), zeitw. Hg. *Nouvelles d'Autriche*. Anschl. Teiln. Span. Bürgerkrieg in Internat. Brigaden, zuletzt Offz.; 1938 nach Frankr., nach Kriegsausbruch Internierung, zeitw. Prestataire, 1940 nach GB. 1940-41 Internierung, u.a. Isle of Man, Dramaturg u. Autor des von den Internierten auf der Isle of Man aufgebauten Theaters; 1941-44 Arbeiter in Landwirtsch. u. Industrie, vermutl. Mitgl. der Parteigruppe der KPÖ in GB; Mitgl. *Association of Austrian Interbrigaders* unter → Alfred Ruzicka, 1942-46 Mitarb. *Zeitspiegel,* Vortragstätigkeit für brit. Genossenschaften u. Gew.; 1944-46 nach Besuch der London School of Printing Red. der Kunstbücher-Reihe *Gallery Books* London, 1944 Mitarb. bei *Anglo-Yugoslav Emergency Committee.* 1946 Rückkehr nach Wien, Autor u. Dramaturg beim ORF sowie beim Neuen Theater in der Skala, Red. *Der Abend* (→ Bruno Frei), Mitarb. *Volksstimme*. Bis 1957 KPÖ-Mitgl., ab 1959 Mitgl. SPÖ u. *Bund Sozialistischer Akademiker,* Mitarb. u.a. *Der Sozialistische Akademiker, Die Zukunft, Arbeit und Wirtschaft*, Lektor Europa-Verlag Wien, zeitw. Archivltr. *Tagblatt*. Ab 1973 regelmäßige Aufenthalte in Israel. Mitarb. Institut für Zeitgeschichte Wien, Mitgl. *Verband rassisch Verfolgter* u. *Bund sozialistischer Freiheitskämpfer und Opfer des Faschismus,* Mitgl. *Österreichischer PEN-Club* u. *Verband österreichischer Schriftsteller*. Lebte 1975 in Israel u. Wien. - *Ausz.:* u.a. 1960 Theodor-Körner-Preis.

W: u.a. Spanischer Reigen. 1948; Vergesellschaftung - von Arbeitern gesehen und erlebt. 1962; Vergesellschaftung in Österreich. Von den Anfängen bis heute. 1962; zahlr. Hör- u. Schauspiele, Rundfunksendungen, Erz. in Zs. *Qu:* Arch. Fb. - IfZ.

Tomaschek (nach 1945 Tomášek), **Alois,** Partei- u. Gewerkschaftsfunktionär; ∞ Marga, Jugendfunktionärin der KSČ, 1939 Emigr. GB, 1943 Mitgl. *Sudetendeutscher Ausschuß - Vertretung der demokratischen Deutschen aus der CSR,* 1945 Rückkehr in die CSR, Parteiaktivistin in Nordböhmen; *StA:* österr., 1919 CSR. *Weg:* 1939 GB; 1945 CSR.

1926 KSČ, in den 30er Jahren zeitw. neben → Franz Weber Parteisekr. der Kreisltg. Reichenberg. 1939-45 Emigr. in GB. Nach Kriegsende Sekr. des KSČ-Kreisausschusses Reichenberg u. später Vors. *Krajský svaz spotřebních družstev* [Kreisverband der Konsumgenossenschaften] ebd., ab Anfang 1960 Mitgl. Krajský národní výbor [Kreisnationalausschuß] Aussig.

Qu: Arch. Publ. Z. - IfZ.

Torczyner, Joshua, Kaufmann, Verbandsfunktionär; geb. 29. Sept. 1900; jüd.; *V:* Eisig T. (geb. 1860 Brody/Galizien, gest. 1933 Wien), jüd., Perlengroßhändler, Zion.; *M:* Sarah, geb. Wolfgang (geb. Krakau, gest. IL), jüd., 1940 Emigr. B, 1940 (?) USA, dann IL; *G:* Sarah Hirschmann (geb. 1903 [?] Wien), Emigr. Pal.; Moses (geb. 1904 Wien, gest. 1977 New York), Gymn., 1938 KL, Emigr. B, 1941 USA, 1946-77 Präs. der Diamantengroßhandelsfirma M. Torczyner & Co., Vizepräs. u. VorstMitgl. der ZOA, aktiv u.a. in UJA, J.N.F., *Histadrut Ivrit;* Esther (Etta) Barouh (geb. 1916 Wien), Gymn., Emigr. B, Kolumbien u. USA; ∞ 1940 Juana Spitzer (geb. 1917 Wien), jüd., Gymn., Stud. Ballett u. Modezeichnen, Ballettlehrerin in Wien, 1939 Emigr. CH, 1940 B, 1941 Kuba, dann USA, Diamantenschleiferin in New York, später Sekr. in San Francisco; *K:* Jerome Dan (geb. 1948); Judith Arlene (geb. 1958); *StA:* österr., 1948 USA. *Weg:* 1939 CH; 1940 B; 1941 Kuba, USA.

1925-29 Stud. Handelsakad. Wien; Mitgl. zion. Fußballverein *Hakoah* u. der Fußballmannschaft von *Makkabi* Wien; 1929-39 Großhändler für Halbedelsteine, daneben 1929-38 Mitarb. Wiener Ztgen. 1931-34 Tennislehrer, Gr. u. Präs. *Jüdische Klubs der Jungen* Wien; 1929-38 aktiv in *Makkabi,* 1938-39 Vorst. für Österr. u. Ltr. der illeg. Auswanderungsorg. des *Makkabi;* 1938-39 Verhandlungen mit Gestapo u. Adolf Eichmann über Erleichterung der jüd. Auswanderung nach Palästina, 1939 Vertr. Wiener Kultusgde. beim Zion.-Kongreß in Genf; Aug. 1939 Flucht über Ungarn in die Schweiz, erhielt bolivian. Reisepaß; 1939-40 Dir. *World Maccabi Aid Committee* für Auswanderer Genf, Deleg. bei *Maccabi World Union,* Frühjahr 1940 mit Ehefrau nach Belgien; 1940-41 Verb. zur Widerstandsbewegung, Ltr. illeg. jüd. Jugendgruppen, Tätigkeit für *Maccabi.* 1941 mit Ehefrau nach Kuba, Angest. in Export-Import-Firma, 1941 Mitgr. *Jüdisches Flüchtlingskomitee* in Havanna. Dez. 1941 in die USA, 1941-43 Partner in der Export-Import-Firma Good Neighborhood Co. New York, Vertr. für Diamantengroßhandelsfirma des Bruders u. für Wolfgang & Co.; 1942-43 Vizepräs. *Hakoah Athletic Club* New York u. *US Maccabi Assn.;* 1944-48 Verkäufer für Wolfgang & Co. San Francisco, ab 1948 Inh. der Pacific Diamond Co., Hg. u. Red. der Zs. *Pacific Diamond Lore*. 1945 Gr., 1946-51 u. 1962-69 Präs., schließl. Ehrenpräs. von *Hakoah* San Francisco; 1948-50 Präs. des ZOA-Bez. Nordau, 1950-51 Präs. Bez. Peninsula Nordau, 1951-52 Präs. des Bez. San Francisco u. Vizepräs. Western States Region der ZOA; 1950-51 Präs. nordkalifornischer Fußballverb., 1954-55 Vizepräs. J.N.F. San Francisco, 1956-72 Präs. Louis D. Brandeis House, 1966-71 Präs. der nordkalif. *Am. Zion. Fed.,* 1969-70 *Am. Zion. Council,* ab 1967 *Bay Area Zion. Council,* Mitgl. *US Committee for Sports in Israel, Am. Jew. Congress.* Lebte 1978 in Burlingame/Calif.

W: I Called Eichmann Murderer! 1961 (dt. Übers. 1975). *Qu:* Fb. Hand. Pers. Publ. - RFJI.

Torhorst, Adelheid, Dr., Schulpolitikerin; geb. 16. Aug. 1884 Ledde/Westf., gest. 11. Dez. 1968 Lehnitz b. Oranienburg/DDR; ev., Diss.; *V:* Arnold T., Pastor; *M:* Marie, geb. Smend; *G:* Friedrich (geb. 1874); Arnold (gest. 1956), Superintendent; Johannes (geb. 1880); Marie (geb. 1888), Dr. phil. u. Prof.,

Lehrerin, Mitgl. KPD/SED, nach 1945 Min. für Volksbildung in Thür., später AbtLtr. im Min. für Volksbildung der DDR; ∞ Scheinheirat mit belg. Parteigenossen; *StA:* deutsch, B (?), deutsch. *Weg:* NL; Deutschland (SBZ).

Stud. Naturwiss., 1919 USPD, später SPD; Oberschulrätin für das Fach- u. Berufsschulwesen beim ProvSchulkollegium Düsseldorf (?), Verfechterin der sog. weltlichen Schule; aktiv im *Bund der freien Schulgesellschaften Deutschlands.* 1931 zur KPD, hauptamtl. Funktionärin, ZK-Mitarb. in schulpol. Fragen. Nach natsoz. Machtübernahme verfolgt, Flucht nach Amsterdam, Mitarb. in der pol. Schulung u. in kommunist. Hilfskomitees, Nachrichtenvermittlung aus Deutschland in Verb. mit ihrer Schwester Marie. Nach Kriegsende in die SBZ, Mitgl. SED, beratende Rolle beim Aufbau des dortigen Schulsystems.

Qu: Arch. Pers. Publ. - IfZ.

Tramer, Hans, Dr. phil., Rabbiner, Verbandsfunktionär, Publizist; geb. 17. Sept. 1905 Bunzlau/Schlesien, gest. 6. Jan. 1979 Tel Aviv; *G:* → Moshe Tamari; ∞ Antonie Schattner; *StA:* deutsch, Pal./IL. *Weg:* 1933 Pal.

Prom. Breslau, 1928-32 Stud. Jüd.-Theol. Seminar Breslau, 1932 Rabbinerexamen, 1932-33 Prediger Liberale Syn. Berlin; 1933 Emigr. Palästina, 1941-48 Sekr. bei I.O.M.E. u. *Aliyah Chadaschah* Jerusalem, ab 1948 GenSekr. bei I.O.M.E. in Tel Aviv u. Red. der Wochenzs. *Mitteilungsblatt;* ab 1957 Vorst-Mitgl. LBI u. Red. *Bulletin* LBI, Mitgl. Beratungsausschuß URO. Wesentl. Rolle in den Org. der jüd. Flüchtlinge aus Deutschland in Israel u. im Ausland.

W: Die Karäer. 1938; Michal, Liebe und Leid einer Königin. 1940; Robert Weltsch zum 70. Geburtstag von seinen Freunden, 20. Juni 1961 (Mithg.). 1961; In Zwei Welten, Siegfried Moses zum fünfundsiebzigsten Geburtstag (Hg.). 1962; Kurt Blumenfeld, Erlebte Judenfrage. Ein Vierteljahrhundert deutscher Zionismus (Hg.). 1962; Welt und Wirkung. Zur 50. Wiederkehr des freideutschen Jugendtages auf dem Hohen Meissner. 1963; Ein tragisches Fehlurteil. Nach dem Eichmann-Prozeß. Zu einer Kontroverse über die Haltung der Juden. 1963; Kurt Wilhelm (1900-1963). 1970; zahlr. Beiträge u.a. in *Bulletin* LBI. *L:* Stern, Werke; Kisch, Breslauer Seminar. *Qu:* Hand. Pers. Publ. - RFJI.

Trautzsch, Walter Ehregott, Parteifunktionär; geb. 16. März 1903 Lengefeld b. Chemnitz, gest. 1971 Leipzig (?); *StA:* deutsch, 19. Nov. 1937 Ausbürg., deutsch. *Weg:* 1935 CSR; 1936 F; 1941 CH; 1945 Deutschland (SBZ).

Metalldrücker; 1923 KPD, Teiln. am Hamburger Aufstand. Nach natsoz. Machtübernahme illeg. Tätigkeit im KPD-Bez. Erzgeb./Vogtland, insbes. im Rahmen der DAF, März 1933 Verhaftung, insges. 1 1/2 J. Haft. Sept. 1935 i.A. der KPD über die CSR in die UdSSR, Teiln. an sog. Brüsseler Konferenz der KPD. Deckn. Wittig. Danach in die CSR, Tätigkeit im Kurierapp. der KPD, Frühj. 1936 2 Mon. Gef. in Brüx/CSR wegen illeg. Grenzübertritts, Aug. 1936-Ende 1939 Nachf. von Herbert (Deckn.) als VerbMann des ZK-Sekretariats der KPD zur Fam. Ernst Thälmann, unter Deckn. Edwin in 4-6wöchigen Abständen von Prag u. ab Herbst 1936 von Paris aus über 20 illeg. Reisen nach Berlin u. Hamburg, unter Wahrung strengster Konspiration in direktem Kontakt zu → Franz Dahlem, → Hermann Nuding u. → Walter Ulbricht; nach Kriegsausbruch Verhaftung, Internierung u.a. in Argelès u. Albi, Flucht nach Toulouse u. Mai 1941 in die Schweiz, zunächst illeg. in Genf, dann unter Deckn. Kurt Schneider Internierung in Churwalden, bis zur Entlassung aus dem Lager Ltr. KPD-Gruppe u. BFD für den Kanton Graubünden, 1945 PräsMitgl. der Landesltg. der BFD in der Schweiz. - Weitere Deckn.: Müller, Erich Schubert. - Anfang 1945 in die SBZ, Partei- u. Staatsfunktionär, zuletzt Parteiveteran in Leipzig. - *Ausz.:* u.a. 1964 VVO (Silber).

W: Berichte des Thälmann-Kuriers Walter Trautzsch (Erinn.). In: BZG, 1965, S. 849 ff. *L:* GdA 5; Bergmann, Schweiz; Teubner, Schweiz; Dahlem, Vorabend. *Qu:* Arch. Erinn. Publ. - IfZ.

Trepp, Leo, Dr. phil., Rabbiner, Hochschullehrer; geb. 4. März 1913 Mainz; *V:* Maier T. (geb. 1873 Fulda/Hessen-Nassau, gest. 1941 Mainz), jüd., Prokurist einer Papiergroßhandlung in Mainz; *M:* Selma (Ziporah), geb. Hirschberger (geb. Oberlauringen/Bayern, umgek. KL Auschwitz); *G:* Gustav (geb. 1917 Mainz), Lehrerseminar Würzburg, Lehrer, 1938 KL Buchenwald, 1939 Emigr. GB, Kaufm.; ∞ 1938 Miriam de Haas (geb. 1916 Kattowitz/Oberschlesien), jüd., 1937 Dipl. Kindergärtnerinnenseminar Berlin, Kindergärtnerin am Jüd. Kinderheim Celerina/CH, 1938 Emigr. GB, 1940 USA, B.A. San Francisco State Univ., Grundschullehrerin in Calif.; *K:* Susan Helen Greenberg (geb. 1947), B.A. Univ. of Calif. Los Angeles, Grundschullehrerin; *StA:* deutsch, Juli 1945 USA. *Weg:* 1938 GB; 1940 USA.

Talmud-Privatunterricht. 1931-32 Stud. Univ. u. Jeschiwah Frankfurt/M., 1932-35 Stud. Berlin u. Würzburg, Juli 1935 Prom. Würzburg, 1932-36 Rabbinerseminar Berlin, 1936 Examen; 1934-35 jüd. ReligLehrer an staatl. Gymn. in Würzburg, 1935-36 Prediger Jüd. Gde. Berlin, 1936-38 Landesrabbiner von Oldenburg, Auswanderungshilfe für KL-Insassen; 1937-38 Gr. u. Dir. Volksschule für jüd. Kinder in Oldenburg; Sommer 1938 Treffen mit Oberrabbiner von GB in der Schweiz; Nov. 1938 kurze Zeit KL Sachsenhausen. Dez. 1938 Emigr. GB mit Besuchervisum durch Vermittlung des brit. Oberrabbiners, Unterstützung durch den *Chief Rabbi's Emergency Fund;* Besuch der County Council School in London, daneben Dez. 1938-Febr. 1939 verantwortl. für 200 Flüchtlingskinder in einer Schule in Stanford Hill. Jan. 1940 in die USA, Unterstützung durch Verwandte u. *Mass. Jew. Aid Committee;* 1940-44 Rabbiner der Greenfield Hebrew Congr. Greenfield/Mass.; 1944-45 Stud. Harvard Univ.; Sommer 1944 Rabbiner Newport News Congr. Va., 1944-46 Rabbiner B'nai B'rith-Temple Somerville/Mass. u. am Mass. Veterans Home; 1944 Gastvorträge *Jewish Chautauqua Soc.* u. *Rabb. Assn.;* 1946-48 Rabbiner Sinai Temple Tacoma/Wash. u. am McNeil Federal Penitentiary, McNeil Island/Wash., 1948-51 Rabbiner Temple Beth El Berkeley/Calif.; 1950-51 Stud. Univ. of Calif. Berkeley, Lehrerdiplom; 1951-61 Rabbiner Jüd. Gde.-Zentrum in Santa Rosa/Calif.; daneben ab 1951 Prof. für Phil. u. Geisteswiss. am Napa Jr. Coll. Calif.; 1956-67 Ltr. von Stud-Reisen, ab 1976 Vorst. der Geisteswiss. Abt., ab 1977 Vors. des Rats der AbtLtr., ab 1955 auch Doz. für Geisteswiss. am Santa Rosa Jr. Coll. Calif.; 1961-64 BezRabbiner für Kleingden., 1964-72 Rabbiner Temple Beth Sholom Napa/Calif. u. am Veteran's Home of Calif., ab 1972 Rabbiner in Eureka/Calif.; 1971 Gastprof. für ReligWiss. Univ. Hamburg u. Gastdoz. für Judaistik Univ. Oldenburg, 1971, 1972 u. 1973 Forschungsstipendien des Landes Niedersachsen, der Stadt Oldenburg u. der Oldenburg-Stiftung. Berater der jüd. Gde. Oldenburg, Seminare an der Univ. Münster u. Tübingen, Vorträge für *Gesellschaft für christlich-jüdische Zusammenarbeit,* 1944-51 Mitarb. *The Reconstructionist.* 1955-56 Mitgl. *Napa City Community Citizens Committee on Public Library,* 1964-69 Mitgl. Planungskommission Napa City, 1973 Mitgl. *Napa City Citizens Committee on City Growth,* ab 1975 Mitgl. Ausschuß für Familienplanung am Napa Hospital; Mitgl. *B'nai B'rith* u. LBI, ab 1944 Mitgl. *Rabb. Assembly of America,* ab 1948 Mitgl. CCAR, ab 1951 Mitgl. *Calif. Teachers Assn.* Lebte 1978 in Napa/Calif. - *Ausz.:* 1971 Großes Siegel der Stadt Oldenburg.

W: Taine, Montaigne, Richeom. Ihre Auffassungen von Religion und Kirche. Ein Beitrag zur französischen Wesenskunde (Diss.). 1935; Eternal Faith, Eternal People. A Journey into Judaism. 1962, umgearb. Ausg.: A History of the Jewish Experience. Eternal Faith, Eternal People. 1973; Die Landesgemeinde der Juden in Oldenburg. Keimzelle jüdischen Lebens (1827-1938) und Spiegel jüdischen Schicksals. 1965; Judaism, Development and Life. 1966, umgearb. Ausg. 1974 (dt. Übers.: Das Judentum, Geschichte und lebendige Gegenwart, 1969, umgearb. Ausg. 1976); Die Oldenburger Judenschaft. 1973; Moderne jüdische Theologie. 1978; Celebration Judaism. 1978; zahlr. Art. über Judentum, dt.-jüd. Gesch. u. Erziehung in amerikan. u. dt. Zs. *L:* Meyer, Oldenburg. *Qu:* Arch. Fb. Hand. Publ. - RFJI.

Treu, Emanuel, Dr. jur., Diplomat; geb. 8. Aug. 1915 Wien, gest. 13. Aug. 1976 Wien (?); *StA:* österr. *Weg:* 1938 CH; 1945 (?) Österr.

Stud. Rechtswiss. Wien, 1938 Prom.; 1938 in die Schweiz, bis 1939 Stud. Univ. Lausanne, Dipl. Droit international; 1942-45 Graduiertenstudium in Genf, Diplom. Febr. 1946 Eintritt in den österr. diplomat. Dienst, zunächst Vertragsbediensteter in Wien, Jan. 1947 Abordnung zur pol. Vertretung Österreichs anläßlich der Staatsvertragsverhandlungen, Ernennung zum Legationssekr. 2. Kl. (?), Apr. 1947 während Moskauer Konf. Kurierdienst; ab Juni 1947 bei österr. Vertr. in Belgrad, Febr. 1948 Legationssekr. 1. Kl. (?). Ab Apr. 1948 im Bundesministerium für Auswärtige Angelegenheiten (BMfAA) in Wien, Jan. 1952 Legationsrat. Ab Aug. 1953 in österr. Vertr. in Rio de Janeiro, Aug. 1955 in Bogotá/Kolumbien, ab Aug. 1957 wieder in Wien. Jan. 1959 vorüberg. stellv. Amtsführung der österr. Vertr. in Genf, Febr. 1960 ao. Gesandter u. bevollm. Min. u. Ltr. der österr. Vertr. beim Europäischen Büro der UNO in Genf, ab Dez. 1961 ao. u. bevollm. Botschafter. Ab Jan. 1965 in Wien, bis Okt. 1970 Amtsltr. im BMfAA als ao. u. bevollm. Min.; Okt. 1970-März 1974 Beurlaubung für Tätigkeit bei UNIDO, Apr. 1974 österr. Deleg. bei 6. Sondertagung der UN-Generalversammlung in New York. Ab Juli 1974 stellv. Ltr., ab Febr. 1975 Dir. Diplomatische Akademie in Wien.

W: u.a. La Suisse et la Reconstruction économique de l'Autriche. 1945; Vers une Autriche nouvelle. 1946. *Qu:* Arch. Hand. - IfZ.

Treviranus, Gottfried Reinhold, Politiker; geb. 20. März 1891 Schieder/Lippe, gest. 7. Juni 1971; ev.; *V:* H. T., Oberamtmann, 1936 Emigr. GB; *M:* Margaret, geb. Stewart, 1936 Emigr. GB; ∞ I. Agnes v. Baumbach (geb. 1892), Emigr. GB; II. Elisabeth v. Dryander; *K:* aus I: Barbara (geb. 1917), Emigr. GB, USA; Hans Heinrich (geb. 1918), Emigr. GB; Klaus (geb. 1921), Emigr. GB; *StA:* deutsch, 22. Juni 1938 Ausbürg. mit Fam., 1943 CDN. *Weg:* 1934 GB; 1940 CDN; 1943 USA; 1947 Deutschland (BBZ).

1909 Abitur, anschl. Kriegsmarine, 1914-18 Seekriegsoffz., zuletzt Kapitänlt. 1919-21 Stud. Landwirtschaftliche Hochschule Berlin, anschl. Dir. Landwirtschaftskammer für das Land Lippe. Mitgl. DNVP, ab 1924 MdR. 1929 nach Differenzen über Young-Plan Austritt aus der DNVP, 1930 Gr. u. Vors. *Konservative Volkspartei* (später *Volkskonservative Vereinigung*), trotz schlechten Abschneidens bei RT-Wahlen Mitgl. des Koalitionskabinetts → Heinrich Brüning, zunächst Reichsminister für die besetzten Gebiete, dann Min. ohne Geschäftsbereich u. Reichskommissar für die Osthilfe, zuletzt Verkehrsmin. im 2. Kabinett Brüning, 1932 Ausscheiden aus der Reg. Ab 1933 AR-Vors. Oberschlesische Bata-Schuhfabrik Ottmuth/Oder. 30. Juni 1934 unmittelbar vor Verhaftung Flucht, mit Hilfe von Hermann Muckermann über holländ. Grenze, anschl. nach GB. Investionsberater eines Zürcher Investierungssyndikats in GB. Verb. zu brit. Politikern, u.a. Winston Churchill, Mitgl. *New Commonwealth Society of Justice and Peace,* enge ZusArb. mit Heinrich Brüning, häufige Reisen nach Westeuropa, vor allem Frankr., hielt enge informelle Kontakte zu maßgebl. Exilpolitikern aller pol. Richtungen, u.a. → Leopold Schwarzschild, → Willi Münzenberg u. → Otto Wels. Maßgebl. an Organisierung von Flüchtlingshilfe u. -betreuung in GB beteiligt, u.a. Vertr. der *Notgemeinschaft deutscher Wissenschaftler im Ausland* (→ Fritz Demuth) im Beirat des Hochkommissars des Völkerbundes für die Flüchtlinge aus Deutschland in London. Ab 1934 gelegentl. Mitarb. *Die Deutsche Revolution* (→ Otto Straßer). 1938-39 ZusArb. mit *Deutsche Freiheitspartei* (→ Carl Spiecker, → Hans-Albert Kluthe), neben → Hermann Rauschning u.a. als Mitgl. eines geplanten dt. Nationalrats im Exil vorgesehen. 1938-39 Geschäftsf. eines Gummiunternehmens in Lancashire. Sept. 1939 Reise nach Kanada u. den USA, Vortragstätigkeit durch Vermittlung der New School for Social Research, Dez. 1939 Rückkehr nach London, Jan. 1940 wieder nach Kanada; blieb zunächst in Kanada, da kein Einreisevisum für die USA, zeitw. Farmarbeiter u. Pächter. Herbst 1942 mit Besuchervisum in die USA, 1943 nach Erhalt der kanad. Staatsangehörigkeit endgültige Niederlassung in den USA. Mitgr. u. Geschäftsf. *Thomas-Jefferson-Fund* für Flüchtlingsbetreuung, gehörte zum Kreis um Heinrich Brüning, lehnte wiederholt Beteiligung an Projekten einer dt. Exilreg. ab. Nach Kriegsende Mitorg. Care-Hilfe für Deutschland. 1946-47 Geschäftsf. eines Unternehmens für Automobil-Zubehör. Sept. 1947 Rückkehr nach Deutschland, lebte später in Ascona/Tessin, anschl. in Palermo/Sizilien. 1968 Aussage vor parlamentarischem Untersuchungsausschuß zur Affäre um den Schützenpanzer HS-30 über Bestechungsvorwürfe gegen CDU-Abgeordnete. Mitarb. histor.-pol. Fachzs., u.a. *Deutsche Rundschau.* 1971 Tod während einer Italienreise.

W: u.a. Revolutions in Russia. Their Lesson for the Western World. New York (Harper and Brothers) 1944; Das Ende von Weimar. Heinrich Brüning und seine Zeit. 1968; Für Deutschland im Exil (Erinn.). 1973. *L:* Radkau, Emigration; Röder, Großbritannien; Bouvier, DFP; Brüning, Heinrich, Briefe und Gespräche 1934-1945. 1974. *D:* IfZ. *Qu:* Arch. Erinn. Hand. Publ. Z. - IfZ.

Trier, Peter Eugene, Unternehmensleiter; geb. 12. Sept. 1919 Darmstadt; jüd., 1936 anglikan.; *V:* Ernst Joseph T. (geb. 1886 Darmstadt, gest. 1938 Darmstadt in Haft), jüd., Architekt, Teilh. einer Möbelfabrik, Mitgl. DDP; *M:* Nellie Marie Bender (geb. 1895 Darmstadt), Sekr., 1938 Emigr. GB; *G:* Hannah Elizabeth Brentnall (geb. 1922 Darmstadt), Sekr., 1936 Emigr. GB; ∞ 1946 Margaret Nora Holloway (geb. 1919 Hove/Sussex, GB), anglikan., B.A. Univ. London, 1943-46 Women's Royal Naval Service, 1968 Dipl. in Archäologie Univ. London; *K:* Michael E. (geb. 1949), Elektroing., Marketing-Spezialist; Colin J. (geb. 1951), Landwirt; Nicholas M. (geb. 1953), Elektroing., Systemanalytiker; *StA:* deutsch, brit. *Weg:* 1935 GB.

Gymn. Darmstadt, 1935-38 Forts. der Schulausb. in London, 1938-41 Stud. Cambridge Univ., 1940-41 interniert, 1941 B.A. Mathematik, Elektronik u. Physik; 1941-50 elektrotechn. Forschungen bei Brit. Admiralty Signal Establishment in Haslemere/Surrey; 1945 M.A. Cambridge Univ.; 1950-69 Forschungstätigkeit bei Mullard Research Labs. Redhill/Surrey (Zweigstelle von Philips Industries London); ab 1963 Mitgl. u. Vors. zahlr. RegKommissionen auf dem Gebiet der Elektronik, ab 1969 VorstMitgl. von Philips Industries London, ab 1956 Mitgl. u. 1971-72 Vors. Electronics Div.; 1974-77 Vizepräs. *Inst. Elec. Engineers,* ab 1969 Mitgl., ab 1973 Vors. des Kuratoriums Brunel Univ. London, ab 1974 RedMitgl. *Interdisciplinary Science Review.* Lebte 1978 in London. - *Ausz.:* 1975 D. Technol. h.c. Brunel Univ.

Qu: Fb. - RFJI.

Tschäpe, Herbert, Parteifunktionär; geb. 15. Jan. 1913 Berlin, hinger. 27. Nov. 1944 Berlin; *V:* Adolf T., Kraftfahrer, SPD; *M:* Mitgl. SPD; *G:* Herta; ∞ Lisa Walter, Stenotypistin, KJVD, nach 1933 illeg. Tätigkeit; *StA:* deutsch. *Weg:* 1936 CSR; 1937 E; 1939 F; 1941 Deutschland.

Mitgl. *Kinderfreunde, Rote Falken* u. SAJ, Besuch der Aufbaustufe der Karl-Marx-Schule Berlin, Abbruch einer kaufm. u. einer Zimmermannslehre aus wirtschaftl. Gründen, ab Herbst 1929 erwerbslos, Übertritt zum KJVD, Agitprop-Funktionär KJVD-Unterbez. Berlin-Süd, ab 1932 PolLtr. u. Mitgl. KPD-UnterbezLtg., Reise in die UdSSR. Nach natsoz. Machtübernahme Ltr. illeg. KPD-Unterbez. Neukölln, Dez. 1933 Verhaftung, Febr. 1934 Urteil 1 J. Gef., Dez. 1934 Entlassung, ab Sommer 1935 Instrukteur, dann KPD-PolLtr. Charlottenburg, Jan. 1936 auf Parteibeschluß Flucht in die CSR, EmigrHeim Prag-Strasnice, erfolgloser Instruktionseinsatz in Magdeburg, dann Schulungsarbeit, Deckn. Benno. Frühj. 1937 im Parteiauftrag über Österr. u. die Schweiz nach Spanien, Mitgl. PolAbt. XI. Internat. Brigade, pol. Deleg. im Hans-Beimler-Btl., 1938 Uffz., Jan. 1939 Teiln. an den Kämpfen um Barcelona,

Febr. 1939 nach Frankr., Internierung in St. Cyprien, Gurs u. Le Vernet, Mitgl. der KPD-Lagerleitungen. Juni 1941 Auslieferung an Deutschland, ab Aug. KL Sachsenhausen, Ltr. einer KPD-Lagergruppe, über Lebensgefährtin Lisa Walter Verb. zur Berliner Parteiorg., Apr. 1944 Flucht, Anschluß an Bästlein-Jacob-Saefkow-Gruppe in Berlin (Deckn. Raymond Magne, Jürgen Schrödter), Juli 1944 Verhaftung, 16. Okt. 1944 VGH-Todesurteil.

L: u.a. Heider, Paul u.a. (Hg.), Lebendige Tradition, 2. Halbbd. 1974. *Qu:* Arch. Publ. - IfZ.

Tschesno-Hell, Michael, Publizist, Funktionär; geb. 17. Febr. 1902 Wilna; ∞ Ursula; *StA:* deutsch. *Weg:* 1933 F, NL; 1939 (?) CH; 1945 Deutschland (Berlin).

Aus bürgerl. Fam., 1922 KPD, Werkstudent u. Mitarb. KPD-Presse. 1933 Emigr. nach Frankr. u. Holland, Mitgl. SDS. In der Schweiz Mitarb. AbschnLtg. Süd, im 2. WK Internierung Arb-Lager Zürich-Wallisellen, ab Nov. 1944 Chefred. der überparteil. EmigrZs. *Über die Grenzen* Zürich, ab Mai 1945 Nachf. des BFD-Beauftragten → Walter Fisch für Arbeit unter dt. Mil.-Internierten u. -Flüchtlingen in der Schweiz sowie ab 2. BFD-Landeskonf. am 27. Mai 1945 Mitgl. des Landesausschusses; Teiln. 1. u. 2. KPD-Landeskonf. v. 14. Jan. u. 24./25. März 1945. 1945 Rückkehr nach Berlin, Chefred. *Die Neue Heimat* Berlin, 1947 Gr. u. anschl. bis 1950 Ltr. Verlag Volk und Welt, dann freiberufl. Schriftst.; 1958-69 Mitgl. SED-BezLtg. Berlin (Ost), 1967-72 Vizepräs. *Verband der Film- und Fernsehschaffenden der DDR;* VorstMitgl. *Deutscher Schriftstellerverband,* ab 1969 Mitgl. Deutsche Akademie der Künste. Lebte 1977 in Berlin (Ost). - *Ausz.:* u.a. 1954 NatPreis 1. Kl. (mit Willi Bredel), 1957 NatPreis 2. Kl. (zus. mit anderen), 1962 Banner der Arbeit, 1966 NatPreis 3. Kl., 1969 VVO (Gold), 1972 Kunstpreis des FDGB.

W: Rußland antwortet nicht. 1949; Mit deutschen Augen gesehen (Anthologie). 1952; Neue deutsche Lyrik (Hg.). 1952; Neue deutsche Erzähler (Hg.). 1952; Das neue Profil (Hg.). 1953; Eine Ziffer über dem Herzen. 1957. - Zahlr. Drehbücher: u.a. Ernst Thälmann - Sohn seiner Klasse. 1953; Ernst Thälmann - Führer seiner Klasse. 1955; Der Hauptmann von Köln. 1956; Solange Leben in mir ist. 1971; Trotz alledem. 1971 (beide über das Leben Karl Liebknechts). *L:* Albrecht, Deutschspr. Schriftsteller; Bergmann, Schweiz; Teubner, Schweiz. *Qu:* Hand. Publ. Z. - IfZ.

Tschirschky und Boegendorff, Fritz-Günther von, Diplomat; geb. 4. Juli 1900 Kobelau/Schlesien; ev.; *V:* Günther v.T.u.B. (1860-1914), ev., Offz., Landwirt; *M:* Johanna, geb. Gräfin zu Limburg-Stirum (1866-1943), ev.; *G:* 7; ∞ 1921 Maria-Elisabeth v. Löbbecke (geb. 1902), ev., Emigr.; *StA:* deutsch, Ausbürg. (?), deutsch. *Weg:* 1935 GB; 1952 Deutschland (BRD).

Kadettenanstalt, 1918 Abitur, 1919 Freikorps Maercker, Teiln. an Januarkämpfen in Berlin u. Einsatz in Oberschlesien, ab 1920 Landwirt, Gr. *Jungkonservativer Kreis* u. *Schlesische Herrengesellschaft,* 1929-31 Ltr. schles. Zentrale des *Stahlhelm*-Nachrichtendienstes, ab 1932 Mitarb. im Nachrichtendienst der Reg. Papen-Schleicher, enger Mitarb. Franz von Papens, ab März 1933 als Papens Vertrauensmann im preuß. Staatsmin., dann persönl. Ref. im Büro des Vizekanzlers, 1934 nach sog. Röhm-Putsch KL Lichtenberg, dann Versetzung an dt. Botschaft in Wien. Febr. 1935 Entlassung nach Weigerung, der Aufforderung Reinhard Heydrichs zu einer Vernehmung in Berlin zu folgen. Emigr. nach GB, ab 1938 Wirtschaftsvertr.; Kontakte zu → Wilhelm Wolfgang Schütz u. zu konservativen EmigrKreisen. 1941-44 Internierung Isle of Man. Nach Kriegsende Verlagstätigkeit u. Finanzberater. 1952 Rückkehr, in auswärt. Dienst, Tätigkeit in Protokollabt. des AA Bonn u. Botschaft London, 1959-63 Konsul 1. Kl. in Lille. Lebte 1978 in München.

W: Erinnerungen eines Hochverräters. 1972. *Qu:* Arch. Fb. Publ. - IfZ.

Tschuppik, Walter, Journalist, Verleger; geb. 7. Juli 1899 Leitmeritz/Böhmen, gest. Apr. 1955 Wien; *G:* Karl T. (1877-1937), Journ. u. Schriftst.; *StA:* österr., CSR, deutsch. *Weg:* 1933 CSR; 1940 GB; 1945 (?) CH; 1948 Deutschland (ABZ).

Bis 1926 Red. *Prager Tagblatt,* 1926-33 Chefred. *Süddeutsche Sonntagspost* München. März-Nov. 1933 Haft, anschl. in die CSR, 1935-39 mit Hilfe von Subventionen der CSR-Reg. Hg. der Wochenschrift *Der Montag* Prag u. *Der Prager illustrierte Montag,* Mitarb. *Der Aufruf.* 1940 nach GB, Korr. für Emigr.-Blätter, Mitarb. *Die Zeitung* London. Nach Kriegsende Züricher Korr. für *Dnešek* u. *Svobodné noviny* Prag, nach kommunist. Machtübernahme in der CSR Übersiedlung nach München, 1949 kurzfr. Chefred. *Abendzeitung* München, danach im Ruhestand.

W: Die Dame in Trauer. 1920; Die tschechische Revolution. 1920; Der Christ und sein Schatten oder Die Geburt der Juden aus dem Geiste der absoluten Moral. 1923; Was ist unsittliche Kunst. 1924; Major Semitsch. 1926; Die Toten steigen aus den Gräbern. Prag (Rafter) 1935; The Quislings. London (Hutchinson) 1941. *L:* Albrechtová, Tschechoslowakei; Goldstücker, Eduard (Hg.), Weltfreunde. Konferenz über die Prager deutsche Literatur. 1967. *Qu:* Arch. Hand. Publ. - IfZ.

Tuch, Hans, Dr. jur., Richter, Verbandsfunktionär; geb. 15. Febr. 1888 Posen; *StA:* deutsch. *Weg:* 1939 GB, 1949 Deutschland (BRD).

Stud. Rechtswiss. Berlin, Greifswald, Breslau u. Würzburg, 1913 Prom. Würzburg; Kammergerichtsrat in Berlin, 1933 Amtsenthebung; 1939 Emigr. GB, 1949 Rückkehr nach Deutschland (BRD), 1949-55 stellv. Dir., 1955-(?) Dir. Berliner Büro der JRSO, Rechtsberatung in Rückerstattungsfällen; ab 1949 geschäftsf. Mitgl. *Jew. Trust Co. for Germany* in Nürnberg u. Schweiz. Lebte 1978 im Ruhestand in La Tour de Peilz/Schweiz.

W: Die Konstruktionsversuche am § 956 BGB (Diss.). 1913. *Qu:* EGL. Z. - RFJI.

Tuch, Hans Nathan, Diplomat; geb. 15. Okt. 1924 Berlin; *V:* Bruno T.; *M:* Rosa, geb. Ölsner; ∞ 1949 Ruth Marie Lord; *K:* David Lord; Andrea Susan; *StA:* deutsch, 1943 USA. *Weg:* 1938 USA.

Volksschule, 1938 Emigr. USA; 1943-45 US-Armee (Bronze Star). 1947 B.A. Univ. Kansas City/Mo., 1948 M.A. School of Advanced Internat. Studies der Johns Hopkins Univ. Baltimore/Md.; 1948-49 als Vertr. der Chase Nat. Bank in Stuttgart. Ab 1949 bei der USIA, 1949-55 Ltr. Infobüro des US-Außenmin. in Frankfurt/M., gleichz. 1949 Kulturattaché in Wiesbaden, 1952 Kulturattaché in Frankfurt, 1955-57 Referent für auswärtige Angelegenheiten der USIA in Washington, 1956-57 Stud. russ. Sprache u. Kultur, 1957-58 stellv. pol. Berater in München u. pol. Berater der *Voice of America* in München, 1958-65 stellv. Ltr. des Büros für die UdSSR u. Osteuropa in Washington/D.C., 1965-67 Berater u. stellv. Ltr. der US-Botschaft in Sofia, 1967-70 Referent für öffentl. Angelegenheiten des USIS in Berlin, 1968-70 stellv. Vors. des Elternbeirats der John-F.-Kennedy-Schule in Berlin; 1970-71 Berater der US-Botschaft in Rio de Janeiro u. Referent für öffentl. Angelegenheiten beim USIS-Büro. Mitgl. *Am. Foreign Service Assn.* u. *Internat. Club* in Washington/D.C. Lebte 1978 in Plano/Ill.

W: Atoms at Your Service (Mitverf.). 1957. *Qu:* Hand. - RFJI.

Tuchler, Kurt, Dr. jur., Richter, Verbandsfunktionär, Bankier; geb. 11. Dez. 1894 Stolp/Pommern, gest. 23.(?) Sept. 1978 Tel Aviv (?); jüd.; *V:* Sally T.; *M:* Hedwig, geb. Rosenbaum; ∞ 1931 Gerda Lehmann; *K:* Gabriele Eisenberg, Michael, Hanna Goldfinger; *StA:* deutsch, Pal./IL. *Weg:* 1937 Pal.

1912 Mitgr. *Blau-Weiß.* 1913-14 Stud. Rechtswiss. Freiburg, München u. Halle. 1914-18 Freiw. 1. WK. 1920 Prom. Halle; 1920-33 Amts- u. Landrichter, später Amtsgerichtsrat am Arb-

Gericht Berlin, Ltr. der Justizpressestelle; GdeAbg. der *Jüdischen Volkspartei* u. Mitgl. des Berliner Parteivorst., VorstMitgl. *Gesamt-Archiv der Deutschen Juden* Berlin, Mitgl. geschäftsf. Ausschuß der ZVfD, bis 1936 Mitgl., zuletzt Präs. des K.J.V.; 1935 u. 1939 Deleg. bei den Zionistenkongressen; geschäftsf. Mitgl. VerwRat des Jüd. Krankenhauses Berlin; Mitgl. *B'nai B'rith*. 1937 Emigr. Palästina. 1937-62 (?) Gr., Mitinh. u. geschäftsf. Dir. Privatbank Moritz & Tuchler Tel Aviv u. Tel Aviv Trust Co. Ltd., gleichz. DirMitgl. der Bank Zerubabel Ltd., des Mutual Trust Fund Kahal u. der Darlehenskasse für Einwanderer, Kuppat Milveh Haoleh; 1938-46 Mitgl. Gerichtshof des Zionistenkongresses; 1941-46 Mitgr. u. PV-Mitgl. *Alijah Chadaschah,* 1942-44 Mitgl. Arbeiter-Beratungsausschuß der Mandatsverw., Mitgr. H.O.G., später Mitgl. Landesltg. der I.O.M.E., Präs. *Menorah Lodge* von *B'nai B'rith,* 1937-38 Mitgr. der Bürgerwehr *Mishmar Ezrahi.*

L: Rothschild, Meilensteine. *Qu:* EGL. Hand. Publ. Z. – RFJI.

Turetz, Moshe Joshua Yoachim, Architekt; geb. 10. Juni 1925 Berlin; *V:* Joseph T. (geb. 1889 Wilna/Litauen, gest. 1960 Ramat Gan/IL), jüd., Stud. Ing., Kaufm., 1934 Emigr. Pal., Vertr. ausländ. Firmen; *M:* Fanni, geb. Rewitsch (geb. 1901 Konstantinograd/Ukraine), 1904 nach Berlin, Sprachstud., Lehrerin, 1934 Emigr. Pal.; ∞ I. 1953 Lia Rosenbach (geb. 1927 PL, gest. 1969), M.A. Gesch. u. Psych. Hebrew Univ., M.A. Psych. New York Univ., Doz. Tel Aviv Univ.; II. 1970 Zila Zipkin (geb. 1934 Tel Aviv), Lehrerin für schwererziehbare Kinder; *StA:* IL. *Weg:* 1934 Pal.

1934 Emigr. Palästina mit Familie; 1941 Mitgl. *Haganah;* bis 1943 Balfour Coll., gleichz. Mitgl. Kibb. Shorashim; 1943-44 in Jew. Settlement Police Kefar Gileadi. 1944-49 Stud. Architektur Technion Haifa, 1949 B.Sc. u. Dipl.-Ing., 1948-51 Hauptm. IDF. 1951-58 Architekt in eigener Firma u. anderen Unternehmen; 1953 Stipendium für Stadtplanung des Mass. Inst. Techn. (MIT) Boston; 1957 Stud. Pratt Inst. Brooklyn u. Arts Students League New York; 1958 Eintritt in Public Works Dept. des isr. Arbeitsmin.: 1958-65 ltd. Architekt, später Ltr. einer Inspektionsgruppe, 1958-62 zuständig für Flugplatzplanung; 1962-65 Ltr. Kontrollstab für den Bau des Gerichtsgebäudes in Tel Aviv, ab 1965 ltd. Architekt für Planung von Staatskrankenhäusern, 1971 Ltr. einer Deleg. isr. Architekten in Deutschland (BRD); Mitgl. isr. Ing.- u. Architektenverb., *Histadrut haMehandesim* (Gewerkschaft der Ingenieure), *Technion Alumni Assn.,* Internat. Hosp. Fed. London, Mitgr. u. zeitw. Vizepräs. der *MIT Isr. Alumni Assn.* Lebte 1976 in Tel Aviv. – *Ausz.:* Zahlr. Architekturpreise, u.a. als Mitgl. der Planungsgruppe für das Eisenberg-Krankenhaus; 1975 Kaplanpreis.

W: Beiträge in der Kinderztg. *Davar leYeladim* (1954-62); Ḥidot veShaashuim (Rätsel und Unterhaltendes, Mitverf., Kinderbuch). 1957; Art. u. Erz. in Fachzs. u. Zs. *Qu:* Fb. Hand. – RFJI.

Turk, John Hans, Kommunalpolitiker; geb. 19. März 1906 Hildesheim; *V:* Julian T.; ∞ 1949 Lyn Cartner. *Weg:* NZ.

Realgymn. Hildesheim. Emigr. Neuseeland, geschäftsf. Dir. Furniture Fashions, Ltd.; Stadtrat in Wellington; Präs. *Karori Progressive Assn.,* zeitw. Präs. New Zealand Publ. Passenger Transportation Assn., Mitgl. *New Zealand Urban Assn., New Zealand Urban Development Assn.* Lebte 1977 in Wellington.

Qu: Hand. – RFJI.

Turnheim (fälschlich auch Thurnheim, Thurheim), **Fritz,** Ingenieur; geb. 7. Apr. 1902 Wien. *Weg:* 1934 UdSSR; 1945 Österr.

1918 Mitgl. der sozdem. Mittelschülerbewegung, später in sozialist. Studentenbewegung aktiv, Mitgl. SAJDÖ. Stud. Chemie, Ing. – Urspr. Pazifist, nach dem 15. Juli 1927 Mitgl. *Republikanischer Schutzbund;* Mitgl. SDAP, Funktionär im Burgenland. 1934 Teiln. an den Februarkämpfen, vermutl. Mitgl. KPÖ, Mai 1934 Verhaftung. Ende 1934 in die UdSSR, ab Dez. 1934 AbtLtr. in Versuchswerk der Kokereiindustrie in Char'kov, 1941 nach dt. Angriff auf die UdSSR Evakuierung nach Kemerovo/Sibirien, ltd. Tätigkeit in der dortigen Kokereiindustrie, 1943 Rückkehr nach Char'kov in alte Stellung. Sommer 1945 kurzfristig Lehrer an der Antifa-Schule in Krasnogorsk, war als Ltr. des österr. Sektors vorgesehen. Herbst 1945 Rückkehr nach Wien. Lebte 1978 in Österr.

L: Vogelmann, Propaganda. *Qu:* Arch. Pers. Publ. – IfZ.

Turnovsky, Frederick, Industrieller; geb. 28. Dez. 1916 Prag; *V:* Max T. (geb. 1885 Prag, umgek. im Holokaust), jüd. Abst., Juwelier; *M:*Caroline, geb. Weiser (geb. 1891 Stepanov/Böhmen, umgek. im Holokaust), jüd.; *G:* Dr. jur. John T. (geb. 1919, gest. 1954 USA), 1939 Emigr. CDN, Unternehmensltr.; ∞ Liselotte Wodak (geb. 1918 Prag), Stud. Karlsuniversität Prag, 1939 Emigr. GB u. NZ, B.A. Victoria Univ. Wellington, Sprachlehrerin; *K:* Stephen John (geb. 1941), Ph. D. (Wirtschaftswiss.) Harvard Univ., Universitätsprof. in AUS; Helen Caroline Philpot (geb. 1949), B.A. Victoria Univ. Wellington, EDV-Expertin; *StA:* CSR, 1946 NZ. *Weg:* 1939 GB; 1940 NZ.

1935-36 Stud. Export-Akad. Prag, Diplomprüfung; 1935-38 Stud. Rechtswiss. Karlsuniversität Prag. 1933-38 VorstMitgl. u. BezSekr. Prag der SJ, 1936-38 Sekr. der antinatsoz. Gruppe *Die Tat.* 1936-38 Büroangest. u. Fremdsprachenkorr. – März 1939 nach GB, Mitarb. in der Flüchtlingshilfe der TG in London (→ Wenzel Jaksch). Jan. 1940 Emigr. nach Neuseeland, 1940 Büroangest. u. Fabrikarb., 1940 Grdg. der Lederwarenfabrik Tatra Industries, Ltd., in Wellington, Ausbau zu mittlerem Industrieunternehmen mit Tochtergesellschaften. Daneben Vors. von A.W.A. (N.Z.), Ltd., u. Dir. von Dominion Salt, Ltd., 1973-76 Vors. der Dev. Finance Corp. of N.Z. – 1963-78 Mitgl. u. 1974-78 Vors. des UNESCO-Ausschusses von Neuseeland, Deleg. auf UNESCO-Konferenzen. Seit 1978 im geschäftsf. Vorst. der UNESCO, Paris. U. a. 1949-55 Vors. *Wellington Chamber Music Soc.,* 1953-60 Präs. *N.Z. Fed. of Chamber Music Socs.,* 1959-69 Vors. des Verwaltungsrats der N.Z. Opera Co., 1960-64 Mitgl. des Arts Adv. Council. 1968-73 Fellow der *Royal Soc. of Arts,* 1971-72 Präs. *Wellington Manufacturers Assn.,* 1972-73 u. 1978-79 Präs. *N.Z. Manufacturers Fed.;* Mitgl. Handelskammer Wellington, *Pacific Basin Econ. Coop. Council,* N.Z. Inst. for Management u. N.Z. Inst. for Intl. Affs. Ehrenkonsul von Mexiko. Lebte 1979 in Wellington. – *Ausz.:* 1965 OBE.

Qu: Fb. Pers. – RFJI.

Turnowsky, Margarethe, geb. Pinner, Dr. phil., Verbandsfunktionärin, Fürsorgerin, Journalistin; geb. 27. Febr. 1894 Kosten/Posen; jüd.; *G:* → Walter George Pinner; ∞ verh.; *K:* 2 T (geb. 1922 u. 1924 [?]), 1933 Emigr. Pal.; *StA:* deutsch, österr., 1948 IL. *Weg:* 1933 Pal.

Vor 1914 mit Familie nach Berlin; Stud. Lehrerseminar Berlin, Univ. Berlin u. Heidelberg. Mitgl. jüd. Studentinnenverein, 1919 Unterstützung osteurop. Juden in Berlin, aktiv in der Bewegung *Jüdisches Volksheim;* Angest., dann Ltr. des Jüd. Arbeitsnachweises Berlin, 1928-30 Öffentlichkeitsarbeit für den *Verband jüdischer Frauen für Kulturarbeit in Palästina;* 1930-33 Stipendienreferentin u. Sekr. für Berliner Stipendienu. Wohlfahrtsfonds des Kaufhauses → Salman Schocken; Mitgl. ZVfD u. WIZO. Mai 1933 Emigr. Palästina; als Fürsorgerin u. Journalistin tätig. Verf. eines Handbuches über Büroverwaltung u. Informationstechnik für WIZO, Mitgl. H.O.G., *Histadrut* u. *Fürsorgeverein.* Lebte 1977 in Tel Aviv.

W: Jewish Women of Palestine in Trades and Professions. 1948; One Year Unlimited Immigration. 1949 (?); Dennoch: Aus dem Leben des Dr. Ludwig Eliezer Bregmann. 1964; A Student's Friendship with Ernst Toller. In: Yearbook LBI. 1970; Die zweite Generation mitteleuropäischer Siedler in Israel. 1962; Mitarb. MB, *Jedioth Chadaschoth, Forum* sowie WIZO-Veröffentl. in dt. u. hebr. Sprache. *Qu:* Fb. Pers. Publ. Z. – RFJI.

U

Uccusic, Richard, Parteifunktionär; geb. 1895 Wien, gest.; *K:* Milan (1923-1943), gef. als Soldat der Roten Armee; Ljuba Kormout; *StA:* österr., 1941 UdSSR. *Weg:* 1934 CSR; 1936 UdSSR.

Offz. im 1. WK; Stud. Hochschule für Bodenkultur, anschl. arbeitslos u. Gelegenheitsarb.; Mitgl. *Republikanischer Schutzbund,* 1934 während der Februarkämpfe Kommandant Karl-Marx-Hof Wien, anschl. Verhaftung. Mitgl. KPÖ, Parteiname Urban. Juli 1934 zus. mit → Othmar Strobel Flucht aus KL Wöllersdorf, Emigr. CSR, hoher Parteifunktionär; 1936 nach Moskau, Mitarb. Marx-Engels-Lenin-Institut, beantragte sowj. Staatsbürgerschaft. 25. Juni 1941 Verhaftung, erhielt am 26. Juni 1941 die Nachricht seiner Einbürgerung. Vermutl. bei Schanzarbeiten in Stalingrad in der Haft umgekommen.

L: Stadler, Opfer; Reisberg, KPÖ. *Qu:* Pers. Publ. - IfZ.

Ucko, Sinai (Siegfried), Dr. phil., Rabbiner, Pädagoge; geb. 7. Nov. 1905 Gleiwitz/Oberschlesien, gest. 10. Aug. 1976 Tel Aviv; jüd.; *V:* Nathan Ucko (geb. Hindenburg/Oberschlesien); *M:* Elsa, geb. Weißenberg (geb. Tichaue, Kr. Pless/Oberschlesien); *G:* Gideon, Emigr. Pal., ab 1934 Mitgl. Kibb. Na'an; ∞ I. 1931 Ruth Loew (geb. 1909 Breslau, gest. 1967); II. 1969 Ruth Renata, geb. Ullman (geb. 1921 Lahr/Baden); *K:* Elischeva, Dir. Abt. für SozArbeit I.O.M.E.; Dina. *Weg:* 1935 Pal.

1924-29 Stud. Jüd.-Theol. Seminar Breslau, später L(H)WJ Berlin, 1929 Rabbinerexamen, gleichz. Stud. Univ. Breslau, Wien u. Königsberg, 1929 Prom. Königsberg, 1928-29 Hebr. Univ.; 1929-31 Jugendrabbiner jüd. Gde. Mannheim, 1931-35 BezRabbiner in Offenburg/Baden; aktiv in zion. Org. u. *Hechaluz,* Gr. eines landwirtschaftl. Hachscharah-Zentrums bei Offenburg. 1935 Emigr. Palästina mit C-Zertifikat; 1935-46 Lehrer bei *Jugend-Alijah,* u.a. Kinderheim Ahavah in Kiryat Bialik, 1938 Beauftragter der *Jugend-Alijah* in Wien (ermöglichte 50 Kindern die Auswanderung). 1946-51 Doz. am Lehrerseminar in Tel Aviv, 1951-54 Ltr. des Lehrerseminars in Givat haShelohah (später Shien-Seminar in Petaḥ Tikvah), gleichz. Doz. für Pädagogik Hebr. Univ., 1955-76 Dept. Chairman, später Prof. für Pädagogik Univ. Tel Aviv; 1955-58 Inspektor für Lehrerausb. am isr. Erziehungsmin., Mitgr. von *Iyun* (phil. Vierteljahreszs.), Gastprof. für Pädagogik Univ. Marburg. - *Ausz.:* 1968 Henriette-Szold-Preis Jerusalem, 1972 pädagog. Ehrenpreis der Stadt Tel Aviv.

W: u.a. Der Gottesbegriff in der Philosophie Hermann Cohens (Diss.). 1929; Geistesgeschichtliche Grundlagen der Wissenschaft des Judentums. In: Zs. für Gesch. der Juden in Deutschland, 5/1934 (Neudruck in: Wilhelm, K., Wissenschaft des Judentums im deutschen Sprachbereich, 1967); Al haOsher vehaTov: Shiurium Rishonim bePhilosophia (Die Glückseligkeit und das Gute: Einführung in die Philosophie). 1951; Der Rabbiner in der Kleingemeinde. 1961; Beiträge in Fachzs. u. Handb. *Qu:* Arch. Fb. Hand. Z. - RFJI.

Uexküll, Baron Gustav-Adolf Herbert **Gösta von,** Journalist; geb. 3. Nov. 1909 Heidelberg; ev.; *V:* Jakob v.U. (1864-1944), ev., Biologe; *M:* Gudrun, geb. Gräfin von Schwerin (1878-1969), ev.; *G:* Damayanti (geb. 1904), Sprachlehrerin, ab 1931 in Finnl.; Dr. med. Thure v.U. (geb. 1908), Hochschullehrer; ∞ 1943 Stockholm, Ewa Lewerentz (geb. 1915), ev., Fil. Mag.; *K:* Jakob (geb. 1944), M.A. Oxford Univ., A: GB; Beata (geb. 1947), Dipl.-Psychologin in Hamburg; *StA:* russ., 1917 deutsch, 26. Febr. 1943 Ausbürg., 1950 S, 1954 deutsch u. S. *Weg:* 1939 Finnl.; 1941 S; 1954 Deutschland (BRD).

1929 Abitur, anschl. Stud. Rechtswiss. Hamburg u. Tübingen, 1933 Referendar, Juni 1934 Ausschluß von Attaché-Prüfung für auswärt. Dienst aus pol. u. rass. Gründen. Gasthörer London School of Econ.; ab Nov. 1934 Volontär, Red. zuletzt Geschäftsf. *United Press* (UP) in Berlin; Weitergabe unerwünschter Nachrichten an Auslandspresse, Verbreitung von Auslandsmeldungen, u.a. Kontakte zum Ehepaar Schulze-Boysen, nach Denunziationen regimekrit. Äußerungen u. wegen bevorstehender Dienstverpflichtung in PropKompanie Nov. 1939 Versetzung zum UP-Büro Stockholm, ab Dez. 1939 Kriegskorr. in Finnland, 1941-46 UP-Mitarb. in Stockholm. Dez. 1942 Antrag auf Anerkennung als pol. Flüchtling, enge Kontakte zu Max Tau, verfaßte erste Berichte über NS-Verbrechen im Baltikum u. die Zerstörung des Warschauer Gettos. - März 1946 als US-Kriegskorr. in Deutschland zum Wiederaufbau der dt. UP-Zweigstellen. - Apr. 1954 Rückkehr nach Hamburg, bis 1965 Red. *Die Zeit, Die Welt* u. bei NDR, 1966-68 *Deutsches Panorama,* 1969-72 *stern tv,* daneben auch freier Journ., u.a. bei schweizer. u. österr. Zs. - Ps. Herbert Uxkull, Hubert Uxkull. Mitgl. u. seit 1974 Beiratsmitgl. *Vereinigung Deutscher Wissenschaftler.* Lebte 1976 in Hamburg.

W: u.a. Process mot Tyskland. Stockholm 1944 (dt.: Prozeß gegen Deutschland, 1974); Paasikivi, Juho Kusti, Meine Moskauer Mission 1939-41 (Hg.u.Einl.). 1966.; ders., Am Rande einer Supermacht (Hg.u.Einl.). 1972; Ferdinand Lasalle. 1974; Konrad Adenauer. 1976. *Qu:* Fb. Hand. - IfZ.

Uhlig, Adolf **Kurt,** Lehrer, Politiker; geb. 15. Mai 1888 Coßmannsdorf/Sa., gest. 7. März 1958 Frankfurt/M.; Diss.; ∞ Helene Richter (geb. 1892), Emigr.; *StA:* deutsch; 27. Okt. 1937 Ausbürg. mit Ehefrau; 1952 deutsch. *Weg:* 1933 CSR; 1938 S; 1952 Deutschland (BRD).

Lehrerstud. Dresden u. Leipzig, zuletzt Oberlehrer in Chemnitz; 1919 SPD, 1922-33 StadtVO, zeitw. Fraktionsvors., stellv. Vors. SPD-Unterbez. Chemnitz u. mit → Karl Böchel VorstMitgl. BezLtg. Chemnitz-Erzgebirge, Red. *Sozialdemokratisches Gemeindeblatt;* Juli 1932 - Juni 1933 MdR. Mai 1933 Flucht in die CSR, wohin die zunächst als Geisel festgehaltene Ehefrau im Mai nachfolgte. RedMitgl. *Neuer Vorwärts* Karlsbad, Mitarb. *Volkswille* u. Red. *Westböhmische Volkszeitung,* aktiv bei illeg. Tätigkeit der RSD in Sachsen. Sept. 1938 Flucht nach Prag, Okt. per Flugzeug nach Belgien, Emigr. nach Schweden, Gr. eines Fremdspracheninstituts in Malmö. Febr. 1952 Rückkehr, bis 1956 Rektor, anschl. Schulrat in Frankfurt/M., aktiv in *Gewerkschaft Erziehung und Wissenschaft* Hessen.

Qu: Arch. Hand. - IfZ.

Ulbricht, Lotte (Charlotte), geb. Kühn, gesch. Wendt, Parteifunktionärin; geb. 19. Apr. 1903 Rixdorf b. Berlin; *V:* Arbeiter; *M:* Landwirtin; *G:* → Bruno Kühn; ∞ I. → Erich Wendt, II. → Walter Ulbricht (Lebensgemeinschaft, 1951 Eheschließung); *K:* Adoptivtochter Beate Ulbricht; *StA:* deutsch. *Weg:* UdSSR; F; 1938 UdSSR; 1945 Deutschland (Berlin).

Mittelschule, Kontoristin, 1919 FSJ u. später KJVD, Herbst 1921 KJVD-BezSekr. in Rheinland/Westfalen-Nord, 1921 KPD, 1922-23 Mitarb. KJI in Moskau, 1923 Mitgl. ZK des KJVD; vermutl. Sekr. im ZK der KPD, KJVD-Funktionärin im Unterbez. Berlin-Neukölln, später Agitprop-Ltr. KPD-Betriebszelle Aschinger u. StadtbezVO. Berlin-Friedrichshain. 1931 (andere Quellen: 1932) mit Ehemann in die UdSSR, Sekr. bei Verlagsgenossenschaft ausländischer Arbeiter in der UdSSR u. später bei *Komintern,* Mitte der 30er Jahre in Frankr., 1938 mit W. Ulbricht in die UdSSR, im 2. WK Mitarb. *Deutscher Volkssender* Moskau/Ufa. Nach Rückkehr vorüberg. Sekr. W. Ulbrichts sowie Mitgl. RedKollegium des theoret. SED-Organs *Einheit* u. Mitarb. *Neuer Weg* Berlin, dann Stud. am Institut für Gesellschaftswissenschaften beim ZK der SED, 1958 Diplom-Gesellschaftswissenschaftler; Mitarb. im ZK bzw. Institut für Marxismus-Leninismus beim ZK der SED auf dem Gebiet der Frauenarb., Mitgl. Frauenkommission beim PolBüro. Lebte 1978 in Berlin (Ost). - *Ausz.:* u.a. 1955 Clara-Zetkin-Med., 1958 Med. für Kämpfer gegen den Faschismus 1933-1945, 1960 Fritz-Heckert-Med., 1961 Artur-Becker-Med., 1963 VVO (Gold) u. Ehrennadel der Gesellschaft für Deutsch-Sowjetische Freundschaft (Gold), 1965 Ehrenspange zum VVO (Gold), 1969 Karl-Marx-Orden.

L: Stern, Ulbricht; Fischer, Deutschlandpolitik. *Qu:* Hand. Publ. Z. - IfZ.

Ulbricht, Walter Ernst Paul, Parteifunktionär, Politiker; geb. 30. Juni 1893 Leipzig, gest. 1. Aug. 1973 Berlin (Ost); *V:* Ernst U. (1869-1943), Schneider, aktiver SozDem.; *M:* Pauline, geb. Rothe (1868-1926); *G:* Erich, 1928 Auswanderung in die USA; Hildegard; ∞ I. 1920 Martha Hauk, gesch.; II. Charlotte Wendt, geb. Kühn (→ Lotte Ulbricht); *K:* aus I: Dorle, A: Deutschland (BRD); aus II: Adoptivtochter Beate; *StA:* deutsch, 14. Apr. 1937 Ausbürg., deutsch. *Weg:* 1933 F, Saargeb.; 1934 UdSSR; 1935 CSR, NL, UdSSR, CSR; 1936 F, E, F; 1938 UdSSR; 1945 Deutschland (Berlin).

1899-1907 Volksschule, 1907-11 Möbeltischlerlehre; 1907 Turnverein *Eiche*, 1908 SAJ, 1910-28 (Ausschluß) *Deutscher Holzarbeiter-Verband;* 1911-12 Wanderschaft durch Österreich, Italien, die Schweiz, Westdeutschland, Belgien u. Holland. 1912 SPD, 1913 Besuch der SPD-Parteischule in Leipzig. 1915-18 Kriegsdienst (Gefreiter), Frühj. 1918 Desertionsversuch, 2 Mon. Gef., nach abermaligem Desertionsversuch Okt./Nov. 1918 erneute Inhaftierung, Flucht nach Ausbruch der Novemberrevolution, Rückkehr nach Leipzig u. PropMitarb. des dortigen *Arbeiter- und Soldatenrats,* Anschluß an *Spartakus*-Gruppe in der USPD, Jan. 1919 Mitgr. KPD in Leipzig, aktiver Parteifunktionär, ab Ende 1919 Mitgl. BezLtg. Mitteldeutschland u. Lokalred. *Der Klassenkampf* Halle, ab Dez. 1920 Mitgl. KPD-BezLtg. Westsa., Aug. 1921 Teiln. 7. PT, 1921-23 Sekr. KPD-BezLtg. Groß-Thüringen in Jena, Nov./Dez. 1922 Teiln. 4. Weltkongreß der *Komintern;* Jan./Febr. 1923 Teiln. 8. PT u. Wahl in die KPD-Zentrale, als Anhänger → Heinrich Brandlers Sekr. der Zentrale u. in dieser Funktion in Thür. u. im Ruhrgeb. konspirativ tätig, ab Juli 1923 Mitgl. OrgBüro u. MilRat der KPD zur Vorbereitung eines bewaffneten Aufstands, nach sog. Oktoberniederlage steckbrieflich verfolgt, Mitarb. OrgAbt., als Illegaler Deleg. 9. PT im Apr. 1924, der ihn jedoch nicht in die Zentrale wiederwählte. Danach Schulungen in der UdSSR u. anschl. Mitarb. Ressort Zellenwesen der OrgAbt. der *Komintern,* Sept. 1924 unter Deckn. Stefan Subkowiak als Instrukteur in Wien, Sept.-Dez. in Haft, nach Ausweisung Instrukteur für die Bildung von Betriebsparteigruppen (Zellen) bei KSČ in Prag, danach bis 1926 in der UdSSR. Nach Rückkehr bis Okt. 1926 in der Illegalität Mitarb. ZK-OrgAbt., wegen des. Engagements bei Umstellung der Parteiorg. vom Territorial- auf Produktionsprinzip „Genosse Zelle" genannt. 1926-28 MdL Sa., ab 11. PT 1927 ZK-Mitgl. u. Vors. Agit.- u. Propagandakommission des ZK, ab Mai 1928 MdR, Teiln. u. Wahl zum EKKI-Kand. auf 6. Weltkongreß der *Komintern* v. Juli/Sept. 1928, 1929 i.A. der KPD in Moskau tätig; ab 12. PT Juni 1929 Mitgl. PolBüro des ZK der KPD u. als Nachf. von → Wilhelm Pieck PolLtr. des stärksten KPD-Bez. Berlin-Brandenburg-Lausitz-Ostmark; Sept. 1931 vom Reichsgericht Leipzig zu 2 J. Festungshaft verurteilt (aufgrund Immunitätsschutzes nicht vollzogen, 1932 Amnestie), ab Okt. 1932 nach Ausschaltung der Gruppe um → Heinz Neumann als Nachf. von → Hermann Remmele ZK-Sekr. - Gebunden an die „ultralinken" Leitsätze der *Komintern* u. im Sinne der Leninschen Einheitsfronttaktik auf die Gewinnung der Arbeitermassen der SPD u. NSDAP fixiert, erwies sich die KPD-Führung in den letzten Jahren der Weimarer Republik als unfähig, einen wirksamen politischen Beitrag zur Verhinderung der Machtübernahme durch die NSDAP zu leisten. Durch Fehleinschätzung der Dynamik des NatSoz. u. mangelnde konspirative Schulung ihrer Kader trug sie dazu bei, daß es dem neuen Regime schon in den ersten Monaten gelang, die Parteiorganisation weitgehend zu zerschlagen. Während zahlr. der noch freien KPD-Funktionäre vor dem massiven Terror ins Exil flohen oder isoliert in den Untergrund gingen, bemühte sich U. um Wiederherstellung der Kontakte zu einzelnen BezFunktionären durch die Hg. des Parteiorgans *Die Rote Fahne* sowie Schaffung eines zentralen Informationsdienstes u. wurde nach Konsolidierung der Parteiführung im Mai 1933 mit → Hermann Schubert u. → Fritz Schulte unter Ltg. von John Scheer Mitgl. der sog. Inlandsleitung (auch Sekretariat genannt). Wegen zunehmender Verfolgung ging die Inlandsltg. mit Ausnahme Scheers schon im Herbst 1933 in die Emigr.; U. hielt sich ab 27. Okt. 1933 in Paris, dem Sitz der Auslandsltg., auf, die nunmehr auch das PolBüro repräsentierte. Mitwirkung bei Anleitung der illeg. KPD, die vom Herbst 1933 bis Mai 1935 von der illeg. Landesltg. in Berlin geführt wurde. Unbelastet von den Gruppenkämpfen um die Parteiführung u. gut informiert über den Zustand der illeg. Parteiorg., wandte sich U. als einziger leitender KPD-Funktionär schon nach den ersten Anzeichen einer Revision des sog. ultralinken Kurses auf der Tagung des EKKI-Präsidiums mit dem KPD-PolBüro am 9./10. Juli 1934 gegen die bisherige Fehleinschätzung des NS-Regimes. Die Fortsetzung der parteipol. Massenarbeit während der ersten Illegalitätsphase 1933/34 in Erwartung eines baldigen Zusammenbruchs des NS-Regimes hatte zu hohen Kaderverlusten geführt (von 422 ltd. Funktionären waren nach Aussagen Piecks 1933-35 ca. 50 % in Deutschland inhaftiert u. 5 % umgekommen, 30 % emigriert u. nur 2 % illeg. tätig). Gemäß EKKI-Direktive zur flexibleren Massenarbeit (Unterwanderung natsoz. Massenorg., Änderung der Saarpolitik) wurde U. neben Pieck mit Unterstützung von → Paul Bertz, → Paul Merker u. → Herbert Wehner gegen den Widerstand der PolBüro-Mehrheit (→ Franz Dahlem, → Fritz Heckert, → Wilhelm Florin, Schubert u. Schulte) nach Beratung des PolBüros mit ltd. Inlandsfunktionären im Juli/Aug. 1934 zum Hauptexponenten der von der *Komintern* sanktionierten neuen Politik u. insbes. ihrer vorsichtigen Hinwendung zur Einheitsfront-Strategie; erste Fühlungnahme mit RSD (→ Karl Böchel) in Richtung einer gemeinsamen „Kampfkonzentration gegen den Faschismus". Da die Mehrheit des PolBüros aus Furcht vor einem Einbruch der sozdem. Linken in die KPD ebenso wie die meisten der ltd. Inlandsfunktionäre am ultralinken Kurs festhielt, wurden sie vom EKKI am 27. Okt. 1934 als „linke Doktrinäre und Sektierer" verurteilt; nach Durchsetzung der neuen Taktik in Verhandlungen des PolBüros der KPD mit der PolKommission des EKKI im Dez. 1934/Jan. 1935 sowie auf der anschl. PolBüro-Tagung mit ltd. Inlandsvertretern in Moskau wurde U. zus. mit Dahlem, der inzwischen seine Einstellung korrigiert hatte, mit der operativen Ltg. der KPD beauftragt. Febr. 1935 mit Dahlem in die CSR zur Neuorg. der bereits 1934 im Rahmen der Dezentralisierung der KPD-Arbeit eingerichteten Grenzstellen in Dänemark, Holland, im Saargeb., in der CSR u. der Schweiz; sie dienten als Stabsstellen zwischen dem PolBüro u. den acht im Reich bestehenden Oberbezirken, die schon ab Ende 1934 ihre Tätigkeit auf Gebiete mit Rüstungsindustrie konzentriert hatten (Berlin, Hamburg, Ruhr, Niederrhein, Halle, Leipzig, Oberschlesien, Stuttgart). Pol. Schulung von Inlands- u. Exilfunktionären in der CSR u. in Holland. Ab März 1935 übernahm → Alexander Abusch die Ltg. des Zentralorgans *Die Rote Fahne,* die sich bis dahin unter der Ltg. von Hans Knodt in Händen der Anhänger der opponierenden Schubert-Schulte-Fraktion befand. Auf dem *7. Komintern-Kongreß,* der die allg. einheitsfrontpol. Orientierung für die kommunist. Parteien proklamierte, trat U. als Deleg. u. Referent auf u. wurde als EKKI-Kand. wiedergewählt; Okt. 1935 Deleg. u. Referent auf sog. Brüsseler Konferenz der KPD (Ref. *Die Arbeit in der DAF und die Wiederherstellung der Freien Gewerkschaften),* mit → Anton Ackermann, Dahlem, Merker u. Wehner zum Mitgl. der operativen Ltg. des PolBüros für die illeg. Parteiarbeit gewählt. Danach mit Dahlem in Prag Instruktion der BezPolLtr. der Inlands-KPD sowie Bemühungen um eine Vereinbarung mit der *Sopade,* Vorschlag zur Bildung von SPD/KPD-Ausschüssen auf unterster Parteiebene u. Einsatz des Instruktions- u. Kontrollapp. der KPD zu ihrer Anleitung für den Aufbau einer gemeinsamen Massenbewegung gegen den NatSoz.; 23. Nov. 1935 Verhandlungen mit → Friedrich Stampfer u. → Hans Vogel, die an der grundsätzlich ablehnenden Haltung des SPD-PV sowie an der Weigerung U.s scheiterten, einem vorbehaltlosen Nichtangriffsabkommen mit der SPD als Voraussetzung von Einheitsfrontversuchen zuzustimmen. Neben → Willi Münzenberg als Sekr., Dahlem, Merker u. → Siegfried Rädel KPD-Vertr. im *Ausschuß zur Vorbereitung einer deutschen Volksfront* in Paris, Mitunterz. Aufruf v. Dez. 1936/Jan. 1937; März 1936 mit Dahlem u. Münzenberg KPD-Vertr. in der Kommission des EKKI-Sekretariats zur Einheits- u. Volksfrontpolitik. Apr. 1936 Schulungstätigkeit bei AbschnLtg. West in Amsterdam, Juni 1936 Teiln. an erweit. PolBüro-Tagung in Paris zur Taktik der Inlandsarb. u. Volksfrontlinie der KPD, Ernennung zum Sekr. des PolBüros, womit U. auch zum Ltr. der inzw. von Prag nach Paris verlegten operativen KPD-Ltg. avancierte. Dez. 1936 OrgArb. in Spanien. Nachdem das seit 1934 neu aufgebaute illeg. KPD-Netz in Deutschland 1936/37 durch die Gestapo erneut zerschlagen worden war, die KPD danach nur noch über verstreute Stützpunkte im Inland verfügte u. die Hauptlast der Parteitätigkeit auf den nach der sog. Brüsseler Konferenz aus den Grenzstellen geschaffenen AbschnLeitungen ruhte, wurde im Febr. 1937 in Paris ein Sekretariat des ZK eingerichtet u. U. als dessen Ltr. eingesetzt (Mitgl. Dahlem u. Merker, Kand.: Bertz). Ab Sommer 1937 wurde U. als Nachf. Münzenbergs auch KPD-Hauptsprecher im Pariser Volksfrontausschuß u. somit der einflußreichste Funktionär der Exil-KPD. Seine dort verfolgte Linie, das pol. Forum der dt. Opposition in ein Legitimations- u. Transformationsorgan der KPD unter Umgehung bzw. mit verdeckter Frontstellung gegenüber der Sozialdemokratie u. anderen sozialist. Gruppierungen umzuwandeln, führte bald zur weitgehenden Isolation der KPD im Ausschuß; sie fand eine bes. Ausprägung in den 1937 durch Parteiinitiative entstandenen *Freundeskreisen der deutschen Volksfront* (Volksfront „mit sich selbst", Volksfront „von unten"). Damit entsprach U.s Haltung der „Linkswendung" der *Komintern* 1937/38, die unter Bekämpfung des sog. Sozialdemokratismus u. Abwendung vom Konzept einer breiten Abwehrfront gegen den Faschismus die kommunist. Einheitspartei der Werktätigen anstrebte. Diese Entwicklung korrespondierte mit den neuen isolationistischen Tendenzen der sowj. Außenpolitik anstelle des bis 1936 verfolgten europ. Systems der kollektiven Sicherheit gegenüber dem natsoz. Deutschland. – Apr.–Mai 1938 wirkte U. neben Pieck, Dahlem, → Philipp Dengel, W. Florin, → Walter Hähnel, → Johann Koplenig u. Wehner in der nach dem Anschluß Österr. gebildeten Deutschen Kommission beim EKKI mit, die in ZusArb. mit dem EKKI-Präsidium die Verlagerung der Haupttätigkeit der KPD ins Ausland sowie eine erneute Aktivierung der Volksfrontpol. zur propagandist. Abwehr des NatSoz. beschloß. Danach als Ltr. des Pariser ZK-Sekretariats der KPD durch Dahlem abgelöst, ab Juni 1938 KPD-Vertr. beim EKKI. Die Versetzung nach Moskau führte zur Aufwertung seiner Position in der KPD-Hierarchie, zumal die gleichzeitige Umwandlung des ZK-Sekretariats in Paris in ein sog. kollektives Führungsorgan dieses noch stärker als vorher zum Exekutivorgan der in Moskau angesiedelten pol. Ltg. der KPD machte. Die Isolation, in der sich U. nach dem Mißerfolg seiner Volksfrontaktivitäten u. der Abberufung aus Paris zunächst befand, konnte er nach Abschluß des dt.-sowj. Nichtangriffspakts 1939 durch seinen vorbehaltlosen Einsatz zugunsten der Führungsfunktion Moskaus in Politik u. Ideologie der KPD völlig überwinden. Nach Kriegsbeginn forderte U. im Sinne der traditionellen These von der Einheit der internat. Arbeiterklasse für die Verteidigung der Sowjetunion die Wiederbelebung der KPD-Tätigkeit im Reich; sie wurde nach Beratungen mit dem EKKI Ende 1939 von der KPD-Führung im Jan. 1940 mit dem Ziel der Schaffung einer einheitl., zentral geleiteten Parteiorg. proklamiert (→ Wilhelm Knöchel, → Karl Mewis, → Heinrich Wiatrek, Herbert Wehner). Die kaderpol. Voraussetzung dieses Programms sollte durch Rückführung von KPD-Emigranten nach Deutschland geschaffen werden; außer den Mitgl. der aufgelösten Abschnittsleitungen wurden hierzu offenbar auch ehem. Spanienkämpfer aus dem franz. Exil rückgeführt, wobei die Vernachlässigung konspirativer Grundsätze zahlr. Verhaftungen durch die Gestapo zur Folge hatte. Nachdem die Exil-KPD nach dem dt. Einmarsch in die UdSSR im ZK-Aufruf v. 24. Juni 1941 die Identität zwischen den Interessen der dt. Werktätigen u. den Friedenszielen der UdSSR festgestellt hatte, verfolgte sie 1941–43 eine Doppelstrategie, die einerseits durch Desertionspropaganda den milit. Sieg der UdSSR als Voraussetzung einer innerdt. Revolution propagierte u. andererseits durch Friedenspropaganda die Mobilisierung der innerdt. Opposition mit dem Ziel des freiw. Abzugs der dt. Armee aus den besetzten Gebieten bezweckte. Als führender Repräsentant dieser Politik war U. ab Juni 1941 Mitarb. von GlavPURKKA für PropArb. unter dt. Kriegsgef., Okt. 1941 maßgebl. beteiligt am Zustandekommen der ersten Anti-Hitler-Erklärung kriegsgef. dt. Soldaten im Lager Temnikov (sog. *Appell der 158),* u. schließlich Initiator des *Vorbereitenden Ausschusses zur Bildung des deutschen Nationalkomitees*

als Vorläufer des NKFD, dem er ebenso wie dessen inoffiz. Führungsgremium *Institut Nr. 99* in ltd. Funktion angehörte. Nachdem die zunächst von sowj. Seite geförderte betont nationale Ausrichtung von NKFD u. *Bund Deutscher Offiziere* 1943/44 durch das Scheitern dt.-sowj. Friedenssondierungen, die Konferenz von Teheran u. die milit. Wende von Stalingrad ihre Funktion in der pol. Strategie der UdSSR eingebüßt hatte, konzentrierte sich die KPD-Emigr. zunehmend auf eigentliche Parteiarbeit: In der am 6. Febr. 1944 gebildeten 20köpfigen ArbKommission des PolBüros des ZK zur Ausarb. der Grundlinien der dt. Nachkriegspol. leitete U. die Unterkommission zu pol. Führungsfragen u. entwarf mit W. Florin die Konzeption der sog. Blockpolitik der demokrat. Parteien bei Sonderstellung der KPD; zus. mit Ackermann u. Pieck Verf. *Aktionsprogramm des Blocks der kämpferischen Demokratie* v. Okt. 1944, das die Ergebnisse der ArbKommission zusammenfaßte (u.a. Blockpolitik, führende Rolle einer zu schaffenden Einheitspartei der Werktätigen, Einheitsgewerkschaft, Bildungsreform). Nach der Konferenz v. Jalta übernahm U. im Febr. 1945 die Ltg. einer Kommission zur Überarbeitung dieses Programms, ihre Vorschläge wurden in den PolBüro-*Richtlinien für die Arbeit der deutschen Antifaschisten in dem von der Roten Armee besetzten deutschen Gebiet* v. 9. Apr. 1945 zusammengefaßt. Im Apr. 1945 wurden die sog. Initiativgruppen der KPD als Kontrollorgane des PolBüros für die bevorstehende Tätigkeit in Deutschland geschaffen; als Ltr. der ersten Gruppe kehrte U. am 30. Apr. 1945 nach Deutschland zurück. Ab 1. Mai 1945 in Berlin aktiv, Konzentration auf Wiederaufbau des VerwApparats, nach Wiedergrdg. der KPD im ZK für Staats- u. Wirtschaftsaufbau verantwortl., maßgebl. beteiligt an der Bildung des Blocks der antifaschist.-demokrat. Parteien sowie der SED u. des FDGB. 1946–50 stellv. Vors. u. Ltr. Abt. Wirtschaft, Verwaltung u. Kommunalpolitik des Zentralsekretariats, 1949–73 Mitgl. PolBüro, 1950–53 GenSekr., 1953–71 1. Sekr. des ZK u. 1971–73 Ehrenvors. der SED. – 1946–51 MdL Sa.-Anhalt, ab Dez. 1947 Mitgl. Ständiger Ausschuß u. Ständiges Sekretariat des Deutschen Volkskongresses für Einheit und gerechten Frieden bzw. ab März 1948 Mitgl. Präsidium des Deutschen Volksrats u. nach Umbenennung 1949–50 MdProvis. VK, 1950–73 MdVK. – 1949–55 Stellv. MinPräs., 1955–60 1. stellv. Vors. MinRat, 1960–73 Vors. Staatsrat der DDR u. 1960–71 Nationaler Verteidigungsrat der DDR. 1946–63 Mitgl. Bundesvorst. FDGB, 1950–73 Mitgl. Präsidium NatRat der *Nationalen Front des demokratischen Deutschland*. – Die durch die sowj. Besetzung entstandene Lage sowie die Anwendung der takt. Erfahrungen der KPD aus den Jahren 1933–45 bedingten bereits ab Kriegsende die Entwicklung der SBZ zu einem eigenständigen Gesellschafts- u. Staatsgebilde. Unmittelbar nach Rückkehr aus der Emigration schuf U. durch den Aufbau der Verwaltung nach dem Prinzip des sog. demokrat. Zentralismus u. später als Ltr. der Wirtschaftspol. die wichtigsten Voraussetzungen für diese Entwicklung. Nach Proklamation der DDR trieb er diesen Prozeß in allen Bereichen des pol. u. gesellschaftl. Lebens konsequent voran. Das Grundmuster seiner Politik entsprach der auch für die KPD-Emigration charakteristischen Widersprüchlichkeit zwischen strateg. Ziel u. takt. Mitteln zu dessen Durchsetzung. So ist die SED-Geschichte bis zum Anfang der 60er Jahre von innenpol. Differenzen taktischer Art gekennzeichnet (→ Rudolf Herrnstadt, → Ernst Wollweber), wobei auch die Ausschaltung von LtgsGremien der SED am Anfang der 50er Jahre (s.u.a. Dahlem, Bertz, → Lex Ende, Merker) unmittelbar mit der Taktikdiskussion in der Emigr. zusammenhing. – *Ausz.:* 1949–73 alle Orden u. Ehrenzeichen der DDR, zahlr. Auslandsorden.

W: u.a. Der gewerkschaftliche Kampf in Deutschland. Kampferfahrungen u. Vorschläge für eine gewerkschaftliche Plattform. Moskau (Verlagsgen. ausländ. Arbeiter) 1936; Kriegsschauplatz Innerdeutschland. Straßburg (Ed. Prométhée) 1938; Wer ist der Feind der deutschen Nation? Moskau (Verlag für fremdspr. Literatur) 1943; Zur Geschichte der deutschen Arbeiterbewegung. Reden u. Aufsätze. Bd. 2 u. Zusatz-Bde. 1 u. 2 (1933–46). 1953, 1966, 1968; in der Emigr. unter Ps. Walter zahlr. programmat. Art. in Organen der KPD u. *Komintern,* Mitarb. *Radio Moskau, Deutscher Freiheitssender, Deutscher Volkssender. L:* Biogr.: u.a. Becher, Johannes R., Walter

Ulbricht. 1958; Stern, Carola, Ulbricht. 1963; Zwerenz, Gerhard, Walter Ulbricht. 1966; u.v.a.: Leonhard, Revolution; Stern, Porträt; Stern, Ulbricht; Laschitza, Horst/Vietzke, Siegfried, Deutschland und die deutsche Arbeiterbewegung 1933-1945. 1964; GdA; Gross, Münzenberg; Gniffke, Erich W., Jahre mit Ulbricht. 1966; Thomas, Lieselotte/Vieillard, Hans/Berger, Wolfgang, Walter Ulbricht. 1968; Weber, Wandlung; Sywottek, Volksdemokratie; Weber/Oldenburg, SED; Duhnke, KPD; Fischer, Deutschlandpolitik; Weber, Hermann, DDR. 1976; Dahlem, Vorabend; Geschichte der SED. 1978; Wehner, Untergrundnotizen. *Qu:* Arch. Biogr. Hand. Publ. Z. - IfZ.

Ullmann, Alois, Funktionär; geb. 10. Sept. 1888 Tippelsgrün b. Karlsbad/Westböhmen, gest. 6. Mai 1957 München; *V:* Bergarb.; *StA:* österr., 1919 CSR, deutsch. *Weg:* 1938 GB; 1939 Deutschland.

Flaschenmacherlehre, 1904 GewMitgl., 1911 SDAP bzw. ab 1919 DSAP; 1914-18 Kriegsdienst, 1918-21 Lohnkommissar im Bergbau, dann Geschäftsf. Sportartikelgenossenschaft des *Arbeiter-Turn- und Sportverbands in der Tschechoslowakischen Republik* (ATUS) Sitz Aussig, 1921-38 GenSekr. ATUS bzw. (nach Vereinigung Anfang 1937 mit *Arbeiter-Rad- und Kraftfahrerbund CSR [Aruk]*) *Arbeiter-Turn- und Sport-Union (ATUS-Union)*. Mitorg. u. 1928-37 Mitvors. RW, 1932-38 Mitgl. DSAP-PV. 1938 Emigr. GB, 1939 illeg. Rückkehr zur Org. des Widerstands, Juli 1939 Verhaftung durch Gestapo in Prag, Mai 1940-Mai 1945 KL Dachau, Mitgl. der illeg. Lagerorg. Nach Kriegsende Vermögenstreuhänder des KL Dachau; 1945 Gr. u. bis 1946 Ltr. Betreuungsaktion für sozdem. Vertriebene aus der Tschechoslowakei *(Aktion Alois Ullmann)*, Landessekr. *Liga für Freiheit und Recht* in Bayern, nach 1946 Gr. u. anschl. Geschäftsf. Verlag Die Brücke München; geschäftsf. Vors. SG für die BRD u. Mitgl. *Sudetendeutscher Rat*.

W: Der ATUS war ein Stück Heimat. 1967. *Qu:* Arch. Pers. Z. - IfZ.

Ullmann, Fritz, Dr. jur., Unternehmensleiter; geb. 29. Juli 1909; jüd., Diss.; *V:* Saly U. (geb. 1875, gest. 1956 Utrecht), jüd., Kaufm., Emigr. NL; *M:* Marianne, geb. Loeb (geb. 1886 Utrecht), Emigr. NL, A: Utrecht; *G:* Franz Leo (geb. 1913), Emigr. USA, Kaufm. in Ridge Drive/N.Y.; ∞ 1942 Utrecht, Maria J.E. Coebergh (geb. 1914 Utrecht), kath., Diss., A: Utrecht; *K:* Joost (geb. 1942), Dipl.-Ing., A: NL; Dr. oec. publ. Robert U. (geb. 1944), Dir. einer Baufirma in den NL; Eric (geb. 1947), Arzt, Entwicklungshelfer in Swaziland/S-Afrika; *StA:* deutsch, Ausbürg., 1947 NL. *Weg:* 1933 F; 1934 NL; 1936 S-Afrika; 1938 NL.

Stud. Rechtswiss. Freiburg u. Köln, ab 1931 Gerichtsref., 1933 Prom.; 1927-33 Mitgl. K.C.; März 1933 nach Entlassung aus dem Staatsdienst Emigr. Frankr., Mitgl. *Cercle Henri Heine Paris*; 1934 nach Holland, Mitarb. in Möbelfabrik der mütterlichen Fam. in Utrecht. 1936-38 mit Besuchervisum in Südafrika, erhielt keine Aufenthaltserlaubnis, 1938 Rückkehr nach Utrecht, erneut als Dir. in Möbelfabrik der mütterl. Fam. tätig. 1942 u. 1944 Haft in KL Westerbork u. Amersfoort. Blieb nach Kriegsende in Utrecht. Ab 1949 VorstMitgl. u. Vors. holländischer u. europ. Möbelproduzenten-Verbände, VorstMitgl. bzw. Vors. Arbeitgeberverband Holland u. Tarifausschuß (Vakraad). Lebte 1975 in Utrecht.

Qu: Fb. - IfZ.

Ullrich, Hermann Josef, Dr. jur., Richter, Schriftsteller, Komponist; geb. 15. Aug. 1888 Mödling b. Wien; *V:* Dr. med. Albrecht U., Arzt; *M:* Matilda, geb. Knepler; *StA:* österr. *Weg:* 1939 GB; 1946 Österr.

Stud. Rechtswiss. Wien, 1911 Prom., anschl. Gerichtsdienst. 1914-18 Offz.; nach 1. WK Richter beim Landesgericht Salzburg, daneben Stud. Musik Mozarteum, später Richter in Wien. Aug. 1938 Zwangspensionierung, 1939 Emigr. London. Jan. 1941 Mitgr. u. Sekr. *Refugee Musicians' Committee*, ab Frühj. 1942 Ehrenmitgl. u. Sekr. *Austrian Musicians' Group*. Enge ZusArb. mit *Austrian Centre* u. *Free Austrian Movement*, Mitarb. *Zeitspiegel;* ab Jan. 1944 Hg. *Kulturblätter des Free Austrian Movement* bzw. ab Mai 1944 *Kulturelle Schriftenreihe des Free Austrian Movement* (FAM), mit dem Ziel, das Bewußtsein einer eigenständigen österr. Kultur unter den österr. Emigranten zu wecken bzw. zu erhalten, maßgebl. an Entwurf u. Durchführung der Kulturarb. des FAM beteiligt. 1946 Rückkehr nach Wien, Wiedereintritt in den Justizdienst, ab Sept. 1946 Richter am Obersten Gerichtshof, zuletzt Zweiter Präs., daneben Mitgl., ab Jan. 1958 Präs. Patentgerichtshof. Ende Dez. 1958 Pensionierung. Jahrelang Musikkritiker *Neues Österreich*. Lebte 1978 in Wien.

W: u.a. Der erste Ball (Ballett). 1923; Österreicher, die Geschichte machten. London (FAM) 1943 (?); Stefan Zweig. London 1943; Österreichischer Humor von Neithart von Reuenthal bis Alfred Polgar (vervielfält. Ms.). London (FAM) 1944; Österreichische Wissenschaft (Hg.). Ebd. 1945; Die Frau in der österreichischen Kultur (vervielfält. Ms.). Ebd. 1945; Wien und die Welt. Ebd. 1945; Das Wien unserer Großeltern. Ebd. 1946 (?); Salzburg. Bildnis einer Stadt. 1948; Fortschritt und Tradition. 10 Jahre Musik in Wien 1945-1955. 1956; Vom Wesen und Werden des Wiener Walzers. 1961; Das Stammbuch der blinden Musikerin Maria Theresia Paradis. 1961; Alfred Julius Becher. Der Spielmann der Wiener Revolution. Bd. 1 u. 2, 1970, 1974; Alfred Julius Becher (1803-1848) als Komponist. 1971; Die blinde Glasharmonikavirtuosin Marianne Kirchgassner und Wien. 1971; Aus vormärzlichen Konzertsälen Wiens. 1972; Verf. von Orchesterwerken, Kammermusik, Klavierstücken u. Liedern. *L:* Maimann, Politik; ISÖE. *Qu:* Arch. Hand. Publ. - IfZ.

Ullstein, Franz Edgar, Dr. jur., Verleger; geb. 16. Jan. 1868 Berlin, gest. 11. Nov. 1945 New York; ev.; *V:* Leopold U. (geb. 1826 Fürth/Bayern, gest. 1899 Berlin), jüd., 1871-77 StadtVO. Berlin, 1877 Gr. Verlag Ullstein; *M:* Mathilde, geb. Berend (geb. 1830 Manchester/GB, gest. 1871 Berlin), jüd.; *G:* Hans (geb. 1859 Berlin, gest. 1935 Berlin), Vater von → Karl H. Ullstein; Katherine Engelmann (geb. 1860 Berlin, gest. 1931 Berlin); Else Cohn (geb. 1862 Berlin, gest. 1959 São Paulo/Bras.); Louis (geb. 1863 Berlin, gest. 1933 Berlin), Chef Verlag Ullstein nach dem Tode des Vaters, 1921 stellv. AR-Vors.; Alice Halle (geb. 1866 Berlin, gest. 1938 Berlin); Mathilde Mayer-Mahr (geb. 1871 Berlin, gest. 1923 Berlin); → Rudolf Ullstein (Stiefbruder); → Hermann Ullstein (Stiefbruder); Antonie Fleischmann (Stiefschwester); ∞ I. 1900 Charlotte Lehmann (geb. 1877 Berlin, gest. 1926 Jüterbog); II. 1928 (?) Rosalie Goldschmidt (geb. Mannheim [?]), kath.; gesch. 1931; III. 1932 Dolly Baronin Kirchbach (geb. Exin bei Czernowitz, Bukowina), Emigr. I; *K:* Elisabeth (geb. 1905), Ehefrau von Kurt Saalfeld (VorstMitgl. Verlag Ullstein); Kurt (geb. 1907 Berlin), ev., 1937 Emigr. Bras., Kaffeepflanzer in Rolandia/Paraná; *StA:* deutsch, Ausbürg. *Weg:* 1938 USA.

Stud. Rechtswiss. Berlin, Heidelberg u. Freiburg, Prom. Freiburg, Referendar. 1894 Eintritt in Verlag Ullstein, 1897-1934 Teilh., Verwaltungschef des Zeitungsverlags, 1921-34 VorstVors.; 1933/34 Zwangsverkauf des Verlags, 1934-38 Ruhestand Berlin; 1938 Emigr. USA, 1938-45 im Ruhestand in New York. Kontakte zu → Hubertus Prinz zu Löwenstein.

L: Ullstein, Hermann, The Rise and Fall of the House of Ullstein. 1943; de Mendelssohn, Peter, Zeitungsstadt Berlin. 1959; Freyburg, Joachim/Wallenberg, Hans (Hg.), Hundert Jahre Ullstein, 1877-1977, 4 Bde. 1977. *Qu:* Hand. Pers. Publ. Z. - RFJI.

Ullstein, Frederick (Friedrich), Verleger; geb. 2. Febr. 1909 Berlin; ev.; *V:* → Hermann Ullstein; ∞ 1945 Patricia Guinnes (geb. 1909 Stilorgan/IRL), ev.; *K:* Augustus Rupert (geb. 1947), ev., LL.B., Barrister in London; Bartholomew Wilhelm (geb. 1948), ev., Vertriebsltr. bei der Verlagsanstalt Pearson-Longmann. *Weg:* 1936 GB; 1956 Deutschland (BRD).

1927 Abitur, kaufm. Lehre. 1930-33 Teilh. Verlag Ullstein, 1933-36 Ltg. des Familienbesitzes Rittergut Warnsdorf in Prignitz/Brandenburg. 1936 Emigr. GB, 1936-37 landwirtschaftl. Ausbildung in Gloucestershire u. Oxfordshire, 1937-56 Pächter in Barnardiston Hall/Suffolk. 1940-46 brit. Armee. 1952-56 nach Rückerstattung des Familienbesitzes VorstMitgl. Verlag Ullstein, 1956 Rückkehr nach Berlin, 1956-60 mit → Rudolf Ullstein u. → Karl H. Ullstein Dir. des Ullstein-Druckhauses Berlin-Tempelhof; gleichz. Wiederaufbau des Buchverlags u. des Zeitungsverlags. 1960 Verkauf des Verlags an den Axel Springer-Konzern u. Rückkehr nach GB. Ab 1960 ltd. Position bei Aldus Books (brit. Tochterges. von Doubleday New York). Lebte 1975 in Withersfield/Suffolk.
L: s. Franz Edgar Ullstein. *Qu:* Hand. Pers. Publ. - RFJI.

Ullstein, Hermann, Verleger; geb. 6. Juli 1875 Berlin, gest. 23. Nov. 1943 New York; ev.; *V:* Leopold U.; *M:* Elise, geb. Pintus (geb. 1850 Magdeburg, gest. 1922 Berlin); *G:* → Rudolf Ullstein; → Franz Edgar Ullstein; Antonie Fleischmann (geb. 1887 Berlin, gest. 1946 Croton/N.Y); ∞ 1903 Margarete Litthauer (geb. 1879 Schrimm/Posen, gest. Suffolk [?]), 1938 Emigr. GB; *K:* Edith Glaser (geb. 1905 Berlin, gest. 1964 Durham/N.Car.), ev., 1937 Emigr. USA, M.A. Psych. Univ. Durham, Sozialfürsorgerin; → Frederick Ullstein; *StA:* deutsch, Ausbürg. *Weg:* 1939 USA.
Kaufm. Lehre bei einer Getreideexportges. in Rußland. 1902-34 im Familienverlag, Ausbau der Zs.- u. Buchabt., 1921-34 stellv. Vors. Verlagsvorst.; 1933/34 Zwangsverkauf des Verlags, bis 1939 Ruhestand Berlin. 1939 Emigr. USA, lebte im Ruhestand in New York, wo er seine Memoiren schrieb.
W: Wirb und werde! Ein Lehrbuch der Reklame. Bern (Francke) 1935; We Blundered Hitler into Power. In: Saturday Evening Post, 13. Juli 1940; The Rise and Fall of the House of Ullstein. New York (Simon and Schuster) 1943. *L:* s. Franz Edgar Ullstein. *Qu:* Hand. Pers. Publ. - RFJI.

Ullstein, Karl H., Verleger; geb. 30. Juni 1893 Berlin, gest. 6. Jan. 1964 Berlin; ev.; *V:* Hans U. (geb. 1859 Berlin, gest. 1935 Berlin), Bruder von → Franz Edgar Ullstein, RA, jur. Berater des Verlags Ullstein, 1889 Teilh., Hg. *Berliner Zeitung* u. *BZ am Mittag,* StadtVO in Berlin; *M:* Antonie, geb. Heymann (geb. 1869 Berlin, gest. 1959 Genf), jüd., 1939 Emigr. CH; *G:* Hilda Ross (∞ Fritz Ross, VorstMitgl. der Ullstein AG, schied nach Zwangsverkauf aus der Firma aus), 1934 Emigr. Österr., überlebte 2. WK auf Landgut ihres Ehemannes; Ilse Pinner (geb. 1892 Berlin), 1939 Emigr. CH, 1940 USA; → Leopold Ullstein; ∞ 1924 Nancy Steiner (geb. 1902 Wien, gest. 1962 Berlin), ev., 1939 Emigr. CH, später USA, 1951 Deutschland (BRD); *K:* Marion von Rautenstrauch (geb. 1927 Berlin), ev.; Hans (geb. 1930 Berlin), ev., Emigr. USA; *StA:* deutsch. *Weg:* 1938 USA; 1951 Deutschland/Berlin (West).
Druckerlehre im Ausland, 1914-17 Kriegsteiln. (Reserveoffz.), 1917-20 Kriegsgef. in Frankr.; 1920-26 in Ullstein-Druckerei Berlin u. Wien, 1926-34 VorstMitgl., Geschäftsf. u. techn. Ltr. der Ullstein-Druckerei, 1925-27 mit → Rudolf Ullstein Aufbau des Druckereibetriebs in Berlin-Tempelhof, 1934 mit → Leopold Ullstein Gr. Epok Stockholm, Einführung neuer Werbetechniken; 1938 Emigr. USA, 1938-51 Exporteur von Druckereimaschinen. 1951 nach Berlin, 1951-52 Teiln. an Rückerstattungsverhandlungen der Gebr. Ullstein mit dem Senat von Berlin; 1951-60 AR-Mitgl., 1960-64 AR-Vors. der neugegr. Ullstein AG, Ltr. der Druckerei in Tempelhof. Mitgl. *Amerikanische Handelskammer in Deutschland* u. *Stifterverband für die Deutsche Wissenschaft.*
W: Unsere Technik. In: Der Verlag Ullstein zum Welt-Reklamekongreß 1929, 1929. *L:* s. Franz Edgar Ullstein. *Qu:* Hand. Pers. Publ. - RFJI.

Ullstein, Leopold, Dr. phil., Verleger; geb. 15. März 1906 Berlin; ev.; *G:* → Karl H. Ullstein; ∞ I. Johanna, geb. Meerstein, ev., 1932 gesch.; II. Betty, geb. Prenn (geb. 1908 Wilna/Rußl.), jüd., 1939 Emigr. GB; *StA:* deutsch. *Weg:* 1939 GB.

Kaufm. Lehre bei Exportfirma in Hamburg u. Lehre als Drucker in Santander/Spanien; Stud. Berlin, Wien, Genf, Freiburg u. Leipzig, 1930 Prom.; RedMitgl. *Prager Tagblatt;* 1932-34 Teilh. Rowohlt Verlag; 1934 mit → Karl H. Ullstein Gr. Epok Stockholm; 1933-35 Veröffentl. von → Siegmund Kaznelsons Werk *Juden im deutschen Kulturbereich,* Druckplatten von der Gestapo beschlagnahmt. Juli 1939 Emigr. GB. Ende 1943 Anschluß an FDB in GB, Auseinandersetzung mit KPD in der Frage künftiger Reparationen an die UdSSR, Frühjahr 1944 Austritt aus FDB aus Protest gegen sowjet. Deutschlandpolitik. Arbeitete im 2. WK in einem Rüstungsbetrieb, später in versch. Verlagen. 1955-72 Ltr. von Barrie Publ. London, später Eingliederung anderer Verlagshäuser, mit Weidenfeld & Nicolson Gr. der Buchvertriebsges. W.B.R. Distributors Ltd., Dir. von Colour Workshop u.a. Firmen außerhalb des Verlagsgeschäfts. Ab 1972 im Ruhestand. Lebte 1975 in London.
W: Eugen Richter als Publizist und Herausgeber. Ein Beitrag zum Thema „Parteipresse" (Diss.). 1930; Schuld, Wiedergutmachung und Wiederaufbau. In: Freie Tribüne, Jan. 1944. *L:* s. Franz Edgar Ullstein; Röder, Großbritannien. *Qu:* Hand. Pers. Publ. - RFJI.

Ullstein, Rudolf, Verleger; geb. 26. Febr. 1874 Berlin, gest. 2. Febr. 1964 Berlin; ev.; *M:* Elise, geb. Pintus; *G:* → Franz Edgar Ullstein; → Hermann Ullstein; ∞ I. 1913 Margarete Höfner (geb. 1879 Tuchel/Westpr., gest. 1970 Wasserburg/Bayern), ev., 1933 gesch.; II. Edith Marquardt (geb. 1892, gest. 1960 Berlin), ev.; 1933 Emigr. GB, 1949 Deutschland (BRD); *K:* aus I. Hilde (geb. 1904, gest. 1964 Berlin), ev.; *StA:* deutsch. *Weg:* 1939 GB; 1945 USA; 1949 Deutschland/Berlin (West).
Lehre als Drucker im In- u. Ausland, 1901-33 techn. Betriebsltr. im Verlag Ullstein, mit → Karl H. Ullstein Aufbau der modernen Ullstein-Druckerei Berlin-Tempelhof; 1921-33 AR-Mitgl. Verlag Ullstein; Ausschußmitgl. der *Vereinigung der deutschen Arbeitgeberverbände* u. VorstMitgl. *Deutscher Buchdruckerverein.* Schrittmacher der modernen Boulevardpresse u. preiswerter Romanserien mit bekannten Autoren, der modernen Frauenzs. (u.a. Schnittmuster) u. von Zs. für die Landbevölkerung *(Die Grüne Post).* 1933/34 Zwangsverkauf des Verlags, 1933-39 Ruhestand Berlin. 1939 Emigr. GB, 1939-45 Fabrikarbeiter; 1945 in die USA, 1945-49 bei einem Verlag tätig. 1949 nach Berlin, 1949-52 aktiv bei Rückerstattungsverhandlungen der Gebr. Ullstein mit dem Senat von Berlin; 1952-60 Dir. der Druckerei in Tempelhof u. AR-Vors. der neugegr. Ullstein AG. - *Ausz.:* 1954 Ehrenpräs. *Wirtschaftsverband Graphisches Gewerbe* Berlin, 1958 Gr. BVK.
L: s. Franz Edgar Ullstein. *Qu:* Hand. Pers. Publ. Z. - RFJI.

Umschweif, Max, Dr. jur., Ministerialbeamter; geb. 1910 Wien (?); *G:* Fritz, 1938 (?) Emigr. B, Mitgl. KPÖ-Parteigruppe in Brüssel, nach dt. Einmarsch verhaftet, KL Auschwitz; *StA:* österr. *Weg:* 1937 E; 1939 F; 1940 Deutschland; 1945 Österr.
Mitgl. u. BezObmann *Vereinigung Sozialistischer Mittelschüler* in Wien; Stud. Univ. Wien, Nachrichtenref. u. LtgMitgl. *Akademische Legion des Republikanischen Schutzbunds,* als Sprengstoff- u. Waffenexperte Instrukteur im *Schutzbund,* mehrfach verhaftet, zeitw. von Univ. relegiert. Nach 1933 Zus-Arb. mit illeg. KPÖ; Juni 1937 nach Spanien, Teiln. Span. Bürgerkrieg, mehrfach verwundet, 1939 Teiln. am sog. zweiten Einsatz der Internat. Brigaden. Frühj. 1939 nach Frankr., Internierung in St-Cyprien u. Gurs, LtgMitgl. der Lagerorg., mit → Hermann Langbein u. → Leopold Spira Org. der sog. Lager-Hochschule, ab Apr. 1940 in mehreren Lagern an der belg. Grenze u. in der Bretagne. Nach franz. Kapitulation Auslieferung an Gestapo, Haft u. a. im Gef. Santé Paris, Aug. 1940 Transport nach Wien, anschl. KL Dachau u. Buchenwald, Mitgl. der illeg. Lagerorg.; 1945 Rückkehr nach Wien, zunächst im Polizeidienst, anschl. im Finanzmin., zuletzt Finanzlandesdirektor. PräsMitgl. *Bundesverband österreichischer Widerstandskämpfer und Opfer des Faschismus - KZ-Verband,* Mitgl. *Vereinigung österreichischer Freiwilliger in der spanischen*

Republik 1936 bis 1939 und der Freunde des demokratischen Spaniens, Kuratoriumsmitgl. DÖW. Lebte 1978 in Wien. - *Ausz.:* Hofrat, 1977 Ehrenzeichen für Verdienste um die Befreiung Österreichs.
Qu: Arch.Z. - IfZ.

Ungar, Frederick, Dr. jur., Verleger; geb. 5. Sept. 1898 Wien; *V:* Moritz U. (geb. 1859 Tamasi/ungar. Komitat Tolna); *M:* Bertha, geb. Kobler (geb. 1869 Rausnitz/Mähren); ∞ 1948 Hansi Beck (geb. 1906 Wien), Emigr. USA; *K:* Bertrand T. (geb. 1949 New York), LL.D.; *StA:* österr., 1945 USA. *Weg:* 1938 CSR; CH; GB; 1939 USA.
1920-25 Stud. Rechtswiss. Wien, 1924-25 Gr., lit. Ltr. u. Teilh. Phaidon Verlag Wien, ab 1926 Gr. u. Inh. Saturn Verlag Wien; 1938 Emigr. CSR, später Schweiz, GB, Sept. 1939 in die USA. Ab 1940 Gr. u. Inh. Frederick Ungar Publ. Co., Inc. New York, veröffentl. anfangs fremdsprachl. Hand- u. Wörterbücher, später engl. Übersetzungen u. Originalwerke über Gesch., Phil., Lit. u. Literaturkritik. Lebte 1978 in Scarborough/N.Y. - *Ausz.:* 1975 Berufstitel Prof. (Österr.); Alexander Gode Med. der *Am. Translators Assn.*
W: To Mother with Love (Hg.). 1951; What's Right with America. 1952; Friedrich Schiller, an Anthology for our Time (Hg.). 1959; Goethe's World View (Hg.). 1963; Anthology of German Poetry trough the 19th Century (Mithg.). 1964; Handbook of Austrian Literature (Hg.). 1973; Encyclopedia of World Literature in the 20th Century, Bd. 4 (Hg.). 1975; No Compromise: Selected Writings of Karl Kraus (Hg.). 1977. *L:* Fermi, Immigrants; Halfmann, Bibliographien und Verlage.
Qu: Fb. Pers. Publ. - RFJI.

Ungar, Leopold, Dr. jur., Priester, Verbandsfunktionär; geb. 8. Aug. 1912 Wiener Neustadt/Niederösterr.; kath.; *StA:* österr. *Weg:* F; 1940 GB; 1947 Österr.
Stud. Rechtswiss. u. Theol. Univ. Wien, 1935 Prom.; anschl. Weiterführung des Theologiestud. in Wien u. vermutl. ab 1938 in Paris, 1939 lic. theol.; Tätigkeit als Priester in Paris, 1940 Lehrtätigkeit an Ecole St-Charles in St-Brieuc/Bretagne. 1940 vermutl. nach franz. Kapitulation Emigr. GB, bis 1947 Kaplan am Holy Ghost Convent in Caverswell. 1947 Rückkehr nach Wien, Kaplan; ab 1948 GenSekr., ab 1952 Ltr. der *Caritas* der Erzdiözese Wien, ab 1966 Präs. *Caritas* Österreich. Lebte 1975 in Wien.
Qu: Hand. - IfZ.

Unger, Otto, Parteifunktionär, Publizist; geb. 5. Sept. 1893 Böllberg b. Halle/Saale, gest. 1937 (?). *Weg:* UdSSR.
Buchhändler. Anschluß an sozialist. Jugendbewegung, 1912 Mitgl. SPD; während des 1. WK *Spartakus,* aktiv in internationalist. Jugendbewegung, 1919 Mitgl. KPD; Geschäftsf. Verlag Junge Garde der kommunist. Jugend, ab 1921 Mitgl. ZK des KJVD; auf dem 2. Kongreß der KJI Juli 1921 in Moskau mit → Leo Flieg, → Willi Münzenberg, Eugen Schönhaar u. → Alfred Kurella als dt. Vertreter in die Exekutive gewählt, auf dem 3. KJI-Kongreß Dez. 1922 Wiederwahl; Teiln. 5. *Komintern-*Kongreß Juni/Juli 1924 mit einem Referat über Jugendfragen; 1926 Deleg. zur 6. Sitzung der erweiterten EKKI-Plenums zur deutschen Frage; neben seiner Funktionärstätigkeit in Deutschland publizistisch aktiv, 1926 Abg. ProvLT von Merseburg, im gleichen Jahr als OrgLtr. zur KPD-BezLtg. Wasserkante, dann AgitpropSekretär; als Mitgl. der sog. Versöhnler-Gruppe 1928 während der Fraktionskämpfe seiner Parteifunktionen enthoben. Ging später in die UdSSR, tätig für Verlagsgenossenschaft ausländischer Arbeiter in der UdSSR; 1937 verhaftet u. während der Säuberungen verschollen.
L: Weber, Wandlung; Geschichte der Kommunistischen Jugendinternationale. Bd. I: Schüller, Richard, Von der proletarischen Jugendbewegung bis zur Gründung der KJI; Bd. II: Kurella, Alfred, Gründung und Aufbau der KJI; Bd. III: Chitarow, Richard, Der Kampf um die Massen. Vom 2. zum 5. Weltkongreß der KJI. Berlin 1929-1931 (Neuaufl. München 1970).
Qu: Arch. Hand. Publ. - IfZ.

Unna, Isak, Dr. phil., Rabbiner; geb. 29. Febr. 1872 Würzburg, gest. 19. Mai 1948 Jerusalem; *V:* Moses U. (geb. 1824 Hanau/Main, gest. 1888 Würzburg), Stud. Würzburg u. Bonn, Rabbiner u. Lehrer in Würzburg; *M:* Zerline, geb. Bamberger (geb. 1832 Wiesenbronn/Bayern; gest. 1896 Würzburg), Tochter des orthodoxen Rabbiners Seligmann Baer B., Würzburg; ∞ Gertrud Goitein (geb. 1876 Aurich/Hannover, gest. 1954 Naharyyah/IL), jüd., Lehrerinnenseminar, Mitgl. *Misrachi*-Frauenorganisation, fürsorgerisch tätig, 1935 Emigr. Pal.; *K:* Dr. phil. Zerline (Cilly) Kohn (geb. 1900 Mannheim), 1933 Emigr. Pal., Chemikerin; Gabor (Gedalya, geb. 1901 Mannheim, gest. 1938 Afulah/Pal.), Stud. Univ. u. Dipl. Rabbinerseminar, 1927 (?) nach Pal., Lehrer, Gr. u. Mitgl. Kibb. Tirat Zwi; Moshe (Moses) (geb. 1902 Mannheim), Stud. Landwirtschaftl. Hochschule u. Rabbinerseminar Berlin, 1927 nach Pal., Mitgr. relig. Kibbuzbewegung, Mitgl. *Vaad Leummi,* 1948-70 Mitgl. der Knesset, 1952-56 u. 1961-69 Vors. Rechts- u. Verfassungskomitee der Knesset, 1956-58 Vizemin. für Erziehung, ab 1970 Dir-Mitgl. Jüd. Nationalfonds; Viktor Avigdor (geb. 1904 Mannheim), Stud. Univ. u. Rabbinerseminar, 1933 Emigr. Pal., Buchhändler; Sara Ruth Rülf (geb. 1905 Mannheim), 1935 Emigr. Pal., Hauswirtschaftslehrerin (verh. mit → Shlomo Rülf); Claire (Klara) Brurit (geb. 1907 Mannheim), Stud. Kunstakad. Mannheim u. Karlsruhe, 1934 Emigr. Pal., Kunstmalerin, Inspektorin für Zeichenunterricht im Bez. Haifa; Rahel Giladi (geb. 1912 Mannheim), Dipl. Lehrerbildungsanstalt Karlsruhe, 1934 Emigr. Pal., Lehrerin; → Shulamit Unna. *Weg:* 1935 Pal.
Stud. Rabbinerseminar Berlin, Rabbinerexamen, 1895 Prom. (klass. Philol.) Würzburg; 3 J. Mitgl. rabbin. Gericht Beth Din unter Ltg. von Rabbiner Mordechai Halevi Horowitz in Frankfurt/M.; 1897-1935 Rabbiner Klaus-Synagoge Mannheim, 1924-35 Mitgl. Oberrat der Israeliten Badens. 1923 Gr. u. Präs. von *Achdut* (Org. zum Ausgleich der versch. pol. u. relig.-ideolog. Strömungen innerhalb der dt.-jüd. Orthodoxie), Gr. der orthodoxen Ztg. *Jüdisches Wochenblatt.* 1928-35 Mitgr. u. Ltr. einer Org. zur Verteidigung des Schächtens, widersetzte sich Versuchen des Oberrats der Israeliten Badens zur Einführung liberaler Gebetbücher in den badischen Synagogen; nach 1929 Mitgl. *Jew. Agency,* zeitw. Mitgl. Geschäftsführung u. stellv. Vors. *Vereinigung traditionell-gesetzestreuer Rabbiner Deutschlands.* 1935 Emigr. Palästina; 1936-48 Mitgr. u. Rabbiner Gde. Binyan Zion Jerusalem, Mitgr. der Begräbnisgemeinschaft *Hevrah Kadishah* Jerusalem, Mitgl. relig. Ausschuß des Rabbinerrats Jerusalem, Mitgl. *B'nai B'rith* u. *Azriel* (Vereinigung ehem. Stud. des Berliner Rabbinerseminars).
L: Unna, Josef, Bibliographie. In: Unna, M. u. A. (Hg.), LemaanhaAḥdut vehaYiḥud (Für Einigkeit und Einheit), 1975.
Qu: Pers. Publ. Z. - RFJI.

Unna, Itzhak (Fritz), Offizier, Diplomat; geb. 18. Sept. 1922 Hamburg; jüd.; *V:* William U. (geb. 1881 Altona/Schleswig-Holstein, gest. 1967 IL), Arzt, Vors. Zion. Org. Hamburg, 1935 Emigr. Pal.; *M:* Eleonore, geb. Rosenberg (geb. 1886 Wien, gest. 1967 IL), jüd., 1935 Emigr. Pal.; *G:* Ruth Clack (geb. 1913 Deutschland), 1935 Emigr. GB; Moshe (geb. 1915 Deutschland), 1936 Emigr. Pal., Landwirt; ∞ 1963 Renate Berendt (geb. 1919 Deutschland), jüd., Stud. Kunstgewerbeschule London, 1933 Emigr. F, 1935 Ägypten, 1936 GB; *K:* Edna (geb. 1949); Ron (geb. 1954), Landwirt in IL; *StA:* deutsch, IL. *Weg:* 1935 (?) Pal.
1928-35 höhere Schule Hamburg, Mitgl. *Habonim;* 1935 (1936 ?) Emigr. Palästina, 1940 Abitur in Haifa, 1936-41 *Haganah;* 1941-47 MilDienst brit. Armee. 1943 Stud. School of Military Engineers Ägypten; 1945-46 brit. Offz.-Ausbildung, 1947-53 Offz. IDF. Ab 1953 beim isr. Außenmin., 1966-68 an der isr. Botschaft in Bonn, ab 1977 an der isr. Botschaft in Kapstadt/Südafrika.
Qu: Fb. - RFJI.

Unna, Shulamit (Suse), Ministerialbeamtin; geb. 12. Febr. 1914 Mannheim; jüd.; *V:* → Isak Unna; *StA:* deutsch, Pal./IL. *Weg:* 1936 Pal.

1933-34 Stud. Dolmetscherschule Mannheim, 1934-35 Sprachenstudien Univ. Coll. London u. Alliance Française Paris, 1935 Dipl. Dolmetscherschule der Univ. Heidelberg; tätig in *Bachad.* März 1936 Emigr. Pal. mit B III-Zertifikat, Stud. Lehrerseminar des *Mizraḥi,* 1936 Sekr. an der Hebr. Univ., 1937 Angest. bei der Mandatsverw., Abt. für Altertümer; 1937-49 Sekr. OrgAbt. der *Jew. Agency.* Während 2. WK Dienst bei der Bürgerwehr *Haga.* 1949-51 3. Sekr. der isr. Gesandtschaft in Jugoslawien, 1951 Attaché der isr. Gesandtschaft in Ungarn, 1951-56 Assist. des Dir. der Personalabt., 1956-67 Assist. des Dir. der Konsulatsabt., 1968-75 Ltr. der Dokumentenabt., ab 1975 Dir. Archiv- u. Dokumentenabt. im isr. Außenmin. Seit 1936 Mitgl. *Hapoel haMizraḥi.* Lebte 1978 in Jerusalem.

Qu: Fb. - RFJI.

Unterberg, Sigmund, Dr. jur., Verbandsfunktionär; geb. 17. Dez. 1896 Przemysl/Galizien (?); jüd.; *V:* Isaac U.; *M:* Regina, geb. Tenenbaum; ∞ 1931 Hedwig Kempler; *K:* Paul G.; Mary. *Weg:* 1940 CDN.

1921 Prom. Wien, 1922 Dipl. Handelsakad. Wien; 1940 Emigr. Kanada; 1943-65 Rechnungsprüfer u. stellv. Schatzmeister beim *Can. Jew. Congress,* ab 1965 geschäftsf. Schatzmeister u. Mitgl. der Exekutive, daneben ab 1968 Ltr. von Museum u. Archiv des *Can. Jew. Congress* u. Treuhänder der Wohlfahrtskommission; Dir. beim Gemeinsamen Ausschuß von *Can. Jew. Congress* u. *B'nai B'rith,* 1944-68 Rechnungsprüfer u. stellv. Schatzmeister u. ab 1968 Ltr. *United Jewish Relief Agencies of Canada,* ab 1951 Dir. der jüd. Perez-Schulen u. des Vereinigten Lehrerseminars, ab 1953 Ltr. *Canad.-Isr. Corp.,* ab 1963 Ltr. *Jew. Immigrant Aid Soc.,* Deleg. *Assembly of Jew. Federations and Welfare Funds,* Mitgl. Soc. Welfare Board, Congr. Shaar Hashomayim, Temple Emanuel, *Zion. Org. of Canada* u. *B'nai B'rith.* Lebte 1972 in Montreal. - *Ausz.:* Can. Centennial Medal.

Qu: Hand. - RFJI.

Unterleitner, Hans, Parteifunktionär, Politiker; geb. 27. Jan. 1890 Freising/Obb., gest. 1971 USA; kath., Diss.; *V:* Johann U. (geb. 1827), kath.; *M:* Sabina, geb. Niedermaier (geb. 1836), kath.; *G:* Johanna (geb. 1873), Franziska (geb. 1875), Adam (geb. 1892); ∞ Ilse Eisner (Tochter von Kurt Eisner, geb. 1895, gest. USA), Emigr.; *K:* Jürgen (geb. 1922); Karl Friedrich (Fred) (geb. 1932), Emigr.; *StA:* deutsch. *Weg:* 1936 CH; 1939 USA.

Metallarb. in München, autodidakt. Fortbildung, Mitgl. SPD, ab 1914 Kriegsteiln., nach Verwundung 1916-18 Betriebssoldat, Eintritt in USPD, Nov. 1918-Apr. 1919 bayer. Min. für soziale Fürsorge, Juni 1920-Mai 1924 u. Dez. 1924-Juni 1933 MdR; 1920 Rückkehr zur SPD, Parteisekr. in München, Mitgl. SPD-Parteiausschuß für Oberbayern-Schwaben. 19. Juni 1933 Teiln. SPD-Reichskonf. in Berlin, die sich gegen den Exil-PV aussprach. 30. Juni Verhaftung, KL Dachau, Mißhandlungen durch NatSoz. u. kommunist. Mithäftlinge, nach Interventionen von → Wilhelm Hoegner u. → Otto Lehmann-Rußbueldt bei brit. Politikern Sept. 1935 Haftentlassung auf Probe, Anfang 1936 mit Hilfe Hoegners Flucht in die Schweiz, pol. Asyl in Zürich, Nov. 1939 durch Vermittlung von Léon Blum Emigr. in die USA, lebte - u.a. als Portier - in Elisabeth/N.J.; 1941 VorstMitgl. des von → Albert Grzesinski gegr. *German-American Council for the Liberation of Germany from Nazism.* 1945 als Kabinettsmitgl. der Reg. Hoegner vorgesehen.

L: Hoegner, Wilhelm, Der schwierige Außenseiter. 1959; ders., Flucht vor Hitler. 1977. *D:* IfZ, AsD. *Qu:* Arch. Hand. Pers. Publ. - IfZ.

Urach, Hedy (Hedi, Hedwig), Parteifunktionärin; geb. 20. Aug. 1910 (1916 ?) Wien, hinger. 17. Mai 1943 Wien; *V:* Straßenbahner; *StA:* österr. *Weg:* 1936 UdSSR; 1937 (?) Österr.; 1939 B; 1940 Deutschland (Österr.).

Schneiderlehre, Mitgl. KJVÖ, nach anderer Quelle aktiv in sozdem. Jugendbewegung, 1934 nach den Februarkämpfen Mitgl. KJVÖ; lt. Anklageschrift des Oberreichsanwalts 1931-32 in Moskau, Zentrale Funktionärin der illeg. KJVÖ in Wien, hielt die Verbindung zwischen Wiener KJVÖ-Gruppen aufrecht, 1936 als Mitgl. des ZK des KJVÖ nach Moskau, vermutl. Besuch Lenin-Schule, wahrscheinl. 1937 Rückkehr nach Österr., Frühj. 1937 Verhaftung, 4 Mon. Arrest. Nach dem Anschluß Österr. erneut kurzfristig verhaftet, nach Freilassung Mai 1939 Flucht nach Belgien, arbeitete als Kinderschwester; ZK-Mitgl. der KPÖ. Frühj. 1940 Internierung in Brügge; nach dt. Einmarsch in Belgien illeg. Rückkehr nach Wien, Mitarb. von → Erwin Puschmann beim Aufbau der 3. illeg. Ltg. der KPÖ, Juni 1941 Verhaftung, 16. Febr. 1942 VGH-Todesurteil.

L: Mitteräcker, Kampf; Koch, Widerstand; Steiner, Herbert, Gestorben für Österreich. 1968; DBMOI; Göhring, KJVÖ; Konrad, KPÖ; Widerstand 1 u. 2; ISÖE; Tidl, Maria, Frauen im Widerstand. O.J. *Qu:* Arch. Pers. Publ. Z. - IfZ.

Urbahns, Hugo, Parteifunktionär; geb. 18. Febr. 1890 Lieth/Süder-Dithmarschen, gest. 16. Nov. 1946 Stockholm; Diss.; ∞ Emilie Spielberg, Mitgl. *Lenin-Bund,* 1933 Emigr. S, lebte 1971 in Huddinge/S; *StA:* deutsch, 29. März 1934 Ausbürg. *Weg:* 1933 CSR, S.

Lehrer. Früh Verbindung zu sozialist. Kreisen; Teiln. 1. WK; während des Krieges USPD, nach der Revolution 1918 *Spartakusbund* u. ab Grdg. Mitgl. KPD; ab 1920 Mitgl. BezLtg. Wasserkante, Deleg. auf Vereinigungs-PT mit USPD Dez. 1920; gehörte mit Ernst Thälmann als Vertreter des Bez. Wasserkante im ZA zum linken Parteiflügel, 1921 Parteisekr. u. bis 1923 PolLtr. Bez. Wasserkante; 1922-27 MdHB; spielte während des Hamburger Oktoberaufstandes 1923 eine wichtige Rolle, deshalb Jan. 1924 verhaftet u. ein Jahr später zu zehn Jahren Festung verurteilt; ab Mai 1924 MdR u. aufgrund Immunitätsbegehrens des Reichstags Okt. 1925 Haftentlassung, MdR bis Mai 1928; auf 10. KPD-PT Juli 1925 Wahl ins ZK; konsequenter Vertreter des oppos. Linkskurses, wandte sich gegen den Parteiausschluß von → Ruth Fischer u. → Arkadij Maslow. 1926 Mitgl. der neugebildeten Reichsltg. *Linke Opposition der KPD;* Nov. 1926 selbst aus der Partei ausgeschlossen, Mitgr. des an der sowj. Linksopposition orientierten *Lenin-Bundes* mit Organ *Der Volkswille,* nach dem Ausscheiden von Fischer u. Maslow dessen Führer bis 1933. Nach der natsoz. Machtübernahme Flucht in die CSR, von dort Apr. 1933 Emigr. nach Schweden; dort u.a. als Typograph u. Journalist tätig, stand in Verb. zu Widerstandsgruppen in Hamburg; in Schweden selbst nach Ausweisungsbeschluß 1934 (aufgrund von Denunziation) pol. nicht mehr aktiv.

L: Weber, Wandlung; Müssener, Exil; Zimmermann, Leninbund. *Qu:* Arch. Hand. Publ. - IfZ.

V

Vahsen, Arnold, Journalist; geb. 10. Jan. 1902 Harff/Rheinl.; ∞ Elisabeth Helene Dahmen (geb. 1900); *K:* Elisabetha (geb. 1924), Angelika (geb. 1926); *StA:* deutsch, 3. Dez. 1936 Ausbürg. mit Fam. *Weg:* 1933 Saargeb.; F (?).

Rechtskonsulent. Ab 1931 Mitgl. NSDAP, 1932 Parteiausschluß als Anhänger → Otto Straßers. Nach der natsoz. Machtübernahme ab Mai 1933 in Schutzhaft, Dez. 1933 Verurteilung zu 5 Mon. Gef. wegen Beschuldigung der NSDAP, Fememorde begangen zu haben; während eines Hafturlaubs Ende 1933 Flucht ins Saargeb., Mitarb. *Deutsche Freiheit,* mit Otto Straßer Gr. *Schwarzer Ring* u. ab März 1934 Red. der *Schwarzen Fahne;* nach Saarabstimmung Jan. 1935 vermutl. Emigr. nach Frankreich.

Qu: Arch. - IfZ.

Vajda, Alexander (Sándor), Parteifunktionär; geb. 8. Jan. 1908 Máramaros-Sziget/Ungarn; o.K.; *V:* Heinrich V.; *M:* Johanna, geb. Janka, seit 1944 verschollen, vermutl. dep.; *G:* Dr. Nikolaus V., Arzt, Emigr. F, während 2. WK in franz. Résistance, anschl. Arzt in franz. Armee; Eva; Ilona; ∞ Irma Haberkorn (geb. 1908), Kindergärtnerin, ab 1924 Mitgl. KJVÖ, ab 1928 KPÖ, 1931 Emigr. UdSSR, Pädagog. Hochschule Moskau, Lehrerin, anschl. Arbeit im Labor des Gehirnforschungsinstituts, Mitarb. *Deutsche Zentral-Zeitung,* Dipl. Hochschule für Fremdsprachen in Moskau, Hochschullehrerin, 1948 Rückkehr nach Wien, bis 1956 Ltr. Sprachschule der Mitarb. der sowj. Besatzungsbehörden in Österr., KPÖ-Funktionärin; *K:* Peter; *StA:* ungar., staatenlos, 1948 österr. *Weg:* 1931 UdSSR; 1934 Österr., UdSSR; 1948 Österr.

Höhere Schule, anschl. Schlosserlehre, später Stud. in Prag u. Wien. Seit 1919 in Arbeiterbewegung aktiv, nach Niederschlagung der ungar. Räterepublik Mitarb. ungar. kommunist. Exilzs., Mitgl. *Kommunistische Partei Ungarns* im Wiener Exil. 1927 Mitgl. KPÖ, GrdgMitgl. *Bund proletarisch-revolutionärer Schriftsteller Österreichs* (→ Ernst Fabri). Arbeitete als Weber, zuletzt Webermeister, Funktionär *Union der Textilarbeiter Österreichs.* 1931 Emigr. UdSSR, weitere berufl. Qualifikation im Textilfach, zuletzt Ing. u. AbtLtr. im wissenschaftl. Forschungsinst. der Wollindustrie. 1934 i.A. der KPÖ illeg. Aufenthalt in Österr., anschl. wieder UdSSR, Mitarbeiter *Deutsche Zentral-Zeitung.* 1941 nach dt. Angriff auf die UdSSR Freiw. in Roter Armee, Partisaneneinsatz. 1945 vermutl. Mitarb. *Radio Moskau* für Österreich, ab Herbst 1945 neben → Fritz Fuchs u. → Genia Quittner ständiger Lehrer im österr. Sektor der Antifa-Schule in Krasnogorsk, später Ltr. des österr. Sektors in Krasnogorsk, anschl. in Noginsk. 1948 Rückkehr nach Österr., KPÖ-Funktionär in Wien u. Niederösterr., Mitarb. in den Org. der ungar. Volksgruppe in Österr. 1953-55 Dir. in Textilbetrieben (vermutl. innerhalb der USIA-Betriebe). 1955 Aufbau u. bis 1969 (Pensionierung) Ltr. Fachbuchhandlung Das Internationale Buch. Lebte 1978 in Wien.

W: u.a. Holochergasse, Österreichische Wollwaren-Industrie AG (R, unveröffentl. Ms.). *L:* Vogelmann, Propaganda; Musger, Gerald, Der Bund proletarisch-revolutionärer Schriftsteller Österreichs (1930-1934). Diss. phil. masch. Graz 1977; Beer-Jergitsch, Lilli, 18 Jahre in der UdSSR (unveröffentl. Ms.). *Qu:* Arch. Pers. Publ. - IfZ.

Valentin, Fritz, Richter; geb. 6. Aug. 1897 Hamburg; ev.; *V:* Dr. med. Albert V. (1861-1930), jüd., Arzt; *M:* Emma, geb. Stettenheim (1872-1931), ev.; *G:* Eva Valtin (geb. 1896), Krankenschwester, 1938 Emigr. USA; Curt (1902-1954), Buch- u. Kunsthändler, 1937 Emigr. USA; Albert (geb. 1904), Landwirt, später Hausmakler, 1938 Emigr. USA; ∞ 1923 Cäcilie Johanne Schmidt (geb. 1895 DK), ev., Lehrerin, Emigr.; *K:* Ursula Windsor (geb. 1924), Bibliothekarin in GB; Renate Rahn (geb. 1929), Sekr., A: Deutschland (BRD); Eva Mandelkow (geb. 1931), Buchhändlerin, A: Deutschland (BRD); *StA:* deutsch, Ausbürg., deutsch. *Weg:* 1939 GB; 1946 Deutschland (BBZ).

1914 Abitur, 1914-18 Kriegsfreiw. (Lt., EK I, Hanseatenkreuz), ab 1919 Stud. Rechtswiss. Hamburg, Würzburg, Kiel, 1922 Referendar, 1924 Assessor, ab 1925 Staatsanwalt u. Strafrichter in Hamburg, Mitgl. *Hamburgischer Richterverein,* aktiv in Hamburgischer Landeskirche. Nov. 1934 Entlassung aus Justizdienst, wegen zunehmender Diskriminierung Visabeschaffung für USA, mit Hilfe der Quäker Einreisebewilligung nach GB zur Überbrückung der Wartezeit. Aug. 1939 Emigr. mit Fam. nach London, Buchhaltungskurs, Juli 1940-Febr. 1941 Internierung Isle of Man, anschl. Aufräumungsarb. in London, 1941-45 Angest. einer Anwaltsfirma, dann Rechtsberater für Control Commission for Germany in London. Mitgl. FDKB. 1946 Rückkehr auf Ersuchen der Hamburger Justizbehörden, LG-Dir., 1961-65 Senatspräsident beim OLG. Ab 1946 VorstMitgl. Hamburgische Landeskirche u. *Evangelische Akademie Hamburg,* VorstMitgl. *Notgemeinschaft der durch die Nürnberger Gesetze Betroffenen* in Hamburg. 1968-73 Ehrenamtl. Mitgl. GefBeirat Hamburg, zeitw. Vors. Ausschuß für Bewährungshilfe. Lebte 1976 in Hamburg. - *Ausz.:* 1966 Bugenhagen-Med. der Hamburgischen Landeskirche, 1967 Dr. jur. h.c. Hamburg, 1970 Med. für treue Arbeit im Dienste des Volkes (Silber).

W: Zahlr. rechtswiss. ZsBeiträge. *Qu:* Fb. - IfZ.

Van Biema, Adolf, Finanzexperte; geb. 1. Apr. 1910 Berlin, gest. 24. Juni 1964 New York City; ev.; *V:* Adolf van B. (gest. Deutschland), jüd., Verwaltungsbeamter der Deutschen Reichsbahn; *M:* Katharina, geb. Schmidt (gest. Deutschland), christl.; *G:* 1 S, ev., Sängerin u. Schauspielerin, nach 2. WK in die USA; ∞ 1945 Irene Braunsberg (Brown) (geb. 1911 Groß Nuhr/Deutschland), jüd., 1938/39 Emigr. S, Juni 1939 USA, Geschäftsf. bei Export- u. Importfirmen für Chemikalien u. Verbrauchsgüter in den USA, ab 1972 Ltr. Importabt. New York Commodity Corp.; *StA:* deutsch, 1945 USA. *Weg:* 1939 GB, USA.

Stud. Halle; 1928-39 bei Bankhaus M.M. Warburg & Co. Hamburg, 1932 Geschäftsf. Berliner Filiale. Sommer 1939 Emigr. GB, nach Kriegsbeginn in die USA. 1940-42 Ltr. Kreditabt. Kraft Cheese Co. Huntington/Ind., 1942-46 ltd. Angest. bei amerikan. Zweigfirmen von S.G. Warburg & Co., Ltd., London; 1946-48 Geschäftsf. New Yorker Geschäftsstelle der Import-Export-Firma Thalsen Co.; 1948-64 bei Amsterdam Overseas Corp. New York (Finanzierungsges. der Rothschild-Gruppe: 1948-59 Vizepräs., 1959-64 geschäftsf. Vizepräs. u. AR-Mitgl.; daneben VorstMitgl. National Commercial Finance Conference, Inc.; Gastdoz. über Gemeindefinanzen Marquette Univ., Univ. of Wisc. u. New School for Social Research New York.

W: Financing of Import. In: Banking Law Journal, Mai 1960. *Qu:* Hand. HGR. Pers. - RFJI.

Van Dam, Hendrik George, Dr. jur., Rechtsanwalt, Verbandsfunktionär; geb. 8. Nov. 1906 Berlin, gest. 28. März 1973 Düsseldorf; jüd.; *V:* Jacques Abraham van D. (geb. NL), Niederlassung in Deutschland, Hofantiquitätenhändler Kaiser Wilhelms II.; *M:* Meta, geb. Cohen, Emigr. NL; ∞ Irma Wilma Wreden. *Weg:* 1933 CH; 1934 NL; 1940 GB; 1950 Deutschland (BRD).

Stud. Rechtswiss. Heidelberg, München u. Berlin, 1930-33 Referendar. 1933 Emigr. Schweiz, 1934 Prom. Basel; 1933-41 Korr. der *Basler Nachrichten.* 1934 Emigr. Niederlande, 1940 Emigr. GB, Internierung. 1941-45 MilDienst niederländ. Exilarmee in GB; 1945 i.A. des Brit. Kontrollrats Mitarb. an der Reorg. des dt. Gerichtswesens, 1946-51 in der Justizverw. in Oldenburg tätig, gleichz. 1946-50 stellv. Rechtsberater, dann Dir. der *Jew Relief Unit in Germany* u. der *Brit.-Jew. Commission for Relief Abroad;* nach endgült. Niederlassung in Deutschland 1950-73 GenSekr. *Zentralrat der Juden in Deutschland,* 1958-73 Vors. *Jüdischer Gemeindefonds in Nordwest-Deutschland;* Rechtsberater bei der *Zentralwohlfahrtsstelle der Juden in Deutschland,* u. beim Landesverband jüdischer Gemeinden in Norddeutschland, 1965-73 Gr. u. Red. *Jüdischer Pressedienst* des *Zentralrats der Juden in Deutschland;* 1972-73 Chefred. *Allgemeine Wochenzeitung der Juden in Deutschland.* Mitgl. des Hauptvorst. des WJC. - *Ausz.:* 1962 BVK, 1973 BVK mit Stern.

W: Preisunterbietungen als Mißbrauch wirtschaftlicher Macht und als unzulässiger Wettbewerb (Diss.). 1935; Die Haager Vertragswerke. Deutsch-englische Textausgabe mit der amtlichen Warenliste (Hg.). 1952; Woche der Brüderlichkeit. In: Allgemeine Wochenzeitung der Juden in Deutschland, Nr. 50/1950; Bundes-Entschädigungsgesetz. 1956; Bundesgesetz zur Regelung der rückerstattungsrechtlichen Geldverbindlichkeiten des Deutschen Reiches und gleichgestellter Rechtsträger: Einführung. 1957; Die Bundestagsabgeordnete Jeanette Wolff. In: Mayer, H. Ch. (Hg.), Geschichte und Leben der Juden in Westfalen. 1962; Bewährungsprobe des Rechtsstaates: Die jüdischen Gemeinden am Rhein nach 1945. In: Monumenta Judaica, Bd. 2, 1963. *L:* Dr. Hendrik George van Dam s.A. In: Jüdischer Pressedienst, Apr. 1973. *Qu:* Hand. Publ. Z. - RFJI.

Van der Zyl, Werner, Dr. phil., Rabbiner; geb. 11. Sept. 1902 Schwerte/Westf.; *V:* Magnus van der Z.; *M:* Lisette, geb. Scheyer; ∞ 1931 Anne L. Less; *K:* Monica; *StA:* deutsch, GB (?). *Weg:* 1939 GB.

Stud. Berlin u. Gießen, Mitgl. *Kameraden.* Lehrer am Philanthropin Frankfurt/M., Stud. L(H)WJ Berlin; Rabbiner, 1935-38 Rabbiner der jüd. Gde. Berlin, 1939 Hauptrabbiner des Durchgangslagers für mitteleurop. Juden in Richborough, in den 40er Jahren für *Movement for the Care of Children* als Berater tätig, 1943-58 Rabbiner der North-West Reform Syn. London, 1958-68 Senior Rabbi der West London Syn.; Mitgl. *Reform Syns. of Great Britain,* Vors. ihrer Rabbinervers. u. ihres Hauptausschusses für Erziehung; Vizepräs. *World Union for Progressive Judaism,* ehrenamtl. Studiendir., später Präs. Leo Baeck Coll. London, VorstMitgl. AJR. Lebte 1977 auf Mallorca.

L: Marmur, Dow (Hg.), Reform Judaism (Festschrift zum 70. Geburtstag). London 1972. *Qu:* Hand. Publ. Z. - RFJI.

Vanry, Kurt. *Weg:* AUS.

Emigr. Sydney. Juli 1944 Mitgr. u. Vors. Jugendgruppe der *Free Austria League* unter → Gerhard Richard Felser (weitere Komiteemitgl. der Jugendgruppe: stellv. Vors. Kurt Hacker, Sekr. Erich Bonyhady, Kassier Felice Korner).

Qu: Arch. - IfZ.

Varon, Benno Weiser (urspr. Weiser, Benno, später Varon, Benjamin), Journalist, Schriftsteller, Diplomat; geb. 4. Okt. 1913 Czernowitz/Bukowina; *V:* Leon Weiser (geb. 1885 [1888 ?] Zaleszczyky/Bukowina, gest. 1943 [1944 ?] Quito/EC), Lederwarenhändler, 1939 Emigr. EC, Vorst. der Jüd. Gde. Quito; *M:* Gusti, geb. Weinreb. (geb. 1888 [1891 ?] Wojnilow/ Galizien, gest. 1958 [1961?] Quito), höhere Schule, Zion., 1939 Emigr. EC, Ehrenpräs. der WIZO in Quito; *G:*→ Max Weiser; Daisy Schumann (geb. 1921 Wien), höhere Schule, 1939 Emigr. EC, USA; ∞ I. 1939 Stella Kulman, Emigr. EC, Schriftst., gesch., A: New York; II. 1956 Miriam Laserson (geb. 1919 Moskau), Gymn., Schauspielschule, 1938 Emigr. F, 1939 Rum., Rum., 1940 Pal., 1946 USA, 1960 nach IL, 1972 in die USA, Schauspielerin; *K:* Leonhard (geb. 1958); Daniela (geb. 1961); *StA:* österr., 1952 IL. *Weg:* 1938 EC; 1948 USA.

1929 Deleg. der Zion. Jugend beim Pan-Europa Jugendtreffen in Wien, 1930-32 Mitgr. u. Ltr. *Verband Zionistischer Mittelschüler.* 1932-38 Stud. Med. Wien, 1932-34 Ltr. der jüd. Selbstwehrgruppe *Haganah* an der Univ. Wien, 1932-38 Mitgl. jüd. StudOrg. *Judea,* aktiv in zion. PropArb. u. in pol. Kabaretts. Nach Anschluß Österr. Abbruch des Stud., Spanischlehrer für Auswanderer. 1938 Emigr. Ecuador über Niederlande, Einreise in die Niederlande mit gefälschten Papieren. 1940-46 Mitarb. der Tageszig. *El Comercio* in Quito, Kolumnist bei *Ultimas Noticias,* der Nachmittagsausgabe von *El Comercio* u. bei der Tageszig. *El Universo* in Guayaquil. 1940-45 Hg. der Wochenzig. *La Defensa,* 1943-45 Hg. der Wochenzig. *Revista de Dos Mundos* Quito; 1940-46 Ps. Prospero. 1943-46 Präs. *Zionistische Organisation* Ecuador, 1946-48 Beauftragter der *Jew. Agency* für Kolumbien u. Ecuador in Bogotá, trug 1947 wesentl. dazu bei, die entscheidenden Stimmen der lateinamerikan. Regierungen für den UN-Plan zur Teilung Palästinas zu gewinnen. 1948-60 Ltr. lateinamerikan. Abt. der *Jew. Agency* in New York. 1951 Abg. beim zion. Kongreß in Jerusalem, 1957 Berater der isr. UN-Deleg. in New York. 1960-64 Ltr. des Zentralinst. für kulturelle Beziehungen zwischen Israel u. Lateinamerika, Spanien u. Portugal in Jerusalem. 1961 Berichterstatter für ausländ. Ztg. während des Eichmann-Prozesses, 1964-67 isr. Botschafter in der Dominikan. Republik, daneben 1966-67 isr. Botschafter in Jamaika, 1967 Mitgl. der isr. UN-Deleg., 1968-72 isr. Botschafter in Paraguay. 1972 Pensionierung. 1976-77 an lit. Kontroverse zw. dem Vater von Anne Frank u. dem amerik. Schriftsteller Meyer Levin beteiligt. Lebte 1977 in Brookline/Mass. - *Ausz.:* Al Merito Paraguay.

W: u.a. Der Achtjährige Krieg. 1932; Rassisches und Klassisches. 1937; El Mirador del Mundo. 1941; Yo Era Europeo. 1942; Visitenkarte. 1956; For Heaven's Sake. 1958; Si Yo Fuera Paraguayo. 1972. *Qu:* Fb. Hand. Publ. Z. - RFJI.

Varon, Meshulam, (bis 1955 Weiner, Max), Verbandsfunktionär, Diplomat; geb. 19. März 1912 Dresden; jüd.; *V:* Paul Weiner (geb. 1883 Czernowitz/Bukowina, gest. 1941 Pal.), jüd., höhere Schule, aktiv in jüd. Gde. u. zion. Org., Aug. 1939 Emigr. Pal.; *M:* Lina Stockhammer (geb. Stanislau/Galizien, gest. 1977 IL), jüd., höhere Schule, aktiv in jüd. Gde. u. für die WIZO, Aug. 1939 Emigr. Pal.; *G:* Shlomo Weiner (geb. 1913 Dresden), Abitur, Febr. 1939 Emigr. Pal., Kaufm.; David Weiner (geb. 1915 Dresden, gest. 1973 IL), Gymn., 1935 Emigr. Pal., Beamter; Leon Weiner (geb. 1932 Dresden), höhere Schule, 1938 mit Kindertransport nach GB, 1941 mit Jugendalijah nach Pal., Kaufm.; ∞ Rosi Winzelberg (geb. 1915 Amsterdam), jüd., Lyzeum in Kiel, Apr. 1939 mit Ehemann nach Pal.; *StA:* staatenlos, 1941 Pal., IL. *Weg:* 1939 Pal.

1932 Abitur Dresden, Mitgl. *Rote Falken.* 1932-33 Stud. Rostock, Mitgl. KJV. 1933-35 Ltr. *Hechaluz*-Berufsausbildungszentrum in Stettin/Pommern. 1935-37 Dir. des *Palästina-Amts* u. Vors. ZVfD-Bez. Hannover, 1937-39 Dir. des *Palästina-Amts* München, Auswanderungsberater, Ltr. von hebr. Sprachkursen u. Lehrgängen in Judaistik. Kurzfr. SA-Haft, Apr. 1939 Emigr. nach Pal. mit B III-Zertifikat. Unterstützung durch HOG u. *Jewish Agency.* Stud. Hebr. Univ., daneben Privatlehrer für Hebräisch, Unterstützung durch Ehefrau (Kassiererin in einem Café). 1940 Büroangest. im Hauptquartier der brit. Armee. 1941-46 Unteroffz. des Palästina-Regiments, dann Offz. der Jüd. Brigade, Einsatz in Ägypten, Italien, Holland u. Belgien. Mitwirkung an Untergrundaktionen der *Haganah* zur Beschaffung von Kriegsmaterial u. bei der Org. der illeg. Auswanderung nach Palästina, Kontakte zu ital. u. jugoslaw. Partisanen. 1947-48 Vertr. der *Jewish Agency,* des JNF u. der *Haganah* in der Schweiz, aktiv für *Aliyah Bet.* 1948 Dienst in der IDF, 1949-50 Dir. des JNF in der Schweiz, 1950-54 Dir. des JNF in GB. 1951-54 als Vertr. der *Jewish Agency* im Ausschuß der *Jewish Trust Corp.* London, Beteiligung an Sicherstellung ehemaligen jüd. Eigentums in der brit. Besatzungszone Deutschlands. 1954-55 VerwLtr. u. AbtLtr. für Europa u. Brit. Commonwealth im Hauptbüro des JNF in Jerusalem, anschl. im isr. Außenmin. tätig: 1955-59 isr. Konsul in New York, 1959-60 in der WirtschAbt. des Außenmin. in Jerusalem, 1960-61 Ref. für Deutschland, 1961-62 Chargé d'affaires in Bern, 1962-64 LegRat u. Chargé d'affaires in Ottawa, 1964-68 Botschafter in Südostasien (Burma u. Kambodscha, 1964-65 auch Nepal), 1968-69 Ltr. Europa-Abt. im Außenmin. in Jerusalem, 1969-73 Botsch. in Schweden, 1973-75 AbtLtr. für Südostasien, den Fernen Osten u. die Pazifikstaaten. 1975-77 Ltr. der neugegr. Abt. für Diaspora-Angelegenheiten im Rang eines a.o. u. bevollmächtigten Botsch. im isr. Außenmin. Anschl. stellv. Vizepräs. des Europa-Komitees des Weizmann Inst. Ratsmitgl. des Interkonfessionellen Komitees in Jerusalem, VorstMitgl. einer konservat. Gde. in Jerusalem, 1976 Mitgl. der Jerusalemer Bürgerwehr; Mitgl. *Mapai.* Lebte 1978 in Jerusalem. - *Ausz.:* Aleh-Medaille.

Qu: Fb. - RFJI.

Vaupotic, Willy (Wilhelm), Parteifunktionär; geb. 6. Febr. 1909 Wien; Diss.; *StA:* österr. *Weg:* 1934 (?) UdSSR; 1935 (?) Österr.; 1938 (?) CSR; 1939 (?) S; 1945 (?) Österr.

Tischlerlehre, ab 1926 (1927 ?) Mitgl. KPÖ. 1928-32 Soldat im österr. Bundesheer, wurde wegen pol. Betätigung strafweise entlassen, Anklage wegen Aufwiegelung zur Meuterei, angebl. Mitarb. der KPÖ-Ztg. *Der Rote Soldat.* 1934 Teiln. an den Februarkämpfen, anschl. nach Moskau, Besuch Lenin-Schule, dann Rückkehr nach Österr., AppLtr. innerhalb der illeg. Stadtltg. der KPÖ in Wien, Ltr. der Soldatenarbeit. Sept. 1936 Verhaftung. 1938 (?) im Parteiauftrag Emigr. CSR, später nach Schweden. Mitgl. KPÖ-Parteigruppe in Schweden unter → Gustl Moser. Apr. 1945 nach Spaltung der *Österreichischen Vereinigung in Schweden* (→ Bruno Kreisky) Mitgl. *Freie Österreichische Bewegung* in Schweden. 1945 (?) Rückkehr nach Wien, dort jahrelang BezLtr. der KPÖ. Lebte 1978 in Wien.

L: Müssener, Exil; Widerstand 1. *Qu:* Arch. Pers. Publ. - IfZ.

780 Vehlow

Vehlow, Franz, Parteifunktionär; geb. 24. Okt. 1895 Köln, gef. 1. Dez. 1936 Madrid; *V:* Franz V.; *M:* Henriette, geb. Piller; ∞ Anna Baumhöfer. *Weg:* 1934 Saargeb.; 1935 F; 1936 CH, E.

Dreher, Handelsvertreter. 1915-18 Teiln. 1. WK; Mitgl. USPD, 1920 KPD, Aufstieg in führende Funktionärskader, ab 1925 *Rote Hilfe.* Nach der natsoz. Machtübernahme illeg. Tätigkeit, 1934 Emigr. ins Saargeb.; von dort nach der Saarabstimmung Jan. 1935 nach Frankr. u. Aug. 1936 in die Schweiz; bis zu seiner Ausweisung wegen unerlaubter pol. Tätigkeit Okt. 1936 KPD-EmigrLtr. Schweiz; danach nach Spanien, unter Deckn Louis Schuster PolKommissar des Thälmann-Btls. der XI. Internat. Brigade, gefallen bei der Verteidigung von Madrid.

L: Pasaremos; Teubner, Exil. *Qu:* Arch. Publ. - IfZ.

Venedey, Hans, Rechtsanwalt, Politiker; geb. 21. Nov. 1902 Luzern/CH, gest. 9. Jan. 1969 Konstanz; *V:* Martin V. (1860-1934), ev., RA, Politiker; *M:* Mathilde, geb. Unglert (1877-1946), kath.; *G:* → Hermann Venedey; Jakob (geb. 1915), Kaufm.; Gustav (geb. 1916), Kaufm.; Dr. med. Michel V. (geb. 1920), Facharzt; ∞ Leni Frei, StA: CH, Emigr.; *K:* Henriette Limbach (geb. 1941 Zürich); Walter (geb. 1946), RA; *StA:* deutsch. *Weg:* 1933 F; 1942 CH; 1945 Deutschland (ABZ).

Stud. Rechtswiss., RA; 1926 SPD, ab 1929 StadtVO. Konstanz. 1933 Emigr. Frankr., nach Kriegsbeginn Internierung Le Vernet, 1942 Flucht in die Schweiz. Nach 1943 Anschluß an BFD in der Schweiz, Teiln. 2. Landeskonf. Mai 1945 Zürich; Rückkehr, ab Okt. 1945 Innenmin. im Großhess. Staatsministerium, weiterhin Befürworter einer ZusArb. mit KPD, u.a. Reise in die SBZ, Juli 1946 Ausschluß aus SPD u. Verlust des MinAmts. Anschl. RA in Konstanz. Mitgl. u. Ehrenpräs. VVN.

L: Bergmann, Schweiz; Teubner, Schweiz. *Qu:* Pers. Publ. Z. - IfZ.

Venedey, Hermann, Dr. phil., Journalist, Lehrer; geb. 22. Juli 1904 Zürich/CH; ev., 1921 Diss.; *G:* → Hans Venedey; ∞ I. 1931 Elsy Fritz (geb. 1907 Basel), ev., 1951 gesch.; II. 1964 Margot Allweiler; *K:* 8; *StA:* deutsch. *Weg:* 1933 CH; 1945 Deutschland (FBZ).

Ab 1923 Stud. Gesch. u. Philologie Freiburg u. Wien, 1927 Prom. u. Staatsex., bis Entlassung Apr. 1933 StudReferendar u. Assessor in Baden. Bis 1924 Burschenschaft *Alemannia,* dann Mitgl. *Reichsbanner* u. DFG. Juni 1933 Emigr. Basel, anfängl. Unterstützung durch *Basler Kinderhilfe* u. schweizer. SozDem., dann journ. Tätigkeit für *Arbeiter-Zeitung* Basel u. *Verband Schweizerischer Konsumvereine,* Bibliothekar u. Korrektor. Verb. zu dt. Exilkreisen u. Liga für Menschenrechte. Dez. 1945 Rückkehr, StudRat, 1946-69 OStudDir. in Konstanz; Gr. Volkshochschule Konstanz, Mitgl. VVN, 1950-52 DVP-Kreisrat, Mitgl. Präs. u. Ehrenpräsidium *Deutscher Kulturbund,* Mitgl. *Weltfriedensrat* u. *Deutsche Begegnung;* schriftst. Tätigkeit. Lebte 1978 in Konstanz.

Qu: Fb. - IfZ.

Verkauf, Willy, Schriftsteller, Verleger, Maler; geb. 6. März 1917 Zürich; jüd., kath., Diss.; *V:* Bernhard V. (1884-1954), o.K., Textiltechniker, Buchhändler, Mitgl. SDAP, 1933 Emigr. Pal., 1948 Österr.; *M:* Berta, geb. Schaier (1887-1964), jüd., Textilhändlerin, 1933 Emigr. Pal., 1948 Österr.; *G:* Armin (1928-33); ∞ I. 1936 Tel Aviv, Anna Lipschiz (geb. 1917 Vilkaviscis/Litauen, gest. 1973 Tel Aviv), o.K., Emigr. Pal., Schule für Sozialfürsorge Jerusalem, Stud. Kunstgesch. Univ. Zürich; II. 1974 Alisa Douer (geb. 1943 Tel Aviv), o.K., Kunstlehrerin; *StA:* österr. *Weg:* 1933 Pal.; 1946 (?) Österr.

1927-32 Handelsakad. Wien, Buchhandelslehre, Mitgl. *Rote Falken,* 1929-32 SAJDÖ, 1932-33 Mitgl. des illeg. KJVÖ; 1931-33 Sekr. Jugendgruppe des *Österreichischen Arbeiter-Abstinentenbunds* in Wien. Sept. 1933 Emigr. Pal. mit Eltern, 1933-38 Landschaftsgärtner, ab 1938 Buchhändler, Verleger u. Schriftst.; ab 1938 Korr. *Das Wort* Moskau; 1939-40 Internierung wegen des Verdachts kommunist. Betätigung. 1942 Gr. Verlag Willy Verkauf in Jerusalem, der österr. Autoren publizierte u. ab 1944 die *Schriftenreihe des Free Austrian Movement in Palestine* herausgab; 1942 nach Kontaktaufnahme zum *Free Austrian Movement* (FAM) in GB (→ Eva Kolmer, → Franz West) Mitgr. u. bis 1945 Landessekr. *Free Austrian Movement in Palestine* in Jerusalem (Mitgr. u. maßgebl. Vertr.: Dr. Ludwig Biro, Kurt Blaukopf, Herbert Feuerlöscher, Georg Fischhof, Dr. Josef Friedmann, → Georg Fuchs, Louis Fürnberg, Joachim Hammermann, Paul Husserl, Ernst Klein, Mario Kranz, Lackenbacher, Theodor F. Meysels, Dr. Herbert Stein, Zeiss) mit Ortsgruppen in Jerusalem, Tel Aviv, Haifa u. Nazareth; enger Kontakt zu → Josef Dobretsberger während dessen Aufenthalts in Jerusalem. Vertr. des FAM in GB für den Nahen Osten; ab 1944 Vertr. des *Free Austrian Movement in Palestine* innerhalb des *Free Austrian World Movement,* das als Dachorganisation aller Freien österreichischen Bewegungen gegründet worden war. Mitarb. u.a. *Zeitspiegel, Young Austria, Jugend voran* London u. *Austro-American Tribune* New York. Ab 1943 nach Moskauer Deklaration in engem Kontakt mit Dienststellen der brit. Armee, konnte teilw. die Trennung der österr. von den dt. Kriegsgef. erreichen. Mitarb. bei Betreuung österr. Kriegsgef. u. in der psychol. Kriegsführung, i.A. von Dienststellen der US-Armee Bildung einer Gruppe von jungen Österreichern, die als Fallschirmspringer in Österr. abgesetzt werden sollten, jedoch nicht mehr zum Einsatz kamen. Nach Kriegsende Rückkehr nach Wien (Aufforderung durch Amt für Volksbildung der Stadt Wien); 1946-47 Mitarb. Globus-Verlag, vermutl. Mitgl. KPÖ. 1947-48 Buch- u. Zeitschriftenverleger in eigenem Verlag, Hg. der Zs. *Erbe und Zukunft,* ZusArb. mit Schweizer Verlagen, 1947-54 Hg. *Bücherschau* (Zeitschrift für den Bücherfreund und den internationalen Buchhandel), Mitarb. *Neues Österreich;* ab 1956 Mitgl. *Bund Sozialistischer Akademiker.* Seit 1959 freier Schriftst., Maler u. Graphiker (Ps. André Verlon), seit 1960 zahlr. internat. Ausstellungen, u.a. Kunsthalle Düsseldorf, Brook Street Gallery London, Künstlerhaus Wien, D'Arcy Galleries New York.

W: u.a. Free Austrian Movement. In: Orient (Haifa) 3/1942, Nr. 23; Der Weg (L). Jerusalem (Ed. Peter Freund) 1942; Nicht Feinde sollen Nachbarn, sondern Brüder sein. Franz Prescheren und Anastasius Grün. Jerusalem (Schriftenreihe Dokumente und Berichte). 1944; Haaroth al tnuath hachofesh ha-austrit (Die Österreichische Freiheitsfront). Jerusalem (Free Austrian Movement) 1945; Dada. Monograph of a Movement. 1957 (dt. Dada. Monographie einer Bewegung. 1965); Dada (Hg.). 1957; Werkkatalog - Bibliographie. 1976; zahlr. Kataloge u. Ausstellungsberichte, Mitarb. zahlr. Kunstzs. *L:* ISÖE. *Qu:* Arch. Fb. Hand. Publ. - IfZ.

Verner, Paul, Parteifunktionär; geb. 26. Apr. 1911 Chemnitz; *V:* Metallarb., KPD-Funktionär; *M:* Textilarbeiterin; *G:* → Waldemar Verner; ∞ Irma (geb. 1905), Altkommunistin, nach 1945 hauptamtl. SED-Funktionärin, stellv. Chefred. *Neuer Weg* u. stellv. AbtLtr. im ZK der SED. Ab Juni 1971 Mitgl. der Zentralen Revisionskommission der SED; Ausz.: u.a. 1965 Banner der Arbeit, 1970 VVO (Gold); *StA:* deutsch. *Weg:* UdSSR; 1934 Saargeb.; 1935 NL; 1936 E; 1939 F, S; 1945 Deutschland (Berlin).

Aus sozdem. ArbFamilie, die in den 20er Jahren zur KPD übertrat. Oberrealschule, nach Dreherlehre Metallarb.; 1925 KJVD, 1929 KPD; KJVD-Funktionär u. Red. kommunist. Ztg. Bei natsoz. Machtübernahme Korr. *Die junge Garde* in Moskau. 1934 ins Saargebiet, Instrukteur ZK des KJVD u. Chefred. illeg. Ausgabe von *Die junge Garde* Saarbrücken. 1935 nach Amsterdam, Ltr. Jugendarb. unter → Philipp Daub; 1936 über Frankr. nach Spanien, Teiln. am Span. Bürgerkrieg als Lt. der Internat. Brigaden, 1939 über Frankr. nach Stockholm, dort Okt. 1939 verhaftet, bis Herbst 1943 Internierung in Västerås-Köping, Kalmar u. Smedsbo, Mitgl. KPD-Lagerltg. Nach Freilassung als Schlosser u. Dreher tätig, daneben Bearb. des Auslandsteils der Zs. *Politische Information* Stockholm; 1944 Deleg. KPD-Landeskonf., Wahl in die engere Landesltg.; Mitgl. FDKB u. *Landesgruppe deutscher Gewerkschafter in Schweden.* Sommer 1945 nach Berlin, verantwortl. für Jugendarb. im ZK der KPD, Mitgl. u. Ltr. der PropAbt. im Zentralen

Jugendausschuß der SBZ; 1946 Mitgr. u. Mitgl. OrgKomitee u. provis. Ltg. der FDJ, 1946-49 Sekretariatsmitgl. des 1. u. 2. FDJ-Zentralrats u. gleichz. Ltr. Abt. Jugend beim SED-PV; 1947 Mitgl. des 1. Deutschen Volkskongresses u. 1948 des 1. Deutschen Volksrates, 1949 Ltr. Organisations-Instruktions-Abt. des SED-PV, ab 1950 Mitgl. ZK der SED. 1950-53 ZK-Sekr. für gesamtdt. Fragen, 1953-58 als Nachf. von → Franz Dahlem Ltr. ZK-Abt. für gesamtdt. Fragen; verantwortl. für die konspirative Arbeit in der BRD. Ab 1954 Mitgl. NatRat der *Nationalen Front des Demokratischen Deutschland*. Nach Konsolidierung der Machtposition → Walter Ulbrichts 1958 ZK-Sekr. für West-Prop. u. Kand. des PolBüros des ZK der SED, ab 1958 MdVK, März 1959-Mai 1971 1. Sekr. SED-BezLtg. Groß-Berlin; ab 1963 Mitgl. PolBüro u. StadtVO. Berlin (Ost), Mitgl. *Solidaritätskomitee für das spanische Volk in der DDR* u. des Präsidiums der *Deutsch-Lateinamerikanischen Gesellschaft*. Als hartnäckigster Vertr. des orthodoxen PolBüro-Flügels Mitte der 60er Jahre mit → Alfred Neumann Wortführer einer Fronde gegen die Reformpolitik Ulbrichts, trotz Selbstkritik wegen „Mißachtung der Parteibeschlüsse" weiterhin einer der frühesten Vertr. der sog. Abgrenzungspolitik gegenüber der BRD. Ab 1969 PräsMitgl. NatRat der *Nationalen Front des Demokratischen Deutschland*, Mai 1971 Nachf. v. Erich Honecker als ZK-Sekr. für Sicherheit, ebenso ab 1971 Mitgl. Staatsrat u. Vors. VK-Ausschuß für Nat. Verteidigung, 1972-76 Vors. Kommission zur Überarbeitung der SED-Statuten. Gilt als Stellv. des 1. ZK-Sekr. Erich Honecker. - *Ausz.:* 1956 Hans-Beimler-Med., 1958 Med. für Kämpfer gegen den Faschismus 1933-1945, 1961 u. 1965 VVO (Gold), 1962 Johannes-R.-Becher-Med., 1965 Held der Arbeit, 1969 u. 1976 Karl-Marx-Orden.

W: Deutschlands Junge Garde. 1954; zahlr. Aufsätze in *Einheit. L:* Stern, Porträt; Stern, Ulbricht; GdA; Osten, Walter, Ulbrichts „Chinese". In: Vorwärts, 22.6.1966, S. 5; Pasaremos; Lippmann, Heinz, Honecker. 1971; Osten, Walter, Ein folgsamer Apparatschik. In: Vorwärts, 16.9.1971, S. 5; Weber/Oldenburg, SED; Dasbach-Mallinckrodt, Anita, Wer macht die Außenpolitik der DDR? 1972; Müssener, Exil; Weber, Hermann, SED. Chronik einer Partei 1971-1976. 1976. *Qu:* Arch. Hand. Pers. Publ. Z. - IfZ.

Verner, Waldemar Johannes (urspr. Johannes), Partei- u. Staatsfunktionär; geb. 27. Aug. 1914 Chemnitz; *V:* Metallarb.; *M:* Textilarb.; *G:* → Paul Verner. *Weg:* 1934 Skandinavien; 1935 UdSSR; 1937 (?) DK; 1945 Deutschland (SBZ).

Schaufensterdekorateur; Mitgl. *Jung-Spartakus-Bund*, 1929 KJVD, 1930 KPD. Aug.-Dez. 1933 KL Colditz, Flucht u. illeg. Tätigkeit. 1934 Emigr. Skandinavien, 1935 in die UdSSR, Okt. 1935 Teiln. 6. KJI-Weltkonkreß, 1935-37 Besuch der Lenin-Schule der *Komintern*. Ps. Erich Benkert. Ende 1937 (Anfang 1938 ?) nach Dänemark, Instrukteur AbschnLtg. Nord für Blohm & Voss u. Phoenix-Reifenwerke Hamburg; angebl. unter Deckn. Rudi Mitgl. der Subversionsgruppe um → Ernst Wollweber. Im 2. WK illeg. in Kopenhagen, ab 1943 im Rahmen der KPD-Gruppe beteiligt an Propagierung der freidt. Bewegung unter den dt. Besatzungstruppen, ab Frühj. 1945 Mitgl. Landeskomitee FDB. Dez. 1945 Rückkehr, bis 1949 1. Sekr. SED-Kreisltg. Stralsund, danach Mitarb. Amt für Information; 1950 mit Aufbau der Seestreitkräfte beauftragt, bis 1955 Chefinspekteur Deutsche Volkspolizei u. Ltr. Hauptverwaltung See; 1952 Vizeadmiral, daneben 1952-53 stellv. MdI; 1954-63 Kand. ZK der SED, seit 1963 Mitgl.; 1955-57 Admirallehrgang in der UdSSR, 1956-59 Oberbefehlshaber Seestreitkräfte, ab 1956 2. stellv. Min. für NatVert., ab Aug. 1959 bis Dez. 1978 Nachf. → Rudolf Döllings als Chef der Pol. Hauptverwaltung der NVA, Febr. 1961 Admiral. Lebte 1977 in Berlin (Ost). - *Ausz.:* 1954 VVO (Silber), 1958 Med. für Kämpfer gegen den Faschismus 1933-1945, 1964 Orden Banner der Arbeit, 1966 Scharnhorst-Orden, 1969 VVO (Gold), 1970 Kampforden Für Verdienste um Volk und Vaterland (Gold); zahlr. ausländ. Ausz.

W: Niederlagengenerale ohne Perspektive (zus. mit → Heinz Hoffmann). 1961; Abschluß eines Friedensvertrages macht neuen 22. Juni unmöglich (mit Heinz Hoffmann u. J.A. Boltin). 1961. *L:* Dallin, Sowjetspionage; Forster, NVA; Antifaschisten in führenden Positionen der DDR. 1969; Hochmuth/Meyer, Streiflichter. *Qu:* Arch. Hand. Publ. Z. - IfZ.

Vesper, Walter, Partei- u. Verbandsfunktionär, Diplomat; geb. 26. Juni 1897 Wuppertal; Diss.; *G:* Jack, Teiln. Span. Bürgerkrieg, während 2. WK in B; ∞ II. 1946 Elisabeth Mommer (geb. 1903); *K:* Dr. phil. Karlheinz V. (geb. 1930), 1952 Abitur in Düsseldorf, nach Übersiedlung in die DDR bis 1957 Stud. Gesch. u.a. Univ. Leningrad, dann Angehöriger des diplomat. Dienstes der DDR, 1961 Sekr. DDR-Handelsvertr. auf Ceylon (Sri Lanka), 1962 stellv. Ltr. der DDR-Handelsvertr. in Indien, 1967 Ltr. Südostasien-Abt. im MfAA, 1968-71 GenKonsul in Burma, 1972-73 Gesandter in Frankr., 1973-74 Sektionschef im MfAA, ab 1974 Botschafter in Algerien; *StA:* deutsch. *Weg:* 1935 (?) UdSSR (?); 1937 E; 1939 F; 1945 Deutschland (BBZ).

Maurer; 1912 sozialist. Jugend, 1914 Gew., 1915-18 Kriegsdienst, 1918 *Spartakusbund;* GrdgMitgl. der KPD, Parteifunktionär, 1928-33 KPD-Sekr. im Bez. Niederrhein; 1933-34 KL Papenburg. 1934-35 Vertr. der sog. Technik (Herstellung u. Verteilung von Druckerzeugnissen) bei der Landesltg., 1935 angebl. Deleg. 7. Weltkongreß der *Komintern* u. sog. Brüsseler Konferenz der KPD, 1936-37 sog. Reichstechniker der KPD. 1937-39 Angehöriger Thälmann-Btl. der Internat. Brigaden u. Mitarb. des span. Sicherheitsdienstes in Barcelona. 1939 nach Frankr., ab Nov. 1940 i.A. der Toulouser KPD-Ltg., der V. ab Frühj. 1941 unter dem Deckn. Peter angehörte, in Paris, nach dt. Einmarsch in Südfrankr.; Nov. 1942 Ltr. TA innerhalb der franz. Résistance für das Gebiet Lyon, Okt. 1943 Mitgl. KFDW, Verbindungsmann der KPD-Westltg. u. des KFDW zum Regionalkomitee in Südfrankr., ab Ende 1943 gleichz. Beauftragter der Westltg. für Kontakte zum Maquis. Nach Rückkehr ab Okt. 1946 Mitgl. des ernannten ProvBeirates Nordrhein u. Okt. 1946-Apr. 1947 ernanntes u. danach gewähltes MdL NRW, ab 1948 KPD-Vors. Bez. Niederrhein sowie Mitgl. Landesltg. NRW, Aug. 1949-Juni 1952 MdB. Nach Mandatsniederlegung über Frankr. in die DDR, 1952-Apr. 1959 Ltr. Westabt. u. stellv. Vors. PräsBüro des NatRats der *Nationalen Front des Demokratischen Deutschland* (NF), Aug. 1959-März 1961 Botschafter in Ungarn u. März 1961-Juni 1965 in der ČSSR. Mitgl. NatRat der NF u. PräsMitgl. *Liga für die Vereinten Nationen*. Lebte 1977 als Arbeiterveteran in Berlin (Ost). - *Ausz.:* u.a. 1956 Hans-Beimler-Med. u. VVO (Silber), 1962 VVO (Gold), 1967 Karl-Marx-Orden.

L: Schädel, Gudrun, Die KPD in Nordrhein-Westfalen von 1945-1956 (Diss.). Bochum o.J.; Pasaremos; Mewis, Auftrag; Schaul, Résistance; Pech, Résistance; Radde, Diplomat. Dienst; Stroech, Jürgen, Zur Herstellung und Verbreitung der illegalen „Roten Fahne" 1933-1939. In: BZG, 1977, H. 1, S. 81 ff. *Qu:* Arch. Hand. Publ. Z. - IfZ.

Vieweg, Kurt Hugo Gustav Eduard, Dr. agr., Parteifunktionär; geb. 29. Okt. 1911 Göttingen, gest. 2. Dez. 1976; *V:* Karl Oswald, Reichsbankassist.; *M:* Auguste Karoline Doretta, geb. Lücke; *StA:* deutsch. *Weg:* 1935 DK; 1943 S; 1945 DK, Deutschland (SBZ).

Landarb., Landwirtschaftsfachschule, 1930 Mitgl. *Bund Artam*, 1930-32 HJ, nach Ausschluß 1932 zur KPD. 1935 Emigr. Dänemark, Mitarb. AbschnLtg. Nord, 1937 als Kurier Verbindungsmann des AbschnLtr. → Heinrich Wiatrek zu Kreisen der *Bekennenden Kirche* um Martin Niemöller, Unterstützung des kirchl. Widerstands durch Hg. illeg. Flugschriften; nach Bildung der sog. Bauernkommission Anfang 1938, eines Zirkels der AbschnLtg. für die Org. der pol. Arbeit in Schleswig-Holstein, Mitarb. als Sachverständiger für landwirtschaftspol. Fragen unter Ltg. von → Walter Weidauer, u.a. Verf. u. Hg. der *Briefe an das Landvolk*, die nach Gestapo-Angaben 4-5mal erschienen u. in einer Auflage von 10-15 Exemplaren ins Reich gebracht wurden. Nach Unterbrechung der Arbeit der

AbschnLtg. infolge Abschluß des dt.-sowj. Vertrages Mitgl. u. ab Sommer 1940 Ltr. eines KPD-Emigr.-Zirkels, 1943 mit 7 Gruppenmitgl. nach Schweden, 1945 Rückkehr nach Dänemark, Mitarb. *Deutsche Nachrichten* Kopenhagen. Ende 1945 Rückkehr nach Deutschland, ltd. Funktionär *Vereinigung der gegenseitigen Bauernhilfe* in Sa.-Anhalt u. 1949-53 deren GenSekr. Als Protagonist der Landwirtschaftspol. → Walter Ulbrichts 1950-53 Sekr. für Landwirtschaft des ZK der SED, 1950-64 Mitgl. ZK der SED. Im Zuge der Kritik an der Ulbricht-Führung nach dem 17. Juni 1953 politisch im Hintergrund, bis 1957 Prof. u. Dir. Institut für Agrarökonomie der Deutschen Akademie der Landwirtschaftswissenschaften; 1956 Prom. Nach 20. PT der KPdSU (Febr. 1956) befürwortete V. eine Revision der SED-Agrarpol. u. sprach sich insbes. für die Auflösung der unrentablen Maschinen-Traktoren-Stationen u. LPGs aus, nach Ausschaltung der nat. eingestellten Parteioppos. auf 30. ZK-Plenum (Jan./Febr. 1957) u. Kritik seines Programms durch den zuständigen ZK-Sekr. Erich Mückenberger am 24. Febr. 1957 im März 1957 Flucht in die BRD; Herbst 1957 Rückkehr, 1958 Urteil 12 J. Zuchth. wegen angebl. Geheimnisverrats, Haft in Bautzen, nach Entlassung Ende der 60er Jahre publizist. tätig, zuletzt bis Pension 1976 wiss. Mitarb. Sektion Nordeuropawissenschaften der Univ. Greifswald.

L: Stern, Porträt; Stern, Ulbricht; Hochmuth/Meyer, Streiflichter; Ludz, Peter Christian, Parteielite im Wandel. 1970; Weber/Oldenburg, SED; Müssener, Exil. *Qu:* Arch. Hand. Publ. Z. - IfZ.

Virshubski, Mordechai, Verwaltungsjurist; geb. 10. Mai 1930 Leipzig; *V:* Menahem V.; *M:* Sabina, geb. Hauskind; ∞ 1955 Viola Israel; *K:* Gavriel; Rafael. *Weg:* 1939 Pal.

1939 Emigr. Palästina. 1953 M.J. Hebr. Univ.; 1955-66 Rechtsberater Isr. Behörde für Wasserversorgung, Berater für Bewässerungsrecht u. -verwaltung in Peru, Chile, Kolumbien, dem Iran u. Äthiopien. Ab 1966 als Jurist in der Stadtverw. von Tel Aviv. Mitgl. *Isr.-Am. Cultural Foundation* (Vors. Musikkomitee, VorstMitgl. des Theaterkomitees); Mitgl. isr. Rechtsanwaltskammer. Von der UN anerkannter Fachmann für Bewässerungsrecht u. -verwaltung. Lebte 1976 in Tel Aviv.

Qu: Hand. - RFJI.

Vlach, Milo, Dr. phil., Lehrer; geb. 3. Juli 1895 Göding/Mähren, gest. 15. Juli 1979 Wien; ∞ 1939 London Dr. Amalia Löw, Lehrerin, Emigr. GB, AUS; *StA:* österr. *Weg:* 1939 GB, AUS; 1974 Österr.

Stud. Univ. Wien, 1920 Prom. Anschl. Lehrer an höheren Schulen u. an Volkshochschulen (Urania, Volksheim u. Volksbildungshaus). Aug. 1939 Emigr. GB, Herbst 1939 nach Melbourne/AUS. Bis 1943 Sprachlehrer u. resident teacher an Reformschule in Melbourne, erhielt 1943 ein Forschungsstipendium, daneben Lehrauftrag für Psychologie u. Pädagogik bei Melbourne Univ. Extension Board (Volksbildung). 1944 Gr. u. bis 1947 Präs. *Friends of Democratic Austria,* noch 1944 Beitritt zu *Free Austrian World Movement* in London (→ Franz West), Org. eines österr. Klublebens in Melbourne (VorstMitgl.: Vizepräs. Dr. Ernst Fuchs, Kassier Helene Brichta, Sekr. Dr. Helene Ascher, Ausschußmitgl. Dr. Mark Siegelbart, Herbert Eisen, Harry Marienberg). Mitte 1947 Rücktritt u. Rückkehr nach Wien; Schuldir., Lehrer für Philosophie am Pädagog. Institut der Stadt Wien u. Doz. für Psychologie am Internationalen Institut der Univ. Wien (Anglo-amerikan. Sektion).

W: u.a. Lehrbuch der Psychologie. 1933; Lehrbuch des philosophischen Einführungsunterrichts für die oberen Klassen der österreichischen Mittelschulen. Teil 1 u. 2. 1933 u. 1936; Lehrbuch der Logik und Philosophie (Mitverf.). 1936; Einführung in die Logik. 1948. *Qu:* Arch. Hand. Z. - IfZ.

Voetter, Ferdinand, Journalist; geb. 8. Sept. 1902 Bad Wörishofen/Allgäu; *V:* Johann V. (gest. 1954); *M:* Maria (gest. 1944); *G:* Eugenie (geb. 1907); ∞ Käthe Wies (geb. 1899); *K:* Lotte (geb. 1929); *StA:* deutsch, 18. Sept. 1937 Ausbürg. *Weg:* 1935 NL.

Maschinenschlosser. Mitgl. KPD, Red. versch. kommunistischer Ztg., u.a. in Düsseldorf, später Red. *Arbeiter Illustrierte-Zeitung* u. des Organs des Scheringer-Kreises *Aufbruch*. Nach natsoz. Machtübernahme vorüberg. KL-Haft, danach illeg. tätig; 1935 Emigr. in die Niederlande, Funktionärstätigkeit innerh. der KPD-EmigrLtg. Amsterdam, wegen dieser Tätigkeit Festnahme durch holländ. Polizei.

Qu: Arch. - IfZ.

Vogel, Hans (Johann), Parteifunktionär, Politiker; geb. 16. Febr. 1881 Oberartelshofen b. Hersbruck/Mittelfr., gest. 6. Okt. 1945 London; ev., 1918 Diss.; *V:* Karl V., Schuhmachermeister, Krämer u. Wirt; *M:* Anna Margaretha, geb. Reges; *G:* 4 S, 2 B; ∞ 1904 Dina (Christine) Liebel (1880-1966), bis 1906 Metallarb., SPD, DMV, Emigr., 5. Apr. 1937 Ausbürg., nach 1945 Rückkehr nach Deutschland (BRD); *K:* Dr. Frieda V. (geb. 1904), Emigr. S, Hausgehilfin, Entzug der Doktorwürde durch NatSoz., nach 1945 Rückkehr, Jugendamtsltr. in Fürth; → Willi Vogel; Ernst (geb. 1922), Emigr., 1940 USA, Stud., im 2. WK US-Armee, Managementexperte in Palo Alto/Cal.; alle am 5. Apr. 1937 ausgebürgert; *StA:* deutsch, 29. März 1934 Ausbürg. *Weg:* 1933 CSR; 1938 F; 1940 GB.

1888 Niederlassung der Familie in Fürth, 1894-97 Bildhauerlehre, anschl. Wanderschaft. 1905-08 Vors. Bildhauerverb. u. 1907-11 VorstMitgl. sozdem. Wahlverein in Fürth, 1908-27 Sekr. SPD-BezVerb. Franken, 1912-18 MdL Bayern im 1. WK Anhänger der sozdem. Mehrheitspol., Soldat, Mitgl. *Arbeiter- und Soldatenrat* Nürnberg; 1919-20 MdNV, blieb der Abstimmung über den Versailler Vertrag aus Protest fern. 1920-33 MdR, ab 1920 Mitgl. Parteiausschuß, ab 1927 Mitgl. PV, ab Juni 1931 mit → Otto Wels u. → Artur Crispien Vors. der SPD, Vertr. eines demokrat. Reformsozialismus u. der parlamentar. ZusArb. mit den bürgerlich-demokrat. Parteien. Auf der SPD-Reichskonf. am 26. Apr. 1933 neben Wels als 2. Vors. des PV bestätigt, 5. Mai mit → Paul Hertz u. → Erich Ollenhauer vorüberg. Delegierung ins Ausland. 14. Mai Teiln. an Saarbrücker Konf. der im Ausland befindlichen PV-Mitgl., in deren Auftrag am 16./17. Mai mit → Friedrich Stampfer in Berlin, um die Zustimmung der Reichstags-Fraktion zu Hitlers „Friedensresolution" zu verhindern. 21. Mai Teiln. der PV-Sitzung in Saarbrücken, die die Konstituierung des PV in Prag gegen den Willen des Berliner Restvorst. beschloß. Ab Juni 1933 2. Vors. des Exil-PV, besoldetes Mitgl. des geschäftsf. Vorst. (*Sopade*-Büro), dort nach dem Ausscheiden von Wels 1935-40 neben Friedrich Stampfer der prominenteste Vertr. des Weimarer Parteiapparats u. der traditionellen sozdem. Reformpolitik. Frühsommer 1938 mit der *Sopade* nach Paris, nach dem Tod von Otto Wels am 16. Sept. 1939 Vors. des Exil-PV. Mit Stampfer Bemühung um Fortführung der pol. u. publizist. Tätigkeit der *Sopade* mit Hilfe finanz. Unterstützung seitens der amerikan. Gewerkschaften, nach Kriegsbeginn Verhandlungen mit franz. u. brit. Politikern über eine Mitwirkung der Exil-SPD im Kampf gegen das NS-Regime (Nachrichtenbeschaffung, Prop-Arbeit). Juni 1940 Internierung in Paris, Entlassung auf Intervention von Léon Blum, Flucht nach Südfrankr., Sept. 1940 mit Hilfe der sozdem. Fluchtorg. (→ Fritz Heine) illeg. über die Pyrenäen u. durch Spanien nach Lissabon, um auf die von der GLD in New York (→ Rudolf Katz) vorbereitete Ausreise in die USA zu warten. Aufgrund einer mißverständl. Mitteilung der GLD Jan. 1941 jedoch nach London, wo bereits vor Kriegsbeginn mit Hilfe der *Labour Party* (LP) die Grundlagen für ein künftiges Zentrum der Exil-SPD außerhalb der USA geschaffen worden waren (→ Wilhelm Sander). Vors. des für die Kriegsdauer in London konstituierten PV, dem neben Erich Ollenhauer die 1938 kooptierten Mitgl. → Curt Geyer u. Fritz Heine angehörten; als offizielles Organ diente das ab 1939 vom SPD-Landesvertr. in GB hg. hektogr. Blatt *Sozialistische Mitteilungen. News for German Socialists in England;* bis 1942 Lebensunterhalt der PV-Mitgl. durch Zuwendungen der LP, anfängl. auch Zuschüsse für die Parteiarb. von seiten des *Jewish Labor Committee* in USA, dann Aufrechterhaltung eines bescheidenen Bürobetriebs u. Finanzierung gelegentl. Publikationen durch MitglBeiträge der SPD-Landesgruppe. Neben der GLD in USA, die bei grundsätzlicher Anerkennung des Londoner Vorstands zunehmend ihre eigene pol. Linie verfolgte, konnte sich der PV während der Kriegsjahre organisatorisch nur noch auf seine offiz. Landesvertretungen in Schweden (→ Emil Stahl, → Kurt Heinig) u. Bolivien (→ Ernst Schumacher) stützen. - Die auch in GB zunächst fortwirkende Opposition aus den Reihen der emigr. Parteimitgl. gegen den Mandatsanspruch des PV (→ Karl Höltermann, → Willy Kressmann) konnte bis 1942 durch die Schaffung eines gewählten Ortsgruppen-Ausschusses der SPD London überwunden werden, der dem PV beratend zur Seite stand (u.a. → Paul Heide, → Herta Gotthelf, → Fritz Segall, → Heinrich Sorg, → Victor Schiff, → Curt Weckel). Das Verhältnis zu den sozialist. Sondergruppen war im Fall von *Neu Beginnen* (→ Karl Frank, → Waldemar von Knoeringen) anfängl. durch die Konkurrenz um die Anerkennung als führende Kraft des dt. Widerstands durch die brit. ArbBewegung weiterhin belastet, hinsichtlich des ISK (→ Willi Eichler, → Werner Hansen) wirkten zunächst die grundsätzl. ideolog. Gegensätze fort. *Neu Beginnen*, ISK, SAPD u. RSÖ (→ Karl Czernetz) waren in GB in der *Sozialistischen Arbeitsgemeinschaft* zusammengeschlossen, einer Fortführung der in Paris im Gegensatz zur Politik der *Sopade* gegr. *Arbeitsgemeinschaft für sozialistische Inlandsarbeit* (→ Joseph Buttinger). Ihr gegenüber stand die Apr. 1940 in GB gegr. kurzlebige *Sozialdemokratische Union* von SPD, tschechoslowak. u. sudetendt. Sozialdemokratie (→ Wenzel Jaksch). Angesichts der durch den Kriegsbeginn veränderten Aufgaben dt. Exilpolitik u. auf nachdrücklichen Wunsch der LP bemühte sich der PV unter V. u. Ollenhauer um einen org. ZusSchluß der sozialist. dt. Exilgruppen in GB, der im März 1941 durch den Eintritt von SPD, *Neu Beginnen, ISK* u. SAPD in die *Union Deutscher sozialistischer Organisationen in Großbritannien (Union)* erreicht wurde. Den Vorsitz der *Union* übernahm V., im Exekutivkomitee waren neben dem Vors. die MitglOrg. durch Erich Ollenhauer (SPD), → Erwin Schöttle *(Neu Beginnen),* Willi Eichler u. zeitw. → Grete Henry (ISK), → Hans Schuricht, später → Paul Walter u. → Gustav Spreewitz (SAPD) vertreten; ihm stand ein ArbAusschuß aus Exekutivkomitee u. je zwei gewählten Vertr. der MitglOrg. zur Seite, Beschlüsse von Exekutivkomitee u. Ausschuß bedurften der Einstimmigkeit. Die *Landesgruppe deutscher Gewerkschafter in Großbritannien* besaß durch → Hans Gottfurcht in beiden Gremien Mitspracherecht. 1943 vereinigten sich die Mitgl. der Jugendorg. der Unionsgruppen zur *Sozialistischen Jugend*. - Nachdem es dem Londoner PV gelungen war, über die Schweiz, Skandinavien u. Portugal erneut Nachrichtenverb. ins Reich anzuknüpfen u. zwei Vierteljahresberichte über die Lage in Deutschland zu veröffentlichen, scheiterten diese Versuche 1942 vor allem aus Mangel an Geldmitteln; auch von der Deutschland-Propaganda brit. Stellen u. der BBC blieb der PV als Parteiorg. ausgeschlossen; lediglich zum Londoner Labor Desk des amerikan. OSS bestanden durch Lieferung von Informationen u. Gutachten institutionelle Beziehungen. Wesentlicher Grund für diese Isolierung war der Konflikt mit dem Internat. Dept. der LP u. anderen „vansittartistischen" Teilen der brit. u. internat. ArbBewegung, der Anfang 1942 zum Ausscheiden von Curt Geyer aus dem PV u. zur Grdg. der *Fight For Freedom Editorial and Publishing Services, Ltd.* (→ Walter Loeb) führte; sie propagierte u.a. die These von der direkten Mitschuld der dt. Sozialdemokratie am Aufkommen des NatSoz. - Die in der Vorkriegsperiode des Exils teilw. beherrschende Frage der Einheits- u. Volksfront mit der KPD war durch den dt.-sowj. Nichtangriffspakt von 1939 für die SPD u. die linkssoz. Gruppen entschieden worden; auch nach dem Kriegseintritt der UdSSR führten die Initiativen der KPD-Parteigruppe in GB lediglich im Juli 1942 zur Grdg. des gemeins. *Emergency Bureau for the Rescue of German Anti-Nazi Refugees* als Hilfsorg. für die bedrohten Flüchtlinge in Südfrankr.; der 1943 als Volksfrontorg. gegr. FDB in GB schlossen sich vorübergehend nur einzelne SozDem. an (u.a. → Carl Rawitzki, → Victor Schiff), die in erster Linie in der UdSSR ein Gegengewicht gegen radikale Deutschlandpläne der westl. Alliierten zu erkennen glaubten. - Die Beschränkung der pol. Aktionsmöglichkeiten u. damit das Ausbleiben der traditionellen taktischen Gegensätze förderten die Konzentration des PV u. der übrigen Gruppen der *Union* auf die Aufgaben einer künftigen dt. Arbeiterbewegung. Ende 1942 Grdg. von paritätisch besetzten Beratungskommissionen, die Vorschläge für das Aktionsprogramm u. die OrgStruktur einer geeinten sozialist. Partei nach dem Sturz des NS-Regimes ausarbeiten sollten. Ende 1943 Veröffentlichung des ProgrEntwurfs für Sofort- u. Übergangsmaßnahmen in Deutschland unter dem Titel *Die neue deutsche Republik* u. der Entschließung *Die internationale Politik deutscher Sozialisten,* Ende 1945 Veröffentlichung der *Programmatischen Richtlinien der Union* zu Wirtschaftspolitik, Staatsverfassung, Verwaltung, Justiz u. Kulturpolitik. Gefördert durch das Prinzip der Einstimmigkeit u. die Praxis, noch kontroverse Themenbereiche vorläufig in der Diskussion zurückzustellen, einigten sich so die *Unions*-Gruppen bis 1945 in schrittweisem Kompromiß auf eine Plattform ideolog., polit. u. taktischer Gemeinsamkeiten, deren Zustandekommen freilich auch vom wachsenden Bewußtsein einer „nationalen Schicksalsgemeinschaft" angesichts der Deutschlandpläne der Alliierten gefördert wurde. Gemeinsame Hauptziele der *Unions*-Gruppen waren nunmehr eine radikaldemokrat. parlamentar. Republik, die Verstaatlichung der Schlüsselindustrien gegen Entschädigung u. eine demokrat. bestimmte Investitionslenkung im Sinne der Verbraucherwirtschaft. Der souveräne dt. Staat sollte gleichberechtigtes Mitgl. einer neutral zwischen den Weltmächten stehenden europ. Föderation sein, sich im Falle sowj. Expansionsversuche jedoch dem demokrat. Westen anschließen. Staatl. Teilung u. willkürliche Gebietsabtrennungen müßten verhindert werden bzw. Gegenstand einer künftigen dt. Revisionspolitik sein. Die Vorstellungen der *Union* wurden Ende 1944 mit Hilfe des OSS durch den Fallschirm-Einsatz von → Josef Kappius den illeg. Kadern im Reich übermittelt. - Die bis Kriegsende noch verbliebenen Gegensätze hinsichtl. des Organisationsstatus der künftigen Einheitspartei wurden durch die vom Exil-PV u. den ehem. Oppositionsgruppen unabhängige Wiedergrdg. der SPD in Deutschland überholt: sie erwies sich damit im Sinne des von der *Sopade* seit 1933 vertretenen Anspruchs als einziger Kristallisationskern der nichtkommunist. Arbeiterbewegung nach dem Sturz des NS-Regimes. 2. Dez. 1945 ZusSchluß von SPD, *Neu Beginnen,* ISK u. SAPD in London zu einer „einheitlichen Parteiorganisation", die am 29.Dez. 1945 die *Vereinigung deutscher Sozialdemokraten in Großbritannien* unter Ltg. von Wilhelm Sander bildete. - Im März 1945 hatte V. versucht, die Funktion des Exil-PV in den vergangenen 12 Jahren als Treuhänder der Parteiorg. u. des traditionellen sozdem. Gedankenguts durch eine „Rekonstruktion" des 1933 gewählten Vorstands zu unterstreichen; seine emigr. Mitgl. (neben V. u. Ollenhauer also → Siegfried Aufhäuser, → Georg Dietrich, Paul Hertz, → Erich Rinner, → Marie Juchacz, → Wilhelm Sollmann, Emil Stahl u. Friedrich Stampfer) sollten gemeinsam ihr Mandat der wiedergegr. Partei in Deutschland formell zurückgeben u. so auch die vom Exil-PV verfolgte Politik legitimieren. Während Stahl u. Stampfer diesem Vorschlag zustimmten, überwogen bei den übrigen ehem. PV-Mitgl. die alten Gegensätze zur *Sopade*-Politik der Vorkriegsjahre bzw. ihre Entfremdung von der dt. Parteipolitik. - In der Übergangszeit zwischen Kriegsende u. Wiederaufbau einer Parteiorg. in Deutschland betrachtete sich der Londoner PV als unabhängige Koordinationsstelle zwischen den sich regional bildenden sozdem. Parteigruppen in der Heimat, wobei er schon bald durch Aufrufe u. Erklärungen die Linie des *Büros Schumachers* gegen den *Berliner Zentralausschuß* unter Otto Grotewohl unterstützte. - V. starb nach kurzer Krankheit in London; zur gleichen Zeit tagte die erste sozdem. Parteikonf. im Kloster Wennigsen bei Hannover, auf der Kurt Schumacher das Mandat des Exil-Vorstands ausdrücklich anerkannte u. die Gastdeleg. Erich Ollenhauer u. Fritz Heine mit der Vertretung der wiedergegr. Partei in GB beauftragt wurden.

W: The Socialist Movement in the War and After the War. Conference of German Social Democrats in England. Issued by the London Representative of the German Social Democratic Party, 1942; Deutschlands Zukunft in der Weltmeinung von heute. Bericht einer Rede, gehalten auf der Versammlung der Londoner Gruppe der SPD am 18.6.1943 (engl. Germany's Future in the Light of World Opinion. Speech Delivered by Hans Vogel, President of the German Social Democratic Party. London 1943); Germany and Europe in the Post-War World. Speech Delivered by Hans Vogel, President of the German Social Democratic Party. Issued by the London Representative of the German Social Democratic Party, 1944. *L:* u.a. Jaksch, Wenzel, Hans Vogel - Gedenkblätter. 1946; Röder, Werner, Emigration und innerdeutscher Widerstand. In: Widerstand, Verfolgung und Emigration. 1967; ders., Deutschlandpläne der sozialdemokratischen Emigration in Großbritannien 1942-1945. In: VHZ 1969, H. 1; Röder, Großbritannien; weitere Lit. siehe Biogr. Otto Wels. *D:* AsD. *Qu:* Arch. Hand. Publ. - IfZ.

Vogel, Wilhelm, Parteifunktionär; geb. 20. Dez. 1898 Worms; o.K.; *V:* Wilhelm V. (geb. 1866), o.K., Kunstmaler; *M:* Gertrud, geb. Lorei (geb. 1866), o.K., Köchin; ∞ I. Ida Ströe (geb. 1907), Dänin, 1936 Zwangsscheidung; II. 1949 Erna Kropp, geb. Niemes (geb. 1907), 1. Ehemann 1944 von SS erschossen; *StA:* deutsch, 28. Apr. 1937 Ausbürg., 1946 deutsch. *Weg:* 1933 Saargeb.; 1935 F; 1936 E; 1938 (?) F; 1942 Andorra, E; 1943 N-Afrika; 1946 Deutschland (FBZ).

1916 Abitur, bis 1919 Kriegsteiln. (Uffz.), Volontär in einer Maschinenfabrik, 1920 Stud. MaschBau TH Darmstadt, Abbruch aus wirtschaftl. Gründen, bis 1922 Schlosser u. techn. Zeichner, bis 1924 Angest. Arbeitsamt, bis 1926 Dolmetscher bei franz. Besatzungsbehörde, anschl. MaschSchlosser in Worms, ab 1931 erwerbslos. 1918 *Spartakusbund,* dann KPD, 1919 Gew., KPD-Ortsvors. Worms, ab 1930 KPD-Kreisvors.; März 1933 KL Osthofen, 28. Apr. Flucht aus KL ins Saargeb., Instrukteur KPD-BezLtg. Neunkirchen, Jan. 1935 Emigr. Frankr., Tätigkeit für *Comité d'aide aux victimes du fascisme hitlérien* in Paris, dann Freiw. im Span. Bürgerkrieg. Juli-Okt. 1936 Centuria Thälmann, dann span. Batteria Carlos Marx, Tapferkeitsausz. - Nach Ende des Bürgerkriegs Internierung in Argelès-sur-Mer u. Gurs, Anfang 1940 als Prestataire in Nordfrankr., Mai-Aug. auf der Flucht in den unbesetzten Süden, Internierung in Gurs, später Arbeit in Außenkommandos. Herbst 1942 über Andorra nach Spanien, Gef. Barcelona u. Lager Miranda del Ebro, nach Verpflichtung zur Fremdenlegion mit Hilfe des *Roten Kreuzes* nach Nordafrika, dort aus Altersgründen entlassen, dann Arbeit in franz. MilWerkstatt in Casablanca, Okt. 1944 Eintritt in brit. Pioniereinheit, Sept. 1946 Rückkehr nach Worms. Okt. 1946-Aug. 1948 KPD-Kreissekr., 1947-49 Öffentl. Kläger bei der Spruchkammer, 1949-63 Angest. Finanzamt, 1956-59 Mitgl. Kulturausschuß der Stadt Worms. Lebte 1974 in Worms.

Qu: Fb. - IfZ.

Vogel, Willi (Wilhelm), Verlagsleiter; geb. 11. Dez. 1910 Fürth/Bayern; ev., 1919 Diss., 1935 ev.; *V:* → Hans Vogel; ∞ 1946 Stockholm, Hanne Jaksch (geb. 1903 Pomeisl/Böhmen, gest. 1969 Stuttgart). 1938 Emigr. S, Fabrikarb., bis 1944 Ehefrau von → Wenzel Jaksch; *StA:* deutsch, 5. Apr. 1937 Ausbürg., 1946 deutsch. *Weg:* 1933 CSR; 1935 S; 1946 Deutschland (ABZ).

1925 Mittlere Reife, dann bis 1929 Buchdruckerlehre in Nürnberg u. Berlin, 1931-33 in der Reichsdruckerei Berlin tätig, Vorbereitung auf Inspektorenlaufbahn. 1925-28 SAJ, 1927-28 Mitgl. BezVorst.; ab 1925 *Verband der Deutschen Buchdrucker,* 1925-27 Vors. Lehrlingsabt. in Nürnberg; ab 1927 SPD, ab 1927 VorstMitgl. Berlin-Friedrichshagen, Apr.-Juli 1933 illeg. Tätigkeit. Juni 1933 Entlassung wegen Verdachts staatsfeindl. Gesinnung, nach Besetzung u. Plünderung des elterl. Hauses durch SA am 21. Juni bei Freunden in Berlin u. Norddeutschland verborgen, gesucht wegen angebl. Kurierdienste für *Sopade,* 1. Aug. 1933 Emigr. nach Prag zu Eltern u. Geschwistern; Verlagstätigkeit für *Sopade,* März 1934 i.A. des PV illeg. in Berlin. Anfang 1935 über Danzig u. Kopenhagen nach Stockholm, Unterstützung durch *Matteotti-Komitee,* 1935-46 Buchdrucker, Mitgl. Typografengewerkschaft. 1937-39 mit → Heinrich Bohnsack i.A. von ADG u. *Sopade* Hg. *Rapporter från Tyskland* (1. Ausg. unter Titel *Fackförings-Nyheter från Tyskland,* hg. von Representation i Utlandet ADGB) mit Auszügen aus *Deutschlandberichte der Sopade* (→ Erich Rinner) u. *Nachrichtendienst der Auslandsvertretung der deut-*

schen Gewerkschaften (→ Heinrich Schliestedt) zur Information der schwed. Presse u. Gew., Vertrieb in ZusArb. mit schwed. GewBund durch → Henry Dittmer (Aufl. 3000 bis 5000 Exemplare). Ltr. von Diskussionskreisen dt. Emigr. in Verb. mit schwed. GewBund, Mitgl. *Landesgruppe Schweden der Auslandsvertretung deutscher Gewerkschaften,* 1937 kurzfristig Vors. SPD-Ortsgruppe Stockholm, Rücktritt aus Protest gegen Volksfrontkontakte des VorstMitgl. → Simon Katzenstein. - 1945 Teiln. eines Kurses für Schulhelfer des *Samarbetskommittén för demokratiskt uppbyggnadsarbete,* Nov. 1946 auf Wunsch von → Wilhelm Hoegner Rückkehr, bis 1949 Techn. Ltr. u. Vertriebsltr. *Mittelbayerische Zeitung* Regensburg, 1950-62 Geschäftsf. u. Verlagsltr. der *Allgemeinen Zeitung für Württemberg* sowie 1950-73 der *Schwäbischen Tagwacht* in Stuttgart. 1951 Mitgr. u. bis 1962 Mitgl. *Baden-Württembergischer Zeitungsverlegerverband.* 1947-49 VorstMitgl. SPD Regensburg, 1950-74 Mitgl. SPD-BezBeirat Stuttgart. - Lebte 1978 in Stuttgart.

L: Müssener, Exil. *Qu:* Fb. Publ. - IfZ.

Vogelstein, Hermann, Dr. phil., Rabbiner; geb. 8. Jan. 1870 Pilsen/Böhmen, gest. 28. Sept. 1942 New York; *V:* Heinemann V. (geb. 1841 Lage/Westf., gest. 1911 Stettin), Rabbiner, Schriftst., führend in jüd.-liberaler Bewegung, Vizepräs. *Vereinigung für das liberale Judentum,* Anti-Zionist; *M:* Rosa, geb. Kobrak (geb. 1846 Freyhan/Schlesien, gest. 1920 Berlin); *G:* Ludwig (geb. 1871 Pilsen, gest. 1934 New York), 1897 in die USA, Gr. New Yorker Geschäftsstelle Aron Hirsch & Sohn (Metallhandel u. -industrie); bedeutender Industrieller u. Philanthrop, Einfluß in der jüd. Wohlfahrtspflege in den USA, u.a. Vors. UAHC, Vizepräs. WUPJ; → Theodor Max Vogelstein; Julie Braun-Vogelstein (geb. 1883 Stettin, gest. 1971 New York), 1936 Emigr. USA, Kunsthistorikerin, Schriftst.; ∞ Emmy Kosack (geb. 1870 Warglitten/Preußen, gest. 1949 New York); *K:* → Max Vogelstein; Hertha (gest. 14. Mai 1978), VorstMitgl. *Selfhelp, United Help* u.a. jüd. Wohlfahrtsorg. in New York. *Weg:* 1938 USA.

1894 Prom. Breslau, Stud. Jüd.-Theol. Seminar Breslau u. L(H)WJ Berlin, 1895 Rabbiner, 1895-97 Rabbiner in Oppeln/Schlesien, 1897-1920 Rabbiner Liberale Synagoge Königsberg, 1920-38 Rabbiner in Breslau. 1938 Emigr. USA. Tätig im *New York Board of Jew. Ministers* u. in *Assn. of Reform Rabbis* New York. - *Ausz.:* 1940 D.D.h.c.H.U.C.

W: Der Getreidebau in der Landwirtschaft in Palästina zur Zeit der Mischnah, Bd. I. 1894; Geschichte der Juden in Rom (Mitverf.), 2 Bde. 1895-96 (engl.: History of the Jews in Rome. 1940); Die Anfänge des Talmuds und die Entstehung des Christentums. 1902; Geschichte des israelitischen Vereins für Krankenpflege und Beerdigung in Königsberg in Preußen. 1904; Militärisches aus der israelitischen Königszeit. 1906; Zur Vorgeschichte des Gesetzes über die Verhältnisse der Juden vom 23. Juli 1847. 1909; Abraham Geiger. Leben und Lebenswerk (Beiträge, Hg.). 1910; Thora, Propheten, Weise. In: Judaica. 1912; Einige Probleme der Jüdischen Geschichte der Zeit des Zweiten Tempels. In: Jewish Studies in Memory of Israel Abrahams, 1927. *L:* Vogelstein-Braun, Julie, Was niemals stirbt. Gestalten und Erinnerungen. 1966. *Qu:* Hand. Pers. Publ. Z. - RFJI.

Vogelstein, Max, Dr. phil., Rabbiner; geb. 29. Okt. 1901 Königsberg; *V:* → Hermann Vogelstein; ∞ 1950 Ingeborg Berlin (geb. Koblenz), Emigr., aus Kinder-Internierungslager in S-Frankr. Flucht über die Pyrenäen, 1940 Emigr. USA, B.S., Krankenpflegediplom, M.A. (Gesch.); *K:* Hermann Egon (geb. 1951), M.A. Musik Texas Christian Univ.; Esther Emmy (geb. 1953), Stud. Chemie Indiana Univ.; *StA:* deutsch, 1944 USA. *Weg:* 1938 USA.

Stud. Königsberg, Breslau, Freiburg, Berlin, Prom. Breslau, Stud. Jüd.-Theol. Seminar Breslau u. L(H)WJ Berlin; Rabbiner, 1932-33 Rabbiner in Frankfurt/M.; 1934-35 Doz. Lehrerbildungsanstalt der Preuß. Landesverbands jüd. Gden. Berlin, 1935-38 BezRabbiner in Koblenz. Mai 1938 Informationsreise in die USA u. nach Kuba, Juni 1938 Emigr. USA; Forschungsarbeit auf dem Gebiet der bibl. Gesch., insbes. bibl. Chronolo gie. Mitgl. CCAR u. *Am. Oriental Soc.* Lebte 1977 in Rochester/N.Y.

W: Kaiseridee – Romidee, und das Verhältnis von Staat und Kirche seit Constantin (Diss.). 1930; Biblical Chronology. Cincinnati 1944; Jeroboam II: The Rise and Fall of his Empire. 1945; Wissenschaft des Judentums and the American Rabbi. In: H.U.C. Monthly, Febr. 1942; Fertile Soil: A Political History of Israel under the Divided Kingdom. 1957; The Abraham-Hyksos-Era and the Chronology of the New Empire. 1958; Key Solutions to Babylonian and Assyrian Chronology. 1959. *Qu:* Arch. Hand. Pers. Publ. – RFJI.

Vogelstein, Theodor Max, Dr. oec. publ., Bankier, Industrieller; geb. 18. Mai 1880 Stettin, gest. 5. Mai 1957 Paris; jüd.; *G:* → Hermann Vogelstein; ∞ Kaethe Jacoby; *K:* Wolfgang (Warren H.); Annette Schoenlicht. *Weg:* 1933 F, GB, USA.

Stud. Volkswirtschaft Berlin, Freiburg u. München, 1901 Prom.; 1903-08 Fachausbildung in den USA u. GB. 1910 Privatdoz. München; VorstMitgl. Auer-Elektrizitätsgesellschaft Berlin. Im 1. WK geschäftsf. Dir. Kriegsmetallgesellschaft AG Berlin; Mitgr. DDP u. *Demokratischer Klub* Berlin, Mitgl. Sozialisierungskommission. 1919-33 Teilh. Privatbank C. Kretschmar Berlin, 1930-33 stiller Teilh. J. Dreyfus & Co. Berlin, durch seine Investition von 4 Mio. Reichsmark Erhöhung des Kapitals um 50 %. AR-Mitgl. u.a. Phönix-AG für Braunkohleverwertung u. Aronwerke Elektrizitäts-AG Berlin. Mitgl. *Deutsche Gesellschaft 1914.* 1933 Emigr. über Frankr. u. GB in die USA.

W: u.a. Grundriß der Sozialökonomie (Mitverf.). *L:* RhDG; Braun-Vogelstein, Julie, Was niemals stirbt (Erinn.). 1966. Heilbrunn, R., Das Bankhaus J. Dreyfus & Co. Frankfurt/M. – Berlin, 1868-1939. 1962; Die bürgerlichen Parteien in Deutschland. Bd. II, 1970. *Qu:* EGL. Hand. HGR. Publ. – RFJI.

Vogt, Franz, Gewerkschaftsfunktionär; geb. 16. Okt. 1899 Karschin/Schlesien, 1940 Freitod NL; ∞ Katharina van der Beek (1906-33); *K:* Heinrich (geb. 1926), Georg (geb. 1929); Lore (geb. 1930); *StA:* deutsch, 20. Apr. 1938 Ausbürg. *Weg:* 1933 Saargeb., NL.

Funktionär des *Deutschen Bergarbeiter-Verbandes* in Bochum, Sekr. der wirtschaftspol. Abt.; zugl. Führer des *Reichsbanners* in Bochum, enge ZusArb. mit → Heinrich König, ab 1932 SPD-MdL Preußen. Nach natsoz. Machtübernahme Flucht mit Fam. vor SA-Terror nach Saarbrücken, von dort Emigr. in die Niederlande; in Amsterdam zum Kreis um das dt. Exilorgan *Freie Presse* gehörig (→ Helmut Kern, → Alfred Mozer, → Rudolf Quast, → Heinz Wielek); Mai 1936 Beteiligung an Grdg. des *Arbeitsausschusses freigewerkschaftlicher Bergarbeiter Deutschlands* in Paris, mit → Wilhelm Knöchel Wahl zum Sekr.; in Amsterdam Hg. der *Bergarbeiter-Mitteilungen* u. *Bergarbeiter-Zeitung;* auf Bergarbeiterkongreß Mai 1938 in Luxemburg mit Knöchel Wahl zum dt. Vertreter im Exekutivkomitee der *Bergarbeiter-Internationale.* Nach dt. Besetzung der Niederlande Freitod.

L: Quast, Rudolf, Zwischen Amsterdam und Bochum. In: Jahrbuch der Ruhr-Universität, 1974; Wagner, Johannes Volker, Nur Mut, sei Kämpfer! 1976. *Qu:* Arch. Pers. Publ. – IfZ.

Volk, Karl, Parteifunktionär, Journalist; geb. 1. Apr. 1896 Zolkiev/Galizien, gest. März 1961 New York; *V:* Kaufm. *Weg:* F; 1940 (?) USA.

Lebte in seiner Jugend in Poßnitz/Mähren, nach Gymn. Stud. Volkswirtsch. u. Phil. in Prag; nach 1. WK Mitgl. jüd. sozialist. Partei *Poale Zion,* seit Grdg. Mitgl. KSČ; 1921 vorüberg. in Rußland, dann Sekr. der russ. Botschaft in Peking, später Ltr. russ. Pressebüro in Wien; Ende 1922 Übersiedlung nach Deutschland, hauptamtl. Funktionär der KPD, Deckn. Robert, 1923-24 PolLtr. Niedersa., zeitw. Chefred. *Sächsische Arbeiterzeitung* Leipzig; nach einjähriger Tätigkeit im *Komintern*-Apparat in Moskau ab 1925 Chefred. *Der Kämpfer* Chemnitz, Anhänger der sog. Chemnitzer Linken (→ Heinrich Süsskind), ab 1926 Ltr. KPD-Pressedienst in Berlin; nach 1928 Abkehr von den Linken u. in der Folgezeit einer der Wortführer der sog. Versöhnler, deshalb vom Pressedienst nach Hamburg versetzt u. Chefred. *Hamburger Volkszeitung,* nach Wittorf-Affäre entlassen; nach der pol. Kapitulation der Versöhnler-Gruppe vor dem ZK 1929/30 geheime Fortführung der Fraktionsarbeit vor allem unter Berliner Parteikadern, 1933 Teiln. an Versöhnler-Treffen in Zürich; unter dem natsoz. Regime Emigr. nach Frankr., von dort während des Krieges illeg. Einwanderung in die USA, Annahme des Namens Robert Rintel; in den USA journ. tätig, als Rußlandexperte Mitarb. versch. amerikan. Ztg. 1938 Bruch mit der KPD, später Kontakte mit sozdem. Kreisen.

W: Ypsilon (Ps.), Pattern for World Revolution (Mithg.). Chicago/New York 1947. *L:* Weber, Wandlung. *Qu:* Arch. Publ. – IfZ.

Volkemer, Fritz, Gewerkschaftsfunktionär, Kommunalpolitiker; geb. 13. Jan. 1907 Pirmasens/Pfalz, gest. 31. Dez. 1974 Pirmasens; o.K.; *V:* Adam V. (1880-1935), Fabrikarb.; *M:* Philippine, geb. Kuntz (1881-1974); *G:* 4; ∞ I. 1935 Emma Matz (geb. 1910 Gries/F. gest. 1943 Bischwiller/Elsaß); II. 1951 Hedy Weber, geb. Raquet (geb. 1916); *K:* aus I: Christiane Cölsch (geb. 1936 Bischwiller), VerwAngest. in Pirmasens; *StA:* deutsch. *Weg:* 1933 F; 1939 N-Afrika; 1945 Deutschland (FBZ).

Volksschule, 1920-33 Schuhfabrikarb., 1933-39 Meister; 1920 *Deutscher Lederarbeiterverband,* 1922 SPD, bis 1933 SAJ-Vors. Pirmasens u. 2. Vors. SAJ Pfalz. Nach natsoz. Machtübernahme Flucht nach Frankr., ab 1939 in Tunis u. Algier, Dez. 1945 Rückkehr, 1946 Mitgl. Beratende Landesvers., 1947-67 MdL Rheinland-Pfalz, bis 1967 StadtVO. Pirmasens, SPD-Fraktionsvors.; GewSekr., zuletzt BezLtr. *Gewerkschaft Leder* für Rheinland-Pfalz, Mitgl. VerwAusschuß des Landesarb.-Amts Rheinland-Pfalz/Saar.

Qu: Arch. Hand. Pers. – IfZ.

Vollmer, Otto, Gewerkschafts- u. Parteifunktionär; geb. 1. Nov. 1894 Neckargerach/Württ.; *V:* Maurer, *Weg:* 1933 CH; 1935 Deutschland.

In NSU-Werken Neckarsulm Lehre als Eisendreher, Arbeiter u. nach 1. WK Betriebsrat im gleichen Werk; 1913 Mitgl. SPD, Ltr. Arbeiterjugend; 1914 Anhänger der Kriegsgegner in der SPD, 1916-18 Soldat an der Westfront; 1918 USPD, mit deren linkem Flügel 1920 zur KPD; 1922 Geschäftsf. DMV sowie Ltr. KPD-Unterbez. Heilbronn; 1924 Parteisekr. u. Mitgl. KPD-BezLtg. Württ.; 1928-33 MdL Württ.; 1929-33 BezLtr. RGO. 1933 Emigr. in die Schweiz. 1935 Rückkehr nach Deutschland, Hilfsarb. beim Autobahnbau u. in versch. Metallbetrieben; 1944 nach dem Attentat auf Hitler Verhaftung, KL Dachau. 1945 Mitgl. KPD, beteiligt am Aufbau der Gew. in Heilbronn; 1946-52 Ltr. Rechtsabt., ab Nov. 1946 Vors. Arbeitsgericht Heilbronn, Ernennung zum Arbeitsgerichtsrat. Lebte nach der Pensionierung in Kempten/Allgäu.

L: Weber, Wandlung. *Qu:* Arch. Publ. – IfZ.

von der Reith, Willy (Claus Heinrich Wilhelm), Parteifunktionär; geb. 3. Juli 1897 Altenwerder b. Hamburg, gest. 28. Febr. 1967 Hamburg; *V:* Johann Hermann v.d.R. (geb. 1868), Dienstknecht; *M:* Marie, geb. Heitmann (geb. 1868); *G:* Hermann, Lina Cords, Margarete Böckler, Marie Schönfeldt; ∞ I. 1922 Hertha Grothmaak (gest. 1943); II. 1947 Kati Klug; *K:* Karin Beu (geb. 1949); *StA:* deutsch. *Weg:* 1935 CSR; 1936 E; N-Afrika; 1943 UdSSR; 1947 Deutschland (BBZ).

Seemann, im 1. WK U-Boot-Flotte, 1918 Teiln. Kieler Matrosenaufstand. Ab 1920 Bauarb.; 1921 KPD, 1923 Teiln. Hamburger Aufstand. 1930-33 MdHB, Vors. Bez.-Erwerbslosenausschuß der RGO. 1933 illeg. Instrukteur des ZK in Mecklenburg, bis Jan. 1934 u.a. in Rostock tätig. 1935 Flucht in die CSR. Deckn. Hans Grotjahn. 1936-39 Thälmann-Btl. Span. Bürgerkrieg, Kommissar für Kultur der XI. Internat. Brigade. Internierung in Djelfa/Nordafrika, 1942 brit. Armee. 1943 UdSSR, PolInstrukteur KriegsgefLager Boroviči. 1947-56 ltd. Funktionär KPD Hamburg. – *Ausz.:* 1956 Hans-Beimler-Medaille.

L: Pasaremos; Hochmuth/Meyer, Streiflichter. *Qu:* Arch. Pers. Publ. - IfZ.

Voremberg, Jakob (Bob), Dr. jur., Rechtsanwalt, Verbandsfunktionär; geb. 3. Juli 1896 Grebenstein/Hessen-Nassau, gest. 31. Okt. 1973 Trier; jüd.; *V:* Herz V., jüd., Viehhändler; *M:* Caroline (gest. Paris), jüd.; *G:* Dina Lilienstein, A: F; Ernst, A: F; Herta Lewinski, A: Deutschland (BRD); ∞ 1932 Liselotte Katzenstein (geb. 1909 Viersen/Rheinl., gest. 1977 Trier), jüd.; *K:* Gerd H. (geb. 1933 Trier), Kaufm. in Trier; *StA:* deutsch, IL u. deutsch. *Weg:* 1938 Pal.; 1948 Deutschland (BRD).

1914-18 Kriegsteiln. (Uffz.). Stud. Rechtswiss. Gießen, Berlin u. München, 1924 Prom.; 1926-38 RA in Trier. Präs. der *B'nai B'rith*-Loge in Trier. Okt. 1938 Emigr. Palästina. 1942-46 Angest. bei I.O.M.E. in Tel Aviv. 1948 Rückkehr, 1948-73 RA in Trier, Justizrat, Bearbeitung von Wiedergutmachungsfällen. 1955-73 Vors. der Jüd. Kultusgde. Trier, Mitgl., VorstMitgl. u. Syndikus Landesverband der Jüd. Gemeinden Rheinland-Pfalz.

Qu: EGL. Pers. - RFJI.

W

Wabra, Ernst, Partei- u. Staatsfunktionär; geb. 31. März 1907 Chemnitz, gest. 4. Nov. 1970; *StA:* CSR, deutsch. *Weg:* 1933 CSR, Deutschland, CSR; 1934 UdSSR; Deutschland.

Eisenhobler; 1923 DMV, 1926 KJVD, 1930 KPD, ab 1930 Mitgl. engere Ltg. KJVD-Unterbez. Chemnitz, 1932 Sonderbeauftragter des ZK des KJVD in Oberschlesien u. 1932-33 kommissar. Gebietsltr. ebd. - Febr. 1933 Emigr. nach Komotau, Mai i.A. des ZK des KJVD Rückkehr nach Deutschland, Sept.-Dez. 1933 ZK-Instrukteur im Bez. Ruhr-Niederrhein, Bemühungen um ZusArb. mit Widerstandskreisen aus der kath. Jugend um Josef Rossaint. Deckn. Karl. Dez. 1933-Apr. 1934 in der CSR u. UdSSR, Apr. 1934 nach Berlin; Deckn. Fritz. Juni-Aug. 1934 Ltr. KJVD-Bez. Wasserkante, 23. Aug. 1934 Verhaftung, 27. Aug. 1935 VGH-Urteil 15. J. Zuchth. - 1945 Polizeipräs. Chemnitz, dann bis 1952 stellv. Vors. Staatliche Kontrollkommission für Sa., 1952-54 stellv. Vors. Bez-Kontrollkommission Rostock, 1954-55 Ltr. Kaderabt., 1955 stellv. Vors., 1956-57 kommissar. Vors. u. 1958-61 Vors. Zentrale Kommission für Staatliche Kontrolle u. in dieser Eigenschaft Mitgl. MinRat; 1958-61 Staatssekr. im MdI, dann stellv. Polizeipräs. Chemnitz u. stellv. Ltr. Zollverwaltung beim MinRat der DDR. - *Ausz.:* 1955 VVO (Silber), 1958 Banner der Arbeit u. Med. für Kämpfer gegen den Faschismus 1933-1945.

L: Bludau, Gestapo; Jahnke, Arbeiterjugendbewegung. *Qu:* Arch. Hand. Publ. Z. - IfZ.

Wachenheim, Hedwig, Beamtin, Sozialpolitikerin; geb. 27. Aug. 1891 Mannheim, gest. 8. Okt. 1969 Hannover; ev.; *StA:* deutsch, USA. *Weg:* 1933 F; 1935 USA.

1897-1907 Höhere Töchterschule Mannheim, 1912-14 Soziale Frauenschule Berlin (→ Alice Salomon), ab 1914 SPD. 1914-15 Fürsorgerin in Mannheim, 1916-17 Angest. Kommission des Nationalen Frauendiensts Berlin, 1917-19 Angest. bei der Berliner Milchversorgung, 1919-21 Frauenref. bei der Reichszentrale für Heimatdienst, 1922-33 AbtLtr. bei Reichsfilmprüfstelle, RegRätin. 1919-33 Mitgl. Hauptausschuß der *Arbeiterwohlfahrt,* 1926-33 Chefred. Zs. *Arbeiterwohlfahrt,* 1928-33 Lehrerin u. zuletzt Ltr. Berliner Wohlfahrtsschule der *Arbeiterwohlfahrt,* 1928-33 MdL Preußen; Mitgl. Hauptausschuß des *Deutschen Vereins für öffentliche und private Fürsorge.* Nach natsoz. Machtübernahme Entlassung, Sommer 1933 kurzfristig in der Schweiz, nach Rückkehr Emigr. Frankr., 1935 in die USA, 1936-41 RedAssistentin, VorstMitgl. dt. Sprachgruppe der *Social Democratic Federation of America,* ab 1939 Mitgl. GLD (→ Max Brauer), ab 1941 VorstMitgl. *German-Am. Council for the Liberation of Germany from Nazism* bzw. *Assn. of Free Germans* (→ Albert Grzesinski). 1941 mit → Alfred Braunthal, → Ernest Hamburger, → Rudolf Katz, Grzesinski u.a. Mitverf. *War Aims, Peace Terms and the World After the War. A Joint Declaration by Democratic Socialists of Several Nationalities* (Rand School Press, New York): u.a. für kontrollierte völlige Entwaffnung Deutschlands, jedoch gegen Teilung u. willkürliche Gebietsabtrennung, für Schaffung eines wirksamen Völkerbunds unter aktiver Mitwirkung der USA u. einer europ. Föderation, der auch Rußland nach dem Sturz der dortigen „totalitären Herrschaft" angehören sollte. Ab 1941 Research Assist. u. Research Analyst bei OWI, März 1946 nach Deutschland, Ltr. Kinderwohlfahrtsabt. bei OMGUS in Stuttgart, 1949-51 stellv. Ltr. Wohlfahrtsabt. der US-Hochkommission Frankfurt/M. Nach 1955 Forschungsauftrag der Univ. of Calif. Berkeley auf dem Gebiet der Geschichte der dt. ArbBewegung. - Starb während einer Besuchsreise in Deutschland.

W: Ludwig Frank: Aufsätze, Reden, Briefe. 1924; Germany in the Transition Period. New York (American Labor Conference) 1944; Die deutsche Arbeiterbewegung 1844 bis 1914. 1967; Vom Großbürgertum zur Sozialdemokratie. Memoiren einer Reformistin. 1973. *L:* u.a. MGD. *D:* AsD. *Qu:* Arch. Hand. Publ. - IfZ.

Wachs, Walter, Parteifunktionär; geb. 2. Aug. 1913 Wien; *M:* umgek. Jan 1942 (?) in KL in Litauen; *G:* 1 B, Emigr. Pal.; *StA:* österr. *Weg:* 1938 E; 1939 F; N-Afrika; 1944 UdSSR, JU, Deutschland (Österr.).

Mitgl. *Vereinigung Sozialistischer Mittelschüler* in Wien, vermutl. 1933 nach Abitur Mitgl. KPÖ; Stud. Medizin, illeg. Arbeit. Aug. 1934 Verhaftung, 6 Wochen Arrest, bis Nov. 1934 KL Wöllersdorf, Ende Jan. 1935 erneut verhaftet, 3 Mon. KL Wöllersdorf, Mitte Juni 1935 wieder verhaftet, KL Wöllersdorf. Relegierung von Univ., konnte später das Medizinstudium nicht aufnehmen. März 1938 nach Anschluß Österr. Flucht in die Schweiz, Apr. 1938 über Frankr. nach Spanien, Teiln. Span. Bürgerkrieg, Sanitäter im Btl. 12. Februar der XI. Internat. Brigade. Febr. 1939 nach Frankr., bis Apr. 1943 Internierung in St. Cyprien, Gurs, Le Vernet u. in Djelfa/Algerien. Nach alliierter Invasion in Nordafrika Apr. 1943 Meldung zu brit. Pioniereinheit, Anfang 1944 (Anforderung ehem. Spanienkämpfer durch UdSSR als Ehrenbürger) über Ägypten, Palästina, Türkei u. Persien nach Moskau. Frühj. 1944 Pol-Kommissar in der nach Übereinkunft zwischen Vertr. des ZK der KPÖ (→ Franz Honner) und jugoslaw. Volksbefreiungsarmee in Moskau aufgestellten Kampfgruppe Avantgarde (nach Kriegsende Kampfgruppe Steiermark genannt), Deckn. Ferdinand; Mai 1944 Fallschirmabsprung bei Črnomelj/Slowenien, Ausbildung u. Bewaffnung in einer Basis der jugoslaw. Volksbefreiungsarmee. Aug.-Sept. 1944 Marsch durch von dt. Truppen kontrolliertes Gebiet in die Steiermark, im steiermärkisch-slowen. Grenzgebiet (Kor- u. Saualpe) Partisaneneinsätze, die zeitw. stärkere dt. Einheiten banden; in den letzten Wochen vor Kriegsende wuchs die Gruppe durch desertierte Soldaten, geflüchtete Kriegsgef. u. Fremdarbeiter auf eine Stärke von mehreren hundert Mann an, besetzte Anfang Mai 1945 noch vor Anrücken der sowj. Truppen die Orte Deutschlandsberg u. Schwanberg. Kampfgruppe Avantgarde war neben dem 1. österr. Btl. im Verband der jugoslaw. Volksbefreiungsarmee die einzige österr. Einheit, die auf alliierter Seite zu milit. Einsatz gelangte. Nach Kriegsende Rückkehr nach Wien; Mitgl., seit 1951 ZK-Mitgl. der KPÖ, 1952-55 Sekr., 1955-60 Vors. *Freie Österreichische Jugend,* seit 1969 Mitgl. Pol-Büro, seit 1970 Sekr. der KPÖ. VorstMitgl. *Vereinigung österreichischer Freiwilliger in der spanischen Republik 1936 bis 1939 und des Freunde des demokratischen Spanien.* Kuratoriumsmitgl. DÖW. Lebte 1978 in Wien. - *Ausz.:* 1978 Ehrenzeichen für Verdienste um die Befreiung Österreichs.

W: Kampfgruppe Steiermark. 1968; *L:* DBMOI; Holzer, Bataillone; Widerstand 1; Tidl, Studenten. *Qu:* Arch. Hand. Publ. Z. - IfZ.

Wachtel, Hans Heinz, Kaufmann; geb. 19. Aug. 1917 Wien; jüd.; *V:* Eduard W. (geb. 1882 Lemberg, gest. 1934 Wien), jüd., höhere Schule, Inh. einer Versicherungsges., Freimaurer; *M:* Renée Melanie, geb. Ostersetzer (geb. 1891 Wien), jüd., höhere Schule, 1939 Emigr. GB, Peru, 1976 USA; *G:* Erica Gordon (geb. 1912 Wien), Stud. Med. Wien, Emigr. GB, M.D. Univ. London, Forschungsarbeiten, A: London; ∞ I. 1940 Erni Aptowitzer (geb. 1919 Wien, gest. 1968 Lima), jüd., höhere Schule, 1939 Emigr. GB, Hausangest., 1941 Peru, bis 1968 Büroangest., erste Präs. *Rebecca Sieff-Gruppe* der WIZO, VorstMitgl. Altersheim Lima, Mitgl. SynAusschuß; II. 1970 Edith Arlen Aptowitzer (geb. 1925 Wien), jüd., 1939 Emigr. GB, 1946 USA, M.B.A. Univ. Chicago, Forschungsarbeiten in Soziologie, 1970 Peru, 1975 USA; *K:* Antonio (geb. 1948), M.D. Univ. Lima, Arzt in den USA; Susan Kaiser (geb. 1951), höhere Schule, Sekr. in Bras.; *StA:* österr. *Weg:* 1938 I, Peru.
1933-36 Stud. Handelsakad. Wien, Abitur, 1936-38 Hochschule für Welthandel; Mitgl. *Österreichischer Pfadfinderbund, Verband zionistischer Mittelschüler, Gesamtverband jüdischer Hochschüler „Judäa", Alpenverein Donauland, Österreichischer Jugendherbergsverband.* 1938 Beschlagnahme des Familieneigentums, Kochkurs als Vorbereitung auf die Emigr.; Juli 1938 Emigr. Italien, Sept. 1938 nach Peru; Bäckereiarb. u. Kinoangest., Buchhalter für United Artists in Lima. 1938-40 Finanzdir. u. stellv. Wirtschaftsprüfer RKO Radio Pictures Lima. 1941-75 Inh. u. Geschäftsf. Casas Electra S.A. (Einzelhandelskette für Elektrogeräte), Gr. u. Präs. Vereinigung der Panasonic-Einzelhändler Peru. 1940-75 aktiv in Jüd. Gde. Lima, Präs. der Syn., in der Jugend- u. Wohlfahrtsarb. u. in der Altenfürsorge tätig. Ab 1939 Mitgl. u. zeitw. Präs. *Freie Österreichische Bewegung.* 1975 in die USA. Lebte 1977 in Los Angeles.
Qu: Fb. - RFJI.

Wachtell, Hanns Heinz, Dr. jur., Kaufmann; geb. 29. März 1908 Wien; jüd.; *V:* Isidor Jakob W. (1868-1925), jüd., Wollkaufm., Zion., Präs. *B'nai B'rith*-Loge; *M:* Adelaide, geb. Bondi (1875-1935), jüd., Mitarb. in Wohlfahrtsorg.; ∞ 1935 Ilse Lucy Pollak (geb. 1914 Wien), jüd., 1939 Emigr. AUS; *K:* Jeanette Adelaide Kitchener (geb. 1944), Lehrerin; *StA:* österr., AUS. *Weg:* 1939 AUS.
1926-31 Stud. Rechtswiss. Wien; 1931 Gerichtsassessor, 1932-37 Angest. bei einer RA-Firma in Wien, 1938 Aufnahme in die RA-Kammer, im gleichen Jahr Ausschluß. Mitgl. *B'nai B'rith*-Jugendorg. u. *Zionistische Organisation* Wien. Nov. 1938 Emigr. Australien über die Niederlande. 1939-41 Vertr. bei Chemiefirmen, Ehefrau arbeitete als Hausangest.; 1941-67 Dir. u. Geschäftsf. bei Blok van Rooyen & Co., 1967-73 Dir. u. Geschäftsf. Protector Safety Industries Ltd., 1973-74 Geschäftsf. der Lep Transport Internat., 1974-75 Ltr. Kreditabt. Jackson & Spring/Bramble Ruys Ltd.; 1942-48 Präs. *Union Sydney Zion.,* 1943-48 Mitgl. zion. Rat des Bundesstaates Neu-Süd-Wales, ab 1944 VorstMitgl. *Jew. Board of Deputies* von Neu-Süd-Wales, 1944-52 Gr. u. Mitgl. *B'nai B'rith*-Loge Sydney, 1950-51 Vizepräs. u. 1957-58 Präs. *Sir John Monash Lodge* des *B'nai B'rith,* 1965-67 Schatzmeister *B'nai B'rith Grand Lodge* von Australien u. Neuseeland, 1949-51 u. 1958-68 Präs. Jüd. Gde. Kingsford-Marouba. Mitgl. Rechtsausschuß der Handelskammer, Mitgl. Gesellschaft für Handelsrecht. Lebte 1972 in Sydney.
Qu: Fb. Hand. - RFJI.

Wacker, Heinrich, Gewerkschaftsfunktionär; geb. 18. Jan. 1887 Aalen/Württ., gest. 24. Aug. 1970 Saarbrücken; ∞ Ida (geb. 1899), 1935 Emigr. F, 1946 Deutschland (Saargeb.) *K:* 1; *Weg:* 1935 F; 1943 Deutschland; 1945 Saargeb.
Werkzeugmacher; nach Wanderjahren 1907-09 MilDienst, 1909 Mitgl. DMV u. SPD, 1914-17 Teiln. 1. WK. Danach an die Saar, Mitgl. *Werkmeisterverband,* 1922 BezLtr. Saargeb.; 1930-34 Mitgl. der Angestelltenversicherung u. Arbeitskammer Saargeb.; 1930 Vors. BezKartell Saar des *Allgemeinen Freien Angestelltenbundes* (AFA); 1932 Mitgl. SPD/S-Landesvorst., 1933-35 Ltr. sozdem. *Schutzbund* Saarbrücken. Nach Gleichschaltung der Gew. im Reich Entlassung als AFA-BezLtr., Jan. 1935 Emigr. nach Frankr.; 1943 von Gestapo verhaftet, nach Böhmen u. Schlesien zwangsverpflichtet. Juni 1945 Rückkehr an die Saar, am Wiederaufbau der GewBewegung wesentlich beteiligt, Okt. 1947 erster Präs. der Einheitsgew., ab 1952 Ehrenpräs. sowie Präs. Arbeitskammer des Saarlandes; Mitgl. Gründungsausschuß u. Gründungsvorst. SPS, Beisitzer in allen PV bis 1953. 1947-52 MdL Saar.
L: Schmidt, Saarpolitik; Schneider, Saarpolitik und Exil. *Qu:* Arch. Pers. Publ. - IfZ.

Wagner, Friedrich Wilhelm, Rechtsanwalt, Politiker, Richter; geb. 28. Febr. 1894 Ludwigshafen, gest. 17. März 1971 Ludwigshafen; Diss.; ∞ Katharina Sterzel (geb. 1886), Emigr.; *K:* Marta Maria (geb. 1905), Lieselotte (geb. 1919), Emigr., sowie 1 weitere T; *StA:* deutsch, 27. Okt. 1937 Ausbürg. mit Fam., 1946 deutsch. *Weg:* 1933 Saargeb.; 1935 F; 1941 USA; 1946 Deutschland (FBZ).
Stud. Rechts- u. Staatswiss. Tübingen, München, Berlin, Heidelberg, zeitw. in der Kommunalverw. tätig, ab 1922 RA in Ludwigshafen, Justizrat. Ab 1916 SPD, stellv. BezVors. Pfalz, Gauführer des *Reichsbanners* für die Pfalz u. das Saargeb., Geschäftsf. *Republikanische Beschwerdestelle* für die Pfalz, Red. *Pfälzische Post,* 1930-33 MdR; Verteidiger in zahlr. pol. Prozessen. März 1933 Festnahme, 11. März Flucht aus der Schutzhaft nach Straßburg, Emigr. ins Saargebiet. Jan. 1935 nach Frankr., Inh. eines internat. Anwaltsbüros in Straßburg, insbes. Rechtsbeistand für Emigranten, Mitunterz. *Erklärung der deutschen Opposition zur Rheinlandbesetzung und zu Hitlers Kriegspolitik* vom Mai 1936, Teiln. der Pariser Volksfrontkonf. vom 2. Febr. 1936, Mitgl. des März 1937 gegr. *Ausschuß für die Vorbereitung einer Volksfront im Saargebiet.* VorstMitgl. *Landesverband deutscher Sozialdemokraten in Frankreich* (→ Max Braun), der im Gegensatz zur *Sopade* die sog. Konzentration der sozialist. Exilorg. anstrebte. 1937 (?)-Febr. 1941 geschäftsf. Vors. *Zentralvereinigung der deutschen Emigration* in Paris. Flucht über Spanien u. Portugal nach New York, erwerbslos, später Bibliothekar Rand School of Social Science. VorstMitgl. dt. Sprachgruppe der *Social Democratic Federation,* ab 1941 VorstMitgl. *German-Am. Council for the Liberation of Germany from Nazism* bzw. *Assn. of Free Germans* (→ Albert Grzesinski), später Mitgl. GLD, Mitunterz. ihrer Erklärung *What Is To Be Done With Germany?* Ostern 1945. Okt. 1946 Rückkehr nach Ludwigshafen, 1947-49 MdL Rheinland-Pfalz, 1948-49 Mitgl. Parlamentar. Rat, entscheidender Einsatz für verfassungsmäßige Abschaffung der Todesstrafe, 1949-61 MdB. StadtVO. Ludwigshafen. Verteidiger im IG-Farben-Prozeß vor dem Nürnberger Militärtribunal, 1948-54 Präs. Pfälzische Anwaltskammer, Dez. 1961-Okt. 1967 als Nachf. von → Rudolf Katz Vizepräs. Bundesverfassungsgericht. - *Ausz.:* 1964 Gr. BVK mit Stern u. Schulterband; Ehrenbürger Ludwigshafen.
L: Röder, Großbritannien; MGD. *Qu:* Arch. Hand. Publ. - IfZ.

Wagner, Helmut Rudolf, Journalist, Hochschullehrer; geb. 5. Aug. 1904 Dresden; ev.; *V:* Rudolf Richard W.; *M:* Olga, geb. Fischer; ∞ 1951 Lore Joseph (geb. 1923); *K:* Claire Marianne (geb. 1952); *StA:* deutsch, 1947 USA. *Weg:* 1934 CH; 1941 USA.
1919-22 Stud. Technikum u. 1922-24 TH Dresden, zugl. Stud. Wirtschafts- u. Sozialwiss., freier Journ.; Mitgl. SPD, ab 1929 Lehrer Volkshochschule Gera/Thür.; Ende der 20er Jahre einer der Führer der Linksopposition in der Dresdner SPD, Kontakte zur *Sozialwissenschaftlichen Vereinigung* Berlin (→ Arthur Goldstein), in Dresden Aufbau einer *Rote-Kämpfer*-Gruppe; ideolog. Einfluß auf die *Jungsozialisten*-Bewegung, auf deren Reichskonf. Ostern 1931 in Leipzig Sprecher des radikalen linken Flügels; Mitgr. *Jungproletarischer Ordnungsdienst;* Autor des Aktionsprogramms der *Gruppe Revolutionärer Sozialisten,* das am 22. Sept. 1931 auf einer Sonderkonf. der Dresdner SPD-Linksopposition als Progr. für die Grdg. einer neuen Partei diskutiert wurde; daraufhin mit → Walter Fabian Parteiausschluß; danach maßgebl. an Formierung der *Roten Kämpfer* (RK) beteiligt, konzipierte die *The-*

sen über den Bolschewismus; Eintritt in SAPD, gehörte mit → Bernhard Reichenbach u. → Kurt Stechert zur RK-Fraktion; nach natsoz. Machtübernahme RK-Widerstandsgruppe, Ende 1934 Emigr. in die Schweiz; in Zürich Hg. der Zs. *Der Internationale Beobachter,* Forts. der wirtschafts- u. sozialwiss. Studien, Verf. einer umfangreichen *Soziologie des Bolschewismus;* 1941 in die USA, in New York Arbeit als Feinmechaniker; 1950-53 Stud. Soziologie, Sozialpsychologie u. Phil. New School for Social Research New York, 1952 M.A., 1955 Ph.D.; 1952-55 Teaching Fellow, 1955-56 Lecturer Graduate Faculty New School for Social Research; ab 1956 Assist. Prof., 1958 Associate Prof. u. 1963-64 Prof. für Soziologie Bucknell Univ., Lewisburg/Pa.; 1964-75 Prof. für Soziologie Hobart and William Smith Colleges, Geneva/N.Y., bis 1973 Ltr. Dept. Sociology and Anthropology; ab 1975 Research Prof. Hobart and William Smith Colleges. Forschungsschwerpunkt Theorie der sozialen Beziehungen unter bes. Berücksichtigung religiöser u. ideolog. Motivationen. - Mitgl. u.a. *American Sociological Association; Society for the Scientific Study of Religion* u. *Society for Phenomenology and Existential Philosophy; New York State Sociological Association.*

W: Sport und Arbeitersport. 1931; Organisation und Klasse. In: Die Organisation im Klassenkampf, Nr. 2 der Roten Bücher der Marxistischen Büchergemeinde. O.J. (1931); Von Ebert zu Hitler. Die deutsche Sozialdemokratie von 1934 bis 1944 in Selbstzeugnissen. Unveröffentl. Ms. (1934); Die Grundlagen der bolschewistischen Machtpolitik. Zur Soziologie des Bolschewismus. Unveröffentl. Ms.; bis 1976 etwa 30 wiss. Aufs. vor allem in *Social Research,* 10 monogr. Fachveröffentlichungen, über 35 wiss. Ms. für Fachkongresse. Vollständige Bibliogr. in BHB-Archiv. *L:* Die Roten Kämpfer. Zur Geschichte einer linken Widerstandsgruppe. Dokumentation. In: VHZ 7/1959, S. 438-460; Drechsler, SAPD; Ihlau, Olaf, Die Roten Kämpfer. Ein Beitrag zur Geschichte der Arbeiterbewegung in der Weimarer Republik und im Dritten Reich. 1969; Müller, Hans-Harald, Intellektueller Linksradikalismus in der Weimarer Republik. Seine Entstehung, Geschichte und Literatur - dargestellt am Beispiel der Berliner Gründungsgruppe der Kommunistischen Arbeiter-Partei Deutschlands. 1977. *Qu:* Arch. Fb. Hand. Publ. - IfZ.

Wagner, Josef (Sepp), Parteifunktionär; geb. 6. Mai 1897 Lockweiler/Saar, hinger. 1. Sept. 1943 Berlin-Plötzensee; ∞ Helene Schuster (geb. 1903); *K:* Maria (geb. 1923); *StA:* deutsch, 18. Sept. 1937 Ausbürg. mit Fam. *Weg:* 1935 F; 1941 Deutschland.

Bergmann. 1917-19 Kriegsteiln. u. Gefangenschaft. Nach dem Krieg GewMitgl., 1923 *Rote Hilfe,* ab 1924 KPD-Funktionär; 1928 Kreistags-Abg. für Merzig-Wadern, 1931 Mitgl. KPD-BezLtg. Saar. 1932-33 Parteischule Rosa Luxemburg in Berlin, nach der natsoz. Machtübernahme zurück ins Saargeb. Nach Errichtung der sog. operativen Grenzstelle Saarlouis einer der Org. der westl. KP-Grenzarb., ab 1937 AbschnLtr. Saar-Pfalz in Forbach/Lothr. Aktiv in Volksfrontbewegung, Mitgl. des am 1. März 1937 in Paris gebildeten *Arbeitsausschusses zur Vorbereitung einer Volksfront für das Saargebiet,* Mitarb. in den gleichen Mon. gebildeten *Koordinationsausschusses deutscher Gewerkschafter in Frankreich,* Nov. 1937 Teiln. Konf. der Berg- u. Metallarbeiter zur Vereinheitlichung der Betriebsarb. von KPD u. SPD im Reich. Teiln. der sog. Berner Konf. der KPD vom 30. Jan.-1. Febr. 1939 bei Paris. Mai 1940 interniert, von Vichy-Behörden 16. Juni 1942 unter den Bedingungen des Waffenstillstandes an Gestapo ausgeliefert, KL Mauthausen, 18. Juli 1943 VGH-Todesurteil.

L: u.a. Schmidt, Deutschland; Duhnke, KPD; Schneider, Saarpolitik und Exil. *Qu:* Arch. Publ. Z. - IfZ.

Wahl, Elemer, Dr. med., Arzt; geb. 25. Nov. 1901 Losoncz/ungar. Komitat Neograd; *StA:* österr. *Weg:* 1938 F; 1940 (?) USA.

Arzt im Burgenland. 1938 Emigr. Frankr., vermutl. 1940 in die USA, lebte in New York. Herbst 1942 Mitunterz. des Aufrufs an die Österreicher in den USA zum Eintritt in das geplante österr. Btl. (→ Otto Habsburg). 1943 Mitgr. u. VorstMitgl. *Austrian Institute* (→ Friedrich Krejci). Nov. 1944 Mitgr. u. VorstMitgl. *Christian-Socialist Party of Austria* in New York (→ Hans Rott).

Qu: Arch. - IfZ.

Wahls, Otto, Parteifunktionär; geb. 4. Jan. 1907 Hamburg; *StA:* deutsch, 23. Juni 1938 Ausbürg. *Weg:* 1936 E; 1941 Mex.

Buchdrucker; ab Anfang der 20er Jahre Mitgl. KJVD u. KPD, Mitgl. ZK des KJVD, Red. *Hamburger Volkszeitung.* 1933 Kooptation ins ZK der KPD, mit Org. der illeg. Arbeit im Bez. Frankfurt/M. beauftragt, BezLtr. Wasserkante (?); löste als Vertrauter → Hermann Schuberts Frühj. 1934 → Herbert Wehner in der illeg. Landesltg. in Berlin ab, Deckn. Bader, Thal; Teiln. Span. Bürgerkrieg. Vertr. der linken Schubert-Linie in der Frage der Einheitsfront, deshalb auf sog. Brüsseler Konferenz Abwahl aus dem ZK. 1941 nach Mexiko, Mitgr. BFD u. Red. *Alemania Libre - Boletin Semanal de Informacion Antinazi,* Ps. Otto Börner. Blieb nach 1945 in Mexiko.

L: Wehner, Untergrundnotizen; Duhnke, KPD; Kießling, Alemania Libre. *Qu:* Arch. Publ. - IfZ.

Wahrmann, Nachum, Dr. phil., Rabbiner, Lehrer; geb. 1895 Podhajce/Galizien, gest. 9. Aug. 1961 Kiryat Motzkin/IL. *Weg:* 1939 Pal.

Prom. Gießen. 1925-29 Stud. Jüd.-Theol. Seminar Breslau, Rabbinerexamen, 1929-39 BezRabbiner der SynGde. Oels/Niederschlesien, gleichz. 1933-38 Doz. für Talmudwiss., Gesch. u. Ritualgesetz am Jüd.-Theol. Seminar Breslau. 1936-39 Mitgr. u. stellv. Schriftltr. Enzyklopädie zur dt.-jüd. Gemeindegesch. *Germania Judaica,* hg. i.A. der *Gesellschaft zur Förderung der Wissenschaft des Judentums.* 1939 Emigr. Palästina; 1939-53 Lehrer in Kiryat Motzkin. 1953 Pensionierung.

W: Bücher u. Art. über jüd. Theologie, jüd. Recht u. jüd. Gesch. *L:* Avneri, Z., Germania Judaica. In: Bulletin LBI, 1958; Kisch, G., Das Breslauer Seminar. 1963. *D:* Centr. Archives for the History of the Jewish People, Hebr. Univ. Jerusalem. *Qu:* Publ. Z. - RFJI.

Walcher, Jacob, Partei- u. Gewerkschaftsfunktionär; geb. 7. Mai 1887 Wain/Württ., gest. 27. März 1970; *V:* Friedrich W.; *M:* Susanna, geb. Wegmann; *G:* 9 S, 9 B; ∞ Hertha Osterloh; *StA:* deutsch, 14. Apr. 1937 Ausbürg., deutsch. *Weg:* 1933 F; 1941 USA; 1946 Deutschland (Berlin).

Dreher. 1906 DMV u. SPD, Mitgl. *Freie Jugendorganisation Groß-Stuttgart,* ehrenamtl. Funktionär u. Berichterstatter für SPD-Presse, 1910-11 Lehrgang Zentrale Parteischule Berlin, 1911-14 Red. *Schwäbische Tagwacht* Stuttgart. Nach Kriegsausbruch wegen internationalist. Haltung abgesetzt, während 1. WK führendes Mitgl. *Spartakus*-Gruppe Berlin, 1918 Mitgl. Vollzugsausschuß des *Arbeiter- und Soldatenrats* Stuttgart, 1918/19 Deleg. u. 2. Vors. des GrdgsPT der KPD, anschl. Mitgr. KPD Stuttgart. Febr. 1920 auf 3. PT ZK-Kand., Juli-Aug. 1920 Deleg. 2. *Komintern*-Kongreß, ab Febr. 1921 ZK-Sekr., Aug. 1921 auf 7. PT Ref. zur Gewerkschaftspolitik, ZK-Mitgl.; auf 8. PT Jan. 1923 Wiederwahl ins ZK. Als Gew-Fachmann im ZK Deleg. u. Ref. zur Gewerkschaftsfrage auf dem 3. erweiterten EKKI-Plenum, Aug.-Sept. 1923 in Moskau Teiln. an Beratungen über Vorbereitung des Oktober-Aufstandes. Anhänger von → Heinrich Brandler, nach der Oktober-Niederlage im Jan. 1924 Teiln. an Verhandlungen mit EKKI-Präsidium in Moskau als Vertr. des rechten Parteiflügels. Anschl. bis 1926 in der RGI-Exekutive in Moskau tätig. Nach Rückkehr 1927-28 Mitarb. ZK-GewAbt., während der Wittorf-Affäre einer der Wortführer der Rechten, 18. Okt. 1928 Mitunterz. des Protestschreibens an das EKKI gegen Rehabilitierung Thälmanns, 14. Dez. 1928 Ausschluß aus KPD. 1928 Mitgr. KPDO, Mitgl. der provis. u. 1928-31 der engeren Reichsltg., 1928-32 Mithg. *Gegen den Strom* Berlin, 1929-30 hauptamtl. Sekr. der KPDO-Reichsltg., ab Dez. 1930 Mitgl. Büro der *Internationalen Vereinigung der Kommunistischen Opposition* (IVKO). Ab 2. Konf. (19. Okt. 1929) zus. mit → Paul Frölich als Führer einer Minderheit in der KPDO-Reichsltg. wegen Differenzen über einheitsfrontpol. Konzeption sowie über die Rolle der UdSSR u. der *Komintern* in der internat. ArbBewegung in Opposition zur Mehrheit um → Heinrich Brandler u. → August Thalheimer; legte 18. Okt. 1931 sein Mandat in der Reichsltg. nieder, Jan. 1932 Parteiausschluß. Von der positiven Rolle der SAPD bei der Konsolidierung der sozialist. Bewegung überzeugt, trat W. Apr. 1932 der neuen Partei bei; schon vor ihrer Grdg. enger pol. Kontakt zu → Kurt Rosenfeld. Als Mitgl. der ProgrKommission beeinflußte W. die Haltung der SAPD zu UdSSR u. *Komintern;* Mitgl. u. hauptamtl. Sekr. des PV. Nach der mißlungenen Auflösung der SAPD durch Rosenfeld u. → Max Seydewitz Hauptref. des illeg. 2. Reichs-PT März 1933, dann Emigr. Frankr., Aufbau der Auslandsltg. in Paris u. bis 1939 unter Deckn. Jim Schwab hauptamtl. Sekr., Hg. u. Mitarb. der illeg. im Reich verbreiteten Zs. *Neue Front* Paris u. *Das Banner der revolutionären Einheit*. Gemäß Selbstverständnis der SAPD als Kristallisationskern einer revol. Einheitspartei um enge ZusArb. mit anderen Parteien auch auf internat. Ebene bemüht, in Kontakt zu *Independent Labour Party,* POUM, holländ., dän. u. norweg. ArbParteien, zeitw. auch persönl. Kontakt zu Leo Trockij; Juli 1934 Bildung eines Kampfkartells mit Pariser SPD-Gruppe, ab 1935 aktiv in Volksfrontbewegung, Teiln. Konf. des Lutetia-Kreises 2. Febr. 1936, Mitgl. des auf dieser Konf. gebildeten *Ausschusses zur Vorbereitung einer deutschen Volksfront,* Mitunterz. Erklärung des Lutetia-Kreises v. 24. Mai 1936 zur Rheinlandbesetzung u. zu Hitlers Kriegspolitik sowie *Aufruf für die deutsche Volksfront* v. 21. Dez. 1936; trotz enger Kontakte zu → Wilhelm Pieck konnte W. nicht verhindern, daß das Volksfrontexperiment u.a. am Konflikt zw. SAPD u. KPD scheiterte; aktiv in den ab Febr. 1938 einsetzenden Bemühungen um „Sozialistische Konzentration", nach Scheitern eines Kartells mit Sopade Mitwirkung in der Sept. 1938 gegr. *Arbeitsgemeinschaft für sozialistische Inlandsarbeit* (AGSI → Joseph Buttinger). Nach Kriegsausbruch interniert, 1941 über Spanien (?) nach New York. 1942 Mitunterz. der GrdgErklärung u. Mitgl. des CDG (→ Paul Tillich). 1946 Rückkehr nach Deutschland (Berlin), 1946 KPD bzw. SED, FDGB, März 1946-Ende 1949 Chefred. GewZtg. *Tribüne* Berlin (Ost), dann Archivarb.; 1951 Ausschluß aus SED u. Verlust des Arbeitsplatzes, 1956 als „Gewerkschaftsveteran" Wiederaufnahme in die SED. - *Ausz.:* u.a. 1962 VVO (Bronze), 1967 VVO (Gold), Fritz-Heckert-Medaille. *W:* Ford oder Marx. Die praktische Lösung der sozialen Frage. o.J. (1925). *L:* Link, ISK; Tjaden, KPDO; GdA; GdA-Chronik; MGD; Weber, Wandlung; Duhnke, KPD; Drechsler, SAPD; Langkau-Alex, Volksfront. *Qu:* Arch. Hand. Publ. Z. - IfZ.

Waldeck, Florian, Dr. jur., Rechtsanwalt, Politiker; geb. 15. Febr. 1886 Mannheim, gest. 28. Sept. 1960 Mannheim; jüd., 1916 ev.; *V:* Hermann W. (1854-1922), jüd., Kaufm., Pfälzer Mundartdichter; *M:* Helene, geb. Rosenfeld (1862-1942), jüd.; ∞ Berta Mackle (geb. 1890); *StA:* deutsch. *Weg:* 1939 B; 1947 Deutschland (ABZ).
Ab 1905 Stud. Rechtswiss. München, Freiburg, Heidelberg, 1910 Referendar, 1912 Prom., 1914-18 Kriegsteiln., 1919 Assessor, ab 1920 RA in Mannheim; VorstMitgl. Anwaltsverein Mannheim, 1925-29 stellv. Vors. DVP-Ortsverein, 1925-33 StadtVO., DVP-Fraktionsvors., 1927-33 MdL Baden, Fraktionsvors., ab 1927 LT-Vizepräs. U.a. ab 1930 als Nachf. seines Vaters Vors. *Mannheimer Altertumsverein.* Febr. 1939 Emigr. nach Brüssel, Sprachlehrer, während des 2. WK im Untergrund. Nov. 1947 Rückkehr, 1947-53 StadtVO. Mannheim (CDU), ab 1948 Präs. Rechtsanwaltskammer Nordbaden, Vizepräs. *Deutscher Anwaltsverein,* zahlr. Ehrenämter bes. auf kulturellem Gebiet, Vors. u. Mitgl. zahlr. AR. - *Ausz.:* u.a. 1954 Ehrenbürger Mannheim, 1955 Gr. BVK, Schillerplakette der Stadt Mannheim, Ehrensenator der Wirtschaftshochschule Mannheim.

W: u.a. Alte Mannheimer Familien, Teil 1-6 (Hg.). 1920, 1922-1925; zahlr. heimatgeschichtl. Beiträge in Zs. *Qu:* Arch. Publ. - IfZ.

Waldes, Heinrich, Fabrikant, geb. 29. Juni 1879 Nemyšle b. Tabor/Böhmen, gest. 15. Juli 1941 Long Island/N.Y.; jüd.; *V:* Karl W.; *M:* Anna, geb. Hoffe; ∞ Hedvika (Hedwig) Zemánková; *K:* Anna (geb. 1916), Jiřík (geb. 1917), Miloš (geb. 1919); *StA:* österr., 1919 CSR. *Weg:* 1941 USA.
Handelsschule, Mitinh. Waldes u. Co. Prag (Herstellung von Metallgegenständen, insbes. von Knöpfen), Filialen in Dresden, Warschau, Paris, Long Island u. Barcelona, 1916 Gr. Waldes-Museum (Knopf-Museum) Prag, Mitgl. *Rotary International,* ltd. Mitwirkung in *Deutsch-Demokratische Freiheitspartei in der ČSR.* Während sog. Sudetenkrise Autor eines Solidaritätsaufrufs von *Radio Prag,* nach dt. Einmarsch in die Rest-CSR KL-Haft. 1941 über Kuba in die USA. Inh. einer Fabrik in Long Island mit 1500 Beschäftigten.
Qu: Hand. - IfZ.

Waldstein, David Felix, Rechtsanwalt, Politiker; geb. 6. Febr. 1865 Gnesen/Prov. Posen, gest. 8. Dez. 1943 London; jüd.; *V:* Kaufm.; *G:* Paul (1859-1936), Jurist; ∞ geb. Rosenthal (gest. 1942 London), Emigr.; *K:* → Henry F. Waldstein, Mary Eichenberg, Renate Eaton, Margarete Rey; *StA:* deutsch. *Weg:* 1939 GB.
1882-85 Stud. Rechtswiss. u. Volkswirtsch. Berlin, 1885 Referendar, 1889 Assessor, ab 1890 RA u. ab 1901 Notar in Altona, Justizrat. Ab 1891 pol. tätig, 1908-18 Mitgl. Preuß. Abgeordnetenhaus (*Fortschrittliche Volkspartei*), 1912-18 MdR, Berichterstatter zum Kolonialetat. 1919-20 MdNV, 1919 Mitgl. provis. Vorst. der DDP, bis Febr. 1921 MdR; aktiv in Abwehr des Antisemitismus, Kritiker der pol. Schutzhaft. Langj. VorstMitgl. CV, Vors. CV-Ortsgruppe Hamburg u. bis 1934 des Landesverb. Nordwestdeutschland. 1939 Emigr. GB mit Zielland USA.
L: Hamburger, Juden. *Qu:* EGL. Hand. Publ. - IfZ.

Waldstein, Henry F. (urspr. Hans Ferdinand), Dr. jur., Richter; geb. 18. Aug. 1902 Altona b. Hamburg, gest. 10. Mai 1977 Bad Homburg; *V:* → David Felix Waldstein; ∞ Lisa Heimann; *StA:* deutsch, USA. *Weg:* 1933 GB; F; 1941 USA.
Stud. Rechtswiss. Freiburg/Br., München, Hamburg, 1925 Prom., ab 1927 RA in Hamburg; 1933 Emigr. nach London, später kaufm. Angest. in Paris, 1939-40 Fremdenlegion, 1941 nach New York. 1941-43 Stud. Rechtswiss. Columbia Univ., anschl. in New Yorker Anwaltsfirma, 1947 Zulassung als RA. 1950-55 Ltr. Legal Affairs Div. der US-Hochkommission für Deutschland, 1955-58 u. 1960-64 Legal Officer der US-Botschaft in Bonn, anschl. RA für dt. u. amerikan. Recht in Frankfurt/M.; 1972 von US-Reg. als Richter an das Oberste Rückerstattungsgericht in Herford berufen.
Qu: EGL. Pers. Z. - IfZ.

Wallach, Eduard, Bankier; geb. 20. Juni 1908 Berlin; jüd.; *V:* → Ernst Wallach; ∞ I. Karen Wassermann, gesch.; *K:* Tim; Steven; *StA:* deutsch, USA. *Weg:* 1940 USA.
Gymn. Berlin, 1928-30 Lehre Bank of America New York, 1931-32 in elterl. Bankhaus Goldschmidt-Rothschild & Co. Berlin, 1932-40 in der Agentur Amsterdam der Reichskreditges. AG Berlin, die 1933 Goldschmidt-Rothschild & Co. übernahm. 1940 Emigr. USA; 1940-76 Gr. u. Präs. der Finanzierungsges. für Binnen- u. Südamerikahandel Park Bridge Corp. New York, 1946-76 Vizepräs. Egoro Corp. of Am. New York (Wahrnehmung der Interessen von Baron Eric de Goldschmidt-Rothschild in Süd- u. Nordamerika), ab Nov. 1976 stellv. AR-Vors. Park Bridge Egoro Corp. New York, gleichz. Verw. Carl Wallach Foundation New York (wohltätige Stiftung, Erziehungsbeihilfen für Flüchtlingskinder). Ehrenamtl. Commissioner der Wasserversorgung New York City. Lebte 1976 in Brewster/N.Y.
Qu: Fb. HGR. Pers. - RFJI.

Wallach, Ernst, Bankier; geb. 27. Apr. 1876 Berlin, gest. 13. März 1939 New York; jüd.; *V:* Eduard W. (geb. 1839, gest. 1904 Berlin), jüd., Gr. *Bund der Berliner Grundbesitzer-Vereine;* *M:* Minna, geb. Boehm (geb. 1851 Berlin, gest. 1934 Berlin), jüd.; *G:* Fritz W. (geb. 1874 Berlin, umgek. KL Auschwitz), jüd., Gymn., Seniorchef Boehm & Reitzenbaum (Brauerei u. Mälzerei, Bankgeschäft) Berlin; Charlotte Reitzenbaum (geb. 1875 Berlin, gest. 1941 Berlin); Carl W. (geb. 1885 Berlin, Freitod 13. Mai 1940 Ostende/B), jüd., Teilh. Privatbank Goldschmidt-Rothschild & Co. Berlin; ∞ Stefanie Meyerson (geb. 1884 Warschau, gest. 1969 New York), jüd., 1938 Emigr. USA. *K:* → Eduard Wallach; Irene Mosler (geb. 1909 Berlin), jüd., Gymn., 1933 Emigr. NL, nach 2. WK CH; *StA:* deutsch. *Weg:* 1938 USA.

Gymn. Zum Grauen Kloster Berlin. 1910-21 Teilh. Privatbank A. Falkenburger & Co. Berlin, 1921 Ausscheiden von Albert Falkenburger, Übernahme der Bank durch die Brüder → Albert Max u. Rudolf von Goldschmidt-Rothschild, 1921-33 Seniorchef von Goldschmidt-Rothschild & Co. Berlin, 1933 Übernahme durch Reichskreditges. AG. Protestierte 1933 unter natsoz. Druck öffentl. gegen NS-feindliche Boykottmaßnahmen des Auslands. AR-Mitgl. Dresdner Bank u. zahlr. Industrie- u. Handelsunternehmen, 1919-37 stellv. Vors. CV, Vors. *Magine Re'im* (jüd. Wohltätigkeitsges., gegr. 1804). 1938 Emigr. USA mit Ehefrau. - *Ausz.:* Ehrenbürger von Helgoland.

Qu: EGL. Hand. HGR. Pers. Publ. - RFJI.

Wallach, Maximilian, Dr. jur., Versicherungsmathematiker, Beamter; geb. 17. Nov. 1914 Wien, gest. 7. Nov. 1978 New York; *V:* Benjamin W.; *M:* Adela Zimmer; ∞ 1959 Muriel Barondes; *K:* Andrew B., Ronald J.; *StA:* 1943 USA. *Weg:* 1940 USA.

1936 Dipl.-Mathematiker Univ. Wien, 1938 Prom. - 1940 Emigr. in die USA, 1942-45 US-Armee (u. a. Bronze Star). 1945-47 im US-Kriegsmin. u. US-Vertr. in der Alliierten Kommission in Österreich. 1950 M.P.A. Princeton Univ., 1950 Forschungsarb. für Little Hoover Commission am Brookings Inst. Washington/D.C.; 1951-54 Ltr. der lateinamerikan. Abt. des Technical Assistance Program im US-Arbeitsmin.; 1955-56 Versicherungsprüfer beim Mich. Dept. for Insurance. Ab 1957 Versicherungsmathematiker, ab 1970 stellv. Superintendent, ab 1973 Superintendent für das Versicherungswesen, ab 1976 Kommissar des District of Columbia Dept. für Versicherungswesen in Washington/D.C., beteiligt an Umorg. u. Sanierung der Versicherungsges. für Staatsangest. (GEICO); 1964 Mitgl. Studiengruppe der *Montessori Parent-Teacher Assn.;* Vorst.-Mitgl. *Parent-Teacher Assn.* der Burning Tree Elementary School. Ab 1974 Mitgl. Mayor's Consumer Affairs Adv. Comm. des District of Columbia; Mitgl. u. ab 1968 auch im Ausschuß für Gesetzgebung der *Conf. of Actuaries in Public Practice;* Mitgl. u. a. *Am. Acad. of Actuaries, Middle Actuarial Club.*

Qu: Hand. Zs. - RFJI.

Wallach, Michael, Journalist, Verbandsfunktionär; geb. 4. Febr. 1918 Frankfurt/M.; jüd.; *V:* Ber Lieb W.; *M:* Maria, geb. Roth; ∞ 1941 Maisie Marks; *K:* Sharon Rosalie. *Weg:* 1936 GB.

Stud. Samson Raphael Hirsch-Schule u. Thora-Lehranstalt Jeschiwah Frankfurt/M.; 1936 Emigr. GB, Stud. Yeshivot Etz Chaim London, B.S. Univ. Coll. London; 1940-46 brit. Armee, 1944-46 bei der brit. MilReg. in Deutschland; 1946-49 Mitarb. bei BBC. 1951-62 Sekr. im Büro des Oberrabbiners der United Hebr. Congr. des Brit. Commonwealth u. Mitgl. Komitee des Oberrabbiners für Kalenderreform; 1952-59 Exekutivmitgl. *Hapoel Hamizrachi,* 1957-62 OrgSekr. der *Konferenz Europäischer Rabbiner;* 1962-63 Präs. der *Selig Brodetsky Lodge* von *B'nai B'rith* u. Vizepräs. der hebr. *Ben Yehuda*-Lodge; 1962-65 VerwTätigkeit beim Jew. Coll. u. an der jüd. Lehrerbildungsanstalt. Bis 1966 Red. *News from Zion,* ab 1965 Red. *Jewish Chronicle* London, ab 1969 Red. *Jewish Year Book,* 1969-70 Vors. der Religious Weekly Press Group. Zeitw. Exekutivmitgl. *Council of Christians and Jews.* Mitgl. des Publikationskomitees, des geschäftsf. Vorst. u. der Red. von *Jewish Review,* 1973 u. 1974 Beiträge für *Yearbook, Encyclopaedia Judaica* u. die hebr. u. engl.-jüd. Presse. Lebte 1978 in London.

Qu: Hand. - RFJI.

Wallach, Moritz, Textilfabrikant; geb. 5. Juli 1879 Geseke/Westf., gest. 1963 Lime Rock/Conn.; jüd.; *G:* Julius (geb. um 1873), 1895 nach München, 1900 Gr. eines Trachtengeschäfts, Kriegsteiln. 1. WK, Emigr. Bras.; Max, Auslandstätigkeit für Deutsche Kabelgesellschaft, ab 1919 im Geschäft des Bruders; Karl, Teilh. des Familienunternehmens, im 2. WK Emigr. USA; Adolf (umgek. im Holokaust), Emigr. NL, Dep. aus Amsterdam; 2 weitere B u. 2 S; ∞ 1908 Meta Strauss (geb. 1883 Bochum), jüd., höhere Schule Bochum, Schulabschluß in Lausanne, 1939 Emigr. USA; *K:* Rolf, Lotte, 1938 Emigr. AUS, 1946 USA; Fritz; Annelise; Catherine, Emigr. AUS, 1945 USA. *Weg:* 1938 USA.

1899 Schaufensterdekorateur in München. Ab 1905 mit Bruder Julius Teilh. eines Trachten- u. Bauernmöbelgeschäfts, ab 1908 auch mit Abt. für Theaterkostüme, durch Bruder Max ab 1920 Aufbau eines der Firma angeschlossenen Volkskunstmuseums. 1919-20 Vorst. *Wirtschaftsverband bayerischer Kunsthandwerker,* vergebl. Bemühungen um eine ständige Ausstellung für das Kunsthandwerk. Wurde am 9. Nov. 1923 während des Hitler-Putsches in München von den NatSoz. als Geisel festgenommen. März 1938 Zwangsverkauf der Firma, anschl. Emigr. USA. 1939 Herstellung von Beleuchtungskörpern, Hausierer, gleichz. Einrichtung einer Heimwerkstatt für Stoffdrukke, erster bedeutender Kunde Kaufhaus Lord & Taylor New York; 1940 Eröffnung eines eigenen Betriebs, gewann überregionale Bedeutung für die USA. 1947 Betriebsverlegung nach Lime Rock/Conn. 1948 Rückerstattung von Geschäft u. Fabrik in München, Wiedereröffnung unter dem alten Namen Wallach, Haus für Volkskunst und Tracht.

L: Hand-Noren, Catherine, Camera of My Family, 1976; Lamm, München; *D:* LBI New York. *Qu:* ABiogr. Arch. Hand. HGR. Pers. Publ. - RFJI.

Wallenberg, Ernst, Dr. med. dent., Journalist; geb. 9. Nov. 1878 Berlin, gest. 21. Aug. 1948 New York; jüd.; ∞ Sophie Majerowitsch (1886-1965), jüd., 1938 Emigr. USA; *K:* → Hans Wallenberg; Peter (geb. 1909), Journ., 1926 in die USA; Hellmut (Lesser; geb. 1915), Kellner, 1938 Emigr. USA; *StA:* deutsch. *Weg:* 1938 USA.

Aus Danziger Rabbiner- u. Gelehrtenfam.; Abitur, Stud. Zahnmed., Lit. u. Volkswirtsch. Berlin, 1900 Staatsexamen, Prom. Greifswald; Assist. u. selbständ. Zahnarzt, daneben journ. u. wiss. tätig, u.a. Red. *Korrespondenzblatt für Zahnärzte.* 1903 Eintritt in Ullstein-Verlag, 1904 Ausw. in die USA, 1906 Rückkehr als Korr. von Hearst-Konzerns, ab 1909 wieder beim Ullstein-Verlag. Im 1. WK ab 1916 Presseoffz. u. Hg. *Wilnaer Zeitung* (EK II). Anschl. Red. *Berliner Morgenpost* u. *BZ am Mittag,* 1922-25 Chefred. Auslandsausgabe der *Vossischen Zeitung,* 1925-30 Chefred. *BZ am Mittag,* anschl. Chefred. für bes. Verlagsaufgaben u. Ltr. der Abt. für Verlagsneuheiten. W. führte mit der Ztg. *Tempo* das Nachmittags-Boulevardblatt ein u. entwickelte die Sprachlehre *1000 Worte Englisch,* der Ausg. für andere Fremdsprachen folgten. Nach der natsoz. Machtübernahme Ausscheiden aus dem Verlag, 1938 über Italien in die USA.

L: RhDG. *Qu:* Pers. Publ. Hand. Z. - IfZ.

Wallenberg, Hans, Journalist; geb. 17. Nov. 1907 Berlin, gest. 13. Apr. 1977 Berlin (West); jüd., 1935 kath.; *V:* → Ernst Wallenberg; ∞ 1947 Eva Josepeit (1920-77), ev., Sekr.; *StA:* deutsch, 1943 USA. *Weg:* 1937 CSR, 1938 USA; 1945 Deutschland (ABZ).

1926-28 Stud. Phil. u. Rechtswiss. Berlin, anschl. Red. bei Blättern des Ullstein-Verlags, 1932-33 Red. Filmzs. *Lichtbildbühne,* 1935-37 Druckereiangest. in Berlin. Sept. 1937 Emigr. CSR, Aug. 1938 in die USA mit EinwVisum, Mitgr. u. Teilh. der Übersetzungs- u. Druckereifirma Wallenberg and Wallenberg New York. Ab 1942 US-Armee, zuletzt Major (Bronze Star); 1945 mit Hans Habe Gr. der von der US-Armee in Berlin hg. *Allgemeinen Zeitung,* Chefred.; ab 1946 Chefred. des erfolgreichen amerikan. Besatzungsblatts *Die Neue Zeitung* (NZ) in München, Gr. der Berliner Ausg.; Okt. 1947 Rücktritt aufgrund interner Konflikte, u.a. als Verfechter einer stärker antikommunist. RedPolitik. 1949 bis zur Einstellung der Ztg. 1953 erneut Chefred. der NZ als Beauftragter des US-Außenmin. bei der InfoAbt. der US-Hochkommission. 1953-60 bei Wallenberg and Wallenberg tätig, daneben Gr. New Yorker Büro des *Springer Auslandsdienst,* 1960-61 Repräsentant des Springer-Konzerns in USA. 1961-62 Public-Relations-Beauftragter des Konzerns in Berlin, 1962-63 persönl. GenBevollmächtigter Springers im Ullstein-Verlag, 1963-64 geschäftsf. Red. *Die Welt* Hamburg, 1964-67 Vors. des Direktoriums der Springer-Buchverlage Ullstein u. Propyläen in Berlin, dann persönl. Berater von Axel Cäsar Springer. Mitgr., ab 1969 Vors. u. ab 1971 Ehrenvors. *Neuer Berliner Kunstverein,* ab 1970 VorstMitgl. *Berliner Verein zur Förderung der Publizistik in den Entwicklungsländern,* 1976 Mitgr. der von Springer geförderten *Gesellschaft für ein jüdisches Museum in Berlin.* - *Ausz.:* 1956 BVK, 1976 Gr. BVK.

W: Report on Democratic Institutions in Germany. 1956; Berlin Kochstraße (Hg.) 1966; Axel Springer: Von Berlin aus gesehen - Zeugnisse eines engagierten Deutschen (Hg.). 1971; Asher Ben Natan, Briefe an den Botschafter (Hg.). 1971; *L:* u.a. Leithäuser, Joachim G., Journalisten zwischen zwei Welten. 1960; Habe, Hans, Im Jahre Null. 1966; Hurwitz, Harold, Die Stunde Null der deutschen Presse. 1972; Lueth, Erich, Die Friedensbitte an Israel 1951. 1976. *Qu:* Fb. Hand. Publ. Z. - IfZ.

Wallenstein, Shulamith, geb. Feilchenfeld, Richterin; geb. 11. Jan. 1925 Berlin; *V:* Dr. jur. Ernst Feilchenfeld (ab 1949 Pelled) (geb. 1894 Hamburg, gest. 1959 Jerusalem), RA, Zion., Präs. *B'nai B'rith*-Loge Nürnberg, 1933 Emigr. Pal.: *M:* Maja, geb. Rosenblatt (geb. 1896 Würzburg, gest. 1964 Jerusalem), Kinderärztin, 1933 Emigr. Pal.; *G:* Wolf Zeev Feilchenfeld (ab 1949 Pelled) (geb. 1921 Würzburg, gest. 1966 Rehovot), Elektroing., 1933 Emigr. Pal., in der isr. Atomforschung tätig; Lore Esther Palmon (geb. 1929 Nürnberg), 1933 Emigr. Pal., Lehrerin; ∞ 1948 Aryeh Wallenstein (geb. 1920 Jerusalem, gest. 1975 Genf), Ltr. brit. Nachrichtenagentur *Reuter* in IL; *StA:* deutsch, Pal./IL. *Weg:* 1933 Pal.

Ab 1945 Stud. Rechtswiss. Pal., 1950 Examen Jerusalem Law School, 1952 LL.B. Univ. London; 1948 Sekr. der isr. Deleg. bei der UN-Vermittlungsmission in Rhodos. 1948-69 im isr. Justizmin., u.a. 1950-64 Hilfs-, dann stellv. Staatsanwältin in Tel Aviv, 1964-69 BezStaatsanwältin in Tel Aviv, ab 1969 Richterin am BezGericht Tel Aviv. Bis 1948 Mitgl. *Haganah.* Ratsmitgl. u. Ehrensekr. der *United Nations Assn. of Israel.* Lebte 1977 in Tel Aviv.

Qu: Fb. Hand. Pers. - RFJI.

Wallersteiner, Kurt William Samuel, Ph.D., Industrieller; geb. 27. Jan. 1919 Ulm; jüd.; *V:* Dr. med. Hugo W. (geb, 1881 Biberach/Württ., gest. 1930 Ulm), jüd., Oberstabsarzt; *M:* Alice, geb. Rosenstiel (geb. 1895 Neustadt/Haardt), jüd., Stud. GB, Deutschland u. CH, ehrenamtl. GdeArbeit; ∞ I. 1943 Patricia Sinclair-Searby (geb. 1921 London, gest. 1968 London), gesch.; II. 1967 Christa Griepentrog (geb. 1933 Freystadt), ev.; III. Angelica Deichgraeber; *K:* Ulrika (geb. 1957), Stud. Wirtschaftswiss.; Rebecca (geb. 1960); Katrina (geb. 1962); Anthony (geb. 1963); *StA:* deutsch, Sept. 1946 brit. *Weg:* 1935 CH; 1936 GB.

1929-35 Gymn. 1935 Emigr. Schweiz, 1935-36 Inst. auf dem Rosenberg St. Gallen; 1936 nach GB, 1936-39 Univ. Cambridge, B.A.; 1934-39 Ltr. von jüd. Jugendgruppen u. antifaschist. Org. in der Schweiz u. GB, Ltr. Ausstellung *Free German Art* Cambridge; 1939 Mithg. *Cambridge Review* (Art. wurden vom brit. InfoMin. nach Kriegsbeginn in nord- u. südamerikan. Presse wiederveröffentl.). 1939-40 Stud. Faraday Coll. London, Prom., 1943 M.A. Univ. Cambridge. 1940-47 bei der brit. Armee (BAOR) (Acting Colonel, T-Force, zahlr. Ausz.). 1946-75 Dir. Watford Chemical Co. London, ab 1947 Vizepräs. europ. u. kanad. Zweigniederlassungen, Präs. Anglocontinental Bank, Ltd. London u. des Wallersteiner-Familien-Trusts. 1952-56 Vizepräs. Econ. Res. Committee, 1952 Ltr. Wirtschaftsdeleg. nach Ägypten, 1953 Vizepräs. European Committee of the Chemical Industry; Vizepräs. *League of Human Rights* London; zeitw. ehrenamtl. Berater der brit. Reg. bei der Liquidierung dt. Nachkriegsschulden, Berater u.a. der Reg. von Nigeria, Berater dt. Verbände. Lebte 1978 in London u. Frankfurt/M. - *Ausz.:* BVK 1. Kl.; Gr. Silbernes Ehrenz. für Verdienste um die Republik Österreich.

W: New Sulphonamides Derivatives. 1941; Counteracting Sulphonamide Inhibitors. 1943; Penicillin. 1944; Penicillin Therapy. 1945; Recent Advances in Emulsification. 1949. *Qu:* Fb. Hand. HGR. Pers. - RFJI.

Wallesch, Franz, Partei- u. Genossenschaftsfunktionär; *StA:* österr., 1919 CSR. *Weg:* 1939 GB.

KSČ-Mitgl., Partei- u. Genossenschaftsfunktionär in Nordböhmen, bis 1938 ltd. KSČ-Funktionär der BezLtg. Gablonz-Tannwald. 1939 Emigr. nach GB, LtgMitgl. der sog. *Beuer-Gruppe* der KSČ, 1943 Mitgl. *Sudetendeutscher Ausschuß - Vertretung der demokratischen Deutschen aus der CSR.*

Qu: Arch. Publ. - IfZ.

Wallich, Henry Christopher, Ph.D., Wirtschaftsexperte, Hochschullehrer; geb. 10. Juni 1914 Berlin; *V:* Paul W.; *M:* Hildegard, geb. Rehrmann; ∞ 1950 Mable Inness Brown; *K:* Christine Inness; Anna Hildegard; Paul Inness; *StA:* deutsch, 1944 USA. *Weg:* 1933 Argent.; Urug.; Chile; 1935 USA.

Gymn. Berlin. 1932-33 Stud. Oxford. 1933 Emigr. Argentinien; 1933-35 Import-Export-Kaufmann u. Bankier in Argentinen, Uruguay u. Chile; 1935 in die USA. Stud. New York Univ.; 1935-36 Berater für Wertpapiere an der Chemical Bank & Trust Co. New York. 1936-38 (1940 ?) Berater für Wertpapiere bei Hackney, Hopkinson & Sutphen New York; 1941-51 als Volkswirt an der Federal Reserve Bank New York, zuletzt 1946-51 Ltr. Abt. Auslandsforschung; gleichz. Stud. Harvard Univ., 1941 M.A., 1944 Ph.D.; 1948 Ltr. Intra-Europ. Payment Bureau (Amt für wirtschaftl. ZusArb.), später i.A. der Behörde als Finanzberater nach Portugal. 1951-74 Prof. für Wirtschaftswiss. an der Yale Univ., 1970 Berufung auf Seymour H. Knox Chair u. Fellow des Timothy Dwight Coll.; daneben 1951-53 Berater im Finanzmin., 1952 Berater der Mutual Security Agency, 1954-55 Berater für auswärtige Wirtschaftspol. im Weißen Haus; 1958-61 von der Yale Univ. beurlaubt, 1958-59 Assist. des Finanzmin. Washington/D.C., 1959-61 Mitgl. von Präs. Eisenhowers Council of Econ. Advs.; 1961-63 ständiger Mitarb. der *Washington Post,* ab 1965 von *Newsweek.* 1969-74 ltd. Berater des Finanzmin., gleichz. Berater von ausländ. Zentralbanken u. Reg.-Behörden. Ab 1974 Mitgl. Board of Governors des Federal Reserve System, Mitgl. der *Am. Econ. Assn.* u. *Am. Finance Assn.* Lebte 1978 in McClean/Virginia.

W: u.a. Monetary and Banking Legislation of the Dominican Republic (mit Robert Triffin). 1947; Monetary Problems of an Export Economy. 1950; Public Finance in a Developing Country (Mitverf.). 1951; The Financial System of Portugal. 1951; Mainsprings of the German Revival. 1955; The Cost of Freedom. 1960; Wirtschaftswachstum durch Geldwertschwund? 1971. *Qu:* Hand. Pers. Z. - RFJI.

Wallisch, Paula, geb. Pinter, Parteifunktionärin; geb. 7. Juni 1893 Mosinz, Bez. Hüttenberg/Kärnten; kath. 1922 Diss.; *V:*

Georg Pinter (1865-1937), kath., Maschinist, SozDem.; *M:* Paula, geb. Buchbauer (1868-1942), kath.; *G:* Sofie (gest.); Georg; Margarete (gest.); ∞ 1915 Koloman Wallisch (1889-1934), SDAP-Funktionär in Szegedin/Ungarn, 1918 nach Kriegsende Parteisekr., 1919 Mitgl. Konstituierende Nat-Vers. in Ungarn, Mitgl. Reichsparteivorst., 1919 nach Sturz der Ungar. Rätereg. Flucht nach Österr., SDAP-Funktionär in der Steiermark, ab 1921 Parteisekr. in Bruck a.d. Mur, ab 1933 Landesparteisekr., maßgebl. Vertr. des linken Parteiflügels, 1934 während der Februarkämpfe Führer der Schutzbundeinheiten in Bruck a.d. Mur, Kämpfe mit Bundesheer u. Polizei, nach Niederlage Flucht u. Gefangennahme, Todesurteil, 19. Febr. 1934 nach Standrecht gehenkt; *StA:* österr., ungar., 1923 österr., 1934 Ausbürg., 1939 deutsch, 1945 österr. *Weg:* 1934 JU, CSR; 1939 Deutschland (Österr.).

Jugend in Marburg (Maribor), Kindermädchen, Kindergärtnerinnenkurs, anschl. Anstellung in Szegedin, Heirat, Mitgl. SDAP, Parteiarb.; 1919 nach dem Sturz der ungar. Rätereg. steckbriefl. gesucht, Flucht nach Österr., ab 1920 Parteitätigkeit in der Steiermark, ab Febr. 1921 in Bruck a.d. Mur, aktiv in Frauenbewegung u. *Kinderfreunde*-Bewegung. 1934 nach den Februarkämpfen Verhaftung, Urteil 1 J. schweren Kerkers, wegen Krankheit Sanatoriumsaufenthalt; Juli 1934 zu den Eltern nach Maribor, Herbst 1934 auf Einladung des ALÖS (→ Otto Bauer) in die CSR, Mitarb. bei Flüchtlingsbetreuung in Brünn, später in Prag, für DSAP umfangr. Vortrags- u. Veranstaltungstätigkeit, ZusArb. vor allem mit → Siegfried Taub, Deckn. Lily Glas. März 1939 im Besitz eines Nansen-Passes zur Emigr. nach Norwegen, wurde von dt. Einmarsch in die Rest-CSR überrascht. Bis Juli 1939 halblegal in Prag, anschl. Meldung bei dt. Behörden, Rückkehr nach Österr., in Wien Verhaftung durch Gestapo, bis Okt. 1939 in Haft, anschl. nach Graz, ab Dez. 1939 Tätigkeit in Verw. des Landeskrankenhauses Graz, Namensänderung in Paula Fuhrmann. Nach Kriegsende Mitgl. SPÖ, 1945 Mitgl. Parteikontrolle, ab 1947 Mitgl. Frauenzentralkomitee, 1945-56 MdNR, anschl. in Pension. Lebte 1978 in Graz. - *Ausz.:* u.a. 1972 Goldenes Abzeichen sozialistischer Freiheitskämpfer und Opfer des Faschismus, 1978 Ehrenzeichen für Verdienste um die Befreiung Österreichs.

W: Ein Held stirbt. Karlsbad (Druck- und Verlagsanstalt Graphia) 1935; Der Weg weiter (Erinn.). Graz o.J. *L:* Klucsarits, SPÖ. *Qu:* Arch. Erinn. Fb. Hand. Publ. Z. - IfZ.

Waloszczyk, Peter (Piotr), Parteifunktionär; geb. 16. Okt. 1905 Beuthen/Oberschlesien; *V:* August W., Arbeiter; *M:* Anastasia; *StA:* deutsch, 1946 PL. *Weg:* 1933 PL, CSR; 1938 PL; 1939 GB; 1946 PL.

Bergmann, 1919 Gew., 1922-28 KJVD, 1923-24 arbeitslos, 1924 4 Mon. Haft wegen Flugschriftenkolportage. 1925 RFB, 1928 KPD, ab 1928 Gauführer des illeg. RFB in Oberschlesien, ab 1929 aktiv in RGO. Nach natsoz. Machtübernahme illeg. tätig, März 1933 Verhaftung, 7. Juli 1933 Flucht aus Gef. Beuthen ins polnische Oberschlesien, Nov. 1933 in die CSR, Instrukteur der *Roten Hilfe,* ab 1935 Ltr. KPD-Grenzstelle in Heinrichsgrün für Parteiarb. nach Mitteldeutschland, Druckschriftenschmuggel, mehrere illeg. Reisen nach Berlin, Apr.-Juni 1937 wegen pol. Betätigung in der CSR in Haft; 1938 verantwortl. für Anleitung der Parteiarb. im dt. Teil Oberschlesiens mit Sitz in Mährisch-Ostrau, 1938 Verhaftung durch poln. Polizei bei illeg. Grenzüberschreitung, 6 Mon. Gef. in Rybnik u. Kattowitz. Deckn. Walenty, Harry. Febr. 1939 nach GB, 1942-45 Sekr. KPD-Gruppe in Birkenhead, März 1945 Übertritt zur poln. Exilorg. *Jedność i Czyn* (Einheit und Tat) u. *Zjednoczenie Polskie* (Polnische Einigung), Hg. der Zs. *New Poland* Leeds. März 1946 Rückkehr nach Oberschlesien, 2. Stadt-Sekr. *Polska Partia Robotnicza* u. Kommandant Ochotnicza Rezerwa Milicji Obywatelskiej (Freiwillige Bürgermilizreserve) in Zabrze, 1946 Versetzung nach Warschau, 1946-50 Mitarb. im Min. des Äußeren, 1950-52 der Außenhandelszentrale Polimex, 1952-61 des poln. Rundfunks. Lebte Ende der 60er Jahre als Rentner in Warschau.

L: Friederici, Hans Jürgen, Zur Entwicklung der neuen Strategie und Taktik der KPD und ihrer führenden Rolle im antifaschistischen Widerstandskampf (Habil. phil. masch.). 1965. *D:* Zentralarchiv beim ZK der Polnischen Vereinigten Arbeiterpartei Warszawa. *Qu:* Arch. Publ. - IfZ.

Waltemathe, Ernst Herbert, Politiker; geb. 2. Febr. 1935 Bremen; o.K.; *V:* Paul W. (geb. 1903), o.K., Schlosser, SAJ, 1922 SPD; *M:* Sophia, geb. Cohen (geb. 1906 Amsterdam, gest. 1949 Bremen), Stenotypistin, niederländ. ArbJugend, SPD; *G:* Alfred (geb. 1930), Abitur, kaufm. Angest. in Bremen; ∞ 1956 Annedore Klubitza (geb. 1934), ev.; *K:* Dela (geb. 1956), kaufm. Angest.; Jens (geb. 1957), Typograph; Sven (geb. 1960); Ilke (geb. 1962); *StA:* deutsch. *Weg:* 1938 NL; 1948 Deutschland (BRD).

Dez. 1938 mit Mutter (ehem. holländ. Staatsangeh., jüd. Abst.) u. Bruder nach Amsterdam aufgrund zunehmender rass. Verfolgung, formelle Scheidung der Eltern, Kinder verblieben auf Wunsch des Vaters in Holland. Während des 2. WK Verb. zur holländ. Widerstandsbewegung, ab 1947 Gymn. Amsterdam. Okt. 1948 nach Bremen, Tod der Mutter vor beabsichtigter neuer Eheschließung der Eltern; 1954 Abitur, Stud. Rechtswiss. Hamburg, Abbruch aus finanz. Gründen, 1956-59 Verw-Schule, bis 1972 Stadtverw. Bremen, zuletzt Ltr. Liegenschaftsamt, ORegRat. 1956 SPD, ab 1960 stellv. Vors., ab 1962 Vors. *Jungsozialisten* Bremen-Stadt, 1964-69 Landesvors., ab 1972 Mitgl. SPD-Landesvorst., Mitgl. Kommission für Bodenrechtsreform beim PV, seit 1972 MdB. Lebte 1978 in Bremen.

Qu: Fb. Hand. - IfZ.

Walter, Ernst Joseph, Dr. jur., Kaufmann; geb. 13. Okt. 1910 Dessau/Anhalt; jüd.; *V:* Dr. phil. Isidor W. (geb. 1872 Neustettin/Pommern, umgek. 1943 KL Theresienstadt), Landesrabbiner von Anhalt-Dessau; *M:* Helene, geb. Stern (geb. 1882 Königshütte/Oberschl., umgek. 1944 KL Theresienstadt); *G:* Edith Katz (geb. 1908 Dessau), Stud. L(H)WJ Berlin, 1933 Emigr. Pal.; ∞ 1942 Lotte Hanna Bergmann (geb. 1918 Berlin), Emigr. Pal., Lehrerin; *K:* Ruth Jaroshinsky (geb. 1943), B.A., Bewährungshelferin; Ilana Schramm (geb. 1947), B.A., Lehrerin; Nurith (geb. 1951); Ornah (geb. 1956); *StA:* deutsch, Pal./IL u. deutsch. *Weg:* 1938 Pal.

1929-34 Stud. Rechtswiss. Heidelberg, Bonn u. Berlin, 1932 Referendar, 1934 Prom. Halle. 1936-38 AbtLtr. Preußischer Landesverband jüdischer Gemeinden. März 1938 Emigr. Palästina, 1938-42 Ausbildung als Chartered Secretary, 1942 Dipl. der *Corporation of Certified Secretaries* London. 1946-76 Gen-Sekr. Fertilizers and Chemicals, Ltd. Haifa. Ab 1972 Vors. Krankenkasse Assaf Haifa, ab 1975 VorstMitgl. *Maccabi*-Krankenkasse, ab 1977 Sekr. Industrial Planning & Engineering Co. Life Ltd. Haifa. Lebte 1978 in Haifa.

W: Die Rechtsstellung der Israelitischen Kultusgemeinden in Anhalt. (Diss.). 1934; *L:* Bewährung im Untergang. *Qu:* Fb. Publ. - RFJI.

Walter, Hilde, Journalistin; geb. 4. März 1895 Berlin, gest. 22. Jan. 1976 Berlin (West); *G:* Rose Zucker (1890-1962), Sängerin, 1933 Emigr. GB, 1939 USA; ∞ gesch.; *StA:* deutsch, USA. *Weg:* 1933 F; 1941 USA; 1952 Deutschland/Berlin (West).

Soziale Frauenschule Berlin (→ Alice Salomon), bis 1918 Sozialarb., Stud. Literatur- u. Kunstgesch.; journ. tätig, u.a. für *Deutsche Allgemeine Zeitung,* 1929-33 Mitarb. *Berliner Tageblatt, Die Weltbühne* u. GewPresse des In- u. Auslands. Nahm sich der Fam. des inhaftierten Carl von Ossietzky an, Nov. 1933 Flucht nach Paris. In ZusArb. u.a. mit → Hellmut von Gerlach, → Rudolf Olden u. → Willy Brandt treibende Kraft für die Verleihung des Friedensnobelpreises an Ossietzky 1936; mit → Leopold Schwarzschild u.a. Gr. *Bund freie Presse und Literatur.* 1940 Internierung in Gurs, dann illeg. in Südfrankr.,

1941 mit US-Notvisum nach New York. Mitarb. u.a. *Neue Volks-Zeitung,* Gr. einer lit. Agentur für Exilautoren. 1952 Rückkehr als Korr. *Am. Council for Germany,* freie Publizistin. Mitgl. *PEN-Club. - Ausz.:* 1965 BVK 1. Kl.

W: u.a. Leber, Annedore, Das Gewissen steht auf (Mitarb.). 1955; dies., Das Gewissen entscheidet (Mitarb.). 1957; Doch das Zeugnis lebt fort. 1965. *D:* IISG, IfZ. *Qu:* Arch. Hand. Publ. Z. - IfZ.

Walter, Otto Ludwig, Dr. jur., Rechtsanwalt; geb. 7. Dez. 1907 Hof/Bayern; jüd.; *V:* Dr. jur. Hugo W. (geb. 1871 München, gest. 1963 New York), jüd., Justizrat, Notar, Nov. 1938 KL Dachau, 1938 Emigr. USA; *M:* Laura, geb. Oberzimmer (geb. 1881 Bad Kissingen/Bayern, gest. 1943 New York), jüd., Mittelschule, 1938 Emigr. USA; *G:* Martin (geb. 1906 Gerolzhofen/Bayern), 1928 nach USA, Hotelfachschule, Hoteldirektor, Autor u. Doz. über Mineralogie; ∞ 1947 Fran(ces) E. Doonan (geb. 1916 New York), kath.; *K:* keine; *StA:* deutsch, 1943 USA. *Weg:* 1936 USA.

1925-29 Stud. Rechtswiss. München, 1929 Referendar, 1929 Prom. Erlangen; 1926-33 (?) Vors. StudVerb. *Thuringia,* Mitgl. AStA München, 1931 Notariatsassessor in Augsburg, 1932-33 RA-Praxis in München; 1932-33 Jugendvertr. GdeRat der Isr. Kultusgde., Mitgl. CV. 1933 Berufsverbot, Angest. bei einem Grundstücksmakler in München. Apr. 1936 Emigr. USA, 1936-37 Buchhalter u. Angest. in einem Hotel, 1938-40 Hilfsrevisor bei S.D. Leidesdorf & Co.; gleichz. 1938-40 Stud. New York Univ., 1940 amtl. zugel. Wirtschaftsprüfer, 1940-44 Büroltr. u. Controller bei Miller Stores, 1945-63 Gr. u. Ltr. Büro O.L. Walter & Co. als amtl. zugel. Wirtschaftsprüfer; daneben 1952-54 Stud. Rechtswiss. New York Law School, 1954 Prom.; 1955 Wiederaufnahme in den dt. Anwaltsstand, Teilh. der RA-Firma Ott, Weiss, Eschenlohr, Walter, von Borch in München, daneben ab 1955 in der RA-Firma Walter, Conston, Schurtman & Gumpel in New York; Vertr. von amerikan. Firmen und Privatpersonen in Deutschland u. von dt. Firmen in den USA. 1960-64 (?) Präs. der *Assn. of Former European Jurists,* 1965-74 Dir. u. Sekr. Deutsch-Amerikan. Handelskammer; ab 1971 Gr. u. Sekr. *Internat. Committee Advancement of Culture and Art;* ab 1969 Präs. der Lorenz Foundation; amerikan. Berichterstatter bei versch. Tagungen der *Internat. Fiscal Assn.;* Adjunct Prof. of Law, New York Law School; Mitgl. New York Bar u. CPA Assns. Lebte 1978 in New York. - *Ausz.:* BVK 1. Kl.; New York Law Forum Cert. of Merit, 1977 Dean's Medal der Alumni Assn. der New York Univ. Law School.

W: Die Wiederaufnahme des Verfahrens zugunsten des Verurteilten (Diss.). 1929; Wahrheit und Rechtskraft. 1930: Internationales Steuerrecht. 1954; Internationale Steuern: Vereinigte Staaten von Amerika (Mitverf.). 1957[4]; Summary of Essentials of Taxation in the Federal Republic of Germany (Mitverf.). 1958; Swiss Tax Shelter Opportunities for US Business (Mitverf.). 1960; Handbook on the United States-German Tax Convention (Mitverf.). 1966; Tax Havens. 1973. *D:* RFJI. *Qu:* Fb. Pers. Z. - RFJI.

Walter, Paul, Partei- u. Gewerkschaftsfunktionär; geb. 21. Jan. 1897 Wien, gest. 1955; jüd., 1924 Diss.; *G:* Hilde, Hans, Erna - alle umgek. im KL: ∞ 1940 London, Frida Schotz (geb. 1902): *K:* Ruth (geb. 1923), Wolfgang (geb. 1924); *StA:* CSR, 1923 deutsch, Ausbürg. *Weg:* 1935 CSR; 1938 GB; 1945 Deutschland (ABZ).

Bis 1933 Angest. Arbeiterbank Berlin; 1919 Mitgl. SPD, 1931 Übertritt zur SAPD. Nach natsoz. Machtübernahme illeg. tätig, Dez. 1933 Festnahme u. bis 1935 Haft KL Sachsenhausen u. Zuchth. Tegel. Nach Entlassung Flucht in die CSR; von dort Sept. 1938 Emigr. nach GB; 1938/39 Nachf. von → Hans Schuricht als Ltr. der SAPD-Landesgruppe GB; 1939 zeitw. interniert; Mitgl. der Febr. 1941 gegr. *Landesgruppe deutscher Gewerkschafter in Großbritannien* (LG), Vertreter der SAPD im Arbeitsausschuß der LG; ab Juni 1941 SAPD-Vertreter auch im Exekutivkomitee der *Union deutscher sozialistischer Organisationen in Großbritannien;* Teiln. an Diskussion u. Planung einer sozdem. Einheitspartei im Rahmen der *Union,* Mitgl. der Dez. 1942 eingesetzten Programmkommission zur Ausarbeitung von org. Richtlinien (Kommission II - Organisation); Mithg. des gewerkschaftl. Deutschlandprogramms der LG vom Frühj. 1945. Zeitw. tätig unter Ps. Kronberger. Mai 1945 Rückkehr nach Deutschland, Funktionär der DAG, ab 1953 bis zu seinem Tode Finanzdir. Deutsche Beamten-Versicherung.

W: Die neue deutsche Gewerkschaftsbewegung. Programmvorschläge für einen einheitlichen Gewerkschaftsbund (Mitverf.). London 1945. *L:* Drechsler, SAPD; Röder, Großbritannien. *Qu:* Arch. Publ. - IfZ.

Walz (Waltz), Max, Parteifunktionär; geb. 20. Febr. 1889 Schwenningen. *Weg:* 1935 F.

Nach dem 1. WK Vors. KPD Saar, 1922 Parteiausschluß wegen Kollaboration mit der franz. Besatzungsmacht; später in der Führung der frankophilen *Saarländischen Sozialistischen Partei* und der *Liga für Menschenrechte.* 1935 Emigr. Frankreich.

L: Zenner, Saargebiet; Schneider, Saarpolitik und Exil. *Qu:* Arch. Publ. - IfZ.

Walzer, Raphael (urspr. Josef), OSB, Dr. phil. et theol., Ordenspriester; geb. 27. März 1888 Ravensburg, gest. 19. Juli 1966 Heidelberg; kath.; *V:* Peter W., kath., Möbelschreiner; *M:* Theresia, geb. Kreuzer; *G:* 8; *StA:* deutsch, 1939 F. *Weg:* 1935 CH; 1937 Vorderer Orient; 1937 F.

Gymn. in Ravensburg, 1906 Eintritt in den Benediktinerorden im Kloster Beuron, 1907 ewige Profeß, Stud. Phil. u. Theol. am Benediktinerkolleg S. Anselmo in Rom, 1911 Prom. zum Dr. phil. u. 1914 zum Dr. theol., während des 1. WK Fortsetzung der theol. Studien an der Univ. Münster, Jan. 1918 Wahl zum 4. Erzabt von Beuron; in W.s Amtszeit vor allem eine Reorg. der wirtschaftl. Grundlagen des Klosters sowie Aufbau der Theologischen Ordenshochschule Beuron; W. war ein Gegner des Natsoz., die negativen Ergebnisse der Stimmenabgabe im Kloster für das Regime (Klostermitgl. mußten ihre Stimmzettel in eigene Urnen geben) wurden in erster Linie dem Abt angelastet; Verschärfung des Drucks durch das Regime in ZusHang mit den Ordensdevisenprozessen, Aug. 1935 Gestapo-Aktion gegen das Kloster. Nov. 1935 Emigr. in die Schweiz, später nach Frankr.; freiw. Amtsverzicht als Erzabt im Nov. 1937; nach Aufenthalten im Vorderen Orient in ZusArbeit mit der Religiosenkongregation ab 1937 wieder in Paris; nach Kriegsausbruch Naturalisation, tätig als Feldgeistlicher in der franz. Armee; ab 1943 nach der Kapitulation der dt. Truppen in Tunesien Betreuung auch dt. Kriegsgef. in franz. Lagern, Herbst 1943 Errichtung eines Studienheims für kriegsgef. dt. Theologiestudenten im Kloster Rivet bei Algier in dem Bemühen, einen Beitrag zur Erziehung der Jugend nach Kriegsende zu leisten; Verlegung dieses Seminars Frühj. 1946 nach Chartres, wo W. bis 1950 in der Benediktinerabtei St. Wandrille/Seine maritime lebte; 1950 zurück nach Algerien u. auf Wunsch des Bischofs von Oran Errichtung des Klosters Tlemcen, das W.s letzte große Lebensaufgabe blieb. Mai 1964 Rückkehr nach Deutschland, um im Benediktinerkloster St. Bartholomäus in Neuburg bei Heidelberg seinen Lebensabend zu verbringen. - *Ausz.:* 1927 Dr. theol. h.c. Univ. Tübingen.

Qu: Arch. - IfZ.

Wandel, Paul, Partei- u. Staatsfunktionär; geb. 16. Febr. 1905 Mannheim; ev., 1921 Diss.; *V:* August (1878-1959), Arbeiter; *M:* Maria, geb. Frank (1875-1967); *G:* Eugen (geb. 1901), August, Olga Helene; ∞ 1934-45 → Helene Berg. *Weg:* 1933 (?) UdSSR; 1945 Deutschland (Berlin).

Maschinentechniker; 1919 SAJ, 1922 *Bund der technischen Angestellten und Beamten,* 1922 *Sozialistische Proletarier-Jugend,* 1923 KJVD, 1923-26 Mitgl. einer KJVD-BezLtg., 1925 KPD, 1927-30 Mitgl. einer KPD-BezLtg. 1929 UdSSR-Reise. 1929-30 IngSchule Mannheim, 1930-31 OrgSekr. KPD-BezLtg. Baden, Nov. 1930-32 StadtVO. Mannheim u. Vors. *Verband proletarischer Freidenker* ebd. Ab 1931 angebl. Lenin-Schule der *Komintern* Moskau (nach anderen Angaben: Febr. 1933 Emigr. in die UdSSR, Lenin-Schule); dann Mitarb. Marx-Engels-Lenin-Institut u. *Komintern;* Mitgl. KPdSU, ab 1936 pol. Sekr. → Wilhelm Piecks im Balkan-Sekretariat der *Komintern,* Lehrer an KPD-Schulen, 1941-43 Ltr. dt. Sektion u. Doz. *Komintern*-Schule Kušnarenkovo b. Ufa (Deckn. Klassner), anschl. Mitarb. *Deutscher Volkssender* u. Doz. für Germanistik Lomonosov-Univ. Moskau. Ab Febr. 1944 Mitgl. ArbKommission bei PolBüro des ZK der KPD, ab Juli 1944 Mitgl. Unterkommission für GewFragen, neben → Paul Schwenk Mitverf. der wirtschaftspol. Richtlinien der KPD v. Febr. 1945. 1. Juli 1945 Rückkehr nach Berlin als Mitgl. *Gruppe Wilhelm Pieck,* bis Sept. 1945 Chefred. KPD-Zentralorgan *Deutsche Volkszeitung* Berlin, anschl. bis 1949 Präs. Deutsche Zentralverwaltung für Volksbildung. 1946-58 Mitgl. PV bzw. ZK der SED, 1947-49 Teiln. Volkskongreßbewegung, Mitgl. *Deutscher Volksrat* u. 1949-50 MdProvisVK, 1949-52 Min. für Volksbildung, ab 1949 Mitgl. PräsRat *Kulturbund zur demokratischen Erneuerung Deutschlands.* 1952-53 Ltr. Koordinierungs- u. Kontrollstelle für Wissenschaft, Volksbildung und Kunst beim MinRat der DDR, 1953-57 ZK-Sekr. für Kultur u. Erziehung; dieser Funktionen als Exponent einer liberalen u. gesamtdt. orientierten Kulturpolitik im Okt. 1957 enthoben. Ab 1953 Mitgl. ZV *Gesellschaft für Deutsch-Sowjetische Freundschaft,* ab 1954 PräsMitgl. *Liga für die Vereinten Nationen.* 1954-58 MdVK, 1955-65 Mitgl. Weltfriedensrat, 1958-61 Botschafter in Peking, 1961-64 Min. für Auswärtige Angel., ab Jan. 1964 Präs. *Liga für Völkerfreundschaft.* Mitgl. NatRat der *Nationalen Front des Demokratischen Deutschland, Zentraler Ausschuß für Jugendweihe* u. Wissenschaftlicher Rat beim Museum für Deutsche Geschichte, Mitgl. *Romain-Rolland-Komitee;* PräsMitgl. *Friedensrat der DDR.* Langjähr. stellv. Vors. *Internationales Komitee für die Anerkennung der DDR.* Lebte 1976 in Berlin (Ost). - *Ausz.:* u.a. 1952 Dr. paed. h.c. der Martin-Luther-Univ. Halle-Wittenberg, Verdienstmed. der DDR, Med. für Teilnahme an den bewaffneten Kämpfen der dt. Arbeiterklasse in den Jahren 1918-1923, Med. für Kämpfer gegen den Faschismus 1933-1945, 1955 VVO (Gold), 1959 Banner der Arbeit, Med. im Großen Vaterländischen Krieg (UdSSR), Carl-Friedrich-Wilhelm-Wander-Med. u. Diesterweg-Med., Friedensmed. (Gold u. Silber), Ehrennadel der Liga für Völkerfreundschaft (Gold), 1965 Carl-von-Ossietzky-Med., 1966 Ehrenmed. des Verb. der Zwangsdeportierten Frankreichs FNDT, 1968 Ehrenmed. der Brigade Dassalto Garibaldi (Italien), Johannes-R.-Becher-Med. (Gold), 1970 Stern der Völkerfreundschaft (Silber).

L: Leonhard, Revolution; Stern, Porträt; Stern, Ulbricht; Jänicke, Dritter Weg; GdA; Hangen, Welles, DDR. 1967; Antifaschisten; Lippmann, Heinz, Honecker. 1971; Weber/Oldenburg, SED; Fischer, Deutschlandpolitik; Weber, Hermann, SED. Chronik einer Partei 1971-1976. 1976. *Qu:* Arch. Hand. Publ. Z. - IfZ.

Wanka, Willi, Partei- u. Verbandsfunktionär; geb. 22. Juni 1910 Staab, Kr. Mies/Böhmen; katholisch; *V:* Johann W. (1872-1919), Bahnangest., Mitgl. SDAP(Ö) bzw. DSAP; *M:* Katharina, geb. Stauber (1873-1938), SDAP(Ö) bzw. DSAP; *G:* Franz (1898-1957), 1939 Emigr. CDN; Johann (1899-1969); Marie (geb. 1902), 1939 Emigr. CDN; Pauline (geb. 1912), ab 1948 CDN; ∞ Maria Julia (Mitzi) Jahn, Büroangest., 1937-38 persönl. Sekr. von → Wenzel Jaksch, 1938 Emigr. GB, 1939 CDN, Kunstmalerin; *StA:* österr., 1919 CSR, 1946 CDN. *Weg:* 1938 GB; 1939 CDN.

1923-28 *Arbeiter-Turn- und Sportverband in der Tschechoslowakischen Republik,* 1924-28 Stud. Deutsche Handelsakademie Pilsen, Abitur; 1928-30 Konsumangest. Prag, 1929 SJ, 1932-38 Mitgl. Bundesvorst. u. ab Mai 1938 letzter Verbandsvors.; 1929 DSAP, 1933-37 Kreissekr. Pilsen u. Budweis, 1935-38 Mitgl. Parteivollzugsausschuß u. Parteivorst.; 1930-33 Red. *Sozialistische Wochenblätter* Prag, 1937-Juli 1938 Sekr. *Zentralstelle der deutschen aktivistischen Parteien* Prag, enger Mitarb. von Wenzel Jaksch u. aufgrund seiner Sprachkenntnisse unentbehrl. Helfer bei dessen Bemühungen um brit. Vermittlung für eine interne Lösung des Sudetenproblems in der 2. Hälfte der 30er Jahre, Sommer 1938 Deleg. Weltjugendkongreß in Poughkeepsie/USA. Juli-Ende Sept. 1938 Red. dreisprach. Pressekorr. *Sudetenberichte* Prag zur Propagierung der tschechoslow. Nationalitätenpolitik. Nach Münchner Abkommen Org.Ltr. der sudetendt. sozdem. Emigration, Okt. 1938-Juli 1939 erster Ltr. *London Representative of the Sudeten German Refugees,* Verhandlungen über Ansiedlungsmöglichkeiten mit austral., bolivian. u. kanad. Reg., Ende 1938 Entsendung von → Franz Rehwald u. → Emanuel Reichenberger nach Kanada, wo im 1. Halbj. 1939 300 emigr. Familien mit Hilfe privater Siedlungsges. in Saskatchewan u. bei Dawson Creek/British Columbia angesiedelt wurden. Juli 1939 nach Dawson Creek, 1939-55 Farmer, Sprecher u. Vertrauensmann der dortigen Siedlergruppe, 1940 Mitgr. u. anschl. Präs. *Tate Creek Co-operative Society,* nach 1942 auch Präs. *Tate Creek Development Company,* 1944 Mitgl. *Democratic Sudeten Committee.* 1948 Mitgr. u. danach Präs. *Tomslake Canadian German Assn.* 1948-49 als Dir. *Canadian Christian Council for Resettlement of Refugees* Ottawa im AuswLager Mühlenberg b. Hannover tätig, 1956-65 Krankenhausdir. Pouce Coupe/B.C., 1958 Mitgr. u. ab 1962 Präs. einer der beiden sudetendt. Dachorg. in Kanada, der *Westkanadischen Arbeitsgemeinschaft der Sudetendeutschen,* 1965-75 Klinikdir. Dawson Creek/B.C., ab 1965 Red. *Sudeten-Bote* Pouce Coupe; zeitw. GdeVertr. u. Dir. C. of C. Pouce Coupe, Mitgl. u. zeitw. Vors. Peace River-Liard Regional District, Dir. *British Columbia Hospital Assn.* u. *Clinic Managers Assn. of British Columbia.* Lebte 1978 in Pouce Coupe.

W: Wie die Kanada-Aktion finanziert wurde. In: Sudeten-Bote (Pouce Coupe/B.C., Kanada), Juni 1968; Begegnungen und Episoden aus meiner Flüchtlingsarbeit. In: Sudeten-Jahrbuch 1969, S. 192 ff. *L:* Cesar/Černý, Politika; Bachstein, Jaksch; Brügel, Johann Wolfgang, Tschechen und Deutsche. 1967 u. 1974; Menschen im Exil. *Qu:* Arch. Erinn. Fb. Publ. - IfZ.

Warburg, Eric M., Bankier; geb. 15. Apr. 1900 Hamburg; jüd.; *V:* → Max Moritz Warburg; *G:* Lola Hahn-Warburg (geb. 1901 Hamburg), Lyzeum, aktiv in jüd. Org., Gr. *Kinder-* u. *Jugend-Alijah,* 1938 Emigr. GB; Renate Calder (geb. 1904 Hamburg), 1935 Emigr. IND, 1937 GB, Kunstmalerin; Anita (geb. 1908 Hamburg), 1937 Emigr. GB, 1949 USA, 1955-69 Tätigkeit am Institute of Internat. Educ. u. in Verw. der Performing Arts Library, Kuratoriumsmitgl. des Mannes Coll. of Music u.a. Kunstschulen in New York; Gisela Wyzanski (geb. 1912 Hamburg), 1935-38 für *Jüdische Jugendhilfe* in Berlin tätig, 1939 Emigr. GB, USA, aktiv in *Hadassah* u. Flüchtlings- u. GdeArb. in Boston; ∞ 1946 Dorothea Thorsch (geb. 1912 Wien), jüd., 1938 Emigr. CDN, A: Deutschland (BRD); *K:* Marie (geb. 1947), jüd., A: Deutschland (BRD); Max A. (geb. 1948), jüd., RA in Hamburg; Erica W. (geb. 1952), jüd., Stud. Gartenbauarchitektur München; *StA:* deutsch, USA, 1971 deutsch. *Weg:* 1938 USA; 1956 Deutschland (BRD).

Abitur, Banklehre in Berlin, London u. New York. Ab 1927 Einzelprokurist u. 1929-38 Teilh. im Familienbankhaus M.M. Warburg & Co. Hamburg. 1938 Emigr. USA, im 2. WK im Nachrichtendienst der US-Luftwaffe in Nordafrika u. Europa. Mitarb. *American Assn. for a Democratic Germany.* 1945-48 mit Vater Gr. u. Präs. Bankhaus E.M. Warburg & Co. New York. Mitgl. Landesausschuß des amerikan. *Hilfskomitees für Überlebende deutscher Widerstandskämpfer.* 1956 Rückkehr nach Deutschland (BRD). Ab 1956 Teilh. von M.M. Warburg-Brinckmann, Wirtz & Co. Hamburg, zeitw. VorstMitgl. von S.G. Warburg & Co. Ltd. London, AR-Mitgl. von E.M. Warburg, Pincus & Co. Inc. New York, Mitgl. VerwRat von S.G. Warburg & Co., von International Holdings Ltd. London u. der Effektenbank-Warburg AG Frankfurt. Beteiligung am Wiederaufbau der jüd. Gde. in Hamburg, Präs. des Kuratoriums des Jüd. Krankenhauses, Beiratsmitgl. der Jüd. Gde., Mitgr. der *Joseph Carlebach Loge* des *B'nai B'rith,* Kuratoriumsmitgl. Institut für die Geschichte der deutschen Juden, Mitgl. *Freunde der Hebräischen Universität,* zeitw. Mitgl. *Coun-*

cil on Foreign Relations New York, Übersee-Club Hamburg, Rotary Club u. VorstMitgl. A.F.J.C.E. New York. Lebte 1978 in Hamburg. - Ausz.: OBE, Legion of Merit (USA), Croix de Guerre Étoile Vermeille (Frankreich).
L: Rosenbaum, Eduard, M.M. Warburg & Co. Merchant Bankers of Hamburg. In: Yearbook LBI VII/1962; Farrer, David, The Warburgs. The Story of a Family. 1975. Qu: Hand. HGR. Pers. Publ. Z. - RFJI.

Warburg, Fritz M., Dr. jur., Bankier; geb. 12. März 1879 Hamburg, gest. 10. Nov. 1964 Nezer Sereni/IL; jüd.; V: Moritz M. W. (geb. 1838 Hamburg, gest. 1910 Hamburg), jüd., ab 1862 Teilh. Bankhaus M.M. Warburg & Co. (gegr. 1798); M: Charlotte Esther, geb. Oppenheim (geb. 1842 Frankfurt/M., gest. 1921), jüd.; G: Aby (geb. 1866 Hamburg, gest. 1929 Hamburg), jüd., Realgymn., Gr. der kulturwiss. Bibliothek Warburg (1934 Verlegung von Hamburg nach London); → Max Moritz Warburg; Paul (geb. 1868 Hamburg, gest. 1932 New York), jüd., Realgymn., Mitgl. Hamburger Bürgerschaft, Teilh. Bankhaus Kuhn, Loeb & Co. New York, 1914-18 stellv. Vors. Federal Reserve Board, Gr. u. Vors. Internat. Acceptance Bank u. Manhattan Bank; Felix (geb. 1871 Hamburg, gest. 1937 New York), jüd., Realgymn., Teilh. Kuhn, Loeb & Co. New York, 1916-32 1. Präs. J.D.C., Mitgl. Jew. Agency (Ltg. des nicht-zion. Flügels); ∞ 1908 Anna Beata (1882-1967), Ltr. Fröbelseminar, Grdg. u. Finanzierung des ersten Kindertagesheims in Hamburg, 1933-39 jüd. Wohltätigkeitsarbeit, Gr. Kindergärtnerinnen-Seminar, 1938/39 Emigr. S, 1957 nach IL; K: Ingrid Spinelli (geb. 1910), A: Rom; Eva Ungar (geb. 1912), A: Reḥovot/IL; Charlotte Chalmon (geb. 1922), A: Beersheba/IL. Weg: 1939 S.

Stud. Rechtswiss. Berlin u. Rostock, Referendar, Banklehre in Frankfurt/M. u. Paris, im Metallhandel in London tätig. 1907-38 Teilh. Bankhaus M.M. Warburg & Co. Hamburg, Ltg. der Kredit- u. Warenabt.; Präs. Verein Deutscher Metallhändler, AR-Vors. der Metallabt. der Hamburger Börse. 1914 AR-Mitgl. Kriegs-Metallges. zur Sicherstellung der Rohstoffversorgung u. -verteilung. 1915-18 Sonderbevollmächtigter im Rang eines Handelsattachés bei der dt. Gesandtschaft in Stockholm, 1916 Kontakte zu russ. Kreisen mit Ziel eines Sonderfriedens. VorstMitgl. Jüd. Gde. Hamburg, u.a. Vors. Ausschuß für Erwachsenenbildung u. Isr. Krankenhaus. Mai 1938 Arisierung des Bankhauses, anschl. nach Schweden. Herbst 1938 Rückkehr nach Hamburg, um Interessen des Isr. Krankenhauses zu vertreten, dabei verhaftet, Mai 1939 freigelassen, Rückkehr nach Schweden. 1945 mit Max Moritz Warburg Stiftung des rückerstatteten Grundbesitzes in Hamburg-Blankenese an J.D.C. zur Verwendung für jüd. Kriegswaisen. 1957 Niederlassung in Israel.
L: Rosenbaum, Eduard, M.M. Warburg & Co. Merchant Bankers of Hamburg. In: Yearbook LBI VII/1962; Auerbach, S.M., Jews in the German Metal Trade. In: Yearbook LBI X/1965. Qu: Hand. Publ. Z. - RFJI.

Warburg, Gustav Otto, Dr. jur, Dr. rer. pol., Journalist, Verbandsfunktionär; geb. 24. Sept. 1900 Berlin, gest. Nov. 1970 Straßburg; jüd.; V: Otto W. (geb. 1859 Hamburg, gest. 1938 Berlin), Prof. für Biologie Univ. Berlin, 1911-20 Präs. W.Z.O., 1921 Dir. Agric. Inst. Reḥovot/Pal.; M: Anna, geb. Cohen; G: Edgar (geb. 1893); Gertrud (geb. 1895); Siegmund (geb. 1896); ∞ 1943 Miriam M. Goldberg (geb. 1895 Marburg, gest. 1978 Straßburg), bis 1933 Korr. für Berliner Tageblatt, 1944-60 GenSekr. der Jugend-Alijah in GB, ab 1960 VorstMitgl. der Jugend-Alijah in Genf; K: Michael; Renate; StA: deutsch. Weg: 1933 GB; 1960 CH.

1922 Dr. jur. Freiburg, 1924 Dr. rer. pol. Hamburg; 1924-30 Auslandsred. für Schleswig-Holsteinische Volkszeitung Kiel, 1930-33 RedMitgl. u. Musikkritiker Hamburger Echo. 1933 Emigr. GB, 1933-40 Dir. Presse- u. InfoAbt. Board of Deputies of Brit. Jews London; 1940-46 Chefbibliothekar der Wiener Library in London, 1946-51 Referent für Außenpolitik der Anglo-Jew. Assn. London, 1951-60 Dir. Londoner Büro von Coordinating Board of Jew. Orgs. u. deren Vertr. bei ECOSOC. 1960 in die Schweiz, weiterhin Vertr. des Coordinating Board bei ECOSOC, gleichz. 1960-70 europ. Dir. u. Dir. UN-Verb.-Büro des B'nai B'rith Internat. Council in Genf. Ab 1970 Ruhestand, Übersiedlung nach Straßburg; Berater für B'nai B'rith u. den Europarat.

W: Wesen und Bedeutung der konsumgenossenschaftlichen Eigenproduktion (Diss.). 1924; Die Konsumgenossenschaften. In: Wirtschaftsdemokratie, 1928; Six Years of Hitler. The Jews under the Nazi-Regime. 1939; Beiträge u.a. in AJR-Information London. Qu: EGL. Hand. Pers. Publ. Z. - RFJI.

Warburg, Max Moritz, Bankier; geb. 5. Juni 1867 Hamburg, gest. 26. Dez. 1946 New York; jüd.; G: → Fritz M. Warburg; ∞ Alice Magnus (geb. 1873 Leipzig, gest. 1960 New York), 1938 Emigr. USA, Mitarb. Selfhelp u. Help and Reconstruction; K: → Eric M. Warburg; StA: deutsch, 1944 USA. Weg: 1938 USA.

Abitur in Hamburg, Banklehre in Frankfurt/M. u. Amsterdam. 1888-89 Einjährig-Freiwilliger, 1889-90 Stud. München, 1890 an der Banque Impériale Ottomane in Paris, gleichz. Stud. Sorbonne; 1891 bei Bankhaus N.M. Rothschild & Sons in London tätig. 1892 Prokurist u. 1893-1938 Teilh. des väterl. Bankhauses M.M. Warburg & Co., Hamburg, Erweiterung der Bankgeschäfte durch Anstellung hervorragender Fachleute wie Dr. Carl Melchior, → Ernst Spiegelberg u. Dr. Rudolf Brinckmann als GenBevollm. u. Teilh. sowie durch Herstellung enger persönl. u. geschäftl. Beziehungen zu dt. u. ausländ. Unternehmern wie dem Hamburger Reeder Albert Ballin u. dem engl. Bankier Sir Ernest Cassel sowie zum ausländ. Geld- u. Kapitalmarkt, z.B. zum Bankhaus Kuhn, Loeb & Co. New York, dem die Brüder Paul u. Felix Warburg als Teilh. angehörten. Sympathisierte mit der National-Liberalen Partei, nach 1918 mit der DVP. Berater u. Vertrauter Wilhelms II., Absprachen mit Auswärtigem Amt über Auslandsanleihen u. Investitionen in Ostasien u. Afrika, ab 1905 Mitgl. des Reichsanleihe-Konsortiums. 1897-1903 Handelsrichter, ab 1903 Mitgl. der Handelskammer Hamburg, 1903-19 MdHB, ab 1911 AR-Mitgl. an der Wertpapierbörse Hamburg. Im 1. WK Beiratsmitgl. Kriegsernährungs- u. Übergangswirtschaftsamt, zu Kriegsbeginn i.A. der Reg. in versch. europ. Staaten, nahm jedoch angebotene Ämter als Botschafter in den USA u. Finanzmin. unter Prinz Max von Baden nicht an. 1919 Mitgl. Finanzausschuß der dt. Abordnung bei den Friedensverhandlungen in Versailles, Rücktritt aus Protest gegen Unterzeichnung des Versailler Friedensvertrags. AR-Mitgl., später stellv. Vors. Centralverband des Deutschen Bank- und Bankiergewerbes u. Gesellschaft zur Förderung des Instituts für Weltwirtschaft und Seeverkehr Kiel, 1919-24 Mitgl. des Zentralausschusses u. 1924-33 Mitgl. des Generalrats der Reichsbank, AR-Mitgl. zahlr. dt. u. mitteleurop. Firmen, vor allem Einfluß innerhalb der Hamburg-Amerika-Linie HAPAG. Kuratoriumsmitgl. der Talmud-Thora-Schule u. des Dt.-Isr. Knaben-Waiseninstituts Hamburg; Mitgr. u. Kuratoriumsmitgl. der Sozialen Frauenschule (→ Alice Salomon), aktiv im Roten Kreuz. 1929 Angehöriger des nichtzion. Flügels der erweiterten Jew. Agency, Unterstützung des CV, des Zentralausschusses für Hilfe und Aufbau u. der Reichsvertretung, stellv. Vors. des Hilfsvereins; Bankhaus Warburg unterstützte mit A.E. Wassermann u. der Anglo-Palestine Bank die Paltreu zum Transfer des Kapitals dt. Juden nach Palästina. 1938 Ausschluß aus dem Reichsanleihe-Konsortium u. Arisierung der Bank, Geschäftsübernahme durch die Hamburger Kaufleute Dr. Rudolf Brinckmann u. Dr. Paul Wirtz (später Umbenennung in Brinckmann, Wirtz & Co.). 1938 Emigr. USA. 1938 mit Sohn Eric Gr. Bankhaus E.M. Warburg Co. New York. 1941-46 Mitgr. u. VorstVors. A.F.J.C.E., mit Ehefrau für Help and Reconstruction tätig, Förderung von Auswanderungsmöglichkeiten in versch. Ländern, u.a. Unterstützung des im Anschluß an die Konf. von Evian 1938 gegr. Intergovernmental Committee for Refugees London; Berichterstatter des von Präs. Roosevelt berufenen President's Adv. Committee on Pol. Refugees. Ab 1939 AR-Mitgl. Refugee Econ. Corp. für Kredite an Flüchtlinge in Europa, Palästina u. Übersee; Unterstützung des *Am. Jew. Committee* u. des J.D.C.; 1945 mit Bruder Fritz Übertragung des rückerstatteten Familienbesitzes in Hamburg-Blankenese an J.D.C. - *Ausz.:* 1923 Dr. rer. pol. h.c. Univ. Hamburg.

W: Finanzielle Kriegslehren. 1915; Aus meinen Aufzeichnungen (Hg. von Eric M. Warburg). Privatdruck 1952. *L:* RhDG; Ritter, Hugo, Bankiers erkennen die öffentliche Aufgabe. In: Stein, G. (Hg.), Unternehmer in der Politik, 1954; Vogts, Alfred, M.M. Warburg & Co. Ein Bankhaus in der deutschen Weltpolitik 1906-1933. In: Vierteljahrschrift für Sozial- u. Wirtschaftsgeschichte, 1958; Tramer, Hans, Die Hamburger Kaiserjuden. In: Bulletin LBI, 1960; Brunner, Frederick H., Juden als Bankiers. Ihre völkerverbindende Tätigkeit. In: In zwei Welten. 1962; Rosenbaum, Eduard, M.M. Warburg & Co. Merchant Bankers of Hamburg. In: Yearbook LBI, 1962; Feilchenfeld, Werner/Pinner, Ludwig/Michaelis, Dolf, Haavara-Transfer nach Palästina. 1972; Farrer, David, The Warbugs. The Story of a Family. 1975; Feder, Heute. *D:* LBI New York. *Qu:* Arch, Hand. Pers. Publ. Z. - RFJI.

Warburg, Sir Siegmund George, Bankier; geb. 30. Sept. 1902 Tübingen; jüd.; *V:* Georg W., Gutsbesitzer Urach/Württ., jüd.; *M:* Lucie, geb. Kaulla (gest. 1955); ∞ 1926 Eva Maria Philipson; *K:* George (geb. 1928), 1934 Emigr. GB; Ann Biegun (geb. 1931), 1934 Emigr. GB; *StA:* deutsch, 1939 GB. *Weg:* 1934 GB.

Abitur Reutlingen, Ev. Seminar Urach, 1920-30 Bankausbildung in Hamburg, London, Boston, New York. 1930-36 Teilh. M.M. Warburg & Co. Hamburg, 1931 Eröffnung Berliner Filiale. Anfang der 30er Jahre für den späteren Außenmin. Baron v. Neurath in pol. u. finanz. Angelegenheiten in Westeuropa tätig. Apr. 1934 Emigr. GB mit Familie. Bis 1946 Vors., anschl. Präs. Holdingges. Mercury Securities, Ltd. London; Mehrheitsbeteiligung in Versicherungs- u. Metallunternehmen, in der Werbung, Marktforschung u. in Rembourskreditgeschäften; daneben 1938-46 bei New Trading Co., Ltd. London, später bei S.G. Warburg & Co., Ltd. tätig, dort bis 1969 Dir. u. ab 1970 Präs. des Geschäftsbereichs Industrieberatung, vor allem auf dem Gebiet von Mehrheitsübernahmen (u.a. im Falle von Associated Television, Albert Reed-Paper, Lord Thomson of Fleet, Tube Investments, Reynolds Metals, Chrysler, ITT) u. des Geld- u. Anleihegeschäftes. 1947 zur Erweiterung der internat. Basis Gr. British and French Bank zus. mit Banque Nationale pour le Commerce et l'Industrie, 1953 Investment Trust in Kanada, 1956-64 Teilh. Kuhn, Loeb & Co.; u.a. Beteiligung an Hans W. Petersen Bank Frankfurt/M., 1964 umbenannt in S.G. Warburg u. nach Fusion Effektenbank-Warburg AG; 1965 Zweigniederlassung S.G. Warburg & Co., Inc. New York, 1973 Fusion mit Banque de Paris et des Pays Bas zu Warburg-Parisbas, Inc.; Verbindung mit A.G. Becker & Co., Inc. New York, 1974 Grdg. Warburg Parisbas Becker, Inc. u. 1975 The Becker and Warburg-Parisbas Group, Inc. - 1975 unter Druck arabisch kontrollierter Banken teilw. Ausschluß von Konsortialgeschäften wegen W.'s Beziehungen zu Israel. Mitgl. Board of Governors Weizmann Institute of Science Reḥovot, Mitgl. Prime Minister's Council for Israel's Economic Development, AR- u. VorstMitgl. Israel Corporation. 1963 Stiftung European Foundation of Graphological Science and Application Univ. Zürich. Lebte 1978 in London u. Blonay-Vaud/ Schweiz. - *Ausz.:* 1966 Adelsstand.

L: Wechsberg, Joseph, Warburg: The Nonconformist. In: The Merchant Bankers, 1966; Farrer, David, The Warburgs. The Story of a Family. 1974. *Qu:* Hand. Publ. Z. - RFJI.

Warmbrunn, Hans, Kaufmann; geb. 19. Mai 1911 Frankfurt/ M., gest. 6. Dez. 1972 New York; jüd.; *V:* Dr. phil. David W. (geb. 1879 Dresden, gest. 1942 Galveston/Texas), jüd., Chemiker, 1936 Emigr. NL, 1941 USA; *M:* Lilly, geb. Guckenheimer (geb. 1889 Frankfurt/M., gest. 1960 New York), jüd., Lyzeum, 1936 Emigr. NL, 1941 USA; *G:* Renate Rewald (geb. 1914 Frankfurt/M.), 1933 Emigr. GB, 1939 USA, M.A. (Philologie) Cornell Univ.; Werner (geb. 1920 Frankfurt/M.), 1936 Emigr. NL, 1941 USA, Ph.D.; Historiker am Prof. Pitzer Coll. Claremont/Calif.; ∞ 1933 Olga Lewandowsky (geb. 1913 Frankfurt/M.), jüd., Stud. Rechtswiss. München u. Frankfurt, Mai 1933 Emigr. GB, Dez. 1933 Port., Apr. 1941 USA, tätig für *Selfhelp,* i.A. des *Nat. Council of Jew. Women* Einrichtung eines Modell-Kindergartens in IL, Mitgl. *Common Cause* New York; *K:* Illia Thompson (geb. 1935), 1941 Emigr. USA, B.A., Kindergärtnerin; Eva Herndon (geb. 1936), 1941 Emigr. USA; Arlene Saxonhouse, Ph.D. (geb. 1944), Prof. für pol. Wiss. Univ. Michigan; *StA:* deutsch, 1946 USA. *Weg:* 1933 Port.; 1941 USA.

Stud. Grenoble u. Berlin; 1933 Referendar, Berufsverbot. Mai 1933 Emigr. Portugal; Schatzmeister Syn. der Marannengde. in Oporto (unterstützt durch die Sephardische Gde. in London), Schatzmeister Jüd. Friedhof, tätig für HIAS u. J.D.C. 1935-41 Teilh. Oliveirax Warmbrunn, Ltd. (Chemikalienhandel, Eisenimport u. -export). Apr. 1941 Emigr. USA, Stud. Colo. School of Mines, 1943 Ing., 1943-44 bei Texas Tin Smelter Texas City, 1944-72 Vizepräs. u. Finanzdir. der Exportfirma H.D. Sheldon & Co.; 1960 Columbia Univ., M.A. (Pol. Wiss.). Präs. *Jew. Philanthropic Fund of 1933, Inc.,* Vizepräs. *N.Y. Foundation for Nursing Homes, Inc.,* Schatzmeister u. ab 1972 Präs. *Selfhelp,* Mitgl. Hauptvorst. A.F.J.C.E.

D: RFJI. *Qu:* Hand. Z. - RFJI.

Warnke, Herbert Werner Kurt, Partei- u. Gewerkschaftsfunktionär; geb. 24. Febr. 1902 Hamburg, gest. 26. März 1975 Berlin (Ost); Diss.; *V:* Joachim Friedrich W., Maurer; *M:* Ina Dorothea Christine, geb. Dube; *G:* Hans (Johannes) (geb. 1896), Dachdecker, 1914 SPD, 1918 USPD, 1920 KPD, 1924-33 MdL Mecklenburg-Schwerin, 1926-33 PolLtr. KPD-Bez. Mecklenburg, nach 1933 mehrmals inhaftiert. Nach 1945 führende Funktionen im Partei- u. Staatsapp. der SBZ/DDR, ab 1945 Mitgl. PV bzw. ZK der KPD/SED. Parteiveteran; ∞ Helene Dannat (geb. 1912); *K:* 4; *StA:* deutsch, 8. Nov. 1938 Ausbürg. mit Ehefrau, deutsch. *Weg:* 1936 DK; 1938 S; 1945 Deutschland (SBZ).

1919-23 Lehre, Tätigkeit als Nieter; 1923 KPD, 1924-29 DMV, ab 1927 Mitgl. KPD-BezLtg. Wasserkante, 1929-30 Betriebsratsvors. der Hamburger Werft Blohm & Voß, 1930 Mitgl. RGO-BezLtg. Wasserkante, 1931-33 RGO-Sekr. in Bremen u. Sekr. für GewFragen bei KPD-BezLtg. Weser-Ems, ab Juli 1932 MdR. Nach natsoz. Machtübernahme illeg. Tätigkeit, 1936 Emigr. nach Dänemark, ltd. Mitarb. AbschnLtg. Nord u. Mitgr. *Signaldienst deutscher Seeleute und Hafenarbeiter,* einer Spionageorg. der *Komintern* in den Nord- u. Ostseehäfen, Zus-Arb. mit → Ernst Wollweber; Anfang 1938 als Ltr. der KPD-Landesgruppe nach Schweden entsandt, Mitwirkung an dortigen Volksfrontbestrebungen als Mitgl. der pol. Kommission des sog. *Askania-Kreises,* Nov. 1939–Herbst 1943 Internierung, Mitunterz. *Aufruf zur Sammlung der Deutschen in Schweden* v. 28. Okt. 1943 u. des FDKB-Gründungsaufrufs v. 15. Jan. 1944; ab Herbst 1943 Ltgsmitgl. *Landesgruppe deutscher Gewerkschafter in Schweden;* Mitgl. u. ab Juli 1944 Verb-Mann des FDKB zu dt. Militärflüchtlingen in Schweden; FDKB-Vertr. in der Okt. 1944 von ihm mitgegr. Org. für die antifaschist. Umerziehung dt. Militärflüchtlinge, Chefred. der Zs. *Der Weg ins Leben.* Ab 1944 Mitgl. der erweiterten KPD-Landesltg. Deckn. Herbert Peter u. Jens. Ende 1945 mit sowj. Hilfe illeg. Rückkehr nach Deutschland (SBZ), 1946 FDGB-Landesvors. in Mecklenburg, 1946-48 Ltr. Hauptabt. Betriebsräte und Organisation beim FDGB-Bundesvorst., ab 1948 FDGB-Bundesvors., ab Juni 1949 Mitgl. Exekutivkomitee *Weltgewerkschaftsbund* (WGB), 1949-50 MdProvisVK; ab 1950 MdVK, Mitgl. des ZK der SED u. PräsMitgl. Nationalrat der *Nationalen Front des Demokratischen Deutschland;* 1950-53 ZK-Sekr.; 1953-58 Kand.; anschl. Mitgl. PolBüro des ZK der SED; ab 1953 (andere Quellen: 1956) Vizepräs. WGB; ab Juli 1960 Präs-Mitgl. *Komitee für die Solidarität mit den Völkern Afrikas,* ab Nov. 1971 Mitgl. Staatsrat der DDR. W.s Name ist aufs engste mit der Unterordnung des FDGB unter die Interessen der Partei u. des Staates verbunden. - *Ausz.:* u.a. 1955 Fritz-Heckert-

Med., VVO (Gold), 1958 Med. für Kämpfer gegen den Faschismus 1933-1945, 1962 Karl-Marx-Orden, 1967 Lenin-Friedenspreis (UdSSR), Ehrenspange zum VVO, 1969 Stern der Völkerfreundschaft (Gold), 1972 Leninorden (UdSSR).

W: Freiheitskämpfe in der deutschen Geschichte. Stockholm (Ekenberg) 1945; Peter, Herbert (Ps.), Pelles djur. En berättelse om sparven Kalle Johansson, den glade ekorren Joppe, snigeln Krypa, grodan Sumpa, Fanny, Budde samt den mallige Jakob (Pelles Tiere. Eine Erzählung vom Spatzen Kalle Johansson, dem fröhlichen Eichhörnchen Joppe, der Schnecke Kriech, der Kröte Sumpf, Fanny, Buddy und dem aufgeplusterten Jakob). 1946; Überblick über die Geschichte der deutschen Gewerkschaftsbewegung. 1954. *L:* Schmidt, Deutschland; Weber, Hermann/Pertinax, Lothar, Schein und Wirklichkeit in der DDR. 1958; Bednareck, Gewerkschaftspolitik; Fricke, Karl Wilhelm, Herbert Warnke. In: Rheinischer Merkur, Nr. 3, 16. 1. 1970, S. 4; Duhnke, KPD; Mewis, Auftrag; Müssener, Schweden. *Qu:* Arch. Hand. Publ. Z. – IfZ.

Warschauer, Malvin, Dr. phil., Rabbiner; geb. 26. Okt. 1871 Kanth b. Breslau, gest. 27. Jan. 1955 Woking/GB; *V:* Holzhändler in Kanth; *M:* gest. 1871; ∞ I. 1904 Recha Blum (gest. 1930); II. 1933 Gertrud Caspar; *K:* Dorothea Meyer (geb. 1905), Emigr. GB; Julius J. Walters (früher Warschauer) (geb. 1907), 1936 Emigr. GB; *StA:* deutsch, 1947 brit. *Weg:* 1938 GB.

Prom. Berlin, Stud. L(H)WJ Berlin, Rabbiner, 1910-38 Rabbiner der liberalen zion. Syn. Oranienburger Straße, Berlin; Lehrauftrag für Homiletik an der L(H)WJ. 1938 im Versteck bei Freunden u. Verwandten, Nov. 1938 Flucht nach GB unter falschem Namen, dort Zusammenführung der Familie. Gastrabbiner an Syn. in London, hielt Gottesdienste für Flüchtlinge in Guildford/Surry, aktiv in AJR.

W: Beiträge in *Korrespondenzblätter des Verbands der deutschen Juden.* *L:* Wilhelm, Kurt, Der zionistische Rabbiner. In: Zwei Welten, 1962; LBB VII, IX, XI; Salzberger, Georg, Rabbiner Dr. M. Warschauer. Zur Wiederkehr des Geburtstages. In: AJR – Information, Okt. 1971; LBI Katalog I, 1970. *Qu:* Arch. Hand. Pers. Publ. Z. – RFJI.

Wascher, Rudolf, Parteifunktionär; geb. 2. Juni 1904 Hirschberg/Mecklenburg, gest. 1. Febr. 1956 München; ∞ Maria Steinbach (geb. 1903 Honeff/Rhein), KPD, Emigr. F, zus. mit Ehemann pol. tätig, Deckn. Sonja; *StA:* deutsch. *Weg:* 1933 NL, F; 1945 Deutschland (BBZ).

Bauarb., Mitgl. SAJ u. SPD, 1925 KPD, StadtVO. Köln, 1931-33 Parteisekr.; Mai 1933 Flucht nach Holland, ab Aug. 1933 in Frankr., Mitgl. GewAusschuß der KPD-EmigrLtg. Paris, ab Aug. 1940 Mitarb. der sog. Toulouser Ltg. der KPD in Frankr., später Tätigkeit in Wehrmachts- u. KriegsgefProp. des KFDW in Lyon, VerbMann zur franz. Résistance. Mai 1945 nach Köln, Mitgl. u. ab 1946 1. Sekr. KPD-BezLtg. Mittelrhein, 2. Vors. des Fünferausschusses der Einheitsgew. in Köln; bis Okt. 1946 Mitgl. Beratender ProvRat der Nordrhein-Provinz, anschl. des ernannten LT von NRW u. bis Mandatsniederlegung Juni 1952 MdL. Ab 1954 1. Sekr. KPD-Landesltg. Bayern, Mitgl. PV.

L: Schaul, Résistance; Pech, Résistance. *Qu:* Arch. Publ. – IfZ.

Waschitz, Joseph, Journalist; geb. 29. Dez. 1910 Hamburg; *V:* Osias Yehoshua W. (geb. 1880 Jezierna/Galizien), Stud. Rechtswiss. Wien, Inh. eines Reisebüros, aktiv in *Poalei Zion* u. zion. Bewegung, Mitgl. *Verband der Ostjuden* Berlin, 1939 Emigr. F, 1945 Pal.; *M:* Anna Regina, geb. Buber (geb. 1884 Lemberg/Galizien), jüd., Zion., 1939 Emigr. F, 1945 Pal.; ∞ I. Dinah Sholem (geb. 1913 Berlin), höhere Schule, 1934 Emigr. Pal., Physiotherapeutin, 1976 gesch.; II. 1976 Ruth Hadass (geb. 1921 Berlin), jüd., 1934 Emigr. Pal., B.A., Lehrerin für Hebr. u. Engl., ZtgVerlegerin; *K:* Oded (geb. Petah Tikvah), 1938 Emigr. Pal., M.Sc., Chemiker; *StA:* österr., 1919 PL, 1925 I, 1940 Pal./IL. *Weg:* 1935 JU; 1936 Pal.

Bis 1935 Stud. Berlin, Mitgl. *Blau-Weiß, Kadimah* u. *Haschomer Hazair;* 1935-36 landwirtschaftl. Hachscharah Vrela/Jugoslawien, 1936 Emigr. Palästina mit C-Zertifikat, 1936-40 Mitgl. Kibb. BaMifneh, 1940-68 Kibb. Daliyah, ab 1968 Kibb. Lehavot haBashan. 1938-43 Beiträge in Zeitschrift *Hashomer haZair,* ab 1943 RedMitgl. der Tagesztg. *Mishmar,* später *Al haMishmar* des *HaKibbuz haArzi* u. *Mapam;* 1948-49 Mitgl. Committee for Arab Affairs Haifa u. Sekr. Büro Haifa des isr. Min. for Minorities: 1953-63 Red. der arab. Wochenzs. *Al Mirsad,* ab 1957 Beiträge in der Monatszs. *New Outlook,* 1958-62 Beiträge in der Monatszs. *Al Fajr.* Ab 1963 Dir. u. Doz. im Zentrum für arab. Studien Givat Havivah, 1967-70 Stud. Hebr. Univ., B.A., 1970-72 Doz. an der Akademie für Erwachsenenbildung Menasheb, ab 1976 Doz. Oranim-Lehrerseminar Univ. Haifa; Forschungsstip. des Arab.-Isr. Research and Relations Project in New York. VorstMitgl. Isr. Oriental Soc. Lebte 1977 in Lehavot ha Bashan/Israel.

W: HaAravim beErez Israel (Die Araber in Palästina). 1947. *Qu:* Fb. Hand. – RFJI.

Wassermann, Moshe Shimshon (Moses Samson), Rabbiner; geb. 13. Jan. 1891 Großmaset/Galizien (?), gest. 22. Apr. 1962 Tel Aviv; ∞ 1921 Feige Sauerberg (geb. 1899 Lisko/Galizien), 1939 Emigr. Pal.; *K:* 1 S, 2 T. *Weg:* 1939 Pal.

Gymn., Stud. Univ. u. Jeschiwah in Brody/Galizien; im 1. WK von den dt. MilBehörden zum Feldrabbiner ernannt, 1919-39 Rabbiner in Lübeck, Darmstadt u. bei der SynGde. Breslau. 1939 Emigr. Palästina, ab 1939 Rabbiner Bez. Neve Shaanan Tel Aviv, gleichz. Rektor Beit-Olfana-Schule u. Präs. *Beit Olfana Assn.,* Mitgl. eines relig. Gerichts in Tel Aviv.

W: Sheelat Moshe (Fragen an Moses – religionsgesetzliche Entscheidungen). 1956/57. *Qu:* Arch. Hand. – RFJI.

Wassermann, Samuel (Shmuel), Bibliothekar; geb. 19. Febr. 1912 Berlin; *V:* Eduard (Eliyahu) W. (geb. 1887 Tarnow/Galizien, umgek. 1940 KL Sachsenhausen), jüd., Kaufm.; *M:* Klara (Chaja), geb. Lazarovici (geb. Braila/Rum., gest. 1951 IL), jüd., 1938 Emigr. I, 1939 illeg. nach Pal.; *G:* Gertrude Rohde (geb. 1909 Berlin), Volksschule, 1938 Emigr. I, 1939 illeg. nach Pal., 1958 nach USA; Alfred (geb. 1913 Berlin, gest. 1940 Paris), höhere Schule, 1939 Emigr. F; *StA:* PL, IL. *Weg:* 1936 Pal.

1933 Ausschluß vom Stud. in Berlin; 1933-34 Hachscharah in Pommern, 1934-36 Stud. L(H)WJ Berlin; ab 1933 Mitgl. K.J.V. 1936 Emigr. Palästina mit B III-Zertifikat, 1936-37 Stud. Hebr. Lehrerseminar Bet Hakerem Jerusalem, 1937-43 im öffentl. Dienst; 1943-48 Angest. (Korrespondent) an einer engl.-sprach. Fernunterrichtsschule. 1948-51 Bibliothekar im isr. Verteidigungsmin. in Tel Aviv, 1957-59 Bibliothekar u. 1957-68 Chefbibliothekar der Knesset, daneben 1951-61 Stud. der Bibliothekswissenschaft Hebrew Univ. Jerusalem, Diplom. 1968 Pensionierung. Mitgl. *Histadrut* u. *Haganah.* Lebte 1977 in Jerusalem.

Qu: Fb. – RFJI.

Wassermann, Sigmund, Dr. rer. pol., Bankier, Verbandsfunktionär; geb. 16. Okt. 1889 Bamberg, gest. 28. Febr. 1959 New York; jüd.; *V:* Emil W. (geb. 1842 Wallerstein, gest. 1911 Berlin), jüd., Teilh. Bank A.E. Wassermann Bamberg (gegr. 1889); *M:* Emma, geb. Oppenheimer (geb. Frankfurt/M., gest. 1889 Bamberg), jüd.; *G:* Oscar (geb. 1869 Bamberg, gest. 1934 Garmisch), jüd., 1912-33 VorstMitgl. Deutsche Bank, bis 1933 Präsidialratsmitgl. der Reichsbank, Präs. *Keren Hayessod* Deutschland, 1929 Mitgr. Jew. Agency; Dr. jur. Albert W. (geb. 1872 Bamberg, gest. Johannesburg), jüd., Justizrat, Teilh. A.E. Wassermann Bamberg; Julius (geb. Bamberg, gest. 1939 Bamberg), jüd., Teilh. A.E. Wassermann Bamberg; Gutta Rosenbacher (geb. 1877 Bamberg, gest. 1956 Jerusalem), 1939 Emigr. Pal.; Jacob (geb. 1879 Bamberg, gest. 1974 London), jüd., vor 1914 nach London, im Krieg in brit. Armee, Gr. u. Inh. Jacob Wassermann (Börsenhandel); Ernst (geb. 1880 Bamberg, gest.

um 1920), jüd., Chemiker; Michael (geb. 1882 Bamberg, gest. 1956 New York), jüd., Prom. Erlangen, Teilh. A.E. Wassermann Bamberg, 1936 Emigr. CSR, 1940 Mex., 1941 USA; ∞ ledig; *StA:* deutsch, USA. *Weg:* 1938 NL; 1941 USA.

Stud. Handelshochschule Berlin. Prom. Erlangen, Teiln. 1. WK (Lt.). Ab 1919 Teilh. Bankhaus A.E. Wassermann Bamberg, aktives Mitgl. *Hilfsverein,* Kuratoriumsmitgl. L(H)WJ Berlin, 1929 Mitgl. Initiativ-Komitee für die Erweiterung der *Jew. Agency,* ehrenamtl. Mitarb. *Zentralausschuß für Hilfe und Aufbau* Berlin, 1933 Mitgr. *Paltreu* Berlin, 1938 Emigr. Niederlande, 1941 über Portugal in die USA; ab 1946 Angest., später ltd. Stellung bei Eutectic Welding Alloys Corp. Flushing/N.Y. Zuletzt kurze Zeit Schatzmeister LBI New York.

W: Die Anfänge des deutschen Sortenhandels (Diss.). *Qu:* HGR. Pers. Publ. - RFJI.

Weber, August, Dr. jur., Bankier, Politiker; geb. 4. Febr. 1871 Oldenburg, gest. Nov. 1957 London; ev.; *V:* Friedrich W., Beamter; *M:* Sophie, geb. Westerholt; ∞ Dr. phil. Marie Meyer-Cohn; *K:* 4; *StA:* deutsch. *Weg:* 1939 GB.

1889 Abitur, Banklehre, 1892-95 Stud. Rechts- u. Staatswiss. Berlin, Jena, Marburg, ab 1896 Korr., dann Prokurist Dresdner Bank in Dresden, ab 1900 Dir. Löbauer Bank, ab 1912 Bankdir. in Berlin. Mitgl. *Nationalliberale Partei,* 1907-12 MdR. Im 1. WK in der Kriegswirtschaft u. im Reichswirtschaftsmin. tätig. Ab 1923 DDP, 1930-32 MdR, DSP-Fraktionsvors.; Vorstandsmitgl. *Reichsverband der Deutschen Industrie* u. *Hansa-Bund für Handel, Gewerbe und Industrie,* ab 1928 Mitgl. IHK Berlin, Präs. *Jute-Industrieverband,* Mitgl. zahlr. AR, Domänenpächter. Nach mehreren Gestapo-Verhören 1939 Emigr. nach London. Mit → Hans Albert Kluthe Repräsentant der Londoner Gruppe der DFP, Beiträge in *Das wahre Deutschland,* bes. zur Wirtschaftspol., Beteiligung am *Central European Joint Committee* unter → Fritz Demuth. Bemühungen um Zus-Arb. mit SPD, 1940 Beitrittsantrag, dem jedoch aufgrund der Verb. der DFP zu → Hermann Rauschning u. → Gottfried Reinhold Treviranus nicht entsprochen wurde. Ab Febr. 1941 Mitarb. in der sog. Parlamentariergruppe unter → Karl Höltermann. Sept. 1943 Mitunterz. GrdgAufruf der FDB, Apr. 1944 FDB-Austritt unter Protest gegen Deutschlandpol. von UdSSR u. KPD (→ Victor Schiff). In seinem Buch *A New Germany in a New Europe* forderte W. 1944 einen autonomen Neuaufbau des Dt. Reichs ohne Gebietsverluste, die Nationalisierung der Grundstoffindustrie, staatl. Wirtschaftsplanung u. Mitbestimmung. Nach 1946 Mitarb. *DD - Mitteilungsblatt der Arbeitsgemeinschaft Demokratisches Deutschland* in der Schweiz (→ Otto Braun). - *Ausz.:* Geheimrat.

W: Hitler Calls this Living (an.). London (Sedgwick and Jackson) 1939; Uncensored Germany. Letters and News Sent Secretly from Germany to the German Freedom Party (an.). Ebd. 1940; Beitrag in: Fraenkel, Heinrich, Der Weg zu einem neuen Deutschland. London (Drummond) 1943; A New Germany in a New Europe. Ebd. 1944. *L:* Bouvier, DFP; Röder, Großbritannien. *Qu:* Arch. Hand. Publ. - IfZ.

Weber, Franz, Parteifunktionär; *StA:* österr., 1919 CSR, deutsch. *Weg:* 1939 UdSSR; 1945 (?) Deutschland (SBZ).

1932-38 KSČ-Kreissekr. in Reichenberg. 1939 Emigr. in die UdSSR, Arbeiter. Nach Kriegsende SED-Funktionär, zuletzt SED-Sekr. in Rostock.

Qu: Pers. - IfZ.

Weber, Hermann, Parteifunktionär, Kommunalpolitiker; geb. 15. Febr. 1888 Horn/Lippe, gest. 1937 (?) UdSSR; ∞ Elisabeth Körner (geb. 1898); *K:* Heinz (geb. 1916), Hermann (geb. 1920); *StA:* deutsch, 1937 UdSSR. *Weg:* 1932 UdSSR.

Schlosser, 1909 Mitgl. SPD, während des 1. WK zur USPD, mit deren linkem Flügel 1920 zur KPD, ab 1921 hauptamtl. Parteisekr. in Wuppertal-Barmen, 1923 auf Leipziger PT Wahl in die Gewerkschaftskommission, 1923-25 GewSekr. KPD-Bez. Niederrhein, 1925 in gleicher Funktion zur BezLtg. Wasserkante in Hamburg u. ab Mai 1927 in der BezLtg. Baden in Mannheim; Anfang 1929 ins Rheinland zurückgerufen, Sekr. Unterbez. Solingen u. Vors. der dortigen KPD-Stadtratsfraktion; am 22. Jan. u. 25. März 1930 mit den Stimmen von KPD, KPDO u. SPD Wahl zum OBürgerm. von Solingen, auf Beschluß der preuß. Staatsreg. wurden bei den Wahlen die Bestätigungen versagt; ab Apr. 1930 (?) wieder Parteisekr. in Hamburg, Mitte 1931 zum ZK nach Berlin versetzt; als Anhänger der Neumann-Gruppe (→ Heinz Neumann) Mitte 1932 Verlust aller Funktionen; Ende 1932 in die UdSSR, nach der natsoz. Machtübernahme folgte die Fam. ins Exil. Lebte in Odessa, Mitte 1937 verhaftet u. während der Säuberungen verschollen.

L: Weber, Wandlung. *Qu:* Arch. Publ. - IfZ.

Weber, Lazar Joseph, Dr. phil., Industriechemiker, Wirtschaftsexperte; geb. 14. Juli 1903 Bukarest; jüd.; *V:* Joseph W.; *M:* Pauline Davidov; ∞ 1933 Dr. phil. Daniella Diana Gurian (geb. 1904 Moskau, gest. 1972 Jerusalem), 1929 Prom. Berlin, Chemikerin, 1936 Emigr. Pal., Doz. für Mikrobiologie u. Forschungsarbeiten am Hadassah-Univ.-Krankenhaus Jerusalem; *StA:* IL. *Weg:* 1934 Rum.; 1936 Pal.

Stud. Chemie u. Wirtschaftswiss. Berlin, Stud. TH Charlottenburg, 1926 Prom. (Chemie) Berlin, Stud. Musikakad. Berlin. 1926-33 Ltr. Praktikum in Kolloidchemie an der TH Charlottenburg, Wirtschafts- u. techn. Berater in der Industrie. 1934 Emigr. Rumänien, 1934-36 techn. Dir. Chemiewerk Sapic in Czernowitz u. Bukarest. 1936 nach Palästina mit Besuchervisum, 1936-48 Angest. bei Palestine Potash Ltd., zunächst Ltr. Pottasche-Werk in Sodom, dann Forschungstätigkeit, zuletzt in der zentralen Firmenleitung. Im 2. WK Vors. u.a. des War Supply Board Jerusalem, 1944-47 Mitgl. Wissenschaftl. Beirat der Mandatsverw.; Mitgl. *Haganah;* 1949-54 in der Wirtschaftsabt. der *Jew. Agency,* 1 J. Ltr. des europ. Büros der *Jew. Agency* in Paris, 1951-60 Industrieberater, 1952-53 Berater der techn. Abt. der Shilumim Corp. (Wiedergutmachungs-Behörde), 1954-57 Wirtschaftsberater des isr. MinPräs., 1954-57 Mitgl. einer Industrieberatungsgruppe im Finanzmin. u. im Min. für Handel u. Industrie; Wirtschaftsberater der Bank of Israel, 1944-47 Vors. Ortsgruppe Jerusalem *Pal. Chem. Org.* 1949-50 Präs. u. Ltr. VerwRat der *Isr. Chem. Soc.* Lebte 1978 in Jerusalem.

W: Wirtschaftsstudien im Auftrag der isr. Reg. u. Bank of Israel (mit Emil Erdreich); Beiträge in Wirtschafts- u. Chemiefachzs. in Deutschland u. Frankr. *Qu:* Fb. Hand. - RFJI.

Wechsberg, Bernard (Bernhard), Rabbiner, geb. 6. Dez. 1911 Kattowitz/Oberschl.; *V:* Edward W.; *M:* Sara, geb. Kaufmann; ∞ I. 1937 Ann Chorinsky; II. Eva Abelson-Bergmann; *StA:* deutsch. *Weg:* USA.

1931-36 Stud. Univ. u. Jüd.-Theol. Seminar Breslau, 1936 Rabbiner in Liegnitz. 1938 Emigr. USA, 1938-40 Rabbiner der Highland Park Congr. Los Angeles/Calif., 1940-46 Rabbiner u. pädagog. Ltr. einer Syn. in Denver/Colo., 1946-61 Rabbiner Congr. Habonim Chicago/Ill., ab 1962 Rabbiner der Congr. Ner Tamid South Bay, Palos Verdes Estates/Calif.; 1953 Präs. *Council of Hyde Park & Kenwood Churches and Synagogues,* Mitgl. *Chicago Rabbinical Assn.* Lebte 1976 in Palos Verdes Estates/Calif.

Qu: Arch. Hand. Publ. - RFJI.

Wechsler, Emil, Bankier; geb. Sept. 1873 Hannover, gest. 17. Juli 1963 New York: jüd.; *V:* Heinrich W. *M:* Ida; ∞ Martha Herzfeld; *K:* Fred, Kurt, Gertrud. *Weg:* 1939 USA.

1897 Gr. Filiale Hannover des Bankhauses E. Calmann Hamburg; 1907 Gr. Privatbank Emil Wechsler & Co. Berlin. Im 1. WK Ltr. Abt. für Gefallene, Verwundete u. Vermißte beim Kriegsmin. (Ausz. durch *Rotes Kreuz*). 1931 Verbindungsmann der Danatbank zur International Bank Amsterdam, 1932 Dir. Dresdner Bank. 1939 Emigr. USA mit Familie; 1945-48 Präs., später Ehrenpräs. Ramath Orah Congr., 1951 Gr. *Interessengemeinschaft der früheren Beamten der Darmstädter u. Dresdner Bank* zur Durchsetzung von Wiedergutmachungsansprüchen.

Qu: EGL. Z. - RFJI.

Weck, Kurt, Parteifunktionär; geb. 20. Nov. 1892 Werdau/Sa., gest. 1959; *G:* Arno, Emigr.; Helmut (geb. 1914), 1930 SPD, *Reichsbanner,* illeg. Tätigkeit, 1933 Emigr. CSR, 1939 GB, Pioniercorps; ∞ Ehefrau emigr.; *StA:* deutsch, 25. März 1938 Ausbürg. *Weg:* 1933 CSR; 1938 S.

Metallarb., SPD, Gausekr. des *Reichsbanners* in Zwickau, 1933 Emigr. CSR, *Sopade*-Stützpunktltr. in Eibenberg b. Graslitz, Ltr. des dortigen Emigrantenheims. 1935 durch → Alfred Käseberg abgelöst u. von der *Sopade* als Nachf. des Grenzsekr. → Willy Lange in Karlsbad eingesetzt. 1938 mit Abwicklung der *Sozialdemokratischen Flüchtlingshilfe* in Prag (→ Wilhelm Sander) beauftragt, dann Emigr. nach Schweden. Ab 1940 VorstMitgl. SPD-Ortsgruppe Stockholm.

D: AsD. *Qu:* Arch. Publ. – IfZ.

Weckel, Curt, Lehrer, Politiker; geb. 15. März 1877 Schedewitz b. Zwickau/Sa., gest. 18. Juli 1956 Hanau/Main; ∞ Emma Klärchen Grosser (geb. 1898, gest.), Emigr., Ausbürg.; *StA:* deutsch, 14. Apr. 1937 Ausbürg., deutsch. *Weg:* 1933 CSR; 1939 GB; Deutschland (SBZ).

Lehrerseminar; Mitgl. SPD, 1896–1927 *Sächsischer Lehrerverein,* ab 1928 *Freie Lehrergewerkschaft.* Ab 1898 Volksschullehrer in Dresden, 1918–33 Ltr. einer Versuchsschule. Nach 1917 USPD, 1920–33 MdL Sa., später Rückkehr zur SPD, 1927–33 Präs. sächs. LT, Vors. SPD-Unterbez. Dresden, Vors. *Kinderfreunde* Sa., Mitgl. Reichsausschuß des *Reichsbanners;* maßgebl. an Schulgesetzgebung der Weimarer Republik beteiligt. Ab Jan. 1933 Vorbereitung der SPD-Org. Dresden auf die Illegalität, Verlagerung von Parteigeldern. 15. März 1933 Flucht in die CSR, zunächst in Teplitz Grenzarb. für Bez. Dresden. Später Deutschlehrer in Prag. März 1939 nach GB, Mitgl. Abgeordnetengruppe um → Karl Höltermann, ab 1942 Vorst-Mitgl. SPD-Ortsgruppe London, bis 1943 Mitgl. Arbeitsausschuß *Landesgruppe deutscher Gewerkschafter in Großbritannien,* 1942/43 Mitarb. bei Programmberatungen der *Union* im Bereich Kultur- u. Schulpolitik, 1945 Mithg. der Programmschrift *Die neue deutsche Gewerkschaftsbewegung,* Mitarb. in der Kriegsgefangenenschulung. Rückkehr in die SBZ, pädagog. Berater in Leipziger Schulverw., ab 1950 Volksschullehrer, 1952 Entlassung, Übersiedlung in die Bundesrepublik. Ltr. Kreisverb. der Sowjetzonenflüchtlinge in Hanau.

L: Röder, Großbritannien. *D:* AsD. *Qu:* Arch. Hand. Publ. Z. – IfZ.

Weckerle, Eduard, Journalist; geb. 9. Juli 1890 Basel, gest. 29. Febr. 1956. *Weg:* 1933 CH.

Geboren in der Schweiz als Sohn dt. Eltern, Mittelschule u. kaufm. Lehre in Mühlhausen/Elsaß, bis 1914 kaufm. Angest. in Griechenland u. Italien; 1914–18 Kriegsteiln., Dolmetscher in München; 1918 USPD, Mitgl. *Soldatenrat* München (?), Juni 1919 Flucht nach Baden, unter Ps. Karl Geiger Red. *Die Tribüne;* ab 1922 im MitarbStab des IGB-GenSekr. Edo Fimmen in Amsterdam; 1927 zurück nach Deutschland, Wirtschaftsred. *Volksstimme* in Chemnitz, innerh. der SPD zur Linken gehörig, Mitgl. *Klassenkampf*-Gruppe u. Mitarb. *Der Klassenkampf – Marxistische Blätter.* 1931 Übertritt zur SAPD, zeitw. Red. *Sozialistische Arbeiterzeitung,* Mitgl. ProgrKommission u. Teiln. 1. SAPD-PT März 1932; nach Fraktionskämpfen in der SAPD mit → Karl Frank zurück zur SPD. 1933 Emigr. in die Schweiz, Mitarb. Schweizer GewBund u. GewPresse.

W: Die Krise des Kapitalismus. In: Die Krise des Kapitalismus und die Aufgabe der Arbeiterklasse (mit → Max Seydewitz, Georg Engelbert Graf, Max Adler, Franz Petrich) – Rote Bücher der Marxistischen Büchergemeinde Nr. 1. Berlin-Britz o.J. (1931). *L:* Drechsler, SAPD; Das Rote Gewerkschaftsbuch. Archiv sozialistischer Literatur, Bd. 5. Frankfurt/M. 1967. *Qu:* Arch. Publ. – IfZ.

Wehner, Herbert, Politiker; geb. 11. Juli 1906 Dresden; o.K., ev.; *V:* Richard W., Schuhmacher; *M:* Antonie, geb. Diener; *G:* 1 B; ∞ I. 1927 Lotte Loebinger (geb. 1905), Schauspielerin, KPD, 1933 Emigr. UdSSR, nach 1945 SBZ/DDR, 1949 gesch.; II. Charlotte Burmester, geb. Clausen; KPD, GewFunktionärin, Emigr. S, Mitgl. KPD-Ortsgr. Göteborg u. *Landesgruppe Schweden der Auslandsvertretung deutscher Gewerkschaften* (LG), als Deleg. der Ortsgruppe Göteborg Teiln. 1. Landeskonf. der LG 2./3. Febr. 1944; Mitgl. FDKB, Mitunterz. des Aufrufs v. 15. Jan. 1944 in *Politische Information;* 1946 Rückkehr nach Deutschland: *K:* Greta, Jens-Peter; *StA:* deutsch, Ausbürg., deutsch. *Weg:* 1934 Saargeb.; 1935 CSR, PL, UdSSR; 1935–36 F, Lux., B, NL; 1937 UdSSR; 1941 S; 1946 Deutschland (BBZ).

Mit dem Ziel, Lehrer zu werden, besuchte W. eine Seminarvorschule, Unterbrechung durch 1. WK, danach Realschule u. Ausbildung als Industriekaufm., daneben volks- u. betriebswirtschaftl. Selbststudien; berufstätig u.a. im Anzeigegeschäft in Berlin u. als Kalkulator bei Zeiss-Ikon-Werken in Dresden. Mitgl. SAJ; ab 1923 aktiv in anarchist. Kreisen um Erich Mühsam in Berlin, Red. von Mühsams Zs. *Fanal,* Hg. Zs. *Revolutionäre Tat;* 1927 Eintritt in KPD aus aktionistischer Motivation u. in Erkenntnis der Notwendigkeit pol. Organisation, rascher Aufstieg im Parteiapparat; 1928 BezSekr. *Rote Hilfe* Ostsa., 1929 Sekr. RGO Ostsa., 1930 stellv. PolSekr. des KPD-Bez. Sa., 1930–31 MdL, stellv. Fraktionsvors.; 1931 Verlust des LT-Mandats wegen „Fraktionsmacherei", 1931/32 durch ZK-Beschluß Versetzung in die Berliner Zentrale, mit persönl. Unterstützung des Parteivors. Ernst Thälmann in die Schlüsselstellung des Technischen Sekr. des PolBüros berufen. Nach natsoz. Machtübernahme u. Zusammenbruch der Parteiorg. mit → Wilhelm Pieck u. → Walter Ulbricht Bemühungen um Reorg. der KPD, in seiner Eigenschaft als Techn. Sekr. zentrale Koordination der illeg. Tätigkeit, bis Herbst 1933 inoffiz. ltd. Funktion in Berlin mit Unterstützung des Ulbricht-Vertrauten → Walter Bartel. Im Rahmen der mitten in der Desorganisationsphase einsetzenden Machtkämpfe um die Parteiführung zwischen → Hermann Schubert, John Schehr u. Ulbricht wurde durch Schubert im Herbst (?) 1933 eine KPD-Landesltg. in Berlin unter Führung von Karl Ferlemann u. mit den Berliner BezLtr. Lambert Horn, → Hans Fladung u. dem „Reichstechniker" → Wilhelm Kox eingesetzt; nach „Auffliegen" dieser Landesltg. durch die Verhaftung von Fladung u. Schehr u. bald darauf von Horn u. Ferlemann übernahm W. Ende 1933 in ZusArb. mit Kox, → Herbert Firl, → Paul Bertz u. → Siegfried Rädel erneut die Führung der illeg. Parteiorg. – In dieser Zeit erste Auseinandersetzungen zwischen Landesltg. u. KPD-Auslandsltg. um die Strategie des Kampfes im Reich: während die Inlandltg. eine zentrale Steuerung der illeg. Tätigkeit von Berlin aus befürwortete, verlangte die AuslLtg. von ihr die Konzentration auf industriell bedeutende Bezirke, wobei die Ltg. der übrigen Parteigebiete durch die unmittelbar dem PolBüro unterstehenden Grenzstellen im Ausland (AbschnLtg.) erfolgen sollte. Nach neuerlichem Versuch Schuberts, Frühj. 1934 durch die Ernennung von → Otto Wahls Einfluß auf die Landesltg. zu nehmen, zu der unterdessen auch → Philipp Daub gehörte, vertrat W. den Protest der Berliner Ltg. vor der AuslLtg. in Paris. – Nach Einschwenken der KPD auf einen Status-quo-Kurs an der Saar im Hinblick auf das im Jan. 1935 bevorstehende Referendum, der Abkehr von der ultralinken Taktik u. der Propagierung eines neuen Kurses der Einheitsfront „von unten und von oben" durch die *Komintern* wurde W. im Sommer 1934 vom PolBüro beauftragt, diese neue Linie in der KPD/S durchzusetzen; 4. Juli 1934 Aufruf zur geeinten *Freiheitsfront* von SozDem. u. Kommunisten an der Saar. Febr. 1935 nach Niederlage der Status-quo-Parteien über Deutschland in die CSR, Zusammentreffen mit führenden illeg. Funktionären sowie mit Ulbricht u. Dahlem, Auftrag zur Bildung einer neuen Inlandsltg. mit → Max Maddalena, Max Rembte u. Robert Stamm. Vor Abreise nach Deutschland von tschechoslow. Polizei festgenommen, nach 5 Wochen Gef. nach Polen u. von dort in die UdSSR abgeschoben. In Moskau Quartier im EmigrHotel Lux; aufgrund Verhaftungswelle in Deutschland, der auch Maddalena, Rembte u. Stamm zum Opfer fielen, stellte das PolBüro vorläufig W.s Einsatz im Reich zurück; Lehrtätigkeit in der dt. Abt. der Lenin-Schule u.a. über konspirative Arbeit; Teiln. an Vorbereitungen zum 7. *Komintern*-Kongreß; Deleg. mit beratender Stimme. *Komintern*-Deckn. Kurt Funk. Okt. 1935 Teiln. sog. Brüsseler Konf. der KPD; Wahl ins ZK u. Kand. des PolBüros. 1935-36 nach Westdeutschland zur Reorg. der Inlandsarbeit auf die Basis der nach den Beschlüssen des 7. *Komintern*-Kongresses von der Pieck-Ulbricht-Gruppe gegen die ZK-Mehrheit durchgesetzten Einheits- bzw. Volksfrontstrategie, in diesem Sinne auch Anleitung von KPD-Exilgruppen in Luxemburg, Belgien u. den Niederlanden, u.a. Herstellung von pol. Kontakten zu kath. oppos. Jugendgruppen u. Gew.; Anfang Jan. 1936 vom ZK zu Volksfrontverhandlungen deleg., mit → Willi Münzenberg führend in den Verhandlungen mit sozdem. Org. u. linkssoz. Gruppen, Teiln. Konf. des Lutetia-Kreises 2. Febr. 1936 in Paris, Mitunterz. des Volksfrontaufrufs v. 21. Dez. 1936/9. Jan. 1937; 1935-37 Mithg. *Informationen von Emigranten für Emigranten* Paris (ab 1936 gemeinsames Organ von *Arbeiterwohlfahrt, Rote Hilfe* u. *Beratungsstelle für Saarflüchtlinge*); 1936-37 (?) als einer der drei Vertr. der *Zentralvereinigung der deutschen Emigration* (ZVE) Mitgl. im Beirat des Hohen Kommissars des Völkerbunds für Flüchtlinge aus Deutschland. Anfang 1937 Rückkehr nach Moskau; 1938 in Abwesenheit Wiederwahl ins ZK. Erlebte die demoralisierenden Auswirkungen der Stalinschen Säuberungen auf die emigr. KPD-Führung, selbst vorüber. vom NKVD beobachtet. Deutschland-Referent im *Komintern*-Sekretariat unter Palmiro Togliatti (Ercoli), später Ref. für dt. u. mitteleurop. Fragen in der Presseabt. der *Komintern;* Mitarb. *Die Kommunistische Internationale*, nach dem Anschluß Österreichs auf Initiative → Ernst Fischers vorüberg. Bildung einer hauptverantwortl. RedKommission mit W., Franz Land (d.i. → Jakob Rosner), Page Arnot u. John Campbell, nach Abschluß des dt.-sowj. Pakts Änderung der red. Linie u. Rückzug W.s von der Mitarb.; Tätigkeit in der dt. Redaktion des Moskauer Rundfunks, Mitarb. an Pressediensten, Übersetzer, Anfang 1941 Abschluß einer umfassenden Arbeit über die Entwicklung der dt. Wirtschaft (zus. mit → Christoph Wurm). - Der dt.-sowj. Pakt v. 23. Aug. 1939 eröffnete eine neue Periode der illeg. KPD-Arbeit im Reich: davon ausgehend, daß sich aufgrund des Paktes Möglichkeiten einer legalen Existenz der Partei eröffnen könnten, beschloß die KPD Ende 1939/Anfang 1940 auf Initiative der *Komintern,* in Deutschland eine neue operative Parteiltg. u. zuvor schon Vorläuferorg. für einen legalen Apparat zu bilden; diese sollten nach Auflösung der bisherigen AbschnLeitungen mit Hilfe der bestehenden illeg. Kader bzw. von einem in Berlin zu errichtenden illeg. Sekretariat, also von der in Zukunft evtl. legalen Reichsleitung geführt werden. An deren Spitze sollte W. treten, weitere ltd. Funktionen waren → Karl Mewis u. Heinrich Wiatrek u. → Wilhelm Knöchel zugedacht. Im Verlauf des Jahres 1940 bemühte sich die Partei, mit Hilfe des Apparats, der von Mewis in Stockholm geknüpften Verbindungen u. unter Mitwirkung des ZK-Beauftragten für Holland, Belgien u. die Schweiz, W. Knöchel, diesem Ziel näherzukommen. Nov. 1940 Entsendung des *Komintern*-Beauftragten Richard Stahlmann (→ Arthur Illner) nach Schweden zur Kontrolle u. Unterstützung der Tätigkeit von Mewis u. mit dem Auftrag, darüber hinaus auch einen MilApp. für Spionage- u. Sabotagetätigkeit aufzubauen. Ende Jan. 1941 wurde außerdem W. beauftragt, die Arbeit von Mewis zu überprüfen u. den Aufbau der geplanten Inlandsltg. vorzubereiten. Jan./ Febr. 1941 über Stettin nach Stockholm. Deckn. Svenson, Willy Neumann. Da aufgrund der fehlerhaften konspirativen Arbeit Mewis' dessen Berliner Kontakte nach Aufdeckung der meisten wichtigeren Gruppen offenbar durch die Gestapo überwacht wurden, forderte W. in einem Bericht an das ZK die Ablösung von Mewis u. übernahm die Ltg. der von Stockholm aus betreuten illeg. Tätigkeit. In ZusArb. mit Mewis u. dem „Techniker" Richard Stahlmann Herstellung von Kontakten u.a. nach Holland u. Westdeutschland über Wilhelm Knöchel, Entsendung der Kuriere Charlotte Bischoff, Friedel Stein, Josef Wagner u. Werner Sager ins Reich, später auch Einsatz von → Jakob Welter mit Name im Saargeb.; diese Tätigkeit wurde jedoch durch ideolog. u. takt. Differenzen vor allem zwischen W. u. Mewis wesentlich beeinträchtigt: während Mewis offenbar strikt der pol. Linie der *Komintern*- u. KPD-Zentralen folgte u.

in enger Verb. mit dem Apparat der sowj. Botschaft stand, die ihrerseits Einfluß auf die illeg. Aktivitäten zu nehmen suchte, strebte W. eine größere Bewegungsfreiheit in der illeg. Arbeit an. Sein Ziel war die Bildung neuer, aus verschiedenen Richtungen der Arbeiterbewegung zusammengesetzter Kampfzentren gegen den Nazismus, aus denen die Grundelemente einer gegen Schluß des Krieges selbständig auftretenden und ihren Einfluß geltend machenden neuen Arbeiterbewegung hervorgehen sollten. In Schweden war W., der auch mehrere Flugschriften verfaßte, Mitarb. des *Komintern*-Organs *Die Welt* (Ps. u.a. K. Friedmann, H. Wegner, Johann Karsten) sowie Mitgl. des FDKB. Noch vor Wahrnehmung der durch Friedel Stein signalisierten Möglichkeit, nach Berlin gelangen zu können (die Einreise nach Deutschland war bereits von Mewis u. Illner wie auch von Wiatrek in Kopenhagen abgelehnt worden - allein Knöchel erreichte Jan. 1942 Berlin) wurde W. am 18. Febr. 1942 von der schwed. Polizei festgenommen. In dem am 22. Apr. 1942 vor dem Stockholmer Rådhusrätt beginnenden Prozeß Anklage wegen Spionage für eine fremde Macht; in dem Verfahren, das mit einer Verurteilung zu 1 J. Gef. wegen nachrichtendienstl. Tätigkeit u. Vergehens gegen das Ausländergesetz endete, legte W. noch einmal die Motivation seiner antifaschist. Tätigkeit dar u. stellte dem Spionage-Vorwurf die Unabhängigkeit der von ihm angestrebten kommunist. Arbeiterbewegung gegenüber Moskau u. der *Komintern* entgegen. Aufgrund seiner Aussagen im vorangegangenen Ermittlungsverfahren wird W. von der DDR-Historiographie in Anlehnung an die Darlegungen von Mewis als Verräter bezeichnet, der dem kommunist. Widerstand schweren Schaden zugefügt habe. Die inzwischen zugänglichen Unterlagen aus dem Ermittlungsverfahren u. dem Prozeß widerlegen diesen Vorwurf: W. war im Gegenteil bemüht, seine illeg. Mitarbeiter zu schützen. Der aufgrund dieser Verschwiegenheit erst Aug. 1942 verhaftete Mewis machte seinerseits detaillierte Angaben über Mitgl. der illeg. KPD-Gruppe in Schweden u. deren Kuriere gegenüber schwed. Sicherheitsbeamten, die nachweislich mit Gestapo u. SD in Kontakt standen. Diese Aussagen trugen vermutl. zur Festnahme von Jakob Welter bei, sie führten darüber hinaus zu einem von der Staatsanwaltschaft angestrengten Berufungsverfahren, in dem W. wegen Ltg. einer illeg. Org. zum Sturz der Reg. eines mit Schweden befreundeten Landes zusätzlich zu 2 J. Zwangsarb. verurteilt wurde. Anders als W.s Verhalten in schwed. Haft bleibt die Frage umstritten, inwieweit W. selbst angesichts des bevorstehenden, letztendlich hinsichtlich des pol. Erfolgs u. persönl. Überlebens aussichtslosen Einsatzes im Reich zu seiner Festnahme beigetragen hat. W. verbüßte eine Strafe von 2 J. in den Zuchth. Falun, Vänersborg u. der Strafanstalt Långholmen, danach Einweisung in das Internierungslager Smedsbo, dort Sommer 1945 nach 5 Mon. entlassen, dann Arbeiter in einer Viskosefabrik in Borås. Nach Antrag auf Wiederaufnahme in die KPD-Gruppe Schweden wurde W. von dem unterdessen zum Vors. der Landesltg. avancierten Mewis wegen Verrats angegriffen; erfolglose Bemühungen bei Wilhelm Pieck in Moskau um Rehabilitierung. Wie nach Kriegsende bekannt wurde, war W. bereits vor seiner Festnahme Frühj. 1942 aus der KPD ausgeschlossen worden. 1945 Übersiedlung nach Uppsala u. Tätigkeit als Archivarb. im Rassenbiologischen Inst. der Univ., wo er mit → Peter Blachstein zusammentraf. In dieser Zeit Vollendung des Ablösungsprozesses von der KPD, der offenbar schon in der Moskauer Zeit eingesetzt hatte, u.a. unter dem Einfluß des im Stockholmer Exil lebenden SozDem. → Willi Strzelewicz u. des *Arbeitskreises demokratischer Deutscher* Hinwendung zum demokratischen Sozialismus. Sommer 1946 Rückkehr nach Deutschland, von Schweden auf Lebenszeit ausgewiesen (Ausweisung 1953 aufgehoben). In Hamburg durch Vermittlung Josef Wagners in Kontakt mit dem SPD-Politiker u. ehem. Widerstandskämpfer Hellmut Kalbitzer, der W. eine Anstellung als Red. bei dem SPD-Organ *Hamburger Echo* vermittelte; in dieser Zeit Hg. des Strzelewicz-Buches *Kampf um die Menschenrechte* (Phoenix-Verlag Hamburg); ab 1946 Mitgl. SPD, Mitgl. Landesvorst. Hamburg; u.a. durch Vermittlung der ehem. Zellengenossen im Zuchth. Falun, → Arno Behrisch, in Kontakt zu Kurt Schumacher u. ab Sommer 1948 im engsten Kreis um den SPD-Vorsitzenden; Aug. 1949 Wahl in den 1. BT u. 1949-66 Vors. des Parlamentsausschusses für gesamtdeutsche Fragen, engagierter Verfechter der Schumacherschen Deutschland-Pol. in scharfer Gegnerschaft zur SED; ab 1949 Mitgl. des SPD-PV, 1958-73 stellv. Parteivors.; bis 1957 Mitgl. Gemeinsame Versammlung der Europäischen Gemeinschaft für Kohle und Stahl; 1950 dt. Berater in Kriegsgefangenenfragen bei der Generalversammlung der UNO, 1952 Mitgl. dt. Deleg. bei den Tagungen der Kriegsgefangenenkommission der UNO; Dez. 1966-Okt. 1969 Bundesmin. für gesamtdt. Fragen; ab Okt. 1969 Vors. der SPD-Bundestagsfraktion. - W. gilt als der führende strategische Kopf der sozdem. Partei, dessen pol. Hauptzielsetzung die Lösung der dt. Frage auf der Grundlage der Einheit der „sozialdemokratisch geführten Arbeiterbewegung" in beiden Teilen Deutschlands ist. Aufgrund seiner pol. Vergangenheit in der KPD u. als Emigrant Ziel heftiger u. oft verleumderischer Angriffe sowohl aus rechtsradikalen Kreisen wie auch aus den Reihen der gegnerischen Bundestagsparteien, dessen ungeachtet als einer der engagiertesten u. taktisch begabtesten Parlamentarier von wesentl. Einfluß auf die dt. Politik der Nach-Adenauer-Ära anerkannt. Nach dem Tod des pol. Mentors Schumacher Abrücken von dessen Vorstellung, eine dt. Wiedervereinigung durch Druck der westl. Alliierten auf die UdSSR zu erreichen u. Entwicklung eines eigenen Deutschland-Konzeptes auf der Grundlage, die Einheit der dt. Arbeiterbewegung u. der Nation trotz aller ideolog. Gegensätze durch offensive Kontakte zur DDR bzw. SED herbeizuführen, Förderer einer nationalen sozdem. Politik gegenüber Ost-Berlin. Febr. 1958 Propagierung eines Vier-Phasen-Planes zur Wiedervereinigung Deutschlands in Orientierung an den Rapacki-Plan, 1959 Ausarbeitung des SPD-Deutschlandplans als Beitrag für die Genfer Viermächte-Konf., Vorschlag für einen paritätisch besetzten Gesamtdeutschen Rat mit dem Ziel der Wiedervereinigung im Rahmen eines europäischen Sicherheitssystems. Einer der Väter des Godesberger Programms u. Verfechter des Volkspartei-Charakters der SPD im Interesse einer Beteiligung an der RegMacht zur Durchsetzung eines vertraglich geregelten Nebeneinanders der beiden dt. Staaten; ab Anfang der 60er Jahre einer der Architekten der Großen Koalition mit der CDU/CSU; mit → Willy Brandt Einleitung der sog. Neuen Ostpolitik, die u.a. zum Grundlagenvertrag mit der DDR führte; zur Förderung seiner deutschlandpol. Ziele kann W. auch auf persönl. Bekanntschaften aus der Zeit des pol. Exils in Form zahlr. direkter Kontakte in der DDR zurückgreifen - so u.a. mit dem ihm seit seiner Saar-Mission bekannten Erich Honecker u. mit → Erich Glückauf. - *Ausz.:* u.a. 1973 Gr. BVK.

W.: u.a. Untergrundnotizen (1933-1945 [Ms. Uppsala 1946], unautorisierte Veröffentl., o.O., o.J.); Sozialdemokratie in Europa. 1966; Kommunalpolitik und Wiedervereinigungspolitik. 1967; Beiträge zur Deutschlandpolitik. Reden und Interviews vom 7. Febr. bis 26. Juli 1967. 1967; Wandel und Bewährung. Ausgewählte Reden und Schriften 1930-1967 (Hg. Hans-Werner Graf Finckenstein und Gerhard Jahn. Einleitung Günter Gaus). 1968 (Neuaufl. 1978); Bundestagsreden (Hg. Manfred Schulte). 1970; Zur Lage der Nation. Rede im Bundestag am 15. Januar 1970. In: Neue Gesellschaft 17/1970, S. 6-15; zahlr. Veröffentl. in Zs. u. Ztg. *L:* Bahne, Siegfried, Die kommunistische Partei Deutschlands. In: Das Ende der Parteien. Hg. Erich Mathias u. Rudolf Morsey. 1960; Gaus, Günter, Der Traum vom einfachen Leben. In: Zur Person. Porträts in Frage und Antwort. 1965; ders., Staatserhaltende Opposition oder: Hat die SPD kapituliert? Gespräche mit Herbert Wehner. 1966; Vietzke, Siegfried, Die KPD auf dem Weg zur Brüsseler Konferenz. 1966; Gaus, Günter, Der Schwierige. Versuch über Herbert Wehner. In: Der Monat 21/1969, S. 51-60; Duhnke, KPD; Mewis, Auftrag; Müssener, Exil; Jahn, Gerhard (Hg.), Herbert Wehner, Beiträge zu einer Biographie. 1976; Langkau-Alex, Volksfront; Freudenhammer, Alfred/Vater, Karlheinz, Herbert Wehner. Ein Leben mit der Deutschen Frage. 1978. *Qu:* Arch. Biogr. Erinn. Hand. Publ. Z. - IfZ.

Wehrmann, Bernard, Ministerialbeamter; geb. 2. Apr. 1922 Köln, gest. März 1978 New York; *V:* Hermann W., 1936 Emigr. USA; *M:* Irene, geb. Lieblich, 1936 Emigr. USA; *G:* 1 S; ∞ 1965 Renée Fainas; *K:* Jan, Michael; *StA:* deutsch, 1943 USA. *Weg:* 1936 USA.

Volksschule, 1936 Emigr. USA mit Eltern. 1943 B.S.S. City Coll. New York. 1943-46 US-Armee, Dolmetscher, 1950 LL.B. Harvard Univ., 1951 Zulassung als RA im Staat New York. 1951-53 Rechtsberater am Preisstabilisierungsamt in Washington, 1953-78 in der Anti-Trust-Abt. des Justizmin., 1970-74 stellv. Ltr. u. 1974-78 Ltr. der New Yorker Außenstelle für New England, New Jersey u. New York State, 1970-74 Ltg. von Untersuchungen in Fällen mißbräuchl. Preisbindung durch Erdölges. Kurz vor seinem Tod vom US-Justizmin. mit Verhandlungen über Kartellfragen mit dt. Behörden beauftragt.
Qu: Hand. Z. - RFJI.

Weichmann, Elsbeth, geb. Greisinger, Dr. rer. pol., Statistikerin, Journalistin, Kommunalpolitikerin; geb. 20. Juni 1900 Brünn/Mähren; ev.; *V:* Richard Greisinger (1857-1938), ev., Sparkassendir.; *M:* Therese, geb. Wilda (1868-1962), ev.; *G:* Hanna Johnson (geb. 1893, gest. 1962 Malmö/S); Trude Santiago (geb. 1895), Krankenschwester; Frieda Fila (geb. 1903), Fürsorgerin; ∞ → Herbert Weichmann; *StA:* 1928 deutsch, 1948 USA, 1954 deutsch. *Weg:* 1933 F; 1940 USA; 1949 Deutschland (BRD).

1918 Abitur Brünn, 1919-27 Stud. Volkswirtsch. Frankfurt/M., Kiel, Graz. 1929-32 statist. Mitarb. GDBA Berlin. Mitgl. *Sozialistische Studentengruppe,* ab 1925 SPD, Vorträge u. Wahlreden. Sept. 1933 Emigr. Brünn, Okt. 1933 nach Paris, WirtschJourn. u.a. bei *Pariser Tageblatt* u. *Straßburger Neueste Nachrichten.* Mai-Aug. 1940 Internierung Frauenlager Pau, Nov. 1940 mit Notvisum über Lissabon nach New York, 1941-42 Stud. Statistik New York Univ., 1943-46 statist. Koordinator bei Rockefeller Foundation; 1941-42 Mitarb. *Aufbau.* 1949 Rückkehr nach Hamburg, aktiv in staatsbürgerl. Bildungsarb., u.a. Mitgl. *Europa-Union, Club berufstätiger Frauen, Arbeitsgemeinschaft der Verbraucherverbände;* 1957-74 MdHB.
Qu: Fb. Hand. - IfZ.

Weichmann, Herbert, Dr. jur., Ministerialbeamter, Politiker; geb. 23. Febr. 1896 Landsberg/Oberschles.; jüd.; *V:* Wilhelm W. (1859-1920), jüd., Arzt; *M:* Irma, geb. Guttentag (geb. 1874, umgek. 1942 KL Auschwitz), jüd., Emigr. NL, Dep.; *G:* Margot Aron (geb. 1902, umgek. 1942 KL Auschwitz), Emigr. NL, Dep.; ∞ 1928 Elsbeth Greisinger (→ Elsbeth Weichmann); *K:* Frank Ludwig (geb. 1930, Neffe, adoptiert), Physiker, Hochschullehrer in CDN; *StA:* deutsch, 16. Juni 1939 Ausbürg., First Papers USA, 1948 deutsch. *Weg:* 1933 F; 1940 USA; 1948 Deutschland (ABZ).

Schulbesuch in Liegnitz, Wandervogel-Führer, 1914 Stud. Med. Freiburg/Br., Kriegsfreiw. (Feldwebel), 1918 Soldatenrat in Litauen, 1919-21 Stud. Rechtswiss. Frankfurt, Heidelberg, Breslau, 1921 Korr. *Frankfurter Zeitung* in Breslau, 1922-26 Korr. *Vossische Zeitung* in Breslau u. Essen, 1926-27 Landrichter in Breslau, 1927-28 Chefred. *Kattowitzer Zeitung.* Ab 1919 *Sozialistische Studentengruppe,* ab 1921 SPD. 1928 von → Otto Braun ins Preuß. Staatsmin. berufen, 1932/33 persönl. Ref. Brauns, zuletzt MinRat. Apr. 1933 Entlassung aus dem Staatsdienst, Sept. 1933 wegen drohender Verhaftung Emigr., über die CSR im Okt. nach Paris, Tätigkeit als WirtschJourn., Mitarb. u.a. *Pariser Tageszeitung, Die Zukunft* u. *L'Europe Nouvelle,* Mitgl. der von → Willi Münzenberg gegr. *Union Franco-Allemande.* 1940 Internierung Maison Lafitte, Prestataire, Internierung Camp de Ruchare, Nov. 1940 mit Hilfe des *Jewish Labor Committee* über Lissabon nach New York, 1941-44 Stud. New York Univ., 1942-48 Tätigkeit in New Yorker WirtschPrüfungsfirma. 1941 VorstMitgl. *German-Am. Council for the Liberation of Germany from Nazism,* Mitgl. *Assn. of Free Germans* (→ Albert Grzesinski); Mitarb. *Aufbau.* Juni 1948 Rückkehr auf Veranlassung von → Max Brauer, bis 1957 Präs.

des Rechnungshofs der Freien u. Hansestadt Hamburg, bis 1965 Senator für Finanzen, 1965-71 Erster Bürgerm., Mitgl. u. 1968-69 Präs. des Bundesrats. Ab 1956 Lehrbeauftragter, ab 1964 HonProf. für öffentl. Haushalts- u. Rechnungswesen Univ. Hamburg; ab 1961 MdHB; ab 1967 Kuratoriumsmitgl. Wiener Library London, Mitgl.. *Institut des Finances Publiques* u. *Institut International des Sciences Administratives,* bis 1976 Präs. der dt. Sektion. Lebte 1978 in Hamburg. - *Ausz.:* 1971 Ehrenbürger Hamburg, Ehrenmitgl. Deutscher Städtetag, 1974 Freiherr-vom-Stein-Preis.

W: u.a. La véritable montant des dépenses d'armament en Allemagne. Paris (Die Zukunft). 1939; Le montant et la couverture des dépenses de guerre de l'Allemagne. Ebd. 1940; Gefährdete Freiheit. Aufruf zur streitbaren Demokratie. 1974; Kritische Bemerkungen Herbert Weichmanns zu den Briefen Brünings an Sollmann. In: VHZ, 1974, H. 4; Bibliogr. s. Freie Akademie der Künste (Hg.), Herbert Weichmann. 1971. *L:* u.a. Uellner, Winfried, Herbert Weichmann, Bildbiographie. 1974. *D:* StA Hamburg. *Qu:* Arch. Fb. Hand. Publ. Z. - IfZ.

Weichsel, John (urspr. Joachim), Kommunalbeamter; geb. 26. Dez. 1932 Leipzig; jüd.; *V:* Dr. med. Manfred W. (geb. 1903 Rimbach), jüd., Prom. Frankfurt, 1934 Emigr. USA, Kinderarzt Long Island Jewish Hospital Medical Center New York, Assistant Clinical Prof. Mt. Sinai Medical School New York; *M:* Gertrude, geb. Gans (geb. 1910 Frankfurt), jüd.; Kindergärtnerin, 1934 Emigr. USA; *G:* Peter (geb. 1943 New York), Univ. Stud.; ∞ 1956 Revo A. Levine (geb. 1936 Madison/Wisc.); *K:* Barry (geb. 1960), Amy W. (geb. 1963); *StA:* deutsch, 1940 USA. *Weg:* 1934 USA.

20 J. ltd. Stellungen in den StadtVerw. Kalamazoo/Mich., Ellenville/N.Y. u. Southington/Conn. Lebte 1976 in Southington/Conn.

Qu: Fb. - RFJI.

Weidauer, Walter, Partei- u. Staatsfunktionär; geb. 28. Juli 1899 Lauter/Erzgeb.; Diss.; *V:* Korbflechter, *StA:* deutsch, 22. Apr. 1938 Ausbürg., deutsch. *Weg:* 1935 CSR; 1936 DK; 1941 Deutschland.

Zimmermann, 1918 Kriegsdienst, dann Angehöriger eines Freikorps in Oberschlesien. 1920-21 USPD, 1922 KPD u. *Bund proletarischer Freidenker.* Bis 1929 Zimmermann in Zwickau, Mitgl. u. zeitw. im Ortsvorst. *Zentralverband der Zimmerer,* 1924 Mitgl. *Rote Hilfe Deutschlands,* 1925-29 StadtVO. Zwickau, 1929-32 Geschäftsf. KPD-Verlag Bücherkiste Essen, 1929-31 mehrere Ermittlungsverfahren des Reichsgerichts wegen Verdachts auf Herstellung u. Verbreitung hochverrät. Schriften. 1930 mehrmon. Aufenthalt in der UdSSR. Ab Frühj. 1932 Sekr. *Verband proletarischer Freidenker* Leipzig u. ab Ende 1932 dessen Zentralsekr. u. OrgLtr. Berlin; ab Juli 1932 MdR. Febr.-Dez. 1933 KL Sonnenburg, Apr. 1934-Febr. 1935 Untersuchungshaft wegen Verdachts der Vorbereitung zum Hochverrat; lebte nach Freispruch in Lauter. Anfang Sept. 1935 Emigr. nach Prag, März-Sept. 1936 KPD-Gebietsltr. für Grenzarb. in den Kreisen Karlsbad u. Weipert (Deckn. Franz), Dez. 1936 im ZK-Auftrag mit Hilfe eines gefälschten tschechoslow. Passes Weiteremigr. nach Dänemark (Kopenhagen), hauptamtl. Mitarb. u. bis Anfang 1938 Mitgl. der AbschnLtg. Nord. Frühj. 1937-Frühj. 1938 Ltr. der Grenz- u. Provinzarbeit, anschl. bis Febr. 1939 Ltr. der „Bauernkommission" (Instrukteurzirkel für Schlesw.-Holst. mit dem Ziel der Schaffung einer selbstännd. Bauernbewegung), Frühj.- Sept. 1939 Ltr. *Rote Hilfe* bzw. *Volkshilfe* bei AbschnLtg. Nord (Deckn. Karl Förster). 9. Febr. 1941 in Kopenhagen verhaftet, ab 17. Nov. 1941 Untersuchungsgef. Hamburg, 3. Juni 1942 VGH-Urteil 15 J. Zuchth., bis Kriegsende in Brandenburg-Görden, Waldheim u. Leipzig inhaftiert. Mai 1945 ernannter Stadtrat u. 1. Bürgerm. Dresden, Okt. 1946-58 OBürgerm. Stadt Dresden, 1955-57 Mitbegr. u. Präs., ab 1957 Vizepräs. Deutscher Städte- u. Gemeindetag der DDR (ab 1970 Städte- u. Gemeindetag der DDR); 1958-61 Vors. Rat des Bez. Dresden. Langjähr. Mitgl. der SED-BezLtg., des BezTages u. StadtVO. Dresden; nach 1961 ehrenamtl. Mitgl. der Forschungsgruppe *Sozialistische Men-* *schenführung* an der Deutschen Akademie für Staats- und Rechtswissenschaft Walter Ulbricht (ab 1972 Akad. für Staats-Fragen beim Finanzmin. der DDR) u. ehrenamtl. Berater für kommunale Fragen beim Finanzmin. der DDR. Lebte 1974 als Parteiveteran in Dresden. - *Ausz.:* 1954 VVO (Silber), 1958 Med. für Kämpfer gegen den Faschismus 1933-1945, 1959 Verdienstmed. der DDR, 1959 Held der Arbeit, 1964 VVO (Gold), 1969 Karl-Marx-Orden, 1969 Ehrenbürgeer von Dresden.

W: Das erste Jahr des großen Dresdner Aufbauplans. 1946; Neue Wege der Kommunalpolitik. 1948; Das gesellschaftliche Leben in der modernen Stadt. 1955; Inferno Dresden. 1964. *L:* Stiegler, Linus, Walter Weidauer zum 70. Geburtstag. In: Stadt und Gemeinde, Nr. 7/1969, S. 3 ff.

Qu: Arch. Hand. Z. - IfZ.

Weidenfeld, Arthur Georg, Lord Weidenfeld of Chelsea; Verleger; geb. 13. Sept. 1919 Wien; *V:* Maximilian W., Bankier: *M:* Rose, geb. Eisenstein; ∞ I. 1952 Jane Sieff; II. 1956 Barbara Skelton Connoly, 1961 gesch.: III. 1966 Sandra Whitney Payson Meyer; *K:* aus I: Laura M.E.; *StA:* österr., brit. *Weg:* 1938 GB.

Stud. Rechtswiss. u. Besuch Konsularakad. Wien. 1938 Emigr. GB, 1939-46 bei BBC, bis 1942 Abhördienst, 1942-46 Kommentator für europ. Politik; daneben 1943-44 Doz. am Royal Inst. for Internat. Affairs London u. Mitarb. *News Chronicle.* 1945 Gr. der Zs. für Zeitgesch. u. Kunst *Contact,* 1946-49 Mithg. einer zeitgesch. Buchserie; ab 1948 Mitgr. u. Vors. Verlag Weidenfeld & Nicholson (Veröffentl. bedeutender brit. u. ausländ. Schriftsteller u. wiss. Autoren), VorstMitgl. mehrerer Tochterges. 1949-50 pol. Berater des isr. MinPräs. Chaim Weizmann, Kuratoriumsmitgl. Weizmann Inst. of Science in Rehovot, geschäftsf. Mitgl. *Brit. Friends of the Hebr. Univ. Jerusalem.* Lebte 1977 in London. - *Ausz.:* 1969 Knighthood, 1976 Pairswürde.

W: The Goebbels Experiment (Mithg.). 1942. *L:* K. Harris interviews Sir G. W. In: The Listener, 25. 5. 1972. *Qu:* Hand. Z. - RFJI.

Weigel, Eduard, Unternehmensleiter; geb. 18. Febr. 1874 Welhartitz (Velhartice)/Böhmen, gest. vor 1945 USA; jüd.; *V:* Ludwig W. (gest. 1932), jüd., Landwirt u. Kaufm.; *M:* Babette, geb. Weiss, jüd.; *G:* Heinrich (gest.); ∞ 1903 Regine Fekete (1886-1957), jüd., Emigr. F, USA, nach Tod des Ehemanns Rückkehr nach Wien; *K:* Julius Hans (geb. 1908), Schriftst., A: Österr., *StA:* CSR, 1924 (?) österr., USA. *Weg:* 1938 F; 1939 (?) USA.

Handelsakademie, in den 90er Jahren Angest. später Dir. Glasfabrik C. Stoelzle Söhne Wien. Offz. (zuletzt Oberlt.) im 1. WK, ab 1915 in russ. Kriegsgef. Nach Rückkehr erneut Dir. Glasfabrik C. Stoelzle Söhne. 1930 nach Meinungsverschiedenheiten mit zentraler Unternehmensltg. Ausscheiden. Dir. Dutta-Omnia (Flaschenkartell) Prag. 1938 Emigr. Emigr. Südfrankr., vermutl. 1939 in die USA.

Qu: Arch. Fb. - IfZ.

Weigel, Wilhelm, Gewerkschaftsfunktionär; geb. 19. Nov. 1885 Wernstadt b. Tetschen/Nordböhmen, gest. 2. Aug. 1954 Eskilstuna/Schweden; *M:* (gest. 1885); ∞ I. Bibiana Kammel; II. Marie Neuber; *StA:* österr., 1919 CSR. *Weg:* 1938 S.

Metallarb., bis 1910 in Thür. beschäftigt, ab 1912 Sekr. des österr. Metallarbeiterverb. für Böhmen, im 1. WK Soldat, anschl. russ. Kriegsgef., nach Rückkehr maßgebl. beteiligt am Aufbau des *Internationalen Metallarbeiter-Verbandes* (Sitz Komotau), ab 1926 als 2. Sekr. für die Bildungsarbeit der Zentralgewerkschaftskommission des *Deutschen Gewerkschaftsbunds in der CSR* in Reichenberg verantwortlich. 1938 Emigr. nach Schweden, Mitgl. Landesvorst. der TG u. Sekr. *Auslandsvertretung Sudetendeutscher Gewerkschafter,* nach Abspaltung der Gruppe um → Josef Ladig führende Position in der TG-nahen GewGruppe.

L: Menschen im Exil; Müssener, Schweden. *Qu:* Arch. Publ. - IfZ.

Weigert, Gideon, Journalist; geb. 12. Mai 1919 Hamburg; *V:* → Walter Eliezer Weigert; *M:* Käte, geb. Hildesheimer (geb. 1894 Bremen, gest. 1952 IL), 1933 Emigr. Pal.; *G:* Theodor Ruben (geb. 1916), Emigr. Pal., Mitgl. Kibb. Daliyah; Ernst Benjamin (geb. 1924), Emigr. Pal., Mitgl. Kibb. Shoval; ∞ Mazal Attiah (geb. Damaskus), Lehrerin u. Psychologin; *K:* Roni (geb. 1946 [?]), Hauptm. der IDF; Talia (geb. 1949 [?]), Lehrerin in Nazareth; *StA:* deutsch, IL. *Weg:* 1933 Pal.

1933 Emigr. Palästina mit Familie; Stud. Landwirtschaft an der Ben Shemen-Landwirtschaftsschule u. Stud. Viehzucht in Haderah, gleichz. Mitgl. Kibb. Sarid. Lebte während dieser Zeit bei einer palästinens. Familie in Haifa, um die arab. Sprache zu lernen; 1940 Austritt aus dem Kibb., das ihm die Erlaubnis zum Stud. der Arabistik verweigerte, 1941-42 Stud. u. 1. jüd. Absolvent der arab. Lehrerbildungsanstalt A-Nahda in Jerusalem, 1942-45 Stud. der arab. Lit. u. islam. Phil. am Inst. für Orientalische Studien der Hebr. Univ., gleichz. Mitarb. der arab. Wochenzs. *Haqiquat el Amr* u. der arab. Ztg. *A-Sirat el Mustakim* in Jaffa, als erster Jude beim arab. Rundfunk *Huna el Quds* in Jerusalem tätig. 1945-67 Red. bei *Palestine Post* (später *Jerusalem Post*), bis 1969 Berichterstatter über soziale u. wirtschaftl. Probleme der Araber u. Moslems in Palästina bzw. Israel, daneben 1951-56 Mitarb. der *Near East Arabic Broadcasting Station* Zypern, ab 1960 freiberufl. Berichterstatter über Probleme der Araber in Israel u. in den seit 1967 besetzten Gebieten, Beiträge für Wochenzs. *Al Hamishmar* der *Mapam;* Red. Literaturspalte der *Dar el Iza'a el Israelia,* 1972 Vortragsreise in Europa. Zeitw. Mitgl. *Hashomer HaZair* u. *Mapam.* Lebte 1977 in Jerusalem.

W: Days and Nights in the Old City. 1947; Eye Witness. 1970; Fact and Fiction on Human Rights in Administered Areas. 1971; Life under Israel Occupation. 1971. *Qu:* Hand. Pers. Z. - RFJI.

Weigert, Oscar, Dr. jur., Ministerialbeamter, Hochschullehrer; geb. 12. Aug. 1886 Berlin, gest. 6. Jan. 1968 Chevy Chase/Md., USA; jüd., ev.; ∞ 1932 Dr. Edith Vowinckel (geb. 1894), ev., Psychotherapeutin, Emigr., A: USA; *K:* Wolfgang W., M.D. (geb. 1932), Emigr., Psychotherapeut in USA; *StA:* deutsch, USA. *Weg:* 1935 TR; 1938 USA.

1904 Abitur Berlin, 1905-08 Stud. Rechtswiss. Berlin, Freiburg/Br., Kiel u. Marburg, 1913 Assessor, 1915 Prom.; ab 1914 beim Magistrat der Stadt Guben, ab Ende 1915 Hilfsarb. u. Dezernent Landeshauptverw. Posen, Schriftf. Fürsorgeausschuß für die Kriegsbeschädigten der Provinz Posen, 1916-18 auch Doz. für Wohlfahrtswesen VerwAkad. Posen. Ab 1919 im ReichsarbMin. Berlin. Ltr. Abt. Arbeitsvermittlung u. Erwerbslosenfürsorge, zuständig für internat. Sozialpolitik, zuletzt MinDir., dt. Vertr. beim Internat. Arbeitsamt Genf, 1925-30 Doz. VerwHochschule Berlin. Nach natsoz. Machtübernahme Entlassung, 1933-34 sozialpol. Berater für das US-Arbeitsmin., 1935 als Berater des türk. WirtschMin. nach Ankara, wesentl. Rolle bei der Schaffung der modernen türk. Arbeitsgesetzgebung. 1938 in die USA, Assoc. Prof. u. ab 1946 Adj. Prof. für Vergleichende Sozialgesetzgebung an der American Univ. Washington/D.C., daneben 1943-46 wiss. Mitarb. OSS u. ab 1946 Bureau of Econ. Statistics des US-Arbeitsmin., Entwicklung sozialpol. Programme; 1952-57 Ltr. Abt. Foreign Labor Conditions im Bureau of Labour Statistics. Mitgl. *Sociol. Assn., Soc. Pub. Administration.*

Qu: EGL. Hand. Pers. - IfZ.

Weigert, Walter Eliezer, Dr. phil., Fabrikant; geb. 3. März 1883 Brandenburg, gest. 12. Sept. 1952 Haifa; *V:* Josef W. (geb. 1852 Rosenberg/Oberschl.), jüd., Kaufm.; *M:* Helene (geb. 1862 Falkenberg/Hessen-Nassau), jüd.; *K:* → Gideon Weigert; *StA:* deutsch, Pal/IL. *Weg:* 1933 Pal.

Prom. Chemie; Mitgl. *Blau-Weiß,* K.J.V. u. *Verein jüdischer Studenten,* Mitgr. *Bar Kochba.* Teiln. 1. WK. Inh. einer chem. Fabrik in Hamburg. Wiederholt Reisen nach Palästina mit Ehefrau, 1933 Emigr. Palästina; Inh. Chemical Works Dr. Weigert in Haifa. Unterstützung der GrdgGruppe des Kibb. BaMifneh in Karkur u. Daliya; ab 1936 Mitgl. *Haganah,* H.O.G. u. *Verband Israelischer Industrieller.*

Qu: Pers. Publ. Z. - RFJI.

Weigl, Karl, Gewerkschaftsfunktionär; geb. 15. Okt. 1879 Wien; *V:* Tapezierer; ∞ 1905 Viktoria Kurz; *StA:* österr. *Weg:* 1936 CSR; 1938 S; 1939 CH; 1945 Österr.

Ab 1897 Tapeziererlehre; 1904 Mitgl. SDAP u. *Gewerkschaft der Tapezierer* in Wien, 1907-10 angest. Sekr. *Gewerkschaft der Holzarbeiter Österreichs.* 1911 i.A. der Ltg. der *Gewerkschaftskommission* Beitritt zum *Verband der Handels-, Transport- und Verkehrsarbeiter und -arbeiterinnen Österreichs* (ab 1925 *Freier Gewerkschaftsverband*), bis 1934 Zentralsekr.; 1919-28 Mitgl. *Gewerkschaftskommission,* 1931-34 VorstMitgl. *Bund Freier Gewerkschaften Österreichs.* 1919-34 Mitgl. GdeRat Wien, zeitw. Vors. u. Vizepräs.; 1921-30 VorstMitgl., 1930-34 Präs. Arbeiterkammer Wien. Mitgl. des PV der SDAP, nahm am 12. Febr. 1934 an der letzten Sitzung des PV teil, auf der der Beschluß zur Ausrufung des Generalstreiks gefaßt wurde. Nach den Februarkämpfen bis Mai 1934 Haft, anschl. unter Polizeiaufsicht; Dez. 1935 Einstellung des Verfahrens. Anfang 1936 in die CSR, bis 1938 durch Vermittlung der *Zentralgewerkschaftskommission* in Reichenberg Zentralsekr. des deutschen *Verbands der Transport- und Lebensmittelarbeiter in der CSR* in Aussig/Nordböhmen. Anfang 1938 Aufenthalt in Wien. Sept. 1938 während der Münchner Verhandlungen Verlegung des Verbands nach Prag. Nach Münchner Abkommen Ausweisung aus der CSR, mit Unterstützung der schwed. Gew. nach Stockholm, Juni 1939 mit Unterstützung der *Internationalen Transportarbeiter-Föderation* in die Schweiz. 1939-45 Mitgl. *Auslandsvertretung der Freien Gewerkschaften Österreichs* unter → Franz Novy. Bis 1945 Wohnsitz in Thun, 1945 in Zürich, ehrenamtl. Sekr. *Union der Lebensmittelarbeiter.* Ende 1945 auf persönl. Aufforderung Karl Renners Rückkehr nach Wien, Mitgl. SPÖ. 1946-54 Vors. *Gewerkschaft Handel, Transport, Verkehr,* Dir. bzw. Sekr. Arbeiterkammer Wien u. Sekr. Österreichischer Arbeiterkammertag. Lebte 1978 in Wien. - *Ausz.:* 1956 Goldenes Ehrenzeichen für Verdienste um die Rep. Österr., Karl-Renner-Preis der Dr. Karl Renner-Stiftung, Victor-Adler-Plakette der SPÖ, 1962 Johann-Böhm-Plakette des ÖGB.

L: Gulick, Österreich; Klenner, Gewerkschaften; Patzer; Gemeinderat; Maimann, Politik; Hindels, Gewerkschaften. *Qu:* Arch. Pers. Publ. Z. - IfZ.

Weil, Bruno, Dr. jur., Rechtsanwalt, Publizist, Politiker; geb. 4. Apr. 1883 Saarlouis/Saar, gest. 11. Nov. 1961 New York; *V:* Lion W. (geb. 1853, gest. 1927); *M:* Auguste, geb. Kahn; *G:* Otto; Erna Jaffe; ∞ 1926 Alice Levy, geb. Friedländer (gest. 1964 New York); *K:* Gerda Flaum (Stieftochter); *StA:* deutsch, Argent. *Weg:* 1935 Argent.

Stud. Rechtswiss. Straßburg u. München, 1906 Prom. Würzburg; Mitgl. K.C. u. Mithg. *K.C.-Blätter,* 1906-08 Hg. der *K.C.-Jahrbücher;* 1906 Referendar, 1910 Assessor, 1910-19 RA in Straßburg, pol. Tätigkeit, 1913 Verteidiger auf elsässischer Seite in der Zabernaffäre; 1915-18 Kriegsteiln., wurde aufgrund eines in der *Frankfurter Zeitung* veröffentl. Artikels „Elsaß-Lothringen und der Krieg" vor ein Kriegsgericht gestellt und an die Ostfront versetzt. 1919-35 RA in Berlin, 1920-35 auch Notar, Industrieanwalt u. Rechtsvertr. in Prozessen gegen Antisemiten. Geschäftsf. des CV, 1930 auf Vorschlag des CV Kandidat der DSP für den Reichstag, 1932 ihr einziger jüd. RT-Kandidat. 1920-35 dt. Rechtsberater der engl. u. franz. Botschaft in Berlin. Mitgl. des Hauptvorst. u. ab 1926 Vizepräs. der liberalen Fraktion des CV im Preußischen Landesverband Jüd. Gden. Stellte nach Jan. 1933 seine internat. Beziehungen den jüd. Org. zur Verfügung, bis 1935 ausgedehnte Vortragstätigkeit inner- u. außerhalb Deutschlands. 1935 Emigr., erhielt argent. StA. Erkundung von Einwanderungsmöglichkeiten für jüd. Flüchtlinge; 1939 Reise von New York nach Paris, Internierung in Frankr. zus. mit Ehefrau; 1940 Flucht in die USA, dann nach Argentinien, später Rückkehr in die USA. Gr. *Committee for Aiding Internees in Concentration Camps,* Gr. *Komitee für internationales Recht* in Argentinien, 1942 Mitgr. u. Präs. *Jewish Axis Victims League Inc.* New York, Mitgr. u. Vizepräs. *Am. Assn. of Former European Jurists* New York, Ehrenmitgl. *Am. Bar Assn.*

W: Juden in der deutschen Burschenschaft. 1905; Wohnungsverhältnisse der Stadt Metz. 1906; Die Mitwirkung der Volksvertretung bei Staatsverträgen (Diss.). 1906; Elsaß-Lothringen und der Krieg. 1914; Die Einführung der französischen Währung in Elsaß-Lothringen. 1921; Die Jüdische Internationale. 1924; Der Borkum-Prozeß. 1925; Die Liquidationsschadengesetze. 1925; Der politische Prozeß. 1928; Deutsch-französische Rechtsbeziehungen vom Kriegsanfang bis zur Gegenwart. 1929; Glück und Elend des General Boulanger. 1931; Der Prozeß des Hauptmanns Dreyfus. 1930 (zahlr. Aufl. u. Übers.); Schwartzkoppen-Dokumente. 1933; Panama. 1933; Der Weg der deutschen Juden. 1934; Baracke 37 - Stillgestanden! Ich sah Frankreichs Fall hinter Stacheldraht. 1941 (span. Übers. 1941); Durch drei Kontinente. 1948; Der Geiselmord von Lampsakos. 1958; Clodia. 1960; 2000 Jahre Cicero. 1962; weitere Bücher u. Art. über Rechtsfragen u. jüd. Probleme. *L:* RhDG; Moses, Fritz, Aus der Geschichte der Wiedergutmachung - zu Bruno Weils 70. Geburtstag. 1953; UJE; Memoires du camp Vernet - 14. Juni 1940-27. Aug. 1940 (unveröffentl. Ms.); Strauss, Hans, Rundfunkansprache zum 75. Geburtstag von Dr. Bruno Weil (masch. Ms.). 1958; Max Mainzer Memorial Foundation, Inc. and American Jewish K.C. Fraternity, Inc. Bulletin, Nr. 2, März 1958; Stephan, Linksliberalismus. *D:* LBI New York. *Qu:* Arch. EGL. Hand. Publ. Z. - RFJI.

Weil, Hermann, Dr. jur., Rechtsanwalt, Unternehmensleiter; geb. 21.Febr. 1888 Stuttgart, gest. 27. März 1960 Johannesburg/S-Afrika; jüd.; *V:* Dr. Sigmund W., Sanitätsrat; *G:* Emma, Emigr. GB, A: London; ∞ Thilde, 1936 Emigr. GB, A: London; *K:* Hella Fleissig, 1936 Emigr. GB, A: London; Luz, 1936 Emigr. GB, A: London; Lore, 1936 Emigr. GB, A:London. *Weg:* 1936 GB.

Stud. Rechtswiss., Soldat im 1. WK, Ausz.; ab 1919 RA in Stuttgart, unter Beibehaltung der Zulassung ab 1920 Vorst-Mitgl. J. Sigle & Cie. AG Kornwestheim bei Stuttgart bzw. ab 1930 Salamander AG; VorstMitgl. *Israelitischer Landesasyl- und Unterstützungsverein für Württemberg* in Sontheim. 1933 nach natsoz. Machtübernahme Mitunterz. eines Telegramms an den Großrabbiner v. Frankr., in welchem gegen eine antinatsoz. Großveranstaltung in Paris protestiert wurde. 1936 Emigr. GB. Starb 1960 während eines Besuchs in Südafrika.
L: Zelzer, Maria, Weg und Schicksal der Stuttgarter Juden. 1964. *Qu:* Arch. EGL. Hand. Pers. Publ. - IfZ.

Weil, Robert, Gewerkschaftsfunktionär; gest. 1941 Palästina; *StA:* CSR. *Weg:* 1939 Pal.

Vizepräs. *Jednotný svaz soukromných zaměstnanců* (Einheitsverband der Privatangestellten) Sitz Prag, ltd. Tätigkeit im Krankenkassenwesen; nach 1933 Mitgr. u. Ltr. einer gewerkschaftl. Fürsorgestelle für reichsdt. Emigr. mit Wohnheim in Záběhlice, Org. u. Finanzierung v. Auslandsansiedlungen. 1939 als EmigrLtr. einer größeren Gruppe illeg. nach Palästina. Unterstützung durch International Federation of Commercial, Clerical and Technical Employees. 1941 Freitod, angeblich wegen der Lebensbedingungen in Palästina.
L: Albrechtová, Tschechoslowakei. *Qu:* Arch. Publ. - IfZ.

Weil, Walter Zeev, Agrarexperte; geb. 20. Dez. 1918 Frankfurt/M.; jüd.; *V:* Berthold W. (geb. 1881 Ittlingen/Baden, gest. 1945 Chicago), jüd., Kaufm., 1938 KL Buchenwald, 1939 Emigr. GB, 1941 USA; *M:* Selma, geb. Rosenthal (geb. 1891 Fischborn/Hessen, gest. 1968 Chicago), 1939 Emigr. GB, 1941 USA; *G:* Joseph (Ernst) (geb. 1915 Frankfurt/M.), 1936 Emigr. Pal., Mitgr. der Kibb. Maayan Zevi u. Ḥanitah, später Werkstattltr. in Haifa; Jack (Hans) (geb. 1921 Frankfurt/M.), 1935 Emigr. GB, 1941 Emigr. USA, US-Armee, Inh. eines Innendekorationsgeschäfts in Chicago; ∞ 1940 Ruth Gerson (geb. 1914 Sonneberg/Thür.), 1939 Emigr. GB, 1945 Pal., Lehrerin bei *Jugend-Aliyah* u. Maayan Zevi; *K:* Michael (geb. 1941), 1945 Emigr. Pal., Werkstattltr. in Maayan Zevi, später in Nigeria; Yoshua (geb. 1947), zeitw. Ltr. Abt. für landwirtschaftl. Maschinen in Maayan Zevi, Stud. Ruppin Inst.; Liora (geb. 1950), Absolv. eines Instituts für Modezeichner; *StA:* deutsch, Pal./IL. *Weg:* 1938 GB; 1945 Pal.

1934-36 Praktikant in einer Werkzeugfabrik, 1936-38 Stud. Maschinenbauschule Mittweida/Sa.; Jugendgruppenführer; 1938 Emigr. GB über Schweiz, Lehrer bei der *Jugend-Aliyah,* Techniker, bei einer landwirtschaftl. Firma. 1945 mit Familie nach Palästina als Mitgl. einer *Heḥaluz*-Gruppe; ab 1945 Mitgr. der Genossenschaftssiedlung Maayan Zevi, Gr. einer Reparaturwerkstatt für Lastwagen; gleichz. bei *Haganah,* Mithilfe bei illeg. Einwanderungen; Verhaftung u. Internierung durch die brit. Mandatsreg. für mehrere Mon.; 1954-58 vom isr. Außenmin. als Experte für landwirtschaftl. Mechanisierung nach Birma gesandt, Gr. von Werkstätten, Traktorenstationen u. einer Maschinenbauschule, 1955-58 i.A. des Verteidigungsmin. von Birma Ansiedlung entlassener Soldaten in Grenzgebieten u. landwirtsch. Projekten, 1956-58 Gr. von landwirtschaftl. Schulungsfarmen in einigen dieser Gebiete; Ausbildung von Stud. aus Birma in der Benutzung von landwirtschaftl. Maschinen am Ruppin Institute in Israel. 1960-65 Wirtschaftsltr. von Maayan Zevi, 1965 Ltr. einer Reisegruppe landwirtsch.-techn. Studenten nach Europa mit Unterstützung von ORT, isr. Landwirtschaftsmin. u. der *Field Crop Growers Assn.;* 1967-69 i.A. von Tahal (isr. Bewässerungsamt) als Experte für landwirtschaftl. Mechanisierung im Iran, Gr. einer gemeinnützigen Maschinenbau-Gesellschaft; 1969-73 jährliche Inspektionsreisen in den Iran. Mitgl. des *Inst. of Agric. Engineers* in GB, zeitw. Mitgl. Internat. Sekretariat des *Habonim.* Lebte 1977 in Maayan Zevi.

W: Handbücher über landwirtschaftl. Maschinen (hebr., Übers. ins Birmanische u. Persische). *Qu:* Fb. - RFJI.

Weile, Eric Ignatz, Politiker; geb. 29. Sept. 1907 Gera/Thür.; jüd.; *V:* Louis W.; *M:* Hedwig, geb. Michaelis; ∞ 1948 Helen Alice Grevinsky; *K:* Spencer Girard; Lisa Gail; *StA:* USA. *Weg:* 1938 USA.

Stud. Handelshochschule Berlin. 1938 Emigr. USA. Ab 1940 Hg. *Weile's Gazette.* 1966-70 Mitgl. Abg.-Kammer des Staates Maryland, Vors. des Komitees für Tourismus u. Erholung. 1958 Präs. *Optimists International* Washington/D.C., 1960 Präs. Handelskammer von Langley Park, 1968-69 Präs. *Argo-Lodge* des *B'nai B'rith,* Schatzmeister des *National Jewish Welfare Board* Washington. Mitgl. Temple Israel in Silver Spring/Maryland, VorstMitgl. Junior Chamber of Commerce Washington, Mitgl. der *Restaurant Assn.* Washington. Lebte 1972 in Langley Park/Md., USA. - *Ausz.:* Man of the Year of the Chamber of Commerce.

Qu: Hand. - RFJI.

Weinberg, Carl von, Dr. phil., Fabrikant; geb. 14. Sept. 1861 Frankfurt, gest. 14. März 1943 Chiusi bei Rom; jüd.; *V:* Bernhard Otto W. (geb. 1815 Escheberg, gest. 1877), Inh. der Farbstoff-Fabrik Leopold Cassella & Co.; *M:* Pauline, geb. Gans (1836-1921), T. von Ludwig Gans; *G:* Dr. phil. Arthur Bernhard W. (geb. 1860 Frankfurt, umgek. 1943 KL Theresienstadt), 1882 Prom. Chemie, Geschäftsf. Leopold Cassella & Co., im 1. WK Major d.R. (EK I u. II), 1926 im Aufsichtsrat der IG Farben AG, Ehrensenator Univ. Frankfurt; ∞ 1894 Ethel Mary Villars Forbes; *K:* Vera Gräfin zu Münster (geb. 1897, gest. im 2. WK London); 2 T; *StA:* deutsch, Ausbürg. *Weg:* 1938 I.

MilDienst, Ausbildung als Färber in der CSR; 1877 Lehrling, 1885 Prokurist u. ab 1892 Teilh. von Leopold Cassella & Co. Frankfurt/M. Nach 1. WK Fusion mit anderen dt. Farbstoff-Fabriken zur IG Farben AG; stellv. Vors. VerwRat u. AR IG Farben, Mitgl. AR der Disconto-Ges. u. stellv. Vors. AR von Kalle & Co. AG; 1937 Rücktritt von seinen Ämtern auf natsoz. Druck. 1938 Emigr. Italien, 1938-43 im Ruhestand. - *Ausz.:* 1908 Adelstitel, 1928 Dr. h.c. Univ. Frankfurt; Griechischer Ehrenkonsul.

L: Hilberg, Destruction; Dokumente zur Geschichte der Frankfurter Juden. 1963; *D:* LBI New York. *Qu:* Arch. EGL. Hand. Z. - RFJI.

Weinberg, Jacob Yechiel, Dr. phil., Rabbiner, geb. 1. Nov. 1884 Pilviškiai/Litauen, gest. 1966 Lausanne/CH; *V:* Moses W.; *M:* Schena Riva, geb. Kuzinsky; ∞ gesch.; *StA:* Litauen. *Weg:* 1939 PL; 1945 (?) CH.

Stud. Jeschiwot Mir u. Slobodka-Rabbinerseminar Kovno/Litauen. 1905-18 Kronrabbiner für Pilviškiai im Bez. Litauen, Doz. Talmudwiss., daneben 1920-23 Stud. Berlin u. Gießen, 1923 Prom. Gießen, 1921-24 Doz. für Judaistik Univ. Gießen. 1924-39 Rabbiner in Berlin-Charlottenburg, 1925-39 Doz. für Talmudwiss. u. jüd. Ritualgesetz (Halachah) am Rabbinerseminar Berlin, 1938 Rektor; verkörperte für Generationen von Studenten das Ideengut der osteurop. Talmud-Hochschulen (Jeschiwot). Ab 1923 einflußreiches Mitgl. des rabbin. Gremiums für Ritualgesetze in Berlin; Mitarb. *Jeschurun* Berlin, *Der Israelit* Frankfurt/M. u. *Nachlath Zwi* Frankfurt/M. 1939 nach Schließung des Rabbinerseminars Berlin Emigr. nach Warschau; nach Errichtung des Warschauer Ghettos Flucht nach Kovno, von dort Deportation in KL. 1945 (?) in die Schweiz, haftbedingte Leiden. Mitarb. der Jeschiwah in Montreux, bedeutender Einfluß auf das orthodoxe Judentum durch Arbeiten zum jüd. Religionsgesetz.

W: HaDerekh leYahesei Havanah im haYahadut haDatit (Weg zum Verstehen der Religion des Judentums). 1922; Die Exhumierung von Toten. 1925; Die babylonische Mischna (Mitverf.). 1932; LiFerakim (ges. Aufs.). 1936; Mehkarim be-Talmud (Talmudforschungen). 1937-38; Das Volk der Religion (Mitverf.). 1949; Yad Schäul (mit → Philipp Biberfeld, Erinnerungsschrift für S. Weingurt). 1953; Seridei Esh (Vom Feuer verschont). 4 Bde., 1961-69; Et Ahai Anokhi Mewakkesch (Ich suche meine Brüder). 1966; Beiträge in hebr. u. dt. Zs. u. Festschr. *L:* Lehrmann, C.C., in: Weinberg, J.Y., Das Volk der Religion. 1949; Soreski, in: Weinberg, J.Y., Ahai Anokhi Mevakkesch. 1966; Grünfeld, J., Three Generations. 1958; Grinberg, H.H. (Hg.), MiGedolei haDor (Große Männer unserer Zeit). 1966; Hildesheimer A./Kahane, K. (Hg.), Sefer haZikaron leMorenu Yechiel J. Weinberg. 1969 (Gedenkbuch für unseren Lehrer J.Y. Weinberg). *Qu:* Arch. Hand. Publ. Z. - RFJI.

Weinberg, Rolf (Nathan Rolf), Unternehmensleiter; geb. 23. Apr. 1920 Bad Sassendorf/Westf.; jüd.; ∞ 1950 Regina (geb. 1929 Krakau/PL); *K:* Simone; Lilian; Sandra; *StA:* deutsch, Bras. *Weg:* 1939 Boliv.; 1946 Bras.

1934-39 kaufm. Lehre. 1939 Emigr. Bolivien, 1939-45 bei Zinn-Bergwerksges. tätig, 1946 Versetzung nach Brasilien. Ab 1946 bei Brasimet (Unternehmen mit 1.200 Angest. u. zahlr. brasil. Zweigstellen), später GenDir. Mitgl. *B'nai B'rith* u. *Hillel Foundation.*

Qu: Fb. - RFJI.

Weiner, Abraham (Albert), Dr. phil., Rabbiner, geb. 1890, gest. 1970; *V:* Rabbiner in Westungarn; ∞ S. Reitler, Emigr. Pal.; *K:* 2 T. *Weg:* Pal.

Stud. Univ. u. Rabbinerseminar Wien, Rabbinerexamen, Lehrer an Wiener Gymn.; BezRabbiner für das Burgenland, Prof. u. Inspektor des Religionsunterrichts in den Schulen der Kultusgde. Wien, aktiv im *Kulturellen Elternbund.* 1939 Emigr. Palästina, Mitgr. u. Rabbiner der von Einwanderern aus Wien in Petah Tikvah gegr. Gde. Sheerit Jacob, später Vereinigung mit Ihud Schiwat Zion. Mit → Anita Müller-Cohen Verwalter des Altenheims in Ramat Hen.

Qu: Hand. - RFJI.

Weiner, Jacob, Dr. jur., Unternehmensleiter; geb. 19. März 1894 Radauti (Radautz)/Bukowina; jüd.; *V:* Moshe W.; *M:* Rebekka, geb. Mimeles; *G:* Siegfried (geb. 1897 Czernowitz/Bukowina, gest. 1973), Stud. Wien, Emigr. Pal., Gr. u. GenDir. Hillel Remedy Factory; ∞ Johanna Schmidt. *Weg:* 1939 Pal.

1914-18 Teiln. 1. WK, Offz. (österr. Kriegsausz.). Stud. Wien, 1920 Prom. Mitgl. *Akademische Verbindung* u. *Kadimah* Wien. Sekr. *Zionistischer Landesverband für Österreich.* 1921 u. 1923 Deleg. auf zion. Kongressen. 1922-32 Angest. bei der Österr. Kreditanstalt für Handel und Gewerbe Wien. 1932-38 Prokurist, später Dir. der Oberösterreichischen Zuckerfabrik. Gr. u. Ehrenpräs. *Vereinigung jüdischer Hochschüler.* Mitgr. *Keren Hayessod* Österr. 1938-39 KL Buchenwald u. Dachau. 1939 Emigr. Palästina; 1940-43 Dir. Abt. für Handel u. Industrie der *Jew. Agency,* 1943-45 Dir. Unternehmerverband Haifa, 1945-68 Dir. der Hillel Remedy Factory Ltd. Haifa. 1947-53 Vors. der Gruppe Haifa des I.O.M.E.; 1948 Teiln. an der Verteidigung Haifas. Ltr. Amt für Handel u. Industrie der *Jew. Agency* Jerusalem; Mitgl. Gerichtshof des staatl. Versicherungsinst., Mitgl. *Israelisch-Amerikanische Gesellschaft.* Lebte 1972 in Haifa.

Qu: Hand. Pers. - RFJI.

Weinert, Erich Bernhard Gustav, Schriftsteller, Funktionär; geb. 4. Aug. 1890 Magdeburg, gest. 20. Apr. 1953 Berlin (Ost); *V:* Paul W., Ingenieur; *M:* Johanna; *G:* Anni (geb. 1892); ∞ 1926 Elisabeth Holms (→ Li Weinert); *K:* Marianne Lange (geb. 1921), Schriftst., Emigr. CH, F, 1935 UdSSR, Stud. Gesellschaftswiss., Gesch., Germanistik u. Sprachen, im 2. WK Dienst in der Roten Armee, 1945 Rückkehr Deutschland (SBZ), A: DDR; *StA:* deutsch, 3. Nov. 1934 Ausbürg., deutsch. *Weg:* 1933 CH, F; 1935 UdSSR; 1937 E; 1939 F, UdSSR; 1946 Deutschland (SBZ).

1896-1904 Bürgerschule Magdeburg, 1905-08 Maschinenschlosserlehre, Gesellenprüfung, 1908-10 Stud. Kunstgewerbeschule Magdeburg, 1910-12 Königl. Kunstschule Berlin, Zeichenlehrerexamen, 1912-13 freiberufl. Grafiker, 1913-Jan. 1919 MilDienst, Teiln. 1. WK. 1919-20 Hilfslehrer Kunstgewerbeschule Magdeburg, anschl. Schausp. in Kissingen, dann arbeitslos, 1920-22 an Paul Reimanns Kabarett Retorte Leipzig, März 1923 Kabarett Kü-Ka Berlin. 1924 Auftreten in Erwin Piscators Revue Roter Rummel; ab 1924 Mitarb. *Die Rote Fahne, Arbeiter Illustrierte-Zeitung, Berlin am Morgen, Lachen links, Der Montag Morgen, Roter Pfeffer, Simplicissimus, Die Welt am Abend, Die Weltbühne;* trug ab 1924 Gedichte auf Zusammenkünften der SPD u. Gew. sowie KPD, *Rote Hilfe* u. Agitprop-Gruppen vor, 1925 Kabarett Die Wespen Berlin, 1928 Mitgr. u. VorstMitgl. *Bund proletarisch-revolutionärer Schriftsteller,* 1929-32 Mithg. Zs. *Die Linkskurve* Berlin (mit Johannes R. Becher, Andor Gabor, Kurt Kläber, Hans Marchwitza u. Ludwig Renn); 1929 Mitgl. KPD, 1931 Reise UdSSR; mehrf. Redeverbot in Preußen, dagegen internat. Proteste, Auftreten unter Ps. Erwin. 1933 Auslandstournee u. Emigr. Schweiz, dort Ausweisung, anschl. Frankr. (Straßburg, Paris), ab Okt. 1934 Teiln. am Kampf gegen Rückgliederung des Saargebiets (Ps. Gustav Bernhard); 21.-25. Juni 1935 Teiln. 1. Internationaler Schriftstellerkongreß zur Verteidigung der Kultur Paris; Aug. 1935 nach Moskau, 4.-17. Juli 1937 Teiln. 2. Internationaler Schriftstellerkongreß zur Verteidigung der Kultur Madrid, 1937-39 Teiln. Span. Bürgerkrieg als Mitarb. Pol. Kommissariat der XI. Internat. Brigade; Febr.-Herbst 1939 Internierung in St. Cyprien, 1939 mit Hilfe des franz. Schriftstellerverb. Emigr. UdSSR, bis Juni 1941 Arbeit in Archiven der KPdSU; nach dt. Angriff auf die UdSSR anti-natsoz. Prop.-Arbeit in Presse u. Rundfunk (*Deutscher Volkssender* des ZK der KPD), Ps. Max vom Bülowbogen; Dez. 1942 mit → Walter Ulbricht u. Willi Bredel an der Front bei Stalingrad; Juli 1943

806 Weinert

Mitgr. NKFD u. bis Auflösung 1945 dessen Präs., ab Febr. 1944 Mitarb. ArbKommission PolBüro des ZK der KPD zur Beratung pol. u. kultureller Probleme Nachkriegsdeutschlands; Mitarb. Exilpresse, u.a. *Unsere Zeit* Paris, Basel, *Freie Deutsche Blätter* London, *Die Neue Weltbühne* Prag, Zürich, Paris, *Das Wort* Moskau. - 2. Jan. 1946 Rückkehr nach Deutschland (SBZ), SED, Vizepräs. Deutsche Zentralverwaltung für Volksbildung, 1950 GrdgMitgl. Deutsche Akademie der Künste Berlin (Ost). - Weinert schrieb agitator. Lyrik u. Prosa, in der er gegen Restauration, Nationalismus, Militarismus u. Faschismus Stellung bezog u. aktuelle Ereignisse glossierte. Seine Texte leben von volksnaher Ironie, vom Wortspiel u. von der Einprägsamkeit der Formen. Auch als Übersetzer tätig. - *Ausz.:* 1938 Ehrenzeichen der Internat. Brigaden; 1943 Med. für die Verteidigung Stalingrads; 1945 Med. für den Sieg über Deutschland im Großen Vaterländ. Krieg 1941-1945; 1949 u. 1952 NatPreis; Martin-Andersen-Nexö-Preis für Literatur; 1952 Med. für heldenhafte Arbeit im Gr. Vaterländ. Krieg 1941-45; Beisetzung in der Gedenkstätte der Sozialisten Berlin-Friedrichsfelde.
W: u.a. Erich Weinert spricht. 1930; Es kommt der Tag. Gedichte. Moskau, Leningrad (Verlagsgenossenschaft ausländischer Arbeiter in der UdSSR) 1934; Pflastersteine. Gedichte gegen den Feind. Saarbrücken (Wedding-Verlag) 1934; Rot Front. Gedichte. Kiew (Staatsverlag der nationalen Minderheiten der UdSSR) 1936; Stalin im Herzen der Völker. Nachdichtungen. Moskau (Meždunarodnaja Kniga) 1939; An die deutschen Soldaten. Gedichte. 1. Tl. Moskau (Verlag für fremdsprachige Literatur) 1942, 2. Tl. Ebd. 1943; Erziehung vor Stalingrad. Fronttagebuch eines Deutschen. New York (The German American) 1943; Gegen den wahren Feind. Gedichte und Verse. Ebd. 1944; Rufe in die Nacht. Gedichte aus der Fremde. 1933-43. 1947; Gedichte. Eine Auswahl. 1950; Das Zwischenspiel. Deutsche Revue von 1918 bis 1933. 1950; Camaradas. Ein Spanienbuch. 1951; Gesammelte Werke (Hg. im Auftrag der Deutschen Akademie der Künste von Li Weinert). 9 Bde. 1955-60; Gesammelte Gedichte in 8 Bden. (Hg. Akademie der Künste der DDR unter Mitw. von Li Weinert u.a.) 1970 ff. *L:* u.a. Schurig, Horst, Vorläufiges Findbuch des literarischen Nachlasses von Erich Weinert (1890-1953). 1959; Erich Weinert. Dichter und Tribun (Hg. Deutsche Akademie der Künste). 1965; Exil-Literatur 1933-45; GdA-Biogr.; Preuß, Werner, Erich Weinert. Bildbiographie. 1970; ders., Erich Weinert. Sein Leben und Werk. 1970; LSDL; Posdzech, Dieter, Das lyrische Werk Erich Weinerts. Zum Verhältnis von operativer Funktion und poetischer Gestalt in der politischen Lyrik. 1973; Bibliogr.: Wilpert/Gühring; Veröffentlichungen deutscher sozialistischer Schriftsteller; Internat. Bibliographie; Melzwig, Buchveröffentlichungen. *D:* Akad. der Künste der DDR. *Qu:* Biogr.Hand.-IfZ.

Weinert, Li (Elisabeth), geb. Pitschmann, gesch. (?) Holms, Funktionärin, Propagandistin; geb. 31. Dez. 1899 Berlin; ∞ → Erich Weinert; *StA:* deutsch, 24. Apr. 1937 Ausbürg., deutsch. *Weg:* 1933 CH; Saargeb.; F, 1935 UdSSR; 1946 Deutschland (Berlin).
1906-14 Besuch der Mittelschule; Rezitatorin u. Kabarettistin; 1931 KPD u. *Rote Hilfe.* 1933 Emigr. in die Schweiz, später Saargeb. u. Frankr., Aug. 1935 in die UdSSR, Mitarb. *Radio Moskau* u. 1943-45 Sprecherin *Sender Freies Deutschland.* Jan. 1946 Rückkehr, SED, 1947 *Demokratischer Frauenbund Deutschlands* u. *Volkssolidarität,* 1948 *Gesellschaft für Deutsch-Sowjetische Freundschaft* (GDSF), 1953 *Deutscher Schriftstellerverband* u. 1953-66 Mitgl. seiner SED-Ltg. sowie ab 1966 der Revisionskommission; ab 1954 Mitgl. GDSF-BezLtg. Berlin (Ost), 1957 *Kulturbund zur demokratischen Erneuerung Deutschland,* 1959 *Komitee der Antifaschistischen Widerstandskämpfer in der DDR.* - Mitverw. des Nachlasses von Erich Weinert; propagandist. Tätigkeit. Lebte 1975 in Berlin (Ost). - *Ausz.:* u..a. 1957 Clara-Zetkin-Med., Ernst-Moritz-Arndt-Med., 1958 Med. für Kämpfer gegen den Faschismus 1933-1945, 1959 VVO (Silber), 1964 Artur-Becker-Med. (Gold), 1965 Verdienstmed. der DDR, 1969 VVO (Silber).
Qu: Hand. Publ. Z. - IfZ.

Weingarten, Adolph, Journalist; geb. 1. Sept. 1906 Berlin. *Weg:* 1933 F; 1941 Marokko; 1942 USA.
1933-39 im Pariser Exil Korr. sozialistischer Blätter, Mitarb. *Cahiers Internationaux* der *Gruppe Internationale* (→ Ruth Fischer, → Arkadij Maslow, → Eugen Eppstein); 1941 Flucht nach Marokko, von dort 1942 in die USA; gehörte zur Gruppe um Ruth Fischer. 1944-45 Red. *The Network* u. Mithg. *International Correspondence.*
Qu: Arch. Publ. - IfZ.

Weinmann, Eric Walter, Rechtsanwalt; geb. 29. Juli 1913 Teplitz-Schönau/Böhmen; *V:* Dr. Edmund W. (geb. Nov. 1881 Aussig, gest. Apr. 1937 Teplitz-Schönau), Prom. TH Prag, Industrieller, ab 1928 in Berlin; *M:* Josephine, geb. Taussig (geb. März 1885 Revnice/Böhmen, gest. Juni 1974 New York), 1939 Emigr. GB, 1940 Bras., 1941 USA; *G:* Hanus J. (geb. Juli 1909 Teplitz-Schönau), Gymn., Finanzfachmann, 1941 Emigr. USA; Herbert P. (geb. Dez. 1910 Teplitz-Schönau, gest. 1972 Zermatt/CH), 1941 Emigr. USA, Finanzfachmann; Kathi E. Urry (geb. Sept. 1918 Teplitz-Schönau), 1941 Emigr. USA; ∞ I. 1946 Camilla Marvin (geb. Jan. 1913 Evanston/Ill.), anglikan., 1953 gesch.; II. 1974 Mary Ethel deLimur (geb. 1929 Paris), anglikan., 1939 Emigr. USA, Stud. Mills Coll. Am. Univ., Parsons School of Design; *K:* Edward M. (geb. 1947), Ph.D. Columbia Univ.; Gail G. (geb. 1949), M.D. Stud. Cornell Univ.; *StA:* österr., CSR, 1946 USA. *Weg:* 1935 F; 1937 GB; 1939 Argent.; 1940 USA.
1932-35 Stud. Handelshochschule Berlin, Dipl.-Kaufm. 1935 Emigr. Frankr., Bankangestellter; 1937 nach GB, Angest., Geschäftsf. Merchandise Development Ltd., nach Kriegsausbruch 1939 Emigr. Argentinien, Apr.-Dez. 1940 in Buenos Aires. Dez. 1940 in die USA, 1943-44 Stud. Columbia Univ. 1944-45 in der Abt. für psycholog. Kriegführung beim OSS in Washington/D.C. 1945-46 wissenschaftl. Mitarb. US-Außenmin. 1946-71 selbst. Kaufm.; 1947 M.A., 1957 LL.B. Columbia Univ., 1957 in New York, 1958 in Washington/D.C. als RA zugelassen, 1961 Zulassung beim Obersten Bundesgericht. 1957-60 Rechtsberater Government Operation Committee des US-Repräsentantenhauses, 1960-63 Jurist bei Security and Exchange Commission (Börsenaufsichtsbehörde), ab 1963 bei Small Business Admin. (Förderung von Familienbetrieben). 1954-60 VorstMitgl. *Goddard Neighborhood Center,* Mitgl. *Am. Bar. Assn., Federal Bar Assn., New York City Bar Assn.* Lebte 1976 in Washington/D.C.
W: Art. in *Business Lawyer, Federal Bar Journal, Banking Law Journal, Univ. of Baltimore Law Journal* u. *Foreign Service Journal. Qu:* Fb. Hand. Z. - RFJI.

Weinmann, Hans, Industrieller; *V:* Jacob W. (geb. 1852 Dobra/Böhmen, gest. 1928), jüd., Kaufmann, Besitzer von Kohlenbergwerken; *G:* → Frederick Wyman; Dr. Ing. Edmund Weinmann (geb. Nov. 1881 Aussig, gest. Apr. 1937 Teplitz-Schönau/CSR), jüd., Prom. TH Prag, Industrieller, ab 1928 in Berlin; Trude Weininger; ∞ Stella, geb. Parnass; *K:* → Charles Alfred Wyman; → Henry Walter Wyman; → Ralph Mark Wyman; *StA:* CSR, USA. *Weg:* 1939 GB; 1940 CDN; 1941 USA.
Mitinh. der Kohlenbergwerke Ed. J. Weinmann i. Aussig. 1939 während der dt. Invasion in Prag verhaftet, Paßbeschlagnahme bei Verhandlungen zur Arisierung des Familienunternehmens. 1939 illeg. Emigr. GB, 1940 nach Kanada, 1941 in die USA. Zus. mit 2 Söhnen Erwerb der Plastik- u. Kunstlederfabrik Pantasole Leather Co. Passaic/N.J. u. der Gummiwaren-Fabrik H. O. Canfield Co. Bridgeport/Conn.
L: Hilberg, Destruction; The Jews of Czechoslovakia, Bd. I. *Qu:* Hand. Publ. Z. - RFJI.

Weinmann, Rudi (Rudolf), Journalist, Kaufmann; geb. 1915 Berlin. *Weg:* 1933 NL; 1936 Argent.

Nach Oberrealschule Arbeiter in einer Werkzeugfabrik. Mitgl. KPD, nach der natsoz. Machtübernahme illeg. Arbeit, vorüberg. in Haft, Ende 1933 Flucht nach Holland. Dort Ausbildung als Mechaniker u. Maschinenbauer. 1936 Emigr. nach Argentinien, Dreher u. Metallarb.; 1941-45 Sekr. der dt. Parteigruppe innerh. der illeg. Kommunistischen Partei Argentiniens, aktiv in der freideutschen Bewegung, ab Nov. 1941 mit → Walter Freund u. Erich Sieloff Hg. *Volksblatt/Organ Democrático por Alemania Libre* Buenos Aires, als Deleg. der *Gruppe Volksblatt* Jan. 1943 Teiln. Antifaschistischer Kongreß in Montevideo; 1943 Hg. *Der freie Deutsche* als Nachfolgeztg. des *Volksblattes*. Nach 1945 Verbleib in Argentinien, Vertreter von Werkzeugmaschinenfabriken.

L: Kießling, Alemania Libre. *Qu:* Arch. Pers. Publ. - IfZ.

Weinschenk, Fritz, Rechtsanwalt, Verbandsfunktionär; geb. 21. Aug. 1920 Mainz; *V:* Jacob Hugo W. (geb. 1877 Mainz), jüd., Weinhändler, 1933 Emigr. USA, Autor von 5 Gedichtbänden; *M:* Hedwig, geb. Metzger (geb. 1885 Mainz), jüd., Oberschule, 1935 Emigr. USA; *G:* Franz (geb. 1925 Mainz), 1935 Emigr. USA, M.Sc. (Educ.), Dean of Humanities Fresno State Univ. Calif.; ∞ 1951 Lorraine Sahl (geb. 1913 New York), jüd. M.P.A., Lehrerin in New York u. Conn., Mitarb. für Public Relations im US-Landwirtschaftsmin. u. bei der Fernsehstation Channel 21 TV, Journ.; *K:* Walter (geb. 1955), Stud. Rechtswiss. u. Yeshiva Univ.. New York; Carl (geb. 1959); *StA:* deutsch, USA. *Weg:* 1935 USA.

1930-34 Gymn. Mainz, 1934-35 Fortbildungsschule der isr. ReligGde. Mainz. 1935 Emigr. USA mit Mutter u. Bruder, Unterstützung der Familie durch HIAS u. J.D.C. 1938-42 Stud. City Coll. New York, 1942-46 US-Armee (Teiln. an Invasion, Kriegsausz.); 1946-50 bei der Postzensurabt. in Nürnberg u. Bamberg, beim Counter Intelligence Corps in Wiesbaden, Bremen u. Frankfurt/M.; 1950-53 Stud. New York Univ. Law School, 1953 J.D., bearbeitete Wiedergutmachungsfälle bei der Anwaltsfirma Hamburger, Weinschenk, Molnar. 1966-74 Beauftragter von dt. Gerichten u. Staatsanwaltschaften für Zeugenvernehmung in den USA in Verbindung mit NS-Prozessen. VorstMitgl. *Consular Law Soc.,* Vors. *Internat. Law Commission,* Queens County Bar, Vizepräs. *Am. Assn. Former European Jurists;* VorstMitgl. der *Deutsch-Amerikan. Handelskammer,* VorstMitgl. A.F.J.C.E., Mitgl. *Legal Aid Soc.* Lebte 1977 in Baldwin/N.Y. - *Ausz.:* 1972 BVK 1. Kl.

W: u.a. Anerkennung eines Verwaltungsbescheides im Staat New York. In: Neue Juristische Wochenschrift, 1964; The German War Crimes Trials. In: New York Law Journal, 1968; Recognition of Foreign Judgements in the State of New York. In: Queens County Bar Assn. Journal, 1970; Eintreibung kleiner Ansprüche in den USA. In: Betriebsberater, 1972; Nazis before German Courts: The West-German War Crimes Trials. In: Internat. Lawyer, 1976. *Qu:* Fb. Publ. - RFJI.

Weinstock, Israel, Dr. phil., Rabbiner; geb. 28. Mai 1909 Brody/Galizien; *V:* Hirsch Moses W. (geb. 1883 Kuty/Galizien, gest. 1943 London), Diamantenhändler, Mitgl. *Misrachi,* Emigr. GB; *M:* Sara, geb. Mansohn (geb. 1881 Sadagora/Bukowina); *G:* Guggy Grahame (geb. 1914 Kuty), Emigr. GB, Vors. *Women's Mizrachi of Great Britain;* ∞ Rachel Winter (geb. 1922 Lübeck); *K:* Miriam Mazeh (geb. 1946), 1949 IL, B.A., Sozialarb.; Daniel Zvi (geb. 1949), jüd., B.Sc.; *StA:* österr.; brit.; IL. *Weg:* 1938 GB; 1949 IL.

1934 Prom. Wien, Rabbinerexamen Jüd.-Theol. Seminar Wien; 1934-38 ReligLehrer an Gymn. in Wien; Vors. *B'nei Akiva* u. *Misrachi* Wien. 1938 Emigr. GB, 1938-49 Rabbiner Hampstead Garden Suburb Syn. u. United Syn. London; Vors. *Mizrachi Fed. of Great Britain and Ireland.* 1949 nach Israel, 1949-53 Relig.- u. Hebr.-Lehrer an der höheren Schule Maale u. am *Mizrahi* Lehrerseminar. 1953-69 Ltr. ReligAbt. des KKL; ab 1969 Ltr. Inst. für Kabbala u. Chassidismus in Jerusalem. Vors. *Mizrahi* Jerusalem, Mitgl. Erziehungsausschuß der Jerusalemer Stadtverw. Lebte 1977 in Jerusalem.

W: Grundriß der Sozial- und Wirtschaftsgeschichte der Juden in Mähren vom 9. bis zum 17. Jahrhundert (Diss.). 1934; BeMaagelei haNigleh veHanistar (Studien über jüd. Phil. u. Mystizismus). 1969; Temirin (Texte u. Studien zu Kabbala u. Chassidismus, Hg., 2 Bde.). 1972, 1978; Beiträge in isr. Fachzs. *Qu:* Fb. Hand. Publ. - RFJI.

Weinstock, Sir Arnold, Unternehmensleiter; geb. 29. Juli 1924; *V:* Simon W.; *M:* Golda; ∞ 1949 Netta Sobell; *K:* 1 S, 1 T. *Weg:* GB.

Emigr. GB, Stud. London, Dipl. in Statistik. 1944-47 Verwaltungsbeamter bei der brit. Admiralität, 1947-54 bei Finanzierungs- u. Grundstücksfirmen tätig, 1954-63 geschäftsf. Dir. Allied Industr. Ltd., später Radio & Allied Holdings Ltd., ab 1961 Dir. u. ab 1963 geschäftsf. Dir. der Gen. Electric Co. Ltd., ab 1971 Dir. Rolls Royce Ltd. Lebte 1973 in London. - *Ausz.:* 1970 Adelsstand.

Qu: Hand. - RFJI.

Weis, Georg, Dr. jur., Rechtsanwalt, Verbandsfunktionär; geb. 28. Mai 1898 Dux/Böhmen, gest. 1978 (1979?) Wien; jüd.; *V:* Gustav W. (geb. 1860 Dobris/Böhmen, umgek. KL Theresienstadt), jüd., RA; *M:* Clothilde, geb. Lazansky (geb. 1873 Strakonitz/Böhmen, gest. 1931), jüd.; *G:* Trude Zeutner (geb. 1895 Dux, umgek. im Holokaust); Grete Fischl (geb. 1901 Dux, umgek. im Holokaust); ∞ I. 1927 Gertrude Löwy (geb. 1902 Eger/Böhmen, gest. 1954 Berlin), 1939 Emigr. GB; II. Charlotte Mühlfeld (geb. 1901 Lemberg/Galizien), jüd., Handelsschule, 1938 Emigr. AUS, Angest., 1953 österr.; *StA:* österr., brit. *Weg:* 1939 GB; 1946 Deutschland (BBZ); 1956 Österr.

Im 1. WK Soldat k.u.k. Armee (Ausz.). 1918-21 Stud. Karls-Univ. Prag, 1922 Prom.; 1927-38 RA in Leitmeritz/Böhmen u. Prag. 1930-38 Ausschußmitgl. der *Tschechoslowakischen Vereinigung für gewerblichen Rechtsschutz* u. stellv. Schriftltr. der von ihr hg. Zs. *Schaffen und Wettbewerb.* 1938 Mitgl. Kongreßausschuß der *Internationalen Vereinigung für gewerblichen Rechtsschutz.* Gr. u. Ltr. einer Ausstellung zur Gesch. des Gewerberechts, Mitgl. eines Ausschusses zur Reform des Urheberrechts im CSR-Handelsmin.; 1934 Schriftltr. *Revue für Kartell- und Gesellschaftsrecht,* 1936 Schriftltr. *Kartellpraxis.* Febr. 1939 Emigr. GB mit Besuchervisum. 1939-45 Berater für europ. Recht in London; 1943 Vors. eines Ausschusses zur Vorbereitung einer Rückerstattungs-Gesetzgebung für die CSR in Verb. mit dem jüd. Vertreter bei der CSR-Exilreg. in London. 1946-47 Rechtsberater für *Jew. Relief Unit* in Deutschland (BBZ); 1947 Initiator u. Ltr. des Jüd. Juristenkongresses in Deutschland u. stellv. Rechtsberater des Intergovernmental Committee on Refugees London. 1947-48 Rechtsberater für J.D.C. Paris, 1948-53 OrgLtr. der JRSO in Nürnberg, 1952-56 Dir. Berliner Geschäftsstelle der JRSO u. Hg. der *Schriftenreihe zum Berliner Rückerstattungsrecht;* 1950-51 Berichterstatter über Entschädigungsrecht in Deutschland für ECOSOC; Einleitung von Verhandlungen über Wiedergutmachungszahlungen für Opfer med. Experimente. Frühjahr 1956 nach Wien. Ab 1956 GenSekr. des *Österreichischen Hilfsfonds* Wien für pol. Verfolgte, daneben 1961 Geschäftsf. des österr. Abgeltungsfonds, 1957-68 Geschäftsf. der österr. JRSO u. 1961-71 der österr. Sammelstelle A für Rückerstattung erbenlosen jüd. Vermögens und von Vermögen, für das keine Rückerstattung beantragt wurde, sowie Geschäftsf. der österr. Sammelstelle B für nichtjüd. Eigentum, u.a. aus dem Besitz des Vatikans. Ab 1966 Initiator u. geschäftsf. Mitgl. des *Jüdischen Komitees für Theresienstadt,* u.a. Wiederherstellung des dortigen jüd. Friedhofs. Ab 1970 Mitgl. Ehrenkomitee des *Gedächtnisfonds für die Märtyrer von Theresienstadt.* Ab 1971 Rechtsberater der isr. Botschaft in Wien. Lebte 1978 in Wien. - *Ausz.:* 1928 u. 1929 Staatspreis des CSR-Justizmin., 1965 Commendatore des päpstl. St. Silvester-Ordens; Gr. Ehrenzeichen für Verdienste um die Rep. Österreich.

W: u.a. Kommentar zum tschechoslowakischen Gesetz über unlauteren Wettbewerb. 1933; Kommentar zum tschechoslowakischen Kartellrecht. 1936; Das Wettbewerbsrecht der Zünfte. 1937 (tschech., ungar. u. ital. Übers.); The Removal of the Legal Effects of Belligerent Occupation in Grenada 1784. 1943; The Restitution of Hugenots' Property. 1943; Materialien zur Geschichte des Wiedergutmachungsrechts. 1954; Einige Dokumente zur Rechtsstellung der Juden und zur Entziehung ihres Vermögens 1933-1945. 1954; Restitution through the Ages. 1962 (?); Totenbuch Theresienstadt (Hg.). 1971; Das Haus Österreich und die Regelung der Rückerstattung konfiszierten Vermögens im Westfälischen Frieden. 1971; Zur Geschichte der Rückerstattung. 1975. *Qu:* Fb. Z. - RFJI.

Weis, Paul, Dr. jur., Rechtsanwalt, UN-Beamter; geb. 19. März 1907 Wien; jüd.; *V:* Carl W. (geb. 1854 Koupi/Böhmen, gest. 1934 Wien), jüd., Stud. TH, Fabrikant, aktiv in *Union österreichischer Juden; M:* Ernestine, geb. Altmann (geb. 1865 Bohumice/Slowakei, gest. 1943 Wien), jüd.; *G:* Dr. jur. Rudolf W. (geb. 1889 Wien, gef. 1915); Ella (geb. 1890 Wien, umgek. 1943 [1944 ?] KL Izbica/PL), Stud. Musikakad.; Frieda (geb. 1892 Wien, umgek. 1943 [1944?] KL Izbica); ∞ 1946 Gerti Kuthan (geb. 1908 Elberfeld), jüd., Sängerin, 1939 Emigr. GB, arbeitete in Restaurants u. in einer Druckerei, 1947 CH; *K:* Julian Charles (geb. 1949), Hotelfachschule, Unternehmensltr. in NL; *StA:* österr., 1947 brit. *Weg:* 1939 GB; 1947 CH.

1925-34 Stud. Rechtswiss. Wien, 1930 Prom., anschl. RA-Anwärter u. Stud. Verfassungsrecht, daneben 1931-34 Angest. u. Teilh., 1934-38 Inh. u. Ltr. der Familienfirma D. Weis & Co. Likör- und Essigfabrik in Wien; 1930-38 BezVorstMitgl. *Israelitischer Humanitätsverein* in Wien, 1934-38 Mitgl. Industriellen-Verband Wien, 1935-38 stellv. Vors. Verband der Likörerzeuger; 1933-38 Beisitzer am Wiener Gewerbegericht, 1934-38 Mitgl. des Schiedsgerichts für Sozialversicherung Wien. 1938 Enteignung des Familienunternehmens, Nov. 1938-Apr. 1939 KL Dachau. Aug. 1939 Emigr. GB mit Hilfe des *Jewish Refugee Committee;* 1939-40 im Radioabhördienst in Richborough Camp/Kent tätig, 1940-42 Forschungsarbeit über internat. Verfassungsrecht in London, Luftschutzwart; 1942-44 Sekr. *Free Austrian Movement,* Mitarb. *Austrian Centre* in London. 1943-45 Angest. im brit. Informationsmin., 1944-47 Sekr. Rechtsabt. des Research Committee des W.J.C. in London, daneben Stud. London School of Economics; 1947-49 Rechtsberater der IRO in Genf, 1949-51 Dir. der Rechtsschutzabt. der IRO, 1951-71 Tätigkeit beim UN-Hochkommissariat für Flüchtlingswesen in Genf, bis 1961 Rechtsberater, 1961-67 Ltr. der Rechtsabt., 1967-71 Sonderberater für Rechtsfragen. 1954 Ph.D. in Rechtswiss. an der London Univ.; ab 1972 Doz. für.Rechtswiss. Univ. Zürich. Mitgl. *Internat. Law Assn., AJR, Grotiusgesellschaft* (1941-43 Mitgl. ihrer Kommission über die Rechtslage Staatenloser), *Schweizerische Zentrale für Flüchtlingshilfe,* Mitgl. u. 1972 Vizepräs. des *Internat. Lawyers Club* Genf, 1962-73 *Communauté Israélite de Genève,* Mitgl., ab 1974 VorstMitgl. der englischsprechenden Jüd.-liberalen Gde. von Genf; ab 1971 Mitgl. *Schweizer Asylrechtskommission.* Lebte 1978 in der Schweiz. - *Ausz.:* 1970 Goldener Nansen-Ring des Internat. Fridtjof-Nansen-Kollegiums für Verdienste um das Flüchtlingsrecht; Ehrengabe des dt. Bundespräsidenten (anstelle BVK); C.B.E.

W: The Undermining of the Nationality Concept in German Law. 1943; Statelessness as a Legal-Political Problem. 1944; Protection against Group Defamation. 1944; Nationality and Statelessness in International Law. 1956 (dt.: Staatsangehörigkeit und Staatenlosigkeit im gegenwärtigen Völkerrecht. 1962); Refugees and the Law. 1973; zahlr. Art. über Flüchtlingsrecht in jurist. Zs. u.a. Veröffentl. *Qu:* Fb. Hand. Pers. - RFJI.

Weisbach, Henry (Heinrich) Edward, Partei- u. Gewerkschaftsfunktionär; geb. 7. Sept. 1910 Komotau/Böhmen; kath., Diss., 1938 ev., 1950 Diss.; *V:* Eduard W. (gef. 1914), SDAP; *M:* Ida, geb. Zein (1888-1967), SDAP; *G:* Felix Scheffel (geb. 1920), Lehrer in der DDR; Martha Hahn (geb. 1924); ∞ 1933 Hermine Sippl (geb. 1912), ev., 1938 Emigr. GB, 1939 CDN; *K:* Ingrid Pecher (geb. 1934), 1938 Emigr. GB, 1939 CDN; *StA:* österr., 1919 CSR, CDN. *Weg:* 1938 GB; 1939 CDN.

Angest., 1921 Mitgl. *Rote Falken,* 1924 SJ, 1926-27 SJ-Obmann in Schreckenstein, 1928-32 BezVors. in Aussig u. Mitgl. Kreisltg., anschl. bis 1935 Kreisvertrauensmann für Nordböhmen; 1931 DSAP, 1935-37 ParteibezSekr. in Schluckenau, 1937-39 in Warnsdorf, 1935-38 Kreisführer der RW für Nordböhmen. Während sog. Sudetenkrise nach Prag, Okt. 1938 Emigr. nach GB, Mitgl. TG. Apr. 1939 nach Kanada, Farmer in Tupper Creek, 1941-48 Textil- bzw. Metallarb. in Toronto, anschl. GewFunktionär: 1948 pol. Sekr. der GewKommission für Toronto, 1949 Ltr. der pol. Aktionskommitees des kanad. GewBundes. 1956-61 Ltr. der Erziehungsarb. ebd., 1961-75 AbtLtr. bei GewKommission der Prov. Ontario; 1947 Mitgr. u. bis 1965 Präs. *Sudetenclub Vorwärts* Toronto sowie Hg. u. Mitarb. von dessen Monatsschrift *Vorwärts;* 1951 Mitgr., VorstMitgl. u. 1967-74 Präs. *Trans Canada Allianz der Deutsch-Canadier;* Sept. 1957 Mitgr. u. ab 1965 Präs. *Zentralverband sudetendeutscher Organisationen in Canada,* Mitgl. SG u. zahlr. dt. Vereine in Kanada sowie ZusArb. mit *Czechoslovak Newcomers' Club in Canada.* Lebte 1977 in Toronto. - *Ausz.:* 1967 Centennial Medal in Recognition of Valuable Service to the Nation, 1975 Wenzel-Jaksch-Gedächtnispreis der SG.

Qu: Arch. Fb. Pers. Z. - IfZ.

Weiser, Max, Dr. jur., Fabrikant; geb. 5. Juli 1912 Stanislau/Galizien; jüd.; *G:* → Benno Varon; ∞ 1943 Nelly Freudmann (geb. 1922 Wien), jüd., 1939 Emigr. EC über B; *K:* Betty Better (geb. 1944), Stud. Pittsburgh u. Pa. State Univ., Lehrerin in EC; *StA:* österr., 1951 EC. *Weg:* 1938 F; 1939 EC.

Ab 1931 Stud. Rechtswiss. Wien, 1937 Prom., 1937-38 Gerichtsprotokollant in Wien, 1938 Berufsverbot. März 1938 Emigr. Frankr.; Angest. in einer Metallfabrik; Mai 1939 nach Ecuador zur FamZusammenführung, Unterstützung durch HIAS; 1939-41 mit Bruder Mitgr. u. Teilh. einer kleinen Metallwarenfabrik, gleichz. 1940 Stud. Quito; 1941-51 Ltr. einer kleinen Kreditgenossenschaftsbank, 1951 Gr. eines kleinen Strickereibetriebs, 1959 Ausbau zum Textil-Großunternehmen Comin. Ab 1939 VorstMitgl. der Zion. Org. in Ecuador, Verb-Mann zwischen Behörden u. jüd. Org., 1939-76 Ausschußmitgl. der *Asociación de Beneficencia Isr.,* 1944-46 Sonderbeauftrager der J.D.C., 1948-51 Vertr. des J.D.C. in Ecuador, Reisen nach Chile, Argentinien u. Bolivien; 1958-75 erster Ehrenkonsul von Israel, Abstimmung der Tätigkeit der isr. Mission mit den jüd. Org.; Vizepräs. des *Inst. Cultural Ecuadoriano-Israeli;* für kurze Zeit Doz. für Völkerrecht an der Cent. Univ. Quito. Mitgl. Industrie- u. Handelskammer in Quito. Lebte 1978 in Quito/Ecuador.

Qu: Fb. Hand. Pers. Z. - RFJI.

Weisheit, August (Charles), Gewerkschaftsfunktionär; *StA:* deutsch, F. *Weg:* F.

Im franz. Exil Mitgl. PCF; März 1937 in Paris Mitgr. u. Sekr. des von der KPD initiierten *Koordinationsausschusses deutscher Gewerkschafter in Frankreich,* dessen Ziel der Zusammenschluß von ADG, RGO u. anderen gewerkschaftlichen Exilorg. war. Sommer 1937 Scheitern des *Koordinationsausschusses* am Widerstand von ADG u. IGB; nach dem Vorwurf „faschistischer Kollaboration" seitens der PCF Ausschluß aus der Gew-Arbeit.

L: Bednareck, Gewerkschaftspolitik. *Qu:* Arch. Publ. - IfZ.

Weismann, Ernest H., Dr. jur., Rechtsberater; geb. 28. Febr. 1901 Berlin; jüd.; *V:* Joseph W. (geb. 1857 Mainz, gest. 1935 Berlin), jüd., Bankier; *M:* Gertrud Sachs (geb. 1872 Glatz/Schlesien, umgek. 1943 KL Theresienstadt), jüd.; *G:* Eva Sachs (geb. 1899 Berlin), KL Theresienstadt, 1946 in die USA, Oberschullehrerin; ∞ 1931 Susan M. Brasch (geb. 1909 Breslau), jüd., Lyzeum, Sekr., 1939 Emigr. mit Ehemann; *StA:* deutsch, 1947 USA. *Weg:* 1933 F; 1942 USA.

1918 Abitur, 1919-22 Stud. Rechtswiss. Berlin u. Heidelberg, 1922 Prom., Referendar, 1926 Assessor, 1929-33 Amts- u. Landrichter. Berater für Tobisklangfilm in Copyright-Fragen, Veröffentl. auf diesem Gebiet. 1933 Emigr. Frankr. mit Besuchervisum, Rechtsberater für Filmges., Aufenthaltserlaubnis; 1936-39 Dir. einer niederländ. Firma in Paris. Ab Sept. 1939 interniert, Apr.-Juni 1940 Prestataire. 1941-42 in Marseille im Untergrund, Unterstützung durch J.D.C., 1942 in die USA. Stud. City Coll. New York u. Law School New York; C.P.A. bei Loeb & Troper, für J.D.C. tätig, dann bei *Conf. on Jew. Material Claims against Germany;* ab 1954 Comptroller u. Dir. JRSO, Berater u. C.P.A. für *Memorial Foundation for Jew. Culture.* Lebte 1977 in New York.

W: Kommentar zu Filmleihbedingungen. 1928; Report on the Operations of JRSO (Jahresberichte, Mitverf.). 1947-72; Erbenloses Eigentum. 1978; Beiträge über Wiedergutmachungsangelegenheiten in *Aufbau. L:* Annual Reports of the Conference 1954; Memorial Foundation for Jewish Culture. 1966; Twenty Years Later: Activities of the Conference on Jewish Material Claims against Germany 1952-72. 1973. *Qu:* Fb. Pers. Z. – RFJI.

Weismann, Robert, Dr. jur., Ministerialbeamter, Politiker; geb. 3. Juni 1869 Frankfurt/M., gest. 2. Febr. 1942 New York; ∞ Gertrud Reichenheim, Emigr.; *K:* Julia Kerr (geb. 1898), verh. mit Alfred Kerr, Emigr. GB; Diez (geb. 1900), Dipl.-Ing., Violinist, Emigr.; Gert Whitman (1903-70), Bankier, Emigr. USA, nach 1945 Berater von Gen. John J. McCloy in Deutschland, Europa-Repräsentant Bankhaus Kuhn, Loeb u. Co., New York, Gesellschafter Bankhaus Richard Daus u. Co., Frankfurt/M.; *StA:* deutsch, 25. Aug. 1933 Ausbürg. *Weg:* 1933 CSR, CH; F; 1941 USA.

Stud. Rechtswiss. Berlin u. Heidelberg, 1891 Referendar, 1894 Assessor, Staatsanwalt in Duisburg u. ab 1908 in Berlin, später 1. Staatsanwalt in Pol. Abt. der Staatsanwaltschaft I Berlin, aktiv bei Unterdrückung pol. Unruhen 1918/19; nach Kapp-Putsch 1920 preuß. Staatskommissar für öffentl. Ordnung, u.a. wegen Einsatzes von V-Leuten umstritten. Mitgl. *Zentrum.* Ab Juni 1932 Staatssekr. im Preuß. Staatsmin., enger Berater von MinPräs. → Otto Braun, gehörte zu den „farbigsten u. problematischsten Figuren im öffentlichen Leben der Weimarer Republik" (H. Schulze). 1932 nach sog. Preußenschlag auf eigenen Antrag in den Ruhestand, 1933 über die CSR u. die Schweiz nach Frankr.; angebl. zeitw. für CSR-Spezialpolizei tätig, intervenierte bei Hitler gegen seine Ausbürg. unter Hinweis auf nat. Verdienste bei Bekämpfung des Kommunismus. Spätherbst 1941 nach New York.

L: u.a. Schulze, Hagen, Otto Braun. 1977. *Qu:* Arch. EGL. Hand. Publ. – IfZ.

Weiss, Albin, Gewerkschaftsfunktionär; geb. 12. Aug. 1897 Heidersbach bei Suhl/Thür.; *Weg:* 1935 F; USA.

Büchsenmacher; nach 1920 Gewerkschaftssekr. des DMV in Völklingen/Saar, Mitgl. KPDO, zeitw. Hg. der Zs. *Arbeiterpolitik;* Mitgl. Bürgermeistereirat von Völklingen. 1935 nach Saarabstimmung Emigration nach Frankreich, von dort später in die USA.

Qu: Arch. – IfZ.

Weiss, Armand, Parteifunktionär; geb. 21. Febr. 1900 Wien; *StA:* österr. *Weg:* 1934 CSR, UdSSR; E; UdSSR (?).

Ingenieur, Mitgl. SDAP u. *Republikanischer Schutzbund.* 1934 nach den Februarkämpfen Flucht in die CSR, Ltr. des Flüchtlingslagers Trnava bei Preßburg. Mit Schutzbündlertransport nach Moskau, Fabrikarb. in Char'kov. 1937 (?) Verhaftung im Rahmen der Säuberungen, in öffentl. Gerichtsverfahren nach pol. Bürgschaftserklärung von → Ernst Fischer Freispruch mangels Beweisen. Anschl. nach Spanien, angebl. im Bürgerkrieg, nach anderer Quelle nach dt. Angriff auf die UdSSR im Partisanenkampf gefallen.

L: Fischer, Erinnerungen; Mayenburg, Blaues Blut; Stadler, Opfer. *Qu:* Arch. Publ. – IfZ.

Weiß, Bernhard, Dr. jur. et rer. pol., Beamter; geb. 30. Juli 1880 Berlin, gest. 29. Juli 1951 London; jüd.; *V:* Max W., Kaufm.;

M: Emma, geb. Strehlitz; ∞ Lotte Edith Buß (1900-52), Emigr. CSR, GB, 24. März 1937 Ausbürg.; *K:* Hilde (geb. 1921), Emigr. CSR, GB, 24. März 1937 Ausbürg., 1941 mit Hilfe von → Albert Grzesinski in die USA; *StA:* deutsch, 25. Aug. 1933 Ausbürg. *Weg:* 1933 CSR, GB.

1900 Abitur, Stud. Rechts- u. Staatswiss. u. Volkswirtsch. Freiburg, München, Berlin, 1906 Prom. Würzburg, Vorbereitungsdienst u. Tätigkeit als Amtsrichter in Berlin. Im 1. WK Frontsoldat (bayer. Rittmeister, EK I), ab Mai 1916 Pol. Abt. des PolizeiPräs. Berlin, erster ungetaufter Jude im höheren preuß. VerwDienst, Mitgl. SPD. 1920-24 Ltr. pol. Polizei, Amtsenthebung nach Polizeiaktion gegen sowj. Handelsvertretung, dann Ltr. der Kriminalpolizei, ab 1927 Polizei-Vizepräs. von Berlin. Aufgrund seines scharfen Durchgreifens gegen KPD u. NSDAP von der Goebbels-Presse als „Isidor Weiß" verunglimpft (u.a. natsoz. Karikaturensammlung *Das Buch Isidor*), nach sog. Preußenschlag Juli 1932 entlassen u. kurzfristig in Haft. Nach natsoz. Machtübernahme Flucht nach Prag, Niederlassung in GB; mit 1. Ausbürg.-Liste wegen Begünstigung der ostjüd. Einwanderung expatriiert. Lebte als Inh. eines Druckerei- u. Papierwarengeschäfts in London.

Qu: Arch. Hand. Publ. Z. – IfZ.

Weiss, Ernst Gustav Adolf, Ingenieur; geb. 19. Jan. 1911 Wien; ∞ 1943 Leonie Dunster; *K:* 1 S, 2 T. *Weg:* 1938 AUS.

Stud. Wien, 1936-38 Ing. bei Eliu Union; 1938 Emigr. Australien, 1938-39 Angest. bei State Electricity Commission of Victoria, 1939-44 bei W. E. Basset & Partners, Melbourne, 1944-52 Ing., dann ltd. Mech. Ing. u. 1952-71 Assist. Dir. Gen. im Commonwealth Dept. of Works; Kuratoriumsmitgl. School of Engineering Monash Univ., Mitgl. *Musical Soc. of Victoria,* Vizepräs. Rosanna Youth Center, Fellow *Inst. of Engineers,* Mitgl. *Inst. Heating and Ventilation Engineers* London, *Soc. Heating and Refrigeration & Air Conditioning Engineers* USA. – *Ausz.:* 1969 B.E.E. (hon.); MBE.

W: Air Conditioning (Mitverf.). 1963 *Qu:* Hand. – RFJI.

Weiss, Johann (Hans), Gewerkschaftsfunktionär; geb. 10. Dez. 1881; ∞ verh., Ehefrau 1948 Übersiedlung nach GB; *K:* 1 T, 1948 nach GB; *StA:* österr., 1919 CSR. *Weg:* 1938 (?) GB.

DSAP-Mitgl., Vors. Gebietsorg. Mähren-Schlesien-Ostböhmen des *Fabrikarbeiterverbands in der CSR* u. der schles. KreisgewKommission des *Deutschen Gewerkschaftsbunds in der CSR* mit Sitz in Freiwaldau/Schlesien, Parteifunktionär des Bez. ebd. Vermutl. 1938 Emigr. nach GB, TG-Mitgl. Blieb nach Kriegsende in GB.

Qu: Arch. – IfZ.

Weiss, Joseph (Jupp), Dr. jur., Rechtsanwalt, Verbandsfunktionär, Bankier; geb. 30. Nov. 1901 Flamersheim/Rheinl.; jüd.; *V:* Meir W. (geb. 1863 Kirchheim/Rheinl., gest. 1949 Raananah/IL), jüd., Kaufm., 1939 Emigr. Pal.; *M:* Rosalie, geb. Levy (geb. 1862 Aach/Rheinl., gest. 1943 Raananah), jüd., 1939 Emigr. Pal.; *G:* Elise (geb. 1899 Flamersheim, gest. 1959 IL), jüd., 1939 Emigr. NL, überlebte dt. Besatzungszeit im Versteck, 1952 Pal.; Elfriede Joseph (geb. 1903 Flamersheim), Stud. Berlin u. Frankfurt, aktiv in *Hechaluz* Berlin, 1928-31 ltd. Fürsorgerin für den Reg.-Bez. Rostock/Mecklenburg, 1931-41 mit Ehemann Ltr. Lehrlingsheim der Jüd. Gde. Berlin, 1946 in die USA; Berthold (geb. 1905 Flamersheim), Kaufm., 1939 Emigr. NL, 1940 USA; ∞ 1929 Ruth Abraham (geb. 1907 Bonn), Sept. 1938 Emigr. Pal.; *K:* Miriam Kareth (geb. 1930 Bonn, gest. 1973 IL), jüd., 1938 Emigr. Pal., Stud. Bakteriologie Hebr. Univ. u. Zürich; Chanan Itai (geb. 1933), 1938 Emigr. Pal., Ph.D., Senior Lecturer in Pflanzenphysiologie u. Biologie Ben Gurion Univ. Beersheba; *StA:* deutsch, Pal./IL. *Weg:* 1938 Pal.

Stud. Rechts-, Wirtschaftswiss. u. Phil. Bonn, Frankfurt u. Heidelberg, 1929 Prom. Bonn, 1929 Gerichtsassessor in Berlin, 1929-33 RA in Bonn, 1920 Mitgl. K.J.V., *Keren Hayessod,* 1922 im Abwehrkomitee der Jüd. Gde. Frankfurt (anläßlich der Ermordung Rathenaus), Mitgl. *B'nai B'rith.* Apr. 1933 Berufsverbot. 1933 Absprache mit dem späteren Premiermin. von Israel Levi Eshkol u. dem zion. Führer Enzo Sereni über Auswanderung u. Niederlassung in der landwirtschaftl. Siedlung Beer Tuviyyah/ Palästina, übernahm jedoch auf Drängen von → Kurt Blumenfeld u. → Georg Landauer Ltg. des KKL in Deutschland. Jan. 1934–Dez. 1938 stellv. Vors. u. Dir. des KKL Berlin, VorstMitgl. *Esra, ZVfD* u. *Paltreu*, zion. Redner u. Deleg. auf Tagungen, Herbst 1938 von der Gestapo verhaftet, Entlassung durch Vermittlung von Leo Baeck u. des ZVfD, Nov. 1938 KL Oranienburg. Dez. 1938 Emigr. Palästina mit Sondervisum für zion. Funktionäre, 1939 ltd. Stellung bei KKL Jerusalem, 1939–41 KKL-Deleg. für Europa in Genf, später in Lissabon, ZusArb. mit J.D.C.; 1941 Rückkehr nach Palästina, Mitgl. *Haganah*, 1941–52 Gr. u. Dir. der Finanz- u- Wirtschaftsabt. des KKL-Hauptbüros in Jerusalem, Anleihen bei amerikan. u. europ. Banken; 1952 in der Ltg. von Bank Leumi le-Israel, 1953–56 Gr. u. Dir. der Finanzierungsges. der Bank Leumi Cifico in Zürich (später Cifico-Leumi Bank Zürich). 1956–58 Vertr. der Geschäftsltg. der Bank Leumi bei der isr. Reg. in Jerusalem; gleichz. Berater des isr. Finanzmin. in Fragen der dt. Wiedergutmachung. 1958–59 Geschäftsf. der isr. Petroleum Corp. Delek Tel Aviv. 1969–77 VorstMitgl. der Bank Leumi Investment Co. 1959–73 Honorarkonsul der Philippinen in Tel Aviv, Mitgl. Public Advisory Committee for Personal Indemnification and Restitution, Kuratoriumsmitgl. Weizmann Inst. Reḥovot u. des I.O.M.E., Präsidiumsmitgl. des K.J.V., 1967–72 ehrenamtl. Schatzmeister, ab 1971 VorstMitgl. *Friends of Museum Haarez* Tel Aviv; 1969–77 ehrenamtl. Schatzmeister der *Isr. Krebs-Gesellschaft;* Kuratoriumsmitgl. *Isr. Technion Soc.;* VorstMitgl. *Isr.-Swiss Friendship League* u. der Isr.-Germ. C. of C., Fellow *Isr. Petroleum Inst.*, Mitgl. der soziolog., ökon. u. pol. Forschungsgesellschaft *List-Gesellschaft* u. *List-Institut* in Basel. Lebte 1977 in Savyon/Israel.

W: Von der clausula rebus sic stantibus bis zur Geschäftsgrundlage (Diss.). 1929. *Qu:* EGL. Fb. Hand. Z. – RFJI.

Weiss, Samson Raphael, Dr. phil., Rabbiner; geb. 9. März 1910 Emden/Hannover; *V:* Aron W.; *M:* Judith, geb. Schweiger; ∞ 1936 Helene Carlebach; *K:* Yetta Zelikowitz; Miriam Dissen; Israel Meyer; Devora Kitevitz; *StA:* deutsch, 1944 USA. *Weg:* 1938 USA.

1928–34 Stud. Breslau, Berlin, Zürich u. Prag; 1934 Rabbinerexamen Jeschiwah Mir in Polen. 1934–38 Rabbiner u. Dekan für hebr. Studien an der Jüd. Lehrerbildungsanstalt in Würzburg. 1938 Prom. Dorpat/Estland. 1938 Emigr. USA. 1938–40 Prof. Ner Israel Rabbinical Coll. Baltimore/Md., 1940–44 Dir. Beth Yehuda-Yeshivah Detroit/Mich., 1944–72 (?) Rabbiner Congr. Orach Chaim New York; 1944–45 Gr. u. Dir. der Ges. zur Unterstützung von hebr. Volksschulen *Torah Umesorah*. 1945–56 Gr. u. Dean des Young Israel Inst. for Jew. Studies New York, 1947–56 Dir. des *Nat. Council Young Israel* New York. 1956–72 (?) geschäftsf. Vizepräs. *Union of Orthodox Jew. Congrs. of America.* 1961–62 Gr. u. Dean Torah Univ. Los Angeles/Calif.; RedMitgl. von *Viewpoint* u. *Jewish Life;* gleichz. Prof. für Phil., Dekan der jüd. Fak. Touro Coll. New York u. Gastvorträge im In- u. Ausland. 1972 (?) nach Israel; zeitw. VorstVors., dann Ehrenvors. *Amerikanische Freunde des Shaare-Zedek-Krankenhauses Jerusalem;* zeitw. Vors. *Amerikanische Freunde der Mirrer-Jeschiwah Jerusalem;* zeitw. Mitgl. *Rabbinical Council of America.* Lebte 1977 in Jerusalem. – *Ausz.:* 1928 Schillerpreis der Stadt Breslau.

Qu: Arch. Hand. – RFJI.

Weiss, Siegmund, Unternehmensleiter; geb. 13. Nov. 1907 (1908?) Krefeld, gest. 3. Jan. 1973; jüd.; ∞ 1936 (1937?) Henriette Ringer (geb. Antwerpen); *K:* Renée Perlmutter (geb. 1938 [?] Antwerpen), 1940 Emigr. Bras.; *StA:* deutsch, Bras. *Weg:* 1933 B; 1940 Bras.

Textiling., 1933 Emigr. Belgien, 1940 über Portugal nach Brasilien; Gr. eines Importgeschäftes für Eisenwaren, 1949 bras. Vertr. des Stahlkonzerns Mannesmann, später Gr. u. Präs. der Stahlwerke Cia. Siderurgica Mannesmann (ca. 5000 Mitarb.). 1964 Ruhestand. Präs. jüd. Gde. Bairro Peicoto Copacabana. – *Ausz.:* Dr. h.c. von zwei bras. Univ.

Qu: Fb. – RFJI.

Weißenbeck, Fritz, Parteifunktionär; geb. 1919 (?), gest. Anfang Okt. 1949 Wien; *StA:* österr. *Weg:* E; 1939 (?) F; Deutschland; 1945 (?) Österr.

Als 17jähriger nach Spanien, Teiln. Bürgerkrieg in Internat. Brigaden. Vermutl. 1939 nach Frankr., Internierung u.a. in Gurs. Später nach Deutschland, KL Dachau u. Ravensbrück, in Ravensbrück LtgMitgl. der illeg. Lagerorg. Nach Kriegsende nach Wien. 1946–48 stellv. Vors. *Freie Österreichische Jugend.*

Qu: Hand. Z. – IfZ.

Weissman, Fred S. (urspr. Weissmann, Siegfried), Dr. jur., Ministerialbeamter, Verbandsfunktionär; geb. 20. Okt. 1888 Offenburg/Baden, gest. 26. Juli 1968 New York; jüd.; *V:* Bernhard W., Kaufm.; *M:* Minna, geb. Oppenheimer; ∞ Irma; *K:* Bernard; Suzanne Solomon; *StA:* deutsch, USA. *Weg:* 1939 GB; 1940 USA.

Stud. München, Berlin u. Heidelberg, 1911 Prom. Heidelberg, Referendar; ab 1914 Assessor, zuletzt OberregRat im Badischen Innenmin., Dezernent für die Univ. Heidelberg u. Freiburg bei der Hochschulabt. des Badischen Kultusmin., 1933 Entlassung. 1935(?)–39 geschäftsf. Vors. des Oberrats der Israeliten Badens, Gr. eines jüd. Schulsystems in Baden u. einer landwirtschaftl. Ausbildungs-Farm in Sennfeld/Baden; Vors. der isr. Gde. in Karlsruhe, Mitgl. Hauptvorst. des CV, VorstMitgl. des K.C. u. Mitgl. der *Reichsvertretung.* Mitgl. u. zeitw. Präs. *B'nai-B'rith-*Loge Karlsruhe. Nov. 1938 KL Dachau, Frühj. 1939 Emigr. GB, 1940 in die USA; 1940–61 Vizepräs. u. Geschäftsf. von *Selfhelp* New York, 1961–68 Berater für *Selfhelp,* Mitgr. u. Schatzmeister *Newark House* (Heim für ältere Emigr.), VorstMitgl. *United Help,* Mitgl. Exekutivkomitee der A.F.J.C.E.

W: Die Beschwerde als Berufungsvoraussetzung im deutschen Zivilprozeß (Diss.). 1911. *L:* Stein, Nathan, Oberrat der Israeliten Badens 1922–37. In: Yearbook LBI, 1956; Annual Report dedicated to Fred Weissmann. Selfhelp. 1968. *Qu:* EGL. Hand. Publ. Z. – RFJI.

Weissmann, Alfred, Verbandsfunktionär; geb. 9. Aug. 1907 Wien; jüd., Diss.; *V:* 1941 in Wiener Krankenhaus umgek.; *M:* 1941 dep.; *G:* Dr. Emmerich Weissmann, Emigr. GB, nach Kriegsende Vors. *Austrian Labour Club* in London, A: London; ∞ Emma, Jugendfürsorgerin in Wien, 1935 aus pol. Gründen entlassen, Emigr. F, USA, Absolventin New York School of Social Work der Columbia Univ., Ltr. soziale Beratungsstelle der Alfred Adler Mental Hygiene Clinic; *StA:* österr., 1947 USA, 1976 USA u. österr. *Weg:* 1938 F; 1941 USA.

Mitgl. SAJDÖ, in den Auseinandersetzungen um die Ausrichtung des Verbands Mitte der 20er Jahre Vertr. der Richtung → Manfred Ackermann, BezObmann in Wien u. zeitw. Wiener Organisationsref. u. Mitgl. des Verbandsvorst. Später Mitgl. SDAP, Bildungsfunktionär u. Ltr. *Sozialistische Jungfront* in Wiener Bez.; 1934 nach den Februarkämpfen Mitgl. RSÖ, neben → Käthe Leichter u. → Carl Furtmüller Mitgl. Schulungsausschuß, verantwortl. vor allem für technisch-org. Bereich, Deckn. Werner. Jan. 1935 Verhaftung, März 1936 Mitangeklagter im großen Sozialistenprozeß, Freispruch. 1938 Emigr. Frankr., in Paris Mitgl. des Kreises sozialist. Emigranten um die AVÖS (→ Joseph Buttinger). 1940 während des Vormarschs der dt. Truppen vermutl. Flucht nach Südfrankr., 1941 Emigr. USA. Absolvierte eine Uhrmacherschule, später Ltr. u. Inh. eines großen Reparaturunternehmens (Swiss American Watch Hospital) in New York. Mitgl. *Austrian Labor Committee* unter → Friedrich Adler bzw. → Wilhelm Ellenbogen. 1945–75 Vors. der nach Kriegsende gegr. Nachfolgeorg. *Ameri-*

can *Friends of Austrian Labor,* die in den ersten Nachkriegsjahren Hilfsaktionen für Österr. organisierte u. in Abstimmung mit der SPÖ für den Zusammenhalt unter den österr. Sozialisten in den USA sorgte; Hg. der MonatsZs. *Austrian Labor News.* März 1975 Rückkehr nach Wien, Mitgl. SPÖ, Geschäftsf. der *Alt-SAJ in der SPÖ* (Arbeitsgemeinschaft ehem. Funktionäre u. Mitgl. der SAJDÖ), Mitarb. bei sozialist. Bildungsarbeit. Lebte 1978 in Wien. - *Ausz.:* u.a. 1976 Victor-Adler-Plakette der SPÖ.

L: Buttinger, Beispiel; Leichter, Diktaturen; Wisshaupt, RSÖ; Neugebauer, Bauvolk; Widerstand 1. *Qu:* Arch. Pers. Publ. Z. - IfZ.

Weiterer, Maria, geb. Tebbe, Funktionärin; geb. 18. Febr. 1899 Essen, gest. 1. Dez. 1976; *G:* Anne, Elfriede, Else; ∞ → Siegfried Rädel; *StA:* deutsch. *Weg:* 1933 CSR; 1934 F; 1936 CH, F; 1945 Deutschland (ABZ).

1921 KPD, Parteifunktionärin in Berlin u. im Ruhrgeb. 1933 illeg. Tätigkeit, Dez. 1933 mit → Siegfried Rädel in die CSR, 1934 Frankr., Jan. 1936 in die Schweiz, Ende 1936 Ausweisung nach Frankr., Ltr. des Sozialausschusses der EmigrLtg. u. Verw. des Kaderarchivs der dt. Spanienfreiwilligen. Im 2. WK in Südfrankr., nach Befreiung von Paris Mitarb. *Unitarian Service Committee.* 1945 Rückkehr nach Deutschland (ABZ), 1945-46 GewSekr. in Heidelberg, 1946 Übersiedlung nach Berlin, Ltr. Frauenabt. des PV der SED, Mitgl. Bundesvorst. *Demokratischer Frauenbund Deutschlands;* mit ZK-Beschluß vom 24. Aug. 1950 Parteiausschluß wegen ZusArb. mit Noel Field, Buchhalterin, 1956 Rehabilitierung, danach Hauptref. in Hauptverw. Verlage u. Buchhandel des Min. für Kultur, Mitgl. SED-Kreisltg. Berlin-Köpenick. - *Ausz.:* u.a. VVO (Bronze u. Silber), Med. für Kämpfer gegen den Faschismus 1933-45, Clara-Zetkin-Medaille.

L: Stern, Porträt; Fricke, Gerechtigkeit; Dahlem, Vorabend. *Qu:* Arch. Pers. Publ. Z. - IfZ.

Wels, Friedrich Carl **Otto,** Parteifunktionär, Politiker; geb. 15. Sept. 1873 Berlin, gest. 16. Sept. 1939 Paris; Diss.; *V:* Johann Friedrich August W., Gastwirt; *M:* Johanne Christiane, geb. Scholz; ∞ Antonie (Toni) Reske (geb. 1874, gest. 1942 New York), Emigr., 5. Apr. 1937 Ausbürg., 1940 USA; *K:* Hugo, Walter; *StA:* deutsch, 25. Aug. 1933 Ausbürg. *Weg:* 1933 CSR; 1938 DK, F.

Frühzeitig Anschluß an SozDem., 1887-91 Tapeziererlehre in Berlin, bis 1893 Wanderschaft, 1895-97 MilDienst. SPD-Mitgl., 1895 Wahlkreisvors.; gewerkschaftl. aktiv, 1898 Vors. AgitKommission, 1900 VorstMitgl. u. 1902 Ortsvors. des Tapeziererverb. Berlin; Besuch der sozdem. Parteischule, 1905 Angest., 1906 Mitvors. *Verband der Sattler, Tapezierer und Portefeuiller,* 1907-18 SPD-Sekr. für Brandenburg, 1912-18 MdR, ab 1913 Mitgl. PV, Vors. der Pressekommission des Zentralorgans *Vorwärts.* Zunächst Vertr. des linken Parteiflügels, ab 1914 Unterstützung der Mehrheitspol., Nov. 1918 Mitgl. *Arbeiter- und Soldatenrat* Berlin, Nov./Dez. 1918 Stadtkommandant, führend an Niederschlagung der *Spartakus*-Kämpfe beteiligt, im Dez. von Volksmarinediv. gefangengesetzt u. durch die Erstürmung des Berliner Schlosses befreit. 1919-20 MdNV, 1920-33 MdR, ab 1919 neben Hermann Müller SPD-Vors., ab 1923 Mitgl. der Exekutive u. des Büros der SAI. Von der Tradition der wilhelminischen ArbBewegung geprägt, wirkte W. vor allem durch seine organisationspol. Fähigkeiten für einen demokrat. Reformsozialismus in parlamentar. ZusArb. mit den bürgerl.-demokrat. Parteien u. unter strikter Abgrenzung zur KPD. Initiator des *Reichsbanners* (→ Karl Höltermann), ab 1931 Vors. *Eiserne Front,* die den Bestand der demokrat. Republik gegen Verfassungsbrüche sichern sollte, daneben ab Sommer 1932 persönl. Bemühungen, für den Fall eines Parteiverbots ein geheimes OrgSystem aufzubauen. Die pol. Lähmung u. Orientierungslosigkeit der Partei in der Endzeit der Weimarer Republik, ab 1930 verstärkt durch die Tolerierung des Kabinetts → Heinrich Brüning, beschränkte jedoch den Kampf der SPD gegen den NatSoz. im wesentlichen auf propagandistische Selbstbestätigung, etwa durch die Demonstrationen von *Reichsbanner* u. *Schufo* (Schutzformationen) u. verbale Radikalisierung bei der Forderung nach Sozialisierung u. Planwirtschaft. Ausgangspunkt der Zukunftsperspektiven u. Ziel der aktuellen Politik war die Erhaltung der sozdem. Parteiorg., deren innere Stabilität auch durch die Abspaltung der SAPD (→ Max Seydewitz) 1931 nicht erschüttert wurde u. die sich bis zuletzt auf ein massives Mitgl.- u. Wählerpotential stützen konnte. Aktivist. Sonderbestrebungen von unten entwickelten sich entweder konspirativ (→ Walter Löwenheim) oder wurden vom PV unterbunden (→ Erich Schmidt); die von → Friedrich Stampfer in Abstimmung mit W. 1932/33 unternommenen Versuche in Richtung eines Nichtangriffs- u. Einheitsfrontabkommens mit den Kommunisten mußten schon an der Sozialfaschismus-These der KPD scheitern. Die Kapitulation vor dem Staatsstreich in Preußen am 20. Juli 1932 (→ Otto Braun) zeigte, daß die SPD-Führung nicht bereit war, Legalität u. Bestand der Partei durch den Einsatz ihrer außerparlamentar. Machtmittel zu gefährden. Auch nach dem 30. Jan. 1933 hielt der PV unter W. an der Hoffnung fest, die Reg. Hitler werde an den innenpol. Problemen scheitern u. das Eingreifen der konservat. Ordnungsmächte dem natsoz. Terrorismus Grenzen setzen. Eine organisator. intakte SozDem. würde mit streng legalem Attentismus auch eine längere repressive Phase nach dem Vorbild der Zeit der Sozialistengesetze unter Bismarck überdauern. Die Verordnung zum Schutze von Volk und Staat vom 28. Febr. 1933 bewirkte dagegen nach dem Reichstagsbrand eine Legalisierung des Terrors, entzog zus. mit der Anpassung der Gewerkschaftsführung einer sozdem. Massenaktion gegen den NatSoz. die psycholog. Voraussetzungen u. beschleunigte den organisator. Auflösungsprozeß in der Partei. Um der Verhaftung nach dem Reichstagsbrand zu entgehen, hielt sich W. vom 3.-7. März in München u. Salzburg auf u. bereitete anschl. die Verlegung des PV nach München vor. In der nachfolgenden Periode der Halblegalität, in der die Märzwahlen noch einmal die Stärke des sozdem. Wählerstamms erwiesen, bemühte sich die Führung weiterhin um die Erhaltung von organisator. u. pol. Existenzmöglichkeiten für die SPD als Oppositionspartei. In seiner histor. Reichstagsrede zur Ablehnung des Ermächtigungsgesetzes am 23. März in der von SA u. SS besetzten Kroll-Oper zog W. jedoch die - letztlich individuell zu entscheidende - Grenzlinie der Stillhaltepol. mit den Worten: „Freiheit und Leben kann man uns nehmen, die Ehre nicht." Ende März reiste W. im Einvernehmen mit Hermann Göring in die Schweiz, um in der Hoffnung auf Wiederzulassung der SPD-Presse die schweizer. SozDem. zur Mäßigung ihrer Deutschland-Berichterstattung zu veranlassen; unter gleichen takt. Gesichtspunkten am 30. Apr. 1933 Austritt aus dem Büro der SAI als Protest gegen Einheitsfront-Resolution der SAI (Wiedereintritt 17. Mai 1933). Auf der SPD-Reichskonf. am 26. Apr. 1933 Neuwahl des PV, Bestätigung von W. u. → Hans Vogel als Vors., Zuwahl von Vertr. der jüngeren Generation u. der Linken, um der veränderten innerparteil. Situation Rechnung zu tragen. Nach der Zerschlagung der Gewerkschaften Beschluß der PV-Sitzung vom 4. Mai, W., Stampfer u. den Parteikassier → Siegmund Crummenerl trotz ihrer grundsätzl. Vorbehalte gegen eine Emigr. zeitw. als Parteivertr. ins Ausland zu entsenden, darüber hinaus Empfehlung an alle PV-Mitgl., sich ggfs. einer Verhaftung durch Flucht zu entziehen; am 5. Mai (?) Auslandsauftrag auch an PV-Mitgl. → Paul Hertz, → Erich Ollenhauer u. Hans Vogel. Etwa 1,2 Mill. RM Parteigelder waren schon in den Vormonaten durch W. u. Crummenerl ins Ausland transferiert worden; am 10. Mai Beschlagnahme des Parteivermögens durch NatSoz. - Zwischen 6. u. 10. Mai Reise nach Saarbrücken, dort am 14. Mai Konf. mit den ins Ausland deleg. PV-Mitgl. sowie → Marie Juchacz, → Siegfried Aufhäuser u. → Wilhelm Sollmann, Beschluß zum Boykott der Reichstagsabstimmung über Hitlers „Friedensresolution". Nachdem die SPD-Restfraktion dagegen am 17. Mai der Resolution zugestimmt hatte, am 21. Mai PV-Sitzung in Saarbrücken mit W., Vogel, Crummenerl, Hertz, Ollenhauer, Juchacz, Aufhäuser, Sollmann, Max Westphal, → Erich Rinner u. → Rudolf Breitscheid, die den Beschluß faßten, den PV nach Prag zu verlegen, ein Manifest zu veröffentlichen u. eine illeg. Org. vom Ausland her aufzubauen; Bestätigung dieser Entscheidungen auf PV-Sitzung am 28. Mai in Prag, die auch die Fortführung des Zentralorgans *Vorwärts* beschloß. Am 2. Juni 1933 Mitteilung an die Parteien der SAI über die Konstituierung des SPD-PV in Prag; offener Konflikt mit den in Berlin verbliebenen VorstMitgl., die den Legalitätskurs fortsetzten, erfolglose Verhandlungen zwischen Abgesandten der beiden PV-Gruppen; am 19. Juni nach Erscheinen der 1. Nummer des *Neuen Vorwärts* in der CSR öffentl. Distanzierung durch den Berliner Vorst., Neuwahl einer innerdt. Parteiltg. mit Paul Löbe u. Johannes Stelling, die jedoch schon am 22. Juni mit dem Parteiverbot ihr Ende fand. Die AuslLtg. der *Sopade* (so die neue Abkürzung des Parteinamens in bewußter Unterscheidung von der anpassungsbereiten Führung im Reich) bestand unter dem Vorsitz von W. u. Vogel aus den nach Prag emigr. PV-Mitgl. Crummenerl, Hertz, Ollenhauer u. Stampfer; Aufhäuser, → Karl Böchel u. Rinner, der Vertrauensmann der *Sopade* in Berlin, kamen nach ihrer Emigr. im Aug. bzw. Okt. 1933 hinzu; ein weiteres PV-Mitgl., → Emil Stahl, übernahm die Aufgaben einer Grenzsekr. in Reichenberg. W., Vogel, Crummenerl, Ollenhauer, Hertz, Stampfer u. Rinner bildeten als besoldete Mitgl. des *Sopade*-Büros den geschäftsf. Vorst. u. damit das eigentl. Führungsgremium der Exilpartei. Hauptamtl. Sekr. des *Sopade*-Büros waren → Fritz Heine u. → Rudolf Leeb. Die Wahl durch die Reichskonf. Apr. 1933 u. die Entsendung ins Ausland durch PV-Beschluß bildeten die Grundlage des bis Kriegsende aufrechterhaltenen Selbstverständnisses des *Sopade*-Vorst.: Als demokrat. bestimmter Treuhänder u. Sprecher des Gesamtwillens der nunmehr geknebelten Partei fühlte er sich gehalten, die Grundpositionen sozdem. Politik über die Periode von Illegalität u. Exil hinweg zu bewahren; für ihre pol. Tätigkeit, die sich an der Parteitradition u. ggfs. am erkennbaren Mehrheitswillen der innerdt. Kader orientieren müsse, sollten die Mitgl. des Exil-PV nach dem Sturz des natsoz. Regimes den gewählten Gremien der Gesamtpartei unmittelbar verantwortl. sein. Auf der Basis dieser Mandatstheorie, die bes. von der emigr. Parteilinken scharf angegriffen wurde, konnte die *Sopade* u.a. Forderungen nach grundsätzl. pol. Neuorientierung, etwa in der Frage von Einheits- u. Volksfront, schon mit legitimator. Argumenten entgegentreten sowie Kontrolle u. Mehrheitsentscheid von seiten der Parteiemigration, die insges. ja eine Minderheit der Mitgliedschaft darstellte, zurückweisen. Die *Sopade* unter W. setzte sich zum einen die Aufgabe, eine „Offensive der Wahrheit" gegen den NatSoz. zu führen, bei der sie sich vor allem auf den von Stampfer u. → Curt Geyer geleiteten *Neuen Vorwärts*, die Buchproduktion des Karlsbader Graphia-Verlags, die *Deutschlandberichte der Sopade* unter Erich Rinner u. die von → Rudolf Hilferding redigierte *Zeitschrift für Sozialismus* stützte; der illeg. Prop. im Reich diente neben Tarnschriften u. Flugblättern die von Hertz geleitete Dünndruck-Zs. *Sozialistische Aktion*. Für die zweite Hauptaufgabe, die Org. des sozdem. Widerstands in Deutschland, wurde ein Netz von Grenzsekretariaten, Grenzstellen u. Stützpunkten errichtet, die den Nachrichtendienst aus u. nach Deutschland besorgten, Druckschriften ins Reich einschleusten sowie Kurierfahrten u. Grenztreffen organisierten (u.a. → Franz Bögler, → Hans Dill, → Gustav Ferl, → Richard Hansen, → Waldemar von Knoeringen, → Georg Reinbold, → Ernst Schumacher, Emil Stahl, → Otto Thiele, → Kurt Weck). Für die Asylländer wurden *Sopade*-Vertrauensmänner bzw. Landesvertr. bestellt. Die pol. Überprüfung u. materielle Unterstützung der Parteiemigr. in der CSR oblag der *Sozialdemokratischen Flüchtlingshilfe* unter → Wilhelm Sander. Die Aktivitäten der *Sopade*, die von den CSR-Behörden zunächst positiv geduldet u. teilw. gefördert wurden, fanden die nachdrückliche Unterstützung durch die Schwesterpartei DSAP (→ Siegfried Taub). Die erheblichen Kosten dieses App. konnten anfängl. aus dem geretteten Teil des Parteivermögens gedeckt werden, aus dem auch Unterstützungszahlungen an Opfer des NatSoz. im Reich u. deren Fam. bestritten wurden. Die schnelle Erschöpfung der Mittel führte u.a. im Sommer 1935 zum Ausscheiden von W. u. Stampfer als besoldete Büro-Mitgl. gegen Abfindungszahlungen u. zur wachsenden finanziellen Abhängigkeit von Zuschüssen ausländ. Partei- u. GewOrg., später vor allem aus den USA durch Vermittlung der GLD (→ Rudolf Katz); die geplante Veräußerung des geretteten Marx-Engels-Archivs gegen ein hohes Preisangebot aus Moskau wurde von W. schließlich aus prinzipiellen Gründen abgelehnt (später Verkauf an IISG Amsterdam). Nachdem W. noch auf der Pariser SAI-Konf. Aug. 1933 die bisherige Politik vor allem durch Verweis auf die „objektiven Faktoren" zu rechtfertigen gesucht hatte, verfolgte der Exil-PV in seinen Veröffentlichungen als Reaktion auf die kampflose Niederlage, zur Bindung der Kader im Reich u. der linken Parteiemigr. an die *Sopade* sowie zur Festigung ihrer Positionen innerhalb der SAI zunächst einen betont sozialist.-revol. Kurs, wobei auch die sozdem. Politik seit 1918 einer teilw. Selbstkritik unterzogen wurde. So forderte das sog. Prager Manifest *Kampf und Ziel des revolutionären Sozialismus* v. 28. Jan. 1934, das von Hilferding unter Mitarb. von → Georg Decker, Stampfer u. Geyer entworfen worden war, den Sturz des NatSoz. durch eine Revolution, die Eroberung der ges. Staatsmacht durch die Arbeiterklasse u. die sozialist. Umgestaltung von Wirtschaft u. Gesellschaft. Das Manifest wurde in hohen Auflagen unter dem Tarntitel *Die Kunst des Selbstrasierens* auch im Reich verbreitet. Die Öffnung der *Sopade*-Presse für linksoppos. Diskussionsbeiträge, die – auch unter Druck der SAI erfolgte – Beteiligung der Vertr. der sog. Alten Linken, Böchel u. Aufhäuser, an der VorstPol. sowie die Veröffentlichung der *Neu-Beginnen*-Programmschrift im Graphia-Verlag u. die materielle Unterstützung der Gruppe *Neu Beginnen* (→ Karl Frank) durch die *Sopade* verfehlten jedoch ihre integrative Zielsetzung. Anfang 1935 reagierte die PV-Mehrheit unter W. auf die „organisatorischen Sonderbestrebungen" des *Arbeitskreises Revolutionärer Sozialisten Deutschlands* durch Ausschluß Böchels u. Aufhäusers von der *Sopade*-Arbeit u. die Einstellung der Unterstützungsleistungen für *Neu Beginnen*. Gleichz. mit dieser institutionellen Trennung von ihren linken Kritikern wandte sich die *Sopade* wieder dem Konzept des demokrat. Reformsozialismus auf parlamentar. Basis zu; die eigene Kritik an der sozdem. Politik nach dem 1. WK trat zunehmend hinter den Verweis auf den Zwangscharakter der Verhältnisse, die Schwächung der demokrat. Republik durch die KPD u. das Fehlverhalten der Siegermächte des 1. WK gegenüber Deutschland zurück. – Innerhalb des Exil-PV gehörte W. zu den prinzipiellen Gegnern von Einheits- und Volksfrontkontakten mit der KPD. Die Ende 1935 auf Initiative der KPD von Stampfer u. Vogel i.A. der *Sopade* mit → Walter Ulbricht u. → Franz Dahlem in Prag geführten Verhandlungen scheiterten bereits an der Ablehnung eines Nichtangriffsabkommens durch die KPD u. hatten lediglich eine zeitw. ZusArb. in der Spitzelabwehr zur Folge. Die flexiblere Haltung von prominenten emigr. Sozialdemokraten wie Breitscheid, → Victor Schiff oder → Max Braun in der Volksfrontfrage trug zu den Konflikten zwischen *Sopade* u. SPD-MitglOrg. im Exil bei u. verstärkte zeitw. Selbständigkeitsbestrebungen vor allem bei der sozdem. Emigration in Frankr. Nach der offenbaren Stabilisierung des natsoz. Regimes u. den Einbrüchen der Gestapo in sozdem. Widerstandsgruppen setzte W. verstärkt Hoffnung auf oppos. Bewegungen in der Reichswehr u. im Bürgertum; persönl. Kontakte über → Erich Alfringhaus zu → Heinrich Brüning u. → Gottfried Reinhold Treviranus sowie zu → Otto Straßer. – Ab 1936 zunehmende Behinderung durch Krankheit, Übergang der LtgAufgaben im PV auf Stampfer u. Vogel, ab Febr. 1938 Krankenhausaufenthalt in Prag, Überführung nach Kopenhagen, von dort nach vorüberg. Wiederherstellung im Sept. 1938 zu dem inzw. verlegten PV nach Paris. – Deckn. Wagner.

W: Bolschewismus von rechts. 1920; Ultimatum! 1921; Die Sozialdemokratie gegen Poincaré und Helfferich. 1923; Eiserne Front. 1932. *L*: u.a. Matthias, Erich/Morsey, Rudolf (Hg.), Das Ende der Parteien 1933. 1960; Edinger, Sozialdemokratie; Niemann, Heinz/Lange, Dieter/Wild, Karl-Heinz, SPD und Hitlerfaschismus. Diss. Institut für Gesellschaftswiss. beim ZK der SED, Berlin (Ost) 1965; MGD; Plum, Günter, Volksfront, Konzentration und Mandatsfrage. In: VHZ, 1970, H. 4; Adolph, Hans J. L., Otto Wels und die Politik der deutschen Sozialdemokratie 1894–1939. 1971; Schulze, Hagen, Anpassung oder Widerstand? 1975. *D*: AsD. *Qu*: Arch. Hand. Publ. – HZ.

Welter, Eduard, Gewerkschaftsfunktionär; geb. 8. März 1900 Saarbrücken-Jägersfreude; *Weg:* 1936 F; 1945 Deutschland/Saargeb.

Eisenbahner. Seit 1925 KPD Saar, 1929-34 Mitgl. GdeRat Dudweiler, 1931-34 KPD-OrgLtr. Saargeb., 1934 außerdem Ltr. illeg. *Rote Hilfe* Berlin. Juli 1935 wegen illeg. Tätigkeit nach der Rückgliederung verhaftet, nach Rekursklage aufgrund der Römischen Verträge beim Obersten Abstimmungsgerichtshof Jan. 1936 wieder entlassen. Emigr. nach Frankr., Mitgl. dt. Sprachgruppe in der CGT u. Mitarb. franz. GewZtg. *Le Peuple.* Im Exil Trennung von KPD. Nach Rückkehr an die Saar 1945 Vors. der Eisenbahnergew., 1950-52 im Vorst. des Gesamtverb. der Einheitsgew. Saar. Nach 1955 aus GewDienst ausgeschieden.

L: Zenner, Saargebiet; Schmidt, Saarpolitik; Schneider, Saarpolitik und Exil. *Qu:* Arch. Publ. - IfZ.

Welter, Jakob, Parteifunktionär; geb. 31. Aug. 1907 Dudweiler/Saar, hinger. 19. Apr. 1944 Stuttgart; *Weg:* 1935 S; 1941 NL; 1942 Deutschland.

Schlosser. KJVD, 1927 KPD; Mitgl. KPD-BezLtg. Saar, ab 1933 Ltr. *Rote Hilfe* Saar. Nach 1935 in Schweden, Mitarb. der Auslandsabt. des ZK der KPD; bis 1940 Ltr. der KPD-Ortsgruppe Göteborg, danach in Långmora interniert; Flucht aus dem Lager, Sommer 1941 in die Niederlande, 1942 in ZK-Auftrag zur Org. der illeg. Arbeit ins Saargeb., Jan. 1943 Verhaftung durch Gestapo, zum Tode verurteilt.

L: Kraushaar, Deutsche Widerstandskämpfer; Müssener, Exil; Schneider, Saarpolitik und Exil. *Qu:* Publ. - IfZ.

Weltsch, Robert, Dr. jur., Journalist, Schriftsteller; geb. 20. Juni 1891 Prag; jüd.; *V:* Theodor W., RA; *M:* Frieda, geb. Boehm; *G:* Lisa Kaznelson, Vors. *Klub jüdischer Frauen und Mädchen* Prag, Ehefrau von → Siegmund Kaznelson; Gerda (gest. 1959 [?] London), Emigr. GB; ∞ I. Martha Epstein (geb. 1893 Krumau/Böhmen, gest. 1930 Berlin), jüd.; II. Irene Leiser (gest. 1978 London), Mitarb. *Jüdische Rundschau; K:* Ruben Ernst (geb. 1921), 1936 Emigr. I, 1938 GB, USA, Bibliotheksdir. u. Assoc. Prof. für Gesch. State Univ. of New York in Stonybrook; Shoshana Gumpert (geb. 1923), 1938 Emigr. Pal.; Daniela Tal, Büroangest. *Weg:* 1938 Pal.; 1946 GB.

1911-12 Mitgl. eines intellektuellen Zionistenkreises in Prag u. Vors. Studentenvereinigung *Bar Kochba.* 1914 Prom. Prag, aktiv in zion. StudBewegung, ZusArb. mit Hans Kohn, Siegmund Kaznelson u. → Viktor Kellner; stellv. Schriftltr. von *Selbstwehr.* 1914-18 Frontsoldat in k.u.k. Armee (Offz.). 1918-19 Mitarb. *Wiener Morgenzeitung.* 1919 Deleg. des Wiener Jüd. Nationalrats zum 1. Kongreß tschech. Juden, 1920 Teiln. der Prager Konferenz, auf der die gemäßigte sozialist.-zion. Partei *Zeirei Zion* u. die palästinens. Arbeiterpartei *Ha-Poel HaZair* sich zur *Hitahdut-Partei* zur Förderung der Hechaluz-Bewegung zusammenschlossen; 1919 (1920?)-38 Red. der ZVfD-Zs. *Jüdische Rundschau* Berlin. 1921 auf dem 12. Zionistenkongreß in Karlsbad/CSR als Abg. der *Hitahdut* zum stellv. Mitgl. des zion. Exekutivausschusses gewählt; 1927-30 Mitred. *Jüdisches Lexikon* Berlin. Führender zion. Journ. in Deutschland, vertrat idealist.-sozialist. u. humanist. Richtung des Zionismus u. Idee der Verständigung mit dem arab. Volk. 1933 Veröffentlichung des Art. *Tragt ihn mit Stolz, den gelben Fleck* in der *Jüdischen Rundschau,* der bedeutenden Einfluß auf die Haltung der dt. Juden zum natsoz. Regime u. auf ihr pol. u. kult. Identitätsbewußtsein ausübte. Sept. 1938 Emigr. mit Familie nach Jerusalem. 1938 Schriftltr. *Jüdische Weltrundschau,* 1938-45 Schriftltr. des dt.-sprach., wöchentl. erscheinenden *Aliyah Chadaschah*-Organs *Yediot shel Hitachdut Olei Germania,* Mitarb. von *Haaretz.* Befürworter eines binationalen Staates in Palästina, aktiv in der *Brit Shalom*-Bewegung. 1946 nach GB als Londoner Korr. für *Haaretz.* Ab 1956 VorstMitgl. LBI London u. Hg. der *Yearbooks* des LBI. Lebte 1978 in London. - *Ausz.:* 1969 Hon. D.H.L., H.U.C.-J.I.R.

W: Theodor Herzl und wir. In: Vom Judentum. Ein Sammelbuch, 1913; Zionistische Politik (Mitverf., Mithg.). 1927; A.D. Gordon über Erneuerung. In: Aus unbekannten Schriften. Festgabe für Martin Buber, 1928; Vorrede zu: Ja-Sagen zum Judentum. Eine Aufsatzreihe der *Jüdischen Rundschau* zur Lage der deutschen Juden. 1933; A Tragedy of Leadership. Chaim Weizmann and the Zionist Movement. In: Jewish Social Studies, 1951; Nachwort: 1930-60. In: Kohn, Hans, Martin Buber. Sein Werk und seine Zeit. Ein Beitrag zur Geistesgeschichte Mitteleuropas 1880-1930. 1961; Deutsches Judentum. Aufstieg und Krise (Hg.). 1963; Einführung zu: Martin Buber, der Jude und sein Judentum. Gesammelte Aufsätze und Reden. 1963; Entscheidungsjahr 1932 (Hg.). 1966; An der Wende des modernen Judentums (Essays). 1972; zahlr. Leitart. u. Beiträge in hebr., dt. u. engl. Presse; Beiträge in Publ. des LBI. *L:* Ein Glückwunsch gewidmet von seinen Freunden. 1951; Loewenstein, K. u. Tramer, H. (Hg.), Robert Weltsch zum 70. Geburtstage von seinen Freunden. 1961; Bibliogr. der zum 80. Geburtstag veröffentl. Art. in: Yearbook LBI, 1972; Durzak, Exilliteratur; Stern, Werke; Jews of Czech. *D:* LBI New York. *Qu:* Arch. Hand. Pers. Publ. Z. - RFJI.

Wendel, Hermann Max Ludwig, Schriftsteller, Politiker; geb. 2. März 1884 Metz, gest. 10. Okt. 1936 St. Cloud b. Paris; Diss.; *V:* Postsekr.; ∞ verh. (Ehefrau gest. 1973 Frankfurt/M); *StA:* deutsch. *Weg:* 1933 F.

1901 Abitur, Stud. Gesch. u. Phil. Straßburg u. München, Mitgl. einer schlagenden StudVerb., 1904 zur SPD, StudAbbruch, 1905 durch Vermittlung Franz Mehrings Red. *Leipziger Volkszeitung,* 1906 *Volksstimme* Chemnitz, dann *Leipziger Volkszeitung,* 1908 *Volksstimme* Frankfurt/M., ständiger Mitarb. SPD-Zentralorgan *Vorwärts;* ab 1910 Stadt VO. Frankfurt, Jan. 1912-Nov. 1918 MdR, zunächst Kriegsgegner, dann 1914-18 Landsturm-Freiw. u. Lazarettinspektor. 1918 kurzfristig Polizeipräs. in Frankfurt, dann aufgrund der innerpartei. Auseinandersetzungen Rückzug aus aktiver Politik. Schriftst. Tätigkeit bes. auf dem Gebiet südslaw. Gesch. u. Politik, lehnte Berufung auf Gesandtenposten in Belgrad ab. Nach natsoz. Machtübernahme Emigr. nach Frankr., lebte in Neuilly-sur-Seine. Mitarb. *Neuer Vorwärts, Zeitschrift für Sozialismus, Das Neue Tage-Buch,* Ps. Leo Parth. - *Ausz.:* Dr. h.c. Univ. Belgrad.

W: u.a. Danton 1930; Jugenderinnerungen eines Metzgers. Straßburg (Mésange) 1934; Die Marseillaise. Biographie einer Hymne. Zürich (Europa-Verlag) 1936. *L:* Osterroth, Biogr. Lexikon (dort auch Bibliogr.). *Qu:* Hand. Publ. - IfZ.

Wenderlich, Josef (Seff), Gewerkschaftsfunktionär; geb. 16. Dez. 1882 Böhmen, gest. GB; *V:* Schneider; *StA:* österr., 1919 ČSR. *Weg:* 1939 (?) GB.

Schneider; frühzeitig in österr. sozdem. ArbBewegung aktiv, im 1. WK Kriegsdienst, 1919 DSAP, dann zur KSČ, Sekr. *Union der Textilarbeiter in der ČSR* in Reichenberg, 1935-38 Senator (KSČ) in NatVers. der CSR. Vermutl. Anfang 1939 Emigr. nach GB, Mitgl. sog. *Beuer-Gruppe,* Ausschußmitgl. *Czechoslovak Trade Union Centre in Great Britain* u. ab Bildung 1943 Mitgl. *Sudetendeutscher Ausschuß - Vertretung der demokratischen Deutschen aus der CSR.*

Qu: Arch. - IfZ.

Wendl, Friedrich, Parteifunktionär; geb. 1876 (?), gest. Juni (?) 1954 Dun-sur-Meuse/Lothringen; *K:* Heinrich, Emigr. F, von Gestapo verhaftet, umgek. KL Buchenwald. *Weg:* 1938 F.

Mitgl. SDAP, 1906 mit Robert Danneberg u.a. Mitgr. Bez-Org. Innere Stadt in Wien; bis 1934 VorstMitgl., BezRat, Fürsorgerat u. Sektionsltr., Gew.- u. Bildungsarbeit. 1934 nach den Februarkämpfen Mitgl. RSÖ, illeg. Arbeit, 1938 Emigr. Blieb nach Kriegsende in Frankreich.

Qu: Z. - IfZ.

Wendt, Erich, Partei- u. Staatsfunktionär; geb. 29. Aug. 1902 Leipzig, gest. 8. Mai 1965; *V:* Fleischer; ∞ I. Lotte Kühn (→ Lotte Ulbricht), gesch.; II. Lotte; *StA:* deutsch. *Weg:* UdSSR; 1947 Deutschland (Berlin).

Schriftsetzer; 1919 FSJ, später KJVD; 1920 Gew.; 1922 KPD. Ab 1922 in KPD-Buchhandlungen u. -Verlagen, 1923 zeitw. Haft, 1924 Ltr. Verlag Jugend-Internationale Wien, 1925-27 Red. Zs. *Jugend-Internationale,* 1927-29 Mitgl. ZK des KJVD u. Red. *Die junge Garde,* 1929-31 Mitarb. Verlag Jugend-Internationale; langj. Mitgl. KJVD-BezLtg. Berlin-Brandenburg. 1931 (andere Quellen 1932) wegen Hochverratsverfahrens Emigr. UdSSR, bis 1936 Tätigkeit im Verlagswesen, u.a. stellv. Ltr. Verlagsgenossenschaft ausländischer Arbeiter in der UdSSR, nach 2jähr. Inhaftierung durch NKVD Deutschlehrer in Engels/Wolga, 1941 mit Wolgadeutschen deportiert u. bis 1942 Arbeiter in Sibirien, 1942-47 Mitarb. in der dt. Red. von *Radio Moskau.* 1947-53 Ltr. Aufbau-Verlag Berlin (Ost), SED, 1950-53 1. Bundessekr. *Kulturbund zur demokratischen Erneuerung Deutschlands* (KB), ab 1950 MdVK (KB-Fraktion), 1950-57 Vors. VK-Ausschuß für Volksbildung u. Kultur, 1954-57 Ltr. Lenin-Abt. Institut für Marxismus-Leninismus beim ZK der SED, 1957-65 Staatssekr. u. stellv. Min. für Kultur, 1958-63 stellv. Vors. VK-Verfassungsausschuß, ab 1963 KB-Vizepräs.; 1963/64 Ltr. DDR-Deleg. bei Passierscheinverhandlungen mit Senat von Berlin (West). - *Ausz.:* u.a. 1952 Held der Arbeit, 1956 VVO (Silber), 1962 Banner der Arbeit, 1964 VVO (Gold), Johannes-R.-Becher-Med. (Gold).

Qu: Hand. Publ. Z. - IfZ.

Wenzel, Franz, gest. Anfang der 50er Jahre Berlin (Ost); *StA:* österr., 1919 CSR, deutsch. *Weg:* 1939 GB; 1945 (?) Deutschland (SBZ).

KSČ-Mitgl., aktiver Funktionär des KSM in Nordböhmen u. Exponent der stalinist. Parteilinken in der Deutschen Sektion der KSČ, ltd. Mitgl. KSČ-Kreisltg. Reichenberg, nach dem Sieg der linken (Gottwald-)Fraktion auf 5. PT 1929-31 ZK-Mitgl. - 1939 Emigr. GB, nach Kriegsende Übersiedlung nach Berlin. In der SED hatte W. aus gesundheitl. Gründen keine Funktionen.

Qu: Arch. Pers. Publ. - IfZ.

Wenzel, Richard, Offizier; geb. 22. Nov. 1904; *StA:* deutsch. *Weg:* 1936 E (?); 1939 (?) Deutschland.

KPD-Mitgl. Angebl. 1936-39 Angehöriger des Thälmann-Btl. der Internat. Brigaden im Span. Bürgerkrieg, im 2. WK Mitgl. der Berliner kommunist. Widerstandsgruppe Saefkow-Jacob-Bästlein, Verhaftung u. bis 1945 Haft. Ab 1946 RefLtr. in der Personalabt. der Deutschen Zentralverwaltung des Innern, dann Ltr. Hauptabt. Personal, 1948 Kommandeur Landesschutzpolizei Thür., 1948 Inspekteur, 1950-55 Chefinspekteur u. 1950-61 Ltr. Hauptabt. Personal in Hauptverw. Deutsche Volkspolizei (DVP); 1958 GenMajor der DVP, 1958-76 Mitgl. Zentrale Revisionskommission der SED, 1959-64 (?) stellv. MdI, 1961-64 stellv. Ltr. DVP-Hauptverw. u. Ltr. sog. Operativgruppen der DVP zur Überwachung Verdächtiger, 1964 DDR-Vertr. bei Comecon-Bank in Moskau, später erneut bei DVP u. ab Anfang der 70er Jahre im Ruhestand. Lebte 1974 in Berlin (Ost). - *Ausz.:* 1955 VVO (Bronze), 1958 Med. für Kämpfer gegen den Faschismus 1933-1945, 1960 VVO (Silber), 1964 Banner der Arbeit, 1970 VVO (Gold), 1974 Karl-Marx-Orden.

Qu: Arch. Hand. Z. - IfZ.

Werner, Willi, Funktionär; *StA:* österr., 1919 CSR. *Weg:* 1938 GB; USA (?).

Sekr. *Internationaler Metallarbeiter-Verband der CSR* in Karlsbad u. DSAP-Lokalvertrauensmann. 1938 Emigr. nach GB, TG-Mitgl., Mitunterz. GrdgAufruf der oppos. *DSAP-Auslandsgruppe* v. 18. Okt. 1940; 1944 Mitgl. *Sudetendeutscher Ausschuß - Vertretung der demokratischen Deutschen aus der CSR.* Später angebl. in die USA.

Qu: Arch. Publ. - IfZ.

Wertheimer, Fritz, Dr. rer. pol., Publizist; geb. 12. Sept. 1884 Bruchsal/Baden, gest. 6. Sept. 1968 Freiburg/Br.; o.K.; *V:* Max W., Kaufm., StadtVO.-Vorsteher Bruchsal; *M:* Berta, geb. Wolff, umgek. im Holocaust; ∞ 1913 Margarethe Toensing (1886-1968); *K:* Hans Stefan (geb. 1915), 1934 Emigr. Bras.; Peter (geb. 1917, gest.); Andreas Georg (geb. 1921), Emigr. Bras.; *StA:* deutsch. *Weg:* 1939 Bras.

Stud. Rechtswiss. u. Volkswirtschaft Heidelberg, München, Berlin, Freiburg/Br., 1905 Prom.; ab 1907 Korr. *Frankfurter Zeitung* in München u. Berlin, 1908-09 u. 1912 Berichterstattung aus Japan u. China. 1914-18 Kriegsberichterstatter im Hauptquartier Hindenburgs (EK II, Württ. Wilhelmskreuz). 1918 Mitgr., anschl. GenSekr. Deutsches Ausland-Institut, Stuttgart, Hg. *Der Auslandsdeutsche.* Ab 1923 mexikan. Wahlkonsul für Württ., Mitgl. DDP; März 1933 Entlassung als GenSekr. des Deutschen Ausland-Instituts, anschl. freier Schriftst. in Stuttgart, Juli 1939 nach Warnungen aus Behördenkreisen Emigr. nach Porto Alegre. Nach 1945 Mitarb. *Argentinisches Tageblatt,* Tätigkeit als Korr. für dt. u. schweizer. Ztgn. u. Nachrichtenbüros. Mitgl. *Rotary Club.* Starb bei einem Besuch in Deutschland. - *Ausz.:* Gr. BVK.

W: u.a. Die japanische Kolonialpolitik. 1910; Deutsche Leistungen und Aufgaben in China. 1913; Deutschland und Ostasien. 1914; Im polnischen Winterfeldzug. 1915; Von der Weichsel bis zum Dniestr. 1915; Hindenburgs Mauer im Osten. 1916; Kurland und die Dünafront. 1916; Durch Ukraine und Krim. 1918; Deutschland, Völkerbund und Minderheitenfrage. 1925; Von deutschen Parteien und Parteiführern im Ausland. 1927, 1931. *L:* RhDG; Ritter, Ernst, Das Deutsche Ausland-Institut in Stuttgart 1917-1945. 1976. *Qu:* Hand. Pers. Publ. - IfZ.

Wertheimer, Stefan Zeev, Industrieller, Politiker; geb. 16. Juli 1926 Kippenheim/Baden; jüd.; *V:* Eugen W.; *M:* Lina (Karoline) (geb. Kippenheim/Baden), jüd., Musiklehrerin, 1937 Emigr.; *G:* Peter (geb. 1928 Kippenheim), 1937 Emigr. USA, Arbeiter in New York; Doris (geb. 1930 Kippenheim), 1937 Emigr. Pal.; ∞ 1948 Miryam (Marianne) Wallach (geb. 1929 Andernach/Rheinl.), jüd., 1939 Emigr. Pal., 1947-48 Dienst in *Palmach,* ab 1948 Sekr., ab 1976 Stud. Kunstgesch.; *K:* Irit Harpaz (geb. 1949); Eitan (geb. 1951), Unternehmensltr. bei Plan A Schlomi; Ruth (geb. 1957); Yiftach; *StA:* deutsch, IL. *Weg:* 1935 Pal.

Volksschule, 1935 Emigr. Palästina, Lehre als Optiker. Flugzeugtechniker bei der brit. Armee in Bahrain, 1944-47 Dienst in *Palmach* als techn. Offz., Festnahme durch Mandatsverw., kurze Zeit Haft in Latrun. Ausbildung in der Rüstungsindustrie in Belgien, ab 1952 Gr. u. Dir. der isr. Rüstungsfabrik ISCAR, Ltd. in Nahariyyah u. von Karbid- u. Werkzeug-Fabriken in Israel mit Filialen in Deutschland (BRD) u. den USA. 1973 als parteiloses Mitgl. in den Stadtrat von Nahariyyah gewählt, ab 1977 Mitgl. der 9. Knesset als Abg. der *Demokratischen Bewegung für Veränderung.* Vors. VerwRat des Junior Technical Coll. des Technion Haifa u. Kuratoriumsmitgl. des Technion, zeitw. stellv. Vors. des Isr. Komitees für die Metallindustrie bei der Jerusalem Economic Conference. Lebte 1978 in Nahariyyah/Israel. - *Ausz.:* 1964 u. 1972 Kaplan Productivity Award, 1967 Outstanding Exporter Award (für Iscar Blades Ltd.), 1977 Internat. Promotion Prize des *Inst. Internat. de Promotion et de Prestige* Genf für Iscar Blades Ltd.

Qu: Fb. Hand. Z. - RFJI.

Wertheimer, Valentin Jacob Thomas, Gewerkschaftsfunktionär; geb. 12. Mai 1925 Berlin, gest. 18. Nov. 1978 Lakeville/Conn.; o.K.; *V:* Dr. phil. Max W. (geb. 1880 Prag, gest. 1943 New York), 1912 Begr. der Gestalttheorie, 1929-33 Prof. für Psych. u. Phil. Univ. Frankfurt, 1933 Emigr. CSR, USA, 1933-43 Prof. für Psych. u. Phil. New School for Soc. Research New York; *M:* Anna, geb. Caro (geb. 1901 Landsberg a.d. Warthe/Brandenburg), Stud. Berlin, Fremdsprachenlehrerin, Musikerin, 1933 Emigr. CSR, USA; *G:* Michael Mathias (Matthew), (geb. 1927 Berlin), 1933 Emigr. CSR, USA, Stud. Harvard Univ., Ph.D. Prof. für Psych. Univ. Colorado; Lisbeth R.

Wallach (geb. 1928 Berlin), 1933 Emigr. CSR, USA, Stud. Harvard Univ., Ph.D. Prof. für Psych. Duke Univ.; Peter A. Hornbostel (geb. 1936 New York), Stud. Columbia Univ., RA; ∞ 1946 Barbara Mayer (geb. 1925 New York), M.A., Assoc.-Prof. New York State School for Industrial Labor Relations an der Cornell Univ. New York City, Dir. Inst. for Educ. and Research on Women and Work; *K:* Ellen (geb. 1953); David Max (geb. 1955), B.A., Lehrer; *StA:* CSR, 1929 deutsch, 1939 USA. *Weg:* 1933 CSR, USA.

März 1933 Emigr. CSR mit Familie, Sept. 1933 mit Non-Quota-Visum in die USA (Berufung des Vaters an die New School for Soc. Research New York); 1942-44 Stud. Columbia Univ., 1944-46 Oberlin Coll. Ohio, 1946 B.A., gleichz. Hotelpage; 1943-45 Angest. bei mehreren Firmen. 1945-46 Assist. für Psych. am Oberlin Coll., 1947-50 Stud. Columbia Univ. Law School, 1949-50 Red. *Columbia Law Review.* Ab 1946 Angest., 1953-72 stellv. GenSekr. u. Schatzmeister, ab 1966 Vizepräs. u. VorstMitgl. der Textilarbeitergewerkschaft *Amalgamated Clothing Workers of Am.,* ab 1976: *Amalgamated Clothing and Textile Workers Union;* ab 1972 Dir. der von der Gewerkschaft gegr. Amalgamated Bank of New York, 1973-74 bedeutende Rolle im Farah-Streik in El Paso/Texas, der die gew. Organisierung von Textilarb. in den Süd-West-Staaten durchsetzen sollte. In den 60er Jahren VorstMitgl. u. Sekr. von Citizens Housing and Planning Council of New York, 1964-72 Mitgl. New York City Community Board 3, 1959-72 wiederholt vom US-Arbeitsmin. in die Industry and Review Minimum Wage Commission for Puerto Rico berufen. Ab 1962 Dir., später Vizepräs. u. Präs. von Seward Park Housing, Inc.; Mitgl. ACLU, Nat. *Assn. for the Advancement of Colored People.* Lebte 1977 in New York. - *Ausz.:* Phi Beta Kappa; Kent Scholar Columbia Univ. Law School; Dr. h.c. Univ. de Los Pueblos de las Americas.

W: Tri-Partite Minimum Wage Determination. 1966; Beiträge in jur. Fachzs. *Qu:* Fb. Hand. Pers. - RFJI.

West, Arthur, Journalist; geb. 24. Aug. 1922 Wien; *StA:* österr. *Weg:* 1938 GB; 1940 AUS; 1942(?) GB; 1946 Österr.

1938 Emigr. GB, Fabrikarb., Mai 1940 Internierung, Transport nach Australien, dort 16 Mon. interniert. Anschl. Rückkehr nach GB, in London Mitgl. *Young Austria in Great Britain* u. vermutl. der streng konspirativ org. KJVÖ-Gruppe, später Mitgl. KPÖ. Ende 1943 freiw. Meldung zur brit. Armee. Nov. 1946 Rückkehr nach Wien, Mitarb. u. Lektor Globus-Verlag, anschl. Mitarb. der Kulturred. der *Volksstimme,* später Ltr. der kulturpol. Abt. der *Volksstimme.* KPÖ-Funktionär in Wien, ltd. Vertr. *Kinderland - Junge Garde.* In den Auseinandersetzungen um die Intervention der Warschauer-Pakt-Staaten in der CSSR nach 1968 Vertr. des orthodoxen, moskautreuen Flügels. Lebte 1972 in Wien.

Qu: Z. - IfZ.

West, bis 1958 Weintraub, Ps. West, **Franz** Carl, Parteifunktionär; geb. 24. Dez. 1909 Magdeburg; jüd., 1928 Diss.; *V:* Ignatz Weintraub (1878-1966), Angest., staatenlos, 1938 von dt. Polizei nach Ungarn ausgewiesen, Lagerhaft, Auslieferung an dt. Behörden, dann in Ghetto in Polen, illeg. Rückkehr nach Budapest, bei Bombenangriff schwer verwundet, nach 1946 Rückkehr nach Wien; *M:* Rosa, geb. Fischl (geb. 1878), im 2. WK dep.; *G:* Charlotte Starr (geb. 1911), Sekr., 1938 Emigr. GB, A: London; Helmut West (geb. 1915), Angest., 1938 Emigr. GB, A: ∞ 1939 London, Hilde Glücksmann (geb. 1914), Emigr. GB; *K:* Johann Martin West (geb. 1942), Angest., A: Wien; Henny Margarete Bauer (geb. 1944), Angest., A: Wien; *StA:* österr., 1918 staatenlos, 1946 österr. *Weg:* 1938 CSR, F; 1939 GB; 1945 Österr.

Schule in Magdeburg, ab 1924 in Wien. Ab 1924 Mitgl. *Vereinigung Sozialistischer Mittelschüler* in Wien, 1925-28 LtgMitgl. *Bund Sozialistischer Mittelschüler Österreichs.* 1928-33 Stud. Rechtswiss. Wien, aufgrund pol. Verfolgung ohne Abschluß. 1928-33 SDAP; 1928 Mitgl., 1929-34 LtgMitgl. *Verband Sozialistischer Studenten Österreichs.* Seit Jan. 1933 KPÖ, Mitgl. Kreisltg. Leopoldstadt u. UnterbezLtg. Prater. Deckn. Thaler. Okt. 1934 Verhaftung, Apr. 1935 als Staatenloser in die CSR ausgewiesen, kurzer Aufenthalt in Prag (Sitz des ZK der KPÖ), Ende Apr. 1935 Rückkehr nach Wien; illeg. Parteifunktionär, ab Herbst 1935 Ltr. Massenressort in illeg. Zentralltg. (Sekretariat) der KPÖ in Österr., 1936 OrgLtr.; Sommer 1937 Kand. des ZK, Okt. 1937-Febr. 1938 Ltr. des Sekretariats in Wien, Ltr. *Rote Hilfe.* Mitarb. *Weg und Ziel,* Ps. A.B. Apr. 1938 Prag, ab Mai 1938 Paris, LtgMitgl. Parteigruppe der KPÖ. Apr. 1939 wegen Verweigerung weiterer Aufenthaltsbewilligung durch Vermittlung des *Czech Refugee Trust Fund* nach London. 1939-40 LtgMitgl., 1940-45 Ltr. der von → Leopold Hornik aufgebauten Parteigruppe der KPÖ in GB, die als halblegaler Apparat von den Massenorg. innerhalb der österr. Emigration strikt getrennt war. Bis 1945 Mitarb. *Zeitspiegel.* 1939-41 Sekr. Flüchtlingshilfeorg. *Austrian Self Aid.* 1939-41 LtgMitgl., 1941-45 Präs. *Austrian Centre* (AC), einer überpartei., von den österr. Kommunisten in GB dominierten Hilfsorg.: größte Massenorg. innerhalb der österr. Emigr. in GB mit ca. 70 Angest., wesentl. Funktionen in Flüchtlingshilfe, Betreuung der nach Kriegsbeginn internierten Emigr. u. ab Herbst 1940 Hilfe bei ihrer Wiedereingliederung in Alltags- u. Berufsleben; lebhafter Kultur- u. Klubbetrieb, der sich vor allem der Propagierung des österr. Nationalgedankens widmete. Dez. 1941 als Präs. AC Mitgr. u. bis 1945 VorstMitgl. *Free Austrian Movement* (FAM), einer Volksfrontorg. unter Einschluß monarchist., bürgerl.-demokrat. u. der vom *Londoner Büro der österreichischen Sozialisten* abgespaltenen sozialist. EmigrGruppen unter beherrschendem Einfluß der KPÖ bzw. ihrer Massenorganisationen; 1943 nach Moskauer Deklaration vergebl. Versuch der Grdg. eines von brit. Behörden anerkannten österr. Nationalkomitees. 1944-45 Exekutivmitgl. u. GenSekr. *Free Austrian World Movement,* der März 1944 gebildeten internat. Dachorg. der *Freien Österreichischen Bewegungen* in GB, den USA, Lateinamerika, dem Nahen Osten u.a. Regionen mit Sitz des Exekutivkomitees in London; eine ZusArb. mit *Free Austrian Movement*/Toronto (→ Hans Rott, → Wilhelm Wunsch) kam nicht zustande, da FAM Toronto ein Zusammenwirken aufgrund des kommunist. Übergewichts im FAM in GB ablehnte. Bis Kriegsende Mitarb. BBC-Sendungen für Österr. - Okt. 1945 illeg. Rückkehr nach Wien, da brit. Behörden die Ausreise nach Österr. verweigerten. 1945-70 KPÖ-Funktionär, 1945-65 Red. *Weg und Ziel,* 1948-70 ZK-Mitgl., 1961-70 Mitgl. PolBüro; 1948-60 Ltr. Schulungsabt., 1960-65 Wiener Sekr. der KPÖ, 1965-70 Chefred. *Volksstimme.* 1970 im Gefolge der Auseinandersetzungen um Intervention der Warschauer-Pakt-Staaten in der CSSR nicht mehr ins ZK gewählt. Enge Verbindung zu dem Kreis um das *Wiener Tagebuch* (→ Franz Marek). Lebte 1978 in Wien.

W: Was ist die Partei? 1949; Lehrhefte zur Geschichte der österreichischen Arbeiterbewegung. 1955; Errungenschaften und Probleme der Volksdemokratie. 1956; Die Linke im Ständestaat Österreich. Revolutionäre Sozialisten und Kommunisten 1934-1938. 1978. *L:* DBMOI; Maimann, Politik; Widerstand 1. *D:* DÖW. *Qu:* Arch. Fb. Pers. Publ. - IfZ.

Wetzel, Rudi, Parteifunktionär u. Journalist; geb. 10. Jan. 1909 Rechenberg/Sa.; *StA:* deutsch. *Weg:* S; 1946 Deutschland (Berlin).

Vor 1933 Vors. *Kostufra* an TH Dresden, KPD-Mitgl. Nach natsoz. Machtübernahme KL-Haft. Emigr. nach Schweden, Mitgl. *Landesgruppe deutscher Gewerkschafter in Schweden,* RedSekr. *Politische Information* Stockholm. 1946 Rückkehr nach Berlin, Mitarb. Abt. Presse- u. Rundfunk des PV bzw. ZK der SED, 1953 Chefred. *Die Friedenspost,* 1953-57 Vors. *Verband der Deutschen Presse* u. Chefred. *Die Wochenpost;* wegen liberaler Informationspol. im Zusammenhang mit den Ereignissen in Polen u. Ungarn Anfang 1957 als „Klassenfeind" seiner Funktionen enthoben, danach freiberufl. Wissenschaftsjourn. Lebte 1974 in Berlin (Ost). - *Ausz.:* u.a. 1955 VVO (Bronze).

L: Jänicke, Dritter Weg; Müssener, Exil. *Qu:* Hand. Publ. Z. - IfZ.

816 Wetzlar

Wetzlar, Heinrich, Dr. jur., Richter; geb. 30. Mai 1868 Mannheim, umgek. 1943 KL Theresienstadt; ∞ Therese Joseph, Emigr. NL, dep.; *K:* u.a. Dr. Richard W., Emigr. NL; *StA:* deutsch. *Weg:* 1939 NL; 1943 Deutschland.

Ab 1897 Amtsrichter, ab 1907 LG-Rat, 1917 OLG-Rat, 1926 LG-Dir. in Karlsruhe, ab 1929 LG-Präs. in Mannheim. 30jähr. nebenamtl. Tätigkeit in der GefFürsorge, Gr. u. Ltr. Jugendheim Stutensee. März 1933 durch SA gezwungen, um Beurlaubung nachzusuchen, Apr. 1933 kurz vor Erreichung der Altersgrenze in den Ruhestand versetzt. 1933–39 in Baden-Baden, dann Emigr. zu seinem Sohn nach Holland. 1943 nach Theresienstadt deportiert.

L: Wetzlar, Richard (Hg.), Gedenkblätter an den Herrn Landgerichtspräsidenten Dr. Heinrich Wetzlar und seine Gattin Therese, geb. Joseph. 1962. *Qu:* Arch. EGL. Publ. Z. - IfZ.

Wetzler, Hans, Kaufmann; geb. 27. Juni 1909 Düsseldorf, jüd.; *V:* Max W. (geb. 1875 Wambach/Franken, gest. 1955 London), jüd., Kaufm., Kriegsteiln. 1. WK, Mitgl. R.j.F., März 1939 Emigr. GB; *M:* Elise, geb. Klein (geb. 1884 Fürth/Bayern, gest. 1974 London), jüd., Emigr. mit Ehemann; ∞ 1948 Eleonore Alexandra Braunschweig (geb. 1912 Düsseldorf), jüd., 1931 Abitur Düsseldorf, kaufm. Angest., 1933 Emigr. NL, Hausangestellte u. Verkäuferin, 1937 GB; *K:* Michael Jonathan (geb. 1950), B.Sc. Cambridge Univ., Stud. Med.; Caroline Louise (geb. 1954), Stud. Sussex Univ.; *StA:* deutsch, Mai 1947 brit. *Weg:* 1933 GB; 1935 Argent., 1936 GB; 1940 AUS, 1941 GB.

1928–31 Stud. Rechtswiss. Grenoble, Bonn u. Berlin, Mitgl. K.C., Dez. 1931 Referendarexamen, 1932/33 Referendar, 1933 beurlaubt, dann entlassen. Okt. 1933 Emigr. GB, bis Apr. 1934 Volontär Anglo-Metal Co., Ltd., Juli 1934 Einkäufer in London für argent. Werkzeugmaschinen-Importfirma, 1935–36 Ausbildung in Argentinien. Juli 1940–Aug. 1941 Internierung in GB u. Australien, Ende 1941 Rückkehr. 1941–45 Luftschutzwart. 1947 Mitgr. u. GenDir. Exportunternehmen Salomon, Wetzler & Co., Ltd., 1948 Übernahme der Exportfirma B. Ashworth & Co. Ltd., 1964 Fusion mit Adam & Harver, Ltd. (Export von Eisen, Stahl, Textilien), Zweigniederlassungen in Kanada, Südafrika u. der Schweiz; 1964–74 VorstMitgl. u. Vors. North-Western Reform Syn. London. Lebte 1974 in London.

Qu: Fb. – RFJI.

Wetzler, Paul, Dr. jur., Diplomat; geb. 5. Nov. 1905 Winterthur; *V:* Hugo W., Brauereidir.; *M:* Sylvie, geb. Morand; ∞ I. 1938 Birgit Ihlen (gest. 1962); II. 1965 Helga Hiris; *StA:* österr. *Weg:* 1938 F; Österr.

Stud. Rechtswiss. Wien, 1929 Prom.; 1930–31 Mitarb. Internationale Handelskammer Paris, 1931–38 in Pariser Filiale der Imperial Chemical Industries Ltd. Lebte während dt. Besetzung Frankr. im Untergrund, Sekr. eines franz. RA. 1946–47 Sekr. österr. Handelskammer in Paris. Nov. 1947 Eintritt in den österr. diplomat. Dienst, zunächst Vertragsbediensteter, Dez. 1948 Legationssekr. in Paris, Febr.–Nov. 1949 in Wien, anschl. bis 1960 bei österr. OEEC-Deleg. in Paris, Nov. 1952 Ernennung zum Legationsrat. Ab Juli 1960 Dienst in Wien, Juni 1962 als ao. Gesandter u. bevollm. Min. nach Bukarest, Nov. 1963 Ernennung zum ao. u. bevollm. Botschafter, Apr. 1965–Juli 1967 in Oslo, anschl. wieder Wien. Jan. 1970–Okt. 1971 österr. GenKonsul in Triest, anschl. Pensionierung.

Qu: Arch. Hand. – IfZ.

Weyl, Heinrich (urspr. Levin, Heimann), Dr. phil., Rabbiner; geb. 21. Aug. 1866, umgek. 1943 KL Auschwitz; *V:* Meir Levin (geb. 1806 Schwersenz/Posen, gest. 1896 Filehne/Posen), Kaufm., VorstMitgl. u. stellv. Rabbiner jüd. Gde. Rogasen/Posen; *M:* Flora (Frumit), geb. Wollheim; *G:* Adolf (geb. 1855 Rogasen, gest. 1928 Frankfurt/M.), jüd., Prof.; ∞ 1903 Rosalie Haurwitz (geb. Königsberg/Ostpreußen, gest. 1929 Düsseldorf), jüd.; *K:* Meir Manfred (geb. 1906 Czarnikau/Posen, gest. 1958 London), jüd., Emigr. GB über CSR u. Port., MilDienst in brit. Armee; Dr. phil. Shalom W. (geb. 1909 Czarnikau), Stud. Köln u. Berlin, Studienrat, 1939 Emigr. CDN, M.A. McGill Univ., Ph.D. Univ. Toronto, Prof. emer. für Germanistik City Coll. New York; Flora Pfeiffer (geb. 1911 Czarnikau), Emigr. NL, nach 1940 KL Bergen-Belsen, nach 1945 CDN; Frieda Walk (geb. 1913), 1936 Emigr. Pal.; Hannah Paltiel (geb. 1920), 1939 Emigr. NL, landwirtschaftl. Hachscharah, Zwangsarb. bei Philips Radio Co., zeitw. KL Auschwitz, von Philips wieder angefordert, 1945 illeg. nach Pal.; *StA:* deutsch. *Weg:* 1939 NL.

Kaufm. Lehre; 1889–92 Stud. Univ. u. Rabbinerseminar Berlin. 1892–96 Angest. im Geschäft des Vaters. 1897 Rabbiner, 1899 Prom. Bern, 1899–1901 Privatstud.; 1901–19 Rabbiner in Czarnikau, Gr. u. Dir. lokaler Zweigstellen des *Hilfsvereins* u. der *Alliance Israélite Universelle;* nach 1. WK Mitgr. einer nicht-relig. dt. Sprachschule in Czarnikau; 1920–38 Rabbiner beim orthodoxen Düsseldorfer ReligVerein, aktiv im *Verein für die jüd. Interessen des Rheinlands* Köln; 1901–39 Mitgl. *Verband der orthodoxen Rabbiner Deutschlands.* 1939 Emigr. Niederlande, 1939–43 Doz. fur Judaistik in Amsterdam; 1943 KL Westerbork, Ende 1943 Dep. KL Auschwitz.

W: Die jüdischen Strafgesetze bei Flavius Josephus (Diss.). 1900. *Qu:* Pers. Publ. Z. – RFJI.

Weyl, Michael, Ministerialbeamter; geb. 15. Sept. 1917 Zürich; *V:* Dr. phil. Claus W. (geb. 1885 Elmshorn/Schlesw.-Holst., gest. 1955 Zürich), Prof. für Math. Göttingen, 1933 Emigr. USA, Prof. Princeton Univ.; *M:* Helene, geb. Joseph (geb. 1892 Ribnitz, gest. 1948 Princeton), Schriftst., Übersetzerin, 1933 Emigr. USA; *G:* Fritz Joachim (geb. 1915 Zürich, gest. 1977), 1933 Emigr. USA. Ph.D. Princeton Univ., Dean Hunter Coll., City Univ. of New York; ∞ 1943 Margareta Granstrom; *K:* Peter H.; Thomas M.; J. Andrew; *StA:* deutsch, 1939 USA. *Weg:* 1933 USA.

1933 Emigr. USA über die Schweiz, Unterstützung der Familie durch Quäker; Stud. Princeton Univ., 1937 B.A., 1937–43 Stud. Univ. Wisconsin, 1939 M.A., 1940–43 Doktorand, gleichz. 1941–42 Assist. für Deutsch. 1943–44 Sachbearbeiter für Propaganda-Analyse im US-Justizmin. Washington/D.C. 1944–47 MilDienst (Lt.). 1947–48 Ltr. der Amerika-Häuser u. von USIS in Baden-Württemberg, 1948–49 Sektionschef beim Heeresmin. Washington/D.C.; Gastdoz. New School for Social Research New York. 1949–50 Experte für Auslandsfragen im US-Außenmin., 1950–53 Kulturreferent an der US-Botschaft in Kopenhagen. Ab 1953 bei USIA, u.a. 1955–59 im Kulturreferat der US-Vertretung in Berlin, 1959–60 Nachrichtenexperte, 1960–62 im Kulturreferat der US-Botschaft in Brüssel, 1962–63 am Nat. War Coll. in Washington. 1963–65 pol. Berater *Voice of America,* 1965–68 Programmltr. des USIS in Neu-Delhi, ab 1968 Kulturattaché der US-Botschaft in Bonn. Lebte 1976 in Washington/D.C.

Qu: Hand. Pers. – RFJI.

Wiatrek, Heinrich, Parteifunktionär; geb. 1. Juli 1896 Gleiwitz, hinger. März 1945 (?); *V:* Karl W., Eisenbahner; *M:* Johanna, geb. Dombrowski; *StA:* deutsch, 22. Apr. 1938 Ausbürg. *Weg:* 1935 NL, UdSSR; 1937 DK; 1941 Deutschland.

Metallarb.; 1913 freiw. zur Marine, im 1. WK U-Bootflotte, zuletzt Bootsmannsmaat (EK II); 1918 demobilisiert, danach Arbeiter u.a. bei der Eisenbahn u. Handelsreisender, ab 1927 arbeitslos; Mitgl. *Verband heimattreuer Oberschlesier,* Teiln. Abstimmungskämpfe im Rahmen des oberschles. Selbstschutzes (Ausz. Schlesischer Adler); 1921 Mitgl. *Einheitsverband der Eisenbahner Deutschlands,* 1922 KPD; 1927 StadtVO. Gleiwitz, 1928–29 Mitgl. Gaultg. RFB Oberschlesien, ab 1929 OrgLtr. KPD-Bez. Oberschlesien u. Mitgl. Oberschlesischer ProvLT; 1929/30 Rosa-Luxemburg-Schule Berlin, danach verantwortl. für RGO-Arbeit in Oberschlesien, ab 1932 Mitgl. Sekretariat der BezLtg. Oberschlesien; 1932–34 Schulung (bis Nov. 1933 Lenin-Schule) in Moskau, Deckn. Heinrich Kirsch, danach zum illeg. Einsatz über Prag zurück nach Deutschland, tätig in Berlin, Nov. 1934 Übernahme illeg. BezLtg. Niederrhein, Deckn. Stefan; Juni 1935 nach Amsterdam, von dort nach Moskau als Deleg. zum 7. Weltkongreß der *Komintern*

Juli-Aug. 1935, Teiln. sog. Brüsseler Konf. der KPD Okt. 1935 (Deckn. Fritz Weber), Wahl zum Kand. des ZK; 1936-37 KPD-Vertr. beim mitteleurop. Büro der *Komintern* u. Ltr. des dt. Sektors der Lenin-Schule; ab Apr. 1937 AbschnLtr. Nord in Kopenhagen, während der Volksfront-Phase mehrfach in Paris, Jan./Febr. 1939 Teiln. sog. Berner Konferenz (Deckn. Hans Schneider), Wiederwahl ins ZK; 1939/40 Beschluß der *Komintern*, in Deutschland unter Führung von → Herbert Wehner eine neue operative Parteiltg. zu bilden, der neben → Karl Mewis u. → Wilhelm Knoechel auch W. angehören sollte; Anfang 1940 gemäß der neuen Strategie Auflösung der AbschnLtg. Nord durch W., der sich jedoch weigerte, die illeg. Arbeit in Deutschland fortzusetzen; 19. Mai 1941 Festnahme in Kopenhagen, Haft in Hamburger Gef. bzw. Zuchthaus Fuhlsbüttel; 17. Mai 1943 VGH-Todesurteil, nach mehrmaliger Aufschiebung Ablehnung der von der Gestapo befürworteten Begnadigung durch Hitler, ab Febr. 1944 in Vollstreckungshaft Zuchth. Brandenburg-Görden, März 1945 Vollstreckungsanordnung durch RMdI; in der DDR-Historiographie aufgrund seines umfangreichen Geständnisses des Parteiverrats bezichtigt.

L: u.a. Weber, Wandlung; Duhnke, KPD. *D:* IfZ. *Qu:* Arch. Publ. - IfZ.

Wickel, Helmut, Journalist; geb. 10. Dez. 1903 Wuppertal-Barmen, gest. 1. Febr. 1970 Hannover; ∞ Luise Roske (geb. 1904); *StA:* deutsch. *Weg:* 1934 CSR; 1938 F; 1941 USA; 1950 Deutschland (BRD).

Stellv. Chefred. *Volksstimme* Chemnitz, nach natsoz. Machtübernahme 1 J. KL, Aug. 1934 Flucht vor erneuter Verhaftung in die CSR. Mitarb. bei SPD-BezLtg. Chemnitz in Karlsbad, Mitgl. RSD (→ Karl Böchel), ZusArb. mit *Neu Beginnen* (→ Karl Frank). Wirtschaftspol. Mitarb. *Deutschlandberichte der Sopade* u. *Zeitschrift für Sozialismus,* Ps. Kurt Marso. Juli 1938 nach Frankr., aktiv in der Spanienhilfe; Juli 1941 nach USA. Trennung von *Neu Beginnen,* Mitarb. *Neue Volks-Zeitung* New York, Aufnahme in die GLD, Mitunterz. ihrer Erklärung *What Is To Be Done With Germany?* (Ostern 1945). Red. der von der GLD hg. *Letters on German Labor.* Apr. 1950 Rückkehr auf Ersuchen von SPD u. Gew., ab Juni 1950 Ltr. lit. u. statist. Abt. beim Hauptvorst. der *IG Chemie* in Hannover, ab 1954 Chefred. *Gewerkschaftspost* u. *Gewerkschaftliche Umschau,* ab 1964 Ltr. WirtschAbt. der *IG Chemie*.

D: AsD. *Qu:* Arch. Publ. - IfZ.

Wieland, Deba, Journalistin, Verbandsfunktionärin; geb. 25. März 1916 Moskau; ∞ Offz. der Internat. Brigaden im Span. Bürgerkrieg, gef. in Spanien. *Weg:* 1933 F; 1934 (?) B; 1936 (?) E; 1939 UdSSR; 1946 Deutschland (Berlin).

Bis zum 17. Lebensjahr in Riga; 1932 Beitritt zum illeg. Kommunist. Jugendverb., ein Jahr später zur illeg. Kommunist. Partei Lettlands. Ab 1933 Stud. Gebrauchsgraphik in Straßburg, später Brüssel. 1933 KPD, 1933-34 Mitarb. *Frau als Kämpferin* Straßburg, während des Span. Bürgerkriegs mit Ehemann in Spanien, Mitarb. franz. kommunist. Presse, 1939 Emigr. UdSSR. Juli 1946 nach Deutschland (Berlin), SED, 1946-49 Red., zuletzt Chefred. *Sowjetisches Nachrichtenbüro;* ab 1948 Mitgl. *Verband Deutscher Journalisten,* ab 1956 Präs-Mitgl. des ZV u. bis 1972 stellv. Vors.; 1949-52 stellv. Ltr. Amt für Information u. Instrukteur in *Gesellschaft für Deutsch-Sowjetische Freundschaft,* Mitgr. Zs. *Presse der Sowjetunion,* ab Nov. 1952 Dir., später GenDir. ADN; 1972 Präs. (?) *Allianz Europäischer Presseagenturen;* Vizepräs. *Friedensrat der DDR* u. Mitgl. *Weltfriedensrat.* Lebte 1977 in Berlin (Ost). - *Ausz.:* 1956 VVO (Bronze) u. Franz-Mehring-Ehrennadel, 1959 VVO (Silber), 1964 Banner der Arbeit, 1966 Clara-Zetkin-Med., 1970 VVO (Gold), 1976 Ehrenspange zum VVO (Gold).

L: Antifaschisten. *Qu:* Hand. Publ. Z. - IfZ.

Wielek, Henk (d. i. Kweksilber, Willy), Publizist; geb. 13. März 1912 Köln; *V:* Jakob K.; *M:* Esther, geb. Perlmutter; ∞ II. 1949 W. Berg, Journ., Übers.; *K:* Erik (geb. 1943), Ruth (geb. 1948); *StA:* staatenlos, 1947 NL. *Weg:* 1933 NL.

Abitur in Köln, journ. Laufbahn; 1927 Mitgl. SAJ u. ab 1930 gewerkschaftl. organisiert. Nach natsoz. Machtübernahme in der Illegalität, Apr. 1933 Flucht vor Verhaftung in die Niederlande; freie journ. Tätigkeit insbes. für sozdem. Presse in Amsterdam, Mitarb. niederländ. Rundfunk; gehörte zum Kreis um das dt. Exilorgan *Freie Presse* (→ Helmut Kern, → Alfred Mozer, → Rudolf Quast), Vortragstätigkeit für niederländ. Gew. u. sozdem. Jugend; nach Besetzung Hollands im Untergrund. 1943-44 interniert im Lager Westerbork. Nach 1945 Dir. Bildungszentrum Vrij Nederland u. Ltr. kulturelle Abt. des Sozialamtes Amsterdam. Berater u. VorstMitgl. Kultureller Rat der Niederlande, daneben freier Publizist u. Mitarb. versch. Ztg. u. Zs. vor allem kulturellem, bildungs- u. sozialpol. Gebiet; Mitgl. *Partij van de Arbeid,* ab 1973 Mitgl. des niederländ. Senats; VorstMitgl. niederländ. *PEN-Zentrum.* Lebte 1974 in Amsterdam.

W: Nazideutsche Jugenderziehung. In: Die Sammlung 1, 1933/34, H. 5; Der Mörder John Walker (Funk-Ballade). Ebd. 2, 1934/35, H. 1; Verse der Emigration. Karlsbad (Graphia) 1935; De oorlog die Hitler won. Amsterdam (Amsterdamsche Boek- en Courantmaatschappij) 1947; De stem van Europa (Anthol.). Amsterdam (Van Ditmar) 1948; 30 jaar geleden: Duitse Emigranten in Nederland. In: Vrij Nederland, 31. Aug. 1963. *Qu:* Arch. Fb. Pers. Publ. - IfZ.

Wiener, Alfred, Dr. phil., Verbandsfunktionär, Publizist; geb. 16. März 1885 Potsdam, gest. 4. Febr. 1964 London; jüd.; *V:* Karl W. (geb. Deutschland, gest. 1895 Deutschland), jüd., Geschäftsinh.; *M:* Amalie, geb. Rosenberg (geb. 1860 Deutschland, gest. 1938 NL), jüd., Geschäftsinh., 1936 Emigr. Amsterdam; *G:* keine; ∞ 1921 Dr. phil. Margarethe Minna Saulmann (geb. 1895 Hamburg, gest. 1945 Münserlingen/CH), jüd., Prom. Volkswirtschaft, Schatzmeister bei akad. Frauenvereinigung, 1934 Emigr. NL mit Familie, 1943 mit 3 T KL Westerbork, 1944 Dep. KL Bergen-Belsen, Jan. 1945 Freilassung durch Kriegsgefangenen-Austausch; *K:* Karl Kurt (1922-28); Ruth Hannah Klemens (geb. 1927), 1934 Emigr. NL, KL, Dep. u. Freilassung mit M u. S, 1945 USA über CH u. F, 1947 GB, 1950 Österr., 1959 in die USA, M.A., Lehrerin; Eva Elise Plaut (geb. 1930), 1934 Emigr. NL, KL, Dep. u. Freilassung mit M u. S, 1945 USA, 1947 GB, 1951 IL, 1953 USA, Lehrerin; Mirjam Emma Finkelstein (geb. 1933 Berlin), 1934 Emigr. NL, KL, Dep. u. Freilassung mit M u. S, 1945 USA, 1947 GB, B.Sc., Lehrerin; *StA:* deutsch, 1946 (?) brit. *Weg:* 1933 NL; 1939 GB.

1905-07 Stud. Univ. u. L(H)WJ Berlin, 1907-09 Reisen nach Ägypten, Palästina u. Syrien, 1909-11 Stud. Heidelberg, 1913 Prom. Heidelberg. 1911-14 Sekr. des liberalen Politikers u. Gr. des *Hilfsvereins* Paul Nathan, ab 1911 VorstMitgl. des *Hilfsvereins.* 1914-18 Kriegsteiln. im dt. Expeditionskorps in der Türkei u. in Palästina (Ausz.). 1919-23 Syndikus Landesverb. Groß-Berlin des CV, 1923-33 Syndikus u. stellv. Dir. des CV sowie stellv. Schriftltr. der *CV-Zeitung,* stellv. Dir. Philo-Verlag. 1929 ZusArb. mit Nichtzion. in der *Erweiterten Jew. Agency* u. dem *Keren Hajessod.* Beiträge u.a. in *Jüdisches Wochenblatt, Die Welt des Islams, Der Islam;* Mitgl. B'nai B'rith u. R.j.F., ehrenamtl. Sekr. *Deutsche Gesellschaft für Islamkunde.* 1933 Emigr. Niederlande zum Aufbau eines antinatsoz. Dokumentationszentrums, 1934-39 mit Prof. David Cohen von der Univ. Amsterdam Gr. u. bis 1939 Dir. des *Jew. Central Information Office* Amsterdam, 1939 Verlegung nach London, Umbenennung in Wiener Library, 1939-64 Dir. der Wiener Library London. 1955-64 VorstMitgl. LBI London. Wiederholt Reisen u. Gastvorträge in Deutschland (BRD). Mitgl. *Deutsch-Evangelischer Ausschuß für Dienst an Israel.* - *Ausz.:* 1955 BVK 1. Kl., 1964 Heinrich Stahl-Preis der Jüd. Gde. Berlin.

W: Die Farddsch Band Aschschidda Literatur (Diss.). 1913; Das deutsche Judentum in politischer, wirtschaftlicher und kultureller Hinsicht. 1924; Kritische Reisen durch Palästina. 1928; Juden und Araber in Palästina. 1929; The Central-Verein Deutscher Staatsbürger Jüdischen Glaubens: Its Meaning and

Activities. 1945; zahlr. Art. u. Broschüren über jüd. Probleme u. Art. über arab. Lit. *L:* Aronsfeld, C. C., in: Wiener Library Bulletin, Apr. 1964 u. Theokratia I, 1967-69; Weltsch, Robert, in: Yearbook LBI, 1964; Pauker, Arnold, Der jüdische Abwehrkampf. 1967; EJ; UJE; Yearbook LBI New York 1965. *D:* LBI New York. *Qu:* EGL. Hand. Pers. Publ. Z. - RFJI.

Wiener, Juan (urspr. Hans), Kaufmann, geb. 23. Juni 1915 Frankfurt/M.; *V:* Julius (geb. 1880 Bingen/Hessen, gest. 1959 Santiago/Chile), Kaufm.; *M:* Selma Hamburger (geb. 1885 Aschaffenburg, gest. 1955 Santiago), Lyzeum; *G:* Lieselotte Katzenstein (geb. Frankfurt/M.), Lyzeum, Laborantin, Emigr. USA; Ernst W. (geb. Frankfurt/M.), Kaufm., Ausbildung am Instituto Nacional in Santiago; ∞ 1937 Mary-Louise Levy (geb. 1919 Berlin), jüd., bis 1933 Lyzeum Berlin, 1933-34 Liceo Santiago, 1935-42 Büroangest.; *K:* Susanna (geb. 1943), Stud. Textilfachschule Zürich, Modeschöpferin in Chile; Barbara Dörr (geb. 1947), Stud. Hotelfachschule Tegernsee/Bayern u. Univ. München, Krankengymnastin in Deutschland (BRD); Pamela (geb. 1953), Stud. Santiago Coll., Fremdsprachenkorr. Universidad de Chile; *StA:* deutsch, Chile. *Weg:* 1935 Chile.

1924-33 Oberrealschule Frankfurt/M.; 1933-35 kaufm. Lehre bei einer Exportfirma für Lederwaren in Frankfurt/M., illeg. Tätigkeit in sozialist. Studentengruppen; 1935 Emigr. Chile, 1935-37 Büroangest., 1937-42 ltd. Angest., ab 1942 mit Vater u. Bruder Gr. u. Eigentümer einer Teppichfabrik. Ab 1936 Mitgl. u. ab 1976 Dir. *Soc. Isr. Cultural B'ne Jisroel* (gegr. von dt. Einwanderern), ab 1940 Mitgl. *Soc. de Fomento Fabril,* ab 1955 *Estadio Isr.;* ab 1960 Mitgl., dann Berater *Instituto Textil.* Lebte 1977 in Santiago.

Qu: Fb. - RFJI.

Wiener, Max, Dr. phil., Rabbiner, Religionsphilosoph; geb. 22. Apr. 1882 Oppeln/Oberschlesien, gest. 30. Juni 1950 New York; *V:* Isidor W. (geb. 1839 Ostrowo/Posen, gest. 1906 Oppeln), jüd., Inh. einer Lederwarenhandlung; *M:* Amalie, geb. Marcus (geb. um 1845 Ostrowo, gest. 1922 Oppeln), jüd.; *G:* Georg (geb. 1869 Oppeln, gest. 1961 Cochabamba/Boliv.), Großhandelskaufm., 1940 Emigr. Boliv.; Alfred (geb. 1874 Oppeln, gest. 1945 Cochabamba), Kaufm., 1940 Emigr. Boliv.; Marie Ephraim (geb. 1880[?] Oppeln, gest. 1910[?] Breslau); ∞ 1913 Toni Hamburger (geb. 1887 Berlin, gest. 1971 Kefar Szold/IL), Dipl. Jüd. Lehrerinnenseminar Berlin, ReligLehrerin in Berlin, 1939 Emigr. USA, nach 1950 IL; *K:* Artur Immanuel (geb. 1914 Stettin), 1934 Emigr. Pal., Stud. Math., Kibb-Mitgl.; Theodore (geb. 1918 Stettin), 1934 Emigr. USA, B.A. Univ. Cincinnati, Rabbiner H.U.C. - J.I.R., Bibliothekar an der Library of Congress Washington/D.C.; *StA:* deutsch, 1945 USA. *Weg:* 1939 USA.

1902-03 Stud. Jüd.-Theol. Seminar Breslau, Mitgl. rabbin. StudVerbindung *Amicitia.* Stud. Berlin u. Breslau, 1906 Prom., 1908 Rabbinerexamen L(H)WJ Berlin. 1909-12 durch Vermittlung von Leo Baeck stellv. Rabbiner der SynGde. Düsseldorf, 1912-26 ltd. Rabbiner der SynGde. Stettin/Pommern, 1917-18 Feldrabbiner beim Oberkommando der 1. Armee in Frankr. 1926-39 Rabbiner der Jüd. Gde. Berlin, 1934-39 Doz. an der L(H)WJ Mitgl. Geschäftsstelle der *Vereinigung der liberalen Rabbiner Deutschlands,* 1936-39 VorstMitgl. *Jüdischer Kulturbund.* 1927-30 stellv. Schriftltr. u. Mitarb. *Jüdisches Lexikon,* 1925-39 Mitgl. phil. Kommission der Akad. für die Wiss. des Judentums. Ab 1926 Deleg. auf Kongressen der *World Union for Progressive Judaism;* 1929 Mitgl. Initiativausschuß zur Erweiterung der *Jew. Agency.* - Vertr. einer auf Irrationalismus u. relig. Existenzialismus aufgebauten Kritik des klass. relig.-eth. jüd. Liberalismus. Aug. 1939 Emigr. USA mit Non-Quota-Visum aufgrund eines Anstellungsvertrags mit einer jüd. Gde. in Syracuse/N.Y. 1939-41 Doz. für Religionsgesetz u. Liturgie am H.U.C. in Cincinnati/O. 1941-43 Rabbiner in Fairmont/W., Va., 1943-50 stellv. Rabbiner der Congr. Habonim New York. 1945-50 stellv. Schriftltr. *The Reconstructionist;* 1949-50 Präs. der *Theodor Herzl Soc.* der ZOA.

W: J.G. Fichtes Lehre vom Wesen und Inhalt der Geschichte. (Diss.). 1906; Die Anschauungen der Propheten von der Sittlichkeit. 1909; Die Religion der Propheten. 1912; Jüdische Frömmigkeit und religiöses Dogma. 1924; Jüdische Religion im Zeitalter der Emanzipation. 1933 (hebr. Übers. 1974); Die Bibel, 4. Bde. (Übers. mit H. Torczyner). 1934-36; Abraham Geiger and Liberal Judaism. The Challenge of the 19th Century (Ms., ins Engl. übers. von Ernst J. Schlochauer). 1962; Beiträge in zahlr. Festschriften; zahlr. Art. zur jüd. Religionsphilosophie u.a. in: *Der Morgen, Monatsschrift für Geschichte und Wissenschaft des Judentums, YIVO Annual of Jewish Social Science;* Bibliogr. in: Kisch, Breslauer Seminar. 1963. *L:* Hebrew Union College Monthly, 1941; Liebeschütz, Hans, Max Wiener's Re-Interpretation of Liberal Judaism. In: Yearbook LBI, 1960; Breslauer, Walter, Die Vereinigung für das Liberale Judentum in Deutschland u. Richtlinien zu einem Programm für das Liberale Judentum. Erinnerungen aus den Jahren 1908-1914. In: Bulletin LBI, 1966. *D:* LBI New York. *Qu:* Arch. Hand. Pers. Publ. Z. - RFJI.

Wiener, Robert, Dr. jur., Parteifunktionär; geb. 17. Sept. 1895 Wien, gest. 26. Jan. 1948 London; ∞ Franziska, 1938 Emigr. GB; *K:* Hans, 1938 Emigr. GB, Mitgl. ArbAusschuß der SJ, nach Kriegsende Wirtschaftsmanager in GB; *StA:* österr., CSR. *Weg:* 1938 GB.

Als Gymnasiast Anschluß an SDAP, Stud. Rechtswiss. Wien u. Funktionär der sozialist. Studentenbewegung, nach Prom. Mitarb. RA-Kanzlei von Max Adler, 1923-38 Sekr. DSAP-Abg.-Fraktion in NatVers. der CSR; Mitgl. böhm. Landesvertr.; bekennter Versammlungsredner u. Mitarb. *Der Sozialdemokrat* Prag. 1938 Emigr. nach London, zunächst Befürworter einer engen ZusArb. mit tschechoslow. Exilkreisen, mit → Fritz Kessler u. → Franz Kögler in Abwesenheit → Wenzel Jakschs Mitgl. TG-Deleg. v. 2. Sept. 1939 zu CSR-Exilpräs. Dr. Edvard Beneš. Ab Sommer 1940 Mitarb. *London Representative of the Sudeten German Refugees* u. Mitgl. TG-Landesvorst., führender Vertr. der Jaksch-Linie u. ab Bildung 1943 Ltr. TG-Bildungsausschuß zur pol. u. ideol. Vorbereitung der Mitgl. auf die Nachkriegsaufgaben, ab Grdg. 1944 Mitgl. *Democratic Sudeten Committee.* Nach Kriegsende Ltr. des Büros der TG-Landesgruppe.

L: Bachstein, Jacksch; Menschen im Exil. *Qu:* Arch. Publ. Z. - IfZ.

Wieschhoff, Heinrich (bis 1933 Heinz) **Albert,** Dr. phil., UN-Beamter; geb. 1. Aug. 1906, gest. Sept. 1961 Kongo; *V:* Heinrich W.; *M:* Eugenia, geb. Retberg; ∞ 1938 Virginia Graves; *K:* Eugenia; Virginia; Hynrich W., RA in New York; *StA:* deutsch, USA. *Weg:* USA.

1928-30 Teiln. an Expedition nach Südafrika. 1928-34 Assist. Afrika-Archiv Univ. Frankfurt, 1930 Stud. Wien, 1933 Prom. (Anthropologie) Frankfurt. Nach 1933 Emigr. USA, 1935-41 Doz. für Anthropologie Univ. of Pennsylvania, Dir. der afrikan. Slg. Univ. of Pennsylvania Museum. 1942-43 Berater bei OSS; 1946-55 Ltr. Territorial Research Analysis Section u. 1955-60 Dir. UN Trusteeship Division, 1951 Sekr. Ad-hoc-Ausschuß der UN-Vollvers. für Süd-West-Afrika, 1960-61 AbtLtr. bei der UNO, Sekr. mehrerer UN-Deleg. nach Afrika: 1949 u. 1959-60 Westafrika, 1956 Togoland im ZusHang mit der dortigen Volksabstimmung, 1957 u. 1960 Ostafrika, 1958 u. 1961 Südafrika; begleitete 1960-61 GenSekr. Dag Hammarskjöld auf 4 Dienstreisen nach dem ehem. Belgisch-Kongo, Sept. 1961 mit Hammarskjöld bei Flugzeugunglück umgek. - Mitgl. *Am. Assn. for the Advancement of Science, Council of Foreign Affairs,* Fellow *Anthropology Assn., Internat. African Institute.*

W: Die afrikanischen Trommeln und ihre außerafrikanischen Beziehungen (Diss.). 1933 (Neudruck New York 1968); The Zimbabwe-Monomotapa Culture in Southeast Africa. Menasha/Wisc. 1941; African Handbook (Hg.), 7 Bde., Philadelphia/Pa. 1943-47; Colonial Policies in Africa. 1945 (Neudruck 1972); African Transcripts. (Hg.), Philadelphia/Pa. 1945-46;

Anthropological Bibliography of Negro Africa. 1948 (Neudruck 1970); The Southwest Africa Question in the Aftermath of the Decision of the International Court of Justice. 1967. *Qu:* Hand. Z. - RFJI.

Wiesener, Rudolf, Gewerkschaftsfunktionär; geb. 1. Aug. 1899 Braunschweig, gest. 14. Aug. 1972 Bad Harzburg; Diss.; *V:* Heinrich W., Schuhmachermeister; *M:* Sophie Marie Konradine, geb. Rischbieter; ∞ 1924 Hedwig Wilhelmine Meier (geb. 1902); *StA:* deutsch. *Weg:* 1933 CSR, S; 1945 Deutschland (BBZ).

Buchdrucker, sehr frühes Engagement in der sozdem. Jugendarbeit in Braunschweig, Ostern 1916 Teiln. Jugendkonf. von Jena, 1917-18 Soldat; nach dem 1. WK Mitgl. KPD, später Ausschluß wegen Rechtsopposition u. Mitgl. KPDO; mit der KPDO-Minderheit (→ Paul Frölich, → Jacob Walcher) Anschluß an SAPD. 1933 Emigr. in die CSR, aktiv in Volksfrontbewegung; später im schwedischen Exil. Nach 1945 Wiedereintritt in die KPD, Febr.-Nov. 1946 Mitgl. des Braunschweigischen LT, Ernennung zum Arbeitsmin. des Landes Braunschweig, Dez. 1946-März 1947 Mitgl. des Ernannten Niedersächsischen LT; Kontakte zur *Gruppe Arbeiterpolitik,* 1949 Ausschluß aus KPD; später Ltr. Belegschaftsabt. Erzbergbau Salzgitter, ab 1953 Arbeitsdir. Harz-Lahn-Erzbergbau in Bad Harzburg.

L: Wittmann, K. P., Kommunistische Politik in Westdeutschland nach 1945. Der Ansatz der Gruppe Arbeiterpolitik. Darstellung ihrer grundlegenden Auffassungen und ihrer Entwicklung zwischen 1945 und 1952. 1977. *Qu:* Arch. Publ. - IfZ.

Wiesinger, Alfred. *Weg:* B; 1945 JU, Österr.

Emigrierte vermutl. 1938 nach Belgien, wahrscheinlich Mitgl. der Parteigruppe der KPÖ in Brüssel, nach dt. Besetzung Belgiens illeg. Arbeit (→ Gerhard Paul Herrnstadt, → Dori Meiselmann, → Otto Spitz), zeitw. Haft im Lager Brendonk. Jan. 1945 als Mitgl. der Gruppe um → Othmar Strobel über Bari nach Belgrad, Major u. PolKommissar des im Raum Belgrad aufgebauten 5. österr. Btl. im Verband der jugoslaw. Volksbefreiungsarmee, das nicht mehr zu milit. Einsatz kam. Nach Kriegsende Rückkehr nach Österreich.

L: Holzer, Bataillone. *Qu:* Arch. Publ. - IfZ.

Wiesinger, Alois, O. Cist., Dr. theol., Abt; geb. 3. Juni 1885 Magdalenaberg/Oberösterr., gest. 3. Jan. 1955 Schlierbach/Oberösterr.; kath.; *V:* Franz W.; *M:* Maria, geb. Klausner; *StA:* österr. *Weg:* 1939 Bras.; 1945 Boliv.; 1946 Österr.

1905 Eintritt in Zisterzienserstift Schlierbach, Stud. Theologie Univ. Innsbruck, 1909 Priesterweihe, 1912 Prom.; Anhänger der Soziallehre Karl Vogelsangs. Ab 1912 Kooperator in Traiskirchen/Niederösterr. u. Pfarrer in Gaden bei Mödling/Niederösterr. sowie Prof. f. Theologie an Theol. Hauslehranstalt Heiligenkreuz/Niederösterr.; 1914 bei Ausbruch des 1. WK auf Pilgerfahrt nach Lourdes, bis 1915 in franz. Trappistenklöstern interniert. Juli 1917 Wahl zum Abt des Klosters Schlierbach; bemühte sich insbes. um Erschließung neuer wirtschaftl. Grundlagen für das Kloster, u.a. Ausbau der Stiftswerkstätten u. der Landwirtschaft. Gr. u. Dir. eines Kollegs für Ordenspriester u. Missionsberufe. Regte 1925 bei Generalkapitel des Ordens in Rom die Wiederaufnahme der Missionstätigkeit in überseeischen Ländern an, bis 1939 zahlr. Klostergrdg. u. Missionsreisen in Asien u. Afrika. 1939 vor Ausbruch des 2. WK nach Brasilien in Tochterkloster Jequitibá des Klosters Schlierbach. Unterstützte ab 1942 maßgebl. das *Comite de Proteção dos Intereses Austriacos no Brasil* unter → Anton Retschek. 1945 als Visitator der Ordensgründungen in Bolivien. 1946 Rückkehr nach Österreich.

W: u.a. Die Zisterzienserabtei Schlierbach. 1937; Nach Manila. Lose Blätter von der Reise zum Eucharistischen Kongreß. 1937; Gründungsgeschichte von Jequitibá (port.). Petrópolis (Mundo Novo) 1944; São Bernardo de Claraval. Rio de Janeiro - São Paulo (Editora Vozes) 1944; Breve Historico da Ordem Cisterciense sua origem e desen volvimento da sua impor-

tância na idade-média sua ação providenciam nossos dias, na terra de Sta. Cruz a fundação de Jequitibá Bahia. Aparecida (Oficinas de Arte Sacra) 1945; Okkulte Phänomene im Lichte der Theologie. 1947; Der Operismus. Eine Darlegung der Grundsätze des Christentums zur Lösung der sozialen Frage. 1948; 1848-1948. Arbeiter der Faust und der Stirne, vereinigt euch! Ein Aufruf an die Arbeiter der Welt. 1948. *Qu:* Arch. Hand. - IfZ.

Wiest, Fritz, Parteifunktionär; geb. 21. Juli 1895 Stuttgart; *V:* Kaufm.; *StA:* deutsch. *Weg:* 1933 (?) DK; S; Deutschland (BRD).

Lehre als Gürtler. Während 1. WK in Stuttgart Anschluß an *Spartakus,* ab Parteigrdg. Mitgl. KPD; 1921 Jugendsekr. BezLtg. Württ., ab 1923 in der GewAbt. der KPD-Zentrale in Berlin, später bis 1928 ZK-Mitarb. für Abt. Sport; als Anhänger des rechtsoppos. Parteiflügels (→ Heinrich Brandler, → August Thalheimer) Anfang 1929 mit weiteren führenden Oppositionellen (→ Paul Böttcher, → Waldemar Bolze, → Joseph Lang) Ausschluß aus KPD; danach Mitgl. u. Funktionär der KPDO in Stuttgart u. Berlin. Nach natsoz. Machtübernahme Mitgl. der illeg. KPDO-Inlandsltg. bzw. *Berliner Komitee,* verantwortl. für Gewerkschaftsarbeit. Emigr. nach Dänemark, später Schweden; einige Jahre nach Kriegsende Rückkehr nach Stuttgart.

L: Tjaden, KPDO; Weber, Wandlung. *Qu:* Arch. Publ. - IfZ.

Wildangel, Friedrich Wilhelm **Ernst,** Parteifunktionär, Lehrer; geb. 22. Jan. 1891 Köln, gest. 6. Apr. 1951 Berlin (Ost); kath., 1923 Diss.; *V:* Franz Hermann W., Kaufm.; *M:* Anna Maria, geb. Schwertführer; *StA:* deutsch. *Weg:* 1933 F; 1939 Deutschland.

1910-14 Stud. Neuphilologie Münster, Bonn u. Greifswald, 1914-18 Kriegsteiln. (Offz. EK I). 1919 Staatsexamen, anschl. im Schuldienst. 1919-23 angebl. *Zentrums-*Vors. Mönchengladbach; Austritt aus kath. Kirche. 1923-24 Taxichauffeur, ab 1924 erneut im Schuldienst. 1924-30 SPD, 1930 KPD, 1931 Gew., 1931-33 Studienrat Karl-Marx-Schule Berlin-Neukölln. März 1933 Emigr. Frankr.; bis 1939 pädagog. u. journ. Tätigkeit, Mitarb. Flüchtlingskomitee der Liga für Menschenrechte Paris. 1939 Rückkehr nach Deutschland u. bis Kriegsende Fabrikarb. (nach anderen Quellen 1941-44 Mitarb. Résistance in Südfrankr. (Deckn. Pierre Delorme), Mai 1944 Verhaftung, bis Jan. 1945 in Haft, danach Hilfsarb. in Berlin). Mai 1945 am Aufbau der Berliner Stadtverw. beteiligt, ab Juni Ltr. Abt. Lehrerbildung im Hauptschulamt u. ab Sept. 1945 Ltr. Hauptschulamt beim Magistrat von Berlin sowie ab Mai 1946 stellv. Ltr. Abt. Volksbildung, ab Okt. 1946 StadtVO. Berlin bzw. Berlin (Ost), ab März 1950 Stadtschulrat. - *Ausz.:* 1951 Verdienter Lehrer des Volkes.

W: Professeur N. (Ps., zus. mit Maximilian Scheer), L'école hitlérienne et l'étranger. Paris (Editions de l'Internationale des Travailleurs de l'enseignement) 1937. *L:* GdA-Biogr.; Scheer, Maximilian, So war es in Paris. 1973. *Qu:* Arch. Publ. - IfZ.

Wilde, Georg, Dr. phil., Rabbiner; geb. 1877 Meseritz/Westpreußen, gest. 1950 London. *Weg:* 1938 (1939 ?) GB.

1897-1906 Stud. Jüd.-Theol. Seminar Breslau, Rabbinerexamen, daneben Stud. Univ. Breslau, 1901 Prom. Erlangen. 1907-09 Rabbiner SynGde. Magdeburg/Sa. Im 1. WK Feldrabbiner. Mitgl. *Allgemeiner Rabbinerverband* u. *Vereinigung der liberalen Rabbiner Deutschlands.* Nov. 1938 KL Buchenwald. 1938 (1939?) Emigr. GB. Mitgl. AJR London.

W: Giordano Brunos Philosophie in den Hauptbegriffen Materie und Form (Diss.). 1901; Religiöse Bilder (Predigten). 1914; Aus den Sprüchen der Väter (Übers.). 1918. *D:* LBI London. *Qu:* Arch. Hand. Z. - RFJI.

Wilde, Grete (Margarete) Frieda Gertrud, Parteifunktionärin; geb. 12. Mai 1904 Berlin, gest. UdSSR. *Weg:* TR; UdSSR.

Stenotypistin; führende KJVD-Funktionärin, später Mitgl. KPD-Ltg. Berlin, Emigr. in die Türkei, dort mehrere Jahre in Gefängnissen; später in der UdSSR, zentrale Funktion in Kaderabt. der *Komintern;* Deckn. Hertha; vorüberg. zur Überwachung der Tätigkeit → Willi Münzenbergs u. seiner Mitarbeiter in Paris. Opfer der Säuberungen.

L: Weber, Hermann Die Parteitage der KPD und SED. In: Aus Politik und Zeitgeschichte, 2/1963. *Qu:* Arch. Publ. - IfZ.

Wildgrube, Wilhelm (Willi) Friedrich, Parteifunktionär; geb. 8. Apr. 1905 Weddin, Krs. Wittenberg/Sa.; *V:* Emil W.; *M:* Emma geb. Grosche; ∞ Regina Bernhard. *Weg:* 1936 CH; 1945 Deutschland.

Schreiner. Mitgl. KPD u. Gewerkschaften. 1936 Emigr. in die Schweiz, Anerkennung als pol. Flüchtling, 1937-39 Mitgl. KPD-EmigrLtg. Schweiz, vorübergehend in einem Arbeitslager interniert. Juli 1945 Rückkehr nach Deutschland, mit → Ernst Eichelsdörfer u. → Walter Fisch beteiligt am Wiederaufbau der KPD in Hessen.

L: Teubner, Schweiz. *Qu:* Arch. Publ. - IfZ.

Wilhelm, Kurt (Jacob David), Dr. phil., Rabbiner; geb. 9. Mai 1900 Magdeburg/Sa., gest. 19. Mai 1965 Stockholm; *V:* Hugo W. (umgek. im Holokaust); *M:* Paula, geb. Basch (umgek. im Holokaust); ∞ 1927 Ilka Frank (geb. 1906); *K:* Jessica Finkel, Nathan, Israel. *Weg:* 1933 Pal.; 1948 S.

1919-23 Stud. Jüd.-Theol. Seminar Breslau, 1923 Prom. Würzburg, 1925 Rabbinerexamen Jew.-Theol. Seminary New York; Mitgl. J.J.W.B. 1925-29 Rabbiner in Braunschweig, 1929-33 Rabbiner der SynGde. Dortmund. 1933 Emigr. Palästina. 1936-48 Gr. u. Rabbiner von Emet ve-Emunah (liberale Gde. vorwiegend mitteleurop. Juden in Jerusalem). Ab 1942 Sekr. von *Ihud,* einer Org. zur Förderung der jüd.-arab. Verständigung, 1945-48 Mitarb. Schocken Publishing Co. in Jerusalem u. am Forschungsinst. für hebr. Dichtung tätig. 1948 nach Schweden, 1948-65 Hauptrabbiner in Stockholm, Doz. Univ. Stockholm. 1957 (1959?) HonProf. für jüd. Religion u. Religionsphil. Univ. Frankfurt/M.; VorstMitgl. LBI London, VorstMitgl. der Gesellschaft *Mekizei Nirdamim,* Hg. von wiss. Ausg. hebr. Lit. des Mittelalters; Förderung der jüd.-christl. Verständigung u. der ZusArb. mit anderen Religionsgemeinschaften sowie Aufrechterhaltung von Kontakten mit Juden in Osteuropa; Mitgl. B'nai B'rith. - *Ausz.:* D.D. h.c. Jew. Theol. Seminary New York.

W: Berufe und Gewerbe bei den Assyrern (Diss.). 1923; Ein Jelamdenu-Fragment. In: Monatsschrift für Geschichte und Wissenschaft des Judentums, 1931; Wege nach Zion (Hg. u. Übers.). 1935 (engl. Übers. 1948); Von jüdischer Gemeinde und Gemeinschaft (Hg.). 1938; Dor Dor ve-Olav (Geschichte der Wanderungen nach Palästina). 1943; Seder haTikkunim (Emendationen). In: Alei Ayin, Minhat Devarim le-S. Z. Schocken (Festschrift für → Salman Schocken), 1952; Judendomen, livsåg och lära. 1956; The Jewish Community in the Post Emancipation Period. In: Yearbook LBI, 1957; An Early Nineteenth Century Frankfurt Benevolent Society. In: A. Altmann (Hg.), Between East and West, 1958; The Influence of German Jewry on Jewish Communities in Scandinavia. In: Yearbook LBI, 1958; Jüdischer Glaube. Eine Auswahl aus zwei Jahrtausenden (Hg.). 1961; Der zionistische Rabbiner. In: Tramer, Hans (Hg.), In zwei Welten, 1962; Judentum. In: Die Antwort der Religionen auf 31 Fragen von Gerhard Szczesny, 1964; Wissenschaft des Judentums im deutschen Sprachbereich. 2. Bde., (Schriftleiter u. Mitarbeiter). 1967; Art. über Levi Herzfeld u. Moritz Steinschneider in: *Bulletin LBI;* Mitarb. von *Tarbiz* u.a. jüd. Zs. *L:* Moderhack, R. (Hg.), Brunsvicensia Judaica. Gedenkbuch für die jüdischen Mitbürger der Stadt Braunschweig 1933-45. 1966; Bermann, H., in: Wilhelm, K. (Hg.), Wissenschaft des Judentums im deutschen Sprachbereich, 1967; Kisch, Breslauer Seminar; Tramer, Hans (Hg.), Kurt Wilhelm (1900-1965). In: Theokratia, 1967-69; Stern, Werke; Bibliogr. der Nachrufe in: Yearbook LBI, 1966 (bibliogr. Nachweis Nr. 5186). *D:* LBI New York. *Qu:* Arch. Hand. Publ. Z. - RFJI.

Wilhelm, Werner, Kommunalbeamter, Politiker; geb. 23. Dez. 1919 Neunkirchen/Saar; ev.; *V:* Fritz W., vor 1935 Mitgl. SPD/S u. Führer des *Sozialistischen Schutzbundes* im Kreis Ottweiler/Saar, Emigr. nach Frankr., nach 1945 Mitgl. SPS, Gegner des autonomistischen Parteikurses u. 1952 Mitbegr. *Deutsche Sozialdemokratische Partei Saar* (DSP), Funktionär ÖTV; *G:* Hugo; ∞ verh.; *K:* 2; *StA:* deutsch. *Weg:* 1935 F; 1946 Deutschland (Saargeb.).

Volksschule, ab 1934 Lehre in Anwaltsbüro; 1928 Mitgl. SAJ; Febr. 1935 nach Saarabstimmung mit Fam. Emigr. nach Frankreich, dort u.a. Arbeiter in der Bauindustrie, Mitarb. in Exil-SPD; Dez. 1946 Rückkehr ins Saargeb., kommunale Verwaltungslaufbahn bei der Stadtverwaltung Neunkirchen, 1. u. 2. Verwaltungsprüfung; Mitgl. SPS, 1951-56 2. Vors. *Bund der sozialistischen Jugend* des Saarlandes; 1949-52 u. 1956-60 Mitgl. Kreistag Ottweiler, 1956-60 Vors. SPD-Fraktion, 1957-72 Vors. SPD-Unterbez. Ottweiler; gehörte mit seinem Vater u. → Karl Petri zur Opposition gegen den autonomistischen Kurs der SPS (→ Richard Kirn), der 1952 zur Parteispaltung u. Gründung der DSP (später SPD Landesverband Saar) führte; ab 1952 im Vorst. der seinerzeit nicht zugelassenen DSP u. seit Zulassung der SPD im Saarland Juli 1955 Mitgl. des Landesvorst.; 1956-66 Vors. kommunalpol. Landesausschuß der SPD; Mitgl. ÖTV, 1950-60 Mitgl. BezVorst. Saar; ab 1958 MdB. Lebte 1977 in Neunkirchen.

L: Schmidt, Saarpolitik; Schneider, Saarpolitik und Exil. *Qu:* Arch. Hand. Pers. - IfZ.

Wilker, Karl, Dr. phil., Pädagoge; geb. 6. Nov. 1885 Osnabrück; Quäker; ∞ 1931 Hanni Gruss; *StA:* deutsch. *Weg:* 1933 CH; 1937 S-Afrika.

Stud. Naturwiss., Phil., Psychologie u. Pädagogik, 1908 Prom. Jena, Staatsexamen für höheres Lehramt, Stud. Medizin Jena. Mitgl. bünd. Jugend, 1912 Gr. *Vortrupp* - Gruppe Jena, Beteiligung an Org. des Jugendtags auf dem Hohen Meißner 1913. 1914 Vors. *Germania* (Abstinentenbund an dt. Schulen). 1914-16 Feldunterarzt, ab 1917 Heimltr. in der Fürsorgeerziehung, Entlassung aufgrund weitgehender Reformversuche, dann Red. *Weltbund für Erneuerung der Erziehung (New Education Fellowship),* Mithg. der Zs. *Das werdende Zeitalter,* Mitarb. der von → Walter Hammer hg. Zs. *Junge Menschen.* Ab 1929 Ltr. Jugenderholungsheim Offendorf, Doz. Volkshochschule Frankfurt/M. Nach Entlassung Mai 1933 Emigr. Schweiz, zuletzt in Ltg. des Landerziehungsheims Hof Oberkirch. 1937-55 Ltr. eines Bantu Teacher Training Coll. in Südafrika, dann Psychologe Children's Center Univ. Natal in Durban. 1964 Rückkehr, lebte 1978 in Camberg/Taunus.

W: u.a. Der Lindenhof, Werden und Wollen. 1921, 1924. *L:* Kuckei, Max, Lebensstätten der Jugend. 1923; Jantzen, Hinrich, Namen und Werke, Bd. 3. 1975. *Qu:* Publ. - IfZ.

Willenz, Erik (urspr. Erich), Ph.D., Ministerialbeamter; geb. 5. Aug. 1921 Wien; jüd.; *V:* Dr. jur. Henry W. (geb. 1889 Wien, gest. 1974 New York), Dir. Creditanstalt-Bankverein, Apr. 1938 Emigr. CSR, dann in die USA, Buchhalter, später ltd. Angest.; *M:* Lola Loewenberg (geb. 1899 Wien, gest. 1973 New York), jüd., 1938 Emigr. CSR, USA; ∞ I. 1950 June A. Friedenberg (geb. 1924 New York), jüd., M.A. Univ. Mich., Dir. *Am. Veterans' Committee,* 1968 gesch.; II. 1974 Alberta D. Dollar, Green (geb. 1919 New York), jüd., Stud. City Coll. New York, Verwaltungsbeamtin in Forschungsorg.; *K:* Nicole (geb. 1958), Pamela (geb. 1961); *StA:* österr., 1943 USA. *Weg:* 1938 CSR, USA.

1935-38 Mitgl. zion.-revision. Jugendorg. in Österr., aktiver Fußballsportler. März 1938 Schulverweisung, Überwechseln an eine jüd. Schule, Juni 1938 Emigr. CSR, Okt. 1938 in die USA mit Besuchervisum, Unterstützung durch *Nat. Council Jew. Women;* 1938-42 Büroangest., gleichz. 1939-42 Stud. Univ. Chicago. 1943-46 US-Luftwaffe (Lt.). 1946-47 Stud. Univ. London, 1947-49 New School for Soc. Research New York, 1947 B.A., 1949 M.A., 1947-49 Doz., 1950-55 Mitgl. der Forschungsgruppe für SozWiss. bei der Rand Corp., 1952 Stud. Sorbonne, 1953-56 Stud. Georgetown Univ. Washington/D.C.,

1956 Prom., daneben 1955-56 freiberufl. Berater. Ab 1956 im US-Außenmin., 1956-58 Forschungsreferent, 1959-64 ltd. Forschungsreferent im West European Bureau for Research and Intelligence, 1964-69 Sachbearbeiter, 1970-74 AbtLtr. für Internat. Politik im Bureau for Research and Intelligence, ab 1974 ltd. Spezialist. Daneben ab 1958 Prof. Am. Univ. Washington, ab 1967 Doz. School for Advanced Internat. Studies Johns Hopkins Univ. Washington. Mitgl. *Am. Pol. Science Assn., Am. Acad. Pol. and Soc. Sciences.* Lebte 1976 in Washington/D.C.

W: Beiträge über Politik, pol. Theorie u. Kommunismus in Fachzs. u. Anthologien. *Qu:* Fb. Hand. - RFJI.

Willmann, Alfred, Dr. phil., Rabbiner; geb. 7. Sept. 1894 Wien, gest. 14. Apr. 1964; *V:* Georg (Gabriel) W. (1860-1926), jüd., Stud. TH, Dipl.-Ing.; *M:* Ernestine, geb. Siebner (geb. 1866 Mährisch-Ostrau, umgek. 1944 KL Sobibor, jüd.; *G:* Otto (geb. 1896 Wien, gest. 1976), Stud. Hochschule für Welthandel, Prof., Emigr. GB u. USA; Fritz (geb. 1897 Wien, gest. 1948), Arzt; Felix W. (geb. 1899 Wien, gest. 1965), Buchprüfer, Emigr. USA; ∞ 1938 Gabrielle Palmer (geb. 1910 Késmárk/ung. Komitat Zips), jüd., Lehrerin, Aug. 1939 Emigr. GB; *K:* George (geb. 1940), Stud. Oxford Univ., Versicherungsmathematiker; Hanna (geb. 1945), Lehrerin; *StA:* österr. *Weg:* 1939 GB.

1917 Prom. Wien, 1913-18 Stud. Jüd.-Theol. Seminar Wien, 1918 Rabbinerexamen; 1918-37 Rabbiner Jüd. Kultusgde. in Nikolsburg/Mähren, Kurator des Museums. Nach Bedrohungen durch Gestapo Aug. 1939 Emigr. GB mit Unterstützung des Oberrabbiners von London, Zuwendungen von Verwandten u. tschechoslow. Flüchtlingshilfe. 1940-42 zeitw. Sprachlehrer in Hinckley, 1942-59 Sprachlehrer Henry Smith Grammar School Hartlepool; 1959-64 Rabbiner Hebr. Congr. Norwich.

W: mehrere Art. über Nikolsburg, jüd. Folklore u. Rabbiner in Mähren u. Wien. *Qu:* Arch. Hand. Pers. - RFJI.

Willmann, Heinz, Staats- u. Verbandsfunktionär, Journalist; geb. 9. Juli 1906 Unterliederbach bei Frankfurt/M.; *V:* Peter W.; *M:* Margarete, geb. Rasch; ∞ ab 1933 verh., gemeinsame Emigr., 1935 Mitarb. Internationales Gewerkschaftsbüro Moskau, später Mitarb. *Radio Moskau; StA:* deutsch. *Weg:* 1934 CSR, CH, F, CSR, Saargeb., F; 1935 UdSSR; 1945 Deutschland (Berlin).

Forstlehrling, später Arbeiter u. kaufm. Angest.; Gew.- u. KJVD-Mitgl., 1926 KPD, zeitw. Ltr. Unterbez. Hessen-Süd; ab 1923 Arbeiterkorr., ab 1928 ltd. in Vertriebs- u. Werbeabt., später auch Red. *Arbeiter Illustrierte-Zeitung* (AIZ), 1929-31 Ltr. Hamburger Filiale Neuer Deutscher Verlag. Nach natsoz. Machtübernahme als Reisevertr. einer schweizer. Firma mit der illeg. Vertriebsorg. u. Nachrichtenbeschaffung für die Prager AIZ-Red. beauftragt, Juni-Dez. 1933 KL Hamburg-Fuhlsbüttel, nach Entlassung Fortsetzung der illeg. Tätigkeit, Febr. 1934 Emigr. nach Prag, Verf. der Broschüre *Hölle Fuhlsbüttel,* kurzfristig AIZ-Werbeltr. in der Schweiz, wegen Paßvergehens Ausweisung nach Frankr., mit IAH-Hilfe Rückkehr nach Prag, publizist. u. verlegerische Tätigkeit. Nov. 1934 nach Saarbrücken, Pressearb. für die Status-quo-Bewegung, Mitorg. Saarländischer Sozialpolitischer Kampfkongreß v. 15./16. Dez. 1934, dann nach Frankr., Mitarb. Internationales *Thälmann-Befreiungskomitee,* Mai 1935 nach Moskau, Mitarb. *Thälmann-Komitee* des ZK der KPD, später Mitarb. Verlagsgenossenschaft ausländischer Arbeiter in der UdSSR (Vegaar), ab 1937 Red. (?) *Internationale Literatur - Deutsche Blätter* (Ps. Robert Hammer, Roha) u. Staatl. Rundfunkkomitee der UdSSR; Mitgl. GewLtg. im Verlag für Schöne Literatur, Mitgl. des sowj. Journ.- u. SchriftstVerb. Okt. 1941-März 1942 Evakuierung nach Kujbyšev, Mitarb. Informationsbüro des sowj. Außenmin. GlavPURKKA u. *Radio Moskau,* Verf. von Flugblättern. Aug.-Nov. 1942 Holzarbeiter an der Wolga, dann NKFD-Mitarb.; erstellte gegen Kriegsende Analysen über den Stand des kulturellen Lebens in Deutschland, befürwortete in *Sofortmaßnahmen auf dem Gebiet der ideologischen Aufklärung* v. 11. Febr. 1945 den Umbau des dt. Schul- u. Erziehungssystems sowie weitgehende Kontrolle des dt. Kulturlebens durch die Alliierten, Mitwirkung an der Ausarbeitung konkreter schulpol.

Leitlinien u. Lehrpläne für Nachkriegsdeutschland. 16. Juni 1945 Rückkehr nach Berlin, in enger Verbindung mit SMAD zus. mit Johannes R. Becher Gr. *Kulturbund zur demokratischen Erneuerung Deutschlands* (KB), einer Massenorg., die, urspr. interzonal u. überparteilich, ab Mitte der 50er Jahre ausschl. der Propagierung der staatl. sozialist. Kulturpol. diente; Mitgr. KB-Organ *Der Sonntag* u. Aufbau-Verlag sowie GenSekr. des KB. 1950-66 GenSekr. *Deutsches Friedenskomitee,* März 1966-Sept. 1967 Botschafter in der CSSR, danach Journ., Ehrenmitgl. KB-Präsidialrat. Lebte 1976 in Berlin (Ost). - *Ausz.:* 1955 VVO (Silber), Friedensmed. der DDR, 1960 Banner der Arbeit, 1966 VVO (Gold).

W: Das sowjetische Volk war uns immer Freund und Helfer. In: Voßke, Heinz (Hg.), Im Kampf bewährt (Erinn.), 1969; Geschichte der Arbeiter Illustrierten-Zeitung 1921-1938. 1974; Eine Heimstätte der freien deutschen Literatur. In: Im Zeichen des roten Sterns (Erinn.), 1974; *L:* Strassner, Peter, Verräter. 1960; Fischer, Deutschlandpolitik; Teubner, Schweiz. *Qu:* Erinn. Hand. Publ. Z. - IfZ.

Willmer, Arnold, Dr. med., Parteifunktionär; geb. 4. Febr. 1888 Hilgenburg/Harz, gest. UdSSR (?); ev.; ∞ 1925 Margarete Voigt, geb. Hahne (geb. 1896), KPD-Funktionärin, Emigr.; *K:* Günter Voigt (geb. 1921), Emigr.; Arnold (geb. 1926), Emigr.; *StA:* deutsch, 19. Nov. 1937 Ausbürg. mit Fam.; *Weg:* 1933 F, UdSSR.

Arzt, 1924-29 KPD-StadtVO. Düsseldorf, Mitgl. KPD-BezLtg. Niederrhein. Aug. 1933 nach Magdeburg, dann über Frankr. nach Jalta/Krim.

Qu: Arch. Publ. - IfZ.

Wimmer, Josef (Sepp), Parteifunktionär; geb. 3. Nov. 1900 Mühldorf/Inn, gest.; *V:* Franz W.; *M:* Anna, geb. Lindbauer; ∞ Bertha Berghammer, gesch.; *StA:* deutsch, Ausbürg. *Weg:* 1935 CSR; 1936 F, E; 1939 F, CH; 1945 Deutschland.

Sägerei-Vorarbeiter; Mitgl. *Deutscher Holzarbeiter-Verband,* von USPD zur KPD, Funktionär in Neumarkt/Oberpfalz. Nach der natsoz. Machtübernahme von SA verhaftet, bis Juni 1934 KL Dachau; Jan. 1935 Flucht in die CSR, März 1936 nach Frankr.; Juli 1936-Febr. 1939 als Lt. der XI. Internat. Brigade Teiln. am Span. Bürgerkrieg; Mai 1939 zurück in ein Auffanglager nach Frankr.; von dort im gleichen Jahr in die Schweiz, bis 1942 illeg. Aufenthalt in Basel; Mitarb. KPD-Abschnittsltg. Süd unter → Ludwig Ficker u. → Fritz Sperling; 1943 Festnahme u. bis Kriegsende in Internierungslagern; Teiln. Konf. der KPD-Org. in der Schweiz vom 24.-25. März 1945 in Zürich zur Vorbereitung des Einsatzes in Deutschland; danach Rückkehr nach Bayern, mit Ludwig Ficker u. → Hans Reitberger Beteiligung am Aufstandsversuch der *Freiheitsaktion Bayern.* Führende Funktion beim Wiederaufbau der KPD in Bayern. - *Ausz.:* 1956 Hans-Beimler-Medaille.

L: Teubner, Schweiz. *Qu:* Arch. Publ. - IfZ.

Wimmer, Lothar C. F. (urspr. Ritter von), Dr. jur., Diplomat; geb. 19. Apr. 1889 Wien, gest. 17. Dez. 1966 Purkersdorf/Niederösterr.; *V:* Dr. Ferdinand Frh. v. W. (1860-1919), 1917-18 österr. Finanzmin.; *M:* Emma, geb. Huber; ∞ 1918 Maria Hild; *K:* 1 S (gest.); *StA:* österr. *Weg:* 1939 (?) CH; 1945 (?) Österr.

Stud. Rechtswiss. Wien, 1912-13 bei Landesgericht Wien, 1913-14 Finanzprokuratur Wien. 1914-17 Kriegsdienst, 1916-17 bei rumän. MilVerwaltung. 1917-18 im Ministerratspräsidium Wien, Sekr. des Ministerpräs. 1919-29 im Bundeskanzleramt Wien, Sekr. mehrerer Bundeskanzler, Dez. 1929 Eintritt in den diplomatischen Dienst, bis 1933 bei österr. Gesandtschaft in London, 1934-37 ao. Gesandter u. bevollm. Min. in Athen, 1937-38 in Belgrad. 1938 nach Anschluß Österreichs Versetzung in den Wartestand. Vermutl. 1939 Emigr. Schweiz. Mitgl. *Schweizerisches Hilfskomitee für ehemalige Österreicher,* führender Vertr. einer Gruppe kath.-ständestaatl. Emigranten in der Schweiz (u.a. Prof. Hans Nawiasky, Prof. Heinrich Raab, Dr. Röder, Dr. Thomas Klaper), die sich gegen

822 Windmüller

Kriegsende als Verein konstituierte. Jan. 1946 Wiedereintritt in den österr. diplomat. Dienst, bis 1950 ao. Gesandter u. bevollm. Min. in Brüssel, 1950-51 in London, 1951-54 ao. u. bevollm. Botschafter in London. Dez. 1954 Pensionierung.

W: Wimmer, Lothar Ritter von, Die Ostmark. Österreich-Ungarns Mission in der Weltgeschichte. 1915; ders., Verfassung und Volkswohlfahrt in Österreich. 1918; Wimmer, Lothar, Expériences et tribulations d'un diplomate autrichien. Entre deux guerres. Neuchâtel 1946; ders., Zwischen Ballhausplatz und Downing Street. 1958; ders., Österreich und Jugoslawien 1937-1938. 1965; ders., Die Weltkrisenjahre 1929-1933. 1966. *Qu:* Arch. Hand. Publ. - IfZ.

Windmüller, Oscar, Fabrikant; geb. 6. März 1925 Rathenow/Brandenburg; jüd.; *V:* Albert W. (geb. 1894 Schlitz/Oberhessen, gest. 1956), jüd., Inh. einer chem. Fabrik, Mitgl. R.j.F., 1938 Vermögensverlust, Haft, März 1939 Emigr. Bras., Aufbau einer Farben- u. Lackfabrik; *M:* Erna, geb. Baer (geb. 1899 Fulda); *G:* Helga (geb. 1929 Deutschland), Chemikerin; ∞ 1952 Käthe Wollner (geb. 1931 Wien); *K:* Vera Irene (geb. 1953), Claudia (geb. 1955), Alberto (geb. 1960); *StA:* deutsch, Bras. *Weg:* 1939 Bras.

Febr. 1939 Emigr. Niederlande u. GB, März 1939 nach São Paulo. 1940-43 Instituto Profissional Masculino, 1944-46 Stud. Chemie Instituto Mackenzie. Mitarb. Casa da Juventude da Congregação Israelita Paulista. Ab 1944 im FamUnternehmen Polidura of Brazil tätig (1972 an Dupont verkauft). Mitgl. *Rotary Club,* Vizepräs. der Einwanderergde. Congregação Israelita Paulista.
Qu: Fb. - RFJI.

Winkelmann, Hans-Hugo, Offizier; geb. 14. Febr. 1907 Berge/Kreis Ennepe-Ruhr; *V:* Hammerschmied; *StA:* deutsch. *Weg:* 1933 NL; 1936 E; 1939 (?) F; 1940 Marokko; 1943 (?) UdSSR; 1945 Deutschland (SBZ).

Schlosser, 1923 KPD, Parteifunktionär. Nach natsoz. Machtübernahme in der Illegalität, Wahl in GdeRat Berge, März 1933 wegen drohender Verhaftung Emigr. nach Holland, 1936 nach Spanien, angebl. Lt. im Ernst-Thälmann-Btl., nach Beendigung des Span. Bürgerkriegs Internierung in Le Vernet u. ab 1940 in Marokko, dann Weiteremigr. in die UdSSR u. gegen Kriegsende Angehöriger der Roten Armee. Nach 1945 maßgebl. beteiligt am Aufbau der Deutschen Volkspolizei (DVP) in Rostock u. Leipzig, bis 1955 Ltr. DVP-BezBehörde Leipzig u. Abg. des BezTages, danach stellv. Ltr. Abt. Planung u. Beschaffung in Hauptverw. der Kasernierten Volkspolizei, 1957-59 Chef der Bereitschaftspolizei der DDR, 1959-62 Ltr. DVP-Hauptverw.; GenMajor. Lebte 1977 in Berlin (Ost). - *Ausz.:* 1955 VVO (Bronze), 1956 Hans-Beimler-Med., 1960 VVO (Silber).
Qu: Pers. Hand. Publ. Z. - IfZ.

Winkler, Ernst, Parteifunktionär, Publizist; geb. 23. Apr. 1899 Hobersdorf, Bez. Mistelbach/Niederösterr., gest. 27. Dez. 1976 Wien (?); *V:* Josef W., Kleinbauer; *M:* geb. Mayer; *G:* 10; ∞ 1939 Oslo, Karen Johannessen; *StA:* österr. *Weg:* 1934 CSR; 1938 N; 1940 S; 1941 USA; 1950 Österr.

Forstpraktikant in Oberösterr., 1917-18 Kriegsdienst, Uffz.; 1919 Mitgl. u. Mitarb. BezOrg. SDAP in Wilfersdorf bei Mistelbach, Handelsschule u. volkswirtschaftl. Volkshochschulkurse in Wien, 1926 Mitgl. des ersten Jahrgangs der Arbeiterhochschule. Anschl. Red. *Niederösterreichischer Volksbote,* ab 1932 Wahlkreissekr. für Viertel unter dem Mannhartsberg/Niederösterreich. 1934 nach den Februarkämpfen Flucht in die CSR, in ZusArb. mit ALÖS Aufbau eines Grenzsekr. in Znaim, über das etwa die Hälfte der von der CSR nach Österr. geschmuggelten sozialist. Lit. lief; häufig illeg. in Österr., 1934/35 als ALÖS-Vertr. Teiln. Sylvesterkonferenz der RSÖ in Brünn; mußte 1935 nach von CSR-Behörden abgelehntem Auslieferungsbegehren des ständestaatl. Regimes seinen Wohnsitz außerhalb der Grenzgebiete nehmen, lebte 1937 wieder in Znaim. 1938 Emigr. Norwegen, 1940 nach Schweden, ab Juni 1940 zus. mit → Josef Hindels Holzarb. in Nordschweden, anschl. in Stockholm, ZusArb. mit → Bruno Kreisky. 1941 über Vladivostok in die USA; Mitgl. der österr. sozialist. Emigr.-Gruppe in Kalifornien um → Karl Heinz u. → Bertold König, ab 1942 Mitgl. Advisory Board des *Austrian Labor Committee* unter → Friedrich Adler. Zeitw. Hilfsarb. u. Tellerwäscher, später durch Vermittlung von Charles A. Gulick Arbeit an Univ. Berkeley, anschl. bis 1950 Assist. v. Gulick an Univ. of California/Los Angeles. 1950 Rückkehr nach Österr., BezObmann Mistelbach der SPÖ, Sekr. Arbeiterkammer Niederösterr. u. Red. *Arbeit und Wirtschaft,* Bildungsref. u. Obmann der Parteikontrolle der SPÖ Niederösterr.; 1956-66 MdNR, Fachmann für Agrarpol. u. einer der wirtschaftspol. Sprecher der sozialist. Parlamentsfraktion. 1957 Landesparteisekr., 1960-66 Landesparteiobmann Niederösterr. der SPÖ u. Mitgl. SPÖ-PV. Mitarb. zahlr. Zs., u.a. *Die Zukunft,* Mitgl. *Bund sozialistischer Freiheitskämpfer und Opfer des Faschismus,* Kuratoriumsmitgl. VfGdA, Initiator u. Vors. des Herausgeberkomitees der 7bänd. Werkausgabe von → Otto Bauer. - *Ausz.:* u.a. 1970 Berufstitel Prof., 1971 Goldenes Abzeichen *Bund sozialistischer Freiheitskämpfer und Opfer des Faschismus.*

W: u.a. Was der Schmied Hansi von der Stadt erzählt. 1930; Die Retter kommen (an. ersch.). 1932; Landarbeiterjugend, wache auf! 1932; 2 x Amerika (Mitverf.). 1950; Sozialismus und Landwirtschaft. 1959; Wir sind der Staat. Eine österreichische Staatsbürgerkunde für Jedermann (zus. mit → Joseph Simon). 1960; Der 1. Mai. Seine Geschichte und Bedeutung. 1961; Ferdinand Lassalle. Aus seinen Reden und Schriften (Hg.). 1964; Die österreichische Sozialdemokratie im Spiegel ihrer Programme. 1964; Das Staatsbürgerbuch (zus. mit J. Simon). 1966; Auf den Zinnen der Partei. Ausgewählte Schriften. 1967; Der Agrarsozialismus in Österreich. 1969. *L:* Widerstand 1; Bibliographie Ernst Winkler. In: Archiv. Mitteilungsblatt VfGdA. 1977/1; ISÖE; Klucsarits, SPÖ. *Qu:* Arch. Hand. Publ. Z. - IfZ.

Winkler, Franz, Dr. jur., Bankier; geb. 21. Febr. 1910 Eschwege/Hessen; jüd.; *V:* Louis W. (geb. 1896 Luther am Barenberge, gest. 1956 New York), jüd., Bankier, 1937 Emigr.; *M:* Rosa, geb. Schwarzhaupt (geb. 1878 München, gest. 1953 New York), jüd., Emigr. mit Ehemann; *G:* Hilde Schulhof (geb. 1904 Eschwege), jüd., 1939 Emigr. USA; Henry (geb. 1905 Eschwege), jüd., 1937 Emigr. USA, Investment-Bankier; ∞ 1941 Marianne Imberg (geb. 1914 Berlin), jüd., Stud. Hochschule für Musik Berlin, Emigr. GB, Stud. Musik (Violine) bei Max Rostal, Emigr. Pal., Mitgl. Radio Orchestra Jerusalem, Musiklehrerin, 1950 USA, Bibliothekarin Congr. Temple Emanuel New York; *K:* Naomi Eva Rosenfeld (geb. 1944), Stud. Sarah Lawrence Coll., Finanzexpertin, 1950 USA; Daniela (geb. 1955), Stud. Harvard Law School; *StA:* deutsch, Pal./IL., USA. *Weg:* 1936 Pal.; 1950 USA.

Stud. Rechtswiss. Genf, Berlin, Freiburg, Erlangen u. München, 1932 Referendar, 1933 Prom.; Mitgl. *Akademisch-Politischer Club München,* 1932 Vors. DDP-Studentengruppe an der Univ. München, Mitarb. beim dt.-franz. Studentenaustausch. 1932-Apr. 1933 Referendar, anschl. bei Bankhaus Gebr. Schwarzhaupt München. 1933-36 Mitgl. zion. Org. München. Dez. 1936 Emigr. Palästina; Febr. 1937-38 Dir. Jerusalem Bank, nach Fusion 1938-42 Dir. u. 1943-50 GenDir. der I.L. Feuchtwanger Bank. Ab 1950 VorstMitgl. *American-Israel Friendship League,* Kuratoriumsmitgl. Bezalel-Museum, Mitgl. *Palestine Lighthouse, Friends of the Isr. Philharmonic Orchestra,* Mitgr. u. VorstMitgl. *Chamber Music Soc.* Jerusalem. 1950 in die USA, 1950-52 Vizepräs. Ismerca, Inc. New York (gegr. mit Feuchtwanger-Beteiligung), 1952-56 Präs. Feuchtwanger Corp. New York, 1965-71 Präs. Leumi Financial Corp. New York, 1971-74 Vizepräs. Walter E. Heller & Co., Inc. New York, AR-Mitgl. Bank Adanim, Dir. u. VorstMitgl. *Nat. Conference of Finance Companies;* Mitgl. *Israel Committee of B'nai B'rith,* VorstMitgl. A.F.J.C.E., RFJI u. LBI New York. Lebte 1978 in New York.

W: Die Haftung der Banken bei Kreditauskünften (Diss.). 1934. *D:* RFJI. *Qu:* Fb. Hand. - RFJI.

Winter, Irma **Elly** Gertrud, geb. Pieck, Partei- u. Staatsfunktionärin; geb. 1. Nov. 1898 Bremen; *V:* → Wilhelm Pieck; ∞ 1928 → Theodor Winter; *StA:* deutsch, 24. März 1937 Ausbürg., deutsch. *Weg:* 1933 UdSSR; 1945 Deutschland (Berlin).

Sekr.; 1914 SAJ, 1919 KPD, ab 1926 Kassiererin bei KPD-BezLtg. Nordwest in Bremen, dann Hauptbuchhalterin bei Bremer Filiale des Parteiunternehmens Peurag. 1933 in Berlin, Sept. über Frankr., die Schweiz u. Polen Emigr. in die UdSSR. Nach Rückkehr Funktionärin der KPD bzw. SED, bis 1960 persönl. Ref. des DDR-Staatspräs. Wilhelm Pieck, ab 1961 Ltr. Wilhelm-Pieck-Archiv. - *Ausz.:* 1958 VVO (Silber) u. Med. für Kämpfer gegen den Faschismus 1933-1945, 1965 VVO (Gold).

Qu: Hand. Publ. Z. - IfZ.

Winter, Ernst Karl, Dr. jur., Publizist, Politiker; geb. 1. Sept. 1895 Wien, gest. 4. Febr. 1959 Wien; kath.; ∞ 1922 Margret, 1938 USA, 1959 Österr.; *K:* 8, u.a. Ernst F., Prof., A: Schloß Eichbüchl/Österr.; Rudolph Ernst Karl (geb. 1935 Wien), Emigr. USA, Assoc. Prof. Univ. Missouri, St. Louis, Chemiker; *StA:* österr. *Weg:* 1938 USA.

Freiwilliger im 1. WK, Kriegskamerad von Engelbert Dollfuß, wegen Duellverweigerung keine Beförderung zum Offizier. Anschl. Stud. Rechtswiss. Wien, 1921 Prom., Mitgl. *Cartellverband der katholischen deutschen Studentenverbindungen.* Nach Studienabschluß freier Schriftst. u. Privatgelehrter, Mitgl. *Christlich-Soziale Partei* sowie der (legitimistischen) *Christlich-sozialen Offiziersvereinigung;* philosophisch stark beeinflußt vom Neukantianismus Max Adlers sowie von Othmar Spann u. Hans Kelsen. Mitarb. österr. sowie schweizer. u. amerikan. Zs., Vertr. der romantischen kath. Soziallehre der Schule Karl Vogelsangs. 1927 neben August M. Knoll, → Alfred Missong, Wilhelm Schmid u. H.K. Zessner-Spitzenberg Mitverf. *Die Österreichische Aktion* (Versuch einer ersten wissenschaftl. Begründung der pol. Eigenständigkeit Österreichs als Nation), wurde aufgrund seiner hier vertretenen Haltung vom vorwiegend dt.-national eingestellten Lehrkörper der Univ. Wien nicht zum Hochschullehrer berufen. 1929 neben Anton Orel u.a. Mitgr. *Studienrunde katholischer Soziologen.* Ab Anfang 1933 Hg. *Wiener Politische Blätter* (WPB), bezeichnete März u. Apr. 1933 in zwei Offenen Briefen an Bundespräs. Wilhelm Miklas die Ausschaltung des Parlaments durch die Reg. Dollfuß als Staatsstreich u. Verfassungsbruch, die WPB wurden daraufhin Dez. 1933-Apr. 1934 der Vorzensur unterworfen. Mitarb. *Der Christliche Ständestaat* unter → Dietrich von Hildebrand. Apr. 1934 Berufung zum dritten Vizebürgerm. der Stadt Wien, von Dollfuß mit der Aufgabe einer Integration der Arbeiterschaft in das ständestaatl. Regime beauftragt, Gr. *Österreichische Arbeiter-Aktion* (Aktion Winter) als Versuch einer Öffnung des ständestaatl. Regimes nach links, Hg. *Arbeiter-Sonntag* im Gebäude der ehem. *Arbeiter-Zeitung* in Wien. Geriet zunehmend in Widerspruch zum Regime, die Aktion Winter wurde von offiz. bzw. offiziöser Presse totgeschwiegen; W. versuchte vergeblich, eine umfassende Amnestie für die jurist. Opfer der Februarkämpfe durchzusetzen; ab Febr. 1935 wurde *Die Aktion* (Zs. der Aktion Winter) der Zensur unterworfen; März 1935 nach Grdg. der *Sozialen Arbeitsgemeinschaft* (SAG) der *Vaterländischen Front* mußte sich die Aktion Winter der SAG unterordnen u. wurde schließlich Juni 1935 polizeilich verboten. W. setzte sich Apr. 1935 erneut vergebl. für eine Begnadigung der im Schutzbund-Prozeß Verurteilten ein. Hielt nach Scheitern der Aktion Winter weiterhin an seinen Plänen zur Errichtung einer breiten Volksfront gegen den dt. NatSoz. unter Einschluß der Arbeiterbewegung fest, wandte sich 1936 scharf gegen das Juliabkommen zwischen Schuschnigg und Hitler, propagierte als Kampfmittel gegen das Vordringen des NatSoz. die Bildung einer Einheitsfront und die Schaffung einer sozialen Monarchie. Konnte Anfang 1938, als sich das Schuschnigg-Regime ansatzweise um einen Ausgleich mit der Arbeiterschaft bemühte, aufgrund seiner persönlichen Kontakte Verbindungen herstellen u. schaltete sich in die Verhandlungen zwischen RegVertr. u. Vertr. der österr. Arbeiterbewegung ein, riet Schuschnigg anläßl. des Berchtesgadener Abkommens zum mil. Widerstand gegenüber einem dt. Einmarsch. März 1938 auf PropReise in Graz vom Einmarsch überrascht, Flucht ins Ausland, Emigr. New York, bis 1942 Prof. für Soziologie u. Sozialphilosophie an der New School for Social Research. Jan. 1939 Gr. u. Präs. des *Austro-American Centre* (erste österr. Exilorg. in den USA) als unpolitischen Vereinigung mit dem Ziel einer Erhaltung u. Propagierung der österr. Kultur; Divergenzen u.a. in der Frage der Notwendigkeit einer österr. Exilvertr. führten bereits 1939 zur Abspaltung zweier Gruppen, die die (habsburgisch-legitimistische) *Austrian-American League* unter Robert Heine-Geldern u. die überwiegend kommunist. *Austro-American Association* gründeten. Juni 1940 Mitgr. *American Committee on European Reconstruction* u. Ltr. seiner österr. Sektion. Wandte sich Juli 1941 zus. mit → Ferdinand Czernin (*Austrian Action*) u.a. österr. Emigr. in den USA an State Department mit der Forderung nach Nichtanerkennung des Anschlusses Österr. durch die US-Reg., versuchte vergeblich, die österr. Sozialisten in den USA zu gemeinsamem Vorgehen zu gewinnen. 1941 ZusSchluß von *Austro-American Centre, Austrian Action* (F. Czernin) u. *Young-Conservative Austrians* (→ Martin Fuchs) zu *Austrian Coordinating Committee;* Herbst 1941 gemeins. Protest gegen den Versuch zur Bildung einer österr. Exilreg. durch → Hans Rott u. → Willibald Plöchl. Trat 1942 für ein österr. Btl. innerhalb der US-Armee ein, wurde von der Gruppe um → Otto Habsburg bei dem ergebnislosen Versuch der Bildung dieses österr. Btl. jedoch nicht zur Mitarb. herangezogen. 1945 vor Kriegsende neben → Karl Hans Sailer als Auslandsvertr. des *Provisorischen Österreichischen Nationalkomitees* vorgesehen. Nach Kriegsende freier Schriftst. in den USA, 1955-57 Aufenthalt in Österr., 1959 endgültige Rückkehr, u.a. Lehrtätigkeit an der Univ. Wien.

W: u.a. Nibelungentreue - Nibelungenehre. 1921; Austria erit in orbe ultima. 1922; Die Heilige Straße. 1926; Die Österreichische Aktion (Mitverf.). 1927; Die Sozialmetaphysik der Scholastik. 1929; Österreich. Religion und Kultur (Hg.) 1933 ff.; Platon. Das Soziologische in der Ideenlehre. 1930; Dominicus a Jesu Maria. Seine Persönlichkeit und sein Werk (Hg.). 1930; Arbeiterstand und Staat. 1934; Rudolf IV. von Österreich. Bd. 1-2. 1934-36; Monarchie und Arbeiterschaft. 1936 (1936 von Staatsanwaltschaft beschlagnahmt); Christus im 21. Jahrhundert. 1954; Christentum und Zivilisation. 1956; St. Severin. Der Heilige zwischen Ost und West (Mitverf.). Bd. 1-2. 1958-59; Ignaz Seipel als dialektisches Problem. 1966; Gesammelte Werke. Bd. 7. 1966; Winter, Ernst Florian (Hg.), Ernst Karl Winter. Bahnbrecher des Dialogs. 1969. *L:* Gulick, Österreich; Buttinger, Beispiel; Missong, Alfred, Ernst Karl Winter. In: Winter, Ernst Florian, Ernst Karl Winter. Bahnbrecher des Dialogs. 1969; DBMOI; Goldner, Emigration; Pelinka, Anton, Stand oder Klasse? 1972; Ebneth, Ständestaat. *D:* S.P.S.L.

Qu: Arch. Hand. Publ. Z. - IfZ.

Winter, Fritz Salomon, Dr. phil., Rabbiner; geb. 11. Dez. 1914 Königsberg; *V:* → Moritz Winter; *G:* Walter Theodor (Stiefbruder) (geb. 1931 Berlin), 1939 Emigr. Schanghai mit V, Okt. 1939 USA, Stud., RA; ∞ 1941 Johanna Dorothea Hahn (geb. 1922 Naklo/Oberschl.), jüd., höhere Schule, Jan. 1940 Emigr. Boliv., 1950 mit Ehemann u. 2 S nach Urug.; *K:* Alfredo Samuel (geb. 1944), 1950 nach Urug., Stud. Buenos Aires, 1968 USA, Stud. Jew.-Theol. Seminary New York, Rabbiner; Herberto Michael (geb. 1947), 1950 nach Urug., Stud. Univ. of Montevideo, 1971 IL, B.A. Gesch. Hebr. Univ.; Wolf Rafael (geb. 1954), Stud. Univ. of Montevideo; *StA:* deutsch, Ausbürgerung, nach 1945 deutsch. *Weg:* 1939 Boliv.; 1950 Urug.

1933-36 Stud. Berlin u. Würzburg, 1936 Prom. (semit. Philol.), 1933-38 Stud. L(H)WJ Berlin. 1935-38 Prediger u. ReligLehrer der Jüd. Gde. Berlin. Dez. 1938 Rabbiner. Mai 1939 Emigr. Bolivien mit Visum für Landwirte, vorübergehend als Privatlehrer tätig. 1939-50 Mitgr. u. Rabbiner der jüd. Gde. Cochabamba/Boliv., daneben 1942-46 Rabbiner von Einwanderergden. in Bolivien. 1948-50 ltd. Stellung in der *Sociedad de Proteccion al los Inmigrantes Israelitas* (Tochterges. von JOINT). 1950 nach Urug. mit Besuchervisum, später Aufenthaltsgenehmigung; 1950 Rabbiner Nueva Congregacion Israelita Montevideo, ab 1964 Oberrabbiner. Mitgr. u. ab 1958 Co-Präs. der jüd.-christl. ökumen. Bewegung in Uruguay;

1960-61 Präs. der urug. Sektion des *Jüdischen Weltkongresses*, 1956-68 VorstMitgl. von CENTRA, 1956-58 Mitgr. u. Präs. B'nai-B'rith-Loge Montevideo, Mitgl. *Rabbinical Assembly* u. *Union de Rabinos Latino-Americanos*. Lebte 1978 in Montevideo/Uruguay.

Qu: Arch. Fb. Hand. Z. - RFJI.

Winter, Max Alexander Stephan Julius, Journalist, Schriftsteller, Verbandsfunktionär; geb. 9. Jan. 1870 Tarnok b. Budapest, gest. 10. Juli 1937 Hollywood/Calif.; *V:* Eisenbahnbeamter; *StA:* österr., 1935 Ausbürg. *Weg:* 1934 USA.

Kaufm. Lehre, schon frühzeitig journ. tätig, u.a. Mitarb. *Neues Wiener Journal*. Mitgl. SDAP, ab 1. Jan. 1895 (Umwandlung der *Arbeiter-Zeitung* in eine Tageszeitung.) bis 1930 Red. u. Mitarb. *Arbeiter-Zeitung*, zunächst Ltr. des Lokalteils, Verf. aufsehenerregender Reportagen über die Lebensverhältnisse in den Elendsvierteln von Wien. 1911-14 Mitgl. Reichsrat, während des 1. WK aus philantrop. Engagement Kriegsgegner. Schon vor dem 1. WK ZusArb. mit Anton Afritsch (1908 in Graz Gr. *Arbeiterverein Kinderfreunde*), sorgte maßgebl. für die Verbreitung der *Kinderfreunde*-Bewegung in ganz Österr.-Ungarn, 1916 Wahl zum Obmann *Verein Kinderfreunde* Niederösterreich, 1917 Obmann des Reichsvereins der *Kinderfreunde*: Die *Kinderfreunde*-Bewegung war der Versuch, Arbeiterkinder aus den industriellen Elendsvierteln zusammenzufassen u. auf koedukativer Grundlage nach fortschrittlichen pädagog. Erkenntnissen zu Gemeinschaftsleben u. Solidarität zu erziehen (Prinzip der weitestgehenden Kinder-Selbstverwaltung); 1918-19 Mitgl. des Provisorischen GdeRats u. des Stadtsenats Wien, 1919-23 Mitgl. GdeRat u. Vizebürgerm., 1923-30 MdBR. Maßgebl. an Planung u. Durchführung der kinderfreundlichen Maßnahmen der Stadtverwaltung im „Roten Wien" beteiligt: u.a. Schaffung von Kinderspielplätzen, Gemeindekindergärten, u. -horten, Kampf gegen Kindertuberkulose, Gr. von Kinderbüchereien (sog. Mühlstein-Büchereien als Reaktion auf einen kath. Hirtenbrief, der forderte, die *Kinderfreunde* mit einem Mühlstein um den Hals im Meer zu versenken). 1923 Gr. u. bis 1930 Chefred. der sozdem. Frauenztg. *Die Unzufriedene*. 1930 Pensionierung. Mitgl. *Österreichischer Arbeiter-Abstinentenbund*. 1934 nach den Februarkämpfen Emigr. USA, dort gelegentl. Mitarb. *Neue Volks-Zeitung* New York u. *Jewish Daily Forward*, in Hollywood Autor von Drehbüchern für Kinderfilme, Vortragstätigkeit bei amerikan. Gewerkschaften u. sozialist. Org. über Österr. u. die Situation unter der ständestaatl. Diktatur. - *Ausz.:* u.a. 1930 Ehrenbürger von Wien.

W: u.a. Zwischen Iser und Neisse! Bilder aus der Glaskleinindustrie Nordböhmens. 1900; Im Purzlinerlandl. Eine Studie über das Leben der nordböhmischen Porzellanarbeiter. 1901; Konsumverein oder Greißler? Ein Mahnwort an die arbeitende Bevölkerung. 1902; Im dunkelsten Wien. 1904; Das goldene Wiener Herz. 1905; Im unterirdischen Wien. 1905; Meidlinger Bilder. Wie Minister wohnen. 1908; Die Blutsauger des Böhmerwalds. Bilder aus dem Leben der Holzknechte. 1908; Der Fall Hofrichter 1910; Ich suche meine Mutter. Die Jugendgeschichte eines „eingezahlten Kindes". 1910; Soziales Wandern. 1911; Was wollen die Schul- und Kinderfreunde? 1923; Das Kind und der Sozialismus. 1924; Höhlenbewohner in Wien. 1927; Zehn Jahre Erinnerungsbilder aus dem Werden des Vereins „Freie Schule - Kinderfreunde". 1927; Die lebende Mumie. Ein Blick in das Jahr 2025. 1929; Geschichten aus dem Freundschaftsland. 1946; *L:* Gulick, Österreich; Patzer, Gemeinderat; Leser, Werk; Neugebauer, Bauvolk. *Qu:* Arch. Publ. Z. - IfZ.

Winter, Moritz, Dr. phil., Rabbiner; geb. 9. Nov. 1886 Magdeburg, gest. 14. Juli 1971 San Francisco; *V:* Salomon (geb. 1842 Boranow/Prov. Posen, gest. 1910 Magdeburg), Oberkantor in Magdeburg; *M:* Hulda, geb. Abraham (geb. 1845 Krojanke/Posen, umgek. im Holokaust); *G:* Dr. med Julius W. (geb. 1874 Graudenz, umgek. 1944 KL Auschwitz), 1938 Emigr. NL; Theodor (gest. 1919), Kaufm.; Frida (geb. 1878 Magdeburg, umgek. 1942 im Holokaust); ∞ I. 1913 Ernestine Abraham (geb. 1890 Kattowitz/Oberschl., gest. 1929 Berlin), jüd.; II. 1930 Erna Rothschild (geb. 1899 Nordeck/Hessen-Nassau, gest. 1969 Piedmont/Calif.), jüd., Krankenschwester, 1939 Emigr. Schanghai, dann USA; *K:* → Fritz Salomon Winter; *StA:* deutsch. *Weg:* 1939 Schanghai; USA.

1905-08 Stud. Berlin u. Heidelberg, 1908 Prom., gleichz. 1905-13 Stud. L(H)WJ, 1913 Rabbinerexamen. 1912 Rabbiner in Leipzig, 1913-21 Rabbiner in Königsberg, im 1. WK Feldrabbiner; 1922-39 Rabbiner u. RelígLehrer Jüd. Religionsverein Berlin-Friedenau, Steglitz u. Umgebung. Apr. 1939 Emigr. Schanghai mit Ehefrau u. Sohn Walter; Okt. 1939 in die USA mit Non-Quota-Visum als Rabbiner (Ehefrau Einreisegenehmigung als Krankenschwester). 1939-40 Hilfsrabbiner Temple Emanuel in San Francisco, ReligLehrer u. Bibliothekar bei *Jew. Welfare Fed.* Oakland/Calif.

W: Die Koch- und Tafelgeräte in Palästina zur Zeit der Mischnah (Diss.). 1910. *Qu:* Arch. Pers. Z. - RFJI.

Winter, Theodor, Parteifunktionär; geb. 15. Apr. 1902, umgek. 1944; ∞ Elly Pieck (→ Elly Winter); *StA:* deutsch. *Weg:* 1933 UdSSR; 1943 Deutschland.

Tischlerlehre, im 1. WK Anhänger der *Bremer Linksradikalen*, 1919 KPD, Mitgl. RFB u. Gew., Parteifunktionär in Bremen, nach Absolvierung der Reichsparteischule Rosa Luxemburg in Fichtenau b. Berlin in Erwerbslosenbewegung in Bremen aktiv, ab Nov. 1932 Mitarb. der sowj. Handelsvertr. in Berlin. Nach natsoz. Machtübernahme illeg. Tätigkeit, Apr. 1933 Verhaftung, Sept. 1933 mit Ehefrau u. Christine Pieck (→ Wilhelm Pieck) über Frankr., die Schweiz u. Polen Emigr. in die UdSSR; Tischler, ab 1938 Red. *Deutsche Zentral-Zeitung* Moskau, 7. Okt. 1943 zus. mit Käthe Niederkirchner (→ Michael Niederkirchner) Fallschirmabsprung in Polen, über Königsberg nach Berlin. Verhaftung durch Gestapo u. Haft in KL Sachsenhausen, Sommer 1944 Überführung ins Gestapo-Hauptquartier Prinz-Albrecht-Straße, seitdem verschollen.

L: Kraushaar, Deutsche Widerstandskämpfer. *Qu:* Publ. Z. - IfZ.

Winterberg, Hans, Parteifunktionär; gest. 2. Sept. 1965 Lienz/Tirol; ∞ verh. *K:* Leni; *StA:* österr. *Weg:* 1938 CSR; 1939 GB; 1946 (?) Österr.

SDAP-Funktionär in der Steiermark, 1934 nach den Februarkämpfen Mitgl. KPÖ, illeg. Funktionär, mehrfach verhaftet, KL Wöllersdorf. 1938 kurz vor dem Anschluß Österr. KPÖ-Vertr. innerhalb der Gruppe von Beauftragten der ArbBewegung, die mit Repräsentanten des ständestaatl. Regimes (→ Hans Rott) über eine Unterstützung der Schuschnigg-Reg. angesichts des drohenden dt. Einmarschs verhandelten. März 1938 Flucht in die CSR, 1939 mit Unterstützung des *Czech Refugee Trust Fund* als Ltr. der sog. *Gruppe Winterberg* des *Czech Refugee Trust Fund* (Gruppe von rund 80 KPÖ-Mitgl. u. kommunist. Gewerkschaftern) Emigr. GB.; Mitgl. Parteigruppe der KPÖ in GB sowie neben u. → Elek Lustmann Mitgl. der offiziellen *Group of Austrian Communists in Great Britain* (Vertr. der KPÖ-Parteigruppe bei ihren Außenbeziehungen). Maßgebl. Mitarb. *Free Austrian Movement*. 1944-45 Mitarb. BBC für Sendungen nach Österr. Ab Okt. 1944 in Briefwechsel mit → Ernst Karl Winter in New York, Vorschlag einer künftigen engen Kooperation zwischen kath. u. sozialist. Kräften in Österr. Vermutl. 1946 Rückkehr nach Österr., Mitgl., zeitw. AgitPropLtr. Landessekretariat Steiermark der KPÖ, ab 1946 stellv. Chefred. *Die Wahrheit* Graz (→ Willy Scholz). Arbeitete zuletzt vor allem auf dem Gebiet der Geschichte der steir. Arbeiterbewegung.

W: u.a. Spaltung oder... Einheit aller Werktätigen (Mitverf.). 1946. *L:* Maimann. Politik; Fischer, Walter, Kurze Geschichten aus einem langen Leben (unveröffentl. Ms. DÖW). *D:* DÖW. *Qu:* Arch. Publ. Z. - IfZ.

Winternitz, Josef (Joseph), Dr. phil., Parteifunktionär; geb. 18. Febr. 1896 Oxford, gest. 22. März 1952 GB; *V:* UnivProf.;

G: u.a. Dr. med. Georg W., Arzt, Mitgl. *Internationale marxistische Vereinigung*, später KSČ, 1939-45 Emigr. GB, danach Arzt u. KSČ-Aktivist in Prag; *StA:* österr., CSR, deutsch. *Weg:* 1934 CSR; 1939 GB; 1948 Deutschland (Berlin); 1951 GB.

Aufgewachsen in Prag, Gymn., Stud. Phil. ebd., 1917-1918 Soldat, 1918 SDAP; nach Ende des 1. WK Wiederaufnahme des Stud., Mitgl. u. Funktionär *Freie Vereinigung Sozialistischer Studenten*, Mitgl. *Internationale marxistische Vereinigung* Prag (→ Käthe Beckmann), als führender DSAP-Linker Deleg. Grdg.-PT *KSČ-Deutsche Sektion* v. 12.-15. März 1921. 1920 Prom., danach wiss. u. parteipol. Tätigkeit. 1923 Übersiedlung nach Deutschland, hauptamtl. Parteifunktionär, Chefred. *Die Internationale* Berlin, als führender Vertr. u. Chefideologe des linken Parteiflügels nach 9. PT 1924 mit Aufbau der ZK-Agit-Prop-Abt. beauftragt u. bis 1925 deren Ltr. Nach vorüberg. Oppos. gegen den Offenen Brief des EKKI v. Aug. 1925 Anpassung an Parteilinie; auf 10. PT 1925 u. 11. PT 1927 Wahl zum ZK-Kand., Mitarb. ZK-AgitProp-Abt., nach Linksschwenkung auf 6. *Komintern*-Kongreß 1928 erneut bis 1931 Ltr. ZK-AgitProp-Abt., 1931 seiner Funktion wegen ideolog. Abweichungen enthoben; ab 12. PT 1929 ZK-Mitgl.; Deckn. Lenz, Sommer, Winter, Kraus. 1933-34 in der Illegalität enge ZusArb. mit → Walter Ulbricht in der Auseinandersetzung um die Nachf. Ernst Thälmanns, 1934 Emigr. in die CSR, Red. dt.-sprachiges KSČ-Zentralorgan *Die Rote Fahne* Prag, 1939 nach GB, Mitarb. der brit. kommunist. Partei u. der sog. *Beuer-Gruppe* der KSČ sowie Hauptmitarb. ihres Organs *Einheit* London, gleichz. Verbindungsmann der KPD-EmigrGruppe in GB zur brit. kommunist. Partei u. zur *Komintern*; 1942 neben → Karl Kreibich an Gesprächen mit → Wenzel Jaksch über Bildung einer Einheitsfront der dt. Exilgruppen aus der CSR beteiligt u. ab Grdg. Herbst 1943 Mitgl. *Sudetendeutscher Ausschuß – Vertretung der demokratischen Deutschen aus der CSR.* 1948 Rückkehr nach Berlin, Mitgl. SED, Ltr. Marx-Engels-Institut Berlin (Ost), März 1950 Funktionsenthebung wegen ideolog. Abweichung, 1950-51 Dekan der wirtschaftswiss. Fak. der Humboldt-Univ., 1951 Rückkehr nach GB.

W: zahlr. Art., Aufs. u. Broschüren; Die nationale Revolution der Tschechen und Slowaken und die neue CSR. London 1945; United Germany or Divided Europe. London (British Council for German Democracy) 1947. *L:* Weber, Wandlung; Bachstein, Jaksch. *Qu:* Arch. Hand. Publ. – IfZ.

Winzer, Otto, Partei- u. Staatsfunktionär; geb. 3. Apr. 1902 Berlin, gest. 3. März 1975; *V:* Arbeiter; *StA:* deutsch. *Weg:* 1935 F; NL; 1939 UdSSR; 1945 Deutschland (Berlin).

1916-22 Lehre u. Tätigkeit als Schriftsetzer, Fortbildungsschule für das graphische Gewerbe; 1919 FSJ, 1920 KJVD u. *Verband Deutscher Buchdrucker*, 1922-23 Mitgl. KJVD-BezLtg. Berlin-Brandenburg; ab 1922 Hersteller, später Red. u. Ltr. Verlag Jugend-Internationale; 1924 Mitgl. provis. Bundesltg. RFB. 1925 KPD, während Auslandstätigkeit für Verlag Jugend-Internationale 1925-27 KPÖ u. 1928-30 KPdSU, Ende 1931 bzw. Anfang 1932-1933 erneut in Wien. 1933 illeg. Tätigkeit, ab 1934 Mitgl. RGO-Ltg. Berlin. 1935 im Parteiauftrag nach Frankr., Chefred. *Freie Jugend* Paris, später nach Holland. 1939 UdSSR, Mitarb. *Komintern* (Deckn. Lorenz), ab 1941 Chefred. *Soldatensender des Deutschen Volkssenders* Moskau u. Ufa; Agit. unter dt. Kriegsgef., ab Febr. 1944 Mitgl. ArbKommission des PolBüros des ZK der KPD. 30. Apr. 1945 Rückkehr nach Berlin mit *Gruppe Walter Ulbricht* (→ Walter Ulbricht), Mai 1945-Okt. 1946 Stadtrat für Volksbildung Berlin; 1945-46 ZK-Mitgl. der KPD, führend beteiligt an Vereinigung der ArbParteien u. Schaffung des Blocks der antifaschist.-demokrat. Parteien in der SBZ. 1946-48 StadtVO. Berlin, 1946-48 Chefred. *Pressedienst* des ZK der SED, ab 1947 PV-Mitglied, ab 1950 ZK der SED; Mai-Okt. 1949 stellv. Chefred. *Neues Deutschland*, Okt. 1949-1956 Staatssekr. u. Ltr. Privatkanzlei des Staatspräs. → Wilhelm Pieck, ab 1950 MdVK, Aug. 1956 bis Mai 1959 stellv. Min. für Auswärtige Angelegenheiten u. Botschafter, Mai 1959-Juni 1965 Staatssekr. u. 1. stellv. Min. für Auswärtige Angelegenheiten, Juni 1965-Jan. 1975 Nachf. von → Lothar Bolz als Min. für Auswärtige Angelegenheiten. – *Ausz.:* 1954 Karl-Friedrich-Wilhelm-Wander-

Med., 1955 VVO (Gold), 1955 Ehrenbürger Berlin (Ost), 1957 Ernst-Moritz-Arndt-Med., 1958 Med. für Kämpfer gegen den Faschismus 1933-1945, Med. für die Teilnahme an den bewaffneten Kämpfen der Deutschen Arbeiterklasse 1918-1923, Franz-Mehring-Ehrennadel, 1959 Banner der Arbeit, Verdienstmed. der DDR, 1960 Banner der Arbeit, 1962 Arthur-Becker-Med. (Gold), Karl-Marx-Orden, 1965 Stern der Völkerfreundschaft (Gold), Johannes-R.-Becher-Med., 1967 Held der Arbeit, 1969 Ehrenspange zum VVO (Gold), Erinnerungsmed. 20. Jahrestag des Sieges im Gr. Vaterländ. Krieg 1941-1945 (UdSSR), 1972 VVO (Gold), Orden der Oktoberrevolution (UdSSR).

W: Pestalozzi als Zeitgenosse. 1946; Wohin führt der Weg? 1947; Sozialistische Politik? – Eine kritische Stellungnahme zu Reden und Aufsätzen Dr. Kurt Schumachers. 1947; Der Vaterlandsverrat durch Dr. Konrad Adenauer vom Separatismus zur Integration Europas. 1952; Der Rapallo-Vertrag und seine nationale Bedeutung für Deutschland. 1952; Die heutige deutsche Sozialdemokratie und der Marxismus. 1953; Die Auseinandersetzungen in der SPD und der Kampf um die Aktionseinheit der deutschen Arbeiterklasse. 1954; 12 Jahre Kampf gegen Faschismus und Krieg – Ein Beitrag zur Geschichte der KPD 1933-45. 1955; Wilhelm Pieck – Kampfgefährte der russischen Revolution und Freund der Sowjetunion. 1956; Revolutionäre Traditionen des Kampfes der deutschen Arbeiterbewegung gegen Militarismus und Krieg. 1958; Kreuzritter des Neokolonialismus. 1961. *L:* Leonhard, Revolution; Stern, Porträt; Schmidt, Deutschland; Gyptner, Richard, Über die antifaschistischen Sender während des zweiten Weltkrieges. In: BZG, 1964, S. 881 ff.; Göhring, KJVÖ; Dasbach-Mallinckrodt, Anita, Wer macht die Außenpolitik der DDR? 1972; Fischer, Deutschlandpolitik; Schuster, RFB; Radde, Diplomat. Dienst. *Qu:* Hand. Publ. Z. – IfZ.

Wiora, Josef (Joseph), Partei- u. Gewerkschaftsfunktionär; geb. 2. Okt. 1892 Beuthen/Oberschlesien; Diss.; *StA:* deutsch. *Weg:* 1937 CSR; 1938 F, GB; AUS; 1947 Deutschland (Berlin).

Eisenbahnarb.; 1912 Gew., 1917 SPD, 1919-20 USPD, 1920 KPD; ltd. Funktionär des *Deutschen Eisenbahnerverbandes*, KPD-Funktionär der BezLtg. Oberschlesien, später Ltr. RGO-BezKomitee; Mitgl. ProvLT Oberschlesien, Juli-Nov. 1932 MdR. Nach natsoz. Machtübernahme illeg. Tätigkeit in Oberschlesien unter Deckn. Putzwolle. 1937 Emigr. in die CSR, Mitarb. AbschnLtg. Zentrum Prag bes. auf gewerkschaftl. Gebiet. Nov. 1938 nach Frankr., Verhaftung, Ausweisung nach GB, nach Kriegsausbruch Internierung in Australien. 1947 Rückkehr nach Berlin, ltd. Mitwirkung am Aufbau der Eisenbahnergew., später Funktionär im ZV der Industriegew. Eisenbahn des FDGB. – *Ausz.:* u.a. 1956 Verdienter Eisenbahner.

L: Friederici, Hans-Jürgen, Zur Entwicklung der neuen Strategie und Taktik der KPD und ihrer führenden Rolle im antifaschistischen Widerstandskampf (Phil. Habil. masch.). 1965; Mewis, Auftrag. *Qu:* Arch. Hand. Publ. – IfZ.

Wirlandner, Stefan, Dr. rer. pol., Wirtschaftssachverständiger; geb. 11. Dez. 1905 Wien; kath., 1923 Diss., 1934-38 ev.; *V:* Leopold W. (1882-1952), kath., 1923 Diss., Weber, SozDem.; *M:* Wilhelmine (1880-1907 ?), kath., Hilfsarb.; ∞ I. 1943 Glasgow, Elisabeth Strauss (geb. 1920, gest. 1970 Wien), med.-techn. Assist.; II. 1970 Elfriede Langer (geb. 1944), Angest.; *K:* Doris (geb. 1944), Dr. jur., RA, A: Österr.; Susi (geb. 1953); Petra (geb. 1972); *StA:* österr., 1939 (?) Ausbürg., österr. *Weg:* 1939 GB; 1940 CDN; 1941 GB; 1945 Österr.

Hutmacherlehre, Mitgl. SAJDÖ, bis 1924 Obmann Lehrlingssektion des *Zentralvereins der Hutmacher und Hutmacherinnen Österreichs*. 1922-24 Bankangest., anschl. arbeitslos. Ab 1923 SDAP; 1926-34 BezBildungsfunktionär. 1930-34 Mitgl. BezVorst. in Wien, 1930-34 BezObmann *Sozialistische Jungfront*. Ab 1925 Mitgl. *Republikanischer Schutzbund*; 1926 Besuch der Arbeiterhochschule Wien, 1927-34 Statistiker in volkswirtschaftl. Abt. der Arbeiterkammer Wien. 1934 Entlassung, Mitarb. in illeg. GewBewegung. Mai-Dez. 1934 red. Ltr.

der Wochenztg. *Wochenschau*, hg. von der sozialist. GewZentrale, dem sog. *Siebener-Komitee* der illeg. *Freien Gewerkschaften Österreichs* (nach den ersten Ausgaben wurde die Zs. in *Der Strom* umbenannt u. konnte bis Anfang 1935 legal erscheinen). 1934/35 als Deleg. der Freien Gewerkschaften Teiln. an Sylvesterkonf. der RSÖ in Brünn. Zeitw. Mitarb. *Die Revolution*. Ende Jan. 1935 Verhaftung, März 1936 Mitangeklagter im großen Sozialistenprozeß, Freispruch. 1936-38 Stud. Hochschule für Welthandel, Abschluß als Wirtschaftsprüfer, Lebensunterhalt als Statistiker u. Webergeselle; 1938 nach dem Anschluß Österr. Mitgl. der im Land verbliebenen Führungsgruppe der RSÖ. 1939 Emigr. GB, durch Vermittlung des *International Solidarity Fund* Arbeit als Weber in Glasgow, Mitgl. *National Union of Dyers, Pleachers and Textile Workers*, nannte sich bis Kriegsbeginn Jack Ross. Febr. 1940 mit Firmenstipendium Besuch Firecroft Coll. Birmingham. Mai 1940-Jan. 1941 Internierung in Kanada, anschl. in London, Mitgl. *Austrian Labour Club*. Eintritt ins brit. Pioneer Corps, Sommer 1941 Freistellung, mit → Walter Wodak u. → Marie Jahoda verantwortl. für *Sender Rotes Wien*, nach dessen Einstellung Herbst 1941 wieder im Pioneer Corps. Ab Dez. 1941 Tätigkeit für Political Intelligence Dept. des Foreign Office; 1943-46 unter dem Namen John Miller Angehöriger einer brit. Spezialeinheit, Dienst in Nordafrika, Türkei u. Italien, 1945 als brit. Soldat Rückkehr nach Wien; Mitgl. SPÖ, Mitgl. sozialist. Fraktion im ÖGB, 1945-49 zunächst Ltr. der volkswirtschaftl. Abt., später stellv. Dir. der Arbeiterkammer Wien. 1946 Berufsreifeprüfung an Univ. Wien, anschl. Stud. Sozialwiss., 1950 Prom. 1960-69 stellv. GenDir. Österreichische Nationalbank, ab 1969 VorstMitgl. Österreichische Investitionskredit AG in Wien; u.a. stellv. AR-Vors. Entwicklungs- und Erneuerungsfonds, Beisitzer Kartellobergericht beim Obersten Gerichtshof Wien, Kuratoriumsmitgl. Österreichisches Institut für Wirtschaftsforschung, Mitgl. staatswiss. Prüfungskommission der Univ. Wien, Kuratoriumsmitgl. DÖW. RedMitgl. *Die Zukunft*, Hg. der Volkswirtschaftlichen Schriftenreihe der Arbeiterkammer Wien. Gelegentl. Ps. Hans Müller. Lebte 1978 in Wien. - *Ausz.:* u.a. Ehrenkreuz für Wissenschaft und Kunst.
W: u.a. Die Nutzwertlehre und die Arbeitnehmer. 1950; Robinson, Joan, Grundprobleme der Marxschen Ökonomie (Übers. u. Hg.). 1951. *L:* Klenner, Gewerkschaften; Molden, Gewissen; Leichter, Gewerkschaften; Leichter, Diktaturen; Maimann, Politik; Widerstand 1; Hindels, Gewerkschaften. *Qu:* Arch. Fb. Hand. Publ. Z. - IfZ.

Wirth, Joseph Karl, Dr. phil., Politiker; geb. 6. Sept. 1879 Freiburg/Br., gest. 3. Jan. 1956 Freiburg/Br.; kath.; *V:* Karl W., Maschinenmeister; *StA:* deutsch. *Weg:* 1933 CH; 1948 (1950?) Deutschland (FBZ).
Stud. Mathematik, Natur- u. Wirtschaftswiss. Univ. Freiburg/Br., 1905 Prom.; GymnLehrer. Mitgl. Zentrum, 1911 StadtVO. Freiburg/Br., 1913 MdL Baden, 1914-18 MdR; nach Kriegsende Mitgl. Verfassunggebende Versammlung Baden, 1919-20 badischer Finanzmin.; Mitgl. Weimarer NatVers., 1920-33 MdR; nach dem Rücktritt Erzbergers 1920-21 Reichsfinanzmin. im ersten Kabinett Hermann Müller; Mai 1921-Nov. 1922 Reichskanzler, im zweiten der beiden von ihm geführten Kabinette zugl. Außenmin. Prononcierter linker Zentrumspolitiker, setzte sich aktiv für die Republik u. den Zusammenhalt der demokrat. Parteien der Weimarer Koalition ein, in Hauptfragen der Reichspolitik wie Reparationen u. Republikschutz enges Zusammengehen mit dem sozdem. Preußen; Vertr. einer „Erfüllungspolitik" gegenüber den Versailler Siegermächten: unter der Reg. Wirth erfolgten Abtrennung von Oberschlesien (Okt. 1921), die Annahme des Londoner Ultimatums sowie Abschluß des Rapallo-Vertrages (Mai 1922); nach der Ermordung Rathenaus Vorlage des Republikschutzgesetzes mit Zielrichtung gegen antidemokrat. Rechte. 1924-25 Ausscheiden aus der Zentrumsfraktion im Reichstag wegen ihrer Unterstützung des Bürgerblock-Kabinetts Luther, Gr. *Republikanische Union;* im zweiten Kabinett Müller u. ersten Kabinett → Heinrich Brüning Reichsmin. für die besetzten Gebiete (Apr. 1929-März 1930) bzw. Reichsinnenmin. (März 1930-Okt. 1931). Nach natsoz. Machtübernahme Gegner des Ermächtigungsgesetzes, übte am 23. März 1933 dennoch Fraktionsdisziplin; als einer der prominenten Linkspolitiker der Weimarer Republik persönlich gefährdet, Apr. 1933 Emigr. in die Schweiz. Dort lebte W., der anfängl. noch um Kontakte mit dt. Stellen bemüht war, pol. zurückgezogen u. arbeitete an seinen Memoiren; Aufenthalte auch in Paris, nach Kriegsausbruch dauernder Wohnsitz in Luzern, Unterstützung durch → Jakob Kindt-Kiefer; Nov. 1941 in Zürich Zusammentreffen mit → Otto Braun, im Laufe des Jahres 1942 bildete sich dann um beide Politiker ein Kreis dt. Emigranten in der Schweiz mit Zielsetzung der pol. Nachkriegsplanung u. Einflußnahme auf die Deutschlandpol. der Alliierten; Mitgl. dieses informellen Kreises u.a. → Friedrich Dessauer, → Wilhelm Hoegner, → Wilhelm Dittmann u. → Heinrich Ritzel; Apr. 1945 neben Braun Präs. der aus diesem Kreis hervorgegangenen ArbGemeinschaft *Das Demokratische Deutschland* (DD); zwischenzeitl. mit Kindt-Kiefer in Luzern Gr. *Gruppe Christlicher Demokraten*, die sich dann dem DD anschloß (weitere Korporativmitgl.: *Union deutscher Sozialisten und Gewerkschafter in der Schweiz* unter Braun, die *Liberal-demokratische Vereinigung der Deutschen in der Schweiz* unter → Wolfgang Glaesser sowie zeitw. die *Evangelische Arbeitsgemeinschaft*). Innerh. des DD auseinanderstrebende Zielvorstellungen über eine pol. Neugestaltung Deutschlands zwischen der sozdem. Gruppe um Braun u. der kath. *Zentrums*-Gruppe, die in der Frage der Reaktion des DD auf die Potsdamer Konf. zur direkten Kontroverse der beiden DD-Präs. W. u. Braun führten; insbesondere die persönl. Ambitionen W.s, der mit Hilfe enger Kontakte zur franz. Gesandtschaft die bad. Staatspräsidentschaft als pol. Nahziel anstrebte, trugen zur Auflösung des DD bei; Intrigen innerhalb beider Gruppen im DD veranlaßten am 17. Feb. 1946 nach Braun auch W. zur Niederlegung des Präsidentenamtes. März 1946 mit Kindt-Kiefer Gr. einer *Vereinigung Christlich-Demokratisches Deutschland in der Schweiz*, spielte zeitw. in dem bis 1950 bestehenden DD neben Glaesser weiterhin die dominierende Rolle. Sommer 1945 mit Unterstützung der franz. Militärbehörden in Freiburg/Br. Versuch der Neugrdg. des *Zentrums* in Form der föderalist. *Badischen Christlich-Sozialen Volkspartei;* eine pol. Karriere mit Hilfe der franz. Besatzungsmacht scheiterte jedoch an neuerl. Intrige aus dem schweizer Exil; Okt. 1948 in Stuttgart Grdg. der kurzfristig bestehenden *Union der Mitte;* Juni 1952 in Dortmund Gr. *Deutsche Sammlung*, die Mai 1953 in dem von Wilhelm Elfes gegr. *Bund der Deutschen für Einheit, Frieden und Freiheit* (BdD) aufging (neutralist. Programm gegen Integrationspol. der Adenauer-Reg. u. dt. Wiederbewaffnung, für offiz. Kontakte zwischen Bonn u. Ost-Berlin, infolgedessen Anschuldigung der finanziellen Abhängigkeit des BdD von DDR-Reg., bildete nach KPD-Verbot 1956 tatsächl. eine Auffangorg. für kommunist. Parteifunktionäre, 1961 Aufgehen des BdD in der *Deutschen Friedens-Union*). W. selbst schien sich in den letzten Lebensjahren immer stärker an der sowj. Deutschlandpol. zu orientieren: mehrfach Aufenthalte in Ost-Berlin, Verhandlungen mit sowj. Hochkommissar u. DDR-Führungsspitze Grotewohl-Nuschke, Teiln. an Tagungen des *Weltfriedensrates* u. Sitzungen der DDR-Volkskammer; interpretierte diese Aktivitäten als Rückkehr zu seiner Außenpol. als Reichskanzler 1921/22 auf der Basis des Rapallo-Vertrages. - *Ausz.:* u.a. 1955 Stalin-Friedenspreis.
W: u.a. Unsere politische Linie im deutschen Volksstaat. 1924; Reden während der Kanzlerschaft. 1925; Die Reise hinter den Eisernen Vorhang. Der gemeinsame Weg der Deutschen zur Einheit oder zum Krieg. 1952; Die deutsche Neutralitätspolitik der Jahre 1922-1932. In: Blätter für deutsche und internationale Politik, 5/1960; W.s Memoiren, an denen er im Exil arbeitete, befinden sich in unzugänglichem Privatnachlaß. *L:* Griewank, Karl, Dr. Wirth und die Krisen der Weimarer Republik. In: Wissenschaftliche Zeitschrift der Friedrich-Schiller-Universität Jena, Heft 2, 1951/52; Molt, Peter, Die neutralistische Opposition (Diss.). 1955; Morsey, Rudolf, Die deutsche Zentrumspartei. In: Matthias, Erich/Morsey, Rudolf (Hg.), Das Ende der Parteien 1933. 1960; Becker, Josef, Joseph Wirth und die Krise des Zentrums während des IV. Kabinetts Marx (1927-1928), Darstellung und Dokumente. In: Zeitschrift für die Geschichte des Oberrheins, 109/1961; Köhler, Heinrich,

Lebenserinnerungen eines Politikers und Staatsmannes 1878-1949 (Hg. Josef Becker). 1964; Laubach, Ernst, Die Politik der Kabinette Wirth 1921-1922. 1968; Schulze-Bidlingmaier, Ingrid (Bearb.), Die Kabinette Wirth I und II. 10. Mai 1921 bis 26. Okt. 1921, 26. Okt. 1921 bis 22. Nov. 1922. 2 Bde. - Akten der Reichskanzlei (Hg. Karl Dietrich Erdmann/Hans Booms). 1973; Bergmann, Schweiz; Dohse, Rainer, Der dritte Weg. Neutralitätsbestrebungen in Westdeutschland zwischen 1945 und 1955. 1974; Schulze, Hagen, Otto Braun oder Preußens demokratische Sendung. Eine Biographie. 1977; ders., Rückblick auf Weimar. Ein Briefwechsel zwischen Otto Braun und Joseph Wirth im Exil. In: VHZ 1/1978. *Qu:* Arch. Hand. Publ. - IfZ.

Wischnitzer, Mark, Dr. phil., Publizist, Verbandsfunktionär; geb. 10. Mai 1882 Rovno/Wolhynien, gest. 16. Okt. 1955 Tel Aviv; jüd.; *V:* Yaakov Aryeh (Leon) W. (geb. Brody/Galizien, gest. Wien), jüd., im 1. WK nach Wien; *M:* Feige (Fanny), geb. Kulikowitzer (geb. Rovno, gest. Wien); *G:* Daniel (geb. Österr., gest.); Regina Balaban (gest. IL), Emigr. Pal.; Sala (Sarah) Gelber (geb. 1893 Rovno, gest. 1967 Jerusalem), Krankenschwester, 1933 Emigr. Pal. (Ehefrau von → Nathan Michael Gelber); Madzia Liebman (umgek. im Holokaust); ∞ 1912 Rachel Bernstein (geb. 1885 Minsk/Rußl.), jüd., Stud. Heidelberg, München u. Berlin u. Schule für Architektur Paris, 1934-38 wiss. Mitarb. Jüdisches Museum Berlin u. Kunstred. für *Rimon* u. *Milgroin*, 1938 Emigr. F, Dez. 1939 USA auf „russ. Quote", Kunsthistorikerin, Schriftst., Sachverst. für Synagogen-Architektur u. jüd. Ikonographie; *K:* Leonard James (geb. 1924), Emigr. mit Mutter; *StA:* österr., PL, 1932 deutsch, 1946 USA. *Weg:* 1938 F; 1941 DOM; 1941 USA.

Gymn. u. Jeschiwah in Brody/Galizien, 1902-06 Stud. Wien u. Berlin, 1906 Prom. Berlin. 1902 Teiln. an zion. Landestagung in Minsk. 1907 Forschungsarbeiten in St. Petersburg. 1908-13 Schriftltr. für Gesch. europ. Juden in der Red. der russ.-jüd. Enzyklopädie *Evrejskaja Enciklopedija*. 1909 Wehrdienst in K.u.K. Armee, 1909-12 Doz. für oriental. u. jüd. Gesch. am Inst. des Baron David Gunzburg St. Petersburg. 1914-16 Initiator u. Mithg. der *Istoria Evrejskago Naroda* (Gesch. des jüd. Volkes) Moskau, Verf. versch. Kapitel zur pol. u. wirtschaftl. Gesch. der *Polnischen Historischen und Ethnographischen Gesellschaft* St. Petersburg u. Beiträge in ihrer Vierteljahresschrift *Evrejskaja Starina* (Die jüd. Vergangenheit) sowie Beiträge in anderen russ. Zs., Forschungsarbeiten über die Gesch. des russ. Liberalismus. Im 1. WK in K.u.K. Armee (Lt.); 1918-20 Berater der diplomat. Vertr. der Ukrain. Volksrepublik in London. 1919-21 Journ. in London, gleichz. Forschungsarbeit u. Vorträge bei *Jew. Hist. Soc. of England* 1922-37 als Nachf. → Bernhard Kahn GenSekr. des *Hilfsvereins* Berlin, daneben 1922-24 mit Ehefrau Hauptschriftltr. der Rimon Publishing Co. Berlin u. London, Hg. der ersten hebr. Kunstzs. *Rimon* u. der ersten jidd. Kunstzs. *Milgroim* sowie anderer Kunst- u. Literaturzs.; ab 1925 Red. für Gesch. bei der *Encyclopaedia Judaica* Berlin, Gastdoz. am Institutum Judaicum der Univ. Berlin u. der L(H)WJ; stellv. Chefred. des vom *Hilfsverein* hg. *Korrespondenzblatts über Auswanderungs- u. Siedlungswesen*. 1927 Besichtigung landwirtschaftl. Siedlungen in Südrußland u. auf der Krim, Berichte darüber in Zs. *Osteuropa*; 1931 Mitgr. u. geschäftsf. Sekr. der *Haffkine Foundation for the Benefit of Yeshivas*. 1936 i.A. des *Hilfsvereins* u.a. jüd. Org. nach Südafrika, Rhodesien u. Kenia zur Erforschung von Auswanderungsmöglichkeiten. Febr. 1938 Emigr. Frankr. Mitarb. der europ. Geschäftsstelle des J.D.C. Paris, Teiln. an Vorbereitungen für Konferenz von Evian. Ab Sept. 1939 Internierung in Colombes, Blois u. Francillon. 1940 nach Verweigerung des franz. Ausreisevisums illeg. über die Pyrenäen nach Spanien u. Portugal, Jan. 1941 in die Dominikan. Republik. Gemeinnützige Arbeit u. Forschungen zur Gesch. der Juden in Santo Domingo. Mai 1941 in die USA, 1941-49 Mitarb. *Council of Jew. Federations and Welfare Funds* New York, 1941-43 RedMitgl. der *Universal Jewish Encyclopedia*. 1943 Forschungsarb. für HIAS u. das Forschungsinst. für Friedens- u. Nachkriegsprobleme des *Am. Jew. Committee*. Mitgl. YIVO, B'nai B'rith u. *Fed. of Jew. Philanthropies*. 1948-55 (?) Prof. für jüd. Gesch. u. Soziologie Yeshiva Univ. New York; Mitarb. an der jidd. Zs. *Lite* zur Gesch. der litauischen Juden.

L: R. Wischnitzer u. S. Eidelberg, in: Heawar (mit vollst. Bibliogr.), 1973; Feder, Heute. *D:* Nachlaß im Besitz der Witwe in New York. *Qu:* EGL. Hand. Pers. Publ. Z. - RFJI.

Wistuba, Hans, Journalist; geb. 30. Aug. 1901 Berlin; *StA:* deutsch. *Weg:* 1933 UdSSR; 1934 CSR; 1939 GB.

Ab 1924 Mitgl. KPD, *Rote Hilfe* u. IAH, Mitarb. u.a. *Die Rote Fahne*, *Rote Post*, *Inprekorr*, MOPR, Verlagsgenossenschaft ausländischer Arbeiter in der UdSSR Moskau. Nach der natsoz. Machtübernahme illeg. Arbeit i.A. der *Komintern*, u.a. Mitwirkung an Befreiung von → Willi Budich aus der Haft. Juli 1933 in die UdSSR, Juni 1934 nach Prag entsandt, dort Trennung von der KPD. Mai 1939 nach GB, 1945 Eintritt in SPD London.

Qu: Arch. - IfZ.

Witkon (urspr. Witkowski), **Alfred,** Dr. jur., Rechtsanwalt, Richter; geb. 23. Febr. 1910 Berlin; *V:* Adolf Witkowski (geb. 1880 Wreschen/Posen), jüd., Textilfabrikant, Mitte der 30er Jahre Geschäftsauflösung, 1938 Emigr. Pal.; *M:* Lina Rachel, geb. Chavas (geb. 1881 Bialystok/Weißrußland, gest. 1934 Berlin), jüd., mit Ehemann Geschäftsltg. des Familienbetriebs; *G:* → Moshe (Erwin) Witkon; Hanna Bandmann (geb. 1906 Berlin), Mitgl. *Blau-Weiß*, 1935 Emigr. Pal., Physiotherapeutin; ∞ 1936 Greta Philipson (geb. 1913 Frankfurt/M.), 1936 Emigr. Pal., Stud. Mikrobiologie am London Polytechnic Inst., Laborantin; *K:* Naomi Gash (geb. 1937), Lehrerin; Gidion (geb. 1940), B.Sc., Landschaftsplaner; *StA:* deutsch, Pal./IL. *Weg:* 1933 GB; 1934 Pal.

Stud. Rechtswiss. Berlin, Bonn u. Freiburg, 1933 Prom. Freiburg, Referendar, im gleichen Jahre Berufsverbot. Mitgl. *Blau-Weiß*. 1933 Emigr. GB, 1934 Zulassung als RA (Barrister) am Middle Temple London. 1934 nach Palästina mit A I-Zertifikat, 1935 Examen für ausländ. RA, 1937-38 RA-Praxis. 1948 Major IDF. 1948-54 Richter am BezGericht in Jerusalem, ab 1954 Richter am Obersten Gerichtshof. 1954-64 Doz. Hebr. Univ. Jerusalem. Vors. Öffentl. Ausschuß für dt. Wiedergutmachung. 1965 Deleg. in Deutschland (BRD), Mitgl. zahlr. anderer öffentl. Ausschüsse. Lebte 1977 in Jerusalem.

W: u.a. Law and Society. 1954; Law and Politics. 1965; Law of Taxation. 4. Aufl. 1969. *Qu:* Fb. Hand. - RFJI.

Witkon (urspr. Witkowski), **Moshe** (Erwin), Dr. phil., Wirtschaftsexperte, Bankier; geb. 27. Aug. 1904 Berlin, gest. 4. Juli 1962 IL; jüd.; *G:* → Alfred Witkon; ∞ 1931 Ruth Kaufmann (geb. 1910 Mannheim), jüd., 1936 Emigr. Pal., im isr. Min. für Tourismus tätig; *K:* Raayah Hernik (geb. 1933), jüd., 1936 Emigr. Pal., Programmltr. bei isr. Rundfunk; Michael (geb. 1941), Werbefachmann; *StA:* deutsch, Pal./IL. *Weg:* 1936 Pal.

Stud. Berlin, 1926 Prom., 1926-36 Prokurist in Textilfabrik der Familie. Mitgl. *Blau-Weiß*, landwirtschaftl. Ausbildung im Hachscharah-Zentrum Markenhof, Mitgl. zionist. Org. Mai 1936 Emigr. Palästina; 1936-38 Ltr. einer Fabrik, 1938-41 in Wirtschafts-Abt. der *Jew. Agency* Tel Aviv u. Haifa tätig, 1941-45 stellv. AbtLtr. bei der brit. Mandatsverw.; 1944-49 Geschäftsf. Palestine Corporation, Ltd., Verw. von amerikan. Investitionen in Palästina u. Israel. 1949-50 WirtschBerater der isr. Botschaft in Washington/D.C., 1951-62 GenDir. Union Bank of Israel, Ltd. u. Canada-Israel Central Bank, Ltd., Mitgl. *Vereinigung israelischer Industrieller*; Mitgl. versch. wirtschaftspol. Ausschüsse der isr. Regierung.

Qu: Hand. HGR. Pers. - RFJI.

Witte, Eugen de, Parteifunktionär; geb. 8. Okt. 1882 Karlsbad/Böhmen, gest. 19. Sept. 1952 London; *V:* Fotograf; ∞ Betty (gest. 1975 GB), 1938 Emigr. GB; *K:* 2 T; *StA:* österr., 1919 CSR. *Weg:* 1938 GB.

Gymn., Zeichner u. Fotograf, während Wanderschaft durch Rußland, Österr. u. Deutschland 1898 Anschluß an SPD, Ausweisung aus Deutschland wegen pol. Betätigung, 1906-13 Bezirksvertrauensmann, 1906-27 stellv., dann Kreisvertrauensmann der SDAP bzw. DSAP, ab 1906 Red. u. später Chefred. des Parteiblatts *Volkswille* Karlsbad. Im 1. WK Soldat, danach aktiv in der dt.-böhm. Bewegung für staatl. Selbständigkeit der von Deutschen besiedelten Gebiete in Böhmen, deshalb von CSR-Behörden wegen Hochverrats verfolgt; langj. StadtVO. u. zeitw. stellv. Bürgerm. von Karlsbad; 1925-38 Abg. NatVers. der CSR; Mitgl. DSAP-PV u. ab 1928 stellv. Vors. - 1938 mit Fam. Emigr. nach GB; Mitgl. TG-Landesvorst. u. darin mit → Franz Katz führender Vertr. des radikal-autonomist. Flügels, der sich als großdeutsch bezeichnete u. auf der Grundlage der völkerrechtl. Gültigkeit des Münchner Abkommens die Wiederherstellung der Vorkriegs-CSR ablehnte. Nach Abspaltung der sog. *Zinner-Gruppe* (→ Josef Zinner) stellte W. zusammen mit Katz u. → Ernst Otto Rambauske die einflußreichste Richtung im TG-Vorst. dar; 1942 mit → Wenzel Jaksch u. Katz Unterz. eines Appells an den amerikan. Außenmin. gegen Ungültigkeitserklärung des Münchner Abkommens durch die brit. Reg., 1944 Mitgl. *Democratic Sudeten Committee*. Mit Jaksch u. Katz Unterz. des Appells an die Weltöffentlichkeit *Peace Through Terror?* v. Mai 1945 gegen Zwangsaussiedlung der Deutschen aus der CSR sowie der Petition an die UN v. 1. März 1947; neben Jaksch u. → Richard Reitzner Mitunterz. eines entspr. Appells an die Deleg. der ersten Nachkriegskonf. der sozialist. Parteien in Clacton-on-Sea im Mai 1946.

L: u.a. Jaksch, Wenzel, Europas Weg nach Potsdam. 1967; Bachstein, Jaksch. *Qu:* Arch. Hand. Publ. Z. - IfZ.

Wittelshoefer, Friedrich Josef, Ministerialbeamter; geb. 20. Juni 1888 Berlin, gest. 5. Mai 1958 London; jüd.; *V:* Paul W. (1864-1919), jüd., Chemiker; *M:* Hulda, geb. Arndt (gest. 1897), jüd.; *G:* Arnold (geb. 1886, umgek. KL Riga), Architekt; Leonore (1890-1969), Lehrerin, Emigr. GB; ∞ 1929 Dr. med. Charlotte Hirsch (geb. 1899), jüd., Ärztin, Emigr. GB; *StA:* deutsch, 4. März 1941 Ausbürg., 1948 brit. *Weg:* 1939 GB.

Stud. Rechtswiss. München u. Berlin, 1914 Kriegsfreiw., 1917-19 im Justizdienst, ab 1920 im Reichswirtschaftsmin., 1922-33 im preuß. Min. für Volkswohlfahrt, 1923 MinRat; stellv. Deleg. des Min. im Reichsrat, stellv. Mitgl. Disziplinarhof für nichtrichterl. Beamte, MinVertr. im Reichsversicherungsamt. Doz. VerwAkademie. Mitgl. SPD, Mitarb. *Arbeiterwohlfahrt*, Mitgr. *Republikanischer Richterbund*, Mitgl. *Bund republikanischer Verwaltungsbeamter*. Sommer 1933 entlassen, freier Mitarb. *Zentralwohlfahrtsstelle der Juden in Deutschland* Berlin. Nach längeren Bemühungen um Visum Aug. 1939 Emigr. GB, Juli-Dez. 1940 Internierung Isle of Man, dann Büroangest. einer Eisenbahnges. Aktiv in SPD London, 1941 Teiln. an der Arbeitsgemeinschaft *Deutschland und Europa nach dem Kriege*, dort u.a. mit → Victor Schiff Vertr. einer „nationalen" Linie, die die spezifisch deutsche Verantwortung für den NatSoz. zurückwies. 1942-43 Mitarb. bei Programmberatungen der *Union* für den Bereich Verwaltung u. Justiz. Nach 1945 aktiv in *Vereinigung deutscher Sozialdemokraten in Großbritannien*. 1950-57 ehrenamtlich Mitarb. AJR bei der Errichtung von Altenheimen, Mitgl. Sozialausschuß der dt. Botschaft London. - *Ausz.:* 1926 Ehrenzeichen des DRK.

W: u.a. Sozial- und Wirtschaftsrecht, ausgewählt für die Bedürfnisse der Juden in Deutschland. 1936-38; zahlr. Beiträge über Wohlfahrtsrecht u. Sozialpol. in Handb. u. Fachzs. *L:* Röder, Großbritannien; *Qu:* Pers. Publ. - IfZ.

Wittenberg, Kurt, geb. 9. Juli 1920 Würzburg; *V:* Henry W., jüd., Kaufm.; *M:* Thekla, geb. Emrich, jüd.; *StA:* deutsch. *Weg:* 1938 Urug.

Maurer, Nov. 1938 nach Montevideo, Eintritt in BauarbGew. u. kommunist. Jugendverb. Uruguay. Mitgr. u. Sekr. *Deutsches Antifaschistisches Komitee zur Unterstützung der Sowjetunion* unter Ltg. von → Wilhelm Eggers.

Qu: Arch. Publ. - IfZ.

Wittkowski, Margarete (Grete), Dr. rer. pol., Partei- u. Staatsfunktionärin; geb. 18. Aug. 1910 Posen, gest. 20. Okt. 1974 Singen/Baden-Württ.; *V:* Martin W., Kaufm.; *M:* Berta, geb. Königsberger. *Weg:* 1935 CH; 1938 I; 1939 GB; 1946 Deutschland (Berlin).

1929-33 Stud. Volkswirtsch. Berlin, 1932 Dipl.-Volkswirt. Zionist. Bewegung, 1932 zur KPD. 1933-34 Stud. Univ. Basel, 1934 Prom. (*Großbanken und Industrie in Deutschland 1924-1931*). 1935 Berlin, Mitarb. Organ des illeg. RGO-Bez-Komitees Berlin *Der Gewerkschafter*, 1935 Emigr. in die Schweiz, 1936-37 Stud. Univ. Basel, 1937 Mitarb. KPD-AbschnLtg. Süd, Teiln. am Lehrgang des ZK der KPD in Draveil/Frankr., mehrere Instruktionsreisen nach Süddeutschland, Red. *Süddeutsche Informationen* bzw. *Süddeutsche Volksstimme*. Dez. 1938 Ausweisung infolge pol. Betätigung, über Italien 1939 nach GB. Org.Ltr. der KPD-Landesgruppe u. nach Kriegsausbruch gleichz. Mitgl. der Anfang 1939 installierten EmigrLtg., Mitarb. des GenSekr. der brit. kommunist. Partei Harry Pollitt in der Bewegung *Hände weg von der Sowjetunion*. 1946 Rückkehr nach Berlin, bis 1947 Wirtschaftsred. *Neues Deutschland*, mit → Jürgen Kuczynski Gr. der Zs. *Die Wirtschaft*, März 1948-Okt. 1949 stellv. Ltr. Hauptverw. Wirtschaftsplanung der Deutschen Wirtschaftskommission, 1949-50 Lehrgänge an SED-Parteihochschule Karl Marx u. in der UdSSR, Jan. 1951-Febr. 1952 Vizepräs. u. anschl. bis Juni 1954 Präs. *Verband Deutscher Konsumgenossenschaften* der DDR, Febr.-Dez. 1953 Mitgl. Staatliche Kommission für Handel und Versorgung, 1952-58 MdVK, Juli 1954-Juli 1958 1. stellv. Vors. Staatliche Plankommission u. Ltr. Abt. Koordinierung der Jahres-Volkswirtschaftspläne, verantwortl. bes. für Versorgung, Konsumgüterproduktion u. Leichtindustrie. 1954-58 Mitgl. ZK der SED, setzte sich in den 50er Jahren für Versachlichung des Wirtschaftsmanagements ein u. wurde deshalb im Zuge der Ausschaltung der parteiinternen Opposition (→ Fred Oelßner) auf 5. PT zum ZK-Kand. degradiert. 1958-61 stellv. Vors. Staatliche Plankommission. Im Rahmen der Entideologisierung der Leitungsarb. der staatl. Organe Febr. 1961-Juli 1967 stellv. Vors. des MinRates (verantwortl. für Handel, Versorgung u. Landwirtschaft), auf 6. PT Jan. 1963 Wahl zum ZK-Mitgl. der SED, 1963-1967 MdVK, 1964 Sonderbotschafterin in Indien. In der zweiten Phase des sog. Neuen Ökonomischen Systems der Planung und Leitung 1967-Mai 1974 Präs. Deutsche Notenbank bzw. ab 1968 Staatsbank der DDR, ab Nov. 1972 Mitgl. MinRat. Mai 1974 Niederlegung aller Funktionen aus gesundheitl. Gründen. War u.a. Mitgl. des Präsidiums des *Friedensrats der DDR*. Starb während einer Reise. - *Ausz.:* u.a. 1955 VVO (Bronze), 1960 Banner der Arbeit, 1965 VVO (Silber), 1970 VVO (Gold).

W: Witt, Margarete (Ps.), The Economics of Barbarism. Hitler's New Economic Order in Europe (mit Jürgen Kuczynski). London (Muller) 1942; Versorgung der Bevölkerung. 1954; Die deutsch-russischen Handelsbeziehungen in den letzten 50 Jahren (mit J. Kuczynski). 1974. *L:* Stern, Porträt; Richert, DDR-Elite; Gast, Gabriele, Die politische Rolle der Frau in der DDR. 1974; Teubner, Schweiz. *Qu:* Arch. Hand. Publ. Z. - IfZ.

Wittkowski, Wilhelm Friedrich, Parteifunktionär; geb. 22. Aug. 1913 Hamburg. *Weg:* 1934 DK; 1941 Deutschland.

Lehre als Schiffsbauer. 1929 Mitgl. SAJ, 1931 SJVD (SAPD), 1932 Übertritt zum KJVD. Nach 1933 illeg. Arbeit als Stadtteilinstrukteur in Hamburg. Apr. 1934 Emigr. nach Dänemark; Anfang 1937 Mitgl. EmigrLtg. Kopenhagen, ab Juni 1937 Mitgl. KPD-AbschnLtg. Nord unter → Heinrich Wiatrek, verantwortl. für Jugendarbeit, Deckn. Ernst, Jugendernst, Anker; Mitarb. illeg. *Norddeutsche Volkszeitung (Norddeutsche Tribü-

ne); 27. Juli 1941 Festnahme durch dän. Polizei u. Auslieferung an Deutschland. VGH-Urteil vom 20. Apr. 1942 10 J. Zuchthaus.
Qu: Arch. - IfZ.

Wodak, Walter, Dr. jur., Diplomat; geb. 22. Nov. 1908 Wien (?), gest. 25. Febr. 1974 Wien; ∞ Dr. Erna Franziska Mandel; *StA:* österr. *Weg:* 1938 (?) F; 1939 (?) GB; 1945 Österr.
Mitgl. *Vereinigung Sozialistischer Mittelschüler* in Wien, 1928 Wiener Obmann, maßgebl. Vertr. des linken, aktivist. Flügels. Stud. Rechtswiss., vermutl. Mitgl. *Verband Sozialistischer Studenten Österreichs*, 1933 Prom.; Mitgl. SDAP u. *Sozialistische Jungfront*, gehörte zu dem linksoppos. Kreis um → Ernst Fischer. 1934 nach den Februarkämpfen ZK-Mitgl. *Rote Front* (illeg. Gruppe zwischen KPÖ u. RSÖ, deren Mehrheit sich nach Aktionsbündnis mit KPÖ zum 1. Mai 1934 der KPÖ anschloß), Mitgl. KPÖ, Mitarb. von Friedrich Hillegeist bei der Org. der illeg. *Freien Angestelltengewerkschaft Österreichs*. Nach dem Anschluß Österr. über Jugoslawien nach Frankr., später nach GB. 1939 Org. einer Gruppe des *Austrian Centre* in Liverpool, Sept. 1939 nach Auseinandersetzungen mit KPÖ-Führungsgruppe des *Austrian Centre* in London (→ Franz West), vor allem über dt.-sowj. Pakt, Bruch mit *Austrian Centre*. Mitgl. *Austrian Labour Club* London, Aug. 1940 Eintritt in das brit. Pioneer Corps. 1941-45 Mitgl. *Londoner Büro der österreichischen Sozialisten in Großbritannien* (LB) unter → Karl Czernetz u. → Oscar Pollak. Frühj. 1941 Freistellung vom Pioneer Corps, i.A. des LB zus. mit → Marie Jahoda u. → Stefan Wirlandner Aufbau des Senders *Radio Rotes Wien* (Initiative des Labour-Politikers Richard Crossman), der in enger ZusArb. mit *Sender der europäischen Revolution* (→ Walter Auerbach, → Waldemar v. Knoeringen) u. unabhängig von brit. Kontrolle eigenständige sozialist. Propaganda nach Österr. auf der Grundlage der Konzeption einer gesamteurop. Revolution betreiben sollte. Juli 1940 Aufnahme des Sendebetriebs, Nov. 1941 Einstellung nach Versuchen der brit. Behörden, auf Programmgestaltung im Sinne der alliierten Kriegsziele (Propagierung von Sabotageakten u.ä.) Einfluß zu nehmen. Anschl. wieder Dienst im Pioneer Corps, Febr. 1942 Versetzung in Army Educational Corps, Stationierung in Oxford u. Gloucester. Innerhalb des LB neben → Richard Strasser u. → Wilhelm Rosenzweig Hauptvertr. einer neuen Linie, die die pol. Selbstbeschränkung der österr. Sozialisten in der Emigr. u. das starre Festhalten an der gesamtdt. Nachkriegsperspektive für Österr., wie sie von der AVÖS 1938 u. 1939 in Paris verbindlich beschlossen worden waren, aufzulockern versuchte; unterstützte O. Pollak in der Auseinandersetzung zwischen den AVÖS-Mitgl. innerhalb des LB. Apr. 1945 Kommandierung zu Alliierter Kommission nach Köln, Mai 1945 nach Zwischenaufenthalt in GB Stationierung in Österr., Sept. 1945 nach Wien. Mitgl. SPÖ. Febr. 1946 nach Demobilisierung Eintritt in den österr. diplomat. Dienst, bis 1950 Presse- u. Sozial-Attaché bei der österr. Vertr. in London, enge Verb. zu Karl Renner, spielte aufgrund seiner guten Kontakte zu maßgebl. brit. Persönlichkeiten eine Schlüsselrolle beim Zustandekommen des Zweiten alliierten Kontrollabkommens über Österreich, welches festlegte, daß Gesetze der österr. Reg. nur durch einstimmiges Veto aller vier Besatzungsmächte außer Kraft gesetzt werden konnten; Jan. 1947 Ernennung zum Legationssekr., ab 1948 Erster Sekr. u. Chargé d'affaires. Okt. 1950 nach Wien, Dienst im Bundesmin. für Auswärtige Angelegenheiten (BMfAA), ab Juni 1951 in Paris, Dez. 1951 Ernennung zum Legationsrat, Juli 1953 als ao. Gesandter u. bevollm. Min. nach Belgrad, Jan. 1954 ao. u. bevollm. Botschafter; Okt. 1959 nach Wien, Chef Politische Sektion des BMfAA, daneben Berater der Arbeiterbank in Fragen der wirtschaftl. ZusArb. mit Entwicklungsländern, ab 1963 Chef Administrative Sektion des BMfAA. Juli 1964-Okt. 1970 ao. u. bevollm. Botschafter in Moskau, anschl. GenSekr. des BMfAA, daneben HonProf. für internat. Beziehungen Univ. Wien. – *Ausz.:* u.a. Commandeur Légion d'honneur, Gr. BVK mit Stern.
W: u.a. Die Beziehungen zwischen Ost und West. 1971; Diplomatie zwischen Ost und West (mit Briefwechsel Karl Renner - Walter Wodak). 1976. *L:* Scheu, Friedrich, Der Weg ins Ungewisse. 1972; Neugebauer, Bauvolk; Maimann, Politik.
Qu: Arch. Hand. Publ. Z. - IfZ.

Wohl, Heinz Otto Emil, Diplomat, Unternehmensleiter; geb. 26. Apr. 1914 Frankfurt/M.; kath.; *V:* Emil Carl Joseph (geb. 1882 Wien); *M:* Alice, geb. Urach (geb. 1890 Teplitz-Schönau/ Nordböhmen); ∞ Dr. jur. Maud Helen Warendorf (geb. 1912 Surabaja/Java); *K:* 3 T; *StA:* österr., 1946 NL. *Weg:* 1938 NL.
Nach höherer Schule kaufm. Lehre. Ab Juni 1938 in Holland, Chef der Abt. Migration u. Statistik des *International Catholic Office for Refugee Affairs* in Utrecht (internat. Koordinationsstelle für kath. Flüchtlinge, die mit dem Hohen Kommissariat des Völkerbundes für Flüchtlingswesen zusammenarbeitete). ZusArb. mit *Service National Autrichien* in Paris (→ Martin Fuchs). Nach dt. Besetzung der Niederlande ZusArb. mit holländ. Widerstandsbewegung, Febr. 1942 Verhaftung, bis Aug. 1943 KL Westerbork. Anschl. erneut in holländ. Widerstandsbewegung, Ltr. des sog. Delta-Büros, Mitarb. beim Vertrieb illeg.Ztg., u.a. *Vrij Nederland, Het Parool, De Typhoon,* u. bei Beschaffung von Waffen u. Nachrichtenübermittlung, Deckn. van Zuylen u. Drikus. Mai-Nov. 1945 im Dienst der Niederländischen MilReg. Verfolgung flüchtiger Kriegsverbrecher, Verbindungsoffz. zu Canadian Field Security Section/War Crime Investigation. Ab Dez. 1945 im Wirtschaftsnachrichtendienst des Handelsmin. Im Haag, ab Okt. 1946 Adjunkt-Handelssekr. bei niederländ. Gesandtschaft in Bern. Erhielt Okt. 1946 aufgrund seiner Verdienste die niederländ. Staatsangehörigkeit. Aug. 1950 Ausscheiden aus dipl. Dienst, Dir. N.V. Interconsult (internat. Berater-Unternehmen für Projekte in Entwicklungsländern). Ab 1961 Dir. *Nederlandse Organisatie voor Internationaale Bijstand* (niederländ. Entwicklungshilfe-Org.) Im Haag. LtgMitgl. *Regional Conference on International Voluntary Service* (Brüssel), Mitgl. u.a. niederländ. Deleg. bei FAO Rom, Mitgl. *Regional Science Assn.* Philadelphia, *Soc. for International Development* Washington/D.C. Lebte 1965 Im Haag u. in Vorschooten/NL.
Qu: Arch. - IfZ.

Wolf, Albert, Dr. phil., Rabbiner; geb. 1890 Buchen/Baden, gest. 1951 Chicago; *V:* Jacob W. (gest. 1919 Buchen), jüd.; *M:* Minna (gest. 1921 Buchen), jüd.; *G:* 1 B, 3 S, 1 S umgek. 1941 im Lager Gurs/F; ∞ 1919 Emmy Wolf (geb. 1893 Frankfurt/ M.), jüd., 1939 Emigr. GB, 1940 USA, Büroangest.; *K:* Margot David (geb. 1921), 1939 Emigr. GB, 1942 USA; Henry (Heinz) (geb. 1923), 1939 Emigr. NL, GB, 1940 USA, M.A., ltd. kaufm. Angest.; Walter (geb. 1923), 1939 Emigr. GB, 1940 USA, M.A., Börsenmakler. *Weg:* 1939 GB, 1940 USA.
1909-21 Stud. Jüd.-Theol. Seminar u. Univ. Breslau, Rabbinerexamen, 1920-39 Rabbiner in Dresden. Nov. 1938 KL Buchenwald, Febr. 1939 Emigr. GB, Unterstützung durch Flüchtlingsorg.; 1940 in die USA, 1940-41 Rabbiner einer Reformgde. in Madison/Wisc., 1941-45 Rabbiner in Olympia/ Wash., 1945-51 Rabbiner Hyde Park Liberal Congr. Chicago.
Qu: Hand. Pers. Publ. - RFJI.

Wolf, Alfred, Ph.D., Rabbiner, Hochschullehrer, Verbandsfunktionär; geb. 7. Okt. 1915 Eberbach/Baden; *V:* Hermann W. (geb. 1884 Klingen/Hessen, gest. 1974 Los Angeles), Kaufm., Mitgl. DDP, Vorst. jüd. Gde., Mitgl. CV, Kriegsteiln., Mitgl. R.j.F., 1940 Dep. Lager Gurs/F, Dez. 1941 Emigr. USA über Casablanca; *M:* Regine, geb. Levy (geb. 1888 Hoengen/ Rheinl.), jüd., 1941 Dep. KL Gurs/F, Dez. 1941 Emigr. USA über Casablanca; *G:* keine, ∞ 1940 Miriam Jean Office (geb. 1916 Dayton/O.), jüd., Buchhalterin; *K:* David Benjamin (geb. 1942), B.Sc., M.A. Wirtschaftswiss. Univ. Calif. Berkeley, Marktforscher, später Doz. Mission Coll. Los Angeles; Judith Claire (geb. 1945), B.A., Lehrerin; Dan Leon (geb. 1950), Red. bei NBC-TV; *StA:* deutsch, USA. *Weg:* 1935 USA, 1937 Deutschland, USA.

1933-35 jüd. Jugendführer in Heidelberg, 1935 Abitur, Ausschluß vom Stud., 1935 Stud. L(H)WJ Berlin, Emigr. USA mit StudVisum. 1935-41 Stud. H.U.C. mit *B'nai B'rith*-Stipendium, 1941 MHL, Rabbinerexamen; gleichz. 1935-37 Stud. Univ. Cincinnati, 1937 B.A., 1937 Rückkehr nach Deutschland, 1937 endgültige Emigr. USA mit Einwanderungsvisum. 1941-46 Rabbiner in Dothan/Ala., 1943-46 Bezirksdir. *Union Am. Hebr. Congr.* für Ala., Ga., Fla., 1946-49 ihr Dir. für die Weststaaten mit Sitz in Los Angeles; Mitwirkung am Aufbau jüd. Reform-Tempel an der Westküste, ab 1949 Rabbiner Wilshire Boulevard Temple Los Angeles, daneben 1955-69 Doz. für ReligWiss. Univ. South California, 1963-65 u. 1974 H.U.C. Los Angeles, 1966-74 Adjunct Prof. Loyola Univ., 1967 Doz. Chapman Coll., gleichz. Stud., 1961 Ph.D. Univ. South California. Mitgl., 1951-53 Sekr., 1953 Dir. u. Präs. *Board of Rabbis for Southern California*; ab 1953 Vors. Jugend-Konferenz der *Western Assn. of Reform Rabbis*; 1959-60 Vors. u. Dir. *Assn. Liberal Rabb. Southern Calif.*; 1969-70 Vors. u. Dir. *Pacific Assn. Liberal Rabbis*, Dir. CCAR, ab 1975 Schatzmeister CCAR u. Vors. *Committee of Interreligious Activities*, 1970 Gr. u. Vors. *Interreligious Council of Southern California*, Dir. der *Nathan Strauss Isr. Assn.*; Dir. der *Nat. Conference of Christians and Jews for Southern California*; 1950-53 VorstMitgl. des Büros für jüd. Erziehung in Los Angeles. 1953-54 im VorstAusschuß der *United Jew. Welfare Funds*, 1972 Kuratoriumsmitgl. H.U.C., *Am. Jew. Hist. Assn., Am. Acad. for Religion, B'nai B'rith*. Lebte 1977 in Los Angeles. - *Ausz.:* 1965 Ehrung als jüd. Pädagoge durch *Western Assn. of Temple Educators*. 1966 D.D.h.c. des H.U.C.

W: u.a. Our Jewish Heritage (Mitverf.). 1957; The Torah Ritual in Rabbinic Judaism (Diss.). 1961. *D:* American Jew. Arch. Cincinnati/O. *Qu:* Arch. Fb. Hand. Z. - RFJI.

Wolf, Benedikt (Benny) **Pinchas,** Dr. phil., Rabbiner; geb. 1. März 1875 Köln, gest. 1967 Petaḥ Tikvah/IL; *V:* Zeev W. (geb. Deutschland), jüd., Stud. Deutschland u. N, 1861 Gr. u. Ltr. Talmud-Thora-Schule in Köln; *M:* Rechle, geb. Levison (geb. Amsterdam); *G:* Aharon; Eliezer; 1 S; ∞ Hindel Auerbach, Emigr. Pal., Präs. *Bikkur Ḥolim* (Org. für Betreuung von Kranken in Petaḥ Tikvah); *K:* Zeev (gest. 1966). *Weg:* 1936 Pal.

Stud. Rabbinerseminar Berlin, Examen, Privatstud. bei Rabbiner Aviezri Auerbach in Halberstadt; Stud. Philosophie u. Orientalistik Berlin; Lehrer an der Samson-Raphael-Hirsch-Schule in Frankfurt/M.; 1900-36 Rabbiner beim *Verein zur Förderung des Studiums des jüdischen Religionsgesetzes* in Köln u. Ltr. der Talmud-Thora-Schule der SynGde. Köln; 1902 Gr. der *Vereinigung zur Wahrung der jüdischen Interessen des Rheinlandes* (Betreuung von 52 Kleingden.). Organisierte im 1. WK die Versorgung jüd. Soldaten an der West-Front mit koscheren Lebensmitteln. Nach 1918 mit anderen Rabbinern Betreuung der neuen Gden. osteurop. Einwanderer im Rheinland. Hg. *Volksfreund* (monatl. Beilage der Zs. *Der Israelit, Ein Zentralorgan für das orthodoxe Judentum*, Frankfurt), Gr. Bibliothek des *Volksfreunds*, Hg. relig. Broschüren u. Kommentare, Mitgr. u. VorstVors. des Jawne-Realgymn. der SynGde. Köln; Org. u. VorstMitgl. von *Kashrut* (Komitee der *Vereinigung traditionell-gesetzestreuer Rabbiner Deutschlands* zur rituellen Kontrolle der Lebensmittel). Jan. 1936 Emigr. Palästina; ab 1936 Rabbiner der dt.-jüd. Einwanderergde. Mekor Ḥayyim in Petaḥ Tikvah; Gr. des Naḥalat-Zeev-Stud.-Zentrums in Petaḥ Tikvah.

W: Die Vorschriften für die Trauerzeit. 1910; Die Speisegesetze. 191(?); Das Buch Samuel. 1923; Übersetzung und Bemerkungen zum Pentateuch. 1929; Diyyukim al haTorah (Anmerkungen zum Pentateuch. 1957; Der Verein zur Wahrung der religiösen Interessen des Judentums in Westfalen (Mitverf.). In: Mayer, H.C. (Hg.), Aus Geschichte und Leben der Juden in Westfalen. 1962; Wolf, Z.E. (Hg.), Bet Pinḥas: Ḥidushei Halakhah (Das Haus des Pinḥas. Fortschritte im Ritualgesetz). 1968. *L:* Asaria, Juden in Köln. *Qu:* Publ. Z. - RFJI.

Wolf, Christian, Parteifunktionär; geb. 11. Apr. 1904; *StA:* deutsch, 22. Dez. 1938 Ausbürg., deutsch. *Weg:* 1936 CH, E; 1939 CH; 1945 (?) Deutschland (SBZ).

KPD-Funktionär. 1936 Emigr. in die Schweiz, aufgrund illeg. Aufenthaltes Okt. gleichen Jahres ausgewiesen; Teiln. Span. Bürgerkrieg, Offz.; 1939 illeg. Rückkehr in die Schweiz, Parteiarbeit, Mitarb. illeg. KPD-Organ *Süddeutsche Volksstimme*, nach Kriegsausbruch führende Funktion in der neugebildeten Abschnittsltg. Süd; Dez. 1941 erneut verhaftet u. wegen Landverweisungsbruches zu 6 Mon. Gef. verurteilt; Internierung im Lager Bassecourt; Teiln. 1. u. 2. Konf. der KPD-Org. in der Schweiz 14. Jan. u. 24.-25. März 1945 in Zürich zur Vorbereitung des Einsatzes in Deutschland; nach Kriegsende Vors. Kommission zur Repatriierung von KPD-Kadern, nach Rückkehr der Parteiltg. nach Deutschland mit Wolfgang Langhoff, → Paul Meuter u. → Rudi Singer zu deren Vertr. in der Schweiz bestimmt; Juni 1945 erneut aus der Schweiz ausgewiesen. - *Ausz.:* Hans-Beimler-Medaille.

L: Teubner, Schweiz. *Qu:* Publ. Z. - IfZ.

Wolf, Franz Benjamin, Dr. rer. pol., Journalist, Wirtschaftsexperte; geb. 15. Juni 1900 Stuttgart; jüd.; *V:* Sali W. (geb. 1875 Ockenheim/Rheinhessen, gest. 1967 USA), jüd., Kaufm., 1936 Emigr. USA, im 2. WK Fabrikarbeiter; *M:* Lina, geb. Halle (geb. 1874 Hardheim/Baden, gest. 1957 USA), jüd.; *G:* Sophie W. Sichel (geb. 1902 Stuttgart, gest. 1941 USA), jüd., 1936 Emigr. USA; ∞ 1924 Ilse Nathan (geb. 1900 Krakow/Mecklenburg, gest. 1977 Washington/D.C.), jüd., Stud. Med. Freiburg, München u. Kiel, 1936 Emigr. USA; *K:* Dorothy Ettlinger (geb. 1926), 1936 Emigr. USA, M.S.W. Columbia Univ., Ltr. einer ReligSchule; Hans A. (geb. 1928), 1936 Emigr. USA, B.A. Harvard Univ., B. Phil. Oxford Univ., M.B.A. Harvard Univ., Unternehmensltr.; Robert A. (geb. 1931), 1936 Emigr. USA, B.A. u. M.B.A. Harvard Univ., Unternehmensltr.; *StA:* deutsch, 1943 USA. *Weg:* 1936 USA.

1918 Kriegsdienst, 1918-22 Stud. Heidelberg u. Freiburg, Prom. Freiburg; Jugendführer *Kameraden*; 1922 Assist. des Dir. des Württemberg. Städtetages, dann Archivltr. bei Stuttgarter Zweigstelle der Dresdner Bank. 1925-36 RedMitgl. *Frankfurter Zeitung*. 1922-36 Mitgl. *Verein für Sozialpolitik, 1925-36* Mitgl. *Reichsverband der deutschen Presse*. 1926-31 Mitgl. der Repräsentantenvers. u. 1932-36 VorstMitgl. der jüd. Gde. Frankfurt, 1929-35 Beiratsmitgl. der *Jew. Agency in Deutschland*, 1933-36 Mitgl. *Reichsvertretung*. 1935 Aufhebung der zeitw. Arbeitserlaubnis für jüd. Journ. nach Ablauf einer auf 1 J. befristeten Verlängerung, 1936 Emigr. USA. 1936-40 Wirtschaftsfachmann u. Statistiker bei Investment-Bank Bear, Stearns & Co. New York; 1941-43 RedMitgl. *Journal of Commerce* New York u. Washington. 1943-50 ltd. Red. bei Research Inst. of Am., 1943-47 in der Abt. War Control Services u. 1947-50 für Labor Relations Publications; 1951-53 Dir. für Forschung u. Statistik, später Berater im Büro für Preisstabilisierung Washington/D.C.; 1954-60 Senior Associate, 1960-70 Vizepräs. u. Teilh., ab 1970 AR-Mitgl. u. Berater Robert A. Nathan Associates Inc. Washington/D.C., 1970-75 wirtschaftl. Berater der Weltbank. Ps. Horace Endemic. Mitgl. *Am. Econ. Assn., Soc. for Internat. Development, Nat. Planning Assn., Acad. of Pol. Science;* aktiv in jüd. Org. Lebte 1977 in Washington/D.C.

Qu: Fb. Hand. - RFJI.

Wolf, Friedrich, Dr. med., Schriftsteller, Diplomat; geb. 23. Dez. 1888 Neuwied/Rheinl., gest. 5. Okt. 1953 Lehnitz b. Berlin; *V:* Kaufm.; ∞ Else, geb. Dreibholz (geb. 20. 5. 1898 Remscheid), 1933 Emigr. S, F, UdSSR, 24. 4. 1937 Ausbürg., nach 1945 Deutschland (SBZ), A: DDR; *K:* → Markus Johannes Wolf; Konrad (geb. 1925), Regisseur, 1933 Emigr. CH, F, 1934 UdSSR, 24. 4. 1937 Ausbürg., 1942-48 Angehöriger Rote Armee, 1949-54 Stud. Filmhochschule Moskau, Präs. Dt. Akademie der Künste in Berlin (Ost); *StA:* deutsch, 13. Juni 1935 Ausbürg., deutsch. *Weg:* 1933 Österr., CH, F, UdSSR; 1935 USA; 1938 F; 1941 UdSSR; 1945 Deutschland (SBZ).

1907-12 Stud. Medizin, Kunstgesch. u. Philosophie Heidelberg, München, Tübingen, Bonn u. Berlin, 1912 Assistenzarzt in Meißen u. Dresden, 1913 Prom. Bonn; danach Schiffsarzt, 1914-18 Teiln. 1. WK. als Truppenarzt. Apr. 1918 Kriegsdienstverweigerung, 1918 Mitgl. *Zentraler Arbeiter- und Soldatenrat Sachsens* in Dresden, Mitgl. USPD u. Mitgr. *Sozialistische Gruppe der Geistesarbeiter* Dresden, 1920 Stadtarzt Remscheid, Teiln. an Niederschlagung des Kapp-Putsches, kurzfristig in Heinrich Vogelers Siedlungsgemeinschaft Barkenhoff b. Worpswede. 1921 Landarzt in Hechingen, 1926 in Höllsteig/ Bodensee, 1927 Kassenarzt in Stuttgart; 1928 KPD u. *Bund proletarisch-revolutionärer Schriftsteller*, Mitarb. in proletar.-revol. Kulturorg., u.a. *Arbeiter-Theater-Bund Deutschlands*; 1931 Verhaftung wegen angebl. Verstoßes gegen § 218; Reise in die UdSSR, Arbeit für AgitpropWesen der KPD, u.a. 1932-33 Ltr. Spieltrupp Südwest Stuttgart; 1933 Emigr. über Österr. u. Schweiz nach Frankr. u. UdSSR, 1935-36 Vortragsreisen in die USA (Teiln. 1. Amerikanischer Schriftstellerkongreß) u. nach Skandinavien, 1938 nach Frankr. (Sanary-sur-Mer, Paris), 1939 Internierung Le Vernet; 1941 UdSSR; seit dt. Angriff auf die UdSSR anti-natsoz. Propagandaarb., Juli 1943 Mitgr. NKFD, 1943-44 Lehrer in einem KriegsgefLager, 1945 Rückkehr nach Deutschland (SBZ). 1946 Mitgr. DEFA, 1948 Vors. *Bund Deutscher Volksbühnen*. 1950-51 erster Botschafter der DDR in Polen, 1950 Mitgl. Deutsche Akademie der Künste Berlin (Ost). - Wolf war anfänglich Expressionist u. schrieb dann realist. Erzählungen u. sozialkrit. Dramen. Welterfolg hatte sein Schauspiel über die natsoz. Judenverfolgung *Professor Mamlock* (in zahlr. Sprachen übers., in der UdSSR verfilmt). Mitarb. am kulturellen Wiederaufbau (Rundfunk, Theater, Verlage) in der SBZ bzw. DDR.

W: u.a. Kolonne Hund. Ein Schauspiel. 1927; Cyankali. § 218. 1929; Die Matrosen von Cattaro. Ein Schauspiel. 1930; Doktor Mamlocks Ausweg. Tragödie der westlichen Demokratie. Moskau, Leningrad (Verlagsgenossenschaft ausländischer Arbeiter in der UdSSR) 1935 (später unter dem Titel: Professor Mamlock); Floridsdorf. Ein Schauspiel von den Februarkämpfen der Wiener Arbeiter. Ebd. 1935; Das trojanische Pferd. Ein Stück vom Kampf der Jugend in Deutschland. Ebd. 1937; Beaumarchais oder die Geburt des „Figaro". Drama in 11 Bildern. Moskau (Meždunarodnaja Kniga) 1941; Ausgewählte Werke in Einzelausgaben. 14 Bde. 1953-60; Gesammelte Werke in sechzehn Bänden (Hg.: Wolf, Else/Pollatschek, Walther), 1960-67; Briefe. Eine Auswahl. 1969. *L*: u.a. Mehnert, Günter, Das Bühnenwerk Friedrich Wolfs in den Jahren 1933-1939 als Widerspiegelung und Bestandteil des Kampfes der KPD um die Volksfront. Diss. phil. Berlin, Parteihochschule Karl Marx, 1964; Jehser, Werner, Friedrich Wolf. Sein Leben und Werk. 1968; LSDL; Pollatschek, Walther, Friedrich Wolf. Sein Leben und Schaffen. 1974; LDSL. *D*: Akad. der Künste der DDR. *Qu*: Biogr. Hand. - IfZ.

Wolf, Hanna, Parteifunktionärin, Soziologin; geb. 4. Febr. 1908; *StA*: deutsch, UdSSR, deutsch. *Weg*: 1933 UdSSR; 1947 Deutschland (Berlin).

Bürgerl. Herkunft, Stud. Phil. u. Gesch. Berlin, Lehrerin; 1922 KJVD, 1930 KPD. Nach natsoz. Machtübernahme Emigr. in die UdSSR, Erwerb der sowj. Staatsbürgerschaft, wiss. Tätigkeit, 1942-47 Lehrerin an der Zentralschule für dt. Kriegsgef. in Krasnogorsk. 1947 Rückkehr nach Berlin, persönl. Ref. des Ltr. der Deutschen Zentralverwaltung für Volksbildung → Paul Wandel, 1949 Ltr. Konsultativbüro für Geschichte der KPdSU in der Abt. Parteischulung des PV der SED, ab 1950 Dir. SED-Parteihochschule Karl Marx, ab 4. PT 1954 Kand. u. ab 5. PT 1958 Mitgl. ZK der SED; ab 1954 Mitgl. wiss. Rat bei Museum für Deutsche Geschichte Berlin (Ost) u. bis 1977 Mitgl. RedKollegium des theoret. SED-Organs *Einheit*; Mitgl. Präsidium *Gesellschaft zur Verbreitung wissenschaftlicher Kenntnisse* u. Mitgl. Hoch- und Fachschulrat der DDR. Gehörte dem RedKollektiv der Zs. *Geschichte der deutschen Arbeiterbewegung* an. Lebte 1978 in Berlin (Ost). - *Ausz.*: Prof.-Titel, 1958 VVO (Silber) u. Med. für Kämpfer gegen den Faschismus 1933-1945, 1964 Clara-Zetkin-Med., 1965 Karl-Marx-Orden, 1968 VVO (Gold), 1970 Orden des Vaterländ. Krieges 1. Grades (UdSSR), 1978 Karl-Marx-Orden.

L: Gast, Gabriele, Die politische Rolle der Frau in der DDR. 1973; Albrecht, B. u. G. (Hg.), Diagnosen. Ärzteerinnerungen aus dem 20. Jahrhundert. 1974. *Qu*: Arch. Hand. Publ. Z. - IfZ.

Wolf, Lore (Eleonore), geb. Winkler, Parteifunktionärin, Publizistin; geb. 11. März 1900 Sommerhausen/Unterfr.; o.K.; *V*: Andreas Winkler, Weber, Mitgl. SPD u. Gew.; *M*: Justine; ∞ 1923 Hans Wolf (1899-1963), Autosattler, KPD, nach 1933 illeg. Tätigkeit in Frankfurt/M., 1934 Festnahme u. Prozeß, nach Strafverbüßung Ende 1936 mit Tochter Emigr. CH; *K*: Hannelore (geb. 1925); *StA*: deutsch, 23. Aug. 1940 Ausbürg., deutsch. *Weg*: 1934 Saargeb.; 1935 F; 1936 CH; 1937 F; 1940 Deutschland.

VerwAngestellte in Frankfurt/M.; 1929 aus wirtschaftl. Gründen Ausw. in die UdSSR, 1932-33 Sekr. Autofabrik Gor'kij in Nižnij Novgorod/UdSSR. Apr. 1933 Rückkehr nach Deutschland. Mitgl. KPD, bis 1934 Mitgl. illeg. BezLtg. *Rote Hilfe* Hessen. Aug. 1934 Flucht ins Saargeb., nach der Saarabstimmung Jan. 1935 Emigr. nach Frankr., zuerst in Forbach/Lothr., dann Paris; illeg. Tätigkeit vor allem für *Rote Hilfe*; 1936 in die Schweiz, mit → Otto Brenzel u. Paul Bannasch Ltr. *Rote Hilfe*; 1937 deshalb verhaftet u. nach Frankr. ausgewiesen; illeg. Grenzarb. in Forbach, dann Kuriertätigkeit für ZK der KPD in Paris, Deckn. Colette, Lene; nach Kriegsausbruch u. Besetzung Frankreichs Propagandatätigkeit unter dt. Truppen, in Paris Anschluß an Résistance; 28. Aug. 1940 aufgrund von Denunziation durch Gestapo verhaftet u. nach Deutschland gebracht; 18. Juni 1941 VGH-Urteil 12 J. Zuchth., Haft in Zuchth. Ziegenhain b. Kassel u. Moabit, zuletzt Hamburg-Fuhlsbüttel; 1945 nach Befreiung Rückkehr nach Frankfurt/ M., Angest. der Stadtverw.; 1947-50 Mitgl. KPD-Landesvorst. Hessen; bis 1965 Kreisdeleg. Frankfurt in der Gew. ÖTV, 1947 Mitgl. Verfassunggebende Versammlung Hessen; ab 1947 Mitgl. Landesvorst. Hessen VVN; publizist. tätig, u.a. Mitarb. *Arbeiter-Zeitung* Düsseldorf, *Die Tat* u. *Deutsche Volkszeitung*. 1965 Ruhestand, Mitgl. DKP. Lebte 1975 in Frankfurt/M.

W: Ein Leben ist viel zu wenig. 1974. *L*: Pech, Résistance; Teubner, Schweiz. *Qu*: Erinn. Fb. Publ. - IfZ.

Wolf, Markus (Mischa) Johannes, Staatsfunktionär; geb. 19. Jan. 1923 Hechingen/Hohenzollern; *V*: → Friedrich Wolf; ∞ 1945 Emmi Stenzer, Tochter eines MdR der KPD (nach 1933 in Deutschland ermordet), Emigr. UdSSR, unter Ps. Emmi Stern Stud. *Komintern*-Schule in Kušnarenkovo; 1945 Rückkehr nach Deutschland (SBZ); *K*: Michael (geb. 1946); *StA*: deutsch, 24. Apr. 1937 Ausbürg., UdSSR u. deutsch. *Weg*: 1933 CH, F; 1934 UdSSR; 1945 Deutschland (SBZ).

Schulbesuch in Stuttgart, 1933 mit den Eltern Emigr. in die Schweiz u. nach Frankr., 1934 in die UdSSR; Besuch der Karl-Liebknecht-Schule, dann Hochschule für Flugzeugbau in Moskau bzw. nach Evakuierung in Alma Ata, 1942-43 unter dem Deckn. Förster Besuch *Komintern*-Schule Kušnarenkovo, danach Eintritt in die Rote Armee, 1944 Ausbildung für Einsatz in Deutschland; gegen Kriegsende nachrichtendienstlich in China tätig, Oberlt. der Roten Armee. 19. Apr. 1945 Rückkehr nach Berlin als Mitgl. der Gruppe → Walter Ulbricht, 1945-49 sowj. Kontrolloffz. u. außenpol. Kommentator *Berliner Rundfunk*, Ps. Michael Storm; 1945-46 Sonderkorrespondent bei Kriegsverbrecher-Prozeß in Nürnberg, 1949-51 1. Rat bei der DDR-Mission in der UdSSR, danach Mitarb. beim Aufbau der operativen Abt. des DDR-Nachrichtendienstes im Rahmen des Instituts für wirtschaftswissenschaftliche Forschung u. später des MfS, 1955 GenMajor, ab 1956 Ltr. Hauptverw. Aufklärung im MfS, später stellv. Min. für Staatssicherheit, 1966 GenLt. - *Ausz.*: u.a. 1955 VVO (Silber), 1969 VVO (Gold), 1970 Orden des Vaterländ. Krieges 2. Grades (UdSSR), 1975 Lenin-Orden (UdSSR).

L: Leonhard, Revolution. *Qu*: Hand. Publ. Z. - IfZ.

832 Wolf

Wolf, Sándor (Alexander), Kaufmann; geb. 21. Nov. 1871 Eisenstadt/Westungarn, gest. 2. Jan. 1946 Haifa; jüd.; *V:* Ignaz W., Weingroßhändler in Eisenstadt; *M:* Minna, geb. Gomperz; *G:* 1 S. *Weg:* 1938 Pal.

Besitzer der Weingroßhandlung Leopold Wolf Söhne in Eisenstadt mit Filialen u.a. in Budapest u. Triest, größte Weinhandlung in Österr.-Ungarn. Bekanntschaft mit Theodor Herzl, der im väterl. Haus verkehrte, Mitbegr. *Zionistische Bewegung.* Nach 1. WK Befürworter des Anschlusses des damaligen Westungarn an Österr.; Kunstmäzen u. Archäologe, baute eine große Sammlung von Grabungsfunden, Altertümern, histor. Gebrauchsgegenständen u. Kunstwerken auf. 1938 nach dem Anschluß Österreichs Emigr. Palästina; starb kurz vor geplanter Rückkehr nach Eisenstadt. Die Sammlung Wolf bildet einen wesentl. Bestandteil des Burgenländischen Landesmuseums, das im Haus der Familie Wolf im ehem. jüdischen Ghetto von Eisenstadt untergebracht ist, sowie des 1978 neu errichteten Österreichischen Jüdischen Museums in Eisenstadt. Franz Werfel zeichnete W. in seinem Roman *Cella* in der Gestalt des Jacques Weil nach.

Qu: Arch. Z. – IfZ.

Wolfes, Richard, Unternehmensleiter; geb. 16. Mai 1875 Hannover, gest. 1. Nov. 1959 Buenos Aires; jüd.; *V:* Hermann W. (geb. 1832 Mehle, gest. 1886 Hannover), jüd., Kaufm.; *M:* Sophie, geb. Lilienfeld (geb. 1841 Hessisch-Oldendorf, gest. 1916 Hannover), jüd.; *G:* 10 B, 2 S, u.a. David (geb. 1862 Elze, gest. 1928 Hamburg); Martha Herzfeld (geb. 1871 Hess.-Oldendorf, Freitod bei Dep. der Fam.); Hans (geb. 1876 Hannover), 1938 KL Buchenwald, Emigr. Lux., 1941 Argent.; Ernst, Emigr. USA; ∞ 1910 Annie Käthe Kreutzberger (geb. 1890 Breslau), jüd., Lyzeum, Nov. 1938 Emigr. Argent. über F; *K:* Hella Marianne Hahn (geb. 1911 Breslau), Stud., Sept. 1933 Emigr. Rum., 1938 Argent.; Konrad Hermann (geb. 1913 Breslau), Ing., 1933 Emigr. CH, B, 1936 Argent.; Ulrich Hans (geb. 1917 Breslau), Kaufm., 1935 Emigr. N-Irland, 1936 Argent.; *StA:* deutsch, Ausbürg., 1952 deutsch. *Weg:* 1938 Argent.

Stud. Maschinenbau u. Elektrotechnik TH Hannover, Dipl.-Ing., Volontär im Eisenwerk Wülfel Hannover, Ing. Elektrizitätswerke Hannover u. Breslau, anschl. Siemens & Halske AG Berlin u. Linke-Hofmann-Werke Breslau; Gr. u. 1909-23 VorstMitgl. Elektrizitätswerk Schlesien AG Breslau, Aufbau der Kraftwerke Tschechnitz, Waldenburg und Mölke; 1924-29 Dir. Gesfürel (Ges. für elektrische Unternehmungen) Berlin, 1919-33 nach Fusion mit Ludwig Loewe AG Berlin VorstMitgl.; Ende der 20er Jahre VorstMitgl. Berliner Kraft- u. Licht-AG, Sanierung mit finanz. Hilfe von Société Financière des Transports et d'Entreprises Industrielles S.A. (Sofina) Brüssel u. Gesfürel-Loewe AG, VorstMitgl., stellv. VorstMitgl. u. AR-Mitgl. zahlr. Elektrizitätswerke u. Industrieunternehmen. Mitgl. u.a. *Resource, Club von 1880.* 1933 aller Ämter enthoben, bis 1938 Reisen in Europa u. nach Argentinien, Juni 1938 Paßeinzug; 3. Nov. 1938 Emigr. Argentinien über Paris mit „Orientierungspaß", Nov. 1938 Vermögensbeschlagnahme in Deutschland. Als Berater für Elektrizitätswerke u. kleinere Fabriken tätig, u.a. bei Projekt zur Wasserkraftnutzung des Salto Grande für Cia. Argentina de Electricidad u. argent. Reg., Studien zur Elektrizitätsversorgung für Zucker- u. Textilfabrikation. Mitgl. *Asociación Filantropica Israelita.* – *Ausz.:* 1923 Dr.-Ing. h.c. TH Breslau.

D: LBI New York. *Qu:* Arch. Hand. Pers. – RFJI.

Wolff, Egon, Kaufmann, Publizist; geb. 28. Juli 1910 Budsin/Posen; jüd.; ∞ 1934 Frieda Paliwoda (geb. 1911 Berlin), Stud. Berlin, ehrenamtl. in jüd. Fürsorgearbeit tätig. 1935 Emigr. CSR, 1936 Bras., mit Ehemann Verf. von Büchern über Gesch. der Juden in Bras.; *StA:* deutsch, Bras. *Weg:* 1935 CSR; 1936 Bras.

1930-33 Stud. Rechtswiss. Berlin, Mitgl. K.C.; Dez. 1935 illeg. in die CSR, Febr. 1936 Emigr. Brasilien mit Ehefrau. 1937-69 Importeur für optische Geräte. 1961-63 Schatzmeister, 1963-65 u. 1966-67 Präs. *Sociedade Beneficiente Israelita* Rio de Janeiro. Ab 1967 Forschungsarbeiten zur Gesch. der Juden in Brasilien u. Verf. mehrerer Bücher. Mitgl. *Arquivo Historico Judaico Brasileiro* São Paulo u. Mitgl. *Am. Jew. Hist. Soc.* Waltham/Mass. Lebte 1978 in Rio de Janeiro.

W: Judeus no Brasil Imperial (Mitverf.). 1975; Sepulturas des Israelitas (Mitverf.). 1976; Vida e Destino dos Signatoarios de Recife (Mitverf.). 1976; zahlr. Art. zur Gesch. der Juden in Bras. in *Aonde Vamos. Qu:* Fb. Pers. Publ. – RFJI.

Wolff, Emmy, Dr. rer. pol., Sozialpädagogin; geb. 25. Dez. 1890 Bernburg/Anhalt, gest. Sept. 1969 Hindhead/Surrey, GB; jüd.; *G:* 3; ∞ led.; *StA:* deutsch. *Weg:* 1935 GB.

1915-18 Hochschule für Frauen, Leipzig, dann Stud. Sozialwiss. München u. Frankfurt/M., 1922 Dipl. für Sozial- u. Verw-Beamte, 1924 Prom. Frankfurt. Ab 1925 Lehrerin bei *Verein Jugendheim* Berlin, daneben Doz. Deutsche Akademie für soziale und pädagogische Frauenarbeit u. ab 1927 Geschäftsf. *Bund deutscher Frauenvereine,* Red. Zs. *Die Frau.* 1935 Emigr. GB, bis 1959 Lehrerin für dt. Sprache u. Lit. Stoatley Rough School in Haslemere/Surrey (→ Hildegard Gudilla Lion).

W: Jahrbuch Deutscher Frauenvereine (Hg.). 1927-29; Frauengenerationen in Bildern. 1929. *Qu:* EGL. – IfZ.

Wolff, Ernst Bernhard August, Dr. jur., Richter, Hochschullehrer; geb. 20. Nov. 1877 Berlin, gest. 11. Jan. 1959 Tübingen; ev.; *V:* Dr. med. Ernst W., Generalarzt; *M:* Therese, T von Eduard v. Simson, des Präs. der Frankfurter Nationalvers. u. des Reichsgerichts; *G:* Bernhard, Walter; ∞ Isa Reimer; *StA:* deutsch. *Weg:* 1939 GB; 1948 Deutschland (BBZ).

1895-98 Stud. Rechtswiss. Lausanne u. Berlin, 1898 Referendar, 1899 Prom., RA u. Notar in Berlin. Bis 1933 Vors. Anwaltskammer Berlin u. Vereinigung der deutschen Kammervorstände, stellv. Vors. Große juristische Prüfungskommission für das Assessorenexamen. 1935 Entzug des Notariats, 1938 Berufsverbot als RA. 1939 Emigr. London, Consultant Lawyer, Vors. mehrerer Vereinigungen emigr. Juristen, die Pläne für dt. Rechtsordnung nach dem Kriege, u.a. für Wiedergutmachungsgesetze, ausarbeiteten. Anfang 1948 Berufung zum Präs. des Obersten Gerichtshofs für die brit. Zone in Köln, ab 1950 Hon-Prof. für ausländ. u. internat. Recht Univ. Köln, 1950 Ltr. des Juristenausschusses für die Verhandlungen über den Schuman-Plan, 1950-57 Vors. der Kommission zur Reform des Zivilgerichtsverfahrens, 1951 Vors. 39. Deutscher Juristentag Stuttgart. – *Ausz.:* 1952 Gr. BVK mit Stern u. Schulterband.

W: u.a. Kommentar zum Versailler Vertrag. 1921; Eduard von Simson. 1929; Vorkriegsverträge in Friedensverhandlungen. 1929 (engl. Übers. 1946); Bürgerliches Recht und Prozeßrecht in Wechselwirkung. 1952. *Qu:* EGL. Hand. Z. – IfZ.

Wolff, Fritz, Graphiker, Verleger; geb. 9. Juli 1897 Graudenz/Westpr., gest. 1946 London; ∞ Else, Malerin, Emigr.; *StA:* deutsch. *Weg:* 1933 F, 1942 GB.

Stud. Rechtswiss.; 1917 USPD, 1920 KPD, ZdA, Mitgl. *Assoziation Revolutionärer Bildender Künstler Deutschlands* in Berlin. 1933 kurzfristig Mitgl. SAPD. 1933 Emigr. Paris, Hg. des von → Kurt Rosenfeld u. Sandor Radó gegr. KPD-nahen Informationsdiensts *Inpress,* VerwSekr. *Deutsche Kommission* unter → Hugo Simon, die sich um Schaffung eines Hilfsfonds durch Beiträge vermögender Emigranten bemühte. Zeichnungen u.a. für *Pariser Tageblatt* u. *Pariser Tageszeitung,* ZusArb. mit *Freier Künstlerbund* (*Union d'Artistes libres*). 1939-40 Hg. *Pariser Tageszeitung* (→ Georg Bernhard). Jan. 1942 nach GB, Sekr. des von SPD u. KPD Juli 1942 gemeinsam gegr. *Emergency Bureau for the Rescue of German Anti-Nazi Refugees* zur Unterstützung dt. Emigr. in Südfrankr.; ab 1943 Mitgl. FDB, Apr. 1944 Austritt aus Protest gegen Deutschlandpolitik der KPD, mit → August Weber u. → Victor Schiff Ablehnung der dt. Kollektivschuld in einem Brief an Edvard Beneš. 1946 Eintritt in SPD London.

L: Walter, Exilliteratur 2; Röder, Großbritannien; Langkau-Alex, Ursula, Deutsche Emigrationspresse. In: International Review of Social History 15/1970; *Qu:* Arch. Publ. – IfZ.

Wolff, Ilse R., geb. Zorek, Bibliothekarin, Verlegerin; geb. 25. März 1908 Glatz/Schlesien; jüd.; *V:* Rudolf Zorek (gef. 1917 an der Ostfront); *M:* Martha, geb. Noher (gest. 1953 London), 1939 Emigr. GB; *G:* Erich Z. (geb. 1906 Glatz), höhere Schule, Unternehmer, 1935 Emigr. GB; ∞ I. 1939-54 Ernst G. Lowenthal; II. → Oswald Wolff; *StA:* deutsch, 1946 brit. *Weg:* 1939 GB.

1924-26 Stud. Univ. u. Musikhochschule Berlin, Gruppenltr. *Deutsch-jüdische Jugendgemeinschaft*. Sekr. bei versch. Handelsges. u. Presseagenturen, 1933-38 VerwAngest. Abt. für Kapitalbeschaffung der *Reichsvertretung*. Apr. 1939 Emigr. GB, 1939-66 in der InfoAbt. *Jew. Central Information Office* (→ Alfred Wiener), zuletzt Chefbibliothekarin der Wiener Library u. Hg. von Bibliographien; 1967-68 freiberufl. Forschungstätigkeit, ab 1968 Geschäftsf. Verlag Oswald Wolff; Mitgl. *International PEN-Club* London. Lebte 1977 in London.

W: The Wiener Library Catalogue Series 1-4 (Hg.). London 1951-63. *L:* Frankel, J. (Hg.), The Jews of Austria. London 1967. *Qu:* Fb. Publ. - RFJI.

Wolff, Kurt August Paul, Verleger; geb. 3. März 1887 Bonn, gest. 21. Okt. 1963 Ludwigsburg (Marbach [?])/Württ.; ev.; *V:* Leonhard W. (geb. 1848 Halberstadt/Sa., gest. 1934 Bonn), ev., Prof. für Musik in Bonn, Dirigent; *M:* Maria, geb. Marx (geb. 1858 Bonn, gest. 1904), ev.; *G:* Else Grafe (geb. 1890 Bonn); ∞ I. 1909 Elisabeth Merck (geb. 1899 Darmstadt, gest. 1970 München), ev., 1931 gesch.; II. 1933 Helen Mosel (geb. 1906 Serbien), Stud. Frankfurt/M., 1941 Emigr. USA, Verlegerin in Deutschland, F u. USA; *K:* Maria Stadelmayer (geb. 1918 Darmstadt), A: Deutschland (BRD); Nikolaus (geb. 1921 München), 1948 Emigr. USA, Ph.D., Chemiker; Christian W. (geb. 1934), Ph.D., Philologe, Prof. am Dartmouth Coll.; *StA:* deutsch, 1946 USA. *Weg:* 1933 F; 1935 I; 1938 F; 1941 USA.

1906-07 Banklehre in São Paulo/Brasilien; Stud. Bonn, München, Marburg u. Leipzig. Ab 1908 Teilh. des Ernst Rowohlt-Verlags, übernahm den Verlag 1912 in Leipzig u. führte ihn 1913-30 als Kurt Wolff-Verlag weiter, ab 1919 in München; veröffentl. expressionist. Dichtung u. moderne Kunstbücher, u.a. Richard Huelsenbeck, Franz Kafka, Heinrich Mann, Else Lasker-Schüler, Walter Mehring, Erwin Panofsky, Kurt Pinthus, Ernst Toller, Fritz von Unruh, Franz Werfel u. Carl Zuckmayer. 1913 Gr. des Hyperion-Verlags, 1921 ZusSchluß mit dem Kurt Wolff-Verlag. 1916-18 Kriegsteiln. (Offz.). 1924 Gr. des Verlags Pantheon Casa Editrice S.A. Florenz, 1930 Verkauf an Pegasus Press Paris. 1929-32 in Frankr., März 1933 Emigr., bis 1935 in Nizza, 1935-38 in Florenz, 1938 Rückkehr nach Nizza u. Paris; 1939 u. 1940 Internierung. März 1941 Emigr. USA über Spanien. 1942 mit Curt von Faber du Faur u. dessen Stiefsohn Kyrill Schabert (amerikan. StA) Gr. des Verlags Pantheon Books New York, 1942-60 Executive Vicepres. u. Dir., ab 1944 mit dem franz. Emigranten Jacques Schiffrin als Teilh. u. Red. der franz. Abt.; veröffentlichte Kunstbücher u. illustr. Werke wie *Grimm's Fairy Tales*, *Arabian Nights* mit Illustrationen von Marc Chagall, sowie Lyrik, z.T. in engl.-dt. Ausgaben, u. Exillit.; Bestseller u.a. Boris Pasternaks *Doctor Zhivago* (1958). 1960 Verkauf an Random House New York. Ab 1959 in der Schweiz. Ab 1961 für Harcourt Brace and World, Inc. New York tätig (späterer Verlag Harcourt, Brace Jovanovich Inc.), dort Hg. der Helen and Kurt Wolff Books unter eigenem Impressum (eine Praxis, die im Verlagswesen eine Neuheit darstellte). Ab 1963 Fortführung der Serie durch Helen M. Wolff. Ehrenmitgl. der Deutschen Akademie für Sprache u. Dichtung Darmstadt. - *Ausz.:* 1960 Ehrenmed. des Deutschen Buchhandels.

W: Tausend Jahre deutsche Dichtung. 1949; Autoren, Bücher, Abenteuer. Betrachtungen und Erinnerungen eines Verlegers. 1965; Zeller, B. u. Otten, E. (Hg.), Briefwechsel eines Verlegers 1911-63. 1966. *L:* Pantheon Books Expands on First Anniversary. In: Publisher Weekly, 1944; Salzmann, K.H., Kurt Wolff, der Verleger. In: Börsenblatt für den Deutschen Buchhandel, 1958; Salzmann, K.H., Kurt Wolff, der Verleger. Ein Beitrag zur Verlags- und Literaturgeschichte. 1960; Scheffler, H. u. Neske, G., Kurt Wolff 1887-1963. 1963; Stern, Werke; Fermi, Immigrants; Göbel, W., Der Kurt Wolff Verlag. In: Buchhandelsgeschichte. 1975. *D:* Reinecke Rare Book and Manuscript Library, Yale Univ.; Pantheon Collection, Butler Library, Columbia Univ. *Qu:* EGL. Pers. Publ. Z. - RFJI.

Wolff, Leo (urspr. Leopold), Dr. jur., Richter; geb. 29. Juli 1870 Berlin, gest. 8. Nov. 1958 London; jüd.; *V:* Salomon W. (geb. 1838 Filehne/Posen, gest. 1905 Berlin), Kaufm.; *M:* Johanna, geb. Wolfsohn (geb. 1838 Tremessen/Posen, gest. 1900 Berlin), jüd.; *G:* Gertrude Steinitz (geb. 1872 Berlin, gest. 1939 Berlin); Albert (geb. 1876 Berlin, gest. 1879 Deutschland); ∞ 1904 Else Cohn (geb. 1876 Berlin, gest. 1953 London), jüd., Apr. 1939 Emigr. GB; *K:* Ulrich B. (geb. 1905 Berlin), Gymn., Import- u. Exportkaufm., 1939 Emigr. GB, USA; Dr. med. Gerald Wolfe (geb. 1908 Bochum/Westf.), Mai 1933 Emigr. GB; *StA:* deutsch, brit. *Weg:* 1939 GB.

1888-92 Stud. Rechtswiss. Berlin, 1892 Prom., Referendar, 1897 Gerichtsassessor in Alt-Landsberg, 1905-10 Amtsrichter in Bochum, 1910-22 Amtsgerichtsrat u. 1922-33 Kammergerichtsrat in Berlin, Dez. 1933 Entlassung. Schiedsmann für zahnärztl. Berufsvertretungen u. an der Rohproduktenbörse. 1918-27 VorstMitgl. u. 1924-27 Vors. der Jüd. Gde. Berlin; 1922 Mitgr., bis 1939 Präs. des Preußischen Landesverbands Jüdischer Gemeinden, 1924-33 Mitgl. des Hauptvorst. des CV Berlin, 1933-39 PräsMitgl. der *Reichsvertretung*, Kuratoriumsmitgl. der Akad. für die Wiss. des Judentums. März 1939 Emigr. GB, Visum durch Vermittlung von Lady Lily H. Montague (*World Union for Progressive Judaism*) u. *Woburn House*; 1940 Internierung Isle of Wight. Vors. *Jewish Club* Golders Green; 1954-58 ehrenamtl. für LBI London tätig.

D: LBI New York. *Qu:* EGL. Hand. Pers. Publ. Z. - RFJI.

Wolff, Louis, Verbandsfunktionär; geb. 1. März 1876, gest. 23. März 1958 Rio de Janeiro; jüd., ∞ Jenny (gest. Rio de Janeiro); *K:* Gerda; Hilde. *Weg:* 1939 Bras.

Selbständiger Polsterer, Tapezierer u. Dekorateur in Berlin. Ab 1910 Vors. *Verein jüdischer Handwerks- und Handlungsgehilfen Groß-Berlin*, ab 1909 stellv. Vors. *Zentralverband jüdischer Handwerker Deutschlands*, ab 1920 Mitgl. Repräsentantenversammlung der Jüd. Gde. Berlin, ab 1923 Mitgl. Preußischer Landesverband Jüd. Gden. u. Hauptvorst. CV, VorstMitgl. u. später Vors. der dt. Zweigstelle von ORT u. Präs. der ORT-Schule Deutschland, ab 1933 Vors. *Reichsverband des jüdischen Mittelstandes*, nach 1933 bedeutender Beitrag zur Berufsumschichtung von künftigen jüd. Auswanderern, 1933-39 Mitgl. der Handwerker-Kommission u. der Altreu-Kommission der *Reichsvertretung;* org. die Überführung der ORT-Schule samt Lehrern u. Einrichtung von Berlin-Siemensstadt nach Leeds/GB. 1939 Emigr. Brasilien; Handwerker u. Innendekorateur in Rio de Janeiro.

W: Handwerk im Judentum. 1935. *Qu:* EGL. Z. - RFJI.

Wolff, Oswald, Dr. jur., Dr. phil., Verleger; geb. 11. Mai 1897 Berlin, gest. 14. Sept. 1968 London; jüd.; *V:* Siegfried W. (geb. Schievelbein/Pommern, gest. 1927 Berlin), jüd.; Gr. einer Textil-Exportfirma; *M:* Selma, geb. Lewin (geb. 1873 Pakosch, gest. 1955 Barcelona); ∞ I. Margot Saalfeld (geb. Berlin, gest. 1938 Berlin), jüd.; ∞ II. 1954 Ilse Lowenthal, geb. Zorek (→ Ilse R. Wolff); *K:* Heinz (geb. 1928 Berlin), 1939 Emigr. GB, Dir. Bio-engineering Group des Medical Research Council London; *StA:* deutsch, brit. *Weg:* 1939 GB.

Stud. Heidelberg, 1919 jur. Prom., 1922 phil. Prom., Ltr. des Familienunternehmens, 1933-39 Wirtschaftsberater für jüd. Auswanderer, insbes. für Sachtransfer. Aug. 1939 Emigr. GB, Wirtschaftsberater. Gr. mehrerer kleiner Firmen; 1948 Hg. der Monatsschrift *Goethe Year* (12 Hefte), 1949-59 Gr. u. Ltr. der Buch-Import-Export-Ges. Interbook Ltd., ab 1959 Gr. u. Ltr. Oswald Wolff (Publ.) Ltd. mit Spezialisierung auf dt. Lit., europäische Gesch. u. Nationalökonomie. Mitgl. *Publishers Assn.*, *Booksellers Assn.*, *Anglo-German Assn.*, *Club 1943*; GrdgMitgl. Independent Publishers Group. - *Ausz.:* BVK 1. Kl. *Qu:* Fb. Z. - RFJI.

834 Wolff

Wolff, Rudolf, Dr., Journalist; geb. 9. Mai 1907 Berlin; *V:* → Theodor Wolff. *Weg:* 1933 F; 1947 Deutschland (Saargeb.); 1948 F.
Stud. Volkswirtschaft u. Zeitungswiss. Berlin, anschl. Redaktionsvolontär am *Berliner Tageblatt*. 1933 Emigr. nach Frankreich. 1947 als Red. der *Saarbrücker Zeitung* ins Saargeb., Mitgl. *Amicale des anciens Légionnaires de la Sarre;* 1948 bis zur Pensionierung Korr. der *Saarbrücker Zeitung* in Paris. Lebte 1977 in Paris.
L: Schmidt, Saarpolitik. *Qu:* Publ. Z. - IfZ.

Wolff, Theodor, Publizist, Politiker; geb. 2. Aug. 1868 Berlin, gest. 23. Sept. 1943 Berlin; *V:* Textilgroßhändler; ∞ Anna Hickethier (geb. 1872), Emigr.; *K:* → Rudolf Wolff, 1 T, 1 S; *StA:* deutsch, 27. Okt. 1937 Ausbürg. mit Ehefrau. *Weg:* 1933 CH, 1934 F, 1943 Deutschland.
Gymn., kaufm. Ausbildung im Verlag seines Onkels Rudolf Mosse, ab 1887 Mitarb. *Berliner Tageblatt* (BT), Kunstförderer, 1889 mit Maximilian Harden Gr. Freie Bühne; ab 1894 Pariser Korr. des BT, 1906-33 Chefred. des BT, das unter seiner Ltg. zum maßgebenden u. auch im Ausland weitverbreiteten Organ des liberal-demokrat. Bürgertums in Deutschland wurde; neben zahlr. Leitartikeln (Signum TW) lit. u. pol. Buchveröffentlichungen. 1918 Mitgr. u. zeitw. VorstMitgl. DDP, 1927 Austritt als Protest gegen Kompromißpolitik der Partei. Wandte sich im 1. WK gegen dt. Annexionen u. später gegen den Versailler Vertrag, Bemühungen um Ausgleich mit Frankr., enge Kontakte zu Politikern u. Diplomaten, u.a. persönl. Berater von Gustav Stresemann u. → Heinrich Brüning. März 1933 nach kurzem Aufenthalt in München Emigr. über Österr. nach Zürich, 1934 nach Nizza. Pol.-histor. Zeitungsbeitr. u. Bücher. Art. in *Pariser Tageszeitung* u. *Aufbau*, Mitgl. *Verband Deutscher Journalisten im Ausland.* Herbst 1941 US-Visum, das vor der Finanzierung der Überfahrt verfiel. Mai 1943 auf dt. Veranlassung Festnahme durch ital. Besatzungsbehörden, Auslieferung an Gestapo, u.a. KL Oranienburg u. Sachsenhausen, zuletzt Polizeigef. Berlin, starb nach Operation im Jüd. Krankenhaus. - *Ausz.:* Ab 1961 Theodor-Wolff-Preis der Stiftung Die Welt; 1970 Gedenktafel in Nizza.
W: u.a. Der Krieg des Pontius Pilatus. Zürich (Oprecht u. Helbling) 1934 (engl. The Eve of 1914. London [Gollancz] 1935 u. New York [Knopf] 1936, franz. La Guerre de Ponce Pilate. Paris [Michel] 1936); Der Marsch durch zwei Jahrzehnte. Amsterdam (Allert de Lange) 1936 (engl. Through Two Decades. London [Heinemann] 1936; franz. Le peuple en marche. Paris [Michel] 1937); Die Schwimmerin (R.). Zürich (Oprecht) 1937; Bibliogr. in: Becker, Werner, Demokratie des sozialen Rechts. 1971. *L:* u.a. Schwarz, Gotthard, Theodor Wolff und das „Berliner Tageblatt". 1968; Köhler, Wolfram, Der Chef-Redakteur Theodor Wolff. 1978. *Qu:* Arch. Hand. Publ. Z. - IfZ.

Wollenberg, Erich, Parteifunktionär, Journalist; geb. 15. Aug. 1892 Königsberg/Ostpr., gest. 6. Nov. 1973 Hamburg; *V:* Arzt; *StA:* deutsch, 3. März 1936 Ausbürg., deutsch. *Weg:* 1932 UdSSR; 1934 CSR; 1938 F; 1940 Marokko; 1946 F, Deutschland (ABZ).
1914 nach Beginn des med. Stud. Meldung als Kriegsfreiw., nach fünfmaliger Verwundung nicht mehr tauglich, 1917 Entlassung als Lt. d.R.; Okt. 1918 USPD, Nov.-Dez. 1918 Führer der Matrosenvolkswehr in Königsberg, Chef des Sicherheitsdienstes des *Arbeiter- u. Soldatenrates* Ostpreußen, 1. Jan. 1919 Rücktritt aus Protest gegen Aufstellung u. Einsatz von Freiwilligenverb. im Baltikum, Übersiedlung nach München u. Fortsetzung des med. Stud.; Apr. 1919 milit. Führer der bayer. Roten Nordarmee, nach der Niederwerfung der Räterepublik zu 2 J. Festungshaft verurteilt, bis März 1922 Festungshaft. Ab Apr. 1922 Volontär *Die Rote Fahne* Berlin, ab Juli 1922 stellv. Red., dann Chefred. *Rote Fahne des Ostens* Königsberg; aufgrund mehrerer schwebender Verfahren, u.a. wegen Zersetzung der Reichswehr, in die Illegalität. Apr. 1923 KPD-Red. in Bochum, Mai 1923 unter Deckn. Walter (weitere Deckn. Eugen u. Egon Hardt, nach 1933 Martin Hart) Ltr. des dortigen Maiaufstands, dann Red. in Hamborn, Teiln. am Kampf gegen die Separatisten, kurzfristig KPD-OrgSekr. im Ruhrgebiet, Aug. 1923-Apr. 1924 milpol. Oberltr. Süd-West (Württ., Baden, Hessen u. zeitw. auch Bayern), führender Militärspezialist der KPD, wegen Vorbereitung des bewaffneten Aufstands, Sprengstoffattentaten usw. strafverfolgt. Ende Apr. 1924 zur Ersten deutschen Militärschule beim Generalstab der Roten Armee nach Moskau deleg., Herbst 1924 Eintritt in die Rote Armee, Brigadekommandeur. Herbst 1924-Sommer 1926 Kommandeur eines vorwiegend aus Wolgadeutschen bestehenden Btl.s der Territorialarmee in Saratov, Sommer 1926 bis Febr. 1927 bei der Ersten Proletarischen Div. (Gardediv. der Kaderarmee) in Moskau. Febr. 1927 illeg. Rückkehr nach Deutschland, Chefred. *Arbeiterzeitung* Saarbrücken, wegen eines Reichsgerichtsprozesses gegen die milpol. Oberltg. Süd-West nach kurzer Zeit Rückberufung nach Moskau, wiss. Mitarb. u. Ltr. der Militärabt. am Marx-Engels-Inst. Moskau, 1928-31 Prof. für Gesch. der Arbeiterbewegung des Westens an der Internat. Lenin-Schule. Apr. 1931 Rückkehr nach Deutschland, MilLtr. des illeg. RFB u. Chefred. *Die Rote Fahne,* LtgMitgl. *Kampfbund gegen den Faschismus.* Nov. 1931-Febr. 1932 Haft, danach Febr.-Aug. 1932 innenpol. Red. *Die Rote Fahne.* W. stand in Opposition zur ZK-Linie u. unterbreitete im Juli 1932 dem PolBüro ein Memorandum über die Fehlleistungen der KPD, wurde deshalb Aug. 1932 mit → Alexander Abusch u. → Alfred Norden aus der Redaktion der *Roten Fahne* entlassen u. im Dez. 1932 zum *Komintern*-Verlag nach Moskau versetzt. 4. Apr. 1933 Parteiausschluß durch die Internat. Kontrollkommission der *Komintern,* Juli 1934 Flucht von Moskau nach Prag, Anschluß an Trotzkisten, Verfolgung durch die Gestapo u. den KPD-App., in pol. Isolation vorwiegend publizist. u. journ. Tätigkeit, u.a. Mitarb. *Freies Deutschland* Antwerpen, *Das Neue Tage-Buch* Paris, *Sozialistische Warte* Paris sowie franz. u. engl. Presse. Herbst 1938 Weiteremigr. nach Paris, 1940 nach vorüberg. Internierung mit Hilfe → Josef Panholzers u. franz. Widerstandskämpfer Flucht nach Marokko, in Casablanca (nach anderer Quelle bereits in Marseille) von der Vichy-Polizei festgenommen, 8 Mon. Untersuchungshaft, danach Internierung im Lager Missour in Ost-Marokko, Nov. 1942 Befreiung durch alliierte Truppen; danach publizist. tätig für franz. Ztg. u. Zs. in Marokko u. Algerien, Apr. 1946 zurück nach Paris, Sommer 1946 auf amerikan. Einladung nach München, 1946-51 außenpol. Red. *Echo der Woche*; danach freier Journalist; lebte 1954-59 in Paris, dann in München u. ab 1964 in Hamburg.
W: In den Reihen der Bayrischen Roten Armee. Moskau 1924 (russ.); Von Hindenburg zu Hindenburg, 1914-1925. Saratov 1925 (russ.); Die Tannenbergschlacht August 1914. Moskau 1926 (russ., unter Ps.); Als Rotarmist vor München. Reportage aus der Münchner Räterepublik. 1929 (Neuaufl. 1972); Die Rote Armee in Bayern. Moskau 1929 (russ., 2. Aufl. 1931); Beiträge zur revolutionären Bewegung im XIX. Jahrhundert. Moskau 1930 (russ.); The Red Army. A Study of the Growth of Soviet Imperialism. London (Secker and Warburg) 1938 (erweit. Fassung ebd. 1940); Motorisierte Guerilla. In: Sozialistische Warte, Paris 1938; Tuchatschewski. Ebd. 1938; Hitler, le militarisme allemand et la paix européenne. Casablanca (Kaganski) 1943 (Neuaufl. 1965); Was man nicht will, das man Dir tu... 1949 (franz. u. engl. Übers.); The German Partition. 1949; Der Apparat. Stalins Fünfte Kolonne. 1951; Engels, Friedrich, Militärpolitische Schriften (Hg.). 1952; Die Wirtschaftspolitik Lenins. 1963 (franz.). *L:* Weber, Wandlung; Retzlaw, Karl, Spartakus. Aufstieg und Niedergang. Erinnerungen eines Parteiarbeiters. 1972; Schuster, Kurt G.P., Der Rote Frontkämpferbund 1924-1929. 1975; Alles, Trotzkisten. *Qu:* Arch. Erinn. Hand. Publ. - IfZ.

Wollweber, Ernst Fritz Karl, Partei- u. Staatsfunktionär; geb. 28. Okt. 1898 Hannoversch-Münden, gest. 3. Mai 1967 Berlin (Ost); *V:* Carl W. (geb. 1867), Tischler; *M:* Elise Marie Wilhelmine, geb. Ilse (1866-1946); *G:* August (geb. 1892), Else (geb. 1894), Sophie (geb. 1896), Maria (geb. 1901), Karl (geb. 1903), *Stief-G:* Alfredel Karl (geb. 1921), Herbert Erich (geb. 1923, gef. 1943); ∞ Erika; *StA:* deutsch. *Weg:* 1933 F, DK; 1940 S; 1944 UdSSR; 1945 Deutschland (Berlin).

Flußschiffer; 1915 sozialist. Jugendbewegung, Schmuggel kriegsgegnerischer PropLit. an die Westfront; 1916-18 Kriegsfreiw. (Matrose), angebl. *Spartakus*-Gruppe; Nov. 1918 maßgebl. am Kieler Matrosenaufstand beteiligt. Vors. *Arbeiter- und Soldatenrat* im Flottenverb. der U-Boot-Kreuzer; 1919 KPD, 1920 Ltr. Rote Seemannsunterkunft Hamburg. 1921-23 PolSekr. Bez. Hessen-Waldeck. 1921 u. 1923 auf 7. u. 8. PT Wahl zum ZK-Mitgl.; 1922 Deleg. 4. Weltkongreß der *Komintern*. Anfang der 20er Jahre Teiln. an milit. Lehrgängen in der UdSSR; Juli 1924 Verhaftung, Dez. 1925 Reichsgerichtsurteil 3 J. Gef., 6. März 1926 Entlassung. 1926-Anfang 1929 GewSekr. KPD-BezLtg. Schlesien, 1928-32 MdL Preußen. Anfang 1929-Anfang 1932 PolLtr. Bez. Schlesien, 1929-30 MdProv. LT Niederschlesien, Vertr. der ZK-Linie während Auseinandersetzungen mit den Rechten, 1930 Mitgl. RGO-BezKomitee Wasserkante; ab Grdg. 1931 führend in *International Seamen and Harbour Workers* (ISH). Ab 1932 Ltr. OrgAbt. des ZK der KPD (genannt „kleiner Lenin"). Ab Nov. 1932 MdR; Dez. 1932 unter Tarnung als Architekten- u. IngBüro A. Salvo & Co. Aufbau Westeuropäisches Büro der *Komintern* in Kopenhagen (bis dahin Berlin), anschl. dessen OrgLtr. 1933 OrgLtr. der illeg. KPD in Deutschland. Ende Aug. 1933 Paris; Deckn. Schulz, Anderson, Kurt Schmidt. Dann Kopenhagen, OrgLtr. Westeuropäisches Büro der *Komintern*; Ltr. ISH u. sog. *Wollweber-Liga* (aus ISH hervorgeg. Agentengruppe; bis 1940 erfolgreiche Sabotageaktionen in Ost- u. Nordseehäfen, organisierte im Span. Bürgerkrieg u.a. Waffenlieferungen für republikan. Reg.). Koordinator für innerdt. KPD-Widerstand (Deckn. Schmidt). Mai 1940 Flucht nach Schweden (Deckn. Fritz Köller), Festnahme, 3 J. Gef.; Nov. 1944 nach dt. Auslieferungsantrag Ausweisung in die UdSSR. 1945 Berlin; 1946-47 stellv. Ltr., 1947-49 Ltr. GenDirektion Schiffahrt in der Zentralverw. für Verkehrswesen der SBZ; 1949-53 Staatssekr. im Min. für Verkehrswesen. Juli 1953 Nachf. von → Wilhelm Zaisser als Ltr. des Staatssicherheitsdienstes; 1953-55 Staatssekr. für Staatssicherheit u. stellv. MdI, Nov. 1955-Okt. 1957 Min. für Staatssicherheit. 1954-58 ZK-Mitgl. der SED u. MdVK. Bemühte sich nach dem 20. PT der KPdSU mit → Fred Oelßner u. Karl Schirdewan um Revision des SED-Kurses, nach Ungarn-Krise seiner Funktion als Min. enthoben. Febr. 1958 ZK-Ausschluß wegen „fraktioneller Tätigkeit". Lebte danach zurückgezogen in Berlin (Ost). - *Ausz.:* 1954 VVO (Gold).

L: Wollenberg, Apparat; Dallin, Sowjetspionage; Valtin, Jan, Tagebuch der Hölle. 1957; Stern, Porträt; Nollau, Günther, Die Internationale. 1959; Stern, Ulbricht; Richert, DDR-Elite; Weber, Wandlung; Hochmuth/Meyer, Streiflichter; Fricke, Gerechtigkeit; Bludau, Gestapo. *Qu:* Arch. Hand. Publ. - IfZ.

Wolter, Gustav, Parteifunktionär; geb. 23. Jan. 1899 Schnasleben b. Magdeburg; ∞ Ehefrau dän. StA; *K:* 1 S, 1 T; *StA:* deutsch. *Weg:* 1933 DK.

Dreher; Sept. 1930-Dez. 1932 SPD-MdL Braunschweig, 1933 Wiederwahl. Nach natsoz. Machtübernahme zur Verhaftung ausgeschrieben, 6. Okt. 1933 Flucht nach Dänemark. 1941 nach mißglücktem Fluchtversuch nach Schweden verhaftet, Auslieferung durch Intervention des dän. Königshauses verhindert. Nach 1945 VorstMitgl. *Matteotti-Komitee* Kopenhagen, Betreuung u. Rückführung von Flüchtlingen. Vors. *Landesgruppe Dänemark der SPD* in Verb. mit Londoner PV, Mitgl. *Arbeitsausschuß der deutschen antinazistischen Parteien in Dänemark*, ZusArb. mit dem Kreis um *Deutsche Nachrichten* (→ Hans Reinowski).

D: AsD. *Qu:* Arch. Hand. - IfZ.

Wondrak, Heinrich, Parteifunktionär; geb. 1894, gest. in Bayern; *StA:* österr., 1919 CSR, deutsch. *Weg:* 1939 GB; 1945 Deutschland (ABZ).

Mitgl. DSAP, Kreissekr. in Karlsbad, Mitgl. PV u. Abg. der böhm. Landesvertr., 1935-38 gleichz. stellv. Vors. Zentralstelle für das Bildungswesen der DSAP. 1939 Emigr. nach GB, Mitgl. TG-Vorst. Nach Kriegsende Übersiedlung nach Bayern.

Qu: Arch. - IfZ.

Worms, Fred Simon, Unternehmensleiter; geb. 21. Nov. 1920 Frankfurt/M.; jüd.; *V:* Leo W. (geb. 1896 Aschaffenburg, gest. 1949 Paris), jüd., höhere Schule, Kaufm., 1939 Emigr. F; *M:* Meta, geb. Löwenthal (geb. 1894 Hoesbach bei Frankfurt/M.), jüd., Abitur, Präs. *B'nai B'rith*, 1939 Emigr. GB; *G:* Vera Gradon (geb. 1923 Frankfurt/M.), Graphikerin, 1938 Emigr. GB; ∞ 1951 Della Rosenberg (geb. 1931 London), jüd., Jugendrichterin; *K:* Nadia R. (geb. 1953), 1972 nach IL, B.A. Hebr. Univ.; Hilary F. (geb. 1956); Caroline R. (geb. 1958); *StA:* deutsch, brit. *Weg:* 1936 GB.

Höhere Schule in Deutschland. 1936 Emigr. GB mit StudVisum, 1937-38 Stud. St. Paul's School London, 1939-45 Stud. Inst. Chartered Accountants London, 1945 Dipl. Gleichz. 1942 Gr. u. ab 1947 Vors., Geschäftsf. u. Dir. Tudor Accessories Ltd. (Automobilzubehör), Dir. brit. Zweigstelle der Bank Leumi, Mitgl. Lloyds Underwriters; im Vorst. von versch. Industriges. u. Immobilienfirmen. 1960 Ehrenpräs. *B'nai B'rith*, Vors. *B'nai B'rith Housing Trust* u. *B'nai B'rith Foundation of England*, stellv. Vors. *B'nai B'rith Hillel Foundation*; ab 1957 im Vorst. *Maccabi*-Weltverband, ab 1961 europ. Vors.; Dir. *Maccabi Village Co.* Ramat Gan/Israel, ehrenamtl. Schatzmeister *Centr. Council Jew. Soc. Services* der Anglo-Israel C. of C. u. des *Anti-Boycott Committee*, Trustee des Jew. Educ. Dev. Trust, VorstMitgl. AJR. Lebte 1978 in London.

Qu: Arch. EGL. Fb. Hand. - RFJI.

Woyda, Bruno, Verbandsfunktionär; geb. 23. März 1900 Berlin, gest. 23. Dez. 1968 London; jüd.; *M:* umgek. im Holokaust; *G:* Dr. rer. pol., Dr. jur. Julius Woyda (geb. 1899 Berlin, umgek. Lager Gurs/F), Syndikus, 1933 Emigr. (?); ∞ 1925 Anni Veilchen Löwenstein (geb. 1903 Berlin), jüd., Sekr. u. Buchhalterin, ehrenamtl. Fürsorgerin, Mitarb. *Jüdische Liberale Jugend*, 1939 Emigr. GB, Mitarb. im Briefmarkengeschäft des Ehemannes; *K:* Walter Solomon (geb. 1926), 1939 Emigr. GB über B, Unternehmensltr.; Hans Gerhard (geb. 1928), 1939 Emigr. GB, Vorst. der Abt. für Mathematik an der Kingston Grammar School; *StA:* deutsch, brit. *Weg:* 1939 GB.

Dipl.-Ing. TH Berlin-Charlottenburg; gleichz. VorstMitgl. von Ili *(Jüdische Liberale Jugend)*, 1921-29 Red. *Jüdisch-Liberale Zeitung* (später *Jüdische Allgemeine Zeitung*), der Berliner Wochenzs. der *Vereinigung für das liberale Judentum*; ab 1925 Abg. u. später Mitgl. des Ratsausschusses Preußischer Landesverband Jüd. Gden.; 1929-33 Geschäftsf. Jüd. Reform-Gde. Berlin; 1930-33 Mitgl. Repräsentantenvers. der Jüd. Gde. Berlin; org. 1930 den Wahlkampf zur Rückgewinnung der liberalen Stimmenmehrheit in der Repräsentantenvers. nach dem Wahlsieg der Zionisten unter → Georg Kareski 1928. Mai 1933-38 Dezernent der *Jüdischen Wirtschaftshilfe* der Jüd. Gde. Berlin, u.a zuständig für Arbeitsnachweis, Berufsberatung, Kredithilfe, Berufsumschichtung und -ausbildung, Rechtsberatung, Wanderfürsorge u. Unterstützung jüd. Künstler. Redeverbot durch Gestapo, Nov. 1938 KL Sachsenhausen; Febr. 1939 Emigr. GB mit Familie, Visum durch Vermittlung von Lily H. Montague *(World Union for Progressive Judaism* London). Im 2. WK als Ing. für Präzisionsarbeit in der Kriegsindustrie tätig, nach 2. WK Briefmarkenhändler auf Grundlage seiner eigenen aus Deutschland mitgebrachten Sammlung. VorstMitgl. auf Lebenszeit u. Schatzmeister der *World Union for Progressive Judaism* u. pers. Assistent von Lady Lily H. Montague, Vertr. der Union beim Komitee für nichtstaatl. Org. der UNESCO u. bei der Menschenrechtskommission in Genf. 1942-58 ehrenamtl. Fürsorger bei *Bloomsbury House*; 1961-68 Mitgl. der Londoner Exekutive, PräsMitgl. u. geschäftsf. ehrenamtl. Sekr. des *Council of Jews from Germany*.

L: Yearbook LBI XIV, 1969 (Bibliogr. Nr. 7100). *Qu:* Hand. Pers. Publ. Z. - RFJI.

Wrba (Vrba), **Franz** Josef, Parteifunktionär; geb. 21. Sept. 1898 Wien, hinger. 5. Juni (7. Mai ?) 1944 Brandenburg; *StA:* österr. *Weg:* B; 1940 Deutschland (Österr.).

Metallgießer, nach anderer Quelle Buchdrucker. Mitgl. KPÖ, zeitw. in Deutschland, 1935 Ausweisung. Anschl. illeg. Funktionär, zeitw. PolLtr. Kreis IV der KPÖ in Wien, Mitgl. Wiener Stadtltg. der KPÖ, Deckn. Caserl. Vermutl. 1938 Emigr. Belgien, 1940 im Parteiauftrag illeg. Rückkehr nach Wien, Arbeit in Rüstungsbetrieb, illeg. Tätigkeit. März 1943 Verhaftung, Juli 1943 Urteil 12 J. Zuchth. durch OLG Wien, Haft in Stein a.d. Donau, nach Revision des Oberreichsanwalts beim VGH Todesurteil.

L: Mitteräcker, Kampf; Steiner, Herbert, Gestorben für Österreich. 1964; Spiegel, Résistance; Widerstand 1; Reisberg, KPÖ. *D:* IfZ. *Qu:* Arch. Publ. - IfZ.

Wronker, Hermann, Warenhausunternehmer; geb. 5. Aug. 1867 Kähne/Posen, umgek. 1942 (?) im Holokaust; jüd.; ∞ verh.; *K:* Max, Emigr. F, Ägypten, USA; Alice Wronker-Engel, Emigr. USA; Erich (geb. 1894, gest. 1918 an Kriegsfolgen); *StA:* deutsch. *Weg:* 1938 F.

1881 Lehre bei Kaufhaus H. & C. Tietz in Prenzlau, später Aufbau von Filialen in Bamberg u. Coburg. 1887 mit älterem Bruder Gr. Textil- u. Bekleidungsgeschäft S. Wronker & Co. Frankfurt/M., März 1891 Gr. Warenhaus Hermann Wronker Frankfurt/M. mit Filialen in West- u. Süddeutschland, 1933 ca. 500 Angest.; 1921 Dir. u. VorstMitgl. Wronker AG Mannheim, 1934 Liquidation infolge wirtschaftlicher Krise und Boykott. Ausschußmitgl. *Verband Deutscher Waren- u. Kaufhäuser e.V.*; tätig für jüd. Wohlfahrtsorg.; 1938 Emigr. Frankr., 1942 Dep. Osteuropa.

Qu: EGL. Publ. - RFJI.

Wronkow, George, Journalist; geb. 17. Febr. 1905 Berlin; jüd.; *V:* Hugo W. (1869-1909), jüd., Gymn., Immobilienmakler; *M:* Berta, geb. Ephraim (1879-1929), jüd., höhere Töchterschule; *G:* → Ludwig Wronkow; ∞ 1936 Claire Gertrude Wincenty (geb. 1900), kath., Sekr., 1936 Emigr. F, 1940 Internierung in Gurs; *StA:* deutsch, Ausbürg., USA. *Weg:* 1933 DK, F; 1941 USA.

1914-22 Gymn. Berlin, 1925-31 Journ. bei Mosse-Verlag, u.a. für *Berliner Volkszeitung*, ab 1931 Kunstred. *Berliner Tageblatt*, pol. Tätigkeit gegen NatSoz., März 1933 Entlassung, Flucht nach Dänemark, Sept. 1933 nach Paris, freier Mitarb. *Pariser Tageblatt*; 1936-Mai 1940 Red., Übersetzer u. Sprecher *Sender Straßburg*. 1940 Prestataire, Apr. 1941 Flucht nach Portugal, Juni 1941 mit Notvisum nach New York. 1941 Tätigkeit in Vertriebsabt. der franz. Exilzs. *Pour la Victoire*, 1942-47 Red. u. Kommentator in der Kurzwellenabt. von CBS, 1948-52 UN-Korr. für kanad. Rundfunk, ab 1950 Korr. dt. u. schweiz. Ztg. und Rundfunkanstalten. Mitgl. *PEN-Club, UN Correspondents Assn.* u. *Foreign Press Assn.* New York. - Lebte 1976 in New York.

Qu: Fb. Hand. - IfZ.

Wronkow, Ludwig, Pressezeichner, Journalist; geb. 3. Dez. 1900 Berlin; jüd.; *G:* → George Wronkow; ∞ I. 1925 Sonja Rosenberg (geb. 1901), jüd., Kabarettistin, 1933 Emigr. CSR, 1936 Österr., 3. Dez. 1936 Ausbürg., 1938 CSR, Pal., 1940 USA, 1946 Pal.; 1951 gesch.; II. 1951 Ursula Meyer (geb. 1904), jüd., 1939 Emigr. USA, 1939-45 Sekr. *Aufbau*, Phototechnikerin, 1951-66 Sekr. *Lutheran World Relief*; *StA:* deutsch, 3. Dez. 1936 Ausbürg., 1945 USA. *Weg:* 1933 F; 1934 CSR; 1938 USA.

Bis 1915 Schulbesuch, 1918 Kriegsteiln., 1919-23 freier Journ. u. Pressezeichner, anschl. Bildred. u. Zeichner für *Berliner Volkszeitung* u. Blätter des Mosse-Verlags, vor allem pol. Karikaturen gegen Militarismus u. NatSoz. 4. März 1933 Emigr. Frankr., Red. bei franz. Pressebilderdienst Paris, u.a. Beitr. *Pariser Tageblatt*. 1934-38 in Prag, Beitr. u.a. *Prager Tagblatt, Arbeiter Illustrierte-Zeitung, Der Simpl* u. internat. Presse. Mitgl. *Association Professionnelle de la Presse Etrangère en France, Verband deutscher Journalisten im Ausland, Fédération Internationale des Journalistes.* Okt. 1938 mit EinwVisum in die USA, ab 1939 Mitarb. *Aufbau*, u.a. Ltr. der Vertriebsabt., Zeichner, Red., VorstMitgl., seit 1965 geschäftsf. Dir.; 1942 (?) Mitarb. der satir. Zs. *TNT* New York, seit 1957 RedMitgl. *Solidarity;* Organ des *Workmen's Benefit Fund of the USA.*

W: Juden, Christen, Heiden im 3. Reich (Karikaturenslg.). Prag 1936 (?). *D:* Axel-Springer-Verlag, Berlin. *Qu:* Arch. Fb. Hand. Publ. - IfZ.

Wronsky, Siddy, geb. Neufeld, Sozialarbeiterin, Verbandsfunktionärin; geb. 20. Juli 1883 Berlin, gest. 8. Dez. 1947 Jerusalem; jüd.; *G:* → Hans Neufeld. *Weg:* 1934 Pal.

Lehrerin für geistig behinderte Kinder, später ehrenamtl. Mitarb., dann Ltr. *Zentrale für private Fürsorge* Berlin; Gr. u. Ltr. *Archiv für Wohlfahrtspflege*; langjährig Lehrerin an der Akad. für soziale u. pädagog. Frauenarbeit (→ Alice Salomon) u.a. Ausbildungsinstituten für Sozialarbeiter, zus. mit Alice Salomon Mitgr. von staatl. konfess. u. privaten Schulen für Sozialfürsorger. Ab 1928 Gr. u. Red. *Deutsche Zeitschrift für Wohlfahrtspflege*, Gr. u. VorstMitgl. *Jüdische Kinderhilfe* für Waisenkinder, *Jüdische Arbeits- und Wanderfürsorge, Zentralwohlfahrtsstelle der deutschen Juden* u. *Hauptstelle für Jüdische Wanderfürsorge*; enge ZusArb. mit → Friedrich Ollendorff, Mitgl. Hauptausschuß des *Deutschen Vereins für öffentliche u. private Fürsorge;* nach 1. WK Gr. Ahavah-Kinderheim der Jüd. Gde. Berlin, das 1934 nach Palästina verlegt wurde. Zion. Vertr. beim Preußischen Landesverband Jüd. Gden.; 1927-30 Mitarb. *Jüdisches Lexikon.* 1934 Emigr. Palästina mit Unterstützung von *Vaad Leummi;* Gr., Verw. u. wissenschaftl. Ltr. Inst. für die Ausbildung von Sozialarbeitern von der *Vaad Leummi* errichteten Bibliothek für Sozialwissenschaften (später Siddy-Wronsky-Bibliothek); aktiv in der *Jugend-Alijah*, enge ZusArb. mit Henriette Szold; Mithilfe bei der Auswanderung von Hunderten von Kindern aus Deutschland nach Palästina u. deren Eingliederung; Gr. *Bund der Sozialarbeiter.* - *Ausz.:* Wronsky-Stipendium.

W: Leitfaden der Wohlfahrtspflege (Mitverf.). 1921; Gegenwartsaufgaben der jüdischen Wohlfahrtspflege. 1924; Quellenbuch zur Geschichte der Wohlfahrtspflege zum Gebrauch an Berufsschulen. 1925; Zur Soziologie der jüdischen Frauenbewegung. 1927; Methoden der Fürsorge. 1930; Sozialtherapie und Psychotherapie in den Methoden der Fürsorge. 1932; Social Work and the Jewish Community Idea in Palestine. 1936. *L:* Lotan, Giora, The Zentralwohlfahrtsstelle. In: Yearbook LBI, 1959. *D:* Central Zion. Arch. Jerusalem. *Qu:* EGL. Publ. Z. - RFJI.

Württemberg, Odo von, OSB (urspr. Herzog Carl Alexander von Württemberg), Ordenspriester; geb. 12. März 1896; *V:* Albrecht Herzog von Württemberg (1865-1939); *M:* Margarete Sophie Erzherzogin von Österreich (1870-1902); *G:* Dr. jur. Philipp Herzog von Württemberg (geb. 1893); Herzog Albrecht Eugen (geb. 1895); Herzogin Margarethe (1902-1945); *StA:* deutsch. *Weg:* CH; USA.

Ursprünglich Offizier, Hauptmann a. D.; Eintritt in die Benediktinerabtei Beuron, 1926 Priesterweihe. Apr. 1933 Emigr. in die Schweiz, Aufenthalt im Benediktinerkloster Einsiedeln, Mitgl. *Comité catholique suisse pour les réfugiés catholiques;* 1940 in die USA, lebte während des Krieges im Franziskanerkloster Washington/D.C., 1940 Vors. *International Catholic Help for Refugees.*

Qu: Arch. Hand. Publ. - IfZ.

Wunderlich, Emil, Parteifunktionär; geb. 4. Dez. 1897 Neuberg b. Asch/Westböhmen; o.K.; *M:* Ernestine W., verh. Kropf (1876-1941); *G:* Hermann Kropf (1917-44); ∞ Anna Brandner (1917-58), Näherin, 1938 Emigr. GB, 1946-57 Näherin; *K:* Walter (geb. 1926), Inga (geb. 1934); beide ab 1938 in GB; *StA:* österr., 1919 CSR, 1949 brit. u. 1956 deutsch. *Weg:* 1938 GB.

1915-27 Appreteur; 1917-18 Wehrdienst in k.u.k. Armee, 1919 Mitgl. *Arbeiter- Turn- und Sportverband in der Tschechoslowakischen Republik* (ATUS), DSAP, SJ, *Union der Textilarbeiter in der ČSR,* nebenamtl. Partei- u. GewFunktionär, 1920

-27 stellv. Obmann DSAP-BezOrg. Asch, ATUS-Erzieher im Bez. Asch u. Kr. Falkenau, 1928-38 BezSekr. der DSAP in Graslitz; StadtVO., Ortsschulrat u. VorstMitgl. Bezirkskrankenkasse ebd. sowie Lokalred. *Graslitzer Volkszeitung* Karlsbad. Nach 1933 Ltr. einer Fürsorgestelle für reichsdt. Emigr. - Sept. 1938 Flucht ins Landesinnere, Nov. nach GB, Mitgl. TG; 1939 Former, 1940-54 Hilfszimmermann, 1955-70 Nachf. von → Ernst Otto Rambauske als hauptamtl. Sekr. der *Treugemeinschaft Sudetendeutscher Sozialdemokraten. Landesgruppe der Seliger-Gemeinde für Großbritannien* u. Red. ihres Mitteilungsblattes *Der Sozialdemokrat* London, danach im Ruhestand. Lebte 1978 in Guildford/Surrey.

Qu: Arch. Fb. Z. - IfZ.

Wunderlich, Frieda, Dr. phil., Sozialpolitikerin, Hochschullehrerin; geb. 8. Nov. 1884 Berlin, gest. 19. Dez. 1965 East Orange/N.J., USA; jüd.; *V:* David W., Kaufm.; *M:* Rosa, geb. Askanazy; *G:* Prof. Dr. phil. Eva W. (1898-1967), OStudRätin, Prof. Bennington Coll., später Upsala Coll. *StA:* deutsch, USA. *Weg:* 1933 USA.

1910 Abitur, Stud. Wirtsch.- u. Staatswiss. Berlin u. Freiburg/Br., 1919 Prom. Freiburg. 1923-33 Hg. *Soziale Praxis*, 1924-33 Ltr. Büro für Sozialpolitik Berlin, 1924-25 Richterin am Obersten Sozialversicherungsgericht, 1926-33 SPD-StadtVO. Berlin, 1930-33 MdL Preußen, 1930-33 Prof. am Berufspädagogischen Institut Berlin, Mitgl. *Arbeitsgemeinschaft für Wirtschaftsfragen der Juden in Deutschland.* Ab 1923 GenSekr. des dt. Zweigs der *Internat. Assn. for Social Progress*, ab 1927 Mitgl. Ausschuß für Frauenarb. beim Internationalen Arbeitsamt Genf. Nach natsoz. Machtübernahme Emigr. USA, 1933-54 Prof. für Wirtschaftswiss., Soziologie u. Sozialpol. an der New School for Social Research New York, 1939-40 erster weibl. Dekan. Verfaßte 1941 für den internen Gebrauch des OSS das Handbuch *Labor in Nazi Germany. - Ausz.:* 1954 Dr. rer. pol. h.c. Univ. Köln, ab 1966 Frieda-Wunderlich-Preis der New School.

W: u.a. Die Bekämpfung der Arbeitslosigkeit in Deutschland seit Beendigung des Krieges. 1925; Produktivität. 1926; Versicherung und Fürsorge. 1932; Labor under German Democracy. 1941; British Labor and the War. 1941; German Labor Courts. 1946; Farmer and Farm Labor in the Russian Zone of Germany. 1958; Farm Labor in Germany 1900-1945. 1960. *D:* SPSL. *Qu:* EGL. Hand. - IfZ.

Wunsch, Wilhelm; geb. 1901 (?); kath.; ∞ verh.; *K:* 2. *Weg:* B; 1940 P, CDN.

Ingenieur, während des Anschlusses Österreichs im Ausland. Nov. 1939 in Brüssel Wahl zum Ltr. des März 1939 von Franz Laizner (später Sekr. *Free Austrian Movement* Toronto) gegr. *Bunds der Österreicher*, stand vermutl. in enger Verbindung mit der legitimist. u. konservat.-bürgerlichen Emigration in Paris, Hg. der Zs. *Donau-Echo.* 1940 vermutl. über Frankr. u. Spanien nach Portugal, Aug. 1940 in Figuera da Foz Teiln. an einer Besprechung u.a. mit → Hans Rott u. → Otto Habsburg, auf der die Grdg. einer Freien österreichischen Bewegung in Kanada nach dem Muster der France Libre-Bewegung General de Gaulles beschlossen wurde. Anschl. nach Kanada, Herbst 1940 Mitgr. u. GenSekr. *Free Austrian Movement* (Frei-Österreicher-Bewegung - FAM) in Toronto unter H. Rott. Ab 1942 Weiterführung der Zs. *Donau-Echo* in Toronto. Frühj. 1942 als Mitgl. *Austrian National Committee* unter H. Rott u. → Guido Zernatto vorgesehen, galt als Legitimist. Nov. 1942 Mitgl. u. Vertr. für Kanada des *Military Committee for the Liberation of Austria* unter Otto Habsburg. Dez. 1944 als Nachf. von H. Rott Präs. FAM Toronto, bemühte sich noch im Frühj. 1945 vergebl. um Bildung selbständiger österr. Einheiten, die auf alliierter Seite kämpfen sollten. Nach Kriegsende in ZusArb. mit der zur Unterstützung des FAM gegr. kanad. Org. *Canadian Friends of Austria* Org. von Hilfssendungen nach Österr.; lebte später in Brüssel.

L: Goldner, Emigration. *Qu:* Arch. Hand. Publ. - IfZ.

Wurbs, Kurt, Journalist; geb. 10. Sept. 1891 Breslau; Diss.; ∞ verh.; *K:* Siegfried; *StA:* deutsch. *Weg:* 1933 DK; Deutschland.

1909 SPD, ab 1916 Red. *Volksblatt* Bochum, zuletzt Chefred. *Schleswig-Holsteinische Volkszeitung* in Kiel. Juni 1933 Emigr. nach Dänemark. Lebte 1978 in Bremen.

Qu: Arch. Hand. - IfZ.

Wurm, Christoph, Parteifunktionär; geb. 8. Aug. 1891 Offenbach/Main, gest. Sept. 1939 UdSSR (Moskau ?). *Weg:* 1933 (?) UdSSR.

Aus sozdem. Familie stammend, Drechslerlehre, 1910 Mitgl. SPD, Mitarb. Parteipresse; während des 1. WK Verb. zur *Spartakus*-Gruppe, 1918/19 einer der Führer des *Roten Soldatenbundes*, Deleg. zum Grdg.-PT der KPD 30. Dez. 1918-1. Jan. 1919; 1919-23 hauptamtl. Wanderredner für die KPD, Teiln. der PT v. 1919 u. 1923; als Anhänger der sog. Versöhnler-Gruppe 1924 aus der dt. Parteiarbeit entfernt, Red. *Die Rote Fahne* Wien, 24. Sept. 1924 mit → Walter Ulbricht in Wien verhaftet u. nach Deutschland abgeschoben; dann bis 1926 im Apparat der *Komintern* tätig; nach Rückkehr bis 1933 Mitarb. Informationsabt. des ZK. Nach natsoz. Machtübernahme illeg. Arbeit, dann nach Moskau berufen u. Sektorltr. im EKKI, mit → Herbert Wehner Verf. einer umfassenden Arbeit über die Entwicklung der dt. Wirtschaft, vor deren Abschluß gestorben.

L: Weber, Wandlung; Wehner, Untergrundnotizen. *Qu:* Arch. Publ. - IfZ.

Wurm, Mathilde, geb. Adler, Sozialarbeiterin, Politikerin; geb. 30. Sept. 1874 Frankfurt/M., gest. 1. Apr. 1934 London; Diss.; ∞ Emanuel W. (1857-1920), sozdem. Journ. u. Politiker, 1917 USPD, Staatssekr. Reichsernährungsamt, MdNV; *StA:* deutsch. *Weg:* 1933 GB.

Höhere Mädchenschule, ab 1896 Fürsorgerin in Berlin, Mitgr. der ersten Lehrstellenvermittlung u. Berufsberatung für schulentlassene Mädchen, 1903-04 Ltr. weibl. Abt. des Zentralvereins für Arbeitsnachweis in Berlin. Mitgl. SPD, ab 1917 USPD, 1917-21 Bürgerdeputierte bzw. StadtVO. Berlin, 1920-33 MdR. 1919 Mitgl. Frauenausschuß u. 1920-22 Beisitzer ZK der USPD, Red. *Die Kämpferin;* 1922 zur SPD, bis 1923 Red. *Die Gleichheit;* auf 1. Reichskonf. der IAH März 1924 zur Vors. des Reichskomitees gewählt. Org. u. publizist. Tätigkeit vor allem im Rahmen der Frauenarb. der SPD, Mitgl. Bez-Vorst. Berlin u. Thüringen, ab 1928 Hg. *Sozialdemokratische Pressekorrespondenz,* Mitarb. *Der Klassenkampf - Marxistische Blätter.* 1933 Emigr. nach London, zus. mit Dora Fabian (→ Walter Fabian) Freitod.

W: Die Frauen und der preußische Landtag. 1913; Die Frauenerwerbsarbeit. 1919; Reichstag und Frauenrechte. 1924. *Qu:* Hand. Publ. - IfZ.

Wurmbrand, Michael, Journalist, Bühnenschriftsteller; geb. 28. Dez. 1879 Sadagora/Bukowina, gest. 19. März 1952 New York; jüd.; *V:* Jochanan, jüd., Gelehrter; *M:* Chaja; *G:* 7; ∞ 1906 Fanny Billig; *K:* Erna Skinner (Ehefrau von Herbert Skinner, Prof. für Physik Liverpool Univ.). *Weg:* 1933 CSR, 1938 F, 1940 USA.

Als Jugendlicher Veröffentl. von Gedichten u. Kurzgesch.; 1906-11 GymnLehrer für Deutsch u. dt. Lit. in Storożynetz/Bukowina, 1911-15 Feuilletonist u. Hg. *Czernowitzer Allgemeine Zeitung,* 1915-18 Korr. in Kopenhagen u. Stockholm für österr. u. dt. Ztg., 1919-22 Hg. von *Golos Rossii,* einer demokr. Tagesztg. für russ. Flüchtlinge u. Kriegsgef. in Berlin; 1922-33 Berliner Korr. der *Jew. Telegraphic Agency* London, 1933-38 in Prag. 1938-40 in Paris Hg. des Informationsdienstes der *Jew. Telegraphic Agency.* Befürworter einer engeren ZusArb. zwischen West- u. Ostjuden, förderte Hebung des Niveaus der jüd. Presse in Osteuropa. Okt. 1940 Emigr. USA mit Notvisum. 1945-52 zahlr. Beiträge über pol. u. soziale Probleme u. über Palästina/Israel in *Aufbau.*

W: u.a. Unfruchtbare Seele (S). 1910; Tagesirrlicht (S). 1913; Die Karawane (S). 1923; Die Leuchter (S). 1938. *L:* Grossmann, Kurt (Hg.), Michael Wurmbrand, the Man and His Work. 1956. *D:* WJC New York. *Qu:* Publ. Z. - RFJI.

Wurzburger, Walter Samuel, Ph.D., Rabbiner; geb. 29. März 1920 München; *V:* Adolph W. (geb. Karlsruhe, gest. 1937 Deutschland), jüd., Kaufm.; *M:* Hedwig, geb. Tannenwald (geb. Thüngen/Unterfranken, gest. 1972), jüd., 1939 Emigr. USA; *G:* Fred (geb. 1922 München), 1938 Emigr. USA, Kaufm.; ∞ 1947 Naomi C. Rabinovitz (geb. 1926 Boston), jüd., B.A. Radcliffe Coll., 1946 Mitgl. Board Jew. Ed. Boston Hebr. Teachers' Coll., Lehrerin u. Management Analyst New York; *K:* Benjamin, Ph.D. (geb. 1948), Wirtschaftswiss. in CDN; Myron I. (geb. 1951), B.A. Yeshiva Univ., M.S. Mass. Inst. of Techn., Technical Management Analyst; Joshua J. (geb. 1953), B.Sc. Cornell Univ.; *StA:* deutsch, 1944 USA. *Weg:* 1938 USA, 1953 CDN, 1967 USA.

Gymn. München u. Oberrealschule Berlin, Dez. 1938 Emigr. USA. 1938-40 Stud. Brooklyn, 1940-43 Stud. Yeshiva Univ. New York bei J.B. Soloveitchik, 1943 B.A. Daneben ab 1940 Stud. Rabbi Isaac Elchanan Theol. Seminary New York, 1944 Rabbiner. 1944-51 Harvard Univ., 1946 M.A., 1951 Ph.D., 1946-47 Assist. Phil. Fak. Harvard Univ., 1944-53 Rabbiner Congr. Chai Odom Dorchester/Mass., Mitgl. *Rabb. Council of Greater Boston.* 1953-67 Rabbiner Congr. Shaarei Shomayim Toronto/Ont., 1961-64 Präs. kanad. Rabbiner-Rat; 1957-67 ständiger Mitarb. *Toronto Telegram*, ab 1961 Chefred. *Tradition. Journal of Orthodox Jewish Thought.* Stellv. Vors. *Rabb. Fellowship for Community Affairs* Toronto, 1965-67 Mitgl. Hauptvorst. *United Jew. Welfare Funds of Toronto*, 1960-67 Mitgl. Ausschuß für überkonfessionelle ZusArb. des *United Community Fund of Toronto*; Mitgl. *Canadian Center for Advanced Jew. Scholarship*, 1954-67 Can. Jew. Congr. (Mitgl. Erziehungs- u. Wohlfahrtsausschuß). 1967 Gastprof. Yeshiva Univ.; 1976 Präs. des orthodoxen *Rabb. Council of Am.*, Mitgl. UJA, ab 1977 Mitgl. Treuhänderausschuß *Federation of Jew. Philanthropies* New York; 1973-75 VorstMitgl. u. Vors. Ausschuß für überkonfessionelle Angelegenheiten, ab 1977 zweiter Vizepräs. *Syn. Council of Am.* Lebte 1976 in Far Rockaway/N.Y.

W: u.a. A Treasury of „Tradition" (Mithg.). 1967. *Qu:* Fb. Hand. Pers. Z. - RFJI.

Wurzweiler, Gustav, Bankier; geb. 10. März 1896 Mannheim, gest. 2. März 1954 New York; jüd.-orthodox; *V:* Siegmund (Seligmann) W. (gest. 1943 New York); *M:* Amalie, geb. Levi (geb. 1866 Grünstadt/Pfalz, gest. 1941 New York); ∞ Brüssel, Lou V. Bloch, gesch.; *StA:* deutsch, USA. *Weg:* 1936 B, 1941 USA.

Teiln. 1. WK (Offz.), anschl. Inh. einer Privatbank in Mannheim, Repräsentant im jüd. GdeRat. 1936 Emigr. Brüssel, 1941 in die USA. 1941-54 Bankier in New York, 1950-54 Mitgl. New Yorker Effektenbörse. 1950 Gr. *Gustav Wurzweiler Foundation* New York zur Unterstützung jüd. Kultur-, Sozial- u. Erziehungsarbeit sowie von jüd. Gden., Wissenschaftlern u. Körperbehinderten, Zuwendungen insbes. an Graduate (jetzt: Wurzweiler) School for Social Work, Yeshiva Univ. New York, LBI New York, Sha'arei Zedek Hospital Jerusalem, Yad Ha'rav Herzog Jerusalem u. Bar-Ilan Univ. Ramat Gan.

Qu: Hand. HGR. Pers. - RFJI.

Wuttke, Franz (Franciszek), Parteifunktionär; geb. 26. Nov. 1899 Józefów b. Olesno/Oberschlesien, gest. 14. Okt. 1973 Zabrze/Oberschlesien; *V:* Paul W.; *StA:* deutsch, 1946 PL. *Weg:* 1933 CSR; 1938 GB; 1946 PL.

Heizer, 1917-19 MilDienst, 1920 Gew., 1923 KPD, Mai 1924 aus pol. Gründen 4 Wochen Haft, ab 1928 Mitgl. KPD-BezLtg. Oberschlesien, 1929 GewAusschluß, 1930-33 RGO u. ab Mai 1932 OrgLtr. BezKomitee Oppeln; 1930-32 *Kampfbund gegen den Faschismus*, 1930-33 StadtVO. Hindenburg (Zabrze). Nach natsoz. Machtübernahme illeg. Tätigkeit unter Deckn. Siegfried, Juli 1933 wegen Verhaftungsgefahr gemäß Parteibeschluß Emigr. in die CSR, ab Dez. 1933 Ltr. KPD-Grenzstützpunkt Mährisch-Ostrau, Unterstützung der illeg. BezLtg. der KPD in Ober- u. Niederschlesien, mit der W. ab März 1934 durch KSČ-Hilfe in direktem Kontakt stand. Deckn. Peter, Rudolf. Dez. 1938 nach GB, bis Febr. 1945 Mitgl. KPD-Landesgruppe; Juli 1940–Juni 1941 Internierung auf Isle of Man, ab Febr. 1945 Mitgl. *Polska Partia Robotnicza* u. Sept.– Dez. 1945 Sekr. der Parteigruppe in Leeds. Jan. 1946 Rückkehr nach Oberschlesien, Dir. eines Drahtbetriebs in Zabrze u. Sekr. *Polska Zjednoczona Partia Robotnicza,* ab 1951 StadtVO. Zabrze.

L: Friederici, Hans Jürgen, Zur Entwicklung der neuen Strategie und Taktik der KPD und ihrer führenden Rolle im antifaschistischen Widerstandskampf. Habil. phil. masch. 1965. *D:* Zentralarchiv beim ZK der Polnischen Vereinigten Arbeiterpartei Warschau. *Qu:* Arch. Publ. - IfZ.

Wyden (urspr. Weidenreich), **Peter H.,** Journalist, Verleger; geb. 2. Okt. 1923 Berlin; *V:* Erich W. Weidenreich; *M:* Helen Silberstein; ∞ I. 1947 Edith Rosenow, 1961 gesch.; II. 1961 Barbara Woodman; *K:* Ronald Lee; Jeffrey Alan; *StA:* deutsch, 1943 USA. *Weg:* 1937 USA.

1937 Emigr. USA; 1942-43 Mitarb. *Daily Metal Reporter* New York. 1943-45 US-Armee, Einsatz in Europa. 1947-49 Reporter *Wichita Eagle* Kansas, 1949-54 bei *St. Louis Post - Dispatch,* 1954-59 Korr. in Washington für *Newsweek,* 1959-62 Red., später Mitarb. *Saturday Evening Post,* 1962-65 Red. *McCall's* New York, 1965-69 Chefred. *Ladies Home Journal* New York. Ab 1969 Gr. u. Präs. Verlag Peter H. Wyden, Inc. New York. Lebte 1978 in New York u. Chester/Conn.

W: Suburbia's Coddled Kids. 1961; The Hired Killers. 1962; The Overweight Society. 1965; How the Doctors Diet (Mitverf.). 1968; Growing up Straight (Mitverf.). 1968; The Intimate Enemy (Mitverf.). 1969. *Qu:* Hand. - RFJI.

Wydra, Heinz Naftali, Dr. jur., Reeder, Schiffahrtsexperte; geb. 24. Okt. 1909 Leipzig; jüd.; *V:* Shimon W. (geb. 1875 Osteuropa, umgek. 1943 im Holokaust in JU), jüd., Kaufm., 1933 Emigr. JU; *M:* Rebecca, geb. Epstein (geb. 1885 Brody, umgek. 1943 im Holokaust in JU), jüd., 1933 Emigr. JU; *G:* Osias (geb. 1905 Leipzig, umgek. 1943 im Holokaust in JU), Handelshochschule, Kaufm., 1933 Emigr. JU; ∞ 1933 Joheved Kaplan (geb. 1911 Minsk), jüd., 1924 Emigr. Pal., chem. Assist.; *K:* Yael Yanor (geb. 1936), jüd.; Reuben (geb. 1940), 1964 in die USA, M.B.A., Fabrikdir.; *StA:* deutsch, Pal./IL. *Weg:* 1933 Pal.

1929-32 Stud. Rechtswiss. Heidelberg, Leipzig u. Berlin, 1933 Prom., 1931-33 Referendar. Mitgl. K.J.V. März 1933 Emigr. Palästina mit Touristenvisum; 1933-36 bei Reederei in Haifa, zuletzt Filialltr.; 1936-47 Ltr. der Schiffahrts- u. Fischereiabt. der *Jew. Agency* Haifa. 1947-65 Dir., später GenDir. der Zim Israel Navigation Co., der Israel-American Shipping Co. u. von Shoham Sherutey Hayam Ltd., 1958-65 Gr., Dir. der Black Star Line Ghana u. 1960-65 Gr. u. Dir. der Five Star Line Birma. 1965-69 Schiffahrtsberater u. Studien auf dem Gebiet der Hafenschiffahrt. Ab 1969 Vors. des isr. Hafenamtes, ab 1970 geschäftsf. Dir. des isr. Forschungsinst. für Seeschiffahrt Haifa, Doz. Univ. Haifa. Ab 1943 Mitgl., 1957-63 Präs. der isr. Handelskammer für Schiffahrt. Mitgl. *Rotary Club.* Lebte 1977 in Haifa.

Qu: Fb. Hand. - RFJI.

Wyman (urspr. Weinmann), **Charles Alfred,** Dr. jur., Industrieller; geb. 7. Juni 1914 Aussig/Böhmen; jüd., unit.; *V:* → Hans Weinmann; *G:* → Henry Walter Wyman, → Ralph Mark Wyman; ∞ 1938 Olga Perger; *K:* John Howard; Thomas Michael; Virginia Ann; *StA:* CSR, 1946 USA. *Weg:* 1938 GB, 1940 CDN, 1941 USA.

Stud. Rechtswiss. Prag, 1936 Prom. 1938 Emigr. GB, 1940 nach Kanada, 1941 in die USA. 1942-44 stellv. Vizepräs. Eversharp Inc. Chicago, 1944-45 Präs. Universal Plastics Co. New Brunswick/N.J., 1951-69 Präs. 94th & Fifth Ave. Corp. New York, bis 1972 Präs. u. AR-Vors. Gummiwaren-Fabrik H.O. Canfield Co., Inc. Bridgeport/Conn., Dir. Pantasote Leather Co. Passaic/N.J., HauptvorstMitgl. Am. Foam Rubber Co., Vizepräs. Plastik-Tapetenfabrik Tohoe Corp.; Gr. u. Dir. der amerikan.-österr. Handelskammer New York; Mitgl. *Rubber Manufacturers Assn.* Lebte 1972 in New York.

L: Hilberg, Destruction. *Qu:* Hand. Publ. Z. - RFJI.

Wyman, Frederick (urspr. Weinmann, Fritz), Industrieller; *G:* → Hans Weinmann; ∞ verh.; *K:* Thomas G.; Vizepräs. Omni Products Corp. New York, Assist. Secy. of Commerce während der Präsidentschaft von Lyndon B. Johnson, 1976 regionaler Wahlkampflr. für Gerald Ford; Frank W., Assist. Secy. of Commerce während der Präsidentschaft Johnson; *StA:* CSR, USA. *Weg:* 1938 F, GB; 1941 USA.

Mitinh. der Kohlenfirma Ed. J. Weinmann in Aussig/Böhmen. 1938 Emigr. Frankr.; Mai 1939 erfolglose Verhandlung mit Vertr. der Dresdner Bank in Paris über den Verkauf des Familienunternehmens, anschl. Vermögenseinzug. Emigr. nach GB, 1941 in die USA.

L: Hilberg, Destruction; Jews of Czechoslovakia, Bd. I. *Qu:* Hand. HGR. Publ. - RFJI.

Wyman (urspr. Weinmann), **Henry Walter**, Industrieller; geb. 7. Febr. 1919 Aussig/Böhmen; jüd., ev.; *V:* → Hans Weinmann; *G:* → Charles Alfred Wyman; → Ralph Mark Wyman; ∞ verh.; *K:* Alexis Helen; David Christopher Parnass; Carla Marguerite Stella; *StA:* CSR, USA. *Weg:* 1938 GB, 1940 CDN, 1941 USA.

Höhere Schule in der CSR, 1938 Emigr. GB; 1939-40 Stud. London School of Econ., 1940 Emigr. Kanada, 1941 in die USA. 1942-43 Stud. Columbia Univ.; ab 1942 im Familienbetrieb Pantasote Leather Co. Passaic/N.J., 1945-60 Vizepräs., ab 1960 Präs.; daneben 1952-54 Finanzdir. American Foam Rubber Co., Dir. H.O. Canfield Co., Inc. Bridgeport/Conn., mit Bruder Charles Präs. u. Vors. H.O. Canfield Co., Inc.; Kuratoriumsmitgl. *Bethlehem Children's Fund* u. Trustee der luth. Kirchengde., Mitgl. *Am. Arbitration Assn.* Lebte 1972 in Greenwich/Conn.

Qu: Hand. Z. - RFJI.

Wyman (urspr. Weinmann), **Ralph Mark**, Industrieller, Anlageberater; geb. 7. Febr. 1926 Aussig/Böhmen; jüd., ev.; *V:* → Hans Weinmann; *G:* → Charles Alfred Wyman; → Henry Walter Wyman; ∞ 1947 Lotte Ann Novak; *K:* Leslie Andrea; *StA:* CSR, 1946 USA. *Weg:* 1938 GB, 1940 CDN, 1941 (1942?) USA.

1938 Emigr. GB, 1940 nach Kanada; 1942 Stud. Upper Can. Coll.; 1941 (1942?) Emigr. USA, 1942-43 Stud. Bucknell Univ., 1945 B.Sc. Betriebswirtschaft New York Univ., 1945-46 Graduate School Columbia Univ. New York. 1946-47 stellv. Dir. Exportabt. Liebermann Waelchi & Co., Inc., New York, 1947-48 Praktikant Investmentfirma White Weld Co.; 1948-65 Vizepräs., ab 1953 Dir., ab 1965 stellv. AR-Vors. H.O. Canfield Co. New York, ab 1967 stellv. AR-Vors. Pantasote Co. Passaic/N.J. (Hersteller von Kunstleder u. -stoffen), Teilh. Eagle Management Co.; Präs., Kirchenvorst. u. Kirchenältester Presbyterian Church, Kuratoriumsmitgl. Theol. Seminar Pittsburgh, Kuratoriumsmitgl., später Mitgl. Beratungsausschuß Greenwich Acad. Lebte 1978 in Grennwich/Conn.

Qu: Hand. Z. - RFJI.

Wyrgatsch, Otto, Journalist; geb. 17. Nov. 1884 Dresden, gest. 3. Nov. 1933 DK; *StA:* deutsch. *Weg:* 1933 DK; Maschinentechniker, 1912-13 Vertrauensmann des DMV, 1913-14 Berichterstatter *Volksblatt für Harburg, Wilhelmsburg und Umgebung,* 1918 Gr. u. bis 1919 Chefred. *Hildesheimer Volksblatt,* 1919 StadtVO. u. SPD-Fraktionsvors. Hildesheim. Ab 1920 Chefred. *Königsberger Volkszeitung.* StadtVO. Königsberg, Mitgl. ProvLT, Mitgl. Kulturbeirat *Ostmarksender,* AR-Mitgl. Königsberger Bühnen. Aug. 1932 bei SA-Überfall schwer verletzt. Nach der natsoz. Machtübernahme im Untergrund, 9. Juli 1933 Flucht nach Dänemark, dort an Folgen seiner Verletzung gestorben.

L: Matull, Arbeiterbewegung; *Qu:* Hand. Publ. - IfZ.

Y

Yadin, Uri (urspr. Heinsheimer, Rudolf), Dr. jur., Rechtsanwalt, Ministerialbeamter; geb. 31. März 1908 Baden-Baden; *V:* Friedrich Heinsheimer (geb. 1871 Mannheim, gest. 1937 Baden-Baden), Arzt; *M:* Emma, geb. Willstätter (geb. 1880 Karlsruhe, gest. 1957 New York); *G:* Hans (geb. 1900 Karlsruhe), Stud. Musikhochschule, Emigr. Österr., 1938 USA; Gertrude (geb. 1904 Baden-Baden, gest. 1942 Pal.), 1935 Emigr. Pal.; ∞ 1934 Lea (geb. 1905 Rußland), 1912 nach Pal., Kinderärztin; *K:* Ada (1936-73), Lehrerin; Shulamit (geb. 1942), Doz. für Gesch. Univ. Tel Aviv; *StA:* deutsch, Pal./IL. *Weg:* 1933 Pal.

1930 Prom. Heidelberg, 1931 Referendar, 1931-33 Assist. Jurist. Fak. Berlin, 1933 Entlassung u. Berufsverbot. März 1933 Emigr. Palästina, 1934 RA-Examen für Ausländer; 1934-36 Law Clerk, 1936-48 RA-Praxis, 1948-49 Assist. des GenStaatsanwalts u. Ltr. der Abt. Gesetzgebung, ab 1949 Dir. für Planung im Rechtswesen u. ab 1958 stellv. GenStaatsanwalt im isr. Justizmin.; ab 1951 Gastdoz. für Körperschafts- u. Verfassungsrecht u. Rechtsvergleichung, ab 1970 Visiting Assoc. Prof. an der Hebr. Univ.; Mitgl. des isr. Justizausschusses. Lebte 1977 in Jerusalem.

Qu: Fb. Hand. Pers. - RFJI.

Yahil (urspr. Hoffmann), **Chaim**, Dr. rer. pol., Diplomat; geb. 25. Sept. 1905 Groß-Meseritsch/Mähren, gest. 16. Mai 1974 IL; *V:* Joseph Hoffmann; *M:* Flora, geb. Kestler; ∞ Leni Westphal (geb. 1912), Historikerin, 1934 Emigr. Pal.; *K:* Amos; Yonatan (geb. 1945, gef. 1967 im Sechs-Tage-Krieg); *StA:* Pal./IL. *Weg:* 1939 Pal.

Stud. Prag, 1931 Prom. Wien; 1933-39 Dir. *Jüdische Sozialhilfe* Prag; Emigr. Palästina, 1939-42 Dir. für Bildungswesen bei *Histadrut* Haifa, 1942-45 bei *Histadrut* Tel Aviv. 1945-48 Dir. *Jew. Agency* München, 1948-49 isr. Konsul München; 1949-51 Ltr. Einwandererbüro Tel Aviv. Ab 1951 bis zur Pensionierung im isr. Außenmin., 1951-53 Chef der InfoAbt., 1953-54 AbtLtr. der isr. Mission in Köln, 1956-59 isr. Botschafter in Schweden, Gesandter in Norwegen u. Island; 1965-68 Ltr. *haMerkaz laTefuzot* (Zentrum für die Diaspora), 1968-71 1. Vors. der isr. Rundfunkbehörde. Deleg. beim Zion. Weltkongreß, Red. für zeitgenöss. jüd. Gesch. bei *Encyclopaedia Judaica.* Mitgl. *Foreign Policy Assn.* Jerusalem. Nach Pensionierung geschäftsf. Vors. des *Land of Israel Movement,* mit dem sich führende Politiker gegen die Friedensvorschläge der USA von 1970 u. deren Annahme durch die isr. Reg. wandten.

W: Träger der Verwirklichung (Geschichte der palästinensischen Arbeiterbewegung). 1939; HaSozializm haScandinavi be Hagshamato (Der Skandinavische Sozialismus in der Praxis). 1966; Dimensions Symposium. The Middle East Crisis: Israelis Explore Alternatives (Mithg.). 1970. *L:* Yonatan (Yahil) (Die Familie über ihren Sohn Yonatan). 1969. *Qu:* Hand. Pers. Z. - RFJI.

Yallon, Shimon (urspr. Dzialoszynski, Hans Simon), Diplomat, Ministerialbeamter; geb. 26. Apr. 1910, gest. 25. Jan. 1975; *V:* Arnold Dzialoszynski (geb. 1868 Kempen b. Posen, gest. 1947 Haifa), höhere Schule, Kaufm., ehrenamtl. Richter, aktiv in jüd. Wohltätigkeitsorg., 1939 Emigr. Pal.; *M:* Else, geb. Tietz (geb. 1882 Birnbaum/Posen, gest. 1947 Haifa), höhere Schule, 1939 Emigr. Pal.; *G:* Hilde Loeb (geb. 1907), 1933 Emigr. Pal.; ∞ I. Dr. med. Aliza Czempin (geb. 1913 Berlin), Kinderärztin, Emigr. Pal., gesch.; II. 1960 Ilse Meyer (geb. 1910 Berlin), Turnlehrerin; *K:* Daniel (geb. 1944), Volkswirt, Sekr. der Israel Shipwharf Co.; Hanna Levy (geb. 1944), B.A. Psychologie, Lehrerin; Tivona Mayer-Sommer (geb. 1946). *Weg:* 1933 GB, 1935 Pal.

Lehre in den Tietz-Kaufhäusern, 1929-30 Ausbildung in Boston/Mass., Stud. Volkswirtschaft Bonn, Apr. 1933 kurz vor dem Staatsexamen Emigr. GB, 1933-35 Bankangest. in London. 1935 nach Palästina mit ungültigem A I-Zertifikat, 1935-43 Autobusfahrer, später Geschäftsf. der Omnibusges. Egged Karmel u. dann des staatl. Transportunternehmens Steel Brothers, 1943-52 VorstMitgl. der Palestine Edible Products. Offz. der *Haganah*. 1953-57 Wirtschaftsberater der isr. Botschaft in Rom, Mitarb. am 1. isr.-ital. Handelsabkommen. 1957-63 stellv. GenDir. im isr. Entwicklungsmin., 1963-64 Mitarb. an isr. Entwicklungsanleihen in Europa; 1964-66 isr. GenKonsul in Atlanta/Ga., USA, 1966-70 stellv. GenDir. im Entwicklungsmin., 1970-72 Wirtschaftsattaché im Range eines Gesandten an der isr. Botschaft Tokio, 1973-75 stellv. GenDir. im Entwicklungsmin.; mehrmals Missionen für UJA u. isr. Staatsanleihen in die USA.

Qu: Fb. Hand. - RFJI.

Yaskiel, David, Kaufmann; geb. 16. Aug. 1900 Kaminitz/Schlesien; *StA:* deutsch, 11. Juni 1935 Ausbürg. *Weg:* 1933 GB.

Kaufm. in Berlin, keine pol. Aktivität. Apr. 1933 Emigr. London, Gr. der *British International News Agency* als Vertriebszentrale für Exilliteratur, ZusArb. mit Querido-Verlag Amsterdam, Europäischer Merkur Paris u. Malik-Verlag London, u. a. Vertrieb von *Der Gegen-Angriff* u. *Neuer Vorwärts*. Mitwirkung an Hg. des 2. Braunbuchs *The Reichstag Fire Trial* (London 1934). Apr.-Mai 1937 als unerwünschter Ausländer in Haft. Bemühungen der brit. Behörden um Abschiebung nach Deutschland scheiterten an Ablehnung durch das AA in Berlin.

Qu: Arch. - IfZ.

Yatir (urspr. Jutrosinski), **Chanan**, Ministerialbeamter; geb. 31. Juli 1903 Berlin; *V:* Dr. med. Richard Jutrosinski (geb. 1865 Posen, gest. 1937 Berlin), Arzt; *M:* Margarita, geb. Jacobson (geb. 1871 Bromberg, gest. 1936 Berlin); *G:* Ernst Jutro (geb. 1901 Berlin, gest. 1953 Paris), Stud. Berlin u. Heidelberg, 1933 Emigr. F, nach Kriegsbeginn franz. Armee, Evakuierung von Dünkirchen nach GB, 1945 F, Antiquar; Kurt Jutrosinski (geb. 1905 Berlin), Mitgl. *Jüdischer Kulturbund*, 1939 Emigr. USA; ∞ I. 1941 Rachel Bilder (geb. 1911 Kassel, gest. 1950), Stud. Berlin, Pathologin; II. 1954 Miriam Weizmann (geb. 1914 Berlin); *StA:* deutsch, IL. *Weg:* 1935 Pal.

Stud. Berlin, 1927-35 in Antiquariatsbuchhandlungen in Berlin u. Leipzig tätig. 1935 Emigr. Palästina mit Touristenvisum, später Umwandlung in A I-Zertifikat. 1935-49 im Buchhandel tätig, 1942-44 Angest. bei der brit. Armee; 1949 Eintritt ins isr. Min. für Handel u. Industrie, 1956 Dipl. des Inst. für öffentl. Verw. Jerusalem, 1956-62 Ltr. der Abt. für Bücher- u. Zeitungs-Importe, 1962-68 Ltr. der Abt. für Importe chem. Produkte, 1968 Pensionierung. Mitgl. *Histadrut*. Lebte 1977 in Talpiot/Israel.

Qu: Fb. - RFJI.

Yavor, Hanan (urspr. Berkowicz, Hans), Verbandsfunktionär, Diplomat; geb. 8. Nov. 1911 Köln; *V:* Eduard Berkowicz; *M:* Frieda, geb. Meyer; ∞ 1940 Hilde Shorr; *K:* Yael; Noam. *Weg:* 1936 Pal.

1928-33 Mitgl. K.J.V., 1931-32 Stud. Köln. 1936 Emigr. Palästina; Instrukteur bei der *Jugend-Alijah* im Kibb. Deganyah, 1936 Mitgl. *Histadrut*, ab 1940 *Mapai*, 1936-47 *Haganah*. 1945-46 Vertr. der *Jew. Agency* in Stockholm, 1950-53 Geschäftsf. Unionsbank der kooperativen Siedlungen in Israel, 1953-56 Vizepräs. von Ihud Enterprises, Inc. (New Yorker Investitionsges. der Union von Kollektivsiedlungen Hever haKvuzot u. ve haKibbuzim); 1956-58 1. isr. Konsul, später Chargé d'affaires isr. Gesandtschaft Accra/Ghana, 1958-60 isr. Gesandter in Liberien, ab 1960 isr. Gesandter in Nigerien; ab 1965 bei Mayer Investment Corp. tätig. Lebte 1978 in Tel Aviv.

Qu: Hand. - RFJI.

Yinon (urspr. Jung), **Moshe**, Verbandsfunktionär, Finanzexperte; geb. 3. Febr. 1914 Nürnberg; ∞ Eva Kudler; *K:* 2 S; *StA:* deutsch, IL. *Weg:* 1939 Pal.

Stud. Florenz u. Bologna; 1939 Emigr. Palästina, 1939-43 KibbMitgl., 1943-48 Angest. beim Einwanderungsdienst der Bewegung *Mizraḥi Torah veAvodah* (Religion u. Arbeit), 1948-60 (?) Ltr. Abt. zur Integration von Fachkräften in der Westabt. der *Jew. Agency*. 1960-61 GenKonsul in Amsterdam, 1961-64 Berater an der isr. Botschaft Den Haag. 1965-69 Dir. Hollaender Investment Co., ab 1969 als stellv. GenDir. der Bar Ilan Univ. für Finanzierungsaufgaben zuständig, daneben ab 1974 AR-Mitgl. der United Miẓraḥi Bank. Mitgl. Zentralkomitee von *haPoel haMizrahi;* Abg. bei zion. Kongressen. Lebte 1976 in Herzliya/Israel.

Qu: Hand. Publ. - RFJI.

Yoeli (urspr. Aptekmann), **Pinhas**, Offizier, Kartograph; geb. 1. Juli 1920 Bayreuth; *V:* Julius Aptekmann; *M:* Edith, geb. Schindler; ∞ 1949 Agi Izakowa; *K:* Dan; Raphael. *StA:* Pal./IL. *Weg:* 1936 Pal.

1936 Emigr. Palästina; 1942-48 Ltr. mil.-topogr. Abt. der *Haganah*, 1948-57 Dienst in IDF, 1948-52 Ltr. mil.-topogr. Abt. u. stellv. Ltr. isr. Vermessungsamt; 1952-57 Oberst im Nachrichtendienst. 1956 Dipl.-Ing. TH Zürich, ab 1957 FakMitgl., ab 1966 Assoc. Prof. am Technion Haifa u. Ltr. der kartograph. Abt. der Technion Research and Development Foundation, Ltd. Lebte 1972 in Haifa. - *Ausz.:* Ot Haganah, Ot Hamishmar, Ot Hakomemiut.

Qu: Hand. - RFJI.

York-Steiner, Heinrich Elchanan, Politiker; geb. 1859 Senica/Mähren, gest. 1934 (1935?) Tel Aviv; jüd.; *V:* Aharon Uri York (?) (gest. 1860), jüd., Ladeninh.; *M:* Csarne, geb. Heller, jüd., Ladeninh.; *G:* Edward Alfred Steiner (geb. 1866 Senica), jüd., christl., nach USA, Congregational Pastor u. Prof. am Grinnell Coll. Iowa; ∞ 1884 Cila Baver (?), im 1. WK in der Flüchtlingshilfe tätig; *K:* Flora Muskat. *Weg:* 1933 Pal.

Kaufm. in Wien; 1896 Schriftltr. Verlag Wiener Mode. Nach Erscheinen von Herzls *Judenstaat* Mitgl. der zion. Bewegung. Legte Herzl den Erwerb seiner Ztg. zur Vertr. zion. Ideenguts nahe u. übernahm 1897 die techn. Vorbereitungen zur Hg. des zion. Zentralorgans *Die Welt*. März 1897 Mitgl. eines Aktionskomitees in Wien, das die Einberufung des 1. Zionistenkongresses beschloß, Ltr. des OrgAusschusses auf dem 1. Zionistenkongreß in Basel, maßgebl. Einfluß auf die Formulierung der Statuten der W.Z.O.; 1897 Eintreten für Verständigung zwischen Zion. u. Freimaurern über gemeinsame Ziele; 1899 nach dem 3. Zionistenkongreß Entwurf eines Programms für die Eröffnung von Tochterges. der jüd. Kolonialbank in versch. Ländern, vor allem in den USA, sah als einer der ersten die Bedeutung der amerikan. zion. Bewegung. 1900 Inspektor der Jüd. Kolonialbank, 1903 Zweigstellenltr. in New York, 1903 auf dem 6. Zionistenkongreß in Basel Gegner des Uganda-Angebots der brit. Reg., 1904 Bericht in *Die Welt* über Konf. mit dem Päpstl. Staatssekr. u. sein Versprechen, daß der Apostolische Legat keine Einwände gegen jüd. Kolonisation in Palästina erheben würde; 1904 nach Herzls Tod Verfechter von Herzls Idee des pol. Zionismus, Gegner des Helsingfors-Programms von 1906 u. anderer Pläne, die zion. Arbeit in der

Diaspora zu intensivieren, gleichz. Gegner einer überstürzten u. ungeplanten Kolonisierung Palästinas. 1911 Rücktritt, nachdem die „praktischen Zionisten" die Führung in der W.Z.O. übernommen hatten. Im 1. WK i.A. der österr. Freimaurer Mission in die USA u. andere Länder mit dem Ziel eines Waffenstillstands. Wurde Ende der 20er Jahre Mitgl. der *Zionistisch-Revisionistischen Partei,* aktiv in *Zionistischer Organisation* Wien. 1933 Emigr. Palästina.

W: u.a. Künstlerfahrten vom Atlantischen bis zum Stillen Ozean. 1883, 1895; Anti. 1895; Mutter Eva. 1897; Der Talmudbauer. 1904 (?); Der hohe Kurs (Drama). 1914; Vom sterbenden Geld. 1920; Die Kunst, als Jude zu leben (autobiogr. Essays). 1928; Aus Herzls letzter Zeit. In: Nossenblatt, Tulo, Zeitgenossen über Herzl. 1928; Das Licht verlöscht. Dem Leben nacherzählt. In: Jahrbuch für jüdische Geschichte und Literatur. 1931. *L:* Bein, A., Theodor Herzl. 1940; Patai, R. (Hg.), The Complete Diaries of Theodor Herzl. 1960. *Qu:* Hand. Publ. – RFJI.

Yourgrau, Wolfgang, Dr. phil., Journalist, Hochschullehrer; geb. 16. Nov. 1908 Kattowitz; ∞ 1947; *K:* 4; *StA:* deutsch, Pal., USA. *Weg:* 1933 PL; Lettland; Pal.; 1949 S-Afrika, 1959 USA.

Stud. Phil. Berlin, 1930-32 Stipendiat Abraham-Lincoln-Stiftung, 1932 Prom.; 1932-33 Assist. für Empir. Phil. Univ. Berlin. Mitgl. SAPD, nach der natsoz. Machtübernahme illeg. tätig. Dez. 1933 Flucht nach Polen, Dramaturg u. Regisseur einer SchauspTruppe, verhaftet u. ausgewiesen; Aufenthalt in Riga, Ausweisung aus pol. Gründen, mit Unterstützung von → Robert Welsch nach Palästina. Als Doz. für Kulturabt. von *Histadrut* tätig, vor allem Vorträge u. Seminare über den Islam, Mitgr. Alijah Chadaschah, journ. tätig (Ps. Tuggelin). Erwarb die Lizenz für die Wochenzs. *Orient,* die er ab Apr. 1942 zus. mit Arnold Zweig als betont antifaschist. Organ in der Tradition der Berliner *Weltbühne* herausgab; als kritisches, nichtzionist. Blatt in dt. Sprache stark angefeindet, nach Boykott- u. Einschüchterungsversuchen u. Bombenanschlag der *Haganah* auf die Druckerei im Apr. 1943 zur Einstellung gezwungen. Anschl. Red. dt.-sprach. Rundfunksendungen der brit. Mandatsreg., 1944 Tätigkeit für OSS in Kairo, ab Okt. 1945 Doz. u. AbtLtr. der brit. School of Higher Studies in Jerusalem. 1946-48 Red. bei der phil. Sektion der Hist. and Phil.Soc. Jerusalem, 1949-59 Doz. für Phil. Univ. Witwatersrand u. Natal, ab 1959 Prof. Univ. Minn., Carleton Coll. u. Smith Coll., USA. Ab 1963 Prof. Univ. Denver. U.a. Mitgl. *Assn. Symbolic Logic, Am. Phil. Sci. Assn., Am. Phys. Assn., Royal Inst. Phil.*

W: Der Nahe Osten – Gewehr bei Fuß. Tel Aviv (Matara) 1939; Variational Principles in Dynamics and Quantum Theory (Mitverf.). 1955; Some Problems Concerning Fundamental Constants in Physics. In: Current Issues in the Philosophy of Science. 1961; On the Reality of Elementary Particles. In: The Critical Approach to Science and Philosophy. 1964; *L:* Wormann, Curt D., German Jews in Israel. In: Yearbook LBI, 1970; Riedel, Volker, Orient. Haifa 1942-43. Bibliographie einer Zeitschrift. 1973; Walter, Exilliteratur, 4. *Qu:* Arch. Hand. Publ. – IfZ.

Z

Zadek, Walter, Buchhändler, Journalist; geb. 25. März 1900 Berlin; *V:* Dr. med. Ignaz Z. (geb. 1858 Posen, gest. 1931 Berlin), Arzt u. Schriftst., Mitgl. SPD, später USPD, StadtVO Berlin; *M:* July, geb. Nathan (geb. 1866 New York, gest. 1952 Holon), jüd., Lehrerin, Mitgl. SPD, VorstMitgl. Freie Volksbühne; *G:* Kitty (Käthe) (geb. Berlin, gest. 1976 London); Dr. med. Ignaz Z. (geb. Berlin, gest. 1962 [?] Berlin), Arzt, Ltr. Krankenhaus Neukölln-Rudow" Lilli (geb. 1893 Berlin,

gest. 1969 Holon), Bäuerin, Kunstgewerblerin, Sozialarbeiterin; Else (geb. 1895 Berlin, gest. 1973 Vevey/CH), Ärztin; ∞ I. 1920 Helene Wieruszowski (geb. 1893 Görlitz, gest. 1976 New York), jüd., Fürsorgerin, 1933 Emigr. Pal., Buchhändlerin, 1958 gesch.; II. 1958 Jetty Hillesum (geb. 1914 Amsterdam), jüd., Stud. Amsterdam u. Pal., Fürsorgerin, Buchhändlerin; *K:* Benjamin (1919-1976), Emigr. GB, Inspektor am Kennedy-Flughafen in New York; Uri, Emigr. GB, Modelltischler; Ronnith (geb. 1943); Irith (geb. 1953); *StA:* deutsch, Pal./IL, 1957 IL u. deutsch. *Weg:* 1933 Pal.

1918 Abitur Berlin; Mitgl. *Proletarische Jugend,* Wandervogel u. *Blau-Weiß,* 1918 bei der *Spartakus-*Jugend. 1919-21 Stud. Wirtschaftswiss. München u. Berlin, daneben Buchhändler bei A. Ascher & Co. u. Buchhandlung Kurfürst Berlin. 1923-30 Journ. u. Red. bei Ullstein *(Uhu)* u. Mosse *(Berliner Tageblatt)* in Berlin; 1930-33 Inh. u. Ltr. der Ztg.-Korr. *Zentralredaktion für deutsche Zeitungen* in Berlin. Ps. H. v. Wendelin. 1925-33 Mitgl. *Reichsverband der deutschen Presse,* ab 1925 Mitgl. SDS, 1930-33 Mitgl. *Korrespondenzverleger-Verband.* März-Apr. 1933 inhaftiert. Entlassung durch Intervention des SDS u. des *Korrespondenzverleger-Verbandes.* Apr. 1933 illeg. Emigr. Niederlande, Unterstützung durch Flüchtlingskomitees in Amsterdam u. Brüssel; Reisen nach Belgien, Frankr., der Schweiz u. GB, um Geschäftsverb. für den paläst. Buchmarkt anzuknüpfen. Dez. 1933 nach Palästina mit C-Zertifikat, 1934 Mitarb. von *Davar, Haarez* u.a. Zs., 1934-38 Pressephotograph für versch. Ztg. u. Zs. in Palästina, Deutschland u. den USA, Mitarb. *Orient* (→ Wolfgang Yourgrau). Ps. Uri Benjamin, David Ruben, Daniel Jubal, Oda Ková, Gamba, Ein Vater; 1934-41 Inh. von Biblion (Verlag u. Buchimport-Firma, spezialisiert auf Exil-Literatur). 1940-73 Gr. u. Inh. der Antiquariats-Buchhandlung Logos Tel Aviv. Gr. u. 1941-42 Präs. *Verband Palästinensischer Pressephotographen;* Mitgl. *PEN-Club* u. I.O.M.E. Lebte 1978 als Antiquar in Holon/IL u. Frankfurt/Main.

L: Walter, Exilliteratur, 4. *Qu:* Fb. – RFJI.

Zaglits, Oscar, Dr. rer. pol., Wirtschaftsexperte, Ministerialbeamter; geb. 7. Mai 1897 Groß Petersdorf/Schlesien; *V:* Josef Z.; *M:* Pauline, geb. Tauss; ∞ 1918 Carla Kottler; *StA:* österr., 1945 USA. *Weg:* 1939 USA.

Prom. Wien; 1921-24 geschäftsf. Sekr. u. Bankrevisor der Bundeskommission für Bankwesen in Österr., 1924-38 stellv. Dir. u. später Dir. der staatl. Hypothekenges. vom österr., geschäftsf. Dir. der *Vereinigung österr. Hypothekengesellschaften,* AR-Mitgl. der Wiener Börse u. der Bundeswohnbauberatung von Österr.; 1924-38 Mitgl. des Bundesberatungskomitees für Bau- u. Kreditges. in Österr. 1939 Emigr. USA; ab 1940 im US-Landwirtschaftsmin., 1940-42 Volkswirt im Bureau of Agricultural Finance; 1942-58 Ltr. der Financial & Trade Policy Section u. später Ltr. der Foreign Agric. Trade & Policies Div. des Office of Foreign Agric. Relations; 1945 Sekretariatsmitgl. der ersten Konf. der FAO in Quebec, 1946-47 Berater der amerikan. Deleg. zum Vorbereitungskomitee für World Food Proposals der FAO, 1947 u. 1948 Sekr. der amerikan. Deleg. zur Internat. Weizen-Konf. in London u. in Washington/D.C., 1947 u. 1948 Berater der amerikan. Deleg. zur Internat. Handelskonf. in Havanna; 1950 Teiln. der 4. Sitzung von GATT in Genf, 1950 Berater der amerikan. Deleg. zur Econ. Commission for Europe; 1963-64 Berater beim US-Außenmin. 1964-65 Berater der US-Mission bei den internat. Behörden in Genf, 1967 Berater der amerikan. Deleg. bei den internat. Zollverhandlungen (Kennedy-Runde). Mitgl. der *Am. Econ. Assn.* u. *Am. Farm Econ. Association.*

W: u.a. Das mitteleuropäische Bankwesen (Mitverf.). 1929; Bank- und Kreditwesen in Österreich. 1933. *Qu:* Hand. – RFJI.

Zahn, Alfred, Journalist u. Staatsfunktionär; geb. 17. Aug. 1903 Hamburg; *V:* Maschinist; *StA:* deutsch. *Weg:* 1935 F; 1941 USA; Deutschland (SBZ).

Lehrerseminar, ab 1921 Lehrer; 1919 KPD, Anfang der 20er Jahre Ltr. der Jugendbeilage der *Hamburger Volkszeitung*, 1923 Teiln. am Hamburger Aufstand u. deshalb 1924 Emigr. in die UdSSR, Mitarb. IRH u. Chefred. des IRH-Organs. Nach Amnestie 1927 Rückkehr nach Hamburg, Korr. für sowj. Tagesztg. *Goudok* sowie Theater- u. Filmkritiker der *Hamburger Volkszeitung*. Mai 1933 Verhaftung, Urteil 2 J. Gef., nach Freilassung 1935 Emigr. nach Frankr., journ. Tätigkeit, nach Kriegsausbruch Internierung. 1941 in die USA, 1945 Hg. *Germany today*. Nach Kriegsende Rückkehr nach Deutschland, bis 1949 Intendant *Landessender Schwerin*, danach ltd. Funktionär des Staatlichen Rundfunkkomitees beim MinRat der DDR, dann bei ADN u. anschl. stellv. Chefred. *Neue Berliner Illustrierte* Berlin (Ost), 1959-62 erneut ltd. Rundfunkred., danach Ltr. des Pressearchivs u. der Bibliothek beim Staatl. Rundfunkkomitee.

Qu: Z. - IfZ.

Zaisser (Zaißer), **Else** (Elisabeth), geb. Knipp, Staatsfunktionärin; geb. 16. Nov. 1898 Düsseldorf; ∞ 1922 → Wilhelm Zaisser; *StA:* deutsch. *Weg:* 1932 (?) UdSSR; 1946 Deutschland (SBZ).

Aus bürgerl. Fam., Volksschullehrerin, KPD-Mitgl. Vermutl. 1932 mit Ehemann Emigr. in die UdSSR, Doz. Lenin-Schule der *Komintern* Moskau. 1946 Rückkehr nach Deutschland, zunächst Hochschullehrerin, 1948-50 Ltr. Pädagogisches Zentralinstitut Berlin (Ost), 1950-52 Staatssekr. u. 1952-Okt. 1953 Min. für Volksbildung, danach Lektorin im Verlag Volk und Wissen Berlin (Ost).

Qu: Hand. - IfZ.

Zaisser (Zaißer), **Wilhelm**, Partei- u. Staatsfunktionär; geb. 19. Jan. 1893 Rotthausen b. Gelsenkirchen, gest. 3. März 1958 Berlin (Ost); ev., Diss.; *V:* Karl Z., Gendarmeriewachtmeister; *M:* Johanna, geb. Schäfer; ∞ 1922 Elisabeth Knipp (→ Else Zaisser); *StA:* deutsch, deutsch u. UdSSR. *Weg:* 1932 (?) UdSSR; 1936 E; 1938 UdSSR; 1947 Deutschland (SBZ).

1907-10 Präparandenanstalt, 1910-13 Ev. Lehrerseminar Essen, 1913-14 MilDienst, Apr.-Sept. 1914 Volksschullehrer, 1914-19 Kriegsdienst (Lt.), danach Volksschullehrer in Essen; 1918 USPD, Sommer 1919 KPD, während des Kapp-Putsches einer der milit. Ltr. der sog. Roten Ruhrarmee, Anfang 1921 Verhaftung u. durch ein MilSondergericht Verurteilung zu 4 Mon. Haft, nach Verbüßung Entlassung aus dem Schuldienst. Juni-Sept. 1921 Red. *Ruhr-Echo* Essen, Okt. 1921-Apr. 1922 Red. *Bergische Volksstimme*, ab Apr. 1922 Mitgl. BezLtg. Essen u. Hauptkassierer der *Union der Hand- und Kopfarbeiter*, Nov./Dez. 1922 Deleg. 2. RGI-Kongreß Moskau. Juli 1923-Juni 1924 Mitgl. KPD-BezLtg. Ruhr, März-Juni 1924 auf MilSchule der *Komintern* in Moskau, anschl. bis 1926 Ltr. MilApp. der KPD des Oberbez. West (Rheinl. u. Westf.) sowie Mitgl. KPD-OberbezLtg., ab Mai 1926 Mitarb. zentraler MilApp. der KPD. Juli 1927 nach Moskau, Mitarb. illeg. App. der *Komintern* u. milit. Nachrichtendienst der Roten Armee, u.a. Mitorg. des kommunist. Aufstands in Kanton 1927, 1930-32 (?) Einsatz in Deutschland (Wirtschaftsspionage). Deckn. Werner Reißner. Dann erneut in die UdSSR, 1932 Mitgl. KPdSU, 1932-33 angebl. auf sowj. MilAkad.; Sept. 1936-Sommer 1938 Teiln. Span. Bürgerkrieg (Deckn. General Gómez), zunächst verantwortl. für milit. Ausbildung in der Basis der Internat. Brigaden in Albacete, ab Nov. 1936 Kommandeur der XIII. Internat. Brigade u. ab Juli 1937 Kommandeur der Basis der Internat. Brigaden in Albacete, Lehrer an KPD-Schule in Benicasim. 1938 nach Moskau, 1938-39 Mitarb. EKKI, 1939-43 Chefred. der dt. Sektion im Verlag für fremdsprachige Literatur Moskau, nach dt. Einmarsch in die UdSSR Mitarb. GlavPURKKA; ab Febr. 1943 Mitgl. PolBüro-Kommission zur Ausarb. der Richtlinien für die Nachkriegspol. der KPD, Nov. 1943-Dez. 1946 Lehrer an KriegsgefSchulen in Talici u. Krasnogorsk bzw. Ltr. des dt. Sektors für antifaschist. Schulung der dt. Kriegsgef. in der UdSSR, Ltr. der Kaderabt. des *Bundes Deutscher Offiziere* u. angebl. Oberst der Roten Armee. Febr. 1947 Rückkehr nach Deutschland, März 1947-Sept. 1948 Chef der Landespolizei in Sa.-Anhalt, danach bis Febr. 1950 MdI Sa. u. stellv. MinPräs., ab Juni 1949 Vizepräs. Deutsche Zentralverwaltung des Innern, 1949-50 MdProvis. VK u. 1950-54 MdVK; führend beteiligt an Remilitarisierung der DDR als Ltr. der sog. Besonderen Abteilung für Polizeiangelegenheiten im Sekretariat → Walter Ulbrichts, die die Ltg. des Polizeiführungsstabs (Polfüsta) - eines Zentralstabes der DDR-Polizei - bildete. Ab Febr. 1950 Mitgl. PV bzw. ZK der SED u. im gleichen Jahr Wahl ins PolBüro des ZK, ab Bildung des MfS Febr. 1950-Juli 1953 Min., im Zusammenhang mit den Ereignissen v. 17. Juni 1953 neben → Rudolf Herrnstadt Wortführer einer oppos. SED-Gruppe, die sich für eine gesamtdt. Umorientierung der DDR-Politik u. auf dieser Grundlage für eine innenpol. Liberalisierung einsetzte. Juli 1953 wegen „parteifeindlicher fraktioneller Tätigkeit" mit Herrnstadt sämtl. Funktionen enthoben, Jan. 1954 SED-Ausschluß. Danach Mitarb. Institut für Marxismus-Leninismus beim ZK der SED. - *Ausz.:* 1953 Karl-Marx-Orden.

L: u.a. Wollenberg, Apparat; Dallin, Sowjetspionage; Stern, Porträt; Jänicke, Dritter Weg; GdA-Biogr. *Qu:* Arch. Hand. Publ. - IfZ.

Zammert, Anna, geb. Rabe, Gewerkschaftsfunktionärin; geb. 12. Juli 1898 Delitzsch/Sa.; Diss.; ∞ Paul Z.; *K:* Gerda (geb. 1927); *StA:* deutsch. *Weg:* 1935 S.

Dienstmädchen, Tabak- u. Fabrikarb., im 1. WK Bau- u. Grubenarb., 1918-23 Betriebsfunktionärin in einem Chemiewerk, ehrenamtl. Mitarb. in der Jugendfürsorge u. bei *Arbeiterwohlfahrt*. 1925-26 Akademie der Arbeit Frankfurt/M., ab 1927 Frauensekr. im Hauptvorst. des *Verbands der Fabrikarbeiter*, Mitgl. SPD, 1930-33 MdR. Nach der natsoz. Machtübernahme mehrfach in Haft, 1933 Emigr. nach Schweden, ab Jan. 1943 VorstMitgl. *Landesgruppe deutscher Gewerkschafter in Schweden*.

L: Müssener, Exil. *Qu:* Hand. Publ. - IfZ.

Zassenhaus, Herbert Kurt, Dr. rer. pol., Hochschullehrer, Finanzexperte; geb. 28. Jan. 1910 Schwelm/Westf.; ev.; *V:* Eugen Z. (geb. 1878 Schwelm, gest. 1928), Industrieller, ev.; *M:* Elisabeth, geb. Bouchsein (geb. 1885 Schwelm, gest. 1977), ev.; ∞ 1935 Charlotte Sophie Brandt (geb. 1909 Essen-Steele), 1933 Emigr. CH, 1934 lic. rer. pol. Univ. Bern, 1937 USA; *K:* Hans W. E. (geb. 1938), B.S. George Washington Univ. Washington/D.C., System-Analytiker; Barbara Bluestone (geb. 1939), B.A. Brandeis Univ. Mass., Journ.; Peter H. (geb. 1943), B.A. Brandcis Univ. Wirtschaftswissenschaftler; Harold R. (geb. 1946), B.A. Wisconsin Univ.; *StA:* deutsch, USA. *Weg:* 1933 CH, 1934 GB, 1937 USA.

Abitur, 1929-33 Stud. Univ. Köln, Bonn, Frankfurt/M., 1932 Dipl.-Volkswirt Bonn, 1934 Prom. Bern, 1934-37 London School of Econ. 1937 Emigr. USA, Assist. Mass. Inst. of Techn., 1937-38 Assist. Harvard Univ. u. Subst. Prof. Clark Univ. Mass., 1938-46 Assist. Prof. Juniata Coll. Pa., 1946-47 Assist. Prof. Hofstra Coll. New York, 1947-50 Assoc. Prof. Colgate Univ. New York, 1950-51 Forschungsarb. für Twentieth Century Fund Washington/D.C., ab 1951 beim Internat. Monetary Fund (IMF), 1963-68 Assist. Dir., 1969-75 stellv. Dir.; 1977-78 O'Conner-Prof. of Econ. Colgate Univ.; als Beauftragter des IMF 1957-59 in Bolivien, 1956 in Argentinien, 1961 in Venezuela u. 1972-75 in Malawi. Lebte 1978 in Washington/D.C.

Qu: Arch. Fb. Hand. Publ. - RFJI.

Zechlin, Walter, Dr. jur., Diplomat, Ministerialbeamter; geb. 25. Nov. 1879 Schivelbein/Pommern, gest. 24. Jan. 1962 Lüneburg; *V:* Dr. Arthur Z., Geh. StudRat; *M:* Martha, geb. Quiele; *G:* Dr. Erich Z. (geb. 1883), Diplomat; Dr. Rudolf Z. (geb. 1888), RA; ∞ Adele Beurmann; *StA:* deutsch, 1944 Ausbürg., deutsch. *Weg:* 1939 E; 1946 Deutschland (BBZ).

Stud. Rechtswiss. u. oriental. Sprachen, 1902 Referendar, 1905 Prom., ab 1903 im auswärt. Dienst, Tätigkeit in Konstantinopel, Saloniki, Ägypten u. Abessinien, 1914 Nord-Afrika, 1917 Madrid, ab 1919 in der Presseabt. des AA Berlin; während des Ruhrkampfes Ltr. des Ruhr-Referats, in Düsseldorf von franz. Behörden verhaftet, später ausgewiesen. Ab 1924 MinDir., ab 1926 Ltr. Presseabt., Pressechef der Reichsreg.; Mitgl. SPD, nach dem sog. Preußenschlag 1932 als Gesandter nach Mexiko versetzt, 1934 in den Wartestand. 1939 Emigr. nach Spanien. 1946-54 Pressechef niedersächs. Landesreg. in Hannover. Anschl. schriftst. Tätigkeit, Übers., Vortragsreisen. - *Ausz.:* 1953 BVK, 1959 Stern zum BVK.

W: u.a. Diplomatie und Diplomaten. 1935 (Neuaufl. Die Welt der Diplomatie. 1960); Pressechef bei Ebert, Hindenburg und Kopf (Erinn.). 1956. *Qu:* Hand. Publ. - IfZ.

Zehetner, Alois, Parteifunktionär; geb. 16. Mai 1906; Diss.; *V:* Karl Z. (gest. 1930); *M:* Barbara, geb. Graßnigg (gest. 1920); *G:* Fritz (gest.); Karl, Emigr. UdSSR, 1938 verhaftet, verschollen; Berta (gest.); ∞ Maria Krenn (1910-75); *K:* Erika (geb. 1936); *StA:* österr. *Weg:* 1934 CSR, UdSSR; 1946 Österr.

Schlosserlehre, Fachschule für Eisen- u. Stahlbearbeitung, Elektrotechniker in Steyr/Oberösterr.; Mitgl. SDAP, Wehrsportler. Zeitw. Mitgl. BezLtg. Steyr der SDAP. 1923 Mitgl. *Österreichischer Metall- und Bergarbeiterverband* u. *Touristenverein Die Naturfreunde.* 1934 Teiln. Februarkämpfe, Flucht in die CSR, Flüchtlingslager Zbraslav. Mitgl. KPÖ. Juni 1934 Moskau, 1934-41 Meister in der Ersten Staatlichen Uhrenfabrik; Mitgl. Stadt-Sowjet Moskau. 1941 Freiw. Rote Armee, Zugführer, Einsatz bei Verteidigung Moskaus. 1942-43 *Komintern*-Schule Kušnarenkovo, 1943-46 Betreuer u. Übers. für NKFD. 1946 Rückkehr nach Steyr. 1946-51 Stadtrat Steyr, 1946-52 BezSekr. KPÖ. 1952-55 Personalchef Voith-Werke in St. Pölten. 1956-68 Mitgl. Landesltg. Oberösterr. der KPÖ, Ltr. GewAbt. Lebte 1977 in Steyr.

Qu: Pers. - IfZ.

Zeidler, Alfred, Partei- u. Gewerkschaftsfunktionär; geb. 24. Jan. 1904 Liegnitz/Niederschlesien; ∞ Hedwig Grotsch (geb. 1904), Apr.-Okt. 1933 Schutzhaft; *StA:* deutsch, 25. Juli 1936 Ausbürg., deutsch (?). *Weg:* 1933 F; B; Lux.; Saargeb.; UdSSR (?); GB; Deutschland (SBZ) (?).

Schlosser, Mitgl. KPD, 1931 Ltr. KPD-Unterbez. Hamm, ab 1932 Parteisekr. in Essen, nach natsoz. Machtübernahme Emigr., Aufenthalte in Frankr., Belgien u. Luxemburg, zahlr. illeg. Reisen nach Deutschland, Verbindung zu innerdt. Widerstand, Hochverratsverfahren. Vermutl. vorüberg. in Moskau. Mitarb. *Arbeitsausschuß freigewerkschaftlicher Bergarbeiter Deutschlands,* in GB mit → Karl Becker (geb. 1896) GewLtr. in der KPD-Landesltg. GB, ab 1944 Mitgl. ArbAusschuß der *Landesgruppe deutscher Gewerkschafter in Großbritannien,* Mitarb. Zs. *Freie Tribüne* der FDJ. - Nach 1945 vermutl. Rückkehr in die SBZ, Mitgl. Zentralvorst. LDPD u. NatRat der *Nationalen Front des demokratischen Deutschland,* stellv. Vors. Rat des Bez. Frankfurt/Oder (?).

L: Röder, Großbritannien. *Qu:* Arch. Hand. Publ. - IfZ.

Zeißl (urspr. von Zeißl), **Hermann,** Dr. jur., Ministerialbeamter; geb. 2. Dez. 1888 Wien, gest. 28. Febr. 1967 Wien; *V:* H.v.Z., UnivProf.; *StA:* österr. *Weg:* 1939 GB; 1945 Österr.

Stud. Rechts- u. Staatswiss. Univ. Wien u. München, 1914 Prom. 1913 als Konzepts-Praktikant bei Polizeidir. Wien Eintritt in den Staatsdienst. Ab 1917 bei Statistischer Zentralkommission, Ltr. Präsidialbüro. Febr. 1920 zum Bundesmin. für Unterricht, zunächst Dienst im Präsidialbüro, 1923-37 stellv. AbtLtr. der Hochschulsektion, Sommer 1937 Vertr. der österr. Reg. auf der Conférence Internationale d'enseignement supérieur des Völkerbunds in Genf, wurde zum Vizepräs. der Konf. gewählt. Ab Herbst 1937 Ltr. des Referats für die Angelegenheiten der kath.-theolog. u. rechts- u. staatswiss. Fakultäten, für allg. legislative Hochschulangelegenheiten u. für das Bibliothekswesen. 1938 nach Anschluß Österr. zunächst Beurlaubung. Apr. 1938 Zwangspensionierung. 1939 auf Einladung des *Carnegie Endowment for International Peace* zu Vorlesungen über europ. Hochschulwesen in den USA zunächst nach London, wurde dort vom Kriegsausbruch überrascht. Arbeit an einem rechtswiss. Forschungsinstitut, anschl. freiw. Meldung zu Arbeit in der Kriegsindustrie, bis Febr. 1942 Fräser in einem Rüstungsbetrieb in Birmingham. März 1942-Dez. 1945 nach Berufung durch Erzdiözese Birmingham Lehrer für klass. Sprachen am Cotton College. Ende Dez. 1945 Rückkehr nach Wien, ab Jan. 1946 Dienst im Unterrichtsmin., zunächst Ltr. legislative Abt. u. stellv. Ltr. Hochschulsektion, ab Sommer 1949 Sektionschef u. Ltr. der neugeschaffenen juridisch-administrativen Sektion III des Bundesmin. für Unterricht, zugleich Ltr. Kultusamt. Präs. Österr. UNESCO-Kommission, 1947-50 österr. Vertr. auf den UNESCO-Konf. in Mexico City, Beirut, Paris u. Florenz. 1953 Pensionierung; 1954 Ernennung zum Ersatzmitgl. des Verfassungsgerichtshofs. - *Ausz.:* Großes Goldenes Ehrenzeichen für Verdienste um die Rep. Österr., Großes Silbernes Ehrenzeichen mit Stern für Verdienste um die Rep. Österreich.

W: u.a. Rechtsorganisation des Pflichtschulwesens, der Lehrerbildung und der Schulaufsicht 1848-1948. In: 100 Jahre Unterrichtsministerium. 1948; UNESCO. Ideen und Ziele. 1953. *Qu:* Arch. Hand. - IfZ.

Zeitlin, Egon Shlomo, Dr. rer. pol., Beamter; geb. 3. März 1901 Leipzig, gest. 1965 Frankfurt/M.; jüd.; *V:* Dr. jur. Moritz Z.; *M:* Bertha, geb. Eliasberg; *G:* Selda (geb. 1903, gest. 1934 Berlin), Ärztin; Frieda Lourier (gest. 1960 New York), Geschäftsf.; Paul (geb. 1908 Wiesbaden, gest. 1940 Tel Aviv); Roger Martin (geb. 1911 Wiesbaden, gest. 1974 GB), Stud. Rechtswiss. Frankfurt, Berlin, MilDienst in brit. Armee; Gerda Sagalowitz (gest. 1935 auf der Flucht), Kindergärtnerin; ∞ 1927 Betty Bornstein (geb. 1909 Neustadt), jüd.; *K:* Manfred; Ruth Garin (geb. 1932), Stud. Chemie, Angest. im isr. Lebensmittelkontrollamt, 1959 Emigr. USA. *Weg:* 1933 F; E; 1935 Pal.; 1957 Deutschland (BRD).

Stud. Frankfurt, München, Berlin, 1924 Prom.; 1924-33 Rechtsberater für Industrie- u. Handelsgesellschaften. 1933 Emigr. Frankr., 1933-35 Bankangest. in Paris u. Barcelona, 1935 nach Palästina, 1937-41 AbtLtr. der Haavarah Trust & Transfer Ltd., Tel Aviv, 1942-48 Ltr. Abt. für Handel u. Industrie bei *Jew. Agency* Haifa; ab 1948 im isr. Min. für Handel u. Industrie, zunächst Ltr. der Zentrale Haifa, ab 1951 Versorgungskontrolleur für Haifa u. den nördl. Bez., gleichz. Doz. für Wirtschaftswiss. am Technion Haifa; 1953-55 Vertr. der Wirtschaftsabt. der *Jew. Agency* in Südamerika, Zweigst. Buenos Aires; 1955-57 Dir. der Wirtschaftsabt. der *Progressive Party* Tel Aviv. 1957-58 RA in Deutschland, 1961-65 Präs. B'nai-B'rith-Loge Frankfurt/M.; Vorlesungen über Soziologie.

Qu: EGL. Hand. Pers. Publ. Z. - RFJI.

Zeitlin, Leon, Dr. phil., Wirtschaftsfachmann, Publizist, Politiker; geb. 23. Febr. 1876 Memel, gest. 22. Juni 1967 London; jüd.; *V:* Salomon Z. (gest. 1903); ∞ 1923 Alice Langermann, geb. Schidrowitz; *StA:* deutsch. *Weg:* 1935 GB.

1895 Abitur, Stud. Ing.- u. Bauwesen TH Hannover u. Berlin, dann Medizin, Naturwiss., Phil. u. Staatswiss. München u. Leipzig, 1902 Prom., bis 1907 wiss. publizist. u. im US-Konsulatsdienst tätig, zuletzt in Frankfurt/M. ab 1907 Ltr. bzw. VorstMitgl. von Wirtschaftsverb. u. schriftst. Tätigkeit. 1920-32 Mitgl. Vorläufiger Reichswirtschaftsrat, PräsMitgl. *Hansa-Bund,* VorstMitgl. *Reichsverband des deutschen Groß- und Überseehandels,* VorstMitgl. SDS, VorstMitgl. DDP/DSP, 1928-32 MdL Preußen. Mitgl. *PEN-Club* u. *Deutsche Gesellschaft 1914.* 1935 Emigr. London, freier Mitarb. *Economist, Manchester Guardian, The Times* u. jüd. Ztg., 1941-52 Berater Institute of Export, Mitgr. *PEN-Zentrum deutschsprachiger Autoren im Ausland,* Mitgl. *Royal Soc. of Economists.* Nach 1945 Förderer der brit.-dt. Annäherung.

W: u.a. Fürst Bismarcks sozial-, wirtschafts- u. steuerpolitische Anschauungen. 1902; Wie studiert man Nationalökonomie? 1902, 1911; Der Staat als Schuldner. 1906; Life's Value in Cash. 1962; Sozialstatistik (Hg.). 1908; Mithg. der Geigerschen Börne-Ausgabe, 1911. *Qu:* EGL. Hand. Z. - IfZ.

844 Zelenka

Zelenka, Carlos Luis (urspr. Karl Ludwig), Kaufmann; geb. 8. Juli 1918 Wien; *V:* Maximilian Z. (geb. 1876, gest. 1939 Wien), jüd., Juwelier; *M:* Clara Abeles (geb. 1881 Brünn/Mähren, gest. 1966 Panama), jüd., höhere Schule, 1939 Emigr. Panama; *G:* Guillermo Z. (geb. 1909 Wien, gest. 1963 New Orleans), höhere Schule, Kaufm., 1938 Emigr. Argent., 1959 Panama; ∞ 1946 Lotte Lewie (geb. 1923 Hamburg), jüd., Geschäftsf., 1938 Emigr. Panama; *K:* George P. (geb. 1948), M.B.A., Kaufm.; Rodney R. (geb. 1953), B.A., Kaufm.; Yvonne (geb. 1958); *StA:* österr., 1944 Panama. *Weg:* 1938 GB, Panama.

1933-35 Lehre als Großhandelskaufm., 1935-38 Büroangest. in Wien u. Hallein-Salzburg; Pfadfinderführer in Wien. Juli 1938 Emigr. GB mit Besuchervisum, Sept. 1938 nach Panama. 1938-40 Schaufensterdekorateur, 1940-42 Büroangest.; 1941-42 von US-Behörden in der Kanalzone interniert. Ab 1942 Geschäftsf. u. Präs. versch. Firmen, u.a. ab 1946 der Handelsfirma Lewis Service, später Lewis Service Internat., ab 1942 Mitgl. Handelskammer. 1943 Mitgr. *B'nai-B'rith*-Loge, 1967 Mitgr. *B'nai B'rith Carib. Grand Lodge*, 1972-76 Großpräs., ab 1975 internat. Vizepräs. *B'nai B'rith*, 1968-73 Dir. *Centr. Jew. Council of Panama,* 1965-67 Präs. der Gde. Kol Shearith, VorstVors. der Albert-Einstein-Schule; ab 1943 Freimaurer (1947-49 Meister im Stuhl), ab 1968 Mitgl. *Panama Rotary Club.* Lebte 1976 in Panama City/Panama.

Qu: Fb. Hand. - RFJI.

Zeltner, Zeev Wladimir (Wolfgang), Dr. jur., Rechtsanwalt, Richter, Hochschullehrer; geb. 19. Jan. 1909 Kiev, gest. 18. März 1977 IL; *V:* Josef Z., *M:* Elisabeth, geb. Zeitlin; ∞ I. Elsbeth Frank, gesch.; II. 1945 Elisa C. Lesser (gest.); III. Elfriede Suesskind; *K:* Michael; Ariella Gonen. *Weg:* 1933 F, 1936 Pal.

Stud. Rechtswiss. Berlin, Leipzig u. Heidelberg, 1930-33 RA in Berlin. 1933 Emigr. Frankr., 1933-36 RA-Praxis in Paris, 1936 Stud. Sorbonne, 1936 nach Palästina, 1936-39 Lehrer in Tel Aviv, 1941-49 RA-Praxis, 1949-53 Richter, 1953-66 stellv. Präs., ab 1966 Präs. am BezGericht Tel Aviv, 1952 Acting Judge am Obersten Gerichtshof. 1964-77 Assoc. Prof. Hebr. Univ., 1959-61 stellv. Dean, 1970-77 Prof. Tel Aviv Univ.; 1951-52 Red. der Zs. der isr. Anwaltskammer *haPeraklit,* 1955-59 Red. der Zs. *Law and Economics.* Vors. des Restrictive Trade Practices Tribunal, ab 1961 des Committee on Secondary Education, des Committee on Common Law; Mitgl. Expertenausschuß der UN-Kommission für Menschenrechte. Zeitw. Präs. *Rotary Club* Tel Aviv.

W: u.a. Pesakim (Entscheidungen). 1950-61; Contracts, 3 Bde. 1960-70. *Qu:* Hand. Z. - RFJI.

Zernatto, Guido, Schriftsteller, Politiker; geb. 21. Juli 1903 Treffen b. Villach/Kärnten, gest. 8. Febr. 1943 New York; kath.; *V:* Hans Z. (1874 ?-1960), kath., Kaufm. u. Landwirt; *M:* Luise, geb. Pipp (gest. 1934), kath.; *G:* Luise; Martina (gest.); Julie; Hans (gest.); Max, Industrieller; Dr. jur. Otto Z.; ∞ 1931 Riccarda Weidenhaus (geb. 1907), kath., A: Wien; *StA:* österr., 1939 (?) Ausbürg. (?). *Weg:* 1938 F; 1940 Port., USA.

1919 Mitgl. der Kärntner Wehrverbände, die gegen den jugoslaw. Versuch einer Annexion Kärntens aufgestellt wurden u. die Keimzelle für die späteren Heimwehrverbände in Kärnten bildeten. Ohne Schulabschluß 1921-25 Holzeinkäufer in Villach, schriftst. Arbeiten. 1925 Gr. u. Hg. der kurzfristig bestehenden lit. Zs. *Kärntner Monatshefte.* 1926 nach Wien, Schulbesuch, 1928 Abitur, anschl. mehrere Semester Stud. Rechtswiss.; daneben bis 1928 Hg. *Österreichische Monatshefte,* Verbindung zu Ignaz Seipel u. → Ernst Rüdiger Starhemberg, 1929-31 GenSekr. *Österreichischer Heimatschutz (Heimwehr).* 1932 nach Niederlegung seiner pol. Funktionen Gesellschafter u. Geschäftsf. UnivBuchhandlung Wilhelm Braumüller & Sohn in Wien; Mitgl. *Christlich-Soziale Partei* u. später *Vaterländische Front* (VF). 1934 nach den Februarkämpfen Berufung zum Vizepräs. des Österreichischen Bundesverlags, Hg. von Zs. u. Lesebüchern, zahlr. Rundfunkvorträge, Mitgl. Bundeskulturrat; Präs. *Verband katholischer deutscher Schriftsteller,* Vizepräs. der Kunstsektion *Katholische Aktion* der Erzdiözese Wien, Mitgl. *Österreichischer PEN-Club,* VorstMitgl. *Österreichischer Kulturbund.* Mai 1936 durch Kurt Schuschnigg Ernennung zum GenSekr. der VF, zugleich als Staatssekr. jüngstes RegMitgl., Gr. u. Präs. des VF-Werks *Neues Leben* als umfassende Kultur- u. Freizeitorg. nach dem dt. *(Kraft durch Freude)* u. ital. *(Dopolavoro)* Vorbild, 1937-38 Hg. der Zs. *Neues Leben.* Febr. 1938 Min. ohne Portefeuille u. Stellv. Schuschniggs innerhalb der VF. März 1938 während des Einmarschs dt. Truppen in Österr. Flucht nach Preßburg, erhielt vom franz. Konsulat für sich u. Ehefrau Papiere als Gustave u. Renée Rapp, franz. Staatsbürger aus dem Elsaß, anschl. über Ungarn, Jugoslawien, Italien u. die Schweiz nach Paris. Veröffentlichte 1938 das aufsehenerregende Buch *Die Wahrheit über Österreich.* Pol. Mitarb. innerhalb der konservat.-bürgerlichen, ständestaatl. österr. Emigr. in Paris, beteiligt an den Versuchen zur Bildung einer überparteilichen österr. Exilvertr. u. nach Kriegsausbruch zur Aufstellung einer österr. Legion innerhalb der franz. Armee, zeitw. zus. mit Starhemberg u. → Fritz Stockinger Gegenspieler von → Hans Rott u. → Martin Fuchs (gegen ZusArb. mit → Otto Habsburg u. den österr. Legitimisten). Febr. 1940 aus gesundheitl. Gründen Übersiedlung nach Menton/Südfrankr., Juni 1940 nach ital. Kriegserklärung an Frankr. Flucht über Spanien nach Portugal. Juli-Okt. 1940 vergebl. Versuch des Reichssicherheitshauptamts Berlin, Z. aus Portugal zu entführen bzw. für Friedensgespräche in GB zu gewinnen, Bestrebungen von Z. um Ausgleich mit dem Deutschen Reich. Nov. 1940 nach New York. Ab Herbst 1941 Assistant Research Prof. Fordham University N.Y., verfaßte i.A. der Fordham Univ. das unvollendet gebliebene Ms. *The Question of Nationalities and the Future of Nations.* Wandte sich Apr. 1941 in einer Denkschrift an das State Department gegen österr. Exilreg., forderte neben Nichtanerkennung des Anschlusses Österr. durch die USA Errichtung eines zentralen österr. Verwaltungskomitees zur Unterstützung der USA im Kriegsfall. ZusArb. mit → Richard Coudenhove-Kalergi u. → Ernst Karl Winter. Sept. 1941 öffentl. Protest gegen Versuch der Grdg. einer österr. Exilreg. durch H. Rott u. → Willibald Plöchl vor allem aufgrund ihrer Verb. zu O. Habsburg. Frühj. 1942 neben H. Rott Mitgr. u. Mitvors. des von einer breiteren Koalition konservat.-bürgerlicher, ständestaatl. u. legitimistischer Vertr. u. Gruppen im amerikan. Exil getragenen *Austrian National Committee* (auch als *Austrian National Council* bezeichnet). Herbst 1942 Mitgl. *Military Committee for the Liberation of Austria* unter O. Habsburg zur Aufstellung eines österr. Btl. innerh. der US-Armee. Möglicherweise Mitarb. OWI. *Ausz.:* 1930 Lyrikpreis Kolonne Dresden für Gedichtband *Gelobt sei alle Kreatur.*

W: u.a. Mein Herz im Spiegel (L). 1928; Gelobt sei alle Kreatur (L). 1930; Weg über den Berg (R). In: Der Bergsteiger, 1930-31; Die Sonnenuhr (L). 1933; Die sinnlose Stadt (R). 1934; Die Wahrheit über Österreich. New York (Longmans-Greene) 1938; Les derniers jours de l'Autriche. In: Candide, Paris Okt.-Nov. 1938; L'Autriche Nouvelle. In: Figaro, Paris, Juli 1939; La question des nationalités. In: Mieramegas, Paris, 1939, Nr. 35; L'Autriche et l'Europe Centrale. Paris 1940; La trahison de Seyß-Inquart. In: Paris Match, 14. März 1940; La résurrection de l'Autriche. Paris (Verlag Union Latine) 1940; Frontiers of the Future. In: Thought, New York XVII/1942; Manifeste (Mitverf. zus. mit → Dietrich v. Hildebrand, Erich Hula u.a.). In: Commonwealth XXXVI/1942; Gedichte (Ges-Ausg.). 1950; Vom Wesen der Nation. 1966. *L:* Gulick, Österreich; Buttinger, Beispiel; Wolf in der Maur, Vorwort zu: Zernatto, Guido, Vom Wesen der Nation. 1966 (mit Bibliogr.); Zimmer, Ingeborg Ursula, Guido Zernatto. Leben u. dichterisches Werk. 1970; Bärnthaler, Ingrid, Die Vaterländische Front. 1971; Drekonje, Otmar, Guido Zernatto. Dichtung und Politik. Diss. phil. 1971; Goldner, Emigration; ISÖE. *D:* Dokumentationsstelle für neuere österreichische Literatur Wien. *Qu:* Arch. Fb. Hand. Pers. Publ. Z. - IfZ.

Zerner, Fritz (Friedrich, Frédéric), Dr. phil., Physiker; geb. 31. Mai 1895 Wien, gest. 3. Apr. 1951 Marseille; jüd., 1918 (?) Diss., 1942 ev.; *V:* Dr. Theodor Z. (1868 ?-1921), jüd., Arzt in

Wien; *M:* Sara Susanne, geb. Brecher, jüd., dep.; *G:* Gertrud Magaziner (→ Alfred Magaziner); → Liesl Zerner; ∞ 1925 Elisabeth Henriette Lazarsfeld (Schwester des emigr. Soziologen Paul Lazarsfeld) (geb. 1903), ev., 1938 Emigr. Frankr., techn. Übers. in Paris; *K:* Martin Theodor (geb. 1932), Stud. Mathematik Ecole Normale Supérieure, UnivProf., *A:* Frankr.; Henri Thomas (geb. 1939), Prof. Harvard Univ.; *StA:* österr., 1945 franz. *Weg:* 1938 F.

Stud. Physik Univ. Wien, Offz. im 1. WK, 1920 Prom. 1920-22 Assist. TH Berlin-Charlottenburg, 1922-27 am Institut für Theoretische Physik in Wien, arbeitete insbes. auf dem Gebiet der hydrodynamischen Forschung, Lehrtätigkeit an Volkshochschule. Mitgl. SDAP. 1927-34 Oberkommissär in Gemeindeschutzwache Wien, Präsidiumsmitgl. *Republikanischer Schutzbund*, ltd. Mitarb. im techn. App.; Präs. *Arbeiterflugsportverein*. Ab 1934 arbeitslos, illeg. Tätigkeit vermutl. im *Autonomen Schutzbund*, 1936 kurzfristig verhaftet. 1938 nach Anschluß Österr. Verhaftung, nach mehrmon. Haft mit Ausreiseauflage entlassen. 1938 nach Frankr., Meldung als *ex-autrichien*, bis 1939 wissenschaftl. Berater Société Coanda Clichy-sur-Seine. Nach Kriegsbeginn kurzfristig interniert, anschl. bis 1943 Prestataire in ArbKompanie in Südfrankr. Frühj. 1943 illeg. Arbeit innerh. der franz. Résistance in Südfrankr., nach alliierter Invasion Dienst im GenStab der Forces Françaises de l'Intérieur, nach Befreiung Frankreichs Mitarb. u. Übers. des 8e bzw. 2e Bureau des franz. Generalstabs, erhielt aufgrund seiner Verdienste in der Résistance 1945 die franz. Staatsbürgerschaft. Mitgl. SFIO. 1947-48 ltd. Ingenieur bei Office National d' Etudes et Recherches Aéronautiques. Ab Okt. 1949 Mitarb. Centre National de la Recherche Scientifique an der Univ. Marseille, ltd. Tätigkeit im Institut für Strömungsmechanik. - *Ausz.:* 1946 Médaille de la Résistance Française.

W: u.a. Rumeurs et opinion publique (zus. mit Elisabeth Zerner). In: Cahiers internationaux de sociologie, V/1948; Mitarb. zahlr. franz.- u. dt.-sprachiger Fachzs. u. physikal. Handb. *L:* Frédéric Zerner (1895-1951). In: Annales de la Faculté des Sciences de Marseille (Deuxième Série, Fasc. 2) Bd. XXII. 1953 (mit Bibliogr). *Qu:* Arch. Fb. Hand. Pers. Publ. - IfZ.

Zerner, Liesl (Elisabeth, Elise), verehel. Paetel, Parteifunktionärin; geb. 22. Okt. 1905 Wien; jüd.; *G:* → Fritz Zerner; ∞ 1943 New York → Karl Otto Paetel; *StA:* österr., USA. *Weg:* 1938 (?) F; 1940 (?) USA.

Höhere Schule in Wien, Mitgl. SAJDÖ. Arbeitete als Sprachlehrerin. 1930 Besuch der Arbeiterhochschule Wien, anschl. RedSekr. *Arbeiter-Zeitung*. 1934 nach den Februarkämpfen Mitgl. des sog. Schattenkomitees aus ehem. Parteired. u. Mitarb. vor allem der *Arbeiter-Zeitung*, auf dessen Initiative die erste zentrale Fünfergruppe (später ZK) der RSÖ unter → Manfred Ackermann gebildet wurde. Sekr. von Dr. Paul Schick, der als RA vor allem angeklagte Sozialisten vertrat, Mitarb. des ZK der RSÖ sowie des Schulungsausschusses, ZusArb. mit → Käthe Leichter. Jan. 1935 Verhaftung, März 1936 Angeklagte im großen Sozialistenprozeß, Urteil 6 Wochen Arrest. Anschl. wieder illeg. Arbeit. Ende 1936 bis Anfang 1937 3 Mon. KL Wöllersdorf (?). Ende 1937 erneut verhaftet, vermutl. durch Schuschnigg-Amnestie befreit. Wahrscheinl. 1938 Emigr. Frankr., 1940 USA. Nach Eheschließung Mitarb. v. K. O. Paetel. Lebte 1978 in New York.

W: u.a. Die Anpassung des Konspirationsgrades an die politische Situation (zus. mit Paul Schick). In: Die Revolution (theoret. Organ der RSÖ). Dez. 1936. *L:* Buttinger, Beispiel; Wisshaupt, RSÖ; Leichter, Diktaturen; Widerstand 1. *Qu:* Arch. Pers. Publ. - IfZ.

Zerner, Ruth, verehel. Fischer, Parteifunktionärin; ∞ → Alfred Fischer. *Weg:* GB; 1946 (?) Österr.

Funktionärin *Bund sozialistischer Mittelschüler Österreichs*, vermutl. 1934 Mitgl. KPÖ, illeg. Funktionärin. Wahrscheinl. 1938 Emigr. GB, ab Sept. 1938 neben → Eva Kolmer GenSekr. des als überparteiliche Interessenvertr. der Österr. in der brit. Emigr. gegr. *Council of Austrians in Great Britain* unter Friedrich Hertz u. später unter → Walter Schiff. Ab 1939 Mitgl. des Sekretariats des *Austrian Centre* (→ Willy Scholz, → Franz West), verantwortl. für Kulturfragen. Sekr. *Austria (of) Tomorrow* (→ Alfred Reisenauer), zentrale Mitarb. *Free Austrian Movement*. Ab Herbst 1945 nach Abreise von Eva Kolmer GenSekr. *Free Austrian World Movement* (internat. Dachorg. der freien österreichischen Bewegungen in aller Welt mit Sitz in London). 1946 (?) Rückkehr nach Wien, wahrscheinl. Mitgl. KPÖ. Nach Intervention der Warschauer-Pakt-Staaten in der CSSR Mitarb. *Wiener Tagebuch* (→ Franz Marek). Lebte 1978 in Wien.

L: Maimann, Politik; Tidl, Studenten. *Qu:* Arch. Pers Publ. - IfZ.

Zernik, Clementine, geb. Bloch, verw. Bern, Dr. jur., Rechtsanwältin, Journalistin, Bibliothekarin; geb. Wien; jüd.; *V:* Dr. Max B. (1876-1947), Finanzrat, 1939 Emigr. Pal.; *M:* Olga, geb. Bermann (1879[?]-1969), 1939 Emigr. Pal., 1949 USA; Österr.; *G:* Erna Safieh (gest. 1974); ∞ I. Oskar Bern, Architekt (gest. USA); II. 1947 New York, Herbert Zernik (geb. 1899), 1937 Emigr. USA; *StA:* österr., 1943 USA. *Weg:* 1938 USA.

Stud. Rechtswiss. Wien, 1930 Prom. 1930-38 RA-Anwärterin u. RA in Wien. Juli 1938 Ausschluß aus RA-Kammer. Aug. 1938 New York. 1938-39 Arbeit in Speditionsfirma, anschl. Stud. Teachers College Columbia Univ., 1941 M.A. 1940-43 GenSekr. *Austrian Action* unter → Ferdinand Czernin, Ltg. der ges. org. Arbeit, der materiellen Hilfe u. jurist. Beratung für Emigranten. 1943-44 Mitarb. British Information Service, ab 1944 OWI, Rundfunktätigkeit u. Übers. abgehörter dt. Radiosendungen. 1944-45 *American Broadcasting Station in Europe* in London, verantwortl. für Sendungen nach Österr.; Juli 1945 Rückkehr nach New York; ab Anfang 1946 Mitarb. UNRRA, zeitw. Dir. von Lagern für Kinder u. Displaced Persons, u.a. in Eschwege/Werra. 1947 wieder New York, Bibliothekarin UN-Library Lake Success/N.Y., 1948-75 als UN-Angest. Bibliothekarin New York Public Library. 1954-56 daneben Stud. School of Library Service, Columbia Univ., 1956 M.S. Seit 1959 Mitgl., zeitw. VorstMitgl. *Austrian Am. Federation;* Mitarb. *Austrian Institute*, 1962-66 ehrenamtl. Mitarb. des österr. Konsulats in New York. Okt. 1975 Pensionierung, lebte 1977 in New York. - *Ausz.:* 1977 Goldenes Ehrenzeichen für Verdienste um die Republik Österreich.

Qu: Arch. Fb. Pers. Z. - IfZ.

Zetkin, Clara Josephine, geb. Eißner, Parteifunktionärin, Politikerin; geb. 5. Juli 1857 Wiederau/Sa., gest. 20. Juni 1933 Gor'kij b. Moskau; *V:* Gottfried Eißner, Lehrer; *M:* Josephine, geb. Vitale, Tochter eines Ordonnanzoffz. Napoleons; *G:* 2 S; ∞ Ossip Z. (gest. 1889), russ. Sozialrevolutionär; *K:* → Maxim Zetkin; Konstantin (Kostja); geb. 1885, *A:* 1969 CDN. *StA:* deutsch. *Weg:* 1932 UdSSR.

1874-78 Lehrerseminar Leipzig, danach Erzieherin in Deutschland, Österr. u. der Schweiz. Während des Stud. Bekanntschaft mit dem russ. Sozialrevolutionär Ossip Zetkin, 1878 Anschluß an SPD. 1882-90 Paris, enger Kontakt zur franz. ArbBewegung, Ref. zur Frauenfrage auf GrdgKongreß der *Zweiten Internationale* v. 14.-20. Juli 1889. 1890 Rückkehr nach Deutschland, 1892-1913 Deleg. aller SPD-PT, 1895-1914 Mitgl. PV, 1895-1917 Mitgl. der Kontrollkommission u. 1906-17 des Bildungsausschusses der SPD; 1892-1917 Chefred. sozdem. Frauenzs. *Die Gleichheit*. Ab 1. Internat. Frauenkonf. (Aug. 1907) Ltr. Frauensekretariat der *Zweiten Internationale*, führende Repräsentantin der sozialist. Frauenbewegung u. internat. profilierte Vertr. des linken SPD-Flügels. 1915 Mitgr. *Gruppe Internationale;* organisierte als Sekr. des Internat. Frauensekretariats die Internationale Sozialistische Frauenkonferenz in Bern v. 26.-28. März 1915, war wegen Verbreitung des Manifests der Konf. Juli-Okt. als Kriegsgegnerin in Haft; 1917 mit *Spartakus-Gruppe* zur USPD, ab Apr. Mitgl. der Kontrollkommission; Juni 1917-1919 Red. Frauenbeilage der *Leipziger Volkszeitung*, 1919-20 Mitgl. württ. Landesversammlung. März 1919 KPD, ab 1919 Chefred. *Die Kommuni-*

stin. 1919-23 wiederholt Wahl in die KPD-Zentrale, Teiln. 3., 4., 6. u. 8. PT. Febr. 1921 (Ende 1920?) Austritt aus der Zentrale aus Protest gegen die putschist. Linie der *Komintern;* galt in den darauf folgenden parteiinternen Auseinandersetzungen als entschiedenste Gegnerin der linken Führung um → Ruth Fischer. 1924-25 mit → Wilhelm Pieck Vors. *Rote Hilfe* (RH), nach dem Offenen Brief des EKKI vom Aug. 1925 aktive Teiln. an Bekämpfung der linken Parteioppos., ab Grdg. 1925 nominelle Vors. *Roter Frauen- und Mädchen-Bund,* 1927-29 erneut ZK-Mitgl.; 1920-33 MdR. - 1920 *Komintern*-Deleg. auf Grdg.-PT der PCF u. 1921 der PCI, 1921 Gr. u. bis 1925 Hg. *Die Kommunistische Fraueninternationale.* Ab 1921 Mitgl. EKKI u. EKKI-Präsidium, Teiln. an allen folgenden *Komintern*-Kongressen; Mitgr. IAH, Apr. 1922 Teiln. Berliner Konf. der drei Internationalen, ab Grdg. 1924 Ltr. Internat. Frauensekretariat beim EKKI, ab Juli 1925 Vors. Exekutivkomitee IRH, ab 1927 Präs. Sektion zum Studium der Theorie und Praxis der internationalen Frauenbewegung der Kommunistischen Akademie Moskau. Bereits in den 20er Jahren wiederholt längere Kuraufenthalte in der UdSSR. Hielt am 30. Aug. 1932 als Alterspräs. die Eröffnungsrede im neuen Reichstag, in der sie die NatSoz. scharf angriff u. für die Bildung einer Einheitsfront plädierte. Zum Zeitpunkt der NS-Machtübernahme in der UdSSR. -
Ausz.: 1927 Rotbannerorden (UdSSR), 1932 Lenin-Orden (UdSSR); Beisetzung an der Kremlmauer.
W: u.a. Die Arbeiterinnen- und Frauenfrage der Gegenwart. 1889; Geistiges Proletariat, Frauenfrage und Sozialismus. 1902; Die Anfänge der proletarischen Frauenbewegung in Deutschland. 1906; Zur Frage des Frauenwahlrechts. 1907; Zur Geschichte der proletarischen Frauenbewegung Deutschlands. 1928, Neuaufl. 1958; Erinnerungen an Lenin. 1929; Über Literatur und Kunst. 1955; Ausgewählte Reden und Schriften, Bd. 1-3, hg. vom Institut für Marxismus-Leninismus, Vorwort Wilhelm Pieck. 1957-60. *L:* Dornemann, Louise, Clara Zetkin. 1957; Nollau, Günther, Internationale. 1959; Osterroth/Schuster, Chronik; Tjaden, KPDO; GdA; GdA-Chronik; Weber, Wandlung; GdA-Biogr.; Biographisches Lexikon zur deutschen Geschichte. 1971; LSDL; Haferkorn, Katja, Der Sozialismus war Lebensanschauung und Lebensinhalt. Clara Zetkin. In: BZG, 1975, S. 116 ff.; Babitschenko, L.G., Clara Zetkin und die Internationale Rote Hilfe. In: BZG, 1977, H. 3, S. 371 ff. *Qu:* Hand. Publ. - IfZ.

Zetkin, Maxim, Dr. med., Chirurg, Staatsfunktionär; geb. 1. Aug. 1883 Paris, gest. 19. Aug. 1965 Berlin (Ost); *M:* → Clara Zetkin; *StA:* deutsch, UdSSR u. deutsch. *Weg:* 1936 E; 1939 UdSSR; 1945 Deutschland (Berlin).
1902-08 Stud. Medizin München, Prom.; 1909-18 Chirurg an versch. Krankenhäusern im In- u. Ausland; 1902 SPD, 1919 KPD. 1920 Übersiedlung in die UdSSR, Arzt, ab 1934 Doz. Univ. Moskau, 1936-39 in Spanien Arzt in den Internat. Brigaden; im 2. WK Chirurg in der Roten Armee. 1945 Übersiedlung nach Berlin, bis 1949 1. Vizepräs. Deutsche Zentralverwaltung für das Gesundheitswesen, ab 1947 Prof. mit Lehrauftrag für Chirurgie an der Humboldt-Univ. Berlin (Ost), Hg. *Deutsches Gesundheitswesen;* korr. Mitgl. Deutsche Akademie der Wissenschaften zu Berlin. - *Ausz.:* 1950 Verdienter Arzt des Volkes; Hervorragender Wissenschaftler des Volkes, 1955 VVO (Bronze), 1958 VVO (Silber u. Gold); Dr. h.c., ZK-Nachruf.
W: Mithg.: Chirurgie des Traumas. 1955 ff.; Wörterbuch der Medizin. 1956. *Qu:* Hand. Z. - IfZ.

Zettler, Josef, Offizier; geb. 21. Sept. 1904, gest. 14. Sept. 1974; *StA:* deutsch. *Weg:* 1933 (?) NL, 1936 E, 1939 (?) NL (?), 1942 (?) UdSSR, 1944 Deutschland (Österr.), 1945 UdSSR, 1947 Deutschland (SBZ).
Bergarbeiter, GewMitgl., 1919 KPD, Mitgl. UnterbezLtg. Aachen, RFB-Mitgl., Absolvent MilPol. Schule der *Komintern* in Moskau. Nach natsoz. Machtübernahme Emigr. nach Holland, PropArb. in KPD-EmigrGruppe, Ende 1936-1938 Teiln. Span. Bürgerkrieg, PolKommissar Edgar-André-Btl.; 1939-42 angebl. illeg. Tätigkeit in Holland, dann in die UdSSR, Jan. 1944 i.A. des NKFD Fallschirmabsprung bei Wien, Apr. 1944 Verhaftung u. bis Kriegsende KL Theresienstadt. 1945-47 in der UdSSR, nach Rückkehr Polizeifachlehrer bei Deutsche Zentralverwaltung des Innern, später Offz. Kasernierte Volkspolizei, 1952 Oberst, 1952-53 Ltr. pol. Abt. u. stellv. Ltr. Offz.-Schule Kochstedt/Dessau, 1956-62 Ltr. PolVerw. im MfNatVert., danach im Ruhestand. - *Ausz.:* 1955 VVO (Bronze), 1956 Hans-Beimler-Med., 1959 VVO (Silber).
W: Erinnerungen an die politisch-ideologische Arbeit in den Internationalen Brigaden. In: Interbrigadisten, S. 384 ff. *Qu:* Arch. Erinn. Hand. Publ. Z. - IfZ.

Zib, Ladislaus (Ladi), Parteifunktionär; geb. 25. Juni 1905 Wien, gest. 12. Juli 1977 Wien; *V:* Eisengießermeister; *M:* gest. 1918; *G:* 7, u.a. 1 B, Eisengießer in der CSR; ∞ verh., Ehefrau 1934 Emigr. UdSSR, 1936 Österr.; *K:* 2 S, 1934 Emigr. UdSSR, 1936 Österr.; *StA:* österr. *Weg:* 1934 CSR, UdSSR; 1936 Österr.
Tischlerlehre, 1923-29 Soldat im österr. Bundesheer. Anschl. zeitw. arbeitslos, Mitgl. SDAP, Zugführer *Republikanischer Schutzbund,* 1932 nach Auseinandersetzungen zwischen Schutzbund u. natsoz. Wehrformationen kurzfristig verhaftet. 1934 Teiln. Februarkämpfe, nach der Niederlage abenteuerl. Flucht in die CSR, Flüchtlingslager Chocerady, als Kompaniechef unter Ltg. von → Heinz Roscher mit dem ersten Schutzbündlertransport nach Moskau, anschl. nach Leningrad, arbeitete in den Putilov-Werken. 1936 Rückkehr nach Österr., kurzfristig verhaftet, anschl. illeg. Arbeit, zentrale Funktionen beim illeg. RSÖ-LitTransport. aus der CSR u. im LitVerteilungsapp., 1937 Verhaftung, 10 Mon. Polizeiarrest. 1945 Mitgl. SPÖ; Bez-Gruppenobmann *Bund sozialistischer Freiheitskämpfer und Opfer des Faschismus.*
L: Stadler, Opfer. *Qu:* Arch. Publ. Z. - IfZ.

Ziegellaub, Fred (urspr. Friedrich), Fürsorger; geb. 4. März 1907 Worms, gest. 8. Sept. 1973 New York; jüd.; *V:* Ignatz Z., Kaufm., Emigr. F, später Pal./IL; *M:* Adele, geb. Rosenrauch (gest. Worms); *G:* Josef (geb. 1905 Worms, gest. 1949 London), Regieassist., Emigr. F, NL, GB; Adolf (geb. 1909 Worms), Architekt, Emigr. F, Pal./IL; ∞ 1934 Dora Schapiro (geb. 1908 Igstadt/Hessen-Nassau, jüd., Realgymn., Putzmacherin u. Fremdsprachensekr., 1935 Emigr. USA, Teilstud. Baruch School of Business Admin. New York, ltde. Sekr. LBI New York; *K:* Hannah Adele (geb. 1945), Künstlerin; Miriam Ruth (geb. 1947), M.A., Lehrerin. *Weg:* 1933 F, 1935 USA.
1927-33 Stud. Med. Heidelberg u. Stud. Psychoanalyse am Institut für Sozialforschung Frankfurt/M. Mitgl. *Blau-Weiß* u. *Rote Studentengruppe;* 1933 nach ZusStoß mit natsoz. Stud. im Krankenhaus, anschl. im Untergrund, Mai 1933 illeg. Emigr. Frankr., Aufenthaltserlaubnis. Illeg. Gelegenheitsarbeit, Unterstützung durch *Comité Juif pour les Réfugiés.* 1935 Ausweisung wegen illeg. Einreise der Ehefrau, mit Einwanderervisum in die USA. Gelegenheitsarbeiten, Unterstützung durch *Jew. Refugee Committee* New York. Stud. New York School of Social Work, M.S.W. Columbia Univ., Unterstützung durch Ehefrau, die als Fremdsprachensekr. arbeitete; 1939-41 Fürsorger u. Bewährungshelfer *Jew. Board of Guardians* New York, 1941-46 Senior Case Worker u. Ltr. von StudPraktika der *Jew. Soc. Service Assn.* New York; 1946-49 Case Supervisor *Spence-Chaprin Adaption Service* u. *United Service for New Americans* New York, 1949-53 Case Consultant, dann Dir. of Field Work der Paul Baerwald School of Soc. Work Versailles/ Frankr. (damals verbunden mit J.D.C.); 1953-54 Ausbildung in isr. Krankenhäusern u. Altersheimen in Verbindung mit J.D.C. Ab 1954 zuerst als Dir. für Community Relations bei A.J.D.C. in Frankfurt/M., dann Landesdir. für Österr., später für Deutschland (BRD), 1963-67 i.A. der *Daughters of Israel* stellv. Dir. Pleasant Valley Home West Orange/N.J., 1967-68 Dir. *Henrietta and Stuart Hirschman Coordinating Committee for Service to the Aged* Bronx/N.Y., 1968-72 BezDir. New York der *Jew. Assn. for the Service of the Aged;* Mitgl. *Nat. Assn. of Soc. Workers, Nat. Conf. of Jew. Communal Workers* u. *Soc. Work Vocational Bureau.*

W: Requests for Analytic Treatment in a Family Agency. In: Mental Hygiene. 1946; Le Cours de Travail Individualisé. In: Informations Sociales, Febr. 1953, Nr. 3; Art. über Fürsorgearbeit u. -ausbildung in *Jüdische Sozialarbeit. Qu:* Fb. Z. - RFJI.

Ziegler, Edgar, Ministerialbeamter; geb. 14. Juli 1920 Mohelnice/CSR; jüd.; *V:* Erwin Z. (geb. 1890 Mohelnice, umgek. 1944 KL Buchenwald), jüd., Geschäftsmann, DSAP, Zionist; *M:* Luise, geb. Hekele (geb. 1895 Mürau/Mähren), kath., 1949 nach DK, 1950 nach S; *G:* Margit Repka (geb. 1921 Wien), Abitur, 1973(?) Übersiedlung aus der CSSR nach Deutschland (BRD); Charlotte Heljegard (geb. 1923 Mohelnice), 1940 Emigr. Pal., 1947 CSR, 1948 S; Lothar (geb. 1930 Mohelnice), Vorarbeiter in einer Elektrofirma in der CSSR; ∞ 1944 Elise Sofie Jensen Holte (geb. 1922 DK), ev., Journ., 1943 als Mitgl. der dän. Untergrundbewegung Flucht nach S, 1943-45 Fabrikarb., 1945-51 Kommunalbeamtin in DK, 1956 mit Ehemann nach CDN, Übersetzerin; *K:* Anette Legault (geb. 1944), Marianne Sheridan (geb. 1945), Ulla Hamlin (geb. 1949), Buchhalterin; *StA:* CSR, 1962 CDN. *Weg:* 1939 DK; 1943 S; 1945 GB, DK.

1939 Abitur Preßburg, 1934-39 Mitgl. *Hechaluz.* Aug. 1939 Emigr. nach Dänemark, 1939-43 landwirtschaftl. Arbeit u. Landwirtschaftsschule. März 1943 vergebl. Versuch zur Flucht nach Schweden, Verhaftung, Sept. 1943 mit Hilfe der späteren Ehefrau Flucht nach Schweden. 1944-45 Stud. Wirtschaftswiss. Univ. Uppsala, 1943 Musterung für die CSR-Auslandsarmee, Mai bis Nov. 1945 MilDienst in GB, dann Rückkehr nach Dänemark. 1945-51 Stud. in Kopenhagen, 1947 Dipl. als Volkswirt, 1951 Kand. der pol. Wiss. - Daneben Tätigkeit im dän. Min. für wirtschaftl. Koordinierung. 1951-56 Systemanalytiker bei Scandinavian American Nylon Hosiery Co. - 1956 nach Kanada, 1956-60 Finanzberater bei der Can. Industries, Ltd., Montreal. 1960-67 Wirtschaftsexperte u. 1961 Ltr. der Binnenmarktabt. bei Central Mortgage and Housing Corp.; 1967-73 Ltr. der Abt. für Einwanderer u. ausländ. Arbeitskräfte u. 1973-74 Dir. der Forschungsabt. im kanad. Min. für Arbeit u. Einwanderung. 1974-76 Dir. des Urban Progr. Evaluation Directorate im Min. of State for Urban Affs., 1976-77 Sonderberater für Bevölkerungsstatistik beim Min. für Arbeit u. Einwanderung. Seit 1977 erster Dir. für Planung u. Vors. des Beratungsausschusses für Flüchtlinge bei der kanad. Kommission für Arbeit u. Einwanderung. Mitgl. *Econ. Assn. of Montreal, Econ. Assn. of Ottawa, Can. Population Assn. of Am.* u. *Jewish Philosophical Soc.* Ottawa. Lebte 1979 in Ottawa.

Qu: Fb. Pers. - RFJI.

Ziegler, Ignaz, Rabbiner; geb. 29. Sept. 1861 Dolný Kubín/ungar. Komitat Liptau, gest. 18. Juli 1948 Jerusalem; *V:* (gest. Trentschin-Teplitz/Waag), Vorbeter in Dolný Kubín, später in Liptó-Szent Miklos/Komitat Liptau, ab 1874 Sodawasser-Fabrikant in Ruzomberok/Komitat Liptau; *M:* Chaile (gest. Trentschin); *StA:* österr., CSR. *Weg:* 1938 (1939?) Pal.

Orthodoxe jüd. Erziehung, Gymn. in Ruzomberok u. in Trentschin; 1877 Stud. Univ. u. Landesrabbinerschule Budapest, 1884-85 Stud. Jüd.-Theol. Seminar in Breslau, Rückkehr nach Budapest zur Fortsetzung des Stud.; 1888-1938 liberaler Rabbiner in Karlsbad/Böhmen, hohes Ansehen als Kanzelredner, Gr. des Freien Jüd. Kur-Hospitals u. des Isr. Altenheims in Karlsbad, daneben 1895-97 Hilfsred. u. Leitartikler bei der Zs. *Jüdische Chronik. Monatsschrift zur Verallgemeinerung jüdischen Wissens und zur Wiederbelebung des Interesses an allen jüdischen Angelegenheiten,* Verfasser der anonymen Spalte „Briefe eines Laien" in *Allgemeine Zeitung des Judentums;* erfolgloser Kandidat für den CSR-Senat. 1938 (39?) Emigr. Palästina; Prediger an der Emet veEmunah Syn. in Jerusalem.

W: u.a. Romain Rolland im „Jean Christof" über Juden und Judentum. 1918; Das Magische Judentum. Eine Studie zu Oswald Spenglers ,Der Untergang des Abendlandes'. 1923; Ein Volksbuch über die Propheten Israels. 1938; Skizzen zu einer Autobiographie. In: Bulletin LBI. 1959; Teilbibliogr. in: Kisch, Breslauer Seminar. *L:* Stransky, H., The Religious Life in the Historic Lands. In: The Jews of Czechoslovakia. Bd. I, 1968. *Qu:* ABiogr. Publ. Z. - RFJI.

Ziegler, Othmar, Dr. phil., Bankier, Verkehrsexperte; geb. 12. Jan. 1896 Müglitz/Mähren; jüd.; *V:* Edmund Z. (1854-1925), jüd. Kaufm. u. Fabrikant, Mitgl. Misrachi; *M:* Marie, geb. Freiberger (1854-1911), jüd.; *G:* Dr. jur. Richard Z. (1882-1935), RA; Erwin (geb. 1890, umgek. 1944 KL Buchenwald), Kaufm.; Olga Knöpflmacher (1880-1934); Clementine Dietrich (1887-1976); Hilda Stegmann (1893-1935); ∞ led.; *StA:* Österr., 1918 CSR, 1944 brit. *Weg:* 1939 GB; 1953 Deutschland (BRD).

Staatsgewerbeschule u. Realgymn. Brünn, Mitgl. zionist. Schülerverbindung *Veritas,* 1915-18 Frontsoldat österr.-ungar. Armee (Uffz. Landsturm, Ausz.), anschl. Bankangest. in Wien, 1922-23 Prokurist, 1924 bis Entlassung 1933 Direktionsmitgl. bei Deutsche Verkehrs-Kredit-Bank AG Berlin, dem Bankinstitut der Deutschen Reichsbahn. 1932-35 Stud. Staatswiss., Phil., Psych. u. Kunstgesch. Univ. Berlin, 1935 Prom., daneben ab 1933 freiberufl. WirtschKonsulent u. Fabrikant mit Wohnsitz in Prag, Stud. Geschichtswiss. Karls-Univ. Prag sowie journ. Tätigkeit, Prager Korr. des Opera Mundi-Verlags Paris. März 1939 Flucht vor drohender Verhaftung nach Paris, Emigr. nach London, Vermögenseinzug durch Gestapo. Histor. u. kunstgeschichtl. Privatstudien, Vortragstätigkeit zu verkehrspol. Problemen, Ref. für Verkehrsfragen bei der Mitteleuropa-Kommission der CSR-Exilreg. in London, Freundschaft mit Außenmin. Jan Masaryk. Ab 1942 in der Enemy Transport Sect. des Min. of Econ. Warfare, 1945 Mitgl. Combined Transportation Intelligence Sect. von SHAEF, 1946 bei der brit. Mil-Reg. in Deutschland, zuletzt Oberst. U. a. Analysen des Logistiksystems der dt. Wehrmacht u. Vernehmung führender natsoz. Politiker, Militärs u. Beamter. Später Mitgr. u. Geschäftsf. Deutsche Transportbank Frankfurt/M. 1953 Niederlassung in Deutschland, bis 1955 Teilh. eines Bankgeschäfts in Hamburg, anschl. VorstMitgl. Deutsche Verkehrs-Kredit-Bank Frankfurt/M., ab 1957 Dir. der Europaabt. der Exchange Nat. Bank of Chicago in Frankfurt/M. Lebte 1978 im Ruhestand in Frankfurt/Main.

W: Schiene oder Straße? Prag 1934; zahlr. wirtschaftswiss. u. verkehrspol. Rundfunkvorträge u. Art. in dt. u. ausländ. Fachzs. *Qu:* Fb. - IfZ.

Ziegler, Rinaldo (genannt Kurt), Buchhändler; geb. 29. März 1912 Marburg/Lahn; ev.; *V:* Mathias Z. (1886-1955), kath., Buchdrucker; *M:* Margarete, geb. Gaussmann (1891-1952), ev.; ∞ I. 1935 Hermine Kurz (geb. 1913 Mikulincy b. Tarnopol/Ukraine), jüd., Buchhändlerin, Emigr. F, S-Amerika, 1946 gesch.; II. 1949 Mexiko, Lola Bartolomé (geb. 1921 Barcelona), ev., Schule in Buenos Aires, Klavierlehrerin; *K:* Karl Adrián (geb. 1953), A: Frankfurt/M.; Paul Konrad (geb. 1958); *StA:* deutsch, Ausbürg. *Weg:* 1937 F; 1940 Paraguay; 1942 Argent.

Mitgl. SAJ, 1929 Mittlere Reife, anschl. Sortiments- u. Antiquariatsbuchhändler, Gasthörer Institut für Sozialforschung Frankfurt/M.; 1929-32 Mitgl. Jugendgruppe ZdA. 1933-35 selbstand. Buchhändler in Frankfurt, Buchhandlung diente als Anlaufstelle für Kuriere aus dem Saargeb. u. Frankr. 1935 Ausschluß aus Reichsschrifttumskammer u. *Börsenverein des deutschen Buchhandels,* Schließung der Buchhandlung, bis 1937 Verlagsvertr.; Juni 1937 nach Paßentzug illeg. in die Schweiz, von dort nach Paris, zunächst Buchhändler, anschl. Stud. Milchwirtschaft an der Ecole Nationale d'Industrie Laitière in La Roche-sur-Foron/Dépt. Haute-Savoie, Tätigkeit als Molkereilaborant. 1940 nach Paraguay, Hotelinhaber, 1942 nach Buenos Aires, Buchhändler, Mitgl. *Das Andere Deutschland* (→ August Siemsen). 1945-46 Hg. der dt.-sprach. MonatsZs. *Panorama* Buenos Aires. Ab 1947 Buchimporteur, baute eine MitglOrg. der Schweizer Büchergilde Gutenberg in Argentinien auf, 1948-65 Vertr. des Unternehmens SOVIREL Paris für Argentinien. 1949-50 als GenDeleg. des *Schweizerischen Arbeiter-Hilfswerks* Ltr. des Hilfswerks für Europa in Argentinien. 1965 vorläufige, 1969 endgültige Rückkehr nach Deutschland (BRD), 1970-75 AbtLtr. für Übersee-Export der Olympia-Werke AG, Werk Neuenhain/Taunus, 1975 Pensionierung, Bibliotheksarb. Deutsche Bibliothek Frankfurt. Lebte 1975 in Königstein/Taunus.

Qu: Fb. - IfZ.

Ziehm, Alfred, Parteifunktionär; geb. 10. Nov. 1896 Dresden; ∞ Helene Hanisch (geb. 1892), Emigr.; *K:* Marianne (geb. 1917), Emigr.; *StA:* deutsch, 1. Febr. 1937 Ausbürg. mit Fam. *Weg:* 1933 CSR; 1939 GB.

Mechaniker, 1918 SPD, Funktionär, Mitgl. *Reichsbanner,* StadtVO. Leipzig. Mai 1933 Emigr. CSR, *Sopade*-Stützpunktltr. Brüx-Katharinenberg, Mitgl. RSD (→ Karl Böchel), Konflikte mit *Sopade.* Jan. 1939 nach GB, Internierung, später als Mechaniker tätig. Mitgl. SPD-Gruppe.

D: AsD. *Qu:* Arch. Publ. - IfZ.

Zielasko, Franz, Parteifunktionär; geb. 19. Juli 1896 Busch/Westf., umgek. 18. Aug. 1943; ∞ Elisabeth Guske (geb. 1896), Emigr. UdSSR, Ausbürg. mit Ehemann; *StA:* deutsch, 17. Okt. 1938 Ausbürg. *Weg:* 1932 UdSSR; 1937 E; 1939 UdSSR; 1943 Deutschland.

Bergmann. Ab 1915 Mitgl. Arbeiter-Radfahrbund *Solidarität,* aktiver Sportfunktionär, 1927 KPD; 1932 Auswanderung in die UdSSR, Arbeiter u. Betriebsführer in den Bergwerken Schtscherino bei Tula; 1937-39 Teiln. Span. Bürgerkrieg; Rückkehr in die UdSSR, nach dem dt. Angriff Ausbildung für illeg. Einsatz in Deutschland, März 1943 Fallschirm-Absprung über Polen, mit falschen Papieren (Deckn. Willi Guske) ins Ruhrgeb.; als ZK-Instrukteur Aufbau einer zahlenmäßig bedeutenden illeg. Org., vor allem gestützt auf ehem. Freunde aus der ArbSportbewegung; 7. Aug. 1943 zus. mit 56 weiteren Mitgl. seiner Org. verhaftet, nach elf Tagen vermutl. gewaltsamer Tod in der Haft.

L: Steinberg, Widerstand; Wagner, Walter, Der Volksgerichtshof im nationalsozialistischen Staat. 1974; Peukert, Ruhrarbeiter. *Qu:* Arch. Publ. - IfZ.

Zielenziger, Kurt, Dr. rer. pol., Journalist; geb. 21. Febr. 1890 Potsdam, umgek. 19. Juli 1944 KL-Bergen-Belsen, jüd.; *V:* Julius Z. (1856-1938), StadtVO. in Potsdam; *G:* Gertrud Fraenkel, *A:* IL; ∞ Lily Weyl (gest. 1945); *K:* Eric, *A:* USA; *StA:* deutsch, 1939 Ausbürg. *Weg:* 1934 NL, 1943 Deutschland.

1908 Abitur, Stud. München, Berlin, Freiburg/Br., 1913 Prom. Vors. *Demokratischer Verein* Waldeck. Wirtschaftspol. Mitarb. *Vossische Zeitung,* dann stellv. Ltr. des Nachrichtenamts der Stadt Berlin. 1934 Emigr. Amsterdam. 1935-39 Tätigkeit im *Jewish Central Information Office* (→ Alfred Wiener). 1943 Festnahme, KL Westerbork, dann Bergen-Belsen.

W: u.a. Die alten deutschen Kameralisten. 1914, 1966; Juden in der deutschen Wirtschaft. 1930; Die Auswanderung der deutschen Juden seit 1933. In: Population 2/1937, H. 3. *Qu:* EGL. Hand. Z. - IfZ.

Zienau, Oswald, Dr., Journalist; *StA:* deutsch. *Weg:* F; 1943 CH.

Journ., SPD-Mitgl., vor 1933 Korr. *Kölnische Volkszeitung* in Moskau, nach Abberufung Vernehmung u. Mißhandlung durch Gestapo; Emigr. nach Frankr., 1943 Flucht in die Schweiz. Ab Nov. 1944 Mitgl. Provis. Ltg. der BFD in der Schweiz, Mitgl. der Pressekommission des BFD-Organs *Freies Deutschland* (→ Karl Hans Bergmann). Mai 1945 Ausscheiden aus BFD nach Konflikten mit der pol. Linie der KPD.

L: Bergmann, Schweiz. *Qu:* Publ. - IfZ.

Zika, Rudolf (Rudi), Parteifunktionär; geb. 13. Jan. 1902 in Wien; ∞ Vera, sowj. Staatsangehörige, kam während des 2. WK nach Wien; *K:* 1 S; *StA:* österr. *Weg:* 1938 UdSSR; 1946 Österr.

Mitgl. KPÖ, nach 1933 vermutl. illeg. Funktionär. 1938 in die UdSSR, lebte in Leningrad. 1941 nach dt. Angriff auf die UdSSR Evakuierung nach Kujbyšev, Mitarb. u. Sprecher an dem dort eingerichteten dt.-sprachigen Sender. Anschl. wieder Moskau, betreute ab Mai 1945 neben → Friedrich Hexmann u. → Erwin Knausmüller das *Antifaschistische Büro österreichischer Kriegsgefangener.* 1946 Rückkehr nach Wien, KPÖ-Funktionär, bis zu Pensionierung Betriebsltr. Globus-Verlag.

L: Vogelmann, Propaganda. *Qu:* Arch. Pers. Publ. - IfZ.

Zilles, Hermann, Parteifunktionär; geb. 31. Aug. 1903 Köln. *Weg:* 1936 NL; 1940 Deutschland.

KPD-Funktionär. 1933-35 in Haft. 1936 Emigr. in die Niederlande. Dort 1940 nach Einmarsch der dt. Truppen verhaftet u. nach Deutschland verbracht; bis 1945 Zuchth. u. KL. Okt. 1945 1. Sekr. der KPD-BezLtg. Mittelrhein, Mitgl. des Dez. 1945 konstituierten Rheinischen ProvRates; ab 1946 Mitgl. KPD-Landesltg. Nordrhein-Westfalen.

L: Hüttenberger, Peter, Nordrhein-Westfalen und die Entstehung seiner Parlamentarischen Demokratie. 1973; Schädel, Gudrun, Die Kommunistische Partei Deutschlands in Nordrhein-Westfalen von 1945-1956. Phil. Diss. Bochum 1973. *Qu:* Arch. Publ. - IfZ.

Zimdin, William D., Kaufmann; geb. 1880 Estland, gest. 4. März 1951 Santa Barbara/Calif.; ∞ Elizabeth. *Weg:* F, 1941 (?) USA.

Bis 1917 Importeur von amerikan. Industrieprodukten nach Rußland, anschl. Niederlassung in Deutschland. Erwerb von Bergwerken u. Fischereibetrieben in Jugoslawien, Kautschukplantagen u. Zinnvorkommen in Malaya u. Thailand, Bergwerken in Südafrika; in Deutschland u. Österr. vor allem im Immobiliengeschäft tätig, u.a. Inh. Berliner Grunderwerbsgesellschaft. Nach 1933 Emigr. Frankr., um 1941 in die USA. 1951 Vermächtnis von 1 Mio. Dollar an Hilfsfonds für Flüchtlinge aus der UdSSR.

Qu: Z. - RFJI.

Zimet, Erwin, Rabbiner; geb. 27. März 1912 Berlin; *V:* Herrmann Z. (geb. 1884 Tarnopol, umgek. [?] im Holokaust), jüd., Schneider; *M:* Anna Dingenthal (geb. 1884 Odessa, umgek. im Holokaust), jüd.; *G:* Max Z. (geb. 1909 Berlin), Bankangest. in NL; Sonia Halstead (geb. 1917 Berlin), Emigr. USA über GB; ∞ 1940 Lilli Gehr (geb. 1919 Berlin), jüd., 1935-37 Stud. Nellie Wolfheim-Kindergartenseminar Berlin, 1939 Emigr. London, 1940 USA, ab 1946 Rektorin ReligSchule Temple Beth-El Poughkeepsie/N.Y.; *K:* Miriam Ann Seiler (geb. 1945), Lehrerin; Michael David (geb. 1948), Angest.; Jonathan Daniel (geb. 1953); *StA:* PL, 1945 USA. *Weg:* 1938 PL, 1939 USA.

1930-34 Stud. Univ. u. 1930-38 L(H)WJ Berlin, 1938 Rabbiner; 1933-38 Prediger u. Lehrer Jüd. Gde. Berlin, Rabbiner Hermann-Falkenberg-Syn. Berlin; Mitgl. u. Ltr. jüd.-lib. Jugendbewegung *Ili-Kameraden,* aktiv in *Jugend-Aliyah.* 1938 als Jude poln. StA Dep. nach Polen, 5 Mon. im „Niemandsland"-Lager bei Zbyszyn. Apr. 1939 Emigr. nach London, Warten auf Non-Quota-Visum, Unterstützung durch Flüchtlingsorg., 1939 in die USA; 1939-46 Hilfsrabbiner Park Avenue Syn., ab 1946 Rabbiner Temple Beth-El in Poughkeepsie; 1950-70 Berater *Hillel Foundation* Vassar Coll. Poughkeepsie, ab 1950 Rabbiner Green Haven Prison Stormville/N.Y., 1957-58 Präs. Zion. Org. Am. in Poughkeepsie, 1962-63 Präs. *Am. Jew. Correctional Chaplains Assn.,* 1963-64 Präs. *Dutchess Country Min. Assn.,* 1964-65 Mitgl. Menschenrechtskommission der Stadt Poughkeepsie, 1965-66 Präs. *Am. Correctional Chaplains Assn.,* Mitgl. *B'nai B'rith, New York Board Rabbis u. Rabbinical Assembly Am. - Ausz.:* 1975 D.D.h.c. Jew.-Theol. Seminary Am. New York; Man of the Year der *B'nai B'rith*-Loge Poughkeepsie/N.Y.

Qu: Arch. Fb. Hand. - RFJI.

Zimmels, Hersch Jacob, Dr. phil., Rabbiner, Hochschullehrer; geb. 29. Dez. 1900 Jaworow/Galizien, gest. 9. Nov. 1974 London; *V:* Myer Z. (geb. Brody/Galizien, gest. 1942 NL), jüd., Kaufm., 1939 Emigr. NL; *M:* Mindel, geb. Barsam (umgek. 1943 [1944 ?] KL Auschwitz), jüd., 1939 Emigr. NL; *G:* Hannah Grossmann (geb. Jaworow, gest.), in den 40er Jahren Emigr. GB; Rivkah Rauchwerger (geb. Jaworow, gest.), in den 40er Jahren Emigr. GB; ∞ 1943 Francis (Franziska) Wislicki (geb. 1918 Breslau, jüd., Stud. Isr. Lehrerbildungsanstalt Würzburg, Lehrerin in Leipzig, 1939 Emigr. GB, Hausangest., später Lehrerin; *K:* Helen Zimmels-Kahan (geb. 1945); Martin (geb. 1948), Stud. Gateshead-Yeshivah u. Univ. London; *StA:* österr., 1947 brit. *Weg:* 1939 GB, 1941 AUS, 1943 GB.

Talmudschule in Brody, Stud. Wien. 1926 Prom., daneben Stud. Theol. Lehranstalt Wien, 1927 Rabbinerexamen. 1928-33 Hilfsrabbiner u. ReligLehrer in Baden bei Wien, 1933-38 Rabbiner u. Doz. für jüd. Gesch. Isr. Kultusgde. Wien. 1939 Emigr. GB mit Notvisum durch Vermittlung des brit. Oberrabbiners. 1941-43 Internierung in Australien, 1943 Rückkehr nach London. Ab 1944 Doz. für Bibelstudien, Talmud u. Gesch. 1964-70 Rektor Jews Coll. London. 1970 emeritiert.

W: Festschrift zum 80. Geburtstag des Rektors Schwarz. 1926; Beiträge zur Geschichte der Juden in Deutschland im 13. Jahrhundert, insbesondere aufgrund der Gutachten des R. Meir Rothenburg. 1926; Erez Israel in der Responsenliteratur des späten Mittelalters. In: Monatsschrift für Geschichte und Wissenschaft des Judentums, 1930; Die Marranen in der rabbinischen Literatur. 1932; Rabbi David ibn abi Simra. In: Bericht des Jüdisch-Theologischen Seminars, Hochschule für jüd. Theologie, Beilage Breslau, 1933; Ktav Yad Hamburg Cod. hebr. 44. Vijeḥuso leRabbi Avigdor Katz (Die hebr. Handschrift Cod. hebr. 44 in Hamburg und ihre Zuschreibung an Rabbi Avigdor Katz). In: Abhandlungen zur Erinnerung an Hirsch Peretz Chajes. 1933; Magicians, Theologians and Doctors. 1952; Leopold Zunz, His Life and Times. 1952; Ashkenazim and Sephardim. 1958; Essays presented to Chief Rabbi Israel Brodie on the Occasion of his Seventieth Birthday (Mithg.). 2 Bde., 1966-67; The Echo of the Nazi Holocaust in Rabbinic Literature. 1976; Beiträge in E.J. u.a. Nachschlagewerken u. Festschriften. *Qu:* Arch. Hand. Pers. Publ. - RFJI.

Zimmer, Gerhard, geb. 27. Nov. 1913 Berlin; *StA:* deutsch. *Weg:* 1937 CSR, NL; 1939 AUS.

Ab 1927 kaufm. Lehre, bis 1935 Angest. DAF; ab 1929 HJ, dann freiw. Arbeitsdienst, Eintritt in SA, HJ-Fähnleinführer. 1935 Schutzhaft u. Gef. wegen unpol. Delikte, 1937 Schutzhaft wegen Verdachts illeg. bünd. Betätigung, Flucht nach Prag, durch Vermittlung der *Demokratischen Flüchtlingsfürsorge* nach Holland, Mitarb. *Deutsche Jugendfront* unter → Hans Ebeling, u.a. an Zs. *Kameradschaft* u. *Sonderinformation deutscher Jugend,* später Hg. der Zs. *Das Fanal.* Deckn. Nico, Nic. Strong. Mitte 1939 Ausw. nach Australien.

Qu: Arch. - IfZ.

Zindwer, Renée, Dr. med., Ärztin; geb. 11. Apr. 1913 Wien; *V:* Nathan Z.; *M:* Charlotte, geb. Muenzer. *Weg:* 1939 USA.

1938 Prom. Wien, 1938-39 Medizinalassist., 1939 Emigr. USA. 1939-40 Medizinalassist. am New England Hospital for Women and Children Boston, 1940-41 chirurg. Weiterbildung am Women's Hospital Philadelphia, 1941-43 Assistenzärztin am Mass. State Hospital and Infirmary Tewkesbury/Mass., 1943-44 Frauenärztin am Booth Hospital Boston sowie Lehrtätigkeit am Tufts Medical Coll., 1944-46 Privatpraxis in Boston; 1947 M.P.H. Harvard Univ.; 1949-51 stellv. Dir. der Schule für Gesundheitsdienst Nashville/Tenn., 1951-64 Ltr. des Mutter- u. Kindergesundheitsdienstes beim Gesundheitsamt des Staates New Jersey in Trenton. 1964-67 med. Verw-Vorst. des Kindergesundheitsdienstes an der Fürsorgeabt. des Staates New Jersey in Trenton. Daneben 1960-67 Assoc. Clinical Prof. für Kinderheilkunde Seton Hall Univ. S. Orange/N.J.; ab 1967 stellv. Dir. des Frauen- u. Kindergesundheitsdienstes am Staatl. Gesundheitsamt des Staates New York. Diplomate *Am. Board of Preventive Medicine,* Fellow *Am. Publ. Health Assn., Am. Acad. for Pediatrics* u. *Am. Coll. for Preventive Medicine.* Lebte 1976 in Delmar/N.Y.

W: u.a. Of Little Patients. 1952. *Qu:* Hand. - RFJI.

Zingler, Alfred, Journalist; geb. 6. Juni 1885 Sprottau/Schlesien, hinger. 28. Aug. 1944 Brandenburg/Havel; o.K.; ∞ Margarethe Wiesener (1885-1973), Emigr., nach 1940 Haft, bis 1950 (?) Mitgl. VVN; *StA:* deutsch, 19. Sept. 1937 Ausbürg. mit Ehefrau. *Weg:* 1933 NL; nach 1940 Deutschland.

Lokalred. SPD-Ztg. *Der Volkswille* Gelsenkirchen, sport- u. kulturpol. tätig. Mitgl. SPD-BezVorst. u. -Ortsvorst., Vorst-Mitgl. *Reichsbanner* Groß-Gelsenkirchen. Mai 1933 Emigr. Hengelo, angebl. Grenzstellenltr., Versuche zum Wiederaufbau des illeg. *Deutschen Freidenker-Verbands.* Mitarb. versch. Exilzs. Nach dt. Besetzung festgenommen, zunächst Untersuchungshaft in Gelsenkirchen, VGH-Todesurteil.

Qu: Arch. - IfZ.

Zinke, Charlotte, geb. Maetschke, Parteifunktionärin; geb. 23. Juni 1891 Zielenzig/Oder, gest. 6. Nov. 1944; Diss.; *V:* Karl Maetschke, Tuchmacher; *M:* Ernestine, geb. Weber; ∞ 1910 Wilhelm Z., Maurer, Mitgl. KPD; *StA:* deutsch. *Weg:* 1933 NL; 1934 Deutschland.

Ab 1911 aktiv in der Arbeiterbewegung; 1920 Mitgl. KPD, Funktionärin der *Roten Hilfe,* 1927 als Frauenltr. Mitgl. KPD-BezLtg. Ruhrgebiet (Niederrhein), 1929 StadtVO. Essen u. Mitgl. Rheinischer ProvLT, 1930-33 MdR. Nach Reichstagsbrand 1933 Emigr. in die Niederlande; 1934 freiw. Rückkehr.

Qu: Arch. Hand. - IfZ.

Zinner, Josef, Partei- u. Gewerkschaftsfunktionär; geb. 27. März 1894 Neu Rohlau b. Elbogen/Böhmen, gest. 9. Sept. 1961 Redhill/England; *StA:* österr., 1919 CSR, brit. (?). *Weg:* 1938 (?) GB; 1946 CSR; 1948 GB.

Volks- u. Bürgerschule, Büropraktikant, Buchhalter u. Magazineur; Mitgl. *Verband jugendlicher Arbeiter Österreichs,* 1914-18 Frontsoldat, danach Sekr. des Demobilisierungsausschusses in Falkenau, später Sekr. des Revierrates des Falkenauer Kohlenreviers u. ab 1933 Nachf. Adolf Pohls als Obmann der *Union der Bergarbeiter in der CSR,* daneben Tätigkeit in der DSAP, langjähr. StadtVO. u. Finanzref. in Falkenau, ab den 30er Jahren Mitgl. DSAP-PV; Mitgl. der Exekutive der Internationale der BergarbGew.; Ende 1938/Anfang 1939 Emigr. nach GB, Mitgl. TG-Landesvorst., mit → Franz Kögler, → Max Koutnik u. → Gustav Neumann Mitgl. der sudetendt. GewDeleg. zum CSR-Exilpräs. Dr. Edvard Beneš v. 3. Okt. 1939, die sich im Widerspruch zur Haltung maßgebl. TG-Kreise um → Wenzel Jaksch für die loyale Unterstützung der Pläne zur Wiedererrichtung der zerschlagenen CSR in Vormünchner Grenzen ausspracn; im Febr. 1940 gemeinsam mit den Mitgl. dieser GewDeleg. erster Versuch zur org. Zusammenfassung der pol. Opposition gegen Jaksch durch Grdg. der *Landesgruppe England der deutschen Freigewerkschaftlichen Arbeiter- und Angestelltenorganisationen in der Tschechoslowakischen Republik.* Die Landesgruppe wandte sich in der ersten Nummer ihres Organs *Gewerkschaftliche Mitteilungen* v. Apr. 1940 aufgrund ihres internationalist.-sozialist. Selbstverständnisses gegen die sog. nationale Verschleierung des Sudetenproblems u. führte dagegen die Krisenentwicklung in der Vorkriegs-CSR ausschließlich auf ökonom. u. soziale Strukturwandlungen in Mitteleuropa zurück; diese Analyse war ebenfalls für ihre Beurteilung des dt. NatSoz. maßgebend. Als Wortführer der Opposition u. infolge seiner Isolation im TG-Vorst. trat Z. sehr früh in Kontakt mit Exilvertr. der tschechoslow. SozDem. sowie offiz. RegVertretern, die an einer Schwächung der TG interessiert waren, jedoch in die Auseinandersetzungen innerh. des dt. sozdem. Exils vermutl. nicht direkt eingegriffen haben. Nach Aufgabe des Plans, die pol. Opposition gegen Jaksch mit Hilfe einer gewerkschaftl. Org. durchzusetzen, u. vor allem angesichts der sich schon 1940 abzeichnenden Bildung des gesamttschechoslow. *Czechoslovak Trade Union Centre in Great Britain* bemühte sich Z. um Sammlung der dem tschechoslow. Staat gegenüber loyal eingestellten TG-Mitgl. insbes. aus dem Kreis der Anhänger des 1938 von Jaksch abgelösten DSAP-Vors. Dr. Ludwig Czech; Okt. 1940 Mitgr. der *Auslandsgruppe der Deutschen Sozialdemokratischen Arbeiterpartei in der Tschechoslowakischen Republik* (auch *DSAP-Auslandsgruppe* u. *Zinner-Gruppe* genannt) als „legitime" Partei-Nachfolgerin. Ihr schloß sich bis Kriegsende etwa 1/3 der ehemaligen DSAP-Mitgl. im Exil an. Z. war Gruppenvors., Hg. u. Hauptmitarb. des Gruppenorgans *Sozialistische Nachrichten* London u. Mitarb. der Zs. *Einheit, Sudeten German Antifascist Fortnighty* London. – Überzeugt von der Verschleierungsfunktion des Nationalismus in der natsoz. Ideologie, lehnte die *Zinner-Gruppe* jede nationalpol. Lösung des sog. Sudetenproblems durch Aussiedlung der Deutschen aus der CSR ab u. war infolge gemeins. Interessenlage zur Einheitsfrontbildung mit sudetendt. Kommunisten bereit. Gemeinsam mit den staatsloyalen dt. Exilgruppen aus der CSR, der sog. *Beuer-Gruppe* (→ Gustav Beuer) u. sog. *Peres-Gruppe* (→ Alfred Peres), wurde im Okt. 1942 der *Einheitsausschuß der sudetendeutschen Antifaschisten in Großbritannien* gebildet, dessen Präsidium Z. zus. mit den anderen Gruppenleitern übernahm; 1942 mitbeteiligt an ergebnislosen Versuchen zur Einbeziehung der TG; 1943 Mitgl. *Sudetendeutscher Ausschuß – Vertretung der demokratischen Deutschen aus der CSR.* Durch Änderung der Taktik der KSČ 1943/44, die in beiden Ausschüssen die Mehrheit hatte, befand sich die von Z. geleitete *DSAP-Auslandsgruppe* zuletzt im Lager der Befürworter der geplanten – nach der damaligen kommunist. Lesart noch teilweisen – Zwangsaussiedlung der dt. Minderheit aus der Nachkriegs-CSR, die schließlich von CSR-Behörden rigoros unter Berufung auf die Kollektivschuldthese als ein Akt der „nationalen Revolution" durchgeführt wurde u. größtenteils auch die aktiven, von tschechoslow. Seite anerkannten Antifaschisten mit einschloß. Z. kehrte 1946 in die CSR zurück, nach der kommunist. Machtübernahme im Febr. 1948 erneute Emigr. nach GB.

L: Křen, V emigraci; Bachstein, Martin K., Die Politik der Treuegemeinschaft sudetendeutscher Sozialdemokraten als Hauptrepräsentanz des deutschen Exils aus der Tschechoslowakischen Republik. In: Das Jahr 1945 in der Tschechoslowakei. 1971; Bachstein, Jaksch; Brügel, Johann Wolfgang, Zur Geschichte der Zinnergruppe. Hg. für die Arbeitsgemeinschaft ehemaliger deutscher Sozialdemokraten in der Tschechoslowakei von Rudolf Zischka. Tann/Niederbayern, o.J. *Qu*: Arch. Pers. Publ. Z. – IfZ.

Zipper, Hans, Parteifunktionär; *Weg*: 1937 (?) E; 1939 (?) F; Deutschland (?).

Vermutl. Mitgl. KPÖ, nach 1933 illeg. Funktionär. 1937 (?) nach Spanien, führende Funktionen innerhalb der Internat. Brigaden, Deckn. Viktor Müller. Vermutl. 1939 nach Frankr.; nach franz. Kapitulation nach Südfrankr. nach Paris, Mitorg. der ersten Widerstandsgruppen, aus denen sich die TA innerh. der franz. Résistance entwickelte, 1941 nach dt. Angriff auf die UdSSR Gr. u. Red. der illeg. Ztg. *Soldat im Westen* zur Agitation unter den dt. Besatzungstruppen, Deckn. u.a. Victor. Wurde 1941 beim Überschreiten der Demarkationslinie zwischen besetztem u. unbesetztem Teil Frankr. verhaftet u. erschossen, nach anderer Quelle Dep. in KL Groß-Rosen, dort ermordet.

L: Spiegel, Résistance; Schaul, Résistance; Pech, Résistance; Die Völker an der Seite der spanischen Republik. 1975. *Qu*: Arch. Publ. – IfZ.

Zirker, Milly, Journalistin; geb. 4. Jan. 1888 Köln; *StA*: deutsch, 25. Juli 1936 Ausbürg. *Weg*: 1933 F; USA(?).

Red. *8 Uhr Abendblatt* Berlin, Mitarb. *Die Weltbühne*, nach natsoz. Machtübernahme Entlassung, Emigr. nach Frankr., Mitarbeiterin von → Hellmut von Gerlach; Beitr. u. a. in *Pariser Tageblatt* u. *Die Neue Weltbühne*, VorstMitgl. *Verband deutscher Journalisten im Ausland.* Nov. 1938 Mitunterz. GrdgAufruf für Hilfskomitee ehem. Spanienkämpfer. Ps. Johannes Bückler.

Qu: Arch. Publ. – IfZ.

Zischka, Rudolf, Parteifunktionär; geb. 22. Juli 1895 Brüx/Böhmen; kath., 1920 Diss.; *V*: Wenzel Z. (1866-1944); *M*: Marie, geb. Winter (1874-1953); *G*: Karl (1897-1949), Elsa (geb. 1906); ∞ 1920 Josefine Hirmer (geb. 1899); *K*: Kurt (geb. 1921); *StA*: österr., 1919 CSR, deutsch; *Weg*: 1938 GB; 1939 Boliv.; 1962 Deutschland (BRD).

Gymn., 1912 nach Westf., 1915-18 Kriegsdienst in österr.-ungar. Armee (Uffz.), 1918 SPD, 1919 DSAP, 1919 Parteisekr. in Tuschkau b. Pilsen, 1920-23 Sekr. der BauarbGew. in Reichenberg, 1923-25 Parteisekr. in Eger u. 1925-38 Kreissekr. in Sternberg/Nordmähren, 1928-35 Mitgl. mähr.-schles. Landesvertr., 1928-39 Mitgl. PV der DSAP, 1935-38 Abg. NatVers. der CSR. Während der sog. Sudetenkrise ltd. Organisator der ZusArb. der RW mit der tschechoslow. Armee zur Abwehr evtl. irredentistischer Umtriebe in Nordmähren. Nach Abschluß des Münchner Abkommens u. Nov. 1938 mit Fam. nach London. Ltr. eines EmigrHostels, Mai 1939 aus Enttäuschung über die Politik europ. Mächte nach Bolivien, Landwirt u. später Bes. eines Sägewerks; Kontakte zu dt. sozdem. Emigr. – Mai 1962 Übersiedlung nach Deutschland, Rentner, 1964 Mitgr. *Arbeitsgemeinschaft ehemaliger deutscher Sozialdemokraten in der Tschechoslowakei*, die in der Tradition der *Zinner-Gruppe* (→ Josef Zinner) eine krit. Position gegenüber der SG einnimmt, ab 1966 Hg. ihrer *Mitteilungen* Tann/Niederb. Lebte 1978 in Tann/Niederbayern.

L: Jauernig, Edmund, Sozialdemokratie und Revanchismus. 1968; Bachstein, Jaksch; Brügel, Johann Wolfgang, Tschechen und Deutsche. 1974; Menschen im Exil. *Qu*: Fb. Pers. Publ. Z. – IfZ.

Zivi, Paul, Fabrikant; geb. 24. März 1899 Wuppertal-Elberfeld; jüd.; *V*: Hermann Z., Kantor; *M*: Rosa; ∞ led.; *StA*: deutsch, 1935 Bras. *Weg*: 1933 (?) Bras.

Bis 1933 für eine Metallwarenfabrik in Deutschland tätig. Ende der 20er Jahre Reise nach Brasilien zum Stud. von Fabrikationsmöglichkeiten, dort 1931 Gr. der Herstellungsbetriebe für Tafelbestecke Zivi S.A. Cutelaria u. Hercules S.A., 1933 (?) Emigr. Brasilien; Ausbau der brasil. Fabriken zu Konzern mit 4700 Angest. u. Zweigstellen in Porto Alegre, Rio de Janeiro u. São Paulo. Ab 1975 Ruhestand. Übertragung der Geschäftsltg. auf → Wolfgang Klaus Sopher. Lebte 1977 in Brasilien u. in der Schweiz.

Qu: Fb. – RFJI.

Zorn, Edith, geb. Götze, Parteifunktionärin, Historikerin; gest. 1967; *V*: Berufsoffz.; ∞ → Harald Hauser; *StA*: deutsch. *Weg*: F; 1945 (?) Deutschland (SBZ).

Als KPD-Mitgl. nach 1933 Emigr. nach Frankr., im 2. WK in Paris unter Deckn. Marie-Louise Maurel enge Mitarb. von → Otto Niebergall, ltd. Mitwirkung in KPD-Westltg. u. KFDW, nach Befreiung von Paris Kommentatorin u. zeitw. Sprecherin für CALPO-Sendungen des Pariser Rundfunks. Nach Kriegsende in der SBZ, 1956-67 Mitarb. Institut für Marxismus-Leninismus beim ZK der SED, Arbeiten auf dem Gebiet der dt. antifaschist. Emigr. 1933-45.

W: vgl. Goguel, Rudi, Antifaschistischer Widerstandskampf 1933-1945. Bibliographie. 1974. *Qu*: Publ. – IfZ.

Zsolnay (urspr. von Zsolnay), **Paul**, Verleger; geb. 12. Juni 1895 Budapest, gest. 11. Mai 1961 Wien; *V*: A.v. Z., GenKonsul; *StA*: österr. (?). *Weg*: 1938 GB; 1946 Österr.

Hochschule für Bodenkultur in Wien, anschl. Verwalter der väterl. Güter bei Preßburg. 1923 Gr. Verlag für zeitgenössische österreichische Literatur Wien-Berlin (Paul-Zsolnay-Verlag), der neben dt., engl. u. amerikan. zeitgenöss. Autoren insbes.

auch moderne sowj. Schriftsteller verlegte. 1938 Emigr. GB, Teilh. Heinemann-Verlag. 1946 Rückkehr nach Wien, Ltr. Paul-Zsolnay-Verlag. Mitgl. *Österreichischer PEN-Club* u. zahlr. Verbände des geistigen u. kulturellen Lebens in Wien.

L: Beiträge zur Geschichte des Buchwesens, Bd. IV. 1969. *Qu:* Hand. Publ. – IfZ.

Zucker-Schilling (urspr. Zucker), **Erwin,** Journalist, Parteifunktionär; geb. 15. Aug. 1903 Wien; *V:* Uhrmacher; *M:* Schneiderin; *G:* Hugo Z. (gest.), führender KJVÖ-Funktionär in der Anfangszeit des Verbands; ∞ Betty, Emigr. UdSSR, Mitarb. *Radio Moskau für Österreich; StA:* österr. *Weg:* 1935 CSR; 1938 F; 1939 TR; 1940 (?) UdSSR; 1945 Österr.

Juwelier-, später Mechanikerlehre; frühzeitig Mitgl. KJVÖ, 1920 Red. *Der Lehrling* sowie *Die Proletarierjugend*. Bis 1925 Mitgl. Bundesltg. des KJVÖ in Wien, 1924 Hg. der kurzlebigen Zs. *Der junge Grubensklave,* 1925 vermutl. in Zusammenhang mit Linzer Treffen des KJVÖ kurzfristig verhaftet. Ab 1925 Red. *Die Rote Fahne,* in den Fraktionskämpfen innerhalb der KPÖ Mitgl. der Mittelgruppe um → Johann Koplenig. 1929 erneute Verhaftung, Anklage wegen Veröffentl. in *Die Rote Fahne,* Freispruch. 1934 nach den Februarkämpfen ltd. Red. der illeg. Ztg. *Die Rote Fahne;* 1935 Verlegung der Red. nach Prag, zusätzlich Ltr. der theoret. Zs. der KPÖ *Weg und Ziel,* Ps. F. Schneider. Ab 1935 ZK-Mitgl. der KPÖ. 1938 nach Münchner Abkommen nach Paris. Febr. 1939 Gr. u. erster Red. der als Gegengewicht zu *Die Österreichische Post* (Ztg. der *Ligue Autrichienne*) hg. zweisprach. Zs. *Nouvelles d'Autriche/Österreichische Nachrichten,* Ps. Hugo Wiener. Nach Kriegsausbruch in die Türkei, Aufenthalt in Istanbul (→ Herbert Eichholzer), anschl. nach Moskau. Mitarb. *Die Welt* Stockholm sowie *Die Kommunistische Internationale* u. *The Communist International,* Deckn. Franz Schilling. 1941 nach dt. Angriff auf die UdSSR Evakuierung nach Ufa, Aufbau u. Ltg. des *Senders Österreich* in Ufa, der nicht als sowj. Sender auftrat, sondern sich als illeg. Sender innerh. Deutschlands bzw. des von dt. Truppen besetzten Gebiets ausgab, nach Rückkehr nach Moskau Fortführung des *Senders Österreich*. Mai 1945 Rückkehr nach Wien; bis 1957 Mitgl. PolBüro, bis 1965 ZK-Mitgl. der KPÖ u. Chefred. *Volksstimme*. Später Red. *Internationales Bulletin*. Lebte 1978 in Wien.

W: u.a. Drei Forderungen der arbeitenden Jugend. 1924; Wissenswertes über Österreich. 1957; Konferenz der kommunistischen und Arbeiterparteien, Karlovy Vary. 24.-26. April 1967. Reden und Beschlüsse (Hg.). 1967; Er diente seiner Klasse. Eine Biographie. Mit Reden und Schriften von Johann Koplenig. 1971. *L:* Göhring, KJVÖ; DBMOI; Vogelmann, Propaganda; Konrad, KPÖ; Reisberg, KPÖ. *Qu:* Arch. Hand. Publ. Z. – IfZ.

Zuckermann, Hermann, Kaufmann; geb. 18. Aug. 1912 Nürnberg; jüd.; *V:* Mendel Z.; *M:* Ester; ∞ Dora Sireradzki (geb. 1914 Leipzig); *K:* Rodolfo Arthur (geb. 1943), Chemiker; Harry Isi (geb. 1945), RA; *StA:* deutsch, Bras. *Weg:* 1933 F, 1934 Bras.

Handelsschule u. jüd. Schule Nürnberg; Mitgl. *Bar-Kochba* u. *Blau-Weiß;* 1929-33 kaufm. Angest. in Nürnberg. Juni 1933 Emigr. nach Paris mit Besuchervisum, 1933-34 illeg. Erwerbstätigkeit. Apr. 1934 Emigr. nach Rio de Janeiro mit Einwanderervisum, 1934-37 Büro- u. Vertretertätigkeit; 1937-59 AbtLtr. Industr. Reunidas Max Wolfson, später geschäftsf. Dir., ab 1959 Dir. u. Präs. Companhia Industr. de Discos, gleichz. Dir. Grafica Americana u. Radio Universal. VorstMitgl., ab 1967 Präs. A.R.I., Dir. *Federação dos Sociedades Isr.* Rio de Janeiro. Lebte 19777 in Rio de Janeiro.

Qu: Fb. Hand. – RFJI.

Zuckermann, Leo, Dr. jur., Rechtsanwalt; geb. 1905. *Weg:* 1933 F; 1941 Mex.; 1947 Deutschland (SBZ); Deutschland (BRD); Mex.

Mitgl. SPD, 1927 zur KPD, 1933 Emigr. Frankr., Mitgl. Beirat des Hochkommissars des Völkerbunds für die Flüchtlinge aus Deutschland (?), journ. Tatigkeit, u.a. Mitarb. *Pariser Tageszeitung* u. *Einheit für Hilfe und Verteidigung*. Ps. Leo Lambert. Nach Kriegsbeginn interniert. Dez. 1941 nach Mexiko, Ausschußmitgl. BFD, Mitgl. *Heinrich-Heine-Klub,* Hauptmitarb. *Demokratische Post* u. Mitarb. *Alemania Libre – Boletin Semanal de Informacion Antinazi;* 1947 Rückkehr, ab 1949 Ltr. DDR-Präsidialkanzlei im Range eines Staatssekr., ab Nov. 1952 Dir. Institut für Rechtswissenschaft Potsdam-Babelsberg. Wurde im Beschluß des ZK der SED zum Slánský-Prozeß in der CSR am 20. Dez. 1952 zionist. Abweichungen in der Emigr. beschuldigt, Flucht in die BRD, anschl. Niederlassung in Mexiko, wo Z. 1977 lebte.

L: Fricke, Gerechtigkeit; Kießling, Alemania Libre. *Qu:* Pers. Publ. – IfZ.

Zuckermann, Rudolf, Dr. med., Arzt; geb. 1910; *StA:* deutsch. *Weg:* 1933 F; 1936 E; 1938 (?) F; 1941 Mex.; 1952 Deutschland (DDR).

Arzt; 1933 Emigr. nach Frankr., Teiln. Span. Bürgerkrieg, 1938 Mitgl. PCE; Internierung in Frankr., 1941 nach Mexiko, Ausschußmitgl. BFD u. *Heinrich-Heine-Klub*. 1952 Rückkehr. Lebte Anfang der 70er Jahre in der DDR.

L: Kießling, Alemania Libre. *Qu:* Publ. – IfZ.

Zühlsdorff, Volkmar Johannes August Friedrich Maria (ab 1938) **von,** Dr. jur., Publizist; geb. 9. Dez. 1912 Finow/Mark Brandenburg; ev., 1936 kath.; *V:* Georg Z. (1886-1915), ev., Mittelschulrektor; *M:* Berta, geb. Paetzold (1884-1948), ev.; *G:* Dr. phil. Harald Z. (geb. 1910), Ministerialbeamter; Halbbruder Klaus Dürnhöfer (1920-55), Ing.; ∞ led.; *StA:* deutsch, 1938-46 first papers USA. *Weg:* 1933 Österr., 1936 GB, 1937 CH, 1938 USA, 1946 Deutschland (ABZ).

1931 Abitur, Stud. Rechtswiss. u. Staatswiss. Berlin, Mitgl. *Republikanischer Studentenbund* u. *Reichsbanner,* stellv. Ltr. der von → Hubertus Prinz zu Löwenstein gegr. *Reichsbanner-Jugendorg. Vortrupp Schwarz-Rot-Gold,* nach natsoz. Machtübernahme illeg. tätig, Ausschluß vom Stud., Mai 1933 Flucht nach Tirol, weiterhin ZusArb. mit Prinz zu Löwenstein. 1933-35 Mitgl. SDAP. Stud. Univ. Innsbruck, 1935 Staatsprüfung, 1936 Prom., anschl. völkerrechtl. Stud. Wien u. London. 1937 in Locarno, Jan. 1938 mit EinwVisum in die USA, Geschäftsf. der von Prinz zu Löwenstein gegr. *American Guild for German Cultural Freedom,* Vortragstätigkeit, 1940-51 wiss. Assist. u. pol. Mitarb. des Prinzen, daneben zeitw. Verlagsarb., Mitgl. *Civil Liberties Union*. Okt. 1946 Rückkehr mit Prinz zu Löwenstein, Teiln. an dessen publizist. u. pol. Aktivitäten, u.a. 1947-62 VorstMitgl. u. zeitw. Schatzmeister *Deutsche Aktion e.V.,* 1952-56 Korr. u. Red. *Die Zeit* u. *Deutsche Wochenzeitung* Düsseldorf, 1957-58 Landesgeschäftsf. Saarland der *Deutschen Partei,* BT-Kand., dann freier Journ. 1960-77 im Auswärt. Dienst, Tätigkeit u.a. in Los Angeles, Bangkok u. Ottawa. Lebte 1977 in Bonn. *Ausz.:* 1970 Komturkreuz des Weißen Elefantenordens (Thailand).

W: u.a. Deutschlands Schicksal 1945-57 (mit Hubertus Prinz zu Löwenstein). 1957; Die Verteidigung des Westens (mit dems.). 1960 (engl. NATO. The Defense of the West. 1963); Atem des Mittelmeers (Mitarb.). 1961. *Qu:* Fb. Hand. – IfZ.

Zwehl, Hans Wilhelm von, Journalist; geb. 17. März 1888 Otterndorf/Hannover, hinger. 29. Okt. 1943 Berlin; kath.; ∞ Rosa Spiel (geb. 1904), Emigr.; *StA:* deutsch, 3. Dez. 1936 Ausbürg. mit Ehefrau. *Weg:* 1933 Saargeb., 1935 F, Österr.; 1938 F; Deutschland.

Stud. Rechtswiss., Red. *Hartung'sche Zeitung* Königsberg, *Regensburger Neueste Nachrichten* u. *Frankfurter Zeitung*. Im 1. WK Soldat, 1915 verwundet, 1917-19 wieder bei *Frankfurter Zeitung*. 1918 Mitgl. USPD, 1921-25 u. ab 1932 SPD. 1919-21 freier Journ., 1921-27 Red. bei *Verband Deutscher Volksbühnen,* anschl. freier Journ. in Berlin, Mitarb. u. a. *Die Weltbühne, Berliner Tageblatt, Grüne Post* u. *Die Welt am Abend*. Nach natsoz. Machtübernahme bis 17. März 1933 in Schutzhaft, Juni 1933 mit Ehefrau Emigr. über Paris nach Saarbrücken, Mitarb. *Deutsche Freiheit, Westland, Volksstimme* (→ Max Braun) u. *Neue Saarpost* (→ Johannes Hoffmann), Verf. pol.-satir. Serien gegen den NatSoz.; 1935 Emigr. über Forbach/Lothr. u. Paris nach Österr., Mitarb. *Neues Wiener Tageblatt* u. *Die Stunde*, kurz vor Anschluß Österreichs nach Paris, Mitarb. *Pariser Tageblatt* u. *Neue Zürcher Zeitung*, Mitgl. *Verband Deutscher Journalisten im Ausland*. Nach der dt. Besetzung in Toulouse festgenommen, 29. Okt. 1943 VGH-Todesurteil, am gleichen Tag vollstreckt.

W: Jean Christophe (Ps.), Jugend im Moor. O.O. Nov. 1934. *Qu:* Arch. - IfZ.

Zwergbaum, Aaron (urspr. Adolf), Dr. jur., Rechtsanwalt, Verbandsfunktionär; geb. 8. Okt. 1913 Brünn/Mähren; *V:* Wilhelm Z. (geb. 1877 Wien, umgek. im Holokaust); *M:* Gertrud, geb. Feitler (geb. 1892 Wien, umgek. im Holokaust); *G:* Melanie (geb. 1921, umgek. im Holokaust), Lehrerin; ∞ 1942 Regina Kroj (geb. 1915 Lüben/Nordschlesien), 1940 illeg. Emigr. Pal., 1941–45 Internierung Mauritius, 1945 Pal.; *K:* Naphtali Reger (geb. 1944), Wirtschaftswissenschaftler; Leah Barrel (geb. 1949), Lehrerin; *StA:* CSR, Pal./IL. *Weg:* 1940 Pal., 1941 Mauritius, 1945 Pal.

1937 Prom. Brünn, anschl. Ausbildung in einem RA-Büro in Brünn. Aktiv in zion. Bewegung der CSR, Vors. *Gesellschaft Zionistischer Akademiker* Brünn u. stellv. Vors. von *Makkabi*. 1937–39 in der CSR-Armee (Feldwebel). 1939 Hachscharah, Mitgl. *Hechaluz*. 1940 Internierung in Preßburg, 1940 illeg. nach Palästina, 1941–45 Internierung auf Mauritius, als Lehrer im Lager tätig, ehrenamtl. Sekr. der *Zion. Assn. of Mauritius*, Mauritius-Korr. für W.Z.O. 1945 nach Palästina, Vorbereitung auf RA-Examen für Ausländer, 1954 Zulassung als RA, in RA-Büro in Jerusalem tätig; daneben ab 1945 u.a. Ltr. der Abt. für Zentraleuropa u. ab 1964 Rechtsberater; 1945–48 Mitgl. *Haganah*. Vors. von *Histadrut*, Mitgl. Zentralkomitee u. Vors. der Jerusalemer Zweigstelle von *Hitachdut Olei Czech.* Lebte 1977 in Jerusalem.

W: Exile in Mauritius. 1960; Die Staatsangehörigkeit von Israel. 2. Aufl. 1974; Beiträge in: Yad Vashem Studies, 1964 u. Jews of Czechoslovakia, 1973. *Qu:* Fb. Hand. Publ. - RFJI.

Zwicker, Albert, Partei- u. Gewerkschaftsfunktionär; geb. 17. Aug. 1897 Stuttgart, umgek. 1937 (?); ∞ Elsa Burow (geb. 1898); *K:* Albert (geb. 1922); *StA:* deutsch, 28. Apr. 1937 Ausbürg. mit Familie. *Weg:* 1933 CH (?); UdSSR.

Schlosser. Während des 1. WK aktiver Pazifist; 1919 Mitgl. KPD, ab 1922 hauptamtl. Parteisekr. in Stuttgart; Sommer 1922–Okt. 1923 in der Berliner Zentrale tätig; Anhänger sog. Versöhnler-Gruppe; als ehem. Mitgl. der illeg. KPD-BezLtg. Württ. 1925 GefStrafe; 1927 nach Absolvierung der KPD-Parteischule bis Anfang 1929 AgitpropSekr. in der KPD-BezLtg. Württ.; ab 1929 in Sa., zunächst Red. *Arbeiterstimme* Dresden, dann Sekr. für GewFragen in der KPD-BezLtg. Westsa., bis 1933 in versch. Parteifunktionen in Sa. u. Württ. Nach natsoz. Machtübernahme illeg. tätig; nach Gestapo-Quellen Flucht u. Funktionärstätigkeit in der Schweiz; später Emigr. in die UdSSR, in Moskau mit → Martha Arendsee u. → Paul Schwenk Ltr. *Klub ausländischer Arbeiter*; zus. mit Schwenk 1937 während der Säuberungen verhaftet, angeblich hingerichtet.

L: Weber, Wandlung. *Qu:* Arch. Publ. - IfZ.

Zwiefelhofer (Zwifelhofer), **Karl**, Parteifunktionär; geb. 1. Jan. 1906 Wien; o.K.; *G:* (?) Leopold Z. (geb. 1913), Emigr. UdSSR; *StA:* österr. *Weg:* CSR; 1938 Deutschland (Österr.), JU, F (?); 1940 Deutschland (Österr.).

Mitgl. KPÖ, 1933 hoher illeg. Funktionär. Verhaftung, KL Wöllersdorf, Febr. 1935 zus. mit → Turl Maller Flucht, Apr. 1935 erneute Verhaftung. Später in Prag Ltr. eines illeg. Senders der KPÖ. Frühj. 1938 als Nachf. von → Willy Frank nach Wien, OrgLtr. der KPÖ, Deckn. Faber u. angebl. Georg Mott u. Fritz, Aufbau der 1. illeg. Ltg. der KPÖ in Wien. Sommer 1938 aufgrund drohender Verhaftung Flucht, hielt sich Sept. 1938 in Maribor (illeg. Grenzsekretariat der KPÖ) auf, anschl. vermutl. Frankr. Wahrscheinl. ZK-Mitgl. der KPÖ. 1940 illeg. Rückkehr nach Wien, Verhaftung, Mai 1942 VGH-Todesurteil, machte gegenüber Gestapo Aussagen u. arbeitete angebl. mit ihr zusammen. 1945 von sowj. Stellen verhaftet, seither verschollen.

L: Koch, Widerstand; Stadler, Spiegel; Widerstand 1 u. 2; Tidl, Studenten. *Qu:* Arch. Pers. Publ. - IfZ.

Zwillenberg, Hugo, Dr. jur., Unternehmer; geb. 26. Mai 1885 Lyck/Ostpreußen, gest. 31. Okt. 1966 Bern/CH; jüd.; ∞ 1919 Elise Tietz (geb. 1896), S von → Georg Tietz u. → Martin Tietz; *K:* Helga Henriette; Lutz Oscar. *Weg:* 1939 NL, 1958 CH.

Stud. Königsberg, Berlin, München u. Erlangen, Referendar, Assessor, Richter; im 1. WK Soldat. Ab 1917 Angest., ab 1919 Teilh. im Warenhausunternehmen Hermann Tietz Berlin; Mitgl. Ausschuß des *Verbandes Deutscher Waren- u. Kaufhäuser e.V.*, 1933 Arisierung, anschl. Verw. eines Landgutes in Brandenburg. 1939 KL Sachsenhausen, Emigr. Niederlande, Gr. einer Fabrik für chirurgische Instrumente; 1943 KL Westerbork, nach Befreiung in UNRRA-Camps in Nordafrika, Rückkehr in die Niederlande. - *Ausz.:* 1945–58 GenKonsul von Nicaragua.

Qu: EGL. Hand. - RFJI.

Decknamen, Pseudonyme und Namensänderungen

Das Verzeichnis enthält alle Decknamen und Pseudonyme. Vornamenswechsel und Änderungen in der Schreibweise des Familiennamens, die auf die alphabetische Position des biographischen Eintrags keinen wesentlichen Einfluß haben und daher das Auffinden der Biographie unter der früheren wie der aktuellen Namensform ermöglichen, wurden dagegen nicht berücksichtigt. Ein vollständiges Namensverzeichnis der in Band I und II aufgenommenen Personen einschließlich aller Namensänderungen, Decknamen und Pseudonyme erscheint im Registerband des Handbuchs.

A

Abel s. Quast, Richard
Abendstern, Christian s. Herzfeld, Irene
Abisar, Eitan s. Avissar, Eitan
Acher, Mathias s. Birnbaum, Nathan
Adam s. Kippenberger, Hans
Adam s. Reismann, Edmund
Adler, Friedrich s. Adler, Fred
Adolf s. Evers, Heinrich
Adolf s. Jakobs, Hermann
Adolf, Alfred s. Adolph, Alfred
Agricola s. Landau, Kurt
Albert s. Bertz, Paul
Albert s. Roth, Leo(n)
Albert s. Schmidt, Waldemar
Albert, Max s. Eberlein, Hugo
Albin, Felix s. Hager, Kurt
Albu, Maria s. Jahoda, Maria
Alex s. Haider, Franz
Alex s. Jungmann, Erich
Alex s. Kippenberger, Hans
Alex s. Rüddenklau, Friedrich-Wilhelm
Alexander, Joseph s. Buttinger, Joseph
Alfons s. Flieg, Leo
Alfred s. Roth, Leo(n)
Alfred s. Schmidt, Waldemar Paul
Alsberg, Reinhard Georg s. Raeburn, Ashley Reinhard George
Alsen, Fritz s. Ehrmann, Henry
Der Alte s. Fränken, Friedrich
Der Alte s. Rädel, Siegfried
Alwin s. Gentsch, Erich
Amicus s. Battsek, Kurt
Amos s. Bauer, Otto
Amst s. Gentsch, Erich
Amtmann, Bruno s. Maller, Turl
Andermann, Erich s. Bornstein, Joseph
Anders, Ernst s. Rinner, Erich
Anders, Karl s. Anders-Naumann, Karl
Anders, Michael s. Schreiner, Albert
Anders, Peter s. Kohn, Paul
Anderson s. Wollweber, Ernst
Dr. Anderson, Henry s. Brüning, Heinrich
Angelus s. Paeschke, Carl
Anker s. Wittkowski, Wilhelm
Antoine s. Stehr, Gotthard
Anton s. Munschke, Ewald
Anton s. Stehr, Gotthard
Antonius s. Enderle, August

Aptekmann s. Yoeli, Pinhas
Argus s. Schwarzschild, Leopold
Arndt s. Mewis, Karl
Arndt, Fritz s. Mewis, Karl
Arndt, Karl s. Mewis, Karl
Arne s. Boller, Wilhelm Albert
Arno s. Gentsch, Erich
Arnold s. Koenen, Wilhelm
Arnold s. Swarsensky, Hardi
Arnold, Maria s. Radó, Helene
Aronheim s. Aharoni, Yohanan
Arthur s. Pietzuch, Emil
Artur s. Hoffmann, Heinz
Asch, Ernst s. Ash, Ernest E.
Asew s. Glienke, Franz Hugo Richard
AJO s. Joseph, Asher Otto
Audax s. Kühn, Heinz
Audi s. Epe, Heinz
August s. Seng, Willi
Aurelin, M. s. Steinberg, Aaron Zacharovich
Austria, Otto of s. Habsburg-Lothringen, Otto
Austria, Robert Archduke of s. Habsburg-Lothringen, Robert
Austriacus s. Pollak, Oscar
Austriacus s. Steiner, Wilhelm
d'Autriche, Archiduc Robert s. Habsburg-Lothringen, Robert
d'Aviano, Erzherzog Carl Ludwig s. Habsburg-Lothringen, Karl Ludwig
d'Aviano, Erzherzog Felix s. Habsburg-Lothringen, Felix
d'Aviano, Erzherzog Robert s. Habsburg-Lothringen, Robert
Axel s. Lesch, Fritz
Axler, Albert s. Billmaier, Erwin

B

Bach, Karl Adolf s. Bach, Yaacov
Bach, Paul s. Mielke, Erich
Bacher s. Lakenbacher, Ernst
Bader s. Wahls, Otto
Bärtschi s. Döring, Anton
Baier, Alfred s. Mozer, Alfred
Ballhausen, Friedrich s. Rukser, Udo
Bamberger s. Bar-Giora, Naftali
Band, Frida s. Rubiner, Frida

Bandler s. Böchel, Karl
Banner, Heinz s. Ben-Ari, Uri
Bar, Charles Prince de s. Habsburg-Lothringen, Karl Ludwig
Bar, Felix Prince de s. Habsburg-Lothringen, Felix
Ing. Barda s. Kornweitz, Julius
Barea, Ilse s. Kulcsar, Ilse
Barth, Lazar s. Barth, Eliezer
Barthel, Kurt s. Kuba
Bartz, Walter s. Bretholz, Wolfgang
Basmadjian, Leon s. Kneler, Leo
Bast, Israel s. Friedländer, Günter
Bauer, E. (Eugen, Erwin, Emma) s. Ackerknecht, Erwin
Bauer, Ernst s. Be'eri, Eliezer
Bauernfreund s. Bauer, John Peter
Bauernsohn, Hans s. Reinowski, Hans
Baumann s. Bauer, Leo
Baumann, Curt s. Rodenberg, Hans Rudolph
Baumgarten s. Bitan, Moshe
Bayer, Ernst s. Abusch, Alexander
Bayerholzer, Joseph s. Berolzheimer, Josef
Beaumerle, Al s. Friedländer, Albert
Beck s. Speiser, Wolfgang
Becker, Friedrich Wilhelm s. Becker, William Frederic
Becker, Heinrich s. Beuttel, Wilhelm
Beckmann, Hansi s. Tichy-Beckmann, Hansi
Beckmannová, Kateřina s. Beckmann, Käthe
Beer, Friedrich s. Grunow, Heinrich
Behm, Alfred s. Adolph, Alfred
Behrend, Hans s. Norden, Albert
Beigel s. Malkiel, Shelomo Avraham
Bekaert, Emile François s. Herrnstadt, Gerhard Paul
Bell, Donald s. Budzislawski, Hermann
Bellenger, Henri Maurice Jules s. Dycka, Josef
Benario, Miguel S. s. Smilg-Benario, Michael
Ben Chaim, Ephraim s. Porath, Ephraim
Ben-Esther s. Goldschmidt, Siegfried
Ben Hanoch, Yehiel s. Ilsar, Yehiel
Benjamin, Uri s. Zadek, Walter
Benkert, Erich s. Verner, Waldemar
Benn s. Benjamin, Alfred

854 Namensänderungen

Benno s. Tschäpe, Herbert
Benz, Willi s. Schürmann, Heinrich
Ing. Berg s. Krebs, Richard
Berg, Albin s. Krebs, Martin
Berg, H. s. Rodenberg, Hans Rudolf
Berger s. Jacoby, Henry
Berger, Charles s. Gladewitz, Richard
Berger, Emile s. Fischer, Karl
Berger, Hans s. Eisler, Gerhart
Berger, Heinrich s. Leichter, Otto
Berger, Suzanne s. Schwager, Irma
Bergeren, Ivar s. Rüdiger, Helmut
Bergmann, Julius Judah s. Bergmann, Yehuda
Bergmann, Karl s. Ackermann, Manfred
Berkowicz, Hans s. Yavor, Hanan
Berlin, Max s. Strobl, Max
Berliner, Hans s. Rodenberg, Hans Rudolph
Berliner s. Bato, Ludwig Yomtov
Berman-Jurin, Konon s. Stauer, Hans
Bernard, A. s. Kurella, Alfred
Bernard, Paul s. Ehrmann, Henry Walter
Bernašek (Bernasek), Richard s. Bernaschek, Richard
Bernd s. Apelt, Fritz
Bernhard s. Apelt, Fritz
Bernhard s. Jurr, Gerhard
Bernhard s. Koenen, Wilhelm
Bernhard, Emil s. Cohn, Emil Moses
Bernhard, Gustav s. Weinert, Erich
Bert, R.O. s. Rosak, Robert
Berthold s. Adolph, Alfred
Bertram, Wolf s. Landau, Kurt
Bertrand, Francis s. Beer, Ludwig Karl
Bertschi, Rudolf s. Hoegner, Wilhelm
Beule s. Spangenberg, Max
Bichet, H. s. Hirsch, Helmut
Bichette, H. s. Hirsch, Helmut
Bieler s. Neumann, Heinz
Bielschowsky s. Biel, Ulrich
Binder, Erich s. Holowatyj, Rudolf
Birnbaum s. Bar-Ilan, Moshe
Bischl, Heinrich s. Kasper, Willi
Genosse Blank s. Herrmann, Willi
Blank, Ernst s. Blau, Ewald
Blind s. Nahor, Hananya
Blinzinger s. Kornweitz, Julius
Blume, Rudolf s. Gnevkow gen. Blume, Rudolf
Bluth, Judith s. Biluth, Yehudit
Bob s. Schuckmann, Walter
Bobby s. Kornweitz, Julius
Bodmer, Max s. Bodenheimer, Max Isidor
Boeheim, Alexander s. Ende, Lex
Boehm, Hans-Gustav s. Beham, Yohanan
Börgerhoff, Egon s. Kötting gen. Börgerhoff, Egon
Börner, Otto s. Wahls, Otto
Böschel, Karl s. Böchel, Karl
Bohner, S. s. Löwenthal, Richard
Bonn, Walter s. Sassnick, Walter
Bornell, Paul s. Dankner, Max
Boroschek s. Brosh, Zvi
Bostock, Oswald s. Straßer, Otto
Bot, Samuel s. Karafiat, Oskar
Brand s. Kreisky, Bruno
Brand s. Reismann, Edmund
Brand s. Schubert, Hermann
Brand, Else s. Buber-Neumann, Margarete
Brandt s. Budich, Willi
Brandt s. Schulte, Fritz
Brandy, Bruno s. Grötzsch, Robert
Braumüller s. Soffner, Heinz
Braun s. Kreisky, Bruno
Braun, Kurt Theodor s. Mauer, Wilhelm
Braun, Werner s. Freund, Walter
Brecher, Karl H. s. Breecher, Charles Herman
Breda s. Katz, Otto
Bredt, Ernst s. Brehm, Eugen
Bremer, Gerda s. Henry, Grete
Brendt, Edy s. Claudius, Eduard
Breuer, Lex s. Ende, Lex
Britschgi, Melchior s. Fabian, Walter

Britt, Hermann s. Pol, Heinz
Brock s. Barak, Baruch
Brock, Otto s. George, Manfred
Broczyner s. Brosch, Theodor
Dr. Brown, Henry s. Brüning, Heinrich
Bruckner s. Sailer, Karl Hans
Brünner, Georg s. Brügel, Johann Wolfgang
Brünner, Walter s. Brügel, Johann Wolfgang
Brummel s. Ehrlich, Hugo
Brunet, Raymond s. Heller, Otto
Brunner, Lorenz s. Gurian, Waldemar
Brunner, Otto s. Missong, Alfred
Bruno s. Hindels, Josef
Brutus s. Gruschwitz, Max
Bückler, Johannes s. Zirker, Milly
Bühler, Klaus s. Kleineibst, Richard
vom Bülowbogen, Max s. Weinert, Erich
Bur, Jan s. Nettelbeck, Walter
Bureck, Emil s. Reisinger, Anton
Burger, Felix s. Grossmann, Kurt R.
Burkhardt, Hans s. Bergmann, Karl Hans
Buttenwieser, Eva s. Bitan, Ḥava

C

Camnitzer, Ellen s. Adams, Ellen C.
Carlos s. Süß, Bruno
Carlsson s. Fellendorf, Wilhelm-Heinrich
Carlsson, Martin s. Kötting gen. Börgerhoff, Egon
Caserl s. Wrba, Franz
Caspari, Hans Gustav s. Caspari, Peter
Castles, Henry s. Schlösser, Heinrich
Castro, Karl s. Henschke, Erich
Čemerinskij, Isaac s. Maslow, Arkadij
Charles s. Bauer, Leo
Charles s. Beer, Ludwig Karl
Cheskel, Zvi s. Klötzel, Hans
Christian s. Daub, Philipp
Christian s. Jürgensen, Julius
Christianus s. Glaser, Franz
Ciepluk, Paul s. Heilmann, Friedrich
Cissie s. Dübendorfer, Rachel
Citroen, Hans Albert s. Cidor, Hanan Aharon
Claude s. Beling, Walter
Claude s. Marek, Franz
Claus s. Kowalsky, Werner
Claus s. Maron, Karl
Claus s. Nuding, Hermann
Clément, Ernst Paul s. Kubasta, Gottfried
Clerck, Rachel s. Ferl, Gustav
Cohn s. Cohen, Benno
Cohn, Alfred s. Falk, Alfred
Cohn, Fritz s. Corsing, Fritz
Cohn, Manfred Georg s. George, Manfred
Cohn Linde, Hans Arthur s. Linde, Hans Arthur
Colborn, Ernst s. Sabatzky, Kurt
Colette s. Wolf, Lore
Collins, G.F. s. Krebs, Richard
Collins, William J. s. Baum, Karl
Commentator s. Pfleging, Ernst
Conrad, Hans s. Seliger, Kurt
Conway, Joe s. Freund, Walter
Coppermann, Lutz s. Coppée, Louis
Corinth, Franz s. Glienke, Franz
Costa s. Neumann, Heinz
Csillag, Laszlo s. Stern, Paul
Cuplick, Paul s. Heilmann, Friedrich
Cupo s. Ponger, Curt
Czenstochower s. Syngalowski, Aron

D

Dahlen, Peter s. Reimers, Wilhelm
Daniel s. Eberlein, Hugo
Daniel s. Eichelsdörfer, Ernst
Degen s. Nuding, Hermann
Degner, Otto s. Minster, Karl
Delorme, Pierre s. Wildangel, Ernst
Denicke, George Jury s. Decker, Georg
Deutsch s. Bar-Shalom, Naftali

Deutsch, Kurt s. Singer, Kurt
Deutsch, Otto Erich s. Dutch, Oswald O.
Deutsch-Kramer, Marie s. Deutsch, Maria
Deutsch-Renner, Hans s. Deutsch, Hans
Dewitz, M. s. Seydewitz, Max
Dicker s. Bahnik, Wilhelm
Dienstfertig, Hans s. Dean, John Gunther
Diesel, Hans s. Diamant, Max
Diesing s. Fladung, Hans
Dieter s. Lederer, Franz
Dietrich s. Budich, Willi
Dietrich, Jean s. Jäkel, Paul
Dietrich, Paul s. Neumann, Heinz
Dikman s. Doron, Shalom Peretz
Dirksen, Walter s. Auerbach, Walter
Dishon, Hans s. Deutsch, Hans
Distler, Max Samuel s. Almog, Shmuel
Diwald, Hugo s. Missong, Alfred
Dobler s. Kowalsky, Werner
Dobrin, Max s. Reichel, Heinrich
Döblin, Ernst Martin s. Doblin, Ernest Martin
Doleschal s. Jahnel, Fritz
Dompnik s. Sontag, Ernst
Don, Harald s. Schmidt, Ludwig
Dournot, Jacques s. Becker, Jacques
Douvrain, Jean s. Schulz, Hans
Dowien, F. s. Frey, Josef
Downend s. Kappius, Josef
Dreng, Karl s. Müller, Paul
Dreyer, Arnold s. Koenen, Wilhelm
Drikus s. Wohl, Heinz
Dror s. Rabinowicz, Oskar Kwasnik
Dubois s. Fischer, Ruth
Dr. Dubski s. Brügel, Fritz
Dübendorfer, Paul s. Böttcher, Paul
Dünkelsbühler s. Dunkels, Fred
Dünner, Joseph Hirsch s. Dunner, Joseph Hirsch
Düsterwald, Wilhelm s. Doroth-Duesterwald, Avraham Wilhelm
Dufour, André s. Kahn, Alphonse
Dufour, René s. Dyck, Richard
Dulberg-Ginshparg s. Ginor, Fanny
Durus, Alfred s. Kemény, Alfred
Dzialoszynski, Hans Simon s. Yallon, Shimon

E

Eckermann, Willi s. Eggers, Wilhelm
Eckert, F. s. Hoffmann, Erich
Eckhard s. Katzenstein, Simon
Eckmann, Friedrich s. Goldschmidt, Siegfried
Edith s. Lehr, Toni
Edwards s. Eisler, Gerhart
Edwin s. Trautzsch, Walter
Egon s. Gentsch, Erich
Egon s. Reichel, Heinrich
Ehrenzweig, Robert s. Lucas, Robert
Dr. Ehrlich s. Rinner, Erich
Ehrlich, Karl s. Raloff, Karl
Ehrlich, Siegush s. Erel, Shlomo
Eichelgrün, Gustav Philip s. Alon, Gabriel
Eisen, Richard s. Eytan, Reuven
Eisenstadt, Boris s. Azania, Baruch
Eisler, Elfriede s. Fischer, Ruth
Eisler, Hilde s. Eisler, Brunhilde
Elfterwalde, T. s. Schultz, Walter D.
Eliasberg, Eva s. Hareli, Ḥava
Eliasberg, John Georgij s. Eliasberg, George J.
Emann s. Kirschmann, Emil
Emes s. Seydewitz, Max
Emil s. Fränken, Friedrich
Emil s. Knöchel, Wilhelm
Emil s. Peschke, Paul
Emmy s. Brichacek, Berta
Endemic, Horace s. Wolf, Franz Benjamin
Engelbert, Kurt s. Eylath, Yehuda
Engelhardt, Ueli s. Hoegner, Wilhelm
Engler s. Gräf, Hugo
Epstein, Klaus Helmut s. Even, Dan
Erasmus, Wilhelm s. Knöchel, Wilhelm

Namensänderungen

Erde, Karl s. Retzlaw, Karl
Erich s. Apelt, Fritz
Erich s. Buttinger, Joseph
Erich s. Dubber, Bruno
Erich s. Stoye, Max
Ernst s. Buttinger, Joseph
Ernst s. Emmerlich, Arthur
Ernst s. Hansch, Ernst
Ernst s. Kamradt, Alfred A.
Ernst s. Löwenthal, Richard
Ernst s. Schramm, Augustin
Ernst s. Wittkowski, Wilhelm
Ernst, Erich s. Lindstaedt, Erich
Ernst, Karl s. Eckmann, Karl
Erwin s. Billmaier, Erwin
Erwin s. Meuter, Paul
Erwin s. Mewis, Karl
Erwin s. Neumann, Heinz
Erwin s. Reimann, Max
Erwin s. Weinert, Erich
Erwin s. Hoernle, Edwin
Eschwege, Hermann s. Budzislawski, Hermann
Ettinger, Max s. Avgar, Mordechai
Eugen s. Wollenberg, Erich
Eule, Eulogius s. Ballin, Günther
Ewald s. Bahnik, Wilhelm

F

F., Leopold s. Rosner, Jakob
Faber s. Zwiefelhofer, Karl
Fabian s. Auerhahn, Rudolf
Fadinger, Stefan s. Hoegner, Wilhelm
Färber, Rubin s. Farber, Reuven
Faessen s. Fröhlich, Georg
Falk, Felix s. Grünberg, Martin
Falk, Franz s. Kunert, Franz
Falk, Kurt s. Löwenstein, Kurt
Falsche, Paul s. Schmidt, Waldemar
Falta, Ota s. Fantl, Otto
Farber, Joseph s. Ben-Zvi, Joseph
Farnbacher, Ludwig Heinrich s. Farnbourough, Louis Henry
Faß, Oskar s. Klausmann, Robert
Fechter, Florian s. Kleineibst, Richard
Feibelmann, Hans Alexander s. Fields, Howard John
Feigelstock, Sigmund s. Stock, Sigmund
Felix s. Brandt, Willy
Felix s. Granzow, Kurt
Felix s. Jungmann, Erich
Ferdinand s. Wachs, Walter
Ferger, Ernst s. Friedlaender, Ernst
Ferling, R. s. Färber, Otto
Fernando s. Bahnik, Wilhelm
Feuchtwanger, Ascher s. Feuchtwanger, Angelo
Fiedler s. Schulte, Fritz
Fiedler, Arthur s. Raab, Karl
Filioni, José s. Smilg-Benario, Michael
Fischer, Adolf s. Müller, Hugo
Fischer, Cyrill s. Fischer, Zyrill
Fischer, Ewald s. Munschke, Ewald
Fischer, Johann s. Fischer, Zyrill
Fischer, Käthe s. Beckmann, Käthe
Fischer, Karl Michael s. Ausch, Karl
Fischer, Paul s. Fisher, Paul
Fischer, Ruth s. Zerner, Ruth
Fischhof, Hans s. Goldschmidt, Hans Eberhard
Flamerd, Alwin s. Niebergall, Otto
Florentin s. Paeschke, Carl
Florian s. Niebergall, Otto
Florin, Georges s. Herrnstadt, Gerhard
Fodorová-Reinerová, Lenka s. Reiner, Lenka
Foerder, Fritz s. Porath, Ephraim
Foerstel, Friedrich s. Adolph, Alfred
Förster s. Wolf, Markus Johannes
Förster, Karl s. Weidauer, Walter
Förster, Peter s. Kuczynski, Jürgen
Forgbert, Erhard s. Knöchel, Wilhelm
Forster, Franz s. Kulcsar, Leopold

Forster, Peter s. Kuczynski, Jürgen
Fracht, Jakob s. Meth, Jakob
Fränkel, Wilhelm Adolf s. Fränkel, Josef Arieh
Frahm, Herbert s. Brandt, Willy
Franck, Sebastian s. Jacoby, Henry
Frank, Kurt s. Schwebinghaus, Eugen
Frank, Wolf s. Franck, Wolf
Frank, Louis s. Frank, Yehuda
Frank, Victor s. Grunfeld, Frank Victor
Franke, F. s. Brandt, Willy
Franken, Lilly s. Becher, Lilly Irene
Franken, Lotte s. Becher, Lilly Irene
Frankfurter, Paul s. Fent, Paul
Franz s. Apelt, Fritz
Franz s. Buttinger, Joseph
Franz s. Dahlem, Franz
Franz s. Hößler, Albert
Franz s. Jennes, Johann
Franz s. Kippenberger, Hans
Franz s. Pietzuch, Emil
Franz s. Seiler, Ewald
Franz s. Weidauer, Walter
Franz, Karl s. Frei, Bruno
Franz, K(arl) s. Frölich, Paul
Fred s. Kaps, Alfons
Fred s. Plieseis, Sepp
Fred s. Schmitt, Heinrich
Frei, Heinrich s. Heymann, Friedrich
Freiberg, Heinz s. Funke, Ewald
Freimuth s. Remmele, Hermann
Freising, Otto von s. Misch, Carl
Freistadt, Benedikt s. Frei, Bruno
Frejka, Ludvík s. Freund, Ludwig
Frendlan, Bert s. Friedländer, Albert
Frey, Lothar s. Pahl, Walther
Frey, R. s. Goldenberg, Boris
Fricke, Anna s. Blencke, Erna
Fridén, Otto s. Friedländer, Otto
Fried s. Rädel, Siegfried
Friedberg, Karl s. Retzlaw, Karl
Friedberg, Martin s. Reuter, Fritz
Friedel s. Siegmund, Kurt
Friedenthal, Herbert H. s. Freeden, Herbert H.
Friedjung s. Rubiner, Frida
Friedländer, Fritz s. Friedlander, Fritz
Friedländer, Lucian s. Breuer, Robert
Friedländer, Ruth s. Fischer, Ruth
Friedmann, K. s. Wehner, Herbert
Friedrich, Sigmund von s. Avissar, Eitan
Friedrich s. Geminder, Friedrich
Friedrich s. Rädel, Siegfried
Friedrich, G. s. Geminder, Friedrich
Friedrich, K. s. Beer, Fritz
Friedrich, Otto s. Friedländer, Otto
Friesland s. Reuter, Ernst
Frischer s. Efrat, Elisha
Fritz s. Adolph, Alfred
Fritz s. Angermann, Josef
Fritz s. Hentschke, Reinhold
Fritz s. Knöchel, Wilhelm
Fritz s. Lovasz, Stefan
Fritz s. Wabra, Ernst
Fritz s. Zwiefelhofer, Karl
Fröhlig, Wilhelm s. Frölich, Paul
Fuchs, Martin s. Merker, Paul
Fürth, Rudolf s. Feistmann, Rudolf
Fürth-Feistmann, Rudolf s. Feistmann, Rudolf
Fuhrmann, Paula s. Wallisch, Paula
Funk, Kurt s. Wehner, Herbert

G

Gaasland, Gunnar s. Brandt, Willy
Gärtner, Anna s. Leichter, Käthe
Gärtner, Irene s. Schmidt, Elli
Gamba s. Zadek, Walter
Gans, Theodor s. Kaddar, Theodor
Ganz, Karl Wilhelm s. Bürger, Kurt
Garbatsk s. Eylon, Ephraim
Garfunkel, Michael s. Arnon, Michael

Gaston s. Niebergall, Otto
Gautier, Philippe s. Ende, Lex
Geiger, Karl s. Weckerle, Eduard
Geismayr, Michael s. Straßer, Otto
Gelb, Anna s. Sandtner, Johanna
Gelber, Emmanuel s. Galber, Emmanuel
Georg s. Hubalek, Felix
Georg s. Nettelbeck, Walter
Georg, Manfred s. George, Manfred
George, Hanns s. Schoettle, Erwin
Georges s. Priess, Heinz
Georgi s. Hoernle, Edwin
Gerber s. Puschmann, Erwin
Gerber, Rudolf s. Schlesinger, Rudolf
Gerbilski s. Budich, Willi
Gerda s. Paetel, Karl Otto
Gerhard 1014 s. Hansch, Ernst
Gerhart s. Eisler, Gerhart
Gerhart, Walter s. Gurian, Waldemar
Germanicus s. Breuer, Robert
Germanicus s. Kötting gen. Börgerhoff, Egon
Germanicus s. Paeschke, Carl
Germersheim, Rudolf s. Bolz, Lothar
Dr. Gerold s. Korodi, Walther
Gerstorff, K.L. s. Sternberg, Fritz
Geyer-Harding, Irene s. Herzfeld, Irene
Gichermann s. Gichon, Mordechai
Gilbert s. Goldenberg, Boris
Gilbert, Kay R. s. Grossmann, Kurt R.
Giovanni s. Neumann, Heinz
Glas, Lily s. Wallisch, Paula
Glasberg, Joseph s. Geva, Joseph
Glaser s. Schott, Friedrich
Glaser, Otto s. Stern, Max
Glaßbrenner s. Bertz, Paul
Gochsheimer, Heinz s. Goress, Josef
Görlich, Ernst s. Reichel, Heinrich
Götze, Edith s. Zorn, Edith
Götzlinger, Leopold s. Gotzlinger, Leopold
Golda, Hans s. Fränken, Fritz
Goldberg, Max s. Goldberger, Max
Goldenberg, Max s. Goldberger, Max
Goldhammer, Leo s. Goldhammer-Sahawi, Leo Aryeh
Goldschmidt, Max s. Goldsmith, Mac
Goltz, Fritz s. Fränken, Friedrich
General Gómez s. Zaisser, Wilhelm
Gomma, Heinz Oskar s. Gomme, Haim
Gonzales, Herminia s. Deutsch, Maria
Gorgias s. Hiller, Kurt
Gracchus s. Bernhard, Georg
Grätz, Paul s. Lindau, Rudolf
Graf, Eduard s. Grill, Theodor
Graham, Felix s. Gurland, Arcadius
Graichen, Fritz s. Gentsch, Erich
Gramont, Josèphe s. Gradl, Josef
Graumann, Peter s. Grossmann, Oskar
Green, William s. Gründorfer, Wilhelm
Greif, Will s. Blachstein, Peter
Gretel s. Emhart, Maria
Griessmann s. Grierson, Ronald Hugh
Griman s. Maslowski, Peter
Grimberg, Moise s. Glienke, Franz
Grit, Ali s. Friedländer, Albert
Grodowsky, Arthur s. Glaser, Franz
Gröhl, Karl s. Retzlaw, Karl
Gross s. Pollak, Oscar
Groß s. Eisler, Gerhart
Großmann, Rudolf s. Ramus, Pierre
Grotjahn, Hans s. von der Reith, Willy
Gruber, L.A. s. Frank, Karl
Gruber, Ph. s. Klahr, Alfred
Grünbaum, Ludwig s. Gaathon, Aron Ludwig
Grünebaum, Hans Theodor s. Grunebaum, Hans Theodor
Grünebaum, Kurt s. Grunebaum Kurt
Grünewald, Max s. Grunewald, Max
Grünfeld s. Grunfeld, Isaiah Isidor
Grünfeld, Falk s. Gadiesh, Falk
Grünfeld, Franz Viktor s. Grunfeld, Frank Victor
Grünpeter, Walter s. Peters, Walter
Grünspan s. Grynspan, Herschel

856 Namensänderungen

Grünvogel, Salomon s. Grynvogel, Sally
Grunwald, Max s. Grünwald, Max
Guébelin, Gauthier s. Gebelein, Walter
guelena s. Lenhardt, Günther
Günther s. Emmerlich, Arthur
Dr. Günther s. Korodi, Walther
Guild, Leo s. Gundelfinger, Leo
Gundal, W. s. Gurland, Arcadius
Guske, Willi s. Zielasko, Franz
Gustav s. Simon, Joseph
Gustel s. Brandeker, Willi
Gutmund, Rolf s. Krebs, Richard
Gutsmuth, Alfred s. Bar-Menachem, Abraham
Gutstein s. Gert, Gerard Martin
Guttfeld, Heinz s. Gilead, Mordechai

H

Haas, Arpád s. Haasz, Arpád
Hacker s. Schoettle, Erwin
Hänisch, Eugen s. Ackermann, Anton
Hagen s. Bauer, Otto
Hagen, Paul s. Frank, Karl
Hahn, Hans s. Holoubek, Karl
Hahn, Josef s. Haon, Josef
Halberstadt, Maria s. Deppe, Klara
Hall, Günther s. Mannbar, Arthur
Hamburger, Paul Bertrand s. Hamlyn, Paul Bertrand
Hammer s. Ruzicka, Alfred
Hammer s. Simon, Joseph
Hammer, Robert s. Willmann, Heinz
Hannchen s. Blum, Marie Anna
Hans s. Adam, Wilhelm
Hans s. Holoubek, Karl
Hans s. Kahle, Hans
Hans s. Koll, Otto
Hans s. Mießner, Rudolf
Hans s. Müller, Johannes
Hans s. Pirker, August
Hans s. Richter, Erich
Hansen s. Hoernle, Edwin
Hansen s. Lehnert, Hans
Harald s. Frank, Willy
Hardeck, Ernst s. Katzenstein, Simon
Harding, Irene s. Herzfeld, Irene
Hardt, Egon s. Wollenberg, Erich
Hardt, R.E. s. Herrnstadt, Rudolf
Harrasin, Olaf s. Paetel, Karl Otto
Harriman, Helen s. Monte, Hilda
Harry s. Schmeer, Heinrich
Harry s. Waloszczyk, Peter
Hart, A. s. Hornik, Leopold
Hart, Alfred s. Kemény, Alfred
Hart, Martin s. Eichler, Willi
Hart, Martin s. Wollenberg, Erich
Hartmann, August s. Schmidt, Kurt
Hartmann, Mitzi s. Kolmer, Eva
Hartmann, Paul s. Quast, Richard
Hase, Karl s. Eichholzer, Herbert
Hasi s. Simon, Joseph
Haus, Robert s. Hauschild, Robert
Haus, Rudolf s. Hauschild, Robert
Hauser, Edith s. Zorn, Edith
Hauser, Georg s. Rosner, Jakob
Heidorn, Wilhelm s. Hansen, Werner
Heine, Johannes s. Papke, Paul
Heini s. Gabler, Leo
Heini s. Kippenberger, Hans
Heinrich, Fritz s. Süßkind, Heinrich
Heinrich, Fritz s. Schliestedt, Heinrich
Heinrich, Nikolaus s. Dohrn, Klaus
Heinsfurter, Gustav s. Hines, Gus
Heinsheimer, Rudolf s. Yadin, Uri
Heinz s. Funke, Ewald
Heinz s. Jungmann, Erich
Heinz s. Soffner, Heinz
Held, Walter s. Epe, Heinz
Helfgott, Hermann s. Asaria-Helfgott, Zvi
Hell, Heinrich s. Haas, Kurt
Heller, Adolf s. Krebs, Richard
Heller, Karl s. Alfons, Anton

Hellmuth s. Hausser, Alfred
Hellmuth s. Hespers, Theodor Franz Maria
Hellmuth s. Steen, Paul
Helm s. Bertz, Paul
Helmuth s. Fellendorf, Wilhelm-Heinrich
Helveticus s. George, Manfred
Helveticus s. Sturmthal, Adolf
Hendrick, M. s. Plettl, Martin
Henk, Else s. Buber-Neumann, Margarete
Henri s. Abusch, Alexander
Henry, Jacques s. Hector, Edgar
Herb, Max s. Brehm, Eugen
Herbert s. Schlotterbeck, Friedrich
Herbst s. Bauer, Otto
Herma s. Sandtner, Johanna
Herman, Lazar s. Lania, Leo
Hermann s. Frank, Willy
Hermann s. Geisen, Hermann
Hermann s. Hartl, Karl
Hermann s. Schmidt, Waldemar Paul
Hermes s. Köhler, Hermann
Hermes s. Rössler, Rudolf
Herne, Karl s. George, Manfred
Herstmann, Fritz s. Kox, Wilhelm
Hertel, Helmut s. Bögler, Franz
Hertha s. Wilde, Grete
Herz, Erwin s. Hearst, Ernest
Herz, Karl s. Herz, Carl
Herzen s. Remmele, Hermann
Herzig, Felix s. Harding, Felix
Heß s. Schwotzer, Kurt
Heuzé, François s. Friedemann, Max
Hilgenreich s. Menne, Bernhard
Hillmann, Heinrich s. Hochfelder, Hermann
Hirsch, Günter s. Avner, Gershon
Hirt, Wilhelm s. Frey, Josef
Dr. Histermann, Bernhard s. Gurian, Waldemar
Hoch s. Maxwell, Ian Robert
Hodann, Maria Martha s. Saran, Mary
Hösterey, Walter s. Hammer, Walter
Hofer s. Sailer, Karl Hans
Dr. Hoffmann s. Straßer, Otto
General Hoffmann s. Staimer, Richard
Hoffmann s. Yahil, Chaim
Hoffmann, Emil s. Pietzuch, Emil
Hoffmann, Emil s. Stahl, Emil
Hoffmann, Franz s. Bernaschek, Richard
Hoffmann, Karl-Heinz s. Hoffmann, Heinz
Hofkirchner, Ludwig s. Fürnberg, Friedl
Hole, Max s. Brehm, Eugen
Major Holt s. Knoeringen, Waldemar von
Holzknecht, Leopold s. Haasz, Arpád
Horn s. Knodt, Hans
Horn, Ph. s. Daub, Philipp
Horwitz, Arnold Raphael s. Horwell, Arnold Raphael
Hrejsemnou, Alfred s. Reisenauer, Alfred
Huber, Franz s. Schwarzmüller, Franz
Huber, Konrad s. Leichter, Otto
Hülse, W.C. s. Hulse, Wilfred Cohn
Hubert s. Buttinger, Joseph
Hübner s. Ackermann, Manfred
Hughes, Howard s. Hochfelder, Hermann
Hugin s. Herzfeld, Irene
Hugin s. Rinner, Erich
Humbert, Manuel s. Caro, Kurt
Hutten, Ulrich von s. Straßer, Otto
Hutter, Gustav s. Frank, Willy

I

Ignatz s. Große, Fritz Willibald
Ilgner, Otto s. Brandler, Heinrich
Illing, Franz s. Glaubauf, Hans
Inge s. Kralik, Lya
Irma s. Schmidt, Elli
Issler s. Ilsar, Yehiel

J

J-Mann s. Frank, Willy
Jacobson, Walter s. Ben-Yaacov, Yissakhar
Jacques s. Nickolay, Fritz
Jäger, Otto s. Neumann, Heinz
Jager, Tom de s. Gentsch, Erich
Jahoda, Mitzi s. Jahoda, Marie
Jakubowicz, Heinrich Paul Moritz s. Hellmann, Henry
Jan s. Fischer, Erwin
Jan s. Krebs, Richard
Jan s. Müller, Johannes
Jan, Jan 20 s. Riess, Ludwig
Jan s. Rüddenklau, Friedrich-Wilhelm
Janak, Korla s. Jannack, Karl
Dr. Janisch, Ernst s. Buttinger, Joseph
Janischfeld, Erwin s. Lustig-Prean, Karl
Jansen s. Matern, Hermann
Professor Jansen s. Schwab, Otto
Jansen, Jon B. s. Taurer, Bernhard
Jansen, Peter s. Lehmann, Robert
Jaron, Elisheva s. Schwarz-Gardos, Alice
Jean s. Dahlem, Franz
Jean Christophe s. Zwehl, Hans von
Jean-Paul s. Kühne, Otto
Jellinek, František s. Lange, Willy
Jens s. Warnke, Herbert
Jensen, Christian s. Kornweitz, Julius
Jenssen s. Peschke, Paul
Jerusalem, Friedrich Albert s. Jensen, Fritz
Johann s. Bertz, Paul
Johansen, Karel s. Caspari, John
Johnston, Harry s. Lange, Willy
Jola s. Lang, Joseph
Jonny s. Stoye, Max
Jorge Hans s. Kahle, Hans
Joschi s. Sieder, Josef
Josef s. Frank, Karl
Juan s. Lehmann, Hans
Jual Daniel s. Zadek, Walter
Jürgens, Oskar s. John, Otto
Jugendernst s. Wittkowski, Wilhelm
Julio s. Fritz, Heinrich
Jung s. Yinon, Moshe
Jungleib, Friedrich s. Gur-Arie, Shlomo
Junius s. Broh, James
Junius s. Saenger, Samuel
Jupp s. Bauer, Robert
Justinian s. Hoegner, Wilhelm
Justinian s. Kuttner, Erich
Justus s. Soffner, Heinz
Jutrosinski s. Yatir, Chanan

K

Kaba s. Battsek, Kurt
Käte s. Paetel, Karl Otto
Kahn, Heinz s. Kahn, Chaim
Kaiser, Paul s. Kamradt, Albert A.
Kaiser, Walter s. Gorrish, Walter
Kalle s. Illner, Arthur
Kamen s. Kemény, Alfred
Kansen, Arno s. Koebel, Eberhard
Kantorovitz, Myron s. Gordon, Myron Kantorovitz
Kara s. Herzfeld, Irene
Karajan, Henri s. Kneler, Leo
Karaseck, Rudolf s. Granzow, Kurt
Karger, Mendel s. Karin, Menachem
Karl s. Fränken, Friedrich
Karl s. Hähnel, Walter
Karl s. Kamradt, Albert A.
Karl s. Knöchel, Wilhelm
Karl s. Knüfken, Hermann
Karl s. Schuldt, Hermann
Karl s. Wabra, Ernst
Karsten, Johann s. Wehner, Herbert
Kassiodor s. Hildebrand, Dietrich von
Katz, Rudolf s. Bauer, Leo
Katzenellenbogen s. Kellen, Stephen Max
Kayser, Robert s. Heilmann, Friedrich
Keclik, Alois s. Ketzlik, Alois
Keil, M. s. Schwalbach, Johann

Namensänderungen 857

Keller, Willi s. Kropp, Wilhelm
Kempf, Fritz s. Eberhard, Fritz
Ken, H.J. s. Fent, Paul
Kerber, Walter s. Knoeringen, Waldemar von
Kerlöw s. Löwenstein, Kurt
Kern, Richard s. Hilferding, Rudolf
Kerner, Franz s. Sailer, Karl
Kersten, Walter s. Hößler, Albert
Kessler s. Kaddar, Shelomo
Killian, Felix s. Kahler, Felix von
Kindermann, Max s. Kadmann, Moshe
Kipfer, Leo s. Rück, Fritz
Kirchhof, Ernst s. Joel, Hans Theodor
Kirchmann, Stefan s. Gurian, Waldemar
Kirchner s. Fischer, Erwin
Kirsch, Heinrich s. Wiatrek, Heinrich
Klaar, Alfred s. Klahr, Alfred
Klassner s. Wandel, Paul
Klaus s. Kowalsky, Werner
Kleanto s. Enderle, August
Klein, Arnold s. Kolossa, Edwin Heinrich
Klein, Franz Johann s. Ingrim, Robert
Klein, H. s. Hansen, Werner
Kleiner Hans s. Adam, Wilhelm
Kleopatra s. Enderle, Irmgard
Kleubel, Johannes s. Kowalke, Alfred
Kliersfeld, Joseph s. Kalir, Joseph
Klinger, Max s. Geyer, Curt
Klotsche, Ernst s. Schuldt, Hermann
Knolle, M. s. Seydewitz, Max
Koch, André s. Funke, Ewald
Koch, Martha s. Frölich, Rose
Koch, Simon s. Avidan, Shimon
Koch, Walter s. Kochba, Uri
Köbes s. Mewis, Karl
Kögler, Emmy s. Freundlich, Emmy
Köller, Fritz s. Wollweber, Ernst
König s. Fuchs, Albert
Körber s. Knoeringen, Waldemar von
Kofing s. Korodi, Walther
Koheleth s. Malkiel, Shelomo Avraham
Kohlhaas, Friedrich s. Ackermann, Karl
Kohlhaas, Michael s. Beckmann, Rudolf
Kohlhaas, Michael s. Straßer, Otto
Kohn s. Hacohen, Abraham
Kohn, Heinrich s. Barazon, Heinz
Kohn, Moritz s. Cohen, Moshe
Kolb, Nora s. Platiel, Nora
Kolbe, M. s. Seydewitz, Max
Konrad s. Altwein, Fritz
Konrad s. Köhler, Hermann
Konrad s. Leichter, Otto
Konrad s. Osche, Ulrich
Konrad s. Reitbauer, Alois
Konrad, Hans s. Hollos, Julius
Konstantin s. Czernetz, Karl
Kop s. Koplenig, Johann
KOP s. Paetel, Karl Otto
Kopi s. Kohn, Pinchas
Kopp, W. s. Koenen, Wilhelm
Korac s. Buttinger, Joseph
Korn s. Podlipnig, Josef
Kossert, Hans s. Knodt, Hans
Kother, Walter (?) s. Deter, Adolf
Ková, Oda s. Zadek, Walter
Krämer, Erich s. Keren, Moshe
Kraft, Michael s. Seydewitz, Max
Krainer s. Podlipnig, Josef
Kramer s. Holoubek, Karl
Kramer, Erich s. Funke, Ewald
Kramer, Fritz s. Jahn, Hans
Kramer, Otto s. Geminder, Friedrich
Kraus s. Winternitz, Josef
Kren, Toni s. Spira, Leopold
Krieger s. Crummenerl, Siegmund
Kronberger s. Walter, Paul
Kroner, Fritz s. Croner, Fritz
Krüger, Fritz s. Henke, Georg
Krüger, Georg s. Seydewitz, Ruth
Krüger, Kurt s. Bürger, Kurt
Kruglianski, Ilja-David s. David, Fritz
Krumholzer, Florian s. Haasz, Árpád
Kubal, Jan s. Grünwald, Leopold

Kubin, Alfred s. Niebergall, Otto
Kühl, Michael s. Katz, Rudolf
Kühnl, Agnes s. Dill, Hans
Kuehns s. Keaton, Harry Joseph
Küsternigg, Lorenz s. Alfons, Anton
Kuhnert s. Rescher, Wilhelm
Kuka s. Kauffungen, Kunz von
Kunart, Karl s. Hähnel, Walter
Kunkel, Hugo s. Eberlein, Hugo
Kupferberg, Alfred s. Nechustan, Abner
Kurt s. Dycka, Josef
Kurt s. Funke, Ewald
Kurt s. Hoffmann, Heinz
Kurt s. Knöchel, Wilhelm
Kurt s. Lai, Wilhelm
Kurt s. Schwebinghaus, Eugen
Kurt s. Seng, Willi
Kurt s. Süßkind, Heinrich
Kutisker s. Browde, Anatole
Kutschera s. Korodi, Walther
Kutzer s. Kulcsar, Leopold
Kweksilber, Willy s. Wielek, Henk

L

Laban, Gérard s. Leo, Gerhard
Labarre, Lucien s. George, Manfred
Lackenbacher, Ernst s. Lakenbacher, Ernst
Lackmann, Guy Kurt s. Lachmann, Guy Kurt
Lackner, Julius s. Günther, Alwin
Lager, Josef s. Deutsch, Julius
Lambert s. Bauer, Leo
Lambert, Jean s. Lemberger, Ernst
Lambert, Leo s. Zuckermann, Leo
Landau, Ernst von s. Land, Ernest G.
Lande, Genia s. Quittner, Genia
Landesberg s. Tel-Nir, Nathan
Landsberg s. Merhav, Schmuel Jacob
Landwehr, David s. Landor, David
Lang, Fr. s. Rubiner, Frida
Lang, Franz s. Rosner, Jakob
Lang, Kurt s. Lang, Curt
Lang, Rudolph s. Gurland, Arcadius
Lange s. Gladewitz, Richard
Lange, Martin s. Niebergall, Otto
Der lange Anton s. Switalla, Anton
Langen, Heinrich s. Peiser, Werner
Langer s. Scheuer, Georg
Langer, Dr. Alexander s. Fischer, Walter
Langer August s. Schmidt, Kurt
Lanzer, Elisabeth s. Freundlich, Elisabeth
Larew s. Oelßner, Fred
Larsen, Niels s. Granzow, Kurt
Lauber s. Eliav, Pinhas
Laufer, Jan s. Leser, Ludwig
Laufer, P. s. Beer, Fritz
Laufer, Sally s. Ardon, Yaacov
Lauffer, Adolf s. Flieg, Leopold
Laukhard, Peter s. Stern-Rubarth, Edgar
Lawska s. Bauer, Helene
Lazar, Hermann s. Lania, Leo
Lazarsfeld, Maria s. Jahoda, Maria
Lechner, Franz s. Lenk, Hans
Lederberger, Manfred s. Lador, Mordechai
Lefèvre, Anny s. Lehr, Toni
Lehninger, Richard (?) s. Lehm, Richard
Lehrmann, Jo s. Oulman, Gaston
Leib, Jonas s. Stern, Leo
Leipziger s. Leir, Henry-J.
Leißner, Fritz s. Mielke, Erich
Leitner s. Mayr, Hubert
Leitner, Willi s. Hansen, Georg
Lemberger s. Lavi, Yeshayahu
Lemoine s. Meynen, Hermann
Lena s. Mayenburg, Ruth von
Lend, Evelyn s. Anderson, Evelyn
Lene s. Wolf, Lore
Lenz s. Winternitz, Josef
Lenz, Georg s. Löwy, Adolf
Lenz, Kurt s. Levy, Kurt
Lenzner s. Seipel, Richard
Leo s. Hager, Kurt
Leo s. Kippenberger, Hans

Leo s. Marek, Franz
Leon, Kurt s. Grünebaum, Kurt
Leopold s. Stoye, Max
Lerda, Oda s. Olberg-Lerda, Oda
Lev, Rafael s. Löb, Rudolf
Leval, Franz Kurt s. Lloyd, Frank
Levi, Benjamin s. Halevi, Benjamin
Levin, Heimann s. Weyl, Heinrich
Levin-Goldschmidt, Konrad s. Grant, Hubert Brian
Lewald s. Osche, Ulrich
Lewin, Kurt s. Lewin, Daniel
Levy, Gottfried s. Levy, Shlomo
Levy, Karl s. Levy, Charles
Lex s. Ende, Lex
Lichten, H.E. s. Riesser, Hans
Lichtenstein s. Eberlein, Hugo
Lichter, Lea s. Große, Lea
Lichtwitz, Georg s. Naor, Bezalel
Lichtwitz, Hans s. Naor, Uri
Liebstein, Karl s. Livneh, Eliahu K.
Liechti, Urs s. Hoegner, Wilhelm
Lilly s. Becher, Lilly Irene
Lindberg s. Binder, Otto
Linde s. Pointner, Hans
Linde, Hermann s. Ebeling, Hermann
Linden s. Leonhard, Wolfgang
Lindenstadt, Albert J. s. Linstad, Albert J.
Links, Jakob s. Pol, Heinz
Lippmann, Gad M. s. Lippmann, Max
Lissner, Hans s. Forester, Hans
Liverhant s. Liveran, Abraham Chaim Arthur
Lobedanz s. Maddalena, Max
Loderer s. Dernberger, Kurt
Loebel, Werner M. s. Loval, Werner M.
Loerbroks, Otto s. Straßer, Otto
Loewe s. Lowe, Yehuda Ludwig
Loewenson, Hans s. Lavi, Yohanan
Löwenstein, Edith s. Lowenstein, Edith
Löwenstern, Hans s. Lowenstern, Henry
Loewenthal, Emmi s. Livneh, Emmi
Loewenthal, Erich Isaak s. Lowenthal, Eric I.
Löwenthal s. Guy, Yehuda
Loewi s. Loy, Frank Ernest
Löwy, G.A. s. Löwy, Adolf
Löwy, Georg s. Löwy, Adolf
Loewy, Heinz David s. Leuner, Heinz David
Lokmanis, Ludwig s. Klahr, Alfred
Lorenz s. Winzer, Otto
Loth s. Sievers, Max
Lothar s. Jakobs, Hermann
Lothar s. Rädel, Siegfried
Lotte s. Schmidt, Elli
Louis s. Schwab, Sepp
Lowe, Walter s. Loewenheim, Walter
Lowit, Ludwig s. Löwit, Ludwig
Lubinski, Georg s. Lotan, Giora
Lucien s. Grossmann, Oskar
Lucy s. Rössler, Karl Rudolf
Ludwig s. Klahr, Alfred
Ludwig, Max s. Oppenheimer, Max Ludwig
Lütterloh s. Gellert, Kurt
Lützow, Kuno s. Kühn, Bruno
Luftgust s. Luft, Gustav
Luis s. Beer, Ludwig Karl
Luise s. Billmaier, Erwin
Luitpold, Josef s. Stern, Josef Luitpold
Luitschi s. Beer, Ludwig Karl
Lukas s. Bürger, Kurt
Lurje, Moses s. Emel, Alexander
Lutterbach, Anny s. Lehr, Toni

M

Maass, Herbert Adolf s. Marsden, Edward Arthur
Machwuroff, Willy s. Fellendorf, Wilhelm-Heinrich
Mackel s. Kahane, Max Leon
Mäcki s. Friedemann, Max
März, Paul s. Meretz, David Paul

858 Namensänderungen

März, Roland s. Merker, Paul
Magne, Raymond s. Tschäpe, Herbert
Mahler, Maria s. Leichter, Käthe
Mahler, Stefan s. Leichter, Otto
Mahlmann, Heinrich s. Mahle, Hans
Major, Erich s. Benedikt, Ernst
Malam s. Maslow, Arkadij
Mana, Gustav s. Rukser, Udo
Mandel, Robert s. Bögler, Franz
Mandelbaum, Julius s. Elbau, Julius
Manfred s. Roth, Leo(n)
Manfred, L.I. s. Friedmann, Leo
Mann, Karl s. Bauer, Otto
Mansbach s. Maniv, Asher
Mansfeld, Gebhard s. Gans Edler Herr zu Putlitz, Wolfgang
Mansuy, Pierre s. Herzog, Wilhelm
Marcel s. Edel, Emanuel
Marcel s. Marek, Franz
March, Frederic s. Fröhlich, Hans
Marcuse s. Meroz, Yohanan
Marei s. Reinheimer, Max
Maresch, Paul s. Kulcsar, Leopold
Margulies, Moritz s. Fels-Margulies, Moritz
Maria s. Frank, Karl
Maria s. Leichter, Käthe
Maria s. Muth, Klara
Markowicz s. Merhav, Menachem
Markreich, Max s. Markrich, Max
Mars, Hans s. Gessner, Rudolf
Marso, Kurt s. Wickel, Helmut
Martell, Rudolf s. Marchfeld, Rudolf
Martin s. Ackermann, Manfred
Martin s. Bahnik, Wilhelm
Martin s. Brandt, Willy
Martin s. Hornik, Leopold
Martin s. Mannbar, Artur
Martin, André s. Jacoby, Henry
Martin, Ernst s. Benedikt, Ernst
Martin, Roger s. Höft, Otto
Martin, Yvonne Colette s. Kralik, Lya
Mary s. Anderson, Evelyn
Mary s. Radó, Helene
Maschler s. Mashler, William Theodore
Mass s. Sievers, Max
Mathieu, Johann s. Klahr, Alfred
Mattei, Kurt s. Löwenstein, Kurt
Matthes s. Elias, Paul
Matzdorff, Wolfgang Siegbert s. Matsdorf, Wolf Simon
Dr. Matzner s. Scheuer, Georg
Maurel, Jean Louis s. Hauser, Harald
Maurel, Marie-Louise s. Zorn, Edith
Maurer, Alois s. Gebhard, Franz
Maurice s. Deter, Adolf
Max s. Gall, Willi
Max s. Karafiat, Oskar
Max s. Knigge, Wilhelm
Max s. Lederer, Egon
Max s. Mannbar, Artur
Max s. Pietzuch, Emil
Max s. Schuldt, Hermann
Maxim s. Pinnecke, Wilhelm
Meier, Gretl s. Emhart, Maria
Meier, Walter s. Abusch, Alexander
Meinhard, Karl s. Mewis, Karl
Meller, Emil s. Dernberger, Kurt
MELT s. Frey, Josef
Mendon, Léon s. Lang, Curt
Menz, Kurt s. Löwenheim, Walter
Menzel, Hans s. Manor, Amos
Menzel, Otto s. Manor, Aryeh
Merker, Mathias s. Kleineibst, Richard
Mesmer, Raymond s. Meisel, Josef
Meunier, Jean s. Bauer, Otto
Meyer, Elieser s. Meyer, Franz
Meyer, Gretel s. Emhart, Maria
Meyer, Hans s. Ebeling, Hans
Meyer, Louis s. Meyer, Ludwig
Meyer-Dillingen s. Gundelfinger, Leo
Michael, Karl s. Ausch, Karl
Michael, Otto s. Knab, Otto Michael
Michaels, Peter s. Lengyel, Peter George Michael

Michel s. Frank, Willy
Michel s. Knoeringen, Waldemar von
Michel, Peter s. Seydewitz, Max
Miehlke, Erich s. Mielke, Erich
Miles s. Bornstein, Joseph
Miles s. Löwenheim, Walter
Miller, Anton von s. Bienenfeld, Frank Rudolf
Miller, John s. Wirlandner, Stefan
Milwidsky, Josef Joachim s. Milo, Josef J.
Mögling, Theodor s. Bellon, Waldemar
Dr. Möller, Christian s. Gundelach, Gustav
Mogens s. Grünert, Wilhelm
Mogens s. Jürgensen, Julius
Mohr, Oswald s. Kaiser, Bruno
Moll, Josef s. Podlipnig, Josef
Monregard, J. s. Lachman, Frederick R.
Moosmann s. Minster, Karl
Morawetz, Hans s. Morawetz, Hans
Morel, Albert Octave s. Kahn, Alphonse
Morell, Jack s. Schmidt, Heinz
Morhofer, Franz s. Fischl, Hans
Morin, André Jean-Paul s. Kodicek, Egon
Moses, Alfred s. Moser, Alfred
Motram, Peter s. Seckleman, Peter
Mott, Georg s. Zwiefelhofer, Karl
Mucki s. Herzfeld, Irene
Mühlhauser, Franz s. Millo, Efraim
Mühsam, Helmut Victor s. Muhsam, Helmut Victor
Müller s. Trautzsch, Walter
Müller, Albert s. Schreiner, Albert
Müller, Georg Wilhelm s. Goldbaum, Wenzel
Müller, Hans s. Wirlander, Stefan
Müller, Harald s. Anderson, Paul
Müller, Hermann s. Muller, Herman
Müller, Hertha s. Schorr, Malke
Müller, Leopold s. Simon, Joseph
Müller, Paul s. Gurian, Waldemar
Müller, Rudolf s. Rodenberg, Hans Rudolph
Müller, Viktor s. Zipper, Hans
Müller, Walter s. Florin, Wilhelm
Müller, Wilhelm s. Florin, Wilhelm
Müller, Willi s. Frank, Karl
Muenzner, Gerhard s. Meron, Gershon
Munier, Tom s. Flohr, Gustav
Munin s. Herzfeld, Irene
Murner, Thomas s. Missong, Alfred
Mutmacher s. Eberhard, Fritz

N

Professeur N. s. Wildangel, Ernst
Nadas, Janos s. Nass, Hans
Nagel s. Knoeringen, Waldemar von
Nasenhermann s. Bahnik, Wilhelm
Nathan, Fritz Günter s. Nathan, Shmuel
Nathan, Ludwig s. Nathan, Hans
Nathanson, Leopold s. Goetz, George
Naumann, Kurt Wilhelm s. Anders-Naumann, Karl
Nemann s. Neeman, Gideon Michael
Neubel, Rudolf s. Honner, Franz
Neuberger, Manfred s. Noy, Mordechai
Neuendorf, K.B. s. Böchel, Karl
Neumann, Fritz s. Neumann, Elieser
Neumann, Günter s. Löbe, Herbert
Neumann, Leo Jacob s. Newman, Leo Jacob
Neumann, Moritz s. Neeman, Moshe
Neumann, Rudolf s. Newman, Randolph Henry
Neumann, Willy s. Wehner, Herbert
Neumanngustl s. Neumann, Gustav
Neumetzger s. Noymer, Eugene Emanuel
Neumeyer s. Grill, Theodor
Neumond, Walter Joseph s. Aran, Yair
Nickel s. Kippenberger, Hans
Nico s. Zimmer, Gerhard
Nielsen s. Eberlein, Hugo
Niran s. Kreikemeyer, Willi
Nolden, Arnold s. Koebel, Eberhard
Norden, Heinrich s. Dohrn, Klaus

Norman, William s. Kozlik, Adolf
Novotny, Anna s. Duczynska, Ilona
Nowotny, Herbert s. Lemberger, Ernst
Nürenberger, Hilde s. Mareiner, Hilde
Nürnberger, Georg s. Dubber, Bruno

O

Oberle s. Adolph, Alfred
Oberle, Fredy s. Adolph, Alfred
Obermeier s. Dernberger, Kurt
Observer s. Reichenberger, Emanuel
Octavio s. Neumann, Heinz
Oelb s. Oelbermann, Karl
Österreich, Otto von s. Habsburg-Lothringen, Otto
Österreich-Este, Erzherzog Robert von s. Habsburg-Lothringen, Robert
Oestreicher, Hans s. Ortar, Johanan
Offenstadt s. Owen, Arthur
Okuli s. Hoernle, Edwin
Olaf s. Paetel, Karl Otto
Olday, Hilde s. Monte, Hilda
Olivier, Pierre s. Kuczynski, Jürgen
Olm, Otto s. Bretholz, Wolfgang
Oppenheimer, Leopold s. Ariel, Jehuda
Orlow, Jochen s. Koebel, Eberhard
Orr, Franz s. Osterroth, Franz
Oskar s. Glückauf, Erich
Oskar s. Hößler, Albert
Ossy s. Eildermann, Luise
Ostermann, Helmut s. Avnery, Uri
Ostfeld, Hermann s. Hermon, Zvi
Ott, Peter s. Hildebrand, Dietrich von
Otto s. Claasen, Paul
Otto s. Kühne, Otto
Otto s. Neumann, Heinz
Otto, Johannes s. Maaßen, Hanns
Oudry, Jean-Pierre s. Huschak, Arthur

P

P., Rudolf s. Klahr, Alfred
Paln, Albert s. Deubler, Oscar
Pappenheim, Maria s. Frischauf, Maria
Para Bellum s. Maslow, Arkadij
Parmentier, Marie-Louise s. Kraushaar, Luise
Parmod, Maximilian s. Apt, Max
Parth, Leo s. Wendel, Hermann
Partisanen-Otto s. Schliwinski, Otto
Partisanen-Richard s. Illner, Arthur
Patell, Lilly s. Becher, Lilly Irene
Paul s. Böttcher, Paul
Paul s. Eichelsdörfer, Ernst
Paul s. Fischer, Erwin
Paul s. Kulcsar, Leopold
Paul s. Lörcher, Ernst
Paul s. Schmidt, Waldemar
Paul, Lilly s. Becher, Lilly Irene
Paul, Oscar s. Pollak, Oscar
Pawel, Heinz s. Pavell, Hanan
Peisner, Paul s. Pereszlenyi, Paul
Peitschenheinrich s. Kolossa, Edwin Heinrich
Pek, Ernst s. Papanek, Ernst
Peltastes s. Gurian, Waldemar
Peltesohn, Josef s. Palti, Josef
Pelz s. Ausch, Karl
Peppi s. Sieder, Josef
Peregrinus s. Leo
Pater Peregrinus s. Naab, Ingbert
Perez s. Lederer, Franz
Perez, Octavio s. Neumann, Heinz
Pert s. Bretholz, Wolfgang
Pertinax s. Leichter, Otto
Peter s. Holoubek, Karl
Peter s. Minster, Karl
Peter s. Vesper, Walter
Peter s. Wuttke, Franz
Peter, Herbert s. Warnke, Herbert
Petersen, Peter s. Anderson, Paul
Pfälzer, Karl s. Minster, Carl
Pfeiffer s. Daub, Philipp

Namensänderungen

Pfeil, P. s. Schleifstein, Josef
Philipp, Henrik s. Scheidemann, Philipp
Pianovski s. Adolph, Alfred
Pichler s. Kreisky, Bruno
Pichler, Gustav s. Kreisky, Bruno
Pickholz, Fischl s. Elan, Ephraim
Pick s. Prentice, John Gerald
Pierre s. Maslowski, Peter
Pierre, André s. Maslowski, Peter
Pierre, M. s. Maslowski, Peter
Pierron, Georges s. Schneider, Julius
Pietrkowski, Julius s. Peter, Yehuda
Pinczower s. Pine, Kurt
Pisk s. Piron, Mordechai
Plutus s. Bernhard, Georg
Pöschl, Karl s. Böchel, Karl
Polanyi, Ilona s. Duczynska, Ilona
Pollack, Heinz s. Pol, Heinz
Pollak, Jacob Erwin s. Palmon, Jacob Erwin
Pollak, Ilse s. Kulcsar, Ilse
Popper, Karl s. Hindels, Josef
Prager, Michael s. Pragai, Michael
Preissner, Carl s. Kast, Peter
Preisz, Hugo s. Price, Hugo H.
Prerauer, Hans s. Pryer, Hilary Hans
Pretzel, Raimund s. Haffner, Sebastian
Prhaček s. Brichacek, Otto
Primosch, Rudolf s. Hagmüller, Leopold
Progest s. Beyer, Georg
Progon s. Crispien, Art(h)ur
Prospero s. Varon, Benno Weiser
Prys, Akiba s. Prijs, Joseph
Putzwolle s. Wiora, Josef

Q

Quast, Claire s. Muth, Clara

R

Rabinowitsch, Michael s. Ravid, Michael
Radvanyi, László s. Schmidt, Johann-Lorenz
Rähnisch s. Kippenberger, Hans
Rafaelowitsch, Alexander s. Rafaeli, Alex
Rafaelowitz, Alexander s. Rafaeli, Alex
Rahmer, Hans Sigismund s. Rayner, John Desmond
Rainer s. Kreisky, Bruno
Rall s. Schöffmann, Heinrich
Ramme, Peter s. Henry, Grete
Randloff, Kurt s. Grossmann, Kurt R.
Rapp, Gustave s. Zernatto, Guido
Rapaport, Leo Weiser s. Port, Leo Weiser
Rasch, Irmgard s. Enderle, Irmgard
Rastlos, Hannes s. Reinowski, Hans
Rauschenplat, Hellmut von s. Eberhard, Fritz
Rave, Jean de s. Koenen, Bernhard
Reb Ipcha Mistavra s. Carlebach, Azriel
Redlich, Hugo s. Podlipnig, Josef
Reele, J. s. Enderle, Irmgard
Reicho, Hans von s. Sessler, Thomas
Reima s. Reinheimer, Max
Reiman, Pavel s. Reimann, Paul
Reinemann, Pinhas s. Rodan, Pinhas
Reiner, Adolf s. Dobritzhofer, Anton
Reinerová, Helene s. Reiner, Lenka
Reinhardt, Ernst s. Abusch, Alexander
Reinhold, Heinrich s. Rinott, Chanoch
Reinow, Hans s. Reinowski, Hans
Reisinger, Walter s. Grill, Theodor
Reißner, Werner s. Zaisser, Wilhelm
Reiter s. Stadler, Karl
Reitmann, Geza s. Kunert, Franz
Renaud, Francis Bertrand s. Beer, Karl Ludwig
René s. Niebergall, Otto
Retlaw s. Feuchtwanger, Walter
Reuss, Franz s. Raveh, Jizchak
Rhön, Herbert s. Schif(f)rin, Alexander
Ricardo s. Teclaw, Richard
Richard s. Edel, Emanuel
Richard s. Pieck, Wilhelm
Richard s. Staimer, Richard
Richter, s. Schmidt, Erich
Richter, Gustav s. Buttinger, Joseph
Richthofer, Otto s. Möller-Dostali, Rudolf
Riemer, Sami(y) s. Riemer, Shlomo
Ries, Peter s. Florin, Wilhelm
Rimbach, Karl s. Stanzel, Leopold
Ring, Lene s. Berg, Helene
Rintel, Robert s. Volk, Karl
Ritter, Wilhelm s. Hoegner, Wilhelm
Rix, Erich s. Krewet, Erich
Robert s. Adolph, Alfred
Robert s. Beuttel, Wilhelm
Robert s. Heilmann, Friedrich
Robert s. Kühne, Otto
Robert s. Täubl, Hans
Robert s. Volk, Karl
Robert, Fritz s. Heilmann, Friedrich
Roberts, Peter s. Marmorek, Schiller
Robitschek, Edward Walter s. Robichek, Edward Walter
Rodolfo s. Reventlow, Rolf
Rodriguez s. Rüdiger, Helmut
Röbig, Viktor s. Kurella, Alfred
Roedelheimer, Friedrich s. Roetter, Friedrich
Roesmer, Charles s. Kaiser-Blüth, Kurt
Roha s. Willmann, Heinz
Rohde, Ernst s. Köhler, Max
Rohser, Karl s. Marek, Franz
Roland s. Bauer, Robert
Roland s. Merker, Paul
Rollin, Marcel s. Jacob, Berthold
Romann, Hans s. Roman, Jochanan
Rosby, Hans s. Goetz, George
Rose, A. de la s. Reventlow, Rolf
Rosenberg, Hans Rudolph s. Rodenberg, Hans Rudolph
Rosenfeld, Alfred Albert s. Romney, Alfred Albert
Rosenthal, Joachim Otto s. Ronall, Joachim Otto
Rositter s. Rosenthal, Philip
Ross, Jack s. Wirlandner, Stefan
Rossak, Robert s. Rosak, Robert
Roßbach s. Gundelach, Gustav
Rostin, Henri s. Rodenstein, Heinrich
Der rote Hans s. Reinowski, Hans
Rotfrontgustav s. Roebelen, Gustav
Roth, F.E. s. Efferoth, Hugo
Roth, Ferdinand s. Birnbaum, Immanuel
Roth, Heinz s. Hoffmann, Karl-Heinz
Rothenburg, Walter Ronald s. Roberts, Walter Ronald
ROWI s. Rosenzweig, Wilhelm
Roy s. Levy, Charles
Rozenberg, Michael s. Rom, Michael
Ruben, David s. Zadek, Walter
Rubinstein, Alexander s. Stein, Alexander
Rubinstein, Siegfried s. Raban, David
Rudert, Max s. Menne, Bernhard
Rudi s. Langusch, Max
Rudi s. Roth, Leo(n)
Rudi s. Verner, Waldemar
Rudolf s. Bauer, Robert
Rudolf s. Buttinger, Joseph
Rudolf s. Funke, Ewald
Rudolf P. s. Klahr, Alfred
Rudolf s. Kox, Wilhelm
Rudolf s. Wuttke, Franz
Rudolph, Johanna s. Gundermann, Marianne
Ruffer, Gerhard s. Rafael, Gideon
Rupprecht von Bayern s. Bayern, Rupprecht von
Russel s. Eberhard, Fritz

S

Saalbach, Hans s. Böttcher, Paul
Sachs, Hans s. Schumacher, Ernst
Sachs, Kurt s. Fabian, Walter
Sachse, Heinrich s. Loewe, Heinrich Eliakim
Sänger, Herman(n) Max s. Sanger, Herman Max
Salomon, Berthold Jacob s. Jacob, Berthold
Salomonsohn, Georg Adolf s. Solmssen, Georg Adolf
Samuely, Arthur s. Rutra, Arthur
Sander, Erwin s. Schmidt, Erich
Sandus, Hannelore s. Leonhard, Susanne
Sanon s. Kohn, Pinchas
Schacht, Julius s. Fritz, Heinrich
Schackerl, Loisl s. Hannak, Jacques
Schädte s. Minster, Karl
Schafhauser, Ludwig s. Lai, Wilhelm
Scheffler, Paul s. Ehrmann, Henry Walter
Scheib s. Achidov, Israel
Schelley s. Adolph, Alfred
Schenk s. Kox, Wilhelm
Scherl s. Kox, Wilhelm
Schermuly, Alois s. Reuter, Fritz
Schifrin, S.S. s. Ben-Ḥaim, Shaul
Schiller s. Knigge, Wilhelm
Schilling, Franz s. Zucker-Schilling, Erwin
Schindler s. Schreiner, Albert
Schindler, A. s. Schreiner, Albert
Schindler, Albert s. Schreiner, Albert
Schlegel, Karl s. Anders-Naumann, Karl
Schleimer, Siegmar s. Sharon, Siegmar
Schlesinger, Wilhelm s. Schlesinger, Guillermo
Schlösser, Adele s. Heymann, Lida
Schmerling, Sigmund s. März, Eduard
Professor Schmetterling s. Stoffers, Hans
Schmid, Ludwig s. Schmidt, Ludwig
Schmidt s. Dengel, Philipp
Schmidt s. Podlipnig, Josef
Schmidt s. Pollak, Oscar
Schmidt s. Wollweber, Ernst
Schmidt, Eduard s. Claudius, Eduard
Schmidt, J. s. Kappius, Josef
Schmidt, Kurt s. Wollweber, Ernst
Schmidt-Kolmer, Eva s. Kolmer, Eva
Schmied s. Podlipnig, Josef
Schmied, Ernst s. Frey, Josef
Schmitz, Erna s. Henke, Georg
Schneebalg s. Shinnar, Felix Elieser
Schneider, Eva s. Monte, Hilda
Schneider, F. s. Zucker-Schilling, Erwin
Schneider, Hans s. Eberhard, Fritz
Schneider, Hans s. Wiatrek, Heinrich
Schneider, Kurt s. Trautzsch, Walter
Schönau, Alexander s. Grossmann, Oskar
Schönerer, M. s. Seydewitz, Max
Schopflocher s. Schopler, Ernest H.
Schopp, J. s. Schleifstein, Josef
Schramm, Gustav s. Schramm, Augustin
Schramm, Walter s. Kötting genannt Börgerhoff, Egon
Schratt, Karl s. Furtmüller, Carl
Schreiber, Karl s. Anders-Naumann, Karl
Schreiner, Egon s. Schleifstein, Josef
Schreiner, Otto Wilhelm Ferdinand s. Schreiner, Gerth
Schretter, Adolf s. Kozlik, Adolf
Schröder, Alfred s. Knöchel, Wilhelm
Schröder, Fred s. Schröder, Fritz
Schrödter, Jürgen s. Tschäpe, Herbert
Schröter, Henriette s. Begun, Henriette
Schubert, Erich s. Trautzsch, Walter
Schüftan, Ludwig s. Shiftan, Zeev Ludwig
Schüler, Albert s. Reichardt, Albert
Schüller, Hans s. Schüler, Hans
Schütte, Karl s. Kowalke, Alfred
Schütze, Hans s. Müller, Johannes
Schu(h)mann, Paul s. Gerold, Karl
Schujowitz s. Shimron, Erwin Shaul
Schule s. Adolph, Alfred
Schulz s. Wollweber, Ernst
Schulz, Bernhard s. Koenen, Wilhelm
Schulze, Gottlieb s. Reinowski, Hans
Schumann s. Sollmann, Wilhelm
Schuster, Louis s. Vehlow, Franz
Schuster, Walter s. Schilde, Hans

860 Namensänderungen

Schwab, Jim s. Walcher, Jacob
Schwab, Max Joseph s. Schwab, Sepp
Schwalm, Hans s. Petersen, Jan
Schwarz, Charlotte s. Schwarz, Lotte
Schwarz s. Fischer, Karl
Schwarz, Erich s. Avimor, Shimon
Schwarz, Hans s. Landwehr, Christian
Schwarz, Heinz s. Schwarz, Harry
Schwarz, Michael s. Smilg-Benario, Michael
Schwarz, Salomon s. Reinbold, Georg
Schwarz, Willi s. Schuldt, Hermann
Schwarzer Hans s. Gräfe, Willi
Schweitzer s. Schulte, Fritz
Schweizer, Alfred s. Betser, Abraham Alfred
Schwerin, Walter Joseph s. Sherwin, Walter Joseph
Schwipp s. Sager, Werner
Sealtiel, David s. Shaltiel, David
Seemann s. Reichenbach, Bernhard
Seiden, Manfred s. Ephrati, David
Seiler s. Kippenberger, Hans
Seinfeld, Wolfgang s. Spanier, Zeev
Sepp s. Ackermann, Karl
Sering, Paul s. Löwenthal, Richard
Shachor, Alisa s. Schwarz-Gardos, Alice
Shields, Frank s. Fischer, Zyrill
Shteinberg, Aaron Zacharovich s. Steinberg, Aaron Zacharovich
Siebert, Adolf s. Adolph, Alfred
Siegfried s. Wuttke, Franz
Siegvert s. Adolph, Alfred
Silberstein, Edmund s. Sela, Matityahu
Silberstein, Victor s. Shoham, Avigdor
Simke, Hans s. Eggert, Johannes
Simon, Jakob s. Shimoni, Yaacov
Simone, André s. Katz, Otto
Singalowsky, Aron s. Syngalowski, Aron
Sissy s. Dübendorfer, Rachel
Mister Smith s. Pollak, Oscar
Snieders s. Schillack, Johann
Sommer s. Winternitz, Josef
Sommer, Walter s. Goldberger, Max
son s. Keilson, Max
Sonderegger, René s. Caspari, John
Sonnenburg, A. s. Münzenberg, Willi
Spartakus s. Hoernle, Edwin
Spatz, Jochen s. Reinowski, Hans
Spectator s. Feder, Ernst
Spectator s. George, Manfred
Spectator s. Landau, Kurt
Speier, Emil s. Speyer, Emil
Spiegel, Hermann s. Alroy, Efraim
Spree, Gustave s. Spreewitz, Gustav
Sprinzeles s. Lehman, Emil
Spuli s. Sieder, Josef
Šram, Augustin s. Schramm, Augustin
Šram, Gustav s. Schramm, Augustin
Stadthagen, Wilhelm Ernst s. Stagen, William Ernst
Stahl s. Pointner, Hans
Stahl, Heinz Rolf s. Stahl, Enrique
Stahl, Herbert s. Steel, Johannes
Stahlmann, Erna s. Illner, Erna
Stahlmann, Richard s. Illner, Arthur
Stahn, Hans N. s. Klepper, Otto
Stallmann s. Meynen, Hermann
Stancl, Leopold s. Stanzel, Leopold
Stark, Alfred s. Kemény, Alfred
Stark, Fritz s. Schulte, Fritz
Stark, Hans s. Herr, Willi
Stark, Karl s. Lai, Wilhelm
Stavaritsch (Stawaritsch, Stavaritch), Karl s. Stadler, Karl
Stefan s. Fischer, Karl
Stefan s. Szende, Stefan
Stefan s. Wiatrek, Heinrich
Steffen, Hans s. Goslar, Hans
Stegmann s. Kox, Wilhelm
Stein s. Siegmund, Kurt
Stein, Hans s. Beer, Fritz
Stein, Karl s. Ackermann, Manfred
Stein, Walter s. Hößler, Albert
Steiner, Paul s. Hofer, Peter
Steinhard, Willi s. Kox, Wilhelm

Steinschneider s. Seguy, Pierre
Steirer Seppl s. Lämmel, Josef Otto
Sterling, Mark s. Merton, Richard
Stern s. Fischer, Karl
Stern, Gerhard s. Stern, Gabriel
Stern, Heinz Alfred s. Astor, Bobby
Stern, Jonas Leib s. Stern, Leo
Sternberg s. Shamgar, Meir
Sternberg, Rudy s. Plurenden of Plurenden Manor, Baron
Steuermann, Carl s. Rühle, Otto
Steward, John S. s. Maier-Hultschin, Johannes
Stift s. Kirschmann, Emil
Stillmann, Ernst Joseph s. Shatil, Joseph Ernst
Stohn, Bruno s. Gundelach, Gustav
Storm, Michael s. Wolf, Markus Johannes
Strauss, Baruch s. Strauss, Berthold
Strauss, Hans-Stefan Erich von s. Strouth, Baron Howard Steven
Ströhmer, Anna s. Hornik-Ströhmer, Anna
Strong, Nic. s. Zimmer, Gerhard
Studenic, Hubert s. Simon, Hugo
Studenski s. Apelt, Fritz
Student of Europe s. Haffner, Sebastian
Studzinski s. Münzenberg, Willi
Sturm, Fritz s. Neumann, Richard
Subkowiak, Stefan s. Ulbricht, Walter
Süskind, Alexander s. Abusch, Alexander
Süsz, Hanns s. Susz, Hanan
Sund, Olivar s. Koebel, Eberhard
Sven s. Henke, Georg
Svenson s. Wehner, Herbert
Swik, Dušan s. Březan, Jurij
Sylvester s. Auerhahn, Rudi
Symmachos s. Kautsky, Karl

T

Tarn, Thomas s. Sternberg, Fritz
Tauber s. Holoubek, Karl
Tauber, Fritz s. Tavor, Moshe
Dr. Tauer s. Hornik, Leopold
Taylor, Frederick E. s. Krejci, Friedrich
Tchenstohover s. Syngalowski, Aron
Teitelbaum s. Teil, Kurt Henry
Tempel s. Reimers, Wilhelm
Thal s. Wahls, Otto
Thaler s. West, Franz
Thaller s. Sievers, Max
Theilhaber, Max Michael Adin s. Talbar, Michael Adin
Theo s. Bahnik, Wilhelm
Thoma, Karl s. Blau, Ewald
Thomas s. Czernetz, Karl
Thomas s. Steiner, Wilhelm
Thomas, Bernhard s. Goldenberg, Boris
Thomas, Gabriel s. Sessler, Thomas
Thomas, F. s. Sternberg, Fritz
Thomas, J. s. Thomas, Bernhard
Thomas, Peter s. Sessler, Thomas
Thorn, Klaus s. Dohrn, Klaus
Thorwesten s. Breitscheid, Rudolf
Thrasybul s. Hoegner, Wilhelm
Thurnheim, Fritz s. Turnheim, Fritz
Tiede s. Schwarz, Ernst
Timonero, Carlos s. Rühle, Otto
Tischler, Max s. Tal, Max
Tomášek, Alois s. Tomascheck, Alois
Tondo s. Reisinger, Anton
Toni s. Gundermann, Marianne
Toni s. Kornweitz, Julius
Tramer, Manfred s. Tamari, Moshe
Treml, Franz s. Tausch-Treml, Franz
Treu, Konrad s. Sturmthal, Adolf
Treu, Pelle s. Osterroth, Franz
Tubandt, Eugen s. Krille, Otto
Tuggelin s. Yourgrau, Wolfgang
Turner, James s. Kuczynski, Jürgen
tusk s. Koebel, Eberhard

U

Uiberall s. Avriel, Ehud
Ullmann, Walter s. Oulman, Gaston
Ullrich, Karl s. Lovasz, Stefan
Ungewitter s. Sternberg, Fritz
Urban s. Uccusic, Richard
Usikota s. Brinitzer, Carl
Uxküll, Herbert s. Uexküll, Gösta von
Uxkull, Hubert s. Uexküll, Gösta von

V

Valtin, Jan s. Krebs, Richard
Van Degen s. Ballhorn, Franz
Van den Bos, Dirk Wilhelm s. Funke, Ewald
Van der Laan, Bert s. Granzow, Kurt
Van der Zwoog, Ebe s. Lovasz, Stefan
Van Dyck, Richard s. Dyck, Richard
Van Meegen, P. s. Lütsches, Peter
Van Ussel, Henri s. Stoye, Max
Vaněk, Karl s. Leupold, Hermann
Vantour, Gustave s. Ferl, Gustav
Van Zuylen s. Wohl, Heinz
Ein Vater s. Zadek, Walter
Vatti s. Hoffmann, Erich
Vautrin, Paul s. Jellinek, Paul
Verlon, André s. Verkauf, Willy
Vernier, Bernhard s. Kolarz, Walter
Verny, Vlastimil s. Glaser, Franz
Vexator s. Gurland, Arcadius
Victor, Kurt s. Grünebaum, Kurt
Viegner, Helmut s. Hößler, Albert
Vigo s. Stautz, Ludwig
Viktor s. Roth, Leo(n)
Viktor s. Zipper, Hans
Vild, Otto s. Meth, Jakob
Vltavský, Jiří s. Geminder, Friedrich
Vogel s. Reimers, Wilhelm
Vogel, Johann s. Vogel, Hans
Vogt, Th. s. Hacke, Ludwig
Vrba, Franz s. Wrba, Franz
Vrotz s. Avidar, Abraham

W

Wagner s. Wels, Otto
Wagner, Rudolf s. Hubeny, Karl
Waldau s. Firl, Wilhelm
Walenty s. Waloszczyk, Peter
Wallfisch, Günter Georg s. Shaliv, Avraham
Wallner s. Matzner, Fritz
Wallner s. Scharf, Erwin
Wallner, Alfred s. Schreiner, Albert
Walter s. Adolph, Alfred
Walter s. Dubber, Bruno
Walter s. Fränken, Friedrich
Walter s. Knöchel, Wilhelm
Walter s. Koll, Otto
Walter s. Pollak, Oscar
Walter s. Schmidt, Waldemar Paul
Walter s. Ulbricht, Walter
Walter s. Wollenberg, Erich
Walter, Emmi s. Brichacek, Berta
Walter, Fritz s. Brichacek, Otto
Walter, Hermann s. Grossmann, Kurt R.
Walther, R.A. s. Pass, Rudolf
Waltz, Max s. Walz, Max
Wanninger, Franz s. Lovasz, Stefan
War, Fred s. Stechert, Kurt
Warner, Eddy s. Kauffungen, Kunz v.
Wartner, Friedrich s. Pinnecke, Wilhelm
Watzmann, Adolf von s. Rutra, Arthur
Waugl s. Frank, Willy
Weber s. Grünberg, Gottfried
Weber, Ernst s. Eildermann, Wilhelm
Weber, Ernst s. Norden, Albert
Weber, Fritz s. Wiatrek, Heinrich
Weber, Heinrich s. Bauer, Otto
Wedding, Peter s. Rück, Fritz
Wedler, Alex s. Kippenberger, Hans
Wegner, H. s. Wehner, Herbert

Wehner, Dolly s. Landwehr, Wilma
Weichsel, Joachim s. Weichsel, John
Weidenreich, Peter H. s. Wyden, Peter H.
Weidmüller, Fritz s. Abicht, Fritz
Weil s. Binder, Otto
Weilheimer, Erwin s. Doron, Aharon
Weiner, Albert s. Weiner, Abraham
Weiner, Max s. Varon, Meshulam
Weinmann s. Wyman, Charles Alfred
Weinmann, Fritz s. Wyman, Frederick
Weinmann s. Wyman, Henry Walter
Weinmann s. Wymann, Ralph Mark
Weintraub, Bernhard s. Eshkol, Dov
Weintraub, Franz s. West, Franz
Weirich, Werner s. Mannbar, Artur
Weiser, Benno s. Varon, Benno Weiser
Weiss, Jupp s. Weiss, Joseph
Weiß s. Bauer, Otto
Wendelin, H. von s. Zadek, Walter
Wendler, Willi s. Budich, Willi
Wenzel s. Koenen, Wilhelm
Werk, T.E. s. Krewet, Erich
Werkmann, Fritz s. Eberhard, Fritz
Werndl, Karl s. Angermann, Josef
Werner s. Acker, Wilfred
Werner s. Olbrysch, Karl
Werner s. Swarsensky, Hardi
Werner s. Weissmann, Alfred
Werner, Emil s. Switalla, Anton
Werner, Max s. Schif(f)rin, Alexander
Werner, Paul s. Frölich, Paul
Werner, Robert s. Reventlow, Rolf
Werner, Wilhelm s. Stechert, Kurt
Weser, Helene s. Berg, Helene
Wessely s. Sladky, Josef
Westen, Gerd s. Kreyssig, Gerhard
Westphal, Bernhard s. Menne, Bernhard
Westphal, Eugen s. Kötting gen. Börgerhoff, Eugen

Westphal, Walter s. Kluthe, Hans Albert
Westphal, Wilhelm s. Kluthe, Hans Albert
Weyl, Stefan s. Eliasberg, George
Wieden, Ruth s. Mayenburg, Ruth von
Wiener s. Leichter, Otto
Wiener, Hans s. Wiener, Juan
Wiener, Hugo s. Zucker-Schilling, Erwin
Wieser, Georg s. Leichter, Otto
Wilde, Henry s. Ebeling, Hermann
Wilde, Margarete s. Wilde, Grete
Wilhelm, Heinz s. Koenen, Wilhelm
Wilhelm, Jacob David s. Wilhelm, Kurt
Willenbacher, Jörg s. Osterroth, Franz
Willi s. Jungmann, Erich
Willi s. Kreikemeyer, Willi
Willy I s. Frank, Willy
Willy s. Plieseis, Josef
Willy (Willy II) s. Schmidt, Ludwig
Wilming, Heinrich s. Schmidt, Waldemar Paul
Wind s. Schramm, Heinrich
Winkler s. Dycka, Josef
Winter s. Bentor, Yaakov K.
Winter s. Schulte, Fritz
Winter s. Winternitz, Josef
Winter, Peter s. Levin, August
Winter, Rudolf s. Kox, Wilhelm
Winzer, Rosa s. Seydewitz, Ruth
Witkowsky, Erwin s. Witkon, Moshe
Wittkowski, Alfred s. Witkon, Alfred
Witt, Margarete s. Wittkowski, Margarete
Wittelsbach, Rupprecht von s. Bayern, Rupprecht von
Wittig s. Trautzsch, Walter
Wittmann, Hermann s. Buschmann, Ernst
Wittmann, Hugo s. Buschmann, Ernst
Wolf s. Kippenberger, Hans
Wolf, Alexander s. Wolf, Sándor
Wolf, Eleonore s. Wolf, Lore

Wolf, Hans s. Frölich, Paul
Wolf, Herbert s. Emmerlich, Arthur
Wolf, Mischa s. Wolf, Markus Johannes
Wolfsberg, Oscar s. Aviad, Yeshayahu
Wolfgang s. Bauer, Otto
Wolfstein, Rose s. Frölich, Rose
Wollheim, Erich Ernst s. Idan, Avner
Wollner, Martin s. Lanir, Meir
Wolloch, Eva s. Kolmer, Eva
Wolloch, Jakob s. Köhler, Hermann
Wolter, Franz s. Kersche, Georg
Wolter, Herbert s. Hentschke, Reinhold
Worel, Ernst s. Stahl, Emil
Worker, Werner s. Stechert, Kurt
Woznik, Alfred s. Brings, Max
Wroclawski s. Avidar, Abraham

Y

Ypsilon s. Volk, Karl

Z

Zay, Alfred s. Pollak, Oscar
Zborowski, Hans s. Forester, Hans
Zeiz, Thomas s. Sessler, Thomas
Genosse Zelle s. Ulbricht, Walter
Zeltner, Wolfgang s. Zeltner, Zeev Wladimir
Zemann s. Grylewicz, Anton
Ziegler s. Kurella, Alfred
Ziegler, Bernhard s. Kurella, Alfred
Ziegler, Kurt s. Ziegler, Rinaldo
Zink, Peter s. Moos, Alfred
Zoller, Erwin s. Bauer, Leo
Zülzer, Abram Michael s. Elizur, Michael Abram

Verzeichnis der Abkürzungen

In der Regel werden lediglich hebräische und slawische Bezeichnungen übersetzt und, falls nötig, kurz erklärt. Eine inhaltliche Erläuterung der in Abkürzung genannten Organisationen und Institutionen erfolgt nur, wenn auch der vollständig wiedergegebene Name ihren Charakter oder ihren Zweck nicht ohne weiteres erkennen läßt. Ein umfassendes Glossar befindet sich in Band III (Gesamtregister).

Abkürzungen im ersten und dritten Absatz der Biographien

V: Vater; *M:* Mutter; *G:* Geschwister; B Bruder, Brüder; S Schwester, Schwestern; ∞ Verehelichung mit, Lebensgemeinschaft mit; *K:* Kinder; S Sohn, Söhne; T Tochter, Töchter; *StA:* Staatsangehörigkeit, Nationalität; *Weg:* Emigrationsweg; *W:* eigene Werke; *L:* Veröffentlichungen mit wesentlichen Informationen über Lebensweg und Tätigkeit der biographierten Person; *D:* Nachlässe und unveröffentlichte Quellen, die Wesentliches zu Lebensweg und Tätigkeit enthalten; ArA Arbetarrörelsens Arkiv, Stockholm; AsD Archiv der sozialen Demokratie, Bonn-Bad Godesberg; BA Bundesarchiv, Koblenz; DB Deutsche Bibliothek, Frankfurt/M.; DÖW Dokumentationsarchiv des Österreichischen Widerstands, Wien; HStA Hauptstaatsarchiv; IfZ Institut für Zeitgeschichte, München; IISG Internationaal Instituut voor Sociale Geschiedenis, Amsterdam; IML Institut für Marxismus-Leninismus beim ZK der SED, Berlin (Ost); IWP Institut für wissenschaftliche Politik an der Philipps-Universität Marburg; LA Landesarchiv; LBI Leo Baeck Institute; ÖA Ökumenisches Archiv, Berlin; ÖGB Österreichischer Gewerkschaftsbund; PA Politisches Archiv des Auswärtigen Amts, Bonn; RFJI Research Foundation for Jewish Immigration, Inc., New York; S.P.S.L. Archiv der Society for the Protection of Science and Learning, Bodleian Library, Oxford; SSA Schweizerisches Sozialarchiv, Zürich; StA Staatsarchiv; VfGdA Verein für die Geschichte der Arbeiterbewegung, Wien; VSLB Västeras Stifts- och Landsbiblioteket, Västeras/Schweden; WL Wiener Library, London; *Qu:* für die Abfassung der Biographie benutzte Quellen; Arch. Archivalien; EGL. Privatarchiv Ernst Gottfried Lowenthal, Berlin; Fb. Fragebogen; Hand. Handbücher, Nachschlagewerke; HGR. Privatarchiv Hanns G. Reissner, Princeton/USA; Pers. persönliche Auskünfte; Publ. sonstige Veröffentlichungen; Z. Zeitungen, Zeitschriften.

Abkürzungen und fremdsprachige Bezeichnungen

A	I-Zertifikat
	Visum der Mandatsregierung Palästina für Einwanderer mit einem Transfervermögen ab 1000 Pal. Pfund (sogenanntes Kapitalisten-Zertifikat)
AA	Auswärtiges Amt
A.A.	Associate in Arts
A.B.	Bachelor of Arts
Abg.	Abgeordneter
ABiogr.	Autobiographie
Abschn.	Abschnitt
Abst.	Abstammung
Abt.	Abteilung
ABZ	Amerikanische Besatzungszone
acad.	academic, academy
acct.	accountant, accounting
ACDA	Arms Control and Disarmament Agency (USA)
ACLU	American Civil Liberties Union
ADG	Auslandsvertretung der Deutschen Gewerkschaften
ADGB	Allgemeiner Deutscher Gewerkschaftsbund
adj.	adjunct
ADL	Anti-Defamation League of B'nai B'rith
admin.	administration, administrative, administrator
ADN	Allgemeiner Deutscher Nachrichtendienst
adv.	adviser, advisory
AEC	Atomic Energy Commission
AfA	Arbeitsgemeinschaft freier Angestelltenverbände
A.F.D.	Doctor of Fine Arts
AFJCE	American Federation of Jews from Central Europe, Inc.
AFL	American Federation of Labor
AFL-CIO	American Federation of Labor/Congress of Industrial Organizations
AFP	Agence France Presse
AFSC	American Friends Service Committee
AG	Aktiengesellschaft
Agcy.	Agency
Agitprop	Agitation und Propaganda
agric.	agricultural, agriculture
Agudat Israel	
	„Verband Israels" (hebr.), Organisation der jüdischen Separat-Orthodoxie (auch: Agudas Jisroel, Agudat Yisrael)

Abkürzungen

AID	Agency for International Development, USA (ursprünglich Economic Cooperation Administration, dann International Cooperation Administration)
AJC	American Jewish Congress, American Jewish Committee
AJR	Association of Jewish Refugees in Great Britain
Akad.	Akademie, akademisch
Ala.	Alabama
Alas.	Alaska
Alb.	Albanien
Alg.	Algerien
Alijah, Aliyah	„Aufstieg" (hebr.), Einwanderung nach Palästina bzw. Israel
Alijah Bet	„Zweite Einwanderung" (hebr.), illegale Einschleusung von Einwanderern in das britische Mandatsgebiet Palästina (auch: Aliyah Bet)
Alijah Chadaschah	„Neue Einwanderung" (hebr.), wirtschaftsliberal orientierte politische Partei von Einwanderern aus Deutschland in Palästina
Aliyat haNoar	s. Youth Aliyah
ALÖS	Auslandsbüro österreichischer Sozialdemokraten, Brünn
Alta.	Alberta
Altreu	Allgemeine Treuhandstelle für die jüdische Auswanderung GmbH, Berlin
Am.	America, American
A.M.	Master of Arts
Am. Jewish KC Fraternity	Traditionsverband des KC (Kartell-Convent der Verbindungen Deutscher Studenten jüdischen Glaubens) in den USA
an.	anonym
anal.	analysis, analytical
Angest.	Angestellter
anniv.	anniversary
App.	Apparat
AR	Aufsichtsrat
ARD	Arbeitsgemeinschaft der Rundfunkanstalten Deutschlands
Argent.	Argentinien
ARI	Associação Religiosa Israelita do Rio de Janeiro
Ariz.	Arizona
Ark.	Arkansas
Art.	Artikel
Arts D.	Doctor of Fine Arts
Asefat haNivḥarim	„Versammlung der Gewählten" (hebr.), inoffizielles jüdisches Parlament in Palästina während der britischen Mandatszeit
Assist.	Assistent, assistant
assn.	association
assoc.	associate(-d)
ASSR	Avtonomnaja Sovetskaja Socialističeskaja Respublika (Autonome Sozialistische Sowjetrepublik)
AStA	Allgemeiner Studentenausschuß
atty.	attorney
Aufs.	Aufsatz, Aufsätze
AUS	Australien
Ausbürg.	Ausbürgerung
Ausw.	Auswanderung
Ausz.	Auszeichnungen
AVÖS	Auslandsvertretung der österreichischen Sozialisten, Paris
B	Belgien
B.	Baccalaureus, Bachelor
B III- Zertifikat	Einwanderervisum der Mandatsregierung Palästina für Schüler, Studenten und Teilnehmer der Jugend-Alijah
B.A.	Bachelor of Arts
Bachad	Brit Ḥaluzim Datiim (hebr.), „Bund gesetzestreuer Chaluzim", Organisation des Misrachi
Bar Kochba	(hebr., Eigenname) zionistischer Sportverein
B.B.A.	Bachelor of Business Administration
BBC	British Broadcasting Corporation
BBZ	Britische Besatzungszone
B.C.	British Columbia
B.C.E.	Bachelor of Civil Engineering
B. Chem. E.	Bachelor of Chemical Engineering
B. Comm.	Bachelor of Commerce
bd.	board
Bd.	Band
Bde.	Bände
BDJJ	Bund deutsch-jüdischer Jugend
B.E.E.	Bachelor of Electrical Engineering
Benei Akiva	„Söhne Akibas" (hebr.), Jugendverband des Misrachi
B.E.S.	Bachelor of Engineering Sciences
Betar	Brit (Joseph) Trumpeldor (hebr.), „Trumpeldor-Bund", zionistisch-revisionistische Jugendorganisation
Bez.	Bezirk
B.F.A.	Bachelor of Fine Arts
BFD	Bewegung Freies Deutschland
BHB	Biographisches Handbuch der deutschsprachigen Emigration nach 1933
BHE	Block der Heimatvertriebenen und Entrechteten
B.H.L.	Bachelor of Hebrew Letters
bibl.	biblical
Biogr.	Biographie
Biol.	Biologie
BIT	Bureau International du Travail (s.a. ILO)
BJA	Bund Jüdischer Akademiker, orthodoxe Studentenvereinigung
Blau-Weiß	Jüdischer Wanderbund (Jüdische Wanderbünde) Blau-Weiß, zionistische Jugendorganisation
B. Litt.	Bachelor of Letters
Bloomsbury House	jüdische Wohlfahrtszentrale in London
B.L.S.	Bachelor of Library Science
Blue Card	von deutsch-jüdischen Einwanderern in New York gegründete Wohlfahrtsorganisation
BMdI	Bundesministerium des Innern
B'nai B'rith	„Söhne des Bundes" (hebr.), internationale jüdische Logenbrüderschaft
Bne Briss	Unabhängiger Orden Bne Briss e.V. (UOBB, s. B'nai B'rith)
Boliv.	Bolivien
Botsch.	Botschafter
BP	Bayern-Partei
BR	Bundesrat
Bras.	Brasilien
BRD	Bundesrepublik Deutschland
Brit.	British, Britain, britisch
Brith Chaluzim Datiim	s. Bachad
Brith haOlim	„Einwandererbund" (hebr.), zionistisch-sozialistische Jugendorganisation in Deutschland, ursprünglich Jung-jüdischer Wanderbund (JJWB)
Brith Hazofim	„Pfadfinderbund" (hebr.)
Brith Shalom	„Friedensbund" (hebr.), Bewegung zur Errichtung eines binationalen Staates in Palästina/Israel und für eine Verständigung mit den Arabern (ab 1940 Iḥud)
B.S.	Bachelor of Science
B.S.D.	Bachelor of Didactic Science
B.S.S.	Bachelor of Social Science
B.S.T.	Bachelor of Sacred Theology
BT	Bundestag
Btl.	Bataillon
Bürgerm.	Bürgermeister
Bulg.	Bulgarien
bull.	bulletin
bur.	bureau
BUR	Burma
bus.	business
BVK	Bundesverdienstkreuz
BVN	Bund der Verfolgten des Naziregimes
BVP	Bayerische Volkspartei
BZV	Berliner Zionistische Vereinigung (Ortsorganisation der ZVfD)
Calif.	California
CALPO	s. KFDW
Cath.	Catholic
CBE	Commander of the Order of the British Empire
CBC	Canadian Broadcasting Corporation
CCAR	Central Conference of American Rabbis
C-Zertifikat	Visum der Mandatsregierung Palästinas für Einwanderer mit sicherer Aussicht auf Beschäftigung (sogenanntes Arbeiter-Zertifikat)
CDG	Council for a Democratic Germany
CDN	Kanada

864 Abkürzungen

CDU	Christlich-Demokratische Union Deutschlands
cent.	centre, center, central
Cento	Central Treaty Organization
CENTRA	Asociación de comunidadas y organizaciones Israelites en Latinoaméricano, Dachorganisation jüdischer Einwanderer aus Deutschland in Lateinamerika
Central British Fund	Fonds zur Unterstützung jüdischer Einwanderer in Großbritannien
Centralverein	Centralverein deutscher Staatsbürger jüdischen Glaubens, e.V. (CV)
CGT	Confédération Générale du Travail
CH	Schweiz
Chaluz	Mitglied landwirtschaftlicher und handwerklicher Kollektivbetriebe in Palästina/Israel
Chassidim	„Fromme" (hebr.), mystisch orientierte jüdische Traditionalisten, ursprünglich in Osteuropa
Ch. D.	Doctor of Chemistry
Chem.	Chemie, chemist, chemical, chemisch
CIA	Central Intelligence Agency
CIO	Congress of Industrial Organizations
CIP	Congregação Israelita Paulista, São Paulo
CL	Ceylon
Claims Conference	Conference on Jewish Material Claims Against Germany, Inc.
cmty.	community
C. of C.	Chamber of Commerce
Col.	Columbia
Coll.	College
Colo.	Colorado
comm.	committee
commn.	commission
conf.	conference
Cong., Congr.	Congregation (hier: jüdische Religionsgemeinde)
Conn.	Connecticut
coord.	coordinating, coordinator
CORE	Congress of Racial Equality (USA)
CPA	Certified Public Accountant
C.S.D.	Doctor of Christian Science
ČSR (CSR)	Československá Republika, Tschechoslowakische Republik
ČSSR (CSSR)	Československá Socialistická Republika, Tschechoslowakische Sozialistische Republik
CSU	Christlich-Soziale Union in Bayern
ČV	Centralverein deutscher Staatsbürger jüdischen Glaubens, e.V.
CVJM	Christlicher Verein Junger Männer
CVP	Christliche Volkspartei des Saargebietes bzw. des Saarlandes
DAF	Deutsche Arbeitsfront
DAG	Deutsche Angestellten-Gewerkschaft
DAIA	Delegación de Asociaciones Israelitas Argentinas
Danat	Darmstädter- und Nationalbank
D.C.	District of Columbia
D.C.L.	Doctor of Civil Law
D.D.	Doctor of Divinity
D.D.S.	Doctor of Dental Surgery
DDP	Deutsche Demokratische Partei
DDR	Deutsche Demokratische Republik
Deckn.	Deckname(-n)
D. Econ.	Doctor of Economics
D. Ed.	Doctor of Education
DEFA	Deutsche Film-AG
Del.	Delaware
Deleg.	Delegation, Delegierter
deleg.	delegiert
dem.	democratic, demokratisch
DENA	Deutsche Nachrichten-Agentur
Dep.	Deportation
dep.	deportiert
dep.	deputy
Dépt.	Département
Dept.	Department
D.F.A.	Doctor of Fine Arts
DFP	Deutsche Freiheits-Partei
DFU	Deutsche Friedensunion
DGB	Deutscher Gewerkschaftsbund
D.H.L.	Doctor of Hebrew Letters
Dict.	Dictionary
Dir.	Direktor, Direktorium
Diss.	Dissertation
Diss.	Dissident
dist.	distinguished
dist.	district
div.	division
DJJG	Deutsch-Jüdische Jugendgemeinschaft
dju	Deutsche Journalisten-Union
DK	Dänemark
DKP	Deutsche Kommunistische Partei
D. Litt.	Doctor of Literature
DLM	Deutsche Liga für Menschenrechte
DMV	Deutscher Metallarbeiter-Verband
DNVP	Deutschnationale Volkspartei
DOM, Dom. Rep.	Dominikanische Republik
dom.	dominion
Doz.	Dozent
DP	Deutsche Partei
D.P.	Displaced Person
dpa	Deutsche Presse-Agentur
D.P.A.	Doctor of Public Administration
D.P.H.	Doctor of Public Health
DRK	Deutsches Rotes Kreuz
DSAP	Deutsche Sozialdemokratische Arbeiterpartei [in der Tschechoslowakischen Republik]
D.Sc.	Doctor of Science
DSP	Deutsche Staatspartei
D.S.T.	Doctor of Sacred Theology
D.S.W.	Doctor of Social Work
dt.	deutsch
D.V.M.	Doctor of Veterinary Medicine
DVP	Deutsche Volkspartei
E	Spanien
EC	Ecuador
ECAFE	Economic Commission for Asia and the Far East (UNO)
econ.	economic(-s), economist
ECOSOC	Economic and Social Council (UNO)
Ed.	Edition
Ed. D.	Doctor of Education
educ.	education, educational, educated, educator
EEC	European Economic Community
EG	Europäische Gemeinschaft
Egged	„Verbindung" (hebr.), Transportkooperative und Autobusgesellschaft in Palästina/Israel
Einw.	Einwanderung
EK I, II	Eisernes Kreuz I., II. Klasse
EKKI	Exekutivkomitee der Kommunistischen Internationale
emer.	emeritus
Emigdirekt	Emigrationsdirektion, Vereinigtes Komitee für jüdische Auswanderung, Berlin (auch: Emigdirect)
Emigr.	Emigrant, Emigration
emigr.	emigriert
engr.	engineer, engineering
EPA	Environmental Protection Agency (USA)
Erinn.	Erinnerungen
Erz.	Erzählung
Esra	Jüdischer Jugendbund Esra (hebr. Eigenname), Jugendorganisation des Agudat Israel
ETH	Eidgenössische Technische Hochschule
Eur.	Europe, European
exec.	executive
ev.	evangelisch
EWG	Europäische Wirtschaftsgemeinschaft
F	Frankreich
Fak.	Fakultät
Fam.	Familie
FAO	Food and Agriculture Organization (UNO)
FBZ	Französische Besatzungszone
FDB	Freie Deutsche Bewegung
FDGB	Freier Deutscher Gewerkschaftsbund
FDJ	Freie Deutsche Jugend
FDKB	Freier Deutscher Kulturbund
FDP	Freie Demokratische Partei
fed.	federation, federal, federated
fgn.	foreign
FIR	Fédération internationale des résistants, des victimes et des prisonniers du fascisme

Abkürzungen

FL	Fürstentum Liechtenstein
Fla.	Florida
found.	foundation
frat.	fraternity
Freiw.	Freiwilliger
FSJ	Freie Sozialistische Jugend Deutschlands
FVP	Freie Volkspartei
Ga.	Georgia
GATT	General Agreement on Tariffs and Trade
GB	Großbritannien
GDBA	Genossenschaft Deutscher Bühnenangehöriger
Gde.	Gemeinde
Gdn.	Gemeinden
Geb.	Gebiet
geb.	geboren
Gef.	Gefängnis, Gefangener, Gefangenschaft
gef.	gefallen
Gen.	General
Ges.	Gesellschaft
Ges.	Gesandter
Gesch.	Geschichte
gesch.	geschieden
Geschäftsf.	Geschäftsführer
geschäftsf.	geschäftsführend
gest.	gestorben
Gestapo	Geheime Staatspolizei
Gew.	Gewerkschaft(-en)
GlavPURKKA	Glavnoe Političeskoe Upravlenie Raboče-krest'janskoj Krasnoj Armii, Politische Hauptverwaltung der Roten Arbeiter- und Bauernarmee
GLD	German Labor Delegation
gov.	governor
govt.	government
GPU	Gosudarstvennoe Političeskoe Upravlenie, „Staatliche Politische Verwaltung", sowjetische Geheimpolizei 1922–34 (s.a. NKVD)
GR	Griechenland
Gr.	Gründer
Grdg.	Gründung
Groß-Breesen	Gut bei Obernigk in Schlesien, landwirtschaftliche Umschulungs- und Ausbildungsstätte für jüdische Auswanderer mit Zielländern außerhalb Palästinas
Gymn.	Gymnasium
H	Ungarn
Haaretz	„Das Land" (hebr.), Tageszeitung in Israel
Haavarah	„Transfer" (hebr.), Organisation für Devisentransfer aus dem Deutschen Reich nach Palästina
Habil.	Habilitation
Habonim	„Bauleute" (hebr.), zionistisch-sozialistische Jugendorganisation
Hachscharah	„Vorbereitung" (hebr.), berufliche Ausbildung und Umschulung für die Auswanderung nach Palästina
Hadassah	„Die Myrthe" (hebr.), zionistische Frauenorganisation in den USA
Haganah	„Verteidigung" (hebr.), jüdische Selbstschutzorganisation in Palästina, Vorläufer der israelischen Armee (IDF)
Hagibor	„Held" (hebr.), jüdischer Sportverein in Prag
Hakhsharah	s. Hachscharah
HaKibbuz haArzi	„Der nationale Kibbuz" (hebr.), Organisation von Kollektivsiedlungen in Palästina/Israel, dem HaShomer haZair nahestehend
HaKibbuz haMeuḥad	„Der vereinigte Kibbuz" (hebr.), Organisation von Kollektivsiedlungen in Palästina/Israel, der Mapai nahestehend
Hakoah	„Die Kraft" (hebr.), jüdischer Sportverein in Wien (auch: HaKoaḥ)
Ḥaluz	s. Chaluz
Handb.	Handbuch
HaPoel haMizraḥi	„Der misrachistische Arbeiter" (hebr.), Arbeiterflügel des Misrachi (auch: Hapoel Hamisrachi)
HaPoel haZair	„Der junge Arbeiter" (hebr.), Kurzform für Histadrut haPoalim haZeirim beErez Yisrael, Arbeiterpartei in Israel

HaShomer	„Der Wächter" (hebr.), jüdische Selbstschutzverbände in Palästina (1909–20)
HaShomer haZair	„Der junge Wächter" (hebr.), zionistisch-sozialistische Arbeiterjugendorganisation mit kollektivistischer Orientierung (auch: Haschomer Hazair)
Ḥassidim	s. Chassidim
heb.	hebraic, hebrew
Ḥeder	„Zimmer" (hebr.), traditionelle jüdische Religionsschule, ursprünglich in Osteuropa (auch: Cheder)
HeḤaluz	„Der Pionier" (hebr.), jüdische Weltorganisation zur Vorbereitung Jugendlicher auf die Auswanderung nach Palästina (auch: Hechaluz)
HEW	Department of Health, Education and Welfare
Hg.	Herausgeber
hg.	herausgegeben
H.I.	Hawaii
HIAS	Hebrew Sheltering and Immigrant Aid Society
HICEM	Zusammenschluß von HIAS, ICA und Emigdirekt
HICOG	Office of the U.S. High Commissioner for Germany
Hilfsverein	Hilfsverein der deutschen Juden (ab 1935 Hilfsverein der Juden in Deutschland)
hinger.	hingerichtet
hist.	historisch, historical, history
Histadrut	„Verband" (hebr.), Gewerkschaftsbund in Palästina/Israel
Hitachdut Olej Czech	„Vereinigung der Einwanderer aus der Tschechoslowakei" (hebr.)
Hitachdut Olej Germania	„Vereinigung der Einwanderer aus Deutschland" (hebr.) (HOG)
HJ	Hitlerjugend
HO	Handelsorganisation
HOG	s. Hitachdut Olej Germania
HOGOA	Hitachdut Olej Germania ve-Austria, „Vereinigung der Einwanderer aus Deutschland und Österreich" (hebr.)
Holokaust	„vollständig verbrannt" (griech.), Vernichtung der europäischen Juden unter der Herrschaft des Nationalsozialismus
Hosp.	Hospital
Hptm.	Hauptmann
HUC-JIR	Hebrew Union College-Jewish Institute of Religion
I	Italien
Ia.	Iowa
IAA	Internationale Arbeiterassoziation
IAH	Internationale Arbeiterhilfe
IBFG	Internationaler Bund Freier Gewerkschaften
ICA	s. JCA
ICEM	Intergovernmental Committee for European Migration (UNO)
Id.	Idaho
IDF	Israel Defense Forces
IG	Industriegewerkschaft
IGB	Internationaler Gewerkschaftsbund
IGM	Industriegewerkschaft Metall
Igul	„Kreis" (hebr.), Vereinigung zionistischer Studenten in Österreich
IHK	Industrie- und Handelskammer
Iḥud	s. Brith Shalom
Iḥud haKevuzot vehaKibbuzim	„Vereinigung der Kooperativen und Kollektivsiedlungen" (hebr.)
IJB	Internationaler Jugend-Bund
IKG	Israelitische Kultusgemeinde
IL	Israel
Ill.	Illinois
ILO	International Labour Organization, International Labour Office
IMAS	Immigrants Mutual Aid Society
IMF	International Monetary Fund
immigr.	immigrant, immigration
Inc.	Incorporated
IND	Indien
Ind.	Indiana
indus.	industrial, industrialist, industries
Info.	Information
Ing.	Ingenieur
Inst.	Institut, institute, institution
instr.	instructor
intl.	international
IOME	s. Irgun Olej Merkas Europa
IR	Iran

Irgun Olej Holland	„Organisation der Einwanderer aus Holland" (hebr.) in Palästina/Israel
Irgun Olej Merkas Europa	„Organisation der Einwanderer aus Mitteleuropa" (hebr., IOME), Dachorganisation der Einwanderer aus Deutschland, früher Hitachdut Olej Germania
IRH	Internationale Rote Hilfe
IRL	Irland
IRO	International Refugee Organization
IRSO	s. JRSO
ISK	Internationaler Sozialistischer Kampfbund
Isr.	Israel, Israelite, Israelita, israelisch, israelitisch
ITF	Internationale Transportarbeiter-Föderation
ITUS	s. JTUS
IV	Industrie-Verband
J	Japan
J.	Jahr
J.B.	Bachelor of Law
JCA	Jewish Colonization Association
J.C.B.	Bachelor of Canon Law
JCC	Jewish Community Council
J.C.L.	Lecturer of Canon Law
J.D.	Doctor of Jurisprudence
JDC	American Jewish Joint Distribution Committee
Jediot Chadaschot	„Neueste Nachrichten" (hebr.), deutschsprachige Tageszeitung in Palästina/Israel
Jeschiwah	(Plural: Jeschiwot[h]) jüdische Religionsschule (in den USA: jüdische Oberschule)
Jew.	Jewish
Jewish Agency	Offizielle Vertretungskörperschaft der jüdischen Einwohner Palästinas unter der britischen Mandatsregierung und internationale zionistische Interessenorganisation
JJWB	Jungjüdischer Wanderbund (später Brith haOlim)
JNF	Jewish National Fund (s. Keren Kajemeth Lejisrael)
Joint	s. JDC
JOR	Jordanien
Jordania	zionistische Studentenverbindung in Wien
jour.	journal
Journ.	Journalist, journalistisch, journalism, journalistic
JPD	Jüdischer Pfadfinderbund Deutschlands
jr.	junior
JRSO	Jewish Restitution Successor Organization
J.S.D.	Doctor of Legal Science
jt.	joint
JTA	Jewish Telegraphic Agency
JTUS	Jüdischer Turn- und Sport-Verein
JU	Jugoslawien
J.U.D.	Doctor of (Civil and Canon) Law
jüd.	jüdisch
Jüdische Staatspartei	zionistisch-revisionistische Partei in Deutschland, gegründet 1933
Jugend-Alijah	deutsche Abteilung der Youth-Aliyah
jur.	juristisch, jurisprudence
Kadimah, Bund deutscher Jugend	„Vorwärts" (hebr.), zionistischer Jugendbund in Deutschland und Österreich
Kameraden	Kameraden, Deutsch-jüdische Jugend, Vorläufer der Werkleute
Kan.	Kansas
Kand.	Kandidat
KAPD	Kommunistische Arbeiterpartei Deutschlands
Kapitalisten-Zertifikat	s. A I-Zertifikat
kath.	katholisch
Kaufm.	Kaufmann
kaufm.	kaufmännisch
KC	Kartell-Convent der Verbindungen Deutscher Studenten jüdischen Glaubens
Kdr.	Kommandeur
Keren Hayessod	„Gründungsfonds" (hebr.), zentraler Fonds für den Aufbau des jüdischen Staates
Keren Kajemeth Lejisrael	Jüdischer Nationalfonds, Jewish National Fund (KKL, s.a. INF)
Kevuzah	„Gruppe" (hebr.), Siedlerkollektiv in Palästina/Israel (Plural: Kevuzot)
KFDW	Komitee „Freies Deutschland" für den Westen, nach der Befreiung Frankreichs 1944 auch Comité „Allemagne Libre" Pour l'Ouest (CALPO)
Kibbuz, Kibb.	„Versammlung" (hebr.), Kollektivsiedlung in Palästina/Israel (Plural: Kibbuzim)
KJI	Kommunistische Jugend-Internationale
KJV	Kartell Jüdischer Verbindungen
KJVD	Kommunistischer Jugendverband Deutschlands
KJVÖ	Kommunistischer Jugendverband Österreichs (eigentlich: Verband der [kommunistischen] Proletarierjugend)
KKL	s. Keren Kajemeth Lejisrael
KL	Konzentrationslager
Knesset	„Versammlung" (hebr.), israelisches Parlament
Kominform	Informacionnoe Bjuro Kommunističeskich i Rabočich Partij, Informationsbüro der kommunistischen und Arbeiterparteien
Komintern	Kommunistische Internationale
Komsomol	Kommunističeskij Sojuz Molodeži, Kommunistischer Jugendverband der Sowjetunion
Konf.	Konferenz
Koor	„Schmelzofen" (hebr.), industrielle Dachgesellschaft des Histadrut
Korr.	Korrespondent
Kostufra	Kommunistische Studentenfraktion
KPD	Kommunistische Partei Deutschlands
KPDO	Kommunistische Partei Deutschlands/Opposition
KPdSU	Kommunistische Partei der Sowjetunion
KPÖ	Kommunistische Partei Österreichs
KPR(B)	Kommunističeskaja Partija Rossii (Bol'ševiki), Kommunistische Partei Rußlands (Bolschewiki)
KPSS	Kommunističeskaja Partija Sovetskogo Sojuza, Kommunistische Partei der Sowjetunion
Kristallnacht	(volkstüml.) Zerstörung von jüdischen Kultstätten, Geschäften und Privatwohnungen durch die Nationalsozialisten am 9./10. November 1938
KSČ	Komunistická strana Československa, Kommunistische Partei der Tschechoslowakei
KSM	Svaz komunistické mládeže Československa, Verband der kommunistischen Jugend der Tschechoslowakei
Kuppat Ḥolim	„Krankenkasse" (hebr.)
Ky.	Kentucky
L	Lyrik
La.	Louisiana
lab.	laboratory
LaMifneh	„Zur Wende" (hebr.), linker Flügel des HaPoel HaMizraḥi
LDPD	Liberal-Demokratische Partei Deutschlands
lect.	lecturer, lecture
led.	ledig
Leḥi	Loḥamei Ḥerut Yisrael, „Kämpfer für die Freiheit Israels" (hebr.), jüdische Geheimorganisation für den bewaffneten Kampf gegen die britische Mandatsregierung in Palästina
Lehrst.	Lehrstuhl
LG	Landgericht
L.H.D.	Doctor of Humane Letters
L(H)WJ	Lehranstalt (1918–34: Hochschule) für die Wissenschaft des Judentums, Berlin
L.I.	Long Island
Lic.	Licencié
Likud	„Sammlung" (hebr.), Koalition von Mittel- und Rechtsparteien in Israel
Lit.	Literatur
lit.	literarisch
L.L.B.	Bachelor of Laws
L.L.D.	Doctor of Laws
L.L.M.	Master of Laws
Lothr.	Lothringen
LP	Labour Party
LPG	Landwirtschaftliche Produktionsgenossenschaft
LT	Landtag
Lt.	Leutnant
Ltd.	Limited

Abkürzungen

ltd.	leitend
Ltg.	Leitung
Ltr.	Leiter
Lux.	Luxemburg

M.A.	Master of Arts
Maariv	"Abend" (hebr.), Zeitung in Israel
Magen David Adom	"Roter Davidsstern" (hebr.), israelische Hilfsorganisation nach dem Vorbild des Roten Kreuzes
Makkabi	"Der Makkabäer" (hebr.), zionistischer Sportverein in Deutschland und Österreich
Makkabi haZair	"Der junge Makkabäer" (hebr.), zionistischer Sport- und Jugendverband (auch: Makkabi Hazair)
Man.	Manitoba
Mapai	Mifleget Poalei Erez Yisrael, "Arbeiterpartei Israels" (hebr.)
Mapam	Mifleget Poalim Meuḥedet, "Vereinigte Arbeiterpartei" (hebr.)
Mass.	Massachusetts
Math.	Mathematik
Max Mainzer Memorial Fund	Unterstützungs- und Stipendienfonds der American Jewish KC Fraternity
MB	Mitteilungsblatt der Irgun Olej Merkas Europa, Tel Aviv
M.B.A.	Master of Business Administration
M.B.E.	Member of the Order of the British Empire
M.C.E.	Master of Civil Engineering
M.D.	Doctor of Medicine
Md.	Maryland
MdB	Mitglied des Bundestags
MdBR	Mitglied des österreichischen Bundesrats
MdHB	Mitglied der Hamburger Bürgerschaft
MdI	Minister des Innern, Ministerium des Innern
MdL	Mitglied des Landtags
MdNR	Mitglied des österreichischen Nationalrats
MdNV	Mitglied der Nationalversammlung
MdR	Mitglied des Reichstags
M.D.V.	Master of Veterinary Medicine
MdVK	Mitglied der Volkskammer
Me.	Maine
M.Ed.	Master of Education
Med.	Medaille, Medal
Med.	Medizin, medicine, medical
metrop.	metropolitan
Mex.	Mexiko
Mežrabpom	Meždunarodnoe Obščestvo Pomošči Rabočim, "Internationale Gesellschaft für Arbeiterhilfe", Internationale Arbeiterhilfe (IAH)
M.F.A.	Master of Fine Arts
MfAA	Ministerium für Auswärtige Angelegenheiten
mfg.	manufacturing
MfNatVert.	Ministerium für Nationale Verteidigung
mfr.	manufacturer
MfS	Ministerium für Staatssicherheit
mgt.	management
M.H.L.	Master of Hebrew Letters
Mich.	Michigan
MilApp.	Militärapparat
Min.	Minister, Ministerium
MinDir.	Ministerialdirektor
MinDirig.	Ministerialdirigent
Minn.	Minnesota
Mischnah	"Wiederholung" (hebr.), Sammlung jüdischer Religionsgesetze aus der nachbiblischen Periode
Misrachi	"Der Östliche" (hebr.), zionistisch-orthodoxe Partei (auch: Miẓraḥi)
Miss.	Mississippi
Mitunterz.	Mitunterzeichner
M.J.	Master of Law
M.K.	Member of Knesset
M.L.	Master of Law
M.L.D.	Master of International (Diplomatic) Law
M.L.S.	Master of Library Science
Mo.	Missouri
mod.	modern
MOI	Main d'œuvre immigrée, Verband ausländischer Arbeiter in Frankreich, im 2. Weltkrieg Bezeichnung für Einheiten ausländischer Freiwilliger in der französischen Armee und innerhalb der Résistance

Mont.	Montana
MOPR	Meždunarodnaja organizacija Pomošči Borcam Revoljucii, "Internationale Hilfsorganisation für die Kämpfer der Revolution", Internationale Rote Hilfe (IRH)
Moschaw	"Siedlung" (hebr.), landwirtschaftliche Kooperativsiedlungen in Palästina/Israel als Mischform von Privat- und Kollektivbesitz (auch: Moshav, Moshav Ovedim)
Moshav Shittufi	"Gemeinschaftssiedlung" (hebr.), Moschaw mit verstärkten kollektivistischen Elementen
movt.	movement
M.P.	Member of Parliament
M.P.A.	Master of Public Administration
M.P.H.	Master of Public Health
Ms.	Manuskript
M.S., M.Sc.	Master of Science
M.S.Sc.	Master of Social Science
M.S.W.	Master of Social Work
Mt.	Mount
munic.	municipal
Mus.	Museum

N	Norwegen
NA	Nationalausschuß
NAACP	National Association for the Advancement of Colored People (USA)
NASA	National Aeronautics and Space Administration (USA)
nat.	national
NATO	North Atlantic Treaty Organization
NatRat	Nationalrat
NatSoz.	Nationalsozialismus
natsoz.	nationalsozialistisch
NatVers.	Nationalversammlung
NB	Gruppe Neu Beginnen
N. Bruns.	New Brunswick
N. Car.	North Carolina
N. Dak.	North Dakota
NDPD	National-Demokratische Partei Deutschlands
NDR	Norddeutscher Rundfunk
NDW, N.d.W.	Notgemeinschaft Deutscher Wissenschaftler im Ausland
Nebr.	Nebraska
N. Eng.	New England
Nev.	Nevada
Nfld.	Newfoundland
N. Hamp.	New Hampshire
NIC	Nicaragua
N.J.	New Jersey
NKFD	Nationalkomitee Freies Deutschland
NKVD	Narodnyj Komissariat Vnutrennich Del, "Volkskommissariat für Inneres", Geheimpolizei in der Sowjetunion ab 1934 (s.a. GPU)
NL	Niederlande
No. Scot.	Nova Scotia
N. Mex.	New Mexico
NRW	Nordrhein-Westfalen
NS	Nationalsozialismus, nationalsozialistisch
NSDAP	Nationalsozialistische Deutsche Arbeiterpartei
N.S.W.	New South Wales
NVA	Nationale Volksarmee
NWDR	Nordwestdeutscher Rundfunk
N.Y.	New York (Staat)
NYANA	New York Association for New Americans
NZ	Neuseeland

O.	Ohio
OAS	Organization of American States
OBE	Officer of the Order of the British Empire
O. Cist.	Ordo Cisterciensis (Zisterzienserorden)
OEEC	Organization for European Economic Cooperation
OEO	Office of Economic Opportunity (USA)
Österr.	Österreich
ÖTV	Gewerkschaft Öffentliche Dienste, Transport und Verkehr
ÖVP	Österreichische Volkspartei
off.	office, officer, official
Offz.	Offizier
OFIDAS	Organização Feminina Israelita de Assistência Social
O.F.M.	Ordo Fratrum Minorum (Franziskanerorden)
O.F.M. Cap.	Ordo Fratrum Minorum Capucinorum (Kapuzinerorden)
o.K.	ohne Konfession

868 Abkürzungen

OIRT	Organisation internationale de radiodiffusion et télévision
Okla.	Oklahoma
OLG	Oberlandesgericht
OMGUS	Office of Military Government (for Germany), United States
OMS	Otdel meždunarodnych Svjazej, „Abteilung für internationale Verbindungen" (der Komintern)
Ont.	Ontario
O.P.	Ordo Praedictorum (Dominikanerorden)
OPA	Office of Price Administration (USA)
Ore.	Oregon
ORF	Österreichischer Rundfunk und Fernsehen
ORG	Oberstes Rückerstattungsgericht
Org.	Organisation, Organisator
ORT	Obščestvo Rasprostranenija Truda (sredi evreev), „Gesellschaft zur Verbreitung der (Handwerks-) Arbeit (unter den Juden)", gegr. 1880 in Rußland, auch: Organization for Rehabilitation Through Training, in Deutschland: Verband der Gesellschaften zur Förderung des Handwerks, der Industrie und der Landwirtschaft unter den Juden
O.S.B.	Ordo Sancti Benedicti (Benediktinerorden)
OSE	ursprünglich OZE: Obščestvo Zdravoochranenia Evreev, „Gesellschaft für Gesundheitsschutz der Juden" (gegr. 1912 in St. Petersburg), auch: Œuvre de Sécours aux Enfants, in Deutschland: Verband für Gesundheitsschutz der Juden, e.V.
OSS	Office of Strategic Services (USA)
OWI	Office of War Information (USA)
Pa.	Pennsylvania
Pac.	Pacific
Pal.	Palästina
Palästina-Amt	Auswanderer-Beratungsstelle für Palästina
Palmaḥ	Peluggot Maḥaz, „Angriffseinheiten" (hebr.), ständig mobilisierte Bereitschaften der Haganah (auch: Palmach)
Paltreu	Palästina-Treuhandstelle zur Beratung deutscher Juden GmbH, Berlin, Bankenkonsortium für den Transfer jüdischen Kapitals nach Palästina im Rahmen der Haavarah
Parl.	Parlament
parl.	parlamentarisch
PATWA	Professional and Technical Workers' Aliyah
PC	Peace Corps (USA)
PCE	Partido Comunista Español
PCF	Parti Communiste Français
PCI	Partito Comunista Italiano
Pd.D.	Doctor of Pedagogy
P.E.I.	Prince Edward Island
PEN	Poets, Playwrights, Editors, Essayists, Novelists
PH	Pädagogische Hochschule
Pharm. D.	Doctor of Pharmacy
Ph. B.	Bachelor of Philosophy
Ph. D.	Doctor of Philosophy
Phil.	Philosophie, philosophisch, philosophy, philosophical
PIA	Palestine Investment Authority
PL	Polen
Poalei Agudat Yisrael	„Arbeiter-Verband Israels" (hebr.), Arbeiterflügel der Agudat Israel in Palästina/Israel (auch: Poalei Agudas Jisroel, Poale Agudat Israel)
Poale Zion	„Arbeiter Zions" (hebr.), zionistisch-sozialistische Partei (auch: Palei Zion)
pol.	politisch
Port.	Portugal
POUM	Partido Obrero de Unificación Marxista
P.R.	Puerto Rico
Präs.	Präsident, Präsidium
Prestataire	Mitglied einer der April 1939 gegründeten Einheiten der Formations (Compagnies) des Travailleurs Etrangers, die der französischen Armee unterstellt waren und vor allem auf dem Verteidigungssektor eingesetzt wurden
prof.	professional, professor
Profintern	Krasnyi Internacional Professional'nych Sojuzov, „Rote Internationale der Gewerkschaften"
Progr.	Programm, programme
Prom.	Promotion
Prop.	Propaganda
prot.	protestantisch
Prov.	Provinz
ProvRat	Provinzialrat
Ps.	Pseudonym
PSUC	Partido Socialista Unificado de Cataluña
PT	Parteitag
Pty.	Proprietary
PV	Parteivorstand
PWA	Public Works Administration (USA)
quart.	quarterly
Que.	Quebec
R	Roman
RA	Rechtsanwalt
rabb.	rabbinical
RAF	Royal Air Force
Rassco	Rural and Suburban Settlement Co., wirtschaftliche Unterorganisation der Jewish Agency in Palästina
RAVAG	Österreichische Radioverkehrs-AG
Red.	Redakteur, Redaktion
red.	redaktionell
Ref.	Referent, refugee
Reg.	Regierung
Reg.	Regisseur
Reichskristallnacht	s. Kristallnacht
Reichsvereinigung	Reichsvereinigung der Juden in Deutschland (bis 1939: Reichsvertretung der Juden in Deutschland)
Reichsvertretung	Reichsvertretung der Juden in Deutschland (1933-35: Reichsvertretung der deutschen Juden, ab 1939: Reichsvereinigung der Juden in Deutschland)
rep.	representative, represented
Repräsentantenversammlung	gewählte jüdische Gemeindevertretungen in Preußen
res.	research
rev.	review, revised, revision
RFB	Roter Frontkämpferbund
RGI	Rote Gewerkschafts-Internationale
RGO	Revolutionäre Gewerkschafts-Opposition (fälschlich auch: Rote Gewerkschafts-Organisation)
Rgt.	Regiment
R.I.	Rhode Island
RIAS	Rundfunk im amerikanischen Sektor, Berlin
RjF	Reichsverband jüdischer Frontsoldaten, e.V.
RMdI	Reichsministerium des Innern
R.N.	Registered Nurse
RR	Reichsrat
RSD	Revolutionäre Sozialisten Deutschlands
RSFSR	Rossijskaja Sovetskaja Federativnaja Socialističeskaja Respublika, „Russische Sozialistische Föderative Sowjetrepublik"
RSÖ	Revolutionäre Sozialisten Österreichs
Rum.	Rumänien
RW	Rote Wehr (später: Republikanische Wehr) in der ČSR
S	Schauspiel, Film-, Fernsehskript
S	Schweden
SA	Sturmabteilung der NSDAP
Sa.	Sachsen
SAH	Schweizerisches Arbeiter-Hilfswerk
SAI	Sozialistische Arbeiter-Internationale
SAJ	Sozialistische Arbeiterjugend
SAJDÖ	Verband der Sozialistischen Arbeiterjugend Deutschösterreichs
SAPD	Sozialistische Arbeiterpartei Deutschlands
SAP(S)	Sozialistische Arbeiterpartei Schwedens
Sask.	Saskatchewan
SBZ	Sowjetische Besatzungszone
SCAP	Office of Supreme Commander, Allied Powers
S. Car.	South Carolina
Sc. D.	Doctor of Science
Schausp.	Schauspieler, Schauspiel
Schechita	Schächtung (hebr.), rituelle Schlachtung (auch: Sheḥitah)
Schochet	ausgebildeter ritueller Schächter (hebr., auch: Shoḥet)
Schriftst.	Schriftsteller
schriftst.	schriftstellerisch
sci.	science, scientific
S. Dak.	South Dakota
SDAP	Sozialdemokratische Arbeiterpartei Österreichs
SDR	Süddeutscher Rundfunk
SDS	Schutzverband Deutscher Schriftsteller
SEATO	South East Asia Treaty Organization

Abkürzungen 869

secy.	secretary
SED	Sozialistische Einheitspartei Deutschlands
Sekr.	Sekretär, Sekretariat
Selfhelp	Selfhelp Community Services, ursprünglich Selfhelp of Emigrés from Central Europe, New York
Sem.	Seminar, Seminary
serv.	service, servant
SEW	Sozialistische Einheitspartei Westberlins
SF	Schwarze Front
SFB	Sender Freies Berlin
SFIO	Section Française de l'Internationale Ouvrière
SG	Seliger-Gemeinde, Traditionsverband sudetendeutscher Sozialdemokraten
SHAEF	Supreme Headquarters, Allied Expeditionary Forces
SHAPE	Supreme Headquarters, Allied Powers in Europe
SJ	Sozialistischer Jugendverband für die deutschen Gebiete der Tschechoslowakischen Republik
SJ	Societas Jesu (Jesuitenorden)
S.J.D.	Doctor of Legal Science
SJVD	Sozialistischer Jugendverband Deutschlands
SMAD	Sowjetische Militäradministration in Deutschland
soc.	society, social
sociol.	sociology, sociological
Solel Boneh	„Der da ebnet und baut" (hebr.), Baugesellschaft des Histadrut
Sopade	Büro des SPD-Parteivorstands im Exil, auch: SPD-Parteivorstand im Exil, Exil-SPD
SozDem.	Sozialdemokrat, Sozialdemokratie
sozdem.	sozialdemokratisch
SPD	Sozialdemokratische Partei Deutschlands
SPD/S	Sozialdemokratische Partei Deutschlands, Bezirk Oberrhein/Unterbezirk Saar (vor 1935)
SPÖ	Sozialistische Partei Österreichs
SPS	Sozialdemokratische Partei Saar (auch: des Saarlandes) (1945–1955)
Sr.	Senior
SS	Schutzstaffel der NSDAP
SSR	Sovetskaja Socialističeskaja Respublika, Sowjetische Sozialistische Republik
StadtVO.	Stadtverordneter, Mitglied eines Gemeindeparlaments
Stern-Gruppe	s. Leḥi
Stud.	Studium, Student
supt.	superintendent
SWF	Südwestfunk
Syn.	Synagoge, synagogue
TA	Travail Anti-Allemand, auch: Travail Allemand, aus deutschsprachigen Emigranten und Widerstandskämpfern gebildete Sektion der französischen Résistance für die Propagandatätigkeit unter Angehörigen der deutschen Besatzungsmacht
Tahal	Tikhnun HaMayim LeYisrael, „Amt für Entwicklung der Bewässerung" (hebr.)
Talmud	„Lehre" (hebr.), Kodifizierung von Disputationen jüdischer Gelehrter über das Religionsgesetz
TASS	Telegrafnoe Agentsvo Sovetskogo Sojuza, „Telegrafenagentur der Sowjet-Union"
tech.	technical, technician
Technion	Technische Universität Haifa
Teiln.	Teilnehmer, Teilnahme
Tenn.	Tennessee
Tenuat HaAm	„Volksbewegung" (hebr.), Revisionistische Partei in Palästina 1944–48
Tex.	Texas
TG	Treugemeinschaft sudetendeutscher Sozialdemokraten
TH	Technische Hochschule
Th. D.	Doctor of Theology
Theol.	Theologie, theologisch, theology, theological
Thür.	Thüringen
TR	Türkei
treas.	treasurer, treasury
TU	Technische Universität
TUC	Trades Union Congress
UAHC	Union of American Hebrew Congregations
UAPD	Unabhängige Arbeiterpartei Deutschlands
UAR	United Arab Republic
UdSSR	Union der Sozialistischen Sowjet-Republiken
Übers.	Übersetzung, Übersetzer

Ufa	Universum-Film-AG
Uffz.	Unteroffizier
UIA	United Israel Appeal
UJA	United Jewish Appeal
U.K.	United Kingdom
umgek.	umgekommen
UN, UNO	United Nations, United Nations Organization
UNCTAD	United Nations Conference on Trade and Development
UNESCO	United Nations Educational, Scientific, and Cultural Organization
UNHCR	United Nations High Commissioner for Refugees
UNICEF	United Nations International Children's Emergency Fund
UNIDO	United Nations Industrial Development Organization
Union	Union deutscher sozialistischer Organisationen in Großbritannien
United Help	Sozialfonds, gegr. von der American Federation of Jews from Central Europe, Inc.
United Service for New Americans	Jüdische Hilfsorganisation für Einwanderer in den USA
Univ.	Universität, university
UNRRA	United Nations Relief and Rehabilitation Administration
UNRWA	United Nations Relief and Works Agency for Palestine Refugees
Unterz.	Unterzeichner, Unterzeichnung
UOBB	Unabhängiger Orden Bne Briss, e.V. (s.B'nai B'rith)
URO	United Restitution Organization
urspr.	ursprünglich
Urug.	Uruguay
USA	United States of America
USAID	United States Agency for International Development
USIA	United States Information Agency
USIA	Upravlenie Sovetskogo Imuščestva v Austrii, „Verwaltung des sowjetischen Eigentums in Österreich", zentrale Besatzungsverwaltung des 1945 beschlagnahmten deutschen Industriebesitzes, vor allem der ehemaligen Hermann-Göring-Werke
USIS	United States Information Service
USOM	United States Operations Mission
USPD	Unabhängige Sozialdemokratische Partei Deutschlands
V.A.	Veterans Administration (USA)
Va.	Virginia
Vaad Leummi	„Nationalrat" (hebr.), jüdische Selbstverwaltung unter der Mandatsregierung in Palästina
VdK	Verband der Kriegsbeschädigten, Kriegshinterbliebenen und Sozialrentner (Verband der Kriegsbeschädigten, Kriegshinterbliebenen, Sozialrentner, Unfall- und Bundeswehropfer e.V.)
VEB	Volkseigener Betrieb
Verb.	Verband, Verbindung
verehel.	verehelichte
Verf.	Verfasser
verh.	verheiratet
Vers.	Versammlung
Vertr.	Vertreter, Vertretung
Verw.	Verwalter, Verwaltung
Verz.	Verzeichnis
VGH	Volksgerichtshof
V.I.	Virgin Islands
VJA	Verein jüdischer Akademiker, Ortsorganisationen des BJA
VJJD	Verband der Jüdischen Jugendvereine Deutschlands
VJSt	Verein jüdischer Studenten
VK	Volkskammer
VKPD	Vereinigte Kommunistische Partei Deutschlands
VO	Verdienstorden
Vogtl.	Vogtland
Vors.	Vorsitzender, Vorsitz
Vorst.	Vorstand
VSPÖ	Vereinigte Sozialistische Partei Österreichs
Vt.	Vermont
VVB	Vereinigung Volkseigener Betriebe
VVN	Vereinigung der Verfolgten des Naziregimes
VVO	Vaterländischer Verdienstorden
Wash.	Washington
Werkleute	Werkleute, Bund deutsch-jüdischer Jugend, zionistische Jugendgruppe
WEU	Westeuropäische Union

Abkürzungen

WGB	Weltgewerkschaftsbund
WHO	World Health Organization (UNO)
Winterhilfe	Jüdische Winterhilfe, gegründet 1935 nach Ausschluß der jüdischen Bedürftigen vom allgemeinen Winterhilfswerk in Deutschland
Wisc.	Wisconsin
Wiss.	Wissenschaft
wiss.	wissenschaftlich
WIZO	Women's International Zionist Organization
WJC	World Jewish Congress
WK	Weltkrieg
Woburn House	Hilfszentrum für jüdische Einwanderer, London
WPA	Works Progress Administration (USA)
WUPJ	World Union for Progressive Judaism
Württ.	Württemberg
Wurzweiler Foundation	Hilfsfonds für soziale und kulturelle Belange in New York, Gründung des deutsch-jüdischen Bankiers Gustav Wurzweiler
W. Va.	West Virginia
Wyo.	Wyoming
WZO	World Zionist Organization
Yediot Aḥaronot	„Letzte Nachrichten" (hebr.), Tageszeitung in Palästina/Israel
Yeshiva	auch: Yeshivah (Plural: Yeshivot), s. Jeschiwah
YMCA	Young Men's Christian Association
YMHA	Young Men's Hebrew Association
Youth Aliyah	Organisation zur Ansiedlung jüdischer Jugendlicher in Palästina
YWCA	Young Women's Christian Association
YWHA	Young Women's Hebrew Association
Z	Zentrumspartei
ZA	Zentralausschuß
ZdA	Zentralverband der Angestellten
ZDF	Zweites Deutsches Fernsehen
Zion.	Zionist, Zionismus, zionistisch, zionism
ZK	Zentralkomitee
ZOA	Zionist Organization of America
Zs.	Zeitschrift
Ztg.	Zeitung
Zuchth.	Zuchthaus
ZV	Zentralvorstand
ZVfD	Zionistische Vereinigung für Deutschland

Verzeichnis der in Kurzform angegebenen Literatur

Auf häufig wiederkehrende Literatur wird unter *L:* (Veröffentlichungen mit wesentlichen Informationen über Lebensweg und Tätigkeit der biographierten Person) in der hier aufgelösten Kurzform verwiesen. Angaben zu zahlreichen in Band I des Handbuchs aufgenommenen Personen finden sich auch in folgenden Nachschlagewerken: Berthold, Werner, Exil-Literatur 1933-1945. Ausstellung der Deutschen Bibliothek. Frankfurt/M. 1965; Gesamtverzeichnis der Ausbürgerungslisten 1933-1938. Nach dem amtlichen Abdruck des „Reichsanzeigers" zusammengestellt und bearbeitet von Dr. Carl Misch. Paris 1939; Handbuch des Vereins Arbeiterpresse. Berlin 1927; Maas, Lieselotte, Handbuch der deutschen Exilpresse 1933-1945, Bd. 1. München 1976; Röder, Werner, Sonderfahndungsliste UdSSR. Erlangen 1976; Sternfeld, Wilhelm/Tiedemann, Eva, Deutsche Exil-Literatur 1933-1945. Eine Bio-Bibliographie. Heidelberg 1970. — Diese Titel werden ebenso wie die internationale biographische Handbuch- (Who's-Who-) Literatur in der Regel nicht namentlich angeführt. Die Verwendung solcher Publikationen bei der Abfassung einer Biographie ist unter *Qu:* (Kennzeichnung der Quellenkategorien) durch das Kürzel „Hand." angezeigt.

Albrechtová, Tschechoslowakei
   Albrechtová, Gertruda, Die Tschechoslowakei als Asyl der deutschen antifaschistischen Literatur. Diss. phil. masch. o.O. [CSR] o.J.
Alles, Trotzkisten
   Alles, Wolfgang, Zur Politik und Geschichte der deutschen Trotzkisten ab 1930 (Diplomarbeit Mannheim). 1978
Andics, 50 Jahre
   Andics, Hellmut, 50 Jahre unseres Lebens. Österreichs Schicksal seit 1918. Wien-München-Zürich 1968
Antifaschisten
   Antifaschisten in führenden Positionen der DDR. Dresden 1969
Arnsberg, Hessen
   Arnsberg, Paul, Die jüdischen Gemeinden in Hessen. Anfang, Untergang, Neubeginn, 3 Bde. Frankfurt/M. 1971-73
Asaria, Juden in Köln
   Asaria, Zvi (Hg.), Die Juden in Köln. Von den ältesten Zeiten bis zur Gegenwart. Köln 1959

Bachstein, Jaksch
   Bachstein, Martin K., Wenzel Jaksch und die sudetendeutsche Sozialdemokratie. München-Wien 1974
Bailyn/Fleming, Migration
   Bailyn, Bernard/Fleming, Donald (Hg.), The Intellectual Migration: Europe and America 1930-1960. Cambridge, Mass., 1969
Bauer, My Brother's Keeper
   Bauer, Yehuda, My Brother's Keeper. A History of the American Jewish Joint Distribution Committee 1929-1939. Philadelphia 1974
Becker, Demokratie
   Becker, Werner, Demokratie des sozialen Rechts. Die politische Haltung der Frankfurter Zeitung, der Vossischen Zeitung und des Berliner Tageblatts 1918-1924. Göttingen-Zürich-Frankfurt 1971
Bednareck, Gewerkschaftspolitik
   Bednareck, Horst, Die Gewerkschaftspolitik der KPD 1935 bis 1939. Berlin (Ost) 1969
Bergmann, Schweiz
   Bergmann, Karl Hans, Die Bewegung „Freies Deutschland" in der Schweiz. München 1974

Bewährung im Untergang
   Lowenthal, Ernst Gottfried (Hg.), Bewährung im Untergang: Ein Gedenkbuch. Stuttgart 1965
BGdA
   Beiträge zur Geschichte der deutschen Arbeiterbewegung. Hg. Institut für Marxismus-Leninismus beim ZK der SED. Berlin (Ost) 1959-
Bloch, Konstanz
   Bloch, Erich, Geschichte der Juden von Konstanz im 19. und 20. Jahrhundert. Eine Dokumentation. Konstanz 1971
Bludau, Gestapo
   Bludau, Kuno, Gestapo – geheim! Widerstand und Verfolgung in Duisburg 1933-1945. Bonn-Bad Godesberg 1973
Bock, Syndikalismus
   Bock, Hans Manfred, Syndikalismus und Linkskommunismus von 1918-1923. Zur Geschichte und Soziologie der Freien Arbeiter-Union Deutschlands (Syndikalisten), der Allgemeinen Arbeiter-Union Deutschlands und der Kommunistischen Arbeiter-Partei Deutschlands. Meisenheim/Glan 1969
Boskamp, Paderborn
   Boskamp, A. Erich (Hg.), Baun wir doch aufs neue das alte Haus. Jüdisches Schicksal in Paderborn. Paderborn 1964
Bouvier, DFP
   Bouvier, Beatrix, Die Deutsche Freiheitspartei (DFP). Ein Beitrag zur Geschichte der Opposition gegen den Nationalsozialismus. Diss. phil. masch. Frankfurt/M. 1969
Bremische Biographie
   Lührs, Wilhelm, Bremische Biographie 1912-62. Bremen 1969
Britain's New Citizens
   Britain's New Citizens. The Story of the Refugees from Germany and Austria. Tenth Anniversary Publication of the Association of Jewish Refugees in Great Britain. London 1951
Brunsvicensia Judaica
   Brunsvicensia Judaica. Gedenkbuch für die jüdischen Mitbürger der Stadt Braunschweig 1933-45. Braunschweig 1966
Buttinger, Beispiel
   Buttinger, Joseph, Am Beispiel Österreichs. Ein geschichtlicher Beitrag zur Krise der sozialistischen Bewegung. Köln 1953

BZG
Beiträge zur Geschichte der deutschen Arbeiterbewegung. Hg. Institut für Marxismus-Leninismus beim ZK der SED. Berlin (Ost) 1959–

Cazden, Exile Literature
Cazden, Robert E., German Exile Literature in America 1933–1950. Chicago 1950
Cesar/Černý, Politika
Cesar, Jaroslav/Černý, Bohumil, Politika německých buržoazních stran v Československu v letech 1918–1938. Prag 1962
Czeike, Wien 1 u. 2
Czeike, Felix, Wirtschafts- und Sozialpolitik der Gemeinde Wien in der ersten Republik 1919–1934, 2 Bde. Wien 1958, 1959

Dahlem, Vorabend
Dahlem, Franz, Am Vorabend des zweiten Weltkrieges. Berlin (Ost) 1977
Dallin, Sowjetspionage
Dallin, David J., Die Sowjetspionage. Prinzipien und Praktiken. Köln 1956
DBMOI
Dictionnaire Biographique du Mouvement Ouvrier International. Tome I: L'Autriche. Paris 1971
Deak, Intellectuals
Deak, Istvan, Weimar Germany's Leftwing Intellectuals. A Political History of the Weltbühne and its Circle. Berkeley-Los Angeles 1968
Dějiny KSČ
Dějiny Komunistické strany Československa. Prag 1961
Diamant, Chemnitz
Diamant, Adolf, Chronik der Juden in Chemnitz (heute Karl-Marx-Stadt). Aufstieg und Untergang einer jüdischen Gemeinde in Sachsen. Frankfurt/M. 1970
Dispersion and Resettlement
Rosenstock, Werner (Hg.), Dispersion and Resettlement: The Story of the Jews from Central Europe. London 1955
Dokumente zur Geschichte der Frankfurter Juden
Andernacht, Dietrich/Sterling, Eleonore (Hg.), Dokumente zur Geschichte der Frankfurter Juden. Hg. Kommission zur Erforschung der Geschichte der Frankfurter Juden 1933–1945. Frankfurt/M. 1963
Drechsler, SAPD
Drechsler, Hanno, Die Sozialistische Arbeiterpartei Deutschlands (SAPD). Meisenheim/Glan 1965
Duhnke, KPD
Duhnke, Horst, Die KPD von 1933 bis 1945. Köln 1972
Durzak, Exilliteratur
Durzak, Manfred (Hg.), Die deutsche Exilliteratur 1933–1945. Stuttgart 1973

Ebneth, Ständestaat
Ebneth, Rudolf, Die österreichische Wochenschrift „Der Christliche Ständestaat". Deutsche Emigration in Österreich 1933–1938. Mainz 1976
Echt, Juden in Danzig
Echt, Samuel, Die Geschichte der Juden in Danzig. Rautenberg 1972
Edinger, Sozialdemokratie
Edinger, Lewis J., Sozialdemokratie und Nationalsozialismus. Der Parteivorstand der SPD im Exil 1933–1945. Hannover-Frankfurt/M. 1960
E.J.
Encyclopaedia Judaica. 16 Bde. Jerusalem 1971–1972 (mit Yearbook 1973 und 1974)
Esh, Bamberger Family
Esh, Shaul (Hg.), The Bamberger Family. The Descendants of Rabbi Seligmann Bär Bamberger, „the Würzburger Rav" (1807–1878). Jerusalem 1964
Exil-Literatur 1933–45
Exil-Literatur 1933–45. Ausstellung der Deutschen Bibliothek Frankfurt am Main Mai bis August 1965. Frankfurt/M. 1965

Feder, Heute
Feder, Ernst, Heute sprach ich mit . . . Tagebücher eines Berliner Publizisten, 1926–32. Stuttgart 1971
Federbusch, Ḥokhmat
Federbusch, Simon (Hg.), Ḥokhmat Yisrael beMaarav Eiropah (Jüdische Gelehrsamkeit in Westeuropa). 3 Bde. Jerusalem 1958–65

Fermi, Immigrants
Fermi, Laura, Illustrious Immigrants: The Intellectual Migration from Europe (1930–41). Chicago 1968
Feuchtwanger Family
The Feuchtwanger Family: The Descendants of Seligmann Feuchtwanger. Tel Aviv 1952
Fischer, Deutschlandpolitik
Fischer, Alexander, Sowjetische Deutschlandpolitik im Zweiten Weltkrieg 1941–1945. Stuttgart 1975
Fischer, Erinnerungen
Fischer, Ernst, Erinnerungen und Reflexionen. Reinbek 1969
Fischer, Illusion
Fischer, Ernst, Das Ende einer Illusion. Erinnerungen 1945–1955. Wien-München-Zürich 1973
Forster, NVA
Forster, Thomas M., NVA. Die Armee der Sowjetischen Besatzungszone. Köln 1967
Fraenkel, Jews of Austria
Fraenkel, Josef (Hg.), The Jews of Austria. Essays on their life, history, and destruction. London 1967
Franke, Heilbronn
Franke, Hans, Geschichte und Schicksal der Juden in Heilbronn vom Mittelalter bis zur Zeit der nationalsozialistischen Verfolgungen (1050–1945). Heilbronn 1963
Fricke, Gerechtigkeit
Fricke, Karl Wilhelm, Warten auf Gerechtigkeit. Köln 1971

GdA, 1–8
Geschichte der deutschen Arbeiterbewegung in 8 Bänden. Hg. Institut für Marxismus-Leninismus beim ZK der SED. Berlin (Ost) 1966
GdA-Biogr.
Geschichte der deutschen Arbeiterbewegung. Biographisches Lexikon. Hg. Institut für Marxismus-Leninismus beim ZK der SED. Berlin (Ost) 1970
GdA-Chronik
Geschichte der deutschen Arbeiterbewegung. Chronik, Teil II. Hg. Institut für Marxismus-Leninismus beim ZK der SED. Berlin (Ost) 1966
Gegenwart im Rückblick
Strauss, Herbert A./Grossmann, Kurt R. (Hg.), Gegenwart im Rückblick. Festgabe für die Jüdische Gemeinde zu Berlin 25 Jahre nach dem Neubeginn. Heidelberg 1970
Göhring, KJVÖ
Göhring, Walter, Der illegale Kommunistische Jugendverband Österreichs. Diss. phil. masch. Wien 1971
Göppinger, Juristen
Göppinger, Horst, Die Verfolgung der Juristen jüdischer Abstammung durch den Nationalsozialismus. Villingen 1963
Gold, Geschichte
Gold, Hugo, Geschichte der Juden in Österreich: Ein Gedenkbuch. Tel Aviv 1971
Goldner, Emigration
Goldner, Franz, Die österreichische Emigration 1938 bis 1945. Wien-München 1972
Gross, Münzenberg
Gross, Babette, Willi Münzenberg. Eine politische Biographie. Stuttgart 1967
Grossmann, Emigration
Grossmann, Kurt R., Emigration. Geschichte der Hitler-Flüchtlinge 1933–1945. Frankfurt/M. 1969
Gulick, Österreich
Gulick, Charles A., Österreich von Habsburg zu Hitler, 5 Bde. Wien o.J. [1950]

Halfmann, Bibliographien und Verlage
Halfmann, Horst, Bibliographien und Verlage der deutschsprachigen Exil-Literatur 1933–45, in: Beiträge zur Geschichte des Buchwesens 4, Leipzig 1969
Hamburger, Juden
Hamburger, Ernest, Juden im öffentlichen Leben Deutschlands. Regierungsmitglieder, Beamte und Parlamentarier in der monarchischen Zeit 1848–1918. Tübingen 1968
Hautmann, KPÖ
Hautmann, Hans, Die Anfänge der linksradikalen Bewegung und der Kommunistischen Partei Deutschösterreichs 1916–1919. Wien 1970
Herzl, Diaries
Patai, Raphael (Hg.), The Complete Diaries of Theodor Herzl. 5 Bde. New York, London 1960
Hilberg, Destruction of European Jews
Hilberg, Raul, The Destruction of the European Jews. Chicago 1961

Hindels, Gewerkschaften
: Hindels, Josef, Österreichs Gewerkschaften im Widerstand 1934–1945. Wien 1976

Hochmuth/Meyer, Streiflichter
: Hochmuth, Ursel/Meyer, Gertrud, Streiflichter aus dem Hamburger Widerstand 1933–1945. Frankfurt/M. 1969

Holzer, Bataillone
: Holzer, Willibald, Die österreichischen Bataillone im Verband der NOV i POJ. Die Kampfgruppe Avantgarde/Steiermark. Die Partisanengruppe Leoben-Donawitz. Die KPÖ im militanten politischen Widerstand. Diss. phil. masch. Wien 1971

Homeyer, Juden als Bibliophilen
: Homeyer, Fritz, Deutsche Juden als Bibliophilen und Antiquare. Tübingen 1966

Horsch, Weinheim
: Horsch, Daniel, Sie waren unsere Bürger: Die jüdische Gemeinde in Weinheim an der Bergstraße. Weinheimer Geschichtsblatt Nr. 26. Weinheim 1964

In Zwei Welten
: Tramer, Hans (Hg.), In Zwei Welten. Siegfried Moses zum Fünfundsiebzigsten Geburtstag. Tel Aviv 1962

Interbrigadisten
: Interbrigadisten. Der Kampf deutscher Kommunisten und anderer Antifaschisten im nationalrevolutionären Krieg des spanischen Volkes 1936–1939. Protokoll einer wissenschaftlichen Konferenz an der Militärakademie Friedrich Engels, Dresden 20.–21.1.1966. Berlin (Ost) 1966

Internat. Bibliographie
: Internationale Bibliographie zur Geschichte der deutschen Literatur von den Anfängen bis zur Gegenwart. Teil II, Berlin 1972

ISÖE
: Österreicher im Exil 1934 bis 1945. Protokoll des Internationalen Symposiums zur Erforschung des österreichischen Exils von 1934–1945. Wien 1977

IWK
: Internationale wissenschaftliche Korrespondenz zur Geschichte der deutschen Arbeiterbewegung. Hg. Henryk Skrzypczak im Auftrag der Historischen Kommission zu Berlin beim Friedrich-Meinecke-Institut der Freien Universität. Berlin 1965–

Jacoby, Saar
: Jacoby, Fritz, Die nationalsozialistische Herrschaftsübernahme an der Saar. Die innenpolitischen Probleme der Rückgliederung des Saargebietes bis 1935. Saarbrücken 1973

Jänicke, Dritter Weg
: Jänicke, Martin, Der dritte Weg. Die antistalinistische Opposition gegen Ulbricht seit 1953. Köln 1964

Jahnke, Anteil
: Jahnke, Karl-Heinz, Der Anteil der deutschen Jugend am antifaschistischen Widerstandskampf unter besonderer Berücksichtigung der kommunistischen Widerstandsbewegung. Habil. phil. Greifswald 1965

Jahnke, Arbeiterjugendbewegung
: Jahnke, Karl-Heinz (Hg.), Geschichte der deutschen Arbeiterjugendbewegung. Dortmund 1973

Jews of Czechoslovakia
: The Jews of Czechoslovakia, Historical Studies and Surveys. Hg. Society for the History of Czechoslovak Jews. 2 Bde., Philadelphia 1968, 1971

Kaden, Einheit
: Kaden, Albrecht, Einheit oder Freiheit. Die Wiedergründung der SPD 1945/46. Hannover 1964

Kießling, Alemania Libre
: Kießling, Wolfgang, Alemania Libre in Mexiko, 2 Bde. Berlin (Ost) 1974

Kisch, Breslauer Seminar
: Kisch, Guido (Hg.), Das Breslauer Seminar: Jüdisch-Theologisches Seminar (Fraenckelscher Stiftung) in Breslau 1854–1938. Gedächtnisschrift. Tübingen 1963

Klampfer, Eisenstadt
: Klampfer, Josef, Das Eisenstädter Ghetto. Eisenstadt 1965

Klenner, Gewerkschaften
: Klenner, Fritz, Die österreichischen Gewerkschaften. Vergangenheit und Gegenwartsprobleme. Wien 1951

Kliem, Neu Beginnen
: Kliem, Kurt, Der sozialistische Widerstand gegen das Dritte Reich dargestellt an der Gruppe „Neu Beginnen". Diss. phil. masch. Marburg 1957

Klotzbach, Nationalsozialismus
: Klotzbach, Kurt, Gegen den Nationalsozialismus. Widerstand und Verfolgung in Dortmund 1930–1945. Hannover 1969

Klucsarits, SPÖ
: Klucsarits, Richard, Mitglieder der Parteivertretung der SPÖ (Parteivorstand und Parteikontrolle) von 1945–1970. Unveröffentl. Ms.

Koch, Widerstand
: Koch, Magdalena, Der Widerstand der KPÖ gegen Hitler von 1938–1945. Diss. phil. masch. Wien 1964

Konrad, KPÖ
: Konrad, Helmut, KPÖ und KSČ zur Zeit des Hitler-Stalin-Paktes. Diss. phil. masch. Wien 1972

Koszyk, Kaiserreich
: Koszyk, Kurt, Zwischen Kaiserreich und Diktatur. Die sozialdemokratische Presse von 1914 bis 1933. Heidelberg 1958

Koszyk, Presse 3
: Koszyk, Kurt, Deutsche Presse 1914–1945. Geschichte der deutschen Presse, Teil III. Berlin 1972

Kranzler, Japanese, Nazis and Jews
: Kranzler, David, Japanese, Nazis and Jews: The Jewish Refugee Community of Shanghai 1938–45. New York 1976

Kraushaar, Deutsche Widerstandskämpfer
: Kraushaar, Luise (Hg.), Deutsche Widerstandskämpfer. Berlin (Ost) 1970

Křen, Do emigrace
: Křen, Jan, Do emigrace. Prag 1963

Křen, V emigraci
: Křen, Jan, V emigraci. Prag 1969

Kuhn, Kommunismus
: Kuhn, Heinrich, Der Kommunismus in der Tschechoslowakei. Köln o.J. [1965]

Lamm, München
: Lamm, Hans (Hg.), Von Juden in München: Ein Gedenkbuch. München 1958

Langkau-Alex, Volksfront
: Langkau-Alex, Ursula, Volksfront für Deutschland? Bd. 1: Vorgeschichte und Gründung des „Ausschusses zur Vorbereitung einer deutschen Volksfront", 1933–1936. Frankfurt/M. 1977

Laurat, PCA
: Laurat, Lucien, Le parti communiste autrichien. In: Freymond, Jacques (Hg.), Contributions à l'histoire du Comintern. Genf 1965

Lazarus Gedenkbuch
: Rülf, Shlomo (Hg.), Paul Lazarus Gedenkbuch. Beiträge zur Würdigung der letzten Rabbinergeneration in Deutschland. Jerusalem 1961

LBB
: Bulletin des Leo Baeck Instituts (Hg. Hans Tramer). Tel Aviv 1958–

Leichter, Gewerkschaften
: Leichter, Otto, Österreichs Freie Gewerkschaften im Untergrund. Wien 1963

Leichter, Diktaturen
: Leichter, Otto, Zwischen zwei Diktaturen. Österreichs Revolutionäre Sozialisten 1934–1938. Wien 1968

Leonhard, Revolution
: Leonhard, Wolfgang, Die Revolution entläßt ihre Kinder. Köln o.J. [1955]

Leser, Werk
: Leser, Norbert (Hg.), Werk und Widerhall. Große Gestalten des österreichischen Sozialismus. Wien 1964

Lichtenstein, Danzig
: Lichtenstein, Erwin, Die Juden der Freien Stadt Danzig unter der Herrschaft des Nationalsozialismus. Tübingen 1973

Lichtheim, Zionismus
: Lichtheim, Richard, Die Geschichte des deutschen Zionismus. Jerusalem 1954

Link, ISK
: Link, Werner, Die Geschichte des Internationalen Jugend-Bundes (IJB) und des Internationalen Sozialistischen Kampf-Bundes (ISK). Meisenheim/Glan 1964

Living Legacy
: Cohn, Bernhard (Hg.), Living Legacy: Essays in Honor of Hugo Hahn. New York 1963

LSDL
: Lexikon sozialistischer deutscher Literatur von den Anfängen bis 1945. s'Gravenhage 1973

Maimann, Politik
: Maimann, Helene, Politik im Wartesaal. Österreichische Exilpolitik in Großbritannien 1938–1945. Wien 1975

Matull, Arbeiterbewegung
: Matull, Wilhelm, Ostdeutschlands Arbeiterbewegung. Abriß ihrer Geschichte, Leistung und Opfer. Würzburg 1973

Mayenburg, Blaues Blut
: Mayenburg, Ruth von, Blaues Blut und rote Fahnen. Ein Leben unter vielen Namen. Wien-München-Zürich 1969

MB
: Mitteilungsblatt. Wochenzeitung des Irgun Olej Merkas Europa. Tel Aviv 1933–

Meilensteine
: Rothschild, Eli (Hg.), Meilensteine. Vom Wege des Kartells Jüdischer Verbindungen (K.J.V.) in der Zionistischen Bewegung. Tel Aviv 1972

Melzwig, Buchveröffentlichungen
: Melzwig, Brigitte, Deutsche sozialistische Literatur 1918–1945. Bibliographie der Buchveröffentlichungen. Berlin-Weimar 1975

Mendelsohn, Zeitungsstadt
: Mendelsohn, Peter de, Zeitungsstadt Berlin. Menschen und Mächte in der Geschichte der deutschen Presse. Berlin 1959

Menschen im Exil
: Menschen im Exil. Eine Dokumentation der sudetendeutschen sozialdemokratischen Emigration von 1938 bis 1945. Hg. Seliger-Archiv e.V. Stuttgart 1974

Mewis, Auftrag
: Mewis, Karl, Im Auftrag der Partei. Erlebnisse im Kampf gegen die faschistische Diktatur. Berlin (Ost) 1972

Meyer, Oldenburg
: Meyer, Enno, Die im Jahre 1933 in der Stadt Oldenburg i.O. ansässigen jüdischen Familien, Herkunft, berufliche Gliederung, späteres Schicksal. In: Oldenburger Jahrbuch, Bd. 70. Oldenburg 1971

MGD
: Mit dem Gesicht nach Deutschland. Eine Dokumentation über die sozialdemokratische Emigration. Aus dem Nachlaß von Friedrich Stampfer. Hg. Erich Matthias, bearbeitet von Werner Link. Düsseldorf 1968

Mitteräcker, Kampf
: Mitteräcker, Hermann, Kampf und Opfer für Österreich. Ein Beitrag zur Geschichte des österreichischen Widerstands 1938–1945. Wien 1963

Molden, Gewissen
: Molden, Otto, Der Ruf des Gewissens. Der österreichische Freiheitskampf 1938–1945. Wien 1958

Müssener, Exil
: Müssener, Helmut, Exil in Schweden. Politische und kulturelle Emigration nach 1933. München 1974

NDB, 1–11
: Neue Deutsche Biographie. Hg. Historische Kommission bei der Bayerischen Akademie der Wissenschaften. Bd. 1–11. Berlin 1953–1977

NdW
: List of Displaced German Scholars. Hg. Notgemeinschaft deutscher Wissenschaftler im Ausland. London 1936

Neugebauer, Bauvolk
: Neugebauer, Wolfgang, Bauvolk der kommenden Welt. Geschichte der sozialistischen Jugendbewegung in Österreich. Wien 1975

Osterroth, Biogr. Lexikon
: Osterroth, Franz, Biographisches Lexikon des Sozialismus. Hannover 1960

Osterroth/Schuster, Chronik
: Osterroth, Franz/Schuster, Dieter, Chronik der deutschen Sozialdemokratie. 2 Bde. Berlin-Bonn-Bad Godesberg 1975

Pasaremos
: Pasaremos. Deutsche Antifaschisten im national-revolutionären Krieg des spanischen Volkes. Berlin (Ost) o.J. [1970]

Patzer, Gemeinderat
: Patzer, Franz, Der Wiener Gemeinderat 1918–1934. Ein Beitrag zur Geschichte der Stadt Wien und ihrer Volksvertretung. Wien 1961

Pech, Résistance
: Pech, Karlheinz, An der Seite der Résistance. Zum Kampf der Bewegung „Freies Deutschland" für den Westen in Frankreich (1943–1945). Frankfurt/M. 1974

Peukert, Ruhrarbeiter
: Peukert, Detlev, Ruhrarbeiter gegen den Faschismus. Dokumentation über den Widerstand im Ruhrgebiet 1933–1945. Frankfurt/M. 1976

Poggendorff
: Poggendorff, Johann Christian, Biographisch-literarisches Handwörterbuch zur Geschichte der exakten Wissenschaften, Bd. 1–5. Leipzig 1863–1940
Biographisch-literarisches Handwörterbuch der exakten Naturwissenschaften unter Mitwirkung der Akademien der Wissenschaften zu Berlin, Göttingen, Heidelberg, München und Wien. Hg. Sächsische Akademie der Wissenschaften zu Leipzig, Bd. 6–7b. Berlin 1955–1973

Postal/Levy, And the Hills
: Postal, Bernard/Levy, Henry W., And the Hills Shouted for Joy: The Day Israel was Born. New York 1973

Pritzkoleit, Herren
: Pritzkoleit, Kurt, Die neuen Herren. Die Mächtigen in Staat und Wirtschaft. Wien 1955

PS KSČ
: Příruční slovník k dějinám KSČ, 2 Bde. Prag 1963

Radde, Diplomat. Dienst
: Radde, Jürgen, Der Diplomatische Dienst der DDR. Köln 1977

Radkau, Emigration
: Radkau, Joachim, Die deutsche Emigration in den USA. Ihr Einfluß auf die amerikanische Europapolitik 1933–1945. Düsseldorf 1971

Rapp, Mainz
: Rapp, Eugen Ludwig, Chronik der Mainzer Juden: Mainzer Grabdenkmalstätte. Mainz 1977

Reichmann, Leo Baeck
: Reichmann, Eva (Hg.), Worte des Gedenkens für Leo Baeck. Heidelberg 1959

Reisberg, KPÖ
: Reisberg, Arnold, Chronik zur Geschichte der KPÖ (1914–1939). Unveröffentl. Ms. [1976]

RhDG
: Reichshandbuch der Deutschen Gesellschaft. Bd. 1 Berlin o.J. [1930], Bd. 2 Berlin 1931

Richert, DDR-Elite
: Richert, Ernst, Die DDR-Elite oder Unsere Partner von morgen? Reinbek 1968

Röder, Großbritannien
: Röder, Werner, Die deutschen sozialistischen Exilgruppen in Großbritannien. Ein Beitrag zur Geschichte des Widerstandes gegen den Nationalsozialismus. Bonn-Bad Godesberg 1973

Rohe, Reichsbanner
: Rohe, Karl, Das Reichsbanner Schwarz Rot Gold. Ein Beitrag zur Geschichte und Struktur der politischen Kampfverbände der Zeit der Weimarer Republik. Düsseldorf 1966

Roloff, Exkommunisten
: Roloff, Ernst-August, Exkommunisten. Abtrünnige des Weltkommunismus. Ihr Leben und ihr Bruch mit der Partei in Selbstdarstellungen. Mainz 1969

Rothschild, Meilensteine
: Rothschild, Eli (Hg.), Meilensteine. Vom Wege des Kartells Jüdischer Verbindungen (K.J.V.) in der Zionistischen Bewegung. Tel Aviv 1972

Schaul, Résistance
: Résistance. Erinnerungen deutscher Antifaschisten. Zusammengestellt und bearbeitet von Dora Schaul. Frankfurt/M. 1973

Schmidt, Deutschland
: Schmidt, Walter A., Damit Deutschland lebe. Ein Quellenwerk über den deutschen antifaschistischen Widerstandskampf 1933–1945. Berlin (Ost) 1958

Schmidt, Saarpolitik
: Schmidt, Robert H., Saarpolitik 1945–1957, 3 Bde. Berlin 1959–1962

Schneider, Saarpolitik und Exil
: Schneider, Dieter Marc, Saarpolitik und Exil. In: VHZ, H. 4, 1977

Schreier, Kampf
: Schreier, Israel, Zum Kampf der KPD gegen den faschistischen deutschen Imperialismus im Bezirk Dresden (Ostsachsen) 1933–1935. Diss. phil. masch. Meißen 1965

Schuster, RFB
: Schuster, Kurt G.P., Der Rote Frontkämpferbund 1924–1929. Beiträge zur Geschichte und Organisationsstruktur eines politischen Kampfbundes. Düsseldorf 1975

Sichel, From Refugee to Citizen
: Sichel, Frieda H., From Refugee to Citizen. A sociological study of the immigrants from Hitler-Europe who settled in Southern Africa. Kapstadt 1966

Simon, Autobiographie
: Simon, Joseph T., Autobiographie. Unveröffentl. Ms. (ersch. 1979)

Sinasohn, Adass Jisroel
: Sinasohn, Max (Hg.), Adass Jisroel, Berlin. Entstehung, Entfaltung,

Entwurzelung 1869–1939. Eine Gemeinschaftsarbeit. Jerusalem 1966

Sösemann, Weimarer Republik
Sösemann, Bernd, Das Ende der Weimarer Republik in der Kritik demokratischer Publizisten: Theodor Wolff, Ernst Feder, Julius Elbau, Leopold Schwarzschild. Berlin 1976

Spalek/Strelka, Exilliteratur
Spalek, John M./Strelka, Joseph, Deutsche Exilliteratur seit 1933. Teil 1: Kalifornien, 2 Bde. Bern-München 1976

Spiegel, Résistance
Spiegel, Tilly, Österreicher in der belgischen und französischen Résistance. Wien 1969

Stadler, Spiegel
Stadler, Karl R., Österreich 1938–1945 im Spiegel der NS-Akten. Wien 1966

Stadler, Opfer
Stadler, Karl R., Opfer verlorener Zeiten. Geschichte der Schutzbund-Emigration 1934. Wien 1974

Steinberg, Widerstand
Steinberg, Hans Josef, Widerstand und Verfolgung in Essen 1933–1945. Hannover 1969

Steiner, KPÖ
Steiner, Herbert, Die Kommunistische Partei Österreichs von 1918–1933. Bibliographische Bemerkungen. Wien-Meisenheim/Glan 1968

Stephan, Linksliberalismus
Stephan, Werner, Aufstieg und Verfall des Linksliberalismus 1918–1933. Göttingen 1973

Stern, Jüdische Autoren
Stern, Desider, Werke von Autoren jüdischer Herkunft in deutscher Sprache. Eine Bio-Bibliographie. Wien 1970

Stern, Porträt
Stern, Carola, Porträt einer bolschewistischen Partei. Entwicklung, Funktion und Situation der SED. Köln 1957

Stern, Ulbricht
Stern, Carola, Ulbricht. Eine politische Biographie. Köln-Berlin 1963

Stern, Werke
Stern, Desider, Werke von Autoren jüdischer Herkunft in deutscher Sprache. Eine Bio-Bibliographie. Wien 1970

Sywottek, Volksdemokratie
Sywottek, Arnold, Deutsche Volksdemokratie. Studien zur politischen Konzeption der KPD 1935–1946. Düsseldorf 1971

Teubner, Schweiz
Teubner, Hans, Exilland Schweiz. Dokumentarischer Bericht über den Kampf emigrierter deutscher Kommunisten 1933–1945. Frankfurt/M. 1975

Tidhar
Tidhar, David, Enziklopedyah leḤaluzei haYishuv uVonav (Handbuch der Pioniere im Aufbau der [jüdischen] Siedlung [in Palästina]). 19 Bde. Tel Aviv 1947

Tidl, Studenten
Tidl, Marie, Die Roten Studenten. Dokumente und Erinnerungen 1938–1945. Wien 1976

Tjaden, KPDO
Tjaden, Karl Hermann, Struktur und Funktion der „KPD-Opposition" (KPO). Meisenheim/Glan 1964

UJE
Universal Jewish Encyclopedia, 10 Bde. New York 1939–1943, Nachdruck New York 1969

Unsterbliche Opfer
Unsterbliche Opfer. Hg. Kommunistische Partei Österreichs. Wien o.J.

Vereint
Vereint sind wir alles. Hg. Institut für Marxismus-Leninismus beim ZK der SED. Berlin (Ost) 1966

Veröffentlichungen deutscher sozialistischer Schriftsteller
Veröffentlichungen deutscher sozialistischer Schriftsteller in der revolutionären und demokratischen Presse 1918–1945. Bibliographie. Hg. von der Deutschen Akademie der Künste in Berlin. Berlin-Weimar 1969

VHZ
Vierteljahrshefte für Zeitgeschichte. Hg. Institut für Zeitgeschichte München. Stuttgart 1953–

Vogelmann, Propaganda
Vogelmann, Karl, Die Propaganda der österreichischen Emigration in der Sowjetunion für einen selbständigen österreichischen Nationalstaat (1938–1945). Diss. phil. masch. Wien 1973

Walter, Exilliteratur, 1, 2, 7, 4
Walter, Hans-Albert, Deutsche Exil-Literatur 1933–1950. Bd. 1, 2, 7 Darmstadt-Neuwied 1972, 1974, Bd. 4 Stuttgart 1978

Weber, Wandlung
Weber, Hermann, Die Wandlung des deutschen Kommunismus. Die Stalinisierung der KPD in der Weimarer Republik, 2 Bde. Frankfurt/M. 1969

Weber/Oldenburg, SED
Weber, Hermann/Oldenburg, Fred, 25 Jahre SED. Chronik einer Partei. Köln 1971

Weg, Leistung, Schicksal
Weg, Leistung, Schicksal. Geschichte der sudetendeutschen Arbeiterbewegung in Wort und Bild. Hg. Seliger-Gemeinde e.V. Stuttgart 1972

Wehner, Untergrundnotizen
Wehner, Herbert, Untergrundnotizen (1933–1945 [Ms. Uppsala 1946], unautorisierte Veröffentl., o.O., o.J.)

Widerstand 1, 2, 3
Widerstand und Verfolgung in Wien 1934–1945. Eine Dokumentation, 3 Bde. Wien 1975

Wilpert/Gühring
Wilpert, Gero von/Gühring, Adolf, Erstausgaben deutscher Dichtung. Eine Bibliographie zur deutschen Literatur 1600–1960. Stuttgart 1967

Wisshaupt, RSÖ
Wisshaupt, Walter, Wir kommen wieder! Eine Geschichte der Revolutionären Sozialisten Österreichs. 1934–1938. Wien 1967

Wollenberg, Apparat
Wollenberg, Erich, Der Apparat. Stalins Fünfte Kolonne. Bonn 1952

Yearbook, Yearbook LBI
Year Book. Published for the Leo Baeck Institute. London-Jerusalem-New York 1956–

Zelzer, Juden
Zelzer, Maria, Weg und Schicksal der Stuttgarter Juden: Ein Gedenkbuch. Stuttgart 1964

Zenker, Rote Garde
Zenker, Edith, Wir sind die Rote Garde. Sozialistische Literatur 1914–1935. Leipzig 1974

Zenner, Saargebiet
Zenner, Maria, Parteien und Politik im Saargebiet unter dem Völkerbundsregime 1920–1935. Saarbrücken 1966

ZfG
Zeitschrift für Geschichtswissenschaft. Berlin (Ost) 1953–

Zimmermann, Leninbund
Zimmermann, Rüdiger, Der Leninbund. Linke Kommunisten in der Weimarer Republik. Düsseldorf 1978

Jewish Immigrants of the Nazi Period in the USA

Volume 1
Archival Resources
Bearbeitet von
W. Siegel
Herausgegeben von
Herbert A. Strauss
1979. 279 Seiten. Lin DM 78,–
ISBN 3-598-08006-9

Volume 2
An Annotated Bibliography of
Books and Articles on
Jewish Refugees 1933–1945
iVb. 1980. ca. 400 Seiten.
ISBN 3-598-08007-7

Volume 3
Oral History
Bearbeitet von
Joan Lessing
iVb. 1980. ca. 250 Seiten.
ISBN 3-598-08008-5

Volume 4
Source Book on Emigration
and Presecution
in Germany and Austria
1933–1945
iVb. 1980. ISBN 3-598-08009-3

Volume 5
Source Book on Emigration
of Jews from
Central Europe to the USA
1933–1945
iVb. 1980. ISBN 3-598-08010-7

Volume 6
Special and Intellectual History
of Jews in the USA
iVb. 1980. ISBN 3-598-08011-5

Die soziale, wirtschaftliche und politische Vergangenheit jüdischer Auswanderer ist lange Zeit nur wenig beachtet worden. Die sechsbändige Reihe deckt Hintergründe und Zusammenhänge der jüdischen Immigration während der NS-Zeit auf und erschließt damit ein relativ junges Forschungsgebiet. Sie enthält genaue Angaben über Archivbestände und eine detaillierte Beschreibung der Geschichte der Sozialleistungen für Flüchtlinge, deckt die gesamte Einwanderungswelle von 1933–1945 durch eine annotierte Bibliographie ab, die über 1600 Bücher, Zeitschriften sowie unveröffentlichtes Material nachweist. Die Einträge sind systematisch nach Bereichen geordnet.

Ruth Fabian
Corinna Coulmas
**Die deutsche
Emigration in Frankreich
nach 1933**
1979. 136 Seiten. Kt. DM 12,80
ISBN 3-598-07076-4

Aus dem Inhalt: Die Zusammensetzung der Emigration – Internationale Maßnahmen zum Flüchtlingsproblem 1933–1939 – Die Lebensbedingungen der Emigranten in Frankreich zwischen 1933–1939 – Die private Hilfe – Die Haltung der französischen Juden den Emigranten gegenüber – Die politische und kulturelle Tätigkeit der Emigranten von 1933–1939 – Das Schicksal der Saarflüchtlinge – Die unmittelbare Vorkriegszeit – Der Kriegsausbruch – Vom Waffenstillstand bis zur Vollbesetzung – Von der Vollbesetzung bis zur Befreiung – Die italienische Besatzung – Epilog – Die Befreiung und die unmittelbare Nachkriegszeit – Die Integration und ihre Grenzen.

Presse im Exil
Beiträge
zur Kommunikationsgeschichte
des deutschen Exils
1933–1945
Herausgegeben von
Hanno Hardt, Elke Hilscher,
Winfried B. Lerg
1979. 389 Seiten. Lin DM 36,–
(Dortmunder Beiträge
zur Zeitungsforschung 30)
ISBN 3-598-02530-0

Vorliegender Sammelband will in die Erforschung der Exilpresse einführen. Deshalb werden nicht nur die Bedingungen der Publizistik in den Aufnahmeländern von Flüchtlingen und in Deutschland thematisiert, sondern zur Darstellung der Exilpresse in den einzelnen Ländern und unter Akzentuierung einzelner wichtiger Titel kommt auch die Analyse der amtlichen Kenntnisse und Einschätzungen der NS-Behörden zum Tragen. Der Beitrag erhebt keinen Anspruch auf Vollständigkeit; er ist das Ergebnis einer mehrsemestrigen Seminarveranstaltung.

Reichskommissar für Überwachung der öffentlichen Ordnung und Nachrichtensammelstelle im Reichsministerium des Innern
**Lageberichte (1920–1929)
und Meldungen (1929–1933)**
Bestand R 134
des Bundesarchivs, Koblenz
Veröffentlicht
als Microfiche-Ausgabe
Herausgegeben
von Ernst Ritter
1979. 1 + 399 Microfiches
mit einem Begleitbuch:
Einleitung und Indices. DM 1785,–
ISBN 3-598-10004-3

1979. Begleitbuch: Einleitung und
Indices. XXXVI, 258 S. Br DM 60,–
ISBN 3-598-10007-8

Die hier herausgegebenen 128 Lageberichte geben in chronologischer Reihenfolge die Beobachtungen des Reichskommissars wieder; sie wurden teilweise wöchentlich erstattet und erfaßten das gesamte politische Spektrum querschnittartig, während nach der Umbenennung der Dienststelle auch die Berichterstattung in fallweise ergehende, thematisch begrenzte und damit aktualitätsbezogene Meldungen umgewandelt wurde, die hier sach- und organisationsbezogen zusammengestellt sind.

K·G·Saur München·New York·London·Paris
K·G·Saur Verlag KG · Postfach 71 10 09 · 8000 München 71 · Tel. (089) 79 89 01 · Telex 05 212 067 saur d

Veröffentlichungen des Instituts für Zeitgeschichte

Bayern in der NS-Zeit I
Soziale Lage und politisches Verhalten der Bevölkerung im Spiegel vertraulicher Berichte

Herausgegeben von Martin Broszat, Elke Fröhlich und Falk Wiesemann

1977. 712 S., 2 Karten, 12 Tabellen, DM 38,– ISBN 3-486-48361-7

Bayern in der NS-Zeit II
Herrschaft und Gesellschaft im Konflikt, Teil A
Herausgegeben von Martin Broszat und Elke Fröhlich
1979. XXV, 515 S., 52 Abb., DM 38,– ISBN 3-486-49371-X
Aus dem Inhalt: Nationalsozialistische Eroberung der Provinzpresse in der Bayerischen Ostmark – Die Münchner Kammerspiele im Dritten Reich – Widerstand und Verfolgung katholischer Jugendvereine in Eichstätt – Bayerische Industrie zwischen Anpassung und Selbstbehauptung – Reaktionen der Bevölkerung und ihrer Seelsorger auf NS-Antisemitismus und Judenverfolgung – Gewaltverbrechen und Zwangsarbeit in den Konzentrationslagern Dachau und Flossenbürg – Bayerische Justiz und politische Morde.

In Vorbereitung:

Bayern in der NS-Zeit III–IV
Herrschaft und Gesellschaft im Konflikt, Teil B und C
Herausgegeben von Martin Broszat und Elke Fröhlich

Aus dem Inhalt:
Arbeiterschaft und Arbeiterbewegung in Augsburg zwischen Verfolgung, Widerstand und Anpassung – Soziale Lage und politisches Verhalten der Bergarbeiter in Penzberg – Individuelle Heimtückefälle vor dem Sondergericht München – Der Kampf um die Nationalsozialistische Gemeinschaftsschule – Bayerischer Adel und NS-Regime – Formen des Jugendwiderstandes – Nationalsozialistische Architektur als künstlerisches Konfliktfeld – Bauernopposition gegen das Reichserbhofgesetz – Kommunalpolitik in der „Hauptstadt der Bewegung" – Widerstandsaktionen zur Beendigung des Krieges.

Die jüdischen Gemeinden in Bayern 1918–1945
Geschichte und Zerstörung
Herausgegeben und bearbeitet von Baruch Z. Ophir und Falk Wiesemann
1979. 523 S., zahlreiche Tabellen, 9 Karten, DM 88,– ISBN 3-486-48631-4

Bestandsaufnahme der jüdischen Gemeinden in Bayern nach dem Ersten Weltkrieg, ihrer Zusammensetzung nach Beruf und sozialer Herkunft, des Grades ihrer jeweiligen Integration. – Chronik der gewaltsamen Zerstörung dieser Gemeinden nach 1933. – Geschichte des Antisemitismus in Bayern in der ersten Jahrhunderthälfte.

Akten zur Vorgeschichte der Bundesrepublik Deutschland 1945–1949
Herausgegeben von Bundesarchiv und Institut für Zeitgeschichte
Fünf Bände

Band 1: **September 1945–Dezember 1946**
Bearbeitet von Walter Vogel und Christoph Weisz
1976. 1197 S., Ln. DM 188,– ISBN 3-486-44321-6

Band 2: **Januar–Juni 1947**
Bearbeitet von Wolfram Werner
1979. 654 S., Ln. DM 118,– ISBN 3-486-44551-0

Band 3: **Juni – Dezember 1947**
Bearbeitet von Günter Plum
1981. Ca. 800 S., Ln. ca. DM 140,– ISBN 3-486-49141-5

Band 4: **Januar 1948–Dezember 1948**
Bearbeitet von Christoph Weisz und Bernd Steger
In Vorbereitung, ISBN 3-486-91151-2

Band 5: **Januar 1949–September 1949**
Bearbeitet von Hans-Dieter Kreikamp
1981. Ca. 1 200 S., Ln. ca. DM 198,– ISBN 3-486-49161-X

Wörtliche Berichte und Drucksachen des Wirtschaftsrates des Vereinigten Wirtschaftsgebietes 1947–1949
5 Bände mit einem Erschließungsband
Herausgegeben vom Institut für Zeitgeschichte und dem Deutschen Bundestag, Wissenschaftliche Dienste
Bearbeitet von Christoph Weisz und Hans Woller
1977. 4910 S., Ln. DM 660,– ISBN 3-486-44721-1

Das Werk wird nur geschlossen abgegeben.

Oldenbourg

Deutsche Nationalbibliographie
Ergänzung 1
Verzeichnis der Schriften,
die 1933–1945 nicht angezeigt
werden durften.
Herausgegeben und bearbeitet von der
Deutschen Bücherei in Leipzig
(Reprint d. Ausg. 1949)
1974. 644 Seiten. Ln. DM 80,–
ISBN 3-7940-5043-6

Ergänzung 2
Verzeichnis der Schriften,
die infolge von Kriegseinwirkungen
vor dem 8. Mai 1945 nicht angezeigt
werden konnten.
Herausgegeben und bearbeitet von der
Deutschen Bücherei in Leipzig
(Reprint d. Ausg. 1949)
1974. 664 Seiten. Ln. DM 120,–
ISBN 3-7940-5044-4

Die Bücherverbrennungen in der Zeit des „Dritten Reiches" hatten den fortschrittlichen Geist des geschriebenen und gedruckten Wortes dieser Schriftsteller nicht auslöschen können. Überall in der Welt, besonders in den wichtigsten Exilzentren wurden ihre Werke verlegt.
Die auf Initiative der Deutschen Bücherei durchgeführte bibliographische Arbeit hatte nach 1945 für die Erfassung der Schriften, die seit 1933 nicht mehr angezeigt werden durften, eine große Bedeutung. Jetzt war endlich die Zeit gekommen, um diese Literatur nachträglich in der „Deutschen Nationalbibliographie" bekannt zu machen. Das Ergebnis dieser Arbeit war die Herausgabe der „Deutschen Nationalbibliographie", Ergänzung 1 und 2, aus dem Jahre 1949, die jetzt als Nachdruck der Originalausgabe zu erhalten ist. Der vorliegende Reprint schließt eine wichtige bibliographische Lücke. Er ist ein unentbehrliches Hilfs- und Informationsmittel für die Forschungsarbeit über die Deutsche Exilliteratur 1933–1945.

Das Ende Weimars im Exilroman
Herausgegeben von
Sigrid Schneider
1979. 542 Seiten. Lin. DM 84,–
(Kommunikation und Politik; Bd. 13)
ISBN 3-598-20543-0

Die Jahre 1932/33 haben nicht wenige Autoren ins Exil getrieben, ehe sie ihre Arbeiten abschließen konnten. Naturgemäß waren nun politische und gesellschaftliche Erklärungen fällig. Die Betroffenen selbst waren sich Gründe für die Vorgeschichte einer neuen Gegenwart, in der sie sich wiedergefunden hatten, schuldig.
In der vorliegenden Untersuchung wird der Nachweis für diese These geführt, daß die zeitgeschichtliche Reflexion zur Erklärung der Gegenwart in der Form des Romans zu einem besonderen Ausdruck der Literatur des zweiten deutschen Exils geworden ist.

Das Dritte Reich und die Juden
Herausgegeben von
Léon Poliakov und Josef Wulf
1978. X, 457 Seiten. Lin. DM 60,–
ISBN 3-598-04602-2

Das in der vorliegenden Dokumentensammlung behandelte Thema weist einige hervorstehende Charaktermerkmale auf. Im wesentlichen umfassen sie den Komplex, der unter der Bezeichnung „Endlösung der Judenfrage" bekanntgeworden ist. Die annähernde Zahl der Ermordeten ist bekannt. Aber wie kam es zu dieser ausschlaggebenden Entscheidung? Diese Frage versuchen die Autoren mit Dokumenten und Zeugenaussagen, die größtenteils aus den Archiven des Dritten Reiches stammen, in dieser Publikation zu beantworten. Da die Originalausgabe des arani-Verlages, die zwischen 1955 und 1961 erschienen war, schon seit langem vergriffen ist, hat K.G. Saur jetzt mit Unterstützung der Bayrischen Staatsbibliothek einen unveränderten Neudruck herausgebracht.
In der Reihe „Dokumentation Drittes Reich" sind noch folgende Bände erschienen:

Das Dritte Reich und seine Diener
Herausgegeben von
Léon Poliakov und Josef Wulf
(Nachdruck d. 2. durchges. Aufl. 1956)
1978. XVI, 540 Seiten. Lin. DM 60,–
ISBN 3-598-04600-6

Das Dritte Reich und seine Denker
Herausgegeben von
Léon Poliakov und Josef Wulf
(Nachdruck d. Ausg. 1956)
1978. XI, 560 Seiten. Lin. DM 60,–
ISBN 3-598-04601-4

Das Dritte Reich und seine Vollstrecker
Herausgegeben von
Josef Wulf
(Nachdruck der Ausg. 1961)
1978. 283 Seiten. Lin. DM 60,–
ISBN 3-7940-4603-X

Der Reichstagsbrand
Eine wissenschaftliche Dokumentation
Bd. 1: 1972. 293 Seiten. Br. DM 34,50
ISBN 3-598-04604-7

Der Reichstagsbrand
Eine wissenschaftliche Dokumentation
Bd. 2: 1978. 487 Seiten. Lin. DM 48,–
ISBN 3-598-04604-9